VOCABULAIRE EUROPÉEN DES PHILOSOPHIES

Logo Seuil : R. Lapoujade

ISBN 978-2-85036-580-7 (Le Robert)
ISBN 978-2-02-030730-7 (Seuil)

VOCABULAIRE EUROPÉEN DES PHILOSOPHIES

DICTIONNAIRE DES INTRADUISIBLES

sous la direction de

BARBARA CASSIN

Ouvrage préparé avec le concours du Centre national du livre

LE ROBERT

SEUIL

PRINCIPAUX COLLABORATEURS

Coordination scientifique
Charles BALADIER

Édition
Thierry MARCHAISSE (SEUIL)
Gonzague RAYNAUD (LE ROBERT)

Responsables scientifiques

Charles BALADIER
Étienne BALIBAR
Marc BUHOT DE LAUNAY
Barbara CASSIN
Jean-François COURTINE
Marc CREPON
Sandra LAUGIER
Alain de LIBERA
Jacqueline LICHTENSTEIN
Philippe RAYNAUD
Irène ROSIER-CATACH

Correspondants internationaux

Tullio GREGORY et Marta FATTORI
Lessico Intellettuale Europeo, Rome

Manuel REYES MATE-RUPEREZ
Instituto de Filosofia, Madrid

Alan MONTEFIORE et Catherine AUDARD
Forum for European Philosophy, Londres

Constantin SIGOV
Centre européen de recherches en sciences humaines, Kiev

Heinz WISMANN
Forschungstätte der Evangelischen Studiengemeinschaft, Heidelberg

AUTEURS

ABENSOUR Alexandre
Professeur de philosophie en classe préparatoire économique (Douai)
□ ES, INCONSCIENT, PULSION, WUNSCH

ALLENDESALAZAR Mercedes
Philosophe (Espagne, France)
□ DESENGAÑO

ALLIEZ Eric
Professeur invité à la Hochschule für Gestaltung de Karlsruhe (Allemagne)
□ AIÔN

ALUNNI Charles
Directeur du Laboratoire disciplinaire « Pensée des sciences » à l'École normale supérieure (Ulm) ; Scuola Normale Superiore di Pisa (Italie)
□ ATTUALITÀ

AUDARD Catherine
Professeur à la London School of Economics (Grande-Bretagne)
□ CARE, FAIR, LIBERAL, PRUDENTIAL, RIGHT, UTILITY, WELFARE

AUVRAY-ASSAYAS Clara
Professeur de langue et littérature latines à l'Université de Rouen
□ AIMER, BEGRIFF (encadré 1), CONSCIENCE (encadré 2), FOLIE, LOGOS, PLAISIR, RELIGIO, SPECIES, TRADUIRE

BADIOU Alain
Professeur de philosophie à l'ENS Ulm
□ FRANÇAIS

BALADIER Charles
Membre de la Société de psychanalyse freudienne ; éditeur d'ouvrages encyclopédiques ; médiéviste
□ AIMER, DEVOIR, DIABLE, DOXA, EIDÔLON (encadré 2), FOLIE, INGENIUM (encadré 3), JE (encadré 3), PHANTASIA (encadré 3), PLAISIR, PULSION (encadré 2), SUBLIME (encadré 3), TALENT

BALAUDÉ Jean-François
Professeur de philosophie à l'Université de Reims (Champagne-Ardenne)
□ DAIMÔN, PLAISIR

BALIBAR Françoise
Professeur émérite de physique à l'Université de Paris VII-Denis Diderot
□ FORCE, MOMENT, SEXE (encadré 1)

BALIBAR Étienne
Professeur émérite de philosophie à l'Université de Paris X-Nanterre
□ AGENCY, ÂME, CONSCIENCE, JE, PRAXIS, SUJET

BALZA Isabelle
Chercheur à l'Université de San Sebastian (Espagne)
□ GOGO

BARATIN Marc
Professeur de langues et littératures anciennes à l'Université de Lille III
□ ASPECT (encadré 4), LANGUE (encadré 2), MOT, PROPOSITION

BASCHERA Marco
Professeur de littérature française et comparée à l'Université de Zurich (Suisse).
□ ACTEUR, ESTI (encadré 4)

BAUD Jean-Pierre
Professeur d'histoire du droit à l'Université de Paris X-Nanterre
□ LEX

BENMAKLOUF Ali
Professeur de philosophie à l'Université de Nice, Sofia-Antipolis
□ PRINCIPE

BERNER Christian
Maître de conférences en philosophie à l'Université de Lille III
□ TRADUIRE

BINOCHE Bertrand
Professeur de philosophie à l'Université de Montpellier III-Paul-Valéry
□ HISTOIRE UNIVERSELLE, PERFECTIBILITÉ

BODEI Remo
Professeur d'histoire de la philosophie à l'Université de Pise (Italie) ; Recurrent Visiting Professor à l'University of California at Los Angeles (E.U.)
□ ITALIEN

BOLLACK Jean
Professeur émérite de littérature et pensée grecques à l'Université de Lille III
□ MÉMOIRE

BOULNOIS Olivier
Directeur d'études à l'École pratique des hautes études en sciences religieuses
□ OBJET, RES (encadré 3)

BOURGET Jean-Loup
Professeur d'études cinématographiques à l'ENS Ulm
□ DESCRIPTION, STRUCTURE

BRAGUE Rémi
Professeur à l'Université de Paris I-Panthéon Sorbonne et à la Ludwig Maximilian Universität de Munich (Allemagne)
□ ÂME (encadré 4), BERÎT, BILD (encadré 1), DIEU, INGENIUM (encadré 1), INTENTION (encadré 1), LANGUES ET TRADITIONS, LËV, LOGOS (encadré 5), 'ŌLĀM, TALAṬṬUF, TORAH, VÉRITÉ, VORHANDEN (encadré 1)

BRUGÈRE Fabienne
Maître de conférences à l'Université Michel de Montaigne-Bordeaux III
□ BEAUTÉ, COMMON SENSE, GOÛT, INGENIUM (encadré 2), MORAL SENSE, STANDARD

BÜTTGEN Philippe
Chargé de recherche au CNRS en philosophie (Centre d'Etudes des Religions du Livre - École Pratique des Hautes Études) ; Mission Historique Française à Göttingen (Allemagne)
□ AIMER, AUFHEBEN, BEGRIFF, BERUF, CONSCIENCE (encadré 3), ELEUTHERIA (encadré 2), GLAUBE, GUT, MOMENT, PERCEPTION (encadré 3)

CALHEJO HERNANZ Maria José
Professeur de philosophie à l'Universidad Complutense de Madrid (Espagne)
□ DE SUYO

CAMUS Rémi
Maître de conférences en linguistique russe à l'Université de Caen (Basse-Normandie) ; chargé de recherche au CNRS (« Laboratoire de linguistique formelle »)
□ ASPECT

CAPEILLÈRES Fabien
Maître de conférences en philosophie à l'Université de Caen (Basse-Normandie)
□ PRINCIPE

CASSIN Barbara
Directrice de recherche au CNRS (Centre Léon Robin, Paris IV-Sorbonne)
□ ACTE DE LANGAGE, AIMER, ÂME (encadré 3), BEAUTÉ (encadré 1), BILDUNG (encadré 1), CATHARSIS, COMPARAISON (encadré 1), CONSCIENCE (encadré 1), DESCRIPTION (encadré 1), DOXA, EIDÔLON (encadré 1), ELEUTHERIA (encadré 1), ENTENDEMENT (encadré 1), ESTI, FORCE (encadré 1), GREC (encadrés 1 et 4), HEIMAT (encadré 2), HOMONYME, IMPLICATION (encadré 1), JE (encadré 2), KÊR (encadré 2), LANGUE, LEX (encadré 1), LIEU COMMUN (encadré 1), LOGOS, LUMIÈRE (encadré 1), MIMÊSIS (encadré 1), MOMENT, MORALE, MOT, NATURE (encadré 1), PARDONNER, PEUPLE, PLAISIR, PRAXIS, PRINCIPE, PROPOSITION, RES (encadré 1), SEHNSUCHT (encadré 1), SENS, SIGNE, SIGNIFIANT, SPECIES (encadré 1), SUBLIME (encadré 1), SUJET, THEMIS, TRADUIRE, VERGÜENZA, VÉRITÉ, VIRTÙ (encadré 1), WELT (encadrés 1 et 2)

CAUSSAT Pierre
Ancien Maître de conférences en philosophie à l'Université de Paris X-Nanterre
□ LANGUE

CHATEAU Dominique
Professeur d'esthétique et science de l'art à l'Université de Paris I-Panthéon Sorbonne
□ ART, TABLEAU

CHEVALLEY Catherine
Professeur à l'Université François Rabelais de Tours ; « Centre d'Études Supérieures de la Renaissance » du CNRS
□ ANSCHAULICHKEIT, ÉPISTÉMOLOGIE

CLÉRO Jean-Pierre
Professeur de philosophie à l'Université de Rouen
□ ÂME (encadré 1), ANGLAIS, CHANCE, EXPERIMENT, FANCY, FEELING, MOMENT (encadré 2), PLAISIR, SENS (encadré 4), STRENGTH

COHEN-LÉVINAS Danielle
Professeur de musicologie à l'Université de Paris IV-Sorbonne
□ MOMENTE, SPRECHGESANG, STIMMUNG (encadré 2)

COLETTE Jacques
Professeur émérite à l'Université de Paris I-Panthéon Sorbonne
□ CONTINUITET, EVIGHED, MOMENT (encadré 3), NEUZEIT (encadré 1), PLUDSELIGHED, PRÉSENT (encadré 2)

COLOT Blandine
Maître de conférences en latin à l'Université d'Angers
□ PIETAS

CORREA-MOTTA Alphonso
Professeur de philosophie à l'Universidad Nacional de Colombia, Bogota (Colombie)
□ ESPAGNOL

COULOUBARITSIS Lambros
Professeur de philosophie à l'Université Libre de Bruxelles (Belgique) ; coordinateur du programme de grec moderne
□ AIÔN (encadré 1), GREC, SUJET (encadré 2)

COURCELLES (de) Dominique
Directrice de recherche au CNRS (« Institut d'histoire de la pensée classique »-Centre d'Etudes en Rhétorique, philosophie et histoire des Idées de l'ENS Lyon)
□ AIMER (encadré 6)

COURTINE Jean-François
Professeur de philosophie à l'Université de Paris IV-Sorbonne ; membre de l'Institut Universitaire de France ; directeur des Archives Husserl de Paris (CNRS-ENS Ulm)
□ ESSENCE, OMNITUDO REALITATIS, PRINCIPE (encadré 2), RÉALITÉ, RES, SEIN, TO TI ÊN EINAI, VORHANDEN

CRÉPON Marc
Directeur de recherche au CNRS (« Pays germaniques, histoire, culture, philosophie », Archives Husserl de Paris, ENS Ulm)
□ BEGRIFF, GESCHLECHT, HEIMAT, MENSCHHEIT, MORALE, PEUPLE

DASTUR Françoise
Professeur émérite de philosophie à l'Université de Nice-Sophia Antipolis
□ ERSCHEINUNG

DAVID Pascal
Professeur de philosophie à l'Université de Bretagne Occidentale (Brest)
□ ANGOISSE, BILD, COMBINATOIRE ET CONCEPTUALISATION (encadré 1), DASEIN, DICHTUNG (encadré 2), EREIGNIS, ES GIBT, GESCHICHTLICH, LANGUE (encadré 1), LEIB (encadré 1), LUMIÈRE, NATURE, PRÉSENT, SCHICKSAL, SORGE, STIMMUNG, TRAVAIL, WELT, WELTANSCHAUUNG

DAVID-MÉNARD Monique
Professeur de chaire supérieure en philosophie ; directrice de recherche à l'Université Paris VII-Denis Diderot ; directrice adjointe du Centre d'étude du vivant à l'Université de Paris VII-Denis Diderot ; psychanalyste
□ FOLIE, GENDER, VERNEINUNG

DÉCULTOT Élisabeth
Chargée de recherche au CNRS (« Pays germaniques, histoire, culture, philosophie », ENS Ulm)
□ DICHTUNG, ESTHÉTIQUE (encadré 1), MIMÊSIS, ROMANTIQUE, STILL

DENNES Maryse
Professeur de philosophie ; responsable du département d'Études Slaves de l'Université Michel de Montaigne-Bordeaux III ; directrice du Centre d'Études et de Recherche sur les Civilisations Slaves (Université Michel de Montaigne-Bordeaux III)
□ ASPECT

DEPRAETERE Ilse
Professeur d'anglais à l'Université de Lille III ; UMR Silex du CNRS
□ ASPECT

DEPRAZ Natalie
Maître de conférences en philosophie à l'Université de Paris IV-Sorbonne
□ ANIMAL, EPOKHÊ, ERLEBEN, LEIB

DESPRET Vinciane
Maître de conférences en philosophie à l'Université de Liège (Belgique)
□ VERGÜENZA

DEUTSCHER Penelope
Professeur associée de philosophie à l'University, Northwestern Chicago (E.U.)
□ GENDER

DOKIC Jérôme
Directeur d'études à l'EHESS ; membre de l'Institut Jean-Nicod (CNRS-EHESS-ENS Ulm)
□ PRINCIPE, REPRÉSENTATION

DUBOST Jean-Pierre
Professeur de littérature générale et comparée à l'Université Blaise Pascal-Clermont-Ferrand II
□ COMBINATOIRE ET CONCEPTUALISATION, ERZÄHLEN, GEFÜHL

ESPAGNE Michel
Directeur de recherche au CNRS (« Pays Germaniques, histoire, culture, philosophie », ENS Ulm)
□ BILDUNG

FAYE Emmanuel
Maître de conférences en philosophie à l'Université de Paris X-Nanterre
□ INTELLECT

FEBEL Gisela
Professeur de littératures romanes à l'Université de Brême (Allemagne)
□ NEUZEIT

FICHANT Michel
Professeur d'histoire de la philosophie moderne à l'Université de Paris IV-Sorbonne.
□ PERCEPTION

FONTANA Alessandro
Professeur d'italien à l'ENS Lyon
□ VIRTÙ

FRAISSE Geneviève
Directrice de recherche au CNRS (« Les discours du politique en Europe »)
□ SEXE

GAGNEBIN Jeanne-Marie
Professeur titulaire de philosophie à la Pontifícia Universidade Católica de São Paulo (PUC/SP, Brésil) ; professeur de théorie littéraire à l'Université d'État de Campinas (Unicamp, Brésil)
□ JETZTZEIT

GAILLE-NIKODIMOV Marie
Post-doctorante, CNRS (« Histoire de la pensée classique »)
□ PEUPLE (encadré 1)

GALLAND-SZYMKOWIAK Mildred
Attachée temporaire d'enseignement et de recherche à l'Université de Paris IV-Sorbonne.
□ SIGNE

GENS Jean-Claude
Maître de conférences à l'Université de Bourgogne
□ GEISTESWISSENSCHAFTEN

GOLITCHENKO Tatyana
Professeur du département de politologie de l'Université Kiev-Mohyla (Ukraine) ; philosophe
□ BOGOČELOVEČESTVO

GOROG Jean-Jacques
Praticien hospitalier à Antony (CH Erasme), psychiatre, psychanalyste, membre des Forums du Champ lacanien, École de psychanalyse du Champ lacanien
□ SIGNIFIANT (encadré 3)

GOYET Francis
Professeur de littérature française à l'Université Stendhal-Grenoble III
□ ART (encadré 1), COMPARAISON, LIEU COMMUN

GRONDEUX Anne
Chargée de recherche au CNRS (« Histoire des théories linguistiques »)
□ LANGUE

GROULIER Jean-François
Professeur de philosophie à l'Institut National des Télécommunications
□ ARGUTEZZA, BEAUTÉ, CONCETTO, GOÛT, MIMÊSIS (encadrés 8 et 9)

HARTOG François
Directeur d'études à l'EHESS
□ HISTOIRE

HELMREICH Christian
Maître de conférences en études germaniques à l'Université de Paris VIII-Saint-Denis Vincennes
□ GLÜCK, SEHNSUCHT

ILDEFONSE Frédérique
Chargée de recherche au CNRS (« Histoire des doctrines de la fin de l'Antiquité et du Haut Moyen-Âge, année philologique »)
□ BEGRIFF (encadré 1), HOMONYME (encadré 3), KÊR (encadré 4), LOGOS, MOT, PARONYME (encadré 2), SIGNIFIANT

IMBACH Ruedi
Professeur d'histoire de la philosophie médiévale à l'Université de Paris IV-Sorbonne
□ ITALIEN (encadré 2)

JIMENEZ Marc
Professeur d'esthétique et science de l'art à l'Université de Paris I-Panthéon-Sorbonne
□ ESTHÉTIQUE

JUDET DE LA COMBE Pierre
Directeur de recherche au CNRS (« Centre de recherches interdisciplinaires sur l'Allemagne ») ; directeur d'études à l'EHESS
□ THEMIS

KARIMOVA Zulfia
Doctorante à l'Université de Manchester
□ NAROD, STRADANIE, SVET

KERLEROUX Françoise
Professeur émérite de linguistique à l'Université de Paris X-Nanterre ; CNRS (« Modèles, dynamiques, corpus »)
□ ORDRE DES MOTS

KLIPPI Carita
Linguiste à l'Université de Tampere (Finlande)
□ SIGNIFIANT

LABARRIÈRE Jean-Louis
Chargé de recherche au CNRS (Centre Louis Gernet)
□ OIKEIÔSIS, PHANTASIA, PHRONÊSIS

LALLOT Jean
Ancien Maître de conférences de linguistique grecque à l'ENS Ulm ; CNRS (« Histoire des théories linguistiques »)
□ ACTEUR (encadré 1), ASPECT (encadré 2), LOGOS, MOT, SYNCATÉGORÈME

LAMBOTTE Marie-Claude
Professeur de psychopathologie à l'Université de Paris XIII
□ MÉLANCOLIE

LANGER Frédéric
Aministrateur principal à l'Organisation de coopération et de développement économique
□ ÉCONOMIE

LAUGIER Sandra
Professeur de philosophie à l'Université de Picardie-Jules Verne (Amiens) ; membre de l'Institut Universitaire de France
□ ACTE DE LANGAGE, AGENCY, ÂME (encadré 6), ANGLAIS, BEGRIFF, BEHAVIOUR, BELIEF, CLAIM, LOGOS, MATTER OF FACT, NONSENSE, PEOPLE, PRAXIS, PROPOSITION, SENS, SIGNE, TRADUCTION (encadré 3), VÉRITÉ

LAUNAY (de) Marc
Chargé de recherche au CNRS en philosophie (« Pays germaniques/Transferts culturels », Archives Husserl de Paris - ENS Ulm)
□ HERRSCHAFT, MACHT, MENSCHHEIT, MITMENSCH, SÉCULARISATION, SOLLEN, WERT

LEFEBVRE Jean-Pierre
Professeur de littérature allemande à l'ENS Ulm
□ ALLEMAND, SELBST

LÉON Jacqueline
Chargée de recherche au CNRS (« Histoire des Théories Linguistiques »), Université Paris VII-Denis Diderot
□ MOT

LIBERA (de) Alain
Professeur d'histoire de la philosophie médiévale à l'Université de Genève (Suisse) ; directeur d'études à l'EPHE (section des sciences religieuses, chaire d'Histoire des théologies chrétiennes dans l'Occident médiéval)
□ ABSTRACTION, ANALOGIE, CONNOTATION, DICTUM, IMPLICATION, INTELLECTUS, INTENTION, JE (encadré 4), MERKMAL, PARONYME, PRÉDICABLE, PRÉDICATION, PROPOSITION, SENS, SENSUS COMMUNIS, SIGNE, SUJET, SUPPOSITION, SYNCATÉGORÈME, TERME, TROPE, TRUTH-MAKER, UNIVERSAUX, VÉRITÉ

LICHTENSTEIN Jacqueline
Professeur à Paris IV-Sorbonne
□ ACTEUR, CATHARSIS, COLORIS, COMPARAISON (encadré 2), DISEGNO, MIMÊSIS, SUBLIME (encadré 1)

MALABOU Catherine
Maître de conférences à l'Université de Paris X-Nanterre
□ PLASTICITÉ

MALAMOUD Charles
Directeur d'études émérite pour les religions de l'Inde à l'EPHE
□ MIR, RUSSE

MARANDIN Jean-Marie
Directeur de recherche au CNRS (« Laboratoire de linguistique formelle »), Université Paris VII-Denis Diderot
□ ORDRE DES MOTS

MARGELLOS Cécile
Doctorante ès lettres à l'Université de Genève (Suisse) ; traductrice et critique littéraire
□ GREC (encadré 2)

MARIANI-ZINI Fosca
Maître de conférences en philosophie à l'Université de Lille III
□ LEGGIADRIA

MARINAS José-Miguel
Professeur d'Éthique et Sociologie à l'Universidad Complutense de Madrid (Espagne) ; collaborateur du Consejo Superior de Investigaciones Científicas - Instituto de Filosofía de Madrid (Espagne)
□ ACEDIA, SPLEEN, SUJET (encadré 7)

MATTEOS-DIAZ Marcos
Essayiste, Bruxelles (Belgique)
□ VERGÜENZA

McCUMBER John
Professeur de langues germaniques à l'University of California at Los Angeles (E.U.)
□ TRAVAIL (encadré 1)

MELLET Sylvie
Directrice de recherche au CNRS (« Bases, corpus et langage »)
□ ASPECT

MICHEL Christian
Professeur d'histoire de l'art à l'Université de Lausanne (Suisse)
□ MANIÈRE

MIGNOT Claude
Professeur d'histoire de l'art à l'Université de Paris IV-Sorbonne
□ BAROQUE, CLASSIQUE

MOATTI Claudia
Professeur d'histoire antique à l'Université de Paris VIII-Saint-Denis Vincennes et à l'University of Southern California at Los Angeles (E.U.)
□ PEUPLE

MONDZAIN Marie-José
Directrice de recherche au CNRS (« Groupe de sociologie politique et morale »)
□ OIKONOMIA

MONTEFIORE Alan
Emeritus Fellow of Balliol College, Oxford ; Visiting Professor au Center for European Philosophy at Middlesex University et Président du Forum for European Philosophy (Grande-Bretagne)
□ STAND (TO)

NEF Frédéric
Directeur d'études à l'EHESS
□ IMPLICATION, PROPRIÉTÉ, SÉMIOTIQUE, SIGNE, SYNCATÉGORÈME (encadré 1)

NIVAT Georges
Professeur émérite à l'Université de Genève ; président des rencontres internationales de Genève (Suisse)
□ SOBORNOST'

OMELYANTCHIK Valentin
Directeur de recherche à l'Institut de philosophie de l'Académie nationale des sciences
□ RUSSE

OSMO Pierre
Maître de conférences honoraire en philosophie à l'Université de Paris X-Nanterre
□ WILLKÜR

PANACCIO Claude
Professeur de philosophie à l'Université du Québec à Montréal (Canada) ; Chaire de recherche du Canada en Théorie de la Connaissance
□ CONCEPTUS

PAUL André
Historien de la formation et de l'interprétation de la Bible
□ TRADUIRE

PIGEAUD Jackie
Professeur émérite à l'Université de Nantes ; membre senior de l'Institut Universitaire de France
□ FOLIE

PONS Alain
Maître de conférences honoraire en philosophie à l'Université de Paris X-Nanterre
□ CIVILTÀ, CORSO, DICHTUNG (encadré 1), GÉNIE, INGENIUM, MUTAZIONE, SPREZZATURA, STATO

PRADELLE Dominique
Maître de conférences en philosophie à l'Université de Paris IV-Sorbonne
□ GEGENSTAND, SACHVERHALT

PROST François
Maître de conférences en latin à l'Université de Paris IV-Sorbonne.
□ MENSCHHEIT (encadré 1), MORALE

PROUST Joëlle
Directrice de recherche au CNRS, Institut Jean-Nicod (CNRS/EHESS/ENS)
□ AFFORDANCE, ÂME (encadrés 2 et 5), ÉPISTÉMOLOGIE (encadré 2), QUALE, VOLONTÉ (encadré 1)

PUCCI Pietro
Professeur de langues et littératures classiques à Cornell University, Ithaca, New York (E.U.)
□ KÊR, MÊTIS

QUESNE Philippe
Professeur de philosophie dans l'enseignement secondaire
□ TATSACHE (encadré 1)

RABINOVITCH Solal
Psychiatre et psychanalyste, membre de l'École de psychanalyse Sigmund Freud
□ ENTSTELLUNG

RAUZY Jean-Baptiste
Maître de conférences en philosophie à l'Université de Provence
□ TERME (encadré 1)

RAYNAUD Philippe
Professeur de science politique à l'Université de Paris II-Panthéon-Assas
□ CIVIL RIGHTS, ELEUTHERIA (encadré 1), ÉTAT DE DROIT, JUDICIAL REVIEW, LAW, LIBERAL, MULTICULTURALISM, POLITIQUE, SOCIÉTÉ CIVILE, STATE, THEMIS (encadré 3), WHIG

RIJSKBARON Albert
Professeur de linguistique grecque à l'Université d'Amsterdam (Pays-Bas)
□ ASPECT, TO TI ÊN EINAI

RIOUT Denys
Professeur d'histoire de l'art à l'Université de Paris I-Panthéon Sorbonne.
□ FAKTURA, HAPPENING, IN SITU, KITSCH, MODERNISME, WORK IN PROGRESS

ROESCH Sophie
Maître de conférences en latin à l'Université François Rabelais (Tours)
□ LOGOS

ROMANO Claude
Maître de conférences de philosophie à l'Université de Paris IV-Sorbonne
□ ELEUTHERIA, VOLONTÉ

ROSIER-CATACH Irène
Directrice de recherche au CNRS (« Histoire des idées linguistiques », Université Paris VII-Denis Diderot) ; chargée de conférences à l'EPHE
□ ACTE DE LANGAGE, CONNOTATION, DICTUM, HOMONYME, IMPLICATION, ITALIEN (encadré 2), LANGUE, MOT, PRÉDICABLE (encadré 1), PRÉDICATION (encadré 4), PROPOSITION, SENS, SIGNE, SIGNIFIANT, SUPPOSITION (encadré 1), SYNCATÉGORÈME, TRADUIRE, VÉRITÉ

SAINT-GIRONS Baldine
Maître de conférences en philosophie à l'Université de Paris X-Nanterre
□ PLAISIR, SUBLIME

SANTORO Fernando
Professeur de philosophie à l'Université Fédérale de Rio de Janeiro (Brésil) ; chercheur du CNPQ
□ FICAR, HÀ, PORTUGAIS, SAUDADE

SCARANTINO Luca M.
Secrétaire général adjoint du Conseil international de la philosophie et des sciences humaines (Unesco)
□ GEISTESWISSENSCHAFTEN (encadrés 1 et 2)

SESÉ Bernard
Professeur émérite à l'Université de Paris X-Nanterre ; membre correspondant de la Real Academia Española (Espagne) ; ancien directeur du Centre de Recherches ibériques et ibéro-américaines
□ DUENDE, TALENT

SFEZ Gérald
Maître de conférences à l'Institut d'études politiques de Paris ; professeur de philosophie en khâgne
□ KÊR (encadré 3)

SIGOV Constantin
Directeur du Centre européen de recherches en sciences humaines, Université de Kiev-Mohyla (Ukraine) ; directeur de la maison d'édition L'Esprit et la Lettre

SINAPI Michèle
Professeur de philosophie en classe préparatoire
□ VÉRITÉ

SIMON Gérard
Professeur émérite de philosophie à l'Université de Lille III ; CNRS (« Savoirs et textes »)
□ EIDÔLON, ÉPISTÉMOLOGIE (encadré 3), SENS (encadré 1)

SISSA Giulia
Chargée de recherche au CNRS (« Laboratoire d'anthropologie sociale ») ; professeur (Classics and Political Science) à l'University of California at Los Angeles (E.U.)
□ PATHOS

SPINOSA Giacinta
Professeur d'histoire de la philosophie moderne à l'Università di Cassino (Italie)
□ SENS

THAMER Elisabete
Doctorante à l'Université de Paris IV-Sorbonne
□ ANGOISSE (encadré 1), CATHARSIS, SIGNE (encadré 5)

THOMAS-FOGIEL Isabelle
Maître de conférences à l'Université de Paris I-Panthéon Sorbonne
□ TATSACHE

THOUARD Denis
Chargé de recherche au CNRS (« Savoirs et textes », Université de Lille III)
□ ENTENDEMENT, GEMÜT, LOGOS (encadré 7)

TZEVELEKOU Maria
Linguiste ; directrice de recherche à l'Institute for Language and Speech Processing (Grèce)
□ ASPECT

VASILIU Anca
Chargée de recherche au CNRS (« Centre d'histoire des sciences et philosophies arabes et médiévales »)
□ DIAPHANE, DOR

VASYLCHENKO Andreiy
Chercheur à l'Institut de philosophie de l'Académie nationale des sciences ; professeur de philosophie à l'Université de Kiev-Mohyla (Ukraine)
□ DRUGOJ, ISTINA, NAROD, POSTUPOK, SAMOST', STRADANIE, SVET, SVOBODA

VÉRIN Hélène
Chargée de recherche au CNRS (Centre Alexandre Koyré, MNHN-EHESS)
□ ENTREPRENEUR

VOGUË (de) Sarah
Maître de conférences en sciences du langage à l'Université de Paris X-Nanterre ; membre du CNRS (« Laboratoire de linguistique formelle », Université de Paris VII-Denis Diderot)
□ ASPECT

WERNER Michael
Directeur de recherche au CNRS (« Centre de recherches interdisciplinaires sur l'Allemagne ») ; directeur d'Études à l'EHESS
□ HISTOIRE

WOLFF Francis
Professeur de philosophie à l'ENS Ulm
□ POLIS

Index

Julie KERLEROUX Elisabete THAMER

Révision lexicographique

Nicole CHIAVÉRINI
Catherine LAGARDÈRE
Christiane POULAIN

Lecture-correction

Michel HÉRON
Paul CHEMLA

Assistante maquette
Maud LAHEURTE

Secrétariat éditorial
Marie LEMELLE

Informatique rédactionnelle et éditoriale : Sébastien PETTOELLO et Karol GOSKRZYNSKI

REMERCIEMENTS

Cet ouvrage a été réalisé avec l'appui essentiel du CNRS.

Nous remercions pour leur aide la fondation Charles Léopold Mayer, le CNPQ (Conselho Nacional de Desenvolvimento Cientifico) ainsi que le programme européen ECHO.

Nous tenons également à remercier pour leur soutien personnel et institutionnel Maurice Aymard et la Maison des Sciences de l'Homme, Yves Duroux, le Ministère de la Recherche et le Collège international de philosophie, Roberto Esposito, l'Avvocato Marotta et l'Istituto di Studi Filosofici de Naples, Paolo Fabbri et l'Institut culturel italien de Paris, Elie Faroult et la Direction générale de la recherche à la Commission européenne, Michèle Gendreau-Massaloux et l'Agence universitaire de la francophonie, Yves Hersant et le Centre Europe (EHESS), Yves Mabin et la Direction du Livre au Ministère des Affaires étrangères, Michel Marian et le Centre national du livre, Georges Molinié, Jean-François Courtine et l'Université Paris IV-Sorbonne.

Nous remercions enfin Philippe Büttgen et Marwan Rashed pour leurs relectures.

PRÉSENTATION

À Étienne, sans lequel

L'un des problèmes les plus urgents que pose l'Europe est celui des langues. On peut envisager deux types de solution : choisir une langue dominante, dans laquelle se feront désormais les échanges – un anglo-américain mondialisé; ou bien jouer le maintien de la pluralité, en rendant manifestes à chaque fois le sens et l'intérêt des différences, seule manière de faciliter réellement la communication entre les langues et les cultures. Le *Vocabulaire européen des philosophies, Dictionnaire des intraduisibles* s'inscrit dans la seconde optique. Mais il regarde vers l'avenir plutôt que vers le passé : il n'est pas lié à une Europe rétrospective et chosifiée – laquelle d'ailleurs ? –, définie par un cumul d'héritages juxtaposés qui renforcerait les particularismes, mais à une Europe en cours, en activité, *energeia* plutôt que *ergon*, qui travaille les écarts, les tensions, les transferts, les appropriations, les contresens, pour mieux se fabriquer.

Le point de départ est une réflexion sur la difficulté de traduire en philosophie. Nous avons voulu penser la philosophie en langues, traiter les philosophies comme elles se disent, et voir ce que cela change dans nos manières de philosopher. C'est pourquoi nous n'avons pas confectionné un énième Dictionnaire ou Encyclopédie de la philosophie, traitant pour eux-mêmes des concepts, des auteurs, des courants et des systèmes, mais un *Vocabulaire européen des philosophies*, qui part de mots pris dans la différence commensurable des langues, du moins des principales langues dans lesquelles s'est écrit de la philosophie en Europe – après Babel. De ce point de vue, le *Vocabulaire des institutions indo-européennes* d'Émile Benveniste est l'ouvrage, pluraliste et comparatiste, qui nous a servi de modèle : pour trouver le sens d'un mot dans une langue, il met au jour les réseaux dans lesquels il s'insère et cherche à comprendre comment un réseau fonctionne dans une langue en le rapportant aux réseaux d'autres langues.

Nous n'avons pas travaillé sur tous les mots, ni sur toutes les langues eu égard à un mot, et encore moins sur toutes les philosophies. Nous avons pris pour objet des *symptômes* de différence, les « intraduisibles », entre un certain nombre de langues européennes d'aujourd'hui, en régressant aux langues anciennes (grec, latin) et en passant par l'hébreu, par l'arabe, chaque fois que c'était nécessaire à l'intelligibilité de ces différences. Parler d'*intraduisibles* n'implique nullement que les termes en question, ou les expressions, les tours syntaxiques et grammaticaux, ne soient pas traduits et ne puissent pas l'être – l'intraduisible, c'est plutôt ce qu'on ne cesse pas de (ne pas) traduire. Mais cela signale que leur traduction, dans une langue ou dans une autre, fait problème, au point de susciter parfois un néologisme ou l'imposition d'un nouveau sens sur un vieux mot : c'est un indice de la manière dont, d'une langue à l'autre, tant les mots que les réseaux conceptuels ne sont pas superposables – avec *mind*, entend-on la même chose qu'avec *Geist* ou qu'avec *esprit*; *pravda,* est-ce *justice* ou *vérité*, et que se passe-t-il quand on rend *mimêsis* par *représentation* au lieu d'*imitation* ? Chaque entrée part ainsi d'un nœud d'intraductibilité et procède à la comparaison de réseaux terminologiques, dont la distorsion fait l'histoire et la géographie des langues et des cultures. Le *Vocabulaire européen des philosophies* est un « dictionnaire des intraduisibles » en ce qu'il explicite dans son domaine les principaux symptômes de différence des langues.

La sélection des entrées résulte d'un double travail d'exploration, diachronique et synchronique. La diachronie, pour réfléchir aux passages, aux transferts et aux bifurcations : du grec au latin, du latin antique au latin scolastique, puis humaniste, avec les moments d'interaction avec la tradition juive et la tradition arabe ; d'une langue ancienne à une langue vernaculaire ; d'une langue vernaculaire à une autre ; d'une tradition, d'un système et d'un idiome philosophique à d'autres ; d'un champ du savoir et d'une logique disciplinaire à d'autres. On retrouve ainsi l'histoire des concepts, en dégageant les tournants, les fractures et les opérateurs qui déterminent une « époque ». La synchronie, pour constituer un état des lieux, en arpentant l'actualité des paysages philosophiques nationaux ; on se trouve confronté à l'irréductibilité des oublis et des inventions : apparitions sans équivalent, intrus, doublets, cases vides, faux amis, contresens, qui marquent dans une langue la cristallisation de thèmes et la spécification d'une opération. On se demande alors, à partir des œuvres modernes qui sont à la fois causes et effets de l'état philosophique d'une langue donnée, pourquoi des termes qu'on considère d'ordinaire comme immédiatement équivalents n'ont ni le même sens ni le même champ d'application – ce que peut une pensée dans ce que peut une langue.

L'espace européen a été dès le départ le cadre de notre travail. Le *Vocabulaire* a de fait une ambition politique : faire en sorte que les langues de l'Europe soient prises en compte, et pas seulement d'un point de vue patrimonial comme on préserve les espèces menacées. À cet égard, il y a deux positions dont nous nous démarquons clairement. La première, c'est le tout anglais, ou plutôt le « tout-à-l'anglais » – cet anglais officiel de la communauté européenne et des colloques scientifiques, qui fonctionne certes, mais qui n'est presque plus une langue (les « vrais » Anglais sont ceux qu'on a le plus de mal à comprendre). L'anglais s'est aujourd'hui imposé comme « langue internationale auxiliaire » pour reprendre une expression d'Umberto Eco, il a pris place dans la série chronologique des langues véhiculaires (le grec, le latin, le français) : c'est à la fois la langue universelle de la technocratie cultivée et la langue du marché, nous en avons besoin, pour le meilleur comme pour le pire. Mais la situation philosophique de l'anglais comme langue unique mérite qu'on l'examine un peu autrement. Cette fois, l'anglais est plutôt dans la ligne de la caractéristique universelle rêvée par Leibniz . Non que la langue anglaise puisse jamais se réduire à un calcul conceptuel sur le modèle des mathématiques : c'est, comme toute autre, une langue naturelle, c'est-à-dire une langue de culture, magnifique et forte de toutes ses idiosyncrasies. Cependant, pour une certaine tendance de la « philosophie analytique » (il est vrai qu'aucune précaution terminologique ne sera jamais suffisante ici, puisque l'étiquette vaut, via le *linguistic turn*, pour ceux-là mêmes qui nous réapprennent à interroger le langage, de Wittgenstein à Austin, Quine ou Cavell), la philosophie relève seulement d'un universel logique, identique en tous temps et en tous lieux – Aristote, mon collègue à Oxford. Peu importe alors la langue qui habille le concept, en l'occurrence l'anglais. Cette première motivation universaliste vient en croiser une seconde. Toute la tradition anglo-saxonne s'est attachée à ne pas jargonner, à refuser le langage ésotérique, à dégonfler les baudruches de la métaphysique : l'anglais se présente, cette fois dans sa singularité de langue, comme celle du *common sense* et de l'expérience commune, y compris l'expérience commune de la langue. L'angélisme du rationnel et le militantisme du langage ordinaire se rejoignent pour étayer une prévalence de l'anglais, qui se traduit, dans le pire des cas, par le déni du statut de philosophie à cette philosophie continentale engluée dans les contingences de l'histoire et des langues.

Ni ... ni... L'autre position dont nous nous démarquons est celle qui mène du génie des langues, avec tous ses clichés, au « nationalisme ontologique » (c'est cette fois une expression de Jean-Pierre Lefebvre). On la trouve imagée par Herder, au moment où il fait de la traduction, comme imitation et transplantation, la vocation propre de la langue allemande: « alors qu'en Italie la muse converse en chantant, qu'en France elle raconte et ratiocine avec préciosité, qu'en Espagne elle a l'imagination chevaleresque, qu'en Angleterre, elle pense avec acuité et profondeur, que fait-elle en Allemagne ? *Elle imite. Imiter* serait ainsi son caractère [...] À cette fin, nous avons en notre pouvoir un admirable moyen, *notre langue* ; elle peut être pour nous ce qu'est la *main* pour l'homme imitateur d'art » (J. G. Herder, *Lettres sur l'avancement de l'humanité* , in P. Caussat, D. Adamski, M. Crépon, *La Langue source de la nation,* Mardaga, 1996, trad. de P. Caussat, p.105). Elle est représentée par une certaine tradition heideggerienne de « La » langue philosophique, c'est-à-dire la langue la mieux à même de dire fidèlement l'être, qui occupe une place prédominante dans cette histoire de la philosophie occidentale si continentale. Martin Heidegger considère que la pensée occidentale naît moins en Grèce qu'en grec, et que seule la langue allemande se hausse au niveau du grec dans la hiérarchie des langues philosophantes, si bien que « l'intraductibilité devient à la limite le critère du vrai » (Jean-Pierre Lefebvre, « Philosophie et philologie : les traductions des philosophes allemands », in *Encyclopædia universalis*, Symposium, Les Enjeux, 1, 1990, p. 170). « La langue grecque est philosophique, autrement dit [...] philosophait elle-même déjà en tant que langue et que configuration de langue. Et autant vaut de toute langue authentique, naturellement à des degrés divers. Ce degré se mesure à la profondeur et à la puissance de l'existence d'un peuple et d'une race qui parle la langue et existe en elle. Ce caractère de profondeur et de créativité philosophique de la langue grecque, nous ne le retrouvons que dans notre langue allemande » (M. Heidegger, *De l'essence de la liberté humaine, Introduction à la philosophie* [1930], tr. E. Martineau, Gallimard, 1987, p. 57s.). Même si c'est en un sens « vrai » (des vocables et des tournures du grec et de l'allemand sont des point de passage obligés dans beaucoup d'articles du dictionnaire), ce n'est pas cette vérité-là qu'il nous faut. Notre travail est au plus loin d'une telle sacralisation de l'intraduisible, fondée sur l'idée d'une incommensurabilité absolue des langues et liée à la quasi-sainteté de certaines langues. C'est pourquoi, à l'écart d'une histoire de la philosophie téléologique vectorisée selon le registre du gain ou de la perte, nous n'avons conféré à aucune langue, morte ou vivante, de statut particulier.

Ni universalisme logique indifférent aux langues, ni nationalisme ontologique avec essentialisation du génie des langues : face à ces deux positions, quelle est la nôtre ? Si je devais la caractériser, je parlerais deleuzien : « déterritorialisation ». Elle joue la géographie contre l'histoire, le réseau sémantique contre le concept isolé. Nous sommes partis du multiple (les pluriels l'indiquent : vocabulaire des philosophies, dictionnaire des intraduisibles), et pour y demeurer : nous avons instruit la question de l'intraduisible sans viser l'unité, qu'on la place à l'origine (langue source, mots fontaines, fidélité à la donation ontologique) ou à la fin (langue messianique, communauté rationnelle).

Multiplicité des langues d'abord – comme le souligne Wilhelm von Humboldt, « le langage se manifeste dans la réalité uniquement comme multiplicité » (*Über die Verschiedenheiten...*, in *Gesammelte Schriften,* éd. A. Leitzmann *et al.*, Berlin, Behr, vol.VI, p. 240). Babel est une chance, à condition de comprendre que « la pluralité des langues est loin de se réduire à une pluralité de désignations d'une chose : elles sont différentes perspectives de cette même chose et quand la chose n'est pas l'objet des sens externes, on a affaire souvent à autant de choses autrement façonnées par chacun » (« Fragment de monographie sur les Basques » [1822] ; dans P. Caussat, *La langue source de la nation,* Mardaga 1996, p. 433). Les perspectives sont constitutives de la chose, chaque langue est une vision du monde qui attrape un autre monde dans son filet, qui performe un monde, et le monde commun est moins un point de départ qu'un principe régulateur. Schleiermacher met parfaitement en lumière la tension qui existe entre un concept, dans sa prétention à l'universalité, et son expression linguistique, lorsqu'il affirme qu'en philosophie, plus que dans n'importe quel domaine, « chaque langue contient [...] *un* système de concepts qui, précisément parce qu'ils se touchent, s'unissent et se complètent dans la même langue, forment *un* tout dont les différentes parties ne correspondent à aucune de celles du système des autres langues, à l'exception, et encore, de Dieu et de l'Être, le premier substantif et le premier verbe. Car même l'absolument universel, bien qu'il se trouve hors du domaine de la particularité, est éclairé et coloré par la langue » (*Des différentes méthodes du traduire*, tr. de A. Berman, Le Seuil (Points-Bilingues), 1999, p. 84-85). C'est le « et encore » qu'il faut souligner : même Dieu et l'Être sont éclairés et colorés par la langue ; l'universalité des concepts est entièrement absorbée dans la singularité linguistique.

La multiplicité n'est pas seulement entre les langues, mais en chaque langue. Une langue, telle que nous l'avons considérée, n'est pas un fait de nature, un objet, mais un effet pris dans l'histoire et la culture, et qui ne cesse de s'inventer – derechef, *energeia* plutôt que *ergon*. Si bien que l'objet du dictionnaire est constitué par les langues en leurs œuvres, et par les traductions de ces œuvres en différentes langues, à différentes époques. Les réseaux de mots et de sens que nous avons cherché à penser sont des réseaux d'idiomes philosophiques datables, mis en place par des auteurs spécifiques, dans des écrits particuliers; ce sont des réseaux singuliers et ponctuels, liés à l'adresse (exotérique ou ésotérique), au niveau de langue, au style, au rapport à la tradition (modèles, références, palimpsestes, ruptures, innovations). Tout auteur, et le philosophe est un auteur, en même temps qu'il écrit dans une langue, fabrique sa langue – comme dit Schleiermacher du rapport entre un auteur et sa langue : « il est son organe et elle est le sien » (« L'herméneutique générale, 1809-1810 », in *Herméneutique*, trad. C. Berner, Cerf/PUL, 1987, p. 75). L'intraduisible est donc aussi de l'ordre du cas par cas.

La multiplicité est enfin celle des sens d'un mot dans une langue donnée. Comme dit Jacques Lacan dans *L'Étourdit* : « Une langue, entre autres, n'est rien de plus que l'intégrale des équivoques que son histoire y a laissé persister » (*Scilicet*, 4, Le Seuil, 1973, p. 47). Le *Vocabulaire* nous a conduit à interroger le phénomène de l'homonymie (même mot, plusieurs définitions : le chien, constellation céleste et animal aboyant) dont l'homophonie (le vert et le verre) n'est qu'un cas extrême et une caricature moderne. On sait depuis Aristote et son analyse du verbe « être » qu'il n'est pas si facile de distinguer entre homonymie et polysémie : le *sens* d'un mot, *meaning* en anglais, le *sens* du toucher, *sense*, le *sens* d'un cours d'eau, *direction*, voilà une trace de la polysémie du latin *sensus*, lui-même traduction du grec *nous* (« flair, esprit, intelligence, intention, intuition, etc.. ») bien autrement polysémique de notre point de vue. La variation d'une langue à l'autre rend sensible à ces distorsions et à ces flux sémantiques ; elle permet d'instruire les équivoques dont chaque langue est porteuse, leur signification, leur histoire, leur croisement avec celles des autres langues.

Dans son « Introduction » à l'*Agamemnon* d'Eschyle, qu'il considère comme « intraduisible », Humboldt suggère qu'il faudrait réaliser un ouvrage qui étudie la « synonymie des langues » et prenne acte du fait que chaque langue exprime le concept avec une différence : « Un mot est si peu le signe d'un concept que le concept ne peut même pas naître sans lui, encore moins être fixé ; l'action indéterminée de la force de pensée se condense dans un mot comme de légers nuages apparaissent dans un ciel pur ». « Une telle synonymie des langues principales n'a encore jamais été tentée », ajoute-t-il, « bien qu'on en trouve chez beaucoup d'écrivains des fragments, mais elle deviendrait, si elle est traitée avec esprit, un ouvrage des plus séduisants » (tr. D. Thouard, in *Sur le caractère national des langues et autres écrits sur le langage*, Seuil, 2000, p. 33-35). Cet « ouvrage des plus séduisants », c'est peut-être bien notre *Vocabulaire.* J'espère qu'il rendra sensible une autre manière de philosopher, qui ne pense pas le concept sans le mot, car il n'y a pas de concept sans mot.

Le *Vocabulaire* a l'ambition de constituer une cartographie des différences philosophiques européennes en capitalisant le savoir des traducteurs, et de ces traducteurs (historiens, exégètes, critiques, interprètes) que nous sommes en tant que philosophes. C'est un instrument de travail d'un type nouveau, indispensable à la communauté scientifique élargie qui cherche à se constituer, en même temps qu'un guide de l'Europe philosophique pour les étudiants, les enseignants, les chercheurs, les curieux de leur langue et de celle des autres. C'est aussi une œuvre collective d'une dizaine d'années. Elle a mobilisé autour d'une équipe de responsables scientifiques – Charles Baladier, Etienne Balibar, Marc Buhot de Launay, Jean-François Courtine, Marc Crépon, Sandra Laugier, Alain de Libera, Jacqueline Lichtenstein, Philippe Raynaud, Irène Rosier-Catach – plus de 150 collaborateurs, avec des domaines de compétences linguistiques et philosophiques les plus variés. Ce travail vraiment collectif (long, difficile, frustrant, à refaire, à poursuivre) a en tout cas séduit chacun de nous, l'a poussé à remettre sur le métier et à considérer selon d'autres perspectives ce qu'il croyait savoir en philosophie, de la philosophie. Chacun a donné démesurément son temps, son énergie, son savoir, sa capacité d'invention, pour quelque chose qui tient de l'aventure et de l'amitié, et qui est au-delà de tout remerciement.

Barbara CASSIN

MODE D'EMPLOI

L'ouvrage, d'environ 9 millions de signes, compare sous quelques 400 entrées plus de 4 000 mots, expressions, tournures dans une quinzaine de langues d'Europe ou constitutives de l'Europe (principales langues considérées : hébreu, grec, arabe, latin, allemand, anglais, basque, espagnol, français, italien, norvégien, portugais, russe, suédois, ukrainien).

Le dictionnaire présente trois types d'entrées, typographiquement distinctes.

□ Certaines entrées partent d'un seul mot dans une seule langue, « intraduisible » révélateur d'une constellation donnée dans le temps et/ou dans l'espace, tels LEGGIADRIA qui dit d'abord la grâce des femmes à la Renaissance italienne et nous évoque le sourire de la Joconde, ou MIR qui désigne en russe la paix, le monde et la commune paysanne.
D'autres présentent un ou plusieurs réseaux pour tenter d'en démêler les singularités : par exemple, avec POLITIQUE, on traite *du politique*, de *la politique*, de *politics* et de *policy* ; STRUCTURE procède à une comparaison avec *pattern* et *Gestalt* ; et l'on traite sous SENS de tous les sens de « sens », depuis leur écheveau latin (l'unifiant *sensus*, qui rend le grec *nous*, littéralement « flair, intuition », mais renvoie aussi à la signification d'un mot ou d'un texte) jusqu'à l'imbroglio germano-anglais issu de *Sinn, Bedeutung, meaning, sense,* compliqué des traductions françaises par *dénotation* ou *référence*. Les mots en diverses langues qui figurent dans le cadre sous le lemme d'entrée n'ont pas la prétention d'en être les traductions, bonnes ou mauvaises : ce sont les équivalents, les approximations, les analogues, dont on traite effectivement dans l'article.

□ Un certain nombre d'entrées plus générales, des méta-entrées en quelque sorte, examinent le fonctionnement de telle ou telle langue dans son ensemble à partir d'une caractéristique déterminante : par exemple la différence *ser / estar* dans l'espagnol philosophique (entrée ESPAGNOL) ou la diglossie en russe (RUSSE). Quelques-unes d'entre elles traitent d'un grand problème, comme l'ordre des mots (ORDRE DES MOTS) ou la manière de dire le temps et l'aspect (ASPECT), immergé dans les différentes langues.
Les entrées les plus vastes sont généralement le fruit d'une collaboration, et des « encadrés » (qui sont signés quand ils n'émanent pas des auteurs de l'article) constituent autant de coups de projecteurs sur un texte, ses traductions, une terminologie, une tradition.

□ Enfin, des entrées directionnelles, non signées, sont là pour servir de guide de lecture. Elles aiguillent vers les entrées pertinentes en langues étrangères (MONDE et PAIX permettent d'accéder au russe MIR, ou MALAISE aux manières singulières de désigner le dysfonctionnement âme-corps et son implication existentielle, ACEDIA, DESENGAÑO, DOR, MÉLANCOLIE, SAUDADE, SENSUCHT, SORGE). Elles proposent également une synthèse des difficultés et des différences (RIEN, TEMPS). Lorsqu'on y renvoie, comme corrélats, à l'intérieur d'autres entrées ou dans les index, on les distingue par des italiques.

Deux types d'index font de ce dictionnaire un véritable outil de travail. D'une part, trois index des personnes : en complément de l'index classique des noms propres, on trouvera un index des principaux auteurs et passages cités, ainsi qu'un index, sans doute le premier du genre, des principaux traducteurs et traductions discutées –où Cicéron et Boèce voisinent avec Barnes, Berman ou Klossowski, et avec les auteurs du dictionnaire. D'autre part, un index des principaux mots étudiés, qui sont répertoriés langue par langue. Les renvois sont faits aux articles, et quand les articles sont longs, aux parties d'articles.

SUPPORT ÉLECTRONIQUE

Le projet ECHO (European Cultural Heritage Online, initié par le *Max Planck Institute* de Berlin), a pour ambition de rendre accessible sur le Web « l'héritage culturel européen », et de combler le fossé entre humanités et technologies de pointe. Le *Vocabulaire* constitue l'une des études de cas permettant d'impliquer de manière raisonnée la diversité de l'Europe. Un prototype, centré sur le vocabulaire de l'image et réalisé sous la direction de Laurent Catach, est consultable à l'adresse suivante : http://robert.bvdep.com/public/vep/accueil.html

A

ABSTRACTION, ABSTRAITS

gr.	*aphairesis* [ἀφαίρεσις]
lat.	*abstractio, ablatio, absolutio, abnegatio ; separata, abstracta*
all.	*Abstraktion, Entbildung*
angl.	*abstraction ; abstracta, abstract entities*

► ***CATÉGORIE***, EPOKHÊ, ESSENCE, ***FICTION***, ***IMAGINATION***, INTELLECTUS, INTENTION, ***NÉGATION***, REALITÉ, RES, RIEN, SEIN, SUJET, UNIVERSAUX

Si la signification du terme abstraction *ne pose pas de problème en logique formelle, où l'on appelle* abstraction *l'opération permettant de former, à l'aide d'un « abstracteur », une expression dite « abstraite » à partir d'une autre expression contenant une ou plusieurs variables libres, le champ sémantique du terme est plus difficile à ordonner en philosophie et en théorie de la connaissance. Quand, dans* L'Art de penser *(I, VIII, p. 742), Condillac dénonce « l'abus des notions abstraites réalisées » et que, « pour éviter cet inconvénient », il demande de remonter à « la génération de toutes nos notions abstraites », « moyen qui a été inconnu aux philosophes », « qui ont tâché d'y suppléer par des définitions », il vise autre chose qu'Aristote évoquant, sous l'appellation d'« êtres abstraits » ou de « choses qui existent dans l'abstrait* [τὰ ἐξ ἀφαιρέσεως] *», les formes que saisit la science mathématique « en faisant abstraction de leur matière d'inhérence » (cf. R. Bodéüs,* in *Aristote,* De l'âme, *trad. fr., Paris, Flammarion, « GF », 1993, p. 225, n. 4), ou que le pseudo-Denys l'Aréopagite appelant à s'élever par la pensée au Suressentiel « par l'*aphairesis [ἀφαίρεσις] *de tous les êtres ».*

Il faut donc bien distinguer, lorsqu'on parle d'« abstraction », le problème de la génération des idées abstraites, en tant qu'il touche à celui des universaux, celui de l'existence ou de la non-existence d'objets généraux, et celui de la pratique de la négation abstractive dans la diversité des champs, logique, épistémologique, théologique, où elle s'exerce. Cette palette large du terme abstraction *est bien reflétée par l'usage anglais moderne des termes* abstracta *et* abstract entities, *plus ou moins synonymes de* universals, *dont l'extension inclut les objets mathématiques (nombres, classes, ensembles), les figures géométriques, les propositions, les propriétés et les relations. Si une certaine tendance de l'historiographie anglophone fait des Idées ou Formes de Platon la première occurrence d'entités « abstraites » réelles non spatio-temporelles, instanciées ou participées par des objets spatio-temporels, il semble plus exact de réserver ce terme à l'ontologie « aristotélicienne », en distinguant, comme on le faisait au Moyen Âge, entités séparées* (separata) *et entités abstraites* (abstracta).

I. « EPAGÔGÊ » ET « APHAIRESIS », LES DEUX MODÈLES D'ABSTRACTION SELON ARISTOTE

Il y a deux modèles de l'abstraction dans l'aristotélisme. Le premier est celui de l'« induction abstractive (*epagôgê* [ἐπαγωγή]) », ainsi décrit par Aristote :

> [...] de la sensation vient ce que nous appelons le souvenir, et du souvenir plusieurs fois répété d'une même chose vient l'expérience, car une multiplicité numérique de souvenirs constitue une seule expérience. Et c'est de l'expérience à son tour (c'est-à-dire de l'universel en repos tout entier dans l'âme comme une unité en dehors de la multiplicité et qui réside une et identique dans tous les sujets particuliers) que vient le principe de l'art et de la science, de l'art en ce qui regarde le devenir, et de la science en ce qui regarde l'être.
>
> *Seconds Analytiques*, II, 19, trad. fr. J. Tricot, p. 244.

Le second modèle est celui de l'abstraction mathématique (principalement géométrique), consistant non à « rassembler (*epagein* [ἐπάγειν]) » des éléments semblables pour les grouper sous une même notion, mais à « dépouiller (*aphaireisthai* [ἀφαιρεῖσθαι]) » l'image ou la représentation d'une chose de ses traits individualisants (essentiellement matériels).

Le conflit entre ces deux modèles est une donnée structurelle, une tendance lourde de l'aristotélisme, dont les effets se sont fait sentir tout au long du Moyen Âge. Entre la saisie de ressemblances (base du « *resemblance nominalism* ») et la neutralisation de traits singularisants non pertinents pour le type, les philosophes n'ont cessé de balancer — certains cherchant entre les deux d'improbables formations de compromis.

♦ Voir encadré 1.

II. LA THÉORIE PÉRIPATÉTICIENNE DE L'« APHAIRESIS » ET SES PROLONGEMENTS MÉDIÉVAUX : L'« ABSTRACTIONNISME »

A. La classification des sciences

Dans le traité *De caelo* (III, 1, 299a 15-17), le terme *abstraction* est employé par Aristote par opposition à celui d'*addition*, pour distinguer les « objets mathématiques » (*ta ex aphaireseôs* [τὰ ἐξ ἀφαιρέσεως], litt. « provenant d'une soustraction ») des « objets physiques » (*ta ek prostheseôs* [τὰ ἐκ προσθέσεως], litt. « provenant d'une addition »). Toutefois, c'est seulement en *De anima*, III, 7, 431b 12-16, qu'Aristote explique comment l'intellect « conçoit les abstractions » :

> Quant à ce qu'on appelle les abstractions (*ta en aphairesei legomena* [τὰ ἐν ἀφαιρέσει λεγόμενα]), l'intellect les pense comme on penserait le camus (*simon* [σιμόν]) : en tant que camus, on ne le penserait pas à l'état séparé (*ou kekhôrismenôs* [οὐ κεχωρισμένως]), mais en tant que concave (*koilon* [κοῖλον]), si on le pensait en acte (*energeiai* [ἐνεργείᾳ]), on le penserait sans la chair dans laquelle le concave est réalisé (*aneu tês sarkos an enoei en hêi to koilon* [ἄνευ τῆς σαρκὸς ἂν ἐνόει ἐν ᾗ τὸ κοῖλον]) : c'est ainsi que, quand l'intellect pense les termes abstraits, il pense les choses mathématiques, qui pourtant ne sont pas séparées, comme séparées (*ou kekhôrismena hôs kekhôrismena* [οὐ κεχωρισμένα ὡς κεχωρισμένα]).

Dans la traduction latine, par Michel Scot, du *Grand Commentaire* d'Averroès sur le *De anima*, les expressions utilisées en *De anima*, III, 4, 429b 18-22 et III, 7, 431b 12-16 sont rendues respectivement par « les choses qui existent dans la *mathêsis* » et « les choses qui sont dites négativement ». Averroès fait remarquer que, par « choses qui sont dites négativement », Aristote « entend les choses mathématiques », *négation* signifiant « la séparation d'avec la matière ». « Négation » étant, avec « séparation », « ablation », « retranchement », « soustraction » et « abstraction », l'un des sens possibles du grec *aphairesis*, l'exégèse d'Averroès montre qu'il reconnaît une sorte d'équation : êtres dits négativement = êtres séparés de la matière = êtres mathématiques comme caractéristique de la pensée d'Aristote.

Pourtant, les êtres mathématiques ne sont pas les seuls êtres abstraits. C'est le cas, également, des universaux, spécialement du genre, de l'espèce et de la différence. Comment distinguer, du point de vue de l'abstraction, êtres mathématiques et universaux ? Ce problème a occupé les commentateurs et interprètes d'Aristote de l'Antiquité au Moyen Âge.

1

« Aphairesis »/« Entbildung »/« négation abstractive » dans la théologie mystique

► BILD

Le terme *aphairesis* [ἀφαίρεσις] a un emploi mystique ou, au moins, spirituel, dans le néoplatonisme. On le trouve chez le pseudo-Denys l'Aréopagite, où il définit l'instrument de la connaissance inconnaissante (la « docte ignorance » de Nicolas de Cues). Cf. Denys, *Théologie mystique*, 2, 1025B :

> Car c'est cela, en toute vérité, voir et connaître et chanter suressentiellement, dans un hymne, le Suressentiel, *par la négation abstractive de tous les êtres* (*pantôn tôn ontôn aphaireseôs* [πάντων τῶν ὄντων ἀφαιρέσεως]), tout comme ceux qui, d'un bloc de marbre, dégagent la statue qui, déjà, y était latente, enlèvent tout ce qui empêche, en la masquant, la pure vision de la forme cachée, et font apparaître ainsi, d'elle-même, la beauté cachée, simplement en retranchant (*kai auto eph' heautou têi aphairesei monêi* [καὶ αὐτὸ ἐφ' ἑαυτοῦ τῇ ἀφαιρέσει μονῇ]).
>
> trad. fr. J. Vanneste, *Le Mystère de Dieu. Essai sur la structure rationnelle de la doctrine mystique du pseudo-Denys l'Aréopagite*, Desclée de Brouwer, « Museum Lessianum, section philosophique », 1959, p. 233.

L'exemple de la « statue intérieure » est également attesté, dans ce contexte, chez Plotin, *Ennéades*, I, 6, 9 :

> Comment peut-on voir la beauté de l'âme bonne ? Reviens en toi-même et regarde. Si tu ne vois pas encore la beauté en toi, fais comme le sculpteur d'une statue qui doit devenir belle : il enlève une partie, il gratte, il polit, il essuie, jusqu'à ce qu'il dégage les belles lignes dans le marbre : comme lui, enlève le superflu, nettoie ce qui est sombre pour le rendre brillant, et ne cesse de sculpter ta propre statue jusqu'à ce que l'éclat divin de la vertu se manifeste.

Si la traduction d'*aphairesis* par « négation abstractive » peut sembler ambiguë, le latin médiéval offre au moins quatre termes, *ablatio*, *abstractio*, *absolutio* et *abnegatio*, qui correspondent au sens du terme grec (ablation, retranchement, soustraction, abstraction, négation). Dans les versions latines de la *Théologie mystique*, c'est le terme *ablatio* qui est utilisé pour rendre (a) « *pantôn tôn ontôn aphaireseôs* », et (b) « *kai auto eph' heautou têi apharesei monêi* ». Hilduin : (a) « *per omnium existencium ablacionem* » ; (b) « *et hoc in sui ipsius ablacione sola* ». Jean Scot Érigène : (a) « *per omnium existentium ablationem* » ; (b) « *et ipsam in seipsa ablatione sola* ». Jean Sarrazin : (a) « *per omnium exsistentium ablationem* » ; (b) « *et ipsam in se ipsa ablatione sola* ». Robert Grosseteste : (a) « *per omnium entium ablationem* » ; (b) « *et ipsam in se ipsa ablatione sola* ». Le passage au vernaculaire est l'occasion de quelques formules remarquables. Chez Maître Eckhart, le latin *ablatio* devient le moyen-haut allemand *Entbildung*. Il s'agit moins là d'une traduction — *ablatio* ne « veut pas dire » *Entbildung* — que d'une transposition de la problématique de l'*aphairesis* dans un contexte nouveau, celui de l'image et de la « forme », par la médiation du terme *ablatio* et de ses synonymes latins. Le dépouillement de toutes les images, la mise à nu de l'âme par l'ascèse « négative », la traversée du langage et des idoles mentales, tout cela converge sous le terme d'*Ent-bildung*, si déroutant pour les inquisiteurs que, lors du procès d'Eckhart, c'est par une périphrase, « *imagine denudari* », qu'il sera rendu.

Telles que les définit *Métaphysique*, VI, 1, 1026a 10-16, les sciences théorétiques se laissent répartir de manière combinatoire, selon qu'elles portent sur des êtres « mobiles »/« immobiles », d'une part, « séparés »/« non séparés » de la matière, d'autre part.

> Mais s'il existe quelque chose d'éternel, d'immobile et de séparé, c'est manifestement à une science théorétique qu'en appartient la connaissance. Toutefois cette science n'est du moins ni la physique (car la physique a pour objet certains êtres en mouvement), ni la mathématique, mais une science antérieure à l'une et à l'autre. La physique, en effet, étudie des êtres non séparés (*akhôrista* [ἀχώριστα]) [et] non immobiles, et quelques branches des mathématiques étudient des êtres immobiles, probablement inséparables de la matière, et comme engagés en elle (*hôs en hulêi* [ὡς ἐν ὕλῃ]) ; tandis que la science première a pour objet des êtres à la fois séparés et immobiles (*khôrista kai akinêta* [χωριστὰ καὶ ἀκίνητα]).

Au XIIIe siècle, une introduction anonyme à la philosophie, *Philosophica disciplina,* présente la même tripartition de métaphysique, mathématique et physique, dans un ordre de « séparation » croissante, déterminé par la « valeur ontologique » de ses objets. L'ordre adopté est celui, devenu standard, de hiérarchisation des trois disciplines : physique, mathématique, métaphysique.

> Les choses [...] dont traite la philosophie spéculative, ou bien sont liées (*conjuncte*) au mouvement et à la matière selon l'être et la connaissance, ou bien sont liées selon l'être et non cependant selon la connaissance, ou bien sont tout à fait (*omnino*) séparées. Si elles sont considérées de la première façon, on a alors la philosophie naturelle ; si c'est de la deuxième façon, on a la mathématique ; si c'est de la troisième façon, on a la métaphysique. Et c'est pourquoi il n'y a que trois sciences spéculatives des choses.
>
> *Philosophica disciplina*, éd. C. Lafleur, dans C. Lafleur, *Quatre Introductions à la philosophie au XIIIe siècle*, Vrin, 1988, p. 261, 73-78 ; passage traduit par C. Lafleur, « *Scientia* et *ars* dans les introductions à la philosophie des maîtres ès arts de l'université de Paris au XIIIe siècle », *Miscellanea Mediaevalia*, 22, 1994, p. 48, n. 7.

Quel que soit le classement adopté, un fait se dégage : la métaphysique porte sur des êtres « séparés » (les substances séparées ou Intelligences, le Dieu, « Pensée de la Pensée », voire les intellects dits « poiétique », ou « agent », et « hylique », ou « possible », par la tradition) ; la mathématique, sur des êtres « abstraits ». Où placer les universaux dans un tel dispositif ? La réponse est donnée, de manière épоquale, dès Alexandre d'Aphrodise : il formule une doctrine qui deviendra vulgate péripatéticienne, et que les interprètes modernes désignent sous le vocable d'« abstractionnisme ».

B. L'abstractionnisme

Le point de départ de l'« abstractionnisme » est une thèse (extrapolée de *De anima*, III, 7, 431b 12-16) stipulant que l'abstraction est une opération mentale qui consiste à concevoir comme séparées de la matière des choses qui pourtant ne sont pas séparées de la matière. Deux textes d'Alexandre, *Peri psukhês* [Περὶ ψυχῆς] (*De anima liber cum mantissa*, éd. I. Bruns, Berlin, Reimer, 1887, p. 85, 11-25) et *Quaestiones naturales et morales* (1.25, éd. I. Bruns, Berlin, Reimer, 1892, p. 39, 9-17 ; trad. angl. R. Sharples, Londres, Duckworth, 1992, p. 82-83), en donnent une élaboration précise, dans le cadre d'une opposition entre « Formes incorporelles de soi immatérielles » (pour Alexandre, l'Intellect séparé, Premier moteur immobile) et « formes engagées dans une matière ». Les formes engagées dans une matière, n'étant pas « de soi » intelligibles, deviennent intelligibles du fait qu'un intellect « les rend intelligibles en les séparant de la matière par la pensée, en les appréhendant comme si elles étaient par soi ». La thèse d'Alexandre ne porte pas *prima facie* sur les objets mathématiques, mais sur toutes les sortes de formes dites « matérielles » (c'est-à-dire engagées dans une matière). C'est une généralisation de la théorie de *De anima* III, 7 en dehors du contexte des mathématiques ou, plutôt, de la géométrie. Cette généralisation, l'« abstractionnisme », est rendue possible non seulement par le fait que les intelligibles géométriques font partie des intelligibles abstraits en général, mais aussi du fait même que les intelligibles géométriques fonctionnent la plupart du temps comme exemples des intelligibles abstraits.

S'agissant du mode d'être des universaux abstraits, le théorème principal de l'« abstractionnisme » est ainsi énoncé par Alexandre : « L'universel [qui est] dans tous [les particuliers] n'existe pas de la même manière qu'il est conçu. » L'universel a deux modes d'être : l'un dans les choses, l'autre en tant que conçu. Cette bipartition correspond à la distinction, qu'imposera la scolastique, entre universel *in re* et universel *post rem*. Elle semble réclamer une différence entre « être » et « exister », dont la signification et la portée restent à préciser historialement, que le même Alexandre exprime, généralement, en disant que les universaux ont « être » (*einai* [εἶναι]) dans la pensée et *hupostasis* [ὑπόστασις] (*Quaestiones naturales et morales*, éd. I. Bruns, p. 59, 7-8 ; *In Aristotelis Topicorum libros octo commentaria*, éd. M. Wallies, CAG, II, 2, p. 335)/*huparxis* [ὕπαρξις] (*De anima liber cum mantissa*, éd. I. Bruns, p. 90) dans les particuliers (voir SUJET et ESSENCE).

À l'aube du Moyen Âge, c'est Boèce, le traducteur et commentateur latin d'Aristote, qui formule la seconde thèse de base de l'abstractionnisme, en expliquant que « tous les concepts dérivés des choses *non* conçues telles qu'elles sont disposées ne sont pas nécessairement vides et faux » (PG, t. 64, col. 84B11-14). Le problème ici assumé est celui que les Aristotéliciens du XIIIe siècle fixeront dans l'adage scolaire : « *Abtrahentium non est mendacium* [Il n'y a pas de mensonge dans l'abstraction]. » L'opposition dans l'horizon de laquelle travaille la thèse de Boèce est celle, néoplatonicienne, des concepts authentiques (ayant une réalité à la base) et des concepts vides ou faux. Abstraction et fiction croisent donc leurs routes respectives, selon un schéma d'argumentation qui courra jusqu'à l'époque moderne. Pour Boèce, il y a « opinion fausse » si et seulement si l'on « compose par la pensée » des choses qui ne peuvent exister « naturellement jointes ». Dans ce cas, en effet, le concept qui résulte d'une telle composition est « faux ». C'est ce qui arrive, par exemple, lorsqu'on joint par l'imagination un homme et un cheval et que l'on produit un Centaure (exemple traditionnel de *phantasia* [φαντασία] chez les commentateurs grecs).

> *Si enim quis componat atque conjungat intellectu id quod natura jungi non patiatur, illud falsum esse nullus ignorat : ut si quis equum atque hominem jungat imaginatione, atque effigiet Centaurum.*
>
> [Si, en effet, on compose ou joint par la pensée ce dont la nature ne saurait souffrir la jonction, personne n'ignore que cela est faux : par exemple, si l'on joint un cheval et un homme par l'imagination, on obtiendra un Centaure (*i.e.* quelque chose de faux = qui n'existe pas).]
>
> PG, t. 64, col. 84C1-5.

Tout concept d'une chose « conçue autrement qu'elle n'est disposée » n'est pas, pour autant, un concept faux. Il faut donc distinguer le concept faux et le concept dérivé des choses par abstraction. Le concept faux, comme celui de Centaure, ne provient pas d'une chose conçue autrement qu'elle n'est disposée. Ce n'est pas, en rigueur des termes, un concept dérivé. Au contraire, résultant de la jonction mentale de ce qui « ne peut » exister joint dans la nature, on peut et doit dire de lui qu'il n'est dérivé d'aucune « chose ». Dans le cas du concept dérivé des choses par abstraction, on a bien affaire, en revanche, à un concept dérivé, qui provient d'une « division » ou d'une « abstraction » opérée sur une chose authentiquement existante. L'abstraction boécienne est donc, comme chez Alexandre, une séparation ou dissociation portant sur des « incorporels » (terme stoïcien, caractéristique du péripatétisme syncrétique d'Alexandre) : c'est l'acte qu'effectue la pensée quand, « recevant les incorporels mêlés aux corps, elle les en divise pour les regarder et les contempler en eux-mêmes » (Boèce, *ibid.*).

C. L'attention discriminante : « intentio »/« attentio »

Au XIIe siècle, Abélard introduit le thème qui deviendra central dans les théories empiristes et nominalistes modernes de l'abstraction : l'attention (*intentio, attentio*).

Dans la théorie abélardienne de l'abstraction, le rôle de l'attention est déterminé à partir des données de l'ontologie hylémorphiste héritée d'Aristote, Porphyre et Boèce. Matière et forme n'existent jamais à l'état séparé : elles sont toujours « mêlées » l'une avec l'autre. L'esprit ou plutôt la raison peut les considérer, cependant, de trois manières. Elle peut, en effet, « considérer la matière en soi », ou « porter attention à la forme seule », ou « concevoir les deux comme unies ». Les deux premiers types d'intellection se font « par abstraction », le dernier, « par jonction ».

Sous la plume d'Abélard, la thèse « abstractionniste » de Boèce devient : l'intellection par abstraction n'est pas vide. Deux arguments nouveaux sont avancés : (1) ce type d'intellection n'attribue pas à une chose des propriétés autres que les siennes ; (2) il se contente de faire abstraction de certaines d'entre elles.

> Les intellections par abstraction paraissent peut-être fausses ou vaines parce qu'elles perçoivent la chose autrement qu'elle subsiste. [...] Mais il n'en est pas ainsi. Si quelqu'un intellige une chose autrement qu'elle est, de telle façon qu'il la vise selon une nature ou une propriété qu'elle ne possède pas, cette intellection est assurément vaine. Mais ce n'est pas ce qui se produit dans l'abstraction.
>
> Abélard, *Logica, Super Porphyrium*, éd. B. Geyer, Münster, Aschendorff, 1973, p. 25, 15-22.

Abstraire a donc ici le sens de « faire abstraction de, mettre à part », celui, attesté par le langage ordinaire, de « ne pas tenir compte de ». Cette acception commune d'un acte ailleurs décrit en termes d'extraction des « incorporels » de la matière où ils sont engagés fait que les descriptions abélardiennes de l'acte d'abstraction semblent annoncer celles d'un Stuart Mill.

Au modèle de l'extraction, fondant la présentation de l'abstraction comme induction abstractive, saisie de ressemblances ou recouvrement d'images, alimenté en sous-main par la lecture des passages canoniques de la *Métaphysique* et des *Seconds Analytiques*, s'oppose donc, chez Abélard, un modèle de l'attention discriminante, présent dès l'origine dans la tradition péripatéticienne, mais la plupart du temps supplanté par le premier. Il est clair que le modèle de l'attention a joué un rôle dans certaines formulations non « inductivistes » de philosophes médiévaux, commentateurs d'Aristote, plaidant, contre la thèse de l'abstraction — induction, pour un acte de formation ou production du général « sur un seul échantillon ». La thèse, attestée chez Averroès, consiste à caractériser l'abstraction comme « neutralisation » d'un certain ensemble de traits non pertinents et « focalisation » sur le seul trait « pertinent » assurant la perception d'une « cospécificité » entre individus de même « type ». Dans cette théorie, l'intelligible n'est pas tiré de la perception de ressemblances entre des images, c'est le produit du « dépouillement » d'une image singulière. Je n'ai pas le concept d'homme en l'abstrayant d'une pluralité d'images d'hommes singuliers, mais en retirant à une image singulière tout ce qui la fait singulière. La théorie d'Averroès est prolongée par tous les auteurs qui conçoivent l'abstraction comme possible « sur un seul échantillon ». L'une de ses difficultés majeures est l'obscurité de l'analyse des rôles respectifs de la sensation, de l'imagination, de la faculté « cogitative » (voir encadré 2, « Cogitative », dans INTENTION) et de l'intellect (possible et agent) dans le processus de « dépouillement » de l'« intention » sensible.

Tel que le décrit Abélard, l'acte abstractif est plus simple et moins problématique que dans la psychologie averroïste. Le philosophe du Pallet est, pour une fois, plus proche des intuitions empiriques communes. Sa première observation est que si je considère tel homme individuel comme substance ou comme corps, sans le considérer en même temps comme animal, homme ou grammairien, mon intellection ne porte que sur des caractéristiques qui sont en sa nature. Cependant, et c'est la seconde observation, dans ces cas, mon intellection ne porte pas sur toutes les caractéristiques présentes « en » : elle se détourne de certaines d'entre elles, pour se rendre présente « à ». L'abstraction abélardienne est donc bien le produit d'un mouvement de « focalisation de l'attention », qui veut que « tourner son attention » vers telle ou telle propriété d'une nature implique que « l'attention se détourne » des autres. Ce mouvement de l'attention n'a aucune signification ontologique :

> Quand je dis que mon attention porte sur une nature *seulement* (*tantum*) en tant qu'elle possède telle caractéristique, [la restriction marquée par] *seulement* concerne mon *attention*, non la *manière de subsister* [de cette nature].
>
> Abélard, *Logica, Super Porphyrium*, éd. B. Geyer, p. 25.

Si le mot « seulement » portait sur la manière d'être, mon intellection serait vide. Mais ce n'est pas le cas : la manière dont s'effectue mon intellection n'implique pas que telle nature « possède seulement » telle qualité, elle signifie que je la « considère seulement » en tant qu'elle possède cette qualité.

Il est donc vrai, en un sens, de dire avec Boèce que, dans l'intellection abstractive, une chose est conçue d'une certaine manière autrement qu'elle n'est, *i.e.* non au sens où elle serait conçue avec un autre statut, c'est-à-dire une autre structure que la sienne, mais au sens où le mode de son intellection est différent du mode de sa subsistance. Or, l'intellection relève de *mon* opération. Il faut donc distinguer (1) le fait d'être considérée « séparément » et celui d'être considérée comme « séparée » et (2) le fait d'être « considérée » séparément et celui d'« exister » séparément.

III. LA CRITIQUE EMPIRISTE MODERNE DE L'ABSTRACTION

A. Le « triangle général » de Locke

Le problème de l'origine des « idées » ou « notions abstraites » est un des lieux d'expression privilégiés du nominalisme dit « de la ressemblance » (*« resemblance nominalism »*), fondé sur l'élaboration du rapport supposé entre usage des « noms » et saisie des « ressemblances ». La formulation standard du *« resemblance nominalism »* est donnée par Locke dans une page maintes fois commentée de l'*Essai sur l'entendement humain* :

> *But yet I think we may say, the sorting of them under names is the workmanship of the understanding, taking occasion, from the similitude it observes amongst them, to make abstract general ideas.*
>
> [Je pense que nous pouvons dire que le regroupement des choses sous des noms est l'œuvre de l'entendement, qui prend occasion de la similitude qu'il observe parmi elles pour forger des idées générales abstraites.]
>
> J. Locke, *An Essay Concerning Human Understanding*, III, 3, éd. P.H. Nidditch, p. 415.

À cette description, David Hume ajoute l'idée d'une fonction « abréviative » du nom par rapport à la pluralité des idées individuelles :

> *When we have found a resemblance among several objects, that often occur to us, we apply the same name to all of them, whatever differences we may observe in the degrees of their quantity and quality, and whatever other differences may appear among them. After we have acquired a custom of this kind, the hearing of that name revives the idea of one of these objects, and makes the imagination conceive it with all its particular circumstances and proportions. But as the same word is suppos'd to have been frequently applied to other individuals, that are different in many respects from that idea, which is immediately present to the mind; the word not being able to revive the idea of all these individuals, but only touches the soul [...] and revives that custom, which we have acquir'd by surveying them. [...] The word raises up an individual idea, along with a certain custom; and that custom produces any other individual one, for which we may have occasion. But as the production of all the ideas, to which the name may be apply'd, is in most cases impossible, we abridge that work by a more partial consideration, and find but few inconveniences to arise in our reasoning from that abridgment.*
>
> [Quand nous avons constaté une ressemblance entre plusieurs objets qui se présentent souvent à nous, nous appliquons à tous le même nom, quelque différence que nous puissions observer dans les degrés de leurs quantité et qualité et quelles que soient les autres différences qui puissent apparaître entre eux. Lorsque nous avons acquis une habitude de ce genre, le fait d'entendre prononcer ce nom ravive l'idée de l'un de ces objets et conduit l'imagination à le concevoir, pourvu de toutes ses particularités et de ses proportions particulières. Mais puisque le même mot est censé avoir été fréquemment appliqué à d'autres êtres individuels qui sont à beaucoup d'égards différents de l'idée immédiatement présente à l'esprit, et ce mot n'étant pas capable de raviver l'idée de tous ces êtres individuels, il ne fait que toucher l'âme [...] et raviver cette habitude que nous avons acquise en les examinant [...]. Le mot fait surgir une idée individuelle, en même temps qu'une certaine coutume, et cette coutume produit toute autre idée individuelle dont nous pouvons avoir besoin. Mais comme, dans la plupart des cas, il est impossible de produire toutes les idées auxquelles le nom peut être appliqué, nous abrégeons ce travail en limitant notre examen et nous constatons que cette abréviation n'engendre que peu d'inconvénients pour notre raisonnement.]
>
> D. Hume, *Traité de la nature humaine*, I, I, ch. 7, trad. fr. P. Baranger et P. Saltel, p. 65-66.

On peut donc parler d'une thèse commune Locke-Hume quant à l'origine empirique des idées générales abstraites. Les deux philosophes se séparent en revanche sur le second problème : le statut des « objets généraux ». On sait en effet que, dans l'*Essay Concerning of Human Understanding*, Locke évoque une « idée générale de triangle » censée présenter deux propriétés apparemment incompatibles : l'idée générale de triangle ne doit être ni obliquangle, ni rectangle, ni équilatérale, ni isocèle, ni scalène ; l'idée générale de triangle doit être à la fois (1) *tout* cela et (2) *rien* de tout cela.

> *For example, does it not require some pains and skill to form the general Idea of a Triangle (which is yet none of the most abstract, comprehensive, and difficult), for it must be neither Oblique nor Rectangle, neither Equilateral, Equicrural, nor Scalenon; but* all and none *of these at once.*
>
> [Prenons, par exemple, l'idée générale d'un Triangle, quoiqu'elle ne soit pas la plus abstraite, la plus étendue et la plus malaisée à former, il est certain qu'il faut quelque peine et quelque adresse pour se la représenter ; car il ne doit être ni oblique, ni rectangle, équilatère, ni

isoscèle (*sic*), ni scalène, mais tout cela à la fois, et nul de ces triangles en particulier.]

J. Locke, *An Essay Concerning Human Understanding*, IV, VII, § 9, éd. P.H. Nidditch, p. 596, 5-11 ; trad. fr. Coste, éd. E. Naert, Vrin, « Bibliothèque des textes philosophiques », 1972, p. 494.

Locke ne soutient pas l'existence d'un tel objet. Au contraire, il note que, ainsi caractérisé, un triangle général « est quelque chose d'imparfait qui ne peut exister [*it is something imperfect, that cannot exist*] » et il ajoute que c'est « une idée où certaines parties de plusieurs idées différentes et incompatibles se trouvent réunies [*an Idea wherein some parts of several different and inconsistent Ideas are put together*] ». (On notera que la traduction Coste omet ce passage.) Objet imparfait dans un cas, contradictoire dans un autre, le triangle général abstrait de Locke ne « prétend pas à l'existence », selon une expression que l'on trouve à la fois chez Leibniz (« *ad existentiam pretendere* », ou en français « prétension » [*sic*]) et chez Bolzano (« *Anspruch auf Wirklichkeit machen* », B. Bolzano, *Paradoxien des Unendlichen*, § 13, éd. B. Van Rootselaar, Hambourg, Felix Meiner, 1975, p. 13 ; trad. fr. H. Sinaceur, *Paradoxes de l'infini*, Seuil, 1993, p. 71). Le « triangle général de Locke » est cependant devenu une sorte de référence philosophique obligée pour tous les théoriciens de l'abstraction, concentrant sur lui les critiques les plus diverses, de Berkeley et Hume jusqu'à Husserl.

B. Jonction, séparation / pouvoir de représentation : Berkeley et Stuart Mill

Dans l'« Introduction » des *Principles of Human Knowledge*, Berkeley déplace le problème sur un terrain strictement empirique, affectant de se demander si « l'on peut parvenir à avoir une idée qui corresponde à la description de l'idée générale de triangle, qui n'est ni obliquangle, ni rectangle, ni équilatérale, ni isocèle, ni scalène, mais à la fois *tout* cela et *rien* de tout cela » ; il répond que personne ne forme ni ne peut « former une idée de triangle qui ne serait ni équilatérale, ni scalène, ni isocèle » (*Principles of Human Knowledge*, § 15, in *Berkeley, Œuvres* I, trad. fr. M. Philipps, p. 304-305), et qu'il est, de toute façon, *impossible* de former une idée générale abstraite du triangle à partir d'éléments incompatibles (§ 16). Il n'y a ni ne peut y avoir une idée générale de triangle constituée par la conjonction « *ni* obliquangle *ni* rectangle *ni* équilatérale *ni* isocèle *ni* scalène », car la conjonction « obliquangle + rectangle + équilatérale + isocèle + scalène » est une « idée inconsistante ».

Pour argumenter sa thèse, Berkeley met au jour, dans le processus incorrectement décrit par Locke comme « aboutissant à la formation d'une idée générale abstraite », un ressort tout différent : l'attention. Il ne faut pas confondre « former une idée générale abstraite » et donner son attention à quelque qualité d'une figure particulière au détriment d'une autre ; produire un monstre théorique en combinant les propriétés d'objets différents, qu'aucun ne saurait posséder toutes ensemble, et isoler ou mettre à l'écart d'un objet certaines des propriétés qu'il possède effectivement.

And here it must be acknowledged that a man may consider a figure merely as triangular, without attending to the particular qualities of the angles, or relations of the sides. So far he may abstract; but this will never prove that he can frame an abstract, general, inconsistent idea of a triangle. In like manner we may consider Peter so far forth as man, or so far forth as animal without framing the forementioned abstract idea, either of man or of animal, inasmuch as all that is perceived is not considered.

[Il faut reconnaître ici qu'on peut considérer une figure uniquement comme triangulaire, sans aucune attention aux qualités particulières des angles, ni aux rapports des côtés. C'est dans cette mesure qu'on peut abstraire. Mais cela ne prouvera jamais qu'on puisse former d'éléments incompatibles l'idée générale abstraite du triangle. De même, nous pouvons considérer Pierre en tant qu'il est homme, ou en tant qu'être animé, sans former la susdite idée abstraite d'homme ou d'être animé, dans la mesure où l'on n'envisage pas tout ce que l'on perçoit.]

Principles of Human Knowledge, § 16 ; trad. fr. M. Philipps, p. 310-311.

En d'autres mots, Berkeley admet l'existence d'une « faculté d'imaginer ou de se représenter (*a faculty of imagining, or representing to myself*) les idées des choses particulières » qui ont été perçues auparavant, « de les composer et de les diviser de diverses manières (*variously compounding and dividing them*) » : « Je peux, dit-il, imaginer (*imagine*) un homme à deux têtes, ou la partie supérieure d'un corps humain unie à un corps de cheval. Je peux considérer la main, l'œil, le nez, chacun en soi, abstrait et séparé du reste du corps. » Tout ce que j'imagine doit, cependant, « avoir une forme (*shape*) et une couleur particulière. [...] L'idée d'homme, que je me forme (*that I frame to myself*), doit être celle d'un blanc, d'un noir ou d'un basané, d'un homme droit ou cassé, d'un homme grand, petit ou moyen. Je ne peux en aucune manière me représenter l'idée abstraite (*I cannot by any effort of thought conceive the abstract idea*) » d'homme (*ibid.*, § 10).

Les termes de *jonction* et de *séparation* renvoient aux origines mêmes de la notion d'abstraction, élaborée au Moyen Âge, de Boèce à Abélard, sur les pas d'Aristote et d'Alexandre d'Aphrodise. Le rejet par Berkeley de l'abstraction lockienne reste en fait immanent à la sphère de ce que l'on pourrait appeler l'« abstractionnisme » péripatéticien, en sorte que, paradoxalement et, évidemment, à son insu, l'auteur des *Principles* oppose à l'abstraction selon Locke une version faible de la théorie de Boèce et de ses successeurs médiévaux.

Se reconnaissant « capable d'abstraire en un certain sens », Berkeley distingue deux sortes d'abstraction : l'abstraction authentique et la pseudo-abstraction (celle qui, selon lui, préside chez Locke à la formation des idées générales abstraites). Il y a abstraction authentique « lorsque je considère certaines parties ou qualités particulières à part des autres, si, malgré leur union en un objet, elles peuvent pourtant exister effectivement de manière indépendante ». Il y a pseudo-abstraction, lorsque je prétends « abstraire l'une de l'autre ou me représenter séparément des qualités qui ne pourraient exister séparément les unes des autres » (Berkeley, *ibid.*, § 10, trad. fr. M. Philipps, p. 304).

La même théorie de l'attention est reprise *mutatis mutandis* par J. Stuart Mill. Dans *An Examination of Sir W. Hamilton's Philosophy*, celui-ci explique que l'abstraction n'est pas un acte de pensée consistant à « séparer certains attributs », supposés composer un objet, pour les concevoir « détachés de tout autre », mais un acte qui, partant de ce que ces attributs sont conçus comme « parties d'un agrégat plus grand », « fixe l'attention sur eux, au détriment des autres » avec lesquels ils sont combinés. Hamilton (*Lectures on Metaphysics and Logic*, t. 3, p. 132-133) définit le processus d'attention comme antithétique et complémentaire de l'abstraction :

> [...] *an act of volition, called Attention, concentrates consciousness on the qualities thus recognised as similar; and that concentration, by attention, on them, involves an abstraction of consciousness from these which have been recognised and thrown aside as dissimilar; for the power of consciousness is limited, and it is clear or vivid precisely in proportion to the simplicity or oneness of the object.*
>
> [(...) un acte de la volonté appelé *attention* focalise la conscience sur les qualités reconnues comme semblables ; la focalisation sur ces qualités, grâce à l'attention, comporte une abstraction de la conscience qui lui permet de laisser à l'écart celles qui ont été reconnues comme dissemblables ; de fait, la capacité de la conscience est limitée, et elle n'est claire ou vivante qu'à proportion exacte de la simplicité et de l'unicité de son objet.]

Mill, préférant parler d'« idées complexes d'objets dans le concret [*complex ideas of objects in the concrete*] », plutôt que de « concepts généraux », l'abstraction consiste selon lui à « porter exclusivement l'attention sur certaines parties de l'idée concrète ».

La critique humienne de Locke suit à peu de chose près la même ligne argumentative que celle de Berkeley. Cependant, l'auteur du *Traité* n'attribue pas à celui de l'*Essai* l'ensemble de la position jugée absurde par tous les adversaires du « triangle général ». Selon lui, Locke ne soutient pas qu'il est possible de former l'idée d'un objet constitué par la conjonction de propriétés quantitatives ou qualitatives exclusives les unes des autres et les représentant toutes, mais que, puisque cela est impossible, et qu'il y a cependant des idées générales abstraites, il faut admettre la seconde partie de la thèse : la possibilité de former l'idée d'un objet dépouillé de toutes ses caractéristiques ou, plutôt, une idée d'objet ne représentant aucune de ses propriétés quantitatives ou qualitatives.

> L'idée abstraite d'un homme représente des hommes de toutes tailles et de toutes qualités ; et cela, on conclut qu'elle ne peut le faire qu'en représentant à la fois toutes les tailles et toutes les qualités possibles, ou aucune en particulier. Or, comme on a jugé absurde de soutenir la première proposition, parce qu'elle implique une capacité infinie de l'esprit, on a conclu d'ordinaire en faveur de la seconde et l'on a supposé que nos idées abstraites ne représentaient aucun degré particulier de quantité et de qualité.
>
> [*The abstract idea of a man represents men of all sizes and all qualities; which 'tis concluded it cannot do, but either by representing at once all possible sizes and all possible qualities, or by representing no particular one at all. Now it having been esteemed absurd to defend the former proposition, as implying an infinite capacity in the mind, it has been commonly infer'd in favour of the latter: and our abstract ideas have been suppos'd to represent no particular degree either of quantity or quality.*]
>
> D. Hume, *Traité de la nature humaine*, I, I, chap. 7, trad. fr. citée, p. 63.

À cette fiction, Hume oppose que, s'il est impossible « de concevoir une quantité ou une qualité quelconque sans former une notion précise de ses degrés », l'esprit est capable de « former une notion de tous les degrés possibles de quantité et de qualité à la fois, d'une manière qui, pour imparfaite qu'elle soit, peut néanmoins servir tous les objectifs de la réflexion et de la conversation ». La première pseudo-exigence de l'idée générale abstraite est donc satisfaite, sur un autre terrain que celui de l'abstraction lockienne, tandis que, par une sorte d'effet de miroir ou de retournement, la seconde est abandonnée. Hume prend occasion de cette mise au point pour clarifier le problème de la genèse des idées dites générales : expliquer comment une idée particulière dans sa nature devient générale dans son pouvoir de représentation. C'est là la place de la coutume, ici désignée sous son nom latin d'*habitus*, par quoi la thèse humienne renoue à la fois avec la thèse médiévale de la « connaissance habituelle [*notitia habitualis*] », et avec son fondement, dans le nominalisme de style ockhamiste : le rôle des termes généraux du langage comme instruments de rappel des contenus particuliers fixés par une association durable, et « remobilisables » en la personne du vocable lié :

> [...] il est certain que nous formons l'idée d'objets individuels chaque fois que nous employons un terme général, que nous pouvons rarement ou ne pouvons jamais épuiser la liste de tous ces êtres individuels, et que ceux qui restent ne sont représentés que grâce à l'habitude par laquelle nous les rappelons chaque fois que l'exige une occasion présente. Telle est donc la nature de nos idées abstraites et de nos termes généraux, et c'est de cette manière que nous expliquons le paradoxe [...] *que certaines idées sont particulières quant à leur nature, mais générales quant à leur représentation.* Une idée particulière devient générale en étant associée à un terme général, c'est-à-dire à un terme qui, par suite d'une conjonction coutumière, est en relation avec beaucoup d'autres idées particulières et les rappelle facilement à l'imagination.
>
> [(...) *'tis certain that we form the idea of individuals, whenever we use any general term; that we seldom or never can exhaust these individuals; and that those, which remain, are only represented by means of that habit, by which we recall them, whenever any present occasion requires it. This then is the nature of our abstract ideas and general terms; and 'tis after this manner we account for the* (...) *paradox,* that some ideas are particular in their nature, but general in their representation. *A particular idea becomes general by being annex'd to a general term; that is, to a term, which from a customary conjunction has a relation to many other particular ideas, and readily recalls them in the imagination.*]
>
> D. Hume, *Traité de la nature humaine*, I, I, chap. 7, trad. fr. citée, p. 67-68.

Alain de LIBERA

BIBLIOGRAPHIE

BERKELEY George, *Principles of Human Knowledge* [1710-1734], Oxford, Oxford UP, 1996 ; *Principes de la connaissance humaine*, trad. fr. M. Philipps, in *Œuvres*, éd. G. Brykman, t. 1, PUF, « Épiméthée », 1985.

CONDILLAC Étienne Bonnot de, *Traité de l'Art de penser* [1796], Vrin, 1981.

HAMILTON William, *Lectures on Metaphysics and Logic*, 4 vol., Édimbourg-Londres, W. Blackwood, 1861-1866, repr. Stuttgart, Bad Cannstatt, F. Frommann, 1969-1970, t. 3.

HUME David, *A Treatise of Human Nature* [1739-1740], éd. L.A. Selby-Bigge, Oxford, Clarendon Press, 1978 ; *Traité de la nature humaine*, trad. fr. P. Baranger et P. Saltel, Flammarion, « GF », 1995.

LOCKE John, *An Essay Concerning Human Understanding*, éd., intr., app. critique et glossaire P.H. Nidditch, Oxford, Clarendon Press, 1975.

OUTILS

CAG : *Commentaria in Aristotelem graeca*, 23 vol., éd. Preussische Akademie der Wissenschaften, Berlin, Walter de Gruyter, 1882-1909.

PG : MIGNE Jacques-Paul (éd.), *Patrologiae cursus completus, series graeca* [*Patrologie grecque*], 1857-.

ABSURDE

ABSURDE L'*absurde* est ce qui dissone ou qu'on *n'entend* pas (cf. lat. *surdus*), et se définit comme un désaccord : avec l'entendement ou la raison, avec le sens, y compris le sens de la vie. Le terme donne ainsi accès à trois réseaux principaux, logique, linguistique et psychologique. On se reportera d'abord au *nonsense* anglais, où interfèrent ces trois réseaux, parce qu'il oblige à penser la dimension positive de cette dissonance : voir NONSENSE.

I. ABSURDE ET RAISON

L'absurde est contraire à la raison, comme faculté (voir *RAISON*, et en part. LOGOS et FOLIE). Mais, au-delà de cette définition générale, l'absurde désigne une manifestation effective de l'absence de raison ; il faut donc, pour le définir, spécifier des critères du rationnel, soit quant aux exigences logiques (ainsi le raisonnement « par l'absurde » et la « réduction à l'absurde » se fondent sur la non-contradiction, voir PRINCIPE), soit quant aux valeurs pratiques (voir PRAXIS, *PRUDENCE*, et en part. PHRONÊSIS). L'absurde n'est alors pas le simplement faux (voir VÉRITÉ, *FAUX*), ni l'absence de bon sens (voir SENS COMMUN), il désigne une surdité radicale par rapport aux faits (voir MATTER OF FACT, SACHVERHALT, *VÉRIFACTEUR*).

II. ABSURDE ET SENS

Au-delà de la question logique de la contradiction se pose celle des règles du langage et des critères du sens (voir SENS, HOMONYME, SIGNIFIANT/SIGNIFIÉ). La possession ou donation d'un sens dépend en particulier d'une syntaxe ; des phrases d'apparence correcte peuvent être dépourvues de sens (*unsinnig*, par différence avec *sinnlos*, voir NONSENSE). C'est le cas des énoncés de la métaphysique, selon certains philosophes (Wittgenstein, Carnap) qui font du non-sens un usage critique : écarter les propositions ou phrases qui ne disent rien (voir PROPOSITION).

III. ABSURDE ET EXISTENCE

L'absurde, comme sensation de l'absence de sens, est aussi un vécu (voir ERLEBEN) : défini par Camus comme « mystère et étrangeté du monde », il appartient au vocabulaire français de l'existentialisme, que nous avons exploré à sa source allemande (voir DASEIN). C'est un affect ontologique largement décrit chez Schelling, Kierkegaard, Freud, Heidegger (voir ANGOISSE et, plus généralement, *MALAISE*), lié à la « facticité » (voir encadré 1, « *Faktum, Faktisch, Faktizität* », dans TATSACHE).

De manière ponctuelle et positive, les trois composantes de l'absurde, logique, linguistique et existentielle, sont à l'œuvre dans le mot d'esprit : le *nonsense* renvoie à une forme spécifique d'humour, désignée par *wit* en anglais et *Witz* en allemand (voir MOT D'ESPRIT, NONSENSE).

► BELIEF, *RIEN*

ACEDIA ESPAGNOL – fr. *tristesse, acédie*

gr.	**akêdeia** [ἀκήδεια], **akêdia** [ἀκηδία]
lat.	**taedium**

► ***MALAISE*** [MÉLANCOLIE, SPLEEN], et DASEIN, DESENGAÑO, OIKEIÔSIS, SORGE, VERGÜENZA

Par l'intermédiaire du latin monastique acedia, *« dégoût, indifférence » (*Cassien, De institutis coenobiorum*, X, 2, 3, PL, t. 49, col. 363-369), le riche concept grec d'*akêdeia *[ἀκήδεια], privatif formé sur* kêdos *[κῆδος], « trouble », porteur de la double valeur de manque de soin (négligence) et d'absence de souci (par lassitude ou par sérénité), s'impose dans la langue castillane de manière à forger, moyennant trois variations phonétiques d'un même vocable —* acedia, acidia, accidia *—, un concept qui relève à la fois du registre communautaire et du registre moral. Le terme grec appartient originellement aux rituels sociaux ; dans le latin philosophique à partir de Sénèque, il se rapporte à la vertu morale de l'intimité ; mais son usage contemporain le reconduit à une dimension collective.*

Le grec *akêdeia* [ἀκήδεια] relève simultanément du registre des obligations dues à l'autre et de l'estime de soi-même : cette amplitude de sens détermine les variations ultérieures. Sur le plan social, le substantif *kêdos* [κῆδος], « soin, souci », se spécialise dès Homère dans deux emplois particuliers, le deuil, les honneurs rendus à un mort, et l'union, la parenté par mariage ou par alliance ; la *kêdeia* [κηδεία] (adj. *kêdeios* [κήδειος]) est l'attention qu'on doit porter aux morts, ainsi que la sollicitude et les soins envers les alliés, caractéristique de ce rapport d'alliance, distinct de celui du sang, qui contribue aussi à la *philia* [φιλία], au bien-vivre de la cité (Aristote, *Politique*, III, 9, 1280b 36 ; voir AIMER et POLIS) ; *ho kêdemôn* [ὁ κηδεμών] se dit de tous ceux qui protègent, par exemple des dieux tutélaires (Xénophon, *Cyropédie*, III, 3, 21). *Akêdês* [ἀκηδής] qualifie au sens actif, de manière positive, celui qui est exempt de souci et de crainte (Hésiode, *Théogonie*, v. 489, à propos de Zeus

« invincible et impassible »), mais aussi, négativement, la servante ou l'homme négligent (Homère, *Odyssée*, XVII, 319 ; Platon, *Lois*, 913c) ; au sens passif, il désigne celui qu'on néglige (*Odyssée*, XX, 130) ou qu'on abandonne sans sépulture (comme Hector, *Iliade*, XXIV, 554). Comment le manque de soin, *akêdeia*, peut-il devenir une vertu de type réflexif ?

La double acception transitive (souci d'autrui) et réflexive (souci de soi) se maintient dans les sens d'*acedia* en espagnol. Le premier mouvement vers l'éthique de l'intimité est déterminé par la réflexion de la philosophie pratique sur la finitude de la vie humaine. L'événement que représente la mort produit une tristesse sans consolation apparente. La réaction morale face aux situations dans lesquelles on se prend à redouter une telle finitude est présentée d'une façon active et critique dans l'éthique des *Consolations* développée par Sénèque. La grâce et la pureté peuvent tempérer l'ennui (« *Marcum blandissimum puerum, ad cujus conspectum nulla potest durare tristitia* [Marcus, ce garçon si gentil devant lequel aucune tristesse ne peut durer] », *De consolatione ad Helviam*, XVIII, 4). Mais surtout, c'est l'effort de la raison et de l'étude qui peut vaincre toute tristesse (« *liberalia studia : illa sanabunt vulnus tuum, illa omnem tristitiam tibi evellent* [ces études guériront ta blessure, t'enlèveront toute tristesse] », *De consolatione ad Helviam*, XVII, 3). Cette perspective du contrôle intérieur est fondatrice d'un style, enraciné dans la culture du Sud : l'acceptation sobre de la mort et, plus généralement, de la finitude.

L'*acidia* est conçue comme ayant un double sens psychologique et théologique. Elle est d'abord une passion de l'*animus* et appartient donc à l'une des quatre espèces de la tristesse, les trois autres étant la *pigritia*, « paresse », la *tristitia*, « tristesse » proprement dite, et le *taedium*, « ennui ». Dans le monachisme chrétien des IVe et Ve siècles, surtout chez Cassien et chez les Pères du désert orientaux, l'*acedia* est une des sept ou huit tentations avec lesquelles les moines peuvent être aux prises à un moment donné. Mentionnée habituellement entre la tristesse et la vaine gloire dans une liste qui deviendra celle des « sept péchés capitaux », elle se caractérise par un dégoût prononcé pour la vie spirituelle et l'idéal érémitique, un découragement et un ennui profonds qui conduisent à un état de léthargie ou à l'abandon de la vie monastique. On la désignera par l'expression de « démon de midi » qui viendrait du verset 6 du Psaume 90. Thomas d'Aquin oppose l'*acedia* à la joie qui est inhérente à la vertu de charité et il en fait un péché spécifique en tant que tristesse portant sur des biens spirituels (*Summa theologica*, IIa, IIae, qu. 35). Fray Luis de Granada reprendra cette idée (*Escritos espirituales*, ch. 13) en rangeant l'*acedia* parmi les sept péchés capitaux. Si elle équivaut aux termes plus répandus de *tedio* (*taedium*) et *pereza* (*pigritia*), c'est qu'elle est le résultat d'un excès de dispersion ou de bavardage, ainsi que de la tristesse et de l'insouciance (*incuria*) qui viennent de la difficulté à obtenir les biens spirituels. *Desolación* (*desolatio*) serait ainsi un terme voisin d'*acedia*, souvent employé dans la littérature spirituelle ou mystique — de Jean de la Croix à Ignace de Loyola — et qui subsiste dans le vocabulaire des sentiments moraux.

Le sens laïque que le mot a pris dans l'espagnol moderne peut faire de l'*acidia* ou *acedia* le résultat d'une situation de crise et de conflit social. Juan de Mariana, dans son *Historia de España* (livre 5, chap. 14), rattache le sens courant d'*acedia* (à partir de l'adjectif *acedo*, sur le latin *acidus*, « aigre, acide ») au dépouillement et à la nécessité auxquels sont soumis les pauvres. L'opposition *acedia/amor* se retrouve souvent chez les écrivains du Siècle d'or, notamment chez Cervantès :

> *Mírala si se pone ahora sobre el uno, ahora sobre el otro pie, si te repite la respuesta que te diere dos veces, si la muda de blanda en áspera, de aceda en amorosa.*
>
> [Observe bien si elle se met sur l'un ou sur l'autre pied, si elle te repète la réponse deux fois donnée, si elle la convertit de molle en âpre, d'aigre en gentille.]
>
> *Don Quichotte*, 2, 10.

Miguel de Unamuno et Pío Baroja, parmi les moralistes espagnols de notre temps, semblent être les derniers à utiliser ainsi la notion d'*acedia*, tout en la rangeant parmi celles qui expriment des sentiments collectifs de détresse ou de déclin spirituel : l'absence de souci de soi apparaît alors comme un phénomène de la société et de la culture qui n'ose pas se confronter aux exigences de la transformation de l'identité moderne. Cette situation de crise fait de l'*acedia* un équivalent de la routine, la conséquence d'une tradition reçue de façon non critique, incapable de mettre en jeu de nouvelles ressources personnelles et collectives. La *tristeza de las cosas*, la « tristesse des choses », expression du sentiment de l'éphémère, est une formule qui, bien qu'elle remonte à la fin du romantisme avec Francisco Villaespesa, ajoute une dimension esthétique. Il s'agit de la naturalisation ou perte de l'*aura* qu'évoque Walter Benjamin, qui l'emprunte au *spleen* baudelairien, à la phénoménologie de la conscience de la perte ou à la détresse collective qui suit les grandes secousses de la modernisation (*Das Passagen-Werk*).

La réception sociologique de l'*acedia* s'oriente, à partir de l'entre-deux-guerres, dans une double direction : la première travaille sur les causes économiques de la détresse contemporaine et sur les formes de révolte qui s'ensuivent (Deleito y Piñuela), l'autre ouvre sur la délectation esthétique postmoderne (Eugenio d'Ors) avec des notions telles que le *tedio opulento* (l'« ennui opulent »).

José Miguel MARINAS

BIBLIOGRAPHIE

BENJAMIN Walter, *Das Passagen-Werk*, in *Gesammelte Schriften*, t. 5, éd. R. Tiedemann, Francfort, Suhrkamp, 1982 ; *Paris, capitale du XIXe siècle*, trad. fr. J. Lacoste, Paris, Cerf, 1992.

DE GRANADA Luis, *Escritos espirituales*, in *Obras completas*, t. 3, ch. 13, Madrid, Fundación Universitaria Española, 1988.

DE MARIANA Juan, *Historia de España*, Saragosse, Ebro, 1964.

DELEITO Y PIÑUELA José, *El sentimiento de tristeza en la literatura contemporanea*, Barcelone, Minerva, 1917.

D'ORS Eugenio, *Oceanografia del tedio*, Barcelone, Calpe, 1920.

VILLAESPESA Francisco, *Tristitiae rerum*, Madrid, Imp. Arroyave, 1906.

OUTILS

PL : MIGNE Jacques-Paul (éd.), *Patrologiae cursus completus, series latina* [*Patrologie latine*], 1844-.

ACTE *Acte* vient du lat. *actum*, participe passé passif substantivé d'*agere*, qui signifie « pousser devant soi », comme le gr. *agein* [ἄγειν] (cf. *agôn* [ἀγών], la lutte, le procès) ; le verbe latin se différencie, d'une part, de *ducere*, « marcher à la tête de » (comme le gr. *arkhêin* [ἄρχειν], cf. PRINCIPE) et, d'autre part, de *facere*, « faire », en ce qu'il implique une durée, une activité et un accomplissement plutôt qu'une action déterminée et instantanée (ainsi *agere aetatem, vitam*, « passer le temps, la vie »). *Actus*, le fait de se mouvoir, action ou résultat de l'action, est un doublet d'*actio* (même étymologie), mais la dualité permet des spécialisations significatives : *actus* désigne l'action d'une pièce (ce qu'Aristote désigne avec *prattein* [πράττειν], ou *pragmata* [πράγματα]) ou sa subdivision en « actes », tandis qu'*actio* est juridique et rhétorique (action en justice, action oratoire, plaidoirie). *Actor* est ainsi à la fois le personnage dans une pièce et celui qui l'incarne : voir ACTEUR ; cf. MIMÊSIS, *PASSION*.

Le vocabulaire de l'*acte* est pris dans trois grands couples d'oppositions en constante interférence : ontologique, éthique et pragmatique.

I. ONTOLOGIE : PUISSANCE ET ACTE

1. La distinction *potentia-actus* est utilisée pour traduire la distinction aristotélicienne de la *dunamis* [δύναμις] et de l'*energeia* [ἐνέργεια]. *Actus* rend les deux termes de la différenciation grecque *ergon* [ἔργον] et *energeia*, qu'on a beaucoup de mal à exprimer en français sans user des deux radicaux, l'« œuvre » pour *ergon* (sur **werg-*, comme angl. *work* ou all. *Wirkung*) et l'« acte » pour *energeia* : pour le grec, voir FORCE (encadré 1, « *Dunamis, energeia...* »), PRAXIS (encadré 1, « Métaphysique de la *praxis* »), ESSENCE, *ÊTRE*, *ŒUVRE*.

2. Sur la gradation ontologique entre la puissance et l'acte, voir, outre la définition aristotélicienne du mouvement (encadré 1 dans FORCE) : ESSENCE, ESTI, *ÊTRE*, PROPRIÉTÉ ; cf. TO TI ÊN EINAI et *DYNAMIQUE*. Elle culmine dans la conception du dieu comme « acte pur », voir INTELLECTUS, et cf. DIEU.

Sur la manière dont le vocabulaire latin de l'actualité se trouve ainsi transposé dans le registre de l'effectivité, voir RÉALITÉ (avec l'étude du doublet *Realität / Wirklichkeit*) et, pour le réseau italien, ATTUALITÀ-ATTUOSITÀ ; cf. RES.

3. Par ailleurs, la *dunamis* signifie à la fois la « potentialité », comme « pas encore » de l'acte, et la « puissance », comme « pouvoir » qui en résulte : sur cette différence que le latin rend au moyen des deux termes *potentia* et *potestas*, on se reportera à *DYNAMIQUE* et *POUVOIR* [MACHT-GEWALT ; cf. HERRSCHAFT].

4. La puissance peut devenir ainsi, non pas le manque de l'acte, mais sa qualité éminente, et la marque de l'humain, ce qui fait de l'acte une œuvre. Dans le domaine esthétique, voir HAPPENING, WORK IN PROGRESS (cf. *ŒUVRE*, I, 1). Quant à l'« acte manqué », dont la réussite tient précisément à ce qu'il est manqué, on se reportera à INGENIUM (encadré 3, « Le *Witz...* »), cf. INCONSCIENT, *MOT D'ESPRIT* [NONSENSE].

II. ÉTHIQUE : ACTION ET PASSION

1. La distinction de l'action et de la passion est, depuis les écoles de philosophie de l'Antiquité qui privilégient le premier terme même si elles l'interprètent parfois différemment (on peut être « actif » sur soi-même dans la forme de la tranquillité de l'âme), l'une des matrices de la pensée éthique : voir PATHOS, *PASSION*, et cf. AIMER, *SAGESSE*. L'émergence du vocabulaire de la volonté comme faculté désirante recoupe la même problématique : voir VOLONTÉ, WILLKÜR, et *LIBERTÉ* (avec l'encadré 2, « Serf-arbitre », dans ELEUTHERIA).

2. On trouvera sous PRAXIS et VIRTÙ l'exploration des principaux réseaux qui valorisent l'action en élargissant l'acte moral à l'historicité et au politique.

Le russe *postupok* [поступок] désigne l'acte éthique accompli par la personne (*ličnost'* [личность], voir RUSSE), et se caractérise par la responsabilité et l'engagement : voir POSTUPOK.

Enfin, le néologisme fichtéen *Tathandlung*, irréductible à un *Akt*, par-delà les paradigmes simples du *Tun*, du *Handeln* et du *Wirken* (faire, agir, œuvrer) comme par-delà le *Faktum* (fait) kantien, redouble l'action de poser par l'accomplissement du posé, selon l'équation je = je (voir TATSACHE-TATHANDLUNG), et ouvre sur la pragmatique.

III. PRAGMATIQUE : PARLER ET AGIR

1. Les développements contemporains, en particulier dans la philosophie analytique, conduisent à réorganiser champs et disciplines autour d'une problématique de l'action qui doit beaucoup de son efficacité à la polysémie du terme *agency* en anglais : voir AGENCY ; voir aussi AFFORDANCE. Le domaine de la pensée et du langage en est la condition de possibilité et l'élément, voir ACTE DE LANGAGE ; cf. INTENTION, SENS, VÉRITÉ.

2. Sur la manière dont un idiome philosophique développe tendanciellement sa pragmatique propre, on pourra se reporter à l'exemple de l'italien qui, même lorsqu'il traduit l'idéalisme allemand, préserve ou renouvelle une thématique de la vérité effective (*effetuale*) de la chose qui renvoie plutôt à l'événementialité qu'à l'historicité universelle ou à la performativité du discours : voir ATTUALITÀ-ATTUOSITÀ.

► ÂME, DASEIN, *FAIT*

ACTE DE LANGAGE

gr.	*epideixis* [ἐπίδειξις]	angl.	*speech act, performance*
lat.	*actus exercitus*	all.	*Vollziehung*

► *ACTE*, ACTEUR, AGENCY, ANGLAIS, DICHTUNG, INTENTION, LOGOS, NONSENSE, PRAXIS, PROPOSITION, SACHVERHALT, SENS, *SOPHISME*, VÉRITÉ

*La notion d'*acte de langage *ou de parole* (speech act) *est inséparable de l'œuvre d'Austin et de son invention du performatif* (performative, *abrégé pour* « performative utterance »). *L'attention portée à une catégorie d'énoncés qui démet la dualité vrai/faux* (true / false : fetish, *comme dit Austin) au profit d'une problématique de la réussite et de l'échec* (felicity / infelicity) *dessine un nouveau champ où le langage, l'action et l'intention font système, et invente un nouveau vocabulaire qui prête parfois à contresens.*

Cette invention liée au « linguistic turn », *si contemporaine soit-elle, conduit à reconsidérer les mouvements ou les moments qui, dans les traditions grecque et latine, s'attachent au langage en tant qu'il agit et non en tant qu'il exprime. Le problème à résoudre n'est pas tant alors, comme dans le monde anglo-saxon, celui des énoncés éthiques, mais, autour de l'*epideixis [ἐπίδειξις] *sophistique, celui de l'efficacité rhétorique, de la culture par différence avec la nature et de la création du politique ; puis, au Moyen Âge, d'un côté, avec la notion d'*« actus exercitus », *la mise au jour d'un niveau de complétude linguistique où intervient l'acte de langage et non plus simplement la combinaison des éléments du discours, de l'autre, le repérage d'une propriété tout à fait remarquable des énoncés sacramentels comme énoncés « opératifs », qui « font ce qu'ils signifient ».*

I. « EPIDEIXIS », PERFORMANCE ET PERFORMATIVITÉ DU « LOGOS »

A. L'« epideixis », prestation et éloge

Epideixis [ἐπίδειξις] est le mot par lequel la tradition, des dialogues de Platon aux *Vies des sophistes* de Philostrate, caractérise la discursivité sophistique. Le terme est consacré par Platon (par exemple *Hippias majeur*, 282c, 286a ; *Hippias mineur*, 363c), où il désigne le discours suivi de Prodicos, d'Hippias, de Gorgias, par opposition au dialogue heuristique par questions et réponses, en quête de la vérité sur l'objet et en prise sur les difficultés de l'autre, qui caractérise la dialectique socratique. C'est un discours long et continu dont les effets sont si calculés, même lorsqu'il est le fruit de l'improvisation, que son auteur ne peut que le répéter à l'identique (*Gorgias*, 447c 2-3). Comme le notera Aristote, le style épidictique est *graphikôtatê* [γραφικωτάτη] « le plus propre à l'écriture », car « son effectuation propre est une lecture » (*Rhétorique*, III, 12, 1414a 18 *sq.*). La meilleure traduction serait alors « prestation », « conférence », voire *lecture*, au sens anglo-saxon du terme, puisque le sophiste, venu souvent de Sicile ou de Grande Grèce, fait des tournées à l'étranger — c'est-à-dire dans les grandes cités grecques, Athènes, Sparte.

Avec Aristote (*Rhétorique*, I, 3), l'*epideixis* se particularise et se codifie dans un système d'opposition strict : le genre épidictique, ou « éloge », est l'un des trois grands genres dans lesquels se rangent tous les discours. Le discours « délibératif » (*sumbouleutikon* [συμϐουλευτικόν]) s'adresse à l'assemblée, pour lui conseiller ou lui déconseiller quelque chose concernant l'avenir ; le discours « judiciaire » (*dikanikon* [δικανικόν]) s'adresse au tribunal, pour accuser ou défendre, et concerne le passé. L'épidictique, éloge et blâme, ne s'adresse, dit Aristote, ni au citoyen ni au juge, mais au spectateur (*theôros* [θεωρός]) ; il ne concerne ni l'avenir ni le passé, mais le présent, et c'est seulement « en suivant le présent » (*kata ta huparkhonta* [κατὰ τὰ ὑπάρχοντα], 1358b 18) qu'on y peut argumenter du passé ou de l'avenir ; il ne s'agit ni d'une décision ni d'un verdict, mais simplement de la *dunamis* [δύναμις] (« puissance », « pouvoir », « talent ») de l'orateur lui-même, sur quoi le spectateur a à se prononcer (1358b 6). Enfin, au lieu de rapporter tout à l'utile et au nuisible, comme le conseil, ou au juste et à l'injuste, comme le plaidoyer, l'éloge a pour seule visée « le beau et le honteux » (*to kalon kai to aiskhron* [τὸ καλὸν καὶ τὸ αἰσχρόν], 1358b 28 — où s'entend le lien entre esthétique et éthique (voir encadré 1, « Bel et bon », dans BEAUTÉ).

Pour mieux comprendre le rapport entre les deux sens de prestation et d'éloge, on peut repartir de l'étymologie. La *deixis* [δεῖξις], sur *deiknumi* [δείκνυμι], « montrer », est l'acte de désigner sans parole, avec son index tendu (voir *dikê*, sous THEMIS). L'*epideixis* dit l'art de « montrer » (*deiknumi*) « devant » (*epi* [ἐπί]) : *epi* indique d'abord qu'il faut être en présence d'un public, les « spectateurs » d'Aristote. C'est pourquoi, d'ailleurs, on peut faire une *epideixis* sans parler ; ainsi Thalès, le héros fondateur de la philosophie (*arkhêgos* [ἀρχηγός], *Métaphysique*, A, 3, 983b 20), fonde aussi la chrématistique : trustant les pressoirs avant une récolte d'olives particulièrement abondante, il montre à tous, se vengeant ainsi du rire de la servante thrace, que le philosophe peut tirer quand il le veut un parti économique de sa science météorologique, et fait ainsi une *epideixis heautou sophias* [ἐπίδειξις ἑαυτοῦ σοφίας] — montre, preuve, étalage, de sa sagesse, ou plutôt de sa compétence (*Politique*, 1259a 9-19 ; c'est sans doute la seule occurrence non rhétorique dans le corpus aristotélicien). L'*epideixis* est ainsi l'occasion de montrer ce qu'on sait faire, en saisissant les moments propices que seul le présent peut offrir (voir MOMENT, II, « *Kairos* »). L'*epideixis* rhétorique est, elle aussi, l'occasion d'une telle démonstration. L'orateur épidictique se sert de ce qu'il exhibe comme d'un exemple ou d'un paradigme : en en faisant l'éloge, il le « sur-fait », et en montre « encore plus » *(epi)* grâce à lui ; simultanément, il montre ce qu'il sait faire à propos d'un objet quel qu'il soit (Hélène ou Palamède, Athènes ou Rome, le cheveu ou la mouche), il se montre, lui-même et son talent, « en plus », « par-dessus le marché » *(epi)*. L'éloge constitue ainsi la prestation rhétorique par excellence — une performance au sens sportif du terme.

B. La performativité de l'« epideixis »

Mais c'est le statut même de la rhétorique que l'*epideixis* oblige alors à repenser. Il ne suffit pas de dire que la rhétorique, au lieu de « parler de », s'occupe de « parler à », et de la définir avec Platon comme empirie ou routine, « une ouvrière de persuasion » (*peithous dêmiourgos* [πειθοῦς δημιουργός], *Gorgias*, 453a), ni même, avec Aristote qui lui accorde un statut d'art et de science, comme le « pouvoir de faire à chaque fois la théorie de ce qui convient pour persuader [*peri hekaston tou theôrêsai to endekhomenon pithanon* (περὶ ἕκαστον τοῦ θεωρῆσαι τὸ ἐνδεχόμενον πιθανόν)], *Rhétorique*, I, 1355b 25). Il faut reconsidérer le statut ontologique de la persuasion ou, comme dit Jean-François Lyotard, « étendre l'idée de séduction » : « Ce n'est pas le destinataire qui est séduit par le destinateur. Celui-ci, le référent, le sens, n'en subissent pas moins que le destinataire la séduction exercée » (*Le Différend*, Minuit, 1983, § 148, p. 128). Et comprendre qu'on tient là une caractéristique des Grecs et une singularité de leur tradition discursive oblitérée par le grand courant de la philosophie platonico-aristotélicienne.

Cette puissance du langage est explicite dans le modèle même de l'éloge, le plus ancien à nous être parvenu, l'*Éloge d'Hélène* de Gorgias. La force épidictique s'y révèle pleinement : Hélène est la plus coupable des femmes puisqu'elle a mis la Grèce entière à feu et à sang, pourtant Gorgias nous convainc qu'Hélène est l'innocence même. Le supplément de *deixis* qu'est l'*epideixis* parvient à faire virer l'objet en son contraire : le phénomène devient l'effet de la toute-puissance du *logos* [λόγος]. Gorgias produit chemin faisant la théorie même de sa pratique : « le discours est un grand souverain (*logos dunastês megas estin* [λόγος δυνάστης μέγας ἐστιν]), qui avec le plus petit et le plus imperceptible des corps, parachève les actes les plus divins (*theiotata erga apotelei* [θειότατα ἔργα ἀποτελεῖ]) » (82 B11, 8 DK, voir LOGOS). Le modèle inverse du *De interpretatione* d'Aristote (qui établit contre la sophistique le régime « normal » de notre discursivité, voir SIGNE) se trouve *de facto* mis en place : ce ne sont pas les phénomènes, mais le discours qui fait pâtir l'âme, ou, comme dit Gorgias, « sous l'effet des discours l'âme subit une passion qui lui est propre [*idion ti pathêma dia tôn logôn epathen hê psukhê* (ἴδιόν τι πάθημα διὰ τῶν λόγων ἔπαθεν ἡ ψυχή)] » (*ibid.*, 9). Car, au lieu d'avoir à dire adéquatement le phénomène et à le transmettre, le discours, en toute autonomie, le produit : « ce n'est pas le discours qui indique le dehors, mais le dehors qui vient révéler le discours [*oukh ho logos tou ektos parastatikos estin, alla to ektos tou logou mênutikon ginetai* (οὐχ ὁ λόγος τοῦ ἐκτὸς παραστατικός ἐστιν, ἀλλὰ τὸ ἐκτὸς τοῦ λόγου μηνυτικὸν γίνεται)] » (*Traité du non-être*, 82 B3, 85 DK). Gorgias, en son « jeu » ré-créateur d'une Hélène désormais innocente, rend manifeste qu'il s'agit avec l'*epideixis*, non pas de passer, comme en ontologie, de l'être au dire de l'être, mais bien plutôt, en mode logologique, du dire à son effet. C'est là que la prestation — performance rejoint la performativité au sens d'efficacité et de création discursives — pour reprendre l'expression d'Austin dans *How to do Things with Words*, la discursivité rhétorico-sophistique, dont l'*epideixis* est l'emblème, est l'art de « faire des choses avec des mots ».

♦ Voir encadré 1.

C. « Apodeixis » et « epideixis », le langage qui montre et le langage qui opère

L'*epideixis* diffère essentiellement de l'*apodeixis* [ἀπόδειξις]. *Apo*-deixis, c'est montrer « à partir de » ce qui est montré, en faisant fonds sur l'objet à montrer, en tirant l'objet de l'objet lui-même : démonstration logique, mathématique, mais aussi, mais d'abord philosophique, y compris de philosophie première. Il s'agit avec l'apodictique soit de dire ce qui est, ce qui est là, ce qui se manifeste, soit de le faire apparaître, de le dévoiler, de le rendre visible au moyen du médium discursif. Heidegger insiste à juste titre sur la séquence des *apo* aristotéliciens : l'*apo*-dictique (le « dé-monstratif ») y a pour fondement l'*apo*-phantique (le « dé-claratif »), qui désigne chez Aristote l'essence même du langage. Pour Aristote, comme le souligne Heidegger, renvoyant en particulier aux chapitres 1 à 6 du *De interpretatione*, « "dire", *legein*, c'est *apophainesthai*, "faire voir" (*phainesthai*) depuis cela même dont il est discouru (*apo*) » ; « Dans le discours (*apophansis*), pour autant qu'il soit authentique, ce qui est dit se tire de ce dont on parle » ; c'est pourquoi « phénoménologie veut [...] dire *apophainesthai ta phainomena* : faire voir de soi-même ce qui se manifeste, tel que, de soi-même, cela se manifeste » (*Sein und Zeit*, § 7, trad. fr. R. Boehm et A. de Waelhens, Gallimard, 1964, p. 50 ; éd. all. [1927], Tübingen, Niemeyer, 9e éd. 1960, p. 32 ; puis trad. fr. p. 52, all. p. 34).

♦ Voir encadré 2.

C'est par oposition à l'*apodeixis* qui définit, avec le régime du discours aristotélicien, le rapport « naturel » entre mot et chose, qu'on peut comprendre la force philosophiquement dérangeante de l'*epideixis*. S'opposent non seulement deux modalités discursives, mais, même, deux modèles de monde : un modèle physique, où il s'agit de déterminer les principes de la nature grâce à des

1

L'« Éloge d'Hélène » de Gorgias : de l'orthodoxie à la création des valeurs

► DESCRIPTION, LIEU COMMUN, *MONDE*

L'*epideixis* est d'autant plus spectaculaire qu'elle transforme, voire performe, le monde, en produisant de nouveaux objets et de nouvelles valeurs. Tout l'art consiste à prendre appui sur les valeurs admises pour en proposer de nouvelles : l'*Éloge d'Hélène* (82 B 11 DK) fait saisir, dès ses premières phrases, ce passage de la communion à l'invention, de la liturgie au « *happening* ».

Premier vecteur, l'orthodoxie :

> (1) Ordre, pour la cité, est l'excellence de ses hommes, pour le corps, la beauté, pour l'âme, la sagesse, pour la chose qu'on fait, la valeur, pour le discours, la vérité. Leur contraire est désordre. Homme, femme, discours, œuvre, cité, chose, il faut à celui qui est digne d'éloge lui faire l'honneur d'un éloge, à celui qui en est indigne, lui appliquer un blâme ; car blâmer le louable ou louer le blâmable est d'une égale erreur et d'une égale ignorance.
> [Κόσμος πόλει μὲν εὐανδρία, σώματι δὲ κάλλος, ψυχῆι δὲ σοφία, πράγματι δὲ ἀρετή, λόγωι δὲ ἀλήθεια· τὰ δὲ ἐναντία τούτων ἀκοσμία. ἄνδρα δὲ καὶ γυναῖκα καὶ λόγον καὶ ἔργον καὶ πόλιν καὶ πρᾶγμα χρὴ τὸ μὲν ἄξιον ἐπαίνου ἐπαίνωι τιμᾶν, τῶι δὲ ἀναξίωι μῶμον ἐπιτιθέναι· ἴση γὰρ ἁμαρτία καὶ ἀμαθία μέμφεσθαί τε τὰ ἐπαινετὰ καὶ ἐπαινεῖν τὰ μωμητά.]

Les maîtres mots, qui aujourd'hui encore définissent pour nous la Grèce poétique et philosophique, sont tous là, répartis sous deux valeurs, positive et négative, le *kosmos* [κόσμος] et l'*akosmia* [ἀκοσμία], l'ordre et le désordre, la beauté bien structurée, l'ornement, la parure, et son absence, son défaut, sa mise en échec par le chaos. L'auditeur-spectateur est conduit au point où les mots prennent leur sens, existent ensemble comme système conventionnel de sens. Le sentiment de vérité s'enracine dans cette communion que constitue la création continuée des valeurs nécessaires à l'existence même du lien social. Nous sommes là au cœur de la plus efficace, de la plus performante, parce que aussi de la plus économique, des orthodoxies : la pratique commune de la langue.

Deuxième vecteur, avec les phrases qui suivent immédiatement : l'hétérodoxie.

> (2) C'est au même homme qu'il appartient de dire avec rectitude ce qu'il faut, et de contredire ceux qui blâment Hélène, femme qui rassemble, en une seule voix et en une seule âme la croyance des auditeurs des poètes et le bruit d'un nom qui porte mémoire des malheurs. Moi je veux, donnant logique au discours (*egô de boulomai logismon tina tou logou dous*), faire cesser l'accusation contre celle dont on entend tant de mal, démontrer que les blâmeurs se trompent, montrer la vérité et mettre fin à l'ignorance.

Gorgias — « moi », tout seul — est le challenger du consensus qui rassemble, « en une seule voix et en une seule âme » (*homophônos kai homopsukhos* [ὁμόφωνος καὶ ὁμόψυχος]), tous les poètes avec leurs auditeurs, et jusqu'au témoignage déposé dans le langage lui-même avec l'éponymie du nom d'Hélène, constamment soulignée d'Eschyle (*helenas, helandros, heleptolis* [ἑλένας, ἕλανδρος, ἑλέπτολις], perdeuse de navires, perdeuse d'hommes, perdeuse de ville, *Agamemnon*, 687-690) à Ronsard (« Son nom grec vient de ravir, de tuer, de piller, d'emporter », *Sonnets pour Hélène* II, 9). L'orateur remet de l'ordre dans le *kosmos*, du *logismon* [λογισμόν] dans le *logos*, et va prouver qu'Hélène est du côté des objets à louer, et non pas, comme on fait depuis Homère, c'est-à-dire depuis toujours, du côté des objets à blâmer. L'éloge s'appuie ainsi sur le consensus impliqué dans les premières phrases pour recréer un consensus nouveau et, pour ainsi dire, contre-consensuel, dans les secondes. Or, on le sait, c'est bien là ce qui a eu lieu effectivement : Gorgias a lâché dans le monde une nouvelle Hélène qui, à travers Isocrate et Euripide jusqu'à Hofmannsthal, Offenbach, Claudel et Giraudoux, est innocente et bonne à louer.

L'*Éloge d'Hélène* éclaire ainsi deux traits de l'éloge en général.

Premier trait : tout éloge, qui se meut dans la *doxa*, qui manipule l'endoxal et le lieu commun, est néanmoins, soit virtuellement, soit en acte comme ici, paradoxal. C'est tout le plan de l'*Éloge d'Hélène*, codifié en norme par les manuels de rhétorique, qui mène à cette contradiction : on y fait l'éloge de sa lignée, de sa beauté, de ses qualités ; on raconte ce qu'elle a fait. Ou plutôt, car c'est une femme, ce qu'elle a subi : Hélène n'est pas coupable, parce qu'elle n'y est pour rien, ce sont les décrets des dieux, la violence des hommes, la force des discours qui l'ont contrainte. Comme si développer la culpabilité suffisait à produire l'innocence.

Deuxième trait spécifique, dont on comprend le lien avec le premier : tout éloge est en même temps un éloge du *logos*, c'est-à-dire finalement un éloge de l'éloge. L'*Éloge d'Hélène* de Gorgias en est à nouveau la première et la plus souveraine illustration. C'est en effet de la puissance même du *logos* que dépend au bout du compte l'innocence d'Hélène : Hélène séduite par les mots de Pâris est non coupable, car les mots sont, au sens propre, irrésistibles. Il faut citer cette fois tout le passage :

> (8) Si celui qui l'a persuadée, qui a fait illusion sur son âme, c'est le discours, il n'est pas difficile [...] de la défendre contre cette accusation-là et de détruire la charge ainsi : le discours est un grand souverain qui, au moyen du plus petit et du plus inapparent des corps, parachève les actes les plus divins, car il a le pouvoir de mettre fin à la peur, écarter la peine, produire la joie, accroître la pitié. Je vais montrer qu'il en va bien ainsi. (9) Et il faut que je le montre à ceux qui m'écoutent en faisant appel aussi à l'opinion commune.

Gorgias alors analyse les effets, dans les différentes régions de discours, et les causes profondes, ancrées dans la temporalité humaine, de la tyrannie discursive. C'est ainsi qu'il joue le jeu de l'éloge (*emon de paignion* [ἐμὸν δὲ παίγνιον], « mon jouet », comme le disent crûment les derniers mots de l'*Éloge d'Hélène*), le jeu de ce spectacle à la fois codifié et inventif donné par l'orateur en train de jouer avec le consensus. « Faisant appel à l'opinion », partant de banalités, d'objets accordés, il joue du *logos* pour les faire exister un peu autrement, pour les produire comme autres, pour en produire d'autres. Ou encore : il y a un moment dans tout éloge où le langage prend le dessus sur l'objet, moment où le langage se fait fauteur d'objet, moment où la description, le lieu commun, s'ouvrent. C'est le moment de la création et, entre autres, de la création des valeurs. C'est aussi le moment de convergence entre critique de l'ontologie et institution du politique.

BIBLIOGRAPHIE

CASSIN Barbara, *Voir Hélène en toute femme*, Les Empêcheurs de penser en rond, Institut d'édition Sanofi-Synthélabo / Seuil, 2000.

démonstrations conformes à son déploiement, avec la vérité comme dévoilement et correspondance (voir VÉRITÉ) ; et un modèle culturel et politique, où il s'agit de performer, occasion après occasion, des valeurs communes permettant la création continue d'un consensus qui constitue toute l'identité de la cité.

II. « ACTUS EXERCITUS » /« ACTUS SIGNIFICATUS »

L'expression latine *actus exercitus* (acte exercé) s'introduit dans la terminologie latine médiévale en opposition avec *actus significatus* (acte signifié) au XIIIe siècle, à la fois en grammaire et en logique. Dans les deux cas, la distinction permet d'opposer, dans le langage, les expressions simples ou complexes qui *signifient* des choses, et celles qui permettent d'effectuer quelque chose au moyen du langage. En grammaire, la question de départ est celle de la complétude, certains énoncés pouvant être grammaticalement incomplets, et notamment ne pas comporter de verbe, expression de l'acte, du fait qu'ils ne signifient pas l'acte, mais l'exercent. En logique, la réflexion porte sur les quantificateurs et autres termes logiques, qui n'ont pas une signification, c'est-à-dire ne renvoient pas à une chose ou un concept, mais ont une fonction dans l'énoncé en « agissant » sur les termes pleins. La notion d'« *actus exercitus* » permet donc d'analyser, comme les théories modernes des actes de langage, les énoncés qui servent à agir (compter, bénir, etc., dans les exemples ci-dessous), dans le cadre d'une théorie de la complétude syntaxico-sémantique grammaticale qui ne repose pas simplement sur des critères formels (grammaticalité), mais aussi sur la prise en compte de l'intention de signifier du locuteur. Par ailleurs, et ce point est également intéressant par rapport à la pensée contemporaine, elle permet d'intégrer la dimension émotive du langage, de manière nouvelle, puisqu'elle ne converge jamais, au Moyen Âge, avec ce qui a pu se dire à son sujet dans la tradition rhétorique. Il est intéressant qu'une même notion permette d'analyser à la fois les énoncés qui ne sont pas assertifs mais performatifs, et à caractériser les expressions qui servent à effectuer des opérations logiques ou linguistiques (la quantification, l'ostension, la *deixis*, etc.), et celles qui, comme les interjections ou les modes verbaux, sont utilisées pour exprimer des états mentaux non conceptuels, ou affects, comme la douleur, l'espérance, le désir, etc.

2

L'« apodeixis » chez Aristote

► ERSCHEINUNG

L'*apodeixis* [ἀπόδειξις] a une double localisation à l'intérieur du corpus aristotélicien : à l'intérieur des *Analytiques*, et au sein de la *Rhétorique*.

L'*apodeixis* et la science apodictique constituent l'objet même des *Analytiques*, comme en témoignent les toutes premières lignes du traité (*Premiers Analytiques*, I, 1, 24a 11). À la différence du syllogisme dialectique, qui part d'idées admises (voir DOXA), opérant ainsi avec des prémisses probables, et de l'enthymème rhétorique, qui n'est jamais qu'un raccourci de syllogisme rhétorique, l'*apodeixis* a pour domaine la vérité : elle part de prémisses vraies, évidentes ou déjà démontrées, et « montre la cause et le pourquoi » (*Seconds Analytiques*, I, 24, 85b 23-24). Il ne saurait en effet y avoir de science du singulier sensible en tant que tel, pas plus que de définition (*Métaphysique*, Z, 15,1039b 28). Mais l'*apodeixis*, à la suite de l'induction (*epagôgê* [ἐπαγωγή], cf. *Seconds Analytiques*, 18, 81a 40-b2), est justement la procédure qui fait connaître le singulier en tant qu'universel, et permet par exemple de déduire, parce que Socrate est un homme, que Socrate est mortel (*ibid.*, en particulier 86a 5-10 ; cf. 11, 77a 5-9 par ex.). La démonstration aristotélicienne et sa procédure de remontée analytique, sensation, induction, déduction, fournissent ainsi le schéma de la science philosophique, dans la pérennité de sa tradition, jusqu'au mouvement même de la phénoménologie hégélienne qui, comme elle, tire le contingent vers le nécessaire et extrait la vérité universelle du singulier.

Mais l'*apodeixis* n'est pas seulement une procédure de transformation du phénomène en objet de science, c'est aussi une technique d'adhésion, et, à vrai dire, le cœur même de la rhétorique aristotélicienne.

La rhétorique a en propre trois objets : les parties du discours et leur ordre, les preuves et leurs sources, et le style proprement dit. Quant aux parties du discours, Aristote s'oppose au ridicule des divisions proliférantes, pour en conserver deux, et deux seulement : « il est nécessaire et de dire la chose dont il s'agit, et de la démontrer (*eipein* [...] *kai tout' apodeixai* [εἰπεῖν (...) καὶ τοῦτ' ἀποδεῖξαι]) » (III, 13,1414a 31-32). La première partie, qui correspond au « problème » dialectique (*problêma* [πρόϐλημα], « ce qui est jeté en avant », 36), Aristote propose de la nommer *prothesis* [πρόθεσις], « proposition » ; la seconde est l'*apodeixis* proprement dite, qu'il propose de nommer aussi *pistis* [πίστις], d'un terme qui désigne indissolublement, du côté subjectif, la foi, la croyance, l'adhésion, et, du côté objectif, la preuve, la confirmation. L'analyse fait ainsi rejoindre l'objet principal de la rhétorique : la classification des preuves, *pisteis* [πίστεις]. La grande division passe, rappelons-le, entre preuves « extra-techniques », qui viennent du dehors, comme les témoignages par exemple, et qu'il suffit de savoir « utiliser », et preuves « techniques », celles qui sont fournies par la méthode rhétorique et par l'orateur lui-même, et qu'il lui faut « découvrir » (I, 2, 1355b 35-39). Ces dernières sont à leur tour de trois espèces : elles sont à chercher soit dans le caractère de l'orateur (du côté de l'émetteur, dirait-on), soit dans les dispositions de l'auditeur (du côté du récepteur), soit enfin dans le *logos* lui-même (message donc), « du fait qu'il montre ou paraît montrer » (1356a 4). L'*apodeixis* correspond ainsi à la preuve par excellence, celle qui constitue le corps même du *logos* en tant que rhétorique.

« L'art imite la nature et mène à bonne fin ce que la nature est impuissante à accomplir jusqu'au bout » (*Physique*, II, 8, 199a 17 *sq.*). La démonstration scientifique et le système de probation rhétorique imitent la nature et la parachèvent en ce qu'elles aident le phénomène à se manifester, par-delà son appréhension immédiate, comme vrai, universel, persuasif : elles aident à le comprendre et à y croire.

A. « Actus exercitus » et actes de langage

Le contexte de l'introduction de la distinction entre *actus exercitus* et *actus significatus* est constitué par les discussions sur la complétude des énoncés, dans les grammaires du XIIIe siècle, ou plus précisément dans les commentaires sur les *Institutiones* de Priscien. Priscien dit (*Institutiones grammaticae,* XVII, 10) qu'un adverbe, *bene*, peut avoir la valeur d'un énoncé complet si on le comprend comme « adjoint » soit à un acte antérieurement effectué, soit à un énoncé précédemment proféré. Certains auteurs gloseront ce passage en disant que l'adverbe peut être référé soit à un « acte exercé » (par exemple quand on dit « bien » en voyant un maître qui frappe un élève, l'adverbe serait le déterminant de l'acte exercé), soit à un acte signifié par un verbe. Mais on trouve par ailleurs, et à partir du même exemple, une utilisation beaucoup plus intéressante, qui est à rapprocher de la notion moderne d'acte de langage. Dans la situation mentionnée, on remarque que l'adverbe ne fait pas que déterminer un acte non exprimé, ce qui reviendrait à dire simplement qu'il y a ellipse, l'énoncé elliptique pouvant être reconstruit en un énoncé complet (je juge que tu frappes bien, c'est bien ce que tu fais, etc.), mais peut avoir lui-même la valeur de l'exercice d'un acte, puisque son énonciation revient à encourager celui qui l'effectue à continuer. On voit que ces deux acceptions de l'expression *actus exercitus* sont fort différentes. À partir de la seconde, on peut analyser de nombreux énoncés qui sont considérés comme complets même sans verbe : ils n'ont pas besoin d'un verbe exprimé qui soit l'expression d'un acte signifié (*actus significatus*), parce qu'ils constituent un « acte exercé » (*actus exercitus*) : ils sont alors dits « complets selon l'acte exercé ». Parmi ceux-ci, on trouve comme exemples des énoncés liturgiques, comme « Au nom du père, et du fils, et du Saint-Esprit », par lequel, dit un grammairien anonyme, « j'exerce la bénédiction » : de ce fait l'acte, qui est exercé, n'a pas à être signifié.

> Il y a deux types d'énoncés : l'un au moyen duquel nous énonçons quelque chose d'autre chose, comme *Socrate court*, et qui requiert un verbe pour sa complétude. Il y a un autre type d'énoncé par lequel quelque chose est exercé (*per quam aliquid exercetur*), comme quand on dit « Un deux trois » [énoncé, comme il est dit ailleurs, qui ne sert pas à signifier l'acte de compter, mais qui permet de le réaliser] ; cet énoncé n'a pas besoin d'un verbe exprimé, et il est rendu complet à l'acte exercé : on n'a pas besoin de dire « on compte un ».
>
> Gosvin de Marbais, *Tractatus de constructione*, éd. Rosier, Nijmegen, Artistarium, 1998.

La personne qui compte n'a pas l'intention d'énoncer quelque chose au sujet de nombres, ni de se désigner en tant qu'elle compte elle-même, mais seulement d'agir en comptant, dit un autre auteur à propos du même exemple.

Les grammairiens s'attachent à donner une typologie des différents actes exercés, en en distinguant les propriétés formelles. Nous ne retiendrons que deux points.

(1) En premier lieu, les énoncés qui sont « complets selon l'acte exercé » ne sont pas des énoncés elliptiques : ces derniers sont incomplets sur le plan formel, mais ce qui manque peut toujours être exprimé vocalement (ainsi si à la question « Quel est le bien suprême dans la vie ? », on répond « L'honnêteté », cette dernière expression est un énoncé complet où, par anaphore, on peut restituer ce qui manque) ; ce n'est pas le cas quand il y a un acte exercé, comme le dit très clairement la règle : « aucun mot qui exerce un acte quelconque n'est construit avec lui, en effet *ecce* (voici) n'est pas construit avec l'acte de monstration, ni la conjonction copulative ou disjonctive avec l'acte de coordination ou de disjonction, ni *omnis* (tout) avec l'acte de distribution. Ceci reviendrait à une répétition inutile (*nugatio*) et ne serait pas compréhensible » : répétition inutile, puisque le même acte serait à la fois signifié et exercé.

(2) Une distinction importante, et très proche de celle que font les modernes, est introduite pour distinguer entre ce qu'on appellerait actes de langage conventionnels et non conventionnels. Dans le premier cas, les actes « exercés » sont possibles en vertu des propriétés syntactico-sémantiques des expressions (*ex vi sermonis*), c'est le cas notamment des adverbes de vocation (*O !* pour appeler), des démonstratifs (*ecce !* [voici] pour montrer), des interjections (*Malheur !* pour déplorer quelque chose). Dans le second cas, l'acte est exercé au moyen d'une expression donnée, uniquement parce que le locuteur (*proferens*) a l'intention de l'utiliser pour cela, sans qu'elle soit particulièrement destinée à occuper cette fonction. Un exemple commun, et particulièrement significatif, est celui de l'expression *Aqua !* : ce nom, à lui seul, ne peut être considéré comme un énoncé complet que parce que quelqu'un, dans une situation particulière où un feu se déclare, décide de l'utiliser pour demander qu'on aille chercher de l'eau. La notion d'intention de signifier du locuteur (*intentio proferentis*) est ici essentielle : non seulement un tel énoncé, même s'il n'est pas canonique (puisqu'il ne comporte pas de sujet et de verbe), est tout à fait acceptable, complet, et interprétable, mais surtout, il est beaucoup plus adéquat à l'expression du sens visé (*intellectus intentus*), puisque, par sa forme même, il rend bien l'urgence de la situation et l'émotion ou la panique du locuteur. Certains auteurs qualifient ces énoncés d'« enclitiques », peut-être parce que, comme les particules du même nom qui ne sont pas autonomes mais nécessitent leur raccrochement à un mot principal, de tels énoncés ne peuvent exister que prononcés et interprétés dans une situation particulière. Cette théorie de l'*actus exercitus* s'est principalement développée chez les grammairiens qui accordaient une place essentielle à la notion d'intention de signifier, dans l'analyse des propriétés formelles des énoncés. Chez les Modistes (2e moitié du XIIIe siècle), qui refusent de tenir compte du locuteur ou de la situation pour arriver à un système de description qui soit universel et donc scientifique, la notion d'*actus exercitus* n'est maintenue que pour le cas du vocatif, qui est « terme de l'acte exercé »

(par ex. « *O Henrice* » : le nom est le terme de l'acte de vocation effectué par l'interjection), par opposition à l'accusatif, qui est « terme de l'acte signifié » (par ex. « je vois un livre » : le nom est terme de l'acte de voir).

B. « Actus exercitus » et opérations logiques

C'est cette même idée que certains constituants du langage ne signifient pas quelque chose, mais font quelque chose, que l'on retrouve en logique dans l'analyse des opérateurs logiques ou des signes de fonction. De même que l'on dit que l'adverbe *ecce* sert à exercer la *deixis*, l'on peut dire que *non* sert à exercer la négation, ou *omnis* la distribution, et non qu'ils *signifient* ces opérations (ce que feraient les verbes ou noms correspondants, respectivement *negatio, negare* ou *distributio, distribuere*). Les logiciens qui soutiennent cette analyse peuvent ainsi distinguer de manière nette entre deux types d'expressions, les expressions catégorématiques qui sont des signes de choses, et les expressions syncatégorématiques qui sont des signes d'opérations mentales, à la différence d'autres courants qui, cherchant à attribuer un type de signification à ces dernières, en disant par exemple qu'elles signifient des « relations entre des choses », obscurcissent la distinction (voir SYNCATÉGORÈME).

La distinction entre *actus exercitus* et *actus significatus* est à rapprocher d'une autre distinction, utilisée par les grammairiens et les logiciens, entre les expressions qui signifient sur le mode de l'affect *(per modum affectus)* et celles qui le font sur le mode du concept *(per modum conceptus)* (voir CONCEPTUS). La tradition parisienne de la logique médiévale tend à dire que les opérations logiques sont « exercées » par les termes tels que *non* ou *omnis*, alors que la tradition oxonienne s'oppose à cette manière de voir, en insistant sur l'idée que c'est le locuteur qui exerce ces opérations en tant qu'« agent principal », ces signes n'étant que les « instruments » des actes :

> [...] de même que l'homme ou l'âme est l'agent principal dans l'opération de négation (*est principale agens in operatione negandi*) et le mot « non » l'instrument, de même celui qui frappe est l'agent principal de l'acte de frapper, et le bâton l'instrument ; de même l'homme ou l'âme est l'agent principal dans la distribution du sujet, et « tout » l'instrument.
>
> Roger Bacon,
> *Summa de sophismatibus et distinctionibus*,
> éd. Steele, Oxford, Clarendon Press, 1937, p. 153-154.

Les opérations logiques sont des « actes de la raison » qui correspondent à des affects : par exemple, si je saisis deux expressions simples qui ne conviennent pas l'une avec l'autre, je suis affecté par leur désaccord, et le mot *non* me sert à exprimer celui-ci [ex. « cette table n'est pas carrée »]. Il existe d'autres affects, provoqués par des événements tristes ou agréables, qui sont également rendus par des expressions signifiant « sur le mode de l'affect ». Ainsi un événement désagréable provoquant de la douleur peut-il être signifié soit sur le mode du concept (« je souffre »), soit sur le mode de l'affect pur (« Aïe ! »), soit sur un mode intermédiaire, qui est celui de l'interjection (les auteurs divergent de manière intéressante sur le point de savoir si les interjections signifient un concept sur le mode de l'affect, ou un affect sur le mode du concept, cette dernière position s'appuyant sur leur nature conventionnelle et variable de langue à langue, qui les distingue des exclamations, alors que la première semble découler de leur forme imparfaite, notamment quant à leur prononciation, qui admet des variations individuelles). Les relations entre cette « signification par mode d'affect » et les expressions qui permettent d'exercer un acte sont complexes et diversement théorisées : la question est en particulier de savoir si ces actes de langage relèvent, en tant qu'« actes », de la faculté sensitive (qui gère les émotions, la volonté et donc l'action), ou au contraire de la faculté rationnelle, en tant que réalisés au moyen du « langage ».

La distinction entre « acte signifié » et « acte exercé » prend en outre, en logique, une valeur un peu différente mais apparentée. Ainsi, pour Ockham, la copule est le signe d'un acte de l'esprit, l'acte qui consiste à prédiquer le concept du sujet du concept du prédicat. Le verbe « prédiquer », ou autres verbes de même nature (« vérifier », etc.) sert à « signifier » l'acte qui est « exercé » par la copule. Dans « *homo est animal* », la prédication est un *actus exercitus* et concerne des individus dénotés par le sujet et le prédicat (pris en supposition personnelle), alors que dans « *animal praedicatur de homine* », la prédication est un *actus significatus*, et concerne des concepts (les termes étant pris en supposition simple). Ockham se sert de cette distinction pour expliciter le sens véritable de propositions ambiguës ou philosophiquement problématiques. Des propositions dont les termes semblent renvoyer à des universaux (ex. *homo est risibilis*, « l'homme est capable de rire »), sont reformulées en prédications d'ordre supérieur, qui peuvent alors être mises en relation avec la ou les prédications « exercées » correspondantes dont les termes ne dénotent que des individus (voir PRÉDICATION et UNIVERSAUX).

La distinction *actus significatus /actus exercitus* fut également utilisée dans l'analyse des paradoxes de suiréférence, notamment celui du menteur. Dans une proposition comme « je dis le faux » *(ego dico falsum)*, il existe une tension entre ce qui est « signifié » et ce qui est « exercé », du fait que le contenu assertif de l'action est déterminé par l'attribut « faux » en même temps que l'action est effectivement réalisée en prononçant la proposition.

III. ACTES DE LANGAGE ET THÉOLOGIE SACRAMENTELLE

Les réflexions sur les actes de langage se sont particulièrement développées, au Moyen Âge, dans le domaine de la théologie sacramentelle. La définition même du sacrement : « *sacramentum id efficit quod significat/figurat* [le sacrement fait ce qu'il signifie] » est particulièrement explicite. Le sacrement est un signe qui a une double valeur, « cognitive » et « opérative » ou « factive », puisque à la fois il signifie la grâce et la confère. Du fait qu'il se compose d'une matière (par ex. l'eau pour le baptême) et d'une forme (la formule : « je te baptise », etc.), on s'est interrogé sur ce qui, dans la formule, lui permet d'être efficace — interrogations qui ne sont pas indépendantes de celles menées à propos des formules magiques. L'opérativité des formules sacramentelles a été bien perçue par les théologiens médiévaux comme dépendante d'un ensemble de facteurs intrinsèquement liés : la formule elle-même (réflexions sur ses constituants, les modes des verbes, les marqueurs énonciatifs), sa signification et son institution, le locuteur (discussions sur le rôle du prêtre, énonciateur de la formule, agent par rapport à la conféra-tion du sacrement, mais non par rapport à son effet), l'intention de signifier du prêtre et de ceux qui reçoivent le sacrement, la situation (autres éléments du rite sacramentel). Ces réflexions ont mené à une claire perception de la distinction entre les énoncés constatifs, dits « cognitifs » (*cognitiva, significativa*), et les énoncés « opératifs » (*factiva, operativa*). L'on a été conduit à s'interroger sur les caractéristiques de ces derniers, en remarquant qu'ils n'étaient pas nécessairement différents dans leur forme (on note l'importance de la première personne dans certaines formules, comme celle du baptême, mais la forme assertive de « Ceci est mon corps »), en réfléchissant sur le rôle relatif que jouent, pour leur conférer ce caractère opératif, la décision de celui qui a instauré ces formules, l'intention de celui qui la prononce (le prêtre) et de celui qui la reçoit. La forme assertive de la formule eucharistique suscite des discussions sur la valeur de vérité différente des énoncés cognitifs et opératifs. Les premiers, comme le dit bien Thomas d'Aquin, sont vrais par confrontation avec un état de choses qui leur préexiste, à la différence des seconds, qui, par leur prononciation, créent cet état de choses. Duns Scot, contre la tradition du XIIIe siècle, refusera de penser que la formule eucharistique ait besoin d'être vraie pour être opérative, pour soutenir qu'elle doit d'abord agir avant que, le pain ayant été transformé en corps du Christ, elle soit alors vraie... La distinction entre « signifié » et « exercé », qui est utilisée pour décrire soit les actes effectués au moyen du langage, soit les opérations linguistiques ou logiques comme la quantification, est utilisée dans ce contexte et appliquée à la *deixis*, celle que réalise le pronom sujet *hoc* [ceci] dans la formule de la consécration eucharistique, « *hoc est corpus meum* [ceci est mon corps] ». Les discussions sont en effet nombreuses sur l'interprétation du déictique : selon certains, il s'agit d'un discours rapporté, le prêtre ne faisant que répéter les paroles du Christ, et la *deixis* (*demonstratio*) est dite *ut concepta* ou *ut significata*, alors que selon d'autres, le prêtre montre effectivement le pain en prononçant la formule (avec des difficultés pour comprendre comment la proposition peut alors être vraie puisqu'il est faux que « ce pain soit le corps du Christ »), et la *deixis* est dite *ut exercita*.

Il est d'autres domaines, dans la théologie médiévale, où s'élaborent des réflexions sur les actes de langage, mais la théologie sacramentelle a ceci de particulier que les analyses y revêtent une forme éminemment technique, à partir des outils fournis par la logique et la grammaire de l'époque. Dans différents contextes, on reconnaît à certains énoncés les propriétés de permettre d'agir sur le monde, de le transformer, voire de le créer (« *Fiat lux* »), ou encore d'agir sur autrui (par ex. les prières, les énoncés de louange, la prononciation de vœux, les insultes, etc.). Les réflexions sur la promesse et le serment sont particulièrement intéressantes : à partir de l'idée d'« obligation », d'origine juridique, on perçoit bien la différence entre, par exemple, une promesse et un énoncé ordinaire. Duns Scot insiste sur la distinction entre les « jurements assertoires », qui obligent leur énonciateur à « dire le vrai », et les « jurements promissoires » qui les obligent « à faire que le vrai soit », c'est-à-dire à agir pour que ce qu'ils énoncent se réalise. Dans le cas des promesses et serments, comme dans celui des formules sacramentelles, les opinions divergent sur le point de savoir si l'opérativité de tels énoncés et leur valeur d'obligation tiennent davantage à l'intention du locuteur ou au contenu conventionnel des expressions effectivement prononcées, une distinction qui correspond bien à celle que font les Modernes entre « *speaker's meaning* » et « *conventional meaning* ». On voit que la dimension morale de l'acte de langage est ici mise au premier plan, comme en témoignent d'ailleurs les traités sur les « péchés de langue » (voir VÉRITÉ, IV).

IV. « SPEECH ACTS », « PERFORM »

Pour bien comprendre la nouveauté que constitue le « *speech act* », il faut la resituer dans son contexte : l'invention de ce nouveau vocabulaire permet de rendre compte de phénomènes linguistiques inaperçus, et de mettre en question de façon définitive le modèle propositionnel.

A. Tournant langagier / tournant linguistique

La problématique contemporaine des actes de langage a curieusement son origine dans la distinction entre sens et non-sens, constitutive du paradigme de la philosophie analytique et mise en cause chez Austin (voir NONSENSE). La philosophie analytique a, dans un premier temps, exclu certains jugements (comme les jugements moraux) du champ du langage. Que l'on prenne les critères du *Tractatus logico-philosophicus* (la proposition comme état de choses) ou ceux, dérivés, de Schlick et de Carnap (la signification empirique), l'énoncé éthique ou normatif est dépourvu de signification, et donc ne dit rien. Les propositions éthiques par exemple sont des non-sens, dit Wittgenstein dans le *Tractatus* (6.42, 6.421-2), dans la mesure où l'on ne peut tirer de descriptions factuelles des énoncés de valeur (6.41). Donc, l'éthique est hors du monde — ce que Wittgenstein appelle son caractère transcendantal, dans une dérivation du terme kantien qui fera fortune dans la philosophie anglo-saxonne contemporaine. La dichotomie fait/valeur, monde/morale qui détermine le non-sens des propositions éthiques est un élément central de la première philosophie analytique. C'est ce qui définit le premier « *linguistic turn* » — tournant « langagier » ici plutôt que « linguistique », car il s'agit de déterminer (par les limites du sens, *The Bounds of Sense* pour reprendre le célèbre titre de Strawson) les limites du langage et, ainsi, de tracer celles de la philosophie.

L'éthique et la valeur sont exclues du domaine des faits, et par là du domaine du langage — du langage pourvu de sens, donc vérifiable. Seul un deuxième tournant — ou un retournement, *turn* — non plus langagier mais linguistique, pouvait réintroduire les questions de valeur dans les questions de langage, et rouvrir le champ du langage. Le premier tournant n'a rien changé en effet au critère aristotélicien de la vérité : les phrases sont soit vraies ou fausses (conformes à la réalité des choses ou la niant), soit des non-sens (hors-langage). Le sens est inséparable alors de la vérité prise au sens classique de « correspondance ». La philosophie doit seulement clarifier le langage ordinaire en éliminant les non-sens (énoncés métaphysiques, normatifs, sémantiquement déviants, paradoxaux) que son usage incontrôlé peut susciter. Or la philosophie analytique, à partir des années 1920, a tenté progressivement de « légitimer » le non-sens, d'abord en conservant le cadre de la première analyse, puis en le faisant simplement éclater : c'est la « seconde analyse », celle du second tournant, linguistique.

B. L'invention des actes de langage

Ogden et Richards, dans un livre publié en 1923, *The Meaning of Meaning*, constituent une première étape vers le second tournant. Ils proposent une « théorie émotive (*emotive theory*) de l'éthique », reprise notamment chez Ayer : le concept de « bien », si l'on considère qu'il n'est pas la somme de ses déterminations empiriques ou des usages divers du mot, est « unique et inanalysable ». L'usage spécifiquement éthique du mot « bien » serait donc « purement émotif » (p. 125), c'est-à-dire qu'il ne renvoie à aucun donné empirique, n'exprimant que notre attitude émotive envers l'objet que nous disons « bon ». Cette théorie, quoique vague, présente un double intérêt : elle permet de dégager deux fonctions rivales dans le langage, la fonction symbolique (p. 149) et la fonction émotive. La fonction symbolique est *descriptive* (*statement*), la fonction émotive est « l'usage des mots pour exprimer et susciter *(express, induce)* des sentiments ou des attitudes ». Le langage n'est plus seulement envisagé dans sa dimension cognitive, mais dans ce qu'il « veut dire » *(meaning)* : Ogden et Richards jouent explicitement sur les usages multiples de *meaning* — signification linguistique, « vouloir dire », intention du discours (voir SENS, V, B, 2).

Ogden et Richards, par la théorie émotiviste, appelée aussi non cognitiviste, sont restés proches en réalité du projet positiviste dont ils réitérèrent les divisions (cognitif/métaphysique). Il y a des similitudes entre leur théorie et la description par Carnap du *Lebensgefühl* dans « Le dépassement de la métaphysique », où il affirme que le métaphysicien est un musicien ou un poète dépourvu de talent artistique (p. 176-177). Certes, comme le dit Recanati, « avec la théorie émotive de l'éthique, le domaine du non-cognitif retrouve toute la dignité qu'il avait perdue » (Austin, *Quand dire c'est faire*, postface, p. 193). Mais toujours à condition d'être exclu du langage (car non discursif). Il restait une autre possibilité : élargir les frontières du langage, de façon à faire du langage même un acte.

C'est dans cette perspective qu'il faut situer l'invention austinienne des performatifs. Les premiers textes d'Austin portent sur la signification (*meaning*) ou, plutôt, sur la bonne façon de poser la question de la signification. La question — « *what is the meaning of a word?* » — était posée par Wittgenstein dès les premiers mots du *Blue Book*. La signification d'un énoncé, selon Wittgenstein, c'est son usage (« *meaning is use* »). Mais Austin va développer jusqu'au bout cette idée. L'usage du langage étant fondé — comme toute activité humaine institutionnalisée — sur des règles, donc étant d'essence normative, c'est le langage lui-même dans toutes ses fonctions qui va se trouver investi par ce qui était, dans la première analyse, de l'ordre du non-sens.

Austin est l'inventeur de la théorie des actes de langage, même si « *speech act* » est une expression de Searle. Pour comprendre sa perspective, il faut noter par exemple que les jugements moraux sont des actes de langage : « ce n'est pas bien de mentir », « il fait froid » (à celui qui laisse la fenêtre ouverte) sont chacun, à un titre ou un autre, des énoncés de blâme, c'est-à-dire des actes moraux, même s'ils ont l'apparence d'énoncés généraux, et descriptifs. Ce sont donc des énoncés qui sont aussi des actes, et pas seulement des énoncés qui décrivent quelque chose — ni un état de choses empirique, ni une prise de position « émotive » ou psychologique sur un état de choses. La découverte la plus remarquable d'Austin, c'est que les actes de langage font partie du langage et représentent même l'essence du langage. La théorie d'Austin ne se contente pas d'inverser (comme l'ont fait Ogden et Richards) le geste de démarcation de l'empirisme logique, traçant la frontière du dicible et du non-dicible, du sens et du non-sens : elle le radicalise en étendant le champ du langage et donc en redéfinissant ce qu'on entend par « langage ».

Rappelons le point de départ, dans la première conférence de *Quand dire c'est faire*, de la définition des énoncés performatifs : Austin dit partir d'une observation banale, mais à laquelle on n'a pas encore accordé spécifiquement attention. « Les philosophes ont trop longtemps supposé que le rôle d'une affirmation (*statement*) ne pouvait être que de décrire un état de choses, ce qu'elle ne saurait faire sans être vraie ou fausse. » Puis, poursuit-il, ils ont montré (non sans quelque dogmatisme, déplore-t-il) que beaucoup d'affirmations étaient des non-sens ou des pseudo-affirmations. On pourrait d'ailleurs, suggère-t-il, classer plus subtilement les divers types de non-sens (c'est pratiquement ce que fait Carnap dans « Le dépassement de la métaphysique »). Mais il faudrait « se demander, dans un second temps », si ce qu'on a pris pour du non-sens pouvait être en quelque sorte une affirmation (*statement*) et donc être réintégré dans l'analyse du langage.

On voit que, à l'époque moderne, c'est en définitive seulement avec Austin qu'il y a rupture avec le schème aristotélicien du langage comme apophantique, ayant pour première tâche de décrire le monde tel qu'il est, donc aussi avec le modèle de l'affirmation comme description et avec le concept de vérité qui lui est associé. Il peut y avoir, non seulement énonciation, mais énoncé (quelque chose est dit) sans qu'il y ait un état de choses décrit, et — là est la découverte principale de la philosophie du langage ordinaire, et le centre de la théorie des performatifs — sans pour autant qu'on soit sorti des limites du langage et du domaine du vrai. C'est donc non seulement le schème de la description, mais celui de la signification, et de la proposition, qui est mis en cause : l'idée même de sémantique.

Husserl, tout à la fin de la sixième *Recherche logique*, avait déjà cependant eu l'intuition du problème : il pose

> la question apparemment insignifiante, mais si l'on y regarde de près aussi importante que difficile de savoir si les formes grammaticales connues que le langage a forgées pour les souhaits, les questions, les intentions volitives — généralement parlant pour des actes qui n'appartiennent pas à la classe des actes objectivants — doivent être considérées comme des jugements sur ces actes (*objektivierende Akten*), ou bien si ceux-ci également, et non pas seulement les actes objectivants, peuvent à leur tour remplir la fonction d'actes « exprimés » (*ausgedrückte Akten*).
>
> *Recherches logiques*, VI, p. 250-251.

En effet, une phrase comme « Puisse le ciel nous venir en aide ! » ou « François devrait se ménager » (exemples donnés par Husserl), n'étant ni vraie ni fausse, ne devrait même pas être une affirmation, car, dit-il citant Bolzano, elle n'énonce rien *sur ce* dont elle parle, « mais il n'en reste pas moins qu'elle énonce quelque chose ».

Husserl soulève ici la difficulté philosophique propre à l'idée même d'acte de langage : ces énoncés que sont les questions, les expressions de désir ou les ordres — et les blâmes — ne pouvant plus être qualifiés de vrais ou faux, il faut pour eux une autre qualification — ce qui oblige à abandonner la vérité pour la véracité (ou véridicité — *Wahrhaftigkeit*, *ibid.*, p. 267), si l'on veut que ces énoncés fassent partie du langage — or c'est bien ce que vise une théorie de l'« acte » linguistique.

C. Performativité et approbation

Mais comment un acte peut-il être vrai ou faux ? Austin propose de remplacer le couple V/F par le couple *felicity/infelicity* (bonheur/malheur, réussite/échec) : un performatif (par ex. une promesse) est malheureux, raté, s'il est accompli dans les conditions inadéquates qu'Austin décrit et classifie (par ex. si je n'ai pas l'intention de tenir ma promesse, ou n'ai pas titre à accomplir l'acte). Certes, une des idées d'Austin est de détruire ce qu'il appelle « (1) le fétiche vérité-fausseté et (2) le fétiche valeur-fait (*true-false fetish/fact-value fetish*) ». Mais les détruire n'implique pas l'abandon du concept de vérité, mais sa transformation, son élargissement afin de pouvoir l'appliquer aux nouveaux types d'expression ainsi découverts :

> [Ma] conception diffère beaucoup des affirmations pragmatistes selon lesquelles le vrai est ce qui marche, etc. La vérité ou fausseté d'une affirmation ne dépend pas de la seule signification des mots, mais de l'acte précis et des circonstances précises où il est effectué.
>
> *Quand dire c'est faire*, p. 148.

« Faux n'est pas un terme nécessairement réservé aux seules affirmations (*used of statements only*) », dit Austin à la fin de sa première conférence. Et, dans sa douzième et dernière conférence, il précise le statut de ces actes illocutoires, dont affirmer *(state)* fait partie :

> Il y a sans doute plusieurs moralités à tirer de tout cela.
>
> A) L'acte de discours intégral dans la situation de discours intégrale (*the total speech-act in the total speech situation*) est en fin de compte le *seul* phénomène que nous cherchons de fait à élucider
>
> B) Affirmer (*stating*), décrire, etc., ne sont que deux termes parmi beaucoup d'autres pour désigner les actes illocutoires (*illocutionary acts*) ; ils ne jouissent d'aucune position privilégiée [...]
>
> C) Ils n'occupent en particulier aucune position privilégiée quant à la relation aux faits — et qui seule permettrait de dire qu'il s'agit du vrai et du faux. Vérité ou fausseté, en effet, sont des mots qui désignent non pas des relations, des qualités (que sais-je encore) mais une dimension d'appréciation (*assessment*).
>
> *Quand dire c'est faire*, p. 151-152 [nous soulignons].

Bref, c'est le langage dans son ensemble qui est en question : s'il existe, comme Austin l'a montré dans l'ensemble des conférences, des actes de langage, le langage n'est plus seulement descriptif (« objectivant », pour reprendre l'expression de Husserl), il est action : « par le fait de dire, ou en disant quelque chose (*by* saying, *in* saying), nous faisons quelque chose » (*Quand dire c'est faire*, p. 47). Mais alors la vérité n'est plus adéquation (de la description à l'état de choses), elle aussi est *acte*, et *approbation* (*approval*). C'est ce qu'entend Austin lorsqu'il remplace, parodiant judicieusement les logiciens, la vérité par la « satisfaction » (*satisfaction*) (cf. Quine : « La vérité est le cas limite de la satisfaction. » Cf. par ex. *Philosophy of Logic*, chap. 3). L'approbation et le blâme ne sont plus alors des actes de langage « à portée morale » parmi d'autres : ils représentent et résument la dimension normative ou éthique du langage. L'usage même du langage et son apprentissage sont fondés sur le blâme (le rejet de ce que je dis, comme inadéquat) et l'approbation (l'acceptation de ce que je dis, comme satisfaisant aux normes de la communauté linguistique). C'est ce que Wittgenstein voulait dire en définissant, dans les *Investigations philosophiques*, l'apprentissage du langage comme recherche de l'approbation des aînés : « L'apprentissage de la langue n'est pas une explication, mais un dressage [*Das Lehren der Sprache ist hier kein Erklären, sondern ein Abrichten*] » (§ 5).

D. « Performative [utterance] », « intention », « speech act »

On pourrait être tenté de dire qu'un performatif, une promesse par exemple, exprime une *intention* qui serait définissable ou explicable hors du champ du langage (ce qu'on a appelé, à la suite de Grice ou Searle, acte communicationnel [« *communicative act* »]) — comme si accomplir un acte de parole, c'était en définitive exprimer une intention. Austin s'est lui-même prémuni contre toute interprétation « intentionaliste » de sa théorie des actes de discours, car pour lui une telle interprétation serait non seulement erronée, mais simplement immorale. Dire que le performatif exprime une intention, c'est le ramener à du descriptif, donc perdre tout le travail d'Austin ; mais c'est aussi la fin de toute morale : car si, en promettant par exemple, je décris mon intention, ma promesse ne m'engage à rien (elle est juste une description erronée d'une action intérieure).

> Le pas est vite franchi qui mène à croire que, dans bien des cas, l'énonciation extérieure est la description, vraie ou fausse, d'un acte intérieur (*inward performance*). On trouvera l'expression classique de cette idée dans *Hippolyte* (v. 612) où Hippolyte dit
>
> *Ma langue prêta serment, mais pas mon cœur*
>
> (ou mon esprit ou quelque autre artiste dans les coulisses) [...]
>
> Il est réconfortant de remarquer, dans ce dernier exemple, comment l'excès de profondeur — ou plutôt de solennité — fraye tout de suite la voie à l'immoralité. Car celui qui dit « Promettre ne consiste pas seulement à prononcer des mots : c'est un acte intérieur et spirituel ! » sera sans doute considéré comme un moraliste dont le sérieux contraste avec l'esprit superficiel d'une génération de théoriciens [...] Pourtant il fournit à Hippolyte une échappatoire, au bigame une excuse pour son « Oui, je prends cette femme pour épouse », et au bookmaker marron une défense pour son « je parie ». Non : la précision et la moralité sont du côté de celui qui dit simplement : notre parole, c'est notre engagement (*Our word is our bond*).
>
> *Quand dire c'est faire*, p. 44.

Malgré la mise en garde d'Austin, l'interprétation intentionaliste des actes de langage a connu une grande fortune. Sa fécondité est liée à la généralisation de la théorie des actes de langage et au passage effectué par Searle de l'énoncé performatif, « *performative utterance* », à l'acte de langage — « *speech act* », que l'on a choisi, enrenforçant ainsi la généralisation de Searle, de traduire par « acte de langage » au lieu d'acte de parole.

♦ Voir encadré 3.

E. « Perform », « performance »

L'invention par Austin des performatifs a mis en évidence certaines caractéristiques du verbe *perform*, qui n'a pas d'équivalent en français. Les traits spécifiques et philosophiquement intéressants des performatifs sont en effet inséparables de ce verbe, qui, dit Austin, est « le verbe associé usuellement au nom *action* » [cf. l'ex-

3

« Speech act » : acte de langage/acte de parole ?

Searle, se référant, contrairement à Austin, à la distinction saussurienne de la langue et de la parole, insiste sur l'idée que les *speech acts* relèvent de plein droit de la langue.

> *An adequate study of speech acts is a study of* langue [en fr. dans le texte].
>
> [Un examen adéquat des actes de langage est un examen de la *langue*.]
>
> *Speech Acts*, p. 17.

« Langue » est ici en français dans le texte, et donc considéré par Searle comme un intraduisible. Il est remarquable que Searle fasse ici retour à la distinction saussurienne pour étendre la théorie d'Austin ; il est non moins remarquable que les traducteurs français de *Speech Acts* se servent de cette distinction pour justifier leur traduction de *speech acts* par « actes de langage » (notamment dans l'introduction de Ducrot à l'édition française de l'ouvrage), bien avant même le passage où Searle évoque Saussure. On peut pourtant s'interroger devant la traduction de certains passages — comme celui-ci, où Searle dit : « *Speaking a language is performing speech acts.* »

La traduction : « Parler une langue, c'est réaliser des actes de langage », efface le rapport évident *speaking/speech*, et transfère le parallèle à *language* (langue) et *speech* (langage). Pour Ducrot, *speech acts* aurait pu aussi bien être traduit « actes de langue », seul le ridicule, dit-il, empêchant un tel choix de traduction. Mais il peut paraître hasardeux de s'autoriser de Saussure pour introduire le mot « langage », même entendu comme langue, dans un contexte où il est beaucoup question de « *language* » en un sens qui n'est pas forcément saussurien.

Il est clair que la traduction « actes de langage » se justifie en partie par la théorie de Searle, qui étend l'« acte de langage » à l'affirmation, la référence et la prédication : « Les *speech acts* sont des actes tels que faire des affirmations, donner des ordres, poser des questions, faire des promesses, et ainsi de suite, et de façon plus abstraite, des actes comme référer et prédiquer (*referring, predicating*) » (p. 16).

Mais pourquoi faire d'emblée un tel choix de traduction, alors que Searle, dans le même passage, parle des « actes langagiers » (« *linguistic acts* »), qui, dans la traduction, semblent ainsi curieusement différenciés des « actes de langage » (« *speech acts* »), catégorie plus spécifique ? Il est vrai qu'on a souvent tendance en français à traduire *linguistic* par « linguistique », alors que la traduction exacte serait plutôt « langagier » (voir ci-dessus le « *linguistic turn* »). Par aileurs, Searle insiste à plusieurs reprises dans son livre sur sa « théorie du langage (*theory of language*) », qui est alors artificiellement associée par la traduction aux « *speech acts* » : certes, sa théorie du langage est bien une théorie des « *speech acts* », mais le livre est là pour le démontrer, et la traduction par « actes de langage » fonctionne comme une pétition de principe (« *begs the question* », dirait Hume).

Cette traduction, justifiée théoriquement, est pratiquement inadéquate et forcée dans le détail du texte. C'est cependant la validité théorique qui l'emportera ici, comme le montre la généralisation, dans la linguistique et la philosophie du langage en France, de l'expression « actes de langage », certainement mieux assimilable par la tradition française. Mais une telle évidence ne repose-t-elle pas sur un malentendu ?

pression « *perform an action* »](p. 6). L'énoncé performatif est utilisé, non pour décrire une action, mais pour l'effectuer. Le verbe *perform* indique, comme *do*, un faire. Mais ce faire est inséparable de l'action elle-même, il est « fonction » de l'action, pas une de ses conséquences (comme le serait, par ex., faire de la peine à quelqu'un en faisant telle chose). En ce sens, *perform* s'associe plus à la notion d'acte qu'à celle d'action (ce dont la terminologie d'Austin rend compte) et est particulièrement adapté à l'acte de discours. La différence entre *perform* et « effectuer » ou « accomplir », ses traductions françaises courantes, tient au couple *perform/performance*, la *performance* étant l'acte lui-même envisagé du triple point de vue : (1) de son déroulement temporel (cf. le progressif « *the performing of an action* »), (2) de son accomplissement, de sa complétude (cf. l'all. *vollziehen* qui traduit souvent *perform*), (3) de sa réussite, son succès : si les performatifs austiniens peuvent être heureux ou malheureux (*happy, felicious*), c'est par référence à cet aspect de toute *performance*. Cette triple dimension, que l'on a aussi, dans une combinaison un peu différente, dans le mot *achievement*, rend parfois le mot particulièrement difficile à traduire, comme dans ce passage conclusif de S. Cavell, dans « An audience for philosophy » [Un public pour la philosophie] : « *There is the audience of philosophy; but there also, while it lasts, is its performance* [là est le public de la philosophie ; mais là aussi, tant qu'elle dure, sa performance] (*Must We Mean What We Say?*, p. XXIX) — *performance* étant à la fois conçu comme activité, durée, accomplissement, et succès.

Barbara CASSIN (I),
Sandra LAUGIER (III),
Irène ROSIER-CATACH (II)

BIBLIOGRAPHIE

ASHWORTH Elisabeth J., « Aquinas on Significant Utterance: Interjection, Blasphemy, Prayer », *in* S. MACDONALD et E. STUMP (éd.) *Aquinas's Moral Theory*, Cornell University Press, 1999, p. 207-234.

AUSTIN John Langshaw, *Philosophical Papers*, Oxford-New York, Clarendon Press, 1962 ; trad. fr. L. Aubert et A.L. Hacker, Seuil, Paris, 1994.

— *How to Do Things with Words*, Oxford-New York , Clarendon Press, 1962 ; *Quand dire c'est faire*, trad. fr. G. Lane, Seuil, 1970, rééd. « Points-Seuil », postface F. Recanati, 1991.

— « Du positivisme logique à la philosophie du langage ordinaire : naissance de la pragmatique », postface à *Quand dire c'est faire*, rééd. « Points-Seuil », 1991.

CARNAP Rudolf, « Le dépassement de la métaphysique », *in* A. SOULEZ (éd.), *Manifeste du Cercle de Vienne et autres écrits*, PUF, 1985.

CASSIN Barbara, *L'Effet sophistique*, Gallimard, 1995.

CAVELL Stanley, *Must We Mean What We Say?*, Cambridge UP, 1969.

HUSSERL Edmund, *Recherches logiques*, VI, trad. fr. H. Élie, A.L. Kelkel et R. Schérer, PUF, 1961, vol. 3.

KENNEDY George A., *The Art of Persuasion in Greece (A History of Rhetoric, I)*, Princeton UP, 1963.

NUCHELMANS Gabriel, « Ockham on Performed and Signified Predication », *in* E.P. BOS *et al.* (éd.), *Ockham and Ockhamists*, Nijmegen, Artistarium,1987, p. 55-62.

— « The distinction "*actus exercitus*"/"*actus significatus*" in medieval semantics », *in* N. KRETZMANN (éd.), *Meaning and Inference in Medieval Philosophy*, Kluwer, 1988, p. 57-90.

OGDEN C.K. et RICHARDS I.A., *The Meaning of Meaning*, Londres, Routledge and Kegan, 1923.

PERNOT Laurent, *La Rhétorique de l'éloge dans le monde gréco-romain*, Institut d'études augustiniennes, 1993, 2 vol.

QUINE Willard van Orman, *Philosophy of Logic*, Cambridge (Mass.), Harvard University Press, 1970.

RECANATI François, *La Transparence et l'Énonciation*, Seuil, 1978.

RORTY Richard (éd.), *The Linguistic Turn*, University of Chicago Press, 1967, nouv. éd. 1992.

ROSIER Irène, *La Parole comme acte*, Vrin, 1994.

— « La distinction entre *actus exercitus* et *actus significatus* dans les sophismes grammaticaux du ms. Bibl. nat. lat. 16618 et autres textes apparentés », *in* S. READ (éd.), *Sophisms in Medieval Logic and Grammar*, Dordrecht, Kluwer, 1993, p. 230-261.

SEARLE John, *Speech Acts*, Cambridge UP, 1969 ; trad. fr. H. Pauchard, Hermann, 1972.

ACTEUR, PERSONNAGE, COMÉDIEN

gr.	*prosôpon* [πρόσωπον], *hupokritês* [ὑποκριτής]
lat.	*persona, actor, histrio*
all.	*Schauplatz, Schauspieler, Akteur, Person*
angl.	*actor, comedian*
it.	*attore, comico, maschera*

► *ACTE*, MIMÊSIS, PATHOS, *PERSONNE*, PRAXIS, SUJET

Au XVIIe siècle, en français, le mot acteur *renvoie encore aussi bien au personnage qui agit et dont la pièce « représente les actions » (conformément à la* mimêsis praxeôn [μίμησις πραξέων] *de la* Poétique *d'Aristote), qu'à la personne qui l'incarne et que nous appelons « acteur ». Il se différencie alors du* comédien*, qui désigne celui qui monte sur les planches et incarne le personnage. En Italie, c'est seulement au XVIIIe siècle, et sous l'influence probable de l'évolution du français, que le mot* attore*, qui signifiait jusqu'alors exclusivement celui qui agit, prend le sens d'acteur de théâtre, tandis que s'impose le mot* personaggio *pour désigner ce que nous appelons personnage. Tous ces déplacements de sens s'inscrivent dans un champ sémantique qui est celui de la langue latine, tel qu'il s'est constitué dans le domaine de la rhétorique. L'ambiguïté et l'évolution du mot* acteur *tiennent en effet à ce que le terme hérite d'une double filiation, théâtrale et rhétorique : sur scène, l'acteur est celui qui se glisse sous un masque porte-voix* (prosôpon [πρόσωπον], persona) *et endosse ainsi le caractère du personnage qu'il représente — en ce sens, son action est une passion, il est habité par un caractère. Mais l'acteur est aussi un orateur, dont l'*actio*, gestuelle et vocale, est un art valorisé : il agit son texte et son personnage qui sans lui n'auraient aucune efficace. C'est alors un acteur au sens agissant du terme, coauteur de l'effet produit.*

I. « ACTIO » et « HUPOKRISIS »

Le latin dispose de plusieurs termes pour désigner l'interprète de théâtre : *histrio, actor, comoedus, tragoedus,* etc. *Histrio* comporte déjà toutes les valeurs péjoratives du mot français *histrion*. Il est opposé à l'*actor*, l'acteur de théâtre initié à la haute discipline rhétorique et qui peut servir de modèle à l'orateur. On le voit à l'estime que Cicéron accorde à l'acteur Roscius, pour lequel il composa un plaidoyer. Ces échanges entre l'art oratoire et l'art dramatique « réformé » selon la rhétorique étaient impliqués par l'identité des termes que le latin applique au théâtre et au prétoire. *Actio* désigne l'art de l'acteur, celui de l'orateur et la poursuite en justice ; *actor* désigne l'acteur anobli par son initiation à la rhétorique et l'accusateur en justice ; *agere* s'applique aussi bien à une procédure (« *agere causam* ») qu'à un rôle théâtral (« *agere fabulam* ») ou à un rôle social assumé avec responsabilité et vigueur.

L'*actio*, au sens rhétorique du terme, relève de ce qu'on peut appeler l'éloquence corporelle. Cicéron la définit ainsi dans l'*Orateur* : « *Est enim actio quasi corporis quaedam eloquentia, cum constet e voce atque motu* [En effet, l'action est comme l'élocution du corps, puisqu'elle consiste dans la voix et le geste] » (*Orator*, XVII, 55, trad. fr. A. Yon, Les Belles Lettres, p. 20). Bien qu'elle ne soit que l'une des cinq parties de la rhétorique (les quatre autres étant l'invention, la disposition, l'élocution et la mémoire), Cicéron lui donne la première place dans les moyens de persuasion : « *Actio, inquam, in dicendo una dominatur. Sine hac summus orator esse in numero nullo postest* [C'est l'action, oui l'action, qui, dans l'art oratoire joue le rôle vraiment prépondérant. Sans elle le plus grand orateur peut ne pas compter] » (*De oratore*, III, LVI, 213, trad. fr. E. Courbaud et H. Bornecque, Les Belles Lettres, p. 88). C'est en effet par l'action que l'orateur parvient à bouleverser son auditoire, à agir sur lui, et donc à emporter son adhésion. Le rôle attribué à l'*actio* oratoire est ainsi indissociable de la place que la rhétorique cicéronienne accorde au *movere*, c'est-à-dire à l'émotion, à la passion. Au corps pathétique de l'orateur, répond le corps bouleversé de l'auditeur. En ce sens, l'orateur a beaucoup à apprendre auprès des acteurs, comme Cicéron le reconnaît parlant de Roscius. Mais l'orateur n'est pas qu'*actor*, il est aussi *auctor*. Auteur de son discours, il n'est pas un simple imitateur qui se contente de reproduire des gestes et des intonations. Son *actio* n'est efficace que parce qu'elle est l'expression d'une passion dont il est le premier à ressentir les effets.

On reconnaît, dans cette conception de l'*actio* rhétorique, la marque de l'influence d'Aristote. L'*actio*, telle que la définit Cicéron, correspond à ce qu'Aristote appelle *hupokrisis* [ὑπόκρισις], l'art de l'acteur tragique (*hupokrisis*, sur *hupo-krinomai* [ὑποκρίνομαι], « répondre », désigne d'abord la réponse, la réplique dans une pièce, puis la déclamation et la feinte) :

> L'action (*autê, sc. hê hupokrisis*) consiste dans l'usage de la voix, comment il faut s'en servir pour chaque passion, c'est-à-dire quand il faut prendre la forte, la faible et la moyenne, et comment employer les intonations, à savoir l'aiguë, la grave et la moyenne, et à quels rythmes il faut avoir recours pour chaque sentiment [....] et, de même qu'aujourd'hui dans les concours les acteurs font plus pour le succès que les poètes, ainsi en est-il dans les débats dans la cité, par suite de l'imperfection des constitutions.
>
> *Rhétorique*, III, 1, 1403b 26-35, trad. fr. M. Dufour et A. Wartelle, Les Belles Lettres, 1973.

Mais cette définition ne concerne que les formes d'expressivité vocales et non gestuelles, dont Aristote reconnaît par ailleurs l'importance, y compris chez les poètes :

> Pour composer les histoires, et par l'expression, leur donner une forme achevée, il faut se mettre au maximum la scène sous les yeux (*pro ommatôn* [πρὸ ὀμμάτων]) [...] Il faut aussi, dans la mesure du possible, élaborer une forme achevée en recourant aux gestes (*tois skhêmasin* [τοῖς σχήμασιν]) : en effet, à égalité de dons naturels, les plus persuasifs sont ceux qui vivent violemment les émotions, et celui qui est en proie au désarroi représente le désarroi de la façon la plus vraie.
>
> *Poétique*, 17, 1455a 22-32, trad. fr. J. Lallot et R. Dupont Roc, Seuil, 1980.

D'où une certaine hésitation chez les auteurs latins quant au terme susceptible de rendre le plus adéquatement cette forme d'éloquence propre à l'*actio rhétorique*.

> *Pronuntiatio*, note Quintilien, équivaut pour la plupart des gens à *actio*, mais le premier mot semble se référer à la voix (*voce*), le second au geste (*gestu*). Car Cicéron définit l'action tantôt « une manière de langage » (*quasi sermonem*), tantôt « une sorte d'éloquence du corps » (*eloquentiam quandam corporis*). Cependant il y distingue deux éléments qui sont les mêmes que ceux de l'action oratoire (*pronuntiationis*) : la voix et le geste (*vocem atque motum*). On peut donc se servir indifféremment des deux termes.
>
> *Institution oratoire*, XI, 3 (1), trad. fr. J. Cousin, Les Belles Lettres, 1979.

Mais à partir du *De oratore*, Cicéron emploie surtout *actio*, préférence qui traduit la place qu'il accorde aux formes visibles et donc silencieuses de l'éloquence corporelle dans les techniques de persuasion.

Réélaborée à partir d'une autre conception du couple action/passion issue de Descartes, la problématique de l'action rhétorique jouera un rôle fondamental au XVIIe siècle dans la théorie de l'art. Le mot « action » est toujours utilisé par les théoriciens de l'art en un sens technique, rhétorique, c'est-à-dire au sens d'*actio* corporelle, comme dans la conférence de Le Brun sur l'expression des passions :

> Comme il est donc vrai que la plus grande partie des passions de l'âme produit des actions corporelles, il est nécessaire que nous sachions quelles sont les actions du corps qui expriment les passions, et ce que c'est qu'action.
>
> Conférence du 7 avril 1668, *in* Alain Mérot, *Les Conférences de l'académie royale de peinture et de sculpture au XVIIe siècle*, énsb-a, 1996.

♦ Voir encadré 1.

II. L'ACTEUR : PERSONNAGE ET COMÉDIEN

Au XVIIe siècle, l'*acteur*, est d'abord (selon l'étymologie : *actor* dérivé de *agere*) celui qui agit, qui participe à une action dramatique. Il est donc le « personnage

1

« Prosôpon », « persona » : du théâtre à la grammaire

► JE (encadré 1), SUJET (encadré 5)

Prosôpon [πρόσωπον], étymologiquement « ce qui est face au regard », désigne depuis Homère le « visage », humain en particulier, puis, par métaphore, la « façade » d'un édifice et, par synecdoque, la « personne » tout entière porteuse du visage. Une autre extension sémantique remarquable est celle de « masque » de théâtre (Aristote, *Poétique*, 5, 1449a 36), entraînant à son tour l'acception « personnage » d'un drame (les didascalies alexandrines des œuvres dramatiques comportent régulièrement la liste des *prosôpa tou dramatos* [πρόσωπα τοῦ δράματος]), puis d'un récit. Son équivalent latin, *persona*, renvoie à son tour au masque qui fait résonner (*personare*) la voix, avant de désigner le personnage, la personnalité et la personne grammaticale (Varron).

Il ressort clairement du sens du composé *prosôpo-poiein* [προσωπο-ποιεῖν] « composer en discours direct », c'est-à-dire faisant parler les personnages eux-mêmes (c'est la *mimêsis* [μίμησις] au sens platonicien), que l'acception dramatique de *prosôpon* a pesé d'un poids particulier dans l'histoire du mot. Il paraît en tout cas peu douteux que, quand les grammairiens adoptent *prosôpon* pour désigner la « personne » grammaticale, ils ont en tête la situation d'interlocution, caractéristique du texte théâtral, qui fait entrer en jeu l'alternance « je-tu » : c'est dans le face-à-face des personn(ag)es que s'enracine la catégorie de la « personne » (voir « Sujet, chose, personne », encadré 5, dans SUJET).

À la différence de ce que nous observons, par exemple, pour des termes comme « temps » (*khronos* [χρόνος]), « cas » (*ptôsis* [πτῶσις]), on n'a pas d'attestation antérieure aux textes grammaticaux proprement dits de *prosôpon* pour faire référence à la « personne » comme catégorie linguistique. En revanche, dès les textes grammaticaux les plus anciens et de manière parfaitement stable par la suite, *prosôpon* est adopté pour décrire à la fois les *protagonistes* de l'interlocution et les *marques*, tant pronominales que verbales, de leur inscription dans le matériau linguistique.

En fait, la principale difficulté rencontrée par les grammairiens relativement à la notion de *prosôpon* semble avoir été de bien articuler entre elles référence à des personnes réelles, occupant des positions différenciées dans l'échange langagier (locuteur, allocutaire, autre), et référence à la personne comme marque grammaticale. Cette difficulté transparaît notamment dans une querelle de définition. Dans la *Technê* attribuée à Denys le Thrace (chap. 13, p. 51,3 Uhlig [*Gr. Gr.* I 1] = p. 57,18 Lallot), l'accident verbal du *prosôpon* est défini comme suit :

> Il y a trois personnes : première, deuxième, troisième. La première, c'est celui de qui vient l'énoncé, la deuxième, celui à qui il est adressé, la troisième, celui dont il parle.
>
> [Πρόσωπα τρία, πρῶτον, δεύτερον, τρίτον· πρῶτον μὲν ἀφ' οὗ ὁ λόγος, δεύτερον δὲ πρὸς ὃν ὁ λόγος, τρίτον δὲ περὶ οὗ ὁ λόγος.]

Cette définition minimale pose clairement, en les distinguant par leur position dans l'échange, les deux protagonistes de l'interlocution, et introduit sans précaution particulière une troisième position, caractérisée comme constituant le thème de l'énoncé. Le parallélisme des trois définitions — une simple relative pour chaque « personne » — masque la dissymétrie entre les (vraies) personnes 1-2 d'une part, et la 3e, qui, comme l'a souligné Benveniste (*Problèmes de linguistique générale*, p. 228), peut fort bien ne pas être une « personne » *stricto sensu*.

Cette définition, sans doute restée canonique pendant plusieurs siècles, est prise à partie par Apollonius Dyscole, qui la complète ainsi (je prends la formulation chez Chœroboscos [*Gr. Gr.* IV 2, p. 10, 27], témoin byzantin du maître alexandrin) :

> [...] la première personne, c'est celui de qui vient l'énoncé *parlant de moi qui suis l'allocuteur*, la deuxième, celui à qui est adressé l'énoncé *parlant de l'allocutaire lui-même*, la troisième, celui dont parle l'énoncé *et qui n'est ni l'allocuteur ni l'allocutaire* [...]
>
> [πρῶτον μὲν ἀφ' οὗ ὁ λόγος περὶ ἐμοῦ τοῦ προσφωνοῦντος, δεύτερον δὲ πρὸς ὃν ὁ λόγος περὶ αὐτοῦ τοῦ προσφωνουμένου, τρίτον δὲ περὶ οὗ ὁ λόγος μήτε προσφωνοῦντος μήτε προσφωνουμένου].

L'arrangement apollonien apporte d'utiles précisions : (a) chaque « personne », y compris les deux premières, peut être le thème de l'énoncé ; (b) la troisième se définit négativement comme n'étant ni la première ni la deuxième (ce qui ouvre implicitement la possibilité qu'elle ne soit une « personne » que dans un sens étendu, par exemple un objet, dans la mesure où elle n'a pas besoin d'avoir une compétence d'interlocuteur) ; (c) l'imbrication énonciation-énoncé est explicite : il y a première personne quand l'énoncé parle de l'énonciateur-source, deuxième quand il parle de l'allocutaire, troisième quand il parle de quelqu'un d'autre (ou d'autre chose).

Nonobstant le progrès, incontestable, que représente la révision opérée par Apollonius, elle n'en laisse pas moins planer une ambiguïté sur le *designatum* de *prosôpon* : parle-t-on d'entités extralinguistiques, « personnes » dialoguantes ou non, ou bien d'entités linguistiques, accidents du verbe fléchi et paradigme pronominal (pronoms personnels) ? Apparemment, plutôt des premières, ce qui ne laisse pas d'étonner sous la plume d'un grammairien qui se targue d'en corriger un autre. En fait, il est peu douteux que, chez Apollonius encore, l'ambiguïté que je signale reste attachée au terme de *prosôpon*. À preuve le texte suivant, tiré de sa *Syntaxe* (III, § 59, *Gr. Gr.* II 2, p. 325, 5-7) :

> [...] les personnes qui prennent part à l'acte [de marcher] se sont distribuées en personnes : *je marche, tu marches, il / elle marche.*
>
> [τὰ γὰρ μετειληφότα πρόσωπα τοῦ πράγματος εἰς πρόσωπα ἀνεμερίσθη, περιπατῶ, περιπατεῖς, περιπατεῖ]

On peut comprendre que, dans un groupe de personnes — entités extralinguistiques — qui marchent, tout énoncé portant sur la marche suscitera l'apparition de désinences verbales distribuant les marcheurs entre les trois personnes grammaticales : telle est l'alchimie du *prosôpon* apollonien.

Jean LALLOT

BIBLIOGRAPHIE

BENVENISTE Émile, *Problèmes de linguistique générale*, Gallimard, 1966, chap. 18, « Structure des relations de personne dans le verbe », p. 225-236 (reprise de *Bulletin de la Société de linguistique de Paris*, 43, 1946).

Grammatici Graeci [cité *Gr. Gr.*], éd. Hilgard-Schneider-Uhlig-Lentz, Leipzig, Teubner, 1878-1902 ; repr. Hildesheim, Olms, 1965.

LALLOT Jean, *La Grammaire de Denys le Thrace*, CNRS, 1998.

dramatique » tout court. C'est en ce sens que les mots *acteur* et *personnage*, employés à peu près indifféremment, apparaissent en tête de la liste des personnages, au début de chaque pièce, avec cependant une nette préférence pour le mot *acteur.* Face à l'*acteur* imaginaire, au *personnage*, conçu par l'auteur, le *comédien* est celui qui monte sur les planches, et dont le métier consiste à jouer la *comédie* au sens très large de « pièce de théatre composée selon les règles de l'Art » (Furetière) que le XVIIe siècle accordait à ce mot.

Il est frappant de constater que c'est précisément au XVIIe siècle que le mot *acteur* apparaît – bien que rarement – comme synonyme de *comédien.* Le mot *comédien* reste exclusivement lié à la profession de représenter sur scène, tandis que le mot *acteur* renvoie aussi bien au personnage qui agit qu'à la personne qui l'incarne. Corneille emploie indifféremment les mots acteur ou personnage pour parler des personnages de ses pièces, et l'abbé d'Aubignac intitule l'un des chapitres de son livre : « Des personnages ou Acteurs, et ce que le Poète doit y observer » (*La Pratique du théâtre* [1657], éd. Hans-Jörg Neuschäfe, Darmstadt, Wilhelm Fink, 1971, p. 251).

L'art de l'acteur, du dramaturge et la littérature théâtrale en général ont reçu des impulsions importantes de la *renovatio studii* du XVIIe siècle, ainsi que de la redécouverte de l'*Institution oratoire* de Quintilien et du culte rendu à Cicéron. Le puissant réseau des collèges de la Compagnie de Jésus, qui fonde son activité pédagogique sur une version christianisée de l'*Institution oratoire* et du *Ratio studiorum,* forme un public rompu aux disciplines rhétoriques. Désireux d'atteindre l'estime des cours et des académies, les comédiens du XVIIe siècle tiennent à se distinguer des histrions en soulignant leur parfaite maîtrise de l'*actio* oratoire.

Le comédien français du XVIIe siècle, et surtout l'interprète de tragédie, se trouve dans une situation assez analogue à celle de l'orateur : ne disposant pas de masque, il doit compter sur la seule magie évocatoire des figures verbales pour défendre son rôle. Aussi l'expression gestuelle était-elle réglée par des usages d'ordre éthologique en suivant les études des caractères et de leur expression corporelle. Par ailleurs, le dépouillement ascétique de la scène tragique entre 1630 et 1660 a coïncidé avec un essor extraordinaire de l'intérêt pour les questions d'éloquence et de rhétorique. La scène devient la mise à l'épreuve des pouvoirs du verbe rhétorique abandonné à ses seules forces. L'*actio* de l'interprète est presque aussi importante que la force et le pouvoir des figures verbales que le dramaturge a préparées pour lui dans son texte. Cette insistance sur l'*actio* révèle l'idée d'une puissance immanente au texte qui s'inscrit dans la partition du personnage, et que seul un excellent comédien sera capable de faire passer de la puissance à l'acte.

Mais si, d'une part, la partition écrite du personnage contient une puissance demandant à être actualisée, le comédien, d'autre part, est appelé à exhiber sur scène ce passage entre les mots écrits et son corps. Tous deux, le personnage et le comédien, sont par conséquent des *acteurs* au sens fort du terme. L'un agit sur l'autre. Ainsi l'unité fictive du personnage représenté par l'acteur sur la scène est-elle toujours scindée par le rappel au texte invisible, et l'acteur, par sa présence corporelle, énonce et joue le texte d'un autre qui est absent – d'un auteur qui a créé le personnage.

Cette différence incertaine et troublante qui existe entre l'acteur et le personnage est au cœur du *Véritable Saint Genest* de Rotrou (représenté en 1645), pièce écrite dans la tradition du théâtre dans le théâtre. La pièce met en scène un acteur païen, Genest, jouant dans une pièce le rôle d'un martyr chrétien, Adrian. Dans la scène où il représente la conversion d'Adrian, l'acteur devient soudain le personnage qu'il joue. « Le Ciel [...] m'a fait son Acteur », dit-il, acteur ayant ici le double sens de quelqu'un qui agit en faveur d'une idée ou d'une croyance religieuse et de l'acteur qui agit sur la scène du grand théâtre du monde. Frappé par la grâce, l'acteur quitte son rôle pour s'exprimer en son nom propre : « Ce n'est plus Adrian qui parle, c'est Genest qui s'exprime ; / Ce jeu n'est plus un jeu, mais une vérité / [...] / Où moy-mesme l'objet et l'Acteur de moy-mesme, / [...] / Je professe une Loy, [...] » (v. 1324-1330). L'acteur devient l'auteur de son propre texte au moment même où il est agi par un autre texte et parle au nom d'un autre auteur, l'auteur divin. Jouant sur la structure réflexive du théâtre dans le théâtre, Rotrou a su représenter dans cette pièce l'indécision qui caractérise tout rapport entre l'acteur et son personnage ainsi que les enjeux considérables qui en découlent et qui vont jusqu'à engager, en tant que personnage absent, l'auteur suprême.

III. L'« INVENTIO » DES COMÉDIENS ITALIENS : « ATTORE », « COMICO », « MASCHERA »

Au début du XVIIe siècle encore, *attore* indiquait celui qui fait, qui agit. Le *Vocabolario degli accademici della Crusca* (1612) donne comme synonyme pour *attore* : *facitore* avec, d'une part, une référence à Dieu *attore della beatitudine* (auteur, origine de la béatitude) et, d'autre part, à l'accusateur, à celui qui plaide une cause – signification qu'on utilise encore dans l'italien moderne.

L'une des raisons pour lesquelles l'italien du XVIe et du XVIIe siècle n'a pas actualisé la signification contenue dans le mot latin *actor* pour désigner l'acteur de théâtre tient à l'existence, à partir du milieu du XVIe siècle, de troupes de comédiens professionnels qui rédigent leurs propres textes, et dont la formation est liée à la naissance de la *commedia dell'arte.* Ces comédiens avaient ainsi quitté le domaine restreint de l'*actio* pour s'exercer également dans celui de l'*inventio.* Et en effet, le mot *il comico,* dont le premier sens indique un rapport à la comédie, inclut l'aspect producteur de textes théâtraux. Ces comédiens pratiquaient dans leur travail la *dispositio,* l'*elocutio* et la *memoria,* parcourant ainsi toute l'étendue du procès de création rhétorique. Ils étaient en outre capables de représenter sur scène n'importe quel genre théâtral de l'époque. C'est ce qui les distinguait des histrions qu'on appelait des *buffoni, mimi, istrioni, commedianti.* Plusieurs textes théoriques rédigés par des acteurs professionnels, comme *Le Bravure del Capitano Spavento* de Francesco Andreini (1607) ou *La Supplica* de Niccolò Barbieri (1634), insistent sur cette différence en s'efforçant d'ennoblir la profession de comédien et de la présenter sous un jour positif en tant que connaisseur des règles de la rhétorique.

Les contraintes du marché théâtral ne permettaient pas à ces acteurs professionnels de représenter longtemps la même œuvre au même endroit. Ils étaient donc obligés de produire de nouvelles formes de spectacles. C'est ce qu'on appelait à l'époque jouer *all'improvviso* ou bien *a soggetto*. Cette technique les distinguait nettement d'autres troupes européennes. Les comédiens italiens avaient l'habitude de dépouiller et de démembrer des traités de rhétorique ou des textes littéraires et d'en extraire des *parti*, c'est-à-dire des rôles, et de les glisser par la suite dans une espèce de recueil personnel que chaque comédien tenait concernant un seul type de personnage (primo amoroso, serviteur, vieux marchand vénitien, etc.). Ils distinguaient dans le personnage deux aspects, l'un qui changeait de comédie en comédie et un autre qui restait invariable et qu'on appelait *le maschere*. L'emploi des demi-masques en cuir soulignait le côté fixe des personnages. Ainsi fixaient-ils la façon de se vêtir, de parler, de gesticuler, etc., mais non le caractère qui variait suivant chaque représentation, selon les diverses actions et avec le concours des autres acteurs. Le secret des « masques » de la « *commedia all'improvviso* » résidait dans un équilibre subtil et à chaque fois différent entre l'indétermination du caractère d'un personnage et la prédétermination rigide de tous les autres éléments. L'acteur devient ainsi l'auteur d'un texte qui se crée dans le moment même de la représentation pour s'effacer tout de suite après. Son jeu consiste en une action verbale, semblable à celle de l'orateur, où ce qui est dit est à la fois soumis à des règles strictes et complètement incertain. On comprend que Molière et Shakespeare aient porté tant d'intérêt à la technique de ces comédiens capables de combiner les éléments répétitifs des personnages avec une très grande versatilité de formes.

Mais bientôt, ce creuset dans lequel viennent se fondre l'acteur et l'auteur tend à ne plus être qu'une forme vide. C'est alors qu'émerge une nouvelle conception du comédien comme *attore*, c'est-à-dire comme quelqu'un dont le métier consiste à représenter un texte donné à l'avance. C'est ainsi que Carlo Goldoni, dans sa *Préface* au premier recueil de ses comédies de 1750, reproche aux « *mercenari comici nostri* », c'est-à-dire aux comédiens professionnels des troupes italiennes, d'altérer et de défigurer les textes « *recitandole all'improvviso* » (Carlo Goldoni, *Commedie,* N. Magnini [éd.], Unione Tipografica-Editrice Torinese, 1971, p. 66). Goldoni est l'un des premiers à parler d'*attore* en marquant une différence nette par rapport aux *comici.* Il réintroduit dans ses comédies la psychologie particulière des personnages en abolissant le caractère fixe des *maschere.* La réforme théâtrale entamée par Goldoni donne au théâtre italien une orientation littéraire et « auctoriale » ; l'acteur survient après coup pour incarner et actualiser le texte écrit par un auteur.

Depuis lors, le mot *attore* désigne le comédien en général, l'expression « *il comico* » étant réservée, aux acteurs qui jouent des rôles comiques. Et pourtant, l'aspect producteur de celui qui écrit un texte théâtral comique lui est resté jusqu'à nos jours. On notera que ce sens a été conservé dans l'anglais *comedian*, qui désigne un type particulier d'acteurs-auteurs comiques qui se produisent seuls sur scène, *actor* désignant les acteurs de théâtre et de cinéma — mais nombreux sont les *actors* qui se réclament de la tradition du *comedian*, comme par exemple Woody Allen.

IV. « SCHAUPLATZ », « SCHAUSPIELER », « AKTEUR », « PERSON »

À la différence du français ou de l'italien, l'allemand accentue par le mot *Schauspieler* l'idée de celui qui crée et qui fait montre d'un jeu, d'une illusion théâtrale. Le mot a été employé en allemand dès le XVIe siècle. Au XVIIe siècle, on désignait l'acteur également par « *die darstellende Person* » — la personne représentante. À partir de la première moitié du XVIIIe siècle, là aussi, comme en italien, sous l'influence de la langue française, on a utilisé les mots *der Akteur, die Aktrice.* Cette appellation remplaçait le mot *der Komödiant* qui avait pris le sens péjoratif de celui qui simule. Mais cet emploi du mot *Akteur* s'est perdu dans l'allemand moderne où il désigne encore la personne qui est à la tête d'une action politique.

Le mot *Schauspieler* s'est imposé définitivement dès le début du XIXe siècle. Il dérive de *Schauspiel*, utilisé dès la fin du XVe siècle au sens général de jeux présentés devant un public, mais également au sens plus restreint de représentation théâtrale. *Schauspiel* est lié au mot *Schauplatz* qui traduit le mot grec *theatron* désignant le lieu public où les spectateurs se rassemblent pour assister à un spectacle. Au XVIe et au XVIIe siècles, *Schauplatz* désigne une estrade dressée et destinée aux activités juridiques, à des jeux ou à des cérémonies. Depuis le XVIIe siècle, ce mot a également le sens de scène théâtrale. Ainsi peut-on lire au début de *Leo Armenius* d'Andreas Gryphius (1646) : « *Der Schauplatz ist Constantinopel* », « la scène est à Constantinople ». À la même époque, on dit aussi *Schaubühne* pour désigner une construction en bois soutenant un échafaud ou une estrade montée pour un spectacle. Mais dès le XVIIIe siècle, on parle uniquement de *Bühne.*

Dans l'histoire sacrée, *Schauplatz* signifie le Calvaire, et son sens eschatologique renvoie au lieu terrestre où se révélera la fin du monde. À cette dernière signification, Walter Benjamin a consacré quelques pages célèbres dans son *Origine du drame baroque allemand.* Le *Schauplatz* à l'âge baroque est pour lui l'endroit où l'histoire se sécularise et où le processus temporel se fige en une image spatiale.

Quant au personnage théâtral, dès le début du XVIe siècle, il est nommé *die Person*, « *die spielende Person* ». Selon Grimm, cet emploi serait dû aux traductions du mot *persona* — le masque — qui apparaît dans les comédies latines. L'allemand ne fait donc pas la distinction entre la personne réelle et le personnage fictif.

Marco BASCHERA,
Jacqueline LICHTENSTEIN (I)

BIBLIOGRAPHIE

XVIIe siècle, La Rhétorique du geste et de la voix, n° spécial 132, 1981.

BENJAMIN Walter, *Ursprung des deutschen Trauerspiels*, in *Gesammelte Schriften*, Francfort, Suhrkamp, 1974, t. 1.

FUMAROLI Marc, « Le statut du personnage dans la tragédie classique », *Revue de l'histoire du théâtre*, juillet-sept. 1972, p. 223-250.

— *L'Âge de l'éloquence*, Droz, 1980.

LICHTENSTEIN Jacqueline, *La Couleur éloquente*, Flammarion, 1991.

SOUILLER Didier et BARON Philippe, *L'Acteur en son métier*, Éditions universitaires de Dijon, 1997.

TAVIANI Fernandino, *Il Segreto della Commedia dell'Arte. La memoria delle compagnie italiane del XVI, XVII e XVIII secolo*, Florence, La Casa Usher, 1982.

OUTILS

GRIMM Jacob et Wilhelm, *Deutsches Wörterbuch*, Leipzig, Hirzel, 1854, repr., Munich, Deutscher Taschenbuch, 1984.

AFFORDANCE ANGLAIS – fr. *disponibilité* [d'une ressource], *exploitabilité* [d'une situation]

all. *Affordanz*

► ***DISPOSITION***, et ***ACTE***, ANIMAL, BEHAVIOR, CONSCIENCE, LEIB [encadré 1, « ***LEBENSWELT*** »], PERCEPTION, REPRÉSENTATION, VORHANDEN

Le mot affordance *est un néologisme proposé par James J. Gibson pour rendre compte de la manière dont tout organisme perçoit son environnement.*

La psychologie écologique (Gibson, *The Ecological Approach to Visual Perception*) et la théorie de la connaissance qui en dérive (Noë, « Experience and the Active Mind ») contestent la conception représentationnaliste ; selon cette dernière, le sujet percevant doit former des représentations mentales du fait qu'il n'a accès qu'à des données sensorielles fragmentaires et changeantes. La théorie écologique soutient au contraire que ce que les hommes et les animaux perçoivent sont des *affordances*, c'est-à-dire des possibilités d'agir, qui existent objectivement dans le monde indépendamment du fait qu'elles sont perçues. La perception des *affordances* utilise l'information fournie par les systèmes perceptifs du fait de leur résonance privilégiée avec un environnement déterminé. L'action joue un rôle capital dans la perception dans la mesure où le mouvement permet d'extraire des constantes perceptives du flux optique qu'il engendre.

Le mot anglais *affordance* pose au traducteur un problème redoutable. L'anglais *to afford* a en effet un sens double de disposer d'une ressource suffisante et d'être en position d'agir sans risque. Dans la définition proposée par Gibson, ces deux significations sont exploitées : « les *affordances* de l'environnement sont ce qu'il procure aux animaux, ce qu'il leur offre ou leur fournit, pour le pire ou pour le meilleur » (Gibson, « The Theory of Affordances »). On ne peut donc traduire par « ressources » dans la mesure où les *affordances* recouvrent aussi bien les cibles de l'action que les obstacles ou les dangers qui s'attachent à une situation donnée. L'usage prédominant est actuellement de conserver le néologisme transposé en français.

Joëlle PROUST

BIBLIOGRAPHIE

GIBSON James J., « The Theory of Affordances », *in* R. E. SHAW et J. BRANSFORD (dir.), *Perceiving, Acting and Knowing: Toward an Ecological Psychology*, New York, Wiley, 1977, p. 67-82.

— *The Ecological Approach to Visual Perception*, Boston, Houghton Mifflin, 1979.

NOË Alva, « Experience and the Active Mind », *Synthese*, 129, 1, 2001, p. 41-60.

OUTILS

GREGORY Richard L. (dir.), *The Oxford Companion to the Mind*, Oxford-New York, Oxford UP, 1987.

AGENCY ANGLAIS – fr. *action, agent, agence, agir*

► ***ACTE***, et ACTE DE LANGAGE, ACTEUR, ÂME, ANGLAIS, FORCE, INTENTION, ***LIBERTÉ***, PATHOS, PRAXIS, SUJET

Le mot agency *apparaît dans l'histoire de la langue anglaise au XVIIe siècle. Introduit en philosophie au XVIIIe siècle, il a d'abord un usage classiquement aristotélicien, opposant action et passion, agent et patient. L'*agency *peut désigner soit l'action (au sens physique), soit ce qui qualifie l'action (par opposition au subir), soit ce qui qualifie l'agent (par opposition au patient). Grâce au travail des différentes expressions dans la langue anglaise,* agency *va résumer les difficultés à définir l'action et, à l'époque contemporaine, permettre de penser l'agir, non plus en tant que catégorie opposée à la passion, mais en tant que « disposition » à l'action, une disposition qui ébranle l'opposition actif/passif. L'agent lui-même, dans l'*agency*, n'est plus seulement acteur/auteur de l'action, mais il est pris dans un système de relations qui déplace le lieu et l'autorité de l'action, et modifie (voire brouille définitivement, notamment dans les usages en théorie économique) la définition de l'action.* Agency*, dans ses usages contemporains, est ainsi le point où s'effacent les dualismes action/passion, agent/patient, mais aussi où se définit de façon nouvelle le sujet/agent.*
*La traduction devenue aujourd'hui standard d'*agency *par « agir » (que permet la spécificité de l'infinitif en français, mais qui introduit un caractère unilatéralement actif) ou même par « puissance d'agir » (qui renforce encore la tonalité classique en corrélant implicitement l'*agency*-puissance à une* action-acte*) reste aveugle à une telle évolution de l'usage, et demeure liée à une vision classique de l'action et de l'agent. Dans beaucoup de cas, l'anglais* agent *se traduirait plus aisé-*

ment par « sujet », qu'il rend d'ailleurs mieux que subject. *On notera cependant que le mot* agence *en français traduit adéquatement* agency *lorsqu'il désigne, dans un emploi dérivé, une entité ou institution dotée d'un pouvoir d'agir. Cet emploi institutionnel (Agence nationale pour l'emploi,* Central Intelligence Agency, *etc.) est révélateur, cette fois dans les deux langues, d'une complexité du mode d'action, l'agence (ou l'agent) étant ce qui agit, mais pour un autre.*
Agency, *aujourd'hui largement utilisé dans la philosophie analytique anglo-saxonne et notamment dans le domaine américain, est probablement un « intraduisible » au sens strict, premier du terme, c'est-à-dire qu'il est impossible de lui faire correspondre un seul et même terme dans les traductions françaises des textes où il figure. Cette difficulté se relie à des propriétés syntaxiques de la langue anglaise qui ont été systématiquement mises en œuvre dans la constitution d'une « sémantique de l'action » : son examen et celui des solutions plus ou moins satisfaisantes qui lui sont apportées par les traducteurs et les commentateurs peuvent ainsi diriger notre attention vers une singularité propre à la façon dont une tradition « nominaliste », qui remonte au moins à Hume et qu'illustrent aujourd'hui les travaux post-wittgensteiniens, traite le champ de la « subjectivité ». Comme souvent, l'existence de « voies » alternatives dans la philosophie moderne s'avère indissociable de l'interaction entre le concept et la langue.*

I. EXEMPLES DE LA POLYSÉMIE D'« AGENCY »

L'ouvrage de Michael J. Sandel, *Liberalism and the Limits of Justice*, traduit en français par Jean-Fabien Spitz, peut introduire à la difficulté. Sandel consacre une partie importante de son ouvrage à discuter ce qu'il appelle en anglais deux « théories » morales, telles que développées notamment par John Rawls : « *certain theories of community and agency at the foundation of justice* » (p. 134), ce que Spitz traduit (ou glose ?) par « certaines théories de la communauté et de la qualité d'agent au fondement même de la théorie de la justice » (trad. fr. p. 201). Un peu plus loin, Sandel continue sa discussion en annonçant : « *We need therefore assess Rawl's theory of the good, and in particular his accounts of community and agency, not only for their plausibility...* », et cette fois Spitz simplifie : « Il nous faut donc évaluer la théorie rawlsienne du bien, et en particulier son analyse des notions de communauté et d'agent, non seulement pour apprécier leur plausibilité... » Le sous-titre « *Agency and the role of reflexion* » (p. 154) est rendu par « La qualité d'agent et le rôle de la réflexion » (p. 227), expression à nouveau simplifiée en « agent » tout court, ce qui permet la réduction d'une *endyadin* (« *For Rawls, the account of agency and ends falls under the conception of good* » : « Pour Rawls, l'analyse de l'agent et de ses fins est du ressort de la conception du bien »). Mais plus loin il faut à nouveau recourir à une glose qui explicite la prise de position implicite à l'usage du terme *agency* : « *the bounds of the self must be antecedently given* [...] *in order to assure the agency of the subject, its capacity to choose its ends* » (p. 157), « les limites du moi doivent être données au préalable [...] pour garantir que le sujet soit bien un agent et qu'il ait la capacité de choisir ses fins » (p. 231). Cependant, aussitôt après Spitz est obligé de changer complètement de paradigme : « les limites du moi peuvent sans doute nous apparaître comme des restrictions indues de notre pouvoir d'action [...] mais ces limites sont en fait la condition même de l'action » (*ibid.*) correspond à « *while the bounds of the self may seem an undue restriction on agency* [...] *they are in fact a prerequisite of agency* » (*ibid.*). Les mêmes fluctuations s'observent dans l'ensemble du développement.

Il nous faut attribuer une importance particulière, dans ce transfert du concept contemporain d'*agency* dans la langue française, aux choix de Paul Ricœur, qui est revenu à plusieurs reprises sur cette question dans un dialogue avec la « sémantique » des auteurs analytiques. Ricœur avait commencé par maintenir le terme *agency* dans sa langue originale dans les essais figurant dans le volume collectif *La Sémantique de l'action* :

> Richard Taylor, dans son œuvre récente, *Action and Purpose* (Englewood Cliffs, Prentice Hall, 1966), a développé toutes les implications de cette crise de l'idée de causalité lorsqu'elle est rapportée à l'agent et à son *agency*. L'*agency* de l'agent implique un certain nombre de traits diamétralement opposés à ceux que la notion moderne de cause a conquis...
>
> *La Sémantique de l'action*, p. 96.

Moyennant quoi il passe aussitôt à l'expression apparemment substituable : « la causalité de l'agent », dont il discute les caractères spécifiques. En revanche, dans ses ouvrages ultérieurs, et notamment dans *Soi-même comme un autre* (qui comporte un long développement sur Davidson dans la « Troisième étude : une sémantique de l'action sans agent »), il propose explicitement de traduire *agency* par « puissance d'agir » (p. 100, n. 2). Mais il remarque : « On pourrait attendre, sous ce titre, une analyse du pouvoir-faire de l'agent. Il n'en est rien ; il est seulement question du critère distinctif des actions proprement dites (*deeds and doings*) par rapport aux événements qui ne sont que de simples occurrences (*happenings*), lorsque semble faire défaut le caractère intentionnel » (*ibid.*). Les traductions ou non-traductions de Ricœur sont donc toujours déjà en même temps des prises de position sur le fond de la question des rapports entre « sémantique de l'action » et « philosophie de la “subjectivité” », dont les usages d'*agency* apparaissent bien comme le révélateur.

Une contre-épreuve intéressante nous est fournie par la lecture de l'essai plus récent de Vincent Descombes sur « l'action ». Non seulement Descombes connaît parfaitement les auteurs analytiques dont il discute les présupposés communs (le congé uniformément donné à la psychologie de la « volonté » au bénéfice de l'analyse des phrases exprimant le rapport du sujet à son action) et les divergences (point de vue « structural » contre point de vue « causal »), mais il écrit dans une « réminiscence » manifeste d'expressions de langue anglaise. C'est pourquoi il est tentant d'essayer de restituer derrière telle ou telle de ses formulations variées la présence d'un terme tel qu'*agency* (qu'il ne mentionne jamais) ou la possibilité de les retraduire par ce terme. Mais ce n'est pas toujours le cas avec certitude et l'*agency* est ici remarquablement traduite et absorbée dans une vision globale de l'histoire de la réflexion sur l'action.

II. L'« AGENCY » COMME PRINCIPE D'ACTION

Agency a cependant son histoire propre. Dans *The Invention of Autonomy*, J.B. Schneewind note que la première occurrence du terme *agency* en son sens philosophique moderne se trouve chez Clarke, dans les *Lectures* (I, X). Ce que l'auteur des *Lectures* appelle « *Power of Agency or Free Choice* » est la capacité qu'on a d'agir selon sa connaissance des idées éternelles. Schneewind ajoute :

> L'*Oxford English Dictionary* n'en montre qu'une occurrence antérieure, en 1658, et elle n'est pas clairement philosophique. Puis il donne une citation de Jonathan Edwards datée de 1762, quoique Berkeley, Hume, et Price aient déjà utilisé le terme. En 1731, Edmund Law, se référant à Clarke, avait décrit le mot comme « comprenant en général le pouvoir d'initier la pensée tout comme le mouvement » (King, *Essay*, p. 156n).
>
> *The Invention of Autonomy*, Cambridge UP, 1998, note p. 313.

Dans la pensée anglaise classique, *agency* désigne une propriété générale et indéfinie de l'agir, fortement liée à la causalité et à l'efficacité : *agency* est donc la force agissante, la cause effective de l'action (cf. l'allemand *Wirkung*, différent de *Handlung*, action). Chez Hobbes par exemple, la conception de l'*agency* est classiquement aristotélicienne, comme le montre la parfaite symétrie agent/patient qui structure l'ensemble de sa réflexion sur l'action :

> *As when one body by putting forwards another body generates motion in it, it is called the AGENT; and the body in which motion is so generated, is called the PATIENT; so fire that warms the hand is the agent, and the hand, which is warmed, is the patient.*
>
> [Quand un corps poussant un autre corps y crée un mouvement, il est appelé l'agent ; et le corps où le mouvement est engendré est appelé le patient ; ainsi le feu qui chauffe la main est l'agent, et la main, qui est chauffée, est le patient.]
>
> *Elements of Philosophy*, Pt. 2, in *Complete English Works*, éd. électronique Past Masters, chap. 9, p. 120.

L'*agency* est donc ce qui caractérise l'action et son auteur, et se rapporte à la cause réelle et effective de l'action. Par exemple Dieu peut être source de l'*agency* d'un agent même si ce dernier apparaît comme auteur de l'action.

> [...] *the agency of external objects is only from God; therefore all actions, even of free and voluntary agents, are necessary.*
>
> [l'action des objets extérieurs ne vient que de Dieu ; et ainsi toutes les actions, même celles des agents libres et volontaires, sont nécessaires.]
>
> *The Questions concerning Liberty, Necessity, and Chance, clearly stated and debated between Dr. Bramhall, Bishop of Derry, and Thomas Hobbes of Malmesbury, ibid.*, n° 24, p. 330.

Apparaît ici une distinction intéressante entre l'auteur (*author*, sujet de la volonté et de la responsabilité) et l'*agency*, cause efficace de l'action.

Il est clair que ces usages classiques d'*agency* sont tributaires d'un dualisme action/passion et d'une lecture causale de l'action (qui identifie action à l'efficace physique). Hume, qui nie la possibilité de la connaissance de toute connexion causale dans l'action, affirme ainsi nettement la synonymie de l'*agency* et de la force ou efficacité et, dans son scepticisme même, identifie *agency* et causalité.

> *I begin with observing that the terms of efficacy, agency, power, force, energy, necessity, connection, and productive quality, are all nearly synonymous; and therefore it is an absurdity to employ any of them in defining the rest.* [...]
>
> [Je commencerai en observant que les termes d'efficace, d'agir, de pouvoir, d'énergie, de nécessité, de connexion, et de qualité productive, sont tous à peu près synonymes ; et qu'il est donc absurde d'employer l'un d'entre eux pour définir les autres. (...)]
>
> *Upon the whole, we may conclude that it is impossible, in any one instance, to shew the principle in which the force and agency of a cause is placed*
>
> [Dans l'ensemble, nous pouvons conclure qu'il est impossible, dans quelque cas que ce soit, de mettre en évidence le principe dans lequel la force et l'agir d'une cause sont placés.]
>
> Hume, *A Treatise of Human Nature*, 1re partie, § 3.

Chez Hume, l'*agency* causale est donc objet de scepticisme au même titre que la connexion causale : l'erreur commune des philosophes serait de croire qu'elle est dans les choses et non dans l'esprit (*Mind*, voir ÂME), et d'en chercher la nature première. Hume et l'empirisme britannique permettent ainsi une première inscription de l'action dans l'anthropologie — en montrant qu'elle est affaire de connexions mentales et non pas physiques ou métaphysiques. Une telle anthropologisation de l'action marque le terme *agency*. Il n'en reste pas moins que Hume lie intimement *agency* et causalité, ce qui marquera durablement les théories de l'action jusqu'à l'époque contemporaine.

> *But philosophers, who abstract from the effects of custom* [...], *instead of concluding that we have no idea of power or agency, separate from the mind and belonging to causes; I say, instead of drawing this conclusion, they frequently search for the qualities in which this agency consists.*
>
> [Les philosophes, qui font abstraction des effets de la coutume, au lieu de conclure que nous n'avons aucune idée d'un pouvoir ou d'un agir qui soit séparé de l'esprit et propre aux causes, cherchent fréquemment les qualités en quoi cet agir consiste.]
>
> *ibid.*, 1re partie, § 4.

III. L'« AGENCY » COMME DÉCENTREMENT DE L'ACTION

La pensée contemporaine de l'*agency* met en cause la possibilité de penser l'action en termes généraux de causalité et d'effet, ou d'action/réaction. Elle est inséparable d'une anthropologisation, comme le montre la fréquence de l'expression *Human Agency* dans la philosophie contemporaine de langue anglaise (philosophie de l'action et philosophie morale notamment) : l'*agency* serait ce qui caractérise, parmi les événements du monde, ce qui est de l'ordre de l'action humaine. Davidson a très clairement posé le problème dans ses essais désormais classiques sur l'action et plus particulièrement dans son grand article « Agency » (traduit par P. Engel : « L'agir », Engel traduisant alternativement *agency* par « agir » et « action »).

> *What events in the life of a person reveal agency; what are his deeds and his doings in contrast to mere happenings in his history: what is the mark that distinguishes his actions?*
>
> [Quels sont les événements qui, dans l'existence d'une personne, signalent la présence de l'agir ? À quoi reconnaît-on ses actes ou les choses qu'elle a faites, par opposition aux choses qui lui sont simplement arrivées ? Quelle est la marque distinctive de ses actions ?]
>
> *Actions and Events*, p. 43, trad. fr. p. 67.

L'*agency* est une *qualité* des événements qui en fait des actions, mais ce n'est pas forcément leur cause matérielle (même si Davidson définit finalement l'action en termes causaux pour, fondamentalement, l'identifier à l'événement). La difficulté d'une définition générale de l'*agency* est précisément la difficulté à ranger des événements spécifiques sous la catégorie : action.

> *Philosophes often seem to think that there must be some simple grammatical litmus of agency, but none has been discovered. I drugged the sentry, I contracted malaria, I danced, I swooned, Jones was kicked by me, Smith was outlived by me: this is a series of examples designed to show that a person named as subject in sentences in the active or as object in sentences in the passive, may or may not be the agent of the event recorded.*
>
> [Les philosophes semblent souvent penser qu'il doit y avoir un révélateur grammatical simple de l'agir, mais on n'en a découvert aucun. J'ai drogué la sentinelle, j'ai contracté la malaria, j'ai dansé, je me suis évanoui, Durand a reçu de moi un coup de pied, j'ai survécu à Dupond : cette série d'exemples peut montrer qu'une personne nommée comme sujet dans ces phrases à l'actif ou comme objet dans des phrases au passif peut ou peut ne pas être l'agent de l'événement rapporté.]
>
> *ibid.*, p. 44, trad. fr. p. 68.

Un moyen de définir l'action et l'*agency* serait alors d'introduire le concept d'*intention* (voir INTENTION), comme l'a fait toute une lignée de réflexion en langue anglaise sur l'action (Anscombe, Geach, Kenny), et de définir l'*agency*, en termes structuraux, par l'intentionnalité. Chez Davidson, la question de l'*agency* est effacée au profit d'une réflexion sur la causalité des actions et sur l'articulation du mental au physique. Le débat entre ces deux grands courants de réflexion sur l'action, comme le note Descombes, porte ainsi sur la réalité ontologique de l'action : l'action est-elle définie par un mouvement corporel descriptible comme geste intentionnel produit par un état mental ou physique de l'agent (conception causale), ou par le changement causé intentionnellement chez le patient par l'agent à l'intérieur d'une certaine structure narrative (conception causative ou structurale) ? Mais au-delà de ce très intéressant débat, ou en deçà, demeure la question : y a-t-il une définition ou un critère de l'*agency* ?

Cette question n'est pas seulement celle de la nature de l'action, mais celle de son *sujet* : la variété des actions et des modes d'*agency* est peut-être l'élément le plus frappant de la langue anglaise (voir ANGLAIS), inséparable d'une conception spécifique de la subjectivité.

Ce point a été particulièrement bien vu par Austin : dans son grand texte consacré aux excuses, « A Plea for Excuses », qui est une source essentielle de la réflexion contemporaine sur l'action et l'agir (il est fréquemment repris par Davidson dans « Agency » par ex.), Austin met en cause exactement le point énoncé *supra* par Hume : l'idée d'une caractéristique ou d'une définition générale de l'action. L'objet de son article, et de la problématique des excuses, est d'abord les profondes différences entre les modes de l'action. Le recours constant chez les penseurs de langue anglaise à *agency* ne vise pas, au contraire des termes français utilisés comme équivalent (agir, puissance, agent), à effacer ces différences mais à en marquer l'irréductibilité.

Austin insiste à la fois sur les différences entre actions (« *Is to sneeze to do an action?* », « Éternuer, est-ce une action ? »), et sur ce que signifie vraiment faire quelque chose (*doing something*). Pour Austin, nous ne savons pas ce que c'est qu'une action, et les philosophes qui réfléchissent à la question en termes généraux se laissent prendre au « mythe du verbe », selon lequel il y aurait quelque « chose », « accomplir une action », qui fait apparaître les caractéristiques essentielles de ce qu'on classe sous le substitut « accomplir une action ».

Pourquoi les excuses alors ? Austin veut inverser la démarche philosophique classique, qui pose d'abord l'action, puis en examine les justifications ou causes. En réalité, ce sont les excuses – ce que nous disons quand il apparaît que nous avons mal (maladroitement, inadéquatement, etc.) fait – qui permettent de commencer à classer ce que nous rassemblons sous le vocable général, le « *dummy* » *action*. Les excuses peuvent aider à définir l'*agency* : qu'y a-t-il de commun entre une action que l'on a réussi à accomplir et une action ratée ? Entre une action faite intentionnellement, délibérément, exprès, etc., et la même faite, (comme le disent les excuses) pas intentionnellement, pas exprès, etc. ? L'existence des excuses est pour Austin essentielle à la nature de l'action humaine – elles ne viennent pas en quelque sorte après coup, mais y sont impliquées. La variété des excuses met en évidence l'impossibilité de définir de façon générale l'*agency* autrement que dans le détail et la diversité de nos modes de responsabilité et d'explication.

Les excuses nous apprennent, en un sens, ce qu'est une action. L'action est précisément ce dont on peut s'excuser, ce qu'on ne fait pas exactement. On s'en rapportera au texte méconnu d'Austin *Three Ways of Spilling Ink*, et à la conclusion de son article *Pretending*, qu'il inscrit dans un projet plus général de description des ratages des actions et du mode d'agir de ces échecs :

> *In the long-term project of classifying and clarifying all the possible ways of* not exactly doing things, *which has to be carried through if we are ever to understand properly what doing a thing is* [...]
>
> [Dans le projet à long terme de classifier et de clarifier toutes les façons possibles de *ne pas exactement faire quelque chose*, qui doit être mené à bout si nous voulons un jour comprendre adéquatement ce que c'est que faire quelque chose (...)]
>
> *Philosophical Papers*, p. 271.

L'existence des excuses montre, outre la multiplicité et « l'humanité » de l'*agency*, sa passivité, l'excuse voulant toujours dire d'une certaine façon : ce n'est pas moi l'agent. Comme le dit Stanley Cavell à propos d'Austin :

> *Excuses are as essentially implicated in Austin's view of human actions as slips and overdetermination are in Freud's. What does it betoken about human actions that the reticulated constellation of predicates of excuse is made for them — that they can be done unintentionally, unwillingly, involuntarily,* [...] *and so on? It betokens, we might say, the all but unending vulnerability of human action, its openness to the independence of the world and the preoccupation of the mind.*
>
> [Les excuses sont impliquées de façon aussi essentielle dans la conception de l'action humaine chez Austin que le lapsus et la surdétermination chez Freud. Que révèle, des actions humaines, le fait que cette constellation des prédicats d'excuse soit constituée pour elles — qu'elles puissent être accomplies de manière non intentionnelle, sans le vouloir, involontairement, sans y penser, par inadvertance, par inattention, par négligence, sous influence, par pitié, par erreur, par accident, etc. ? Cela révèle, pourrions-nous dire, la vulnérabilité sans fin de l'action humaine, son ouverture à l'indépendance du monde et à la préoccupation de l'esprit.]
>
> *A Pitch of Philosophy*, p. 87.

On voit que la thématique de l'excuse complexifie, au lieu de simplifier, celle de l'*agency*. Austin constate par exemple qu'on n'emploie pas n'importe quelle excuse avec n'importe quelle action. On peut s'excuser d'allumer une cigarette « par la force de l'habitude », mais un tueur ne peut s'excuser d'assassiner « par la force de l'habitude ». Enfin, il y a pour chaque excuse, dit Austin, une limite aux actes pour lesquels elle sera acceptée : « les normes de l'inacceptable » sont une question intimement liée à la nature de l'*agency*.

Tout comme il n'y a pas d'excuse universelle, il n'y a pas de *type* de l'action, et l'*agency* n'est en rien une qualification générale de l'action, mais plutôt la marque de son indéfinissabilité et de son décentrement.

L'intérêt de la réflexion d'Austin est qu'elle exclut de toute façon — comme celle de Wittgenstein dans ses écrits sur la philosophie de la psychologie — la solution trop aisée qui consisterait à définir l'action, et donc à plus forte raison l'*agency* (humaine), par la présence d'une volonté métaphysique ou subjective, ou d'un « artiste dans les coulisses ». La problématique de « A Plea for Excuses » consiste à dire non seulement que je ne suis pas maître de mes actions, mais même que je n'en suis pas l'auteur ou le sujet. *Agency* formerait alors un couple intéressant avec *performance*, autre intraduisible. La dualité de la réussite et l'échec, mise en place par Austin à propos de ces actions très particulières, ni actives ni passives, que sont les *Speech acts*, définit peut-être mieux l'action et l'*agency* que les catégories aristotéliciennes que l'on convoque pour élucider et traduire l'*agency*.

L'*agency* brouille le couple actif/passif comme le couple cause/effet. Le passif, dont le rôle est beaucoup plus important en anglais qu'en français, occupe ainsi une place cruciale dans le travail de la définition de l'action par le concept d'*agency*. L'énoncé passif en anglais n'est pas toujours un retournement de l'actif, et ne décrit pas un « subir », comme le montrait *supra* la remarque de Davidson : dans le passif anglais, on assiste souvent à la pure et simple disparition de l'agent, le passif devenant la forme privilégiée d'exposition d'une action (voir ANGLAIS). Un tel effacement de l'agent généralise le phénomène de *diathèse récessive* (perte de l'actant) dont Descombes, à la suite de Wittgenstein et Anscombe, fait aujourd'hui grand usage dans sa réflexion sur l'action (cf. Descombes, « L'action », p. 143-146).

IV. USAGES SPÉCIFIQUES

A. « Agency » en droit et en économie

Le vocabulaire de l'*agency* dans le domaine du droit et de l'économie permet de décrire des modes d'action qui sont en quelque sorte « par procuration », accomplis par quelqu'un à la place de quelqu'un d'autre. Ce n'est pas « l'action sans sujet » que Ricœur reproche à Davidson d'instituer (par l'identification de l'action et de l'événement), mais, plus radicalement, une action dont le sujet n'est pas où on le pense, pas chez l'agent.

C'est ainsi qu'on peut décrire la relation *principal/agent* dans la théorie de l'*agency* économique dans le marché. Un des moyens les plus couramment employés aujourd'hui pour penser l'organisation économique est la relation entre un principal et un agent (cf. par ex. Kenneth Arrow, « Agency and the Market »). L'organisation la plus simple est en effet celle qui met en jeu deux parties, par exemple un employeur et un ouvrier, un propriétaire et un fermier, un avocat et son client. Le principal (ou mandant) délègue au mandataire (agent) une action, qui est plus ou moins observable. C'est cette non-observabilité qui est au centre de la théorie de l'*agency*.

> *The common element is the presence of two individuals. One (the agent) is to choose an action among a number of alternative possibilities. The action affects the welfare of the other, the principal, as well as that of the agent's self.*
>
> [L'élément commun est la présence de deux individus. L'un (l'agent) choisit une action parmi un certain nombre de possibilités. L'action affecte le bien-être de l'autre, le principal, aussi bien que celui de l'agent.]
>
> Arrow, « Agency and the Market », p. 1183.

On a alors l'exemple d'une action qui a un effet sur au moins deux personnes, l'agent et le principal, mais dont l'agent n'est l'auteur que de façon incertaine. L'*agency* est inséparable de cette part d'incertitude (*uncertainty*).

> *The outcome is affected but not completely determined by the agent's action.*
>
> [Le résultat est affecté mais pas entièrement déterminé par l'action de l'agent.]
>
> *ibid.*, p. 1183.

Le principal a pour fonction additionnelle de prescrire des règles et ainsi de contrôler l'action de l'agent. L'intérêt de ce modèle est que l'*agency* n'est pas seulement l'action de l'agent mais une fonction de cette mini-organisation.

> En général l'action de l'agent n'est qu'imparfaitement observable. En effet, le résultat observé par le principal est le produit joint d'une action que seul connaît l'agent et d'un aléa.
>
> Laffont, *Économie de l'incertain et de l'information*, p. 189.

L'ambiguïté du mot *agent* est très lisible : *agent* a un sens passif autant qu'actif (cf. l'usage français dans « agent du gouvernement », « agent secret », « notre agent à Hong Kong »). Il peut y avoir plusieurs agents pour un principal. Deux exemples donnés par Arrow où la relation principal/agent bouscule les relations actif/passif établies : la relation médecin/patient, où le patient est principal et le médecin agent (à cause de la connaissance supérieure du médecin), et le cas des *torts* (ou dommages), par exemple en cas d'accident :

> *One individual takes an action which results in damage to another, for example, one automobile hitting another. Although it may seem an odd use of language, one has to consider the damager as the agent and the one damaged as the principal.*
>
> [Un individu fait une action qui a pour résultat un dommage à un autre, par exemple, une automobile en heurte une autre. Bien que cela paraisse un étrange usage du langage, l'endommageur est l'agent et l'endommagé le principal.]
>
> Arrow, *op. cit.*, p. 1184.

Si l'usage est étrange (*odd*), c'est que dans le cas normal de l'*agency*, l'agent est contrôlé par le principal et dépend de lui.

B. « Agency » chez Peirce

On peut noter l'existence de deux sens d'*agency*, intéressants dans leur différence même, chez C.S. Peirce : le premier classiquement lié à l'idée de cause (il écrit : « *any cause or agency* »). Le second, plus singulier, désigne les instances particulières au sein d'une pluralité de facultés, usage caractérisé par la possibilité du pluriel *agencies* :

> *I wish philosophy to be a strict science, passionless and severely fair. I know very well that science is not the whole of life, but I believe in the division of labor among intellectual agencies.*
>
> [Je souhaite que la philosophie soit une science rigoureuse, sans passion et sévèrement juste. Je sais très bien que la science n'est pas le tout de la vie, mais je crois à la division du travail entre agences intellectuelles.]
>
> *Collected Papers*, vol. 5, 5.536-7.

C. Le sens politique

Outre l'importance du terme dans le pragmatisme, *agency* a pris, dans l'anglais américain, un sens politique concret, devenant la fonction de l'agent, puis un établissement ou une institution ayant puissance d'agir pour quelqu'un (« *an establishment for the purpose of doing business for another* », cf. *Oxford Dictionary*). Un sens inattendu apparaît aux XVIIIe et XIXe siècles dans le contexte de la conquête du territoire américain, et de l'instauration d'autorités locales, désignant leur juridiction sur les Indiens : l'*agency* désigne le pouvoir politique, le lieu effectif (*office*) de ce pouvoir et, par extension, le territoire indien soumis à juridiction.

Cet usage, qui fait passer l'*agency* de la source du pouvoir et de l'action à son champ d'application, montre bien la tendance, dans les usages politiques d'*agency*, à concrétiser et incarner (*embody*) le pouvoir dans son objet d'exercice, tendance que l'on retrouve dans le seul usage français d'*agence*.

Il y a là une confirmation de l'effacement de la frontière actif/passif dans la définition de l'*agency*, et du pouvoir, qui a certainement des conséquences quant à la définition du sujet/agent politique. Là encore apparaît l'ambivalence du terme, central en anglais, d'*agent* (par opposition à *acteur*, souvent préféré en français et plus clairement actif).

On voit en tout cas qu'il est impossible de mettre en correspondance, même de façon très globale, l'ensemble anglais *action/agency/agent* et l'ensemble français action/agir/acteur (ainsi que l'ensemble allemand *Handlung/Wirkung/Kraft*), fait d'autant plus surprenant que ces ensembles ont, dans la philosophie contemporaine telle qu'elle s'est écrite dans ces langues, défini la nature et le domaine de l'action subjective et collective.

Étienne BALIBAR et Sandra LAUGIER

BIBLIOGRAPHIE

ARROW Kenneth et INTRILIGATOR Michaël (éd.) : « Agency and the market », in *Handbook of Mathematical Economics*, vol. 3, Amsterdam, Elsevier, 1986.

AUSTIN John Langshaw, « A Plea for Excuses », in *Philosophical Papers*, Oxford, Clarendon Press, 1962 ; « Plaidoyer pour les excuses », *Écrits philosophiques*, trad. fr. L. Aubert et A.L. Hacker, Seuil, 1994.

BARNES Jonathan, *Aristotle*, Oxford UP, « Past Masters », 1982.

CAVELL Stanley, *A Pitch of Philosophy*, Cambridge (Mass.), Harvard UP, 1994 ; trad. fr. S. Laugier et E. Domenach, *Un ton pour la philosophie*, Bayard, 2003.

COHEN Tom, « Political Thrillers: Hitchcock, de Man, and Secret Agency in "The Aesthetic State" », *in* Tom COHEN *et al.*, *Material Events. Paul de Man and the Afterlife of Theory*, University of Minnesota Press, 2001.

DAVIDSON Donald, *Essays on Actions and Events*, Oxford, Clarendon Press, 1980 ; trad. fr. P. Engel, *Actions et Événements*, PUF, 1993.

DESCOMBES Vincent, « L'action », *in* D. KAMBOUCHNER (dir.), *Notions de philosophie*, II, Gallimard, « Folio-Essais », 1995, p. 103-174.

HOBBES Thomas, *Complete English Works*, Londres, Molesworth Edition, 1869 ; PAST MASTERS Electronic Edition.

HUME David, *A Treatise of Human Nature* [1739-1740], éd. Selby-Bigge, Oxford, 1978 ; trad. fr. P. Baranger et P. Saltel, *Traité de la nature humaine*, vol. 1, *L'Entendement*, Flammarion, « GF », 1993.

LAFFONT Jean-Jacques, *Économie de l'incertain et de l'information*, Economica, 1991.

PEIRCE Charles Sanders, *Collected Papers*, éd. C. Hartshorne et P. Weiss, Cambridge (Mass.), Harvard UP, 1931-1935.

RICŒUR Paul, « Le discours de l'action », *in* D. TIFFENEAU (dir.), *La Sémantique de l'action*, CNRS, 1977.

— *Soi-même comme un autre*, Seuil, 1990.

SANDEL Michael J., *Liberalism and the Limits of Justice* [1982], Cambridge UP, 1998 ; *Le Libéralisme et les Limites de la justice*, trad. fr. J.-F. Spitz, Seuil, 1999.

AIMER, AMOUR, AMITIÉ

gr.	*eran* [ἐρᾶν], *agapan* [ἀγαπᾶν], *philein* [φιλεῖν] ; *erôs* [ἔρως], *philia* [φιλία], *agapê* [ἀγάπη]	all.	*lieben, mögen, Minne*
hébr.	*'āhëv* [אָהֵב], *'ahavāh* [אַהֲבָה]	angl.	*to love, to like*
lat.	*amare, diligere, amicitia, caritas*	esp.	*amar, amistad*
		catal.	*amistança*
		it.	*amare, voler bene a, piacere a*

► ÂME, MITMENSCH, MORALE, PATHOS, PLAISIR, SENS, VERGÜENZA, *VERTU*

Aimer *désigne toute une gamme de relations et d'affects qui vont de la sexualité et de l'érotisme à des attachements plus ou moins sublimés à des personnes, des valeurs, des choses ou des conduites (quand on « aime », on peut « faire l'amour », « être amoureux », « chérir », « avoir du goût pour... »). Nos actuelles langues dérivant de l'indo-européen se rattachent principalement à deux grands types étymologiques : pour les langues romanes, le verbe latin* amare, *peut-être forgé sur* amma *(maman), et, pour le groupe germanique* (*avec* lieben *et* love), *une racine sanscrite avec laquelle on a parfois fait consonner l'*erôs [ἔρως] *grec aussi bien que la* libido *latine. Mais, quelle que soit l'étymologie, les différents vocables ont tous un sens générique d'extension équivalente, à moins qu'on ne les fasse rentrer dans un système d'opposition* (*le couple* to love / to like *en anglais ;* mögen *à côté de* lieben *en allemand). L'indécision sémantique qui, de ce fait, caractérise ces termes oblige à recourir à des compléments ou à des tournures périphrastiques permettant de déterminer à quelle variété d'affect on a affaire (« aimer d'amitié », « aimer d'amour », dit-on en français), qui compliquent d'autant la traduction. Elle provoque aussi le réinvestissement ou l'invention de nouveaux mots pour singulariser un type d'amour ou d'objet* (*l'*agapê [ἀγάπη] *néotestamentaire et sa traduction par* caritas, *la* Minne *germanique, l'*amistança *de Raymond Lulle). Dans cette perspective, la première des langues modernes est le latin, puisqu'il réunit sous* amare, *« aimer » donc, les deux pôles tout à fait distincts que sont en grec : d'une part,* eran [ἐρᾶν], *« aimer d'amour », relation dissymétrique, d'inégalité et de dissemblance (actif/passif) — et verbe platonicien dont l'extension détermine une érotique de la philosophie ; d'autre part,* philein [φιλεῖν], *« aimer d'amitié, chérir », relation d'égalité ou de commensurabilité et de ressemblance — et verbe aristotélicien qui caractérise les liens éthiques et politiques.*

I. LE SCHÉMA BIPOLAIRE : DANS LES LANGUES MODERNES, « AIMER » VEUT TOUT DIRE

Les différentes modalités affectives que recouvre le verbe *aimer* (ou *lieben*, *to love*, etc.) s'échelonnent entre les extrêmes d'une bipolarité, entre sensualité et intellect : suivant le contexte, l'époque ou les auteurs, le sens glisse, dans chaque langue, tantôt d'un côté, tantôt d'un autre. Pour déterminer auquel de ces deux pôles on se réfère, on est souvent contraint de recourir à plusieurs types de précision prenant en compte notamment la nature de l'affect qui se trouve en jeu, son intensité ou son objet (on peut aimer Dieu, son prochain, sa femme, un partenaire sexuel, son enfant, La Boétie, ce que jamais on ne verra deux fois, une patrie, un paysage, le chocolat, aimer [à] rester chez soi). Ainsi la différenciation se fera par le moyen d'épithètes, de compléments, d'expressions de la modalité (par ex., avec désir sensuel, érotisme, libido ou, en sens inverse, avec respect, tendresse, amitié, sympathie, charité). Mais la dichotomie peut aussi se traduire par une antithèse entre deux champs sémantiques différents : en allemand, *lieben* (aimer d'amour) et *mögen* (pour aimer un spectacle, un mets, etc.) ou *Liebe* et *Minne* (amour de type poétique) ; en italien, *amare* et *voler bene a* (qui inclut l'idée d'un vif désir) ; en anglais, *love* et *like*. Cependant, cette antithèse même n'est pas toujours tenue. Ainsi, si la disjonction entre *love* et *like* vaut pour la différenciation par l'affect (*I love you*, je vous aime / *I like her*, je l'aime bien), il n'en va pas de même quand il s'agit de l'intensité ; en effet, à la question : *Do you like cabbage?* (« Aimez-vous le chou ? »), on peut fort bien répondre : *I love it* (« J'adore ça ! », dit-on en français, du même verbe que pour Dieu), ce qui se rend aussi par *to be fond of something*.

A. Les dichotomies fondées sur la nature et les modalités de l'affect

Le caractère bipolaire du vocabulaire de l'amour s'exprime notamment à travers une série de couples d'opposés dont les plus courants sont ceux qui distinguent : l'amour érotisé, sensuel ou charnel et l'amour de cœur, de tendresse ou spirituel, deux affects dont Freud analyse l'interaction ; l' « amour de concupiscence » et l' « amour d'amitié », distinction classique, en particulier depuis Aristote, Cicéron et Descartes ; l'amour comme *affectus* et l'amour d'estime, opposition voisine de celle que Malebranche établit entre « amour d'instinct » et « amour de raison » ; l' « amour pathologique » et l' « amour pratique », que Kant oppose radicalement l'un

1

Les dichotomies freudienne et lacanienne

Dans « Psychologie des foules et analyse du moi » [*Massenpsychologie und Ich-Analyse*, 1921], § 8, « État amoureux et hypnose » [*Verliebtheit und Hypnose*], Freud fait remarquer que les relations affectives que nous désignons sous le terme d'amour (*Liebe*) représentent une si vaste « échelle de possibilités » que ce vocable reste plein d'ambiguïtés : il peut désigner aussi bien « l'investissement d'objet provenant des pulsions sexuelles en vue de la satisfaction sexuelle directe, [...] ce qu'on nomme l'amour commun, sensuel », que des « sentiments de tendresse [*Zärtlichkeitsgefühle*] ». C'est à un certain stade du développement que ceux-ci viennent se greffer sur le courant libidinal originaire dont les pulsions sont alors inhibées dans leurs buts sexuels. Dans l'adolescence, le courant sensuel (*sinnliche Strömung*), qui réapparaît avec une certaine intensité, se trouve en concurrence avec des « orientations sentimentales *tendres* qui perdurent », et cela de manière telle que le destin futur du sujet sera marqué par l'existence, entre ces deux courants, soit d'un véritable clivage, soit d'une sorte d'harmonie. Dans le premier cas, « l'homme témoigne de penchants romanesques envers des femmes tenues en haute estime, qui pourtant ne l'incitent pas au commerce amoureux, et il n'est puissant qu'avec des femmes qu'il n'*aime* pas, qu'il estime peu ou même qu'il méprise » (cf. « Un type particulier de choix d'objet chez l'homme » [*Über einen besonderen Typus der Objektwahl beim Manne*, 1910], in « Contributions à la psychologie de la vie amoureuse » [*Beiträge zur Psychologie des Liebeslebens*]). Dans le second cas, une synthèse s'opère, à propos du même objet érotique, entre l'amour de tendresse, « non sensuel et céleste », dit Freud, et l'amour « sensuel et terrestre », si bien que, « selon la part que reprennent les pulsions de tendresse inhibées quant au but [sexuel], on peut mesurer l'intensité de l'état amoureux opposé au désir purement sexuel ».

Dans son article de 1912 paru dans les mêmes « Contributions à la psychologie de la vie amoureuse » et intitulé « Sur le plus général des rabaissement de la vie amoureuse » [*Über die allgemeinste Erniedrigung des Liebeslebens*], Freud évoquait le clivage observable chez certains hommes entre le courant de la sensualité et celui de la tendresse. Il y déclare que la psychanalyse devrait permettre à de tels sujets de parvenir à « une attitude complètement normale en amour » conjoignant harmonieusement les deux tendances. C'est ce que certains de ses disciples ont théorisé, par référence au dernier des stades du développement libidinal (après les stades oral, sadique-anal et phallique), sous l'appellation d'« amour génital » — notion que J. Lacan critiqua en visant ceux qui, sans égard pour « la nature foncièrement narcissique de toute énamoration (*Verliebtheit*), ont pu diviniser la chimère de l'amour dit génital au point de lui attribuer la vertu d'oblativité, d'où sont issus tant de fourvoiements thérapeutiques » (*Écrits*, p. 54). Peut-être est-ce en raison de telles critiques que les Français désignent souvent l'« amour génital » sous le nom de *Genital Love*, comme pour rappeler que cette « chimère » avait séduit principalement la psychologie anglo-saxonne.

J. Lacan reprendra cette distinction établie par Freud, mais en l'infléchissant sous la forme d'une opposition radicale entre *amour* et *désir*, le premier étant alors rigoureusement défini comme « ignorance » du second et comme n'étant que « ce qui supplée au rapport sexuel » : « Quand on aime, déclare-t-il, il ne s'agit pas de sexe. » Freud, pourtant, maintenait un lien entre les deux en affirmant que l'amour est ce qui permet à l'appétit sexuel de se raviver après un certain temps de non-désir consécutif à l'assouvissement, après ce qu'il appelle un « intervalle libre de désir ». Chez J. Lacan, le mot *amour* échappe donc à l'équivocité par le fait qu'il ne signifie rien d'autre que la sentimentalité désérotisée. Une différence de nature est alors posée entre l'amour ainsi défini et ce qu'on en a exclu : le désir. Au contraire, pour Freud, ce qu'on appelle « amour spirituel » n'est qu'un amour érotique métamorphosé, dans le meilleur des cas, par la sublimation, processus qui fait dériver la libido infantile vers des buts culturels non sexuels.

Cette radicale dichotomie lacanienne se trouve cependant tempérée par le fait que, pour la psychanalyse, l'amour désigne non seulement le « choix d'objet [*Objektwahl*] », mais aussi l'« amour du transfert [*Übertragungsliebe*] », phénomène fondamental pour le fonctionnement du dispositif analytique. C'est à la suite de l'échec du traitement de ses premières patientes hystériques que Freud théorisa le transfert et, plus précisément, l'amour transférentiel en tant que « résistance » à l'analyse. Cet amour se transforme en une « exigence indispensable », son maniement permettant à l'analyste « de rendre actuelles et manifestes chez les malades les motions d'amour cachées et oubliées (*die verborgenen und vergessenen Liebesregungen*) » (« La dynamique du transfert » [*Zur Dynamik der Übertragung*, 1912], in *La Technique psychanalytique*, trad. fr. A. Berman, p. 60 ; voir aussi la « Conclusion » au cas Dora, in *Cinq psychanalyses*, trad. fr. R. Loewenstein, p. 83-91).

On peut alors considérer que Lacan nuance, à ce sujet, son opposition entre *amour* et *désir*. Si, d'un côté, il définit l'amour comme n'étant qu'« ignorance » du désir ou du sexuel, de l'autre, il pose que l'amour lui-même, en tant que moteur du transfert, est la condition de possibilité du processus analytique : « Au commencement de l'expérience analytique, rappelons-le, fut l'amour » (*Le Séminaire*, Livre VIII, *Le Transfert*, p. 12). Ainsi ce même séminaire de 1960-1961 a-t-il été consacré presque entièrement à la question de l'amour. Une analyse minutieuse du *Banquet* de Platon fournit alors à Lacan l'occasion de théoriser autrement les relations entre amour et désir. Du mythe de la naissance du *daimôn* Erôs, tel qu'il est évoqué dans les discours de Socrate et de Diotime (*Le Banquet*, 202a), Lacan reprend la formule : « L'amour, c'est donner ce qu'on n'a pas » (*Le Transfert*, p. 147-148), en déclarant : « L'on peut dire que la définition dialectique de l'amour, telle qu'elle est développée par Diotime, rencontre ce que nous avons essayé de définir comme la fonction métonymique dans le désir » (*ibid.*, p. 155).

BIBLIOGRAPHIE

FREUD Sigmund, *Cinq Psychanalyses*, trad. fr. R. Loewenstein, PUF, 1966.

— « Un type particulier de choix d'objet chez l'homme » [*Über einen besonderen Typus der Objektwahl beim Manne*, 1910], *in* « Contributions à la psychologie de la vie amoureuse » [*Beiträge zur Psychologie des Liebeslebens*], dans *La Vie sexuelle*, trad. fr. D. Berger, J. Laplanche *et al.*, PUF, 1969.

— « Sur le plus général des rabaissements de la vie amoureuse » [*Über die allgemeinste Erniedrigung des Liebeslebens*, 1912], *in* « Contributions à la psychologie de la vie amoureuse » [*Beiträge zur Psychologie des Liebeslebens*], dans *La Vie sexuelle*, trad. fr. D. Berger, J. Laplanche *et al.*, PUF, 1969.

— « La dynamique du transfert » [*Zur Dynamik der Übertragung*, 1912], in *La Technique psychanalytique*, trad. fr. A. Berman, PUF, 1970.

— « Psychologie des foules et analyse du moi » [*Massenpsychologie und Ich-Analyse*, 1921], § 8, « État amoureux et hypnose » [*Verliebtheit und Hypnose*], in *Essais de psychanalyse*, trad. fr. P. Cotet, A. Bourguignon, A. Cherki, J. Laplanche *et al.*, Payot, 1981.

LACAN Jacques, *Écrits*, Seuil, 1966.

— *Le Séminaire*, Livre VIII, *Le Transfert* (1960-1961), Seuil, 1991.

à l'autre. On peut y ajouter la dichotomie posée par Pierre Rousselot à propos des auteurs médiévaux entre l' « amour physique », qui obéit aux tendances naturelles (*phusis* [φύσις]) portant tout être à rechercher son bonheur individuel, et l' « amour extatique », violent, indépendant des appétits naturels, étranger à tout intérêt propre, à toute inclination égoïste. Cette distinction s'apparente à celle sur laquelle, elle aussi à propos de l'amour de Dieu, se fondent Fénelon et le quiétisme quand ils opposent à l' « amour mercenaire » le « pur amour », qui pousse le mépris de soi et le désintéressement jusqu'à se montrer indifférent à la « supposition impossible » de la damnation elle-même.

1. Amour sensuel et amour de tendresse

Liebe, d'une part, *amour*, de l'autre, conjoignent dans leur sens générique la bipolarité *amor/libido* que les substantifs latins distinguent parfaitement. Mais ils ne partent pas de la même évidence. Quand il oppose deux formes d'amour qui s'expriment l'une par des sentiments tendres ou romantiques et l'autre par des tendances directement sexuelles, Freud n'a aucun mal à lire, sous *Liebe*, la force de la *libido*, du désir sexuel, qui s'organise, s'investit, se déplace, se sublime (voir PULSION). En revanche, chez Lacan, l'*amour* s'oppose radicalement au désir.

♦ Voir encadré 1 page précédente.

2. De l'amour à la « tendresse » et à la sentimentalité

À propos de l'opposition que Freud établit entre *sinnliche Liebe* et *Zärtlichkeit*, les traducteurs français rendent le second terme de ce binôme par « tendresse ». Or, ce dernier vocable ne s'est imposé dans l'usage courant qu'au XVIIe et au début du XVIIIe siècle, en se restreignant au sens qu'il a actuellement de sentiment amoureux, alors qu' « amour » s'applique aussi à l'amour sexuel ou érotisé. C'est en réalité à la suite de l'adjectif « tendre » — qui, comme le latin *tener*, exprimait l'idée de jeunesse, de fraîcheur ou de délicatesse, au sens où l'on parle de l' « âge tendre » — que le vocabulaire de la tendresse a pris cette acception sentimentale et que le mot « tendresse » en est venu à remplacer celui d'amitié qui avait alors depuis le XVIe siècle le sens très fort d'amour. À l'époque classique, « tendre » est même utilisé comme nom masculin pour désigner la relation amoureuse, en particulier dans la « carte [ou le pays] du tendre » de Mlle de Scudéry.

♦ Voir encadré 2.

3. Des bipolarités médiévales à celle de Kant

Parmi bien d'autres expressions dichotomiques, figure celle des auteurs chrétiens du Moyen Âge qui, s'appuyant en partie sur Aristote (*Éthique à Nicomaque*, VIII, 2) et Cicéron (*De amicitia*, VI), opposent l' « amour de concupiscence ou de convoitise » (*amor concupis-*

2

Tendre, tendresse, sentimental

De la *tendresse* (ou des formes voisines qu'étaient *tendreur* et *tendreté*) qu'on entendait d'abord au sens propre — celui pour lequel Vaugelas marquait encore sa préférence, par exemple, à propos de la « tendresse des viandes » —, la langue française classique en est venue, à travers le mouvement de compassion qu'inspirait la nature délicate ou fragile d'un objet, à l'attitude correspondant, chez le sujet, à un penchant désigné dès lors par le vocable de tendresse au sens affectif. Ce glissement sémantique s'est opéré dans d'autres langues, à partir soit du même adjectif latin *tener* (comme en anglais avec *tenderness* et en italien avec *tenerezza*), soit d'un autre vocable ayant pour sens premier l'idée de faiblesse et de délicatesse (comme *zart* en allemand, d'où *Zärtlichkeit*). Toujours est-il que Kant, quand il évoque précisément la fragilité du sentiment d'amitié *(teneritas amicitiae)* dans sa *Doctrine de la vertu* (§ 46), nous ramène paradoxalement au sens propre et pré-classique du français « tendresse ». Il déclare, en effet : « L'amitié [...] est quelque chose de si *tendre* que, si on la fait reposer sur des sentiments [et non sur des principes et des règles], elle ne peut être un seul instant assurée contre des interruptions [...] ».

On peut, en fait, expliquer l'évolution sémantique de « tendresse » en français de deux façons : soit que l'objet affecté de tendresse au sens préclassique de faiblesse en vienne à inspirer, chez autrui, une attention compatissante appelée à se changer en une dynamique amoureuse qui prendra le nom de tendresse au sens affectif ; soit qu'un tel embrasement du cœur surgissant spontanément en dehors de tout attendrissement préalable soit perçu comme un sentiment typiquement féminin, c'est-à-dire apparenté à la sensibilité du « sexe faible ». Or, dans les deux cas, on a affaire au registre de la faiblesse, du penchant, de l'inclination, c'est-à-dire du *pathein* [παθεῖν] ou de ce que Spinoza appelle l'*animi pathema*, et même de la défectuosité, par exemple quand on dit qu'on a un faible pour telle personne, expression qui répond à celle-ci : « prendre quelqu'un par son faible » et qui débouche sur les notions d'attirance, de rets de la séduction, de charmes dont un sujet pâtit.

Cet avatar du mot « tendresse » est en rapport avec le sens moderne qu'ont acquis prioritairement dans le français de la même époque le substantif « sentiment » et l'épithète « sentimental ». Cette dernière y a fait son entrée, avec la signification que nous lui connaissons, grâce à la traduction en 1769 de *The Sentimental Journey* de Laurence Sterne. Le traducteur s'en explique en ces termes : « Le mot anglais *sentimental* n'a pu se rendre en français par aucune expression qui pût y répondre, et on l'a laissé subsister. Peut-être trouvera-t-on en lisant qu'il méritait de passer dans notre langue. » Cet adjectif était apparu tout récemment (1749) en anglais, par dérivation de *sentiment*, qui avait été emprunté lui-même dès le XIVe siècle au français avec son double sens d'opinion fondée sur une évaluation plus subjective que logique (selon l'acception qu'on retrouve, par exemple, chez D. Hume) et de disposition relevant du registre du cœur et de l'affectivité (et dotée parfois d'une connotation péjorative, accentuée particulièrement dans ce qu'on appelle le « ressentiment »). L'allemand a lui-même adopté tels quels l'épithète *sentimental* et le substantif *Sentimentalität*, lequel a le sens de « sensiblerie » quand il est précédé par l'adjectif *affektiert*.

centiae) et l' « amour d'amitié ou de bienveillance » *(amor amicitiae seu benevolentiae)*. Le premier, qui va du désir des plaisirs sensibles à celui des bienfaits divins (et auquel s'apparente ce que Kant appellera *amor complacentiae*), consiste en un attrait égoïste pour les objets qui nous procurent délectation ou jouissance et dont nous voulons nous assurer la possession. Le second, dont la définition évoque l'*eunoia* [εὔνοια] grecque, nous porte vers un être que nous aimons pour lui-même, auquel nous souhaitons du bien ou dont nous nous félicitons qu'il possède ce bien. Descartes mentionne, dans les *Passions de l'âme* (art. 81), cette « distinction » comme étant traditionnelle, mais il pense qu' « elle regarde seulement les effets de l'amour » et que cela n'entraîne pas une dualité véritable dans la définition essentielle de ce dernier, lequel est toujours, quels que soient ses effets ou ses objets, mêlé de concupiscence et de bienveillance. C'est dans le souci de traduire en langage moderne une telle distinction que certains psychologues ont vulgarisé, dans les années 1950, l'opposition entre « amour captatif » et « amour oblatif » (ou propension altruiste à payer de sa personne dans laquelle J. Lacan dénonce une forme d'agressivité égocentrique).

Le recours au schéma bipolaire s'est imposé aussi dans le cadre d'une question qui garda son acuité tout au long de l'histoire des conceptions de l'amour, c'est-à-dire celle de savoir si ce dernier est essentiellement affaire de sentiment et d'affectivité, jusqu'à culminer dans l'absence de toute mesure et dans la passion la plus irrationnelle, ou s'il doit nécessairement se régler sur la raison et la connaissance. Déjà, certains théologiens médiévaux reprennent l'idée traditionnelle qui, remontant à Origène et à saint Augustin pour se retrouver jusque chez Leibniz et Malebranche, considère le véritable amour comme devant se régler sur une appréciation *(aestimatio)* ou un discernement *(discretio)* exacts de la valeur de son objet. Cette consigne intellectualiste, qui trouve particulièrement son point d'application dans le cas de la « charité ordonnée », a pour référence ce texte d'Augustin : « Celui-là vit en juste et en saint qui apprécie toutes choses à leur juste valeur ; il possède ainsi un amour ordonné [*Ille autem iuste et sancte vivit qui rerum integer aestimator est ; ipse est autem qui ordinatam dilectionem habet*] » (*De doctrina christiana*, I, chap. 28). À cette thèse s'oppose l'orientation doctrinale de Bernard de Clairvaux, le chantre de l'amour comme *affectus* et comme élan du cœur échappant non seulement à toute mesure, mais aussi à toute régulation rationnelle. Cependant, son ami et disciple Guillaume de Saint-Thierry développe, pour sa part, une théorie de l' « amour-intellection », c'est-à-dire d'un amour réglé effectivement par la connaissance.

On retrouve chez Descartes cette idée de l'amour estimatif, assez répandue, d'ailleurs, au XVIIe siècle et spécialement dans l'œuvre de Corneille. L'auteur des *Passions de l'âme* souligne, en effet, l'importance d'une appréciation d'origine intellectuelle de la valeur des divers objets d'amour. Ainsi note-t-il que l'amour se distingue des autres affections « par l'estime qu'on fait de ce qu'on aime, à comparaison de soi-même » (art. 83) et qu'il obéit aux « jugements qui portent aussi l'âme à se joindre de volonté avec les choses qu'elle estime bonnes et à se séparer de celles qu'elle estime mauvaises » (art. 79). Avec Spinoza reparaît, sous une forme plus originale, l'idée de la rationalité de l'ordre de l'amour, notamment à propos de l'*amor Dei intellectualis*, qui est pour lui comme le couronnement de la raison. Or, cet amour va au-delà de la raison même et de la loi. Il représente la plénitude de la connaissance, qui empêche l'âme de se perdre dans les brumes de l'affectivité ou de la passion-tourment que le romantisme magnifiera sous le nom de *Leidenschaft* (composé ambigu dérivé de *leiden*, « souffrir » — le substantif *Leiden* désignant la Passion de Jésus-Christ), tandis que l'affectivité elle-même, s'y développant aussi légitimement que cette autre force naturelle qu'est l'imagination, lui permet de surmonter le pur intellectualisme.

♦ Voir encadré 3.

3

« Amour pathologique » et « amour pratique » chez Kant

Le couple « amour pathologique » / « amour pratique » introduit par Kant au début des *Fondements de la métaphysique des mœurs* (trad. fr. V. Delbos, « La Pléiade », t. 2, p. 258 ; cf. *AK*, vol. 6, p. 399) illustre encore la bipolarité de la notion d'amour et la nécessité du recours aux épithètes. Le problème de Kant est le suivant : l'amour paraît relever de la seule sensibilité, et à ce titre il devrait être exclu d'une morale qui pose en principe qu'une action n'a de valeur que si elle est faite par devoir. Que faire alors du devoir d'amour énoncé dans l'Ancien Testament : « Tu aimeras ton prochain comme toi-même » (Lévitique 19,18 ; cf. Matthieu 22, 39) ? Kant sera forcé de reconnaître, dans la *Doctrine de la vertu*, qu'« un *devoir d'aimer* est un non-sens » (*Métaphysique des mœurs, Doctrine de la vertu*, trad. fr. J. et O. Masson, « La Pléiade », t. 3, p. 684-685 ; cf. *AK*, vol. 6, p. 401-402). La solution passe par une distinction : elle opposera un amour « pratique », qui peut faire l'objet d'un devoir dans la mesure où il réside dans la volonté, à un amour « pathologique », relevant de la sensibilité. La *Doctrine de la vertu* se servira d'une distinction parallèle entre la « bienfaisance » ou « bienveillance [*amor benevolentiae*] » et l'« amour de complaisance [*amor complacentiae*] ». À chaque fois, la distinction opérée vise à mettre les principes de la doctrine morale kantienne en conformité avec les Écritures : cette tentative retiendra particulièrement l'attention des néokantiens qui, au début du XXe siècle, reprendront la question du christianisme de Kant (cf. Bruno Bauch, « Luther und Kant », *Kant-Studien*, n° 4, 1900, p. 416-419 et p. 455-456).

B. Les dichotomies fondées sur l'objet : invention ou réinvestissement d'autres mots

Aux diverses oppositions binaires qu'on vient de relever comme permettant de donner plus de précision au vocable, manifestement si ambigu, d'*amour* (comme de *love*, *Liebe* ou *amore*...), on peut encore ajouter des couples antagoniques prenant en compte non plus la nature ou les modalités de l'affect, mais l'objet aimé ou ses qualités propres. On aura ainsi, par exemple, les distinctions suivantes : amour de Dieu / amour du prochain ou de soi-même ; amour filial / amour de la patrie ; amour terrestre / amour céleste (selon la tradition platonicienne) ; amour sacré / amour profane (cf. l'ouvrage, publié sous ce double titre, de Lucien Febvre sur Marguerite de Navarre) ; amour de soi (amour égocentrique, « philautie » selon Aristote) ou *amor privatus* selon Hugues de Saint-Victor) / amour altruiste (d'après Grégoire le Grand) ; amour homosexuel / amour hétérosexuel.

Mais l'invention d'autres mots est rendue nécessaire précisément quand l'objet ne tolère d'être confondu avec aucun autre, par exemple lorsqu'il s'agit de Dieu ou d'un être aimé d'un amour incommensurable.

1. « Fides » conjugale et amour courtois

Dans son célèbre essai intitulé *L'Amour et l'Occident*, Denis de Rougemont prend le parti de durcir l'opposition qui s'est manifestée au XIIe siècle entre deux formes d'amour : d'une part, l'amour des époux chrétiens, fondé sur une *fides* réciproque, d'autre part, l' « amour courtois » (ou *fin'amor*, « amour affiné » ou « pur amour », dans la langue occitane), que l'auteur assimile à la passion adultère et mortifère éprouvée par le troubadour ou le héros (notamment Tristan) à l'endroit de la « Dame de ses pensées ». Or, l'expression d' « amour courtois » n'est apparue en français que très tardivement, vers 1880, sous la plume de Gaston Paris, tandis que, pour désigner une telle forme d'amour, l'allemand disposait depuis longtemps du substantif intraduisible *die Minne*.

♦ Voir encadré 4.

2. Le Nouveau Testament entre « erôs » et « agapê »

Il arrive que la disparité à laquelle l'amour humain se trouve confronté quand il a pour objet, non l'autre semblable ou un inférieur, mais Dieu lui-même soit considérée comme ne pouvant être rendue par des termes antagoniques pris dans le vocabulaire courant. Telle est la situation dans laquelle se place le théologien luthérien suédois Anders Nygren (1890-1978) lorsqu'il pallie la difficulté en faisant appel aux deux termes grecs *erôs* [ἔρως] et *agapê* [ἀγάπη]. Mais, bien plus que de simples polarités de l'amour, il voit alors entre ceux-ci une opposition qui s'élargit « jusqu'à devenir une antithèse philosophique » et qui se présente comme un conflit sans conciliation possible entre « deux mobiles fondamentaux ». Nygren en évoque l'enjeu à travers cet exergue emprunté à l'helléniste Ulrich von Wilamowitz-Moellendorff : « Si la langue allemande est pauvre au point d'utiliser dans les deux cas le terme unique d'amour [*Liebe*], les deux idées [d'*éros* et d'*agapê*] n'ont cependant rien de commun l'une avec l'autre. » Croyant voir dans la conception grecque de l'*erôs* à la fois une synthèse de la non-possession

---

4

La « Minne » germanique

Si l'idéal érotique prôné par les troubadours provençaux et par les trouvères du nord de la France n'est désigné que depuis une période si récente par l'appellation d' « amour courtois » (ce qui revient à définir une expérience aussi originale par le lieu où elle se déploie, les cours, *corteis*, seigneuriales ou royales de l'époque), la langue allemande, en effet, possédait au Moyen Âge un mot spécifique, *die Minne*, pour désigner cette forme d'amour et, plus particulièrement, ce qui la caractérise dans son essence. On peut remarquer, d'ailleurs, que, jusque dans le *Tristan* de Wagner, on la trouve personnifiée, de la même façon que la *fin'amor* dans la littérature courtoise, en tant que divinité de l'amour (*Liebesgöttin*) sous l'appellation de « dame Minne » (*Frau Minne*).

Conformément à l'étymologie qu'on lui prête (en latin, *memini* « se souvenir », et *mens*, l'« esprit », d'où l'anglais *mind*), le substantif *Minne* (comme le verbe *minnen* et les adjectifs *minnig* et *minniglich*) met l'accent sur la présence de l'aimé dans la conscience de celui qui aime et sur le fait que cette présence se prolonge dans la durée sous la forme du fantasme et du souvenir. Il s'agit, en somme, de l'amour en tant qu'il occupe l'esprit de l'amant et incite ce dernier à recourir à la poésie, par exemple, pour rendre compte de son expérience psychique. Cette dernière correspond à celle que les théologiens médiévaux ont décrite, mais pour la stigmatiser, comme étant une *delectatio morosa*, c'est-à-dire une complaisance entretenue à longueur de temps dans la représentation savoureuse de l'objet absent. Elle se trouve illustrée, plus nettement encore, par la passion que le poète courtois cultive à l'endroit de la « Dame de ses pensées », surtout dans la situation paroxystique de l' « amour de loin ». Ainsi le lexique germanique s'est-il donné, autour de cette aventure courtoise de la *fin'amor*, les composés suivants : *der Minnesang* (poésie des troubadours), *das Minnelied* (chanson d'amour), *der Minnedichter* et *der Minnesänger* (troubadour), *der Minnedienst* (cour d'amour), *der Minnetrank* (philtre d'amour).

Mais c'est aussi sous ce terme de *Minne* que les béguines flamandes du XIIIe siècle récupèrent au profit de leur théorisation de l'amour de Dieu les caractéristiques du pur amour provençal. Pour Hadewijch d'Anvers (morte vers 1260) notamment, l'expérience amoureuse désignée par l'expression *Minnemystik* comporte deux phases. La première prend la forme d'un désir impétueux et passionnel (*aestus amoris*, en néerlandais *orewoet*) ; c'est le moment du jouir (*ghebruken*) dans l'union totale. La seconde est marquée par une expérience de ravissement et de privation (*ghebreken*), de souffrance et de détresse. Cependant, il s'agit là plutôt d'une alternance, voire d'une coexistence d'apparentes contradictions correspondant aux sentiments antithétiques de joie et de désolation dans lesquels la poésie courtoise voyait l'expression même de l'essentielle transcendance de l'amour.

et de la possession et un intermédiaire de type démoniaque permettant au sujet de passer des formes grossières du désir à la vérité et à l'immortalité, le théologien considère que le christianisme aurait radicalement renversé cette conception moniste de l'amour, en promouvant, à l'encontre de l'*erôs* platonicien, l'*agapê* révélée par les écrits néotestamentaires de Paul et de Jean.

♦ Voir encadré 5.

Le cas particulier que pose aux théologiens ou aux mystiques l'amour de l'âme humaine pour Dieu les amène aussi à inventer dans leur propre langue vernaculaire des vocables spécifiques, le plus souvent par dérivation d'un mot courant de celle-ci ou d'un mot latin. C'est ce qui s'est passé, précisément à propos de l'amour, avec ce créateur de la langue philosophique et littéraire catalane que fut Raymond Lulle (1235 env. - 1315).

♦ Voir encadré 6.

3. Investissements et réinvestissements lexicaux dans le latin chrétien

En fait, pour traduire l'hébreu *'āhëv* appliqué à l'amour de Dieu, les auteurs chrétiens reprennent d'abord des termes relativement nouveaux, soit grecs comme *agapê* (alors que *agapan* [ἀγαπᾶν] est ancien) plutôt que *erôs* ou *philia*, soit latins, comme *caritas* plutôt que *amor*. En latin, ils inventent même *dilectio*, forgé sur le verbe plus ancien qu'est *diligere*.

[a] *La « caritas » chez les Pères de l'Église.* La notion de *caritas* s'est imposée chez les premiers auteurs chrétiens écrivant en latin lorsqu'ils eurent à traduire la Bible dans cette langue. Ils étaient alors tributaires du grec — celui de la traduction de la Bible par les juifs d'Alexandrie (les Septante) et celui des livres du Nouveau Testament. Or, on l'a vu, pour traduire le verbe hébreu *'āhëv*, les Septante, qui disposaient des trois verbes *eran* [ἐρᾶν] (*erôs*), *philein* [φιλεῖν] (*philia*) et *agapan* (*agapê*), marquèrent une nette préférence pour ce dernier, sans doute parce que, possédant classiquement un sens moins bien déterminé, il pouvait se prêter à une innovation sémantique correspondant à la signification, plus forte et plus profonde, de l'hébreu *'āhëv*. Comme le note le *Theologisches Wörterbuch* de G. Kittel (éd.) sous l'entrée « *agapê* », « ce vieux mot *'āhëv* a imprégné le pâle mot grec de son sens riche et pourtant si précis [...]. Tout le groupe des mots de la famille d'*agapan* a reçu un sens nouveau par la traduction de l'Ancien Testament ».

À leur tour, les auteurs chrétiens de langue latine eurent à se demander comment rendre le mot *agapê* adopté par les Septante et par les textes du Nouveau Testament. Le latin d'alors possédait, pour dire le fait d'aimer, les deux verbes *amare* (avec le sens large de passion amoureuse aussi bien que celui d'affection désintéressée) et *diligere*, ainsi que deux substantifs, *amor* et *caritas*. *Caritas*, qu'on rencontre fréquemment chez Cicéron et qui connaîtra une fortune exceptionnelle dans les Écritures et la théologie chrétiennes, est un dérivé de *carus*, « cher », avec le double sens de ce qu'on « chérit » et de ce « qui est d'un grand prix » — d'où, en français, la

---

5

La « véritable » notion chrétienne de l'amour selon Nygren

Dans son ouvrage intitulé *Erôs et Agapê*, Nygren considère que l'*erôs* orphique ou platonicien, même lorsqu'il prend la forme de l'« amour céleste », a pour première caractéristique « l'aspiration, la convoitise, le désir » et reste inéluctablement fidèle à sa nature foncière d'appétit de l'homme pour un objet à posséder, tandis que l'*agapê* célébrée dans le Nouveau Testament serait essentiellement don de soi, mouvement de descente totalement désintéressé, sacrifice dont, pour cette raison, Dieu seul est capable. De plus, l'auteur s'attache à relever les « transformations » que, depuis la patristique jusqu'à la fin du Moyen Âge, la théologie aurait fait subir à la « véritable » notion chrétienne de l'amour qu'est l'*agapê*. Elle aurait dénaturé cette dernière en développant la théorie de la *caritas ordinata* ou de l'« ordre de l'amour », c'est-à-dire d'un amour ayant la propriété de se conformer nécessairement à la valeur propre de son objet. Aux yeux de Nygren, une telle théorie représente une « synthèse funeste » dont Luther s'attachera à purifier la théologie et qui revient à intégrer dans l'*agapê* un des éléments essentiels de l'*erôs*, à savoir un désir intéressé motivé par les qualités qu'on peut discerner dans l'objet d'amour. L'adage scolastique selon lequel une chose doit être aimée à proportion de sa valeur (*magis diligendum quia magis bonum*) nous ramènerait ainsi à la dilection que la tradition qualifie de mercenaire et qui est, en réalité, radicalement étrangère à la conception néotestamentaire de l'amour.

Or, l'ouvrage de Nygren, qui eut un grand retentissement, pèche par ses bases philologiques. Les exégètes ont fait remarquer notamment que, comme la langue hébraïque ne disposait que du verbe *'āhëv* [אָהַב] et de son substantif *'ahavāh* [אַהֲבָה] pour désigner toutes les formes d'amour (sacré ou profane, noble ou impur, égocentrique ou désintéressé, etc.), la version grecque de la Bible par les Septante possédait, pour rendre la diversité de celles-ci, plusieurs vocables, tels que *agapê*, *erôs* et *philia* [φιλία]. Or, même lorsque le texte hébreu évoque l'amour sensuel, cette traduction préfère à *erôs* — mot qui est, d'ailleurs, très rare dans l'ensemble de la Septante — le terme *agapê* (que la Vulgate latine rendra par *caritas*). C'est justement lui qu'on trouve dans les passages les plus érotiques de cet épithalame que constitue le Cantique des cantiques. Ainsi la strophe des versets 7-10 du chapitre VII, où s'exprime un mouvement passionné pour la possession physique de la bien-aimée, commence-t-elle par ces mots : « Que tu es belle, que tu es charmante, ô amour [*agapê*], ô fille de délices ! »

Mais, si le terme *agapê* est ainsi employé par les juifs grecs d'Alexandrie pour désigner d'autres formes d'amour que l'amour spirituel et si, à l'inverse, les auteurs chrétiens ont traditionnellement interprété ce poème biblique attribué à Salomon comme une allégorie de l'amour mystique, c'est sans doute que, sous cette labilité du vocabulaire, on peut discerner l'indice d'une certaine malléabilité sémantique et, plus précisément, de la légitimité de passer d'une sorte d'affect à une autre. Ainsi, à la dichotomie « systématique » défendue par Nygren se substituerait, comme le dit Paul Ricœur (*Liebe und Gerechtigkeit*), un « procès de métaphorisation » en vertu duquel, par exemple, l'amour érotique, l'*erôs*, a le pouvoir de signifier et de dire l'*agapê*, traduisant alors l'analogie réelle qui relie des affects distincts.

proximité entre les deux termes de *charité* et de *cherté*. *Caritas* ajoute au sens d'*amor* celui d'estime et de respect, comme on le voit, par exemple, chez Sénèque et surtout chez Cicéron. Pour ce dernier, *amor* désigne l'affection qu'ont entre eux des époux ou des frères ou encore les parents pour leurs enfants, mais l'emploi de *caritas* est jugé préférable quand on parle de l'amour qu'on porte aux dieux, à la patrie, aux parents, aux hommes supérieurs ou à l'humanité, notamment dans l'expression de *caritas generis humani* (*De finibus*, V, 23, 65).

Or, les premiers auteurs chrétiens latins ne reprennent aucun mot de ce vocabulaire classique pour rendre l'*agapê* des Septante ou du Nouveau Testament. Ainsi Tertullien et Cyprien de Carthage, dans la première moitié du IIIe siècle, se bornent à transcrire ce mot tel quel, ce qui advint aussi à d'autres hellénismes qui, comme *baptizein* [βαπτίζειν] ou *kharisma* [χάρισμα], s'imposèrent durablement. Toutefois, dans leurs commentaires de l'Écriture et dans leurs écrits théologiques, ils ont tendance à rendre le verbe *agapan* par *diligere* et le substantif *agapê* soit (surtout Tertullien) par *dilectio*, vocable apparu tout nouvellement dans la langue de l'Église, soit (surtout Cyprien) par *caritas*. Ce n'est que plus tard, et principalement avec saint Jérôme à la fin du IVe siècle, que ces deux derniers termes entreront dans la traduction même de la Bible, mais avec une préférence pour *caritas*, qui, dans la Vulgate, revient 114 fois contre 24 pour *dilectio*. Ainsi, comme le relève Hélène Pétré, « le terme qui, dans la langue usuelle, servait à désigner les affections et dont Cicéron avait élargi l'emploi dans l'expression [...] *caritas generis humani*, exprime pour les chrétiens la vertu la plus haute qui contient à la fois l'amour de Dieu et l'amour des hommes » (1948, p. 59). C'est notamment par *caritas* que la Vulgate traduit *agapê* dans la célèbre hymne paulinienne de la première épître aux Corinthiens (13, 1-8) : « Quand je parlerais les langues des hommes et des anges, si je n'ai pas la *caritas*, je ne suis plus qu'airain qui sonne ou cymbale qui retentit [...]. Quand je distribuerais tous mes biens en aumônes, si je n'ai pas la *caritas*, je ne suis rien. [...] La *caritas* ne passera jamais [...]. » Néanmoins, Augustin, par exemple, déclare parfois que les trois termes d'*amor*, de *dilectio* et de *caritas* demeurent à peu près équivalents.

Chez les Pères de l'Église, la *caritas* désigne l'amour que l'homme a pour Dieu et pour le prochain *propter Deum*, conformément au précepte évangélique, ainsi que l'amour qui est en Dieu lui-même (*Caritas summa* ou *Caritas in Deo*) et qui s'exprime particulièrement dans les relations mutuelles entre les trois personnes divines. Au Moyen Âge, Pierre Lombard (1100 env. - 1160) soutient dans ses *Sentences* que la *caritas* est un amour si sublime qu'on ne peut le concevoir que comme s'identifiant à la présence de Dieu lui-même (et plus précisément de l'Esprit-Saint) dans l'âme. Dès la fin du XIIe et au début du XIIIe siècle, la plupart des théologiens rejettent cette théorie (qui sera officiellement condamnée au concile de Vienne en 1311-1312) pour faire de la *caritas* un *habitus* au sens aristotélicien du terme, c'est-à-dire une capacité proprement humaine d'action et de mérite, comme la foi et l'espérance, sur lesquelles elle a cependant la précellence en tant que « mère de toutes les vertus ». Ils en viendront ainsi à distinguer cette *caritas* surnaturelle de la *dilectio naturalis* ou amour de Dieu et du prochain dont étaient capables les premières créatures spirituelles (Adam, Ève et les anges) avant la chute originelle, c'est-à-dire sans la grâce, ce qui, selon certains, correspondait à l'état de pure nature.

Au XIIe et au XIIIe siècles, les traités consacrés, dans les sommes théologiques, à la vertu de *caritas* s'attachent notamment à réfléchir sur la notion de *caritas ordinata* ou d'*amor discretus*, c'est-à-dire sur la propriété qu'a l'amour surnaturel de se conformer à la valeur de son objet. Cette propriété découle de la diversité de mesure impliquée dans le double commandement qui prescrit d'aimer Dieu « de tout son cœur » et le prochain « comme soi-même ». Ainsi le *quantum* d'amour qui sert de base à ces deux

6

« Amistat » et « amistança »

Les mots catalans en *-ança* ou *-ància* désignent l'action du verbe et en sont dérivés. Ainsi, *contemplança* désigne l'action de contempler (*contemplar*). Dans le cas d'*amistança*, le verbe *amistansar* n'est pas attesté avant 1373. Il a deux sens : celui de « réconcilier », de « rendre amis » ; et celui de « vivre en concubinage avec... ». C'est donc parce qu'il a besoin d'un troisième terme à côté de *amor* et *amistat*, et non par dérivation, que Lulle crée *amistança*.

Ce terme n'est jamais traduit par « action de réconcilier ». Tandis que *amistat* prend dans l'usage courant le sens d'amitié amoureuse hors mariage (« Chose trompeuse est *amistat* de femelle », Lulle, *Blanquerna*, chap. 27), *amistança* se voit réserver celui d'amitié loyale, pure, désintéressée, entre deux personnes (Ausias March, poème XCII : « Mais l'autre amour d'*amistança pura*, / Après la mort, sa grande force lui dure... »). Cette *amistança* (dont le caractère est renforcé par l'emploi de *pura*) est éprouvée par le poète à l'égard d'une femme morte. Pour le poète, qui n'évoque jamais l'amour de Dieu ou pour Dieu, *amistança pura* constitue l'amour de qualité majeure. *Amistança* connaît par la suite la même évolution de sens que *amistat* : au XVIIIe siècle, le mot peut signifier « concubinage ».

Pour Lulle, l'*amor* est par excellence réservé à Dieu avec le verbe *enamorarse*, qui vient fréquemment renforcer le verbe *amar*. Dans le *Llibre d'amic e amat*, c'est l'*amor* de l'*amic* qui est décrit ; il n'est jamais question de la charnelle *amistat* : « Blanquerna [l'auteur du *Llibre*] voulait les [les ermites lecteurs] *enamorar* de Dieu. » De même : « Dit l'*amic* à l'*amat* : Toi qui emplis le soleil de splendeur, emplis mon cœur d'amor. » *Amistat* aurait dans ce contexte une connotation sexuelle inacceptable et *amistança* serait trop humain. Le doublet *amic / amat* rend compte de l'intentionnalité de l'*amor*, de la dualité constitutive de l'amour entre l'homme et Dieu, selon Raymond Lulle.

Dominique de COURCELLES

mouvements d'amour incommensurables est celui qu'on doit avoir pour soi, l'*amor sui*, qu'Aristote appelle, dans l'*Éthique à Nicomaque* (IX, 8), *philautia* [φιλαυτία] et Hobbes (*Leviathan*), *self-love*. Cette notion scolastique semble être à l'origine du proverbe entendu couramment en un sens plutôt ironique : « Charité bien ordonnée commence par soi-même. » Les autres langues la traduisent d'une manière plus plate, qui omet la dimension de l'*ordo amoris*. Ainsi dira-t-on en allemand : « *Jeder ist sich selbst der Nächste* » ; en anglais : « *Charity begins at home* ».

b *De la « caritas » à la charité.* Outre la signification proprement théologale d'amour de Dieu et du prochain, *caritas* a pris très tôt le sens de « don » ou d' « aumône » (IIIe s.), puis, à partir du XIIe siècle seulement, celui de la générosité qu'on exerce vis-à-vis des pauvres et des déshérités. Il est francisé sous la forme de *caritet*, dès le Xe siècle, puis de *charité*, pour désigner la vertu théologale, mais surtout dans sa dimension de miséricorde et de bienfaisance vis-à-vis du prochain souffrant ou démuni. Ainsi ce vocable est-il ensuite adopté pour désigner les congrégations ou associations (Frères ou Sœurs de la charité, dames de charité) qui s'attachent spécialement à cette forme de dévouement ; et il s'étend alors à diverses manifestations de secours et d'assistance dans la vie sociale (« vente de charité », « bureau de charité »). Du mot *charité* dérivent les épithètes *charitable* (parfois employée ironiquement) et *caritatif*. Cette dernière, assez rare, s'est répandue au XXe siècle pour désigner des mouvements catholiques d'action charitable, et cela sous l'influence de l'anglais *caritative* qui appartenait originellement au vocabulaire de l'économie politique. Ainsi, tout en gardant, mais surtout pour la théologie morale, son sens de vertu surnaturelle tournée vers Dieu et vers le prochain, *charité* prend de plus en plus la signification restreinte de miséricorde, d'humanité ou de philanthropie, tandis que, dans les Temps modernes, les débats relatifs à la vertu théologale elle-même, notamment ceux où furent engagés Fénelon et le quiétisme, se trouvent centrés plus spécialement sur l'amour que le fidèle a pour Dieu et, très précisément, sur la question de savoir « en quel sens il doit être désintéressé », selon le sous-titre donné par Malebranche à son traité *De l'amour de Dieu* (1697).

Cette évolution sémantique du mot français *charité* (ainsi que de l'italien *carità*, de l'espagnol *caridad* et du portugais *caridade*) dans le sens de la miséricorde comme sentiment et de la bienfaisance comme acte est inconnue de l'allemand. Cette langue, en effet, traduit l'*agapê* néotestamentaire (amour surnaturel de Dieu et du prochain) par *Liebe* (notamment dans la 1re épître aux Corinthiens 13, 1-8, où la proposition « si je n'ai pas l'*agapê* » est traduite par « *wenn ich hätte der Liebe nicht* ») et la charité envers le prochain, de manière littérale, par *die Nächstenliebe*, mais, quand il s'agit du sentiment de miséricorde ou de bonté, par *die Mildtätigkeit* et, pour l'action charitable, par *die Hilfsbereitschaft* ou *die Barmherzigkeit*. Plus à l'aise que les autres langues pour faire l'économie des périphrases, l'allemand traduit « amour réciproque » par *Gegenliebe*. Max Scheler propose même les néologismes *miteinanderlieben* pour « aimer en contiguïté les uns avec les autres » et *Liebensgemeinschaft* pour « communauté d'amour » — réalité, selon lui, introduite dans l'histoire par le christianisme.

II. LE VOCABULAIRE LATIN ET GREC DE L'AMOUR

A. Le latin : « amare », « amor », « amicitia »

En latin, comme dans nos langues modernes, les emplois de *amare* couvrent tout le spectre des relations sexuelles, amoureuses, familiales et amicales de sorte que l'expression d'un lien spécifique se fait grâce à l'adjonction d'autres termes. Dans la langue de Cicéron, la mise en œuvre de distinctions par juxtapositions et contrapositions d'autres termes a des enjeux précis puisqu'il s'agit de définir, d'une part, l'*amor* par rapport à la tradition de l'érotique platonicienne et, d'autre part, l'*amicitia* comme notion construite à partir des pratiques romaines. Mais la distinction entre les deux substantifs est un effet de construction d'autant plus sensible qu'ils dérivent tous deux de *amare* (*Lélius* [*Laelius de amicitia*], 100), et que c'est *amour* qui donne à *amitié* son nom (26).

Dans les *Tusculanes* (4, 68-76), en citant de nombreux exemples de l'*amor* chez les poètes, Cicéron veut montrer que l'*amor* est le plus couramment « porté par le désir » (*libidinosus*), que ce désir conduit à une sexualité illicite (*stuprum*) quand ce n'est pas à la folie (*insania* / *furor*) ; par conséquent on ne saurait « accorder de l'autorité à l'amour [*amori auctoritatem tribuere*] » comme le fait Platon ou accepter la définition des stoïciens (voir D.L., 7, 130) pour qui l'amour est « l'impulsion qui pousse à se lier d'amitié née de la vue de la beauté [*conatum amicitiae faciendae ex pulchritudinis specie*] ». Connotant ainsi l'*amor*, Cicéron refuse d'assumer les valeurs positives de l'érotique platonicienne ; aussi l'élaboration de la notion d'*amicitia* se fait-elle sans que l'*amor* y tienne une place importante. Dans le dialogue *Lélius*, en effet, Cicéron prend appui sur les différents niveaux où s'exprime, à Rome, le lien d'*amicitia* pour proposer une définition de l'amitié qui intègre avec de nombreuses médiations les traditions grecques dont le lexique est en ce cas intraduisible. C'est une relation particulière, celle qui unit deux grands hommes de l'État, Scipion et Lélius, qui permet d'articuler les liens de l'amitié politique et ceux de l'amitié privée : le choix des interlocuteurs permet de souligner ce dont la langue témoigne, à savoir l'identité du vocabulaire des relations politiques et des relations privées.

L'*amicitia* est un rapport actif, qui s'exprime surtout dans la *benevolentia*, volonté d'agir pour le bien de l'ami (23 ; 26 ; 50) ; c'est précisément la *benevolentia* qui permet de distinguer le lien de parenté (*propinquitas*) de l'amitié : « On peut ôter la bienveillance de la parenté, on ne peut l'ôter de l'amitié ; si on l'ôte, l'amitié perd son nom » (19). Cette bienveillance active fait jouer à titre égal le service rendu (*prodesse*) et le plaisir (*delectare*), qui se corrigent l'un par l'autre (22) : l'élan vers l'autre peut être alors exprimé par *amor* et *motus animi*, il grandit et se confirme seulement dans l'échange de services (*beneficium*) et l'attachement durable (*studium*, *consuetudo*) (29). L'association du plaisir et du service rendu vise à réfuter autant la thèse des épicuriens, pour qui l'amitié naît du besoin et de la faiblesse (29-32), que les confusions de l'amitié avec la flatterie (*blanditia*), caractéristiques des rapports avec le tyran, où se signale l'absence de *fides* et de *caritas* (52-54). Il s'agit au contraire de garantir l'égalité dans l'échange qui seule peut procurer le plaisir : « Il n'est rien de plus agréable que l'alternance des devoirs accomplis pour l'autre avec dévouement [*nihil vicissitudine studiorum officiorumque jucundius*] » (50). C'est sur ce fondement que peut s'épanouir la douceur des relations privées (*suavitas-comitas-facilitas*) (66).

B. Le grec : les deux pôles de l' « eran » et du « philein »

Le grec distingue très nettement deux manières d'aimer, *eran* et *philein*. Il possède donc un verbe, et tout un complexe terminologique, pour chacun des pôles que la plupart des langues modernes ne différencient plus que par des ajouts. *Eran*, « aimer d'amour », se présente comme une passion venue de l'extérieur, à l'instar des flèches du petit dieu, liée au désir (*epithumia* [ἐπιθυμία]), au plaisir (*hêdonê* [ἡδονή]) et à la jouissance (*kharis* [χάρις]) d'un objet ; il désigne une relation essentiellement dissymétrique entre un « éraste », qui éprouve l'amour et le fait (c'est l' « amant », ou plutôt l' « amoureux » cornélien, car il ne va jamais de soi, au contraire, que l'amour soit partagé), et un « éromène », qui le subit (l' « aimé »). *Philein*, « aimer d'amitié », « chérir » et « aimer à... », est au contraire une action ou une activité librement consentie, déployée à partir du dedans d'un caractère (éthique) ou d'une position (politique, sociale) ; il détermine une relation, sinon toujours symétrique, en tout cas mutuelle et réciproque, qu'il s'agisse de similitude, d'égalité ou de commensurabilité.

C'est ainsi qu'on peut comprendre, dans les premières cosmogonies, la différence, comme puissance originaire, entre *erôs* et *philia* ou *philotês* [φιλότης], tous deux le plus souvent traduits par « amour » (chez J. Bollack par ex., traducteur d'Empédocle). L'*erôs* hésiodique « rompt les membres » (*lusimelês* [λυσιμελής] ; *Théogonie*, 121) et intervient pour passer de la parthénogenèse à l'étreinte de Terre et de Ciel (137 *sq.*) ; dans le *Poème* de Parménide (28 B XII DK), il fait se déployer, se disperser, les polarités élémentaires. Au contraire, la *philotês* d'Empédocle unit le semblable avec le semblable, que la Discorde, *neikos* [νεῖκος], sépare à nouveau (B XXII DK *e.g.*).

Mais l'usage proprement philosophique de ces termes est déterminé par Platon, d'une part, Aristote, de l'autre. Le premier tente de capter le *philein* sous l'*eran*, et propose l'érotique comme modèle même de la philosophie ; le second fait de l'*eran* un cas particulier et accidentel du *philein*, et décrit en termes de *philia* l'ensemble des relations constitutives du monde humain. On est en droit de supposer que les langues modernes sont plutôt platoniciennes, puisqu'elles réunissent tout sous le pôle de l'érotique, en hiérarchisant les objets et les affects.

♦ Voir encadré 7.

1. « Eran » ou la dissymétrie : la philosophie platonicienne comme érotique généralisée

Platon expose la dissymétrie inhérente à la relation érotique, nouant la pédérastie à la dialectique socratique, et fait de l'*erôs* une condition de la philosophie. Dans le *Lysis*, qu'on tient pour un dialogue de jeunesse, toute l'opération de Socrate consiste à traiter d'*erôs* comme s'il s'agissait de *philia* ou, si l'on préfère, à érotiser la *philia* (c'est le sous-titre du dialogue : *peri philias*), afin de convaincre le petit Lysis qu'il doit sans vergogne céder à son amant (222b). C'est pourquoi l'une des questions centrales concerne la différence entre actif et passif, « celui qui aime » et « celui qui est aimé », dans une relation de *philia* pensée sur le modèle de celle de l'*erôs* : « Quand quelqu'un en aime [*philei* (φιλεῖ)] un autre, lequel est l'ami [*philos*] duquel, celui qui aime de celui qui est aimé [*ho philôn tou philoumenou* (ὁ φιλῶν τοῦ φιλουμένου)], ou bien celui qui est aimé de celui qui aime [*ho philoumenos tou philountos* (ὁ φιλούμενος τοῦ φιλοῦντος)] ? » (212b). La stratégie consiste à faire équivaloir « désir » (*epithumia*), *erôs* et *philia* (221b-e), et à déduire la nécessité d'aimer son amant (*eran*) sous couvert de la réciprocité inhérente au *philein*, qu'exprime la création du verbe *antiphilein* [ἀντιφιλεῖν], « aimer en retour » : « C'est ce que souffrent souvent les amants [*hoi erastai* (οἱ ἐρασταί)] de la part de leurs petits amis [*ta paidika* (τὰ παιδικά)] : alors qu'ils aiment [*philountes* (φιλοῦντες)] de toutes leurs forces, ils croient tantôt qu'ils ne sont pas aimés en retour [*antiphileisthai* (ἀντιφιλεῖσθαι)], tantôt qu'ils sont détestés » (212b-c). Que la *philia* soit alors simplement un leurre plus convenable ou socialisé de l'*erôs* du point de vue de l' « éromène » est manifeste dans le *Phèdre*, avec la palinodie de Socrate, où l'aimé séduit se voit dans son amant comme en un miroir, « éprouve le contre-amour image de l'amour [*eidôlon erôtos anterôta* (εἴδωλον ἔρωτος ἀντέρωτα)], mais n'appelle pas cela *erôs*, et ne croit pas que cela en soit, mais bien *philia*, [...] même s'il désire coucher avec » (255d-e ; cf. *Le Banquet*, 182c, où l'*erôs* de l' « éraste » a pour pendant la *philia* de l' « éromène »).

Ce jeu entre *eran* et *philein* est particulièrement difficile à faire entendre en français. « Passion » est la traduction souvent choisie pour différencier *erân*, notamment par A. Croiset (Platon, *Œuvres complètes*, Les Belles Lettres, t. 2, 1921). Ainsi, *Lysis*, 221b : « Est-il donc possible, si l'on éprouve des désirs et des passions [*erônta* (ἐρῶντα)], de ne pas aimer [*mê philein* (μὴ φιλεῖν)] les choses que l'on désire et vers lesquelles on est porté par la passion [*erai* (ἐρᾷ)] ? » Mais il lui juxtapose, d'une part, la différence commode mais peu adaptée « amour / amitié » (« l'amour, l'amitié et le désir [*ho te erôs kai hê philia kai hê epithumia* (ὅ τε ἔρως καὶ ἡ φιλία καὶ ἡ ἐπιθυμία)] », 221e), et, d'autre part, la conflagration des deux verbes sous le seul « aimer » (« Je sais que tu aimes [*erais* (ἐρᾷς)] », 204b ; mais « il est donc nécessaire que le véritable amant [*erastêi* (ἐραστῇ)] soit aimé en retour [*phileisthai* (φιλεῖσθαι)] par l'objet de son amour [*tôn paidikôn* (τῶν παιδικῶν)] », 222a). La traduction française de *philein* et d'*eran* à la fois par le seul « aimer » efface ainsi toute trace de l'opération platonicienne, comme si notre langue l'avait en somme déjà enregistrée.

Si l'*erôs* peut ainsi prendre les traits de la *philia*, c'est que la *philia* n'est jamais qu'une des espèces possibles du genre englobant qu'est l'*erôs*. Diotime explique à Socrate dans *Le Banquet* par quelle synecdoque on a restreint à une petite partie (l'*erôs* érotique, celui des « érastes », des amants) le nom qui est en réalité celui du tout : « Ne t'étonne pas : nous nous avons prélevé une forme de l'amour [*tou erôtos ti eidos* (τοῦ ἔρωτός τι εἶδος)], et nous l'avons nommée, en lui appliquant le nom du tout, "amour" [*erôta* (ἔρωτα)], alors que pour les autres nous utilisons d'autres noms » (*Le Banquet*, 205b) ; si bien qu'on ne dit pas *eran* de ceux qui aiment l'argent, la gymnastique ou la sagesse, mais *philein* : d'où « philosophie » (*ibid.*, 205d). On comprend que s'ensuive naturellement la démonstration d'une parfaite continuité entre le désir pour la beauté sensuelle et l'amour du beau en soi, ces deux extrêmes pour nous, puisque le beau lui-même est *monoeides* [μονοειδές], « une seule idée », « une forme unique » (210b ; 211e). Le droit chemin consiste ainsi à « s'élever en usant comme d'échelons, d'un beau corps à deux et de deux à tous les beaux corps, puis des beaux corps aux belles occupations, et des occupations aux belles sciences », pour en venir à « la science du beau » et à connaître « ce qui est beau par soi seul », « le

7

Un roman étymologique : « amare », le sein maternel ; « eran », la physique du mâle ; « philein », la socialité du lien

Les batailles étymologico-sémantiques font rage, entre phantasmes et refoulement, pour rapprocher ou pour distinguer.

Ernout et Meillet admettent comme plausible que *amare* dérive de *amma*, « maman » au plus proche de *amita*, la « tante », sœur du père, et bien sûr de *mamma, æ,* « nourrice, maman », non moins que « mamelle ». *Eran*, que rend aussi *amare*, risque par contre d'être du côté de l'homme. Chantraine s'en tient à une étymologie inconnue, refusant avec Benveniste la série de rapprochements proposée par Onians (Cambridge UP, 1951, p. 177 n. 2, p. 202 n. 5, p. 472-480), pour lier le « désir humide » (*pothos hugros* [πόθος ὑγρός]) et l'*erôs* avec *hersê* [ἕρση], « la rosée » (comme *houreô* [οὐρέω], « uriner », sur le nom sanscrit de la pluie, *varsa-*) ; et la rosée avec le mâle, *arsên* [ἄρσην], qu'on retrouverait dans la « sève » du « printemps » (dits tous deux en grec *ear* [ἔαρ]), ou dans le « printemps » comme dans l' « homme » latins (*ver* et *vir*).

Quelle que soit l'étymologie, Onians suggère en tout cas pour première signification d'*eraô* [ἐράω] : *I pour out* (*liquid*), « je répands (un liquide) » ; et au moyen : *I pour out myself*, « je me répands » ; ce que tentent d'éviter les dictionnaires, en distinguant deux *eraô*, l'un qui signifie « aimer », et l'autre, seulement en composition, qui signifie « verser » (pour *exeraô* [ἐξεράω], « répandre », « vomir », Chantraine propose une étymologie sur *era* [ἔρα], conservé dans *eraze* [ἔραζε], « à terre »), même s'ils ne parviennent pas à maintenir fermement la séparation (ainsi, *suneraô* [συνεράω] est selon le LSJ un verbe unique à deux sens, *pour together* et *love jointly*, et non deux verbes distincts comme dans le *Dictionnaire grec-français* de Bailly). Avec Onians, le sens de *eran* rejoint ainsi celui de *leibô* [λείϐω], « verser goutte à goutte » (au moyen : *leibesthai* [λείϐεσθαι], « se répandre, se liquéfier »), qu'il rapproche de *liptô* [λίπτω], *liptesthai* [λίπτεσθαι], « désirer » (avec sa famille « lipidique » de gras, de collant, de brillant), au point d'identifier *ho lips* [ὁ λίψ], « le vent pluvieux », *hê lips* [ἡ λίψ], « le courant, la goutte, larme ou libation », et *lips* [λίψ], « le désir ». Il propose alors une constellation vraiment remarquable, unissant le liquide versé (gr. *leibein*, lat. *libare*, faire une libation), le désir (lat. *lubet* ou *libet*, *libido*), l'amour (all. *lieben*, angl. *love*), la procréation et la liberté (*Liber*, dieu italique de la fertilité, *liberi*, les enfants, *libertas*, la liberté), qu'il retrouve à l'identique dans la constellation saxonne (*froda*, écume, *Freyr* et *Freyja*, dieux de l'amour et de la fertilité, *free, frei*, libre). Il y va sans doute d'un roman étymologique, censuré à chaque rapprochement par Chantraine ou Benveniste, qui distinguent par exemple *leibô* et *libare*, de *liptô* et *libet* / *lubet*, désirer ; mais la censure est, elle aussi, acrobatique, puisque, pour rendre compte de la « polysémie déroutante » du latin *libare*, Benveniste doit préférer retenir du sens ancien de « verser quelques gouttes » celui de « prélever une très petite partie » (Benveniste, *Vocabulaire*, II, p. 209).

Pour *philein*, c'est de l'adjectif *philos* [φίλος], qui entre dans la construction de plusieurs centaines de mots du lexique grec, qu'il faut partir ; et comme, écrit Benveniste (I, p. 353), puisqu'on n'a pas fini « d'en discuter l'origine », « il est plus important de commencer à voir ce qu'il signifie ». Benveniste repart de ce fait, « propre à une seule langue, le grec », que l'adjectif *philos*, qui a le sens d' « ami », a aussi, et même apparemment d'abord chez Homère, la valeur d'un possessif, « mien, tien, sien, etc. » (*philos huios* [φίλος υἱός] veut dire « son fils », *philon êtor* [φίλον ἦτορ], « mon cœur », *Iliade*, XVIII, 307; *phila heimata* [φίλα εἵματα], « tes vêtements », *Iliade*, II, 261). Pour autant, le possessif ne constitue pas la matrice du sens. Benveniste la trouve du côté du lien entre *philos* et *xenos* [ξένος], de la « relation d'hospitalité » par laquelle le membre d'une communauté fait de l'étranger son « hôte » : c'est une obligation réciproque (on est d'ailleurs l' « hôte » de son « hôte »), éventuellement matérialisée par le *sumbolon* [σύμϐολον] (signe de reconnaissance, par ex. un anneau rompu, dont les partenaires gardent les moitiés concordantes), qui conclut un pacte (*philotês*), lisible dans le « baiser » (*philêma* [φίλημα]). Pour traduire *philein*, Benveniste risque un néologisme : « hospiter » (p. 341 ; par ex. *Iliade*, VI, 15 : « c'était un homme riche, mais il était *philos* aux hommes ; car il hospitait [*phileesken* (φιλέεσκεν)] tout le monde, sa maison étant au bord de la route »). Ainsi enraciné dans les institutions les plus anciennes de la société, *philos* désigne tout un type de relations humaines : « Tous ceux qui sont unis entre eux par des devoirs réciproques d'*aidôs* [αἰδώς] (respect, voir VERGÜENZA) sont appelés *philoi* » (Benveniste, p. 341), depuis les combattants qui concluent un pacte, jusqu'aux parents, alliés, domestiques, amis, et singulièrement tous ceux qui vivent sous le même toit (*philoi*) — ainsi l'épouse, désignée comme *philê* au moment où on la fait entrer dans son propre foyer. Il acquiert par là même sa valeur affective.

beau en soi » (211c-d). Cette ascèse de l'*erôs* pédérastique à laquelle s'exerce Socrate (212b), bien que délivrée par une étrangère, une femme et une sophiste (il s'agit de beauté et de discours, et non du Bien), n'aura cessé de définir le platonisme, l'amour platonique et sa procédure de sublimation. D'autant que cette ascèse même est contagieuse, *de facto* enseignée, puisque à la fin, comme le remarque Alcibiade, si « platoniquement » aimé par Socrate qu'il finit par le poursuivre comme un amant, l' « éraste » n'est plus celui qu'on croit : l'ironie socratique consiste, comme dans ces dialogues où celui qui interroge se met à répondre (Platon joue souvent sur la proximité *eromai* [ἔρομαι], « j'interroge » / *erômai* [ἐρῶμαι], « j'aime »), à échanger les rôles et à rendre les autres amoureux de lui, « mordus par les discours philosophiques » (218a ; 222b). C'est ainsi que la dissymétrie érotique détermine la pratique de la philosophie.

2. « *Philein* » : *l'égalité des rôles, l'égalisation et la commensurabilité. Aristote ou une éthique et une politique de l'amitié*

Pour faire sentir la différence entre *eran* et *philein,* on peut repartir des composés *antiphilein, anteran* [ἀντερᾶν]. Rien de plus trompeur qu'un parallèle, car *anti-* indique tantôt la réciprocité : *antiphilein*, signifie « aimer en retour », « rendre *philia* pour *philia* », ce qui renvoie chez Aristote à la définition même du *philos* (« *philos* est celui qui aime [*ho philôn* (ὁ φιλῶν)] et qui est aimé en retour [*kai antiphiloumenos* (καὶ ἀντιφιλούμενος)] », *Rhétorique*, II, 4, 1381a 1 : les reprises aristotéliciennes ou cicéroniennes [*redamare*, *Laelius*, XIV, 49] fonctionnent ainsi comme des déplacements du *Lysis* et des retours à l'usage) ; et tantôt l'antagonisme : *anteran* signifie essentiellement « rivaliser en amour », jusque chez Platon lorsque la problématique érotique n'est pas délibérément infléchie en termes de *philia* (ainsi, *République,* VII, 521b : gouverner revient au philosophe qui ne désire pas le pouvoir, car « il ne faut pas que les amants du pouvoir [*erastas tou arkhein* (ἐραστὰς τοῦ ἄρχειν)] y accèdent, sinon les amants rivaux [*anterastai* (ἀντερασταί)] se battent » ; cf. C. Calame, 1996, p. 112 *sq.*), ou dans le dialogue apocryphe *Anterastai* [*Les Rivaux*], où la rivalité porte sur la dignité de l'objet d'amour, sagesse ou gymnastique.

Les livres VIII et IX de l'*Éthique à Nicomaque* (cf. *Éthique à Eudème* VII, et *Rhétorique* II, 4) témoignent de l'amplitude de la notion de *philia* : elle dit tous les liens positifs réciproques entre soi et un autre, dans la maison comme dans la société, civile et politique, sur fonds du lien entre soi et soi. « Amitié » est la traduction en usage, mais elle est évidemment intenable (cf. par ex. trad. fr. J. Tricot, n. 1, p. 381), faute de pouvoir recouvrir cet ensemble qui comprend notamment l'amour pour ceux de son espèce (« philanthropie », 1155a 20 ; le maître a même de la *philia* pour un esclave, en tant qu'il est homme, 1161b 6), le lien entre parents-enfants (« affection », « amour paternel, maternel / piété filiale »), mari et femme (« tendresse », « amour conjugal »), compagnons (« camaraderie » ou « amour », entre *hetairoi* [ἑταῖροι]), classes d'âge (« bienveillance » des vieillards, « respect » des jeunes), les relations d'entraide (« bienfaisance », « hospitalité »), d'échanges et d'affaires (« estime », « confiance », angl. *fairness*), les rapports proprement politiques, verticaux (« considération » des gouvernants, « dévouement » des gouvernés) et horizontaux (« sociabilité », « accord » ; ainsi l'*homonoia* [ὁμόνοια], « concorde », « consensus » des citoyens, est « amitié politique », 1167b 2), et jusqu'au rapport hommes-dieux (« piété », « complaisance »).

À l'inverse du platonisme, c'est donc, dans l'aristotélisme, la *philia* qui devient générique, et l'*erôs* en est simplement l'une des espèces, fondée sur la considération du « plaisir » (*di' hêdonên* [δι' ἡδονήν], 1156a 12) fréquente chez les jeunes, au même titre que les amitiés des plus âgés sont fondées sur « l'utile » (*to khrêsimon* [τὸ χρήσιμον], 1156a 10). Mais toutes deux ne sont que des « accidents » de la troisième et essentielle espèce de *philia*, l' « amitié » proprement dite, fondée sur l'excellence (*kat' aretên* [κατ' ἀρετήν], « selon la vertu », 1156b 7). Seule cette dernière exprime l'essence de l'amitié, parce qu'elle s'inscrit d'emblée dans un échange, une réciprocité stable et égale : « C'est une égalité et une ressemblance que la relation d'amitié [*hê d' isotês kai homoiotês philotês* (ἡ δ' ἰσότης καὶ ὁμοιότης φιλότης)], et plus que tout c'est la ressemblance de ceux qui sont semblables en vertu » (1159b 2-4). Notons au passage la singularité, consonante au *philein,* de l'anglais *to like,* dont l'étymologie inclut l'idée de « semblable à » (*like him*, « comme lui »), où s'accordent amour et ressemblance dans l'attraction du même par le même.

D'où le rapport manifeste entre *philia* et démocratie, « car il y a beaucoup de choses en commun quand on est égaux » (1161b 10). Mais quand l'inégalité est évidente, et que la supériorité d'une partie sur l'autre est constitutive de la relation (homme / femme, dominant / dominé, etc.), alors « c'est la proportionnalité qui égalise et qui sauve la *philia* [*to analogon isazei kai sôizei tên philian* (τὸ ἀνάλογον ἰσάζει καὶ σῴζει τὴν φιλίαν)] » (1163b 29 *sq.*) ; la *philia* de l'inférieur compense par son intensité, sa constance, le mérite du supérieur, rendant par exemple en honneur ce qu'il reçoit en argent : « Ainsi les inégaux peuvent être absolument amis : ils seront en effet égalisés [*isazointo gar an* (ἰσάζοιντο γὰρ ἄν)] », 1159b 2 ; cf. VII, 15 et 16). Ce trait de commensurabilité permet de comprendre pourquoi l'institution de la monnaie (*nomisma* [νόμισμα], 1164a 1) relève de la *philia*, et comment, plus généralement, le passage au symbolique permet de s'acquitter de l'inacquittable, à l'égard des parents comme à l'égard des dieux (par ex. 1163b 15-18).

Devant l'hétérogénéité des paradigmes de l'*erôs* et de la *philia*, on mesure l'étendue des problèmes et des transformations que suppose leur traduction par un vocable unique.

Clara AUVRAY-ASSAYAS,
Charles BALADIER,
Philippe BÜTTGEN, Barbara CASSIN

BIBLIOGRAPHIE

ARISTOTE, *Éthique à Nicomaque*, trad. fr. J. Tricot, Vrin, 1967, chap. VIII et IX.

CALAME Claude, *L'Éros dans la Grèce antique*, Belin, 1996.

DAUMAS Maurice, *La Tendresse amoureuse XVIe-XVIIIe siècles*, Librairie académique Perrin, 1996.

DIOGÈNE LAËRCE [abrév. D.L.], *Vitae philosophorum*, éd. H.S. Long, 2 vol., Oxford, 1964 ; *Vies et Doctrines des philosophes illustres*, trad. fr. M.-O. Goulet-Cazé (dir.), Librairie générale française, Le Livre de Poche, 1999.

FEBVRE Lucien, *Amour sacré, Amour profane. Autour de l'Heptaméron*, Gallimard, 1944.

KANT Emmanuel, *Critique de la raison pratique*, trad. fr. L. Ferry et H. Wismann, F. Alquié (dir.), Gallimard, « Folio »,1989.

LE BRUN Jacques, *Le Pur Amour. De Platon à Lacan*, Seuil, 2002.

MOMMAERS Paul, *Hadewijch d'Anvers*, trad. fr. C . Jordens, Cerf, 1994.

NYGREN Anders, *Erôs et agapé. La notion chrétienne de l'amour et ses transformations* [*Den Kristna kärlekstanken genom tiderna. Eros och Agape*, Stockholm, Svenska kyrkans diakonistyrelses, 1930 et 1936], trad. fr. P. Jundt, Aubier-Montaigne, 3 vol., 1944 et 1952 ; nouv éd., Cerf, 2010, 3 vol.

PÉTRÉ Hélène, *Caritas. Étude sur le vocabulaire latin de la charité chrétienne*, Louvain, Université catholique, 1948.

PLATON, *Lysis, Le Banquet, Phèdre*.

RICŒUR Paul, *Liebe und Gerechtigkeit* [*Amour et justice*], Tübingen, J.C.B. Mohr, 1990.

ROBIN Léon, *La Théorie platonicienne de l'amour*, PUF, 1964.

ROUGEMONT Denis de, *L'Amour et l'Occident*, Plon, éd. définitive, 1972.

ROUSSELOT Pierre, *Pour l'histoire du problème de l'amour au Moyen Âge*, Vrin, 1933.

OUTILS

BENVENISTE Émile, *Le Vocabulaire des institutions indo-européennes*, 2 vol., Minuit, 1969, t. 1, ch. 4, art. « *philos* », p. 335-353.

DK : DIELS Hermann et KRANZ Walther, *Die Fragmente der Vorsokratiker*, 3 vol., Berlin, Weidmann, 5e éd. 1934-1937.

KITTEL Gerhard, puis FRIEDRICH Gerhard (éd.), *Theologisches Wörterbuch zum Neuen Testament*, 9 vol., Stuttgart, Kohlhammer, 1933-1973.

LSJ : LIDDELL Henry G., SCOTT Robert et JONES Henry S., *A Greek-English Lexicon*, 9e éd., Oxford, Clarendon Press, 1925-1940 ; *A Supplement*, éd. E.A. Berber, 1968.

ONIANS Richard Broxton, *The Origins of European Thought about the Body, the Mind, the Soul, the World, Time and Fate*, Cambridge UP, 1951 ; *Les Origines de la pensée européenne*, trad. fr. B. Cassin, A. Debru et M. Narcy, Seuil, 1999.

AIÔN [αἰών], KHRONOS [χρόνος] GREC – fr. *fluide vital, durée de vie, vie, âge, durée, génération, éternité / temps*

lat.	*aevum, aeternitas, perpetuitas, aeviternitas, sempiternitas / tempus*
all.	*Ewigkeit/Zeit*

► *ÉTERNITÉ*, *TEMPS*, et BOGOČELOVEČESTVO, DASEIN, DIEU, ERLEBEN, EVIGHED, HISTOIRE, HISTOIRE UNIVERSELLE, LEIB, MOMENT, *MONDE*, PRÉSENT

Si khronos [χρόνος], *symbolisé par* Kronos [Κρόνος], *le dieu qui dévore ses enfants, présente tous les caractères du « temps »,* aiôn [αἰών] *en revanche est un terme sans équivalent moderne. Il désigne en effet dans les poèmes homériques le fluide vital, donc la durée de vie et le destin d'un homme, l'intensité d'une part de temps. Mais quand, dans le* Timée, *Platon rapporte l'aiôn à la vie divine et non plus à la part humaine, alors intervient le sens d'« éternité », qu'Aristote retient aussi pour son premier moteur immobile, et dont Plotin fait la manière d'exister de l'Être.* Khronos *devient l'« image mobile » de l'aiôn et, dans les lectures néoplatoniciennes, son « fils ».*

L'opposition grecque aîon / khronos *ne recouvre donc d'abord aucune de celles qui nous sont familières, ni celle entre durée subjective et temps objectif, ni celle entre éternité et temps. Elle renvoie plutôt à deux modèles de temps : celui du* kosmos [κόσμος] *physique et mathématisable, dont relève* khronos, *le temps cosmique, lié au mouvement cyclique des astres et à la sphère des fixes, qu'Aristote définira comme succession d'instants (« maintenant »,* nun [νῦν]*) et nombre du mouvement ; et celui de la vie et de la durée, linéaire, avec un début et une fin.*

Aiôn, *translittéré en* aevum, *est adopté et adapté par la théologie chrétienne. Pour Thomas, par exemple, « en toute rigueur,* aevum *et* aeternitas *ne diffèrent pas plus qu'*anthrôpos *et* homo *». Mais dans le courant du XIIIe siècle,* aevum *se détache d'*aeternitas *pour désigner un intermédiaire entre temps et éternité, garant de « l'ordre et [de] la connexion des choses », propre à caractériser les réalités « éviternelles », comme les anges, qui ont un commencement mais non une fin* (aeternitas ex parte post).

Aiôn *pour le lexique philosophique grec,* aevum *pour la terminologie scolastique sont parmi les termes les plus caractéristiques de la subtilité du vocabulaire de la temporalité, dans la pluralité, pour nous aujourd'hui difficile à entendre, de ses registres.*

I. « AIÔN » : DU FLUIDE VITAL À LA VIE ÉTERNELLE

A. « Stuff of life » et durée d'une existence

L'*aiôn* [αἰών] chez Homère, c'est d'abord un fluide vital, « le doux *aiôn* qui s'écoule » (*Iliade*, XXII, 58 ; *Odyssée*, V, 160 *sq.*) : larmes, sueur et, plus tard, liquide cérébro-spinal, sperme, tout ce qui fait la vie et la force, qui fond quand on pleure et disparaît avec le souffle de l'âme quand on meurt (« *psukhê te kai aiôn* [ψυχή τε καὶ αἰών] », *Iliade*, XVI, 453) — *stuff of life*, la « matière de la vie », dit Onians. La signification temporelle de l'*aiôn*, « durée de vie », « existence », s'affirme chez Pindare (*Pythiques*, VIII, 97) et les tragiques avec, en particulier, l'alliance *moira* [μοῖρα]-*aiôn* indiquant la « part de vie » assignée à chacun, « la durée de vie impartie par le destin » (Euripide, *Iphigénie à Aulis*, v. 1507-1508 ; voir KÊR). Tel est sans doute le sens avec lequel joue Héraclite quand il définit l'*aiôn* comme « un enfant qui enfante, qui joue ses pions » (B 52 DK : *aiôn pais esti paizôn, pesseuôn* [αἰὼν παῖς ἐστι παίζων, πεσσεύων]) : Bollack et Wismann (*Héraclite ou la séparation*, p. 182-185) proposent d'entendre avec l'itération du substantif *pais* [παῖς] (l'enfant) et du verbe *paizô* [παίζω] (dont le sens courant est « jouer comme un enfant ») le temps d'une « génération », celui qu'il faut pour qu'un enfant devienne père et joue sa propre partie. En ce sens, l'*aiôn* est une limitation ou une délimitation de *khronos* [χρόνος], le « temps » en général : c'est « le *khronos* d'une vie particulière » (A.-J. Festugière, « Le sens philosophique du mot *AIÔN* », p. 271) ; *aiôn* est ainsi, selon l'expression d'Euripide, « fils de *khronos* » (« *Aiôn te Khronou pais* [Αἰών τε Χρόνου παῖς] », *Les Héraclides*, v. 900).

B. L'« aiôn » divin : dans le temps ou hors du temps ?

1. Le temps (« khronos »), image mobile de l'éternité (« aiôn ») ?

Quand la durée de vie que désigne l'*aiôn* n'est plus celle d'un mortel mais celle d'un dieu, les limites reculent : c'est ainsi, selon Festugière, qu'on passerait au sens d'« éternité ». Cela vaut pour les dieux d'Homère, « toujours vivants » (c'est ainsi que Mazon traduit l'expression « *theoi aien eontes* [θεοὶ αἰὲν ἐόντες] », *Iliade*, I, 290), comme pour le *Sphairos* [Σφαῖρος] d'Empédocle, dont la « vie indicible » (« *aspetos aiôn* [ἄσπετος αἰών] », B 16 DK = 118 Bollack) s'étend dans le passé et le futur (« elle fut et elle était déjà, elle sera »).

Mais avec le *Timée* de Platon se creuse un nouvel écart conceptuel entre ce type de durée illimitée, qui s'étend tout au long du temps, et une « éternité » hors du temps, voire génératrice du temps. « Éternité » est en effet la traduction reçue pour l'*aiôn* du modèle divin dont s'inspire le démiurge pour créer le monde. Le dieu est un « vivant éternel » (« *zôion aidion on* [ζῷον ἀίδιον ὄν] », 37d 2) dont on doit dire seulement, exactement comme de l'Être selon Parménide (VIII, 5), qu'il « est », mais non pas qu'il « était » ou qu'il « sera » (*Timée*, 37e 6-8). Le temps, *khronos*, est le nom d'une invention supplémentaire du démiurge pour rendre le monde qu'il vient de créer encore plus semblable au dieu éternel : c'est, selon l'expression célèbre, « une image mobile de l'éternité » (« *eikô* [...] *kinêton tina aiônos* [εἰκὼ (...) κινητόν τινα αἰῶνος] », 37d 5-6 ; mais voir R. Brague [« Pour en finir avec "le temps, image mobile de l'éternité" », p. 11-71] pour qui le « ciel » et non le temps est cette image mobile). Au lieu de rester dans l'unité comme le dieu, le temps progresse en cercle suivant le nombre (« *kat' arithmon kukloumenou* [κατ' ἀριθμὸν κυκλουμένου] », 38a 7-8) et comprend des divisions ou des parties en devenir (jours, nuits, mois, saisons) auxquelles s'appliquent le « était » et le « sera ».

Avec Platon se maintient donc, d'une part, le lien entre vie et *aîon* : *aiônios* [αἰώνιος], adjectif probablement forgé par Platon à côté du traditionnel *aidios* [ἀΐδιος], s'applique aussi bien au Vivant qu'est le dieu-modèle (« *aiônios* », 37d 4; cf. « *diaiônias* [διαιωνίας] », 38b 8), qu'au temps-image (« *aiônion* », 37d 8) lié à ces vivants que sont le monde et le ciel — mais on comprend qu'il ne soit pas si simple de le traduire tout uniment par « éternel » et qu'appliqué au temps il signifie très littéralement « qui présente tous les caractères de l'*aiôn* ». D'autre part, et simultanément, on passe d'un *aiôn* fils de *khronos*, durée de vie incluse dans le temps (limitée) ou coextensive au temps (illimitée), à un *aiôn* « éternité » proprement dite, hors du temps dont elle constitue le modèle — Proclus dira même qu'*aiôn* est le « père de *khronos* » (cf. *In Platonis Rem Publicam commentarii*, éd. Kroll, II, p. 17, 10 ; *Éléments de théologie*, pr. 52).

On observera que, dans un geste rigoureusement antiplatonicien, Marc Aurèle renversera terme à terme le rapport entre *aiôn* et *khronos*. Le temps infini à ses deux extrémités, abstrait et illimité, qui correspond au vide dans son incorporalité toute proche du non-être, prend le nom d'*aiôn* (« *apeiron aiônos* [ἄπειρον αἰῶνος] », IV, 3, 7), tandis que le temps limité du présent, toujours déterminé par l'acte qui en fixe l'étendue (*diastêma* [διάστημα]) relève d'une approche « matérialiste » de *khronos* — et ce, aussi bien au niveau du temps vécu qu'en ce qui concerne la période cosmique ainsi arrachée à l'irréalité de l'*aiôn* (cf. Arius Didyme, *Epitome*, 26 ; SVF, II, 509 ; avec le commentaire de V. Goldschmidt, *Le Système stoïcien et l'Idée de temps*, p. 39-41 ; voir aussi G. Deleuze, *Logiques du sens*, en part. 10e et 23e séries, p. 78 et 190-194 ; et encadré 1, « L'incorporel stoïcien », dans SIGNIFIANT).

2. Le temps (« khronos »), nombre du mouvement selon l'antérieur et le postérieur ?

Aristote confirme par l'étymologie l'extension du sens d'*aiôn*, comme durée de vie, des mortels au dieu (*De caelo*, I, 9, 279a 22-28) : « Oui, ce mot d'*aiôn*, les anciens ont été divinement inspirés quand ils l'ont prononcé. » De fait, c'est le mot lui-même qui incite à passer de la durée de la vie de chacun à la durée de vie du ciel entier — plus précisément : de « la limite qui embrasse le temps de chaque vie » à « la limite qui embrasse tout le temps et l'infinité (*to ton panta khronon kai tên apeirian periekhon telos* [τὸ τὸν πάντα χρόνον καὶ τὴν ἀπειρίαν περιέχον τέλος] ; sur *to telos* [τὸ τέλος], « la fin », « la limite », voir PRINCIPE, I, A) ». La vie du ciel est bien nommée *aiôn* « parce qu'elle tire son nom du fait qu'elle est *aiei*, toujours (*apo tou aei einai tên epônumian eilêphôs* [ἀπὸ τοῦ ἀεὶ εἶναι τὴν ἐπωνυμίαν εἰληφώς]), étant immortelle et divine (*athanatos kai theios* [ἀθάνατος καὶ θεῖος]) ». Cela vaut aussi, dans la *Métaphysique*, du dieu lui-même, premier moteur immobile : puisque l'acte ou la mise en acte de l'intelligence (*hê nou energeia* [ἡ νοῦ ἐνέργεια]) est vie, et qu'il est cette mise en acte, « nous disons que le dieu est le vivant éternel le meilleur, en sorte qu'une vie et une durée continues et éternelles (*zôê kai aiôn sunekhês kai aidios* [ζωὴ καὶ αἰὼν συνεχὴς καὶ ἀΐδιος]) appartiennent au dieu, de fait c'est là le dieu » (*Métaphysique*, XII, 7, 1072b 28-30).

Aristote confirme aussi la coupure entre *aiôn* et *khronos*, *aiôn* pour le monde de là-haut, *khronos* pour la pluralité en mouvement du monde sublunaire : « Les étants qui sont toujours (*ta aei onta* [τὰ ἀεὶ ὄντα]), en tant qu'ils sont toujours, ne sont pas dans le temps (*ouk estin en khronôi* [οὐκ ἔστιν ἐν χρόνῳ]) » (*Physique*, V, 12, 221b 4-5). En effet, le temps-*khronos* relève du pâtir et non de l'acte : il fait vieillir, il consume, il fait oublier ; bien que lié indissolublement à la génération et au devenir, « il est plutôt en soi cause de destruction, car il est nombre du mouvement, et le mouvement met hors de soi ce qui se trouve là (*arithmos gar kinêseôs, hê de kinêsis existêsi to huparkhon* [ἀριθμὸς γὰρ κινήσεως, ἡ δὲ κίνησις ἐξίστησι τὸ ὑπάρχον]) » (221b 1-3). Cette phrase, à la fois arithmétique et existentielle, mérite un temps d'arrêt. Elle renvoie d'une part à la définition mathématique du temps : le temps est, avec la *Physique* d'Aristote, définitivement mathématisable en tant que décidément spatialisé, lié au mouvement lui-même lié au lieu — c'est « le nombre du mouvement selon l'antérieur et le postérieur » (219b 1-2). Elle renvoie d'autre part à l'existence (*existêsi* [ἐξίστησι], sur *ex-istêmi* [ἐξίστημι], « déplacer, mettre hors de soi », voir DASEIN et ESSENCE) du sujet (*to huparkon* [τὸ ὑπάρχον], sur *hup-arkein* [ὑπ-άρχειν], « régir par-dessous, commencer, se présenter, être à disposition, être », voir SUJET), à la manière dont le temps agit sur les êtres qui sont dans le temps et, en particulier, sur nous, les hommes, qui savons nombrer (« s'il n'y avait pas d'âme, y aurait-il ou non le temps ? », 223a 21-22).

Aiôn et *khronos* ne sont plus dès lors justiciables du même traitement.

C. Du néoplatonisme à l'appropriation chrétienne : « aidiotês » et la polysémie perdurante d'« aiôn »

L'interprétation plotinienne du « toujours (*aei* [ἀεί]) » comme rigoureusement non temporel (« *ou khronikon* [οὐ χρονικόν] » : cf. *Ennéades*, I, 5, 7 ; III, 7, 2), s'autorisant à bon droit de Platon, donne le départ d'une tradition qui tente de tenir la distinction des adjectifs *aiônios* et *aidios* pour marquer la différence entre « éternel » et « perpétuel » (*Ennéades*, III, 7, 3). La tradition néoplatonicienne introduit ainsi du côté du temps-*khronos* et à l'écart de l'éternité-*aiôn*, bien que dérivant de cette dernière, une perpétuité en devenir à laquelle n'est que tardivement réservé le terme d'*aidiotês* [ἀϊδιότης]. Ainsi Damascius, pour sa part, donne le nom de « temps intégral (*ho sumpas khronos* [ὁ σύμπας χρόνος]) » au « temps qui coule toujours » ; c'est que, remarque Simplicius, « comme cet intermédiaire tient à la fois du temps et de l'éternité, certains philosophes l'ont nommé *khronos* et d'autres *aiôn* » (Simplicius, *Corollarium de tempore*, éd. Diels, p. 776, 10-12, et 779). Et Proclus distingue encore entre un sens éternel et un sens temporel d'*aidiotês* (*Elementatio theologica*, prop. 55), calqués sur la double interprétation d'*aei* : *to khronikon* [τὸ χρονικόν] et *to aiônion* [τὸ αἰώνιον] (*In Timaeum*, I, p. 239, 2-3, et III, p. 3, 9).

Comprenant la « vie de l'éternité » en tant que « vie infinie » sans passé ni futur, vie de l'être présente tout entière à la fois, unissant dans la vie atemporelle (*akhronos* [ἄχρονος]) du *nous* [νοῦς] les caractères du Vivant parfait du *Timée* à ceux de l'être total du *Sophiste* (« *pantelôs on* [παντελῶς ὄν] », 248e 8), Plotin établit dans l'âme le temps comme « image mobile de l'éternité » (*Ennéades*, III, 7, 11). Une image sans ressemblance eu égard à une présence divine qui illumine de sa vie immanente le rapport réciproque de l'« être » et du « toujours » (sur l'identité de *to on* [τὸ ὄν] et *to aei on* [τὸ ἀεί ὄν], cf. *ibid.*, III, 7, 6), de l'*aiôn* et de l'Intelligible, qui pose l'Intellect comme un dieu (*ibid.*, V, 8, 3) dont la béatitude est éternelle parce qu'elle est la nature même de l'éternité (« *ho ontôs aiôn* [ὁ ὄντως αἰών] », *ibid.*, V, 1, 4). C'est pourquoi il est fondé d'appeler l'éternité « dieu qui se manifeste et qui fait apparaître soi-même dans sa nature » (*ibid.*, III, 7, 5), selon un écho de l'appellation « chaldaïque » du dieu *Aiôn* comme *autophanês* [αὐτοφανής] qui perd ici toute signification cosmologique.

Or, « c'est bien cette notion intemporelle, "verticale", rapportée aux notions de vie, de présence et de divinité, qui sera ensuite adoptée » — et adaptée — « par la théologie chrétienne à travers Augustin, Boèce, Bonaventure... » (E. Leibovich, « L'*AIÔN* et le temps dans le fragment B 52 d'Héraclite », *Alter*, 2, 1994, p. 99).

Mais, d'un point de vue lexicographique, la polysémie du terme *aiôn* reste présente dans toute la patristique grecque par la version des Septante (« génération » : Sagesse 14, 6 ; « longue période » : Psaume 143 [142], 3 ; « éternité » : Ecclésiaste 12, 5...) et le Nouveau Testament (« époque » en général : Éphésiens 2, 7 ; « époque présente », au sens de ce monde-ci : Matthieu 13, 39 — souvent avec une connotation fortement péjorative : 1 Timothée 6, 17 ; « l'éternité », au sens surtout extensif de « pour toujours », « pour les siècles des siècles » : Jean 12, 34 et Galates 1, 5). Après avoir rappelé cette polysémie, Jean Damascène n'énumère pas moins de six acceptions du mot *aiôn* : (1) la durée de vie de chaque individu ; (2) une période de mille ans ; (3) la durée totale du temps et du monde ; (4) la vie future après la résurrection ; (5) chacune des sept époques qui constituent l'histoire de ce monde, auxquelles il convient d'en ajouter une huitième, qui commencera après le Jugement dernier ; (6) enfin, selon une définition reprise de Grégoire de Nazianze (*Orationes*, 38, 8, *in* PG, t. 36, col. 320), l'*aiôn* n'est pas temps ni partie du temps, mais ce qui « s'étend » (*diastêma*) avec les réalités éternelles, représentant pour ces dernières ce qu'est le temps pour les réalités temporelles

(Jean Damascène, *Expositio fidei* [*De fide orthodoxa*], 15, [II, 1,] éd. Kotter, p. 43-44 ; la traduction latine ne rend pas *aiôn* par *aevum*, mais par *saeculum* [*translatio Burgundii*, c. 15, éd. Buytaert, p. 66-68]). Dans le dixième chapitre des *Noms divins*, le pseudo-Denys constatera avec regret que l'Écriture « ne réserve pas toujours l'épithète d'*aiônios* à ce qui échappe à tout engendrement, à ce qui existe de façon vraiment éternelle, ni même aux êtres indestructibles, immortels, immuables et identiques ». Or, même « les êtres appelés éternels (*aiônia* [αἰώνια]) ne sont pas [...] coéternels (*sunaidia* [συναΐδια]) à Dieu, qui est avant toute éternité (*pro aiônôn* [πρὸ αἰώνων]) ; en suivant en toute rigueur les Saintes Écritures, il faut [...] considérer comme intermédiaire entre l'être et le devenir tout ce qui participe à la fois d'*aiôn* et de *khronos* » (pseudo-Denys l'Aréopagite, *De divinis nominibus*, X, 937C-940A). Sachant qu'*aiôn* sera traduit par *aevum* (*translatio Saraceni* ; *Dionysiaca*, I, p. 492-493) comme par *saeculum* (*translatio Grossateste* ; *ibid.*), on nous accordera que la clarification lexicale visée par le pseudo-Denys était encore loin d'être atteinte.

♦ Voir encadré 1.

II. UNE MULTIPLICITÉ D'ÉTERNITÉS : « AEVUM », « AETERNITAS », « SEMPITERNITAS », « PERPETUITAS »

À première vue, rien de plus simple que de rapporter, comme les médiévaux eux-mêmes, la forme latine *aevum* à la translittération du grec *aiôn*, et de différencier ainsi l'« éternité » du temps-mouvement (*khronos*). Selon Thomas d'Aquin, « en toute rigueur, *aevum* et *aeternitas* ne diffèrent pas plus qu'*anthrôpos* et *homo* » (*In De causis*, pr. 2, lect. 2).

Le problème de traduction surgit du fait que le lexique scolastique distingue rigoureusement — bien que tardivement — *aevum* et *aeternitas*. Dans le courant du XIIIe siècle, *aevum* se détache d'*aeternitas* pour désigner un intermédiaire entre temps et éternité, pour caractériser certaines réalités, dites « éviternelles », qui ont un commencement mais non une fin (*aeternitas ex parte post*).

Mais, en raison même du principe de correspondance entre les mesures de durée et l'essence des êtres, cette différenciation purement extensive est contestée. Car l'éternité n'est pas seulement de manière négative un temps sans limite (du point de vue de sa « continuité », *perpetuitas*), ou une éternité de durée (qui sera « tou-

1

« Khronos »/« aiôn »/« kairos » : du grec ancien au grec moderne

► JETZTZEIT, MOMENT

La fondation, par Aristote, d'une science physique, où s'instaure une théorie scientifique du temps (*khronos*), a fait oublier que, avant ou à côté de cette démarche, les Grecs avaient la perception d'un temps moins stable, exprimé en particulier par les termes *aiôn*, qui signifie à l'origine « temps de vie », bien avant de signifier « éternité », et *kairos* [καιρός], qui signifie « temps propice ». Cette richesse est occultée en grec moderne, au profit de la notion de *khronos*. Pour traduire *aiôn* dans le célèbre fragment 52 d'Héraclite (*aiôn pais esti paizôn, pesseuôn ; paidos hê basilêiê* [αἰὼν παῖς ἐστι παίζων, πεσσεύων · παιδὸς ἡ βασιληίη]), la plupart des traductions, y compris celle du *Dictionnaire de la philosophie présocratique* de l'Académie d'Athènes, optent pour « temps » au sens de *khronos*. La traduction alternative, qui tient compte d'un temps de vie, est elle-même réduite à l'idée de « durée d'une vie » (*duration of life*), qui oblitère le sens originaire. L'absorption du temps de vie dans l'idée d'un temps de vie qui dure toujours, c'est-à-dire l'éternité, expliquerait cette perte sémantique. Pourtant, le grec moderne conserve encore des traces du passé.

En effet, *aiônas* [αἰώνας] signifie aujourd'hui le « siècle », c'est-à-dire un temps de vie déterminé, bien qu'il puisse, dans certaines expressions, signifier encore « éternité » (par ex., « je t'attends depuis une éternité »). Ce sont des dérivés, tels *aiônios* [αἰώνιος], *aiôniotita* [αἰωνιότητα], qui rendent ce dernier sens. Mais rien ne subsiste plus du sens originaire, manifestement intraduisible sans une longue périphrase. Quant à *kairos*, s'il signifie principalement le temps atmosphérique et météorologique, il conserve encore le sens originaire dans certaines expressions, comme lorsqu'on dit : « le temps [ὁ καιρός] est venu de prendre de grandes décisions », ou encore : « chaque chose en son temps (*kathe pragma ston kairo tou* [κάθε πράγμα στόν καιρό του]) ». Le dérivé *eukairia* [εὐκαιρία] garde le sens d'occasion, de temps favorable. Bien plus, *kairos* prend parfois le sens de « laps de temps », et de « temps de vie », réservé jadis à *aiôn*. Ce glissement est intéressant, à un moment où, en Grèce même, E. Moutsopoulos inaugure une philosophie du temps propice (kairologie). Or, paradoxalement, alors que dans l'Antiquité le temps propice était surtout pensé relativement au singulier, au temps de l'Un, ce retour au passé s'accomplit dans un contexte ontologique, amorçant une nouvelle réappropriation, ou une nouvelle occultation.

Lambros COULOUBARITSIS

BIBLIOGRAPHIE

ARISTOTE, *Physique*, trad. fr. A. Stevens, Vrin, 1999.

COULOUBARITSIS Lambros, *La « Physique » d'Aristote*, Bruxelles, Ousia, 1980, 2e éd., 1997.

— « La notion d'"aiôn" chez Héraclite », *in* K. BOUDOURIS (éd.), *Ionian Philosophy*, Athènes, Société internationale de philosophie, 1989, p. 104-113.

COULOUBARITSIS Lambros et WUNENBURGER Jean-Jacques (éd.), *Figures du temps*, Strasbourg, Éd. de l'université de Strasbourg, 1997.

TRÉDÉ Monique, *Kairos, l'À-propos et l'Occasion. Le Mot et la Notion d'Homère à la fin du IVe siècle av. J.-C.*, Klincksieck, 1992.

jours », *sempiternitas*) : c'est d'abord, positivement, une permanence et une présence à soi atemporelle et intensive (*tota simul*), incommensurable comme Dieu lui-même. D'où l'instabilité essentielle de cette figure intermédiaire, qui doit intégrer un aspect temporel pour se distinguer de l'éternité atemporelle, sans cependant se confondre avec le temps.

A. « Aeternitas » / « aevum » : l'éternité de Dieu et celle des anges (Augustin)

L'*aevum* ne désigne pas en effet l'éternité éminemment simple qui ne se distingue pas de l'essence de Dieu, mais une éternité « qualifiée », « participée » (*aeternitas participata*), qui mesure la durée de ces étants dont l'être n'est pas variable et successif (tels les corps célestes et les substances séparées : anges ou âmes rationnelles) sans atteindre pourtant à l'*immutabilité* en un sens plein et absolu : soit qu'il réintroduise un certain type de variabilité au niveau des opérations dont il est le siège, soit qu'il se révèle potentiellement défectible. L'*aevum* signifie de ce fait une éternité « angélique » qui ne peut être dite telle qu'en tant qu'elle participe de l'éternité divine sans être coéternelle à Dieu.

Saint Augustin (354-430) distingue, dans le *De diversis quaestionibus* (qu. 72 : « De temporibus aeternis »), deux formes d'éternité : la première ne relève que de Dieu par son immutabilité absolue, la seconde coïncide avec la totalité des temps. C'est de ce dernier point de vue que les anges peuvent être dits « éternels », puisqu'ils ont existé de tout temps, sans pour autant être coéternels à Dieu parce que l'immutabilité qui est la sienne est au-delà de tout temps. Par rapport au temps créé, susceptible de changement (*tempus mutabile*), cette éternité dérivée qu'est l'*aevum* se présente donc comme une forme « stable » (*illud stabile*).

Dans le *De civitate Dei* (XII, 16), Augustin s'interroge sur la façon dont Dieu peut « précéder le temps » ou mieux « tous les temps » : « Ce n'est pas dans le temps que Dieu précède les temps ; comment dans ce cas aurait-il pu précéder tous les temps ? Il les précède de la hauteur de son éternité toujours présente. Il domine tous les temps à venir, parce qu'ils sont à venir et que, lorsqu'ils seront venus, ils seront passés. Nos années passent et se succèdent, et leur nombre sera accompli au moment même où elles cesseront d'être. Les années de Dieu sont comme un seul jour qui serait toujours présent. C'est l'éternité » (cf. *Œuvres de saint Augustin*, BA, t. X, Desclée de Brouwer, 1952, note complémentaire 87, p. 745).

L'*aevum* est donc une *aeternitas ex parte post*, *aeternitas creata* ou *aeternitas diminuta*, comme le rediront au XIIIe siècle Bonaventure ou Jacques de Viterbe.

B. « Aeternitas » / « sempiternitas » : l'éternité de Dieu et celle de l'univers (Boèce)

La seconde distinction cardinale, qui traverse tout le Moyen Âge latin, est celle qu'introduit Boèce (470-524) entre l'éternité proprement dite (*aeternitas*) et la sempiternité (*sempiternitas*) : l'éternité comme « possession tout entière à la fois et parfaite d'une vie sans limite » (*interminabilis vitae tota simul et perfecta possessio*, in *Consolatio philosophiae*, V, pr. 6, 4) s'oppose à la *sempiternitas*, éternité de l'univers, soumis au temps, même s'il ne connaît ni début ni fin.

♦ Voir encadré 2.

Les principales distinctions entre un « maintenant » temporel et un « maintenant » éternel, un « toujours » temporel (*sempiternitas*) et un « toujours » éternel (*aeternitas*) étaient déjà fixées dans le *De Trinitate*, là où Boèce s'interroge sur la *praedicatio in divinis*, sur la question de savoir quelle doit être la conversion qui affecte les catégories dans leur application à Dieu :

> Quant à ce que l'on dit de Dieu, qu'il « est toujours », cela n'a qu'une seule signification : qu'il a été pour ainsi dire dans tout le passé, qu'il est d'une certaine façon dans tout le présent, qu'il sera dans tout le futur. Ce que l'on peut dire du ciel et de tous les autres corps immortels selon les philosophes, mais non ainsi de Dieu. En effet, il est toujours (*semper*), puisque « toujours » est en lui au temps présent : le présent divin diffère du présent de nos réalités, qui est un « maintenant » (*nunc*), qui pour ainsi dire court, produit le temps et la sempiternité (*nostrum*

2

La définition de Boèce : « Qu'est-ce donc que l'éternité ? »

« L'éternité est l'entière et parfaite possession tout ensemble de la vie [*interminabilis vitae tota simul et perfecta posessio*], ce qui ressort plus clairement de la confrontation avec les réalités temporelles. En effet tout ce qui vit dans le temps progresse, à titre de réalité présente, depuis ce qui est passé vers ce qui est à venir [*id praesens a praeteritis in futura procedit*], et il n'est rien situé dans le temps qui puisse embrasser également toute l'étendue de sa vie [*totum vitae suae spatium pariter amplecti*]. Il n'appréhende pas encore demain et il a déjà perdu hier ; et même dans la vie d'aujourd'hui, nous ne vivons pas plus avant que dans ce moment-ci transitoire et mobile. Ce qui est ainsi assujetti à la condition du temps, quand bien même, comme le soutenait Aristote à propos du monde, il n'aurait jamais commencé ni cessé d'être, et que sa vie s'étende dans l'infinité du temps, n'est pas tel qu'on puisse à bon droit le qualifier d'éternel. En effet il ne comprend pas et n'embrasse pas tout ensemble toute l'étendue de sa vie [*non enim totum simul infinitae licet vitae spatium comprehendit atque complectitur*], et il ne possède pas encore ce qui est à venir et ne possède plus ce qui est passé. Ce qui comprend et possède tout ensemble également toute la plénitude d'une vie qui n'a pas de fin [*interminabilis vitae plenitudinem totam pariter comprehendit atque complectitur*], et à qui rien de ce qui est à venir ne fait défaut et rien de ce qui est passé n'a fui, voilà ce qui à bon droit peut être tenu pour éternel ; il doit être en possession de lui-même et toujours présent à soi, il doit garder présente l'infinité du temps mobile [*necesse est et sui compos praesens sibi semper adsistere et infinitatem mobilis temporis habere praesentem*]. »

De consolatione philosophiae, VI, éd. H.F. Stewart, E.K. Rand, S.J. Tester, Londres, Cambridge (Mass.), Harvard UP, 1973, p. 422.

« *nunc* » *quasi currens tempus facit et sempiternitatem*). Mais le « maintenant » divin, permanent, immobile et constant produit l'éternité (« *nunc* » *permanens neque movens sese atque consistens aeternitatem facit*). Si l'on ajoute l'adverbe « toujours » à ce « maintenant » on fera de ce maintenant une course continuelle et incessante et par cela perpétuelle, ce qu'est la sempiternité (*jugem indefessumque ac per hoc perpetuum cursum quod est sempiternitas*).

De Trinitate, IV, 28-32 ; trad. fr. A. Tisserand modifiée, Boèce, *Traités théologiques*, Flammarion, « GF », 2000.

Boèce fixe ainsi de façon pratiquement définitive la distinction entre une conception intensive de l'éternité saisie dans la plénitude de sa présence intemporelle (*plenitudinem totam pariter* [...] *totam pariter praesentiam*), dans la présence immuable d'un seul instant, et une conception extensive de la perpétuité renvoyant à l'infinité d'un temps/des temps « mondains », qui ne saurait en aucune façon être coéternelle à Dieu. Car le caractère interminable (*interminabilis*) de l'éternité, interprété étymologiquement par les médiévaux comme *extra terminos* ou *sine termino*, n'est que la forme négative (et encore mondaine) de la simplicité et de la perfection qui sont les conditions positives de son immobilité et de sa simultanéité (uni-totalité). Mais la définition citée de l'éternité dit encore davantage que son être atemporel ou intemporel : l'éternité de Dieu est une forme de vie, d'une vie de pensée, pensée qui embrasse instantanément tout ce qui peut être embrassé, par opposition au temps, condition de vie des esprits plus faibles, qui ne peuvent penser les choses que l'une après l'autre. Dieu vit ainsi en un éternel présent, qui est le modèle du présent ordinaire (cf. J. Marenbon, *Boethius*, p. 134-138).

C. La difficile place de l'« aevum » entre éternité et temps

Sous l'influence du néoplatonisme et notamment du *Liber de causis*, le terme d'*aevum* qui avait été jusqu'au XIIIe siècle couramment employé dans le sens d'*aeternitas* ou d'*aetas perpetua*, désigne cette durée intermédiaire entre le temps et l'éternité, *post aeternitatem et supra tempus*, selon la formule de Thomas d'Aquin dans son commentaire du *Liber de causis* :

Omne esse superius aut est superius aeternitate et ante ipsam, aut est cum aeternitate, aut est post aeternitatem et supra tempus.

[Tout être supérieur est ou bien au-dessus de l'éternité et avant elle, ou bien avec elle, ou bien après elle et au-dessus du temps.]

Liber de causis, 2.19.

Cette tripartition correspond respectivement à la Cause première, l'Intelligence et l'Âme ; elle est reprise avec des modifications par les médiévaux. Albert le Grand (1200-1280) commente de son côté la formule : *Deus est temporis et aevi causa* (« Dieu est la cause du temps et de l'*aevum* »), et l'explicite : « le temps est l'image de l'*aevum* et l'*aevum* est l'image de l'éternité (*tempus est imago aevi et aevum est imago aeternitatis*) ». La notion d'*aevum*, ainsi détachée de l'*aeternitas*, et recevant une signification autonome, intermédiaire entre le temps et l'éternité, se trouve parfaitement caractérisée par Nicolas de Strasbourg (v. 1320) : « *Medio modo se habentibus oportet dare mensuram mediam inter aeternitatem simplicem et tempus. Haec autem non potest esse alia quam aevum* [il importe de donner aux entités dont le statut est intermédiaire une mesure intermédiaire entre la simple éternité et le temps. Celle-ci ne peut être autre que l'*aevum*] », (*De tempore*, 215 va).

Pourtant cette tripartition ne parvient pas à s'imposer et achoppe sur plusieurs difficultés insurmontables. Dont celle-ci : le fait que les réalités mesurées par l'*aevum* soient hétérogènes entre elles (les anges, les âmes rationnelles, le ciel, et même parfois la matière première...) semble suggérer l'impossibilité d'une mesure unique. Or, l'unité étant marque de perfection, est-il concevable que le temps en soit pourvu alors que l'*aevum* serait en revanche multiple ? Suffit-il d'avancer que l'*aevum* doit être tenu pour unique en vertu de sa cause et de sa participation à l'éternité pour écarter toute dérive subjective vers un temps angélique bientôt menacé d'être considéré comme un « *quid ad placitum* » (cf. T. Suarez-Nani, *Tempo ed essere nell'autunno del medievo*, p. 33-35) ?

Avec la question de l'unicité de l'*aevum*, c'est le problème de sa simplicité et de son indivisibilité qui est le plus débattu dans la littérature scolastique au tournant du XIIIe et du XIVe siècle. On en comprend aisément la raison : si l'*aevum* était absolument simple et indivisible, sa nature ne se distinguerait plus de l'éternité ; si l'*aevum* était au contraire doté d'extension et composé de parties, il serait une quantité successive au même titre que le temps. Tout comme c'était le cas pour le problème de l'unicité, la nécessité de composer avec cette césure traverse les écoles franciscaine et dominicaine pour donner forme à la temporalité de l'être éviternel.

D. La rupture scotiste : extension de l'« aevum » à l'existence permanente

Dans l'école scotiste, la notion d'*aevum* connaît une transformation fondamentale, déterminée par les difficultés de l'analyse aristotélicienne du temps associé au mouvement (et au premier d'entre eux : le mouvement du ciel), pour rendre compte de l'*être* des substances. Si l'*aevum* est mesure de l'être permanent potentiellement corruptible, n'est-ce pas à lui qu'il revient de rendre compte de toutes les formes de permanence, substantielles aussi bien qu'accidentelles, pour autant que les unes et les autres dépendent d'une manière invariable et uniforme d'une cause unique — à savoir Dieu (Jean Duns Scot, *In II Sent.* [*Ordinatio*], dist. 2, p. 1, q. 4) ? Car c'est le mouvement qui est mesuré par le temps — et non ce qui lui préexiste et le reçoit. Fort de ce raisonnement, Duns Scot (1266-1308) investit l'*aevum* comme la mesure de l'existence permanente en tant que telle, sans plus reconnaître, de ce point de vue, aucune différence entre une pierre et un ange : « *dico quod exsistentia angeli mensuratur aevo ; et etiam exsistentia lapidis et omnis exsistentia quae uniformiter manet, dum manet, mensuratur aevo* » (*In*

II Sent. [*Lectura*], dist. 2, p. 1, q. 3). Ainsi délié de toute référence essentielle aux substances séparées et aux corps célestes, l'*aevum* se laisse définir de façon fonctionnelle comme la mesure de l'uniformité des choses permanentes en général dans leur dépendance vis-à-vis de la « cause première », seule susceptible de les conserver dans l'être (*In II Sent.* [*Ordinatio*], dist. 3, p. 1, q. 4). Ce nouveau modèle de l'*aevum*, qui coïncide avec l'affaiblissement du paradigme cosmologique aristotélicien jusqu'à faire droit à l'idée d'un temps potentiel dont le mouvement du ciel, par son uniformité reconnue, n'est que le représentant actuel, remet en cause le principe d'hétérogénéité ontologique et de hiérarchie entre les réalités célestes et le monde sublunaire. Il connaît une large diffusion hors de l'école scotiste.

E. Au fil du rasoir ockamien : « Aevum nihil est », l' « aevum » n'est rien

Au sein de la tradition nominaliste, Ockham (1285/1290-1347/1349) fait valoir de son côté l'impossibilité qu'il y a à concevoir la possibilité de l'annihilation d'un ange après sa création, ou le plus grand temps de vie d'un ange par rapport à un autre, sans référence à une succession « coexistante ». La durée angélique, comme n'importe quelle durée, relève de la seule mesure qui lui soit appropriée, à savoir le temps ordinaire de la succession : « le temps est la mesure de la durée des anges, comme il est la mesure du mouvement (*tempus est mensura durationis angelorum, sicut est mensura motus*) » (Guillaume d'Ockham, *In II Sent.* [*Reportatio*], q. 8 et q. 11 ; *Tractatus de successivis*, éd. Boehner, p. 96).

Ainsi, de sa position intermédiaire instable, l'*aevum* se trouve définitivement reconduit non pas à l'éternité (fût-ce comme éternité « seconde »), mais au temps commun homogène, étant posé que le « temps proprement dit (*tempus propriissime dictum*) », ou le « temps commun (*tempus commune*) », ne renvoie plus au mouvement du premier mobile comme à sa cause (*ratio causalitatis*) en tant que cause de tous les autres mouvements, mais en vertu de ce caractère d'uniformité qui lui appartient « accidentellement (*accidit*) » (Guillaume d'Ockham, *Questiones super librum physicorum*, q. XLV ; cf. P. Duhem, *Le Système du monde*, t. VII, p. 379-392). De sorte qu'il n'existe que deux types de mesure de la durée : le temps dont je forme le concept horloger pour les réalités créées, et l'éternité pour la seule essence divine — bien que la durée divine, en tant que durée infinie, ne puisse être « représentée » sans coexister à la durée que nous concevons...

Descartes seul saura tirer parti de ce dernier argument par le *motus cogitationis*, le mouvement de pensée, où se fixe la primauté de l'*ego* en sa persistance ; mais, plus largement, c'est toute la physique nouvelle qui investit une conception du temps mettant fin à la nécessité de l'*aevum* en son principe de convertibilité entre (différence d') être et (différence de) durée, après en avoir investi et élargi toutes les virtualités anti-aristotéliciennes.

III. LES PARADOXES DU TEMPS ET DE L'ÉTERNITÉ

A. « Temps », « durée », « éternité » à l'Âge classique

Délivré du paradigme cosmologique aristotélicien comme de l'idée d'une pluralité arbitraire de temps purement « subjectifs » (*ad placitum...*), le temps est ainsi défini à l'Âge classique à partir d'une représentation fonctionnelle objective et d'une forme universelle. La critique cartésienne de « l'opinion de l'École » s'inscrit dans ce mouvement d'unification conceptuelle ; si la durée n'est jamais que « la façon dont nous *concevons* une chose en tant qu'elle persévère dans l'être » (*Principes*, I, 55 [AT, VIII-1, 26, 12-15] : « *putemus durationem rei cujusque esse tantum modum, sub quo concepimus rem istam, quatenus esse perseverat* ») et si le temps n'est jamais que le « mode de penser (*modus cogitandi*) » de la durée lorsque nous voulons la mesurer (*Principes*, I, 57), on est conduit à attribuer la même durée aux choses mûes et aux choses non mûes car « le devant et l'après de toutes les durées, quelles qu'elles soient, me paraît par le devant et par l'après de la durée successive que je découvre en ma pensée, avec laquelle les autres choses sont coexistantes » (Lettre à Arnaud du 29 juillet 1648 [AT, V, 223, 17-19] : « *prius enim et posterius durationis cuiscunque mihi innotescit per prius et posterius durationis successivae, quam in cogitatione mea, cui res aliae coexistunt, deprehendo* »). Quant à l'éternité elle-même, elle sera *tota simul* « en tant que rien ne saurait jamais être ajouté à la nature de Dieu ou en être diminué », mais « elle n'est pas tout à la fois et une fois pour toutes en tant qu'elle coexiste car, puisque nous pouvons distinguer en elle des parties depuis la création du monde, pourquoi ne pourrions-nous pas en distinguer aussi avant, puisqu'il s'agit de la même durée? » (*Entretien avec Burman* [AT, V, 149] : « *Sed non est simul et semel, quatenus simul existit, nam cum possimus in ea distinguere partes jam post mundi creationem, quidni illud etiam possemus facere ante eam, cum eadem duratio sit* »).

La critique cartésienne permet de comprendre pourquoi le concept d'*aevum* disparaît des spéculations philosophiques de l'Âge classique et ne figure pas, en dépit des efforts des commentateurs pour l'y implanter, là où l'on a cru le voir ressurgir pour cause de « temporalisation de l'éternité » : chez Spinoza. L'*Éthique* présente en effet le refus le plus net d'expliquer l'éternité « par la durée ou le temps, quand même on concevrait la durée sans commencement ni fin » (*Éthique*, I, explication de la déf. 8 : « *per durationem, aut tempus explicari non potest, tametsi duratio principio, et fine carere concipiatur* »). L'éternité, par laquelle il faut entendre « l'existence même en tant qu'on la conçoit suivre nécessairement de la seule définition d'une chose éternelle » (*Éthique*, I, déf. 8 : « *Per aeternitatem intelligo ipsam existentiam quatenus ex sola rei aeternae definitione necessario sequi concipitur* »), y est pensée sur le modèle des vérités éternelles dont la forme exemplaire est donnée par les vérités mathématiques (telles qu'elles valent *ab aeterno et in aeterno*), tandis que la durée est identifiée à « la continuation indéfinie du fait d'exister » (*Éthique*, II, déf. 5 : « *Duratio est indefinita existendi continuatio* »), « parce qu'elle ne peut jamais être déterminée à partir de la nature même de la chose existante » (selon l'explication de la déf. 5). Mais que la durée puisse être divisée en parties quand elle est mesurée par ce « mode de penser » qu'est le temps, selon un mouvement d'abstraction fixant « à volonté » (*ad libitum*) la référence universelle de toutes les durées (Lettre XII, G. IV, 61 et 55) et permettant en retour de les insérer dans le système des lois de la nature, n'implique en aucune façon que l'une, « affection » des choses (= *duratio*), puisse être réduite à l'autre, être d'imagination (= *tempus*). Car si la force par laquelle une chose persévère dans l'existence (*conatus*) n'est rien d'autre que la puissance de Dieu qui s'exprime sous une forme finie et déterminée, on pourra saisir la durée d'une chose *sub specie aeternitatis* en concevant cette chose en tant qu'elle dure « par l'essence de Dieu » (*Éthique*, V, prop. 30, dém.). C'est en vertu de cette immanence de la puissance divine que la durée sera dite « découler (*fluit*) des choses éternelles », selon l'expression de la Lettre XII (G. IV, 56).

♦ Voir encadré 3.

B. « Ewigkeit » et extase du temps : Schelling

Il faut sans doute attendre, dans l'après-Kant, le développement des philosophies spéculatives de l'histoire et, au premier chef, l'entreprise schellingienne d'une « généalogie du temps » pour que se re-représentent, dans un tout autre champ doctrinal, les notions d'*aiôn* et d'*aevum* : « éternité » (*Ewigkeit*), « de toute éternité » (*von Ewigkeit*), elles-mêmes réarticulées aux différentes figures du temps : le « maintenant », mais aussi l'instant ou l'éclair de la décision (*Jetzt, Augenblick, Blitz*), le « temps-de-la-vie » (*Lebenszeit*), le temps ou l'âge-du-monde (*Weltalter*). C'est Schelling qui a poussé le plus loin le projet d'accéder à une « histoire supérieure » en laquelle un Dieu proprement « historique » et « vivant » se temporalise selon un temps « interne » (*innere Zeit*) et « organique » (*l'organisme des temps*), en dissociant en lui les « temps » ou les « âges ». La reprise à nouveaux frais de la question augustinienne du « commencement » (« Qu'est-ce que commencer ? Comment faire un commencement ? ») conduit Schelling à inscrire en Dieu même (« Dieu en devenir et Dieu à venir ») le principe de la temporalisation, à savoir la « séparation décisoire » (*Scheidung*) en laquelle s'engendre le présent qui se scinde et se délivre du passé en ouvrant un avenir : « Ce qui dans le temps est proprement temporel est l'avenir » (*Aphorismes sur la philosophie de la nature*, § CCXIV ; *Œuvres métaphysiques*, trad. fr. J.-F. Courtine et E. Martineau, Gallimard, 1980, p. 109). Ainsi l'éternité peut-elle être à nouveau envisagée comme « fille du temps » : « l'éternité n'est pas par elle-même, elle n'est que par le temps ; le temps précède donc l'éternité selon l'effectivité » (*Urfassungen*, éd. Schröder, p. 73 ; *Les Âges du monde*, trad. fr. P. David, PUF, 1992, p. 92).

Quel que soit le considérable écart de conceptualisation, on peut entendre encore sous *Ewigkeit*, que l'étymologie fait dériver très directement d'*aiôn* et d'*aevum* (le Kluge explicite en *Lebenszeit*), la prégnance du sens homérique d'*aiôn* comme « vie », force et durée de vie.

Éric ALLIEZ

BIBLIOGRAPHIE

ALLIEZ Éric, *Les Temps capitaux*, Cerf, t. 1, 1991, t. 2.1, 1999.

ANCONA COSTA Cristina d', « *"Esse quod est supra eternitatem"*. La cause première, l'être et l'éternité dans le *Liber de causis* et dans ses sources », *Revue des sciences philosophiques et théologiques*, n° 76, 1992, p. 41-62.

ARISTOTE, *Physique*, trad. fr. et prés. P. Pellegrin, GF Flammarion, 2000.

AUGUSTIN (D'HIPPONE), *La Cité de Dieu*, Livres XI-XIV, in *Œuvres de saint Augustin*, introduction générale et notes G. Bardy, trad. fr. G. Combès, BA, t. 35, Desclée de Brouwer, 1959.

— *De diversis quaestionibus* (qu. 72 : « De temporibus aeternis »), in *Œuvres de saint Augustin*, trad. fr. G. Bardy, J.-A. Peckaert, J. Bouted, BA, t. 10, Desclée de Brouwer, 1952.

BENVENISTE Émile, « Expression indo-européenne de l'éternité », *Bulletin de la Société de linguistique française*, n° 38, 1937, p. 103-112.

— « Latin tempus », *Mélanges de philologie, de littérature et*

3

« Éternité de mort » versus « éternité vivante » : l'expérience bergsonienne de la durée

C'est à partir de Spinoza, à savoir de l'irréductibilité de la durée au temps-mesure, et d'une certaine « éternisation » immanente de cette durée, que se pense le mieux la durée chez Bergson. Par-delà les partitions ontologiques de l'*aevum*, l'expérience bergsonienne de la durée retrouve le vitalisme de l'*aiôn*.

Bergson oppose « l'éternité conceptuelle, qui est une éternité de mort » (l'éternité immuable, immobile), à une « éternité de vie », « éternité vivante et par conséquent, mouvante encore, où notre durée à nous se retrouverait comme les vibrations dans la lumière, et qui serait la concrétion de toute durée » (H. Bergson, « Introduction à la métaphysique » [1903], repris dans *La Pensée et le Mouvant*, Alcan, 1934, p. 210-211 [*Œuvres*, Éd. du centenaire, PUF, 1959, p. 1419]). Il conçoit la durée psychologique seulement en tant qu'ouverture sur une durée ontologique dont la condition de réalité est que le Tout ne soit jamais « donné », comme différencié, mais « élan vital », comme mouvement de la différenciation et être de la durée. Prolongement de *L'Évolution créatrice* (1907), *Les Deux Sources de la Morale et de la Religion* (1932) s'attache à montrer que la Durée ne s'appelle pas Vie sans qu'apparaisse un mouvement tendant à libérer « l'homme du plan ou du niveau qui lui est propre, pour en faire un créateur, adéquat à tout le mouvement de la création » (G. Deleuze, *Le Bergsonisme*, PUF, 1966, p. 117). En quoi Bergson prétend, de toute évidence, nous livrer la raison première / dernière pour laquelle « jamais la mesure du temps ne porte sur la durée en tant que durée » (*La Pensée et le Mouvant*, 1934, p. 3 ; 1959, p. 1254).

d'histoire anciennes offerts à E. Ernout, Klincksieck, 1940, p. 11-16.

BERGSON Henri, *Œuvres*, Éd. du centenaire, PUF, 1959.

BOÈCE, *Traités théologiques*, trad. fr. A. Tisserand, Flammarion, « GF », 2000.

BOLLACK Jean, *Empédocle*, 4 vol., Minuit, 1965-1969.

BOLLACK Jean et WISMANN Heinz, *Héraclite ou la Séparation*, Minuit, 1972.

BRAGUE Rémi, « Pour en finir avec "le temps, image mobile de l'éternité" », in *Du temps chez Platon et Aristote*, PUF, 1982, p. 11-71.

COURTINE Jean-François, « Histoire supérieure et système des temps », in *Extase de la Raison. Essais sur Schelling*, Galilée, 1990, p. 237-259.

— « Temporalité et révélation », *in* J.-F. Courtine et J.-F. Marquet, *Le Dernier Schelling. Raison et positivité*, Vrin, 1990, p. 9-30.

DEGANI Enzo, *Aiôn da Omero ad Aristotele*, Padoue, Cedam, 1961.

DELEUZE Gilles, *Logique du sens*, Minuit, 1969.

— *Le Bergsonisme*, PUF, 1966.

DERRIDA Jacques, « *Ousia* et *grammê*. Note sur une note de *Sein und Zeit* », in *L'Endurance de la pensée*, Plon, 1968, p. 220-266.

DUHEM Pierre, *Le Système du Monde*, t. 7, *La Physique parisienne au XIVe siècle*, Hermann, 1956.

FESTUGIÈRE André Jean, « Le sens philosophique du mot *AIÔN* », *La Parola del Passato*, XI, 1949, p. 172-189 ; repris in *Études de philosophie grecque*, Vrin, 1971.

GALPÉRINE Marie-Claire, « Le temps intégral selon Damascius », *Les Études philosophiques*, 1980, n° 3, p. 325-341.

GOLDSCHMIDT Victor, *Le Système stoïcien et l'Idée de temps*, Vrin, 1969.

— *Temps physique et Temps tragique chez Aristote*, Vrin, 1982.

HOFFMANN Philippe, « Jamblique exégète du pythagoricien Archytas : trois originalités d'une doctrine du temps », *Les Études philosophiques*, 1980, n° 3, p. 307-323.

JAQUET Chantal, *« Sub specie aeternitatis ». Étude de l'origine des concepts de temps, durée et éternité chez Spinoza*, Kimé, 1997.

MARENBON John, *Boethius*, Oxford, Oxford UP, 2003.

MARGEL Serge, *Le Tombeau du Dieu artisan*, Minuit, 1995.

O'BRIEN Denis, « Temps et éternité dans la philosophie grecque », in *Mythes et Représentations du temps*, Actes du colloque CNRS, D. Tiffenau (dir.), Éd. du CNRS, 1985, p. 59-85.

OWEN G.E.L., « *Aiôn* and *aiônios* », *The Journal of Theological Studies*, n° 37, 1936, p. 265-283 [*aiôn*] et p. 390-404 [*aiônios*].

PLATON, *Timée, Critias*, prés. et trad. fr. L. Brisson, 5e éd . corr. et mise à jour, Flammarion, « GF », 2001.

PLOTIN, *Ennéades*, t. 3, éd. et trad. fr. É. Bréhier, Les Belles Lettres, « CUF », 1925.

PORRO Pasquele, *Forme e modelli di durata nel pensiero medievale. L'Aevum, il tempo discreto, la categoria « Quando »*, Louvain, Presses universitaires de Louvain, 1996.

SCHELLING Friedrich Wilhelm Joseph, *Aphorismes sur la philosophie de la nature*, trad. fr. J.-F. Courtine et E. Martineau, *Œuvres métaphysiques*, Gallimard 1980.

— *Les Âges du monde*, trad. fr. P. David, PUF, 1992.

SORABJI Richard, *Time, Creation and the Continuum*, Londres, Duckworth, 1983.

SUAREZ-NANI Tiziana, *Tempo ed essere nell'autunno del medievo. Il* De tempore *di Nicolas de Strasburgo ed il senso del tempo agli inizi del XIV secolo*, Amsterdam, B.R. Grüner, 1989.

OUTILS

DK : DIELS Hermann et Kranz Walther, *Die Fragmente der Vorsokratiker*, 3 vol., Berlin, Weidmann, 5e éd., 1934-1937.

KLUGE Friedrich, *Etymologisches Wörterbuch der deutschen Sprache* [Dictionnaire étymologique de la langue allemande, 1883], Berlin, W. de Gruyter, 22e éd., 1989.

ONIANS Richard Broxton, *The Origins of European Thought about the Body, the Mind, the Soul, the World, Time and Fate*, Cambridge UP, 1951, 3e éd., 1988, chap. VI, « The stuff of life », p. 200-209. *Les Origines de la pensée européenne*, trad. fr. B. Cassin, A. Debru, M. Narcy, Seuil, 1999.

PG : MIGNE Jacques-Paul (éd.), *Patrologiae cursus completus, series graeca* [*Patrologie grecque*], 1857-.

PL : MIGNE Jacques-Paul (éd.), *Patrologiae cursus completus, series latina* [*Patrologie latine*], 1844-.

SVF : ARNIM Johannes von, *Stoicorum Veterum Fragmenta*, Leipzig, 1903-1905, rééd., 4 vol., Stuttgart, Teubner, 1964 ; *Stoici antichi : tutti i frammenti*, trad. it. et éd. bilingue R. Radice, Milan, Rusconi, 1998.

ALLEMAND

SYNTAXE ET SÉMANTIQUE DANS L'ALLEMAND PHILOSOPHIQUE MODERNE : HEGEL ET KANT

► AUFHEBEN, COMBINATOIRE, et CONCEPTUALISATION, DASEIN, ERSCHEINUNG, LOGOS, ORDRE DES MOTS, SEIN

L'histoire particulière de l'allemand philosophique, son apparition tardive, la persistance du modèle latin, expliquent pour une large part les vicissitudes de sa traduction. Au premier rang d'entre elles figure le fétichisme qui s'attache à des substantifs réputés « intraduisibles » (et de fait non traduits : Dasein, Aufhebung... *) au détriment des effets de syntaxe et de contexte. L'allemand de Hegel, très tôt dénoncé comme illisible, concentre la difficulté. Face aux architectures régulières de la prose kantienne, Hegel revendique la différence d'une syntaxe qui se caractérise tout à la fois par son économie, par son excès sur le lexique et par un art des enchaînements déconcertant pour le traducteur à raison même du travail du négatif qui s'y opère constamment. Qu'il y ait là une entrée importante dans l'univers hégélien, c'est ce que montre l'étude détaillée de textes où la reprise du langage ordinaire s'associe à un rigoureux effort de conceptualisation. En même temps, la singularité et la souplesse de la syntaxe hégélienne rejaillissent sur une terminologie philosophique qui oblige le traducteur à des arbitrages difficiles pour en épouser le mouvement.*

I. FANTÔMES SÉMANTIQUES ET ÉNERGIE SYNTAXIQUE : QUEL ÉSOTÉRISME ?

Jusqu'à la fin du XVIIIe siècle, la philosophie allemande existe peu dans sa langue. À quelques exceptions près, au demeurant peu notoires (Plouquet, Knutzen, Thomasins), les philosophes écrivent en latin ou en français : Althusius, Weigel, Kepler, Agrippa, Sebastian Franck, Paracelse, Leibniz, et Kant jusqu'en 1770. Dans le même temps, le discours religieux s'était installé depuis le début du XVIe siècle dans la langue du peuple (c'est le sens de l'adjectif *deutsch*), et il existait depuis le XIIe siècle une littérature en langue allemande qui avait assimilé les traditions étrangères, latine, française, italienne, espagnole, etc.

Il résulte de cette contention tardive du discours proprement philosophique dans la langue d'autrui un phénomène de surgissement massif dans une période brève (trois décennies environ), un effet d'explosion qui devait durer plus d'un siècle, et qui à certains égards n'est pas achevé : bien des concepts du discours philosophique universel d'aujourd'hui s'enracinent (et parfois même s'expriment directement) dans l'allemand philosophique des XIXe et XXe siècles. L'envahissement du dialogue général par l'anglais international n'est pas venu à bout de la philosophie.

Cette singularité historique s'est également manifestée dans la littérature philosophique de langue allemande : s'il n'y a que peu d'interférences de l'allemand dans le français de Leibniz (son emploi de la virgule, par ex.), il y a de nombreuses traces du latin dans l'allemand des philosophes : non seulement une rhétorique générale et une syntaxe dominées par les siècles d'école, mais un lexique souvent transposé directement, parfois de manière différenciée selon les auteurs, dans le nouvel idiome théorique. Souvent les fantômes latins continuent de suivre les nouveaux arrivants sémantiques allemands, dans des parenthèses, des italiques... Il se crée là une habitude tenace, un tic académique pénible que ne ravage plus le rire des grands comiques : la manie du concept cité dans la langue d'autrui, le latin d'abord, notamment au sein des textes allemands, aujourd'hui l'allemand, cité par exemple au sein des textes français.

Ainsi s'est développée une pathologie — au sens kantien du terme — française de la réception des philosophes allemands, accompagnée d'effets de renoncement dans le travail de la traduction : une conduite typique (souvent magique) face à cette altérité, que l'on observe moins chez les Anglais, les Italiens, etc., et moins encore dans le rapport français aux textes anglais, italiens, etc. L'approche respectueuse, voire intimidée, qu'elle induit, aboutit à construire des môles de concentration des difficultés de lecture autour de notions particulières, dans leur forme substantivale le plus souvent, et la pratique constante en allemand de la nominalisation a fait fructifier ce fétichisme. On doit à cette attitude des gestes langagiers précis : recours contrit au néologisme, conservation honteuse du terme allemand dans le français (le *Dasein*). Autant de conduites de fixation sur le paradigme qui renouent dans la philosophie avec les débats byzantins sur les mots, conçus comme des balises de pierres empilées auxquelles tout peut être accroché : ex-voto, rouleaux de glose, chevelures d'exégèses.

Ces points fixes, véritables carrefours de la glose, sont autant d'occasions de quitter le flot continu du discours d'autrui pour chanter son propre texte à la perpendiculaire. Mais ce réflexe quasi structurel est longtemps resté aveugle aux risques qu'il comportait : les notions en question sont des tumulus sémantiques où s'ouvrent et se recouvrent sans cesse les enjeux politiques, idéologiques, bref, conflictuels qui divisent les lecteurs dans leur propre pays.

Un philosophe concentre plusieurs dimensions de ce syndrome rayonnant : Hegel. D'une part, il semble qu'il le perçoive confusément et s'efforce d'y échapper en pratiquant une langue autonome, relativement neuve et innovatrice, dont tous les aspects résistent à cette tendance, au prix du reproche d'obscurité. Mais par ailleurs, le succès même de sa démarche, la difficulté à traduire et commenter son discours, ont encouragé la reproduction, le retour du comportement même contre lequel il s'inscrit, ce qui était aussi une façon de laisser sa philosophie dans son champ, d'en protéger les successeurs : le plus hégélien de tous, Marx, a lui aussi joué cette carte de la critique du discours hégélien en tant que discours. Aujourd'hui, cette langue philosophique semble avoir vécu. Seul Heidegger s'est installé dans sa tradition de reprise du fonds langagier de l'expérience humaine, avec des conséquences à la fois parentes et très différentes. Apparemment l'allemand philosophique s'est replié sur un discours moyen, traduisible, clair, anglicisable. Mais le travail souterrain de la langue philosophique hégélienne sur les discours théoriques modernes de l'histoire, de la psychanalyse, de l'anthropologie au sens large demeure considérable et mérite qu'on en examine attentivement la substance, en ce qu'elle crée un rapport nouveau de la totalité des éléments du discours à la pensée de ce qui est, exhibe une manière de relativité générale qui trouble l'espace-temps de la parole jusque-là entendue : le rapport du vide et du plein dans le discours s'inverse, l'énergie syntaxique déploie seule les formations conceptuelles, elles-mêmes impensables hors ce mouvement de position et négation. La numérologie iconique ordinaire de la base dix s'effondre, et avec elle tout le panthéon des concepts néo-théologiques : les comptes se font sur la base binaire de ce qui est et de ce qui n'est pas, la langue tend vers la base deux de l'identité et de la différence, ou si l'on veut vers la logique (la parole) de l'être.

Ce renversement a plongé ses écrits dans une sorte de nuit obscure. Hegel est un des philosophes à propos de qui se pose presque immédiatement la question de la lisibilité : et comme cette question ne se pose pratiquement jamais pour les autres philosophes allemands de la même époque, y compris Fichte et Schelling, parfois assez « durs à suivre » eux aussi, il semble que cette difficulté constitue la singularité hégélienne sans être nécessairement pensée comme un effet de la singularité de sa pensée. On peut lui opposer (et cette opposition tient aussi à lui et constitue le fond de son problème, tient à l'essentiel) la grande clarté d'écriture de Jacobi, Reinhold, Schopenhauer, Feuerbach, Marx, etc.), et poser d'emblée la question dans l'autre sens : serait-ce, selon lui, précisément la clarté d'écriture d'un philosophe qui révèle que le vrai n'est pas en vue, mais simulé, joué — ou encore : dépassé, ancien, familier ?

Non seulement, si l'on met de côté ses cours recopiés, réécrits par des étudiants et des éditeurs posthumes, les œuvres qu'il a écrites sont toutes difficiles à lire, mais elles semblent dire qu'il ne peut pas en être autrement. La difficulté de lecture fait partie de l'expérience du vrai, de la douleur et de la peine du travail. La robe de chambre du fainéant philosophe évoqué à la fin de la *Préface* de la *Phénoménologie de l'esprit* inclut *a contrario* une allusion au clair et distinct des fenêtres hollandaises, au confort de la familiarité du poêle cartésien. La forme même, enfin, de certain de ses textes expose une topique fondée sur la nécessité d'un premier temps obscur : les *paragraphes* dictés dans leur énoncé rigoureux sont ensuite commentés dans des *Remarques* explicatives de l'auteur, puis re-commentées et élucidées en langage plus clair par les éditeurs, sous la forme d'*additifs*.

On peut aujourd'hui s'installer d'emblée dans ce présupposé (Hegel analyse d'ailleurs dans la *Phénoménologie de l'esprit* cet « avantage » du lecteur ultérieur...), mais les contemporains et premiers lecteurs de Hegel ne l'ont pas entendu de cette oreille. Schelling s'est plaint explicitement des migraines que lui donnait la lecture de la *Phénoménologie* (c'était peut-être aussi dû à la teneur polémique anti-schellingienne du livre). Goethe et Schiller avaient concocté un plan pédagogique qui devait permettre à Hegel, par la fréquentation assidue d'un mentor ès clartés, d'accéder à la transparence du discours (cela n'a pas marché). Quant aux recensions des contemporains, elles déplorent unanimement « la répétition des formules et le côté monotone ». Autrement dit, chacun a au moins fait comme si la difficulté de Hegel tenait à sa manière (on l'a rabattue sur ses origines souabes, sur sa formation religieuse, l'influence de l'ésotérisme des mystiques) et non à l'essence même de sa philosophie, alors même qu'en plusieurs endroits Hegel aborde lui-même la question de la lisibilité et dénonce l'ésotérisme des philosophies de l'intuition de l'absolu, leur obscurité, leur élitisme. Ce paradoxe encadre toute la question de la langue de Hegel. Heine, repris par les hégéliens de gauche, propose une réponse practico-rationnelle à ce paradoxe : Hegel ne voulait pas être compris « tout de suite », il travaillait pour le long terme et devait d'abord passer l'écueil de la censure. C'est pourquoi la langue de Hegel est, dit-il, *verklausuliert* — ce n'est pas une « manière » pathologique subie et en dernière instance extérieure, mais l'effet stratégique objectif d'une décision politique : une figure de la liberté de penser.

Il ne semble pas, enfin, que la question ait été traitée pour elle-même. L'étude de Koyré par exemple, qui s'y attache en théorie, dérive vers des bribes d'exposé du système et s'avère assez décevante. Inversement, il est souvent question du langage dans des ouvrages plus généraux, à l'occasion notamment d'une glose sur tel ou tel terme — ce qui est une façon de ne pas entrer dans la langue de Hegel... On peut citer cependant dans la littérature philosophique de langue française un travail assez récent, très intéressant de ce point de vue : *L'Avenir de Hegel* de Catherine Malabou, qui interroge longuement la notion de plasticité à propos de la langue et étudie en profondeur le rapport de la proposition prédicative et de la proposition spéculative.

II. LA LANGUE PHILOSOPHIQUE MODERNE : LE MODÈLE KANTIEN ET SA CRITIQUE HÉGÉLIENNE

Il faut, malgré l'horizon problématique annoncé, revenir brièvement sur l'origine de cette langue difficile, interroger la culture langagière de Hegel. L'allusion au

« parler souabe » (par opposition au berlinois, ou au rhénan par ex.) connote une pratique générale du discours tournée vers l'intérieur et une faiblesse de l'effort dialogique (compensée chez les poètes souabes par la puissance d'un affect de mouvement vers l'autre), bref une espèce de psychologie régionale qui sent l'étable piétiste, et qui se manifesterait aussi chez Hölderlin, l'ami et colocuteur. L'étude de Robert Minder sur les Pères souabes va dans ce sens en insistant sur le poids de la formation religieuse et la pratique du code, du chiffrage. Mais il ne manque pas de contre-exemples, à commencer par les autres Souabes Schelling et Schiller.

Cette idiosyncrasie joue cependant dans une langue philosophique générale qui vient pratiquement d'être créée et s'est imposée : celle de Wolff, Kant et Fichte revus par Bardili et Reinhold. Mais précisément, si l'on considère assez tôt que Kant est le créateur de la langue philosophique allemande (voire européenne), c'est surtout comme fondateur d'un vocabulaire technique déjà jugé en son temps par certains commentateurs comme non familier, ésotérique, obscur.

Qu'est-ce qui caractérise cette langue philosophique moderne ?

En premier lieu l'abondance du vocabulaire et sa spécialisation, à rebours de ses significations ordinaires, ou de ses formes ordinaires : les frères Grimm dans leur *Grand Dictionnaire* s'étonnent ainsi du sens philosophique affecté par Kant au mot *Anschauung*, qui reprend l'*intuitio* traditionnelle avec toutes ses ambiguïtés. Ensuite, l'extrême longueur des phrases et la production d'énoncés fortement chargés, auxquels cependant on s'habitue assez vite, et qui sont éclairés en quelque sorte par le recours à une syntaxe sans surprise, par des procédés rhétoriques rémanents, des repères réguliers, eux-mêmes inscrits dans le cadastre d'une architecture qui parle déjà pour soi. La langue de Kant s'approche aussi de manière « optique », par intuition géographique : la masse de la charge implique la simplicité des articulations. Les continents critiques ont chacun leur vocabulaire, leurs axes. Il suffit d'un peu d'entraînement, on s'y retrouve, et en définitive on y retrouve aussi beaucoup de la stylistique latine.

C'est donc une écriture qui se traduit bien, pourvu qu'on fasse un effort du côté de la masse, c'est-à-dire qu'on n'oublie rien en route, qu'on place bien les virgules et qu'on ait bien compris l'ordre des déterminations dans la phrase allemande, pour éviter, par exemple, de faire l'erreur traditionnelle, et à dire vrai assez stupéfiante des traducteurs français sur la *reine praktische Vernunft*, traduit par « raison pure pratique », une manière de contresens, alors qu'il s'agit de la « raison pratique pure », qui s'oppose à la raison pratique non pure, c'est-à-dire technique. Il y a là une double offense durable à la langue allemande, et à la pensée de Kant. S'il y a chez lui quelque part l'hypothèse d'une raison pure pratique (opposée à quoi ? certainement pas à une raison pure *pure* !), ça ne pourrait se dire en toute hypothèse que *praktische reine Vernunft*. La raison de cette erreur tient aux conditions dans lesquelles ont travaillé les premiers traducteurs : ce n'étaient pas de véritables locuteurs de la langue originale, ils traduisaient l'allemand comme le latin et ils ont donc reproduit en français l'ordre des déterminants de l'énoncé allemand.

Cette écriture légitime par ailleurs le recours aux *lexiques* : du vivant même de Kant, dès 1786, la lexicalisation avait commencé. Carl Christian Ehrhart Schmid avait entrepris de redistribuer alphabétiquement le système kantien en énumérant dans l'ordre les significations des expressions techniques. Kant lui-même, au demeurant, n'est pas avare des opérations d'auto-lexicalisation, de définition, pour lesquelles il fournit souvent l'équivalent latin, ce qui est une attitude quasi inexistante chez Hegel, fondamentalement hostile aux onomastiques spécialisées.

Non seulement le discours kantien se traduit plutôt bien, mais il fait du bien à certains tempéraments philosophiques : la langue de Kant, son cadastre général, la fiabilité des définitions, la modestie de l'ambition critique, exhibent un ensemble de repères rassurants. Cette qualité contribue fortement, par exemple, à consolider le moment kantien dans le couple fondateur de la philosophie du système scolaire français : Descartes et Kant. Au début du XIXe siècle, elle s'est imposée : tous la parlent, la remanient, l'adaptent. Tous sauf Hegel, qui la connaît bien, mais la repousse pour l'essentiel, tout en bénéficiant du travail que Fichte avait le premier opéré sur elle.

Face à cette langue, Hegel développe, pendant son séjour à Iéna principalement, un idiome apparemment obscur, voire onirique, dont le fonctionnement est tout à fait différent et qui présente, outre quelques caractéristiques, deux symptômes.

Le premier symptôme est l'inexistence, voire l'impossibilité d'un *Hegel-Lexikon* comparable au *Kant-Lexikon*. Il n'existe en l'espèce que des registres d'occurrences très embarrassés par la prolifération de celles-ci, détaillées dans l'ordre des volumes des *Œuvres complètes*. Les notions et les concepts de la philosophie de Hegel ne se détaillent pas. Ils ne peuvent vivre avec du sens que dans la totalité du texte et dans la périphérie immédiate des développements. Les classements de dictionnaire brisent précisément le moment où ils se trouvent. Ou encore : ils n'existent pratiquement que dans le syntagme. Le lecteur philosophique habitué aux codes rigoureux est frustré : le manque de cet outil provoque un malaise suffisamment prévisible pour que Hegel en avertisse le lecteur dans la *Préface* de la *Phénoménologie de l'esprit*, par exemple.

Le second symptôme, connexe sans doute du premier, mais pas pour des raisons pratiques, est la résistance du corpus hégélien à la traduction. Historiquement – pour ce qui concerne le français – on a commencé par ce qui n'était pas écrit par lui, les *Cours d'esthétique*, traduits par Charles Bénard dès le début des années 1840, et on a fini par ce qui était le plus « tout à fait lui » : la *Phénoménologie de l'esprit* et les *Principes de la philosophie du droit*, quasi dans la deuxième moitié du XXe siècle. *L'Encyclopédie*, traduite par Vera dans la deuxième moitié du XIXe siècle représente un état langagier intermédiaire, dans la mesure où elle était éditée avec des remarques explicatives de Hegel et des ajouts rédigés par l'éditeur posthume.

On pourrait ajouter à ces symptômes une analyse comparative des différents « idiomes hégéliens » construits en français pour traduire Hegel.

Si Hegel n'a pas eu l'occasion de véritablement penser ces symptômes (encore qu'il soit le premier philosophe à pratiquer la lecture symptomale, à psychanalyser son temps et à penser les moments et figures comme des conjonctures), il a pensé sa différence. Sa langue est une langue qui connaît sa différence, qui la veut, la travaille, l'élabore, l'exhibe au besoin avec brutalité : Hegel écrit contre Kant, contre le sabir « barbare » de Kant et son dogmatisme de la subjectivité, qui certes a renversé le dogmatisme de l'objectivité (en gros, le rationalisme du XVIIIe siècle) mais d'une certaine façon parle encore sa langue, en ce qu'elle mime dogmatiquement – jusque dans la disposition de l'appareil des tables des matières – l'objectivité.

De la même façon, plus politiquement, il manifeste de manière répétée son opposition aux langues spéciales du type « langue des médecins de Molière » : celle des juristes allemands, des philosophes kantiens. Il s'en explique avec un argument démocratique qui peut rétrospectivement prêter à sourire quand on sait combien la confrérie de ses propres lecteurs avertis est exiguë. Mais sa critique de l'ésotérisme du savoir absolu schellingien ne repose pas sur une critique du discours schellingien (qu'il a parlé — forgé — longtemps de concert avec lui, au point qu'on ne parvient pas toujours à savoir qui a écrit certains articles de leur *Revue scientifique*).

Cette hostilité au discours kantien finit par prendre sous sa plume un tour extrêmement agressif. On en a une bonne illustration dans le chapitre « Kant » des *Leçons sur l'histoire de la philosophie* (*Werke*, t. 20, p. 330 *sq.*). Au commencement du paragraphe consacré à l'expression « transcendantal », Hegel prévient l'auditoire : « ces expressions sont barbares ». Un peu plus loin, commentant l'expression « esthétique transcendantale », il critique presque le recours kantien au sens étymologique d'*esthétique* en lui opposant le sens moderne : « [...] aujourd'hui, esthétique signifie connaissance du beau ». Quelques lignes plus bas, il commente le discours kantien sur l'espace : « L'espace n'est pas un concept empirique tiré des expériences extérieures. » Puis ajoute dans une parenthèse : « Oui, bon, qu'espace et temps ne soient pas des concepts empiriques — c'est dans ce genre de formes barbares que Kant parle en permanence ; le concept n'est rien d'empirique. »

On pourrait ainsi regrouper toute une série de parenthèses d'humeur. En voici une dernière, à proximité des précédentes : « *Je* est le sujet transcendantal vide de nos pensées, mais il n'est connu que par ses pensées ; mais ce qu'il est en soi, nous ne pouvons partant de là en avoir le moindre concept (Distinction exécrable ! la pensée est l'En-soi) » (*ibid.*, p. 355).

Cette critique ne se rapporte pas uniquement à la langue de Kant. Elle vise au fond de la démarche kantienne en la présentant comme une simple traduction de la métaphysique de l'entendement (les Lumières) en dogmatisme subjectif. Kant décrit bien la Raison, mais de manière non pensée, empirique. Sa philosophie manque de concept (*Begriff*), il n'utilise que des notions « entendementales » (*Gedanken*). Du coup, et contrairement aux apparences, le kantisme manque d'abstraction philosophique, il « bat la paille » de la logique ordinaire : son abstraction n'est que l'abstraction morte des notions déjà-là, elle n'est pas travail, effectivité, création. Ce qui explique que Hegel puisse en d'autres circonstances — et paradoxalement — reprocher à Kant son discours abstrait.

III. LA LANGUE DE HEGEL : UNE MUTATION DE L'ÉCONOMIE DU SYNTAGME ET DU PARADIGME

Face à cela, Hegel écrit une prose philosophique qu'il estime non dogmatique (ni formelle, ni mythique), non abstraite, substantielle et bien exprimée, et que pour notre part nous trouvons souvent très abstraite, déroutante, cryptique, encodée, mal tournée...

Comment décrire cette langue ? Avant d'en caractériser quoi que ce soit, il faut redire que la langue hégélienne spécifique n'est pas uniformément répartie. Non seulement nous avons vu que son œuvre comportait plusieurs strates. Mais on trouve chez lui au sein d'un même ouvrage des pages entières qui ne ressortissent pas à l'« hégélien » *stricto sensu*, en particulier dans les préfaces et introductions. Mais, précisément, ces pages « protégées » sont aussi le lieu d'une lutte entre les discours : même dans les phases de présentation, le langage ordinaire est rapidement enveloppé et investi par le discours phénoménologique ou spéculatif, et cela se manifeste par des ruptures, anacoluthes et autres anomalies qui accroissent rapidement le désarroi du lecteur.

Ce qui caractérise, sommairement, la langue de Hegel, c'est en apparence un certain lexique, mais plus profondément une mutation de l'économie du syntagme et du paradigme selon trois aspects majeurs.

(1) Envahissement du lexical par le syntagmatique : assez tôt, et de manière massive, le discours hégélien réassemble des mots vides du matériau syntaxique. On entend par « mots vides » ceux qui sont précisément écartés des dictionnaires dans les applications de l'informatique, articles, pronoms personnels, prépositions, conjonctions, formes verbales courantes — auxiliaires : non seulement leur masse risquerait de saturer les procédures de recherche, mais l'intérêt même de celle-ci est considéré comme nul. Ce procédé a pour effet de produire des notions qui ne sont pas figées dans une représentation iconique ou un sémantisme traditionnel, mais expriment des moments de processus, ou de purs rapports. Par exemple : *Sein für anderes*, *Anderssein*, *An sich* et *Ansich*, *Für sich* et *Fürsich*, *An und für sich*, *das Anundfürsichseiende*, *Bei sich sein*, *In sich sein*, etc. Il est très difficile de faire des emplois iconiques isolés de ces termes, qui ne peuvent exister que dans le mouvement de phrases où ils glissent l'un dans l'autre, se divisent. Il y a même chez Hegel des phases d'intérêt explicite pour des mots vides moins courants dont il fait des emplois forts, voire des concepts : *also, auch, daher, dieses, eins, etwas, hier, ist, insofern...*

La masse de ces termes absorbe aisément les quelques éléments du discours philosophique ordinaire qui étaient déjà constitués de la même manière, et qu'on rencontre chez les autres philosophes de langue allemande : *das Ich*, *das Sein*, *das Wesen*. De la même façon, cette masse intègre les infinitifs substantivés (*das Erkennen, das Denken...*), c'est-à-dire installe le processus, l'in-fini, l'actif verbal dans des cadres ordinairement dévolus à la substance nominale. On en dirait autant des nombreux adjectifs substantivés : *das Wahre* prend le pas sur *die Wahrheit*. Dans les éditions princeps, où l'inscription en majuscule de la première lettre d'un adjectif substantivé n'est pas pratiquée de manière rigoureuse, ce glissement provoque une difficulté de lecture supplémentaire, contraignant le lecteur à choisir entre cette forme (du Vrai) et l'autre possibilité, savoir, l'élision d'un substantif repris qu'il faut alors retrouver correctement dans tout ce qui précède (par ex. « du savoir vrai »). Souvent enfin, par l'effet d'une sorte de « préférence syntaxique générale », Hegel ne reprend pas en le répétant un substantif éloigné, mais lui substitue un pronom identifiable par le genre seul, quand le réflexe du lecteur clair (du traducteur par ex.) est de répéter ce substantif en ajoutant un déictique. L'effet de cette procédure est une contrainte de mémorisation, une historicisation de l'acte de lecture aux dépens des habitudes de repérage spatial construit sur la surface matérielle des mots, la présence d'une majuscule à l'initiale des substantifs, etc.

Il résulte de cela une grande fréquence de formes identiques ou quasi identiques, qui crée une impression de répétition et monotonie rhapsodiques, parfois levées par des envols rhétoriques, polémiques ou quasi lyriques, qui tranchent d'autant plus fortement avec l'ensemble : brusquement une bouffée de substance culturelle, d'images ou d'évocations concrètes, un proverbe, une citation d'autrui plonge le lecteur dans un état second. C'est souvent le cas à la fin des chapitres de la *Phénoménologie*, et dans le dernier chapitre, mais d'une manière générale, Hegel débarrasse son texte des citations entre guillemets, et donc des noms propres, des références et notes en bas de page, de même qu'il répugne aux

exemples, aux métaphores et comparaisons : aux valises substantielles qu'on ne peut fouiller sans quitter le mouvement du développement dialectique.
(2) Cet effet de monotonie est potentialisé par la simplification du matériau proprement syntaxique. On observe par exemple chez Hegel un quasi-monopole du temps présent. Heidegger appelle cela sa « vulgarité » et la lui reproche. De même, la plupart des connecteurs ou modalisateurs sont ramenés à quelques-uns, assumant des fonctions logico-rhétoriques identiques : *wenn, dann* [proposition inversée], *so, hiermit, somit, indem, erst, nur, oder, überhaupt, bloß, rein, allein, nun*. Cette sobriété relative est, semble-t-il, induite par le phénomène (1) : du point de vue strictement stylistique, en combinant la richesse de vocabulaire syntaxique de Schelling, par exemple, ou en pratiquant par variation une pseudo-sémantisation des mots syntaxiques, le texte hégélien aurait abouti à un déséquilibre total, à une sorte de monstre. Mais la raison profonde de l'extrême économie de moyens syntaxiques renvoie au fond : ce qui vaut pour le lexique conceptuel s'applique au lexique syntaxique.
(3) L'effet (et pour une part la cause...) de tout cela est une prose qui fait des enchaînements (des transitions) autant de moments « décisifs ». Beaucoup se joue dans le surgissement et l'abolition des corrélations, ce qui constitue une difficulté de taille pour la traduction française qui se départirait de la successivité spatiale du mouvement (en réorganisant l'ordre des mots à la française : c'est un peu la tendance de J. Hyppolite, et on peut la dire induite par la tradition des traductions de Kant, qui s'accommode parfaitement des transferts et déplacements au sein de vastes ensembles dont l'intérieur est en quelque sorte ouvert), ou qui quitterait le continuum langagier des réseaux sémantiques par le recours à des néologismes (ou quasi-néologismes : *Anschauung, anschauen* : « intuitionner », *Einsicht* : « intellection », *Gleichheit, gleich* systématiquement traduits par « égalité », ou « égal » au détriment du sens bien plus fréquent d'identité qualitative, voire de ressemblance) ou par la mise en place de nouveaux réseaux (par ex. en traduisant *Selbst* par « soi », on crée un faux réseau avec le soi pronominal réfléchi de « en soi », de « pour soi », etc., on perd la corrélation forte avec le paradigme de l'identité (*dasselbe, selber*, etc.).
Par comparaison avec la phrase kantienne, la procédure hégélienne de rangement-chargement est tout à fait originale. Si l'on peut percevoir intuitivement le contenu des grandes armoires kantiennes relativement symétriques, chez Hegel, les périodes symétriques se détruisent aussitôt, s'infléchissent et s'unilatéralisent, ou encore se tordent en cordes parce que les renversement de symétries ne sont pas des aspects rhétoriques (rappels spéculaires) de l'exposition extérieure, mais toujours le mouvement de la chose même. La négativité est en permanence à l'œuvre et implique un fort et constant effort mental pour qui veut recollecter le tout. Cet aspect est connexe de l'hostilité de Hegel aux « tableaux », dont l'appréhension par la lecture n'est jamais vraiment affranchie de la représentation (l'être hors de soi du concept) et ressortit en définitive à une conscience plus religieuse que philosophique. « Tabulaire » est sous sa plume un adjectif nettement péjoratif et connote l'adresse à un niveau de pensée faible. La nécessité de la mémoire attentive, du pas à pas, de la relecture constitue la difficulté du travail philosophique, par opposition aux approches du vrai qui ne plongent pas dans la chose même.

IV. L'EMBRAYAGE DE LA « PHÉNOMÉNOLOGIE DE L'ESPRIT »

Cette stratégie de parole exclut le dialogue direct avec le discours d'autrui, dans le même temps que la philosophie hégélienne se présente comme le pur et simple ramassage dialectique de ce qui est déjà-là dans le discours philosophiquecontemporain. Se pose donc à elle la question du commencement, ou si l'on veut de l'embrayage. Comment faire pour embrayer sans procéder comme les auteurs traditionnels, par exemple par des références différenciatrices à autrui, ou par des définitions ? Il peut être intéressant d'examiner l'embrayage de l'embrayage : par exemple, les premières phrases du premier alinéa de l'*Introduction* de la *Phénoménologie de l'esprit*, qui est elle-même une espèce de préalable, d'initiation.

Cette *Introduction* est formellement distincte du contenu de l'expérience de la conscience dont la phénoménologie est la science, le savoir et d'une certaine manière déjà le système.

Elle correspond au chapitre sur le Savoir absolu, où tous les moments se touchent et se recouvrent, où donc il n'y a plus de moments, où le savoir est plein (et peut commencer à s'exposer comme le vrai). Elle n'est donc pas un moment, mais le concept vide du savoir dont la possibilité est postulée comme savoir de ce qui est, de l'En-soi, de l'Absolu, et comme savoir qui ne peut être immédiat et ne peut parvenir à la vérité (à la science comme système, au logos pur de l'être) qu'en comblant cette différence dans une histoire qui est en même temps une démonstration, une succession de vérifications à même la chose même.

Celui qui commence cette histoire est aussi celui qui nie le dernier philosophe à avoir pensé cette différence du savoir et de l'être en soi, c'est-à-dire Kant. Et donc, le premier moment de la *Phénoménologie* lui est consacré. Mais il est aussi consacré à une autre négation, à une autre différence : celle que la philosophie de l'identité pose entre le savoir absolu et la conscience naturelle. Et le point de départ de Hegel va consister à penser simultanément l'unité de la démarche kantienne et de la philosophie de l'identité. Pour cela, Hegel expose que Kant ne fait que réfléchir le bon sens commun, qu'il va simplement jusqu'au bout de la démarche de Locke. Il ne peut pas connaître effectivement parce qu'il en reste à l'entendement et ne soumet pas la critique à une vérification dialectique. Le criticisme est une tromperie. L'idéalisme, de son côté, demeure contingent et arbitraire : il ne démontre pas l'indifférence du sujet et de l'objet, mais les étudie chacun pour soi, les compare et les identifie : l'identité est construite, elle n'est pas un résultat autogène. La philosophie kantienne et la philosophie de l'identité sont abstraites et présupposantes. Simplement, Kant pense et pose la différence abstraite de l'Être et du Savoir, tandis que Fichte et Schelling pensent l'identité abstraite de l'être et du savoir. Mais aussi bien les uns que les autres, sous cette identité, ont développé toutes les formes de la totalité, qui peut désormais être ressaisie : c'est l'aubaine hégélienne. Ce ressaisissement est celui du sujet moderne atomisé qu'il s'agit aussi de réconcilier avec lui-même, avec sa culture, avec l'organique, avec la religion, l'État, l'éthique, etc., dans une langue adéquate.

C'est dans cette conjoncture que se lit le début de la *Phénoménologie de l'esprit*. La première phrase est à la fois stase dans le discours du bon sens et enclenchement du discours hégélien :

> *Es ist eine natürliche Vorstellung, daß, eh in der Philosophie an die Sache selbst, nemlich an das wirkliche Erkennen dessen, was in Wahrheit ist, gegangen wird, es nothwendig sey, vorher über das Erkennen sich zu verständigen, als das Werkzeug, wodurch man des Absoluten sich bemächtige, oder als das Mittel, durch welches hindurch man es erblicke, betrachtet wird.*
>
> [C'est une représentation tout à fait naturelle de penser qu'en philosophie, avant d'aborder la chose elle-même, savoir, la connaissance effective de ce qui est en vérité, il est nécessaire de s'accorder préalablement sur la

connaissance que l'on considère comme l'outil qui permettra de s'emparer de l'absolu, ou comme le moyen au travers duquel on l'aperçoit.]
trad. fr. J.-P. Lefebvre, Aubier, 1991, p. 79.

L'expression « *Es ist eine natürliche Vorstellung, daß* »a un statut quasi trivial (que le traducteur assume en rajoutant un « tout à fait », comme on dirait « mais naturellement »). De même, les expressions *die Sache selbst, das wirkliche Erkennen, was in Wahrheit ist, das Absolute, sich zu verständigen*, sont dans le registre ordinaire : la chose même dont on s'occupe, la connaissance véritable, le vrai, l'absolu, se mettre d'accord, etc. Et dans le même temps, Hegel délivre un premier paquet de conceptualisation rigoureuse, précisée et stabilisée par plus d'un an de travail sur le texte de l'ensemble de la *Phénoménologie de l'esprit* : la *Vorstellung* a aussi le sens précis que Hegel lui assigne dans toute la *Phénoménologie*, dans sa hiérarchie définitive. L'énoncé est déjà virtuellement renversé : dire ce qui suit est, n'est que *Vorstellung*, représentation, *naturelle*, puisque la représentation est l'être hors de soi du concept. *Sache selbst* (la chose même) sera le mot d'ordre principal de toute la démarche dialectique (en ce qu'elle n'est pas extérieure), *wirklich* connote déjà l'effectivité qui n'est pas la pure et simple « réalité » chosique ou abstraite, *was in Wahrheit ist* peut se lire aussi dans un sens ontologique comme ce qui, en vérité, est et *verständigen*, qui désigne l'accord, connote également l'universalité de l'entendement, *Verstand*.
Mais il ne s'agit pas uniquement d'échos intertextuels. La *natürliche Vorstellung*, premier mot de la *Phénoménologie*, c'est aussi l'état actuel de la réflexion philosophique, c'est-à-dire : ce moment-ci de l'histoire de la philosophie est devenu une nature, un immédiat dont les apories (la connaissance la plus riche est en même temps la plus pauvre, ici : visant la vérité, on débouche sur les nuages de l'erreur) impliquent nécessairement que commence le chemin du doute dialectique que décrit le début de la *Préface*.
C'est ce qui explique que, s'il s'agit bien de Kant ici, c'est de Kant en ce qu'il est le dernier à se poser la question de la connaissance et donc à rafler toute la mise philosophique. Du coup c'est un drôle de Kant, assez « lockisé », revu par Fichte. Et même, la critique de l'*organon* « avec lequel on s'empare » et du milieu « à travers lequel on aperçoit » renvoie aussi aux débuts de la philosophie. Et donc, on est déjà dans la chose même au sens hégélien, en se consacrant en apparence à écarter une façon particulière de la manquer. Ce sera le schéma d'écriture de toute la *Phénoménologie de l'esprit*, l'effet sur l'écriture de la démarche qui consiste à désigner des moments qui contiennent déjà les autres et qui déjà ne sont plus soi. Ou, pour redire les choses autrement, la langue de Hegel ne peut pas ne pas être une simple figure, une figure simple, de la langue de tous, de la langue commune au plus grand nombre de philosophes, et en fin de compte de la langue commune tout court, en ce que cette langue commune tend à toujours éprouver de nouveau son essence « économique », son aptitude à la réduction élémentaire, c'est-à-dire, au ré-investissement dans le temps pur de la parole, laissant aux index muets le soin de désigner d'un geste les images, fussent-elles des concepts compliqués et réputés lourds d'histoire.

V. LA DYNAMISATION DES SÉMANTÈMES

Les concepts hégéliens eux-mêmes, considérés dans leur apparente autonomie sémantique, s'inscrivent dans ces mutations et redistributions. Il ne s'agit pas tant, en l'espèce, des lieux communs quasi mondains sur le sens contradictoire de certains termes susceptibles de désigner une chose et son contraire. On songe ici bien sûr à la fameuse *Aufhebung*, devenue concours de foire pour les gros biceps, depuis que Hegel a lui-même signalé que le terme pouvait signifier à la fois « abolir » et « conserver ». Il l'a signalé précisément parce que cette curiosité n'apparaissait pas dans ses énoncés, en raison de la loi élémentaire qui veut qu'un terme ne soit jamais seul, mais pris dans un contexte général et un syntagme particulier, qui pilotent le sens du terme sans qu'il soit besoin de longues gloses annexes. Et donc, lorsque Hegel ne dit rien, le terme a le sens dominant dans la langue (abolir), qui précise elle-même par un contexte explicite les cas (minoritaires statistiquement) où le terme veut dire, à partir d'un sens premier négatif : retirer quelque chose de la circulation, de la présence *hic et nunc*, pour mettre cette chose de côté, la protéger et la destiner à plus tard. C'est précisément parce qu'il n'y a pas d'usage iconique possible de ses concepts, mais uniquement des usages contextualisés que celui-ci a le sens que J. Hyppolite avait très tranquillement traduit par « supprimer ». Que voudrait dire chez Hegel, hors ce sens négatif, l'expression « *Aufhebung der Aufhebung* » ? Il n'en resterait qu'un pur bibelot d'inanité sémantique.

Une autre conséquence de ce fonctionnement de la langue hégélienne est la nécessité de varier parfois, plus ou moins légèrement, la traduction de termes identiques dans le texte allemand : ainsi *gleich* occupera un spectre qui va d' « identique » (dominant) à « égal » (beaucoup plus rare) en passant par « semblable », voire « même » ; *Anschauung* ira de contemplation à intuition en passant par vision pure et simple, sinon spectacle. Ces variations ne peuvent heurter que le rapport fétichiste aux mots isolés. Mais c'est celui-ci précisément qui est infidèle, en ce qu'il occulte les effets de contexte, toujours décisifs sémantiquement. À l'inverse, certains termes, différents en allemand, se trouveront en contexte toujours traduits par des termes français identiques : intelligence peut traduire *Klugheit*, *Verstand*, *Einsicht*, *Intelligenz*. Le recours aux notes du traducteur permet au demeurant de toujours respecter le désir de vérification que pourrait éprouver le lecteur. Enfin, le contrat de lecture passé par le traducteur avec son lecteur l'engage aussi à ne pas jouer de manière aléatoire avec ces variations nécessaires, et à faire profiter le lecteur de son intelligence des contextes : sur cette base contractuelle, on constate que les mêmes expressions sont le plus souvent traduites de manière identique, dès lors que l'auteur du texte original contrôle lui-même le jeu du sens. On pourrait énumérer les cas d'espèce : *allgemein* (général, universel), *erscheinen* (apparaître, au sens trivial, se manifester phénoménalement), *bestimmen* (déterminer, destiner), *darstellen* (exposer, représenter), *dasein* (être là, exister), etc. Que dirait-on d'une traduction qui traduirait toujours les différentes prépositions (*an*, *ab*, *aus*, *auf*, *durch*, etc.) par les mêmes prépositions françaises : les énoncés se bloqueraient. Chez Hegel, plus sans doute que chez d'autres, les sémantèmes eux-mêmes sont soumis au mouvement. Si l'immobilisme iconique s'empare d'eux un jour, c'est qu'il aura perdu la partie, et il n'est pas exclu que, parfois, il ait lui-même contribué à des scléroses...

Jean-Pierre LEFEBVRE

BIBLIOGRAPHIE

GLOCKNER Hermann (éd.), *Hegel-Lexikon*, Stuttgart-Bad Cannstatt, Frommann-Holzboog, 1957.

HEGEL Georg Wilhelm Friedrich, *Werke*, Francfort/M., Suhrkamp, 1986 ; *Phénoménologie de l'esprit*, trad. fr. J.-P. Lefebvre, Aubier, 1991.

KOYRÉ Alexandre, *Études d'histoire de la pensée philosophique*, Gallimard, 1971, p. 191-225.

MALABOU Catherine, *L'Avenir de Hegel*, Vrin, 1996.

MINDER Robert, « *Herrlichkeit* chez Hegel, ou le Monde des Pères Souabes », *Études germaniques*, 1951, p. 275-302.

ZÜFLE Manfred, *Prosa der Welt*, Einsiedeln, Johannes,1992.

OUTILS

EISLER Rudolf, *Kant-Lexikon*, éd. augm. A.-D. Balmès et P. Osmo, Gallimard, 1994.

ALLIANCE C'est la traduction traditionnelle de l'hébr. *berit* [בְּרִית], qui désigne le pacte entre le peuple et son dieu, voir BERĪṮ. Cf. DEVOIR-DETTE, et LANGUES ET TRADITIONS, CONSTITUTIVES DE LA PHILOSOPHIE EN EUROPE.

Sur les réseaux terminologiques qui permettent de penser le rapport entre l'homme et le ou les dieux, les entrées ont été choisies selon les langues en fonction des valeurs qui en déterminent les singularités, en particulier : gr. KÊR, THEMIS, puis OIKONOMIA, voir *DESTIN, IMAGE* ; lat. PIETAS, RELIGIO, voir *OBLIGATION* ; russe BOGOČELOVEČESTVO, SOBORNOST', voir *CONCILIARITÉ* ; all. BERUF, SOLLEN, voir *VOCATION*.

► *COMMUNAUTÉ, CONSENSUS*, dieu, *HUMANITÉ*, peuple, *VALEUR*

ÂME, ESPRIT

gr.	*psukhê* [ψυχή], *nous* [νοῦς], *dianoia* [διάνοια], *thumos* [θυμός], *phrenes* [φρενές]	all.	*Seele, Geist, Gemüt, Witz*
hébr.	*nèfèš* [נֶפֶשׁ], *rūaḥ* [רוּחַ], *nešāmāh* [נְשָׁמָה]	angl.	*soul, spirit, mind, wit*
lat.	*mens, anima, animus, ingenium*	basque	*gogo*
		esp.	*mente, ingenio, alma*
		it.	*mente, ingenio, anima*

► BELIEF, CONSCIENCE, ENTENDEMENT, GEMÜT, GOGO, INGENIUM, INTELLECT, INTELLECTUS, JE, *SOI* [SELBST, SAMOST], MÉMOIRE, PATHOS, PERCEPTION, SENS, SUJET, VOLONTÉ

L'usage philosophique, dans les différentes langues européennes, des termes qui désignent la « réalité mentale » et réfèrent ses manifestations à un substrat ou un champ d'expérience unitaire ne pose à première vue que des problèmes de traduction liés à des étymologies en partie divergentes ou de conflit entre doctrines (mentalisme, physicalisme ou réductionnisme, etc.). Il s'agit là cependant d'un préjugé, accrédité par des présentations scolaires de la « psychologie » philosophique, que domine encore l'héritage d'un dualisme au moins méthodologique installé depuis le début du XIXe siècle. Mais ce préjugé se dissout dès qu'on prend conscience des apories que recèle la non-équivalence entre les paradigmes du « mental » dans les langues philosophiques classiques, dont l'inexistence d'un équivalent simple de la mens *latine en français est le premier symptôme. Car ces apories sont travaillées par les grandes philosophies non pas négativement, comme des obstacles à la pure « pensée de la pensée », mais positivement, comme le moyen même d'accéder à la complexité du rapport de l'esprit à soi-même (souvent par le moyen d'exercices de traduction intérieure à des philosophies plurilingues, comme on le voit aussi bien chez Descartes que chez Leibniz ou chez Kant).*

Plutôt que de chercher ici à reconstituer dans sa totalité la généalogie de ces paradigmes concurrents (ainsi, en latin, anima, ingenium *et* mens *; en français,* âme *et* esprit *; en anglais* mind, soul *et* spirit *; en allemand,* Geist, Seele, Gemüt *et* Witz, *etc.), on procédera à deux réductions (en quelque sorte deux « zooms » théoriques successifs). D'une part, on se concentrera sur les problèmes de traduction et les tensions caractéristiques de la métaphysique de l'âge classique, inaugurée par le cartésianisme et qui forme toujours l'horizon des doctrines de Hume, de Kant ou de Hegel, voire de la phénoménologie. On en soulignera l'originalité historique entre deux types de naturalismes : celui des doctrines antiques de la* psukhê *[ψυχή] et de l'*anima, *conservé malgré la transformation de sa signification par l'onto-théologie médiévale, et celui des psychologies expérimentales ou des « philosophies de l'esprit »* (Philosophy of Mind) *de l'époque contemporaine. D'autre part, on ramènera l'examen de ce moment métaphysique de transition à la clarification — à partir de leur terminologie même — d'une grande opposition entre le point de vue de Descartes et celui de Locke, à l'encontre d'une tradition persistante (malheureusement perpétuée par beaucoup de présentations contemporaines des origines du* Mind-Body Problem*) qui voit en eux les fondateurs d'un même courant théorique.*

*La présentation de la métaphysique classique insistera d'abord sur la centralité d'une problématique de la présence à soi immédiatement donnée dans la pensée (ou dans son immanence propre, pour laquelle Locke et Kant refonderont la notion d'*experience/Erfahrung*), que dénotent successivement les termes de* mens *traduit en français par « esprit » ou de* mind *traduit en allemand par* Gemüt *et* Seele. *Mais cette problématique est aux prises avec les limitations de son propre intellectualisme ou mentalisme, décelable tantôt dans l'ordre du signe et de la communication, tantôt dans celui de l'affectivité ; en surgit comme un « reste de l'âme » en contradiction avec le mouvement général de dé-substantialisation de la réalité mentale, que rendent les fluctuations du langage et qui prépare les révolutions de la pensée contemporaine (notamment en psychanalyse, paradoxalement sans doute plus proche que ne le fut jamais la pensée métaphysique de la façon dont les Grecs avaient problématisé l'insistance du corporel dans le psychique).*

L'opposition entre discours cartésien et lockien montrera que, si les fluctuations de Descartes entre le langage de l'« âme » et celui de l'« esprit » pour traduire en français son propre concept de mens *entourent en quelque sorte l'idée centrale d'une certitude de soi-même en première personne (*ego sum res cogitans*) radicalement dénuée d'intériorité (sauf dans la forme d'une « image du corps » intérieure à la pensée elle-même), cette intériorité (ou ce « pli » de la* reflection*) est au contraire l'objet même du système des corrélations établies par Locke entre les trois concepts fondamentaux (et fondateurs du « psychologisme » philosophique) que sont* mind, consciousness *et* self, *tous, au fond, intraduisibles à la rigueur.*

Autour de cette opposition centrale, on poursuivra l'étude des rapports entre divergences linguistiques et déplacements de l'aporie philosophique de la « pensée de la pensée » par l'étude des cas particulièrement significatifs de Spinoza, de Leibniz et de Berkeley qui illustrent des directions opposées dans lesquelles l'âge classique cherche à combiner la réflexion sur le pouvoir de représentation et sur l'autonomie de l'individu sujet du vouloir, soit du côté de l'immanence, soit du côté de la transcendance, affectant ainsi la terminologie de l'« esprit » d'une irréductible polysémie.
Enfin, parvenus de cette façon au seuil de la modernité, on situera en contrepoint les débats autour de l'idée de Philosophy of Mind, *suscités par le travail de la pensée anglo-saxonne contemporaine et donc indissociables de néologismes de sens difficiles à rendre dans d'autres langues que l'anglais très idiomatique de la tradition analytique. Mais, là encore, on montrera que des tensions sont à l'œuvre, en particulier celle qui oppose le grand retour du point de vue psychologiste (devenu indissociable du débat sur les divers degrés de « physicalisme » ou de « réductionnisme » autorisés par la* cognitive psychology *à base neurophysiologique) à la critique wittgensteinienne et à ses interprétations logico-anthropologiques qui prolongent en quelque sorte dans le langage du* mind *une certaine problématique frégéenne du* Geist *au sens de « pensée des contenus » et aboutissent à une paradoxale dépsychologisation de la psychologie. Il pourrait sembler qu'on ait affaire ici à une répétition de l'opposition entre cartésianisme et psychologisme lockien, à ceci près que, chez les « philosophes de l'esprit », l'intériorité de* mind *s'est au fond retournée en extériorité observable et que la dimension d'expérience est plutôt passée, chez Wittgenstein, du côté d'une* praxis [πρᾶξις] *: celle des usages de la langue dont la description des manifestations de l'esprit est elle-même dépendante. Il ne s'agit donc pas tant d'une répétition que d'une relance, dont les formulations s'inscrivent désormais dans le cadre d'un seul idiome dominant et de ses traductions nationales plus ou moins approximatives.*

I. LE « MENTAL » : UN FOURRE-TOUT ?

Dans les langues modernes, la notion de « mental » (venue du bas latin *mentalis*, lui-même dérivé de *mens*, désignant la partie supérieure ou, pour la théologie chrétienne, immortelle, de l'âme, *anima*) en est venue à recouvrir un vaste domaine d'expériences ou de phénomènes que notre dualisme spontané oppose au champ du physique ou du biologique. En dehors de ses usages familiers comme adjectif substantivé (« l'équipe de France de rugby a un mental d'acier »), elle est plus ou moins rigoureusement identifiée au terme savant de *psychique*, qui lui fait concurrence (en particulier dans le discours psychanalytique, mais Freud lui-même employait de façon à peu près équivalente les expressions de « *seelischer Apparat* » et de « *psychischer Apparat* », l'un et l'autre rendus dans les traductions françaises par « appareil psychique », parfois par « appareil mental »). Elle a certainement bénéficié de l'étayage que lui confère son association en anglais avec le mot *mind*, de même étymologie que *mens* (*memini* : se souvenir, faire venir à l'esprit, voir MÉMOIRE), récurrent dans la discussion du *Mind-Body Problem*, c'est-à-dire dans la problématique des correspondances psycho-physiques ou psychophysiologiques qui forme l'horizon du cognitivisme contemporain.

♦ Voir encadré 1.

Cette uniformisation tendancielle ne doit pas nous cacher que le « mental » est un fourre-tout, aussi bien du point de vue logique que du point de vue philologique. Il a progressivement capté des chaînes sémantiques distinctes les unes des autres depuis l'Antiquité, dont les unes concernent les parties du vivant et son comportement, les autres la structure, la hiérarchie et la destinée des âmes, d'autres encore les phénomènes de conscience et leur rapport avec les processus intellectuels et la perception de l'identité personnelle. D'une langue à l'autre, le regroupement des significations du mental, caractéristique de ce qu'on peut appeler le psychologisme moderne dans la culture européenne (y compris dans la forme d'un psychologisme transcendantal), ne s'est pourtant pas effectué de la même façon, en particulier parce que chaque langue a son propre fond de désignation des puissances de pensée et d'imagination, ou de l'intériorité du soi (ainsi en italien l'*ingenio*, ou en allemand le *Gemüt* : voir INGENIUM, GEMÜT).

On aura une idée des discordances qui résultent de ce processus complexe en se reportant aux subdivisions données par le *Kant-Lexicon* pour le terme *Seele* chez Kant :

> 1. « ÂME [SEELE] : [N.d.T. : « âme » peut également traduire le terme de « Gemüt », pour signifier spécifiquement l'aspect « sentant » de la « psychê », plutôt que son aspect « pensant » ; cf. ESPRIT <GEMÜT>.] » ;
> 2. « ESPRIT [GEMÜT] : [N.d.T. : *Gemüt* peut aussi, selon les contextes, se traduire plus justement par « âme » — cf. ÂME <SEELE>] » ;
> 3. « ESPRIT [GEIST] : ... » ;
> 4. « ESPRIT [WITZ] : ... ».
>
> R. Eisler, *Kant-Lexicon*, trad. fr. A.D. Balmès et P. Osmo, Gallimard, 1994.

Or *Geist*, *Gemüt* et *Witz* ne sont évidemment pas plus des subdivisions de la signification englobante qu'indiquerait le français « esprit » (même s'il est arrivé à Kant de se référer aux usages français de ce terme) que la signification de l'« âme » ne se répartit entre *Seele* et *Gemüt*.

De la même façon, on sait que le français est amené à traduire identiquement par « âme » les termes latins *animus*, *anima* et *mens*, mais qu'il traduit aussi *mens* par « esprit », créant une équivoque avec *spiritus* (alors que les Anglais ont *the mind*, les Italiens et les Espagnols *la mente*). L'allemand *Geist* est rendu en anglais soit par *spirit* soit par *mind* (sans parler de *ghost*), d'où les deux traductions successives du titre de Hegel : l'une psychologisante (*The Phenomenology of Mind*, 1910, trad. fr.

J.-B. Baillie, révisée en 1931, qui dans le corps du texte est amenée à redoubler le terme en liaison avec l'adjectif *spiritual* : « *With this we already have before us the notion of* Mind *or* Spirit », début du chap. IV), l'autre théologisante (*Phenomenology of Spirit*, 1977, trad. A.V. Miller). Enfin nous avons deux termes en français (« âme » et « esprit ») là où l'anglais en a trois (*mind*, *soul* et *spirit*), voire quatre avec l'archaïque *wit* (voir encadré 1, « "Mind", "soul"... l'exemple de Hume ») — de là un certain nombre de difficultés telles que, entre autres, l'équivoque de la notion de « philosophie de l'esprit » par laquelle on rend la nouvelle *philosophy of mind*.

♦ Voir encadré 2.

On peut suggérer que ces décalages expriment eux-mêmes des conceptions ou perceptions différentes de la chose mentale, à la fois enracinées dans la culture et conceptualisées par l'histoire de la philosophie. Une telle représentation, qu'on peut assortir d'une philologie précise, n'en est pas moins discutable à plusieurs égards.

En premier lieu, elle suppose ce qui est en question : l'autonomie relative, l'unité d'horizon et la permanence d'un domaine du mental ou du psychique auquel se rapporteraient et que serviraient à décrire les mots grecs, latins, allemands, français, etc., entre lesquels s'établit un réseau de traductions approximatives. Un des apports fondamentaux des analyses d'Onians à cet égard (dans son grand livre sur *Les Origines de la pensée européenne sur le corps, l'esprit, l'âme, le monde, le temps et le destin*) est évidemment de remettre en question ces postulats, tout en apportant des lumières passionnantes sur les conceptions anthropologiques et cosmologiques recouvertes à l'origine par certains mots (*phrên* [φρήν], *thumos* [θυμός], *anima*, *genius*, etc.). En d'autres termes, différents schèmes corporels, même si le souffle est privilégié, peuvent induire la notion d'âme (voir encadrés 3 et 4).

En second lieu, elle ne peut désigner le signifié de référence ou l'horizon général des complémentarités et des substitutions qu'au moyen d'expressions qui appartiennent elles-mêmes à ce champ et qui traduisent une certaine façon, historiquement datée, théoriquement construite, de penser son organisation. Il en va ainsi évidemment des expressions modernes telles que *vie* ou *réalité mentale*, *psychisme*, *vie psychique*, etc.

Enfin, troisièmement, elle néglige ou marginalise les effets paradoxaux qu'attestent tous les dictionnaires, àsavoir le fait que, sur la durée, un terme donné dans une

1

« Mind », « soul », « spirit », « body » : l'exemple de Hume

L'anglais dispose de trois mots : *mind, soul, spirit*, pour dire « esprit » ou « âme » là où le français n'en a que deux. Les textes modernes qui traitent de l'esprit, dans une perspective qui n'est pas religieuse, accordent une nette préférence à *mind*. Mais il faut reconnaître que les trois termes sont assez largement substituables, d'autant que, comme en français, il existe des expressions devenues quasi syntagmatiques (ainsi, on parle de « *passions of the soul* » [Hume, *A Treatise of Human Nature*, p. 395], et non de « *passions of the mind* », aussi facilement que l'on dit en français « passions de l'âme », c'est-à-dire sans penser au sens religieux ou à la valeur morale de *soul*). On s'intéressera ici avant tout à l'exemple de Hume, à la fois très représentatif de la problématique classique et privilégié pour comprendre ses prolongements au sein de la philosophie contemporaine.

Si l'on tente de pénétrer les intentions du philosophe, on voit se répartir les sens avec quelque insistance de la façon suivante :

Mind s'oppose à *spirit* par le rapport différent qu'il entretient avec *body*. On ne compte plus chez Hume les occurrences des expressions « *mind or body* » (*ibid.*, p. 439) ou « *mind and body* » (*ibid.*, p. 453, 489), qui impliquent, sinon une identité de l'âme et du corps, du moins la possibilité d'une similitude de traitement théorique, à laquelle répond une certaine ressemblance du côté des objets. On dirait plus difficilement « *spirit and body* » ou « *spirit or body* », puisque, précisément, *spirit* est l'indication d'un principe non physique en l'homme ou d'une appartenance à une réalité non matérielle, voire immatérielle.

Mind et *body* se rapprochent par une certaine ressemblance, sinon une communauté, de « *frame and constitution* [structure et constitution] » (*ibid.*, p. 488, 583). Comme le corps est un système d'organes, *mind* est un ensemble intégré de lois de perceptions, soit d'impressions et d'idées, dont les limites ne sont pas plus fixées que l'ectoderme ne marque avec précision l'extrémité d'un corps dans son milieu ou n'indique la surface qui assure le passage à l'extérieur de ce corps. Lorsque Hume affirme que « les hommes *(mankind)* ne sont qu'un faisceau ou une collection de perceptions différentes, qui se succèdent avec une rapidité inconcevable et sont dans un flux et un mouvement perpétuels » (*ibid.*, p. 252), il rejoindrait, lointainement avec *men*, compris dans *mankind*, un très vieux sens du mot *mind*, qui lui permet de problématiser les limites de cette collection, son soi et son incorporéité. Les dictionnaires d'étymologie soulignent en tout cas la possibilité que l'anglais *mind* trouve son origine dans l'indo-européen *men* ou *man*, qui signifie « faire usage de son esprit », « penser » (voir MÉMOIRE). C'est le cas, par exemple de *The Oxford Dictionary of English Etymology* (C.T. Onions [éd.], Oxford, Clarendon Press, 1992, p. 577) ; c'était déjà celui de *Origins. An Etymological Dictionary of Modern English* (E. Partridge [éd.], Londres, Routledge, 1966, p. 404). Ce dernier dictionnaire, tout en soulignant que la dérivation de *man* (homme) à partir de *man* (penser) est discréditée, n'en ajoute pas moins qu'on peut en prouver le caractère correct. La seconde édition de *The Oxford English Dictionary*, vol. 11 (J.A. Simpson et E.S.C. Weiner [éd.], Oxford, Clarendon Press, 1991, p. 284), adopte une position très voisine. *The Barnhart Dictionary of Etymology* (R.K. Barnhart [éd.], Bronx (N.Y.), The H.W. Wilson Company, 1988, p. 627) ne disait pas autre chose. C'est le fonctionnement des lois qui fait la vérité des limites du *mind*, lequel n'a pas par soi de bornes.

Pour que *spirit* retrouve le sens matériel qu'il avait à l'origine — Bentham rappelle, dans *Chrestomathia*, sa proximité avec le « souffle », *spiritus* —, il faut qu'il soit au pluriel ; alors, sous la forme de *spirits* (Hume, *op. cit.*, p. 420, 421, 422, 423, 447), il trouble souvent les traducteurs qui, égarés par l'expression « *to be in high spirits* » (« être en train ») ou « *in low spirits* » (être « abattu »), oublient le sens matériel que peuvent avoir les « esprits animaux » qu'on imaginait, souvent encore au XVIIIe siècle, circuler dans nos nerfs.

Mind est le terme qui valorise le moins le psychisme et qui permet de s'en tenir le plus étroitement à la sobriété descriptive et expli-

langue, par exemple *Gemüt* en allemand, est susceptible de recevoir à peu près tous les équivalents dans chacune des autres : âme, caractère, esprit, pensée, humeur... (un prodigieux exemple, qui pourrait servir ici d'emblème, étant fourni par le cas du basque *gogo* — voir GEMÜT, GOGO), et le fait que les oppositions paradigmatiques ne cessent de renverser leur valeur (par ex. « âme » et « esprit » quant à l'immanence et à la transcendance, à la matérialité et à l'immatérialité).

Nous ne discuterons pas ici en totalité, dans les différentes langues européennes, l'évolution de la terminologie de l'« âme » et de l'« esprit », pour montrer comment elle s'est sédimentée et renouvelée depuis l'Antiquité jusqu'à nos jours, ainsi que les problèmes de transferts ou d'équivalences qui en sont résultés (voir ENTENDEMENT, et INTELLECT, INTELLECTUS). Mais nous nous attacherons à étudier deux moments classiques, immédiatement consécutifs, aussi décisifs l'un que l'autre pour la formation de la terminologie du « mental », bien qu'ils s'avèrent pratiquement très hétérogènes : l'embarras de Descartes entre plusieurs langues et plusieurs « âmes », et l'invention lockienne du « *mind* » — premier grand essai pour définir « l'intériorité » de la pensée, immédiatement accessible à elle-même, que l'Antiquité n'avait située que comme un idéal divin de sagesse ou un au-delà de la mort, et que la philosophie ou la psychologie et la neurophysiologie contemporaines ont, semble-t-il, perdue à nouveau, soit dans les profondeurs de l'inconscient, soit dans l'objectivité du comportement (*behavior*) et de l'activité neuronale (*brain processes*).

♦ Voir encadrés 3 et 4.

Notre hypothèse est que les « difficultés de traduction » sont caractéristiques d'un « seuil » de la modernité, qui s'étend en gros de Descartes à Hegel, et dont les moments lockien, humien, kantien doivent être considérés comme décisifs. Car pour ce qui concerne la « psychologie » ou la « noologie » de l'Antiquité, ou bien elle a été transmise du grec et du latin selon une terminologie qui fait désormais partie de l'histoire, ou bien elle ressortit d'un problème plus général, dont nous commençons seulement à prendre la mesure (cf. à nouveau Onians et l'encadré 3) : celui des conceptions de l'animal humain propres à une civilisation dont les expériences et par conséquent les modes de pensée sont désormais très éloignés de nous (ce qui ne veut pas dire qu'ils ne sont pas susceptibles d'être repensés et réactualisés). Et

1

cative. En revanche, *spirit* est d'abord un terme de valorisation, contre la matérialité, contre la dépendance à l'égard de lois, contre la spatialité et la temporalité. On dit plus facilement « *in* ou *into the mind* » (*ibid.*, p. 420, 421, 426, 441, 446, 453), « *out of the mind* », voire « *on* ou *upon the mind* » (p. 410, 422, 473, 527), que « *in the spirit* » ou « *out of the spirit* », expressions qui deviendraient franchement absurdes tant la notion de *spirit* implique une réelle séparation d'avec le corps. La vocation abstraite de *spirit* se voit particulièrement dans la difficulté de dire « *human spirit* », alors que le français contraint le locuteur à parler d'« esprit humain » et qu'il est facile, jusqu'à la redondance s'il faut en croire la racine indo-européenne invoquée plus haut, de parler de « *human mind* » (p. 423). Qu'on le soutienne avec sérieux ou avec ironie, les hommes partagent *spirit* avec les anges.

La vocation métaphysique de *soul* est différente de celle de *spirit*, en ce qu'elle joue moins sa partie dans une opposition de substances que dans une considération de destinée, avec une connotation religieuse beaucoup plus marquée (encore que Hume parle de « *supreme spirit or deity* »). On ne parle jamais d'*immortality* ou d'*immateriality of the mind*, mais de l'*immortality of the soul* ou de son *immateriality* (*ibid.*, Livre I, part. 4, sec. 5). La *nature of the soul* fait explicitement l'objet de « *metaphysical disputes* » (p. 236) ; ce n'est pas exactement le cas de *mind*, ni même de *spirit*. Ce sont les *human souls* qui se correspondent (p. 592) ; ce sont elles qui ont une « simple essence ». En revanche, le *mind* ne connaît qu'une évolution par étapes, configurations et situations dont une dynamique peut rendre compte. « [*The*] *mind runs along a certain train of ideas* [L'esprit parcourt une certaine suite d'idées] » (p. 406) ; « *the mind naturally runs on with any train of action, which it has begun* [l'esprit suit naturellement le cours de toute série d'actions qu'il a commencée] » (p. 565). *Mind* se confronte topiquement à *spirit*, dynamiquement à *soul*.

Enfin, loin de s'opposer à ses objets, le *mind* aurait tendance à les soumettre aux lois qui le régissent lui-même. C'est ainsi que l'on peut voir le *mind*, dans sa besogne théorique, qui « *balances contrary experiments* [pèse des expériences contraires] » (p. 403) ; on ne verrait guère la *soul* ou le *spirit* se prêter à un pareil mimétisme à l'égard de leurs objets.

La valorisation de *soul* ou de *spirit* pour désigner l'esprit, par rapport à *mind*, se lit encore dans la façon de parler de la force spirituelle. Si physique soit-il, le mot *strength*, qu'on emploie pour qualifier la vigueur d'un corps, s'applique néanmoins plus souvent à *spirit* et à *soul* qu'à *mind* (p. 433, 434, 435), en raison de son relatif archaïsme par rapport au terme de *force*, lequel est ressenti comme solidaire d'une dynamique moderne susceptible de s'appliquer de préférence à *mind* et à la découverte de ses lois. Le mot *force* est moins valorisé, moins chargé d'affect et lié à l'affectivité que *strength* ou que *vigour*, de la même façon que *mind* l'est moins que *spirit* ou *soul*, qui restent solidaires d'une philosophie intimée par l'affectivité et par les valeurs morales. À *soul* les vieilles vertus aristocratiques de *vigour*, de « *courage and magnanimity* » (p. 434), et le soin de débusquer des adversaires à sa mesure pour chercher une grandeur à laquelle le philosophe du *mind*, lecteur de Cervantès, ne croit plus guère (p. 435).

Jean-Pierre CLÉRO

BIBLIOGRAPHIE

BENTHAM Jeremy, *Chrestomathia*, éd. M.J. Smith et W.H. Burston, Oxford, Clarendon Press, 1983 ; trad. fr. J.-P. Cléro, in *L'Unebévue*, septembre 2002.

HUME David, *A Treatise of Human Nature* [1739-1740], éd. Selby-Bigge, Oxford, Clarendon Press, 1978 ; *Traité de la nature humaine*, Flammarion, « GF », 3 vol. (1er vol. [Livre I], trad. fr. P. Béranger et P. Saltel, 1995 ; 2e vol. [Livre II], trad. fr. J.-P. Cléro, 1991 ; 3e vol. [Livre III], trad. fr. P. Saltel, 1993).

pour ce qui concerne les disciplines contemporaines, on peut admettre que la traduction de leur terminologie est largement affaire de convention (du moins à l'intérieur de l'aire européenne ou occidentale), même s'il peut être éclairant de comprendre les connotations de certains termes dans leur langue d'origine (voir l'encadré 6 sur Wittgenstein et la « *philosophy of mind* »).

En revanche, pour ce qui concerne la métaphysique de l'âme et de l'esprit, de la *mens* et du *mind*, de l'*ingenium*, du *Gemüt* et du *Geist* à l'Âge classique, l'intraduisible ou l'imparfaitement traduisible exprime bel et bien l'affrontement des stratégies mises en œuvre pour « penser la pensée » dans le contexte d'une anthropologie révolutionnaire. « *Homo cogitat* », pose axiomatiquement Spinoza au début de la IIe partie (*De mente*) de l'*Éthique* :

2

L'équivocité de l'expression « philosophie de l'esprit »

L'expression « philosophie de l'esprit » désigne en français deux orientations théoriques étrangères l'une à l'autre (Pascal Engel, *Introduction à la Philosophie de l'esprit*). La première renvoie à la doctrine de philosophes attachés au dualisme entre l'esprit et la matière tels que Louis Lavelle et René Le Senne. De ce point de vue, une philosophie matérialiste de l'esprit serait une contradiction dans les termes. La seconde désigne un champ thématique davantage qu'une doctrine — le mental, et non plus le spirituel. La philosophie de l'esprit prise en ce sens s'intéresse à la nature des phénomènes mentaux et à leurs relations avec le comportement ; plus récemment, elle examine également leurs relations avec les phénomènes cérébraux. La philosophie de l'esprit ainsi entendue a toujours constitué un domaine d'intérêt philosophique — ainsi de l'analyse des facultés (sensibilité, mémoire, imagination) ou des relations entre le corps et l'esprit. Toutefois un domaine ne s'est constitué explicitement sous cette appellation que dans la seconde moitié du XXe siècle, dans le sillage de la philosophie du langage.

Le terme de philosophie de l'esprit reste cependant aujourd'hui encore sujet à équivoque, dans la mesure où il recouvre deux types très différents de réflexions (ces deux types recouvrant eux-mêmes, comme on peut s'y attendre, des styles d'argumentation très hétérogènes). Un premier courant, qui s'inspire de la tradition dite du langage ordinaire ou de la phénoménologie de Husserl, conçoit la philosophie de l'esprit comme une analyse purement conceptuelle fondée sur l'expérience et la compréhension communes des états de conscience (Ryle, *The Concept of Mind*, Hornsby, *Simple Mindedness*). L'autre estime que la philosophie de l'esprit ne peut se développer fructueusement qu'en intégrant à sa réflexion les connaissances scientifiques sur l'esprit et le cerveau (Engel, *op. cit.*). Le rejet par Willard Van Orman Quine (« Two dogmas of empiricism ») de la distinction entre énoncés analytiques, vrais en vertu de leur sens, et énoncés synthétiques, vrais en vertu de l'expérience, a poussé de nombreux philosophes analytiques à se tourner vers les sciences cognitives pour poser les problèmes classiques de philosophie de l'esprit (comme la nature de la connaissance de soi ou de la représentation) d'une manière qui soit enrichie par, et compatible avec, les données de ces sciences. Certains phénoménologues bravent aujourd'hui l'antipsychologisme de Husserl en s'efforçant de naturaliser (*naturalize*) le concept de conscience (Petitot *et al.*, *Naturalizing Phenomenology*).

Le développement des sciences cognitives a certainement favorisé l'épanouissement d'une philosophie de l'esprit naturaliste en mettant à la disposition du philosophe des données stimulant sa réflexion sur la nature du mental. Il ne faut pas pour autant confondre la philosophie de l'esprit naturaliste avec la philosophie de la psychologie (« *philosophy of psychology* »), ou la philosophie cognitive (« *cognitive philosophy* »). La première produit des arguments orginaux destinés à naturaliser les concepts philosophiques traditionnels (Rey, *Contemporary Philosophy of Mind*) ; la seconde propose une évaluation critique des analyses et des méthodes appliquées en psychologie (Grünbaum, *Validation in the Clinical Theory of Psychoanalysis*). La troisième participe directement à l'activité scientifique en contribuant à l'évolution des concepts ou en proposant des schémas expérimentaux (Dennett, *Consciousness explained*).

Joëlle PROUST

BIBLIOGRAPHIE

DENNETT Daniel C., *Consciousness Explained*, Boston, Little, Brown & Company 1991 ; *La Conscience expliquée*, trad. fr. P. Engel, Odile Jacob, 1993.

ENGEL Pascal, *Introduction à la Philosophie de l'esprit*, La Découverte, 1994.

GRÜNBAUM Adolf, *Validation in the Clinical Theory of Psychoanalysis*, Madison, International UP, « Psychological Issues » 61, 1993.

HORNSBY Jennifer, *Simple Mindedness, In Defense of naive Naturalism in the Philosophy of Mind*, Cambridge (Mass.), Harvard UP, 1997.

PETITOT Jean, VARELA Francisco et PACHOUD Bernard (dir.), *Naturalizing Phenomenology*, Stanford UP, 2000.

QUINE Willard Van Orman, « Two Dogmas of Empiricism », in *From a Logical Point of View*, New York, Harper and Row, 1953, p. 20-46 ; trad. fr. P. Jacob, in *De Vienne à Cambridge, L'héritage du positivisme logique de 1950 à nos jours*, Gallimard, 1980, p. 87-112.

REY Georges, *Contemporary Philosophy of Mind*, Oxford, Blackwell, 1997.

RYLE Gilbert, *The Concept of Mind*, London, Hutchinson & Co, 1949 ; *La Notion de l'esprit*, trad. fr. S. Stern-Gillet, Payot, 1976.

OUTILS

CRAIG Edward (dir.), *Routledge Encyclopedia of Philosophy*, Londres-New York, Routledge, 1998.

GUTTENPLAN Samuel (dir.), *A Companion to the Philosophy of Mind*, Oxford, Blackwell, 1994.

mais que signifie donc « penser » ? et qu'est-ce au juste qui pense en « l'homme » ? Ces questions, certes, ne sont plus tout à fait les nôtres. Nous ne saurions pour autant affirmer qu'elles aient disparu de notre horizon. Ce n'est nullement un hasard si elles sont ainsi posées — dans cette diversité — au moment où la philosophie sort d'une uniformité linguistique au moins apparente pour passer au(x) vernaculaire(s) et viser une nouvelle universalité qui les englobe (en sorte que le latin lui-même, chez Descartes ou Spinoza, devient un idiome parmi d'autres).

II. L'EMBARRAS DE DESCARTES ENTRE PLUSIEURS « ÂMES »

A. La réciprocité latin-français

Avec Descartes, on peut espérer sans doute trouver une situation simple. Au centre de sa métaphysique figure une formule énoncée dans le *Discours de la méthode*, reprise dans les *Méditations* à l'occasion de la traduction française : « ce moi, c'est-à-dire mon âme, par laquelle je suis ce que je suis ». Mais comment penser, à la lettre, cette étrange équivalence ? L'évidence textuelle risque d'être compliquée par le fait que Descartes écrit en deux langues, entre lesquelles existe notoirement un décalage terminologique dans le champ de la psychologie.

Il importe de bien comprendre que le rapport de Descartes à ces deux idiomes n'est pas unilatéral, mais circulaire ou réciproque. Le philosophe qui se prénomme lui-même tantôt *René* tantôt *Renatus* n'a pas écrit (et pensé) d'abord en latin pour se traduire ensuite en français, mais il n'a pas non plus écrit d'abord en français pour chercher par après, à des fins de communication, un équivalent latin de sa pensée. On se convaincra aisément que, si le français de Descartes retient des tours de rhétorique

3

Les Grecs d'Onians : « thumos », « âme-sang » et « psukhê », « âme-souffle »

L'un des effets du travail d'Onians est de contraindre à retraduire les textes anciens, en particulier homériques et tragiques : on ne devrait plus pouvoir tolérer par exemple que le cri répété des Érynies dans les *Euménides* d'Eschyle, *thumon aie, mater Nux* [θυμὸν ἄιε, μᾶτερ Νύξ], littéralement « inspire-moi du souffle, mère Nuit », soit encore rendu par « Entends-moi, ô Nuit » (trad. fr. P. Mazon, *Eschyle*, t. 2, Les Belles Lettres, 1972). Toute la méthode d'Onians, à la différence de celle de Bruno Snell par exemple, consiste à entendre de manière radicalement non métaphorique les mots et les expressions qui servent à dire le corps, et donc — c'est l'ordre de consécution adopté dans son ouvrage et souligné par son titre même — l'esprit, l'âme, le monde, le temps et le destin. Deux caractéristiques connexes sont ainsi mises en évidence : d'une part, les pensées et les émotions sont enracinées dans le corps, soit, en langage moderne, il n'y a pas de séparation entre *res cogitans* et *res extensa* ; d'autre part, ce corps n'est pas tout à fait le nôtre, nous n'avons plus les mêmes organes que les héros homériques. D'où, cette fois, plus que des traductions à refaire : des traductions impraticables.

Maniant l'étymologie avec les *cross-references* comme un détective, Onians part « à la recherche du siège de la conscience ». La partie spirituelle de notre être, pensée, intelligence, esprit, se dit d'abord *thumos* [θυμός], « selon toute apparence quelque chose de vaporeux », un « souffle », une « vapeur » nourrie du bouillonnement du sang, une « âme-sang » (cf. 1re partie, chap. 2, « La matière de la conscience », en particulier p. 39-40). Il rapproche *thumos* de *thumiaô* [θυμιάω], « fumer » (Chantraine évoque plutôt *thuô* [θύω], avec un *ū* long, « s'élancer avec fureur », comme le vent par exemple, et le distingue de *thuô* [θύω], « sacrifier », qui se dit au premier chef des offrandes que l'on brûle et qui fument). Le *thumos* dénote le cœur, l'ardeur, le courage, l'élan combatif du héros ; chaud, il est contenu dans les *phrenes* [φρενές] et les *prapides* [πραπίδες], qui désignent non pas le « diaphragme » comme on traduit souvent, ni le « péricarde » (LSJ propose pour *phrên* : *midriff, heart, mind,* et *will, purpose* ; pour *prapides* : *midriff, diaphragm,* et *understanding, mind*), mais plutôt les « poumons », serrés, touffus, non moins que poreux, spongieux (1re partie, chap. 3, « Les organes de la conscience », en particulier p. 55, 68) ; le *thumos* est détruit et brisé par la mort. Proche du *thumos*, l'*êtor* [ἦτορ], situé dans les *phrenes* mais aussi dans ce qui paraît désigner indistinctement le cœur ou l'estomac (un organe nommé *kardia* [καρδία], *kradiê* [κραδίη]), est responsable de la respiration, du battement du cœur et du pouls, et stimulé par les émotions, il rit, et comme au *thumos*, on lui parle quand on se parle (Onians, p. 105 ; voir CONSCIENCE, encadré 1).

Tous deux se distinguent de la *psukhê* [ψυχή], une autre manière de dire le souffle, au sens cette fois de respiration, d'haleine (racine **bhes-*, souffler, comme pour *phêmi* [φημί], dire) : cette « âme-souffle », par différence avec l'« âme-sang » qu'est le *thumos*, est froide et située dans la tête ; elle désigne en particulier chez Homère l'âme séparée des morts, qui s'échappe telle une fumée (*Iliade*, XXI, 100), s'envole telle une phalène, une chauve-souris (*Odyssée*, XXIV, 6), un songe (*ibid.*, XI, 222), pour séjourner comme *eidôlon* [εἴδωλον], « fantôme » qui conserve la forme, « image » (voir EIDOS et MIMÊSIS) et comme *skia* [σκιά], « ombre », dans l'Hadès (Onians, 2e partie, chap. 1, p. 119-123 ; cf. la *Nekuia, Odyssée*, XI, où V. Bérard [t. 2, Les Belles Lettres, 1933] rend régulièrement *psukhê*, comme *skia*, par « ombre », et *thumos* par « âme », 204-224 par ex.).

Le *noos* [νόος] ou *nous* [νοῦς] enfin (Onians le rapproche de *neomai* [νέομαι], « je vais », *neô* [νέω] « je nage »), souvent décrit comme « dans » le *thumos*, sert à le définir « comme [...] un courant consiste en, mais aussi définit, contrôle l'air ou l'eau » (Onians, p. 107) ; si bien qu'il est valorisé comme « intelligence, intellect », tout en étant moins manifestement matériel que les *phrenes*. C'est au fond quelque chose comme un « courant de conscience », qui perçoit au moyen des sens (« C'est le *nous* qui voit et c'est le *nous* qui entend ; tout le reste est sourd et aveugle », Épicharme, fr. 249 Kaibel, cité par Onians, p. 108 ; voir ENTENDEMENT, encadré 1).

Confusions d'organes, distinctions « mentales » pour nous indiscernables : le monde d'Homère peut expliquer le nôtre (il permet, souligne Onians, de comprendre ce que nous disons, les croyances qui perdurent dans nos expressions et nos gestes traditionnels — nous « buvons les paroles » de quelqu'un, un poète est « inspiré », le baiser au mourant ne fait jamais que recueillir la *psukhê* qui s'échappe, etc.), mais non s'y superposer.

Cette distance tient, en particulier, à ce que nous héritons de tout un retravail philosophique, qui, dès Platon et Aristote, hiérarchise et unifie les instances complémentaires en termes de *dunameis* [δύναμεις] relevant toutes de la *psukhê*, autrement dit en « facultés de

latine et transpose une terminologie venue des Anciens et de la scolastique (par ex. « sujet » pour *subjectum*, d'ailleurs rare), son latin très classique (plutôt celui des collèges jésuites que celui des universités) forge à l'occasion des expressions qui ont un arrière-plan français. Certains textes ont été écrits d'abord en latin, d'autres d'abord en français. Il n'y a pas entre eux de hiérarchie. Les traductions ont été effectuées dans les deux sens, en général sous le contrôle de l'auteur. Le décalage entre les idiomes vient surdéterminer l'expression d'une doctrine qui évolue au cours du temps, à mesure qu'elle se fixe en système et qu'elle se trouve confrontée à des questions ou objections imprévues.

Faut-il alors considérer que le rapport entre *mens*, *esprit* et *âme* pose un problème de traduction ? Si c'est le cas, Descartes lui a apporté une solution explicite, mais la question est de savoir s'il lui a été possible de s'y tenir de bout en bout. Il a rejeté en latin *anima* pour privilégier le mot *mens*, auquel il donne le sens de *res* (sc. *substantia*) *cogitans*. Lorsqu'il écrit en français, il emploie « âme » dans ce même sens, en dépit de l'étymologie, quitte à s'en expliquer. Mais dans les traductions du latin au français, il a autorisé « esprit » (en particulier dans le texte des *Méditations*, traduit par le duc de Luynes), bien que finalement ce soit l'équivalence *mens* = *âme* qui ait été en quelque sorte officialisée (*Réponses aux Objections*, *Principes de la philosophie*). Les difficultés, qui ne seront pas sans conséquences sur la postérité du cartésianisme, viennent cependant de quatre faits : (1) le mot *anima* n'est pas totalement proscrit, il figure dans le « paratexte » des *Méditations* ; (2) le terme *mens* induit lui-même des équivoques, car la signification que lui confère Descartes est contraire à la

3

l'âme ». La *psukhê* devient un terme générique qui coiffe le *nous* et le *thumos*, et supporte de nouvelles distinctions comme la *dianoia* [διάνοια] (littéralement « ce qui traverse le *nous* », et qu'on traduit par « intelligence, pensée, projet ») ou l'*epithumia* (littéralement « ce qui est sur le *thumos* » et qu'on traduit par « désir » ou « faculté désirante »). À travers la *République* et le *Timée*, s'organise une analogie de tripartition qui vaut à la fois pour la *psukhê* de chaque individu, pour son corps, et pour le corps social — ou faut-il dire l'âme sociale ? — qu'est la cité (*politeia* [πολιτεία], voir POLIS). En haut, le *logistique*, qui « décide » (*ho logos* [ὁ λόγος], *to logistikon* [τὸ λογιστικόν], *to bouleutikon* [τὸ βουλευτικόν], voir LOGOS), soit la tête, et donc les gouvernants ou le philosophe-roi, tout ce qui relève du *logos*, du *nous*, de la *dianoia*, de la décision rationnelle, voué à l'immortalité ; au milieu, l'humeur, l'ardeur, ou partie thymique (*to thumoeidês* [τὸ θυμοειδής]), soit la poitrine et le thorax, avec cœur, poumons, diaphragme, et donc les guerriers ou gardiens qui « viennent en aide » (*to epikourêtikon* [τὸ ἐπικουρητικόν]) ; en bas, la faculté désirante (*to epithumêtikon* [τὸ ἐπιθυμητικόν]), soit le bas-ventre entre diaphragme et nombril, et donc les producteurs et les commerçants, qui nourrissent et créent les richesses (*to khrêmatistikon* [τὸ χρηματιστικόν]). À chacun sa vertu : le haut est « sage » (*sophos* [σοφός]), le milieu « courageux », « viril » (*andreios* [ἀνδρεῖος]), et le bas « tempérant » (*sôphrôn* [σώφρων]) ; quant à la structure elle-même, elle est « juste » dans la mesure où chaque faculté, comme chaque entité, reste en place à sa place (cf. *République*, IV, 434c-444e ; IX, 580d-581e ; voir aussi la leçon d'anatomie du *Timée*, 69d-76e, et le mythe du *Phèdre*, 256a-b, 253c-254e). L'organique est ainsi devenu un organigramme éthico-politique.

Avec Aristote et les sciences naturelles, la hiérarchie interne à l'âme, et qui fait hiérarchie entre les âmes, devient le motif d'une hiérarchie des espèces. L'âme, dit très simplement Aristote, est « non pas corps, mais quelque chose du corps » (*sôma men gar ouk esti, sômatos de ti* [σῶμα μὲν γὰρ οὐκ ἔστι, σώματος δέ τι], *De anima*, II, 2, 414a 20-21). À tel corps déterminé, relevant d'un genre et d'une espèce déterminés, correspond une âme dotée de telle faculté ou potentialité, et pas nécessairement de toutes. Ainsi les plantes (*ta phuta* [τὰ φυτά], ce qui pousse) ont seulement la « faculté nutritive » (*to threptikon* [τὸ θρεπτικόν]). Certains vivants (*ta zôia* [τὰ ζῷα], voir ANIMAL) ont aussi la « faculté sensitive » (*to aisthêtikon* [τὸ αἰσθητικόν]) et, du même coup, impliquée par le toucher, la « faculté appétitive » (*to orektikon* [τὸ ὀρεκτικόν]) qui comprend *epithumia* [ἐπιθυμία], *thumos* et *boulêsis* [βούλησις], le désir, l'ardeur et la volonté, c'est-à-dire très exactement la tripartition platonicienne, ainsi violemment concentrée sous l'appétit qui découle de la sensation). Certains animaux possèdent en outre la « faculté de se mouvoir selon le lieu » (*to kata topon kinêtikon* [τὸ κατὰ τόπον κινητικόν]). Enfin, un très petit nombre, les hommes en tout cas, possède aussi la « faculté pensante » (*dianoêtikon, logismon kai dianoian* [διανοητικόν, λογισμὸν καὶ διάνοιαν]) — « quant à la faculté théorétique (*peri de tou theôrêtikou* [περὶ δὲ τοῦ θεωρητικοῦ], intelligence ou intellect spéculatif), c'est une autre question… » (*De anima*, II, 3, 414a 29-415b 14).

Ces réinvestissements terminologiques témoignent de ce que la distance des Grecs aux Grecs, du corps héroïque à l'animal raisonnable, n'est pas moindre que celle des Grecs à nous.

Barbara CASSIN

BIBLIOGRAPHIE

ONIANS Richard Broxton, *The Origins of European Thought about the Body, the Mind, the Soul; The World, Time, and Fate*, Cambridge, Cambridge UP, 1951 ; *Les Origines de la pensée européenne sur le corps, l'esprit, l'âme, le monde, le temps et le destin*, trad. fr. B. Cassin, A. Debru et M. Narcy, Seuil, 1999.

SNELL Bruno, *Die Entdeckung des Geistes. Studien zur Entstehung des europäischen Denken bei den Griechen*, Göttingen, Vandenhoeck & Ruprecht, 1975 [1re éd. 1946] ; *La Découverte de l'esprit. La genèse de la pensée européenne chez les Grecs*, trad. fr. M. Charrière et P. Escaig, Éd. de l'Éclat, 1994.

OUTILS

CHANTRAINE Pierre, *Dictionnaire étymologique de la langue grecque*, nouv. éd. mise à jour avec un « Supplément au dictionnaire », Klincksieck, 1999.

tradition (augustinienne et thomiste, en particulier) ; (3) la fluctuation des traductions « autorisées » de *mens* entre *âme* et *esprit* n'est pas de pure convention : chacun des deux termes emportant des connotations qui touchent au cœur de la théorie, ce qui veut dire aussi que d'une certaine façon aucun des deux termes ne convient ; (4) pour finir *anima* reparaît dans la traduction latine de l'œuvre ultime, *Passiones animae* : traduction, il est vrai, posthume, mais dont il n'est pas possible de ne pas chercher les raisons dans l'ouvrage même.

B. L'« anima » toujours immortelle

L'examen des titres sous lesquels ont été publiées les *Méditations métaphysiques* ne laisse pas d'intriguer. En latin (1re édition, 1641) : *Renati Descartes Meditationes de prima philosophia in qua* [sic] *Dei exsistentia et animae immortalitas demonstratur* ; (2e édition, 1642) : *R. D. Meditationes de prima philosophia, in quibus Dei exsistentia et animae humanae a corpore distinctio demonstrantur* ; en français (1647) : *Les méditations métaphysiques de René Descartes touchant la première philosophie dans lesquelles l'existence de Dieu et la distinction réelle entre l'âme et le corps de l'homme sont démontrées*. Dans la suite du texte Descartes emploie systématiquement *mens*, y compris dans les titres intermédiaires (*Meditatio Secunda : De natura mentis humanae. Quod ipsa sit notior quam corpus* ; *Meditatio Sexta : De rerum materialium exsistentia, et reali mentis a corpore distinctione*) ; la traduction française rend systématiquement *mens* par « esprit », sauf pour ce dernier titre (*Méditation sixième : De l'existence des choses matérielles, et de la réelle distinction entre l'âme et le corps de l'homme*). La Lettre de dédicace « à Messieurs les Doyen et Docteurs de la Sacrée Faculté de Théologie de Paris » emploie également *anima*/âme, tandis que l'abrégé des *Méditations* fait alterner « *animae immortalitas* » et « *mentis immortalitas* ».

De ces éléments, on pourrait conclure que l'usage d'*anima* est une « *captatio benevolentiae* » à l'intention des théologiens, eux-mêmes imprégnés de scolastique. Sans écarter cette référence aux conditions de « l'art d'écrire » à l'Âge classique, on la complétera d'une interprétation intrinsèque. La formule la plus proche du contenu doctrinal des *Méditations* est évidemment celle qui se réfère à la « distinction réelle (c'est-à-dire substantielle) de l'âme/esprit et du corps », pour laquelle ne convient bien que *mens*, dans l'acception cartésienne. Le texte suggère que cette thèse est un préalable logique à la thèse de l'immortalité (ce qui n'est pas démontré). Mais de l'une à l'autre subsiste un saut que Descartes ne peut ni éluder ni réduire. Or seule l'expression « *animae immortalitas* » a vraiment un sens théologique reçu, et connote la « philosophie première » (comme l'indiquait le tout premier titre latin). Descartes ne pourrait en faire l'économie qu'en renonçant, non seulement à être entendu de l'orthodoxie, mais à un pan entier de sa doctrine (en particulier la thèse, dans la *3e* et la *4e Méditation*, d'une ressemblance des natures humaine et divine, peut-être aussi celle des « idées innées » placées en nous par Dieu comme autant de « semences de vérité »).

4

Âme, « nèfèš » [נֶפֶשׁ], « rūaḥ » [רוּחַ], « nešāmāh » [נְשָׁמָה] en hébreu

Le mot désignant l'âme, *nèfèš* [נֶפֶשׁ], dérive souvent de l'idée de « souffle », plus précisément de la respiration, du souffle vital dont la présence signale la vie, et qui quitte le corps au moment où l'on meurt, ou « expire ». Là-dessus, les langues sémitiques ne se distinguent en rien du grec. Le grec *psukhê* [ψυχή] est déjà spécialisé au sens d'« âme » lors de sa première occurrence écrite (*Iliade*, I, 3). En revanche, l'hébreu *nèfèš* est encore attesté en des sens concrets : « gosier » (Isaïe 5, 14a ; Proverbes 27, 7, etc.), ou « haleine » (Job 41, 13). Le mot n'est guère employé que pour l'homme ; on ne parle presque jamais de la *nèfèš* de Dieu. Cette âme est le siège de toutes les activités mentales, intellectuelles et affectives (cf. Maimonide, *Guide des égarés*, I, 41). Ce qui a une âme étant donc « animé », en vie, le mot s'emploie pour désigner la vie, comme on dit « ne pas laisser âme qui vive ». On emploie fréquemment le mot, comme on emploie aussi *'èṣèm* [עֶצֶם], « os », en guise de pronom réfléchi (1 Samuel 18, 1, etc.). Faire quelque chose à son âme, c'est se le faire à soi-même, à son *self*.

Le mot hébraïque pour « esprit », *rūaḥ* [רוּחַ], a une multitude de sens, que l'on s'est efforcé de distinguer chez les exégètes, mais aussi chez les philosophes (cf. Maimonide, *op. cit.*, I, 40 ; Hobbes, *Leviathan*, III, 34 ; Spinoza, *Tractatus theologico-politicus*, 1). L'étymologie permet d'y mettre un peu d'ordre : il signifie d'abord le vent. Il a encore ce sens-là où l'Évangile de Jean dit, en grec pourtant, que le *pneuma* [πνεῦμα] souffle où il veut (3, 8). Une vieille représentation voit d'ailleurs dans le vent le souffle de Dieu (Psaume 18, 16b). C'est cet enracinement météorologique qui permet, dans certains contextes, de distinguer *rūaḥ* de *nèfèš* : il s'agit d'un souffle extérieur à l'organisme. Mais du coup, justement, le mot se prête bien pour désigner ce qui vient du dehors, l'envahit et le remplit. Le dehors peut être l'Autre absolu ; c'est ainsi que l'on parle souvent de l'« esprit » de Dieu, presque jamais de son « âme ». Être rempli de l'esprit est le cas de certains individus extraordinaires : il fond sur le « juge », pour le rendre *berserk* à souhait : la plupart du temps pour l'aider à remplir son rôle politique de *dictator* qui sauve le peuple (Juges 3, 10 ; 6, 34 ; 11, 29), parfois dans une affaire privée (*ibid.*, 14, 6. 9). L'esprit repose sur le prophète (1 Samuel 10, 6). Le roi représente comme une institutionnalisation du *rūaḥ* : chez lui, les effets de l'esprit sont permanents (*ibid.*, 16, 13). L'idée d'inspiration artistique est discrètement annoncée. Elle est mise sur le compte, non pas d'une insufflation venant des Muses, comme en Grèce (Hésiode, *Théogonie*, 1, 31), mais de l'esprit divin, donné à Betsalel, artisan du temple (Exode 31, 3).

Nešāmāh [נְשָׁמָה], tiré d'une verbe signifiant sans doute « haleter » (Isaïe 42, 14), désigne lui aussi le souffle vital. Ainsi, Dieu insuffle en la forme humaine qu'il vient de modeler le souffle (*nešāmāh*) de vie, et l'homme devient une « âme » (*nèfèš*) vivante (Genèse 2, 7). Cependant, le mot ne se dit que des hommes, alors que *nèfèš* s'emploie aussi pour les animaux. On l'emploie aussi au sens de « être vivant » (Deutéronome 20, 16, etc.). Les Septante le rendent le plus souvent par *pnoê* [πνοή], « haleine ».

Rémi BRAGUE

C. « Mens », âme/esprit, et l'acte de l'« ego cogitans »

Quel est alors le problème que pose la signification du mot *mens,* et quel éclairage indirect les traductions par « âme » et « esprit » lui apportent-elles ? La même année 1644 voit la traduction latine du *Discours de la méthode*, où « âme » est rendue par *mens*, la rédaction des traductions françaises concurrentes des *Meditationes* par Luynes (qui rend *mens* par « esprit ») et par Clerselier (qui rend *mens* par « âme »), enfin la publication des *Principia* latins où Descartes donne à son système une expression « définitive ». Alors qu'il fixe en termes des plus nets son choix du couple *mens-âme*, en dénonçant dès 1641, dans une lettre à Mersenne, « l'équivoque » d'*anima* (qui confond un principe végétatif ou moteur avec une faculté de pensée, ramenant la *res cogitans* dans la sphère de « l'animation » et de « l'organisation » comme chez Aristote, où l'âme est la « forme du corps », dénonciation reprise et explicitée dans les *Réponses aux IIe et Ve Objections*), alors que les § 8 et 9 de la Première partie des *Principes* rassemblent sous le nom d'*âme* (*mens*) la totalité des modalités de la pensée (*cogitatio*), y compris la sensation, en tant qu'« actions » séparées du corps, on peut se demander pourquoi il accepte sans correction dans les *Méditations* la traduction par « esprit » (qui comporte aussi de paradoxales résonances corporelles : pensons aux « esprits animaux », à l'usage alchimique du terme dans le sens de « matière subtile », etc.).

On en aperçoit deux raisons. L'une, stylistique et philosophique, c'est que Descartes établit ainsi le lien entre les expressions caractéristiques de son métadiscours dans lesquelles se reflète la nature de l'activité ou exercice de pensée qu'est la « méditation » (en particulier « *mente concipere* » [concevoir en (mon) esprit], « *inspectio mentis* » [l'inspection de l'esprit], « *in ipsa mente* » [(idées trouvées) en l'esprit même], « *in meipsum mentis aciem converto* » [je fais réflexion sur moi], etc.) et les expressions du discours doctrinal portant sur la nature de la chose pensante. Paradoxalement, en français classique, seul le mot « esprit » permet de rendre le sujet de la méditation, c'est-à-dire la réalité ou l'effectivité (voire la performativité) de la pensée se pensant elle-même, que Descartes appelle aussi l'entendement (et que dans son premier essai inachevé, les *Règles pour la direction de l'esprit*, il avait appelé en latin *ingenium*). C'est le terme d'« âme » qui aurait ici, paradoxalement, une signification spiritualiste, voire mystique, comme ce sera le cas chez Malebranche.

Mais ceci débouche sur une raison plus profonde, qu'on peut essayer d'approcher négativement. En réalité, d'une certaine façon, aucun des deux mots « âme » et « esprit » ne convient vraiment, parce que *mens* chez Descartes ne désigne pas seulement la « substance » dont toute l'essence est de penser (ou dont l'essence se confond avec son « attribut principal », la *cogitatio*), mais connote également la présence du sujet dans sa pensée, ou le fait pour la pensée de ne saisir sa propre essence qu'en première personne. Il faudrait donc pouvoir désigner immédiatement par *mens*, ou par l'une de ses traductions, non seulement le sujet de la pensée en tant que « chose », mais le fait ou « l'acte » même du *cogito*, mieux encore de l'« *ego sum cogitans* ». Ce qui en toute rigueur est impossible, mais que Descartes n'a cessé de chercher à approcher par une série de formules tant latines que françaises, dont les deux plus remarquables sont celle du *Discours*, 4e partie, déjà citée (voir JE) : « ce moi, c'est-à-dire l'âme, par laquelle je suis ce que je suis », devenu dans la version latine : « *Adeo ut ego, hoc est mens...* » et celle de la *2e Méditation* : « *Quid autem dicam de hac ipsa mente, sive de me ipso ?* », traduit comme : « Que dirai-je de cet esprit, c'est-à-dire de moi-même ? » On comprend alors que Descartes, au moment précis où cette ipséité est reconnue, ait formulé pour nommer la « chose qui pense » une équivalence généralisée qui prouve aussi qu'aucun des termes nécessaires n'est suffisant, et qui relativise singulièrement la portée du fait que, d'une langue à l'autre, leur correspondance ne peut être exacte ([si Luynes avait admis « âme », il aurait eu quatre termes contre quatre, et non trois contre quatre) :

> *Sum igitur praecise tantum res cogitans, id est, mens, sive animus, sive intellectus, sive ratio, voces mihi prius significationis ignotae...*
>
> [Je ne suis donc, précisément parlant, qu'une chose qui pense, c'est-à-dire un esprit, un entendement ou une raison, qui sont des termes dont la signification m'était auparavant inconnue...]
>
> *2e Méditation.*

Ce que signale ainsi au bout du compte le flottement d'âme à esprit, l'un plus théologique, l'autre plus épistémologique, c'est qu'ils ne traduisent pas plus une *mens* latine originale que celle-ci ne rend vraiment leur signifié, comme tel impossible et en tout cas irréductible à la forme d'un « substantif », car il renvoie à une action : le fait de (se) penser à la première personne, impliquant inévitablement le court-circuit de l'énoncé et de l'énonciation. C'est la ronde des noms français et latins qui entoure la signification recherchée.

D. « Les Passions » : éclipse de l'esprit

Reste le problème posé par la traduction du dernier ouvrage de Descartes : *Les Passions de l'âme* (1649). En latin l'ouvrage devient *Passiones animae, per Renatum Descartes, gallice ab ipso conscriptae, nunc autem in exterorum gratiam latina civitate donatae. Ab H.D.M. j.u.l.* Il est vrai que cette traduction (œuvre d'Henri Desmarets, parue à quelques mois de distance chez le même éditeur Elzevier que l'original) n'a pas été revue par Descartes, qui venait de mourir. À nouveau une explication contextuelle se propose, cette fois en référence à la tradition des ouvrages philosophiques et médicaux sur les passions dont Descartes prend la suite, et qui remonte à l'Antiquité (*pathê* [πάθη] ou *pathêmata tês psukhês* [παθήματα τῆς ψυχῆς], expression platonicienne et aristotélicienne transmise par le stoïcisme, voir PATHOS). Mais cette explication ne ferait que creuser le paradoxe. Au cœur du traité nous retrouvons bien l'une des thèses qui avait justifié le privilège du mot *mens* : l'« indivisibilité » de l'âme en parties distinctes et *a fortiori* hiérarchiques, réaffirmée dans l'article 47 (« Car il n'y a en nous qu'une seule âme, et cette âme n'a en soi aucune diversité de parties : la même qui est sensitive est raisonnable, et tous ses appétits sont des volontés »). Ce qui veut dire que l'âme affectée des passions est toujours, dans le principe, la « chose » ou *res* qui « pense » du *Discours*, des *Méditations* et des *Principes*. Simplement, une nouvelle modalité « passive » du *cogitare* est ici explorée en détail. Mais, sous cette continuité de doctrine, un déplacement est intervenu. D'une part, la critique renouvelée de la représentation physique de l'âme comme système de parties ou de fonctions organiques a pour corrélat une singulière insistance sur leur diversité qualitative ou sur l'inégalité éthique des individus auxquels les âmes sont identifiées : il y a des « grandes âmes » et des « âmes basses ou vulgaires », ainsi que l'explique en contrepoint la correspondance avec la princesse Élisabeth. Un fait stylistique, à nouveau, rencontre une question théorique. D'autre part, et surtout, la certitude de soi-même qui est au cœur de la doctrine cartésienne revêt ici une forme imprévue, qui renverse pratiquement la précédente. Comme dans la *6e Méditation*, c'est le paradoxe de « l'union » entre deux substances absolument distinctes qui fait l'objet de l'analyse. Mais alors que la *6e Méditation* concentrait son attention sur la clarté intellectuelle de la « distinction » (jusque dans les illusions de la perception), *Les Passions* se consacrent aux propriétés morales de l'expérience confuse que nous faisons de l'union substantielle. Ce corps humain, que nous ne « sommes » pas, ne nous est pas, pourtant, étranger : idée intellectuellement obscure mais indubitable en tant que sensation ou que sentiment. Il suffit alors d'essayer d'imaginer une traduction comme « *passiones mentis* » pour en voir l'insuffisance et même l'impossibilité.

Ce n'est pas à dire que la traduction par *anima* soit satisfaisante. Descartes n'est nullement revenu à une conception aristotélicienne de l'âme « forme du corps ». Il n'a pas davantage rejoint la tradition théologique (au contraire, l'éthique des *Passions* est carrément anti-théologique, et la métaphysique sous-jacente comporte des aspects blasphématoires, en particulier dans sa reconstitution trop humaine des mystères de l'incarnation). Il a dégagé un nouveau champ d'expérience, dans lequel il s'agit toujours de « pensée », mais pas à proprement parler d'« entendement ». La vraie question serait plutôt de savoir pourquoi il s'est gardé d'employer le langage du « cœur », qui est celui des tragiques et des moralistes, et recoupe certaines des notions clefs de son éthique (la « générosité »), notamment lorsqu'elles concernent l'analogie du rapport à soi et du rapport aux autres (subsumés par Descartes sous l'unique notion de « l'estime »). La réponse est sans doute que ce terme est trop étroitement lié au discours des mystiques. Reste qu'on échappe difficilement à l'impression qu'entre l'énigme subsistant au cœur du système quant à la jointure du corps et de l'âme, et l'impossibilité d'une désignation univoque du sujet de la pensée, une correspondance existe. Pour cet étrange voisinage du spiritualisme et du matérialisme, qui ne cessera d'insister dans la postérité de Descartes, aucune langue savante ou vulgaire, aucun régime de traduction ne pouvait offrir mieux qu'une approximation.

III. FLUCTUATIONS CLASSIQUES

Il serait sans doute très révélateur des configurations ou « points d'hérésie » (comme dirait Foucault) qui caractérisent alors le discours philosophique de décrire la disposition des termes « âme » et « esprit » chez les philosophes et les essayistes français à l'Âge classique. Pour une part essentielle, elle procède de Descartes ou elle exprime une prise de position par rapport à son œuvre, mais selon des stratégies toujours surdéterminées. Rien ne serait plus faux, en particulier, que d'assigner une fois pour toutes l'un ou l'autre des deux termes aux camps qui vont désormais s'affronter : matérialistes et spiritualistes, rationalistes et empiristes...

A. Résoudre les apories du cartésianisme

Ce sont des « augustiniens » désireux de pousser le dualisme à l'extrême qui privilégient « esprit » (La Forge, éditeur et continuateur de Descartes avec son *Traité de l'esprit de l'homme*, 1666). Malebranche, lui, emploie « âme » pour faire concevoir un terme commun au « fond de l'âme » et au « fond de l'être » (qui est Dieu lui-même), tout en renversant le *cogito* cartésien (l'âme est pour lui essentiellement obscure à elle-même, et le « sentiment intérieur » par lequel elle devient consciente de son existence est pratiquement décrit dans les termes qui, chez Descartes, caractérisaient l'union de l'âme et du corps). Désireux de renverser la doctrine religieuse de la création et de la chute, La Mettrie forge, dans un esprit lockien, l'expression « histoire naturelle de l'âme » (1745), qui deviendra chez le Rousseau des *Confessions* « histoire de mon âme », au sens d'histoire de « ma vie ». Mais Helvétius intitule *De l'esprit* l'ouvrage (1758) dans lequel il cherche à fonder l'entreprise des Lumières sur un sensualisme généralisé.

Le plus étonnant de tous peut-être, Condillac (*Essai sur l'origine des connaissances humaines*, 1746 ; *Traité des sensations*, 1754) parle systématiquement le langage de « l'âme » et de ses « opérations ». Sans doute faut-il y voir une concordance avec la traduction classique de Locke par Coste (1700), lequel rendait alternativement le *mind* lockien par « âme » et par « esprit », avec toutefois, contrairement à ce qu'on ferait aujourd'hui, une prévalence du premier terme (l'article « Âme » de l'*Encyclopédie*, qui se réfère au commentaire de Locke par Voltaire, va dans le même sens). Il vaudrait la peine d'explorer aussi une autre hypothèse, celle de l'héritage cartésien, puisque le processus d'analyse condillacien consiste à remonter en deçà de l'entendement constitué, vers une sensation pure qui représente la confusion originelle du corps et de la pensée. On aurait ainsi un maillon essentiel dans la continuité d'une doctrine « française » de l'union de l'âme et du corps en tant que mode de perception irréductible, qui va de Descartes à Merleau-Ponty en passant par Malebranche, Maine de Biran, Bergson, et qui demeure profondément étrangère à la problématique psychophysique du *Mind-Body Problem*.

Mais plus importante encore est la question des remaniements apportés à la terminologie de l'âme et de l'esprit dans le cadre des tentatives opposées pour résoudre les apories du cartésianisme : en latin par Spinoza dans une perspective anthropologique déterminée par les orientations de sa politique de la liberté, en français par Leibniz dans une perspective métaphysique orientée vers une nouvelle théologie du salut.

Spinoza désubstantialise radicalement l'esprit/âme, qui devient un « mode fini » de l'attribut « pensée » (l'un de ceux qui, à égalité, caractérisent l'intelligibilité de la substance), ce qui le conduit à rejeter définitivement *anima* au profit de *mens* dans le cours de son œuvre (cf. E. Giancotti-Boscherini). Mais son intérêt primordial pour la question de l'« individuation », à tous les niveaux de la nature et de la vie, et surtout celle du degré d'autonomie de l'individu par rapport aux parties qui le composent et aux collectivités qui l'englobent, le conduit à maintenir aussi le « vieux » terme d'*ingenium*, applicable aux individualités humaines comme aux individualités « historiques » (États, cités, classes sociales). Dans le *Tractatus politicus* inachevé, il en fait l'équivalent d'une *quasi-mens*, qui n'est pas tant une « âme collective » ou un « esprit du peuple » qu'une « unanimité » institutionnelle, indissociable de la puissance populaire et de sa résistance politique à la dissolution.

Leibniz, quant à lui, place tout autant la question de l'individu et de ses degrés de complexité ou d'unité au centre de sa philosophie, mais c'est pour inventer une nouvelle ontologie de l'individualité substantielle. Écrivant ses exposés systématiques en français (en particulier la *Monadologie* de 1714), il institue entre « âme » et « esprit » une relation à la fois inclusive et hiérarchique. Le vieil adage « *omnia sunt animata* » dont la signification avait été enrichie par le néoplatonisme contemporain (More, Cudworth) lui permet de considérer qu'à toute individualité « monadique » correspond une « âme », c'est-à-dire une perception d'elle-même et une « appétition » ou tendance à agir, à se développer. Cependant, seules certaines âmes (en particulier les âmes humaines, mais aussi d'autres, égales ou supérieures) ont une perception « claire », à des degrés divers, d'elles-mêmes et de leurs volitions (une « consciosité », dira Leibniz, forgeant dans les *Nouveaux Essais sur l'entendement humain*, écrits en 1703 mais restés inédits jusqu'en 1765, un étonnant néologisme pour traduire la *consciousness* de Locke, ou encore, selon la terminologie définitive, une « aperception »). Ce sont celles qui méritent d'être appelées « esprits » et qui, dans l'harmonie préétablie de la création, se subordonnent toutes les autres de façon à en réaliser la fin immanente.

♦ Voir encadré 5.

B. « Mind » ou « Spirit » : le cas Berkeley

Locke en 1690 (dans l'*Essay Concerning Human Understanding*) avait fait de la *consciousness* la caractéristique essentielle de l'esprit (*mind*) et de la *self-consciousness* le nouveau nom du sujet humain (voir CONSCIENCE). Au contraire, Berkeley (comme Leibniz) défend un théocentrisme rigoureux. Il ne faut pas s'étonner, dans ces conditions, que le primat de la conscience soit, chez lui, remis en question. Mais ce qui donne, chez Leibniz, un élargissement du concept de l'esprit à la pensée inconsciente, qui sous-tend et explique la conscience (voir PERCEPTION), conduit chez Berkeley à une dissolution tendancielle de l'idée de conscience au profit de celle de représentation ou de phénomène. Le terme même de *consciousness* est évité par lui, alors qu'il emploie parfois l'adjectif *conscious*, et constamment *perception* et *reflection*. Pourquoi ce renversement de tendance par rapport à l'usage désormais dominant ?

On peut former l'hypothèse suivante. Il n'est pas besoin chez Berkeley d'une conscience identique à soi pour mettre de l'unité dans l'expérience, en opérant sur les idées simples et en forgeant des idées complexes de relations : les relations sont déjà données avec les phénomènes eux-mêmes, elles font partie du complexe perceptif, à titre de liaisons habituelles ou d'associations entre les choses-idées. On peut même aller, comme le propose Husserl dans ses cours de *Philosophie première*, jusqu'à suggérer que « les choses s'indiquent mutuellement les unes les autres par voie associative-inductive », c'est-à-dire qu'elles ont une structure de signes, formant en quelque sorte un langage immanent aux choses (non pas un langage mental, mais plutôt un langage-objet). Dès lors, c'est le champ des phénomènes qui indique son propre sens, ou se donne avec lui.

Une telle immanence du sens ou de l'unité des phénomènes, inhérente à la perception de leurs liaisons, ne fait aucunement disparaître la fonction du *sujet* ou du *je* : au contraire, elle l'affirme, en tant qu'activité. Le sujet est à la fois le destinataire de toutes les perceptions et l'acteur spirituel de toutes les décisions ou volontés, et par conséquent de tous les projets (« l'homme est projet de soi, plutôt que souvenir de soi », écrit Geneviève Brykman, ajoutant : « il n'est pas douteux que Berkeley cherchait, dans le même temps, à dépasser le point de vue de Locke qui, lui, tenait l'identité personnelle pour une identité de conscience ») (*Berkeley et le Voile des mots*, p. 100).

À cette caractéristique du sujet, Berkeley rattache la reprise du nom de *spirit*. Geneviève Brykman (*op. cit.*, p. 94 *sq.*) montre que, chez Berkeley, il y a une tension fondamentale entre les deux termes que nous traduisons en français par « esprit », *mind* et *spirit*, liée à la (re)découverte de la « réalité spirituelle » en tant qu'unité de l'existence, de la pensée et du vouloir (*will*) (« Tant que j'existe ou que j'ai quelque idée, je suis éternellement en train de vouloir : acquiescer à mon état présent, c'est vouloir », écrit Berkeley dans un de ses manuscrits) :

> L'esprit est alors désigné, non plus comme *mind*, mais comme *spirit* et image de Dieu acte pur. Mais ce n'est pas

5

Le problème de l'âme et du corps : « Mind-Body Problem »

Quelle est la place de l'esprit et de la conscience dans l'ordre naturel ? Le problème des rapports entre l'esprit et le corps est traditionnellement posé comme la question de la *substance* dont l'un et l'autre se composent. Si l'on adopte le dualisme des substances, la difficulté consiste à comprendre comment deux substances distinctes — l'esprit dont l'essence est la pensée, et la matière dont l'essence est l'étendue — pourraient avoir un régime causal distinct, entre autres dans le cas de l'action. L'hypothèse d'une possible interaction entre substances, défendue par Descartes, paraît difficile à maintenir face à l'autonomie des substances. La solution de Leibniz est le parallélisme psychophysique, selon lequel il n'existe pas de relations causales directes entre les événements physiques et mentaux. Les deux séries d'événements se développent en parallèle. La synchronisation des deux séries exige le recours à un principe médiateur tel que la Providence divine. La théorie de Leibniz n'est pas dualiste, parce qu'il n'existe pas selon lui de substances matérielles.

Une autre solution moniste du problème est due à Spinoza ; il n'existe qu'une substance, l'esprit et la matière en formant « deux aspects » ou attributs. Le parallélisme psychophysique dérive du fait que les événements de chaque attribut expriment une seule et même essence de la même substance.

Les auteurs contemporains ont exploré la solution spinoziste avec des moyens nouveaux ; Bertrand Russell (*The Analysis of Mind*) et Michael Lockwood (*Mind, Brain and the Quantum*) ont proposé de défendre un « monisme neutre » (*neutral monism*), tandis que d'autres auteurs se prononcent en faveur d'un « dualisme des propriétés » (*property dualism*) compatible avec un monisme matérialiste (O'Shaughnessy, *The Will. A Dual Aspect Theory*) ou non (Chalmers, *The Conscious Mind*). Ce qui singularise la manière contemporaine de cerner le problème est l'introduction de concepts qui cherchent à préciser la nature (physicobiologique ou logique) et la force modale de la dépendance entre le mental et le physique. Les difficultés de traduction proviennent de l'abondance de néologismes spécialisés autant que de la reprise, dans des sens variés, de notions simplement homonymes, telles que réduction, matérialisme ou physicalisme. Les phénomènes mentaux sont dits « survenir sur » (*supervene on*) — dépendre systématiquement de — la nature physique en ce sens que toute différence mentale suppose l'existence d'une différence physique correspondante. Donald Davidson a réintroduit, dans le débat contemporain sur le problème esprit/corps, cette notion utilisée dans le domaine de l'éthique par Ron Hare et George Moore qui l'avaient eux-mêmes empruntée à la conception émergentiste du mental (Davidson, « Mental Events »). L'intérêt du concept de survenance (*supervenience*) est qu'il permet de penser les relations esprit-cerveau comme une dépendance *sans réduction*. Il a fait l'objet de nombreuses distinctions techniques (on parle de survenance forte, faible, ou globale [*strong, weak, global supervenience*]) (Kim, *Supervenience and Mind*).

Le physicalisme (*physicalism*) est le terme général qui désigne l'idée que les phénomènes mentaux surviennent sur la nature physico-biologique. Il y a plusieurs façons de comprendre le physicalisme, selon la forme que l'on donne à la dépendance entre l'esprit et la nature physique. Le physicalisme du type (*type physicalism*), également appelé « réductionnisme psychophysique », est la forme la plus forte de physicalisme qui a été défendue jusqu'aux années 1970 (Armstrong, *A Materialist Theory of the Mind*). Le physicalisme occasionnel (*token physicalism*) a été adopté par les fonctionnalistes attachés à la multiréalisabilité des états mentaux (Block, « Antireductionism Slaps Back »). Donald Davidson soutient une position voisine, avec la thèse du « monisme anomal » (*anomal monism*) : tout événement mental est identique à un événement physique occurrent, mais ne donne lieu à aucune loi psychophysique ; autrement dit, l'identité cerveau-esprit n'est pas invariante relativement au type d'événement mental considéré.

Les philosophes continuent à chercher une solution du problème qui soit compatible avec le physicalisme, mais permette d'échapper à la menace de faire des phénomènes mentaux, et en particulier des représentations, de simples épiphénomènes sans rôle causal (Engel, « Actions, raisons et causes mentales »).

Joëlle PROUST

BIBLIOGRAPHIE

ARMSTRONG David, *A Materialist Theory of the Mind*, Londres, Routledge & Kegan Paul, 1968.
BLOCK Ned, « Antireductionism Slaps Back », *Philosophical Perspectives*, 11, 1997, p. 107-132.
CHALMERS David J., *The Conscious Mind*, Oxford, Oxford UP, 1996.
DAVIDSON Donald, « Mental Events », *in* L. FORSTER et J.W. SWANSON (dir.), *Experience and Theory*, The University of Massachusetts Press & Duckworth, 1970 ; repr. in *Essays on Actions and Events*, Oxford, Clarendon Press, 1980, p. 207-227 ; trad. fr. P. Engel, *Actions et Événements*, PUF, 1993, p. 277-304.
— « La mesure du mental », trad. fr. P. Engel, *in* P. ENGEL (dir.), *Lire Davidson, Interprétation et Holisme*, Combas, Éd. de l'Éclat, 1994, p. 31-49.
ENGEL Pascal, « Actions, raisons et causes mentales », *Revue de Théologie et de Philosophie*, 124, 1992, p. 305-321.
KIM Jaegwon, « L'émergence, les modèles de réduction et le mental », *Philosophiques*, 27, 1, 2000, p. 11-26.
— *Supervenience and Mind*, Cambridge, Cambridge UP, 1993.
LOCKWOOD Michael, *Mind, Brain and the Quantum*, Oxford, Blackwell, 1992.
NAGEL Ernst, *The Structure of Science*, Londres, Routledge & Kegan Paul, 1961.
O'SHAUGHNESSY Brian, *The Will, a Dual Aspect Theory*, 2 vol., Cambridge, Cambridge UP, 1980.
RUSSELL Bertrand, *The Analysis of Mind*, Londres, Allen and Unwin, 1921 ; trad. fr. M. Lefebvre, *Analyse de l'esprit*, Payot, 1926.

OUTILS

BOURDIN Jean-Claude (dir.), *Les Matérialismes philosophiques*, Kimé, 1997.
CRAIG Edward (dir.), *Routledge Encyclopedia of Philosophy*, Londres-New York, Routledge, 1998.
GUTTENPLAN Samuel, (dir.), *A Companion to the Philosophy of Mind*, Oxford, Blackwell, 1994.
REY Georges, *Contemporary Philosophy of Mind*, Oxford, Blackwell, 1997.

> dire qu'une conception de l'esprit est abandonnée pour une autre ; c'est dire que, à une conception dangereusement sceptique, Berkeley ajoute une thèse très audacieuse, mais plus acceptable pour un homme d'Église. Et à supposer qu'il existe un dualisme chez Berkeley, il ne passerait pas véritablement entre l'esprit et les idées, mais à l'intérieur de l'esprit lui-même, entre un ensemble de perceptions (*mind*) et un acte (*spirit*) : d'un côté l'esprit humain (*mind*) tend à être un simple ensemble de minima visibles, mis en rapport plus ou moins régulier avec d'autres minima sensibles ; d'un autre côté, l'esprit humain (*spirit*) est une série d'actes ou volitions qui accompagnent le donné. Dira-t-on qu'il n'y a pas plus de rapport entre ces deux statuts et dénominations de l'esprit fini qu'il n'y a de connexion entre l'âme et le corps dans d'autres philosophies ? Oui à première vue et oui en un sens. Mais, en définitive, Berkeley pose en principe l'interdépendance de l'existence des choses actives et passives. Et tandis que, dans la conception la plus répandue des rapports de l'âme et du corps, l'immortalité de l'âme est posée à partir de l'indépendance de l'âme par rapport aux phénomènes corporels, Berkeley assigne aux « choses perçues » le rôle de conditions de possibilité de la mise en œuvre des actes de l'esprit.
>
> G. Brykman, *op. cit.*, p. 94-95.

De même que le sujet percevant n'est pas fondamentalement une « conscience » — du moins au sens que Locke vient de conférer à ce terme —, de même l'identité personnelle, le « je » qui est pris dans cette tension, ne saurait donc être considéré comme une « conscience de soi ». Faut-il pour autant aller jusqu'à considérer le sujet ou l'identité personnelle (le sens du mot « je ») comme une « fiction », ainsi que le proposera un peu plus tard Hume, dans le *Traité de la nature humaine* de 1740 (Livre I, IVe partie, section VI, p. 342 *sq.*, et Appendice, p. 758 *sq.* ; voir encadré 1) ? Bien que Berkeley ait fait référence au rôle de l'imagination dans la cohésion de l'expérience, les propositions extrêmes de son système, ainsi que son orientation théologique devaient le conduire vers une autre issue. « L'immanence du sujet percevant au champ des perceptions », ou des « idées-choses » (formulation beaucoup plus satisfaisante que l'immanence des perceptions et donc des choses au champ de conscience du sujet, comme le voudrait Husserl), entraîne une difficulté permanente à extraire le sujet du monde de ses sensations. Inversement, l'identification du « je pense » à un « je veux » entraîne une tendance à considérer le sujet comme le créateur de son propre monde, ou si l'on veut une tendance au solipsisme — en dépit de la réflexion qui, par analogie, me montre l'existence d'autres esprits. « Il n'y a, hors de l'imagination, aucun moyen de distinguer l'esprit-*mind* de l'ensemble des choses perçues, ni l'esprit-*spirit* du pouvoir indifférencié de Dieu » (G. Brykman, *op. cit.*, p. 96).

IV. LOCKE ET L'ISOLEMENT DU « MENTAL »

Mais de toutes les questions qui surgissent alors au croisement de la langue et de la théorie, la plus fondamentale est posée par l'entreprise lockienne d'isolement du « mental » (représentations, opérations, facultés) en tant que champ autonome de subjectivité observable ou objectivable. On s'attachera ici aux aspects de terminologie qui reflètent l'effort de Locke pour inaugurer, après Descartes mais tout autrement que lui, une problématique de l'activité de pensée dégagée du substantialisme traditionnel, tout en demeurant irréductible au réductionnisme matérialiste. Ils sont d'autant plus intéressants que, s'installant au cœur d'un nouvel idiome théorique, distant du latin autant que du français de la « République des Lettres », Locke en exploite les ressources pour aboutir à une sémantique d'une étonnante cohérence. Il ne faut pas s'étonner qu'elle se soit imposée à la philosophie moderne du sujet et qu'elle ait traversé les siècles en demeurant essentiellement reconnaissable (voir CONSCIENCE et JE).

A. « Mental »/« verbal »

Locke a fondé le psychologisme en philosophie (et ouvert la voie de l'attitude transcendantale) en opérant une sorte d'« *anti-linguistic turn* » par anticipation, dont le ressort est l'isolement de significations « antérieures » aux signes du langage, dépendant uniquement de l'association des idées et du rapport de « convenance » ou de « disconvenance » (*agreement/disagreement*) qu'elles entretiennent entre elles ou avec leurs objets — en dernière analyse ceux de la perception sensible reflétés dans les « *ideas of sensation* » qui forment la matière de toute l'activité intellectuelle. Il oppose systématiquement les « *mental propositions* », propositions mentales ou intérieures à la pensée, aux « *verbal propositions* », propositions verbales ou verbalisées, et les « *mental Truths* » ou « *Truths of Thought* », vérités de pensée ou vérités mentales, aux « *verbal Truths* » ou « *Truths of Words* », vérités verbales ou vérités de mots, les premières fournissant aux secondes leur critère. Le concept de *Mind* est d'emblée connoté comme ensemble des opérations et facultés « mentales » intérieures à la pensée, par opposition aux expressions verbales secondes et externes (parce que conventionnelles). On notera que l'opposition du mental et du verbal (bas latin *mentalis vs verbalis*) est tout aussi familière à la *Logique de Port-Royal* d'Arnauld et Nicole (1662).

Ce parallèle fait ressortir la lacune irrrémédiable du français qui n'a pas de substantif correspondant à *Mind*, et frappe le concept anglais d'intraductibilité dans notre langue. Bien entendu Locke est conscient de l'étymologie commune de *Mind* et de *mens* en latin, ce qui facilite l'immédiate articulation de ses conceptions du *Mind* en tant que siège de la conscience (*consciousness*) et de la mémoire (*memory, recollection*) en tant que critère de l'identité personnelle, et le conduit à tenter la plus complète des « sécularisations » de l'intériorité augustinienne à l'époque moderne.

B. « Mind »/« Understanding »

Sur cette base, on peut tenter de clarifier les relations complexes qu'entretiennent dans le texte de Locke les termes de *Mind* et d'*Understanding*. Le titre de l'*Essay* se réfère au second, ce qui peut être comparé au traité inachevé de Spinoza, *De intellectus emendatione*, et inaugure une tradition dans laquelle s'inscrira également Hume (*Enquiry on Human Understanding*). Mais on peut avoir le sentiment à la lecture de l'ouvrage que les extensions respectives des deux termes sont fluctuantes. Le champ des opérations « intellectuelles » excède évidemment le pur « mental », pour s'étendre à toutes les acquisitions de la connaissance et de la raison qui ont pour condition l'expression verbale des idées et leur communication. Inversement, lorsque Locke divise le côté passif et le côté actif du fonctionnement mental en acquisitions d'idées (*perception*, au sens large), relevant de l'entendement, et actions de la volonté (*Will*), l'*Understanding* n'est plus qu'une partie du *Mind*.

En réalité les deux termes sont fondamentalement coextensifs, ce qui traduit le profond « intellectualisme » ou « cognitivisme » de Locke, mais lui permet aussi de doubler virtuellement d'un processus affectif toutes les associations d'idées. Car, d'une part, c'est le *Mind* luimême qui se développe en incorporant à son fonctionnement les instruments du langage, dont il détermine l'usage et le sens. Et, d'autre part — comme le montre l'analyse des rapports entre *Will* (volonté ou volition), *Uneasiness* (« inquiétude », autre néologisme lockien introduit en français par Coste), *Desire* (désir), contenue dans le chap. 21 du Livre II (*Of Power*) —, la volonté n'est pas tant une faculté autonome qu'une résultante de l'activité intrinsèque du *Mind* qui se traduit déjà par la succession incessante de ses pensées, et que subsume la notion d'inquiétude.

À la différence des autres « entendements » de l'âge classique, *Mind* désigne donc chez Locke, non un réceptacle d'idées ou un système de facultés, mais une « machine » logico-psychologique en mouvement. La différentielle de la passivité (sensation, perception) et de l'activité (opérations, réflexion, désir) est d'emblée constitutive, ce qui permet aussi de comprendre comment elle se transforme tout au long de l'existence humaine dans un processus incessant d'acquisition ou d'appropriation, tout en conservant une essentielle identité.

C. « Mind », « Consciousness », « Self »

Le cœur de la conceptualisation lockienne est constitué par les relations de présupposition réciproque qui s'établissent entre *Mind*, *Consciousness* et *Self*, trois notions que Locke a, ou bien inventées en tant que concepts, ou bien complètement remaniées. On les trouve déjà implicitement réunies dans la formule de l'*Essay* (II, 1, 19) demeurée canonique en tant que définition de la conscience : « *Consciousness is the perception of what passes in a Man's own Mind* », qu'on peut lire en français de deux façons : « la conscience, c'est la perception de ce qui (se) passe dans l'esprit d'un homme », ou bien : « la conscience, c'est le fait, pour un homme, de percevoir ce qui (se) passe dans son propre esprit » (c'est-à-dire dans un esprit qui est le sien, qui lui appartient en propre, qui est sa propriété, qui donc pour lui est « soi-même » : *Self* ou *My Self*).

Mind et *Consciousness*, notions qui se développent en termes d'opérations et de facultés (*faculties* et surtout *powers*) d'un côté, de perception et de « sens interne » (« *internal sense* ») de l'autre, ne sont que les deux faces d'un même processus de *réflexion*, qui constitue le ressort des opérations intellectuelles effectuées sur les idées pour en produire de nouvelles, et l'essence de la « présence à soi » de la pensée. Cette réciprocité permet à Locke de transformer la proposition métaphysique cartésienne selon laquelle « l'âme pense toujours » en un axiome phénoménologique : le *Mind* ne peut pas penser sans savoir qu'il pense (sans être conscient de ses pensées : « *as thinking consists in being conscious that one thinks* », *Essay*, II, 1, 19), ouvrant la voie à une critique radicale du substantialisme, aussi bien sous sa forme animiste et spiritualiste (le *Mind* n'est ni *Soul* ni *Spirit*) que sous sa forme matérialiste (le *Mind* n'est pas *Body*, du moins leur liaison n'est qu'hypothétique).

Consciousness et *Self* sont tout aussi indissociables (en sorte que la « conscience » chez Locke est toujours déjà « conscience de soi », *Self-Consciousness*, terme qu'il introduit en philosophie : Coste le trouvera encore intraduisible). Car la *Consciousness* a pour fondement une identité réflexive de la pensée ou un principe d'identité logicopsychologique (toute perception est aussi perception de la perception), mais le *Self* (conçu par Locke en termes d'*appropriation* continue par l'individu de ses propres idées, et à travers elles, de ses actions) n'est pas autre chose que la continuité de la conscience. Cette unité du « soi » et de la « conscience » (que Leibniz déclarera aussitôt irrecevable, au nom du caractère obscur ou inconscient de la plus grande partie des idées qui entrent dans la « notion complète » de chacun) fonde l'essentielle séparation des consciences individuelles, dont chacune a sa propre identité irréductible (et par voie de conséquence la nécessité de la tolérance, ou de la liberté de conscience), mais également la responsabilité de chacun (dans les limites de sa conscience de soi, dont Locke commence à explorer les « pathologies », comme les phénomènes de dédoublement de personnalité). C'est donc le ressort d'une théorie de l'identité personnelle (« *identity of person* ») qui importe autant à la morale, à la religion et à la politique qu'à la métaphysique et à la « psychologie » dont elle ouvrira, en fait, la possibilité. Le terme même est introduit, en ce sens, par Wolff en 1732 (*Psychologia empirica*) et 1734 (*Psychologia rationalis*).

Enfin, *Self* et *Mind* sont également des notions réciproques. Leur équivalence à la notion de conscience suffirait à le montrer formellement, mais la signification de ce fait se déploie quand nous comprenons qu'elle recouvre la coïncidence entre le temps des opérations de l'esprit (« *the train of ideas* », l'impossibilité pour l'esprit de rester longtemps attaché à une même idée, et surtout le « temps logique » des associations) et le temps de la rétention ou du souvenir, dans lequel ces opérations sont à chaque instant totalisées (aux défaillances près de la mémoire), et qui permet à chaque esprit de se percevoir comme identique à lui-même dans la durée de l'existence (*time*, plutôt que *duration*). Cette coïncidence phénoménologique est, au fond, ce que Locke appelle *Experience*, qui est essentiellement une « expérience de la conscience », c'est-à-dire une expérience intérieure, doublant l'expérience externe et rendant possible son développement progressif ou son « appropriation du monde ». Le concept d'expérience, ou d'un travail mental (« *actings of our own Mind* ») qui s'observe lui-même (« *observing in our selves* », *Essay*, II, 1, 4), contient ainsi la possibilité permanente d'une subjectivation *et* d'une objectivation des idées, qui sont comme les deux replis d'une même intériorité. C'est la façon dont l'intériorité se présente pour elle-même, élevée au niveau du concept, que résument les relations réciproques de *Mind*, *Self* et *Consciousness*.

V. LE RESTE DE L'ÂME AU SEUIL DE LA MODERNITÉ

Les questions qui se posent au croisement de ces lectures convergent vers la localisation d'un « reste » — mais non à proprement parler d'un inexprimable, puisque c'est justement le jeu des mots qui nous permet de l'approcher. Si nous repartons de la constitution lockienne sous le nom de *Mind* d'un champ de l'« expérience intérieure » où les opérations de la pensée sont dominées par la conscience, nous découvrons entre nos auteurs principaux de saisissants décalages, des oppositions terme à terme dont la radicalité témoigne qu'ils se situent à l'intérieur d'un « moment » commun, ou plutôt qu'ils le constituent par leur conflit même.

A. De la positivité psychologique à l'illusion transcendantale : l'« internal sense », « das Innere »

La référence à la « conscience de soi » (*Self-consciousness* = *Selbstbewusstsein*) et la problématique de l'expérience (*Experience* = *Erfahrung*) sont communes à Locke et à Kant, mais ce qui chez Locke figure comme l'auto-déploiement d'une positivité devient chez Kant le lieu d'une illusion transcendentale, donc aussi la raison du déplacement de la philosophie vers un registre critique, visant à définir des limites pour l'activité réflexive. Alors que chez Locke la conscience comme « *internal sense* » (sens interne) est ce qui donne immédiatement le sujet à lui-même, chez Kant elle est plutôt ce qui le soustrait ou le fait échapper à lui-même. Cela ne signifie pas que ce champ d'expérience cesse de former le lieu de la vérité. Au contraire, c'est pourquoi ce qu'on pourrait appeler la « chose en soi » lockienne (la substance de l'âme, *Soul*, qu'elle soit d'ailleurs matérielle ou immatérielle, refoulée dans l'inconnaissable par la théorisation du *Mind* conscient) hante plus que jamais le discours kantien. Suivant l'exemple de Wolff, qui s'en était servi pour traduire en allemand *Mind*, Kant reverse au compte de l'idée d'âme (*Seele*) une partie de la phénoménalité de la pensée, qui lui permet de s'attribuer à elle-même permanence et identité (donc « personnalité »). Et il fait de l'intériorité elle-même (*das Innere* : notion que, dans un passage crucial de la *Critique de la raison pure*, il déclare « amphibologique », puisqu'elle tente de représenter comme un « espace » ce qui contredit l'extériorité, donc la spatialité), un *explicandum* et non une explication. Non pas, donc, la dimension naturelle des processus psychiques, mais « l'image de soi » de la conscience, l'effet de structure ou de surface d'un « sens interne » dont les origines profondes demeurent « cachées » (comme dit le chapitre sur le « schématisme transcendental »). D'où cette conséquence, entre autres, que Kant, tout en ayant fourni d'abondantes sollicitations à la psychologie « scientifique » et au psychologisme (de Herbart à Piaget), se refuse pour sa part à y contribuer et s'oriente plutôt vers une constitution morale (« pragmatique ») de l'anthropologie.

B. « Uneasiness » et effet d'intériorité dans l'union de l'âme et du corps

L'attribution courante à Descartes d'une paternité pour l'ensemble des philosophies modernes de la conscience résulte d'un quiproquo (en partie favorisé par des lectures kantiennes) qui lui impute des théorèmes lockiens, en fait développés contre lui (voir CONSCIENCE). Mais ce qui demeure fascinant quand on relit aujourd'hui Descartes après Locke, c'est le fait qu'à partir d'une même insistance sur l'« irréductibilité » des actions de la pensée et la possibilité de décrire les opérations intellectuelles de façon autonome (la question de savoir si leur « matière » provient uniquement de la sensation ou pour une part d'idées « innées » étant à cet égard secondaire) leur divergence est totale sur la question de l'« intériorité ». On ne peut qu'être frappé du « non-psychologisme » de Descartes, c'est-à-dire du soin avec lequel il évite de thématiser, en face de l'extériorité constitutive des corps (dont « l'attribut principal » est l'extension) une intériorité symétrique pour la pensée. Ce qui revient à dire que, chez lui, immanence et intériorité ne se confondent pas. Cette position sera radicalisée par Spinoza. Et l'on peut bien dire que la question ainsi soulevée nourrit toute la philosophie moderne et contemporaine : Hegel (dont le *Geist* est par excellence intériorisation à soi-même de toute expérience, et plan d'immanence de toutes les productions culturelles), mais aussi Husserl et William James, et finalement, à travers le grand article de Sartre sur « La transcendance de l'*ego* » dont il ne cesse de se réclamer, Deleuze. Les philosophies post-cartésiennes et post-lockiennes, jusqu'à nos jours, se clivent sur la question de savoir comment s'articulent « intériorité » de la réflexion et « immanence » du sujet à la pensée.

Et pourtant... à peine ces lignes écrites il faut les rectifier. Il y a bien chez Descartes un effet d'intériorité dans la pensée : mais cet effet ne relève pas de la pensée pure, il correspond à l'expérience de « l'union » (où nous avons vu que l'idée de l'*anima* revient d'une certaine façon parasiter celle de la *mens*), dans laquelle Descartes dit lui-même que l'âme pense « comme si elle était le corps », c'est-à-dire se projette par la sensation à l'intérieur de son enveloppe et de sa forme. Expérience-limite, paradoxale, qui est pourtant tout simplement l'expérience humaine, s'il est vrai comme l'expliquent les *Lettres à Élisabeth* et *Les Passions de l'âme*, que l'union dite « substantielle » en est la modalité principale et permanente.

C'est là typiquement ce qu'on peut appeler le « reste de l'âme », dans sa figure cartésienne. Mais on pourrait dire que le concept d'*uneasiness* (« inquiétude » du désir, « malaise » de la *consciousness* qui accompagne tout le cours de la vie mentale) est aussi chez Locke le nom même de ce reste. Surtout si l'on remarque que l'*uneasiness* connote tous les « bords » de l'intériorité, où la pure réalité mentale s'avère au moins virtuellement dépendante de ses extérieurs : la sensation pure ou originaire qui sera désignée chez Kant comme une limite de la représentation, et le signe linguistique, d'essence sociale. Peut-être même est-elle dépendante de son « refoulé » (la substance individuelle, spirituelle ou corporelle, « *Body and Soul* », dont procèdent les affects qui au sein même de la conscience débordent l'intellectualité de ses « idées »).

Ces questions dirigent l'attention vers les incertitudes sémantiques internes à chaque système autant que vers les problèmes d'intraductibilité entre traditions théoriques, inséparables des idiomes dans lesquels travaillent, et que travaillent, les philosophes. Or nous les croyons à la rigueur indissociables.

C. Le seuil de la modernité et la configuration contemporaine

Avec d'extrêmes précautions, nous pourrions donc suggérer que le « reste » circulant entre les philosophies de l'âge classique, bien qu'il ne corresponde à aucun signifié univoque, n'en désigne pas moins l'unité problématique d'une série de « questions aux limites », constitutives de la réalité mentale ou intellectuelle. Telles seraient les questions du rapport entre activité et passivité (ou, dans le langage classique, « volonté » et « entendement », mais aussi « concept » et « intuition »), les questions du rapport entre intellectualité (représentation, perception, idée) et affectivité (désir, sentiments, passions) qui mettent l'entendement classique hors de lui-même, à moins qu'elles ne donnent accès à ses sources vitales (*conatus*), enfin les questions du signe et du symbole, au croisement de la réflexion sur le langage, la nature et l'artifice (la « civilité », la « sociabilité »), les productions du « génie » artistique, qui ne cessent de remettre en question l'individualisme dominant dans la pensée classique en faisant resurgir au sein de l'âme ou de l'esprit une détermination à la fois pré-individuelle et trans-individuelle.

Le seuil de la modernité est ce moment singulier où s'est peu à peu défaite — non sans de prodigieuses tensions et de puissantes survivances — la prégnance des schémas antiques (philosophiques, mais aussi religieux et médicaux) de division-hiérarchisation des « parties de l'âme », avec leurs implications sociales et cosmologiques, que la théologie chrétienne n'avait cessé de chercher à s'approprier pour leur conférer une signification surnaturelle. La tentative de penser la *mens* comme le tout de l'âme, comme le nom même de son indivisibilité, contre la tradition qui en faisait (en concurrence avec *intellectus* : voir INTELLECTUS) l'un des équivalents du *noûs* platonicien et aristotélicien, est particulièrement représentative à cet égard.

L'objectif d'une « pensée de la pensée » change alors radicalement de sens. Chez Aristote la *noêsis noêseôs* [νόησις νοήσεως] avait essentiellement le sens d'une *réflexivité*, dont la figure parfaite ou exhaustive ne pouvait être conçue par la philosophie que comme un idéal, situé « hors de soi », au niveau de la totalité du monde et du divin. Chez les Modernes, à partir de Descartes et surtout de Locke et de Kant, il correspond à une « subjectivation » de la pensée, qui la ramène « auprès de soi », mais qui a pour contrepartie l'imperfection, la finitude de la réflexion, donc l'existence d'un « reste » situé dans les profondeurs de l'esprit ou sur ses bords. Et même la théorisation hégélienne, qui croit pouvoir reconstituer un absolu (« esprit absolu » : *absoluter Geist* ; « savoir absolu » : *absolutes Wissen*) en faisant converger la logique et l'histoire dans une même « dialectique » ou unité de contraires, et qui se donne ainsi les moyens de citer littéralement (en conclusion de *L'Encyclopédie des sciences philosophiques*, § 577) la formule d'Aristote (*Métaphysique*, Λ, 1072b 18-30) qui identifie le divin à « l'acte pur » en tant précisément que « pensée de la pensée », tout en lui conférant une signification radicalement nouvelle (celle de couronnement d'une *Bildung* historique de l'esprit, d'un apprentissage ou d'une culture transindividuelle), n'échappe sans doute pas vraiment à cette configuration. On pourrait essayer de le montrer, notamment, en interprétant l'écart qui subsiste chez lui entre les notions de « conscience » (*Bewußtsein*) et d'« esprit » (*Geist*) : car si la première fournit incontestablement le modèle phénoménologique de ce « soi » (*Selbst*) qu'est essentiellement l'esprit (ce qui en fait un « sujet »), celui-ci, par son « objectivité » et sa profondeur « substantielle », lui demeure irréductible. En quoi Hegel fait toujours partie de ce que nous appelons ici le « seuil ».

Mais le seuil de la modernité n'est pas non plus en continuité avec notre configuration contemporaine. Celle-ci se constitue à coup sûr elle-même selon une pluralité de lignes de force, les tendances extrêmes étant, semble-t-il, représentées :

(1) par une radicalisation objectiviste et naturaliste de l'isolement du « mental », inscrite ou non dans une perspective psychophysiologique. Dépendante de la formulation de Locke, elle ambitionne de franchir les limites qu'il assignait à l'observation du *Mind,* avec les « sciences cognitives » et la nouvelle « philosophie de l'esprit » (*philosophy of mind*) ;

(2) du côté de la psychanalyse freudienne et de ses diverses « topiques », par un apparent retour à la multiplicité des instances (ou des « âmes partielles ») caractéristique du point de vue antique, mais dans des conditions radicalement nouvelles issues de la combinaison entre l'hypothèse clinique de l'inconscient et une problématique moderne du sujet, qui nous oblige à nous interroger de nouveau sur la continuité des notions de *psychè* et de

6

La critique du mental par Wittgenstein ou, derechef, de quelques difficultés à traduire l'expression « philosophy of mind » : « philosophy of mind » et psychologie

I. L'ESPRIT ? CE DONT S'OCCUPE LA « PHILOSOPHY OF MIND »

Mind pose dans la philosophie contemporaine un problème de traduction, comme en témoigne la difficulté à délimiter un domaine français de la *philosophie de l'esprit* qui soit l'équivalent de la *philosophy of mind* anglo-saxonne. Les promoteurs de l'actuelle « philosophie de l'esprit » en France (Joëlle Proust, Pierre Jacob, Pascal Engel) proposent implicitement de se contenter d'un décalque, et de décider que « philosophie de l'esprit » est la « *philosophy of mind* » : il s'agit simplement, en se fondant sur quelques usages ordinaires bien choisis (état d'esprit, l'esprit de...), de s'habituer à l'expression de façon à ce que, de pur néologisme, elle devienne naturelle à force d'être entendue et institutionnalisée. On sortirait ainsi de la période de transition où l'emploi du mot « esprit » est problématique parce que encore associé tantôt, comme le terme allemand *Geist*, à une tradition spiritualiste et métaphysique, et tantôt à la nouvelle tradition mentaliste.

La *philosophy of mind* concerne en première approche ce qu'on pourrait appeler « phénomènes mentaux » ou phénomènes du mental. Mental pourrait d'ailleurs fournir une meilleure traduction de *mind* qu'« esprit », si la substantivation de l'adjectif mental ne suscitait pas quelques doutes (et n'était, en français, assortie de connotations morales, notamment dans le vocabulaire sportif où elle fait florès : un mental d'acier). Parler de phénomènes mentaux, ou simplement du « mental », permet d'esquiver la question du statut de l'esprit : l'esprit serait, non pas une entité métaphysique ou psychologique, mais ce dont s'occupe la *philosophy of mind*, un ensemble de phénomènes à examiner sans préjugés avec les outils dont nous disposons : « ce champ de la philosophie qui concerne la nature des phénomènes mentaux et ses manifestations », pour reprendre l'expression qui ouvre une récente présentation de la philosophie de l'esprit (D. Fisette et P. Poirier, *Philosophie de l'esprit, état des lieux*, Vrin, 2001, p. 11).

Sous ce point de départ apparemment neutre, plusieurs préjugés se cachent, comme l'indiquent les deux indices que sont les mots *nature* et *manifestations*. Le récent et déjà classique *Companion to the Philosophy of Mind* (S. Guttenplan, 1994) prend son départ, de même, dans un projet de description : « Quels choses ou phénomènes comptent comme mentaux, comme montrant la présence d'esprits ? Quelles choses considérons-nous habituellement comme montrant la présence d'esprits (*count as showing the presence of minds*) ? » (p. 3).

Suit une liste de phénomènes considérés comme courants et ordinaires : capacité à apprendre, perception, action intentionnelle, attribuer des pensées à autrui, etc. Donc : la philosophie de l'esprit s'intéresse à tout ce qui est manifestation de l'esprit, sans préjuger de la nature de cet esprit, mais en préjugeant que toutes sortes de choses (un ensemble important, voire la totalité, de nos activités et capacités) sont des « manifestations » de cet esprit ou en « montrent la présence ». Une telle thèse tire une partie de sa force du fait que cet esprit n'est que du *mind*, et tout devient plus naturel, à cause de l'indétermination du terme dans la tradition philosophique de langue anglaise.

L'usage de *mind* sans critique conduit ainsi à accepter l'idée que nous attribuons quotidiennement des croyances, des intentions et états mentaux, dont il s'agira, dans l'étape suivante, de définir le statut, les contenus, la nature (physique, mentale, les deux, ou autre), etc., objets maintenant classiques de la « philosophie de l'esprit ». Le problème de la définition du *mind*, comme le souligne Wittgenstein, est donc dans le point de départ, « le premier pas ».

> D'où vient qu'on se pose le problème philosophique des processus et des états mentaux (*seelisch*) et du behaviourisme ? Le premier pas est celui qui passe entièrement inaperçu. Nous parlons de processus et d'états, et laissons leur nature indécidée ! Un jour, peut-être, nous en saurons plus à leur sujet — pensons-nous. Mais par là même, nous nous sommes engagés dans une façon déterminée de traiter le sujet. En effet nous avons un concept déterminé de ce que cela veut dire que d'apprendre à mieux connaître le processus. (Le pas décisif du tour de passe-passe a déjà été fait, et c'est justement celui qui nous a paru innocent.)
>
> *Investigations philosophiques*, § 308.

II. « LINGUISTIC TURN » ET « PHILOSOPHY OF MIND »

On parle beaucoup, à propos de la « *philosophy of mind* », d'un nouveau paradigme et d'un tournant de la philosophie contemporaine, tournant qui succéderait au « tournant linguistique » (*linguistic turn*) du début du XXe siècle : la « *philosophy of mind* » devrait en quelque sorte remplacer la philosophie du langage et constituerait un progrès par rapport à cette dernière, renforcé par les avancées, dans la même période, des sciences cognitives. Cela suscite, là encore, quelques difficultés : la « *philosophy of mind* » des trente dernières années s'est bâtie « sur » les acquis de la philosophie du langage, même si elle en a rejeté certains éléments. Le *mind* d'après le tournant linguistique et d'après le tournant mentaliste n'est pas le même que celui du XIXe siècle, et le retour d'intérêt pour les phénomènes mentaux ne peut être détaché d'une dimension linguistique autant que psychologique de tels phénomènes.

Un auteur comme Wittgenstein relève tout autant de la philosophie de l'esprit que de la philosophie du langage (voir D. Stern, *Wittgenstein on Mind and Language*). Pour Wittgenstein, c'est l'idée même de quelque chose dont ces phénomènes seraient la « manifestation », ou dont l'existence est attestée par ces phénomènes (idée qui fonde la définition même de la « *philosophy of mind* ») qui est problématique et fourvoyante. D'où l'importance d'un examen du langage, qui ne saurait être rendu caduc par les progrès des sciences de l'esprit. Ce qui compte pour lui, c'est l'examen de *nos usages du langage* (l'investigation grammaticale), de notre usage des mots comme penser, se rappeler, voir, attendre, etc., obscurci à nos yeux par les images — communes à la psychologie et à la philosophie — de processus intérieur, de croyance, d'*esprit*, qui nous bloquent l'accès à l'usage du mot tel qu'il est, à la description de ses emplois. Wittgenstein fait bien de la philosophie de l'esprit par la philosophie du langage.

III. « FOLK PSYCHOLOGY », PSYCHOLOGIE SCIENTIFIQUE, PSYCHOLOGIE SANS PSYCHOLOGIE

Une dimension particulièrement importante de la philosophie du langage contemporaine est son rapport critique, dès ses origines, à la psychologie. C'est pourquoi il ne suffit pas, pour délimiter un domaine de la philosophie de l'esprit, de revendiquer une simple réhabilitation de la psychologie, comme on l'a fait récemment en France (P. Engel, *Philosophie et Psychologie*).

Le matériau commun à la philosophie du langage et à la psychologie (ce que nous disons ordinairement de nos « états d'esprit ») pourrait donner crédit à l'idée, fort appréciée des mentalistes contemporains, qu'il y a une « *folk psychology* » (traduit habituellement : « psychologie populaire ») qui pourrait servir au moins de base de données pour la psychologie scientifique. Selon eux, notre vocabulaire et nos propositions psychologiques n'ont pas encore atteint le niveau d'élaboration des théories scientifiques, et donc ressortissent à une « psychologie naïve » (*naive psychology*).

6

La psychologie naïve « consiste à décrire, expliquer et prédire le comportement humain en terme d'interactions entre croyances, désirs et intentions. Les psychologistes considèrent que la « *folk psychology* » fonctionne, par exemple, par attribution de croyances — puisque *ordinairement* nous disons : X croit que, X a l'intention de, etc. Or, on peut demander en quoi dire « X croit que » revient à attribuer une entité mentale, à savoir une croyance (voir BELIEF), à X. Le passage, étape élémentaire de *la « philosophy of mind »*, de nos expressions ordinaires (« X croit que ») à la thèse d'une attribution de croyances à un esprit relève, comme l'a montré Vincent Descombes dans *La Denrée mentale* (Minuit, 1996) d'une habile stratégie.

> D'abord, le dogme mentaliste nous est présenté comme étant d'une extrême banalité : comme s'il équivalait à la simple reconnaissance de l'existence d'une dimension psychologique des affaires humaines. Qui irait nier que les gens aient des opinions et des désirs, sinon le personnage démodé du behaviouriste borné dont tout le monde se moque ? Quel obscurantiste irait refuser l'intérêt pour la psychologie des recherches neurologiques ? [...] Qui refuserait la platitude : les gens agissent en fonction de ce qu'ils croient savoir et de ce qu'ils veulent obtenir ? Mais au bout du compte, le lecteur a la surprise d'apprendre qu'en accordant ces vérités peu contestables il a accepté les uns après les autres les éléments d'une métaphysique de l'esprit.

On peut déceler chez Wittgenstein un projet de parler en termes « non psychologiques » de l'esprit. Wittgenstein s'intéresse constamment, jusqu'à l'obsession, aux « phénomènes du mental », qu'il appelle indifféremment *geistig* ou *seelisch* (peu importe, dit-il). « Et ainsi nous avons l'air d'avoir nié les processus mentaux (*geistige Vorgänge*). Alors que nous ne voulons naturellement pas les nier ! » (*Investigations philosophiques*, § 308). Nier l'existence du mental, c'est déjà lui reconnaître *plus* que ne le fait une démarche qui — selon une expression du *Tractatus logico-philosophicus* — parlerait du moi, de la psychologie, « de manière non psychologique » (*non-psychologisch*). La démarche de Wittgenstein est une démarche philosophique qui se mêle de psychologie (de *mind*) sans accepter la philosophie de l'esprit. Comme l'a montré Cavell dans *Les Voix de la raison*, la perspective de Wittgenstein n'est pas une simple négation de l'existence des états mentaux, mais une réinvention des problèmes psychologiques, leur reformulation en questions d'usage, d'appartenance à une communauté de langage. Cavell décrit dans *Must We Mean What We Say?* cette spécificité de la démarche de Wittgenstein :

> Ce que suggère Wittgenstein, ce n'est pas que je ne peux pas me connaître, mais que *se connaître* — quoique ce soit une chose radicalement différente de la manière dont nous connaissons autrui — ne consiste pas à faire de nos actes mentaux et sensations particulières des *objets de cognition*.
>
> p. 67 [nous soulignons].

La seconde philosophie de Wittgenstein est la radicalisation du projet *logique* du *Tractatus* : faire voir la nécessité qui préside à nos énoncés du langage ordinaire sur la psychologie, et qui n'a rien à voir avec la nécessité de poser des entités dont ces énoncés seraient la manifestation. Cela donne à Cavell l'occasion d'une célèbre formule :

> Nous connaissons les efforts de philosophes tels que Frege et Husserl pour défaire la « psychologisation » de la logique (comparables au travail de Kant pour défaire la psychologisation de la connaissance par Hume) : or, ce qui serait pour moi la façon la plus lapidaire de décrire un livre tel que les *Investigations philosophiques* de Wittgenstein, c'est de dire qu'il tente de défaire la psychologisation de la psychologie (*undo the psychologizing of psychology*), de montrer la nécessité qui préside à notre application de catégories psychologiques et comportementales. Et il semble en même temps transformer toute la philosophie en psychologie.
>
> *ibid.*, p. 91.

Le projet des *Investigations* poursuit d'une autre façon celui du *Tractatus* : l'exploration de l'esprit. Une recherche psychologique, qui ne peut être accomplie que de manière non psychologique. En ce sens, et paradoxalement, toute l'œuvre de Wittgenstein peut être conçue comme appartenant au cadre de la « *philosophy of mind* » ; « *philosophy of mind* » assortie de la définition d'un *mind* non psychologique. L'origine d'une telle conception (comme l'a montré Cora Diamond dans *The Realistic Spirit, Wittgenstein, Philosophy, and the Mind*) se trouve chez Frege, dans une expression remarquable de l'article « Der Gedanke » :

> Tout n'est pas représentation. Sinon, la psychologie contiendrait en elle toutes les sciences, ou du moins aurait juridiction suprême sur toutes les sciences. Sinon, la psychologie régirait aussi la logique et les mathématiques. Mais on ne pourrait méconnaître plus gravement les mathématiques qu'en les subordonnant à la psychologie. Ni la logique ni les mathématiques n'ont pour tâche d'étudier les âmes (*Seelen*) ou les contenus de conscience dont l'homme individuel est le porteur (*Träger*). On pourrait plutôt leur assigner pour tâche l'étude de l'esprit (*Geist*) : de l'esprit, non des esprits.
>
> *Écrits logiques et philosophiques*, trad. fr. C. Imbert, Seuil, 1973, p. 191.

Si la logique ne s'intéresse pas aux esprits individuels, ce n'est pas par refus de la psychologie : c'est parce que la pensée, l'esprit — *Geist* — est entièrement définie par les lois logiques. C'est la logique qui définit ce qu'est « l'esprit ». Wittgenstein a repris ce point tel quel de Frege, et il définit une philosophie de l'esprit déspychologisée.

Ainsi le passage problématique de *Geist* à *mind* est un nœud intéressant de l'histoire de la philosophie analytique : sa rementalisation, largement accomplie, depuis quelques décennies, en langue anglaise, oublie cette définition frégéo-wittgensteinienne de l'esprit, en se fondant de façon non explicitée sur une autre tradition, *mentaliste* (celle du *mind*). D'où tout le travail récent de philosophes d'inspiration wittgensteinienne et de langue anglaise (Cavell, puis Diamond) pour suggérer un concept non mentaliste de *mind*. Diamond reprend ainsi à Frege l'idée qu'il n'y a pas plus de pensée dépourvue de sens que d'esprit illogique :

> Mais l'esprit (*the mind*) n'a pas de confusions et pas de pensées illogiques [...] et dans la mesure où la philosophie a à voir avec l'esprit, elle n'aura pas de distinction entre le non-sens et le sensé
>
> *The Realistic Spirit, op. cit.*

Les propositions de la logique, même si elles ne disent rien, traitent de *l'esprit*, et il n'est *nulle part ailleurs*.

> Le *Tractatus* ne rompt pas le lien établi par Frege entre l'*esprit* (the *mind*) et la logique et la mathématique. Les propositions de la logique et des mathématiques montrent ce que Wittgenstein appelle « la logique du monde », et cela consiste, pour elles, à montrer les possibilités qui appartiennent à l'esprit et au moi (*the mind or self*) considérés de manière non psychologique (*non-psychologically*).
>
> *ibid.*

La philosophie parlera (de manière non psychologique) du *mind* dans son analyse des propositions ordinaires, ou dans sa présentation de la forme générale de la proposition (*Tractatus* 5.47). Pour Wittgenstein, on en apprend plus sur l'esprit par ces analyses que par la psychologie — mais cela implique une transformation de la philosophie, qui conduira à définir l'esprit par l'usage.

> « Tout se trouve déjà dans... » Comment se fait-il que cette flèche Û montre ? Ne semble-t-elle pas porter en elle quelque chose d'autre qu'elle-même ? — « Non, ce n'est pas ce trait mort ; seul le psychique, la signification (*nur das Psychische, die Bedeutung*) le peut. » — C'est vrai, et c'est faux. La flèche montre seulement dans l'application que l'être humain en fait. Ce montrer n'est pas un abracadabra (*Hokuspokus*) que seule l'âme (*die Seele*) pourrait exécuter.
>
> *Investigations*, § 454.

6

Abandonner la mythologie de l'esprit, c'est rechercher ce qu'on attendait de ces entités (l'esprit, l'âme, le mental, peu importe) dans le langage même. Regarder l'usage veut dire : ne rien voir dans l'usage qui n'y soit déjà, ni l'expliquer par l'esprit. Cela résume la « dé-psychologisation de la psychologie » accomplie par Wittgenstein, qui pourrait ainsi s'étendre à *mind* : la définition immanente de l'esprit par notre (son) usage. En parodiant le slogan wittgensteinien banalisé « *Meaning as use* », on pourrait dire : « *Mind as use* ».

Sandra LAUGIER

BIBLIOGRAPHIE

CAVELL Stanley, *Must We Mean What We Say?*, Cambridge, Cambridge UP, 1969.

— *The Claim of Reason*, Oxford, Oxford UP, 1979 ; *Les Voix de la raison*, trad. fr. S. Laugier et N. Balso, Seuil, 1996.

DIAMOND Cora, *The Realistic Spirit, Wittgenstein, Philosophy, and the Mind*, Cambridge (Mass.), MIT Press, 1991.

ENGEL Pascal, *Philosophie et psychologie*, Gallimard, « Folio-Essais », 1996.

STERN David, *Wittgenstein on Mind and Language*, Oxford, Oxford UP, 1995 ; trad. fr. *in* C. CHAUVIRÉ, S. LAUGIER et J.-J. ROSAT (éd.), *Les Mots de l'esprit*, Vrin, 2001.

WITTGENSTEIN Ludwig, *Tractatus logico-philosophicus* [1921], suivi de *Investigations philosophiques* [*Philosophische Untersuchungen*], trad. fr. P. Klossowski [1961], Gallimard, 1986.

OUTILS

GUTTENPLAN Samuel (dir.), *A Companion to the Philosophy of Mind*, Oxford, Blackwell, 1994.

psychisme. Comme si chacun des vieux termes prescrivait maintenant une voie propre... (voir ES-ICH) ;
(3) par une critique de l'individualisme et de l'autonomisation du sujet, s'orientant soit vers une sociologie ou anthropologie des « institutions du sens » (Descombes), soit vers l'herméneutique post-phénoménologique, et semblant explorer ainsi les différentes connotations du *Geist*, au sens de « culture » (voir BILDUNG et GEISTESWISSENSCHAFTEN).

♦ Voir encadré 6.

Étienne BALIBAR

BIBLIOGRAPHIE

ARNAULD Antoine et NICOLE Pierre, *La Logique ou l'Art de penser* [1662], Vrin, 1981.

BALIBAR Étienne, « "Ego sum, ego existo". Descartes au point d'hérésie », *Bulletin de la société française de philosophie*, n° 3, 1992.

BERKELEY George, *Œuvres*, 4 vol., éd. G. Brykman, PUF, « Épiméthée », 1987-1996.

BESNIER Bernard, « Esprit », in *Les Notions philosophiques*, Encyclopédie philosophique universelle, PUF, 1990.

BODEI Remo, *Geometria delle passioni. Paura, speranza, felicità, filosofia e uso politico*, Feltrinelli, Milan, 1991 ; trad. fr. M. Raiola, *Géométrie des passions*, PUF, 1997.

BRYKMAN Geneviève, *Berkeley et le Voile des mots*, Librairie philosophique J. Vrin, 1993.

DEPRUN Jean, *La Philosophie de l'inquiétude en France au XVIIIe siècle*, Vrin, 1979.

DESCARTES René, *Discours de la méthode*, texte et comm. É. Gilson, Vrin, 1967.

— *I principi della filosofia*, trad it. et notes P. Cristofolini, Turin, Bollati Boringhieri, 1992.

— *Correspondance avec Élisabeth*, éd. J.-M. Beyssade, Flammarion, « GF », 1989.

— *Passiones animae*, Ristampa anastatica dell'edizione 1650, éd. J.-R. Armogathe et G. Belgioioso, Lecce, Conte editore, 1997.

DESCOMBES Vincent, *La Denrée mentale*, Minuit, 1995.

— *Les Institutions du sens*, Minuit, 1996.

GIANCOTTI BOSCHERINI Emilia, « Sul concetto spinoziano di *Mens* », in G. CRAPULLI et E. GIANCOTTI BOSCHERINI, *Ricerche lessicali su opere di Descartes e Spinoza*, Lessico Intellettuale Europeo III, Rome, Edizioni dell'Ateneo, 1969.

HEGEL Georg Wilhelm Friedrich, *Encyclopédie des sciences philosophiques*, III, *Philosophie de l'esprit*, prés., trad. fr. et annot. B. Bourgeois, Vrin, 1988.

HUSSERL Edmund, *Philosophie première*, trad. fr. A.L. Kelkel, PUF, 1970, vol. 1.

KAMBOUCHNER Denis, *L'Homme des passions. Commentaires sur Descartes*, Albin Michel, 1995.

LOCKE John, *Identité et Différence. L'Invention de la conscience* [*An Essay Concerning Human Understanding*, II, 27], prés., trad. fr. et comm. É. Balibar, Seuil, 1998.

MERLEAU-PONTY Maurice, *L'Union de l'âme et du corps chez Malebranche, Biran et Bergson*, Notes recueillies et rédigées par J. Deprun, Vrin, 1978.

Methodos, savoirs et textes. 2. L'esprit Mind/Geist, Presses universitaires du Septentrion, 2002.

RAULET Gérard, « Esprit-*Geist* », *in* J. LEENHARDT et R. PICHT (dir.), *Au jardin des malentendus. Le commerce franco-allemand des idées*, nouv. éd. Actes Sud, 1997.

SARTRE Jean-Paul, *La Transcendance de l'ego. Esquisse d'une description phénoménologique* (1936), Vrin, 1988.

SOLIGNAC Aimé, article « *NOYS* et *MENS* », in *Dictionnaire de spiritualité*, t. 11, Beauchesne, s.d.

WOLFF Christian, *Psychologia empirica* (1732) (*Gesammelte Werke*, II. Abteilung, Lateinische Schriften, Band 5), Hildesheim, Georg Olms, 1968.

OUTILS

D'ALEMBERT Jean le Rond et DIDEROT Denis, *Encyclopédie ou Dictionnaire raisonné des sciences, des arts et des métiers*, Paris, Briasson, 1751-1780 ; version DVD-Rom, Redon, service enregistrement, 26740 Marsanne, article « Âme » (anonyme).

EISLER Rudolf, *Kant-Lexikon* (1926-1930), repr. Hildesheim, Olms, 1961 ; trad. fr. augmentée par A.-D. Balmès et P. Osmo, Gallimard, 1994.

ONIANS Richard Broxton, *The Origins of European Thought about the Body, the Mind, the Soul, the World, Time, and Fate*, Cambridge, Cambridge UP, 1951 ; *Les Origines de la pensée européenne sur le corps, l'esprit, l'âme, le monde, le temps et le destin*, trad. fr. B. Cassin, A. Debru et M. Narcy, Seuil, 1999.

ANALOGIE

gr.	*analogia* [ἀναλογία]
lat.	*proportio, analogia*

► COMPARAISON, CONNOTATION, DIEU, *ÊTRE*, HOMONYME, *IMAGE*, LOGOS, PARONYME, PRÉDICATION, SENS, SIGNE

Le terme analogie *ne pose aucun problème de traduction en anglais, en italien ou en allemand, car son acception première est celle du terme grec* analogia [ἀναλογία], *initialement rendu en latin par* proportio. *Il s'agit d'un rapport mathématique entre quantités ou, plus précisément, de l'égalité de deux rapports par quotient. Le sens obvie de « rapport des parties entre elles, et avec leur tout » se retrouve donc aussi bien chez Littré que chez Cicéron (dans sa traduction latine du* Timée*) ou Varron (*De lingua latina*, 8, 32). Pourtant, à cette acception mathématique du « rapport entre des rapports » se superpose très vite celle de « ressemblance entre des rapports », de telle sorte que, comme le note Michel Foucault, le « vieux concept familier déjà à la science grecque et à la pensée médiévale », venant s'inscrire dans le registre plus général des « similitudes », finit, à l'Âge classique, par occuper une place à part, entre le champ de la* convenientia *(« assurant le merveilleux affrontement des ressemblances à travers l'espace ») et celui de l'*aemulatio *éthique, voire esthétique (« parlant d'ajustements, de liens, de jointures »), jusqu'à « tendre à partir d'un même point, un nombre indéfini de parentés » (*Les Mots et les Choses*, Gallimard, 1966, p. 36-38). Ces parentés multiples justifient la présence d'un mot, toujours trop facilement traduit, dans un vocabulaire des intraduisibles, par la multiplicité des champs qu'il coordonne en silence, par une série de coups de force indéfiniment reconduits dans leur « familiarité » même.*

Pratiquement ni un traducteur du *Timée* (31c, 32a-b) n'aura de difficulté à rendre le terme *analogia* utilisé par Platon pour désigner le « lien, le moyen terme » permettant d'ordonner « dans une belle composition » deux « nombres, masses ou forces quelconques » grâce à un tiers ou « moyen » (présentant la propriété que « ce que le premier est à lui-même, lui-même l'est au dernier »), ni un traducteur de la *Poétique* à rendre le même terme, utilisé, cette fois, par Aristote pour marquer le type de rapport où « un second terme est à un premier ce qu'un quatrième est à un troisième» (*Poétique*, 1457b 16-26). Mais, il en ira de même pour un traducteur de l'*Aestetica* de Baumgarten, confronté à l'expression *analogia rationis*, permettant au disciple de Chr. Wolff d'intégrer le domaine de la sensibilité et du jugement de goût au champ de la connaissance (cf. A.G. Baumgarten, *Aestetica*, I-II, Francfort 1750-1758 [repr. Hildesheim, Olms, 1961], *passim*), ou un traducteur des théologiens K. Barth ou P. Tillich, confronté aux expressions d'*analogia fidei seu revelationis* (héritée de Rm 12, 6, où Paul prescrit d'exercer le don de prophétie « selon l'analogie de la foi ») et d'*analogia imaginis* (« analogie de l'image »). Le seul problème de « traduction » posé par l'idiome gréco-latin d'*analogia* ne vient pas d'une absence d'équivalent dans les langues européennes de la philosophie, mais des conséquences et des enjeux de son application au « problème de l'être », hors de sa sphère d'origine, sous le titre, proprement scolastique, d'*analogia entis* (« analogie de l'être » ou « de l'étant »), et donc, par là même, de son caractère « gréco-latin ». C'est une traduction *déjà effectuée*, et dans un champ très précis, qui donne ici à penser au philosophe et à l'historien de la philosophie, une traduction, en un sens, *trop bien réussie*, fonctionnant comme une sorte d'écran entre philosophie ancienne, spécialement la tradition aristotélicienne, et héritiers divers de la scolastique médiévale. De ce fait, c'est aux lecteurs d'une œuvre où elle ne figure pas comme telle — la *Métaphysique* d'Aristote — que l'*analogia* pose un problème de lecture, dont seule la généalogie d'une expression volontairement « saturée » peut lever les multiples ambiguïtés, tout en produisant le « réseau », qui lui a permis de faire histoire. Geste lexicographique et innovation doctrinale sont ici indissociables, en sorte que (et cela fait d'*analogia* un cas singulier, sinon réellement isolé) l'on ne peut faire véritablement l'histoire de l'un qu'à travers une archéologie philosophique de l'autre. Compte tenu de l'importance du moment « thomiste » dans cette histoire « double », c'est par lui qu'il faut commencer.

I. LE PROCESSUS DE FORMATION DE LA THÉORIE DE L'ANALOGIE

Élément central de la métaphysique scolastique, la théorie dite de l'« analogie de l'être » (*analogia entis*) est généralement présentée comme une théorie « aristotélicienne » ou « aristotélico-thomiste ». Cette appellation doit être abandonnée. Il y a plusieurs formulations thomasiennes de la notion d'analogie, certaines philosophiques, dans les commentaires d'Aristote, d'autres théologiques, dans les œuvres personnelles (*Questions disputées sur la Vérité*, *Somme contre les Gentils*, *Somme théologique*). Les premières sont destinées à résoudre le problème aristotélicien de la « multiplicité des sens de l'être », les secondes, à revenir sur le problème non aristotélicien, en fait boécien et dionysien, de la *praedicatio in divinis*, tel que l'expose le *De Trinitate*, IV, de Boèce, ou, si l'on préfère, sur la question dite « des Noms divins ». En toute hypothèse, la notion médiévale d'« analogie de l'être » ne peut se réclamer d'un emprunt direct à une théorie positive, déjà constituée comme telle chez Aristote ; elle intervient plutôt au terme d'un long processus herméneutique, engagé, semble-t-il, dès Alexandre d'Aphrodise, auquel la tradition interprétative d'Aristote a contribué durant toute l'Antiquité tardive, de Plotin à Simplicius. Interprétée à partir du corpus aristotélicien, la formation de la théorie médiévale de l'analogie se présente comme la fusion progressive d'au moins six textes d'inspiration, de portée et de signification différentes : la distinction entre synonymes, homonymes et paronymes du premier chapitre des *Catégories* ; la distinction entre deux types d'homonymie (dérivés des choses à leurs définitions) dans les *Topiques* I, 15, 107b 6-12 ; la distinction entre les différents modes de l'erreur selon l'homonymie proposée dans les *Réfutations sophistiques*, 17 ; la distinction problématique des trois types d'homonymes intentionnels introduite dans l'*Éthique à Nicomaque* (I, 4, 1096b 26-31) : unité d'origine ou de provenance, unité de fin ou de tendance, unité d'analogie — où « analogie » a le sens aristotélicien authentique de proportion mathématique à quatre termes (a/b = c/d) (voir HOMONYME) ; la théorie de l'unification de la multiplicité des sens de l'être exposée dans le livre IV de la *Métaphysique* sur la base de la signification des termes « sain » et « médical », elle-même complétée par la théorie de l'accident comme flexion de la substance suggérée par certains passages du livre VII de la *Métaphysique* (1, 1028a 15-25).

La théorie médiévale de l'analogie de l'être est principalement issue de la rencontre de *Catégories*, 1, 1, *Éthique à Nicomaque*, I, 6 et *Métaphysique*, IV, 1. Avant cette synthèse, la notion d'une homonymie réduite a eu la préférence, étant utilisée en dehors de toute préoccupation métaphysique, comme concept sémantique lié à l'interprétation des deux problèmes logiques standard de l'homonymie selon Aristote : l'élucidation de la distinction entre homonymes et synonymes dans les *Catégories*, 1, 1 ; l'analyse des mécanismes sémantiques de la *fallacia aequivocationis* dans les *Réfutations sophistiques*, 17. Caractéristique de cette problématique logique est l'analyse de l'*aequivocatio ex adiunctis* par l'*Anonymus Cantabrigiensis*, fondée sur trois interprétations de l'homonymie de *sanum* clairement tirées de *Topica*, I, 15, 106b 34-38 ou celle de l'*Anonymi Compendiosus tractatus de fallaciis*, interprétant en termes de « consignification » la variation sémantique présidant au parologisme de l'« équivocité *ex adiunctis* », à partir de deux sens de *sanum* évoqués dans *Topica*, I, 15, 106a 5-9. À ce stade de développement, la question de l'homonymie ne débouche pas encore sur une théorie de l'analogie de l'être : elle reste dans les limites des matériaux porphyriens transmis par les *Commentaires* logiques de Boèce et les sources aristotéliciennes de la *Logica vetus* et de la *Logica nova*. Le problème métaphysique de la pluralité des sens de l'être n'est pas affronté comme tel. La notion d'analogie ne joue pas non plus de rôle assignable dans la métaphysique gréco-latine de l'ère boécienne (*aetas boetiana*) où, jusqu'à la fin du XIIe siècle, domine le problème du transfert des catégories, *transsumptio rationum*, marquant tout usage théologique des dix catégories aristotéliciennes. Dans cet univers de discours, la question aristotélicienne de la pluralité des sens de l'être est occultée par celle de l'applicabilité des catégories ontologiques dans le domaine de la théologie. Abondamment illustrée dans les premiers commentaires médiévaux du *De trinitate* de Boèce, notamment chez Gilbert de Poitiers et les porrétains, la problématique alors dominante réside dans une question unique, extrapolée du chapitre IV de l'œuvre de Boèce : étant donné que « les catégories changent de sens lorsqu'on les applique à Dieu », y a-t-il équivocité pure, usage métaphorique ou « transsumption » du langage catégoriel lorsqu'il est transposé du domaine naturel au domaine divin ? (Voir encadré 1, « *Translatio studii* », dans TRADUIRE.)

II. « DENOMINATIVA », « CONVENIENTIA », « ANALOGA »

La problématique scolastique de l'analogie apparaît au début du XIIIe siècle, quand le mot et la notion d'*analoga* viennent sinon directement remplacer, du moins recouvrir les *denominativa* (ou « paronymes ») d'Aristote. Ce recouvrement a une longue histoire antérieure : on sait, en effet, par Simplicius (dont le *Commentaire des Catégories* a été traduit en 1268 par Guillaume de Moerbeke), que les interprètes hellénophones d'Aristote ont très tôt « rassemblé en un seul mode l'homonymie *ab uno* et l'homonymie *ad finem* », et que d'autres « les ont posées comme intermédiaires entre les homonymes et les synonymes » (*In Praedicamenta Aristotelis*, éd. Pattin, p. 43, 87-96). Les témoins latins de la substitution de la séquence homonymes-synonymes-analogues à la triade homonymes, synonymes, paronymes ne manquent pas : le montage est effectué dès les années 1245, c'est-à-dire dès les premières *Lecturae* universitaires des *Libri naturales* d'Aristote. Les commentaires d'Albert le Grand sur la *Logica vetus* permettent, sur ce point, d'identifier la source des maîtres universitaires : les philosophes arabes, qui ont intercalé entre *univoca* et *aequivoca* « ce qu'ils appellent, eux, *convenientia* », et ce, pour maîtriser conceptuellement le problème de l'homonymie de l'*être*. À partir d'Albert, et des sources qu'il évoque, al-Ghazali et Avicenne, on peut appeler théorie de « l'analogie de l'être », toute théorie présentant les éléments suivants : l'interprétation de l'homonymie *ad unum* en termes de proportion ; l'application de cette relation orientée et non convertible, comme la paronymie, au rapport substance-accident compris comme rapport *prius-posterius*, principal (antérieur) et secondaire (dérivé, postérieur) ; la distinction entre « trois modes de l'analogie », *i.e.* trois types de « rapports » réglant l'attribution des termes dits « analogiques » : la « *proportio ad unum subiectum* », qui vaut pour le terme « étant », la « *proportio ad unum efficiens actum* » qui vaut pour le terme « médical », enfin la *proportio* valant pour le terme « sain », plus ou moins clairement rapprochée de la causalité finale. Connue par les Latins avant la *Métaphysique* d'Aristote, la *Métaphysique* d'Avicenne est donc, pour le Moyen Âge latin, selon le témoignage même d'Albert, la source première de la problématique de la pluralité des sens de l'être. C'est elle qui décide de la lecture des textes aristotéliciens, et qui impose la thèse selon laquelle l'unité du concept d'être recherchée par Aristote est une « convenance selon l'ambiguïté », lisible selon la « relation de l'antérieur et du postérieur », c'est-à-dire dans le cadre plus ou moins platonisant d'une théorie de la participation graduée. Si la conception avicennienne de l'analogie « selon l'antérieur et le postérieur » domine la plupart des commentaires logiques (Nicolas de Paris, *Summae Metenses*) et métaphysiques (Roger Bacon, *Quaestiones alterae supra libros Primae philosophiae Aristotelis*, IV, q. 3-4) d'Aristote jusque dans les années 1250-1260, les théories ultérieures ne cessent de se complexifier.

III. ANALOGIE PHILOSOPHIQUE / ANALOGIE THÉOLOGIQUE

La distinction entre analogie philosophique et analogie théologique fait éclater le cadre initialement unitaire de la formulation. Le problème de la *praedicatio in divinis* ne pouvant être affronté dans une théorie de l'analogie « selon l'antérieur et le postérieur », étant donné l'absence de rapport ou proportion assignable entre Dieu, créateur et infini, et l'étant, créé et fini, Thomas d'Aquin introduit, pour pallier le déficit, une distinction entre analogie de proportion et analogie de proportionnalité bien décrite par les interprètes récents. Par « proportion », on entend, depuis le *De institutione arithmetica*, II, 40, de Boèce, un rapport entre deux termes, par « proportionnalité », un rapport entre deux rapports, par « analogie de proportion », Thomas rend compte de ce que l'on appelle aujourdhui « signification focale » de l'être (ou, plutôt, du mot « être ») : les diverses significations catégorielles se laissent coordonner horizontalement comme celles du mot « sain ». L'« analogie de proportionnalité » vise à articuler deux rapports : l'analogie conceptuelle, cognitive (*secundum intentionem*), et l'analogie ontologique (*secundum esse*). Au XIVe siècle, Maître Eckhart exténue quasiment la notion en ramenant l'analogie théologique à une simple analogie d'attribution extrinsèque, fondée sur une « analogie » au sens strict du terme (proportion à quatre termes) : comme il n'y a de santé que dans l'animal, il n'y a d'être qu'en Dieu. La créature est le signe de Dieu, comme l'urine est le signe de la santé. Cependant, le rapport de signe à chose signifiée se doublant d'un rapport d'effet à cause, le contenu exact de la théorie de l'analogie est une théorie de la « causalité analogique » : Dieu est créateur et donneur d'être, donc la créature est ; mais son être, qui n'est pas enraciné en elle, se ramène à celui de Dieu et n'en est que le signe. Avec l'apparition du « concept univoque d'étant » chez Duns Scot, la théorie de l'analogie évolue progressivement vers une théorie du « concept analogique d'étant », que les thomistes, puis la « seconde scolastique » s'efforcent d'opposer à la théorie scotiste. Cette évolution, qui conduit au-delà du Moyen Âge, aboutit aux formations plus ou moins syncrétiques des notions d'analogie utilisées chez les néo-thomistes et la néo-scolastique : ainsi le modèle de l'analogie selon J. Maritain est Jean de Saint-Thomas plus que Thomas d'Aquin.

Le complexe discursif de l'*analogia entis* n'épuise pas la totalité du champ de l'*analogia*. Les débats modernes sur le statut purement allégorique de l'analogie (E. Cassirer) ou, au contraire, sur « l'effet de sens métaphorique » travaillant en sous-main l'analogie théologique médiévale (P. Ricœur) ne s'inscrivent pas moins dans le réseau défini par la rencontre entre le problème aristotélicien de la « multiplicité des sens de l'être » et celui, purement théologique, « des Noms divins », hérité de la pensée tardo-antique et médiévale. L'*analogia* est le cœur d'un dispositif d'où repartent, pour s'autonomiser relativement, les divers champs articulés de force par le geste fondateur de l'*inventio analogiae* : métaphore, symbole, catégorie.

Alain de LIBERA

BIBLIOGRAPHIE

ASHWORTH Earline Jennifer, « Analogy and Equivocation in Thirteenth-century Logic : Aquinas in Context », *Mediaeval Studies*, 54, 1992, p. 94-135.

AUBENQUE Pierre, « Sur la naissance de la doctrine pseudo-aristotélicienne de l'analogie de l'être », *Les Études philosophiques*, 3/4, 1989, p. 291-304.

BOULNOIS Olivier, « Analogie et univocité selon Duns Scot : la double destruction », *Les Études philosophiques*, 3/4, 1989, p. 347-369.

BRENTANO Frantz, *Von der mannigfachten Bedeutung des Seienden nach Aristoteles*, Fribourg-en-Brisgau, 1862 ; trad. fr. P. David, Vrin, « Bibliothèque des textes philosophiques », 1992.

COURTINE Jean-François, *Suárez et le Système de la métaphysique*, PUF, 1990.

VUILLEMIN Jules, *De la logique à la théologie. Cinq études sur Aristote*, Flammarion, 1967, p. 44-125.

ANGLAIS

LA LANGUE ANGLAISE OU LE GÉNIE DE L'ORDINAIRE

► ACTE DE LANGAGE, AGENCY, ASPECT, CLAIM, COMMON SENSE, FEELING, HAPPENING, MATTER OF FACT, SENS

Dans le refus de s'élever au-dessus des données de la vie ordinaire, on peut voir une continuité entre la philosophie classique de langue anglaise (de Berkeley à Hume, Reid et Bentham) et la philosophie américaine, qu'il s'agisse du transcendantalisme (Emerson, Thoreau) ou du pragmatisme (de James à Rorty). Mais une telle orientation ne deviendra vraiment explicite qu'après le linguistic turn, *« tournant langagier », opéré par Wittgenstein, Ryle et surtout Austin, lorsqu'elle sera radicalisée et systématisée sous le nom de « philosophie du langage ordinaire ».*

Cette prépondérance du recours à l'ordinaire semble inséparable de certaines caractéristiques linguistiques très singulières de la langue anglaise (comme le gérondif), qui la rendent souvent difficile, voire impossible, à traduire. C'est là une sorte de paradoxe d'autant plus important à souligner que l'anglais prétend autant à la simplicité qu'à l'universalité, et s'est établi comme langue philosophique dominante à partir de la seconde moitié du XXe siècle.

La philosophie de langue anglaise entretient un rapport spécifique à la langue ordinaire, comme aux exigences de la vie courante, qui ne se limite pas aux théorisations de la « philosophie du langage », où les philosophes anglais font figure de pionniers. Elle refuse les constructions linguistiques artificielles de la spéculation philosophique (c'est-à-dire métaphysique) et préfère revenir constamment à leur « pays d'origine », comme dit Wittgenstein : l'environnement naturel des mots de tous les jours (*Philosophische Untersuchungen*, § 116). On peut ainsi relever une continuité entre le recours à l'ordinaire chez Hume, Berkeley, Reid et Bentham, et ce qui deviendra chez Moore et Wittgenstein (après son passage à la langue anglaise, au moins sur le plan oral), puis Austin, la « philosophie du langage ordinaire ».

Cette continuité se marque dans plusieurs champs. Et tout d'abord dans l'exploitation de toutes les ressources de la langue anglaise, considérée comme source d'information, et valide en tant que telle. Dans une attention, également, aux spécificités — voire aux « défauts » — de cette langue, qui deviennent autant de caractères philosophiques dont il s'agit de tirer parti. Enfin, dans une affirmation de la naturalité des distinctions opérées dans et par le langage ordinaire, visant à remettre en cause la supériorité du langage (technique) de la philosophie — le premier faisant l'objet, comme on le verra, d'un « accord » plus profond que le second.

♦ Voir encadré 1.

I. LA VARIÉTÉ DES MODES DE L'ACTION

A. Le passif

Il y a, en anglais, une pluralité des modes de l'être-agent — et donc une différenciation possible des « puissances d'agir » (c'est l'expression que propose Paul Ricœur dans *La Mémoire, l'Histoire, l'Oubli* pour traduire l'intraduisible *agency*) ou des modes d' « agentivité » - qui constitue précisément un trait du génie de cette langue, et une des sources principales des problèmes de traduction qu'elle pose. L'*agency* est un singulier carrefour de points de vue, qui permet de désigner celui qui agit tout en l'effaçant au profit de son acte — et ainsi de repérer l'agentivité dans le sujet passif lui-même (voir AGENCY).

Une difficulté classique est illustrée par la phrase suivante, extraite des *Considerations on Representative Government* [1861] des *Essays on Politics and Society* de John Stuart Mill (1977, p. 527) : « *I must not be understood to say that...* » Pour traduire une telle tournure passive, le français n'a pas d'autre moyen que de recourir au pronom impersonnel *on* et de mettre ce « on » en position d'observateur du « je », comme s'il était considéré de l'extérieur : « On ne doit pas comprendre que je dis que... » Mais, du même coup, le réseau de relations internes à la phrase en est modifié, et le sens transformé ; la nécessité ne se trouve plus du côté du sujet de la phrase, et de l'auteur : elle est rendue impersonnelle.

La langue philosophique anglaise contemporaine fait également grand usage des diverses caractéristiques du passif. On peut à ce sujet mentionner un tournant essentiel dans l'histoire de la linguistique, constitué par la découverte par Chomsky en 1957 (*Syntactic Structures*) du paradigme de la relation actif/passif, preuve de la nécessité de la composante transformationnelle dans la grammaire. L'énoncé passif n'est pas toujours un retournement de l'actif, et ne décrit que rarement un « subir », comme le montre l'exemple : *She was offered a bunch of flowers* (On lui offrit un bouquet). La langue use en particulier du fait qu'une telle tournure autorise l'ellipse de l'agent (comme en témoigne l'expression courante : *English spoken*). Pour les philosophes, le passif est donc la forme privilégiée d'une action dès lors que son agent est inconnu, indéterminé, sans importance ou, à l'inverse, trop évident. C'est ainsi qu'Austin peut accumuler, sans lourdeur, en moins d'une page, cinq passifs, qu'on ne peut traduire que par des « on », sujet indéterminé (se définissant comme différencié de moi, *I*) :

> *It is clearly implied, that* [...]. *Now this, at least if it is taken to mean* [...]. *The expression is here put forward* [...] *We are given, as examples, « familiar objects »* [...]. *The expression is not further defined* [...]
>
> [On sous-entend clairement que (...) Quant à cela, du moins si on l'entend au sens de (...) On avance ici l'expression (...) On nous donne, comme exemples, des « objets familiers » (...) On n'approfondit pas la définition de l'expression (...)]
>
> *Sense and Sensibilia*, p. 7-8.

Pour mesurer la naturalité de la tournure passive en anglais, il suffit d'examiner quelques titres de journaux : *Killer's Car Found* (On a retrouvé la voiture du tueur) ; *Kennedy Jr Feared Dead* (On craint la mort du fils Kennedy) ; ou quelques titres d'articles ou d'ouvrages philosophiques américains : « Epistemology Natu-

1

« Langage », « langue », « parole » : une distinction virtuelle

► LANGUE

Contrairement à ce que l'on croit trop souvent, la langue anglaise ne « confond » pas sous le terme de *language* ce que le français distingue (avec Saussure) sous les termes de *langage*, de *langue* et de *parole*. En réalité, l'anglais dispose lui aussi d'une série de trois termes, dont la distribution sémantique rend possible exactement la même trichotomie qu'en français : *tongue*, qui sert à désigner telle langue, par opposition à telle autre ; *speech*, qui se rapporte plus spécifiquement à la parole (mais que l'on traduit aussi souvent par « discours »), et *language* (au sens de faculté du langage). Toutefois notre jeu de distinctions systématiques ne peut que rester fondamentalement virtuel en anglais, notamment parce que celui-ci se refuse à détacher radicalement la « langue » de la « parole ». C'est ainsi que Bentham dans sa *Chrestomathia* parle indifféremment de *tongue* ou *language* (1983, p. 56), et prend parfois *language* au sens de *langue* : « De toutes les langues connues [*of all known languages*], le grec est assurément, par sa structure, la plus plastique et la plus ployable » (p. 157). Il utilise de même comme équivalents *speech* et *language*, puisqu'il parle des *parts of speech* (p. 200 *sq.*). Mais il lui arrive aussi, tout au contraire, de faire valoir les différences qu'il gomme ici. Et il procède alors exactement comme Hume, dans son essai *De la règle du goût* (*Of the Standard of Taste*), où on peut lire, par exemple :

> Nous devons reconnaître qu'une part de l'apparente harmonie qui règne en morale peut s'expliquer par la nature même du langage [*language*]. Le mot *virtue*, ainsi que son équivalent en chaque langue [*tongue*], emporte l'éloge, comme le mot *vice* emporte le blâme.
>
> *Essais et Traités sur plusieurs sujets*, p. 266.

ralized [L'épistémologie naturalisée] » (traduit par J. Largeault « L'épistémologie devenue naturelle » — fameux article de Quine à l'origine du tournant naturaliste de la philosophie américaine), *Consciousness Explained* [*La Conscience expliquée*] de D. Dennett. On comprend peut-être mieux, dès lors, pourquoi une telle tournure — qui paraît si maladroite en français, comparée à l'actif — est perçue, tout au contraire, par ses usagers anglais, comme une tournure plus directe et efficace.

Plus généralement, l'ellipse de l'agent semble une tendance si profonde en anglais qu'on peut soutenir que le phénomène appelé par Lucien Tesnière « diathèse récessive » (perte de l'actant) est devenu une caractéristique de la langue anglaise elle-même, et non seulement du passif. C'est ainsi, par exemple, qu'un lecteur français a irrésistiblement l'impression qu'il manque un réfléchi dans les expressions suivantes : *This book reads well* (Ce livre se lit agréablement) ; *his poems do not translate well* (ses poèmes se traduisent difficilement) ; *the door opens* (la porte s'ouvre) ; *the man will hang* (l'homme sera pendu). En réalité, ici encore, l'anglais, à la différence du français, n'a tout simplement pas besoin de marquer (par le pronom « se ») la présence de l'actant agent.

B. « Do », « make », « have »

L'anglais dispose de plusieurs termes pour traduire le mot français unique *faire*, qu'il peut rendre aussi bien par *to do*, *to make* ou *to have*, selon le type d'agentivité requise par le contexte. En raison de l'atténuation de son sens d'action, et de sa valeur d'insistance et de reprise, le verbe *to do* est devenu omniprésent en anglais, et il joue un rôle particulièrement important dans les textes philosophiques. On peut trouver quelques exemples de difficultés de traduction, là encore chez Austin (qui vient de critiquer la thèse selon laquelle nous ne percevons jamais directement les objets, et s'apprête à critiquer également sa négation) :

> *I am not going to maintain that we ought to embrace the doctrine that we do perceive material things...*
>
> [Je ne vais pas soutenir que nous devons embrasser la doctrine selon laquelle nous percevons vraiment les choses matérielles...]
>
> *Sense and Sensibilia*, p. 3.

Rappelons enfin, ici, le premier exemple proposé par Austin d'énoncé performatif, qui joue à la fois sur la valeur anaphorique de *do* et sur son sens d'action, dualité qui paraît à l'origine de la théorie du performatif (voir ACTE DE LANGAGE, IV) :

> *I do (take this woman to be my lawful wedded wife) — as uttered in the course of the marriage ceremony.*
>
> [Oui (à savoir : je prends cette femme pour épouse) — énoncé lors d'une cérémonie de mariage.]
>
> *How to Do Things with Words*, p. 5.

En revanche, là où le *faire* se nuance d'un sens causatif, l'anglais emploie *to make* et *to have* : *he made Mary open her bags* (il lui fit ouvrir sa valise), *he had Mary pour him a drink* (il se fit verser un verre), avec cette différence que *make* peut indiquer, comme on le voit, une coercition, alors que *have* ne présuppose pas de résistance — toutes nuances que le français ne peut que laisser sous-entendues ou expliciter lourdement.

Les philosophes anglais du XXe siècle, d'Austin à Geach et Anscombe, se sont intéressés de très près à ces différences et à leurs enjeux philosophiques. Ainsi, Austin, dans « A Plea for Excuses », insiste sur la signification élusive de l'expression *doing something* (faire quelque chose), et sur la difficulté corrélative qu'il y a à tracer les limites du concept d'action — *Is to sneeze to do an action ?* (Est-ce agir que d'éternuer ?) :

> *There is indeed a vague and comforting idea that* [...] *doing an action must come down to the making of physical movements* [...]. *Further, we need to ask what is the detail of the complicated internal machinery we use in « acting ».*
>
> [Il y a certes l'idée vague et réconfortante que (...) faire une action doit se ramener à faire des mouvements physiques (...). Reste qu'il faut bien nous demander quel est le détail de la machinerie interne complexe que nous utilisons en « agissant ».]
>
> *Philosophical Papers*, p. 178-179.

Comme l'indiquent ces premières remarques, si partielles soient-elles, il existe donc une relation spécifique, intime, entre langue ordinaire et langue philosophique dans la philosophie de langue anglaise. C'est ce qui permet de mieux comprendre le naturel avec lequel les représentants les plus prestigieux de la philosophie de langue anglaise contemporaine recourent à des expressions idiomatiques (cf. H. Putnam), voire à des tournures franchement populaires : « *Meanings ain't in the head* » (« Les significations ne sont pas dans la tête »), « *It ain't necessarily so* » (« Ça ne se passe pas nécessairement comme ça »). Quant au titre du célèbre recueil de Quine, *From a Logical Point of View*, austère à première vue, il est repris d'un refrain de Harry Belafonte : « *From a logical point of view, Always marry women uglier than you* [D'un point de vue logique, il vaut mieux se marier avec des femmes plus moches que soi]. »

II. DE L'OPÉRATEUR « -ING » : PROPRIÉTÉS ET CONSÉQUENCES ANTI-MÉTAPHYSIQUES

A. « -ing » : un opérateur multifonctionnel

Si les grammairiens s'attachent à distinguer, dans les formes en *-ing*, les participes présents, les adjectifs, la forme progressive, le gérondif, ce qui frappe le lecteur des textes scientifiques et philosophiques, c'est d'abord la libre circulation entre ces formes. Cette continuité formelle favorise une grande invention méthodique par le jeu qu'elle permet sur les diverses entités grammaticales.

1. Le gérondif : la forme en « -ing » la plus difficile à traduire

L'anglais est une langue nominalisante. N'importe quel verbe peut se prêter à l'opération, ce qui donne un grand pouvoir créatif à la langue philosophique anglaise. La nominalisation est en effet une substantivation sans substantification : il ne s'agit pas, en nominalisant le verbe, de référer à l'action, d'en faire un objet du discours (ce qui est possible dans tout langage, notamment le français et l'allemand philosophiques), mais de nominaliser le verbe en lui conservant sa qualité de verbe (voir SENS), voire de nominaliser des propositions entières. On pourra certes nominaliser *faire*, *toucher* et *sentir* en français (« le faire », « le toucher », même « le sentir »), ou, de manière encore plus systématique, en allemand. Cependant, ces formes n'auront pas la même « naturalité » que les expressions anglaises *the making, the doing, the feeling*. Surtout, il est difficile de construire dans ces langues des expressions parallèles à, par exemple, *the making of...*, *the making use of...*, *my doing wrongly*, *my meaning this*, *his feeling pain*, etc., c'est-à-dire des mixtes de nom et de verbe ayant — c'est la caractéristique grammaticale du gérondif — la distribution externe d'une expression nominale et la distribution interne d'une expression verbale.

Ces formes sont si courantes qu'elles caractérisent — outre une bonne proportion des titres de livres (par ex., *The Making of the English Worker Class* de E.P. Thomson ; ou, en philosophie, *The Taming of Chance* de I. Hacking, etc.) — la langue même de la philosophie anglaise classique. Le gérondif fonctionne comme une sorte d'équivalent général ou d'échangeur entre les formes grammaticales. Par là, il ne permet pas seulement une dynamique de la langue, en introduisant en elle, de façon permanente, un flux temporel ; mais il contribue à créer, dans la langue même, une sorte d'indécision de ses scansions. D'où ces phrases qui embarrassent au plus haut point le traducteur, quand il comprend le message sans jamais pouvoir lui restituer sa légèreté. Ainsi, Hume, dans *A Treatise of Human Nature*, parle, à propos de l'idée, de « *the manner of its being conceived* » (1978, p. 628), de « sa façon d'être conçue », ou peut-être, ce qui ne revient pas tout à fait au même, de « la façon dont il lui appartient d'être conçue ». Et l'on voit *agency* et gérondif s'articuler dans une langue comme celle de Bentham, qui minimise les écarts entre le sujet et l'objet, le verbe et le nom : « *much regret has been suggested at the thoughts of its never having yet been brought within the reach of the English reader* [on éprouve beaucoup de regret à penser qu'il n'a jamais été mis à la portée du lecteur anglais] » (*Chrestomathia*, p. 273).

Les traducteurs se sentent souvent obligés de rendre l'acte exprimé au gérondif par l'expression « le fait de » ; or c'est dire à peu près le contraire de ce qui est dit en anglais. Par son gérondif, l'anglais évite le discours du fait en ne gardant que l'événement et en ne raisonnant que sur lui. L'inévitable confusion intimée par notre langue, lorsqu'elle traduit le gérondif, est d'autant plus fâcheuse, en l'occurrence, qu'il devient impossible de distinguer le moment où un locuteur anglais dit ou écrit *the fact* ou *the case* du moment où il travaille sur les gérondifs. L'importance de l'événement, avec la distinction du *trial* (essai), du *case* (cas), ou de l'*event* (événement) d'une part, et du *happening* (qu'on peut traduire par « l'avoir lieu », ou « réalisation ») de l'autre, est cruciale dans les traités de probabilité. La définition même de la notion de probabilité avec laquelle Bayes opère dans son *Essai sur un problème de la doctrine des chances* (premier grand traité de « probabilité subjective ») repose sur ce statut du *happening*, événement conçu non dans les termes de sa réalisation ou de son accomplissement, mais de son attente :

> *The probability of any event is the ratio between the value at which an expectation depending on the happening of the event ought to be computed, and the value of the thing expected upon its happening.*
>
> [La probabilité d'un résultat quelconque est le rapport entre la valeur à laquelle on doit estimer une espérance dépendant de l'avoir lieu de ce résultat, et la valeur de la chose espérée par cet avoir lieu.]
>
> p. 26.

2. La forme progressive : temps et aspect

Si l'on passe du gérondif à la forme progressive, autre construction en *-ing*, un nouvel ordre de problème apparaît : celui de l'aspect et de la temporalité des actions. Un cas intéressant de difficulté de traduction est, par exemple, celui que pose Austin lorsque précisément il tente, dans la présentation des performatifs, de différencier la phrase et l'action de la dire, de *statement* (énoncé) et *utterance* (énonciation) : il y a des *utterances* telles que « *the uttering of the sentence is, or is part of, the doing of an action* [l'énonciation de la phrase est, ou fait partie de, l'exécution d'une action] » (Austin, *How to Do Things with Words*, p. 5). La difficulté de traduction est ici causée par la combinaison, dans la construction en *-ing*, de la souplesse syntaxique du gérondif et d'un sens progressif. La construction en *-ing* indique-t-elle l'acte, la progressivité de l'acte ? De même, il est difficile de choisir de traduire « *On referring* » (P.F. Strawson) par « De la référence » plutôt que par « De l'action de référer » ; ou « *On denoting* » (B. Russell) : *De la dénotation* (traduction adoptée en général) ou *Du dénoter* ?

La forme progressive au sens strict — *be* + verbe + *-ing* — indique une action à un moment précis du temps où elle est déjà engagée, sans être encore achevée. Juste un peu plus loin, Austin permet de mesurer l'aisance de l'anglais dans l'ensemble de ces opérations : « *To utter the sentence is not to describe my doing of what I should be said in so uttering to be doing* » (Austin, *How to do Things with Words*, p. 6) ; la traduction française donne, correctement : « Énoncer la phrase, ce n'est pas décrire ce qu'il faut bien reconnaître que je suis en train de faire en parlant ainsi », mais cela reste insatisfaisant à cause, au moins, de la lourdeur de l'emploi courant de « en train de ». De plus, dans de nombreux cas, « en train de » ne convient tout simplement pas, dans la mesure où le *-ing* n'indique pas la durée : ainsi, par exemple, *At last I am seeing New York* (Enfin je vois New York).

Il est intéressant d'examiner dans cette perspective la fameuse catégorie des verbes de perception. Que ces verbes (*to see*, voir, *to hear*, entendre) puissent dans certains cas être utilisés avec la construction *be* + forme en *-ing* est remarquable, dans la mesure où l'on croit en général (c'est même une règle grammaticale de l'anglais scolaire) que ces verbes ne peuvent être qu'au présent ou au prétérit simples et refusent le progressif. Cette règle se veut sans doute liée à quelque chose comme l'immédiateté de la perception, et on peut la rapprocher du fait que les verbes *to know* et *to understand* sont également (presque) toujours au présent ou au prétérit, comme si les opérations de l'entendement (*understanding*) ne pouvaient être présentées sous forme progressive et étaient par définition instantanées ; ou comme si, à l'opposé, elles transcendaient le cours du temps. En réalité, il y a des contre-exemples : *I don't know if I'm understanding you correctly* ; *you are hearing voices* ; et souvent en philosophie : « *you are seeing something* » (Austin, *Sense and sensibilia*, p. 30, à propos du bâton brisé), « *I really am perceiving the familiar objects* » (Ayer, *The Foundations of Empirical Knowledge*, p. 1-2). Le passage à la forme *be* + verbe en *-ing* indique alors, non pas la progressivité de l'action, mais le passage au métalangage propre à la description philosophique des phénomènes de la perception. La seule exception, curieusement, reste *to know*, qui n'existe quasiment pas au progressif : même en explorant la littérature philosophique et épistémologique, on ne trouve pas *I am knowing* ni *he was knowing*, comme si la connaissance ne pouvait être conçue comme processus.

On a remarqué la grande variété de ce qu'on a pris l'habitude d'appeler les « aspects » linguistiques en anglais, où le statut d'une action se marque et se différencie de façon plus systématique qu'en français ou en allemand, encore à cause du *-ing* : *he is working/he works/he worked/he has been working*. À la différence de ce qui se passe pour les langues slaves, l'aspect ne se marque pas dans une dualité de formes verbales au départ, mais par l'usage de *be* + verbe en *-ing* (imperfectif ou progressif), par opposition au présent simple ou au prétérit (perfectif). L'anglais mêle d'ailleurs souvent plusieurs aspects dans une seule expression : itérativité, progressivité, achèvement, comme dans « *it cannot fail to have been noticed* [l'on ne peut manquer de l'avoir remarqué] » (Austin, *How to do Things with Words*, p. 1). Ce sont là des nuances, comme l'ont noté récemment Labov puis Pinker, qui ne sont pas propres à l'anglais classique ou écrit, mais qui existent aussi dans certains vernaculaires apparemment familiers ou prétendument agrammaticaux. Le vernaculaire noir américain semble particulièrement raffiné sur ce point, distinguant *he be working* de *he working*, le fait d'avoir un travail régulier et le fait d'être à un moment donné à son travail, l'américain standard se contentant de *he is working* (S. Pinker, *The Language Instinct*, Penguin, 1994 ; *L'Instinct du langage*, trad. fr. M.-F. Desjeux, Odile Jacob, 1999, p. 30). Il semble bien, qu'on emploie ou non la notion d'aspect, qu'il y ait en anglais une différenciation particulièrement subtile entre les différents degrés d'achèvement, d'itérativité ou de développement d'une action, qui conduit les philosophes de langue anglaise à une attention plus grande à ces questions et même à des inventions singulières.

B. La dissolution linguistique de l'idée de substance

1. Des entités fictives

L'opération « verbe + *-ing* » donne donc simplement au verbe le statut transitoire de nom, tout en lui conservant de fait certaines de ses propriétés, syntaxiques et sémantiques, de verbe, c'est-à-dire en évitant la substantivation. Il n'est pas fortuit que la substantialité du « je pense », affirmée par Descartes, ait réuni contre elle la quasi-unanimité des philosophes anglais de l'époque classique. Si une identité personnelle peut se constituer « *by the making our distant perceptions influence each other, and by giving us a present concern for our past or future pains or pleasures* [en faisant que nos perceptions éloignées s'influencent les unes les autres et en nous donnant un souci présent de nos peines et plaisirs passés ou à venir] » (Hume, *A Treatise of Human Nature*, 1978, p. 261 ; 1995, I, p. 354), elle ne requiert pas la position d'une substance : la substantivation de *making* et *giving* en tient lieu. On peut aussi penser à la façon dont Russell (au ch. 27 de *L'Analyse de la matière*) fait comprendre bien plus aisément que Bachelard, et sans avoir besoin de recourir à la catégorie d' « obstacle épistémologique », qu'on peut parfaitement poser un atome, comme une suite d'événements, sans lui accorder pour autant le statut de substance.
Cette sorte de prééminence globale, en anglais, du verbal et du subjectif sur le nominal et l'objectif se manifeste en tout cas clairement dans la différence de logique qui gouverne le discours de l'affectivité du français et de l'anglais. De fait, comment quelque chose que « l'on est » correspondrait-il à quelque chose que « l'on a », comme c'est le cas de la peur en français (« avoir peur » se dit en anglais *to be afraid*) ? Il s'ensuit qu'un Français — pour qui il va de soi que la peur est « quelque chose » que l'on sent ou ressent — ne peut se reconnaître facilement dans la différence que fait naturellement l'anglais entre ce qui n'a pas de corrélat objectif, parce que cela relève exclusivement du *feeling* (comme *fear* ; voir FEELING), et ce qui est susceptible de *sensation*, impliquant le statut d'objet de ce qui est senti par son moyen. On saisit ainsi aussitôt en anglais ce qui, en français, paraît un étrange paradoxe, à savoir que la passion, comme le note Bentham dans sa *Deontology* (p. 350), « est une entité fictive ». Ce qui sonne en français comme une provocation nominaliste est donc impliqué dans les plis de la langue anglaise. Une théorie symbolique de l'affectivité s'engage ainsi plus facilement en anglais qu'en français et, s'il fallait exprimer une conception ontologique de l'affectivité en anglais, on rencontrerait des difficultés symétriques.

2. Des dérivations réversibles

Une autre particularité de l'anglais, qui n'est pas sans conséquence en philosophie, est que sa pauvreté du point de vue de la morphologie flexionnelle est compensée par la liberté et la facilité qu'il offre pour construire toutes sortes de dérivés.
(a) Des dérivés nominaux à partir d'adjectifs, à l'aide de suffixes comme *-ity*, *-hood*, *-ness*, *-y*. Les composés qui en résultent sont très difficiles à différencier en français et, en général, à traduire, ce qui a conduit, tout au long des traductions françaises contemporaines, à divers bricolages incohérents. Citons les lieux

d'achoppement les plus connus : *privacy* (privé-ité), *innerness* (intériorité, pas au même sens qu'*interiority*), *vagueness* (caractère vague), *goodness* (bonté, au sens de « caractère bon »), *rightness* (justesse), *sameness* (similarité, au sens de « mêmeté »), *ordinariness, appropriateness (*caractère ordinaire, approprié), *unaccountability* (caractère de ce dont il est impossible de rendre compte).

(b) Des dérivés adjectivaux à partir des noms, grâce à de nombreux suffixes *-ful*, *-ous*, *-y*, *-ic*, *-ish*, *-al* (par ex., *meaningful*, *realistic*, *holistic*, *attitudinal*, *behavioral*).

(c) Des dérivés verbaux à partir de noms ou d'adjectifs, avec les suffixes *-ize*, *-ify*, *-ate* (*naturalize*, *mentalize*, *falsify*), voire sans suffixe du tout quand c'est possible (par ex. le titre d'un article lu récemment : « How not to Russell Carnap's Aufbau [Comment ne pas russelliser l'*Aufbau* de Carnap] » (A. Richardson, *PSA*, 1990).

(d) Des dérivés polycatégoriels à partir des verbes, à l'aide de suffixes comme *-able*, *-er*, *-age*, *-ism* (*refutable*, *truth-maker*).

La réversibilité de ces passages à la nominalisation et à la verbalisation a pour conséquence essentielle d'empêcher la réification des qualités ou des actes. Ce qui est plus difficilement évitable en français et en allemand, où la nominalisation durcit et fige les notions (comparer *intériorité* et *innerness*, qui désigne plutôt une qualité, voire paradoxalement un effet, qu'une entité ou un domaine). Mais une telle facilité de composition a son revers : la prolifération d'*-isms* dans la philosophie de langue anglaise et notamment américaine, qui en rend la traduction particulièrement indigeste ; surtout en français où les *-ismes* donnent un tour très scolastique aux classifications traduites. Citons, outre le fameux *realism* (réalisme), objet de multiples déterminations contradictoires et de tant de discussions depuis quelques décennies qu'il en est devenu à peu près vide, les termes courants mais particulièrement obscurs (pour qui n'en connaît pas le contexte théorique) de *cognitivism*, *noncognitivism*, *coherentism*, *eliminativism*, *consequentialism*, *connectionnism*, etc. Ces termes (la philosophie morale en est particulièrement fertile) sont en général transposés tels quels en français, dans une sorte de nouvelle langue philosophique internationale qui a quasiment renoncé à la traduction.

Plus généralement, on pourra en anglais (comme en allemand) construire des mots composés en accolant deux mots de manière incomparablement plus souple et libre qu'en français — en particulier, sans que soient spécifiés les liens logiques entre les termes : *toothbrush*, *pickpocket*, *lowlife*, *wetback*, *knownothing* ; ou, pour des termes plus philosophiques, lieux de grande créativité aussi : *aspect-blind*, *language-dependent*, *rule-following*, *meaning-holism*, *observer-relative*, etc., certes traduisibles, mais non sans forte lourdeur ajoutée.

3. Vers une néo-langue philosophique internationale ?

La philosophie contemporaine de langue anglaise vise à établir un langage stylistiquement neutre, qui serait apparemment traduisible de façon transparente. En réalité, on l'a remarqué, un certain nombre de problèmes spécifiques — la traduction des composés, ou de certaines constructions plus souples en anglais et omniprésentes dans le discours philosophique actuel (*the thesis that*, la thèse selon laquelle, *the question whether*, la question de savoir si, *my saying that*, le fait que je dise que) — rendent les traductions françaises de textes philosophiques anglais contemporains très lourdes, même lorsque l'auteur pratique un style neutre et plat. Ces difficultés de transfert ainsi que les facilités de construction propres à l'anglais encourageraient plutôt les philosophes français analytiques à écrire directement en anglais suivant l'exemple de nombre de leurs collègues européens, ou alors à pratiquer un « vernaculaire » technique (on a évoqué les

-ismes et les composés) souvent indigeste et peu inventif dans la traduction des termes (en général translittérés). Cette situation est due certainement au caractère paradoxal de l'anglais, puis de l'américain, qui s'est établi comme langue philosophique dominante dans la seconde moitié du XXe siècle : une langue apparemment simple et accessible, qui prétend ainsi à une sorte d'universalité, mais structurée, tant sur le plan linguistique que philosophique, autour de points d'achoppement majeurs (*to do*, *-ing*, etc.) qui la rendent souvent intraduisible. C'est paradoxalement cette intraduisibilité, et non sa pseudo-transparence, qui joue un rôle crucial dans ce processus d'universalisation.

♦ Voir encadré 2.

III. LE PARADIGME AUSTINIEN : LANGAGE ORDINAIRE ET PHILOSOPHIE

Cette proximité entre langue ordinaire et langue philosophique, qui plonge ses racines dans la philosophie classique de langue anglaise, a été théorisée au XXe siècle par Austin et se résume en l'expression : « philosophie du langage ordinaire ». La philosophie du langage ordinaire s'intéresse à « ce que nous dirions quand [*what we should say when*] ». C'est, si l'on veut, une « philosophie du langage », mais à condition qu'on n'oublie jamais que « parler du langage, c'est parler de ce dont il parle », comme y insiste Austin (*Philosophical Papers*, p. 182 ; *Écrits philosophiques*, p. 144).

Il y a eu, au cours du XXe siècle (plus précisément entre les années 1940 et les années 1960), une division des paradigmes de la philosophie du langage, entre la clarification logique du langage ordinaire et l'examen immanent du langage ordinaire. La question du langage ordinaire et du type de traitement qu'il devrait subir — clarification normative ou examen interne — est présente et même constitutive dans l'héritage du positivisme logique. L'œuvre de Wittgenstein en témoigne, par le passage qu'elle manifeste et accomplit de la première tâche de la philosophie

2 Un « défaut » de la langue anglaise ? — « between » selon Bentham

Les philosophes anglais ne sont guère portés sur l'étymologie — sans doute parce qu'elle est souvent moins traçable qu'en allemand et même qu'en français, ce qui décourage un certain type de commentaire. Il y a cependant quelques exceptions, comme l'analyse par Bentham des mots *in*, *or*, *between*, *and*, etc., par lesquels la langue anglaise construit des types d'espace qui relèvent d'une topique très spécifique. Prenons le cas du mot *between*, que le français ne peut rendre autrement que par le terme *entre*. La sémantique comme l'étymologie de *entre* impliquent le nombre *trois* en français, puisque ce qui est « entre » intervient comme un troisième terme entre les deux qu'il sépare ou rapproche (*in-ter*, en latin « en tiers »). Ce n'est pas le cas de l'anglais qui construit *between* selon le nombre deux (conformément à l'étymologie de ce terme *by tween*, par paire), à tel point qu'il ne peut imaginer une mise en ordre, même lorsqu'elle a lieu selon trois classes ou plus, que sur le mode binaire :

Comparaison entre [*between*] trois termes ? Relation entre [*between*] trois termes ? La nuance de contradiction interne se présente à la seule considération d'une telle expression. Par l'un des mots qu'elle contient, on affirme que le nombre des objets est trois ; par un autre, on affirme qu'il n'y en a pas plus de deux. À s'en tenir exclusivement au mot *between*, à quoi aurait-on pu donner lieu, si ce n'est à une espèce de perception générale, quoique indistincte, que c'est seulement un à un que les objets peuvent être comparés d'une façon continue, commode et effective ? [...] La vérité est que, sur ce fondement, la langue anglaise travaille sous une imperfection [*the english language labours under a defect*] qui, quand on la compare, sous cet angle, à d'autres langues européennes, paraît peut-être la caractériser. Par la dérivation du mot *between* et, de là, par son sens étymologique [*import*] le moins éradicable, le nombre des objets auquel l'opération est censée s'appliquer, se réduit à deux. Le mot latin *inter*, le français *entre* ne paraissent pas donner lieu à une telle limitation.

Chrestomathia, p. 235-236.

du langage (création d'un langage idéal ou formel pour clarifier le langage quotidien) à la seconde (souci d'examiner la multiplicité des usages du langage commun).

La rupture ainsi accomplie est telle qu'on ne peut être d'accord avec l'affirmation de Rorty, dans sa préface à *The Linguistic Turn* selon laquelle « la seule différence entre les philosophes du langage idéal et ceux du langage ordinaire est leur désaccord sur la question de savoir quel langage est idéal ». Dans le renoncement à l'idée de langage idéal, ou de norme extérieure au langage, il y a un changement radical de perspective, qui consiste à abandonner l'idée d'un au-delà du langage : idée qui est omniprésente dans toute la tradition philosophique, et encore dans la philosophie analytique courante.

A. Critique du langage de la philosophie

Plus généralement, Austin critique la philosophie traditionnelle pour son usage pervers du langage ordinaire. Il dénonce constamment la violence (*abuse*) faite au langage ordinaire par la philosophie — non en tant qu'elle l'oublie mais en tant qu'elle l'exploite, en prenant des libertés avec les usages naturels du langage. Le philosophe demande, par exemple « comment puis-je savoir [*how do I know*] qu'il y a là un objet réel ? » ; alors que cette question « comment le savez-vous ? » ne peut être posée (dans le langage ordinaire) que dans certains contextes, où il est toujours possible, au moins en théorie, de dissiper le doute.

> Le doute ou la question « mais est-il *réel* ? » a toujours (*doit* avoir) un fondement particulier ; il doit y avoir quelque « raison de suggérer » que ce n'est pas réel, au sens où il y a une façon spécifique, [...], de suggérer que telle expérience ou tel objet est peut-être truqué [*phoney*] [...] La ruse du métaphysicien consiste à demander : « est-ce une table réelle ? » (type d'objet dont on ne voit pas comment il pourrait être truqué), sans spécifier ni préciser ce qui ne va pas dans cette table, si bien que je ne sais absolument pas « comment prouver » que cette table *est* réelle. C'est cet usage du mot *réel* qui nous conduit à supposer que « réel » a une signification unique (« le monde réel », « les objets matériels »), et tout à fait mystérieuse et profonde.
>
> *Écrits philosophiques*, p. 58-59, trad. fr. modifiée ;
> *Philosophical Papers*, p. 87.

Cette analyse de *réel* est reprise dans *Sense and Sensibilia*, où Austin critique la notion de *sense datum* et aussi une certaine façon de poser les problèmes prétendument « à partir » de l'opinion ordinaire (par ex., l'opinion ordinaire que nous percevons « vraiment » les choses) — en réalité à partir d'une pure construction. C'est une façon subtile, dit Austin, de « ramollir les prétendues opinions de l'homme de la rue en prévision du traitement qu'on leur réserve et de préparer la voie, en l'attribuant pratiquement à l'homme ordinaire, à la conception des philosophes ». Cette forme de recours philosophique (fréquent) à l'ordinaire se caractérise par une certaine condescendance vis-à-vis de l'homme ordinaire (*Sense and Sensibilia*, 1962, p. 11 ; 1971, p. 30).

L'erreur (ou l'escroquerie) consiste à faire argumenter la position du philosophe contre la position ordinaire, alors que, si elle existe, elle n'est pas sur le même plan. Le philosophe introduit, dans l'opinion de l'homme ordinaire, des entités particulières, pour ensuite rejeter, amender ou expliciter son opinion.

B. La méthode du langage ordinaire : « Be your size. Small Men »

La méthode immanente d'Austin revient à examiner notre usage ordinaire de mots ordinaires confisqués par la philosophie, comme par exemple *vrai* et *réel*, pour poser la question de la vérité :

> « Le fait que » [*the fact that*] est une expression conçue pour un usage dans des situations où on ne tient pas compte de la distinction entre une affirmation vraie et l'état de choses à propos duquel elle est vraie ; ce qui est souvent un avantage dans la vie ordinaire, mais rarement en philosophie. [...] ainsi parler du « fait que... » est une façon ramassée [*compendious*] de parler d'une situation impliquant à la fois les mots et le monde.
>
> *Écrits philosophiques*, p. 55 ; *Philosophical Papers*, p. 181.

On peut certes considérer (avec tout un courant de la philosophie analytique de Frege à Quine) que ce sont là des considérations trop minces et trop triviales pour en tirer quoi que ce soit. Mais c'est cependant à cette notion de fait qu'Austin a recours pour déterminer la nature de la vérité, et indiquer ainsi la pertinence de la langue ordinaire comme rapport au monde. Telle est la nature de la démarche d'Austin : « *the foot of the letter is the foot of the ladder* [le pied de la lettre c'est le pied de l'échelle] » (*ibid.*). Pour lui, les mots ordinaires font partie du monde : on fait usage des mots, et ce qui fait des mots des objets utiles, c'est leur complexité, le raffinement des outils qu'ils constituent.

> Nous utilisons les mots pour nous instruire sur les choses dont nous parlons quand nous nous servons de ces mots. Ou, si l'on trouve cette définition trop naïve : nous utilisons les mots comme un moyen de mieux comprendre la totalité de la situation dans laquelle nous nous trouvons amenés à faire usage des mots.
>
> *ibid.*

Ce qui rend cette revendication possible, c'est la proximité de dimension, de taille (*size*) entre mots et objets ordinaires. Ainsi les philosophes devraient, au lieu de se demander si la vérité est une substance, une qualité ou une relation, « consacrer leurs efforts à quelque chose qui soit un peu plus à leur taille [*more nearly their own size*] » (les traducteurs traduisent *size* par « mesure » ce qui semble excessivement théorique : il s'agit bien de taille au sens matériel et ordinaire) :

> On ne peut tout savoir, alors pourquoi ne pas faire autre chose ? [...] Avantages de la lenteur et de la coopération. Être de sa taille. Petits hommes [*Be your size. Small men*].
>
> *Conversation*, cité par Urmson.

Austin insiste pour dire que cette technique d'examen des mots (qu'il finira par nommer « phénoménologie linguistique ») n'a rien de neuf, et qu'elle a toujours existé depuis Socrate, produisant ses « lents succès ». Mais il est le premier à appliquer systématiquement une telle méthode, qui se fonde, d'une part, sur le caractère maniable et familier des objets concernés, d'autre part sur l'accord (*agreement*) commun auquel elle aboutit dans chacune de ses étapes. Le problème est d'arriver à se mettre d'accord sur un point de départ, c'est-à-dire sur un donné. Ce donné, pour lui, c'est le langage, non comme corps constitué d'énoncés ou de mots, mais comme lieu d'accord sur « ce que nous dirions quand [*what we should say when*] ». Il s'agit bien pour lui d'un donné empirique (*datum*, pas *given*), ou de données expérimentales.

> À mon sens, l'expérience prouve amplement que l'on arrive à se mettre d'accord sur le « qu'est-ce que nous dirions quand » [*what we should say when*] telle ou telle chose, bien que je vous concède que ce soit souvent long et difficile. J'ajoute que trop souvent c'est ce qui manque en philosophie : un *datum* préalable sur lequel l'accord puisse se faire au départ. [...] Nous ne prétendons pas par là découvrir toute la vérité, qui existe, concernant toute chose. Nous découvrons simplement les faits que ceux qui se servent de notre langue depuis des siècles ont pris la peine de remarquer,

> ont retenus comme dignes d'être notés au passage et conservés dans le courant de l'évolution de notre langue.
>
> *Écrits philosophiques*, p. 148 ; *Philosophical Papers*, p. 185.

L'accord austinien (*agreement*) est possible pour deux raisons :
(1) Le langage ordinaire ne peut prétendre à être le dernier mot (*last word*). « Il nous faut simplement nous souvenir que c'est le *premier* mot [*first word*] » (*ibid.*). L'exploration du langage est aussi celle de « l'expérience et la perspicacité [*acumen*] héritées de nombreuses générations d'êtres humains » (*ibid.*).
(2) Le langage ordinaire est un riche recueil de différences, et « contient toutes les distinctions que les humains ont jugé utile de faire, et toutes les relations qu'ils ont jugé utile de marquer au fil des générations ». Or celles-ci sont certainement plus subtiles et solides que « celles que nous pourrions, vous ou moi, trouver, installés dans un fauteuil, par un bel après-midi » (*Écrits philosophiques*, p. 144 ; *Philosophical Papers*, p. 182). C'est cette capacité à marquer des différences qui fait du langage un instrument commun adéquat pour dire les choses du monde.

C. Qui est « nous » ? La question de Cavell

Il est clair que la philosophie analytique, telle qu'elle s'est développée, notamment aux États-Unis, à partir des années 1940, s'est éloignée du paradigme austinien et a renoncé, en même temps, à un certain type d'écriture philosophique et de subtilité linguistique. Mais cela ne rend que d'autant plus puissant et surprenant le mouvement de « retour à Austin » que prône Stanley Cavell, et le sens nouveau, qui émerge chez lui et dans la philosophie américaine actuelle, de la philosophie du langage ordinaire. Car de quel droit alors nous référons-nous à « nos usages » ? Et qui est ce « nous » si crucial pour Austin, qu'il revient sans cesse dans son œuvre ? Tout ce que nous avons, nous l'avons répété, c'est ce que nous disons, et nos accords de langage. On détermine « la signification d'un mot » (donné) par ses usages et, pour Austin, poser autrement la question de la signification (par ex. de façon générale, ou en cherchant une entité) est un non-sens (voir NONSENSE). La recherche de l'accord est fondée sur tout autre chose que des significations ou la détermination de sens commun. L'accord dont parle Austin n'a rien d'un accord intersubjectif, il n'est pas fondé sur une convention ou des accords effectifs. C'est un accord aussi objectif qu'il est possible, et qui porte autant sur le langage que sur la réalité.
Mais quelle est exactement la nature de cet accord ? D'où vient-il, et pourquoi donc lui accorder tant de portée ? C'est la question que pose Cavell, d'abord dans *Must We Mean What We Say?*, puis dans *The Claim of Reason* (*Les Voix de la raison*) : qu'est-ce qui permet à Austin et Wittgenstein de dire ce qu'ils disent de ce que nous disons ? Il s'agit bien d'une revendication (voir CLAIM). C'est ce qu'entend Wittgenstein par notre « accord dans les jugements » et dans le langage : il n'est fondé qu'en lui-même, « en le *nous* », comme le dit Cavell dans un passage qui réunit bon nombre des difficultés de traduction évoquées jusqu'ici :

> Nous apprenons et nous enseignons [*learn/teach*] des mots dans certains contextes, et on attend alors de nous [*we are expected to*] (et nous attendons des autres) que nous puissions (qu'ils puissent) les projeter dans d'autres contextes. Rien ne garantit que cette projection ait lieu (et en particulier ce n'est pas garanti par l'appréhension [*not the grasping*] d'universaux, ni de recueils de règles), de même que rien ne garantit que nous ferons et comprendrons les mêmes projections. Qu'en général nous le fassions dépend du fait que nous partageons des chemins d'intérêt et de sentiment [*That on the whole we do is a matter of our sharing routes of interest and feeling*]. La parole et l'activité des hommes [*human speech and activity*], leur santé mentale [*sanity*] et leur communauté [*community*] ne reposent sur rien de plus que cela, mais aussi sur rien de moins. C'est une vision aussi simple

qu'elle est difficile et aussi difficile qu'elle est (parce qu'elle est) [*as difficult as it is (and because it is)*] terrifiante.

Must We Mean What We Say?, p. 52.

Que notre langage ordinaire ne se fonde que sur lui-même, n'est pas seulement une source d'inquiétude quant à la validité de ce que nous faisons et disons, c'est la révélation d'une vérité sur nous-mêmes que nous ne voulons pas toujours reconnaître : le fait que je suis la seule source possible d'une telle validité. C'est là une nouvelle entente du fait que le langage est notre forme de vie, sa forme précisément ordinaire. L'originalité de Cavell est bien dans sa réinvention de la nature du langage ordinaire dans la pensée américaine, et dans le lien qu'il instaure, notamment par son recours à Emerson et Thoreau, penseurs américains de l'ordinaire, entre cette nature du langage et la nature humaine, la finitude. C'est en ce sens que la question des accords de langage reformule celle de la condition ordinaire de l'homme, et que l'acceptation de celle-ci va de pair avec la reconnaissance de ceux-là.

Dans l'américanisation cavellienne de la philosophie du langage ordinaire émerge ainsi une forme radicale de retour à l'ordinaire (*the ordinary*). Mais cet ordinaire, celui par exemple d'Emerson dans ses *Essais*, n'est-il pas précisément celui qu'essaie de trouver, ou plutôt de sentir (*feel, taste*) toute la philosophie anglaise, depuis ses origines ? On pourrait ainsi rapprocher l'écriture d'Emerson ou de James, dans des textes comme *Experience* ou les *Essays in Radical Empiricism*, de celle des empiristes anglais dans leur évocation de l'expérience, du donné et du sensible. C'est là, sans doute, une des dimensions principales de l'écriture philosophique en anglais : nous rendre le sens toujours plus sensible.

Jean-Pierre CLÉRO et Sandra LAUGIER

BIBLIOGRAPHIE

ADAMCZEWSKI Adam, *Grammaire linguistique de l'anglais*, Armand Colin, 1982.

AUDARD Catherine, *Anthologie historique et critique de l'utilitarisme*, 3 vol., PUF, 1999.

AUSTIN J. L., *Philosophical Papers*, Oxford - New York, Clarendon Press, 1962 ; *Écrits philosophiques*, trad. fr. L. Aubert et A.L. Hacker, Seuil, 1994.

— *How to do Things with Words*, Oxford - New York, Clarendon Press, 1962 ; *Quand dire c'est faire*, trad. fr. G. Lane, Seuil, 1970, rééd. « Points Seuil », 1991.

— *Sense and Sensibilia*, Oxford - New York, Clarendon Press, 1962 ; *Le Langage de la perception*, trad. fr. P. Gochet, Armand Colin, 1971.

BAYES Thomas, *Essai en vue de résoudre un problème de la doctrine des chances*, Société française des sciences et des techniques, « Cahiers d'histoire et de philosophie des sciences », n° 18, Belin, 1988.

BENTHAM Jeremy, *Chrestomathia*, Oxford, Smith & Burston - Clarendon Press, 1983.

— *Deontology*, éd. Ammon Goldworth, Oxford, Clarendon Press, 1983.

— *Essay on language*, in *The Works*, éd. J. Bowring, Édimbourg, 1838-1843, vol. 8.

BERKELEY George, *Principes de la connaissance humaine*, in *Œuvres*, éd. G. Brykman, t. 1, PUF, 1985.

— *Des infinis*, in *Œuvres*, t. 1.

— *The Works*, éd. A.A. Luce & T.E. Jessop, 9 vol., Édimbourg - Londres, 1948-1957.

CAVELL Stanley, *Must We Mean What We Say?*, Cambridge (Mass.), Cambridge UP, 1969.

— *In Quest of the ordinary*, Chicago, University of Chicago Press, 1988.

— *This New Yet Unapproachable America*, Albuquerque, Living Batch Press, 1989 ; *Une Nouvelle Amérique encore inapprochable*, S. Laugier, Éd. de l'Éclat, 1991.

EMERSON Ralph Waldo, *Essays, First and Second Series*, Vintage Books, Library of America, 1990.

HACKING Ian, *Why does Language Matter to Philosophy ?*, Cambridge (Mass.), Cambridge UP, 1975.

HUME David, *A Treatise of Human Nature*, éd. Selby-Bigge, Oxford, 1re éd. 1888, 2e éd. 1978 ; *Traité de la nature humaine*, Flammarion, « GF », I. *L'Entendement*, trad. fr. P. Baranger et P. Saltel, 1995 ; II. *Les Passions*, trad. fr. J.-P. Cléro, 1991 ; III. *La Morale*, trad. fr. P. Saltel, 1993.

— *Dialogues Concerning Natural Religion*, éd. N.K. Smith, Oxford, 1935, rééd. R.H. Popkin, Indianapolis, Hackett, 1986 ; *Dialogues sur la religion naturelle*, trad. fr. M. Malherbe, Vrin, 1987.

— *Essais et Traités sur plusieurs sujets*, I. « Essais moraux, politiques et littéraires », trad. fr. M. Malherbe, t. 1, Vrin, 1999.

LAUGIER Sandra, *Du réel à l'ordinaire*, Vrin, 1999.

— *Recommencer la philosophie*, PUF, 1999.

LOCKE John, *Essai philosophique concernant l'entendement humain*, trad. fr. P. Coste, Vrin, 1972.

MILL John Stuart, *Essays on Ethics, Religion and Society*, in *Collected Works*, Londres - Toronto, Routledge & Kegan Paul, University of Toronto Press, 1969.
— *Considerations on Representative Government*, in *Essays on Politics and Society*, in *Collected Works*, vol. 19, Toronto, Routledge, University of Toronto Press, 1977.
— *A System of Logic Ratiocinative and Inductive*, Londres - Toronto, Routledge & Kegan Paul, 1973 ; *Système de logique*, trad. fr. L. Peisse, Ladrange, 1866 ; rééd. Bruxelles, Mardaga, 1988.
NEDELJKOVIC Maryvonne, *David Hume, approche phénoménologique de l'action et théorie linguistique du temps*, PUF, 1977.
PUTNAM Hilary, *Mind, Language and Reality, Philosophical Papers* vol. 2, Cambridge (Mass.), Cambridge UP, 1975.
— *Realism with a human face*, éd. J. Conant, Cambridge (Mass.), Harvard UP, 1990 ; *Le Réalisme à visage humain*, trad. fr. C. Tiercelin, Seuil, 1994.
QUINE Willard V., *From a Logical Point of View*, Cambridge (Mass.), Harvard UP, 1953, rééd. 1980.
— *Word and Object*, Cambridge (Mass.), MIT Press, 1960 ; *Le Mot et la Chose*, trad. fr. J. Dopp et P. Gochet, Flammarion, 1977 ; rééd. « Champs », 2000.
RECANATI François, « Du positivisme logique à la philosophie du langage ordinaire : naissance de la pragmatique », postface *in* J.L. AUSTIN, *Quand dire c'est faire*, rééd. 1991.
RICŒUR Paul, *La Mémoire, l'Histoire, l'Oubli*, Seuil, 2000.
RORTY Richard (éd.), *The Linguistic Turn*, Chicago, University of Chicago Press, 1967 ; rééd. 1992.
RUSSELL Bertrand, *Signification et Vérité*, trad. fr. P. Devaux, Flammarion, 1969.
— *L'Analyse de la matière*, trad. fr. P. Devaux, Payot, 1965.
SAUSSURE Ferdinand de, *Cours de linguistique générale*, Payot, 1971.
TESNIÈRE Lucien, *Éléments de syntaxe structurale*, Klincksieck, 1965.
WITTGENSTEIN Ludwig, *The Blue and Brown Books*, éd. R. Rhees, Oxford, Blackwell, 1958, 2e éd. 1969 ; *Le Cahier bleu et le Cahier brun*, trad. fr. M. Goldberg et J. Sackur, Gallimard, 1996.
— *Philosophische Untersuchungen/Philosophical Investigations* [*Investigations philosophiques*], éd. bilingue all./angl. G.E.M. Anscombe, New York - Oxford, MacMillan - Blackwell, 1953.

ANGOISSE

lat.	*angustia(e)*
all.	*Angst*
angl.	*anxiety*
dan.	*Angest*
esp.	*angustia*

► CARE, DASEIN, *ÊTRE*, *IL Y A*, *MALAISE*, *NÉGATION*, *RIEN*, SORGE

Le terme d'angoisse est étymologiquement apparenté à celui d'étroitesse ou de resserrement, ce qui est le cas également dans le domaine germanique (all. Enge*), et cette proximité s'entend encore chez Schelling comme chez Jakob Boehme. C'est surtout toutefois sur le rapport électif qu'il entretient avec le néant (comme rien d'étant) et la possibilité à l'état pur que Heidegger, après Kierkegaard, mettra l'accent. Que* Angst*, à la différence de* Furcht *(la « peur »), soit « sans objet » est non moins crucial pour la psychanalyse.*

Dans une note du § 40 d'*Être et Temps*, Heidegger renvoie au traité de Kierkegaard de 1844, *Le Concept d'angoisse*, en déclarant que nul n'est allé aussi loin que Kierkegaard dans l'analyse de ce phénomène, telle qu'elle s'y déploie dans le contexte théologique d'une exposition « psychologique » du problème du péché héréditaire.

Kierkegaard, quant à lui, renvoie dans son traité (chap. 2, § 1, note) à l'usage non anthropomorphique que fait Schelling du terme *Angst*, en y entendant « les douleurs de la divinité en mal de création ». Schelling, après Jakob Boehme, entend *Angst* dans son rapport avec *Enge* (« étroitesse, resserrement », gr. *agkhô* [ἄγχω], « serrer, étreindre, étouffer », lat. *angustia*, plus souvent au pluriel *angustiae* ; cf. en français *angoisse/angine* — ce qui oppresse, prend à la gorge), comme un mouvement centrifuge propre à l'être se sentant à l'étroit (*beengt*) en lui-même :

> L'angoisse de la vie elle-même pousse l'homme hors du centre en lequel il a été créé [...] pour pouvoir y vivre [...], l'homme est presque nécessairement tenté de quitter le centre pour sortir vers la périphérie...
>
> Schelling, *Sämtliche Werke*, t. 7, p. 381 ; *Œuvres métaphysiques*, p. 165-166.

C'est moins avec cette thématisation de l'angoisse dans les *Recherches* de 1809 que Kierkegaard tient à prendre ses distances qu'avec celle des *Âges du monde* (*Schellings Werke*, t. 8, p. 246, 265, 267-268, 322 ; trad. fr., p. 67, 91, 95, 179), où « les douleurs de la divinité en mal de création » caractérisent une angoisse *divine* dont Kierkegaard souligne l'anthropomorphisme. Quant au rapport *Angst/Enge*, il demeure toujours plus ou moins présent en allemand, fût-ce en sourdine. Ce n'est pas un hasard si le verbe *beengen* vient sous la plume de Heidegger dans son analyse du phénomène de l'angoisse : « Ce qui oppresse [litt. « met à l'étroit »], [...] c'est le monde lui-même [*Was* beengt, *ist* (...) *die Welt selbst*] » (*Sein und Zeit*, § 40, p. 187).

Avec Kierkegaard, le rapport « angoisse/étroitesse » est moins déterminant que le rapport de l'angoisse au néant et à la possibilité. L'angoisse (*Angest*) est entièrement distincte de la crainte (*aldeles forskjelligt fra Frygt*) — et cette distinction *Angest/Frygt* se retrouvera chez Heidegger comme distinction *Angst/Furcht* (cf. *Was ist Metaphysik ?*, p. 111 ; trad. fr., p. 57-58) —, car, si la crainte a trait à quelque chose de déterminé ou de bien précis (*bestemt*), nous sommes angoissés « pour rien [*for Intet*] ». Ce qui amène Kierkegaard à définir l'angoisse ainsi :

> L'angoisse est la réalité [effective, dan. *Virkelighed* = all. *Wirklichkeit*] de la liberté comme possibilité offerte à la possibilité [*Angest er Frihedens Virkelighed som Mulighed for Muligheden*].
>
> *Begrebet Angest*, chap. 1, § 5, p. 71-72 ; *Le Concept d'angoisse*, p. 144-145.

Le « rien de l'angoisse [*Angestens Intet*] », en Adam innocent chez qui l'interdiction de « manger de l'arbre de la connaissance du bien et du mal » (Genèse 2, 17) éveille la possibilité de la liberté, se mue en « *den ængstende Mulighed af at* kunne [l'angoissante possibilité de *pouvoir*] », non pas certes de pouvoir choisir le bien ou le mal, mais de pouvoir *tout court*, si l'on peut dire — « *Mulighed er at* kunne [La possibilité consiste à *pouvoir*] » (*Begrebet Angest*, chap. 1, § 6, p. 79 ; trad. fr., p. 151).

Le propre de Heidegger aura consisté à conjoindre les deux déterminations, schellingienne et kierkegaardienne, de l'angoisse dans son concept de *Angst*, compris alors comme étroitesse et rapport au néant. Dans la « nuit claire » de l'angoisse, à laquelle Heidegger reconnaîtra en 1929, dans sa conférence inaugurale *Qu'est-ce que la métaphysique ?*, une portée initiatique pour entrer en métaphysique (*Gesamtausgabe*, t. 9, p. 114 ; trad. fr., p. 62), perce le rien, comme rien d'étant.

♦ Voir encadré 1.

Pascal DAVID

BIBLIOGRAPHIE

HEIDEGGER Martin, *Sein und Zeit*, in *Gesamtausgabe*, t. 2, Francfort, Klostermann, 1977 ; *Être et Temps*, trad. fr. F. Vezin, Gallimard, 1986.

— *Was ist Metaphysik ?*, in *Gesamtausgabe*, t. 9, Francfort, Klostermann, 1976 ; *Qu'est-ce que la métaphysique ?*, trad. fr. H. Corbin, in *Questions I*, Gallimard, 1968.

KIERKEGAARD Søren, *Begrebet Angest*, intr. et notes V. Sørensen, Copenhague, Gyldendal, 1960 ; *Le Concept d'angoisse*, trad. fr. P.-H. Tisseau et E.-M. Jacquet-Tisseau, in *Œuvres complètes*, Éd. de l'Orante, t. 7, 1973.

SCHELLING Friedrich Wilhelm Joseph von, *Sämtliche Werke*, Munich, Schröter, 1965.

— *Les Âges du monde*, trad. fr. S. Jankélévitch, Aubier, 1949.

— *Recherches philosophiques sur l'essence de la liberté humaine*, in *Œuvres métaphysiques*, trad. fr. J.-F. Courtine et E. Martineau, Gallimard, 1980.

1

« Angst » et angoisse en psychanalyse

► ES, HEIMAT (encadré 2, « *DAS UNHEIMLICHE* »), PULSION, SUJET (D), VERNEINUNG, WUNSCH

I. LES DEUX THÉORIES FREUDIENNES SUR L'ANGOISSE

Sigmund Freud a élaboré deux théories sur l'angoisse. La première remonte au début de son œuvre et présente l'angoisse comme étant la « transformation de la libido [*Angst aus Umwandlung von Libido*] » accumulée. Cette transformation de la libido en angoisse s'effectue lorsque « la tension physique accrue atteint le seuil qui permet de susciter un affect psychique, mais [...] pour une raison quelconque, la connexion psychique qui lui est offerte demeure insuffisante ; l'affect psychique ne peut se produire, parce que certaines conditions psychiques font partiellement défaut, d'où transformation en angoisse de la tension qui n'a pas été psychiquement "liée" » (« Manuskript E. Wie die Angst entsteht », *Briefe an Wilhelm Fliess* ; « Manuscrit E. Comment naît l'angoisse », in *La Naissance de la psychanalyse. Lettres à Wilhelm Fliess, notes et plans* [1887-1902], trad. fr. A. Berman, PUF, 1979, p. 83).

La seconde théorie freudienne sur l'angoisse est présentée dans *Hemmung, Symptom und Angst* [1925]. L'angoisse est conçue tout d'abord comme « quelque chose de ressenti [*etwas Empfundenes*] », un « état d'affect [*Affektzustand*] » qui apparaît « comme réaction à un état de danger [*als Reaktion auf einen Zustand der Gefahr*] ». Elle est comprise comme un « signal » qui provient du Moi, puisque seul le Moi peut juger des situations de danger (voir ES) (*Gesammelte Werke*, t. 14, p. 162, 164 et 171 ; *Inhibition, symptôme et angoisse*, trad. fr. J. et R. Doron, in *Œuvres complètes*, t. 17, 1992, p. 247, 249 et 256). L'angoisse est la réaction — le signal — face au « danger de la perte d'objet [*Reaktion auf die Gefahr des Objektverlust*] » (*ibid.*, p. 202 ; trad. fr., p. 283). Freud présente plusieurs formes de perte d'objet, qui ne sont que des versions atténuées du « désaide [*Hilflosigkeit*] » du trauma, constituant le noyau de la situation de danger (cf. *ibid.*, p. 197-200 ; trad. fr., p. 280-281). On constate aussi une modification essentielle de l'élaboration freudienne par rapport au refoulement : « c'est l'angoisse qui produit le refoulement, non pas, comme nous le pensions, l'inverse » (*Angst und Triebleben* [1932], in *Neue Folge der Vorlesungen zur Einführung in die Psychoanalyse, Gesammelte Werke*, t. 15, p. 92 ; *Angoisse et vie pulsionnelle*, trad. fr. J. Altounian *et al.*, in *Œuvres complètes*, t. 19, 1995, p. 172).

Freud distingue deux types d'angoisse, l'« angoisse de réel [*Realangst*] » et l'« angoisse névrotique [*neurotische Angst*] » : « Le danger de réel (*Realgefahr*) est un danger que nous connaissons, l'angoisse de réel (*Realangst*) est l'angoisse devant un tel danger connu. L'angoisse névrotique (*die neurotische Angst*) est angoisse devant un danger que nous ne connaissons pas », et le danger névrotique est « un danger de pulsion [*eine Triebgefahr*] » (*Hemmung, Symptom und Angst*, p. 198 ; trad. fr., p. 279-280 ; voir aussi *Die Angst* [1917 (1916-17)], in *Vorlesungen zur Einführung in die Psychoanalyse, Gesammelte Werke*, t. 11 ; *L'Angoisse*, trad. fr. R.-M. Zeitlin, in *Nouvelles Conférences d'introduction à la psychanalyse*, Gallimard, 1984). Freud souligne que, dans certains cas, les caractères de ces deux types d'angoisse se mélangent : « Le danger est connu et réel, mais l'angoisse devant lui est démesurément grande, plus grande qu'elle ne devrait l'être selon notre jugement. C'est dans ce plus (*in diesem Mehr*) que se trahit l'élément névrotique » (*Hemmung, Symptom und Angst*, p. 198 ; trad. fr., p. 280). En ce qui concerne la notion de danger, Freud distingue « le danger de réel [*die Realgefahr*] », qui menace à partir d'un objet externe, et le danger névrotique, qui provient « d'une revendication pulsionnelle (*Triebanspruch*) » (*ibid.*, p. 200 ; trad. fr. p. 282).

II. LES PROBLÈMES DE TRADUCTION

Les textes freudiens sur l'angoisse comportent quelques difficultés de traduction du fait de la double signification du mot *Angst* en allemand, qui peut signifier « angoisse », mais aussi « avoir peur de », suivi, dans ce cas, de la préposition *vor* (*Angst haben vor etwas*). Freud lui-même a tenté d'établir la différence entre ces deux acceptions :

> *Effroi* (*Schreck*), *peur* (*Furcht*), *angoisse* (*Angst*) sont utilisés à tort comme des expressions synonymes ; ils se laissent bien discriminer dans leur relation au danger. *Angoisse* désigne un certain état tel qu'attente du danger et préparation à celui-ci, fût-il inconnu ; *peur* réclame un objet déterminé dont on a peur ; *effroi*, pour sa part, dénomme l'état dans lequel on tombe quand on encourt un danger sans y être préparé, mettant l'accent sur le facteur surprise.
>
> *Jenseits des Lustprinzips* [1920], *Gesammelte Werke*, t. 13, p. 10 ; *Au-delà du principe du plaisir*, trad. fr. J. Altounian *et al.*, in *Œuvres complètes*, t. 15, 1996, p. 182.

Dans *Hemmung, Symptom und Angst*, Freud souligne que l'angoisse a « un caractère d'indétermination (*Unbestimmtheit*) et d'absence d'objet (*Objektlosigkeit*) ; l'usage de la langue correct change même son nom lorsqu'elle a trouvé un objet, et le remplace alors par *peur* (*Furcht*) » (*op. cit.*, p. 197-198 ; trad. fr., p. 279).

Malgré cette remarque, la difficulté persiste : ni Freud ni la langue allemande n'utilisent couramment cette distinction, comme l'indiquent les dictionnaires *Duden* et *Historisches Wörterbuch der Philosophie*. Dans l'article *Angst* de ce dernier dictionnaire, on peut lire : « La séparation répandue entre *Angst* en tant que sans objet, libre sentiment dispersé, et *Furcht* comme ce qui s'attache à un objet, ne se fait ni dans l'utilisation des concepts dans l'ensemble de la littérature, ni dans l'usage de la langue commune » (H. Häfner, « *Angst, Furcht* », HWP, p. 310). En outre, l'article « Obsessions et phobies », que Freud a rédigé en français, donne l'occasion de vérifier que le sens du mot en question n'est pas univoque : les mots *angoisse* et *anxiété* sont tous deux utilisés par Freud pour rendre l'allemand *Angst*, aussi bien que l'expression *névrose anxieuse* pour désigner *Angstneurose* (*Obsessions et Phobies*, *Gesammelte Werke*, t. 1, p. 345-353 ; éd. fr., *Œuvres complètes*, t. 3, 1989, p. 21-28). Devant cette difficulté, les traducteurs font, soit un décalque de l'original allemand, soit une interprétation des contextes dans lesquels Freud utilisait le mot *Angst*. Ainsi, la version française de *Hemmung, Symptom und Angst* citée ci-dessus traduit *Angst* et *Angst haben vor etwas*, respectivement, par *angoisse* et *avoir angoisse devant quelque chose*. En revanche, les traducteurs des *Conférences d'introduction à la psychanalyse* et des *Nouvelles Conférences d'introduction à la psychanalyse*, par exemple, traduisent ce terme de façon différente. L'édition anglaise, de son côté, a fait le même choix, en traduisant *Angst* par *anxiety* ou, selon le contexte, par *fear, afraid, alarm*, etc. On discute cependant pour savoir si l'anglais *anxiety* garde encore une relation sémantique avec l'allemand *Angst* (voir *Inhibitions, Symptoms and Anxiety*, in *The Standard Edition of the Complete Works of Sigmund Freud*, trad. angl. et éd. James Strachey, t. 20, Londres, The Hogarth Press, 1959, note du traducteur anglais, p. 165). La traduction espagnole, faite à partir de l'allemand, rend *Angst* par *angustia*, mais, à l'occasion, elle recourt à d'autres termes, comme au mot *miedo* (*Obras completas*, trad. esp. Luis Lopez-Ballesteros y de Torres, t. 2, Madrid, Editorial Biblioteca Nueva, 1968).

1

III. JACQUES LACAN : L'ANGOISSE « N'EST PAS SANS OBJET »

Lacan a consacré tout un séminaire au thème de l'angoisse (*Le Séminaire*, Livre X [1962-1963], *L'Angoisse*, Seuil, 2004), mais des considérations importantes sur ce sujet sont déjà présentes dans le séminaire sur l'identification : « Il n'est pas exclu que vous rencontriez comme tel le désir de l'Autre, de l'Autre réel [...]. C'est en ce point que naît l'angoisse [...]. L'angoisse, c'est la sensation du désir de l'Autre » (*Le Séminaire*, Livre IX [1961-1962], *L'Identification*, inédit, séance du 4 avril 1962). Pour Lacan, autant que pour Freud, l'angoisse est un signal, mais un signal de la présence du désir de l'Autre en tant que « réel » et non plus « symbolique ». Le désir de l'Autre en tant que « symbolique » présuppose le phallus, qui est, selon Lacan, le « nom » du désir de l'Autre, c'est-à-dire inclus dans le signifiant (voir SIGNIFIANT). Le phallus est, en même temps, un manque, un « vide structurant » autour duquel s'instaure toute possibilité de signification (cf. « La signification du phallus », in *Écrits*, Seuil, 1966, et *Le Séminaire*, X, séance du 12 décembre 1962). L'angoisse fait son apparition au moment où le phallus, qui régule les relations du sujet à l'énigme du désir de l'Autre, manque. Lacan déclare : « [...] il y a crainte de perdre le phallus, parce que seul le phallus peut donner son champ propre au désir » (*Le Séminaire*, IX, séance du 4 avril 1962). L'angoisse correspond ainsi « au manque du manque », ce qui implique une rencontre directe avec le désir de « l'Autre réel » (cf. *Le Séminaire*, X, séances des 28 novembre 1962 et 5 décembre 1962). Ces réflexions ont conduit Lacan à entreprendre une « rectification » du concept d'angoisse vis-à-vis de la position freudienne et d'une certaine tradition philosophique : l'angoisse, dit-il, « n'est pas sans objet » (*ibid.*, séance du 9 janvier 1963) et, pour cette raison, elle est le seul affect qui « ne trompe pas » (*ibid.*, séance du 19 décembre 1962). La discussion sur l'angoisse prépare ainsi l'élaboration du concept d'« objet petit *a* », « objet cause du désir », ce qu'il annoncera dans le séminaire de l'année suivante, *Les Quatre Concepts fondamentaux de la psychanalyse* (*Le Séminaire*, Livre XI [1964], texte établi par J.-A. Miller, Seuil, 1973).

Elisabete THAMER

BIBLIOGRAPHIE

FREUD Sigmund, *Gesammelte Werke*, 18 vol., Francfort, Fischer, 1999 ; *Œuvres complètes*, éd. A. Bourguignon, P. Cotet et J. Laplanche (dir.), PUF, 1988-.

LACAN Jacques, *Le Séminaire*, Livre IX [1961-1962], *L'Identification*, inédit.
— *Le Séminaire*, Livre X [1962-1963], *L'Angoisse*, Seuil, 2004.

OUTILS

Duden. Deutsches Universalwörterbuch, 3e éd., Mannheim, Dudenverlag, 1996.

HWP : RITTER Joachim et GRÜNDER Karlfried, *Historisches Wörterbuch der Philosophie. Unter Mitwirkung von mehr als 700 Fachgelehrten*, nouv. éd., Bâle, Schwabe, 1971-, Darmstadt, Wissenschaftliche Buchgesellschaft, 1971-, t. 1.

ANIMAL

gr. *to zôion* [τὸ ζῷον], *to thêrion* [τὸ θηρίον]
lat. *animal*
all. *Animal, Bestie, Tier, animalisches Wesen*

► AFFORDANCE, ÂME, LEIB, LOGOS, NATURE, PHANTASIA, SUJET, *VIE*

La tripartition homme/animal/plante nous semble aujourd'hui aller de soi : l'usage des langues latines tend à réserver animal *aux animaux, dépourvus de raison mais doués de mouvement. Cependant, laissant dans sa racine étymologique résonner « l'âme » au sens du souffle vital* (anima), animal *se présente aussi avec une extension de sens qui lui fait désigner tout « être vivant ». Or, la langue grecque nous offre une configuration de sens plus large encore : le mot* zôion [τὸ ζῷον] *(sur* zôô [ζώω], *« vivre »,* zôê [ζωή], *la vie), qu'on rend d'habitude par* animal, *inclut dans bon nombre de textes non seulement les hommes, mais aussi les astres et les dieux, et parfois les plantes.*

Par ailleurs, la traduction habituelle du terme « animal » en allemand, das Tier, *renvoie encore à une autre constellation de sens. Proche du grec* thêr [θήρ] *(avec son dérivé* thêrion [θηρίον]) *qui désigne la « bête sauvage », bête de proie ou gibier, l'étymologie de* Tier *révèle une proximité, non pas avec l'âme ni même avec la vie, mais avec la brutalité, la sauvagerie, la violence bestiale, voire avec la mort. Une telle inflexion, qui tend à virer à l'opposition sémantique, conduit ainsi à traduire* das Tier *par « la bête » plutôt que par « l'animal ».*

Trop étroit ou trop large, notre animal *est ainsi une projection sur d'autres taxinomies.*

I. L'ABSENCE DE L'ANIMAL CHEZ LES GRECS : LE « ZÔION »

Histoire des animaux, *Les Parties des animaux*, *Génération des animaux*, etc., les traités biologiques d'Aristote confortent l'idée que pour les Grecs comme pour nous le concept d'animal fonctionne à l'identique. Mais le terme que nous rendons, au moyen du latin, par *animal*, a une acception beaucoup plus large : *to zôion* [τὸ ζῷον], substantif neutre formé sur *zôô* [ζώω], « vivre », « désigne à juste titre tout ce qui a part à la vie » (Platon, *Timée,* 77b), en l'occurrence même les plantes, mais d'abord le monde lui-même (30b), les dieux, astres du ciel comme dieux de l'Olympe (39e *sq.*) et, bien sûr, les hommes non moins que nos « animaux ».

Cependant, dans cette hiérarchie continuiste de la diversité des espèces, Aristote distingue souvent, des *zôia* [ζῷα] proprement dits (substantif, avec iota souscrit), les *zôntes* [ζῶντες] (participe présent du verbe) ou les *zôoi* [ζωόι] (adjectif substantivé), à savoir les simples « vivants » situés au plus bas degré de l'échelle, ceux dont l'âme ne possède que la faculté de se nourrir et de se reproduire (les plantes), mais non celle de sentir, de se déplacer (nos « animaux »), de penser et de parler (les hommes) : « La nature passe continûment des inanimés [τῶν ἀψύχων] aux *zôia* par l'intermédiaire de vivants [τῶν ζώντων] qui ne sont pas des *zôia* » (*Les Parties des animaux*, 681a 12s. ; voir aussi *De anima*, II, 413b 1-4). La difficulté de rendre *zôion* est alors à son comble. La suggestion de F. Wolff de le traduire par « animé » (p. 163) évite certes la confusion avec notre sens restrictif d'*animal,* mais elle se heurte à un nouveau problème : il y a chez Aristote des « animés » (très littéralement : des *empsukha* [ἔμψυχα], par opposition aux *apsukha*, « inanimés » comme les pierres, cf. *De anima* II, 413a 22) qui ne sont pas des *zôia*, des « animaux » (les plantes justement, *ta phuta*), ou dont on se demande s'ils en sont, tant leur nature est intermédiaire (les éponges par ex., *Les Parties des animaux*, 681a 10-17). Quoi qu'il en soit, une traduction par « animé » comme par « animal » fait perdre la grande chaîne qui mène du simple « vivant » aux entités singulières bien définies par leurs activités de plus en plus différenciées que sont les *zôia*, les « êtres vivants ».

On ne parviendra pas davantage à projeter adéquatement notre concept d'animal sur le grec *thêr* [θήρ], ou son dérivé *thêrion* [θηρίον]. Même s'il arrive que le *thêrion* soit dit « paisible » (*hêmeron*, Platon, *République*, 588c) aussi bien que « féroce » (*agrion*), le mot désigne normalement la « bête de proie », la « bête sauvage », hostile à l'homme (le lion, le sanglier, qui chassent et qu'on chasse, d'ailleurs plutôt terrestres que poissons ou oiseaux), par opposition aux animaux domestiques ou apprivoisés. Si l'homme est par nature un *zôion* — précisément, selon les définitions liées par Aristote, un *zôion logon ekhon* [ζῷον λόγον ἔχον], *animal rationale* ou vivant doué de langage, et un *zôion politikon* [πολιτικὸν ζῷον], un animal politique vivant en cité (*Politique*, I, 1253a 1-10) —, c'est en se dénaturant qu'il devient un *thêrion.* Ainsi, tout comme celui qui n'a pas besoin de vivre en communauté est *theos* « dieu », celui qui en est incapable est *thêrion*, « bête », « monstre », mais non plus homme (*ibid.*, 27-29). De même, la *thêriotês* [θηριότης], la « bestialité », est bien autre chose que le vice ; c'est la monstruosité, par exemple barbare, d'un abrutissement de l'espèce (*Éthique à Nicomaque*, VII, chap. 1 ; cf. Bodéüs).

Cette tripartition qui encadre l'homme entre la bête, *thêrion*, et le dieu, constitutive de l'éthique et du politique, vient organiser l'ontologie continuiste du vivant, *zôos* et *zôion,* déterminante en biologie et en cosmologie. Mais aucun des termes grecs ne découpe pourtant la même portion de monde que notre mot *animal.*

II. L'INVENTION DE L'ANIMAL À L'ÈRE CHRÉTIENNE : « ANIMAL », « ANIMUS », « ANIMA »

Au moment de l'émergence du christianisme, dans la filiation d'un judaïsme sacrificiel, les animaux se voient tout à la fois dotés du statut de créature, à l'égal de l'homme, et dévalorisés du fait de l'absence d'âme qui leur est imputée. Dans le cadre d'une ontologie discontinuiste qui repose sur la tripartition métaphysique matière/vie/spiritualité, l'animal se voit situé du côté du vivant dépourvu d'âme/esprit. À cet égard, c'est saint Augustin qui systématise le plus tôt une telle position philosophique : leur refusant tout principe spirituel, il leur accorde bien le principe vital (l'*anima*, la *psukhê* [ψυχή] grecque), à savoir la motricité. Il réserve cependant l'*animus* (l'âme qui connaît) ainsi que le *pneuma* [πνεῦμα](souffle au sens d'esprit) aux seuls êtres humains.

La série animal/vie/vivant est constituée, et les cartésiens auront beau jeu au XVIIe siècle, à partir de là, qu'ils soient « pour » (Gassendi, La Fontaine, Leibniz) ou « contre » l'animal (Descartes lui-même, La Mettrie, etc.), de le définir par rapport au pôle de l'esprit et de la rationalité. Le débat mécanisme/vitalisme (les animaux ont-ils une âme ?) prend ainsi sa source dans l'augustinisme, qui lie animal et *anima*, et délie animal et *animus*, entérinant pour longtemps une coupure entre le vivant et le spirituel.

III. PENSER LA BÊTE PAR RAPPORT À L'ANIMAL

La position humaniste qui surgit avec l'ère chrétienne crée la coupure qu'on a dite entre le vivant animal et l'homme dépositaire d'esprit, et fait naître l'idée que l'animal correspond à un genre unifié, qui recouvre la catégorie du vivant. Or, la présence, dans la langue allemande, outre *Bestie*, de deux termes (*Tier/Animal*) qui peuvent être tous deux rendus par « animal », pose à nouveaux frais, comme déjà la langue grecque nous y invitait, la question de savoir si l'animal renvoie véritablement à une catégorie unifiée, c'est-à-dire à « un genre homogène ».

En effet, « animal » est la traduction la plus courante de *Tier*, qu'il s'agisse du *Haustier* (animal domestique), de l'animal à fourrure (*Pelztier*), de l'animal de trait (*Zugtier*), de selle (*Reittier*). On parle aussi du règne animal (*Tierreich*), de l'animalcule (*Tierchen*), voire de l'animalité (*Tiernatur, tierisches Wesen*). Mais la racine latine est aussi mobilisée pour traduire l'animalité (*Animalität*), ou bien l'adjectif (*animalisch*). Or, on ne dispose en français que de deux mots, « animal » et « bête ». Pourquoi *Tier* est-il donc le plus souvent rendu par « animal » et non par « bête » ? Ne conforte-t-on pas ainsi, à travers la filiation lexicale latine, un préjugé humaniste ?

En effet, *Tier* indique une polarité sémantique qui renvoie étymologiquement au *thêrion* grec (la bête sauvage) et, plus avant, au *dheu* sanscrit (Dastur) qui recèlerait dans un terme unique l'intrication originaire de la vie et de la mort. Or, dans certains textes contemporains de phénoménologie, on a, de façon ininterrogée, toujours rendu ce terme par « animal » et non par « bête », lors même que l'on trouve également, dans ces mêmes textes, *Animal* et *animalisches Wesen* (Husserl). Une telle difficulté de traduction engage à l'évidence le rapport de l'homme et de l'animal, à savoir le problème de l'humanisation de l'animal (si *Tier* est rendu par « animal », où s'indique l'âme) tout autant que celui de l'animalisation, mieux, la bestialisation de l'homme (quand *Tier* est traduit par « bête », où s'annonce la nature brute).

Natalie DEPRAZ

BIBLIOGRAPHIE

AGAMBEN Giorgio, *Homo Sacer, le pouvoir souverain et la vie nue*, Seuil, 1997.

AUGUSTIN saint, *Le Libre Arbitre*, in *Dialogues philosophiques II. De magistro. De libero arbitrio*, intr., trad. fr. et notes G. Madec, Études augustiniennes, « Bibliothèque augustinienne 6 », 1976.

BODÉÜS Richard, « Les considérations aristotéliciennes sur la bestialité », p. 247-258, *in* B. CASSIN et J.-L. LABARRIÈRE (éd.), *L'Animal dans l'Antiquité*, Vrin, 1997.

CABESTAN Philippe, « La constitution de l'animal dans les *Ideen* », *Alter* n° 3, 1995, p. 39-81.

DASTUR Françoise, « Pour une zoologie privative », *Alter* n° 3, 1995, p. 281-319.

DEPRAZ Natalie, « Y a-t-il une animalité transcendantale ? », *Alter* n° 3, 1995, p. 81-115.

FONTENAY Elisabeth de, *Le Silence des bêtes. La Philosophie à l'épreuve de l'animalité*, Fayard, 1998.

HEIDEGGER Martin, *Les Concepts fondamentaux de la métaphysique, Monde-finitude-solitude*, trad. fr. P. David, Gallimard, 1992.

HUSSERL Edmund, *Idées directrices pour une phénoménologie et une philosophie phénoménologique pures*, II, deuxième section, PUF, 1982.

— *La Crise de l'humanité européenne et la Philosophie*, *Alter* n° 3, « L'animal », Paris, 1995, textes de Husserl (appendice XII des *Idées directrices*, et appendice XII et texte n° 35 du *Husserliana* XV), p. 167-219.

WOLFF Francis, « L'animal et le dieu : deux modèles pour l'homme. Remarques pouvant servir à comprendre l'invention de l'animal », *in* B. CASSIN et J.-L. LABARRIÈRE (éd.), *L'Animal dans l'Antiquité*, Vrin, 1997, p. 157-180.

ANSCHAULICHKEIT

ALLEMAND – fr. *caractère intuitif*

angl. *visualizability*

► *INTUITION*, et ANALOGIE, EPISTÉMOLOGIE, ERSCHEINUNG, PERCEPTION, REPRÉSENTATION, SACHVERHALT, SIGNE

Le terme Anschaulichkeit *constitue un cas typique d'intraduisibilité depuis les années 1930, au point que sa signification pour la réflexion philosophique sur la science n'a été retrouvée que récemment. Relevant de la tradition kantienne, le terme a vu son sens radicalement modifié par la théorie quantique.*

Bien qu'il ne soit pas répertorié dans le lexique kantien proprement dit (où l'on trouve *Anschauung* ou *Anschauungsformen*), le terme appartient cependant à la tradition d'inspiration kantienne qui marque tout le travail des mathématiciens, physiciens et physiologues allemands dans la seconde moitié du XIXe siècle. L'*Anschaulichkeit* désigne alors ce qu'on traduira improprement par le « caractère intuitif » ou, en anglais, la *visualizability* d'une théorie physique, mais renvoie en réalité à la possibilité de donner des phénomènes et des objets une « représentation spatio-temporelle », c'est-à-dire une image dans l'espace et le temps ordinaires. Avec l'apparition de la théorie quantique, cette possibilité — et cette exigence — doivent être abandonnées. D'où une modification drastique de l'emploi du terme *Anschaulichkeit*, modification qui se fait en deux temps. Dans un premier temps, Niels Bohr renonce au maintien, dans le domaine atomique, des « représentations spatio-temporelles par lesquelles on a tenté jusqu'à présent de décrire les phénomènes de la nature » (juillet 1925), et il introduit en lieu et place de l'*Anschaulichkeit* la notion d'« analogie symbolique [*symbolische Analogie*] », seule approche possible des objets qui n'admettent pas de description spatio-temporelle. Dans un second temps, le terme *Anschaulichkeit* est repris, mais redéfini d'une manière qui met au premier plan, d'une part, le rôle des procédures expérimentales dans la définition des concepts fondamentaux d'une théorie (W. Heisenberg, « Über den anschaulichen Inhalt... »), et d'autre part — dans le prolongement de la notion helmholtzienne d'*Anschaubarkeit* (traduite en anglais par *intuitability*) qui, appliquée aux mathématiques, apparaît notamment dans la conférence de 1878 intitulée « Die Tatsachen in der Wahrnehmung [Les états de choses dans la perception] » — la nécessaire abstraction que doit opérer le physicien à l'égard de ses images mentales habituelles : « Le nouveau système de concepts donne en même temps le contenu intuitif [*der anschauliche Inhalt*] de la nouvelle théorie. D'une théorie intuitive en ce sens, on doit donc demander uniquement qu'elle soit en elle-même sans contradiction et qu'elle permette de prédire sans ambiguïté les résultats de toutes les expériences imaginables dans son domaine » (W. Heisenberg et M. Born, « La mécanique des quanta »).

Ces modifications de la signification du terme *Anschaulichkeit* ont, à la fin des années 1920, le sens d'une rupture avec le contexte kantien originaire. La difficulté de traduire le terme en d'autres langues s'explique alors facilement : pour le comprendre, il faut suivre le double processus de la formation et de l'implosion d'un vocabulaire associé spécifiquement à l'histoire de la philosophie allemande.

Catherine CHEVALLEY

BIBLIOGRAPHIE

BOHR Niels, « Über die Wirkung von Atomen bei Stossen [Le comportement des atomes dans les collisions] », *Zeitschrift für Physik*, 34, 1925, p. 142-157, Post-Scriptum.

CHEVALLEY Catherine, « Niels Bohr's words and Atlantis of Kantianism », *in* J. FAYE et H. FOLSE (éd.), *Niels Bohr and Contemporary Philosophy*, Dordrecht, Kluwer, 1994, p. 33-57.

DARRIGOL Olivier, *From c-Numbers to q-Numbers. The Classical Analogy in the History of Quantum Theory*, Berkeley, University of California Press, 1992.

HEISENBERG Werner, « Über den anschaulichen Inhalt der quantentheoretischen Kinematik und Mechanik », *Zeitschrift für Physik*, 43, 1927, p. 172-198.

HEISENBERG Werner et BORN Max, « La mécanique des quanta », in *Électrons et Photons*, Gauthier-Villars, 1928, p. 143-181.

MILLER Arthur I., « Visualization lost and regained: the genesis of quantum theory in the period 1913-1927 », *in* J. WECHSLER (éd.), *On Aesthetics in Science*, Cambridge (Mass.), MIT Press, 1978.

APPARENCE

APPARENCE Le mot *apparence* est d'emblée ambigu, puisqu'il fait signe tantôt vers l'« apparition », c'est-à-dire la phénoménalité, l'objectivité de ce qui apparaît de son propre fonds, tantôt vers l'illusion et l'apparence trompeuse.

I. L'APPARENCE-APPARITION

Apparence et *apparition* calquent le lat. tardif *apparentia* et *apparitio*, mots liés à *appareo*, « apparaître », mais aussi « être au service de » (tout comme *pareo*, « se montrer », signifie aussi « obéir » ; cf. notre « appariteur »), synonymes dans le latin d'Église qui se sert d'*apparitio* pour rendre le gr. *epiphaneia* [ἐπιφάνεια], « manifestation, épiphanie ».

L'apparence-apparition renvoie à l'apparaître, à ce qui paraît en pleine lumière, l'apparition, la manifestation, le *phainomenon* [φαινόμενον], au sens premier du verbe gr. *phainô* [φαίνω], « apparaître », de même racine que le gr. *phôs* [φῶς], « lumière » : voir PHANTASIA (I), LUMIÈRE (encadré 1, « *Phôs, phaino, phêmi* »), et *PHÉNOMÈNE* ; voir aussi DIAPHANE.

II. L'APPARENCE-ILLUSION

L'apparence (celle du « ne pas se fier aux apparences ») renvoie non moins à la fausse apparence, à l'illusion.

Cette illusion peut être liée à la subjectivité singulière, et relever de l'erreur des sens, de l'imagination ou du jugement (voir DOXA, PERCEPTION, PHANTASIA, REPRÉSENTATION).

Elle peut aussi être conçue comme relevant d'une subjectivité transcendantale, et être liée à l'opposition phénomène/chose en soi (voir ERSCHEINUNG ; RÉALITÉ, avec la différence *Realität / Wirklichkeit* ; GEGENSTAND/ OBJEKT).

III. LES AMBIGUÏTÉS DU GREC ET DE L'ALLEMAND

L'intrication des sens, positif et négatif, est particulièrement prégnante en grec et en allemand.

On se reportera à l'amplitude considérable du terme *doxa* [δόξα], qui renvoie à l'apparaître de ce qui apparaît, à l'opinion droite (*dokei moi* [δοκεῖ μοι], « il me semble ») et à l'opinion générale, avec son acception rhétorique (voir *endoxon* [ἔνδοξον], « recevable », sous DOXA (II, C) ; cf. LIEU COMMUN, et encadré 1, « *To eikos...* », « vraisemblable », dans EIDÔLON), jusqu'à désigner finalement la gloire de Dieu et son rayonnement ; mais qui, par opposition à l'*alêtheia* [ἀλήθεια] (voir VÉRITÉ), ne cesse de désigner simultanément l'erreur et l'illusion des mortels.

De même, on notera la proximité, en allemand, du *Schein* et du *Scheinen*, de la simple apparence ou de l'apparence trompeuse (*Anschein*), et du paraître de ce qui se montre dans tout son éclat, qui « vient au paraître, à parence » (*zum Vorschein kommt*) : *die Sonne scheint,* « le soleil brille », ou *der Mond scheint*, « le clair de lune » (voir ERSCHEINUNG).

Pour illustrer le rapprochement, une phrase de Gorgias et une phrase de Hegel :

> ἔλεγε δὲ τὸ μὲν εἶναι ἀφανὲς μὴ τυχὸν τοῦ δοκεῖν, τὸ δὲ δοκεῖν ἀσθενὲς μὴ τυχὸν τοῦ εἶναι.
>
> [il disait que l'être était invisible s'il ne rencontrait pas le paraître, et que le paraître était sans force s'il ne rencontrait pas l'être.]
>
> *Gorgias*, 82 B 26 DK.

> « *Das Wesen muß erscheinen* », « il faut que l'essence apparaisse » ; en effet le paraître n'a rien d'inessentiel, il est un moment de l'Essence elle-même : « *So erscheint das Wesen* ».
>
> Hegel, *Wissenschaft der Logik*, Livre II, 2e section.

IV. LES ACCEPTIONS ESTHÉTIQUES

Voir *IMAGE* et, en part., EIDÔLON et MIMÊSIS.

► ESSENCE, ESTHÉTIQUE, *ÊTRE*, *IMAGINATION*, objet, res, sujet, tableau

APPROPRIATION

APPROPRIATION 1. *Appropriation*, emprunté au bas lat. *appropriatio*, a été surtout employé en médecine (au sens d'« assimilation ») et en chimie (au sens de « catalyse »), avant de se trouver réinvesti par la philosophie comme l'une des traductions possibles du mot *Ereignis* (sur *eigen*, « propre ») tel qu'il est utilisé par Heidegger : voir EREIGNIS ; cf. *DESTIN* et *ÉVÉNEMENT*.

2. Par ailleurs, c'est aussi la traduction littérale d'un terme clef de la morale stoïcienne, *oikeiôsis* [οἰκείωσις], qui désigne notre relation, d'ailleurs extensible, à ce avec quoi la nature nous a familiarisés, à ce qui nous est propre (*oikeios* [οἰκεῖος], « de la maison ») : voir OIKEIÔSIS ; cf. OIKONOMIA, ÉCONOMIE, et *COMMUNAUTÉ*, POLIS, POLITIQUE.

3. Plus généralement, sur les manières de dire le propre et la propriété, on se reportera à PROPRIÉTÉ.

4. Enfin, sur la propriété des termes et des discours en grammaire ou en rhétorique, voir COMPARAISON, HOMONYME, MIMÊSIS (avec l'encadré 6 ; « Le *decorum* »), LIEU COMMUN, TROPE ; cf. *STYLE*.

► *ÊTRE*, res, *SAGESSE*

ARGUTEZZA ITALIEN – fr. *subtilité ingénieuse*

esp. *agudeza*

► *MOT D'ESPRIT*, et BAROQUE, COMPARAISON, CONCETTO, GÉNIE, GOÛT, *IMAGE*, *IMAGINATION*, INGENIUM, MIMÊSIS

L'argutezza caractérise, dans la théorie italienne de l'art du XVIIe siècle, cette activité de l'imagination et de l'entendement qui tend à l'expression de la plus grande ingéniosité métaphorique. Le mot présente d'emblée de très grandes difficultés de traduction, dans la mesure où il désigne, dans un langage lui-même métaphorique et ingénieux, les conditions de possibilité des modes de signifier les plus « subtils » et « spirituels », et s'exerce dans un domaine très large qui va des systèmes de signes que sont les discours jusqu'aux figures symboliques (allégories, emblèmes, devises, tableaux).

La problématique de l'*argutezza* est inséparable de ce qu'on appelle l'esthétique baroque qui s'est formée en Italie. Telle qu'elle apparaît dans le *Cannocchiale aristotelico* (*La Lunette d'Aristote*) d'Emanuele Tesauro (1655), l'*argutezza* renvoie à l'idée de « subtilité ingénieuse », c'est-à-dire à l'acte par excellence de la pensée métaphorique, et implique des finalités extrêmement complexes, irréductibles à la simple « acuité » ou « pointe de l'esprit » – même si cette dernière expression est assez juste pour rendre l'*agudeza* selon Baltasar Gracián, l'espagnol restant plus proche du latin *acutus*.

♦ Voir encadré 1.

Comme la plupart des théories du XVIIe siècle, le texte de Tesauro se nourrit non seulement de la rhétorique et de la poétique, mais aussi de toute la philosophie d'Aristote dont il est l'application et l'extension à de multiples systèmes de représentation. Le réseau *argutezza*, *concetto* et *ingegno* est central dans la théorie de l'art baroque : il commande de près ou de loin toute conception de la métaphore, de la figurabilité des idées et inventions, tant poétiques que plastiques. Contrairement à l'*agudeza* des traités espagnols, qui relève exclusivement du discours littéraire ou politique, une *argutezza*, au sens où l'entend Tesauro, peut se manifester dans les allégories, énigmes du discours, devises, dans un texte comme dans une œuvre architecturale, dans une inscription comme dans la composition d'un tableau ou l'expression d'une sculpture.

Qu'est-ce que l'*argutezza* selon Tesauro ? « *un divin parto dell'ingegno* [une partie divine de l'esprit] » ; l'« *ultimo sforzo dell'intelletto* [l'ultime effort de l'intellect] » ; le « *spirito vitale delle morte pagine* [l'esprit vital de la page morte] » :

> Par le pouvoir de cette divine pythie, le discours des hommes ingénieux (*ingegnosi*) se distingue autant de celui de la plèbe que le discours des anges de celui des hommes ; ces hommes ingénieux ont le pouvoir miraculeux de faire en sorte que les choses muettes parlent, les incurables vivent, les morts se relèvent ; cette enchanteresse des âmes donne une voix aux tombes, aux marbres, aux statues ; et les hommes ingénieux qui parlent ingénieusement leur donnent esprit (*spirito*) et mouvement (*movimento*).
>
> chap. 1, p. 13.

En ce sens, l'*argutezza* est plus originaire que le *concetto*, puisqu'elle est une faculté de l'esprit, entre l'entendement et l'imagination. L'une des raisons essentielles pour lesquelles le mot ne trouve pas son équivalent dans les autres langues européennes – y compris le latin dans lequel on traduit les textes majeurs de l'époque – est qu'il souligne toutes les possibilités de métaphorisation de la pensée en l'étendant à toutes les figures propres au champ visuel, c'est-à-dire aux arts plastiques et au ballet. Ainsi, l'*argutia* et l'*argutezza* sont effectivement des conditions de possibilité de production de toute composition symbolique, dépassant les cadres de la *mimêsis* traditionnelle.

Les théoriciens français du XVIIe siècle, tels Le Moyne ou Ménestrier, ne traduisent jamais le mot italien : ils le rendent ou l'expriment par des périphrases : *représentation ingénieuse*, *invention spirituelle*, *image savante*. L'intraduisibilité du mot est donc patente ; mais l'*argutezza* comme le *concetto* doivent être impérativement « rendus », transposés par circonlocution, à mesure que se constitue en France, dans les dernières décennies du XVIIe siècle, le projet d'une philosophie des images symboliques. Fondée prioritairement sur le primat de l'image et de la métaphoricité de la pensée, cette « philosophie » présente souvent des orientations nettement sophistiques, par sa conception du langage et sa revalorisation du mythe dont on trouve encore des échos chez Vico.

1

« Agudeza » et « acutezza »/« argutezza »

Pour désigner l'acuité de l'esprit et ses inventions ingénieuses : *pointes*, *traits d'esprit*, *saillies*, la langue espagnole ne dispose que d'un mot : *agudeza*. L'italien en a deux, souvent difficiles à distinguer : *acutezza* et *argutezza*, le premier dérivant d'*acutus*, « aigu, acéré », le second d'*arguere*, « mettre en lumière, démontrer ». Ces deux mots sont presque synonymes chez Tesauro et les théoriciens italiens. L'*argutezza* comprend aussi bien les métaphores poétiques du discours, les *concetti* que l'on peut déceler dans les sermons ou les inscriptions, que les représentations figurées comme les emblèmes, les ballets ou les allégories. *Acutezza* est un terme lui-même métaphorique désignant l'activité métaphorique de l'esprit en tant que faculté subtile, ingénieuse et fine de s'exprimer. Si l'on retrouve souvent ce même sens dans *argutezza*, *acutezza* souligne fortement le caractère pointu, pénétrant et acéré de cette subtilité, propre à l'esprit concettiste. On rencontre également chez Tesauro le terme *acuto*, qui renvoie chez lui à l'idée d'une expression forte, précise, contrairement à l'*acutus* des Latins qui désignait un style simple et dépourvu de figures. Quant à *argutia*, qu'il orthographie parfois *arguzia*, il l'emploie surtout au sens de subtilité.

L'échec de la traduction est compensé par de multiples réalisations théoriques illustrant en quelque sorte ce qu'impliquait le concept même d'*argutezza*. La place vide laissée par l'intraduisibilité du mot a pour effet de renouveler dans les textes européens la problématique de l'image, de l'invention, de la métaphore et de l'imitation, en élaborant des théories autrement plus rigoureuses que celles qui précédaient. C'est ainsi toute une chaîne sémantique qui se trouve contaminée, à partir du XVIIe siècle, par ce nouveau triomphe du concettisme, depuis la notion d'image, de représentation, de signe en tant que tel, jusqu'à celle de figure (la *figura* des Latins retrouvant ici son sens plein). Cette tradition persiste en Europe, et en particulier en Allemagne, jusqu'à Herder, en dépit de la violente critique d'inspiration rationaliste de l'*Aufklärung* et des Lumières.

Cette figurabilité inhérente à *concetto* comme à *argutezza*, c'est-à-dire à la productivité de l'imaginaire et de l'entendement, est l'une des raisons pour lesquelles l'allemand comme l'anglais sont mis à l'épreuve dans l'acte de traduction. Dans le champ de la langue allemande, les philologues et historiens contemporains rencontrent une difficulté que redoublent parfois certains préjugés « anti-figuratifs ». Après avoir proposé *geistreiche Einfälle* (idées spirituelles), *witzige Spielereien* (jeux d'esprit), E. Curtius adopte le mot français *pointe*, qui ne fait que produire de nouvelles ambiguïtés. Rendre *argutezza* par *pointe* au lieu, par exemple, de l'allemand *Geistreicheleien* (subtilités), afin de conserver l'idée d'*acutus* et d'*argutus*, c'est revenir à la traduction française du XVIIIe siècle, réductrice à souhait puisqu'elle nie la fécondité du concettisme en le ramenant à un pur jeu d'esprit, c'est-à-dire à une certaine conception de l'esprit, implicitement classique, rationaliste et donc française. En ce qui concerne l'intraduisibilité de l'*argutezza*, la métaphoricité foncière du langage n'est du reste qu'une difficulté parmi d'autres. Cette métaphoricité est un lieu de confrontation et de comparaison privilégié, né de la volonté rationaliste du XVIIIe siècle d'éliminer le concettisme.

Faut-il finalement se résoudre à intégrer l'*argutezza* parmi les intraduisibles qui indiquent un phénomène dominant de la culture baroque ? En réalité, il est nécessaire de resituer le concept dans les réseaux sémantiques des théories de l'art européennes, mais en les confrontant à d'autres *topoi* : ceux de la théologie de l'image (encore créatrice au XVIIe s.) et ceux des théories du langage, jusqu'à Vico, Hamann ou Jean Paul. Ce qui suppose de mettre en relation des réseaux qui, historiquement et théoriquement, peuvent paraître à première vue relativement hétérogènes.

Jean-François GROULIER

BIBLIOGRAPHIE

GRACIÁN Baltasar, *Agudeza y Arte de Ingenio en que se explican todos los modos y diferencias* [1648], Huesca ; *La Pointe, ou l'Art du génie*, trad. fr. M. Gendreau-Massaloux et P. Laurens, Lausanne, L'Âge d'Homme, 1983.

HERSANT Yves, *La Métaphore baroque d'Aristote à Tesauro*, textes présentés, traduits et commentés par Y. Hersant, Seuil, « Points-essais » série bilingue, Seuil, 2001.

KIRCHER Athanase, *Œdipus Aegyptiacus*, Rome, 1653.

— *Polygraphia Nova*, Rome, 1663.

LANGE Klaus-Peter, *Theoretiker des literarischen Manierismus*, Munich, Fink, 1968.

MARINO Gianbattista, *Dicerie sacre*, Turin, Einaudi, 1960.

MASEN Jacob, *Speculum imaginum veritatis occultae*, Cologne, 1650.

MÉNESTRIER Claude François, *La Philosophie des images*, Paris, 1682.

— *La Philosophie des images énigmatiques*, Lyon, 1694.

PELLEGRINI, *Delle Acutezze, che altrimenti Spiriti, Vivezze e Concetti, volgarmente si appellano*, Genève, 1639.

TESAURO Emanuele, *Il cannocchiale aristotelico o sia Idea dell'arguta et ingeniosa elocuzione che serve à tutta l'arte oratoria, lapidaria t simbolica esaminata co'principi del divino Aristotele*, Turin [1649], Einaudi, Turin, 1978.

— *Idea delle perfette imprese* [1629] ; *L'Idée de la parfaite devise*, trad. fr. F. Vuilleumier, Les Belles Lettres, 1992.

VUILLEUMIER-LAURENS Florence, *La Raison des figures symboliques à la Renaissance et à l'Âge classique*, Genève, Droz, 2000.

OUTILS

CURTIUS Ernst Robert, *La Littérature européenne et le Moyen Âge latin* [1948], PUF, « Agora », 1956.

ART

gr.	*tekhnê* [τέχνη]	angl.	*art*
lat.	*ars*	it.	*arte*
all.	*Kunst*		

► BEAUTÉ, BILDUNG, ESTHÉTIQUE, GÉNIE, GOÛT, INGENIUM, MIMÊSIS, NATURE, PHANTASIA, TABLEAU

Le mot art a un sens général, celui d'une manière d'être ou de faire (l'art de plaire). Il se précise lorsqu'il s'associe à l'idée d'une spécialisation du savoir-faire impliquant des règles qui lui sont propres (l'art culinaire) ; il se particularise encore lorsqu'il désigne un ensemble de pratiques humaines, celles des artistes, ces « hommes qui se sont voués à l'expression de l'art » (Baudelaire, Salon de 1859). *Le cheminement dans cet entonnoir lexical fut aussi un processus historique, une longue maturation socioculturelle marquée par le travail des notions de* tekhnê [τέχνη], ars, art *et* Kunst, *celui, transitoire, des termes de* beaux-arts, fine arts, schöne Künsten, etc., *et le retour, au début du XIXe siècle, du terme au singulier, dont la signification s'est entre-temps métamorphosée.*

I. L'ESPACE DE LA « TEKHNÊ »

A. Le savoir-faire

Considérant l'histoire du mot « art », Collingwood note que le « sens esthétique du mot » est « d'origine très récente » ; *ars* en latin et *tekhnê* [τέχνη] en grec, des termes que nous traduisons régulièrement par « art », signifient « un métier ou une forme spécialisée de technique, comme la charpenterie, la forgerie ou la chirurgie » (*The*

Principles of Art, p. 5). L'artiste et l'artisan ou, plus exactement, l'homme de l'art, ne se distinguent pas.

♦ Voir encadré 1.

Les anciens Grecs ne disposent donc d'aucun terme pour isoler ce que nous entendons aujourd'hui par « art ». La *tekhnê*, comme l'*ars*, couvre un champ beaucoup plus étendu, depuis le savoir-faire dans un métier jusqu'à la ruse, la tromperie et, beaucoup plus généralement, la manière de faire, le moyen (Chantraine, *s.v.*). Néanmoins la thématique de l'imitation permet d'approcher le sens « moderne » de l'art — ou, du moins, de le projeter tant bien que mal dans un certain nombre de contextes.

On peut cerner le sens de *tekhnê* par sa situation tendue entre la simple expérience ou pratique empirique (*empeiria* [ἐμπειρία]) d'une part et la science (*epistêmê* [ἐπιστήμη]) d'autre part. Platon et Aristote superposent à l'état du lexique un travail du concept. Platon initie et généralise l'usage d'adjectifs au féminin (*-ikos, ê, on* indique la relation) qui désignent autant de *tekhnai* : dans le *Gorgias*, on trouve ainsi, à côté du tissage ou de la musique (*hê huphantikê* [ἡ ὑφαντική], *hê mousikê* [ἡ μουσική], 449d), du dessin (*hê graphikê* [ἡ γραφική], 450c), de l'arithmétique, du raisonnement ou de la géométrie (*hê arithmêtikê, logistikê, geômetrikê* [ἡ ἀριθμητική, λογιστική, γεωμετρική], 450d), un grand nombre de néologismes manifestes : *hê eristikê* [ἡ ἐριστική], *hê antilogikê* [ἡ ἀντιλογική], *hê dialektikê* [ἡ διαλεκτική], *hê sophistikê* [ἡ σοφιστική], *hê politikê* [ἡ πολιτική], *hê rhêtorikê* [ἡ ῥητορική], enfin (celui qui donne son sous-titre au dialogue : *Peri tês rhêtorikês* [Περὶ τῆς ῥητορικῆς]) sc. *tekhnê*, l'éristique, l'antilogique, la dialectique, la sophistique, la politique, la rhétorique donc. C'est dans ce dialogue paradoxal, qui traite de la *tekhnê rhetorikê*, de l'art de parler, pour mieux lui refuser le statut de *tekhnê*, que Platon définit le plus précisément la *tekhnê* : à la différence de la simple « empirie et routine » (*empeiria kai tribê* [ἐμπειρία καὶ τριβή], ce dernier signifiant littéralement « frottement », 463b), l'art examine la nature et la cause de ce dont il traite (*tên phusin, tên aitian* [τὴν φύσιν, τὴν αἰτίαν]) et en rend raison (*logon ekhei* [λόγον ἔχει], 465a, 501a) — pour finir, rhétorique et cuisine se retrouvent dans la même catégorie, celle du fantôme (*eidôlon* [εἴδωλον]) et de la flatterie (*kolakeia* [κολακεία]) qui se glissent sous le masque de la *tekhnê* correspondante (464c-d). La *tekhnê* se caractérise ainsi par la présence du trait sémantique « savoir », au point qu'on peut souvent hésiter sur le substantif à ajouter : *hê politikê* [ἡ πολιτική] (*tekhnê* : *Gorgias*, 464b ou *Protagoras*, 319a, *Politique*, 267d ; *epistêmê* : *Politique*, 303e).

Il revient à Aristote — pour qui, au contraire de Platon, la rhétorique est bel et bien une *tekhnê*, et même un pouvoir de « théoriser » (*theôrêsai* [θεωρῆσαι], *Rhétorique*, I, 2, 1355b 32), de réfléchir sur les causes et les moyens en distinguant le vrai de l'apparent (*ibid.*, I, 1, 1355b 10-16) — d'opérer la distinction par le critère des champs d'application : l'art, comme l'action (voir PRAXIS,

1

Art des Anciens, art des Modernes : les règles de l'art

► *VERTU*, LOGOS, PRAXIS

Les descriptions modernes de l'art mélangent sans cesse deux grands héritages conceptuels. Celui des Anciens s'intéresse au processus de fabrication de tout objet ou œuvre ; l'esthétique des Modernes, aux sensations que l'objet produit sur le public. Les deux visées ne se superposent pas exactement. L'« art » des Anciens inclut toute espèce de fabrication, donc ce que nous appelons technique ou technologie. L'esthétique des Modernes inclut toute espèce de beauté admirable, donc celle des phénomènes naturels (le sublime des volcans). En étudiant l'art-technique des Anciens, on est alors obligé de défaire comme fausses oppositions des antonymies qui sont légitimes du point de vue des Modernes. L'art n'avait pas pour domaine exclusif le beau, et la technique, l'utile. L'art n'était pas le règne des choses mystérieuses et du flou « artistique », et la technique, celui des choses sérieuses, rigueur des procédures et résultats garantis. L'enjeu est autant de clarifier le vocabulaire que de relativiser, comme dictature ou caricature, toute vision scientiste de la rationalité, calquée sur le modèle de l'industrie puis de la techno-science.

La théorie ancienne de l'art ne semble pas avoir suscité de grands débats ou remises en cause, en tout cas jusqu'à la fin du XVIIIe siècle, c'est-à-dire jusqu'à l'aube des révolutions industrielles. Pour les Anciens, et aussi longtemps qu'on a pensé avec le latin, art et technique sont une seule et même chose : lat. *ars* (sur une racine **er-*, qui fournit notamment gr. *arthron* [ἄρθρον], l'articulation et lat. *armus*, le haut du bras, mais qui apparaît aussi dans le lat. *ritus*, rite, et le gr. *arithmos* [ἀριθμός], nombre) = gr. *tekhnê* [τέχνη] (sur la racine **tek*^{s}-, « construire, fabriquer »). Puisque l'art-technique est défini par la production d'un objet, la question est de savoir ce qui garantit la réussite du produit fini, et la réponse classique est l'habileté de l'ouvrier, fruit nécessaire d'un long entraînement : « à l'œuvre on connaît l'ouvrier ».

Les concepts fondamentaux de cette théorie sont ceux d'Aristote, dont la présentation est synthétisée dans un court chapitre de l'*Éthique à Nicomaque* (VI, 4, 1140a 1-24). L'art-technique s'occupe de la production d'objets ou « œuvres d'art », gr. *poiêsis* [ποίησις], lat. *fabricatio* ou *fictio*. L'artiste-artisan se nomme donc en grec « poète », en latin classique *faber* ou *fictor*, et en latin tardif *factor* ou *operator* (cf. « facteur d'orgues »). La fabrication est le seul caractère spécifique de l'art. De façon très générale, l'art est une « excellence » ou une « vertu » (*arêtê* [ἀρητή]) : « une disposition accompagnée de règle vraie (ou droite) ». Disposition rend gr. *hexis* [ἕξις], lat. *habitus*. « Avec une règle » : *meta logou* [μετὰ λόγου], gr. *logos* [λόγος], lat. *ratio*. « Vrai ou droit » : gr. *alethês* [ἀληθής] ou *orthos* [ὀρθός], lat. *vera* ou *recta*. Enfin, l'art-technique évolue dans le domaine du contingent, de ce qui pourrait être autrement qu'il n'est. Ce caractère ne lui est pas propre. Le contingent est aussi le domaine de la « prudence » (*phronêsis* [φρόνησις]), qui est pour ainsi dire la production d'actions, gr. *praxis* [πρᾶξις]. L'art technique et la prudence s'opposent ainsi aux vertus intellectuelles, telle la science ou *epistêmê* [ἐπιστήμη] qui cherche à connaître le nécessaire (par ex. la géométrie ou l'astronomie). Comme le résume Thomas d'Aquin, l'art-technique est « *recta ratio facti-*

pour la différence *praxis/poiêsis* [πρᾶξις/ποίησις]), traitedu contingent, alors que la science traite du nécessaire (voir encadré 1).

Une fois dessinée l'orbite de sens de la *tekhnê* dans sa consistance originale, comment penser son rapport avec ce que nous Modernes appelons l'art ? Il faut avoir recours à un autre trait définitionnel : la *mimêsis* [μίμησις].

B. Valorisations et dévalorisations

Tekhnê et *phusis* [φύσις], art et nature, sont conçus dans un rapport d'imitation, de représentation réciproque, mais qui ne cesse de se renverser, et quant au terme imité (est-ce la nature ou l'art qui est premier ?) et quant à la valeur de l'imitation elle-même, selon la systématique considérée (voir MIMÊSIS).

On peut approcher, dans le corpus platonicien, d'une désignation moderne de l'art à la fin du *Sophiste*. La mimétique est isolée : c'est une production des images (*poiêsis tis* [ποίησίς τίς], *eidôlôn mentoi* [εἰδώλων μέντοι], 265b) et non des choses elles-mêmes. Elle peut être divine ou humaine. En effet, le dieu produit non seulement les choses de la nature (l'homme, le feu), mais aussi « l'image qui accompagne chaque chose » (*to parakolouthoun eidôlon hekastôi* [τὸ παρακολουθοῦν εἴδωλον ἑκάστῳ], 266c, ces *phantasmata* [φαντάσματα] que sont les rêves, les ombres, les reflets ; voir EIDÔLON, PHANTASIA) ; et de même l'homme produit non seulement les œuvres (la maison produite par l'art du maçon), mais aussi des images (« cette autre maison produite [*graphikêi* (γραφικῇ)], par l'art du peintre, comme un rêve d'homme pour des gens éveillés », 266c) ; et ces images (voir EIDÔLON) peuvent être des copies à l'identique, des reproductions (*to eikastikon* [τὸ εἰκαστικόν], ou *hê eikastikê* [ἡ εἰκαστική], l'art de faire des *eikones* [εἰκόνες], 235d, 266d), ou des copies relatives, qui intègrent le point de vue ou la perspective, des trompe-l'œil (*to phantastikon* [τὸ φανταστικόν] ou *hê phantastikê* [ἡ φανταστική], l'art de faire des *phantasmata*, 236bc, 266d). Quelque chose comme l'art visuel se trouve ainsi isolé, pour servir de modèle aux distinguo à apporter à l'art de parler, mais il n'est pas exploré en tant que tel. Sa principale caractéristique est ontologique : dans la *République* (livre X), cet art de l'apparence illusoire, la peinture (*graphê* [γραφή]), considéré comme éloigné à trois degrés de la vérité, s'avère ontologiquement inférieur à la menuiserie qui prend directement modèle sur les idées (597a). Pour chaque « art », la question se pose de savoir si un autre principe que l'imitation peut le sauver de la rétrogradation qu'il implique : c'est ainsi que la musique a une place privilégiée, étant donné sa parenté avec les mathématiques — encore y a-t-il une mauvaise musique, celle qui, agissant sur la sensibilité, fait mollir l'âme, et une bonne musique, celle qui est réglée par les principes de l'*epistêmê* mathématique (III, 401d ; *Protagoras*, 326a *sq.*).

1

bilium » et la prudence « *recta ratio agibilium* » (*Somme théologique*, 2a-2ae, qu. 47, art. 5). Pour comprendre de quelle rationalité il s'agit ici, il faut expliciter ce que désigne l'idée de *logos* vrai ou de « raison droite », *recta ratio*. Le mot *recta* renvoie à l'idée de règle, de *regula*, de régulation, c'est-à-dire étymologiquement de régir, de *regere*. Moins corriger que diriger. La règle de l'art — comme de la prudence — est moins une norme qu'un point fixe dans un monde mouvant. Cela se voit aussi bien en aval, dans l'application des règles, qu'en amont, dans leur découverte.

En aval, la règle permet d'échapper au contingent. La règle de l'art doit s'appliquer si l'on veut obtenir un résultat déterminé. Elle est selon sa définition par les scolastiques « *via certa et determinata* ». De ce point de vue, il n'y a pas d'incertitude dans les arts et techniques, ni dans la règle ni dans le produit obtenu en appliquant la règle. Ainsi de la fabrication selon les règles du couteau, du navire ou de la maison. Dans ces domaines, l'incertitude et l'imprévisible peuvent être réduits presque à rien. L'adjectif *certus* signifie que la règle a été objectivée, exprimée, pour ainsi dire visualisée par l'intelligence, et qu'on n'est plus dans le tâtonnement d'une pratique instinctive. Le *logos alêthês* [λόγος ἀληθής] du technicien-artiste est une conscience de plus en plus claire et distincte de ses moyens. Plus la règle est claire, moins elle est difficile à transmettre et à faire appliquer par d'autres.

En amont, il s'agit de découvrir ces règles de l'art. Comme le dit fortement le début de la *Métaphysique* d'Aristote, c'est en observant les particuliers qu'on induit les règles générales, voire universelles (A, 1). L'exemple canonique de technicien est, outre le médecin, le pilote de bateau. La mer est plus puissante que lui, et elle est loin d'être parfaitement prévisible. Aristote est dans un monde pour ainsi dire marin, où la nature nous fait assez sentir combien nous ne sommes d'elle ni maîtres ni possesseurs. Loin de tout fatalisme, cela ne fait pourtant que valoriser le rôle du pilote. Ce n'est pas la mer ou le monde qui est rationnel, c'est lui. Si la règle est un point fixe dans un monde mouvant, le point fixe est du côté du sujet, de l'intelligence qui régule. C'est l'élément formel de l'opération. Le monde mouvant est du côté de l'objet, de ce à quoi on applique la règle : c'est l'élément matériel. Aristote renvoie en fait la contingence du seul côté de l'objet, non du sujet — du côté du résultat, non de la règle. Les triomphes modernes de la technique ont fait considérer comme « vraies » règles, seulement celles qui sont validées par la prévisibilité des résultats. Mais chez Aristote ou Thomas d'Aquin, absence de résultats garantis ne signifie pas absence de règles, de rationalité. Parler aujourd'hui de la médecine comme d'un art, c'est à nos yeux de Modernes souligner la contingence irréductible de la médecine, qui ne parvient pas à être « vraiment » une science. Pour les Anciens, cela revenait plutôt à dégager la capacité de la médecine à trouver des règles, du stable. Nous cherchons le stable du côté du matériel, ils le cherchaient du côté de l'intelligible. Pour les fabrications où la technique triomphe, les deux points de vue finissent par se rejoindre. Pour des techniques qui restent comme la médecine un art, la divergence n'est qu'une différence d'accent. Mais pour les beaux-arts, la divergence est à son maximum. Ils poussent à sa limite la conception d'une rationalité pour nous paradoxale, qui ose affirmer que l'absence de résultats garantis va de pair avec la présence de règles infaillibles.

Francis GOYET

« L'art imite la nature » (*hê tekhnê mimeitai tên phusin* [ἡ τέχνη μιμεῖται τὴν φύσιν], Aristote, *Physique*, II, 2, 194a 21 ; 8, 199 a 15 *sq.*). Cela veut dire que la nature est première, présente d'abord, composée d'une pluralité d'êtres qui ont en eux-mêmes le principe de leur mouvement (la *tekhnê* consiste à amener à l'existence des choses « dont le principe d'existence réside dans celui qui fait et non dans la choses qui est faite », *Éthique à Nicomaque*, VI, 4, 1140a 13-14). Mais cela ne cesse d'impliquer aussi que l'art fournit les concepts nécessaires pour penser la nature. Aristote élabore sa théorie physique des quatre causes dans un atelier (*Physique*, II, 2 et 3) : pour chaque être naturel, on cherchera, sur le modèle d'une statue justement, quelle est sa matière (*to ex hou* [τὸ ἐξ οὗ] : l'airain, cause de la statue), sa forme (*to eidos kai to paradeigma* [τὸ εἶδος καὶ τὸ παράδειγμα], Athéna qui sert de modèle), sa cause efficiente (le sculpteur Polyclète), et sa fin (orner le temple, faire exister la cité). D'où le célèbre complément : « en somme, l'art dans certains cas parachève ce que la nature n'a pas pu mettre en œuvre jusqu'au bout (*epitelei ha hê phusis adunatei apergasasthai* [ἐπιτελεῖ ἃ ἡ φύσις ἀδυνατεῖ ἀπεργάσασθαι]), dans d'autres l'imite » (*Physique*, II, 8, 199a 15 *sq.*). L'art affiche sa tension vers le modèle en l'imitant, en même temps qu'une certaine supériorité en réalisant ce que le modèle, pourtant premier, n'a pas été capable de produire.

On comprend qu'Aristote, dans la *Poétique*, regarde positivement le plaisir qu'apporte ce que nous appellerions les arts, ceux qui représentent (imitent en images, *mimountai apeikazontes* [μιμοῦνταί (...) ἀπεικάζοντες], 1, 1447a 19) avec des couleurs et des figures, ou qui utilisent le rythme, la mélodie, ou le langage, en prose ou en vers — musique, peinture ou poésie. Le plaisir (*to khairein* [τὸ χαίρειν], voir PLAISIR) est de deux ordres. C'est d'abord un plaisir intellectuel : en regardant l'image, on apprend à connaître la chose, à la reconnaître pour ce qu'elle est (« Si on a plaisir à voir les images, c'est qu'en les regardant on apprend et on conclut ce qu'est chaque chose », *theôrountas manthanein kai sullogizethai ti hekaston* [θεωροῦντας μανθάνειν καὶ συλλογίζεσθαι τί ἕκαστον], *Poétique*, 4, 1448b 15-17). Mais c'est aussi ce que nous appellerions un plaisir esthétique : « il vient du parachèvement [« de l'exécution », traduisent Lallot et Dupont Roc, mais *apergasian* (ἀπεργασίαν) est le substantif qui correspond au verbe *apergasasthai* (ἀπεργάσασθαι) de la *Physique*], ou de la couleur ou de quelque autre cause » (18-19).

Le champ de la *tekhnê* est ainsi susceptible de prendre toutes les valeurs, depuis la démiurgie divine (*artifex mundi*, diront les Latins) jusqu'à la puissance ou faculté humaine, rationnelle et utile, mais évidemment susceptible d'une démesure et d'une ruse prométhéennes. Si l'on tente d'y isoler les prémisses de ce que nous appelons l'art, les jugements de valeur sont ontologiquement, mais aussi bien politiquement et socialement, amplifiés.

> Les Grecs [...] pouvaient dire d'un seul et même souffle : « Celui qui n'a pas vu le Zeus de Phidias à Olympie a vécu en vain » *et* « Les gens comme Phidias, à savoir les sculpteurs, sont impropres à la citoyenneté. »
>
> Hannah Arendt, *La Crise de la culture*, trad. fr. P. Lévy (dir.), Gallimard, 1972, p. 277.

II. « ARS », « KUNST » : LE PRATIQUE ET L'INTELLECTUEL

La notion latine d'*ars*, puis celle d'art (et ses équivalents européens), jusqu'au XVIIe siècle, reçoivent une spécification par l'adjonction d'adjectifs antonymiques (libéral/mécanique, noble/servile). L'*ars* est très largement de l'ordre du « faire », mais couvre aussi des attitudes plus intellectuelles. De même, en allemand, la notion de *Kunst* oscille entre celle de pouvoir (*können*) et de savoir (*kennen*).

« Rome ne compta jamais les arts visuels parmi les arts libéraux, les *artes liberales* ; en d'autres termes, ils ne firent jamais partie de l'ensemble des connaissances théoriques qu'un homme libre était supposé posséder. Or, les arts libéraux demeurèrent la pierre angulaire de l'éducation chrétienne et cette continuité impliqua l'exclusion des arts visuels du champ de la vie intellectuelle la plus élevée durant tout le Moyen Âge. » Cette réflexion de Rudolph et Margot Wittkower (*Born under Saturn*, p. 7-8 ; trad. fr., p. 23) oriente l'analyse concernant le sens des termes *ars*, *arte*, *art*, *Kunst*, dans une double direction : d'une part, le statut de l'artiste et celui de son activité, de l'autre, le critère de sa légitimation sociale. Le vocabulaire utilisé pour le classement des diverses pratiques humaines par les auteurs de l'Antiquité latine est à cet égard significatif. Ils distinguent les *artes liberales* (Pline, Sénèque), *honestae* (Cicéron) ou *ingenuae* (Quintilien) des *artes illiberales* ou *sordidae* (Cicéron). Les premières désignent les activités intellectuelles telles que la grammaire et la rhétorique, ces *studia liberalia* dont parle Sénèque dans sa lettre 88, qui n'ont d'autre finalité que la culture de l'esprit, et sont les seules dignes d'un homme libre (dans ses *Étymologies*, Isidore de Séville fera d'ailleurs dériver le mot *liberatis* de *liber*). Les secondes renvoient aux activités manuelles, ces *artes mechanicae* réservées aux esclaves ou rétribuées par un salaire et auxquelles appartiennent la peinture et la sculpture, mais non la musique considérée comme une discipline mathématique. Au Moyen Âge, le nombre des arts libéraux sera fixé à sept : grammaire, rhétorique, dialectique, arithmétique, géométrie, musique, astronomie, les quatre premières constituant ce qu'on appelait le *quadrivium*, les trois dernières le *trivium*. La volonté des peintres et des sculpteurs qui s'est exprimée à partir de la Renaissance de ne plus être confondus avec les artisans, le combat qu'ils ont mené pour que leur activité ne soit plus considérée comme un métier mercenaire mais accède à la dignité qui est le privilège des arts libéraux, loin de mettre en cause la distinction entre arts mécaniques et arts libéraux atteste au contraire la permanence de cette division, qui persistera au moins jusqu'au XVIIIe siècle. Une définition comme celle de Bossuet témoigne de la rémanence des notions grecques et latines : « Les arts libéraux et mécaniques sont distingués, en ce que les premiers travaillent de l'esprit plutôt que de la main ; et les autres, dont le succès dépend de la routine plutôt que de la science, travaillent plus de la main que de l'esprit » (*Connaissance de Dieu et de soi-même*, I, § 15).

Dans le vocabulaire latin, *ars*, outre le sens très général de manière d'être ou de comportement, s'applique à trois domaines : ce qui est l'objet d'un « faire », d'un métier manuel ; ce qui exige un savoir-faire ; et ce qui relève de l'application de règles : la menuiserie, la rhétorique ou la grammaire sont ainsi subsumées sous une même catégorie. Ce seront donc les étiquettes les plus spécifiques, notamment celle de peinture, qui permettent de distinguer les arts au sens moderne. Le début du *De inventione* (I, 1-4) où Cicéron reprend, dans une intention différente de celle de Platon, le parallèle entre discours et peinture, en offre un exemple significatif. Rapportant la commande faite par les Crotoniates à Zeuxis d'un portrait d'Hélène, il évoque le « très grand nombre de tableaux (*tabulas*) » peints par l'artiste, parle « d'embellir de peintures (*picturis*) hors de pair le temple de Junon » et de chefs-d'œuvre (*magna opera*), sans que le mot *ars* intervienne. Celui-ci apparaît par contre dans le second membre de l'analogie, lorsque le processus d'induction remontant de plusieurs femmes réelles au modèle idéal de la femme est appliqué à la rhétorique, nommée *ars dicendi*.

Comme Panofsky l'a montré dans *Idea* (1924), le développement de la notion moderne d'art et d'artiste passe par une conjonction entre le modèle inductif du *De inventione* et le modèle déductif de l'*Orator ad Brutum* où, cette fois, Cicéron recherche le modèle de l'*ars dicendi* dans l'exemple de Phidias sculptant l'image de Zeus à partir de l'idée qu'il s'en forme dans l'esprit. *Ars* qualifie ici l'activité de l'artiste tourné vers son œil intérieur (voir SPECIES) :

> c'est dans son propre esprit que résidait une vision à part de la beauté qu'il contemplait et sur laquelle il fixait son regard en dirigeant selon la ressemblance de celle-ci son art et sa main.
>
> [*contemplabatur aliquem, e quo similitudinem duceret, sed ipsius in mente insidebat species pulchritudinis eximia quaedam, quam intuens in eaque defixus, ad illius similitudinem artem et manum dirigebat.*]
>
> II, 7 *sq.* ; trad. fr. A. Yon, Les Belles Lettres, p. 4.

Un aspect crucial de l'évolution de la notion d'art réside ainsi dans l'apparition, à la Renaissance, d'« un nouveau type d'artiste [...] essentiellement différent de l'artisan de jadis, dans la mesure où il est conscient de ses pouvoirs intellectuels et créateurs » (Wittkower, *op. cit.*, p. 31). Les signes de l'art, qui apparaissent en nombre à cette époque, n'ont plus le caractère sporadique de ceux que l'on observe dans l'Antiquité ; ils se concrétisent notamment par l'intégration des artistes à la culture humaniste. La force centrifuge du processus d'autonomisation est inséparable d'une force centripète qui soumet l'artiste à une dépendance intellectuelle et politique. C'est ainsi que Dürer doit sa carrière au duc-électeur Frédéric III, dit le Sage, qui, par l'entremise de Celtis, poète et humaniste, l'intègre à la Table ronde des savants de Nuremberg.

La référence à Dürer est ici particulièrement éclairante. Le déplacement de la signification de *Kunst* à partir de son double sens originel permet en effet de comprendre la manière dont s'est opérée la mutation de l'artisan à l'artiste. Comme le note Panofsky :

> Comme *ars* en latin et *art* en anglais, le mot allemand *Kunst* avait, à l'origine, deux sens dont le second est maintenant à peu près éteint. D'un côté, il dénotait « pouvoir » (*können*), c'est-à-dire l'habileté d'un homme pour produire délibérément des choses ou des effets [...]. D'un autre côté, il dénotait « savoir » (*kennen*), c'est-à-dire la connaissance ou la vision théorique comme opposée à la pratique. [...] Dans l'autre sens, plus étroit — qui survit encore dans l'expression « *Die freien Künste* » ou « Les arts libéraux » — l'astronomie pouvait être nommée « *Kunst der Sterne* » (« l'art des étoiles ») ; [...] et quand Dürer voulait exprimer l'idée qu'un bon peintre a besoin à la fois de perspicacité théorique et d'habileté pratique, il le faisait [...] en disant qu'il doit combiner *Kunst* et *Brauch*.
>
> *The Life and Art of Albrecht Dürer*, p. 242.

Cette distinction entre *Kunst* et *Brauch* (usage, sens pratique) permet de rattacher *Kunst* aux activités humaines qui impliquent peu ou prou des fondements théoriques. Mais dans d'autres textes, Dürer infléchit le sens de *Kunst* dans une autre direction, comme une sorte de balancier qu'il fait pencher là où l'intérêt le commande. Ainsi, lorsqu'il parle des règles de l'art dans son *Instruction sur la manière de mesurer*, c'est dans le sens plus instrumental de l'étalon de mesure des grandeurs.

III. LES ARTS, LES BEAUX-ARTS ET L'ART AU SENS MODERNE

Dans un contexte où l'opposition d'origine latine entre arts libéraux et arts mécaniques continue de dominer, un travail s'effectue sur et autour de la notion d'art à travers la notion de beaux-arts, jusqu'au moment où la notion de beaux-arts en vient à s'identifier avec celle d'art tout court.

La légitimation extrinsèque, intellectuelle en particulier, par la science ou par la philosophie, est un moment du lent processus de conquête par l'artiste de son autonomie. Mais si, au XVIIe siècle, elle continue d'opérer, c'est en se doublant désormais d'une disjonction progressive de certains arts avec la finalité cognitive. Le critère intellectuel permet d'élever un art, dans la hiérarchie qui règle la légitimation, à la dignité libérale : « Juger de la beauté, c'est juger de l'ordre, de la proportion et de la justesse, choses que l'esprit seul peut apercevoir », écrit Bossuet dans la *Connaissance de Dieu et de soi-même* (1670) ; mais ce critère du beau permet en même temps de réunir certains des arts qui bénéficient de cet ennoblissement dans une classe distincte. Il importe de toujours garder à l'esprit ce double mouvement en vertu duquel l'accession au statut libéral s'accompagne d'un resserrement sur un principe propre. De manière à peu près concomitante, les notions de beaux-arts, *fine arts*, *schöne Künste, belle arti*, apparues au XVIIe siècle alors que l'art commence à s'institutionnaliser (Académie des beaux-arts, par exemple), manifestent la convergence du vocabulaire européen vers une notion commune.

Il faut toutefois noter un processus inverse qui apparaît ultérieurement, dans l'*Encyclopédie* de d'Alembert et Diderot : la reconnaissance d'une activité spirituelle au sein même des arts mécaniques. Celle-ci traduit ou induit une réhabilitation des métiers manuels dans le cadre de l'appréhension encyclopédique des pratiques humaines, sanctionnée par l'article « Art ». Dans cet article, Diderot dénonce l'incohérence d'une définition qui assimile l'art libéral à une activité purement spirituelle, en négligeant le fait qu'il s'agit d'art, c'est-à-dire d'une activité qui met en jeu un faire. C'est précisément dans la mesure où l'art suppose l'exécution d'un objet qu'il se distingue de la pure activité de l'esprit qui s'exprime dans la science. Inversement, il refuse la conception traditionnelle et tout aussi erronée de l'art mécanique qui coupe cette forme d'activité de toute relation à l'intelligence. Dans l'art, l'exécution repose sur des règles à l'égard desquelles on peut adopter, soit une attitude pratique qui consiste à opérer suivant ces règles sans les penser, soit une attitude théorique, « inopérative », consistant à réfléchir sur les règles. « Tout art a sa spéculation et sa pratique », écrit-il (*Encyclopédie ou Dictionnaire raisonné des sciences, des métiers et des arts*, éd. critique de J. Lough et J. Proust, Hermann, 1976, t. 1, p. 495-509), redonnant ainsi au mot *art* un sens assez proche de celui qu'avait *ars* en latin.

Avec Kant, la détermination philosophique de la spécificité de l'art s'oriente dans une tout autre direction. Le goût, écrit-il dans la *Critique de la faculté de juger*, « n'est qu'une faculté de juger et non une faculté productive », en sorte que « ce qui lui est conforme n'est pas encore une œuvre des beaux-arts (*der schönen Künsten*) » ; car « il peut s'agir d'une production relevant de l'art utilitaire et mécanique (*nützlichen und mechanischen Kunst*) et même de la science (*Wissenschaft*) d'après des règles déterminées qui peuvent être apprises et qui doivent être exactement exécutées » (§ 48). Si un poème, un morceau de musique, une galerie de tableaux, etc., appartiennent à la classe des œuvres des beaux-arts, en revanche un service de table ou un sermon en sont exclus. Cependant, ce critère classificatoire n'est pas suffisant ; s'y ajoute ou s'y oppose une notion en compréhension de *ce qui fait l'art dans l'œuvre*, laquelle ressort d'un tout autre principe. À des œuvres censément attribuées aux beaux-arts, dit le § 49, il peut manquer l'« âme » (*Geist*), ce « principe vivifiant en l'esprit [*das belebende Prinzip im Gemüte*] » : « Un poème peut être parfaitement bien fait et élégant et cependant il est sans âme. » Il en va de même d'un récit, d'un discours solennel ou d'une conversation. Autrement dit, une œuvre d'art peut être sans art, tandis qu'une production qui n'est pas une œuvre d'art peut répondre au principe de l'art.

À ce chiasme, s'ajoute celui du goût et du génie : il peut y avoir *du génie sans goût* comme *du goût sans génie*. À la détermination artistique de l'art se superpose donc sa définition esthétique. L'âme qui fait l'art « est ce qui donne d'une manière finale un élan aux facultés de l'esprit, c'est-à-dire les incite à un jeu, qui se maintient de lui-même et qui même augmente les forces qui y conviennent ». C'est le libre jeu des facultés, l'entendement et l'imagination, qui définit le jugement esthétique pur. Le principe d'animation de l'art, ajoute encore Kant, c'est « l'Idée esthétique [...] cette représentation de l'imagination, qui donne beaucoup à penser, sans qu'aucune pensée déterminée, c'est-à-dire de *concept*, puisse lui être adéquate et que par conséquent aucune langue ne peut complètement exprimer et rendre intelligible ». Le concept voue l'œuvre à une finalité objective externe ou interne et manifeste les règles mécaniques de l'art. L'œuvre des beaux-arts, au lieu d'être réductible au concept d'une règle, doit apparaître comme une nature, comme le produit du génie, soit « la disposition innée de l'esprit par laquelle la nature donne les règles à l'art [*die angeborene Gemütsanlage (ingenium), durch welche die Natur der Kunst die Regel gibt*] (§ 46).

♦ Voir encadré 2.

Au début du XIXe siècle, le signifié de beaux-arts passe progressivement dans les mots *art* (fr. et angl.), *Kunst*, *arte*, etc. Hegel signe philosophiquement ce transfert avec son fameux cours d'esthétique (1820-1829), bien mal nommé puisqu'il s'agit en fait, comme il le dit lui-même, non pas d'une esthétique mais d'une philosophie de l'art (*Philosophie der Kunst*). La discipline qu'il fonde entérine le rejet kantien de la réduction de l'art à un savoir-faire, mais s'écarte de la théorie du goût et sépare l'art de la nature. Ce sens moderne du mot *art*, et de ses équivalents dans les diverses langues européennes, s'ajoute désormais au sens ancien (qui persiste évidemment), mais aussi se dresse bientôt contre lui. L'intérêt artistique ne peut plus se réduire à une activité professionnelle mais exige un investissement total de l'individu. Cette figure de l'artiste héritée de la Renaissance prolifère avec le romantisme et avec la doctrine de l'art pour l'art :

> L'*Art*, pour ces messieurs, c'est tout, la poésie, la peinture, etc. ; ces messieurs sont amoureux de l'*art* ; ces messieurs méprisent quiconque ne travaille pas pour l'*art*, et ils passent leur vie à parler *art*, à causer *art*.
>
> *Revue de Paris*, janvier 1833.

Dominique CHATEAU

BIBLIOGRAPHIE

ARISTOTE, *Éthique à Nicomaque*, trad. fr. J. Tricot, Vrin, 1990.
— *Poétique*, trad. fr. J. Hardy, Les Belles Lettres, « CUF », 1932 ; trad. fr. R. Dupont-Roc et J. Lallot, Seuil, « Poétique », 1980.

AUBENQUE Pierre, *Le Problème de l'être chez Aristote*, PUF, 1962.

BOSSUET Jacques Bénigne, *Connaissance de Dieu et de soi-même* (1670), *Œuvres*, t. 34, Versailles, Imprimerie de J. A. Lebel, 1818.

COLLINGWOOD Robin George, *The Principles of Art*, Oxford, Clarendon Press, 1938.

GOLDSCHMIDT Victor, *Temps physique et Temps tragique chez Aristote*, Vrin, 1982.

HEGEL Georg Wilhelm Friedrich, *Vorlesungen über die Aesthetik* (1822-1829), *Werke*, Francfort, Suhrkamp Verlag, 1970 ; *Esthétique*, trad. fr. S. Jankélévitch, Flammarion, « Champs », 1979 ; trad. fr. J.-P. Lefebvre et V. von Schenck, Aubier, 1995-1997, 3 vol.

KANT Emmanuel, *Critique de la faculté du juger* (1790), trad. fr. A. Philonenko, Vrin, 1974.

2

Plastique, arts plastiques, « bildende Künste »

► PLASTICITÉ, et BILD, *FICTION*, HISTOIRE, VÉRITÉ

La plastique a longtemps désigné les arts du modelage. Le grec *plassein* [πλάσσειν], modeler, façonner, former, est formé sur une racine qui signifie précisément « étendre une couche fine, enduire » (d'où « plâtre », « emplâtre », cf. Chantraine). Il fournit le vocabulaire spécifique du travail de l'argile et du modelage, et sert en particulier à décrire l'activité de Prométhée « dont on dit qu'il nous a façonnés, ainsi que les autres vivants » (Philémon, 89, 1), mais aussi bien celle d'Héphaïstos modelant Pandore, le modèle même de la ruse et de la tromperie, une belle vierge en terre trempée d'eau lancée chez les hommes pour ouvrir la jarre des soucis (Hésiode, *Travaux*, 70 *sq.*). D'où les emplois relatifs à la création littéraire, à la fiction assumée susceptible de tromper — à la plastique des mots : Gorgias, dans l'*Éloge d'Hélène* (82 B 11 DK, § 11), évoque tous ceux qui « *ont persuadé* et persuadent [...] en modelant un discours faux (*pseudê logon plasantes* [ψευδῆ λόγον πλάσαντες]) ». C'est ainsi que *plasma* [πλάσμα], dans le vocabulaire des historiens, en vient à désigner la fiction, c'est-à-dire « des choses qui ne sont pas arrivées, mais qu'on raconte comme celles qui sont arrivées », le faux raconté comme vrai, par différence avec *muthos* [μῦθος] et *historia* [ἱστορία], le mythe (le faux raconté comme faux) et l'histoire (le vrai raconté comme vrai, cf. Sextus Empiricus, *Adversus mathematicos*, 263-264). Et, dans la terminologie rhétorique latine, *plasma* devient *argumentum*, et *plassein* est rendu par *fingere* (Quintilien, *Institution oratoire*, I, 8, 18-21) [sur tout cela, voir B. Cassin, *L'Effet sophistique*, p. 470-512].

Mais c'est le sens matériel-formel qui domine jusqu'au XVIIIe siècle comme critère de distinction d'une espèce d'art, ainsi que l'atteste l'article de l'*Encyclopédie* (t. 12), à côté duquel figure, sans lien apparent, un autre article au titre curieux : « PLASTIQUE *(Métaphysique) nature plastique*, principe que quelques philosophes prétendent servir à former les corps organisés, & qui est différent de la vie des animaux. » Pourtant, au tout début du siècle, Lord Shaftesbury avait déjà établi le lien. La « nature plastique », notion issue de la théosophie des platoniciens de Cambridge dans la seconde moitié du XVIIe siècle, désignait pour lui à la fois l'état végétatif inconscient de la croissance des êtres (arbre ou fœtus) et une puissance interne libre et consciente de l'homme qui reflète le principe de la nature en en dépassant le déterminisme. Dans ses *Conseils à un auteur* (1710 ; *Characteristics*, t. 1, p. 207), Shaftesbury compare le poète, et sa capacité à former une œuvre unitaire et organique, à Prométhée, « cet artiste souverain, ou Nature Plastique Universelle (*Universal Plastic Nature*) ». Dans *Plastics or the Original Progress and Power of Designatory Art*, ouvrage inachevé, partiellement publié, auquel il travaille en 1712-1713, l'idée est appliquée aux arts plastiques (*plastic arts*) nommément désignés comme tels ; le peintre, qui travaille la *materia plastica*, « commence par travailler *intérieurement*. Là est [...] l'œuvre plastique (*plastic work*). D'abord se donner des formes, les façonner, les corriger, les amplifier, les réduire, les modifier, adapter, assimiler, conformer, polir, raffiner, etc., former ces *idées* (*ideas*) : ensuite sa main : son coup de pinceau » (*in* Benjamin Rand, *Second Characters or the Language of Forms*, Cambridge UP, 1914, p. 142).

C'est ainsi que l'étiquette d'arts plastiques fait une fugitive et remarquable apparition. Cette intuition de Shaftesbury trouvera son prolongement beaucoup plus tard en France, notamment chez Lamennais (*Esquisse d'une philosophie*, Pagnerre, 1840) et Taine (*Philosophie de l'art* [1864-1869], Fayard, « Corpus des œuvres de philosophie en langue française », 1985). L'expression entrera dans le vocabulaire critique et philosophique français, bien davantage que dans celui des Anglo-Saxons où la notion d'art plastique est globalement rare (hormis, au début du XXe siècle, dans le contexte de la découverte de l'art moderne français et de l'art nègre).

Dans le domaine germanique, en revanche, l'idée, sinon le mot, a commencé à s'imposer à la fin du XVIIIe : ce n'est pas autour de « plastique » qu'il se forme, mais avec *Bild*. Les arts plastiques sont les *bildenden Künste* dont Thomas Munro note que « la signification abstraite [...] est vague et imprécise ; dérivé d'un substantif (*Bild*) qui signifie "image" et d'un verbe (*bilden*) qui signifie "former", il évoque la formation d'images visuelles » ; l'étiquette, étant donné son application à l'architecture (art non représentatif) et à la peinture (art non tridimensionnel), à l'exclusion des arts de la forme mobile, recouvrirait les « arts de la forme visuelle statique » (*Les Arts et leurs relations mutuelles* [1949], trad. fr. J.-M. Dufrenne, PUF, 1954). Kant, dans la *Critique de la faculté de juger* (1790 ; trad. fr. A. Philonenko, Vrin, 1974) (§ 51), distingue les *bildenden Künste*, « ou les arts de l'expression des Idées dans *l'intuition des sens* », qui comprennent la plastique (*die Plastik*, sculpture et architecture) et la peinture, des *redenden Künste*, les arts de la parole qui comprennent l'éloquence et la poésie, et du « *Kunst des schönen Spiels der Empfindung* », soit l'art du beau jeu des sensations, la musique et l'art des couleurs (*Farbenkunst*). L'occurrence de *Plastik* dans cette classification signale que le terme d'origine grecque se spécialise, enrichissant considérablement le vocabulaire esthétique allemand. « Le génie grec est l'artiste plastique (*plastischer Künstler*) qui fait de la pierre une œuvre d'art (*zum Kunstwerk, bildet*) », écrit Hegel dans ses *Leçons sur la philosophie de l'histoire* (1837) (trad. fr. J. Gibelin, Vrin, 1970).

La richesse du vocabulaire allemand introduit de nombreuses pistes pour la pensée esthétique (Herder, Schelling, Hegel, Nietzsche, Fiedler) plus ou moins fermées aux autres langues. L'exemple de Herder est particulièrement intéressant ; dans *Plastik, Einige Wahrnehmungen über Form und Gestalt aus Pygmalions bildendem Traum*, un texte paru en 1778, sa réflexion s'organise autour de trois pôles : la notion générique de *bildenden Künste* et les notions spécifiques de *Skulptur* (versus *Malerei*) et de *Plastik* (versus *Piktur*). Au-delà d'un nouveau *paragone* des arts, ce qui est ici à l'œuvre, c'est une promotion de la plastique, et de ses valeurs (tactiles), en tant que critère de beauté (« Qu'est-ce que la beauté ? — Demande à l'aveugle ! » lit-on en exergue à *Plastik*). S'agissant d'affirmer la supériorité de la main sur l'œil, de la sculpture sur la peinture, à l'aune de la découverte du pouvoir de l'aveugle (Rousseau, Diderot, etc.), le vocabulaire formé autour de *Bild* est le bienvenu : « Le plasticien (*Bildner*) aveugle, même aveugle-né, serait un plus mauvais peintre mais quant à la formation (*bilden*) il ne cède rien au voyant et devrait même vraisemblablement, à égalité de valeur, le surpasser » ; ou encore : « La sculpture (*Bildnerei*) est la vérité, la peinture, le rêve. » *Plastik*, dans ces conditions, excède le sens classificatoire de *Skulptur* : comme la postérité le montrera (notamment Fiedler, Riegl, Einstein), c'est la notion moderne plus générale de plasticité (critère d'appréciation de la peinture elle-même) qui commence ici d'être explorée.

2

BIBLIOGRAPHIE

ALEMBERT Jean le Rond d' et DIDEROT Denis, *Encyclopédie ou Dictionnaire raisonné des sciences, des arts et des métiers*, t. 12, Neuchâtel, Samuel Faulche & Compagnie, 1765.

CHATEAU Dominique, *Arts plastiques : archéologie d'une notion*, Nîmes, Jacqueline Chambon, « Rayon-art », 1999.

FIEDLER Konrad, *Schriften über Kunst* (éd. posthume), Munich, R. Piper, 1913-1914.

HERDER Johann Gottfried, *Plastik, Einige Wahrnehmungen über Form und Gestalt aus Pygmalions bildendem Traum* (1778), *in* W. DOBBEK (éd.), *Werke in fünf Bänden*, Weimar, Volksverlag, 1957.

LARTHOMAS Jean-Paul, *De Shaftesbury à Kant*, Atelier national de reproduction des thèses, Diff. Didier érudition, 1985, t. 1 et 2.

RIEGL Alois, *Stilfragen. Grundlegungen zu einer Geschichte der Ornamentik* (1893), Munich-Mittenwald, Mäander Kunstverlag, 1977, trad. fr. H.-A. Baatsch et F. Rolland, Hazan, 1992.

— *Spätrömische Kunstindustrie* (1901), Darmstadt, Wissenschaftliche Buchgesellschaft, 1973.

MICHEL Pierre-Henri, *De Pythagore à Euclide*, Les Belles Lettres, 1950.

PANOFSKY Erwin, *The Life and Art of Albrecht Dürer*, Princeton UP, 1934-1955.

— *Idea. Contribution à l'histoire du concept de l'ancienne théorie de l'art* (1924), trad. fr. H. Joly, Gallimard, « Tel », 1983, rééd. 1989.

PLATON, *Œuvres complètes*, trad. fr. L. Robin, Gallimard, « La Pléiade », 1950, 2 t.

REINACH Adolph, *La Peinture ancienne*, recueil Milliet, Macula, « Deucalion », 1985.

SCHUHL Pierre-Maxime, *Platon et l'Art de son temps* (*Arts plastiques*), PUF, 1952.

WITTKOWER Rudolph et Margot, *Born under Saturn*, New York - Londres, W.W. Narton & Company, 1963 ; trad. fr. D. Arasse, Macula, 1985.

ASPECT

L'ASPECT, ENTRE PAROLE, LANGUES ET LANGAGE

► TEMPS, et ACTE DE LANGAGE, ESTI, *ÊTRE*, JETZTZEIT, LANGUE, MOMENT, PRÉSENT, SYNCATÉGORÈME, TO TI ÊN EINAI

*Le terme d'*aspect *désigne une catégorie sémantique des langues, comme le nombre, le mode ou la voix. On décrit traditionnellement l'aspect comme renvoyant au « mode de déroulement » du procès auquel le verbe réfère ; il concerne plus largement la forme que peut prendre ce procès, que celui-ci ressortisse ou non à quelque déroulement.*

Cette notion est en elle-même un objet philosophique. Elle apparaît comme telle dans l'histoire de la philosophie, en particulier dans la philosophie grecque, au moment où s'élaborent les notions qui vont servir de fondement à la tradition linguistique. Si le nom aspect*, introduit seulement tardivement et par des analystes de la langue, ne relève pas du vocabulaire philosophique, nombre des autres mots qui lui sont de près ou de loin associés (du* telos [τέλος] *grec au* performative *anglais) furent d'abord quant à eux des mots de la philosophie. Que les mots en question soient des intraduisibles, c'est ce dont témoigne toute l'histoire de la réflexion sur l'aspect, dont on verra qu'elle est scandée par des affaires de traduction.*

Cependant, si l'aspect se rattache à l'intraduisible, c'est d'abord à un autre titre. Sur le plan matériel, la catégorie correspond à un réseau assez hétéroclite de différences formelles, dans lesquelles on peut néanmoins isoler une sorte de « noyau dur », constitué par des formes impliquées dans la conjugaison (pour celles des langues du moins où les verbes se conjuguent, ce qui est le cas des langues indo-européennes). Or, entre deux marques de conjugaison prises dans deux langues différentes, il n'y aura jamais équivalence stricte, dans la mesure précisément où elles s'inscrivent chacune dans des systèmes de conjugaison différents, qui déterminent nécessairement la valeur qu'elles peuvent prendre. Ces valeurs traversent par ailleurs toute la langue : il ne s'agit pas de quelque forme isolée, mais d'un système entier, qui structure la construction de la référence des verbes dans cette langue. En tant que telles, elles constituent l'une des dimensions où va se jouer ce qui serait le génie d'une langue.

Les faits aspectuels sont pourtant aussi hors langue. Ils le sont en tant qu'ils figurent des valeurs dont on verra qu'elles se mesurent d'abord dans des phrases et des discours, c'est-à-dire là où se joue ce que Saussure a appelé la parole, dépendant alors autant de la pensée singulière que le « parleur » élabore que de la langue qui conditionne cette élaboration. Et ils le sont d'autre part en tant qu'ils concernent une question qui implique le langage de manière générale : la question de la référence des verbes, qui n'appartient en propre à aucune langue.

Pris à la fois entre langue et parole et entre langues et langage, l'aspect touche ainsi de la manière la plus aiguë qui soit à la question de l'intraduisible.

Avec l'aspect, tout est compliqué, hétéroclite, tumultueux : les types de valeurs concernées, les types de formes impliquées, les types de concepts élaborés pour en rendre compte. Cela tient en partie à la notion même d'aspect, largement problématique, en partie à l'histoire de sa conceptualisation, elle-même singulièrement tumultueuse.

I. PETIT DÉFILÉ DES VALEURS

Quand on parle d'aspect, il peut d'abord être question des différentes phases auxquelles il est possible de faire référence au sein d'un procès donné : on distingue ainsi l'avant de ce procès, quand il est seulement imminent, son avènement proprement dit, son déroulement, son point d'achèvement, et aussi la situation qui en résulte. Les langues disposent généralement de locutions spécifiques pour référer à chacune de ces étapes (en français, ce sera le cas d'expressions verbales variées, comme « commencer à », « finir de... »). Mais des valeurs similaires peuvent être obtenues sans que cela passe par une expression lexicale spécifiée. On en donne ci-dessous quelques exemples en français :

– Il sortait quand le téléphone a sonné (= « il allait sortir »).
– À ce moment-là, il neigea (= « il se mit à neiger »).

– Quand elle est entrée, il dormait (= « il était en train de dormir »).

– Voilà ! Il a réparé la voiture (= « il a fini de la réparer, il est allé au bout de cette réparation ; donc elle doit marcher »).

– Désolé, il est sorti (= « il n'est plus là »).

Par ailleurs, à côté de ces saisies « partielles », où le procès est présenté à quelque étape de son développement, il y a aussi la possibilité de saisies dites « globales », où le procès est donné comme advenu, sans que cet avènement soit inscrit dans un déroulement : c'est ainsi par exemple que s'opposent en français les deux énoncés suivants, le premier présentant le procès dans sa globalité, tandis que le second le décrit en train de s'accomplir :

– Il répara sa voiture.

– Il réparait sa voiture.

Et il est question encore du caractère plus ou moins itératif du procès désigné : on distingue cette fois entre des processus isolés, des processus intrinsèquement répétitifs, des processus réitérés, des processus habituels, récurrents.

Enfin, parallèlement à la question des phases, vont se trouver aussi mobilisées des différences de « point de vue » relatives à la façon dont le procès est envisagé : on constate ainsi que certains énoncés pourront mettre en scène une sorte de point de référence à partir duquel le procès se trouve décrit, et qui peut alors être distinct du moment de l'énonciation. Ce point de vue peut être simultané au déroulement du procès, mais peut aussi être extérieur, qu'il soit alors prospectif ou rétrospectif. Que le point de vue puisse être distinct du point de saisie, c'est ce dont témoigne le contraste suivant, où un même procès, saisi dans les deux cas globalement, va être envisagé soit rétrospectivement (depuis le moment de l'énonciation), soit d'un point de vue qui se donne comme simultané à son accomplissement :

– Il est entré.

– Il entra.

Cette variété des phénomènes mis en cause s'explique en partie par la diversité empirique des valeurs pouvant être effectivement marquées dans les langues par des procédés réputés comme étant d'ordre aspectuel. Elle s'explique cependant aussi par la façon complexe dont le concept même d'aspect a pu se développer dans l'histoire de la pensée et dans l'histoire de la linguistique.

II. LE CHASSÉ-CROISÉ DES LANGUES

Le concept d'aspect s'est élaboré dans un chassé-croisé entre langues où il n'a cessé d'être importé puis réimporté d'une langue à l'autre, du grec au latin, des langues romanes aux langues germaniques, des langues slaves aux langues classiques, et tout autant dans l'autre sens, des langues classiques aux langues slaves.

Révélatrice du chassé-croisé est l'histoire du mot *aspect* lui-même qui apparaît très tardivement, puisqu'il faut attendre le XIXe siècle pour qu'il soit inventé. C'est à la rencontre entre Est et Ouest que le mot s'est forgé, dans une histoire de traduction justement, sans que l'on sache bien s'il s'agissait de dire une spécificité des langues slaves (qui connaîtraient l'aspect plus que les langues classiques, ou du moins plus que les langues romanes), ou au contraire de neutraliser ce qui aurait pu être leur spécificité (en plaquant dessus une conception de l'aspect fondée sur les langues classiques).

♦ Voir encadré 1.

Le résultat pour la linguistique générale est un terme pris à contre-emploi : le mot *aspect* est en fait, quand on y réfléchit, des plus vagues pour désigner ce que l'on veut désigner (ce mode de déroulement dont la tradition fait état). On conçoit que cela l'ait rendu disponible pour toutes les réinterprétations : dépourvu de sens, il fonctionne comme une simple étiquette, prête à recouvrir tout ce que l'on rechignerait à traiter au titre d'autres catégories.

Cela explique que la catégorie de l'aspect ait pu fonctionner aussi comme une forme de dépotoir de la catégorie dont il est issu, au moins dans la tradition occidentale, à savoir la catégorie voisine du temps.

1

L'espèce, l'apparence des mots, l'apparence des actions et le point de vue : l'invention du mot « aspect » pour désigner l'aspect

Le mot *aspect* désignant une catégorie verbale non chronologique est généralement considéré comme la traduction du terme russe *vid* [вид] par C.-P. Reiff (*Grammaire russe*, 1828), introducteur des travaux de N.I. Greč (1787-1867) en France. Cette attribution occulte des attestations antérieures du terme hors du domaine slave : M. de Neuville (1818, cité par S. Auroux, « Le temps verbal dans la grammaire générale ») distingue, outre la personne, le nombre et le temps, « l'aspect, le degré et l'acception » ; l'aspect désigne ici la durée de la « modification » exprimée par le verbe, rassemblée en un point, ou développée dans toute son étendue. Cette attribution occulte aussi le fait que la traduction en question est hautement problématique, dans la mesure où le mot *vid* lui-même peut s'interpréter comme « espèce, division (dans une classification) » ou comme « aspect (extérieur : ce que l'on peut voir, cf. le verbe *videt'* [видеть], "voir") » — et dans la mesure où ce mot a déjà un usage grammatical dans des traditions antérieures à Greč, traditions utilisant essentiellement le premier sens (le second n'est guère attesté que chez certains grammairiens tchèques du XVIIe s.). Enfin, cette attribution occulte le fait que Reiff lui-même a hésité entre ces deux valeurs dans sa traduction, optant initialement pour *branche*, qui est bien relatif à une division. Sans doute y substitua-t-il dans un second temps *aspect* (éd. de 1828). Mais les dernières éditions rédigées de son vivant reprennent le terme *branche*, et ce sont les rééditions refondues que nous devons à L. Léger (1843-1923) qui réinstallent définitivement *aspect*, en particulier celle de 1877 qui fit longtemps autorité, et qui servit de manuel de base à l'École des langues orientales.

Que cette traduction procède d'un détournement, sinon d'une trahison, il suffit pour s'en convaincre de lire le texte même de Greč, texte que l'on donne ici dans une « re-traduction », due à J. Fontaine, où l'auteur a choisi de ne pas traduire *vid* :

> [...] dans les temps grammaticaux, c'est-à-dire dans les formes de la langue par lesquelles s'expriment les temps [dans la nature], peuvent être exprimées quelques circonstances accessoires par lesquelles sont définies de plus près la signification et l'ampleur de l'action. [...] Les formes servant à l'expression de ces circonstances de l'action sont appelées *vidy* [виды].
>
> p. 18.

On voit là que *vid* désigne des formes et non pas leurs valeurs, c'est donc une classe de formes qui est en jeu, soit une « branche », sans doute déterminée par son aspect extérieur, son aspect de forme, mais non par le fait qu'elle exprimerait l'aspect extérieur de l'action désignée.

La façon même dont la notion de *vid* est utilisée dans le discours grammatical russe (et non plus dans le discours de la slavistique française) va dans le même sens : « Verbe perfectif » se dit « *glagol soveršennogo vida* [глагол совершенного вида] », litt. « verbe de *vid* accompli », de la même façon que « substantif masculin » se dit « *suščestvitel'noe mužskogo roda* [существительное мужского рода] », litt. « substantif de genre masculin ». *A contrario*, « substantif AU pluriel » se dit « *suščestvitel'noe VO množestvennom čisle* [существительное ВО множественном числе] », litt. « substantif à/dans pluriel nombre ». On ne trouve guère, dans les exercices des manuels rédigés en langue russe, l'équivalent du français « mettre ce verbe au perfectif », et les étudiants russes suivant des cours de langue russe en France ne comprennent généralement pas cette instruction. De fait, pour les russophones, les « *glagoly (ne)soveršennogo vida* [глаголы (не)совершенного вида] » ne sont autres que des « verbes d'espèce (in)accomplie », un sous-ensemble des verbes, constituant des mots distincts, et non des formes d'un seul et même mot (et s'ils refusent de « conjuguer au présent » un « verbe d'espèce accomplie », c'est parce que la grammaire scolaire associe ces formes à l'expression d'un sens, le « futur »). C'est dire que cette traduction n'a fait qu'entretenir un malentendu persistant entre les deux traditions grammaticales.

On conçoit le paradoxe : le mot *aspect*, qui est censé prendre acte de la spécificité de la grammaire du russe relativement à l'organisation des formes verbales, qui est censé tirer la leçon du russe pour remettre en cause les catégories issues de la tradition classique, est en fait une trahison de la façon dont les grammaires russes pensent la grammaire du russe.

III. LE TEMPS ET L'ASPECT

Entre temps et aspect, les frontières n'ont cessé d'être discutées, dès l'origine des réflexions sur l'aspect.

♦ Voir encadré 2.

Il faut reconnaître cependant que ces frontières sont largement poreuses, certains faits pouvant être indifféremment attribués à l'une ou l'autre catégorie, les notions mêmes étant parfois définies de façon équivalente : ainsi parle-t-on volontiers pour caractériser l'aspect de temporalité interne du procès.

1

Cependant, une autre difficulté se glisse dans cette opération de traduction/trahison, qui la rend tout à fait paradoxale : quand le mot *aspect* en vient à nommer la division dont parle Greč, et aussi, parallèlement (déjà chez Neuville, largement dans la littérature aspectuelle qui a suivi), l'ensemble des différences sémantiques relatives, dans quelque langue que ce soit, à ce que Greč décrit comme « la signification et l'ampleur de l'action », à ce que Neuville définit comme concernant « la durée de la modification », à ce que l'on appellera « mode de déroulement », et à ce que l'on ne cesse d'analyser depuis les premières descriptions en termes d'accomplissement, de perfection et de *telos* [τέλος], ce mot introduit *ipso facto* une dimension nouvelle dans l'appréhension des différences en question : la dimension du « voir », fortement présente dans *vid* (relié formellement au verbe *videt'*, « voir »), et aussi dans *aspect* (issu d'*aspicere*, « regarder »). Dès lors, l'aspect sera entendu comme étant une affaire de point de vue : la notion a été contaminée par les mots qui la nomment.

Sans doute cette contamination a-t-elle été féconde pour la compréhension générale des faits aspectuels en russe et dans d'autres langues, permettant par exemple d'introduire une distinction entre ce qui serait la forme du procès et la façon dont celui-ci est perçu, ou, si l'on veut, la façon dont il se donne à voir et la façon dont on choisit de le voir : un aspect donné et un aspect construit, qui peuvent coïncider ou non. On conçoit bien, par exemple, comment l'opposition entre aspect lexical (donné) et aspect grammatical (propre à reconstruire énonciativement le procès) a pu se déployer au sein d'une telle problématique.

Il est vraisemblable cependant que l'imbroglio conceptuel fut beaucoup moins fécond pour la conception que la slavistique française a pu développer sur la façon dont se joue le fait aspectuel en russe. De l'opposition découverte par la slavistique slave entre plusieurs catégories de verbes obéissant à des propriétés régulières, on a fait une affaire de marquage (comme le pluriel est une affaire de marquage), alors que c'est une affaire de catégories de verbes. On a fait de cette affaire de marquage l'expression exclusive de tout ce qui était relatif au fait aspectuel, comme si en russe l'aspect avait une expression simple et univoque, tandis que dans d'autres langues il se mêle au temps et se construit sur toute une phrase, dans tout un texte. C'était réduire l'aspect en russe à une catégorisation des verbes, et donc à l'opposition que les mêmes slavisants non slaves ont appelée, apparemment sous l'impulsion des néo-grammairiens, d'un nom latin : *perfectif / imperfectif*.

Cela explique peut-être l'introduction assez récente d'un nouveau terme pour désigner en russe tous les faits relevant de la catégorie de l'aspect. Par un juste retour des choses, ce terme est une forme d'emprunt du mot qui traduisait *vid* : *aspektual'nost'* [аспектуальность] (aspectualité), introduit par A. Bondarko (« Contribution à la problématique des catégories sémantico-fonctionnelles ») et recouvrant quant à lui des phénomènes se manifestant de façons variées dans les énoncés et les textes.

BIBLIOGRAPHIE

ARCHAIMBAULT Sylvie, *Préhistoire de l'aspect verbal*, CNRS, 1999.

AUROUX Sylvain, « Le temps verbal dans la grammaire générale », in *Hommages à J.-T. Desanti*, Mauvezin, TER, 1991, p. 55-84.

BONDARKO Aleksandr Vladimirovič, « K problematike funkcinonal'no-semantičeskix kategorij (glagol'nyj vid i aspektual'nost' v russkom jazyke) [Contribution à la problématique des catégories sémantico-fonctionnelles (aspect verbal et aspectualité)] », *Voprosy jazykoznanija*, 2, 1967.

FONTAINE Jacqueline, *Grammaire du texte et Aspect du verbe en russe contemporain*, IES, 1983.

GREČ Nicolaj Ivanovič, *Pratičeskaja russkaja grammatika* [Grammaire russe pratique], Saint-Pétersbourg, 1re éd., 1827.

L'HERMITTE René, « Les premiers grammairiens tchèques et la notion d'aspect verbal », *Revue des études slaves*, vol. LX, n° 3, 1988, p. 543-547.

REIFF Charles-Philippe, *Grammaire russe*, E. Guilmoto (éd.) (éd. utilisées : 2e [1851], 6e [sans mention de date, postérieure à 1878]).

Quant aux catégories temporelles, tout se passe en fait comme si elles étaient hantées par la question aspectuelle.

On admet généralement que la catégorie linguistique du temps est organisée autour d'une origine, le présent, en trois époques que cette origine détermine, le passé, le présent et le futur.

Une telle conception du temps linguistique est contestable.

Il est d'abord des formes linguistiques dont l'interprétation semble ignorer tant la problématique de l'origine que la structure en époques asymétriquement constituées (le passé d'une part, établi, le futur d'autre part, virtuel). C'est le cas des énoncés génériques par exemple. C'est aussi l'un des enjeux qui se trouvent attachés à la catégorie que les Stoïciens ont pu isoler et décrire sous le nom d'*aoriste* : il est question d'une forme dont la valeur serait de référer à un moment pris dans une relation indéterminée (*a-oristos* [ἀ-όριστος]) au moment de l'énonciation. C'est dire qu'avec l'aoriste, il est possible que les trois époques ne soient pas distinguées. Il s'est avéré en outre que la structuration temporelle se trouvant attachée aux énoncés à l'aoriste était d'un tout autre ordre que celle que décrit l'opposition passé/présent/futur : non seulement il n'y a plus d'origine séparant

2

Émergence des catégories temporelles et aspectuelles dans la tradition grammaticale grecque. Comment le grammairien grec comprend l'aspect sans savoir, ou sans vouloir, l'isoler du temps

Reprenant une partition et un vocabulaire qu'il doit à Platon, Aristote (*Poétique* 20, 1457a 10-18 ; *De interpretatione* 2-3, 16a 19 *sq.*, 16b 6 *sq.*) oppose le « verbe », *rhêma* [ῥῆμα], au « nom », *onoma* [ὄνομα] par un unique trait distinctif, l'aptitude à « signifier en plus le temps » : « ῥῆμα [...] ἐστι τὸ προσημαῖνον χρόνον » (*ibid.*, 16b 6). À titre d'exemple, il oppose *badizei* [βαδίζει], « il marche », qui « signifie en plus le temps présent (*ton paronta khronon* [τὸν παρόντα χρόνον]) », à *bebadiken* [βεϐάδικεν], « il a marché », qui signifie en plus « le [temps] passé (*ton parelêluthota* [τὸν παρεληλυθότα]) » (*Poétique*, 1457a 17). De ces premières définitions, les grammairiens retiendront que les paradigmes flexionnels du verbe grec sont des « temps », *khronoi* [χρόνοι], qu'ils nommeront à l'aide d'adjectifs substantivés au masculin (sous-entendu *khronos*, masc.) dont plusieurs désignaient, dans la langue courante, des divisions du temps : ainsi *enestôs* [ἐνεστώς], « présent », *mellôn* [μέλλων], « futur ». Si aucun paradigme ne s'appelle « passé », c'est que le grec disposait, pour référer au passé, de plusieurs paradigmes qui devaient chacun recevoir un label propre, mais dont aucun ne pouvait prétendre à accaparer pour lui seul celui de « passé ».

En fait nous touchons là à un point crucial : quelle différence pouvait-il bien y avoir entre les différents « temps » du passé ? Il semble que les Stoïciens se soient posé ce problème, et plus généralement aient reconnu aux différents « temps » du verbe des *significations complexes*, dans lesquelles la chronologie par rapport au présent de l'énonciation n'était pas seule en cause. Une scholie à la *Tekhnê* de Denys le Thrace (*GG* I[3], p. 250, 26 *sq.*) nous apprend que les Stoïciens usaient, pour les quatre « temps » que les grammairiens (et nous à leur suite) appelaient respectivement *présent* (*enestôs* [ἐνεστώς]), *imparfait* (*paratatikos* [παρατατικός]), *parfait* (*parakeimenos* [παρακείμενος, litt. « adjacent »]), *plus-que-parfait* (*hupersuntelikos* [ὑπερσυντελικός]), les désignations « doubles » suivantes : *présent extensif* (*enestôs paratatikos* [ἐνεστὼς παρατατικός]), *passé extensif* (*parôikhêmenos paratatikos* [παρῳχημένος παρατατικός]), *présent perfectif* (*enestôs suntelikos* [ἐνεστὼς συντελικός]), *passé perfectif* (*parôikhêmenos suntelikos* [παρῳχημένος συντελικός]). Quoi qu'on pense de la théorie stoïcienne du temps qui est à l'arrière-plan de telles désignations (et la question reste fort débattue), il est difficile de ne pas admettre que le second terme de chaque désignation double est quelque chose comme une désignation *aspectuelle*. Autrement dit, quand Aristote voyait entre *badizei* et *bebadiken* une opposition du présent au passé, les Stoïciens y voyaient, entre des présents, une opposition de l'extension à l'achèvement — quelque chose comme « il est maintenant en train de marcher » *vs* « il a maintenant achevé sa marche ».

Chez les grammairiens d'Alexandrie, nous l'avons vu, les « temps » reçoivent des désignations simples, qui, dans deux cas sur quatre, peuvent résulter d'une simplification des désignations stoïciennes : *présent extensif* → *présent*, *passé extensif* → *extensif*, tandis que, dans les deux autres cas, un terme différent s'est

deux époques, mais il n'y a plus non plus la double orientation que cette scission suppose entre une rétrospection vers un passé acquis et une anticipation de l'à-venir virtuel. L'ordonnancement des faits est ici strictement linéaire, correspondant à ce qui se décrit comme le fil des événements — quand il n'est pas en outre récursif, dans certains cas où l'aoriste peut prendre une valeur gnomique.

Il s'avère en outre que chacune des trois époques est susceptible de donner lieu à des conceptualisations différentes (voir PRÉSENT) qui relèvent quant à elles d'oppositions aspectuelles : entre un passé disparu et un passé acquis, entre futur et avenir, entre un présent de la présence, non limitée temporellement, et un présent de la concomitance à l'acte de parole (ou de pensée, ou de perception), où il est question de ce qui s'accomplit dans la simultanéité de cet acte. Or les langues n'ignorent pas ce type de distinctions : on pense d'un côté à la mélancolie qui peut être attachée à l'imparfait français, de l'autre aux valeurs d'acquis que peut prendre le passé composé français ; on pense à toutes les marques se trouvant associées à l'expression du futur (par ex. le futur simple de type *je partirai* et le futur périphrastique dit « proche » de type *je vais partir*, en français) ; ou à la distinction en anglais entre présent progressif et présent simple, avec en

2

imposé : *adjacent* (stoïc. *présent perfectif*), *plus-que-parfait* (stoïc. *passé perfectif*). Ainsi disparaissait de la terminologie toute suggestion selon laquelle les quatre « temps » (de l'indicatif) concernés pouvaient être porteurs d'une notion complexe aspecto-temporelle. Est-ce à dire que les grammairiens avaient perdu toute sensibilité à l'aspectualité ? Pas véritablement, mais il semble qu'ils aient résisté à lui donner un statut autonome, disjoint de la temporalité. Cette résistance se manifeste de manière particulièrement nette dans deux passages d'Apollonius (*Syntaxe*, III, § 100 et 102). Examinant là la différence induite, dans des énoncés respectivement à l'optatif de souhait (§ 100) et à l'impératif (§ 102), par la variation du thème verbal — thème de « présent » *vs* thème d'aoriste —, Apollonius constate que le thème de présent implique l'idée d'extension (*paratasis* [παράτασις]) et le thème d'aoriste l'idée d'achèvement (*sunteleia* [συντέλεια]), par exemple *graphe* [γράφε] (prés.), « continue d'écrire », *vs grapson* [γράψον] (aor.), « finis d'écrire » ; mais, commentant la formule de souhait qu'il prête à Agamemnon, « εἴθε πορθήσαιμι (aor.) τὴν Ἴλιον [puissé-je venir à bout du siège de Troie] », il la glose en disant que le souhait vise ici litt. « le *passé* et l'achevé du temps [τὸ παρῳχημένον καὶ συντελὲς τοῦ χρόνου] », comme si la notion aspectuelle de perfectif n'était pas isolable, à ses yeux, de la notion temporelle de passé.

On voit bien sur un tel exemple comment on peut dire que le grammairien grec à la fois « comprend » parfaitement l'expression de l'aspectualité dans sa langue, et en présente néanmoins une « description déficiente », faute de savoir isoler conceptuellement l'aspectualité de la temporalité. On comprend également que, pour les quatre « temps » de l'indicatif évoqués plus haut, où les Stoïciens avaient bien vu, semble-t-il, que se combinaient expression du temps et expression de l'aspect, les grammairiens aient abandonné les désignations doubles qui reflétaient ce point de vue, au profit de désignations simples plus pauvrement motivées. Quant aux valeurs qu'ils associaient auxdits « temps » dans la description qu'ils en donnaient, les explications du scholiaste même qui nous cite la terminologie stoïcienne incitent à penser qu'elles étaient intégralement formulables en termes *temporels*, les quatre « temps » envisagés étant simplement rangés sur une échelle chronologique allant du plus ancien (le *plus-que-parfait*, passé lointain) au plus présent (le *présent*, temps de l'action encore riche d'avenir), en passant par l'*adjacent* (passé révolu confinant au présent) et l'*imparfait* (action largement passée, mais comportant encore une petite dose d'avenir).

Jean LALLOT

BIBLIOGRAPHIE

APOLLONIUS DYSCOLE, *De la construction* (*Syntaxe*), éd., trad. fr. et comm. J. Lallot, Vrin, 1997.

ARISTOTE, *De interpretatione*, éd. L. Minio Paluello, Oxford, Clarendon Press, 1949 ; trad. angl. et comm. J.L. Ackrill, Oxford, Clarendon Press, 1963.

— *Poétique*, éd., trad. fr. et comm. R. Dupont-Roc et J. Lallot, Seuil, 1980.

DENYS LE THRACE, *La Grammaire de Denys le Thrace*, éd., trad. fr. et comm. J. Lallot, CNRS, 2e éd., 1998.

particulier les valeurs performatives que ce dernier peut prendre. La question du moment — instant, intervalle, mais aussi point d'avènement (voir MOMENT) — se trouve aussi travaillée par les formes de la langue, par les différents présents d'une part, par les aoristes d'autre part — quand ils ignorent la durée (« il pleura »), quand ils acceptent la durée (« il plut pendant trois jours »), quand ils disent l'avènement (« il neigea »).

On comprend dès lors que les catégories de l'aspect et du temps n'aient cessé d'être liées dans toute l'histoire de la linguistique. Il s'agit peut-être d'une confusion des descripteurs, incapables de véritablement conceptualiser une catégorie aspectuelle autonome. Mais il s'agit aussi d'une confusion inévitable, puisqu'il s'avère que le temps est hanté par les questions de l'aspect.

IV. L'ASPECT GRAMMATICAL ET L'ASPECT LEXICAL

Inséparable de la question temporelle, l'aspect se distingue pourtant du temps par sa dimension fortement lexicale : il est question en particulier de la façon dont le procès s'instancie et de la forme qui peut lui être conférée ; or cela dépend d'abord du type de lexème verbal impliqué, et des modalités sémantiques de configuration de sa référence. D'où la nécessité d'invoquer à côté de l'aspect dit grammatical un aspect qui serait d'ordre proprement lexical.

Dans le recensement que l'on a essayé de dresser des faits aspectuels, on n'a pas distingué *a priori* entre ce qui relève de l'aspect lexical et ce qui relève de l'aspect grammatical. C'est que la limite n'est pas absolument claire, que ce soit d'une langue à l'autre ou au sein d'une même langue, quand on a le sentiment que des configurations aspectuelles similaires pourront être parfois attachées à des oppositions entre unités lexicales, parfois construites à l'aide de marques de conjugaison ou à travers l'agencement de différentes unités lexicales au sein d'un énoncé. Il demeure que des distinctions comme celles qui opposent processus et propriétés, processus finalisés et processus non finalisés, ou celles qui concernent le caractère plus ou moins limité, ou plus ou moins intrinsèquement itératif du procès, paraissent d'abord correspondre à des types lexicalement définis de procès. Ces différentes dichotomies peuvent de fait renvoyer à des types de verbes, se distinguant sur le plan lexical par le caractère plus ou moins finalisé, plus ou moins processuel, plus ou moins événementiel ou ponctuel des procès auxquels ils pourraient référer. Il y a donc dans la problématique aspectuelle une dimension lexicale.

On dénombre ainsi, selon les théories, trois, quatre ou deux grandes catégories de procès sur le plan lexical. Le classement s'appuie sur des distinctions qui sont pour l'essentiel empruntées à Aristote, et en particulier à un texte qui ne va pascesser de servir de référence aux théories de l'aspect lexical : le texte sur les deux sortes d'activité en *Métaphysique* (θ, 6).

♦ Voir encadré 3.

Sur cette base va être construite une opposition entre procès téliques et procès atéliques, que les néo-grammairiens utilisent au XIXe siècle pour élaborer la distinction entre procès perfectifs et imperfectifs, sans doute en relation avec l'opposition slave, qui est alors en cours de théorisation : on sait que ce qui fait la spécificité du système slave est que le système aspectuel s'organise précisément sur une opposition qui est lexicale, dans la mesure où elle mobilise des classes de verbes et, entre ces verbes, des relations de dérivation.

Parallèlement, indépendamment du slave et de toute relation dérivationnelle, va s'élaborer une typologie des procès, qui ne cessera de balancer entre ontologie et

sémantique (classes de procès, classes de verbes), et dont la pierre de touche est le classement de Vendler, où la dichotomie initiale du télique et de l'atélique est à la fois réanalysée, complétée (il y a aussi des verbes qui ne réfèrent pas à un processus, il y a aussi des propriétés), et complexifiée (il y a deux types distincts de procès finalisés) : Vendler propose quatre classes, qu'il appelle « états », « activités », « accomplissements » et « achèvements », ou plutôt, en anglais, *states, activities, accomplishments, achievements*.

Ces quatre classes continuent d'être régulièrement reconstruites et réévaluées. Leur destin semble être d'être toujours dans les brisées d'une autre catégorisation lexicale, mieux établie, à la lisière entre sémantique et syntaxe : celle où s'opposent verbes transitifs et verbes intransitifs, avec peut-être aussi les verbes moyens qui interviennent dans le ballet, et derrière eux toute la question de la diathèse. Il y a une relation entre finalisation et transitivité, entre l'objet et la finalité qui serait relative à cet objet. Il y a une relation entre l'état et les verbes moyens, la diathèse paraissant l'un des procédés privilégiés qui va faire basculer un verbe d'une catégorie à l'autre. Le destin de cette catégorisation sera donc

3

Aristote et le « telos »

► ESTI, FORCE, PRAXIS, PRINCIPE

Dans la *Métaphysique*, Θ, 6, 1048b 18-35, Aristote traite de la définition d'une action (*praxis* [πρᾶξις]). Dans ce cadre, il distingue deux sortes d'activités : les *kinêseis* [κινήσεις] et les *energeiai* [ἐνέργειαι] :

> [...] seul le mouvement dans lequel la fin est immanente est l'action. Par exemple, en même temps, on voit et on a vu (*horai hama <kai heôrake>* [ὁρᾷ ἅμα <καὶ ἑώρακε>]), on conçoit et on a conçu (*phronei <kai pephronêke>* [φρονεῖ <καὶ πεφρόνηκε>]), on pense et on a pensé (*noei kai nenoêken* [νοεῖ καὶ νενόηκεν]), alors qu'on ne peut pas apprendre et avoir appris (*ou manthanei kai memathêken* [οὐ μανθάνει καὶ μεμάθηκεν]), ni guérir et avoir guéri (*oud' hugiazetai kai hugiastai* [οὐδ' ὑγιάζεται καὶ ὑγίασται]). Mais on peut à la fois bien vivre et avoir bien vécu (*eu zêi kai eu ezêken hama* [εὖ ζῇ καὶ εὖ ἔζηκεν ἅμα]), goûter le bonheur et avoir goûté le bonheur (*eudaimonei kai eudaimonêken* [εὐδαιμονεῖ καὶ εὐδαιμόνηκεν]). [...] Ces différents processus doivent être appelés, les uns, mouvements (*kinêseis* [κινήσεις]), les autres, actes (*energeiai* [ἐνέργειαι]) [...]
>
> trad. fr. J. Tricot.

On voit que les propriétés distinctives de ces deux catégories de verbes sont données par des relations d'inférence et de compatibilité sémantique entre la forme du présent et la forme du parfait. Dans le cas des *energeiai*, il y a une relation d'inférence entre le présent et le parfait en ce sens que quand on dit « je vois » on peut en inférer que « j'ai vu ». Il y a aussi une relation de compatibilité sémantique, puisqu'on peut très bien dire « j'ai vu » et continuer à voir. Ainsi les deux formes, c'est-à-dire présent et parfait, sont vérifiables au même moment (*hama* [ἅμα], simultanément).

En revanche, dans le cas des *kinêseis*, le présent et le parfait ne sont pas vérifiables au même moment. En effet, quand on dit « je construis une maison » on ne peut pas en inférer que « j'ai construit la maison », du moins au sens où la maison serait achevée. En outre, une fois la maison achevée, on n'est plus en train de la construire, ce qui fait qu'on a une incompatibilité sémantique entre le présent et le parfait.

Le terme de *telos* [τέλος], qui signifie à la fois « action complète, *i.e.* fin » et « limite » (en concurrence alors avec *peras* [πέρας]), joue un rôle crucial dans cette opposition. Dans la catégorie des *energeiai*, on a les actions proprement dites, soit les activités qui sont complètes (*teleiai* [τέλειαι]) parce qu'elles ont une finalité immanente (*enuparkhei to telos* [ἐνυπάρχει τὸ τέλος]). Dans celle des *kinêseis*, on a les activités imparfaites (*ateleis* [ἀτελείς]) qui ne portent pas en soi leur propre fin mais qui sont transitives et visent à la réalisation de quelque chose. Ainsi, les activités ayant un but extérieur qui est en même temps une limite (*peras*) ne portent pas en soi leur propre fin (*telos*) ; elles sont dirigées vers un but qui n'est pas atteint au cours de l'activité, mais qui se réalise à la fin de l'activité.

BIBLIOGRAPHIE

ACKRILL John Lloyd, « Aristotle's Distinction between *energeia* and *kinesis* », *in* R. BAMBROUGH (éd.), *New Essays in Plato and Aristotle*, New York, Humanities Press, 1965, p. 121-142.

WATERLOW Sarah, *Nature, Change and Agency in Aristotle's* Physics, Oxford, Clarendon Press, 1982.

d'avoir croisé la syntaxe, de diverses façons, d'être sans cesse aux prises avec la relation entre lexique et syntaxe.

C'est dire qu'à nouveau la dissociation en cause, entre lexique et grammaire, n'a cessé de se révéler impossible.

D'une part, l'aspect dit « lexical » ne peut pas être conçu comme un donné qui serait stabilisé. Il y a sans doute des verbes qui sont de quelque façon prédéterminés pour une référence de tel ou tel type (on cite *réparer* pour les processus finalisés, *bricoler* pour des processus non finalisés, *savoir* du côté des propriétés, et *perdre* du côté des événements), mais c'est généralement dans la phrase, sous telle forme flexionnelle, dans tel environnement syntaxique, que ces oppositions se construisent. Ainsi, « manger du poulet » n'est pas finalisé, « manger de la viande » peut référer à une propriété (opposant les non-végétariens aux végétariens), « manger sa viande » sera finalisé, et « il mangea sa viande » sans doute événementiel.

D'autre part, les dichotomies en question travaillent aussi non seulement la syntaxe, mais tout autant, et de manière au moins aussi nouée, la valeur des marques réputées grammaticales qui interviennent dans la conjugaison des verbes : ainsi la finalisation fait-elle partie des valeurs qui peuvent être associées à des aoristes ou à des parfaits, et la non-finalisation est d'une certaine façon en jeu dans la caractérisation des imparfaits.

Sans doute des distinctions s'imposent-elles : les imparfaits sont de fait généralement tout à fait compatibles avec des procès finalisés (« il réparait sa voiture quand on lui a téléphoné ») ; ils marqueront alors simplement que la finalité en question n'a pas été atteinte (du moins est-ce l'une des valeurs qu'ils pourront avoir). Si l'on parle de non-finalisation pour ces imparfaits, il faut alors l'entendre non pas comme une absence de finalité, mais comme la non-réalisation de cette finalité.

V. L'IMBROGLIO DES TERMINOLOGIES

Que la question même de l'imperfectivité de l'imparfait se pose est en soi étonnant. Car le mot *imparfait* « traduit » le (ou plutôt vient du) mot latin *imperfectum*, dont dérive aussi (que traduit aussi) *imperfectif*. Il se trouve d'ailleurs qu'au moment même où le mot *imperfectum* est inventé (voir encadré 4), on retrouve une hésitation qui est bien celle qui fait problème ici, entre *imperfectum* et *infectum* (finalité non accomplie, absence de finalité).

Le point important est que toute l'histoire de la terminologie aspectuelle est en fait constituée par de tels allers et retours. L'invention des mots *perfectum* et *imperfectum* procède elle-même d'une entreprise de traduction, où il s'agit de calquer, ou de redire, l'opposition entre le *suntelikos* [συντελικός] et le non-*suntelikos* des grammairiens grecs. La différence entre les deux terminologies est pourtant sensible. *-fectum* a pris la place de *-telikos*, et donc du *telos* : un participe passé supin, qui réintroduit sinon le temps (était-ce bien le temps qui était en jeu dans ce participe passé-là ?), du moins l'accomplissement d'un faire, et rejoint ainsi la question de l'« accompli ». Dans l'opération, l'opposition des Stoïciens entre *suntelikos* (qui désignerait donc au choix les parfaits ou les perfectifs) et *paratatikos* [παρατατικός] (l'extensif, où la question du *telos* n'est pas en cause) a été symétrisée, introduisant dans la terminologie aspectuelle une binarité dont on ne s'est plus remis. Et cette symétrisation, visant à décrire l'organisation d'une conjugaison, calque alors la distinction introduite par Aristote (entre *teleios* [τέλειος]et *atelês* [ἀτελής]), qui était d'ordre non pas grammatical mais lexical.

Nouvelle confusion, qui n'est pas sans fondement, puisqu'elle était déjà inscrite dans le montage que construisaient les philosophes grecs, avec d'un côté le *telos* utilisé par Aristote pour différencier des types de procès, de l'autre le même *telos* utilisé par les Stoïciens pour structurer la conjugaison.

Et l'histoire se répète, dans les mêmes termes, à propos des langues slaves, avec d'un côté les mots *perfectif* et *imperfectif,* calqués sur l'opposition latine et importés pour décrire une opposition dans laquelle lexique et grammaire sont proprement enchevêtrés (puisqu'il est question de catégories de verbes, qui déterminent toute l'organisation de la conjugaison) ; de l'autre, les mots russes utilisés pour caractériser les mêmes catégories de verbes, et qui, eux, « signifient » accompli et inaccompli.

Dans l'imbroglio terminologique, on pourrait à nouveau voir les effets d'une confusion liée à l'incapacité de reconnaître à l'aspect lexical son autonomie, ou, pour le cas particulier des langues slaves, à la difficulté d'isoler la dimension aspectuelle dans le système général de la langue. Il demeure que les mêmes questions, celle du *telos* et celle de l'accomplissement, sont au fondement des deux dimensions aspectuelles. Elles sont même tellement saillantes que, parallèlement au recensement hétérogène dont nous sommes partis, on trouve aussi, et presque simultanément dans la tradition aspectuelle, un nivellement de toutes les différences au profit de deux catégories, qui seraient les catégories par excellence de l'aspect grammatical : le perfectif d'une part, l'imperfectif d'autre part. Avec pourtant, toujours insistante, la concurrence du *parfait*, autre traduction du même « mot » *perfectum*, désignant une catégorie qui n'est pas exactement la même que celle du perfectif, et qui est, quant à elle, toujours une catégorie grammaticale, jamais une catégorie lexicale : on parle de « parfait » pour désigner les temps composés des langues germaniques par exemple, du type *I have received* (par opposition à *I received*), ce qui correspond à l'idée que le *telos* est non seulement atteint, mais dépassé, dans la constitution d'un état stabilisé, donné comme le résultat de l'accomplissement du procès.

Deux, ou trois, catégories grammaticales, qui sont les mêmes et pas les mêmes que les deux, trois ou quatre catégories lexicales. C'est au nom de ces catégories-là, et même littéralement derrière leur nom, que les descriptions aspectuelles en arriveront à équivaloir toutes les langues, confondant tous les « imparfaits » de toutes les langues (et aussi le progressif anglais, comme l'imperfectif russe), tous les « aoristes » de toutes les langues, et alignant parfaits, perfectifs, *perfect* anglais, *Perfekt* allemand, *perfectum* latin et « parfait » grec. Les faits sont pourtant différents, mais les mots, et la récurrence d'une problématique sans doute invariante, sont trop forts. Il s'agit pourtant de conjugaisons, mais la relation avec les questions ontologiques, avec le lexique, sont trop prégnantes.

VI. LE CALCUL ASPECTUEL

Aspect lexical et aspect grammatical se redoublent l'un l'autre. Et, dans le même mouvement, les différences linguistiques entre catégories aspectuelles redoublent des différences ontologiques entre catégories de procès, les premières croyant pouvoir tirer leur légitimité des secondes. Et, toujours dans le même mouvement, les différences métalinguistiques redoublent, puis oublient, les différences linguistiques, quand le terme *imparfait* est utilisé à la fois de manière universelle, pour désigner une catégorie des langues qui serait générale, et à la fois comme une simple étiquette morphologique, pour désigner telles formes dans telle langue.

De telles confusions, entre le monde et les langues, entre les mots et les phrases, entre les langues et la métalangue, entre la métalangue et le langage, sont somme toute assez banales. Mais la situation est ici trop enchevêtrée pour que l'on n'y voie pas un symptôme de ce qui travaille en l'occurrence la question aspectuelle. Si tous ces aspects se tiennent, c'est bien parce que l'aspect ne se réduit pas à des distinctions entre catégories (catégories de mots, catégories de procédés formels, catégories ontologiques). L'aspect se construit, dans une interaction complexe entre lexique et grammaire. Il n'y a pas tant des catégories aspectuelles que des opérations aspectuelles. Et ces opérations se jouent plusieurs fois, dans le lexique, dans la syntaxe, dans la conjugaison — se jouent plusieurs fois même peut-être dans la conjugaison, produisant par exemple à côté des perfectifs des parfaits, et puis aussi des aoristes, et puis finalement de simples prétérits (retour du temps), où à chaque fois la perfectivisation a opéré autrement.

Ce sont des opérations, qui ressortissent donc à un calcul. Dans le passage du lexique aux conjugaisons se joue en effet un autre déplacement. Le lexique est fait de singularités, qui parfois, plus ou moins largement, peuvent se rassembler en catégories. Les conjugaisons sont affaire de système et de régularités : elles forment des paradigmes, obéissent à des règles, se construisent par différence les

4

Dans les textes linguistiques latins : les temps comme système de parenté

On a conservé peu de textes sur les interprétations du temps dans le domaine latin. Ces textes ont très vraisemblablement tous une origine grecque, mais sans qu'il soit possible d'apprécier avec précision l'inévitable part d'adaptation et de réorganisation due aux spécificités de la langue latine et à la liberté critique des descripteurs latins.

La caractéristique majeure de ces textes est que les temps y sont analysés les uns par rapport aux autres, selon un modèle global de type familial : les relations entre temps sont présentées en termes de parenté, d'engendrement, d'union.

Varron tout d'abord. Il est, dans le *De lingua latina* (vers 45 av. J.-C.), le seul à exploiter les deux axes, aspectuel et temporel, qui apparaissaient dans les textes grecs. Sa présentation du système verbal repose en effet sur une bipartition de type aspectuel, *infectum/perfectum* (cf. X, 48), construite sur l'opposition sémantique de l'in-achevé (*in-fectum*) par opposition à l'achevé (*per-fectum*). Cette présentation repose par ailleurs (cf. VIII, 20) sur la tripartition proprement temporelle *praeteritum / praesens / futurum* (dans cet ordre, c'est-à-dire sur un axe orienté du passé vers l'avenir), où chaque terme est un participe du temps qu'il est censé représenter (*praeteritum* : participe passé de *praeterire*, « passer devant, s'écouler » ; *praesens* : participe présent de *praeesse*, « être à la tête de », d'où « être là personnellement, assister à » ; *futurum* : participe futur de *esse*, « être »). Varron suggère (mais ne dit pas nettement) que la même tripartition temporelle se retrouve à l'*infectum* et au *perfectum*, ce qui donnerait une série à six termes : à l'*infectum* un présent, un prétérit et un futur correspondant dans notre nomenclature au présent, à l'imparfait et au futur ; et au *perfectum* derechef un présent (voir XII, B ci-dessous pour les problèmes que pose une telle analyse du point de vue interprétatif), un prétérit et un futur équivalant à nos parfait, plus-que-parfait et futur antérieur.

Les formes qui apparaissent sur ces deux axes entretiennent des rapports d'engendrement. Le point d'origine en est le présent : *lego* (je lis) engendre à la fois les deux autres formes temporelles de l'*infectum*, et la forme de *perfectum legi* (j'ai lu), qui commande nécessairement à son tour les deux autres formes de *perfectum*. Cette relation d'engendrement substitue en fait un ordre à un autre. Dans un premier temps, en effet, l'axe temporel est présenté selon une progression réaliste (du passé vers l'avenir), et l'opposition aspectuelle est construite selon une opposition bipolaire où l'inachevé paraît être le pôle marqué par rapport à l'achevé. En revanche, l'engendrement fait du présent la source du passé et du futur, et il fait de l'inachevé, source de l'achevé, le pôle non marqué. Cette substitution en forme d'inversion est à l'évidence d'origine morphologique : dans le système verbal latin la forme dite de présent est morphologiquement non marquée, ce qui fait apparaître les autres comme procédant de celle-ci par simple adjonction de morphèmes temporels, de même que la forme d'*infectum* est en règle générale (et en tout cas dans les formations vivantes à époque historique) non marquée par rapport à la forme de *perfectum* (sur le mode de formation de ce *perfectum*, voir XII,

unes par rapport aux autres. C'est dans les systèmes flexionnels, et peut-être seulement là si l'on exclut la phonologie, que la notion saussurienne de valeur peut trouver toute sa dimension, pour devenir un véritable objet formel, calculable. On a des règles, des procédés d'engendrement. Passer du lexique aux conjugaisons, c'est donc passer d'une logique des catégories à une logique du calcul.

Sans doute est-ce là la découverte qui va se jouer dans le léger bougé qui s'opère dans la reprise, par les grammairiens latins, des trouvailles de la grammaire grecque (voir encadré 4) : on ne choisit plus (une catégorie, un thème), on combine (des valeurs, des affixes), selon des relations régulières, d'engendrement (paradigmatique) et de coexistence (syntagmatique) ; c'est donc bien un calcul qui commence à se faire entendre. Il fallait sans doute pour cela que les thèmes aient en latin perdu de leur opérativité, que l'affixation, qui permet que la valeur aspectuelle soit « calculable », ait commencé à occuper plus nettement le terrain.

Or, si l'aspect procède d'un calcul, on conçoit qu'il puisse se rejouer, et engendrer toutes les distinctions. On conçoit qu'avec les mêmes oppositions, les mêmes paramètres invariants, chaque langue puisse mettre en jeu des valeurs toujours singulières. Les langues ne reproduisent pas, avec plus ou moins de succès, deux,

4

B ci-dessous). La forme que nous dirions de présent, qui est la moins marquée morphologiquement, est ainsi présentée comme engendrant toutes les autres, selon un principe (explicite chez Varron) de développement des formes linguistiques par arborescence à partir d'une forme racine.

À la fin de l'Antiquité, Priscien (VIe siècle), dans le livre VIII de ses *Institutions grammaticales*, conserve le principe de cet engendrement : toute sa présentation des temps verbaux repose sur le modèle de la *cognatio* (parenté), mais avec de notables différences. Comme toute la tradition scolaire latine avant lui, Priscien (*Grammatici latini*, II, 414.9- 418.21) ne retient qu'une série temporelle, à cinq temps : trois temps fondamentaux, le présent, le passé, le futur, et une division du passé en trois temps, *imperfectum, perfectum, plus quam perfectum* (imparfait, parfait, plus-que-parfait). Cela ne signifie pas que Priscien ignore ou rejette l'opposition de l'inachevé et de l'achevé, mais, sous l'influence des classifications grecques, il s'en sert pour articuler les temps les uns aux autres, non pour rendre compte de l'opposition morphologique fondamentale du verbe latin. Le mode d'engendrement décrit par Priscien procède ainsi selon un principe de continuité : le présent incluant une part de passé et une part de futur, le passé contenu par le présent correspond, s'il reste inachevé, à l'imparfait, mais devient un parfait s'il est achevé, et un plus-que-parfait si cet achèvement est lointain. Cet effet de continuité permet à Priscien de conserver l'image de l'engendrement, à partir du présent, et d'en laisser apercevoir une légitimation réaliste : dès lors que le présent comporte une part de passé et une part de futur, il contient en quelque sorte l'embryon des passés et du futur.

En plus de cette parenté qu'on pourrait dire paradigmatique, les textes latins attestent l'existence d'une parenté de type syntagmatique, la *cunjunctio temporum* ou « mariage des temps ». Il s'agit d'une étude de l'organisation des temps les uns par rapport aux autres quand il y a deux formes verbales dans un énoncé. C'est chez Diomède, un grammairien-compilateur du IVe siècle (qui la tient à coup sûr d'un auteur antérieur), que cette étude apparaît de la façon la plus développée (*Grammatici latini*, I, 388. 11-395.10). Ce texte, et les passages parallèles que l'on trouve chez Charisius, un autre grammairien-compilateur de la même époque, ne peuvent pas être des créations *ex nihilo*. Reste que la tradition grammaticale a abandonné ce type de recherches. En effet, l'analyse proprement grammaticale s'est recentrée sur l'énoncé minimal isolé qui constitue pour les grammairiens le cadre privilégié de l'analyse. Il n'est alors resté des études originelles sur les relations temporelles, dont Diomède se fait l'écho, que ces textes « fossiles », isolés et largement lacunaires.

Marc BARATIN

BIBLIOGRAPHIE

KEIL Heinrich (éd.), *Grammatici latini*, 7 vol., Leipzig, Teubner, 1857-1880, repr. Hildesheim-New York, Olms, 1981.

PRISCIEN, *in* H. KEIL (éd.), *Grammatici latini*, 7 vol., Leipzig, Teubner, 1857-1880, repr. Hildesheim-New York, Olms, 1981, t. 2 et 3.

VARRON, *De lingua latina*, éd. G. Goetz et F. Schoell, Leipzig, Teubner, 1910.

ou trois, ou quatre grandes catégories invariantes, elles combinent, diversement, deux, ou trois, ou quatre grands paramètres invariants.

♦ Voir encadré 4.

VII. ASPECT ET STRUCTURATION ÉNONCIATIVE

À ce qui précède, va s'attacher alors un dernier effet de nouage, où l'aspect se trouve cette fois plongé dans une nouvelle dimension, celle des types de discours qui configurent l'énonciation. Il existe une relation entre aspect et type de discours. Le lien est plus récent. Il va être opéré par Benveniste, qui découvre la dichotomie discours/histoire à l'occasion d'une réflexion sur des oppositions aspectuelles (description du passé simple et du passé composé en français). Weinrich le met au centre de la question aspectuelle : la distinction entre imparfait et passé simple ou composé, cette distinction que l'allemand ignore, serait d'abord affaire de construction discursive (avec l'imparfait pour former l'arrière-plan d'une narration, et les passés pour le premier plan de ce qui se déroule et advient). Plus récemment des théories commencent à occuper le devant de la scène des théories aspectuelles, qui inscrivent l'aspect dans une « théorie des représentations discursives » (cf. la *Discourse Representation Theory* de Kamp), et tentent de le réduire effectivement à une affaire d'organisation discursive : ainsi les modèles les plus discutés actuellement font de l'imparfait une marque anaphorique, qui va donc reprendre un élément du contexte, au lieu de construire un référent indépendant.

À nouveau les relations sont inextricablement confuses : les types de discours ont clairement des propriétés aspectuelles particulières (on l'a vu déjà à propos des énoncés aoristiques qui structurent différemment à la fois l'aspect et le temps), et pourtant toutes ou presque toutes les formes aspectuelles peuvent apparaître partout, dans tous ou presque tous les types de contextes discursifs. Ainsi a-t-on des imparfaits de « premier plan », bien recensés, et appelés parfois imparfaits « narratifs » : c'est le cas par exemple dans un énoncé comme « Trois jours après, il mourait », où il s'agit bien de raconter un événement saillant, et où la distinction entre imparfait et passé simple devient plus difficile à évaluer. On trouve aussi des passés composés dans des narrations, où ils viennent concurrencer le passé simple : c'est la raison pour laquelle nombre d'analystes de la langue considèrent que le passé simple est une forme archaïque en voie de disparition au bénéfice du passé composé.

On voit bien la difficulté : il est difficile d'attacher tel procédé formel à tel type de structuration énonciative, non pas seulement parce que les structures énonciatives seraient compatibles avec plusieurs valeurs aspectuelles, mais d'abord parce que les procédés formels eux-mêmes sont tous, plus ou moins largement, polysémiques, leur valeur dépendant précisément du contexte, et donc de la structure énonciative, où ils s'inscrivent.

Là encore, l'affaire est banale : la polysémie est partout dans les langues. Mais en l'occurrence la polysémie engage l'aspect : elle consiste précisément à parcourir les oppositions aspectuelles, celles-là même que l'on voudrait par ailleurs associer à tel marqueur aspectuel. Le cas des emplois narratifs de l'imparfait semble indiquer que l'imparfait peut avoir différentes valeurs aspectuelles, dont certaines qui sont au moins apparemment perfectives. Les passés composés narratifs (par ex. « Il s'est levé et il est sorti ») décrivent le procès dans son avènement et n'ont donc pas les mêmes propriétés aspectuelles que ceux qui apparaissent dans des énoncés décrivant l'état résultant du procès (par ex. « Désolé, en ce moment il est sorti »). Sans compter les présents, qui sont dans beaucoup de langues fortement polysémiques, et qui, selon les langues, occuperont alors un terrain aspectuel plus ou moins large. Force est de constater que l'aspect est au moins partiellement indépendant des procédés formels, qu'il se joue aussi ailleurs, dans la configuration énonciative en particulier.

VIII. LES THÉORIES

Plusieurs modèles de l'aspect sont en circulation dans la littérature linguistique. On peut les répartir grossièrement en quatre groupes, correspondant à quatre conceptions de l'aspect.

Un premier groupe privilégie le temps. Le propre des verbes serait leur dimension temporelle. Leur référence serait donc fondamentalement une affaire d'inscription dans le temps et d'occupation du temps, l'aspect ayant pour objet la temporalité interne des procès (le temps qu'ils durent), tandis que le temps (linguistique) aurait pour objet leur temporalité « externe », c'est-à-dire l'époque dans lesquels ils s'inscrivent. La conséquence est que tous les faits aspectuels sont rapportés à la construction d'intervalles (l'intervalle durant lequel le procès s'instancie). Ces intervalles peuvent être de dimension variable, réduits à un point, limités, ou illimités, ils peuvent se recouvrir partiellement ou être inclus les uns dans les autres. Surtout, ils pourront être structurés par une opposition empruntée à la topologie relative à la nature de leurs bornes : celles-ci sont soit « ouvertes », soit « fermées », les bornes fermées ayant la particularité topologique de comporter un premier ou un dernier point interne, qui figure alors soit le point d'avènement, soit le point de finalité. Cela fournit une représentation possible de la notion de perfectivité.

Un second groupe privilégie les oppositions mises en évidence à propos du lexique. L'affaire se fonde sur une relecture de l'opposition aristotélicienne entre *energeia* et *kinêsis* en termes d'homogénéité ou d'hétérogénéité qualitative : il y a des procès homogènes dans lesquels les propriétés qualitatives de ce qui est instancié sont stables d'un bout à l'autre de l'instanciation du procès (*dormir* ou *voir* seraient qualitativement stables, et, du côté des valeurs flexionnelles, un présent générique ou un aoriste seraient chacun à sa façon donnés comme stabilisés) ; il y a des procès qui sont fondés sur une hétérogénéité qualitative, précisément parce qu'ils sont finalisés, et qu'ils impliquent donc un changement qualitatif, que celui-ci concerne simplement le résultat visé ou se manifeste continûment pendant tout le temps de l'instanciation du procès (*réparer* ou *construire* disent une évolution qualitative visant un nouvel état différencié précisément sur le plan qualitatif ; un imparfait sécant dirait une évolution qualitative en cours ; un parfait une rupture qualitative résultant de l'instanciation du procès).

Le troisième groupe a déjà été évoqué : l'aspect est alors fondamentalement affaire de type de discours et de configuration énonciative.

Le quatrième groupe enfin ordonne la catégorie autour de la question du point de repère à partir duquel le procès est envisagé. C'est alors la double problématique de la saisie et du point de vue qui est mise en avant.

Affaire d'intervalles, de qualité, d'agencement discursif, ou de relations entre repères : il y a là de quoi ne plus savoir du tout ce que peut être l'aspect. Bien sûr, les modèles ne sont pas exclusifs les uns des autres. Il n'est pas rare que plusieurs de ces ingrédients soient mobilisés dans les descriptions. Au bout du compte même, la tendance sera généralement d'utiliser l'ensemble de ces ressources, l'aspect étant alors à la fois affaire d'intervalles, de qualité, de discours et de repères. Cela lui rend sans doute quelque contenu, un peu hétéroclite quand même, mais ce serait alors la thèse sur l'aspect que l'on aurait obtenue : l'aspect est une affaire mêlant des ingrédients divers.

Reste un problème, qui fait que ces théories de l'aspect sont toujours insatisfaisantes, y compris lorsqu'on envisage de les combiner. Dans la somme d'un intervalle, de zones qualitativement différenciées, d'un ordonnancement discursif et de divers repères, on recouvre sans doute toutes sortes de caractéristiques de la référence verbale ; mais on ne dit rien en revanche concernant les entités ayant ces caractéristiques, rien de ce qui vient ainsi occuper l'intervalle en question, recevoir ces qualités, s'ordonner de ces façons-là, rien de cet événement qu'un point de vue a saisi. On a un intervalle de temps, mais dans cet intervalle quelque chose est censé se passer, qui n'est justement pas que du temps passant. Il y a un procès qui s'instancie, et c'est son instanciation qui a telle ou telle qualité, qui peut être saisie ou diversement inscrite dans tel ou tel enchaînement.

On voit par conséquent à quoi les quatre modèles aboutissent : à vider la problématique aspectuelle de ce qui pourtant la constitue, à savoir le procès, dans son accomplissement. Effet paradoxal, quand on a tout dit sauf ce qu'il s'agissait de dire.

Sur le plan empirique, cela conduit à ce que les théories de l'aspect en viennent, de manière tout aussi paradoxale, à se dessaisir d'une question pourtant située au cœur de la problématique aspectuelle, à savoir l'opposition entre processus et propriété. De fait, aucun des quatre modèles ne parvient véritablement à rendre la distinction. Processus et propriétés peuvent les uns et les autres recouvrir des intervalles plus ou moins limités, même s'il y a sans doute plus de propriétés illimitées temporellement que de processus illimités. Les propriétés sont sans doute par définition homogènes sur le plan qualitatif, mais les processus peuvent l'être. Il n'est pas sûr qu'il soit exclu que des propriétés adviennent, s'inscrivant alors dans un enchaînement progressif. Et s'il faut sans doute un point de vue pour poser une propriété, la mobilisation d'un tel point de vue peut concerner tout type de procès, y compris les processus, en particulier lorsque ceux-ci sont l'objet d'une description.

Il se trouve que c'est déjà sur cette question que la tradition grammaticale bute lorsque, s'attachant à caractériser la catégorie des verbes, elle répète que les verbes désignent des actions, et doit alors rajouter, outre quelques points de suspension, qu'ils désignent parfois aussi des états et des propriétés. Cela montre bien que la difficulté est centrale : ce qui manque à ces modèles aspectuels autant qu'aux conceptions traditionnelles du verbe, c'est une théorie de ce que peut être le référent d'un verbe. Il manque donc très précisément ce qu'Aristote était occupé à élaborer, une théorie de ce qu'il a appelé le mouvement, de ce qui dans ce mouvement excède tout à la fois le temps et l'être : il manque une Physique, où se distinguent ce qui a lieu et ce qui est vrai.

C'est dire que la question de l'aspect a besoin de ce sur quoi les linguistes ne sont *a priori* pas compétents, de ce qui n'est pas leur objet : elle a besoin de la philosophie. L'aspect est un objet irrémédiablement philosophique.

Il s'agit de distinguer entre ce qui a lieu et ce qui est vrai. Parce que les langues les distinguent, et que cette distinction est l'une des dimensions centrales de l'aspect.

Il s'agit donc de reconnaître que les procès ont sans doute une dimension qualitative, qui permet de les distinguer qualitativement les uns des autres, sans doute une extension temporelle, mais aussi une extension d'ordre quantitatif : les verbes réfèrent à quelque chose qui a lieu, ou n'a pas lieu, qui est dans le temps, mais qui n'est pas que du temps. Cette chose a aussi des propriétés qualitatives. Mais c'est bien parce qu'elle n'a pas que des propriétés qualitatives, qu'elle est aussi accomplissement, que la question de l'aspect existe, et se déploie.

IX. LES INFINIS RETOURNEMENTS DE LA QUESTION ASPECTUELLE

Cette articulation entre dimension quantitative et dimension qualitative dans le mode d'instanciation des procès permet des pondérations variées. Elle permet aussi de rendre compte des retournements auxquels peut conduire la détermination d'une valeur aspectuelle, retournements sur lesquels les descriptions ne cessent de buter.

Maria Tzevelekou décrit ci-dessous (encadré 5) l'un de ces retournements, décisif, qui paraît avoir déterminé toute l'histoire des conceptions de l'aspect lexical : autour de la notion de *telos* se serait instauré, entre ce qu'étaient les distinctions fondatrices d'Aristote et leur relecture à la lumière des faits aspectuels, un véritable malentendu qui aurait conduit à littéralement inverser les thèses aristotéliciennes.

♦ Voir encadré 5.

À la clef de ce retournement, il y a la notion de *telos*, que l'on traduit en français par le mot *fin*, lui-même ambigu (entre finalité visée et cessation) mais qui ne l'est sans doute pas suffisamment pour rendre ce qui est en jeu dans le *telos*. Le *telos* grec peut en effet être atteint dès le début de l'instanciation d'un procès : c'est bien ce qui est en jeu dans l'affaire des *energeiai*, parfaites aussitôt qu'instanciées.

Le *telos* désigne la bascule entre instanciation quantitative et perfection qualitative. Il implique donc que les deux dimensions puissent être dissociées, tout en désignant le point où elles coïncident. Dire le *telos* suppose dès lors à la fois de dire cette dissociation et cette coïncidence. Selon les procès, mais aussi selon les points de vue adoptés, ce sera soit la dissociation, soit la coïncidence qui sera mise en avant. Et un procès atélique parce que non finalisé sera aussi, d'un autre point de vue, télique parce qu'il atteint dès lors immédiatement ce qui serait son point de perfection (ou d'*achievement*, pour reprendre le terme de Vendler).

5

Les raisons d'un retournement : quand les héritiers d'Aristote sans même le savoir le trahissent

Dans la littérature contemporaine, on trouve l'opposition « télique / non-télique » (ainsi que *telic / non-telic*). Il est clair que ces termes se sont construits par analogie avec les termes *teleios* [τέλειος] et *atelês* [ἀτελής] d'Aristote. Leur contenu cependant s'est inversé. Le *télique* correspond à l'*ateles* [ἀτελές] (*a-teles*, *a* = morphème privatif) d'Aristote tandis que le *non-télique* (*non-telic*) correspond au *teleios*. Ainsi, le terme *non-télique* désigne des prédicats qui ne comportent pas de borne d'accomplissement, alors que pour Aristote l'*ateles* caractérise les prédicats qui ne se réalisent pleinement qu'à la fin de l'intervalle de temps durant lequel ces procès s'instancient : il comporte donc une borne d'accomplissement, qui correspond au point même de cette perfection qui se trouve en quelque sorte retardée.

Cette inversion du contenu des termes utilisés peut s'expliquer. Elle reflète un déplacement d'intérêt : il semble que les auteurs qui ont effectué cet emprunt et ce détournement, qui détermine notre emploi contemporain des termes *télique* et *non-télique*, s'intéressent plus à la façon dont est constitué l'intervalle correspondant au procès qu'au degré de perfection de l'actualisation (parfaite ou imparfaite) d'un procès lors de son instanciation. Du coup, leur question centrale n'est plus le mode de réalisation (actualisation) d'un procès mais l'existence (ou la non-existence) d'une fin naturelle qui délimite l'intervalle temporel.

Ces retournements expliquent les malentendus constants qui entourent la question de l'aspect. Ils expliquent aussi les subtiles différenciations aspectuelles qui peuvent s'élaborer dans les langues quand, la bascule télique s'opérant à différents niveaux, elle configure différemment chacun de ces niveaux. Ils expliquent sans doute aussi la forte polysémie de la plupart des marques aspectuelles, qui pourront être à la fois téliques dans certains de leurs emplois et atéliques dans d'autres emplois.

Force est de constater de fait, lorsque l'on considère la façon dont les oppositions entre perfection et imperfection se constituent à travers les langues, qu'elles sont indéfiniment variables. Un même procès pourra être dans une langue tenu pour perfectif, dans une autre tenu pour imperfectif. Les verbes *prendre* et *donner* du français sont ainsi décrits comme fondamentalement perfectifs dans la mesure où ils réfèrent l'un et l'autre à des processus finalisés ; pourtant les simplex correspondants en russe, *brat'* [брать] et *dat'* [дать], appartiennent l'un à la catégorie de l'imperfectif, l'autre à la catégorie du perfectif, sans doute parce que le don est don dès le moment où il commence à s'instancier, alors que la prise implique quelque retard entre l'activité qu'elle déploiera et le résultat escompté. De tels faits, qui se multiplient lorsque l'on examine le détail des oppositions aspectuelles y compris au sein d'une même langue, interdisent de considérer la perfection comme une catégorie ontologique prédéterminée et stable : la perfection se construit par articulations diverses du qualitatif et du quantitatif, ces articulations étant non pas quelconques, toujours calculables et explicables, mais étant toujours et incessamment renégociables.

Sans doute la question du *telos* et de la perfection n'est-elle pas la seule à engendrer ces retournements. Tout dans la dissociation entre quantité et qualité est perpétuellement instable et renégociable. Les valeurs fluctuantes du parfait, la façon dont elles redoublent sans redoubler le perfectif, la dérive à laquelle elles semblent donner lieu dans l'évolution d'une langue (d'une valeur d'accompli à une valeur de prétérit) en sont vraisemblablement une autre manifestation. Comme aussi l'entêtement des formes d'imparfait, pourtant si différentes d'une langue à l'autre, à confondre et disjoindre indéfiniment description (de ce qui a lieu) et prédication (de ce qui est vrai).

Tout dans l'aspect est source de confusion. Seul le calcul, pas à pas, de chaque valeur aspectuelle, peut restituer ce qui sera au fondement des distinctions en jeu.

X. ASPECT, REPÉRAGE ET DÉTERMINATION

La distinction entre quantité et qualité est au centre de la question aspectuelle parce que toute instanciation de procès se trouve prise dans la dialectique que cette distinction induit. Mais l'aspect ne se réduit pas pour autant au calcul de cette distinction. Une instanciation est construite : il faut aussi qu'elle soit diversement repérée et déterminée. Il faut donc qu'il y ait deux autres types de questions, deux autres éléments de calcul, dans la constitution des valeurs aspectuelles.

D'abord les relations variées que pourront entretenir les points d'instanciation quantitative et/ou qualitative du procès avec le repère origine de la parole. La catégorie de l'aoriste témoigne de relations de rupture. Et les effets de translation induits souvent par les imparfaits témoignent d'une relation complexe entre différenciation et identification, qui ne se réduit certainement pas à une affaire d'antériorité.

Ensuite la question que les modèles aspectuels touchent à peine, celle des différentes formes d'itération ou de généricité qui peuvent être associées à un énoncé (à la référence du verbe dans cet énoncé). Cela implique un modèle de l'instanciation, qu'elle soit quantitative ou qualitative, qui prenne acte de ce que celle-ci puisse être singulière, ou plurielle, ou générique. Le même problème se pose du côté de la référence des noms (ou plutôt des noms pris dans un groupe nominallui-même pris dans une phrase, elle-même prise dans telle ou telle configuration discursive). C'est dire que dans la question de l'itération se manifeste le fait que l'aspect est aussi affaire de détermination, la détermination en question opérant non pas sur des noms, mais sur des verbes.

L'aspect est un problème d'instanciation. L'instanciation s'avère jouer sur deux registres, celui des quantités et celui des qualités. Elle procède comme toute instanciation d'opérations de détermination. Et elle mobilise sans doute, à travers sa dimension qualitative, des points de vue différenciés, qui vont pouvoir venir concurrencer le point de vue du locuteur, ou simplement qui pourront le déplacer. Et parce que les opérations de détermination, quantitatives et qualitatives, se rejouent plusieurs fois (verbe, conjugaison, construction syntaxique, contexte, discours), le calcul aspectuel produit des valeurs qui sont peut-être, d'une langue à l'autre, d'un énoncé à l'autre, indéfiniment variées.

XI. LA QUESTION D'UNE TYPOLOGIE DE L'ASPECT

S'il est vrai que le calcul aspectuel traverse toutes les formes d'expression du temps, il faut renoncer à l'idée qu'il y ait des langues plus « aspectuelles » que d'autres, c'est-à-dire plus attachées à l'expression de l'aspect que d'autres qui seraient quant à elles plus attachées à l'expression du temps.

Il pourrait se faire sans doute qu'il y ait des langues moins « temporelles », au sens où les relations entre temps décrit et moment de l'énonciation seraient moins déterminées. C'est ce que l'on dit souvent à propos du grec ancien. Il n'est pas sûr que ce soit pertinent. L'aoriste du grec ancien dispose sans doute d'un éventail de valeurs particulièrement large, avec des variations importantes du côté de la relation au moment de la parole. Mais c'est le cas aussi du présent français et même de l'imparfait français, avec lequel on trouve non seulement des valeurs hypothétiques (non ancrées dans le temps), mais aussi des valeurs de présent (« Qu'est-ce qu'elle voulait, la petite dame ? »), et même des références au futur (« C'est dommage, il y avait dimanche prochain un joli marathon à courir »). Quant au passé simple, il recouvre sans doute un champ de valeurs moins large, mais il est difficile pour autant de soutenir qu'il réfère systématiquement au passé : la rupture qu'il implique par rapport à la sphère de l'énonciation fait qu'il s'intégrera volontiers dans des récits de type fictionnel, pour lesquels il n'y a pas vraiment de sens à parler de passé (*La Belle au bois dormant* raconte une affaire qui n'a rien à voir avec le passé, sinon sa dimension mythique). Ce que l'on prend là pour une affaire temporelle est simplement le fait que ces récits réfèrent à des événements donnés tout à la fois comme accomplis (dans un registre qui est celui de la fiction) et en rupture par rapport au présent.

Il y a une autre façon de penser une différence d'ordre typologique entre ces langues. Le système du grec (du grec ancien comme du grec moderne) et celui du russe ont pour point commun de combiner deux procédés formels largement indépendants. En grec, chaque forme de la conjugaison se caractérise d'une part par le choix d'un thème particulier, puis par le choix d'un affixe. Et tous les affixes peuvent *a priori* se combiner avec n'importe lequel des trois thèmes disponibles :

on aura alors aussi bien des impératifs que des passés ou des participes dans chacune des trois séries. En russe, il n'y a pas de thème, mais deux classes de lexèmes verbaux. Et les lexèmes de ces deux classes sont compatibles avec presque toutes les flexions du système. En fait, la situation est plus complexe : il y a quelques contraintes, cruciales pour distinguer les deux classes. Il demeure que l'on trouvera là aussi des impératifs, des infinitifs et des passés des deux classes.

On ne retrouve pas cette autonomie en français, en allemand et en anglais, où, même lorsqu'il reste possible de dissocier deux types de procédés formels, ceux-ci ne sont clairement pas autonomes. Ainsi, en français, on a bien entre la base du présent, celle du passé simple et celle du « participe passé » des différences qui sont d'ordre thématique : des séries comme *voit/vit/vu*, et même *chante/chanta/chanté* s'analysent vraisemblablement plus sur le modèle du thème que de l'affixation, dans la mesure où la voyelle qui varie ne peut pas être considérée comme étant extérieure à la base (le /oi/ de *voir*, mais aussi le /e/ de *chante* font partie de la base lexicale du verbe). Mais les flexions pouvant s'associer à chacune de ces bases sont pour l'essentiel strictement spécifiques à ces bases. On n'a pas en français d'impératif construit sur une base de passé simple ou de « participe passé » ; et seul le « participe passé » donne lieu au procédé d'auxiliarisation qui induit toutes les formes dites « composées » du système.

Du point de vue même de l'économie des systèmes de conjugaison, un tel contraste est certainement extrêmement important. On a proposé d'y lire une différence dans le traitement de la relation entre temps et aspect : grec et russe dissocieraient marquage aspectuel et marquage temporel, tandis que les autres langues disposeraient de marques associant valeur aspectuelle et temporelle. Dès lors que l'on admet que l'opposition entre temps et aspect doit être reconsidérée, une telle interprétation ne peut plus être retenue telle quelle. Il demeure que les opérations aspectuelles mises en cause par les deux types de procédés ne sont pas du même ordre. C'est la question de l'articulation entre instanciation quantitative et qualitative du procès qui travaille, sous des formes différentes, aussi bien l'opposition perfectif/imperfectif du russe que les séries présent/prétérit-aoriste/parfait des langues non slaves. Affixes et auxiliaires marquent en revanche des opérations qui sont plutôt relatives à la détermination et au repérage des occurrences de procès construites : des déterminations et des repérages dont les effets (en termes d'itérativité d'une part, de variations de points de vue d'autre part) correspondent aux valeurs que les analyses traditionnelles identifient soit comme modales, soit comme temporelles.

D'un côté, donc, un calcul (aspectuel) relatif aux dimensions quantitatives et qualitatives de l'occurrence de procès construite, de l'autre un calcul (à la fois aspectuel, temporel et modal) relatif à la détermination et au repérage de cette occurrence. La particularité du russe et du grec serait alors de dissocier ces deux types de calcul. Cela revient à donner une autonomie effective à la question strictement aspectuelle de l'articulation entre quantité et qualité, là où dans les autres langues les deux calculs interfèrent.

Venant croiser cette différence typologique sans doute importante, il en est une autre, au moins aussi importante, où russe et grec doivent cette fois être opposés. Elle concerne les mécanismes mêmes qui sont à l'œuvre dans le choix de la base soumise à flexion ou à auxiliation.

Dans les langues slaves, il s'agit d'un mécanisme dérivationnel : pour passer d'une classe aspectuelle à l'autre, on construit un autre lexème verbal, à l'aide d'affixes variés, et le lexème construit a alors une valeur sémantique nouvelle, indépendamment du fait qu'elle est associée à une valeur aspectuelle invariante.

Le système des thèmes repose sur des principes totalement différents : il ne s'agit pas de construire un autre lexème verbal, mais simplement de faire varier la valeur aspectuelle d'un lexème donné. Les morphèmes de dérivation sont desunités singulières de la langue ; les thèmes n'ont aucune singularité et ressortissent à un mécanisme de variation régulier.

Le mécanisme lui-même est régulier, mais n'est pas pour autant généralisé. Il l'est en français où, mis à part quelques rares verbes défectifs, tous les verbes ont un présent, un passé simple et un participe passé. Il ne l'est pas en grec, où l'absence de morphologie de parfait est un phénomène non marginal : il peut donc y avoir des verbes dont les particularités lexicales s'opposent à la construction d'un tel thème. Les thèmes du français en revanche, parce qu'ils ne sont pas contraints, sont indépendants du sémantisme du lexème : la régularité du système a pris le pas sur la singularité du lexique.

Ces différences vont nécessairement avoir des effets sur le mode de calcul dont l'aspect procède dans chacun de ces trois types de langue. Ce calcul prend en russe l'allure d'une construction associée à des effets sémantiques réguliers, tandis qu'en grec elle relève d'une sélection, conditionnée par des singularités sémantiques, et qu'en français la sélection est devenue aussi régulière que pour n'importe quelle flexion. Là où l'aspect russe se construit et où l'aspect grec se choisit, on pourrait dire que, sous le coup d'une règle aveugle puisque sans limitation, l'aspect français s'obtient : il procède d'une sorte de déformation régulière opérant à l'intérieur du champ sémantique du lexème.

C'est dire que l'aspect ne se pense pas, et ne se perçoit pas, de la même façon dans les trois langues. En particulier, une des conséquences de la défectivité du système grec est que les catégories aspectuelles pourront en grec s'inventer (on invente le parfait manquant, on invente une catégorie nouvelle), et se plier dès lors au génie d'une pensée. En russe, l'aspect relève du seul génie sémantique de la langue, des valeurs que cette langue invente, et qu'elle réinvente à neuf pour chaque lexème : l'aspect russe serait pour la pensée une sorte de générateur de concepts (voir le texte ci-dessous de Rémi Camus sur le nom *poznanie* [познание], qui inventerait une connaissance perfective). En français, le génie a pris la régularité d'une mécanique calculatoire, où rien ne s'invente, mais où des effets réguliers se produisent, par-delà les lexèmes : l'aspect français est alors plutôt un générateur de points de vue inédits sur les concepts, inédits en tant que la langue seule les a induits. Trois génies de l'aspect différents. On comprend alors mieux qu'il ait pu être si difficile d'exporter d'une langue à l'autre la notion d'aspect.

XII. QUAND L'ASPECT SERT À PENSER L'ASPECT

Il y a le génie aspectuel des langues, mais il y a aussi le génie particulier de chaque forme, ce qui pourra la rendre intraduisible, parce que irrémédiablement singulière. Il s'avère en fait qu'il y a différentes façons, pour un fait de langue, d'être intraduisible. Cela vaut en particulier pour les faits aspectuels. On va pour finir en donner trois échantillons, choisis pour leur exemplarité : chacun ressortirait à une forme différente d'intraduisible.

On donne d'abord le cas d'un mot, construit aspectuellement, qui ne peut qu'être spécifique à une langue et à ses procédés aspectuels : c'est là le génie de la langue en question qui est impliqué, et ce que cette langue serait seule à pouvoir dire.

A. Premier exemple. Aspects de la « connaissance » en russe contemporain : une connaissance perfective et une connaissance imperfective

Dans l'expression *théorie de la connaissance*, *connaissance* se traduit à l'aide du déverbal *poznanie*, correspondant au verbe *poznat'* [познать], « connaître », constitué de la base *znat'* [знать], « savoir, connaître », et du préfixe *po-* [по-] conférant au verbe le statut de perfectif. Le simplex *znanie* [знание], de l'imperfectif *znat'*, « savoir, connaître », s'interpréterait ici « savoir » — à supposer qu'une telle théorie se conçoive.
Pour autant, il n'y a pas de relation biunivoque entre les oppositions *poznanie/znanie* d'une part, *connaissance/savoir* d'autre part (cf. aussi *Kennen/Wissen* en allemand, qui est encore autre chose). Il semble bien s'agir ici d'opposer une connaissance « imperfective » et une connaissance « perfective ». L'originalité de cette situation est manifeste dans les articles du *Dictionnaire encyclopédique de philosophie* (Moscou, 1983) : *poznanie* y est décrit comme une activité (*dejatel'nost'* [деятельность]) associée au passage de l'état (*sostojanie* [состояние]) d'ignorance (*ne-znanie* [не-знание]) à celui de connaissance. On parle ainsi de *protsess poznanija* [процесс познания], « processus de connaissance », ou encore de *čuvstvennoe poznanie* [чувственное познание], « connaissance sensible (= *par* les sens) », mais de *sostojanie znanija* [состояние знания], « état de connaissance ».
Parler d'opposition aspectuelle pour caractériser des substantifs, seraient-ils dérivés — comme ici — de verbes et opposables de façon analogue à ces derniers, cela ne va pas sans difficulté. La tradition en tous les cas y rechigne : elle réserve tacitement l'opposition perfectif / imperfectif aux formes qui ont la faculté de régir un complément d'objet. Et, de fait, l'aspect semble avoir un très faible rendement parmi les déverbaux russes (à l'opposé du tchèque ou du slovaque, par ex.). Pourtant, dans le cas présent au moins, il ne fait pas de doute que le couple *znanie / poznanie* reflète certaines caractéristiques de l'opposition verbale *znat' / poznat'*.

1. Les valeurs de « poznat' » (perfectif), ou quand la connaissance devient une expérience

Deux valeurs principales de *poznat'* se dégagent (comme le confirme la pratique lexicographique), associées à des contraintes d'emploi différenciées :
(a) *poznat' istinu* [познать истину], « connaître la vérité » : acquérir une connaissance sûre, vraie
Cet emploi présente trois caractéristiques :
- *Poznat'* est indissociable d'un investissement (intellectuel, physique), d'une implication du sujet qui accède à la connaissance par lui-même. De cette classe relèvent les emplois où le complément est inscrit dans une téléonomie (l'objet de la connaissance est « à connaître »).
- La mesure de la connaissance effective n'est pas donnée par l'objet en tant que notion, mais elle est circonscrite par l'investissement (dans le temps et l'espace) du sujet ; d'où la possibilité d'un ajustement, d'un accord plus ou moins exact entre, d'une part, le complément d'objet direct comme objet de connaissance et, d'autre part, l'investissement du sujet : « *Vy načitalis' grošovyx brošjur evropejskogo kommunizma i dumaete, čto vy poznali istinu !*

[Вы начитались грошовых брошюр европейского коммунизма и думаете, что вы познали истину !] » (Vous [vous] êtes gavés de brochures à dix sous du communisme européen et vous vous figurez que vous détenez la vérité !).

– Les compléments attestables sont des termes donnés comme inaccessibles à la connaissance d'un sujet : *nevedomoe i zapretnoe* [неведомое и запретное], « ce qui est inconnu et interdit », *tajny bessmertija* [тайны бессмертия], « les secrets de l'immortalité », *smysl žizni* [смысл жизни], « le sens de la vie », *real'nost'* [реальность], « la réalité », *dobro i zlo* [добро и зло], « le Bien et le Mal », *sebja* [себя], « soi-même », d'où *poznaj samogo sebja* [познай самого себя] « connais-toi toi-même », etc.

(b) *poznat' plen* [познать плен], « connaître la captivité » : éprouver, faire l'expérience de la captivité

Comparé à (a), cet emploi ne se distingue pas tant par le caractère « concret » de la mise en relation entre le sujet et l'objet de la connaissance (le sujet a été en captivité) que par l'absence de téléonomie : la mise en relation est strictement contingente.

On trouve ainsi en position de complément des sentiments et des états internes (*nenavist'* [ненависть], « la haine », *blaženstvo* [блаженство], « la béatitude », *gore* [горе], « la peine », *bol'* [боль], « la douleur », *veru Xristovu* [веруХристову], « la foi dans le Christ », etc.), des états et processus affectant le sujet de la connaissance malgré sa volonté, et qui auront donc tendance à s'interpréter comme nuisibles (*smert'* [смерть], « la mort », *nevolju* [неволю], « l'absence de liberté », etc.), des propriétés prédiquées d'un terme (ou d'un procès), généralement à un degré plus important que ce à quoi on aurait pu *a priori* s'attendre, et dont on souligne alors l'étonnante intensité (*bednost' žizni* [бедность жизни], « la pauvreté de la vie », *čelovečeskoe moguščestvo* [человеческое могущество], « la grandeur de l'homme », *prelesti osedloj žizni* [прелести оседлой жизни], « les charmes de la vie sédentaire », etc.).

Dans ces deux classes d'emplois, c'est d'une connaissance immédiate, vécue, qu'il s'agit, et donc d'une connaissance fondamentalement intransmissible, car indissociable des conditions singulières de son acquisition par un sujet.

Le verbe simple *znat'* n'est certes pas incompatible avec la valeur d'expérience (glosée « éprouver » par le Dictionnaire de l'Académie) de (b) : *On s detskix let znal gore* [он с детских лет знал горе], « il a(vait) connu le malheur depuis sa tendre enfance ». De même, un complément du type *ženščina* [женщина], « femme », est possible au pluriel, ou encore avec un terme négatif : *ni odnoj ženščiny* [ни одной женщины], « aucune/pas la moindre femme ». Mais la particularité de *poznat'* est de pouvoir renvoyer à un événement précis, à une expérience singulière. Ainsi, *po-* effectue une sorte de « coup de force » : la connaissance, notion par excellence non temporelle (cf. la connaissance comme état), se transmute en un événement doté d'une extension spatiotemporelle. « La » connaissance devient « une » expérience.

Cela a un effet en retour sur l'interprétation du complément de *poznat'*, dont n'est retenu — dans le cadre de la mise en relation au sujet — que ce qui peut être envisagé comme une interaction dans le temps et l'espace, la femme devenant un partenaire sexuel, la misère du monde et la vérité devenant des expériences singulières. On comprend aussi qu'avec *poznat'*, la connaissance est nécessairement partielle, puisque limitée à ce qui a pu être expérimenté par le sujet : l'objet de la connaissance excède toujours ce que le sujet en « connaît ». C'est ce qui explique que l'on trouve des compléments après *znat'* qui sont impossibles après *poznat'* : *č'ju-to familiju* [чью-то фамилию], « le nom de famille de quelqu'un », *nomer rejsa na Moskvu* [номер рейса на Москву], « le numéro du vol en partance pour Moscou », *pričinu* [причину], « la cause [de] », *svoju ošibku* [свою ошибку], « son erreur », *parol'* [пароль], « le mot de passe ». Ces termes-là renvoient à des objets de connaissance incompatibles avec une connaissance partielle.

2. Le nominal « poznanie » entre chemin vers la connaissance et connaissance liée à une expérience singulière

Le nominal *poznanie* n'a, quant à lui, pas exactement la même interprétation selon qu'il se trouve employé au singulier ou au pluriel.

Au singulier, il reçoit généralement une valeur processive dynamique, proche de ce que l'on a vu à l'œuvre dans *poznat'* : la connaissance est alors volontiers figurée comme un mobile, ou comme un mécanisme (doté d'un moteur), ou un processus, voire comme un chemin, par exemple dans la formule *Ternist put' poznanija* [Тернист путь познания] (« le chemin de la connaissance est jonché de ronces »).

Cette valeur processive dénote une instabilité de la relation établie entre le sujet et la connaissance : le sujet est en deçà de l'état stable que constitue la possession d'une connaissance. Cette instabilité, à son tour, est liée aux circonstances effectives de l'acquisition de la connaissance par le(s) sujet(s), aux aléas rencontrés, aux difficultés qu'il faut surmonter, aux stratégies adoptées, etc. La *teorija poznanija* [теория познания], « théorie de la connaissance », interroge les conditions effectives d'acquisition de la connaissance. Et c'est également *poznanie* qui désigne la connaissance comme faculté humaine (de même que l'on ne parle guère de « faculté de savoir ») : une faculté ne se manifeste que si les circonstances s'y prêtent. Par ailleurs, à côté du terme négatif *neznanie*, « ignorance », il n'existe pas plus de **nepoznanie* que de « non-connaissance » ou de « non-anniversaire » : le non-aboutissement du processus de connaissance revient à demeurer dans l'état d'ignorance.

Au pluriel, en revanche, on trouvera une interprétation de type résultatif. Mais *poznanija* [познания] désigne alors des connaissances acquises à travers ce qui se présente à nouveau comme une expérience individuelle, d'où l'idée de connaissances fragmentaires, voire superficielles, illustrée dans cette phrase de Tourgueniev : « *On byl vsegda vysokogo mnenija o poznanijax Dar'ji Mixajlovny v rossijskom jazyke* [он был всегда высокого мнения о познаниях Дарьи Михайловны в российском языке] » (il avait toujours eu la plus haute opinion des connaissances de Daria Mikhaïlovna en russe [connaissances superficielles, d'amateur]).

À l'inverse, dans « *Biblioteka soderžala obširnyj svod èzoteričeskix znanij* [библиотека содержала обширный свод эзотерических знаний] » (la bibliothèque contenait une riche collection de connaissances [*znanij*] ésotériques), la substitution de *poznanija* à *znanija* est impossible car les connaissances en question sont envisagées indépendamment des conditions de leur acquisition (la bibliothèque ayant précisément pour fonction d'en faire le bien commun).

3. Connaître la vie, vivre la connaissance : l'héritage byzantin

On a vu que l'opposition entre la connaissance imperfective (*znanie*) et la connaissance perfective (*poznanie*) met en jeu de façon cruciale un rapport de la connaissance à l'expérience empirique, la connaissance perfective (*poznanie*) étant une connaissance vécue.
On peut s'interroger sur la relation existant entre la pertinence linguistique de cette connaissance vécue et la nature très particulière des théories de la connaissance — de l'acte de connaître ? — en Russie. Il semble que l'on puisse opposer la tradition latine, accordant la priorité au domaine de l'abstraction et au travail sur les notions, et la tradition « byzantine », qui met l'accent sur les hypostases, sur ce qui, dans chaque homme, est à la fois un composé d'essence (*ousia* [οὐσία]) et d'énergie (*energeia* [ἐνέργεια]), une expérience et un mouvement de la vie. Or, force est de constater une nette prééminence de l'héritage spirituel byzantin dans la tradition russe, même si cette prééminence a aussi des causes historico-culturelles.

B. Deuxième exemple. Le parfait latin et l'entreprise de saint Augustin : dire le temps et dire la création

L'exemple suivant, du *perfectum* latin, illustre une tout autre forme du génie des langues, puisque ce *perfectum* est décrit comme ne posant en revanche pas de problème de traduction, et trouvant dans chacun de ses emplois et chacune de ses valeurs des équivalents possibles, sinon dans toute langue, du moins en français : le génie réside là seulement dans la somme de ces emplois et de ces valeurs, dans le champ parcouru, qui lui est singulier, propre au seul *perfectum* latin, et qui peut-être aura permis, mieux qu'une autre forme d'une autre langue, de penser un accomplissement hors temps. Le génie n'est pas là de l'ordre de ce qui peut se dire, mais des objets qu'une langue aura donnés à penser, et donc de ce qui dans cette langue est à penser.

Le parfait latin n'est pas intraduisible en français ; il est même rare que sa traduction laisse insatisfait. En revanche, pour traduire les diverses occurrences du parfait latin on a besoin de recourir à tout l'arsenal des temps passés français — passé simple, passé composé, passé antérieur, plus-que-parfait, imparfait —, voire, parfois, à un présent.
C'est dire que ce « temps » est susceptible d'assumer des valeurs largement diversifiées, suivant les contextes où on l'emploie. Cette richesse d'emploi fait écho à sa richesse morphologique ; en effet, le paradigme du parfait latin repose sur le syncrétisme de formes héritées qui, en indo-européen, étaient constitutives de paradigmes différents et indépendants les uns des autres (par ex. parfaits à redoublement *vs* aoristes sigmatiques que l'on retrouve respectivement dans des formes de parfait latin telles que *tetigi*, « j'ai touché », et *scripsi*, « j'ai écrit » ; mais il y a aussi les alternances vocaliques du radical, le suffixe *-u-*, etc.).
Dans ce contexte, la dénomination traditionnelle du parfait latin est très ambiguë : il s'agit de la traduction, à la fois figée et amputée d'un de ses éléments fondamentaux, de la désignation latine *praeteritum perfectum*. L'indication explicite d'avoir affaire à un temps du passé a donc disparu, ce qui, on va le voir, n'est pas innocent. Reste le terme de « parfait » qui a

l'inconvénient d'une part d'être un calque peu lisible du mot *perfectum*, d'autre part de prêter à confusion avec d'autres dénominations relevant du même champ terminologique, mais recouvrant des réalités linguistiques très diverses : le parfait grec, le perfectif des langues slaves, le *perfect* de l'anglais ; autant de prismes qui ont pu fausser la perception exacte des valeurs propres du parfait latin.

1. La spécificité du repérage énonciatif

Contrairement aux deux autres prétérits latins et contrairement au passé simple français, le parfait latin se rencontre aussi fréquemment dans des types de texte dont la référence s'organise autour du sujet et du moment de l'énonciation ; ces textes relèvent de ce que Benveniste décrit comme du « discours », et que, dans des textes plus neutres, non « embrayés » sur la situation d'énonciation, il rapporte à la catégorie de l'« histoire », où « les événements semblent se raconter d'eux-mêmes ».
C'est dire que le parfait latin ne fournit par lui-même aucune détermination sur la construction du repère énonciatif qui structure la représentation du procès. En cela, il se différencie du passé composé français qui, en vertu de son étymologie, prend systématiquement un appui fort sur le *nunc* de l'énonciation ; avec le parfait latin, cet appui est contextuel. Il ne peut pas non plus être assimilé au passé simple, dans la mesure où, à la différence de celui-ci, il n'est pas aoristique ; une configuration aoristique implique en effet nécessairement une rupture entre le procès décrit et la source énonciative, ce qui est loin d'être le cas général avec le parfait, même s'il s'accommode aussi de cette situation en contexte de narration historique. Bien au contraire, dans un contexte de type « discours », sa valeur factuelle se combine avec une forte modalité assertive incompatible avec la rupture aoristique.

2. La spécificité de la saisie aspectuelle du procès

Le parfait latin donne de manière générale une vision globale du procès : traduisant l'inscription de ce procès dans le temps (sa réalisation, ou, ce qui revient ici au même, son accomplissement), il en accompagne aussi l'accomplissement jusqu'à son terme, laissant ainsi le champ ouvert pour la prise en compte de la situation subséquente au procès en question.
Cet état peut d'ailleurs être simplement singularisé par le fait que le procès ne s'y instancie plus : il y a de fait une assez forte compatibilité entre parfait et valeur négative. En voici un exemple, pris parmi d'autres, tiré des *Confessions* d'Augustin, et du fameux chapitre 11 sur le temps : « *Quam longotempore illud non* vidi *!* [Comme il y a longtemps que je n'ai pas *vu* telle chose !] » (*Confessions*, 11, 28). Il y a eu un dernier procès (*voir*) au-delà duquel c'est le contraire (*ne pas voir*) qui s'est imposé ; et ce que mesure le circonstant exclamatif, c'est bien ce *non-p* qui a succédé à *p*.
Un autre type, plus banal, est celui qu'on appelle communément le « résultatif » : la situation adjacente est celle correspondant à l'état résultant du procès décrit. Des variations peuvent alors apparaître dans le degré de figement lexical du parfait, allant de tours entièrement figés — *memini*, « je me sou-

viens » (le verbe est défectif et ne possède pas de forme de présent ; litt. la forme signifie : « j'ai mis en mémoire ») — à des créations libres, assez rares — par exemple : « Exarsit *animus meus nosse istuc inplicatissimum aenigma* [Mon esprit brûle de démêler cette énigme si embrouillée (litt. « mon esprit s'est enflammé, a pris feu pour [...] »)] » (*ibid.*, 28) —, en passant par des tours en voie de lexicalisation — « *mihi visum est* » : « il m'a semblé [moralement et/ou pragmatiquement] juste », donc « je décide », ou bien « il m'a semblé [intellectuellement] juste », donc « je conclus ».
Une troisième réalisation de cette focalisation est celle qui permet d'exprimer le révolu, tout à la fois acquis et « envolé » donc passé : dans le texte ci-dessous, cette valeur est non seulement mobilisée mais mise en scène par la description qui est faite de l'« envolée » en question : « *Et ipsa una hora fugitivis particulis agitur : quidquid ejus* avolavit, *praeteritum est, quidquid restat, futurum* [Et cette heure unique elle-même se compose de parcelles fugitives : tout ce qui d'elle s'est envolé est passé, tout ce qui lui reste est avenir]. »
Enfin, un dernier cas de figure est celui où c'est simplement un procès autre qui vient occuper la situation subséquente : on est alors dans le cas des enchaînements narratifs, où le perfectif se traduira volontiers par un passé simple, si du moins l'ancrage énonciatif n'est pas trop marqué.

3. Le parfait pour dire le temps dans les *Confessions* de saint Augustin

On conçoit par conséquent que le parfait latin soit un outil particulièrement souple et adapté pour exprimer la complexité de notre perception du temps passé ; suscitant aussi bien l'image de l'acquis que celle du disparu, de ce qui est encore présent ou de ce qui est définitivement perdu, il colle au plus près au sémantisme lexical des verbes qui chez Augustin tentent de décrire fuite du temps et traces mémorielles :
« *Quamquam praeterita cum vera narrantur, ex memoria proferuntur non res ipsae, quae* praeterierunt, *sed verba concepta ex imaginibus earum, quae in animo velut vestigia per sensus praetereundo* fixerunt [Aussi bien, quand nous racontons exactement le passé, ce qui sort de notre mémoire, ce ne sont pas les réalités elles-mêmes, qui ne sont plus (litt. « qui ont passé »), mais les mots nés des images de ces réalités qui, en passant à travers nos sens, ont pour ainsi dire fixé leurs empreintes dans notre âme] » (*ibid.*, 23).
Avec *praeterire*, qui intervient d'ailleurs en fait trois fois dans cette seule phrase, puisqu'il désigne aussi comme en français à la fois le passé, ce qui n'est plus et ce qui est passé, puis avec *fixere* (litt. « ficher »), c'est tout à la fois le paradoxe du temps qui est décrit, et la diversité même des valeurs du parfait.
Par ailleurs, nous avons vu que le parfait donnait à voir l'inscription du procès dans le temps de telle sorte qu'on atteint, puis dépasse la frontière terminale de ce procès, pour, éventuellement, s'installer dans l'état résultant. Il combine donc la capacité d'accompagner l'action en contexte narratif et celle de stabiliser un acquis : forme idéale pour tenter de résoudre, linguistiquement au moins, l'apparente contradiction de l'acte divin de création telle que l'appréhende Augustin, et qui est d'ailleurs à la source de son interrogation sur le temps :

« *Si enim ullus motus in Deo novus extitit et voluntas nova* [...], *quomodo jam vera aeternitas, ubi oritur voluntas quae non erat ?* [S'il s'est produit en Dieu un mouvement nouveau, une volonté nouvelle (...), comment (peut-on parler d') une éternité véritable, là où naît une volonté qui n'existait pas ?] » (*ibid.*, 12).

Cette résolution, on la voit en particulier mise en acte dans le passage suivant du texte :

« *Hodiernus tuus aeternitas : ideo coaeternum genuisti, cui dixisti "Ego hodie genui te". Omnia tempora tu fecisti et ante omnia tempora es* [...] [Ton aujourd'hui, c'est l'Éternité. Aussi as-tu engendré un Être coéternel auquel tu as dit "Moi, aujourd'hui, je t'ai engendré". C'est toi qui as fait tous les temps et tu es avant tous les temps] » (*ibid.*, 16).

Ce passage illustre parfaitement la forte valeur assertive qui peut être celle du parfait : il s'agit, pour saint Augustin, d'attester de l'Éternité de Dieu, d'en faire une profession de foi ; pour Dieu, il s'agit de promulguer la création de l'Être coéternel, c'est-à-dire l'avènement du Fils. La parole créatrice qui, bien que simple parole, suffit à créer, est au parfait.

Il montre aussi comment une même forme en vient à donner à la fois l'acte fondateur de création comme étant passé, et comme étant pourtant détaché de toute temporalité, vrai à jamais, indépendamment même de quelque expérience et de quelque passage du temps que ce soit, échappant alors aux repérages déictiques humains qui en feraient du passé qui se serait envolé et qui n'aurait pas toujours été.

C. Troisième exemple. La fonction du parfait dans les définitions de « energeia » et « kinêsis »

Le troisième exemple est grec, et il est tiré du texte d'Aristote, illustrant une troisième forme d'intraduisibles : il s'agit d'un parfait qui serait intraduisible précisément parce qu'il n'appartient pas au grec, parce que Aristote l'aurait inventé.

Comme on l'a vu dans l'encadré 3 sur « Aristote et le *telos* », Aristote fonde ses définitions des concepts clefs d'*energeia* et de *kinêsis* sur une analyse des compatibilités entre formes de présent et formes de parfait : seuls les *energeiai* ont comme caractéristique que l'indicatif du présent « va de pair » avec celui du parfait. Pour étayer son analyse, Aristote utilise donc un certain nombre de parfaits, en particulier pour chacune des *energeiai* qu'il envisage : *heôrake* [ἑώρακε], *pephronêke* [πεφρόνηκε], *nenoêke* [νενόηκε], *ezêken* [ἔζηκεν], *eudaimonêken* [εὐδαιμόνηκεν], qui sont respectivement les parfaits des formes *horai* [ὁρᾷ] (on voit), *phronei* (on conçoit), *noei* (on pense), *zêi* (bien vivre), *eudaimonei* (goûter le bonheur). Quelle fonction ont ici les parfaits à l'égard des formes du présent qui les précèdent dans le texte ? Comment faut-il traduire ces parfaits ?

Pour expliquer, et en même temps traduire, l'argumentation d'Aristote, Gilbert Ryle (*Dilemmas*, Cambridge, 1964, p. 102) écrit : « *Aristotle points out, quite correctly* [...], *that I can say "I have seen it" as soon as I can say "I see it"* [Aristote montre, de manière tout à fait correcte, que je peux dire "J'ai vu" dès l'instant où je peux dire "Je vois"]. » Or, l'expression *I can say*, qui n'est pas présente, bien sûr, dans le texte grec, fait croire que l'on pouvait effectivement, dans la langue grecque contemporaine d'Aristote, utiliser l'un et l'autre temps comme le fait Aristote lui-même dans le texte en question. La réalité est tout autre : en fait, l'emploi du parfait par Aristote dans l'analyse de ce qu'il décrit comme des *energeiai* n'a rien à voir avec l'emploi contemporain du parfait de ces verbes.

Tout d'abord, les parfaits employés par Aristote dans le passage cité de la *Métaphysique* pour illustrer les *energeiai* sont tous, à l'exception de *heôrake*, exceptionnellement rares en grec ; il est même probable que *eudaimonêke* et *ezêke* ont été créés par lui pour l'occasion (le parfait normal avec *zêi* [ζῇ] étant *bebiôke* [βεϐίωκε]). Quant à *heôrake*, le seul parfait qui se trouve régulièrement dans les textes, il n'exprime jamais simplement la complétion de l'action de voir comme c'est le cas chez Aristote : sa particularité est plutôt d'avoir une référence qui balaie continûment présent et passé. C'est le cas par exemple dans *oude touton heôraka* [οὐδὲ τοῦτον ἑώρακα], extrait de Platon, *Ion*, 533b 4, qui se traduit par « celui-ci, que je n'ai jamais vu » et qui signifie très précisément « celui-ci, que je ne suis pas dans l'état d'avoir vu en aucune occasion (passée ou présente) ».

La conclusion s'impose donc qu'il ne faut pas introduire la notion de « dire » dans l'interprétation de notre texte (ni, d'ailleurs, celle de « on peut ») : ce n'est pas ce que l'on peut dire qui intéresse ici Aristote.

Pourquoi Aristote emploie-t-il tout de même le parfait *heôrake* pour élucider le statut ontologique de *horai* ? C'est parce que la valeur du parfait de l'autre classe de verbes, les verbes kinétiques, lui donnait un outil très commode à cette fin. Car le parfait de ces verbes-là reflète fidèlement quant à lui l'usage qui est celui de la langue courante : ainsi, *ôikodomêke* [ᾠκοδόμηκε] (avoir bâti) exprime l'état auquel a abouti (graduellement) l'action de *oikodomei* [οἰκοδομεῖ] (bâtir). Or, tout comme Aristote pouvait se servir de cette valeur pour démontrer que « on bâtit » n'exprime pas simultanément (*oukh hama* [οὐχ ἅμα]) l'accomplissement, il pouvait l'utiliser également pour démontrer que « on voit » exprime, lui, bel et bien simultanément (*hama* [ἅμα]) l'accomplissement. En d'autres termes : le parfait est employé pour mettre en lumière que la nature complète de *horai* s'oppose à la nature incomplète de *oikodomei*. En utilisant des termes modernes, on pourrait dire que ce qu'Aristote fait ici, c'est de démontrer qu'il existe une « relation d'implication » entre *horai* et *heôrake*, et de « non-implication » entre *oikodomei* et *oikodomêke*. Son approche est donc très similaire à celle des commentateurs récents qui ont proposé de fonder l'opposition entre procès téliques et non téliques sur des tests d'implication entre propositions (voir les « *entailment tests* » de Dowty par exemple).

Quant à la traduction, si l'analyse présentée ci-dessus est valable, il vaudrait mieux traduire *horai hama <kai heôrake>* par « "il voit" implique "il a vu" » que par « en même temps, on voit et on a vu ».

Par-delà ce qui les distingue, ces trois exemples ont en commun que la question mise en cause par la forme aspectuelle épinglée soit précisément une question aspectuelle : dans *poznanie* se pose la question de ce que peut être une propriété (la connaissance) lorsqu'elle se noue à une expérience concrète qui l'instancie ; le *perfectum* employé par saint Augustin lui sert à mettre en question l'ancrage temporel d'un accomplissement ; le parfait d'Aristote vise à dire la perfection d'une *energeia*.

C'est dire que ce qui dans l'aspect est intraduisible est la façon dont il se pense lui-même.

Il ne faudrait jamais traduire une forme aspectuelle : ce qu'elle pense est littéralement dans sa forme, dans ce que cette forme littéralement construit. Il faudra donc toujours traduire une forme aspectuelle : la traduire littéralement, dans les détours de sa forme, pour entendre ce que cette forme dit. Si avec les noms il peut y avoir place pour quelque entre-deux-langues, ici nul entre-deux : on ne fera pas tenir ensemble un parfait grec et un passé composé français, il n'y a que le grec ou le français, les langues une à une — ou, hors les langues, la question, invariante, de l'aspect.

Sarah de VOGUË, Rémi CAMUS (avec la coll. de Maryse DENNES), Ilse DEPRAETERE, Sylvie MELLET, Albert RIJKSBARON, Maria TZEVELEKOU

BIBLIOGRAPHIE

BENVENISTE Émile, « Les relations de temps dans le verbe français », in *Problèmes de linguistique générale*, 1959, t. 1, p. 237-250.

— « Le langage et l'expérience humaine », in *Problèmes de linguistique générale*, 1965, t. 1, p. 67-78.

BOUSCAREN Janine, DESCHAMPS Alain et MAZODIER Catherine, « Éléments pour une typologie des procès », *Cahiers de recherche en grammaire anglaise*, 6, 1993, p. 7-34.

COMRIE Bernard, *Aspect: An Introduction to the Study of Verbal Aspect and Related Problems*, Cambridge UP, 1976.

CONFAIS Jean-Paul, *Temps, Mode, Aspect*, Toulouse, Presses Universitaires du Mirail, 1995.

CULIOLI Antoine, « Valeurs aspectuelles et opérations énonciatives : l'aoristique », *in* J. DAVID et R. MARTIN (éd.), *La Notion d'aspect*, Klincksieck, 1980, p. 181-193.

DECLERCK Renaat, « Aspect and the Bounded / Unbounded (Telic/Atelic) Distinction », *Linguistics*, 17, 1979, p. 761-794.

DOWTY David R., « The Effects of Aspectual Class on the Temporal Structure of Discourse: Semantics or Pragmatics? », *Linguistics and Philosophy*, 9, 1986, p. 37-61.

FUCHS Catherine, *Les Typologies de procès*, Klincksieck, 1991.

GUILLAUME Gustave, *Temps et Verbe ; théorie des aspects, des modes et des temps*, Champion, 1929, rééd. 1984.

HOFFMAN Philippe, « Paratasis », *Revue des études grecques*, 96, 1983, p. 1-26.

KAMP Hans, « Événements, représentations discursives et référence temporelle », *Langage*, 64, 1981, p. 39-64.

REICHENBACH Hans, *Elements of Symbolic Logic*, New York, Macmillan, 1947.

THIEROFF Rolf et BALLWEG Joachim (éd.), *Tense Systems in European Languages*, Tübingen, Niemeyer, 1994.

VENDLER Zeno, *Linguistics in Philosophy*, Ithaca, Cornell, 1967.

VERKUYL Hendrik Jacob, « Aspectual Classes and Aspectual Composition », *Linguistics and Philosophy*, 12, 1, 1989, p. 39-94.

VETTERS Carl, *Temps, Aspect et Narration*, Amsterdam, Rodopi, 1996.

WEINRICH Harald, *Le Temps*, trad. fr. M. Lacoste, Seuil, 1973.

ATTUALITÀ, ATTUOSITÀ ITALIEN – fr. *réalité, effectivité, actualité, réalité effective*

gr.	*energeia* [ἐνέργεια], *ergon* [ἔργον]
lat.	*actuositas, actus*
all.	*Tat, Handlung, Wirklichkeit, Aktuosität*
angl.	*actuality*

► *ACTE*, et AGENCY, AUFHEBEN, ESSENCE, ESTI, *ÊTRE*, FORCE, ITALIEN, PRAXIS, RÉALITÉ, RES, STATO, TATSACHE, TO TI ÊN EINAI

Un noyau spéculatif, centré sur la notion d'acte, a donné son intitulé à une école philosophique majeure du XXe siècle : l'« actualisme » de Giovanni Gentile. Ce néo-idéalisme italien est la marque d'un écart qui vient se réinscrire dans le corps du texte hégélien, après la première réforme qu'en ont proposée les « petits hégéliens » allemands. Il est lié à la décision prise par Bertrando Spaventa de penser et de traduire la Wirklichkeit, *sur le modèle de l'*Aktuosität, *comme* attualità.

L'histoire des concepts qui s'est ainsi développée s'est immédiatement dédoublée en une véritable histoire politique : le dispositif philosophique élaboré initialement par le néo-hégélianisme napolitain avait une visée d'unification nationale (le programme logico-phénoménologique hégélien se trouva repensé comme structure spéculative et politique du Risorgimento*), avant de se transformer à nouveau en un dispositif spéculatif servant à l'élaboration philosophique et politique d'un État fasciste, pour lequel Gentile forgera lui-même le syntagme «* Stato totalitario *».*

I. LE NÉO-IDÉALISME ITALIEN COMME RÉFORME DE LA DIALECTIQUE HÉGÉLIENNE ET COMME TRADUCTION : LA MÉDIATION DE BERTRANDO SPAVENTA (1817-1883)

Dans une lettre en date du 5 décembre 1864 adressée à la revue hégélienne berlinoise *Der Gedanke*, Theodor Straeter, de retour de Naples, constate « que si la philosophie moderne peut encore vraiment espérer en un futur, cela n'adviendra ni en Allemagne, ni en France, ni en Angleterre, mais bel et bien en Italie, et en particulier sur cette merveilleuse côte méridionale (de Naples) où, à une certaine époque, les philosophes grecs formulèrent leurs pensées immortelles ». Avec Spaventa, fondateur de l'École néo-hégelienne napolitaine, c'est bien un idéalisme à la fois modernisé et renouvelé qui voit le jour.

A. La réforme des premières catégories de la logique hégélienne

1. Le couple « Pensare »/« pensato » (« Denken »/« Gedanken ») : l'être comme acte du penser

Dans ses *Prime categorie della logica di Hegel* [*Premières catégories de la logique de Hegel*] (1864), où l'on ne note pas moins de 54 occurences de la lexie *atto*, Spaventa interprète les catégories inaugurales de la logique hégélienne : *Être*, *Non-Être*, *Devenir*. Pour lui, l'Être n'est qu'un pensé qui s'ignore. À l'intérieur de l'*acte* du penser (*pensare*) est fixé, par un procès abstractif, l'objet même du penser, le *pensable* (*il pensabile*) :

> *Je peux*, comme pensée (*pensiero*), faire abstraction de moi-même comme penser, comme simple acte, comme fonction du penser, et *fixer* simplement le pensé (*il pensato*). Dès lors, le pensé n'est autre que l'Être, le Pensable, le premier Pensable.
>
> *op. cit.*, p. 379.

Dans le *Fragment inédit* (1880-1881) (publié par G. Gentile dans sa propre *Riforma della dialettica hegeliana* [*Réforme de la dialectique hégélienne*], 1913), Spaventa radicalise ses premières réflexions, après avoir rappelé les points cardinaux de sa grande « réforme » : « L'être est essentiellement *acte* du penser. » L'Être ne peut se mouvoir de lui-même, car il ne saurait sortir de l'identité, d'où la nécessité d'une « pensée logique » :

> La réflexion qui découvre des déterminations plus profondes dans l'être et le non-être est la *pensée logique* (*das logische Denken*) par laquelle ces déterminations sont *engendrées* non *contingenter*, mais *necessarie*. [...] Le *Gedanke*, c'est la *pensée* (le *Gedachte*, le *cogitatum*), le contenu de pensée, disons même — avec ou sans pléonasme — le *contenu du pensé* (*Gedankeninhalt*), ou, comme le formule le traducteur, *le contenu spéculatif* [il s'agit de la trad. fr. de Vera, en fr. dans le texte — *N. d. T.*]. [...] Distinct du *Gedanke*, le *Denken* est en général l'*acte* du penser, la *vis cogitans*, si je puis dire. Cette *vis* est celle qui engendre toutes les déterminations, tous les *états*, tous les moments logiques : c'est l'âme du procès logique. On peut à juste titre qualifier tous ses produits de *pensés*, au sens où ils sont engendrés par elle, c'est-à-dire par le penser comme tel.

Dès lors, « la véritable *entité* de ces produits sera le *Denken*, non seulement parce qu'ils en sont les *produits*, mais parce que eux-mêmes ne produisent rien sans ce *Denken* qui leur est immanent » (*Fragment inédit*, *op. cit.*, p. 442, 445-447).

Mais Spaventa adjoint ici une solution nouvelle répondant aux limites interprétatives des *Prime categorie...* :

> [...] dans un premier temps le penser conçu comme *l'être* même de l'être n'apparaissait pas encore clairement, puisqu'il apparaissait pratiquement comme une fonction purement subjective : étant donné que la *vision pure* est impossible, etc., je poserai la question suivante : comment penser l'étant ? Je rétrocède alors dans le penser, dans les *éléments* du penser, qui ne constituent pas le penser *concret* (celui-ci étant avant tout et originairement un penser l'étant). Et j'ajoute : penser = *distinguer* (et unir) ; l'être c'est *ce qu'on peut distinguer* [*il distinguibile*], ce qu'on peut purement distinguer [*il puro distinguibile*]. Le *non-être, c'est l'acte distinctif* pur ; l'étant (le *Daseyn*, le devenu) c'est le *Distinct*, le pur distinct. Et le *devenir* ? Le devenir c'est *ce qu'on peut distinguer* [*il distinguibile*] (l'être) en tant que *dis-tinction* (le non-être, simplement, qui est en cela à la fois identique et non identique à l'être).

2. Retour sur Trendelenburg et la première réforme des « petits hégéliens »

(a) La critique que Spaventa fait des premières catégories de la *Science de la logique* s'adosse aux objections de l'aristotélicien de Berlin, Adolf Trendelenburg (1802-1872) :

> Ce qui est difficile, ce n'est pas d'admettre l'identité de l'Être et du Néant, dès lors que tous deux sont l'Indéterminé : mais c'est de percevoir et de définir leur *différence, différence* sans laquelle le *Devenir* lui-même est impossible. — La plupart des vieux Hégéliens ont fort mal saisi la difficulté de cette position.
>
> Trendelenburg fut véritablement le premier à avoir attiré sur ce point l'attention tant des amis que des ennemis de Hegel ; et plus particulièrement celle de ces derniers. [...] Trendelenburg a parfaitement raison.
>
> B. Spaventa, *Prime Categorie, op. cit.*, p. 400.

Au chapitre 3 des *Logische Untersuchungen* [1840], et sous le titre de *Die dialektische Methode*, Trendelenburg affrontait en effet la dialectique hégélienne en sa triade inaugurale *Sein-Nichtsein-Werden*. Sa première question concerne la possibilité d'une pensée pure indépendante de toute image et de toute intuition. Cela est impossible, et le *mouvement* constitue de fait le *Vorausgesetztes* et le véhicule effectif de la pensée dialectique. « *Das reine Sein, sich selbst gleich, ist Ruhe ; das Nichts — das sich selbst gleich — ist ebenfalls Ruhe* [L'Être pur, égal à lui-même, est repos ; le Néant, égal à lui-même, est également repos]. » Leur unité recherchée ne pourrait jamais donner qu'une union « statique ». Comment dès lors introduire le mouvement dans cette eau stagnante ?

> *Aus dem reinen Sein, einer zugestandenen Abstraktion, und aus dem Nichts, ebenfalls einer zugestandenen Abstraktion, kann nicht urplötzlich das Werden entstehen, diese concrete, Leben und Tod beherrschende, Anschauung.*
>
> [De l'Être pur, abstraction confessée, et du Néant, abstraction tout aussi confessée, ne peut naître de manière inattendue le devenir, cette intuition concrète dominant et la vie et la mort.]
>
> Trendelenburg, *Logische Untersuchungen*, chap. 3.

La tant vantée « connexion immanente » (« *immanenter Zusammenhang* ») du système laisse transparaître en réalité différentes failles, ainsi qu'une discontinuité générale. Le procès dialectique, qui devrait montrer l'accord du concept et de la chose, « *stellt im Gegenteil die Entstehung der Sache auf dem Kopf* [pose au contraire l'origine de la chose dans la tête] » (*Logische Untersuchungen*, p. 37 *sq.*, 108 *sq.*). Trendelenburg pointe ensuite dans les catégories de négation et d'identité les moyens logiques que la dialectique use pour produire, à partir de l'Être vide, l'idée absolue, à travers la série des figures intermédiaires. Inutile donc d'occulter l'intuition déjà là, de même qu'il est absurde de taire la différence entre la « contradiction logique » et une « opposition réelle » qui ne pourra jamais être atteinte par voie purement logique.

> [...] les réponses présentées par les plus valeureux commentateurs de Hegel en vue de prévenir ce type d'objections ne m'ont absolument pas convaincu — peut-être est-ce là une erreur de ma part, mais je ne puis faire autrement que d'exposer très clairement ma pensée sur ce point. Je ferai néanmoins une exception toute relative pour [Karl] Werner et Kuno Fischer.
>
> B. Spaventa, *Prime Categorie, op. cit.*, p. 369.

(b) Spaventa renvoie ici à l'entreprise des « petits hégéliens », Karl Werner et Kuno Fischer en tête, induite par les critiques de Trendelenburg.

Karl Werner, le premier « réformateur », répondra aux objections dès 1841 avec sa *Logik. Als Kommentar und Ergänzung zu Hegels W. der L.* [1841] (reprint Hildesheim, Gerstenberg, 1977). Concentrant, comme presque tous ses successeurs, son attention sur la première triade catégoriale de la *Science de la logique* comme exemple de l'incapacité hégélienne à produire le mouvement, il accorde à Trendelenburg que Hegel n'a démontré que l'identité de l'Être et du Néant, en affirmant que leur différence n'était qu'« opinée » (« *einen nur gemeinten* [*Unterschied*] »). Werner n'accepte pas cette thèse hégélienne de l'« ineffabilité » de la distinction Être-Néant. Le point central est qu'on ne doit en aucune manière affronter la question en termes de « contenu », mais la maintenir au plan de la « forme » ; c'est là le pivot du passage de la *Phénoménologie* à la *Logique*, et la clef pour comprendre le caractère intrinsèquement négatif de l'Être et, par conséquent, sa distinction d'avec le non-Être, d'avec le Néant qui en est l'explicitation, et donc un « plus » que l'Être qui dès lors s'en distingue. Si la distinction Être-Néant n'était que de contenu, il n'y aurait aucune raison de commencer plutôt par l'Être que par le Néant — et inversement. Or, ce n'est pas le cas, car :

> *Le Néant est plus profond* que l'Être, il est la profondeur même de l'Être... quant à la *forme*. Forme veut dire savoir, car savoir veut dire *former* (*gestalten*). L'Être commence, et le Néant suit ; il est l'*impulsion* du procès (*Fortgang*) dans le commencement (*Anfang*) ; or, il n'est pas le procès comme tel, lui, le Néant, dans cette forme de *Néant*, mais le procès comme tel veut dire devenir, car seul le devenir *est* le commencement. Commencement effectif veut dire procéder, veut dire commencement et procès en tant qu'un seul et même processus (*Gang*), en tant qu'un *rentrer en soi-même* — ce qui veut dire, en tant qu'un *passer* (*Übergehen*). Le Néant est le *prius immédiat* de l'Être. Cette connaissance est l'ultérieure détermination. C'est pourquoi nous avons deux formes, celle de la forme orginaire et celle de la forme ; forme veut dire distinction. Être et Néant sont également distincts, quant à la *forme* ; car chaque identité, chaque contenu *est* seulement en tant que distinction, en tant que forme, car ils sont à la fois développement et manifestation.
>
> *Logik. Als Kommentar...*, *op. cit.*, p. 45-46.

On peut ainsi démontrer la différence entre Être et Néant, en prenant en vue le fait que le Néant est « intériorisation-souvenance » (*Erinnerung*) (voir MÉMOIRE) de l'Être, sa négation, et, en tant que « nier », c'est-à-dire « penser », déjà un Devenir :

> Quand je dis Néant, j'en sais plus que quand je dis Être — car celui-là est quelque chose de plus, il est ce qui se révèle, arrachant ainsi son propre voile ; car il est l'Être *nu*, l'esprit de l'Être, l'Être dans l'Être.
>
> Dans le Néant, l'Être rompt le silence en soi de soi-même. Le Néant est la réflexion (*Besinnung*) [que Spaventa traduira par *accorgimento,* c'est-à-dire *pénétration*, intelligence-conscience-perspicacité] de l'Être, l'ouverture en lui de sons sens ; son regard en soi, le point d'émergence de son originarité. Dans le Néant se dévoile la sacro-sainte duplicité de sens du vide de l'Être. Qu'il

n'est rien d'autre que l'Être lui-même, l'Être à travers soi-même, *plein* uniquement de soi-même — ce qui dit son vide, ce qui dit le Néant. Le Néant est ainsi le savoir de l'Être eu égard à sa plénitude, à son accomplissement à partir de soi, *eu égard à son libre agir*, à son autocréation ; – et dans l'actualité (*in der Energie*) [= dans l'*energia* (ἐνέργεια)] de ce savoir qui se meut en soi-même, Être ne dit plus Être, mais *Devenir*.

ibid., p. 41.

Par cette identification du Néant à la pensée, mouvement, contradiction et nécessité sont réintroduits à l'intérieur de la dialectique hégélienne. La distinction retrouve ainsi son « effabilité » dans ce que Hegel nomme le « régime *spéculatif* de la proposition ».

Kuno Fischer, le plus imposant des « réformateurs » allemands, s'appesantit, lui aussi, sur les premières catégories en observant que déjà la première, l'Être, en tant que résultat d'une abstraction accomplie par la pensée, suppose bel et bien la « pensée en acte », c'est-à-dire l'« acte du penser » (*Denkakt*) :

C'est pourquoi la logique commence pour soi avec l'*acte de volonté de la pensée* (*mit dem Willensakt des Denkens*) et pour les autres, qui veulent la construire (et l'enseigner), par le postulat de l'accomplissement de cet *Acte*. Le postulat dit : « *pense* ».

System der Logik und Metaphysik oder Wissenschaftslehre [*Système de Logique et de Métaphysique ou Doctrine de la science*], Heidelberg, 2e éd. 1865, reprint Minerva Verlag, Francfort, 1993.

Mais l'Être, en tant qu'abstrait et en repos, nie la pensée, c'est-à-dire se nie lui-même, se contredit, de même que le Néant, qui n'est pas pure absence de l'Être, mais bel et bien sa négation, c'est-à-dire sa contradiction. Ils passent ainsi l'un dans l'autre, donnant lieu au Devenir, où la contradiction se dissout.

Penser et Être sont identiques. Penser et Être sont non-identiques. L'identité est expliquée dans le concept de l'Être, la non identité dans le concept du non-être.

Logik und Metaphysik oder Wissenschaftslehre, Stuttgart, 1852, p. 194-198 ; réédition, introduite par H.-G. Gadamer, Manutius Verlag, Heidelberg, 1998.

Telle est la contradiction interne à l'Être — au concept d'Être, qui permet à K. Fischer d'expliquer le Devenir sans sortir de la pensée pure. Tout tient ici dans l'acte de l'« abstraction » :

Dans l'acte d'abstraction [*Akt der Abstraktion*], la pensée se retire de tout contenu extérieur et de tout donné dans sa pure activité, créant ainsi, à partir de ce matériau, le système universel des concepts purs qui se produisent comme actions nécessaires de la pensée dans l'ordre dialectique. [...] La pensée pure contient les précédents stades du monde naturel et spirituel comme moments en soi relevés, et elle est donc, de par sa nature même, pleine de l'essence des choses. Il est donc incompréhensible qu'on [Trendelenburg !] fasse ici le reproche de considérer les actes de la pensée pure [*die Akte des reinen Denkens*] (les catégories) comme des créations *ex nihilo*.

ibid., § 28 *sq.*

Si K. Werner se préoccupait d'introduire le mouvement dans la triade inaugurale en identifiant la deuxième catégorie (le Néant) à la pensée, Fischer fait rétrocéder celle-ci dans la première (l'Être). L'édition de 1865 radicalise encore cette dimension gnoséologique et subjectiviste de la logique hégélienne, en déplaçant définitivement l'attention du rapport initial Être/Néant au rapport « indevançable » Être/Pensée :

[La Pensée est] Pensée *nécessaire*, ou Pensée dans laquelle rien n'est représenté hormis ce qui est la Pensée même : sa nécessaire fonction.

System der Logik..., *op. cit.*, p. 205-206.

B. « Wirklichkeit » — « Aktuosität » versus « attualità » : la décision de traduction

Dans la Section III de la *Science de la Logique* (édition de 1812) intitulée *Die Wirklichkeit*, Hegel introduit, dès le troisième paragraphe de la *Relation de substantialité*, la notion d'*Aktuosität* de la façon suivante :

Diese Bewegung der Accidentalität ist die Aktuosität der Substanz als ruhiges Hervorgehen ihrer selbst. Sie ist nicht thätig gegen Etwas, sondern nur gegen sich als einfaches widerstandloses Element.

[Ce mouvement de l'accidentalité est l'actuosité de la substance, (entendue) comme calme venir au jour d'elle-même. Elle n'est pas active en regard de quelque chose, mais seulement en regard de soi (entendue) comme élément simple dépourvu-de-résistance.]

Wissenschaft der Logik. Erster Teil. Die objektive Logik, Stuttgart-Bad Cannstatt, Fr. Frommann Verlag, 1965, p. 699 ; trad. P.-J. Labarrière et G. Jarczyk, Aubier-Montaigne, 1976, p. 271.

Plus loin, dans le cadre de la *Relation de causalité*, Hegel poursuit :

Die Substanz geht [...] *in ihrem Bestimmen nicht von der Accidentalität aus, als ob diese voraus ein Anderes wäre, und nun erst als Bestimmtheit gesetzt würde, sondern beides ist Eine Aktuosität* [...] *So ist die die absolute Aktuosität Ursache.*

[(...) la substance, dans son déterminer, ne sort pas de l'accidentalité, comme si celle-ci était auparavant quelque chose d'autre, et ne se trouverait que maintenant posée comme déterminité, mais toutes deux sont Une Actuosité (...). Ainsi l'actuosité absolue est-elle cause.]

éd. all., p. 702 ; trad. fr., p. 276.

Enfin, dans le *Zusatz* au paragraphe 34 de l'*Encyclopédie des sciences philosophiques*, Hegel précise :

Der Geist ist Tätigkeit, in dem Sinne, in welchem schon die Scholastiker von Gott sagten, er sei absolute Aktuosität.

[L'esprit est activité, dans le sens où déjà les Scolastiques disaient de Dieu qu'il est absolue actuosité.]

En bref, l'*Aktuosität* hégélienne (l'état de ce qui est « en acte », c'est-à-dire qui a force et densité) n'est autre que la manifestation de la *Wirklichkeit* propre de la substance, ou ce qui fait, au sens fort, l'« actualité » essentielle d'une chose — son effectivité comme effectivité nécessaire de soi par rapport à soi, c'est-à-dire libre. Il s'agit, dans ce contexte, de préciser, contre une certaine compréhension chosifiante de la pensée kantienne, que rien ne préexiste au mouvement de la manifestation conçue comme « *die sich selbst gleiche absolute Wirklichkeit* [l'effectivité absolue égale à soi-même] » (*Science de la logique, op. cit.*, p. 269).

Notons que si ce terme apparaît une fois dans l'ensemble des œuvres de Fichte, il n'appartient pas cependant à ses catégories propres. C'est en réponse à Jacobi, et dans le contexte de l'accusation de « nihilisme » (où le terme est forgé pour la première fois par Jacobi lui-même !), que se situe cette unique occurence :

> *was er* [Jacobi] *von der Freiheit sagt : Wer sie läugne, komme auf eine unbestimmte Aktuosität und Agilität an sich.*
>
> [ce qu'il (Jacobi) dit de la liberté : qui la nierait, en viendrait à une actuosité et agilité indéterminées en soi.]
>
> *Nachgelassene Werke*, vol. 3, éd. I.H. Fichte, Bonn, 1835, Adolphus Marcus, p. 390.

Il est d'ailleurs probable que Hegel tire lui-même ce terme de Jacobi, et plus particulièrement du passage suivant des *Beilagen zu den Briefen über die Lehre des Spinoza* :

> *Aus dem Satze : das Werden könne eben so wenig geworden oder enstanden sein, als das Sein oder die Substanz, zog Spinoza die richtige Folge, daß eine ewige unendliche Actuosität der Materie eigen, und ein unmittelbarer Modus der Substanz sein müsse.*
>
> [De la proposition : « le devenir ne peut, pas plus que l'être ou la substance, être né ou devenu » Spinoza tira la juste conséquence que la matière doit posséder une actuosité éternelle infinie et qu'il doit y avoir un mode immédiat de la substance.]
>
> F. Jacobi, *Werke*, vol. 4, 2, p. 137-140 ; trad. fr. P. H. Tavoillot, in *Le Crépuscule des Lumières. Les documents de la querelle du panthéisme. 1780-1789*, Paris, Le Cerf, 1995, trad. modifiée, p. 385.

En réalité, *via* Jacobi, c'est tout le dispositif spéculatif de l'idéalisme allemand qui est ainsi stigmatisé : la question de la substance, de l'auto-présentation de l'Absolu, et leur fatale inscription dans le spinozisme. Si Spinoza n'emploie pas le concept d'*actuositas*, l'évidente référence jacobienne se redouble d'une allusion certaine à Spinoza affirmant que la puissance (*potentia*) de Dieu n'est autre que son « essence actueuse » (*essentia actuosa*) (Spinoza, *Éthique* II, *Prop.* 3, *schol.*).

Or, jamais, à notre connaissance, n'a été interrogée par les critiques l'origine d'un geste et d'une décision d'ordre traductif gros d'une frappe conceptuelle et doctrinale inédites, ni la source du passage spéculatif et « transductif » de *Wirklichkeit* à *Attualità*. Il semblerait qu'on se soit contenté d'une sorte d'évidence du dispositif livré dans son économie générale, dans l'après-coup de sa « monumentalisation » : « néo-idéalisme » italien, puis « actualisme » gentilien. Si, en effet, l'inscription de cette histoire lexico-doctrinale peut être lue à même le texte, dans la pure et simple substitution par Spaventa de chaque occurrence de la *Wirklichkeit* (l'effectivité) hégélienne par une *attualità* néo-hégélienne (*Logique et Métaphysique*), la source signifiante de ce choix paraît bel et bien être réinscriptible dans l'original hégélien comme tel. Notons que c'est le « maillon intermédiaire » des écrits spaventiens qui commandera tout l'avenir de cette torsion, à la fois traductive, pratique et spéculative, de l'intériorisation-souvenance (*Erinnerung*) au sein du dispositif « petit hégélien » propre à l'Italie. C'est en effet dans l'ouvrage intermédiaire de 1867, et dans le chapitre central de sa *Doctrine de l'Essence*, que se décidera la traduction de la *Wirklichkeit* hégélienne par le terme d'*attualità*. Le choix de cette topique ne doit rien au hasard : « arrière-fond » de l'Être, l'Essence est cette altérité intérieure qui le définit comme Être. C'est là une altérité structurante, le dynamisme même de son engendrement, le procès de son « actualisation », c'est-à-dire de ce mouvement sans origine ni terme qui précède (logiquement) toute facticité, et qui, la délivrant de son figement représentatif, met en valeur ses potentialités en l'articulant à elle-même comme à son autre.

Notre hypothèse est donc la suivante : cherchant à fortifier une radicalisation de la part « active » et « actualisante » de la catégorie de *Wirklichkeit*, sur la base d'un retour dynamique des ressources néo-fichtéennes, petites hégéliennes et des naissantes *Philosophie der Tat* (à travers les notions enchaînées de *Tat*, de *Handlung*, de *Tathandlung*, de *wirken*, de *Tätigkeit*, d'*Akt*..., voir TATSACHE), le concept lui-même radicalisé d'*Aktuosität* a certainement offert le modèle de toute la construction induisant le remplacement de la catégorie maîtresse de *Wirlichkeit* par celle d'*Attualità*. Sa radicalisation tient en particulier à son attribution privilégiée à l'Absolu comme tel, à savoir Dieu (cf. le *Zusatz* hégélien précité).

Notons au passage que la traduction anglaise de la *Science de la logique* de Hegel, ainsi que la littérature critique attenante (Mc Taggart, Mure, Harris), proposant une solution parallèle, consacreront également le terme d'*actuality* pour restituer la *Wirklichkeit*. En France, si Eugène Fleischmann oscille entre « réalité agissante » et « actualité » (*La Science universelle ou la Logique de Hegel*, Plon, 1968 [Glossaire]), André Doz, quant à lui, prend l'option de la *Wirklichkeit-Actualité* sur la base d'une argumentation historico-catégoriale (le rapport hégélien au fonds de l'ontologie-théologie aristotélicienne, autour de l'ἐνέργεια, l'ἔργον, et au spinozisme) (*La Logique de Hegel et les Problèmes traditionels de l'ontologie*, Vrin, 1987, p. 123, 125-175).

Ainsi, l'acte traduisant aura impulsé et remis en mouvement le texte traduit ; c'est le traduisant, c'est-à-dire la copie, qui actionne et active le traduit, c'est-à-dire l'« original », en lui offrant ainsi un « plus-de-vie », une « *sur*-vie », un *fort-leben* toujours à venir comme Vie de l'Esprit s'élevant-s'enlevant au-dessus de la Nature (cf. C. Alunni, « La langue en partage », p. 63). Cela deviendra d'ailleurs le paradigme catégorial et spéculatif de tout le dispositif politico-logique de la « circulation (italique) des idées européennes ».

II. L'ACTUALISME DE GIOVANNI GENTILE (1817-1883)

L'actualisme est une doctrine dont Martin Heidegger devra impérativement et explicitement se démarquer en 1941 : « L'*Aktualismus*, revers de l'*Historismus* comme *philosophie de l'Acte pur.* »

A. L'acte d'auto-synthèse

Sur les traces de B. Spaventa, Gentile prend en vue la même nécessité de réformer l'hégélianisme en un sens radicalement « immanentiste », en fondant un concept de l'Esprit (*Geist*) conçu de part en part comme « autoconcept », ainsi qu'une synthèse de part en part « autosynthèse ».

Dire dialectique, c'est dire autonomie ; c'est pourquoi la conception dialectique du réel ne consent plus à la position d'un *Logos* (de l'« Idée ») aliéné hors de soi – ou Nature –, mais veut un *Logos* qui, à partir de soi, se fait objet à l'intérieur de soi : c'est l'esprit comme acte qui *ex se oritur*. C'est là ce que Spaventa a approché en posant, dans les marges du texte hégélien, le « Penser » au centre générateur de l'Être, ce Penser qu'il qualifia de « grand prévaricateur ». Gentile rappelle que, dès son magistral ouvrage de 1861, *La Filosofia italiana nelle sue relazioni con la filosofia europea*, Spaventa avançait la nécessité de « spiritualiser (*mentalizzare*) la logique [hégélienne] ». Mais c'est dans son *Frammento inedito* que le Napolitain aura été au plus près d'une textualité « préactualiste » :

> La pensée subjective en général est réflexion : *Nachdenken* [le *repenser*] ; elle présuppose le *Denken* [le *penser*], et en ce sens elle lui est postérieure. Dès lors, la logique, quelle qu'elle soit, sera postérieure au *logos* : le *Nachdenken* de Hegel est postérieur au *Denken* dont il entendait bien révéler le secret [...]. Pour certains hégéliens (Gabler, la « Droite hégélienne «), le penser (*Denken*) est et demeure absolument et éternellement pensé et pensant en soi-même, c'est-à-dire sujet absolu : on pourrait dire *Vordenken, Vorsubjekt* [*protopenser, protosujet*] ; la pensée ou le sujet humain, la réflexion, sont quant à eux *Nachdenken* ; le sujet absolu pense : quant à nous, nous repensons.
>
> *Frammento, op. cit.*, p. 449.

Il est donc clair, pour Gentile, que :

> Spaventa parvint à apercevoir le principe de l'idéalisme tel que nous l'entendons à présent, en sapant l'opposition de la logique (*Denken*) et de la réflexion (*Nachdenken*), en résolvant intégralement le procès dialectique, à partir de l'être même, dans le pur acte du penser : d'où la véritable liquidation du transcendant, et l'*actuation* (l'*inveramento*) [qui traduit la *Verwircklichung – N.d.T.*] de l'hégélianisme comme *dialectique transcendantale*, et, par conséquent, comme immanentisme absolu.
>
> *La Riforma della dialettica hegeliana*, p. 37.

C'est à partir de cet envoi spaventien (et en faisant fonds plutôt sur le dispositif inauguré par Kuno Fischer que sur la première réforme werdérienne) que Gentile affirme son grand principe « réformateur » de toute la logique transcendantale : la véritable catégorie, l'idée vraie, est acte, acte en acte, cet *actus purus* en quoi consiste le « Je transcendantal » comme éternelle position de soi dans l'autre, de soi comme autre, unité dialectique des opposés, du sujet-objet. Il impose ainsi une sorte de concept transcendantal de la dialectique – ce qu'il qualifie chez Spaventa de « dialectique comme *Wissenschaftslehre* [Doctrine de la science] » (*La riforma..., op. cit.*, p. 30) – en posant, au cœur même du Devenir, l'être-sujet de la « pensée pensante » (*pensiero pensante*), « cet *acte pur* du penser (*del pensare*) qui est éternel ». Cette pensée ou « Moi universel » est au-delà du temps. « Rien, finalement, ne transcende la pensée [qui est] immanence absolue », et que la totalité de l'expérience restitue à son procès, véritable synthèse productive de soi, ou « autoctise ».

◆ Voir encadré 1.

Une seule tâche désormais : résoudre en soi l'objet, dans l'« acte-devenir » du penser, par passage d'une catégorialité analytique (au niveau hypostasié de la *res*) à la catégorialité autosynthétique (niveau de l'autoctise (*autoctisi*), de la dialectique transcendantale de l'être comme autoconcept).

B. La praxis en traduction

1. Des échangeurs complexes

Gentile a toujours considéré Spaventa comme un idéaliste ayant en vue et appréciant l'expérience. C'est pourquoi il n'y a pas chez Spaventa de moment théorétique pur. Le gain d'objectivité du savoir, celui-là même qui peut constamment relever l'opposition toujours récurrente entre le sujet titulaire de ce savoir et l'objet amené à rendre « objectif » ce même savoir, est, pour le Napolitain, un « procès *pratique* » :

> Mais tout cela est impossible dans l'ordre de la théorie pure, sans l'activité pratique [...]. Ce concept, lucidement exposé par Spaventa est, à mon avis, la clef d'or de la nouvelle gnoséologie de l'après-Kant ; et c'est un grand mérite de notre philosophe que de l'avoir révélé dans la *Phénoménologie* hégélienne, et de l'avoir mis en lumière. Ce fut d'ailleurs l'une des idées les plus profondes d'un des épigones allemands du philosophe de Stuttgart parmi les plus célébrés, mais certainement inconnu de Spaventa sous cet angle-là : Karl Marx [...]. L'homme peut prouver la vérité dans la *praxis*, c'est-à-dire la réalité et la puissance, la positivité de sa propre pensée.
>
> « Bertrando Spaventa », p. 111-112.

Gentile souligne ainsi le point de rencontre de ce concept spaventien qu'il partageait d'un savoir concret conçu comme action, avec la *praxis* marxienne. L'« acte » gentilien devra toujours être saisi comme activité pratique, *praxis*, c'est-à-dire comme activité transformatrice, créatrice et révolutionnaire (fasciste) [voir PRAXIS].

C'est ici le lieu de plus grande densité des échangeurs traductifs mis en œuvre par l'*Actualisme,* le lieu de leur cristallisation spéculative et de leur précipité historico-politique. Quelles en sont les équations fondamentales ? L'« actualisme » défini comme « philosophie de l'*Acte pur* » ouvre, dès sa position, une question concernant la traduction et la « traditionalisation » historico-politiques de la philosophie en général ; il faut y ajouter également la question de ce que l'on qualifie, au-delà des Alpes, d'hégémonie culturelle ou philosophique. De la première séquence – le corps de textes réunis dans *La riforma della dialettica hegeliana* (*L'acte du penser comme acte pur* de 1911, en particulier) –, à celle qui ouvrira performativement une nouvelle époque (un nouveau *Zeitalter* du politique, *dixit* Heidegger confronté à l'*Aktualismus, Schellings Abhandlung über das Wesen der menschlichen Freiheit,* Tübingen, Niemeyer Verlag, 1971, p. 203) sous la forme : « Tout est dans l'État, et rien d'humain ou de spirituel n'existe et, moins encore, n'a de valeur hors de l'État. En ce sens le fascisme est *totalitaire* », Gentile en appelle à l'État-pédagogue et à son rôle fondateur. (On peut parler ici d'une certaine conséquence de l'*Encyclopédie* hégélienne, doublement chevillée sur une *Philosophie de l'action* [*Philosophie der Tat*] et sur une « Destination du savant ». Fait notable, ces deux dimensions sont de dérivation néofichtéenne, en parfaite cohérence avec une réforme de la dialectique largement tributaire d'un Hegel lui-même réécrit par le premier Fichte.)

L'échangeur traductif noué avec la *Philosophie der Tat* renvoie d'abord à Moses Hess et à sa *Triarchie européenne* [1841] conçue (contre Hegel) comme « sainte *action* de l'Esprit » déclinée en « *subjektive GEISTEStat* », « *absolute GEISTESphilosophie* », et « *absolute GEISTEStat* », où le véritable commutateur théorique de la chaîne apparaît bel et bien, ici aussi, comme l'« Esprit » souverain dont l'histoire est le produit. Dans sa *Philosophie de l'action* [1842-1843], Hess ne définit-il pas le « je » comme « effectuation d'un acte » (Gérard Bensussan, *Moses Hess. La philosophie, le socialisme [1836-1845]*, PUF, « Philosophie aujourd'hui », 1985, p. 174) ? « Le "je pense" s'est donc désigné à nous comme l'action qui inclut trois moments, lesquels constituent ensemble le je ; et ce dernier [...] n'est pas un être [...] mais l'*effectuation d'un acte.* » On a donc ici l'enchaînement des concepts d'*Akt*, de *Tat*, de *Tätigkeit*, qui remettent en question l'opposition hégélienne de la sphère de l'intériorité (*Tätigkeit*, *Tun*) et de la sphère de l'extériorité réelle (*Tat*). L'*Action* représente l'unité intégrée du penser (*Denken*) et de l'agir (*Handeln*). Ajoutons, toujours à propos de Hess, cet autre point de contact que constitue la visée d'une essentielle altérité de l'avenir, d'une irréversible nouveauté qui fait le fond de cette prospective en acte comme redoublement « praxologique » de la contradiction spéculative action/philosophie. Ici, l'opérateur fichtéen de la *Tat*-Handlung est encore des plus présents.

Il faudrait ajouter au cercle de l'échangeur, aussi bien la signature de A. von Cieszkowski que celle d'un Bruno Bauer ou d'un Arnold Ruge. De ce dernier, notons l'impératif programmatique suivant :

> À la place du système de développement abstrait et théoriquement absolu, s'offre à présent le système du développement concret, qui conçoit partout l'esprit dans son histoire, et pose au terme de toute histoire l'exigence de son avenir. *La contemplativité spéculative de Hegel doit être réveillée par la force active de Fichte.*
>
> *Hallische Jahrbücher*, Halle, 1840, p. 1209 *sq.*

En désaccord avec la réalité subsistante, les représentants de la gauche hégélienne reportèrent ainsi leur présent dans l'avenir, leitmotiv fondamental repris par Gentile.

2. Le retour en Italie de la traduction allemande

Ces tentatives de réforme de la dialectique hégélienne se présentent comme un effort de traduction des résultats de la philosophie allemande dans un langage adhérant aux exigences effectives de la vie civile et spéculative de la nation italienne. Or, cette pratique du geste traductif s'est doublée, contemporainement, de sa théorie actualiste.

1

« Auto- » : « autosujet », « autoconcept », « autosynthèse », « autoctise »...

► JE, SELBST

Pour Gentile, Hegel, comme oublieux de la nature même d'une logique dialectique, n'est pas parvenu à la pleine conscience de ce que le centre générateur du mouvement circulaire de l'Absolu (thèse-antithèse-synthèse) ne peut être que la pensée elle-même comme sujet qui est « auto-sujet » (*autosoggetto*), synthèse qui est *acte* d'« auto-synthèse » (*autosintesi*).

« Autoconcept » (*autoconcetto*) et « autosynthèse » (*autosintesi*) donnent leur titre aux chapitres 6 et 8 du *Sistema di logica come teoria del conoscere*, vol. 2, p. 74 *sq.* et 153 *sq.* L'« auto » est ici pré-posé pour dire le *Soi* (all. *Selbst*), le Je réfléchi(ssant) en lui-même en son objectivation, l'« autosujet » :

> *Concept* est la pensée (*pensamento*) de la vérité objectivement considérée comme indépendante de l'acte qui la pense (*dell'atto del pensarla*) [...] *Autoconcept* (*autoconcetto*) est la pensée (*pensamento*) de la vérité qui se constitue dans l'acte même de la pensée (*pensiero*) qui pense. Pensée intrinsèque à la vérité qui par là se pense elle-même.
>
> *ibid.*, vol. 2, p. 153.
>
> Le Moi est Moi à une condition : en tant qu'*ex se oritur*, en tant qu'identique et différent d'avec soi. Son être n'est ni simple identité, ni simple différence, ni simple unité de l'identité et de la différence ; mais cette unité en tant que créatrice de soi : *autoctise* (*autoctisi*). Synthèse en tant qu'*autosynthèse* (*autosintesi*) : synthèse qui pose ses termes dans leur rapport synthétique.
>
> *ibid.*, vol. 2, p. 81.

« Autoctise » : ici, Gentile transpose le gr. αὐτοκτίσις pour dire l'autofondation, l'autocréation du Penser :

> Il n'y a ni thèse pure, ni antithèse pure : non être et non non-être : mais la synthèse, cet acte unique que nous-mêmes sommes, la Pensée (*il Pensiero*). L'être (thèse) dans son abstraction (*astrattezza*) est néant ; néant de pensée (*pensiero*) (qui est l'être vrai). Mais cette pensée qui est éternelle n'est jamais précédée de son propre néant. C'est bien plutôt ce néant qui est posé par elle ; et il est, en tant que néant de pensée (*nulla del pensiero*), pensée du néant (*pensiero del nulla*), c'est-à-dire pensée intégrale. La thèse ne rend pas possible la synthèse ; c'est au contraire la synthèse qui rend possible la thèse, en la créant avec son antithèse, c'est-à-dire en se créant elle-même. Voilà pourquoi l'acte pur est autoctise.
>
> *La Riforma...*, *op. cit.*, p. 195.

Le corrélat générique de ce caractère autonomique est le concept d'« autoconscience » (all. *Selbstbewusstsein*) :

> L'acte du moi est conscience en tant qu'autoconscience (*autocoscienza*) : l'objet du Moi est le Moi lui-même. Tout procès cognitif est acte d'autoconscience. Autoconscience qui n'est ni l'identité abstraite, ni l'immobilité, mais précisément l'acte concret. Si elle était quelque chose d'identique, d'inerte, elle aurait besoin d'autre chose pour se mouvoir. Mais cela anéantirait sa liberté. Son mouvement n'est pas un *posterius* par rapport à son être : il coïncide avec l'être. L'autoconscience est le mouvement ou le procès comme tel.
>
> *La Riforma...*, *op. cit.*, p. 194.

Pendant qu'Antonio Rosmini (1797-1855) traitait le maître de Berlin de « contrebandier spéculatif », B. Spaventa élaborait, à travers sa théorie de la « circulation des idées européennes », une théorie générale et spéculative de la « traduction » /« tradition » ; cela se fera sous la forme d'une mise en rapport de traditions philosophiques différentes comme contrebande, import-export, puis comme traditionalisation (si ce n'est nationalisation). La constellation de l'idéalisme allemand fut considérée par lui comme la simple reprise (la poursuite souterraine et ailleurs) d'une textualité nationale et philosophique en exil, constituée « originairement « par la plus pure tradition philosophique italienne, renaissante et moderne. C'est très précisément cette même textualité, traduite une première fois en allemand par Hegel, que Spaventa se donnera pour tâche de « rapatrier » dans un espace italique « original ». Ici l'« original » (allemand) n'est donc original que dans la mesure où il est déjà traduction de la langue traduisante (italienne).

À travers le travail de ces chaînes d'échangeurs conceptuels et doctrinaux, on assiste à la constitution d'un tissu philosophique bel et bien européen, marqué par une triangulation dont le médiateur jusque-là absent de la *Begriffsgeschichte* franco-allemande n'est autre que ce que nous qualifierons de tiers exclu des Annales franco-allemandes : l'Italie.

Ce dispositif extrêmement novateur pour toute théorie contemporaine de l'acte du traduire se double d'un texte absolument pionnier de Giovanni Gentile : « Il torto e il diritto delle traduzioni » [« Du tort et des droits des traductions »], in *Frammenti di estetica e letteratura,* Lanciano, Florence, 1920. Dès 1920, et quatre ans avant la célèbre *Aufgabe des Übersetzers* de Walter Benjamin, le fondateur de l'actualisme donne déjà une dimension performative tant à ce que Jacobson nommera « traduction intralinguistique », qu'aux notions benjaminiennes de *Ur-sprache* [langue originaire] ou de *Über-leben/Fortleben* [survie], tout en défendant (contre Croce) l'idée d'une véritable « poétique » de la traduction.

La condition de possibilité d'une telle conception tient sans doute à toute l'histoire complexe et autoréflexive de cette tra(ns)duction du concept de *Wirklichkeit* dans le performatif *attualità*. C'est par l'actualisation de cet écart en traduction que la traduction et sa théorie ont ainsi pu voir le jour.

Charles ALUNNI

BIBLIOGRAPHIE

ALUNNI Charles, « La langue en partage », *Revue de métaphysique et de morale*, Armand Colin, n° 1, 1989, p. 59-69.

— « Giovanni Gentile - Martin Heidegger. Note sur un point de (non) "traduction" », *Collège international de philosophie*, Cahier n° 6, Osiris, 1988, p. 7-12.

— *Giovanni Gentile ou l'interminable traduction d'une politique de la pensée*, « Lignes », *Extrême-droites en France et en Europe*, n° 4, Séguier, oct. 1988, p. 181-194.

CIESZKOWSKI August von, *Prolégomènes à l'historiosophie*, trad. fr. M. Jacob, Champ Libre, 1973.

CUBEDDU Italo, *Bertrando Spaventa*, « Pubblicazioni dell'Istituto di filosofia dell'Università di Roma », Florence, Sansoni Editore, 1964.

DI GIOVANNI Piero (dir.), *Il neoidealismo italiano*, Laterza, Bari, 1988.

FLEISCHMANN Eugène, *Die Wirklichkeit in Hegels Logik*, *Zeitschrift für philosophische Forschung*, 18, 1964, p. 3-29.

FRANCHINI Raffaello (dir.), *Bertrando Spaventa. Dalla scienza della logica alla logica della scienza*, Salerne, Tullio Pironti Editore, 1986.

GENTILE Giovanni, « Bertrando Spaventa » (1899), in *Opere*, G. Gentile (éd.), Florence, Sansoni, 1972.

— *La riforma della dialettica hegeliana* (1913), Florence, Sansoni Editore, Firenze, 4ᵉ éd. 1975.

— *Teoria generale dello spirito come atto puro* (1916), in *Opere filosofiche. Antologia a cura di Eugenio Garin*, Milan, Garzanti, 1991 ; *L'Esprit, acte pur*, trad. fr. A. Lion, Félix Alcan, 1925 [traduction plus qu'approximative, N.d.A.].

— « Il torto et il diritto delle traduzioni », in *Frammenti di estetica e letteratura*, Lanciano, Florence, 1920 ; trad. fr. C. Alunni, « Du tort et des droits des traductions », in *Le Cahier du Collège international de philosophie*, Éditions Osiris, Paris, 1988, n° 6, p. 14-20.

— *Sistema di logica come teoria del conoscere* (1917-1923), Florence, Sansoni Editore, 5ᵉ éd. 1987, 2 vol.

LABARRIÈRE Pierre-Jean, « De l'actualité en philosophie. Analyse d'un concept », in *Les Cahiers de Philosophie*, n° 13 consacré à *L'Actualité*, Lille, 1991, p. 85-98.

MANGIAGALLI Maurizio, *Logica e metafisica nel pensiero di F. A. Trendelenburg*, Milan, CUSL, 1983.

PARASPORO Leone, « Sulla storia della "Logica" di Hegel. Saggio di confronto tra le due redazioni della "Dottrina dell'Essere" », in *Annali dell'Istituto italiano per gli studi storici*, 8, 1983-1984, p. 175-218 [sur les premières objections de 1829].

SPAVENTA Bertrando , *La Filosofia italiana nelle sue relazioni con la filosofia europea* (1861-1862), G. Gentile (éd.), Bari, 1908, in *Opere*, G. Gentile (éd.), Florence, Sansoni, 1972, vol. 2, p. 405-719.

— *Dottrina del Trendelenburg sul movimento* (hiver 1863), *in* E. GARIN, *La cultura italiana tra '800 e '900*, Bari, 2ᵉ éd. 1976, p. 76-79.

— *Le Prime Categorie della logica di Hegel*, in « Atti della Accademia di scienze morali e politiche » di Napoli, I (1864), p. 123-185 ; in *Opere*, vol. 1, p. 367-437.

— *Logica e metafisica* (1867), G. Gentile (éd.), Bari, 1911 ; in *Opere*, G. Gentile (éd.), Florence, Sansoni, 1972, vol. 3, p. 1-429.

— *Frammento inedito* (1880-1881), *in* G. Gentile, *La Riforma della dialettica hegeliana*, Messina, 1913 ; in *Opere*, G. Gentile (éd.), Florence, Sansoni, 1972, vol. 3, p. 431-462.

TESSITORE Fulvio (dir.), *Incidenza di Hegel. Studi raccolti nel secondo Centenario della nascità del filosofo*, Naples, Morano Editore, Napoli, 1970.

VITIELLO Vicenzo, *Bertrando Spaventa e il problema del commincíamento*, Naples, Guida Editore, Napoli, 1990.

WERNER Karl, *Die italienische Philosophie des neunzehnten Jahrhunderts*, Vienne, G.P. Faesy, 1884, 1. Bd. Antonio Rosmini und seine Schule, — 2. Bd. Der Ontologismus als Philosophie des nationalen Gedankens, — 3. Bd. Die kritische Zersetzung und speculative Umbildung des Ontologismus, — 4. Bd. Die italienische Philosophie der Gegenwart, — 5. Bd. Die Selbstvermittelung des nationalen Culturgedankens in der neuzeitlichen italienischen Philosophie.

AUFHEBEN, AUFHEBUNG ALLEMAND

– fr. *supprimer, suppression ; abolir, abolition ; sursumer, sursomption ; assumer, assomption ; dépasser, surpasser, abroger, sur-primer, mettre en grange ; enlever, enlèvement ; relever, relève*

► *DIALECTIQUE*, et ALLEMAND, MOMENT, *NÉGATION*, PLASTICITÉ, RUSSE, VERNEINUNG

Depuis 1939, année de parution du premier tome de la Phénoménologie de l'Esprit *de Hegel traduite en français par Jean Hyppolite,* aufheben et Aufhebung *sont révérés comme des fétiches de l'intraduisible. Le « double sens » (pour reprendre les termes de Hegel) d'un verbe,* aufheben, *qui signifie à la fois « maintenir, conserver » et « faire cesser, mettre fin » est non seulement connu des exégètes de Hegel et des spécialistes de philosophie allemande, mais appartient tout simplement à la culture philosophique d'aujourd'hui.* Aufhebung *y renvoie à un tour de pensée qui consiste à « dépasser » un point de vue sans le réfuter, à opérer une « synthèse » gardant le meilleur de la « thèse » et de l' « antithèse » tout en « ouvrant » sur des perspectives plus vastes. Aidé peut-être par les habitudes scolaires et la pratique de la dissertation, favorisé sans aucun doute par la pénétration de l'hégélianisme en France après 1945, le débat sur ces deux mots est probablement le plus durable, le plus documenté et le plus connu de ceux qui touchent aux problèmes de la traduction philosophique.*

Dresser la liste complète des traductions d'*aufheben* et d'*Aufhebung* constitue une tâche en soi, dont plusieurs se sont déjà acquittés ; on se contentera dans un premier temps de la réactualiser.

Le dernier répertoire en date (Pierre-Jean Labarrière, 1986, après Gilbert Kirscher, 1978) comprenait donc, pour *aufheben* et par ordre d'entrée en scène : *supprimer* (Jean Hyppolite, 1939) et sa variante néologique *sur-primer* (Jean Wahl, 1966), *abroger* (Albert Baraquin, 1975), *enlever* (André Doz, 1976), *mettre en grange* (Jean-Louis Vieillard-Baron, 1977), *conservé et dépassé* pour le participe *aufgehoben* (Henri Denis, 1984, précédé par Xavier Tilliette qui, en 1973, proposait *dépasser* ou *surpasser* pour l'infinitif), *assumer* (Emmanuel Martineau, 1984). Les candidats demeurés les plus célèbres sont *relever* (Jacques Derrida, 1972, repris par Jean-Luc Nancy, 1973) et *sursumer* (à la suite d'Yvon Gauthier, 1967, Pierre-Jean Labarrière et Gwendoline Jarczyk, d'abord pour la *Science de la logique* traduite par eux à partir de 1972). En 1991, Jean-Pierre Lefebvre a proposé *abolir* et *abolition* pour le substantif *Aufhebung* dans la *Phénoménologie de l'Esprit*, cependant que G. Jarczyk et P.-J. Labarrière maintenaient *sursumer* et *sursomption* dans leur traduction de la même *Phénoménologie* en 1993.

Ces propositions n'ont pas toutes servi dans des traductions d'ouvrages ni même de textes précis de Hegel : c'est l'*Aufhebung* hégélienne *en général*, c'est-à-dire hors contexte, qu'on cherche à traduire. Il y a là une première illustration du statut de fétiche rapidement pris par *aufheben* et *Aufhebung* : on discute sur *un* mot (ou deux), et chacun se sent habilité à proposer quelque chose, sans nécessairement se confonter à un contenu textuel particulier. C'est cela qu'il convient d'abord de comprendre dans les nombreuses déclarations qui font de l'*Aufhebung* la difficulté majeure ou la clef de ce qu'on appelle l'hégélianisme (par ex. J. Wahl, « Le rôle de A. Koyré dans le développement des études hégéliennes en France »).

I. L'« AUFHEBUNG » ET SON TEXTE : LA REMARQUE SUR « AUFHEBEN » DE LA « SCIENCE DE LA LOGIQUE » (1812-1831)

Cet effet de décontextualisation qui frappe *aufheben* doit cependant à son tour être expliqué. On peut montrer qu'il puise son origine chez Hegel lui-même. Le mot en effet a fait l'objet, dans la *Science de la logique*, d'une notice terminologique qui a, comme il se devait sans doute, attiré vers elle toute l'exégèse de l'*Aufhebung* hégélienne. Il faut donc relire ce texte, sans toutefois s'engager dans la traduction du mot litigieux :

> *Anmerkung.* Aufheben *und das* Aufgehobene (*das* Ideelle) *ist einer der wichtigsten Begriffe der Philosophie, eine Grundbestimmung, die schlechthin allenthalben wiederkehrt, deren Sinn bestimmt aufzufassen und besonderes vom Nichts zu unterscheiden ist. — Was sich aufhebt wird dadurch nicht zu Nichts. Nichts ist das* Unmittelbare ; *ein Aufgehobenes dagegen ist ein* Vermitteltes, *es ist das Nichtseyende, aber als* Resultat, *das von einem Seyn ausgegangen ist ; es hat daher* die Bestimmtheit, aus der es herkommt, *noch an sich*
> Aufheben *hat in der Sprache den gedoppelten Sinn, daß es so viel als aufbewahren,* erhalten *bedeutet, und zugleich so viel als aufhören lassen,* ein Ende machen. *Das Aufbewahren selbst schließt schon das Negative in sich, daß etwas seiner Unmittelbarkeit und damit einem den äuserlichen Einwirkungen offenen Daseyn entnommen wird, um es zu erhalten. — So ist das Aufgehobene ein zugleich Aufbewahrtes, das nur seine Unmittelbarkeit verloren hat, aber darum nicht vernichtet ist. — Die angegebenen zwei Bestimmungen des* Aufhebens *können lexikalisch als zwei* Bedeutungen *dieses Wortes aufgeführt werden. Auffallend müßte es aber dabei seyn, daß es eine Sprache dazu gekommen ist, ein und dasselbe Wort für zwei entgegengesetzte Bestimmungen zu gebrauchen. Für das spekulative Denken ist es erfreulich, in der Sprache Wörter zu finden, welche eine spekulative Bedeutung an ihnen selbst haben ; die deutsche Sprache hat mehrere dergleichen. Der Doppelsinn des lateinischen :* tollere (*der durch den ciceronianischen Witz* tollendum esse Octavium, *berühmt geworden), geht nicht so weit, die affirmative Bedeutung geht nur bis zum Emporheben.*
>
> *Wissenschaft der Logik*, t. 1, *Die objektive Logik*, livre 1, *Die Lehre vom Seyn*, section 1, « Qualität », chap. 1, « Seyn », C, « Werden », 3, « Aufheben des Werdens », *in* Georg Wilhelm Friedrich Hegel, *Sämtliche Werke*, 20 vol., éd. H. Glockner, Stuttgart, Frommann, Bad Cannstatt, Holzboog, 1965, t. 4, p. 119-120.

[Remarque. *Aufheben* et le *Aufgehobene* [participe passé substantivé] (l'idéel) est l'un des concepts les plus importants de la philosophie, une détermination fondamentale qui revient purement et simplement partout, et dont il convient de saisir le sens de façon déterminée, en particulier en le distinguant du néant [*Nichts*]. — Ce qui se *aufhebt* ne devient pas par là néant. Le néant est l'immédiat ; en revanche, un *Aufgehobenes* est quelque chose de médiatisé, c'est le non-étant, mais comme résultat sorti d'un être ; il a donc encore en lui la déterminité [*Bestimmtheit*] dont il provient.

Aufheben a dans la langue un double sens qui fait qu'il signifie à la fois quelque chose comme conserver [*aufbewahren*], garder [*erhalten*], et quelque chose comme faire s'arrêter [*aufhören lassen*], mettre fin [*ein Ende machen*]. Le fait de garder inclut déjà en soi le négatif, au sens où quelque chose se trouve soustrait à son immédiateté et ainsi à un être-là [*Dasein*] ouvert aux influences extérieures afin de garder son être-là. — Ainsi le *Aufgehobene* est-il en même temps quelque chose de conservé, à ceci près qu'il a perdu son immédiateté, sans pour autant l'avoir anéantie [*vernichtet*]. — Les deux déterminations de l'*Aufheben* données plus haut peuvent d'un point de vue lexical être présentées comme deux significations de ce mot. Pourtant, il faut s'étonner qu'une langue en soit venue à employer un seul et même mot pour deux déterminations opposées. Pour la pensée spéculative, il est réjouissant de trouver dans la langue des mots qui ont en eux-mêmes une signification spéculative ; la langue allemande en a plusieurs de cette sorte. Le double sens du latin *tollere* (rendu célèbre par le jeu de mots de Cicéron : *tollendum esse Octavium*) ne va pas aussi loin, la détermination affirmative ne va que jusqu'à l'élévation.]

Science de la logique, t. 1, *La Logique objective*, livre 1, *La Doctrine de l'être*, section 1, « Qualité », chap. 1, « Être », C, « Devenir », 3, « *Aufhebung* du devenir » [soulignements de Hegel].

En le rattachant, pour sa part, à son contexte, celui du début de *La Doctrine de l'être* où être et néant, loin d'être des points fixes de la réflexion, ne font que passer l'un dans l'autre, et où le devenir qui leur succède dans le déploiement de la logique objective n'est pas l'« unité » de l'être et du néant, mais le mouvement même de leur passage, J.-L. Nancy a fait apparaître le texte dans le « clair-obscur » qui lui est propre (*La Remarque spéculative*, p. 107). La difficulté peut se résumer ainsi : l'effet d'affichage du mot, suscité par son traitement particulier dans une remarque terminologique, est d'un autre côté contrarié par l'absence de toute définition ou même d'explicitation pour *aufheben*, alors même qu'il s'agit selon Hegel d'un « concept », de surcroît « l'un des plus importants de la philosophie ». Ce concept-là, néanmoins, n'a pas attendu la Remarque qui lui est consacrée dans le texte pour agir et constituer l'opérateur de la dialectique de l'être et du néant, mais d'une manière qui est elle-même difficilement assignable. Hegel, en effet, recourt dès le début à diverses dénominations d'action en guise de substituts à *aufheben* — *übergehen* (passer dans), *auflösen* (dissoudre), *verschwinden* (disparaître) —, dont chacune pose des difficultés particulières et qui ne permettent pas de déterminer exactement ce qu'est l'*Aufheben*, sa nature et l'objet sur lequel il opère (J.-L. Nancy, *ibid.*, p. 42-58). À l'inverse, les explications données dans la Remarque ne sont pas déductibles de ce qui précède ce texte. *Aufheben* pour Hegel n'est pas « anéantir » (*vernichten*), l'opération de l'*Aufhebung* produit quelque chose, un « résultat », qui, par cela même qu'il est un résultat, est quelque chose de « médiatisé » (*ein Vermitteltes*). De cela, pourtant, on ne peut pas conclure que la médiation définit l'*Aufhebung*. L'inverse serait plutôt vrai (*ibid.*, p. 62). De même le recours aux termes de la dialectique de l'être et du néant dans la Remarque (en particulier dans la distinction qu'elle opère entre ce qui est *aufgehoben* et le rien, *Nichts*) ne doit pas faire croire que le concept d'*Aufhebung* tire toutes ses ressources de cette dialectique : il ne pourrait, si c'était le cas, « revenir partout » dans la philosophie. Non seulement, donc, le sens d'*aufheben* est rendu difficile par la coexistence en lui de deux significations « du point de vue lexical » (dans la langue naturelle), mais le sens « spéculatif » du mot se dérobe à la saisie dans les textes mêmes qui devraient l'exposer (*ibid.*, p. 78) et qui se révèlent bien plutôt, comme le montre Nancy, incapables de « suivre le droit-fil d'un discours » (*ibid.*, p. 97).

On comprend donc mieux l'allure prise par la discussion, son obsession du *mot* — il faudrait même dire du *nom*, *Aufhebung*, alors que c'est le verbe que Hegel utilise le plus souvent (dans la table des matières de la *Science de la logique*, la Remarque citée est annoncée sous le titre : « L'expression [*Ausdruck*] *aufheben* »). Quant à la difficulté même qui est traitée dans cette discussion, elle est simple. La meilleure formulation en a été donnée par J. Wahl, à une époque (1966) où les controverses de traducteurs n'avaient pas encore recouvert les enjeux : « Dire à la fois “supprimer et conserver”, c'est très difficile » (J. Wahl, art. cité, p. 22).

II. L'« AUFHEBUNG » ENTRE POSITIVITÉ ET NÉGATIVITÉ

La première question du débat peut se trancher assez vite à l'aide de la Remarque sur *aufheben* de la *Science de la logique* : celle-ci, dans cela même qu'elle a de général et de « décroché » de tout contexte précis (J.-L. Nancy, *La Remarque spéculative*, p. 66), fournit au moins un bon critère pour évaluer les propositions de traduction. Ce critère réside dans l'affirmation d'une *positivité* du processus de l'*Aufheben*, qui exclut toutes les traductions marquées d'un sens négatif ou destructeur. La Remarque distingue de fait expressément *aufheben* de *vernichten* (anéantir) et de *Nichts* (néant) : on a vu que ce qui est *aufgehoben* n'est pas supprimé, mais demeure ou plutôt devient quelque chose, que le texte appelle un « médiatisé » (*Vermitteltes*). Dans le réseau lexical de la Remarque, cette définition de l'*Aufhebung* comme procès de médiation s'appuie sur une autre distinction entre le néant (*das Nichts*) et le non-étant (*das Nichtseiende*) : il n'y a pas de néant, il y a le non-étant *de* quelque chose, autrement dit un non-étant déterminé, et non un vide de détermination, comme le néant en fait ne se laisse pas penser. Médiation et détermination sont ainsi les deux caractéristiques du processus de l'*Aufhebung*, qui fondent sa positivité.

On peut admettre qu'il s'agit ici d'un acquis de l'exégèse. P.-J. Labarrière y a particulièrement insisté : « Une telle positivité du négatif dans le mouvement même de son accomplissement — dans le devenir qu'il engendre —, c'est là le sens le plus direct de l'*Aufhebung* » (« Sursumer/sursomption », p. 107). C'est pourquoi « seront totalement déficientes, d'un point de vue spéculatif, les traductions qui privilégieront l'aspect de négativité : *supprimer, abolir, abroger* » (*ibid.*, p. 109). Labarrière propose alors *sursumer*, à la suite de Y. Gauthier qui formait ce néologisme par contraste avec le *subsumer* kantien : chez Kant, le *subsumieren* se définit comme l'action de « distinguer si quelque chose entre ou non sous une règle donnée (*casus datae legis*) » (*Critique de la raison pure*, Analytique des principes, Introduction, B 171), alors que la *sursomption* hégélienne désignerait, à l'inverse, « le procès de totalisation de la partie » (Y. Gauthier, « Logique hégélienne et formalisation », p. 152, n. 5). Il est frappant que la violente polémique menée par Emmanuel Martineau contre la solution Labarrière-Jarczyk l'ait été, elle aussi, au nom de la positivité de l'*Aufheben* : à *sursumer* qui persisterait à « évoquer *supprimer* et *surmonter* », soit encore « l'idée d'une *éviction* d'un terme moins élevé par un terme plus élevé » (E. Martineau, « Avertissement », p. 17), il faudrait préférer *assumer*, avec l'édifiant et marial *assomption* pour *Aufhebung*.

C'est ici sans doute que le débat sur *Aufhebung* en français dévie, ou qu'il dévoile le plus manifestement son étrangeté : insensiblement, on est arrivé à discuter les nuances d'un néologisme qui devrait n'avoir que celles que son inventeur a bien voulu lui donner. Mais il y a sans doute une raison pour que, une fois admise la prémisse commune selon laquelle *aufheben* doit se rendre par un verbe qui en fasse ressortir la positivité, la concurrence ait persisté entre les candidats à la traduction. *Sursumer* et *relever*, les deux principaux dans la littérature hégélienne récente d'expression française, semblent pourtant se valoir, comme d'ailleurs *dépasser* et *assumer*, en ceci au moins qu'ils ne disent pas la suppression ou l'anéantissement (malgré ce qu'affirme P.-J. Labarrière [« Sursumer-sursomption », p. 116], on ne voit pas ce que *relever* peut encore porter de sens négatif). D'un côté, cependant, on a un néologisme, de l'autre, des termes du dictionnaire qu'on utilise en prenant plus ou moins de libertés avec ce qui est censé être leur définition (notamment dans le cas de *relever*). Il faut maintenant examiner cette nouvelle ligne de partage.

III. L'IDIOMATICITÉ D'« AUFHEBEN », ENTRE LANGUE NATURELLE ET FOLKLORE PAYSAN

Le constat de départ est double : le français n'a aucun mot qui dise « à la fois "supprimer et conserver" » (J. Wahl), et *aufheben* est un mot, sinon quotidien, du moins parfaitement ordinaire dans le lexique de l'allemand. Mais il faudrait aussi demander : que veut-on dire en affirmant que ce mot allemand dit « à la fois "supprimer et conserver" » ? La comparaison que Hegel établit avec le latin *tollere* à partir d'un jeu de mots (*Witz*, voir INGENIUM) de Cicéron (*Ad familiares*, XI, 20) permet de l'illustrer. *Tollere* veut dire *ou bien* « élever » (aux plus hautes fonctions) *ou bien* « écarter, supprimer » : le *Witz* vient de ce que Cicéron parvient à faire entendre ce « second sens » menaçant dans un passage en apparence favorable à Octave (« Il faut faire l'éloge de ce jeune homme, le parer de toutes vertus, le *tollere* »). *Aufheben* en revanche signifie *et* « conserver » *et* « mettre fin », les deux en même temps et « à la fois ». Le premier souci des traducteurs français a été de comprendre comment une chose pareille était possible. On s'est donc mis à la recherche de situations de communication où *aufheben* déploie ses deux significations simultanées sans quitter ce que P.-J. Labarrière appelle son « site "naturel" » (« Sursumer-sursomption », p. 105). De là, à partir de l'expression censément idiomatique « *Konfitüren für den Winter aufheben* », l'exemple désormais fameux des pots de confiture et de leur contenu, le fruit *aufgehoben*, c'est-à-dire modifié « par une forme de négation » qui « le rend apte à subsister sous d'autres conditions que celles qui furent d'abord les siennes » (*ibid.*, p. 106), soit la conservation négatrice d'immédiateté dont parle Hegel dans la Remarque. Un intérêt plus marqué encore pour les réalités de la vie en plein air est à observer dans le *mettre en grange* suggéré par J.-L. Vieillard-Baron pour *aufheben*, au nom de la « sève souabe et paysanne de Hegel » (« Compte rendu », p. 217). On peut, de fait, donner d'autres exemples du même genre (les frères Grimm mentionnent l'expression ancienne *Teller aufheben* pour « changer les plats » : une assiette disparaît, une autre revient), tout en s'interrogeant sur la nécessité de l'opération : enregistrer un fichier dans l'ordinateur se dit en allemand *speichern*, soit, là aussi, « engranger », et cela de façon tout aussi dénuée d'arrière-pensées paysannes que lorsqu'on dit en français qu'une société commerciale a « engrangé » des bénéfices. On s'interrogera aussi sur la fascination de beaucoup pour le pays souabe et son emprise prétendue sur le devenir intellectuel de Hegel (et de Heidegger, mais Hegel, lui, a assez vite quitté son terroir natal). Il est vrai que la région est limitrophe de la France, et que cela permet de se sentir moins dépaysé.

D'une manière générale, cette surenchère dans la rusticité trahit l'embarras de toute traduction devant les catachrèses, *i.e.* les métaphores rendues inaudibles car « naturalisées » (les pieds de la table), des langues étrangères. On pourra toujours dire « à la fois » (là aussi...) que le lecteur allemand n'entend plus la grange et les confitures dans *aufheben*, et qu'il les entend un peu quand même : qui décidera en la matière ? Le problème se complique en outre encore quand on s'interroge sur le sens de cette naturalisation, s'agissant d'un terme dont Hegel souligne qu'il fournit à la philosophie — ou du moins à sa philosophie — l'un de ses concepts les plus importants. Les déclarations de Hegel sur le rapport entre *aufheben* et langue naturelle sont en effet ambiguës : l'étonnement devant le fait qu'« une langue en soit venue à employer un seul et même mot pour deux déterminations opposées » n'est pas thématisé par Hegel (sans toutefois que l'expression « *auffallend müßte es sein* » mérite le luxe de commentaires que J.-L. Nancy lui consacre dans *La Remarque spéculative*, p. 72-73 : le conditionnel *müßte*, loin d'être marqueur d'ambivalence, est appelé par l'adjectif *auffallend*, qui impose habituellement une modalisation), sinon pour dire que la pensée spéculative y trouve matière à réjouissance (« *für das spekulative Denken ist es erfreulich...* »). La nouvelle Préface ajoutée par Hegel, quelques jours avant sa mort, à l'édition de 1831 de la *Science de la logique* parle semblablement d'une « joie [*Freude*] » que le penser éprouve à constater l'existence d'un « esprit spéculatif de la langue [*ein spekulativer Geist der Sprache*] » dans des mots qui ont la « propriété [...] de n'avoir pas seulement des significations différentes (*verschiedene Bedeutungen*), mais bel et bien opposées (*entgegengesetzte*) », comme c'est le cas d'*aufheben*, d'ailleurs non mentionné ici (*Wissenschaft der Logik*, *op. cit.*, p. 22 ; trad. fr. C. Malabou in *Philosophie*, n° 21, 1990, p. 14). Le statut de cet « esprit spéculatif de la langue » n'est cependant clair dans aucun des deux textes (cf. J.-L. Nancy, *op. cit.*, p. 81, sur la question indécidable « de l'antériorité - ou de l'intériorité - d'un pareil esprit par rapport au système linguistique »), et tout semble se passer comme si cet esprit ne trouvait guère à se fixer que sur des mots dispersés çà et là, par une « chance » et un « bonheur » (J.-L. Nancy, *ibid.*, p. 73) qui provoquent la « joie » du penseur. Quant à la question de savoir si cette « joie » s'éprouve dans certaines langues davantage que dans d'autres, elle est aussi plus difficile qu'on ne le croirait d'abord. La Préface de 1831 dit bien que la coexistence de significations opposées dans plusieurs de ses mots constitue un « privilège » de la langue allemande « au regard des autres langues modernes », et ce n'est que par voie de concession que Hegel semble y autoriser l'emprunt de « quelques mots » aux langues étrangères. Quelques pages plus loin, cependant, la Remarque sur *aufheben* ne porte déjà plus trace de cet éloge de l'allemand. Surtout, elle se poursuit en défendant le maintien, dans la « langue technique de la philosophie », des « expressions latines », plus aptes selon Hegel à « rappeler le réfléchi (*das Reflektierte*, un latinisme précisément pour *das Vermittelte* donné au début) » que l'« immédiat » de la « langue maternelle ». C'est pourquoi, dans la suite de la Remarque, l'*Aufhebung* elle-même, ou plus exactement son produit, ce qui est *aufgehoben*, peut « de manière appropriée » être qualifié à l'aide du mot « latin » *Moment* (voir MOMENT).

Toutes ces hésitations de Hegel sur le privilège de l'allemand, sur l'usage de la langue courante et la nécessité d'une terminologie philosophique — en un mot, sur ce que pourrait être une « signification spéculative » (J.-L. Nancy, *ibid.*, p. 76) —, expliquent la difficulté qu'il y a à traduire *aufheben-Aufhebung*, autant et peut-être plus que le simple constat d'absence d'un mot pouvant dire « à la fois » « supprimer » et « conserver » en français. Toujours, en effet, on hésitera entre une traduction « technique », comme le *sursumer* de P.-J. Labarrière, qui fait ressortir l'*Aufheben* dans son caractère d'« opérateur logique conventionnel » (Présentation de *La Doctrine de l'essence* [*Science de la logique*, I, 2], 1976, p. XXVIII), et une traduction plus ancrée dans l'idiome, comme *relever* ou *dépasser*. Et avec ces deux derniers candidats, il faudra encore choisir entre l'étymologiquement conforme (*heben* dans *aufheben* signifie « lever », d'où *relever*) et quelque chose de plus habituel : *dépasser*, par exemple un point de vue, s'est imposé dans le langage de l'argumentation, sans pour autant — et c'est ce qui fait ici son intérêt — devenir un terme technique ; mais, d'un autre côté, *se relever* pour *sich aufheben* est peut-être meilleur que *se dépasser*, avec sa nuance éthico-ascétique. Autrement dit, c'est la définition même de ce qu'on juge « idiomatique » qui se trouve ici à chaque fois en cause. Et c'est précisément cela que l'usage hégélien d'*aufheben* met en cause dans l'allemand lui-même, c'est-à-dire dans une langue qu'il fait trembler en faisant passer un terme ordinaire du côté de la terminologie philosophique. Telle est, très exactement, l'opération qui s'accomplit avec *Aufhebung*. Il y a l'*Aufheben* qui partage avec d'autres mots le privilège de révéler la contradiction féconde des « significations opposées » dans la langue naturelle, et il y a celui qui est intégré par Hegel dans la langue technique de la philosophie, et associé à ce titre au « latin » *Moment*. La difficulté se déduit de cette dualité que le français est obligé de transposer au niveau lexical, ou plutôt — pour être plus hégélien — de ce mouvement intérieur au mot qui en français donne deux mots, le néologisme (*sursumer*) et l'« ordinaire » toujours surdéterminé (*relever*). Car en fait il s'agit du même *aufheben*, mais c'est ce qu'on ne peut pas montrer autrement qu'en renvoyant tout de suite à l'allemand. Sans doute, dès lors, le débat des traducteurs ne peut-il aboutir, si aboutir signifie trouver *le* mot qui « correspond » à *Aufhebung*, et il le peut de moins en moins à mesure qu'il se concentre, en amont, sur *un* mot, *aufheben* ou *Aufhebung*. En montrant cependant que c'est l'économie du discours hégélien qui, du simple fait qu'*aufheben* a droit à une remarque particulière, opère la première cette transformation du mot en fétiche, on a montré du même coup que la compréhension de l'*Aufhebung* est suspendue à celle d'une philosophie hégélienne de la signification dont les difficultés sont depuis trente ans bien connues en France. La traduction d'*Aufhebung* s'en trouve, de ce fait, renvoyée à l'explication du texte hégélien : selon l'importance qu'on accorde à ce type d'exercice, on y verra une consolation, ou un pis-aller.

Philippe BÜTTGEN

BIBLIOGRAPHIE

DENIS Henri, *Logique hégélienne et systèmes économiques*, PUF, 1984.

DERRIDA Jacques, *Marges de la philosophie*, Minuit, 1972.

GAUTHIER Yvon, « Logique hégélienne et formalisation », *Dialogue. Revue canadienne de philosophie*, VI/1, 1967, p. 151-165.

HEGEL Georg Wilhelm Friedrich, *Sämtliche Werke*, 20 vol., éd. H. Glockner, Stuttgart, Frommann, Bad Cannstatt, Holzboog, 1965.

— *Phénoménologie de l'Esprit*, 2 vol., trad. fr. J. Hyppolite, Aubier-Montaigne, 1939-1941.

— *Phénoménologie de l'Esprit*, trad. fr. et avant-propos J.-P. Lefebvre, Aubier, 1991.

— *Phénoménologie de l'Esprit*, prés., trad. fr. et notes G. Jarczyk et P.-J. Labarrière, Gallimard, 1993 ; rééd., « Folio », 2002.

— *The Phenomenology of Mind*, trad. angl., intr. et notes J.B. Baillie, Londres, Schwan Sonnenstein, New York, MacMillan, 1910.

— *Phenomenology of Spirit*, trad. angl. A.V. Miller, analyse du texte et avant-propos J.N. Findlay, Oxford UP, 1977.

— *La Fenomenogia dello spirito*, éd. G. Schulze, trad. it. A. Novelli, Naples, Rossi-Romano, 1863.

— *Fenomenologia dello spirito*, trad. it. E. De Negri, Florence, La Nuova Italia, 1973.

— *Recension des œuvres de Jacobi*, trad. fr. et notes sous la dir. d'André Doz, Vrin, 1976.

— *Science de la logique*, trad. fr. S. Jankélévitch, Aubier-Montaigne, 1949.

— *Science de la logique*, t. 1 [*La Logique objective*], livre 1, *L'Être*, trad. fr., prés. et notes P.-J. Labarrière et G. Jarczyk, Aubier-Montaigne, 1972.

— *Science de la logique*, t. 1 [*La Logique objective*], livre 2, *La Doctrine de l'essence*, trad. fr., prés. et notes P.-J. Labarrière et G. Jarczyk, Aubier-Montaigne, 1976.

— *Science de la logique*, « Préface de 1831 », trad. fr. C. Malabou in *Philosophie*, n° 21, 1990, p. 7-26.

KIRSCHER Gilbert, compte rendu de *G.W.F. Hegel. Recension des œuvres de Jacobi* (trad. fr. et notes sous la dir. d'André Doz, Vrin, 1976), in *Hegel-Studien*, vol. 13, 1978, p. 290-291.

LABARRIÈRE Pierre-Jean, « Sursumer / sursomption », in Gwendoline JARCZYK et Pierre-Jean LABARRIÈRE, *Hegeliana*, PUF, 1986, p. 102-120.

LEFEBVRE Jean-Pierre, « Philosophie et philologie : la traduction du vocabulaire philosophique allemand », in *Encyclopædia universalis, Symposium*, 1985, p. 110-119.

MARTINEAU Emmanuel, « Avertissement du traducteur », *in* Martin HEIDEGGER, *La Phénoménologie de l'Esprit de Hegel*, Gallimard, 1984, p. 13-23.

MARX Karl, *Critique du droit politique hégélien*, trad. fr. A. Baraquin, Éd. sociales, 1975.

NANCY Jean-Luc, *La Remarque spéculative (un bon mot de Hegel)*, Galilée, 1973.

TILLIETTE Xavier, Compte rendu de G. W. F. Hegel, *Science de la logique*, t. 1, livre 1, *L'Être*, trad. fr., prés. et notes P.-J. Labarrière et G. Jarczyk, Aubier-Montaigne, 1972, *Archives de philosophie*, 36, 3, 1973, p. 513-514.

VIEILLARD-BARON Jean-Louis, Compte rendu de G.W.F. Hegel, *Science de la logique*, t. 1, livre 1, *L'Être*, éd. de 1812, et t. 1, livre 2, *La Doctrine de l'essence* (trad. fr., prés. et notes P.-J. Labarrière et G. Jarczyk, Aubier-Montaigne, 1972 et 1976), in *Hegel-Studien*, vol. 12, 1977, p. 215-219.

WAHL Jean, « Le rôle de A. Koyré dans le développement des études hégéliennes en France », *Hegel-Studien*, suppl. 3, Bonn, Bouvier, 1966, p. 15-26.

AUTORITÉ

AUTORITÉ *Autorité* dérive du lat. *auctoritas*, sur *augere*, « accroître, augmenter » : l'*auctor* est celui qui « accroît la confiance », le garant, le modèle, la source, le conseiller, le fondateur, avant d'être l'« auteur » au sens moderne d'écrivain ; voir ACTEUR, et cf. LEX, PIETAS, RELIGIO ; cf. DOXA. Classiquement, l'autorité (*auctoritas*) se distingue du pouvoir ou de la puissance (*potestas*) : elle est cette modalité du commandement humain qui prend sa source dans un ordre légitime et qui, en droit, se passe à la fois de la contrainte et de la persuasion. On trouvera ici un exemple significatif des difficultés qu'éprouve la pensée moderne et contemporaine à donner un contenu à cette distinction avec l'analyse de la notion de *Herrschaft*, que les traducteurs de Max Weber rendent tantôt par « autorité », tantôt par « domination » : voir HERRSCHAFT ; cf. *DOMINATION*.

► *DROIT*, *POUVOIR*, principe, *SAGESSE*

AUTRUI

AUTRUI *Autrui* est le cas régime d'*autre*, sur *alter* lat., qui signifie d'abord, ainsi que l'indique son suffixe de comparatif, « l'autre de deux », « l'un, l'autre, le second », comme le gr. *heteros* [ἕτερος], tandis qu'*alius*, correspondant au gr. *allos* [ἄλλος], désigne « l'autre de plusieurs », et fournit l'expression de la réciprocité (lat. *alius, alium*, gr. *allêlôn* [ἀλλήλων]). D'un côté, le « tu » face à un « je », un *alter ego* justement dont il s'agit de mesurer la distance et de comprendre la différence ; de l'autre, un « il » quelconque, un « autre » entre autres, représentant une variation contingente de l'identité personnelle. La concurrence entre ces deux manières d'exprimer l'altérité, d'ailleurs relevant d'une racine unique différemment modulée, existe dans de nombreuses langues européennes (cf. angl. *other / else*), même si la différence d'usage n'est pas toujours facile à tracer, les deux étant le plus souvent rendus finalement dans les dictionnaires par *autrui*.

1. Sur la différence grecque *allos / heteros*, et le tout autre « hétérogène » que représente le « barbare », on se reportera à TRADUIRE (encadré 1, « Qu'est-ce qu'un barbare pour un Grec ? »).

2. Sur le lien entre *alius* et *alienus*, « qui appartient à un autre [au sens juridique, *alienare* désigne le transfert du droit de propriété], étranger, impropre, hostile, désavantageux », et le sens plus moderne, même si toujours lié à l'acception juridique, de l'*aliéné* comme irresponsable et étranger à soi-même, cf. FOLIE. Comme le note le DHLF, *aliénation* connaît une nouvelle carrière avec Sartre, et sa traduction de l'*Entfremdung* — sur *fremd*, « étranger » — chez Hegel et Marx : cf. PRAXIS, SÉCULARISATION, et *APPROPRIATION*, PROPRIÉTÉ.

3. Mais on a choisi d'aborder l'ensemble du réseau à travers la différence en allemand entre *Nebenmensch*, qui désigne l'altérité neutre d'autres particuliers ou « prochains » face à un universel postulé identique, et *Mitmensch*, qui exprime une singularité irréductible à la tension entre particulier et universel et constitue une modalité structurant le rapport au monde de tout moi : voir MITMENSCH ; cf. *IDENTITÉ*, JE, MENSCHHEIT, *PERSONNE*.

4. En russe, *drugoj* [другой], l'autre, au sens de « second », *heteros*, est terminologiquement lié à *drug* [друг], « ami, camarade », dans un réseau de rapports où règnent l'amitié et la proximité familière (la *philia* [φιλία], voir AIMER) : voir DRUGOJ, et cf. SOBORNOST'.

► CONSCIENCE, HEIMAT, WELT

B

BAROQUE

all.	*barock, Barock*
angl.	*baroque*
it.	*barocco*
port.	*barroco*

► ARGUTEZZA, CLASSIQUE, CONCETTO, ESTHÉTIQUE, GOÛT, MANIÈRE, NEUZEIT, PORTUGAIS, ROMANTIQUE

L'évidence de sa traduction dans toutes les langues européennes, due à une racine commune portugaise, masque les signifiés multiples du mot baroque*, nés de déplacements, contractions et extensions successifs, qui se superposent au cours d'une histoire transeuropéenne de cinq siècles.*

Dérivé d'un terme de joaillerie portugais, barocco*, qui désigne des perles irrégulières,* baroque *a d'abord eu au XVIIIe siècle une connotation péjorative. À la fin du XIXe,* barock *devient, dans la* Kunstgeschichte *allemande, le qualificatif neutre de l'art du Bas Empire et de la post-Renaissance, avant d'être utilisé, couplé au mot* classique*, dans diverses tentatives de construire une* Kunstwissenchaft*, ou une esthétique générale, transhistorique.*

Mais ses limites fluctuent au cours du temps, selon les pays et les champs concernés, entraînant une grande diversité de contenus qui recoupent, incluent ou excluent des notions concurrentes ou voisines : maniérisme, classicisme, rococo.

Dans les années 1980-2000, baroque *tend à devenir, comme* roman *ou* gothique*, un simple qualificatif chronologique pour désigner le XVIIe siècle, délogeant de cet emploi, dans la culture française, le mot* classique.

Signifiant flottant, mot-valise d'une auberge ibéro-franco-germanique, le mot baroque *est donc — selon le contexte, le champ, l'époque ou même le locuteur — antonyme ou synonyme du mot* classique*, comme il peut contenir le* maniérisme *ou lui succéder, contenir ou précéder le* rococo*. Dans de nombreux textes, le mot pourrait être supprimé sans aucune perte pour le sens, ou être remplacé par des termes plus précis et moins ambigus.*

Cependant, les connotations liées au sens figuré primitif encore vivant, l'illusion réaliste, la tentation nominaliste et les résurgences post-hégéliennes encore vivaces peuvent toujours entraîner un retour des sens refoulés. La déconstruction, strate par strate, de ce palimpseste linguistique est sans doute le seul antidote efficace contre cette confusion babélienne.

I. DU SENS PROPRE AU SENS FIGURÉ

En cinq siècles, le mot *baroque* traverse l'Europe. Du sens propre, attesté au XVIe siècle en portugais et passé en français (Furetière, 1690 : « terme de joaillier, qui ne se dit que des perles qui ne sont pas parfaitement rondes »), dérive un sens figuré, « irrégulier, bizarre, inégal », enregistré dans l'édition de 1740 du *Dictionnaire de l'Académie*, sens qui est encore le seul connu du Littré en 1873 et qui est toujours vivant dans l'usage d'aujourd'hui. Dans le cadre de l'esthétique française, normative et idéaliste, du « bon goût », le mot est employé au XVIIIe siècle dans le champ des beaux-arts pour désigner, avec une nuance péjorative, les formes hétérodoxes, bizarres ou libertines : « [...] baroque est tout ce qui suit non les normes des proportions, mais le caprice de l'artiste. Dans les peintures de Tintoret, il y a toujours quelque chose d'étrange et d'insolite, il s'y trouve toujours quelque chose de baroque » (Pernety, *Dictionnaire portatif de peinture, sculpture et gravure*, 1757) ; « musique baroque : musique dont l'harmonie est confuse, chargée de modulations et de dissonances » (Rousseau, *L'Encyclopédie*, supplément, 1776). Dans l'*Encyclopédie méthodique, Architecture*, t. 1 (1788), A. Quatremère de Quincy l'emploie dans le même sens normatif :

> *Baroque*, adjectif. Le baroque en architecture est une nuance du bizarre. Il en est si l'on veut le raffinement, ou, s'il était possible de le dire, l'abus [...]. Borromini a donné les plus grands modèles de bizarrerie, Guarini peut passer pour le maître du baroque.

De là, le mot passe avec le même emploi en italien et en allemand, signe de la domination culturelle de la France dans l'Europe des Lumières.

Ce premier usage du mot *baroque* dans l'esthétique artistique ne renvoie pas spécifiquement, encore moins globalement, à l'art du XVIIe siècle ; il peut qualifier aussi bien les ornements gothiques, la peinture du Tintoret ou du Greco que les architectures de Borromini ou de Guarini, mais jamais l'art de Rubens ou de Bernin. Cependant, l'emploi du qualificatif de *baroque* pour les architectures capricieuses de Guarini prépare un ancrage du mot *baroque* dans l'art italien du *Seicento*, comme la propagande monarchique, qui fait du siècle de Louis XIV l'égal des siècles de Périclès et d'Auguste, prépare un ancrage du mot *classique* dans la culture française du XVIIe siècle.

II. DU SENS FIGURÉ AU(X) SENS HISTORIQUE(S)

Lorsque l'histoire de l'art naît en Allemagne, à la fin du XIXe siècle, sur la fracture du romantisme qui vient briser le consensus du « bon goût », le mot *barock* est repris pour qualifier des phases tardives de l'art romain antique (L. von Sybel, 1888) et de la Renaissance italienne (Burckhardt, 1855 et 1878 ; Gurlitt, 1887) : « On a pris l'habitude d'entendre sous le nom de baroque le style qui marque la dissolution de la Renaissance, ou, selon une expression plus fréquente, sa dégénérescence » (Wölfflin, 1888 ; trad. fr. 1967, p. 39). En dégageant une série de critères formels qui font système (« style pittoresque » ou pictural, grand style, effets de masse, mouvement), Wölfflin fait perdre au mot sa connotation péjorative.

Pour Wölfflin, le baroque, phénomène propre aux beaux-arts italiens, recouvre deux siècles, de la Renaissance au néoclassicisme : il naît vers 1520, arrive à sa pleine maturité en 1580, entre dans une nouvelle phase vers 1630 et trouve son terme vers 1750, où l'emporte l'esthétique dite néo-classique (*Klassizismus* en allemand). Mais, dans le siècle qui suit, son champ d'application, historique et géographique, tend à la fois à se restreindre avec l'émergence ou la résistance de notions concurrentes, et à s'étendre à d'autres pays et d'autres arts.

Les historiens d'art allemands sont bientôt suivis par leurs confrères étrangers qui vont eux aussi utiliser le mot *baroque* pour désigner l'art italien. Mais certains étendent son champ d'application à d'autres aires géographiques (O. Schubert, *Geschichte des Barocks in Spanien*, Esslingen, Neff, 1908 ; Arne Novák, *Praha barokní* [*La Prague baroque*], Prague, Manes, 1915), en élargissant ses bases formelles ou culturelles : art de l'ornement foisonnant (W. Weisbach, *Die Kunst des Barock in Italien, Frankreich, Deutchsland und Spanien*, Berlin, Propylaën, 1924), art post-tridentin (W. Weisbach, *Der Barock als Kunst des Gegenreformation*, Berlin, P. Cassirer, 1921), art du pouvoir absolu (Carl J. Friedrich, *The Age of the Baroque*, New York, Harper, 1952).

Mais en France le mot se heurte à l'usage idiomatique des termes *classique* et *classicisme* pour désigner l'art du Grand Siècle, emploi dont on ne peut négliger les connotations nationalistes, anciennes, contre le goût italien, ou plus récentes, contre la science allemande. En Espagne, quoique de façon plus discrète, il se heurte à d'autres appellations comme *siglo de oro* pour une période décalée (1550-1650) ou *churriguerismo*, du nom de la famille d'architectes Churriguera active entre 1650 et 1740.

En aval, *baroque* interfère avec *rococo*, employé en France et en Allemagne pour désigner l'art décoratif, mais aussi par extension l'architecture, la peinture et la sculpture de la première moitié du XVIIIe siècle : selon les uns (de Wölfflin à Pevsner), le rococo n'est qu'une phase tardive du baroque ; pour d'autres (de Kimball à Minguet), il est un système formel spécifique, tout différent.

En amont, l'émergence des notions de maniérisme et d'antimaniérisme en peinture (M. Dvorak, 1920 ; W. Friedlander, 1925), puis en architecture (R. Wittkower, 1934) tend à cantonner le baroque à la seconde phase distinguée initialement par Wölfflin (Revel, 1963 ; Zerner, 1972), mais certains comme Emil Kaufmann trouvent déjà dans l'architecture de la Renaissance, de Brunelleschi à Alberti, les bases du système baroque de composition par gradation et hiérarchie, dont l'extension se trouve coïncider dès lors avec celle du « langage classique de l'architecture » défini par John Summerson (*The Classical Langage of Architecture*, 1963) ou du classicisme au sens large décrit par Louis Hautecoeur (*Histoire de l'architecture classique en France*, 1943-1967).

Le mot entre bientôt dans le champ de la musique, où il désigne une forme de musique qui apparaît vers 1600 et qui se caractérise par l'emploi de la basse continue (S. Clercx, *Le Baroque et la musique*, Éd. de la Librairie encyclopédique, 1948). Il est également repris par des historiens de la littérature, qui l'appliquent à la période qui s'étend de 1560-1580 à 1640, et le définissent à partir de critères thématiques ou stylistiques, tels que les figures de Circé et du paon ou l'usage intensif de la métaphore (O. de Mourgues, *Metaphysical Baroque and Precieux Poetry*, Oxford, Clarendon Press, 1953 ; J. Rousset, *La Littérature de l'âge baroque en France*, Corti, 1953).

Tous ces déplacements et ces chevauchements viennent brouiller la définition initiale proposée par Wölfflin ; mais ils se trouvent masqués par d'autres rebondissements dans le champ de l'esthétique.

III. LA CATÉGORIE ESTHÉTIQUE DE « BAROQUE » : RÉALISME OU NOMINALISME

Après avoir défini en 1888 les caractères du style baroque post-Renaissance et en 1899 ceux de l'art classique de la haute Renaissance italienne, Wölfflin tentait en 1915, dans ses *Principes fondamentaux de l'histoire de l'art*, de définir une *Kunstwissenschaft* en généralisant les observations faites. Il dégageait cinq couples de principes fondamentaux de composition : linéaire/pictural ; présentation en plans/présentation en profondeur ; forme fermée/forme ouverte ; pluralité/unité ; clarté absolue/clarté relative.

Le caractère plus abstrait de ces concepts, illustrés d'exemples empruntés non seulement à l'art italien mais encore à l'art du Nord, ouvrait la voie à un élargissement transhistorique, que préparait déjà le double ancrage historique initial que l'on pouvait facilement compléter : art classique du Ve siècle av. J.-C./art hellénistique ; classicisme augustéen/art baroque du Bas Empire ; gothique classique/gothique flamboyant ; classicisme émilien/baroque de Rubens, Cortone et Vouet, etc. Dans *Du baroque* [*Lo Barroco*, 1931], Eugenio d'Ors proposait ainsi une généralisation transhistorique du couple classique/baroque au prix d'une réduction de la spécificité des contenus.

Liée à des rêveries philosophico-mystiques d'histoire cyclique ou de polarité binaire, cette thèse et d'autres de même nature ont pu faire illusion. Elles étaient soutenues par un retour du sens figuré initial refoulé, et par une réduction des subtiles analyses visuelles de Wölfflin à des oppositions binaires simplistes qui recoupaient d'autres couples appartenant à l'esthétique (apollinien/dionysiaque), à la stylistique antique (atticisme/asianisme), ou reposant sur des distinctions élémentaires (nu/orné ; simple/complexe). L'inflation sémantique du mot *baroque* a été la source d'innombrables confusions qui expliquent son succès. Une fois le mot lancé, on a cru que le baroque était une essence *ante rem*, et l'on s'est demandé si telle œuvre était baroque, oubliant que le baroque n'a pas d'existence extérieure au corpus qui sert à le définir. Lorsqu'on fait sortir le maniérisme du champ baroque ou, inversement, lorsqu'on y inclut le « grand style » à la française ou le rococo allemand, son sens change du tout au presque tout. Les dérives autour de la notion de baroque sont aussi pertinentes pour l'histoire de l'art et de la culture que celles que l'on peut faire autour des signes du zodiaque pour la psychologie humaine. Comme le fauvisme (Lebensztejn, 1999), le baroque est une notion mal fondée, conçue tantôt comme une synchronie dont les limites sont très fluctuantes, tantôt comme un système stylistique diachronique dont la définition change avec le corpus de référence.

La culture française, qui avait développé pour des raisons spécifiques la notion de siècle classique pour désigner le Grand Siècle, fut la dernière à résister au triomphe européen du baroque, en s'adossant à certaines spécificités anti-baroques, au sens figuré premier du terme. La levée de ce verrou culturel, dont *La Modification* (Minuit, 1957) de Michel Butor donne une prémonitoire expression romanesque, suit de peu la signature du traité de Rome et l'établissement du Marché commun. Avec son essai, *Baroque et Classicisme* (1957), V.L. Tapié a joué un rôle sans doute capital dans la substitution en France du mot *baroque* au mot *classique*. Notre génération a vu Versailles, considéré jusque-là comme le chef-d'œuvre du classicisme français, devenir le grand théâtre du baroque, le château de Maisons, classique de l'architecture à la française, être perçu comme une orchestration baroque de volumes. Comme le terme italien de *gotico* a remplacé au XVIIe siècle l'appellation « moderne » employée au XVIe siècle pour qualifier l'architecture française des cathédrales, « l'âge baroque » remplace dans l'usage « l'âge classique », le français s'alignant sur les autres langues européennes, et l'on parle communément aujourd'hui du siècle baroque pour le XVIIe, comme du siècle des Lumières pour le XVIIIe.

Claude MIGNOT

BIBLIOGRAPHIE

BURCKHARDT Jakob, *Der Cicerone*, Bâle, 1855 ; *Le Cicerone*, trad. fr. A. Gérard, à partir de la 5e éd., Firmin-Didot et Cie, 1885.

— *Geschichte der Renaissance in Italien*, Stuttgart, Ebner und Seubert, 1878.

DVORAK Max, « Über Greco und den Manierismus » [1920], *Kunstgeschichte als Geistgeschichte*, Munich, 1924.

FRIEDLANDER Walter, *Mannerism and Anti-mannerism in Italian Painting*, New York, Schoken books, 1965 [1re éd. allemande 1925, 1928-1929].

GURLITT Cornelius, *Geschichte des Barockstiles in Italien*, Stuttgart, 1887.

HAUTECOEUR Louis, *Histoire de l'architecture classique en France*, Picard, 6 vol., 1943-1967.

KAUFMANN Emil, *Architecture in the Age of Reason, Baroque and Postbaroque in England, Italy and France*, Cambridge (Mass.), Harvard UP, 1955.

KIMBALL Fiske, *Le Style Louis XV : origine et évolution du rococo*, trad. fr. J. Marie, Picard, 1949.

KURZ Otto, « Barocco, storia di un concetto », *in* V. BRANCA (éd.), *Barocco europeo e barocco veneziano*, Florence, Sansoni, 1963.

— *Manierismo, barocco, rococo, concetti e termini*, Rome, 1960.

LEBENSZTEJN Jean-Claude, « Sol » [1967], rééd. in *Annexes de l'œuvre d'art*, Bruxelles, La part de l'œil, 1999.

MINGUET Philippe, *Esthétique du rococo*, Vrin, 1966.

ORS Eugenio d', *Du baroque* [*Lo Barroco*, 1931], trad. fr. A. Rouart-Valéry, Gallimard, 1935, rééd. 2000.

PEVSNER Nikolaus, *An Outline of European Architecture*, Harmondsworth - New York, Penguin books, 1942 ; *Le Génie de l'architecture européenne*, trad. fr. R. Plouin, Librairie générale française, « Livre de poche », 1963.

REVEL Jean-François, « Une invention du vingtième siècle, le maniérisme », *L'Œil*, n° 31, 1963, p. 2-14 ; 63-64.

ROUSSEAU Jean-Jacques, *Dictionnaire de la musique*, Veuve Duchesne, 1768 ; repr. Genève, Minkoff, 1998.

SUMMERSON John, *The Classical Langage of Architecture*, Londres, British Broadcasting Corporation, 1963 ; *Le Langage classique de l'architecture*, trad. fr. B. Bonne et J.-C. Bonne, Londres-Paris, Thames & Hudson, 1981, 1992.

SYBEL Ludwig von, *Weltgeschichte der Kunst bis zur Erbaunung der Sophienkirche* [Histoire universelle de l'art jusqu'à la construction de la Basilique Sainte-Sophie], Marbourg, Elwert, 1888.

TAPIÉ Victor Louis, *Baroque et Classicisme*, Plon, 1957, rééd. préf. M. Fumaroli, Librairie générale française, « Livre de poche », 1980.

WITTKOVER Rudolph, « Michelangelo's Biblioteca Laurenziana », *Art Bulletin*, 1934, p. 123-218.

WÖLFFLIN Heinrich, *Renaissance und Barock*, Bâle, Schwabe und Co., 1888 ; *Renaissance et Baroque*, trad. fr. G. Ballangé, prés. B. Teyssèdre, Librairie générale française, « Livre de poche », 1967.

— *Kunstgeschichtliche Grundbegriffe*, Bâle, Schwabe und Co., 1915 ; *Principes fondamentaux de l'histoire de l'art*, trad. fr. C. Raymond et M. Raymond, Plon, 1952, rééd. Gallimard, 1966.

ZERNER Henri, « Observations on the use of the concept of mannerism » *in* F.W. ROBINSON et S.G. NICHOLS (éd.), *The Meaning of Mannerism*, Hanovre University Press of New England, 1972, p. 107-109.

OUTILS

Dictionnaire de l'Académie française, veuve J. B. Coignard et J. B. Coignard, 1694.

ALEMBERT Jean Le Rond d' et DIDEROT Denis, *Encyclopédie ou Dictionnaire raisonné des sciences, des arts et des métiers*, Paris, Briasson, 1751-1780 (comprenant les suppléments de 1776-1777), nouv. éd. en fac-similé, Stuttgart-Bad Cannstatt, Frommann, 1966-1988.

FURETIÈRE Antoine, *Dictionnaire universel, contenant généralement tous les mots françois tant vieux que modernes, & les termes de toutes les sciences et des arts*, La Haye, Arnout & Renier Leers, 1690, rééd. 1694, 1737, repr. 3 vol., Genève, Slatkine, 1970, et Le Robert, 1978.

LITTRÉ Émile, *Dictionnaire de la langue française*, 4 vol., Hachette, 1873.

PERNETY Antoine-Joseph, *Dictionnaire portatif de peinture, sculpture et gravure*, Bauche, 1757.

QUATREMÈRE DE QUINCY Antoine, *Encyclopédie méthodique. Architecture*, 3 vol., Paris-Liège, Panckoucke-Plomteux, 1788-1825.

BEAUTÉ

gr.	*kallos* [κάλλος], *kalon* [καλόν]	angl.	*beauty*
lat.	*pulchritudo*	it.	*bellezza*
all.	*Schönheit*		

► AIMER, ART, CLASSIQUE, DISEGNO, ESTHÉTIQUE, GOÛT, *IMAGE*, LEGGIADRIA, MIMÊSIS, PLAISIR, SUBLIME, UTILITY

Les mots kallos [κάλλος], pulchritudo, bellezza, beauté *ou* Schönheit *présentent une double difficulté. La première est d'ordre conceptuel et elle est inhérente aux métaphysiques du beau, de Platon à Ficin, et à toute l'histoire de l'esthétique depuis le XVIIIe siècle. En effet, le concept de beau doit à la fois satisfaire les exigences d'universalité, de nécessité et de rationalité propres à la réflexion philosophique et désigner adéquatement les productions multiples, singulières, et sans dénominateur commun, qui relèvent du champ proprement artistique. La seconde difficulté tient aux particularités sémantiques des langues européennes. Pendant plus d'un millénaire, la pensée grecque du beau a été comprise presque exclusivement dans la langue latine. De même que la signification du mot* mimêsis [μίμησις] *a été repensée dans le terme d'imitatio,* kalon [καλόν] *a été réinterprété à travers* pulchrum, *faisant l'objet de constantes relectures à partir de nouveaux champs théoriques. Alors que la* pulchritudo *d'Albert le Grand, de saint Thomas, suppose une compréhension déterminée d'Aristote, le même mot, tel qu'il est pensé à la Renaissance, affirme clairement un retour à Platon, surtout à l'auteur du* Banquet.

Le passage à la langue vernaculaire entraîne de nouvelles transformations. L'identité des thèmes et de l'inspiration souvent néoplatonicienne ne permet pas d'éviter le jeu des polysémies, des contresens délibérés et volontairement développés selon le mode propre à la pensée de la Renaissance. Bellezza *ne rend pas véritablement le sens de* pulchritudo *(pas plus qu'il ne correspond tout à fait aujourd'hui à celui de* Schönheit, *qui est la référence philosophique et esthétique de la plupart des théoriciens italiens contemporains). Par ailleurs,* Schönheit *est lui-même un terme très polysémique. Ainsi, ce que Kant, Hegel et Nietzsche ont pensé sous ce mot ne permet aucun rapprochement, voire aucune comparaison.*

Quant à la volonté contemporaine de réduire le beau à un concept axiologique, donc à la problématique d'une logique du jugement de valeur (souvent en vue de disqualifier et le beau et la valeur), elle a abouti à rendre la signification du mot beaucoup plus complexe et souvent plus obscure, sans parvenir pour autant à des résultats positifs pour la théorie.

I. MÉTAPHYSIQUE ET RHÉTORIQUE : « TO KALLOS », « PULCHRITUDO »

Théorisée par Platon et le néoplatonisme, l'idée de beau s'est répandue en Europe par la langue latine ; ce qui signifie que, de manière décisive, *to kalon* [τὸ καλόν] (adj. substantivé, le beau) et *to kallos* [τὸ κάλλος] (substantif à géminée, la beauté — Chrysippe créera le féminin *kalotês* [καλότης], voir Chantraine, *s. v.*) sont compris à travers les textes de Cicéron, de même que les écrits de Plotin et de Proclus sont interprétés et diffusés par les commentaires de Marsile Ficin. La théorie de l'art se construit à la Renaissance à l'intérieur de la langue latine pour se développer ensuite en italien ou en français. Chez les théoriciens de l'art italien, *bellezza* renvoie à un platonisme explicitement inspiré de Cicéron, c'est-à-dire à un *kalon* entièrement réélaboré à partir du *pulchrum*.

A. Des fondements métaphysiques du beau

La pensée grecque du beau est soumise à trois orientations essentielles : (1) éthique et métaphysique, à travers l'identification du beau, du vrai et du bien. Celle-ci sera amplement développée au Moyen Âge (*Pulchrum perfectum est*) ; (2) esthétique, en privilégiant d'emblée le domaine visuel. Cette conception se radicalise et s'accomplit dans la pensée de la Renaissance, conditionnant profondément le sens de *pulchritudo* et celui de *bellezza* par le primat de l'œil et de la vision ; (3) artistique. C'est surtout cette dernière signification qui a été retenue par la culture européenne jusqu'au XIXe siècle. Mais l'identification de l'art et du beau, déjà lourde d'ambiguïtés dès son origine, a toujours constitué une source de problèmes et d'apories qui aboutiront à sa mise en cause radicale par la pensée esthétique moderne.

La définition du mot que Socrate prête aux sophistes était sans doute d'un usage courant au Ve siècle : « *to kalon esti to di' akoês te kai di' opseôs hêdu* [τὸ καλόν ἐστι τὸ δι' ἀκοῆς τε καὶ δι' ὄψεως ἡδύ] (Le beau, c'est le plaisir procuré par l'ouïe et la vue) », in *Hippias majeur*, 298 a). Mais *to kalon* est déjà un terme générique puisque la langue grecque dispose de termes plus techniques comme *summetria* [συμμετρία], la commensurabilité, la proportion, pour désigner toutes les formes de la beauté visible, ou *harmonia* [ἁρμονία], l'ajustement, l'accord, pour caractériser le beau auditif, sans compter un grand nombre de composés descriptifs en *eu-* [εὐ] (adverbe qui exprime l'abondance, la réussite, la facilité, et qu'on rend souvent par « bien » ; ainsi *eueidês* [εὐειδής] dit le beau comme « beau à voir », la grâce d'une femme ou d'un guerrier ; et *euprepês* [εὐπρεπής], « qui convient bien », dit le beau comme décent, seyant, distingué, glorieux). Lorsque Platon emploie *kalos*, il fait appel aux multiples sens du vocable, de sorte que le sens d'honnête, de juste ou de pur peut se fondre avec le sens proprement esthétique du terme.

♦ Voir encadré 1.

La polysémie de *kalos* est au cœur de l'*Hippias majeur* où sont examinées plusieurs définitions du beau qui s'avèrent toutes insatisfaisantes. La distinction entre les choses belles et le beau est reprise dans le *Banquet*, mais d'une toute autre manière. La dialectique ascendante de l'amour remonte de la beauté des corps à celle des âmes, des discours, des actions et des lois, puis à la beauté des sciences, pour atteindre enfin le beau en soi (*auto to kalon* [αὐτὸ τὸ καλὸν], 211 d), cette réalité qui « n'est pas belle par un côté et laide par un autre (*têi men kalon, têi d'aiskhron* [τῇ μὲν καλόν, τῇ δ' αἰσχρόν]), belle à un moment et laide à un autre, belle ici et laide ailleurs, belle pour certains et laide pour d'autres » et qui n'est pas « située dans un être différent d'elle-même, par exemple dans un vivant, dans la terre ou dans le ciel, ou dans n'importe qui d'autre » (211a-b, trad. fr. L. Brisson, GF, 1998). À cette distinction entre les beautés relatives et le beau absolu, s'ajoute celle que Platon établit à de multiples reprises entre les diverses formes de beautés visibles, entre les corps vivants, les peintures et les figures géométriques, comme dans le *Philèbe* :

> Ainsi, par la beauté des formes (*skhêmatôn te gar kallos* [σχημάτων τε γὰρ κάλλος]), ce que j'essaie d'expliquer n'est pas ce que comprendrait le vulgaire, par exemple la beauté des corps vivants ou des peintures (*ê zôiôn ê tinôn zôgraphêmatôn* [ἢ ζῴων ἤ τινων ζωγραφημάτων]) ; c'est de lignes droites que je parle [...] et de lignes circulaires (*euthu ti* [...] *kai peripheres* [εὐθύ τι (...) καὶ περιφερὲς]), et des surfaces ou des solides qui en proviennent, à l'aide soit de tours soit de règles et d'équerres.
>
> 51c, trad. fr. A. Diès, Les Belles Lettres, 1978.

1

Bel et bon : « kalos kagathos »

► VIRTÙ

L'adjectif *kalos* [καλός], dès Homère, désigne aussi bien ce que nous appelons la beauté physique (Polyphème à Ulysse qui l'a aveuglé : « J'attendais un mortel grand et beau (*megan kai kalon* [μέγαν καὶ καλὸν]) », *Odyssée*, IX, 513) que ce que nous appelons la beauté morale (le porcher Eumée au prétendant qui refuse de nourrir Ulysse sous ses hardes de mendiant : « Les mots que tu dis ne sont pas beaux pour un noble (*ou men kala kai esthlos eôn agoreueis* [οὐ μὲν καλὰ καὶ ἐσθλὸς ἐὼν ἀγορεύεις]) » (*ibid.*, XVIII, 381). Il s'oppose à *aiskhros* [αἰσχρός] qui, comme notre *vilain*, désigne aussi bien le laid, le disgracieux, le difforme, que le vil, le honteux, le déshonorant.

De cette synergie entre beauté du corps et beauté de l'âme, dehors et dedans, témoigne le syntagme *kalos kagathos* [καλὸς κἀγαθός], « bel et bon », qui désigne une excellence, depuis la naissance (Xénophon, *Cyropédie*, IV, 3, 23) jusqu'aux actions (*Cyropédie*, I, 5, 9), qui conditionne et résume toutes les autres (LSJ, citant Hérodote, I, 30, explique que le terme « *denotes a perfect gentleman* »). Les mots-valises de même formation comme *kalokagatheô* [καλοκἀγαθέω] et *kalokagathia* [καλοκἀγαθία] relèvent de cette jointure, qu'on peut dire « sociale », entre nature, éthique et politique ; ainsi chez Aristote, la grandeur d'âme ou magnanimité (*megalopsukhia* [μεγαλοψυχία]) « est impossible sans *kalokagathia* » (« vertu parfaite » traduit J. Tricot, *Éthique à Nicomaque*, Vrin, 1967, IV, 7 1124a ; cf. X, 10, 1179b 10), et « si celui-ci et celui-là ont en partage la *kalokagathia* [« les vertus du parfait honnête homme », dit J. Aubonnet, Les Belles Lettres, 1960], pourquoi faudrait-il que l'un commande et l'autre soit commandé toujours et partout ? » (*Politique*, I, 13, 1259b 34-36). À son tour, d'ailleurs, *agathos* [ἀγαθός], par opposition à *kakos* [κακός] (mauvais-méchant-lâche), désigne aussi bien la valeur physique, la bravoure du guerrier, que la noblesse, celle de la naissance comme celle du comportement : à chaque fois, on le voit, le dehors atteste du dedans et le dedans se manifeste au-dehors.

On comprend que Socrate serve ici de contre-modèle, lui qui est un *agalma* [ἄγαλμα], l'une de ces statuettes creuses qu'on offre aux dieux, vilain Silène barbu au-dehors et trésors au-dedans (Platon, *Banquet*, 216d-e). Et que Nietzsche interprète le platonisme, qui fait du corps le tombeau de l'âme, comme par excellence anti-grec : au contraire de Platon, ces Grecs qui croyaient « à l'Olympe tout entier des apparences », « ces Grecs étaient superficiels — *par profondeur* » (Avant-propos à la 2e éd. du *Gai Savoir* [1886], in *Essai d'autocritique et autres préfaces*, trad. fr. M. de Launay, Seuil, « Points-bilingues », 1999, p. 111).

Barbara CASSIN

Sans s'attarder sur l'héritage pythagoricien de ces idéalités géométriques, il faut cependant rappeler que le sens de la beauté des formes est ici inséparable de leur pureté, née de l'abstraction des figures sensibles. Or, la position sensualiste et relativiste des sophistes, qui insistent sur la subjectivité de la perception, celle qui s'attache à la variété infinie des couleurs et des formes sensibles, s'oppose à la philosophie pythagoricienne et à son esthétique des nombres. Si la pensée de Platon penche en faveur de cette seconde conception, cela ne signifie pas que les qualités sensibles, les couleurs, les métaux précieux soient absolument sans valeur : ils participent seulement à un monde profondément dégradé, absorbé dans le sensible. Dans le mythe cosmologique sur lequel s'achève le *Phédon*, les couleurs de la terre supérieure, celles des cimes éthérées, sont qualifiées de manière superlative, « plus éclatantes et plus pures » (*lamproterôn kai katharôterôn* [λαμπροτέρων καὶ καθαρωτέρων]), au point que cette brillance donne à leur bariolage une unité d'aspect, d'« idée » (*eidos* [εἶδος]) :

> Mais là-bas, c'est la terre tout entière qui est faite de telles couleurs, et même de couleurs encore plus éclatantes et plus pures. Là elle est pourpre et d'une beauté extraordinaire (*thaumastên to kallos* [θαυμαστὴν τὸ κάλλος]), là elle est dorée ; ailleurs elle est d'une blancheur plus blanche que craie ou que neige, et, de même, quand elle comporte d'autres couleurs, celles-ci sont plus nombreuses et plus belles (*pleionôn kai kallionôn* [πλειόνων καὶ καλλιόνων]) que toutes celles qu'il nous a été donné de voir. Car les creux de la terre [...] présentent un certain aspect de couleur qui resplendit (*khrômatos ti eidos* (...) *stilbonta* [χρώματός τι εἶδος [...] στίλβοντα]) au sein de la variété des autres couleurs, si bien que la terre apparaît sous un certain unique aspect continu varié (*hen ti autês eidos sunekhes poikilon* [ἕν τι αὐτῆς εἶδος συνεχὲς ποικίλον]).
>
> 110c, trad. fr. M. Dixsaut, « GF », 1991, modifiée.

C'est dans l'espace au-delà de la voûte céleste que, dans le mythe du *Phèdre*, se laissent contempler dans leur commun éclat la vérité : « l'essence qui est réellement, elle est incolore, informe, impalpable » (*hê gar akhrômatos te kai askhêmatistos kai anaphês ousia antôs ousa* [ἡ γὰρ ἀχρώματός τε καὶ ἀσχημάτιστος καὶ ἀναφής], 247c), et la beauté : « la beauté était alors éclatante à voir » (*kallos de tot' ên idein lampron* [κάλλος δὲ τότ' ἦν ἰδεῖν λαμπρόν], 250b), « la plus manifeste des splendeurs » (*stilbon enargestata* [στίλβον ἐναργέστατα], 250d). C'est évidemment par analogie au monde intelligible que les figures les plus pures trouvent une signification.

Les philosophes de la Renaissance, Ficin comme Bruno, et les théoriciens de l'art, pensent être fidèles à la conception platonicienne du beau en l'exemplifiant sous la forme de représentations symboliques et allégoriques. La théorie de l'art de la Renaissance repose sur ce paradoxe qui consiste à éclipser, parfois à méconnaître, le primat intellectuel du beau au profit de la démarche analogique, constituée d'images sensibles, des proportions parfaites des figures géométriques jusqu'aux couleurs pures. Le culte de Platon aux XVe et XVIe siècles fait naître une interprétation de *to kallos* d'autant plus importante qu'elle se diffuse jusqu'au XIXe siècle : l'*eidos* se meut progressivement en idéal, et si la pureté des figures géométriques a une valeur paradigmatique capitale, c'est en fonction du « nombre d'or » et en relation à l'héritage pythagoricien. Lorsque Marsile Ficin écrit : « *Amor enim fruende pulchritudinis desiderium est. Pulchritudo autem splendor quidam est, humanum ad se rapiens* [Car l'amour est en effet désir de jouir. Mais la beauté est l'éclat qui attire à soi l'âme humaine] », ou encore : « *Praeterea rationalis anima proxime pendet ex mente divina et pulchritudinis ideam sibi illice impressam servat intus* [En outre, l'âme rationnelle dépend étroitement de l'esprit divin et conserve en elle l'idée de la beauté que celui-ci lui a imprimée] » (*Plotini Enneadis* I, 66, in *Opera Omnia*, p. 1328), sa définition de la beauté est incontestablement d'inspiration platonicienne. Mais *pulchritudo* n'est pas ici l'équivalent de *to kallos*. Chez Ficin, comme chez maints philosophes de la Renaissance, le sens de *pulchritudo* est d'autant plus difficile à déterminer que, sous son apparente unité, il est profondément conditionné par un syncrétisme qui juxtapose Platon, Plotin, Jamblique, Hermès Trismégiste, Denys l'Aéropagite. Si la conception selon laquelle l'amour est le médiateur nécessaire pour accéder au beau reste conforme à la pensée platonicienne, l'idée que les beautés terrestres sont le reflet de la splendeur céleste doit beaucoup plus à Plotin qu'à Platon.

♦ Voir encadré 2.

Lorsqu'un platonicien comme Lorenzo Ghiberti, artiste et théoricien, écrit dans ses *Commentarii* (v. 1450) : « *La proportionalità solamente fa pulchritudine* [C'est seulement la proportionalité qui fait la beauté] », la proportion est assurément l'un des attributs essentiels du beau, voire son essence, mais elle n'est pas déterminée en référence à la théorie des corps solides de Platon : elle est empruntée en réalité au *De Architectura* de Vitruve (Ier siècle av. J.-C.). Héritée des théories grecques de l'architecture, la pensée esthétique de Vitruve est centrée sur les concepts de *diathesis* [διάθεσις] (l'ordre des parties par rapport à la totalité), d'*euruthmia* [εὐρυθμία] (le charme qui naît de la composition des parties) et de *summetria* (la relation de convenance qui existe entre les parties elles-mêmes et l'œuvre comme totalité). En dépit de leur platonisme plus ou moins déclaré, ces déterminations du beau étaient relativement étrangères aux spéculations du *Philèbe* ou du *Timée*. Mais elles sont si intimement liées au concept de beau, à son *idea* [ἰδέα], depuis le Moyen Âge et la Renaissance, que la plupart des théoriciens les reprennent comme telles jusqu'au XIXe siècle, en devant à chaque fois les analyser, les justifier et les fonder dans le corps d'une doctrine. C'est ainsi que Hegel les définit encore comme des catégories constitutives de la beauté de la forme abstraite. Telle que Vitruve la transmet, la *pulchritudo* entend restituer toutes les significations de *kallos*, et c'est en fonction d'elle que les auteurs de la postérité pourront platoniser à propos des idées de proportion, de symétrie et d'harmonie comme conditions spécifiques du beau.

B. Le règne exclusif de « pulchritudo »

En réalité, de l'Antiquité jusqu'au XVIIIe siècle et même jusqu'au XIXe siècle, l'idée platonicienne du beau n'a été le plus souvent alléguée comme argument esthétique suprême que pour lui faire dire autre chose, voire le contraire, de ce qu'elle énonçait effectivement. L'un des auteurs les plus célèbres de cette inversion philosophique au profit d'une conception de l'art fut Cicéron, le véritable père de la théorie de l'art. Dans le *De finibus*, Cicéron écrit « *Et quoniam haec deducuntur de corpore, quid est cur non recte pulchritudo etiam ipsa propter se expedanta ducatur ?* [Et puisque tout cela est du domaine corporel, pourquoi ne pas considérer que la beauté mérite d'être recherchée pour elle-même ?] » (V, 47). Que veut dire ici *pulchritudo* ? Le mot implique le double sens d'une beauté corporelle, accomplie et parfaite — sens qu'il exprime plus fortement que celui de *forma* — et d'une sorte d'excellence morale, proche du *kalos kagathos* des Grecs. Mais le sens spécifiquement esthétique apparaît clairement dans ce passage du *De natura deorum* où Cicéron expose la cosmologie des stoïciens : ce qui occupe avant tout l'âme du monde, écrit-il, « c'est d'abord que le monde soit le mieux fait possible pour durer, ensuite qu'il ne manque de rien et surtout qu'il ait en lui une beauté éminente (*eximia pulchritudo*) et toutes les parures (*omnis ornatus*) » (*De la nature des dieux*, II, 22, trad. fr. É. Bréhier revue par P. Aubenque, in *Les Stoïciens*, Gallimard, « La Pléiade », 1964, p. 429) (c'est le sens de

2

Le Beau comme participation à la lumière et intériorité : Plotin

► DIAPHANE, LUMIÈRE

Sans rompre avec l'héritage antique, la philosophie de Plotin développe une réflexion sur le beau, la *mimêsis* [μίμησις] et l'art qui permet pour la première fois d'accorder les exigences d'une métaphysique du beau avec celles d'une philosophie de l'art.

Pour Plotin, contrairement à Platon, le monde des idées n'est pas séparé du monde visible ; resplendissant dans la lumière la plus pure, il participe aux réalités terrestres par la médiation de l'ordre cosmique. La lumière divine se répand sur le monde et donne véritablement une forme à la matière chaotique et informe. Les conséquences sont importantes : Plotin ne nie pas qu'une pierre ou un arbre puissent être beaux, mais ils ne le sont que dans la mesure où ils participent à la lumière. Dans l'ordre matériel et corporel, rien ne peut être absolument beau si la lumière divine n'exerce son action en donnant une forme à toute chose. L'autre aspect qui oppose la réflexion plotinienne sur le beau à celle de Platon concerne les rapports entre l'idée du Beau et l'existence de l'art. L'art est en effet pour Plotin un mode de connaissance et même de connaissance métaphysique en tant qu'il contribue à nous rapprocher de l'Un. Le principe majeur qui définit la réalité d'une œuvre d'art n'est plus la *mimêsis*, vouée qu'elle est à la reproduction habile et vaine des réalités terrestres, mais la participation (*methexis* [μέθεξις]) conçue à présent comme cause de l'activité artistique. L'artiste est créateur, non parce qu'il restitue les figures de la réalité, même selon des proportions et une harmonie parfaites, mais parce qu'il se réfère à une forme intérieure qu'il a dans l'esprit. Encore faut-il préciser que cette forme intérieure n'est pas l'expression d'une subjectivité créatrice mais le reflet d'un modèle idéal de la beauté (*arkhetupon* [ἀρχέτυπον]). C'est dire que cette métaphysique du néoplatonisme ouvrira des perspectives décisives pour la pensée de l'art et du beau au Moyen Âge, dominera la réflexion sur l'art à la Renaissance et sera productive jusqu'à l'idéalisme allemand et au romantisme européen.

Tout aussi novatrice et originale est la critique plotinienne de l'idée de proportion. Si la proportion et la symétrie sont effectivement belles, ce n'est pas en tant que telles, mais dans la mesure où elles ont leur origine dans une forme interne, idéale et spirituelle. Dès lors, la théorie classique du beau, procédant de l'harmonie et de la proportion, c'est-à-dire cette conception que toute l'Antiquité a développée comme une axiomatique immuable, se voit soudain transformée de fond en comble. Cela signifie en particulier que tout réalisme, tout objectivisme du beau est réfuté au profit d'une conception plus spirituelle : « Lorsque l'on voit le même visage, avec des proportions (*summetria* [συμμετρία]) qui restent identiques, tantôt beau et tantôt laid, comment ne pas dire que la beauté (*to kallon* [τὸ κάλλον]) qui est dans ces proportions est autre chose qu'elles et que c'est par autre chose que le visage bien proportionné est beau ? » (*Ennéades* I, 6, *Du beau*, 1, trad. fr. É. Bréhier, Les Belles Lettres, 1960, p. 96). Déterminantes pour l'existence du Beau, la proportion comme l'harmonie ne sont pas des quantités mesurables mais des qualités qui ne peuvent être pleinement perceptibles que par l'activité purifiante de l'œil intérieur et au terme d'une ascèse spécifique. C'est pourquoi le mot *kallos* chez Plotin ne désigne pas une propriété appartenant en propre à une forme déterminée, mais indique une participation à l'intelligible, fût-il appréhendé dans la contemplation d'un être imparfait et occupant une place modeste dans la hiérarchie des choses terrestres. Ayant pour fin le monde des idées et l'intelligible, l'expérience du beau implique la conversion de l'être entier en vue d'une perfection toute intérieure : « Reviens en toi-même et regarde : si tu ne vois pas encore la beauté en toi, fais comme le sculpteur d'une statue qui doit devenir belle ; il enlève une partie, il gratte, il polit, il essuie, jusqu'à ce qu'il dégage de belles lignes dans le marbre [...] et ne cesse pas de sculpter ta propre statue » (*Ennéades* I, 6, 9, *op. cit.*, p. 105). Dès lors, l'expérience du beau se confond avec une expérience métaphysique de sorte que le beau appliqué à un objet n'a de sens que dans une extension considérable impliquant pour le philosophe une autre forme de vie et ce que Hadot a pu nommer un exercice spirituel.

BIBLIOGRAPHIE

BOURBON DI PETRELLA Fiametta, *Il Problema dell'arte e della bellezza in Plotino*, Florence, Le Monnier, 1956.

HADOT Pierre, *Exercices spirituels et philosophie antique*, Institut d'Études augustiniennes, 1987.

— *Plotin ou la simplicité du regard*, Gallimard, 1997.

KEYSER Édouard de, *La Signification de l'art dans les* Ennéades *de Plotin*, Louvain, 1955.

kosmos [κόσμος], voir MONDE). En dépit de leur position sémantique dans le latin, *pulchrum* et *pulchritudo*, contrairement à *forma*, *venustus*, *elegans* et naturellement *bellus*, ne seront pas intégrés aux vocabulaires des langues romanes. Reste que c'est ce mot qui, dans le latin classique, est jugé le plus apte à rendre l'universalité et la rigueur abstraite de l'idée de beau. Dans un passage célèbre de *L'Orateur*, Cicéron définit ainsi le beau comme idéal :

> Il n'y a rien, dans aucun genre, de si beau (*tam pulchrum*) qu'il ne soit encore inférieur en beauté à ce dont il n'est que le reflet, comme l'est un portrait par rapport au visage. Cet objet, nous ne pouvons le saisir ni par la vue, ni par l'ouïe, non plus que par aucun autre sens ; nous ne l'embrassons que par la pensée et par l'esprit (*cogitatione tantum et mente complectimur*). Ainsi, pour ce qui est des statues de Phidias, qui sont, dans leur genre, ce que nous voyons de plus parfait, de même que pour les peintures que j'ai citées, nous pouvons cependant en imaginer de plus belles (*cogitare tamen possumus pulchriora*) ; et cet artiste, lorsqu'il créait la figure de Jupiter et de Minerve, n'avait sous les yeux personne pour lui servir de modèle, mais c'est dans son propre esprit (*mente*) que résidait l'image de la beauté suprême (*species pulchritudinis eximiae*) qu'il contemplait ; c'est sur elle qu'il fixait son regard et c'est elle qui lui servait de modèle pour diriger son art et sa main.
>
> *L'Orateur*, II, 7.

En dépit du contresens manifeste qu'elle représente par rapport à la pensée de Platon, l'adultération du *kallos* par *pulchrum* est décisive parce qu'elle aura une valeur d'autorité et de référence pour les théoriciens de l'art de l'âge classique et même pour le fondateur de l'esthétique, à savoir Baumgarten. En identifiant l'Idée platonicienne du Beau, le *to kallos*, à l'idéal du beau, c'est-à-dire à une sorte de modèle intérieur, immanent à la conscience de l'artiste avant tout acte créateur, Cicéron donne à *pulchrum* une nouvelle signification. Dès lors, la séparation du beau et des arts mimétiques que maintenait la métaphysique platonicienne est en grande partie surmontée. Elle ne subsistera plus que dans la pensée scolastique, et chez Ficin et Nifo.

La signification de *pulchrum* chez saint Thomas est d'abord déterminée par l'effort pour résoudre les problèmes posés par les conceptions antagonistes de la pensée scolastique que sont le réalisme des théories platoniciennes et le subjectivisme toujours rémanent dans la réflexion esthétique, et surtout les divers ordres selon lesquels le mot se déploie : l'ordre ontologique ou métaphysique, l'ordre logique, anthropologique et enfin spécifiquement esthétique. En effet, en tant qu'il suppose une relation de proportion entre la matière et la forme, *pulchrum* possède un statut ontologique inséparable de la structure de la réalité. Par ailleurs, cette conception exclut explicitement toute orientation idéaliste ou subjectiviste. Ce qui ne signifie pas que la subjectivité esthétique, au sens d'une délectation sensible dans la perception de l'objet, soit écartée :

> *Unde pulchrum in debita proportione consistit : quia sensu delectatur in rebus debite proportionatis, sicut in sibi similibus ; nam et sensus ratio quaedam est, et omnis virtus cognoscitiva.*
>
> [Aussi le beau consiste-t-il dans une juste proportion des choses, car nos sens se délectent dans les choses proportionnées qui leur ressemblent en tant qu'ils comportent un certain ordre, comme toute vertu cognitive.]
>
> *Somme théologique*, 1re partie, art. 4. q. 5, trad. fr. A.-M. Roguet, Cerf, p. 190.

Le propre de *pulchrum* tient à ce qu'il implique un acte de connaissance, c'est-à-dire un effort du jugement pour comprendre les propriétés esthétiques objectives inhérentes à la structure de la réalité et du monde. *Pulchrum* veut dire compréhension intellectuelle, y compris sur le mode sensible. En outre, en tant que transcendantal, le beau possède ce que saint Thomas nomme trois propriétés : « *integritas sive perfectio* », « *proportio sive consonantia* », « *claritas* », qui constituent la signification la plus durable de l'idéal classique dans les arts et déterminent pour longtemps les catégories les plus générales de l'esthétique. Mais quelles que soient les significations ultérieures de *pulchrum* ou de *pulchritudo* à titre de transcendantal chez les auteurs scolastiques ou comme *idea* chez les théoriciens de la Renaissance, les mots désignant la beauté dans les langues romanes restent profondément marqués par l'apport de la métaphysique et de la rhétorique antiques.

II. « BELLEZZA » DANS LES THÉORIES DE L'ART DE LA RENAISSANCE

C'est en s'opposant implicitement à cette métaphysique qu'Alberti et Léonard s'efforcent de construire l'idée de Beauté à partir d'un système de règles présentant une valeur théorique parfaitement autonome. Chez les théoriciens de la Renaissance, *bellezza* n'est certes pas une traduction de *pulchritudo*. Mais l'effort considérable pour transférer à la théorie de l'art les théories de la lumière et de la contemplation de l'intelligible du néoplatonisme donne à *bellezza* une orientation plus intellectualiste, exaltant délibérément le primat de la vision, de sorte que ce mot possède assurément un sens plus visuel que n'auront, par exemple, *beau* ou surtout *Schönheit*. En réalité, contrairement à *pulchritudo* qui sert presque toujours à exprimer une idée métaphysique, y compris dans le champ de la rhétorique, *bellezza* doit satisfaire plusieurs exigences contradictoires : la *bellezza* doit se conformer à l'*idea* comme instance supérieure, elle doit se réaliser dans l'œuvre comme système idéel de proportions et de mesures tout en exploitant la totalité des formes de la réalité empirique, et, enfin, en s'appuyant sur des règles artistiques fixées *a priori* et l'exercice effectif de l'art, elle nous montre que l'œuvre est une seconde création de la nature, une *natura naturans*, analogue à la beauté divine. Le mot cristallise ainsi un ensemble de tensions et d'aspirations souvent incompatibles, au risque de devenir parfois presque inintelligible. Toute la pensée allégorique de la Renaissance exemplifie ce nœud de contradictions et y trouve le principe de son inépuisable fécondité. L'idée chère à Ficin que la beauté est par essence éloignée de la matière corporelle ne peut être admise par Alberti et Léonard parce que la mesure, la proportion et l'harmonie doivent impérativement s'objectiver dans une œuvre parfaite.

♦ Voir encadré 3.

L'*idea della bellezza* reste une autorité métaphysique, reconnue comme immanente à la conscience de l'artiste, mais qui ne trouve son intelligibilité que dans la souveraineté de la *regola*. La juste application du système de relations et de mesures qu'est la proportion devient alors une condition *a priori*, nécessaire et suffisante, de l'accomplissement de l'œuvre. Comme le dit Francesco Scannelli :

> La beauté (*bellezza*) tant désirée n'est qu'un reflet de la suprême lumière et comme un rayon de la divinité et elle me paraît constituée d'un équilibre harmonieux des parties (*buona simmetria di parti*) joint à la douceur (*suavità*) des couleurs qui représentent sur terre les reliques et les gages de la vie céleste et immortelle.
>
> *Microcosmo della pittura*, Cesena, 1657, I.17, p. 107.

La définition de Scannelli résume toutes les finalités de l'idéal classique, mais elle est déjà anachronique au XVIIe siècle. La téléologie de la « *simmetria di parti* » qui a régné depuis les pythagoriciens jusqu'à la Renaissance, cette conception du beau comme reflet de la vie céleste encore âprement défendue par Bellori et Poussin, est désormais menacée. Déjà Ficin, Bruno et les théoriciens du maniérisme avaient repris à leur compte la critique de la proportion et finalement de la règle que l'on trouvait chez Plotin. L'apparition du goût comme nouveau critère déterminant, du génie, de la diversité des règles, fait que l'équilibre de la théorie classique du beau est fortement ébranlé, comme en témoignent les premières lignes du *Traité du beau* de Crousaz, publié en 1715 : « Il y a sans doute très peu de termes dont les hommes se servent plus souvent que celui de beau, et cependant rien n'est moins déterminé que sa signification, rien de plus vague que son idée. »

III. LE PROCÈS DE SUBJECTIVATION DU BEAU : DE L'ARTISTIQUE À L'ESTHÉTIQUE

A. « Beau » et « beauté » : les tentatives de synthèse de l'hétérogène

Avant le XVIIIe siècle, le mot français *beau* est rarement substantivé et sa diversité sémantique, fortement marquée dans l'usage de l'adjectif, est souvent étrangère à toute préoccupation esthétique. « Le beau monde », « le bel esprit », « il fait beau », dans tous ces cas, le mot exprime une certaine idée de perfection et parfois une nuance d'ironie. Comparé à l'italien, il est en outre beaucoup plus éloigné de toute référence métaphysique et théologique.

Il est particulièrement frappant que *beau* n'ait guère de contenu philosophique et qu'il tende à n'être souvent qu'un prédicat ou même une référence neutre. Dans son usage le plus abstrait, le mot apparaît chez Mersenne : « Certes, il est malaisé de trouver ou de s'imaginer une plus belle chose au monde que la lumière, puisqu'il semble que la beauté de toutes les autres choses dépend d'elle » (*Questions inouyes*, quest. 13, 1634, in *Mersenne*, « Corpus des Œuvres de philosophie en langue française », Fayard, 1985, p. 263-264). La connotation néoplatonicienne du mot est ici très pauvre et relève d'un usage

---

3

« Bellezza » et « vaghezza »

La comparaison des deux versions qu'Alberti a données de son propre traité, l'une en latin, l'autre en italien, permet de saisir les transformations introduites par le passage en langue vernaculaire. Dans le *De pictura*, Alberti écrit, à propos du peintre Démétrius :

> *At ex partibus omnibus non modo similitudinem rerum, verum etiam in primis ipsam pulchritudinem diligat. Nam est pulchritudo in pictura res non minus grata quam expetita.*
>
> [Que dans toutes les parties il s'attache non seulement à la ressemblance des choses mais d'abord à la beauté même. Car en peinture la beauté n'est pas moins agréable que recherchée.]
>
> Livre III, 55, trad. fr. J.-L. Schefer, p. 219.

La même injonction est exprimée dans le *Della pittura* de la manière suivante :

> *E di tutte le parti li piacerà non solo renderne similitudine, ma piu edgiugniervi bellezza ; pero che nella pittura la vaghezza non meno è grata che richiesta.*
>
> [Il lui plaira non seulement de rendre avec ressemblance tous les éléments, mais de leur ajouter la beauté ; car en peinture la grâce est agréable aussi bien que requise.]
>
> éd. C. Grayson, p. 96-97.

Alors que le latin utilise le même terme (*pulchritudinem, puchritudo*), l'italien recourt à deux mots distincts, *bellezza*, puis *vaghezza* que Spencer, dans son édition anglaise du traité italien, traduit par *loveliness* (*On painting*, p. 92).

Vaghezza dérive du latin *vagus*, qui signifie : vague, indéterminé. Mais il prend aussi un sens positif, celui de charme indéfini, plus proche de l'idée de grâce que de beauté. Il se distingue de *bellezza* dont le sens se confond presque ici avec celui du mot latin *concinnitas*, lequel s'emploie en particulier pour désigner la symétrie et l'harmonie d'un discours (certains philologues font dériver *concinnitas* de l'adjectif *concinnus*, qui signifie « bien proportionné », d'autres du verbe *concinnare* qui veut dire « agencer, arranger, préparer »). Les figures du Corrège et bien entendu la *Joconde* sont les paradigmes picturaux de la *vaghezza*, alors que la perfection plastique des madones de Raphaël correspondent très adéquatement à l'idée de la *bellezza*.

BIBLIOGRAPHIE

ALBERTI Leon Battista, *De pictura* (1435), *Della pittura* (1436) ; *De pictura*, lat.-it., éd. Cecil Grayson, Roma-Bari, Laterza, 1975 ; *On painting*, it.-angl., éd. et trad. J. R. Spencer, Yale UP, 1956 ; *De la peinture*, lat.-fr., éd. et trad. J.-L. Schefer, Macula, 1992.

plutôt conventionnel. Dans une lettre à Mersenne, Descartes déclare :

> Pour votre question, savoir si on peut établir la raison du beau, c'est de même que si vous demandiez auparavant pourquoi un son est plus agréable que l'autre, sinon que le mot beau semble plus particulièrement se rapporter au sens de la vue. Mais généralement ni le beau ni l'agréable ne signifient rien qu'un rapport de notre jugement à l'objet ; et parce que les jugements des hommes sont si différents, on ne peut dire que le beau, ni l'agréable, aient aucune mesure déterminée.
>
> Lettre à Mersenne, 18 mars 1630, *Œuvres*, Gallimard, « La Pléiade », p. 924.

Autrement dit, le jugement sur le beau n'est que l'expression d'une préférence personnelle et subjective et ne peut donc faire l'objet d'un traitement philosophique. Spinoza est tout aussi explicite lorsqu'il écrit que la beauté (*pulchritudo*) n'est jamais une qualité de l'objet mais « un effet (*effectus*) en celui qui le regarde », étroitement conditionné par notre constitution et notre tempérament (Lettre à Hugo Boxel, 1674, in *Œuvres*, Gallimard, « La Pléiade », p. 1238). De Descartes à Voltaire, le rationalisme philosophique tend à faire du jugement sur le beau et du beau lui-même un produit de la subjectivité ; et cette subjectivité engendre nécessairement un relativisme infini qui n'anéantit pas seulement toute objectivité possible du beau mais le ravale également au rang d'illusion. Dès le XVIIe siècle, avant même que naisse l'esthétique comme discipline philosophique, son concept le plus essentiel est ainsi déjà très largement invalidé au nom de la rationalité philosophique.

La première conséquence est que l'intelligibilité du beau ne peut plus être déterminée par la réflexion philosophique et qu'elle va en quelque sorte se déplacer dans le champ de la théorie de l'art et de la critique d'art naissante. Le mot survit dans ses attributs essentiels, ses déterminations métonymiques que sont la perfection, la forme et les systèmes de proportions. Si le beau ne peut plus être conçu comme un transcendantal au sens des scolastiques, comme une idée à laquelle se conforme la pensée de l'artiste, il doit alors être défini dans l'immanence de l'expérience de l'art. Qu'il s'agisse du créateur ou du spectateur, chacun se voit contraint de réfléchir sur les critères du beau tels qu'ils sont donnés par la proportion, l'harmonie et la perfection, c'est-à-dire dans une expérience perceptive qui disqualifie nécessairement les raisonnements *a priori* et les démarches déductives. Seule l'exemplarité de la perfection d'un tableau, d'un poème ou d'une architecture, permet de vérifier positivement le bien-fondé des règles, de sorte que l'idée d'une règle sans référence possible, déterminée *a priori* comme chez les théoriciens italiens, est désormais exclue. Mais cette immanence qu'implique l'attention portée aux règles et à l'idéalité des grands modèles dans la relation aux œuvres d'art, n'implique aucune forme de réalisme des propriétés artistiques. L'idée qu'une qualité artistique et esthétique puisse subsister à titre de propriété réelle et inhérente à l'objet, indépendamment de l'application de la règle et de l'exercice du jugement, apparaît à présent hautement problématique. Même Nicole, pourtant résolu à restaurer le beau de manière aussi rationnelle que possible, refuse tout objectivisme et ne voit d'issue que dans une logique du jugement. Les hommes, écrit-il, doivent « se former une idée du beau qui pût leur servir de règle dans leurs jugements » (*Traité de la beauté des ouvrages de l'esprit*, Toulouse, 1689, p. 2-3). Le précepte de Nicole repose sur une exigence théorique devenue exorbitante, à savoir l'identification du beau et du vrai et le primat accordé à l'entendement dans l'exercice du jugement, de sorte que la solution théorique qu'il propose risque fort d'être une nouvelle source d'embarras. À l'universalité de l'idée de beau, se substitue peu à peu l'exigence d'universalité des systèmes de règles artistiques. En se fondant sur le refus d'une démarche purement spéculative, donc métaphysique, l'entreprise s'efforce à rien de moins que concilier la singularité de la règle de l'art — modifiable à chacune de ses applications — et le droit à l'universalité esthétique.

♦ Voir encadré 4.

Si le beau peut être ainsi réactivé en dépit de la crise philosophique dont il est l'objet, c'est en vertu de l'intervention du discours institutionnel, celui de l'Académie de peinture et de sculpture fondée en 1648, dont l'une des fonctions est de produire des catégories artistiques et esthétiques. Reste qu'une solution en accord avec les exigences du rationalisme attend son théoricien. C'est à Boileau qu'il revient de réaliser ce programme correspondant à l'horizon d'attente suscité par la doctrine classique. Il donnera au mot une nouvelle signification, qui sera décisive pour l'orientation que prendra ultérieurement la pensée esthétique du XVIIIe siècle : « Rien n'est beau que le Vrai, le Vrai seul est aimable » (*Épître IX*). Le vrai qui doit être au cœur de la beauté de l'art n'est nullement l'expression du bon sens ou d'un vague sens commun, mais bien ce que doit viser le génie de l'artiste dans la mesure où celui-ci a pour finalité d'atteindre ce lieu où la raison et la beauté, la vérité et la nature, ne font qu'un. Le génie de l'art est donc de parvenir à la synthèse de ces données hétérogènes. Ce que l'excès de production métaphorique, patent en Espagne et en Italie, ne saurait réaliser parce qu'il transgresse l'ordre de la nature, et donc celui du vrai, au profit de la seule imagination.

Mais, bien que Boileau ait conçu le beau comme une diversité d'instances (la nature, le vrai, un ordre rationnel) dans l'unité du concept, il n'apercevait pas encore cette infinité de relations qui menace sans cesse l'univocité du mot. Dès le début du XVIIIe siècle, Crousaz détermine la difficulté centrale à laquelle l'esthétique se verra confrontée :

> Quand on demande ce que c'est que le Beau, on ne prétend pas parler d'un objet qui existe hors de nous et séparé de tout autre, comme quand on demande ce que c'est qu'un Cheval, ce que c'est qu'un Arbre. Un Arbre est un Arbre, un Cheval est un Cheval, il est ce qu'il est absolument, en soi-même, et sans qu'il soit nécessaire de le comparer avec quelqu'une des autres parties que renferme l'Univers. Il n'en est pas ainsi de la Beauté, ce terme n'est pas absolu, mais il exprime le rapport des

objets que nous appelons Beaux avec nos idées, ou avec nos sentiments, avec nos lumières, ou avec notre cœur, ou enfin avec d'autres objets différents de nous-mêmes. De sorte que pour fixer l'idée de la Beauté, il faut déterminer et parcourir en détail les relations auxquelles on attache ce nom.

Traité du beau, p. 22.

En affirmant que le concept de beau n'est intelligible que dans l'analyse d'une pluralité de relations et de déterminations, l'auteur ouvre un procès qui, à long terme, menace de vider la notion de tout contenu productif.

En réalité, les réflexions sur le mot indiquent clairement un processus de subjectivation fondé sur des considérations psychologiques. Que veut dire beau ? Pour l'abbé Trublet, « Beau est dit de tout ce qui plaît, lorsque le sentiment de plaisir, quoique reçu par quelqu'organe du corps, est dans l'âme même et non dans cet organe » (*Essais sur divers sujets de littérature et de morale*, vol. 3, p. 217-218). Chez Voltaire, la subjectivité du sentiment de plaisir se meut en relativisme radical : « Demandez à un crapaud ce que c'est que la beauté, le grand beau, le *to kalon* ? Il vous répondra que c'est sa crapaude avec des gros yeux ronds sortant de sa petite tête [...] Consultez enfin les philosophes, ils vous répondront par du galimatias ; il leur faut quelque chose de conforme à l'archétype du beau en essence, au *to kalon*. » (*Dictionnaire philosophique*, art. « Beau »). En tentant de sauver le concept par le recours à l'imitation de la « belle nature », Batteux ne fait qu'éluder le problème par l'extension systématique de la *mimêsis* à l'application de tous les beaux-arts. Pour Diderot comme pour beaucoup d'autres théoriciens, seule la référence aux auteurs anglais, à l'idée du beau comme « sentiment intérieur », peut permettre de préserver une idée battue en brèche par l'hégémonie du goût et une certaine hostilité à la métaphysique. Mais ce sentiment esthétique implique naturellement un corrélat qui doit être déterminé dans un système de relations et de proportions. La définition la plus précise du beau chez Diderot se fait au prix d'un effort pour éviter le relativisme d'un La Mettrie et l'objectivisme de la tradition classique. Le jugement esthétique doit surmonter tout substantialisme de la qualité ou de l'objet mais en maintenant cependant un principe d'objectivité. La solution à ce problème est entièrement suspendue à l'idée de rapport, qui a son fondement à la fois dans le jugement et dans les choses. Le sentiment du beau a son origine dans la perception des rapports :

Le beau qui résulte de la perception d'un seul rapport est moindre ordinairement que celui qui résulte de la perception de plusieurs rapports [...] Cependant il ne faut pas multiplier le nombre des rapports à l'infini ; et la beauté ne suit pas cette progression : nous n'admettons

4

La beauté et la grâce

La spécificité de la théorie de l'art, telle qu'elle se développe dans la deuxième moitié du XVIIe siècle en France, réside dans la volonté de surmonter cette tension entre l'idéalité fondée sur des règles et une perfection artistique attestée par des œuvres et des pratiques empiriques. D'où la tentation de s'écarter de principes purement rationnels et de faire dériver le beau de la proportion et de la symétrie à titre de propriétés inhérentes et objectives de l'œuvre, comme le fait par exemple Félibien lorsqu'il distingue la beauté et la grâce :

C'est que la beauté naît de la proportion et de la symétrie qui se rencontre entre les parties corporelles et matérielles. Et la grâce s'engendre de l'uniformité des mouvements intérieurs causés par les affections et les sentiments de l'âme. Ainsi quand il n'y a qu'une symétrie des parties corporelles les unes avec les autres, la beauté qui en résulte est une beauté sans grâce. Mais lorsqu'à cette belle proportion on voit encore un rapport et une harmonie de tous les mouvements intérieurs, qui non seulement s'unissent avec les autres parties du corps, mais qui les animent et les font agir avec un certain accord et une cadence très juste et très uniforme, alors il s'en engendre cette grâce que l'on admire dans les personnes les plus accomplies et sans laquelle la plus belle proportion des membres n'est point dans sa dernière perfection.

Entretiens..., 1er Entretien, Les Belles Lettres, p. 120-121.

Telle qu'elle se manifeste dans un beau corps ou dans une œuvre, la proportion et la symétrie sont constitutives de la beauté, mais d'une beauté abstraite, normée et inanimée. La grâce en revanche est inséparable de ce que les théoriciens de l'art du XVIIe siècle appellent « l'expression », à savoir les actions du corps qui rendent visibles les mouvements de l'âme. Loin d'être une qualité parmi d'autres, l'expression est ce par quoi la beauté agit sur le spectateur, le touche, l'émeut. C'est pourquoi elle est une partie essentielle de l'art du peintre et du sculpteur. En ce sens, on peut définir la grâce comme l'âme de la beauté, la beauté de la beauté. Elle consiste en un « je ne sais quoi », dit Félibien, « qu'on ne peut bien exprimer » et qui est « comme le nœud secret qui assemble ces deux parties du corps et de l'esprit ». De sorte que la grâce est devenue la condition nécessaire du plaisir esthétique. Et contrairement à la beauté, la grâce ne se laisse pas enfermer dans des règles : « Ce qui plaît, écrit le Chevalier de Méré, consiste en des choses presque imperceptibles, comme dans un clin d'œil, dans un sourire, et dans je ne sais quoi, qui s'échappe fort aisément et qu'on ne trouve plus sitôt qu'on le cherche. » (*Des agréments*, in *Œuvres*, Les Belles Lettres, 1930).

Le débat sur l'art et les catégories artistiques, sur le pouvoir des règles, ne commence donc véritablement qu'avec la grâce, laquelle devient une condition de la perfection de l'œuvre d'art, qui requiert la mise en œuvre d'une technique de composition des figures et des formes, produisant l'harmonie et le je ne sais quoi sans lesquels le langage de l'art reste lettre morte.

BIBLIOGRAPHIE

FÉLIBIEN André, *Entretiens sur les vies et les ouvrages des plus excellents peintres anciens et modernes*, 1668-1688 ; les 1er et 2e Entretiens ont été publiés par René Démoris, Les Belles Lettres, 1987.

de rapports dans les belles choses que ce qu'un bon esprit en peut saisir nettement et facilement.

art. « Beau », 1751, *Œuvres esthétiques*, Garnier, 1956, p. 428-429.

On peut dès lors affirmer que l'instauration d'une discipline exclusivement philosophique, à savoir l'esthétique, est en mesure à présent de donner un sens à une catégorie exigeant une véritable entreprise de refondation qui entraînera un bouleversement de la problématique traditionnelle.

B. « Beauty » et « beautiful » : de l'excellence morale au plaisir esthétique

Beauty ou *beautiful* n'est pas réductible au concept de beauté tel qu'il est construit par l'histoire de la philosophie. Le rapprochement issu de la tradition platonicienne entre *beauty* et *excellence*, qui renvoie au grec *to kalon*, ne constitue pas le cœur de la réflexion sur ce réseau. L'usage de *beauty* est très diversifié. Il fait intervenir des propriétés esthétiques et non esthétiques, qualifie l'objet et sa forme, reconnaît un plaisir spécifique du sujet. Du côté de l'objet, *beauty* s'associe à *simplicity* ou à *grace* ; du côté du sujet, *beauty* renvoie à *design* ou *expression*.

Le recours à *beauty* ou à *beautiful* s'avère tout d'abord indissociable d'une analyse de la relation du beau et du bien. L'idée de beauté morale surgit en Angleterre autour de 1700 pour unir sentiment du beau et discernement moral. Selon les *Characteristics of Men, Manners, Opinions, Times* de Shaftesbury (1711), l'homme se rapproche du caractère absolu de la beauté en se consacrant à la connaissance de soi. Ainsi, le soliloque comme dialogue intérieur exprime un sentiment juste du beau et du bien qui révèle la profondeur de l'âme, l'ordre du cœur. Winckelmann, Schiller, Hölderlin et Wieland prolongeront cette figure archétypale de la beauté morale avec la belle âme (*schöne Seele*). L'originalité de la tradition de langue anglaise se construit alors ailleurs, dans d'autres occurrences de *beauty*. Dans *A Treatise of Human Nature* (1739-1740), Hume introduit deux conceptions de la beauté : l'une anthropologique ou passionnelle — la beauté de forme (« *beauty is a form* ») —, l'autre sociale ou pratique — la beauté d'intérêt (« *beauty of interest* »). La beauté est une forme qui produit du plaisir. Étroitement reliée au moi, elle devient un objet d'orgueil et appartient au domaine des passions. Mais la beauté repose aussi sur la commodité qui donne du plaisir : par exemple, la fonctionnalité d'une maison, le luxe d'un édifice ou la fertilité d'un champ appartiennent au registre de la beauté. La valeur de la beauté des objets réside dans leur usage. La contemplation du beau suppose un jeu social entre un propriétaire et un spectateur de telle sorte que le spectateur s'intéresse par sympathie ou par communication aisée des sentiments à un avantage qui concerne directement le propriétaire de l'objet. Ces deux acceptions de *beauty* ne reposent pas sur un éclairage proprement artistique du terme. Adam Smith, dans *The Theory of Moral Sentiments* (1759), renforce l'importance de la beauté d'intérêt en insistant sur l'arrangement des objets qui procure la commodité et produit de manière manifeste le sentiment d'utilité chez le spectateur ; de tels objets satisfont efficacement à l'amour de la distinction si prompt à fournir une satisfaction par sympathie avec un propriétaire qui apparaît heureusement pourvu.

Aux approches anthropologiques et sociales de Hume et de Smith, il faut ajouter des réflexions plus proprement intra-esthétiques dans la détermination du sujet ou de l'objet du beau. Ainsi, Alison dans *Essays on the Nature and Principles of Taste* (1790) n'associe pas la beauté aux qualités des objets. Les objets ne sont que des signes qui produisent une émotion. Dans la perspective d'une histoire du perfectionnement des arts, la qualité de l'intention (*design*) est d'abord productrice de l'émotion de beauté. L'uniformité et la régularité expriment alors adéquatement l'existence du *design* en permettant de dégager dans l'objet une ressemblance des parties qui fait percevoir une forme régulière. Mais, plus les arts sont traversés par le talent, plus l'émotion de beauté qu'ils peuvent offrir tient à l'expression de la passion et non de l'intention. Le grand critère de l'excellence dans les formes belles est le caractère (*character*) ou l'expression qui correspond à l'apparence ou à la perception d'une qualité qui affecte à partir de la variété des formes. La supériorité de « *beauty of expression* » sur « *beauty of design* » est accompagnée de ce qui peut constituer un caractère proprement artistique, voire stylistique de la beauté : la contemplation de l'expressivité libre des formes. Les analyses d'Alison sur les arts peuvent alors être éclairées par *The Analysis of Beauty* du peintre Hogarth (1753), ouvrage sur les conditions de la beauté d'un tableau. *Beauty* est compris à partir des règles du tracé pour le peintre. Selon Hogarth, l'esprit de la peinture a toujours été victime de préjugés en faveur des lignes droites, de la géométrisation de l'espace dans la représentation de la beauté des formes humaines. Hogarth propose de mettre plutôt au centre de la peinture la ligne serpentine ou courbe comme ligne de beauté. *Beauty* n'est plus alors associé à *simplicity* mais à *grace*, ce dernier terme soulignant la variété infinie, la complexité des formes, l'attrait du « je ne sais quoi ». La réflexion sur la beauté aboutit à la nécessité de défendre l'autonomie de l'expression artistique, le devenir expressif de la peinture. Par ailleurs, *beauty* sert à une interrogation sur le processus cognitif et affectif qui génère l'idée de beauté dans l'esprit percevant. Dans cette perspective, la conception de la beauté et de sa perception dans *An Inquiry into the Original of our Ideas of Beauty and Virtue* de Hutcheson (1725) s'avère essentielle et originale. L'homme dispose d'une faculté de percevoir les idées de beauté et d'harmonie ou d'un sens interne de la beauté par lequel le plaisir frappe immédiatement en même temps que l'idée de beauté. Le sens interne (« *internal sense* ») est une faculté passive de recevoir des idées de beauté de tous les objets dans lesquels il y a de l'uniformité au sein de la variété. *Regular* et *harmonious* sont des synonymes de *beautiful*. L'appréciation de la beauté exige le fonctionnement d'un sens interne mais elle suppose aussi une règle du beau, le fondement de la beauté des œuvres d'art résidant dans l'unité de proportion entre les parties et entre chaque partie et le tout. Hutcheson permet l'émergence de catégories propres à l'appréciation du beau. On peut désormais reconnaître une valeur propre à la beauté. La beauté s'avère de plus en plus liée à la valeur esthétique ; il est alors tout à fait possible de faire une large place à *beauty* dans la réflexion esthétique contemporaine (M. Mothersill, *Beauty Restored*, 1984 ; E. Zemach, *Real Beauty*, 1997).

IV. « SCHÖNHEIT » ET SES FINALITÉS PHILOSOPHIQUES

C'est dans le latin de Baumgarten que Kant trouve d'abord une définition du beau qu'il rejettera de manière décisive pour toute l'histoire de l'esthétique. Le passage de *pulchritudo*, tel qu'il est utilisé par Baumgarten, à *Schönheit*, au sens que lui donne Kant, constitue une rupture fondamentale avec toutes les conceptions antérieures du beau, celles des métaphysiques du beau comme celles des théories de l'art.

Le projet de Baumgarten, exposé dans sa *Metaphysica* et son *Aesthetica*, est de construire une théorie dans laquelle le beau devient véritablement l'objet d'une connaissance s'exprimant selon des concepts et des formes de sensibilité qui lui sont propres. « *Aesthetices finis est perfectio cognitionis sensitivae, qua talis, haec autem est pulchritudo* [La fin de l'esthétique est la perfection de la connaissance sensible comme telle, c'est-à-dire la beauté] » (*Aesthetica*, I, 1, § 14, trad. fr. J.-Y. Pranchère, p. 127). Cette définition risque fort d'être inintelligible si on l'oppose d'emblée aux thèses centrales de la *Critique de la faculté de juger* de Kant. L'originalité de Baumgarten est de vouloir donner au beau un fondement métaphysique sans rompre pour autant avec l'héritage rhétorique et humaniste. Définir la beauté comme perfection de la connaissance sensible implique la possibilité pour celle-ci d'être déterminée comme vérité d'un certain type, à savoir vérité esthétique. La vérité esthétique diffère de la vérité logique, mais ne s'y oppose pas ; elle participe à une « *cognitio inferior* », celle des sens et des perceptions. Cette position explicitement cognitive exclut tout rapprochement avec une conception empirique et, naturellement, avec une théorie transcendantale de l'expérience esthétique. Contrairement à ce qu'on affirme encore volontiers, la *pulchritudo* de Baumgarten ne constitue nullement une sorte d'étape qui mènerait nécessairement aux solutions de la *Critique de la faculté de juger ;* elle est l'expression d'une pensée originale, maintenant la tension entre les catégories de la rhétorique antique, celles de la métaphysique et de la sémiologie leibniziennes, et l'exigence philosophique.

Chez Kant, l'usage de *Schönheit* a pour condition le rejet principiel de *pulchritudo* et de toutes les implications philosophiques de ce mot. Dans la troisième *Critique*, toute détermination du beau est d'une certaine façon étrangère à l'esthétique au sens où l'entendaient Baumgarten et Meier. *Schönheit* ne renvoie jamais chez lui à une idée du beau ou à une conception intellectualiste, mais au problème du goût ou à une critique du goût. Une remarque du *Nachlass* montre bien toutes les difficultés que devra résoudre l'analytique du beau :

> La forme sensible d'une connaissance plaît (*gefällt*) ou bien comme un jeu de la sensation, ou bien comme une forme de l'intuition, ou bien comme un moyen de concevoir le bien. Dans le premier cas, il s'agit de l'attrait (*Reiz*) ; dans le second, du beau sensible (*das sinnliche Schöne*) ; dans le troisième, du beau tel qu'en lui-même (*selbständigen Schönheit*).
>
> *Nachlass*, 639, trad. fr. A.-D. Balmès et P. Osmo, in *Kant-Lexikon*, p. 74.

Dans l'analytique du beau, le seul attribut véritable du beau, à savoir ce qui lui est exclusivement prédicable, c'est le sentiment de plaisir esthétique lui-même et non une quelconque propriété possible de l'objet. Ce sentiment de plaisir est premier et rigoureusement irréductible à toute règle et à toute idée esthétique. Afin de dépasser le solipsisme esthétique auquel risque d'aboutir cette conception de l'expérience du beau, Kant pose comme postulat une universalité subjective inhérente à la forme même du jugement de goût. Mais ce postulat reste l'exigence d'un droit ; celui-ci doit s'exprimer dans une communicabilité universelle qui, sans être la finalité de l'expérience esthétique, en est la justification. Dans les écrits précritiques comme dans la *Critique de la faculté de juger*, la signification propre de *Schönheit* est indissociable de celle de *Geschmack* comme *judicium* ou, plus précisément, comme jugement réfléchissant, donc comme affirmation de la subjectivité esthétique (voir GOÛT).

La relation qu'entretiennent les post-kantiens avec le maître de Königsberg est marquée par une volonté explicite de rupture. Dans son *Système de la philosophie transcendantale* (1800), Schelling montre la nécessité pour la pensée philosophique d'intégrer l'art comme forme spécifique d'intuition intellectuelle, c'est-à-dire comme médiation entre la liberté et la nature. Kant avait certes vu les liens entre la liberté et la nature dans le beau, mais nullement dans l'ontogenèse de l'art lui-même. Cette reconnaissance des fonctions et de la nécessité métaphysique de l'art est au cœur de la conception hégélienne du beau. Tout l'effort de Hegel va être de démontrer la nécessité interne du lien qui existe entre l'historicité de l'art, et donc du beau, et la structure systématique de sa pensée philosophique :

> Ainsi, démontrer l'idée du beau (*die Idee des Schönen*) que nous prenons comme point de départ, c'est-à-dire dériver cette idée en toute nécessité des présupposés qui, pour la science, la précèdent et du sein desquels elle prend naissance, n'est pas la fin que nous nous proposons ici, mais c'est l'affaire d'un déploiement encyclopédique de la philosophie en sa totalité et de ses disciplines particulières. Pour nous, le concept de beau et de l'art est un présupposé donné par le système de la philosophie. (*Für uns ist der Begriff des Schönen und der Kunst eine durch das System des Philosophie gegebene Voraussetzung*).
>
> *Vorlesungen über die Aesthetik*, 1, p. 43, trad. fr. J.-P. Lefebvre et V. von Schenck, 1, p. 36.

Ce passage développe clairement ce qui était déjà annoncé dans *Le Plus Ancien Programme systématique de l'idéalisme allemand* (texte retrouvé par Rozenzweig en 1917 dans des papiers ayant appartenu à Hegel, et dont l'attribution reste incertaine) : la réconciliation de l'art et de la philosophie, l'identification du beau et de l'art, de la pensée et de l'apparence, et surtout de l'art et de la vérité. Subsiste cependant une ambiguïté inhérente à la pensée esthétique de Hegel : comment l'idée du beau artistique, c'est-à-dire du seul beau véritable, peut-elle à la fois s'enraciner dans la métaphysique et être la source à laquelle s'alimente le génie créateur de chaque artiste ? Et comment cette idée métaphysique peut-elle coïncider avec des modes d'apparition et de manifestation aussi divers que ceux de l'œuvre d'art ? En réalité, une compréhension intégrale du concept de beau supposerait une analyse régressive infinie des présupposés qui sont à l'œuvre dans le savoir encyclopédique de la philosophie et une analyse infinie de toutes les formes d'expression par lesquelles l'idée de beau s'actualise et se manifeste dans le temps de l'histoire de l'art.

Par bien des aspects, les concepts esthétiques de Nietzsche, ceux d'apparence, d'illusion, de valeur comme conditions de conservation de la vie sont redevables ou plutôt sont comme un effet lointain de la pensée de Kant.

> Rien n'est plus conditionnel, disons plus borné, que notre sens du beau (*unser Gefühl des Schönen*). Celui qui voudrait se le figurer, dégagé de la joie que l'homme cause à l'homme, perdrait pied immédiatement. Le « beau en soi » n'est qu'un mot, ce n'est même pas un concept (*Das Schöne an sich ist bloss ein Wort, nicht einmal ein Begriff*). Dans le beau l'homme se pose comme mesure de la perfection (*als Mass der Volkommenheit*) ; dans des cas choisis il s'y adore. Une espèce ne peut faire autrement que de se dire à elle-même *oui* de cette façon. Son instinct le plus bas, celui de la conservation et de l'élargissement de soi, rayonne encore dans de pareilles sublimités. L'homme se figure que c'est le monde lui-même qui est surchargé de beautés, il s'oublie en tant que cause de ces beautés. Lui seul l'en a comblé, hélas ! d'une beauté très humaine, rien que trop humaine !... le jugement « beau », c'est la vanité de l'espèce (*das Urteil « schön » ist seine Gattungs-Eitelkeit*).
>
> *Götzen-Dämmerung*, § 19, *Werke*, t. 2, p. 1001 ; *Le Crépuscule des idoles*, trad. fr. J. Lacoste et J. Le Rider, t. 2, p. 1000.

Contrairement aux derniers esthéticiens idéalistes comme Vischer ou Lotze, et même à Schopenhauer, Nietzsche dissocie clairement l'art et le beau. Moderne sur ce point, il fait du beau l'effet d'une croyance, une illusion nécessaire en tant qu'elle stimule tout sentiment esthétique. Mais cette critique de l'idéalisme devient indissociable d'un refus de toute conception intellectualiste de l'idée de beau, entraînant nécessairement une perte de contenu de celle-ci.

La question de savoir aujourd'hui ce que pourrait encore signifier le mot *Schönheit* est traitée par des arguments relevant de la logique, de la sociologie, plus rarement de l'esthétique proprement dite, laissant transparaître tantôt une volonté d'élimination du concept, tantôt un désir de conservation et parfois de restauration d'une notion considérée comme anachronique, voire réactionnaire. Toute esthétique voulant aujourd'hui donner un contenu précis au concept de beau se trouve nécessairement devant une alternative : soit recourir à une construction métaphysique, au risque d'aboutir à une position difficilement tenable ; soit remplir les conditions d'une démarche logico-sémantique, exposée toutefois à de multiples apories.

Ainsi, Reinold Schmücker déclare : « Que l'art imite la nature, que la beauté soit expérimentable et rende perceptible la perfection divine, ne sont plus des informations plausibles à l'époque des usines de déchets et de l'athéisme » (*Was ist Kunst ?*, p. 20). À ces assertions trop tranchées, Franz von Kutschera répond par des propositions qui expriment de manière plus nuancée l'embarras contemporain : « La beauté n'est certes qu'un concept esthétique parmi d'autres, cependant, en raison de son vaste champ d'application, on l'a maintes fois considéré comme le concept dominant de toutes les qualités esthétiques et l'on a déterminé la théorie esthétique comme celle du beau. Cette conception est typique de l'ancienne esthétique » (*Aesthetik*, p. 94). Étant donné l'extrême difficulté qui existe à définir précisément ce qu'est une qualité esthétique et à théoriser avec rigueur une notion qui subsiste dans le discours ordinaire comme dans le discours philosophique, on peut dire que la signification des mots *beau, beauty, Schönheit* et autres reste largement indéterminée. Ce qui ne signifie nullement qu'ils soient vides de contenu, inactuels et impropres à un traitement conceptuel.

Jean-François GROULIER
et Fabienne BRUGÈRE (III, B)

BIBLIOGRAPHIE

ALISON Archibald, *Essays on the Nature and Principles of Taste*, Londres, 1790 ; 2e éd., 1811.

BAUMGARTEN Alexander Gottlieb, *Æsthetica* [1750], Hambourg, Meiner, 1983 ; trad. fr. J.-Y. Pranchère, L'Herne, 1988.

BOILEAU Nicolas, *Œuvres complètes*, Gallimard, « La Pléiade », 1966.

CICÉRON, *L'Orateur*, trad. fr. A. Yon, Les Belles Lettres, 1964.

CROUSAZ Jean-Pierre de, *Traité du beau*, Amsterdam, 1715, rééd. Fayard, « Corpus des œuvres de philosophie en langue française », 1985.

DIDEROT Denis, *Œuvres esthétiques*, Garnier, 1956.

FICIN Marsile, *Opera Omnia*, Bâle, 1576.

GHIBERTI Lorenzo, *I Commentarii*, éd. J. von Schlosser, Berlin, Julius Bard, 1912.

HEGEL Georg Wilhelm Friedrich, *Vorlesungen über die Aesthetik*, Francfort, Suhrkamp, 1970 ; trad. fr. J.-P. Lefebvre et V. von Schenck, Aubier, 1995.

HOGARTH William, *The Analysis of Beauty*, Londres, impr. par J. Reeves pour l'auteur, 1753 ; trad. fr. de Jansen rév. par S. Chauvin, préf. B. Cottret, énsb-a, 1991.

HUME David, *A Treatise of Human Nature* [1739-1740], Oxford, Clarendon Press, 1978 ; trad. fr. Livre I P. Baranger et P. Saltel, Livre II J.-P. Cléro, Livre III P. Saltel, Flammarion, 1991.

HUTCHESON Francis, *An Inquiry into the Original of our Ideas of Beauty and Virtue* [1725], *Philosophical Writings*, Everyman, Londres-New York, 1994 ; trad. fr. A.-D. Balmès, Vrin, 1991.

KANT Emmanuel, *Kritik der Urteilskraft*, Hambourg, Meiner, 1968 ; trad. fr. A. Philonenko, Vrin, 1965.

KUTSCHERA Franz von, *Aesthetik*, Berlin-New York, Walter de Gruyter, 1998.

LOTZE Rudolf Hermann, *Geschichte der Aesthetik in Deutschland*, Munich, 1868.

MEIER Georg Friedrich, *Anfangsgründe aller schönen Wissenschaften*, Halle, 1748.

MONTEIL Pierre, *Le Beau et le Laid en latin*, Klincksieck, 1964.

MOTHERSILL Mary, *Beauty Restored*, Oxford, Clarendon Press, 1984.

NICOLE Pierre, *Traité de la beauté des ouvrages de l'esprit*, Toulouse, 1689.

NIETZSCHE Friedrich, *Werke*, K. Schlechta (éd.), Darmstadt, Wissenschaftliche Buchgesellschaft, 1997, 3 vol. ; *Œuvres*, J. Lacoste et J. Le Rider (éd.), Laffont, « Bouquins », 1993.

NORTON Robert E., *The Beautiful Soul*, New York-Londres, Cornell UP, 1995.

PLOTIN, *Ennéades*, I, trad. fr. É. Brehier, Les Belles Lettres, « CUF », 1960.

POUILLON Henri, « La beauté, propriété transcendantale chez les scolastiques (1220-1270) », *Archives de l'histoire doctrinale et littéraire du Moyen-Âge*, 15, 1946.

SCANNELLI Francesco, *Microcosmo della pittura*, Cesena, 1657.

SCHMÜCKER Reinold, *Was ist Kunst ?*, Munich, Fink Verlag, 1998.

SHAFTESBURY Anthony Ashley Cooper, *Characteristics of Men, Manners, Opinions, Times* [1711], Hildesheim-New York, Olms, 1978.

SMITH Adam, *The Theory of Moral Sentiments* [1759], Oxford UP, 1976 ; trad. fr. M. Biziou, C. Gautier et J.-F. Pradeau, PUF, 1999.

THOMAS D'AQUIN, *Somme théologique*, Cerf, 1994.

TRUBLET Nicolas Charles Joseph, *Essais sur divers sujets de littérature et de morale*, Briasson, 1735.

VISCHER Friedrich Theodor, *Aesthetik oder Wissenschaft des Schönen*, Reutlingen-Leipzig, C. Macken, 1847-1857 ; 2e éd., R. Vischer (éd.), Munich, Meyer et Jessen, 1922-1923.

VITRUVE, *Les Dix Livres d'architecture*, éd. C. Perrault, 1673 ; rééd. Errance et Balland, 1986 ; nouv. trad.fr. en cours de publication aux Belles Lettres (6 livres parus).

ZEMACH Eddy M., *Real Beauty*, The Pennsylvania State University, 1997.

OUTILS

CHANTRAINE Pierre, *Dictionnaire étymologique de la langue grecque*, nouv. éd. mise à jour avec un « Supplément au dictionnaire », Klincksieck, 1999.

EISLER Rudolf, *Kant-Lexikon* [1926-1930], repr. Hildesheim, Olms, 1961; trad. fr. augm. A.-D. Balmès et P. Osmo, Gallimard, 1994.

LSJ : LIDDELL Henry G., SCOTT Robert et JONES Henry S., *A Greek-English Lexicon*, 9e éd., Oxford, Clarendon Press, 1925-1940 ; *A Supplement*, éd. E.A. Berber, 1968.

VOLTAIRE, *Dictionnaire philosophique*, Flammarion, « GF », 1964.

BEGRIFF ALLEMAND – fr. *concept*

gr. *katalêpsis* [κατάληψις]
lat. *comprehensio*
angl. *concept*

► *CONCEPT* [CONCEPTUS, CONCETTO], et ÂME, AUFHEBEN, ENTENDEMENT, GEISTESWISSENSCHAFTEN, INTELLECT, INTELLECTUS, PERCEPTION, PLASTICITÉ, PRÉDICATION, ***RAISON***

Jusque dans son usage courant, le verbe allemand begreifen *désigne une compréhension d'ordre intellectuel. C'est ce sens de « prise intellectuelle sur une chose ou une idée » (dans* begreifen *s'entend le verbe* greifen *: saisir, attraper, capter) qui se retrouve dans* Begriff *: «* Ich habe keinen Begriff davon *» signifie qu'on n'a aucun accès à ce dont il s'agit et se traduit par « je ne saisis pas du tout ». Les inflexions subies par* Begriff *en philosophie dépendent des transformations des théories de la connaissance.* Begriff *prend d'abord le sens strict d'une fonction de l'entendement (Kant), mais est ensuite hypostasié comme figure du savoir que revêt la conscience dans son itinéraire vers le savoir absolu (Hegel). Enfin, au prix d'une définition de* Begriff *qui se veut strictement logique, ces différentes acceptions peuvent se voir requalifiées comme encore trop psychologiques, à proportion peut-être de ce qui reste en elles de l'usage courant du terme (Frege). Il reste que la discussion actuelle sur la possibilité d'une rementalisation des concepts bute toujours sur la différence des langues, entre un* Begriff *allemand qui a gardé sa part de naturalité et un* concept *anglais totalement sorti de l'usage ordinaire.*

I. « BEGREIFEN », « VERSTEHEN », « KONZIPIEREN » (KANT) : VARIÉTÉS DU COMPRENDRE

C'est avec Kant que *Begriff* acquiert un sens philosophique spécifique, loin du sens général forgé par Wolff (cf. *Vernünfftige Gedanken*, I, § 4 : « toute représentation d'une chose dans nos pensées [*jede Vorstellung einer Sache in unseren Vorstellungen*] »). À ce sens très général de représentation, Kant oppose en effet dans son cours de *Logique*, qui reprend et transforme le vocabulaire de la philosophie universitaire allemande, un sens précis, qui s'insère dans une classification des types de connaissance où *begreifen* se distingue notamment de *verstehen* et *konzipieren*.

> Entendre (*verstehen*) (*intelligere*) quelque chose, c'est-à-dire connaître par l'entendement grâce aux concepts *(durch den Verstand vermöge der Begriffe)* ou concevoir *(konzipieren)*. Ce qui est très différent de comprendre *(begreifen)*. On peut concevoir beaucoup de choses, bien qu'on ne puisse les comprendre, par exemple un *perpetuum mobile*, dont la mécanique montre l'impossibilité.

En revanche, le septième degré, « comprendre *(begreifen) (comprehendere)* quelque chose », signifie « connaître par la raison *(durch die Vernunft)* ou *a priori* dans la mesure qui convient à notre propos *(in dem Grade* [...] *als zu unserer Absicht hinreichend ist)* » (*Logik*, Introduction, VIII, in *AK*, vol. 9, p. 65 ; trad. fr. L. Guillermit, 2e éd. 1970, p. 72).

La classification proposée dans la *Logique* a ceci de remarquable qu'elle dissocie le verbe *begreifen* du nom *Begriff*. Tandis que celui-ci entre sans difficulté dans la définition de *verstehen* comme cinquième genre de connaissance (« connaître par l'entendement grâce aux concepts »), Kant réserve *begreifen* au degré suprême de la connaissance. Tout se passe comme si *Begriff* était déjà neutralisé par son usage technique, tandis que le sens de *begreifen* pourrait encore faire l'objet d'un débat. La raison en est sans doute que le verbe *begreifen* connote quelque chose encore de l'action de saisie, et que Kant peut ainsi y entendre la forme la plus achevée de prise ou d'appropriation de l'objet visé. Le phénomène est encore accentué par la présence, dans *begreifen*, du préfixe *be-* qui signifie la transitivité et implique dans ce cas précis le contact direct, une sorte de *full contact* avec l'objet.

Les classifications kantiennes peuvent varier, sans jamais cependant revenir sur cette détermination fondamentale du *begreifen*. Ailleurs, Kant corrige la terminologie proposée avant lui par le wolffien Meier en refusant de traduire *begreifen* par *concipere* « concevoir » : il faut en effet réserver *begreifen* pour *comprehendere*, c'est-à-dire pour un mode de connaissance qui mobilise une intuition « *per apprehensionem* » (*Wiener Logik*, in *AK*, vol. 24, p. 845). Le détour par le latin est révélateur : l'idée d'*apprehensio*, c'est-à-dire à nouveau de prise, de capture, conduit naturellement Kant vers *begreifen*, qui la contient dans son étymologie. Certes *konzipieren*, formé sur le latin *capere*, inclut aussi l'idée d'une saisie ; mais l'étymologie s'est estompée, et la détermination de *begreifen* passe précisément par une nouvelle traduction ou un nouvel équivalent latin, *comprehendere*, où s'entend mieux le sens de préhension, de prise en main.

♦ Voir encadré 1.

1

La saisie : « katalêpsis » et « comprehensio »

► CONCEPTUS, PATHOS, PERCEPTION, PHANTASIA, REPRÉSENTATION

Parmi les représentations vraies, les Stoïciens distinguent entre représentations compréhensives et représentations non compréhensives — compréhensive, au sens actif de « capable de saisir activement les objets ou les situations ». La représentation compréhensive, *phantasia katalêptikê* [φαντασία καταληπτική], est la plus exacte, la plus précise et celle qui restitue dans l'âme les caractéristiques propres du représenté ; elle est

> la représentation qui dérive d'un existant et qui a été imprimée d'après cet existant même dont elle porte le sceau, telle qu'elle ne pourrait pas dériver d'un non-existant ; dans la mesure où ils soutiennent que cette représentation est capable de saisir exactement les objets, et est cachetée de telle sorte qu'elle reproduise, de manière artiste, leurs caractères propres, ils disent qu'elle possède chacun de ces caractères comme attribut.
>
> Sextus Empiricus, *Adversus mathematicos*, VIII, 248-249.

Si « évidente et frappante » qu'elle « nous tire pour ainsi dire par les cheveux, en nous traînant à l'assentiment » (*ibid.*, 257).

L'assentiment que nous lui donnons irrésistiblement produit la saisie, ou compréhension, *katalêpsis* :

> [Zénon] montrait sa main ouverte, les doigts étendus : «Voici la représentation», disait-il ; puis il contractait légèrement les doigts : « Voici l'assentiment. » Puis il fermait la main et serrait le poing, en disant : «Voici la compréhension» ; c'est d'ailleurs d'après cette image qu'il a donné à cet acte un nom qui n'existait pas auparavant, celui de *katalêpsis* ; puis avec la main gauche, qu'il approchait, il serrait fortement le poing droit en disant : « Voici la science, que personne ne possède sinon le sage. »
>
> Cicéron, *Premiers académiques*, II, 47, 145, trad. É. Bréhier.

Le poing fermé illustre la saisie ; l'autre main le recouvrant, serré, la science, qui stabilise et conserve cette saisie.

L'acte de préhension et de saisie exprimé par le verbe *comprehendere* (et le substantif *comprehensio*) est sensible dans tous les emplois du terme qui englobent l'appréhension sensorielle (par ex. Cicéron, *De legibus*, 1, 30) et tous les niveaux de la prise de possession intellectuelle : ainsi le discours se fixe dans la mémoire de l'orateur parce qu'il a d'abord « saisi » les idées qu'il développera au moyen d'images qui les rappellent (Cicéron, *De oratore*, 2, 359). Les mots eux-mêmes « enferment » la pensée qu'ils ont « saisie » (*Orator*, 170), comme la période oratoire « embrasse » et « circonscrit » la pensée (*Brutus*, 34). Toutes ces traductions possibles de *comprehendere* laissent apparaître la richesse du terme que Cicéron choisit pour rendre la *katalêpsis* des stoïciens : d'autres termes étaient recevables, que le stoïcien du dialogue *Des fins* (3, 17) donne comme équivalents de *katalêpsis* [κατάληψις], *cognitio* et *perceptio*. Mais en choisissant *comprehendere*, Cicéron met en valeur le geste de la main que Zénon utilisait pour décrire les différents niveaux de la connaissance (et pour illustrer, aussi, le rapport entre la rhétorique et la dialectique [*De finibus*, 2, 17 ; *Orator*, 113]). L'importance accordée par Cicéron à ce geste, attesté uniquement par lui, donne toute sa portée à l'infléchissement que Zénon a fait subir au substantif *katalêpsis* qui avant lui n'avait jamais été employé pour désigner autre chose que la saisie ou la prise concrète. Le geste de la main permet de faire comprendre l'unité du mouvement à partir de la représentation (*phantasia - visum*) — main ouverte —, jusqu'à la compréhension — main fermée —, et à la science — poing fermé par l'autre main (*Academica*, 2, 145, voir *supra*). La main est toujours active mais fait porter son activité sur elle-même : l'étroite imbrication de l'activité au cours d'un processus qui est aussi une réception passive est mise en valeur par les traductions cicéroniennes de la *phantasia katalêptikê*. L'adjectif *katalêptikê* [καταληπτική], interprété généralement avec un sens actif, a également un sens passif : or Cicéron (*Academica*, 1, 41) emploie non pas *katalêptikon* [καταληπτικόν] mais *katalêpton* [καταληπτόν], qui signifie « saisi » ou « qui peut être saisi » ; il traduit ce terme par *comprehendibile*, de sorte qu'on comprend plus nettement grâce à cette traduction que la représentation est ce qui permet la saisie parce qu'elle-même peut être saisie, saisie qui devient emprise seulement lorsque la représentation a reçu l'assentiment et l'approbation (« *visum acceptum et approbatum* ») :

> [Zénon] ne considérait pas toutes les impressions (*visum*) comme dignes de confiance, mais seulement celles qui ont un pouvoir particulier pour rendre clairs leurs objets. Comme cette impression même se laisse discerner juste par elle-même, il l'appelait «saisissable» (*comprehendibile*) [...]. Mais une fois qu'elle a été reçue et approuvée, il lui donnait le nom de « saisie » (*comprehensio*), à l'image des choses que l'on saisit à la main.
>
> *Academica*, 1, 41, Long-Sedley 40 B ; trad. fr. P. Pellegrin et J. Brunschwig, Flammarion, « GF », 2001.

Ainsi renforcés par l'explicitation donnée au « geste » stoïcien de la *katalêpsis*, les sens classiques du latin *comprehendere* ont déterminé la postérité de ses emplois philosophiques.

La nouveauté du latin *conceptus*, au Moyen Âge, tiendra à ce qu'à l'image de la prise, toujours contenue dans le mot à travers le verbe *con-capere*, s'en ajoutera une autre, celle de l'enfantement (comme dans « conception ») : il en résultera une tout autre représentation de l'économie des facultés et de l'activité de connaissance (voir CONCEPTUS).

Clara AUVRAY-ASSAYAS,
Frédérique ILDEFONSE

C'est de cette distinction qu'hérite le terme *Begriff,* qui devient, dans la *Critique de la raison pure,* une fonction de l'entendement (par opposition à l'objet d'une intuition) — lui-même défini comme pouvoir des concepts. Le *Begriff,* c'est ce qui rassemble, unit, synthétise le divers empirique :

> La connaissance de tout entendement, du moins de l'entendement humain, est une connaissance par concepts, non intuitive, mais discursive. Toutes les intuitions *(Anschauungen),* comme sensibles, reposent sur des affections *(Affektionen),* les concepts *(Begriffe)* donc sur des fonctions *(Funktionen).* Or j'entends par fonction l'unité de l'action qui ordonne des représentations diverses sous une représentation commune. Les concepts se fondent donc sur la spontanéité de la pensée, comme les intuitions sensibles sur la réceptivité des impressions.
>
> *Critique de la raison pure*, trad. fr. J. Barni, rev. et mod. A.J.L. Delamarre et F. Marty, Gallimard, « La Pléiade », t. 1, p. 825 ; in *AK*, t. 3, p. 85-86.

II. « DER BEGRIFF » : LES CONCEPTS ET LE CONCEPT (HEGEL)

La relative facilité qu'il y a à traduire *Begriff* dans la *Critique de la raison pure* (à la différence des passages plus terminologiques comme celui de la *Logique*) vient sans doute de ce que Kant pense les *Begriffe* dans leur pluralité : il y a autant de concepts que de fonctions possibles. Le terme devient en revanche plus difficile à comprendre, quand il est utilisé exclusivement au singulier : c'est le cas chez Hegel, dont la philosophie est une philosophie « du » Concept, *der Begriff,* sans autre détermination. Le passage du pluriel au singulier marque aussi le passage d'une philosophie de la connaissance, qui associe concept et entendement, à une philosophie qui se veut Science, et qui pour cela réunit le Concept à l'Esprit.

Dans les traductions françaises, le « C » majuscule est sans doute la manière la plus économique de signaler l'usage emphatique que Hegel fait de ce terme, et que le français, habitué au pluriel (les concepts) ou à l'indéfini (un concept), aurait sinon du mal à rendre. Hegel est de fait celui qui oppose *le* Concept *aux* concepts (cf. *Aesthetik,* I, in *Werke*, t. 13, p. 127 : « à l'époque récente, aucun concept ne s'est aussi mal porté que le Concept lui-même »). *Le* Concept est alors considéré comme une figure du savoir : il est l'élément absolument simple et pur dans lequel la vérité a son existence (*Phänomenologie des Geistes, op. cit.,* t. 3, p. 15) et seul son déploiement, dit aussi « travail du concept » (*Arbeit des Begriffs*) donne accès à l'« intelligence scientifique » (*wissenschaftliche Einsicht*) (*ibid.,* p. 65). La *Phénoménologie de l'esprit* fait du *Begriff* presque un personnage, en le caractérisant comme le « mouvement du savoir », mouvement qui est un « auto-mouvement » (*Selbstbewegung*) (ibid., p. 37 et 54). Ce mouvement du Concept, qu'on peut dire aussi d'auto-réflexion (p. 432) mais dans l'unité, déjà, de l'être et de la réflexion (cf. *Wissenschaft der Logik, op. cit.*, t. 6, p. 246), a pour terme l'unité du savoir et de son objet (*Phänomenologie,* p. 404), laquelle est en même temps division, partition, séparation (p. 419 et p. 580) entre les différentes choses qui sont : « Les choses sont ce qu'elles sont par l'activité du Concept qui les habite et se révèle en elles [*die Dinge sind das was sie sind durch die Tätigkeit des innewohnenden und in ihnen sich offenbarenden Begriffs*] » (*Enzyklopädie der philosophischen Wissenschaften,* I, *Die Wissenschaft der Logik,* § 163, addition 2, *op. cit.,* t. 8, p. 313). Au terme de la « Doctrine du Concept » de la *Science de la Logique*, le *Begriff* est certes sursumé par l'Idée (voir AUFHEBEN), elle aussi au singulier : celle-ci est « le Concept adéquat, l'objectivement vrai ou le vrai comme tel [*der adäquate Begriff, das objektive Wahre oder das Wahre als solches*] » (*Wissenschaft der Logik, op. cit.*, t. 6, p. 462). Il n'empêche qu'il demeure le « principe de la philosophie » (*ibid.,* p. 540), qu'à ce titre on retrouve, après la Science de la Logique de l'*Encyclopédie,* dans la Philosophie de l'Esprit (cf. *Philosophie des Geistes, op. cit.*, t. 10, p. 11).

Cet usage spéculatif du *Begriff* reste cependant deux fois fidèle à l'usage courant du mot. Dans le singulier *der Begriff* s'entend peut-être avant tout l'acte de saisir, de prendre toute chose pour l'« habiter » et se « révéler » en elle, comme on l'a lu chez Hegel. En outre, lorsque Hegel parle du *Begriff des Begriffs (Wissenschaft der Logik,* t. 6, p. 252, 270), il ajoute à ce jeu sur l'étymologie un usage tout à fait ordinaire du mot : celui qui en fait un synonyme de *Bestimmung* « définition ». Malgré ce que le redoublement des termes a en soi de spéculatif, « *Begriff des Begriffs* » ne signifie pas tant « concept du concept » que « définition du concept », c'est-à-dire son idée abrégée ou, comme dit Hegel, son *Abbreviatur,* « abréviation » (*Wissenschaft der Logik,* t. 5, p. 24, 29). L'usage étendu du terme, entre langue courante et vocabulaire technique, permet de prendre le même terme en deux sens différents dans la même expression.

Ainsi, chez Kant et chez Hegel, la spécificité de *Begriff* et de *begreifen* se loge à chaque fois dans des particularités grammaticales : les usages différents que permettent la forme nominale (*Begriff*) et la forme verbale (*begreifen*) chez Kant, le singulier et le pluriel de *Begriff* chez Hegel. D'un auteur à l'autre, le jeu avec l'étymologie se déplace du verbe (Kant joue surtout sur *begreifen*) au nom (le jeu de Hegel sur la majesté du singulier). Dans les deux cas cependant, la théorie de la connaissance et la doctrine spéculative de la science se déploient dans un rapport étroit avec le langage ordinaire, ou du moins avec la version fantasmée qu'en donne l'étymologie. C'est ce rapport qui se perd dès qu'on traduit en français.

III. « BEGRIFF » ET TOURNANT LINGUISTIQUE

A. La « Begriffschrift » (Frege)

Mais *Begriff* se prête aussi à une définition plus strictement *logique*, c'est-à-dire telle que les acceptions précédentes soient contestées comme relevant d'un usage encore « psychologique ». C'est à une transformation de cet ordre que procède la *Begriffschrift* (*L'Idéographie*) de Frege, et la traduction du titre est, pour cette raison, problématique. Comme Frege le rappelle dans sa préface :

> Ma démarche était de chercher d'abord à réduire le concept de succession (*den Begriff der Anordnung*) dans

> une suite à la conséquence logique, puis à progresser vers le concept de nombre. Pour que, ce faisant, quelque chose d'intuitif (*etwas anschauliches*) ne puisse pas s'introduire de façon inaperçue, tout devait dépendre de l'absence de lacunes dans la chaîne de déductions. [...] C'est pourquoi, j'ai renoncé à exprimer tout ce qui est sans signification pour la déduction. Au § 3, j'ai désigné comme *contenu conceptuel* (*als begrifflichen Inhalt*) ce qui seul m'importait. Cette explication doit par conséquent toujours être gardée à l'esprit si l'on veut comprendre correctement l'essence de mon langage formulaire (*Formelsprache*). De cela découle aussi le nom *Begriffschrift* (*Idéographie*).
>
> G. Frege, *Idéographie*, trad. fr. C. Besson, p. 6.

Toute la difficulté qu'il y a à reprendre *concept* dans la traduction de *Begriffschrift* vient de ce que Frege propose ici une définition du concept (et donc du contenu conceptuel), qui est inséparable de son logicisme (lié à son invention de la « nouvelle logique ») et d'un antipsychologisme de principe. Dans la préface aux *Fondements de l'arithmétique* (*Die Grundlagen der Arithmetik*, éd. Ch. Thiel, Hambourg, Meiner, 1988), il précise les trois principes (*Grundsätze*) qui guident sa démarche : toujours nettement séparer le psychologique du logique, le subjectif de l'objectif ; ne jamais demander la signification d'un mot à lui seul, mais toujours en contexte ; et ne jamais perdre de vue la distinction entre concept et objet (« *der Unterschied zwischen Begriff und Gegenstand ist im Auge zu behalten* », p. X). Ces trois principes déterminent sa conception du *Begriff*. Le *Begriff* n'est pas une notion psychologique, mais logique. La distinction concept/objet procède entièrement de la nouvelle logique, selon laquelle les énoncés simples s'analysent en fonction et argument. Par exemple dans la phrase « La Terre est une planète », on peut remplacer « la Terre » par d'autres noms propres, et obtenir ainsi les phrases « Vénus est une planète », « Mars est une planète », etc. Ce qui reste invariant dans ces phrases est une fonction, laquelle prend pour argument tel ou tel objet. Un concept est une fonction à une place ; ce qui peut être dit d'un objet. On voit que la notion de concept ainsi définie n'est en rien psychologique, et qu'elle est indépendante de toute idée de « saisie ». De plus, comme le précise Frege dans « Fonction et concept » (*Funktion und Begriff*), le concept ainsi défini n'est plus clos ni complet, mais en manque d'un argument, « insaturé » (*ungesättigt*) (*Funktion, Begriff, Bedeutung*, éd. G. Patzig, p. 29 ; *Écrits logiques et philosophiques*, trad. fr. C. Imbert, Seuil, 1971, p. 92).

Dans l'article « Concept et Objet » (*Begriff und Gegenstand*), Frege répond à quelques objections qui lui avaient été adressées par Benno Kerry à propos de son usage du concept de concept :

> Le terme concept (*Begriff*) a divers emplois ; il est pris tantôt au sens psychologique, tantôt au sens logique, et peut-être également dans une acception confuse qui mêle les deux. Mais cette liberté a sa limite naturelle ; dès lors qu'un certain emploi du terme est mis en jeu, il est souhaitable qu'il soit maintenu. Pour ma part, j'ai choisi de m'en tenir strictement à l'emploi purement logique du terme.
>
> *Funktion, Begriff, Bedeutung*, p. 66 ;
> *Écrits logiques et philosophiques*, p. 127.

B. Les usages analytiques de « concept »

Une telle approche purement logique pose cependant quelques problèmes, soulevés lucidement par Frege dans « Concept et Objet » : comment parler d'un concept (par exemple, lorsqu'on dit qu'il est clair, simple, général, etc.) sans en faire un objet et rompre alors avec les principes de la démarche frégéenne ? La question, qui va obséder beaucoup de philosophes du langage au XXe siècle, est celle de la prédication. Si un objet est tout ce dont on peut dire quelque chose (et donc, tout ce qu'on peut faire « tomber sous un » concept) on peut parler « d'un » concept, et c'est ce que nous faisons, très ordinairement même. Les redéfinitions de Frege n'ont donc pas éliminé, même dans le champ analytique, tout travail sur la notion de concept, et elles ont même suscité tout un courant nouveau de réflexion sur l'individuation et la distinction des concepts. La logicisation et la dépsychologisation du concept de concept accomplies par Frege ont certes conduit, dans un premier temps, à un dépérissement du concept au profit de la prédication et des objets (dont l'œuvre de Carnap puis de Quine témoigne chacune à leur manière). Le terme « concept » s'est maintenu, mais en un sens assez flou, notamment dans l'expression banalisée « schème conceptuel » (*conceptual scheme*) employée par Quine (*From a Logical Point of View*, Cambridge [Mass.], Harvard UP, 1953, p. 44 *sq.*) et ses successeurs au sens de l'ensemble de notre conception du monde, ou l'ensemble de nos connaissances (« *the conceptual scheme of science* ») : l'expression est pimentée du fait que ce schème conceptuel, selon Quine, est inséparable d'un langage et d'une ontologie eux-mêmes non traduisibles de façon univoque dans une autre langue (voir SENS). L'idée de schème conceptuel est donc associée à tout le débat sur l'incommensurabilité et le relativisme qui a agité la philosophie analytique et l'épistémologie depuis les années 1960. En témoigne, outre l'œuvre de R. Rorty, le texte fameux de D. Davidson sur « L'idée même de schème conceptuel » (« On the very idea of a conceptual scheme », in *Inquiries into Truth and Interpretation*, p. 83) où Davidson critique violemment l'idée de schème conceptuel et de « point de vue » sur le monde comme source du « relativisme conceptuel », et l'associe, suivant en cela Quine lui-même, à l'idée de différence linguistique et d'intraductibilité. Le schème conceptuel, c'est le langage conçu en tant que source de conception et de catégorisation du monde. On voit que ce sont les difficultés de la philosophie du langage à éliminer ou à résoudre la question de la conceptualisation qui ont suscité un retour massif, depuis la fin du XXe siècle, aux concepts : c'est en effet le retour de la philosophie analytique à la philosophie de l'esprit, contre les préceptes antipsychologiques de Frege et Wittgenstein, qui a permis une résurgence du terme, cette fois en général au pluriel et rementalisé : c'est le cas dans l'ouvrage très discuté depuis les années 1990 du philosophe anglais Christopher Peacocke, *A Study of Concepts*. Beaucoup des discussions récentes sur les concepts portent sur la *possession* de concepts, au sens de « représentations mentales ». On peut mentionner par exemple, tout le débat actuel sur le « contenu non conceptuel » (« *non-conceptual content* »), c'est-à-dire un contenu intrinsèque de l'expérience, qui serait une représentation indépendante de concepts.

Peacocke introduit ainsi sa réflexion de *A Study of Concepts* :

> *We need to be clear about the subject matter of a theory of concepts. The term « concept » has by now come to be something of a term of art. The word does not have in English a unique sense that is theoretically important.*
>
> [Nous devons dire clairement sur quoi porte une théorie des concepts. Le terme de « concept » est à présent devenu quelque chose comme un terme d'art. Le mot n'a pas de sens en anglais qui soit théoriquement important.]

Peacocke cite alors Woody Allen qui fait dire à un personnage dans *Annie Hall* : « Maintenant c'est une notion, mais je pense avoir assez d'argent pour en faire un concept, et ensuite une idée. » Peacocke sous-entend ici, de façon intéressante, que le mot « concept » en anglais n'a plus vraiment d'usage ordinaire, et qu'il ne renvoie certainement pas, dit-il plus loin, à l'usage frégéen (p. 2) : il propose donc une définition purement stipulative des concepts à partir de leur distinction par leur contenu propositionnel (*ibid.*). On peut imaginer que c'est le logicisme de l'idéographie et des définitions frégéennes qui ouvre, dans la suite de la philosophie analytique, la possibilité constante de nouvelles définitions plus ou moins arbitraires du concept : il n'en reste pas moins que Frege, par le rôle qu'il assigne dans ses définitions aux « fonctions » et à leur opérativité, maintient une naturalité dans l'usage de *Begriff* qui est probablement perdue dans ses traductions anglaises ultérieures et les usages plus contemporains de « concept ».

Philippe BÜTTGEN, Marc CRÉPON,
Sandra LAUGIER

BIBLIOGRAPHIE

DAVIDSON Donald, « On the very idea of a conceptual scheme », in *Inquiries into Truth and Interpretation*, Oxford, Clarendon Press, 1984 ; trad. fr. *Enquêtes sur la vérité et l'interprétation*, trad. fr. P. Engel, Nîmes, Jacqueline Chambon, 1993.

FREGE Gottlob, *Begriffschrift und andere Aufsätze*, éd. I. Angelelli, Hildesheim, Olms, 2e éd. 1964.

— *Funktion, Begriff, Bedeutung. Fünf logische Studien*, éd. G. Patzig, Göttingen, Vandenhoek & Ruprecht, 4e éd. 1975.

— *Idéographie*, trad. fr. C. Besson, Vrin, 1999.

— *Écrits logiques et philosophiques*, trad. fr. C. Imbert, Seuil, 1971.

HEGEL Georg Wilhelm Friedrich, *Werke in zwanzig Bänden*, éd. E. Moldenhauer et K. M. Michel, Francfort, Suhrkamp, 1986, 20 vol.

— *Phénoménologie de l'esprit*, trad. J.-P. Lefebvre, Aubier, 1991.

— *Encyclopédie des sciences philosophiques I. La Science de la logique*, trad. fr. B. Bourgeois, Vrin, 1979.

KANT Emmanuel, *Kants gesammelte Schriften*, éd. Königliche Preussische Akademie der Wissenschaften, Berlin, Georg Reimer puis Walter de Gruyter, à partir de 1902.

— *Logique*, trad. fr. L. Guillermit, Vrin, 2e éd. 1970.

— *Critique de la raison pure*, trad. fr. J. Barni, rev. et mod. A. J. L. Delamarre et F. Marty, Gallimard, « La Pléiade »,1980, t. 1.

PEACOCKE Christopher, *A Study of Concepts*, Cambridge (Mass.), MIT Press, 1992.

BEHAVIOUR, BEHAVIOURISM [ANGLAIS], BEHAVIOR, BEHAVIORISM [AMÉRICAIN]

– fr. *conduite, comportement, béhaviorisme, béhaviourisme, comportementalisme*

all.	*Verhalten, Behaviorismus*
it.	*comportamento, comportamentismo*

► *COMPORTEMENT*, et *ACTE*, ACTE DE LANGAGE, AGENCY, ÂME, ANGLAIS, ÉPISTÉMOLOGIE, GEISTESWISSENSCHAFTEN, INCONSCIENT, INTENTION, LEIB, MANIÈRE, *MONDE*, PRAXIS, SENS

Le caractère intraduisible du terme anglais behaviour *(ou* behavior, *américain) apparaît : (1) dans l'hésitation entre deux traductions du terme en français,* conduite *et* comportement, *le passage (en 1908, avec la réintroduction du terme en psychologie par Henri Piéron) de la première à la seconde manifestant une volonté d'objectivation et de scientificité de la notion « observable » de comportement ; (2) dans le choix contemporain du terme* béhaviorisme *(ou dans la version anglaise* béhaviourisme*) au lieu de* comportementalisme *(plus rare) pour traduire* behaviorism. *Même chose pour l'allemand, qui utilise* Behaviourism *(«* ein verkappter Behaviourist *[un béhavioriste masqué] », Wittgenstein,* Philosophische Untersuchungen, *§ 307).*

Béhaviorisme, *simple décalque de l'anglais, vise une conception philosophique donnée (historiquement datée du début du XXe siècle américain et des théories de Watson, élaborées simultanément à celles de Pavlov en Russie), selon laquelle seule l'observation du comportement dit « extérieur » peut fonder la description des états mentaux. Le terme, introduit de façon positive, est devenu par la suite péjoratif, ou au moins négatif : on a tendance à opposer en français le béhaviorisme, simplificateur et scientiste, à une éventuelle véritable théorie du comportement (cf. Merleau-Ponty,* La Structure du comportement*).*

On voit que la difficulté porte aussi sur le terme de comportement. Comportement, *qui désigne en français depuis le XVe siècle la manière d'agir, ne semble pas répondre aux problématisations du* behavior *apparues successivement en philosophie de langue anglaise, notamment à la dimension sociale, voire morale, du terme anglais, qu'atteste sa traduction classique par* conduite. *C'est seulement la redéfinition béhavioriste du « comportement », au début du XXe siècle, qui a uni de force le couple problématique* comportement/ behavior. *La réticence française à réellement traduire* behaviorism *marque peut-être, à son tour, ce décalage par rapport aux conceptions et descriptions du comportement /* behavior *en langue anglaise.*

I. « EMPIRISME », « NATURALISME », « BÉHAVIORISME »

Le terme *behavior* apparaît au XVe siècle dans la langue anglaise et possède d'emblée la dimension morale de la « conduite », comme l'atteste l'usage intransitif de *to behave*, « bien se comporter en société ». Ainsi chez Hobbes :

> *By manners, I mean not here, decency of behaviour; as how one man should salute another, or how a man should*

wash his mouth, or pick his teeth before company, and such other points of the small morals.

[Par mœurs, je n'entends pas ici la bonne conduite, comme la façon dont il faut s'y prendre pour saluer quelqu'un, ou comment il convient de s'essuyer la bouche, ou de se curer les dents en société, et tout ce qui concerne les bonnes manières.]

Hobbes, *Leviathan*, 1re partie, chap. 11, p. 85 ; trad. fr., p. 186.

Cette dimension normative et sociale du *behaviour* (associé aux bonnes manières, aux bonnes mœurs, à la politesse, *decency*, *manners* et *morals*) se transforme chez les empiristes, notamment chez Hume, où elle se complique d'une dimension descriptive. Hume définit le comportement humain en tant que manifestation physique observable, comme un phénomène empirique et expérimentable. C'est cette donnée comportementale qui va fonder la science morale, et la « naturaliser » en lui donnant une certitude comparable à celle des sciences de la nature.

We must therefore glean up our experiments in this science from a cautious observation of human life, and take them as they appear in the common course of the world, by men's behaviour in company, in affairs, and in their pleasures.

[Dans cette science, nous devons donc glaner nos expériences par une observation prudente de la vie humaine, et les prendre telles que la conduite des hommes en société, dans leurs affaires et leurs plaisirs, les fait paraître dans le cours ordinaire du monde.]

Hume, *Traité*, I, Intr. ; trad. fr., p. 37.

Ici, *behaviour* est d'emblée traduit par *conduite*, ce qui peut susciter des interrogations dès lors que *conduct* est également très fréquent chez Hume, ainsi que le couple *behaviour and conduct* (« *Their whole conduct and behaviour* », *Traité*, II, chap. 3). Le couplage (analogue à celui de *belief and assent*, voir BELIEF) indique cependant la proximité du comportement et de la coutume sociale, de l'usage — tous deux objets d'observation et d'expérimentation. Le *behaviour* s'avère ainsi le point de départ d'une naturalisation du social, qui n'est pas une réduction à des données physiques mais peut produire une connaissance d'un autre ordre, tout aussi certaine.

II. « CONDUITE »/« COMPORTEMENT » : LE PRAGMATISME ET LE BÉHAVIORISME

Sous *behaviour*, il devient difficile de différencier le comportement en tant que tel d'une problématique de la conduite comme bonne conduite, faisceau d'habitudes sociales, produit du caractère, des vertus, etc. La problématique du *behavior* (le *u* disparaît dans le passage à l'américain) est très riche chez les pragmatistes américains du XIXe siècle, au premier chef chez William James. Dans ses *Talks to Teachers* (1899), il définit l'enfant comme « *behaving organism* » — rendu par le traducteur : « L'enfant comme organisme tourné vers le pratique » (trad. fr., p. 57). James tente de produire un concept non moral, fonctionnaliste et cognitif, du *behavior*, le distinguant ainsi de la conduite (emblématisée chez Emerson et sa *Conduct of Life*). On sépare alors le couple humien *behaviour/conduct*, tirant le premier vers une véritable connaissance scientifique, le second vers une morale plus socialisée.

Mais c'est évidemment dans les textes fondateurs du béhaviorisme comme théorie de la psychologie que va s'opérer la redéfinition la plus explicite de *behavior*, et notamment dans l'article célèbre de John B. Watson « Psychology as the Behaviorist Views It » (1913). Il s'agit d'une profession de foi naturaliste, qui veut faire de la psychologie une science naturelle ayant pour objet et fondement le comportement humain et (indissolublement) animal.

Psychology as the behaviorist views it is a purely objective experimental branch of natural science. [...] *The behaviorist, in his efforts to get a unitary scheme of animal response, recognizes no dividing line between man and brute. The behavior of man, with all of its refinement and complexity, forms only a part of the behaviorist's total scheme of investigation.*

[La psychologie telle que la conçoit le béhavioriste est une branche purement objective et expérimentale de la science naturelle. [...] Le béhavioriste, dans ses efforts pour obtenir un schéma unifié de réponse animale, ne reconnaît pas de frontière entre l'homme et l'animal. Le comportement de l'homme, dans tout son raffinement et sa complexité, ne forme qu'une part du champ total d'investigation du béhavioriste.]

p. 158.

Watson, influencé par la « psychologie fonctionnelle » de Dewey, souhaite, à la différence du pragmatisme, séparer le concept de comportement de celui de conscience (*consciousness*, voir CONSCIENCE) et l'associer aux concepts d'arc réflexe, de stimulus, d'habitude et de disposition, tous termes qui vont progressivement envahir la psychologie scientifique et la conduire à rejeter les données issues de l'introspection, du sens commun ou de la dite « psychologie populaire ». Une dimension importante du comportement s'avère être dans ce cadre le comportement linguistique (*Verbal Behavior* est le titre d'un ouvrage de B.F. Skinner qui a beaucoup compté), qui renvoie au langage du point de vue de ses productions observables (voir ACTE DE LANGAGE).

The Behaviorist asks: Why don't we make what we can observe the real field of psychology? Let us limit ourselves to things that can be observed, and formulate laws concerning only the observed things. Now, what can we observe? Well, we can observe behavior — what the organism does or says. *And let me make this fundamental point at once: that* saying *is* doing — *that is,* behaving. *Speaking overtly or silently is just as objective a type of behavior as baseball.*

[Le béhavioriste demande : pourquoi ne pas faire de ce que nous pouvons observer le domaine véritable de la psychologie ? Limitons nous à ce qui peut être observé, et formulons des lois seulement de ce qui est observé. Que pouvons-nous observer ? Eh bien, nous pouvons observer *le comportement — ce que l'organisme fait, ou dit.* Et qu'on me permette d'emblée cette remarque fondamentale : *dire*, c'est faire, c'est-à-dire *se comporter*. Parler de façon publique ou silencieuse est un type de comportement aussi objectif que le base-ball.]

J.B. Watson, « Behaviorism, the Modern Note in Psychology », p. 18.

Le béhaviorisme s'avère indissociable d'une certaine conception du comportement comme observable et corporel, ou organique, niant la dimension de la conduite et ne conservant de l'habitude que l'idée de conditionnement. Le schéma stimulus - réponse devient ainsi central dans la définition de *behavior*. C'est cette conception apparemment caricaturale et restrictive du comportement qui conduit à entendre par « béhaviorisme » une théorie du comportement observé en laboratoire, dont on trouvera l'illustration la plus célèbre dans les expérimentations sur le réflexe conditionnel conduites autour d'Ivan Pavlov entre 1900 et 1917.

Il y a cependant chez certains pragmatistes, notamment Dewey et Mead, une critique du béhaviorisme ainsi entendu et une volonté de redéfinir le terme *behavior* de manière fidèle à la définition humienne : l'expérimentation et l'observation du comportement mettent en cause l'environnement autant que l'organisme. Or l'environnement implique aussi d'autres êtres humains et des médiations sociales complexes.

> *Only by analysis and selective abstraction can we differentiate the actual occurrence into two factors, one called organism and the other, environment. This fact militates strongly against any form of behaviorism that defines behavior in terms of the nervous system or body alone.*
>
> [Ce n'est que par analyse et abstraction sélective que nous pouvons différencier dans le phénomène réel deux facteurs, l'un appelé organisme et l'autre environnement. Ce fait milite fortement contre toute forme de béhaviorisme qui définirait le comportement seulement en termes de système nerveux ou de corps.]
>
> J. Dewey, « Conduct and Experience », p. 220.

C'est encore chez Dewey qu'on trouve une intéressante clarification sur la nécessaire « sérialité » du comportement, qu'on voit apparaître les termes anglais *com-portment/de-portment* et réapparaître... la conduite :

> *Although the word «behavior» implies com-portment, as well as de-portment, the word «conduct» brings out the aspect of seriality better than does «behavior», for it clearly involves the facts both of direction (or a vector property) and of conveying or conducing.*
>
> [Quoique le mot *comportement* sous-entende à la fois le com-portement et le dé-portement, le mot *conduite* met en évidence l'aspect de la sérialité, mieux que celui de « comportement », car il implique clairement la notion de direction (de propriété de vecteur) et l'idée de transmission et d'incitation.]
>
> *ibid.*, p. 222.

Chez Mead aussi, s'opère un déplacement de la notion de *behavior* vers celle de *conduct* :

> *The behaviorism which we shall make use of is more adequate than that of which Watson makes use. Behaviorism in this wider sense is simply an approach to the study of the experience of the individual from the point of view of his* conduct, *particularly, but not exclusively, the conduct as it is observable by others.*
>
> [Le béhaviorisme dont nous ferons usage convient mieux que celui de Watson. Le béhaviorisme en ce sens plus large est simplement un examen de l'expérience de l'individu du point de vue de sa *conduite*, particulièrement, mais pas exclusivement, la conduite en tant qu'observable par d'autres.]
>
> *Mind, Self and Society*, p. 2.

Le comportement langagier n'est plus alors un cas particulier, mais *le* domaine où apparaît le caractère social du *behavior*, par la nécessité de son intégration au groupe des co-locuteurs :

> *We want to approach language not from the standpoint of inner meanings to be expressed, but in its larger context of cooperation in the group. Meaning appears within that process. Our behaviorism is a social behaviorism.* [...] *Social psychology studies the activity or behavior of the individual as it lies within the social process; the behavior of an individual can be understood only in terms of the behavior of the whole social group of which he is a member.*
>
> [Nous voulons approcher le langage non du point de vue des significations intérieures, mais dans son contexte plus large de coopération dans le groupe. C'est dans ce cadre qu'émerge la signification. Notre béhaviorisme est un béhaviorisme social. [...] La psychologie sociale étudie l'activité ou comportement de l'individu en tant qu'ils sont intégrés dans un processus social ; le comportement d'un individu ne peut être compris que dans les termes du comportement du groupe social dont il est membre.]
>
> *ibid.*, p. 6-7.

Le béhaviorisme social semble ainsi revaloriser le concept de conduite. On a longtemps privilégié le terme *conduite* en français pour décrire le comportement tel qu'il est intégré dans des relations sociales :

> Aussi voyons-nous que les observations les plus utiles sur la nature intellectuelle et morale de l'homme, recueillies, non par des philosophes enclins aux théories et aux systèmes, mais par des hommes vraiment doués de l'esprit d'observation et portés à saisir le côté pratique des choses, par des moralistes, des historiens, des hommes d'État, des législateurs, des instituteurs de la jeunesse, n'ont pas été en général le fruit d'une contemplation solitaire et d'une étude intérieure des faits de conscience, mais bien plutôt le résultat d'une étude attentive de la *conduite* des hommes placés dans des situations variées, soumis à des passions et à des influences de toutes sortes, dont l'observateur a grand soin de s'affranchir autant que possible.
>
> Antoine-Augustin Cournot, *Essai sur les fondements de nos connaissances*, Hachette, 1851, t. 2, p. 548-549.

Comportement sera donc associé à une conception spécifique (non sociale) de la psychologie. L'introduction en français de *comportement* en un sens technique est exactement contemporaine du développement de la psychologie béhavioriste, sans en être entièrement dépendante. La psychologie empiriste, avant même que les travaux de Pavlov ne soient connus et à un moment où le béhaviorisme américain était encore en cours d'élaboration théorique, fut représentée de façon remarquable en France par le successeur de Binet, Henri Piéron, qui a introduit le terme *comportement* avec un statut explicite de traduction, afin de définir l'objet propre de la psychologie scientifique :

> L'activité des êtres et leurs rapports sensori-moteurs avec le milieu, ce que les Américains appellent « the behavior », les Allemands « das Verhalten », les Italiens

« il comportamento » et ce que nous sommes en droit d'appeler « le comportement des organismes ».

« Leçon inaugurale à l'École pratique des hautes études », 1908.

Piéron, préfigurant certaines conceptions cognitivistes, corrige, lui aussi, le béhaviorisme de Watson, en récusant pour sa part le couple stimulus-réponse, et en insistant sur les mécanismes physiologiques. Il n'en reste pas moins que *comportement* est désormais associé à une approche empiriste, et renvoie exactement à *béhaviorisme*, tout comme l'adjectif *comportemental*, introduit en français un peu plus tard (1949), traduit l'américain *behavioral* dont il a adopté la finale.

III. BÉHAVIORISME ET PHILOSOPHIE DE L'ESPRIT : LES CRITIQUES DU BÉHAVIORISME ET LE BÉHAVIORISME COMME CRITIQUE

La résistance au béhaviorisme, lisible dans le refus de traduire réellement le terme, serait le signe qu'on refuse d'étendre la méthode objectiviste — celle d'une pure « description extérieure » — à la psychologie et à ce que V. Descombes appelle les « phénomènes du mental ». Le béhaviorisme semble en effet être devenu un chiffon rouge depuis le dernier quart du XXe siècle. Le terme est nettement péjoratif, et coexiste dorénavant avec le moins théorique *comportementalisme*. Le « comportementalisme » renvoie aujourd'hui à des méthodes assez spécifiques et ultra-empiriques, de l'ordre du conditionnement rigide (on parle de comportementalisme pour les dresseurs de chiens, les managers de relations internes à l'entreprise, les traitements de choc et « thérapies comportementalistes » du « cognitivo-comportementalisme »). Quant au terme de *comportement*, son usage s'étend au-delà du comportement humain : on évoque le « comportement des molécules » en physique, le comportement de tel verbe en linguistique.

La connotation négative du béhaviorisme est aujourd'hui non moins présente en anglais : le béhaviorisme est la première cible de la philosophie de l'esprit (voir encadré 6 dans ÂME) qui s'est développée, depuis la fin du XXe siècle, en grande partie en l'utilisant comme repoussoir et faire-valoir. Le problème est que ce *backlash*, « retour de bâton », mentaliste est également un refoulement de la dimension critique du béhaviorisme, qui en faisait au départ la récusation d'un certain discours sur le mental et du « mythe de l'intériorité ». Ainsi, lorsque Wittgenstein fait allusion au béhaviorisme et note l'allure béhavioriste de son propos, c'est aussi pour mettre en évidence une « vérité » du béhaviorisme, répétée jusqu'à l'obsession dans les *Philosophische Untersuchungen* : nous n'avons rien d'autre que ce que fait et dit autrui (son extérieur) pour avoir accès à son intérieur. Le béhaviorisme a ceci de vrai qu'il prend en compte la limitation de notre discours sur le mental. Il a cependant ceci d'erroné qu'il veut prendre le comportement pour critère et fondement d'une connaissance de la nature humaine, hors de tout rapport à autrui ou à la société. Mais les critiques mentalistes contemporaines du béhaviorisme semblent parfois ne conserver du béhaviorisme que son scientisme et son naturalisme étroit, et refouler la radicalité philosophique de sa position empiriste.

Deux critiques du béhaviorisme, exactement contraires, coexistent aujourd'hui et peuvent dessiner le champ de la « philosophie de l'esprit ». La première, qui prolonge Dewey et Wittgenstein, renvoie au comportement comme institutionnel et social (cf. V. Descombes) : toute acquisition d'habitudes ou de dispositions est sociale, et le concept de comportement ne peut être réduit au *behavior* individuel. La seconde fonde le néo-mentalisme : le mental est irréductible au comportement empirique, l'esprit est certainement quelque part « à l'intérieur », même si cet intérieur est physique (ou neurophysiologique).

Le béhaviorisme a cohabité dans un premier temps avec la philosophie analytique issue de l'émigration autrichienne, dont l'empirisme logique pouvait se rattacher à l'empirisme radical du béhaviorisme, au prix de quelques malentendus. Clark Hull notamment proposa, dans son *System of Behavior* (1952), une reconstruction des fondements théoriques du béhaviorisme en collaboration avec Otto Neurath. L'échec de cette tentative de systématisation préfigure la crise du béhaviorisme, évincé par l'avènement de la psychologie cognitive, le tournant étant constitué par le compte rendu meurtrier fait par Chomsky de l'ouvrage de Skinner, *Verbal Behavior*, en 1959. On peut regretter que les critiques justifiées de certains aspects du programme béhavioriste aient conduit à rejeter la critique béhavioriste du mentalisme, qui était précisément ce qui intéressait Wittgenstein. Skinner, dans un texte passionnant, « Whatever Happened to Psychology as the Science of Behavior ? », a justement interprété le retrait du béhaviorisme comme un retour du mentalisme. Revenant, peu avant sa mort, sur l'histoire du béhaviorisme et la façon dont la psychologie comme science du comportement fut éclipsée par les sciences cognitives, il y note : « *Everyone could relax. Mind was back.* [Tout le monde pouvait être tranquille. L'esprit était de retour.] » (p. 66).

Le rejet philosophique du *behaviorism* a parfois conduit à une acceptation non critique d'une psychologie tout aussi scientiste, avec le mentalisme en plus. Quine, figure centrale de la philosophie analytique et dernier béhavioriste, revendiquait un béhaviorisme minimal emprunté à P. Ziff : « Le béhaviorisme philosophique n'est pas une théorie métaphysique : il est la négation d'une théorie métaphysique. Par conséquent, il n'affirme rien du tout » (*Le Mot et la Chose*, p. 265). Le béhaviorisme pose un problème particulièrement intéressant pour la philosophie du langage : qu'avons-nous à notre disposition, en matière de langage, sinon le comportement verbal, le nôtre et celui des autres ? À savoir : *ce que nous disons* ? « En psychologie, on peut choisir d'être ou de ne pas être béhavioriste, mais en linguistique on n'a pas le choix », notait Quine dans une conférence inédite, « The Behavioral Limits of Meaning ». Le béhaviorisme est la reconnaissance du caractère immanent de toute recherche linguistique, et du caractère obligé de notre point de départ : le langage ordinaire, « art social » par excellence. Le béhaviorisme chez Quine ou Wittgenstein s'avère une réflexion sur la nature du donné linguistique.

On conclura que ce béhaviorisme minimal doit prendre en compte le caractère social du comportement, ce qui est finalement cohérent avec la conception humienne de *behaviour* (« *in the common course of the world* [...] *men's behaviour in company* »). On constatera aussi que, malgré les tentatives américaines, il est difficile de purifier le terme même de *behavior* de toute dimension morale, comme le montre l'usage toujours présent du verbe *to behave* au sens de « bien se comporter ». La grammaire subtile de cet usage apparaît dans un échange célèbre du film *The Philadelphia Story* (G. Cukor, 1940). Un personnage pontifie : « *A woman has to behave, naturally* [Une femme doit bien se tenir, naturellement] », et un autre (Cary Grant) lui rétorque : « *A woman has to behave naturally* [Une femme doit se comporter naturellement]. » La définition du *behavior* tient alors à une virgule.

Sandra LAUGIER

BIBLIOGRAPHIE

BOUVERESSE Jacques, *Le Mythe de l'intériorité*, Minuit, 1976.

CHOMSKY Noam, « A Review of Skinner's *Verbal Behavior* », *Language*, 35, 1959, p. 26-58.

DESCOMBES Vincent, *La Denrée mentale*, Minuit, 1995.

— *Les Institutions du sens*, Minuit, 1996.

DEWEY John, « Conduct and Experience », in *Later Works*, t. 5, éd. J.A. Boydston, Carbondale, Southern Illinois UP, 1981.

HOBBES Thomas, *Leviathan* [1651], in *The English Works of Thomas Hobbes*, 11 vol., éd. W. Molesworth, Londres, J. Bohn, 1839-1845 ; repr., Londres, Routledge, 1992 ; *Léviathan*, trad. fr. G. Mairet, Gallimard, « Folio », 2000.

HUME David, *A Treatise of Human Nature*, éd. P.H. Nidditch, Oxford UP, 1978 ; *L'Entendement : Traité de la nature humaine, livre I et appendice*, trad. fr. P. Baranger et P. Saltel, Flammarion, « GF », 1995.

JAMES William, *Talks to Teachers* [1899], ch. 3, « The Child as a Behaving Organism », in *The Works of William James*, éd. F. Buckhardt, Cambridge (Mass.), Harvard UP, t. 10, *Talks to Teachers on Psychology*, 1983 ; trad. fr. in *Aux étudiants, aux enseignants*, Payot, 2000.

MEAD George Herbert, *Mind, Self and Society*, Chicago UP, 1934.

MERLEAU-PONTY Maurice, *La Structure du comportement*, PUF, 1942.

QUINE Willard Van Orman, *Word and Object*, Cambridge (Mass.), MIT Press, 1960 ; *Le Mot et la Chose*, trad. fr. J. Dopp et P. Gochet, Flammarion, « Champs », 1999.

SKINNER, Burrhus Frederic, *Science and Human Behavior*, New York, MacMillan, 1953.

— *Verbal Behavior*, New York, Appleton - Century-Crofts, 1957.

— « Whatever Happened to Psychology as the Science of Behavior ? » [1987], in *Recent Issues in the Analysis of Behavior*, Colombus (Ohio), Merrill, 1989, p. 66.

WATSON John Broadus, « Psychology as the Behaviorist views It » [1913], *Psychological Review*, 20, p. 158-177.

— « Behaviorism, the Modern Note in Psychology », in J.B. WATSON et W. MCDOUGALL, *The Battle of Behaviorism*, Londres, Kegan Paul, Trench, Trubner & Co, 1928.

WITTGENSTEIN Ludwig, *Philosophische Untersuchungen*, éd. G.E.M. Anscombe, G.H. von Wright et R. Rhees, et *Philosophical Investigations*, trad. angl. G.E.M. Anscombe, Oxford, Blackwell, 1953, 2000.

— *Bemerkungen über die Philosophie der Psychologie*, éd. G.E.M. Anscombe et G.H. von Wright, et *Remarks on the Philosophy of Psychology*, trad. angl. G.E.M. Anscombe, Oxford, Blackwell, 1980 ; *Remarques sur la philosophie de la psychologie*, trad. fr. G. Granel, t. 2, Mauvezin, T.E.R., 1994.

ZIFF Paul, « About Behaviorism », *Analysis*, 18, 1958, p. 132-136.

BELIEF [ANGLAIS] – fr. *croyance*

► *CROYANCE, FOI*, et ÂME, CLAIM, DOXA, GLAUBE, MATTER OF FACT, PERCEPTION, PROPOSITION, VÉRITÉ

Belief *a connu une évolution caractéristique d'un certain nombre de termes en langue anglaise, passant d'un sens mental et moral (comme affect ou sentiment) à un sens cognitif et propositionnel* (belief *comme objet de la croyance, donc progressivement détaché de* faith *et d'*assent). *Ce processus d'objectivisation s'est accompagné de changements importants dans la grammaire de* belief. *Le problème que pose la traduction de* belief *tient à l'indétermination du terme, qui permet de passer du champ émotionnel au champ logique, et de l'épistémique (degré de conviction, subjectif) au cognitif (conditions de validité, objectif).*

I. « BELIEF »/« FAITH »

À partir de *Glaube* s'est constitué *belief* (via *galauben*, XIIe-XIIIe s., puis *ileve-leve*, le préfixe *be-* étant ajouté par analogie au verbe *bileve*, cf. *Middle English Dictionary*). Le premier sens de *belief*, identique à celui de *faith* (cf. *fides, pistis*), appartient au même champ sémantique que *reliance, confidence* : il s'agit d'une condition mentale ou affective qui revient à se *confier* (*confiding*), s'en remettre passivement à quelqu'un ou quelque chose. Ainsi chez Hobbes : « *Faith is a gift of God, which man can neither give, nor take away* (La foi est un don de Dieu, que l'homme ne peut ni donner ni prendre, *Léviathan*, III) », ou chez le cardinal Newman : « *To have faith in God is to surrender oneself to God* (Avoir foi en Dieu, c'est se rendre à lui). » Outre cette dimension théologique qui l'associe d'abord étroitement à *faith*, *belief* a une signification psychologique ou émotionnelle : c'est plutôt un affect qu'un rapport à une proposition. *Belief*, dans son premier sens, désigne, comme *Glaube*, une adhésion vécue qui n'a pas besoin de justification rationnelle (voir GLAUBE).

On peut observer le détachement progressif et réciproque, à partir du XIVe siècle, de *belief* et *faith*. *Faith* supplante *belief* dans le champ religieux, ce dernier terme désignant alors un processus qui se différencie de la foi, d'une part, par une intensité moins grande, d'autre part, par une dimension plus intellectuelle, voire un jugement. Cette intellectualisation de *belief* (qui devient état ou acte de l'esprit, *mind*), à partir des XVIIe et XVIIIe siècles, va se développer sans pour autant — c'est là l'intérêt de la constitution du champ de *belief* en anglais, et aussi son caractère intraduisible — que soit abandonnée la dimension d'affect ou de passivité du premier sens. Le terme français de *croyance*, toujours utilisé pour traduire *belief*, jusque dans ses usages récents les plus sophistiqués, pose problème, du fait qu'il ne rend compte ni de la dimension sensible ni de la dimension objective de *belief*.

II. « BELIEF » ET CROYANCE SENSIBLE : LA RÉFÉRENCE HUMIENNE

Belief renvoie-t-il à un sentiment ou à une proposition ? Est-il subjectif ou objectif ? C'est le jeu de ces éléments qui détermine les différents sens du terme. Aussi serait-il problématique de diviser *belief*, usant des distinctions contemporaines, en deux éléments distincts, le psychologique et le propositionnel, et de faire de *belief* un « état mental » appartenant à la catégorie des attitudes propositionnelles (*propositional attitudes*) que Russell définit comme associant une attitude (mentale ou émotionnelle) à un « contenu » (proposition ou énoncé). *Belief* en effet désigne, chez Hume — référence constante des théories contemporaines de la croyance —, indissolublement un sentiment et un jugement.

♦ Voir encadré 1.

Le couple *belief - assent* définit une problématique qui s'écarte d'emblée de la hiérarchie traditionnelle savoir/croyance, *Wissen/Glaube*. On aurait donc tort de penser *belief* et *assent* par rapport à un savoir dont *belief* désignerait des degrés, même si les interprétations probabilistes du *belief* y tendent. L'idée chez Hume d'une intensité variable, quoique non mesurable, des *beliefs* est peut-être à l'origine des dérives du terme, ainsi que sa formulation du problème de la connaissance des *matters of fact*, qui a associé, de manière trompeuse, la définition de *belief* aux problèmes de la confirmation de la connaissance empirique et du scepticisme.

1

Hume : le couple « belief » / « assent »

Hume part, pour définir *belief*, de la différence entre idée et impression, la première étant dérivée et copiée de la seconde, dont elle n'est qu'une version moins intense : *belief* est une idée forte et vive associée à une impression présente (« *A lively idea related to or associated with a present impression* », *Treatise of Human Nature*, p. 96), ou encore un sentiment de l'esprit (*feeling or sentiment*, p. 623), identifié à l'immédiateté de l'impression (« *To believe is to feel an immediate impression of the senses* », p. 86). Cette immédiateté donne à *belief* une assurance qui fait défaut à l'idée, en particulier dans le domaine de l'existence et des faits (*matters of fact*, voir MATTER OF FACT) :

> *There is a great difference betwixt the simple conception of the existence of an object, and the belief of it, and as this difference lies not in the parts or composition of the idea, which we conceive ; it follows, that it must lie in the manner, in which we conceive it.*
>
> [Il y a une grande différence entre simplement concevoir l'existence d'un objet, et y croire, et étant donné que cette différence ne réside pas dans les parties ni dans la composition de l'idée que nous concevons, il s'ensuit qu'elle réside nécessairement dans notre manière de la concevoir.]
>
> *Treatise of Human Nature*, p. 96.

Belief est d'emblée sentiment de l'existence de son objet. Une telle « affirmation » d'existence ne se superpose ni ne se compose à l'idée pour donner un *belief* : le *belief* n'est rien d'autre qu'une « manière » de sentir ou concevoir nos idées, qui leur donne plus de force, d'influence — d'où la difficulté de traduction par *croyance*, plus proche de l'anglais *opinion* (cf. *opinion or belief*, p. 93), qui ne peut guère en français passer pour un affect : « *Belief does nothing but vary the manner, in which we conceive any object* » (La croyance ne fait rien de plus que de varier notre manière de concevoir un objet quel qu'il soit, p. 96).

Pour comprendre ce point, il faut noter le lien essentiel établi par Hume entre *belief* et *assent*, c'est-à-dire la propension (*strong propensity*, 265) de l'esprit à affirmer ce qu'il conçoit. *Assent*, qui vient curieusement du français (XIIIe-XIVe s.) *assentir*, est naturellement lié à *sentir* et, comme *belief*, est de l'ordre du sentiment (de l'esprit, *mind*). *Assent* — cf. le terme associé *consent*, ainsi que *approval* et *agreement* — désigne un sentiment, individuel et collectif, d'acceptation. Cet assentiment n'est pas un « tenir pour vrai », et se distingue de l'accord logique donné à la proposition. Le couple *belief / assent* se définit intégralement par l'immédiateté et la vivacité de l'impression, qui peut ensuite constituer le jugement et fonder le raisonnement de cause à effet.

> *Thus it appears that the belief or assent, which always attends the memory and senses, is nothing but the vivacity of those perceptions they present.* [...] *'Tis merely the force and liveliness of the perception, which constitutes the first act of the judgment, and lays the foundation of that reasoning, which we build upon it, when we trace the relation of cause and effect.*
>
> [Il s'avère que la croyance ou assentiment, qui assiste toujours la mémoire et les sens, n'est rien d'autre que la vivacité des perceptions qu'ils présentent [...]. C'est purement et simplement la force et la vivacité de la perception, qui constitue le premier acte du jugement, et pose le fondement du raisonnement que nous établissons sur lui, lorsque nous faisons la relation de cause à effet.]
>
> *ibid.*, p. 86.

Le couple *belief / assent* définit ainsi le champ sémantique d'un esprit sensible difficilement associable aux usages français ou allemands de *croyance* et de *Glaube*. Il est d'autant plus remarquable que Hume, toujours en définissant *belief / assent*, produise une problématisation du jugement et vienne à s'interroger sur la différence qu'il y aurait entre *believe* et *disbelieve* une même proposition sur les questions de fait (*matters of fact*). Ainsi demande-t-il à leur propos : « *Wherein consists the difference betwixt incredulity and belief ?* » (p. 95). Comment déterminer la différence entre l'assentiment et le dissentiment par rapport à une proposition sur les faits, puisque cette différence n'est pas dans l'idée ?

La réponse tient encore à la « manière » plus forte de concevoir l'idée, caractéristique du *belief*. Le couple *belief / assent* définit un sentiment de croyance naturelle et inévitable (*unavoidable*, p. 183), déterminé non par la raison mais par l'habitude (*custom*), sentiment de l'esprit auquel nous ne pouvons pas plus échapper que nous ne pouvons entièrement le susciter, car elle n'est pas active, mais passive, et nous agit en causant nos actions.

> *Nature, by an absolute and uncontrolable necessity has determin'd us to judge as well as to breathe and feel* [...] *Belief is more properly an act of the sensitive, than of the cogitative part of our natures.*
>
> [La nature, par une nécessité absolue et incontrôlable, nous a déterminés à juger aussi bien qu'à respirer ou ressentir [...] La croyance est un acte de la part sensible, plutôt que de la part raisonnante, de notre nature.]
>
> *ibid.*, p. 183.

III. LA CROYANCE, CAUSES ET CONSÉQUENCES

Le problème épistémologique du fondement des connaissances empiriques, à l'origine de la plupart des discussions contemporaines sur la croyance, détermine deux directions de redéfinition de la croyance : quant à ses causes et quant à ses effets.

A. Croyance et justification

La première direction concernera, après Hume, non plus les causes empiriques de la croyance (l'habitude), mais sa justification, donc ses raisons (cf. la distinction, devenue omniprésente dans le vocabulaire philosophique, cause/raison (*cause/reason*). Le problème sceptique de la cause de nos croyances factuelles est retraduit en problème épistémologique des conditions objectives de confirmation des croyances empiriques — en termes contemporains, l'induction —, ce qui a pour conséquence de réintégrer *belief* dans la hiérarchie croyance/savoir. En témoigne, outre la littérature sur ledit « problème de l'induction » et de la confirmation par l'expérience, l'émergence d'expressions nouvelles comme celle de « croyance justifiée » (*justified*, ou *warranted belief*).

♦ Voir encadré 2.

La plupart des théories épistémologiques de la croyance vont plutôt essayer de l'intégrer au savoir, de l'objectiver, à la manière dont Frege propose une conception objective de la *pensée* (*Gedanke*) comme appartenant à l'esprit, non aux esprits. Les *beliefs*, exactement comme les pensées frégéennes, seraient vues comme indépendantes de leur porteur, *believer*, dans le cadre d'une théorie générale du jugement. Ainsi Quine :

> *A perception is an event in just one percipient;* [...] *a belief, on the other hand, can have many believers.*
>
> [Une perception est un événement qui n'advient que chez un seul et même sujet percevant ; [...] une croyance, à l'inverse, peut appartenir à plusieurs.]
>
> *The Pursuit of Truth*, p. 66.

Belief est ici propositionnel : un énoncé partageable, auquel on adhère ou pas. Un tel passage, peut-être acrobatique et en tout cas nettement en rupture avec le *belief* humien, est illustré par les procédures de Russell. Russell conçoit dans un premier temps *belief* comme une relation duale entre un sujet et une proposition conçue comme entité objective (« *an objective entity which exists whether or not it is believed* »). Ainsi s'opère une identification du *believed* (l'objet du *belief*) et du *belief*.

♦ Voir encadré 3.

L'évolution, que nous avons ici schématisée, d'une croyance « sensible » (Hume) à une croyance logique ou « propositionnelle » (Wittgenstein) serait relativement simple à décrire si elle ne s'était compliquée d'un maintien, voire d'un renforcement, d'une dimension émotionnelle ou psychologique de l'assentiment, la plupart des penseurs contemporains de la croyance ne souhaitant pas aller aussi loin que Wittgenstein et Ramsey dans l'élimination de l'« attitude » et de l'esprit dans le *belief*. C'est un point assez curieux : la conception propositionnelle (ou énonciative) du *belief* a pu cohabiter, et s'est même récemment associée, dans la réflexion contemporaine sur le statut des croyances et leurs relations, aux désirs (Davidson notamment) avec une repsychologisation de l'*assent*, laquelle fait revenir, dans l'acte ou l'état mental d'assentiment, l'« esprit » ou le sentiment évacué du projet logique (peut-être désespéré) de ce qu'on aurait pu appeler la *proposition-belief*.

B. Croyance et propension : le fonctionnalisme

Une seconde direction de réflexion porte sur le rôle causal de nos croyances dans nos actions, en interprétant, souvent en des termes naturalistes, les croyances comme des dispositions ou propensions (*propensities*) à l'action fondées sur l'habitude (voir Peirce, qui a inspiré Ramsey). Dans une telle théorie dispositionnaliste, la croyance est globalement conçue comme une représentation, en un sens à vrai dire assez indéterminé : on s'inspire pour la définir ainsi de la belle expression de Ramsey affirmant que la croyance est une « carte de navigation », qui nous indique comment nous orienter dans notre envi-

---

2

Popper et la tentative pour séparer connaissance et croyance

Popper propose de renoncer au concept humien de *belief*, trop « subjectiviste », et de le séparer des concepts objectifs de connaissance ou de vérité. Le risque, en prenant en compte la croyance, est de voir la connaissance et la vérité comme « des cas particuliers » de la croyance, où elle serait justifiée.

> *If we start from our subjective experience of believing, and thus look upon knowledge as a special kind of belief, then we may indeed have to look upon truth as some even more special kind of belief : as one that is well founded and justified.*
>
> [Si nous partons de notre expérience subjective du croire, et qu'ainsi nous voyons la connaissance comme un cas particulier de la croyance, alors nous devrons même voir la vérité comme un cas encore plus particulier de la croyance : celle qui est bien fondée et justifiée.]
>
> *Conjectures and Refutations*, p. 225.

Pour Popper, les théories vérificationnistes (celles qui s'attachent à la justification empirique des croyances, même en termes de probabilité) et psychologistes (celles qui s'intéressent aux causes et origines de nos croyances) sont dans le même bateau et doivent renoncer, en s'attachant à la croyance et à sa justification, à l'objectivité du vrai.

> *They all say, more or less, that truth is what we are justified in believing or in accepting.*
>
> [Elles disent toutes, plus ou moins, que la vérité est ce que nous sommes justifiés à croire ou à accepter.]
>
> *ibid.*

Il s'agit donc de séparer le domaine de la connaissance objective, même conjecturale (que Popper, à la manière de Frege, appelle « monde 3 ») de celui du *belief*. Le point de vue de Popper est symptomatique, même s'il va à contre-courant des redéfinitions du *belief* (rappelons qu'il n'est pas anglophone à l'origine).

ronnement. Ramsey est évidemment très prudent quant à la détermination causale que nos croyances pourraient exercer sur nos actions et nos énoncés. Comme le dira Quine, philosophe pourtant nettement dispositionnaliste : « *Manifestations of belief vary extravagantly with the belief and the circumstances of the believer* » (Les manifestations de la croyance varient de manière extravagante selon la croyance et les circonstances où se trouve celui qui croit ; *The Pursuit of Truth*, p. 67).

En considérant la croyance comme une représentation qui a des causes (passées, notamment sensorielles et sémantiques) et des effets (futurs, notamment sur l'action et d'autres représentations), les cognitivistes contemporains reprennent et transforment les tentatives de Ramsey. Ce point de vue « représentationaliste » se retrouve dans les sciences cognitives, notamment dans le fonctionnalisme, qui définit causalement la croyance comme un état causé par des « entrées » (*input*) sensorielles, associé à des dispositions à l'action, et causant donc des « sorties » (*output*) comportementales. Les croyances correspondraient alors à des états cérébraux concrets, pas entièrement déterminés (sauf dans les programmes fonctionnalistes extrêmes), mais globalement (ou holistiquement) associables à un ensemble de comportements, éventuellement sémantiques. Ce n'est pas le lieu d'entrer dans ces débats, qui tournent autour de la question du holisme

3

Wittgenstein et Ramsey : les effets du *belief*

On peut comparer l'influence de la conception frégéo-russellienne sur Ramsey et Wittgenstein. Ramsey propose la définition suivante :

> *I prefer to deal with those beliefs which are expressed in words, consciously asserted or denied ; for these beliefs are the most proper subject for logical criticism. The mental factors of such a belief I take to be words,* [...] *connected together and accompanied by a feeling or feelings of belief or disbelief.*
>
> [Je préfère traiter des croyances qui sont exprimées en mots, qui sont affirmées ou niées consciemment ; car ces croyances sont l'objet le plus adéquat pour la critique logique. Je considère que les facteurs mentaux d'une telle croyance sont des mots, (...) liés ensemble et accompagnés d'un ou de plusieurs sentiment(s) de croyance ou de non-croyance.]
>
> *Foundations*, p. 46.

Une note au bas de la même page montre alors la distance prise par rapport à Hume, mais aussi la complexité de la relation à l'empirisme :

> *I speak throughout as if the differences between belief, disbelief, and mere consideration lay in the presence or absence of « feelings » but any other word may be substituted for « feeling », e.g. « specific quality », « act of assertion » and « act of denial ».*
>
> [Je m'exprime toujours comme si les différences entre croyance, non-croyance et simple considération résidaient dans la présence ou non de « sentiments », mais on peut substituer n'importe quel autre mot à « sentiment », par exemple « qualité spécifique », « acte d'assertion » et « acte de négation ».]

Ramsey s'attaquait ici à un problème logique envisagé de manière étonnante par Wittgenstein, notamment dans le *Tractatus* (5.54 *sq.*). Wittgenstein critique en effet Russell pour sa théorie de la croyance comme mettant en relation un sujet A et une proposition *p* dans une proposition composée qui dirait « A croit que *p* ». Pour Wittgenstein, une telle conception suggère la possibilité (à exclure) de penser ou de juger un non-sens : dans le cas où *p* serait dénué de sens, on aurait alors un élément dépourvu de sens dans une proposition composée elle-même douée de sens, ce qui est impossible ; elle est donc fautive. Voir 5.5422 : « L'explication correcte de la proposition (*Satz*) "A juge que *p*" ("*A urteilt p*") doit montrer qu'il est impossible de juger un non-sens. »

Voici la solution radicale que Wittgenstein propose dans le *Tractatus* : « 5.542 *Es ist aber klar, dass "A glaubt dass p", "A denkt p", "A sagt p" von der Form "'p' sagt p" sind.* [Il est pourtant clair que "A croit que *p*", "A pense *p*" ont la forme : "'*p*' dit *p*"]. »

Les propositions qui portent sur une croyance ne coordonnent pas un fait et un objet (*Gegenstand*) qui serait le sujet A (ce qui conduirait au non-sens, *Unsinn*), mais coordonnent *deux faits* ('*p*' — la pensée que *p* — et le fait *p*). Cette redéfinition du *belief* (*Glaube* ici) a parfois été interprétée en un sens antisubjectiviste. C'est peut-être plus compliqué : en 5.5421, Wittgenstein précise en effet que sa définition montre que « l'âme, le sujet, etc. » tels que les conçoit la « psychologie superficielle » ne sont rien : *ein Unding* — une non-chose. Car une âme composite n'en serait plus une. En réalité, Wittgenstein met en cause l'idée psychologique d'un sujet unifié — A — qui serait celui de l'assentiment ; car s'il y avait un sujet de la pensée *p*, le sujet devrait lui-même, comme *p*, être composé (*zusammengesetzte Seele*), et décomposable en éléments de pensée. Le principe d'extensionalisme de Wittgenstein le conduit ainsi à une dépsychologisation intégrale de la croyance et de l'« esprit ».

C'est à partir de cette conception radicale, non psychologique, de la pensée et de la croyance que Ramsey pose à nouveau, dans « Facts and propositions » dans *Foundations*, la question humienne et intraduisible de la différence entre *believe* et *disbelieve* une proposition (voir encadré 1). Après avoir proposé sa célèbre solution au problème de la vérité (voir VÉRITÉ), Ramsey s'interroge sur l'équivalence, logiquement indispensable si l'on suit encore Wittgenstein, de *believing not-p* et *disbelieving p*. « Déterminer ce qu'on entend ici par "équivalent" est la difficulté centrale de la question » (*Foundations*, p. 49). L'équivalence est à définir en termes causaux. « *It seems to me that the equivalence between believing "not-p" and disbelieving "p" is to be defined in terms of causation.* [Il me semble que l'équivalence entre croire "non-*p*" et ne pas croire "*p*" doit être définie en termes de cause.] » (p. 50).

Ramsey propose de définir *belief* en termes non d'attitude mais de propriétés causales (causes et surtout effets des croyances [*Foundations*, p. 72]), tout en avouant, avec une modestie qui le distingue de ses successeurs, qu'il ne voit guère comment les déterminer et que sa définition reste imprécise. Dans « Truth and probability » (*ibid.*), Ramsey produit une théorie des degrés de croyance et de la probabilité qui a joué un rôle fondateur. Ramsey ne s'intéresse pas au degré psychologique de croyance ou à l'intensité du *belief* mais « à la mesure de la croyance *qua* base de l'action » (p. 73), donc à la probabilité. Le lien entre *belief* et probabilité, ou entre *belief* et le « problème de l'induction », est ainsi constitué tout autrement que chez Hume, et séparé de tout examen ou mesure du *feeling*, Ramsey voulant donner du *belief* une définition résolument extensionnelle, qui va le conduire à une entière réélaboration du concept classique de probabilité.

(mental ou sémantique). Il est clair qu'on assiste, depuis le récent développement des sciences du cerveau/de l'esprit (voir encadrés 2 et 6 sur la « *Philosophy of mind* » dans ÂME) et leur investissement des questions sémantiques et philosophiques, à un reformatage de la notion de *belief*, conçue alternativement, voire simultanément, comme état mental, neurophysiologique, physique, etc. Reste à savoir si le terme de *belief* peut porter toute cette nouvelle charge conceptuelle, et si de tels usages ne font pas, comme dirait Austin, une violence (*abuse*) trop grande à l'usage ordinaire de *belief* en en surdéterminant l'ambiguïté naturelle. Ces redéfinitions, parce qu'elles revendiquent le caractère passif de la croyance, et la posent comme source de l'action et des représentations, semblent encore une fois rappeler le naturalisme d'un Hume. Elles sont cependant problématiques. L'échec reconnu du fonctionnalisme n'est qu'un exemple des difficultés théoriques que rencontrent les théories causales de la croyance. Mais ce n'est là que le symptôme d'un problème fondamental, qui concerne précisément l'usage de *belief*. L'évolution récente de *belief* conduit à se demander s'il est si aisé d'entendre naturellement ce terme en un sens physico-mental, par exemple comme état au statut intermédiaire, ni physique ni mental mais situé à l'articulation des deux et pouvant causer nos actions et nos discours. On a notamment avec « croyance » un cas où le transfert non critique de l'usage anglais contemporain dans le français pose problème (d'où la difficulté à traduire Ramsey), car il est encore plus difficile de donner à « croyance » qu'à *belief* le sens d'un état causal, détachable de son objet (« propositionnel » ou autre).

Plus généralement, la souplesse d'usage de *belief* en anglais rend plus aisé que dans les autres langues son usage en liaison avec le vocabulaire de l'action. L'expression, par exemple, *to act on a belief* « agir en fonction d'une croyance » courante en anglais est difficilement traduisible en français, tout comme le substantif *believer*, qui n'équivaut évidemment pas au français *croyant*. Il semble bien que la naturalisation philosophique récente du *belief*, conçu à la fois comme énoncé, disposition, état physique ou mental, cause de l'action, etc., n'a été possible et féconde philosophiquement que grâce à une multiplicité et une naturalité des usages et constructions de *belief* en anglais. On s'aperçoit des limites de cette créativité lorsqu'il s'agit de trouver des usages aussi pertinents en français ou allemand. On peut rapprocher cela des problèmes de traduction de l'expression *philosophy of mind* et des difficultés même à en constituer le champ, et faire le parallèle entre la traduction de *mind* par *esprit* et de *belief* par *croyance* : dans les deux cas, le terme français souffre d'associations fortes à une thématique (spiritualiste et psychologiste à la fois) qui surdétermine les traductions et rend nécessaire le recours à toute une série de définitions spécifiques, voire la constitution d'une langue artificielle.

IV. LES GRAMMAIRES DE LA CROYANCE : « BELIEF »/« CERTAINTY »/« GEWISSHEIT »

La réflexion philosophique a voulu diviser le concept humien, et séparer le couple *assent/belief*. Outre les difficultés soulevées par les théories causales, c'est un problème logique fondamental de la croyance qui a ainsi été laissé à l'abandon : celui de la nature de l'*assentiment*.

4

Newman et la typologie des « assents »

Newman, dans son extraordinaire ouvrage *An Essay in Aid of a Grammar of Assent* (1870), établit une classification des assentiments : il distingue le *notional assent* (théologique, de l'ordre de l'inférence) et le *real assent* (or *belief*, p. 63, plus fort, qui est de l'ordre de l'acceptation inconditionnelle et donc religieux). Newman différencie ensuite l'assentiment simple (*simple assent*, p. 106, assertion mentale plus ou moins consciente) de l'assentiment complexe, qui est volontaire et dû à une réflexion, donc un jugement :

> *Such assents as must be made consciously and deliberately, and which I shall call complex and reflex assents*.
>
> [Des assentiments tels qu'ils doivent être donnés de manière consciente et délibérée, et que j'appellerai assentiments complexes et réfléchis.]
>
> p. 24.

Cette typologie des *assents* conduit inévitablement à l'examen du cas où l'assentiment réfléchi conduit à affirmer une proposition comme vraie.

> *Let the proposition to which the assent is given be as absolutely true as the reflex act pronounces it to be, that is, objectively true as well as subjectively — then the assent may be called a perception, the conviction a certitude, the proposition or truth a certainty, or thing known, or a matter of knowledge, and to assent to it is to know.*
>
> [Supposez que la proposition à laquelle on donne assentiment soit aussi absolument vraie que le déclare l'acte réfléchi, c'est-à-dire vraie tant objectivement que subjectivement — alors l'assentiment peut être nommé perception, la conviction sûreté, la proposition ou vérité certitude, ou chose connue, ou affaire de connaissance ; et y assentir, c'est connaître.]
>
> p. 128.

Il faut noter la différence ici entre *certitude* et *certainty*, le premier désignant un état subjectif, le second une condition objective dépendant de la connaissance. C'est bien une grammaire de l'assentiment qu'élabore Newman dans son examen du « jeu de langage » de la croyance et de la certitude, en plaçant la *certitude*, l'assentiment réfléchi et donc indéfectible, au dessus du *simple assent*. La religion demande une certitude : « *This is why religion demands more than an assent to its truth ; it requires a certitude* » (p. 144).

La *certitude* est un acte mental, subjectif mais réfléchi et fondé, d'adhésion à une vérité (divine pour Newman). Le concept mêle donc de manière remarquable *faith* et *truth*. Toute certitude n'est pas vraie ; cependant, lorsqu'elle est fausse, l'erreur n'est pas dans l'*assent* mais dans le raisonnement qui y conduit. Il n'y a pas de test pour déterminer si une certitude est « vraie », si c'est un *savoir*, sauf les critères de la preuve, de la satisfaction intellectuelle et de l'irréversibilité (p. 168).

Est-ce une adhésion de l'esprit (premier sens d'*assent*, synonyme de *faith*), une disposition à affirmer la vérité de ce qu'il conçoit, ou un tenir pour vrai (*fürwahrhalten*, traduit habituellement, chez Kant et Frege, par *assentiment/assent*) ? L'assentiment est-il inséparable du jugement et de sa fonction, ou s'y ajoute-t-il comme le signe d'assertion russellien ? La grammaire de l'assentiment est aussi celle de la croyance, de la certitude (*certainty*) et du savoir/connaissance (*knowledge* : la distinction n'existe pas en anglais, voir encadré 3, « *Knowledge*,

5

Wittgenstein et la certitude : « Über Gewissheit »/« On certainty »

Il faut repartir ici de Wittgenstein, pour sa critique du concept russellien d'assertion et sa reprise du paradoxe de Moore. Je peux croire quelque chose qui n'est pas vrai, ou ne pas croire quelque chose qui est vrai. Mais je ne peux pas dire (ou plutôt : c'est dénué de sens) :

(*a*) Il pleut, mais je ne le crois pas.

On ne peut donc séparer, dans la proposition « je crois *p* », la proposition *p* et un acte (mental ou logique) d'assertion. Cela a plusieurs conséquences. Dire « je crois *p* » n'est pas la description d'un état psychologique ni d'une disposition, sinon (*a*) ne serait pas paradoxal. « Je crois *p* » est une expression (*Aüsserung, Ausdruck*, voir CLAIM ; on peut aussi traduire ces termes par *avowal*), comme « j'ai mal ». Croire (*believe, glauben*) n'est donc pas un état (mental, physique, peu importe finalement), ni une disposition (on ne peut en déterminer toutes les conséquences et expressions). Wittgenstein met ainsi en cause l'idée que l'*assent* est une assertion qui s'ajouterait, en quelque sorte, à la proposition lorsque j'en affirme la vérité. Si (*a*) est paradoxal, c'est bien que l'énoncé *p* produit en quelque sorte sa propre affirmation, ce qu'entendait déjà la conception « redondante » de la vérité chez Ramsey, qui précédait la définition du *belief* (cf. *Truth*). Ce constat fait finalement imploser l'ensemble de la tradition résumée dans la dualité *belief / assent*, qui se prolonge dans des interprétations de la croyance comme celle de W. James (voir les *Principles of psychology*, II, et *The Will to Believe*), et de Russell. Le *belief* n'est pas selon Wittgenstein un sentiment ou un acte d'approbation à l'égard d'une proposition (si puissant soit-il : chez James il est créateur de vérité) ; de même que l'assertion n'a pas à être un supplément d'affirmation, éventuellement symbolisé par un signe, à la proposition.

> *Die Aussage «Ich glaube» macht er nicht auf Grund aus der Selbstbeobachtung. Und darum kann «Ich glaube p» äquivalent sein der Behauptung von «p».*
>
> [L'énoncé « je crois » ne se fonde pas sur l'auto-observation ; et c'est pour cela que « je crois *p* » est équivalent à l'affirmation que « *p* ».]
>
> *Remarques sur la philosophie de la psychologie*, I, § 504.

Plus généralement, *croire - believe - glauben* font système avec les notions parentes de certitude et de savoir, et constituent ainsi un jeu de langage, dans la langue ordinaire, dont il faut tenir compte. Le point se précise dans le dernier texte de Wittgenstein, *Über Gewissheit / On certainty*. *Croire*, comme *certitude - certainty -Gewissheit*, a partie liée avec *savoir*, non parce qu'il en est une forme (plus subjective ou plus intense), mais par sa grammaire. Il y a des différences grammaticales importantes entre *savoir* et les autres verbes. Dire « Je sais *p* » ne garantit pas que *p* soit vrai, donc que je sache réellement *p* ; il faut que je prouve, d'une façon ou d'une autre, que je le sais ; « je sais *p* » peut donc être faux ou trompeur, comme « je promets ».

> *«Ich weiss», sagt man, wen mann bereit ist, zwingende Gründe zu geben. «Ich weiss» bezieht sich auf eine Möglichkeit des Darthuns der Wahrheit.*
>
> [On dit « je sais » lorsqu'on est prêt à donner des fondements décisifs. « Je sais » se rapporte à une possibilité de démontrer la vérité.]
>
> *Über Gewissheit*, § 243.

En revanche, « je crois *p* », « je suis certain que *p* » ont toujours une vérité subjective, et ne demandent pas de justification extérieure pour être acceptés. Il y a une asymétrie *glauben / wissen*, qui correspond en partie à la différence expression / description, très présente chez Wittgenstein.

> *Es wäre richtig zu sagen : «Ich glaube...» hat subjektive Wahrheit ; aber «Ich weiss...» nicht. Oder auch : «Ich glaube» ist ein Äusserung, nicht aber «ich weiss».*
>
> [Il serait correct de dire : « je crois » à une vérité subjective, mais pas « je sais ». « Je crois » est une expression, pas « je sais» .]
>
> *ibid.*, § 179-180.

Mais *Gewissheit* a, de par sa parenté avec *wissen* (qui n'apparaît pas dans le français *certitude*, plus proche du certain que du savoir, et qui traduit plutôt *Sicherheit*), un statut particulier. Ce n'est pas un état mental, mais pas non plus un état de choses. Savoir (*wissen*) acquiert dans *Über Gewissheit*, paradoxalement, un statut à la fois subjectif et objectif : c'est bien moi qui sais.

> *Wann aber ist etwas objektiv gewiss ? Wenn ein Irrtum nicht möglich ist* [...] *Muss der Irrtum nicht logisch ausgeschlossen sein ?*
>
> [Quand quelque chose est-il objectivement certain ? Quand l'erreur n'est-elle pas possible ? [...] L'erreur ne doit-elle pas être logiquement exclue ?]
>
> *ibid.*, § 194.

Wittgenstein semble distinguer *Sicherheit* (état grammaticalement subjectif, mais lié au savoir, § 357) et *Gewissheit*. Les propositions certaines, *Gewissen*, ont une forme particulière d'objectivité ; ce sont celles que nous ne mettons pas en doute, non parce qu'elles seraient prouvées (on ne peut les prouver, pas plus que toute proposition empirique), mais parce qu'elles sont les « gonds » (*Angeln*) sur lesquels nos questions et jugements tournent. Les *Gewissen*, même lorsqu'elles sont des propositions empiriques, appartiennent à notre logique.

> *D.h., die Fragen, die wir stellen, und unsere Zweifel beruhen darauf, dass gewisse Sätze vom Zweifel ausgenommen sind, gleichsam die Angeln, in welchen jene sich bewegen. D.h., es gehört zur Logik unserer wissenschaftlichen Untersuchungen, dass Gewisses in der Tat nicht angezweifelt wird.*
>
> [c.-à-d., les questions que nous posons et nos doutes dépendent du fait que certaines propositions sont exemptées du doute, comme les gonds sur lesquels elles tournent ; c.-à-d., il appartient à la logique de nos recherches scientifiques que les certitudes ne soient pas mises en doute.]
>
> *ibid.*, § 341-342.

BIBLIOGRAPHIE

JAMES William, *The Will to Believe*, New York, Longmans, Green and Company, 1897 ; in *The Works of William James*, F. Buckhardt (éd.), Harvard UP, 1975-1988, vol. 6, 1979.

— *Principles of Psychology*, t. II, New York, Holt, 1890, 2 vol. ; in *The Works of William James*, *ibid.*, vol. 8, 1981, 3 vol.

savoir et *épistémè* », dans ÉPISTÉMOLOGIE). C'est cet ensemble de jeux de langage qu'il s'agit d'examiner, afin de voir s'il est réellement possible d'abstraire *belief* des autres termes — non seulement *assent*, mais aussi *certainty* et *knowledge* — avec lesquels il fait système.

♦ Voir encadré 4.

La certitude est-elle alors un état subjectif ou objectif ? Cette question, esquissée chez Newman, permet de mettre en cause les interprétations mentalistes et dispositionnalistes de la certitude, voire du *belief*, qui a un rapport grammatical plus étroit à la vérité.

♦ Voir encadré 5.

Le sentiment de certitude attaché aux propositions-gonds n'est pas tant, pour Wittgenstein, un état d'esprit (*Seelenzustand*, § 356) qu'un sentiment de paix ou de contentement, au sens de « se contenter de », qui n'est pas l'acceptation irréfléchie (*Vorschnellheit*) que les philosophes attribuent au sens commun, mais une forme de vie. « *Mein* Leben *besteht darin, dass ich mich mit manchem zufrieden gebe.* » (Ma *vie* consiste en ce que j'accepte beaucoup de choses ; *Über Gewissheit*, § 344 : souligné dans le texte original).

Wittgenstein éprouve de son propre aveu les plus grandes difficultés « à exprimer et à penser » le genre de certitude « vécue » (*Sicherheit*) qu'il vise, qui n'est ni objectif ni subjectif : il remarque à ce sujet : « *Das ist sehr schlecht ausgedrückt, und wohl auch schlecht gedacht* » (c'est là très mal exprimé, et très mal pensé aussi ; *Über Gewissheit*, § 358-359).

Finalement, Wittgenstein reconnaît que le type de certitude qu'il veut décrire est de l'ordre de ce qui est animal : « *etwas animalisches* » (§ 359). C'est là moins une notation naturaliste qu'une référence à la dimension passive du *belief*, qui est en définitive un élément essentiel de la *Gewissheit*. On peut remarquer que, pour l'expliciter, Wittgenstein a besoin de passer à l'anglais, en utilisant l'expression intraduisible « *satisfied that* » (§ 299) : « *We are satisfied that the earth is round* » (La terre est ronde, nous l'acceptons).

Ce statut très particulier, entre *wissen* et *belief*, des propositions certaines se complique de diverses difficultés de traduction. *Certitude* est en français plus proche de *croyance* que de *savoir*, alors que *Gewissheit* permet à Wittgenstein un certain nombre de rapprochements avec *Wissen*. *Certain* (anglais) admet, comme *belief*, des constructions d'une grande souplesse. On a, par exemple, la curieuse construction « *a person is certain to do a thing* », qui signifie, non que la personne est (subjectivement) certaine de faire telle chose, mais que le fait qu'elle le fera est certain (ex. : « *the town is certain to be taken* [il est sûr que la ville tombera] »). De telles constructions ne sont possibles que dans un jeu de langage où *certain* a un statut flou, entre le subjectif et l'objectif, qui ne peut, pas plus que pour *belief*, être scindé en deux fonctions (assertive et propositionnelle, ou psychologique et logique). C'est Wittgenstein qui a le plus clairement mis en cause le dogme néo-humien de l'attitude propositionnelle, en faisant voir, par l'examen du « je crois » au carrefour de deux langues, la véritable subtilité des grammaires de l'assentiment.

Sandra LAUGIER

BIBLIOGRAPHIE

HOBBES Thomas, *Leviathan*, Londres, impr. pour Andrew Crooke, 1651 ; trad. fr. G. Mairet, Gallimard, « Folio Essais », 2000.

HUME David, *A Treatise of Human Nature*, éd. Nidditch, Oxford UP, 1978.

NEWMAN John Henry, *An Essay in Aid of a Grammar of Assent*, [1870], rééd. Londres, Longman, Green and Co., 1903.

POPPER Karl, *Conjectures and Refutations*, Londres, Routledge & Kegan Paul, 1953, 1972 ; trad. fr. M. I. et M. Buhot de Launay, Payot, 1985.

QUINE, Willard Van Orman, *The Pursuit of Truth*, Cambridge (Mass.), Harvard UP, 1990 ; trad. fr. M. Clavelin, Le Seuil, 1995.

RAMSEY Frank P., *Foundations : Essays in Philosophy, Logic, Mathematics, and Economic* [1931], D.H. Mellor (éd.), Atlantic Highlands, Humanities Press, 1978.

— « Facts and propositions » [1927], in *Philosophical Papers*, D. Mellor (éd.), Cambridge UP, 1990.

WITTGENSTEIN Ludwig, *Tractatus Logico-Philosophicus*, Londres, Routledge & Kegan Paul, 1922 ; trad. angl. C. K. Ogden et F. P. Ramsey, Londres, Routledge & Kegan Paul, 1922 ; 2e trad. angl. D. F. Pears et B. F. McGuinness, Londres, Routledge & Kegan Paul, 1961 ; trad. fr. G.-G. Granger, Gallimard, 1993.

— *Über Gewissheit*, G. E. M. Anscombe et G. H. von Wright (éd.), Oxford, Blackwell, 1969 ; trad. angl. D. Paul et G. E. M. Anscombe, Oxford, Blackwell, 1969 ; trad. fr. J. Fauve, Gallimard, 1976.

— *Bemerkungen über die Philosophie der Psychologie*, G. E. M. Anscombe & G. H. von Wright (éd.), Oxford, Blackwell, 1980 ; trad. angl. G. E. M. Anscombe ; trad. fr. G. Granel, Mauvezin, TER, 1994.

BERĪṮ [בְּרִית] HÉBREU – fr. *alliance*

gr.	*diathêkê* [διαθήκη]
lat.	*testamentum, foedus, pactum*
all.	*Bund*
angl.	*covenant*
it.	*patto*

► *ALLIANCE*, et BOGOČELOVEČESTVO, BERUF, DIEU, LANGUES ET TRADITIONS, *LOI*, PEUPLE, SOBORNOST'

Le mot par lequel la Bible désigne l'alliance, berīṯ [בְּרִית], *est sans doute apparenté à l'akkadien* birītu, *« lien ». De la sorte, l'idée sous-jacente serait la même que pour l'all.* Bund, *de* binden, *« lier ». En revanche, l'expression habituelle pour « conclure »,* karaṯ berīṯ [כָּרַת בְּרִית], *signifie littéralement « couper » (cf. le grec* horkia temnein [ὅρκια τέμνειν]), *d'où un paradoxe sémantique : on lie en divisant. L'expression vient sans doute du sacrifice consacrant l'alliance, comme l'équivalent grec* spondê [σπονδή] *de la libation qui la scellait, ou l'anglais* « to strike a bargain » *du geste de toper. On passait entre les deux moitiés d'un animal en appelant sur soi le même sort en cas de trahison (Jérémie, 34, 18 ; Genèse, 15, 9.17).*

L'alliance est un serment lié à une malédiction (Genèse, 26, 28 ; Deutéronome, 29, 11, etc.). L'idée relève d'abord du contrat entre humains, comme l'engagement du soldat à servir son chef (2 Rois, 11, 4). Elle est d'abord inégale : un supérieur qui impose des devoirs (Juges, 2, 20 ; Psaume 111, 9). Elle devient ensuite un contrat entre égaux (Genèse, 14, 13, etc.), frères (Amos, 1, 9), amis (1 Samuel, 23, 18) ou époux (Malachie, 2, 14). L'idée d'alliance peut englober, comme dans le français actuel, les traités internationaux. Ceux-ci, dès le plus ancien, entre Égyptiens et Hittites (1280 av. J.-C.), font appel aux dieux comme garants. De la sorte, chaque peuple qui contracte reconnaît le pouvoir des dieux de l'autre et fait ainsi comme alliance avec eux aussi (Exode, 23, 32). La nouveauté d'Israël est l'idée d'une alliance entre un peuple et son dieu à lui, celui qui s'est choisi un peuple (Exode, 19, 5 *sq.*). Le divin était garant ; il devient partenaire.

Dans le grec de la Septante, le mot n'est pas traduit par le mot habituel, *spondê* [σπονδή], mais par *diathêkê* [διαθήκη], qui désigne les dernières dispositions prises par un mourant, le testament, donc. Il est à son tour rendu en latin par *testamentum* — resté dans le français « Ancien/Nouveau Testament ». La Vulgate, en revanche, préfère *foedus* ou *pactum* — it. *patto*. L'angl. *covenant* vient du français *convenir*, dont le champ sémantique est différent.

L'alliance biblique est historique ; il n'y a en revanche rien de tel dans l'islam, ce pourquoi on évitera d'appeler « alliance » le pacte (*mīṯāq* [ميثاق]) par lequel les hommes, miraculeusement tirés des reins d'Adam, reconnaissent la seigneurie d'Allah (Coran, VII, 172). Ce pacte se situe dans la pré-éternité. Allah ne s'y engage en rien ; l'homme s'y trouve en revanche engagé avant de pouvoir le ratifier dans sa vie temporelle.

Rémi BRAGUE

BERUF ALLEMAND – fr. *métier, vocation*

gr.	*ergon* [ἔργον], *ponos* [πόνος], *klêsis* [κλῆσις]
hébr.	*ṯafqīd* [תַּפְקִיד]
lat.	*officium, professio, vocatio*
angl.	*profession, vocation, calling*

► *VOCATION*, et CLAIM, DIEU, GLAUBE, LIBERAL, OIKONOMIA, SÉCULARISATION, SOLLEN, STAND, STRADANIE, TRAVAIL

Beruf *est un intraduisible récent : il est associé à Max Weber et à son étude de 1904-1905 sur* L'Éthique protestante et l'esprit du capitalisme. *Le problème tient d'abord au double sens du mot, qui oscille entre le séculier (métier, profession) et le religieux (vocation) : là où l'allemand hésite, le français est obligé de choisir. Mais* Beruf *présente une autre particularité, remarquable : sa part d'intraduisible ne tient pas au génie particulier d'une langue, mais à la décision d'un traducteur, Luther, et à une évolution historique, celle du capitalisme moderne, dont il concentre, selon Weber, toute la nouveauté.*

I. L'ÉVOLUTION SÉMANTIQUE DE « BERUF »

En consacrant une section de *L'Éthique protestante et l'esprit du capitalisme* à « La notion de *Beruf* chez Luther », Weber a enrichi le vocabulaire philosophique et sociologique d'un terme nouveau, en même temps qu'il découvrait un intraduisible : on parle, en français aussi, du *Beruf*, d'autant plus volontiers que le terme a, chez Weber, valeur d'emblème pour tout le processus d'émergence du capitalisme moderne. En lui-même, le *Beruf* se laisse définir comme une certaine « conception du travail comme fin en soi, soit un travail élevé à l'absolu, une "vocation" » (trad. fr. Kalinowski, p. 107, cf. p. 105). Pour Weber, l'esprit du capitalisme est concentré dans le *Beruf*, comme le montre sa définition (ou du moins son « *image* provisoire » — trad. fr. K., p. 86) de « mentalité qui vise, de manière systématique et rationnelle, par le biais d'un *métier* (*Beruf*), un gain légitime » (trad. fr. K., p. 109). Cette recherche du profit s'est accompagnée, à l'époque moderne, d'une « éthique sociale » portant « une idée spécifique du *métier* comme *devoir* (*Berufspflicht*) » (trad. fr. K., p. 93) qui conférait une valeur morale au travail et à la profession dans lequel il s'exerce.

Dans les citations qui précèdent, *Beruf* a été traduit par *vocation* et *métier* ; le premier traducteur, Jacques Chavy, proposait aux mêmes endroits *vocation* (p. 64), *profession* (p. 66) et *métier, profession* (p. 51). Là se trouve la difficulté du terme. En français, tout métier n'est pas vocation ; *Beruf*, lui, désigne les deux choses à la fois : une occupation régulière et rémunérée, et l'appel (le mot vient de *rufen*, « appeler »), l'élection qui conduisent à cette occupation pour donner à l'existence sa signification ultime. Trois solutions se sont proposées aux traducteurs de Weber. La première entérine la nécessité de choisir, comme l'explique une note ajoutée à la fin de la première traduction française par l'un de ses réviseurs, Éric de Dampierre :

> La traduction de *Beruf*, « métier-et-vocation », mot clé pour Weber à bien des égards (cf. *Le Savant et le politique*), exigeait que soit sauvegardée avant tout la tension sémantique entre ses deux pôles. Nous l'avons rendu par « métier » (ou profession) dans un contexte religieux, par « vocation » dans un contexte professionnel, afin de souligner cette tension qui fonde la thèse même de l'ouvrage. Toutefois il serait inexact de présupposer partout ces deux acceptions complémentaires, en particulier dans un contexte biblique où cela reviendrait à introduire un anachronisme : en pareil cas, nous nous sommes contentés de « besogne », ce vieux mot des Écritures, qui nous a semblé rendre au mieux la notion en son état indifférencié.
>
> trad. fr. Chavy, p. 269.

Le principe de la traduction est donc celui d'un constant contre-emploi : pour rendre l'étrangeté du *Beruf*, on intervertira les significations françaises du mot (métier, vocation) et les contextes (séculier, religieux) dans lesquels il s'utilise. Cette solution est nécessairement de fortune : l'interversion n'est pas systématiquement opérée et elle ne peut pas l'être, puisqu'elle doit tenir pour acquis cela même qui est en question, à savoir le partage du temporel et du spirituel, du professionnel et du confessionnel. La particularité du *Beruf* allemand est en effet d'atténuer la rigueur de ce partage, et de dire en une fois ce que le français doit distinguer, voire opposer. Il est donc risqué de partir de cette distinction du sacré et du profane pour traduire le terme qui la met en question.

Une seconde solution consiste à forger un mot-valise qui signale la difficulté : c'est ce qu'a fait Jean-Pierre Grossein en proposant *profession-vocation* dans la dernière traduction française en date de *L'Éthique protestante* (2003), – après avoir justifié cette solution, dans son choix de textes de Weber sur la *Sociologie des religions* (1996), par la nécessité de préférer la « lourdeur » à l'« affadissement » dans le cas où *Beruf* désigne clairement l'« intrication » des deux registres (« Glossaire raisonné », p. 123). Isabelle Kalinowski a fait valoir que ce néologisme « explique davantage qu'il ne traduit » (trad. fr. K., p. 353). Le choix de vraiment traduire, c'est-à-dire d'installer le mot dans les usages de la langue-cible, l'a conduite vers une troisième solution, celle d'une traduction uniforme par *métier*, qui a « l'avantage de mieux s'appliquer à l'acception très large que Weber confère au *Beruf* » *(ibid.)* – quand bien sûr la traductrice n'est pas obligée de laisser *Beruf* en allemand. Avec *métier* cependant, une des deux nuances de *Beruf* disparaît : le mot français n'a pas de résonance religieuse particulière. La traductrice accepte le risque, et y voit même une confirmation du point de départ de l'analyse wébérienne, soit « l'absence d'un terme possédant la connotation de "vocation" dans *les langues latines* à l'époque de Luther » – et, ajoutera-t-on, au-delà (*ibid.*, italiques de l'auteur). La traduction française la plus fidèle à Weber serait alors celle qui échoue à rendre la pluralité des sens de *Beruf*, du fait même qu'elle est une traduction en langue romane.

La polémique qui a fait rage entre les traducteurs a ainsi opposé deux philosophies de la traduction sans doute irréconciliables. Quant au mot lui-même, il serait faux de dire que *Beruf* opère spontanément la réunion des contraires, le sacré et le profane, et qu'il est dans sa nature de dire tout autre chose que ce que contiennent les autres langues. Weber refuse très nettement de faire entrer en ligne de compte « une quelconque particularité de la langue étudiée » et de voir dans le mot « l'expression d'un "esprit du peuple germanique" » (trad. fr. K., p. 128 ; cf. aussi p. 149, contre l'invocation du « caractère d'un peuple »). Le fait premier dont part Weber est bien linguistique, mais ses raisons, elles, se trouvent en dehors de la langue :

> Si l'on suit maintenant le parcours historique de ce terme dans les langues des différentes cultures, on constate d'abord que, pas davantage que l'Antiquité classique, les peuples à dominante catholique ne possèdent une expression à connotation analogue pour désigner ce que nous appelons le « *Beruf* » (au sens d'une fonction exercée toute la vie [*Lebensstellung*], d'un domaine de travail délimité), alors qu'il en existe chez *tous* les peuples à dominante protestante.
>
> trad. fr. Kalinowski, p. 126-128.

Beruf n'opère pas un partage des langues en tant que langues ; le mot est le révélateur d'un autre partage, qui sépare les peuples protestants des autres, en particulier catholiques. En ce sens, *Beruf* est un intraduisible d'un type particulier : une « *idée* [...] nouvelle », un « produit de la Réforme » (trad. fr. K., p. 131-132), en un mot un intraduisible confessionnel.

Reste à comprendre comment il peut se faire que *Beruf* soit sans équivalent, si ce n'est pas en vertu d'un caractère particulier de la langue elle-même. La première chose à noter est que *Beruf* n'est pas d'emblée un intraduisible, mais qu'il l'est devenu : il faut donc supposer un changement dans l'histoire. Ce changement prend ici la forme caractéristique d'une décision, celle d'un auteur, Martin Luther, qui selon Weber a choisi d'entendre le mot dans un sens nouveau. Le troisième trait remarquable du *Beruf* tient à ce que cette décision d'auteur est, plus précisément, une décision de traducteur : c'est en traduisant la Bible que Luther, selon Weber, a créé le concept moderne de *Beruf*, en modifiant l'usage ancien du mot.

Le raisonnement de Weber est exposé en particulier dans deux longues notes, véritables notices textuelles et linguistiques, qui passent en revue l'hébreu, le grec, le latin, l'allemand, l'anglais et les langues romanes (trad. fr. K., p. 126-129 et p. 130-134). L'usage ancien de *Beruf* est défini comme religieux, équivalent à *Berufung* ou *Vokation* : il correspond à notre *vocation*, en particulier la vocation ecclésiastique. Le sens actuel est donc pour Weber un sens « profane » (trad. fr. K., p. 130), « *purement* temporel » (trad. fr. K., p. 131) : de manière remarquable,

Luther aurait donc sécularisé le terme. Le texte pivot qui marque le passage à son usage moderne se trouve selon Weber dans la traduction par Luther d'un texte de l'*Ecclésiastique*, 11, 20-21, qui recommande :

> 20 Tiens-toi à ta tâche, et consacre-toi à elle,
> vieillis à ton ouvrage.
> 21 Ne t'étonne pas des œuvres du pécheur,
> Fais confiance au Seigneur et persévère dans ta besogne.
> Car il est facile aux yeux du Seigneur,
> d'enrichir soudain le pauvre d'un seul coup.
>
> *Traduction œcuménique de la Bible.*

Les enjeux de la traduction semblent se multiplier à l'infini quand on sait que l'*Ecclésiastique* traduit par Luther a été composé en hébreu, mais transmis en grec (le livre, du reste, ne figure pas dans le canon juif). Le texte original n'a été partiellement redécouvert qu'en 1896, avant d'être complété à Qumrân, puis en 1964 : Weber se fait l'écho de la première reconstitution (trad. fr. K., p. 86). Le grec traduit la première occurrence de l'hébreu *ṯafqīd* [תַּפְקִיד], rendu ici par *tâche* et qui désigne un travail fixe, une occupation déterminée, par *diathêkê* [διαθήκη] ; *ouvrage* (v. 20a) rend *ergon* [ἔργον], et *besogne* (v. 21a) *ponos* [πόνος]. Ce sont ces deux derniers mots que Luther (qui ne connaissait que le texte grec) a traduits par *Beruf* : « *en tôi ergôi sou palaiôthêti* [ἐν τῷ ἔργῳ σοῦ παλαιώθητι] » devient « *beharre in deinem Beruf* » et « *emmene tôi ponôi sou* [ἔμμενε τῷ πόνῳ σοῦ] », « *bleibe in deinem Beruf* » (au v. 20a en revanche, *diathêkê* est curieusement rendu par « *la Parole de Dieu* », « *Gottes Wort* », cf. *Deutsche Bibel*, WA, t. 7, p. 346). Les traductions allemandes antérieures n'avaient jamais recouru à *Beruf*, s'en tenant à une traduction littérale de *ergon* par *Werk*, « œuvre » (la Vulgate traduit par *opus*). Autre nouveauté, Luther choisit de confondre l'œuvre et l'effort qui la produit, *ergon* et *ponos*, en un seul terme : le verset se met alors à tourner autour de ce *Beruf* deux fois répété et promu par cet effet de traduction à la dignité d'un concept biblique.

À elle seule cependant, cette nouvelle traduction de l'*Ecclésiastique* ne fait pas de *Beruf* un intraduisible. Il faut ajouter que le terme est utilisé par Luther pour traduire un autre mot, grec lui aussi, mais cette fois sans médiation, car extrait des épîtres de Paul. Il s'agit de *klêsis* [κλῆσις], qu'une Bible française comme la Bible de Jérusalem rend soit par *appel* (1re épître aux Corinthiens, 1,26 ; épître aux Éphésiens, 1,18 ; 4,1-4) soit par *vocation* (épître aux Hébreux, 3,1), la Vulgate recourant systématiquement à *vocatio*. Ainsi Luther opère-t-il une nouvelle assimilation, non seulement d'*ergon* et de *ponos*, mais aussi de *klêsis*, dans *Beruf* : de là naîtrait, selon Weber, le double sens du mot, « métier » et « vocation ».

La décision de traduction prise par Luther apparaît plus remarquable encore si on la décrit en suivant non plus l'ordre des livres de la Bible, mais la chronologie de la traduction. Luther a commencé en 1522 par traduire le Nouveau Testament ; sa version intégrale de la Bible date de 1534. Au moment d'aborder l'*Ecclésiastique*, il avait donc déjà utilisé *Beruf* dans son sens traditionnel (les Bibles allemandes antérieures recouraient elles aussi à un composé de *rufen*, *ruffunge*). Le choix de *Beruf* pour *ponos / ergon* apparaît alors comme un détournement de sens, qu'on est en droit de supposer délibéré quand on sait l'investissement théologique et doctrinal de toute cette traduction.

La question se pose néanmoins de savoir si le rapprochement du métier et de l'appel divin est fondé dans le texte de la Bible. Weber (trad. fr., p. 132-133) repère un verset de saint Paul (1 Corinthiens, 7, 20) qui semble aller dans ce sens. Ce texte exhorte chaque chrétien à demeurer « en l'état où l'a trouvé l'appel de Dieu (*en têi klêsei hêi eklêthê* [ἐν τῇ κλήσει ᾗ ἐκλήθη]) ». Dans le redoublement caractéristique *klêsis/eklêthê*, il semble qu'on puisse retrouver les deux sens du *Beruf*, ou du moins il semble que *klêsis* soit susceptible d'avoir un sens non religieux. Weber observe cependant que le mot n'est pas ici strictement synonyme d'*ergon* dans l'*Ecclésiastique* (trad. fr. K., p. 133), et le comprend, plutôt que comme un *Beruf* (au sens, précise-t-il, d'un « domaine d'activité délimité »), comme un état (*Stand*).

La thèse de Weber présente toutefois un certain nombre de difficultés. La première est intrinsèque : à un Allemand moderne, le *Beruf* luthérien est presque aussi intraduisible qu'à tout autre locuteur. Les deux sens du mot semblent s'être à nouveau séparés après Luther : les éditions allemandes de la Bible « révisées d'après la traduction de Martin Luther » traduisent aujourd'hui la *klêsis* paulinienne par *Berufung* (vocation), pour éviter toute ambiguïté. Weber lui-même trahit plusieurs hésitations sur le sens de *Beruf* en allemand moderne. À plusieurs reprises, il renvoie au « sens actuel » du mot (trad. fr. K., p. 134), tenant pour acquis que celui-ci est « profane » (trad. fr. K., p. 130). *Beruf* ne signifierait donc plus que le métier au sens « neutre » (trad fr. K., p. 127). Il est pourtant frappant que quelques lignes plus loin, pour décrire l'évolution du latin *opificium*, Weber explique que le mot était « moralement neutre » et mentionne par contraste un texte de Sénèque (*De beneficiis*, IV, 18), où il « devient [...] l'équivalent de *Beruf* » (trad. fr. K., p. 127).

Ces hésitations de Weber montrent que les nuances du mot se laissent encore malaisément manier, y compris par un *native speaker*, dès lors qu'il s'arrête un moment sur lui et se demande ce qu'il signifie en réalité. Elles confirment aussi que l'évolution sémantique de *Beruf* n'est pas terminée — si tant est que Weber en ait correctement rendu compte.

Ici apparaît en effet une seconde difficulté : on peut se demander si l'usage du terme doit autant à Luther que Weber le suppose. On notera d'abord que l'*Ecclésiastique*, où Luther est censé avoir inventé l'acception moderne de *Beruf*, n'a pas été repris dans le canon de la Bible protestante. Cela laissait peu de chances à cette acception de se diffuser, à moins de trouver un relais ailleurs que dans les traductions de Luther, c'est-à-dire dans ses œuvres originales. Sur ce point, les appréciations pourront varier : il y a bien une doctrine du *Beruf* dans l'œuvre politique du Réformateur, mais on peut se demander, en la ramenant à ses proportions réelles, si l'importance qu'on lui donne ne résulte pas d'une illusion rétrospective due à la lecture de Weber.

II. LA DOCTRINE DU « BERUF » : UNE ILLUSION RÉTROSPECTIVE ?

Le traité de 1523 sur l'autorité politique, *Von weltlicher Oberkeit*, formule bien l'idée selon laquelle « chacun doit accomplir son *Beruf* et son ouvrage [*Denn eyn iglicher muss seins beruffens und wercks warten*] » (WA, t. 11, p. 258, l. 30). Il s'en tient cependant à peu près là. Les autres écrits politiques de Luther élaborent plutôt une doctrine des états (*Stände*). Le contenu de celle-ci correspond bien à ce que Weber dit du *Beruf* et de la sacralisation luthérienne de l'activité temporelle, à travers notamment le refus de conférer une valeur supérieure aux formes de vie monastiques : Dieu, pour Luther, est aussi présent, sinon davantage, à la cuisine qu'au couvent (voir, par exemple, *Predigten des Jahres 1534*, n°46, WA, t. 37, p. 480, l. 2-8). Toutefois le mot *Beruf* ne fait pas l'objet d'un traitement privilégié : il n'apparaît notamment jamais seul, mais toujours en association avec *Stand* (voir le commentaire du Ps. 118, *Das schöne Confitemini* [1530], vv. 1-4, WA, t. 31/I, p. 68-92, et le traité *Vom ehelichen Leben* [1522], qui montre qu'au nombre des *Stände*, il faut compter non seulement les métiers, mais aussi le mariage). L'idée d'une « doctrine luthérienne du *Beruf* » (Gustaf Wingren) est donc prélevée sur les textes plutôt qu'elle ne s'y déploie véritablement : non que l'interprétation qui en résulte soit fausse, mais il faudrait une longue enquête d'histoire des idées pour déterminer comment la notion de *Beruf* a fini par s'imposer, aux yeux des exégètes, comme une catégorie centrale de la pensée de Luther. Dans cette enquête, Weber serait évidemment un point de départ, jusqu'à ce qu'on détermine comment lui-même s'est laissé persuader de l'importance, pour Luther, du mot et de l'idée de *Beruf*.

Le soupçon d'une lecture rétrospective de Luther à partir de Weber est notamment illustré par un passage de l'*Histoire de la philosophie politique* dirigée par Leo Strauss et Joseph Cropsey, dans le chapitre consacré à Luther et Calvin. Le passage porte le titre « La politique comme vocation » (en anglais *vocation*), mais semble en vérité traiter de la doctrine des états. Une note ajoutée par le traducteur français rappelle cependant le souci principal de l'auteur, en même temps qu'elle revient sur le problème de traduction :

> Le mot anglais *vocation* traduit mal, comme le français *vocation*, l'allemand *Beruf*, et qui [*sic*] signifie le métier en tant qu'on y est appelé, l'activité qu'on exerce (le texte parle ici de la *vocation* de père ou de mari). L'auteur renvoie implicitement au texte de Max Weber sur « Le métier de politique ».
>
> trad. fr. Sedeyn, p. 380.

Beaucoup de choses sont de fait laissées ici implicites (sauf peut-être le titre lui-même, *Politics as Vocation*, traduction littérale du livre de Weber *Politik als Beruf*). Les sciences américaines du *government* sont peut-être les seules à avoir ménagé à la pensée politique de Luther la place qu'elle méritait, et leurs représentants émigrés, de Hannah Arendt à Leo Strauss, y sont pour quelque chose, mais du fait du débat constant qu'ils entretenaient avec Weber, ils n'ont sans doute connu Luther qu'à travers les catégories de *L'Éthique protestante et l'esprit du capitalisme*.

À ce mouvement rétrograde s'ajoute celui effectué par Weber lui-même, qui a anticipé dans Luther ses propres questions, celles de la science et de la politique comme *Beruf*, lesquelles du reste, comme le fait remarquer Catherine Colliot-Thélène dans sa traduction de *Wissenschaft als Beruf* et *Politik als Beruf* (p. 13-14), traitent de la « mission » du savant et du politique et parlent encore d'autre chose que de la sublimation protestante du métier quotidien. Cela ne signifie pas pour autant qu'on ait affaire à un faux problème, comme l'attestent les difficultés que Weber éprouve dans le maniement du mot. Le problème du *Beruf* ne pouvait sans doute apparaître que dans la question que pose Weber : celle de savoir jusqu'à quel point, et par quels biais, nous sommes encore protestants. S'agissant de Luther, *L'Éthique protestante* propose un bilan contrasté. D'un premier côté, celui de la *traduction*, la postérité de Luther est fortement soulignée : les puritains anglais utilisent *calling*, calqué sur le *rufen* « appeler » de *Beruf*, pour désigner une simple occupation professionnelle — mais il est vrai que le mot peine à s'imposer dans les Bibles anglaises pour traduire *klêsis* (trad. fr. Kalinowski, p. 134). D'un autre côté, celui de la *doctrine*, Weber reconnaît le « traditionalisme économique » de Luther (trad. fr. K., p. 143), et place — comme Troeltsch après lui — la modernité dans les sectes puritaines, les premières à imposer l'« ascétisme séculier » selon lui caractéristique et de l'éthique protestante et de l'esprit du capitalisme (voir trad. fr. K., p. 265, où cet ascétisme est opposé à l'« acceptation » luthérienne du « sort que Dieu a irrémédiablement fixé pour chacun »).

Sans doute faut-il aussi prendre en compte l'apport propre des disciples de Luther, qui pourraient avoir donné à l'usage nouveau de *Beruf* en traduction le relais doctrinal dont il avait besoin. Weber, toutefois, reste prudent en examinant les textes de la Confession d'Augsbourg (voir la note, trad. fr. K., p. 129, qui ne voit pas clairement émerger le sens moderne de *Beruf*). On touche ici le fond du problème, qui a trait à la partition même du temporel et du spirituel. La décision luthérienne d'importer le *Beruf* dans sa traduction de l'*Ecclésiastique* est susceptible d'interprétations parfaitement contradictoires selon la position prise sur le problème de la sécularisation : Luther a-t-il sécularisé le mot en lui faisant traduire *ergon* et *ponos*, ou n'a-t-il pas plutôt fait en sorte que le « travail temporel quotidien » revête une « signification religieuse » (trad. fr. K., p. 134), bien loin de tout « désenchantement du monde » ? Les hésitations de Weber sur le sens moderne de *Beruf* (neutre ou éthique ?) montrent que la difficulté n'est pas résolue — si tant est qu'elle puisse jamais l'être : tout laisse plutôt à penser que la thèse de la sécularisation relève du postulat herméneutique.

On pourrait tout aussi bien soutenir que la traduction de *ponos / ergon* par *Beruf* est la plus lourdement religieuse qui soit. Dans l'histoire des traductions allemandes de la Bible, *Beruf* remplace ici *Werk*. Cette substitution de termes possède une motivation théologique que Weber, étonnamment, ne mentionne pas : même dans un texte de l'Ancien Testament, Luther tenait à éviter *Werk*, qui renvoyait immédiatement à la doctrine honnie du salut par les œuvres. La doctrine *sola fides* de la justification [la foi seule justifie], dont Weber ne relève que plus loin, et discrètement, le lien avec le concept de *Beruf* (voir trad. fr. K., p. 136), est donc intervenue dans la traduction, d'une manière disproportionnée eu égard à l'enjeu doctrinal assez faible du verset. *Beruf* est une traduction théologiquement surdéterminée, et c'est sans doute cette surdétermination qui explique l'autre violence de la traduction (encore une fois ignorée par Weber), celle qui a poussé Luther à rendre par un même terme les deux mots grecs distincts *ergon* et *ponos* : *Beruf* sorti de son usage traditionnel avait l'avantage de faire oublier à la fois les œuvres et l'effort (*ponos*) qui les suscite, c'est-à-dire à la fois la théologie adverse et la psychologie sur laquelle elle reposait.

Weber est du reste le premier à souligner la « portée » tout au plus « problématique » de son analyse du *Beruf* luthérien. Par là, il renonce à établir tout lien direct entre l'attitude de Luther envers l'activité temporelle et l'émergence du capitalisme (trad. fr. K., p. 147). Cette impossibilité renvoie à une autre, celle qu'on ressent à expliquer un intraduisible comme *Beruf* par la décision ponctuelle d'un traducteur, dès lors que cette décision ne semble pas avoir reçu un écho particulier, du moins avant Weber. Il serait sans doute plus juste de dire que Weber est le seul inventeur du *Beruf*, ou que celui-ci est un intraduisible wébérien et non luthérien. Le *Beruf* délivre ainsi un enseignement sur la pluralité des langues, sur l'intraduisible en philosophie et les modes de son explication. Il montre qu'on n'est pas condamné à recourir au « génie » des langues pour expliquer ce qu'un terme a d'intraduisible. Certes, renvoyer l'intraduisible à une décision individuelle, fût-elle de traduction, ne le rend pas nécessairement moins énigmatique : c'est le cas lorsqu'on se contente d'expliquer *Beruf* par l'initiative du seul Luther. Mais la solution n'est cette fois plus inaccessible, dès lors qu'on relaie l'étude des initiatives de traduction par celle de leur réception : *Beruf* est issu probablement d'une question propre à Weber, qui a transformé un fait de traduction en un véritable concept, en en faisant apparaître la difficulté réelle. Les intraduisibles ne naissent pas toujours où on les attend, ici au croisement de la philosophie, du religieux, de la politique et du social.

Philippe BÜTTGEN

BIBLIOGRAPHIE

GROSSEIN Jean-Pierre, « Peut-on lire en français *L'Éthique protestante et l'esprit du capitalisme* ? », *Archives européennes de sociologie, XL (1999), p. 125-157.*

— « À propos d'une nouvelle traduction de *L'Éthique protestante et l'esprit du capitalisme* », *Revue française de sociologie*, 43 (2003), p. 653-671.

LUTHER Martin, *Die deutsche Bibel, Werke, kritische Gesamtausgabe* [abrév. WA], Weimar, Böhlau, 1906-1961.

— *Von weltlicher Oberkeit, wie weit man ihr Gehorsam schuldig sei*, WA, t. 11, p. 229-281.

— *Vom ehelichen Leben*, WA, t. 10/II, p. 275-305.

— *Das schöne Confitemini an der Zahl des 118. Psalms*, WA, t. 31/I, p. 68-182.

STRAUSS Leo et CROPSEY Joseph (éd.), *History of Political Philosophy*, Chicago, Rand McNally, 1963 ; *Histoire de la philosophie politique*, trad. fr. O. Sedeyn, PUF, 1994.

WEBER Max, *Gesammelte Aufsätze zur Religionssoziologie*, vol. 1, Tübingen, Mohr, 1988, p. 1-236.

— *Die protestantische Ethik und der « Geist » des Kapitalismus*, éd. K. Lichtblau et J. Weiss, Bodenheim, Athenäum Hain Hanstein, 1993.

— *Wissenschaft als Beruf (1917-1919). Politik als Beruf (1919-1922), Max Weber Gesamtausgabe*, éd. M. Reiner Lepsius, W. J. Mommsen, W. Schluchter et J. Winckelmann, vol. I/17, Tübingen, Mohr (Siebeck), 1992.

— *L'Éthique protestante et l'esprit du capitalisme*, trad. fr. J. Chavy, Plon, 1964, rééd. 1990.

— *L'Éthique protestante et l'esprit du capitalisme*, trad. fr. I. Kalinowski, Flammarion, 2000 [trad. fr. K.].

— *L'Éthique protestante et l'esprit du capitalisme*, trad. fr. J.-P. Grossein, Gallimard, 2003.

— *Sociologie des religions*, textes réunis et traduits par J.-P. Grossein, introduction de J.-C. Passeron, Gallimard, 1996.

— *Le Savant et le Politique. Une nouvelle traduction. La profession et la vocation de savant. La profession et la vocation de politique*, trad. fr. C. Colliot-Thélène, La Découverte, 2003.

WINGREN Gustaf, *Luthers Lehre vom Beruf*, Munich, Kaiser, 1952.

OUTILS

Die Bibel nach der Übersetzung Martin Luthers, Stuttgart, Deutsche Bibelgesellschaft, 1985.

Traduction œcuménique de la Bible, Paris-Villiers-Le-Bel, Cerf-Société biblique française, 9ᵉ éd., 2000.

BIEN-ÊTRE Cette locution est généralement utilisée pour traduire l'anglais *welfare*, pourtant distinct de *well-being* comme l'objectif du subjectif. Voir WELFARE, mais aussi CARE, RIGHT, UTILITY (cf. *UTILE*).

Sur le *welfare state*, sa traduction allemande (*Wohlfahrtsstaat*) et les connotations de sa traduction française (*État-providence*), on se reportera à GLÜCK, IV ; cf. *BONHEUR*.

► *BIEN, ÉTAT*, PLAISIR, POLITIQUE, SOCIÉTÉ CIVILE, *VALEUR*

BIEN / MAL Cette dichotomie au fondement de la morale est issue du latin : *bonum, malum* sont les substantivations au neutre des adjectifs *bonus*, « bon, brave », *malus*, « mauvais, méchant », tous deux d'étymologie incertaine, qui conjoignent un sens physique et un sens éthique.

1. Sur le rapport entre les diverses excellences, noblesse, courage, qualité morale, voir VIRTÙ (avec l'encadré 1 sur « *Aretê...* ») ; cf. *VERTU*. Sur le rapport particulièrement sensible en grec entre le bien ou la bonté intérieure et la beauté extérieure, voir BEAUTÉ, en particulier l'encadré 1, « Bel et bon : *kalos kagathos* » ; cf. DOXA, ERSCHEINUNG, *PHÉNOMÈNE*.

Sur le rapport entre vérité et bien, ou plus exactement « meilleur », au fondement du relativisme, voir VÉRITÉ, encadré 2, « Vrai/meilleur... ».
2. Cette dichotomie s'avère vite impuissante à rendre toutes les nuances de la constellation terminologique allemande avec laquelle elle ne coïncide pas. Il ne suffit pas, en effet, de juxtaposer « bien/mal » et « bon/mauvais » ou « bon/méchant », comme on le fait par exemple habituellement dans la traduction de *La Généalogie de la morale* de Nietzsche, pour épuiser le jeu plus complexe des oppositions en allemand : voir GUT/BÖSE - WOHL/ÜBEL (WEH)-GUT/SCHLECHT.
3. Une autre constellation difficilement traduisible apparaît en anglais avec l'opposition, presque impossible à rendre en français, entre *right* et *just*, et le rapport de chacun de ces deux termes à *good* : voir RIGHT-JUST-GOOD ; cf. FAIR.
4. Sur la diglossie russe « *dobro / blago* », voir RUSSE.

► *BONHEUR*, devoir, morale, *VALEUR*

BILD ALLEMAND – fr. *image, tableau, figure, visage*

gr.	*eidôlon* [εἴδωλον]
hébr.	*ṣèlèm* [צֶלֶם], *demūṯ* [דְּמוּת]
lat.	*imago, ymago, species*

► ***IMAGE*** [EIDÔLON], et ANALOGIE, BILDUNG, DICHTUNG, DOXA, ***IMAGINATION***, MIMÊSIS, OIKONOMIA, REPRÉSENTATION, SPECIES, TABLEAU

Le vocabulaire issu de Bild, *« image », est particulièrement riche en allemand ; non qu'il y ait, comme en grec, une pluralité différenciée de termes pour désigner l'image selon différents points de vue, mais parce qu'il existe une constellation particulièrement complexe de mots formés sur* Bild *et qui font système :* Urbild *et* Abbild *(modèle/archétype et copie),* Gleichbild *(copie aussi, mais en insistant sur la ressemblance plus que sur la fabrication),* Nachbild *(ectype, copie, en insistant sur son statut second, imité),* Bildung *(formation, culture),* Einbildungskraft *(imagination)... L'évolution de ce système est représentative d'une bonne partie de l'histoire de la philosophie allemande.*

Le point de départ de la réflexion sur l'image (Bild) *est donné par le verset biblique qui dit de l'homme qu'il a été créé « à l'image et à la ressemblance de Dieu » (Genèse, 1, 26-27). Issue de ce texte, la spéculation eckhartienne sur l'image et son modèle — sa thèse d'une identité entre l'image et son modèle —, laissera des traces dans les philosophies qui suivront. Le* Bild *devra être chaque fois entièrement repensé, voire retraduit, selon qu'il sera rapproché de son modèle (de là l'opposition* Urbild/Abbild*) ou de la faculté qui produit l'image* (Einbildungskraft)*, et selon la manière dont on concevra la force et la fonction de cette faculté, reproductive ou véritablement productive. Au fil des lectures de Kant, de Fichte à Heidegger, la compréhension de* Bild *en viendra à concentrer l'opposition majeure de l'entendement et de la sensibilité, et donc la conception du sujet, entre spontanéité et réceptivité.*

I. LES AVATARS DU VERSET BIBLIQUE

Le début de la Genèse pose la question de la détermination foncière de l'être humain créé « à l'image et à la ressemblance » de son créateur, dans l'univers biblique de la prohibition des images (cf. Heidegger, *Sein und Zeit* [*Être et Temps*], § 10, in *GA*, t. 2, p. 65-66). *Bild* (*Gottes*) répond ainsi, dans la traduction de Luther, à l'hébreu *ṣèlèm* [צֶלֶם], au gr. *eidôlon*, au lat. *imago*.

♦ Voir encadré 1.

Le Nouveau Testament dira du Christ qu'il est εἰκὼν τοῦ θεοῦ του ἀοράτου (épître aux Colossiens, 1, 15), Vulgate : « *imago Dei invisibilis* [image du Dieu invisible] », ce que Luther rend par : « *das Ebenbilde des unsichtbaren Gottes* ». La traduction de Luther est ici plus précise que celle de la Vulgate ; *Bild* laisse en effet ouverte la possibi-

1

L'image en hébreu (*ṣèlèm, demūṯ* [דְּמוּת])

Le passage de la Genèse dans lequel il est dit que l'homme est à l'image de Dieu est un monologue dans lequel Dieu, s'adressant à soi-même au pluriel, dit : « Faisons l'homme à notre image (*be-ṣalmēnū* [בְּצַלְמֵנוּ]), comme notre ressemblance (*ki-demūṯēnū* [כִּדְמוּתֵנוּ]) » (1, 26). Le verset présente plusieurs difficultés : a) à qui s'adresse le pluriel ? Les Pères de l'Église y voyaient une annonce de la Trinité ; les juifs et l'exégèse moderne y voient la cour des anges ; b) pourquoi ces deux mots différents, précédés chacun d'une préposition à la nuance différente ? Une expression binaire presque identique, dans laquelle les prépositions sont inversées, exprime la ressemblance entre le père et l'enfant (Genèse, 5, 3) ; c) en quoi consiste cette ressemblance ? en une propriété physique, comme la station debout ? en la raison ? en la liberté ? Une formule d'allure poétique justifie l'inviolabilité de la personne : qui verse le sang de l'homme, par l'homme son sang sera versé, car l'homme a été fait à l'image de Dieu (Genèse, 9, 6) ; d) le verset est suivi immédiatement par le rappel de la différence sexuelle : « Dieu créa l'homme à son image (*be-ṣalmō* [בְּצַלְמוֹ]) ; à l'image de Dieu il *le* créa ; mâle et femelle il *les* créa » (Genèse, 1, 27). Quel rapport y a-t-il entre les deux affirmations ?

Quant aux mots pour « image », le premier vient d'une racine signifiant « tailler » et désigne d'abord la figure sculptée, surtout à usage cultuel — ce que les prophètes appellent « idole » une fois le culte concentré sur le seul Temple de Jérusalem. La racine du second signifie « être semblable », et le mot lui-même désigne d'abord la copie, la reproduction. Par ailleurs, la première préposition, dont le sens premier est « dans », suppose une possession stable ; la seconde, qui signifie d'abord « comme », suggère que le statut d'image est lui-même métaphorique.

La théologie chrétienne distingue d'une part l'image, qui relève de la nature de l'homme, et ne peut donc être perdue, et d'autre part la ressemblance. Le péché a troublé celle-ci, et l'économie du salut doit en permettre la récupération. L'idée est chez les Pères grecs (Irénée, *Contre les hérésies*, V, 16, 2) et latins (saint Augustin, *De la Trinité*, XIV, IV, 6) avant de passer au Moyen Âge (par ex., saint Bernard, *Sur le cantique des cantiques*, 82, 7-8). Maïmonide explique les deux termes dans le but principal d'écarter toute tentation de faire de Dieu un être corporel (*Le Guide des égarés*, I, 1).

Rémi BRAGUE

lité d'une dissemblance (cette *dissimilitudo* dont parlera, après saint Augustin [*Confessions*, VII, chap. 10], saint Bernard, *De diversis*, sermon XLII, 2), tandis que l'*Ebenbild* est pour ainsi dire de plain-pied avec son original, « image parfaite » et non susceptible de dégénérer de « la vivacité de l'original » (Bossuet). Cette variante de traduction illustre exemplairement le problème posé par le rapport entre l'image et son modèle, *Bild* et *Urbild* : en langue allemande, l'enjeu est fixé, deux siècles avant Luther, chez Maître Eckhart.

II. « ABBILD », « URBILD » : MAÎTRE ECKHART OU LA VIE DE L'IMAGE

Le terme *Bild* a connu un riche essor théologique et mystique, de Maître Eckhart à Angelus Silesius. L'originalité de la doctrine eckhartienne du *bilde* (lat. *ymago*) tient notamment, d'une part, à sa compréhension de « l'être-image » comme relation de parfaite assimilation (*ymago est similis*) entre l'image (*Abbild*) et ce dont elle est l'image (*Urbild*), en sorte que l'être-image va constituer audacieusement le tout de l'image, à laquelle rien ne manque de ce dont elle est l'image : l'image est moins relative à un modèle (*Urbild*) que vivante relation à ce modèle, lequel n'est rien d'autre à son tour que la relation à l'image qui le constitue comme modèle. D'autre part, la doctrine d'Eckhart se caractérise par sa compréhension dynamique de l'image : « *Ymago proprie est emanatio simplex, formalis, transfusiva totius essentiae purae nudae* » (l'image est en propre une émanation simple, typique, épandue de toute l'essence pure et nue), comme jaillissement et bouillonnement (*bullire*) intérieur. L'image d'Eckhart n'est jamais « sage comme une image », toujours elle bout, parce qu'elle est vie.

Wackernagel a noté le « prodigieux enrichissement que connaît le motif de l'image par sa conversion du latin dans la langue maternelle d'Eckhart », ainsi que le décalage sémantique entre *bilden* et *entbilden* (terme demeuré rarissime : Suso, Tauler, Angelus Silesius) : « Entre un *bilde* pris tantôt comme image et tantôt comme anti-image, le préfixe *ent-* peut marquer aussi bien la différence que son contraire, c'est-à-dire l'assimilation » (« Ymagine denudari », p. 15 et 17).

Le terme *Bild* va entamer, avec Kant, une carrière philosophique non moins riche, ne serait-ce qu'au vu de la profusion de termes qu'il a pu susciter.

III. « BILD », « EINBILDUNG » : KANT DE L'IMAGÉ À L'IMAGEANT

Kant entend manifestement *Bild* à partir du verbe *einbilden*, introduit selon toute apparence dans la langue allemande par la mystique (cf. Grimm, Duden, Kluge), où il a le sens de « laisser dans l'âme une empreinte », à la même enseigne que des termes comme *Einblick* « vision », *Eindruck* « impression », *Einfall* « incidence, idée qui vient », *Einleuchten* « illumination ». Le préfixe *ein-* indique en l'occurrence un mouvement d'intériorisation vers cette « source vive » qu'est, selon Maître Eckhart, « l'image de Dieu au fond de l'âme [*daz gotes bilde in der sêle grunde*] », tandis que Kant l'entend au sens d'une unification. *Einbildung* est bien « un des termes fondamentaux de la pensée germanique depuis Paracelse et Böhme, et même depuis les grands mystiques rhénans » (Marquet, *Liberté et Existence*, p. 238).

Dans la première édition de la « Déduction transcendantale » de la *Critique de la raison pure* (A, 120), Kant écrit : « *Die Einbildungskraft soll* [...] *das Mannigfaltige der Anschauung in ein* Bild *bringen* », soit : « L'imagination doit amener le divers de l'intuition à former une *image* » (« La Pléiade », t. 1, 1980, p. 1421), ou mieux : « L'imagination doit former un *tableau* du divers fourni par l'intuition » (PUF, 11e éd. 1986, p. 134). Jean Beaufret propose même de comprendre que l'imagination « organise en un *tableau unique* le divers fourni par l'intuition », après avoir souligné que « le sens propre de *Bild* est *tableau* beaucoup plus qu'*image* » (II, 1973, p. 102). L' « unique tableau » (*Bild*) en question n'est autre que le divers tel qu'il se présente, plutôt que comme ramassis d'impressions sensibles, avec le visage plus avenant d'un univers — *kosmos* [κόσμος] plutôt que *khaos* [χάος]. Kant entend donc l'*Einbildungskraft*, traduction allemande du latin *vis imaginationis*, à partir du *Bild*, tableau unique parce qu'unifié ; mais il entend aussi, inversement, *Bild* à partir d'*Einbildungskraft*, comprise comme force unifiante et synthétisante, force d' « uni-formation ». Pour qualifier la synthèse du divers de l'intuition sensible, qui est possible et nécessaire *a priori*, Kant a recours à l'expression de « synthèse figurée [*figürlich*] », pour laquelle il donne l'équivalent latin de *synthesis speciosa*, où *species* fait écho à l'un des équivalents latins de *Bild*. Figurée (*figürlich*), la *synthesis speciosa* est donc par là même *bildlich* (Heidegger), ce qui veut dire qu'elle renvoie au pouvoir figurant ou, mieux, configurant, de l'*Einbildungskraft*. Sur cette « très belle expression latine que pourtant Kant n'utilise qu'une seule fois dans la *Critique* », on se reportera à B. Longuenesse (*Kant et le pouvoir de juger*, PUF, 1993, p. 232-233), qui renvoie à un passage de la *Dissertation* de 1770 où espace et temps sont caractérisés comme des *formae seu species* propres à la constitution de notre esprit (§ 4 ; in *AK*, t. 2, p. 392-393). « Très belle expression », en ceci notamment que les termes latins *forma* et *species* associent toujours l'idée de beauté (esp. *hermosura*, it. *formosità*) à celle de forme et d'aspect — en sorte qu'il y a déjà là une ouverture vers la *Critique [de la faculté de juger]*.

Si l'imagination (gr. *phantasia*, all. *Phantasie*) se définit classiquement, dans une tradition aristotélicienne (*De anima*, III, 3) reprise par la *Schulmetaphysik*, comme imagination reproductive (ainsi chez Wolff, *Psychologia empirica*, § 92, et Baumgarten, *Psychologia empirica*, § 558), Kant, pour sa part, a distingué, notamment au § 28 de l'*Anthropologie du point de vue pragmatique*, une imagination reproductive, qui relève de la psychologie, et une imagination productive, du ressort de la philosophie transcendantale, une *exhibitio derivativa* et une *exhibitio originaria*. *Reproduktiv*, l'imagination s'appelle encore en allemand *zurückrufend*, (ré)évocratice ; *produktiv*, elle s'appelle encore *dichtend*, poétique ou créatrice. Dans la mesure où *imago* (image) est étymologiquement apparenté au verbe *imitari* (imiter), « imagination » est une traduction assez peu heureuse pour *Einbildungskraft* lorsque celle-ci, conçue comme productive, est visée comme pouvoir configurant originaire au service de l'entendement, voire, selon la première édition de la *Critique de la raison pure*, comme en constituant le fond.

La question du *Bild* resurgira dans le chapitre sur le schématisme, où Kant éprouvera le besoin de distinguer le *Bild* du schème (*Schema* ; A, 140 — B, 179), soulignant par là même *a contrario* leur proximité. Le schème, l'une des quatre figures (avec l'exemple, le symbole et la construction) de la *Darstellung*, *exhibitio*, est défini comme « représentation [*Vorstellung*] d'un procédé général de l'imagination [*Einbildungskraft*] permettant de procurer à un concept son image [*Bild*] ». Cette acception constitue un tremplin pour Fichte.

IV. « BILD », « BILDUNG » : FICHTE OU LA PROJECTION DU MOI EN IMAGE

Fichte va faire fond sur le caractère thétique de la syn-thèse de l'imagination transcendantale, en entendant *Bild* à partir de *bilden*, l'image à partir de l'imager, en posant « l'image en tant que telle » comme « libre produit du Moi », d'un Moi projetant et imageant : l'image n'est pas reflet, faute de mieux, de la chose parvenue jusqu'à moi, mais projection (*Reflex*) du Moi se produisant en image au cours de sa libre activité. En d'autres termes, le seul original dont l'image puisse se prévaloir, c'est le Moi. Fichte associe donc l'activité imaginaire du Moi-se-projetant-en-image (*Bild*) à sa formation (*Bildung*) entendue comme genèse autonome : « Dans l'acte d'imager, le Moi est entièrement libre » (*Grundriss des Eigentümlichen der Wissenschaftslehre*, in *Fichtes Werke*, Berlin, Gruyter, 1971, t. 1, p. 377).

Fichte comprend donc *Bild* à partir de *bilden*, le formé à partir du former, non l'inverse. Le *Bild* est le produit de la production à l'œuvre dans l'auto-position du Moi absolu qui, en se projetant-en-image, se donne comme un miroir où réfléchir sa libre productivité. Fichte aura donc délibérément accentué et radicalisé le caractère thétique de la synthèse propre à l'imagination productive, dans le prolongement du schématisme transcendantal et de son *Schweben* (flottement en suspens) dessinant d'avance les contours de la chose que l'intuition s'apprête à accueillir (Kant) ou à capter comme relevant de sa sphère d'influence (Fichte). Percevoir une maison, comme avait dit Kant (*Critique de la raison pure*, B, 162), c'est en quelque sorte en dessiner l'esquisse du regard, l'imagination ainsi entendue étant un ingrédient constitutif de la perception : « Ce flottement (*Schweben*) même désigne l'imagination par son produit ; elle produit celui-ci pour ainsi dire dans ce mouvement et par ce mouvement lui-même » (*Fichtes Werke*, t. 1, p. 215 ; *Œuvres choisies de philosophie première*, p. 101). Le *Bild* fichtéen est donc moins feint que librement façonné à l'aune de l'auto-déploiement du Moi absolu. L'*Einbildungskraft* (qu'il arrive à Fichte d'appeler encore *Einbildungsvermögen* « pouvoir façonnant ») peut dès lors se définir comme « *das bildende Vermögen des Ich* » (*Fichtes Werke*, t. 9, p. 448), « pouvoir formateur du Moi », et elle serait d'ailleurs mieux nommée *Bildungskraft* selon Fichte, qui poursuit par là l'entreprise kantienne de réappropriation philosophique du terme légué à la langue allemande par la mystique rhénane.

C'est à d'autres grandes figures de l'idéalisme allemand, notamment Hölderlin et Schelling, qu'il appartiendra d'exploiter les ressources spéculatives et poétiques de l'*Einbildungskraft* entendue comme imagination productive, même si la philosophie de Fichte est sans doute, plus encore que celle de Schelling à laquelle elle est souvent associée à cet égard, l'apothéose philosophique du *Bild*. Ce phénomène n'est sans doute pas sans rapport avec le souci de Fichte d'ancrer dans la langue populaire le fruit de ses recherches en apparence les plus ésotériques. Fichte est sans doute le philosophe dans l'œuvre duquel se rencontrent le plus d'occurrences du terme *Bild*. Mais « l'*image*, traduction correcte de *Bild*, n'exprime pas cette puissance intérieure qui fait de la *Wissenschaftslehre* (*Doctrine de la science*), et du Moi par conséquent, un être qui “se fait” » (A. Philonenko, *L'Œuvre de Fichte*, p. 130-131).

V. « BILD », « GLEICHBILD » : SCHELLING OU L'IMAGE COMME FORCE

Tour à tour attribué à Hegel, Schelling et Hölderlin, le texte intitulé par Franz Rosenzweig *Le Plus Ancien Programme systématique de l'idéalisme allemand* (vers 1796) tente de faire droit à l'idée d'une « religion sensible » dont la possibilité a été ouverte, *nolens volens*, par la *Critique de la faculté de juger* de Kant, qui fait du beau le symbole de la moralité (§ 59). En soutenant que « le philosophe doit posséder autant de force esthétique que le poète [*der Philosoph muss eben so viel ästhetische Kraft besitzen, als der Dichter*] », l'auteur de ce texte, en lecteur de Schiller, semble avoir tiré le fin mot des analyses kantiennes, en faisant de cette « force esthétique » qu'est l'imagination comme *Einbildungskraft* le ressort poétisant ou productif (*dichtend*) de l'activité philosophante, pour autant que Kant avait fait de l'imagination la racine secrète et commune de l'entendement et de la sensibilité.

Schelling ne manquera pas de faire un sort à l'*Einbildungskraft*, « si bien nommée en allemand », qu'il l'interprétera, au § 22 de sa *Philosophie der Kunst* (*Philosophie de l'art* ; in *Schellings Werke* [abrév. *SW*], éd. O. Weiss, Leipzig, Eckhardt, 1907, t. 5, p. 386), comme « signifiant proprement la force de l'uniformation (*die Kraft der Ineinsbildung*) ». Cette uniformation, ou *esemplasie* (Coleridge), terme forgé à partir du grec εἰς ἕν πλάττειν, caractérise la fusion du fini et de l'infini (cf. X. Tilliette, *Schelling*, Vrin, 2e éd. 1992, t. 1, n. 62, p. 551), ou encore la *Hineinbildung* (autre néologisme de Schelling), soit la compénétration de l'idéal dans le *réal* (distingué du réel pour faire pendant à l'idéal et se rapprocher du latin *res*, *realitas*).

Plaque tournante des méditations schellingiennes jusqu'en 1815, le terme *Bild* possède aussi une résonance platonicienne, liée notamment à l'interprétation du *Timée*, dans l'opposition entre l'*Urbild* « archétype » ou *Vorbild* « paradigme » et le *Nachbild* « ectype ».

Deux caractéristiques constituent le *Bild* : n'être pas l'objet lui-même, et être « tout comme », ainsi que le précisera la Leçon XI de l'*Historisch-kritische Einleitung in die Philosophie des Mythologie* [*Introduction historico-critique à la philosophie de la mythologie*] : « *Das Bild ist nicht der Gegenstand selbst, und doch völlig wie der Gegenstand selbst* » (l'image n'est pas l'objet lui-même, mais elle est entièrement comme l'objet même ; in *SW*, t. 11, p. 212 ; 1998, p. 210) . Toujours est-il que Schelling a reconnu dans la mythologie la présence, à défaut du « Soi divin » en personne, de « l'*image* du vrai Dieu (*das* Bild *des wahren Gottes*) », ou à tout le moins de son *Gleichbild* ou « réplique », comme anticipation, et presque par procuration, en sorte que c'est au terme de *Bild* que recourt ici Schelling pour articuler la Révélation et la mythologie. Comme *Ebenbild* (que nous avons déjà rencontré chez Luther dans sa traduction de l'épître aux Colossiens, 1, 15), *Gleichbild* est presque un oxymore, ou du moins l'expression d'une unité conflictuelle et assumée comme telle, pour désigner ce qu'il entre de révélation dans une mythologie qui n'est pas encore la Révélation.

VI. « BILD », « ANBLICK » : HEIDEGGER OU L'IMAGE NOUS REGARDANT

Nous avons pris la mesure de ce qui a pu être dit, dans la postérité immédiate de Kant, eu égard à la question de l'imagination transcendantale. En un sens, pourtant, rien n'a été dit, s'il faut en croire du moins une note capitale du livre de Heidegger sur Kant (abrév. *Kantbuch* ; § 27, in *GA*, t. 3, n. 196, p. 137) :

> La détermination explicite de l'imagination comme pouvoir foncier [*Grundvermögen*] a bien dû familiariser les contemporains de Kant avec la portée de cette faculté. Aussi, Fichte et Schelling et, à sa façon, Jacobi, ont-ils attribué à l'imagination un rôle essentiel. Nous ne pouvons pas examiner ici s'ils ont par là reconnu, maintenu ou même expliqué plus originellement l'essence de l'imagination telle que Kant l'a comprise. L'interprétation qui va suivre de l'imagination transcendantale procède d'une problématique différente et se meut pour ainsi dire dans une direction opposée à celle de l'idéalisme allemand.
>
> *Kant et le problème de la métaphysique*, trad. fr. modifiée.

Pareille déclaration laisse d'abord apparaître que le « pavé dans la mare » du néo-kantisme de Marbourg qu'est le *Kantbuch* de Heidegger n'est pas moins en débat, plus secrètement mais non moins « athlétiquement », avec toutes les interprétations de Kant depuis 1781, et notamment celle que l'histoire des idées a retenue sous le nom d'« idéalisme allemand » (Hölderlin bientôt excepté), au point de caractériser l'œuvre de Kant comme « une forteresse non conquise à l'arrière du nouveau front » (in *GA*, t. 41, p. 58 ; *Qu'est-ce qu'une chose ?*, 1971, p. 70). Il reste donc à se demander en quoi « l'essence de l'*Einbildungskraft* telle que Kant l'a comprise » a pu être à ce point méconnue ou défigurée par la postérité immédiate de Kant que cette question demande à être reprise à nouveaux frais et en sens contraire.

On se contentera ici de souligner que la lecture heideggérienne de Kant, comme sans doute déjà la lecture hölderlinienne, accentue l'idée d'une essentielle finitude de l'être humain, « roi de la finitude » (Hölderlin, hymne *À la liberté*), là où l'idéalisme allemand a bien plutôt mis en exergue l'inconditionné du Moi de l'aperception transcendantale comme *Selbstbewusstsein* ou « conscience de soi ». Le *Bild* lui-même devient par là même l'enjeu d'interprétations conflictuelles, qui tantôt l'inscrivent à l'actif d'une spontanéité réservée par Kant à l'entendement, et tantôt veulent maintenir la balance égale de la spontanéité et de la réceptivité, de la logique et de l'esthétique. Au lieu d'accentuer le caractère thétique de la synthèse kantienne (Fichte et Schelling), Heidegger souligne la part essentielle qui revient, en toute connaissance, à la sensibilité, entendue non comme passivité, mais comme réceptivité.

En se référant à la phrase de Kant citée plus haut, Heidegger remarque :

> Le terme *Bild* est à prendre ici vraiment à la source, comme lorsque nous disons, face à un paysage : « Quelle belle vue ! » [*Bild*] (*Anblick*), ou encore, en présence d'une morne assemblée: « Quel triste spectacle ! » [*Bild*] (*Anblick*)
>
> *Kantbuch*, § 19.

De manière rigoureusement inverse de la formation du *Bild* fichtéen (voire schellingien), le *Bild*, ici, s'offre de lui-même, et nous gratifie d'une présence qui n'est pas le fruit de notre imagination, qui ne se forge pas à la force de l'imagination. L'étroitesse de la relation *Bild/Anblick* établie par Heidegger va permettre un audacieux renversement (§ 20) :

> On dit d'un paysage qu'il est une vue (tableau), *species* [« *Anblick* (*Bild*) », *species*], comme s'il nous regardait [*gleich als blicke sie uns an*].

Le *Bild* se retrouve en quelque sorte « désassujetti ». Où l'on voit que la question du *Bild*, avec son abondant vocabulaire, constitue un enjeu majeur dans ce qui oppose l'immédiate postérité philosophique de Kant qu'a été l'idéalisme allemand et, d'autre part, l'interprétation phénoménologique du schématisme transcendantal, en un rebondissement inattendu de l'impulsion donnée par Husserl.

Pascal DAVID

BIBLIOGRAPHIE

BEAUFRET Jean, « Kant et la notion de *Darstellung* », *Dialogue avec Heidegger*, II. *Philosophie moderne*, Minuit, 1973, p. 77-109.

FICHTE Johann Gottlieb, *Œuvres choisies de philosophie première*, trad. fr. A. Philonenko, Vrin, 1990.

HEIDEGGER Martin, *Kant et le problème de la métaphysique*

[*Kant und das Problem der Metaphysik*, in *Gesamtausgabe* (abrév. *Ga.*), Francfort, Klostermann, 1975-, t. 3], trad. fr. A. De Waelhens et W. Biemel, Gallimard, 1953.

— *Qu'est-ce qu'une chose ?* [*Die Frage nach dem Ding*, in *GA*, t. 41], trad. fr. J. Reboul et J. Taminiaux, Gallimard, 1971.

KANT Emmanuel, *Critique de la raison pure*, trad. fr. A. Trémesaygues et B. Pacaud, PUF, 11ᵉ éd. 1986.

— *Critique de la raison pure*, trad. fr. J. Barni rev. A. Delamarre et F. Marty, in *Œuvres philosophiques*, F. Alquié (dir.), Gallimard, « La Pléiade », vol. 1, 1980.

LIBERA Alain de, « La théologie de l'Image... », *La Mystique rhénane*, Seuil, 1984, p. 242 *sq.*

MARQUET Jean-François, *Liberté et existence. Étude sur la formation de la philosophie de Schelling*, Gallimard, 1973.

OLTMANNS Käte, *Meister Eckhart*, Francfort, Klostermann, 1935, p. 72-79.

PHILONENKO Alexis, *L'Œuvre de Fichte*, Vrin, 1984.

SCHELLING Friedrich Wilhelm Joseph von, *Introduction à la philosophie de la mythologie*, trad. fr. J.-F. Courtine et J.-F. Marquet (dir.), Gallimard, 1998.

SCHÖNBORN Christoph, *L'Icône du Christ : fondements théologiques* [1976], Cerf, 1986.

WACKERNAGEL Wolfgang, « Ymagine denudari » : *Éthique de l'image et métaphysique de l'abstraction chez Maître Eckhart*, Vrin, 1991.

OUTILS

DUDEN Konrad, *Etymologie. Herkunftswörterbuch der deutschen Sprache*, éd. G. Drosdowski, P. Grebe *et al.*, Mannheim, Dudenverlag, 1963.

GRIMM Jacob et Wilhelm, *Deutsches Wörterbuch*, Leipzig, Hirzel, 1854, repr. Munich, Deutscher Taschenbuch Verlag, 1984.

KLUGE Friedrich, *Etymologisches Wörterbuch der deutschen Sprache* [Dictionnaire étymologique de la langue allemande, 1883], Berlin, W. de Gruyter, 22ᵉ éd., 1989.

SANDER Nathaniel et TRENEL Isaac, *Dictionnaire hébreu-français* [hébreu biblique], Archives israélites, 1859, repr. Genève, Slatkine, 1982.

BILDUNG, KULTUR, ZIVILISATION ALLEMAND

– fr. *culture, position, éducation, formation, libération des préjugés, raffinement des mœurs, civilisation*

gr. *paideia* [παίδεια]
lat. *cultura*

► ***CULTURE***, et AUFHEBEN, BEHAVIOUR, BILD, CIVILTÀ, CONCETTO, ***IMAGE***, ***IMAGINATION***, LUMIÈRE, MORALE, PERFECTIBILITÉ, PEUPLE, PLASTICITÉ, PRAXIS, STRUCTURE

Désignant alternativement la beauté physique, la formation intellectuelle, l'imprégnation du divin dans l'âme humaine, l'intégration de l'individu dans la société, le parallélisme à souligner sans cesse entre la culture grecque et la culture allemande, le terme de Bildung *est certainement un de ceux dont la traduction paraît la plus aléatoire. La difficulté tient aussi à la persistance des sens secondaires qui ne sont pas éliminés par le choix d'un sens principal mais sont toujours véhiculés à l'arrière-plan. Une tension existe par ailleurs entre le terme de* Bildung *et celui de* Kultur *qui se développe à partir de l'époque des Lumières pour désigner le progrès des mœurs grâce à la civilisation puis renvoie progressivement à la cohérence organique d'un groupe social. Les termes de* Bildung, Kultur *et* Zivilisation *vont ainsi se définir les uns par les autres dans une relation variable, le mot le plus difficile à transposer restant toutefois celui de* Bildung. *Entre l'universalité de la nation ou du savoir et la singularité immédiate, la* Bildung *représente en effet, dans le contexte germanique, le moment de la particularité, ce qui explique qu'elle s'ancre de préférence dans les deux domaines privilégiés que sont la langue et l'art. Or cette particularité de la* Bildung *ne peut avoir une dimension identitaire qu'en postulant sa différence. La notion allemande de* Bildung *enveloppe précisément un moment d'incommunicabilité programmée vis-à-vis de quiconque tente d'aborder le terme de l'extérieur.*

I. LA QUESTION DU HOLISME

Par *culture* on peut entendre, selon les contextes ou les époques, un certain nombre de connaissances historiques, littéraires, artistiques, musicales, linguistiques distinguant celui qui les possède de celui qui les ignore, servant de signe de reconnaissance entre les membres d'un groupe. La définition allemande de la *Bildung* implique en revanche une actualisation de la perfectibilité humaine. En ce sens, elle ne se réduit à aucun contenu déterminable. Si Humboldt se réclame des Grecs et prône leur imitation, c'est surtout pour poser en paradigme un principe d'autodétermination et d'autorégulation qu'il perçoit comme central dans la culture grecque. À bien des égards, la référence grecque est interchangeable. Loin d'être une accumulation de connaissances objectives, la théorie de la *Bildung*, telle que la définit Humboldt, se construit à partir du constat d'une césure entre la multiplication des champs de savoir parcellaires et le progrès moral de l'humanité. Il s'agit de réinvestir les sciences positives pour les soumettre à cet impératif rousseauiste du progrès moral. Réduisant la réalité extérieure à des représentations imaginaires (*Einbildungskraft*), l'art constitue un mode d'extension de la *Bildung* concourant à cette autodétermination qui place le sujet de la *Bildung* au centre du monde perçu. Il réduit la multiplicité indéfinie des phénomènes à un petit nombre d'éléments symboliques renvoyant à l'infini. Cette autopoïétique de l'individualité autonome n'est toutefois pleinement réalisable que par la médiation du langage qui, mieux que l'art, assure un rapport symbolique au monde et permet son appropriation par le sujet. Mais à travers le langage on passe de l'individualité de l'homme à la singularité du groupe dans laquelle peut s'exprimer un rapport au monde. En même temps qu'elle exprime une aspiration de l'individu à l'universel, la *Bildung* marque une différence, car les modes d'appropriation et d'expression du monde par la langue ne sont pas identiques. On a souvent été frappé par les dimensions théologiques d'une théorie qui fait de l'homme impliqué dans le dynamisme de la *Bildung* une véritable monade. À cet égard, on ne peut qu'approuver l'idée selon laquelle la *Bildung* serait l'expression d'une dimension holiste de la culture allemande, alors que Max Weber parle dans sa *Sociologie des religions* de « *Einheitskultur* (culture homogène) », Ernst Troeltsch dans son travail sur *Der Historismus und seine Probleme* (*L'Historisme et ses problèmes*) aspire à une

« *Kultursynthese* (synthèse culturelle) ». Développer une théorie de la *Bildung*, c'est postuler une coïncidence du singulier et de l'universel dans une dynamique qui serait l'histoire envisagée d'un point de vue allemand. Le degré de généralité atteint par un terme qui peut dès lors être associé à la totalité des moments d'une tradition intellectuelle invite à la méfiance. La *Bildung* serait tendanciellement moins un idéologème pernicieux qu'un lieu vide du discours, une *coincidentia oppositorum* dont l'existence postulée permet aux discours sur la singularité du sujet et la cohérence du groupe de se tenir. C'est certainement dans cette fonction de pierre de touche ou de ciment interstitiel entre les blocs conceptuels que le terme de *Bildung* est le plus intraduisible.

Il y aurait en effet quelque absurdité à prétendre qu'un mot désignant l'acquisition de savoirs théoriques ou pratiques ne peut se traduire si le terme ne revêtait précisément une fonction identificatoire. Car l'idée d'une co-extension du langage et de l'entendement humain, d'une nécessaire médiation du langage dans l'appropriation symbolique du monde, n'est pas absente de la pensée linguistique du XVIIIe siècle français, que l'on pense à Condillac ou à sa postérité chez les Idéologues, fréquentés par Humboldt lors de son séjour parisien et de son tournant vers la linguistique. Dans une certaine mesure, le terme de *Bildung* est donc investi d'une volonté arbitraire d'intraduisibilité. Définir le terme de *Bildung* comme l'indice d'un holisme propre à la culture allemande, c'est donc accepter sans critique une forme d'auto-perception intellectuelle et les parcours balisés qu'elle implique pour quiconque ne souhaite l'explorer que de l'intérieur. La question de savoir si la notion de *Bildung* peut ou non être traduite, ne peut résulter en dernier ressort que du choix arbitraire d'un positionnement intellectuel à l'intérieur ou à l'extérieur du discours qu'elle structure.

II. DE L'IMAGE DE DIEU AU DEVENIR HUMAIN

A. Jalons lexicaux

Le dictionnaire étymologique de Friedrich Kluge précise que le terme de *Bildung* (*bildunga* en ancien haut allemand), issu de *Bild*, « image », signifie d'abord la création, la fabrication, le fait de donner une forme. Le passage à l'idée de formation intellectuelle, puis d'éducation serait venu de la langue mystique où *înbilden* désigne l'acquisition d'une représentation imagée, instaurant une parenté de fait entre *Bildung* et *Einbildung* (imagination). La mystique du Moyen Âge tardif, comme le piétisme, considèrent que Dieu imprime son image (*sich einbildet*) dans l'homme. Dans son dictionnaire de 1793, Johann Christoph Adelung attribue au terme de *Bild* « image », trois sens principaux : celui de forme d'une chose, celui de représentation d'une chose, enfin celui de personne ou de chose considérée du point de vue de sa forme apparente (on peut désigner un homme par le terme de *Mannsbild*). Le verbe *bilden* signifierait quant à lui donner une forme à une chose, mais aussi reproduire la forme d'une chose (un sens qui subsiste à titre résiduel dans le concept de *bildende Künste* « arts plastiques », « arts de la reproduction », voir encadré 2 dans ART). La substantivation *Bildung* désignerait alors à la fois l'action de donner une forme et la forme même, notamment la forme du visage humain. Le dictionnaire de Theodor Heinsius (1818), reprenant ces deux sens, ajoute celui d'état dans lequel se trouve un homme cultivé, et aussi la capacité de l'âme à recomposer, dans un ensemble qui n'existait pas auparavant, les représentations singulières transmises par l'imagination (*Einbildungskraft*). Dans leur dictionnaire (1860) les frères Grimm observent que le terme *Bildung* est caractéristique de la langue allemande, et qu'on ne le rencontre pas, ou seulement par dérivé de l'allemand, dans les autres langues germaniques. Le terme aurait longtemps désigné une image, *imago*, puis plus largement une forme (*Gestalt*). C'est encore dans ce sens que Winckelmann lui-même connaît le terme de *Bildung* quand il écrit que, avec le temps, les progrès de la science ont enseigné aux artistes étrusques et grecs à se libérer des formes primitives figées et rigides. Et, parlant du Laocoon, Lessing explique que « sa position [*Bildung*] inspirait la pitié parce qu'elle montrait à la fois la beauté et la douleur » (Lessing, *Werke*, éd. G. Göpfert, Munich, Hanser, t. 6, 1974, p. 23). Les frères Grimm notent également le sens de *cultus animi*, *humanitas* qu'ils attribuent notamment à Goethe (voir MENSCHHEIT). Les nombreuses compositions dans lesquelles entre le mot de *Bildung* sont susceptibles d'en éclairer les sens. Ainsi l' « établissement de formation » (*Bildungsanstalt*) renvoie au sens le plus intellectuel du terme tandis que le concept de « pulsion formatrice » (*Bildungstrieb*, voir PULSION), emprunté à l'anthropologue et anatomiste Blumenbach, désigne une aptitude de la nature à faire émerger des formes.

Alors que les dictionnaires classiques de la langue allemande révèlent une richesse infinie des sens à donner au terme de *Bildung*, ils sont beaucoup plus circonspects à propos de *Kultur* et *Zivilisation*. Adelung définit la culture (*Cultur*), dont il reconnaît les racines à la fois dans la langue française et dans le vocabulaire agricole, comme une purification des forces morales et physiques d'un homme ou d'un peuple, si bien que *Cultur* peut signifier aussi bien libération des préjugés (Lumières, *Aufklärung*, voir LUMIÈRE) que raffinement des mœurs. Le terme de *Zivilisation* lui est inconnu, mais il définit en revanche *civil* comme *bürgerlich*, propre au citoyen, et note que *civilisieren*, emprunté au français *civiliser*, signifie « donner de bonnes mœurs ». Heinsius reprend ces définitions et relève le terme de *civilisation* dans le sens d'adoucissement des mœurs, venu lui-même du latin *civilitas*, *civilis*. Le terme de *civilisation*, dans sa plus ancienne strate, renvoie à l'organisation politique de la cité. On retiendra notamment de ce survol que les grandes enquêtes lexicographiques chronologiquement proches de l'idéalisme allemand ne donnent pas au terme de *Kultur* ou de *Zivilisation* de sens historique ou ethnologique, mais désignent simplement par là un processus de purification des mœurs dans la perspective des Lumières. C'est ainsi que dans le lexique hégélien ces deux termes apparaissent, et encore rarement, avec une valeur processuelle.

B. « Aufklärung » et culture

Moses Mendelssohn se plaint dans son écrit *Über die Frage : Was heisst aufklären ?* (1784 ; *Qu'est-ce que les Lumières ?*, trad. fr. et éd. J. Mondot, Saint-Étienne, Publications de l'université de Saint-Étienne, 1991) que les mots *Aufklärung, Kultur, Bildung* soient de nouveaux venus dans la langue allemande. Ils n'appartiennent qu'à la langue des livres et le commun ne les comprend pas. Ce regret de Mendelssohn permet de constater une équivalence ou une extrême proximité sémantique entre trois termes qui, par ailleurs, ressortissent plutôt à la langue savante.

Dans la perspective de Kant, le terme déterminant n'est pas celui de *Bildung* mais celui de *Kultur*. Parti de l'état de brutalité, l'homme parvient grâce au développement de ses dispositions à la culture (*aus der Rohigkeit zur Kultur*), à l'organisation de son existence selon ses fins et au déploiement de ses propres forces. L'homme élabore la culture dans la société (*Idée d'une histoire universelle au point de vue cosmopolitique* [1784], chap. 4). De ce point de vue la culture est aussi un devoir vis-à-vis de soi-même et des autres. À la vérité le passage à la culture n'est pas le résultat d'une évolution continue, mais plutôt le fruit d'une tension, l'homme étant selon Kant à la fois social et opposé à la sociabilité, porté à s'enfermer dans des comportements individuels. La culture, plutôt un processus qu'un résultat, naît de l'effort pour discipliner les tendances au rejet de la sociabilité. Les dissensions ne sont pourtant pas contraires par principe à la culture et peuvent même lui servir de moteur. La culture fait violence à la nature, mais en développe simultanément des virtualités, des germes. Kant joue avec l'origine agricole du terme de culture. Il s'agit bien pour l'homme de cultiver ses forces naturelles, « *der Anbau — cultura — seiner Naturkräfte* » (*Métaphysique des mœurs* [*Metaphysik der Sitten*]), et ces forces naturelles ne se limitent pas aux forces intellectuelles et spirituelles, mais elles comprennent également les forces physiques.

Le devenir de la culture trouve son terme dans une constitution définie selon les concepts du droit de l'homme, dans un raffinement global des mœurs et des qualités intellectuelles non pas de l'individu, mais de la cité. La culture a donc vocation à trouver son achèvement dans la politique. Les termes de *kultivieren, zivilisieren, moralisieren* sont employés par Kant de manière quasiment synonyme dans son *Anthropologie du point de vue pragmatique* (*Anthropologie in pragmatischer Hinsicht*, 1798). La culture englobe l'enseignement proprement dit et l'éducation, elle aboutit à procurer une certaine aptitude. Le terme de *Zivilisierung* mettrait davantage l'accent sur la culture pour autant qu'elle dispose l'homme à l'insertion dans le tout social (*Pädagogik* [*Propos de pédagogie*], 1803, in *Gesammelte Schriften*, t. 9, Berlin-Leipzig, Gruyter, 1923, p. 450, Introduction). Selon des distinctions établies dans les écrits posthumes, la moralité représenterait un troisième stade dans le progrès de l'humanité vers la perfection, après la culture et la civilisation. La relative absence du terme de *Bildung* chez Kant est révélatrice d'une approche globalisante, collective, politique, sans aucune dimension ni mystique ni organiciste.

C. La « Bildung » et l'humanité

La notion de *Bildung* redevient centrale dans la langue de Herder qui met à nouveau l'accent sur le mouvement, le devenir par rapport à toute situation figée. Le terme de *Bildung* acquiert chez lui un statut qui lui permet d'englober à la fois la référence au devenir biologique et organique des formes, et à l'éducation intellectuelle, au raffinement des mœurs. La tension entre Kant et Herder se projette dans l'opposition sémantique qui pousse l'un à parler plus volontiers de *Kultur* et l'autre de *Bildung*. De plus, la *Bildung* s'applique moins à l'individu qu'à l'ensemble de l'humanité. Du coup elle tend à se confondre purement et simplement avec l'histoire, une histoire qui ne serait pas seulement celle des idées, mais aussi celle des comportements, des sentiments et des impressions sensibles, ce que suggère déjà le titre *Auch eine Philosophie der Geschichte zur Bildung der Menschheit* [*Encore une philosophie de l'histoire pour la formation de l'humanité*] (1774). La *Bildung* est d'abord déterminée par des conditions extérieures et par des tendances, des appétits reposant sur l'imitation d'un modèle.

> Qu'étaient ces tendances ? Que pouvaient-elles être ? Les plus naturelles, les plus fortes, les plus simples ! Pour tous les siècles le fondement éternel de la formation des hommes [*Menschenbildung*] : la sagesse plutôt que la science, la crainte de Dieu plutôt que la sagesse, l'amour entre les enfants et les époux au lieu de l'élégance et des débordements, l'ordre de la vie, la domination sur une maison conformément à l'ordre de Dieu, l'image primitive [*das Urbild*] de tout ordre et de toute organisation civile — dans tout cela la jouissance la plus simple et la plus profonde de l'humanité, comment cela a-t-il pu être, je ne veux pas dire conçu [*erbildet*], mais seulement développé [*angebildet*], perfectionné [*fortgebildet*] sinon par cette puissance éternelle du modèle [*Vorbild*] et d'une série de modèles [*Vorbilde*] autour de nous.
>
> J.G. Herder, in *Werke*, éd. W. Pross, t. 1, Darmstadt, WBG, 1984, p. 593.

Ce modèle éternel source de toute *Bildung* a une dimension théologique prononcée. Car si la *Bildung* est une forme d'éducation, elle ne se laisse nullement limiter à une éducation intellectuelle transmise par des livres ou des bibliothèques :

> La formation [*Bildung*] et le perfectionnement [*Fortbildung*] d'une nation ne sont rien d'autre que l'œuvre du destin : le résultat de mille causes qui concourent, pour ainsi dire de tout l'élément dans lequel elles vivent.
>
> *ibid.*, p. 643.

Le pur raisonnement et l'entendement ne peuvent être en aucun cas les seuls véhicules de cette formation de l'humanité que Herder appelle de ses vœux dans le contexte des Lumières. Le cœur, le sang, la chaleur, la vie sont autant d'éléments qui concourent à la formation de l'humanité et ne sauraient se réduire à un mécanisme rationnel. La culture (*Kultur*) dans sa double signification de processus d'acquisition et d'état terminal reste quant à elle, chez Herder, le trait distinctif d'un peuple et invite même à esquisser des hiérarchies entre les peuples.

Appliqué à l'humanité et à la nation, le terme de *Bildung* s'applique également chez Herder au langage, véhicule de la culture. Si Herder parle volontiers de formation de la langue (*Bildung einer Sprache*), c'est naturellement au sens trivial du terme. Il faut pour qu'une langue prenne forme qu'elle traverse un certain nombre de phases que les historiens de la langue peuvent reconstruire et parcourir. Mais *Bildung* signifie ici également que la langue s'enrichit, qu'elle accomplit un processus de perfectionnement, s'ennoblit :

> Notre langue est dans une phase de formation [*Bildung*] – et le terme de formation [*Bildung*] de la langue est presque un mot d'ordre que chacun a aujourd'hui sur les lèvres : écrivains, critiques d'art, traducteurs, savants. Chacun veut la former [*bilden*] à sa manière : et l'un s'oppose souvent à l'autre. Que faire s'il est permis à chacun de la former [*bilden*] : qu'on m'autorise alors à demander ce que signifie former [*bilden*] ? Qu'est-ce qu'une langue sans formation [*ungebildete Sprache*] ? Et quelles révolutions d'autres langues ont-elles subies avant d'apparaître formées [*ausgebildet*] ?
>
> *ibid.*, p. 143.

Cette interrogation est suivie d'une suite de considérations historiques sur la meilleure manière d'enrichir la langue parmi lesquelles la traduction, notamment la traduction d'auteurs antiques, éloignés par leur mode d'expression de l'allemand, a un rôle central.

III. FORMATION OU AUTOPOIÉSIS

A. L'autopoiésis

La dimension essentielle qu'acquiert le terme de *Bildung* autour de 1800 est celle de la réflexivité. Le devenir qu'implique la *Bildung* n'est plus seulement l'acquisition de compétences en vue d'une amélioration, mais il correspond à un processus d'auto-création de l'individu qui devient ce qu'il était au départ, se réconcilie avec son essence. Cet emploi se retrouve notamment chez Hegel, qui consacre de longs développements à la *Bildung* dans la quatrième partie de la *Phénoménologie de l'esprit* [*Phänomenologie des Geistes*], celle qui est intitulée « L'esprit » :

> Ce par quoi, donc, l'individu a ici valeur et effectivité, c'est la culture [*Bildung*]. Sa vraie nature et substance originelle est l'esprit de l'étrangement [*Entfremdung*] de l'être naturel [...] cette individualité fait d'elle-même, dans un processus de formation [*bildet sich*], ce qu'elle est en soi et c'est seulement par elle qu'elle finit par être en soi, et a une existence effective ; son effectivité et son pouvoir sont à la mesure de la culture [*Bildung*] qu'elle a.
>
> *Phénoménologie de l'esprit*, trad. Lefebvre, p. 333.

On mesure la difficulté à exprimer autrement que par convention l'intégralité du champ sémantique recouvert par le terme de *Bildung* dans son acception hégélienne. En effet l'autopoiésis individuelle est en même temps le passage de la substance à une effectivité qui la rend étrangère à la conscience.

> C'est pourquoi le mouvement de l'individualité qui se cultive [*der sich bildenden Individualität*] est immédiatement le devenir de celle-ci en tant qu'elle est l'essence objectale universelle, c'est-à-dire que ce mouvement est le devenir du monde effectif. Et ce monde, bien que devenu par l'intermédiaire de l'individualité, est pour la conscience de soi quelque chose d'immédiatement étranger [...]
>
> *ibid.*, p. 334.

En d'autres termes la *Bildung* est à la fois un processus de production et d'aliénation de l'individualité. Pour accéder à la *Bildung*, l'individualité se défait de son Soi. Il se produit un déchirement, le langage du déchirement est le langage parfait du monde de la culture (*ibid.*, p. 351). Le renversement et l'aliénation réciproque de l'effectivité (*Wirklichkeit*) et de la pensée définissent la « pure culture (*reine Bildung*) ». « L'esprit de l'étrangement de soi-même (*Entfremdung seiner selbst*) a, dans le monde de la culture, son existence » (*ibid.*, p. 356). Dans le jeu de la formation de l'individualité dans un processus autopoiétique et de l'aliénation, de l'étrangement de cette même individualité, la pensée gagne un contenu et la *Bildung* cesse d'être une pure virtualité.

La notion de *Bildung* est un concept important des écrits politiques de Fichte, notamment des *Discours à la nation allemande* où l'éducation qui modifie non pas seulement le patrimoine de l'individu mais sa nature même joue au niveau du peuple le rôle d'un ciment unificateur. La *Bildung* n'est plus alors une formation spécifique, elle est « *allgemeine Bildung* (culture générale) ».

Schelling partage avec Hegel une conception globalisante de la *Bildung* et il explique dans les *Cours sur la méthode des études académiques* (*Vorlesungen über die Methode des akademischen Studiums*) que « pour atteindre la forme absolue, l'esprit doit s'essayer dans tous les domaines, c'est la loi universelle de toute formation (*Bildung*) libre » (in *Schellings Werke*, éd. O. Weiss, Leipzig, Eckhardt, 1907, t. 2, p. 592). Toutefois le terme a chez lui un sens beaucoup plus lourd dans un texte extrait du traité sur l'essence de la liberté humaine (*Recherches sur la liberté humaine* [*Über das Wesen der menschlichen Freiheit*], trad. fr. M. Richir, Payot, 1977) éclairant le passage du *Grund* ou de l'obscurité initiale à la division. Ce passage ne peut s'opérer selon lui que par une « véritable in-formation (*Ein-Bildung*), les choses en devenir étant informées (*hineingebildet*) dans la nature ou plus précisément encore par un éveil, l'entendement mettant en évidence l'unité ou *Idea* dissimulée dans la séparation du *Grund* » (in *Schellings Werke*, 1907, t. 3, p. 457-458). À peu près à l'époque de la rédaction de la *Phénoménologie de l'esprit*, la *Bildung* continue à véhiculer un sens mystique, hérité de la représentation d'une forme insufflée à la matière. Mais ce processus est désormais situé strictement dans le cadre d'une subjectivité qui s'auto-constitue.

B. L'indéfini

La *Bildung*, dans nombre des contextes où elle se trouve employée, comprend un moment d'indétermination qui la rend impropre à désigner seulement un processus de formation, qu'il s'agisse d'une formation intellectuelle ou morale. La forme la plus élevée dans la hiérarchie des formes, celle qui représenterait le mieux la *Bildung*, cette mise en forme aux racines théologiques, serait précisément, dans un renversement toujours latent, l'absence de forme. On rencontre notamment ce sens du terme de *Bildung* dans l'œuvre de Friedrich Schlegel et tout particulièrement dans le roman de 1799, *Lucinde*. Emporté par un amour sans objet dans le chaos de sa vie intérieure, le héros, Julius, se sentant une vocation artistique, découvre quel bas degré il a jusqu'à présent atteint dans la *Bildung* (« [...] *dass er noch so weit zurück sei in der Bildung* », *Friedrich Schlegel Ausgabe*, éd. E. Behler, t. 5, Munich, Schöningh, 1962, p. 49). Mais la décision de se former (*bildete sich*) le conduit à oublier son siècle et à prendre ses modèles parmi les héros du passé ou en se projetant dans le futur, bref, en s'émancipant des déterminations temporelles. La *Bildung* est presque aussi indéterminée que l'état dont elle permet de sortir. Schlegel développe même une théorie de la *Bildung* dont le plus haut degré serait la passivité, l'abandon des formes, l'acceptation de l'oisiveté. Les femmes atteindraient spontanément cet état d'ouverture à l'indéfini. Les hommes en revanche devraient s'efforcer d'y parvenir. « C'est pourquoi il n'y a pas dans l'amour féminin de degré et d'étapes de la *Bildung* » (*ibid.*, p. 22). La dimension indéfinie de la *Bildung*, son ouverture sur un infini vague et son renversement en victoire sur la tyrannie des formes n'est pas propre au romantisme. Paul Natorp, dans un ouvrage fortement nationaliste intitulé *Die Seele des Deutschen* (*L'Âme allemande*), insiste en 1918 sur le fait que Goethe, au-delà de ses qualités philosophiques, esthétiques ou littéraires, agit comme « *Lebensbildner* (formateur de vie) ». Après lui, « le terme de *Bildung* n'aurait jamais dû être compris dans un sens superficiel ; car il signifiait pour lui, et pour quiconque reste fidèle à son esprit, rien de moins que l'organisation de la vie entière en un chef-d'œuvre vivant » (Paul Natorp, *Die Seele des Deutschen*, Iéna, Diedrichs, 1918, p. 145). La *Bildung* serait l'acte de donner vie en dépassant par là les formes. Natorp se réclame du modèle du Prométhée goethéen : « Je suis ici et donne forme aux hommes selon mon image, à une race qui me ressemble ». Prise ainsi, la *Bildung* devient une sorte de devoir organique d'exprimer une idée allemande qui ne saurait se limiter à l'individu mais englobe la collectivité.

C. La « Bildung » et la philologie

En dépit de ses nombreuses extensions, la *Bildung* correspond à une formation précise. Celle-ci est plus particulièrement l'étude des sciences de l'Antiquité et notamment la philologie grecque. Il y a à cela une raison très claire. Les Grecs disposaient d'un système culturel totalisant, la *paideia* [παίδεια] dont la valeur paradigmatique a permis à son tour la construction de systèmes culturels nationaux en Europe : « La création originale grecque de la culture (*Kultur*) comme système de *paideia* et des pures formes qui lui servent d'organe a fait aux peuples du monde l'effet d'une illumination » (Werner Jaeger, *Humanistische Reden und Vorträge*, Berlin, Gruyter, 1960, p. 47).

♦ Voir encadré 1.

Transposer le paradigme grec à la réalité allemande exige une familiarité particulière avec la langue grecque et les textes qui la transmettent. La *Bildung* devient au premier chef une activité philologique. Avant même que Friedrich August Wolf, dans les *Prolegomena ad Homerum* (Prolégomènes à Homère) de 1795, ne mette en évidence que la compréhension de l'*Iliade* et de l'*Odyssée* passait par la compréhension de leur transmission au cours de l'histoire intellectuelle de la Grèce, Wilhelm von Humboldt lui confie qu'il existe à son avis, à côté des formes particulières d'apprentissage intellectuel, une forme d'apprentissage spécifique qui fédère les divers modes d'expression de l'homme et lui rend son unité.

> Cette formation (*Ausbildung*) perd de plus en plus de son importance et atteignait son degré le plus élevé chez les Grecs. Elle ne peut, me semble-t-il, être mieux favorisée que par l'étude d'hommes grands et remarquables de ce point de vue, ou pour le dire en un mot, par l'étude des Grecs.
>
> Lettre de Humboldt à Wolf du 1er déc. 1792 ; cf. W. von Humboldt, *Briefe an Fr. A. Wolf 1792-1823*, Berlin, Gruyter, 1990.

Wolf dans sa *Darstellung der Altertumswissenschaft* [Présentation des sciences de l'Antiquité] (1807) voit quant à lui une différence radicale entre les peuples antiques de l'orient et les Grecs ou les Romains :

> Une des plus importantes différences est [...] que les premiers ne se sont guère élevés, ou seulement de quelques degrés, au-dessus de cette sorte de culture (*Bildung*) que l'on désigne comme politesse (*Policirung*) ou civilisation (*Civilisation*), par opposition à la culture intellectuelle (*Geisteskultur*) supérieure proprement dite.
>
> *ibid.*, p. 11.

L'amorce d'une dichotomie entre *Kultur* et *Zivilisation* est déjà présente. Par un paradoxe évident c'est souvent le terme de *Kultur* qui désigne chez Wolf la formation de l'esprit alors que celui de *Bildung* désigne l'état social atteint. Les partages conceptuels ne recouvrent pas exactement les partages sémantiques.

Pour créer une culture allemande nouvelle, rassembler ce qui est dispersé, restaurer une unité comparable à celle du modèle de la *paideia*, il faut que les Allemands se mettent à l'étude du grec. La *Bildung* devient une forme de succédané de l'État centralisé en même temps qu'un perfectionnement humaniste de l'individu. Cette fonction à la fois éducative et politique de la *Bildung* est à la vérité d'une nature bien différente selon que le paradigme grec est invoqué pour construire une culture allemande autour de 1800 ou bien est invoqué pour magnifier l'Empire allemand et le conformisme de ses sujets à l'époque wilhelminienne.

C'est avant tout Humboldt que l'on peut considérer comme le théoricien de la *Bildung* en tant que transfert à l'Allemagne du paradigme grec. On remarquera au demeurant chez Humboldt un emploi concurrentiel des termes *Bildung*, *Ausbildung* et *Kultur* qui remet en question l'opposition souvent alléguée entre *Bildung*, formation intellectuelle, et *Ausbildung*, formation pratique. On peut établir, écrit Humboldt dans *Über das Studium des Altertums* [Traité sur l'étude de l'Antiquité], que l'attention portée à la culture (*Bildung*) physique et intellectuelle était très grande en Grèce et principalement guidée par des idées de beauté, et qu'« une forte tendance des Grecs à former [*auszubilden*] l'homme à la fois dans sa plus grande diversité et dans sa plus grande unité possible est indéniable » (Humboldt, *Über das Studium des Altertums*, in *Werke*, Darmstadt, WBG, 1986, t. 2, p. 14). Le parallèle entre le morcellement de la Grèce et le morcellement de l'Allemagne étant évident sous la plume de Humboldt, la *Bildung* apparaît comme une forme de tension constructive entre l'identité et la pluralité (p. 17). La *Bildung* des philologues hellénistes en Allemagne, de Wolf à Wilamowitz en passant par Philipp August Boeckh, Gottfried Hermann, Otfried Müller, Hermann Usener et d'autres, est aussi un mode de participation de l'individu au collectif.

D. L'individu et le collectif

Le terme de *Bildungsroman*, traduit en général par roman de formation, a été introduit dans la terminologie critique par Wilhelm Dilthey qui s'en sert dans sa *Leben Schleiermachers* [Vie de Schleiermacher] (1870) pour caractériser la production romanesque de l'époque clas-

1

« Paideia », « cultura », « Bildung » : nature et culture

► *IMAGE*, LOGOS, *MONDE*, RELIGIO, VIRTÙ

Un fragment de Démocrite, cité, *via* Aristote, par Stobée, résume l'importance de la *paideia* et son aura : « La *paideia* est le monde (*kosmos* [κόσμος] ; Diels-Kranz propose *Schmuck*, relayé par J.-P. Dumont, « l'ornement », p. 892) de ceux pour qui cela va bien (*tois eutukhousin* [τοῖς ἐυτυχοῦσιν]), et le refuge de ceux pour qui cela va mal (*atukhousin de kataphugion* [ἀτυχοῦσιν δὲ καταφύγιον]) » (68 B 180 DK). Le mot *paideia*, qui désigne à la fois « la jeunesse » comme âge et « la formation de la jeunesse, l'éducation, la culture », dérive de *pais* [παῖς], « enfant » ; non pas l'enfant en tant qu'une mère l'engendre, *teknon* [τέκνον] (sur *tiktô* [τίκτω], « engendrer »), et qu'on élève (*trephô* [τρέφω], « nourrir, faire grandir ») comme n'importe quel animal; mais le petit d'homme dont il s'agit de modeler à la fois le corps et l'âme, d'où le syntagme courant, chez Platon notamment, *paideia kai trophê* [παίδεια καὶ τροφή] (*Phédon*, 107d, par ex., traduit « formation morale et régime de vie » par L. Robin [Les Belles Lettres, « CUF », 1926], « culture et goûts » par M. Dixsaut [Flammarion, « GF », 1991]). *Paideia* s'entend dans sa proximité à *paidia* [παιδιά], « jeu » : ainsi les *Lois* appellent de leurs vœux une législation portant « sur la *paideia* et la *paidia* relatives aux Muses » (II, 656c) ; elle s'oppose à l'*apaideusia* [ἀπαιδευσία], l'ignorance des mal élevés, comme en témoigne par exemple le mythe de la caverne, qui s'ouvre ainsi : « Représente-toi notre nature sous le rapport de la *paideia* et de l'*apaideusia* au moyen de l'épreuve suivante... » (*République*, VII, 514a 1-2). « J'appelle *paideia* le fait de mettre pour la première fois à disposition des enfants une excellence (*tên paragignomenên prôton paisin aretên* [τὴν παραγιγνομένην πρῶτον παισὶν ἀρετήν]) » (*Lois*, II, 653b 1-2) : de la dialectique socratique aux rigueurs des lois, tout Platon est ainsi protreptique et pédagogique, orienté à l'aune de la vertu qu'enseignerait le philosophe-roi relayé par les institutions.

Tout Platon, mais aussi bien tout Aristote, pour qui la *paideia* est le moyen d'accomplir la définition de l'homme comme animal doué de *logos* [λόγος]. Nul homme ne devient tel sans *paideia*, ni l'enfant bien sûr, ni la femme, ni même l'esclave : chacun à sa manière n'est pas seulement un vivant, comme un bœuf, mais un vivant doué d'assez de *logos* pour en acquérir davantage (« Ils parlent mal, ceux qui privent les esclaves de *logos* et sont d'avis de n'utiliser que l'injonction ; car il faut admonester les esclaves plus encore que les enfants », *Politique*, 1260b 5-7, cf. B. Cassin, *Aristote*, p. 68). Nul ne possède le *logos* dès le départ, totalement et une fois pour toutes, car le *logos* constitue pour nous la finalité de la nature (*Politique*, VII, 13, 1334b 15) : conduire au *logos* par le *logos*, c'est cela même la *paideia* (B. Cassin, *Aristote*, p. 34-37). Autrement dit, la nature de l'homme, c'est sa culture. L'amplitude de la *paideia* va ainsi du politique — c'est le *logos* qui fait de l'homme un animal « plus politique » que les autres (*Politique*, I, 1253a 7-10) — à l'ontologie — c'est de l'*apaideusia* que de demander une démonstration pour tout (*Métaphysique*, IV, 4, 1006a 6, cf. 3, 1005b 3-4), et, dans le cas du principe de non-contradiction, on est alors « semblable à une plante [*homoios phutôi* (ὅμοιος φυτῷ)] » (1006a 14-15).

Il s'agit, comme le souligne Hannah Arendt, du « mode de relation de l'homme avec les choses du monde » (*La Crise de la culture*, p. 273). Aussi évoque-t-elle, pour caractériser la culture grecque, dans son rapport avec l'art que l'on confond souvent avec elle, la phrase que Thucydide attribue à Périclès dans l'Oraison funèbre : « Nous aimons la beauté à l'intérieur des limites du jugement politique, et nous philosophons sans le vice barbare de la mollesse [φιλοκαλοῦμέν τε γὰρ μετ' εὐτελείας καὶ φιλοσοφοῦμεν ἄνευ μαλακίας] » (Thucydide, II, 40 ; H. Arendt, *op. cit.*, p. 272-288, cf. B. Cassin, *L'Effet sophistique*, p. 263-269). Contre le sur-raffinement des Barbares, la mesure politique et pratique de la *paideia* définit le rapport des Grecs à la beauté et à la sagesse. Par rapport aux Barbares, puis aux Romains, on comprend que le *logos* par excellence qu'est la langue grecque puisse devenir le dépositaire de la *paideia* (voir GREC, encadré 1) et que, dans les écoles hellénistiques, la culture se présente sous forme de *mimêsis rhêtorikê* [μίμησις ῥητορική], « culture littéraire » au sens d'appropriation des grands auteurs, imitation créatrice, mais de la culture et non plus de la nature (B. Cassin, *ibid.*, p. 470-473).

On comprend aussi pourquoi c'est le modèle de la *paideia* grecque et non celui de la *cultura* romaine qui fonctionne au sein de la *Bildung* allemande.

Cultura vient de *colere*, « habiter, cultiver, pratiquer, entretenir » (Gaffiot), forgé sur le radical *k^wel-, comme *pelomai* [πέλομαι], « circuler autour », qu'on retrouve dans « cercle », et le verbe désigne aussi bien le rapport des hommes à l'égard des dieux — ils les cultivent, leur rendent un culte — que celui des dieux à l'égard des hommes — ils habitent avec eux, les protègent et les chérissent

sique. Roman désignant la prise de conscience d'un jeune homme qui en même temps trouve son lieu d'insertion dans le monde social, le *Bildungsroman*, souvent appelé aussi *Entwicklunsroman*, roman d'évolution, ou *Erziehungsroman*, roman d'éducation, combine des racines rousseauistes (la réception allemande de l'*Émile ou De l'éducation*, 1762) et piétistes (*Anton Reiser* de Karl-Philipp Moritz, 1785). Cette double racine correspond à l'ambiguïté structurelle de la notion de *Bildung*, à la fois formation de l'individu social et formation intérieure, indépendamment de tout contexte. Un sous-ensemble du genre du *Bildungsroman* est le *Künstlerroman* (roman d'artiste) où le héros réussit sa double exploration d'un espace intérieur et de la vie sociale, grâce à la découverte du monde de l'art.

Le principal exemple de *Bildungsroman* est fourni par le roman de Goethe *Wilhelm Meister*, plus particulièrement par *Les Années d'apprentissage de Wilhelm Meister* [1795-1796]. Pour Goethe et son héros, la notion de *Bildung* implique la mise en forme de l'existence singulière par l'acceptation d'influences extérieures, les relations au milieu familial, l'art et plus particulièrement le théâtre, des courants religieux piétistes, certains cercles sociaux et notamment la noblesse. Le héros explique lui-même ce qu'il entend par *Bildung* : « Que je te le dise d'un mot : me former tout entier tel que j'existe, c'était obscurément depuis la jeunesse mon souhait et mon intention » (Goethe, in *Werke*, éd. E. Trunz, Munich, Beck, 1973, t. 7, p. 290). Les bourgeois auraient en Allemagne la possibilité d'acquérir une formation pratique, de déve-

1

(A. Ernout et A. Meillet). La *cultura* est au sens propre et premier *agricultura*, « culture de la terre » : l'esprit est comme un champ qui ne peut produire sans être convenablement cultivé et « la philosophie est la culture de l'âme [*cultura autem animi philosophia est*] » (Cicéron, *Tusculanes*, II, 13). Arendt le note avec force : « Ce fut au milieu d'un peuple essentiellement agricole que le concept de culture fit son apparition, et les connotations artistiques qui peuvent avoir été attachées à cette culture concernaient la relation incomparablement étroite du peuple latin à la nature, la création du célèbre paysage italien » (H. Arendt, *op. cit.*, p. 272). C'est précisément là que passe l'une des différences fondamentales entre les Grecs, qui conçoivent le labour comme un acte prométhéen, presque un viol, et les Romains, qui aménagent la nature en lieu habitable : « La raison pour laquelle il n'y a pas d'équivalent grec au concept romain de culture réside dans la prédominance des arts de fabrication dans la civilisation grecque. Tandis que les Romains tendaient à considérer même l'art comme une espèce d'agriculture, de culture de la nature, les Grecs tendaient à considérer même l'agriculture comme un élément de la fabrication, comme appartenant aux artifices techniques ingénieux et adroits par lesquels l'homme, plus effrayant que tout ce qui est, domestique et domine la nature » (*ibid.*).

Or la *Bildung* se situe du côté de la *tekhnê* [τεχνή], de l'art, de l'artifice et de la fabrication, et non du côté de la *natura*. Werner Jaeger ne cesse d'insister sur son rapport à l'activité plastique, le *plassein* [πλάσσειν] par lequel le sculpteur modèle sa créature : « Le terme de culture (*Bildung*) devrait être réservé à ce seul genre d'éducation (*Art der Erziehung*), celui pour lequel Platon se sert de la métaphore matérielle du caractère que l'on *façonne* (*als bildlicher Ausdruk für das erzieherische Tun*). Le mot allemand *Bildung* indique fort bien la nature de l'éducation en Grèce dans le sens platonicien : il suggère tout autant la composition plastique de l'artiste (*das künstlerisch Formende, Plastische*) que le modèle directeur toujours présent à l'esprit (*dem Bildner innerlich vorschwebende normative Bild*), l'*idea* ou le *typos* » (*Paideia*, Introduction, trad. fr. p. 20, all. p. 12-13 ; voir encadré dans ART et PLASTICITÉ). Et ce qui est ainsi modelé par le législateur, c'est « l'homme vivant » (*ibid.*, p. 25) : « D'autres nations ont créé des dieux, des rois, des esprits ; les Grecs seuls ont formé des hommes » (*ibid.*, p. 21 ; à rapprocher de cette phrase qu'on ne tentera pas de traduire : « *Ausbildung, Durchbildung, Vorbildung, Fortbildung, nicht Bildung* », *Humanistische Reden und Vorträge*, t. 1, p. 105, cité p. VI, n. 3 de la Présentation de la trad. fr. de *Paideia*).

C'est ainsi *via* l'humanisme et non *via* la culture que la *Bildung*, qui regarde l'homme comme une œuvre d'art, hérite du geste même de la *paideia*.

Barbara CASSIN

BIBLIOGRAPHIE

ARENDT Hannah, « La crise de la culture, sa portée sociale et politique » [1963], trad. fr. B. Cassin, in P. LÉVY (dir.), *La Crise de la culture, huit exercices de pensée politique* [*Between Past and Future*], Gallimard, 1972, p. 253-288.

CASSIN Barbara, *L'Effet sophistique*, Gallimard, 1995.

— *Aristote et le logos. Contes de la phénoménologie ordinaire*, PUF, 1997, chap. 2 et 3.

DUMONT Jean-Paul (éd.), *Les Présocratiques*, Gallimard, « La Pléiade », 1988.

JAEGER Werner, *Paideia. Die Formung des Griechischen Menschen*, t. 1, Berlin et Leipzig, Walter De Gruyter & Co., 1934 ; *Paideia, la formation de l'homme grec*, trad. fr. A. et S. Devyever revue par l'auteur, Gallimard, « Tel », 1964.

— *Humanistische Reden und Vorträge*, Berlin, De Gruyter, 1960.

OUTILS

DK : DIELS Hermann et KRANZ Walther, *Die Fragmente der Vorsokratiker*, 3 vol., Berlin, Weidmann, 5e éd., 1934-1937.

ERNOUT Alfred et MEILLET Antoine, *Dictionnaire étymologique de la langue latine. Histoire des mots* [1932], 4e éd. augm. J. André, Klincksieck, 1994.

GAFFIOT Félix, *Dictionnaire latin-français*, nouv. éd. rev. et augm. P. Flobert (dir.), Hachette, 2000.

lopper certaines de leurs capacités en vue d'une utilité sociale. Ils auraient même la possibilité d'acquérir une formation intellectuelle générale. Pourtant cette formation serait inférieure à celle que Goethe juge jusque-là réservée à la noblesse, et qui est une formation de la personne prise dans sa globalité, sans aucune amputation. Le rayonnement d'une personnalité complète et non amputée pourra être obtenu grâce à une nouvelle forme d'aristocratie, dont l'acquisition passe notamment par l'éducation artistique. On peut facilement montrer que les diverses phases d'acquisition de la *Bildung* dans le roman *Wilhelm Meister* correspondent à des phases traversées dans la culture allemande au cours du XVIIIe siècle, ce qui fait du développement singulier de la personnalité de Wilhelm l'allégorie de l'éducation du peuple allemand lui-même. Une autre caractéristique notable de la *Bildung* goethéenne tient à la place accordée à l'action. Alors que la formation complète de la personnalité, analogue à la formation du peuple dans son ensemble, dépasse l'acquisition de capacités morcelées, elle doit, lorsqu'elle est acquise, renouer avec l'activité pratique. *Les Années de voyage de Wilhelm Meister* feront l'apologie de ce retour à la pratique, comme si la notion de *Bildung*, dans le simple cadre de l'œuvre de Goethe, était déjà évolutive, enveloppait en elle-même la nécessité d'une reformulation théorique. « Le monde nous impose de toute façon maintenant une formation générale ; nous n'avons donc pas à nous en préoccuper davantage, c'est le particulier que nous devons nous approprier » (*ibid.*, t. 8, p. 484). Notons que Goethe emploie dans son poème *Hermann und Dorothea* le terme de *Bildung* dans un sens archaïque de constitution physique harmonieuse dans les mêmes années où il développe dans le *Wilhelm Meister* la théorie de la *Bildung* comme formation intellectuelle.

IV. RÉSISTER À L'ORGANICISME

A. « Bildungsbürgertum »

L'époque de l'occupation française en Allemagne durant les guerres révolutionnaires et surtout les guerres napoléoniennes a été une sorte de période d'incubation, durant laquelle le concept de *Bildung* a acquis sa place centrale dans l'auto-perception philosophique de l'Allemagne. Cette période française de l'histoire allemande se caractérise par une réduction radicale du morcellement de l'espace, et l'émergence de l'idée d'un État allemand, héritier des Lumières, c'est-à-dire d'un État pédagogue. Alors que la formation intellectuelle relevait dans l'ancienne Allemagne des devoirs de certains groupes sociaux, était quasiment l'apanage de corporations, elle devient depuis 1800, plus précisément depuis la fondation par Humboldt de l'Université de Berlin (1810), le signe distinctif des serviteurs de l'État, d'un État qui, à ses débuts, est virtuel ou partiel, mais englobe, à partir de 1871, la plus grande partie du monde germanique. La *Bildung*, référence nettement moins importante en Suisse alémanique ou en Autriche qu'en Allemagne proprement dite, est la condition d'appartenance à l'universalité de l'État, au même titre que la propriété. La propriété foncière ou les charges militaires qui ne sont pas accompagnées d'un capital culturel, qui ne se légitiment pas par la *Bildung* deviennent même suspectes. Formant un nouveau type de citoyen ou de sujet, le *Bildungsbürger*, un terme dont l'équivalent français de « bourgeoisie des talents » ne rend guère les multiples dimensions, tend à vider la *Bildung* de sa dimension subjective, individuelle, réflexive et à en faire une forme de propriété, un capital symbolique. Dans la seconde moitié du siècle s'impose aussi l'idée d'une formation technique, professionnalisée, socialement pertinente, qui aboutit à une opposition jusque-là peu perceptible entre la formation générale, la culture, *Bildung*, et la formation spécialisée, voire technique spécialisée, *Ausbildung*, *Fachausbildung*. L'État allemand, tirant sa légitimité de ses fonctions pédagogiques, un nouveau type de légitimité qui a inspiré à l'évidence la Troisième République traumatisée par Sedan, cherche à faire participer des cercles de plus en plus vastes au système intégratif de la *Bildung*. Les mouvements sociodémocrates s'inscrivent parfaitement dans cette dynamique qui débouche sur la notion de *Volksbildung* (éducation populaire) et sur la multiplication des *Volksbildungsvereine* (cercles d'éducation populaire).

En s'institutionnalisant, en se transformant en ciment social, la *Bildung* perd de sa dimension individualiste pour épouser des stratégies sociales. Elle n'assure plus l'unité d'une culture. Nietzsche dans la deuxième des *Unzeitgemässe Betrachtungen* [*Considérations intempestives*] déplore que l'historicisme ait substitué à la *Bildung* la *Gebildetheit* (Nietzsche, in *Werke*, éd. K. Schlechta, Munich, Hanser, 1966, t. 1, p. 234), la culture érudite, apanage du philistin (*Bildungsphilister*, terme qui apparaît vers 1860). L'homme allemand, en proie à la science historique, a perdu de sa dimension humaine pour devenir « configuration historique de *Bildung*, pure et simple *Bildung*, image [*Bild*], forme sans contenu attesté, malheureusement une mauvaise forme, qui plus est uniforme » (*ibid.*, p. 241). En fait, il n'y a plus, selon Nietzsche, de véritable *Bildung* mais seulement une connaissance historique de ses composantes. On en reste à l'idée de *Bildung* (*Bildungsgedanken*), au sentiment de *Bildung* (*Bildungsgefühl*) pour éviter la décision de *Bildung* (*Bildungsentschluss*). Loin de reconnaître la culture dans l'Allemagne contemporaine, Nietzsche, qui comme Humboldt fait des Grecs le critère en la matière, est persuadé qu'ils traiteraient les Allemands d'encyclopédies ambulantes (*ibid.*, p. 233). Pour désigner la *Bildung* authentique, celle qui a disparu, et en particulier la Grèce, Nietzsche emploie volontiers le terme de *Kultur*, en insistant sur une unité vivante, sur l' « unité du style artistique dans toutes les manifestations de la vie du peuple » (*ibid.*, p. 233).

B. La culture et l'organicisme

À partir du milieu du XIXe siècle, le terme de culture cesse de désigner un devenir pour exprimer un être, un état des communautés nationales. Par *Kultur*, Jakob Burckhardt entend « la somme des évolutions de l'esprit qui s'opèrent spontanément et sans aspiration à l'universalité ou au monopole » (*Die Kultur der Renaissance in Italien*, Stuttgart, Kröner, 1976, p. 86). La processualité n'est pas complètement absente, mais c'est un processus qui a lieu dans l'unité d'un organisme. Par rapport aux tendances simplement totalisantes du holisme, l'organicisme implique une fonctionnalité quasi biologique. La culture, c'est donc « le processus des millions de personnes par lesquelles l'action naïve déterminée par la race se mue en une aptitude réfléchie » (*ibid.*, p. 86). Les cultures ont une naissance, une floraison et une mort, et cette vie organique des cultures obéit à des « lois supérieures et inaccessibles de la vie » (*ibid.*, p. 86). Pour Burckhardt, la culture représente l'instance critique de la société civile face à l'État et à la religion. Elle enveloppe certes les beaux-arts mais aussi l'élevage, l'agriculture, la navigation, le commerce, l'artisanat ; tous ces éléments entrent dans des combinaisons diverses dans la notion de culture. La diversité des combinaisons et des programmations internes de la culture permet de distinguer des grandes périodes historiques, de parler de cultures au pluriel. Le sens du terme chez Burckhardt se rapproche fortement du sens des ethnologues. Si Burckhardt considère qu'à l'origine de la culture, comme lien fédérateur, il y a « le miracle de la langue », il faut se souvenir que la langue est également ce que Franz Boas — qui a reçu sa formation en Allemagne avant de partir aux États-Unis — mettra au centre des investigations et méthodes ethnologiques.

Dans *Der Untergang des Abendlandes* [*Le Déclin de l'Occident*] (1923) d'Oswald Spengler, le concept de culture devient un concept opératoire pour l'historien. Pour comprendre la culture occidentale, écrit-il, « il faut d'abord savoir ce qu'est la culture, quelle relation elle entretient à l'histoire visible, à la vie, à l'âme, à la nature, à l'esprit, sous quelles formes elle se manifeste et dans quelle mesure ces formes — les peuples, les langues et les époques, les batailles et les idées, les États et les dieux, les arts et les œuvres d'art, les sciences, le droit, les formes économiques et les conceptions du monde, les grands hommes et les grands événements — sont des symboles et peuvent être interprétés comme tels » (Spengler, *Der Untergang des Abendlandes*, Munich, DTV, 1974, p. 4). La culture correspond à un réseau de formes symboliques, à leur concentration autour d'un peuple et même d'une race, terme qui, dans la terminologie de Spengler, n'est pas trop éloigné de celui de culture. Les peuples sont des entités spirituelles (*Seelische Einheiten*) reposant sur des symboles, mais Spengler établit une différence entre les peuples primitifs, comme les peuples de la mer à l'époque mycénienne, qui n'ont pas de cohérence forte, et les peuples de culture (*Kulturvölker*) qui correspondent à des déterminations beaucoup plus précises (*ibid.* p. 759). Après le moment de la culture, les peuples sombrent dans l'ère des fellahs, état de l'Égypte à l'époque romaine. Aux cultures primitives Spengler oppose par ailleurs les grandes cultures, dans une hiérarchie des valeurs qui s'applique également aux langues. Alors qu'il est seulement question de *Bildung* au singulier, les cultures sont plurielles et hiérarchisées.

Le symbolisme qui assure l'unité organique de la culture peut être d'ordre religieux. À l'intérieur d'une communauté culturelle (*Kulturgemeinschaft*) comme le judaïsme, la culture a une fonction de régulation morale (*sittliche Kultur*). Ciment d'un peuple, la culture, observe encore Hermann Cohen dans sa *Religion der Vernunft* [*Religion de la raison*], repose sur une loi religieuse non écrite, sur « cet éternel, ce non écrit qui précède, doit précéder toute écriture et pour ainsi dire toute culture, parce qu'il crée le fondement de toute culture » (Cohen, *Religion der Vernunft*, Wiesbaden, Fourier, 1988, p. 97). Dans la *Philosophie der symbolischen Formen* (*Philosophie des formes symboliques*), Ernst Cassirer parle de « mythes culturels (*Kulturmythen*) » qui à la différence des mythes naturels ont pour fonction non plus d'expliciter l'origine du monde et de légitimer une cosmologie, mais d'expliquer la genèse des « biens culturels (*Kulturgüter*) » (Cassirer, *Philosophie der symbolischen Formen*, Darmstadt, 1964, t. 2, p. 244). Par l'intermédiaire des mythes, notamment des mythes du salut s'opère une « prise de conscience de soi de la culture » (*ibid.*, p. 244).

C. Culture ou civilisation

Freud a-t-il écrit sur le « malaise dans la civilisation » ou sur le « malaise dans la culture (*Unbehagen in der Kultur*) » ? La question qui divise les traducteurs révèle une dichotomie sémantique où le français privilégie le terme de civilisation avant d'importer progressivement les enjeux de la dichotomie allemande. Il est sûr que pour Freud la *Kultur* correspond à une contrainte exercée sur les pulsions : « Le remplacement du pouvoir de l'individu par celui de la collectivité est le premier pas décisif en direction de la culture [*der entscheidende kulturelle Schritt*] [...] La liberté n'est pas un bien culturel [*Kulturgut*] » (Freud, *Das Unbehagen in der Kultur*, Francfort, Fischer, 1953, p. 90). Cosmopolite, universaliste, marquée par l'esprit des Lumières, démocratique dans son essence, la *Zivilisation* enveloppe en revanche une menace de décomposition pour les ensembles nationaux qu'elle transcende ou fédère. La notion de *Kulturkampf* (combat pour la culture), qui désigne la politique du protestant prussien Bismarck vis-à-vis des milieux catholiques, exprime bien la menace qui pèse sur la culture et oblige à la défendre. Cette défense ne recule pas devant des moyens radicaux et dans le langage belliciste employé autour de la guerre de 1914, Thomas Mann lui-même n'hésite pas à s'ériger en champion d'une défense de l'idée de culture, y compris dans les formes brutales que pourrait prendre son affirmation. L'Allemagne, mieux enracinée dans la nature, serait de toute façon réfractaire à la civilisation assimilée à l'esprit. Dans sa forme exacerbée, l'opposition de la culture et de la civilisation traduit l'antique méfiance allemande vis-à-vis d'une universalité héritée des Lumières qui dissimulerait une volonté hégémonique de la France. On comprend que le vocabulaire politique français du début du siècle va se réclamer de la notion de civilisation en réaction à l'instrumentalisation allemande de la dichotomie. D'un autre côté cette opposition sémantique, née d'une méfiance franco-allemande, va devenir structurante dans les études ethnologiques qui ne peuvent devenir scientifiques qu'en étudiant des sociétés concrètes, enracinées dans leur particularité, et donc des cultures, mais non sans chercher à voir dans quelle mesure ces cultures puisent dans le réservoir universel des comportements humains possibles, et donc dans une civilisation humaine. Quand Freud emploie le terme de *Kultur*, ce n'est pas pour se réclamer de sa dimension radicalement organiciste et nationaliste, mais plutôt pour remettre en question la pertinence de l'opposition.

Cette opposition, Norbert Elias prétend en esquisser la sociogenèse. S'il emploie sans hésiter le terme de civilisation, c'est d'une part pour rendre compte d'une enquête internationale ou du moins s'étendant à l'ensemble de l'Occident – il est même question d'un sentiment national de l'Occident. D'autre part la civilisation, qu'il met en relation avec les « civilités » de la société de cour, englobe les formes de vie concrète dont l'histoire des mentalités a fait son objet privilégié :

> Le concept français et anglais de civilisation peut se rapporter à des faits politiques ou économiques, religieux ou techniques, moraux ou sociaux. Le concept allemand de « culture » [*Kultur*] se rapporte dans son noyau à des faits intellectuels, artistiques, religieux, et il a une forte tendance à établir une nette coupure entre des faits de cet ordre d'un côté, et les faits politiques, économiques et sociaux de l'autre. Le concept français et anglais de civilisation peut se rapporter à des actes, mais il se rapporte aussi bien au comportement, au « behaviour » des hommes, qu'ils aient accompli un acte ou non. Dans le concept allemand de culture, le rapport au « behaviour », à des valeurs qu'un homme peut avoir sans agir, par son être et son comportement propres, est fortement passé au second plan.
>
> Norbert Elias, *Über den Prozess der Zivilisation* (*La Civilisation des mœurs*), Francfort, Suhrkamp, 1981, t. 1, p. 3.

Ces définitions montrent bien la spirale des surdéterminations dont les termes font l'objet. Déjà investi par les sciences sociales depuis longtemps, le terme de culture peut bien avoir en allemand celui qu'Elias prête au terme de civilisation. Mais en 1936 la fermeture nationale de la culture rend le mot inutilisable en allemand pour un propos qui se veut transnational. Le terme de civilisation, celui que vitupérait Thomas Mann au moment de la guerre de 1914, va être investi du noyau sémantique le plus positif de celui de culture, la culture devenant à son tour le refuge du *Geist* que le sociologue ne sait trop comment aborder. *Kultur* et *Zivilisation* sont en fait des variables sémantiques susceptibles de puiser, en fonction des conjonctures intellectuelles, dans une tradition interprétative calée sur le postulat d'une césure franco-allemande.

♦ Voir encadré 2.

Michel ESPAGNE

2

« Kulturgeschichte »

En 1909, l'historien Karl Lamprecht fonde à Leipzig un *Institut für Kultur und Universalgeschichte* (Institut d'histoire culturelle et universelle). En opposition à l'historiographie dominante, qui est alors politique, il s'agit de faire entrer dans le champ des études historiques des phénomènes comme l'économie, les productions artistiques, l'histoire de l'imprimé, et tous les phénomènes de la vie susceptibles de participer à la définition d'une époque historique. Si la notion de *Kultur* désigne un effort pour appréhender la vie concrète sous tous ses aspects, un effort facilité par l'orientation régionaliste des premiers travaux de Lamprecht, l'épithète d'*Universal* corrige immédiatement cette limitation. L'histoire culturelle se veut universelle et l'Institut du même nom se caractérise par le souci de faire enseigner, dans leur langue, les histoires culturelles des diverses nations. C'est toute la méthode des sciences historiques qui est bouleversée par la définition que se donne l'histoire culturelle, déclenchant dans les dernières années du XIXe siècle la querelle des méthodes (*Methodenstreit*), mais en écho à une tradition présente chez les historiens de Göttingen à la fin du XVIIIe siècle. Bien que la filiation directe soit controversée, l'histoire culturelle précède et dans une certaine mesure annonce le type d'investigations pratiquées par Marc Bloch et Lucien Febvre sous la dénomination d'histoire des mentalités.

Le fondement théorique de la tentative opérée par Lamprecht d'écrire une histoire culturelle se situe en amont dans une tendance de la psychologie allemande d'élargir son domaine d'application de la psychologie expérimentale à la psychologie des peuples. Le terme de *Völkerpsychologie* (psychologie des peuples) qui est l'antécédent sinon lexical du moins conceptuel de celui de *Kulturgeschichte* (histoire culturelle) ne désigne pas les caractéristiques psychologiques qu'une science empirique aurait attribuées aux différents peuples. Il est question pour Wilhelm Wundt de tenter une histoire universelle du psychisme après la constatation que la psychologie expérimentale, lorsqu'elle ignore la dimension du social, conduit à une impasse. Cette histoire générale du psychisme fait intervenir les pratiques sociales, l'économie ou encore l'art. Un élément particulièrement important de la psychologie collective qu'explorent Heymann Steinthal et Wilhelm Wundt, ouvrant ainsi la voie au concept d'histoire culturelle, est fourni par le langage. Bien que la psychologie de Wundt, comme l'historiographie de Lamprecht, récuse l'hégélianisme, on ne peut manquer de voir une continuité entre l'histoire culturelle et les efforts des disciples ou lecteurs de Hegel pour réaliser les moments concrets d'un système encyclopédique mais seulement ébauché. C'est tout particulièrement l'histoire de l'art qui participe à cette déconstruction-réalisation de l'hégélianisme.

On ne peut nier que la dimension universaliste de la *Kulturgeschichte* a pu, par certains aspects, servir de caution aux tendances impérialistes de l'Empire wilhelminien, la référence à la *Kultur* dans le contexte de 1900 ne pouvant éliminer toute ambiguïté. C'est seulement par une suite de glissements linguistiques prévisibles que le terme d'histoire culturelle en est venu à désigner récemment l'histoire de la vie intellectuelle sous ces diverses formes, réduisant la *Kulturgeschichte* initiale à une seule de ses dimensions.

BIBLIOGRAPHIE

ASSMANN Aleida, *Construction de la mémoire nationale. Une brève histoire de l'idée allemande de Bildung*, Éd. Maison des sciences de l'homme, 1994.

BENVENISTE Émile, *Civilisation : contribution à l'histoire d'un mot*, in *Éventail de l'histoire vivante*, Mélanges Lucien Febvre, éd. F. Braudel, Armand Colin, t. 1, 1953, p. 47-54, rééd. in *Problèmes de linguistique générale*, Gallimard, 1966, p. 336-345.

BERG Christa (éd.), *Handbuch der deutschen Bildungsgeschichte*, t. 4, 1870-1918. *Von der Reichsgründung bis zum Ende des Ersten Weltkrieges*, Munich, Beck, 1991.

BRUNNER Otto, CONZE Werner et KOSELLECK Reinhart (éd.), *Geschichtliche Grundbegriffe*, Stuttgart, Klett, art. « Bildung » par Rudolf Vierhaus, t. 1, 1972, et art. « Zivilisation, Kultur » par Jörg Fisch, t. 7, 1992.

DUMONT Louis, *L'Idéologie allemande. France-Allemagne et retour*, Gallimard, 1991.

EISLER Rudolf, *Kant-Lexikon*, éd. augm. A.-D. Balmès et P. Osmo, Gallimard, 1994.

HEGEL Georg Wilhelm Friedrich, *Phénoménologie de l'esprit*, trad. fr. J.P. Lefebvre, Aubier, 1991.

JEISMANN Karl-Ernst et LUNDGREEN Peter (éd.), *Handbuch der deutschen Bildungsgeschichte*, t. 3. *Von der Neuordnung Deutschlands bis zur Gründung des deutschen Reiches* 1800-1870, Munich, Beck, 1987.

LE RIDER Jacques, « Cultiver le malaise ou civiliser la culture ? », in J. LE RIDER *et al.*, *Autour du* Malaise dans la culture *de Freud*, PUF, 1998, p. 79-118.

MENZE Clemens, *Die Bildungsreform Wilhelm von Humboldts*, Hanovre, Schroedel, 1975.

TROELTSCH Ernst, *Der Historismus und seine Probleme* [L'Historisme et ses problèmes], Tübingen, Mohr, 1922.

WEBER Max, *Sociologie des religions*, éd. et trad. fr. J.-P. Grossein, Choix de textes trad. et extr. de *Gesammelte Aufsätze zur Religionssoziologie* et de *Wirtschaft und Gesellschaft*, Gallimard, 1996.

OUTILS

ADELUNG Johann Christoph, *Versuch eines vollständigen grammatisch-kritischen Wörterbuches der hochdeutschen Mundart* [Essai de dictionnaire grammatico-critique complet du haut allemand], 5 vol., Leipzig, Breitkopf, 1774-1786.

GRIMM Jacob et Wilhelm, *Deutsches Wörterbuch*, Leipzig, Hirzel, 1854, repr. Munich, Deutscher Taschenbuch, 1984.

HEINSIUS Theodor, *Volksthümliches Wörterbuch der deutschen Sprache, mit Bezeichnung der Aussprache und Betonung für die Geschäfts- und Lesewelt*, 4 t. en 5 vol., Hanovre, Hahn, 1818-1822.

KLUGE Friedrich, *Etymologisches Wörterbuch der deutschen Sprache* [Dictionnaire étymologique de la langue allemande, 1883], Berlin, W. de Gruyter, 22ᵉ éd., 1989.

BOGOČELOVEČESTVO [богочеловечество]

RUSSE – fr. *divino-humanité, théanthropie, déi-humanité, théandrie*

gr.	*to theandrikos* [τὸ θεανδρικός]
lat.	*Deus-Homo*

► DIEU, *HUMANITÉ*, et AIÔN, *BIEN*, HISTOIRE UNIVERSELLE, MENSCHHEIT, MOMENT, NAROD, RUSSE, SOBORNOST', SVET

Bogočelovečestvo [богочеловечество] *(divino-humanité), terme russe qui renvoie au concept grec patristique* to theandrikos [τὸ θεανδρικός], *« le théandrique », occupe une place centrale dans la philosophie russe des XIXᵉ-XXᵉ siècles. Il désigne deux mouvements dirigés l'un vers l'autre : celui du divin qui va vers l'homme, et celui de l'humanité qui monte vers le divin. Il présente aussi bien le Christ dans l'union hypostatique de ses deux natures, divine et humaine, que l'humanité des hommes prise dans le sens de l'accomplissement de leur vraie nature divino-humaine. Il s'agit là dans les deux cas d'une rencontre ontologique.*

Le terme Bogočelovečestvo *est marqué par l'influence de traditions philosophiques hétéroclites, mystiques par excellence, aussi bien occidentales qu'orientales. Deux aspects sont essentiels à sa compréhension. Une première lecture permet d'y voir une « théanthropie » qui prend en compte tout un héritage patristique antérieur et fait appel uniquement aux débats sur la nature du Christ, sur l'Incarnation et sur le sens du salut et du péché originel. L'autre lecture (à laquelle correspond le plus parfaitement la traduction française par « divino-humanité ») est authentiquement slavophile et russocentrique et renvoie aux questions concernant le destin de l'humanité, le peuple russe, l'unité slave, l'orthodoxie et l'Église universelle* (Vselenskaja Tserkov' [Вселенская церковь]).

I. L'HISTOIRE DU MOT

Sous la forme *obožitisja* [обожитися], « devenir Dieu », qui renvoie à la *theôsis* [θέωσις], « divinisation », l'idée de la rencontre ontologique de l'humain et du divin est déjà présente en 1076 dans l'*Izbornik* [Recueil] (Sreznevskij, t. 2, p. 532). Les auteurs grecs qui mettent l'accent sur l'idée de la divinisation de l'homme (tels que Jean Climaque, Siméon le Nouveau Théologien, Grégoire le Sinaïte, Grégoire Palamas) ont été par la suite traduits dans les langues slaves. Il existe une tradition ininterrompue, littéraire et pratique, de l'ascétisme orthodoxe, qui va des hésychastes grecs (Grégoire Palamas, Grégoire le Sinaïte, Nicolas Cabasilas, Nicéphore) puis russes (Nil de la Sora, XVᵉ siècle) jusqu'aux *startsy* [старцы] (pères ermites) d'Optina Pustyn', couvent de Russie centrale que Soloviev et Dostoïevski visitèrent au cours de l'été 1878, l'année où Soloviev écrivit ses *Leçons sur la divino-humanité* (*Bessedy o Bogočelovečestve*).

C'est dans ces *Leçons* qu'on rencontre pour la première fois le mot *Bogočelovečestvo* [богочеловечество] avec une acception philosophique, dans le cadre de l'histoire universelle. Serge Boulgakov, à son tour, enrichit considérablement cette notion en lui attribuant des significations strictement théologiques, notamment christologique et trinitaire, dans son ouvrage sur la sagesse divine et la théanthropie (1933-1936). Elle se développe dans le sens de l'existentialisme religieux et de l'universalisme russophile chez N. Berdiaev avec *L'Esprit et la Réalité* [1932], avec *L'Idée russe* [1946] et avec *Dialectique existentielle du Divin et de l'Humain* [1952], pour prendre ensuite des inflexions cosmique et salvatrice chez G. Fedorov, personnaliste chez L. Chestov et S. Frank, « mathématisante » chez P. Florensky.

Bogočelovečestvo est le produit étrange d'influences intellectuelles disparates, sous la forme d'une synthèse de la Kabbale juive, de l'anthropologie des Pères de l'Église grecque, du mysticisme de Jakob Böhme et de

Maître Eckhart, enfin de Spinoza et de la philosophie allemande de l'identité, en particulier avec le système de Schelling. L'influence de ce dernier sur l'œuvre de V. Soloviev est remarquable. Ainsi *vseedinstvo* [всеединство], en français « uni-totalité », notion centrale de la philosophie universaliste russe, n'est rien d'autre que le calque de l'allemand *Alleinheit* ; de même, *vseobščee znanie* [всеобщее знание] de Soloviev fait écho à l'*Anschauung* de Schelling. Berdiaev, de son côté, a écrit deux études importantes sur Jakob Böhme et son influence sur la pensée religieuse russe (Berdiaev, *Mysterium Magnum*, t. 1, p. 5-28 et 29-45). Les influences de la philosophie allemande se sont exercées sur cette notion en parallèle (Stepoun, 1923) avec les intentions purement russophiles, créant une conception du monde fondée sur la conscience ecclésiale de l'orthodoxie russe (A. Khomiakov, I. Kiréievski, I. Samarine, C. Aksakov).

II. LA SÉMANTIQUE : THÉANDRIE OU DIVINO-HUMANITÉ

Bogočelovečestvo est rendu en français de différentes manières : soit par *théanthropie* ou encore *théandrie*, soit par *divino-humanité* ou *déi-humanité*. Du point de vue linguistique, le terme se compose de deux parties : Dieu (*Bog* [Бог]) et Humanité (*čelovečestvo* [человечество]). Berdiaev aussi bien que Soloviev définissent la Divinité (*božestvennoe* [божественное]) en s'appuyant sur la *Gottheit* de Eckhart et le *Ungrund* de Böhme, mais aussi sur le mystère de la Trinité, si cher aux Pères grecs. Pour Berdiaev, « la divinité [...] est plus profonde que Dieu le Père, le Fils et l'Esprit. C'est la liberté absolue, l'issue de tout, y compris du Dieu, liberté dans laquelle même la différence entre le bien et le mal n'est pas définie. Cette Divinité indicible et transcendante a pénétré dans le monde sous la forme de la Trinité, en trois hypostases » (Berdiaev, *Le Sens de la création*, p. 405), pour achever sa création avec l'humanité dont le but est de devenir divino-humaine. Cette différence entre Divinité et Dieu, impliquée dans *Bogočelovečestvo*, renvoie au processus d'une théogonie qui se poursuit dans la révélation du divin à travers l'histoire de l'humanité.

Berdiaev s'appuie sur le « Vide divin (*božestvennoe ničto*[божественное ничто]) », en grec *to meon* [τὸ μέον], qui est la base de toute création et trouve sa place à l'intérieur de la nature humaine (notamment de la personne, *ličnost'* [личность]). Soloviev met plutôt l'accent sur l'universalisme primordial de la conscience humaine, qui, une fois restaurée dans le Christ, rendra l'universalité à toutes les existences partielles, restituera l'uni-totalité (*vseedinstvo*) perdue par l'humanité déchue :

> Puisque le principe divin est l'objet réel de la conscience religieuse, c'est-à-dire un objet qui agit sur la conscience et y révèle son contenu, le développement religieux est un processus positif et objectif, c'est une interaction réelle de Dieu et de l'homme, c'est donc un processus divino-humain.
>
> Soloviev, *Leçons sur la divino-humanité*, p. 47.

S. Frank va encore plus loin dans l'affirmation d'une création inachevée du monde. Il considère le savoir (*znanie* [знание]) comme le véritable épanouissement de l'être, la croissance de la vie : grâce à cette forme de l'anthropogonie, la théogonie et la cosmogonie atteignent leur vrai but (cf. Berdiaev, *Tipy religioznoj mysli v Rossii* [La variété de la pensée russe religieuse], p. 646).

La deuxième partie du terme *Bogočelovečestvo*, *čelovečestvo*, « humanité », pose moins de problèmes de traduction. Tout en signifiant l'humanité du Christ, *čelovečestvo* possède, dans la pensée religieuse russe, un second sens très spécifique : celui d'une humanité unie dans la communauté d'Esprit (*sobornoe čelovečestvo* [соборное человечество]). Vladimir Soloviev écrit : « Réunie à son principe divin par l'intermédiaire du Christ, l'humanité est l'Église » (Soloviev, *op. cit.*, p. 149) ; elle est, ainsi, selon une idée chère à Grégoire de Nysse et reprise par G. Fedorov, l'unité constituée par les vivants, par les morts comme par ceux qui naîtront.

III. L'ACTUALISATION DE L'HÉRITAGE PATRISTIQUE

Tout en faisant écho à la formule capitale de saint Irénée (« Le Verbe de Dieu s'est fait homme et celui qui est Fils de Dieu s'est fait fils de l'homme, uni au Verbe de Dieu, pour que l'homme reçût l'adoption et devînt fils de Dieu », *Adversus haeresis* [Réfutation de la fausse gnose], III, 19, 1, 939b), et abondamment reprise par saint Athanase, Grégoire le Théologien et Grégoire de Nysse, la notion même dont *Bogočelovečestvo* réarticule le sens remonte au Pseudo-Denys l'Aréopagite. La création du mot *Bogočelovečestvo* n'est rien d'autre que la substantivation de l'adjectif *théandrique* [θεανδρικός] utilisé par Denys dans sa lettre IV pour exprimer l'idée de l'humanité du Christ (PG, t. 3, lettre IV, col. 1072 C). L'adjectif « théandrique » désigne un mode d'activité propre au Dieu-fait-homme (*andrôthentos theou* [ἀνδρωθέντος θεοῦ]) et qu'il a effectué en notre faveur (*kainên tina tên theandrikên hêmin pepoliteumenos* [καινήν τινα τὴν θεανδρικὴν ἡμῖν πεπολιτευμένος] ; *ibid.*).

L'anthropologie paulinienne a ouvert la voie à l'idée de la rencontre ontologique du Divin et de l'Humain dans la personne du Christ, qui est le second Adam dont le sacrifice a ouvert la voie de la renaissance de l'humanité (Romains 5, 12 ; 1 Corinthiens 15, 22, 45 ; Genèse 1, 26). Toute l'anthropologie ultérieure des Pères de l'Église grecque développe cette idée. La patristique orthodoxe a proposé une vision mystique du monde où l'œuvre divine n'est jamais finie et se poursuit dans la création de l'humanité par l'humanité elle-même. Dans certains passages, les auteurs russes font littéralement écho aux expressions patristiques. « C'est vers l'homme que tendait et gravitait la nature et c'est vers le Dieu-homme (*bogočelovek* [богочеловек]) que se portait toute l'histoire de l'humanité », écrit Soloviev dans ses *Leçons sur la divino-humanité* (1991, chap. 3, p. 166).

Dans le registre théologique, *Bogočelovečestvo* est la notion synthétique qui exprime dans un seul concept deux événements symétriques de l'histoire chrétienne : l'Incarnation du Verbe, sa kénose, *kenôsis* [κένωσις], c'est-à-dire en grec l'*enanthrôpêsis* [ἐνανθρωπήσις] (en russe *bogovoploščenie* [боговоплощение], où *voploščenie* [воплощение], « incarnation », tire son origine de *plot'* [плоть], « chair »), et la divinisation de l'homme, *theôsis*, c'est-à-dire l'*anakephalaiôsis* [ἀνακεφαλαίωσις] (en russe *oboženie čeloveka* [обожение человека]). Le terme *kénose* a été formé par les Pères grecs à partir du verbe *kenoô* [κενόω], « vider » (avec le pronom réfléchi, « se vider de soi-même »). Il trouve son origine dans une expression de l'épître aux Philippiens 2, 7. La nomination de Jésus comme Seigneur (*ibid.*, 2, 9) y est précédée d'une séquence qui décrit l'abaissement de celui qui était « de condition divine » (*ibid.*, 2, 6). Son élévation vient au terme d'une descente (en russe *sošestvie* [сошествие]) et d'un anéantissement (*heauton ekenôsen* [ἑαυτὸν ἐκένωσεν]) jusqu'à l'obéissance qui lui fait accepter la mort en croix. Cette théorie de la kénose a pénétré aussi l'orthodoxie russe. V. Tareev (1866-1934) développe l'idée que la création elle-même est un acte kénotique. Mais ses idées les plus originales portent sur les tentations dont le Christ triomphe en acceptant son état kénotique. Boulgakov renforce cette idée de Tareev. Pour lui, il n'y a de *kenos* [κενός] dans l'Incarnation que parce qu'il y a une kénose dans la Trinité tout entière et une kénose divine dans la création. La kénose dans la Trinité consiste dans l'amour mutuel des personnes divines, qui surpasse tout état individuel. La création insère Dieu dans le temps et comporte un certain risque. La kénose de l'Incarnation se situe avant tout en Dieu, dans la volonté d'amour du Verbe (Soloviev, *op. cit.*, p. 161), et fait appel à la personnalisation de la Trinité qui se révèle si importante pour la théologie orthodoxe.

Dans la patristique grecque, *kenôsis* et *theôsis* sont symétriques. La notion de *Theos Anthropos* [Θεὸς Ἄνθρωπος] était la pierre angulaire de la sotériologie grecque, dont le sens se trouve littéralement dans l'idée de l'union réelle de l'homme et de Dieu. L'Incarnation représente comme deux faces d'un même mystère :

> On dit en effet que Dieu et l'Homme se servent mutuellement de modèle, et que Dieu s'humanise pour l'homme dans son amour de l'homme, dans la mesure même où l'homme fortifié par la charité se transpose pour Dieu en Dieu.
>
> Maxime le Confesseur, *Ambigua*, PG, t. 91, 10, 113.

Dans la théosophie chrétienne, le point de rencontre de ces deux mouvements de kénose et de divinisation, c'est l'homme ; mais la manière de concevoir le rapport de celui-ci avec Dieu diffère dans les anthropologies catholique et orthodoxe.

♦ Voir encadré 1.

IV. « BOGOČELOVEČESTVO » ET L' « IDÉE RUSSE »

Les philosophes russes des XIXe et XXe siècles insistent souvent sur l'élaboration d'un nouveau type de philoso-

1

Les sotériologies orthodoxe et catholique

Par-delà les finesses historiques et théologiques de l'époque des conciles œcuméniques, c'est ici que se trouve la clé des divergences entre l'anthropologie des Pères grecs et celle des Pères latins. Partant de l'idée que le péché originel a introduit la mort dans l'existence humaine et fait perdre à l'homme la grâce d'être « à l'image de Dieu », l'anthropologie orthodoxe demeure très attachée à l'idée du perfectionnement spirituel de l'homme dans son histoire, et à l'accomplissement de la contemplation déifiante à la fin des temps (*apokatastasis* [ἀποκατάστασις]), la restitution de l'humanité et des choses lors du Jugement dernier, adoptée par Origène et Grégoire de Nysse. Le Verbe s'est fait chair, selon les Grecs, afin de rendre à l'homme la ressemblance avec Dieu que lui avait fait perdre la faute d'Adam, et de le diviniser. Cette ressemblance garantissait l'immortalité de l'homme, que le péché originel lui a fait perdre. C'est pourquoi l'Incarnation du Verbe est définie par les Pères grecs comme la condition nécessaire pour accomplir la promesse de la vie éternelle. C'est par philanthropie que Dieu a voulu, au moyen du sacrifice du Christ, sauver l'humanité déchue (Athanase [295-373], *De incarnatione*, 6, 5) (Méhat, 1966, p. 82-86). L'homme « serait allé à sa perte si le Fils de Dieu, maître de l'Univers et Sauveur, n'était venu le secourir pour mettre un terme à la mort » (Athanase, *De incarnatione*, 9, 2). La métaphore importante pour toute la terminologie orthodoxe et qui reste présente dans la philosophie russe, c'est la « soif divine », le « manque » manifesté par Dieu vis-à-vis de l'humanité à laquelle il témoigne son amour en la créant pure et en voulant la sauver.

Face à cette sotériologie orthodoxe, Anselme de Cantorbéry [1033-1109] développe une sotériologie latine en termes de « *dominium* divin », d'ordre et de justice cosmiques altérés par le péché humain. C'est par excellence selon le registre de la propriété ou de la possession légitime (*possessio, dominium, dominus*) qu'Anselme expose les rapports de la créature avec son Créateur. Ce dernier est le maître (*dominus*), et les créatures douées d'intelligence (anges et hommes) sont les esclaves, les serfs ou les serviteurs (*servi, conservi*) de ce maître. L'homme a offensé l'Auteur de la justice et de l'ordre dans sa volonté et dans son honneur (*Dei honori*) : le péché originel a consisté à désobéir au *Dominus*. Les idées de *rectitudo*, de *rectus ordo*, qui s'identifient à celles de *justitia* ou de *debitum*, sont essentielles dans la doctrine de saint Anselme (Roques, 1954, p. 264). Étant déchu, l'homme n'est pas capable de rendre à Dieu ce qui lui est dû. Le Christ, en revanche, ne doit rien au Père, mais il lui rend la dette humaine. Finalement, l'humanité devient deux fois débitrice : pour le péché d'Adam et pour la mort du Christ.

Les anthropologies grecque (orthodoxe) et latine (catholique) s'opposent comme étant respectivement celle de la divinisation et celle de la Rédemption, de la Grâce et de la Dette, de la restauration (recréation) et de la réparation (restitution), de l'amour divin et de l'honneur divin, de la participation et de l'ordre, de la renaissance et du rachat, de la perte et de la dette, de l'économie et de la domination, de la révélation et de la spéculation, de la contemplation et du calcul, de la sanctification et de la satisfaction. Cette différence entre anthropologies grecque et latine est reprise par Dostoïevski dans la légende du Grand Inquisiteur (*Les Frères Karamazov*).

phie opposé au positivisme et à l'empirisme qui ont gagné l'Occident. Ils se sont considérés comme les inventeurs de la véritable anthropologie religieuse et de son vrai langage, dont *Bogočelovečestvo* représente un terme central. L'originalité de cette notion consiste dans la tentative intense de faire fonctionner ensemble les finesses du dogme de l'humanité du Christ, de l'idée de divinisation de l'homme et le concept historique propre aux slavophiles russes de l'époque, au centre duquel se trouve l'idée russe (*russkaja ideja* [русская идея]). Sa source historique réside dans la construction quasi nationaliste et étatique du moine Philothée (fin du XVe siècle) qui a fait de Moscou la « troisième Rome ». L'idée russe au XIXe siècle consiste en une vision critique et messianique de l'humanité européenne, comme divisée en deux mondes opposés : l'Occident catholique et l'Orient orthodoxe. Soloviev et, plus tard, Berdiaev, en suivant les traces des slavophiles, condamnent « l'Occident décadent » et affirment le rôle particulier de la Russie qui n'est ni Orient ni Occident, mais un grand « Orient-Occident intégral » qui, lui seul sur la Terre, « détient la vérité divine et représente la volonté de Dieu » (Soloviev, *op. cit.*, p. 168).

L'opposition entre Orient et Occident trouve ses racines dans l'histoire de l'Église chrétienne, à savoir dans la rupture entre Occident catholique (partie matérielle) et Orient orthodoxe (partie spirituelle) :

> Avant l'union parfaite, il y a donc séparation [...] de la chrétienté en deux moitiés, l'Orient étant lié de toutes ses forces au principe divin et le préservant en entretenant en soi l'esprit conservateur et ascétique nécessaire, l'Occident dépensant toute son énergie à développer le principe humain, ce qui se fait au détriment de la vérité divine, d'abord déformée puis rejetée tout à fait.
>
> *ibid.*, p. 173.

D'après Soloviev, si l'histoire moderne s'était limitée au développement de l'Occident, elle « aurait fini dans la désagrégation et le chaos » (*ibid.*, p. 173). Cependant, « si l'histoire s'était arrêtée au christianisme byzantin, la vérité du Christ [la divino-humanité, *bogočelovečestvo*] serait restée imparfaite, faute du principe humain libre et actif indispensable à son accomplissement » (*ibid.*, p. 173). La vocation messianique de la Russie consiste à réunir « l'élément divin du christianisme » conservé par l'Orient et le principe humain libéré et développé en Occident (*ibid.*, p. 173). Cette vocation est réalisable grâce au « caractère catholique » du peuple (*narod* [народ]) russe, c'est-à-dire à sa « conciliarité » (voir SOBORNOST'). Soloviev reprend ici l'idée du slavophile A. Khomiakov, selon laquelle c'est au sein de l'Église idéale en tant qu'unité divino-humaine, théanthropique, que se développe la *sobornost'* [соборность] (la communion de l'Esprit).

> Or, comme l'homme ne peut recevoir la Divinité que dans son intégralité absolue, c'est-à-dire en union avec toutes les choses, l'homme-Dieu est nécessairement un être collectif et universel : c'est la panhumanité, ou l'Église universelle [*Vselenskaja Tserkov'*].
>
> *ibid.*, p. 175.

L'Église universelle de Soloviev est l'analogie vivante de l'Absolu. Ainsi, selon l'idée russe, l'humanité est *Bogočelovečestvo* : une communauté humaine dans l'histoire de laquelle le divin se manifeste et se révèle progressivement. En triomphant de sa séparation, elle doit passer du stade de l'histoire au stade de la méta-histoire. Cette dernière n'est rien d'autre que l'intrusion de l'éternité dans le temps historique, une sorte d'accomplissement du temps, le *kairos* [καιρός] qui se manifeste uniquement face à la *sobornost'* de l'humanité réunie.

Tatyana GOLITCHENKO

BIBLIOGRAPHIE

ANSELME DE CANTORBÉRY, *Pourquoi Dieu s'est fait homme*, éd. et trad. fr. R. Roques, Cerf, 1963.

BERDIAEV Nicolas, *Christianisme-Marxisme. Conception chrétienne et conception marxiste de l'histoire* [1935], trad. fr. L. Gagnebin, Le Centurion, 1975.

— *Essai de métaphysique eschatologique. Acte créateur et objectivation*, trad. fr. M. Herman, Aubier-Montaigne, 1946.

— « La Personne et l'esprit communautaire dans la conscience russe », *Cahiers de la Nouvelle Époque*, n° 1, 1945, p. 7-24.

— *Le Sens de la création. Un essai de justification de l'homme*, trad. fr. L. Julien Cain, Desclée de Brouwer, 1955.

— *Mysterium Magnum*, Aubier-Montaigne, t. 1, 1945, « L'*Ungrund* et la liberté », p. 5-28 ; « La doctrine de la *sophia* et de l'androgyne. Jakob Böhme et les courants sophiologiques russes », p. 29-45.

— *Tipy religioznoj mysli v Rossii* [La variété de la pensée russe religieuse], YMKA-Press, 1989.

BOULGAKOV Serge, *La Sagesse de Dieu. Résumé de sophiologie*, trad. fr. C. Andronikof, Lausanne, L'Âge d'Homme, 1983.

KOYRÉ Alexandre, *La Philosophie et le Problème national en Russie au début du XIXe siècle*, Gallimard, 1929.

MÉHAT André, « Θεὸς Ἀγάπη. Une hypothèse sur l'objet de la gnose orthodoxe », *Studia Patristica*, IX, TU 94, 1966, p. 82-86.

ROQUES René, *L'Univers dionysien. Structure hiérarchique du monde selon le Pseudo-Denys*, Aubier-Montaigne, 1954.

SOLOVIEV Vladimir, *Leçons sur la divino-humanité*, trad. fr. B. Marchadier, Cerf, 1991.

OUTILS

EPIFANOVIC S., *Prepodobnyj Maksim Ispovednik i vizantijskoe bogoslovie* [Maxime le Confesseur et la théologie byzantine], Kiev, 1915.

PG : MIGNE Jacques-Paul (éd.), *Patrologiae cursus completus, series graeca* [Patrologie grecque], 1857-.

SREZNEVSKIJ Ismaïl I., *Materialy dlja slovarja drevnerusskogo jazyka* [Matériaux pour un dictionnaire du vieux russe], Saint-Pétersbourg, 1893, repr. 3 vol., Moscou, 1958.

BONHEUR

La difficulté de la notion de bonheur (chance, bonne fortune, prospérité, joie, félicité) tient à ce qu'elle s'inscrit dans un double registre : l'horizon moral, voire religieux, des fins de l'existence (voir *VERTU*, en particulier VIRTÙ), et celui, tout contingent, des hasards de la vie (voir DAIMÔN, *DESTIN*, en particulier KÊR). Dans le terme français de *bonheur*, ces différentes perspectives sont désormais ramassées dans la problématique de la satisfaction : voir PLAISIR.

La constellation des termes forgés en allemand sur *Glück* et *Seligkeit* a le mérite de refléter la complexité initiale du grec qu'elle cherche à traduire (*eutukhia* [εὐτυχία], *eudaimonia* [εὐδαιμονία], *olbos* [ὄλβος], *makariotês* [μακαριότης]), et du latin (*felicitas, beatitudo*) dont le français ne retient que les connotations religieuses. En outre, l'allemand a forgé le terme de *Wohlfahrt*, sur l'adjectif *wohl* (bien), repris par le calque anglais *welfare*, pour désigner la prospérité matérielle, et il est remarquable que le français persiste alors dans le lexique religieux en traduisant *welfare state* par *État-providence* : voir WELFARE ; cf. *BIEN-ÊTRE*.

Si, dans presque toutes les langues européennes, le bonheur est synonyme de chance, de la bonne part qui nous échoit par hasard, l'allemand, avec la différence *Glück/Glückseligkeit*, cherche à renforcer (à la suite d'Aristote et de sa distinction entre *eutukhia* et *eudaimonia*) une opposition entre la finalité morale, qui relève de la vie spirituelle toute intérieure, et la contingence favorable.

C'est l'ensemble des problématiques ouvertes par ces différents termes qu'on trouvera traité sous l'entrée GLÜCK.

► *BIEN*, devoir, morale, *VALEUR*

C

ÇA Le pronom démonstratif, contraction de *cela*, est la traduction habituellement reçue pour l'allemand *es*, pronom neutre de la 3e personne du singulier, au moyen duquel Freud, dans sa seconde topique, choisit de désigner la troisième instance à côté de *das Ich* (« le Moi ») et *das Über-Ich* (« le Surmoi ») : voir ES, et JE, INCONSCIENT, PULSION, WUNSCH ; cf. AIMER, ANGOISSE, ENTSTELLUNG, PLAISIR, VERNEINUNG.
Par ailleurs, *es* figure dans l'expression *es gibt*, que le français rend cette fois par le pronom personnel de la 3e personne : *il y a*. Voir ES GIBT, ESTI, *IL Y A*.

► CONSCIENCE, DASEIN, ERLEBEN, *IDENTITÉ*, SIGNIFIANT, *SOI*, SUJET

CARE [ANGLAIS] – fr. *souci, soin, sollicitude*

all. *Sorge, Fürsorge, Besorgen*

► ***SOUCI***, et AIMER, ANGOISSE, ***AUTRUI***, DASEIN, GENDER, LAW, ***MALAISE***, MORALE, SEXE, SORGE, VERGÜENZA, WELFARE

Le mot care est devenu récemment un terme de plus en plus utilisé en anglais, mais sa traduction en d'autres langues pose problème, notamment pour deux raisons. Cela tient, d'une part, à ce qu'on l'utilise pour traduire le vocable heideggérien (Sein und Zeit, *1929) de* Sorge *(souci) ; d'autre part, à ce qu'il a fait son apparition dans l'expression* ethics of care, *par laquelle on désigne cette éthique de la sollicitude que les féministes opposent à l'impartialité de la « justice masculine » (C. Gilligan,* In a Different Voice *; I. Young,* Justice and the Politics of Difference*). Dans ces deux cas, la traduction française de* care *est effectivement impossible.*

I. LA TRADUCTION DE « SORGE » PAR « CARE »

Il faut noter d'abord que *care* ne vient pas du latin *cura*, mais du vieux haut allemand ou du gotique *Kara*, qui veut dire « souci, chagrin, peine ». Le mot a commencé initialement, en effet, par désigner un état mental pénible, comme le souci ou l'anxiété ; et c'est bien par *care* qu'il convenait de rendre en anglais le sens que prend le mot allemand *Sorge* chez Heidegger. Pour ce dernier, l'être du *Dasein* même est « souci » (*Sorge*), de sorte qu'il est au monde comme *Besorgen* (*Sein und Zeit*, p. 57 ; trad. angl. p. 83), c'est-à-dire comme préoccupation. Les soucis, les tribulations, la mélancolie représentent des états distincts, mais ils relèvent de la structure ontologique de *Sorge* (« souci ») : « *Dasein exists as an entity for which, in its Being, that Being is itself an issue* [Le *Dasein* est l'être pour lequel, dans son être, cet être est en question lui-même] » (trad. angl. p. 274).

Le mot *care* désigne ensuite l'effort qu'on fait pour anticiper un danger ou pour se prémunir des incertitudes de l'avenir, en prenant des précautions, en agissant de manière responsable. C'est là le sens le plus courant de ce terme anglais, et là encore on voit comment l'importance que représente la temporalité dans *care* correspond bien aux préoccupations heideggériennes : « *The ontological meaning of care is temporality* [La signification ontologique du souci est la temporalité] » (*ibid.*, p. 364). Mais les déficiences de la traduction anglaise de *Sorge* par *care* se font rapidement sentir, car, dans ce dernier terme, l'élément du néant est absent : « *Death, conscience and guilt are anchored in the phenomenon of care* [La mort, la conscience et la culpabilité sont ancrées dans le phénomène du souci] » (*ibid.*, p. 317). Enfin, Heidegger rapproche *Sorge* de la curiosité, ce qui l'amène à retraduire le texte d'Aristote – « Tous les hommes par nature désirent voir [*pantes anthropoi tou eidenai oregontai phusei*] » (*ibid.*, p. 171) – en prenant *eidenai* au sens originel de « voir » et en reliant *oregontai* (littéralement « chercher ») à *Sorge*, au souci, à *care*. Et il traduit Aristote en ces termes : « Le souci [*care*] de voir est essentiel à l'être de l'homme » (*ibid.*, p. 215). Il relie ainsi « voir » et « penser » dans la métaphysique occidentale, ce que la traduction anglaise par *care* est condamnée à esquiver. Il n'existe pas de possibilité de faire dériver, dans l'anglais *care*, les connotations propres à l'allemand *Sorge* ; et l'évolution actuelle du sens de *care*, qui tire ce mot en direction de la relation interpersonnelle et du souci de l'autre, rend assez énigmatique, pour les lecteurs, la traduction qu'on donne ici en anglais de Heidegger.

II. « CARE » ET « SOLICITUDE »

L'allemand établit une distinction plus nette que l'anglais ou le français entre, d'une part, souci de soi ou *Selbstsorge* (qui, dit Heidegger, est « tautologique », *Sein und Zeit*, p. 318 ; trad. angl. p. 366) et, d'autre part, *Fürsorge* ou « souci de l'autre », que l'anglais ne traduit plus par *care*, mais par *solicitude* (sollicitude), et le français par « assistance ». La sollicitude, qui est « cette affectueuse inquiétude pour autrui », est un sens dérivé de *care* et doit être rattachée à un autre registre, celui de l'action en matière d'aide et d'assistance sociale. *Care* désigne l'ensemble des dispositions publiques nécessaires au bien-être (*welfare*) de la population dans le *Welfare State*, l'État-providence. C'est là un sens pour lequel il n'existe pas d'équivalent français. Par exemple, l'expression *prenatal* ou *post-natal care* renvoie notamment aux responsabilités de la santé publique vis-à-vis des femmes enceintes ou de la petite enfance. Les *carers* sont ceux qui, bénévoles ou non, prennent en charge l'aide aux personnes âgées ou à toutes les autres personnes qui sont dans le besoin.

Or, comme en beaucoup de pays les *carers* sont dans leur immense majorité des femmes, les féministes ont proposé une critique de l'éthique de la justice au nom des vertus attribuées à ces comportements désintéressés, non compétitifs, non quantifiables, non possessifs, qui constituent la plus grande partie du travail non rétribué des femmes : soins aux enfants, aux personnes âgées, efforts pour maintenir intacte la cellule familiale, etc. Aussi ces militantes tentent-elles d'opposer à l'idéal « masculin » d'une éthique de l'impartialité et de la justice une « éthique de la sollicitude », en anglais *ethics of care*. Sans préjuger du caractère effectivement « féminin » de ces valeurs prises en compte, leurs réflexions ont conduit à une véritable « déconstruction » de la morale universaliste et du principe d'identité, selon une trajectoire qui rejoint l'héritage heideggérien de *die Sorge*, sans que l'on puisse dire que l'usage commun du vocable *care* ait joué un rôle en cette affaire.

Catherine AUDARD

BIBLIOGRAPHIE

HEIDEGGER Martin, *Sein und Zeit*, Tübingen, Max Niemeyer Verlag, 1953⁷ [1929] ; *Being and Time*, trad. angl. J. Macquerrie et E. Robinson, Oxford, Blackwell, 1978.

GILLIGAN Carol, *In a Different Voice*, Cambridge (Mass.), Harvard UP, 1982.

YOUNG Iris Marion, *Justice and the Politics of Difference*, Princeton, Princeton UP, 1990.

CATÉGORIE *Catégorie, via* le bas latin, est issu du grec *katêgoria* [κατηγορία] (*kata* [κατά], « contre, sur », et *agoreuô* [ἀγορεύω], « parler publiquement »), qui désigne à la fois l'accusation dans un procès et l'attribution dans une phrase, c'est-à-dire les questions qu'il faut poser à propos d'un sujet et les réponses que l'on peut fournir. La logique, d'Aristote à Kant et au-delà, détermine ainsi une liste de « catégories » qui sont autant d'opérations de jugement (cf. *JUSTICE-JUGEMENT*) : voir ESTI (en part. encadré 1, « Le statut des distinctions aristotéliciennes »), HOMONYME, SYNCATÉGORÈME (en part. encadré 1, « La redéfinition des catégories dans les grammaires catégorielles »). Sur les réseaux de vocabulaire impliqués par cette systématique ontologique, voir BEGRIFF, MERKMAL, PARONYME, PRÉDICABLE, PRÉDICATION, PROPOSITION, SUJET, et cf. ESSENCE, *ÊTRE*, PROPRIÉTÉ, UNIVERSAUX, VÉRITÉ.

► AUFHEBEN, *GENRE*, OBJET, PRINCIPE, *TOUT*

CATHARSIS, KATHARSIS [κάθαρσις] GREC – fr. *purgation, purification*

► ART, MÉLANCOLIE, MIMÊSIS, MITMENSCH, NATURE (encadré 1, « *PHARMAKON* »), PATHOS, PLAISIR, PROPRIÉTÉ, SUBLIME

Le mot katharsis [κάθαρσις] *est d'abord lié aux rituels de purification, avant de devenir un terme hippocratique relevant de la théorie des humeurs. Il a été investi par la* Poétique *d'Aristote, qui a infléchi son sens en soutenant, contre Platon, que la tragédie et le théâtre peuvent soigner l'âme en lui donnant du plaisir. Sous la traduction consacrée de « purgation », il relève du discours classique sur la tragédie (Corneille, 1660), avant de réapparaître sous sa forme grecque dans les textes de Lessing, critiquant Corneille critique d'Aristote (le grec, déjà présent dans l'anglais, revient alors dans le français à propos de Lessing, 1874, voir DHLF,* s.v. *« Catharsis »). En psychanalyse et en psychothérapie, la « méthode cathartique », que Freud dégage progressivement de son lien à l'hypnose, est liée à l'abréaction, à la décharge émotionnelle qui, par l'entremise du langage, permet d'évacuer l'affect lié à un événement traumatique. Entre purification et purgation, l'oscillation du sens, sous la constante d'un mot qui a traversé les langues, n'a cessé de donner matière à polémiques et à réinterprétations.*

I. DU BOUC ÉMISSAIRE AU PLAISIR TRAGIQUE

L'adjectif *katharos* [καθαρός] associe la propreté matérielle, celle du corps (il se dit chez Homère d'un « endroit découvert » ; il s'applique à l'eau, au grain, cf. Chantraine, *Dictionnaire étymologique de la langue grecque*), et la pureté de l'âme, morale ou religieuse — ainsi, les *Catharmes* d'Empédocle, ou *Purifications*, contiennent aussi bien un projet de paix perpétuelle, construit autour de la métempsycose, que des interdits alimentaires. *Katharsis* [κάθαρσις] est le nom d'action correspondant au verbe *kathairô* [καθαίρω], « nettoyer, purifier, purger ». Il a d'abord le sens religieux de « purification », et renvoie en particulier au rituel d'expulsion pratiqué à Athènes la veille des Thargélies. Au cours de ces fêtes, traditionnellement dédiées à Artémis et à Apollon, on offrait un pain, le *thargêlos* [θάργηλος], fait des prémices de la moisson ; mais il fallait d'abord purifier la cité, en expulsant des criminels (cf. lexique d'Harpocration : « Les Athéniens, lors des Thargélies, excluent deux hommes, comme exorcismes purificatoires, de la cité, l'un pour les hommes, l'autre pour les femmes »), puis des boucs émissaires, selon le rituel du *pharmakos* [φαρμακός]. Apollon lui-même est dit *katharsios* [καθάρσιος], « purificateur », d'ailleurs contraint à la purification après le meurtre de Python à Delphes : selon le Socrate du *Cratyle*, il est bien nommé *apolouôn* [ἀπολούων], « qui lave », dans la mesure où la musique, la médecine et la divination qui le caractérisent sont autant de *katharseis* [καθάρσεις] et de *katharmoi* [καθαρμοί], de pratiques de purification (405a-c).

Selon les *kathairontes* [καθαίροντες], les « purgateurs », « pour que le corps puisse profiter de la nourriture, il faut d'abord évacuer les obstacles [*ta empodizonta* (...) *tis ekbalêi* (τὰ ἐμποδίζοντα [...] τις ἐκϐάλῃ)] », Platon, *Le Sophiste*, 230c). La méthode purgative qui vaut pour le corps vaut pour l'âme, qui ne peut assimiler les savoirs sans avoir été purgée de ses opinions par l'*elegkhos* [ἔλεγχος], la « réfutation » (« elle est pure quand elle pense savoir juste ce qu'elle sait, et rien de plus », *ibid.*, 230c-d). Mais il est une purification encore plus radicale que Platon transpose du domaine religieux, orphique et pythagoricien, à la philosophie (cf. E. R. Dodds, *Les Grecs et l'Irrationnel*, chap. 3 et 5) : « Purification [*katharsis*], n'est-ce pas justement ce qui se produit comme dit l'antique formule : séparer (*khôrizein* [χωρίζειν]) le plus possible l'âme du corps » (*Phédon*, 67c) ; si seul le pur, la pensée épurée, peut se saisir du pur, du sans-mélange (« *to eilikrines* [τὸ εἰλικρινές] », *ibid.*, 67b) qu'est la vérité, ne faut-il pas que l'âme évacue le corps ?

La *katharsis* lie la purification à la séparation et à la purge, tant dans le domaine religieux, voire politique (Platon, dans les *Lois* [V, 735b-736a], décrit les épurations douloureuses comme les seules efficaces), que dans le domaine médical. Dans la médecine hippocratique, elle se rattache à la théorie des humeurs et nomme le processus de purgation physique par lequel les sécrétions mauvaises sont expulsées, naturellement ou artificiellement, par le haut ou par le bas : le terme peut désigner aussi bien la purge elle-même que la défécation, la diarrhée, le vomissement, les menstrues (par ex. Hippocrate, *Aphorismes*, 5, 36 ; 5, 60 ; cf. *De mulierum affectibus*). Ce sens hippocratique vaut dans tout le corpus naturaliste d'Aristote (dans l'*Histoire des animaux*, VII, 10, 587b, le terme désigne par exemple la rupture de la poche des eaux, les pertes, etc. ; cf. H. Bonitz, *Index aristotelicus*, s.v.). Cependant, en tant que remède — grec *to pharmakon* [τὸ φάρμακον], le même mot, au neutre, que celui désignant le bouc émissaire —, la *katharsis* implique plus précisément l'idée de médecine homéopathique : il s'agit avec la purgation de guérir le mal par le mal, le même par le même ; c'est d'ailleurs pourquoi tout *pharmakon* est « poison » autant que « remède », le dosage du mal produisant seul un bien (voir encadré 1, « Homère, *phusis* et *pharmakon* », dans NATURE).

On tient là l'une des clés possibles du sens rhétorique, poétique et esthétique de la *katharsis*, que Lausberg caractérise comme « une hygiène homéopathique de l'âme » (H. Lausberg, *Handbuch der literarischen Rhetorik*, § 1222, p. 591). À ce type de cure se rattache la catharsis opérée par les mélodies sacrées, dont il est question dans la *Politique* d'Aristote. Il y a des individus enthousiastes, possédés, « qu'on voit se calmer sous l'effet des mélodies sacrées, chaque fois qu'ils ont recours aux mélodies qui jettent l'âme hors d'elle-même (*tois exorgiazousi* [...] *melesi* [τοῖς ἐξοργιάζουσι (...) μέλεσι]), comme s'ils avaient rencontré là remède et purge (*iatreias* [...] *kai katharseôs* [ἰατρείας (...) καὶ καθάρσεως]) » (VII, 1342a 7-11). Plus généralement, la *katharsis* est, pour Aristote (qui renchérit sur un Platon qu'il salue mais subvertit, cf. *République*, III, à partir de 398), l'une des fonctions de la musique, à côté de l'éducation et d'une bonne conduite de la vie, avec loisir et relâchement de la tension : pour tous ceux que tient la passion « se produit une catharsis, c'est-à-dire qu'il y a un allègement accompagné de plaisir (*kouphizesthai meth' hêdonês* [κουφίζεσθαι μεθ' ἡδονῆς]). Comme les mélodies sacrées, les mélodies cathartiques procurent aux hommes une joie dépourvue de nuisance (*kharan ablabê* [χαρὰν ἀϐλαϐῆ]) » (*Politique*, 1342b 14-16).

Ce sens homéopathique est maintenu dans la *Poétique* : « en représentant la pitié et la frayeur (*di'eleou kai phobou* [δι' ἐλέου καὶ φόϐου]), la tragédie réalise une épuration (*katharsin* [κάθαρσιν]) de ce genre de passions » (6, 1449b 27-28). Il s'agit d'une épuration du même par le même, ou plutôt par la représentation du même. Mais, contrairement au corybantisme où il s'agit de guérir l'âme d'une folie furieuse, le spectateur de tragédie a toute sa tête ; il n'a pas besoin d'être guéri. D'où un second sens, en quelque sorte allopathique : les passions sont purifiées par le regard du spectateur qui assiste à la représentation, et cela dans la mesure où le poète lui donne à voir des objets eux-mêmes épurés, transformés par la *mimêsis* [μίμησις] : « Il faut agencer l'histoire de façon qu'en écoutant les choses arriver on frissonne et on soit pris de pitié [...] ce que le poète doit procurer, c'est le plaisir qui par la représentation provient de la pitié et de la frayeur » (14, 1453b 4-13 ; cf. éd. R. Dupont-Roc et J. Lallot, chap. 6, n. 3, p. 190). L'épuration, c'est-à-dire la représentation d'épures au moyen d'une œuvre musicale ou poétique, substitue le plaisir à la peine. C'est au fond le plaisir qui purifie les passions, les allège, leur enlève leur caractère excessif et envahissant, les remet à leur place dans un point d'équilibre.

Enfin, pour radicaliser la catharsis, il faut, avec le médecin sceptique Sextus Empiricus, choisir pour l'âme comme pour le corps un remède capable de « s'éliminer lui-même en même temps qu'il élimine les humeurs » ou les dogmes : les manières sceptiques de s'exprimer sont ainsi, dans leur forme même qui inclut le doute, la relativité, la relation, l'interrogation, autocathartiques (*Esquisses pyrrhoniennes*, I, 206 ; cf. II, 188 ; cf. A.-J. Voelke, « Soigner par le *logos* »).

II. PURGATION DES PASSIONS ET PURIFICATION DES MŒURS DANS LE THÉÂTRE CLASSIQUE

Ce double sens, qui lie le remède au plaisir, fonde toute l'ambiguïté et en même temps la richesse des interprétations postérieures. L'influence exercée par la *Poétique* d'Aristote sur la théorie française du poème dramatique s'accompagne d'une réélaboration de la problématique antique en fonction d'enjeux nouveaux, liés à une conception profondément différente des passions. En effet, dans une perspective chrétienne, ce sont les passions elles-mêmes, et non plus seulement leur excès, qui sont considérées comme mauvaises. Il ne s'agit plus de purifier les passions mais de se purifier des passions, c'est-à-dire de purifier les mœurs. Ce que les auteurs du XVIIe siècle entendent par « purgation des passions » n'a donc pas tout à fait le sens qu'avait la *katharsis* chez Aristote. Les Français accentuent l'aspect moral et surtout pédagogique attaché à l'idée de *katharsis* théâtrale. « La fin principale de la poésie est de profiter [...] en purifiant les mœurs », écrit ainsi le père Rapin (*Réflexions sur la Poétique*, IX). « La poésie est un art qui a été inventé pour l'instruction des hommes. [...] On traite des malades, et la tragédie est le seul remède dont ils soient en état de profiter, car elle est le seul divertissement où ils puissent trouver de l'agréable avec l'utile », écrit de même Dacier dans la préface à sa traduction française de la *Poétique* d'Aristote (1692). Bien qu'elle se réclame de l'autorité d'Aristote, cette manière de concevoir la purgation des passions au théâtre a peu à voir avec la *katharsis* aristotélicienne. Corneille commet le même contresens lorsqu'il critique Aristote sur ce point, refusant pour sa part l'idée que la tragédie puisse purifier les passions des spectateurs : il croit s'écarter d'Aristote, alors qu'il ne fait que s'opposer à l'interprétation que ses contemporains en donnent. Racine est l'un des rares à être fidèle à Aristote : « La tragédie, écrit-il, excitant la pitié et la terreur, purge et tempère ces sortes de passions, c'est-à-dire qu'en émouvant ces passions, elle leur ôte ce qu'elles ont d'excessif et de vicieux, et les ramène à un état modéré et conforme à la raison » (*Œuvres complètes*, t. 2, p. 919, cité par J. Tricot dans sa traduction de la *Politique* d'Aristote, Vrin, 1970, t. 2, p. 583, n. 3). Il est vrai que, à la différence de Corneille, Racine entendait le grec, et qu'il traduisit et annota des passages entiers de la *Poétique* et de l'*Éthique à Nicomaque*.

♦ Voir encadré 1.

Fort de la critique de Corneille, mais en même temps respectueux de la convenance et de ce qu'il croit être la pensée d'Aristote, Du Bos développe à ce sujet une réflexion assez embarrassée qui se conclut de la manière suivante : « La tragédie purge donc les passions à peu près comme les remèdes guérissent, et comme les armes défensives garantissent des coups des armes offensives. La chose n'arrive pas toujours, mais elle arrive quelquefois ! » (*Réflexions critiques sur la poésie et sur la peinture* [1719], section 44, « Que les poèmes dramatiques purgent les passions », p. 148.)

1

D'Aristote à Corneille et retour

La critique que fait Corneille de l'idée de catharsis théâtrale illustre le déplacement que ses contemporains ont fait subir à cette problématique. La purgation des passions au sens où, croit-il, l'entend Aristote est pour lui purement « imaginaire » : la tragédie, écrit-il, a cette « utilité » particulière

> que *par la pitié et la crainte, elle purge de semblables passions.* Ce sont les termes dont Aristote se sert dans sa définition, et qui nous apprennent deux choses : l'une qu'elle excite la pitié et la crainte, l'autre que par leur moyen, elle purge de semblables passions. Il explique la première assez au long mais il ne dit pas un mot de la dernière, et de toutes les conditions qu'il emploie en cette définition, c'est la seule qu'il n'éclaircit point. [...] Si la purgation des passions se fait dans la tragédie, je tiens qu'elle se doit faire de la manière que je l'explique ; mais je doute si elle s'y fait jamais, et dans celles-là mêmes qui ont les conditions que demande Aristote. Elles se rencontrent dans *Le Cid* et en ont causé le grand succès : Rodrigue et Chimène y ont cette probité sujette aux passions et ces passions font leur malheur puisqu'ils ne sont malheureux qu'autant qu'ils sont passionnés l'un pour l'autre [...] leur malheur fait pitié, cela est constant, et il en a coûté assez de larmes aux spectateurs pour ne le point contester. Cette pitié nous doit donner une crainte de tomber dans un pareil malheur et purger ce trop d'amour qui cause leur infortune et nous les fait plaindre, mais je ne sais si elle nous la donne et si elle le purge, et j'ai bien peur que le raisonnement d'Aristote sur ce point ne soit qu'une belle idée qui n'ait jamais son effet dans la vérité. Je m'en rapporte à ceux qui en ont vu les représentations : ils peuvent en demander compte au secret de leur cœur et repasser sur ce qui les a touchés au théâtre, pour reconnaître s'ils en sont venus par là jusqu'à cette crainte réfléchie, et si elle a rectifié en eux la passion qui a causé la disgrâce qu'ils ont plainte.
>
> *Discours de la tragédie*, 1660.

Dans sa *Dramaturgie de Hambourg* [1767-1768], Lessing reprochera précisément à Corneille de n'avoir rien compris à la phrase du livre 6 de la *Poétique* et d'avoir fait un faux procès à Aristote :

> Enfin, pour ce qui concerne le but moral qu'Aristote assigne à la tragédie, et qu'il a cru devoir comprendre dans sa définition, on sait combien de discussions se sont élevées là-dessus, particulièrement dans ces derniers temps. Je me fais fort de montrer que ceux qui ont blâmé Aristote sur ce point ne l'ont pas compris. Ils lui ont prêté leurs propres pensées, avant de savoir quelles étaient les siennes. Ils combattent des chimères dont ils sont eux-mêmes obsédés, et se flattent de réfuter victorieusement le philosophe, lorsqu'ils terrassent les fantômes de leur propre cerveau.
>
> 48e soirée, trad. fr. E. de Suckau, p. 360.

III. LA « MÉTHODE CATHARTIQUE » EN PSYCHANALYSE

La « méthode cathartique » appartient à la préhistoire de la psychanalyse. Elle a été développée par Josef Breuer et Sigmund Freud à partir de leur recherche sur l'étiologie des symptômes hystériques, ainsi qu'ils l'exposent dans leur ouvrage *Studien über Hysterie* [Études sur l'hystérie] [1895]. En recherchant les causes des phénomènes pathologiques de l'hystérie, les deux médecins viennois remarquent que les symptômes présentés par leurs patients ont une connexion causale avec une situation traumatique, que le patient ne peut se rappeler consciemment (cf. *Über den psychischen Mechanismus hysterischer Phänomene* [Le Mécanisme psychique des phénomènes hystériques] [1893], in *Studien über Hysterie*, p. 81 ; trad. fr., p. 1). L'affect impliqué dans ce « trauma psychique [*psychische Trauma*] », « coincé [*eingeklemmte*] » et ne se déchargeant pas par les voies normales, se transforme en conversion hystérique. « La "catharsis" se produit alors, sous traitement, par ouverture de la voie menant à la conscience et par décharge normale de l'affect (*normale Entladung des Affekts*) » (« *Psychoanalyse* » *und* « *Libidotheorie* » [« Psychanalyse » et « théorie de la libido »] [1922], p. 213 ; trad. fr., p. 185). Le « procédé cathartique », ainsi nommé par Breuer, consiste à soigner le patient *via* la catharsis en employant l'hypnose. Le récit du « trauma psychique » est en effet normalement suivi par une décharge d'affect (abréaction), qui constitue la « catharsis » proprement dite (cf. *Selbstdarstellung* [*Autoprésentation*] [1924], p. 46-47 ; trad. fr., p. 69).

Après la publication des *Études sur l'hystérie*, les positions des deux collaborateurs par rapport à l'étiologie de l'hystérie divergent définitivement : « Breuer privilégiait une théorie pour ainsi dire physiologique », alors que Freud vérifiait le contenu sexuel à l'origine des phénomènes hystériques, en relevant aussi l'importance de « la différenciation entre actes animiques inconscients et conscients » (*ibid.*, p. 47 et 46 ; trad. fr., p. 70 et 69). Par la suite, Freud abandonne l'hypnose et la suggestion en faveur de l'association libre, créant ainsi la « psychanalyse ». Pourtant, l'efficacité de la catharsis a permis à Freud de vérifier deux résultats fondamentaux, qui se sont maintenus ultérieurement, comme il le dit lui-même :

> Premièrement : les symptômes hystériques ont sens et signification, du fait qu'ils sont un substitut des actes animiques normaux ; et deuxièmement : que la mise à découvert de ce sens inconnu coïncide avec la suppression des symptômes, que donc se recouvrent ici recherche scientifique et effort thérapeutique.
>
> « *Psychoanalyse* » *und* « *Libidotheorie* », *op. cit.*, p. 212 ; trad. fr., p. 184.

Barbara CASSIN, Jacqueline LICHTENSTEIN, Elisabete THAMER

BIBLIOGRAPHIE

ARISTOTE, *La Poétique*, texte, trad. fr. et notes R. Dupont-Roc et J. Lallot, Seuil, 1980.

BERNAYS Jacob, *Zwei Abhandlungen über die aristotelische Theorie des Drama*, Berlin, W. Herz, 1880, repr. Darmstadt, Wissenschaftliche Buchgesellschaft, 1968.

CORNEILLE Pierre, *Œuvres*, Seuil, « L'intégrale », 1963.

DACIER André, *La Poétique d'Aristote*, Barbin, 1692.

DODDS Eric Robertson, *The Greeks and the Irrational*, Berkeley, University of California Press, 1959 ; *Les Grecs et l'Irrationnel*, trad. fr. M. Gibson, Aubier, 1965, rééd. Flammarion, « Champs », 1977.

DU BOS Jean-Baptiste, *Réflexions critiques sur la poésie et sur la peinture* [1719], rééd. École nationale supérieure des beaux-arts, 1994.

FREUD Sigmund, *« Psychoanalyse » und « Libidotheorie »* [1922], in *Gesammelte Werke*, t. 13, Francfort, Fischer, 1999 ; *« Psychanalyse » et « théorie de la libido »*, trad. fr. J. Altounian *et al.*, in *Œuvres complètes*, t. 16, PUF, 1991.

— *Selbstdarstellung* [1924], in *Gesammelte Werke*, t. 14, Francfort, Fischer, 1999 ; *Autoprésentation*, trad. fr. P. Cotet et R. Lainé, in *Œuvres complètes*, t. 17, PUF, 1992.

— *Studien über Hysterie* [1895], in *Gesammelte Werke*, t. 1, Francfort, Fischer, 1999 ; *Études sur l'hystérie*, trad. fr. A. Berman, PUF, 1956.

LESSING Gotthold Ephraim, *Hamburgische Dramaturgie* [1767-1768], éd. K. L. Berghahn, Stuttgart, Reclam, 1981 ; *Dramaturgie de Hambourg*, trad. fr. E. de Suckau, Didier, 1869.

PAPANOUTSOS Evangelios P., *La Catharsis des passions d'après Aristote*, Athènes, Collection de l'Institut français d'Athènes, 1953.

RACINE Jean, *Œuvres complètes*, 2 vol., Gallimard, « La Pléiade », 1952.

RAPIN René, *Réflexions sur la Poétique d'Aristote, et sur les ouvrages des poètes anciens & modernes*, chez François Muguet, 1674 ; éd. E. T. Dubois, Genève, Droz, 1970.

VOELKE, André Jean, « Soigner par le *logos* : la thérapeutique de Sextus Empiricus », in *Le Scepticisme antique. Perspectives historiques et systématiques*, n° 15 des *Cahiers de la Revue de théologie et de philosophie*, Genève-Lausanne-Neuchâtel, 1990, p. 181-194.

OUTILS

BONITZ Hermann, *Index aristotelicus*, Berlin, Reimer, 1870 ; rééd., Berlin, Akademic-Verlag, 1955.

CHANTRAINE Pierre, *Dictionnaire étymologique de la langue grecque*, nouv. éd. mise à jour avec un « Supplément au dictionnaire », Klincksieck, 1999.

DHLF : REY Alain (dir.), *Dictionnaire historique de la langue française*, 3 vol., Le Robert, 1992.

LAUSBERG Heinrich, *Handbuch der literarischen Rhetorik*, Munich, Max Hueber, 2e éd. 1973.

CERTITUDE

CERTITUDE *Certitude*, d'un bas latin ecclésiastique *certitudo* désignant en particulier la « conviction chrétienne », hérite d'une double signification « objective » et « subjective » qui appartient à l'adjectif *certus* : « soustrait au doute, fixé, positif, réel », s'agissant d'une chose ou d'une connaissance, ou « ferme dans ses résolutions, décidé, sûr, authentique », en parlant d'un individu. Si *certitudo* n'a pas d'équivalent grec, le verbe latin *cerno, cernere*, d'où dérive *certus*, signifie concrètement « passer au crible, discerner », comme le grec *krinein* [κρίνειν], « trier, cribler, juger », de même racine : ainsi s'engage le rapport entre certitude, jugement et vérité, lié depuis la philosophie cartésienne à la problématique du sujet et de la certitude de soi-même. Tout le réseau terminologique de la vérité se trouve ainsi mis en jeu, du dévoilement et de l'adéquation à la certitude et à l'évidence : voir VÉRITÉ, et ISTINA, PRAVDA.

I. CERTITUDE, OBJECTIVITÉ, SUBJECTIVITÉ ET RÉSEAUX LINGUISTIQUES

1. L'aspect objectif se manifeste d'abord, *certitudo* traduisant par exemple la « nature déterminée » des objets ou des propriétés connues (ainsi dans les commentaires arabes de la *Métaphysique* d'Aristote traduits en latin), ou le caractère incontestablement vrai des principes : voir VÉRITÉ (encadré 6, « Certitude et raison d'être ») ; cf. RES (et *CHOSE*), PRINCIPE.
2. Avec la révolution du sujet qu'inaugure la philosophie cartésienne, le second aspect prend le devant : certaines « raisons », « idées » ou « propositions » sont « vraies et certaines », ou encore « vraies et évidentes », mais la plus certaine et la plus évidente de toutes, donc en un sens la plus vraie, c'est la certitude de mon existence, une certitude que le sujet s'attribue à lui-même : voir SUJET et JE, SELBST. La thématique de la certitude précède historiquement et logiquement celle de la conscience, mais elle finit par lui être incorporée et subordonnée : voir CONSCIENCE ; cf. ES et INCONSCIENT.
3. La certitude devient donc une qualité ou une disposition du sujet qui reproduit, dans le champ de la connaissance rationnelle, la sécurité ou l'assurance que le croyant trouvait dans la foi et qui le soustrait au flottement de l'âme, voir CROYANCE [BELIEF, GLAUBE] ; cf. DASEIN, *MALAISE*, et en part. SEHNSUCHT, *VIE*.
4. On notera que le français conserve la possibilité de renverser les perspectives, en exploitant l'étymologie latine, comme lorsque, dans les *Principes de la philosophie*, Descartes transforme la *certitudo probabilis* des scolastiques (saint Thomas) en « certitude morale ». En revanche, l'anglais tend à objectiver au maximum la *certainty* par opposition au *belief* (voir BELIEF) ; tandis que l'allemand entend dans le terme *Gewissheit* la racine *wissen* « savoir, avoir appris », et l'inscrit dans une série avec *Bewusstsein* et *Gewissen* (voir CONSCIENCE), marquant nettement le rapport constitutif au sujet, par opposition d'un côté à *Glaube* (voir GLAUBE), de l'autre à *Wahrheit* et à *Wahrscheinlichkeit* (litt. « apparence de vérité », pour « probabilité ») (voir VÉRITÉ, en part. II, B).

II. NŒUDS DE PROBLÈMES

1. Sur les rapports entre certitude et croyance, les modalités de l'expérience subjective, on se reportera à *CROYANCE*.
2. Sur le rapport entre la certitude individuelle et la constance du sage, on se reportera à PHRONÊSIS et PIETAS ; cf. MORALE, *SAGESSE*, VIRTÙ.
3. Sur les rapports entre certitude et vérité, le face-à-face de la subjectivité et de l'objectivité dans le développement du savoir, voir — outre VÉRITÉ — ANSCHAULICHKEIT, *EXPÉRIENCE*, PERCEPTION, REPRÉSENTATION.
4. Sur les rapports entre certitude et probabilité, les modalités du savoir objectif en tant qu'il est rapporté à l'expérience d'un sujet, voir — outre *PROBABILITÉ* — CHANCE, DEVOIR, DOXA, *SENS COMMUN* [COMMON SENSE, SENSUS COMMUNIS], MATTER OF FACT.

► ÂME, ENTENDEMENT, *ÊTRE*

CHAIR *Chair* provient du latin *caro, carnis*, qui, lié à la racine indo-européenne **(s)ker-*, « couper, partager » (cf. gr. *sarx* [σάρξ], « chair », et *keirô* [κείρω], « je coupe »), signifie à l'origine « morceau de viande ».
C'est l'une des traductions possibles de l'allemand *Leib*, en tant qu'il fait couple non seulement avec *Seele*, « âme », mais aussi avec *Körper*, « corps inerte ». *Leib* renvoie à *Leben*, « vie », par différence avec *Fleisch*, qui signifie proprement « chair », au sens de « viande » (cf. angl. *flesh*).
On trouvera sous l'entrée LEIB l'étude des réseaux latins, grecs, hébraïques, qui constituent les matrices de cet ensemble et le sens de leur réinvestissement phénoménologique.
Pour compléter le réseau allemand, on se reportera à ERLEBEN et GESCHLECHT.
Sur le versant phénoménologique et existentiel, voir DASEIN, EPOKHÊ, INTENTION.
Voir aussi, sur l'incarnation, BILD, BOGOČELOVEČESTVO et OIKONOMIA.

► ÂME, ANIMAL, DIEU, *HUMANITÉ*, *VIE*

CHANCE / PROBABILITY [ANGLAIS] – fr. *chance, probabilité, avantage*

► *PROBABILITÉ*, et ANGLAIS, *DESTIN*, HISTOIRE, UTILITY

Les notions anglaises de chance *et de* probability, *qui ont longtemps pu être prises l'une pour l'autre, se sont chargées chacune d'un sens spécifique à partir du moment où elles sont entrées dans le champ des calculs mathématiques, qui ont contraint à les distinguer l'une de l'autre dès la seconde moitié du XVIII*e *siècle et, plus encore, au XIX*e*. Sans doute trouve-t-on, au XVIII*e *siècle, des occurrences où* chance *a strictement le même sens que* probability *; c'est ainsi que, dans son étude qui établit de manière éclatante leur distinction,* Essai en vue de résoudre un problème de la doctrine des chances *(1763), Thomas Bayes déclare : « Par chance, je veux dire la même chose que probabilité » (trad. fr. J.-P. Cléro, p. 26-27). Or Bayes est précisément l'un des mathématiciens qui apprennent à distinguer de la façon la plus nette la* chance *de la* probability*. La* chance *retient nettement l'esprit « subjectif » du hasard, puisque l'on parle de « chance d'avoir raison » (en assignant un degré de probabilité entre deux degrés choisis) ; elle représente donc, dans la tradition de l'*Ars conjectandi *de J. Bernoulli, une fraction de certitude. En revanche, la* probabilité *est nettement « objective » en ce qu'elle paraît s'appliquer plus directement aux événements. La probabilité pour que l'as sorte lorsqu'on lance un dé équilibré est de 1/6*e *; elle paraît alors être une propriété même de la situation. Il n'en reste pas moins que la proposition précédente peut s'interpréter et se dire ainsi : la chance d'avoir raison lorsqu'on dit que l'as va sortir est de 1/6*e*.*

I. « PROBABILITY OF CHANCES » ET « PROBABILITY OF CAUSES »

Certes, depuis les années 1650, alors que Pascal inventait, avec Fermat, la « géométrie du hasard » et cherchait à dénombrer des hasards et à calculer le « parti » que l'on doit faire de l'enjeu, jusqu'à la fin du XVIIIe siècle, les deux termes – *chance* et *probability* – avaient eu le temps de changer de sens. Le dernier chapitre de la *Logique de Port-Royal* (part. IV, chap. 16) – dont Pascal est au moins l'inspirateur, s'il n'en est pas l'auteur – détermine, conformément à la pratique du « calcul des partis », la probabilité à partir de l'espérance (d'un gain si un tel événement particulier se produit). La « probabilité d'un événement » (on trouve l'expression dans la *Logique*) est alors le rapport de l'espérance sur le gain espéré. À chaque étape de la situation complexe de jeu qu'il analyse, Pascal établit l'espérance des joueurs, c'est-à-dire la somme qu'il faudrait donner à chacun si le jeu venait à s'arrêter avant que le sort ne désignât régulièrement le gagnant. Toutefois « espérer » est plutôt pris comme un verbe, tandis que la « probabilité » est ordinairement prise, tant chez Pascal que dans la *Logique*, comme équivalant au « hasard » et à la « chance ». Dès 1739, Hume a saisi les deux grands axes selon lesquels se divisent les deux notions, quand elles ne sont pas tenues pour synonymes. Le premier oppose la « *probability of chances* » à la « *probability of causes* ». Lorsque, dans une situation donnée, on peut dresser le système entier de ses développements possibles et calculer que telle situation envisagée se produira de préférence à telle autre, on parle de « *probability of chances* ». Ainsi, dans la situation de jeu qu'est le calcul des partis, on parlerait très volontiers de « probabilité des chances », puisque l'entendement peut faire un inventaire serré de tous les développements de cette situation. Le terme pascalien de « hasard » se rend parfaitement par le mot anglais *chance* (L. E Maistrov, *Probability Theory. A Historical Sketch*, p. 44).

En revanche, on parle de « *probability of causes* » dans des circonstances très différentes, bien distinguées par Hume : si un homme a été ou si des hommes ont été témoin(s) d'une suite plus ou moins longue d'événements subséquents et semblables A1B1, A2B2, A3B3... AnBn, et qu'un événement de type A se produit, on peut supputer la probabilité que l'événement B se produira et calculer celle-ci en utilisant le binôme de Newton ; on parlera alors de « probabilité des causes ». Notons que l'on aurait pu, à partir d'un événement de type B, supputer de la même façon la probabilité qu'un événement A l'ait précédé. Il est clair que, pour reprendre l'image de Hume, la probabilité des causes s'évalue, non pas au terme d'un décompte, dans un système de cas qu'il s'agit d'inventorier dans toutes les directions, mais plus linéairement, à la manière dont on creuse un sillon dans une seule direction. Autant la pesée des cas passés intervient pour déterminer la probabilité d'une cause ou d'un effet dans une situation présente, autant la prise en compte de situations passées dans une situation de jeu (de hasard) n'a strictement rien à voir avec la probabilité des chances et constitue un véritable obstacle épistémologique à son évaluation.

II. PROBABILITÉ SUBJECTIVE (« CHANCE ») ET PROBABILITÉ OBJECTIVE (« PROBABILITY »)

Croisant cette première opposition entre la « *probability of chances* » et la « *probability of causes* » et entrant quelque peu en contradiction avec elle, il en est une autre, qui a joui d'une importance et d'une fortune encore plus grandes, non seulement en mathématiques, mais aussi dans les domaines religieux, économique, juridique et social : c'est celle qui distingue la probabilité subjective (généralement appelée *chance*) et la probabilité objective (généralement appelée *probability*). Price a bien vu que Bayes (*An Essay*..., p. 24-25) s'éloignait de l'acception ordinaire sur ce point. Si je lance le fameux dé à six faces, bien équilibré et non pipé du mathématicien, qui présente nettement l'une de ses faces lorsqu'il a fini de rouler, la probabilité que j'ai d'obtenir un as, comme n'importe quelle autre face d'ailleurs, est de 1/6e. La probabilité paraît alors s'appliquer directement à l'événement, même s'il n'en est rien et si elle est une pure fiction liée au discours qui permet la prédiction. Mais, si je suis dans la situation où, tirant des billets gagnants et perdants d'une urne, je suppute la valeur du rapport entre la quantité des billets perdants et la quantité des billets gagnants qu'elle contient à partir des tirages que j'ai déjà effectués, fussent-ils en petit nombre, j'attribue une probabilité à l'événement du tirage que je vais faire avec une chance d'avoir raison ou de me tromper. La règle de Bayes met en rapport la probabilité qu'un événement ait lieu avec la chance de me tromper lorsque je la suppose. Elle calcule, selon l'expression de Bayes reprise par Price dans sa présentation de l'*Essay* (p. 16) :

> [...] *the chance that the probability for the happening of an event perfectly unknown should be between any two named degrees of probability, antecedently to any experiments made about it.*
>
> [(...) la chance que la probabilité de la production d'un événement parfaitement inconnu soit comprise entre deux degrés quelconques de probabilité, avant que l'on ait fait de cet événement quelconque quelque expérimentation.]

La chance ne porte plus du tout sur l'événement, mais indirectement sur une évaluation que je fais de sa probabilité. Dans une situation initiale donnée, je puis décider de situer comme je veux, entre deux degrés, la probabilité qu'un événement se produise ; la « chance d'avoir raison » — nous traduisons mot à mot l'expression anglaise : « *the chance of being right* » — change bien entendu en fonction du développement de ladite situation, c'est-à-dire au fur et à mesure que je recueille des informations nouvelles sur l'événement que je considère. Le degré de chance est calculé par un entendement qui mesure la valeur d'une décision par rapport à la probabilité d'un événement envisagé dans une situation donnée ou à diverses étapes de cette situation. Curieusement, comme dans cette nouvelle fonction, la « chance » se met difficilement au pluriel, un auteur comme Price lui substituera le mot *odds* et parlera des *odds of chance* ou des *odds of probability* (*An Essay*..., p. 84, 92, 94, 98, 100, etc.). Le point est d'autant plus remarquable que *odds* a été très longtemps un mot utilisé exclusivement au singulier dans la langue anglaise. Si *odds* prend alors nettement le sens de « cote » dans un pari susceptible de recevoir un nombre cardinal, *odd* a d'abord marqué l'étrangeté d'un événement, le trait insolite qui le caractérise comme événement singulier et le rend difficile à apparier ; ce qui ne signifie pourtant pas que le mot n'ait pas quelque relation avec l'arithmétique puisqu'on parle couramment de *odd number* (nombre impair). Par sa singularité, l'événement est incommensurable, mais, contradictoirement, il gagne par là aussi le statut d'unité constitutive d'un nombre, lequel garde son caractère d'imperfection, d'imparité, de difficulté à être divisé.

III. IMPORTANCE DE LA DISTINCTION DANS LES DÉBATS RELIGIEUX ET JURIDIQUES

On comprend, à partir de là, pourquoi le renversement par une interprétation « subjective » des arguments de la religion naturelle, qui reposaient jusqu'alors sur une interprétation en termes de probabilités objectives des analogies (Dieu serait à l'univers comme l'architecte à la bâtisse, etc.), se révélera particulièrement destructeur. La « chance d'avoir raison » met en concurrence diverses hypothèses qu'elle évalue ; elle ne s'en tient pas à l'examen étriqué d'une seule analogie, dont celui qui conjecture considérerait les termes sans faire preuve d'aucune imagination. Cette technique d'argumentation, qui ne s'exprime pas toujours dans une terminologie bayésienne, est celle des *Dialogues sur la religion naturelle* de Hume.

Le renversement de la perspective prétendument *de re* (portant directement sur les choses) à la perspective *de dicto* (de la chance) se révélera d'une grande efficacité dans le domaine juridique, tout particulièrement dans celui du droit pénal. Sans doute Jacques Bernoulli, qui définissait, dans l'*Ars conjectandi*, la probabilité comme une fraction de certitude, avait vu très tôt l'intérêt des probabilités pour les calculs économiques, juridiques, politiques, sociaux ; mais c'est la perspective bayésienne, laquelle sera celle de l'utilitarisme de Bentham jusqu'à nos jours, celle aussi de Laplace et de Poisson, qui donnera à ces calculs leur véritable valeur. Si la société, gardienne des lois, de l'ordre, de la sûreté, mais aussi de la justice, a intérêt à ce que tel crime ou tel délit soit puni, on peut supputer les chances d'avoir raison en attribuant ce crime ou ce délit à telle ou telle personne que l'on s'apprête à punir, sans omettre d'évaluer, à partir de là, s'il est juste de procéder à ce châtiment (voir encadré 1, « *To eikos* », dans EIDÔLON).

IV. « PROBABILITY », « CHANCE », « EXPECTATION »

L'embarras que l'on éprouve à traduire les deux termes *probability* et *chance* peut donc venir d'une certaine contradiction dans l'usage de *chance* : dans la première opposition entre *chances* et *causes*, il prend une acception essentiellement objective, liée à un décompte de situations, alors que, dans la seconde opposition, il prend le sens subjectif de rapport de valeurs ; le contexte indiquera toujours à quel type d'opposition on a affaire.

Toutefois la notion d'*expectation*, très proche de celle de *probability* et de celle de *chance*, ajoute à la difficulté. S'il convient, le plus souvent, d'éviter de traduire *expectation* par « attente » dans les contextes où il s'agit manifestement d'une évaluation de probabilité et de préférer parler d'*espérance*, il faut reconnaître que cette notion manque de clarté. Pascal, que nous avons présenté comme l'auteur par excellence de la « probabilité des chances », raisonne moins sur la probabilité que sur l'espérance : il s'agit pourtant nettement de calculs qui relèvent précisément du domaine des probabilités objectives. Or les probabilités subjectives se caractériseront, plus tard, par un usage fondamental de l'espérance à partir de laquelle seule se définit la probabilité, comme on le voit chez Bayes, qui pose la probabilité d'un événement comme le rapport de l'espérance qui s'attache à celui-ci au gain que l'on compte réaliser s'il se produit :

> *The probability of any event is the ratio between the value at which an expectation depending on the happening of the event ought to be computed, and the value of the thing expected upon it's happening.*
>
> [La probabilité d'un événement est le rapport entre la valeur à laquelle on doit estimer une espérance qui dépend de la production de cet événement et la valeur de la chose que l'on espère s'il se produit.]

C'est le lieu de remarquer que la notion de probabilité subjective a pu naître dans une langue qui permet cette formulation compliquée au moyen de gérondifs proprement intraduisibles en français (voir ANGLAIS) — quand bien même, quelques années après cette naissance, les mathématiciens continentaux traiteront de cette notion avec la même aisance que les mathématiciens anglais.

Jean-Pierre CLÉRO

BIBLIOGRAPHIE

BAYES Thomas, *An Essay towards Solving a Problem in the Doctrine of Chances*, 1763 ; *Essai en vue de résoudre un problème de la doctrine des chances*, éd. bilingue, trad. fr. J.-P. Cléro, in *Cahiers d'histoire et de philosophie des sciences*, n° 18, Belin, 1988.

BERNOULLI Jacques, *Ars conjectandi* (opus posthumum), Thurnisiorum fratrum, Bâle, 1743. *Pars quarta (tradens usum & applicationem praecedentis Doctrinae in Civilibus, Moralibus Oeconomicus)*, p. 210-239.

HACKING Ian, *The Emergence of Probability, A philosophical Study of Early Ideas about Probability, Induction and Statistical Inference*, Cambridge UP, 1975.

HUME David, *A Treatise of Human Nature*, éd. Selby-Bigge, Oxford, Clarendon Press, 1978 ; trad. fr. P. Baranger et P. Salterl, Livre I, Flammarion, « GF »,1995.

— *Dialogues sur la religion naturelle*, trad. fr. Malherbe, Vrin, 1987.

LAPLACE Pierre Simon, marquis de, *Mémoire sur la probabilité des causes par les événements*, in *Œuvres complètes*, t. 8 : Mémoires extraits des recueils de l'Académie des sciences de Paris, Gauthier-Villars, 1891.

— *Théorie analytique des probabilités*, Courcier, Paris, 1814.

MAISTROV Leonid Efimovich, *Probability Theory. A Historical Sketch* (1967), trad. angl. et éd. S. Kotz, New York et Londres, Academic Press, 1974.

MOIVRE Abraham de, *The Doctrine of Chances*, Guilford and London, Frank Cass & Co, Ltd, 1967.

PASCAL Blaise, *Œuvres complètes*, Gallimard, « La Pléiade », 1954, Le Seuil, « L'Intégrale », 1963.

POISSON Denis, *Recherches sur la probabilité des jugements en matière criminelle et en matière civile précédées des règles générales du calcul des probabilités*, Bachelier, 1837.

TODHUNTER Isaac, *A History of the Mathematical Theory of Probability from the Time of Pascal to that of Laplace* (1865) (textually unaltered reprinted), New York, Chelsea publishing Company, 1965.

CHOSE

I. CHOSE : « CAUSA », « RES »

Les mots français *chose* et *cause* viennent tous deux du même mot latin, *causa*, qui relève du vocabulaire juridique et désigne une affaire où sont en jeu des intérêts, à la fois procès, objet du procès et parties en présence — toutes choses que nous désignons nous aussi par *cause*. *Causa* est souvent joint à *ratio*, et prend alors (ou retrouve, car certains emplois semblent antérieurs, voir A. Ernout et A. Meillet) le sens de *cause* comme « raison », « motif », « influence », ce que nous appelons *cause* au sens *causal* du terme (*causa*, « à cause de »). Par ailleurs, *causa* est souvent joint à *res*, pour désigner l'« affaire », les « faits de la cause ». *Res*, qui signifie d'abord le « bien familial », la « propriété », la « richesse » (cf. sanscrit *revā´n*), puis l'« affaire », l'« objet », et *causa* s'affaiblissent et se contaminent simultanément pour désigner ensemble ce que nous entendons par « chose » (all. *Ding* et *Sache*, angl. *thing*, où s'entend aussi le « tribunal »). En revanche, le doublet grec *aition*, *aitia* [αἴτιον, αἰτία], que rend *causa*, pour la causalité comme pour le droit, reste quant à lui bien distinct de *pragma* [πρᾶγμα] (sur *prattein* [πράττειν], « agir ») et surtout de *khrêma*, *khrêmata* [χρῆμα, χρήματα] (« ce dont on se sert », les « richesses »), qui sont les meilleurs équivalents de *res*.

On a choisi d'entrer par *res* dans l'ensemble de ces réseaux anciens et modernes, pour explorer la polysémie du mot en même temps que son extrême indétermination : voir RES, avec l'encadré 1 sur le grec, l'encadré 2 sur l'arabe, et l'encadré 3 sur l'ensemble des étymologies de *res* ou de *Ding*, qui renvoient aussi bien à la consistance objective et solide de l'être (*ratum*) qu'à la pensée et à la représentation (lat. *res-ratitudo*, all. *Ding-Denken*, angl. *thing-think*).

II. CHOSE, QUELQUE CHOSE, ÊTRE, RIEN

1. Sur l'extension du terme *chose*, qui s'applique à tout ce qui est, et même à tout ce qui n'est pas (ainsi parle-t-on de « quelque chose » d'inexistant et, surtout, de « rien », sur l'accusatif lat. *rem*), on se reportera, outre RES/ENS, à ESSENCE, *IL Y A* , OBJET, RÉALITÉ, *RIEN*, SACHVERHALT, SEIN ; cf. *ÊTRE*, *NÉGATION*, *PERSONNE*, II, 4). Voir aussi VORHANDEN / ZUHANDEN pour une détermination de la chose comme « subsistante » ou « disponible ». Sur le rapport entre « chose » et « mot », voir SIGNE et MOT, VÉRITÉ ; voir aussi LOGOS (en part. l'encadré 5, « L'ambiguïté de l'hébreu *dāvār*... »).

2. Sur la différence entre chose et personne, voir ANIMAL, JE, SUJET ; cf. *PERSONNE*, *VIE*.

3. Sur la « chose en soi » (*Ding an sich*), voir ERSCHEINUNG, GEGENSTAND ; cf. ALLEMAND.

► NATURE, WELT

CIVILISATION

CIVILISATION *Civilisation* est un mot qui apparaît au XVIIIe siècle (Mirabeau l'aîné, *L'Ami des hommes*, 1758) pour désigner de manière dynamique ce que *civilité* désignait de manière « statique » (voir CIVILITÉ) : la *civilisation* est un processus par lequel les hommes deviennent « civils » et s'éloignent de la barbarie primitive à travers l'adoucissement de leurs mœurs et l'établissement entre eux de liens « civiques ».

I. « CIVILISATION » (fr.), « CIVILTÀ » (it.), « ZIVILISATION » (all.)

On a choisi de privilégier ici :
1. La réflexion italienne sur la CIVILTÀ, terme unique pour désigner ce que le français appelle *civilité* et *civilisation* (cf. SPREZZATURA et VIRTÙ).
2. La distinction allemande entre *Kultur* et *Zivilisation*, traitée sous BILDUNG (voir CULTURE).

II. CIVILISATION ET POLITIQUE

Sur le rapport au politique et au civil/civique, voir SOCIÉTÉ CIVILE. Plus particulièrement :
— pour la notion de communauté politique grecque et son lien avec l'humanité de l'homme, voir POLIS et LOGOS (en part. II, A) ; sur la « barbarie », voir encadré 1, « Qu'est-ce qu'un barbare... ? », dans TRADUIRE ;
— sur la *civitas* latine, voir LEX ;
— sur la *civil society*, voir LIBERAL, et la différence *politics/policy*, traitée sous POLITIQUE.
Voir aussi *DROIT*, *JUSTICE*, et *LOI*.

III. CIVILISATION ET PROGRÈS

Sur le rapport au progrès, voir CORSO, HISTOIRE, HISTOIRE UNIVERSELLE, PERFECTIBILITÉ, *PROGRÈS*, SÉCULARISATION ; cf. *DESTIN*, GLÜCK, MENSCHHEIT.

► *CULTURE*

CIVILITÉ

CIVILITÉ *Civilité* est issu du latin *civilitas*, qui désigne d'abord tout ce qui concerne la cité, *civitas*, et le citoyen, *civis* : *civilitas* est, par exemple, le terme choisi par Quintilien (II, 15, 25) pour traduire *hê politikê* [ἡ πολιτική] de Platon. Mais le mot latin désigne aussi un certain type de rapports, adoucis et anoblis, entre les hommes (*clementiae civilitatisque*, « sa clémence et sa courtoisie », dit Suétone [*Auguste*, 51, 1]) : voir MENSCHHEIT, et l'encadré 1 sur l'*humanitas* latine ; cf. PARDONNER.
Au XVIIIe siècle, la « civilité » devient ainsi synonyme de la « politesse », avec des nuances variables selon les auteurs.
On étudie ici essentiellement :
1. La réflexion italienne sur la civilité et la politesse : voir CIVILTÀ, « *civilité/civilisation* », et *CIVILISATION*, SPREZZATURA.
2. La manière dont la « civilité » continue de s'entendre dans la « société civile » : voir SOCIÉTÉ CIVILE.
Sur le rapport plus général au politique et au progrès, voir CIVILISATION.

► BEHAVIOUR, *CULTURE*, INGENIUM, *MOT D'ESPRIT*, *PRUDENCE*

CIVIL RIGHTS

ANGLAIS – fr. ***droits civils, droits civiques***

► ***DROIT***, et **CIVILTÀ, ÉTAT DE DROIT, JUDICIAL REVIEW, LAW, MENSCHHEIT, POLITIQUE, SOCIÉTÉ CIVILE**

L'expression civil rights *peut être traduite à la fois par « droits civils » et par « droits civiques ». Dans le premier cas, on se réfère en fait aux classifications usuelles des droits qui distinguent les droits civils (comme la propriété) des droits politiques ou des droits sociaux. Dans le second cas, on se réfère plutôt au sens acquis par les* Civil Rights *au cours des grands mouvements américains des années 1950 et 1960 dont le but principal était de mettre fin à la ségré-*

gation raciale et, plus généralement, aux discriminations dont étaient victimes les minorités.

Si l'on veut comprendre pourquoi la langue anglaise parle ici de droits civils alors que ceux-ci incluent le droit de vote, ou encore de droits civiques (*i.e.* de droits du citoyen) là où on aurait pu imaginer que les droits de l'homme (*Rights of Man* ou *Human Rights*) sont en jeu, il faut se référer à l'histoire constitutionnelle américaine. Après la guerre de Sécession, les États-Unis avaient adopté trois amendements à la Constitution qui auraient dû mettre fin à l'esclavage et à ses séquelles. Le 13ᵉ amendement abolissait l'esclavage ; le 14ᵉ fondait la citoyenneté sur le droit du sol et interdisait aux États de « restreindre les privilèges et immunités des citoyens des États-Unis », de priver « aucune personne de vie, de liberté ou de propriété sans le bénéfice des protections dues par le droit [*without due process of Law*] » ou de « refuser à quiconque [*to any person*] relevant de sa juridiction l'égale protection des lois » ; le 15ᵉ, enfin, protégeait le droit des citoyens des États-Unis à voter, contre toute restriction fondée sur des raisons « de race, de couleur ou de condition antérieure de servitude ». Or, l'évolution juridique et politique des États-Unis avait conduit à vider ses amendements d'une grande partie de leur substance par la ségrégation raciale et par divers artifices destinés à priver les Noirs de leur droit de vote sous divers prétextes (*literacy test*, etc.) — le *Civil Rights Act* de 1875, qui visait à interdire la discrimination raciale sur les droits publics, avait d'ailleurs été déclaré inconstitutionnel dans un arrêt *Civil Righs Cases* de 1883. Dans la mesure où le combat contre les discriminations visait à redonner leur portée à ces droits des citoyens américains et non pas simplement à garantir les droits des personnes, en s'appuyant sur la nouvelle orientation libérale de la Cour suprême, il était naturel qu'il se présentât comme mouvement pour les droits civiques : il ne s'agissait pas seulement de garantir les droits de l'homme, mais aussi de faire en sorte que les Noirs américains soient reconnus comme citoyens à part entière.

Philippe RAYNAUD

BIBLIOGRAPHIE

ROBEL Lauren et ZOLLER Elizabeth, *Les États des Noirs*, PUF, « Béhémoth », 2000.

CIVILTÀ ITALIEN – fr. *civilité, civilisation*

gr.	*asteiosunê* [ἀστειοσύνη], *paideia* [παιδεία], *politeia* [πολιτεία]
lat.	*civilitas, urbanitas*
angl.	*civility, civilization*
it.	*cortesia, urbanità, gentilezza, buona creanza*

► *CIVILISATION*, *CIVILITÉ*, et BILDUNG, *ÉTAT*, INGENIUM, *MOT D'ESPRIT*, POLIS, SPREZZATURA

En français, deux mots différents, civilité *et* civilisation, *correspondent respectivement à deux notions distinctes, alors qu'en italien un seul mot,* civiltà, *couvre un champ sémantique large qui intègre ce qui, en français, est distingué. Il s'agira ici, sinon de donner les raisons de cette divergence à partir d'une origine commune (le latin* civis *et ses dérivés), du moins d'essayer de montrer comment la réflexion sur cette proximité et cette distance terminologiques ouvre des perspectives sur la manière dont les sociétés occidentales ont conçu leur destin historique.*

I. ARTICULATION DU POLITIQUE ET DE L'ÉTHIQUE

Les mots *civiltà* en italien, *civilité* et *civilisation* en français, ont une étymologie commune, le latin *civis* (« membre libre d'une cité, citoyen »), son dérivé abstrait *civitas* (« condition de citoyen, ensemble de citoyens, cité »), l'adjectif *civilis* (« de citoyen, civil ; qui concerne l'ensemble des citoyens, politique ; qui convient à des citoyens ; populaire, affable, bienveillant, doux »), *civilitas* (« qualité de citoyen, sociabilité, courtoisie »), l'adverbe *civiliter* (« en citoyen, en bon citoyen ; dans les formes légales ; avec modération, avec douceur »). Dans tous ces emplois, il faut remarquer la double connotation, l'une, politique, qui renvoie à ce type particulier d'organisation de la vie en commun qu'est la cité antique, l'autre, morale et psychologique, qui renvoie à l'adoucissement des mœurs qu'est censée produire la vie dans une cité. Le second sens est exprimé aussi par le terme *urbanitas*, qui fait allusion à l'*urbs*, à la ville dans sa réalité concrète, entendue comme lieu de contact permanent entre les individus, grâce auquel les manières et le langage perdent leur « rusticité » (de *rus*, la campagne), la Ville par excellence, l'*Urbs*, étant Rome. On peut d'ailleurs constater, dans le champ sémantique du grec, la même constellation de sens. *Civitas* correspond à *polis* [πόλις], *civis* à *politês* [πολίτης], *civilis* à *politikos* [πολιτικός] (ce dernier mot signifiant « qui concerne les citoyens », « qui concerne l'État », et aussi « capable de vivre en société », « sociable »). *Astu* [ἄστυ], par ailleurs, désigne, comme *urbs*, la ville, opposée à la campagne, et souvent, employé sans article, Athènes. L'adjectif *asteios* [ἀστεῖος], « de citadin », qualifie « ce qui est de bon goût, cultivé, élégant », et, en parlant du langage et du style, « fin, spirituel » (les *asteia* sont les « bons mots »). Il vaut la peine de noter ici que le mot français « politesse » ne dérive pas, comme on le croit souvent, du grec *polis*, mais de l'italien *polito* (« lisse, propre »), lui-même issu du latin *politus* (« rendu lisse, propre, par l'effet de la polissure »). On retrouve cette dualité dans les mots italiens et français (espagnols également) dérivés de la racine latine.

Dans l'italien actuel, selon les définitions des dictionnaires, par exemple le *Grande dizionario della lingua italiana* (Milan, UTET), *civiltà* (anciennement *civilità*) désigne, d'un côté, « la condition d'un peuple qui a atteint un certain degré de progrès technique et spirituel », « l'ensemble des conquêtes accomplies par l'homme dans le domaine politique, social et culturel », « l'ensemble des manifestations de la vie matérielle, sociale, morale, d'un peuple à un moment donné de son histoire ». Dans les deux premières définitions (la dernière étant moderne), le mot est déjà employé par Le Tasse. Vico parle de « lois propres à domestiquer un peuple barbare pour l'amener *ad un'umana civiltà* » (*La Scienza nuova*, 1744, § 100), mais de manière générale il emploie plutôt le mot *umanità*, qui ne désigne pas chez lui « l'espèce humaine », mais à la fois le processus selon lequel les nations, de « barbares » qu'elles étaient, deviennent « pleinement humaines », et le résultat final de ce processus. Et, de l'autre côté, *civiltà* désigne un comportement caractérisant la vie sociale, celui d'« une personne cultivée, éduquée, aux sentiments élevés ». Le mot est alors synonyme de *cortesia*, d'*urbanità*, de *gentilezza*, de *buona creanza*.

La comparaison avec le français est instructive. *Civilité* est attesté pour la première fois, au XIVe siècle, chez Nicolas Oresme, dans sa traduction des *Éthiques* d'Aristote, où il est défini comme « la manière, ordonnance et gouvernement, d'une cité ou communauté » (l. II, chap. 1, glose 9). Ici ce mot conserve sa signification latine première, qui est politique. Mais très vite, dès le siècle suivant, par un glissement que l'on trouvait déjà en latin, on l'a vu, le sens devient moral et psychologique, désignant une certaine qualité des rapports entre les membres d'une communauté. Furetière, dans son *Dictionnaire universel* (rééd. SNL-Le Robert, 1978), définit ainsi la civilité comme « une manière honnête, douce et polie, d'agir, de converser ensemble », et un siècle plus tard, pour l'*Encyclopédie* de Diderot et d'Alembert, « la civilité et la politesse sont une certaine bienséance dans les manières et dans les paroles, tendant à plaire et à marquer les égards qu'on a les uns pour les autres ». Le mot a conservé ce sens par la suite, tout en étant de moins en moins employé. *Civilité*, mot « vieilli », disent les dictionnaires (par ex. *Le Petit Robert*). À l'heure actuelle, cependant, on peut constater un certain regain d'intérêt pour le terme, qui exprime mieux la portée « citoyenne » (le mot *citoyen* étant désormais, contre l'usage classique, susceptible d'un emploi adjectival qui vise à supplanter *civique*) du besoin ressenti d'un retour à une politesse minimale.

II. QUAND « CIVILISATION » SE SÉPARE DE « CIVILITÉ »

La question est de savoir quand et comment, sinon pourquoi, est apparu dans la langue française le mot *civilisation*, si proche, par la forme et l'étymologie, de *civilité*, mais possédant un sens différent, alors qu'en italien le même mot *civiltà* continue d'exprimer un contenu sémantique que le français désormais divise.

L'histoire du mot français *civilisation* est bien connue. Si l'on admet que ce substantif apparaît pour la première fois dans un texte du marquis de Mirabeau, *L'Ami des hommes ou Traité de la population* (1757), il est intéressant de noter que sous la plume de cet auteur le néologisme a encore un sens très proche de *civilité*, puisque Mirabeau écrit ailleurs que « la civilisation est l'adoucissement des mœurs, l'urbanité, la politesse, et les connaissances répandues de manière que les bienséances soient observées et tiennent lieu de lois de détail » (*L'Ami des femmes ou Traité de la civilisation*, projet de livre). Ce n'est qu'un peu plus tard que *civilisation* va prendre le sens qu'il a conservé dans notre langue, et dont on peut demander à Guizot la définition. Pour l'auteur de l'*Histoire de la civilisation en Europe* (1828), la civilisation est un « fait », « un fait comme les autres, susceptible d'être étudié, décrit, raconté », mais aussi un fait qui n'est pas comme les autres, puisqu'il est « un fait de progrès, de développement », si bien que, ajoute Guizot, « l'idée du progrès, du développement, me paraît être l'idée fondamentale contenue sous le mot *civilisation* ».

Émile Benveniste a bien montré comment *civilité*, par sa désinence, est un terme statique, qui, pour cette raison, ne suffisait plus à exprimer la conception qui commençait à s'imposer, dans la seconde moitié du XVIIe siècle, d'un processus temporel suivi par la société humaine et orienté dans le sens d'un progrès général, et comment *civilisation*, par sa désinence en *-isation*, correspondait mieux, par sa forme même, à l'aspect dynamique de ce processus. Ainsi s'explique la facilité avec laquelle les hommes de la fin du siècle des Lumières adoptèrent le néologisme du marquis de Mirabeau. Il faut cependant remarquer la résistance significative, en Angleterre, de Samuel Johnson, qui, en 1772, comme le relate son biographe Boswell, ne voulait pas admettre dans son célèbre *Dictionnaire* le mot *civilization*, parce que *civility* suffisait, disait-il (*The Life of Samuel Johnson* [1791], R. W. Chapman [éd.], 1970, p. 466).

L'italien, pourrait-on dire, est d'accord avec Johnson. Il a conservé en effet *civiltà* dans le sens de *civilité* et de *civilisation*, comme nous l'avons vu. D'un usage moins fréquent, le mot *incivilimento* exprime, le mouvement dynamique dont la *civiltà* est le résultat. *Civilizzazione*, calqué sur le français *civilisation*, a bien été introduit dans la langue italienne au début du XIXe siècle, et on le trouve chez Manzoni et Leopardi, mais il ne s'est pas vraiment imposé, pour des raisons révélatrices. Vers 1860, par exemple, Ugolini écrit : « *Civilizzazione* ; laissons ce mot aux Français, contentons-nous de notre *incivilimento*, de *costume* ou *vivere civile*, de la *civiltà*. Ces mots, nous les possédons depuis un temps où les Français ne possédaient ni le mot *civilisation*, ni l'état qui correspond à ce mot » (Filippo Ugolini, *Vocabolario di parole e modi errati*, p. 86). Cette remarque, évidemment polémique, est inspirée par le nationalisme exacerbé des Italiens à l'époque, mais elle se rattache aussi à un courant de pensée plus ancien, dont on trouve l'équivalent en Allemagne. C'est la France patrie des Lumières, puis mère de la Révolution, qui est en cause. On lui reproche son expansionnisme politique, idéologique, linguistique, et, plus profondément, son rationalisme sec, sa conception du progrès fondée uniquement sur les valeurs scientifiques, techniques, économiques, sa perte du sens des valeurs historiques, de la tradition, des racines populaires. La *civiltà* italienne, elle, renvoie, sinon à la Rome antique, du moins à la Renaissance, période dans laquelle l'Italie a été un modèle pour l'Europe entière. Elle est chargée de valeurs humanistes et se manifeste dans tous les domaines, de la politique et de la morale jusqu'à l'esthétique. Moins tournée vers l'avenir que vers un certain passé considéré comme modèle, exempte d'*hubris*, elle met l'accent sur le perfectionnement de l'homme en tant qu'individu et plus encore en tant qu'être social (d'où la dimension si importante de la « civilité » dans la notion de *civiltà*, dimension que le mot français *civilisation* a perdue), plutôt que sur la maîtrise de la nature.

Alain PONS

BIBLIOGRAPHIE

BENVENISTE Émile, « Civilisation : contribution à l'histoire du mot », in *Problèmes de linguistique générale*, Gallimard, 1966, t. I.

BOSWELL James, *The Life of Samuel Johnson* [1791], R. W. Chapman (éd.), Londres-Oxford-New York, Oxford UP, 1970 ; trad. fr. J. P. Le Hoc, Gallimard, 1970 (le texte cité ne figure pas dans la traduction française, qui est abrégée).

FEBVRE Lucien, « Civilisation. Évolution d'un mot et d'un groupe d'idées », in *Civilisation. Le mot et l'idée*, Première Semaine internationale de synthèse, 2e fascicule, Paris, 1930.

GUIZOT François, *Histoire de la civilisation en Europe* [1828], Hachette, « Pluriel », 1985.

MIRABEAU Victor Riqueti, marquis de, *L'Ami des hommes ou Traité de la population* [1757].

ORESME Nicolas, *Le Livre des Éthiques d'Aristote*, A. D. Menut (éd.), New York, G. E. Stechert, 1940.

STAROBINSKI Jean, « Le mot civilisation », in *Le Temps de la réflexion 1983*, Gallimard, 1983, t. IV.

UGOLINI Filippo, *Vocabolario di parole e modi errati*, Naples, G. De Stefano, 1860.

VICO Giambattista, *La Scienza nuova* [1744], in *Opere*, A. Battistini (éd.), Milan, Mondadori, 1990 ; trad. fr. A. Pons, Fayard, 2001.

OUTILS

ALEMBERT Jean Le Rond d' et DIDEROT Denis, *Encyclopédie ou Dictionnaire raisonné des sciences, des arts et des métiers*, Paris, Briasson, 1751-1780, nouv. éd. en fac-similé, Stuttgart-Bad Cannstatt, Frommann, 1966-1988.

FURETIÈRE Antoine, *Dictionnaire universel, contenant généralement tous les mots françois tant vieux que modernes, & les termes de toutes les sciences et des arts*, La Haye, Arnout & Renier Leers, 1690, rééd. 1694, 1737, repr. 3 vol., Genève, Slatkine, 1970, et Le Robert, 1978.

Grande dizionario della lingua italiana, Milan, UTET, 1961-.

CLAIM ANGLAIS – fr. *exigence, revendication*

all. *Anspruch*

► *EXIGENCE*, et ANGLAIS, DEVOIR, *DROIT*, LAW, *POUVOIR*, *VOIX*

Issu de l'ancien français clamer *(en latin* clamare, *de même champ sémantique que* clarus *« clair », « fort »),* to claim *veut d'abord dire, dans ses premiers usages littéraires historiquement attestés, « appeler, crier, clamer »* (calling loudly). *Pourtant,* to claim *et le substantif* claim *sont sans équivalent aujourd'hui en français. Les traductions françaises courantes de* claim, *« revendication, réclamation, prétention », ont toutes une tonalité, sinon péjorative, en tout cas négative, comme si la demande ainsi exprimée dans* claim *avait besoin d'un supplément de justification (à preuve l'expression « revendication légitime »). Or* claim, *dans ses premiers usages, juridiques ou politiques, pose au contraire une demande comme fondée, en nature sinon en droit, et pourrait se traduire adéquatement par « titre » : il faut donc explorer le rapport complexe entre* claim *et* right *(droit), notion qui, comme l'a remarqué MacIntyre, émerge tardivement et dont* claim *(la réclamation fondée sur un besoin) constitue peut-être une première forme, posant ainsi le problème même du droit. Cet usage juridique s'est perpétué jusqu'aux discussions anglo-saxonnes contemporaines en philosophie du droit dont il constitue l'une des spécificités.*

Aux XIXe et XXe siècles, claim *est passé des champs politique et juridique à celui de la théorie de la connaissance, puis généralement à la philosophie du langage.* Claim *est alors une « revendication de connaissance », puis une « thèse ». L'usage du terme pose d'abord le problème, issu de l'empirisme anglais, puis repris par Kant, de la légitimité de la connaissance, de mes prétentions à connaître* (claims to know) *et à dire. On en a un équivalent allemand* (Anspruch), *mais rien en français. Enfin,* claim, *comme chez Cavell* (The Claim of reason), *devient une « affirmation » qu'il s'agit de soutenir et de revendiquer* (my claim is).

I. « CLAIM », DEMANDE JURIDIQUE ET POLITIQUE

A. « Claim about », « claim to » : revendication d'un dû, revendication d'un droit

Claim, et le verbe *to claim* qui lui est associé, désigne la demande de quelque chose en tant qu'il est dû : « *Not to beg and accept as a favor, but to exact as due.* » On rend alors *claim* par « exigence », ou « titre ». Mais cela pose la question de la *légitimité* de la demande, alors que *claim* n'acquiert de sens juridique (et philosophique) qu'avec l'émergence, plus tardive apparemment, du terme *right*. Son sens devient alors plus spécifique : « *assertion of a right* to *something* » (*Oxford dictionary*). Se développe ainsi tout un vocabulaire juridique autour de *claim* : en témoigne la multiplicité des expressions, *lay a claim, make a claim, enter a claim*.

On voit que l'évolution des usages de *claim* pose des problèmes essentiels, liés à la nature du droit. *Claim* désigne à l'origine une demande fondamentale, la satisfaction d'un besoin physique ou la récupération d'un bien vital qui vous a été arraché (c'est l'usage que l'on trouve chez Shakespeare : dans *King John*, on *claim* sa femme lorsqu'elle vous a été prise par un autre). Mais cela pose la question de la naturalité et de la possession du droit.

> Ce qui distingue les revendications (*claims about*) sur les biens nécessaires des revendications à (*claims to*) la possession de droits, c'est surtout que, contrairement aux premières, les secondes présupposent l'existence d'un ensemble de règles socialement établies [...]. L'existence d'institutions sociales est une condition nécessaire pour que la notion de revendication d'un droit (*claim to the possession of a right*) soit un type intelligible d'acte humain. Sans une telle forme sociale, revendiquer un

> droit (*the making of a claim to a right*) serait comme demander à encaisser un chèque dans une société sans monnaie.
>
> A. MacIntyre, *After Virtue*, p. 67, trad. fr. mod. p. 69.

Ainsi se pose le problème du statut des revendications (ou titres ?) de propriété, devenu central dans la réflexion juridique et politique anglo-saxonne : *claim* est revendication et titre de propriété sur un objet qui m'appartient légitimement déjà. Il est d'ailleurs remarquable que l'usage du terme ait connu une extension concrète précisément lors de la conquête de terres nouvelles par des pionniers. En Amérique et en Australie, *claim* désigne ainsi une parcelle acquise par occupation (et non pas octroyée ni héritée), par exemple par les exploitants d'une mine. Ce sens « local » américain de *claim*, du sol acquis dans la conquête, sous-tend une certaine conception de la revendication des droits de propriété comme fondamentaux, et peut-être aussi des droits en général comme (re)prise de possession d'un territoire à soi (un territoire revendiqué ensuite par les Indiens en tant que premiers occupants se dira *Indian claim*). Ainsi se précise un sens de *claim to a right* : je demande ce qui est à moi, et l'a toujours été.

Il est clair qu'une certaine conception de la revendication s'appuie sur ces sens primitifs de *claim*, et que le terme, loin d'avoir été effacé ou intégré au sein de *right*, reste en quelque sorte en concurrence avec lui. On en voit le résultat dans les nombreuses discussions récentes des thèses exprimées par W. N. Hohfeld dans *Fundamental Legal Conceptions* (1919), où *claim* devient le droit par excellence, défini comme privilège ou immunité, « périmètre de protection » (cf. J. Y. Goffi, *Le Philosophe et ses animaux*). Un « droit-claim » est plus qu'un droit simple, car il n'est pas simple permission d'accomplir un acte (tolérance), ni même interdiction d'empêcher quelqu'un de l'accomplir (droit), il entraîne l'obligation pour la société de faire respecter le *claim*, de rendre l'acte possible. Le théoricien de la norme, Von Wright, montre ainsi, dans *Norm and Action* (p. 86 *sq.*), que la logique déontique ne peut fonctionner selon deux termes contradictoires A/non-A, par exemple interdit/autorisé, mais qu'il faut poser un troisième terme, un degré supplémentaire de l'autorisation, ou du droit, qui est la revendication, *i.e.* *claim*. *Claim*, loin d'être absorbé dans l'idée de droit, en serait ainsi une radicalisation ; ce qui explique la forme protestataire et territoriale que prennent (trop ?) souvent les questions de droit(s) lorsqu'ils ont statut de *claim*.

B. « Claim on » : Locke, ou de la possible illégitimité du « claim » politique

On retrouve cette dimension radicale, possessive, dans un autre usage de *claim*, au sens de la revendication d'un « pouvoir sur » (*claim on*) quelqu'un. Le sens politique de *claim* n'existe ni chez Hume, ni chez Hobbes, alors qu'il est largement présent chez Locke. Chez Hume, le *right* (celui de propriété par exemple, ou celui du souverain sur les sujets) est lié à un accord conventionnel qui n'a pas à être fondé, sauf sur l'usage et l'habitude (*custom*). Locke, à l'inverse, appelle *claim* l'autorité revendiquée du pouvoir politique sur le sujet, et la différencie de l'autorité paternelle. « *Governments* claim *no power over the son because of that they had over the father* [Les gouvernements ne revendiquent pas de pouvoir politique sur le fils du fait de leur pouvoir sur le père] » (*Second Traité*, § 118).

On découvre ici l'idée du *claim on*, qui applique à la personne le concept originaire de *claim*, mais — c'est la spécificité de Locke et de ses héritiers — en le redéfinissant. La revendication du pouvoir sur le sujet doit toujours être explicitée et justifiée en termes de droit naturel : c'est à cause de cette justification qu'elle est forcément *claim*, et non autorité naturelle. Ainsi, un *claim* chez Locke peut être *illégitime*, revendiqué sans le consentement du peuple et contre son intérêt, et c'est même la plupart du temps en ce sens que Locke emploie le terme.

> *If anyone shall* claim a power *to lay and levy taxes on the people by its own authority, and without consent of the people, he thereby invades the* fundamental law *of property, and subverts the end of government.*
>
> [nous soulignons].
>
> [Quiconque revendique un droit de faire peser et lever des impôts sur le peuple, de sa propre autorité, et sans le consentement de ce peuple, viole la loi fondamentale de la propriété et subvertit la fin du gouvernement.]
>
> *Ibid.*, § 140.

Le tenant du pouvoir n'est pas législateur, mais simple représentant de la loi (*executor*), et n'a droit à l'obéissance qu'à ce titre ; il ne peut la revendiquer pour lui-même :

> [...] *allegiance being nothing but an obedience according to law, which, when he violates, he has* no right *to obedience, nor can claim it otherwise than as the public person vested with the power of law.*
>
> [(...) l'allégeance n'étant rien d'autre que l'obéissance selon la loi, et, s'il la viole, il n'a plus droit à l'obéissance, et ne peut la revendiquer autrement qu'en tant que personne dépositaire du pouvoir de la loi.]
>
> *Ibid.*, § 150.

La théorie de Locke peut ainsi s'interpréter comme une tentative d'intégrer *claim* au champ du droit, et de subordonner la revendication du pouvoir à la loi naturelle. C'est ce qui détermine, chez lui, la possibilité que le peuple refuse l'autorité. Un mauvais prince, qui revendiquerait le pouvoir sans suivre le droit, comme une prérogative lui appartenant de droit par sa fonction (« *claims that power without the direction of the law, as a prerogative belonging to him* by right *of his office* », § 164), donne ainsi l'occasion au peuple de « *claim their right and limit that power* [de revendiquer son droit (un droit indépendant de l'autorité) et de limiter le pouvoir (du prince)] ». *Claim* a donc besoin d'un *right*, et devient ainsi, non plus fondement ou origine, mais revendication, elle-même à fonder.

C'est ainsi que l'on trouve chez Locke pour la première fois le curieux verbe *disclaim* (§ 191) : je peux dé-revendiquer, mettre en cause mon appartenance à la communauté régie par la loi et m'en retirer (je serai alors hors de sa juridiction, perdant ainsi les droits inhérents à cette appartenance). D'où l'apparition postérieure de l'expression *to issue a disclaimer,* comme symétrique de *to enter a claim*, qui signifie « refuser une responsabilité », ou aussi bien « renoncer à un droit », donc à l'appartenance. Se pose donc, avec et en *claim*, un double problème, celui du fondement de l'autorité, du titre, et celui de la reconnaissance de cette autorité par ses sujets : on passe ainsi de la question politique à la question plus générale de la communauté.

II. « CLAIM », DEMANDE DE CONNAISSANCE

Le problème de l'autorité, de la revendication de pouvoir, passe du champ politique à celui de la connaissance et de l'argumentation, mais le problème épistémologique est toujours sous-tendu par la question politique. Cavell, dans *The Claim of Reason,* a exploré ce transfert sémantique et remarquablement développé ce rapport du juridique au cognitif, puis au linguistique.

Le concept cognitif, comme son ancêtre politique, émerge des discussions de l'empirisme. Quelle est *la* question de l'empirisme, et corrélativement du scepticisme ? C'est celle de la légitimité, du *droit* de la connaissance. Qu'est-ce qui nous permet de dire que nous connaissons ? Hume examine notre prétention à connaître par raisonnement à partir de l'expérience (notons que lorsque dans l'*Enquête* il demande « quel est le fondement de toutes les conclusions à partir de l'expérience ? », il utilise, non pas *claim,* mais *pretension*). Nous « prétendons » connaître, mais de quel droit ? L'interrogation est reprise par Kant, chez qui l'on peut déceler l'émergence d'un équivalent de *claim* : *Anspruch*, qui désigne la prétention de la raison à poser des questions qui sont hors de son pouvoir, mais qui sont légitimes, et naturelles. Le sens juridique de *claim* se découvre ainsi dans le *quid juris* kantien. Le problème de la raison est celui du *claim* : une revendication à la fois inévitable et impossible à satisfaire, donc destinée à rester toujours à l'état de *claim*.

Cette tension entre l'arrogance et la légitimité de la prétention philosophique, que dit *claim*, est développée chez Cavell. *The Claim of Reason* définit d'emblée *claim* comme accord de la communauté. Ce qui sous-tend la question du fondement de la connaissance est la question, politique et pas seulement épistémologique, du fondement de *notre* usage commun du langage. Pour Cavell, la revendication de connaissance est le masque d'une revendication (*claim*) première : la prétention à parler pour les autres, et à accepter des autres qu'ils parlent en mon nom.

> L'invocation philosophique de « ce que nous disons », et la recherche des critères qui sont les nôtres, « sur la base desquels nous disons ce que nous disons », en appellent à (*are claims to*) la communauté. Or le *claim* de communauté est toujours une recherche de la base sur laquelle celle-ci peut être, ou a été, établie.
>
> Cavell, *Les Voix de la Raison*, trad. fr., p. 51.

Les problèmes juridique et gnoséologique soulevés par *claim* se transforment en question de nos critères communs, de nos accords *dans* le langage.

> En faisant remarquer que la recherche philosophique de nos critères est une recherche de communauté, je répondais, en réalité, à la question, elle-même soulevée par la prétention (*claim*) à parler au nom du «groupe», question que voici : comment ai-je pu participer à l'établissement des critères, alors que je ne reconnais pas l'avoir fait, et que *je ne sais pas* quels ils sont ?
>
> *Ibid.*, p. 54.

La question est celle de mon appartenance à la communauté du langage, mais aussi celle de ma représentativité : d'où me viennent ce droit ou cette prétention (*claim*) à parler pour autrui ? Cette question, selon Cavell, est celle-là même que posent les philosophes du langage ordinaire, Austin et Wittgenstein. Le sens de *claim* est inséparable de la possibilité de perdre ma représentativité, ou mon appartenance, d'être réduit au silence.

> Tous les réquisits (*claims*) de Wittgenstein à propos de ce que nous disons vont de pair avec la conscience que d'autres pourraient tout à fait ne pas être d'accord, qu'une personne ou un groupe donnés pourraient ne pas partager nos critères.
>
> *Ibid.*, p. 51.

Cavell produit ainsi une analyse de Rousseau en termes de *claim* :

> Ce que Rousseau prétend (*claim*) connaître, c'est sa propre relation avec la société ; et ce qu'il revendique (*claim*) comme une donnée philosophique, c'est le fait que les hommes [que lui-même] puissent *parler au nom de la société*, et que la société puisse parler en son nom.
>
> *Ibid.*, p. 59.

Ma société doit être mon expression. C'est ce qu'espèrent toujours les théoriciens de la démocratie, et c'est l'illusion qu'a dénoncée Cavell à propos, par exemple, de Rawls : si les autres étouffent ma voix, prétendent parler pour moi, en quoi ai-je consenti ?

> Parler en votre nom propre équivaut alors à prendre le risque d'être démenti — dans une occasion, voire une fois pour toutes — par ceux au nom desquels vous prétendiez (*claimed*) parler ; et à prendre également le risque d'avoir à démentir — dans une occasion ou définitivement — ceux qui prétendaient parler pour vous.
>
> *Ibid.*, p. 61.

Le contrat social implique la possibilité toujours ouverte du retrait de la communauté (*disclaim*, disait Locke). L'accord entre les hommes, linguistique ou politique, justement parce que toujours *claim*, est aussi fragile qu'il est profond. Cette fragilité essentielle de l'accord politique, toujours menacé par le scepticisme, constitue le sens linguistique de *claim*.

III. « CLAIM », LA VOIX DU LANGAGE ORDINAIRE

L'accord politique est de même nature que l'accord linguistique, auquel Wittgenstein donne le nom d'*übereinstimmung* (*Investigations*, § 241), que l'on traduit soit par « concorde », soit par « accord », pour mieux y marquer la présence de la voix, *Stimme* (voir STIMMUNG). Cet accord n'existe qu'en tant qu'il est revendiqué, réclamé, *invoqué*. Ainsi se définit avec *claim* un accord qui n'est pas psychologique ou intersubjectif, qui n'est fondé sur rien d'autre que la validité d'une voix (*Stim*) : ma voix individuelle prétend à être, est « voix universelle ».

On retrouve ici, avec l'appel à la *voix*, le sens premier de *claim* (*clamare*, « crier, [*to*] *call* »). Le concept de voix s'avère ainsi constamment sous-jacent au concept technique de *claim*. *Claim* est ce que fait une voix lorsqu'elle ne se fonde que sur elle-même pour établir un assentiment universel — prétention que, pour exorbitante qu'elle soit, Cavell demande de formuler de manière encore plus scandaleuse, c'est-à-dire sans qu'elle soit fondée, comme chez Kant, sur quoi que ce soit de transcendantal, ou sur quelque condition de la raison. La raison se revendique elle-même (c'est le sens du génitif chez Cavell : *claim* of *reason*).

Pour montrer en quoi le concept de *claim* ainsi repensé constitue une réponse au scepticisme, on peut évoquer l'universalité propre au jugement esthétique chez Kant. Cavell montre, dès *Must we Mean what we Say ?*, la proximité des démarches des théoriciens du langage ordinaire, Wittgenstein et Austin, et de Kant : il s'agit, toujours, de se fonder sur *moi* pour dire ce que *nous* disons, passage qui ne peut se traduire que par *claim* ou *Anspruch*. Pour comprendre cela, il faut voir en quoi consiste la procédure des philosophes du langage ordinaire, partir de « ce que nous disons quand » :

> Le jugement esthétique sert de modèle au genre d'affirmation (*claim*) proposé par ces philosophes, et au lieu de mettre en évidence une irrationalité, le manque de certitude qui nous est familier dans le débat esthétique montre en fait le genre de rationalité qu'il possède, et qui lui est nécessaire.
>
> Cavell, *Must we Mean what we Say ?*, p. 86.

C'est Kant qui s'avère alors le plus profond penseur de *claim*. L'idée d'un accord universel fondé sur ma voix singulière fait son apparition au célèbre § 8 de la Troisième *Critique*. Avec le jugement esthétique, Kant nous fait « découvrir une propriété de notre faculté de connaître » ; « la prétention (*Anspruch*) à l'universalité (*Allgemeingültigkeit*) » propre au jugement de goût, qui nous fait « attribuer à tout un chacun la satisfaction apportée par un objet ». On sait comment Kant distingue l'agréable du beau (qui *prétend* à l'assentiment universel) en termes de jugement *privé* contre jugement *public*. Comment un jugement qui a tous les caractères du privé peut-il prétendre à être public ? C'est le problème que pose *claim*. Le jugement de goût exige et réclame l'assentiment universel, « et en fait chacun suppose cet assentiment, sans que les sujets qui jugent s'opposent sur la possibilité d'une telle prétention (*Anspruch*) ». Ce qui soutient une telle prétention, « tout ce qui est *postulé* dans le jugement de goût », c'est ce que Kant appelle une « voix universelle » (*allgemeine Stimme*). C'est la « voix » que l'on entend dans *übereinstimmen*, le verbe employé par Wittgenstein à propos de notre accord (« *dans* le langage », cf. *Investigations philosophiques*, § 241).

La proximité entre la voix universelle kantienne et les thèses de la philosophie du langage ordinaire apparaît avec ce sens ultime de *claim*, à la fois *Anspruch* et *Stimme* : une prétention, empiriquement non fondée, donc menacée et soulevée par le scepticisme, à parler au nom de tous. « La "voix universelle" de Kant est ce que nous entendons dans les affirmations [*claims*] du philosophe sur "ce que nous disons" » Cavell, *Must we Mean what we Say ?*, p. 94).

En redéfinissant ainsi *claim*, Cavell en a rassemblé les diverses traditions sémantiques. Nos affirmations ou thèses (*claims*) sont toujours fondées sur un accord de langage, sur une revendication (*claim*) de ma représentativité, elle-même de nature politique et juridique — donc de ma voix comme singulière *et* universelle. Reconnaître le lien intime entre tous les sens de *claim*, c'est reconnaître que le langage, l'expression — dans le cognitif comme dans le politique —, est toujours aussi une *voix*, qui veut se faire entendre, et ré-clame.

Sandra LAUGIER

BIBLIOGRAPHIE

CAVELL Stanley, *The Claim of Reason*, Oxford UP, 1979 ; *Les Voix de la raison. Wittgenstein, le scepticisme, la moralité et la tragédie*, trad. fr. N. Balso et S. Laugier, Seuil, 1996.

— *A Pitch of Philosophy*, Harvard UP, 1994.

— *Must we Mean what we Say ?*, Cambridge UP, 1969.

GOFFI Jean-Yves, *Le Philosophe et ses animaux*, Nîmes, Jeanine Chambon, 1994.

LARRÈRE Catherine, « De l'illicite au licite, prescription et permission », *CREDIMI*, 16, 1996, p. 59-78.

LOCKE John, *Second Treatise of Civil Government* (1690), éd. J. W. Gough, Oxford, B. Blackwell, 1946 ; trad. fr. B. Gilson, Vrin, 1967.

MACINTYRE Alasdair, *After Virtue, a Study in Moral Theory*, University of Notre Dame Press, 1981 ; trad. fr. L. Bury, PUF, 1997.

WITTGENSTEIN Ludwig, *Philosophische Untersuchungen*, G. E. M. Anscombe, G. H. von Wright et R. Rhees (éd.), Oxford, Blackwell, 1953, 2e éd. 1958 ; in *Werkausgabe*, t. 1, Francfort, Suhrkamp, 1989 ; éd. bilingue all./angl. G. E. M. Anscombe, New York-Oxford, MacMillan-Blackwell, 1953 ; trad. fr. P. Klossowski, in *Tractatus logico-philosophique* suivi d'*Investigations philosophiques*, Gallimard, 1961.

WRIGHT (von) Georg Henrik, *Norm and Action*, Londres-New York, MacMillan, 1963.

CLASSIQUE / CLASSICISME
NÉOCLASSIQUE / NÉOCLASSICISME

lat.	*classicus*
all.	*klassich, Klassizismus*
angl.	*classic, classicism ; neoclassic, neoclassicism*
it.	*classicismo ; neoclassico, neoclassicismo*

► BAROQUE, ESTHÉTIQUE, GOÛT, MANIÈRE, MIMÊSIS, NEUZEIT, ROMANTIQUE

L'évidence de la traduction de classique *dans toutes les langues européennes, due à une racine commune latine* (classicus), *masque des décalages de contenu selon les langues et les cultures. L'adjectif* classicus *(de première classe) fut employé par Aulu-Gelle pour désigner les meilleurs auteurs, de Démosthène à Virgile, ceux que l'éducation humaniste fit étudier dans les classes (d'où une plaisante fausse étymologie, déjà présente chez Furetière). Le mot est utilisé en ce sens dans toutes les langues européennes, qui ont chacune leurs classiques. Il est aussi employé plus spécifiquement pour désigner les expressions artistiques inspirées de l'Antiquité (le langage classique de l'architecture, les sculptures et ornements classiques), auxquelles s'opposa le romantisme.*
Mais deux emplois dérivés et divergents — en France d'une part, pour qualifier l'art du siècle de Louis XIV, considéré comme une époque de perfection à l'égal des siècles de Périclès et d'Auguste, en Allemagne d'autre part, pour désigner le système formel de la haute Renaissance italienne par opposition au système baroque — sont venus créer un nœud sémantique encore compliqué par un dernier décalage d'usage entre les Allemands, qui appellent Klassizismus *la réaction au rococo qui s'oppose en aval au romantisme, et les autres Européens, qui nomment* néoclassicisme, neoclassicism, neoclassicismo, *le renouvellement du goût lié à la découverte de Pompéi, de la Grèce et de l'Égypte.*

I. DE L'ADJECTIF « CLASSIQUE »

Au XVIIe siècle, on ne connaissait que l'adjectif *classique* : « il ne se dit guère que des auteurs qu'on lit dans les classes, ou qui y ont une grande autorité », constate Furetière dans son *Dictionnaire universel* en 1690. À la suite d'Aulu-Gelle, il cite, parmi ces bons auteurs classiques, Cicéron, César, Salluste, Virgile, Horace, « qui ont vécu du temps de la République et sur la fin d'Auguste, où régnait la bonne latinité, qui a commencé à se corrompre du temps des Antonins », suggérant ainsi un triple lien entre l'idée de classique et l'autorité des Anciens, la pureté de la langue, la pédagogie.

Mais, dans son *Discours sur Théophraste*, qui se situe dans le cadre de la querelle des Anciens et des Modernes, La Bruyère remarque : « nous qui sommes modernes, serons anciens dans quelques siècles ». Dès le XVIIIe siècle, le mot est étendu aux bons auteurs français, « dont il faut imiter autant qu'on peut les parfaits modèles » : « vous me faites grand plaisir, écrit Voltaire, en m'apprenant que l'Académie va rendre à la France et à l'Europe le service de publier un recueil de nos auteurs classiques, avec des notes qui fixeront la langue et le goût ». On retrouve le rôle de l'autorité – de l'Académie ici –, le souci de fixer un bon état de la langue et l'imitation de bons modèles. Les conférences de l'Académie royale de peinture et de sculpture, où sont analysées les œuvres du cabinet du roi (et particulièrement les tableaux de Poussin considéré comme le chef de file de l'École française) d'une part, les cours de Jacques François Blondel qui célèbrent les œuvres de François Mansart d'autre part, préparent l'extension aux beaux-arts de cette notion de « classiques français », et particulièrement de « classiques » du siècle de Louis XIV.

Ce mouvement n'est pas propre à la France : « L'on a vu plusieurs nations étrangères, beaucoup moins studieuses que la nôtre, se faire une gloire de recueillir en un corps de bibliothèque tous les auteurs qu'elles ont donnés à la république des lettres », souligne la préface du premier tome de l'*Histoire littéraire de la France* publiée par les bénédictins en 1733.

II. COMMENT LE CLASSICISME FRANÇAIS DEVINT BAROQUE

Sur cet adjectif *classique* a été forgé, dans le contexte de la bataille romantique, le mot *classicisme*, qui est encore considéré comme un néologisme par Émile Littré (1873) : « [...] système des partisans exclusifs des écrivains de l'antiquité ou des écrivains classiques du XVIIe siècle ». Le mot est aussi employé dans le champ des beaux-arts dans un sens voisin : on désigne comme classiques « ceux qui font profession d'imiter les ouvrages de la statuaire antique » et on parle d' « école classique » pour désigner la « nouvelle école » de David, « imitatrice des Grecs et régulière dans ses compositions ».

En Allemagne, on désigne encore par le terme de *Klassizismus* ce mouvement international de la fin du XVIIIe et du début du XIXe siècle qu'en France nous appelons « néoclassicisme », expression plus juste, car la source du classicisme, l'imitation des Anciens, est renouvelée alors par la découverte de l'architecture grecque et par la rationalité des Lumières.

Dans la culture française, au contraire, la notion de classicisme s'est déportée sur l'art et la littérature de la seconde moitié du XVIIe siècle. Dans le prolongement de la bataille romantique, l'enseignement universitaire et scolaire a voulu faire de la littérature française du Grand Siècle l'expression du génie français : clarté d'expression, élégante sobriété, noblesse et convenance des sentiments. On a étendu cette notion aux beaux-arts, et on a prétendu retrouver ces qualités dans les œuvres de Poussin, de Le Sueur et de Lebrun. Cette époque correspondant au règne de Louis XIV, on a parlé d'Âge classique, comme les Espagnols parlent du Siècle d'or.

Cependant, l'historiographie artistique germanique, d'une part, a repris le terme jusque-là péjoratif de *Barock* (voir BAROQUE) pour parler de l'art du *Seicento* (Wölfflin, 1888), et, d'autre part, a construit une analyse visuelle sur le contraste entre l'esthétique classique des maîtres du premier *Cinquecento* et l'esthétique baroque de ceux du *Seicento* (Wölfflin, 1915). Le classicisme français se trouvait ainsi contemporain du baroque italien.

Certaines spécificités nationales, dont on oubliait qu'elles n'étaient pas propres au siècle, l'existence de vifs débats autour du rôle de l'ornement ou des modèles antiques, dont on oubliait qu'ils traversaient les deux cultures, permirent un temps de maintenir l'opposition entre le classicisme (français) et le baroque (italien). Mais, lorsque la notion de baroque s'élargit sur des bases culturelles (*stile trentino*) ou formelles (« grand style »), il fut difficile de ne pas voir ce qui relevait de ce modèle international dans l'art français du XVIIe siècle, du lyrisme décoratif de Simon Vouet au grand style d'Hardouin-Mansart. En qualifiant de baroque l'art classique français, on en inversait la lecture, redécouvrant la théâtralité des œuvres appréciées précédemment pour leur équilibre et leur clarté, l'emphase baroque de Versailles, célébrée précédemment pour sa mesure classique — d'où la nécessité d'introduire maintenant d'autres notions comme celles d'atticisme (*Éloge de la clarté*, 1998). Roland Barthes redécouvre un Racine noir, qui aurait lu Sade, et Antony Blunt relève chez François Mansart une anxiété paranoïaque de la forme parfaite qui l'apparente à Borromini. On redécouvre les tensions internes aux deux cultures, dans une référence commune, mais différenciée à l'antique : l'expression tendue du *Milon de Crotone* de Pierre Puget conçu en émulation avec le *Laocoon* antique s'oppose aux gestes apaisés de l'*Apollon servi par les nymphes* de Girardon, qui s'inspire de l'*Apollon du Belvédère* ; Bernin part de la même statue, qu'il anime dans son groupe *Apollon et Daphné*, tandis que Poussin, inversement, idéalise les figures ou les mannequins qu'il fait poser.

Pour les lettres comme pour les arts, le classicisme n'est pas une doctrine, mais un horizon.

Claude MIGNOT

BIBLIOGRAPHIE

MÉROT Alain (éd.), *Éloge de la clarté, un courant artistique au temps de Mazarin, 1640-1660*, Dijon-Le Mans, Réunion des musées nationaux, 1998.

SUMMERSON John, *The Classical Langage of Architecture*, Londres, British Broadcasting Corporation, 1963 ; *Le Langage classique de l'architecture*, trad. fr. B. Bonne et J.-C. Bonne, Londres-Paris, Thames & Hudson, 1981, 1992.

WÖLFFLIN Heinrich, *Renaissance und Barock*, Bâle, Schwabe und Co., 1888 ; *Renaissance et Baroque*, trad. fr. G. Ballangé, prés. B. Teyssèdre, Librairie générale française, « Livre de poche », 1967.

— *Die klassische Kunst, eine Einführung in die italianische Renaissance*, Munich, Bruchmann, 1899 ; *L'Art classique, initiation au génie de la Renaissance italienne*, trad. fr. C. de Mandach, 1911, rééd. Montfort, 1989.

— *Kunstgeschichtliche Grundbegriffe*, Bâle, Schwabe und Co., 1915 ; *Principes fondamentaux de l'histoire de l'art*, trad. fr. C. Raymond et M. Raymond, Plon, 1952, rééd. Gallimard, 1966.

OUTILS

FURETIÈRE Antoine, *Dictionnaire universel, contenant généralement tous les mots françois tant vieux que modernes, & les termes de toutes les sciences et des arts*, La Haye, Arnout & Renier Leers, 1690, rééd. 1694, 1737, repr. 3 vol., Genève, Slatkine, 1970, et Le Robert, 1978.

Histoire littéraire de la France, où l'on traite de l'origine, du progrès, de la décadence et du rétablissement des sciences parmi les Gaulois et parmi les Français... par des religieux bénédictins de la Congrégation de Saint-Maur, 12 vol., Paris, Osmont *et al.*, 1733-1763.

LITTRÉ Émile, *Dictionnaire de la langue française*, 4 vol., Hachette, 1873.

CŒUR

I. UN ORGANE ESSENTIEL

Cœur est issu du latin *cor, cordis*, qui dérive du grec *kardia* [καρδία], mot appartenant lui-même à une racine indo-européenne **k'ērd-* (d'où l'all. *Herz*, l'angl. *heart*, le russe *serdtse* [сердце]), qui désigne un organe essentiel. Mais quand on compare le grec, le latin, les langues sémitiques ou l'arabe, on constate que les organes et leurs fonctions sont loin de coïncider selon les langues et les moments du savoir, si bien qu'on peut rendre par *cœur* plus d'un organe (en grec, par exemple, *kêr* [κῆρ], *kardia* ou *thumos* [θυμός]) et que *cœur* est à chaque fois l'une seulement des traductions possibles : voir en particulier ÂME / ESPRIT (avec l'encadré 3 pour le grec, « Les Grecs d'Onians... »), CONSCIENCE (avec l'encadré 1 pour le grec, « Le grec pour "conscience"... »), GEMÜT, GOGO, et l'encadré 1, LËV (avec l'encadré 4, « Âme, *nëfëš*... », dans ÂME), SAMOST'.

II. MÉTAPHORES ET OPPOSITIONS

Cœur, qui nomme l'organe central de la circulation sanguine et s'emploie par extension pour la région de la poitrine, de l'estomac, en vient à désigner le siège des humeurs et des sentiments, par exemple de l'amour, mais aussi du *courage* (sur *cœur*, justement), lequel peut être attribué, dans d'autres cultures et notamment dans l'Antiquité, au foie, aux poumons, au souffle (gr. *thumos*, lat. *animus*) : voir, outre ÂME et CONSCIENCE, l'italien VIRTÙ ; voir aussi ACEDIA, AIMER, MÉLANCOLIE, PATHOS, et, plus généralement, *MALAISE*.

En tant que siège des sentiments et de l'affectivité, le cœur peut représenter soit une autre source de connaissance — par exemple, lorsque Pascal déclare que « nous connaissons la vérité non seulement par la raison, mais encore par le cœur » (*Pensées*, 110) —, soit même l'antonyme de la raison, lorsque le même écrit : « Le cœur a ses raisons que la raison ne connaît point » (*ibid.*, 423) : voir FOLIE, LOGOS, *RAISON* [ENTENDEMENT, INTELLECT, INTELLECTUS], *SENTIR*.

Dans certains courants spirituels, le cœur est considéré comme le noyau le plus intime de la personnalité. Ainsi en va-t-il lorsque la Bible, prenant aussi en compte d'autres organes internes, tels que la région lombaire, déclare que Dieu « sonde les reins et les cœurs » (Psaume 7, 10). De nombreux autres passages du texte hébraïque, repris et complétés dans le Nouveau Testament, confèrent à cette métaphore une place cardinale : « Je leur donnerai un seul cœur et je mettrai en eux un esprit nouveau : j'extirperai de leur chair le cœur de pierre et je leur donnerai un cœur de chair » (Ézéchiel, 11, 19) ; voir LEIB et LËV.

C'est ainsi que *cœur* désigne l'essentiel de chaque chose, son essence, voir LËV, et cf. ESSENCE, *ÊTRE*, TO TI ÊN EINAI.

► GÉNIE, INGENIUM, VOLONTÉ

COLORIS, COULEUR

all.	*Kolorit ; Farbe*
angl.	*color*
it.	*colorito ; color*

► ART, DIAPHANE, DISEGNO, ESTHÉTIQUE, LUMIÈRE, MIMÊSIS

À partir de la Renaissance, les théoriciens de l'art italien puis français ont tenu à distinguer très précisément colorito *ou* coloris *de* color *ou* de couleur. *Comme l'écrit Roger de Piles au XVII*e *siècle : « Plusieurs, en parlant de peinture, se servent indifféremment des mots de couleur et de coloris, pour ne signifier qu'une même chose ; et quoique pour l'ordinaire ils ne laissent pas de se faire entendre, il est bon néanmoins de tirer ces deux termes de la confusion et d'expliquer ce que l'on doit entendre par l'un et par l'autre »* (Cours de peinture par principes, *p. 148). Cette distinction conceptuelle, qui a joué un rôle essentiel dans l'élaboration de ce qu'on a appelé la doctrine coloriste, n'a pas d'équivalent dans les autres langues. Elle n'a de sens qu'en italien et en français, c'est-à-dire dans les deux langues dans lesquelles a pris naissance et s'est développée la réflexion théorique sur la peinture.*

Dans ses *Leçons sur l'esthétique*, dans la partie consacrée à la peinture, Hegel dit à propos d'un tableau de Guido Reni que le peintre a « inventé un coloris tout à fait particulier (*ein ganz eigentümliches Kolorit*), qui n'appartient pas à la couleur de l'homme (*das nicht der menschlichen Farbe angehört*) ». En opposant *Farbe* à *Kolorit*, Hegel se contente de reprendre une distinction tout à fait traditionnelle dans le langage de la critique d'art en France, celle entre *couleur* et *coloris*. Mais le fait d'être obligé de recourir à un néologisme, *Kolorit*, indique bien qu'une telle distinction n'existe pas alors dans la langue allemande. On ne peut non plus la traduire en anglais, qui possède le mot *color* mais n'a pas d'équivalent pour coloris. Or, cette différence intraduisible entre couleur et coloris a pourtant joué un rôle capital dans l'histoire des théories de l'art dans la mesure où elle a permis d'établir une distinction essentielle, et non plus seulement accidentelle, entre les couleurs de l'art de celles de la nature. *Coloris* est en effet un terme qui appartient exclusivement au lexique de la peinture. Il ne s'applique qu'au tableau, contrairement à *couleur* qui s'emploie aussi pour la carnation, les matières, les tissus, le ciel ou le paysage. C'est à dessein que Hegel oppose la couleur (*Farbe*) de l'homme au coloris (*Kolorit*) du tableau. Tous ces mots : *couleur*, *color*, *Farbe*, sont impropres à dire ce qui fait la spécificité de la peinture, c'est-à-dire notamment ce qui distingue le peintre du teinturier.

On ne s'étonnera donc pas que cette distinction entre couleur et coloris soit d'origine italienne et qu'elle ait été conceptualisée par des théoriciens qui défendaient l'idée que la peinture était avant tout un art de la couleur. Elle leur permettait en effet de répondre à ceux qui les accusaient de porter atteinte à la dignité libérale de la peinture et de réduire l'art du peintre à cette activité purement mécanique qui consiste à broyer et mélanger entre elles les couleurs. Dans son ouvrage à la gloire de Titien, Lodovico Dolce écrit ainsi : « Qu'on ne croie pas que la force du coloris [*colorito*] consiste dans le choix de belles couleurs [*colore*] comme dans la belle laque, le bel azur, le beau vert, ou autres couleurs semblables ; parce que celles-ci sont également belles sans qu'on les mette en œuvre » (*Dialogo della pittura intitolato l'Aretino*, p. 44). Un siècle plus tard, Roger de Piles distinguera à son tour la couleur matérielle « qui rend les objets sensibles à la vue » et le coloris qui est cette science propre à l'art « par laquelle le peintre imite l'apparence des couleurs » (*Cours de peinture par principes*, p. 148). Alors que les couleurs sont des éléments qui entrent dans la composition du tableau, le coloris correspond à l'effet d'ensemble du tableau ; il suppose ce que Piles appelle « l'harmonie du tout ensemble ». Il comprend donc la science du clair-obscur qui permet seule de réaliser l'union de toutes les couleurs grâce à une juste et savante répartition des jours et des ombres. La beauté du coloris d'un tableau ne se confond donc pas avec la beauté des couleurs qui le composent, tel vert, tel jaune ou tel bleu.

Empruntée à l'italien qu'elle traduit assez fidèlement, la distinction *couleur/coloris* élaborée par Roger de Piles sera complètement assimilée par le vocabulaire de la critique d'art à partir du XVIIIe siècle. Diderot célébrera le coloris de Chardin et Baudelaire le coloris de Delacroix, comme Piles avait célébré le coloris de Rubens et Dolce avant lui *il colorito* de Titien. L'anglais peut dire qu'un peintre est un grand coloriste (*colourist*), mais seuls le français et l'italien peuvent dire que la grandeur du coloriste tient à l'éclat et à la beauté de son coloris. Si *colorito* et *coloris* sont des intraduisibles, c'est qu'ils présentent la particularité d'appartenir aux deux langues d'origine de la théorie de l'art et de la critique d'art, c'est-à-dire à des langues dans lesquelles la pensée a pu s'émanciper des métaphysiques du beau et refuser l'hégémonie de l'esthétique, non sans recourir à l'apport considérable de la tradition rhétorique.

Jacqueline LICHTENSTEIN

BIBLIOGRAPHIE

DOLCE Lodovico, *Dialogo della pittura intitolato l'Aretino*, Venise, G. Giolito de Ferrari, 1557, Milan, Arnaldo Forni, 1863 ; *Dialogue de la peinture intitulé l'Arétin*, prés. L. Fallay d'Este, trad. fr. N. Bauer, Klincksieck, 1996.

LICHTENSTEIN Jacqueline, *La Couleur éloquente*, Flammarion, « Champs », 1999.

PILES Roger de, *Cours de peinture par principes*, J. Estienne, 1708, Gallimard, « Tel », 1989.

TEYSSÈDRE Bernard, *Roger de Piles et les débats sur le coloris au siècle de Louis XIV*, La Bibliothèque des arts, 1957.

COMBINATOIRE ET CONCEPTUALISATION

UNE « MÉTAPHYSIQUE DES PARTICULES » EN ALLEMAND

► ALLEMAND [SYNTAXE et SÉMANTIQUE], ANGLAIS, ***DESTIN***, ***ÊTRE***, FRANÇAIS, TRADUIRE

Si l'usage de tout système linguistique repose sur une double opération de sélection (paradigmatique) et de combinaison (syntagmatique), la langue allemande est caractérisée par l'importance considérable que joue la combinaison, tant au niveau systémique que comme procédé d'innovation sémantique. Ce « jeu de lego » fonctionne aussi bien dans le langage quotidien qu'à l'intérieur de chaque code ou sous-système. On le retrouve dans la langue philosophique, où l'omniprésence du jeu combinatoire joue un rôle déterminant dans la conceptualisation. Cela ne signifie nullement que le locuteur allemand est spontanément « philosophe » ou théoricien de par la seule vertu de sa langue, mais il n'est pas moins vrai que l'on peut en allemand, tout autrement qu'en français, conceptualiser à partir des règles de base de la langue, et faire en quelque sorte « de la philosophie avec de la grammaire ».

Mais l'usage philosophique de la grammaire allemande repose sur un paradoxe. D'une part, le langage philosophique semble s'évertuer à rendre manifestes les implications ontologiques du langage, d'autre part, il se dégage de la gangue naturelle du langage en accusant par ses jeux d'écriture la différence entre le concept et le donné langagier, et souligne par là l'apparition du concept.

Sans prétendre à un traitement historique ni à une étude rigoureuse de l'aspect proprement linguistique de cette question, on exposera d'abord brièvement le rôle de la combinaison au niveau des mots, puis on dégagera, à l'aide de l'exemple extrême des jeux de langage propres à Heidegger, les conditions à la fois langagières et philosophiques de traduisibilité et d'intraduisibilité du concept de Gestell. *On montrera ensuite comment, en créant le concept de* Gefährt, *le philosophe Hans Dieter Bahr réécrit et désécrit le* Gestell *heideggérien en donnant pour ainsi dire un tour de plus au langage.*

I. COMBINATOIRES ET RESSOURCES CONCEPTUELLES

A. Le double registre de combinaisons

La langue allemande utilise en permanence un double registre de combinaisons. Le premier correspond au mécanisme que Saussure désigne dans le chapitre VI du *Cours de linguistique générale* comme solidarité syntagmatique, et qui est un phénomène généralisable de la constitution du sens. Le second est tout à fait spécifique de l'allemand et entraîne des conséquences considérables quant à la nature de l'écriture philosophique.

Par « solidarité syntagmatique », Saussure entend le fait que, pour tout agencement de signes, la combinaison des éléments fonctionne comme un « produit » mathématique, dans la mesure où la combinaison crée du sens indépendamment du sens originel des éléments qu'elle agence. Il parle à ce sujet d'une « combinaison de deux éléments solidaires, qui n'ont de valeur que par leur action réciproque dans une unité supérieure » (*Cours de linguistique générale*, p. 176) et donne pour exemple « désir-eux », qui n'est pas l'addition sémantique de deux éléments – *désir* et *eux* –, mais bien plutôt le « produit mathématique » de leur agencement.

Mais l'allemand utilise parallèlement pour la construction des mots un type d'agencement dans lequel chaque élément d'origine maintient de façon plus ou moins complète sa signification propre au terme du processus de combinaison. D'où l'impression générale que l'allemand est plus "motivé" que le français, c'est-à-dire que l'arbitraire du signe y est moindre parce que le rapport du signifiant au signifié est plus constamment repérable. Ainsi, la gare se dit *Bahnhof* (*Bahn* = voie [pour *Eisenbahn*, voie ferrée] + *Hof* = cour), tandis que *Bauernhof* (*Bauer* = paysan + *Hof*), c'est-à-dire la ferme, est, mot à mot, « la cour du paysan », ou que *Gasthof* (auberge) est l'addition de *Gast* (invité) et de *Hof*, etc. De même, le buffet de la gare est *Bahnhofsgaststätte*, c'est-à-dire voie ferrée (*Bahn*) + cour (*Hof*) + hôte (*Gast*) + lieu (*Stätte*).

Certes, les règles de la combinaison obéissent à de nombreuses contraintes, que ce soit à l'intérieur des mots ou dans leur agencement ; il reste que les ressources de la combinatoire, si l'on compare l'allemand à d'autres langues européennes, sont particulièrement riches. Elles sont même quasiment illimitées, et il en résulte une innovation constante du langage. Car, si la langue a retenu un certain nombre de combinaisons qui se confondent alors avec le réservoir de mots que tel état historique du dictionnaire reflète, la création est incessante. On peut inventer à tout moment de nouvelles combinaisons, quelle que soit la postérité de l'innovation.

On pourrait dire en un certain sens que la combinaison prévaut sur la sélection, ou qu'elle la tire à elle, ou qu'elle opère une pression sur elle, ce qui fait que peu d'éléments permettent de déployer une multiplicité de sens. Il suffit, par exemple, de prendre des verbes aussi polyvalents que ceux qui correspondent à « mettre » et « poser » en français, en l'occurrence *setzen*, *legen* et *stellen*, et de les faire entrer en combinaison avec des prépositions comme *an*, *aus*, *ab*, *vor*, etc., ou des particules verbales comme *dar*, *ver*, *zu*, *ent*, *um*, etc., pour déployer, en reliant verbe et préverbe, une somme considérable de significations, face auxquelles le français doit recourir à un nombre aussi considérable de verbes différents. Si nous faisons jouer la combinatoire qui régit l'entourage syntagmatique des seuls verbes *legen*, *stellen* et *setzen*, nous obtenons les traductions suivantes — en nous limitant à ne donner que de manière indicative le sens de quelques-uns seulement de leurs agencements courants : *sich auf etwas einstellen*, « s'accommoder à quelque chose » (tandis que « se mêler, s'occuper de quelque chose » se dit *sich mit etwas abgeben*) ; *etwas umstellen* : « intervertir ou redisposer quelque chose » ; *sich umstellen* : « s'adapter à une nouvelle situation » ; *seine Uhr umstellen* : « remettre sa montre à l'heure » ; *auf ein Pferd setzen* : « miser sur un cheval » ; *Wert auf etwas legen* : « accorder de la valeur à quelque chose » ; *zulegen* : « forcer le rythme » ; *eine Platte auflegen* : « mettre un disque » ; *etwas verstellen* : « déplacer quelque chose » ; *sich verstellen* : « user de dissimulation » ; *sich einsetzen* : « s'engager dans une activité ou pour quelqu'un » ; *sich durchsetzen* : « s'imposer ou payer de sa personne » ; *etwas jemandem zustellen* : « faire parvenir par la poste quelque chose à quelqu'un » ; *Vieh umlegen* : « abattre du bétail » ; *sich auf etwas hinsetzen* : « s'asseoir quelque part » ; *jemandem etwas hinstellen* : « déposer, mettre quelque part quelque chose pour quelqu'un », etc.

Il faut souligner que la détermination par les particules et préverbes est en allemand, de façon très manifeste, d'ordre spatial : le préverbe *an*, par exemple, est formé à partir de la même préposition *an* qui indique l'idée de contiguïté, la particule *um* l'est à partir de la préposition *um* qui signifie « autour de ». Mais *an* a aussi une valeur temporelle, inchoative, et le préverbe *um* peut indiquer un processus de changement (*seine Uhr umstellen*, « remettre sa montre à l'heure » ; *sich umstellen*, « s'adapter » ; *etwas umwerfen*, « renverser quelque chose ») ; l'idée de *Verschiebung* freudienne est déjà dans la particule *ver-*, indiquant en soi le déplacement ou le report, de même que *Entstellung* est sémantiquement appelé par la particule *ent-* indiquant par elle-même une idée de déformation, etc. Non seulement l'aspect concret et spatial est la plupart du temps plus visible que pour le français, dont le substrat latin n'est pas évident par principe et nécessite un savoir étymologique (par exemple préposition latine *ad* dans *apporter*, de *ad* et *portare*, mais *inde* dans *emporter*, de *inde* et *portare*), mais de plus la promotion de l'empirique au transcendantal est inscrite en allemand dans le jeu de la combinaison, puisque celle-ci permet le passage du spatial au temporel, du concret au conceptuel, du représentable à l'idée.

B. Les ressources de la combinatoire ordinaire pour le langage philosophique

Ces procédés, particulièrement efficaces au niveau du système du langage, offrent à la conceptualisation et au langage philosophique des ressources illimitées. En effet, il suffit de redoubler ce mouvement du langage, en réutilisant ses éléments et les règles de leur agencement, pour faire passer le mot à l'état de concept. Mais, par ailleurs, ce réemploi de la grammaire ne se limite jamais à une répétition simple. Il y a répétition et différenciation.

Dans son livre sur le langage de Freud, Georges Arthur Goldschmidt affirme, non sans forcer un peu l'expression :

> Rien de plus simple, de plus immédiat que le vocabulaire philosophique. Le chapitre I de la *Phénoménologie de l'Esprit*, « La certitude sensible » (il est vrai que l'allemand ne peut guère différencier entre « sensible », « sensoriel » ou « sensuel »), *Die sinnliche Gewißheit*, est du premier au dernier mot fait avec le vocabulaire qu'un enfant de cinq ans a à sa disposition (à l'exception peut-être des mots *Vermittlung*, médiation, et *Unmittelbarkeit*, immédiateté).
>
> G.A. Goldschmidt, « Quand Freud voit la mer », « Freud et la langue allemande », p. 17.

Il y a quelque chose de profondément vrai dans cette exagération, et il est de même à peine exagéré de dire que la langue allemande la plus quotidienne est très souvent en puissance celle de l'ontologie. Lorsque l'on dit par exemple de quelqu'un qu'il est en état de manque, on dira *er leidet unter* (« il souffre de ») *Entzugserscheinung*. Or *Erscheinung* veut aussi dire « apparition », « phénomène » au sens philosophique, et *Entzug*, qui signifie ici « sevrage », veut dire aussi « retrait ». L'expression d'un mal-être se dit donc dans les mêmes mots que ceux qui servent à dire le retrait de l'être.

Ce serait bien sûr un effet de fétichisation que d'en conclure que l'allemand est d'emblée, comme le grec, de par sa nature la langue de la métaphysique (version honteuse française), ou, pis encore, que l'on ne peut philosopher qu'en allemand (version orgueilleuse allemande).

Tous les exemples que l'on vient de relever montrent que deux effets se conjuguent en fait : au niveau lexical, on observe la possibilité d'un passage immédiat du langage de tous les jours à celui de la philosophie — comme si le langage philosophique « collait » au quotidien, et vice versa ; et, au niveau syntaxique, il se trouve que des procédés combinatoires particulièrement efficaces pour le langage proprement dit offrent à la conceptualisation et au langage philosophique des ressources considérables.

Insistons encore une fois : cela ne veut pas dire pour autant que l'on passe d'emblée de la langue quotidienne à la langue de la philosophie. Car il y a à la fois reprise et différenciation. Il y a reprise, car il suffit de redoubler les jeux du langage, en réutilisant ses éléments et les règles de leur agencement pour extraire le concept d'un discours préconceptuel. Mais la reprise se marque à la fois comme répétition et comme différence. Pour évoquer un exemple célèbre, le substantif *Aufhebung* existe bel et bien dans la langue à l'état normal et normé, mais il n'a pas le double sens que Hegel lui donne, tandis que le verbe *aufheben* peut signifier effectivement « conserver », « soulever » ou « supprimer ». La signification proprement dialectique que Hegel accorde au substantif *Aufhebung* est aussi éloignée de la norme en allemand (puisque normalement *Aufhebung* signifie simplement « abolition », « suspension [de séance] ») qu'irrémédiablement intraduisible en français. En revanche, Hegel lui-même emploie souvent le verbe *aufheben* au sens tout à fait habituel de « supprimer ». Le concept creuse l'écart entre langage commun et langage philosophique, mais sans qu'il soit besoin d'inventer une terminologie nouvelle (voir AUFHEBEN).

C'est là que le problème du *Fremdwort* se pose, c'est-à-dire l'usage d'un terme étranger, la plupart du temps d'origine latine ou française, pour exprimer ce que l'allemand peut dire à l'aide des procédés que l'on vient de dégager. Les concepts d'origine étrangère, précisément parce qu'ils échappent au circuit langue quotidienne/langue philosophique, sont perçus comme étranges, arbitraires, voire incompréhensibles. Ainsi, on acceptera *Willkür*, de *Wille*, « volonté, vouloir », et *Kür*, « choix », donc « libre arbitre », mais le mot *Arbitrarität* "passe mal". Spontanément, on le rejette.

C. Intraduisibilité et évolution des traductions

L'ensemble de ces phénomènes, prodigieusement efficaces pour l'écriture philosophique allemande, constitue l'une des raisons majeures de l'intraduisibilité terme à terme d'une immense partie de son vocabulaire. La latitude que la langue allemande accorde à la combinatoire contraste très fortement avec la situation du français, où la distance irréductible d'un mot à un autre requiert de la création conceptuelle qu'elle prenne de tout autres chemins : dans les deux cas, le concept d'écriture ne peut pas signifier la même chose, puisque les jeux de la conceptualisation ne se déroulent pas sur la même scène.

Il en résulte, de l'allemand au français, un étrange chassé-croisé, dont la direction peut totalement s'inverser au cours du temps. Ainsi est-il frappant de constater que les traductions françaises des textes philosophiques allemands ont eu fortement tendance, au XIXe siècle, à franciser le texte, tandis qu'au XXe siècle, et surtout après la Seconde Guerre mondiale, la tendance est au contraire à la "germanisation" du langage philosophique français. Sous la pression de ce nouvel habitus, nous ne nous étonnons plus de lire « chosification » (calqué sur *Verdinglichung*) ou « déterminité » (calqué sur *Bestimmtheit*). L'effet de contamination est évident, et n'infirme en rien ce qui vient d'être développé. Car, dans ce cas, bien que les mots soient français, il s'agit d'un langage philosophique proprement allemand acclimaté dans la langue philosophique. Généralisé, il aboutirait à un langage complètement séparé du français courant, alors que, pour la langue philosophique allemande, les mêmes phénomènes ont au contraire leur très lointaine source dans l'abandon du latin comme langue savante dans l'Allemagne des temps modernes, et ce de façon croissante depuis le XVIIIe siècle.

II. UN EXEMPLE EXTRÊME ET RÉVÉLATEUR : LE « GE-STELL » HEIDEGGÉRIEN

A. La constellation terminologique de la technique

Prenons, comme illustration extrême, le cas de Heidegger. Dans *Die Technik und die Kehre* (traduit en français par *La Technique et le Tournant*), il expose sa philosophie de la technique à partir d'un groupe restreint de mots dont le traitement illustre parfaitement les mécanismes exposés : le concept se dissocie du langage ordinaire selon des principes de combinaison et de re-marquage.

Le mot *Kehre*, qui a été en usage du XVIe au XIXe siècle et qui signifiait « tour », « retour » (de la charrue au bout du sillon), ou, dans un contexte piétiste, « conversion (spirituelle) », a disparu de la langue normale, qui n'utilise qu'à l'état d'élément combinatoire les formes de *kehr-* — par ex. *Rückkehr*, « retour de », *Abkehr*, « le fait de se détourner de », *Verkehr*, « commerce, circulation », *Wiederkehr*, « retour, revenir » etc. — ou de *kehrt-* (par ex. *kehrtmachen*, « faire demi-tour, revenir sur ses pas »). Le "tour" de langage que représente *die Kehre*, le "tour" que

Heidegger joue à la langue, consiste donc à fabriquer un mot, *die Kehre,* par analogie avec *die Wende*, « le tournant, le retournement », avec de fortes connotations de temporalité que le mot implique, notamment dans le sens de « tournant historique », de « renversement de la chaîne des événements ».

La torsion que Heidegger fait subir à la langue le conduit donc à une surdétermination délibérée : *die Kehre*, c'est un re-tour(nement), un tournant comme revenir. Heidegger désigne par là le revenir/anamnèse de l'Être manifesté et caché par la technique, soit une nouvelle manière de penser la technique dans son essence non technique.

Les deux autres verbes qui fournissent dans ce texte le noyau langagier de la conceptualisation sont *bergen* et *stellen. Bergen, stellen, Ge-Stell, Kehre,* à quoi s'ajoute *Bestand* (du verbe *bestehen*, « exister »), forment une constellation de mots à partir de laquelle Heidegger conceptualise le rapport de la technique à l'Être.

B. Le re-marquage de « Ge-stell »

Dans le cas du *Ge-Stell*, exemple typique d'intraduisible, Heidegger, qui se rend parfaitement compte que le mot qu'il crée est inhabituel, s'excuse du défi que sa création représente et se sent tenu de l'expliciter pour ne pas être incompréhensible. « *Wir wagen es, dieses Wort in einem bisher völlig ungewohnten Sinne zu gebrauchen* [Nous osons employer ce mot dans un sens tout à fait inhabituel] » (*Die Technik und die Kehre*, 1978, p. 19). Après avoir rappelé que le terme platonicien d'*eidos* est bien plus osé que *Ge-Stell*, il conclut en disant que l'usage qu'il en fait demande presque trop à la langue et risque donc de créer des malentendus.
♦ Voir encadré 1.

Cet intraduisible par excellence qu'est le *Ge-Stell* a malheureusement été acclimaté en français sous le terme d'*arraisonnement*. Et l'on trouve dans la traduction par André Préau des *Essais et Conférences* (p. 26) la note suivante, qui entend justifier le choix du terme :

> On a vu ce radical figurer dans un petit groupe de verbes qui désignent, soit des opérations fondamentales de la raison et de la science (suivre à la trace, présenter, mettre en évidence, représenter, exposer), soit des mesures d'autorité de la technique (interpeller, requérir, arrêter, commettre, mettre en place, s'assurer de...). *Stellen* est au centre de ce groupe, c'est ici « arrêter quelqu'un dans la rue pour lui demander des comptes, pour l'obliger à *rationem reddere* » (Heid.), c'est-à-dire pour lui réclamer sa raison suffisante. L'idée va être reprise dans *Der Satz vom Grund* (1957). La technique arraisonne la nature, elle l'arrête et l'inspecte, et elle l'ar-raisonne, c'est-à-dire la met à la raison, en la mettant au régime de la raison, qui exige de toute chose qu'elle rende raison, qu'elle donne raison.

Dans *Questions IV*, la note de traduction de la page 155 n'est guère plus éclairante, et les traducteurs, qui contestent à juste titre la traduction des *Essais et Conférences*, se dédouanent en concluant à l'intraduisible : « Comme le soupçonne Heidegger, nous tenons le *Gestell* pour intraduisible [...] ». Et ils ajoutent : « Il nous a semblé impossible de trouver en français un mot répondant à *Stellen* et donnant toutes les dérivations que Heidegger rattache au verbe *stellen* : *Gestell, Nachstellen, nachstellen, verstellen, Bestellen* » (p. 156).

Il n'y a pas, bien sûr, un seul verbe qui traduise l'allemand *stellen* dans toutes ses occurrences, et de telle sorte qu'on puisse le retrouver dans toutes les combinaisons de l'original. Mais il y a d'autres facteurs qui contribuent à rendre *Ge-stell*

1

« Gestell »

► VORHANDEN

Le terme *Gestell* signifie couramment en allemand « cadre », « monture », « châssis ». Comme le remarque Heidegger : « Suivant sa signification habituelle, le mot *Gestell* désigne un objet d'utilité, par exemple une étagère pour livres. Un squelette s'appelle aussi un *Gestell* » (« La Question de la technique », trad. fr., p. 26). Le mot entre dans le vocabulaire philosophique sous la plume de Heidegger — et sans doute, faute de mieux — dans la conférence de 1953 « La Question de la technique », pour caractériser l'essence de la technique moderne, ou la technique telle qu'en elle-même. S'il n'est pas un néologisme, le terme doit néanmoins s'entendre comme un néologisme, vu qu'il est employé par Heidegger en un sens large, insolite, inusité pour désigner l'ensemble ou le recueil (ce qu'indique le préfixe *Ge-*) de tous les modes du poser (all. *stellen*), qui fait que la manière qu'a l'homme de la technique moderne de vouloir en *imposer* à la terre entière l'asservit en définitive à la figure de *préposé* à ce dont il se propose de *disposer*.

Heidegger appelle *Gestell*, à partir des années 1950, ce qu'il appelait *Machenschaft* dans les années 1930 — non pas certes, là encore, au sens courant de « machination », mais à entendre comme « règne du faire », voire de l'*efficiency*.

Sur le choix du terme *Gestell*, Heidegger s'est expliqué aux journalistes du *Spiegel* :

> *Das Wesen der Technik sehe ich in dem, was ich das « Ge-Stell » nenne. Der Name, beim ersten Hören leicht mißverständlich, recht bedacht, weist, was er meint, in die innerste Geschichte der Metaphysik zurück, die heute noch unser Dasein bestimmt. Das Walten des Ge-Stells besagt : Der Mensch ist gestellt, beansprucht und herausgefordert von einer Macht, die im Wesen der Technik offenbar wird.*
>
> « *Martin Heidegger im Gespräch* », in *Antwort*, p. 100 ; *in* M. Heidegger, *Reden und andere Zeugnisse eines Lebensweges*, p. 672.
>
> [L'essence de la technique, je la vois dans ce que j'appelle le *Ge-Stell*, une expression souvent tournée en ridicule et peut-être maladroite ; lorsqu'elle est prise en considération comme il faut, elle renvoie ce qu'elle entend dire au sein même de l'histoire de la métaphysique, laquelle détermine aujourd'hui encore notre existence. Le règne du *Ge-Stell* signifie ceci : l'homme subit le contrôle, la demande et l'injonction d'une puissance qui se manifeste dans l'essence de la technique.]
>
> trad. fr. F. Fédier, *in* M. Heidegger, *Écrits politiques*, p. 260-261.

Comme le remarquait déjà la conférence de 1953, c'est dans une acception « parfaitement insolite » (« *völlig ungewohnt* ») que Heidegger propose d'entendre *Gestell*, sur le modèle de *Gebirg* (« massif montagneux ») ou encore de *Gemüt*.

Risquons ici une brève confrontation entre les deux traductions. « Arraisonnement », terme du langage sanitaire, signifie en français « examen soigneux d'un navire duquel on doute quant à la santé » (Littré), « arraisonner un navire » signifiant également, en termes de marine et de police sanitaire, « s'informer d'où vient un vaisseau et où il va ». Mais « arraisonner » signifie aussi « chercher à persuader par des raisons ». C'est ce double sens qu'a à l'esprit A. Préau lorsqu'il justifie sa traduction en ces termes : « La technique arraisonne la nature, elle l'arrête et l'inspecte, et elle l'arraisonne, c'est-à-dire la met à la raison, en la mettant au régime de la raison, qui exige de toute chose qu'elle rendre raison, qu'elle donne sa raison » (« La Question de la technique », *op. cit.*, p. 26, *N.d.T.*).

La traduction de *Gestell* par « arraisonnement » est assurément une trouvaille qui donne à penser en inscrivant l'essence — ou plutôt l'aître de la technique moderne dans le règne de la raison et du principe de raison, le *rationem reddere*. Mais c'est par là aussi qu'elle prête le flanc à la critique, vu que le *Gestell* ne se dit pas dans le lexique de la raison. « Bonne traduction », en même temps qu'« éminemment interprétative », précise F. Fédier, et qui « laisse entrevoir ce que dit le mot *Gestell*, dans l'emploi qu'en fait Heidegger », à condition d'entendre le mot « arraisonnement » « dire ce traitement systématiquement rationnel où tout est d'avance saisi dans le cadre de dispositions à prendre pour apporter leur *solution* aux *problèmes* » (*Regarder voir*, p. 206-208). Fédier propose, quant à lui, de rendre *Gestell* par « dispositif », ou encore, selon une locution plus développée : « dispositif unitaire de la consommation », en entendant par là « l'ensemble des mesures préalables par lesquelles tout est d'avance rendu disponible dans le cadre d'une mise en ordre ». On le voit, toute référence explicite à la *raison* a disparu. En revanche, le radical *stell* du verbe *stellen* (« poser », « installer ») se retrouve en bonne place dans le dispositif. Reste qu'une circonlocution est nécessaire pour rendre le sens du préfixe collectif *Ge-* de l'allemand : « unitaire » et le *cum* de « con-sommation » l'indiquent doublement.

Pascal DAVID

BIBLIOGRAPHIE

FÉDIER François, *Regarder voir*, Les Belles Lettres/Archimbaud, 1995.

HEIDEGGER Martin, « La question de la technique », in *Essais et Conférences*, trad. fr. A. Préau, Gallimard, 1958.

— *Antwort - Martin Heidegger im Gespräch*, Pfullingen, Neske, 1988.

— *Reden und andere Zeugnisse eines Lebensweges*, in *Gesamtausgabe*, t. 16, Francfort, Klostermann, 2000.

— *Martin Heidegger interrogé par « Der Spiegel » — Réponses et questions sur l'histoire et la politique*, trad. fr. J. Launay, Mercure de France, 1977 ; « Martin Heidegger interrogé par *Der Spiegel* », *in* M. Heidegger, *Écrits politiques*, trad. fr. F. Fédier, Gallimard, 1995.

intraduisible. Pour exposer la logique du concept en tant qu'il naît dans et par l'écriture, on peut partir de l'endroit du texte où Heidegger expose les motifs de son choix. Il y écrit ceci :

> *Wir nennen jetzt jenen herausfordernden Anspruch, der den Menschen dahin versammelt, das Sichentbergende als Bestand zu bestellen — das Ge-Stell* [...]. *Ge-Stell heißt das Versammelnde jenes Stellens, das den Menschen stellt, d.h. herausfordert, das Wirkliche in der Weise des Bestellens als Bestand zu entbergen. Ge-Stell heißt die Weise des Entbergens, die im Wesen der modernen Technik waltet und selber nichts Technisches ist. Zum Technischen gehört dagegen alles, was wir als Gestänge und Geschiebe und Gerüste kennen und was als Betandstück dessen ist, was man Montage nennt.*

André Préau avait traduit ainsi dans *Essais et Conférences* :

> Maintenant cet appel pro-voquant qui rassemble l'homme (autour de la tâche) de commettre comme fonds ce qui se dévoile, nous l'appelons — l'Arraisonnement [...] Ainsi appelons-nous le rassemblant de cette interpellation qui requiert l'homme, c'est-à-dire le pro-voque à dévoiler le réel comme fonds dans le mode du « commettre ». Ainsi appelons-nous le mode de dévoilement qui régit l'essence de la technique moderne et n'est lui-même rien de technique. Fait en revanche partie de ce qui est technique tout ce que nous connaissons en fait de tiges, de pistons, d'échafaudages, tout ce qui est pièce constitutive de ce que l'on appelle un montage (p. 28-29).

On peut faire à ce sujet trois remarques :

(1) Heidegger établit une séparation claire entre la technicité de la technique, représentée par les termes dont il donne le concept générique de *montage*, la technique donc comme procédé matériel fonctionnant par agencement machinique, et l'essence non technique de la technique, qui est l'objet de sa réflexion. Cette séparation correspond elle-même à un double usage du langage : l'usage normal, qui décrit la technique comme machinerie, et le terme de *Ge-Stell*, précisément, qui réagence le langage en combinant contre nature deux éléments : le *Ge* qui renvoie au sème de l'*agencement* (le fait de mettre ensemble, assembler) et le *stell*, arraché à la sémantique habituelle du mot *Gestell* qui peut signifier par exemple « échafaudage, rayonnage, squelette » (ce sont ses propres exemples). Il y a donc marcottage et le produit obtenu devient inutile pour l'usage courant — d'où les craintes du malentendu que Heidegger lui-même exprime. Le mot est désancré, les règles habituelles de combinaison (*Ge* + *stell*) ont produit un surplus de signification bien marqué par la graphie heideggérienne du mot, avec le tiret caractéristique du re-marquage.

(2) Lorsque Heidegger écrit : « Ce qui à l'origine déploie les montagnes en autant de lignes et les traverse de part en part dans le pli de leur cohésion, c'est ce rassembleur que nous appelons montagne [*Was die Berge ursprünglich zu Bergzügen entfaltet und sie in ihrem gefalteten Beisammen durchzieht, ist das Versammelnde, das wir Gebirg nennen*] » (*Die Technik und die Kehre*), cette phrase est difficilement compréhensible si l'on n'y repère pas le jeu des oppositions entre *traits* (*Bergzügen*, ici traduit par « lignes »), *pli* (*entfaltet*, « déploie », et *gefaltet*, « plié », avec toutes les connotations leibniziennes et goethéennes de *Vielfalt* et *Mannigfaltigkeit*, « multiplicité » et « diversité ») et *cohésion* (l'être-ensemble). Or, dans cette constellation sémantique, le *Ge-* de *Gebirg* (*der Berg*, « la montagne », *das Gebirge*, « l'ensemble montagneux », comme *das Erzgebirge*, « les montagnes de l'Erz ») vaut pour le sème *Totalité* (totalité rassemblante). Tout comme l'ensemble montagneux est ce qui « traverse » et rassemble le divers, le *Ge-* de *Ge-stell* attire l'attention vers ce qui, au-delà de la fonctionnalité de l'agencement machinique, en est le Tout — un Tout idéel et non présentable qui se confond avec l'Être et le masque dans et par la fonction et l'état. C'est ce que notent tous les traduc-

teurs (Préau, p. 26, n. 1 et p. 348, n. 2 ; Roëls-Lauxerois, p. 355, n. 1), en emboîtant le pas à Heidegger. Il est évident que le terme d'*arraisonnement* ne retient rien de ces remarques, au contraire du « dispositif unitaire » de Fédier.

(3) La dérivation sémantique de *Gestell* sur le modèle de *Gebirge* (idée de rassemblement) et non de *Gestänge* ou *Geschiebe* (de l'ordre de l'assemblage) opère ainsi un déplacement : déplacement du sème *assemblage* vers le sème *rassemblement*. Mais cela ne vaut que pour le *Ge-* de *Ge-stell*. Quant à la seconde partie du terme, *stell*, il faut la mettre en rapport avec le réseau de marques conceptuelles que Heidegger élabore autour de *stellen*, et dont il n'est pas impossible de rendre compte, contrairement à ce que prétendent les traducteurs de *Questions IV*.

La signification de *stellen* donnée par André Préau dans sa note et reprise de Heidegger (« arrêter quelqu'un dans la rue pour lui demander de donner des comptes, pour l'obliger à *rationem reddere* ») peut éventuellement fournir un appui à l'idée de l'arraisonnement. Il reste que, dans *Der Satz vom Grund*, Heidegger commente tout autrement le rapport entre *stellen* et *rationem reddere*. Comme toujours chez lui, le commentaire va donner lieu à de nouvelles expansions de la constellation conceptuelle. Tout tourne autour de ce qu'il faut entendre par *reddere*, par le « rendre » de « rendre raison ». Heidegger souligne : la *ratio* est *ratio reddenda* — la raison est une redonne. Après avoir proposé, comme traduction allemande pour *reddere*, *zurückgeben*, « rendre, redonner » et *herbeibringen*, « apporter », il ajoute *zu-stellen*, avec le tiret de la re-marque philosophique. L'analogie postale est explicite : « *Wir sprechen von der Zustellung der Post. Die* ratio *ist* ratio reddenda [Nous parlons de l'acheminement du courrier. La *ratio* est *ratio reddenda*] » (*Der Satz vom Grund*, p. 47 ; notre traduction). « Acheminer le courrier » : nous sommes loin de la métaphore pirate de l'arraisonnement, ce serait plutôt la logique du retour à l'envoyeur. La raison-destinatrice donne raison du monde en (se) le renvoyant à elle-même. La métaphore spatiale (l'acheminement en retour) fait parfaitement système avec la thématique de l'Être comme « envoi » (*Schickung* ou *Geschick*), mot qui joue habilement (notons qu'« habilement » se dirait d'ailleurs *geschickt*, *mit viel Geschick*) sur l'ambivalence sémantique entre *destin* (voir SCHICKSAL) et *envoi*, et qui fait système — mais ce serait de façon plutôt rhizomatique — chez Heidegger avec *histoire* et *historicité* (voir GESCHICHTLICH).

Heidegger ne s'arrête pas à *zu-stellen*. Il dit explicitement, dans les lignes faisant suite à cet alinéa, qu'il inclut dans le verbe *stellen* les connotations de *her-stellen*, « fabriquer » et *dar-stellen* « représenter », tous deux renvoyant à la *poiêsis*. Si donc le *Ge-Stell* rassemble la totalité de l'assemblage, il produit et représente. Il est l'essence de l'agencement technique comme totalité présentante.

Mais la technique, pour présenter l'Être, le pénètre. Elle l'ouvre, le perce, le transforme, le redistribue et, par là, le dégage, le révèle — c'est le concept d'*Entbergen*. La constellation de concepts groupée autour du verbe *bergen* — et qui est centrale pour Heidegger puisqu'elle est explicitement développée ailleurs pour expliciter le concept de vérité comme *Unverborgenheit*, à partir de l'*alêtheia* grecque — renvoie en allemand à une ambivalence d'origine donnée par la langue. Car, à l'instar du fameux verbe *aufheben* à l'origine de l'invention hégélienne, le verbe *bergen* est d'emblée ambigu, car il signifie aussi bien « cacher » (comme *verbergen*) que « dégager » (par exemple des victimes ensevelies sous des décombres). Heidegger recompose l'*alêtheia* grecque en ayant recours au concept d'*Unverborgenheit* fabriqué à partir de *verbergen* (« cacher », mais aussi « cacher à notre vue »). L'*alêtheia* est donc l'essence de ce qui était caché à notre vue (*verborgen*) et qui apparaît comme dégagé, le dégagé comme dé-caché. C'est pourquoi la part "poiétique" du *Ge-Stell* renvoie à l'ambivalence de la technique qui dégage l'Être, mais en même temps le voile, puisque la raison ne reçoit en retour que sa propre image, qu'elle se renvoie à elle-même.

Cependant, comme chaque déplacement, chaque condensation de terme rencontre non pas des mots appartenant à l'état "naturel" du langage, mais déjà déplacés, désancrés de leur signification, les choses sont encore plus compliquées. Ainsi en est-il de *bestellen*, qui est pris dans des liens rhizomatiques étalés autour du *-stell* de *Ge-stell*, et qui ne correspond nullement au sens normal.

Normalement, *etwas bestellen* signifie « commander quelque chose » (faire la commande d'un article), ou « réserver » (par ex. une place de théâtre), ou encore « demander à quelqu'un de venir quelque part », sans parler d'autres emplois comme *schlecht bestellt sein um jemanden*, pour dire que quelqu'un est en mauvaise posture. Mais chez Heidegger, et notamment dans le contexte de *Die Technik und die Kehre*, le verbe *bestellen* veut dire autre chose. Son emploi, tout à fait inhabituel et en réalité incorrect dans toutes ses occurrences, suscite chaque fois, et toujours de manière biaisée, l'idée de disposer de quelque chose, d'user d'un dispositif ou d'en être dépendant. En tant que tel, *bestellen* s'oppose alors à *Bestand* « inventaire », comme *Ge-Stell* s'oppose à l'idée de *montage* ; l'opposition est en partie ancrée dans le langage, à travers l'opposition de *stehen* et *stellen,* « être debout, mettre debout, *i.e.* poser ». *Bestellen* est le geste de la « mise en » (mise en forme, en friche, en valeur, en route, en pli, etc.). La raison prend la nature au piège et, ce faisant, se prend à son propre piège.

La disponibilité technique du monde prend donc l'Être au piège, le traque ; l'étant est ainsi recherché, observé, inventé ; la nature est traquée dans un dispositif de représentation, jusqu'à ce que l'objet (*Gegenstand* : ce qui est [*steht*] en face [*gegen*] du regard) disparaisse comme objet et, devenant inconsistant (*gegenstandslos*), resurgisse comme simple inventaire, comme « consi-stance » (*Bestand*) : c'est le passage du *Gegenstand* au *Bestand* (voir OBJET). Car *Bestand* correspond dans la langue courante à de l'être approprié et possédé (patrimoine, inventaire, substance, liste), à ce qui constitue quelque chose existant sous le mode de l'appartenir. *Der Bestand,* c'est, dans et par la technique, « l'emmagasiner ».

Le *Ge-Stell* serait donc ce que nous avons rendu disponible (*bestellbar* selon le vocabulaire heideggérien) de l'Être et qui le manifeste en le masquant comme *Bestand*. C'est pourquoi, comme le dit Heidegger vers la fin du texte, si le destin de l'Être (*das Geschick*), son envoi, règne sur le mode du *Ge-Stell*, alors nous sommes « dans le plus grand danger ». Mais cette conclusion ne rejoint pas le mouvement écologiste, puisque le fameux « retour/tournant » (*Kehre*), la fameuse « conversion » sur laquelle la réflexion se clôt, est que le plus grand danger est aussi la plus grande chance — le salut même, qu'évoquent les vers de Hölderlin cités par Heidegger (« *Wo aber Gefahr ist, wächst / Das Rettende auch* »). Le salut, c'est de se tourner vers ce qui — dans la technique, mais au-delà de son *Ge-Stell* et du piège narcissique de son dispositif — manifeste l'envoi/destin de l'Être.

Le *Ge-Stell* n'est donc pas un « arraisonnement ». Seul peut-être un jeu de mots permettrait une équivalence qui donnerait, par exemple, pour *Ge-Stell,* « décachement », ou, mieux — ce qui peut-être eût plu à Raymond Queneau — « décache-cache ».

III. « GEFÄHRT » ET « GESTELL » : LA RÉPLIQUE DE HANS DIETER BAHR À HEIDEGGER

Le langage de Heidegger représente un état-limite de l'écriture philosophique et, si la contagion de l'opération de re-marquage est chez lui illimitée — le terme de "rhizome" n'est décidément pas excessif pour décrire ce qui s'y passe –, il serait faux de croire que la contagion se limite aux frontières de son œuvre. En philosophie, comme en littérature, un texte n'arrive jamais seul. D'Adorno à Ernst Bloch ou Ulrich Sonnemann, pour ne citer qu'eux, les exemples ne manquent pas qui montreraient la permanence d'une écriture philosophique contrastant fortement avec la langue de bois de certains philosophes allemands contemporains pour lesquels l'excès d'écriture propre à Heidegger est considéré comme inséparable de ses compromissions politiques, et qui en ont fatalement conclu que la justesse de la pensée devait se payer par un renoncement à l'écriture. Les quelques lignes qui suivent de Hans Dieter Bahr, l'un des jeunes philosophes allemands qui n'ont pas renoncé à l'écriture, montre bien que la réplique ne se fait jamais attendre. Dans l'essai dont ces lignes sont extraites, paru en 1985 sous le titre *Sätze ins Nichts* (c'est-à-dire « Phrases qui se perdent dans le Rien » ou « Sauts dans le Rien ») et consacré au thème de la ville, Bahr réplique en une très belle langue, dont la richesse rend la plupart des termes intraduisibles en français, au *Ge-stell* heideggérien.

> *Das Gefährt* [...] *Aus mehreren Gründen scheint mir das Technische genauer als Gefährt denn als « Gestell » verstehbar zu sein. Beschreibt Heidegger auch durchaus Fahrt und Gefahr der Technik, so doch zu sehr an eine enge Dialektik unbeständiger Bestandssicherung gebunden, als verfügten wir bereits über eine neue Schrift, die jene Technik wiedergebe. Über das Technische der Verfügungen, Sicherungen und steuernden Verschickungen hinaus mit all ihren katastrophalen Entgleisungen, ist Technik zudem Trans-Mission, schwappt über sich als Sendung und Nachricht, als Zutragung und Zuständigkeit hinaus, schreibt sich über unser Können und Verstehen hinaus, in Schriften, die man nicht weniger mühevoll dechiffriren wird als jene der Natur, schwerer vielleicht, zumal wenn sich das genealogische Vertrauen vorschiebt und technische Dinge als irgendwie menschliche Kinder, Ausdruck unserer selbst, unserer Triebe und Willen oder als Geburten artungleicher Befruchtungen zwischen Natur und Menschen begriffen werden sollen.*
>
> [Le véhicule (...) Pour de nombreuses raisons, la technique me semble donc plutôt devoir être comprise comme « véhicule » que comme *Gestell*. Heidegger évoque bien la technique comme un voyage et comme un danger, mais ce faisant il reste par trop lié à une dialectique étroite de l'appropriation aléatoire d'un patrimoine (*Bestand* : « d'une réserve [de biens], d'un stock ») comme si nous disposions déjà d'une nouvelle écriture capable de rendre celle que la technique représente. Au-delà de ce qui dans la technique est de l'ordre de l'emprise, de la sécurité et du contrôle des lancements et des envois, avec tous les dérèglements catastrophiques que cela implique, la technique est aussi trans-mission, ses envois ou informations débordent d'eux-mêmes, elle excède ses acheminements et ses compétences et s'écrit au-delà de nos capacités et de la compréhension que nous en avons dans des écritures que nous n'avons pas moins de peine à déchiffrer que celles de la nature et qui nous sont peut-être encore moins accessibles, surtout lorsque la confiance naïve que nous pourrions avoir en la généalogie vient faire écran entre elle et nous et nous pousse à croire qu'il nous faut comprendre les choses de la technique comme si nous en étions les géniteurs et comme si elle n'était que l'expression de nous-mêmes, de nos pulsions et de notre volonté, voire rien de plus, entre l'homme et la nature, que le fruit d'inséminations contre-nature.]
>
> *Sätze ins Nichts*, p. 168-169 ; notre traduction.

Das Gefährt est joué ici contre *das Gestell*. Mais il ne suffit pas de noter la substitution d'un terme à l'autre, il faut encore s'interroger sur l'usage du langage qui la rend possible. Hans Dieter Bahr, qui refuse de continuer à penser la technique à partir de l'idée de « rassemblement » (*Versammlung*), prépare son opération de destitution en thématisant, à partir de la description des vases grecs fondée précisément, d'Aristote à Heidegger en passant par Simmel, sur le concept de la *Versammlung*, leur fonction multiple de « tra-ducteurs ». Le mot de « tra-duction » (*Übertragung*) ne veut pas dire « transport », au sens où par là se trouve abolie la distance entre deux lieux. La traduction qu'opère le récipient est un déplacement véhiculaire, en tant qu'il accompagne ce qu'il déplace, et que l'histoire de sa destination est celle des dangers qui guettent aussi bien son contenu que sa finalité. Le véhicule/récipient n'est pas seulement le porteur de contenus changeants, il est lui-même porté, il est le porteur-porté, et son contenu est aussi ambivalent que son être, puisqu'il peut aussi bien « apporter le malheur en transportant l'avarié ou le poison, voire la cendre des morts ou le simple vide, après un vol en cours de route ». Alors que, dans la *Traumdeutung,* Freud utilise deux concepts différents, celui de *Übertragung* (« traduction », puis « transfert ») et celui de *Verschiebung* (« déplacement ») , pour établir un partage entre transport d'une entité à une autre et transport d'une entité dans une autre, il y a en revanche chez Bahr un couplage des deux concepts de *Übertragung* et *Verschiebung.* Ce couplage, et le renouvellement sémantique qu'il opère, repose sur une compréhension qui se veut littérale du verbe *übertragen* : *über-tragen*, c'est déplacer (*über*) en portant (*tragen*), et donc l'*Übertragung* est en quelque sorte un « passage-support ». Pour Bahr, la tra-duction (*Übertragung*) qu'opère le récipient est un déplacement véhiculaire, en tant qu'il accompagne ce qu'il déplace.

Si, comme on le voit, le contenu du texte prend le contre-pied de la philosophie heideggérienne de la technique, dont il dénonce la « dialectique étroite », la contre-thèse reste inséparable d'une subversion de l'écriture, qui consiste à déloger le *Gestell* heideggérien de ses solidarités sémantiques, et en quelque sorte à le déplacer sur place. C'est précisément l'idée de déplacement qui vient alors troubler le jeu d'écriture heideggérien et déstabiliser ses enjeux.

Das Gefährt, c'est le véhicule. Le mot de la langue courante serait plutôt *Fahrzeug*, ou, pour la langue savante, *Vehikel*, et le terme, littéraire, est de surcroît désuet. Mais, une fois arraché au registre où l'usage l'a cantonné, il vient "dédialectiser" ce qui, dans le *Gestell* heideggérien, renvoyait la multiplicité et l'aléatoire au destin de l'Être. La langue, non moins inventive — et truffée, de par sa richesse même, d'intraduisibles —, est ouverte sur le monde comme la thématique qu'elle expose, à savoir une technique qui serait, comme la langue, une écriture et dont il serait bien vain de croire que l'on puisse jamais en posséder d'avance la clé.

Heidegger est sans aucun doute celui qui aura fait l'usage le plus vertigineux des procédés ici décrits, et peu de philosophes allemands utilisent actuellement avec autant de conséquence que Hans Dieter Bahr les ressources de l'écriture allemande. La question reste ouverte de savoir jusqu'à quel point cette tendance extrême que manifeste l'écriture heideggérienne renoue avec un type d'écriture dont les traces reconduisent aux mystiques rhénans, mais aussi dans quelle mesure elle est liée à l'affirmation d'une tradition philosophique spécifiquement allemande dont l'apparition a coïncidé avec le besoin de se distinguer à la fois de l'usage du latin et de l'usage littéraire de la langue. Il existe de nombreuses études sur la question, et les recherches sont loin d'être achevées. Le rôle de Christian Wolf au XVIIIe siècle, son projet explicite de constituer une artificialité langagière puisant exclusivement ses ressources dans la langue allemande, notamment par l'élaboration d'artifices adéquats, les *Kunstwörter*, ont été déterminants pour le devenir spécifique de l'écriture philosophique allemande. Mais il faut prendre en compte à la fois l'archéologie du langage philosophique allemand et le jeu d'échange et de différenciation entre procédé langagier et procédé proprement conceptuel tel que nous l'avons décrit ici. Sans doute ce travail reste-t-il encore largement à faire.

Jean-Pierre DUBOST

BIBLIOGRAPHIE

BAHR Hans Dieter, *Sätze ins Nichts*, Tübingen, Konkursbuch, 1985.

BELAVAL Yvon, *Les Philosophes et leur langage*, Gallimard, 1952.

DUBOST Jean-Pierre et BUSSE Winfried, *Französisches Verblexikon : Die Konstruktion der Verben im Französischen*, Stuttgart, Ernst Klett, 1983.

GOLDSCHMIDT Georges Arthur, « Quand Freud voit la mer ». « Freud et la langue allemande », Buchet-Castel, 1988.

HEIDEGGER Martin, *Essais et Conférences*, trad. fr. A. Préau, Gallimard, 1958.

— *Die Technik und die Kehre*, Pfullingen, Neske, 1978.

— *Questions IV*, trad. fr. J. Beaufret, Gallimard, 1976.

— *Der Satz vom Grund*, Pfullingen, Neske, 1957 ; trad. fr. A. Préau, Gallimard, 1962.

ROUSSEAU André, « Fonctionnement des préverbes allemands », *in Les Préverbes dans les langues d'Europe. Introductions à l'étude de la préverbation*, Presses universitaires du Septentrion, 1995, p. 127-188.

OUTILS

EICHINGER Ludwig M., *Deutsche Wortbildung*, Tübingen, Narr, 2000.

FOURQUET Jean, *Grammaire de l'allemand*, Hachette, 1952.

SAUSSURE Ferdinand de, *Cours de linguistique générale*, Payot, 1979.

COMMON SENSE ANGLAIS – fr. *sens commun*

lat. *sensus communis*

► *SENS COMMUN*, et ANGLAIS, MORALE, PHRONÊSIS, POLITIQUE, PRINCIPE, SENS, VÉRITÉ

On peut dater de Shaftesbury et surtout de Thomas Reid les usages les plus clairs de common sense. *La tradition d'une philosophie du sens commun qui s'instaure dans la philosophie anglo-écossaise du XVIIIe siècle délaisse l'acception du sens commun comme manière commune de sentir et d'apprécier* (sensorium commune) *pour trouver son origine dans une évocation de la sociabilité, un sens de la communauté* (sensus communis). *Mais la philosophie de langue anglaise défend aussi la possibilité du sens commun comme jugement ou opinion vraie qui serve de fondement à la philosophie. Le discours philosophique s'appuie alors sur des principes qui sont des évidences du sens commun et forment le préalable à toute connaissance. La réflexion sur* common sense *suppose de reconnaître une valeur de vérité à l'*ordinary life.

I. LE CONCEPT DE « COMMON SENSE »

Common sense, selon une signification *a minima*, n'est pas un terme philosophique. Il désigne une forme de bon sens populaire. Lorsque quelqu'un déclare : « *just use your common sense !* », il évoque la possibilité d'une sagacité pratique, d'une appréhension ordinaire des choses. Ainsi, pour mieux connaître l'amour, le mariage, les enfants, etc., il existe *The Common Sense Book of Love and Marriage*, *The Common Sense Book of Baby and Child Care*. *Common sense* peut aussi renvoyer au registre de l'opinion partagée. Le recours à l'opinion générale de l'humanité chez Hume, qui empêche la philosophie de s'égarer, fonctionne comme un sens commun : « *The general opinion of mankind has some authority in all cases ; but in this of morals 'tis perfectly infallible.* [L'opinion générale des hommes a quelque autorité dans tous les cas ; mais, dans celui de la morale, elle est parfaitement infaillible.] » (*A Treatise of Human Nature*, p. 552, trad. fr. p. 166). Si *the general opinion of mankind* définit un sens commun nécessaire à l'établissement d'une philosophie morale, le recours au sens commun est parfois plus ambigu ; ainsi Hume évoque-t-il la vérité du proverbe sur la vanité des disputes sur le goût : « *And thus common sense, which is so often at variance with philosophy, especially with the sceptical kind, is found, in one instance at least, to agree in pronouncing the same decision.* [Pour cette fois du moins, le sens commun, qui s'éloigne si souvent de la philosophie, et de la philosophie sceptique en particulier, vient-il la rejoindre pour rendre le même verdict.] » (*Essays*, p. 230, trad. fr. p. 268). Même si le sens commun relève d'un autre rapport au monde que la philosophie, il permet parfois de ramener la philosophie des risques de l'usage métaphysique à l'usage ordinaire du discours. En d'autres termes, *common sense* sert de point d'ancrage au *usual*, à l'*ordinary* afin d'évoquer la position de l'opinion face à une question philosophique : « *Are there any irreducibly social goods ?* [...] *Common Sense is divided on the issue, and confused.* [Existe-t-il de manière irréductible des biens sociaux ? [...] Le sens commun est divisé sur la question et embarrassé.] » (Charles Taylor, *Philosophical Arguments*, p. 127). On pourrait dire que ce recours au sens commun existe depuis l'Antiquité grecque et ne constitue pas une spécificité de *common sense*. L'originalité de la tradition du *common sense* réside dans le souci de passer du simple appel au *common sense* à un concept de *common sense*. C'est le propos de l'*Essay on the Freedom of Wit and Humour* de Shaftesbury. Le texte commence avec la narration d'une conversation plaisante sur la morale, la politique et la religion. Parmi les différents protagonistes, certains prennent de temps en temps « la liberté d'en appeler au sens commun » (« *take the liberty to appeal to common sense* » [*Characteristics of Men, Manners, Opinions, Times*, t. I, p. 78]). Le sens commun fait ensuite l'objet d'une définition ; il est compris comme un ensemble de vérités évidentes, de sujets sur lesquels tous les hommes sont d'accord :

> *But notwithstanding the different Judgments of Mankind in most Subjects, there were some however in which 'twas suppos'd they all agreed, and had the same Thoughts in common.*
>
> [Mais, malgré les différents jugements des hommes sur la plupart des sujets, il y en avait toutefois quelques-uns pour lesquels on supposait qu'ils étaient tous d'accord et partageaient les mêmes pensées.]
>
> *Characteristics*, t. I, p. 79.

Mais, cette définition du sens commun n'est pas développée car l'accent est mis sur l'impossibilité de trouver des principes fondamentaux ou des notions communes de la religion, de la morale et de la politique. Comment le sens commun pourrait-il servir à bâtir une philosophie pratique ?

II. LE SENS DU BIEN COMMUN

Shaftesbury, grand lecteur du stoïcisme, s'intéresse à l'usage du sens commun comme *sensus communis*. *Sensus communis*, qui traduit le grec *hê koinonoêmosunê* [ἡ κοινονοημοσύνη] dans les textes de Marc-Aurèle (*Pensées*, I, 16), désigne un sens de la communauté, une sociabilité. Shaftesbury reprend cet héritage et fait alors primer *common* (ce qui est commun à une communauté, le bien public) sur *sense* (faculté sensorielle ou cognitive). *Common sense* désigne un travail critique sur nos représentations pour les conformer au bien public. Le sens commun exprime « le *Sens* du *Bien public* et de l'*Intérêt commun* » (« Sense *of* Publick Weal, *and of the* Common Interest »), l'amour de la Communauté *ou* de la Société (« Community *or* Society »), l'affection naturelle, l'humanité, l'inclination à faire du bien ou cette sorte de *Civilité* (*Civility*) qui naît d'un juste sentiment des droits communs au genre humain et de l'égalité naturelle qui est entre des créatures de la même espèce » (*Characteristics*, I, p. 104). C'est un sens à la fois moral et social de la raison, structuré par une vertu qui consacre la nature profonde de l'homme, l'honnêteté : les « notions naturelles [sont] meilleures que celles qui ont été raffinées par l'étude ou par des consultations avec les casuistes. En langage commun, aussi bien que selon le sens commun, *l'honnêteté est la meilleure politique* (*According to common Speech, as well as common Sense,* Honesty is the best Policy) » (*Characteristics*, I, p. 132). *Common sense* s'avère différent de *good sense* dans la mesure où ce dernier, comme faculté naturelle de distinguer le vrai et le faux, est facteur de connaissance plutôt que de philosophie pratique. *Common sense* est l'équivalent social et politique de *moral sense*. *Moral sense* désigne une disposition ou une capacité à former des représentations adéquates du bien moral. *Common sense* désigne une disposition à former des représentations adéquates du bien public. Il suppose la représentation d'un espace public (*public space* ou *public sphere*). Il devrait être traduit par « disposition au bien commun ». C'est cette acception de *common sense*, particulièrement présente dans la philosophie de langue anglaise, que Mikaël Walzer invoque dans *Critique et Sens commun*. La définition de l'appréhension du monde social sur le mode d'une critique sociale (*social criticism*) prolonge cette tradition du sens du bien commun.

III. L'ÉPISTÉMOLOGIE DU « COMMON SENSE »

Il reste que *common sense* est aussi un concept fondamental pour la philosophie de la connaissance. La pensée de Thomas Reid suppose une compréhension rationnelle de *sense* comme *judgment* pour établir un rôle épistémologique de *common sense* :

> *In common language sense always implies judgment* [...] *Good sense is good judgment* [...] *Common sense is that degree of judgment which is common to men with whom we can converse and transact business.*
>
> [Dans le langage commun, le sens implique toujours le jugement [...] Le bon sens est un bon jugement [...] Le sens commun est ce degré du jugement qui est commun à tous les hommes avec qui on peut converser et contracter dans les affaires ordinaires.]
>
> *Essays on the Intellectual Powers of Man*, p. 330-331.

Cette fois-ci, *common sense* est proche de *good sense*. Le sens commun comme le bon sens est un jugement ; il désigne la partie de la raison qui comprend les jugements primitifs et naturels communs à toute l'humanité. C'est en quelque sorte une intelligence commune qui atteint spontanément un certain nombre d'objets de connaissance. Dans cette perspective, cette activité de l'esprit ou cet exercice du jugement est plus ou moins développé(e) chez chacun selon que l'homme a plus ou moins de pratique de tels jugements, est plus ou moins doué :

> *Common sense is* [...] *an exercise of the judgment unaided by any Art or system of rules : such an exercise as we must necessarily employ in numberless cases of daily occurrence* [...] *He who is eminently skillful in doing this, is said to possess a superior degree of Common Sense.*
>
> [Le sens commun (...) est un exercice du jugement qui n'est pas secouru par un art ou un système de règles : un exercice tel que nous le réalisons nécessairement dans un nombre de cas innombrables de la vie quotidienne (...) De celui qui est éminemment doué dans ce domaine, on dit qu'il possède un degré supérieur de sens commun.]
>
> Richard Whately, *Elements of Logic*, préface, p. XI-XII.

Ne pas posséder le *common sense* ne revient pas ici à manquer de sagacité dans les affaires ordinaires de la vie ; c'est d'une certaine manière manquer d'intelligence, se priver d'un mode non déterminé *a priori* du jugement selon Whately mais aussi selon Reid. Le sens commun constitue le préalable matériel à toute connaissance, l'ensemble des préconnaissances qui vont de soi et qu'il est nuisible de mettre en doute. Il s'incarne dans des principes qui affirment simplement l'existence de nos différents modes de connaître. Ainsi en est-il du principe de réalité des phénomènes de la conscience : il faut tenir pour évident que l'homme pense, se souvient, etc. (*Essays*, p. 231). L'existence du sujet de connaissance est une vérité de fait, un principe du sens commun ou un jugement naturel, commun à l'humanité et que tout homme peut donc produire.

IV. « COMMON KNOWLEDGE » ET « ORDINARY LIFE »

Common sense participe donc d'une philosophie et d'une épistémologie du connaître par lesquelles, selon l'expression de Moore, peut être envisagée une « *commonsensical view of the world* » (G. E. Moore, « A Defense of Common Sense », in *Philosophical Papers*, *passim*). Nous savons avec certitude que beaucoup de propositions très ordinaires sont vraies. Non que le sens commun n'abrite pas certaines propositions fausses, mais les certitudes massives qu'il enferme, prises ensemble, enveloppent la vérité de la *common sense view of the world*. D'une certaine manière, conformément à la philosophie de Thomas Reid, l'esprit peut avoir une connaissance immédiate de l'existence des objets, de la matière, des autres esprits, qui définit des croyances vraies dont il est inutile de produire une justification. *Common sense* est l'instance de l'esprit par laquelle nous savons avec certitude que beaucoup de propositions très ordinaires sont vraies. Dans ce registre de définition d'une philosophie de la connaissance, la question du *common sense* dessine une manière d'aborder un fond commun de connaissance, *a common knowledge* que toute personne de jugement peut partager. Il existe une communauté de jugements qui peut tous nous réconcilier malgré les partages philosophiques doctrinaux. Le sens commun dessine la possibilité d'une communicabilité philosophique :

> *There is this advantage in putting questions from the point of view of Common Sense : that it is, in some degree, in the minds of us all, even of the metaphysicians whose conclusions are most opposed to it.*
>
> [À poser les questions du point de vue du sens commun, on a cet avantage qu'il est, d'une certaine manière, dans nos esprits à tous, même dans ceux des métaphysiciens dont les conclusions sont très opposées à lui.]
>
> Henry Sidgwick, *Philosophy, Its Scope and Relations*, p. 42.

L'acception philosophique du sens commun suppose une défense du sens commun. La réflexion sur le sens commun se prolonge en partie avec la réflexion sur l'*ordinary life* dans la philosophie américaine contemporaine, par exemple chez Stanley Cavell (*In Quest of the Ordinary*). Cette dernière philosophie ne se contente pas de dire que les formulations de la vie ordinaire sont vraies dans leur sens ordinaire. Elle essaie de savoir ce que leur sens ordinaire veut dire — tout comme la philosophie du sens commun cherche la signification du sens commun.

Fabienne BRUGÈRE

BIBLIOGRAPHIE

CAVELL Stanley, *In Quest of the Ordinary*, Chicago, 1988.

HUME David, *Essays moral, political and literary* [1777], Indianapolis, Liberty Classics, 1985 ; *Essais et traités sur plusieurs sujets. Essais moraux, politiques et littéraires*, trad. fr. M. Malherbe, Vrin, 1999.

— *A Treatise of Human Nature* [1739-1740], Oxford, Clarendon Press, 1978 ; livre III, trad. fr. P. Saltel, Flammarion, « GF », 1993.

MOORE George Edward, *Philosophical Papers*, Londres, Allen et Unwin, 1959.

REID Thomas, *Essays on the Intellectual Powers of Man* [1785] in *Thomas Reid : Philosophical Works*, Édimbourg, Edinburgh UP, 8e éd., 1895.

SCHULTHESS Daniel, *Philosophie et sens commun chez Thomas Reid*, Berne, Lang, 1983.

SHAFTESBURY Anthony Ashley Cooper, *Characteristics of Men, Manners, Opinions, Times* [1711], Hildesheim-New York, Georg Olms Verlag, 1978, t. 1, *Essay on the Freedom of Wit and Humour*.

SIDGWICK Henry, *Philosophy, Its Scope and Relations*, Londres, Macmillan and Co., Ltd, 1902.

TAYLOR Charles, *Philosophical Arguments*, Cambridge-Londres, Harvard UP, 1995.

WALZER Mikaël, *Critique et sens commun*, La Découverte, 1990.

WHATELY Richard, *Elements of Logic*, Londres, John W. Parker, 9e éd., 1851.

COMMUNAUTÉ *Commun* dérive du latin *communis*, « qui appartient à plusieurs ou à tous », sur *cum*, « avec », et *munis*, « qui accomplit sa charge, son devoir » (apparenté à *munus*, « charge, présent ») ; il correspond au grec *koinos* [κοινός], « commun, public », où l'on retrouve sans doute la même racine que pour le *cum* latin, et qui contraste avec *idios* [ἴδιος], « propre, privé ». *Communauté* désigne le fait d'être en commun, cela même qui est en commun, et le groupe ou l'institution qui partage ce qui est en commun.

I. COMMUN ET COMMUNAUTÉ

1. Ce qui est mis en commun s'oppose au propre et à la propriété, voir PROPRIÉTÉ.

2. Le commun peut renvoyer à différents niveaux de communauté.

Il peut s'agir de l'humanité tout entière : voir LOGOS, *SENS COMMUN*, UNIVERSAUX, ainsi que *AUTRUI, HUMANITÉ* [MENSCHHEIT], *IDENTITÉ* [JE, SAMOST', SELBST]. Ou bien d'une communauté humaine particulière définie comme peuple (voir PEUPLE et NAROD, PEOPLE ; cf. HEIMAT), comme culture (voir BILDUNG, CIVILTÀ, *CULTURE*, TRADUIRE), par un quelconque trait privilégié passant pour distinctif (voir MALAISE).

II. COMMUNAUTÉ POLITIQUE ET SOCIÉTÉ

1. On trouvera sous SOCIÉTÉ CIVILE l'exploration des principaux réseaux qui servent à décrire la communauté, par différence avec la société et avec l'État. Pour le grec, outre *koinônia politikê* [κοινωνία πολιτική] (SOCIÉTÉ CIVILE, I), voir les entrées POLIS, OIKEIÔSIS, OIKONOMIA. Pour le latin, voir, outre *societas civilis* (SOCIÉTÉ CIVILE, I), PIETAS, RELIGIO, et cf. LEX. Sur la distinction allemande entre *Gemeinschaft* et *Gesellschaft*, voir encadré 1, « *Gemeinschaft...* », dans SOCIÉTÉ CIVILE. Voir aussi *Common Law* sous LAW.

2. Le russe possède avec *mir* [мир] une constellation particulière, qui renvoie à la fois à la paix, au monde et à la commune paysanne : voir MIR et SOBORNOST' (« conciliarité, communion »), et cf. NAROD (« peuple ») ; cf. *CONCILIARITÉ*.

3. Les avatars contemporains de la promotion politique de la communauté sont envisagés sous LIBERAL (encadré 3, « *Communautarianism* ») ; cf. MULTICULTURALISM.

► *ALLIANCE, CONSENSUS, ÉTAT, OBLIGATION*

COMPARAISON

gr.	*sugkrisis* [σύγκρισις], *antithesis* [ἀντίθεσις], *parathesis* [παράθεσις]
lat.	*comparatio, contrapositum, adpositum*
it.	*paragone*

► ANALOGIE, CONCETTO, *IMAGE*, INGENIUM, LIEU COMMUN, MIMÊSIS, PROPRIÉTÉ

La comparaison a pâti du succès récent de la métaphore. Elle a servi de faire-valoir à son brillant alter ego. *Pour lui redonner de l'intérêt, il suffit de rappeler que le couple apparemment canonique* comparatio-metaphora *est une fausse fenêtre. Ce couple provient d'un passage de Quintilien qui a été isolé. En fait,* comparatio *en latin ne désigne que très marginalement une similitude introduite par un mot de type « comme ». Sa définition renvoie à une opération de l'esprit : la mise en parallèle de x et de y, pour dégager ressemblances et différences. La formule « comparaison n'est pas raison » rappelle à la fois que c'est un instrument pour produire de l'intelligible, et que cet instrument marche bien, presque trop bien : d'où la nécessité d'user de prudence à l'égard de cette méthode extrêmement féconde qu'est le comparatisme.*

I. « COMPARATIO », « SUGKRISIS », PARALLÈLE

Le sens d'« image » pour la comparaison est un sens spécialisé, qui est très marginal. Dans toute l'*Institution oratoire* de Quintilien, ce sens n'apparaît qu'une seule fois, sur les douze occurrences de *comparatio* et *comparativus* que relève l'index de l'édition des Belles Lettres. De façon massive et générique, *comparatio* désigne le parallèle : le fait de rapprocher *x* et *y* pour développer leurs ressemblances et différences, et souvent pour souligner la supériorité de l'un sur l'autre. En grec, le mot équivalent est *sugkrisis* [σύγκρισις], très fréquent en ce sens mais à l'époque tardive (de Philodème à Plutarque). Comme le dit ce dernier terme, il s'agit d'exercer son jugement, de juger l'un par rapport à l'autre — *sun-krisis* [σύν-κρίσις], jugement couplé, « avec » (*sun* [σύν]). Le résultat n'est pas une petite formule en passant, une figure de style, mais un développement complet, long.

La *comparatio* fait ainsi partie des exercices préalables donnés en classe de rhétorique (Quintilien, II, 4, 21). Elle a la longueur d'un « devoir » scolaire et, comme telle, elle fera partie du bagage de tout lettré, de l'Antiquité à l'Ancien Régime. Dans cette culture, faire une comparaison, un rapprochement, c'est aussitôt se donner les moyens de construire tout un développement. En cela la comparaison est une « figure de pensée » ou plus littéralement une « figure de phrases » (lat. *figura sententiarum*), c'est-à-dire s'étendant sur une ou plusieurs phrases. De même, la comparaison est du côté de la conception et de l'invention : envisager *in nuce* puis développer dans toutes ses conséquences ce qu'on a entrevu. Un visionnaire comme Hugo en connaît les ressources indéfinies. Par exemple, sa formule « Ceci tuera cela » (V, 2) lance l'abondante *comparatio* de *Notre-Dame de Paris* entre *x*, le livre, et *y*, la cathédrale.

Un exemple de sujet de devoir avec ses développements possibles serait celui-ci, repris de Cicéron. L'orateur compare « Gracchus et Catilina, <c'est-à-dire> la constitution de l'État et l'univers, un léger ébranlement au massacre et aux incendies et à la dévastation, un simple citoyen à des consuls. Si l'on veut développer ces thèmes un à un, ils comportent une ample matière à traiter » (Quintilien, VIII, 4, 14 ; cf. VIII, 4, 9-14).

On comprend alors mieux le sens spécialisé le plus habituel de *sugkrisis*. Le mot grec désignait un exercice classique de critique littéraire : le parallèle entre deux auteurs ou deux œuvres pour mieux les différencier. La culture scolaire, là encore, en a gardé longtemps le souvenir : on se rappelle le sujet classique sur Racine *et* Corneille, les hommes tels qu'ils sont et tels qu'ils devraient être. De cet exercice le *Traité du sublime* de Longin compte par exemple un bon nombre, que ce soit le parallèle-différence entre l'*Iliade* et l'*Odyssée*, entre Platon et Lysias, entre Démosthène et Cicéron. Plus longuement traitée encore, une paire comme Démosthène et Cicéron est au principe des *Vies parallèles*. Plutarque lui-même termine presque chaque paire de ses *Vies* par ce qu'il nomme en propres termes une *sugkrisis* : comparaison de Thésée et Romulus, Lycurgue et Numa, etc.

II. « EIKÔN » ET « METAPHORA », « SIMILITUDO » ET « TRALATIO » : LE STATUT DU « COMME »

Par rapport à ce sens fondamental, la comparaison au sens moderne se dit similitude : l'anglais *simile* rend encore aujourd'hui le latin *similitudo*, qui rendait à son tour le grec *eikôn*, « icône », image. C'est d'ailleurs de Quintilien que vient l'idée que la métaphore est une similitude abrégée, « *brevior similitudo* » (VIII, 6, 8). Quintilien reprend à Aristote l'exemple trop célèbre d'Achille « comme un lion » opposé à Achille « est un lion » (Aristote, *Rhétorique*, III, 4, 1406b 20-24 ; Quintilien, VIII, 6, 9). Les répartitions conceptuelles sont, chez Aristote, *eikôn* [εἰκών] et *metaphora* [μεταφορά] (cf. *Rhétorique*, III, 4, 1406b 20-23), et chez Quintilien *similitudo* et *tra<ns>latio*, ce dernier mot étant lui-même l'équivalent latin du grec *metaphora* qu'utilise aussi Quintilien.

♦ Voir encadré 1.

Soit le tableau suivant :

Aristote	Quintilien
eikôn	= *similitudo*
metaphora	= *tra<ns>latio*

1

Rappel : la définition aristotélicienne de la métaphore

► ANALOGIE, INGENIUM, LOGOS

Le succès récent de la métaphore a ses lettres de noblesse aristotéliciennes. La métaphore, à la différence de la comparaison, est un trope, une « figure de mots », à savoir, selon la définition canonique de la *Poétique* : « l'application d'un nom impropre » (*onomatos allotriou epiphora* [ὀνόματος ἀλλοτρίου ἐπιφορά], Aristote, *Poétique*, 21, 1457b 7-8, trad. fr. J. Lallot et R. Dupont-Roc, Seuil, 1980). Elle se fait par passage du genre à l'espèce, de l'espèce au genre, de l'espèce à l'espèce, soit, enfin et surtout, selon un rapport d'« analogie » : l'expression métaphorique raccourcit et ramasse alors la proportion (appeler le soir « vieillesse du jour », c'est impliquer que le soir est au jour ce que la vieillesse est à la vie).

Si pour Quintilien, les métaphores sont des « similitudes abrégées », en revanche, pour Aristote, « les comparaisons (*eikones* [εἰκόνες]) sont des métaphores qui ont besoin de *logos* (*logou deomenai* [λόγου δεόμεναι])», c'est-à-dire, comme traduisent M. Dufour et A. Wartelle (Les Belles Lettres, 1980), qui « demandent à être développées (*Rhétorique*, III, 4, 1407a 14-15), mais risquent alors de donner « moins de plaisir parce qu'elles sont trop longues » (*ibid.*, III, 10, 1410b 18-19). Toutes deux sont des opérations de l'esprit. En ce qui concerne la métaphore : « Quand le poète appelle la vieillesse un brin de chaume, il produit une science et une connaissance (*epoiêsen mathêsin kai gnôsin* [ἐποίησεν μάθησιν καὶ γνῶσιν]) au moyen du genre, car les deux sont défleuris » (*ibid.*, III, 10, 1410b 15-16). Or, « comme en philosophie, voir le semblable (*to homoion theôrein* [τὸ ὅμοιον θεωρεῖν]) dans ce qui est très éloigné appartient à qui vise juste » (*ibid.*, III, 11, 1412a 12-13). Le succès de la métaphore, y compris sous la forme du mot d'esprit (*asteion* [ἀστεῖον], *ibid.*, III, 11, 1411b 22-24), tient à la fulgurance de cette conjonction qu'elle opère entre philosophie et poésie.

L'une des difficultés pour nous du passage d'Aristote à Quintilien est, on le constate ici, une difficulté de traduction, à savoir une discordance dans le rendu du grec entre le latin et le français : Quintilien nomme *similitudo* et non pas *comparatio* l'*eikôn*, cet autre aristotélicien de la métaphore, que nous traduisons très généralement par « comparaison ».

Barbara CASSIN

Il faut bien comprendre que le concept de *comparatio* n'appartient nullement à ce tableau – à ce registre de concepts. Quintilien importe le substantif *comparatio* à des fins d'explication, pour faire comprendre ce qui se passe dans une similitude et, par contre coup, dans une métaphore (VIII, 6, 9). *Comparatio* sous sa plume n'est guère qu'un déverbal du verbe *comparare* qu'il a d'abord utilisé. La similitude, c'est « comme » un parallèle-différence, ce dernier objet étant aussi connu des lecteurs de Quintilien – ou d'Aristote – qu'ignoré aujourd'hui :

> *In totum autem metaphora brevior est similitudo, eoque distat quod illa comparatur rei quam volumus exprimere, haec pro ipsa re dicitur. 9. Comparatio est cum dico fecisse quid hominem « ut leo », tralatio cum dico de homine « leo est ».*
>
> [Au total, la métaphore est une similitude abrégée ; et elle en diffère en ce que l'une établit un parallèle avec ce que l'on veut exprimer, l'autre est dite au lieu de la chose elle-même. 9. <Au fond>, quand je dis qu'un homme a agi « comme un lion », c'est un parallèle, quand je dis « il est un lion », c'est une métaphore.]
>
> (nous modifions ici la traduction de Cousin).

De *comparare* à *comparatio*, verbe et substantif sont là pour faire comprendre que le point essentiel n'est pas la présence ou l'absence du mot « comme ». Le point est qu'un parallèle entre Achille et un lion développerait amplement tout ce qui appartient au héros *et* tout ce qui appartient à l'animal, pour les discriminer par un parallèle-différence. Ce processus très intellectuel serait donc l'inverse de la métaphore. La similitude maintient la distance entre Achille et le lion (voir ici le verbe *distat*, mot typique de la *comparatio*), alors que la métaphore fusionne ces deux pôles dans une intuition fulgurante. La longueur dans un cas et la brièveté dans l'autre ne font que signaler la différence des deux processus mentaux. Au total, la présence du *comme* qui a tant hypnotisé la critique est la pointe de l'iceberg. Elle emblématise l'essentiel, puisque le *comme* empêche en effet l'assimilation complète. Mais à en faire le critère absolu pour distinguer similitude et métaphore, on raisonne à faux, et on s'expose à bien des déconvenues : ce critère n'est pas opératoire.

Laissons donc de côté la comparaison au sens moderne. Dans la « comparaison » au sens de parallèle-différence, il s'agit de placer en regard deux blocs, qui dès lors se répondent – sans jamais se confondre. Prenons un exemple. Dans son chapitre sur les figures de mots, Quintilien traite d'un effet de répétition. La répétition est ici celle des premiers mots des membres de période, « toi » et « lui », dans un parallèle entre toi le juriste et lui le chef de guerre – parallèle célèbre, parce que, contre toute attente, Cicéron y donne l'avantage à ce dernier : « Vous veillez tous deux la nuit : toi, pour répondre à ceux qui te consultent ; lui, pour arriver à temps avec son armée au point fixé. Toi, c'est le chant du coq qui te réveille, lui, le son des trompettes ; toi, tu arranges ton plaidoyer, lui, il range son armée ; vous défendez, toi, tes clients, lui, des villes et des camps » (*Pro Murena*, 22). Voilà un bon exemple de longueur possible : le parallèle s'étend sur dix paragraphes, § 19 à 28 (p. 41 à 47 dans la collection « Budé » des Belles Lettres). De plus, il est redoublé par un autre qui lui sert de conclusion, le parallèle entre l'orateur et le juriste, l'orateur étant tout aussi supérieur au juriste que l'est le chef de guerre (§ 29-30). Quintilien cite ce passage et commente : « dans [ces] contrepoints ou pour mieux dire parallèles, *in contrapositis vel comparativis*, la répétition alternée des premiers mots des membres <de période> qui se répondent est souvent une figure, *solet respondere primorum verborum alterna repetitio* » (IX, 3, 32).

Contra-positum : on n'est pas très loin du mot italien de *contrappunto*, « contrepoint », et du français « contraste », un des mots par lesquels les rhétoriques françaises du XVIIIe siècle retraduisent *comparatio*.

III. « CONTRAPOSITIO » ET « ANTITHESIS »

Contrapositio : ce mot latin est celui par lequel, dans ce même chapitre 3 du livre IX, Quintilien rend le grec *antitheton* [ἀντίθετον], pour dire de façon très spécifique la figure de mots appelée *antithèse*. Dans tous ces mots, les préfixes *anti-* [ἀντί] ou *contra-* portent largement le sens. Le mot grec pour antithèse peut désigner toute espèce de mise en parallèle. C'est le fait, littéralement, de poser l'un en face de l'autre, *-positum* traduisant *-theton*, et *contra-*, *anti-*. Dans ce sens très général, l'« antithèse » est un cas particulier de la « parathèse ». Quand on place en regard deux blocs, ils se répondent soit en étant semblables, symétriques : *para-* [παρά], parallélisme, parathèse, *adposita* ; soit en étant dissemblables, opposés : *anti-*, contraste, antithèse, *contraposita* (*adposita* est dans Quintilien à V, 10, 86 : « *Adposita vel comparativa* »). Du reste, *anti* ne signifie pas nécessairement le contraire exact : l'île d'Anticythère est, tout simplement, celle qui fait face à Cythère ; *x* et *y* se regardent. On pourrait en dire autant du préfixe *para-* ; *parallêlos* [παράλληλος] est construit sur *allêloi* [ἀλλήλοι], « l'un et l'autre » : mettre l'un à côté de l'autre. Un des mots de l'entrée *sugkrisis* du lexique grec de l'Alexandrin Hésychios combine même les deux préfixes *anti-* et *para-*. C'est l'antiparathèse, *antiparathesis* [ἀνθιπαράθεσις], mot qu'emploie par exemple Denys d'Halicarnasse pour désigner, tout simplement, un parallèle-différence, bref un contraste, en l'occurrence entre le mauvais Hégésias et l'excellent Homère (*La Composition stylistique*, VI, 18, 24). Ailleurs, Quintilien dit encore qu'il traduit par *comparatio* le grec *antistasis* [ἀντίστασις] : c'est bien souligner que l'essentiel est le préfixe (VII, 4, 12).

IV. COMPARAISON ET COMPARATISME : LA DOUBLE ATTENTION ET L'ESTHÉTIQUE DU CONTREPOINT

Cette constellation de termes permet donc d'élargir le bref article « Comparaison » du *Vocabulaire* de Lalande. Celui-ci renvoie, avec raison, à Condillac et à son école. La citation de la *Logique* de Condillac (I, 7) est intéressante :

> Comme nous donnons notre attention à un objet, nous pouvons le donner à deux à la fois. Alors, au lieu d'une

> seule sensation exclusive, nous en éprouvons deux, et nous disons que nous les comparons, parce que nous ne les éprouvons exclusivement que pour les observer l'une à côté de l'autre, sans être distraits par d'autres sensations : or, c'est proprement ce que signifie le mot comparer. La comparaison n'est donc qu'une double attention.

Cette citation évoque de façon remarquable le passage suivant de Pétrarque, que Condillac ne connaît probablement pas. Pétrarque va développer son long et fameux parallèle ou *comparatio* entre la solitude et la vie des villes (*La Vie solitaire*, I, 1, 8). Il remarque :

> Je crois que je parlerai mieux de tout cela si je ne consacre pas des développements séparés à tout ce que l'on me semble pouvoir dire de ces deux genres de vie ; je les mêlerai au contraire, évoquant tour à tour tel aspect de chacun, de sorte que l'attention (*animus*) se porte tantôt d'un côté, tantôt de l'autre, et qu'elle apprécie facilement, regardant de droite et de gauche comme on le fait d'un mouvement alterné des yeux, la différence qui sépare les objets les plus dissemblables placés l'un à côté de l'autre.

Une telle citation montre à quel point s'en tenir au seul Condillac serait réducteur. Le philosophe élabore dans son idiome, et par là explicite, une notion qu'il trouve dans le langage « commun » — c'est-à-dire en fait une notion très anciennement élaborée, et que lui a léguée toute la culture rhétorique de son temps. Avant Condillac, il y a, au moins, Aristote. Dans ses *Topiques*, la comparaison relève de deux des quatre instruments ou *organa* qui fournissent abondamment en propositions. Ce sont les troisième et quatrième instruments : attention portée aux différences puis aux ressemblances (*Topiques*, I, 16-17, 107b-108a).

♦ Voir encadré 2.

Après le XVIIIe siècle, et quel que soit le relais, l'idée de *comparatio* est au principe de tous les comparatismes qui voient le jour au début du XIXe siècle. Comme l'a posé Aristote, la comparaison sert d'abord à faire des inductions : à dégager de l'universel à partir du rapprochement de cas individuels (*Topiques*, I, 18, 108b). *Anatomie comparée* (1800-1805), par Cuvier ; physiologie comparée (1833), embryologie comparée, etc. *Grammaire comparée des langues de l'Europe latine dans leurs rapports avec la langue des troubadours* (1821), par François Raynouard, à l'origine de la romanistique créée par Friedrich Diez quelque quinze ans plus tard. *Géographie générale comparée* (1835-1836), par Eugène Buret et Édouard Desor, traduction d'une partie de la *Vergleichende Geographie* de Carl Ritter, publiée à partir de 1817. *Cours de littérature comparée* (1816-1825), titre général d'une collection de morceaux choisis par François Noël, laquelle se contente d'ailleurs de juxtaposer des *Leçons françaises, latines, anglaises, italiennes*. Il n'est pas jusqu'à l'*Essai sur les révolutions* de 1797 que Chateaubriand renomme dans ses *Mémoires d'outre-tombe* « ouvrage sur les révolutions comparées ». Le mouvement général est bien celui de la « double attention » dont a parlé Condillac. Plus que *comparé* il faudrait dire *comparant*, comme en allemand (*vergleichend*), ou *comparatif*, comme en anglais (*comparative*). Ce qui compte est l'acte intellectuel du rapprochement, plus que les deux objets rapprochés.

Qu'alors comparaison ne soit pas toujours raison n'ôte rien à l'intérêt de la méthode : parce qu'elle est installée dans le pluriel, la comparaison donne à penser. Pour le dire dans les termes anciens, la comparaison relève de la topique, qui « invente », pas de la critique, qui « juge ». D'abord *invenire*, ensuite *judicare*. D'abord trouver, dégager des résultats, ensuite peser et soupeser, décider de la valeur de ces résultats. Rejeter la méthode comparatiste au nom de certains de ses résultats, c'est ne pas comprendre son rôle d'instrument, d'outil. Ce jugement négatif va en général de pair avec une incapacité à expliciter sa propre topique, sa façon de rassembler les matériaux d'une réflexion.

La comparaison ainsi entendue peut être utilisée non seulement comme outil intellectuel mais aussi comme moyen esthétique. On l'a vu avec la citation du *Pro Murena*, où la répétition alternée des premiers mots produit une figure, une sorte de rythme, « toi..., lui... ». Deux exemples.

En termes musicaux, le contraste ou contraposition, c'est quelque chose comme le contrepoint. Le mot grec *sugkrisis* est attesté, chez les Septante, au sens très spécialisé de « concert musical » : L'Ecclésiastique (Siracide), 32 (35),7. On est dans un contexte d'harmonie : le président du banquet est prié de ne pas « détonner » en sermonnant à contretemps ceux qui veulent festoyer. Le bon goût est au contraire d'être comme « un sceau d'escarboucle sur un bijou », tel « un concert musical, *sugkrisis*, au cours d'un banquet » — l'ornement qui couronne le tout. La Vulgate traduit : « *et comparatio musicorum in convivio vini* ». Pour être très spécialisé, ce sens est dans la logique des termes *sugkrisis* et *comparatio*. Que ce soit la musique comme harmonie, ou l'harmonie sociale comme musique, dans tous les cas, l'idée est que chaque élément soit à sa juste place. C'est affaire de décorum, bien entendu, c'est-à-dire de convenance (voir encadré 6 dans MIMÊSIS). Le centre de gravité de l'attention se déplace des parties au tout. Non plus double attention mais, pour ainsi dire, triple. Si le contraste intellectuel sert à examiner chacun des deux éléments, à les éclairer l'un par l'autre, l'harmonie contrapuntique vise à les fondre dans un tout qui à la fois les dépasse et les respecte. Le tout vaut alors plus que ses parties, et les parties à leur tour sont valorisées par la lumière que dégage leur rapprochement. Au total, la dimension esthétique est la jouissance de *com-prendre* au sens de tenir ensemble les deux lignes contrapuntiques.

L'autre exemple rappelle que le phénomène est on ne peut plus classique. Il s'agit de poésie. Que signifie en ce cas placer en regard deux blocs, qui dès lors se répondent ? Cet effet de symétrie contrastée évoque une caractéristique emblématique du sonnet. Ce sont ses deux quatrains initiaux. Non seulement chaque quatrain est symétrique en lui-même, AB puis BA, mais encore et surtout les deux quatrains se répondent. La reprise des rimes en soi n'est pas grand-chose. Le fait essentiel est que cette reprise soit accompagnée d'un schéma général où tout tend à la symétrie : à la *comparatio*. Toutes les variations de la symétrie sont alors possibles, que le poète la tire du côté de la ressemblance ou du côté de la différence, de l'*adpositum* ou du *contrapositum*. L'*Olive* de Du Bellay fait redécouvrir le sonnet en France en 1550 ; la même année, les *Odes* de Ronsard élargissent le procédé. L'imitation du modèle pindarique permet de faire se répondre deux blocs et pas seulement deux quatrains : strophe et antistrophe. Dans la poétique grecque, l'antistrophe répondait à la strophe par le même schéma métrique, le chœur chantant la strophe en dansant dans un sens, et l'antistrophe en revenant vers l'autre. Dans l'ode ronsardienne, si le schéma des rimes est bien le même

2

La comparaison des arts

La comparaison des arts est un genre littéraire qui s'est développé à partir de la Renaissance et s'est perpétué tout au long de l'âge classique. Elle s'est exprimée sous plusieurs formes. La première, et la plus importante, a consisté en un parallèle entre les arts du visible et ceux du discours : peinture et sculpture d'une part, arts poétiques de l'autre. À partir de cette comparaison, en quelque sorte générique, se sont déployées des formes de comparaison plus spécifiques, entre la peinture et la sculpture, la peinture et la musique. Le mot italien de *paragone*, qui signifie « comparaison » en général, est utilisé dans toutes les langues pour désigner « la comparaison entre la peinture et la sculpture » qui a donné lieu à de multiples débats au XVIe siècle. La comparaison entre la peinture et la musique (analogie entre le son et la couleur, réflexions autour de la notion d'harmonie) est également présente à la Renaissance et à l'âge classique. Elle connaîtra un nouvel essor au XXe avec la naissance de l'abstraction.

La comparaison entre les arts de la vue et ceux de l'ouïe s'inscrit dans une longue tradition qui, selon Platon, remonterait à Simonide, et qui s'est diffusée à la Renaissance à travers la lecture d'Horace. « L'esprit, écrit Horace dans l'*Épître aux Pisons*, est moins vivement frappé de ce que l'auteur confie à l'oreille, que de ce qu'il met sous les yeux, ces témoins irrécusables » (*Art poétique*, Flammarion, « GF », 1990, p. 264). Mais c'est une autre phrase d'Horace qui joua historiquement un rôle déterminant, celle où il mettait en parallèle la peinture et la poésie : « *ut pictura poesis erit* » : il en est de la poésie comme de la peinture (*ibid.*, p. 268). Reprise par les théoriciens de la Renaissance, cette comparaison sera à l'origine de ce qu'on a appelé la doctrine de l'« *ut pictura poesis* ». Or celle-ci s'est constituée sur un contresens au sens propre, c'est-à-dire sur une inversion. Alors qu'Horace comparait la poésie à la peinture, rapportant les arts du langage à ceux de l'image, les auteurs de la Renaissance inversent le sens de la comparaison. « Un poème est comme un tableau » devient « un tableau est comme un poème ». L'« *ut pictura poesis* », telle qu'on l'entend dans le champ du discours sur l'art, consiste toujours à définir la peinture, à déterminer sa valeur, en fonction de critères qui sont ceux des arts poétiques. La fécondité de cette doctrine pendant plusieurs siècles fut incontestable ; elle a joué un rôle essentiel dans l'accession de la peinture à la dignité des arts libéraux (voir ART). Par le biais de cette comparaison, le peintre peut accéder au rang du poète et de l'orateur. Les expressions *pictura loquens* et *muta poesis* sont des *topoi* qui servent à qualifier la poésie et la peinture, celle-ci étant souvent représentée dans des gravures avec un bandeau ou un doigt sur la bouche. La peinture est une « poésie muette » et la poésie une « peinture parlante ». Les Français du XVIIe siècle les nomment « sœurs » (les Anglais parleront de « *sister arts* ») et les décrivent unies dans un rapport constant d'émulation réciproque. C'est ainsi que Félibien, dans *Le Songe de Philomathe*, met en scène l'« *ut pictura poesis* » à travers un dialogue entre deux sœurs, l'une blonde, l'autre brune, la première s'exprimant en vers, la seconde en prose (publié en 1683, ce texte a été repris en appendice au Livre X des *Entretiens sur les vies et les ouvrages des plus excellents peintres anciens et modernes*, 1666-1688).

L'« *ut pictura poesis* » ne se contente pas de modifier l'image et le statut de la peinture ; elle transforme aussi sa définition en lui imposant les catégories de la poétique et de la rhétorique (l'invention, la disposition) et en lui attribuant une finalité narrative. La doctrine de l'« *ut pictura poesis* » triomphe ainsi dans la peinture d'histoire, considérée longtemps comme le genre le plus noble de la peinture.

Mais, très tôt, des réserves se sont manifestées à l'égard d'une comparaison qui soumettait un peu trop la peinture à l'ordre du discours. C'est ainsi que Léonard préfère qualifier la poésie de peinture aveugle plutôt que de peinture parlante, pour maintenir l'égalité entre les deux arts : « La peinture est une poésie muette et la poésie une peinture aveugle ; l'une et l'autre tendent à l'imitation de la nature selon leurs moyens » (*Traité de la peinture*, trad. fr. A. Chastel, Berger-Levrault, 1987, p. 90). Mais il faudra attendre Lessing et son *Laocoon* (1766) pour que soit développée une critique systématique de la doctrine de l'« *ut pictura poesis* ». Disqualifiant l'idée même de comparaison entre les arts, Lessing insiste au contraire sur leurs différences et les limites qui les séparent, comme l'indique très explicitement le sous-titre de son livre : *Laocoon ou des frontières de la peinture et de la poésie* (trad. fr. Courtin, Hermann, 1990). Le refus du parallèle au nom de l'argument de la spécificité connaîtra au XIXe siècle d'immenses développements puisqu'il sera repris, à la suite de Baudelaire, par tous les défenseurs de la « modernité ». Cet argument jouera également un rôle majeur dans l'analyse contemporaine de l'art. En 1940, Clément Greenberg publie dans *Partisan Review* un article, « Towards a new *Laocoon* [Vers un nouveau *Laocoon*] », qui allait devenir l'un des textes majeurs de la critique « moderniste ». Se réclamant explicitement de Lessing, Greenberg écrit : « Les arts d'avant-garde ont, dans les dernières cinquante années, atteint une pureté et réussi une délimitation radicale de leur champ d'activité sans exemple dans l'histoire de la culture. Les arts sont à présent en sécurité, chacun à l'intérieur de ses frontières légitimes, et le libre échange a été remplacé par l'autarcie » (*The Collected Essays and Criticism*, J. O'Brian (éd.), University of Chicago Press, 1986, vol. 1, p. 23-37).

Jacqueline LICHTENSTEIN

BIBLIOGRAPHIE

LEE Rensselaer Wright, *Ut pictura poesis. La Théorie humaniste de la peinture* [1967], trad. fr. M. Brock, Macula, 1991.

Le Paragone, textes traduits de l'italien par L. Fallay d'Este, Klincksieck, 1992.

entre strophe et antistrophe, les rimes elles-mêmes ne sont pas semblables, à la différence des quatrains de sonnet. Cela souligne le fait essentiel. La symétrie ne tient pas à la répétition des rimes, mais à la volonté de symétrie : au fait pur du contrepoint, de poser deux blocs l'un à côté de l'autre, de comparer.

Francis GOYET

BIBLIOGRAPHIE

BRUNEL Pierre, PICHOIS C. et ROUSSEAU A.-M., *Qu'est-ce que la littérature comparée ?*, A. Colin, « U », 1983.

DENYS D'HALICARNASSE, *La Composition stylistique*, G. Aujac et M. Lebel (éd.), Les Belles Lettres, 1981.

— *L'Imitation*, G. Aujac (éd.), Les Belles Lettres, 1981 ; pour le lexique général de Denys, 1992.

HESYCHIUS ALEXANDRINUS, *Lexicon*, M. Schmidt (éd.), Halle, Dufft, 1861 ; repr. Amsterdam, Hakkert, 1965.

LONGIN, *Traité du sublime*, trad. fr. Boileau, F. Goyet (éd.), « Le Livre de Poche classique », 1995.

PÉTRARQUE François, *De vita solitaria, La Vie solitaire* [1346-1366], éd. et trad. fr. C. Carraud, Grenoble, Jérôme Millon, 1999.

QUINTILIEN, *Institution oratoire*, éd. et trad. J. Cousin, Les Belles Lettres, 1975-1980.

RONSARD Pierre, *Odes*, in *Œuvres complètes*, J. Céard, D. Ménager et M. Simonin (éd.), Gallimard, « La Pléiade », 1993-1994, t. 1.

OUTILS

UEDING Gert, *Historisches Wörterbuch der Rhetorik*, Darmstadt, Wissenschaftliche Buchgesellschaft, t. 2, 1994, pour l'article « Comparatio » (col. 293-299, signé C. H. Kneepkens).

COMPORTEMENT *Comportement* est, avec *conduite*, l'une des deux traductions reçues pour l'anglais *behaviour*, et accentue plus que la seconde l'aspect objectif et observable des manières d'agir, comme réactions au monde et manifestations de dispositions intérieures. L'article BEHAVIOUR étudie les décalages entre béhaviorisme et psychologie du comportement.

Sur le rapport entre un organisme et son environnement, voir AFFORDANCE, *DISPOSITION*.

Sur les modalités de l'action, voir ACTE, AGENCY, PRAXIS.

Sur le rapport entre l'âme ou le mental et le corporel, voir notamment ÂME, CATHARSIS, *CHAIR*, CONSCIENCE, INCONSCIENT, *MALAISE*, PATHOS, PULSION.

Sur la spécificité de l'humain, on se reportera à *HUMANITÉ* ; cf. ANIMAL, ERLEBEN.

► DASEIN, GEISTESWISSENSCHAFTEN, STRUCTURE

CONCEPT *Concept* est emprunté au latin *conceptus*, formé sur *concipere* (*cum-capere*, « prendre entièrement, contenir »). Le *conceptus* est ce que l'on conçoit dans les deux sens du terme, produit d'une gestation intérieure (le *conceptus* est le fœtus de la *mens*) et rassemblement dans une unité, généralité : voir CONCEPTUS ; cf. ÂME, ENTENDEMENT, INTELLECT, INTELLECTUS. Sur la différence « nominalisme »/« conceptualisme », voir TERME.

Seul le geste de la prise intellectuelle subsiste dans *Begriff*, qui renvoie à *comprehendere* et *comprehensio*, et relève de l'idiolecte stoïcien *katalepsis* [κατάληψις] (encadré 1 dans BEGRIFF ; « La saisie : *katalepsis* et *comprehensio* ») : voir BEGRIFF, où est analysée l'évolution des terminologies du comprendre à travers l'allemand et l'anglais ; cf. AUFHEBEN, MERKMAL, PERCEPTION, PLASTICITÉ, REPRÉSENTATION.

Enfin, l'italien *concetto* a un statut très singulier, invention ingénieuse entre dessein esthétique et mot d'esprit : voir CONCETTO ; cf. ARGUTEZZA, DISEGNO, INGENIUM.

► *CATÉGORIE*, ÉPISTÉMOLOGIE, *JUSTICE-JUGEMENT*, *RAISON*

CONCEPTUS LATIN – fr. *concept*

► *CONCEPT*, BEGRIFF, CONCETTO, et ENTENDEMENT, INTELLECT, INTELLECTUS, INTENTION, MOT, REPRÉSENTATION, SIGNE, SIGNIFIANT, SPECIES, TERME, UNIVERSAUX

Le substantif masculin conceptus (*génitif :* conceptus) ne prend une place distinctive dans la terminologie philosophique occidentale que dans la seconde moitié du XIIIe siècle. Évoquant au sens propre le fruit de la grossesse qui se développe dans le sein de la mère — c'est-à-dire le fœtus —, il avait bien été utilisé ici et là dans l'Antiquité latine en une acception dérivée pour désigner la représentation intellectuelle se développant dans l'esprit (Macrobe, Priscien). Mais c'est avec Thomas d'Aquin (entre 1255 environ et 1274) que le substantif conceptus devient saillant, avant de se répandre chez les théoriciens de la connaissance. Ce succès rapide s'explique par deux facteurs. D'abord l'ambiguïté du terme jusque-là dominant, intellectus, qui désignait à la fois la faculté intellectuelle et ses unités de représentation — et parfois même le sens des mots. Et surtout, la sémantique même du conceptus : d'une part il dénote, au sens littéral, le produit de la gestation intérieure, d'autre part son étymologie (con-capere : prendre ensemble) évoque le rassemblement d'une pluralité d'éléments dans une appréhension unique, c'est-à-dire rien de moins que la notion de généralité. Production intérieure de la pensée d'une part, et généralité de l'autre, telles sont bien les deux composantes clés du conceptus. Si l'usage ultérieur de « concept » ou Begriff oscille entre l'évocation d'un objet abstrait entièrement dépsychologisé (comme chez Frege) et celle d'une représentation mentale (comme en sciences cognitives), la notion médiévale, sans aucun doute, s'apparente bien davantage à la seconde de ces approches.

I. « INTELLECTUS »/« CONCEPTUS »

Le latin des écoles médiévales disposait de nombreux termes pour l'unité mentale de représentation intellectuelle. Ainsi, *intellectus* désigne l'intelligence elle-même, bien entendu, mais fréquemment aussi les objets internes de l'intellection. « *Species intelligibilis* » — couplé à « *species sensibilis* » — met l'accent sur la représentation de la chose dans la pensée, le terme *species* signifiant au départ quelque chose comme « aspect », « apparence », « image » (voir SPECIES). « *Verbum mentis* » ou « *verbum cordis* » — littéralement : la parole de l'esprit ou du cœur — renvoie, dans la foulée d'Augustin, à la comparaison de la pensée humaine avec le Verbe divin. *Intentio* signifie souvent l'unité de pensée en tant qu'elle est orientée vers quelque objet extérieur (d'où le fameux thème de l'intentionnalité). Quant à *conceptus*, qui s'imposera à la fin du Moyen

Âge comme le terme clé de ce champ sémantique, il évoque au premier chef le produit d'un engendrement intérieur.

Conceptus désigne au sens propre le fœtus conçu dans le ventre de la mère, mais Macrobe (Vᵉ siècle) l'utilise déjà au sens dérivé, pour dire que les intentions naissent d'un concept de l'esprit (*conceptus mentis*, in *Saturnales*, I, 18, 17). Et surtout le grammairien Priscien (VIᵉ siècle), en un passage extrêmement influent au Moyen Âge, écrivait qu'en tant que partie du discours le mot oral (*vox*, voir MOT) indique un concept de l'esprit (*mentis conceptum*), qu'il appelait aussi *cogitatio* (*Institutiones grammaticae*, XI, 7). Mais cet usage était demeuré métaphorique et marginal. Le terme ne fait pas partie du vocabulaire courant d'Augustin (qui emploie beaucoup, cependant – dans son *De Trinitate* surtout –, le verbe correspondant *concipere* pour désigner l'acte de l'esprit engendrant en lui-même un « verbe mental »). Boèce, traduisant et commentant la logique d'Aristote au début du VIᵉ siècle, recourait à *intellectus* pour parler des unités d'intellection (et rendre de la sorte le grec *noêma* [νόημα]), et ce même mot *intellectus* se rencontre encore fréquemment dans le même sens au XIIᵉ siècle – sous la plume d'un Abélard notamment – et jusqu'au XIIIᵉ. Bonaventure et Albert le Grand, par exemple, l'utilisent beaucoup plus volontiers que *conceptus* pour ce que nous appellerions aujourd'hui un concept.

Dans la première moitié du XIIIᵉ siècle, de fait, *conceptus* au sens abstrait ne semble apparaître avec régularité qu'en rapport direct ou indirect avec le passage de Priscien évoqué ci-dessus, selon lequel le mot oral signifie un « concept de l'esprit ». Il est alors opposé à *affectus*, grammairiens et logiciens (par ex : Pierre d'Espagne, *Syncategoreumata*, II, 2 et VIII, 6) établissant une distinction entre signifier sur le mode du concept (« *per modum conceptus* ») et signifier sur le mode de l'affect (« *per modum affectus* ») (cf. à ce propos I. Rosier, *La Parole comme acte*, chap. 2, 3 et 5). Mais, même dans ce contexte restreint, il n'est pas toujours facile, lorsqu'on rencontre la forme *conceptum* – qui est la plus fréquente ; c'est celle, en particulier qui apparaît dans le texte même de Priscien –, de décider si l'on a bien affaire à l'accusatif du nom *conceptus* ou au participe passé du verbe *concipere*. Or la différence est grande de l'un à l'autre, puisque, pris comme participe passé (substantivement ou non), *conceptus* – ou *conceptum* – renvoie normalement à la chose conçue et non pas à une quelconque unité mentale. Roger Bacon, notamment, propose d'interpréter de cette façon le texte de Priscien et y voit en conséquence l'idée que le mot signifie la chose même plutôt que le concept dans l'esprit (*Compendium studii theologiae*, 61).

C'est avec l'œuvre de Thomas d'Aquin, entre 1255 environ et 1274, que le substantif *conceptus* devient vraiment saillant dans le vocabulaire philosophique. À l'époque de Guillaume d'Ockham, un demi-siècle plus tard, il sera tout à fait courant chez les théoriciens de la connaissance. En effet, l'ambiguïté d'*intellectus*, qui désignait à la fois la faculté intellectuelle et ses unités de représentation, et parfois même le sens des mots, devenait d'autant plus intolérable au milieu du XIIIᵉ siècle que l'aristotélisme ambiant distinguait non seulement divers types de représentations intellectuelles (« *intellectus simplex* », « *intellectus compositus* », par exemple) et divers niveaux de sens (« *intellectus primus* », « *intellectus secundus* »...), mais aussi diverses sortes d'intellects, ou en tout cas diverses fonctions de l'intellect (« *intellectus agens* », « *intellectus possibilis* », « *intellectus adeptus* », « *intellectus speculativus* », « *intellectus practicus* »...) (voir INTELLECTUS) ; d'utiliser là un même mot risquait évidemment de conduire à l'imbroglio le plus total. Et surtout, *conceptus*, apparenté au verbe *concipere* qui était déjà courant dans la littérature philosophique, présentait une double particularité sémantique spécialement attrayante dans le contexte : d'une part, il dénotait, au sens littéral, le produit – ou parfois le processus – de la gestation intérieure, et d'autre part, son étymologie (*con-capere* : prendre ensemble) évoquait d'elle-même l'unification d'une pluralité dans une appréhension commune. Or un problème majeur auquel faisaient face Thomas d'Aquin et ses contemporains en théorie de la connaissance était précisément d'abouter l'une à l'autre la doctrine augustinienne du verbe mental, si importante en théologie et qui mettait l'accent sur l'engendrement par l'âme d'une pensée intérieure et prélinguistique, et la théorie aristotélicienne de l'abstraction, enseignée à la faculté des arts à partir du *De anima*, et qui devait rendre compte, quant à elle, de la formation des idées générales dans l'esprit.

II. VERBE MENTAL ET DISCOURS INTÉRIEUR

Le *conceptus* pour Thomas d'Aquin – qu'il appelle aussi *conceptio*, *ratio* ou *verbum mentis* (littéralement : parole de l'esprit) – est un objet purement idéal, un produit intérieur existant dans l'âme sous un mode « intentionnel » plutôt que réel, et représentant dans l'ordre intelligible quelque réalité extérieure. Le rapport métaphorique de ce *conceptus* avec le fœtus, souvent oublié dans les traductions modernes, tient précisément à ce qu'il doit être enfanté par l'intellect en son sein, comme Thomas l'explique très clairement : « Et lorsqu'il est en acte d'intelliger, notre intellect forme quelque intelligible, qui est pour ainsi dire son enfant (*proles*) et que l'on appelle pour cette raison un concept de l'esprit (*mentis conceptus*) » (*De rationibus fidei*, chap. 3).

Ce recours au *conceptus* ainsi entendu fut très controversé à la fin du XIIIᵉ et au début du XIVᵉ siècle. Plusieurs auteurs, comme Pierre de Jean Olivi ou Guillaume de Ware, franciscains surtout, reprochèrent à Thomas d'Aquin d'introduire entre l'acte d'intellection et la chose extérieure qui en est l'objet propre un intermédiaire inutile et nuisible, susceptible de faire écran (cf. à ce propos C. Panaccio, *Le Discours intérieur*, chap. 6). Gauthier Burley, par exemple, se montre très explicite : « il n'existe pas dans l'intellect de tels concepts, qui soient formés par l'acte d'intellection et qui soient en même temps des représentations des choses (*similitudines rerum*) »

(*Quaestiones in librum Perihermeneias*, 3.8). Mais le mot *conceptus* ne fut pas délaissé pour autant, même par les adversaires du thomisme. Le débat principal, en fin de compte, porta sur la question de savoir s'il fallait identifier le *conceptus*, compris comme représentation intellectuelle, à un objet purement idéal, qui soit le corrélat mental de l'acte d'intellection comme l'aurait voulu Thomas, ou à cet acte lui-même. Les médiévaux se montrèrent ainsi très conscients d'une ambiguïté qui allait affecter pour longtemps, par la suite, des idées comme celles de concept, d'intellection ou de représentation, évoquant tantôt un processus ou un épisode (un « acte », disaient les scolastiques) et tantôt son objet ou son résultat (vu parfois comme une entité purement intelligible).

Guillaume d'Ockham, après quelques tergiversations, se ralliera à la théorie de l'acte. Le « *terminus conceptus* » – ou *conceptus* tout court – perd, dans cette optique, son statut d'objet intentionnel pour s'identifier à une qualité mentale du sujet individuel, dotée dans l'esprit d'une existence réelle (comme celle d'« une blancheur dans un mur », précise Ockham), et l'idée originale d'un produit idéal de l'intellection se dissipe dans ce courant de pensée.

Ce qui reste de commun à la plupart des écoles à partir du XIVe siècle dans l'usage dorénavant extrêmement répandu de *conceptus*, c'est l'idée d'une représentation intellectuelle générale, capable de figurer à titre de sujet ou de prédicat dans des propositions mentales vraies ou fausses et de jouer dans le raisonnement certains rôles précis. Guillaume d'Ockham, Jean Buridan et leurs successeurs utilisent abondamment *conceptus* pour désigner l'unité la plus simple du discours mental (« *oratio mentalis* »), en laquelle ils voient un signe naturel, susceptible de propriétés sémantiques diverses (*significatio*, *connotatio*, *suppositio*...). Les fonctions logiques et sémiotiques prennent ainsi le dessus, dans ce vocabulaire, sur la dynamique spirituelle. Mais la dimension psychologique n'est pas éliminée pour autant, loin de là : contrairement au *Begriff* frégéen, le *conceptus* médiéval est toujours mental ; il n'existe jamais, sous une forme ou sous une autre, que dans les esprits singuliers.

La traduction habituelle de *conceptus* par « concept » en français ou en anglais demeure naturellement le meilleur choix disponible, mais l'évidence même de cette simple transposition occulte le plus souvent la complexité et la diversité des traits simultanément ou successivement associés à ce terme au Moyen Âge, depuis le rapport au vocabulaire de l'enfantement jusqu'à l'insertion cruciale du mot au cœur même de la logique dite « terministe », vue comme une grammaire de la pensée.

Claude PANACCIO

BIBLIOGRAPHIE

AUGUSTIN, *De Trinitate*, texte latin et trad. fr. P. Agaësse, in *Œuvres de saint Augustin*, t. 15-16, Desclée de Brouwer, 1955.

BACON Roger, *Compendium studii theologiae*, éd. et trad. angl. T. S. Maloney, in *Roger Bacon, Compendium of the Study of Theology*, Leyde, Brill, 1988.

BOÈCE, *In librum Aristotelis Peri Hermeneias*, éd. C. Meiser, Leipzig, Teubner, 1877-1880, 2 vol.

GAUTHIER BURLEY, *Quaestiones in librum Perihermeneias* [1301], éd. S. F. Brown, *Franciscan Studies*, 34, 1974, p. 200-295.

GUILLAUME D'OCKHAM, *Summa logicae* (v. 1325), éd. P. Boehner, G. Gál et S. Brown, dans *Guillelmi de Ockham opera philosophica*, t. I, St-Bonaventure, N. Y., The Franciscan Institute, 1974 ; *Somme de logique. Première partie*, trad. fr. partielle J. Biard, 2e éd., Mauvezin, TER, 1993 ; *Somme de logique. Deuxième partie*, Mauvezin, TER, 1996.

MACROBE, *Saturnales*, éd. et trad. fr. H. Bornecque, Garnier, 1937.

PANACCIO Claude, *Le Discours intérieur. De Platon à Guillaume d'Ockham*, Seuil, 1999.

PIERRE D'ESPAGNE, *Syncategoreumata*, éd. L. M. de Rijk, avec trad. angl. J. Spruyt, Leyde, Brill, 1992.

PRISCIEN, *Institutionum grammaticarum libri XVIII*, éd. Martin Hertz [= *Grammatici latini*, t. 2-3], Hildesheim, Georg Olms, 1961.

ROSIER Irène, *La Parole comme acte. Sur la grammaire et la sémantique au XIIIe siècle*, Vrin, 1994.

THOMAS D'AQUIN, *Quaestiones disputatae de veritate. Quaest. 1-7*, Rome, éd. Léonine [= *Opera omnia*, t. 22, vol. 1, fasc. 2], 1970 ; *Saint Thomas d'Aquin. Questions disputées sur la vérité. Question 4 : Le Verbe (De verbo)*, trad. fr. partielle B. Jollès, Vrin, 1992.

— *Summa contra Gentiles*, Rome, éd. Léonine [= *Opera omnia*, t. 13-15], 1918-1930 ; trad. fr. R. Bernier *et al.*, Lethielleux, 1951-1961.

— *Quaestiones disputatae de potentia*, éd. P. Bazzi *et al.*, in *S. Thomas. Quaestiones disputatae*, t. 2, Turin, Marietti, 1965.

— *De rationibus fidei ad Cantorem Antiochenum*, Rome, éd. Léonine [in *Opera omnia*, t. 40 B], 1969 ; trad. fr. abbé Fournet, in *Opuscules de saint Thomas d'Aquin*, t. 2, Vrin, 1984.

CONCETTO ITALIEN – fr. *concept, idée, pensée, représentation*

lat. *conceptus*
all. *Begriff*

► *CONCEPT*, BEGRIFF, CONCEPTUS, et ARGUTEZZA, COMPARAISON, DISEGNO, GÉNIE, *IDÉE*, *IMAGE*, INGENIUM, MIMÊSIS, REPRÉSENTATION, SPECIES, STRUCTURE

Le mot concetto *ne présente pas de difficultés particulières dans le discours philosophique italien contemporain, dans la mesure où, de même que le mot* concept *en français, son sens est à présent fortement déterminé par l'apport massif des textes philosophiques allemands. En effet, le français et l'italien ont, depuis Kant, réélaboré leur définition du* concept *et du* concetto *en référence au* Begriff. *Mais cette équivalence moderne risque de masquer le fait que, dans la tradition italienne de Dante à Croce, indissolublement philosophique et rhétorique,* concetto *renvoie aussi bien à l'invention ingénieuse à l'œuvre dans l'image et dans l'idée, qu'à l'opération de l'entendement impliquée dans ce qu'on appelle le* concept. *C'est seulement depuis le XIXe siècle que le mot renvoie presque exclusivement à des opérations de généralisation, d'abstraction, telles que nous les comprenons aujourd'hui. De fait, ni Bruno, ni Campanella, ni Vico ne voient dans le* concetto *un acte qui relèverait de l'intellect seul et de ses fonctions logiques et cognitives.*

I. L'AUTONOMIE SÉMANTIQUE DE « CONCETTO » PAR RAPPORT À « CONCEPTUS »

En un temps où la presque totalité de la langue intellectuelle est le latin, à savoir le latin de la scolastique, le

mot *concetto* présente déjà dans les textes de Dante la plupart des difficultés que nous retrouverons dans la langue proprement philosophique. Cela est d'autant plus remarquable que c'est seulement à partir du XIVe siècle que, progressivement, le mot sera traversé par la tradition rhétorique, la pensée esthétique et artistique de la Renaissance, le néoplatonisme de Marsile Ficin et l'aristotélisme des jésuites au XVIIe siècle. Or, dans les textes de Dante, *concetto* présente une étonnante autonomie par rapport au latin *conceptus*, comme s'il n'existait aucune compénétration entre le discours scolastique et le discours poétique. Ainsi Dante nous offre-t-il une pluralité de modes d'application dans le « Paradis » (*La Divine Comédie*), qui ont valeur d'exemple :

1° « *Ne' mirabili aspetti vostri risplende non so che vi trasmuta da' primi concetti* [Dans votre admirable apparence je ne sais quoi de divin resplendit, qui change votre première image] » (« Paradis », III, v. 58-59, trad. J. Risset, p. 41) ;

2° « *Queste sustanze* [...] *non bisogna / rememorar per concetto divisa* [Ces substances n'ont donc pas besoin/de se remémorer par idées séparées] » (*ibid.*, XXIX, v. 79-81, p. 273) ;

3° « *Oh quanto è corto il dire e come fioco al mio concetto !* [Ô comme le dire est faible et qu'il est court à ma pensée] » (*ibid.*, XXXIII, v. 121-122, p. 313).

Idée, concept, pensée, image, intention (au sens d'un projet intellectuel et artistique), acte de l'imagination créatrice, le *concetto* tend donc très tôt à prendre en charge une pluralité d'activités intellectuelles dans un mouvement d'extension qui produit une exceptionnelle polysémie.

♦ Voir encadré 1.

II. LA PRODUCTIVITÉ DU « CONCETTO »

Au XVIe siècle, le mot tend à mettre au jour l'originalité de la production des schèmes et des représentations, en montrant en quelque sorte en acte l'activité de l'esprit, qui peut être l'*ingegno* ou l'*intelletto*. D'où l'extension progressive de *concetto* qui, tout en se voulant l'expression de l'idée, manifeste de manière ostensive l'activité de l'imagination, la subtilité de l'esprit dans la compréhension métaphorique du monde, qui est l'œuvre proprement dite du conceptisme. La polyvalence sémantique du mot qui s'exerce dans des champs d'application extrêmement hétérogènes peut proliférer dans un même texte (sens platonicien ou pictural, symbolique ou métaphysique, comme chez Giordano Bruno) et aboutir inévitablement à des ambiguïtés. Or ces ambiguïtés sémantiques ne relèvent pas de contingences étymologiques : elles sont au contraire soigneusement entretenues et favorisées par les auteurs, dans la mesure où l'enjeu

1

Le « concetto », rival esthétique de l' « idea »

Quoique apparemment éloignés d'une démarche philosophique, les deux vers célèbres de Michel-Ange, cités par Erwin Panofsky en italien dans *Idea*, exemplifient parfaitement les difficultés que rencontrent encore aujourd'hui les traducteurs : « *Non ha l'ottimo artista alcun concetto ch' un marmo solo in sè non circonscriva col suo soverchio* » (*Le Rime di Michelangelo Buonarroti*). Le texte italien est ainsi rendu par le traducteur français du livre de Panofsky : « L'artiste excellent n'a aucun concept qu'un marbre seul en soi ne circonscrive de sa masse » (trad. fr. H. Joly, p. 141). On pourrait sans doute faire remarquer au traducteur que le mot *concept* ne rend pas compte du néoplatonisme manifeste de Michel-Ange, et que le mot *idée* eût déjà été plus adéquat. Mais il faut surtout préciser que *concept* ne peut guère éclairer véritablement la problématique qui est à l'œuvre dans le *concetto*, telle qu'on la rencontre chez les théoriciens de l'art ou chez les philosophes de la Renaissance, de sorte que le mot *concept* signifie presque le contraire de ce que veut dire Michel-Ange. Le traducteur allemand Karl Frey (*Die Dichtungen des Michelangelo Buonarroti*, 1897) se montre plus avisé, plus prudent, quand il rend « *Non ha l'ottimo artista alcun concetto* » par : « *Im Geiste kann nicht mal der grösste Meister ein Bild sich machen* » (littéralement : « Le plus grand maître ne peut se faire une image dans l'esprit »). Certes, « *ein Bild sich machen* » manque la tonalité platonicienne en invoquant une activité plus proprement psychologique qu'esthétique et métaphysique. En réalité, une compréhension satisfaisante des modes d'application du mot chez les théoriciens italiens exigerait une connaissance plus précise de leurs propres références philosophiques. Même chez Michel-Ange, la question de savoir s'il prend *concetto* en un sens néoplatonicien ou aristotélicien est controversée (Panofsky ou Pochat s'opposent sur ce point). Cette divergence d'interprétation à propos de *concetto* apparaît déjà chez les contemporains de l'artiste. En effet, nous possédons heureusement un texte écrit du vivant de l'auteur par un académicien, Benedetto Varchi, qui analyse justement le texte de Michel-Ange d'un point de vue philologique. Même si l'on tient compte des tendances de Varchi à platoniser le sens du poème de Michel-Ange, le philologue et historien confirme d'emblée la correspondance, voire l'équivalence (ce qui est plus litigieux), entre *concetto* et *idea* :

> Tel que l'emploie notre poète, *concetto* correspond à ce que les Grecs nommaient *idea*, les Latins *exemplar*, et nous, *modello*, c'est-à-dire cette forme [*forma*] ou cette représentation [*immagine*], désignées par quelques-uns comme intention, que nous avons dans l'imagination [*fantasia*], de tout ce que nous pensons vouloir ou faire ou dire ; laquelle intention est spirituelle [...] et sert de cause efficiente à tout ce que l'on dit ou fait.
>
> *La Lezzione di Benedetto Varchi sopra il sottoscritto sonetto di Michelangelo Buonarroti*, 1546, *in* P. Barocchi, vol. 2, p. 1330.

À travers la tension qu'elle entretient entre un platonisme mal élucidé et un aristotélisme qui veut que l'artiste réalise son *concetto* dans la matière, l'analyse de Varchi a le mérite de montrer l'extraordinaire plasticité du mot, sa polysémie foncière qui s'avère d'une très grande fécondité dans l'expression des fonctions intellectuelles. Les définitions que donne Varchi ne sont rien d'autre qu'une interprétation possible du mot tel que pouvait l'entendre un humaniste de la Renaissance, surtout préoccupé de montrer que la pensée esthétique de l'époque s'accorde parfaitement, dans la langue italienne, avec les idées néoplatoniciennes.

consiste précisément à substituer à l'*idea* les nuances les plus subtiles du *concetto*. C'est pourquoi il importe peu au fond de savoir que *concetto* dérive de *concepire* au sens de « concevoir » ou d'« imaginer », puisque seules importent les multiples finalités pour lesquelles le mot est mobilisé.

La diversité des usages, des intentions et des significations est telle que les traducteurs allemands du mot *concetto*, particulièrement quand il s'agit de la période baroque, se contentent le plus souvent de le conserver tel quel, sauf naturellement dans le cas de textes poétiques. Dans le cas des textes philosophiques, les traductions françaises de *concetto* par *concept*, par *idée* ou par *pensée* ne sont que des solutions aléatoires et donc rarement satisfaisantes. Ainsi, pour traduire cette phrase de Campanella : « *Il mondo è il libro dove il sénno eterno scrisse i propri concetti* » (*La Citta del sole*, 1623, *in* A. Seroni, p. 326), on peut proposer aussi bien : « Le monde est le livre dans lequel la raison éternelle écrit ses propres pensées » que « ses propres idées ». Mais on ne saurait traduire *propri concetti* par « ses propres concepts », puisque l'entendement divin, qui s'identifie à la raison universelle, ne s'exprime pas véritablement par concepts, mais par idées. Par ailleurs, le *topos* du Livre du monde renvoie à l'idée selon laquelle la totalité des objets de l'Univers est un système de signes exprimant la pensée de Dieu, qui ne peuvent être traités comme de simples concepts.

C'est dans l'œuvre de Giordano Bruno que culminent les difficultés concernant la traduction possible du *concetto* comme expression spécifique des modalités de la pensée. En effet, dans *Des fureurs héroïques*, la pensée philosophique et sapientiale de Bruno est le plus souvent analogique : c'est dans l'interprétation des allégories, emblèmes et devises autour desquels s'articulent les dialogues qu'il expose le plus précisément ses idées. Le texte des *Fureurs* tend à exemplifier toutes les modalités de l'idée en tant qu'elle se fonde sur une image symbolique et qu'elle est pleinement intelligible en fonction de celle-ci. Cette idée, Bruno la nomme le plus souvent *concetto*, comme dans ce passage :

> Sur la voie douteuse de la raison et de l'affection incertaines et ambiguës que désigne la lettre de Pythagore, où, plus épineux, plus inculte et plus désert, se montre sur la droite, l'ardu sentier par lequel le chasseur détache lévriers et mâtins *à la trace des bêtes sauvages*, lesquelles sont les espèces intelligibles des concepts idéaux [*le specie intelligibili de concetti ideali*].
>
> *Des fureurs héroïques* [1585], part. 1, dial. IV, trad. fr. P.-H. Michel, p. 206.

Faute de pouvoir recourir au mot *idée* pour traduire les *concetti ideali*, le traducteur doit se résoudre à rendre littéralement l'italien. La difficulté ne tient pas au fait que la vérité et la beauté ne peuvent être désignées adéquatement que sur le mode allégorique (celui en l'occurrence du mythe d'Actéon), mais à ce que les *concetti ideali* ne peuvent être atteints qu'à travers une image symbolique. La notion de concept idéal, déjà peu claire en elle-même, n'est pas en mesure de rendre perceptible comment le *concetto* possède une connotation en quelque sorte figurative, intimement liée à l'activité de l'imagination.

Un autre exemple, également tiré des *Fureurs héroïques*, atteste cette fois la proximité du *concetto* et de l'*idea* :

> Hauts et profonds, et toujours en éveil, ô mes pensers [*pensieri*], prêts à quitter le giron maternel de l'âme dolente, vous, archers bien armés pour tirer au but d'où naît l'idée sublime [*alto concetto*], par ces roides sentiers ne vous laisse le ciel vous heurter à bête cruelle.
>
> *Ibid.*, p. 216.

Ce passage décrit symboliquement comment l'âme, en voulant se réconcilier avec le cœur, doit faire appel à des archers dont la fonction est de chasser les séductions sensibles, celles de la vue, de manière à permettre l'accès à une beauté supérieure. Ces archers doivent en outre réprimer leur vue, fermer les yeux afin de mieux débusquer l'*alto concetto*, bien rendu par « idée sublime » dans la mesure où il s'agit d'une quête du beau et du vrai dans une perspective d'inspiration néoplatonicienne, dans le sillage de Marsile Ficin.

On voit ici comment *concetto* exprime une démarche allégorique, symbolique et philosophique entraînant une polysémie de plus en plus redoutable. Deux courants exaltent encore davantage la productivité du *concetto* : d'une part, la théorie de l'art, dont le paradigme reste, depuis le *De pictura* d'Alberti, le *De oratore* de Cicéron, qui met en lumière l'invention artistique, et d'autre part, le conceptisme, qui noue l'activité de l'esprit au seul langage comme tel.

III. LE « CONCETTO » DANS LES THÉORIES DE L'ART

Chez Vasari, le mot est proche de l'idée considérée comme une représentation générale :

> *Da questa cognizione nasce un certo concetto e giudizio, che si forma nella mente quella tal cosa che poi espressa con le mani si chiama disegno.*
>
> [De cette appréhension se forme un concept, une raison engendrée dans l'esprit par l'objet, dont l'expression manuelle se nomme le dessin.]
>
> Vasari, *Le Vite*... [1568], trad. fr. A. Chastel, t. 1, p. 149.

Concetto désigne chez Vasari un acte intellectuel particulièrement actif, une conception, et il a pour fonction de promouvoir l'art du dessin comme une forme de pensée. L'idée du beau au sens d'idéal est la référence ultime de la pensée de l'artiste et le *concetto* devient la marque de l'activité de l'*intelletto* qui, par son ingéniosité et sa fécondité, permet de construire *a priori* les systèmes de règles régissant la production des œuvres. La volonté manifeste d'intellectualiser la théorie de l'art aboutit rapidement à la fin du XVIe siècle, c'est-à-dire avec la génération qui suit celle de Vasari, à un phénomène d'inflation sémantique du mot *concetto*, qui ne peut être qu'une nouvelle source d'ambiguïtés. Désormais, aucun art n'est concevable sans l'activité productrice de l'*intelletto*, de l'*ingegno* (au sens d'esprit ingénieux ou de génie), de sorte que le *concetto* tend à éclipser peu à peu l'*idea* dans le champ de la réflexion métaphysique sur l'art. Ce mouvement d'ascension de l'acte de concevoir finit par englober la métaphysique, la théologie et la pensée de l'art, comme l'atteste par exemple la théorie du *disegno* de Federico Zuccaro :

> *Ben è vero che per questo nome di disegno interno io non intendo solamente il concetto interno formato nella mente del pittore, ma enco quel concetto che forma qual si voglia intelletto.*
>
> [Il est certain que par le nom de *disegno* intérieur je n'entends pas seulement le concept interne formé dans l'esprit du peintre, mais également ce concept que forme n'importe quel intellect.]
>
> *L'Idea de' pittori, scultori e architetti* [1607], trad. fr. C. Alunni, p. 147.

Le *disegno* s'identifie presque avec le *concetto* au sens d'une conception originale de l'intellect, puisqu'il s'agit d'analyser les facultés qui rendent possible la création artistique. Ainsi, le *concetto* s'éloigne résolument de l'*idea* au sens platonicien et devient l'acte intellectuel d'une liberté créatrice s'exerçant sur les signes, les formes, les représentations. Mais parfois, le mot est si fortement imprégné des idées divines qu'il n'est plus le produit de l'*intelletto*, mais une forme de participation à l'intellect de Dieu, comme Zuccaro le dit explicitement :

> *In questo modo essendo l'intelletto e i sensi soggetti al Disegno e al concetto, possiamo dire, che esso Disegno, come Principe, rettore e governatore di essi se ne serva come cosa sua propria.*
>
> [De cette manière, l'intellect et les sens sont soumis au *disegno* et à la représentation idéale, de sorte que nous pouvons dire que le *disegno*, considéré comme prince, rhéteur et gouverneur, se sert d'eux comme s'ils étaient sa propriété.]
>
> *Ibid.*

On peut proposer dans ce dernier cas « représentation idéale » pour *concetto*, et même « représentation idéale et ingénieuse ». En effet, avec la génération de Zuccaro et les premiers traités des théoriciens jésuites du XVIIe siècle, le *concetto* présente le caractère remarquable d'être à la fois très proche de l'*idea* comme principe de la production des formes, et d'en être très éloigné parce qu'il rompt avec toute référence, et surtout avec toute ressemblance possible, pour n'être qu'expression spirituelle, plastique, figurative et symbolique. D'où l'embarras des traducteurs qui, au XVIIe siècle par exemple, se contentent de termes souvent un peu généraux tels que « conception d'esprit », « pensée » ou « imagination », comme le fait Nathanaël Düez dans son *Dictionnaire italien-français* (1670). À l'opposé de l'idée, qui conserve son prestige en tant qu'instance métaphysique, le *concetto* possède à présent un champ d'application dont l'extension s'étend des inventions ingénieuses (toutes les figures symboliques : allégories, emblèmes, devises, énigmes figurées) jusqu'au langage des anges (*i concetti divini*), voire le langage chiffré de Dieu qui transforme le monde en un vaste système de signes énigmatiques, allégoriques, emblématiques. Dès lors, les possibilités de traduction de *concetto* deviennent toujours plus limitées et devraient nous faire recourir aux équivalents proposés par les théoriciens français du XVIIe siècle, lecteurs assidus des textes italiens, comme « idées ingénieuses », « représentations savantes », voire « inventions savantes ».

IV. LE « CONCETTO » DES CONCEPTISTES

Du XVIe au XVIIe siècle, le conceptisme, *concettismo* (it.) ou *conceptismo* (esp.), est un effort de radicalisation de la tradition rhétorique dans le sens d'un primat presque exclusif de la pensée métaphorique, se développant aussi bien dans l'ordre du discours (art de la pointe) que dans celui des représentations plastiques et symboliques. L'ambition des auteurs est de donner la plus grande extension à toutes les formes de l'éloquence, du discours à la représentation picturale, afin d'exalter les ressources de l'*ingegno*.

Les théoriciens du maniérisme et les jésuites s'efforcent de concilier l'idéal cicéronien de l'éloquence et les catégories de la philosophie d'Aristote et de saint Thomas. L'expression de l'idée revendique désormais un discours plus spirituel, plus *concettoso* précisément, plus subtil que proprement conceptuel. La *concettosità* de la pensée ingénieusement formulée, c'est la précision de la pensée en tant qu'elle parvient à se réaliser sur un mode analogique et métaphorique. Or le conceptisme tel que le théorise la pédagogie jésuite postule très explicitement que toute pensée et tout langage sont originellement métaphoriques, de sorte que l'existence du sens littéral d'une proposition ou même d'une image paraît non seulement prosaïque ou illusoire, improbable ou déficient, mais une forme de symbolisme potentiel. Ce qui signifie que tout *concetto*, c'est-à-dire tout *concetto ingegnoso*, présuppose une conception de la métaphore et de la figure inscrite dans une sorte de sémiotique générale. Penser de manière *concettosa*, c'est savoir concilier la rigueur sèche du concept avec l'inventivité de la métaphore. C'est la raison pour laquelle le mot *concept* ne peut traduire adéquatement le *concetto*. Le *concetto della bellezza* ne peut précisément se rendre par le « concept de beau », car le mot français reste conforme au latin *conceptus*, c'est-à-dire qu'il est incapable de restituer la productivité de l'imaginaire et l'inventivité esthétique propre à l'italien. Chez des auteurs comme Pellegrini ou Tesauro, théoriciens de la métaphore, de l'expression symbolique et du trait d'esprit, le *concetto* se voit soumis aux nouvelles exigences de l'*argutezza*, source infinie de l'élocution ingénieuse. L'*argutezza* devient la suprême faculté des inventions et des créations symboliques dans le domaine de la plupart des arts du discours et des œuvres plastiques, de sorte que Tesauro déclare, dans son *Cannocchiale aristotelico,* qu'elle est la « *gran madre d'ogni' ngnoso concetto* [grand-mère de tout *concetto* ingénieux] » (1654, p. 2). Le mot *concetto* renvoie à ce que produit la conscience dans son activité métaphorique et à toute représentation spirituelle, subtile. Ici, la problématique du *concetto* est complètement absorbée par l'hégémonie de la problématique rhétorique et sophistique de l'*argutezza*.

Jean-François GROULIER

BIBLIOGRAPHIE

BAROCCHI Paola (dir.), *Scritti d'arte del Cinquecento*, Milan-Naples, Ricciardi, 1971.

BRUNO Giordano, *Des fureurs héroïques* [1585], éd. et trad. fr. P.-H. Michel, Les Belles Lettres, 1954.

DANTE Alighieri, *La Divine comédie*, trad. fr. J. Risset, Flammarion, 1990.

DÜEZ Nathanaël, *Dittionario italiano e francese — Dictionnaire italien-français*, Leyde, 1670.

LANGE Klaus Peter, *Theoretiker des literarischen Manierismus*, Munich, Fink, 1968.

PANOFSKY Erwin, *Idea, ein Beitrag zur Begriffsgeschichte der älteren Kunsttheorie*, Leipzig, 1924 ; *Idea*, trad. fr. H. Joly, Gallimard, 1984.

PELLEGRINI Matteo, *Delle Acutezze, che altrimenti spiriti, vivezze e concetti, volgarmente si appellano*, Gênes, 1639.

POCHAT Götz, *Geschichte der Ästhetik und Kunsttheorie*, Cologne, Du Mont, 1986.

SERONI Adriano (dir.), *La Citta del sole e Scelta d'alcune poesie filosofiche*, Milan, Feltrinelli, 1962.

TESAURO Emanuele, *Il Cannocchiale aristotelico*, Turin, 1654.

VASARI Giorgio, *Le Vite de' più eccellenti pittori, scultori e architetti*, Florence, 1568 ; *Les Vies des meilleurs peintres, sculpteurs et architectes*, trad. fr. A. Chastel (dir.), Berger-Levrault, 1981.

ZUCCARO Federico, *L'Idea de 'pittori, scultori e architetti*, Turin, Disserolio, 1607 ; trad. fr. C. Alunni, *in* J. LICHTENSTEIN (dir.), *La Peinture*, « Textes essentiels », Larousse, 1995.

CONCILIARITÉ C'est la traduction reçue pour le russe *sobornost'* [соборность], qui désigne le type de solidarité et de communauté lié à l'Église orthodoxe russe : voir SOBORNOST' et *OBLIGATION* ; voir aussi PRAVDA (« vérité-justice »), NAROD (« peuple »), et cf. BOGOČELOVEČESTVO (« théandrie »), MIR (« paix, monde, commune paysanne »), SVET (« lumière-monde »).
On comparera avec l'hébreu *berīṯ* [בְּרִית], qui désigne le pacte entre le peuple et son dieu, voir BERĪṮ, *ALLIANCE* ; cf. DEVOIR-DETTE, et LANGUES ET TRADITIONS.

► *COMMUNAUTÉ*, *CONSENSUS*, DIEU, *HUMANITÉ*

CONNOTATION

lat.	*connotatio, consignificatio*
all.	*Konnotation*
angl.	*connotation*

► ANALOGIE, HOMONYME, PARONYME, PRÉDICABLE, PRÉDICATION, SENS, SUJET, SUPPOSITION, SYNCATÉGORÈME

D'emploi courant en linguistique depuis L. Bloomfield (1933), théorisée par Hjelmslev, abondamment exploitée par Roland Barthes et Umberto Eco, centrale pour la sémiotique et la théorie du texte, la notion de connotation présente un certain nombre d'ambiguïtés remarquables, que l'on peut décrire, sinon entièrement maîtriser, en considérant la lente maturation qui l'a installée, face à la dénotation (angl. denotation, *all.* Denotation), *au cœur du système de notions articulant, en philosophie moderne, les domaines d'enquête de l'ontologie, de la sémantique, de la philosophie de la logique et de la philosophie du langage.*

Connotatio *est, originellement, un terme du latin scolastique, intervenant à la fois en grammaire, en logique et en théologie.*
Les premières attestations du mot « connotation » en français désignent la signification confuse *d'un mot ou d'un concept, par opposition à la signification* distincte *(Port-Royal). Cette acception française correspond à l'accentuation d'un élément initialement présent dans le champ sémantique du latin médiéval* connotatio *— l'aspect dérivé ou secondaire, également marqué dans le terme synonyme* consignificatio *— comme si le couple confus/distinct s'était surimposé à la distinction plus générale dérivé/direct. La signification originaire du latin* connotatio, *que l'on retrouve dans l'anglais* « associative meaning » *(équivalent de* « connotative meaning »*), ne pose pas de problème particulier. Linguistes et théoriciens des textes littéraires en demeurent solidaires quand ils opposent, sous le nom de « connotation », la « coloration contextuelle » ou les « implications » qu'un terme peut avoir dans un contexte donné (« connotation ») à sa signification dite « référentielle », « conceptuelle » ou « cognitive » (angl.* « referential, conceptual, cognitive meaning of a word »*), indiquée par le terme « dénotation ». Une difficulté philosophique s'attache cependant à l'idée de connotation à cause d'interférences possibles entre le réseau de la signification directe (distincte) et secondaire (confuse) et celui, frégéen, du* Sinn *et de la* Bedeutung, *dont les traductions discordantes (« sens » vs « référence », ou « signification » vs « dénotation ») sont source d'ambiguïtés fâcheuses.*

I. CONNOTATION / SIGNIFICATION CLAIRE OU PREMIÈRE, ET CONNOTATION / DÉNOTATION

L'acception de *signification confuse* est ainsi introduite dans la *Grammaire de Port-Royal* :

> [...] ce qui fait qu'un nom ne peut subsister par soi-même, est quand outre sa signification distincte, il y en a encore une confuse, qu'on peut appeler connotation d'une chose, à laquelle convient ce qui est marqué par la signification distincte. Ainsi la signification distincte de *rouge* est la *rougeur*. Mais il la signifie, en marquant confusément le sujet de cette rougeur, d'où vient qu'il ne subsiste point seul dans le discours, parce qu'on y doit sous-entendre le mot qui signifie ce sujet. Comme donc cette connotation fait l'adjectif, lorsqu'on l'ôte des mots qui signifient les accidents, on en fait des substantifs, comme de *coloré*, *couleur* ; de *rouge*, *rougeur* ; de *dur*, *dureté* ; de *prudent*, *prudence*, etc. Et au contraire lorsqu'on ajoute aux mots qui signifient les substances cette connotation ou signification confuse d'une chose, à laquelle ces substances se rapportent, on en fait des adjectifs : comme d'*homme*, *humain* ; *genre humain*, *vertu humaine*, etc. Les Grecs et les Latins ont une infinité de ces mots, *ferreus*, *aureus*, *bovinus*, *vitulinus*, etc. Mais l'hébreu, le français et les autres langues vulgaires en ont moins. Car le français l'explique par un *de*, *d'or*, *de fer*, *de bœuf*, etc. Que si l'on dépouille ces adjectifs formés des noms de substances, de leur connotation, on en fait de nouveaux substantifs, qu'on appelle *abstraits* ou séparés. Ainsi d'*homme* ayant fait *humain*, d'humain on fait *humanité*, etc.
>
> *Grammaire de Port-Royal*, IIe partie, chap. 2, 3e éd., 1676, p. 31-33.

On la retrouve, en anglais, chez John Stuart-Mill, où elle se colore d'un trait supplémentaire, l'opposition entre *compréhension* et *extension* d'un concept ou d'un terme, qui permet de définir la dénotation comme l'ensemble des individus auxquels, par exemple, s'applique un nom (« *the things an expression applies to* »), la connotation étant présentée comme le type d'« information » complémentaire qu'apporte (« *brings to mind* »), normalement, tout nom commun à propos des objets qu'il « dénote ». La difficulté suscitée par l'emploi de *connotation* en philosophie vient de ce que son opposé, *dénotation*, s'est progressivement rapproché de l'allemand *Bedeutung*, pris dans son acception frégéenne. De ce fait, on risque de confondre deux couples d'opposition qui ne se recouvrent pas nécessairement : *dénotation* (*Bedeutung*) et *sens* (*Sinn*), d'une part, *signification principale* (*significatio prima, principalis*) et *signification secondaire* (*significatio secundaria, ex consequenti, connotatio*), de l'autre. Même si l'anglais aime à expliquer à l'aide du terme *denotation* le fait que deux expressions « s'appliquant à la même chose » (c'est-à-dire « ayant la même dénotation », « *having the same denotation* ») peuvent avoir une signification différente (« *differ in meaning* »), il faut se garder d'identifier, sous le vocable de *connotation*, ce *meaning* avec le *Sinn* frégéen. Un rapide examen des origines du terme *connotation* montre toutefois que cette tendance ou cette tentation est liée à la polysémie même du latin *connotatio*, qui, dès le principe, de par la diversité des disciplines où intervient la notion, mêle inextricablement registres logiques, linguistiques et ontologiques.

Apparu au XIIe siècle, le terme latin *connotatio* connaît un premier usage essentiellement théologique dans le domaine de la sémantique trinitaire. Les verbes utilisés pour exprimer la notion de connotation (*notare, connotare, consignificare, innuere*) indiquent tous la même idée : faire connaître quelque chose d'autre avec (*cum*) soi – d'où la spécialisation de *connotation* dans le sens de « signification secondaire d'un mot » et la liaison étroite que les divers termes exprimant cette notion présentent avec celle de *consignification* (*consignificatio*) ou de *co-intellection* (*cointellectio*).

♦ Voir encadré 1.

Durant le Moyen Âge tardif, l'analyse de la *connotatio* se centre sur un phénomène plus particulier : la signification des termes « dénominatifs » (*denominativa*, voir PARONYME), c'est-à-dire les termes concrets accidentels (comme « blanc »), pour aboutir, en dernière analyse, à la distinction ockhamiste entre *termes absolus* et *termes connotatifs*. Ce glissement explique en partie la diversité des problématiques affrontées au Moyen Âge sous la notion de *connotation* : distinction entre *signification par soi* et *signification accidentelle* (*significatio per se, significatio per aliud*), signification première et signification dérivée (*principaliter significare, secundario significare*), signification *droite* (*in recto*) et signification *oblique* (*in obliquo*), signification *selon l'antérieur et le postérieur*, (*secundum prius et posterius*) ou *analogique* (voir ANALOGIE) – le tout combiné aux problèmes assumés par la distinction sémantique entre *signification* (*significatio*) et *référence* (*suppositio, appellatio*).

II. « CONNOTATIO » ET « CONSIGNIFICATIO »

La signification secondaire, par opposition à la signification première, est d'abord désignée par le terme *consignificatio* et le verbe correspondant *consignificare*. Ces termes sont utilisés pour des problèmes différents :

(1) on parle de signification secondaire pour le temps, qui est consignifié et non pas signifié par le verbe, ainsi que pour la composition, ou fonction prédicative (*prossêmainein* [προσσημαίνειν] chez Aristote) – la

1

« Denotatio »/« connotatio » dans la logique médiévale

La distinction entre « connotation » et « dénotation » n'existe pas sous la forme *connotatio vs denotatio* dans la logique médiévale. Le verbe *denotare* apparaît dès le début de la logique terministe. On le trouve par exemple chez Pierre d'Espagne. Analysant la phrase « *sedentem possibile est ambulare* » (il est possible que celui qui est assis marche), celui-ci note que le participe « renvoie à » ou « comporte une simultanéité » (*importat concomitantiam*). Cette *concomitantia* pouvant être signifiée soit par rapport au verbe *ambulare* (au sens de : « *dum sedeo, me ambulare est possibile* » [tandis que je suis assis, il est possible que je marche], ce qui est faux), soit être dénotée relativement au prédicat (au sens de : « *dum sedet, potentiam habet ad ambulandum postea* » [tandis qu'il est assis, il a la capacité de marcher ultérieurement], ce qui est vrai), Pierre fait observer, de manière plus générale, que :

> *Quando denotatur concomitantia respectu hujus verbi* ambulare, *tunc ponitur possibilitas supra totum dictum, et sic est falsa ; quando autem denotatur concomitantia respectu praedicati, tunc possibilitas ponitur supra subjectum dicti, et sic est vera.*
>
> [Quand la simultanéité est dénotée par rapport au verbe « marcher », alors la possibilité porte sur l'ensemble du *dictum*, et la proposition est fausse ; quand elle est dénotée par rapport au prédicat, elle concerne le sujet du *dictum*, et la proposition est vraie.]
>
> *Tractatus*, VII, 70, p. 124.

Cet exemple suffit à le montrer, *denotare* ne s'oppose pas primitivement à *connotare*, comme dans la linguistique moderne « dénotation » s'oppose à « connotation ». Dans le texte de Pierre d'Espagne le verbe *denotare/denotari* est un simple synonyme de *significare / significari*.

BIBLIOGRAPHIE

PIERRE D'ESPAGNE, *Tractatus called afterwards «Summulae logicales»*, éd. L. M. De Rijk, Assen, Van Gorcum, 1972.

question des futurs contingents, de la prescience divine, et de l'unité des articles de foi pourra bénéficier de cette notion de consignification, puisqu'elle permet, par exemple, de poser une *unité* des articles de foi indépendamment des formes accidentelles, temporellement déterminées, de leurs énonciations (le Christ naîtra/naît/est né) ;
(2) on dit aussi que le terme dénominatif (ou paronyme) consignifie le sujet (ex. *album* signifie la blancheur à titre principal, et consignifie le sujet de la blancheur) ;
(3) dans les analyses platonisantes du début du XIIe siècle les paronymes *blancheur* (*albedo*), *blanchoie* (*albet*), *blanc* (*albus*), sont dits signifier la même qualité, ou forme, ou idée, mais de manières différentes, donc avec des consignifications différentes (cf. Bernard de Chartres : « *blancheur* signifie une vierge pure, *blanchoie* la même entrant dans une chambre ou couchée sur un lit, *blanc*, la même encore, mais déflorée ») ;
(4) on parle de consignification pour toutes les parties qui ne sont pas le sujet ou le prédicat, les parties « consignificatives » (*consignificantia, consignificativa*) ou syncatégorématiques (voir SYNCATÉGORÈME) ; on dira alors que *tout* ne signifie pas l'universel, mais *consignifie* universellement.
On peut signaler deux autres acceptions, moins importantes :
(5) *consignificare* peut aussi être équivalent à « signifier la même chose », comme quand on dit que dans une proposition le sujet et le prédicat consignifient ;
(6) on dit aussi que les parties d'un nom composé « consignifient », par exemple *equus* (cheval) et *ferrus* (sauvage) dans le composé *equiferrus*, parce qu'ils retiennent quelque chose de leurs significations, mais ne signifient pas à proprement parler puisque celles-ci se fondent en une signification unique qui est celle du composé.

Par extension à partir de (1) la plupart des accidents grammaticaux seront décrits, à compter du XIIe siècle, comme des consignifications (la personne, le nombre, etc.), du fait que ce sont des propriétés qui sont accidentelles et additionnelles par rapport à la signification grammaticale première qui permet de définir le mot comme relevant de telle ou telle partie du discours. Les Modistes, au XIIIe siècle, considéreront que sont consignifiées toutes les propriétés grammaticales, essentielles (définissant la classe de mots et ses espèces) et accidentelles, puisqu'elles correspondent à différentes manières d'appréhender la chose signifiée. Les modes de signifier (ou modes de consignifier) s'opposeront ici à la signification lexicale, alors qu'auparavant les *consignificata* n'étaient qu'une partie de ceux-ci, les accidents. Le terme *consignificare* peut ainsi avoir deux acceptions distinctes, équivalant soit à « signifier avec » (*significare cum*), comme quand on dit que le verbe consignifie le temps (il renvoie à son signifié avec une signification secondaire qui est celle du temps) ; soit à « signifier de telle sorte » (*significare sic*), comme quand on dit que le nom *motus* signifie le mouvement sur le mode de la substance, le verbe *movere* le signifie sur le mode du mouvement, etc. C'est uniquement dans la première acception que *consignificare* sera substitué, dans la tradition logique notamment, par *connotare* : on parlera au XIVe siècle par exemple de la *connotation* temporelle du verbe (cf. Maierù, *Terminologia logica della tarde scolastica*, p. 144).

La notion de *consignificatio* est un outil commode pour distinguer des termes qui manifestement sont apparentés sur le plan sémantique, sans être cependant des synonymes. Cela vaut pour les trois premières acceptions énumérées plus haut, et leurs extensions : le nom *cursus* (course) et le verbe *currit* (il court) ont la même signification, mais se distinguent parce que seul le second consignifie le temps ; le dénominatif *blanc* signifie la même chose que l'abstrait correspondant *blancheur*, mais en connotant le sujet de la qualité ; le nom *souffrance*, le verbe *souffrir*, l'interjection *aïe* signifient la même chose, mais consignifient différentes propriétés réelles qui se marquent par l'appartenance à des catégories grammaticales différentes.

III. « CONNOTATIO » EN THÉOLOGIE

Les théologiens se trouvent confrontés au problème de distinguer non pas des termes de formes proches et de sens en partie seulement différents, mais des termes « identiques » lorsqu'ils sont utilisés pour parler des réalités créées et de Dieu. Par ailleurs, ils ont à expliquer que l'on puisse prédiquer de Dieu des attributs différents, signifiés par des noms différents, alors qu'il est lui-même simple et indistinct. Les notions de *consignificatio* et de *connotatio* vont s'avérer des outils efficaces pour faire face à ces deux problèmes.

À partir de la seconde moitié du XIIe siècle, les théologiens considèrent qu'il ne suffit pas d'opposer une prédication à propos de Dieu à une même prédication à propos d'une réalité créée — comme dans l'exemple du *De Trinitate* de Boèce : « Dieu est juste »/« l'homme est juste », en disant que dans le second cas l'usage est correct car conforme à l'institution première du terme, et dans le premier cas on a affaire à un usage impropre, transféré, équivoque (voir « *Translatio* » dans TRADUIRE). Dans « Dieu est juste » et « Dieu est bon », la même essence divine est prédiquée, mais ces énoncés ne disent pas la même chose, du fait que quelque chose de différent est consignifié ou « comprédiqué », par exemple que Dieu est cause de la justice d'un côté, qu'il est cause de la bonté de l'autre. De manière analogue on peut opposer « Dieu est juste », où « juste » consignifie que Dieu est cause de la justice, à « l'homme est juste », où le même adjectif consignifie que l'homme est l'effet de la justice divine. L'on peut ainsi maintenir que tout prédicat revient à attribuer à Dieu la même essence divine, qui est « essentiellement signifiée », mais qu'il « signifie secondairement », ou consignifie, un effet différent dans la créature. L'on explique par là même que des attributs différents ne sont pas des synonymes, quand ils sont attribués à Dieu : même si « juste » et « miséricordieux » signifient la même chose en Dieu, au sens où il n'y a pas de distinction entre la justice ou la miséricorde en lui, qui est un être absolument simple, il n'est pas tautologique ou redondant de dire « Dieu est juste et miséricordieux », du fait que les deux adjectifs ont des connotations différentes, puisque les effets de la justice ou de la miséricorde en l'homme sont différents. On en tire les deux règles suivantes sur le fonctionnement de la conjonction : dans les énoncés ordinaires (ex. « L'homme est juste et courageux ») elle associe les signifiés ; dans les énoncés théologiques (ex. « Dieu est juste et miséricordieux ») elle associe (*copulat*) les « consignifiés » (*consignificata*), à savoir les effets qui sont « comprédiqués » dans cette proposition, mais non l'essence divine qui est identiquement « prédiquée » par chacun des deux adjectifs. L'on résout de façon analogue le problème de la coréférence posé par des énoncés comme « *Deus est justus et talis est Petrus* » (Dieu est juste et tel est Pierre) : même si la justice divine et celle de Pierre n'ont rien en commun, la comparaison est possible, car elle s'effectue au seul plan de la consignification. L'identité des prédicats en Dieu devient ainsi conciliable avec la diversité des noms qui les désignent et des significations qui leur sont conventionnellement associées. Cette théorie de la *consignification* va permettre à Prévostin de Compiègne d'avancer l'idée qu'il y a *univocatio* et non *equivocatio* (voir HOMONYME) dans les énoncés « Dieu est juste »/« l'homme est juste », puisque précisément il y a quelque chose de commun dans chacune des prédications. Vers la fin du XIIe siècle, on utilise les termes *connnotare-connotatio*, plutôt que *consignificare-consignificatio*, qui continuent en revanche leur chemin dans les traditions logique ou grammaticale. On notera aussi les usages de *compraedicare* et *coassertere*, pour distinguer entre prédication principale et prédication secondaire.

Cependant, le caractère *ad hoc* de cette notion de *connotation* va susciter des critiques. En effet, on y fait appel dès qu'il est besoin de distinguer, pour un même terme, entre quelque chose d'identique et quelque chose de différent ; elle peut même servir pour démontrer l'unité de doctrine d'« autorités » qui seraient à la lettre contradictoires, puisqu'il suffit de dire que les passages controversés utilisent des mots identiques avec des « connotations » différentes. Les discussions sont vives, au tournant des XIIe-XIIIe siècles, pour déterminer cette différence marquée par la connotation : doit-on penser la connotation du côté de Dieu (la cause) ou du côté de la créature (l'effet) (*connotatio a parte rei / a parte creaturae*) ? doit-on admettre que les noms de relation, même prédiqués de Dieu (ex. *Deus est creator*), connotent quelque chose des créatures, mais non de Dieu ? Par ailleurs, on peut se demander pourquoi tous les noms ne seraient pas attribués à Dieu au même titre, puisqu'il est cause de toutes les choses qu'ils signifient. Ces difficultés finiront

2

« Connotatio » chez Roger Bacon

Roger Bacon, dans le *De signis*, puis dans le *Compendium Studii Theologiae*, développe une analyse sophistiquée de la connotation. Les différents modes de la connotation relèvent pour lui de l'analogie : elle se produit lorsqu'un terme signifie, par imposition, une seule chose, et qu'à cette chose est ou sont associées par une relation de signification naturelle une ou plusieurs autres choses, de sorte que par le même mot plusieurs choses sont « données à entendre ». Le mot signifie donc « conventionnellement » une seule chose, mais, en raison des différentes relations naturelles qui existent entre cette chose et d'autres choses, il pourra signifier « naturellement » ces autres choses. En raison de la relation conventionnelle du mot à la chose signifiée, et de la relation de conséquence naturelle entre la chose signifiée et celle qui est connotée, on peut dire que le mot infère naturellement cette dernière.

Roger Bacon distingue sept modes de la connotation :

(1) le non-être est entendu dans l'être par privation ;

(2) les noms relatifs de Dieu connotent la créature (*creator* signifie secondairement la créature qui est le terme de la relation de création) ;

(3) les noms des créatures donnent à entendre le créateur, en raison de la dépendance de celles-ci envers lui (d'où la conséquence valide : « il y a une créature donc il y a un créateur ») ;

(4) l'accident connote la substance et inversement ;

(5) l'universel donne à entendre le particulier vague (« l'homme existe, donc il existe un homme ») ou le particulier en disjonction (« l'homme existe, donc il existe Socrate ou Platon ou etc. ») ;

(6) une partie essentielle (ex. le toit) donne à entendre une autre partie essentielle (ex. le mur), — cet exemple est repris à Avicenne et Algazel ;

(7) le nom d'un relatif donne à entendre son corrélatif (ex. père-fils).

Dans un énoncé, le nom ne signifie que son signifié premier (« double » ne signifie pas « moitié ») et l'énoncé ne se vérifie que pour ce signifié premier. Le locuteur peut cependant décider, selon son plaisir (*ad placitum*), de réimposer le nom, de changer sa signification, de sorte que le signifié second devienne le signifié premier et que le mot signifie alors *ad placitum* celui-ci. Il est intéressant de noter que Bacon n'utilise pas le terme *connotare* dans le *De signis*, mais qu'il le fait, dans le *Compendium*, à propos des mêmes exemples, en rappelant l'origine théologique de ce terme :

> Le nom imposé à une seule chose hors de l'âme peut signifier plusieurs choses en même temps hors de l'âme, et c'est ce que les philosophes appellent des co-intelligés (*cointellecta*) et les théologiens des connotés (*connotata*). En effet, tout ce qui suit par conséquence naturelle et nécessaire du nom d'autre chose est co-intelligé et connoté par lui, car sinon on ne pourrait dire qu'il en suit nécessairement, par exemple « Créature donc créateur » et « créateur donc Dieu », puisque seul Dieu crée. Et tout accident propre connote son sujet, ainsi « Capable de rire, donc homme » [...]
>
> *Compendium Studii Theologiae*, éd. Maloney, Leyde-New York-Londres, Brill, 1988, p. 76.

L'on retrouve parmi les exemples des noms qui indiquent clairement cette origine théologique de la notion, comme *creator*, ce qui sera également le cas chez Guillaume d'Ockham.

par saper la théorie de la connotation et Albert le Grand puis Thomas d'Aquin trouveront aux mêmes problèmes des solutions nouvelles. (Cf. I. Rosier, « *Res significata* et *modus significandi* », p. 135-168 ; L. Valente, « *Justus* et *misericors* », p. 38-59.)

♦ Voir encadré 2.

IV. LES TERMES CONNOTATIFS

Pour Guillaume d'Ockham, la distinction, au sein des noms catégorématiques (voir SYNCATÉGORÈME), entre termes absolus et termes connotatifs est centrale, et se fonde sur le même critère que précédemment. Le nom connotatif « est celui qui signifie quelque chose de façon première (*primario*) et autre chose de façon secondaire ». Le nom absolu est celui qui ne signifie pas quelque chose de façon secondaire (*secundario*) et est donc tel qu'il signifie tout ce qu'il signifie à titre premier et *in recto*. Ainsi, *animal* signifie au même titre des bœufs, des ânes, etc. ; ils signifient, donc supposent pour (*suppositio*) chacun des individus dont il peut être vrai de dire « ceci est un animal ». Ils correspondent aux « termes d'espèces naturelles » (« *natural kind terms* »). Ils comprennent tous les noms (abstraits et concrets) de la catégorie de la substance, et les noms abstraits de la catégorie de la qualité (Guillaume d'Ockham, *Somme de logique*, I, chap. 10).

Les noms absolus n'ont pas de définition nominale (*definitio quid nominis*), mais une définition réelle (*definitio quid rei*) ; à l'inverse, les noms connotatifs n'ont pas de définition réelle (puisqu'ils ne peuvent être définis par référence à une classe particulière d'objets) mais une définition nominale qui rend compte de leur structure sémantique hiérarchisée, composée d'au moins un mot au nominatif (*in recto*) et d'un mot à un cas oblique (*in obliquo*). On y trouve d'abord les termes catégorématiques concrets de la catégorie de la qualité, les dénominatifs (*denominativa/paronyma*). Ainsi *blanc* signifie « quelque chose informé par la blancheur » ou « possédant la blancheur » ; il signifie à titre premier les substances individuelles qui sont blanches, et connote à titre second leurs blancheurs singulières : ce qui est *in recto* dans la définition désigne le *significatum* (quelque chose), ce qui est *in obliquo* le *connotatum* (la blancheur). Sont également connotatifs les noms de relation comme « père », nom qui, dans un contexte propositionnel, suppose pour les individus dont il est vrai de dire « ceci est un père », mais en outre connote autre chose, à savoir les individus qui ont un père : ceci implique qu'un terme relatif ne peut recevoir de définition complète sans qu'intervienne son corrélatif et inversement (« père » = substance sensible ayant un enfant, cf. *Somme de logique*, III-3, chap. 26) ; les deux corrélatifs n'ont pas la même définition nominale et ne sont donc pas synonymes, puisque ce qui intervient *in recto* dans la définition de l'un se retrouve *in obliquo* dans celle de l'autre, et inversement. Font aussi partie des connotatifs les termes catégorématiques relevant des catégories autres que celles de la substance et de la qualité, les expressions négatives (*immatériel*) ainsi que des termes philosophiques comme « vrai », « bon », « intellect », « volonté », etc. Cette notion de connotation permet ainsi à Ockham de maintenir l'idée fondamentale d'une conception extensionaliste de la référence, selon laquelle tous les termes catégorématiques signifient et supposent pour des substances ou qualités singulières. Un des points qui a fait l'objet de controverses parmi les interprètes d'Ockham a été de déterminer s'il existait des termes connotatifs dans le langage mental, ou s'ils pouvaient toujours être éliminés du langage mental, dans la mesure où on leur substituait une définition nominale qui ne comportait que des termes absolus (Paul Spade). Un argument crucial contre cette thèse est celui des termes relatifs (père), qui, on l'a vu, incluent nécessairement dans leur définition nominale leur corrélatif (fils), ce qui annule la possibilité d'une élimination totale des connotatifs dans le langage mental (Claude Panaccio).

Selon Spade, puisqu'un terme connotatif pouvait toujours être substitué par sa définition nominale, laquelle contenait uniquement des termes absolus (si la première définition nominale comportait un terme connotatif, celui-ci pouvait à son tour être remplacé par sa définition nominale jusqu'à ce qu'il n'y ait plus de termes connotatifs), il n'y avait aucun besoin de postuler des termes connotatifs dans le langage mental. Claude Panaccio s'est opposé à cette analyse, d'une part sur la base de passages indiquant clairement que pour Ockham il existait des termes connotatifs (notamment les termes relatifs) dans le langage mental, et d'autre part en montrant que cela était un élément essentiel de la théorie ockhamienne. L'argument tiré des termes relatifs, mentionné ci-dessus, est crucial : puisque la définition nominale d'un terme relatif connotatif contient nécessairement un autre terme connotatif, à savoir son corrélatif, cela implique que les termes relatifs, et donc les termes connotatifs, ne puissent pas être totalement substitués par des termes absolus, au niveau du langage mental, et donc qu'ils existent dans le langage mental. (Cf. Panaccio, « Guillaume d'Ockham, les connotatifs et le langage mental », p. 297-316.)

L'on trouve des éléments intéressants chez d'autres logiciens médiévaux. Buridan, en particulier, attribue une fonction référentielle à la fois à ce qui est signifié (la *suppositio*) et à ce qui est connoté (l'*appellatio*) : le terme connotatif (ex. *blanc*) connote ce pour quoi suppose le terme abstrait correspondant (*blancheur*) ; il « suppose pour » ce qu'il signifie à titre premier et « appelle » ce qu'il connote (voir SUPPOSITION). Buridan précise ailleurs :

> Il y a prédication essentielle entre deux termes quand aucun des deux n'ajoute à la signification de l'autre une connotation extérieure (*extranea*) à ce pour quoi les termes supposent. Il y a prédication non essentielle, ou paronymique, quand un des termes ajoute à la signification de l'autre une connotation étrangère, comme « blanc », qui suppose pour un homme et appelle (c'est-à-dire connote) la blancheur en tant qu'elle lui est ajoutée. D'où : la proposition « L'homme est [un] animal » est

essentielle, tandis que « L'homme est blanc » ou « L'homme est capable de rire » est paronymique.

Summulae de dialecta, III-3, chap. 26 ;
cf. Klima, *John Buridan*.

Alain de LIBERA, Irène ROSIER-CATACH

BIBLIOGRAPHIE

BURIDAN Jean, *Sophismata*, trad. fr. J. Biard, *Buridan. Sophismes*, Vrin, « Sic et Non », 1993.

— *Summulae de dialecta*, an annoted translation with a philosophical introduction by Gyula Klima, Yale UP, 2001.

GUILLAUME D'OCKHAM, *Somme de logique*, I, trad. fr. J. Biard, Mauvezin, TER, 1988.

JOLIVET Jean, « Rapports entre la grammaire et l'ontologie au Moyen Âge », in *Aspects de la pensée médiévale*, repr. Vrin, 1987, p. 137.

MAIERÙ Alfonso, *Terminologia logica della tarde scolastica*, Rome, Edizioni dell'Ateneo, 1972.

PANACCIO Claude, « Guillaume d'Ockham, les connotatifs et le langage mental », *Documenti e studi sulla tradizione filosofica medievale* XI, Centro Italiano di Studi sull'alto Medioevo, Spolète, p. 297-316.

— *Le Discours intérieur. De Platon à Guillaume d'Ockh*am, Seuil, « Des travaux », 1999.

ROSIER Irène, « *Res significata* et *modus significandi*. Les enjeux linguistiques et théologiques d'une distinction médiévale », *in* S. Ebbesen (éd.), *Sprachtheorien in Spätantike und Mittelalter*, Tübingen, Gunter Narr, 1995, p. 135-168.

SPADE Paul V., *Thoughts, Words and Things: An Introduction to Late Medieval Logic and Semantic Theory,* http://pvspade.com /logic/docs/thoughts1_1a.pdf

VALENTE Luisa, « *Justus et misericors*. L'usage théologique des notions de *consignificatio* et *connotatio* dans la seconde moitié du XIIe siècle », *in* C. MARMO (éd.), *Vestigia, Imagines, Verba : Semiotics and Logic in Medieval Theological Texts (1150-1450)*, Turnhout, Brepols, 1997, p. 38-59.

CONSCIENCE

gr.	*sunaisthêsis* [συναίσθησις], *suneidêsis* [συνείδησις], *sunesis* [σύνεσις], *suntêrêsis* [συντήρησις]	angl.	*conscience, consciousness, awareness*
lat.	*conscientia*	it.	*consapevolezza, coscienza*
all.	*Bewusstheit, Bewusstsein, Gewissen, Gewissheit*	néerl.	*innerlijke medewetingh, innerlijckste bewustheyt, meêwustigheyt*

► *ACTE*, ÂME, *CROYANCE* [BELIEF, GLAUBE], FOI, INCONSCIENT, JE, PERCEPTION, SENS, SUJET

Bien que forgé par les philosophes, le concept de « conscience » est devenu absolument populaire, dénotant le « rapport à soi-même » de l'individu ou du groupe. Il renvoie ainsi à ce que le philosophe et l'homme « du commun » ont en commun, ce qui fait que, tout comme « critique » ou « sagesse », il peut désigner la philosophie elle-même. Il n'en allait pas de même pour les termes anciens (suneidêsis [συνείδησις] *ou même* conscientia) *donnés le plus souvent comme ses équivalents. C'est ainsi que la philosophie européenne moderne s'est dotée d'un passé commun, à défaut de pouvoir établir une équivalence complète entre des paradigmes essentiellement intraduisibles. Ayant distingué les effets de rétroversion des héritages gréco-latins proprement dits, on montrera comment se sont enchaînés à partir du XVI*^e^ *siècle les trois grands épisodes de l'invention européenne de la conscience, dont la trace est encore partout lisible : l'institution religieuse et politique de la « liberté de conscience » qui conduit à faire de celle-ci le nom privilégié du « citoyen sujet » ; la construction par Locke et ses successeurs (de Condillac à Wolff et Kant) d'une théorie de la* consciousness *comme faculté générale de connaissance ; le conflit des métaphysiques de l'identité personnelle et de la « conscience de soi »* (self-consciousness, Selbstbewusstsein).
La circulation des concepts et l'unification relative des terminologies obtenue au début du XIXe *siècle, dans la période refondatrice de la modernité philosophique, n'en laisse pas moins subsister des écarts considérables entre les langues néolatines (dont le français), l'allemand* (Gewissen *et* Gewissheit, Bewusstsein *et* Bewusstheit) *et l'anglais* (consciousness *et* awareness), *sans lesquels il serait très difficile de comprendre la façon dont se développent aujourd'hui l'héritage de la philosophie transcendantale et le champ nouveau des « sciences cognitives » ou de la « philosophie de l'esprit ». C'est ce qui permet d'anticiper, sinon une « fin de la conscience », du moins une mutation de ses références et de ses possibilités de traduction.*

Le point de vue national engendre une illusion qui consiste à croire que les « différents sens » du français se distribueraient entre des mots étrangers correspondants ou que *conscience* en français unifie ce que d'autres langues divisent. Mais il n'y a rien d'évident, ni à ce que les champs sémantiques de nos voisins soient disjoints, ni à ce qu'ils soient tous inclus dans ce que nous appelons « conscience ». Il se peut que leur ensemble déplace notre usage, plus large que chacun d'eux, mais plus restrictif que leur somme. Cette illusion va de pair avec un problème proprement français, qui est de savoir si l'unicité du mot *conscience* doit être considérée comme une simple homonymie ou comme une analogie, l'expression d'un noyau de signification circulant entre les acceptions particulières. Les dictionnaires ne choisissent pas une seule attitude sur ce point, et ils évoluent. Manifestement, ces fluctuations renvoient à l'histoire, elle-même transnationale, des créations linguistiques en matière de « pensée de la pensée ». On se trouve ici en présence d'un cas privilégié pour l'étude de ce que R. Balibar appelle le « colinguisme européen » (*Le Colinguisme*, PUF, « Que sais-je ? », 1993).

I. L'HÉRITAGE DE L'ANTIQUITÉ ET DE LA SCOLASTIQUE

Dans les langues latines et germaniques les principaux termes en présence dérivent des racines du *savoir* : d'un côté *scire*, *scientia*, d'où *conscius* (et ses antonymes *nescius*, *inscius*), *con-scientia*, *conscient* et *conscience*, etc. ; de l'autre *wissen*, d'où à la fois *gewiss*, *Gewissen* et *Gewissheit*, *bewusst* (*unbewusst*) et *Bewusstsein*, *Bewusstheit*, etc. On a pris l'habitude de considérer que les sens de la « conscience » moderne se rattachent à différents emplois du latin *conscientia* et du grec *suneidêsis* [συνείδησις].

Pour le grec, il s'agit clairement d'une rétroversion à partir de correspondances instituées par les Latins cherchant à créer leur propre terminologie morale. La terminologie grecque du rapport à soi dans l'ordre de la connaissance et de l'éthique est beaucoup plus complexe, depuis les poètes jusqu'aux philosophes. Ainsi, c'est seulement à l'époque hellénistique que *suneidêsis* devient courant dans les écoles morales pour désigner la façon dont l'individu, « (seul) avec lui-même », évalue la dignité de sa conduite et la valeur de sa personne, dans cette vie ou en prévision de la mort. La question reste posée de savoir si un tel usage était présent à l'esprit de Paul lorsqu'il prit ce terme à son compte dans des passages capitaux des épîtres :

> [...] ils montrent la réalité de cette loi inscrite en leur cœur, à preuve le témoignage de leur conscience (*summarturousês autôn tès suneidêseôs* [συμμαρτυρούσης αὐτῶν τῆς συνειδήσεως]), ainsi que les jugements intérieurs de condamnation ou d'acquittement qu'ils portent sur leurs propres actions, [ils seront justifiés] au jour où Dieu jugera les actions secrètes des hommes (*ta krupta tôn anthrôpôn* [τὰ κρυπτὰ τῶν ἀνθρώπων]).
>
> Romains, 2, 15.

Quoi qu'il en soit, c'est à partir de ces formulations et des métaphores qu'elles ont en commun avec la tradition stoïcienne (la « voix intérieure », le « théâtre » sur lequel chacun fait comparaître ses actes, ou le tribunal devant lequel il « témoigne » pour ou contre lui-même, etc.) que s'engage la dialectique millénaire du caractère « naturel » et « surnaturel » de la conscience morale.

♦ Voir encadré 1.

L'histoire du latin *conscientia*, même si elle pose toujours des problèmes, est mieux connue. Avant que Cicéron en fasse un terme clé de l'*humanitas*, les usages se sont déployés selon les deux directions dans lesquelles peut s'interpréter *cum* (cf. C. S. Lewis, « Conscience and Conscious ») : d'une part celle qui connote l'appropriation, l'achèvement (« bien savoir », « être bien informé de ») ; d'autre part celle qui connote un « partage » privé ou secret. Dès lors, on a l'idée d'un savoir réservé à quelques-uns, ou du savoir que l'on ne partage qu'avec soi-même, dont chacun « se fait confidence ». Cette signification débouche sur la représentation fondamentale d'un témoignage intérieur rendu à soi-même (d'où la célèbre formule de Quintilien : « *conscientia mille testes* », la conscience est comme mille témoins, elle vaut plus que tous les témoignages extérieurs) et finalement sur l'idée d'un *jugement* qui s'exerce en nous envers nos actes et nos pensées. D'où l'idée d'une autorité opposable à toutes les institutions : à la fois « maître intérieur » et garantie d'autonomie. Cette unité de contraires, à laquelle la tradition augustinienne donnera une portée ontologique, sera constamment retrouvée jusqu'à nos jours.

♦ Voir encadré 2.

1

Le grec pour « conscience » : rétroversions

► OIKEIÔSIS, SENS

On dit que les Grecs ne connaissaient pas la conscience. De fait, il n'y a pas de mot grec correspondant à *conscience*, mais une grande variété de termes et d'expressions sur lesquels *conscience* est projeté, et qui renvoient tantôt à un rapport à soi, tantôt à un jugement moral, tantôt à une perception, opérant souvent un croisement ou une dérivation entre plusieurs de ces acceptions.

Des poèmes homériques aux dialogues socratiques *via* la scénographie tragique, tout héros grec entretient essentiellement un rapport de conversation avec lui-même : en se parlant, il pense ses pensées, sent ses émotions et tient conseil pour agir. Les « organes de la conscience » (expression de R. B. Onians, *Les Origines de la pensée européenne*, chap. 2) du héros homérique sont des mots que l'on a bien du mal à traduire, car ils renvoient à une physiologie toute chargée de sens : *kêr* [κῆρ], ou *kradiê* / *kardia* [κραδίη / καρδία], le « cœur », voire l'« estomac », comme organe qu'on peut percer ; *êtor* [ἦτορ], le « cœur », comme siège des émotions et de l'intelligence. Mais c'est surtout, logé dans le *phrên* [φρήν] ou les *phrenes* [φρένες] (les entrailles, le diaphragme, les poumons, mais le mot est de la famille de *phronein* [φρονεῖν], « être avisé, penser »), le *thumos* [θυμός], lui aussi rendu par « cœur », qui constitue l'interlocuteur privilégié de soi avec soi : à la fois élan (P. Chantraine le rapproche de *thuô* [θύω], « s'élancer avec fureur ») et souffle vital, vapeur ou esprit liés au sang chaud et bouillonnant (É. Boisacq le fait dériver du sanscrit *dhûma-*, d'où le grec *thumiaô* [θυμιάω], « faire fumer », latin *fumus*, à bien différencier de *psukhê* [ψυχή], le souffle de l'« âme » qui s'échappe de la bouche des morts pour demeurer chez Hadès, alors que le *thumos* se mange et se dissipe), le *thumos* constitue la « matière de la conscience » (R. B. Onians, *op. cit.*, chap. 3). Ainsi Ménélas « parle à son *thumos* magnanime » et « lance [ces mots] à travers son *phrên* et son *thumos* » au moment d'abandonner le cadavre de Patrocle (*Iliade*, XVII, 90, 106). L'aboutissement philosophique de cet entretien réflexif est la définition platonicienne de la pensée (*dianoia* [διάνοια]) comme « dialogue intérieur de l'âme avec elle-même, sans voix [*entos tês psukhês pros hautên dialogos aneu phônês* (ἐντὸς τῆς ψυχῆς πρὸς αὐτὴν διάλογος ἄνευ φωνῆς)] » (*Sophiste*, 263e ; cf. *Théétète*, 189e), qui ouvre, moyennant l'exigence socratique de l'« accord de soi avec soi » (« *homologein autos heautôi* [ὁμολογεῖν αὐτὸς ἑαυτῷ] », *Protagoras*, 339c), sur la dimension morale de la conscience de soi : à l'individu qui ne cesse de réfuter Socrate et de lui faire honte, « son plus proche parent et qui loge au même endroit », « les siècles à venir devaient donner [...] le nom de conscience » (*Hippias majeur*, 304d, commenté par H. Arendt, *La Vie de l'esprit*, trad. fr. L. Lotringer, PUF, 1981, t. 1, p. 215).

Il n'y a pas de terme grec qui recueille toutes les valeurs de ce dialogue de soi avec soi, mais on observe la concurrence de plusieurs mots en *sun-* (con-) suivi d'une action verbale, dont le sens varie considérablement selon les contextes, et qu'on traduit par « conscience ».

Dans le domaine perceptif-aperceptif, *sunaisthêsis* [συναίσθησις] est, en particulier chez Plotin (*Ennéades*, III, 8, 4), rendu par *self-consciousness* (LSJ) : dans les termes de É. Bréhier, l'« intelligence » (*sunesis* [σύνεσις], autre candidat pour *conscience*) et la « connaissance d'elle-même » (*sunaisthêsis*) permettent à la nature de voir et de produire ce qui est après elle. Mais le terme est concurrencé, chez Plotin même, par la séquence « *to aisthanesthai kai parakolouthein hautôi* [τὸ αἰσθάνεσθαι καὶ παρακολουθεῖν αὑτῷ] » (É. Bréhier : « le sentir et la conscience de soi » — litt. « le s'accompagner soi-même ») qui caractérise la sagesse lorsqu'il s'agit, non plus de cette nature qui est par rapport à nous comme un dormeur par rapport à un être éveillé, mais du sage lui-même dont on se demande avec les stoïciens s'il reste heureux pendant qu'il dort. Par ailleurs, il faut noter que, chez Aristote en particulier, c'est *aisthanesthai* [αἰσθάνεσθαι] tout seul, « sentir », qui est le plus fréquemment rendu par *avoir conscience*, au sens de *to be aware of* (J. Tricot, renvoyant justement à la fonction d'aperception du « sens commun », traduit ainsi au chap. IX, 9, de l'*Éthique à Nicomaque*, où il s'agit de savoir si l'homme heureux a besoin d'amis), alors que *sunaisthanesthai* [συναισθάνεσθαι]

1

signifie très explicitement « sentir avec », comme « manger avec » ou « vivre avec », non pas avec soi-même, mais avec les autres soi que sont ses amis (voir *Éthique à Eudème*, VII, 12, 1244b 26 et 1245b 25).

On passe insensiblement de l'épistémique à l'éthique avec la *sunesis* (sur *sun-eimi* [σύν-ειμι], dit le *Cratyle*, 412b, « aller avec, accompagner », ou sur *sun-iêmi* [συν-ίημι], « lancer ensemble, rapprocher », et dans les deux cas « comprendre »), dont le sens couvre de la sagacité à la conscience de la faute. Ainsi, *sunesis*, rendu par *intelligence*, est avec l'*eusunesia* ou « perspicacité » la vertu critique de ceux qui savent user de la « prudence » (*phronêsis* [φρόνησις], voir PHRONÊSIS) parce qu'ils apprennent vite (Aristote, *Éthique à Nicomaque* VI, 11, trad. fr. J. Tricot) ; mais Dumont choisit *conscience* dans Démocrite (B 77 DK : « Renommée et richesse sans conscience sont des possessions fragiles »), et Méridier traduit la réponse d'Oreste à Ménélas qui lui demande quelle maladie le tue : « Ma conscience. Je sens l'horreur de mon forfait [*hê sunesis* (ἡ σύνεσις) » — litt. « la conscience que je sais (*sunoida* [σύνοιδα]) avoir commis des actes terribles »] (Euripide, *Oreste*, v. 396).

Enfin, *suneidêsis* (sur *sun-oida* justement) est rétrospectivement le meilleur calque pour *conscience*. Il apparaît chez Démocrite pour désigner « la conscience de la mauvaiseté d'une vie », qui engendre la peur et favorise l'invention des fictions eschatologiques (B 297). Le sens du substantif (qu'on ne trouve pas chez Platon) se précise à partir de l'époque hellénistique, surtout dans la doctrine stoïcienne de l'*oikeiôsis* [οἰκείωσις]. Ainsi, à propos de l'inclination première qu'a l'animal à se conserver, la nature l'attachant à lui-même dès le principe, Diogène Laërce (VII, 85) cite ce propos de Chrysippe, dans le premier livre de son traité *Des fins* : « Ce qui est primitivement propre (*oikeion* [οἰκεῖον]) à tout être vivant, c'est sa propre constitution (*tên hautou sustasin* [τὴν αὑτοῦ σύστασιν]) et la conscience qu'il en a (*tên tautês suneidêsin* [τὴν ταύτης συνείδησιν]), car il n'est pas vraisemblable que la nature rende l'être vivant étranger à lui-même (*allotriôsai* [ἀλλοτριῶσαι]). » Son extension, des stoïciens au Nouveau Testament, va du rapport approprié à soi et au monde à la conscience du bien et du mal (voir ci-dessous). Aucun de ces termes, bien sûr, ne dit autant que les descriptions homériques à quel point le « sujet » grec se parle en même temps qu'il pense et qu'il agit.

Barbara CASSIN

BIBLIOGRAPHIE

CANCRINI Antonia, *Suneidêsis. Il tema semantico della « con-scientia » nella Grecia antica*, « Lessico Intellettuale Europeo », VI, Rome, Ed. dell' Ateneo, 1970.

OUTILS

BOISACQ Émile, *Dictionnaire étymologique de la langue grecque*, Heidelberg-Paris, Winter-Klincksieck, 1938.

CHANTRAINE Pierre, *Dictionnaire étymologique de la langue grecque*, nouv. éd. mise à jour avec un « Supplément au dictionnaire », Klincksieck, 1999.

DK : DIELS Hermann et KRANZ Walther, *Die Fragmente der Vorsokratiker*, 3 vol., Berlin, Weidmann, 5e éd. 1934-1937.

ONIANS Richard B., *Les Origines de la pensée européenne sur le corps, l'esprit, l'âme, le monde, le temps et le destin*, trad. fr. B. Cassin, A. Debru et M. Narcy, Seuil, 1999.

LSJ : LIDDELL Henry G., SCOTT Robert et JONES Henry S., *A Greek-English Lexicon*, 9e éd., Oxford, Clarendon Press, 1925-1940 ; *A Supplement*, éd. E. A. Berber, 1968.

Les Pères de l'Église identifient la *conscientia* avec l'*âme*, qui devra faire face à son créateur, étant ainsi jugeante et jugée. Chez Augustin, la *conscientia* est subordonnée à une notion plus fondamentale, *memoria*, vrai nom de la présence à soi qui toujours déjà confesse le verbe de Dieu : en interrogeant « au plus profond de lui-même » (« *interior intimo meo* », disent les *Confessions*) les « secrets de sa conscience », l'homme ne fait pas autre chose que découvrir la vérité transcendante en lui (« *superior summo meo* [plus haute que toute ma grandeur] »). Jérôme dira que l'étincelle de la conscience déposée en nous, *scintilla conscientiae*, brille encore même chez les criminels et les pécheurs.

Quant aux développements spéculatifs de la scolastique, ils procèdent aussi de Jérôme, mais par l'effet d'un étonnant quiproquo : les copistes ayant cru lire dans son texte un mot *suntêrêsis* [συντήρησις], ils l'interprètent d'abord comme un dérivé de *têrêsis* [τήρησις], *conservatio* (« garde »), puis comme dérivé de *hairesis* [αἵρεσις], *electio* (« choix »). Se trouve ainsi forgé un mot grec fictif, la « syndérèse », mais qui remplit la fonction essentielle de dédoubler la conscience en faculté passive (trace de la création divine) et faculté active (opérant dans les conditions du péché, après la chute). Les théologiens scolastiques forment alors le « syllogisme pratique » du procès par lequel la révélation éclaire nos actions et les guide : 1) *syntheresis*, 2) *conscientia*, 3) *conclusio* (cf. le *Dictionnaire de théologie catholique*, art. « Conscience » de A. Chollet). Il s'agit là d'un schème de pensée intellectualiste fondamental dont la prégnance est loin de disparaître avec sa justification théologique : on pourrait difficilement, sans s'y référer, comprendre la place que, chez Hegel, la conscience occupe en tant que moyen terme du devenir de l'esprit, entre universalité et singularité.

Avec la Réforme, cependant, la *syntheresis* (ou *sunderesis*, ou encore *synderesis*) tombe en désuétude, l'immédiateté de la *conscientia* comme témoignage intérieur de la moralité et signe de la grâce l'emporte : elle devient en allemand (Luther) le *Gewissen* avec sa certitude propre (*Gewissheit*), en français (Calvin) la *conscience* associée à la pratique systématique de l'« examen de conscience ». On se trouve ainsi au point de départ du drame en trois épisodes qui a conduit à faire de la « conscience de soi » l'expression privilégiée de l'idée philosophique de *subjectivité* en Occident : c'est proprement l'invention européenne de la conscience.

♦ Voir encadré 3.

II. L'INVENTION EUROPÉENNE DE LA CONSCIENCE

Le premier épisode correspond aux débats suscités par la Réforme autour de la *liberté de conscience* ; le second conduit à identifier le « soi » avec l'activité réflexive de l'esprit, à laquelle Locke donne le nom de *consciousness* ; le troisième, enfin, au tournant du XVIIIe siècle, amène à réinterpréter les principes de la connaissance et de la moralité en tant qu'expressions du *Selbstbewusstsein*.

A. La métonymie de la conscience

Nous appelons ainsi le premier épisode, car son acquis le plus frappant est la possibilité d'employer le mot *conscience* pour désigner non pas une faculté de l'âme, même personnifiée ou identifiée avec le témoignage intérieur d'un double du sujet, mais comme l'autre nom d'un

2

« Conscientia »

La langue de la philosophie latine, bien que marquée par la diffusion du stoïcisme (voir encadré 1, « Le grec pour *conscience* »), s'est façonnée en même temps que Cicéron, Lucrèce et Sénèque contribuaient à écrire une histoire critique de la philosophie : c'est pourquoi les emplois de *conscientia* en latin classique présentent — de manière synchronique — les différentes strates historiques et littéraires qui ont constitué l'expérience et les modes d'expression de la conscience.

Dans une grande partie des occurrences, *conscientia* désigne l'expérience de la faute (celle-ci est souvent précisée par un génitif : *conscientia scelerum*) et le remords qui en découle : ces emplois doivent être mis en rapport avec ceux que l'on trouve dans le contexte juridique où *conscientia* et *conscius* désignent la culpabilité reconnue et la condamnation prononcée.

Comme forme du remords, *conscientia* apparaît dans les listes des passions (« *ardentes tum cupiditate, tum metu, tum conscientia* [enflammés par la passion, la peur, le remords...] », Cicéron, *De legibus*, II, 43) et fait l'objet de descriptions topiques issues de la tragédie : « *conscius ipse animus se forte remordet* [l'âme qui se sait coupable se ronge elle-même] » (Lucrèce, *De rerum natura*, IV, 1135).

Le substantif englobe ainsi à la fois le moment tragique de la connaissance de soi par la souffrance du corps (morsure, brûlure, étouffement) et l'interprétation que les philosophies hellénistiques ont donnée de ce moment : « *Mens sibi conscia factis/praemetuens adhibet stimulos torretque flagellis* [L'esprit conscient de ses fautes, allant au-devant de ce qu'il redoute, s'applique l'aiguillon et le fouet] » — cette analyse de Lucrèce (*ibid.*, III, 1018) se retrouve dans le *De legibus* de Cicéron (I, 40) : « *Non ardentibus taedis sicut in fabulis sed angore conscientiae fraudisque cruciatus* [(Les coupables ne sont pas poursuivis) par des torches enflammées, comme dans les tragédies, mais par l'angoisse que fait naître leur culpabilité et par le crime qui les torture]. »

Plus positivement, *conscientia* coïncide avec l'expérience de soi qui n'est pas immédiatement donnée mais construite dans le rassemblement, la récapitulation, la mémoire — ce que suggère la formation du mot (*cum-scire*) ; c'est ce qu'évoque Cicéron dans le *De re publica* (VI, 8) : « *Sapientibus conscientia ipsa factorum egregiorum amplissimum virtutis est praemium* [Pour les sages, la simple conscience d'avoir accompli des actes remarquables constitue la plus haute récompense de leur vertu] » ; et dans le *De senectute*, 9 : « *conscientia bene actae vitae multorumque bene factorum recordatio jucundissima est* [rien de plus agréable que la conscience d'avoir bien conduit sa vie et le souvenir des nombreux actes qu'on a accomplis selon le bien] ».

Ce mouvement d'évaluation de soi est aussi nettement marqué dans une deuxième série d'occurrences où le terme apparaît surtout dans des syntagmes qui précisent l'origine de l'évaluation morale : *conscientia deorum / conscientia hominum* (Cicéron, *De finibus*, I, 51 : « *qui satis sibi contra hominum conscientiam saepti esse et muniti videntur, deorum tamen horrent* [ceux qui s'estiment assez bien protégés et emmurés pour échapper au jugement des hommes s'effraient cependant du jugement des dieux] »). La prise en compte du jugement d'autrui dans l'évaluation de la responsabilité donne à *conscientia* un sens proche de *pudor* (*aidôs* [αἰδώς]) : l'intériorisation de ce jugement (qui peut ou non être soulignée dans le syntagme *conscientia animi*) se développe dans deux directions divergentes. Soit on s'approprie les normes externes du jugement, à l'issue d'un dédoublement qui s'exprime de préférence dans les métaphores du théâtre intérieur (on rend jugement sur soi, on s'offre en spectacle à soi), soit on oppose aux instances extérieures ses propres critères d'évaluation : les images de la barrière et du toit délimitent un espace de l'intériorité qui garantit contre la *fama* et l'*opinio* la rectitude du jugement et son caractère inaliénable.

La première direction est sensible dans les propos suivants de Cicéron : « *nullum theatrum virtuti conscientia majus est* [la vertu n'a pas de plus grand théâtre que la conscience] » (*Tusculanes*, II, 64), et de Sénèque : « *conscientia aliud agere non patitur ac subinde respondere ad se cogit* [la culpabilité (qu'éprouvent les tyrans) ne les laisse pas se divertir : elle les contraint sans répit à répondre devant son tribunal] » (*Epistulae*, 105, 7) ; « *bona conscientia prodire vult et conspici* [la bonne conscience veut se produire et se soumettre aux regards] » (*ibid.*, 97, 12).

La seconde dans ceux-ci : « *dicitur gratus qui bono animo accepit beneficium, bono debet ; hic intra conscientiam clusus est* [on dit qu'est reconnaissant l'homme qui a reçu de bon cœur un bienfait et en est redevable de bon cœur : il l'est dans l'enceinte close de sa conscience] » (Sénèque, *De beneficiis*, 4, 21) ; « *mea mihi conscientia pluris est quam omnium sermo* [à mes yeux, ma conscience vaut plus que les propos de tous] » (Cicéron, *Ad Atticum*, 12, 28, 2).

Entre ces deux aspects de l'intériorisation, on ne peut pas repérer les lignes d'une évolution, pas plus qu'on ne peut rigoureusement répartir les emplois du génitif ou du datif dans les syntagmes *conscientia animi / scelerum / hominum — conscius sibi*. Au contraire, les emplois de *conscientia* — et leurs réseaux de métaphores — donnent à penser en même temps l'intériorité et l'extériorité, au moment où la question fondamentale de l'éthique est de savoir quelle est la validité et la portée des normes de la nature. On saisit alors, dans le mouvement de va-et-vient qui ne se fige pas, le moment — historique et philosophique — où pourrait se construire le sujet.

Clara AUVRAY-ASSAYAS

individu singulier. Cette personnification se traduit par la possibilité de qualifier les consciences-sujets au regard de leurs actions et de leurs expériences : une « noble conscience », une « conscience éclairée », une « conscience ferme », une « conscience malheureuse », une « conscience déchirée », etc. (suivant un procédé qui, en d'autres circonstances, s'applique aussi à l'âme, à l'esprit, au cœur, à l'intelligence). Une telle possibilité s'exerce surtout dans les langues où se sont confrontés, entre le XVIe et le XVIIIe siècle, la réforme calviniste, l'irénisme humaniste, le scepticisme et le néostoïcisme : période de la constitution de l'absolutisme et d'une première revendication de « franchise » du citoyen.

Tout commence avec la définition calvinienne de la conscience : identifiée à la foi du chrétien, qui réside dans le « for intérieur », elle exprime en elle-même le mystère d'une soumission absolue qui est en même temps libération, puisqu'elle n'assujettit l'individu qu'à la grâce. La métonymie est déjà courante chez Calvin : « Je dis que ces remèdes et soulagements sont trop maigres et frivoles pour les consciences troublées, et abattues, affligées, et épouvantées de l'horreur de leur péché » (*Institution de la religion chrétienne*, IV, 41). Toutefois, c'est l'expérience de la lutte politique qui inscrit ce jeu métonymique au cœur des usages du mot *conscience*, en faisant du for intérieur aussi un « fort » et une « force » (dont le concept, tout au long de l'âge classique, entrera en concurrence avec ceux d'« esprit » et de « génie » pour désigner le principe d'individualité). Cependant que les anabaptistes inventent « l'objection de conscience », Calvin défend « l'adhésion de conscience ». Les puritains anglais au XVIIe siècle soumettront toutes leurs actions au commandement absolu de la conscience d'où procède la conviction (« *convinced in conscience of the righteousness of the Parliament's cause* [convaincu en conscience de la juste cause du Parlement] », cité par M. Walzer, *The Revolution of the Saints*.

3

« Conscientia » et « Gewissen » chez Luther

► BELIEF, GLAUBE

Luther a été qualifié d'« inventeur du *Gewissen* » (R. Hermann) et le luthéranisme de « religion du *Gewissen* » (K. Holl). Pour beaucoup, le Réformateur, premier théoricien du *Gewissen* en langue allemande, serait aussi le premier théoricien moderne de la conscience. C'est ce que proclamerait, sur le mode héroïque, la fameuse réplique de 1521 devant la diète de Worms, où Luther énonce les raisons qui l'empêchent de se rétracter face à l'Église de Rome :

> À moins d'être convaincu par des témoignages des Écritures ou par l'évidence de la raison (je ne peux croire seulement les papes et les conciles, puisqu'il apparaît qu'ils se sont assez souvent trompés et contredits eux-mêmes), me voici vaincu par les textes que j'ai allégués, ma conscience est captive des paroles de Dieu, et je ne peux ni ne veux abjurer quoi que ce soit, car il n'est ni sûr ni honnête d'agir contre sa conscience.
> Je ne peux faire autrement, j'en suis là (*Ich kan nicht anderst, hie stehe ich*), Dieu me vienne en aide, Amen.
>
> *Verhandlungen mit D. Martin Luther auf dem Reichstage zu Worms* [1521], WA 7, 838, 2-9.

Dans ce refus, on a souvent célébré un appel à la liberté de conscience, et dans cet appel, l'acte de naissance de la modernité. À la lecture du texte, ce jugement peut cependant étonner : qu'est-ce que cette *conscientia* que Luther invoque comme un bien inaliénable, mais qu'il dit « captive des paroles de Dieu » ?

(1) Dans le sillage du débat historique sur la naissance de la modernité, le débat sur la conscience selon Luther a souvent porté sur la question de son autonomie. Sans être explicitement rejetée, la distinction entre *syntheresis* et *conscientia* passe désormais au second plan. Telle est l'innovation conceptuelle de Luther par rapport aux théories scolastiques de la conscience : il n'y a plus chez lui qu'*une* conscience, définie comme « l'origine ou le lieu des affects les plus forts » (E. Hirsch) que puisse éprouver l'homme. Face à la Loi, devant la Promesse, la conscience tour à tour se réjouit, espère ou tremble, s'inquiète, prend peur, se désespère : la conception luthérienne de la conscience passe d'abord par des descriptions d'*états*, de sentiments, d'affects. De ces analyses, qu'on dirait volontiers « psychologiques » si l'on était sûr qu'elles reposent en dernière instance sur un concept de la *psyché*, il résulte que la conscience n'est plus tant une faculté de l'âme tendant vers le bien que le lieu précis où se produit la relation entre l'homme et Dieu. C'est en elle que l'homme est anéanti ou élevé devant Dieu (cf. *Vorlesung über den Römerbrief* [1515-1516], WA 56, 526, 31-32).

On ne peut donc en aucun cas considérer la conscience luthérienne comme autonome. Si elle est définie comme « quelque chose de plus haut que le Ciel et la Terre », c'est seulement en vertu de sa disposition à être « tuée par le péché » ou au contraire « vivifiée par la Parole du Christ », selon ce qu'il en est de la relation entre l'homme et Dieu (*Vorlesungen über 1. Mose* [1535-1545], WA 44, 546, 30-31). À aucun moment l'homme n'est donc seul avec sa conscience. Celle-ci n'est nullement productrice, elle n'est que le reflet ou le « porteur » (*Träger*, E. Hirsch) d'une relation qu'il ne dépend pas d'elle d'engager.

C'est la raison pour laquelle les jugements de Luther sur la conscience varient tant. Le Réformateur la traite aussi de « sale bête » (*mala bestia*) « qui fait se dresser l'homme contre lui-même », dès lors qu'elle le persuade de se fier aux bonnes œuvres plutôt qu'à la foi pour parvenir au salut (*ibid.*, WA 44, 545, 16-17). La conscience peut être tour à tour louée ou maudite selon que c'est le Christ ou le Diable qui la domine : dans un cas comme dans l'autre, elle n'est pas libre au sens où elle constituerait un foyer originaire de liberté.

(2) Au-delà de ces jugements contradictoires, la conscience selon Luther est cependant unifiée par un certain nombre de décisions conceptuelles et d'usages linguistiques. L'autre grande innovation de Luther, c'est en effet d'installer la conscience dans un paradigme où elle côtoie la *foi* et la *certitude*. Luther rompt avec l'intellectualisme des théories scolastiques en associant la conscience à la « foi » et au « cœur » (cf. par ex. *Invokavitpredigten* [1522], WA 10/III, 23-24). Le principe est celui-ci : telle est la foi, tel est le *Gewissen*, telles sont les œuvres ; ou encore : seule la foi peut donner à la conscience la certitude que les œuvres accomplies sont bonnes (cf. *Von den guten Werken* [1520], WA 6, 205, 1-13).

De trois manières au moins, le rapport conscience/certitude se place au centre de la théorie luthérienne de la conscience. La conscience se définit d'abord par un *besoin* de certitude : c'est ce besoin que Luther objecte à ce qu'il estime être le scepticisme d'Érasme

A Study in the Origins of Radical Politics, Harvard UP, 1965). L'adjectif correspondant est *conscientious*.

Les guerres de Religion suscitent aussi l'idée d'un retrait dans le for intérieur, face à l'arraisonnement des États et des Églises. Les deux représentants du courant iréniste européen qui jouent ici le rôle décisif sont Sébastien Castellion et Dirck Coornhert. Le premier, traducteur en latin et en français des textes de la mystique rhénane, est le grand théoricien de la liberté de conscience, entendue comme un droit individuel incompressible. Il en établit le caractère originaire en reprenant la forme classique de l'*elegkhos* [ἔλεγχος] :

> Je trouve que la principale et efficiente cause de [...] la sédition et guerre qui te tourmente, est forcément de consciences [...] je suis bien assuré que la cause que maintenant je traite serait vidée en une seule parole de vérité évidente, et ne se trouverait homme qui osât tant peu que ce fût contredire. Car il faudrait que dire à ceux qui forcent les consciences d'autrui : « Voudriez-vous qu'on forçât les vôtres ? » Et soudainement leur propre conscience, qui vaut plus que mille témoins, les convaincrait tellement, qu'ils demeureraient tous camus.
>
> *Conseil à la France désolée*, 1562.

Quant à Coornhert (ou Koornhert), il publie en 1582 le *Synodus of vander Conscientien vryheyt*. Polémiquant à la fois contre le calvinisme rigoriste et contre la raison d'État néostoïcienne, il naturalise dans un néerlandais très latinisé le « forcement des consciences » comme *dwang der conscientien* et sera le maître des « chrétiens sans Église » de toute l'Europe du Nord-Ouest. On retrouve la trace de son « individualisme » ou « subjectivisme » jusque chez certains sociniens allemands de la fin du XVIIe siècle — dans la secte des *Gewissener* ou « conscientieux », pour qui la seule autorité en matière de foi (*Glauben*) ou de certitude (*Gewissheit*) ne peut être que la conscience (Heinz D. Kittsteiner, *Die Entstehung des modernen Gewissens*, *Wissenschaftliche Buchgesellschaft*, Darmstadt, 1992). Le lien entre les deux se trouve peut-être dans les pages du *Philosophia Sacrae Scripturae Interpres* (1666)

3

(*De servo arbitrio* [1525], WA 18, 603, 23-24). En second lieu, la conscience est le *lieu* même de la certitude, à condition d'avoir été préalablement investie par la foi (cf. *Das schöne Confitemini*... [1530], WA 31/I, 176-177 : « *ein hertz, das* [...] *fur Gott von allem dinge gewis urteilen und recht reden kan* [...] *ein froelich, sicher, muetig gewissen* (un cœur [...] qui sur toutes choses peut juger avec certitude et parler comme il faut [...] une conscience joyeuse, sûre, courageuse) », avec encore l'association de la foi et du cœur). Enfin, la conscience sert de *refuge* devant l'incertitude de la foi, et par là même d'ultime certitude : personne n'est jamais certain (*gewis*) d'avoir la foi, mais chacun doit s'en remettre au *Gewissen* qui lui dit que seule la foi donne le salut (cf. le texte important de *Von der Wiedertaufe an zwei Pfarrherrn* [1528], WA 26, 155, 14-28, dans le contexte de la polémique anabaptiste).

C'est dans cette perspective qu'il faut comprendre la fameuse théorie de la « liberté de conscience », synonyme, selon Luther, de la « liberté chrétienne ou évangélique ». La *conscientia* luthérienne n'est nullement un principe d'action, elle « n'est pas une faculté d'accomplir des œuvres, mais une faculté de juger à propos de ces œuvres » (*De votis monasticis* [1521], WA 8, 606, 30-35). L'intériorisation est ici poussée si loin que la liberté de conscience peut coexister avec le serf-arbitre (voir ELEUTHERIA, encadré 2). C'est que la conscience ne puise pas en elle-même sa liberté : ici, on retrouve le motif de son hétéronomie. Le plus important est cependant que la liberté de la conscience se confond, chez Luther, avec sa certitude : une conscience n'est libre que si la foi l'a rendue sûre (cf. *Vom Abendmahl Christi. Bekenntnis* [1528], WA 26, 505, 34 : « *frey und sicher ym gewissen* »).

Dans l'allemand de Luther, l'association entre conscience et certitude, *gewiss* et *Gewissen*, est immédiate : on la retrouvera, portée au concept, chez Hegel, la *Gewissheit* remplaçant l'adverbe *gewiss* auquel Luther s'en tient le plus souvent (cf. *Phénoménologie de l'esprit*, VI. C. c). On se gardera toutefois de conclure que c'est la proximité des mots qui a poussé Luther au rapprochement des idées, jusqu'à imprégner de certitude son concept de la conscience. Il est très remarquable que le latin du Réformateur effectue exactement la même connexion, cette fois sans jeu d'écho, entre *conscientia* et *certitudo* : du latin à l'allemand, le concept luthérien de conscience ne varie pas (cf. par ex. *De servo arbitrio*, WA 18, 620, 3 : « *certitudines conscientiae* »). D'une telle convergence, on pourra conclure que le latin de Luther est « tout imprégné de son allemand » (H. Bornkamm) : en écrivant « *conscientia* », le Réformateur penserait « *Gewissen* ». Sans se prononcer sur cette question de préséance (Luther pensait-il d'abord en allemand ou en latin ?), on peut estimer que l'invention théologique de Luther, l'installation du paradigme *Glauben-Gewissen-Gewissheit*, a été relayée par les potentialités de la langue allemande, lesquelles ont été à leur tour plus qu'exploitées, et cette fois explicitement, par la tradition qui, de Kant à Wittgenstein, a tracé le paradigme *Wissen-Gewissen-Gewissheit* en philosophie. À rattacher l'invention luthérienne à ses antécédents (au premier chef, les débats théologiques médiévaux sur la certitude du salut), on se donnerait alors les moyens de faire une histoire longue de la conscience qui serait aussi une histoire du bilinguisme (ici allemand / latin) dans l'Europe philosophique.

Philippe BÜTTGEN

BIBLIOGRAPHIE

Dr Martin Luthers Werke, kritische Gesamtausgabe, Weimar, à partir de 1883 [en abrégé WA, suivi des numéros de tome, page et ligne].

BAYLOR Michael G., *Action and Person. Conscience in Late Scholasticism and the Young Luther*, Leyde, Brill, 1977.

HIRSCH Emanuel, *Lutherstudien*, t. 1, Gütersloh, Bertelsmann, 1954.

HOLL Karl, « Was verstand Luther unter Religion ? » in *Gesammelte Aufsätze zur Kirchengeschichte*, t. 1, Tübingen, Mohr, 1948[7], p. 1-110.

JACOB Günter, *Der Gewissensbegriff in der Theologie Luthers*, Tübingen, Mohr, 1929.

LOHSE Bernhard, « Gewissen und Autorität bei Luther », in *Evangelium in der Geschichte*, Göttingen, Vandenhoech et Ruprecht, 1988, p. 265-286.

de Louis Meyer, où l'ami de Spinoza se réclame de la « perception claire et distincte » pour récuser tant les interprétations littéralistes de l'Écriture que l'« enthousiasme » inspiré des Quakers. Louis Meyer a cherché lui-même, dans la version néerlandaise de son livre, des équivalents du latin *conscientia* : *innerlijke medewetingh, innerlijckste bewustheyt, meêwustigheyt*.

On évoquera enfin l'itinéraire des sceptiques, dont le plus brillant est Montaigne, parti d'une philosophie inspirée du stoïcisme pour créer une formule sans précédent de confession publique. Jean Starobinski (*Montaigne en mouvement*, Gallimard, 1982, rééd. 1993) a bien montré comment l'identité personnelle se cherche ici à l'infini dans le mouvement de l'écriture, qui devient chez lui le vrai support de la conscience :

> Excusons ici ce que je dis souvent que je me repens rarement et que ma conscience se contente de soi : non comme de la conscience d'un ange ou d'un cheval, mais comme de la conscience d'un homme [...] je parle enquérant et ignorant, me rapportant de la résolution, purement et simplement, aux croyances communes et légitimes. Je n'enseigne point, je raconte.
>
> *Essais*, III, 2, « Du repentir ».

Montaigne est en politique un conservateur, admirateur de Juste Lipse. *Conscience* chez lui voisine avec *inscience* et s'oppose à la *foi* (« une distinction énorme entre la dévotion et la conscience », *ibid.*, III, 12, « De la physionomie »). Si l'on n'a pas ces éléments en mémoire, on ne comprend ni les effets de la révolution cartésienne, ni la charge de Hobbes contre l'idée de conscience. Dans le *Leviathan*, il ramène le mot *conscious* à son étymologie latine, interprétée dans le sens de « connivence », et identifie la conscience à l'*opinion*. Une telle notion est intermédiaire entre le concept de jugement et ce que nous appellerions aujourd'hui « idéologie ». Elle permet de comprendre pourquoi le *plea of Conscience* (« l'objection de conscience ») doit être absolument rejeté par l'État, et dissocié du for intérieur :

> *And last of all, men, vehemently in love with their own new opinions [...] gave those their opinions also that reverenced name of Conscience, as if they would have it seem unlawfull, to change or speak against them ; and so pretend to know they are true, when they know at most, but that they think so.*
>
> [Enfin des hommes tombés passionnément amoureux de leurs propres inventions idéologiques (...) leur ont donné ce nom prestigieux de Conscience, comme pour faire apparaître contraire aux lois d'y toucher ou d'y objecter ; ils ont ainsi feint de les savoir vraies, alors qu'ils savaient tout au plus qu'ils pensaient de la sorte.]
>
> *Leviathan*, I, 7.

Le citoyen hobbesien ne construit pas sa personnalité au moyen de la conscience, mais du *will* et de l'*authority* ou de la représentation.

B. Connaissance et méconnaissance du « soi »

Les historiens de la philosophie nous disent que le moment capital, où la conscience va désigner l'essence de la subjectivité, coïncide avec une remontée vers le fondement métaphysique de cette faculté de jugement, résumée dans le *cogito* cartésien. La réalité est plus complexe, ce qui se traduit par une remarquable série de déplacements sémantiques et d'inventions lexicales. Descartes n'est pas « l'inventeur de la conscience ». Le mot ne figure jamais chez lui en français, ni sous sa propre plume ni sous celle des traducteurs dont il a revu les textes. Et *conscientia* en latin ne surgit qu'une fois, dans un paragraphe des *Principia philosophiae* (I, 9) consacré à la définition de la « pensée [*cogitatio*] ». L'équivalent accepté par Descartes pour *conscius esse* est tout simplement *connaître*, ici rapproché de *sentir*. La philosophie des *Méditations* n'est pas celle de la conscience mais celle de la *certitude* et de ses modalités. Descartes n'en est pas moins pour une part essentielle à l'origine de l'invention de la conscience à l'âge classique, en raison de la thèse « l'âme pense toujours », sur laquelle il fonde l'idée que l'âme ou esprit « est plus aisée à connaître que le corps ».

Ainsi que l'a montré Geneviève Lewis (*Le Problème de l'inconscient et le Cartésianisme*, PUF, 1950), le terme de conscience a été généralisé par les premiers cartésiens, qui sont en réalité pour la plupart des « augustino-cartésiens », à vrai dire aussi peu fidèles à la question de saint Augustin (comment Dieu se fait-il sentir au « plus intime » de mon âme ?) qu'à celle de Descartes (qui suis-je, moi qui suis certain de mon existence pensante ?). Le premier est Louis de La Forge, auteur en 1667 du *Traité de l'esprit de l'homme*. Il y décrit l'« admirable fonction » de la pensée comme « cette perception, conscience, ou connaissance intérieure que chacun de nous ressent immédiatement par soi-même quand il s'aperçoit de ce qu'il fait ou de ce qui se passe en lui ». Arnauld, pour sa part, identifie le *conscius esse* latin à la « réflexion qu'on peut appeler virtuelle, qui se rencontre dans toutes nos perceptions », et qui nous permet de définir la pensée comme « essentiellement réfléchissante sur elle-même » (*Des vraies et des fausses idées*, 1683). Les cartésiens sont en ce sens les vrais inventeurs de ce que Wolff appellera la psychologie rationnelle. Ce premier courant de (re)définition de la conscience est à l'origine de la tradition du spiritualisme français (V. Cousin), dont l'influence n'a jamais véritablement disparu.

Autrement importante est cependant la péripétie anglaise, qui se traduit par l'invention du néologisme *consciousness*. Le premier à l'utiliser est Ralph Cudworth, dans *The True Intellectual System of the Universe*, paru en 1678 : il s'agit d'une réfutation de l'atomisme et du matérialisme, auxquels le chef de file des platoniciens de Cambridge oppose un monisme nourri de néo-platonisme. Pour Cudworth, la nature est intelligible en tant que hiérarchie des êtres à partir d'un principe unique de formation des individus dont la force vitale et la pensée sont deux degrés successifs. C'est pour marquer le passage de l'une à l'autre que Cudworth forge *consciousness* (lui-même inscrit dans la série *Con-sense*, *Consciousness*, *Animadversion*, *Attention*, *Self-perception*), en rapprochant les termes plotiniens de *sunaisthêsis* et *sunesis*. La *consciousness* est ainsi la forme la plus haute du sentiment ou de la perception de soi (qui est aussi une « jouissance de soi », *self-enjoyment*) caractérisant toute vie. Bien entendu, elle n'appartient pas en propre à l'homme, mais caractérise éminemment l'esprit divin. À l'encontre du dualisme cartésien, Cudworth considère que les formes obscures ou « assoupies » de la conscience commencent en deçà de l'humanité, de même que ses formes lucides ou purement intellectuelles s'étendent au-delà de son esprit. C'est pourquoi il emploie aussi le terme *inconscious*. Son influence sera considérable, notamment sur Leibniz, à qui il transmet le mot plotinien de « monade ».

Par contraste, Locke apparaît bien plus cartésien. Les *drafts* de l'*Essay on Human Understanding* (1re éd. 1690, 2e éd. augm. 1694) montrent que le mot *consciousness* ne fait pas partie de son vocabulaire avant la publication de Cudworth. En revanche, dans la version finale, il résume l'essence du décalage entre l'immédiateté de la *sensation* et la *réflexion* par laquelle l'esprit perçoit ses propres opérations. En II.I.19, Locke donne la définition qui deviendra célèbre : « *Consciousness is the perception of what passes in a Man's own mind* [la conscience est la façon dont un homme perçoit ce qui (se) passe dans son propre *mind*]. » De là procèdent tous les développements de la philosophie lockienne de l'esprit, depuis la reformulation de l'idée cartésienne selon laquelle l'esprit ne peut pas penser sans le savoir jusqu'à la description de « l'expérience de la conscience » : mouvement d'inquiétude (*uneasiness*) au long duquel se forment toutes les connaissances. Dans un chapitre supplémentaire de la 2e édition (II.XXVII, « Of Identity and Diversity »), chargé d'allusions aux controverses du temps sur l'immortalité de l'âme et la perspective du Jugement dernier, il fait de la conscience le critère de l'identité et de la responsabilité personnelles. Il y approfondit sa conception des rapports entre la conscience et le « sens interne [*internal sense*] », essentiellement décrit comme une mémoire intérieure, dans une sorte de laïcisation des thèses augustiniennes. La conscience, identique à elle-même dans le flux continuel de ses perceptions, peut ainsi fonctionner comme l'opérateur d'une *reconnaissance de soi* : c'est par elle qu'un individu peut se considérer « lui-même comme le même », ou comme un *Self*.

La traduction de *consciousness* en français par « conscience », comme on l'admet aujourd'hui, n'allait nullement de soi : elle heurtait l'habitude linguistique qui réservait ce terme à la désignation d'une faculté morale, et elle entrait en conflit avec les nouveaux usages introduits par les cartésiens ou par Malebranche. C'est pourquoi les premiers traducteurs de Locke (J. Le Clerc, P. Coste) préfèrent d'abord rendre *to be conscious* par « concevoir », « être convaincu », et *consciousness* par « sentiment » ou « conviction ». Il fallait une révolution sémantique pour *recréer* le mot « conscience » en français dans une nouvelle acception. Mais cette révolution allait engager la philosophie européenne (puisque toute la « république des lettres » lirait Locke dans la traduction française de Coste, au cours du XVIIIe siècle) dans une voie nouvelle, où surgirait à terme le conflit du psychologisme et des philosophies transcendantales.

♦ Voir encadré 4.

Finalement il faudra attendre Condillac pour que *conscience* soit définitivement naturalisé comme terme de métaphysique. Condillac ne fait aucune référence à Descartes ; il va introduire, à côté du concept de conscience, celui d'attention, qui est une conscience différentielle, un « plus de conscience » apporté à certaines perceptions qu'à d'autres. À la suite de Locke, et pour ainsi dire dans les marges de son texte, il débouche sur le « sentiment de mon être », la reconnaissance de la permanence d'un « être qui est constamment le même *nous* », l'identité du « moi d'aujourd'hui » et du « moi de la veille ». La conscience est alors devenue, en français également, le concept désignant la perception d'une unité interne subsistant à travers la succession de ses propres représentations, mais aussi susceptible de se scinder en « personnalités multiples ».

C. Le point d'hérésie de la philosophie continentale : « Selbstbewusstsein » ou « sens intime »

Locke emploie lui-même une fois *self-consciousness* :

> *For as to this point of being the same self, it matters not whether this present self be made up of the same or other Substances, I being as much concern'd, and as justly accountable for any Action was done a thousand years since, appropriated to me now by this self-consciousness, as I am, for what I did the last moment.*
>
> [Car pour ce qui est de la question de savoir si je suis le même soi, il importe peu que ce soi d'aujourd'hui soit fait de la même substance ou d'autres. Car je suis aussi justement soucieux et comptable d'un acte accompli il y a mille ans, que cette conscience de soi m'attribuerait maintenant en propre, que je le suis de ce que j'ai fait il y a un instant.]
>
> *Essai sur l'entendement humain*, II, 27, § 16.

Cette formulation, qui lie étroitement conscience (de soi), mémoire et responsabilité, est dans la logique de l'équivalence qu'il construit entre la problématique du *self* et celle de la *consciousness*. Mais elle est surtout significative rétrospectivement, en ce qu'elle marque pour nous le point de départ des conflits de la philosophie moderne. Coste alors n'a pu ou voulu traduire, ajoutant toutefois en note : « *Self-consciousness* : mot expressif en Anglois qu'on ne sauroit rendre en François dans toute sa force. Je le mets ici en faveur de ceux qui entendent l'Anglois. »

La différence du psychologique et du transcendantal qui est ici latente n'a pu s'expliciter que dans une autre langue. *Bewusstsein* (infinitif substantivé, d'abord écrit *Bewusst sein*, pour le latin [*sibi*] *conscium esse*) n'a été inventé par Wolff qu'en 1719, parallèlement à la rédaction des ouvrages qui arrachent le terme de *psychologie* à sa signification première de théorie des spectres ou esprits pour en faire une « science du sens interne » (*Psychologia empirica*, 1732 ; *Psychologia rationalis*, 1734). Plus qu'une transposition de la *conscientia-cogitatio* cartésienne (selon l'opinion reçue), nous pouvons voir dans l'introduction de ce néologisme, à côté du traditionnel *Gewissen* considéré comme le correspondant de *conscientia*, une réponse au dédoublement lockien de *conscience* et *consciousness*. *Bewusstsein* est désormais utilisé en Allemagne soit par les métaphysiciens de l'*Aufklärung* (Baumgarten), soit par les théoriciens d'une anthropologie plus empirique (Tetens).

Pour Kant, le *Bewusstsein*, qu'il soit empirique ou pur, est toujours un savoir de nos représentations des objets, c'est-à-dire une liaison des éléments qui les constituent : intuitions et concepts. Le fil conducteur est au fond une interprétation spéculative de la conjonction *sunaisthêsis* + *suneidêsis*, qu'il comprend de façon négative, dans la formule : « les concepts sans intuitions sont vides, les intuitions sans concepts sont aveugles » (*Critique de la raison pure*, Introduction de la « Logique transcendantale », trad. fr. p. 77). À la conscience sensible doit s'ajouter une conscience intellectuelle pour produire le mécanisme typique de la conscience transcendantale, capable de saisir sa propre forme (ou de « penser la pensée » dans ses conditions de possibilité, selon l'antique idéal aristotélicien d'une *noêsis noêseôs* [νόησις νοήσεως]).

♦ Voir encadré 5.

Les difficultés de la « conscience du soi » constituent à la fois le point de rencontre et la source des malentendus permanents entre tradition allemande et tradition fran-

4

« Consciousness » et « con-science » : le rôle de la traduction Coste

Réalisée en étroite collaboration avec l'auteur, plusieurs fois rééditée entre 1700 et 1755, la traduction du protestant Pierre Coste est encore aujourd'hui la seule version française complète disponible. Deux notes du traducteur concernant les termes nouveaux nécessaires pour traduire *the Self* (*le soi, soi-même*) et *consciousness* signalent la difficulté de trouver en français, à la fin du XVIIe siècle, un équivalent pour le néologisme forgé par Cudworth et Locke :

> Le mot anglais est *consciousness*, qu'on pourrait exprimer en latin par celui de *conscientia* [...] En français nous n'avons à mon avis que les mots de *sentiment* et de *conviction* qui répondent en quelque sorte à cette idée. Mais en plusieurs endroits de ce chapitre ils ne peuvent exprimer qu'imparfaitement la pensée de Mr. Locke, qui fait absolument dépendre l'*identité personnelle* de cet acte de l'Homme *quo sibi est conscius*. [...] Après avoir songé quelque temps aux moyens de remédier à cet inconvénient, je n'en ai point trouvé de meilleur que de me servir du terme de *conscience* pour exprimer cet acte même. [...] Mais, dira-t-on, voilà une étrange licence, de détourner un mot de sa signification ordinaire, pour lui en attribuer une qu'on ne lui a jamais donnée dans notre langue. [...] Je vois enfin que j'aurais pu sans tant de façon employer le mot de *conscience* dans le sens que Mr. Locke l'a employé dans ce chapitre et ailleurs, puisqu'un de nos meilleurs écrivains, le fameux père *Malebranche*, n'a pas fait difficulté de s'en servir dans ce même sens en plusieurs endroits de la *Recherche de la vérité* [...]
>
> *Essai sur l'entendement humain*, II, 27, 9n.

Dans son étude « *Conscience* as Consciousness : the Idea of Self-Awareness in French Philosophical Writing from Descartes to Diderot » (Oxford, The Voltaire Foundation, 1990), Catherine Glyn Davies montre que nous sommes ici en présence, non seulement d'un témoignage capital quant à la formation du concept moderne de la « conscience », mais aussi d'un moment effectif de cette formation. Pourquoi Coste a-t-il rendu la définition de II, 1, 19 par : « cette conviction n'est autre chose que la perception de ce qui se passe dans l'âme de l'Homme », avant d'en venir soudain en II, 27, 9 à : « puisque la *conscience* accompagne toujours la pensée, et que c'est là ce qui fait que chacun est ce qu'il nomme *soi-même* » pour « *since consciousness always accompanies thinking, and 'tis that, that makes everyone to be, what he calls self* » ? Le seul élément que nous fournisse le contexte est la conjonction dans la même phrase des deux termes théoriques fondamentaux, désormais corrélatifs : « *the self* », « *the consciousness* ». Coste invente ainsi la con-science au moment précis où il est contraint par la matière théorique à créer non pas un mais *deux* néologismes, l'un de vocabulaire, l'autre de sens.

Une énigme, cependant, surgit ici. Si le terme *conscience* au sens de pure connaissance de soi existe déjà, pourquoi Coste s'attribue-t-il un néologisme? Il s'agit en réalité d'un seul et même problème. Si le traducteur de Locke, obligé de forger *con-science*, doit chercher à se différencier de Malebranche dans le moment même où il invoque son précédent, c'est que les significations de la *conscience* malebranchienne et de la *consciousness* lockienne en réalité se combattent. La notion de « conscience » que Malebranche identifie au « sentiment intérieur » (*Recherche de la vérité*, L. 3, chap. VII, éd. G. Lewis, t. 1 p. 255 *sq.*) est anti-cartésienne dans son fond : elle est la connaissance imparfaite que nous avons de l'âme (« nous ne savons de notre âme que ce que nous sentons se passer en nous »), étroitement mêlée au « sentiment de ce qui se passe dans notre corps », et exposée à toutes sortes d'illusions. Malebranche est parfaitement conscient de détruire ainsi le cœur même du cartésianisme :

> J'ai dit en quelques endroits, et même je crois avoir suffisamment prouvé [...] que nous n'avons point d'idée claire de notre âme, mais seulement *conscience* ou sentiment intérieur ; qu'ainsi nous la connaissons beaucoup plus imparfaitement que nous ne faisons l'étendue. Cela me paraît si évident que je ne croyais pas qu'il fût nécessaire de le prouver plus au long. Mais l'autorité de M. Descartes, qui dit positivement [...] *Que la nature de l'esprit est plus connue que celle de toute autre chose*, a tellement préoccupé quelques-uns de ses disciples, que ce que j'en ai écrit n'a servi qu'à me faire passer dans leur esprit pour une personne faible qui ne peut se prendre et se tenir ferme à des vérités abstraites.
>
> *XIe Éclaircissement*, *ibid.*, t. 3, p. 98 *sq.*

La conscience malebranchienne ne relève donc pas tant de la connaissance que de la méconnaissance de soi, alors que Locke, lui, ne s'oppose pas à Descartes épistémologiquement mais ontologiquement. Sa *consciousness* n'est pas méconnaissance mais au contraire reconnaissance immédiate, par le *Mind*, de ses propres opérations sur la « scène » intérieure, dont il est le spectateur. Ce que Locke inaugure, c'est le retournement de l'idée cartésienne de connaissance de soi contre l'idée de l'esprit ou de l'âme (*mens*) comme substance. La méconnaissance de soi inhérente à la conscience ne disparaîtra pas pour autant : elle resurgira notamment dans l'analyse kantienne du « paralogisme de la psychologie rationnelle », qui ouvre la phase *critique* de la philosophie transcendantale et la fonde sur l'idée d'une ambivalence originaire inhérente au rapport du sujet à soi-même.

çaise dans la philosophie du sujet. Les « mêmes » expressions y acquièrent en réalité une valeur profondément différente.

Le *Selbst-* entrant dans des constructions comme *Selbst-achtung*, *Selbst-bewegung*, *Selbst-bestimmung*, *Selbst-bewusstsein*, peut être entendu tantôt dans le sens subjectif, tantôt dans le sens objectif : expression spontanée du soi ou capacité d'être affecté par une chose qui est « soi-même ». Aussi Kant renverse-t-il immédiatement la question dont est sorti le concept de l'aperception transcendantale. Il ne se demande pas seulement comment nous pouvons dégager de la conscience empirique et de ses contenus la forme pure d'un « je pense [*Ich denke*] », mais comment notre activité de pensée *nous affecte nous-mêmes*, dans le « sens interne ». Comment le « je pense » se sait-il ou se perçoit-il pensant ? Cette auto-affection est encore un *Selbst-bewusstsein*, cette fois au sens d'une conscience (de l'activité) du soi, c'est-à-dire d'une *expérience* (laquelle est d'une certaine façon sensible, bien qu'elle renvoie à n'importe quel contenu de conscience). Kant l'identifie à l'expérience pure du temps et s'attache à montrer qu'elle ne doit jamais être confondue avec le concept de l'aperception transcendantale, puisqu'elle constitue le *Ich* en phénomène. Mais il montre aussi que la confusion est induite en permanence par la structure même de la pensée (« Paralogismes de la raison pure », *Critique de la raison pure*). Cette aporie est le point de départ de toutes les discussions de l'idéalisme allemand quant à « l'expérience de la conscience », déchirée entre vérité et illusion, infinité et finitude, intériorité et extériorité.

Tout autre est la question posée par Maine de Biran (*Essai sur les fondements de la psychologie* [1811], publié en 1859), et après lui par une tradition française qui va jusqu'à Bergson et Merleau-Ponty. Pour Maine de Biran, la conscience de soi (qu'il désigne aussi en latin : *conscium sui, compos sui*), « fait primitif du sens intime » qui fonde toute philosophie, est un sentiment singulier (comme chez Malebranche), ayant pour prototype l'« aperception immédiate » du corps propre. Il exprime l'irréductibilité de l'union entre l'âme et le corps telle qu'elle s'éprouve en particulier dans l'« effort » ; or ce sentiment contient immédiatement la position d'une antithèse entre le moi et le monde extérieur auquel il s'oppose. Penser la conscience de soi, c'est donc penser les deux termes de cette antithèse, leur séparation et leur complémentarité en tant qu'ils font partie d'un même vécu. Le problème posé par Maine de Biran est ainsi pour une part à l'origine de l'existentialisme français et, en ce sens, il explique pourquoi la philosophie française n'a cessé de « traduire » en termes existentiels les problèmes du rapport entre psychologie, phénoménologie et dialectique transcendantales de la conscience. Mais, corrélativement, le détour par le *Bewusst-sein* (graphie introduite au XXe siècle par analogie avec le *Da-sein* heideggérien) permet de comprendre ce qui est en cause dans l'aporie postkantienne de l'« auto-affection » aussi bien que dans le questionnement postbiranien sur la dualité

5

« Conscience », « conscience de soi » et « aperception »

Dans la *Critique de la raison pure* (1781), Kant fait du *Selbstbewusstsein* le principe suprême de la connaissance en même temps que l'instance de sa propre critique. Un tel acte de pensée doit donc être considéré comme une « aperception transcendantale », c'est-à-dire une saisie par l'entendement lui-même de la forme pure d'unité qu'il impose à toute représentation d'un objet. Nouvelle équivalence translinguistique, mais qui recouvre une difficulté de syntaxe et d'histoire.

Elle commence avec Leibniz qui, face à la conception cartésienne, avait pris le parti inverse de celui de Locke: pour les idées innées mais contre l'idée que l'esprit peut se connaître par sa propre réflexion. Dans sa correspondance avec Arnauld, Leibniz faisait encore référence à la « conscience » (associée à l'« expérience intérieure », la « pensée », la « réminiscence »). Mais, au chapitre II, 27 des *Nouveaux Essais sur l'entendement humain*, il retraduit *consciousness* par *consciosité* ou *consciencíosité*, refusant le néologisme de Coste. Cette tentative sans lendemain traduit bien la tension entre les deux aspects de la notion de conscience : la *présence à soi* et le *savoir de soi*. Pour Leibniz, cependant, la seule notion vraiment adéquate est celle d'« aperception » (du verbe *apercevoir* ou, mieux, *s'apercevoir*) ; elle permet de hiérarchiser les perceptions : une perception claire n'est pas nécessairement distincte, c'est-à-dire qu'elle ne comporte pas nécessairement le savoir de sa propre constitution (*Monadologie*, § 14). L'aperception leibnizienne est la perception par un esprit des représentations qui déploient (ou déplient) devant lui le monde dont il fait partie, de façon qu'il puisse s'y situer. La *transzendentale Apperzeption* kantienne, en revanche, n'est plus que la façon dont la conscience réfléchit sa propre forme invariante à travers la diversité des contenus objectifs. Mais en contrepartie elle s'élève immédiatement à l'universalité, elle est la condition de toute expérience possible, individuelle ou collective.

Faut-il alors rendre en français *Selbstbewusstsein* par « conscience de soi » ou bien, comme le veulent aujourd'hui des traducteurs qui ont surtout réfléchi sur l'usage hégélien, par « auto-conscience », comme Labarrière et Jarczyk (G. W. F. Hegel, *La Phénoménologie de l'esprit*, éd. et trad. fr. G. Jarczyk et P.-J. Labarrière, Gallimard, 1993) ? Il ne semble pas que l'on puisse établir dans le texte de Kant (et notamment dans la « Déduction transcendantale », *Critique de la raison pure*) une différence significative entre les notions de *Bewusstsein (der Identität) seiner (meiner) selbst*, et *Selbstbewusstsein* : l'homonymie du psychologique et du transcendantal est constitutive. Chez Hegel, au contraire — comme le souligne R. Derathé dans sa traduction des *Principes de la philosophie du droit* (Vrin, 1975, p. 96) —, le « jeu » entre *Selbstbewusstsein* et *Bewusstsein von sich* occupe une place importante, mais il renvoie plutôt à la nuance « conscience de soi »/« conscience du soi » (ou « du moi »). Notons que l'italien traduit sans problèmes apparents par *autocoscienza* — mais peut aussi dire *coscienza di se* — avec la connotation plus nette de « conscience du soi », que par ailleurs *consapevole* suffit pratiquement à exprimer. L'anglais, évidemment, utilise *self-consciousness*. Ces variantes renvoient à un problème plus général de l'expression de la réflexivité à partir des modèles grec et latin (*auto-*, *sui*).

du « fait primitif » : une réflexion sur l'être de l'« être conscient ».

III. PROBLÈMES THÉORIQUES ET SÉMANTIQUES CONTEMPORAINS

Depuis l'invention de la conscience, deux problèmes dominent l'expression du sujet dans les trois grandes langues philosophiques européennes et maintiennent entre elles un décalage permanent, à la limite de l'intraduisibilité, alors que les équivalences sont, en principe, fixées. Le premier concerne l'écart entre le paradigme allemand du *Wissen* et le paradigme français de la science. Le second concerne les difficultés inhérentes au discours psychologique, telles que les manifeste l'épreuve de la traduction des mots anglais *consciousness* et *awareness*. Ils se développent en sens inverse, mais en illustrant dans les deux cas la concurrence latente entre des oppositions dichotomiques, dont la philosophie est friande (point de vue moral contre point de vue psychologique), et des dérivations plus complexes, qui reflètent mieux l'influence réciproque de la langue et du concept.

A. « Conscience » et « certitude » : « Gewissen », « Gewissheit » et « Bewusstsein » de Kant à Wittgenstein

Le paradigme de *wissen* (gr. *oida* [οἶδα], lat. *scire*) a une importance fondamentale pour toute la philosophie moderne. On sait qu'il n'a pas, en général, la même structure que celui de *savoir* en français (comme le montrent les usages différents de *science* et de *Wissenschaft*). Mais la correspondance entre *conscience* et *Bewusstsein* pose des problèmes spécifiques. Cela tient d'abord à ce que l'étymologie de *Bewusstsein* implique une décomposition plus explicite que celle qui peut être retrouvée dans *conscientia* (*cum* + *scire*). Présente dès l'origine (Wolff) dans la concurrence des deux graphies *Bewusst Sein* et *Bewusstsein*, cette décomposition latente continue de travailler l'écriture philosophique. Elle est renforcée par le parallélisme entre la forme active et la forme passive : *bewusst werden* (devenir conscient ou prendre conscience) répond ainsi à *bewusst sein* (être conscient), qui en connote le résultat ou la faculté (conscience). Alors que la psychologie rationnelle, puis expérimentale, prend le nouveau substantif pour un équivalent de *consciousness*, Hegel et ses successeurs rétablissent l'insistance ontologique du *Sein*. D'où la formule de Marx : « La conscience (*das Bewusstsein*) ne peut jamais être autre chose que l'être conscient (*das bewusste Sein*) » (*L'Idéologie allemande*, trad. fr. G. Badia *et al.*, Éd. sociales, 1976, p. 20). Heidegger en jouera également, mais en sens inverse, opposant au *Bewusst-sein* de la tradition critique le simple *Da-sein* : « être là », jeté dans le monde, plutôt qu'« être conscient » ou être comme conscience. Au contraire, la tradition transcendantale, de Kant à l'école de Marbourg et à Husserl, s'efforce d'effacer cette marque ontologique, pour ne garder que l'idée de faculté ou de fonction. À terme, elle doit inscrire cette dénégation dans la terminologie même : il semble que *Bewusstheit*, substantif de qualité éludant la question de l'« être », qui est en somme la transposition allemande de la « consciosité » ou « conscienciosité » de Leibniz, ait été introduit par Natorp en même temps que par Wundt (on lira sur ce point la « remarque sur la traduction de quelques termes », *in* E. Husserl, *Recherches logiques* [*Logische Untersuchungen*], t. 2, « Recherches pour la phénoménologie et la théorie de la connaissance », 2e partie, trad. fr. H. Élie, collab. L. Kelkel et R. Schérer, PUF, 1962, p. 369). Le couple *Bewusstheit/Bewusstsein* est parfois rendu en anglais par *awareness/consciousness*. La correspondance se décale dans la négation : *die Unbewusstheit* serait *the unawareness* (que nous traduirions par « l'inconscience »), tandis que *das Unbewusste* serait *the unconscious* (que nous traduisons par « l'inconscient ») (H. F. Ellenberger, *Histoire de la découverte de l'inconscient*, trad. fr. J. Feisthauer, Fayard, 1994, p. 728 n.).

Mais le plus intéressant est ailleurs. Le paradigme de *wissen* est en effet plus large que celui de *scire* : il inclut non seulement *Gewissen* et *Bewusstsein*, mais la *Gewissheit* prise comme équivalent de la *certitudo* latine. Il convient donc, ici, de se débarrasser de l'idée suivant laquelle toutes les significations en présence seraient englobées dans la sphère du français *conscience*. Pour la philosophie allemande, ce n'est pas de l'extérieur que la certitude vient interférer avec la conscience : elle appartient dès l'origine au même noyau de significations, que les philosophes organisent diversement. Rappelant pour mémoire l'arrière-plan théologique (*gewiss* et *Gewissheit* sont des signifiants essentiels de la foi luthérienne, étroitement liés à l'anti-intellectualisme de la Réforme, voir encadré 3), nous évoquerons quatre configurations.

Chez Kant, le problème fondamental concernant le *Bewusstsein* réside, on l'a vu, dans la séparation entre un phénomène empirique et une condition de possibilité transcendantale de la pensée (« le *je pense* doit pouvoir accompagner toutes nos représentations », *Critique de la raison pure*, § 16), suivie du « retour » à l'empiricité sous forme de perception du sujet par lui-même. Le *Selbstbewusstsein* connote ainsi à la fois une auto-affection du sujet, une « sensibilité interne » et la pure forme logique d'une identité à soi (pour laquelle Fichte forgera plus tard l'expression *Ich = Ich*). La possibilité de cette distinction critique ne repose pas seulement sur l'opposition abstraite entre deux modes de représentation hétérogènes (l'aperception transcendantale et le sens interne), mais sur la découverte effective de formes de la conscience qui n'ont affaire qu'à la pensée pure. Telles sont du côté théorique l'expérience de la certitude apodictique des jugements, et du côté pratique l'expérience de l'impératif catégorique ou de la conscience morale. Il est remarquable que ces deux concepts soient définis par Kant au moyen de formules symétriques qui les rattachent l'une et l'autre au *Bewusstsein* en tant que « nom commun » de la subjectivité transcendantale. La *Gewissheit* est définie comme « conscience de la nécessité [*Bewusstsein der Notwendigkeit*] » des jugements (*Cours de logique*, Introduction, § IX, cité *in* R. Eisler, p. 132). Le *Gewissen* est défini comme « conscience (*Bewusstsein*) d'une libre soumission de la volonté à la loi » (*Critique de la raison pratique*, cité *in* R. Eisler, p. 189), ou encore comme « la conscience (*Bewusstsein*) d'un tribunal intérieur en l'homme » (*Métaphysique des mœurs*, cité *ibid.*), etc. L'organisation complète des notions est donc la suivante : le *Bewusstsein*, en tant qu'il se saisit lui-même comme une forme pure, est unité transcendantale de l'*Apperzeption* ; en tant que conscience théorique de la nécessité, il est *Gewissheit* (on pourrait dire : sentiment logique pur) ; en tant que conscience pratique de la loi, il est *Gewissen* (sentiment moral pur); enfin, sous l'une ou l'autre de ces modalités, le sujet s'affecte lui-même, « de l'intérieur », comme un *Selbstbewusstsein* psychologique. Cette organisation sémantique est ternaire, et non pas binaire.

Tout autre est la configuration hégélienne, telle que l'expose notamment *La Phénoménologie de l'esprit* : celle-ci nous propose une genèse du *Bewusstsein* à partir de la *Gewissheit*, prenant ses modalités comme fil conducteur. La *Gewissheit*, depuis la « certitude sensible » jusqu'à la « certitude de soi de l'esprit », est en somme le *rapport à soi* actif du *Bewusstsein*, ce qui explique que la conscience puisse se vivre elle-même comme la vérité, dans chacune de ses expériences, et qu'il lui faille pourtant toujours à nouveau se déprendre de soi, dans la découverte de son erreur. Le *Bewusstsein*, comme concept, ne peut surgir qu'avec une première négation de la *Gewissheit*, la perception ; mais, en contrepartie, le problème de la *Gewissheit* peut être porté au-delà du *Bewusstsein*, ou mieux, porter la conscience au-delà d'elle-même, jusque dans le concept de l'Esprit ou Savoir absolu. Dans ce cadre, la question du *Gewissen* est traitée de façon localisée, comme une figure particulière de la conscience (*Bewusstsein*) et de sa *Gewissheit* (certitude) propre. Mais cette figure est privilégiée : c'est le moment clé où le *Bewusstsein* se sait (*weiss*) lui-même comme pur sujet (le concept d'un pur sujet est donc fondamentalement un concept moral), et se pense proprement comme *Selbstbewusstsein*, n'ayant que lui-même comme « objet ». Cette figure subjective de la vérité, profondément illusoire, est entièrement pénétrée d'une *Gewissheit* autoréférentielle.

♦ Voir encadré 6.

Heidegger, dans *Sein und Zeit* (§ 54 *sq.*), centre l'analyse du *Gewissen* autour de l'expression courante « la voix de la conscience ». Contrairement à la « métaphore du tribunal », elle renverrait à une caractéristique originaire du *Dasein* : l'interpellation, l'appel (*Ruf*, *Anruf*) à la responsabilité (*Schuld*), à l'« être soi-même » (*Selbstsein*). Une telle voix par laquelle « le *Dasein* s'appelle lui-même » est toujours déjà de l'ordre du discours (*Rede*), bien qu'elle soit essentiellement silencieuse ou ne parle qu'en se taisant, c'est-à-dire ne détermine aucune tâche ou devoir (*Pflicht*). Cette description s'oppose donc terme à terme aux définitions de Kant. Ni la *Gewissheit* ni le *Bewusstsein* n'y jouent aucun rôle. Ce sont des concepts foncièrement étrangers à la pensée de Heidegger lui-même, qui les réserve à la description du moment métaphysique de la subjectivité ouvert historiquement par le cartésianisme et qui s'accomplirait chez Hegel. Il est difficile de penser que cette phénoménologie n'a joué aucun rôle dans la façon dont Jacques Derrida a « déconstruit » la conception husserlienne de la conscience, dans un chapitre intitulé « La voix qui garde le silence », écrivant par exemple : « C'est cette universalité qui fait que, structurellement et en droit, aucune conscience n'est possible sans la voix. La voix est l'être auprès de soi dans la forme de l'universalité, comme con-science. La voix *est*

6

Traductions de « La Phénoménologie de l'esprit » de Hegel

Il est remarquable qu'aucune des trois traductions françaises désormais existantes de *La Phénoménologie de l'esprit* n'ait adopté le même équivalent pour *Gewissen*. Chacune a reconnu la difficulté et a choisi de tirer le système dans un sens différent. J. Hyppolite (Aubier-Montaigne, 1939) traduit « conscience-morale » ou « bonne conscience », pour « éviter la confusion possible entre *Bewusstsein* et *Gewissen* ». J.-P. Lefebvre (Aubier, 1991) est le seul à signaler « la connotation de certitude qui y est associée » et traduit par « conviction morale », « afin de marquer la dimension intime du *Gewissen* » (« en votre âme et conscience ») en réservant « persuasion » pour *Ueberzeugung*. Enfin, G. Jarczyk et P.-J. Labarrière (Gallimard, 1993) — dont on a vu plus haut la proposition de traduire *Selbstbewusstsein* par « auto-conscience » — traduisent *Gewissen* par « certitude-morale », ce qui fusionne les deux concepts, mais donne tautologiquement « la certitude inflexible de la certitude-morale » pour *die unwankende Gewissheit des Gewissens* — réservant « conviction » pour *Ueberzeugung*.

De son côté, en note de sa traduction des *Grundlinien der Philosophie des Rechts* (*Principes de la philosophie du droit*, Vrin, 1975, p. 168), R. Derathé commente ainsi la difficulté :

> La langue allemande distingue *Gewissen* et *Bewusstsein*. Elle a donc deux mots pour désigner ce que nous nommons en français la conscience. Pour Hegel, les mots *Bewusstsein* et *Selbstbewusstsein* (conscience de soi) sont apparentés au *Wissen*, au savoir ou, d'une manière générale, à la connaissance. Par contre, *Gewissen* est pour lui une forme de la *Gewissheit*, de la certitude ou, plus exactement, de la certitude de soi-même : « Cette pure certitude de soi-même, dit Hegel, poussée à son extrême limite, se manifeste sous deux formes, dont l'une passe immédiatement dans l'autre, sous la forme de la conscience et sous la forme du mal [...] » (*Encyclopédie*, § 511). Pour éviter toute confusion, on traduit souvent *Gewissen* par conscience morale et *Bewusstsein* par conscience. Nous avons préféré suivre l'exemple de Bayle et de Rousseau et traduire *Gewissen* simplement par conscience sans préciser davantage. Rappelons toutefois que, pour Rousseau, la conscience est « le juge infaillible du bien et du mal, qui rend l'homme semblable à Dieu », alors que, pour Hegel, elle est simplement une certitude subjective qui peut s'écarter de la vérité et prendre le mal pour le bien. C'est pourquoi Hegel pose (*Philosophie du droit*, § 137) le problème de la conscience véritable ou véridique, qui est la disposition à vouloir ce qui est bon en soi et pour soi et qui, pour lui, n'apparaît qu'au niveau de la vie éthique ou *Sittlichkeit*.

la conscience » (*La Voix et le Phénomène*, PUF, 1967, p. 89). Derrida joue donc en français sur l'étymologie et les connotations historiques d'un concept allemand, mais en même temps il les détourne et, dans une certaine mesure, peut en autoriser la critique. Sa « con-science » (qu'il écrit à nouveau comme Coste traduisant Locke) est un *Bewusstsein* hanté par l'analytique heideggérienne du *Gewissen* qui fait vaciller les certitudes de l'expérience phénoménologique, dans une *Ungewissheit* propre. On pourrait proposer des remarques en partie semblables à partir du livre de Paul Ricœur, *Soi-même comme un autre* (Seuil, 1990).

Notre dernier témoin est Wittgenstein. Ici non plus le *Bewusstsein* n'est plus central, mais pour des raisons différentes de celles de Heidegger. Le *Tractatus logico-philosophicus* a remplacé ce terme par *Gefühl*, le faisant passer entièrement du côté du subjectivisme et même de la « mystique » (§ 6.45). Et le recueil posthume *Ueber Gewissheit* le ramène entièrement à ce dernier terme, pris dans son acception subjective. Tout le livre est construit autour de la question de savoir ce que veut dire *Ich weiss*, « je sais », et donc sur le rapport entre *wissen* et *Gewissheit* dans divers jeux de langage. Quelque chose du combat que les aphorismes de Wittgenstein livrent contre la tautologie est irrémédiablement perdu dès qu'on passe au français ou à l'anglais :

> 415. Car l'emploi du mot savoir (*Wissen*) en tant que mot particulier en philosophie, n'est-il pas au fond entièrement faussé ? [...] « Je crois le savoir » (« *Ich glaube es zu wissen* ») ne devrait pas exprimer un degré moindre de certitude (*Gewissheit*) [...]

Contre l'héritage du « cartésianisme », il faudrait pouvoir revenir ici au plus près de la langue même de Descartes.

B. Conscience ou expérience : « awareness » et « consciousness »

La traduction des termes *awareness* et *consciousness* présente l'intérêt de mettre en évidence une difficulté théorique dont il n'est pas certain que les philosophes insulaires soient eux-mêmes bien conscients. *Aware* est un vieux mot anglais, signifiant « être éveillé, sur ses gardes, se rendre compte ». En revanche, *awareness* n'apparaît pas avant le XIXe siècle (*Oxford English Dictionary*). À défaut de périphrase, la traduction par *conscience* est naturellement possible où le terme est utilisé seul. Les difficultés commencent lorsqu'il faut rendre *consciousness* et *awareness* dans un même contexte (on peut même trouver des expressions comme *conscious awareness*). La situation devient critique lorsque des énoncés en forme de définition risquent de tourner à la tautologie : « *Conscious experience names the class of mental states that involve awareness* [L'expérience consciente est le nom donné aux états mentaux qui impliquent la conscience] » (Owen Flanagan, *Consciousness Reconsidered*) ; « *This consciousness in the 20th century, has come to mean a "full, active awareness" including feeling as well as thought* [Au XXe siècle cette conscience en est venue à signifier une conscience entière, active, englobant à la fois le sentiment et la pensée] » (J. W. Scott, « The Evidence of Experience », rééd. *in* J. Butler et J. W. Scott (éd.), *Feminists Theorize the Political*, New York et Londres, Routledge, 1992). Les traducteurs hésitent alors entre l'indication du terme anglais entre parenthèses (D. C. Dennett, *Consciousness Explained*, Boston, Brown and Company, 1991 ; *La Conscience expliquée*, trad. fr. P. Engel, Odile Jacob, 1993) et l'introduction de locutions qui particularisent l'usage et suggèrent des interprétations philosophiques (*connaissance immédiate* pour *awareness* : R. Penrose, *The Emperor's New Mind. Concerning Computers, Minds, and the Laws of Physics*, Oxford UP, 1990 ; *L'Esprit, l'Ordinateur et les Lois de la physique*, trad. fr. F. Balibar et C. Tiercelin, InterÉditions, 1992). On s'explique ainsi que, dans sa propre adaptation française de la fameuse conférence « Does consciousness really exist ? [La conscience existe-t-elle ?] » (1912), William James ait employé le mot français *aperception*, que les traducteurs français actuels n'osent plus utiliser.

Le fond du problème nous paraît être le suivant. Les usages de *awareness* et *consciousness* ne sont évidemment pas disjoints, encore moins codifiés. En revanche, ils sont dominés par les interrogations récurrentes sur la pertinence du concept de *consciousness*, hérité de la philosophie classique : problèmes ontologiques (comme dans la formule de James Baldwin : « *It is the point of division between mind and not mind* [C'est le point même où esprit et non-esprit — c'est-à-dire sujet et objet — se séparent l'un de l'autre] », *Dictionary of Philosophy and Psychology*, 1901, rééd. 1960), ou portant sur la capacité des neurosciences à « expliquer la conscience », c'est-à-dire à objectiver le sujet, ou le lien entre conscience et identité personnelle. Les contextes montrent que le terme *awareness* constitue tantôt un équivalent non technique de *consciousness*, censé donner l'accès à une expérience commune qui serve de référence pour élaborer un concept savant, tantôt le nom d'un phénomène élémentaire auquel pourrait se ramener l'énigme de la spécificité des phénomènes psychiques. Il s'agit donc à la fois d'exhiber le cercle des définitions de la conscience et d'essayer de le desserrer. On remarque alors que la structure argumentative des exposés consiste généralement (avec ou sans classification des formes ou degrés de la *consciousness*, comme dans G. Ryle, *The Concept of Mind*, ou O. Flanagan, *Consciousness Reconsidered*) à situer le champ des phénomènes de *consciousness* entre les deux pôles extrêmes de l'*awareness* et du *self*. Pour l'ensemble de ce champ, un terme métonymique est nécessaire, qui dépasse la différence entre *awareness* et *consciousness*, tout en exprimant leur rapport intrinsèque : ce terme est généralement *experience*, qui représente ainsi, comme chez Locke, Hegel ou James, le nom le plus général de la subjectivité.

Cette remarque en entraîne une autre. En tant que l'*awareness* forme l'ancrage premier de la *consciousness* au sein de l'*experience*, sa signification n'est évidemment pas univoque : elle dépend de partis pris théoriques opposés entre eux, oscillant entre l'idée de la présence nécessaire d'un sujet personnel et celle de son absence... Cependant, ce qui demeure constant est la fonction argumentative de réfutation ou d'*elegkhos* remplie par la référence à l'*awareness*. En fait, *aware* est synonyme de « non inconscient » : la *consciousness* est ce qui n'est pas inconscient, donc *aware*, ou présent à soi. Comme toujours en philosophie, la double négation tend à connoter l'originaire. La structure sémantique (*awareness* + *consciousness* = *experience*) n'est nullement limitée aux contextes cognitifs. Au contraire, elle se présente de la même façon dans les contextes de philosophie morale et politique. Elle manifeste ainsi la dépendance de tous ces domaines par rapport à une même phénoménologie implicite.

Mais, par ailleurs, elle entre en concurrence avec une seconde structure formellement semblable, qui semble plutôt réservée aux adversaires du cognitivisme (comme J. Searle, *Minds, Brains and Science*, Cambridge [Mass.], Harvard UP, 1984) et qui repose sur l'interprétation de l'*experience* en termes de *consciousness* + *intentionality*. Cela ne pose apparemment pas de problèmes de traduction. Mais notre désir de résoudre le problème (au fond insoluble) posé par le doublet de *consciousness* et *awareness* ne peut qu'en être aiguisé. La symétrie de ces deux constructions rivales de l'idée d'*experience* correspond au fait que, d'un point de vue « objectiviste », ce qui fait problème est le rapport immédiat du sujet à lui-même (désigné par *awareness*), tandis que, d'un point de vue « subjectiviste », ce qui fait problème est le rapport immédiat du sujet aux objets (désigné par *intentionality*). À y regarder de près, *intentional* et *intentionality* reposent ici exactement sur la même « double négation » que *aware* et *awareness* : il s'agit de nommer le « non-inconscient ». Ce qui revient à dire que, dans tous les cas, les « définitions » de la *consciousness* qui veulent éviter l'autoréférence s'adossent à la tentative de trouver un mot pour dire cette limite de la pensée.

IV. FRONTIÈRES DE LA « CONSCIENCE » ET INDICES LINGUISTIQUES

Depuis l'invention de la conscience, l'expression des problèmes dont elle a opéré la synthèse n'a cessé d'être travaillée par les écarts entre paradigmes linguistiques. L'équivocité que nous avons décrite n'est évidemment pas un défaut, mais le ressort d'une dynamique de pensée constamment relancée, jouant des possibilités de problématisation que recèlent, en différentes langues, les partenaires plus ou moins équivalents du mot *conscience*. Ce processus peut changer de références, mais non pas s'interrompre. Son sens a été masqué provisoirement par la façon dont la philosophie de la première moitié du XXe siècle (L. Brunschvicg, E. Cassirer) avait rassemblé les différentes « manifestations » ou « degrés » de *la conscience* dans la figure d'un grand progrès, au fond identique à la marche de l'humanité vers la réalisation de sa propre essence, pensée d'après le modèle européen classique. Les débats suscités par la psychanalyse (attachée par Freud au mot *das Unbewusste*, « l'inconscient », forgé au début du XIXe siècle par les romantiques) ou par la « déconstruction du sujet » au XXe siècle après Heidegger et les structuralismes, n'avaient pas suffi à ébranler véritablement le sentiment de son univocité. Il n'en ira pas de même, vraisemblablement, avec les deux phénomènes qui vont marquer les prochaines années : l'intensification des confrontations entre les modes de pensée de l'individualité, de la personnalité, du psychisme, de la connaissance, etc., dans les cultures et les systèmes de pensée occidentaux et non occidentaux ; la diffusion et le développement du paradigme des sciences cognitives. Or ces deux phénomènes (qui seront peut-être liés) iront de pair avec une nouvelle révolution dans l'économie des échanges linguistiques : à la fois au sens d'une multiplication des traductions entre les idiomes européens et extra-européens, et au sens de l'imposition d'une nouvelle *koinê* technico-conceptuelle, l'anglo-américain *basic*. La question de savoir quelle place les mots et notions de *conscience*, *consciousness* et *awareness*, *Bewusstsein*, *Gewissheit* et *Gewissen* occuperont au point de rencontre de la philosophie, des sciences et de l'éthique, voire de la mystique, dans le langage commun comme dans les langues savantes, apparaît dès lors extrêmement ouverte.

Étienne BALIBAR

BIBLIOGRAPHIE

AYERS Michael, *Locke, Epistemology and Ontology*, New York et Londres, Routledge, 1991.

AZOUVI François, *Maine de Biran, la science de l'homme*, Vrin, 1995.

BOURCIER Élisabeth, *Examen de conscience et conscience de soi dans la première moitié du XVIIe siècle en Angleterre*, in R. ELLRODT, *Genèse de la conscience moderne. Études sur le développement de la conscience de soi dans les littératures du monde occidental*, Publications de la Sorbonne, PUF, 1983.

CONDILLAC Étienne Bonnot de, *Essai sur l'origine des connaissances humaines* [1746], in *Œuvres philosophiques*, éd. G. Le Roy, PUF, 1947.

FLANAGAN Owen, *Consciousness Reconsidered*, Cambridge (Mass.), MIT Press, 1992.

JAMES William, *Essays in Radical Empiricism*, Cambridge (Mass.), Harvard UP, 1912, rééd. 1976.

JUNG Gertrud, « Suneidesis, Conscientia, Bewusstsein », *Archiv für die Gesamte Psychologie*, vol. 89, Leipzig, Akademische Verlagsgesellschaft, 1933.

KANT Emmanuel, *Critique de la raison pure*, trad. fr. A. Tremesaygnes et B. Pacaud, PUF, « Quadrige », 1984.

KOFFKAKurt,« Consciousness »,*in*E. R. A. SELIGMANNetA. JOHNSON (ed.), *Encyclopaedia of the Social Sciences*, t. 4, New York, Macmillan, 1963.

KOLAKOWSKI Leszek, *Chrétiens sans Église*, trad. fr. A. Posner, Gallimard, 1969.

LEWIS Clive Staples, « Conscience and Conscious », *Studies in Words*, Cambridge UP, 1967.

LOCKE John, *Essai philosophique concernant l'entendement humain* [1690], trad. fr. P. Coste, rééd. E. Naert, Vrin, 1972.

MERLEAU-PONTY Maurice, *L'Union de l'âme et du corps chez Malebranche, Biran et Bergson*, notes de cours, éd. J. Deprun, Vrin, 1978.

MEYER Louis, *La Philosophie interprète de l'Écriture sainte*, éd. J. Lagrée et P. F. Moreau, Intertextes, 1988.

RYLE Gilbert, *The Concept of Mind*, Londres, Hutchinson & Co., 1949 ; *La Notion de l'esprit*, trad. fr. S. Stern-Gillet, Payot, 1976.

SCHRADER Wolfgang H., *Theorien des Gewissens*, *in* R. LÖW (dir.), *Oikeiôsis, Festschrift für Robert Spaemann*, Weinheim, Acta Humaniora, VCH, 1987.

STELZENBERGER Johannes, *Syneidesis, Conscientia, Gewissen. Studie zum Bedeutungswandel eines moraltheologischen Begriffes*, Paderborn, Schöningh, 1963.

TUGENDHAT Ernst, *Selbstbewusstsein und Selbstbestimmung. Sprachanalytische Interpretationen*, Francfort, Suhrkamp, 1979.

WITTGENSTEIN Ludwig, *Über Gewissheit*, in *Werkausgabe*, t. 8, Francfort, Suhrkamp, 1989.

OUTILS

Dictionnaire de théologie catholique, Letouzey et Ané, 1903-1950.

EISLER Rudolf, *Kant-lexikon* [1926-1930], repr. Hildesheim, Olms, 1961; trad. fr. augm. A.-D. Balmès et P. Osmo, Gallimard, 1994.

CONSENSUS *Consensus* est un emprunt direct au latin, qui signifie « accord, jugement unanime » (sur *cum*, « avec, ensemble », et *sentire*, « percevoir, sentir, penser, juger ») et traduit le grec *sumpatheia* [συμπάθεια] (*sun-* [σύν], « avec », comme le latin *cum-*, et *paskhein* [πάσχειν], « être affecté, subir, souffrir »), utilisé en particulier par les stoïciens pour désigner l'accord, la conspiration, d'un certain nombre de choses entre elles, et repris en physiologie pour décrire l'interdépendance des organes (cf. IMPLICATION, OIKEIÔSIS, PATHOS). Mais *consensus* est aussi, en tout cas en français, une bonne traduction de termes grecs tels qu'*homonoia* [ὁμόνοια] (litt. « identité de pensée », d'où « unanimité, concorde »), voire *homologia* [ὁμολογία] (« identité de discours », d'où « accord »), qui ouvrent sur la cité et la constitution du politique : voir AIMER, II, B, 2, ACTE DE LANGAGE (en part. encadré 1, « *L'Éloge d'Hélène...* »), LOGOS, II, A ; cf. POLIS, POLITIQUE.

Le *consensus* fait clairement signe vers le « sens commun », ce à quoi l'on peut adhérer ensemble : voir SENS COMMUN [SENSUS COMMUNIS, COMMON SENSE] et SENS, ainsi que DOXA et LIEU COMMUN.

Dans l'usage contemporain, le *consensus* désigne non seulement l'accord, mais la communauté humaine qui se fonde sur lui au-delà de ses divisions, quel que soit l'élément, civil ou religieux, qui la rassemble : voir ALLIANCE, PEOPLE, PEUPLE (en part. encadré 1, « Peuple, masses et homme collectif... »), SOBORNOST', SOCIÉTÉ CIVILE ; cf. *COMMUNAUTÉ, CONCILIARITÉ, DROIT, LOI*, WELTANSCHAUUNG.

► PRAXIS, SÉCULARISATION, *TOUT*

CONSERVATEUR Le mot *conservateur* dérive du latin *conservare*, « conserver, respecter, sauver », qui désigne le fait de préserver et d'observer fidèlement : voir PIETAS, RELIGIO.

On s'est attaché ici, comme pour *liberal*, à la différence entre les usages politiques modernes français et anglais. L'anglais *conservative* désigne à l'origine l'un des grands partis traditionnels de la Grande-Bretagne, occupant la place qui serait en France celle de la « droite », pour renvoyer par la suite à une position politique, voire morale, plus générale d'hostilité aux aspects les plus antitraditionnels de la société moderne. Quoi qu'il en soit, la position des « conservateurs » se comprend toujours de manière relative, comme le montrent les deux séries d'oppositions analysées ici : voir WHIG / TORY, pour la naissance du système politique anglais moderne, et LIBERAL-LIBERALISM, pour l'usage contemporain qui divise les principaux courants politiques en *conservative*, *liberal* et *radical*.

► LAW, *LIBERTÉ*, POLITIQUE, SOCIÉTÉ CIVILE

CONTENU PROPOSITIONNEL C'est l'une des traductions possibles de l'allemand *Sachverhalt*, qui désigne dans la langue courante les « circonstances ». Mais cette traduction insiste sur la saisie propositionnelle de l'objet du jugement, au détriment des propriétés des objets de l'expérience. L'autre traduction, non moins fréquente, par *état de choses* souffre, elle, du déficit inverse. Voir SACHVERHALT.

On se trouve en présence d'une terminologie logique liée aux plus grandes questions (rapport chose-mot-esprit et définition de la vérité), qui fait passer d'un latin médiéval (DICTUM ENUNTIABILE) issu du stoïcisme dans sa concurrence avec l'aristotélisme (voir *lekton* [λεκτόν] sous SIGNIFIANT/SIGNIFIÉ, II) à l'allemand de la fin du XIXe-début du XXe siècle, ouvre sur l'anglais analytique le plus contemporain (voir TRUTH-MAKER), et pour laquelle le français produit des traductions descriptives qui rendent le problème manifeste.

On se reportera, d'une part, à DICTUM, INTENTION, PROPOSITION, SENS ; d'autre part, à *CHOSE* [RES], ERSCHEINUNG, *ÊTRE, FAIT*, GEGENSTAND, *IL Y A*, MATTER OF FACT, OBJET, TATSACHE ; enfin, à TRUTH-MAKER et VÉRITÉ.

► *ÉTAT DE CHOSES*

CONTINUITÉ La *continuité* (sur *tenere*, « tenir, durer, persister », et *cum*, « ensemble ») désigne une persistance sans interruption, dans le temps mais aussi dans l'espace. On s'est intéressé ici au danois de Kierkegaard, qui propose des distinctions terminologiques originales : voir CONTINUITET ; on complétera le lexique kierkegaardien concernant le temps par PLUDSELIGHED-DESULTORISK (« soudaineté-sans suite »), l'encadré 3 dans MOMENT (« *Øjeblik...* »), et l'encadré 1 dans NEUZEIT (« *Vor tid...* »).

On a étudié également l'expression de la continuité à travers l'« aspect » des verbes, qui dénote le mode de déroulement de l'action : voir ASPECT.

Plus largement, voir *TEMPS* [AIÔN, MÉMOIRE, PRÉSENT].

► ÉPISTÉMOLOGIE, FORCE, PERCEPTION

CONTINUITET, CONTINUERLIGHED / CONTINUERLIGT

DANOIS – fr. *continuité, continuellement / continûment*

all.	*Kontinuität, Kontinuierlichkeit / kontinuierlich*

► ***CONTINUITÉ***, et **AIÔN, DASEIN, LEIB, *PERSONNE*, PLUDSELIGHED, PRÉSENT, *TEMPS***

Pour rendre l'idée de continuité, le lexique kierkegaardien, comme l'allemand (Nachschrift, *traduction de H. M. Junghans, Düsseldorf, 1957), comporte deux termes,* Continuitet *et* Continuerlighed, *rendus dans ce qui suit par : continuité* ou continuité**. On pourrait évoquer la nuance, en français, entre « continûment » (sans interruption) et « continuellement » (qui peut se répéter). À l'occasion, les deux concepts danois sont employés indifféremment, et cependant on peut reconnaître dans l'usage du second* (Continuerlighed) *le souci d'accentuer la particularité dialectique de la continuité existentielle, de l'opposer à la permanence, à la stabilité de la nature.*

La continuité** désigne le fait, pour l'individu existant, d'être continu dans le devenir en vertu d'une décision, qui a valeur d'origine. Pour la nature ou pour l'existence banale, le temps n'est que « le dialectique qui vient de l'extérieur ». En revanche, pour l'individu, qui vit son existence à partir de lui-même, qui est « originellement dialectique en soi », le temps fait son œuvre de manière à faire apparaître « la métamorphose de la continuité plus précisément déterminée comme processus, succession, transformation continue au cours des ans » (t. 15, p. 301-305).

La continuité** caractérise la cohésion de la vie éthique accordée aux exigences de la réalité sociale, de la vie qui échappe à la dissolution, à la diffusion (*dœmrer*) dans les humeurs, les tonalités affectives momentanées. Cette continuité concrète, qui « maîtrise les humeurs (*Stemning*) » (t. 2, p. 207, voir STIMMUNG), est décrite par contraste avec la continuité abstraite du mystique (t. 4, p. 217, 223). Le choix éthique de soi engage le devenir-soi comme tâche de l'existence en sa continuité selon la durée (p. 231). C'est l'origine de « la personne concrète dans la continuité* » (t. 4, p. 236). Le triomphe éthique tient au « fait d'être continu » — continuité** — (t. 11, 235), c'est le fait d'être à la fois espérance et souvenir (t. 4, p. 128). En effet, le rapport malheureux au passé et à l'avenir de l'homme dénué de présence est à l'opposé de la positivité du mouvement en arrière (le repentir) et en avant (le désir), qui caractérise la pureté du cœur de celui qui désire l'Un. « Le repentir doit avoir son temps » (t. 13, p. 19), qui n'est autre que le retour sur un passé marqué par le défaut de ce désir. Il travaille en faveur de la cohésion de la vie animée par le mouvement vers l'avant.

Mis à part la continuité* comme permanence de l'humanité, « la descendance comme continuité dans l'histoire de l'espèce » (t. 7, p. 136), le recours à cette notion apparaît surtout quand se présentent des figures ou des conjonctures dont les traits sont marqués par l'absence de continuité. C'est le cas de l'esthéticien, de l'ironiste, qui n'a d'autre continuité* que l'ennui. Kierkegaard s'inspire ici de la négativité ironique, dont traitait l'*Esthétique* de Hegel à propos du romantique. (Il annonce aussi le *Zarathoustra* de Nietzsche « fatigué des poètes ».) L'ironiste s'affranchit de la continuité* avec les conditions réelles d'une existence temporelle (t. 2, p. 231), il vit une « éternité sans contenu », félicité sans jouissance, profondeur superficielle de l'être à la fois affamé et repu (t. 2, p. 258, repris par V. Jankélévitch dans *L'Ironie*, Alcan, 1936, p. 114). Il manque de continuité, étant la proie des humeurs successives, « qui se succèdent instantanément les unes les autres » (t. 2, p. 257), il est comme confusément diffus en elles. À cela se rattache, dans *La Culture alternée*, « l'infinité poétique » de l'ennui ou du vide caractéristique du « panthéisme démoniaque » (t. 3, p. 271-275), ou encore l'éternité malheureuse du comptable, dessinée en contrepoint de l'heureuse éternité « sur laquelle repose, au harem, une luxuriante beauté féminine » (p. 31) (voir PLUDSELIGHED).

L'interruption de la continuité a aussi une signification gnoséologique. Ainsi lorsque, face au devenir sous ses diverses formes, s'imposent non pas des connaissances en continuité les unes avec les autres, mais des « passions opposées ». C'est le cas de la foi et du doute, qui sont suspendus non à des conclusions, mais à une décision (t. 7, p. 79-80). La perte de la « continuité avec soi » marque la « créature nouvelle » qu'est le croyant, qui naît comme une seconde fois. Le démoniaque et cet existant sont ainsi deux figures antagonistes au regard de la continuité.

Parallèlement au développement proprement théologique sur la continuité du péché et de l'éternité (t. 16, p. 259 *sq.*), la théorie chrétienne de l'instant est l'occasion d'une critique à peine voilée de l'hégélianisme. Elle dénonce la réduction à cette « simple continuité* » qu'opère une pensée qui ignore l'instant comme « plénitude du temps ». Elle consiste à croire pouvoir dégager le sens du passé, non à partir de ce qu'il fut réellement (incarnation, rédemption), mais dans un rapport de « simple continuité » avec l'avenir, à savoir le progrès et l'histoire conforme au *Weltgeist*. De même, croire pouvoir accéder à l'avenir non à partir de ce qu'il sera (résurrection, jugement), mais en continuité avec le présent historique, c'est méconnaître la portée de l'instant institué par le christianisme (t. 7, p. 190).

C'est dans le grand ouvrage « théorique » de 1846, le *Post-scriptum*, que l'on trouve les développements les plus explicites sur la continuité ou la discontinuité, eu égard au rythme de la pensée. Quand elle croit pouvoir faire fond sur la « solidité du continu », la pensée se sent assurée d'elle-même, et par conséquent directement communicable *sub specie aeterni*. Comme Socrate, estime Kierkegaard, l'existant conscient de l'« existence trompeuse » en laquelle il s'entretient avec l'idée, se trouve « isolé » (t. 10, p. 78), n'ayant avec elle qu'un « rapport privatissime » (t. 10, p. 79). La possibilité de la mort, qui déjoue les tromperies de l'infinité, fait peser le soupçon sur toute espèce d'assurance positive. La conscience du temps fini met un frein à la pensée continue, elle remet l'homme à sa place dans le temps du devenir (t. 11, p. 8-9). Le temps impose sa loi, et interdit que se prolonge cette « continuité abstraite qui n'en est pas une ». La passion de la pensée s'oppose à la fausse continuité de la pensée abstraite, car elle est « la continuité** momentanée qui, tout à la fois, freine le mouvement et en est l'impulsion » (t. 10, p. 12). Le temps, qui ne peut pas ne pas affecter la pensée, lui impose un rythme discontinu, suspend la continuité immanente des enchaînements conceptuels. C'est dans le temps heurté de l'existence singulière, et non selon la grande continuité de l'histoire mondiale, que se joue le rapport à l'Absolu, fait de souffrances et de tribulations. Alors que, dans l'ordre éthique, les tentations ou les épreuves attaquent l'existant temporel par ses points faibles, les tribulations (religieuses) sont comme « la Némésis s'exerçant sur l'instant puissant du rapport absolu ». La continuité** se brise quand s'exprime « la propre résistance de l'Absolu » (t. 10, p. 150).

Jacques COLETTE

BIBLIOGRAPHIE

KIERKEGAARD Søren, *Œuvres complètes*, trad. fr. P. H. Tisseau et E. M. Jacquet-Tisseau, L'Orante, 1966-1986, 20 vol.

CORSO, RICORSO ITALIEN – fr. *cours, retour, récurrence*

► *RÉVOLUTION, TEMPS,* et AIÔN, AUFHEBEN, CIVILTÀ, *DESTIN,* HISTOIRE, HISTOIRE UNIVERSELLE, MENSCHHEIT, MUTAZIONE, PERFECTIBILITÉ, PEUPLE

Deux mots de l'italien courant, corso *et* ricorso, *ont acquis une dignité philosophique particulière grâce à l'emploi qu'en fait Vico dans sa* Scienza nuova *(1744). Ces mots sont associés à l'idée d'une conception cyclique de l'histoire qu'aurait défendue le philosophe napolitain à un moment où la conception linéaire d'un progrès indéfini de l'humanité commençait à s'imposer. Pendant longtemps l'œuvre de Vico n'a en général été connue que sous cet aspect, or l'étude attentive des textes montre qu'il est très discutable d'affirmer que Vico ne fait que reprendre, dans sa* Science nouvelle, *le thème antique de la cyclicité du temps historique. Cette interprétation superficielle, et même erronée, de ce qu'il appelle le* corso *et le* ricorso *des nations empêche d'appréhender la profondeur et l'originalité de sa pensée.*

I. NI CYCLE, NI SPIRALE

Le mot *corso*, en italien, dérive du latin *cursus* (de *currere*), qui désigne l'action de courir, la course, et au figuré le cours, la marche suivie par quelque chose (*cursus rerum, cursus vitae*). Vico l'emploie dans l'expression « *corso che fanno le nazioni* » (« cours que suivent les nations » qui sert de titre au livre IV de la *Science nouvelle*), pour désigner la marche dans le temps des nations (il ne parle que des « nations », qui sont des réalités concrètes, et non de l'« humanité », terme abstrait, qui désigne l'espèce). Cette marche, qui est une évolution et un développement dont l'étude « scientifique » est l'objet principal de la *Science nouvelle*, possède un caractère universel et nécessaire : « Les choses des nations ont dû, doivent et devront aller de la façon exposée dans cette Science, quand bien même des mondes infinis naîtraient de temps en temps du sein de l'éternité » (§ 348). C'est ce que Vico appelle l'« histoire idéale éternelle » (*storia ideal' eterna*). L'histoire effective des nations est ainsi réglée par une loi de succession et se décompose en trois « âges », celui des « dieux », celui des « héros » et celui des « hommes », au cours desquels les êtres humains, à partir d'un état quasi animal, développent les germes d'« humanité » qui existent en eux. Le dernier état est celui de « la raison entièrement développée » (*ragion tutta spiegata*), avec l'apparition et l'épanouissement de la pensée abstraite, de la philosophie et de la science. Sur le plan politique, il coïncide avec la république populaire ou démocratie.

On pourrait considérer que le *corso* ainsi défini est celui d'un progrès constant aboutissant, selon un terme utilisé par Vico, à une *akmê*. Mais l'histoire, avec les exemples de la Grèce et surtout de Rome, sur lesquels Vico a presque exclusivement concentré ses analyses, montre qu'il est difficile, sinon impossible, aux nations, de se tenir dans cet état d'accomplissement parfait de leur humanité, et que, comme en témoigne le destin paradigmatique de Rome, le principe de la liberté, qui est celui de la démocratie, fait dégénérer celle-ci en anarchie et corruption.

C'est là que le texte de Vico doit être regardé de près. À cet état de désordre dans lequel se trouvent alors les cités, la providence divine, selon lui, peut apporter trois remèdes. Le premier, c'est qu'apparaisse un monarque, qui, comme Auguste, tienne entre ses mains les institutions et les lois, fasse régner l'ordre et l'équité, et rende les peuples contents de leur sort. Le second, c'est que les peuples abâtardis tombent entre les mains de peuples meilleurs et soient réduits à l'état de provinces (tel avait été le sort de la Grèce conquise par les Romains). Le troisième, le plus radical, intervient quand les deux premiers n'ont pu s'exercer. Alors la décomposition sociale provoquée par la « barbarie de la réflexion » (*barbarie della riflessione*) atteint son point extrême, et les peuples retournent à l'état primitif de « barbarie de la sensation » (*barbarie del senso*) dont ils étaient sortis il y a si longtemps. Un nouveau *corso* commence, que Vico nomme *ricorso*, et qui va répéter, non pas dans son contenu événementiel, mais dans sa structure temporelle, les trois moments du *corso* défini à l'occasion de l'étude de l'histoire de la Grèce et de Rome. Le cinquième et dernier livre de la *Science nouvelle*, consacré au « *ricorso* des choses humaines », offre ainsi un panorama de l'histoire des nations occidentales prises dans leur ensemble et considérées comme une seule et même nation, après la chute de l'Empire romain. L'Occident passe d'un « âge des dieux » puis d'un « âge des héros », qui coïncident avec ce que nous appelons le Moyen Âge et que Vico appelle « les temps barbares revenus » (*tempi barbari ritornati*), à un « âge des hommes » (*età degli uomini*) qui est le monde moderne.

On le voit, le mot *ricorso* ne signifie pas, comme on le croit souvent, un mouvement de retour en arrière, de régression, un processus d'involution qui ferait parcourir aux nations en sens inverse le chemin qu'elles avaient parcouru, et les ramènerait ainsi à leur point de départ (entendu ainsi, le *ricorso* serait l'inverse du *corso*). Le retour au point de départ se situe à la fin d'un *corso*, et permet à un autre *corso* (*ri-corso*), identique dans sa structure générale, de prendre le départ.

Avant de s'interroger sur la vision de l'histoire des nations qui se dégage de ces analyses, il faut noter deux points importants. D'une part, Vico ne parle pas du « *ricorso* des choses humaines » dans la première édition de sa *Science nouvelle* (1725), dans laquelle les principes de sa « science » sont déjà exposés, ce qui prouve que la question n'est pas pour lui d'un intérêt essentiel, et qu'il s'agit là plutôt d'une confirmation de la validité générale de ces principes. Et d'autre part, il n'emploie jamais, dans son œuvre définitive, les mots *corso* et *ricorso* au pluriel, ce qui disqualifie l'interprétation courante selon laquelle l'histoire, pour Vico, offrirait le spectacle d'une suite de *corsi* et de *ricorsi* se succédant indéfiniment, à moins que, pour donner à tout prix à cette succession l'allure d'un progrès, on ne donne à ces cycles l'allure d'une spirale, alors qu'on ne trouve chez Vico ni cette image ni l'idée qu'elle induit.

La traduction en français du terme *corso* par « cours » s'impose, mais celle de *ricorso* est plus délicate. « Recours » appartient au vocabulaire juridique, et si l'on peut admettre que le *ricorso* vicien a bien la signification d'un « appel » que les nations interjetteraient devant le tribunal de l'histoire, il ne se réfère pas, ou plus, à la répétition d'une course, d'un cours (le verbe « recourir », dans un de ses sens courants, conserve, lui, cette idée, et l'on fait « recourir » une course qui n'a pu se dérouler correctement). Michelet traduit *ricorso* par « retour », mais l'on peut proposer aussi « récurrence ».

II. LE « RICORSO » EST-IL INÉVITABLE ?

Si l'interprétation courante de la notion de *ricorso* chez Vico comme n'étant qu'une simple (et regrettable, pensent certains) reprise du vieux thème cyclique, d'origine naturaliste, de la succession de la vie et de la mort, appliqué ici aux nations, n'est pas défendable, le texte de la *Science nouvelle* pose toujours des questions auxquelles il est difficile de répondre. Une lecture attentive permet cependant de parvenir à certaines conclusions raisonnables. Le *corso* suivi par les nations est, pour Vico, une « idée » se réalisant dans le temps, une idée induite à partir de l'observation instruite de l'histoire des différentes nations, et dont la valeur proprement « scientifique » vient de ce qu'elle peut être déduite, de manière axiomatique, de l'étude de la nature humaine déchue à la suite de la faute originelle. Cette idée permet de comprendre le destin temporel de toutes les nations, et a en même temps une valeur heuristique : ainsi, Vico « découvre » (le livre 3 de la *Science nouvelle* est intitulé « De la découverte du véritable Homère ») la véritable identité d'Homère, il « découvre », entre la première et la dernière édition de son ouvrage, que le Moyen Âge n'est rien d'autre que la répétition des temps « divins » et « héroïques » de l'Antiquité grecque et romaine. Une idée ne saurait avoir un pluriel, elle est unique, ce qui suppose, nous l'avons vu, que toutes les nations ayant existé, existant et devant exister, ont eu, ont et auront une histoire conforme, dans son mouvement général, au *corso* dessiné par Vico. En définitive, et de façon plus concrète, ce dernier ne fait qu'affirmer que toutes les sociétés humaines reposent, dans leur apparition et leur développement, sur des valeurs religieuses, morales, juridiques et politiques s'incarnant dans des institutions dont la forme change, selon un ordre temporel immuable, à mesure que change et se transforme, « s'humanise », la nature de l'homme déchu, sans que jamais pourtant disparaissent définitivement les effets de la déchéance originelle.

Cela veut-il dire qu'au bout du *corso* suivi par chaque nation il y a nécessairement une décadence et une dissolution finales, et que la providence doit toujours employer, pour sauver les hommes, son moyen ultime, qui est de ramener violemment les nations à leurs principes, qui sont aussi leurs commencements, pour leur permettre de recommencer à nouveaux frais ? Ce n'est pas certain. Vico ne s'explique guère sur ce point, mais en tout cas on ne trouve nulle part chez lui l'idée d'une nécessité mécanique ou organique qui condamnerait les nations à une mort inéluctable, d'autres nations leur succédant pour suivre le même processus. Dans l'exemple romain, la dissolution finale est la conséquence de l'échec, dû aux hommes eux-mêmes, du premier remède que leur avait procuré la providence, à savoir l'instauration d'une monarchie rationnelle. Cet échec était-il inévitable ? Les temps « humains », ceux de la raison « entièrement développée », sont-ils toujours condamnés à la corruption et à la mort ? La question reste ouverte, et Vico lui-même ne donne pas de réponse catégorique. Quand il parle, à la fin de la *Science nouvelle*, de la situation de l'Europe moderne, il semble croire qu'« une humanité (*umanità*) [au sens de « civilisation »] parfaite est répandue dans toutes les nations, puisque quelques grands monarques dirigent le monde des nations ». Mais cet optimisme déclaré est contrebalancé par un jugement sévère porté sur la culture moderne, et en particulier sur la philosophie de son époque, dont les courants dominants lui paraissent reprendre les positions de ceux qui, dans l'Antiquité, ont participé à la corruption générale en prêchant un individualisme dissolvant (sceptiques, épicuriens, stoïciens). Mais il n'annonce jamais, même s'il la craint, la catastrophe finale. Le monde des nations, il le répète, n'est livré ni au *casus* ni au *fatum*. La « science nouvelle » qu'il a prétendu fonder lui permet seulement, comme il le dit dans un passage de l'édition de 1725, de porter un « diagnostic » sur l'état des nations, de les rappeler à l'ordre, celui de la liberté et de la justice, dans le respect des principes fondateurs de toute société, la religion et la famille. Pour le reste, les nations ont leur destin entre leurs mains, sous l'œil de la providence qui veut « conserver la race humaine sur cette terre » (§ 1108).

Alain PONS

BIBLIOGRAPHIE

VICO Giambattista, *Principi di Scienza nuova d'intorno alla comune natura della nazioni*, Naples [1744] ; *Opere*, 2 vol., A. Battistini (éd.), Milan, Mondadori, 1990.

— *Principes de la philosophie de l'histoire, traduits de la* Scienza nuova *et précédés d'un discours sur le système et la vie de l'auteur par Jules Michelet*, J. Renouard, 1827 ; repris *in* J. MICHELET, *Œuvres complètes*, t. I, Flammarion, 1971.

— *La Science nouvelle par Vico, traduite par l'auteur de l'*Essai sur la formation du dogme catholique (princesse Christina Belgiojoso), Charpentier, 1844 ; préf. P. Raynaud, rééd. Gallimard, 1993.

— *La Science nouvelle* [1744], trad. fr. A. Doubine, Nagel, 1953 ; trad. fr. et prés. A. Pons, Fayard, 2001.

CROYANCE

CROYANCE *Croyance* dérive du latin *credere*, « confier », « croire, penser », et, au sens intransitif, « avoir confiance », « croire, ajouter foi ». Le terme est ainsi susceptible de rassembler deux notions hétérogènes : celle, logique et épistémologique, d'opinion et d'assentiment, et celle, religieuse, voire superstitieuse, de foi.

I. CROYANCE ET FOI : « DER GLAUBE »

Or, précisément, les deux registres ne sont pas différenciés de la même manière dans toutes les langues. Si le français peut choisir d'opposer *foi* et *croyance*, comme l'anglais *faith* et *belief*, le vocable allemand *der Glaube*, « croyance, foi », ne peut à lui seul marquer la distinction entre l'assentiment logique et l'adhésion à un contenu religieux. D'où la difficulté des traducteurs français et anglais à rendre intelligibles tant l'adage kantien « j'ai dû limiter le savoir [*Wissen*] pour faire place à la croyance/foi [*Glauben*] » que le passage au problème hégélien des rapports entre « Foi et Savoir » après les Lumières : voir GLAUBE.

Voir aussi *FOI*, *RELIGION*, SÉCULARISATION.

II. CROYANCE ET ASSENTIMENT

1. Le terme anglais *belief*, qui a *Glaube* pour origine, s'est progressivement détaché de *faith* (sur lat. *fides*, « foi, confiance, bonne foi, protection »), pour désigner, de Hume à Wittgenstein, le champ complet d'une « grammaire de l'assentiment » à partir de la polarité du sentiment et du jugement, voir BELIEF.

2. Sur les degrés de l'assentiment, et le rapport à l'objet ou au réel, on se reportera à DOXA, PERCEPTION (en part. l'encadré 3, « *Wahrnehmung...* »), REPRÉSENTATION, TRUTH-MAKER, VÉRITÉ, VOLONTÉ. Voir aussi VERNEINUNG ; cf. *CERTITUDE*, *PROBABILITÉ*, *RAISON*.

3. Sur la croyance au monde extérieur, à l'existence de l'objet, et le « suspens » qu'imposent le scepticisme et la phénoménologie, voir EPOKHÊ ; cf. BEGRIFF (encadré 1, « La saisie... »), GREC, OBJET.

► CLAIM, ÉPISTÉMOLOGIE, MATTER OF FACT

CULTURE

CULTURE Le mot français *culture*, comme ses analogues dans les diverses langues européennes, provient du latin *cultura*, qui désigne l'agriculture et la transformation de la nature, impliquant le rapport aux lieux et aux dieux (*colere* signifie aussi « habiter » et « rendre un culte »), et, dès Cicéron, la culture de l'esprit et la formation de l'individu. Il dénote une tension entre le naturel et l'art ou l'artifice d'une part, entre l'universel humain et la particularité ou la singularité de l'autre.

I. « CULTURA » (lat.), « PAIDEIA » (gr.), « BILDUNG » (all.)

La *cultura* latine, qui relève de l'aménagement harmonieux de la nature, propose un tout autre modèle que celui de la *paideia* [παιδεία] grecque, où s'entend l'art prométhéen de fabriquer un petit d'homme (*pais* [παῖς]), ou plutôt un petit Hellène (voir encadré 1, « *Paideia, cultura...* », dans BILDUNG, TRADUIRE, I, et ART, I).

C'est en référence au modèle grec qu'est pensée la *Bildung* allemande, dans sa dimension identitaire (voir BILDUNG). Le terme, exceptionnellement riche et connoté, est lié à *Bild*, « image » (voir BILD et *IMAGE*), à *Einbildungskraft*, « imagination » (voir IMAGINATION), et renvoie à la « formation » (*bilden*) et à la « plasticité » (voir PLASTICITÉ, et encadré 2, « Plastique... », dans ART).

II. « BILDUNG / KULTUR / ZIVILISATION » (all.), « CULTURE / CIVILISATION » (fr.), « CIVILTÀ » (it.)

Bildung, qui maintient dans la formation individuelle le moment de la particularité, se distingue à la fois de *Kultur* et de *Zivilisation*, en un triplet sans équivalent. On trouvera sous BILDUNG l'évolution de ces trois termes à partir de l'*Aufklärung* (cf. LUMIÈRE-LUMIÈRES).

On y trouvera également la manière dont le rapport franco-allemand se trouve déterminé par le sens et la valeur du français *civilisation* face à l'allemand *Kultur*.

Enfin, l'italien *civiltà* dit à la fois la « civilisation » et la « civilité » : voir CIVILTÀ.

III. CULTURE / CULTURES

Le vocabulaire contemporain lié à la pluralité des cultures et à leur agencement est étudié sous l'anglais MULTICULTURALISM.

Sur la tension civilisation universelle/culture particulière, on se reportera à MENSCHHEIT (encadré 1, « L'architecture [...] de l'*humanitas...* ») ; TRADUIRE (encadré 2, « *Translatio studii* ») ; cf. LANGUES ET TRADITIONS, LOGOS, NAROD, PEUPLE.

IV. LES GRANDES INTERFÉRENCES

1. Sur le rapport culture/nature, voir ART, BILDUNG, GÉNIE, INGENIUM, NATURE, *PATRIE*.
2. Sur le rapport culture/histoire, voir HISTOIRE, HISTOIRE UNIVERSELLE, PERFECTIBILITÉ, SÉCULARISATION.
3. Sur le rapport culture/art, voir ART, KITSCH, MIMÊSIS (et encadré 1, « *Paideia...* », dans BILDUNG, pour *mimêsis rhêtorikê* [μίμησις ῥητορική]).

► GEISTESWISSENSCHAFTEN, RELIGIO

D

DAIMÔN [δαίμων] GREC – fr. *démon*

► *DÉMON*, et BOGOČELOVEČESTVO, *BONHEUR*, *DESTIN*, DIABLE, DIEU, DUENDE, GÉNIE, MORALE

Le « démon » a été étroitement associé au « diable » à l'époque chrétienne, et s'est trouvé ainsi très négativement connoté, mais le daimôn [δαίμων] *grec est au départ axiologiquement indéterminé. Ni bon ni mauvais en soi, il se caractérise tout autant par son indécision ontologique.*

I. DÉMON ET PARTAGE (« DAIOMAI »)

Le terme permet en tout cas chez Homère de désigner un *theos* [θεός], un dieu, mais d'une manière relativement floue. Plus exactement, dans ces emplois homériques, *daimôn* [δαίμων] paraît tantôt renvoyer à une puissance divine de manifestation diffuse, tantôt désigner un dieu particulier que l'on n'identifie pas exactement.

Sans doute faut-il, pour mieux cerner le point, partir de l'étymologie de *daimôn*. Platon avait suggéré de voir dans le *daimôn* un *daêmôn* [δαήμων], c'est-à-dire un être intelligent, habile (*Cratyle*, 398 b), mais il s'agit bien plutôt d'un terme issu de la famille de *daiomai* [δαίομαι], « partager », et *dais* [δαίς], la « part ». Le démon peut, suivant cette étymologie, être compris comme celui qui distribue les parts, ou bien encore comme l'effet du partage : il est alors — indécision une nouvelle fois significative — soit la puissance qui distribue les parts, soit la part même qui échoit à quelqu'un, d'où, dans les deux cas, une liaison forte avec l'idée de destin (*heimarmenê* [εἱμαρμένη] ; *potmos* [πότμος]). Et si Homère ne reflète guère cette étymologie dans ses emplois de *daimôn*, on retrouve en revanche nettement sa trace dans les adjectifs composés *eu-daimôn* [εὐ-δαίμων], « heureux », littéralement « qui a un bon *daimôn* », employé dès Hésiode, et son antonyme *dus-daimôn* [δυσ-δαίμων], que forge Empédocle, pour qualifier précisément le destin (*potmos*, cf. 31 B 9,4 DK).

Hésiode, pour sa part, présente les démons comme les hommes de l'âge d'or, devenus « gardiens des hommes mortels » après leur propre disparition (*Les Travaux et les Jours*, 122-123), selon un emploi qui connaîtra une fortune durable, car, pris à la lettre, il contribue à doter les démons de caractères personnels et fonctionnels, et à les situer comme une catégorie d'êtres intermédiaires entre hommes et dieux, jouant un rôle providentiel envers les hommes.

Est-ce l'effet d'une réflexion savante sur l'usage adjectif ? Toujours est-il qu'Empédocle va encore plus loin qu'Hésiode et forge dans son poème *hoi Katharmoi, Les Purifications*, un récit dont l'acteur principal est un démon, exilé comme ses semblables du domaine des dieux (31 B 115 DK ; le démon, désigné comme sujet agissant et connaissant, s'exprime dans le récit à la première personne). L'étymologie réelle de *daimôn* joue ici à plein : le récit démonogonique d'Empédocle montre exactement que le *daimôn* est par lui-même l'effet d'une séparation qu'il a voulue avec le monde divin —, et que son devenir, entamé par cet exil loin des dieux, scandé par les incarnations que la nécessité lui impose, est de passer du malheur de la naissance et de la mortalité (une vraie *dus-daimonia* [δυσ-δαιμονία]) au bonheur et à l'apothéose d'un devenir-divin (31 B 146-147 DK) ; le résultat est une mutation : il ne s'agit pas de devenir *eudaimôn*, mais bien *makar* [μάκαρ], à l'égal des dieux, c'est-à-dire bienheureux. En individualisant ainsi le démon, Empédocle amorce, s'il ne l'accompagne, une évolution profonde dans l'usage du terme, qui lui fait signifier une sorte de principe personnel, lié à l'homme individuel, sans toutefois se confondre avec lui.

II. PLATON : INTERPRÉTER L'INTERMÉDIAIRE

On peut estimer que tous les mouvements sémantiques ultérieurs du terme dans la réflexion philosophique sont déterminés par ces emplois homérique, hésiodique et empédocléen. Platon, de fait, les récapitule à peu près tous, et fournit dans le *Banquet* le texte philosophique de référence qui nourrira et orientera toutes les spéculations démonologiques ultérieures. Le démon, dont Éros est le prototype, est en effet appréhendé comme un intermédiaire (*metaxu* [μεταξύ]) entre les hommes et les dieux, leur permettant d'entrer en communication (202d). Ailleurs, il met aussi en scène des démons gardiens (*Lois*, 713d, pour l'âge d'or révolu), pour ne pas dire justiciers, dès lors qu'il avalise l'idée générale qu'un démon personnel est attaché à chaque âme, qui détermine sa vie sur terre (*République*, X, 617e) et *post mortem* (*Phédon*, 107d-108c). Mais, dans le *Timée*, c'est le *nous* de l'homme, son intellect, qu'il désigne comme un démon en lui (90a) ; cette métaphorisation du terme, ce rapprochement du *daimôn* et de l'homme rappellent Empédocle, mais aussi l'énigmatique formule d'Héraclite, fréquemment glosée par la tradition : « le caractère de l'homme, son démon » (*êthos anthrôpôi daimôn* [ἦθος ἀνθρώπῳ δαίμων], B 119 DK ; voir MORALE, I, encadré 1), sans parler du fameux « démon de Socrate ».

♦ Voir encadré 1.

Ces usages platoniciens révèlent en tout cas à quel point est grand le jeu interprétatif auquel le terme donne lieu.

III. DÉMONOLOGIES : DU PRINCIPE DE DÉPASSEMENT AUX ANGES DÉCHUS

Toute la tradition ultérieure, jusqu'à l'époque impériale, spéculera abondamment sur la nature des démons, s'inspirant des sens que l'on vient de recenser, en les coordonnant, ou les sélectionnant, pour fonder une véritable démonologie. Ainsi, divers textes médio- et néoplatoniciens, mais également stoïciens, hermétiques et gnostiques, témoignent de réflexions nourries sur les êtres démoniques, classés en types : démons personnels ou non, simples ou doubles, gardiens, vengeurs, bons ou mauvais, etc. On s'interroge sur leur nature et leurs capacités d'action, sur leur localisation, leur capacité à se transformer aussi — une certaine plasticité est en effet la capacité reconnue à ces dieux qui sont moins que des dieux. Une vision classique dans cette perspective, héritière des spéculations de l'Ancienne Académie (*Épinomis*, Speusippe, Xénocrate), est celle de Plutarque qui définit les démons comme des êtres divins sujets aux passions, bien que sans corps (cf. *De defectu oraculorum*, 416C), position qui lui permet d'arracher les dieux véritables aux récits mythologiques supposés mettre en scène des démons. En même temps, Plutarque admet que les démons se manifestent sous des formes très diverses ; situés dans la lune, ils s'étagent dans la hiérarchie des êtres, entre les dieux et les âmes des hommes et des animaux ; mais, pour finir, les démons figurent selon lui un degré supérieur de purification pour les âmes. Jusqu'au IIe siècle de notre ère, le sens de *daimôn* se dérobe ainsi à toute stabilisation, de sorte que l'on assiste à une prolifération des types de démon, favorisée par une herméneutique débridée des textes poétiques, philosophiques, et des traditions religieuses (stigmatisée toutefois par les Épicuriens).

Aussi est-il remarquable qu'une tout autre voie d'interprétation soit proposée au IIIe siècle par Plotin, philosophiquement forte, mais qui spiritualise trop le principe démonique pour parvenir à infléchir durablement l'usage du terme : il ne voit en effet dans le démon rien d'autre que le nom d'un principe de dépassement pour l'être auquel il est attaché (cf. *Ennéade*, III, 4 [15]). Par cette compréhension, Plotin intègre à la fois l'idée de

1

Le démon de Socrate

Suivant le témoignage de Platon (plus précis que celui de Xénophon), le démon de Socrate apparaît le plus souvent désigné par l'adjectif substantivé *to daimonion* [τὸ δαιμόνιον] : ce serait, aux dires mêmes de Socrate, « le démonique » qui se manifeste à lui ; mais à la vérité, l'expression complète est celle de « signe démonique » (*to daimonion sêmeion* [τὸ δαιμόνιον σημεῖον], cf. notamment *République*, 496c, et *Euthydème*, 272e). Ces dénominations suggèrent qu'il perçoit ce signe intérieur comme une intervention directe dont il ne semble pas pouvoir préciser la nature exacte (sauf à constater que ce signe se manifeste à lui comme une « voix », cf. *Apologie*, 31d). « Démonique » signifie ni plus ni moins qu'il s'agit de la manifestation de quelque chose qui le dépasse, apparenté au divin, à une forme de transcendance (la première fois dans l'*Apologie*, Socrate évoque *theion ti kai daimonion* [θεῖόν τι καὶ δαιμόνιον], « quelque chose de divin et de démonique », 31c), sans que jamais toutefois (d'après Platon du moins), ce « démonique » soit tenu par Socrate pour un être démonique. « Signe démonique » signifie donc pour Socrate : signe envoyé par le dieu, et de ce fait de nature démonique. Par ailleurs, ce « démonique » ne se manifeste que de manière négative, et il ne fait que détourner Socrate de faire telle ou telle chose, sans jamais l'inciter positivement (*Apologie*, 31d). Le signe démonique de Socrate serait ainsi la forme minimale du démon personnel dont on a noté l'émergence à partir d'Empédocle (voire d'Héraclite), et que ne cessera de réfléchir Platon ; en effet, ce signe, qui dépasse Socrate, est en même temps ce qu'il a de plus propre et de plus intime : il s'adresse à lui et à lui seul. Il s'agit d'un signe envoyé par le dieu, dans un rapport personnel à cet individu qu'est Socrate. Est-ce une marque d'élection ? Socrate n'infirme ni ne confirme que d'autres que lui pouvaient bénéficier de tels signes divins, mais il compare, sans les identifier, cette communication démonique à une sorte de mantique, un art lui-même exceptionnel dont il ne nie du reste pas la réalité (cf. *Apologie*, 33c). Pour ces raisons, on ne réduira pas le démon socratique à la simple figuration de la conscience intérieure — cette interprétation rationaliste est par trop réductrice ; le phénomène démonique indique bien l'adhésion de Socrate à un principe divin, à défaut d'une croyance profonde dans les dieux traditionnels. La vérité est, pour Socrate, exclusivement détenue par le dieu — le démonique l'aide à en saisir des bribes, qui valent pour lui et le confortent dans sa « mission » divine, celle qu'annonçait l'oracle de Delphes (cf. *Apologie*, 21a-b).

destin, et celle d'identité personnelle, tout en surmontant l'antinomie : le *daimôn* est nous-mêmes en tant que nous sommes notre destin, et que nous sommes capables de dépassement.

Cette voie de spiritualisation de la notion de *daimôn* a en fait trouvé un relais plutôt dans la notion de génie, c'est-à-dire par la voie de la traduction qui lui a fait correspondre le latin *genius* (le terme latin a évolué beaucoup plus nettement du sens d'« être démonique » à celui de principe personnel). Car le terme de *daimôn*, lui (pris littéralement, il a été purement translittéré en latin : *daemon*), a, chez les Pères de l'Église dans le prolongement du Nouveau Testament, été pris en mauvaise part pour désigner des êtres puissants et malfaisants : dans la doctrine chrétienne, les démons sont des anges déchus obéissant aux ordres du premier d'entre eux, le prince du mal, Satan, le diable (*diabolos* [διάϐολος], le calomniateur en grec classique, pris dans un sens radical, correspondant à *Sāṭān* [שָׂטָן] en hébreu, dont il est en somme la traduction). La polémique anti-païenne conduit logiquement à présenter les dieux païens eux-mêmes comme des démons ; l'argument de Plutarque contre la mythologie est ainsi amplifié et généralisé. Avec ce rapprochement de *daimôn* et du *diabolos-Satan* dans la doctrine chrétienne, le terme subit une inflexion décisive et à peu près définitive. Terme renvoyant au départ à une manifestation divine, *daimôn* a donc ensuite désigné un être médiateur semi-divin et un principe personnel pour l'homme, avant de nommer des êtres maléfiques, hostiles à Dieu et à l'homme — soit un renversement sémantique à peu près complet.

Jean-François BALAUDÉ

BIBLIOGRAPHIE

BALAUDÉ Jean-François, *Le Démon et la Communauté des vivants. Étude des interprétations antiques des* Catharmes *d'Empédocle*, thèse nouveau régime soutenue à l'Université de Lille-III en 1992.

CHANTRAINE Pierre, « La notion du divin depuis Homère jusqu'à Platon », in *Entretiens de la Fondation Hardt*, 1, Vandœuvres-Genève, 1954.

DETIENNE Marcel, *De la pensée religieuse à la pensée philosophique. La notion de « daïmon » dans le pythagorisme ancien*, Les Belles Lettres, 1963.

FRANÇOIS Gilbert, *Le Polythéisme et l'Emploi au singulier des mots* Theos et daimôn *dans la littérature grecque d'Homère à Platon*, Les Belles Lettres, 1957.

GERNET Louis et BOULANGER André, *Le Génie grec dans la religion*, La Renaissance du Livre, 1932, rééd. Albin Michel, 1969.

HÉSIODE, *Les Travaux et les Jours*, trad. fr. P. Brunet, Le Livre de Poche, 1999.

PLATON, *Apologie de Socrate*, trad. fr. A. Castel-Bouchouchi, Agora-Pocket, 1994.

— *Cratyle*, trad. fr. C. Dalimier, Flammarion, « GF », 1998.

— *Lois*, éd. et trad. fr. É. des Places, Les Belles Lettres, 1951.

— *Phédon*, éd. et trad. fr. P. Vicaire, Les Belles Lettres, 1983.

— *République*, trad. fr. P. Pachet, Gallimard, « Folio-Essais », 1993.

— *Timée*, trad. fr. L. Brisson, Flammarion, « GF », 1992.

PLOTIN, *Ennéade*, III, 4 [15], in *Plotini opera* I, éd. P. Henry et H.S. Schwyzer, Oxford, 1964 ; *Plotin. Ennéades*, III, trad. fr. É. Bréhier, Les Belles Lettres, 1925.

PLUTARQUE, *De defectu oraculorum / Sur la disparition des oracles*, in *Œuvres morales*, t. VI, éd. et trad. fr. R. Flacelière, Les Belles Lettres, 1947.

— *De genio Socratis / Le Démon de Socrate*, in *Œuvres morales*, t. VIII, éd. et trad. fr. J. Hani, Les Belles Lettres, 1980.

SOURY Guy, *La Démonologie de Plutarque*, Les Belles Lettres, 1942.

OUTILS

CHANTRAINE Pierre, *Dictionnaire étymologique de la langue grecque*, nouv. éd. mise à jour avec un « Supplément au dictionnaire », Klincksieck, 1999.

DK : DIELS Hermann et KRANZ Walther, *Die Fragmente der Vorsokratiker*, 3 vol., Berlin, Weidmann, 6e éd. 1951 ; vol. 3, index, 1952.

DASEIN / EXISTENZ [ALLEMAND] – fr. *existence, réalité-humaine, être-là / existence ; temps, durée d'une existence ; présence, vie, être*

lat.	*existentia*
angl.	*life [Kampf ums Dasein = struggle for life]*
it.	*essere-ci, esserci, adessere*

► ESSENCE, *VIE*, et *ACTE*, AIÔN, ÂME, *DESTIN*, EREIGNIS, ERLEBEN, ES GIBT, *ÊTRE*, JE, PRÉSENT, RÉALITÉ, SUJET, VORHANDEN

Dasein, entendu en son acception contemporaine (heideggerienne), est devenu un paradigme de l'intraduisible. Il s'agit d'un terme courant, mais que Heidegger transforme pour ainsi dire en néologisme (comme c'est aussi le cas, chez cet auteur, de termes tels que Bestand, Machenschaft, Gestell, Ereignis, *etc.), jusqu'à en proposer une prononciation alternative, Dasein, avec, contre l'usage, accent tonique sur la deuxième syllabe, sein « être ». Lorsque Heidegger réinjecte un sens nouveau à* Dasein *pour lui faire signifier, dans* Sein und Zeit, *l'étant pour lequel il y va de son être propre, le terme est déjà chargé d'histoire et de sens divers : temps, durée d'une existence, présence, mais aussi vie, être, existence, être-là. Tous ces sens se croisent au cours d'une histoire mouvementée, de Kant à Schelling notamment, en passant par Goethe, Schiller et Fichte. Ils trouvent cependant un point commun dans les relations complexes de* Dasein *avec son pseudo-doublet* Existenz, *tout droit issu de l'*existentia *latine.*

La résistance qu'offre le terme *Dasein* à toute traduction apparaît au XXe siècle comme une sorte de contrecoup de la germanisation du latin *existentia* en *Dasein*, comme si *Dasein* ne s'était au fond jamais remis de ce coup de force, et continuait de faire signe vers une tout autre région de sens que celle où le vocable métaphysique d'*existentia* avait voulu l'assigner. C'est cette histoire qu'il convient tout d'abord d'interroger.

Comme substantif, *Dasein* n'apparaît qu'assez tardivement dans la langue allemande : c'est seulement au XVIIIe siècle que se trouve substantivé le verbe *dasein* (être présent, *vorhanden*) qui, loin d'être un *terminus technicus*, n'est redoutable que par sa désarmante simplicité, comparable à celle de la locution française « ça y est ». Il convient de distinguer les acceptions modale (Kant), emphatique (Goethe, Schiller, Jacobi, Hamann, Herder), passive (Fichte), extatique (Schelling), et enfin ontologique ou existentiale (Heidegger) dont le terme va être chargé.

I. « DASEIN », « WIRKLICHKEIT », « EXISTENZ » : KANT

Dans son opuscule de 1763 intitulé *Der einzig mögliche Beweisgrund zu einer Demonstration des Daseins Gottes* (*L'Unique Fondement possible d'une démonstration de l'existence de Dieu*), c'est par la locution *Dasein Gottes* que Kant restitue le latin *existentia Dei*, traduction que Hegel reprendra dans ses *Leçons* de 1829, *Über die Beweise vom Dasein Gottes*. Dans la *Critique de la raison pure*, cette acception de *Dasein* se retrouvera, dans la table des catégories, au titre de seconde catégorie de la modalité : s'agissant d'une catégorie dynamique, *Dasein* s'oppose à *Nichtsein* (non-être), et s'intercale entre le possible et le nécessaire. Le deuxième des postulats de la pensée empirique en général appellera *wirklich* ce qui s'accorde avec les conditions matérielles de l'expérience. Le *Dasein*, c'est donc ce qui est (l'étant, la nature) comme *wirklich*. C'est le réel en tant qu'il est autrement « positionné » que le possible, mais sans rien « contenir » de plus que le possible : « Sein *ist offenbar kein reales Prädikat* [*Être* n'est manifestement pas un prédicat réel] » (*Kritik der reinen Vernunft*, A 598-B 626, trad. fr. A. Treme-

1

Note sur le latin « ex(s)istentia » et le français « existence »

En amont de la problématique restitution du latin *existentia* par l'allemand *Dasein*, une difficulté se rencontre dans (*a*) la plasticité du latin *existentia* et (*b*) l'écart entre le latin *existere* (sc. *exsistere*) et le français *exister*. Au sein même de la latinité, entre les époques classique, patristique et scolastique, nombre de chevauchements rendent parfois les frontières assez floues, et d'autant plus instructives les incursions d'un sens à l'autre.

(*a*) En latin classique, le verbe *exsisto* (composé de *ex* et de *sisto* issu de *stare*, « se tenir ») ne veut pas dire « exister », mais « se dresser hors de, surgir, s'élever » et, par extension, « paraître, se montrer ». Ainsi chez Cicéron, « *timeo ne existam crudelior* » (*Lettres à Atticus*, X, 11, 3) = « je crains de *me montrer* par trop sévère », « *existunt in animis varietates* » (*De officiis*, I, 107) = « il *ressort* une certaine diversité entre les esprits » ou, chez Lucrèce, « *existere vermes / stercore* » (II, 870-871), « des vers sortent (surgissent) du fumier ». C'est encore à ce sens classique que fera écho le jeune Descartes évoquant, dans ses *Cogitationes privatae* (AT, t. 10, p. 213) : « *hoc mundi theatrum* [...] , *in quo hactenus spectator exstiti* [ce théâtre du monde où je n'ai *paru* jusqu'à présent que comme spectateur]. »

Inconnu du latin classique, le substantif *existentia* semble n'apparaître qu'au IVe siècle de notre ère, chez Marius Victorinus, traducteur en latin, avant sa conversion au christianisme, des *Ennéades* de Plotin, et chez Candide l'Arien, qui emploie également (*De generatione divina* I ; PL 8, 1013) les dérivés *existentitas* (« existentité ») et *existentialitas* (« existentialité »). Selon Marius Victorinus (*Adversus Arium* I, 30, 1062 c 18 *sq.*), « les sages et les Anciens » ont bel et bien distingué *exsistentia* et *substantia*, en définissant *exsistentiam et exsistentialitatem* (« existence et existentialité ») : « *praeexistentem subsistentiam sine accidentibus...* [comme le fondement initial, préexistant à la chose elle-même, sans ses accidents...] » (trad. fr. P. Hadot), encore que, selon l'acception usuelle des termes (« *in usu accipientes* »), *exsistentia* et *substantia* ne diffèrent pas, et qu'il soit « permis d'employer équivalemment existence, substance ou être [*sive existentiam, sive substantiam, sive quod est esse*] ». Contre toute attente, l'*existentialité* fait signe vers une subsistance *pré*-existante : elle précède la subsistance de la substance pourvue de tous ses accidents.

On mesure bien ici la violence exercée sciemment et explicitement par le vocabulaire technique de l'*exsistentia* et de l'*exsistentialitas*, dans le cadre des controverses trinitaires, à l'encontre de l'acception usuelle des termes. Cette violence est liée à la difficulté d'acclimater en langue latine, comme d'accommoder aux dogmes chrétiens, le vocabulaire de l'ontologie grecque platonicienne et néoplatonicienne. D'un point de vue strictement lexicographique, Candide l'Arien et Marius Victorinus n'en sont pas moins les précurseurs du vocabulaire de l'*existentialité*, en allemand *Existenzialität*, au XXe siècle.

De manière générale, « *ex-sistere* signifie [...] moins le fait même d'être que son rapport à quelque origine », et c'est pourquoi les Scolastiques entendront foncièrement par *existere* : *ex alio sistere*, à savoir « accéder à l'être en vertu d'une origine autre que soi », à la faveur d'un détachement par rapport à une provenance qui se verra ultérieurement interprétée comme *causa*, fr. *cause*, all. *Ursache* (cf. É. Gilson, *L'Être et l'Essence*, p. 16). Dans un texte classique (*De Trinitate* IV, 12), Richard de Saint-Victor souligne fortement que par ce qui est dit *exsistere*

> [...] *subintelligitur non solum quod habeat esse, sed etiam aliunde, hoc est ex aliquo habeat esse* [...] *Quid est enim* existere *nisi* ex aliquo sistere... *?*
>
> [(...) est sous-entendu non seulement ce qui a l'être, mais le tient d'ailleurs, à savoir tient son être de quelque autre (...) Qu'est-ce en effet qu'*exsistere*, sinon *se tenir à partir* de quelque autre... ?]

La question de l'*existentia* va dès lors subir un déplacement vers celle de la *causa*, et c'est de cette tradition que, *via* Suárez, Leibniz et Wolff, la *Critique de la raison pure* de Kant sera l'héritière : la dimension « privilégiée » qui revient à l'existence humaine (en tant que disposition à la « personnalité ») dans la liberté, comme *ratio essendi* de la loi morale, n'y sera abordée en effet que sous le pavillon de la *causalité* (Dialectique transcendantale, Troisième antinomie) — d'où aussi l'enjeu décisif qu'a pu constituer la question de la causalité dans le débat entre Kant et Hume.

Pour Suárez, en effet, *ex-sistere*, c'est *extra causas sistere*, « se tenir hors des causes », voire « se mettre hors cause », comme l'établissent les *Disputationes metaphysicae* :

> [...] *existentia nihil aliud est quam illud esse, quo formaliter et immediate entitas aliqua constituitur* extra causas suas...
>
> [(...) l'existence n'est rien d'autre que cet être en vertu duquel une certaine entité est constituée, formellement et immédiatement, *hors de ses causes*...]
>
> *Disp.* XXXI, 4, 6.

De même, pour Eustache de Saint-Paul (*Summa philosophiae*, IV, 37), « existe » (*existit*) « la chose [qui] est dite être en acte ou hors de ses causes (*res* [*quae*] *dicitur esse actu sive extra suas causas*) » et cette chose « ne commence à exister que lorsqu'elle s'avance au-dehors en vertu de ses causes ([*res*] *incipit existere cum virtute causarum foras prodit*) ». Exister, c'est sortir de son trou, celui de la cause qui en expulse, s'émanciper de ses causes, mais par là aussi confirmer leur pouvoir

saygues et B. Pacaud, p. 494). Kant ne semble pas avoir distingué *Dasein* et *Existenz*. À l'article « Dasein », le *Kant-Lexikon* de R. Eisler renvoie à *Existenz*, *Sein*, *Wirklichkeit*, *Natur*, etc.

On sait que l'*ens realissimum* dont l'opuscule de 1763 s'employait à prouver le *Dasein* se verra assigner en 1781 le statut d'un simple idéal de la raison pure. Le paradoxe inhérent à l'emploi kantien de *Dasein* comme substitut germanique d'*existentia* consiste en ceci que la dimension extatique de la notion d'existence (au sens d'une sortie vers un dehors) se voit subvertie, retournée. Le *Dasein Gottes*, ou le « il y a » de Dieu (*Es ist ein Gott*, « Il y a un Dieu », écrit Kant, en caractères gras, au tout début de la préface à l'opuscule de 1763 : *AK*, t. 2, p. 65 — cf. Wolff, *Deutsche Metaphysik*, § 946 : « *Dass ein Gott ist* [Qu'il y a un Dieu] ») sera compris en effet par la philosophie critique de la maturité comme inhérent à la raison éthico-pratique, « mais pas comme un être hors de l'homme ». Le *Nachlass* de Kant sera sur ce point très explicite (*AK*, t. 21, p. 144-145) : « *Gott muss nicht als Substanz ausser mir vorgestellt werden* [...] *Gott ist nicht ein Wesen ausser mir sondern bloss ein Gedanke in mir* (Dieu ne doit pas être représenté comme substance hors de moi [...] Dieu n'est pas un être hors de moi, mais simplement une idée en moi). » Si *exister* signifie, « avoir un être, ou une substance en dehors de ma pensée » — *ex-sistere* —, Kant est celui qui

1

tutélaire. C'est sous les feux de l'actualité que va dès lors se jouer le sort de l'*existentia*, repensée à la lumière des deux couples *causa / effectus* et *potentia / actus*, comme c'est le cas chez Wolff, où *existentia* égale *actualitas* (*Philosophia prima sive Ontologia*, § 174).

Il revient à Leibniz d'avoir encore enrichi le vocabulaire latin de l'*existere*, pourtant déjà riche, nous l'avons vu, des dérivés *existentia*, *existentitas* et *existentialitas*, en recourant, dans ses *24 Thèses métaphysiques*, et en un latin digne d'Hermolaüs Barbarus (cf. *Théodicée*, art. 87), au participe présent du factitif d'*existere* qu'est *existentificans* / « existentifiant », ainsi qu'au désidératif *existiturire*. Sans doute ne peut-on comprendre « *Omne possibile* EXISTITURIRE » comme signifiant que « tout possible est un existant futur » (trad. fr. M. Fichant), vu que l'auteur du *De libertate* affirme par ailleurs avoir considéré « ceux des possibles qui ne sont pas, ne seront pas et n'ont pas été ». Le sens est plutôt que tout possible est « futurible », admissible, promouvable, ou susceptible d'être promu à la réalité, sauf cas d'entre-empêchement avec d'autres compossibles. Leibniz ne dit pas que tout possible existe par futurition, sinon virtuellement, mais que le non-réel réalisable peut — et veut — aussi se présenter comme du réalisable, ou de l'« existentiable », à savoir de l'« existentifiable ». Commentant cet *hapax* leibnizien, Heidegger écrit : « L'existence même est d'une essence telle qu'elle provoque le pouvoir de se vouloir elle-même » (*Nietzsche* II, p. 447 ; trad. fr. II, p. 358). On rapprochera également le sort réservé par Leibniz au vocable *existere*, dans sa méditation du statut du possible, de la formation du futur en grec classique, telle qu'elle est issue d'un ancien présent désidératif et inclut, à la différence du latin, un infinitif futur en bonne et due forme (cf. A. Meillet, *Aperçu d'une histoire de la langue grecque*, p. 38).

Leibniz aura ainsi poussé jusqu'à son ultime conséquence, en même temps qu'en ses derniers retranchements, par une radicalisation inouïe de ce qui était resté comme en état d'incubation durant la période médiévale, la saturation du vocabulaire de l'existence par celui de l'efficience, conformément à son interprétation de la substance comme « un Être capable d'action » (*Principes de la nature et de la grâce*, art. 1), dans le vocabulaire de la causalité et du principe de raison — *ratio seu causa*.

De Candide l'Arien et Marius Victorinus à Suárez et Leibniz, en passant notamment par Richard de Saint-Victor, la latinité philosophante aura su déceler un enjeu spéculatif majeur dans le lexique de l'*ex(s)istentia*, au point d'épuiser le champ de ses variations lexicales. De l'*existentia* suárézienne extra-causale à l'existentification leibnizienne, ou réinterprétation de l'existence à partir de l'efficience, jusqu'à l'interrogation kantienne sur la *Kausalität der Ursache*, « causalité de la cause » (*Kritik der reinen Vernunft*, B 561) s'est jouée, en une secrète généalogie, l'histoire des problèmes que recueillera la philosophie critique, pour les léguer à l'idéalisme allemand.

(*b*) Quoi qu'il en soit des diverses acceptions du latin *existentia*, il faut noter enfin l'écart ténu mais sensible et délicat entre *existentia* et le français *existence*. La difficulté inhérente à la restitution du mot latin par le français *existence* a été soulignée par Scipion Dupleix dans sa *Métaphysique* de 1617.

> [...] il faut observer qu'en nostre langue Françoise nous n'avons point de terme qui responde energiquement au Latin *existentia*, qui signifie la nüe entité, le simple et nud estre des choses sans considerer aucun ordre ou rang qu'elles tiennent entre les autres.
>
> Livre II, chap. 3, V.

BIBLIOGRAPHIE

CICÉRON, *Lettres à Atticus*, trad. fr. L.-A. Coustans, Les Belles Lettres, « CUF », 1969.
DUPLEIX Scipion, *Métaphysique* [1617], rééd. Fayard, 1992.
EUSTACHE DE SAINT-PAUL, *Summa Philosophiae*, Paris, 1609, 2ᵉ éd. 1626.
GILSON Étienne, « Existentia », *L'Être et l'Essence* [1948], Appendice III, Vrin, 2ᵉ éd. 1972, p. 344-349.
— *Index scolastico-cartésien*, Vrin, rééd. 1979, n° 189.
HEIDEGGER Martin, *Nietzsche*, trad. fr. P. Klossowski, Gallimard, 1971.
LEIBNIZ Gottfried Wilhelm, *Théodicée*, Aubier, 1962.
— *Principes de la nature et de la grâce*, A. Robinet (éd.), PUF, 1954, 2ᵉ éd. 1978.
MARIUS VICTORINUS Caius, *Adversus Arium*, in *Traités théologiques sur la Trinité*, trad. fr. P. Hadot, Cerf, « Sources chrétiennes » n° 68-69, 1960.
RICHARD DE SAINT-VICTOR, *De Trinitate*, trad. fr. G. Salet, Cerf, « Sources chrétiennes » n° 63, 1959.

affirme tout à la fois qu'il y a un Dieu et que Dieu, à strictement parler, n'ex-siste pas, ou n'a pas d'être autre que celui d'un simple idéal de la raison pure, fiction rationnelle nécessaire au déploiement de la raison pratique. Si Descartes pouvait définir l'*existentia* comme *rem eandem, prout est extra intellectum* (« [...par essence, nous comprenons la chose pour autant qu'elle est objectivement dans l'intellect, par existence], cette même chose pour autant qu'elle est hors de l'intellect », lettre à *** de 1645 ou 1646, AT, t. IV, p. 350), on mesure ce que peut avoir d'aberrant la restitution d'*existentia* par *Dasein* lorsque ce dernier terme est censé exprimer une in-existence, un être idéal *in mir* (en moi).

♦ Voir encadré 1.

Ainsi donc, le vocable latin *existentia* a déjà tout un passé, assez mouvementé, à partir duquel seulement il s'éclaire, lorsque Kant le recueille et le germanise en *Dasein*, en se réglant sur l'équivalence wolffienne *existentia-actualitas*, et en identifiant le *Dasein* à ce qui est *wirklich*, « réel » ou « effectif ». La question de l'*existentia Dei* se résumait chez Wolff à la mise en évidence d'un *selbständiges Wesen*, « être autonome », ou « se tenant par lui-même », auquel convient le nom de « Dieu », à la faveur de l'articulation entre *stare*, *sistere* et *stehen*, *Stand*, *ständig* (*Deutsche Metaphysik*, § 929). L'œuvre allemande de Wolff demeure toutefois encore très latine dans sa conceptualisation, et c'est aux générations postérieures à celles de Wolff et de Kant qu'il appartiendra de retrouver, sous l'écorce d'une conceptualité d'emprunt, une sève autrement vivace.

II. « DASEIN », LA RECONQUÊTE DU VERBE : DE GOETHE À JACOBI

De Goethe à Jacobi, voire jusqu'à Nietzsche (cf., par exemple, *Le Gai Savoir*, IV, § 341 : « *die ewige Sanduhr des Daseins* »), *Dasein* va reprendre vie autrement que comme *terminus technicus*. Par là s'explique son emploi chez Goethe, indissociable d'un émerveillement devant la présence même des choses, le simple fait de leur venue à l'être. Goethe semble renouer avec un sens pré-philosophique, ou du moins pré-technique, de *Dasein*, comme vie, être, existence, pur miracle de la présence des choses offertes au regard humain. C'est la chance, toujours unique et singulière, de pouvoir dire « j'y étais ! » (*ich war dabei*), comme dans la fameuse déclaration de Goethe après la bataille de Valmy. *Dasein* devient *dabei sein*, comme si la verbalité du verbe *dasein* se trouvait reconquise sur sa fixation conceptuelle en *Dasein*.

Quant à Jacobi, il reprend ce sens emphatique de *Dasein*, notamment dans une expression typique, voire emblématique, de son entreprise : *Dasein enthüllen*, « dévoiler le *Dasein* ». Le terme *Dasein* pourra ainsi servir d'étendard à une *Schwärmerei* (selon Schelling) anti-philosophique, dans le cadre de la querelle du panthéisme. Un passage de l'ouvrage de Jacobi *Lettres à M. Mendelssohn sur la doctrine de Spinoza*, recopié par Hölderlin (in *Grosse Stuttgarter Ausgabe*, t. 4, vol 1, p. 210) et par Schelling (cf. Préface au *Vom Ich*), fait en effet du dévoilement et de la révélation du *Dasein* « le plus grand mérite qui revienne au penseur ». Le sentiment d'exister/ *Gefühl des Daseins*, ce que la Cinquième Promenade des *Rêveries* de Rousseau appelait « le sentiment de l'existence dépouillé de toute autre affection », semble avoir constitué le signe de ralliement d'une nouvelle sensibilité faisant époque (Tieck, Moritz, Jean-Paul [Richter], Novalis. Sur ce point, cf. X. Tilliette, *L'Intuition intellectuelle de Kant à Hegel*, p. 60 et 92).

III. « DASEYN », « DASEYEN », « DA-SEIN » : FICHTE ET HEGEL

Un passage assez peu remarqué de l'*Initiation à la vie bienheureuse* de Fichte, ouvrage de 1806 (IVe Leçon, *Fichtes Werke*, t. 5, p. 451), fait un sort remarquable au terme *Daseyn* (selon son ancienne graphie) :

> *Inwiefern das göttliche Daseyn unmittelbar sein lebendiges und kräftiges* Daseyen *ist* — Daseyen *sage ich, gleichsam einen Akt des Daseins bezeichnend...*
>
> [Dans la mesure où l'existant divin n'est autre que son propre *existentifier* vivant et vigoureux — je dis bien *existentifier*, en désignant par là en quelque sorte un acte de l'existant...]
>
> [Nous soulignons.]

Fichte a donc clairement distingué *Daseyn* et *Daseyen*, par quoi il entend « un acte du *Daseyn* », un pur agir, une « actuosité ». On peut tout autant admirer ici un sens très sûr de la langue allemande, dans le souci néologisant qu'a Fichte de réveiller, conformément à l'esprit de sa philosophie, le caractère *verbal*, voire *thétique*, du *Dasein*, que l'étrange surenchère dans la substantivation (ou déverbalisation) que représente ainsi la séquence : *daseyn* — *Daseyn* — *Daseyen*. Le *Daseyen* fichtéen ne « se trouve » pas « là », au sens de l'équivalence par ailleurs présente chez Fichte entre *Seyn* et *Vorhandenseyn*, il « se pose là ». Toujours est-il que Fichte est sans doute le premier philosophe de langue allemande à avoir vu dans le mot *Dasein* un enjeu philosophique. Si *Dasein* était chez Kant un terme philosophique classique mais foncièrement non allemand, et chez Goethe un terme bien allemand mais foncièrement non philosophique, c'est seulement avec Fichte qu'il devient un terme de la « philosophie allemande classique » (cf. sur la problématisation de ces oppositions : B. Bourgeois, *La Philosophie allemande classique*, PUF, 1995).

Hegel, quant à lui, entendra surtout dans *Dasein* le *da* du *Sein*, une figure de l'immédiateté : cf. *Science de la logique*, Livre I, section I, chap. II, A, I. Hegel entend *Dasein* comme le *Sein* qui n'est jamais que *da*, en une « certitude sensible » qui ne demande qu'à se laisser mobiliser et différer jusqu'au « savoir absolu », en passant par le calvaire d'une « expérience de la conscience » tout d'abord médusée par l'immédiateté du *hic et nunc*, puis ébranlée et remuée par la dialectique dont, à son insu, elle était porteuse dès le départ : l'être-là du *Dasein* n'en est là où il en est que pour n'être pas encore parvenu là où l'attend ce qui se sait en lui. Aussi la traduction de *Dasein* par « être-là » convient-elle sans doute beaucoup mieux à la langue de Hegel qu'à celle de Heidegger. Hegel n'a d'ailleurs pas manqué de le souligner lui-même dans la *Science de la logique* (éd. Lasson, p. 96) : « *Dasein, etymologisch genommen, Sein an einem gewissen* Orte [*Dasein*, pris étymologiquement, (c'est) l'être assigné à un certain *lieu*]. » Chez Hegel, à la différence de Heidegger, *Dasein* s'entend donc à partir de son étymologie obvie. Pour les occurrences, fort nombreuses, de *Dasein* dans la *Phénoménologie de l'Esprit*, on se reportera au relevé impressionnant donné par G. Jarczyk et P.-J. Labarrière en appendice à leur traduction (Gallimard, 1993, p. 795-798).

IV. « EXISTENZ »/« DASEIN » : SCHELLING

C'est toutefois Schelling qui réveille, au sein de la philosophie moderne, la dimension extatique de l'existence que l'équivalence kantienne *existentia/Dasein* avait quelque peu assoupie, et, par contrecoup, qui dissocie radicalement *Dasein* et *Existenz* : « [...] en attribuant à Dieu [...] *Existenz, Daseyn*, il vous faut reconnaître en lui une nature. »

Ces lignes de la première version (1811) des *Weltalter* (éd. Schröter, p. 44) parlent à vrai dire sciemment, avec d'invisibles guillemets, en un lexique qui est davantage celui de Jacobi que de Schelling, pour démarier les termes que Kant avait mariés, dissocier radicalement *Daseyn* et *Existenz*, en comprenant *Existenz* (par un retour du latin scolastique au latin classique, et du latin classique au grec classique) par opposition au *Grund* (fond obscur). N'existe à proprement parler que ce qui est à même de se dissocier de son propre fond, de s'y arracher à la mesure d'une crise, comme, analogiquement, la lumière s'extrayant de la pesanteur. L'*Existenz* n'est pas simplement *Daseyn*, car elle s'y arrache et s'en détache, elle est position *hors de soi*, à ses risques et périls, de ce qui, sauf à *se résoudre* à exister, doit se contenter d'être. Tout être est un *ex-stans* — cf. *Schellings Werke*, vol. 12, p. 38 : *das existierende*/ἐξίσταμαι/*existo*/ ἐξιστάμενον = « *ein außer* sich *gesetztes... Seyendes* [un étant mis hors de *lui*] ». Si Kant est allé de l'*existentia* au *Dasein*, Schelling va réveiller, dans la torpeur du *Dasein*, la dimension sourde et inquiétante de l'Existant, en son « excentricité » constitutive, de cette « existence qui n'est précisément rien d'autre qu'extase », comme dira le cours d'*Introduction à la philosophie* de 1830 (Leçon XXVII). Le terme d'*Existenz* est alors privilégié par rapport à *Dasein*, qui est pour Schelling très marqué par le lexique de Jacobi, mais ne sort pas de l'usage pour autant.

Comment penser « la nature extra-logique de l'existence (*Existenz*) » (*Schellings Werke*, vol. 13, p. 95), comment penser ce qui *excède* toute pensée sans en faire du même coup un simple contenu de la conscience ? Telle sera la question de la philosophie positive. L'Existant (*das Existierende*) prend chez Schelling un sens prégnant qui se répercutera, *via* Kierkegaard, jusque chez Heidegger.

V. LE « DASEIN » DE HEIDEGGER

L'aventure qui commence avec l'opuscule kantien de 1763 trouve son point d'orgue avec le traité heideggérien de 1927, *Sein und Zeit*. De Kant à Heidegger, un mouvement semble s'être inversé : ce n'est plus le *Dasein* qui est pensé à partir de l'*existentia/Existenz*, mais, inversement, l'existence, tout autrement entendue, qui est pensée à partir du *Dasein*. À cela près que l'analytique existentiale qui, en 1927, est au *Dasein* structure d'accueil, se présente comme une théologie en creux (cf. Heidegger, *Gesamtausgabe* [GA], t. 26, p. 21-22) : l'expression même d'un *Dasein Gottes* (Kant, Hegel) devient impossible, le terme de *Dasein* étant réservé par la pensée de Heidegger au *menschliches Dasein*, au *Dasein* de l'être humain. L'ampleur que prend le terme *Dasein* va de pair avec sa restriction à l'être de l'être humain, délimitant le royaume d'une finitude.

L'histoire du *Dasein* connaît donc, dans *Sein und Zeit*, un rebondissement inattendu. Le terme y trouve son apothéose en même temps que sa finitude : il y désigne l'être même de l'être que nous sommes, en propre ou improprement, non pas au sens d'une identité, mais à la mesure d'un être que nous avons « à être » — *zu sein*, avec mouvement (cf. « *Hier zu haben* ») ; ce qui répond étymologiquement à l'anglais « to *be* », russe *do* [до], danois *at (vaere)* —, en un sens transitif et même factitif (d'où l'herméneutique de la factivité qui fut le prélude de *Sein und Zeit*). Chez Heidegger, *da*, dans *Dasein*, veut presque dire *zu* (vers). Le *Dasein* n'est jamais « localisé », mais localisant, il est à penser avec mouvement, à l'accusatif.

Est-ce à dire que le terme *Dasein*, dans la terminologie de Heidegger, n'ait aucun répondant dans la tradition de la pensée occidentale ? Heidegger lui-même aura au moins proposé une piste pour explorer cette question : l'être du *Dasein* n'était assurément pas inconnu dans l'Antiquité, ne serait-ce que comme *praxis* [πρᾶξις] (GA, t. 26, p. 236). On se reportera aussi à la problématique articulation *Dasein/psukhê* [ψυχή] au § 4 de *Sein und Zeit*.

À certains égards, l'histoire des traductions de *Dasein* en langue française reflète celle des contresens (anthropologique et existentialiste) commis au cours de la réception de la pensée de Heidegger : de la « réalité humaine » (Corbin, Sartre) à l'être-là (it. *èsserci*). Au point que les traducteurs de Heidegger préfèrent aujourd'hui traduire *Dasein* par... *Dasein*.

Le caractère intraduisible (*unübersetzbar*) de *Dasein* n'a d'ailleurs pas manqué d'être souligné par Heidegger lui-même, dans sa lettre à Beaufret du 23 novembre 1945 (publiée en annexe de l'édition bilingue de la *Lettre sur l'humanisme*, p. 183-184) :

> *Da-sein* [...] *bedeutet für mich nicht so sehr* « me voilà ! » *sondern, wenn ich es in einem vielleicht unmöglichem Französisch sagen darf* : être-le-là...
>
> [Da-sein (...) ne signifie pas tellement pour moi « *me*

> *voilà !«* , mais, si je puis ainsi m'exprimer en un français sans doute impossible : *être-le-là*...]

De même dans un cours de 1941 (*Metaphysik des deutschen Idealismus*, p. 61-62) :

> *Das Wort « Da-sein » ist daher auch in der Bedeutung, nach der es in* Sein und Zeit *gedacht wird,* unübersetzbar. *Die gewöhnliche Bedeutung von Dasein = Wirklichkeit = Anwesenheit lässt sich nicht mit* présence *oder « Realität » übersetzen. (Vgl. z. B. die französische Übersetzung von « Dasein » in «* Sein und Zeit *» mit «* réalité humaine *» ; sie verbaut alles in jeder Hinsicht.)*
>
> [Le terme « Da-sein » est de ce fait *intraduisible*, même dans l'acception selon laquelle il est pensé dans *Être et Temps*. L'acception habituelle de *Dasein* = réalité effective = irradiation de la présence en son déploiement reste réfractaire à la traduction par « présence » ou « réalité ». (Cf. par ex. la traduction française de *Dasein* dans *Être et Temps* par « réalité humaine » : une telle traduction revient à y barrer tout accès, à tous égards.)]

Que *Dasein* soit intraduisible, c'est donc Heidegger lui-même qui le signale, à rebours du geste kantien tenant l'*existentia* pour traduisible en *Dasein*. Le vocabulaire mis en place par *Sein und Zeit* permet toutefois de situer le *Dasein*, à savoir cet être que nous sommes, et que nous avons à être, comme relevant d'une logique existentiale, et non plus catégoriale, à charge pour l'analytique existentiale de dégager ces *existentiaux* irréductibles aux propriétés qui reviennent aux choses. Le *Vorhandensein*, ou être-ci-devant, ne caractérise plus que le mode de présence des choses, qui « se trouvent là », par opposition au *Dasein* en proie à sa « difficulté d'être » et au souci qui en est l'essence, l'archi-structure (*Urstruktur*, *in* GA, t. 20, p. 406). Les débats relatifs à la traduction de *Vorhandenheit* et *Zuhandenheit* ont sans doute été trop marqués, sinon obsédés, en domaine francophone du moins, par la présence du mot *Hand* (main) en ces deux composés — le rapprochement effectué par J. Taminiaux, dans *Lectures de l'ontologie fondamentale* (p. 158), entre le *Vorhandenes* dont parle *Être et Temps* et les *prokheira* [πρόχειρα] évoqués par la *Métaphysique* d'Aristote (A 2, 982b 13), va en ce sens. Mais *Hand* n'est pas plus audible que, par exemple, *main* dans le français *maintenant* (cf. E. Martineau, Avertissement à la trad. fr. de Heidegger, *Interprétation phénoménologique de la* Critique de la raison pure *de Kant*, p. 18 et notes du traducteur, p. 40 et 43 ; J.-F. Courtine, Avertissement à la trad. fr. de Heidegger, *Les Problèmes fondamentaux de la phénoménologie*, p. 12-13).

Si l'expression de « *Dasein* humain » (*menschliches Dasein*) sera par la suite abandonnée par Heidegger, c'est qu'elle semble redondante (cf. GA, t. 65, p. 300-301), ou n'écarte pas assez le risque d'anthropologisation : « Le *Da-sein* n'est pas l'être humain... » (GA, t. 65, p. 210).

Le lien entre *Dasein* et *Existenz* est établi par le § 9 de *Sein und Zeit* (GA, t. 2, p. 56) : « *Das « Wesen » des Daseins liegt in seiner Existenz* [l'« essence » du Dasein réside dans son existence] » [en italiques dans le texte]. Les guillemets dont s'entoure ici le mot *Wesen* montrent assez qu'il ne s'agit plus de l'*essentia* traditionnellement distinguée, dans le vocabulaire métaphysique, de l'*existentia*, mais d'un « règne » que les traducteurs de Heidegger ont pu tenter de rendre par *déploiement* (F. Fédier), *aître* (G. Guest), ou, en anglais, par *root-unfolding* (P. Emad et K. Maly).

L'*Existenz* désigne la manière d'être propre au *Dasein*, en ce qu'elle a d'irréductiblement spécifique, la dimension au sein de laquelle il lui est imparti et échu de déployer son être, distinguée de l'existence-*existentia* entendue métaphysiquement par opposition à l'essence, c'est-à-dire comme *Vorhandenheit*. « Existence », en son sens prégnant, caractérise le mode d'être du *Dasein*, sa *Weise* (*Sein und Zeit*, § 9), à entendre comme « guise » ou mélodie (GA, t. 29/30, p. 101 : « *eine Weise im Sinne einer Melodie* » ; GA, t. 79, p. 134 : « *eine eigene Weise, mehr im Sinne von einer Melodie* »). L'existant n'est plus entendu comme l'étant ci-devant (le *Vorhandenes*), mais comme l'étant à la mesure du *Dasein* (*daseinsmäßig*), que l'analytique existentiale envisage purement et simplement dans son rapport à l'être, à l'exclusion de tout autre ordre de considération (cf. *Sein und Zeit*, § 10). C'est là ce que souligne la différence entre l'*existentiel* et l'*existential*. L'ensemble des structures ontologiques de l'existence humaine constitue l'*existentialité*, comme dimension à partir de laquelle doit s'entendre l'existence. Ce qui est en jeu avec le *Dasein* est une tâche à accomplir — une dimension devant laquelle *nous* traduire.

La phrase « *Dasein existiert* » (*Sein und Zeit*, § 12, p. 53 ; GA, t. 2, p. 71) est donc à elle toute seule un extraordinaire concentré des difficultés que nous venons de signaler. L'histoire du concept de *Dasein*, sa courbe sémantique montrent la lente émergence d'un enjeu philosophique majeur, dans le travail même de la langue. Aussi n'est-il guère étonnant que se fassent écho ses tenants et aboutissants, dans un texte de Heidegger destiné à M. Boss (*Zollikoner Seminare*, p. 356) :

> *Sofern aber diese* [sc. *Existenz*] *durch das Da-sein ausgezeichnet bleibt, muss auch schon die Benennung « Da-sein » in einem Sinn verstanden werden, der sich von der geläufigen Bedeutung des Wortes « Da-sein » unterscheidet. Die unterschiedliche Schreibweise* [sc. « *Da-sein* »] *soll dies andeuten. Die gewöhnliche Bedeutung von « Dasein » bedeutet soviel wie Anwesenheit, so zum Beispiel in der Rede von den Beweisen für das Dasein Gottes.*
>
> [Pour autant que celle-ci (*sc.* l'existence) demeure caractérisée de manière insigne par le *Da-sein*, l'intitulé « *Da-sein* » demande à être compris en un sens qui se démarque de l'acception usuelle du terme. C'est là ce qu'est censée indiquer l'autre typographie (*sc.* « *Da-sein* », avec tiret). L'acception habituelle de « Dasein » est plus ou moins synonyme d'existence, comme lorsqu'on parle des preuves de l'existence de Dieu.]

Du *Dasein* (*Gottes*) au *Da-sein* dont parle Heidegger, de l'existence de Dieu désignant simplement son *Dass* (*Qu'* Il soit) à la dimension existentiale au sein de laquelle se déploie électivement l'être de l'être humain, structurée par le souci/lat. *cura*/all. *Sorge*, s'est donc opéré un déplacement, un écart que tente de marquer, typographiquement, un simple tiret.

Pascal DAVID

BIBLIOGRAPHIE

BEAUFRET Jean, *De l'existentialisme à Heidegger*, Vrin, 1986.

COURTINE Jean-François, *Suárez et le système de la métaphysique*, PUF, 1990.

DESCARTES René, *Correspondance*, éd. C. Adam et P. Tannery, t. 4, Vrin, 1976.

FICHTE Johann Gottlieb, *Initiation à la vie bienheureuse* [1806], in *Fichtes Werke*, Berlin, de Gruyter, rééd. 1971 ; trad. fr. M. Bouiller, Arles, Sulliver, 2000.

HEGEL Georg Wilhelm Friedrich, *Wissenschaft der Logik*, éd. Lasson, Hambourg, Meiner, 1923.

— *Leçons* de 1829, *Über die Beweise vom Dasein Gottes*, trad. fr. J.-M. Lardic, Aubier, 1994.

— *Phénoménologie de l'Esprit*, trad. fr. G. Jarczyk et P.-J. Labarrière, Gallimard, 1993.

HEIDEGGER Martin, *Sein und Zeit* [1927], in *Gesamtausgabe* [GA], t. 2, Francfort, Klostermann, 1977 ; trad. fr. F. Vezin, Gallimard, 1986.

— *Lettre sur l'humanisme*, in *Gesamtausgabe* [GA], t. 9, Francfort, Klostermann, 1976 ; trad. fr. R. Munier, Aubier, Paris, 1964.

— *Metaphysik des deutschen Idealismus*, in *Gesamtausgabe* [GA], t. 49, Franfort, Klostermann, 1991.

— *Les Problèmes fondamentaux de la phénoménologie*, trad. fr. J.-F. Courtine, Gallimard, 1985.

— *Zollikoner Seminare*, Protokolle — Gespräche — Briefe, herausgegeben von M. Boss, Frankfurt, Klostermann, 1987.

JACOBI Friedrich Heinrich, *Lettres à M. Mendelssohn sur la doctrine de Spinoza* [1785], in *Œuvres philosophiques*, trad. fr. J.-J. Anstett, Aubier, 1946.

KANT Emmanuel, *Der einzig mögliche Beweisgrund zu einer Demonstration des Daseins Gottes* [1763], in *Akademia Ausgabe des Kant's Schriften*, t. 2, Berlin, 1902/10, rééd. 1968.

— *Critique de la raison pure*, trad. fr. A. Tremesaygues et B. Pacaud, Félix Alcan, 1905.

— *Nachlass*, Akad. Ausg. t. 21, Berlin, 1936.

LEIBNIZ Gottfried Wilhelm, *Recherches générales sur l'analyse des notions et des vérités*, PUF, 1998.

MARTINEAU Emmanuel, Avertissement à la trad. fr. de Heidegger, *Interprétation phénoménologique de la « Critique de la raison pure » de Kant*, Gallimard, 1982.

NIETZSCHE Friedrich, *Le Gai Savoir*, trad. fr. P. Klossowski revue par M. B. de Launay, Gallimard, 1982.

ROUSSEAU Jean-Jacques, *Les Rêveries du promeneur solitaire*, in *Œuvres complètes*, Gallimard, « La Pléiade », t. 1, 1959.

SCHELLING Friedrich von, *Introduction à la philosophie* [1830], intr. et trad. fr. P. David et M.-C. Challiol-Gillet, Vrin, 1996.

— *Vom Ich*, in *Premiers écrits*, trad. fr. J.-F. Courtine, PUF, 1987.

— *Weltalter* [1811], éd. Schröter, Munich, Beck, 1946 ; trad. fr. P. David, PUF, 1992.

TAMINIAUX Jacques, *Lectures de l'ontologie fondamentale*, Grenoble, Jérôme Millon, 1995.

TILLIETTE Xavier, *L'Intuition intellectuelle de Kant à Hegel*, Vrin, 1995.

VEZIN François, « Le mot *Dasein* », en appendice à la trad. fr. d'*Être et Temps*, Gallimard, 1986, p. 519-527.

WOLFF Christian, *Deutsche Metaphysik*, Halle, 1751, repr. Hildesheim, Olms, 1997.

OUTILS

EISLER Rudolf, *Kant-Lexikon* [1926-1930], repr. Hildesheim, Olms, 1961; trad. fr. augm. A.-D. Balmès et P. Osmo, Gallimard, 1994.

FEICK Hildegard, *Index zu Heideggers « Sein und Zeit »*, Tübingen, Niemeyer, 1961, 3e éd. 1980.

GRIMM Jacob et Wilhelm, *Deutsches Wörterbuch*, Leipzig, Hirzel, 1854, repr., Munich, Deutscher Taschenbuch, 1984.

MEILLET Antoine, *Aperçu d'une histoire de la langue grecque*, Klincksieck, 1965, 8e éd. 1975.

DÉCEPTION *Déception*, sur le latin *decipere*, littéralement « prendre [*capere*] en faisant tomber dans un piège, tromper, décevoir », implique l'illusion, la séduction et l'imposture. Le terme renvoie ici au pouvoir qu'a le discours de « faire illusion », grec *apatê* [ἀπάτη], thématisé par la rhétorique et la sophistique : voir VÉRITÉ (encadré 3, « *Apatê...* ») ; voir aussi *RUSE* [MÊTIS] ; cf. ACTE DE LANGAGE, *FAUX*, *FICTION*, LOGOS, *MENSONGE*.

Il renvoie également au *desengaño* caractéristique de la littérature du Siècle d'or espagnol, qui dit la désillusion à la fois comme « sortie hors de l'erreur » et comme « désenchantement » : voir DESENGAÑO ; cf. BAROQUE, *MALAISE*, *RÉCIT*, SÉCULARISATION, SPREZZATURA.

► *NÉGATION*, VERGÜENZA

DÉFORMATION 1. *Déformation*, ou *déplacement*, sont les traductions habituelles de *Entstellung*, mot par lequel Freud désigne l'un des mécanismes du refoulement. Voir ENTSTELLUNG, et PULSION, VERNEINUNG, WUNSCH ; cf. ES, INCONSCIENT, et SUBLIME (encadré 3, « La sublimation »).

2. Sur la déformation qu'implique la mise en discours par rapport au réel, voir HISTOIRE, LOGOS, MIMÊSIS ; cf. *FICTION*, *RÉCIT*.

3. Sur la forme même du mot, voir COMBINATOIRE ET CONCEPTUALISATION ; cf. *NÉGATION*.

► CONSCIENCE, *FORME*

DÉMON *Démon* (lat. *daemon*, gr. *daimôn* [δαίμων]) est aujourd'hui en français, *via* le latin d'Église, très proche de *diable* : voir DIABLE (*diabolos* [διάϐολος] de la Bible hellénique, *Sāṭān* [שָׂטָן] sémite et arabe).

En grec, un *daimôn* peut être bon ou mauvais : voir DAIMÔN, et sa postérité sémantique en allemand (le « démonique » hölderlinien par exemple) ; voir aussi l'espagnol DUENDE, qui comporte la même ambiguïté. Sur *daiomai* [δαίομαι], « partager », le *daimôn* est lié au destin : voir *DESTIN* [KÊR...].

Le champ sémantique renvoie à la fois à la création esthétique singulière : voir notamment DICHTUNG, FOLIE, GÉNIE, INGENIUM, LEGGIADRIA ; et à la satisfaction, morale ou non : *BONHEUR*, GLÜCK, MORALE, PLAISIR, *SAGESSE* ; cf. ACEDIA.

Sur le rapport à la religion et à la révélation, on se reportera à DIABLE et à DIEU. Voir aussi BOGOČELOVEČESTVO, *GRÂCE*, PIETAS, RELIGIO.

► AIÔN, LANGUES ET TRADITIONS, PEUPLE

DÉNÉGATION Le mot français, emprunté au latin *denegatio*, « reniement », a été réinvesti par la psychanalyse pour rendre *Verneinung* chez Freud : voir VERNEINUNG. Mais le mot allemand désigne à la fois la négation au sens logique (opposée à l'affirmation, *Bejahung*, ou à l'assertion, *Behauptung* : voir FAUX, *NÉGATION*, PROPOSITION, *RIEN*) et le processus que Freud décrit comme le refus, préventif ou non, d'admettre qu'on a dit quelque chose. La négation est alors une forme du refoulement : voir ENTSTELLUNG, ES, INCONSCIENT, PULSION, WUNSCH ; cf. CONSCIENCE, JE, SUJET. Les difficultés de traduire *Verneinung*, notamment en anglais et en français, sont ainsi liées à la perte de l'ambivalence logico-psychologique du terme.

► *CROYANCE*, REPRÉSENTATION, VÉRITÉ

DESCRIPTION / DEPICTION [ANGLAIS]

– fr. *description, représentation*

gr. *ekphrasis* [ἔκφρασις]
lat. *descriptio, depictio*

► ***RÉCIT***, et ACTE DE LANGAGE, CONCETTO, DICHTUNG, DISEGNO, ERZÄHLEN, ***FICTION***, HISTOIRE, ***IMAGE***, MIMÊSIS, REPRÉSENTATION, SIGNE, STRUCTURE

L'anglais et le français distinguent de la même façon description *et* narration. *Mais, en anglais,* description *peut également s'opposer à* depiction, *ce deuxième terme ayant alors une connotation visuelle qui contraste avec la connotation verbale de* description. *Cette seconde distinction n'a pas d'équivalent en français. Si le français peut distinguer l'acte de dépeindre de celui de décrire ou de narrer, de ces trois verbes,* dépeindre *est le seul pour lequel il n'existe pas de substantif. Là où l'anglais dit* depiction, *le français dira* représentation. *D'où la difficulté à traduire en français la distinction* depiction/representation *qui, de même que celle entre* depiction *et* description, *joue un rôle très important dans les théories esthétiques développées à partir de la philosophie analytique. C'est ce qui a conduit, depuis peu, à introduire le terme* depiction *dans la langue philosophique française.*

I. DIFFÉRENTES MANIÈRES DE FAIRE VOIR

Le latin *descriptio* désigne soit un dessin, soit une description écrite ou orale. Plus rare, *depictio* est une esquisse visuelle, mais aussi la description verbale ou la représentation imaginaire. Dans les deux cas, il y a image, mais la visualisation n'est pas nécessairement littérale ; dans les deux cas, le préfixe *de-* indique qu'on « dé-peint », qu'on « d-écrit » à partir d'un modèle ou d'un original.

Jusqu'au XVIIe siècle, l'anglais *description* a pu désigner une représentation picturale, un portrait. On trouve encore le mot sous la plume de Hogarth (« *a description of such lines as compose the features of a face* [un tracé des lignes qui composent les traits d'un visage] », p. 94), mais plutôt dans le sens de dessin, *delineation*, alors que dans *depiction* on reconnaît le radical *pict*, c'est-à-dire peinture, couleur, pigment. L'emploi visuel de *description* est toujours vivant chez Svetlana Alpers, qui oppose la *description* caractéristique de la peinture hollandaise et d'une nouvelle culture visuelle à la *narration* caractéristique de la peinture italienne et d'une culture textuelle traditionnelle. Le plus souvent, cependant, *description* désigne un mode verbal de visualisation ou de représentation métaphorique qui rivalise en vain avec les arts visuels et dont le statut ambigu, ou du moins intermédiaire, est souligné par Addison : « encore moins ressemblante » que la peinture (elle-même moins ressemblante que la sculpture), la *description* est néanmoins plus proche de ce qu'elle représente que la musique (vol. 3, p. 559).

Parfois simples variantes stylistiques de *describe* et *description*, *depict* et *depiction* désignent à la fois la représentation littéralement visuelle et la visualisation métaphorique par l'écriture qui « fait voir » (dite aussi *picturing* ou, pour parler comme Ruskin, *word-painting*). Edgar Poe utilise *depict* pour désigner l'art du portraitiste (« *for her whom he depicted so surpassingly well* [pour celle qu'il peignait si miraculeusement bien] », « The Oval Portrait », vol. 2, p. 665), mais aussi l'art du narrateur ou portraitiste psychologique (« *This depicting of character constituted my design* [Je n'avais pas d'autre but que la peinture de ce personnage] », « The Mystery of Marie Rogêt », vol. 3, p. 724). On trouve des emplois comparables dans des ouvrages critiques récents. Chez Williams, *depiction* renvoie principalement à la représentation visuelle par le daguerréotype (« *depiction of face in portraiture* », *passim*), mais aussi, occasionnellement, à la peinture par le texte littéraire (« *depiction of portrait in sentimental fiction* », « *depiction of spectatorship in* The House of the Seven Gables », p. 244). Ressenti comme trop scriptural, *description* est spécifié par Flaxman en *visually oriented description* ; en revanche, quand Krieger définit l'*ekphrasis* comme *a verbal description*, il n'implique pas qu'il y ait des descriptions non verbales ; il définit, de façon quasi tautologique, l'essence verbale de la description, et emploie d'ailleurs, dans le même sens exactement, la variante *verbal depictions* (p. XV et p. 7). Dans le commentaire détaillé qu'il consacre au bouclier d'Achille, Becker, en revanche, recourt à une distinction claire et explicite entre *description* et *depiction*. La *visual depiction* désigne ce qu'est censé représenter le bouclier (fictif) d'Achille, tandis que la *verbal description* renvoie à la manière dont le barde décrit cette représentation. « *In a description of a depiction of the sun* (484), *the same phrase is used as in a description of the actual sun* (239) [Dans une description d'une représentation du soleil (484), Homère emploie la même expression que dans une description du soleil lui-même (239)] » (p. 103). Selon Becker, l'*ekphrasis* homérique est souvent description simultanée du bouclier et de ce qui est représenté (*depicted*) sur le bouclier, et ce mode homérique de l'*ekphrasis* se distingue de modes ultérieurs précisément parce qu'il continue à prêter attention à la matérialité du support fictionnel, aux images de métal aussi bien qu'à l'histoire qu'elles racontent, au lieu de se servir de la représentation imagée et fictionnelle comme d'un simple pré-texte pour introduire la narration (p. 118-119).

♦ Voir encadré 1.

1

L'« ekphrasis » : du mot au mot

L'*ekphrasis* [ἔκφρασις] (sur *phrazô* [φράζω], « faire comprendre, expliquer », et *ek* [ἐκ], « jusqu'au bout ») est une mise en phrases qui épuise son objet, et désigne terminologiquement les descriptions, minutieuses et complètes, qu'on donne des œuvres d'art.

La première, et sans doute la plus célèbre, *ekphrasis* connue est celle qu'Homère donne, à la fin du chant XVIII de l'*Iliade*, du bouclier d'Achille forgé par Héphaïstos. L'arme a été fabriquée à la demande de Thétis, non pour permettre à son fils de résister à la mort, mais pour que « tous soient émerveillés » (466 *sq.*) quand le destin l'atteindra. C'est une œuvre cosmo-politique, où sont représentés, non seulement Terre, Ciel, Mer, bordés par le fleuve Océan, mais deux cités dans le détail de leur vie, l'une en paix et l'autre en guerre. Le poète aveugle produit la première synthèse du monde des mortels, prouvant ainsi pour la première fois que la poésie est plus philosophique que l'histoire.

Non seulement cette *ekphrasis* première est la description d'un objet fictif, mais elle est suivie dans le temps d'une seconde *ekphrasis*, dont le modèle est cette fois, comme pour un *remake*, la première *ekphrasis* elle-même : il s'agit du bouclier d'Héraclès, attribué à Hésiode. Ce palimpseste ne se conforme donc pas à un phénomène, un bouclier réel, ni, en deçà, à la nature même et aux cités, mais seulement à un *logos*. En cet objet transi de culture, se perd avec la référence naturelle ce qu'après Aristote on nomme la vie du récit ; comme le note Paul Mazon, avec les jugements de valeur qu'on attend : « Dans tout cela, pas un geste donc qui soit vraiment "vu", qui donne la sensation de la vie. Pas un mot non plus dans la bouche des personnages qui rende un son franc et clair : tous parlent un langage de pure convention » (*Hésiode*, Les Belles Lettres, 1967, notice p. 128). L'*ekphrasis* se situe ainsi au plus loin de la métaphore, dont tout l'art, conformément à la doctrine de l'*ut pictura poesis,* consiste à mettre les choses πρὸ ὀμμάτων, « sous les yeux », pour en produire ainsi une nouvelle et originale connaissance (« quand on dit que la vieillesse est un brin de chaume, cela produit un enseignement et une connaissance [...] car l'un et l'autre sont défleuris », Aristote, *Rhétorique*, III, 10, 1410b 14-16 ; cf. *Poétique*, 21, 22). Il ne s'agit plus en effet dans l'*ekphrasis* d'imiter la peinture en tant qu'elle cherche à mettre l'objet sous les yeux — peindre l'objet comme en un tableau —, mais d'imiter la peinture en tant qu'art mimétique — peindre la peinture. Imiter l'imitation, produire une connaissance, non de l'objet, mais de la fiction d'objet, de l'objectivation : l'*ekphrasis*, c'est de la littérature.

Les *ekphraseis* se multiplient avec la seconde sophistique, au point de constituer, avec les *Images* de Philostrate ou les *Descriptions* de Callistrate, un genre à soi seul. Avec les *xenia* [ξένια] par exemple, ces critiques des natures mortes qu'un hôte envoie en présent à ses invités, où sont représentés les mets qu'ils ont pu déguster chez lui, c'est à trois degrés de distance qu'est repoussé le phénomène, devenu prétexte à la représentation littéraire d'une représentation picturale. Le phénomène, qui n'est plus donné à l'immédiateté de la perception et qui n'a plus à faire l'objet d'une description adéquate, est tout au plus supposé ou produit au terme d'une procédure de fiction (voir encadré 1 dans ACTE DE LANGAGE).

La fortune de l'*ekphrasis* est liée à celle du roman. Non seulement les romans sont pleins d'*ekphraseis*, mais, de manière plus déterminante, c'est souvent une *ekphrasis* qui structure le roman lui-même. Ainsi dans *Les Aventures de Leucippé et Clitophon* d'Achille Tatius, aux premières lignes du livre premier, le conteur qui vient d'échapper à une tempête regarde les *ex-voto* et s'arrête à un tableau suspendu, qui contient la matrice du récit des *Aventures de Leucippé et Clitophon*, récit au cours duquel on voit le principal protagoniste offrir le tableau. Mais ce sont les *Pastorales* de Longus *sur Daphnis et Chloé* qui fournissent traditionnellement le paradigme de l'*ekphrasis* : le roman tout entier n'est que l'*ekphrasis* d'une *ekphrasis* ; car ce sur quoi se modèle l'histoire est une peinture, et cette peinture, comme on va lire, n'est pas faite en lignes et en couleurs mais déjà en mots :

> En l'île de Lesbos, chassant dans un bois consacré aux Nymphes, j'ai vu le plus bel objet de contemplation (*theama eidon kalliston* [θέαμα εἶδον κάλλιστον]) que j'ai vu en ma vie : une image peinte, une histoire d'amour (*eikona graptên, historian erôtos* [εἰκόνα γραπτήν, ἱστορίαν ἔρωτος]). Il était beau aussi (*kalon men kai* [καλὸν μὲν καὶ]), ce bois aux arbres épais, avec des fleurs et des ruisseaux ; une seule source nourrissait tout, fleurs et arbres. Mais la peinture avait plus de charme (*all' hê graphê terpnotera* [ἀλλ' ἡ γραφὴ τερπνοτέρα]), pleine d'un art extraordinaire et d'une aventure d'amour. Aussi beaucoup de gens, même des étrangers, venaient, attirés par la rumeur, prier les nymphes, mais aussi contempler l'image (*tês de eikonos theatai* [τῆς δὲ εἰκόνος θεαταί]). Sur celle-ci, des femmes en train d'accoucher, d'autres qui emmaillotent des nouveau-nés, des enfants exposés, des bêtes qui nourrissent, des bergers qui recueillent, des jeunes qui échangent des serments, une descente de pirates, une invasion d'ennemis. Voyant bien d'autres choses, toutes pleines d'amour, et m'en étonnant, le désir me prit de répliquer au tableau (*antigrapsai têi graphêi* [ἀντιγράψαι τῇ γραφῇ]). Ayant fini par trouver un exégète de l'image, je composai quatre livres, une offrande pour l'Amour, les Nymphes et Pan, un acquis pour charmer (*ktêma de terpnon* [κτῆμα δὲ τερπνὸν]) tous les hommes, qui guérira le malade, consolera l'affligé, fera se ressouvenir celui qui a aimé et se préparer celui qui n'a pas aimé (*ton erasthenta anamnêsei, ton ouk erasthenta propaideusei* [τὸν ἐρασθέντα ἀναμνήσει, τὸν οὐκ ἐρασθέντα προπαιδεύσει]) (1-4).

La nature en ce récit est moins belle que la peinture (« la peinture avait plus de charme »). La peinture que l'*ekphrasis* décrit est déjà un récit : « une image peinte, une histoire d'amour ». Enfin, ce récit peint, il s'agit d'y « répliquer ». L'expression grecque, *antigrapsai tei graphei*, est bien plus rigoureuse : il faut écrire « contre » et « à nouveau », rivaliser et recopier ce premier écrit qu'est la peinture, en jouant à la fois l'avocat de la défense et le greffier. Ce « rescrit », cette « réplique », est l'interprétation de la peinture en quatre livres. À l'*ut poesis pictura* qu'est la *graphê* [γραφή], la peinture, succède l'*ut pictura poesis* qu'est l'*antigraphê* [ἀντιγραφή], la pastorale elle-même : il ne saurait donc s'agir que d'un *ut poesis poesis*, qui procède du mot au mot.

Avec l'*ekphrasis*, on est au plus loin de la *phusis* et de cette physique première qu'est la philosophie, chargée de dire les choses qui sont comme, en tant que, et par où elles sont ; au plus loin d'une description phénoménologique immédiate et d'une ontologie innocente. On entre dans l'art et dans l'artifice, dominés et modélisés par la capacité performative, efficace, créatrice que possède le discours affranchi du vrai et du faux, lorsqu'au lieu de dire ce qu'il voit, il fait voir ce qu'il dit.

Barbara CASSIN

BIBLIOGRAPHIE

BLANCHARD Marc Élie, « Problèmes du texte et du tableau : les limites de l'imitation à l'époque hellénistique et sous l'Empire », *in* B. CASSIN (dir.) *Le Plaisir de parler*, Minuit, 1986, p. 131-154.

CASSIN Barbara, *L'Effet sophistique*, Gallimard, 1995, 3e partie.

IMBERT Claude, *Phénoménologie et Langues formulaires*, PUF, 1992, chap. 3 et 10.

II. DES MODES DE DÉNOTATION OU DE PERCEPTION ?

C'est essentiellement grâce aux travaux de Nelson Goodman que cette distinction a acquis la valeur d'une opposition conceptuelle et qu'elle est devenue opératoire dans le champ philosophique. Nelson Goodman distingue entre *verbal description* (où l'adjectif désigne, comme chez Krieger, un caractère constant de la description) et *pictorial representation, or depiction* (dans *Reconceptions in Philosophy*, p. 121, Goodman dit préférer en définitive *depiction* à *representation*, qu'il emploie désormais dans un sens « plus large, plus flexible »). Goodman voit dans *description* et *depiction* deux modes de *denotation*, deux manières de se référer à quelque chose ou de le représenter, mais il conteste avec vigueur que la *depiction* ait quoi que ce soit à voir avec la ressemblance. Selon lui, les *descriptions* ou *predicates* (noms, phrases descriptives...) sont composés de symboles linguistiques qui appartiennent à des systèmes digitaux (formés d'unités discrètes), tandis que, dans le cas de la *depiction*, les *pictures* appartiennent à des systèmes denses ou analogues. Goodman emploie *description* dans un sens très extensif qui semble recouvrir pratiquement toute formulation linguistique. À côté de *description* vs *depiction*, on trouve chez lui *names and descriptions* vs *pictures*, *description* vs *picture*, *paragraphs* vs *pictures*, *predicates* vs *pictures* (Goodman, 1976, p. 3-10, 40-43 et 225-232, Goodman-Elgin, 1988, p. 121-131).

La distinction entre *depiction* et *representation*, élaborée notamment par Peacocke (1987), introduit une distinction supplémentaire, à l'intérieur même de l'acte perceptif, entre un premier niveau qui relèverait d'une pure perception et un deuxième niveau qui exigerait la maîtrise d'un système symbolique. Cette distinction, qui n'est pas sans évoquer celle que fait Panofsky entre le stade pré-iconographique et le stade iconographique, joue un rôle important dans l'analyse de la perception des œuvres d'art. Lorsque je regarde un tableau, je peux identifier un objet (c'est un enfant, un vieillard ou un agneau) sans savoir ce qu'il représente (l'amour, le temps ou le Christ). Cette première identification correspondrait à l'expérience perceptive de la *depiction*. Mais l'existence d'un niveau de perception antécognitif et antéprédicatif, qui définirait ce que certains appellent un stade de perception pure, est une thèse qui est loin de faire aujourd'hui l'unanimité.

Jean-Loup BOURGET

BIBLIOGRAPHIE

ADDISON Joseph, *The Spectator* [n° 416, 27 juin 1712], éd. D.F. Bond, Oxford, Clarendon Press, 1965.

ALPERS Svetlana, *The Art of Describing : Dutch Art in the Seventeenth Century*, Chicago, University of Chicago Press, 1983.

BECKER Andrew Sprague, *The Shield of Achilles and the Poetics of Ekphrasis*, Lanham (Maryland), Rowman & Littlefield, 1995.

FLAXMAN Rhoda L., *Victorian Word-Painting and Narrative : Toward the Blending of Genres*, Ann Arbor (Michigan), UMI Research Press, 1987.

GOODMAN Nelson, *Languages of Art : An Approach to a Theory of Symbols*, Indianapolis - Cambridge, Hackett, 2e éd., 1976.

GOODMAN Nelson et ELGIN Catherine Z., *Reconceptions in Philosophy and Other Arts and Sciences*, Indianapolis-Cambridge, Hackett, 1988.

HOGARTH William, *The Analysis of Beauty* [1753], éd. R. Paulson, Yale UP, 1997.

IRWIN Michael, *Picturing : Description and Illusion in the Nineteenth-Century Novel*, Londres, Allen & Unwin, 1979.

KRIEGER Murray, *Ekphrasis : The Illusion of the Natural Sign*, Baltimore - Londres, Johns Hopkins UP, 1992.

PANOFSKY Erwin, *Essais d'iconologie*, trad. fr. C. Herbette et B. Teyssèdre, Gallimard, 1967.

PEACOCKE Christopher, « Depiction », *Philosophical Review*, 1987, XCVI, n° 3, p. 383-410.

POE Edgar Allan, *Collected Works*, éd. T.O. Mabbott, Cambridge (Mass.) - Londres, Belknap Press of Harvard UP, 1978.

WILLIAMS Susan S., *Photography and Portraiture in Antebellum American Fiction*, Philadelphie, University of Pennsylvania Press, 1997.

DESENGAÑO

ESPAGNOL – fr. *désillusion, désenchantement, déception*

all.	*Enttäuschung*
angl.	*disillusion*
cat.	*desengany*
it.	*disinganno*
port.	*desengano*

► ***DÉCEPTION***, et BAROQUE, ***FAUX, MALAISE, MENSONGE***, PLAISIR, SPREZZATURA, VERGUENZA, VÉRITÉ

Le substantif desengaño *dérive du verbe* desengañar, *composé du préfixe négatif* des *et du verbe* engañar, *lequel vient, selon Corominas, du latin médiéval* ingannare *(railler, bafouer, tourner en dérision), dérivant lui-même de l'onomatopée classique* gannire *(japper, glapir, clabauder) ; de même pour le catalan* desengany, *l'italien* disinganno *et le portugais* desengano. *L'anglais* disillusion *et l'allemand* Enttäuschung *(fém.) représentent les deux sens entre lesquels oscillent les différentes significations de* desengaño *: d'un côté, la connaissance, le « désaveuglement » ou le « désabusement », correspondant au fait qu'on est sorti de l'erreur, de l'illusion ; de l'autre, la déconvenue, la déception lorsqu'un espoir ou une attente n'ont pas été remplis.*

C'est au XVIe et au XVIIe siècles que le mot desengaño *a acquis toute sa splendeur. Dans la littérature picaresque et mystique, à partir de 1492, lorsque les juifs durent choisir entre quitter l'Espagne ou se convertir au catholicisme, l'écriture du* desengaño *constitua pour les « nouveaux-chrétiens », fils de juifs convertis, une manière d'imaginer passages et ouvertures face à une société hostile, qui leur fermait toutes les portes. Cervantès inscrivit le* Quichotte *dans cette lignée. Un peu plus tard, vers le milieu du XVIIe siècle, lorsque la Compagnie de Jésus eut affermi son triomphe dans une Espagne érigée en bastion de la Contre-Réforme, le jésuite Baltasar Gracián répondit à cette expérience du* desengaño *par une stratégie de la mise en scène et un éloge de l'apparence comme unique réalité.*

Aujourd'hui desengaño *a gardé les traces de son ancienne richesse et possède encore plusieurs sens.*

I. LES SENS PRINCIPAUX : LA CONNAISSANCE QUI DÉTROMPE, LA DÉCEPTION, LA TROMPERIE

(1) Le premier des sens courants de *desengaño* est celui de connaissance de la vérité qui permet de sortir d'une tromperie ou d'une erreur. Dans son *Tesoro de las dos lenguas española y francesa* (1re édition 1607), César Oudin, le premier traducteur du *Quichotte*, rend *desengañar* par « détromper, désabuser quelqu'un, lui ouvrir les yeux ». Pour Covarrubias (*Tesoro de la lengua castellana o española*, 1611), *desengañar* veut dire aussi : « s'exprimer en toute clarté de manière à ne pas concevoir une chose en la prenant pour une autre (*Hablar claro, porque no conciban una cosa por otra*) ». L'exemple choisi par Covarrubias confirme cette idée d'après laquelle c'est la vérité elle-même qui peut nous détromper (« *La misma verdad nos desengaña* »). Apparaît alors dans le *desengaño* une sorte de procès en deux temps : d'abord, la révélation d'une vérité nouvelle, il y a dans le *desengaño* un moment de véritable illumination ; puis, grâce à cette connaissance, un mouvement plus lent qui consiste en une « sortie » de l'erreur (« *conocimiento de la verdad con que se sale del engaño* [tromperie] *en que se estaba* »), comme dans l'expression latine *ab errore deductus* (*Diccionario de Autoridades*, 1732). Le *desengaño* est donc une forme de connaissance qui a un effet pratique : il s'agit là non pas d'une vérité abstraite, mais d'une vérité vécue, laquelle provoque un changement.

(2) Ce changement constitue le deuxième sens du mot, défini par le *Diccionario de la Real Academia*, à savoir un « effet de cette [nouvelle] connaissance sur l'état d'esprit [*efecto de ese conocimiento en el ánimo*] ». La *Real Academia* propose une distinction entre un sens neutre et un sens résolument négatif, qu'elle réserve pour le pluriel de *desengaño* et qui correspond aux « leçons acquises moyennant des expériences amères ». Manuel Seco (*Diccionario del español actual*, 1999) établit une synthèse de ces deux orientations de pensée en qualifiant le *desengaño* d'impression négative qu'éprouve celui qui découvre qu'une personne ou une chose ne répond pas à son attente. Il propose quelques exemples tirés de la littérature contemporaine, notamment chez Diaz Plaja, *El español* : « l'acte sexuel porte en lui une punition, celle de la mort violente de Calixte et Mélibée, ou simplement le *desengaño* qui fait suite à la jouissance [*el desengaño que sigue al goce*] » ; chez Calvo Sotelo, *Resentido* : « *Lo normal es que quienes sufren ese desengaño terrible se hagan resentidos* [Il est normal que ceux qui souffrent ce terrible *desengaño* deviennent pleins de ressentiment] » ; chez Delibes, *Emigrante* : « *La chavala se ha llevado un desengaño de órdago, por más que ella diga misa* [La gamine a souffert un terrible *desengaño*, même si elle prétend le contraire] » — litt. « même si elle dit la messe » : dans l'espagnol populaire, « dire la messe » signifie dire des choses auxquelles personne ne croit, si solennelles qu'elles paraissent. Ces citations rappellent le contexte dans lequel se sont développés les différents sens de *desengaño* à l'âge classique et jusqu'à nos jours : lorsque ce mot est proche de déception ou de déconvenue, il s'agit surtout d'une déconvenue amoureuse, qui peut mériter une punition, surtout s'il y a eu plaisir (*goce*). Dans le dernier passage cité, la langue populaire permet de voir à quel point le *desengaño* reste, aujourd'hui encore, secrètement lié à l'horizon d'une pensée religieuse du manque, de la perte.

(3) Le troisième sens de *desengaño* désigne la parole ou le jugement par lesquels on reproche une faute à quelqu'un. Ce sens s'exprime principalement dans la forme figurée et familière que prennent l'adverbe et l'adjectif : *desengañadamente* (*malamente, con desaliño y poco acierto* [de manière négligée et impropre]) et *desengañado* (*despreciable y malo* [méprisable et mauvais]). L'effet de la déception est ici imputé au caractère brouillon ou mauvais de celui qui a déçu ; il a fait ce qu'il a fait sans y croire, autrement dit, mal : « *Cuando se pondera que alguno ha ejecutado mal alguna cosa, se dice bien desengañadamente lo ha hecho* ». Dans ce sens, *desengañado* traduit le latin *perversus*, « mauvais » (*Diccionario de Autoridades*). L'adjectif peut parfois transmettre au substantif cette idée de malignité. Le *Diccionario de Autoridades* attribue ainsi à l'objet de la déception un visage devenu, dans le contexte du péché, terrible et effrayant. *Desengaño* désigne maintenant l'épouvantable objet qui provoque ce sentiment : « *Vida de San Borja : Vióse en su mismo original la cara del desengaño, tan terrible, que bastaba a introducir susto hasta en los mármoles del templo* [Vie de saint Borgia : Il vit dans son propre modèle le visage du *desengaño*, si terrible qu'il suffisait à provoquer la frayeur jusque dans les marbres du temple]. » Selon une veine beaucoup plus satirique, mais tout aussi grave, Quevedo va jusqu'à transformer ce *desengaño* en refus de toute illusion, de toute séduction ; il devient vérité — vérité des livres, par opposition au mensonge des vivants —, vérité qui a traversé l'inanité de l'apparence, mais aussi la vanité du plaisir et de l'existence :

> *Pareciéndome que los muertos pocas veces se burlan, y que gente sin pretensión y desengañada más atienden a enseñar que a entretener.*
>
> [Comme il me semblait que les morts se moquent peu souvent et que, gens sans prétention et désabusés, ils préfèrent enseigner plutôt que distraire.]
>
> *Visita de los chistes* (cité par R.J. Cuervo).

II. MÉPRIS PICARESQUE DE LA LOI ET SAGESSE MYSTIQUE

José Luis Alonso Hernández (*Léxico del marginalismo del siglo de Oro*, 1977) remarque que l'adjectif *desengañado*, transformé en substantif, prend le sens de « truand, filou, escroc ». *Desengañado* : personnage picaresque, truand, voleur ; au sens où il connaît toute tromperie (*engaño*) possible — « il recommença à boire et à inviter d'autres tout aussi désabusés que lui [*tornó a beber y a convidar a otros tan desengañados como él*] » (M. de Obregón).

♦ Voir encadré 1.

Contrairement au sens religieux selon lequel le *desengaño* est lié au péché et au manque, c'est-à-dire en quelque sorte à un excès de loi, la connaissance du mal est identifiée dans le roman picaresque à un mépris de la loi proche d'une certaine insouciance, vraie ou fausse, peu importe, quelquefois également proche d'une extraordinaire colère comme chez Mateo Alemán. Sa révolte provient, bien entendu, de l'habitude de la faim, de la misère, mais surtout d'une susceptibilité acérée devant l'honorable arrogance des nantis, c'est-à-dire des « vieux-chrétiens ».

Pourtant, au Siècle d'or et parfois encore aujourd'hui, l'adjectif *desengañado* désigne aussi le contraire de *pícaro* et apparaît comme synonyme de *sage*. On appelle ainsi l'homme qui, retiré du bruit et du commerce du monde, vit recueilli et éloigné, sans prétendre à autre chose que de vivre en paix, à l'écart des tribunaux d'une société implacable pour les non-conformes :

> *Dichoso el que jamás ni ley ni fuero,*
> *Ni el alto tribunal de las ciudades ;*
> *Ni conoció del mundo el trato fiero.*
> [Heureux celui qui jamais ni lois ni statuts,
> Ni le haut tribunal, ni les cités ne connut,
> Ni du monde le traitement féroce].
>
> Strophe du poème de Luis de León, *En una Esperança que salió vaga*, trad. fr. J. Baruzi.

Luis de León, moine augustin, subtil connaisseur du grec et de l'hébreu, professeur à l'université de Salamanque et l'un des plus grands poètes de son temps, osa lui aussi défier la loi (il s'agissait pour lui de l'interdiction inquisitoriale de traduire la Bible en castillan), et offrit la plus belle version lyrique du Cantique des cantiques à une religieuse carmélite. Or, ses poèmes gardent une agressivité lucide et fine qui rejoint, malgré la différence complète des registres, la révolte brouillonne et tonitruante de Mateo Alemán. Le *Diccionario de Autoridades* montre que, sans les nommer, l'adjectif *desengañado* désignait justement les « nouveaux-chrétiens », comme Mateo Alemán, Luis de León ou Thérèse d'Avila, laquelle ne cessait de répéter à ses filles que la vraie vertu se cache dans les œuvres et non dans la naissance : « *Los desengañados dicen, que la nobleza no se adquiere naciendo, sino obrando* [Les *desengañados* disent que la noblesse ne s'acquiert pas en naissant mais en agissant] ».

Certains mots de la langue castillane classique, tel *desengaño*, semblent s'être forgés dans un jeu d'oppositions violentes et presque exacerbées, dans une tension extrême entre un dedans et un dehors par rapport aux lois sociales et religieuses, quelquefois aussi dans les marges fluctuantes de leurs limites. L'historien Américo Castro, exilé d'Espagne après la guerre civile, interlocuteur privilégié de Marcel Bataillon, « l'un des maîtres du cervantisme », comme l'appellait Jean Cassou en 1934 dans sa préface au *Quichotte* dans la Pléiade, n'a cessé de rappeler l'origine commune de toute la littérature spirituelle et mystique des XVᵉ et XVIᵉ siècles avec celle des romans picaresques, de *La Celestina*, et surtout du *Don Quichotte*. Or, cette littérature, prise entre l'espérance chrétienne, teintée d'érasmisme, et le *desengaño* picaresque, naît et se développe justement chez ces enfants des premiers juifs convertis, devenus des chrétiens aux vies « psychiquement frontalières ». Dans le roman picaresque, la dérision, la provocation, le jeu constant avec la loi cachent souvent, comme dans *Lazarillo de Tormés*, une distance mais aussi une acceptation brutale, confinant à la soumission. Devenu à la fin du roman un respectable mari, Lázaro accepte le plus philosophiquement du monde que sa femme, la servante de l'Achiprêtre, reste la maîtresse de celui-ci, car son monde est trop étroit, contrairement à celui de Cervantès, pour donner lieu au rêve d'un amour libre ou même à la nostalgie d'un univers intérieur, que les *pícaros* méprisent d'ailleurs et tiennent pour inutile. Il arrive parfois aussi que l'écart entre désir et réalité se transforme en une immense révolte comme dans *Guzmán de Alfarache*. Chez ces anti-héros, le *desengaño* devient tout à la fois soumission et transgression permanente qui tourne à vide, mais trouve une issue salutaire dans l'écriture.

Dans la littérature mystique, en revanche, ce *desengaño* s'accompagne d'une fuite dans les arrière-pays de la subjectivité et de la vie intérieure afin de recréer par la prière et l'écriture un autre monde invisible, plus vrai, celui des *Demeures*, secrètes, indestructibles, celui d'un château de l'âme « tout de diamant et de cristal très clair », comme disait Thérèse d'Avila. Elle est, elle aussi, une grande *desengañada*, mais une *desengañada* femme, à qui ne faisait jamais défaut le désir :

> *Dejánla [el alma] no solamente desengañada de lo que la falsa imaginación le ofrecía, sino tan ansiosa del bien, que vuela luego a él con deseo que hierve.*

1

« Pícaro »

Ce mot d'origine incertaine signifie d'abord « coquin, fripon, gueux », celui qui n'a ni honte, au sens de pudeur (*vergüenza*), ni honneur (*honra*), la plus chrétienne des valeurs nationales dans le théâtre de Lope de Vega — l'auteur « officiel » du Siècle d'or espagnol (XVIᵉ et XVIIᵉ siècles). Le *pícaro* est donc avant tout un caractère espiègle, malicieux (*descarado*) mais surtout un hors-la-loi. Chez certains, comme chez l'auteur du *Lazarillo de Tormés*, le personnage est rusé, parfois fourbe, mais il a une vraie conscience de lui-même, des frontières du monde, en particulier de celles qui séparent son monde de celui de ses maîtres, et de celles de sa propre subjectivité. Malgré le paradoxe apparent de cette filiation, le *pícaro* peut être considéré comme un lointain ancêtre des mystiques. *Pícaros* et mystiques partagent une connaissance aiguë et, parfois tragique, comme chez Mateo Alemán, des lois du pouvoir social et de la « fausseté » de toute autorité mondaine que Thérèse d'Avila, avec le plus « picaresque » des mépris, appelait « autorités de pacotille » (*autoridades postizas*). Mais le *Guzmán de Alfarache* de Mateo Alemán ose s'en prendre à Dieu et à sa création qu'il considère prodigieusement ratée. Le refus mystique du monde tel qu'il est reste chez les *pícaros* refus de toute transcendance.

[L'âme reste non seulement *desengañada* de ce que la fausse imagination lui offrait, mais si avide du bien qu'elle vole vers lui en bouillant de désir.]

León, dedic., *Obras. Sta. Teresa*, cité par Cuervo.

III. « DESENGAÑO » ET DÉSIR DE VIE DANS LE « DON QUICHOTTE »

Américo Castro fut l'un des premiers à souligner le lien entre l'érotisme des textes mystiques et celui de la littérature pastorale de la Renaissance, si présente dans le roman de Cervantès. Dans le *Quichotte* (I-14), c'est d'abord à une femme que revient l'éloge du *desengaño*. Ayant choisi « afin de pouvoir vivre libre, la solitude des campagnes », la bergère Marcela refuse toute culpabilité dans le suicide de son amant. À l'espoir qui aiguise le désir, Marcela soutient avoir toujours opposé le *desengaño* qui détrompe. Sur ses lèvres, celui-ci devient connaissance de l'absolue liberté de l'objet du désir, autrement dit, reconnaissance et acceptation de son indépendance : « Ceux que j'ai rendus amoureux par ma vue, je les ai désabusés par mes paroles [*a los que he enamorado con la vista he desengañado con las palabras*] ». Savoir tragique pour les soupirants de Marcela aveuglés par sa beauté et leur propre désir, savoir inacceptable auquel Grisóstomo préfère la mort, savoir que la jolie bergère défend pourtant jusqu'au bout en refusant de confondre la vérité de son désir, l'absence cruelle de réciprocité entre hommes et femmes, autrement dit le *desengaño*, et le mépris : « Détromper ne doit pas être pris pour du dédain [*que los desengaños no se han de tomar en cuenta de desdenes*] ».

Comme pour Marcela, le désir de vie du chevalier errant et de son écuyer, Sancho, sera d'autant plus grand que le *desengaño* est allé loin. Après avoir été gouverneur de l'île imaginaire de Barataria, Sancho, déçu de constater que le rêve de pouvoir n'était qu'absence de liberté, éprouve un *desengaño* qui n'a rien d'amer. Cette impression ressemble plutôt à l'assurance très forte de se sentir vivant ; dans son dénuement, Sancho a le sentiment de son existence : « *Desnudo nací, desnudo me hallo, ni pierdo ni gano* [Je suis né tout nu, et tout nu je me trouve, je ne gagne ni ne perds] » (II-57). Ce livre, dans lequel « l'Espagne ne cesse de se mirer » (Jean Cassou, introduction à l'édition de la Pléiade), reste, lui aussi, l'ouvrage d'un descendant de juifs convertis, auquel Philippe II refusa à deux reprises le poste que celui-ci le suppliait de lui accorder aux Indes. Seuls y avaient droit ceux qui pouvaient faire preuve de leur « sang chrétien ». Cervantès invente, comme l'avaient fait la plupart des mystiques et des auteurs picaresques, d'autres repères que ceux du pouvoir social et de l'Église pour dire le choc brutal existant entre rêve et réalité. Don Quichotte en meurt — on ne sait pas s'il meurt « de mélancolie (*melancolía*), d'avoir été vaincu ou bien de la volonté du ciel » (II-74) —, mais Cervantès, malgré la publication du faux *Quichotte* d'Avellaneda, écrit jusqu'au bout son propre *Quichotte*. Le terme de *desengaño* apparaît 357 fois dans les deux parties du roman. Comme si le *desengaño* était devenu porteur d'une extraordinaire puissance de vie, dans la dédicace du *Persiles* écrite quelques jours avant sa mort, Cervantès dira ne vivre que de ce désir :

Ayer me dieron la extremaunción y hoy escribo ésta ; el tiempo es breve, las ansias crecen, las esperanzas menguan y, con todo esto, llevo la vida sobre el deseo que tengo de vivir.

[Hier on m'a donné l'extrême-onction (...) le temps est bref, l'angoisse croît, l'espoir fait défaut et malgré tout je porte ma vie par le désir que j'ai de vivre.]

trad. M. Molho.

Le *desengaño* aboutit dans le *Quichotte* à une richesse nouvelle, une richesse qui se situe par-delà le bien et le mal, parce que dogmes et catégories morales ont disparu au profit d'une écriture qui ne cherche ni à prouver, ni à convaincre, mais se préfère art pur de la vie. Or, cet art comporte ceci d'exceptionnel et de fondateur qu'il est dépourvu de tout désir d'une quelconque solution religieuse. Restent la fiction, les rêves, la nostalgie, l'angoisse, le plaisir et surtout un grand besoin de vie vraie, en accord avec elle-même — « *la verdad adelgaza y no quiebra* [La vérité peut se réduire à un fil, mais ne rompt pas] » (II-10).

Dans le roman, la vie loin de la cour et des grandes villes est faite du plaisir des choses les plus simples — Sancho et Don Quichotte, seuls ou en compagnie, improvisent souvent en route les plus délicieux déjeuners sur l'herbe, à faire mourir d'envie tous les ducs de la terre —, mais aussi des choses les plus fantastiques et les plus irréelles, comme le rêve, qui ressemble à un mythe platonicien, de la grotte de Montesinos (II-22-23). Et puis, la vie est faite de mots aussi vivants que la propre vie. Les mots, les mots lus dans les livres de chevalerie, les mots écrits par Miguel de Cervantès, l'auteur, et par le narrateur arabe de la deuxième partie, Cide Hamete Benengelí, les mots traduits par un chrétien pour le lecteur, et aussi les mots parlés, le plus souvent rapportés par un témoin des innombrables personnages qui s'en vont et reviennent transformés au cours du récit, tous ces mots sont là pour dire une alliance radicale avec les choses de la vie, y compris les plus angoissantes, les plus extravagantes, les plus folles. Alors le *desengaño*, au lieu de prendre la forme de l'amertume ou de la fuite, devient pure complicité, douloureuse ou gaie, suivant les rencontres, avec l'aventure de vivre. Comme si tous les mots de la vie et de la littérature n'existaient que pour donner la plus belle forme possible à l'expérience du *desengaño*, expérience qui réside surtout dans l'écart entre désir et réalité — d'où naissent la fiction, mais aussi pour le Quichotte et Sancho la respiration — et qui permet au désir, à défaut de rejoindre son objet, de parvenir à se rejoindre lui-même après de longs voyages (II-72).

IV. GRACIÁN ET LA STRATÉGIE DU « DESENGAÑO »

Le cycle du *desengaño* s'achèvera à la fin de l'âge baroque en Espagne sous une forme catholique et triomphante, presque officielle, avec le jésuite Baltasar Gracián, qui répondit au *desengaño* par une stratégie de la mise en scène, de la manipulation et par un éloge de l'apparence comme unique réalité. Avec Gracián, on est presque à l'opposé du *desengaño* picaresque et mystique, beaucoup plus proche d'une autre forme de désillusion qui relève cette fois-ci d'une parfaite duplicité courtisane : la légèreté amère du *desengaño* picaresque, l'audace mystique consistant à inventer un monde intérieur pour répondre au *desengaño* né du monde tel qu'il est, va devenir construction d'un décor beaucoup plus lourd, où la différence entre l'être et le paraître ne jaillit que par éclairs, avant de disparaître au profit de l'idée que l'être ne consiste que dans la seule apparence — et dans l'obéissance aux lois de la cour : « Homme sans illusions, chrétien sage. Courtisan philosophe : mais sans le paraître, encore moins l'affecter [*Varón desengañado, cristiano sabio. Cortesano filósofo : mas no parecerlo ; menos afectarlo*] » (*Oráculo manual y arte de prudencia*, § 100).

Rebelle à son étrange façon, Gracián passa la moitié de ses jours en délicatesse avec sa propre Compagnie. Bravant les interdictions, il alla jusqu'à publier ses livres à ses propres frais, en particulier les dernières parties du *Criticón* (1653 et 1657) qu'il fit imprimer sans la moindre autorisation, ne se cachant d'ailleurs qu'à moitié, avant de revenir, sur le tard, et comme pour se rattraper, au bercail qu'il n'avait jamais complètement quitté. Chez ce disciple « chrétien » de Machiavel, hobbesien avant la lettre, défenseur de l'emprise que donnent secret et dissimulation, convaincu du besoin de manipuler pour survivre, connaisseur ambitieux des passions sociales qu'il osa mettre à nu, le *desengaño* se transforme en munition, projectile, véritable dynamite destinée à piéger naïfs et imprudents. Arme de guerre devenue invisible et qu'il retourne presque contre lui-même dans la dernière partie de sa vie en proclamant son obéissance à la loi du dédoublement vital, « jésuitique » d'après Pascal, et en transformant la désillusion initiale en besoin d'un calcul permanent, d'une casuistique infinie, afin d'échapper à la menace de mort qui guette à chaque instant :

> *Le secret est le sceau de la capacité* : Cœur sans secret n'est qu'une lettre ouverte. Il n'y a secrets profonds que là où il y a tréfonds, car il faut les espaces d'un grand sein pour cacher de grands desseins. C'est la marque d'une supérieure maîtrise de soi et se vaincre en cela est un triomphe véritable. L'on devient tributaire de tous ceux devant qui l'on n'a pas su se taire. Le salut de la prudence repose sur la réserve intérieure. Les pièges tendus à ce sceau secret sont les assauts d'autrui. La contradiction qui vise à l'effraction, les piques qui pincent et tenaillent pour faire ainsi sauter le verrou le mieux fermé. Les choses qui se doivent faire ne se doivent pas dire et celles qui se doivent dire ne se doivent pas faire.
>
> *Oráculo manual* ; *Manuel de poche*, § 179, trad. fr. B. Pelegrín, p. 91-92.

Le *desengaño* resurgira avec le romantisme pour caractériser, cette fois, dans l'esprit de ce que l'on vit partout ailleurs en Europe, les déconvenues et souffrances de l'amour, de la politique et de l'histoire. Mais, à l'origine, la complexité souterraine du *desengaño* se développe du côté de ceux-là mêmes qui, « détrompés », « désenchantés », par leur mise au ban d'une société hostile, inventèrent d'autres univers et ouvrirent — souvent dans la plus grande marginalité, parfois en prison comme Luis de León ou Cervantès, ou encore, comme Baltasar Gracián, au cœur de l'une des plus puissantes institutions de la Contre-Réforme espagnole, vis-à-vis de laquelle il resta singulier et dissident — maints chemins de traverse, encore présents dans la langue d'aujourd'hui, pour dire cette expérience et la transformer par l'écriture.

Mercedes ALLENDESALAZAR

BIBLIOGRAPHIE

ALEMÁN Mateo, *Le Gueux ou la Vie de Guzmán d'Alfarache, guette-chemin de vie humaine* [1599-1604], 1re partie, trad. fr. M. Molho ; 2e partie, trad. fr. J.-F. Reille, in *Les Romans picaresques espagnols*, Gallimard, « La Pléiade », 1968.

ANONYME, *La Vie de Lazarillo de Tormés* [1553], éd. bilingue, prés. M. Bataillon, trad. fr. et bibl. B. Sesé, Garnier-Flammarion, 1994.

BARUZI Jean, *Luis de León, interprète du Livre de Job*, PUF, 1966.

CASTRO Américo, *Cervantes y los casticismos españoles* [1966], Alianza Editorial, Madrid, 1974.

— *Hacia Cervantes* [1957], Taurus, Madrid, 1967.

— *El pensamiento de Cervantes* [1925], Editorial Noguer, Barcelone, 1972.

— *De la Edad conflictiva* [1961], Taurus, Madrid, 1976.

— *Teresa la Santa y otros ensayos* [1929], Alianza Editorial, Madrid, 1971.

CERVANTÈS Miguel de, *L'Ingénieux Hidalgo Don Quichotte de la Manche* [1re partie 1605, 2e partie 1615], trad. fr. C. Oudin et F. Rosset, revu, corr. et annot. J. Cassou, Gallimard, « La Pléiade », Paris, 1934 ; trad. fr. A. Schulman, Seuil, 1997.

CRIADO DEL VAL Manuel, « Santa Teresa de Jesús en la gran polémica española : mística frente a picaresca », *Revista de espiritualidad*, 22, 1963, p. 377-384.

GRACIÁN Baltasar, *Manuel de poche d'hier pour hommes politiques d'aujourd'hui et quelques autres* [*Oráculo manual y arte de prudencia*, 1647], trad., introd. et notes B. Pelegrín, Editions libres Hallier, 1978.

PELEGRÍN Benito, *Éthique et Esthétique du baroque, l'espace jésuitique de Baltasar Gracián*, Arles, Actes Sud, 1985.

ROJAS Fernando de, *La Célestine, tragicomédie de Calixte et Mélibée* [1507], prés. J. Canavaggio, trad. fr. et notes P. Heugas, in *Théâtre espagnol du XVIe siècle*, Gallimard, « La Pléiade », 1983.

ROSALES Luis, *El sentimiento del desengaño en la poesía barroca*, Madrid, Ediciones de cultura hispánica, 1966.

ROSSET Clément, *Le Choix des mots*, Appendice II, L'Espagne des apparences, Minuit, 1995.

THÉRÈSE D'AVILA, *Œuvres* [1588], trad. fr. Mère Marie du Saint-Sacrement, éd. établie, rév. et annot. par les Carmélites de Clamart et Bernard Sesé, Cerf, 1995, 2 vol.

WARDROPPER Bruce W., *Historia y crítica de la literatura española*, al cuidado de F. Rico, *Siglos de Oro : Barroco*, Barcelone, Editorial Crítica, Grijalbo, 1983.

OUTILS

ALONSO HERNÁNDEZ José Luis, *Léxico del marginalismo del Siglo de Oro*, Université de Salamanque, 1977.

COROMINAS Joan et PASCUAL José A., *Diccionario crítico etimológico castellano e hispánico*, 6 vol., Madrid, Gredos, 1961, nouv. éd., 1984-1991.

COVARRUBIAS Sebastián de, *Tesoro de la lengua castellana o española* [1611], éd. M. de Riquer, Barcelone, Alta Fulla, 1998.

CUERVO Rufino J., *Diccionario de construcción y regimen de la lengua castellana* [1886], Santafé de Bogotá, Instituto Caro y Cuervo, 1994.

OUDIN César, *Tesoro de las dos lenguas española y francesa*, Paris,

1607, Lyon, 1675, repr. en fac-similé Paris, Ediciones Hispano-Americanas, 1968.

REAL ACADEMIA ESPAÑOLA, *Diccionario de Autoridades*, Madrid, 1726, repr. en fac-similé, 3 vol., Madrid, Gredos, 1990.

— *Diccionario de la lengua española*, 2 vol., Madrid, Espasa-Calpe, 21e éd., 1992.

SECO Manuel, ANDRÉS Olimpia et RAMOS Gabino, *Diccionario del español actual*, Madrid, Aguilar lexicografia, 1999.

SESÉ Bernard et ZUILI Marc, *Vocabulaire de la langue espagnole classique* (XVIe et XVIIe siècles) sous la direction de B. Barbord, Nathan Université, 1997.

DÉSINVOLTURE *Désinvolture* est l'une des traductions possibles de l'italien *sprezzatura*, introduit par Castiglione, et qui renvoie à la réflexion italienne sur la civilité et la politesse.

Voir SPREZZATURA ; voir aussi CIVILITÉ, *GRÂCE*, ITALIEN, LEGGIADRIA, *STYLE*.

DÉSIR L'étymologie de *désir* est très parlante. Le mot provient du latin *desiderare*, composé du privatif *de-* et de *sidus, sideris*, « astre » : ancien terme de la langue augurale ou marine, croit-on, *desiderare* signifie littéralement « cesser de voir l'astre », « déplorer l'absence de, regretter », comme *considerare* signifie « voir l'astre », « examiner avec soin ou respect ».

Le terme apparaît ici d'abord comme relevant du vocabulaire de la psychanalyse et, plus précisément, comme l'une des traductions reçues du *Wunsch* freudien : voir WUNSCH, et PULSION (en part. encadré 2, « La *libido* comme force pulsionnelle... ») ; cf. ES, INCONSCIENT.

Il est pris, plus largement, dans un certain nombre de réseaux :

1. Le réseau de l'absence et de la satisfaction, du manque et de la plénitude : voir PLAISIR ainsi que GLÜCK (cf. *BONHEUR*) et *MALAISE* ; cf. *ACTE*.

2. Le réseau de l'amour, y compris sexuel, et de la passion : voir AIMER, PATHOS (cf. *PASSION*), TALENT, et cf. GENDER, GESCHLECHT, SEXE.

3. Le réseau antagoniste de la volonté et de la liberté : voir *LIBERTÉ* [ELEUTHERIA], VOLONTÉ, WILLKÜR.

4. Le réseau des puissances de l'âme : voir ÂME, GOGO ; cf. JE, GEMÜT.

► FOLIE, GOÛT, INTENTION

DESSEIN *Dessein* est, avec *dessin*, l'une des traductions reçues de l'italien *disegno*. En rupture avec la tradition italienne, le français du XVIIIe siècle disjoint en effet, comme l'allemand ou l'anglais, les champs sémantiques du *dessein* et du *dessin*. Voir DISEGNO et *DESSIN* ; cf. CONCETTO et LEGGIADRIA.

À rapprocher néanmoins de *design*, qui désigne non seulement le « dessin », mais la capacité de concevoir des *patterns*, voir STRUCTURE, IV.

Sur l'importance du dessein en esthétique, voir aussi GÉNIE, INGENIUM, MANIÈRE, MIMÊSIS, TABLEAU.

Sur le rapport entre dessein et finalité, voir *DESTIN*, en part. KÊR, encadré 1, « La double motivation... », pour la *boulê* [βουλή], le dessein de Zeus, OIKONOMIA et TALAṬṬUF ; HISTOIRE UNIVERSELLE ; cf. PRINCIPE.

Sur le lien entre dessein, intelligence et acte moral, voir AGENCY, INTENTION, MÊTIS, PHRONÊSIS, POSTUPOK, PRAXIS, *SAGESSE*, VIRTÙ, VOLONTÉ.

► *IDÉE*, SENS

DESSIN *Dessin* est, avec *dessein* dont il se sépare vers 1750, l'une des traductions reçues de l'italien *disegno*. Voir DISEGNO et *DESSEIN*. Cf. CONCETTO et LEGGIADRIA.

À rapprocher de *design*, qui désigne à la fois le « dessin » et la capacité de concevoir des *patterns*, voir STRUCTURE, IV.

Voir aussi, sur le rôle du dessin en esthétique, COLORIS, MANIÈRE, MIMÊSIS, TABLEAU.

DESTIN *Destin*, sur le latin *destinare* (« fixer, assujettir »), est l'une des manières dont, dans les langues romanes, l'homme désigne ce qui lui échappe dans ce qui lui arrive. Les réseaux terminologiques du grec et de l'allemand sont particulièrement fournis.

I. LES CONSTELLATIONS REMARQUABLES

1. **La fortune des représentations grecques**

Les mots grecs liés à l'idée de destin sont très nombreux, ils véhiculent des images et des représentations diversifiées et toujours présentes : la mort, la part, le lot, le fil, le lien, la contrainte, l'atteinte, le suspens : voir KÊR [MOIRA, AISA, HEIMARMENÊ, ANAGKÊ, PEPRÔMENÊ, TUKHÊ]. Si *fortuna* traduit la rencontre caractéristique de la *tukhê* [τύχη] (voir encadré 3 dans KÊR, et VIRTÙ, I), le latin *fatum*, sur *fari*, « parler », ouvre un autre paradigme (voir KÊR, I, C ; voir aussi PORTUGAIS, encadré 1, « Le *fado* »).

Voir également DAIMÔN, THEMIS.

2. **Appel, destination, historicité**

En allemand, Heidegger a fait ressortir les connotations propres au terme de *Schicksal* où interfèrent la destination et l'historicité : voir SCHICKSAL, et cf. EREIGNIS, GESCHICHTLICH. Le réseau comprend *Verhängnis* (« suspens », comme le sens stoïcien de *heimarmenê* [εἱμαρμένη]), et *Bestimmung*, qui ouvre un nouveau massif terminologique lié à l'appel et à la réponse (voir BERUF, STIMMUNG, *VOCATION*) et à la détermination.

Voir également *ÊTRE*, *IL Y A*, et HISTOIRE.

II. DESTIN, LIBERTÉ ET NÉCESSITÉ

1. Le *destin* renvoie à la nécessité, quelle que soit sa nature, calcul ou décision divine, enchaînement naturel ou cosmique, qui régit la vie humaine, et articule dès lors déterminisme, finalité et liberté. Voir *LIBERTÉ* [ELEUTHERIA (encadré 1, « Serf-arbitre »), SVOBODA], VOLONTÉ.

2. Sur le rapport homme-dieu, on se reportera notamment à *ALLIANCE* [BERĪṮ, PIETAS, RELIGIO, SOBORNOST'], *CROYANCE*, *DAIMÔN*, *DIABLE*, *DIEU*, *HUMANITÉ*.

3. Sur la causalité, voir *CHOSE*, ÉPISTÉMOLOGIE, FORCE, NATURE, PRINCIPE, WELT. Sur la probabilité et le hasard, voir CHANCE, et encadré 2, « *Tukhê* et *automaton*... », sous KÊR.

4. Sur la vie humaine, voir *MALAISE*, *VIE* [AIÔN, ANIMAL, DASEIN, ERLEBEN].

5. Sur le rapport entre nécessité, liberté et acte moral, voir GLÜCK, MORALE, POSTUPOK, PRAXIS, *PRUDENCE*, VIRTÙ.

6. Enfin, on peut imaginer d'autres manières, renvoyant à l'homme lui-même, de théoriser ce qui de l'homme échappe à l'homme, voir ES, INCONSCIENT, PULSION, VERNEINUNG ; cf. GENDER, GESCHLECHT, *MALAISE*, PATHOS, SEXE.

► *LOI*, PERFECTIBILITÉ, *PROGRÈS*, SÉCULARISATION

DE SUYO

ESPAGNOL – fr. *de lui-même, de soi, par nature*

lat.	*ex se, per se, secundum se*
all.	*von selbst, an und für sich, ex se*
angl.	*of itself, in its own right*

► ***SOI***, et ANIMAL, ***CHOSE***, DASEIN, ERLEBNIS, ESPAGNOL, ESSENCE, ***IL Y A***, JE, MERKMAL, PROPRIÉTÉ, RÉALITÉ, STAND, UNIVERSAUX

L'expression de suyo*, proposée par Xavier Zubiri (1898-1983), se veut définitionnelle de la réalité. Elle témoigne de manière exemplaire de l'effort pour fonder un vocabulaire philosophique idiomatique dans lequel l'espagnol courant est réactivé au moyen du latin scolastique, sous l'influence de la phénoménologie de Husserl et de l'ontologie de Heidegger.*

Comme les langues romanes en général, l'espagnol possède des locutions adverbiales du type *en soi* et *pour soi*, qui permettent de traduire, au moins partiellement, des formules habituelles au langage de la philosophie comme *kat'hauto* [καθ'αὑτό], *per se*, *a se*, *an sich*, *bei sich*, *in sich*, *für sich*. Parfois, le philosophe hispanophone a enrichi ces traductions en incorporant à ses textes la possibilité qu'offre le langage parlé de réunir ou d' intriquer deux prépositions pour indiquer la mêmeté : *de por si*, *por de dentro*, littéralement « de par soi », « de par le dedans ». On a parfois tenté une appropriation philosophique des procédés spontanés de formation des substantifs et des verbes à partir de ce genre de locutions. C'est ainsi que procède Ortega y Gasset (1883-1955), par exemple avec le mot *ensimismamiento*, « ensoimêmisation », « ipséisation », substantivation du verbe *ensimismarse*, « plonger à l'intérieur de soi-même », « être en soi à l'intérieur de soi », « s'ensoimêmiser », « s'ipséiser », qui provient à son tour de « *en si mismo* », « en soi même », pour désigner dans son propre le mode d'être de l'homme en tant qu'il est ouvert aux choses. Ortega définit le terme de la manière suivante :

> [...] le pouvoir qu'a l'homme de se retirer virtuellement et provisoirement du monde et de rentrer en lui-même (*meterse dentro de sí*) ou, avec un mot magnifique qui n'existe que dans notre langue : que l'homme puisse *ensimismarse*, s'ensoimêmiser [...]. L'homme se trouve, non moins que l'animal, consigné au monde, aux choses qui sont autour, à la circonstance. Au commencement, son existence diffère à peine de l'existence zoologique : lui aussi vit gouverné par ce qui est autour, pris dans les choses du monde comme l'une d'entre elles. Cependant, dès que les êtres alentour le laissent reprendre souffle, l'homme, faisant un effort gigantesque, parvient à un instant de concentration, il entre à l'intérieur de lui-même (*se mete dentro de sí*), il maintient son attention fixée sur les idées qui jaillissent à l'intérieur de lui (*dentro de él*), idées qui ont suscité les choses et qui renvoient à leur action, à ce que le philosophe va appeler « l'être des choses ».
>
> *El hombre y la gente*, in *Obras completas*, t.VII, p. 377 et 379.

Intervenant lui aussi sur la langue commune, Xavier Zubiri (1898-1983), qui faisait partie du groupe de philosophes réunis autour de Ortega y Gasset avant la guerre civile et suivit l'enseignement de Heidegger entre 1931 et 1935, a fait de l'expression *de suyo* un terme technique définissant le caractère formel de la « réalité ». *De suyo* est une locution adverbiale qui signifie « naturellement, proprement, sans suggestion ni aide étrangère » (cf. le lat. *sua sponte*) ; à partir de là, *de suyo* en vient à signifier : « pris dans l'absolu, séparément, sans tenir compte des circonstances. » C'est avant tout le moment du *proprio*, du propre, que le penseur prétend isoler et fixer dans sa positivité, comme ce par quoi et selon quoi les choses sont des choses. C'est la raison pour laquelle on peut parler ici de « réalité » : « Justement le moment de réalité est ceci en propre : "de suyo" » (*Estructura dinámica de la realidad*, Madrid, Alianza Editorial/Fundación Xavier Zubiri, 1989, p. 29).

Ainsi, dans *Sobre la esencia*, Zubiri propose de capter sous le titre de *realidad*, « réalité », la chose en tant que telle dans son antériorité irréductible. Cette antériorité renvoie à un « avant » de l'intellection, qui caractérise l'appréhension du réel en tant que réel. Le problème n'a rien à voir avec une quelconque démonstration de la réalité du monde extérieur ni avec des questions de « théorie de la connaissance ». Il s'agit seulement de s'interroger sur la raison formelle de la réalité, à la lumière de Duns Scot et de Suárez (« ce que nous recherchons ici est la raison formelle de la réalité », *op. cit.*, p. 396). De cette recherche, relève l'examen de l'insuffisance des réponses classiques, que suggèrent des critères comme l'« extra-animité », *extra-animidad*. Le terme est forgé par Zubiri à partir de *extra animam*, pour désigner ce que la scolastique entend par « réalité » : pour la scolastique, « est réalité tout ce qui, au moment d'être conçu, se présente à moi comme ne recevant pas son être de cette conception même : est réalité tout ce qui est *extra animam* [...] Si on me permet l'expression, la réalité est "extra-animité" (*extra-animitad*) » (p. 390). Bien plus, l'identification de la réalité avec l'existence hors de moi, ou hors de l'âme, par opposition avec l'irréel compris comme inexistant, ne s'avère même pas pertinente. Car ce qui définit la réalité tient à l'abîme qui sépare le mode de présence dans le pur sentir « animal » du mode de présence réelle dans le « là » de l'intelligence. Et c'est dans le cadre de cette analyse des modes d'appréhension (pur sentir *vs* intellection), et des qualités de la présence en eux, que peut émerger le *de suyo* comme trait distinctif, propre, de la présence réelle.

L'antériorité du *de suyo*, de la réalité, n'est pas seulement ce que nous pourrions appeler l'antériorité de l'être par rapport au connaître, c'est aussi une antériorité par rapport à l'être même et, dans cette mesure, par rapport à toutes les déterminations qui, au titre de la « nature », de l'« essence », de l'« existence », ont été proposées au long de l'histoire de la métaphysique comme autant de points de référence pour une analyse ontologique du « il y a » : « Avant tout, la réalité n'est pas formellement "nature" (*naturaleza*) ; autrement dit, être "de suyo" ne consiste pas à avoir des principes internes d'action (*principios internos operativos*). Nature est seulement un moment fondé dans la réalité de la chose » (p. 395). Et en ce qui concerne l'essence, au sens classique d'aptitude à l'existence,

> *La cosa no es realmente perro u hombre porque caninidad u hominidad no sean algo quimérico, ni porque connoten la existencia, sino porque son algo que la cosa es « de suyo » ; el conjunto de notas que constituyen lo que es perro u hombre pertenence « de suyo » a esta cosa.*
>
> [Ce n'est pas parce que caninité ou hominité ne sont pas des chimères ou connotent l'existence que la chose est réellement chien ou homme : c'est parce qu'elles sont quelque chose que la chose est *de suyo*; l'ensemble des traits qui constituent cela qui est chien ou homme appartient « de suyo » à cette chose.]
>
> *Sobre la esencia*, p. 399.

Quant à l'existence, Zubiri écrit :

> *No se confunda aquí « de suyo » ni con lo* a se *ni con lo* per se. A se *es tener existencia por sí mismo ;* per se *es la capacidad de existir sin necesidad de un sujeto. Pero « de suyo » es tener existencia en cierta manera* ex se, *tomada la cosa existente* hic et nunc, *es decir, sea cualquiera el fundamento de que exista* [...]. *Así pues, por lo que concierne a la existencia, la realidad consiste* formalmente *en el momento del « de suyo » ; la realidad es en alguna manera* [...] *anterior a la existencia.*
>
> [Il ne faut pas confondre ici « de suyo » avec le *a se* ni avec le *per se*. *A se*, c'est avoir l'existence par soi-même ; *per se*, c'est la capacité d'exister sans avoir besoin d'un sujet. Mais « de suyo », c'est avoir l'existence d'une certaine manière *ex se*, la chose existante étant prise *hic et nunc*, c'est-à-dire quel que soit le fondement à partir duquel elle existe (...). De plus, en ce qui concerne l'existence, la réalité n'est *formellement* rien d'autre que ce moment du « de suyo » ; la réalité est d'une certaine manière (...) antérieure à l'existence.]
>
> *Ibid.*, p. 399.

Ce texte est décisif en ce que Zubiri, contre une terminologie scolastique bien établie, fait violence à une formule latine d'ailleurs insolite *ex se*, pour la proposer comme unique sens possible du *de suyo*, alors que d'autres catégories pourraient sembler plus proches (il est usuel de traduire en espagnol *per se* et *secundum se* par *de suyo*). Le traducteur allemand de *Sobre la esencia* a décidé de renoncer à rendre en allemand *de suyo*, et opté pour la formule *ex se* chaque fois que le contexte le lui permet. En effet, les formules *von selbst* et *an und für sich*, qui sont habituellement proposées pour rendre l'expression espagnole, détournent l'attention de cela même que Zubiri veut donner à penser, à savoir que la réalité est « tout ce qui, et seulement ce qui, agit sur toutes les autres choses ou sur soi-même, *en vertu, formellement, des traits qu'il possède* » (p. 104, c'est nous qui soulignons). Le problème est que la généralisation du *ex se* – proposée par Zubiri en un lieu précis, en relation avec l'existence – comme traduction du *de suyo* (traduction d'ailleurs autorisée par Zubiri), égalise et laisse dans l'obscurité toute la question de l'« avoir » ou de la « possession » (qu'on se souvienne ici du sens non philosophique du grec *ousia* [οὐσία] : la propriété, les biens), le moment du « propre », que connote toujours le *de suyo*. Le traducteur anglais, qui utilise parfois des formules comme « *of itself* » ou « *in its own right* », les fait toujours suivre de l'expression espagnole entre crochets, comme pour marquer son insatisfaction.

Quoi qu'il en soit, si l'antériorité de la réalité, c'est-à-dire du *de suyo*, par rapport à l'essence et à l'existence, est l'antériorité d'une raison formelle par rapport à ce dont elle est raison, réciproquement, l'essence et l'existence doivent pouvoir être récupérées comme moments de la réalité, au même titre que tous les autres concepts qui entrent en jeu dans l'analyse de l'essence. Bien plus, la position habituelle de l'« être » (et de la différence entre l'être et l'étant) par rapport à la réalité doit s'inverser : la réalité n'est pas un type d'être, mais l'être est une sorte d'acte second de la réalité à tel point que, plus que de « *esse reale* », on doit parler de « *realitas in essendo* » (cf. p. 410-413). En ce qui est des alternatives concernant le fondement de l'existence et le problème théologique qu'elles impliquent, Zubiri, qui a bien soin de réfuter l'identification spinoziste de *perseitas* et *aseitas* (« car ce n'est pas la même chose d'avoir par soi-même la capacité d'exister – perséité – et d'avoir l'existence par soi-même – aséité », p. 155), pense l'*aseitas* comme réalité et précisément comme réalité dans toute sa plénitude : en ce sens Dieu serait « le "de suyo" plénier » (p. 468). Et si l'analyse transcendantale de l'essence conduit à caractériser la réalité comme ce qui s'appartient à soi-même et possède son « être propre » ou « son être à soi » (*suum esse*) – permettant de penser le moment de fermeture et d'incommunicabilité du réel en son unité essentielle, toujours individuelle –, cette « sienneté » (*suidad*) pourra bien être reconnue comme fondée dans le *de suyo*. Zubiri en vient à écrire : « le réel est "*suyo*" parce qu'il est "*de suyo*" ». Proposition difficile à traduire et qui, dans la version allemande de *Sobre la esencia*, apparaît en latin : « *reale est suum, cum sit ex se* ».

Il ne s'agit pas tant ici de donner une idée de la philosophie de Zubiri que de cerner le phénomène consistant, pour élaborer la terminologie propre à une pratique philosophique, à spécialiser et rendre intraduisibles des expressions courantes dans une langue. La volonté de l'auteur a consisté, je crois, à faire de ce recours le symptôme d'une différence philosophique de principe, avec l'aide inestimable de la *koinê* du latin scolastique revisité par Heidegger :

> La richesse et la précision infinitésimale du vocabulaire scolastique constituent l'un des trésors qu'il devient

urgent de mettre en circulation. Une grande partie de ce trésor est passé dans la langue nationale, et seul l'abandon dont ont souffert les études philosophiques dans notre patrie a fait tomber dans l'oubli ces dimensions sémantiques essentielles de nos vocables.

Préface à la traduction de Suárez, *Sobre el concepto del ente*, Madrid, Revista de Occidente, 1935.

Maria José CALHEJO HERNANZ
(trad. M. ALLENDESALAZAR,
B. CASSIN et D. de COURCELLES)

BIBLIOGRAPHIE

ÁLVAREZ GÓMEZ Ángel et MARTÍNEZ CASTRO Rafael (éd.), *La filosofía de Zubiri en el contexto de la crisis europea*, Santiago de Compostela, Universidad de Santiago de Compostela, 1996.

BACIERO Carlos, « Presencia suareciana en la metafísica de X. Zubiri », *Cuadernos Salmantinos de Filosofía*, 1980 (7), p. 235-276.

CERCÓS SOTO José, *La esencia en la metafísica (X. Zubiri y Tomás de Aquino)*, Barcelona, PPU, 1994.

— *Del sentido a la realidad. Estudios sobre la filosofía de Zubiri*, Madrid, Trotta/Fundación Xavier Zubiri, 1995.

ELLACURÍA Ignacio, *"Sobre la esencia" de Xavier Zubiri. Índices*, Madrid, Sociedad de Estudios y Publicaciones, 1965.

ORTEGA Y GASSET José, *El hombre y la gente* (curso de 1949-1950 publicado en 1957), in *Obras completas*, Madrid, Alianza/Revista de Occidente, 1983, t. VII.

PINTOR RAMOS Antonio, *Génesis y formación de la filosofía de Zubiri*, Salamanca, Universidad Pontificia, 1983 (2ª ed. ampliada).

— *Realidad y verdad. Las bases de la filosofía de Zubiri*, Salamanca, Universidad Pontificia, 1994.

VILLANUEVA Javier, *Noología y reología : una relectura de Xavier Zubiri*, Pamplona, EUNSA, 1995.

ZUBIRI Xavier, *Sobre la esencia*, Madrid, Alianza Editorial/Fundación Xavier Zubiri, 1998 (la 1ª edición se publicó en « Sociedad de Estudios y Publicaciones », 1962).

— *Vom Wesen*, Munich, Max Hueber, 1968 (trad. all. de Hans Gerd Rötzer, parcialmente revisada por el propio Zubiri).

— *On Essence*, Washington D.C., The Catholic University of America Press, 1980 (trad. angl. de A. Robert Caponigri).

— *Sobre la realidad* (curso de 1966), Madrid, Alianza Editorial/Fundación Xavier Zubiri, 2001.

— *Estructura dinámica de la realidad* (curso de 1968), Madrid, Alianza Editorial / Fundación Xavier Zubiri, 1989.

DEVOIR / DETTE

lat.	*debitum, debere, fallere*
all.	*Schuld, schuldig sein, fallen, müssen, sollen*
angl.	*duty, debt, to owe, ought, must*
esp.	*deuda, deber*
it.	*debito, dovere*

► *DESTIN, DROIT,* ENTSTELLUNG, *JUSTICE, OBLIGATION,* PARDONNER, SOLLEN, *VALEUR,* VÉRITÉ, WILLKÜR

En français comme dans plusieurs autres langues européennes modernes, aussi bien germaniques que romanes, les verbes ou substantifs évoquant l'idée de devoir *(par exemple,* dovere *et* debito *en italien,* deber *et* deuda *en espagnol,* debt *en anglais [*det *et* dette *en moyen anglais]) donnent lieu, à partir du verbe latin* debere *et du substantif* debitum, *à une ambiguïté qui permet de lier trois sens différents : la dette, c'est-à-dire le fait d'être « redevable » vis-à-vis de quelqu'un, l'obligation (« je dois [légalement ou en conscience] »), enfin la supputation, la présomption ou l'éventualité (« je dois [faire erreur] »). Dans certaines langues, cette polysémie se complique quelque peu. Ainsi, en allemand, tandis que* müssen *est un auxiliaire (apparenté à l'anglais* must*) qui désigne le fait d'être soumis à une nécessité ou à une obligation inéluctable, c'est un autre verbe,* sollen, *qui exprime, d'une part, l'obligation morale, d'autre part, l'éventualité, la probabilité ou l'approximation, mais on n'y retrouve pas directement le sens d'« être en dette », néanmoins littéralement présent dans la locution* ein Soll haben, *qui veut dire « avoir un dû, un passif ». Par ailleurs, en allemand, l'idée de dette entre en combinaison avec celle de faute, de telle sorte que ces deux notions sont rendues par le même substantif* Schuld, *tout comme l'adjectif* schuldig *veut dire à la fois « coupable » et « débiteur » (même si, parmi les dérivés de* Schuld, *les uns se rapportent de façon quasi exclusive à la dette [tels* schulden, *« être redevable » ;* Entschuldung, *« rémission de dettes »], d'autres à la faute [*Entschuldigung, *« excuse, demande de pardon » ;* Schuldhaftigkeit, *« culpabilité » ;* entschuldbar, *« excusable, pardonnable »], d'autres encore, comme* Schuldigkeit, *à l'idée d'obligation ou de devoir au sens propre).*

I. LES NOTIONS COMBINÉES D'OBLIGATION, DE PROBABILITÉ ET DE DETTE

Dans les langues où *devoir* s'entend aussi bien de l'obligation et de la simple possibilité que de la notion de dette, on peut sans difficulté, quand on passe de l'une d'elles à une autre, traduire les jeux de mots qui tournent autour de ces significations. L'exemple par lequel Charles Malamoud ouvre l'une de ses remarquables études sur la dette est un bref échange, dans le *Don Quichotte*, entre Sancho et Tosillos. Celui-ci dit au premier : « *Sin duda, este tu amo, Sancho amigo*, debe *de ser un loco* [Sans doute, l'ami Sancho, ton maître *doit* être fou]. » Et Sancho lui réplique : « *Como* debe *? No* debe *nada a nadie*... [Comment *doit* ? il ne *doit* rien à personne...]. » Et Malamoud note que cette ambiguïté se trouve opérante aussi bien pour les langues romanes que pour l'anglais (en jouant toutefois avec les deux formes verbales voisines *ought* et *to owe*), pour l'allemand et même pour le russe. Dans la plupart de nos langues, elle s'explique par l'évolution sémantique du verbe latin *debeo*, qui vient de *de-habeo* et qui signifie « avoir [quelque chose] en le tenant de quelqu'un ». D'où *debitum* (le « dû »), puis *debitor*, qui s'oppose à *creditor*. Or, comme le signale le *Dictionnaire étymologique de la langue latine* d'Ernout et Meillet, « à basse époque, la valeur d'obligation a tendu à s'affaiblir de manière à ne former qu'une sorte de futur périphrastique [...] ou à introduire une hypothèse ». Ainsi ces différentes significations du verbe latin *debere* se retrouveraient-elles en français, mais selon un procès d'apparition, inversé en quelque sorte, dont le *Dictionnaire historique de la langue française* (Alain Rey [dir.]) énumère ainsi les étapes : « [...] l'idée d'obligation, nécessité (842), ses affaiblissements au futur (vers 1050) marquant la probabilité, le souhait ou l'intention (1080), ainsi que l'idée d'être redevable de quelque chose à quelqu'un (avant 1188) ».

On notera cependant qu'il existe ici ou là des tournures étrangères à l'étymon *debere* pour rendre l'idée de devoir au sens de probabilité. Ainsi en va-t-il en italien, où l'on utilise alors le futur, par exemple dans la locution : « *Sarà felice* [Il *doit* être heureux]. » Mais c'est en allemand que le vocabulaire relatif à la notion de « devoir » est particulièrement intéressant. Le fait que différents sens de la notion de devoir (nécessité, obligation et supposition) s'expriment notamment par deux verbes distincts, *sollen* et *müssen*, peut entraîner des difficultés de traduction. On se demandera alors, par exemple, comment rendre en français le titre qu'Arnold Schönberg donna à l'un de ses *Chœurs a cappella opus 27* (1926) : *Du sollst nicht, du musst...* et qui, illustrant le retour du compositeur à la foi juive, définit cette dernière comme condamnant toute représentation sous une forme qui revient à ceci : « Tu ne dois pas [*Du sollst nicht*] te faire des images de la Divinité ; il te revient par nécessité [*du musst*] d'adhérer à l'Esprit. » En réalité, « *ich soll* », qui vient de *sollen* (« devoir », avec le sens de « devoir être »), se situe sur le registre d'un ordre à instaurer ou à défendre et signifie : « Je suis dans l'obligation de... », cette obligation pouvant procéder elle-même d'une *Schuld* entendue au sens soit d'une dette à payer, soit d'une faute à expier. En revanche, « *ich muss* » vient de *müssen* qui veut dire aussi « devoir », mais un devoir compris comme une nécessité contraignante relevant de l'idée de « falloir », c'est-à-dire, pour rester dans la même ligne étymologique, d'un « dé-faut à restaurer » ou d'un manque à combler (voir WILLKÜR). Aussi, lorsqu'il se pose la deuxième question de son programme philosophique (« Que dois-je faire ? »), Kant recourt-il au verbe *sollen* : « *Was* soll *ich tun* ? » De même, quand il se donne un impératif moral qui échappe à la « pathologie » des intérêts humains pour ne relever que de la loi du « respect » (et dans lequel Nietzsche verra, comme Sade, un « impératif de cruauté »), il prend soin de le formuler sur le mode du *sollen* : *Du sollst*, et non *Du musst* (ce qui se rapporterait à une contrainte appartenant à l'ordre de la nécessité ou du besoin).

De plus, l'idée de dette combinée avec celle d'obligation présente en allemand, comme le signale Malamoud, une intéressante particularité : « au verbe *sollen*, "devoir" (expression, ici, de la modalité du probable), fait écho, pour signifier "être en dette", non pas une autre construction ou une autre forme de ce même verbe, mais la locution *ein Soll haben*, "avoir un débit, un passif" ; dans la comptabilité, en effet, *Soll* est le "doit", par opposition à l'"avoir" » (art. « Dette [Anthropologie] », *Encyclopædia universalis*, vol. 7, 1990, p. 294-300). On peut d'ailleurs noter, en revenant à Kant, que l'idée d'obligation peut être rendue en allemand par le substantif abstrait *Schuldigkeit* correspondant à *Schuld*, terme qui signifie à la fois « faute » et « dette ». En effet, tandis qu'on traduit généralement en français la *Verbindlichkeit* (sur *binden*, lier) kantienne par « obligation » (sur *ligare* lat., lier, voir RELIGIO), certains germanistes proposent de rendre par « obligation » *Schuldigkeit*, qui renferme littéralement l'idée d'une culpabilité fondamentale, laquelle devient alors elle-même source d'obligation (*Critique de la raison pratique*, trad. L. Ferry et H. Wismann, Gallimard, « Folio. Essais », 1985, p. 118) [sur le rapport entre les formulations de la dette, de la faute et du lien, voir Richard Broxton Onians, *Les Origines de la pensée européenne*, trad. fr. B. Cassin, A. Debru et M. Narcy, Seuil, 1999, en part. p. 515-524].

La même combinaison des trois significations qu'on vient d'évoquer se retrouve en anglais, où l'idée d'obligation et celle de possibilité sont rendues par *ought*, qui n'est autre que le prétérit de *to owe*, verbe signifiant « être en dette » ou « avoir une obligation vis-à-vis de quelqu'un », comme c'est le cas, dans *Le Marchand de Venise*, pour Antonio avec le *bound* (ou le *bond*) qui le « lie » à Shylock. Nietzsche a pu penser à cet exemple de pacte et de « conscientisation » de la dette lorsqu'il écrit :

> Le débiteur (*Der Schuldner*), pour donner confiance en sa promesse de remboursement (*um Vertrauen für sein Versprecher der Zurückbezahlung einzufllössen*), pour donner une garantie du sérieux et de la sainteté de sa promesse, pour s'inculquer à soi-même le devoir de rembourser et pour faire entrer cette obligation dans sa propre conscience (*um bei sich die Zurückbezahlung als Pflicht, Verpflichtung seinem Gewissen einzuschärfen*), engage par la force d'un contrat, pour le cas où il ne paierait pas, un bien qu'il « possède », dont il dispose encore, par exemple son corps ou sa femme ou sa liberté ou même sa vie [...]
>
> *La Généalogie de la morale*, trad. fr. modifiée I. Hildenbrand et J. Gratien, p. 68.

L'allusion à la « livre de chair » qui devrait être prélevée par Shylock sur le corps de son débiteur Antonio paraît encore plus plausible lorsque Nietzsche, bien que ne mentionnant alors que les Égyptiens, poursuit en ces termes :

> Le créancier (*Der Gläubiger*) pouvait notamment infliger au corps du débiteur toutes sortes d'humiliations et de tortures, par exemple en découper un morceau qui paraissait correspondre à la grandeur de la dette : de ce point de vue, très tôt et partout, il y eut des estimations précises, parfois atroces dans leur minutie, estimations ayant *force de droit* (*zu Recht bestehende*) de chaque membre et de chaque partie du corps.
>
> *La Généalogie de la morale*, *ibid.*

II. LA FAUTE ET LE FAUX ; FAILLIR ET FALLOIR

Il y a donc dans la plupart des langues européennes modernes une étroite parenté entre, d'une part, les deux sens du verbe *devoir* — « je *dois* lui pardonner » et « cela *devait* m'arriver » — et, d'autre part, l'idée d'être redevable de quelque chose à quelqu'un. Mais, dans la notion de dette, celle de devoir se combine aussi avec celle de faute, comme on le constate en allemand, où le même mot *Schuld* signifie à la fois « dette » et « faute » :

> Or *Schuld* dérive d'une forme gotique *skuld* qui elle-même se rattache à un verbe, *skulan*, « avoir l'obligation », « être en dette » (il traduit, dans l'Évangile, le verbe grec *opheilô*, qui a les deux acceptions) et aussi « être en

> faute ». D'autre part, du même radical germanique *skal, mais avec un autre traitement de l'initiale, dérivent le verbe allemand *sollen*, « devoir (faire) », et l'anglais *shall* qui, spécialisé aujourd'hui dans l'expression du futur, signifiait, à un stade plus ancien de la langue, « devoir » au sens plein.
>
> C. Malamoud, *Encyclopædia universalis*, p. 295.

À ce propos, se référant à la *Deutsche Mythologie* de Jakob Grimm, Freud signale que le nom, Skuld, de la troisième des Nornes du folklore scandinave « fait écho aux mots anglais *shall, should*, allemands *soll, Schuld*, qui connotent l'idée de devoir et dont certains servent à exprimer le futur ». Il ajoute qu'« on peut donc considérer que les trois noms [des Nornes] renvoient respectivement au passé, au présent et à l'avenir » (« Le Motif du choix des coffrets », in *L'Inquiétante Étrangeté*, trad. fr. B. Feron Gallimard, 1985, p. 75, note c). Le fait que *Schuld* ait en allemand la double signification de « dette » et de « faute » oblige à tabler sur le contexte pour savoir à laquelle des deux on a affaire dans une occurrence précise. On observera cependant que, s'en prenant à l'ignorance des « généalogistes de la morale » en matière de philologie, Nietzsche distingue les deux significations en expliquant que « le concept de *Schuld* [faute] par exemple, concept fondamental de la morale, remonte au concept très matériel de *Schulden* [dettes] », ce pluriel ayant alors la valeur d'une concrétisation (*op. cit.*, p. 66).

Mais ce lien de l'idée de dette avec celle de faute nous conduit à une autre configuration terminologique qui, en français par exemple, va des verbes « faillir » et « falloir » à la locution « il faut » et aux substantifs « faute » ou « défaut », l'ensemble de ces notions formant un écheveau parfois embrouillé par les états successifs de la langue — au point que le *Dictionnaire* d'Ernout et Meillet en juge « l'étymologie embarrassante ». Le français « faute » provient du latin populaire *fallire*, qui est une altération du verbe classique *fallere* (issu du grec *sphallein* [σφάλλειν] et signifiant « tromper, manquer, faire trébucher ») et qui donnera « faillir » et « falloir ». Dans ce champ dérivationnel, on trouve notamment à partir de l'ancien français : *faille* (erreur, mensonge), *faillement* (chute, anéantissement, défaut), *faillance* (faute, faiblesse), *faut* (manquement, à partir du XVIe siècle), *faute* (au sens de « faute de » ; manquement, péché), *defaillir* (faire défaut, s'éteindre), *mesfaillir* (XVIe siècle, commettre une faute). L'unipersonnel « il faut » (que les Allemands traduisent par *es muss*, par *es ist nötig* ou par *ich soll, du sollst*, etc., avec l'infinitif) comporte alors l'idée soit d'obligation, soit de nécessité.

La même étymologie a donné en allemand : les verbes *fehlen* (échouer, pécher) et *fallen* (intransitif qui veut dire « tomber, choir, décroître »), les substantifs *der Fehler* et *das Fehlen* (faute, erreur, manquement), les adjectifs *fehlerfrei* et *fehlerloss* (parfait, sans faute). Le verbe *fallen* a pour dérivé le substantif *Einfall*, qu'on peut traduire par « chute », mais aussi par « intuition », et même par « irruption » ; et c'est ainsi que, comme le fait remarquer Georges-Arthur Goldschmidt, « toute l'œuvre de Freud était peut-être une constante modulation autour du verbe *fallen*. Les actes manqués, les fameuses *Fehlleistungen* qui tiennent tant de place chez Freud, sont ce que l'on remarque, ce qui surgit soudain dans le discours ; ils sont ce qui "*fällt auf*", "*es fällt auf*" : cela frappe, on le remarque, même si cela n'est dû qu'au hasard, au *Zufall*, à "ce qui tombe devant vous en plus" » (*Quand Freud voit la mer*, p. 27).

En anglais, tandis que *duty* (en moyen angl. *dewe*) et *due* semblent dériver du latin *debere*, la configuration issue de *fallere* comprend notamment : les verbes *to fall* (tomber, choir, décevoir) et *to fail* (manquer, échouer, rater), les substantifs *fault* (défaut, erreur) et *failure* (faute, échec). Dans les langues romanes, anglo-saxonnes et germaniques, à l'idée de manquement et de faute s'ajoute celle de faux, falsification, fallacieux, etc. : *false* en anglais, ou *falsch* en allemand, viennent de *falsus*, participe passé de *fallere*, verbe dont les deux sens principaux de « tromper » et d'« échapper » remonteraient à une signification unique qui signifie « cacher, être caché » ou se dérober (cf. Ernout et Meillet, *s. v.* « *fallō* »).

III. LA DETTE VÉDIQUE : UNE DETTE SANS FAUTE ORIGINAIRE ET PRÉEXISTANT AU DEVOIR

On peut alors mesurer ce qui s'est perdu de l'idée de dette dans ce réseau centré sur la notion de faute et relevant de la base *faill-*. En effet, comme le montre C. Malamoud qui prend en compte, à ce sujet, l'institution du prêt à intérêt telle que Benveniste l'analyse, si la dette est proche du devoir, c'est que :

> [...] le devoir est dette quand il y a obligation non de faire, mais de rendre. Il y a dette quand la tâche ou la dépense ou le sacrifice que le devoir exige est présenté, pensé comme une restitution, un retour, une compensation. « Devoir payer cent francs », ce n'est pas la même chose que « devoir cent francs ». Plus précisément, « devoir cent francs » est un cas particulier de « devoir payer cent francs ». [...] Modèle du devoir, le devoir-rendre est souvent l'identité que se donnent les autres devoirs [...]. Nous nous écartons plus nettement du devoir pur et simple quand la dette devient une relation qui met en présence non plus le débiteur et le créancier, mais l'emprunteur et le prêteur, quand la dette devient une institution réglée, qu'elle porte sur des biens matériels et mesurables et surtout quand, pour s'en acquitter, il faut verser des intérêts [...]
>
> *Encyclopædia universalis*, vol. 7 [1990], art. « Dette (Anthropologie) ».

Si on le rencontre dans plusieurs langues indo-européennes, mais aussi dans d'autres telles que l'hébreu, le lien entre devoir, dette et faute n'existe pas dans toutes les langues. C'est ainsi que le terme sanscrit, *ṛṇa*, qui correspond à *dette* « est sans rapport étymologique d'aucune sorte avec une racine verbale qui signifierait *devoir* ni avec les substantifs qui désignent les différentes formes de l'obligation ». En réalité, ce qui caractérise la pensée indienne, c'est l'idée que tout homme, du fait même de sa naissance, se trouve d'emblée chargé de dettes au point qu'il se définit comme *étant* personnellement « dette » de manière originaire et constitutive. « Dette à la mort, d'une part : son existence même est un "dépôt" que le dieu de la mort, Yama, lui réclamera nécessairement ; et, d'autre part, dette à un quadruple groupe de créanciers : les dieux, les ancêtres, les "voyants" qui ont transmis aux hommes le texte sacré du Veda [...], les autres hommes enfin » (C. Malamoud, *ibid.*, p. 297-298). Ainsi sera libre de cette dette fondamentale celui-là qui aura eu un fils, qui accomplit les rites sacrificiels prescrits, qui a mené la vie d'étudiant brahmanique... Mais la théologie védique n'apporte pas de réponse à la question de savoir ce qui fait que l'homme est ainsi redevable ni par rapport à quelle sorte d'emprunt il serait devenu débiteur. Cela contraint l'exégète à revenir sur des problèmes de vocabulaire :

> [...] le terme *ṛṇa*, « dette », a un sens technique précis ; il appartient au lexique de l'économie, et désigne l'obligation de restituer un bien emprunté, ou son équivalent, et ne saurait passer pour un synonyme de « devoir » ou d'« obligation » en général. Nous sommes donc en présence de ce paradoxe : une dette sans emprunt préalable, ou du moins sans conscience de l'événement de l'emprunt, une conséquence sans cause ; un présent sans passé. La contrainte actuelle ne saurait donc être perçue comme le résultat d'une faute commise ; si la dette congénitale est un manque (à combler par l'exécution du programme de rites), elle n'est pas un défaut, encore moins le signe d'un péché, le point d'aboutissement d'une chute ; et les obligations-restitutions qui s'imposent à l'homme ne sont pas une expiation, ne sont pas dictées par une condamnation, et le sentiment de culpabilité n'a pas lieu d'être. Non que la religion du Veda ignore la faute et la souillure ; tout au contraire [...]
>
> C. Malamoud, in *L'Apport freudien*, p. 592.

Néanmoins, si la théologie védique ne se prononce pas sur l'origine de la dette congénitale qui affecte tout homme, elle reste ouverte à des connotations du terme de *ṛṇa* dans lesquelles « les notions de "faute" et de "dette" (les deux sens du mot allemand *Schuld*) s'appellent l'une l'autre ». Cela explique que le sujet individuel en vienne à s'interroger dans l'anxiété sur ses éventuelles fautes passées comme si elles pouvaient lui permettre de comprendre ses malheurs actuels et la « dette impayée qu'il a ici-bas » vis-à-vis de Yama, le dieu de la mort et le patron de toutes les dettes.

♦ Voir encadré 1.

Tout au moins dans les langues où « devoir » appartient à la généalogie du latin *debere*, et peut-être aussi dans l'Inde védique, la « dette symbolique » semble déterminer un champ lexical dans lequel l'obligation revêt un sens plus profond que celle qui relève du champ juridique et financier où l'on a à rendre une chose ou une somme empruntée. Le premier de ces deux registres, en effet, « a trait à l'obligation au sens de la réciprocité (on serait donc dans le domaine du don/contre-don) », dans une sphère où règne l'échange entre des dons, tel don en appelant un autre en retour (cf. M. Hénaff, *Le Prix de la vérité*, p. 274). En revanche, dans le rapport de type pécuniaire établi entre un créancier et son débiteur, l'obliga-

1

La « dette symbolique » selon Lacan

► SIGNE

On peut se demander si l'on ne trouverait pas un écho de cette théologie brahmanique de l'homme débiteur dans ce que Lacan appelle « le jeu implacable de la dette » quand il se réfère à la métaphore cosmique (*Écrits*, p. 278) que Rabelais, dans le *Tiers Livre*, met en ces termes dans la bouche de Panurge :

> Vous me demandez quand j'en aurai fini avec les dettes ? Il y a bien pire ; je me voue à saint Babolin si, toute ma vie, je n'ai pas considéré que les dettes constituaient une sorte de liaison et d'union des cieux et de la terre, un moyen unique de conservation de la race humaine, c'est-à-dire sans lequel tous les humains périraient bientôt, et si je n'ai pas estimé qu'elles étaient cette grande âme de l'univers, qui selon les Académiques vivifie tout.
>
> *Œuvres complètes. Le Tiers Livre*, G. Demerson (éd.), p. 383.

En maints endroits de son *Séminaire*, en effet, Lacan fait de l'idée de cette dette fondamentale une clef privilégiée pour sa théorisation du symbolique :

> Le commandement de la mort y est [dans la tragédie antique]. Et pour y être sous une forme voilée, il peut s'y formuler et y être reçu comme relevant de cette dette qui s'accumule sans coupable et se décharge sur une victime sans que celle-ci ait mérité la punition [...]
>
> *Le Transfert*, p. 122.

> Le Verbe [de l'Évangile] n'est point seulement pour nous la loi où nous nous insérons pour porter chacun la charge de la dette qui fait notre destin. Il ouvre pour nous la possibilité, la tentation d'où il nous est possible de nous maudire, non pas seulement comme destinée particulière, comme vie, mais comme la voie même où le Verbe nous engage et comme rencontre avec la vérité, comme heure de la vérité. Nous ne sommes plus seulement à portée d'être coupables par la dette symbolique. C'est d'avoir la dette à notre charge qui peut nous être, au sens le plus proche que ce mot indique, reprochée. Bref, c'est la dette elle-même où nous avions notre place qui peut nous être ravie, et c'est là que nous pouvons nous sentir à nous-mêmes totalement aliénés [...]
>
> *Ibid.*, p. 354.

En réalité, avant d'envisager ce thème sous l'angle de la mort et sous celui de la loi posée par le Verbe, Lacan fait de la dette le pilier d'un ordre que, s'inspirant de Lévi-Strauss, il définit comme étant la « chaîne symbolique » par opposition à la « chaîne de l'expérience » où rien ne s'articule ni ne s'échafaude. Le vécu, en effet, ne s'ordonne, ne prend sens et ne peut être analysé « si ce n'est à partir du moment où le sujet entre dans un ordre qui est ordre de symboles, ordre légal, ordre symbolique, chaîne symbolique, ordre de la dette symbolique [...] » (*La Relation d'objet*, p. 102), un tel ordre préexistant à tout ce qui, dans l'expérience, arrive au sujet, ses événements, ses satisfactions, ses déceptions...

BIBLIOGRAPHIE

LACAN Jacques, *Écrits*, Seuil, 1966.

— *Le Séminaire*, texte établi par Jacques-Alain Miller, livre IV, *La Relation d'objet*, Seuil 1994 ; livre VII, *L'Éthique de la psychanalyse*, *ibid.*, 1986 ; livre VIII, *Le Transfert*, *ibid.*, 1991.

tion à laquelle est soumis ce dernier est exposée par contrat à une sanction qui, si la dette n'est pas remboursée, peut être sans pitié. Et c'est sur ce modèle-là que Nietzsche semble fonder toute sa conception d'une dette qui ne peut que créer chez le débiteur un état de dépendance et d'humiliation avec son cortège d'angoisse, de mauvaise conscience, de sentiments de culpabilité ou de dévalorisation caractéristiques de la honte (cf. F. Tricaud, *L'Accusation*).

Charles BALADIER

BIBLIOGRAPHIE

BENVENISTE Émile, « Prêt, emprunt et dette », in *Vocabulaire des institutions indo-européennes*, Minuit, 1969, t. 1, chap. 16, p. 181-197.

GOLDSCHMIDT Georges-Arthur, *Quand Freud voit la mer. Freud et la langue allemande*, Buchet-Chastel, 1988.

HÉNAFF Marcel, *Le Prix de la vérité. Le don, l'argent, la philosophie*, chap. 6, « La Logique de la dette », Seuil, 2002, p. 269-317.

MALAMOUD Charles, « Présentation » et « Théologie de la dette dans les Brāhmaṇa », *in* C. MALAMOUD (dir.), in *Puruṣārtha*, n° 4, *La Dette*, École des hautes études en sciences sociales, 1980.

— « Présentation » et « Dette et devoir dans la vocabulaire sanscrit et dans la pensée brahmanique » *in* C. Malamoud (dir.), *Lien de vie, nœud mortel. Les représentations de la dette en Chine, au Japon et dans le monde indien, in* l'École des hautes études en sciences sociales, 1988 [repris dans *Cuire le monde, Rite et pensée dans l'Inde ancienne*, chap. 5, « La théologie de la dette dans le brahmanisme », La Découverte, 1989, p. 115-136, et dans l'art. « Dette (Anthropologie) », in *Encyclopædia universalis*, vol. 7, 1990].

— « Psychanalyse et sciences des religions », *in* P. KAUFMANN (dir.), *L'Apport freudien*, Bordas, 1993, p. 587-596.

NIETZSCHE Friedrich, *Zur Genealogie der Moral*, *Kritische Studienausgabe*, t. 5, G. Colli et M. Montinari (éd.), Munich, Deutschen Taschenbuch Verlag de Gruyter, nouv éd., 1999 ; trad. fr. I. Hildenbrand et J. Gratien, Gallimard, « Folio-Essais », 1971.

RABELAIS François, *Œuvres complètes. Le Tiers Livre*, G. Demerson (éd.), Seuil, 1973.

SARTHOU-LAJUS Nathalie, *L'Éthique de la dette*, PUF, 1997.

TRICAUD François, *L'Accusation. Recherche sur les figures de l'agression éthique*, chap. 5, « La Dette », et chap. 6, « L'Expérience de la honte », Dalloz, 1977, p. 107-146.

OUTILS

Encyclopædia universalis, vol. 7, Paris, 1990.

ERNOUT Alfred et MEILLET Antoine, *Dictionnaire étymologique de la langue latine*, Klincksieck, 4e éd., 1967.

DIABLE

hébr.	*Sāṭān* [שָׂטָן]
gr.	*diabolos* [διάϐολος], *daimôn* [δαίμων]
lat.	*diabolus, daemon*
all.	*Teufel*
angl.	*devil, evil, fiend*
esp.	*diablo*
it.	*diavolo, demonio, demone*

► *BIEN*, DAIMÔN, DIEU, DUENDE, FOLIE, *IMAGE* [EIDÔLON], INGENIUM, PLAISIR, RUSE

Dans leurs théologies et leurs démonologies respectives, les différents systèmes religieux ou philosophiques de l'Orient et de l'Occident antiques ont eu à se poser des questions comme celle de savoir si, dans le cas où ils accordent une existence et une puissance particulières à un agent du mal, ce principe est, comme dans le dualisme, pleinement autonome par rapport au principe du bien ou s'il n'agit que sous le pouvoir de ce dernier, dieu suprême et seul éternel, auquel toute influence maléfique sur le monde reste soumise. Se pose ensuite le problème des rapports entre le Prince du Mal et les démons inférieurs dont il fait ses instruments. Quelles que soient les réponses possibles à ces questions, l'Esprit mauvais sera, dans la plupart des langues européennes, désigné par référence aussi bien au daimôn *[δαίμων] de l'Antiquité grecque ou latine qu'au Satan des Sémites* (Sāṭān [שָׂטָן] *en hébreu,* šayṭān [شيطان] *en arabe et* satanas *en grec* [Σατανᾶς]) *désigné sous le nom de* diabolos [διάϐολος] *par la Bible hellénique. Ainsi, en français,* Satan *prend indifféremment le nom de* Diable *ou de* Démon *(avec des synonymes très divers). En allemand, par contre, les deux voies sémantiques restent distinctes ; la seconde, celle du* daimôn *[voir* DAIMÔN] *ou du « démonique », demeure assez nettement détachée de celle du* diabolos, *c'est-à-dire de ce qu'on entend ailleurs par « diabolique », « satanique » ou « démoniaque ».*

I. DE SATAN AU DIABLE

C'est par le substantif grec *diabolos* [διάϐολος] — forgé par eux à partir de *diaballein* [διαϐάλλειν] (« jeter, pousser » (*ballein* [βάλλειν]) « entre », ou « à travers », ou « de côté et d'autre [*dia*] », et donc « diviser », « séparer », « accuser », « calomnier ») — que les Septante traduisent le nom hébraïque *Sāṭān* [שָׂטָן], que la Bible juive, puis le Nouveau Testament et le Coran donnent au Prince des démons. Le Satan biblique (de la racine *sâṭân*, provenant de l'akkadien *sattânu*, qui signifie « attaquer, uriner sur, combattre ») est désigné comme l'« adversaire » (cf. 2 Samuel 19, 23 ; 1 Rois 5, 18 ; 11, 14, 23, 25) ou l'« accusateur [devant un tribunal], le calomniateur, le dénigreur » (cf. Psaumes 109, 6). Mais, dans Job 1, 6, comme dans Zacharie 3, 1-2, cette appellation, précédée de l'article, n'est encore qu'un nom commun. Elle ne semble devenir un nom propre que dans le premier Livre des Chroniques, où il est dit que « Satan se dressa contre Israël et incita David à dénombrer les Israélites » (21, 1), conduite censée relever de l'orgueil.

Dans le Coran, « Satan » n'est pas d'abord un nom propre. Il est employé, le plus souvent avec l'article, tantôt au singulier, *šayṭān* [شيطان], tantôt au pluriel, *šayāṭīn* [شياطين]. Ainsi *al Sayṭân* désigne-t-il le Démon et *al sayâṭîn*, les démons. *Satan* est le même mot en arabe et en hébreu qui se rattache à un verbe signifiant « être éloigné [de la vérité ou de la miséricorde divine] ». Le Coran mentionne aussi ce Satan sous le nom d'Iblis, appellation qui, par un procédé classique de dérivation, s'apparente au grec *diabolos* et qui désigne l'ange rebelle, le chef de la révolte contre Dieu et de l'incroyance : « Lorsque nous avons dit aux anges : Prosternez-vous devant Adam !, ils se prosternèrent, à l'exception d'Iblis qui refusa et qui s'enorgueillit : il était au nombre des incrédules » (2, 32). Les six autres passages où le nom d'Iblis est mentionné dans un contexte similaire font aussi de ce personnage un ange, maudit et déchu à cause de sa désobéissance, comme le démon des traditions juive et chrétienne. En effet, les trois monothéismes voyaient originellement dans les anges des membres de la cour céleste, puis des messagers du Très Haut dont certains en vinrent à s'insurger contre l'ordre divin.

La diffusion, dans les premières communautés chrétiennes, de la traduction grecque de la Bible par les Septante conduisit les écrivains sacrés et les Pères de l'Église à adopter le grec *diabolos* et le latin *diabolus* pour désigner le Satan des textes hébraïques. L'Apocalypse de Jean (12, 9) désigne l'esprit mauvais comme étant « le *Diabolos* ou le *Satanas* [Σατανᾶς] » : « On le jeta donc, l'énorme Dragon, l'antique Serpent, le Diable ou le Satan, comme on l'appelle, le séducteur du monde entier [de l'*oikoumenê* (οἰκουμένη)]. » Dans l'évangile de Jean (8, 44), Jésus, au plus fort d'une querelle avec ses coreligionnaires, leur déclare : « Vous êtes du diable, votre père (*humeis ek tou patros tou diabolou este* [ὑμεις ἐκ τοῦ πατρὸς τοῦ διαϐόλου ἐστὲ ; dans la Vulgate : *vos ex patre diabolo estis*]). » De même, la littérature chrétienne latine, par exemple, avec Tertullien (*De anima*, 35), adoptera, pour désigner Satan, le terme *diabolus* venu des Septante, tout en donnant au principe du mal une multitude d'autres noms, tels que le Démon, l'Adversaire, le Tentateur, le Père du mensonge, le Prince de ce monde, l'Antéchrist, la Bête, le Malin, le Prince des ténèbres, Lucifer. Par ailleurs, le Nouveau Testament, les écrits apocryphes chrétiens et les Pères de l'Église reprendront le terme de *démon* pour désigner les anges déchus et malfaisants, ainsi que les dieux païens eux-mêmes, qu'ils appellent « les idoles » (εἴδωλα : 1 Cor. 12, 2 ; cf. Septante, 4 Rois 17, 12).

♦ Voir encadré 1.

Le judaïsme rabbinique et talmudique, qui ne pouvait admettre sans réserves la traduction de la Bible par la diaspora d'Alexandrie, est resté fidèle à l'appellation de Satan (ou de Sammaël, l'Ange de la mort), mentionnée cependant avec l'article défini. *Le satan* règne alors sur un certain nombre de démons (*šēdīm* [שֵׁדִים]) qualifiés par le Midrash et le Talmud de « pernicieux (*mazzīqīm* [מַזִּיקִים]) », tels que Beelzebul, Azazel (personnification du désert où est envoyé le bouc émissaire dans le rituel de Yom Kippour), Belial (ou Beliar), Asmodée (le démon qui tua successivement les sept premiers maris de Sara, la future femme du jeune Tobie), Béhémot, Léviathan... On trouve aussi, dans cette littérature, des démones, comme Lilith, dont le judaïsme rabbinique a fait la première femme d'Adam ou même la compagne de Sammaël : selon les targums et les midrashim, Sammaël serait le serpent de la Genèse (chap. 3) qui séduisit Ève, engendrant avec elle Caïn, connu dès lors sous le nom de « fils du Diable ». Mais c'est la tradition du *diabolos* alexandrin qui s'est imposée dans le lexique de nos langues actuelles pour désigner le Mauvais Ange, ainsi qu'on le voit avec « diable », *diavolo* (it.), *diablo* (esp.), et même avec *Teufel* (all.), comme avec l'*Iblis* de l'arabe coranique.

II. DU CALOMNIATEUR AU TENTATEUR

Dans les trois traditions monothéistes, le Diable commande à une légion de démons, qui sont ses serviteurs ou ses instruments, de sorte qu'il est difficile de savoir, dans tel ou tel texte, si l'on a affaire à Satan lui-même ou à l'un de ses acolytes. Hormis, en particulier, le passage des Chroniques qu'on a signalé, la Bible juive en hébreu se réfère généralement à un *satan* (ou *diabolos*) mal déterminé. Il peut en être ainsi de l'ange qui se fait, devant le tribunal de Dieu, l'accusateur de Job au milieu de ses épreuves. Et, même dans le premier *Faust* de Goethe, lorsque le héros du drame rencontre Méphistophélès (nom à l'étymologie incertaine, mais qui peut faire penser à l'adjectif du bas latin *mephiticus*, « qui exhale une odeur pestilentielle et délétère »), il ne voit en lui que « la poigne glacée du Diable [*die kalte Teufelsfaust*] », c'est-à-dire l'un des nombreux « esprits qui nient » et de ceux qui forment l'anonyme société infernale. Cependant, les textes du Nouveau Testament et des apocryphes juifs et chrétiens, ainsi que ceux de la Mishna et du Talmud, désignent de plus en plus fréquemment par son nom propre le Diable, qui est alors présenté surtout sous les traits du Tentateur

1

Lucifer

L'appellation de Lucifer (en latin, « porte-lumière »), qui désignait chez les Anciens la planète Vénus, fut attribuée incidemment, dans le Nouveau Testament, au Christ lui-même — qu'on qualifie alors, d'après le Siracide (50, 6), de *Stella matutina* —, mais elle reste, dans les premiers siècles de l'Église et sous l'influence persistante du judaïsme, un des noms de Satan. C'est à partir de saint Jérôme et surtout au Moyen Âge qu'on en vint, dans la tradition patristique, puis, par exemple, chez Dante (*Inferno*, 31, 143 ; 34, 89 ; etc.), à désigner le Prince des démons sous la figure de l'ange déchu. Et cela à partir du passage d'Isaïe sur la chute du roi de Babylone, sans doute Nabuchodonosor ou Nabonide, ou un autre tyran d'Assyrie, Sargon ou Sennachérib :

> Comment es-tu tombé du ciel, étoile du matin (*Lucifer*, dans la Vulgate ; *Heôsphoros* [Ἑωσφόρος] "qui amène l'aurore", chez les Septante] ? Toi qui avais dit dans ton cœur : J'escaladerai les cieux, au-dessus des étoiles de Dieu j'élèverai mon trône, je siégerai sur la montagne de l'Assemblée [celle où les dieux se réunissaient, comme sur l'Olympe chez les Grecs], aux confins du septentrion. [...] Mais tu as été précipité au shéol, dans les profondeurs de l'abîme.
>
> Isaïe, 14, 12-15.

Ainsi, pour le christianisme, c'est par sa révolte contre Dieu que Lucifer, l'ange de lumière, est devenu Satan. Selon certains courants ésotériques, cette révolte se serait déroulée dans le cadre d'un combat cosmique.

(en latin, *temptator* ; en grec, *ho peirazôn* [ὁ πειράζων] ; en hébreu, l'équivalent serait *massâh* [מַסָּה], qui a le sens d'« épreuve », cf. Exode, 17, 7). C'est ainsi que, selon Matthieu (4, 1-3), « Jésus est conduit par l'Esprit dans le désert pour y être tenté par le Diable (*peirasthênai hupo tou diabolou* [πειρασθῆναι ὑπὸ τοῦ διαβόλου]) [...] Et, s'approchant, le tentateur (*ho peirazôn*) lui dit... ».

Le fait que d'« accusateur » le Diable devienne « tentateur » ou « séducteur » peut s'expliquer par le biais de la notion d'envie ou de jalousie (*phthonos* [φθόνος] dans la Septante ; *invidia*, dans la Vulgate), notion qui, d'ailleurs, n'est pas très éloignée de certaines des significations reconnues au *satan* hébraïque, notamment celles de dénigreur, de malveillant, de diviseur. C'est l'envie (*phthonos*, *invidia*) qui porte le Malin à introduire la mort dans le monde (Sagesse, 2, 24) et à persuader Ève de désobéir en mangeant le fruit défendu, comme le relèvent, à propos de la Genèse, Flavius Josèphe (*Antiquités judaïques*, 1, 1-4) et surtout Philon d'Alexandrie (*De opificio mundi*, § 151-169 ; *De agricultura*, § 95-110). D'après le *De opificio mundi*, c'est parce qu'il aime le plaisir (*philêdonos* [φιλήδονος]), notamment le plaisir de la sensualité (*aisthêsis* [αἴσθησις]), que l'être humain sera tenté par le serpent, qui est la personnification même de la volupté et de ses appas (*hêdonê sumbolon* [ἡδονὴ σύμϐολον]) : « Il est dit qu'anciennement le reptile venimeux [...], s'étant un jour approché vers la femme du premier homme, il lui fit reproche de sa lenteur d'esprit [...] parce qu'elle remettait et tardait à cueillir le fruit le plus beau à voir, le plus agréable à goûter (*hêdiston* [ἥδιστον], superlatif de *hêdus* [ἡδύς] « agréable »), et en outre le plus utile, puisque, grâce à lui, elle pourrait connaître le bien et le mal [...]. » Il s'agit donc ici, de la part du serpent, non de persuader (*peirô* [πειρῶ]) sa victime, mais de la tenter, au sens qu'a pris dans le grec biblique et néotestamentaire le verbe *peirazô* [πειράζω] (dérivé de *peira* [πεῖρα], « épreuve »). C'est ainsi que Jésus dit dans son agonie : « Priez, pour ne pas entrer en tentation (*eis peirasmon* [εἰς πείρασμον]) » (Luc, 22, 40), de même que la prière qu'il enseigne à ses disciples, le Pater, se clôt sur cette formule : « [...] et ne nous soumets pas à la tentation (*eis peirasmon*) » (Luc, 11, 4).

Il reste que, dans leur évocation de la chute, ni Josèphe ni Philon n'assimilent le serpent tentateur à la personne même du Diable. Mais le genre littéraire de l'allégorie, qui, surtout chez l'Alexandrin, consiste à « philosopher par symboles », permet de fonder une psycho-théologie qui fait du serpent la figure, non d'un quelconque démon, mais du Tentateur lui-même. Sous l'apparence du serpent, ce dernier, campé ici dans son art de séduire l'âme de la femme (par le truchement de la sensation ou *aisthêsis*), représentera, aux yeux des traditions juive et chrétienne, le rôle de « conseiller de l'homme » en matière de perversité qu'est celui du Diable. Ce rôle de *sumboulos* évoqué par Philon dans son *De agricultura* (§ 97) peut être une allusion, quoique fort ténue et unique chez cet auteur, au *diabolos* des Septante : « [...] conseiller de l'homme (*sumboulos anthrôpou* [σύμϐουλος ἀνθρώπου]) se complaisant à saccager ce qui vaut mieux que lui... ».

♦ Voir encadré 2.

III. DIABLE OU DÉMON ?

Si le mot français « Diable », dans le lexique de la théologie chrétienne ou dans le vocabulaire populaire, a pour équivalent « Démon », il n'en va pas de même, en allemand, pour *Teufel* par rapport à *Dämon*. En effet, ce dernier terme, qui a pour synonyme *Unhold* (« esprit malveillant et malfaisant » — antonyme de *hold*, « gracieux, charmant »), correspond à l'idée antique de *daimôn* [δαίμων] au sens de divinité, génie particulier, voire de lutin bon ou mauvais, tandis que le sens religieux de « Démon » ne peut être rendu adéquatement que par *Teufel*. Ainsi, que le texte de Freud intitulé *Eine Teufelneurose im Siebzehnten Jahrhundert* ait été traduit en 1933 par M. Bonaparte et E. Marty sous le titre « Une névrose *démoniaque...* », puis en 1985, dans une nouvelle édition dirigée par J.-B. Pontalis, sous celui d'« Une névrose *diabolique...* », cela n'introduit pas la moindre différence sémantique entre les deux formulations. Mais on peut, à cette occasion, remarquer que, dans le sens inverse, les expressions « névrose démoniaque » et « névrose diabolique », quand elles se rapportent, comme dans l'étude de Freud, à un pacte avec le Diable en personne (*Teufelsbund* ou *Teufelspakt*), se traduiraient l'une et l'autre en allemand plutôt par *Teufelsneurose* que par *Dämonsneurose*, ce dernier terme pouvant, à la rigueur, évoquer le cas d'un enthousiasme de nature pathologique.

En anglais, le Diable se dit *The Devil* ou *The Evil One* ou *The Fiend* (le Malin). *Fiend*, comme *demon*, a plutôt le même sens que *Dämon* en allemand : dans *Le Marchand de Venise* de Shakespeare, Lancelot traite Shylock de « démon qui est le diable lui-même [*the fiend who is the devil himself*] ». Les diverses langues actuelles emploient les termes de « diable » ou de « démon » dans des sens dérivés qui semblent dédramatiser ou exorciser la malignité que renferment ces derniers. Ainsi, en français, on trouve de nombreuses locutions marquant une sympathie mêlée d'indulgence (« petit diable », « pauvre diable », « bon diable », « ce diable d'homme »), une nuance de rejet ou de répulsion (« envoyer au diable », « aller au diable »), des obsessions ou des situations lancinantes (« avoir le diable au corps », « tirer le diable par la queue », « démon de midi », « démon du jeu »). Il s'agit là généralement d'acceptions métaphoriques dont la pointe extrême serait en rapport avec la personnalité du possédé (all. *besessen*) ou de l'énergumène (*energumenos*, mot formé par les premiers auteurs chrétiens à partir du passif de *energein* [ἐνέργειν] pour désigner celui qui est « travaillé » par un esprit mauvais, mais aussi, d'abord, celui qui est frappé d'une incapacité physique l'empêchant d'être baptisé). C'est selon cette perspective sémantique qu'on a jadis traduit en français le roman de Dostoïevski sous le titre *Les Possédés*, alors qu'il s'agit bel et bien de *démons* dans ce livre qui cite en exergue le passage de l'évangile de Luc (8, 32-36) où Jésus chasse du corps d'un malheureux une multitude d'esprits tourmenteurs et leur permet d'entrer dans un troupeau de pourceaux qui se jettera et se noiera dans un lac voisin.

En fait, si le français *diable*, le latin *diabolus*, l'italien *diavolo*, l'anglais *devil* et l'allemand *Teufel* peuvent prendre un sens figuré comme dans certaines des expressions évoquées ci-dessus (sans parler de l'interjection « que diantre ! » inventée pour ne pas avoir à désigner directement l'innommable), les termes qui, dans plusieurs de nos langues actuelles, se rattachent étymologiquement au grec *daimôn* ou au latin *daemon* ne se laissent pas employer pour nommer la personne propre du Satan biblique, ni même lorsqu'il s'agit des démons entendus au sens religieux d'esprits du mal. Par exemple, à propos de ceux d'entre eux qui, selon l'évangéliste Luc, demandent à entrer dans le troupeau de porcs, Luther traduit invariablement le pluriel grec *daimonia* [δαιμόνια] (ou *polla daimonia* [πολλὰ δαιμόνια]) par *Teufee* (ou *viel Teufee*). Il s'ensuit que, dans les langues anglo-saxonnes, le « démonique » (terme connu en 1422 et repris sans doute du grec *daimonikos* [δαιμονικός], adjectif qui a le sens de « possédé d'un dieu », chez Plutarque, ou de « possédé d'un démon », chez Clément d'Alexandrie) resterait distinct du français « démoniaque » (le diabolique). C'est encore le cas de l'allemand, où « démoniaque » serait rendu par *teuflisch* (ou *satanisch*) et « démonique » par *dämonisch*.

Si, en français, par contre, Satan est connu comme étant aussi bien le Démon que le Diable, cette particularité par rapport à d'autres langues, notamment anglo-saxonnes, tient, semble-t-il, à la distance que celles-ci se sont ménagées vis-à-vis du vocabulaire ecclésiastique. Dans les Écritures juives et chrétiennes, il n'y a pas de différence sémantique entre Satan (grécisé en *Satanas* [Σατανᾶς]) et *diabolos*. Si ce dernier terme est plus fréquent dans les Septante, on le trouve aussi souvent que *Satanas* dans le Nouveau Testament. Mais la Bible

2

Satan le Contradicteur comme « être historique » selon Schelling

► OIKONOMIA, SUBLIME

C'est dans sa *Philosophie de la Révélation* (surtout dans la Leçon XXXIII) que Schelling développe la conception qu'il se fait de la figure de Satan, et particulièrement « de sa place et de sa fonction éminentes » dans l'histoire du christianisme. Il s'en prend, pour cela, à la représentation habituelle commune à la mythologie païenne, mais aussi juive, selon laquelle le Prince des ténèbres serait un ange originellement bon, un esprit créé individuel, qui a voulu s'élever au-dessus de Dieu et qui, pour cette raison, fut déchu, entraînant dans sa chute le monde et l'humanité. Schelling précise d'emblée que cette contestation qui lui est propre ne porte nullement atteinte à la dignité de Satan, mais lui confère, au contraire, une réalité encore supérieure et une signification encore plus éminente, qui s'inscrivent cependant en des moments déterminés de l'histoire du salut.

Il note que, dans la Bible hébraïque, l'appellation de Satan ne renvoie strictement d'abord qu'à la notion de « contradicteur en général », puis, seulement avec l'article, à celle de contradicteur déterminé lorsque, par exemple, ledit Satan dispute avec Yahvé du cas de Job souffrant. Le verbe hébreu *saṭan* [שׂטן], en effet, a le sens très général de contredire quelqu'un ou de s'opposer à une entreprise. Il en est ainsi dans l'histoire de Balaam (Nombres 22,22) : « [...] lorsque l'Ange du Seigneur se met en travers de son chemin pour lui "résister" et le retenir, l'hébreu utilise le verbe *saṭan*, qui par conséquent ne signifie rien d'autre que : "retenir", contrecarrer un mouvement ou l'entraver. Le substantif hébreu a été rendu en grec par *diabolos* [διάβολος], de *diaballein* [διαβάλλειν], qui ne signifie rien d'autre que : "*interjicere se ad obstinendum*", d'où vient notre mot allemand *Teufel* ». Le même mot grec « est aussi utilisé originellement de façon tout à fait générale [...] à propos de tout *contrarium*, de tout ce par quoi on est égaré » (*Philosophie de la Révélation*, p. 262 du vol. 3 de la trad. fr.).

Or, ce rôle de Contradicteur, c'est vis-à-vis du Christ lui-même que Satan va l'exercer principalement. D'un tel adversaire l'Écriture nous enseigne qu'un *royaume* lui est attribué, tout comme au Christ, même si ce royaume « est opposé et réfractaire à celui du Christ ». Ainsi, Satan « se trouve dans une certaine mesure mis sur le même pied que le Christ, même si c'est en tant que contradicteur, comme celui dont le Christ est venu détruire le règne et les œuvres ». Il s'ensuit qu'une sublimité (*Erhabenheit*) lui est attribuée, tout comme au Christ, de telle sorte que cette élévation lui vaut d'être, selon une grande partie du Nouveau Testament, l'auteur au premier chef du mal. C'est dans ce rôle de maître d'un tel royaume qu'« il apparaît [...] comme un principe appartenant à l'économie divine » et qu'il est reconnu par Dieu à ce titre (*ibid.*, p. 264-266). Face à Dieu, lequel fait ainsi de lui son instrument, Satan se pose à des moments déterminés comme le grand soupçonneur et grand contradicteur qui met en doute toute conviction, notamment dans la Création, dans la séduction qu'il exerce sur le premier homme et dans sa discussion avec Dieu à propos des épreuves de Job.

S'inscrivant ainsi dans l'économie divine, Satan se définit donc, selon Schelling, comme un « être historique » qui voit un jour son œuvre s'achever. « Sa mission prend fin et, avec elle, son pouvoir » (*ibid.*, p. 268-269), qui consistait « à entretenir la contradiction, la malédiction, la discorde et la désunion », mais qui devait être brisé et anéanti par le Christ et par le triomphe de la cause de Dieu (*Sache Gottes*). Jusque-là, « c'est un grand pouvoir, qui est nécessaire à la glorification finale de Dieu, et qui pour cette raison ne doit être ni blâmé ni méprisé ». Une telle représentation de Satan comme principe *nécessaire* à l'économie divine en un moment du temps se trouve donc en rupture avec celle que se font de lui les mythologies traditionnelles, lesquelles s'obstinent à voir en ce Contradicteur un principe de soi absolument mauvais (quoique créé), universel et aussi éternel que Dieu lui-même.

BIBLIOGRAPHIE

SCHELLING Friedrich W. J. von, *Philosophie de la Révélation* (*Philosophie der Offenbarung* [1861]), trad. fr. J.-F. Marquet et J.-F. Courtine (dir.), PUF, 1989-1994, 3 vol.

d'Alexandrie donne aussi aux esprits infernaux le nom de *daimonia* (neutre pluriel de l'adjectif *daimonios* [δαιμόνιος]), par exemple pour Asmodée (Tobit, 3, 8). Dans le Nouveau Testament, c'est par ce terme (en concurrence avec *pneumata* [πνεῦματα], « les esprits ») qu'on désigne ces êtres malfaisants. La Vulgate et le latin d'Église traduiront *daimonion* par *daemonium*, mais avec l'unique sens d'esprit maléfique et nullement au sens antique de divinité, de génie ou de voix intérieure. Si l'on remarque, à ce sujet, que le *daimôn* de Matthieu 8, 16 est un hapax dans le Nouveau Testament, on constate que la démonologie chrétienne opère en cela un tournant par rapport à la signification grecque et latine du terme. Ainsi, en français, apparaîtront au XIIIe siècle « demoygne » et au XVIe « démon » qui correspondent à une telle mutation linguistique, tandis que les langues anglo-saxonnes, en particulier l'allemand, resteront fidèles à la signification primitive de *daimôn*, comme si elles s'étaient retenues d'adhérer franchement à ce renversement sémantique. De plus, le français, comme l'italien et les autres langues romanes, se pourvoira de la métonymie qui assimile le Démon au Diable issu de la Bible des Septante.

Dans ces langues, le titre de Démon (au singulier) ne fait donc que souligner l'autorité de leur chef sur ses agents et complices — les innombrables démons ou démones et diablesses dans la légion desquels l'imaginaire romantico-religieux ou populaire range toutes sortes d'esprits infernaux plus ou moins lubriques, loups-garous, lycanthropes, incubes, succubes, goules (de l'ar. *ġūl* [غول], « démon »), stryges ou autres vampires. Au XVIIIe siècle, ces suppôts de Satan étaient appelés aussi *oupires*, du russe *upyr'* [упырь] — et, peut-être, du turc *uber*, « sorcière » —, d'où la première occurrence du terme en Europe, l'allemand *Vampir*. Présente dans l'antique dualisme iranien, mais inconnue dans la plupart des autres cultures orientales, cette monarchie du Diable ou du Démon à la tête du royaume du mal s'explique, dans la fantasmologie des religions du Livre, par le monothéisme sur lequel elles reposent. Satan représente, en effet, l'antagoniste d'un Dieu unique et s'en trouve personnalisé lui-même à l'image de son adversaire. Unicité qui, d'ailleurs, ne s'altérera nullement lorsque, dépouillé de son hideux masque médiéval, il sera métamorphosé en angélique seigneur de la révolte par le satanisme littéraire du XIXe siècle.

En réalité, la part que l'imaginaire occidental faisait au Diable a, selon Freud, la même origine que celle qu'il assigna à Dieu, l'antagonisme entre les deux personnages procédant, en effet, d'une même source, la figure du père. Dans son étude sur la « névrose diabolique » d'un peintre autrichien du XVIIe siècle, Freud montre que le Diable de la mythologie chrétienne constituait originellement avec Dieu une seule et même figure, que cette entité unique fut ensuite scindée en « deux contraires nettement contrastés » — l'un bon, l'autre mauvais —, enfin que cet antagonisme ne faisait que refléter l'ambivalence, déployée culturellement, qui affecte la figure paternelle elle-même. Ainsi le Diable est-il, pour Freud, « le substitut du père », le vocabulaire de la démonologie reprenant généralement ce qu'il y a chez celui-ci de tyrannique et de torturant. Et c'est pour avoir, par son pacte avec Satan, renforcé ces aspects-là dans la nostalgie de son père défunt que le peintre autrichien auquel Freud s'est intéressé avait connu une si mémorable détresse.

Charles BALADIER

BIBLIOGRAPHIE

CITATI Pietro, *Goethe*, trad. fr. B. Pérol, Gallimard, 1992.

Le Coran, intr., trad. et notes D. Masson, Gallimard, « La Pléiade », 1967.

Écrits apocryphes chrétiens, F. Bovon et P. Geoltrain (dir.), vol. 1, Gallimard, « La Pléiade », 1997.

FREUD Sigmund, « Une névrose diabolique au XVIIe siècle (*Ein Teufelsneurose im Siebzehnten Jahrhundert*) » [1923], in *L'Inquiétante Étrangeté et autres essais*, trad. fr. J.-B. Pontalis (dir.), Gallimard, 1985.

KIRCHSCHLÄGER W., « Satan (et démons) », *Dictionnaire de la Bible. Supplément*, t. 12, Letouzey, 1996.

PRAZ Mario, *La carne, la morte e il diavolo nella letteratura romantica*, Florence, Sansoni, 1966 ; *La Chair, la mort et le diable dans la littérature du XIXe siècle. Le romantisme noir*, trad. fr. C. Thompson Pasqualli, Denoël, 1977.

Satan, n° spécial des *Études carmélitaines*, Desclée de Brouwer, 1948.

TEYSSÈDRE Bernard, *Naissance du Diable. De Babylone aux grottes de la mer Morte*, Albin Michel, 1985.

— *Le Diable et l'Enfer au temps de Jésus*, Albin Michel, 1985.

DIALECTIQUE L'histoire de la *dialectique*, des captures et réinterprétations, des valorisations et dévalorisations du terme dès Platon, Aristote et les Stoïciens, puis dans la Modernité, constitue à elle seule une bonne histoire de la philosophie. Mais le mot, justement, passe à l'identique à travers les sens concurrents qu'il véhicule, à partir du grec et *via* sa translittération latine, dans les différentes langues européennes. C'est pourquoi on n'en trouvera ici qu'une saisie indirecte.

1. Le grec *dialektikê* [διαλεκτική] (s.e. *tekhnê* [τέχνη], et parfois *epistêmê* [ἐπιστήμη], « art » ou « science » dialectique) renvoie au *logos* [λόγος] : c'est l'art de s'entretenir (*dia* [διά], du « dia-logue »), de discuter par questions et réponses, que pratique Socrate, s'opposant ainsi au discours long et à l'*epideixis* [ἐπίδειξις] sophistique : voir ACTE DE LANGAGE, I. Platon investit philosophiquement le mot pour lui faire désigner la pratique philosophique même, s'élevant jusqu'aux « idées » : voir SPECIES (encadré 1, « L'*eidos*... »), et BEAUTÉ, MIMÊSIS. C'est pour Aristote le nom d'une partie de la logique, liée à la rhétorique du probable par différence avec la démonstration scientifique : voir DOXA. Les Stoïciens lui rendent le statut de science (et en font une vertu) portant sur le langage et le raisonnement, le vrai et le faux, le signifiant et le signifié : voir MOT, SIGNIFIANT/SIGNIFIÉ et BEGRIFF (encadré 1, « La saisie... »). Ces tensions terminologiques entre aristotélisme, stoïcisme et néoplatonisme déterminent la complexité des usages médiévaux, lisibles notamment dans le *De dialectica* d'Augustin : voir aussi PROPOSITION. Sur tout cela, voir évidemment LOGOS.

2. À partir d'une interprétation dévalorisante de l'usage scolastique, selon lequel la dialectique est un exercice rhétorique qui engage les subtilités de la logique formelle (voir *SOPHISME*), les Modernes, de Descartes à Kant, voient dans

la dialectique une apparence de logique ou une logique de l'apparence : sur la « dialectique transcendantale », logique de l'apparence transcendantale, voir ERSCHEINUNG. La revalorisation est liée à l'analyse hégélienne puis marxiste du procès à l'œuvre dans l'histoire de l'être et de la pensée : voir AUFHEBEN, PLASTICITÉ et ALLEMAND, ATTUALITÀ, COMBINATOIRE, PRAXIS, RUSSE, II ; cf. *IDENTITÉ*. *Dialectique* fait aujourd'hui partie du méta-discours philosophique le plus courant : voir ici même, par exemple, CONSCIENCE ou CONTINUITET.

► ÉPISTÉMOLOGIE, OIKONOMIA, PRINCIPE, SUJET, TERME, TRAVAIL

DIAPHANE

ar.	***šaffa*** [شفّ]
gr.	***diaphanês*** [διαφανής]
lat. class.	***perlucidus, translucens***
lat. méd.	***diaphanum, transparens***

► ANALOGIE, COLORIS, *IMAGE* [EIDÔLON], LUMIÈRE, MIMÊSIS, PERCEPTION, SVET

Situé au double croisement de la vue et du visible, de l'apparaître et de la constitution de l'image, le terme diaphane *est aujourd'hui l'un des témoins les plus révélateurs de la manière dont les Anciens regardaient, envisageaient et comprenaient le monde. Car, pour la pensée antique et médiévale, il ne suffit pas qu'il y ait de la lumière et du « solide » pour que le monde puisse être vu dans ses couleurs et connu sous ses formes et ses espèces, il faut qu'il y ait aussi du diaphane, c'est-à-dire un « milieu » qui relie les choses entre elles et ouvre à travers lui la porte de la réception sensible et de l'entendement. Dès lors, le diaphane en vient à imprégner tacitement non seulement toute science optique, mais aussi toute la représentation du monde sous son double aspect sensible et intelligible, en opérant ainsi, par sa participation à la lumière, une véritable mutation entre le visible et l'invisible.*

I. L'INVENTION DE « DIAPHANE » ET SES USAGES PHILOSOPHIQUES, THÉOLOGIQUES ET ESTHÉTIQUES

Moins que *transparent*, mais en concurrence directe avec *translucide*, *diaphane* désigne dans le langage courant la qualité apparente d'un corps dont la structure est telle que la lumière peut le traverser, tout en diminuant partiellement son éclat, et laisser en même temps transparaître ce qui se trouve au-delà de ce corps ou à l'intérieur, sans livrer toutefois au regard l'intégralité des détails visibles dedans ou derrière celui-ci. Terme devenu quelque peu obsolète de nos jours, utilisé surtout dans le langage littéraire pour décrire, par exemple, le teint pâle et la chair subtile des jeunes filles au siècle passé, *diaphane* a néanmoins servi jadis de terme technique au langage philosophique. Son destin philologique — étymologie grecque, variantes lexicales significatives et décalque latin tardif, scolastique — recèle l'histoire d'une mise en relation particulière entre perception, intellection et révélation, touchant ainsi une problématique spécifique à la pensée antique et médiévale. Grâce au champ sémantique ouvert par le verbe *phainô* [φαίνω] (apparenté à *phôs* [φῶς] « lumière », et signifiant à la fois « faire apparaître », « rendre visible » et « briller ») et à la distinction introduite par la préposition *dia* [διά] (supposant un décalage ou une séparation, et invitant à un parcours, une traversée, un passage à travers une intériorité ouverte), le diaphane s'est offert d'emblée aux philosophes anciens comme la base la plus appropriée pour construire une certaine définition de la perception visuelle liée au phénomène de la lumière et du visible. En d'autres termes, le recours opératoire au diaphane a permis l'élaboration d'une définition de la manifestation et de la réception de l'apparaître des formes (contours) et des couleurs, définition qui pouvait rejaillir sur celle de l'intellection et de la connaissance du monde visible.

L'époque de gloire philosophique, théologique et esthétique de *diaphane* est l'âge de l'aristotélisme antique, du péripatétisme des commentateurs de l'Antiquité tardive, ainsi que celui de la pensée médiévale, partagée entre la scolastique « classique », déterminée par la philosophie du Stagirite, et la théologie mystique, héritière du néoplatonisme, de la gnose et de la patristique grecque. Les traductions et les variantes lexicales du terme seront la conséquence en même temps que les témoins du paysage complexe dans lequel s'inscrivent les différentes écoles d'interprétation de la perception sensible, de la définition de l'intellect et du phénomène de la lumière.

A. « Diaphane » dans le domaine philosophique

Emprunté au vocabulaire commun, *diaphane* se voit, déjà chez Platon, attribuer une dimension technique propre à définir la perception visuelle. Le terme *diaphane* fait, en effet, son apparition dans le *Timée* pour qualifier la parfaite rencontre des particules à mi-chemin entre l'œil et l'objet visible, et pour expliquer, par son absence ou son imperfection, la naissance des couleurs :

> Or, les particules provenant des autres corps et projetées sur l'organe de la vue sont les unes plus petites, les autres plus grandes que les parties de cet organe ; d'autres enfin de même dimension. Les particules égales à celles de l'organe de la vue ne sont pas perceptibles : ce sont celles que nous nommons diaphanes [τὰ μὲν οὖν ἴσα ἀναίσθητα, ἃ δὴ καὶ διαφανῆ λέγομεν].
>
> *Timée*, 67d, trad. fr. A. Rivaud, légèrement modifiée.

L'existence du diaphane est ensuite affirmée arbitrairement et développée par Aristote pour définir la vue, le visible et les couleurs, et, en somme, pour contourner l'aporie de l'acte pur dans la définition de la lumière. Selon le Stagirite — le véritable « inventeur » de l'usage philosophique du terme —, le diaphane comporte une parenté particulière avec la lumière, parenté qui lui permet de « révéler » la luminosité du visible, ainsi qu'une dimension « naturelle », laquelle rend le diaphane propre à définir la nature de chaque chose. Grâce à cette dernière, *diaphane* trouve une application privilégiée dans le domaine esthétique, domaine de l'actualisation des facultés sensibles et de l'appréhension des choses ouvertes par la perception (*De anima*, 418a 2 - 419b 3 et *De sensu*, 438a 12 - 439b 16). Le diaphane constitue une nature commune (*koinê phusis*), un révélateur, en quelque sorte, de la nature visible (c'est-à-dire brillante et claire) de tout objet et permet ainsi la définition spécifiquement aristotélicienne de la perception visuelle, et notamment la définition des couleurs, grâce à la manifestation de la lumière dans un milieu propice à sa réception. Le Stagirite s'oppose ainsi à la conception d'Empédocle et de Platon qui définissaient la vue comme une double émission d'effluves ou de particules lumineuses provenant de l'œil et de l'objet visible ; et il exprime aussi, par l'intermédiaire du diaphane, une critique à l'égard des conceptions matérialistes ou « corpusculaires » de la lumière (théorie des atomistes). Le *diaphane* est donc, pour Aristote, tout milieu dans lequel la lumière se manifeste en tant qu'acte : « La lumière en est l'acte, je veux dire du diaphane en tant que diaphane [φῶς δέ ἐστιν ἡ τούτου ἐνέργεια, τοῦ διαφανοῦς ᾗ διαφανές] » (*De anima*, 418b 9-10, trad. fr. E. Barbotin). Mais, en recevant la lumière, le diaphane participe aussi de celle-ci, se rend, autrement dit, semblable à la lumière ; il s'illumine ou s'éclaire et, devenant lui-même lumineux ou brillant d'une manière indéterminée, il est à même de révéler le diaphane déterminé dans chaque objet, c'est-à-dire sa visibilité en tant que forme (contour) et couleur. Dès lors, la lumière, en tant qu'entéléchie du diaphane, advient, par l'intermédiaire du diaphane, à la rencontre du regard en lui offrant la visibilité foncière de chaque objet dans sa (ses) couleur(s) propre(s) : « Il y a donc du diaphane [ἔστι δή τι διαφανές]. Par *diaphane*, j'entends ce qui est visible sans être visible par soi absolument, mais grâce à une couleur d'emprunt [ἀλλότριον χρῶμα] » (418b 4-6). L'air, l'eau et nombre de corps solides, dit Aristote, sont « diaphanes », c'est-à-dire à même par nature de recevoir en eux la lumière, mais le diaphane en tant que milieu se distingue de tout corps, partie de corps ou effluve, dans la mesure où il partage avec la lumière une essence commune non corporelle ou non matérielle. Pour saisir la quiddité indéfinissable du diaphane, le Stagirite recourt alors à la notion de « présence » (*parousia* [παρουσία]) et à un élément particulier — l'éther, feu ou « corps éternel supérieur » —, lequel lui permet de comparer, de situer et en même temps d'expliquer, ne serait-ce que tautologiquement, la nature du diaphane : elle est de l'ordre d'une présence ignée, semblable au « cinquième élément », dont le rôle est de permettre l'apparition, le visible, et dont le caractère lumineux serait révélé grâce au milieu récepteur de cette présence, c'est-à-dire grâce au diaphane :

> Ainsi, ce qu'est le diaphane, ce qu'est la lumière, on l'a dit : celle-ci n'est ni du feu, ni en général un corps ou un effluve d'un corps quelconque (car elle serait un corps même en ce dernier cas) — mais la présence dans le diaphane du feu ou d'un élément semblable [ἀλλὰ πυρὸς ἢ τοιούτου τινὸς παρουσία ἐν τῷ διαφανεῖ].
>
> 418b 13-17.

N'étant rien par lui-même, le diaphane constitue néanmoins la cause « matérielle » et efficiente, ainsi que la condition en creux de l'apparition et de l'appréhension sensible du monde des choses. Mais ce n'est pas tout.

La correspondance établie par Aristote entre les facultés sensibles et le fonctionnement (voire l'articulation) de l'intellect se reporte aussi sur le diaphane ; elle demande, en d'autres termes, de recourir à nouveau à cette notion opératoire dans un autre champ. Le diaphane requiert alors une dimension supplémentaire consacrée à la définition de l'image et aux fonctions imaginatives spécifiques dans l'intellect — un rôle noétique. C'est là le domaine d'application le plus insaisissable de *diaphane*, où il semble presque impossible de déceler, d'une part, ce qui est simple métaphore dans l'usage de l'exemple des couleurs et de la lumière pour définir les différentes parties de l'intellect et leurs fonctions spécifiques, et, d'autre part, ce qui relève d'un mécanisme de l'abstraction dans un milieu neutre, mécanisme permettant de recevoir les données sensibles dépourvues de leur matière et de les rendre ainsi appropriées à la connaissance.

Le principal champ d'application philosophique et scientifique de *diaphane* reste, dans le sillage de la pensée aristotélicienne pendant l'Antiquité tardive et tout le Moyen Âge, l'optique et ses domaines corollaires : l'analyse de l'œil et de la faculté visuelle, la définition du visible et du statut à la fois sensible et noétique de l'image, la définition des couleurs, la construction des miroirs et l'analyse des reflets, la nécessité du milieu (*medium*) pour comprendre et définir le phénomène de la lumière. Les traités consacrés à la lumière fournissent d'ailleurs les principales occurrences du terme pour la période concernée. C'est aussi au changement radical des conceptions scientifiques concernant la nature et le phénomène de la lumière que l'on doit la désuétude dans laquelle l'emploi technique de *diaphane* est tombé vers la fin du XVIe siècle. À partir de Kepler, cosmologie et optique feront désormais l'économie du diaphane, car la lumière n'a plus besoin, selon les nouvelles théories de la vision, d'un milieu propre pour se manifester en tant que luminosité reçue dans et par le visible, d'un milieu transparent à la fois récepteur et transmetteur du rayon lumineux.

B. L'usage théologique et esthétique de « diaphane »

Les domaines philosophique et scientifique ne furent pourtant pas pendant des siècles les seuls bénéficiaires de l'invention terminologique d'Aristote. La théologie a su en profiter également. La proximité du diaphane avec la lumière, d'une part, et avec l'apparaître des choses, de l'autre, a rendu cette notion particulièrement propice à désigner un état de pureté (d'un milieu ou d'un corps) à même de racheter la matière auprès de l'esprit. Le

diaphane est visible et invisible à la fois. Il est sans aucune détermination pour pouvoir justement en recevoir, il a et n'a pas d'être propre. En partageant avec la lumière la qualité purement immatérielle de celle-ci, selon la pensée ancienne, le diaphane bénéficie toutefois d'une ressemblance avec certains éléments ou corps (air, eau, corne, pierres précieuses, etc.) qui lui permet de se situer dans le monde sublunaire et en même temps à la charnière avec ce qui ne tombe pas immédiatement sous l'incidence d'une expérience sensible. Il était, par conséquent, facile de franchir le pas et de considérer le diaphane comme un état « supérieur » de la matière ou un degré de perfection d'un corps, mesurable par comparaison avec le phénomène lumineux sous l'espèce d'une brillance particulière, d'un éclat, d'un rayonnement ou tout simplement de la clarté d'un milieu entravée par aucune ombre. Dans la double descendance de la philosophie naturelle d'Aristote et de la conception néoplatonicienne de la procession des formes à partir de l'Un, et par conséquent de la structure hiérarchique du monde, la pensée chrétienne hérite donc aussi de *diaphane* et en fait usage pour désigner, en particulier chez les Pères grecs, le corps parfait des saints, la texture de l'âme ainsi que celle de la terre avant le péché originel, ou bien le milieu propre de l'avènement de l'image, en l'occurrence le réceptacle virginal de l'Incarnation.

L'histoire philologique et notamment les variantes lexicales, ainsi que le passage du grec *diaphanês* au latin *transparens* vers la fin du XIIe siècle, explicitent dans toute sa richesse, mais aussi dans toute son ambiguïté, le destin particulier de *diaphane* dans la pensée chrétienne. Le terme est en effet présent chez les commentateurs d'Aristote de la basse Antiquité (les Péripatéticiens alexandrins et antiochiens, chrétiens ou non, comme Alexandre d'Aphrodise, Thémistius, Jean Philopon, Simplicius, etc.), mais il est beaucoup moins présent chez les Néoplatoniciens. Les Pères grecs (surtout les Cappadociens, en particulier Grégoire de Nysse et Basile de Césarée) font, en revanche, souvent appel à *diaphane*, ainsi que le Pseudo-Denys, ce dernier évoquant aussi la proximité de notre terme avec la lumière par des variantes lexicales significatives : *diaugês* [διαυγής] et *phôtodosia* [φωτοδοσία] / *phôto-eidês* [φωτο-ειδής] (littéralement : clarté transparente, pénétrable par le rayon, et effusion de lumière, luminosité, similitude avec la lumière en tant que manifestation lumineuse), termes que Jean Scot Érigène traduira en latin par *lucidus* et *claritas* (lumineux et clair).

Diaphane est traduit en arabe par un certain nombre de termes techniques construits à partir de la racine *šaffa* [شفّ] (augmenter, diminuer, être transparent, ténu [se dit en particulier d'un corps maigre ou d'une étoffe fine]). Ces termes insistent sur l'aspect de « présence corporelle » et de contiguïté relevant plus de l'usage platonicien qu'aristotélicien. *Diaphane* est présent chez Avicenne et Averroès dans leurs commentaires d'Aristote, mais avec des variantes lexicales témoignant des interprétations divergentes des deux philosophes quant aux définitions de la perception sensible et du fonctionnement de l'intellect. Les mêmes traductions de *diaphane* apparaissent également dans les traités optiques des savants arabes (Alhazen, Al-Bīrūnī, etc.).

Le terme *diaphane* fait ensuite son apparition dans les textes latins sous la double forme de *diaphanum-transparens*, les deux mots se chevauchant souvent dans le même passage. Ils figurent ensemble ou séparément chez un nombre très important des représentants de la pensée scolastique, depuis Albert le Grand, Roger Bacon, Thomas d'Aquin, Bonaventure, Robert Grosseteste et Maître Eckhart jusqu'au tournant des XVe et XVIe siècles. La transposition latine *diaphanum*, ainsi que le décalque du terme grec dans un néologisme latin *transparens* qui remplace *perlucidus*, « transparent » ou « translucide », dans le latin classique semblent apparaître dans la seconde moitié du XIIe siècle, avec la traduction du traité *De natura hominis* de Némésius d'Émèse par Burgundio de Pise (vers 1165). Ce dernier re-traduit en effet le texte grec de Némésius (début du Ve siècle), dont une première version latine avait été donnée par Alfanus de Salerne dans la seconde moitié du XIe siècle, et il emploie pour la première fois le terme *transparens* pour traduire le grec *diaphanês* (dans le chapitre consacré à la définition de la vue), alors que son prédécesseur avait, lui, utilisé *lucida* et *splendens materia* pour *diaphanês hulê*.

Pourtant le terme de *transparens* ne s'impose effectivement qu'au XIIIe siècle avec les commentaires des traités aristotéliciens. Si, au XIIe siècle, Dominique Gundisalvi avait encore traduit par *translucens* le correspondant arabe de *diaphane*, dans le *De anima* d'Avicenne, Guillaume de Moerbeke traduit, lui, un siècle plus tard, à la fois par *diaphanum*, *perlucidum* et *transparens* notre terme grec, tel qu'il apparaît dans les commentaires de Themistius au *De anima* et dans ceux d'Alexandre d'Aphrodise aux *Météorologiques* d'Aristote. Remarquons seulement que le terme plus fréquent *diaphanum* est utilisé pour désigner *grosso modo* la nature de l'intervalle traversé par le rayon lumineux, tandis que *transparens* est plutôt réservé pour désigner la luminosité qui se rend elle-même évidente, qui brille ou éclaire à travers l'« épaisseur » de l'air ou d'un autre milieu matériel plus ou moins ténu.

Diaphane retrouve par conséquent ses significations d'origine au moment de l'impact des textes aristotéliciens et de leurs commentaires par Averroès sur la pensée scolastique. Les XIIIe et XIVe siècles occidentaux feront largement usage de ce terme, d'une part, dans les commentaires d'Aristote (plus particulièrement dans la théorie de l'intellect à partir du *De anima* et de ses interprétations arabes), d'autre part, dans des textes consacrés à la lumière et/ou à la perspective, le vitrail constituant dans ce cas l'exemple le plus proche pour illustrer la nature de la lumière, du diaphane et des couleurs — nature unique définie sous trois modes, où l'on reconnaît facilement le décalque de la définition de la Trinité : lumière en soi (invisible), transparence ou diaphanéité, et enfin couleur, c'est-à-dire une *lux incorporata* (lumière incarnée) ou *lux participata* (lumière participée) qui viendrait buter sur l'écran formel de tout objet coloré :

> [...] ainsi la lumière [*lux*] peut être considérée sous trois aspects : en elle-même, dans la transparence [*in transparenti*] et selon le terme auquel la transparence viendrait buter [*in extremitate perspicui terminati*] ; sous le premier aspect [*modo*] elle est lumière [*lux*], sous le deuxième luminosité [*lumen*], sous le troisième hypostase de la couleur [*hypostasis coloris*] [...]
>
> Bonaventure, *Commentaria in quatuor libros sententiarum Magistri Petri Lombardi*, I, Dist. XVII, partie 1, art. « Unicus », q. 1, vol. 1, 1882, p. 294.

Dans le même passage, Bonaventure cite la définition de la couleur selon Thomas d'Aquin : « Ainsi que l'explique S. Thomas, [...] la couleur n'est rien d'autre que de la lumière incorporée [*color nihil aliud est quam lux incorporata*] [...]. » Les termes *transparens* et *diaphanus* sont, par ailleurs, employés de manière mélangée par les auteurs scolastiques :

> De même qu'il y a une couleur dans un objet défini, ainsi il y a de la luminosité [*lumen*] en provenance d'un corps transparent [*ad corpus transparens*].
>
> Bonaventure, p. 327.

> La lumière [*lux*] n'est pas un corps mais la présence d'une intention dans le diaphane [*praesentia intentionis in diaphano*], dont la privation se dit obscurité par rapport à la présence du corps lumineux [*apud praesentiam corporis luminosi*].
>
> *ibid.*, p. 329.

Bonaventure poursuit :

> Averroès dit : la couleur possède deux modes d'existence, dont l'un est le diaphane non déterminé [*diaphano non terminato*], et cela a lieu à l'extérieur, et l'autre se manifeste à la limite du diaphane [*in diaphano terminato*], et dans ce cas il s'agit d'un être naturel [naturellement coloré].
>
> *ibid.*, p. 329.

C. Le volet épiphanique

Néanmoins, l'usage de *diaphane* dans la pensée médiévale est partagé entre, d'un côté, l'héritage aristotélicien de la conception de la lumière, du visible et de l'intellect, et, de l'autre, l'héritage dionysien, celui de la théologie et de la cosmologie mystique du Pseudo-Denys et de son interprète latin, Jean Scot Érigène. Ces derniers décrivent, en effet, l'univers créé comme un monde traversé de part en part de rayons, d'alternances de lumière aveuglante et de ténèbres, et habité par des êtres angéliques, des théophanies à la fois invisibles, d'une parfaite transparence, et pourtant saisissables comme des présences lumineuses, fulgurantes, ignées, pareilles à la parousie du feu de l'éther dans le diaphane.

Curieusement, le déclin de l'usage scientifique de *diaphane* dans la définition du phénomène de la lumière correspond aussi au déclin de son usage philosophique et théologique. On remarque dans les textes que, déjà depuis la fin du XVe siècle, *diaphane* ne sert plus à désigner, comme jadis chez les Pères grecs, puis chez les théologiens scolastiques et/ou mystiques, un certain état de transfiguration de la matière (par ex. l'eau du baptême) et du corps, lequel se rend semblable, par la mort ou par une expérience spirituelle, au corps éthéré des anges ou à un corps cristallin, état propre à ce que les théologiens appelaient le « corps de gloire ». À partir de ce moment, le terme perd, par conséquent, à la fois son contenu théologique et cosmologique, et son rôle dans les théories optiques, pour devenir dorénavant un terme à valeur littéraire uniquement. Il gardera néanmoins son principal caractère, celui de désigner un état particulier de la matière, état qui confère à tout objet ou corps matériel la possibilité de s'extraire d'un déterminisme unilatéral et de recevoir, au sein même de l'opacité et/ou de la solidité qui caractérise tout corps, son élément complémentaire — une lueur, une étincelle, un éclat, un reflet coloré ou une clarté spéculaire, bref, la présence de la lumière considérée par les Anciens comme contraire à la matière, c'est-à-dire non circonscriptible et éternelle.

II. « DIAPHANE » ET « TRANSPARENT » : L'HISTOIRE MODERNE

Les traductions des termes latins dans les langues vulgaires *diafanum*, *diafane* et *transparent*, *tresparent* n'apparaissent pas avant la fin du XIIIe siècle. *Cler* (subst. *clartez*) était le terme le plus fréquemment employé pour désigner ce qui est transparent et lumineux (brillant, limpide) dans les romans des XIIe et XIIIe siècles. Il correspond au latin *claritas*, souvent utilisé dans les lapidaires, ou bien dans les écrits de Suger consacrés aux vitraux et au trésor de l'abbaye de Saint-Denis (*De consecratione*). Ce n'est qu'avec Jean de Meun (*Roman de la rose*), Dante (*Convivio*) et Nicolas Oresme (traductions françaises et commentaires des traités aristotéliciens) que le doublet *diaphane-transparent* entre dans les langues vulgaires, mais il est encore réservé, pour un ou deux siècles, au domaine scientifique. L'oubli de cette spécificité technique (c'est-à-dire philosophique) de *diaphane* intervient avec l'élaboration d'une nouvelle conception cosmologique et d'une nouvelle théorie optique (avec Descartes et Kepler). Entré depuis dans le langage courant, le terme garde juste sa connotation recherchée et sa proximité avec la manifestation sans obstacle de la lumière.

L'invention du Stagirite permettait une revalorisation du corps au regard de l'image (forme et/ou idée), donnait une identité propre à la notion d'intermédiaire, de milieu ou d'intervalle, et assurait en même temps la constitution d'un lien à même de remplacer la « participation » platonicienne (et du coup l'analogie, la ressemblance/dissemblance et la représentation) par une relation claire de manifestation de la nature des participants sous la métaphore de la vision et sous la coupe d'une définition métaphysique de la lumière.

Parmi les écrivains modernes, James Joyce (*Ulysse*, I, 3) semble avoir redécouvert au XXe siècle la fonction spécifique ainsi que l'identité de l'inventeur et le caractère intraduisible du diaphane. En signalant par une répétition obsessive du mot sa présence significative dans un contexte volontairement pictural et en lui juxtaposant une citation de Dante (*La Divine Comédie*), Joyce insiste sur la technicité du terme et circonscrit son domaine d'application en faisant appel à ses déterminations spécifiques : la vue, les couleurs, le visible.

> Inéluctable modalité du visible : tout au moins cela, sinon plus, qui est pensé à travers mes yeux. Signatures de tout ce que je suis appelé à lire ici, frai et varech qu'apporte la vague, la marée qui monte, ce soulier rouilleux. Vert-pituite, bleu-argent, rouille : signes colorés. Limites du diaphane [*Limits of the diaphane*]. Mais il ajoute : dans les corps. Donc il les connaissait corps avant de les connaître colorés. Comment ? En cognant sa caboche contre, parbleu. Il était chauve et millionnaire, *maestro di color che sanno*. Limite du diaphane dans [*Limit of the diaphane in*] Pourquoi dans ? Diaphane, adiaphane [*Diaphane, adiaphane*]. Si on peut mettre ses cinq doigts à travers, c'est une grille, sinon une porte. Fermons les yeux pour voir.
>
> *Ulysses, A Critical and Synoptic Edition*, New York & London, Garland, 1986, p. 74 ; *Ulysse*, trad. fr. A. Morel, revue par V. Larbaud, S. Gilbert et l'auteur, Gallimard, 1957, p. 56.

La compréhension aristotélicienne de la transparence comme inhérence et comme intériorité donnée au regard et à la pensée offre plus qu'un vocabulaire spécifique, un terrain privilégié à la réflexion phénoménologique contemporaine, constituant, en effet, une problématique à laquelle Maurice Merleau-Ponty (dans *L'Œil et l'Esprit* ou *Le Visible et l'Invisible*) fait appel pour décrire l'impact lumineux de l'image dans la détermination du visible (sur l'opposition transparent - opaque) et la définition de la perception visuelle comme faculté d'un corps à la fois voyant et visible, sentant et senti. Si l'esthétique et la philosophie contemporaines ne recourent pas d'une manière systématique au vocabulaire de la transparence, et au diaphane en l'occurrence, la dialectique du regard et de l'apparaître mise en évidence par l'invention et l'usage ancien de ce terme est en revanche largement exploitée. On rencontre fréquemment ces questions chez Emmanuel Levinas, dans l'analyse à la fois éthique et esthétique de la rencontre du visage d'autrui, dans l'argumentaire d'« une phénoménologie transcendantale de la sensation » (*Totalité et Infini*, Le Livre de Poche, 1990, p. 205-206), ainsi qu'à l'intérieur du rapport entre essence et présence, sous l'espèce d'une « distance emplie de lumière, comme vide de la transparence », distance propre à la constitution du sujet et de la représentation (*Autrement qu'être ou Au-delà de l'essence*, Le Livre de Poche, 1990, p. 275).

Anca VASILIU

BIBLIOGRAPHIE

ALEXANDRE D'APHRODISE, *De anima liber cum mantissa*, éd. I. Bruns, Berlin, Reimer, 1887.

— *Alexandri in Aristotelis Meteorologicorum libros commentaria*, éd. M. Hayduck, Berlin, Reimer, 1890.

— *Alexandri in librum De sensu commentarium*, éd. Wendland, Berlin, Reimer, 1901.

— *Alexandre d'Aphrodisias. Commentaire sur les Météores d'Aristote*, trad. lat. G. de Moerbeke, éd. crit. A.J. Smet, Louvain-Paris, 1968.

ARISTOTE, *De anima / De l'âme*, éd. A. Jannone, trad. fr. E. Barbotin, Les Belles Lettres, 1989.

— *De sensu / Des sens et des sensations* [in *Parva naturalia*], éd. et trad. fr. R. Mugnier, Les Belles Lettres, 1965.

— *De caelo / Du ciel*, éd. et trad. fr. P. Moraux, Les Belles Lettres, 1965.

AVERROÈS, *Corpus commentarium Averrois in Aristotelem. Versiorum latinarum. Libri Aristotelis De sensu et sensato*, éd. I.S. Crawford, Cambridge (Mass.), Medieval Academy, 1949.

— *Averrois Cordubensis Commentarium magnum in libros De anima*, éd. I.S. Crawford, Cambridge (Mass.), Medieval Academy, 1953.

AVICENNE, *Avicenna latinus liber De anima seu sextus de naturalibus*, éd. crit. de la trad. lat. S. Van Riet, intr. G. Verbeke, Louvain-Leyde, Peeters-Brill, 1972.

BONAVENTURE, *Commentaria in quatuor libros sententiarum magistri Petri Lombardi*, Florence, Quaracchi, t. 1, 1882 et t. 2, 1885.

DENYS L'ARÉOPAGITE, *La Hiérarchie céleste* [*De coeleste hierarchia*], éd. et trad. fr. M. de Gandillac, Cerf, 1970.

HEDWIG Klaus, *Sphaera lucis. Studien zur Intelligibilität des Seienden im Kontext der mittelalterlichen Lichtspekulation*, série *Beiträge zur Geschichte der Philosophie und Theologie des Mittelalters*, Munster, Aschendorff, 1980.

JEAN SCOT ÉRIGÈNE, *Expositiones in ierarchiam coelestem*, éd. par J. Barbet dans la série *Corpus christianorum, continuatio mediaevalis*, vol. 31, Turnhout, Brepols, 1975.

LINDBERG David Charles, *Theories of Vision from Al-Kindi to Kepler*, Chicago PU, 1976.

NÉMÉSIUS D'ÉMÈSE, *De natura hominis*, éd. G. Verbeke et J.R. Moncho, Leyde, Brill, 1975.

PLATON, *Timée*, éd. et trad. fr. A. Rivaud, Les Belles Lettres, 1925.

SIMON Gérard, *Le Regard, l'être et l'apparence dans l'optique de l'Antiquité*, Seuil, 1988.

THÉMISTIUS, *In libros Aristotelis De anima paraphrasis*, éd. R. Heinze, Berlin, Reimer, 1899 ; *Commentaire sur le Traité de l'âme d'Aristote*, éd. G. Verbeke, Louvain-Paris, Nauwelaerts, 1957.

THOMAS D'AQUIN, *Sancti Thomae Aquinatis in Aristotelis librum De anima commentarium*, éd. P.F. Angeli et M. Pirotta, Turin, Marietti, 1959 ; intr. R.-A. Gauthier, éd. Léonine, vol. 45, 1, Rome, 1984.

TONQUÉDEC Joseph de, *Questions de cosmologie et de physique chez Aristote et saint Thomas*, t. 1 : *Le Système du monde*, t. 2 : *Les Théories de la lumière et de la couleur*, t. 3 : *La Théorie de la mesure*, Vrin, 1950.

VASILIU Anca, *Du diaphane : image, milieu, lumière dans la pensée antique et médiévale*, Vrin, 1997.

OUTILS

BLAISE Albert, *Corpus christianorum lexicon latinitatis medii aevii*, Turnhout, Brepols, 1966.

BONITZ Hermann, *Index aristotelicus*, Berlin, Reimer, 1870 ; rééd. Berlin, Akademic-Verlag, 1955.

CHANTRAINE Pierre, *Dictionnaire étymologique de la langue grecque*, nouv. éd. mise à jour avec un « Supplément au dictionnaire », Klincksieck, 1999.

DU CANGE Charles Dufresne, *Glossarium mediae et infimae latinitatis* [1678], 7 vol., Didot Fratres, 1840-1850, rééd. Librairie des Sciences et des Arts, 1937.

ERNOUT Alfred et MEILLET Antoine, *Dictionnaire étymologique de la langue latine. Histoire des mots* [1932], 4e éd. augm. J. André, Klincksieck, 1994.

FORCELLINI Egidio, *Lexicon totius latinitatis*, Padoue, 1940.

GODEFROY Frédéric, *Dictionnaire de l'ancienne langue française et de tous ses dialectes du IXe au XVe siècle*, 10 vol., 1881-1902, repr., New York, Kraus Reprint Corp., 1961.

LAMPE Geoffrey William Hugo, *A Patristic Greek Lexicon*, Oxford, Clarendon Press, 1968.

MUGLER Charles, *Dictionnaire historique de la terminologie optique des Grecs. Douze siècles de dialogue avec la lumière*, Klincksieck, 1964.

NIERMEYER Jan Frederik, *Mediae latinitatis lexicon minus*, Leyde, Brill, 1984.

SOPHOCLES Evangelinus Apostolides, *Greek Lexicon of the Roman and Byzantine Periods from B.C. 146 to A.D. 1100*, Hildesheim, Olms, 1975 (repr. en fac-similé de l'éd. de Cambridge [Mass.], Harvard UP, 1914).

DICHTUNG ALLEMAND – fr. *littérature, poésie, fiction, invention, affabulation*

angl. *literature, poetry, fiction*

► *POÉSIE*, et ACTE DE LANGAGE, ERZÄHLEN, *FICTION*, HISTOIRE, LOGOS, *ŒUVRE*, PRAXIS

Le mot allemand Dichtung *ne possède pas à proprement parler d'équivalent dans les autres langues européennes, à l'exception des langues scandinaves qui le lui ont emprunté. Pour le traduire, le français et l'anglais doivent recourir aux mots* littérature (literature), poésie (poetry) *ou, plus vaguement,* fiction (fiction), *qui s'approchent certes du substantif germanique, mais n'en épuisent nullement les multiples virtualités sémantiques (invention, affabulation, poésie). La langue allemande connaît d'ailleurs, elle aussi, les termes* Literatur, Poesie, Fiktion — *et* Dichtung, *tout en participant de chacun d'eux, les englobe et les dépasse. Cette spécificité germanique confère à* Dichtung *une densité particulière, une sorte de clôture qui a été amplement exploitée dans la réflexion allemande sur la langue, depuis Herder, qui joue sciemment de la spécificité germanique du mot, jusqu'à Heidegger. En 1973 encore, la germaniste allemande K. Hamburger souligne que le concept est « supérieur à ce que propose la terminologie des autres langues et en premier lieu au concept même de littérature* [Literatur] *» (p. 35). Par* Dichtung, *la langue allemande tend ainsi à définir pour elle-même une opération spécifique de la pensée et du langage. La proximité de* Dichtung *et de* dicht *(dense, étanche) ne serait donc pas le fait d'une pure contingence homophonique.* Dichtung *laisse apparaître une superposition si dense de strates significatives que ce mot en devient de fait étanche aux autres langues.*

I. « DICHTUNG » ET « DICHTEN » : ENTRE LITTÉRATURE, POÉSIE ET FICTION, LA LANGUE NATURELLE DE L'HUMANITÉ

Dichtung est dérivé du verbe *dichten* qui, présent dès le stade du vieux-haut-allemand, possède deux acceptions principales. Au sens large, tout d'abord, *dichten* signifie « inventer », « imaginer », « créer » — une signification qui peut aussi se charger de connotations négatives. *Dichten*, proche en cela de *erdichten*, signifie alors « inventer pour leurrer », « imaginer pour tromper ». Au sens étroit, ensuite, le mot désigne l'action de concevoir un poème ou plus généralement un texte afin qu'il soit rédigé et lu. Dans cette acception, le mot s'applique avec une prédilection particulière au domaine de la création poétique et signifie alors « faire des vers », « composer un poème » (même si l'application à la prose n'est pas exclue).

Dichtung a hérité de *dichten* sa substance sémantique en même temps que ses difficultés. Comme le verbe, le substantif place en son centre le rapport complexe de la fiction et de la réalité. Dans un sens péjoratif, *Dichtung* renvoie à l'idée d'invention fallacieuse, d'affabulation, de mensonge. Dans un sens positif, cependant, le terme désigne la création d'un monde fictif, investi d'une vérité singulière. *Dichtung* évoque la fabrication d'un univers imaginaire, clos sur lui-même, issu de la seule puissance d'invention d'un individu, l'élaboration d'un espace irréel, en somme, et pourtant aussi véridique que la réalité palpable. *Dichtung*, en ce sens, participe intimement de la consécration romantique de l'œuvre d'art. À cette signification, qui oscille entre les virtualités négatives et positives de *Fiktion*, s'ajoute une acception plus étroite. *Dichtung* désigne la création littéraire au sens précis du terme, et singulièrement la création poétique — jouxtant par là les termes *Literatur* et *Poesie*.

Si le mot *Dichtung* participe donc de ces trois acceptions — *Fiktion*, *Literatur* et *Poesie* —, il n'a cependant cessé au cours de son histoire de chercher à s'en distinguer en s'adjoignant des connotations singulières, nées des circonstances historiques et philosophiques qui l'ont porté au jour. Le terme est une création récente. Il est certes attesté dès 1561, mais ce n'est que dans les années 1770 qu'il fait son entrée réelle et massive dans la langue allemande, alors même que sa matrice verbale, *dichten*, existe depuis des siècles (Grimm, vol. 2, 1860, art. « dichten » et « Dichtung »). Sulzer ignore encore totalement ce substantif dans l'*Allgemeine Theorie der schönen Künste* [Théorie générale des beaux-arts] (2 vol., Leipzig, Weidemanns Erben und Reich, 1771-1774) et Adelung le cite au titre de « terme nouveau » dans la première édition de son dictionnaire (vol. 1, 1774, art. « Dichtung »). C'est à Herder que l'on doit pour l'essentiel l'introduction de *Dichtung* dans la langue allemande — une paternité qui explique aussi l'aura singulière qui l'entoure. Dans son essai de 1770 sur l'origine du langage, Herder recourt à ce mot jusqu'alors inusité pour désigner la faculté d'invention poétique qui présida à la première langue de l'humanité, cette langue originelle et naturelle qui précéda la prose. *Dichtung* est « la langue naturelle de toutes les créatures [*Natursprache aller Geschöpfe*] » transposée en images ou, pour citer une variation ultérieure sur ce thème, elle prend sa source dans la nature (*Über den Ursprung der Sprache*, 1770, vol. 5, p. 56 ; *Über Bild, Dichtung und Sprache*, 1787, vol. 15, p. 535 *sq.*). Dès sa naissance, donc, la notion de *Dichtung* se trouve investie d'une triple connotation. Elle est poétique, originelle et naturelle, qualités auxquelles s'ajoute un ultime attribut : elle est authentique. Une idée, en effet, sous-tend constamment l'usage herdérien du terme : l'univers fictif auquel renvoie *Dichtung* n'est pas moins vrai que la réalité elle-même. Il n'est pas l'opposé du monde sensible, mais bien plutôt son « condensé » — un principe souterrainement étayé par la proximité homophonique fortuite de ce terme avec les mots *Dichte* et *dicht* (densité, dense). L'idée sera développée sur un mode philosophique quelque temps plus tard par Kant (*Kritik der Urteilskraft*, 1790, § 53), puis par Schlegel.

> La limite entre la science et l'art [*Wissenschaft und Kunst*], entre le vrai et le beau, s'est à ce point estompée que la certitude de l'immuabilité de ces frontières éternelles s'est trouvée presque partout ébranlée. La philosophie fait de la poésie [*poetisiert*] et la poésie [*Poesie*] fait de la philosophie [*philosophiert*] : l'histoire [*Geschichte*] est traitée comme une fiction [*Dichtung*], et cette dernière est traitée comme l'histoire.
>
> F. Schlegel, *Über das Studium der griechischen Poesie* [1795], in *Kritische Friedrich-Schlegel-Ausgabe*, 35 vol., éd. E. Behler, Paderborn, Schöningh, 1958-, sect. 1, vol. 1, p. 219.

♦ Voir encadré 1.

II. « DEUTSCHE DICHTUNG » ET « FRANZÖSISCHE LITERATUR »

Au cours du XIXe siècle, cependant, *Dichtung* ne tarda pas à se charger de lourds sous-entendus nationaux. Dans une Allemagne en quête d'identité nationale, on eut en effet tôt fait de mesurer tout le parti que l'on pouvait tirer de ce substantif spécifiquement germanique, riche de multiples connotations sémantiques ou homophoniques et, pour toutes ces raisons, difficilement traduisible dans une autre langue. *Dichtung* permettait à la langue allemande de désigner un mode spécifique d'invention intellectuelle, dont le produit — littérature, langue, poésie — se trouvait chargé de qualités singulières : rapport immédiat à la nature, naïveté originelle, souffle poétique, génialité, etc. La distinction herdérienne entre *Naturpoesie* et *Kunstpoesie*, en partie dirigée contre le classicisme français, fut réinterprétée par la postérité dans le sens d'une opposition entre une *deutsche Dichtung* et une *französische Literatur*, le mot germanique *Dichtung* désignant une production littéraire dotée d'originalité et d'authenticité, le dérivé latin *Literatur* renvoyant au contraire à l'artifice et à la complexité.

Ce sont ces connotations diffuses, souterrainement présentes dans l'usage et rarement indiquées dans les dictionnaires, qui expliquent l'ascension remarquable du terme dans le lexique allemand entre 1770 et 1850. Encore largement dominé, à la fin du XVIIIe siècle, par ses rivaux *Poesie* et *Literatur*, *Dichtung* semble les avoir totalement supplantés au milieu du XIXe siècle. L'implantation a d'abord été tâtonnante. Ainsi, ce n'est que dans la

1

« Verum factum » et sagesse poétique chez Vico

► *ACTE*, CIVILTÀ, CORSO, DIEU, ***FICTION***, HISTOIRE UNIVERSELLE, ITALIEN, ***RELIGION***, VÉRITÉ

Dans une de ses premières œuvres, le *De antiquissima Italorum sapientia*, 1710 (*De la très antique sagesse des peuples italiques*), Vico affirme qu'en latin « *verum et factum convertuntur* » (« le vrai et le fait sont convertibles »), et que par conséquent *verare* (dire la vérité) et *facere* ont le même sens : « il en suit que Dieu sait les choses physiques, et l'homme les choses mathématiques » (chap. 1). Déjà, en 1709, dans le discours *De nostri temporis studiorum ratione* (*La Méthode des études de notre temps*), il avait écrit que « les propositions de la physique ne sont que vraisemblables », parce que Dieu est seul susceptible de connaître la nature dans la mesure où il l'a créée : « nous démontrons les choses géométriques parce que nous les faisons ; si nous pouvions démontrer les choses physiques, nous les ferions » (chap. 4).

De ce principe à la fois métaphysique et gnoséologique du *verum factum*, qui semble condamner la connaissance humaine au simple vraisemblable, en ne réservant le titre de « science » qu'aux seules mathématiques, Vico va faire un emploi positif en fondant sur lui ses *Principi di scienza nuova d'intorno alla comune natura delle nazioni* (*Principes d'une science nouvelle relative à la nature commune des nations*), dont la première édition date de 1725, et la dernière, profondément remaniée, de 1744.

Dans ce dernier texte, il énonce en effet, dans les termes suivants, les fondements de la « science nouvelle » qu'il se vante d'avoir créée :

> Mais dans cette nuit d'épaisses ténèbres qui recouvre l'antiquité première, si éloignée de nous, apparaît la lumière éternelle, qui ne s'éteint jamais, de cette vérité que l'on ne peut d'aucune façon mettre en doute : ce monde civil a certainement été fait par les hommes, et par conséquent on peut, parce qu'on le doit, en trouver les principes dans les modifications de notre esprit humain lui-même. Quiconque y réfléchit ne peut que s'étonner de voir comment tous les philosophes ont consacré le meilleur de leurs efforts à tenter d'acquérir la science du monde naturel, dont Dieu seul, parce qu'il l'a fait, possède la science, et comment ils ont négligé de méditer sur le monde des nations, ou monde civil, dont les hommes, parce qu'ils l'ont fait, peuvent acquérir la science.
>
> *Principes d'une science nouvelle*, 1744, § 331.

Que signifie cette formule célèbre, qui a été interprétée de façon diverse, et dans laquelle Michelet et bien d'autres ont voulu voir une proclamation « prométhéenne » ? En fait, l'affirmation de Vico est sans équivoque : c'est dans les « modifications de [l'] esprit humain » qu'il faut chercher les principes du monde fait par les hommes. Ces modifications sont, pour Vico, classiquement, les modes de la substance pensante, sensation, imagination, entendement. L'originalité consiste à avoir mis ces modes en séquence, chronologique aussi bien que logique, dans l'évolution de l'humanité (Vico parle plutôt des « nations »), comme ils le sont, dans leur apparition et leur développement, chez l'individu. Cela signifie que l'homme totalement humain, à la raison « pleinement développée », dont l'*umanità* est entièrement réalisée, n'a pas toujours existé, mais qu'il a été précédé et préparé par un homme encore presque entièrement animal, « immergé dans le corps », livré à la seule sensibilité, à la seule passion, puis par un homme où domine une puissante imagination (*fantasia*), c'est-à-dire une fonction encore largement dépendante du corps. C'est à ce moment « imaginatif » que s'intéresse essentiellement Vico, qui ne se contente pas de réhabiliter l'imagination, dont Descartes et ses successeurs se défiaient tant, mais lui donne un rôle capital, proprement « poétique », c'est-à-dire « créateur », dans la genèse des institutions qui caractérisent l'humanité de toutes les nations :

> Les premiers hommes des nations païennes, en enfants du genre humain naissant qu'ils étaient [...] créaient les choses en les imaginant, et c'est pourquoi ils étaient dits « poètes », ce qui en grec veut dire « créateurs ».
>
> *Ibid.*, § 376.

Voir page suivante.

1

En quoi consiste cette création « poétique » des choses, à laquelle Vico consacre le livre II de la *Science nouvelle*, intitulé *De la sagesse poétique*, et qui occupe presque la moitié de l'ouvrage ? Pour analyser ce que nous appelons la « mentalité primitive », il se sert des instruments qui lui sont fournis par la poétique et la rhétorique classiques (il était professeur de rhétorique), et en particulier de la théorie de la métaphore et des tropes en général.

> Le plus sublime travail de la poésie est de donner sensibilité et passion aux choses dénuées de sensibilité, et c'est la caractéristique des enfants que de prendre des choses inanimées dans leurs mains, et, en jouant, de leur parler comme si c'étaient des personnes vivantes. Cet axiome philosophico-philologique prouve que les hommes du monde dans son enfance furent, par nature, de sublimes poètes.
>
> *Ibid.*, § 186-187.

Sublimes poètes, les hommes le sont donc par nature, en vertu de l'axiome fondamental selon lequel « l'homme, à cause de la nature indéfinie de l'esprit humain, fait de lui-même la règle de l'univers quand il tombe dans l'ignorance » (*ibid.*, § 120). Un autre axiome précise que « les hommes qui ignorent les causes naturelles qui produisent les choses donnent aux choses leur propre nature, quand ils ne peuvent les expliquer par des choses semblables » (*ibid.* 180). C'est ainsi que l'homme, « de lui-même, a fait un monde entier [*di se stesso ha fatto un intiero mondo*] » :

> De la même façon que la métaphysique née de la raison enseigne que « *homo intelligendo fit omnia* », de même cette métaphysique née de l'imagination démontre que « *homo non intelligendo fit omnia* » ; et peut-être cette dernière affirmation est-elle plus vraie que la première, parce que l'homme, en comprenant, étend son esprit et se saisit des choses mêmes, alors qu'en ne comprenant pas, il fait les choses à partir de lui-même, et, en se transformant en elles, il devient les choses.
>
> *Ibid.*, § 405.

Cette « métaphysique née de l'imagination » est à l'œuvre dans les fables, dans la mythologie païenne, dont Vico fait une lecture extrêmement originale, en l'arrachant aux analyses purement littéraires et en en faisant le témoignage, parvenu jusqu'à nous, de la façon dont les hommes des « temps obscurs » ont appréhendé le monde naturel et construit leur monde humain. La métaphysique poétique n'est rien d'autre, en effet, qu'une « théologie » : « La poésie peut être considérée comme une métaphysique poétique, par laquelle les poètes théologiens imaginaient que les corps étaient pour la plupart des substances divines » (*ibid.*, § 400). Les « poètes théologiens » sont les premiers hommes, non pas en tant qu'ils parlent poétiquement des dieux, mais bien plutôt en tant qu'ils « parlent dieux », comme on parle une langue. Leur parler est un « parler fantastique par substances animées, imaginées pour la plupart comme étant divines » (*ibid.*, § 401). De telles substances, auxquelles leur imagination métaphorisante confère sensibilité et passion, sont pour eux des dieux, à travers lesquels ils appréhendent le monde. Ces dieux sont ce que Vico appelle des « caractères poétiques », ou encore des « universaux fantastiques », c'est-à-dire des « marques », des signes, des images concrets permettant à des êtres dépourvus de toute capacité abstractive et universalisante d'échapper à la diversité infinie du sensible, de percevoir des permanences, d'avoir une première expérience du monde. En forgeant les dieux, les hommes ont commencé à penser humainement.

Mais on ne forge pas impunément des dieux. Vico cite la formule de Tacite : « *fingunt simul creduntque* [ils imaginent, et en même temps ils croient] ». C'est-à-dire que ces dieux imaginés parlent aux hommes, leur donnent des ordres, se font craindre par eux. La vie, l'action des hommes vont être déterminées par ces substances animées qui sont nées de leur propre imagination. C'est ce qu'exprime admirablement le récit, dans la *Scienza nuova*, de la naissance du premier « caractère » divin, de la « première de toutes les pensées humaines du paganisme », du premier dieu, de Jupiter, événement radical qui va mettre les hommes en marche vers l'accomplissement de leur destin. Dans l'« immense forêt » qui recouvre la terre depuis le Déluge, des êtres à peine humains, les *bestioni*, errent, d'une errance sans fin. Soudain le premier coup de tonnerre retentit.

> Épouvantés et étonnés de ce grand effet dont ils ne savaient pas la raison, ils levèrent les yeux et firent attention au ciel. Et parce que dans un tel cas la nature de l'esprit humain est portée à attribuer à l'effet sa propre nature, et que la nature de ces êtres était celle d'hommes qui n'étaient que robustes forces du corps et qui exprimaient leurs passions violentes en hurlant et en grondant, ils imaginèrent que le ciel était un grand corps animé, que, sous cet aspect, ils nommèrent Jupiter [...] et qui, par le sifflement des éclairs et le fracas du tonnerre voulait leur dire quelque chose.
>
> *Ibid.*, § 377.

Selon Vico, en effet, Jupiter fut d'abord nommé par les Latins *Ious*, d'après le fracas du tonnerre, et Ζεύς par les Grecs, d'après le sifflement de la foudre (*ibid.*, § 447). Et il précise :

> Les premiers hommes, qui parlaient par signes, crurent, conformément à leur nature, que les éclairs et les coups de tonnerre étaient des signes faits par Jupiter (de là vient que la « divine volonté » fut dite *numen*, de *nuo*, « faire signe de la tête »), que Jupiter commandait par signes, que ces signes étaient des mots réels [c'est-à-dire ayant le caractère de « choses »], et que la nature était la langue de Jupiter.
>
> *Ibid.*, § 379.

Ainsi fut imaginée « la première fable divine, la plus grande de toutes celles qui furent imaginées après, celle de Jupiter, roi et père des hommes et des dieux, en train de foudroyer : une fable si populaire, si troublante et si instructive que ceux-là même qui avaient créé Jupiter y crurent, et, avec d'épouvantables pratiques religieuses [...], le craignirent, le révérèrent et l'honorèrent » (*ibid.*, § 379).

Les effets de cette épouvante première s'appelleront la religion, la famille, la propriété, le droit, les cités (d'abord aristocratiques, puis populaires, enfin monarchiques), jusqu'à ce que règne la « raison pleinement développée ». Mais parvenues à ce point, les nations risquent de perdre la force « poétique », que Vico appelle aussi « héroïque », qui avait permis la naissance du monde civil. Cynisme, scepticisme, matérialisme, athéisme, aboutissent alors à la dissolution du lien social, et à la « barbarie de la réflexion ». Alors commence un nouveau *corso*, un *ricorso*, qui parcourra les mêmes étapes dont la succession constitue l'« histoire idéale éternelle » (voir CORSO).

Alain PONS

BIBLIOGRAPHIE

VICO Giambattista, *Opere*, éd. A.Battistini, Milan, Mondadori, 1990, 2 vol.

— *De l'antique sagesse de l'Italie*, trad. fr. J.Michelet, prés. et notes B. Pinchard, Flammarion, « GF », 1993.

— *Vie de Giambattista Vico écrite par lui-même. Lettres. La méthode des études de notre temps*, prés., trad. fr. et notes A. Pons, Grasset, 1981.

— *La Science* nouvelle, trad. fr., prés. et notes A. Pons, Librairie Arthème Fayard, 2001.

2

« Dichtung » chez Heidegger : poésie et pensée

C'est dès le § 34 de *Sein und Zeit* [*Être et Temps*] (1927) que le terme *Dichtung* se trouve mis en relief sous la plume de Heidegger, de manière il est vrai encore assez discrète, mais dont il convient, selon von Herrmann (« Poétiser et penser... », 2000, p. 78), de ne pas minimiser l'importance :

> *Die Mitteilung der existenzialen Möglichkeiten der Befindlichkeit, das heißt das Erschließen von Existenz, kann eigenes Ziel der « dichtenden » Rede sein.*
>
> *Sein und Zeit*, Tübingen, Niemeyer, 1976, § 34, p. 162.

> La communication des possibilités existentiales de l'affection, autrement dit l'ouvrir de l'existence, peut devenir le but autonome du parler « poétique ».
>
> *Être et Temps*, trad. fr. E. Martineau, Authentica, 1985, p. 130.

> La communication des possibilités existentiales de la disposibilité, c'est-à-dire la découverte de l'existence, peut être la fin que se fixe la parole qui « parle en poème ».
>
> Trad. fr. F. Vezin, Gallimard, 1986, p. 209.

Les guillemets dont s'entoure ici le terme *dichtend* (poétique, « qui parle en poème ») sont au moins l'indice formel d'une manière entièrement neuve d'aborder la poésie, telle qu'elle n'est plus subordonnée mais coordonnée à la pensée : poème et noème. Pareil geste suppose une remontée vers le caractère de monstration de la *Dichtung*, et une distinction entre *Dichtung* au sens strict (« poésie ») et au sens large.

La remontée vers le caractère de monstration de la *Dichtung* peut s'accomplir, mais c'est à vrai dire assez rarement le cas, à la lumière de l'étymologie de ce terme qui, comme le montre le texte suivant, amène à distinguer quatre étapes : 1° le sens restreint du terme depuis le XVIIe siècle (*Poesie*) ; 2° le sens de *dichten* jusqu'au XVIIe siècle (« exposer par la langue ») ; 3° l'ancien haut allemand *tithôn* apparenté au latin *dicere*, *dictare* ; 4° la parenté de *tithôn* — *dicere* avec le grec *deiknumi*, « montrer » :

> *« Dichten » — was meint das Wort eigentlich ? Es kommt von ahd.* tithôn, *und das hängt zusammen mit dem lateinischen* dictare, *welches eine verstärkte Form von* dicere *= sagen ist.* Dictare *: etwas wiederholt sagen, vorsagen, « diktieren », etwas sprachlich aufsetzen, abfassen, sei es einen Aufsatz, einen Bericht, eine Abhandlung, eine Klage — oder Bittschrift, ein Lied oder was immer. All das heißt « dichten », sprachlich abfassen. Erst seit dem 17. Jahrhundert ist das Wort « dichten » eingeschränkt auf die Abfassung sprachlicher Gebilde, die wir « poetische » nennen und seitdem « Dichtungen ». Zunächst hat das Dichten zu dem « Poetischen » keinen ausgezeichneten Bezug.* [...]
>
> *Trotzdem können wir uns einen Fingerzeig zunutze machen, der in der ursprünglichen Wortbedeutung von* tithôn — dicere *liegt. Dieses Wort ist stammesgleich mit dem griechischen deiknumi. Das heißt zeigen, etwas sichtbar, etwas offenbar machen, und zwar nicht überhaupt, sondern auf dem Wege eines eigenen Weisens.*
>
> M. Heidegger, *Hölderlins Hymnen « Germanien » und « Der Rhein »*, *Gesamtausgabe*, Francfort, Klostermann, t. 39, 1980, p. 29, § 4, b. « Herkunft des Wortes "dichten" ».

> *Dichten* — que signifie au juste ce mot ? Il vient de l'ancien haut allemand *tithôn*, et est en rapport avec le *dictare* latin, qui est une forme fréquentative de *dicere* = dire. *Dictare*, redire quelque chose, le dire à haute voix, le « dicter », exposer quelque chose par la langue, le rédiger, que ce soit un essai, un rapport, une dissertation, une plainte ou une supplique, une chanson ou ce que l'on voudra. Tout cela s'appelle *dichten*, exposer par la langue. Depuis le XVIIe siècle seulement [et non : le XVIIIe siècle, selon la malencontreuse coquille de la traduction française], l'usage du mot *dichten* a été réservé à la construction de compositions langagières que nous appelions « poétiques » (*poetisch*), que nous appelons depuis « des poésies » (*Dichtungen*). Au départ, le poétiser (*das Dichten*) n'a pas de rapport privilégié avec le poétique (*das Poetische*). [...]
>
> Malgré tout, nous pouvons tirer profit d'une indication que recèle la signification originelle du mot *tithôn* — *dicere*. Ce mot a la même racine que le grec *deiknumi*. Cela veut dire : montrer, rendre quelque chose visible, manifeste; non en un sens général, mais sur la voie d'un montrer particulier.
>
> *Les Hymnes de Hölderlin : « La Germanie » et « Le Rhin »*, trad. fr. F. Fédier et J. Hervier, Gallimard, 1988, p. 40, § 4, b. « Origine du mot *dichten* [poétiser] ».

D'où la nécessité de distinguer *Dichtung* au sens large et au sens strict. Au sens strict, qui correspond donc à son acception moderne depuis le XVIIe siècle, *Dichtung* équivaut à *Poesie* (poésie), à savoir un art parmi d'autres, ce que Heidegger appelle « un mode parmi d'autres du projet éclaircissant de la vérité » (*Chemins...*, 1980, p. 82). Au sens large, *Dichtung* est dans toute son ampleur ce même « projet éclaircissant de la vérité », ce que Heidegger appelle encore le *Dichten*, poétiser (*ibid.*) : la poésie relève du Poème, comme en relèvent l'architecture, la sculpture ou la musique. Toute œuvre d'art est donc Poème, pour autant qu'elle s'enracine dans le déploiement ou l'aître de la parole, laquelle n'est à son tour *Urpoesie* (poésie primordiale) que parce qu'elle est Poème (*ibid.*, p. 84).

Pascal DAVID

BIBLIOGRAPHIE

HEIDEGGER Martin, *Chemins qui ne mènent nulle part*, trad. fr. W. Brokmeier, Gallimard, 1980.

HERRMANN Friedrich-Wilhelm von, « Poétiser et penser le temps de détresse. Sur le voisinage de Heidegger et de Hölderlin », trad. fr. *in* P. DAVID (éd.), *L'Enseignement par excellence. Hommage à François Vezin*, L'Harmattan, 2000, p. 73-90.

seconde édition de l'essai *Über naive und sentimentalische Dichtung*, en 1800, que Friedrich von Schiller décide d'introduire le mot *Dichtung* dans le titre – un terme qui, au demeurant, est remarquablement peu employé dans l'ouvrage lui-même. La parution, à partir de 1811, de l'autobiographie de Goethe, *Dichtung und Wahrheit* (habituellement traduit par *Poésie et Vérité*), marque dans cette ascension une étape importante – le mot *Dichtung* étant compris, selon les déclarations répétées de l'auteur, dans un rapport non d'opposition, mais de complémentarité avec le mot *Wahrheit*. « C'est là tout ce qui résulte de ma vie et chacun des faits ici narrés ne sert qu'à appuyer une observation générale, *une vérité plus haute* [*eine höhere Wahrheit*] » (Johann Peter Eckermann, *Gespräche mit Goethe*, 30 mars 1831). En 1787 déjà, dans le poème *Zueignung*, Goethe s'était décrit comme recueillant « le voile de la poésie de la main de la vérité [*der Dichtung Schleier aus der Hand der Wahrheit empfangen*] » (v. 96). Le succès grandissant du terme est confirmé par Hegel qui, dans ses *Leçons sur l'esthétique* dispensées entre 1818 et 1829, baptise *Dichtung* le troisième art « romantique » (les deux autres étant la musique et la peinture). En 1853, G.G. Gervinus réédite sous le titre de *Geschichte der deutschen Dichtung* une histoire de la littérature allemande qu'il avait publiée une première fois sous celui de *Geschichte der poetischen Nationalliteratur der Deutschen* en 1835-1842. C'est donc sous le nom de *Dichtung* et non sous celui de *Literatur* ou de *Poesie* que la production littéraire allemande accède à une véritable consécration historique au XIXe siècle.

Très fréquemment employé dans les années 1900-1950, depuis Dilthey jusqu'à E. Staiger en passant par T. Mann ou J. Petersen, le mot semble cependant connaître une certaine désaffection dans la seconde moitié du XXe siècle. Les connotations mêmes qui avaient fondé sa fortune le rendent suspect dans l'Allemagne d'après la Seconde Guerre mondiale. En 1973, le germaniste allemand Rüdiger plaide ainsi pour la proscription du terme dans l'usage scientifique et propose qu'on lui substitue celui, plus vaste et plus neutre, de *Literatur* (« Was ist Literatur ? Versuch einer Begriffsbestimmung », p. 26-32). Cantonné à la tradition désormais désuète des belles-lettres, *Dichtung* paraît en outre trop entaché de sacralité romantique et de connotations nationales. Cet abandon, constaté dans l'usage et sanctionné par les dictionnaires, ne s'est pourtant pas opéré sans quelque résistance, ainsi que l'indique le plaidoyer de Hamburger (« Das Wort "Dichtung" », p. 33 et 35). Il est notamment remarquable que le terme, délaissé par les littéraires, se soit trouvé investi d'un rôle central chez le philosophe Heidegger, et ce, jusque dans ses dernières œuvres.

♦ Voir encadré 2.

Si *Dichtung* tire certes son sens d'un réseau conceptuel propre à la langue heideggérienne, il convient cependant de rappeler qu'il ne s'entend pas uniquement à l'intérieur de cette philosophie. Le mot charrie en effet — et Heidegger en était hautement conscient — une histoire sémantique initiée par Herder au XVIIIe siècle, aussi bien qu'il résonne encore des réflexions nationales sur le génie de la langue allemande formulées au XIXe siècle.

Élisabeth DÉCULTOT

BIBLIOGRAPHIE

ECKERMANN Johann Peter, *Gespräche mit Goethe in den letzten Jahren seines Lebens. 2, 1828-1832*, Leipzig, Barsdorf, 1895.

HAMBURGER Käthe, « Das Wort "Dichtung" », *in* H. RÜDIGER (éd.), *Literatur und Dichtung. Versuch einer Begriffsbestimmung*, Stuttgart, Kohlhammer, 1973, p. 33-46.

HERDER Johann Gottfried von, *Sämtliche Werke*, 33 vol., éd. B. Suphan, Berlin, Weidmann, 1877-1913.

RÜDIGER Horst, « Was ist Literatur ? Versuch einer Begriffsbestimmung », *in* H. RÜDIGER (éd.), 1973, p. 26-32.

OUTILS

ADELUNG Johann Christoph, *Versuch eines vollständigen grammatisch-kritischen Wörterbuches der hochdeutschen Mundart* [Essai de dictionnaire grammatico-critique complet du haut-allemand], 5 vol., Leipzig, Breitkopf, 1774-1786.

GRIMM Jacob et Wilhelm, *Deutsches Wörterbuch*, Leipzig, Hirzel, 1854, repr. Munich, Deutscher Taschenbuch, 1984.

DICTUM / ENUNTIABILE LATIN – fr. *dictum, dit, énoncé ; énonçable ; exprimable*

gr.	*lekton* [λεκτόν]
angl.	*stateable*

► *ÉNONCÉ*, et MOT, PRÉDICABLE, PRÉDICATION, PROPOSITION, SACHVERHALT, SENS, SIGNE, SIGNIFIANT, TRUTH-MAKER, VÉRITÉ

Les termes dictum *et* enuntiabile *sont, à partir du XIIe siècle, utilisés pour désigner « ce que dit » ou « que peut énoncer » une proposition, à partir d'un ensemble de questions d'ordre à la fois sémantique (les propositions ont-elles une signification, comme les mots, et si oui, de quelle nature : réelle ou mentale ?), logique (problème du « porteur de vérité » ou* truth-bearer*), ontologique (problème de « ce qui rend vrai une proposition », son « véri-facteur » ou* truth-maker*). Par ailleurs, se greffe un ensemble de questions différentes, d'ordre théologique, quand on s'interroge sur l'objet du savoir divin, objet nécessairement éternel (si Dieu sait de toute éternité que* p*, qu'est-ce que* p *?).*

I. « LEKTON » ET « DICTUM »

Sénèque utilise, dans un passage de la lettre 117 (117, 13, Hülser 892), les termes *effatum*, *enuntiativum*, *enuntiatum* pour caractériser ce qui correspond à un sous-ensemble seulement des *lekta*, (a) ceux qui sont complets et (b) ceux qui sont susceptibles de vrai et de faux, c'est-à-dire les énoncés assertifs ou *axiômata* (voir SIGNIFIANT, PROPOSITION).

Le terme *dicibile*, tel que l'utilise Augustin dans le *De dialectica*, ne peut être considéré comme une traduction de *lekton* pour deux raisons : d'une part, Augustin centre son exposé sur l'unité simple, le mot, *dictio*, d'où l'emploi d'un terme formé sur le même verbe *dicere*, à savoir *dicibile*, alors que le *lekton* stoïcien n'est pas nécessairement simple. D'autre part, le *lekton* est le plus souvent une pensée en tant qu'elle est exprimée par des mots. Or Augustin définit le *dicibile* comme quelque chose qui existe dans la pensée avant d'être exprimé (*ante vocem*), qui peut être exprimé, et qui est engendré par le signe dans l'esprit de l'auditeur (voir encadré 3 dans MOT). *Dicibile* semble traduire plutôt le grec *ekphorikon* [ἐκφορικόν], tel qu'il est employé par les Stoïciens (voir Nuchelmans, *Theories of the Proposition*, p. 117). Les attestations d'équivalence entre *lekton* et *dictio* ou *dictum* sont isolées et dépendent d'Isidore de Séville (*Etymologiae*, II, 22, 2 : « *nam* lekton *dictio dicitur* »), suivi par Alcuin, quand il explique que la dialectique s'occupe des *dicta*, puis au XIIe siècle, par Jean de Salisbury dans le *Metalogicon* (II, 4 : « lekton *greco eloqui* [*sicut ait Isidorus*] dictum *appellatur* ») ; ce dernier ne rappelle le *De dialectica* d'Augustin que pour plaquer la triade boécienne *vox - intellectus - res* sur une triade prétendument augustinienne *dictio - dicibile - res*, l'omission du quatrième terme, *verbum*, faussant totalement la perspective originale (*Metalogicon*, III, 5 : « *Est autem res de quo aliquid, dicibile quod de aliquo, dictio quo dicitur hoc de illo* »).

II. ABÉLARD ET LE « DICTUM »

Si, comme nous allons voir, Abélard donne au terme *dictum* un sens technique en élaborant sa théorie des propositions, le terme *enuntiabile* va se généraliser un peu plus tardivement, à la fois en logique et en théologie. Un auteur de la fin du XIIe siècle le considère comme une nouveauté de son époque :

> En lisant et relisant Aristote et Boèce, je n'ai trouvé aucun écrit où il était dit que le vrai et le faux étaient des « énonçables » ou inversement, et Aristote a toujours pris « énonçable » pour « prédicable », en disant « énonçable de quelque chose » c'est-à-dire « prédicable de quelque chose » et « être énoncé » pour « être prédiqué », dont il découle que la proposition est l'énonciation de quelque chose à propos de quelque chose [Aristote, *De interpretatione* 5, 17a25-27, *translatio boethii*, *Aristoteles latinus* II, 1-2].
>
> *Ars Meliduna*, éd. Iwakuma 1997, p. 20.

Plus tardivement, ces deux termes seront perçus comme équivalents (cf. *Ars Burana*, éd. De Rijk, *Logica modernorum* II/2, p. 208). Et pourtant ils ont une histoire distincte, que l'on divise en deux périodes où sont discutés des problèmes différents.

On doit au préalable noter que les élaborations sur le *dictum* ou l'*enuntiabile* sont liées à l'existence en latin d'une proposition infinitive. « *Socrates currit* » dit que Socrate court ; l'infinitive « *Socratem currere* » (ou la complétive « *quod Socrates currit* ») est le nom (*appellatio*) de ce que dit la proposition (le *dictum*). L'énonçable est « appelé » par l'« *appellatio dicti* » (« *hominem esse animal* ») (tout comme l'individu Socrate est appelé par le nom propre *Socrate*) et « signifié » par la proposition (« *homo est animal* »). On parlera de modalité *de dicto*, quand la modalité porte sur le *dictum*, par opposition à la modalité *de re* : « *Socrates currit est possibile* » selon l'interprétation *de dicto* signifie « (que Socrate courre) est possible », selon l'interprétation *de re* « Socrate peut courir ». Une même phrase peut naturellement être susceptible de valeurs de vérité différentes selon l'interprétation donnée à la modalité. Ainsi, pour prendre un exemple sophismatique, « *possibile est stantem sedere* » est faux *de dicto* : il est impossible que la proposition « celui qui se tient debout est assis » soit vraie ; en revanche, la même proposition est vraie *de re* : la « chose » qui est debout peut très bien s'asseoir. Le latin classique tendait à préférer la proposition infinitive, avec le sujet à l'accusatif, pour l'interprétation *de dicto* : « *Dicitur Homerum caecum fuisse* », et l'attribut au nominatif, construit avec l'infinitif, pour l'interprétation *de re* : « *Homerus dicitur caecus fuisse* ». En latin médiéval, les logiciens considéraient le premier exemple comme susceptible des deux interprétations. Les choix de traduction pour rendre la proposition infinitive sont variables : soit la complétive (« *que Socrate courre est possible* »), mais on perd alors la distinction avec la complétive latine et le statut de phrase nominale, soit une proposition infinitive calque (« *Socrate-courir est possible* »).

Ce sont des questions logico-grammaticales qui motivent l'introduction, au début du XIIe siècle, de la notion de *dictum*. Abélard s'interroge sur la spécificité de la proposition déclarative, pour démontrer que ce qui la caractérise ne peut être sa signification : en effet, « *Socrates currit* » signifie la même chose que « *Socratem currere* » ou « *Socrates currens* », et dans chacune se trouve l'expression de l'inhérence d'une qualité dans le sujet. Toutes ces expressions ont des « intellections complexes », un point qui ne faisait pas l'unanimité à l'époque. Ce qui caractérise la première, c'est qu'elle dit (*dicit*) ou « propose » (*proponit*) quelque chose, que quelque chose est le cas (on est ici assez proche de l'anglais *state*, voir PROPOSITION). Ces expressions signifient la même chose, ont la même intellection (*intellectus*), mais seule la première possède un « *modus enuntiandi* » ou « *modus proponendi* ». Une proposition signifie donc une intellection complexe, composée à partir des intellections de ses parties catégorématiques, mais en outre « dit » ou « pose » son *dictum*. Pour Abélard, l'énoncé d'une phrase déclarative (comme « *Socrates est albus* ») correspond en effet à un acte triple de l'intellect, consistant à porter son attention sur une chose (ici Socrate), sur une qualité (la blancheur individuelle), et à associer par un acte supplémentaire ces deux objets. Pour cette raison, Abélard soutient que le *dictum* n'est « absolument rien », qu'il « n'est pas une chose » : en effet, si une proposition (entendu ici comme séquence signifiante) parle bien des choses (« *agit de rebus* ») et non d'intellections ou de mots, ce qu'elle dit n'est pas une chose, mais correspond à la manière dont l'intellect met en relation des choses, ou dont il pose qu'elles existent. C'est ensuite en confrontant ce que dit la proposition avec l'état des choses (« *eventus rerum* » ou *rei*, « *esse rei* « , « *status rerum* » ou *rei*, « *natura rerum* « ; cf. « *natura rerum ex qua veritatem vel falsitatem* [*propositiones*] *contrahunt* [la nature des choses à partir de laquelle les propositions tirent leur vérité ou fausseté], *Super Perihermeneias*, éd. Geyer, p. 420 : 31-32), que le *dictum* pourra être dit vrai ou faux (« *Et est profecto ita in re, sicut dicit vera propositio, sed non est res aliqua quod dicit* [il en va dans les choses [ou dans la réalité] comme le dit la proposition vraie, mais ce n'est pas une chose que la proposition dit] », *Dialectica*, éd. L.M. De Rijk, p. 160). Le *dictum* n'est donc pas l'état de chose, le *truthmaker*, mais le *truth-bearer*, ce qui peut recevoir les prédicats « vrai » et « faux ». Il n'est lui-même « rien », puisque l'intellect peut « poser » très librement des relations entre des choses, ou, en d'autres termes, faire une hypothèse sur les choses, qu'il en soit effectivement ainsi qu'il le dit ou non. Je peux aussi bien dire « *Socrates est homo* » (Socrate est un homme) que « *Socrates est lignum* » (Socrate est du bois) : chacune des propositions dit quelque chose, a un *dictum*, et l'« existence des choses » que « dit » la proposition ne fait pas davantage partie des choses existantes dans le premier cas que dans le second cas. La proposition est vraie quand ce qu'elle pose correspond à ce qui est (« *Omnis enim propositio vera dicitur, qui ita est in re, ut proponit* », *Super Perihermeneias*, éd. Geyer, p. 423 : 18-19). L'expression « *eventus rerum* » possède d'ailleurs une équivocité remarquable, comme Abélard l'explique dans un développement sur les futurs contingents (*Super Perihermeneias*, *ibid.*, p. 422 : 41 *sq.*). En un sens, elle renvoie à la réalité telle qu'elle existe, aux choses telles qu'elles adviennent (« *res ipsas quae eveniunt* »), indépendamment de la manière dont on la conçoit ou la signifie, à l'« événement » (*eventus*) objectif (au sens de ce qui « arrive » ou « advient », *evenit*) et qui rend la proposition vraie ou fausse (« *veritas propositionum ex eventu rerum pendet* », *ibid.*, p. 421 : 35). En un autre sens, l'expression renvoie à la réalité telle qu'on la dit (« *id totum quod propositio dicit* ») et qui n'a alors d'autre réalité que celle d'être dite : c'est l'événement tel qu'il est posé par la proposition ou « *eventus propositionis* » (cf. « Si quelqu'un dit par exemple *Socrate mangera* ou *mourra demain*, il pose un événement indéterminé que la nature des choses ne peut en aucun cas rendre certain pour nous [*indeterminatum eventum proponit de quo scilicet nulla natura rei cujusquam nos certificare potest*] », *ibid.*, p. 421 : 9-10 ; « *eventus proprie dicimus dicta propositionum* », p. 426 : 10) et c'est en ce sens qu'il n'est « rien du tout ».

Même si les termes *dictum* et *enuntiabile* sont parfois perçus comme équivalents, on note souvent que le second comporte une nuance de potentialité que n'a pas le premier (d'où la traduction par *stateable*, corrélative de celle de *statement* pour *enuntiatio*, dans Lewis, « William of Auvergne's account of the *enuntiabile*... ») : « Les énonçables, selon l'*Ars Meliduna* (*ca.* 1170) sont les signifiés des propositions ; ils sont ainsi appelés à partir du fait qu'ils sont énoncés ou aptes à être énoncés. » (*Ars Meliduna*, éd. De Rijk, *Logica modernorum*, vol. 2/1, p. 357). L'anonyme peut alors dire que l'*enuntiabile* reste vrai même s'il n'est pas énoncé, même s'il n'y avait plus aucune expression pour l'énoncer, parce qu'il serait toujours possible d'« imposer » une nouvelle *vox* pour l'énoncer : « l'énonçable, en effet, n'est pas dit selon l'acte, mais selon l'aptitude (*non ab actu, sed ab aptitudine*) » (*Ars Meliduna, ibid.*, *Logica modernorum*, vol. 2/1, p. 362). Alors que l'on était, avec le *dictum* d'Abélard, plus proche d'une conception de la proposition comme « acte », comme *statement*, l'énonçable est davantage à rapprocher de ces propositions objectivées et indépendantes d'un sujet ou d'un porteur de la tradition frégéenne. Ceci dit, la nature de l'*enuntiabile* varie grandement selon les théories, mais ces différences sont liées à un problème qui n'est plus strictement logique.

III. LA QUESTION DU SAVOIR DIVIN

Les implications théologiques de la notion de *dictum* apparaissent dès que, avec Robert de Melun, on s'interroge sur le caractère éternel des *dicta* : si les *dicta* existent de toute éternité, cela implique que quelque chose autre que Dieu lui-même soit éternel. Cette implication fâcheuse fera l'objet de vifs débats jusqu'à la fin du XVe siècle, dans l'après-coup des condamnations parisiennes de 1241, à l'occasion desquelles Guillaume d'Auvergne interdit d'enseigner « *quod multae sunt veritates ab aeterno quae non sunt Deus* » (« qu'il y a un grand nombre de vérités éternelles distinctes de Dieu »). Au XIIe siècle, les notions de *dictum* et d'*enuntiabile* servent à poser plus particulièrement les problèmes liés à l'immutabilité du savoir, du pouvoir et du vouloir divins. Bien qu'il n'utilise pas la notion de *dictum* élaborée dans ses textes de logique, Abélard est le premier à introduire dans ce contexte une thèse dite « *semel/semper* » souvent considérée comme caractéristique du nominalisme : ce que Dieu sait une fois, il le sait toujours, car « ce qui est vrai une fois, est vrai toujours [*quicquid semel est verum, semper est verum*] ». C'est l'objet de ce savoir que le terme *dictum* désigne chez les théologiens ses contemporains, qui sont d'ailleurs très partagés sur la nature de ce *dictum* ou *enuntiabile*, sa vérité, son caractère immuable. Les *Nominales* pensent que les énonçables sont les objets de la connaissance divine immuable, qu'une fois vrais ils sont toujours vrais, qu'ils sont donc indépendants du temps : un même énoncé type (par exemple, « Le Christ naît ») prononcé en t 1 (avant la naissance du Christ), t 2 (au moment de la naissance du Christ), t 3 (après la naissance du Christ), correspond à trois énonçables différents (un énonçable donné associe le Christ et sa naissance en un temps donné, et donc s'il est vrai à un moment donné, il sera toujours vrai) ; un même énonçable (« Le Christ naît ») est exprimé en différents moments du temps par trois énoncés en t 1 par « Le Christ naîtra », en t 2 par « Le Christ naît », en t 3 par « Le Christ est né ». À l'opposé, les *Reales* pensent que les objets de la connaissance divine sont les *res*, et que les énonçables varient dans leurs conditions de vérité. Par la suite, l'analyse des propositions exprimant le savoir divin (par exemple, « *Deus praescivit Antichristum esse* ») s'élargira aux propositions comportant un verbe de croyance, revenant ainsi dans le domaine de la logique.

Les opinions sur ce qu'est un *enuntiabile* sont multiples : plusieurs d'entre elles sont mentionnées par l'*Ars Meliduna* (voir De Rijk, *Logica modernorum*, 2/1, p. 357 ; Iwakuma, « *Enuntiabilia* in twelfth-century logic and theology », p. 19-29). Les divergences portent (*a*) sur leur nature simple ou complexe ; (*b*) sur la nature de ce qui est composé : des *termes* (mentaux, vocaux ou écrits) ou les *choses signifiées* par ces termes ; (*c*) sur leur caractère éternel ou inscrit dans le temps ; (*d*) sur leur mode d'existence : certains posent qu'ils n'existent pas (cf. Abélard), d'autres qu'ils existent ; pour ces derniers, ce sont donc des choses (*res*), mais certains les considèrent comme des substances, d'autres comme des accidents, d'autres encore comme des entités « extracatégorielles » (*extrapredicamentale*) ayant un mode d'être qui leur est propre, comme celui des universaux.

S'il n'y a aucun passage avéré du *lekton* stoïcien au *dictum* ou à l'*enuntiabile* des médiévaux, la relation doctrinale entre ces notions n'est pas non plus patente. On notera pourtant que quand Sénèque fait correspondre le *lekton* à *quod nunc loquor* (ce que je dis présentement), on est proche des formulations abélardiennes du *dictum* comme « ce que dit la proposition ». Cependant le *dictum* d'Abélard n'a rien de mental : c'est précisément en expliquant que les prédicats « vrai » et « faux » ne peuvent porter ni sur des mots, ni sur des intellections, qu'il peut montrer qu'ils portent sur des *dicta*. Ces *dicta* sont plutôt du côté des choses, bien que ce ne soient pas des choses existantes : de même que les noms ont une signification d'intellection (une intellection simple) et une signification de choses, les propositions ont une signification d'intellection (une intellection complexe) et un *dictum*. Quant aux théories ultérieures, nous avons vu que, sur le plan ontologique, le *dictum* ou l'*enuntiabile* pouvait être de nature différente, selon les théories, réelle ou mentale.

IV. LE « SIGNIFIABLE COMPLEXEMENT »

Au XIVe siècle, *dictum* et *enuntiabile* sont relayés par la notion de « signifiable complexement », « *significabile complexe* » (Grégoire de Rimini) ou « signifiable par complexe », « *significabile per complexum* » (Adam de Wodeham), c'est-à-dire ce qui est signifiable seulement par un *complexum* linguistique (ce que les logiciens anglais appellent une *that-clause*, allemand : *Daß-Satz*, ou une « proposition » infinitive). Depuis Hubert Élie, le « signifiable complexement » est considéré comme une formulation médiévale de la notion d'état de choses (*Sachverhalt*) interprétée dans un sens plus ou moins réaliste, l'apparentant à l'*Objektiv* de Meinong (voir SACHVERHALT). C'est ainsi que l'entendent ses adversaires médiévaux qui, prenant appui sur la condamnation de 1241, reprochent aux tenants du *significabile complexe* de soutenir que « *mundum fore* » ([le fait] que le monde serait) et « *Deum esse* » ([le fait] que Dieu est) ont été de toute éternité « sans être Dieu ». Cette interprétation ne rend pas compte de tous les aspects de la théorie. Comme tantôt Abélard, Grégoire de Rimini affirme en effet que le *significabile complexe* n'est « rien », qu'il n'existe pas. Cette affirmation pose que le « signifiable par complexe » ne peut être quelque chose dans le monde qui rendrait vraie une vérité quelconque (contingente ou nécessaire). Mais elle ne prend son sens qu'à condition de noter que le but de Grégoire n'est pas, contrairement à ce que l'on dit, de construire une théorie nominaliste (ou, *a fortiori*, « réaliste ») de la proposition, mais seulement d'expliquer en quoi consiste la « *notitia judiciaria* » (« connaissance judiciaire ») de Dieu. Si la différence entre « choses » et *Sachverhalte* se vérifie chez Grégoire, c'est en tant que fondamentalement corrélée au problème de la science divine. Cela étant, deux théories sémantiques incompatibles s'affrontent à propos du « signifiable », dont les « rejetons » seront encore observables à la fin du XIXe et au début du XXe siècle : l'une, celle du nominalisme « réductionniste » standard, distingue *truth-maker*, la chose individuelle signifiée par le terme sujet, et *truth-bearer*, la proposition-*token* ; l'autre, celle de Grégoire de Rimini, identifie ultimement *truth-maker* et *truth-bearer* en l'espèce du « signifiable complexement » qualifié de « vrai » ou de « faux » par « dénomination extrinsèque » à partir de la Vérité incréée.

Soit par exemple le passage de l'évangile de Marc 14, 30 : « En vérité, je te le dis : toi, aujourd'hui, cette nuit même, avant que le coq chante deux fois, tu m'auras renié trois fois. ». L'énonçable correspondant, c'est-à-dire « que-Pierre-pécherait-à-l'instant-A », « *Petrum esse peccaturum in A* », fut-il vrai de toute éternité ? Grégoire écarte l'hypothèse selon laquelle l'« énonciation créée », la proposition orale rapportée en Marc 14, 30, aurait été vraie de toute éternité : n'existant pas de toute éternité, elle ne peut avoir été vraie de toute éternité. À propos de l'« énonçable qu'énonce la proposition », il distingue « être de toute éternité » et « être vrai de toute éternité ». Si la proposition ou « énonciation créée » avait été de toute éternité (ce qui n'est pas le cas), elle serait vraie de toute éternité, mais de manière contingente. Le signifiable complexement « *Petrum esse peccaturum in A* » fut, en revanche, vrai de toute éternité, mais il ne fut ni éternel ni de toute éternité. L'importance et la signification de la thèse affirmant le non-être du *significabile complexe* apparaissent ici clairement. Le signifiable complexement « n'est rien » : ce n'est et ne fut jamais une « entité par soi ». Il ne peut donc être ni avoir été de toute éternité. En revanche, le « signifié complexe » de la proposition de Marc 14, 30 fut vrai de toute éternité, non pas nécessairement, mais de façon contingente « [...] par une dénomination extrinsèque à partir de la Vérité incréée et du jugement éternel de Dieu jugeant que "Pierre-pécherait-à-l'instant-A" ».

L'expression « dénomination extrinsèque » renvoie à une distinction médiévale courante entre deux types de dénomination, c'est-à-dire d'attribution paronymique (voir PARONYME) : la dénomination formelle où ce qui dénomme est dans ce qui est dénommé « comme dans un sujet » — c'est le cas de la blancheur qui dénomme x dans « x est blanc » ; la dénomination causale où ce qui dénomme est dans la cause agente ou efficiente, non dans le patient — c'est le cas de la pensée ou intellection qui dénomme l'objet de pensée à partir de l'intellection que l'esprit qui intellige en a dans « x est [une] pensée » ou « x est intelligé ». C'est dans l'esprit pensant, non dans ce qui est pensé que la pensée est « comme dans un sujet ». Ce second type de dénomination est ce que Grégoire appelle « dénomination extrinsèque ». La vérité de l'énonçable relatif au péché de Pierre est donc à titre premier et causal en Dieu qui juge, dans le jugement de Dieu, dans son acte de juger ; elle n'est un attribut de l'énonçable qu'à titre « paronymique » extérieur. C'est en tant que jugé par la Vérité première que l'énonçable est dit « vrai » et donc aussi « vrai de toute éternité ». La structure de la « dénomination extrinsèque » exprime une thèse centrale de l'ontologie de Grégoire : la modalité aléthique « vrai » est un attribut du Juge et de son acte de juger éternel, non de l'objet du jugement ou de son contenu, qui sont tous dits « vrais » par dénomination causale (Grégoire de Rimini, *Lectura*, I, d. 38, q. 2, éd. Trapp-Marcolino, t. 3 [= *Lectura super Primum et Secundum Sententiarum*, éd. D. Trapp et V. Marcolino (*Spätmittelalter und Reformation Texte und Untersuchungen*, 6-12), Berlin-NewYork, De Gruyter, 1978-1987], p. 304). En d'autres mots : un énonçable est dit « vrai » paronymiquement par dénomination extrinsèque à partir de la Vérité première incréée et de son jugement éternel, et, à son tour, cet énonçable, qui n'est aucune « entité », est ce qui véri-fie notre propre jugement, nos propositions. Il y a donc une double adéquation, une double « rectitude », pour l'énonçable vrai selon Grégoire : un énonçable est vrai en tant qu'adéquat à l'acte du jugement divin, et il est ce à quoi la pensée se rend adéquate (« consent », « acquiesce » ou « assentit ») en jugeant — ce qui rend vrais le jugement et la proposition. Cette seconde adéquation rapproche la théorie grégorienne de la théorie phénoménologique popularisée au début du XXe siècle par Anton Marty, qui redéfinit — en latin — la vérité (voir VÉRITÉ) comme « *adaequatio cogitantis et cogitatum* » (adéquation du pensant au contenu de pensée), au lieu d'« *adaequatio rei et intellectus* » (adéquation de la chose et de l'intellect). Le « signifiable complexement » est, on le voit, un élément important dans la généalogie de la théorie des *Sachverhalte*.

Alain de LIBERA,
Irène ROSIER-CATACH

BIBLIOGRAPHIE

ASHWORTH Earline Jennifer, « Theories of the Proposition : Some Early Sixteenth Century Discussions », in *Studies in Post-Medieval Semantics*, Londres, Variorum Reprints, 1985, IV.

ÉLIE Hubert, *Le Signifiable par complexe. La proposition et son objet : Grégoire de Rimini, Meinong, Russell* (1936), Vrin, 2000.

IWAKUMA Yukio , « *Enuntiabilia* in twelfth-century logic and theology », *in* C. MARMO (éd.), *Vestigia, imagines, verba*, Brepols, 1997, p. 20-35.

JACOBI Klaus, STRUB Ch., KING Peter, « From *intellectus verus/falsus* to the *dictum propositionis* : The Semantics of Peter Abelard and his Circle », *Vivarium* 34/1, 1996, p. 15-40.

JOLIVET Jean, *Arts du langage et théologie chez Abélard*, Vrin, « Études de philosophie médiévale, 57 », 2e éd. 1969, 1982.

KNEEPKENS Cornelius H., « Please don't call me Peter : I am an *enuntiabile*, not a thing. A note on the *enuntiabile* and the proper noun », *in* C. MARMO (éd.), *Vestigia, imagines, verba*, Brepols, 1997, p. 82-98.

LEWIS Neil, « William of Auvergne's account of the *enuntiabile* : its relations to nominalism and the doctrine of the eternal truths », *Vivarium*, 33, 1995, p. 113-36.

LIBERA Alain de, « Abélard et le dictisme », in *Abélard. Le « Dialogue ». La philosophie de la logique, Cahiers de la revue de théologie et de philosophie*, n° 6, 1981, p. 59-97.

— *La Référence vide. Théories de la proposition*, PUF, 2002.

MAIERÙ Alfonso, *Terminologia logica della tarde scolastica*, Rome, Edizioni dell'Ateneo, 1972.

MARENBON John, *The Philosophy of Peter Abelard*, Cambridge UP, 1997.

MARTY Anton, *Untersuchungen zur Grundlegung der Allgemeinen Grammatik und Sprachphilosophie*, t. 1, Halle, Niemeyer, 1908.

NUCHELMANS Gabriel, *Theories of the Proposition. Ancient and Medieval Conceptions of the Bearers of Truth and Falsity*, Amsterdam-Londres, North Holland Publishing Company, 1973.

— *Late-scholastic and Humanist Theories of the Proposition*, Amsterdam-Oxford-New York, North Holland Publishing Company, 1980.

RIJK Lambertus Maria De, « La signification de la proposition (*dictum propositionis*) chez Abélard », *Studia Mediewistyczne*, n° 16, 1975, p. 155-161.

ROSIER-CATACH Irène, « Abelard and the meaning of propositions », *in* H.S. Gill (éd.), *Signification in language and culture*, Indian Institute of Advanced Study, Shimla, 2002, p. 23-48.

SMITH Barry, *Austrian Philosophy. The Legacy of Franz Brentano*, chap. 4, « Anton Marty : On Being and Truth », Chicago-LaSalle, Open Court Publishing Company, 1994.

DIEU

ar.	*Allah* [الله]
gr.	*theos* [θεός]
hébr.	*Ēl* [אֵל], *Èloah* [אֱלוֹהַּ], *Èlohīm* [אֱלֹהִים]
lat.	*deus*
all.	*Gott*
angl.	*god*
basque	*jainko / jinko, Jaungoikoa*
esp.	*dios*
finnois	*jumala*
hongr.	*isten*
it.	*dio*
port.	*deus*
russe	*bog* [бог]

► ANALOGIE, BOGOLOČELOVEČESTVO, DAIMÔN, ***DESTIN***, DIABLE, DUENDE, ***ÊTRE***, OIKONOMIA, OMNITUDO REALITATIS, ***RELIGION***, SVET, THEMIS, WELT

Le vocabulaire de toutes les langues européennes contient des mots désignant la divinité. Cela tient à l'imprégnation judéo-chrétienne des populations qui les parlent, mais aussi au fond pré-biblique de l'espace européen.
La présence de ce vocabulaire n'a rien d'évident, les missionnaires chrétiens ayant rencontré certains peuples pour lesquels, faute d'un mot adéquat, il a fallu emprunter, par exemple, le mot latin deus, *utilisé comme nom propre.*

I. LANGUES DE L'EUROPE D'AUJOURD'HUI

Le français *dieu* vient du latin *deus*, comme l'espagnol *dios*, le portugais *deus* et l'italien *dio*.

Les langues germaniques emploient des mots du genre de l'allemand *Gott* ou de l'anglais *god*. L'étymologie de ces termes n'est pas claire. On évoque deux racines indo-européennes. L'une signifierait « invoquer », l'autre « verser, offrir une libation » (voir gr. *kheô* [χέω]). Dieu serait alors tout ce qui est invoqué ou tout ce à quoi une libation est offerte. L'oreille croit percevoir une parenté, dépourvue de fondement étymologique, entre *god* et *good*. D'où des euphémismes comme l'exclamation *My Goodness !* correspondant au français *Bonté divine !* Le français populaire *le bon Dieu* fait ainsi légèrement pléonasme pour une oreille germanique.

Le mot *bog* [бог], commun aux langues slaves avec de légères variantes, est peut-être apparenté au sanskrit *bhaga*, « seigneur ». Ce dernier terme venant peut-être d'une racine signifiant « répartir », on songe au grec *daimôn* [δαίμων] (démon) de *daiomai* [δαίομαι] (voir DAIMÔN).

Le hongrois *isten* serait un emprunt au persan *ištán*, identique au pehlevi *yazdan* (cf. K. Rédei, « Über die Herkunft des ungarischen Wortes *isten*, "Gott" », p. 283-288).

Le finnois *jumala* était peut-être à l'origine un nom propre, celui du Dieu suprême, seigneur du ciel.

Le basque *jainko/jinko* désigne aussi bien un dieu en général que le Dieu chrétien, appelé aussi *Jaungoikoa*, « le Seigneur d'en haut ».

II. LANGUES CLASSIQUES ET ÉCRITURES SAINTES

Le grec *theos* [θεός] est déjà en mycénien sous la forme *teo*. Son étymologie véritable reste obscure (Chantraine, *s.v.*). Elle est peut-être **thesos* [*θεσος], de *tithêmi* [τίθημι] (cf. aussi É. Benveniste, *Vocabulaire des institutions indo-européennes*, t. 2, p. 135 ; voir THÊMIS). Les Grecs proposaient déjà diverses étymologies fantaisistes, liées à diverses façons de se représenter le divin. On a songé d'abord au verbe *tithêmi*, « poser » (Hérodote, II, 52, 1 : « ils ont posé [*thentes* (θέντες)] toutes choses »), ce qui suppose l'idée d'une institution du monde, qui n'est pas encore une création *ex nihilo*. On a également évoqué le verbe *theô* [θέω], « courir » (Platon, *Cratyle*, 397c ; Cornutus, *De die natali*, 1). Il suppose l'identification des dieux avec les corps célestes lancée par le Platon tardif (*Timée*, 40a-d) et son école (*Épinomis*, 984d) et joue avec le fait que l'éther (*aithêr* [αἰθήρ]), la clarté du ciel où séjournent les dieux, est lui-même interprété comme ce qui « court toujours » (*aei-thein* [ἀεὶ-θεῖν]).

Les Pères de l'Église (cf. G.L. Prestige, *God in Patristic Thought*, p. 1-3) ont repris les deux hypothèses, et en ont ajouté une troisième par le substantif *thea* [θέα], « spectacle », les dieux étant ceux qui ont rendu le monde visible (Eusèbe de Césarée, *Préparation évangélique*, V, 3, 182D).

La forme ancienne du latin *deus* est *deiuos*. Le mot n'a paradoxalement rien à voir avec le grec *theos*, mais est en revanche apparenté au sanskrit *devas*. *Ju-*, dans *Ju-piter*, désigne la clarté du ciel, apparenté à *dies*, « le jour » ; le sens survit dans l'expression *sub Dio*, « à la belle étoile ».

L'association du ciel à la divinité est ancienne et répandue. S'il faut en croire Suétone (*Vie d'Auguste*, 97, 2), le mot étrusque pour *dieu* aurait été *aesar*, qui est peut-être apparenté au mot germanique pour le fer (all. *Eisen*, angl. *iron*), le métal qui tombe du ciel en aérolithes (cf. lat. *sidus* et gr. *sidêros* [σίδηρος]). On a un écho très tardif de cette étymologie « céleste » lorsque Hölderlin dit croire que Dieu est « manifeste comme le ciel [*offenbar wie der Himmel*] » (« In lieblicher Bläue... », in *Sämtliche Werke*, t. 2, p. 372).

Les livres sacrés du judaïsme, puis du christianisme, parlent évidemment souvent de Dieu. Le grec y traduit des termes hébraïques. Ainsi le mot présent dans toutes les langues sémitiques, *Ël* [אֵל], qui exprimait sans doute l'idée de puissance. On a aussi la forme allongée *Èloah* [אֱלוֹהַּ]. Quant à *Èlohīm* [אֱלֹהִים], plus fréquent en hébreu, la désinence du pluriel (*-īm*) y indique probablement la majesté.

Les Arabes, musulmans ou chrétiens, donnent à Dieu le nom d'Allah [الله]. Celui-ci est déjà connu comme Dieu suprême et reconnu comme créateur de toutes choses avant l'islam (Coran, XXIX, 61 ; XXXI, 25 ; XLIII, 87). Le mot est la contraction de *al-ilāh* [الإله], qui associe une forme du nom commun *El* à l'article. Le mot oscille donc entre son statut linguistique de nom commun et son usage qui en fait un nom propre.

III. FORMATIONS MODERNES

Le registre savant des langues européennes a gardé la racine grecque *theo-* et l'utilise dans quelques dizaines de mots techniques plus ou moins usités.

Certains sont anciens. C'est le cas de *théologie*. Platon forge *theologia* [θεολογία] pour désigner la façon dont il convient de parler des dieux de manière plus digne que ce que l'on appellera plus tard la « mythologie » (*République*, II, 379a). Le mot *théologie* conserve ce sens très tard, comme chez Pascal : « Les poètes ont fait cent diverses théologies » (*Pensées*, Br. 613). En latin, Augustin emploie le mot au sens de doctrine des philosophes sur le divin dans sa polémique avec Varron, et l'explique comme *ratio sive sermo de divinitate* (*Cité de Dieu*, VIII, 1). Chez le Pseudo-Denys l'Aréopagite, le mot désigne aussi l'essence de Dieu en lui-même, dans sa nature trinitaire, à la différence de l'action salutaire de Dieu dans l'histoire humaine (*oikonomia* [οἰκονομία], voir OIKONOMIA). Jean Scot Érigène traduit en latin le grec de Denys en *Noms divins*, I, 15 (PL, t. 122, col. 463b) : « *divinae essentiae investigatio* » ; II, 30 (col. 599b) : « *divinae naturae speculatio* » ; puis III, 29 (col. 705b) : « [*investigat*] *quid de una omnium causa, quae Deus est, pie debeat aestimari* [(Elle cherche) ce qu'il convient de pieusement conjecturer de la cause unique de toute chose, qui est Dieu] ». Le mot apparaît au sens moderne chez Abélard comme titre de sa *Theologia* nommée d'après ses premiers mots *Summi boni*, vers 1120. Il s'installe enfin au XIIIe siècle chez Thomas d'Aquin pour désigner une science.

Théocratie, que l'on comprend aujourd'hui le plus souvent au sens de « régime clérical », ne désignait pas à l'origine le pouvoir de fonctionnaires humains du sacré, mais tout le contraire : Flavius Josèphe a forgé *theokratia* [θεοκρατία] dans une apologie du judaïsme. Il désigne par là le fait que c'est la Loi divine qui y détient le pouvoir, et non un quelconque parmi les hommes (*Contre Apion*, II, 16, § 165, éd. T. Reinach et L. Blum, Les Belles Lettres, 1930, p. 86).

D'autres sont de ces mots auxquels leur composition donne une apparence antique, mais qui sont dus en fait à la soif des modernes de se trouver des titres anciens. Le cas le plus connu est celui de *théodicée*, forgé par Leibniz comme titre du livre paru en 1710 dans lequel il veut montrer la justice (*dikê* [δίκη]) de Dieu (voir THÊMIS).

Rémi BRAGUE

BIBLIOGRAPHIE

HÖLDERLIN Friedrich, *Sämtliche Werke*, 6 vol., éd. F. Beissner, Stuttgart, Cotta, « Kleine Stuttgarter Ausgabe », 1946-1962.

PRESTIGE George Leonard, *God in Patristic Thought*, Londres, Heinemann, 1936.

RÉDEI Karoly, « Über die Herkunft des ungarischen Wortes *isten*, "Gott" », *Linguistica uralica* [Tallinn], vol. 32, 1996, p. 283-288.

OUTILS

BENVENISTE Émile, *Le Vocabulaire des institutions indo-européennes*, 2 vol., Minuit, 1969.

CHANTRAINE Pierre, *Dictionnaire étymologique de la langue grecque*, nouv. éd. mise à jour avec un « Supplément au dictionnaire », Klincksieck, 1999.

PL : MIGNE Jacques-Paul (éd.), *Patrologiae cursus completus, series latina* [Patrologie latine], 1844-.

DISCOURS *Discours* est une transposition de *discursus*, sur le latin *discurrere*, « courir çà et là, parcourir en tous sens ». C'est tardivement que *discursus* prend le sens de « conversation, entretien », suivant une métaphore qui fait droit au caractère hasardeux de l'échange verbal (DHLF). Mais les philosophes retiennent plutôt l'ordre et la méthode avec lesquels les phrases et les pensées se succèdent : *discursivité* implique suivi et conséquence, et se fait presque synonyme de *rationalité*.

C'est ainsi que *discours* est l'une des traductions recevables pour le grec *logos* [λόγος], qu'on peut non moins rendre par *raison*, mais *logos* désigne aussi chacun des éléments qui composent le langage : voir LOGOS.

I. DISCURSIVITÉ, RATIONALITÉ ET HUMANITÉ

La discursivité, comme faculté et exercice du langage et de la raison, est conçue — c'est explicite chez Aristote — comme le propre de l'homme : voir, outre LOGOS (sous lequel on trouvera notamment traité de l'hébreu *dāvār* [דָּבָר] et de l'allemand *Sprache*, *Rede*), CONSCIENCE, *DIALECTIQUE*, DICHTUNG, HOMONYME, II, B, *HUMANITÉ*, *RAISON* [CONCEPTUS, ENTENDEMENT, INTELLECT, INTELLECTUS], VÉRITÉ ; cf. BILDUNG, GEISTESWISSENSCHAFTEN, PLASTICITÉ, SUJET.

II. DISCOURS, LANGAGE ET LANGUES

1. Sur le rapport entre discours et pluralité des langues, voir TRADUIRE, LANGUES ET TRADITIONS.
2. Sur les articulations possibles, ou manquantes, entre ce que le français d'après Saussure nomme *langue*, *langage* et *parole* dans les différents réseaux linguistiques, voir LANGUE.
3. Sur le rapport entre discursivité et performance langagière, voir ACTE DE LANGAGE ; cf. *ÉNONCÉ*, *PERFORMANCE*, *PRAXIS*, *VOIX*.

III. LE DISCOURS, DEDANS ET DEHORS

1. Sur les parties du discours, voir MOT, PROPOSITION, TERME, *VERBE* ; cf. PRÉDICABLE, PRÉDICATION, SUPPOSITION, SYNCATÉGORÈME, UNIVERSAUX.
2. Sur les genres de discours, voir *GENRE*, I [ERZÄHLEN, HISTOIRE].
3. Sur le rapport entre discours et réalité extérieure, voir *CHOSE*, NONSENSE, OBJET, RÉALITÉ, SENS, SIGNE, SIGNIFIANT, VÉRITÉ, ainsi que PRAVDA, ISTINA ; voir plus précisément sur le contenu logique : *CONTENU PROPOSITIONNEL*, *ÉTAT DE CHOSES*, MATTER OF FACT, REPRÉSENTATION. Voir également : *DÉCEPTION*, DOXA et *FAUX*.
4. Sur le rapport entre discursivité et invention, au croisement du rapport ontologique aux objets du monde et du rapport littéraire aux genres de discours, on verra en particulier, outre DICHTUNG et *GENRE* (I), CONCETTO, *FICTION*, *IMAGINATION*, INGENIUM, MIMÊSIS, *MOT D'ESPRIT*.

DISEGNO ITALIEN – fr. *dessein, dessin*

lat.	*designo*
all.	*Zeichnung*
angl.	*design, drawing*

► *DESSEIN*, *DESSIN*, et ART, BAROQUE, COLORIS, CONCETTO, *IDÉE*, *IMAGE*, INGENIUM, INTENTION, SIGNE

Disegno est un des concepts majeurs de la théorie de l'art de la Renaissance; il signifie à la fois dessin et projet, tracé du contour et intention, l'idée au sens spéculatif et l'idée au sens d'invention. Il désigne donc une activité éminemment intellectuelle. Si le mot français dessein, *tel qu'il est utilisé par les théoriciens de l'art au XVII*e *siècle, traduit assez adéquatement ce que les Italiens du siècle précédent entendaient par* disegno *dont il conserve le double sens, en revanche la distinction entre* dessin *et* dessein, *qui s'établit autour des années 1750, introduit une rupture fondamentale avec la tradition italienne. Au XVIII*e *siècle, le vers de Racine continue à s'écrire : « le dessein en est pris, je pars cher Théramène », mais à l'Académie royale de peinture et de sculpture, on enseigne désormais les arts du* dessin *et non plus du* dessein. *Les deux champs sémantiques qui étaient réunis dans* disegno *sont désormais disjoints en français, comme ils le sont en anglais et en allemand.*

I. DE « DISEGNO » À « DESSEIN » ET « DESSIN » (FR.), À « DESIGN » (ANGL.) ET À « ZEICHNEN » (ALL.)

Au XVIIe siècle, ce que nous appelons le dessin, c'est-à-dire cette partie de la peinture qui s'oppose à la couleur, est toujours orthographié « dessein », parfois même « desseing ». Dérivé de l'italien *disegno*, *dessein* conserve dans la langue classique toute la richesse sémantique du mot italien. Furetière le définit ainsi dans son *Dictionnaire* (1690) : « Projet, entreprise, intention. [...] Est aussi la pensée qu'on a dans l'imagination de l'ordre, de la distribution et de la construction d'un tableau, d'un poème, d'un livre, d'un bâtiment. [...] Se dit aussi en peinture de ces images ou tableaux qui sont sans couleur ». Or, il ne s'agit pas ici d'une homonymie. Lorsqu'il se dit en peinture, *dessein* signifie quelque chose de plus mais non pas de différent. S'il a un usage spécialisé, il ne cesse pas pour autant de signifier le projet ou l'intention. Le mot exprime ici de la manière la plus explicite ce qu'est la chose pour un artiste, un théoricien de l'art ou un amateur du XVIIe- siècle. Il implique une certaine manière de penser le dessin comme étant toujours la réalisation d'un dessein, c'est-à-dire d'un projet intellectuel. Le mot *dessin* qu'on allait lui substituer un siècle plus tard a une signification beaucoup plus étroite, réduite au seul sens donné en dernier par Furetière. Il ne dit plus qu'il existe une relation nécessaire entre le dessin et la pensée. La perte d'une lettre ne s'accompagne donc pas seulement d'un appauvrissement de sens. Elle correspond à une véritable mutation sémantique qui implique une tout autre conception du dessin que celle qui avait été reprise par les Français aux Italiens. Depuis que *dessein* est devenu *dessin*, le *disegno* n'a plus d'équivalent en notre langue. Il faut désormais plusieurs mots pour dire ce qu'un seul mot français, fidèle à l'italien, disait au XVIIe siècle en plusieurs sens. C'est pourquoi la modernisation de l'orthographe dans l'édition des textes français sur l'art du XVIIe siècle n'est pas sans produire de graves effets de contresens.

Il en va de même pour l'anglais et pour l'allemand, qui empruntent à des lexiques différents pour dire soit le dessin, soit l'intention. L'anglais distingue ainsi *drawing*, le dessin en tant que tracé du contour, de *design*, qui correspond au français *dessein* et conserve donc une partie du champ sémantique que recouvrait le *disegno* italien. C'est d'ailleurs à partir du mot italien que Shaftesbury construisit le concept de *design* qu'il est le premier à introduire dans la théorie anglaise de l'art (*Lettre sur l'art et la science du dessin*, 1712). Fidèle au double sens des mots italien et français, Shaftesbury joue constamment sur la double acception de *design* comme unité d'un projet et comme graphisme. En ce sens, *design* est une pure traduction de *disegno* et de *dessein*. Mais, comme en français, les deux significations vont très vite se disjoindre en anglais, cette disjonction témoignant des mêmes transformations dans la pensée de l'art. Le double sens de conception et de mise en forme réapparaît toutefois dans l'usage moderne et planétaire qui est fait aujourd'hui de *design*, ce mot étant utilisé dans toutes les langues pour caractériser un certain type d'art industriel issu de la tradition du Bauhaus. En allemand, *Zeichnung* (dessin) n'a pas lui non plus de rapport avec les termes qui désignent l'intention ou le projet intellectuel, tels qu'*Abzicht* ou *Entwurf*. Comme *disegno* qui dérive de *signum*, *Zeichnen* dérive de *Zeichen*, qui veut dire signe. Il peut signifier l'idée d'un plan, d'un projet, mais en un sens matériel (par exemple un plan architectural) et non, comme *disegno* ou *dessein*, en un sens purement spéculatif. Le fait que *Zeichnen* soit dérivé de *Zeichen* (signe), qu'il soit affilié à *bezeichen* (designer), voire à *zeigen* (montrer) pourrait justifier les présupposés fortement logocentriques de certaines recherches contemporaines sur la nature de l'image picturale. Ainsi, Walter Benjamin, dans un texte intitulé « Über die Malerei oder Zeichen und Mal », oriente toute sa définition de la peinture à partir d'un *Zeichen* originel dont le *Zeichnen* serait une sorte de dérivé au même titre que la tache ou macule (*das Mal*). Ce qui signifie que toute figurabilité serait au fond prédéterminée par un *Zeichen*, c'est-à-dire un acte de dénomination (*Benennung* ou *Benennbarkeit*), de sorte que la finalité de toute figuration serait reconduite implicitement et nécessairement au mot en tant que tel. (*Ästhetische Fragmente*, in *Gesammelte Schriften*, t. 2, vol. 2, R. Tiedemann und H. Schweppenhäuser (éd.), Francfort-sur-le-Main, Suhrkamp, p. 603 *sq.*).

Les distinctions lexicales qui existent en anglais comme en allemand rendent ainsi illusoire toute tentative de traduire *disegno*, au sens où l'entendaient les hommes de la Renaissance. Conscients de cette difficulté, les historiens et théoriciens de l'art tendent de plus en plus à conserver le mot italien sans chercher à le traduire dans leur propre langue, et parlent du *disegno* de Raphaël ou de la définition du *disegno* chez Vasari.

II. LE « DISEGNO » À LA RENAISSANCE

Disegno a bien à la Renaissance le sens courant de dessin, comme chez Benvenuto Cellini qui distingue entre plusieurs sortes de *disegni* correspondant chacun à un *modo di disegnare* (*Discorso sopra l'arte del disegno*, in P. Barocchi, VIII, p. 1929). Mais, comme *disegnare*, qui signifie à la fois dessiner et projeter un plan, *disegno* inscrit le dessin dans une configuration particulière constituée par un double réseau de significations qui s'entrecroisent. *Disegno* est en quelque sorte un terme topique qui nomme le lieu de cet enchevêtrement. Pour dire le dessin en tant que ligne, tracé, contour, les théoriciens utilisent d'autres termes, et notamment celui de *circonscrizione* qu'on rencontre, par exemple, dans le *Della Pittura* d'Alberti. Dans la première version de son traité, publiée en latin, Alberti écrit : « *Nam est circumscriptio aliud nihil quam fimbriarum notatio* [la circonscription n'est rien d'autre que la notation des contours] » (*De Pictura*, trad. fr. J.-L. Scheffer, p. 147). Lorsqu'il adapte peu après son texte en langue vulgaire, Alberti traduit *notatio* par *disegnamento* — « *la circonscrizione é non altro che disegnamento dell'orlo* » —, que l'anglais traduit par : « *Circumscription is nothing but the drawing of the outline* » (*Della Pittura*, trad. angl. J.R. Spencer, p. 68). Le *disegno* n'est donc pas la *circonscrizione*, ni la *linea*, ni l'*orlo*, même s'il implique tout cela. Il n'est pas *dessin* au sens de *drawing*. *Disegno* rapporte le dessin à un tout autre champ de signification que celui auquel le rattachent ses caractères proprement physiques. Il signifie le dessin en tant qu'expression d'une représentation mentale, d'une forme présente à l'esprit ou à l'imagination de l'artiste. C'est ainsi que le définit Vasari :

> Celui-ci est comme la forme (*forma*) ou idée (*idea*) de tous les objets de la nature, toujours originale dans ses mesures. Qu'il s'agisse du corps humain ou de celui des animaux, de plantes ou d'édifices, de sculpture ou de peinture, on saisit la relation du tout aux parties, des

> parties entre elles et avec le tout. De cette appréhension (*cognizione*) se forme un concept (*concetto*), une raison (*giudizio*), engendrée dans l'esprit (*mente*) par l'objet, dont l'expression manuelle se nomme dessin (*disegno*). Celui-ci est donc l'expression sensible, la formulation explicite d'une notion intérieure à l'esprit ou mentalement imaginée par d'autres et élaborée en idée (*si può conchiudere che esso disegno altro non sia che una apparente espressione e dichiarazione del concetto che si ha nell'animo, e di quello che altri si è nella mente imaginato e fabricato nell'idea*).
>
> *Le Vite de' più eccellenti pittori, scultori et architettori*, *in* P. Barocchi, p. 1912, trad. fr. *in* A. Chastel (dir.), *Les Vies des meilleurs peintres, sculpteurs et architectes*, t. 1, p. 149.

En rattachant *disegno* à *forma*, à *concetto* et surtout à *idea*, ce texte illustre la manière dont la Renaissance a su utiliser des catégories héritées de la tradition rhétorique et, à travers elle, de la philosophie d'Aristote, pour élaborer une nouvelle théorie de l'art. Comme l'a montré Panofsky, le sens d'*idea* chez les théoriciens de l'art résulte d'une transformation de l'idée en idéal qui a sa source dans ce texte de *L'Orateur* où Cicéron définit l'Idée platonicienne comme une forme, un modèle intérieur préexistant à toute réalisation et venant l'informer :

> De même donc que dans les formes (*formis*) et les figures (*figuris*) il y a quelque chose de parfait et d'excellent que nous ne voyons qu'en imagination et à quoi nous nous référons pour imiter ce dont le propre est d'échapper à notre regard, de même il y a une image (*speciem*) de l'éloquence parfaite que nous voyons en esprit et dont nos oreilles attendent le reflet. Ce sont ces modèles des choses (*rerum formas*) qu'appelle « idées » [ἰδέας] le garant et le maître le plus profond non seulement de la spéculation intellectuelle, mais aussi de l'expression, Platon.
>
> *L'Orateur*, III, 10, trad. fr. A. Yon, p. 4.

C'est bien ainsi que Bellori définit l'*idea*, juste avant de citer ce même passage de Cicéron : « L'idée du peintre et du sculpteur est ce modèle parfait et excellent dans l'esprit auquel ressemblent les choses qui sont devant nos yeux parce qu'elles en imitent la forme imaginée [*Idea del Pittore et scultore é quel perfetto ed eccellente esempio della mente, alla cui immaginata forma imitando si rassomigliano le cose, che cadono sotto la vista*] » (*Idea del Pittore*, trad. fr. F. Magne, *in* J. Lichtenstein [dir.], p. 163). Mais le *disegno* n'est pas seulement l'*idea*, il est aussi, comme le dit Vasari, l'expression sensible de l'*idea*. La difficulté que nous pouvons avoir à saisir la problématique du *disegno* dans toute sa complexité tient au fait que celui-ci est à la fois un acte pur de la pensée et son résultat visible auquel participe aussi le travail de la main. En tant qu'acte de l'esprit du peintre, le *disegno* correspond à l'invention, au sens rhétorique du terme, c'est-à-dire le choix du sujet. En tant qu'acte de la main, il suppose un apprentissage technique. « Le *disegno*, écrit Vasari, quand il a extrait de la pensée l'invention d'une chose, a besoin que la main, exercée par des années d'études, puisse rendre exactement ce que la nature a crée, avec la plume ou la pointe, le charbon, la pierre ou tout autre moyen » (*in* trad. fr. A. Chastel [dir.], *Les Vies*..., p. 149). Le *disegno* matériel, ce que nous appelons dessin, est donc toujours la réalisation d'un *disegno* spirituel. De là vient la supériorité que le dessin possède sur la couleur aux yeux des théoriciens du *disegno*. Contrairement au dessin, disent-ils, dont la qualité ne témoigne pas seulement de l'habileté du peintre mais de la beauté de l'idée qui l'anime et qui dirige sa main, la couleur ne doit son éclat qu'aux matières qui la composent.

Quelques décennies plus tard, Zuccaro systématisera la théorie du *disegno* en distinguant le *disegno interno* du *disegno esterno* :

> *Per questo nome di disegno interno io non intendo solamente il concetto interno formato nella mente del pittore, ma anco quel concetto che forma qual si voglia intelletto.*
>
> [Par ce nom de disegno intérieur je n'entends pas seulement le concept interne formé dans l'esprit du peintre, mais également ce concept que forme n'importe quel intellect.]
>
> *Idea de'pittori*, *in* P. Barocchi, p. 2065 ; trad. fr. C. Alunni, *in* J. Lichtenstein (dir.), *La Peinture*, p. 147.

La définition du *disegno interno* déborde ainsi très largement le champ de l'art : « *e il concetto e l'idea che per conoscere et operare forma chi sia* [le concept ou l'idée que forme quiconque en vue de connaître et d'œuvrer] » (*ibid.*). Zuccaro reconnaît d'ailleurs qu'il aurait pu tout aussi bien utiliser les termes d'*intenzione*, d'*essemplare* ou d'*idea*, mais qu'il a préféré laisser ceux-ci aux philosophes et théologiens parce qu'il parle en tant que peintre et s'adresse à des artistes. Même s'il relève d'un usage spécifique au champ de l'art, le concept de *disegno* a donc chez Zuccaro un fondement théologique. Il permet d'établir une analogie entre la création artistique et la création divine : « Pour œuvrer extérieurement, Dieu [...] regarde et contemple nécessairement le *disegno* intérieur dans lequel il connaît toutes les choses qu'il a accomplies, qu'il accomplit et qu'il accomplira ou qu'il pourra accomplir d'un seul regard » (*ibid.*). En formant son *disegno* intérieur, le peintre ressemble donc à Dieu. L'opération par laquelle il le conçoit en son esprit est un acte pur, une étincelle de la divinité en lui, qui fait du *disegno* un véritable *segno di dio*, écrit Zuccaro, jouant sur le mot pour mieux dire le sens. Quant au *disegno esterno*, il « n'est rien d'autre que le *disegno* délimité quant à sa forme et dénué de toute substance corporelle : simple trait, délimitation, mesure et figure de n'importe quelle chose imaginée ou réelle [*altro non é che quello che appare circonscritto di forma senza sostanza di corpo. Simplice lineamento, circonscrizzione, misurazione e figura di qual si voglia cosa imaginata e reale*] » (*in* Barocchi, p. 2084 ; *in* Lichtenstein [dir.], p. 150).

En définissant la peinture comme un *arte del disegno*, les théoriciens italiens ne se contentent donc pas d'affirmer la supériorité du dessin sur la couleur. Ils proclament la nature intellectuelle de l'activité picturale qu'ils élèvent ainsi à la noblesse et à la dignité d'un art libéral. C'est le *disegno* qui fait de la peinture *una cosa mentale*, pour reprendre l'expression de Léonard. C'est ce qui explique que le concept de *disegno* ait souvent une fonction polémique, et soit utilisé contre toutes les formes picturales qui semblent mettre en danger le statut libéral nouvellement acquis de la peinture, depuis la manière « gothique » de dessiner jusqu'à la pratique des coloristes.

III. DU DESSEIN AU DESSIN

Les Français feront à peu près le même usage de *dessein*, en lui donnant toutefois une tournure encore plus polémique. D'abord pour défendre une certaine manière de dessiner, la grande manière, dont la grandeur tient au fait qu'elle est l'expression d'un grand dessein, comme le dit Michel Anguier dans la conférence qu'il prononce le 2 octobre 1677 devant l'Académie royale de peinture et de sculpture « Sur le grand goût de dessein » : « Le grand dessein est un feu qu'illumine l'entendement, échauffe la volonté, fortifie la mémoire, épure les esprits, pour pénétrer dans l'imagination. Il faudrait être Prométhée pour dérober le feu du ciel afin de nous illuminer de cette belle intelligence. » Ensuite, pour répondre aux rubénistes qui, à partir de 1670, multiplient leurs attaques contre le privilège du dessin. C'est ainsi que Le Brun fera l'éloge du dessin en reprenant la distinction de Zuccaro :

> On doit savoir qu'il y a deux sortes de dessein : l'un qui est intellectuel ou théorique, et l'autre pratique. Que le premier dépend purement de l'imagination [...] Que le dessein pratique est produit par l'intellectuel et dépend par conséquent de l'imagination et de la main. C'est ce dernier qui, avec un crayon, donne la forme et la proportion, et qui imite toutes les choses visibles jusqu'à exprimer les passions.
>
> Conférence du 9 janvier 1672, *in* A. Mérot, p. 219.

Or, c'est précisément cette distinction que met en cause la doctrine coloriste telle qu'on la trouve exposée chez son théoricien, Roger de Piles. Renversant une hiérarchie qu'on croyait solidement établie par la tradition, celui-ci réduit en effet le dessin à sa dimension purement pratique. Pour lui, le dessin constitue la part « mécanique » de la peinture, même s'il entend ce mot en un sens très différent de celui qu'on lui donnait au Moyen Âge et qui témoigne d'une nouvelle manière de concevoir la technique. Le dessin relève d'un apprentissage fondé sur l'imitation de l'antique, l'étude de la perspective et celle de l'anatomie, connaissances indispensables pour acquérir « la justesse des yeux et la facilité de la main » (*Cours de peinture par principes*, p. 194). Commune à la peinture et à la sculpture, cette partie, dit-il, est certes nécessaire à la pratique du peintre, mais elle est insuffisante à définir la spécificité de son art. Soumis aux règles de justesse des proportions et de correction des contours, le dessin n'est plus chez Piles l'expression d'un dessein intellectuel, mais d'une habileté manuelle qui repose sur un savoir d'ordre technique, c'est-à-dire où la théorie est entièrement finalisée par la pratique. Toutes les caractéristiques qui donnaient au *disegno* sa signification intellectuelle et métaphysique, voire théologique — le génie, le feu, l'invention, l'idée, la forme —, sont ôtées au dessin pour être attribuées au coloris. Il n'y a plus dès lors aucune raison d'écrire *dessin* « dessein ». Avec la victoire des idées coloristes à l'aube du XVIIIe siècle, une mutation profonde se produit ainsi dans le champ de la théorie de l'art dont la langue prendra acte quelques décennies plus tard.

Jacqueline LICHTENSTEIN

BIBLIOGRAPHIE

ALBERTI Leon Battista, *De Pictura* (1435) / *Della Pittura* (1436), éd. bilingue lat. / it. C. Grayson, Roma-Bari, Laterza,1975 ; *De la peinture*, éd. bilingue lat. / fr., trad. fr. J.-L. Scheffer, Macula, 1992 ; *On painting*, éd. bilingue it. / angl., trad. angl. J.R. Spencer, Yale UP, 1966.

BAROCCHI Paola (dir.), *Scritti d'arte del Cinquecento*, Milan-Naples, Ricciardi, 1971-1977, 3 vol.

BELLORI Giovanni Pietro, *L'Idea del Pittore, dello scultore e dell'architetto*, introduction à *Le Vite de' pittori, scultori e architetti moderni*, Rome, 1672 ; trad. fr. F. Magne, *in* J. LICHTENSTEIN (dir.), 1995.

CELLINI Benvenuto, *Discorso sopra l'arte del disegno* (1568), *in* P. BAROCCHI (dir.), vol. 2, 1971, p. 1929-1933.

CICÉRON, *L'Orateur*, trad. fr. A. Yon, Les Belles Lettres, 1964.

LICHTENSTEIN Jacqueline (dir.), *La Peinture*, « Textes essentiels », Larousse, 1995.

MÉROT Alain, *Les Conférences de l'Académie royale de peinture et de sculpture au XVIIe siècle*, ensb-a, 1996.

PANOFSKY Erwin, *Idea, contribution à l'histoire du concept de l'ancienne théorie de l'art*, 1924, trad. fr. H. Joly, Gallimard, 1983.

PILES Roger de, *Cours de peinture par principes*, J. Estienne, 1708, Gallimard, « Tel », 1989.

VASARI Giorgio, *Le Vite de' più eccellenti pittori, scultori e architettori*, Florence, 1568 ; *Les Vies des meilleurs peintres, sculpteurs et architectes*, trad. fr. A. Chastel (dir.), Berger-Levrault, 1981-1989, 12 vol.

ZUCCARO Federico, *L'Idea de pittori, scultori et architetti*, Turin, Disserolio, 1607, *in* P. BAROCCHI, vol. 2 ; trad. fr. C. Alunni, *in* J. LICHTENSTEIN (dir.).

DISPOSITION

DISPOSITION *Disposition*, sur le latin *disponere*, désigne un arrangement, un agencement, en particulier dans la tradition rhétorique (*dispositio/inventio*, cf. LIEU COMMUN et COMPARAISON) et religieuse (*dispositio/ dispensatio*, voir OIKONOMIA). Mais il y a là tout un ensemble de mots, *disponible*, *dispositif*, qui connaît un regain d'activité, *via* notamment Deleuze et les traductions de Heidegger.

I. DISPOSITION, DISPONIBLE, DISPOSITIF, ET UTILITÉ

Avec *disponible*, on n'a pas affaire à un terme technique de la philosophie, mais à un expédient des traducteurs pour rendre, dans l'œuvre de M. Heidegger, la distinction *vorhanden-zuhanden* (adj.) ou *Vorhandenheit-Zuhandenheit*. La *Zuhandenheit* est le mode d'être de l'étant maniable, sous la main ou à portée de la main (*prokheira* [πρόχειρα]) ; la *Vorhandenheit*, le mode d'être plus neutre ou indifférent de l'étant présent, qui est là (par exemple, un ouvrage dans les rayons d'une bibliothèque), subsistant. Voir VORHANDEN / ZUHANDEN.

De même, *dispositif* est l'une des traductions possibles de *Gestell* (« cadre, monture », une « étagère » justement), qui caractérise chez Heidegger l'essence de la technique moderne. Voir COMBINATOIRE ET CONCEPTUALISATION ; cf. DASEIN, *IL Y A*.

On rapprochera ce mode d'être des manières de dire et de comprendre ce qu'est une chose : voir RES (et l'encadré 1 sur gr. *khrêma* [χρῆμα], *pragma* [πρᾶγμα], « Les manières de dire "chose"... »), et cf. GEGENSTAND, OBJET, RÉALITÉ.

Enfin, l'anglais confère une valeur particulière à l'utilité, avec le néologisme *utilitarian* inventé par Bentham : voir UTILITY, et cf. ÉCONOMIE, FAIR, *VALEUR*.
Sur l'arrangement que constitue un dispositif, notamment au sens deleuzien, cf. STRUCTURE et FRANÇAIS.

II. DISPOSITION SUBJECTIVE
Disposition est l'une des traductions possibles de *Stimmung*, qui manque cependant la résonance musicale soulignée par Heidegger pour désigner un certain « accord » du sujet : voir STIMMUNG (avec le terme *Befindlichkeit*, qu'on rend parfois par *disposibilité*) ; cf. ANGOISSE, DASEIN, GESCHICHTLICH, HEIMAT, *MALAISE*, *SÉRÉNITÉ*, SORGE, SUBLIME.
Sur la disposition, en particulier éthique, de l'âme (*diathesis* [διάθεσις]) liée à la manière d'être habituelle (*hexis* [ἕξις]), voir MORALE (I), PHRONÊSIS, VIRTÙ ; sur la « diathèse » stoïcienne et le rapport entre physique, éthique et grammaire, on se reportera à l'encadré 1, « Vraies et fausses personnes », dans JE. Sur le rapport au naturel qu'implique la *disposition*, et son lien avec l'esthétique, voir aussi GÉNIE, GOÛT, INGENIUM ; cf. GEMÜT.
Plus généralement, sur les réseaux de termes qui manifestent l'étroite relation entre action et passion, objectivité et subjectivité, au sein de l'affectivité comme de l'action, voir AGENCY, PATHOS ; cf. AIMER, GEMÜT, PLAISIR, PULSION.
Le néologisme *affordance* marque tout particulièrement le croisement entre perception et possibilité d'agir : voir AFFORDANCE ; cf. LEIB, REPRÉSENTATION.

► *UTILE*

DOMINATION Étymologiquement, la « domination » évoque le pouvoir du maître (*dominus*) sur les choses (*dominium*, « droit de propriété ») et, plus encore, le pouvoir du maître sur son esclave (*potestas dominica*) : cf. OIKONOMIA, et ÉCONOMIE, PROPRIÉTÉ.
La « domination » est, nous dit Littré, une « autorité qui, acceptée ou non, s'exerce pleinement » : la langue du droit public et de la théorie politique est fidèle à cette idée, puisqu'elle appelle *domination* une relation asymétrique, qui peut être légitime, mais qui préexiste au consentement dont elle peut être l'objet ; on se reportera à l'hésitation significative des traducteurs de Weber devant la *Herrschaft* allemande, qu'ils rendent par *domination* mais aussi par *autorité* : voir HERRSCHAFT et MACHT-GEWALT ; cf. *AUTORITÉ*, *POUVOIR*.

► DEVOIR, *DROIT*, *LIBERTÉ*, *LOI*, PRINCIPE

DOR

ROUMAIN – fr. *désir douloureux, deuil, tristesse, nostalgie ; dol* (anc. fr.)

lat.	*dolus*
all.	*Sehnsucht*
angl.	*spleen*
esp.	*duelo*
it.	*duolo*
port.	*saudade*

► *NOSTALGIE*, et ACEDIA, DASEIN, *MALAISE*, MÉLANCOLIE, PATHOS, PLAISIR, SAUDADE, SENSUCHT, SPLEEN, WUNSCH

Le mot roumain dor, *comme* spleen, acedia, Sehnsucht *ou* saudade, *relève de la constellation du « malaise », dont il singularise le sens en une sorte de tension vers un objet ou vers l'être. C'est une expression lyrique du sentiment de finitude, entre métaphysique folklorique et réflexion philosophique se percevant elle-même comme spécifiquement roumaine. Il n'a pas d'équivalent en français, où il s'apparente au désir douloureux, au deuil, à la tristesse, à la mélancolie, à la nostalgie, à la langueur, au vague à l'âme, à l'état affectif du désir érotique, au malaise intérieur. Il se rattache en catalan, en provençal et en ancien français à* dol *(d'où, dans ce dernier parler,* dolent, faire dol, avoir dol*). Le* dor *roumain proviendrait de* dolus*, substantif qui désigne en latin populaire la douleur, la souffrance, le deuil (du latin classique* doleo, dolere*, d'où* deuil *en français,* duelo *en espagnol et* duolo *en italien). Deux branches verbales et sémantiques du roumain sont issues de cette racine latine* dolus : a dori *(subst.* dorinţă*), qui signifie « désirer » ;* a durea *(subst.* durere*), qui veut dire « avoir mal », « ressentir une douleur physique ».*

I. L'EXPÉRIENCE ASYMPTOTIQUE DU « DOR »

Le terme *dor* se situe au centre d'une constellation de significations liées à l'expérience d'une douleur spécifique : celle qu'on éprouve à la suite d'un manque (d'un être ou d'un lieu cher) et d'une aspiration intime de l'individu (désir de ce qu'il considère comme son accomplissement profond, par exemple le retour d'un parent ou d'un ami perdu, le retour au pays, etc.). Cette expérience peut présenter des manifestations physiques et se traduire par des signes visibles (expression ou vêtements de deuil, par exemple), mais l'origine de la douleur et le sentiment ou l'affection éprouvés ne sont pas pour autant de nature physique. Affection de l'âme, le *dor* n'est pas non plus l'expression d'un sentiment vague ; car il vise toujours un objet, même si celui-ci n'est pas à chaque fois identifié ou définissable, et n'exprime jamais un état de passivité, de soumission, de repli sur soi-même ou d'acceptation du sort (comme dans le cas, en portugais, de la *saudade*, où la solitude assumée est aussi subie). Il désigne, au contraire, une tension vers quelque chose, une mobilisation de l'être qui cherche à acquérir ou à retrouver activement l'objet du manque. La frustration ressentie comme une peine donne lieu à la quête du retour (comme le *nostos* [νόστος] grec), une recherche qui se nourrit inlassablement d'elle-même.

Le terme le plus proche de *dor* est probablement l'allemand *Sehnsucht*. Dans les deux cas, la douleur est la conséquence d'une absence et s'exprime comme élan, impatience, aspiration, besoin intérieur, désir brûlant de combler cette absence ou ce manque de nature idéale. En outre, tout en désignant une aspiration ou une langueur tendue vers un objet plus ou moins précis ou plus ou moins discret, *dor* suggère l'impossibilité d'atteindre dans cette vie un tel objet. La tension est positive, mais le désir demeure inassouvi et l'accomplissement impossible. La figure géométrique qui illustre le mieux cette tension serait l'asymptote. *Dor* nourrit ainsi un sentiment prégnant, parfois aigu, d'inachèvement, l'impression de l'infinitude du désir et l'expérience douloureuse d'une impossibilité d'atteindre la plénitude. Comme expression lyrique du sentiment métaphysique de l'être, *dor* constitue, dans le langage courant, le témoin primordial de l'être en tant qu'être, c'est-à-dire de l'être fini aspirant à sortir de ses limites.

II. LE « DOR » DANS LA PHILOSOPHIE ROUMAINE

La notion de *dor* est extrêmement répandue dans la poésie populaire et figure dans de nombreuses expressions idiomatiques, telles que : *dor de ducă* (désir de partir sans se diriger nulle part — familièrement, de partir en vadrouille), *în dorul lelii* (accomplir quelque chose sans objectif précis et à contrecœur). Lexicalisé et possédant nombre de variantes et de diminutifs (*doruleţ*, *doruţ*, etc.), le *dor* est, en fait, anhistorique et se trouve théorisé plutôt dans le champ des études littéraires. Pourtant, sa fréquence, sa popularité et son appartenance à une sorte de métaphysique folklorique, presque intraduisible et presque indéfinissable dans la diversité de ses nuances, ont inspiré la réflexion philosophique. Ainsi trouve-t-on chez le poète et philosophe Blaga et chez le philosophe Noica, tous les deux proches de la pensée de Heidegger, des développements sur le *dor* en tant qu'expression de la constitution d'une conscience de soi et en tant que caractérisation d'un profil spécifiquement roumain de la recherche métaphysique.

Blaga détermine le contenu philosophique du *dor* à partir des personnifications que le terme connaît à travers la poésie populaire et le folklore roumains. Il appelle cette sorte de personnification, à la fois primaire et subtile, « hypostase », terme qu'il emprunte au néoplatonisme et à la théologie des premiers conciles chrétiens. Cela le conduit à définir le *dor* comme une force impersonnelle, presque maléfique et invincible, qui viendrait s'emparer de l'âme, la soumettre et devenir — en ayant fait corps avec celle-ci — une espèce de maladie cosmique, une nature seconde ou un *alter ego* matériel et spirituel de l'individu. Le *dor* comme hypostase serait alors l'équivalent de l'existence en tant qu'irréalisation de l'être et représenterait un appel détourné, une aspiration à percer l'horizon et à faire se fondre entièrement l'être dans quelque chose d'innommable et d'indéfini.

Pour Noica, préoccupé de constituer une philosophie roumaine du langage à partir de certains termes et de certaines expressions spécifiques, *dor* a presque la valeur d'un mot clé et toute recherche de philosophie dans cette langue devrait commencer par une « introduction au *dor* ». Le terme représente, en effet, le prototype d'une fusion des contraires qui ne passe pas par une composition ; c'est une sorte de fusion organique, ou un tout qui ne révèle aucune partie. Ainsi, dans *dor*, la douleur rencontre le plaisir et le plaisir naît sans le savoir de la douleur. La traduction de *dor* devrait être par conséquent « plaisir de la douleur », comme la traduction de l'allemand *Sehnsucht* serait, selon Noica, « recherche de l'introuvable ». Si tout mot est une douleur assumée — la douleur de ne rien pouvoir dire sans qu'il en reste une part inexprimable, la douleur qu'aucun mot ne soit parole véritable —, alors *dor*, avec sa tension vers l'infini, appartient à ce fond commun et archaïque duquel la pensée a extrait à la fois ses moyens d'expression et ses raisons d'être.

Anca VASILIU

BIBLIOGRAPHIE

BLAGA Lucian, *Spaţiul mioritic* [L'espace « mioritique »] [1936], Bucarest, Minerva, 1985, chap. « Despre *dor* [Sur le *dor*] », p. 289-294.

BUCUR Marin, *Lucian Blaga, dor şi eternitate* [Lucian Blaga, *dor* et éternité], Bucarest, Albatros, 1971.

NOICA Constantin, *Creaţie şi frumos în rostirea românească* [Création et beauté dans le parler roumain], Bucarest, Eminescu, 1973, chap. « Introducere la *dor* [Introduction au *dor*] », p. 13-17.

OUTILS

CIHAC Alexande de, *Dictionnaire d'étymologie daco-romane, éléments latins*, Francfort, Saint-Goar, 1870.

CIORANESCU Alexandre, *Diccionario Etimologico Romano*, Biblioteca Filologica Universidad de La Laguna, 1958-1961.

Dicţionar explicativ al limbii române [Dictionnaire explicatif de la langue roumaine], Bucarest, Éd. de l'Académie, 1975.

SAÌNEANU Lazăr, *Dicţionar universal al limbii române* [Dictionnaire universel de la langue roumaine] [1re éd. 1896], Craiova, Scrisul Românesc, 1926.

DOXA [δόξα] GREC – fr. *apparence, faux-semblant, réputation, gloire, attente, opinion, estime, hallucination, idée admise*

► *APPARENCE, CROYANCE, PHÉNOMÈNE*, et BELIEF, EIDÔLON, ÉPISTÉMOLOGIE [encadré 3], ERSCHEINUNG, ÊTRE, GLAUBE, LOGOS, PHANTASIA, VÉRITÉ

Doxa [δόξα], *sur* dokeô [δοκέω], « *paraître* » (*de même famille que* dekhomai [δέχομαι], « *recevoir, accueillir, accepter* », *cf. lat.* decet) *est l'un des mots grecs pour nous les plus polysémiques.*

Il faut, pour comprendre l'amplitude de son sens, croiser ce que nous appelons objectif et subjectif, avec une échelle de valeurs qui va du plus positif au plus négatif : on peut passer ainsi, au fil du temps et des doctrines, de l'opinion des mortels (subjectif négatif) à la gloire de Dieu (objectif positif). Comme le terme n'a cesssé d'être philosophiquement investi et réinvesti, l'histoire des acceptions de doxa *se confond avec une bonne partie de l'histoire de la philosophie.*

I. L'AMPLITUDE DU SENS

Doxa [δόξα] unit ce qui s'est écartelé entre un sens subjectif : ce à quoi l'on s'attend, ce qu'on croit, ce qu'on estime bon (on ne trouve chez Homère que *apo doxês* [ἀπὸ δόξης], « contre toute attente », *Iliade*, X, 324, et *Odyssée*, XI, 344), et un sens objectif : ce qui apparaît, ce qui paraît, ce qui semble. La courbe de sens possède à chaque fois une amplitude maximale de valeur, qui va du plus négatif au plus positif : de l'hallucination (« opinion fausse, imagination, conjecture ») à la justesse normative de l'idée admise (« attente, estime, conjecture, croyance, dogme, réputation »), et de l'apparence trompeuse (« illusion, faux-semblant ») à l'apparition dans toute sa splendeur (« phénomène, gloire »). La traduction française courante par « opinion » ne saurait évidemment laisser entendre tout cela.

II. LES INVESTISSEMENTS PHILOSOPHIQUES

La *doxa* n'a cessé d'être repensée, réappropriée de système en système : elle constitue en quelque sorte un révélateur de l'histoire de la philosophie.

A. L'opposition « alêtheia »/« doxa »

C'est avec Parménide que tout se met en place (voir VÉRITÉ). La déesse du poème, d'une part, met en œuvre l'opposition *alêtheia* [ἀλήθεια]/*doxa*, « vérité/opinion », pour structurer ses révélations : « Il faut que tu sois instruit de tout, et du cœur sans tremblement de la vérité bien persuasive (*hêmen alêtheiês*[...] *êtor* [ἠμὲν ἀληθείης (...) ἦτορ]), et de ce qui paraît aux mortels [des opinions des mortels, *hêde brotôn doxas* (ἠδὲ βροτῶν δόξας)], où n'est pas de croyance vraie (*pistis alêthês* [πίστις ἀληθής]) » (I, 28-30 ; repris en VIII, 50-52 : « J'arrête là pour toi le discours fiable [*piston logon* (πιστὸν λόγον)] et la pensée sur la vérité [*êde noêma amphis alêtheiês* (ἠδὲ νόημα ἀμφὶς ἀληθείης)]. Apprends à partir d'ici les opinions des mortels [*doxas* (...) *broteias* (δόξας [...] βροτείας)], en écoutant le monde trompeur [*apatêlon* (ἀπατηλὸν), voir encadré 7, « *Apatê* », dans VÉRITÉ] de mes paroles »).

D'autre part, elle rend manifeste toute l'ambiguïté, négative et positive, de la *doxa* : « Tu apprendras également ceci : comment les choses qui apparaissent (*ta dokounta* [τὰ δοκοῦντα] — participe neutre pluriel de *dokein* [δοκεῖν]) doivent être en leur apparaître (*khrên dokimôs* — adverbe fait sur *dokein*, « comme il convient, honnêtement » selon le Bailly, « *really, genuinely* » pour LSJ — *einai* [χρὴν δοκίμως εἶναι]), elles qui à travers tout pénètrent toutes choses » (I, 31-32). On peut mesurer l'aventureux désespoir des traducteurs en comparant les traductions, toutes justes et fausses. Ainsi, en français, Jean Beaufret : « Apprends aussi comment la diversité qui fait montre d'elle-même devait déployer une présence digne d'être reçue » (*Parménide, Le Poème*, p. 79) ; et Marcel Conche : « Tu n'en apprendras pas moins encore ceci : comment il était inévitable que les semblances aient semblance d'être » (*Parménide, Le Poème : Fragments*, p. 43 ; cf. Barbara Cassin, *Parménide*, sur la nature ou sur l'étant. *La langue de l'être ?*, p. 18-19). L'allemand a jeu plus égal, mais non moins diversifié : ainsi Diels-Kranz, « *wie das ihnen Scheinende auf eine probehafte, wahrscheinliche Weise sein müsste* » (DK, t. 1, p. 230), ou Ernst Heitsch, « *wie das Geltende notwendigerwise gültig sein musste* » (*Parmenides*, p. 13). C'est que le discours de et sur la *doxa* est toujours double : du point de vue de la vérité et de l'être-un, il est ontologiquement contradictoire (« ils ont pris le parti de nommer deux formes, en pensant que l'une n'a pas besoin d'être : en quoi ils errent. Ils ont divisé la structure en contraires », VIII, 53-55) ; du point de vue de la *doxa* et du *kosmos* [κόσμος]), il est phénoménologiquement splendide et physiquement dominant, vecteur de la beauté du monde fixée dans les poèmes, les mythes et les savoirs (cf. B. Cassin, *op. cit.*, p. 60-67, 174-185 et 236-245).

B. La « doxa » comme « metaxu », « intermédiaire »

Platon, dans *La République*, creuse, pour en faire système ontologique et épistémologique, l'opposition entre la « science » (*epistêmê* [ἐπιστήμη]), faculté ou pouvoir (*dunamis* [δύναμις]) qui s'applique à l'être et le connaît tel qu'en lui-même (« *to on gnônai hôs ekhei* [τὸ ὂν γνῶναι ὡς ἔχει] », V, 478a), et l'« opinion », faculté intermédiaire (*metaxu* [μεταξύ]) entre connaître et ignorer, qui ne s'applique « ni à l'être ni au non-être » (478c), mais saisit « ce qui erre entre les deux » (« *to metaxu planêton* [τὸ μεταξὺ πλανητόν] », 479d). La *doxa* constitue ainsi une voie intermédiaire entre la voie du non-être (lui qui n'est pas un objet du tout, ni un objet de science ni un objet d'opinion) et la voie de l'être ou science des « idées » : ainsi, les « philosophes » regardent *auto to kalon* [αὐτὸ τὸ καλόν], « le beau en soi » (479e), quand la masse des « philodoxes » (*philodoxous* [φιλοδόξους]) se plaît à contempler seulement « les belles couleurs » (480a). L'opposition se structure comme séparation entre monde intelligible et monde sensible, avec l'image de la ligne sur laquelle *epistêmê* et *dianoia* [διάνοια] constituent ensemble la *noêsis* [νόησις] qui se rapporte à l'*ousia* [οὐσία] (mettons, avec les termes de E. Chambry — mais c'est un nid d'intraduisibles, voir ENTENDEMENT, INTELLECTUS, ÂME —, que la « science » et la « pensée discursive », rassemblées sous le chef de l'« intelligence », visent l'« essence »), tandis que *pistis* [πίστις] et *eikasia* [εἰκασία], rassemblés sous le terme de *doxa*, traitent de la *genesis* [γένεσις] (« foi » et « conjecture », formant l'« opinion », visent le « devenir », VII, 533e-534b, cf. VI, fin). Le syntagme platonicien *orthê doxa* [ὀρθὴ δόξα], « opinion droite », signe ce statut d'intermédiaire : « l'opinion droite, c'est l'intermédiaire entre intelligence et ignorance (*metaxu phronêseôs kai amathias* [μεταξὺ φρονήσεως καὶ ἀμαθίας]) » (*Banquet*, 202a) ; à la différence de l'opinion fausse, elle associe et ajuste la bonne sensation à la bonne pensée (« *en têi sunapsei aisthêseôs pros dianoian* [ἐν τῇ συνάψει αἰσθήσεως πρὸς διάνοιαν] », *Théétète*, 195d), et il suffit qu'elle soit *meta logou* [μετὰ λόγου] (201c, « accompagnée de raison », mais voir LOGOS, encadré 4, « La polysémie de *logos* selon les grammairiens grecs ») pour devenir science. Mais, en tant que *doxa*, elle ne saurait avoir qu'une moindre vérité et un moindre être.

C. L'endoxal

Le réinvestissement aristotélicien de la *doxa* passe par la réévaluation de ce monde-ci, de l'individuel, du contingent, du probable, du persuasif, du commun. Il n'y a de science, avec définition et démonstration, que de l'universel et du nécessaire, soit ; mais c'est dire alors, positivement, que de l'individuel, de ce qui est de l'ordre du « chaque » (*to kath'hekaston* [τὸ καθ' ἕκαστον]), il y a *doxa* : « il y a *doxa* de ce qui peut être autrement qu'il n'est (*doxa esti tou endekhomenou allôs ekhein* [δόξα ἐστὶ τοῦ ἐνδεχομένου ἄλλως ἔχειν]) », *Métaphysique*, Z, 15, 1039b 34-1040a 1. L'objet de la *doxa* (*to doxaston* [τὸ δοξαστόν]) peut être vrai et existant (*tina alêthê men kai onta* [τινὰ ἀληθῆ μὲν καὶ ὄντα]), à ceci près qu'il demeure contingent (*Seconds Analytiques*, I, 33, 88b 30-33). C'est pourquoi l'opinion se définit comme une saisie, une appréhension, de toute prémisse immédiate et non nécessaire (« *hupolêpsis tês amesou protaseôs kai mê anagkaias* [ὑπόληψις τῆς ἀμέσου προτάσεως καὶ μὴ ἀναγκαίας] », 89 a3-4). Ces « prémisses conformes à l'opinion [*ek tôn kata doxan protaseôn* (ἐκ τῶν κατὰ δόξαν προτάσεων)] » servent à faire des « syllogismes dialectiques », par différence avec les syllogismes scientifiques ou démonstratifs (*Premiers Analytiques*, I, 46a 8-10). Aristote innove en utilisant de manière terminologique le mot *endoxon* [ἔνδοξον] (litt. « ce qui est dans, *en*, la *doxa* ») pour désigner ce type de prémisses : « Est dialectique le syllogisme qui part de prémisses probables [trad. fr. J. Tricot], d'idées admises [trad. fr. J. Brunschwig] (*dialektikos de sullogismos ho ex endoxôn sullogizomenos* [διαλεκτικὸς δὲ συλλογισμὸς ὁ ἐξ ἐνδόξων συλλογιζόμενος]) », *Topiques*, I, 100a 29-30 ; et il définit les *endoxa* [ἔνδοξα], par différence avec les propositions « vraies et premières », comme : « ce qui est reçu (*ta dokounta*) par tous ou par le plus grand nombre, ou par les savants (les sages, *sophois* [σοφοῖς]), et, parmi ces derniers, ou par tous ou par le plus grand nombre, ou par les plus renommés (*gnôrimois* [γνωρίμοις]) et les plus réputés (*endoxois* [ἐνδόξοις]) » (100b 21-23). On voit comment *ta endoxa*, prémisses probables et idées reçues, impliquent la *doxa* des *endoxoi*, l'opinion des hommes illustres. On comprend alors que les traités d'Aristote puissent commencer par le rappel structuré de ces opinions, qui font histoire de la discipline, physique (*Physique*, I), métaphysique (*Métaphysique*, A), etc. ; et que la « doxographie », littéralement l'« écriture des opinions », devienne dès les *Phusikôn doxai* de Théophraste un genre à part entière (en latin : les *Placita*).

D. Les rayons de la gloire divine

L'amplitude des sens de *doxa* trouve son point d'orgue dans la tradition biblique, où la « gloire » (*kavod* [כָּבוֹד] en hébreu) du Seigneur est annoncée comme devant se manifester par l'écrasement des Égyptiens au moment où les Hébreux auront franchi la mer Rouge : « Au matin, vous verrez la gloire de Dieu [καὶ πρωΐ ὄψεσθε τὴν δόξαν τοῦ Κυρίου – *et mane videbitis gloriam Domini*] » (Exode, 16, 7). Dans le même livre (33, 18), Moïse adresse à Dieu cette prière : « Fais-moi voir ta gloire. » Le Nouveau Testament mentionne à de multiples reprises le rayonnement de la gloire divine dans les grands événements de la vie de Jésus, notamment lors de son baptême (Luc, 4, 21) et de sa Transfiguration (9, 28 *sq.*). Les disciples y voient les signes avant-coureurs de « la venue du Fils de l'homme dans sa gloire » (Matthieu, 24, 30 ; Marc, 8, 38). Cette gloire ou splendeur (*splendor*) du Seigneur se trouve souvent évoquée dans les passages du Nouveau Testament ou de la patristique, surtout orientale, qui se rapportent à la vision bienheureuse de l'essence divine. Le théologien byzantin Grégoire Palamas considère cependant cette vision comme étant inaccessible à toute créature et lui substitue la vision de la gloire divine en tant que simple rayonnement des énergies par lesquelles Dieu se communique dans ses œuvres (voir SVET, encadré 1, « La théologie de la lumière »).

L'éclat de la « Présence de Dieu » dans le monde occupe aussi une place importante dans la littérature rabbinique, qui l'appelle la Chekhinah. Cette Chekhinah, dont le nom, bien qu'ignoré de la Bible, correspond à l'hébreu *kavod*, est souvent la personnification de la « Présence de Dieu » et évoque la mystique de la lumière céleste.

Barbara CASSIN,
Charles BALADIER (II, D)

BIBLIOGRAPHIE

ARISTOTE, *Topiques*, trad. fr. J. Tricot, Vrin, 1950, et trad. fr. J. Brunschwig, Les Belles Lettres, 1967.

BEAUFRET Jean, *Parménide. Le Poème*, PUF, 1955.

CASSIN Barbara, *Parménide*, sur la nature ou sur l'étant. *La langue de l'être ?*, Seuil, « Points bilingues », 1998.

CONCHE Marcel, *Parménide. Le Poème : Fragments*, PUF, 1996.

HEITSCH Ernst, *Parmenides* (trad. all.), Munich, Heimeran, 1974.

PLATON, *La République*, trad. fr. E. Chambry, Les Belles Lettres, 1967.

OUTILS

BAILLY Anatole, *Dictionnaire grec-français*, coll. E. Egger, éd. rev. L. Séchan et P. Chantraine, Hachette, 1950.

DK : DIELS Hermann et KRANZ Walther, *Die Fragmente der Vorsokratiker*, 3 vol., Berlin, Weidmann, 5e éd. 1934-1937.

LSJ : LIDDELL Henry G., SCOTT Robert et JONES Henry S., *A Greek-English Lexicon*, 9e éd., Oxford, Clarendon Press, 1925-1940 ; *A Supplement*, éd. E.A. Berber, 1968.

DROIT

DROIT *Droit* est issu de *directus*, « en droite ligne, sans détour », sur *dirigere*, « tracer des voies », puis « tracer la voie », sur la racine **reg'*- qui indique le mouvement en droite ligne, d'où tirent leur nom la « règle » (*regula*) aussi bien que le « roi » (*rex*). Cette métaphore de la rectitude se retrouve dans la plupart des langues européennes (angl. *right*, all. *Recht*). Le droit désigne aujourd'hui un corpus de règles considérées comme justes ou légitimes qui lient le domaine juridique au domaine moral, comme c'est perceptible en particulier dans l'anglais *right* : voir RIGHT.

I. DROIT ET LOI

En grec, le concept d'origine géométrique *orthotês* [ὀρθότης], « rectitude », est d'extension strictement logique ou morale : voir VÉRITÉ, et THEMIS/DIKÊ/NOMOS. Même si *dikê* [δίκη] peut servir à désigner ce que signifie *jus* (le droit qu'on dit quand on rend la sentence), c'est en latin que s'établit le réseau entre loi, justice et droit, *lex, jus* et *directum*, déterminant dans l'Empire romain qui revendique le *jus* comme son bien propre : voir LEX, et *LOI*[LAW/ RIGHT, TŌRĀH-ŠARĪ'A]. Voir aussi *AUTORITÉ, JUSTICE* [FAIR, RIGHT].

II. DROIT, DROITS, ÉTAT DE DROIT

On s'est intéressé au rapport entre le droit (« droit naturel, droit positif »), les droits (« droits de l'homme, droit des minorités ») et l'État de droit (*Rechstaat, rule of law*) à travers la distorsion des histoires et des traditions nationales : voir, outre LEX qui fournit la matrice des principales distinctions, CIVIL RIGHTS, ÉTAT DE DROIT, JUDICIAL REVIEW, MULTICULTURALISM ; cf. CIVILTÀ, *ÉTAT* [POLIS, STATE, STATO], SOCIÉTÉ CIVILE.

III. DROIT, DEVOIR, FAIT

1. Le droit se présente en morale comme lié au permis et au promis, en contrepoint du devoir et de la dette : voir DEVOIR, SOLLEN, WILLKÜR ; cf. *ALLIANCE, DESTIN, OBLIGATION*, PARDONNER.
2. L'interrogation juridique *quid facti/quid juris ?* (« qu'en est-il en fait, qu'en est-il en droit ? ») trouve son écho dans la distinction morale entre l'être et le devoir être, qui recoupe une appréhension et une appréciation du réel, et des exigences qui réclament satisfaction : voir CLAIM, MATTER OF FACT, RES, RÉALITÉ, TATSACHE ; cf. *ÊTRE, EXIGENCE, FAIT, IL Y A*, SACHVERHALT.

► MORALE, *SOCIÉTÉ*

DRUGOJ [другой] RUSSE – fr. *autrui*

► ***AUTRUI*** **[*MITMENSCH*], et AIMER, JE, POSTUPOK, RUSSE, SAMOST, SOBORNOST', STRADANIE, SVOBODA, VÉRITÉ**

En russe, la distinction numérique entre odin [один] *(l'un) et* drugoj [другой] *(l'autre) implique la proximité :* drugoj, *« autre, second », est formé sur la racine* drug, *« ami, camarade ». Ainsi, en philosophie, chez Florensky et Bakhtine,* drugoj *possède la connotation d'« ami, aimé,* philos [φίλος] *».*

I. LA CONSTELLATION SÉMANTIQUE

La racine du vieux slave *drug* se retrouve largement dans les langues slaves modernes : ainsi, dans le russe *drug* [друг], le polonais *druh*, « ami », le serbo-croate *drug*, « compagnon, camarade », le tchèque *druh*, « espèce, sorte ». Elle possède en outre un grand nombre de dérivés qui expriment, sous une forme ou une autre, l'idée d'association : russe *družba* [дружба], « amitié », serbo-croate *družba*, « organisation, ensemble, coterie », tchèque *družice*, « satellite », polonais *družyna*, « équipe, détachement », ukrainien *družyna* [дружина], « épouse », etc. (voir Herman, *A Dictionary of Slavic Word Families*, p. 109-11).

La plupart des dictionnaires étymologiques relient le vieux slave *drug* à la racine indo-européenne **dhrugh*, « être ferme, solide », et **dhreu*, « ferme, fiable » (voir, par exemple, Preobraženskу, *Ètimologičeskij slovar' russkogo jazyka*, p. 198 ; *Etymologičny*, t. 2, p. 134). Parmi les termes de même origine, on trouve l'allemand *trauen*, l'anglais *trust* and *truth*, le grec *drus* [δρῦς], « arbre, chêne » (cf. *tree*, slavon *drevo* [древо], « arbre », *dryad*, etc. — voir Benveniste, *Le Vocabulaire des institutions indo-européennes*, t. 1, p. 103-110). Le sens secondaire de *drug*, comme pronom et adjectif numéral, s'est développé *via* l'expression « *drug druga* » (l'un l'autre). Un tel développement à partir du sens premier de la racine, « ami » (*amicus*), vers le sens d'« autre » (*alius*) et de « second » (*secundus*) *via* le réciproque est un phénomène général des langues slaves (Vasmer, *Ètimologičeskij slovar' russkogo jazyka*, p. 543 ; *Etymologičny*, t. 2, p. 134).

Le mot *drug* en russe moderne désigne « une personne liée à une autre par une confiance mutuelle, de la dévotion, de l'amour » (Trubachev, *Ètimologičeskij slovar'slavianskykh jazykov*, t. 5, p. 132). De fait, la distinction simplement numérique entre *odin* [один] (l'un) et *drugoj* (l'autre) en russe implique plutôt la proximité que l'extériorité ou le caractère étranger. C'est pourquoi *drugoj* en philosophie connote non seulement la différence mais aussi l'intimité et l'amitié.

II. « DRUGOJ » COMME TERME PERSONNALISTE

La philosophie a souvent tiré parti de cette singularité linguistique. Ainsi Paul Florensky, dans *La Colonne et le Fondement de la vérité*, affirme que dans la *družba* (amitié) la personne outrepasse ses propres limites pour découvrir un autre (*drugoj*) — un ami, *drug* (p. 254). Florensky compare le russe *drug* et le grec *philos* [φίλος] ; il écrit que la *družba* suppose « l'amour d'amitié » ou bien « l'amour amical » (*družeskaja ljubov'* [дружеская любовь]). Selon Florensky, l'amour d'amitié est « l'amour qui comprend une part d'*erôs* [ἔρως], de *philia* [φιλία] et d'*agapê* [ἀγάπη], ce que les Anciens s'étaient efforcés d'indiquer par le vocable complexe de *philophrosunê* [φιλοφροσύνη] » (*ibid.*, p. 259). *Philophrosunê*, qu'on traduit aussi bien par « bienveillance » que par « belle humeur », est formé sur *philophroneô* [φιλοφρονέω], « penser, sentir, ressentir de la *philia* (« amour/amitié » ; voir AIMER) ». Une vie commune dans l'amitié « signifie que la joie (*radost'* [радость]) et que la souffrance (*stradanie* [страдание] ; voir STRADANIE) sont communes » (*ibid.*, p. 278) ; l'âme (*duša* [душа]) même est partagée entre amis. Pour Florensky, *družba* est la découverte d'un autre moi (*drugogo ja* [другого я]) dans un ami (*v druge* [в друге]) (*ibid.*, p. 280).

De même, Bakhtine, dans ses premiers travaux, place la relation entre *ja* [я] (moi) et *drugoj* (un autre) au centre de son esthétique personnaliste. « Contempler esthétiquement, c'est placer un objet dans la perspective de valeur de l'autre (*drugoj*) » (Bakhtine, « K filosofii postupka » [À propos de la philosophie de l'acte], p. 137). La tâche de l'auteur (*avtor* [автор]) consiste à trouver « une approche essentielle de la vie depuis le dehors (*izvne* [извне]) » (Bakhtine, « Avtor i geroj... » [Auteur et héros...], p. 166). Pour ce faire, il doit voir dans son *drugoj* (dans le héros-personnage de roman) ce que le *drugoj* est incapable de voir en lui-même. L'auteur doit compléter et accomplir la vie du héros jusqu'à ce qu'elle forme une totalité. Mais il n'y parvient qu'à condition d'approuver, d'un amour (*ljubov'* [любовь]) qui accepte tout (*priemlet vsë* [приемлет всё]), le *drugoj* comme un être humain vivant et mortel (*smertnyj* [смертный]). La vision esthétique de Bakhtine est une sorte d'amour créateur, « contemplation aimante », complexe de *philia* et de *theôria* [θεωρία]. « Seul l'amour peut être esthétiquement productif ; c'est seulement en relation à l'aimé (*s ljubimym* [с любимым]) que la plénitude du divers est rendue possible » (Bakhtine, « K filosofii postupka », art. cité, p. 130). C'est ainsi que le rapport de *philophrosunê* à l'égard du *drugoj*, rapport qui ne prononce pas de jugement, peut atteindre la signification d'un principe esthétique universel.

Andriy VASYLCHENKO

BIBLIOGRAPHIE

BAKHTINE Mikhaïl, « K filosofii postupka » [À propos de la philosophie de l'acte], annuaire *Filosofija i sociologija nauki i texniki* [Philosophie et sociologie de la science et de la technique], Moscou, Nauka, 1986 [écrit au début des années 1920].

— « Avtor i geroj v èstetičeskoj deiatel'nosti » [Auteur et héros dans l'activité esthétique], in *Èstetika slovesnogo tvorčestva* [L'Esthétique de la création verbale], Moscou, Iskusstvo, 1979 [écrit dans les années 1920].

FLORENSKY Paul, *La Colonne et le Fondement de la vérité* [édition princeps russe 1914], trad. fr. C. Andronnikof, Lausanne, L'Âge d'Homme, 1975.

OUTILS

BENVENISTE Émile, *Le Vocabulaire des institutions indo-européennes*, 2 vol., Minuit, 1969.

Etymologičny slovnyk ukraïns'koï movy [Dictionnaire étymologique de la langue ukrainienne], Kiev, Naukova Dumka, 1985.

HERMAN Louis Jay, *A Dictionary of Slavic Word Families*, New York, Columbia UP, 1975.

PREOBRAZHENSKIJ Aleksandr Grigorevič, *Ètimologičeskij slovar' russkogo jazyka* [Dictionnaire étymologique de la langue russe], 2 vol., Moscou, G. Lissnera i D. Sovko, 1910-1914.

TRUBACHEV Oleg Nikolaevitch, *Ètimologi'eskij slovar' slavianskykh jazykov* [Dictionnaire étymologique des langues slaves], Moscou, Nauka, t. 5, 1978.

VASMER Max, *Ètimologičeskij slovar' russkogo jazyka* [Dictionnaire étymologique de la langue russe], 4 vol., Moscou, Progress, 1986.

DUENDE ESPAGNOL – fr. *esprit, esprit malin, charme, envoûtement, grâce*

► *DÉMON* [DAIMÔN], et DIABLE, DIEU, ***GRÂCE***, INGENIUM, LEGGIADRIA, MÊTIS, OIKONOMIA, PIETAS, RELIGIO

Le vocable espagnol duende, *marqué par ses origines régionales et par le folklore, peine à trouver une définition stable, de plus en plus nettement apparentée au démonique et à la création poétique. Si l'on veut en trouver des équivalents français très approximatifs, on peut les situer entre deux registres, dont l'un, plus archaïque, se rapporterait au feu follet, au lutin, au farfadet, et l'autre, plus figuré, aux notions de charme, d'envoûtement, de sortilège, mais aussi de grâce.*

Attesté en léonais dès le XIIIe siècle, le substantif *duende* signifie alors « le maître [de la maison] », à partir de *duen* (*de casa*), issu de *dueño* (maître, propriétaire) qui vient lui-même du latin *dominus* (maître, seigneur). Dans le castillan du XVe siècle, il a parfois le sens d'« esprit espiègle », mais plus couramment celui d'« esprit qui hante la maison ». Il fait fortune dans cette acception populaire, comme en témoigne le *Tesoro de la lengua castellana o española* (1611) de Covarrubias : « *Duende* : un de ces esprits qui tombèrent avec Lucifer [...], dont certains demeurèrent à la surface de la terre. Ceux-ci ont coutume, dans les maisons, les montagnes et les grottes, d'effrayer par quelque apparition, en prenant un corps fantastique. » Diverses légendes ont cours à propos de ces esprits malins : ils garderaient des trésors mystérieusement enfouis sous la terre ; ils feraient la guerre aux hommes cupides et ils deviendraient tout-puissants. On prétendait même, par vengeance, par intérêt ou par plaisanterie, que certaines maisons étaient bel et bien hantées par un *duende*.

Un tel esprit malin est apparenté aux génies du lieu, aux lémures, aux larves, ainsi qu'aux lares et pénates de la mythologie romaine. Dans son *Tesoro de las dos lenguas española y francesa* (1607-1675), Oudin, l'interprète du roi Henri IV, le définit ainsi : « Lutin, follet, farfadet, esprit qui va de nuit par les maisons. En jargon, la ronde [c'est-à-dire celle des argousins qui font irruption brusquement]. » Le *Diccionario de Autoridades* (1732), bien qu'il donne du mot une étymologie insolite (l'arabe *douar* [دوار], « maison »), rapporte avec précision la signification qui en est désormais admise à l'époque : « Espèce de lutin ou de démon qui s'appelle ainsi parce qu'il infecte ordinairement les maisons. » C'est effectivement ce sens que Calderón reprend, avec humour, dans sa *comedia* intitulée *La Dama duende* (1629), où l'héroïne joue un éblouissant jeu de cache-cache amoureux.

Au XVIIIe siècle, alors que la presse prend son essor, le mot devient le titre d'une publication éclectique d'un certain Mercadal, dont on ignore l'identité, *El Duende especulativo sobre la vida civil* [Le Lutin observateur de la vie sociale] (1761). Au XIXe siècle, s'inspirant sans doute de cet exemple, le grand écrivain romantique José Mariano de Larra fonde l'éphémère revue intitulée *Duende satírico del día* (févr.-déc. 1828), dont il fut d'ailleurs le seul rédacteur. Le *Diccionario nacional de la lengua española* de R.J. Dominguez (1878, 14e éd.) fait état du sens suivant désormais admis : « Esprit qui, selon le vulgaire, demeure dans certaines maisons, inquiétant ses habitants et y faisant, la nuit, beaucoup de bruits et de dégâts. » À cette définition il ajoute deux expressions encore usuelles aujourd'hui : *tener duende* (avoir en tête quelque sujet de préoccupation) et *parecer un duende, andar como un duende* (surgir comme un beau diable).

Par la suite, le mot revêt de plus en plus un sens figuré. L'intention satirique y prend un tour virulent dans un des romans historiques de B. Pérez Galdós qui décrit les corruptions du régime et les intrigues des politiciens fantoches sous le règne d'Isabelle, à la veille de la révolution de 1868, *Los Duendes de la camarilla* (in *Episodios nacionales*, 4e série, 1902-1907). L'édition de 1956 du dictionnaire de la Real Academia española reprend mot pour mot la définition de R.J. Domínguez, mais en y ajoutant une acception nouvelle, qui est fondamentale, celle de « charme mystérieux et ineffable ». Cette dernière est d'abord un régionalisme, mais elle va s'imposer avec éclat. Si sa signification était restée, en effet, un peu figée dans les dictionnaires, le *duende* avait cependant trouvé son épanouissement dans une région de l'Espagne avec laquelle il était en affinité, l'Andalousie.

Dans la célèbre conférence intitulée *Théorie et Jeu du duende* qu'il donna à La Havane en 1933, Federico García Lorca, lui-même possédé par le *duende*, c'est-à-dire par le pur génie de la parole, du chant, de la musique ou de la danse qui s'exprime dans le *cante jondo* ou *cante flamenco*, déclarait : « Dans toute l'Andalousie, [...] les gens parlent constamment du *duende* et le détectent, dès qu'il se manifeste, avec un sûr instinct » (1981, p. 919). Et, reprenant l'idée de Goethe et d'Eckermann selon laquelle « le démonique, c'est ce qui est insoluble par l'intelligence et la raison », le poète définit le *duende* comme un « pouvoir mystérieux que tous ressentent et que nul philosophe n'explique » (p. 920). Et il ajoute :

> Ainsi donc, le *duende* est pouvoir et non œuvre, combat et non pensée. J'ai entendu dire à un vieux maître guitariste : le *duende* n'est pas dans la gorge, le *duende* vous monte en dedans, depuis la plante des pieds. Autrement dit, ce n'est pas une question de faculté, mais de véritable style vivant, c'est-à-dire de sang, c'est-à-dire de culture antique, de création en acte [...]. Le *duende* dont je vous parle, obscur et frémissant, est le descendant du pétulant démon de Socrate, marbre et sel, qui le griffa, tout indigné, le jour où il prit la ciguë ; et de cet autre mélancolique diablotin de Descartes, menu comme une amande verte, qui, fatigué des cercles et des droites, sortait le long des canaux pour entendre chanter les matelots ivres
>
> p. 920-921.

Après avoir évoqué l'éveil du *duende*, sous de multiples formes, « dans les ultimes demeures du sang » et après l'avoir distingué de la muse ou de l'ange, Lorca conclut son exposé par ces mots :

> Où est le *duende* ? À travers l'arche vide souffle un vent spirituel qui balaie avec insistance les têtes des morts, en quête de nouveaux paysages et d'accents inouïs ; un vent qui fleure la salive d'enfant, l'herbe broyée et le voile de Méduse, et qui annonce le perpétuel baptême des choses fraîchement créées
>
> p. 931.

Par là, en passant de la maison dont, selon le sens premier, il était le maître aux « demeures de sang » qu'il habite en secret, le *duende* n'a fait, pour ainsi dire, que changer de place, toujours maître des lieux, toujours présent, toujours absent, génie insaisissable de toute création.

Bernard SESÉ

BIBLIOGRAPHIE

CALDERÓN DE LA BARCA Pedro, *La Dama duende* [1629], Madrid, 1636 ; *La Farfadette*, trad. fr. L. Barbe, in *Théâtre espagnol du XVIIe siècle*, Gallimard, « La Pléiade », vol. 2, 1999, p. 493-556.

GARCIA LORCA Federico, *Théorie et Jeu du duende* [1933], in *Œuvres complètes*, trad. fr. A. Belamich, Gallimard, « La Pléiade », vol. 1, 1981.

PÉREZ GALDÓS Benito, *Los Duendes de la camarilla*, in *Episodios nacionales*, 4e série, 1902-1907.

OUTILS

COVARRUBIAS Sebastián de, *Tesoro de la lengua castellana o española* [1611], éd. M. de Riquer, Barcelone, Alta Fulla, 1998.

DOMÍNGUEZ Ramón Joaquín, *Diccionario nacional ó gran diccionario clásico de la lengua española*, Madrid, Bernat, 1849, 14e éd. 1878.

OUDIN César, *Tesoro de las dos lenguas española y francesa*, Paris, 1607, Lyon [1675], repr. en fac-similé, Paris, Ediciones Hispano-Americanas, 1968.

— *Grammaire espagnole mise et expliquée en françois*, 1675.

REAL ACADEMIA ESPAÑOLA, *Diccionario de Autoridades*, Madrid [1726], repr. en fac-similé, 3 vol., Madrid, Gredos, 1990.

SESÉ Bernard et ZUILI Marc, *Vocabulaire de la langue espagnole classique (XVIe et XVIIe siècles)*, Nathan, « Fac », 2001.

DYNAMIQUE

DYNAMIQUE *Dynamique* est formé sur le grec *dunamis* [δύναμις], « force » (cf. *dunasthai* [δύνασθαι], « être capable de, pouvoir, être puissant » ; en parlant d'un mot ou d'une monnaie : « valoir, signifier » ; en mathématique : « avoir pour carré »), et désigne l'étude physico-mathématique mais aussi ontologique de la force, notamment chez Leibniz qui introduit le terme. La *dunamis* grecque, comme la *potentia* et la *puissance*, comporte une ambiguïté essentielle : elle est puissance en tant qu'« en puissance », *potentia*, potentialité, par différence avec l'actualisation et l'acte ; mais elle est aussi « puissance de », *potestas*, capacité, pouvoir.

I. DYNAMIQUE, POTENTIALITÉ, ACTUALITÉ

L'ensemble des réseaux physiques et ontologiques, et la différence entre *force* et *énergie*, sont explorés sous l'entrée FORCE. Voir aussi MOMENT, et, pour l'anglais, STRENGTH (par différence avec *force*). Cf. ÉPISTÉMOLOGIE.

On complétera pour le grec l'encadré 1, « *Dunamis, energeia...* », dans FORCE, par PRAXIS, TO TI ÊN EINAI ; cf. ESSENCE.

Voir aussi *ACTE* et VIRTÙ.

Sur le rapport logique entre potentialité et possibilité, voir *POUVOIR, PROBABILITÉ*.

II. DYNAMIQUE ET POUVOIR

Voir *POUVOIR* et, en particulier pour la différence allemande *Macht/Gewalt* qui réinvestit partiellement la différence latine *potestas/potentia*, voir MACHT.

III. DYNAMIQUE ET MOUVEMENT

1. Sur la dynamique comme force et mouvement à l'œuvre dans l'histoire et le cours du monde, voir HISTOIRE, HISTOIRE UNIVERSELLE, MUTAZIONE, PERFECTIBILITÉ, *PROGRÈS, TEMPS* ; cf. *RUSE*.
2. Sur le rapport entre dynamique et psychisme, en particulier dans la dynamique freudienne par différence avec la topique, voir PULSION ; cf. ES, INCONSCIENT, PLAISIR, SVOBODA, VOLONTÉ, WUNSCH.

► SENS

E

ÉCONOMIE

all.	*Wirtschaft*
angl.	*economy*

► OIKONOMIA, BERUF, PEUPLE, POLIS, POLITIQUE, PROPRIÉTÉ, PRUDENCE, SOCIÉTÉ CIVILE, *UTILE*

Le mot économie *est une importation directe du grec, en usage dans de nombreuses langues européennes, bien que l'allemand préfère* Wirtschaft *à* Ökonomie. *Il a conservé un ensemble de sens dérivés de son origine (les « règles »,* nomoi, *de bonne gestion d'une « maison »,* oikos*), qui sont très proches d'une langue à l'autre. Pourtant, derrière cette apparente unanimité, se cachent des différences qui renvoient à des problèmes de fond. On a pris ici comme point de départ l'extension actuelle du sens en anglais où* economy *est synonyme de « pays ». Le français résiste à cette extension, qui empiète sur le domaine réservé au politique. L'anglais et le français se répartissent ainsi de part et d'autre de la coupure économique/politique, décisive pour la définition de l'économie. L'allemand* Wirtschaft *semble échapper au dilemme puisqu'il repose sur la métaphore de l'aubergiste* (der Wirt)*, qui permet d'inclure dans un tout organique les acteurs de l'économie et de la société politique ; néanmoins la prétention de l'économie à incarner la rationalité collective doit alors recourir au mot* peuple (Volk) *pour s'affirmer* (Volkswirtschaft).
*Le domaine seigneurial homérique ne peut plus servir à décrire l'économie moderne. Mais ce lien avec l'*oikos *fait que le mot* économie*, bien qu'appelé à exprimer une réalité sociale de très haut niveau, continue à porter la marque de ses origines, confinées aux tâches matérielles, à la subsistance quotidienne.*

I. ÉCONOMIE ET « ECONOMY »

Le mot *économie* vient du grec *oikonomia*, qui signifie la direction et l'administration d'une « maison », c'est-à-dire, à l'époque homérique, d'un domaine seigneurial.

En français, *économie*, comme l'adjectif *économe*, désigne une vertu ou qualité, forme de la prudence ; le résultat de l'exercice de cette vertu (« faire des économies ») ; une science sociale et ses espèces (« économie appliquée », « économie monétaire ») ; l'objet de cette science (« économie des pays développés ») ; enfin, l'harmonie ou l'organisation des parties d'un tout (« économie libidinale », voir OIKONOMIA). Sauf dans cette dernière acception, où il peut s'appliquer aussi bien à une œuvre littéraire qu'à la création divine ou au corps humain, l'emploi de ce mot identifie un champ : les activités matérielles de production, distribution et consommation des biens. Ce champ a un caractère technique : un texte sur l'économie comportera le plus souvent des chiffres, des symboles de grandeurs physiques. Il est en outre borné, notamment par la distinction économique/politique. C'est ainsi que la transformation de la Communauté économique européenne en Union européenne, à savoir la disparition du mot *économie* dans le titre, représente pour ce groupe de pays une évolution considérée comme très importante. La frontière qui sépare l'économique du politique est un point sensible dans la société contemporaine : il est odieux, dit-on, que des entreprises multinationales renversent un gouvernement ; il est odieux que l'État intervienne de manière tatillonne dans l'économie.

Le mot anglais *economy* recouvre tous les sens du français sauf la science, qui est désignée par *economics*. En revanche, l'un des sens du mot s'est tellement développé qu'il déborde le sens français. Il s'agit du sens qui désigne une partie de la vie sociale, voire une partie autonome, voire un tout qui, par une métonymie de moins en moins sensible, serait en anglais la société tout entière. Dans ce cas, il est traduit en français par « pays ».

Ainsi, Paul Samuelson et William Nordhaus écrivent, dans ce qui constitue le manuel d'économie le plus lu au monde : « *How can we explain that a country like Japan* [...] *has become the world's most productive economy?*

[Comment pouvons-nous expliquer qu'un pays comme le Japon soit devenu l'*economy* du monde la plus productive ?] » (*Economics*, p. 700). Le Japon est une *economy*. Une *economy* est un être doué de personnalité, qui existe sur le mode pluriel : « *market economies are many times wealthier than they were at the age of Adam Smith* [les économies de marché sont infiniment plus riches qu'elles ne l'étaient au temps d'Adam Smith] » (*ibid.*, p. 724). La synonymie apparaît encore plus clairement en d'autres cas : « *At the end of the 1980s, the walls of the centrally planned economies of Eastern Europe were knocked down and these countries began the swift transition to market economies* [À la fin des années 1980, le mur qui entourait les économies planifiées d'Europe de l'est a été abattu et ces pays ont commencé leur transition vers l'économie de marché] » (*ibid.*, p. 375).

L'emploi d'*economy* pour désigner des pays connaît un développement remarquable en Asie. Deux des « dragons » d'Asie, Hong Kong et Taiwan, ne sont pas des « pays » au sens de la diplomatie. Leur présence au sein du forum de coopération économique Asie-Pacifique (Asia Pacific Economic Co-operation – APEC) oblige les pays membres, y compris les États-Unis, à se désigner eux-mêmes par *economies* dans ce cadre. Ce sens n'existe pas en français, où l'on trouve en revanche (*Le Petit Robert*, 1992) celui de « Activité, vie économique ; ensemble des faits relatifs à la production, à la distribution et à la consommation des richesses dans une collectivité humaine. *Ministère de l'Économie nationale* ». L'économie ainsi désignée est une partie de la collectivité, comme le souligne opportunément l'exemple choisi.

L'Organisation de coopération et de développement économique est une organisation où les deux langues officielles sont l'anglais et le français. Comme elle s'occupe surtout d'économie, elle a dû se poser ce problème. Le *Glossaire* de l'OCDE, qui a été établi pour résoudre ce genre de difficultés, propose de traduire alors *economy* par « pays ». Par exemple, *advanced market economy* se traduit par « pays développé à économie de marché ».

II. ÉCONOMIE ET POLITIQUE

Tout se passe donc comme si la langue française était imprégnée de la prérogative du politique. On ne peut pas, pour l'instant, dire « la France est une économie », alors que « *the US is an economy* » est acceptable en anglais.

On comprend que, réciproquement, *policy* pose aussi un problème de traduction : plus le sens d'*economy* s'étend jusqu'à revêtir une dimension politique, plus celui de *policy* diminue. Ainsi le sens de *policy* est-il plus restreint que celui de *politique*, puisqu'il ne désigne que les aspects non politiques de l'action de l'État – les questions proprement politiques sont désignées par *politics* ; mais son emploi est autrement vaste, et il véhicule l'idée que l'action de l'État n'est peut-être pas nécessairement politique.

Le problème peut être résolu quand *policy* est substantif : on dira « politique gouvernementale », ou l'on parlera, au pluriel, « des politiques ». Il est plus difficile à résoudre quand *policy* est adjectif. Ainsi *policy action* sera traduit par « action gouvernementale, action publique, mesures gouvernementales » ; *policy area* par « domaine/secteur d'action(des pouvoirs publics) » ; *policy debate* par « débat sur les mesures à prendre/les politiques à suivre » ; *policy context* par « cadre d'action » (*Glossaire*, OCDE, 1982). Aucune de ces traductions ne contient le mot « politique » au singulier. Il y a un obstacle à contourner. Cet obstacle, c'est que le mot *politique* a une sorte de valeur sacrée en français. Il étend son ombre largement autour de lui. Traduire *policy debate* par « débat politique » serait un grave contresens, alors que l'inverse n'est pas vrai. Pour savoir si un *débat politique* est un *political debate* ou un *policy debate*, il faut déterminer s'il porte sur des objectifs ou bien sur des mesures d'application, tâche qui peut être ardue.

Ainsi, la difficulté de traduire *économie* par *economy* est liée au rapport entre économie et politique. Le problème est de savoir s'il y a un maître de la maison (*oikos*) et quelles sont ses prérogatives. Le mot d'ordre du libéralisme, sur lequel se fondent les sociétés occidentales, est de laisser le plus possible la production et la distribution des richesses (les activités « économiques ») à l'initiative privée. Si tel est le cas, et en particulier si l'initiative privée est celle de tous les citoyens, le domaine d'intervention de l'État, du politique, peut se réduire à une portion congrue, voire à zéro : un système de prix et de marchés serait capable de coordonner les hommes et les entreprises sans aucune intervention centrale.

En français, l'économie est une partie du tout social, elle reste subordonnée à un maître, l'État-nation, qui seul représente ce tout. L'anglais et le français auraient ainsi reçu chacun une des deux moitiés de l'héritage du libéralisme. Ces langues restent marquées par cette expérience historique et formulent chacune un des pôles de la séparation économique/politique.

III. « WIRTSCHAFT »

L'allemand ignore apparemment ce dilemme puisqu'il utilise surtout *Wirtschaft*, dont le premier sens est « ensemble d'actions méthodiques concourant à la satisfaction des besoins » (Brockhaus, vol. 5, art. « Wirtschaft »). Ce mot dérive de *der Wirt*, qui signifie « aubergiste, hôte » et aussi « chef de famille ». Il y a donc clairement un maître dans cette maison. Il ne peut y avoir d'auberge sans aubergiste. L'existence du politique n'est donc pas menacée par le sens très large du mot *Wirtschaft* puisqu'elle ne se situe ni au-dessus ni au-dessous : elle lui est consubstantielle. En transposant le domaine seigneurial grec dans la métaphore de l'auberge, l'allemand conserve la liaison entre économique et politique. Mais l'auberge est un lieu privé, qui n'est public que parce qu'il est ouvert au public. La métaphore de l'hôte est forte en allemand. Ainsi, les travailleurs étrangers/immigrés sont qualifiés de *Gastarbeiter* (travailleurs-hôtes). Pourtant, elle ne peut suffire à représenter une réalité nationale.

Le problème de l'extension du sens de *Wirtschaft* à la désignation d'une réalité sociale autonome pouvant exister sur le mode pluriel (international) est résolu en allemand par le mot *Volkswirtschaft* :

> *Die Moderne Wirtschaft ist eine gesellschaftlich-arbeitsteilig Tauschwirtschaft, die ihrer regionalen Ausdehnung nach über die nationalen Grenzen der einzelnen Volkswirtschaften hinaus sich zu einer die Erde umspannenden Weltwirtschaft entwickelt hat.*
>
> [L'économie moderne est une économie d'échange fondée sur la forme sociétaire et sur la division du travail, qui a dépassé la répartition régionale des différentes économies nationales en devenant une économie mondiale englobant toute la terre par-dessus les frontières nationales.]
>
> Brockhaus, vol. 5, art. « Volkswirtschaft ».

Mais même dans son acception domestique, *Wirtschaft* ne se prête pas à l'expression de la rationalité économique. Max Weber éprouve le besoin de définir précisément le mot. Celui-ci, dit-il, fait souvent l'objet d'un « usage inapproprié » qui consiste à parler de *Wirtschaft* pour désigner « n'importe quel comportement rationnel par rapport à ses buts », ou pour désigner, sur le modèle du « principe d'économie » leibnizien, la « technique universelle de l'optimum, à savoir la poursuite du résultat le plus grand avec des dépenses les plus faibles » qui n'est pour Weber qu'une technique. Selon Weber, on ne doit parler de *Wirtschaft* que « lorsque pour satisfaire un besoin on se trouve en présence de moyens qui paraissent limités aux yeux des intervenants et que cet état de choses devient le fondement d'un comportement spécifique qui en tient compte » (*Wirtschaft und Gesellschaft*, p. 199). L'économie est l'activité spécifique des agents occupés à la satisfaction des besoins, en tant que cette satisfaction est à son tour spécifique par rapport au reste de la vie sociale ; c'est leur métier (*Beruf*) en quelque sorte.

Weber précise que cette action prend deux formes :

> *Man kann unter zwei verschiedenen Gesichtpunkten wirtschaften. Einmal zu Deckung der Alltagsbedürfnisse* [...]. *Gegenüber der Wirtschaft zur Deckung des eigenes Bedarfs ist die zweite Art des Wirtschaftens Wirtschaft zum Erwerb : die Ausnutzung des spezifisch ökonomischen Sachverhalts : Knappheit begehrter Güter, zur Erziehung eigenen Gewinn an Verfügung über diese Güter.*
>
> [Il y a deux manières d'agir économiquement. La première consiste à chercher à satisfaire ses besoins quotidiens [...]. À côté de l'économie visant à satisfaire les besoins, il y a la seconde manière d'agir économiquement : l'utilisation de l'état des choses économiques spécifique, à savoir la rareté des biens désirés, pour atteindre le but personnel d'un gain dans la disposition de ces biens.]
>
> *Wirtschaft und Gesellschaft*, p. 199.

La légitimation du profit personnel dans les sociétés occidentales (l'éthique protestante) est une modalité de cette action.

Une fois encore, la simple action rationnelle de l'être humain cherchant à assouvir des besoins matériels ne peut servir à légitimer un système social — quand elle ne s'exprime pas par un mot grec.

Wirtschaft semble plus près d'*economy* que d'*économie* puisqu'il permet d'englober tous les acteurs qui agissent économiquement. Si chaque citoyen devient acteur économique, la classe sociale envisagée par Weber se généralise à la société tout entière. Mais *wirtschaften* est aussi éloigné du français que de l'anglais, qui se trouvent ainsi du même côté de la barrière ; en effet, le verbe *économiser* et le verbe *to economise*, qui ont tous deux le sens d'« épargner », empêchent de dynamiser la notion, et donc de faire apparaître ces acteurs de l'économie et ces aspects de l'action économique qui n'ont rien à voir avec l'acte d'« économiser » (par exemple, l'investissement). Ceux-ci restent cachés en anglais et en français derrière le mot d'ordre de prudence dans la dépense qui pare l'économie des plumes de la vertu.

Frédéric LANGER

BIBLIOGRAPHIE

SAMUELSON Paul A. et NORDHAUS William D., *Economics*, 11e éd, New York, McGraw-Hill, 1989.

WEBER Max, *Wirtschaft und Gesellschaft*, 5e éd., rev., Tübingen, Mohr (Siebeck), 1976 ; *Économie et Société*, trad. fr. J. Freund, P. Kamnitzer, P. Bertrand *et al.* ; J. Chavy et E. de Dampierre (dir.), Pocket, 1995.

OUTILS

BROCKHAUS Friedrich Arnold (dir.), *Der Neue Brockhaus*, 5 vol., 7e éd., Mannheim, Brockhaus, 1991.

VAN HOEK Jacqueline, BROUILLAUD Pierre et SCORNAUX Jacques, *Glossaire de l'économie, anglais-français*, OCDE, 1992.

EIDÔLON [εἴδωλον] / EIKÔN [εἰκών] / PHANTASMA [φάντασμα] / EMPHASIS [ἔμφασις] / TUPOS [τύπος] GREC – fr. *image*

lat.	*figura, effigies, forma, imago, pictura, simulacrum, species*
angl.	*image, picture*

► *IMAGE* [BILD], et DOXA, ERSCHEINUNG, *IMAGINATION* [PHANTASIA], INTENTION, LUMIÈRE, MÉMOIRE, MIMÊSIS, OIKONOMIA, PERCEPTION, RÉALITÉ, SPECIES, VÉRITÉ

Le français image *est calqué sur le latin* imago. *Ce dernier terme ne transcrit lui-même qu'assez pauvrement les multiples échos induits par le vocabulaire grec de l'image, qui est avec* eidôlon [εἴδωλον], eikôn [εἰκών], phantasma [φάντασμα], emphasis [ἔμφασις], tupos [τύπος], *etc. plus riche et beaucoup plus évocateur que le latin. Or aucun de ces termes n'est l'exact équivalent de notre français* image, *et ils ne sont pas non plus équivalents entre eux. De là de sérieuses difficultés de traduction, qu'il s'agisse de ce que représente un dessin ou de ce qui se présente dans un miroir. Car cette richesse n'a rien de fortuit : loin d'être simple, l'image est par elle-même quelque chose de plural et d'ambigu ; ce n'est ni une chose, ni un concept, mais « un visible qui donne à en voir un autre » ; visible de second degré qui peut même n'être pas le résultat direct d'une sensation, mais un produit de la mémoire ou de l'imagination. De plus, la manière dont on a conçu l'image a beaucoup évolué en fonction des théories qu'on s'est faites de la vision et des découvertes successives de l'optique. De là d'autres méprises possibles, car même pour un terme dont la traduction par « image » semble naturelle, toute interprétation anachronique peut conduire à manquer le sens d'un passage par suite d'une méprise proprement culturelle.*

I. LES VOCABLES GRECS ET LES TRAITS ARCHAÏQUES DE L'IMAGE

Ce qu'on voit dans un miroir ou une peinture a donné à penser aux anciens Grecs. Les termes usuels par lesquels ils ont dénommé l'image ont été porteurs de traits archaïques dont on trouve des traces dans leur réflexion philosophique.

Le terme le plus courant pour image, *eidôlon* [εἴδωλον], a pour racine le verbe signifiant « voir », par son infinitif aoriste *eidon* [εἶδον]. L'*eidôlon*, c'est ce qu'on voit comme si c'était la chose même, alors qu'il ne s'agit que d'un double : ombres des morts dans l'Hadès (*Odyssée*, XI, 476), sosie d'Hélène créé par Héra (Euripide, *Hélène*, 33), effigie ou portrait, qui met sous les yeux les absents, ou enfin ce qui se montre dans un miroir et qui en réalité n'y est pas. Bref, l'*eidôlon* est du visuel porteur d'illusion, par opposition à l'*eidos* ou l'*idea* [ἰδέα], de même racine, la *forme* belle et vraie, qui devient chez Platon « idée » (*Cratyle*, 389b 3). Épicure a choisi le pluriel *eidôla* pour désigner techniquement les fines enveloppes d'atomes émanées de la surface des objets et qui nous les font voir en pénétrant dans nos yeux (*À Hérodote*, 46, 9) ; sorte de doubles voyageurs restant invisibles durant leur trajet, et qui sont à l'origine de l'image mentale ou *phantasia*, laquelle permet de valider ou non ce qu'on voit (*ibid.*, 50, 2). Le côté de leurre sans consistance d'*eidôlon* a conféré au terme un sens parfois péjoratif, qui se retrouvera dans l'« idole » des Septante (II Rois, 17, 12) ou les « idolâtres » des iconoclastes.

Le second terme, lui aussi usuel, est celui d'*eikôn* [εἰκών], qui vient de **Feikô*, « être semblable à ». Le sens principal révèle donc un autre aspect de l'image, d'ailleurs lié au premier, et qui est sa similitude avec l'objet. Les emplois classiques sont analogues à ceux d'*eidôlon* ; mais celui de statue ou de portrait précède celui d'image spéculaire ou de fantôme. Or l'effigie conserve toujours quelque chose de son modèle, bien qu'il se présente des degrés dans la ressemblance. Platon, quand il divise dans le *Sophiste* l'art de la mimétique, définit l'*eikôn* comme une reproduction fidèle, qui conserve strictement les proportions et les couleurs de l'original (235d-e). *Eikôn* évoque donc plutôt le côté positif de l'imitation, celui qui s'en tient à ce qui est, et on comprend que le terme ait donné notre *icône* et tous ses dérivés. À *eikôn*, Platon oppose *phantasma* [φάντασμα], substantif provenant du verbe *phainesthai* [φαίνεσθαι], « briller, se montrer, paraître », via *phantazesthai* [φαντάζεσθαι], « se montrer, apparaître » ; il définit *phantasma* en prenant pour exemple la pratique des peintres qui représentent les objets non tels qu'ils sont, mais tels qu'ils apparaissent selon leur position et le point de vue de l'observateur (236b). Il semble imprécis de traduire ici *phantasma* par « simulacre », mot qui a souvent été choisi, mais qui évoque aujourd'hui quelque chose auquel personne ne croit vraiment (comme lorsqu'on parle d'un simulacre de paix), alors que *phantasma* insiste plutôt sur une apparence présente à s'y méprendre, porteuse de toute la crédibilité que peut receler un « trompe-l'œil » réussi. De manière caractéristique concernant le statut ontologique de l'image, là où selon nos catégories nous attribuons l'erreur ou l'illusion à une méprise *subjective*, Platon estime que l'art de la mimétique confère au faux une présence intramondaine ; pour dire du faux la moindre chose, il faut donc établir que « le non-être est », qu'on l'entende dans les opinions ou les discours qui disent ce qui n'est pas, ou qu'on le voie dans les images (*eidôla*), les reproductions (*eikôna*), les imitations (*mimêmata*) ou les trompe-l'œil (*phantasmata*) qui montrent ce qui n'est pas (241e).

♦ Voir encadré 1.

Un autre vocable, plus technique, est celui d'*emphasis* [ἔμφασις], qui dérive comme *phantasma* de *phainesthai*. Aristote l'emploie pour désigner l'effet visuel d'une « brisure » ou réflexion (*anaklasis* [ἀνάκλασις]) du regard qui rencontre un obstacle, que cet effet soit une image nette ou non, car elle peut se réduire à de simples taches colorées (*Météorologiques*, 372a, 30-372b 8). Le terme est à rapprocher de *enoptron* [ἔνοπτρον] ou *katoptron* [κάτοπτρον], « miroir », qui désigne « ce *dans quoi* (ou *au fond de quoi*) on voit ». L'*em-phasis*, c'est « ce qui apparaît dans » de l'eau ou dans l'airain d'une armure : un pur apparaître, qui peut n'être qu'une apparence, comme l'arc-en-ciel qui, reflet multiple du soleil dans les gouttelettes d'eau d'un nuage, n'a pas en lui-même d'existence, apparence à rapprocher des apparitions (*phantasmata*) de nos rêves, dont le caractère labile rappelle une image qui tremble dans l'eau au moindre souffle (*De la divination dans le sommeil*, 464 b 8-13). L'acception optique d'*emphasis* prête donc à bien des anachronismes malgré sa très neuve technicité. Pour rendre compte des effets *visuels* de la réflexion, les analyses des *Météorologiques* reposent sur l'idée que c'est *la vue* et non la lumière qui rebondit sur un obstacle, comme le fera toute l'optique géométrique jusqu'au XIe siècle. De plus, il n'existe encore qu'un seul mot (*anaklasis*) pour désigner la réflexion et la réfraction. L'*emphasis* reste clairement, au IVe siècle av. J.-C., ce qui se fait voir derrière une surface réfléchissante ou réfringente, leurre sans consistance qui n'est pas vraiment là où on le voit, ni tel qu'on le voit.

Enfin, un autre terme à évoquer est celui de *tupos* [τύπος], « empreinte », qui a donné lieu à bien des incompréhensions. C'est d'abord la trace d'un pas sur du sable, ou d'un sceau sur de la cire. Ce fut un des modèles qui servirent jusqu'au IVe siècle av. J.-C. à expliquer la présence d'images dans les miroirs, comme si elles y étaient imprimées par l'air intermédiaire ; et même, comme chez

Démocrite, à expliquer la vision à partir de l'image-empreinte qui se voit dans l'œil d'autrui quand on le regarde de près (*De la sensation et des sensibles*, 437b 5-10). René Mugnier traduit ici *emphasis* par image *réfléchie*, et du coup le sens du passage lui échappe (*Petits Traités d'histoire naturelle*, Les Belles Lettres, 1965, p. 25). On s'explique que Platon ait pu comparer dans le *Timée* (71b) la surface lisse du foie à « un miroir où s'impriment des formes (*tupoi*) et donnant à voir des images (*eidôla*) », pour expliquer que les impressions envoyées par l'intellect puissent dominer celles qu'y impriment les visions et les fantasmes de l'âme concupiscente. On rate le sens et la portée du texte si on y introduit des concepts modernes sur la vision en traduisant comme Albert Rivaud (Les Belles Lettres, CUF, 1925) « comme un miroir qui reçoit des *rayons* et laisse apparaître des images » ou comme Mugler (*Dictionnaire historique de la terminologie optique des Grecs*, art. *eidôlon*) « comme un miroir qui reçoit des impressions *lumineuses* et permet de voir des images ». Ce qui est en jeu, c'est l'explication que donne Platon de nos rêves à partir de ces impressions-empreintes nocturnes, et sa justification concomitante de l'oniromancie. C'est aussi l'origine des conceptions ultérieures de l'imagination et de la mémoire (voir PHANTASIA). C'est encore

1

« To eikos », ou comment le vrai-semblable est la mesure du vrai

Les termes qui dérivent de **Feikô* (surtout attesté au parfait, *eoika* [ἔοικα]) composent une famille sémantiquement très instructive. Outre *eikôn* [εἰκών] (l'« image », la « représentation », mais aussi la « comparaison » et le « signalement »), on trouve des verbes comme *eiskô* [εἴσκω], « rendre semblable, comparer à » (chez Homère ou Sapho), et *eikazô* [εἰκάζω], « représenter par une image, déduire d'une comparaison, conjecturer ». L'ensemble formé par *eikazô* et les termes qui s'y rapportent « illustre — dit Chantraine (*s.v.* « *eoika* ») —, le passage du sens de "image, ressemblance" à celui de "comparaison, conjecture" » ; *eikasia* [εἰκασια], par exemple, désigne aussi bien l'image (Xénophon, *Mémorables*, 3, 10 1) que la conjecture, celle des devins comme celle des médecins (Platon, *République*, 534a ; Hippocrate, *Des maladies*, 1 ; cf. *to eikastikon* [τὸ εἰκαστικόν], Lucien, *Alexandre*, 22).

Plus largement, « de la notion d'image, de ressemblance est issu un groupe sémantique relatif au monde intellectuel et moral » (*ibid.*). C'est particulièrement sensible avec l'adjectif *epieikes* [ἐπιεικής] ou le substantif *epieikeia* [ἐπιείκεια] (litt. : conforme à ce qui [res]semble), qui désignent non seulement le « convenable », mais, chez Aristote par exemple, de manière terminologique l'« équitable » et l'« équité », cette indulgence qui fait la qualité de l'homme vertueux (le *spoudaios* [σπουδαῖος], dont le zèle, la noblesse et l'implication « citoyenne » s'opposent au vil, *phaulos* [φαῦλος] et la vertu du juge capable de corriger la loi en pondérant les cas, par différence avec *dikaion* [δίκαιον] et *dikaiosunê* [δικαιοσύνη], le juste et la justice qui tiennent à l'application stricte de la loi qui, en tant que telle, est générale (*Éthique à Nicomaque*, V, 14) (voir THEMIS).

Le plus remarquable est sans doute l'importance que prend en rhétorique la substantivation du participe parfait neutre *to eikos* [τὸ εἶκος]. *Eikos* est ce qui ressemble et semble, c'est-à-dire en l'occurrence ce qui semble vrai, bon ou normal : le vraisemblable par opposition au vrai et à l'invraisemblable. Mais il faut remarquer la distorsion qu'introduit cette traduction courante par « vraisemblable » : on impose le « vrai » comme modèle alors qu'il est absent du grec. La première caractérisque de l'*eikos* est qu'il est soumis à la loi du comparatif : le « plus vraisemblable » (*eikoteros* [εἰκότερος]) gagne sur le vraisemblable, et tel est le ressort des retournements entre plaidoyers d'accusation et de défense (les *Tétralogies* d'Antiphon en fournissent le modèle : « Vraisemblablement (*eikotôs* [εἰκότως]), il a tué l'homme », dit l'accusateur [I α6] ; à quoi l'accusé répond : « si c'est vraisemblablement (*eikotôs*) que je passe pour coupable à vos yeux, il est plus vraisemblable encore (*eikoteron* [εἰκότερον]) que j'aurais prévu le soupçon d'aujourd'hui » [I β3]). Autrement dit, le vraisemblable rhétorique ne permet jamais de conclure au vrai, et seule la persuasion (*peithô* [πείθω]) est à même de déterminer la croyance (*pistis* [πίστις]) de l'auditeur en même temps que la fiabilité (*pistis* encore) de la preuve, d'ailleurs liée au crédit (*pistis* toujours) de l'orateur.

L'utilité politique qu'Aristote accorde à la rhétorique, au contraire du mépris platonicien, trouve là sa source : « le vrai et le juste ont une plus grande force naturelle (*kreittô têi phusei* [κρεíττω τῇ φύσει]) que leurs contraires », pourtant les plaideurs qui disent vrai ont parfois le dessous ; il faut donc que la *tekhnê rhêtorikê* [τέχνη ῥηθορική], qui permet de découvrir le persuasif approprié à chaque cas (*to endekhomenon pithanon* [τὸ ἐνδεχόμενον πιθανόν]) leur vienne en aide, car il y a encore plus de honte à ne pas savoir se défendre avec son *logos* [λόγος] qu'avec son corps (*Rhétorique*, I, 1, 1355a 21-b 7).

S'il en est ainsi, c'est que l'*eikos*, le [vrai]-semblable, est toujours susceptible d'être plus vrai que le vrai. C'est même là le ressort et la supériorité de l'invention poétique : « le rôle du poète est de dire, non pas ce qui a eu lieu réellement (*ta ginomena* [τὰ γινόμενα]), mais ce qui pourrait avoir eu lieu dans l'ordre du vraisemblable ou du nécessaire (*kata to eikos ê to anagkaion* [κατὰ τὸ εἰκὸς ἢ τὸ ἀναγκαῖον]) » (*Poétique*, 9, 1451a 36-38, trad. fr. J. Lallot et R. Dupont-Roc, Seuil, 1980). C'est bien parce que le vraisemblable est du côté du nécessaire et du général (*ta katholou* [τὸ καθόλου]), et non de la réalité des faits singuliers (*ta kath' hekaston* [τὰ καθ' ἕκαστον]), que la poésie est « plus philosophique et plus vertueuse (*philosophôteron kai spoudaioteron* [φιλοσοφώτερον καὶ σπουδαιότερον]) » que l'histoire (b 5-7). C'est pourquoi « il faut préférer l'impossible vraisemblable au possible non persuasif » (*adunata eikota mallon ê dunata apithana* [ἀδύνατα εἰκότα μᾶλλον ἢ δυνατὰ ἀπίθανα], 24, 1460a 27-28) — il est d'ailleurs « vraisemblable qu'il se produise même de l'invraisemblable » (*eikos kai para to eikos ginetai* [εἰκὸς καὶ παρὰ τὸ εἰκὸς γίνεται], 25, 1461b 15). En rhétorique comme en poétique, le vraisemblable est la mesure du vrai, autrement dit le ressemblant est la mesure du réel.

Barbara CASSIN

BIBLIOGRAPHIE

DECLEVA-CAIZZI Fernanda, *Antiphontis Tetralogiae*, Milan-Varese, Istituto Editoriale Cisalpino, 1969 ; voir aussi Antiphon, *Discours*, texte établi et trad. fr. L. Gernet, Les Belles Lettres, 1923 ; et la trad. de la « Première Tétralogie », *in* CASSIN Barbara, *L'Effet sophistique*, Gallimard, 1995, p. 279-294.

la parenté suprenante entre l'oniromancie platonicienne et l'haruspicine des Étrusques. C'est enfin la longue croyance aux envies des femmes enceintes, produisant sur les nouveau-nés des marques de naissance, que l'on trouvera encore dans *La Dioptrique* de Descartes (Discours V).

L'image est une de ces notions faussement évidentes dont il faut se défier. Chez les Grecs, elle se définit par le fait brut de sa visibilité, et ce n'est qu'à partir du ~ IIIe siècle environ qu'elle s'explique, et uniquement dans une théorie savante des miroirs, par la réflexion, et seulement celle *de rayons visuels*. On comprend mal le texte fameux de *République* VI, 510a, où Platon range avec les ombres l'image spéculaire dans le dernier genre de l'être, le moins clair, celui qui produit les croyances et les leurres, si l'on ne se souvient pas qu'il a en tête des visibles fictifs imitant des visibles réels, des doubles sans consistance qui hantent et faussent le monde d'ici-bas. Toute allusion à la réflexion de rayons *lumineux* confère à cette image grecque antique une objectivité physique qu'elle n'a pas.

II. LE LATIN « IMAGO » ET LE VOCABULAIRE TECHNIQUE DE L'OPTIQUE MÉDIÉVALE

De tous les termes latins qui répondent à la notion d'image au moins en certains de leurs emplois, tels que *simulacrum*, ou *figura, forma, effigies, pictura*, ou encore *species* (dérivé de *specio*, regarder), le terme d'*imago* correspond le mieux à notre français « image ». Il convient toutefois de se méfier de son apparente évidence, car la notion s'est intériorisée au fil du temps, comme l'attestent nos dérivés « imaginaire » et « imagination ».

L'*imago* évoque par ses origines (sa racine est *im-*, qu'on retrouve dans *imitor*) d'abord une imitation matérielle. Il s'agit en propre d'une statue ou d'un portrait (Cicéron, *Epistulae ad familiares*, V, 1, 7) et plus particulièrement de ces effigies en cire d'ancêtres que les nobles faisaient porter en procession aux funérailles (*In C. Verrem actio secunda*, II, 5, 36). C'est donc ce qui se présente comme un double, qui peut être aussi l'ombre d'un mort (Virgile, *Énéide*, IV, 654), un spectre (*ibid.*, IV, 773), ou encore une image spéculaire (Lucrèce, *De rerum natura*, IV, 156). Mais si l'*imago* peut se manifester de manière hallucinatoire ou virtuelle, elle possède le plus souvent la réalité d'une reproduction. Cicéron (*De finibus*, I, 21) traduit par le pluriel *imagines* les *eidôla* matérielles des Épicuriens, que nous recevons dans les yeux et qui nous font voir les choses dont elles émanent ; Lucrèce, lui, use le plus souvent du terme *simulacra*, « simulacres », dérivé de *simulo*, « copier, imiter » (*De rerum natura*, IV, 159, etc.). La valeur des deux mots est voisine : dans les deux cas, il s'agit d'images-portraits de l'objet, idée que l'on retrouve dans ces résultats d'une technique de reproduction que désignent *figura, forma, effigies* ou *pictura*. À cause de la ressemblance entre l'*imago* et ce dont elle est l'image, le sens s'engage dans les deux directions antagonistes de la similitude véridique, comme celle du fils *portrait* du père (Cicéron, *Epistulae ad familiares*, VI, 6, 13), ou au contraire de la simulation trompeuse, comme l'usurpation de l'*apparence* d'autrui (Plaute, *Miles gloriosus*, 151). Au-delà, on accède à des emplois figurés, où le visage est le *miroir* de l'âme (Cicéron, *De oratore*, III, 221), ou bien où l'ambition prend le *masque* de la modestie (Tacite, *Historiae*, IV, 86). Le côté intériorisé de la notion n'apparaît que tard, avec l'*évocation* de choses tristes et agréables (Tacite, *Annales*, II, 53), ou encore de l'ami absent (Pline le jeune, *Epistulae*, VII, 5, 1).

C'est sans doute par ce biais qu'*imago* a pu donner à l'époque impériale *imaginari* et *imaginatio*, d'où viendront notre « imaginer » et notre « imagination », avec le sens de « se représenter », mais sans l'extrême diversité sémantique du terme grec de *phantasia*. On saisit chez saint Augustin la difficulté qu'ont eue les Latins à dépasser la stricte notion de reproduction matérielle pour aller vers celle de représentation mentale. Dans les *Confessions*, au livre X, 7-21, il analyse le contenu de ce qu'il appelle les palais de sa mémoire : une lecture attentive montre que la métaphore se poursuit avec l'idée d'un réceptacle d'images (*imagines*) des impressions sensibles, rangées par classes visuelles, auditives, etc. (comme autant de portraits ?), dont il se demande « comment elles ont été fabriquées » (X, 13). L'étude s'approfondit avec la mémoire des sciences, des affects, du souvenir lui-même, pour en venir au cas dirimant de la mémoire de l'oubli : comment l'image de l'oubli peut-elle subsister dans la mémoire, si elle est elle-même oubli imprimé en nous (X, 25) ? Il ne s'agit nullement ici, comme on a été tenté de le penser, de subtilités paradoxales. Il faut plutôt y voir un effort pour dépasser l'idée de l'image mentale comme reproduction stricte de ce dont elle est image, qui animera encore au XIXe siècle certaines conceptions de la mémoire et de l'imagination. Ce n'est pas tant, une fois encore, le choix d'un équivalent moderne du terme qui fait difficulté, que le contenu archaïque qu'il véhicule.

L'évolution ultérieure de l'optique devait fortement complexifier ces premières extensions intimes de la notion d'*imago*. À la différence de la théorie épicurienne, l'hypothèse de l'émission d'un flux visuel, sur laquelle reposait l'optique géométrique antique, pouvait se passer radicalement du périple d'une quelconque image à travers l'air et à l'intérieur de l'œil et du corps, puisque c'est au contraire la vue elle-même qui était censée aller au contact de l'objet externe pour le sentir. Mais, au début du XIe siècle, le savant arabe Ibn al-Haytham (Alhazen) conçut une optique fondée sur l'entrée de rayons lumineux dans l'œil, ce qui l'obligea à réfléchir sérieusement à la formation d'une quasi-image de l'objet sur le cristallin, qu'il tenait pour l'organe sensoriel, et à sa transmission jusqu'à l'encéphale. L'image, de visible extérieur, était devenue aussi une donnée interne se formant dans l'œil et cheminant à travers le nerf optique jusqu'au siège de la faculté visuelle. Son *Optique* fut traduite en latin sans doute à l'extrême fin du XIIe siècle et donna lieu à partir de l'original arabe à une rénovation du vocabulaire de la vision.

Un premier terme ambigu est celui de *forma*, que sa polysémie conduit à transposer par *forme* (anglais *form*). Comme l'indique A. I. Sabra (*The Optics of Ibn al-Haytham*, t. II, p. 68-73), il traduit l'arabe *ṣūra* [الصورة] qui renvoie d'ordinaire à toutes les notions que nous avons vues liées à celle d'image, comme forme, figure, effigie, apparence, etc. ; les premiers traducteurs arabes s'en sont servis pour rendre nombre de mots grecs, dont *eidos*, *idea*, *eidôlon*, *morphê*, *tupos*. Dans les œuvres optiques d'Ibn al-Haytham, *ṣūra* a au moins trois significations. Tout d'abord, le terme caractérise la lumière et, par extension, la couleur en tant qu'elles existent dans les objets lumineux ou colorés comme *formes essentielles ou accidentelles* selon que ces objets sont lumineux ou colorés par eux-mêmes ou par une source extérieure : il désigne donc une propriété ou une qualité *de la chose*. Dans la théorie de la vision, *ṣūra* a en outre deux acceptions que l'auteur ne distingue pas toujours. Il s'agit tout d'abord de ce que reçoit ponctuellement l'organe sensible (le cristallin) à partir d'un point externe lumineux et coloré : c'est donc l'image sensorielle d'un point — les deux sensibles propres de la vue étant la lumière et la couleur. Il s'agit ensuite de la saisie de l'objet dans toutes ses déterminations visuelles : bien sûr sa silhouette complète en tant qu'ensemble de points lumineux et colorés, ce qui répond encore à notre notion d'image, mais aussi les vingt autres *intentiones visibiles* qui le caractérisent, depuis sa grandeur, sa forme, sa position ou son mouvement, jusqu'à son caractère lisse ou rugueux, continu ou discontinu, beau ou laid — bref il s'agit de ce que la faculté visuelle ultime transmet à la mémoire pour reconnaissance, ou à l'intellect pour jugement.

Lié à la notion de *forma*, un second terme encore plus polysémique apparaît ainsi, celui d'*intentio*, Il traduit l'arabe *ma'nā* [المعنى], qu'un ancien lexicographe, Ibn al-Arabi, définit comme « l'intention qui s'extériorise, et se manifeste dans la chose quand elle y est recherchée » (voir INTENTION). Les traducteurs arabes du IXe siècle usent de ce mot dans un sens assez large, pour rendre dans les textes philosophiques *noêma* [νόημα], *logos* [λόγος] ou *pragma* [πρᾶγμα]. Isḥāq ibn Ḥunayn l'utilise au pluriel pour traduire dans le *De interpretatione* d'Aristote *ta pragmata*, désignant les « choses » dont les affections sont signifiées par le son des paroles et les marques de l'écriture. Il prend dans la traduction en latin de l'*Optique* d'Ibn al-Haytham un sens technique dans des expressions comme *intentiones visibiles, intentiones subtiles*. Il s'agit de l'ensemble des qualités, des relations et des propriétés grâce auxquelles un objet se manifeste complètement à celui qui le regarde ; ce dernier les saisit certes grâce à l'image lumineuse et colorée qui lui en parvient, mais grâce aussi à l'interprétation qu'il en fait par l'habitude, le jugement ou le raisonnement. Pourtant, à la différence d'Avicenne, pour qui *ma'nā* désigne la visée de ce qui, comme la dangerosité du loup, s'associe à la vue d'un objet sans être par soi visible, le terme s'inscrit tout entier chez Ibn al-Haytham dans le registre de la visibilité. Mais il confère à la vision de la forme (*forma*) un statut irréductible à notre opposition entre subjectif et objectif, entre image mentale et chose *stricto sensu*. Il en résulte chez les médiévaux une théorie de la connaissance décalée par rapport à la nôtre.

De plus, étant de nature lumineuse, l'image qui se forme dans le miroir acquiert en tant que telle une première consistance, alors que dans une théorie du rayon visuel elle tirait son être d'emprunt uniquement de l'objet qu'atteignait par ricochet le regard. Fait caractéristique, elle reçoit enfin par elle-même dans les textes latins une dénomination technique et univoque : « *Et forma comprehensa in corpore polito nominatur imago* [Et on nomme image la forme qu'on appréhende dans un corps poli] » (*Opticae Thesaurus, Alhazeni libri septem*, 5, *proemium*, p. 125). Cet emploi se fixe au XIIIe siècle ; l'*Optique* de Vitellion, inspirée par Alhazen et qui deviendra un classique, dit semblablement : « *Imago dicitur forma in speculo comprehensa* [On appelle image la forme qu'on appréhende dans un miroir] » (*ibid., Vitellonis libri decem*, 5, def. 13, p. 190).

III. IMAGE OPTIQUE ET IMAGE MENTALE

La notion d'image évolue à nouveau à l'âge classique avec les progrès de l'optique. Pour Kepler, l'image *vue* dans un miroir ou à travers une surface réfringente, qu'il désigne par *imago*, reste un visible trompeur dans sa localisation, et parfois ses proportions et ses couleurs. Comme les médiévaux, il estime qu'elle « n'est presque rien », « une chose composée d'espèces lumineuses et colorées réelles, et de quantités intentionnelles » (*Ad Vitellionem Paralipomena* [1604], III, def. 1, p. 64). Et il la distingue de la *pictura*, de la peinture qu'on peut *recueillir* en chambre noire sur un écran (*ibid.*, V, p. 174). Pourtant, malgré sa référence à l'*imago* médiévale, Kepler change profondément la donne. Il démontre que le cristallin n'a pas pour fonction de recevoir une forme sensorielle de l'objet, mais de faire converger les rayons entrant par la pupille, pour donner sur la rétine, le véritable organe sensoriel, une *pictura*, une image stigmatique réelle que l'on peut recueillir sur un écran. Et la question est alors de savoir comment cette authentique « peinture » peut cheminer dans les conduits obscurs et tortueux du nerf optique. Le problème de la transmission de l'œil au cerveau se pose à nouveaux frais.

Descartes, dans le Discours IV de sa *Dioptrique* (1637), répond en remarquant que la ressemblance à l'objet n'est pas nécessaire à l'image mentale, d'autant qu'il faudrait en ce cas pour l'appréhender à nouveau des yeux dans le cerveau. Il suffit à l'âme de pouvoir distinguer les diverses propriétés des choses à partir de signes différentiels transmis par les nerfs au cerveau, comme elle le fait par exemple à partir des sons du langage. De manière décisive, la réflexion classique passe ainsi pour la vie mentale de l'image-portrait à l'image-signe : le modèle du langage vient concurrencer celui de l'effigie ou du miroir. La description psychologique de ce qui évoque en nous les choses devient un enjeu philosophique majeur. Le vieux vocable d'*idée* (*idea*) change d'emploi, pour désigner simplement chez Locke (1690) une représentation consciente (voir CONSCIENCE), sans plus de référence métaphorique à la forme ni, par elle, au visible. Et ce à quoi renvoient nos idées devient problématique.

Parallèlement, l'image que l'on voit dans un miroir ou à travers du verre cesse d'être le presque rien évanescent et trompeur des anciens opticiens. Après les découvertes dues à la lunette de Galilée (1610), elle acquiert au fil des ans une objectivité de bon aloi, grâce à la compréhension de son rôle dans le grossissement produit par les instruments d'optique. Les progrès ultérieurs ne font qu'amplifier cette objectivation de l'image, qui n'est plus seulement tenue pour un procédé d'illusion, mais devient de plus en plus un moyen de perfectionner la vision. Par les techniques qui, à partir de l'ère de la photographie, la fixent et la manipulent, elle devient même une chose parmi les choses, rigoureusement définissable, et donc n'offrant plus aucun problème de traduction d'une langue moderne à une autre.

A-t-elle pour autant perdu son mystère et ses pouvoirs ? On peut, pour les retrouver, revenir d'abord à l'immédiateté du voir. Dans *L'Œil et l'Esprit*, Maurice Merleau-Ponty évoque encore à propos de la peinture ce qu'a de « louche » la ressemblance de l'image spéculaire, et d'insituable « la puissance des icônes » (p. 38-39). Et pour en rendre compte, il est obligé de reformuler dans *Le Visible et l'Invisible* à nouveaux frais l'immersion intramondaine de celui qui voit, avec des termes comme *chair, entrelacs, réversibilité*, etc. qui, parce qu'ils se déprennent de la philosophie classique de la perception, n'ont pas toujours d'équivalent en d'autres langues (voir LEIB). Mais on peut aussi, pour retrouver la prégnance et les prestiges de l'image, explorer les sources des pulsions liées à notre imaginaire, direction dans laquelle la psychanalyse s'est rapidement engagée avec le concept d'*imago*.

♦ Voir encadré 2.

En tant que visible immédiat, l'image n'a jamais cessé d'être et de n'être pas la chose. Bien que nos sciences et nos techniques s'efforcent de la réduire à son caractère objectif de reproduction fidèle, elle a gardé de cette ambivalence existentielle sa polysémie symbolique.

Gérard SIMON

BIBLIOGRAPHIE

AUGUSTIN, *Confessions*, Les Belles Lettres, 1925.

DESCARTES René, *La Dioptrique*, A.T., t. 6, Vrin, 1965.

IBN AL-HAYTHAM, *The Optics of Ibn al-Haytham*, trad. angl., intr. et commentaire A. I. Sabra, The Warburg Institute, University of London, 1989, 2 vol.

— *Alhazeni arabis libri septem*, in *Opticae Thesaurus*, Bâle 1572 ; Johnson Reprint Corporation, New-York-Londres, 1972.

KEPLER Johannes, *Ad Vitellionem Paralipomena*, in *Gesammelte Werke*, t. 2, Munich, Beck,1939.

LACAN Jacques, *Écrits*, Seuil, 1966.

MERLEAU-PONTY Maurice, *L'Œil et l'Esprit*, Gallimard, 1964.

SIMON Gérard, *Le Regard, l'Être et l'Apparence dans l'optique de l'Antiquité*, Seuil, 1988, chap. I.

VITELLION, *Vitellonis Thuringopoloni Opticae libri decem*, in *Opticae Thesaurus*, Bâle, 1572 ; Johnson Reprint Corporation, New-York-Londres, 1972.

OUTILS

ERNOUT Alfred et MEILLET Antoine, *Dictionnaire étymologique de la langue latine. Histoire des mots* [1932], 4e éd. augm. J. André, Klincksieck, 1994.

2

L'imago en psychanalyse

Le terme *imago*, qui appartient aussi au vocabulaire de la zoologie pour désigner l'état définitif des insectes à métamorphoses, a été adopté vers 1910 par celui de la psychanalyse, où, n'ayant été traduit dans aucune des langues utilisées, il a gardé, comme *libido*, sa graphie latine. Le milieu freudien l'avait pris en particulière considération lors de la publication en 1906, sous le titre d'*Imago*, d'un roman de l'écrivain suisse Carl Spittelberg (1845-1924), qui devait recevoir le prix Nobel de littérature en 1919. L'auteur y décrivait l'histoire d'un poète, Victor, occupé à s'inventer une femme imaginaire répondant à ses désirs les plus profonds en lieu et place d'une trop prosaïque amoureuse réelle. La parution en 1903 de la *Gradiva* de Wilhelm Jensen avait déjà ouvert les psychanalystes à ce thème littéraire de la femme d'autant plus fascinante qu'elle est irréelle, ainsi qu'à l'art de s'en forger ou d'en cultiver l'image. Et c'est en se référant à l'ouvrage de Spittelberg que Freud intitula *Imago* la nouvelle revue qu'il créa avec Otto Rank en 1912 et qui devait, à côté de l'*Internationale ärztliche Zeitschrift für Psychoanalyse*, se consacrer aux applications non médicales de la psychanalyse (*Standard Ed.*, XIX, p. 168, note 2).

Dans l'œuvre même de Freud, il est vrai, on ne trouve guère que cinq occurrences, très laconiques d'ailleurs, du terme d'*imago*. Il y est question seulement des « objets étrangers choisis selon le modèle (imago) des objets infantiles » (*La Vie sexuelle*, PUF, 1969, p. 57), du cas où « la libido a fait revivre les imagos infantiles du sujet » (*Standard Ed.*, XII, p. 102) ou encore de l'imago paternelle (*father-imago*, *ibid.*, p. 100) — mais ici avec la mention de Jung comme étant l'initiateur d'une notion si « appropriée ». Ce dernier, en effet, très peu de temps avant la rupture entre les deux hommes, avait décrit, dans *Métamorphoses et Symboles de la libido* (1911), les imagos (paternelle, maternelle, fraternelle) comme des représentations primordiales (*Urbilder*) qu'il rangera ensuite parmi les archétypes impersonnels de l'inconscient collectif.

C'est dans un écrit considéré comme précurseur de son enseignement autorisé (sa contribution au tome VIII de l'*Encyclopédie française*, en 1938) que Lacan allait recourir largement à la notion d'imago. Il y rapproche cette notion de celle de complexe. Tandis que le complexe caractérise l'effet sur le sujet de la constellation interindividuelle que représente l'institution familiale, l'imago désigne une survivance imaginaire, éventuellement déformée et souvent inconsciente, de telle ou telle relation de ce même sujet avec une expérience vécue au sein de la famille. Ainsi en va-t-il des imagos du sein maternel, du semblable ou du corps propre, cette dernière correspondant à l'image spéculaire contemporaine de l'étape inaugurale dite stade du miroir, où l'enfant s'aliène dans son identification à l'image de l'autre.

Charles BALADIER

MUGLER Charles, *Dictionnaire historique de la terminologie optique des Grecs. Douze siècles de dialogue avec la lumière*, Klincksieck, 1964.

ELEUTHERIA [ἐλεύθερια] GREC – fr. *liberté, libre arbitre*

lat.	*libertas, liberum arbitrium*
all.	*Freiheit, Willkür*
angl.	*liberty, freedom*

► *LIBERTÉ*, SVOBODA, et AIMER, *DESTIN*, DEVOIR, LIBERAL, *LOI*, MORALE, NATURE, PEUPLE, PHRONÊSIS, POLIS, PRAXIS, VOLONTÉ, WILLKÜR

Le lexique de la liberté s'ordonne selon une double étymologie : tandis que certaines langues privilégient l'idée d'une croissance qui se déploie jusqu'à son plein épanouissement — eleutheria [ἐλεύθερια], libertas, *liberté —, d'autres déterminent la liberté à partir de « l'appartenance au groupe fermé de ceux qui se nomment mutuellement amis » (Benveniste) —* freedom, Freiheit *; l'anglais possède même les deux vocables :* liberty *et* freedom. *Cependant, pour l'histoire de la philosophie, le principal clivage passe entre la signification grecque du mot* eleutheria, *qui, chez Platon du moins, renvoie à l'épanouissement bien réglé du naturel philosophe, et le sens médiéval et moderne de* libertas, *lié au libre arbitre et à l'invention de la volonté.*

I. L'ÉTYMOLOGIE COMME VOIE D'ACCÈS AU SENS PHILOSOPHIQUE GREC DE LA LIBERTÉ

Ce qui frappe, dans le lexique grec de la liberté, c'est d'abord son extrême richesse. À la notion fondamentale d'*eleutheria* s'ajoutent, en effet, les adjectifs *hekôn* [ἑκών], *hekousios* [ἑκούσιος] (opposé : *akôn* [ἄκων]), « de plein gré », le premier renvoyant plutôt à une disposition de l'agent, le second à l'acte effectué : il s'agit là d'un terme fondamental à la fois dans la tragédie d'Euripide, où il désigne le consentement du héros à la mort, qui s'oppose à une mort imposée de l'extérieur (cf. D. Nestle, *Eleutheria*, p. 63-64), et dans la problématique platonicienne de la faute dite « involontaire », selon laquelle « il n'y a pas un seul homme qui accomplisse des fautes de son plein gré » (*Protagoras*, 345e) ; mais aussi, au livre III de l'*Éthique à Nicomaque*, dans la théorie de la décision (*proairesis* [προαίρεσις]) et de l'imputabilité. Plus tardive, la notion de *ta eph' hêmin* [τὰ ἔφ' ἡμῖν] désigne, dans un contexte stoïcien, ce qui dépend de nous par opposition à ce qui relève du destin ; elle s'accompagne d'un mot nouveau, *to autexousion* [τὸ αὐτεξούσιον], qui apparaît au côté de l'*exousia* [ἐξουσία] (autorité, maîtrise) pour désigner la maîtrise de soi-même. Enfin, c'est tout le vocabulaire de l'intention, du souhait, de l'aspiration (*boulêsis* [βούλησις], *boulesthai* [βούλεσθαι], *thelêsis* [θέλησις], *(e)thelein* [(ἐ)θέλειν]), de la délibération (*bouleusis* [βούλευσις], *bouleuesthai* [βουλεύεσθαι]) et de la décision (*hairesis* [αἵρεσις], *proairesis* [προαίρεσις]), qui intervient dans les passages que nous aurions tendance, selon une perspective moderne, à interpréter uniformément en termes de « liberté ». Or, une telle traduction ne tend pas seulement à homogénéiser des significations diverses et à niveler la richesse du grec ; elle projette, en outre, sur ces différents termes, un schème interprétatif qui découle lui-même tout entier d'une évolution historique : nous risquons alors de comprendre Platon ou Aristote à partir d'une problématique médiévale ou moderne de la *libertas* entièrement étrangère à leur horizon philosophique.

Lorsque nous parlons de *liberté* en français, nous ne faisons que transposer, plus que traduire, un mot latin, chargé d'un lourd passé philosophique. La *libertas*, au sens scolastique puis moderne, inclut à la fois : 1) l'idée d'absence de coaction ou de contrainte (*libertas a coactione*), l'idée de pure spontanéité ; 2) la notion d'une volonté qui n'est déterminée en aucune façon à choisir l'un ou l'autre de deux contraires (*libertas a determinationis, ad utrumlibet*), et qui peut donc : *a)* agir ou ne pas agir (*libertas quoad exercitium actus*, liberté d'exercice), *b)* choisir un acte ou l'acte contraire (*libertas quoad speciem actus*, liberté de spécification). La seconde de ces déterminations correspond au concept de libre arbitre, tel qu'il est formulé encore par Molina (*De concordia*..., 14, 13, 2) : « *Illud agens liberum dicitur, quod positis omnibus requisitis ad agendum, potest agere et non agere, aut ita agere unum ut contrarium etiam agere possit* [On appelle libre l'agent qui, toutes les conditions requises pour son action étant posées, peut agir et ne pas agir, ou agir de telle manière que, s'il accomplit l'une de deux actions contraires, il aurait pu aussi bien accomplir l'autre] » et repris partiellement par Descartes (cf. *Méditations*, in *Œuvres*, éd. C. Adam et P. Tannery, t. 7, p. 57, l. 21-25). La « liberté », telle que nous l'entendons alors, articule les notions d'absence de contrainte, de spontanéité, d'indifférence et d'autodétermination.

Il ne s'agit pas, ici, de nier que certains de ces sens puissent être déjà présents en grec ; mais aucun d'eux ne semble suffisant, ni même déterminant, pour saisir ce qui se joue dans le concept d'*eleutheria*.

Pendant longtemps, on a tenté de comprendre le sens premier du mot à partir de l'étymologie que les Grecs eux-mêmes en donnaient : *eleutheria* se rattacherait à une racine ελυθ-, ελευθ- exprimant l'idée d'« aller où l'on veut », *to elthein hopou erai* [τὸ ἐλθεῖν ὅπου ἐρᾷ], « aller où bon vous semble ». Cette explication étymologique va souvent de pair avec une interprétation philosophique du terme qui privilégie sa signification politique : le libre était celui qui, par opposition à l'esclave, pouvait se déplacer comme il l'entendait et n'était pas entravé dans ses mouvements (cf. Hegel, *Encyclopédie*, § 486 ; H. Arendt, *La Vie de l'esprit*, t. 2, p. 33 ; A.-J. Festugière, *Liberté et Civilisation chez les Grecs*, p. 21 ; M. Pohlenz, *Griechische Freiheit*, p. 11). La signification négative du terme – le libre par opposition à l'esclave (où « libre » est quasiment synonyme de « citoyen », puisque l'homme libre est celui qui participe au pouvoir dans la cité, déterminée par Aristote comme « communauté des [hommes] libres (*koinônia tôn eleutherôn* [κοινωνία τῶν ἐλευθέρων]) » (*Politique*, III, 6, 1279a 21, voir POLIS) — pourrait être considérée, dans cette perspective, comme la seule signification authentiquement grecque du mot. Hannah Arendt résume bien cette thèse — sous sa forme la plus radicale — quand elle écrit : « Il n'y a pas de préoccupation concernant la liberté [en un sens autre que politique] dans toute l'histoire de la grande philosophie depuis les présocratiques jusqu'à Plotin, le dernier philosophe antique » (*La Crise de la culture*, p. 189).

Mais cette explication étymologique est aujourd'hui dépassée. Les recherches contemporaines de H. Frisk (*Griechisches etymologisches Wörterbuch*, p. 490-491) et de Benveniste (*Le Vocabulaire des institutions indo-européennes* ; cf. aussi P. Chantraine, *Dictionnaire étymologique de la langue grecque*) ont mis en évidence une plus grande richesse sémantique du terme. Le sens premier d'*eleutheria* ne serait pas un sens négatif (« ne pas être empêché d'aller où l'on veut »), lié à une contrainte et à une limitation, mais un sens positif. Comme l'a montré Benveniste, le radical d'où est tiré *eleutheros* [ἐλεύθερος], à savoir **leudh-*, signifie « croître, se développer », et a donné en slave et en allemand des termes signifiant « peuple », « gens » (*Leute*). Le mot *eleutheria* articule donc deux significations principales, dont il faudrait comprendre le rapport : l'appartenance à une souche ethnique (le peuple, les gens) et l'idée d'une croissance qui aboutit à une forme achevée, qui atteint son terme dans le plein épanouissement. Il faut donc en conclure que « le sens premier n'est pas, comme on serait tenté de l'imaginer, “débarrassé de quelque chose” ; c'est celui de l'appartenance à une souche ethnique désignée par une métaphore de croissance végétale. Cette appartenance confère un privilège que l'étranger et l'esclave ne connaissent jamais » (*Le Vocabulaire des institutions indoeuropéennes*, t. 1, p. 324). Être « libre », c'est donc appartenir à un « groupe de croissance » qui définit « une fraction ethnique, l'ensemble de ceux qui sont nés et se sont développés conjointement ». Le sens premier d'*eleutheros* pourrait être alors : « appartenant au peuple », « chez soi », par opposition à *barbaros* [βάρϐαρος]. C'est ainsi que M. Van Straaten interprète la première occurrence connue de ce terme dans un passage controversé de l'*Iliade* (VI, 455) : il y est question d'Andromaque qui, emportée loin de Troie, perd *eleutheron êmar* [ἐλεύθερον ἦμαρ], « le jour de la liberté ». Cette traduction par « liberté », selon Van Straaten, ne rend pas la signification première du mot en grec : « le premier sens d'*eleutheros* serait : “appartenant au peuple, au chez soi *at home*” » (« *What did the Greeks mean by Liberty ?* », p. 108). Perdre l'*eleutheria*, c'est d'abord perdre le jour qui se lève sur le pays natal où Andromaque est chez elle : « Il semble très possible que, dans ces temps anciens, les Grecs éprouvaient ce “chez soi” comme le premier élément dans la phrase, et “libre” seulement comme une conséquence » (*ibid.*, p. 109 ; cf. aussi R. Muller, « Remarques sur la liberté grecque »).

Eleutheria n'aurait donc pas d'abord une signification politique, mais biologique (« souche, lignée, peuple ») ou physique (« croissance », et plus précisément croissance achevée, qui a atteint son terme dans le plein épanouissement de la forme — d'où « forme, figure, stature »). S'agit-il ici, comme le pense Benveniste, d'une simple « métaphore » ? C'est, en un sens, toute la question.

♦ Voir encadré 1.

II. LIBERTÉ, CROISSANCE, NATURE : « ELEUTHERIA » ET « PHUSIS »

La croissance qui éclôt dans l'ouvert de la présence, en tant que mouvement à partir de soi et vers soi-même, c'est, en effet, ce que désigne le grec *phusis* [φύσις]. La *phusis*, comme l'a souligné Heidegger, n'est pas seulement un étant parmi d'autres, mais la détermination originaire de l'être pour les Grecs : « L'être est *phusis*, à savoir ce qui de soi est manifeste » (*Le Principe de raison*, p. 162). La *phusis* est le genre de mobilité qui appartient à l'étant mobile *en tant que mode de son être*, c'est-à-dire de l'entrée dans la présence : « C'est seulement lorsqu'une telle compréhension est devenue possible que la *phusis* est saisissable dans son mode de déploiement comme le pouvoir originaire sur la mobilité de l'étant mobile à partir de soi-même et en direction de soi-même » (« Ce qu'est et comment se détermine la *phusis* », p. 212). Elle désigne le mode de déclosion de l'étant dans la présence, en tant que croissance, déploiement, floraison, éclosion. N'est-ce pas elle qui prescrit, dès lors, son sens philosophique primordial à la notion grecque d'*eleutheria* ? C'est ce que l'on pourrait soutenir au vu d'un certain nombre de textes. Limitons-nous, ici, à deux exemples.

Que le « libre » soit d'abord celui qui s'est épanoui en tant qu'homme, c'est-à-dire qui est parvenu au plein accomplissement de sa forme et figure humaine, un passage du *Théétète* (173a-b) l'établit clairement (cf. R. Muller, « Remarques sur la liberté grecque », p. 429). Socrate y compare les sophistes habiles aux plaidoiries, qui, depuis leur jeunesse, ont passé leur temps dans les tribunaux, aux philosophes ; les premiers, par rapport aux seconds, sont comme des gens élevés pour servir comparés à des hommes libres (*eleutherois* [ἐλευθέροις]). Les plaideurs n'ont jamais de loisir : pour eux, le temps de leurs discours est toujours compté. Ainsi, l'éducation qu'ils reçoivent les rend habiles, mais « leur fait des âmes rabougries et tordues (*smikroi de kai ouk orthoi tas psukhas* [σμικροὶ δὲ καὶ οὐκ ὀρθοὶ τὰς ψυχάς]) ». Et Socrate ajoute :

> Croissance, rectitude, liberté [τὴν γὰρ αὔξην καὶ τὸ εὐθύ τε καὶ τὸ ἐλευθέριον], tout jeunes l'esclavage les leur enleva, les contraignit [ἀναγκάζουσα], aux pratiques tortueuses [πράττειν σκολιά], jeta en si graves dangers et si graves craintes leurs âmes encore tendres que, n'y pouvant opposer le juste et le vrai comme support, c'est tout droit au mensonge, aux réciprocités d'injustice qu'ils se tournent, et ainsi se courbent, recourbent et recroquevillent [κάμπτονται καὶ συγκλῶνται].
>
> *Théétète*, 173a-b.

D'où Socrate peut conclure que le philosophe seul use de liberté (*eleutheria*) dans sa manière de conduire le discours (*logos* [λόγος]) et dans son passage d'un discours à l'autre (173b). Ce texte associe de manière extrêmement claire la liberté et la croissance (*auxê* [αὔξη]) aboutissant à la stature droite, à la rectitude dans le maintien (*to euthu* [τὸ εὐθύ]), tandis que l'esclavage des plaideurs et rhéteurs non philosophes est le fait d'une contrainte (*anagkazousa*) par laquelle cette croissance est comme bloquée, ne pouvant s'épanouir librement, et qui engendre ainsi des êtres tordus, rabougris et retors (cf. R. Muller, « Remarques sur la liberté grecque », *loc. cit.*). Être libre, au contraire, ce n'est rien d'autre que parvenir à son plein épanouissement d'homme (cf. *Lois*, I, 635d : il s'agit de former, par l'éducation, des hommes courageux et libres, c'est-à-dire des hommes accomplis), comme la plante parvient à son épanouissement dans la fleur.

Dans cette mesure, l'*eleutheria* ne s'oppose pas à la *phusis* comme la liberté moderne s'oppose au déterminisme naturel, mais elle y reconduit. Si, en effet, comme le soutient Aristote, « ce qu'est chaque chose une fois sa croissance achevée, c'est cela que nous appelons la *phusis* de chaque chose » (*Politique*, I, 2, 1252b 32-33), alors l'*eleutheria* accomplit la *phusis*. C'est ce qui ressort, par exemple, des passages qu'Aristote consacre à l'esclavage par nature, dans lesquels apparaît le même paradigme « physique » ou « végétal ». S'il y a des esclaves naturels, lit-on dans la *Politique*, c'est qu'il y a des hommes dont la stature et la figure se distinguent de celles de l'homme libre, en raison d'une croissance inachevée : si l'esclave par nature n'est pas tout à fait un homme, c'est qu'il « a la raison (*logos*) en partage dans la mesure seulement où elle est impliquée dans la sensation, mais sans la posséder pleinement » (*Politique*, I, 5, 1254b 22) ; l'esclave par nature se tient voûté, à la différence de l'homme libre qui possède la station droite (1254b 27), cette station droite qui, avec la raison, donne à l'homme son caractère divin (*De partibus animalium*, IV, 10, 686a 28), car, ajoute Aristote, la *phusis* ne produit pas toujours ce qu'elle voulait (*Politique*, I, 5, 1255b 3-4). Ces descriptions de l'esclave par nature nous resteraient rigoureusement inintelligibles si nous ne comprenions pas que la liberté, entendue dans l'horizon de la *phusis*, signifie le plein accomplissement ou épanouissement de l'homme comme tel — c'est-à-dire comme tel étant, ayant telle ou telle « nature ». Aristote ne parle pas ici des esclaves réels, tels qu'on les rencontre à Athènes au Ve siècle, puisqu'il s'empresse d'ajouter qu'en fait, « le contraire arrive fréquemment aussi : des esclaves ont des corps d'hommes libres, et des hommes libres des âmes d'esclaves » (*ibid.*, 1254b 31). Dans ce portrait idéal de ce que « devrait être » un esclave — et que les esclaves existant factuellement à Athènes *ne* sont justement *pas* ! —, l'esclave est donc saisi « par opposition » à l'homme libre (et non pas le contraire) comme homme manqué, « le libre [étant] l'homme achevé, épanoui, parce que non entravé dans son développement, et donc conforme à sa vraie nature » (R. Muller, « La logique de la liberté dans *La Politique* », p. 193). Ainsi, « puisque » l'homme achevé possède l'aptitude à délibérer (*to bou-*

1

Les deux paradigmes : « freedom »/« liberty »

► JE, PEUPLE, PROPRIÉTÉ

L'anglais possède deux mots, *freedom* et *liberty*, qui s'opposent tous deux à *serfdom* (servitude) ou *slavery* (esclavage), mais dont les connotations sont bien différentes. *Freedom* est le terme le plus général, qui désigne le pouvoir qu'un être a d'agir conformément à sa volonté, sans contrainte ou, du moins, sans contrainte légitime ; on l'emploie donc indifféremment dans la philosophie générale pour parler de la « liberté du vouloir », du « libre arbitre », etc., et dans la philosophie politique pour désigner l'état dont jouissent les citoyens d'une communauté « libre ». *Liberty* a un sens plus précisément juridique et politique : il désigne l'absence de toutes restrictions à la liberté autres que celles qui sont légitimement (*justly*) posées par le droit ou la loi (*Law*), et il a ainsi des connotations élogieuses qui expliquent l'usage qu'en font les penseurs libéraux ou républicains attachés à la liberté politique, c'est-à-dire au fait de vivre libre sous des lois.

L'anglais fonctionne ainsi comme le témoin qui module les deux paradigmes, mis en lumière par Benveniste (*Le Vocabulaire des institutions indo-européennes*, t. 1, chap. 3), à l'œuvre dans les langues indo-européennes pour construire l'idée de liberté. *Liberty*, comme *liberté*, renvoie au latin *liber* et *libertas*, ainsi qu'au grec *eleutheros* [ἐλεύθερος], *eleutheria* [ἐλευθερία] : latin et grec sont en effet superposables sur le plan linguistique et dépendent (*via* le vénète **(e)leudheros*), de la même racine **leudh-*, « croître, se développer », d'où proviennent des termes au premier abord aussi hétérogènes que *Liber* (lat.), l'antique dieu de la vigne, *liberi* (lat.), « les enfants » (bien nés, légitimes), et *Leute* (all.), « le peuple ». D'où l'insistance sur la souche ethnique et la croissance (voir *supra*).

Mais il est une autre généalogie de la liberté, qui met d'abord en jeu des notions relatives à l'individu : l'anglais *free* comme l'allemand *frei* dépendent d'un adjectif indo-européen, *priyos*, qui dit l'appartenance personnelle, le rapport avec le soi et avec les siens (« cher »). Est cette fois déterminante l'appartenance au groupe fermé de ceux qui se nomment mutuellement « amis » (*friend* (angl.), *Freund* (all.)) : ce n'est plus la naissance, mais la mutualité de classe, affective et institutionnelle, qui constitue la liberté. Tout un ensemble de mots sont alors susceptibles d'être mobilisés, qui indiquent eux aussi comment on n'est « soi » que dans « l'entre-soi » : on retrouve ainsi l'indo-européen **swe* pour indiquer le soi, le réfléchi, le propre (*idios* [ἴδιος] gr., voir PROPRIÉTÉ) comme pour signifier l'allié, le parent (*etês* [ἔτης] gr.), le compagnon, le collègue (*hetairos* [ἑταῖρος] gr., *sodalis* lat.) (voir SVOBODA).

Ce double paradigme linguistique, qui révèle deux manières de faire surgir la liberté et d'identifier la personne, est susceptible d'éclairer certaines distorsions en histoire de la philosophie, y compris sans doute entre termes qui dépendent du même paradigme.

Barbara CASSIN et Philippe RAYNAUD

leutikon [τὸ βουλευτικόν]), la prudence (*phronêsis* [φρόνησις], voir PHRONÊSIS) et agit par choix (*proairoumenos* [προαιρούμενος]), l'esclave doit être dépourvu de ces trois traits (*Politique*, III, 9, 1280a 34) : c'est pourquoi il ne peut ni commander ni participer à la fin de la cité, le bien-vivre ou bonheur (1280a 31). *A fortiori* l'esclave « par nature » ne peut-il pas participer à l'activité la plus haute de l'homme, celle où il s'épanouit pleinement lui-même et accomplit sa propre nature, la parachève en coïncidant avec son *telos* [τέλος] : la contemplation. Si Aristote désigne ici expressément l'homme livré à la contemplation d'*eleutheros* (*Politique*, VII, 23, 1325a 19), ce n'est pas seulement parce qu'il est affranchi des tâches d'ordre politique, mais parce qu'il accomplit pleinement son essence d'homme, en même temps qu'il accède à ce qu'il y a en l'homme de plus « divin » en mimant l'autarcie divine.

III. UN LIBRE ARBITRE GREC ?

En ce sens, pour Aristote comme pour Platon, l'*eleutheria* n'implique pas nécessairement la notion moderne d'indétermination du choix. S'il fallait chercher à tout prix un ancêtre au concept moderne de liberté, ce serait plutôt chez les Sophistes qu'on le trouverait, en vertu de leur compréhension différente du rapport *phusis/nomos* [νόμος]. Dans le *Gorgias*, Platon fait incarner par un disciple des Sophistes, Calliclès, défenseur radical du principe de plaisir, une conception de la liberté comme licence effrénée dans la recherche de son bien propre, absence de toute contrainte extérieure et, par conséquent, pur arbitraire subjectif (491e-492c). Cette conception se fonde sur un tout autre rapport entre loi et nature : la « liberté » (*eleutheria*) ne désigne plus l'épanouissement non entravé « conformément à » la *phusis*, de telle sorte que la *phusis* serait ce qui règle le développement, ce qui lui confère sa loi propre, l'épanouissement désignant précisément cet accord ou conformité de l'individu à la loi de son essence ; bien au contraire, c'est l'idée d'un développement étant à lui-même sa propre loi, pour autant qu'il ne rencontre en face de lui aucun obstacle, d'une force qui va au bout d'elle-même et n'est plus limitée que par une autre force, qui intervient dans la compréhension sophistique de la liberté. La « liberté » n'est pas comprise par Calliclès comme le parfait épanouissement d'un être conformément à la loi de son essence, mais comme une croissance, un développement qui n'est régi par aucune loi ni essence, par aucune *phusis* au sens platonicien (qui suppose toujours une norme et un *telos*), et est à soi-même sa propre mesure ; la seule *phusis* de l'homme, dès lors, c'est de n'avoir pas de *phusis*, de pouvoir réaliser ses possibilités extrêmes sans qu'aucun lien ni aucune entrave s'y opposent.

Or, une telle licence absolue, répliquera Platon, n'est qu'une fausse liberté. Et cela, premièrement, parce qu'elle repose sur une idée purement négative de la liberté : l'indépendance à l'égard de tout lien et de toute obligation ne donne à l'*eleutheria* aucun contenu positif ; celle-ci devient pouvoir de faire n'importe quoi, le mal comme le bien. Elle se résume dans la formule « faire ce que l'on souhaite *poiei ha bouletai* [ποιεῖ ἃ βούλεται] ». (*République*, IX, 577d). Deuxièmement, parce qu'une telle puissance sans contrainte peut être une illusion. Ne sommes-nous pas prisonniers de l'opinion en agissant à notre guise ? Et ce lien de l'opinion n'est-il pas le plus fort, le plus implacable des liens ? À la formule « agir comme bon nous semble », il faut opposer la connaissance véritable du bien qui, seule, libère. Ainsi, l'*eleutheria* des Sophistes est mise au compte d'un naturel tyrannique où l'homme est « poussé à un dérèglement général (*pasan paranomian* [πᾶσαν παρανομίαν]), auquel les gens qui l'y poussent [les mauvais éducateurs] donnent le nom de liberté complète (*eleutherian hapasan* [ἐλευθερίαν ἅπασαν]) » (*République*, IX, 572e). Or, « l'âme que régit un tyran ne fera pas le moins du monde ce qui lui plairait [καὶ ἡ τυραννουμένη ἄρα ψυχὴ ἥκιστα ποιήσει ἃ ἂν βουληθῇ] » (577e). Platon retourne ainsi contre les Sophistes leur formule de la liberté : faire ce que l'on souhaite dans une parfaite ignorance, c'est là la formule même de l'esclavage : « *ho tôi onti turannos tôi onti doulos* [ὁ τῷ ὄντι τύραννος τῷ ὄντι δοῦλος] (celui qui est en son être un tyran est en son être un esclave) » (579d).

À l'opposé du naturel tyrannique, le philosophe, l'homme royal n'exerce pas d'abord sa royauté sur autrui, mais il ne peut l'exercer justement sur les autres qu'en tant qu'il l'exerce d'abord sur lui-même, c'est-à-dire en tant qu'il est libre : « Celui-là, c'est le plus royal, et qui exerce sur lui-même sa royauté (*basileuonta hautou* [βασιλεύοντα αὑτοῦ]) » (580b-c). Cette royauté parfaite réside elle-même dans le primat du *nous* [νοῦς], de l'intellect, sur les deux autres parties de l'âme que distingue la *République*, l'*epithumia* [ἐπιθυμία] (désir) et le *thumos* [θυμός] (courage). En effet, seul le *nous* est libre par lui-même, comme le précise un texte capital des *Lois* : « Le *nous* ne saurait sans impiété être serviteur ou esclave de quoi que ce soit ; il doit être, au contraire, le maître universel, s'il est réellement vrai et libre comme le veut sa nature » (*Lois*, IX, 875c-d). L'*eleutheria* peut donc être définie par Platon comme cette « symphonie intérieure à l'âme (*tês en têi psukhêi* [...] *sumphônias* [τῆς ἐν τῇ ψυχῇ (...) συμφωνίας]) » (*République*, 591d) qui est indissociable de la justice régnant entre ses facultés, ou encore, pour l'homme libre, de la bonne « constitution de la cité qui est en lui (*tên en hautôi politeian* [τὴν ἐν αὑτῷ πολιτείαν]) » (591e). S'il y a ici harmonie ou « symphonie » dans sa cité intérieure — « liberté » —, c'est que le *nous* ne commande pas par la contrainte et la violence, mais par une douce persuasion (cf. *Timée*, 47e-48a) ; sous son autorité, toutes les parties de l'âme concordent, concourent au bien commun, s'accordent et consonnent. L'harmonie qui s'instaure ici, comme toute harmonie, présuppose l'accord des parties en vue du tout, c'est-à-dire en vue d'une fin, le bien de l'âme tout entière, que seul l'intellect connaît. La liberté ainsi comprise est au plus loin de la capacité de faire une chose et son contraire, comme il ressort d'un texte fondamental des

Lois (I, 645a) où le libre est comparé à une marionnette fabriquée par les dieux, qui ne se laisse pas entraîner par le fil de fer des passions (plaisir, peine, espoir et crainte), mais uniquement par le « fil d'or » du *nous* et de la loi. Comprendre ce texte à partir de la notion moderne de liberté, ce serait n'accorder à l'homme qu'une bien pauvre « liberté », puisque, pire encore que la « liberté du tournebroche » que Kant raille à propos de Leibniz, ce serait une liberté de pantins ! Or, tout autre est le sens de ce passage : dans la mesure où « le dieu est la mesure de toutes choses » (*Lois*, IV, 716c), être soumis aux dieux, c'est être libre, puisque c'est connaître le bien qui fournit la mesure de l'humain, et ainsi être homme dans la plénitude du terme. La liberté signifie donc pour l'homme le développement de son être, non point comme croissance déréglée et anarchique, mais comme épanouissement conforme à la *phusis* — épanouissement qui s'opère grâce à l'harmonie et à la justice qui règne entre ses facultés, la plus noble commandant aux deux autres. En tant que soumission intérieure au *logos*, la liberté est en même temps connaissance du bien par laquelle l'âme se rend pour ainsi dire semblable à celui-ci, c'est-à-dire bonne, soumission aux dieux par laquelle le *nous* révèle son caractère « divin », de sorte que la liberté comme connaissance du bien est justice : seul l'homme juste est libre, car la justice comme *aretê* [ἀρετή] (excellence, voir sous VIRTÙ) constitue, de la croissance humaine, la figure la plus achevée.

IV. CHOIX, DÉCISION, LIBERTÉ

Ne trouve-t-on pas, du moins, chez Aristote, avec sa théorie de la *proairesis*, une préfiguration du concept moderne de « liberté » ? Il est possible d'en douter, et cela, pour plusieurs raisons. Premièrement, la *proairesis*, souvent rendue en latin par *electio*, ne désigne pas toujours un « choix » qui supposerait une alternative. Il suffit de reprendre ici l'un des exemples que fournit l'*Éthique à Nicomaque* : la délibération ressemble à un « calcul », affirme Aristote, et la *proairesis*, à un syllogisme ; soit la fin souhaitée, la santé ; or la santé est produite par l'équilibre des humeurs, cette dernière par la chaleur, la chaleur par la friction ; et il est dans notre pouvoir de frictionner ; donc il faut frictionner (VI, 2, 1139a 11). Nul « choix », ici, car nulle alternative, mais bien plutôt une « décision » portant sur la mise en œuvre des moyens en vue d'une fin déjà donnée. Deuxièmement — et ce point est essentiel —, la *proairesis*, à la différence de l'*electio*, n'est nullement l'acte d'une « volonté », dans la mesure où cette dernière fait entièrement défaut à l'horizon conceptuel d'Aristote. Le malentendu est total lorsque Thomas d'Aquin traduit *proairesis* par *electio* et *boulêsis* par *voluntas* (cf. *Somme théologique*, I, q. 82, art. 1, obj. 2, où il comprend le passage du *De anima*, 432b 5, « *en te tôi logistikôi gar hê boulêsis ginetai* [ἔν τε τῷ λογιστικῷ γὰρ ἡ βούλησις γίνεται] », en le rendant par : « la volonté est dans la raison »), voire par *liberum arbitrium* : « La *boulêsis*, c'est le libre arbitre. Car [...] c'est le vouloir d'une chose par comparaison avec une autre » (*Somme théologique*, I, q. 83, art. 4, obj. 1). En effet, tandis que la *proairesis* désigne pour Aristote un acte de l'intellect (« *nous haireitai* [νοῦς αἱρεῖται] », *Éthique à Nicomaque*, IX, 8, 1169a 17), et, plus précisément, le jugement de l'intellect pratique qui clôt la délibération et la fait passer à l'acte, l'*electio* est comprise par Thomas d'Aquin comme un acte de la volonté visant la fin, éclairée au préalable par la raison délibérant sur les moyens. Ici encore, Thomas d'Aquin pense pouvoir s'appuyer sur un texte de l'*Éthique à Nicomaque* (VI, 1139b 4-5) où Aristote définit la *proairesis* comme « intellect désirant (*orektikos nous* [ὀρεκτικὸς νοῦς]) ou désir raisonnant (*orexis dianoêtikê* [ὄρεξις διανοητική]) » pour attribuer l'acte du choix à la faculté qui conjoint désir et raison, à l'*appetitus rationalis*, c'est-à-dire à la *voluntas* (*Somme théologique*, I, q. 82, art. 2, obj. 3). Il s'agit évidemment d'un contresens. Rien dans la théorie aristotélicienne de la *proairesis* ne permet d'en faire le site d'un libre arbitre, comme le souligne Pierre Aubenque : « Aborder la notion de *proairesis* dans la perspective du problème de la “liberté de la volonté”, c'est se condamner à attendre de ces textes aristotéliciens ce qui ne s'y trouve pas, et à négliger ce qui s'y trouve » (*La Prudence chez Aristote*, p. 125). Il convient donc de traduire ce mot qu'Aristote introduit dans le vocabulaire philosophique, plutôt que par *choix* (J. Tricot) ou *libre choix*, par *décision* (R.-A. Gauthier et J.-Y. Jolif) : littéralement, ce qui, par avance (*pro-*), permet de viser les moyens en vue d'une fin bonne (*to haireton* [τὸ αἱρετόν] : le bien).

L'étrangeté de la problématique aristotélicienne de l'*eleutheria* à l'égard de toute conception moderne de la liberté ressort d'ailleurs d'un texte décisif de la *Métaphysique*. Aristote s'interroge, dans ce passage, sur la manière dont le bien est présent, par rapport au tout : comme quelque chose de séparé, ou comme l'ordre qui règne dans ce tout lui-même ? Il va répondre que le bien n'est pas immanent au monde, mais qu'il est transcendant, comme le Premier Moteur. Pour l'établir, il souligne la part d'arbitraire et de contingence que l'on trouve dans l'ordre du monde et qui fait que celui-ci n'est pas entièrement conforme au bien :

> Mais il en est de l'univers comme d'une famille, où il est le moins loisible aux hommes libres d'agir par caprice (*etukhe poiein* [ἔτυχε ποιεῖν]), mais où toutes leurs actions, ou la plus grande partie, sont réglées (*tetaktai* [τέτακται]) ; pour les esclaves et les bêtes, au contraire, peu de leurs actions ont rapport au bien commun, et la plupart d'entre elles sont laissées au hasard (*to de polu ho ti etukhen* [τὸ δὲ πολὺ ὅ τι ἔτυχεν]) ; car tel est pour chacun le principe qui constitue sa nature.
>
> *Métaphysique*, Λ, 10, 1075a 19-23.

L'*eleutheria* ne consiste donc pas dans l'arbitraire du caprice, dans la possibilité d'agir n'importe comment (*etukhe poiein*), mais au contraire dans l'action conforme à la règle, c'est-à-dire assujettie au bien. Seuls les esclaves et les animaux, qui ne sont justement pas libres au sens véritable, sont susceptibles d'agir de façon arbitraire ; les hommes libres, au contraire, sont dans une maison ceux dont la conduite est la plus constante, et se rapprochent ainsi davantage de la régularité imperturbable des astres et de l'immutabilité du Premier Moteur. L'arbitraire d'une conduite qui peut choisir ceci ou cela « indifféremment » est donc aux antipodes de l'*eleutheria*.

On pourrait toutefois objecter à ces affirmations que l'on trouve bien, dans d'autres textes d'Aristote, et en particulier au chapitre 9 du *De interpretatione*, une « liberté de choix » qui se rapproche de la notion moderne de libre arbitre. Aristote y affirme en effet qu'avec le nécessitarisme de Diodore « il n'y aurait plus ni à délibérer ni à se donner de la peine dans la croyance que, si nous accomplissons telle action, tel résultat suivra, et que, si nous ne l'accomplissons pas, ce résultat ne suivra pas » (18b 31 *sq.*). N'y a-t-il pas ici affirmation d'une certaine indétermination du choix ? En vérité, ce qu'Aristote s'efforce de sauvegarder dans ce passage, c'est l'existence d'une part de hasard « objectif », d'une contingence dans le monde, d'une marge d'indétermination dans les événements en vertu de laquelle il serait possible de délibérer et de se décider dans un sens ou dans l'autre ; il n'affirme pas tant l'indétermination du choix lui-même que des circonstances dans lesquelles il faut choisir.

C'est pourquoi il semble nécessaire de distinguer nettement la position d'Aristote de celle d'un commentateur tardif comme Alexandre d'Aphrodise, dont la conceptualité est déjà largement imprégnée de stoïcisme, et qui va réinterpréter la liberté aristotélicienne comme une sorte de « hasard intérieur » (cf. *De anima, liber alter*, 169, 33-172, 16-175, 32) : il y a un non-être, affirme-t-il, qui, quand il se rencontre dans les causes qui sont hors de nous, donne naissance à la fortune ou à un hasard (*tukhê* [τυχή], *automaton* [αὐτόματον]), et qui, quand, il se trouve dans les causes qui sont en nous-mêmes, fait qu'il y a des choses qui sont en notre pouvoir (*ta eph' hêmin* [τὰ ἔφ' ἡμῖν]) et dont les opposés sont également possibles (cf. O. Hamelin, *Le Système d'Aristote*, p. 391). Telle est l'origine de notre liberté. Mais l'affirmation d'une liberté comme « hasard intérieur et liberté de choix » (« *exousia tês haireseôs* [ἐξουσία τῆς αἱρέσεως] », *Du destin*, 11, 179, 10) n'est nullement aristotélicienne. Alexandre d'Aphrodise lit ici Aristote à travers la loupe d'Épictète, de Cicéron et du stoïcisme.

V. « ELEUTHERIA »/« TO AUTEXOUSION »

Avant d'en venir aux traductions latines d'*eleutheria* (*libertas*, *liberum arbitrium*), il convient de s'arrêter à un terme qui fait son apparition comme substantif au IIe siècle après J.-C., à la fois dans un contexte non philosophique (Philon d'Alexandrie, Flavius Josèphe, Clément d'Alexandrie, Origène) et comme terme technique dans le stoïcisme impérial (Épictète) : il s'agit de l'adjectif substantivé *to autexousion*. Le sens premier de l'adjectif *autexousios* [αὐτεξούσιος] est « maître de soi ». C'est ce terme, présent surtout dans la pensée chrétienne (de Clément d'Alexandrie à Némésius d'Émèse et à Jean

2

Serf arbitre

À côté du libre arbitre, le concept de « serf arbitre » mérite d'être relevé pour sa rareté et pour ce qu'il révèle de l'histoire et des difficultés de son glorieux antonyme. L'expression latine *servum arbitrium* trouve sa première occurrence chez saint Augustin, dans le contexte de la controverse antipélagienne :

> Mais vous, vous vous hâtez, et dans votre hâte vous vous précipitez pour lâcher votre présupposé. Ici, vous voulez que l'homme soit parfait, et ce, autant que possible, par un don de Dieu et non par le libre, ou plutôt par le serf arbitre de votre volonté [*et non libero, vel potius servo proprie voluntatis arbitrio*].
>
> *Contra Julianum*, II, 8, 23.

Le passage est cité à plusieurs reprises par Luther, notamment dans le grand traité *De servo arbitrio* (1525), à qui il donne son titre :

> De là vient qu'Augustin qualifie l'arbitre de serf plutôt que de libre, au livre 2 *contre Julien*.
>
> WA, t. 18, p. 665, l. 10-11.

Il s'opère ici une évidente distorsion. Ce qui, chez Augustin, n'est qu'une incise vite oubliée devient chez Luther un slogan censé résumer la position augustinienne sur le libre arbitre.

Par là s'explique la difficulté qu'ont ressentie les traducteurs de Luther devant l'expression *servum arbitrium*. La première traduction allemande, due à un disciple de Luther, Justus Jonas, transforme le titre original *De servo arbitrio* en une proposition entière : *Daß der freie Wille nichts sei* [Que le libre arbitre n'est rien] (Wittenberg, 1526). Les traductions ultérieures ne vont pas aussi loin, mais évitent toujours la traduction littérale. *Vom unfreien Willen* [De la volonté non libre] est le titre le plus courant ; en anglais, on a l'étrange paraphrase *The Boundage of the Will* [Les liens de la volonté].

Sans prendre ici en compte la transformation qui mène d'*arbitrium* à *Wille* et du paradigme du jugement à celui de la volonté (voir WILLKÜR), le français est donc seul à rendre le couple latin *liber / servus*. D'où vient, d'ailleurs, ce rejet de la traduction littérale, qu'aucune nécessité linguistique ne semble motiver ? La raison tient d'abord à la difficulté du texte du *Contra Julianum*. L'expression *servum arbitrium* y est utilisée de manière ambiguë, dans un argument (un « présupposé ») attribué aux « ennemis de la grâce » (II, 8, 22). En outre, cet argument « pélagien », c'est-à-dire partisan du libre arbitre contre la grâce, n'est pas un argument direct. Il s'applique à des textes de saint Ambroise qu'Augustin vient de mobiliser, et vise à enfermer leur conception des voies du salut dans une alternative entre le seul don de Dieu et le seul libre arbitre. Pour Augustin, qui défend Ambroise contre cette interprétation, le libre arbitre laissé à lui-même ne peut être que « serf », puisque la grâce, loin d'« évacuer » le libre arbitre, permet bien plutôt de l'« établir [*statuere*] » (cf. *De spiritu et littera*, XXX, 52 [éd. C. F. Vrba et J. Zycha, 1913, CSEL 60]).

Luther déforme donc l'usage augustinien de *servum arbitrium*, et le refus de la traduction littérale tient déjà à une gêne ressentie devant cette radicalisation indue du propos. Mais plus profondément, il tient à l'impossibilité de penser jusqu'au bout la notion de serf arbitre, ainsi que l'opposition qu'elle forme avec le libre arbitre. On peut douter que le *servum arbitrium* soit une notion augustinienne ; en même temps, la conception d'Augustin pose bien le problème, qui apparaît dans le couple *liberum arbitrium captivatum / liberum arbitrium liberatum*, et dans l'idée difficile que le libre arbitre doit

Damascène), qui sera rendu en latin par *liberum arbitrium*.

Pourtant, la notion stoïcienne d'*autexousios* ne signifie pas une liberté de choix ou d'arbitre, mais une indépendance à l'égard des passions. *To autexousion* est pratiquement synonyme de *to eph' hêmin*, « ce qui dépend de nous ». C'est ce qu'atteste ce passage des *Entretiens* d'Épictète :

> Que m'a donné [Dieu] qui soit à moi et indépendant (*emoi kai autexousion* [ἐμοὶ καὶ αὐτεξούσιον]) ? Que s'est-il réservé pour lui-même ? Il m'a donné les choses qui relèvent du choix (*ta proairetika* [τὰ προαιρετικά]), qu'il a fait dépendre de moi (*ep' emoi* [ἐπ' ἐμοί]) sans que je rencontre aucun obstacle ou empêchement.
>
> IV, 1, 99.

L'autorité sur soi-même (*autexousion*) a ici le sens d'autonomie (*autonomon* [αὐτόνομον]) à l'égard de toute contrainte passionnelle, et c'est dans cette apathie que réside, pour le sage, la liberté (*eleutheria* : cf. *Entretiens*, IV, 1, 56). À la différence de la signification qui s'imposera peu à peu à travers la traduction d'*autexousion* par *liberum arbitrium*, l'acception stoïcienne du terme ne comporte donc pas l'idée d'une indifférence de la volonté à l'égard des contraires, précisément dans la mesure où le concept de « volonté » au sens moderne, comme appétit rationnel par essence, est ici sans pertinence. La liberté, pour Épictète comme déjà pour Chrysippe, ne concerne pas l'acte « volontaire », mais détermine l'assentiment (*sugkatathesis* [συγκατάθεσις]) donné à une représentation (*phantasia* [φαντασία]). Or l'assentiment est une fonction de la raison (*logos*). La liberté réside donc dans le bon usage des représentations, c'est-à-dire dans l'assentiment donné à bon escient et conformément à la raison, par opposition aux faux jugements d'où naissent les passions.

Comment passe-t-on, dès lors, de *to autexousion* à sa traduction latine, *liberum arbitrium* ? Cette question engage toute l'histoire de l'invention du concept unifié de volonté (voir VOLONTÉ). On avancera néanmoins l'hypothèse suivante : pour pouvoir penser quelque chose comme un « libre arbitre », il fallait au préalable que le site de la liberté se déplaçât du jugement de l'intellect conforme au *logos* au choix ou à l'option (*arbitrium*) entre deux contraires. Or, il est possible que le stoïcisme tardif ait joué un rôle majeur dans cette évolution (cf. R.-A. Gauthier, Introduction à l'*Éthique à Nicomaque*, t. 1, 1, p. 252 *sq.*). Chez Antipater de Tarse, la notion technique d'*eklogê* [ἐκλογή], que les Latins traduiront par *electio* ou *selectio*, « choix », s'applique exclusivement à la sélection des choses « indifférentes » pour la sagesse : santé ou maladie, richesse ou pauvreté, honneur ou déshonneur, etc. Le choix de la santé, par exemple, ne relève pas d'une action droite (*katorthôma* [κατόρθωμα]), mais n'est qu'une simple fonction (*kathêkon* [καθῆκον], *officium*), puisque ces choses indifférentes par elles-mêmes ne reçoivent leur coloration morale que du choix, pour autant qu'il s'effectue conformément ou non à la nature.

2

préalablement être libéré par la grâce pour être ce qu'il est (cf. par ex. *Contra duas epistulas Pelagianorum*, III, 8, 24 [CSEL 60] ; sur la question de savoir si l'on peut encore parler de libre arbitre, cf. la discussion de N. P. Williams, *The Grace of God*, p. 19-43). De même Luther est-il contraint de reconnaître l'existence d'un libre arbitre dans les affaires temporelles (cf. *De servo arbitrio*, WA, t. 18, p. 638, l. 4-11, avec la distinction entre les affaires « supérieures » et « inférieures » à l'homme, le libre arbitre étant admis dans ces dernières). En outre, et très significativement, l'expression *servum arbitrium* n'apparaît jamais dans le traité de Luther en dehors du titre et de la citation d'Augustin : ce que Luther oppose au *liberum arbitrium*, c'est, le plus souvent, la *necessitas* (cf. WA, t. 18, p. 634, l. 14-15).

Le refus de traduire littéralement le *servum arbitrium* fait ainsi apparaître une impossibilité sans doute fondamentale : celle d'hypostasier un *contraire* du libre arbitre (et l'on comprend alors que les traducteurs aient préféré concevoir ce contraire comme une simple possibilité logique, *unfrei*, ou comme un certain état de la volonté, *boundage*). Plus généralement, les couples d'opposés apparaissent ici toujours déséquilibrés : c'est le cas encore chez Augustin qui, au *liberum arbitrium (captivatum)*, oppose la *libertas* perdue du chrétien (cf. *De natura et gratia*, LXVI, 77 [CSEL 60], et le commentaire d'Étienne Gilson, *Introduction à l'étude de saint Augustin*, p. 185-216), alors que Luther fera coexister le *servum arbitrium* avec une *libertas christiana*, titre latin du traité de 1520, *Von der Freiheit eines Christenmenschen*. Il semble que l'idée même d'arbitre (ou de volonté) attachée au libre arbitre implique de repousser son contraire hors du sujet, dans une « nécessité » extérieure — et en cela le *servum arbitrium*, étrange *hapax*, possibilité à peine traduite et jamais réalisée, permet d'éprouver, aux deux sens du terme, la solidité des liens historiquement noués entre subjectivité et intériorité.

Philippe BÜTTGEN

BIBLIOGRAPHIE

GILSON Étienne, *Introduction à l'étude de Saint Augustin*, Vrin, 1929.
LUTHER Martin, *De servo arbitrio*, in *Dr Martin Luthers Werke, kritische Gesamtausgabe*, Weimar, Böhlau, 1883-, t. 18 [abrégé ci-dessus en WA].
— *Vom unfreien Willen*, *in* K. Aland (ed.) *Luther deutsch*, t. 3, Göttingen, Vandenhock & Ruprecht, 1967.
— *The Boundage of the Will*, trad. angl. P. S. Watson et B. Drewery, in *Luther's Works*, t. 33, Philadelphie, The Fortress Press, 1972.
MCGRATH Alistair E., *Justitia Dei. A History of the Christian Doctrine of Justification*, Cambridge UP, t. 1, 1989.
WILLIAMS Norman Powell, *The Grace of God*, Londres, Longmans & Co., 1930.

Si l'action droite consiste donc à adhérer (*hairesthai* [αἱρέσθαι]) au bien ou à fuir (*pheugein* [φεύγειν]) le mal, la fonction (*kathêkon*) consiste uniquement à choisir (*eklegesthai* [ἐκλεγέσθαι]), parmi les indifférents, les choses conformes à la nature : la notion d'*eklogê* désigne ici un lien beaucoup plus faible que l'adhésion ou la fuite (cf. M. Pohlenz, *Die Stoa*, Vandenhoeck & Ruprecht, 1970-1972, t. 1, p. 186-188 ; t. 2, p. 95). Or, dans le stoïcisme impérial, par exemple chez Cicéron, le déclin de l'idéal du sage et l'accent mis sur la fonction (*officium*) conduisent à conférer à la notion de choix (*electio*) une extension et une portée beaucoup plus grandes. Ainsi, même le concept fondamental de *phronêsis*, *prudentia*, sagesse, va être réinterprété comme un choix (*electio*) entre les biens et les maux (alors qu'il n'y avait d'*eklogê*, pour Antipater, qu'entre les indifférents) : « *prudentia est enim locata in dilectu bonorum et malorum* » (*De officiis*, III, 17, 71). C'est à cette mésinterprétation de Cicéron que saint Augustin devra sans doute sa définition de la *sagesse* : « la prudence est un amour qui sait choisir » (*De moribus ecclesiae catholicae*, I, 15, 25 [éd. J. B. Bauer, 1992, CSEL 90]). Or, si la prudence consiste à savoir choisir, la liberté consistera finalement dans ce choix lui-même. De la notion originairement stoïcienne de choix des choses indifférentes, on glissera ainsi, au fil des siècles, à la notion moderne d'indifférence du choix.

VI. « TO AUTEXOUSION »/« LIBERUM ARBITRIUM »

C'est donc à la suite de cette accentuation du concept d'*electio*, qui va bientôt traduire et éclipser la *proairesis* d'Aristote, que peut s'imposer, au sein de l'aire chrétienne, la traduction de *to autexousion* par *liberum arbitrium*. Chez Clément d'Alexandrie, par exemple, le « libre arbitre (*to autexousion*) » nécessaire à la foi (cf. *Stromates*, V, 1, 3, 2) et indissociable de la grâce (*ibid.*, V, XIII, 83, 1) met en jeu, à chaque fois, la faculté de choix (*proairesis*, V, I, 7, 1) du chrétien.

Mais c'est chez saint Augustin que se déploie l'analyse la plus puissante et radicale du libre arbitre. Ce libre arbitre se définit moins par le pouvoir de choisir entre le bien et le mal (autrement, Dieu serait lui-même dépourvu de libre arbitre : « S'il n'y a de libre que celui qui peut vouloir deux choses, c'est-à-dire le bien et le mal, Dieu n'est pas libre, puisqu'il ne peut vouloir le mal... », *Contra Julianum opus imperfectum*, I, 100) que par le pouvoir de ne pas pécher : « Je dis que le premier homme qui fut créé fut en possession du libre arbitre de sa volonté (*liberum voluntatis arbitrium*). Il fut créé en un tel état que rien n'aurait fait obstacle à sa volonté s'il avait voulu observer les commandements de Dieu » (*Contra Fortunatum*, § 22, p. 103 : 26 [éd. J. Zycha, 1891, CSEL 25] ; cf. É. Gilson, *Introduction à l'étude de saint Augustin*, p. 185 *sq.*). De sorte que ce libre arbitre, aliéné par le péché originel, ne saurait être restauré que par la grâce. Car, en tant qu'il est un bien donné par Dieu, le libre arbitre doit tendre lui-même vers le bien ; le péché, qui est néant, ne saurait le définir. C'est donc le bon usage du libre arbitre confirmé par la grâce qui définit la liberté comme « *determinatio in bonum* » ; le libre arbitre n'est véritablement libre que quand il est, à son tour, libéré par la grâce, c'est-à-dire quand il adhère à Dieu par amour en s'en « délectant » : « *Ecce unde liberi, unde condelectamur legi Dei : libertas enim delectat* (Voilà ce qui nous rend libres, voilà comment nous trouvons notre joie dans la loi de Dieu : la liberté en effet est cause de la joie) » (*In Johannis evangelium tractatus*, XLI, 8, 10 [éd. R. Willems, 1954, CCL 36]).

Le libre arbitre n'a donc pas encore chez saint Augustin la signification d'un pur pouvoir des contraires, d'une liberté d'indifférence au sens moderne ; et cela, entre autres raisons, parce que le concept de *voluntas* revêt encore, chez lui, une signification non technique (voir VOLONTÉ), distincte de son sens médiéval d'*appetitus rationalis*, et reste synonyme de *désir* en général et d'*amour* en particulier (*De Trinitate*, XV, 21, 41 [éd. W. J. Mountain, coll. F. Glorie, 1968, CCL 50]). C'est seulement avec l'essor du concept technique de volonté, chez Maxime le Confesseur, Jean Damascène, Némésius, puis Thomas d'Aquin, que le libre arbitre pourra prendre le sens d'un pur pouvoir des contraires, absolument indéterminé : le libre arbitre, écrit saint Thomas, est « le vouloir d'une chose par comparaison avec une autre (*per comparationem ad alterum*) » (*Somme théologique*, I, q. 83, art. 4, obj. 1). Autrement dit, le *liberum arbitrium* signifie « libre choix », son acte propre est l'*electio* : « Il faut donc considérer la nature du libre arbitre d'après le choix (*ex electione*) » (*ibid.*, I, q. 83, art. 3 rép.). Or le choix articule la volonté à l'intellect. Selon cette nouvelle position du problème, qui devient directrice pour toute la philosophie moderne, le problème de la liberté devient donc celui du rapport qui unit la volonté à l'entendement : dans le cas où la volonté jouit d'un certain primat dans l'acte de choisir, on parlera de « volontarisme » ; dans le cas contraire, d'« intellectualisme » (voir INTELLECTUS).

Ainsi la problématique moderne du libre arbitre apparaît-elle comme le fruit d'une longue histoire. Loin d'être, comme le pense Descartes, « ce qui se connaît sans preuves, par la seule expérience que nous en avons » (*Principes*, I, § 39, in *Œuvres*, éd. C. Adam et P. Tannery, t. 5, p. 159), il se pourrait bien que la « liberté de la volonté » soit l'une des inventions les plus sophistiquées et les moins évidentes du « patrimoine philosophique occidental ».

♦ Voir encadré 2.

Claude ROMANO

BIBLIOGRAPHIE

ALEXANDRE D'APHRODISE, *Du destin et de la liberté*, trad. fr. P. Thillet, Les Belles Lettres, 1984.

ARENDT Hannah, « Qu'est-ce que la liberté ? », in *La Crise de la culture*, trad. fr. P. Lévy (dir.), Gallimard, 1972.

— *The Life of the Mind*, t. 2, *Willing*, New York-Londres, Harcourt Brace Jovanovich, 1978 ; *La Vie de l'esprit*, t. 2, trad. fr. L. Lotringer, PUF, 1983.

ARISTOTE, *Éthique à Nicomaque*, trad. fr. J. Tricot, Vrin, 1967 ; trad. fr. R.-A. Gauthier et J.-Y. Jolif, Publications universitaires de Louvain, 1970.

— *La Métaphysique*, trad. fr. J. Tricot, Vrin, 1970.
— *La Politique*, trad. fr. J. Tricot, Vrin, 1970.
AUBENQUE Pierre, *La Prudence chez Aristote*, PUF, 3e éd., 1986.
AUGUSTIN, *Sancti Aurelii Augustini* [...] *opera omnia*, éd. des Bénédictins de la congrégation de Saint-Maur, *in* Migne, PL.
— *Œuvres de saint Augustin*, Bibliothèque augustinienne, fondateurs F. Calylé et G. Folliet, Desclée de Brouwer, puis Institut d'études augustiniennes.
CICÉRON, *De officiis*, trad. fr. É. Bréhier, *in* P.-M. SCHUHL (dir.), *Les Stoïciens*, Gallimard, « La Pléiade », 1962.
CLÉMENT D'ALEXANDRIE, *Les Stromates*, I, trad. fr. et notes M. Caster, Cerf, 1951.
— *Les Stromates*, V, trad. fr. P. Voulet, Cerf, 1981.
DESCARTES René, *Œuvres*, éd. C. Adam et P. Tannery, 11 vol., rééd. Vrin, 1996.
ÉPICTÈTE, *Entretiens*, trad. fr. É. Bréhier *in* P.-M. SCHUHL (dir.), *Les Stoïciens*, Gallimard, « La Pléiade », 1962.
FESTUGIÈRE André-Jean, *Liberté et Civilisation chez les Grecs*, Éd. de la « Revue des Jeunes », 1947.
GAUTHIER René-Antoine, Introduction à l'*Éthique à Nicomaque*, Publications universitaires de Louvain, 1970.
GILSON Étienne, *Introduction à l'étude de saint Augustin*, 1928, Vrin, 4e éd., 1987.
HAMELIN Octave, *Le Système d'Aristote*, Vrin, 4e éd., 1985.
HARL Marguerite, « Problèmes posés par l'histoire du mot τὸ αὐτεξούσιον », *Revue des études grecques*, vol. 73, 1960, p. XXVII-XXVIII.
HEIDEGGER Martin, « Vom Wesen und Begriff der *phusis* », *Wegmarken*, in *Gesamtausgabe*, t. 9, Francfort, Klostermann, 1976 ; « Ce qu'est et comment se détermine la *phusis* », trad. fr. F. Fédier in *Questions II*, Gallimard, 1968.
— *Der Satz vom Grund*, 1re éd., Pfullingen, Neske, 1957, rééd. in *Gesamtausgabe*, t. 10, Francfort, Klostermann, 1997 ; *Le Principe de raison*, trad. fr. A. Préau, Gallimard, 1962.
LOTTIN Odon, « Le libre arbitre chez saint Thomas d'Aquin », *Revue thomiste*, 34, 1929, p. 400-430.
MOLINA, *De concorda gratiae et liberii arbitrii*, Anvers, 1515.
MULLER Robert, « Remarques sur la liberté grecque », *Dialogue*, 25, 1986, p. 421-447.
— « La logique de la liberté dans *La Politique* », *in* P. AUBENQUE et A. TORDESILLAS (éd.), *Aristote politique*, PUF, « Épiméthée », 1993.
NESTLE Dieter, *Eleutheria. Studien zum Wesen der Freiheit bei den Griechen und in Neuen Testament*, t. 1, *Die Griechen*, Tübingen, Mohr, 1967.
PLATON, *Œuvres complètes*, trad. fr. et notes L. Robin, Gallimard, « La Pléiade », 1950.
POHLENZ Max, *Griechische Freiheit*, Heidelberg, Quelle und Meyer Verlag, 1955 ; trad. fr. J. Goffinet, *La Liberté grecque*, Payot, 1956.
TELFER William, « Autexousia », *Journal of Theological Studies*, t. 8, 1957, p. 123-129.
THOMAS D'AQUIN, *Somme théologique*, trad. fr. A.-M. Roguet, Cerf, 1994, t. 1-4.
VAN STRAATEN Modestus, « What did the Greeks mean by Liberty ? », *Thêta-Pi*, 1972, p. 105-127.

OUTILS

BENVENISTE Émile, *Le Vocabulaire des institutions indo-européennes*, 2 vol., Minuit, 1969.
CCL : Coll « Corpus christianorum, series latina » (Turnhout, Brepols, à partir de 1953).
CHANTRAINE Pierre, *Dictionnaire étymologique de la langue grecque*, nouv. éd. mise à jour avec un « Supplément au dictionnaire », Klincksieck, 1999.
CSEL : Coll « Corpus scriptorum ecclesiasticorum latinorum » (Vienne, Österreichische Akademie der Wissenschaften, à partir de 1866).
FRISK Hjalmar, *Griechisches etymologisches Wörterbuch*, 3 vol., Heidelberg, Winter-Universitätsverlag, 1960-1972.
PL : MIGNE Jacques-Paul (éd.), *Patrologiae cursus completus, series latina* [*Patrologie latine*], 1844-.
SVF : ARNIM Hans von, *Stoïcorum Veterum Fragmenta*, 4 vol., Stuttgart, Teubner, 1903-1924, rééd. 1964 ; *Stoïci antichi, Tutti i frammenti raccolti da Hans von Arnim*, trad. ital. R. Radice, Milan, Rusconi, 1998.

ÉNONCÉ *Énoncé*, formé sur le latin *enuntiare*, « exprimer, divulguer » (sur *ex*, « au-dehors », et *nuntiare*, « faire savoir » ; le *nuntius* est un « messager », un « nonce »), recouvre le même type d'entité que *proposition* et *phrase* : c'est une unité de base de la syntaxe, dont il s'agit de savoir si elle est ou non porteuse de la valeur de vérité. On trouvera un examen de la différence entre ces entités, et entre les réseaux qu'elles constituent dans les différentes langues (en particulier l'anglais : *sentence, statement, utterance*), sous PROPOSITION/PHRASE/ÉNONCÉ. On se reportera également à LOGOS et DICTUM-ENUNTIABILE, mots dont *énoncé* peut constituer à chaque fois une traduction recevable. Cf. MOT (en part. encadré 3, « *Verbum, dicibile...* »), PRINCIPE, SACHVERHALT, VÉRITÉ.
La caractéristique spécifique de l'énoncé est qu'il est perçu comme une occurrence singulière et fait ainsi couple avec son « énonciation » : voir ACTE DE LANGAGE ; cf. ANGLAIS, LANGUE, *MOT D'ESPRIT*, SENS, SIGNE, SIGNIFIANT/SIGNIFIÉ.

► *DISCOURS*

ENTENDEMENT

gr.	*nous* [νοῦς]
lat.	*intellectus*
all.	*Verstand, Verstehen*
angl.	*understanding*
esp.	*entendimiento, intelecto*
it.	*intelletto*

► ÂME, BEGRIFF, CONSCIENCE, GEMÜT, INTELLECT, INTELLECTUS, *INTUITION*, JE, LOGOS, PERCEPTION, *RAISON*, SENS, *SENS COMMUN*

Terme devenu philosophiquement désuet (on parle de raison, *d'esprit ou d'*intelligence*), entendement a servi à désigner l'activité de l'esprit pendant deux siècles, dans ce qui correspond à l'Âge classique (XVII*e *et XVIII*e *siècles), avant de disparaître ou plutôt de se métamorphoser. Traduisant le latin* intellectus, *il hérite d'une longue tradition conceptuelle qui l'oppose, en tant qu'instance intuitive (gr.* nous [νοῦς]*), à une instance rationnelle discursive (gr.* dianoia [διάνοια]*), et se définit par différence d'avec la* raison *(lat.* ratio*). Mais ces termes, dans leur définition mutuelle, échangent à plusieurs reprises leurs caractéristiques : le plus prestigieux devient le plus ordinaire, le plus ordinaire se trouve réévalué. L'intérêt particulier de ces déplacements conceptuels tient à l'incidence manifeste des langues et des horizons de pensée à partir desquels ils se redéfinissent. On peut ainsi tracer une analogie d'oppositions entre* nous / dianoia, intellectus / ratio, entendement / raison, *comme, ensuite, entre* Verstand / Vernunft, *à condition de constater* *immédiatement que leur usage n'est jamais superposable. Car entre le rationalisme classique, qui parle français ou latin, et la pensée des Lumières, qui se comprend à partir de l'anglais et du* « human understanding », *de l'« entendement humain », s'est déjà introduite une césure conceptuelle, comme entre ces deux univers et celui de l'idéalisme allemand. Avec la dilution de celui-ci, la philosophie contemporaine s'est réappropriée ce terme sous l'espèce de l'entente, de la compréhension :* das Verstehen.

I. DE « OUÏR » À « ENTENDRE » ET À « COMPRENDRE »

Les réinterprétations du mot s'appuient sur les ressources de la langue, des langues. Arsène Darmesteter ne manqua pas de prendre ce terme complexe pour illustrer, il y a un siècle, les phénomènes de rééquilibrage sémantique entre les mots :

> Soit le groupe *ouïr, entendre* et *comprendre*. *Ouïr* (lat. *audire*) sort graduellement de l'usage vers le XVIe-XVIIe siècle et se fait remplacer par *entendre*, qui avait seulement le sens figuré qu'indiquait son étymologie : *intendere (animum)* ; de l'idée de *intelligere*, *entendre* passa donc au sens de *audire* ; mais comment le remplacer au sens de *intelligere* ? La langue ira chercher *comprendre*, qui au sens de *saisir* et *tenir dans son ensemble* (*cumprehendere*) ajoutera le sens de *intelligere*.
>
> *La Vie des mots* [1887], Champ Libre, 1979, p. 118.

À l'*intellectus* latin médiéval, que saint Thomas avait étymologisé en *inte-lectus*, *intus-legere*, « lire dans » par le regard intellectuel (voir INTELLECTUS), ont succédé dans les parlers vernaculaires européens l'*entendement* français, qui associe l'intellection à la finesse de l'ouïe, à la compréhension des mots et des choses, l'*understanding* anglais, le *Verstand* allemand enfin, venant de *stehen* (se tenir debout), plus décidément lié à la représentation, au *vor-stellen/ver-stehen* (voir M. Bréal, *Essai de sémantique* [1897], Hachette, 1924, p. 198-200). Si l'italien a conservé l'*intellectus* latin à travers l'*intelletto*, qui transcende en quelque sorte les déplacements du concept au gré des langues (*intendimento* est resté très minoritaire, mais la *Geschichte des menschlichen Verstandes* [Histoire de l'esprit humain] de Carl Friedrich Flögel, datant de 1765, est traduite en 1835 par *Istoria dell'intendimento umano*), l'espagnol a intégré l'*entendement* et dispose de la paire *intelecto/intendimiento*. La polysémie des termes diffère selon les langues : l'*entendement* ne signifie ni l'écoute ni l'entente, alors qu'*understanding* peut dire l'accord, ce pour quoi l'allemand emploie *Einverständnis*.

II. UNE PRÉHISTOIRE COMPLEXE : « NOUS »/ « DIANOIA », ET LEURS TRADUCTIONS

Entendement, et non *intellect*, est en général la traduction d'*intellectus* (voir INTELLECT) ; *intellectus* est en général la traduction de *nous* (voir INTELLECTUS). On aurait tort de croire pourtant que *entendement* soit généralement la traduction de *nous*, et que l'opposition grecque *nous/dianoia*, même médiatisée par l'opposition *intellectus/ratio*, puisse jamais être rendue en français par l'opposition *entendement/raison*.

Les couples ont ceci de commun qu'ils opposent tous quelque chose de l'ordre de l'intuition immédiate et quelque chose de l'ordre de la rationalité discursive, exprimé dans le parcours qu'impose le *dia*. Ainsi Platon distingue effectivement la vision et intuition intellectuelle (*noêsis* [νόησις]) de la connaissance discursive qu'est la *dianoia* [διάνοια] (*La République*, VI, 511 d-e). L'usage qu'en avait fait auparavant Anaxagore était d'une autre amplitude, puisqu'il y recevait une fonction d'organisation cosmique, une « intelligence gouvernatrice » comme le traduira Leibniz dans son *Discours de métaphysique* (§ 20, éd. H. Lestienne, Vrin, 1983, p. 61-64) en se référant au *Phédon* (97b-c : *nous*[...] *ho diakosmôn kai pantôn aitios* [νοῦς(...) ὁ διακοσμῶν καὶ πάντων αἴτιος] ; voir *MONDE*). Le *nous* a en propre le pouvoir d'une contemplation immédiate des idées : c'est une connaissance intuitive, alors que la *dianoia* passe par des hypothèses et des démonstrations. La connaissance immédiate est supérieure à la connaissance médiate. Dans la « plaine de la vérité », les âmes des dieux (et toute âme qui se soucie de recevoir l'aliment qui lui convient) sont en contact direct avec les idées : « la *dianoia* (« pensée », trad. L. Robin, Les Belles Lettres, 1re éd., 1933, L. Brisson, « GF », 1989) d'un dieu, nourrie de *nous* (« intellection » Robin, « intellect » Brisson) et de connaissance (*epistêmê* [ἐπιστήμη]) sans mélange, [...] jouit et, contemplant les vérités, s'en nourrit et se sent bien » (*Phèdre*, 247d).

Mais il n'est venu à aucun traducteur contemporain l'idée de traduire, chez Anaxagore comme chez Platon, *nous* par « entendement ». Comment rendre compte de ces distorsions ?

C'est, d'une part, que le paradigme véhiculé par le *nous* grec n'est ni celui de l'entendre (« entendement ») ni celui de la vision (« intuition »), mais celui du flair. C'est, d'autre part, en ce qui concerne l'opposition entendement/raison que le terme « raison » est préempté par *logos* et ne peut donc servir à rendre *dianoia* (voir LOGOS).

♦ Voir encadré 1.

À travers des déterminations variées, une continuité s'affirme dans ce que le français rendra par « entendement » : son caractère intuitif et éminent au regard du caractère discursif de la connaissance par chaînes de raisons. Il est intéressant de noter que le passage aux langages vulgaires européens entraînera une atténuation de l'opposition platonicienne constitutive. On constate en effet que : 1. l'usage de *entendement* est restreint à une seule acception (voir INTELLECTUS) ; 2. *entendement* en vient à désigner le pouvoir de penser en général.

III. DE L'ENTENDEMENT HUMAIN AU BON SENS

La traduction de *intellectus* par *entendement* constitue une exception intéressante parmi les langues romanes comme l'italien ou l'espagnol, qui optent pour un calque (*intelletto*, *intelecto*). Si Descartes n'identifie pas particulièrement la *cogitatio* à l'entendement mais à la fois à *mens*, *animus*, *intellectus* et *ratio* (*Méditation seconde*, AT, t. 7, p. 27 ; voir INTELLECT), il reprend une distinction assez ordinaire dans les *Principes de philosophie* entre la « perception de l'entendement » et l'« action de la volonté » (art. I, 32), qui engage une conception plus ou moins passive de l'entendement, insistant sur sa finitude et sur les bornes de sa compréhension. Dès lors, l'entendement relève surtout de la logique, assume donc la discursivité de ses procédures, distingue le vrai du faux. Et donc, la différence entre *entendement* (*intellectus* dans le latin philosophique) et *raison* (*ratio*) s'estompe. Mais cette tendance, qui s'affirmera dans l'aire anglo-saxonne, connaît une exception notable chez Spinoza, qui renoue avec la dimension intuitive propre à l'*intellectus* médiéval. Les quatre modes de connaissance exposés dans son *Tractacus de emendatione intellectus* [*Traité de la réforme de l'entendement*, § 19-24], — respectivement 1) par ouï-dire ou par signe arbitraire, 2) par expérience vague non déterminée par l'entendement, 3) par inférence non adéquate, 4) par l'essence ou par la cause prochaine adéquatement — établissent en effet une continuité entre le troisième, qui permet d'inférer formellement l'essence d'une chose de celle d'une autre, et le quatrième, qui est cette même inférence, mais prolongée intuitivement dans la connaissance des causes prochaines. L'exemple de Spinoza montre comment son *intellectus* (entendement) réconcilie la discursivité mathématique et l'intuition de l'esprit : l'entendement peut être capable, connaissant une série de trois nombres, d'« inventer intuitivement sans aucune opération [*intuitive nullam operationem facientes*] » (*ibid.*, § 24) le quatrième terme.

En anglais, *understanding* va conserver mieux qu'en français ou en allemand l'idée de la compréhension ; ainsi chez Hobbes, c'est la capacité, « à partir des mots, du contexte, et des autres circonstances du discours, de se dégager de l'équivoque et de trouver le vrai sens de ce qui est dit [*to find out the true meaning of what is said*] » (*Elements of Law*, I. *Human Nature*, 1650, chap. 5, § 8, éd. Gaskin, Oxford, 1994, p. 37). De même chez Locke, si c'est le sens plus général de « *power of perception* » (*An Essay concerning Human Understanding* [*Essai philosophique concernant l'entendement humain*], 1689, Livre II, 21, § 5) qui domine, il peut s'analyser en : 1. perception des idées en notre esprit ; 2. perception de la signification des signes ; 3. perception de l'accord ou du désaccord entre nos idées — la dimension sémiotique n'est pas absente, même quand la découpe *understanding / will* tend à la recouvrir. En outre, si, chez Descartes, Spinoza, Malebranche ou Leibniz, l'entendement fini se pense par différence, mais aussi par référence à un entendement infini, chez Locke, il s'agit directement d'une inspection de l'entendement en tant que spécificité humaine, comme le souligne le titre même de son *Essay*. Il en ira de même chez Hume (*Enquiries concerning Human Understanding* [*Enquêtes sur l'entendement humain*], 1758). L'entende-

1

Aux origines du « nous » : le flair

Noos [νόος] (ou *nous* [νοῦς]) est le complémentaire de *thumos* pour décrire l'« esprit » de l'homme homérique ; comme le dit Bruno Snell, dans des termes qui ne peuvent être qu'inadéquats : « *Thumos* signifie ce qui est à l'origine des mouvements, des réactions et des émotions ; *noos*, ce qui suscite les représentations et les idées. » Même si les champs sémantiques se recouvrent partiellement (*noein* implique, comme le montre bien von Fritz, une situation à fort impact émotionnel et engage l'attitude spécifique de l'individu), le *noos* désigne, selon Chantraine, « l'intelligence, l'esprit », en tant « qu'il perçoit et qu'il pense ». *Noein* [νοεῖν] donne consistance au lien entre perception et pensée, non pas au sens empiriste (où rien ne serait dans l'esprit qui ne soit d'abord dans les sens), mais plutôt dans la soudaineté, l'immédiateté d'un (s')apercevoir. C'est ainsi que *noein* est lié au « sentir », au sens de « flairer » — von Fritz mentionne une étymologie, presque cratylienne en anglais et que Chantraine ne considère même pas, sur la racine de *to sniff* ou *to smell* ; il est vrai qu'Ulysse sous ses haillons est « reconnu » (*enoêsen* [ἐνόησεν], *Odyssée*, XVIII, 301) par son vieux chien Argos, qui en meurt sur son tas de fumier. Il est lié, de même, au voir, « dans les yeux » plus que « avec » ou « par » eux (*Iliade*, XXIV, 294 par ex.), et dit en particulier la manière dont on « aperçoit », dont on « intuitionne » ou non, sous l'homme, le dieu (*Odyssée*, XVI, 160). *Noein* signifie ainsi « se mettre dans l'esprit » (s'apercevoir, comprendre), « avoir dans l'esprit » (méditer, projeter, avoir du bon sens, être intelligent et prudent). De manière parfaitement congruente, c'est *noein* (contradistingué de *gignôskein* [γιγνώσκειν], II, 2 et 7) qui, dans le *Poème* de Parménide, sert à exprimer le rapport immédiat à l'être et au dire, dans la triade constitutive de la voie du « est » (III ; VI, 1 ; VIII, 34-36). Dans les usages ultérieurs, qu'on dit intellectualisés (le *Nous* d'Anaxagore, la *noêsis noêseôs* [νόησις νοήσεως] du dieu d'Aristote, et jusqu'au *noêma* [νόημα] de la rhétorique, « concept » ou « sens » par opposition au mot), ce rapport à l'intuition, et plus exactement au flair, ne se laisse probablement jamais oublier.

Barbara CASSIN

BIBLIOGRAPHIE

FRITZ Kurt von, « *Noos* and *Noein* in the Homeric Poems », *Classical Philology*, 38, 1943, p. 79-93.

— « *Nous, Noein*, and their derivatives in pre-socratic philosophy (excluding Anaxagoras) », *Classical Philology*, 40, 1945, p. 223-242 et 41, 1946, p. 12-34, repris *in* A. MOURELATOS, *The Pre-socratics*, New York, Anchor Press /Doubleday, 1974, 2e éd. Princeton, 1993, p. 23-85.

SNELL Bruno, *Die Entdeckung des Geistes* (1946), Vandenhoeck & Ruprecht, Göttingen, 2e éd. rev. 1975 ; *La Découverte de l'esprit. La genèse de la pensée européenne chez les Grecs*, trad. fr. M. Charrière et P. Escaig, L'Éclat, 1994.

ment, en anglais, est décidément *humain*, et c'est également comme pouvoir fini qu'il passe en Allemagne (voir Tonelli, « La question des bornes de l'entendement humain... », p. 396-427). On notera que le maître de Kant à Königsberg, Martin Knutzen, fit traduire l'essai de Locke en allemand par l'orientaliste Georg David Kypke, dont Kant partageait la maison (*Anleitung des menschlichen Verstandes*, 1755). Cette inflexion conduit à une banalisation du concept d'entendement, qui non seulement est dès lors toujours humain, *Menschenverstand*, mais aussi bien souvent qualifié de « sain », de *gesunder Menschenverstand*, autrement dit de « gros bon sens ». L'insistance sur la finitude de l'entendement conduit à l'apologie du sens commun, comme c'est souvent le cas chez les « philosophes populaires » allemands. On est loin du bon sens universellement partagé invoqué par Descartes en ouverture de son *Discours de la méthode*.

IV. « VERSTAND » OU « VERNUNFT », ENTENDEMENT OU RAISON ?

Un nouveau retournement s'opère avec Kant, qui entraîne une dévaluation de l'entendement (*Verstand*) au profit de la raison (*Vernunft*), alors même que l'on peut tenir la *Critique de la raison pure* [1781] en grande partie pour une analytique de l'entendement. L'entendement est défini comme la faculté des règles, il connaît par concepts (discursivement) et synthétise les données de la sensibilité en une unité ; mais c'est la raison (*Vernunft*), faculté des principes, qui permet de les ordonner en un tout. L'un est ordonné à l'autre. L'entendement kantien est une faculté supérieure de l'esprit (voir GEMÜT), synthétique, spontanée bien qu'elle ne s'exerce légitimement qu'en relation à un donné sensible. L'opérateur de la synthèse est le « je transcendantal » (voir JE), qui unifie les catégories ou concepts de l'entendement. Si l'entendement est au même titre que la raison un « pouvoir de juger », il est assigné au jugement singulier plutôt qu'au raisonnement. Bien que les idéalistes postkantiens (Fichte, Schelling, Hegel) aient reproché à Kant sa servitude à l'égard de l'entendement fini et l'interdit porté par lui contre la connaissance métaphysique, c'est bien chez lui que le changement de signe s'effectue. La détermination de l'entendement comme fini, discursif, séparateur, analytique (par rapport à la raison capable d'accéder au principe, à la synthèse, au syllogisme) est un legs de l'idéalisme allemand, particulièrement présent chez Hegel (*Encyclopédie des sciences philosophiques*, § 14). Avec l'intuition intellectuelle (*intellektuelle Anschauung*) revendiquée par Fichte, mais surtout par Schelling, on revient, par-delà le couple *Verstand/Vernunft*, à l'*intellectus* intuitif des médiévaux (voir X. Tilliette, *L'Intuition intellectuelle de Kant à Hegel*, p. 15).

Sur un plan terminologique, il est instructif de voir comment ce retournement de situation a pu être mis à profit chez les adversaires de l'idéalisme. Le grand pourfendeur du rationalisme que fut Jacobi a ainsi pu jouer la raison (*Vernunft*) contre l'entendement (*Verstand*) en arguant que celui-ci ne saurait accéder à l'inconditionné, mais dépend toujours de principes qu'il ne peut démontrer. La raison, en revanche, que Jacobi comprend comme faculté de recevoir, *Vernunft* étant relié à *vernehmen*, « percevoir » (voir PERCEPTION), est passive, elle est ouverture à la révélation (Jacobi, Préface, in *Dialogue sur l'idéalisme et le réalisme*). Dans le contexte de la Querelle du panthéisme déclenchée par Jacobi, on recourt volontiers à la caution de Spinoza pour restaurer une intuition intellectuelle barrée par Kant (X. Tilliette, *op. cit.*, p. 64 *sq.*). Mais l'entendement est placé par Schlegel au-dessus de la raison, qui connaît toute chose, en tant qu'il interprète (*deutet*) et permet ainsi une récapitulation historique (« Transcendentalphilosophie [*Philosophie transcendantale*] », Iéna, 1800-1801, p. 1-105, in *Kritische Friedrich-Schlegel-Ausgabe*, Paderborn, Schöningh, vol. 12, 1964).

V. ENTENDRE, ÉCOUTER, COMPRENDRE : L'ENTENDEMENT HERMÉNEUTIQUE, « DAS VERSTEHEN »

Le romantisme allemand réhabilite à sa façon l'« entendement » en opérant une redéfinition radicale de son objet. Dans la lettre *Sur la philosophie* publiée dans l'*Athenäum* (1799), Friedrich Schlegel prépare une redétermination de l'entendement, qualifié comme étant « la plus haute des facultés humaines », contre l'usage récent de la « philosophie actuelle », qui privilégie la raison. Le renversement de valeur appelé par Schlegel exprime le refus de l'idéalisme absolu :

> Il est tout à fait naturel qu'une philosophie qui progresse vers l'infini plutôt qu'elle ne donne cet infini, qui mêle et relie tout plutôt qu'elle n'accomplit le particulier, ne prise rien tant dans l'esprit humain que le pouvoir d'attacher les représentations les unes aux autres (*im menschlichen Geiste, als das Vermögen, Vorstellungen an Vorstellungen zu knüpfen*) et de poursuivre sans relâche le fil de la pensée sur des modes infiniment nombreux [...] tout prend une signification pour [l'entendement], l'homme voit toute chose avec justesse et vérité (*alles wird ihm [dem Verstand] bedeutend, er sieht alles recht und wahr*).
>
> *Sur la philosophie*, p. 238-239.

Schlegel passe insensiblement à une acception herméneutique de l'« entendre », en remplaçant le « pouvoir de connaître » qu'était l'entendement (*Verstand*) par le « comprendre » (*Verstehen*) : « Un comprendre absolu est nié dans la philosophie qui nie une vérité absolue » (« Transcendentalphilosophie », XII, p. 102 ; trad. fr. p. 190). En passant du substantif au verbe substantivé (*das Verstehen*), l'entendement retrouve son lien à l'interprétation, alors même que l'entendement analytique de l'âge classique l'avait évacué. Pour autant, l'allemand a conservé tout au long du XVIIIe siècle l'équivalence entre *Sinn* et *Verstand* dans des expressions comme « au sens propre (*im eigentlichen Verstand*) », « au sens figuré (*im bildlichen Verstand*) », comme chez Chladenius ou chez Herder. L'abandon des prétentions spéculatives de l'idéalisme qui avait magnifié la raison (*Vernunft*) au détriment de l'entendement (*Verstand*) a eu pour effet une réévalua-

tion historiciste de celui-ci comme « entendement herméneutique », *Verstehen*. L'herméneutique de Schleiermacher (1819) se présente ainsi comme « art du comprendre », *Kunst des Verstehens*. Wilhelm von Humboldt insiste également sur cette dimension du comprendre historique et linguistique, lié comme à son ombre à la possibilité de la mécompréhension. À travers Dilthey et ses élèves (J. Wach, G. Misch), puis dans l'herméneutique philosophique de Gadamer (*Vérité et Méthode* [1960], trad. fr. P. Fruchon, Seuil, 1996), le *Verstehen* s'oppose aux procédures formelles de la méthode et de l'explication pour défendre une approche individuelle, située dans une histoire, et indéfiniment révisable. Seul l'anglais a conservé à travers ces inflexions *understanding*, qui garde encore toute sa pertinence, alors que *Verstand*, *entendement*, voire *intelletto* ont cédé la place à d'autres termes. L'essor des sciences cognitives et de l'intelligence artificielle encourage le recours à la terminologie de l'intelligence (*Intelligence*, *Intelligenz*), alors que la critique de la rationalité, de l'autre côté, favorise l'interprétation, le *Verstehen*.

Denis THOUARD

BIBLIOGRAPHIE

APEL Karl Otto, « Das "Verstehen". Eine Problemgeschichte als Begriffsgeschichte », *Archiv für Begriffsgeschichte*, I, 1955, p. 142-199.

— *Expliquer et Comprendre*, trad. fr. S. Mesure, Cerf, 1999.

BERNER Christian, « Understanding understanding : Schleiermacher », *The Edinburgh Encyclopedia of Continental Philosophy*, 1998.

JACOBI Friedrich Heinrich, Préface [1815], in *Dialogue sur l'idéalisme et le réalisme*, trad. fr. L. Guillermit, Vrin, 1999.

LOCKE John, *An Essay Concerning Human Understanding*, éd. P. H. Nidditch, Oxford UP, 1975.

SCHLEGEL Friedrich, *Sur la philosophie* [in *Athenäum*, 1799], trad. fr. A.-M. Lang, P. Lacoue-Labarthe, J.-L. Nancy, in *L'Absolu littéraire*, Seuil, 1978, p. 224-247.

— « Transcendentalphilosophie » [1801], in *Kritische F. Schlegel Ausgabe* XII ; « Philosophie transcandentale », trad. fr. *in* D. Thouard (éd.), *Symphilosophie. F. Schlegel à Iéna*, Vrin, 2002.

SCHLEIERMACHER Friedrich, *Herméneutique*, trad. fr. C. Berner, Paris-Lille, Cerf-PUL, 1989.

SCHNEIDERS W., « Vernunft und Verstand — Krisen eines Begriffspaares », *in* L. KNEIMENDAHL, *Aufklärung und Skepsis. Studien zur Philosophie und Geistesgeschichte des 17. und 18 Jh.*, Stuttgart, Frommann-Holzboog, 1995, p. 199-220.

SCHOLZ Oliver R., *Verstehen und Rationalität*, Francfort, Kostermann, 1999.

SPINOZA, *Traité de la réforme de l'entendement*, trad. fr. A. Koyré, Vrin, 1969.

THOUARD Denis, « Verstehen im Nicht-Verstehen. Zum Problem der Hermeneutik bei Humboldt », *Kodikas/Code. Ars Semeiotica*, n° 21, 1998, p. 271-285.

TILLIETTE Xavier, *L'Intuition intellectuelle de Kant à Hegel*, Vrin, 1995.

TONELLI G., « La question des bornes de l'entendement humain au XVIIIe siècle et la genèse du criticisme kantien », *Revue de métaphysique et de morale*, n° 65, 1959, p. 396-427.

WACH Joachim, *Das Verstehen*, Tübingen, Mohr (Siebeck), 1926.

ZOVKO Jure, *Verstehen und Nichtverstehen bei Friedrich Schlegel*, Stuttgart-Bad Cannsatt, Frommann-Holzboog, 1990.

ENTREPRENEUR

angl. *adventurer, contractor, employer, enterpriser, entrepreneur, manager, projector, undertaker, superintendent*

► *ACTE*, AGENCY, BERUF, ÉCONOMIE, LIBERAL, OIKONOMIA, PRAXIS, UTILITY

À la fin du XIXe siècle, un mot nouveau apparaît dans le vocabulaire des économistes de langue anglaise : the entrepreneur*. Il est explicitement emprunté à l'économie politique française, et tout particulièrement à Jean-Baptiste Say pour lequel l'*entrepreneur*, agent principal de la production, doit être distingué du propriétaire du capital. Selon les commentateurs anglophones, la naturalisation de ce mot répondait à une nécessité, la langue anglaise ne disposant d'aucun terme qui puisse porter le concept dont les économistes, et singulièrement les théoriciens de la « libre entreprise », avaient besoin.*

*Le concept d'*entrepreneur*, élaboré au cours du XXe siècle dans la littérature anglo-américaine, y acquiert sa consistance propre. L'adoption récente, dans le vocabulaire économique français, de l'anglais* entrepreneurial *(animé de l'esprit d'entreprise) marque à son tour le souci de conférer au mot français* entrepreneur *les valeurs spécifiques acquises dans son usage anglais et surtout américain, en particulier de signaler que l'on s'inscrit résolument dans la dynamique de la libre entreprise. Ainsi, à la fin du XXe siècle en France, comme à la fin du XIXe siècle aux États-Unis et en Angleterre,* entrepreneur *est un concept venu d'ailleurs, voire même une création linguistique transnationale.*

I. L'HISTOIRE FRANÇAISE DU MOT

Lorsque le concept économique d'*entrepreneur* apparaît en France, au début du XVIIIe siècle, le mot a déjà connu une riche histoire. Il tire son origine de l'ancien français *emprise*, puis *entreprise*, qui désigne l'action, en tant qu'engagement dans un projet qui implique le risque. Le champ sémantique d'*entrepreneur* s'étend au domaine de la guerre : l'*entrepreneur* est celui qui conduit un projet de campagne ou de siège ; au domaine du politique : il est celui qui, par ses projets calculés, dénoue les liens qui fondent le royaume ; au domaine du juridique : il est celui qui contrevient à l'ordre hiérarchique des corps et en subvertit les règles ; au domaine de l'économique enfin : il est celui qui s'engage, sur la base d'un contrat préalable (prix fait) à réaliser un projet (collecte des impôts, munitions d'une armée, expédition marchande, construction, production, transaction) en assumant les aléas liés à l'échange et au temps. Ce dernier usage du terme correspond à des pratiques qui se sont socialement affirmées depuis le XVIe siècle.

Tenons-nous à l'usage du terme en économie. L'engagement de l'entrepreneur dans son projet peut être diversement connoté et le nom d'*entrepreneur* diversement traduit dans la langue anglaise. Par *contractor*, si l'accent est porté sur l'engagement vis-à-vis du commanditaire à réaliser l'affaire selon les conditions négociées préalablement (délai prévu, prix fait, prix ferme, fermage) ; *undertaker* lorsque l'on considère l'engagement dans l'activité, la prise en charge du projet, sa réalisation pratique, la mise en mouvement de la transaction argent-production ; *adventurer*, *enterpriser*, *projector*, pour souligner les risques liés à l'anticipation. À la fin du XVIIIe siècle, le mot français *entreprise* s'enrichit du sens nouveau d'« établissement industriel ». *Entrepreneur* y gagne le sens de chef ou directeur d'une entreprise de production (*superintendent*, *employer*, *manager*).

En France, au seuil du XVIIIe siècle, le nom d'*entrepreneur* est fortement connoté politiquement, en particulier par la nombreuse littérature pamphlétaire des mazarinades dénonçant les entrepreneurs de la Ferme des impôts. L'économiste Pierre de Boisguilbert engage le *Factum de la France*, « le plus grand procès qui ait jamais été traité avec la plume » contre les grands financiers, « *entrepreneurs* des richesses du royaume », qui entreprennent sur sa bonne administration (son économie politique), au nom des « entrepreneurs du commerce et de l'industrie » qui contribuent à augmenter ces richesses (*Factum*, p. 742). Boisguilbert échoua dans son projet de réforme de la Ferme ou entreprise de l'impôt, et il revint à un financier habile, Richard Cantillon, de créer le concept économique d'*entrepreneur*.

II. LA CONDUITE AU HASARD DE L'ENTREPRISE : RISQUE ET INCERTITUDE

On ne trouve aucune trace de l'indignation morale qui animait Boisguilbert dans l'*Essai sur la nature du commerce en général* de R. Cantillon. Après avoir montré que « tous les ordres et tous les hommes d'un État subsistent ou s'enrichissent aux dépens des propriétaires des terres » (livre I, chap. 12, p. 25), il pose que « la circulation et le troc des denrées et des marchandises, de même que leur production, se conduisent en Europe par des entrepreneurs et au hasard » (livre I, titre du chap. 13) et décrit minutieusement ce qui contribue à faire, de l'action de chaque entrepreneur, une conduite « à l'incertain », où il agit « suivant ses idées » et « sans pouvoir prévoir », où il conçoit et réalise des projets conduits dans l'aléa des événements. L'incertitude liée au profit d'entreprise tient en particulier au fait qu'il est dépendant des formes de consommation des propriétaires, seuls membres de la société qui soient indépendants — « naturellement indépendants », précise Cantillon. L'entrepreneur est celui qui est capable de transgresser sa dépendance naturelle, par sa frugalité (qui est renoncement à la subsistance que lui assurent les gages) et par son industrie (qui lui permet d'assumer les risques de l'incertitude). Il y acquiert une indépendance relative, à concurrence de sa capacité d'appropriation, liée à son pouvoir d'anticipation. Ainsi Cantillon parvient-il à concilier les deux valeurs du terme que de Boisguilbert n'avait pu que rendre exclusives l'une de l'autre, et il crée le concept d'*entrepreneur*.

Banquier irlandais établi en France, Cantillon s'est frotté, à son avantage, aux pratiques financières des entrepreneurs. Mais son analyse est spécifiquement anglaise, tant par la forme choisie de l'essai que par le fond. Il doit à Petty son recours au calcul et les « pairs en équation » entre consommation et production, terre et travail, qu'il dégage. Il doit aussi à Locke le point de départ de sa théorie sur l'origine de la société, l'importance accordée au contrat librement consenti dans la formation des liens politiques. Toutefois, il critique fermement l'un et l'autre pour leurs généralisations empiriques hâtives, qu'il s'agisse du conventionnalisme de Locke ou des inductions de Petty à partir de quelques calculs, et pour leur indifférence aux conditions concrètes, tout particulièrement sociopolitiques, qui déterminent les circuits des richesses et contribuent à l'incertitude qu'affronte l'entrepreneur. De sorte que le concept d'entrepreneur, son contenu et son importance théorique, semble être le fruit d'une rencontre entre l'économie politique française — entendue comme bonne administration du royaume qui ne peut être atteinte que si l'on prend en compte les déterminations concrètes de la circulation des richesses : monnaie, marchandises, crédit, que si l'on va au détail (*Détail de la France* est le titre d'un ouvrage majeur de Boisguilbert) — et l'économie politique anglaise, plus attachée à découvrir les lois générales du marché. La théorie de Cantillon constitue un épisode paradoxal relativement au lieu commun qui veut que les Français soient théoriciens et les Anglais tout occupés de pratique.

III. ENTREPRISE ET INNOVATION, « PROJECTOR » ET « CONTRACTOR »

En 1787, la publication de la *Defence of Usury* de Jeremy Bentham marque un second épisode. Bentham y défend contre Adam Smith l'importance économique de l'entrepreneur (*projector*) qui, en prenant les risques liés à l'invention et à l'innovation, non seulement contribue à ouvrir de nouvelles voies aux progrès de l'industrie, mais par ses échecs mêmes réduit le champ d'investigation de ses successeurs et leur évite des erreurs. On connaît l'attachement de Bentham à la tradition intellectuelle française. On sait moins que sa défense du *projector* s'inscrit dans un débat alors très vif en France, dans les milieux d'administrateurs et d'ingénieurs, sur les « hommes à projets ». La même année, dans son *Panopticon*, il met l'accent sur les avantages du recours à l'entreprise contractuelle (« *contract management* ») et à l'intérêt de l'entrepreneur (*contractor*) plutôt qu'au système de la régie (« *trust management* ») dans la mise au travail des prisonniers. Cette question du choix entre l'entreprise, où l'engagement est motivé par la quête du profit, et la régie, où le « ménage » — la conduite des activités — est porté par l'attachement et la fidélité au service du roi, est le creuset où s'est forgée la représentation de l'entrepreneur en France. Elle est au centre des réflexions et des enquêtes conduites par des politiques et des administrateurs, depuis Sully, puis Colbert, Vauban, Turgot. Plus essentiellement, l'opposition de l'entreprise et de la régie est celle de la conscience – scrupule à remplir au détail ses engagements décrits dans le devis qui règle le contrat – et de la confiance – exercice immédiat (sans la médiation du calcul des intérêts réciproques) de la fidélité au roi, où l'action n'a d'autre mobile que l'attachement à l'intérêt général du royaume. C'est la tension entre ces deux modes de réalisation de l'intérêt général, et donc la recherche de leur meilleure pondération, qui anime les débats propres à l'histoire de l'économie politique française, et permet de dégager le concept de profit d'entreprise.

En reprenant l'opposition entre *contract* et *trust*, Bentham introduit la logique propre au débat français sur le profit d'entreprise dans l'analyse économique anglaise. Sa tentative ne pouvait qu'achopper, buter sur la conception de l'économie politique que construisaient Adam Smith et David Ricardo : une science, portant sur les lois des échanges et la formation de la valeur et des prix, où le profit ne peut être que celui du capital.

IV. L'ENTREPRENEUR D'INDUSTRIE

L'importance sociale de l'« entrepreneur d'industrie », celui qui conduit l'organisation de son entreprise, c'est-à-dire la distribution du temps, des hommes, des matières et des machines, s'inscrit chez Jean-Baptiste Say dans une prise de position radicale dans le débat sur l'entreprise : est morale l'action conduite en vue de son intérêt propre. « On se plaint que chacun n'écoute que son intérêt : je m'afflige du contraire ! connaître ses vrais intérêts est le commencement de la morale », écrit-il dans *Olbie*, une utopie qui est un *Essai sur les moyens de réformer les mœurs d'une nation*. En formulant cette idée dans une utopie qui permet de donner aux principes la force d'un commencement absolu, Say tourne le dos aux débats français sur l'entreprise comme subversion/réalisation des liens de l'État, et s'engage résolument dans un double projet : impulser à l'économie politique française la démarche théorique fondée par Adam Smith qu'il reconnaît comme son maître et « révère » (introduction de son *Traité*), et donner à la France, obsédée par l'objectif de rattraper l'avance industrielle de l'Angleterre, les moyens d'y parvenir. L'économie politique ne peut y contribuer si on la restreint « à la connaissance des lois qui président à la formation, la distribution et la consommation des richesses » (*Cours*, t. 1, p. 6). Elle ne doit pas être séparée de l'analyse des conditions morales et politiques de sa réalisation, étant « l'économie de la société », « l'économie sociale » ou, plus généralement encore, « la science sociale ». Cette analyse, Say s'active à la diffuser dans la société et, particulièrement, parmi les « industriels ». En Idéologue – il fut un des fondateurs et rédacteur en chef de la *Décade philosophique* –, Say croit dans les vertus de l'instruction entendue comme formation du jugement, de la capacité d'inventer les solutions adéquates qui caractérise l'entrepreneur. Son but demeure celui de ses maîtres de l'École normale de l'an III, qui voulaient transformer les esprits pour produire une « opinion » éclairée capable d'infléchir les décisions gouvernementales.

John Stuart Mill, familier des œuvres de Bentham et de Say et francophile convaincu, reprend dans ses *Principles of Political Economy* (1848) la critique de Say à l'encontre de Smith et de son dédain pour « le prétendu travail d'inspection et de direction (*superintendence*) de l'entrepreneur (*undertaker*) » (*Wealth of Nations*, Livre I, chap. 6). Mill note que le mot *entrepreneur*, dans le sens que lui donne Say, n'est pas familier à l'oreille anglaise, ce qui restreint les pouvoirs d'analyse de l'économie politique anglaise. « *French political economists enjoy a great advantage in being able to speak currently of* "les profits de l'entrepreneur" » (Livre II, chap. 15, § 1, note, vol. 2, p. 401 [1996]). On doit donc à Mill la première introduction du terme dans l'économie politique anglaise.

En 1876, Francis A. Walker, premier président de l'American Economic Association, fait écho à Stuart Mill dans *The Wages Question*, en notant :

> [...] nous n'avons en anglais aucun mot qui désigne exactement la personne qui remplit l'office d'employeur dans l'industrie moderne. Les mots *undertaker* et *adventurer* eurent autrefois ce sens, mais ils l'ont perdu. Le mot français *entrepreneur* a très exactement la signification désirée et il se peut que les exigences du raisonnement de l'économie politique conduise bientôt à sa naturalisation parmi nous [*The French word* entrepreneur *has very nearly the desired significance and it may be that the exigencies of political economical reasoning will yet lead to its being naturalized among us.*]
>
> Chap. 14, p. 243.

Cependant, le rôle économique moteur de l'entrepreneur ne pouvait trouver place dans l'économie néoclassique. Les *Principles of Economics* d'Alfred Marshall (1890) contiennent des remarques qui signalent et l'impossibilité, après Mill et Walker, d'ignorer complètement l'action économique de l'*entrepreneur*, et l'impossibilité, en quelque sorte morale, de considérer que des « talents naturels exceptionnels qui ne sont pas le fait de l'effort humain et ne sont pas le résultat de sacrifices consentis en vue d'un gain futur [*exceptional habilities, which are not made by human effort, and are not the result of sacrifices undergone for a future gain*] » (1961, p. 623) puissent justifier autre chose qu'un revenu supplémentaire (*surplus income*), une « quasi-rente » ; en aucun cas cette action ne saurait être conçue comme « le premier moteur de toute l'économie », comme l'écrit, en 1884, Charles Gide. L'idée de « profit d'entreprise » et d'« esprit d'entreprise » se heurte ici à une position morale analysée par Max Weber comme « esprit du capitalisme » (seul l'effort mérite d'être récompensé par le profit), en même temps qu'à l'effort de formalisation mathématique qui caractérise l'économie néoclassique et exclut la prise en compte de facteurs irréductibles à l'analyse scientifique.

Le mot *entrepreneur* entra néanmoins dans le vocabulaire économique de langue anglaise. En 1904, W. A. Veditz, un professeur d'économie américain qui traduit – ou plutôt adapte pour les étudiants de culture anglophone – les *Principes d'économie politique* de Charles Gide, remarque en note que « le terme français *entrepreneur*, littéralement : l'*undertaker* (la personne qui est à la tête d'une entreprise), a maintenant acquis un usage courant dans la langue anglaise [*The French term entrepreneur, literally meaning undertaker (the person at the head of any undertaking), has now acquired current usage in English*] » (*Principles of Political Economy*, p. 484).

V. PROBABILITÉ ET INCERTITUDE

Il revint à Frank H. Knight de produire une théorie de l'entrepreneur et du profit d'entreprise propre à la littérature anglo-américaine dans *Risk, Uncertainty and Profit* (1921). Il précise dans sa préface :

> [...] la contribution technique particulière à la théorie de la libre entreprise que propose cet essai est une étude plus complète et plus soigneuse du rôle de l'entrepreneur, de sa reconnaissance comme une « figure centrale » du système et des forces qui fixent la rémunération de sa fonction particulière [*the role of the entrepreneur or entrepriser, the recognized « central figure » of the system, and the forces which fix the remuneration of his special function.*]
>
> Préface, p. IX.

Knight s'attaque au point fort de la théorie économique en essayant de cerner au plus près ce qui est proprement irréductible dans l'incertitude liée à l'entreprise innovante : il distingue le « *insurable risk* » de la « *non insurable uncertainty* » ; cette incertitude, où intervient le jugement de l'entrepreneur, constitue des situations qui échappent à la science et au calcul parce qu'elles ne sont pas répétables : « *situations in regard to which business judgement must be exercised do not repeate themselves with sufficient conformity to type, to make possible a computation of probability* » (*The Economic Organisation*, p. 119-120). Depuis, et dans la même logique, on a tenté de réduire davantage les composantes irréductibles du profit d'entreprise, ce qui a contribué à porter l'accent sur l'action de l'entrepreneur, de sorte qu'elle est devenue « *the phenomenon which is more emphasized yet least understood by economists* [le phénomène sur lequel les économistes insistent le plus et qu'ils comprennent le moins] » (Kanbur, « Of risk taking... », p. 767). Qu'il s'agisse, avec Schumpeter, de la volonté d'innover de l'entrepreneur rebelle, avec Keynes, des « esprits animaux [*animals spirits*] » (J. M. Keynes, *The General Theory of Employment...*, p. 161) qui animent la pulsion d'entreprendre, ou plus récemment, avec Shackle, de l'entrepreneur *originator*, au même titre que l'artiste de génie ou le grand mathématicien (avant-propos de R. F. Hebert et A. N. Link, *in* G. L. S. Shackle, *The Entrepreneur*, p. VII), on assiste à une psychologisation de la question fondamentale de l'entreprise et de l'entrepreneur : ce qui, dans la littérature économique française, était rapporté à l'ordre politique, puis social, est devenu, dans celle des pays anglo-saxons, ce qui, dans la nature humaine, résiste à la rationalité du discours économique ou l'excède.

VI. UN MOT FRANÇAIS, UN CONCEPT AMÉRICAIN ?

L'effort de Knight s'inscrivait dans une théorie de l'économie qui s'affirmait énergiquement comme une théorie de la libre entreprise. Le même projet anime les économistes français qui ont intégré l'adjectif *entrepreneurial* à leur vocabulaire. De même, la récente transformation du CNPF (Conseil du patronat français) en MEDEF (Mouvement des entreprises de France) doit contribuer à répandre une autre image de l'entrepreneur. Ce changement d'appellation s'est accompagné d'une campagne « En avant l'entreprise », dont les initiateurs marquaient leur volonté de « placer l'entreprise au centre de la société française » en « favorisant la liberté d'entreprendre, les vocations d'entrepreneurs, leur réussite dans l'économie », en « poursuivant l'esprit d'entreprise et sa diffusion dans toutes les composantes de la société » (*Le Monde*, 28 octobre 1998, p. 34).

Nous sommes de part en part dans la tradition de l'économie politique française des XIXe et XXe siècles, celle qu'expriment Say ou Gide. L'un et l'autre pourraient être l'auteur de ces phrases. On pourrait même entendre des échos du sens d'*entrepreneur* propre au XVIIIe siècle français dans la volonté, affirmée dans cette campagne, de mener « une véritable guerre de terrain contre l'interventionnisme d'État » (*ibid.*). Et pourtant, dans la plaquette destinée à expliquer le changement d'appellation retenu, E. A. Sellière explique qu'« "Entreprises" remplace "Patronat" et évoque tout naturellement les "entrepreneurs", terme passé dans le langage courant ». Ce qui confirmerait, avec toute la littérature économique actuelle, la référence que constitue l'économie libérale anglo-américaine : elle a forgé un nouveau concept d'*entrepreneur*, naturalisé à son tour dans le langage courant en France. Ce concept insaisissable recouvrirait, encore une fois, un mot venu d'ailleurs.

Hélène VÉRIN

BIBLIOGRAPHIE

BENTHAM Jeremy, *Defence of Usury* (1787), Londres, Routledge, 1998 ; *Défenses de l'usure*, Malher, 1828.

BOISGUILBERT Pierre de, *Détail de la France* (1695), *Factum de la France* (1707), *Traité du mérite et des lumières de ceux que l'on appelle gens habiles dans la finance ou grands financiers* (1707), in *Pierre de Boisguilbert ou la naissance de l'économie politique*, INED, 1966, vol. 2.

CANTILLON Richard, *Essai sur la nature du commerce en général* (Londres, Fletcher Gyles, 1755), INED, 1952.

GIDE Charles, *Principes d'économie politique*, Larose et Forcel, 1884, rééd. Sirey, 1921 ; *Principles of Political Economy*, trad. angl. C. W. A. Veditz, Londres, Heath & Co., 1904.

KANBUR S. M., « Of risk taking and the personnal distribution of income », *Journal of Political Economy*, n° 87, 1979, p. 767-797.

KEYNES John Maynard, *The General Theory of Employment, Interest and Money*, Londres, Macmillan, 1936, rééd. New York, Harcourt, Brace & World, 1964 ; *Théorie générale de l'emploi, de l'intérêt et de la monnaie*, Payot, 1996.

KNIGHT Frank Hynean, *Risk, Uncertainty and Profit*, Boston, Houghton, Mifflin & Co., 1921.

— *The Economic Organisation*, New York, Houghton, Mifflin, 1951.

LOCKE John, *Treatise of Civil Government* (1690), New York, D. Appleton-Century Company, 1965 ; *Traité du gouvernement*

civil, S. Goyard-Fabre (éd.), tr. fr. D. Mazel, Flammarion, « GF », 1992.
MARSHALL Alfred, *Principles of Economics* (1890), Londres, Macmillan, 1961.
MILL John Stuart, *Principles of Political Economy*, in *Collected Works*, vol. 2, Londres, Routledge, 1996 ; *Principes d'économie politique*, Guillaumin, 1889.
PETTY William, *Several Essays in Political Economy*, Londres, Clavel, 1699.
SAY Jean-Baptiste, *Olbie ou Essai sur les moyens de réformer les mœurs d'une nation* (1800), Presses universitaires de Nancy, 1985.
— *Traité d'économie politique* (1803), Genève-Paris, Slatkine, 1982.
— *Cours complet d'économie politique pratique* (1828), Osnabrück, Otto Zeller, 1966.
SCHUMPETER Joseph Alois, *The Theory of Economic Developpement*, Cambridge (Mass.), Harvard UP, 1968 ; *Théorie de l'évolution économique*, tr. fr. J.-J. Anstett, Dalloz, 2001.
— *Essays on entrepreneurs, innovations, business cycles, and the evolution of capitalism*, New Brunswick London, Transaction Publishers, 1991.
SHACKLE George Lennox Sharman, *The Entrepreneur*, Avant-propos R. F. Hebert et A. N. Link, New York, Praeger, 1982.
SMITH Adam, *An Inquiry into the Nature and Causes of the Wealth of Nations*, Londres, Strahan et Cadell, 1776 ; *The Wealth of Nations*, Londres, Everyman's library, 1991 ; *Enquête sur la nature et les causes de la richesse des nations*, PUF, 1995.
VÉRIN Hélène, *Entrepreneurs, entreprise. Histoire d'une idée*, PUF, 1982.
WALKER Francis A., *The Wages Question*, Londres, Macmillan, 1877 ; New York, Henry Holt, 1981.

ENTSTELLUNG

ALLEMAND – fr. *déformation, défiguration, altération, déplacement*

► ***DÉFORMATION***, et ANGOISSE, COMBINATOIRE ET CONCEPTUALISATION, CONSCIENCE, ***FAUX***, MÉMOIRE, ***NÉGATION***, PULSION, SIGNIFIANT, VÉRITÉ, VERNEINUNG

Dérivé de stellen *« poser de façon que cela tienne debout », « poser sur ses pieds »* (Stellung, *« position »*) *et du préfixe* ent- *indiquant le changement* (déplacer, dé-poser), *le substantif* Entstellung *a, dans la langue commune, deux sens principaux : « déformer » (changer de forme) et « falsifier » (altérer la vérité,* verfälschen*). Ce second sens peut orienter le premier,* déformer *et* défigurer *allant jusqu'à* falsifier *(un rapport, un événement, la vérité).* Entstellung *est utilisé par Freud pour désigner un mécanisme qui est l'effet d'un processus : celui du* refoulement (Verdrängung) *en premier lieu et, plus tard, celui du* déni (Verleugnung). *Le sens en diffère selon le processus en jeu.*

I. « ENTSTELLUNG » ET DÉFORMATION

Le refoulement produit une déformation (*Entstellung*) des contenus mnésiques, souvenirs ou fantasmes. La mémoire, exclusive de la conscience où tout s'éprouve, mais où rien ne s'inscrit, est constituée de plusieurs niveaux d'inscriptions mnésiques qui ont subi un certain nombre de déformations (lacunes, désordre chronologique, inintelligibilité) ; ces déformations sont dues à l'action du refoulement. Les forces psychiques refoulantes sont perceptibles dans la résistance qui s'oppose, dans la cure, à la réapparition du souvenir : « Plus considérable est la résistance, plus grande est la déformation (*Entstellung*) » (« La méthode psychanalytique de Freud [1904] », in *De la technique psychanalytique*, p. 4). Il faut donc, pour rendre accessible au conscient ce qui, dans le psychisme, restait inconscient, passer des déformations aux matériaux déformés. De même, « un morceau de vérité oubliée réside dans l'idée délirante, lequel, en revenant, a dû subir des déformations (*Entstellungen*) » (*L'Homme Moïse et la Religion monothéiste* [1939], p. 176) ; la déformation est le seul accès à ce noyau de vérité oubliée.

II. « ENTSTELLUNG » ET « VERSCHIEBUNG » (DÉPLACEMENT)

En français, le terme de *déplacement* sera volontiers employé pour rendre compte de l'*Entstellung*, à la place de celui de *déformation*. Et il aura le sens linguistique de métonymie, ce qui est sans doute dû à la contiguïté, dans la *Traumdeutung*, entre *Entstellung* et *Verschiebung* (déplacement, glissement). Ainsi Lacan parlera de « déplacement du signifiant » (*Écrits*, p. 11) ou de « glissement du signifié sous le signifiant » (*ibid.*, p. 511). L'*Entstellung* est une transposition du rêve dans laquelle la signifiance masque le désir du rêve ; elle est aussi dé-position (*Ent-stellung*) des pulsions (*ibid.*, p. 662) à l'image d'une cohorte de personnes déplacées ; elle est distorsion (défiguration) dans les formes grammaticales de la négation (*ibid.*, p. 663).

Mais, en réalité, Freud distingue *Entstellung* de *Verschiebung*, le déplacement étant un effet de la déformation :

> Le fait que le rêve contient des résidus d'événements peu importants nous apparaît donc comme une déformation (*Entstellung*) par déplacement (*Verschiebung*). Rappelons que cette déformation résulte d'une censure entre deux instances psychiques.
>
> *L'Interprétation des rêves*, p. 159.

Ce déplacement est l'un des procédés essentiels de la déformation : « par la vertu de ce déplacement (*Verschiebung*), [...] le rêve ne restitue plus qu'une déformation (*Entstellung*) du désir qui est dans l'inconscient » (*ibid.*, p. 266). Le déchiffrage du rêve démasque le désir inconscient sous sa défiguration, de même que l'accès à un souvenir refoulé ou à une vérité oubliée n'est autre que celui des déformations qu'ils ont subies.

III. « ENTSTELLUNG » ET « VERFÄLSCHUNG » (FALSIFICATION)

En 1939, *Entstellung* est employé par Freud dans un sens orienté vers la falsification :

> [...] il en va de la déformation (*Entstellung*) d'un texte comme d'un meurtre. Le difficile n'est pas d'exécuter l'acte, mais d'en éliminer les traces. On aimerait prêter au mot *Entstellung* le double sens qu'il peut revendiquer, bien qu'il n'en soit plus fait usage de nos jours. Il ne devrait pas seulement signifier : changer l'aspect de quelque chose, mais aussi : changer quelque chose de place, le déplacer ailleurs. Dans bien des cas d'*Entstellung* de texte, nous pouvons donc nous attendre à trouver, caché ici ou là, l'élément réprimé ou dénié, même s'il est modi-

fié et arraché à son contexte. Seulement, il ne sera pas toujours facile de le reconnaître.

L'Homme Moïse et la Religion monothéiste, p. 115.

La notion d'*Entstellung* comme trace d'un processus dans l'appareil psychique est toujours présente ; mais, en s'appliquant ici à tout texte, qu'il soit métapsychologique ou biblique, elle est trace non plus du refoulement, mais du déni (*Verleugnung*). Ainsi le sens qu'elle prend (*Verfälschung* : falsification, altération, dénaturation, contrefaçon) vient du déni (*Verleugnung*) du meurtre (du père, de Moïse) dont elle est la trace dans l'écrit, par déplacement de lettre ou de date. La falsification des traces donne accès, dans le différé de son après-coup, à leur origine ; on lit un texte avec les traces qui l'ont déformé, et les modalités de la déformation donnent accès à ce qui du texte a été déformé (vrai, réel). L'*Entstellung* traite la lettre du texte comme elle traite l'impression mnésique inscrite en la déplaçant, en la déformant – en la falsifiant. Même en tirant *entstellen* du côté de *verfälschen*, Freud continue à les séparer :

> [...] le texte dont nous disposons aujourd'hui nous en dit assez sur ses propres destinées. Deux traitements opposés y ont laissé des traces. D'une part, des remaniements sont intervenus, qui l'ont falsifié (*verfälscht*), mutilé et amplifié dans le sens de leurs intentions secrètes, qui l'ont retourné jusqu'à lui faire signifier le contraire ; d'autre part, il a été l'objet d'une piété pleine d'égards (*schonungsvolle Pietät*), qui voulait tout conserver tel qu'elle le trouvait, sans se soucier si ces divers éléments s'accordaient ou se détruisaient.
>
> *Ibid.*, p. 114-115.

La déformation est, certes, un effet de la falsification (« les altérations [*Entstellungen*] ultérieures [...] servent la même intention [...], celle de falsifier [*verfälschen*] l'image du passé », *ibid.*, p. 119) ; mais Freud les distingue l'une de l'autre. La première est réservée à la tradition : de la religion de Moïse, « il s'était conservé une espèce de souvenir, une tradition peut-être obscurcie et déformée (*entstellt*) ». Et la seconde s'applique à la narration écrite : le compromis de Cadès fut fixé par écrit, mais

> [...] il devait s'écouler encore beaucoup de temps avant que [la narration écrite] reconnût qu'elle était tenue de dire rigoureusement la vérité. Tout d'abord, ils [les gens venus d'Égypte] n'eurent aucun scrupule à façonner leurs relations conformément aux besoins et aux tendances du moment, comme s'ils n'avaient aucune idée de la notion de falsification (*Verfälschung*).

C'est de la *Verfälschung* de la lettre que Lacan extraira, en 1970 dans *L'Envers de la psychanalyse*, le *falsus* comme chu de l'écrit ; l'équivoque entre « falloir » et « faillir » (voir DEVOIR) réunit dans l'étymologie de *fallere* (au participe passé) le « manquer à, tomber » et le « manquer, tromper, se tromper ». Le *falsus* condense le défaut de la faille et la faute du falloir dans la faute d'écriture d'une lettre chue, déplacée.

Solal RABINOVITCH

BIBLIOGRAPHIE

FREUD Sigmund, *Traumdeutung* [1900], in *G.W.*, t. 2-3, 1942 ; 1re trad. fr. I. Meyerson sous le titre *La Science des rêves*, Alcan, 1926 ; nouv. trad. révisée, sous le titre *L'Interprétation des rêves*, par D. Berger, PUF, 1967.

— « La méthode psychanalytique de Freud » [1904], in *G.W.*, t. 4 ; trad. fr. A. Berman, in *La Technique psychanalytique*, PUF, 1953, p. 1-8.

— *Der Mann Moses und die monotheistiche Religion* [1939], in *G.W.*, t. XVI, 1re trad. fr. sous le titre *Moïse et le monothéisme*, A. Berman, Gallimard, 1967 ; nouv. trad. C. Heim, *L'Homme Moïse et la Religion monothéiste*, *ibid.*, 1986.

LACAN Jacques, *Écrits*, Seuil, 1966.

— *L'Envers de la psychanalyse*, *Le Séminaire*, Livre XVII, Seuil, 1991.

ÉPISTÉMOLOGIE

all.	*Erkenntnistheorie*
angl.	*epistemology*

► ANSCHAULICHKEIT, BELIEF, CHANCE, GEISTESWISSENSCHAFTEN, PERCEPTION, REPRÉSENTATION, ***SAVOIR***, VÉRITÉ

*Lorsque le terme d'« épistémologie » s'introduit en français, sans doute en 1901 à l'occasion de la traduction de l'*Essai sur les fondements de la géométrie *de Bertrand Russell, ce qui domine est la sérénité apparente d'un consensus ; comme l'écrit Louis Couturat : « l'Épistémologie est la théorie de la connaissance appuyée sur l'étude critique des sciences, ou, d'un mot, la* Critique *telle que Kant l'a définie et fondée ». Lorsque, de son côté, Émile Meyerson écrit l'Avant-propos de* Identité et réalité *en 1907, il précise : « Le présent ouvrage appartient, par sa méthode, au domaine de la philosophie des sciences ou* épistémologie, *suivant un terme suffisamment approprié et qui tend à devenir courant », et il inscrit aussitôt après son travail sous l'égide de Hermann von Helmholtz et de sa théorie des processus psychiques inconscients. Kant, Russell, Helmholtz : il s'agit en toute généralité d'étudier les lois de la pensée dans une référence aux sciences, et il ne semble alors exister que des différences d'accent ou d'usage entre les termes d'*épistémologie/philosophie des sciences, Erkenntnistheorie *(ou* Erkenntnislehre / Wissenschaftslehre) *et* epistemology.

*Il ne reste à peu près rien aujourd'hui de cette homogénéité, postulée ou espérée, des noms donnés aux différents discours sur la science en allemand, en anglais et en français. Le terme français d'*épistémologie, *de même que l'allemand* Wissenschaftstheorie, *absorbe simplement dans une harmonie quelque peu de façade une multiplicité d'approches — théorie générale de la connaissance, analyse technique et logique des théories scientifiques, analyse historique de leur développement — que l'anglais tend pour sa part à distinguer* (epistemology, philosophy of science, history of science). *Mais en réalité il n'existe plus ni doctrine fondatrice ni orientation unitaire dans le domaine de la théorie de la connaissance et de la science. L'expérience de la traduction est devenue, corrélativement, celle de la prolifération de termes « intraduisibles » — termes allemands sans corrélats exacts en anglais ou en français* (Anschaulichkeit, Zusammenhang), *termes anglais ou américains sans corrélats exacts en allemand ou en français* (« inference to the best explanation », defeasibility). *Les épistémologues d'aujourd'hui font l'épreuve de la perte de l'unité de leur* *vocabulaire, et tout se passe comme si, pour identifier les problèmes, il fallait d'abord se donner une carte des mots.*

I. « ERKENNTNISTHEORIE »

A. Premières occurrences du terme

L'usage du terme d'*Erkenntnistheorie* apparaît assez tôt dans l'histoire de la philosophie allemande au XIXe siècle, en tout cas bien avant l'attribution usuelle à Zeller, qui ne fait qu'en fixer l'acception universitaire dans les années 1860 (E. Zeller, *Bedeutung und Aufgabe der Erkenntnistheorie*, 1862). Malgré la diversité de ses significations, l'*Erkenntnistheorie* désigne jusque dans les années 1930 le discours qui analyse le pouvoir de connaître par les différentes sciences (*Wissenschaften*), qu'elles soient « de l'esprit » (*Geisteswissenschaften*) ou « de la nature » (*Naturwissenschaften*). Mais l'histoire du terme est aussi dans une large mesure celle de la référence à Kant au cours du XIXe siècle, histoire qui évolue d'une revendication polémique à la reconnaissance des limites intrinsèques de la problématique kantienne.

Dès 1827, on trouve mention du terme de *Erkenntnislehre* dans le Lexique de Krug, qui la définit comme « la théorie philosophique de la connaissance humaine, également appelée Métaphysique » (W. T. Krug, *Allgemeines Handwörterbuch der philosophischen Wissenschaften*, Leipzig, Brockhaus, 1827, p. 705 ; 2e éd. 1832, p. 447). Selon K. Köhnke, qui suit ici F. Ueberweg, le sens général de l'*Erkenntnistheorie* apparaissait déjà dans les conférences de Schleiermacher sur la dialectique, prononcées en 1811 et publiées en 1839, premier effort postkantien pour élaborer une théorie de la connaissance qui soit fondée non seulement sur la pensée pure, mais aussi sur la perception sensible. Mais pour trouver les premières références précises à une *Theorie der Erkenntnis*, il faut sans doute se reporter à la *Theorie des menschliches Erkenntnisvermögen* de E. Reinhold (1832) ; en 1876, H. Vaihinger attribuera d'ailleurs à Reinhold les débuts de l'*Erkenntnistheorie*.

B. La revendication de l'héritage de Kant

Bien qu'on ne sache donc pas exactement à quelle date le terme même d'*Erkenntnistheorie* s'est fixé dans la langue, sa signification est clairement liée à la revendication de l'héritage de Kant contre celui de la philosophie de la nature de Hegel et de l'idéalisme allemand en général. L'objet de l'*Erkenntnistheorie* est, au sens le plus général, l'étude des présuppositions de la connaissance, tant dans les sciences exactes que dans les sciences historiques. Selon A. Diemer et C. F. Gethmann, on peut alors distinguer dans la philosophie allemande du XIXe siècle : *a)* un courant psychologique, qui commence avec J. Fries et tend ensuite à se développer comme psychologie empirique : l'*Erkenntnistheorie* devient « analyse des sensations » (Beneke, Schopenhauer, Helmholtz, Wundt, Stumpf, Avenarius, Mach) ; *b)* à l'opposé, un courant logico-transcendantal, qui met l'accent soit sur la méthodologie des sciences de la nature avec l'École de Marbourg (H. Cohen, P. Natorp, puis E. Cassirer), soit sur la connaissance morale et historique (W. Windelband, H. Rickert, E. Lask) ; *c)* un courant métaphysique réaliste inauguré par J. F. Herbart et F. A. Trendelenburg, où l'*Erkenntnistheorie* est comprise comme *philosophia prima* (E. Zeller, F. Überweg, E. von Hartmann, etc.). La diversité de ces références à l'*Erkenntnistheorie*, bien qu'elle soit irréductible à une orientation unique, indique cependant une seule et même direction générale : celle d'un retour à une analyse du pouvoir de connaître et du processus de l'objectivation des phénomènes, dans une opposition à ceux des successeurs de Hegel et de Schelling qui prétendaient légiférer dans les sciences de la nature. K. Köhnke suggère ainsi que l'*Erkenntnistheorie*, ponctue trois retours successifs à Kant : vers 1830 autour

1

Épistémologie

Louis Couturat, dans le *Lexique philosophique*, cité par B. Russell, écrit :

« ÉPISTÉMOLOGIE (anglais : *Epistemology*) — Ce terme, qui signifie épistémologiquement *théorie des sciences*, correspond au mot allemand *Erkenntnistheorie* ou *Erkenntnislehre* (Théorie de la connaissance) et à l'expression française *Philosophie des sciences*.

Il désigne une partie fondamentale de la Philosophie, que l'on confond à tort, en France, avec la Psychologie ou avec la Logique. Elle se distingue de la Psychologie en ce qu'elle est, comme la Logique, une science *normative* (Wundt), c'est-à-dire qu'elle a pour objet, non les lois empiriques de la pensée telle qu'elle existe en fait, mélange de vérité et d'erreur, mais les lois idéales (règles ou *normes*) auxquelles la pensée doit se conformer pour être correcte et vraie. Elle se distingue de la Logique formelle en ce que celle-ci étudie les règles *formelles* ou les principes *directeurs* auxquels la pensée doit obéir pour être conséquente et rester d'accord avec elle-même, tandis que l'Épistémologie recherche les principes *constitutifs* de la pensée, qui lui fournissent un point de départ et un contenu réel et lui assurent une valeur objective. Enfin, elle se distingue de la Logique appliquée ou Méthodologie en ce que celle-ci étudie les méthodes propres aux diverses sciences, tandis que l'Épistémologie recherche les principes (axiomes, hypothèses ou postulats) qui leur servent de fondement, et en discute la valeur et l'origine (empirique ou *a priori*). En résumé, l'Épistémologie est la théorie de la connaissance appuyée sur l'étude critique des sciences, ou, d'un mot, la *Critique* telle que Kant l'a définie et fondée ».

BIBLIOGRAPHIE

RUSSELL Bertrand, *Essai sur les fondements de la géométrie* [*An essay on the Foundations of Geometry*, 1897], trad. fr. A. Cadenat, éd. rev. par l'auteur et par L. Couturat, Gauthier-Villars, 1901.

de Reinhold, vers 1860 autour de Helmholtz (*Schriften zur Erkenntnistheorie*, rééd. 1921), enfin au tournant du XXe siècle avec l'École de Marbourg. Dans les trois cas, le terme d'*Erkenntnistheorie* semble jouer avant tout comme un sigle, un repère ou un signe de reconnaissance pour des préoccupations qui sont à vrai dire souvent peu kantiennes *stricto sensu*, et par ailleurs extrêmement différentes les unes des autres (logique, philosophie du langage, psychologie, physiologie, sociologie, histoire, herméneutique, ou méthodologie des sciences de la nature).

♦ Voir encadré 1.

C. Généralisations et ambivalences de l'usage du terme au début du XXe siècle

Si, vers 1920-1930, le terme d'*Erkenntnistheorie* est toujours, voire plus que jamais, en usage, son emploi tend à devenir presque purement emblématique : il sert à maintenir une exigence générale de rationalité et d'intérêt pour le problème de la connaissance, mais dans un contexte où l'on reconnaît que le kantisme a atteint certaines limites de principe. On peut prendre quatre exemples de cette ambivalence.

a. Chez Husserl, la philosophie est encore vue comme *Erkenntniskritik*, distincte du « travail ingénieux et méthodique des sciences particulières » (*Recherches logiques*, I, trad. fr. H. Élie, A. L. Kelkel et R. Schérer, PUF, 2e éd. 1969, p. 254) et assignée à l'élucidation de l'essence des concepts de « chose », « événement », « cause », « effet », « espace », « temps », etc. (*ibid.*, II, p. 15) ; mais cette *Erkenntniskritik* est interprétée au sens nouveau de l'intentionnalité. Dans la première des *Recherches logiques*, on trouve *Erkenntnislehre*, *Erkenntnistheorie* et *Erkenntniskritik* pour désigner toute orientation opposée à la psychologie empirique, au biologisme et au scepticisme ; la phénoménologie, pour sa part, fonde d'une tout autre manière la critique de la connaissance, en la faisant reposer sur une ontologie pure des vécus. Même si l'usage persistant du terme d'*Erkenntnistheorie* révèle le maintien chez Husserl d'une grande part de la problématique kantienne de la constitution de l'objectivité, c'est donc dans cet horizon nouveau de la méthode phénoménologique qu'il emploie le mot.

b. Second exemple, selon Moritz Schlick, dans l'*Allgemeine Erkenntnislehre* [Théorie générale de la connaissance] (1918), la philosophie s'identifie très classiquement à la « théorie de la connaissance » et celle-ci est rigoureusement distinguée de la psychologie. La théorie de la connaissance est définie comme une recherche des fondements universels de la possibilité de la connaissance valide en général, qui doit permettre la clarification des concepts fondamentaux de l'ensemble des sciences (celui de conscience en psychologie, ceux d'axiome et de nombre en mathématique, ceux d'espace et de temps en physique, etc.). Cependant, Schlick se réclame de Helmholtz, de Kirchhoff et de Hilbert ; il comprend la connaissance comme un processus de « désignation des objets » radicalement différent aussi bien de la « pénétration intuitive » que de la recherche de l'« adéquation sujet-objet » ; il ramène ce processus de désignation à une « reconnaissance du semblable », qui doit conduire à une réduction du nombre des principes explicatifs, et il affirme que la seule méthode rigoureuse est celle des mathématiques. L'*Erkenntnistheorie* de Schlick, bien qu'elle reste une analyse du pouvoir de connaître, représente donc déjà un adieu très net à Kant et ouvre la voie à l'antikantisme de principe qui caractérisera les premiers textes issus du Cercle de Vienne.

c. Chez Cassirer, le terme d'*Erkenntnistheorie* est tout aussi omniprésent. Outre les quatre volumes de *Das Erkenntnisproblem* (1906, 1907, 1920, 1957), le livre de 1920 sur la théorie de la relativité s'intitule *Zur Einsteinschen Relativitätstheorie, erkenntnistheoretische Betrachtungen* et l'objet du livre de 1936 sur la mécanique quantique, *Determinismus und Indeterminismus in der modernen Physik*, est de mesurer le déplacement du centre de gravité de la physique théorique du point de vue de la théorie de la connaissance (*erkenntnistheoretisch*), c'est-à-dire du point de vue de la détermination des concepts d'objet et de réalité, de chose et d'attribut, de substance et d'accident. Dès *Substanzbegriff und Funktionsbegriff* (1910), pourtant, le terme d'*Erkenntnistheorie* est dégagé par Cassirer de son affiliation stricte à un néokantisme, puisqu'il s'agit d'élargir le projet *erkenntnistheoretisch* dans son principe même. La *Philosophie der symbolischen Formen* (1923, 1925, 1929) propose une « critique de la culture » et une morphologie de l'esprit humain dans toutes ses manifestations — sciences, mythes, langages, religions — unifiée par la notion de forme symbolique vue comme une règle régissant les fonctions cognitives dans leur multiplicité concrète. Et le livre de 1936 sur la physique quantique évoque la limitation définitive du schématisme et des changements profonds dans les formes de la pensée. Là encore, par conséquent, la prégnance kantienne du terme d'*Erkenntnistheorie* s'affaiblit au point de disparaître presque entièrement.

d. Enfin, dernier exemple, le terme d'*Erkenntnistheorie* est encore celui qu'emploient spontanément les fondateurs de la mécanique quantique : il est récurrent dans les titres des articles de N. Bohr (ainsi, en 1939, « Erkenntnistheoretische Fragen in der Physik und die menschlichen Kulturen », ou en 1949, « Diskussion mit Einstein über erkenntnistheoretische Probleme in der Atomphysik »), comme dans les publications de W. Heisenberg, de W. Pauli, de M. Born, etc. Mais l'usage du terme n'est plus ici en aucune manière une référence au kantisme — explicitement récusé par Bohr, Heisenberg et Pauli dès la fin des années 1920 — ; il sert plutôt à désigner un certain ensemble de questions philosophiques concernant la « situation nouvelle de la connaissance » qu'il s'agit de « reprendre à neuf » : fondements de la description de la nature ; élargissement du concept d'*Anschauung* et des critères de l'*Anschaulichkeit* d'une théorie physique ; transformation des conditions de l'objectivation *via* le renoncement à une détermination simultanément spatio-temporelle et causale des phénomènes ; redéfinition nécessaire de l'objectivité en référence à la possibilité d'une communication non ambiguë ; critique du concept traditionnel de sujet comme entendement pur et isolé et mise au premier plan du langage ; transformation du concept de réalité ; déplacement de l'opposition entre *Wissen* et *Glauben*, etc. Ici culminent donc, du côté des sciences, les difficultés internes de la problématique originairement associée à l'*Erkenntnistheorie*.

II. « EPISTEMOLOGY »

A. De la problématique de l'objectivation à celle de la « croyance justifiée »

Peut-on traduire *Erkenntnistheorie* par *epistemology* ? L'*Erkenntnistheorie*, si générale que soit sa dénomination, reste essentiellement liée au problème de savoir comment un sujet érige un phénomène en objet de connaissance, dans un certain rapport de l'intuition (c'est-à-dire de la représentation d'un phénomène dans l'espace et le temps) à un concept. Sans doute l'*epistemology* — le vocable apparaît en anglais en 1856 dans les œuvres du philosophe écossais James F. Ferrier — est-elle, elle aussi, définie encore aujourd'hui dans les dictionnaires et les encyclopédies comme l'étude des sources, de la nature et des limites de la connaissance humaine. Mais il est immédiatement précisé que les préoccupations centrales de l'*epistemology*, déterminées par le point de départ frégéen et par le *linguistic turn*, concernent la logique et les systèmes formels, le langage et le concept de vérité, l'esprit et les états mentaux, et que l'une de ses questions majeures est de savoir ce qu'est une « croyance justifiée » (*justified belief* — *belief* désignant l'acte de tenir un énoncé pour vrai), ainsi qu'une « croyance vraie justifiée » (*justified true belief*). À cette question et à toutes les questions qui lui sont associées (concept de vérité, notion de preuve et de démonstration, théorie de l'inférence valide, etc.), plusieurs types de réponses sont proposées : des réponses dites « normatives », des réponses dites « naturalistes » ou des réponses dites « sceptiques » ; et la compréhension de ces réponses exige à son tour la maîtrise d'une tradition et d'un vocabulaire spécifiques. Les paradoxes ne sont plus les mêmes : de l'argument de L. Nelson sur l'impossibilité de la théorie de la connaissance (*Die Unmöglichkeit der Erkenntnistheorie*, 1912 ; cf. *Gesammelte Schriften*, éd. P. Bernays *et al.*, Hambourg, Meiner, 1970-1977), on passe à ceux des problèmes de Gettier (« Is Justified True Belief Knowledge ? », *Analysis*, n° 23, 1963, p. 121-123). Les clivages ne sont plus situés aux mêmes lieux : ainsi le fondationnalisme réunit-il l'empirisme et le rationalisme classiques dans l'idée qu'il existe une structure fondationnelle comportant des croyances fondamentales, par contraste avec le « cohérentisme », qui suppose que toute croyance dérive sa justification d'autres croyances ; mais l'un et l'autre sont en conflit avec l'épistémologie naturalisée qui considère que l'entendement humain est une entité de la nature, en interaction avec d'autres, et que les résultats de son étude scientifique sont cruciaux pour l'entreprise épistémologique. Des concepts ou des *topoi* universellement connus dans la littérature actuelle en langue anglaise ne stimulent parfois aucune réaction particulière dans les autres langues : pour ne prendre que des exemples, en vrac mais massifs, si des distinctions comme celle entre sens et référence ou des exemples comme « l'actuel roi de France est chauve » sont désormais classiques, il reste difficile de débattre en français de la portée du bayésianisme ou des différentes interprétations de la notion de probabilité, ou encore des problèmes liés à l'*underdetermination of theories by experience* (sous-détermination des théories par l'expérience), à l'argument du *private language*, à la notion de *projectible predicates* (prédicats « projectables ») ou à celle de *degree of evidential support* (degré de soutien apporté par le témoignage des données), etc. Même les noms propres n'ont pas la même signification : Aristote, Descartes, Anselme ou Thomas d'Aquin sont des termes qui fonctionnent comme des « descriptions définies » différant d'une langue à l'autre. Il est clair que l'*epistemology* renvoie à d'autres préoccupations que celles de l'*Erkenntnistheorie* et qu'elle ne prend sens que dans le réseau de concepts spécifiques qui lui est associé.

B. L'évolution de l'« epistemology »

Comment s'est établie cette différence entre deux mondes de pensée en philosophie de la connaissance ? Pour le comprendre, il faudrait parcourir dans le détail toute l'histoire de la philosophie en langue anglaise. On se limitera ici à rappeler sommairement quatre moments de cette histoire.

a. Le premier — habituellement considéré comme la naissance de la philosophie analytique — est celui de la révolte de Russell et de Moore contre l'idéalisme hégélien devenu à la mode dans la philosophie anglaise de la fin du XIXe siècle. Selon Russell, une « nouvelle philosophie » commençait avec l'article de Moore, « The nature of judgment », paru dans *Mind* en 1899, dans lequel il rejetait aussi bien la problématique kantienne de la possibilité de la connaissance que celle, hégélienne, de l'Esprit absolu. Début plus fracassant que subtil, mais dont il faut saisir la nécessité polémique : « avec l'impression de nous échapper de prison, nous nous permettions de penser que l'herbe est verte, que le soleil et les étoiles existeraient même si personne n'y prêtait attention, et aussi qu'il existe un monde atemporel et pluraliste d'Idées platoniciennes » (B. Russell, « My mental development », *in* P. A. Schilpp, *The Philosophy of Bertrand Russell*, Evanston, Illinois, Northwestern UP, 1944, p. 12).

b. Installée d'entrée de jeu dans une opposition au kantisme et à l'idéalisme allemand, la tradition anglaise de l'*epistemology* acquiert ensuite son caractère distinctif avec la fabrication d'un lien nouveau entre empirisme et logique symbolique. La théorie des descriptions définies de Russell (« On Denoting », in *Mind*, 1905) donne ainsi le modèle de la résolution d'un problème philosophique par les moyens de la logique. La philosophie est alors classée avec les mathématiques et la logique, comme une approche déductive et *a priori* dont la fonction est de clarification et d'analyse — les sciences de la nature étant vues de leur côté comme la voie d'accès essentielle à toute connaissance nouvelle du monde. L'idée — commune un temps à Russell et à Wittgenstein — que l'analyse logique permet de résoudre le langage en une collection de propositions atomiques et que structure des propositions et structure de la réalité se renvoient l'une à l'autre en miroir subsistera par ailleurs dans tous les développements ultérieurs de l'*epistemology* ; l'hypothèse qu'il existe une forme logique cachée dans le langage ordinaire divise encore aujourd'hui les deux branches de l'héritage de Wittgenstein, celle du *Tractatus* et celle des *Philosophical Investigations*.

c. Un troisième moment essentiel est celui de l'apparition du « positivisme logique » et de l'« empirisme logique ». Le mouvement du Cercle de Vienne, né informellement en 1924 et doté en 1929 d'un manifeste intitulé « La conception scientifique du monde », reprend en l'amplifiant encore l'opposition à l'idéalisme et à la métaphysique, ainsi que la foi dans la puissance de la logique et l'idée que la philosophie a pour fonction de clarifier la signification des énoncés et des concepts des sciences. Associées à une distinction entre analytique et synthétique qui sera récusée par Quine en 1951, les différentes versions du critère de vérifiabilité empirique (*verifiability criterion of factual meaningfulness*), dont la première formulation due à M. Schlick énonçait simplement que la signification d'un énoncé était la méthode de sa vérification, seront discutées inlassablement entre 1930 et 1960 environ, d'abord dans le contexte de la théorie des énoncés protocolaires et du physicalisme, puis dans celui des différentes conceptions de la « testabilité », de la confirmation, de la falsifiabilité, de la structure des théories et du réductionnisme.

d. Enfin, un quatrième moment caractéristique de la tradition de l'*epistemology* est celui qui marque, à la fin des années 1960, la reconnaissance de l'échec de l'empirisme logique et la recherche assez chaotique de directions nouvelles. Si on laisse de côté à la fois la philosophie de l'esprit et ses débats sur le nouveau matérialisme, ainsi que la sociologie des sciences, on peut dire que,

2

Les grands courants de l'épistémologie contemporaine

De même que le terme de connaissance désigne aussi bien la connaissance ordinaire que la connaissance scientifique, le mot d'« épistémologie » — du grec *epistêmê* [ἐπιστήμη], « connaissance » — désigne la théorie de la connaissance entendue soit au sens étroit de théorie de la connaissance scientifique, soit au sens plus large de théorie de la connaissance, sans distinction d'objet. C'est ce dernier sens qui prévaut pour le terme anglais d'*epistemology* ; ce dernier renvoie à l'étude de la connaissance et de la justification des croyances, c'est-à-dire à ce qu'on appelle aussi « théorie de la connaissance » et « gnoséologie ». Dans cette acception du terme, la science ne constitue pas le domaine d'examen unique ni privilégié de l'épistémologie, puisque la question de la justification des croyances et des connaissances se pose aussi dans le cas ordinaire du jugement de perception, du souvenir, ou des croyances formées sur la base du témoignage d'autrui. L'épistémologie entendue en ce sens n'a pas vocation à décrire ou à évaluer des systèmes particuliers d'arguments ou de preuves, mais à expliciter en quoi consiste la justification (*justification*) des croyances vraies qui les élève au statut de connaissances. Le concept de justification peut lui-même être compris soit comme un réquisit « internaliste » (*internalist*) portant sur les caractéristiques du sujet connaissant et des raisons qu'il a de tenir pour vraie une proposition donnée ; soit comme l'exigence « externaliste » (*externalist*) qu'il existe un lien approprié — causal, ou, plus généralement, nomologique — entre le sujet connaissant et l'objet connu.

Il existe deux manières d'aborder les problèmes épistémologiques ; l'une est « normative » (*normative*), et cherche à dégager les principes qui justifient l'acceptation rationnelle d'une croyance ; l'autre est « naturaliste » (*naturalist*), et dérive le statut épistémique d'une croyance des conditions dans lesquelles elle est acquise.

L'acception normative de l'épistémologie se subdivise en deux courants. Le « fondationnalisme » (*foundationalism*) part de la thèse empiriste selon laquelle toute connaissance dérive de l'expérience. Dans sa version la plus forte, il soutient que toutes nos croyances sont construites à partir de croyances de base dont le contenu est directement donné dans l'expérience sensorielle, et que les croyances portant sur ces contenus d'expérience sont infaillibles (*infallible*) (Chisholm, *Theory of Knowledge*). La principale objection contre le fondationnalisme est qu'aucune croyance n'est infaillible. En croyant que les choses ont l'air d'être ainsi, le sujet n'est pas infaillible puisqu'il peut se tromper de terme en qualifiant son expérience. Une version plus faible du fondationnalisme postule que certaines croyances ont une justification *prima facie*, c'est-à-dire sont susceptibles d'être démenties par d'autres croyances vraies ultérieurement acquises (elles sont « défaisables » [*defeasible*]).

Le « cohérentisme » (*coherentism*) estime quant à lui que le système des croyances ne se déploie pas de manière asymétrique depuis des croyances de base obtenues perceptivement jusqu'à des croyances inférées, mais constitue une totalité cohérente de croyances mutuellement explicatives : aucune croyance n'est en principe « à l'abri de la révision » (*immune to revision*) (Lehrer, *Knowledge*). Du point de vue cohérentiste, la justification est une question de degré, qui dépend du soutien apporté à chaque croyance par les autres. Les règles d'inférence trouvent également leur justification dans le gain de cohérence qui résulte de leur adoption. Le faillibilisme ne constitue pas un défaut, comme c'est le cas dans le fondationnalisme, mais fait partie intégrante de l'effort de révision pour atteindre une plus grande cohérence. Le cohérentisme, à la différence notable du fondationnalisme, considère que l'acquisition de connaissances est un phénomène social : le témoignage d'autrui peut permettre d'accroître la cohérence d'un système de croyances et d'augmenter son degré de justification.

Ces deux courants normatifs ont été spectaculairement mis en difficulté par Edmund Gettier (« Is Justified True Belief Knowledge? »). Dans un article de trois pages, l'auteur a montré qu'une croyance vraie peut être dérivée d'une « proposition justifiée » (*justified proposition*) mais fausse. Gettier montre ainsi que la vérité de la croyance en question, qui est justifiée du point de vue fondationnaliste ou cohérentiste, est affaire de coïncidence ; on ne

dans le domaine de la philosophie des sciences, l'*epistemology* des vingt dernières années s'est efforcée de sortir de plusieurs manières de l'opposition entre une théorie de la connaissance normative et une conception sceptique ou historiciste. C'est dans cette perspective qu'il faut situer le débat autour du « réalisme scientifique » et de ses alternatives, « antiréalisme », « empirisme constructif », « fictionnalisme », ou, plus techniquement, autour des conceptions respectivement syntaxique, sémantique et structuraliste des théories physiques. De manière générale, l'une des questions les plus importantes dans l'*epistemology* aujourd'hui porte sur la possibilité de construire une théorie probabiliste de la connaissance et de l'opinion probables.

♦ Voir encadré 2.

C. « Intraduisibilité »

Peut-on, dans ces conditions, traduire *Erkenntnistheorie* par *epistemology*, alors que cette dernière s'est constituée sur une opposition ouverte à la tradition allemande de l'analyse des conditions de possibilité de la connaissance, ainsi que sur un ensemble de thèses nouvelles en logique et en philosophie du langage ? Sans doute le terme d'*Erkenntnistheorie* était-il d'un usage suffisamment large pour inclure déjà de multiples alternatives au kantisme, de la théorie des signes de Helmholtz au positivisme de Schlick et du Cercle de Vienne, en passant par la critique de la culture de Cassirer. Mais il existe pourtant une différence profonde entre les manières de poser la question de la connaissance qui caractérisent respectivement l'*Erkenntnistheorie* et l'*epistemology* : ici à partir du rapport entre intuition et concept et d'une réflexion sur le mode de donation des phénomènes ; là à partir de l'analyse du langage et de la forme logique des théories. Cette différence ne procède d'aucune essence des langues, ni même sans doute d'aucune caractéristique grammaticale de leur structure : certains aspects de l'*epistemology* se sont formés, en effet, grâce à des œuvres (celles de Frege, Wittgenstein ou Carnap) enracinées dans la langue allemande. On peut donc penser que l'existence d'une

2

peut donc nommer connaissance une telle croyance. La tradition normative a répondu à Gettier en proposant une théorie de la défaisabilité (selon laquelle une connaissance est une croyance vraie justifiée qui est non défaisable par d'autres vérités).

L'épistémologie naturaliste a, de son côté, adopté une stratégie différente, consistant à rechercher les propriétés d'un processus qui aboutit à la formation de connaissances. On peut de nouveau discerner plusieurs significations revêtues par le terme d'*épistémologie naturaliste*, selon la part qui est donnée respectivement à l'évaluation rationnelle et à la poursuite de la vérité ou à la description des processus psychologiques et sociaux de formation de savoir. Le courant naturaliste/évaluatif explore la notion de méthode « fiable » (*reliable*) d'acquisition de croyances vraies en examinant les propriétés cognitives qui permettent au sujet de traiter l'information et de raisonner (A. Goldman, 1986). L'« épistémologie sociale » (*social epistemology*) poursuit cette approche « fiabiliste » *(reliabilist)*, en l'étendant au rôle des facteurs sociaux dans l'acquisition de connaissances et de croyances justifiées (A. Goldman, 1999).

L'épistémologie évolutionniste — le terme « *evolutionary epistemology* » est dû à Donald T. Campbell — inscrit les normes épistémiques dans le contexte de l'histoire des problématiques et de la sélection des théories. Karl Popper, l'un des philosophes qui ont redonné une vigueur nouvelle à ce courant d'inspiration darwinienne, a développé toutes les conséquences d'un point de vue strictement « réfutabiliste » (*falsificationist*), selon lequel la connaissance (scientifique ou ordinaire) consiste dans les hypothèses qui ont survécu à la compétition.

La signification la plus descriptive de l'épistémologie naturaliste s'attache à la tentative de retracer les étapes du développement des capacités opératoires et conceptuelles à l'œuvre dans la connaissance, qui a inspiré l'épistémologie génétique de Jean Piaget. On objecte souvent que la neutralisation de la dimension critique et réflexive associée à la réflexion épistémologique fait subir au terme d'épistémologie une mutation sémantique qui dépasse ce que la flexibilité doctrinale peut autoriser.

Joëlle PROUST

BIBLIOGRAPHIE

CHISHOLM Roderick, *Theory of Knowledge*, Englewood Cliffs, NJ, Prentice Hall, 1966.

GETTIER Edmund, « Is Justified True Belief Knowledge ? », *Analysis*, 23, 1963, p. 121-123.

GOLDMAN Alvin, *Epistemology and Cognition*, Cambridge (Mass.), Harvard UP, 1986.

— *Knowledge in a Social World*, Oxford UP, 1999.

LEHRER Keith, *Knowledge*, Oxford UP, 1972.

PIAGET Jean (dir.), *Logique et Connaissance scientifique*, Gallimard, 1967.

POPPER Karl, *Objective Knowledge, an Evolutionary Approach*, Oxford UP, éd. rév. 1979 ; *La Connaissance objective*, trad. fr. J. J. Rosat, Flammarion, 1998.

OUTILS

CRAIG Edward (dir.), *Routledge Encyclopedia of Philosophy*, Londres-New York, Routledge, 1998.

DANCY Jonathan, *Introduction to Contemporary Epistemology*, Oxford, Blackwell, 1985.

ENGEL Pascal, « Philosophie de la connaissance », *in* P. ENGEL (dir.), *Précis de philosophie analytique*, PUF, 2000, p. 63-89.

« intraduisibilité » marque avant tout une évolution de la philosophie elle-même, à travers la reconnaissance des limites de la problématique de l'*Erkenntnistheorie* et la recherche de reformulations fondamentales du problème de la connaissance.

III. CONCLUSION

Que montre la carte des mots qui a été esquissée dans ce qui précède ? Ceci : si l'on admet que la perte actuelle de l'homogénéité, au moins postulée, du vocabulaire propre au discours philosophique sur la science procède d'une rupture précise et datable dans l'histoire de la philosophie, l'hypothèse la plus plausible est celle qui situe cette rupture au début du XXe siècle, dans le partage qui se fait alors entre l'*Erkenntnistheorie* allemande et l'*epistemology* anglaise. Le terme d'*Erkenntnistheorie*, quelle que soit la diversité de ses acceptions, désignait dans la langue philosophique allemande une problématique visant à une détermination des actes objectivants, c'est-à-dire permettant de comprendre comment le sujet connaissant transforme les phénomènes donnés en objets de connaissance. Mais, à cette problématique de l'objectivation ou de la constitution héritée de Kant et qui fournit une langue commune aux sciences de l'esprit et aux sciences de la nature jusque dans les années 1930, s'oppose à partir du début du XXe siècle la problématique toute différente de l'*epistemology*, définie d'abord chez B. Russell et G. E. Moore par une affirmation polémique de « l'indépendance des faits à l'égard de l'expérience », puis développée dans la direction de l'analyse logique du langage et de la structure des théories physiques. L'intraduisibilité est, à l'occasion, si grande entre les deux traditions que l'épistémologie des savants allemands de la période 1850-1930 a été longtemps soupçonnée d'inintelligibilité, ou simplement ignorée, dans les travaux des philosophes des sciences anglo-américains d'après 1945.

C'est donc ce partage entre *Erkenntnistheorie* et *epistemology* qui a été analysé dans ce qui précède. Il resterait

3

« Knowledge », « savoir » et « épistémè »

► DOXA

Si dans les pays anglo-saxons les œuvres de Michel Foucault ont trouvé un large écho, on y a surtout perçu la remise en question de l'ordre établi ou de la morale dominante, et dans une moindre mesure l'intention critique de son approche des sciences humaines. Mais l'apport proprement épistémologique de ses travaux n'a pas suscité un grand intérêt, et reste encore aujourd'hui souvent objet d'ignorance (quand ce n'est pas d'ironie) de la part des spécialistes de l'histoire des sciences. Sur le continent, au contraire, et plus particulièrement en France, il a marqué les esprits. Sans doute y étaient-ils préparés par les travaux de Bachelard et de Canguilhem, qui avaient attiré l'attention sur la notion de rupture épistémologique et, pour le second, enseigné à manier avec précaution les notions de précurseur ou de source, si l'on veut éviter l'illusion rétrospective consistant à ne retenir du passé que ce qui peut préfigurer un futur allant vers notre présent. Mais s'agit-il seulement d'une opposition d'école et de contexte ? Il se pourrait aussi que ce qui chez Foucault peut paraître imprécis ou même confus ait été accentué par la nécessité de le traduire, en raison de subtils décalages dans le sens de certains termes clés.

Le premier d'entre eux est celui de *savoir*. Le vocable le plus naturel et le plus légitime pour le rendre est *knowledge*. Mais s'agit-il d'un exact équivalent ? Ce qui domine dans *knowledge*, c'est la notion de connaissance. D'abord en un sens subjectif : ce dont on a l'expérience, dont on est informé ou qu'on a appris ; ensuite en un sens objectif : ce qui est matière à expérience, information ou apprentissage. Dans les deux cas, il s'agit de connaissance positive, qu'elle soit empirique, factuelle, théorique ou scientifique. On retrouve dans *savoir* ces diverses acceptions. Mais, là où l'anglais n'use que d'un terme, *to know*, le français dispose de deux, *savoir* et *connaître*, qui ne sont pas toujours interchangeables : on dit qu'on connaît Pierre, non qu'on le sait (sauf pour marquer la nuance d'une familière maniabilité dans *savoir son Pierre*) ; en revanche, on dit qu'on sait que Pierre est là, et non qu'on connaît qu'il est là. De là des distinctions sémantiques difficiles à traduire.

Savoir marque plus un état performatif que *connaître*, qui implique la saisie intellectuelle d'un donné objectif. Savoir une langue, c'est pouvoir la comprendre, la parler, la lire, et quelque peu l'écrire ; connaître une langue, c'est en plus avoir sur son vocabulaire et sa grammaire des lumières qui peuvent aller jusqu'à engendrer une vision savante, c'est avoir peu ou prou une conscience réflexive de ce qu'elle est. Ce n'est pas pour rien qu'on a traduit *know how* par *savoir-faire* et non par *connaissance du comment*. Le savoir renvoie au champ technique et culturel qu'on maîtrise, la connaissance aux raisons qu'on a de croire vrai ce qu'on pense. L'opposition existe dès le français classique : « Et enfin, pour les mauvaises doctrines, je pensais déjà *connaître* assez ce qu'elles valaient, pour ne plus être sujet à être trompé, ni par les promesses d'un alchimiste, ni par les prédictions d'un astrologue, ni par les impostures d'un magicien, ni par les artifices ou la vanterie d'aucun de ceux qui font profession de *savoir plus qu'ils ne savent* » (Descartes, *Discours de la méthode*, 1re partie, éd. C. Adam et P. Tannery, t. 6, Vrin, 1973, p. 9). Ce n'est pas d'aujourd'hui que le savoir désigne un acquis culturel conférant prestige et pouvoir, sans pour autant que cet acquis relève nécessairement de la connaissance objective.

Foucault a approfondi cette distinction entre savoir et connaissance en opposant l'anonymat dépersonnalisé du savoir dans lequel on se meut après l'avoir trouvé constitué (c'est un *a priori* historique que chacun s'approprie) au sujet connaissant des théories classiques (empirisme, criticisme, etc.) passant par degrés de la conscience percevante à la conceptualisation et à la science.

> Au lieu de parcourir l'axe conscience-connaissance-science (qui ne peut être affranchi de l'index de subjectivité), l'archéologie parcourt l'axe pratique discursive-savoir-science. Et, alors que l'histoire des idées trouve le point d'équilibre de son analyse dans l'élément de la connaissance (se trouvant ainsi contrainte, fût-ce contre son gré, de rencontrer l'interrogation transcendantale), l'archéologie trouve le point d'équilibre de son analyse dans le savoir — c'est-à-dire dans un domaine où le sujet est nécessairement situé et dépendant, sans qu'il puisse jamais y faire figure de titulaire (soit comme activité transcendantale, soit comme conscience empirique).
>
> *L'Archéologie du savoir*, p. 239.

à retracer avec plus de précision le trajet des nombreuses différences qui se sont creusées ensuite à l'intérieur même de chaque langue, notamment en France, où l'épistémologie prend un caractère distinct avec l'introduction de théories du concept étayées sur l'histoire des sciences et sur une réflexion sur les notions de valeur et de pouvoir (G. Bachelard, G. Canguilhem, M. Foucault). Mais il faut répéter que la rupture entre *Erkenntnistheorie* et *epistemology*, si elle marque un tournant, ne doit pas pour autant être vue comme l'effet d'une divergence irréductible entre l'esprit philosophique des langues, ou entre des traditions de pensée sans communication. Dans les années 1930, le terme d'*Erkenntnistheorie* avait fini par désigner une telle variété de positions qu'il était impossible de l'associer strictement à la problématique kantienne dans laquelle il était apparu originairement ; de même, dans les années 1970, le terme d'*epistemology* renvoie à une variété de positions tout aussi éloignées des thèses originaires de Russell. La différence linguistique n'exprime donc sans doute qu'une différence de perspective sur les problèmes que pose le discours sur la science et la philosophie de la connaissance depuis le premier tiers du XXe siècle, sous l'effet de la crise de la logique, des mathématiques et de la physique. Ce sont ces problèmes qui induisent jusqu'à aujourd'hui la recherche de voies très différentes en philosophie et il est naturel que l'intraduisibilité des réseaux de concepts se manifeste le plus fort là où les voies ont été les plus divergentes.

♦ Voir encadré 3.

Catherine CHEVALLEY

BIBLIOGRAPHIE

BOHR Niels, *Physique atomique et Connaissance humaine*, éd. C. Chevalley, trad. fr. E. Bauer et R. Omnès, Gauthier-Villars, 1961, rééd. Gallimard, 1991.

CASSIRER Ernst, *Das Erkenntnisproblem in der Philosophie und Wissenschaft der neueren Zeit*, 4 vol., Berlin, B. Cassirer, 1906-1907, Stuttgart, Kohlhammer, 1920-1957.

CHEVALLEY Catherine, « Hermann von Helmholtz », in *Encyclopaedia of Philosophy*, Londres, Routledge et Kegan Paul, 1999.

DIEMER Alwin et GETHMANN Carl Friedrich, « Erkenntnistheorie, Erkenntnislehre, Erkenntniskritik », *in* J. RITTER (éd.), t. 2, 1972.

FICHANT Michel, « L'épistémologie en France », *in* F. CHÂTELET (éd.), *Histoire de la philosophie. Le XXe siècle*, Hachette, 1973, p. 135-178.

KÖHNKE Klaus, *Entstehung und Aufstieg des Neukantianismus*, Francfort, Suhrkamp, 1986 ; *The Rise of neo-Kantianism*, trad. angl. R. J. Hollingdale, Cambridge UP, 1991.

ORTH Ernst Wolfgang, *Von der Erkenntnistheorie zur Kulturphilosophie*, Würzburg, Königshausen und Neumann, 1996.

PAPINEAU Daniel, *The Philosophy of Science*, Oxford UP, 1996.

3

Bien entendu, Foucault inclut dans le savoir tout le non-dit de l'ordre dans lequel les choses se classent dans une culture donnée, et dont le changement entraîne des mutations décisives.

> Ce qu'on voudrait mettre au jour, c'est le champ épistémologique, l'*épistémè* où les connaissances, envisagées hors de tout critère se référant à leur valeur rationnelle ou à leurs formes objectives, enfoncent leur positivité et manifestent ainsi une histoire qui n'est pas celle de leur perfection croissante, mais plutôt celle de leurs conditions de possibilité. [...] Plutôt que d'une histoire au sens traditionnel du mot, il s'agit d'une « archéologie ».
>
> *Les Mots et les Choses*, p. 13.

Mais le choix de la contraction *épistémè* pour désigner un *champ épistémologique* rendant possibles des connaissances d'un certain type à l'exclusion d'autres (l'analyse des richesses et non l'économie politique, l'histoire naturelle et non la biologie, etc.) n'était pas heureux : en grec, *epistêmê* signifie usuellement connaissance et science, alors que le vocable désigne ici par opposition l'*a-priori* historique sans lequel elles ne peuvent se constituer. En outre, comme Foucault l'a indiqué lui-même (*L'Archéologie du savoir*, p. 27), « l'absence de balisage méthodologique a pu faire croire à des analyses en termes de totalités culturelles », brouillant encore un peu plus le dessein initial.

L'analyse que fait Foucault du savoir reste, de plus, nourrie de la conception philosophique continentale de la théorie de la connaissance. Sans doute répète-t-il à satiété son refus de tout ce qui peut rappeler la primauté du sujet, et dans sa critique d'une histoire des idées met-il sur le même plan le point de vue transcendantal d'un sujet constituant et le point de vue empiriste d'une genèse du connu à partir d'un sensible tenu pour originaire. Mais ce double rejet masque en fait une fausse symétrie. Car, avec la notion d'*a-priori*, il reprend en termes d'historicité culturelle ce qui était pensé dans la tradition kantienne en termes de nature humaine, se ralliant ainsi au-delà de Kant à l'idée d'une rationalité préconstituée organisatrice de l'expérience, par opposition à la *tabula rasa* de Locke. Un champ épistémologique donné, bien qu'il caractérise une culture et qu'il soit transitoire, bien qu'il s'agisse d'un non-dit repérable uniquement par les analyses de l'archéologue, est ce qui oriente chez ceux qui en sont les contemporains l'interprétation du donné et ce qui détermine la distribution et les normes de leurs énoncés. Cette présence d'un *tertium quid* entre le connu et le senti, et entre le dit et le senti, place Foucault aux antipodes du positivisme logique et de la philosophie analytique.

Ainsi, entre le *savoir* selon Foucault et le terme *knowledge*, se creuse pour des raisons à la fois sémantiques et philosophiques un fossé qui a pu produire des réactions d'incompréhension et de rejet. Tout particulièrement dans le domaine de l'épistémologie, où son apport reste très largement méconnu dans les pays anglo-saxons.

Gérard SIMON

BIBLIOGRAPHIE

FOUCAULT Michel, *Les Mots et les Choses*, Gallimard, 1966.

— *L'Archéologie du savoir*, Gallimard, 1969.

OUTILS

DHLF : REY Alain (dir.), *Dictionnaire historique de la langue française*, 3 vol., Le Robert, 1992, *s.v.* « Savoir ».

Encyclopédie philosophique universelle, t. 2, *Les Notions philosophiques*, PUF, 1990, *s.v.* « Savoir ».

SUPPE Frederick (ed.), *The Structure of Scientific Theories*, Introduction, Chicago, Illinois UP, 1973, rééd. 1977.
VAN FRAASSEN Bastiaan, *Lois et Symétrie* (1989), trad. fr. C. Chevalley, Vrin, 1994.

OUTILS

RITTER Joachim et GRÜNDER Karlfried, *Historisches Wörterbuch der Philosophie. Unter Mitwirkung von mehr als 700 Fachgelehrten*, nouv. éd., Bâle, Schwabe, 1971-, Darmstadt, Wissenschaftliche Buchgesellschaft, 1971-.

EPOKHÊ [ἐποχή] GREC – fr. *epokhê*

all. *epochè*

► CONSCIENCE, ***CROYANCE***, EPISTÉMOLOGIE, ERLEBEN, GREC, OBJET, PERCEPTION, PHANTASIA, ***PHÉNOMÈNE***, REPRÉSENTATION, VÉRITÉ

Issu du scepticisme antique, puis repris moyennant quelque modification par le stoïcisme, ce terme grec qui signifie littéralement « arrêt, interruption, rupture » s'est perpétué à travers les siècles sous sa forme linguistique initiale. Montaigne dès le XVIe siècle, mais surtout Husserl au XXe siècle, en font un usage courant sans pour autant lui substituer un terme français ou allemand standard. La question est donc : pourquoi choisir ce terme grec ? Comment se fait-il qu'il se soit ainsi perpétué dans sa forme initiale sans être jamais traduit ?

I. LES DEUX SOURCES GRECQUES DE L'« EPOKHÊ » : UNE DOUBLE INFLEXION

A. De la suspension sceptique à l'assentiment stoïcien

Epokhê [ἐποχή] est un terme central du scepticisme antique. Introduit en philosophie par l'École pyrrhonienne, il signifie l'arrêt de toute recherche de la vérité, ce qui correspond à un pas décisif dans l'atteinte du bonheur. En effet, le pyrrhonien se trouve au point de départ déstabilisé par la multiplicité des systèmes philosophiques, qui entrent en contradiction les uns avec les autres. Essayant vainement de découvrir lequel est le vrai, il prend la résolution de cesser (*epeskhen* [ἐπέσχεν]) de chercher, d'un arrêt (*epokhê*) donc, et découvre ce faisant l'ataraxie, à savoir le repos de l'âme (Sextus Empiricus, *Hypotyposes pyrrhoniennes*, I, 22 et 26, éd. Pellegrin, p. 162-163) : « [...] la suspension est ainsi nommée par rapport au fait de suspendre sa pensée (*epekhesthai* [ἐπέχεσθαι]) ».

Dans son acception sceptique, *epekhein* [ἐπέχειν] est employé au sens intransitif de « cesser », « s'arrêter » ; mais on peut aussi l'utiliser au sens transitif de « arrêter de juger », ou de « retenir son jugement ». C'est cette acception transitive que reprend à son compte l'académicien Archésilas : *je suspends mon jugement* signifie ici « j'abandonne toute prétention à la vérité », ou encore « je consens à ne pas savoir tant que je n'ai pas une assurance totale ». En effet, dans la doctrine stoïcienne telle que Cicéron par exemple l'exposera à son tour (Cicéron, *Academica priora*, II, 59 ; *Lettres à Atticus*, XIII, 21), la liberté du sage tient à sa capacité à ne pas juger précipitamment (*propetôs* [προπετῶς]), c'est-à-dire à se retenir de donner son assentiment (*assensus*) tant que la certitude d'être en possession de la vérité n'est pas entière.

B. Assentiment et suspension : l'école pyrrhonienne tardive

Chez Sextus Empiricus (Hossenfelder, *Einleitung zu Sextus Empiricus...*, p. 54 *sq.*), on retrouve mêlées les deux inflexions sémantiques à l'œuvre dans l'*epokhê* : soit le sens sceptique initial, à savoir l'arrêt de toute recherche de la vérité devant la contradiction des systèmes philosophiques entre eux, soit la signification stoïcienne ultérieure, c'est-à-dire l'exigence éthique de ne rien affirmer, de ne consentir à rien tant que la certitude absolue concernant la vérité n'est pas établie, ce qui peut d'ailleurs aboutir au même résultat : la suspension généralisée à l'égard de tout jugement.

Telle est la position syncrétique du pyrrhonien tardif Énésidème, qui allie la suspension stoïcienne du jugement à l'arrêt sceptique devant la contradiction interne des positions, tout en gommant la dimension éthique propre au stoïcisme. Ce faisant, on se retrouve fort proche de la position sceptique initiale (Sextus Empiricus, *Esquisses pyrrhoniennes*, notamment p. 162-163 et p. 530-531).

II. DE L'ANTIQUITÉ À L'ÉPOQUE CONTEMPORAINE : MONTAIGNE

> Leur mot sacramentel, c'est *epekhô*, c'est-à-dire je soutiens, je ne bouge. Voilà leurs refreins, et autres de pareille substance. Leur effect, c'est une pure, entière et très parfaite surséance et suspension du jugement.
>
> Montaigne, « *Apologie de Raimond Sebond* ». *Essais*, L. II, chap. 12, éd. Strowski, vol. 2, p. 229-230.

Les « épéchistes », comme il les nomme, se caractérisent par leur immobilisme (« je ne bouge ») et, en conséquence, par le fait qu'ils s'abstiennent de porter quelque jugement que ce soit (« une parfaite surséance »). En ce sens, Montaigne hérite du scepticisme l'immobilisme, et du stoïcisme la suspension du jugement assumée en toute liberté. Mais, en tout état de cause, l'auteur des *Essais* paraphrase *epekhô* plutôt qu'il ne traduit effectivement ce verbe.

III. LA PLACE MÉTHODIQUE CENTRALE DE L'« EPOKHÊ » DANS LA PHÉNOMÉNOLOGIE HUSSERLIENNE : QUEL HÉRITAGE, QUELLE PERPÉTUATION ?

L'importance que Husserl accorde à l'*epokhê* dans son origine grecque antique est visible à travers l'usage abondant du terme grec, accompagné selon les contextes des adjectifs « phénoménologique », « transcendantale » ou même « éthique » (pas moins d'une trentaine d'occurrences dans le seul Cours de 1923-1924 de *Philosophie première*) : un travail récent a été consacré au motif sceptique de la suspension dans la phénoménologie, jusque dans sa signification de suspicion (March). D'ailleurs, la 43e leçon, où se situe la première occurrence de l'*epokhê* dans ce Cours, analyse l'activité du spectateur qui s'abstient d'agir et de manifester un intérêt pour les objets du monde, qui suspend par conséquent toute croyance au monde. Mais la racine stoïcienne de l'*epokhê* phénoménologique est également attestée (Migniosi) ; enfin, on a fort clairement aussi montré comment Husserl tout à la fois puisait son modèle directement à la source du doute méthodique cartésien, et en modifiait radicalement la portée sans revenir pour autant à l'*epokhê* sceptique (Lowit). L'*epokhê* phénoménologique est un acte complexe qui retient des traits de ces trois sources au moins, tout en s'en affranchissant pour apparaître dans toute son originalité. C'est probablement une des raisons pour lesquelles Husserl maintient le terme en grec.

A. « Ausschaltung » : la mise hors circuit de la position d'existence de l'objet

De l'*epokhê* sceptique, Husserl retient le geste de s'arrêter, d'interrompre le cours de notre attitude naturelle par un acte qui met hors jeu nos croyances et préjugés contradictoires (March), ce que Merleau-Ponty nomme dans la *Phénoménologie de la perception* la « foi du monde » (p. 371). On a affaire à un geste de mise hors circuit, d'exclusion à l'égard des objets entendus dans leur validité d'existence contingente. Mais, alors que l'*epokhê* sceptique jette un doute radical sur la vérité de tout objet donné, l'*epokhê* phénoménologique consiste simplement à s'abstenir de poser l'existence de l'objet.

B. « In Klammer Setzung » : la mise entre parenthèses du caractère d'être de l'objet

Seul demeure le sens de l'objet pour moi. Aussi y a-t-il là une dimension méthodique qui renoue avec le doute cartésien, lequel est néanmoins provisoire (je doute pour sortir du doute), tandis que l'*epokhê* phénoménologique, comme l'*epokhê* sceptique, est définitive : le geste de s'arrêter est une attitude dans laquelle je m'installe de façon durable (Lowit).

S'il s'agit d'exclure l'existence contingente de l'objet, c'est pour mieux inclure son sens d'être pour moi. Aussi met-on littéralement dans la parenthèse l'objet en tant qu'apparition en chair et en os pour moi.

C. « Beschränkung » et non « Einschränkung » : libération et non délimitation de la sphère immanente de la pure conscience

Telle est la signification profonde de l'*epokhê* : la libération d'un champ pur de conscience dont les objets sont investis de sens, et ne sont pas des réalités lui demeurant extérieures. Un tel affranchissement à l'égard de l'objectivisme laisse transparaître la portée éthique de l'*epokhê*, qui s'accomplit du reste en toute liberté. Voilà un trait qui rappelle le sens stoïcien précoce (Migniosi), lequel suppose une activité réfléchie d'un sujet soumis à l'épreuve d'une décision longuement mûrie : n'assentir que lorsque l'évidence du vrai est véritablement apodictique.

Natalie DEPRAZ

BIBLIOGRAPHIE

CLAESGES Ulrich, « Epochè », *in* J. RITTER et K. GRÜNDER, *Historisches Wörterbuch der Philosophie*, Bâle, Schwabe, vol. 2, 1972, Darmstadt, Wissenschaftliche Buchgesellschaft, vol. 4, 1976, p. 595-596.

COUISSIN Paul, « L'origine et l'évolution de l'époche », *Revue des études grecques*, 42, 1929, p. 373-397.

HOSSENFELDER Malte, « Epochè », *in* J. RITTER et K. GRÜNDER, *Historisches Wörterbuch der Philosophie*, Bâle, Schwabe, vol. 2, 1972, Darmstadt, Wissenschaftliche Buchgesellschaft, vol. 4, 1976, p. 594-595.

— *Einleitung zu Sextus Empiricus, Grundriß der pyrrhonischen Skepsis*, Francfort, Surkamp, 1968.

HUSSERL Edmund, *Husserliana* [abrév. *Hua*] I, II, III, VI, VIII, IX, X, Dordrecht, Kluwer, 1950-1968.

LOWIT Alexandre, « L'épochè de Husserl et le doute de Descartes », *Revue de métaphysique et de morale*, 4, 1957, p. 2-17.

MARCH J. L., « Dialectical phenomenology : from suspension to suspicion », *Man and World*, 17, n° 2, 1984, p. 121-142.

MERLEAU-PONTY Maurice, *Phénoménologie de la perception*, Gallimard, 1945.

MIGNIOSI, « Reawakening and resistance : the stoic source of Husserlian épochè », *Analecta Husserliana*, 11, 1981, p. 311-319.

MONTAIGNE Michel Eyquem de, *Essais* II, éd. Fortunat Strowski, Bordeaux, impr. F. Pech et Cie, 1906, 4 vol.

SEXTUS EMPIRICUS, *Esquisses pyrrhoniennes*, intr., trad. fr. et comm. P. Pellegrin, Seuil, « Points Essais », 1997.

STRÖKER Elizabeth, *Das Problem der Epochè in der Philosophie Edmund Husserls*, Dordrecht, Kluwer, 1970.

EREIGNIS ALLEMAND – fr. *événement, appropriation, appropriement, sidération, amêmement*

► *APPROPRIATION, ÉVÉNEMENT*, et *DESTIN*, ES GIBT, OIKEIÔSIS, PROPRIÉTÉ, VÉRITÉ, VORHANDEN

Ereignis, *mot clé de la pensée de Heidegger à partir de 1936, est un terme polysémique, ce qui le rend difficilement traduisible dans une autre langue. « Événement », sens usuel de* Ereignis, *ne rend pas les autres dimensions que Heidegger lie à la facture du mot, celle d'une appropriation* (Ereignung) *et d'une monstration* (Eräugnis, *sur* das Auge, *l'œil). On a ici affaire à un cas où le sens usuel du mot recouvre la plénitude de son entente philosophique.*

I. COURBE SÉMANTIQUE : METTRE SOUS LES YEUX, MONTRER, SE MONTRER, SURVENIR

« *Ereignis* depuis 1936 le terme directeur de ma pensée » : cette apostille de Heidegger (*GA*, t. 9, 1976, p. 316) invite à s'interroger sur ce qui se dit avec ce *Leitwort* (terme directeur) depuis le milieu des années 1930, depuis les *Beiträge zur Philosophie* de 1936-1938 (*GA*, t. 65), édités seulement en 1989. Le sous-titre, *Vom Ereignis*, annonce à vrai dire « le véritable intitulé de l'"œuvre" qui ne peut y trouver que ses préparatifs » (*GA.*, t. 65, p. 77). L'*Ereignis* n'est surtout pas l'objet des *Beiträge*, mais leur provenance (*von*). Heidegger n'entend pas ce terme en son sens courant d'*événement* (all. *Begebenheit*, *Vorkommnis* ou *Geschehnis*, « ce qui est arrivé », « ce qui s'est passé »), mais à partir de *eigen* (« propre »), voire d'*Er-äug-nis* « ce qui est mis sous les yeux ».

« *Er-eignis* (à condition d'entendre *eignis* à partir de *eigen* : ce qui est propre) dit bien le mouvement qui amène à être proprement soi-même » (Fédier, *Regarder voir*, p. 115). En ce sens, *Er-eignis* dit un « appropriement » qui suppose la contre-possibilité d'un dés-appropriement (*Ent-eignis*). Ce terme éclaire rétrospectivement le couple *Eigentlichkeit*/*Uneigentlichkeit*, mis en place au paragraphe 9 de *Sein und Zeit* : propriété/impropriété, plutôt qu'authenticité/inauthenticité, vu que Heidegger a distingué en outre une *unechte Eigentlichkeit* (être-en-propre inauthentique) et une *echte Uneigentlichkeit* (être improprement de manière authentique) (*GA.*, t. 21, 1976, p. 226-227). L'*Eigentlichkeit* de 1927 n'est elle-même possible qu'à partir de l' *Er-eignis* (*GA.*, t. 66, 1997, p. 145), dans « la figure captieuse, en vérité déjà ap-propriée [*er-eignete*] de l'"ontologie fondamentale" » (*GA.*, t. 66, p. 351).

Toutefois, comme l'a souligné Wolfgang Brokmeier, *Ereignis* s'entend plus proprement encore comme *Eräugnis*, du verbe *eräugen*, que le *Deutsches Wörterbuch* des frères Grimm paraphrase à l'aide de *vor Augen stellen* (mettre sous les yeux) ou, en latin, *ostendere*, *manifestare*.

> La matrice du sens y est bien le verbe *äugen*, qui s'orthographiait autrefois aussi bien *eugen* que *eigen*. Il y a donc deux homonymes dont la signification ne doit pas être confondue : l'un est (parallèlement à l'anglais *own*) l'indice de ce qui est propre, alors que l'autre désigne le fait de *mettre sous les yeux*. Entendre *Ereignis* fidèlement à son étymologie, c'est surtout ne pas laisser échapper l'aspect ostensif qui s'y manifeste.
>
> Fédier, 1995, p. 116.

> [...] Si la traduction de ce mot directeur de la pensée ultime de Heidegger apparaît, certes, tout à fait insuffisante, celle qu'on lui préfère le plus souvent, l'« appropriation », qui souligne la racine *eigen*, propre, est tout aussi insuffisante.
>
> Romano, 1998, p. 25.

> *Ereignis* (événement, appropriation — Kahn : « propriation ») vient de *eräugen* — donc *Auge* [« œil«] — regarder fixement, « sidérer », et de *eigen* : « en propre ». Ce qui est saisi par l'*Ereignis* n'est pas aliéné, mais transformé en ce qu'il a de plus propre [...]. L'*Ereignis* est donc événement, avènement, « sidération appropriante », fait d'être regardé, concerné par, profondément atteint. C'est la permanence d'un regard. Cf. en grec : Μοῖρα [*Moira*].
>
> Beaufret, 1998, t. 1, p. 27.

II. PORTÉE DU TERME

L'*Ereignis* nous regarde et nous prend en garde avant que nous puissions exercer quelque emprise sur quoi que ce soit, comme ce dont l'essence de la technique moderne, interprétée par Heidegger comme *Ge-stell*, constitue « en quelque sorte le négatif photographique » (*GA*, t. 15, 1986, p. 366).

> Mais ce qui nous regarde n'est pas nécessairement ce que nous regardons. Il n'est même pas rare que nous manquions d'égards envers ce qui nous regarde en propre. Ce n'est pas là un accident de parcours ni une regrettable défaillance, mais une structure, et c'est à cette structure que la pensée de Heidegger réserve le nom d'*Ereignis* : ce qui nous regarde n'est jamais réductible à ce que nous regardons, mais inversement, nous ne pourrions rien regarder si quelque chose ne nous regardait que nous ne regardons pas...
>
> David, « Heidegger : la vérité en question », p. 104-105.

La pensée de l'*Ereignis* revient en amont de la fondation de la philosophie moderne, entendue comme « métaphysique de la subjectivité ». En ce sens, elle consiste à « restituer à l'étant ce qui en fait autre chose qu'un objet. Ce qui fait, par exemple, que l'eau n'est pas un simple liquide, ou la lumière un simple éclairage ; que rien, en un mot, n'est enfermé dans la fonctionnalité. La manifestation de l'indépendance et de la gratuité de tout ce qui est, voilà précisément ce que Heidegger a nommé successivement l'*être* puis l'*événement* » (Crétella, vol. 9, 1993, p. 70).

Pour ce qui est de la traduction, cependant, la dimension événementielle (ou éventuelle ? « adventuelle » ?) qui vient au premier plan dans l'acception usuelle de *Ereignis* en allemand n'autorise pas, bien au contraire, à rendre ce terme chez Heidegger par « événement », puisqu'il faudrait pouvoir signifier en même temps les dimensions appropriante (*Er-eignung*) et ostensive (*Eräugnis*). Notons enfin que si le terme directeur de *Ereignis* s'inscrit comme tel depuis le milieu des années 1930 dans l'horizon de pensée heideggérien, il coïncide avec l'ouverture de la pensée heideggérienne à la poésie, en un rapport électif avec la poésie de Hölderlin, dont la *Mnémosyne* faisait un emploi emphatique de *Ereignis* et de *sich ereignen*.

La difficulté de la pensée de l'*Ereignis* tient sans doute en partie à ce qu'elle désarçonne toute pensée de la causalité, fût-elle divine, comme le souligne une page d'*Acheminement vers la parole* :

> Ce que livre l'appropriement [*Ereignis*] [...], ce n'est jamais comme l'effet produit par une cause, ou la conséquence d'un principe. [...] Ce qui approprie, c'est l'appropriement — et rien en dehors [*Das Ereignende ist das Ereignis selbst — und nichts außerdem*]. [...] Il n'y a rien à quoi l'appropriement pourrait encore faire remonter, et d'où, en plus, il pourrait être expliqué. L'appropriement n'est pas le produit (résultat [*Ergebnis*]) d'autre chose, mais la donation elle-même [*die Er-gebnis*]...
>
> 1976, p. 246.

La pensée (en provenance) de l'*Ereignis*, que l'on se gardera de confondre avec une pensée ayant l'*Ereignis* pour objet, fait signe vers la dimension de don du *Es gibt*, « il y a », comme irréductible à une forme déguisée de l'échange, et même à un geste dont l'initiative ne reviendrait qu'à l'être humain. La résistance que ce terme offre à la traduction ne tient pas à une complexité, mais à une étrange simplicité, à sa singulière polysémie. « Comme tel, il est aussi intraduisible que le *Logos* grec ou le *Tao* chinois », dira Heidegger dans *Identité et Différence* (in *Questions I*, 1968, p. 270).

Pascal DAVID

BIBLIOGRAPHIE

BEAUFRET Jean, *Leçons de philosophie*, Seuil, 1998.

BROKMEIER Wolfgang, « Heidegger und wir », *Genos*, Lausanne, 1992, p. 61-95.

CRÉTELLA H., *Heidegger Studies*, vol. 9, Berlin, Duncker und Humblot, 1993, p. 63-75.

DAVID Pascal, « Heidegger : la vérité en question », *in* R. QUILLIOT (éd.), *La Vérité*, Ellipses, 1997.

FÉDIER François, *Regarder voir*, Les Belles Lettres — Archimbaud, 1995.

HEIDEGGER Martin, *Beiträge zur Philosophie : vom Ereignis*, in *Gesamtausgabe* [abrév. *GA*], Francfort, Klostermann, t. 65, 1989.

— *Acheminement vers la parole* [*Unterwegs zur Sprache*, 1959], trad. fr. J. Beaufret, W. Brokmeier et F. Fédier, Gallimard, 1976.

— *Identité et Différence* [1957], in *Questions I*, trad. fr. A. Préau, Gallimard, 1968.

PADRUTT Hanspeter, *Und sie bewegt sich doch nicht* [*La Terre ne se meut pas*], Zurich, Diogenes, 1991.

ROMANO Claude, *L'Événement et le Monde*, PUF, 1998.

OUTILS

GRIMM Jacob et Wilhelm, *Deutsches Wörterbuch*, Leipzig, Hirzel, 1854, repr. Munich, Deutscher Taschenbuch, Verlag, 1984.

ERLEBEN, ERLEBNIS ALLEMAND – fr. *vivre, faire l'expérience, faire l'épreuve ; le vécu*

gr. *biônai* [βιῶναι] ; *zôê* [ζωή], *bios* [βίος]
angl. *to live, to experience* [*lived experience*]
esp. *vivir, experimentar ; vivencia*

► *EXPÉRIENCE, VIE*, et ANIMAL, CONSCIENCE, DASEIN, EPOKHÊ, INTENTION, LEIB, PATHOS, POLIS

La vie réside-t-elle dans le simple fait de vivre ? Est-elle la vie naturelle et donnée sans plus : une épreuve de l'immédiat ? Comment les différentes langues ont-elles façonné ce fait simple et aveugle à lui-même qu'est le fait de vivre ? Elles ont cherché à saisir ses modes de déploiement, tantôt communautaire (l'inscription dans la polis [πολις] *grecque ou la socialité pratique de la* Lebenswelt) *tantôt individuel (son intériorisation réflexive ou son sens pour moi, que disent aussi chacun à leur manière les termes* expérience *ou* existence). *De* Leben *à* Er-leben *et à* Erfahrung, *de* life *à* experience, *de* zôê [ζωή] *à* bios [βίος] *se profile une telle médiation. Les langues romanes, qui ne disposent que du mot* vie, *ont — semble-t-il — traduit un tel excès de la vie sur elle-même, qui paraît constitutif de celle-ci au moyen du terme* expérience. *Ce dernier suffit-il à rendre compte d'un tel écart ?*

I. LE SENS PREMIER D'« ERLEBEN » : UNE ÉPREUVE DE L'IRRÉFLÉCHI

Dans son acception courante comme dans les définitions classiques, qu'il s'agisse de la philosophie scolaire du XVIIIe siècle, du romantisme et de l'idéalisme allemand (de Kant à Hegel), ou encore des psychologues du XIXe siècle, *erleben* se confond quasiment avec *leben* « vivre ». *Erleben* se caractérise par les traits de l'immédiateté, de l'immanence et de la passivité, qui définissent également le fait tout simple de vivre, et ce, par opposition à la médiation abstraite que représentent réflexion et spéculation (Ritter, p. 702-704). C'est le cas du proverbe : *wir werden es ja erleben*, « qui vivra verra ». Le plus souvent toutefois, pour rendre ce verbe *erleben*, le français recourt au paradigme de l'expérience plutôt qu'à celui de la vie. Ainsi *ich habe etwas erlebt* devient-il, à côté de « j'ai vécu ceci ou cela », « j'ai fait telle expérience », « j'ai connu tel événement » ; de même, *das war ein Erlebnis* :

1

La traduction espagnole d'« Erleben » par « vivencia »

Ortega y Gasset en est l'initiateur : traduisant en espagnol, dès sa parution en 1913, le premier volume des *Idées directrices pour la direction de l'esprit* de Husserl, il rend *Erlebnis* par *vivencia*, optant ce faisant pour une interprétation immanentiste et non réflexive du vécu. À cet égard, si l'on cherchait à traduire en retour *vivencia* en français, on le rendrait plutôt par *vivacité* que par *vécu*.

Javier San Martin, phénoménologue espagnol actif, perpétue cette option de traduction.

Quant à Jorge Semprun, écrivain contemporain, il a cette notation judicieuse concernant les traductions différentes d'*Erlebnis* en français et en espagnol :

> En allemand, on dit *Erlebnis*. En espagnol : *vivencia*. Mais il n'y a pas de mot français pour saisir d'un seul trait la vie comme expérience d'elle-même. Il faut employer des périphrases. Ou alors utiliser le mot « vécu », qui est approximatif. Et contestable. C'est un mot fade et mou. D'abord et surtout, c'est passif, le vécu. Et puis, c'est au passé. Mais l'expérience de la vie, que la vie fait d'elle-même, de soi-même en train de la vivre, c'est actif. Et c'est au présent, forcément. C'est-à-dire qu'elle se nourrit du passé pour se projeter vers l'avenir.

Bref, l'espagnol a saisi ce que le français a manqué dans *Erlebnis*, à savoir le pur vivre, alors que le français, en traduisant l'allemand, en reste à un simple « vécu » non processuel.

BIBLIOGRAPHIE

ORTEGA Y GASSET José, *Investigaciones psicologicas*, Madrid, Revista de Occidente en Alianza Editorial, 1979.

SAN MARTIN Javier, *La Estructura del metodo fenomenologico*, Madrid, Universidad de Educacion a distancia, 1986.

SEMPRUN Jorge, *L'Écriture ou la vie*, Gallimard, 1994, p. 184.

« c'était une expérience (marquante) », alors que l'allemand fait immédiatement référence à un processus cognitif, même élémentaire (*etwas erfahren* : apprendre quelque chose, même par ouï-dire). En fait, dans tous ces contextes, se trouve privilégiée une expérience intime dont le sens nous échappe (Grimm). Un tel irréfléchi en nous nous pousse en avant de nous-mêmes. Nous vivons ainsi au quotidien sans réfléchir ce qui est vécu ni prendre la mesure de l'inscription de ces vécus individuels dans le contexte de la communauté sociale et politique, toujours présente quoique parfois inaperçue.

C'est seulement vers le milieu du XIXe siècle que le terme *Erlebnis* acquiert la signification d'un concept et trouve son inscription parmi les notions fondamentales de la théorie de la connaissance. À cet égard, Fichte fait figure de précurseur, qui cerne le moment transitif implicite où le sujet s'oublie lui-même dans un état de plénitude irréfléchie, par l'expression conjointe de « *leben und erleben* » (*Sonnenklarer Bericht...*, p. 559, 569) ; la première définition remarquablement précoce d'*Erlebnis* se trouve dans la troisième édition du *Enzyklopädisches Lexikon* de Krug de 1838 : « *Erlebnis* signifie tout ce que l'on a soi-même vécu (*erlebt*) : ressenti, vu, pensé, voulu, fait ou laissé faire. De tels vécus sont par conséquent le fondement de l'expérience interne (*eigene Erfahrung*) [...] » ; à sa suite, Lotze, dans son ouvrage *Metaphysik* de 1841, tend à faire de *Erlebnis* un synonyme d'« intériorité », tandis que Dilthey, dans le cadre d'une véritable « théorie de l'*Erlebnis* », en fait l'équivalent de « psychique ».

La phénoménologie fait de cette vie psychique et intérieure son thème central : *Erlebnis* y est entendu comme une expérience subjective immanente, qui requiert néanmoins, pour être connue, donc communiquée, d'être rattachée au monde par le biais de l'intentionnalité, donatrice de sens et référée aux objets. Une *Erlebnis* sans référence intentionnelle reste inobjectivable, autrement dit inconnaissable. Aussi l'*Erleben* n'est-il pas une expérience isolée du sujet mais s'inscrit-il dans la dynamique intentionnelle et temporelle de la conscience, laquelle enchaîne *Erlebnis* sur *Erlebnis*.

♦ Voir encadré 1.

Sous les expressions connexes d'« attitude naturelle », de « flux des vécus » (*Erlebnisstrom* [Husserl] ; cf. Ritter, art. *Erlebnisstrom*), de « foi perceptive », « recompréhension » par Merleau-Ponty (*Le Visible et l'Invisible*, p. 17, 31, etc.) de l'*Erlebnis* husserlienne, les phénoménologues tentent de rendre cette qualité très particulière de notre inscription dans le monde en tant que sujets. Nous sommes en effet des vivants toujours en retard sur notre propre capacité d'expliciter ce que nous vivons au jour le jour.

II. LA MÉDIATION RÉFLEXIVE D'« ERLEBEN »

Pourtant, vivre n'est le simple fait de vivre que pour un vivant dénué de conscience de soi, c'est-à-dire de réflexivité. À cet égard, l'allemand possède une expression qui traduit ce pur vivre inconscient de lui-même : *dahinleben*, que l'on rend judicieusement en français par « végéter ». Si les végétaux sont des vivants sans conscience de soi, on ne saurait en dire autant des animaux, qui possèdent bel et bien une conscience immanente d'eux-mêmes, visible dans leur mode de déplacement, dans leur manière de s'alimenter, dans les différentes formes qu'emprunte leur vie communautaire.

La phénoménologie s'est donné pour tâche de décrire ce sursaut de la vie sur elle-même en lequel je m'aperçois consciemment en train de vivre tel moment de ma vie. Aussi le terme allemand *Erlebnis* exprime-t-il un état plutôt qu'une action. La traduction d'*Erlebnis* par le participe passé *vécu* rend compte de ce moment d'arrêt, quasiment passé, où je m'aperçois que « j'ai vécu ». Il y a discontinuité entre la poussée aveugle de la vie, qui s'auto-

2

G. Agamben : la distinction pertinente entre « zôê » et « bios »

► AIÔN, OIKONOMIA

Comme *Leben*, *zôê* traduit ce fait simple de vivre, et caractérise sur un plan biologique les êtres vivants, animaux, hommes ou dieux ; *bios* désigne davantage un mode ou un genre de vie qualifié : *bios theorêtikos* [βίος θεωρητικός] (vie contemplative), *bios apolaustikos* [βίος ἀπολαυστικός] (vie de plaisir), *bios politikos* [βίος πολιτικός] (vie politique). On a affaire à des attitudes ou à des comportements face à la vie, qui inscrivent d'emblée celle-ci dans un cadre éthique ou social (Platon, *Philèbe* ; Aristote, *Éthique à Nicomaque*). La ligne de partage passe donc entre la vie naturelle biologique (*zôê*) et la vie selon la *polis* [πόλις] (*bios*), au point que la première reste cantonnée à la sphère privée de la famille et de la reproduction (*oikos* [οἶκος]) et se trouve exclue de la *polis* (Aristote, *Politique*, 1252a 26-35).

Même si la vie naturelle peut être un bien en soi (*Politique*, 1278b 23-31), et même si Dieu est appréhendé comme étant dépositaire d'une *zôê aristê kai aidios* [ζωὴ ἀρίστη καὶ ἀίδιος] (« une vie plus noble et éternelle », *Métaphysique*, Λ, 7, 1072b 28), il n'en reste pas moins que la vie politique ne désigne pas un attribut du vivant mais une différence spécifique du genre *zôion*. D'ailleurs, si Aristote nomme l'*homme politique* un *politikon zôion* [πολιτικὸν ζῷον] (*Politique*, 1253a 4), on peut penser également que cela est dû au fait que l'usage du verbe *bionai* est dans la prose attique quasiment inexistant.

Il y a par conséquent une discontinuité entre la communauté naturelle des vivants, dont la figure première est la famille, et la communauté politique qui introduit un genre de vie spécifique incluant le langage et la conscience du juste et de l'injuste.

BIBLIOGRAPHIE

AGAMBEN Giorgio, *Homo sacer. Le pouvoir souverain et la vie nue*, Introduction et trad. fr. M. Raiola, Seuil, 1997.

génère, émerge à partir d'elle-même, et la conscience que nous en prenons (Henry, Varela), dans une temporalité de l'après-coup, si immédiate soit-elle. La réflexivité (dans sa dynamique *in statu nascendi*) est constitutive de l'appréhension de la vie, comme c'est le cas chez Lipps avec la notion d'« épokhê naturelle ».

Pour Husserl, qui reprend tout d'abord à Lipps cette notion de vivre immanent (*Erleben/Ausleben*), la vie affleure sans cesse sous sa plume, que ce soit pour qualifier la conscience (*Bewußtseinsleben*), ses vécus (*Erlebnisse*), en se modalisant comme « vie transcendantale », constituante, phénoménologisante (Fink), ou encore pour désigner le monde comme monde de la vie (*Lebenswelt*), tissant ainsi la corrélation universelle de la conscience et du monde (Depraz).

Si l'on s'en tient pour l'instant à la médiation de la conscience réflexive, le vécu désigne cette qualité très intime que possède la conscience au moment où elle s'aperçoit d'elle-même au passé. C'est donc le surgissement même de la réflexivité à partir de l'irréfléchi, c'est l'activité réfléchissante qui se trouve en jeu avec l'*Erlebnis*. À ce propos, on parlera aussi d'*Erfahrungsleben* (vie en tant qu'expérience), comme pour déplier (le préfixe *ex-*) le vivre immanent par l'expérience de son explicitation : en phénoménologie, le « vivre » se voit d'emblée intériorisé, voire réfléchi. D'ailleurs, parler d'« attitude naturelle » (*natürliche Einstellung*) pour désigner la « vie naturelle » est l'indice d'une vie phénoménologique détenant toujours déjà, par la position qu'y tient son ego observateur, un recul réflexif par rapport à elle-même.

III. LA MÉDIATION COMMUNAUTAIRE DE L'« ERLEBEN » : DE LA « POLIS » GRECQUE À LA « LEBENSWELT » HUSSERLIENNE

Or, cet écart réflexif qu'esquisse l'*Erleben* en son sens phénoménologique par rapport à la vie immédiate et naturelle, la langue grecque en rend compte avec précision dans l'usage distinct des termes *zôê* [ζωή] et *bios* [βίος].

♦ Voir encadré 2.

À cet égard, le *monde de la vie* husserlien (*Lebenswelt*) tient le milieu entre les deux formes de communauté distinguées par Aristote. Il s'agit tout à la fois d'un monde naturel des vivants, sensible, immanent et pratique, situé en étroite proximité avec l'attitude naturelle pré-réfléchie, et un monde communautaire vécu, déjà traversé par la réflexivité commune qui est propre à l'expérience intersubjective de l'être-ensemble : *La Crise des sciences européennes*... fait apparaître au § 38 une telle ambivalence, dont la traduction par « monde de la vie » tente un peu maladroitement de rendre compte, en refusant notamment de choisir entre monde des vivants et monde vécu (Biemel, « Réflexions... », p. 660).

Le monde de la vie est cet *a-priori* communautaire, corrélatif de l'*a-priori* qu'est la subjectivité transcendantale, qui tente de tenir ensemble la possibilité immanente d'une auto-organisation de ce monde naturel des vivants et son irréductibilité à la conscience vécue communautaire qui en émane. À ce titre, l'approche cognitive contemporaine la plus anti-réductionniste se sert du terme d'« émergence » et, plus spécifiquement, de l'expression « couplage structurel autopoiétique » entre la conscience et le monde (Varela) pour nommer une telle dynamique du vivre-ensemble.

Natalie DEPRAZ

BIBLIOGRAPHIE

ARENDT Hannah, *La Condition de l'homme moderne*, trad. fr. G. Fradier, Calmann-Lévy, 1961 ; rééd. 1983.

BIEMEL Walter, « Réflexions à propos des recherches husserliennes de la *Lebenswelt* », *Tidjschrift voor Filosofie*, Louvain, n° 4, 1971.

DEPRAZ Natalie, « La vie m'est-elle donnée ? », *Études philosophiques*, n° 4, 1991, p. 359-373.

DILTHEY Wilhelm, *Einleitung in die Geisteswissenschaften* [1883], in *Gesammelte Werke*, Göttingen, Vanderhoeck et Ruprecht, 1914, 1990.

FICHTE Johann Gottlieb, *Sonnenklarer Bericht an das größere Publikum über das eigentliche Wesen der neuesten Philosophie* [1801], *in* F. Medicus (éd.), *Werke*, vol. 3.

FINK Eugen, *Sixième Méditation cartésienne*, trad. fr. N. Depraz, Grenoble, Jérôme Millon, 1994.

HENRY Michel, *C'est moi, la vérité. Pour une philosophie du christianisme*, Seuil, 1997.

HUSSERL Edmund, *Idées directrices pour une phénoménologie et une philosophie phénoménologique pures*, t. 1 : *Introduction générale à la phénoménologie pure*, trad. fr. P. Ricœur, Gallimard, 1950.

— *La Crise des sciences européennes et la phénoménologie transcendantale*, trad. fr. G. Granel, Gallimard, 1976.

KRUG Wilhelm Traugott, *Encyklopädisches Lexikon in Bezug auf die neueste Literatur und Geschichte der Philosophie* [1838], Leipzig, Brockaus, 2e éd. 1970, 6 vol.

LIPPS Theodor, *Psychologie des Schönen und der Kunst*, t. 1 : *Grundzüge der Ästhetik*, Hambourg-Leipzig, Voss, 1903.

LOTZE Hermann, *Metaphysik* [1841], G. Misch (éd.), Leipzig, Meiner, 1912.

MERLEAU-PONTY Maurice, *Le Visible et l'Invisible*, Gallimard, 1964.

— *La Nature. Notes. Cours du Collège de France*, Gallimard, 1995.

VARELA Francisco, *L'Inscription corporelle de l'esprit*, trad. fr. V. Havelange, Seuil, 1991.

— *Autonomie et connaissance. Essai sur le vivant*, trad. fr. P. Bourgine et P. Dumouchel, Seuil, 1989.

OUTILS

GRIMM Jacob et Wilhelm, *Deutsches Wörterbuch*, Leipzig, Hirzel, 1854, repr., Munich, Deutscher Taschenbuch, 1984, t. 12, p. 397, *s.v.* « *Leben* ».

RITTER Joachim et GRÜNDER Karlfried, *Historisches Wörterbuch der Philosophie. Unter Mitwirkung von mehr als 700 Fachgelehrten*, nouv. éd., Bâle, Schwabe, 1971-, Darmstadt, Wissenschaftliche Buchgesellschaft, 1971-, t. 3, p. 702-712, *s.v.* « *Erleben* », « *Erlebnis* », « *Intentionales* », « *Erlebnisstrom* ».

ERSCHEINUNG / SCHEIN / PHÄNOMEN / MANIFESTATION / OFFENBARUNG ALLEMAND – fr. *phénomène, apparition, apparence / apparence, illusion, simulacre / phénomène / manifestation / révélation*

angl. *appearance / illusion / phenomenon / manifestation / revelation*

► *APPARENCE, PHÉNOMÈNE*, et ALLEMAND, *CHOSE*, DOXA, ERLEBEN, EPOKHÊ, *IMAGE*, INTENTION, OBJET, PERCEPTION, RÉALITÉ, VÉRITÉ

Le vocabulaire de la phénoménalité se distribue en allemand sur plusieurs registres linguistiques : à côté des termes d'origine germanique construits sur le verbe scheinen *(briller, paraître, sembler, avoir l'air) et sur l'adjectif* offenbar *(manifeste, évident, patent), tels que* Erscheinung *(phénomène, apparition),* Schein *(apparence) et* Offenbarung *(révélation), on trouve les termes d'origine étrangère qui constituent le vocabulaire technique de la philosophie moderne, tels que* Phänomen*, emprunté au grec, ou* Manifestation*, tiré du latin.*

C'est Kant qui, par l'opposition stricte qu'il installe entre *Erscheinung* et *Phänomen* d'une part, et *Schein* d'autre part, donne au phénomène sa définition moderne, alors que Lambert, qui fut probablement le premier à forger le terme « phénoménologie », demeure encore pris dans l'opposition traditionnelle de la vérité et de l'apparence. Chez Hegel, à côté de l'opposition kantienne du *Schein* et de l'*Erscheinung*, qu'il renouvelle, apparaît le vocabulaire de la manifestation, et Schelling, à la suite de Fichte, donne au concept d'*Offenbarung* (révélation) toute sa portée. Mais c'est dans le cadre de la phénoménologie que les concepts de *Phänomen*, d'*Erscheinung* et de *Schein*, dans une nouvelle distribution, vont revenir au centre du débat philosophique, avec Husserl qui en souligne les « équivoques » et Heidegger qui se donne pour tâche en 1927 d'en clarifier fondamentalement le sens.

I. « SCHEIN » ET « ERSCHEINUNG » : LA DISTINCTION KANTIENNE DU PHÉNOMÈNE ET DE L'APPARENCE

C'est dans l'ouvrage composé en latin qui valut à Kant le rang de professeur ordinaire à l'université de Königsberg et qui est connu sous le nom de *Dissertation de 1770* que l'on trouve la première définition proprement kantienne du *phaenomenon* en tant qu'objet de la sensibilité (*objectum sensualitatis*) par opposition au *noumenon* ou objet intelligible, qui n'est connaissable que par l'intelligence (*per intelligentiam cognoscendum*) :

> L'objet de la sensibilité est le sensible, ce qui ne contient que ce qui est connaissable par l'intelligence est l'intelligible. Dans les écoles de l'Antiquité, le premier s'appelait *phaenomenon*, le second *noumenon*.
>
> *Dissertation de 1770*, § 3, p. 35.

Kant rompt ainsi avec le sens donné par Descartes et Leibniz au terme de *phaenomenon*, transposition en latin moderne du grec *phainomenon* [φαινόμενον], lui-même participe employé substantivement du verbe *phainesthai* [φαίνεσθαι], qui signifie « être visible », « apparaître », lui-même dérivé de *phôs* [φῶς], « lumière ». Les *phaenomena* au sens kantien ne renvoient plus en effet aux faits empiriquement connus, aux *apparitiones*, à ce qui apparaît à la conscience, mais simplement aux objets sensibles, et c'est en tant que tels qu'ils s'opposent non seulement aux *noumena*, mais aussi aux simples apparences (*apparentiae*) :

> Mais dans les connaissances issues des sens et dans les phénomènes (*Phaenomenis*), ce qui précède l'usage logique de l'entendement est appelé apparence (*Apparentia*), et la connaissance réfléchie qui naît de plusieurs apparences confrontées par l'entendement s'appelle expérience.
>
> *Dissertation de 1770*, § 5, p. 39-41.

C'est donc un jeu complexe de différenciations qui est présupposé ici : de la distinction entre *phaenomenon* et *apparitio*, on passe à une double distinction, entre *phaenomenon* et *noumenon* au premier chef, mais aussi entre *phaenomenon* et *apparentia*.

Ces distinctions sont reprises dans la *Critique de la raison pure* de 1781, où, à côté de *Phänomen*, emprunté au latin, apparaissent aussi les termes d'*Erscheinung* et de *Schein*. Or *Erscheinung* est habituellement traduit en français par « phénomène » (alors qu'en anglais on le rend par *appearance*) pour le distinguer de *Schein*, que l'on rend par « apparence » (lequel terme est en anglais traduit par *illusion*), ce qui ne va pas sans créer quelque confusion. La difficulté d'*Erscheinung* se marque au fait qu'« apparence » et *appearance*, malgré leur parenté, se distribuent sur les deux termes les plus opposés, *appearance* semblant en outre ne retenir qu'un aspect de l'*Erscheinung* kantienne (la première face du *phaenomenon* de 1770, distinguée de l'*experientia*) ; quant à l'*illusion* anglaise, elle rend bien la dimension de tromperie contenue dans *Schein*, mais celle-ci doit être immédiatement corrigée par la doctrine de l'illusion transcendantale, c'est-à-dire nécessaire (voir *infra*).

Le terme de *Phänomenologie* lui-même, probablement forgé par Johann Heinrich Lambert (1728-1777), fait sa première apparition dans son ouvrage paru en 1764, *Neues Organon*, dont la quatrième partie s'intitule : « La phénoménologie en tant que doctrine de l'apparence (*Schein*) ». Dans la lettre qu'il écrit le 2 septembre 1770 à Lambert, Kant reprend cette terminologie et semble désireux de ne considérer à cette époque la science du sensible que comme une simple propédeutique à la métaphysique :

> Il semble qu'une science toute particulière, quoique simplement négative (*phaenomenologica generalis*), doive précéder la métaphysique : les principes de la sensibilité s'y verront fixer leur validité et leurs bornes, afin qu'ils n'embrouillent pas les jugements portant sur les objets de la raison pure, comme cela s'est presque toujours produit jusqu'à présent.
>
> Kant, *Correspondance*, p. 70-71.

À cette époque, en effet, Kant se situe encore, comme Lambert, dans le cadre de l'opposition traditionnelle entre l'être et l'apparaître, l'intelligible et le sensible : « [...] il est évident : que les pensées sensibles sont les représentations des choses *telles qu'elles apparaissent* et que les intellectuelles sont celles *des choses telles qu'elles sont* » (*Dissertation de 1770*, § 4, p. 37).

Plus tard, à la « phénoménologie » lambertienne comme doctrine du *Schein*, la *Critique de la raison pure* oppose l'« Esthétique transcendantale » comme élucidation de l'*Erscheinung*. Ce que Kant désigne sous ce nom est défini comme « objet indéterminé d'une intuition empirique » et cette définition suppose qu'on distingue en lui une matière et une forme : « Ce qui, dans le phénomène (*Erscheinung*), correspond à la sensation, je l'appelle sa matière ; mais ce qui fait que le divers du phénomène peut être ordonné suivant certains rapports, je le nomme la forme du phénomène » (*Critique de la raison pure*, B 34).

Cette forme qui ordonne la sensation ne peut être comme la matière donnée *a posteriori* et doit donc déjà se trouver *a priori* dans l'esprit. Kant découvre ainsi dans l'espace et le temps les deux formes *a priori* de l'*Erscheinung*, de ce qui apparaît. Par cette distinction de la matière et de la forme, Kant a donc montré que les « apparitions » sont caractérisées par un ordre qui leur est intrinsèque. Mais elles peuvent en outre être soumises à un ordre supérieur qui est celui de l'entendement et qui seul leur octroie l'objectivité de véritables phénomènes :

> Ce qui nous apparaît (*Erscheinungen*) [les « images sensibles » dans la traduction de Tremesaygues et Pacaud ; les « manifestations sensibles » dans celle de Barni], en tant que cela est pensé comme objet selon l'unité des catégories, s'appelle *phénomène* (*Phänomena*). [*Erscheinungen, sofern sie als Gegenstände nach der Einheit der Kategorien gedacht werden, heissen Phänomena.*]
>
> *Ibid.*, A 248.

Une nouvelle distinction se dessine ici, entre *Erscheinung* et *Phänomen*, le *Fremdwort* se voyant attribuer une nuance particulière. C'est ce passage des apparitions aux phénomènes qui permet à Kant de sortir de l'opposition traditionnelle de la vérité et de l'apparence. Nous ne pouvons certes connaître que ce qui nous apparaît, mais notre connaissance n'est pas exclusivement tirée de l'apparaître lui-même, puisqu'elle met en jeu les formes *a priori* de notre entendement qui, bien que ne pouvant s'appliquer qu'à l'apparaître, ne trouvent pourtant pas leur origine en lui, mais dans l'esprit humain.

L'« apparition » (*Erscheinung*) n'est donc pas une simple « apparence » fallacieuse (*Schein*), elle doit être considérée comme quelque chose de réel et d'objectif, bien que l'objet comme *Erscheinung* soit à distinguer de l'objet en soi (B 69). Kant définit en effet très précisément dans une note ajoutée à ce passage de la *Critique de la raison pure* ce qu'est l'*Erscheinung* : « Ce qui ne peut pas se rencontrer dans l'objet en lui-même, mais toujours dans son rapport au sujet, et n'est pas séparable de la représentation de ce sujet est phénomène (*Erscheinung*) » (*ibid.*, B 70, note).

Cet objet en soi, qui est la cause non sensible de nos représentations et qui nous demeure entièrement inconnu est ce que Kant nomme « objet transcendantal » (B 522) et dont il note dans la première édition qu'il est simplement « = X » (A 109). Cette distinction entre l'apparition et l'objet en soi n'est cependant pas la restauration de l'opposition classique entre apparence et vérité, mais au contraire la conséquence logique de la définition de l'*Erscheinung* comme *apparition*. Car, comme Kant l'explique dans la Préface à la seconde édition de la *Critique de la raison pure* :

> Bien que nous ne connaissions pas ces objets comme choses en soi, du moins devons-nous pouvoir les penser. Autrement, en effet, il en résulterait cette proposition absurde, qu'il y aurait une apparition (*Erscheinung*) sans rien qui apparaisse (*ohne etwas* [...], *was da erscheint*).
>
> *Ibid.*, B XXVI.

Le concept de *Ding an sich* « chose en soi » et celui d'*Erscheinung* « apparition » sont donc corrélatifs et ne renvoient par conséquent pas à deux objets différents. C'est ce que Kant souligne de la manière la plus nette dans l'*Opus postumum* :

> La distinction entre le concept d'une chose en soi et celui de la chose dans le phénomène n'est pas objective mais simplement subjective. La chose en soi (*ens per se*) n'est pas un autre objet, mais une autre relation (*respectus*) de la représentation à l'égard du même objet.
>
> AK, t. 23, p. 26.

Quant à l'apparence fallacieuse (*Schein*), elle surgit précisément lorsque l'on prend les apparitions pour des choses en soi (B 70, note). Car l'apparence ne provient nullement des sens mais du jugement :

> Encore moins peut-on tenir pour la même chose le phénomène (*Erscheinung*) et l'apparence (*Schein*). En effet, la vérité, ou l'apparence, ne sont pas dans l'objet en tant qu'il est intuitionné, mais dans le jugement sur ce même objet, en tant qu'il est pensé. On peut donc dire très justement que les sens ne font pas d'erreur ; mais ce n'est pas parce qu'ils jugent toujours exactement, c'est parce qu'ils ne jugent pas du tout. Par conséquent, c'est uniquement dans le jugement, c'est-à-dire uniquement dans le rapport de l'objet à notre entendement, qu'il faut placer la vérité aussi bien que l'erreur, et partant aussi l'apparence, en tant qu'elle nous incite à l'erreur.
>
> *Ibid.*, A 293.

La dialectique transcendantale, en tant que « logique de l'apparence », n'a affaire ni aux apparences empiriques qui proviennent, comme les illusions optiques, d'un jugement égaré par l'influence de l'imagination, ni aux apparences logiques, qui résultent d'un défaut d'attention à la règle logique, mais à ce que Kant nomme « apparence transcendantale », qui est une « *illusion* (*Illusion*) *naturelle* et inévitable » et qui repose sur la substitution de principes objectifs à des principes seulement subjectifs (A 298).

La *Critique de la raison pure* nous apprend donc non seulement « à prendre l'objet *en une double signification*, savoir comme apparition (*Erscheinung*) — "phénomène", selon la traduction usuelle — ou comme chose en soi (*Ding an sich*) » (B XXVII), mais aussi à distinguer tous les objets en général en phénomènes (*Phänomena*) et noumènes (*Noumena*), ce que Kant entreprend d'expliciter dans le dernier chapitre de l'« Analytique transcendantale ». Car si les objets des sens, les *Erscheinungen*, peuvent être nommés *Phänomena* dans la mesure où ils sont soumis aux catégories de l'entendement, il n'en demeure pas moins possible d'admettre des choses, qui, en tant que simples objets de l'entendement, pourraient être données à une intuition non sensible : ce sont ces choses que Kant nomme *noumènes* (A 249). En tant qu'objets d'une intuition non sensible, les noumènes n'ont donc qu'une signification négative (B 342) et ne servent à rien d'autre qu'à marquer les limites de notre connaissance sensible (B 345). À l'opposition de l'*Erscheinung* et de la *Ding an sich* se superpose donc celle du *Phänomen*, en tant qu'objet des sens, et du *noumène*, en tant qu'objet intelligible (B 306).

II. DE L'« ERSCHEINUNG » À L'« OFFENBARUNG » : PHÉNOMÈNE, MANIFESTATION ET RÉVÉLATION DANS L'IDÉALISME POST-KANTIEN

Dans la mesure où ce qui unit entre eux les post-kantiens est la volonté de réaliser ce que Kant avait commencé en tentant de mettre la métaphysique dans la voie sûre de la science, il n'est pas étonnant de les voir s'attaquer à ce qui subsiste dans le kantisme d'irreprésentable pour la raison humaine, à savoir la « chose en soi » et le « noumène ». L'accent sera donc corrélativement mis, dans le post-kantisme, sur la dimension de l'apparaître, de l'*Erscheinen*, en tant que dimension interne à l'absolu lui-même, qui sans elle serait privé de toute effectivité. C'est ce qui conduit Hegel, dans sa Préface à *La Phénoménologie de l'esprit*, à affirmer que :

> Le phénomène (*Erscheinung*) est le surgir et le disparaître qui lui-même ne surgit ni ne disparaît, mais est en soi, et constitue l'effectivité et le mouvement de la vie de la vérité.
>
> *La Phénoménologie de l'esprit*, trad. fr. G. Jarczyk et P.-J. Labarrière, p. 105.

Hegel n'en maintient pas moins cependant la différence entre *Erscheinung* et *Schein*, entre l'apparition et l'apparence, comme il l'explique dans le troisième chapitre de *La Phénoménologie de l'esprit*, qui traite justement de l'*Erscheinung*, où l'apparence est définie comme « l'*être* qui est immédiatement en lui-même un *non-être* », alors que le phénomène ou apparition est « un *tout* de l'apparence » (« *ein Ganzes des Scheins* », *op. cit.*, p. 185), en tant qu'il renvoie non seulement au moment de la disparition, au non-être, mais à l'ensemble du mouvement du naître et du périr.

L'*Erscheinung*, dans la mesure où elle ne révèle plus autre chose qu'elle-même, car, comme le dit Hegel « derrière le soi-disant rideau qui doit recouvrir l'intérieur, il n'y a rien à voir » (*op. cit.*, p. 206), peut ainsi être comprise comme la dimension même de la manifestation : c'est d'ailleurs par ce terme que le premier traducteur de *La Phénoménologie de l'esprit*, Jean Hyppolite, a souvent rendu le mot *Erscheinung*, qu'il faudrait peut-être cependant continuer à traduire par « apparition » ou « apparition phénoménale », comme le fait un autre traducteur du même ouvrage, Jean-Pierre Lefebvre. On peut alors tracer le tableau suivant, où la diversité des traductions fait apparaître la difficulté d'*Erscheinung* :

	Erscheinung	*Schein*	*Phänomen*
Kant	manifestation sensible (Barni) image sensible (TP) *appearance* (anglais)	apparence *illusion*	Phénomène *Phainomenon*
Hegel	manifestation (Hyppolite) apparition (Lefebvre) phénomène (Labarrière-Jarczyk)		

Chez Hegel, pourtant, le terme lui-même de *Manifestation*, et celui de *Offenbarung*, « révélation », qui lui sert de synonyme, ne trouvent vraiment leur sens technique que dans *Science de la logique*.

C'est en effet dans la « Doctrine de l'essence » qu'il est à nouveau question de l'*Erscheinung*, titre de la deuxième section de ce deuxième livre de la logique hégélienne dont le mouvement d'ensemble est résumé à la fin de l'introduction comme suit : « L'essence paraît (*scheint*) d'abord dans soi-même ou est réflexion ; deuxièmement elle apparaît (*erscheint*) ; troisièmement elle se révèle (*offenbart sich*) » (*Science de la logique*, II, p. 6).

Ces trois verbes caractérisent les étapes du processus d'extériorisation de l'essence, tel qu'il se déroule dans les deux premières sections de la logique de l'essence et tel qu'il culmine dans la troisième, qui traite de l'effectivité (*Wirklichkeit*). C'est dans cette dernière section qu'apparaît alors le vocabulaire de la révélation (*Offenbarung*) ou de la manifestation (*Manifestation*), pour exprimer l'« identité » à ce niveau entre forme et contenu, intérieur et extérieur, alors que c'est leur « différence » qui est mise en évidence dans le langage du paraître (*scheinen*) et de l'apparaître (*erscheinen*). Comme le souligne Hegel : « C'est justement cela qui est le contenu de l'absolu, de se *manifester* (*sich manifestieren*) », et c'est en tant qu'« acte absolu de se manifester pour soi-même » que l'absolu est « effectivité » (*ibid.*, p. 238). Il apparaît clairement ici que les termes de *Manifestation* et de *Offenbarung* renvoient à l'idée, absolument non kantienne, d'une extériorisation sans reste. Le terme allemand *offenbar*, qui renvoie étymologiquement à l'idée d'ouverture, de patence, est d'ailleurs le plus souvent traduit par l'adjectif « manifeste ». Il faut enfin ajouter à cela le fait qu'en allemand *Manifestation* et *Offenbarung* sont des termes faisant partie du vocabulaire théologique.

On traduit en effet le plus souvent *Offenbarung* par « révélation », en faisant ainsi appel à un autre terme latin, dans lequel on trouve une idée absente du terme de *manifestatio*, celle d'une action consistant à écarter un voile (*velum*) et donc à découvrir une chose auparavant cachée. En tant que terme appartenant au vocabulaire religieux, *Offenbarung* est un concept qui devient capital dans le post-kantisme. Il faut ici mentionner la première œuvre de Fichte, *Essai d'une critique de toute révélation*, parue en 1792, dans lequel on trouve une analyse du concept de *Offenbarung* caractérisé du point de vue formel comme « une espèce de la transmission des connaissances (*Bekanntmachung*) » (*op. cit.*, p. 91) et une déduction rationnelle de ce concept qui permet de le définir comme « le concept d'un phénomène produit dans le monde sensible par la causalité de Dieu, et par lequel il s'annonce comme législateur moral » (*ibid.*, p. 107). Le but que poursuit Fichte dans cet essai qui le rendit célèbre du fait que, publié sans nom d'auteur, on le prit pour la quatrième *Critique* de Kant, est en effet celui d'une réduction de la religion à la morale, comme l'atteste clairement le résultat auquel aboutit cette critique du concept de révélation : « Le critère universel de la divinité d'une religion eu égard à son contenu moral est donc le suivant : *seule la révélation qui établit un principe de la morale s'accordant avec le principe de la raison pratique, et uniquement des maximes morales telles qu'elles se laissent dériver de ce principe, peut être de Dieu* » (*ibid.*, p. 151).

C'est dans la même perspective, philosophique, et non étroitement religieuse, qu'il faut situer la *Philosophie de la Révélation* (*Philosophie der Offenbarung*), l'œuvre posthume de Schelling. Le projet de ces leçons dispensées à Munich et à Berlin entre 1827 et 1846 ne fut pas d'élaborer une philosophie chrétienne, mais seulement de comprendre la spécificité du christianisme. Schelling s'explique fort clairement sur ce point à la fin du premier livre en opposant sa *Philosophie der Offenbarung* à une *Offenbarungsphilosophie*, une philosophie révélée, et précise qu'il prend la Révélation « comme objet, et non pas comme source ou autorité » (*op. cit.*, p. 165). Le concept de Révélation connaît en effet chez Schelling une extension au-delà de ce que Fichte y entendait, car ce mot ne signifie pas pour lui seulement « l'acte par lequel la divinité deviendrait cause ou auteur de représentations dans une conscience humaine individuelle quelconque », mais il se rapporte à « l'*universel* de la Révélation » (p. 166-167), à son contenu qui, bien que se révélant factuellement dans l'histoire, renvoie cependant à « un enchaînement historique plus élevé, c'est-à-dire à un enchaînement qui dépasse l'histoire elle-même et le christianisme pris comme phénomène particulier » (p. 169). Ce qui est donc en question dans la *Philosophie de la Révélation*, ce n'est pas le phénomène historique du christianisme, mais l'objet même de la philosophie pour les post-kantiens, à savoir l'effectivité de l'absolu. Le jeune Schelling, encore très fichtéen, l'affirmait déjà dans un de ses premiers textes, *Du Moi* (*Vom Ich*) : la fin ultime de la philosophie est le « pur être absolu » et son devoir est « de dévoiler et de révéler ce qui ne se laisse jamais réduire à des concepts » (*Premiers Écrits*, p. 89). Sa *Philosophie de la Révélation*, qui, du fait qu'elle se donne pour tâche de penser ce qui dépasse la raison, constitue l'achèvement ultime de l'idéalisme spéculatif, se donne toujours le même but : « Elle comprendra encore plus et encore autre chose que la seule Révélation ; qui plus est, elle ne comprendra celle-ci que parce qu'elle aura préalablement compris autre chose, à savoir le Dieu *effectivement réel* » (*ibid.*, p. 166).

III. « ERSCHEINUNG » ET « PHÄNOMEN » : LE CONCEPT PHÉNOMÉNOLOGIQUE DE PHÉNOMÈNE (HUSSERL ET HEIDEGGER)

En 1901, le terme de « phénoménologie » fait sa réapparition dans le titre de l'ouvrage de Husserl : *Recherches pour la phénoménologie et la théorie de la connaissance*, qui constitue la deuxième partie des *Recherches logiques* dont le premier tome avait paru l'année précédente sous le titre *Prolégomènes à la logique pure*. À cette époque, encore sous l'influence de Brentano et de sa *Psychologie du point de vue empirique*, Husserl donne à ce terme le sens d'une « analyse descriptive » qui s'en tient au pur donné phénoménal sans présupposer l'existence de ce qu'il s'agit de décrire. Cette analyse permet en effet de distinguer ce qui appartient à l'objet lui-même de ce qui appartient au vécu, ou encore, selon le vocabulaire husserlien, l'immanent du transcendant. Soit l'exemple de la couleur qu'évoque Husserl dans la cinquième *Recherche* : on confond souvent la sensation colorée (immanente) avec la coloration objective (transcendante). Or l'objet en tant que tel n'est ni perçu ni conscient, pas plus que la couleur perçue comme lui appartenant : il est « dehors », non « dans » la conscience ; pourtant « dans » la conscience lui correspond un vécu de sensation colorée. Cette différence n'est pas une simple différence de point de vue selon lequel le même phénomène serait considéré tantôt sous sa face objective tantôt sous sa face subjective. La confusion en question provient de l'équivoque du terme de phénomène (*Erscheinung*) :

> On ne saurait assez fortement insister sur l'équivoque (*Äquivokation*) qui nous permet de donner le nom de *phénomène* (*Erscheinung*) non seulement *au vécu en quoi réside l'apparaître* (*Erscheinen*) *de l'objet* (par exemple au vécu concret de la perception, dans lequel l'objet est présumé être présent lui-même), mais aussi *à l'objet apparaissant comme tel*. L'illusion (*Trug*) entretenue par cette équivoque disparaît dès que l'on cherche à se rendre compte sur le plan phénoménologique de ce qui, de l'objet apparaissant comme tel, est réellement donné dans le vécu de l'apparition. L'apparition de la chose (le vécu) n'est pas la chose apparaissant (*Die Dingerscheinung* [*das Erlebnis*] *ist nicht das erscheinende Ding*) (ce « qui est présumé se trouver en face de nous » dans son ipséité corporelle [*in leibhaftiger Selbstheit*]). Nous vivons les phénomènes comme appartenant à la trame de la conscience, tandis que les choses nous apparaissent comme appartenant au monde phénoménal (*als der phänomenalen Welt zugehörig erscheinen uns die Dinge*).

> Les phénomènes eux-mêmes ne nous apparaissent pas, ils sont vécus *(Die Erscheinungen selbst erscheinen nicht, sie werden erlebt).*
>
> *Recherches logiques*, t. 2, 2, p. 148 *sq.*

Dans l'appendice final aux *Recherches*, Husserl revient sur les « équivoques » du terme d'*Erscheinung* qui rendent possible de qualifier de « phénomènes » tantôt les objets, tantôt les vécus dans lesquels ceux-ci apparaissent. Il distingue à ce propos trois significations différentes données à ce mot : le vécu concret d'un objet, l'objet apparaissant lui-même, et, à tort, les composantes réelles du vécu d'objet, par exemple les sensations, ce qui incite à voir de manière erronée dans les choses phénoménales de simples complexes de contenus de sensations. Le souci de Husserl est ici la stricte distinction du transcendant et de l'immanent, car il s'agit pour lui de prendre ses distances par rapport à son maître, Brentano, qui considère l'objet intentionnel comme immanent à la conscience, alors que pour Husserl au contraire la conscience n'est pas un contenant ni l'objet une partie réelle du vécu. Dans un passage ajouté dans la deuxième édition de 1913, Husserl souligne que des trois significations attribuées au terme *Erscheinung*, c'est la seconde qui constitue « le concept originaire d'*Erscheinung* », à savoir « le concept de ce qui apparaît ou de ce qui peut apparaître, de l'intuitif comme tel ». C'est dans la mesure où tous les vécus, qu'ils renvoient à une intuition interne ou externe, peuvent être objectivés dans la réflexion, qu'il est possible de nommer *Phänomene* ces vécus, qui deviennent alors l'objet de la phénoménologie, définie comme « théorie des vécus en général » (*Recherches logiques*, t. 3, p. 283).

Car ce qui n'était pas entièrement clair en 1901, c'est le statut de ce que Husserl nommera, dans son Cours de 1907 sur *L'Idée de la phénoménologie*, le « *phénomène* (*Phänomen*) *pur* au sens de la phénoménologie », qu'il s'agit de distinguer du « *phénomène psychologique* », objet de la psychologie comme science de la nature (*op. cit.*, p. 68). Un tel *Phänomen*, en tant que donnée absolue, est le résultat de ce que Husserl nomme ici pour la première fois « réduction phénoménologique », laquelle consiste à mettre entre parenthèses, à soumettre à une *epokhê*, l'ensemble de ce qui est transcendant. Le phénomène pur, objet d'une phénoménologie pure, est donc le phénomène « réduit », c'est-à-dire l'objet apparaissant en tant que tel, indépendamment de son existence à l'extérieur de la conscience. Husserl est ainsi parvenu à rendre compte de la double face, à la fois subjective et objective, du phénomène :

> Le mot phénomène (*Phänomen*) a ce double sens en vertu de la corrélation essentielle entre l'*apparaître* (*Erscheinen*) et *ce qui apparaît* (*Erscheinenden*). *Phainomenon* signifie proprement ce qui apparaît, mais pourtant est employé de préférence pour désigner l'apparaître lui-même, pour le phénomène (*Phänomen*) subjectif (s'il est permis de se servir de cette expression qui risque d'être entendue au sens grossièrement psychologique).
>
> *L'Idée de la phénoménologie*, p. 116.

Le phénomène au sens de la phénoménologie se distingue ainsi radicalement de l'*Erscheinung* kantienne, qui renvoie à l'inconnue de la chose en soi ou à cet X qu'est l'objet transcendantal. Husserl insiste au contraire, dans son ouvrage de 1913, *Idées directrices pour une phénoménologie et une philosophie phénoménologique pures*, sur « l'erreur de principe » qui consiste à imaginer que Dieu « posséderait la perception de la chose en soi qui nous est refusée à nous, êtres finis », car cela implique la réduction de la chose perçue à une image ou à un simple signe (§ 43). Il est en effet selon Husserl « absurde » de considérer ce qui apparaît comme renvoyant à quelque chose d'autre qui en serait séparé et qu'il s'agirait de considérer comme sa « cause cachée » (*ibid.*, § 52). Car il est de l'essence même de la chose spatiale de se donner par la médiation d'*Erscheinungen* (terme que Ricœur, le traducteur des *Idées*, rend toujours par « apparence ») qui, précisément parce qu'elles ne sont pas une simple apparence (*blosser Schein*, dans la traduction Ricœur : « pur simulacre »), ne renvoient à aucun « en soi », tout devant *par principe* pouvoir devenir phénomène. La rupture de Husserl est ici patente avec la limitation kantienne du phénomène par le noumène.

Il n'en demeure pas moins que, chez Husserl comme chez Kant, *Phänomen* et *Erscheinung* ne sont pas clairement distingués. C'est précisément sur cette distinction qu'insiste au contraire Heidegger lorsqu'il entreprend de clarifier le sens du mot phénoménologie à partir de ses deux composantes, *phainomenon* et *logos* [λόγος], d'abord dans son cours de 1925, consacré aux « Prolégomènes à l'histoire du concept de temps », puis ensuite dans l'introduction à son traité de 1927, *Être et Temps* (*Sein und Zeit*). Revenant au sens primitif du mot grec *phainomenon*, Heidegger définit le *Phänomen* comme « ce qui se montre de soi-même », « le manifeste » (*das Offenbare*) et voit dans l'apparence (*Schein*) une modification privative du *Phänomen* par laquelle une chose se montre précisément comme elle n'est pas :

> Ce n'est donc que dans la mesure où une chose quelconque prétend, selon son sens, se montrer, c'est-à-dire être phénomène (*Phänomen*), qu'elle *peut* se montrer *comme* quelque chose qu'elle n'*est* pas, qu'elle peut "avoir seulement l'air de..." (*nur so aussehen wie*).
>
> *Sein und Zeit*, § 7, p. 29.

Heidegger insiste sur le fait que le terme de *Phänomen*, comme celui de *Schein*, n'a absolument rien à voir avec celui d'*Erscheinung*, mot dont il affirme dans son cours de 1925 qu'il a causé en philosophie plus de ravages et d'embarras qu'aucun autre (*Prolegomena zur Geschichte des Zeitsbegriffs*, p. 112). *Erscheinen* a en effet, comme Kant lui-même l'avait bien souligné, le sens d'un renvoi indicatif d'une chose à une autre chose, laquelle précisément ne se montre pas. *Erscheinen* (apparaître) est donc paradoxalement un « ne pas se montrer », ce qui implique que « les *Phänomene* ne sont *jamais* des *Erscheinungen* » et que l'on ne peut donc expliquer le premier terme en ayant recours au second, puisque c'est au contraire l'*Erscheinung*, en tant qu'annonce de quelque chose qui ne se montre pas à travers une autre chose qui se montre, qui présuppose le *Phänomen* (*Sein und Zeit*, p. 30).

Il est donc de la première importance pour Heidegger de ne pas mettre sur le même plan le *Schein*, qui, en tant que modification privative du *Phänomen*, inclut en lui la dimension du manifeste, et l'*Erscheinung*, qui, comme toutes indications, représentations, symptômes et symboles, présuppose en elle-même déjà la dimension de l'automonstration de quelque chose, c'est-à-dire le *Phänomen* : « Bien qu'"apparaître" (*Erscheinen*) ne soit pas et ne soit jamais un "se-montrer" (*Sichzeigen*) au sens du phénomène (*Phänomen*), il n'y a cependant d'apparaître possible que sur le fond d'un *se-montrer* de quelque chose » (*Sein und Zeit*, p. 29).

Il arrive cependant que, sans égard pour la différence de sens des deux termes, l'on définisse le *Phänomen* comme l'*Erscheinung* de quelque chose qui ne se montre pas, ce qui conduit d'une part à opposer le plan de l'apparaître à celui de l'être en soi, d'autre part, dans la mesure où l'on donne un privilège ontologique à la « chose en soi », à déprécier l'*Erscheinung* en « *blosse Erscheinung* », en simple apparition, elle-même identifiée au *Schein*, à l'apparence. Comme Heidegger le souligne dans son Cours de 1925 : « La confusion est alors portée à l'extrême. Mais de cette confusion vivent la théorie de la connaissance et la métaphysique traditionnelles » (*Prolegomena*..., p. 114).

Kant lui-même a été pris dans cette confusion, puisque en définissant l'*Erscheinung* comme l'objet des sens, il comprend ce dernier à la fois comme *Phänomen*, c'est-à-dire ce qui se montre de soi-même et ainsi s'oppose au *Schein*, à l'apparence, et comme *Erscheinung* en tant qu'apparition de ce qui ne se montre jamais soi-même, la chose en soi. Qu'est-ce donc finalement qu'un phénomène au sens de la phénoménologie ? Chez Kant lui-même, ce n'est pas ce qu'il nomme *Erscheinung*, « apparition », c'est-à-dire l'objet de l'intuition sensible, mais ce qui se montre dans les apparitions elles-mêmes de manière non thématique, à savoir le temps et l'espace en tant que formes de l'intuition, lesquelles doivent pouvoir devenir phénomènes, c'est-à-dire se montrer par elles-mêmes dans l'analyse philosophique. Car le phénomène de la phénoménologie n'est pas « donné », il a au contraire besoin d'une « monstration expresse » pour être aperçu. Ce qui est donc proprement phénomène, c'est ce qui est « caché » dans ce qui se montre de prime abord et le plus souvent, mais qui n'en constitue pas moins l'essence et le fondement de ce qui se manifeste, à savoir l'*être* de l'étant. Entre le phénomène et l'apparition il y a donc la même différence qu'entre l'être et l'étant. Phénoménologie et ontologie dès lors se rejoignent : « L'ontologie n'est possible que comme phénoménologie » (*Sein und Zeit*, *op. cit.*, p. 35). Heidegger est ainsi parvenu à la fois à mettre en évidence, comme Husserl, que « derrière les phénomènes de la phénoménologie, il n'y a essentiellement rien d'autre » et que pourtant ce qui deviendra phénomène peut fort bien être caché. Car « c'est justement parce que les phénomènes *ne* sont d'abord et le plus souvent *pas* donnés qu'il est besoin de la phénoménologie » (*ibid.*, p. 36).

Françoise DASTUR

BIBLIOGRAPHIE

FICHTE Johann Gottlieb, *Versuch einer Kritik aller Offenbarung*, Hambourg, Meiner, 1983 ; *Essai d'une critique de toute révélation*, trad. fr. J.-C. Goddard, Vrin, 1988.

HEGEL Georg Wilhelm Friedrich, *Phänomenologie des Geistes*, Hambourg, Meiner, 1952 ; *Phénoménologie de l'esprit*, trad. fr. G. Jarczyk et P.-J. Labarrière, Gallimard, 1993 ; trad. fr. J. Hyppolite, Aubier-Montaigne, 1939-1941 ; trad. fr. J.-P. Lefebvre, Aubier, 1991.

— *Wissenschaft der Logik, Erster Band, Die objektive Logik*, Hambourg, Meiner, 1978 ; *Science de la logique*, t. 1, L. II : « La doctrine de l'essence ». Édition de 1812, trad. fr. G. Jarczyk et P.-J. Labarrière, Aubier-Montaigne, 1976.

HEIDEGGER Martin, *Prolegomena zur Geschichte des Zeitbegriffs*, in *Gesamte Ausgabe*, t. 20, Francfort, Klostermann, 1979.

— *Sein und Zeit*, Tübingen, Niemeyer, 1963 ; *Être et Temps*, trad. fr. F. Vezin, Gallimard, 1986.

HUSSERL Edmund, *Logische Untersuchungen*, t. 2, 1 et t. 2, 2, Tübingen, Niemeyer, 1968 ; *Recherches logiques*, PUF, t. 2, 2e partie, 1962 et t. 3, 1974.

— *Die Idee der Phänomenologie*, La Haye, Nijhoff, 1973 ; *L'Idée de la phénoménologie*, trad. fr. A. Lowit, PUF, 1985.

— *Ideen zu einer reinen Phänomenologie und phänomenologische Philosophie*, Premier livre, La Haye, Nijhoff, 1950 ; *Idées directrices pour une phénoménologie et une philosophie phénoménologique pures*, trad. fr. P. Ricœur, Gallimard, 1950.

KANT Emmanuel, *Dissertation de 1770*, texte latin, trad. fr., intr. et notes P. Mouy, Vrin, 1967.

— *Correspondance*, trad. fr. M. de Launay (dir.), Gallimard, 1986.

— *Kritik der reinen Vernunft*, Hambourg, Meiner, 1990 (La pagination indiquée est celle des *Kant Gesammelte Schriften*, qui est reproduite dans les traductions françaises les plus récentes.) ; *Critique de la raison pure*, trad. fr. A. Delamarre et F. Marty à partir de la traduction J. Barni, Gallimard, 1989. trad. fr. A. Tremesaygues et B. Pacaud, PUF, 1963 ; trad. fr. J. Barni revue par P. Archambault, Flammarion, 1987 ; *Critique of pure reason*, trad. angl. N. Kemp Smith, Londres, Macmillan, 1978.

— *Gesammelte Schriften*, herausgeben von der Königlich Preussischen Akademie der Wissenschaften, Berlin, t. XXIII, Walter de Gruyter, Berlin, 1955.

LAMBERT Johann Heinrich, *Neues Organon, oder Gedanken über die Erforschung und Bezeichnung des Wahren und dessen Unterscheidung vom Irrtum und Schein* (Leipzig, 1764), Berlin, Akademie-Verlag, 1990.

SCHELLING Friedrich Wilhelm Joseph von, *Sämtliche Werke*, Stuttgart-Ausbourg, J. C. Cotta, t. 1, *Philosophische Schriften (Vom Ich)*, et t. 13, *Philosophie der Offenbarung* (Livre I) ; *Premiers Écrits (1794-1795 [Du Moi])*, trad. fr. J.-F. Courtine, PUF, 1987.

— *Philosophie de la Révélation*, Livre I, trad. fr. J.-F. Marquet et J.-F. Courtine (dir.), PUF, 1989.

ERZÄHLEN / BESCHREIBEN ALLEMAND

– fr. *Raconter / décrire*

► ***RÉCIT***, et ART, BILD, DESCRIPTION, DICHTUNG, EREIGNIS, ***FAIT***, ***FICTION***, HISTOIRE, LOGOS, MIMÊSIS, ROMANTIQUE, STRUCTURE, TABLEAU, VÉRITÉ

Le style très différent, en France et en Allemagne, des études littéraires et des manuels sur lesquels celles-ci s'appuient livre des enseignements intéressants sur la notion de récit et la manière dont elle est déterminée par les diverses traditions linguistiques et nationales. Le langage du récit (et ses notions connexes : événement, histoire, descrip-

tion) est marqué en allemand à la fois par la lourdeur de la tradition et par le caractère de remaniements terminologiques issus en grande partie de la théorie littéraire française. À partir de quelques mots cardinaux — Erzählung, Bericht, Geschehen, Geschichte, Begebenheit, Beschreibung, Schilderung *— il est possible de dégager comment l'intraduisible provenant de la tradition vient s'ajouter aux difficultés que représentent les récentes acclimatations de vocabulaire dans ce domaine.*

I. L'EFFONDREMENT DE LA TERMINOLOGIE ROMANTIQUE

En intégrant dans son sixième volume les termes de *narrativ/Narrativität*, le *Historisches Wörterbuch der Philosophie* de Joachim Ritter fêtait l'entrée dans le langage philosophique de termes qui, jusque vers la fin des années 1960, n'avaient droit de cité ni en philosophie ni dans le langage de la poétique et de la critique littéraire de langue allemande. Du XVIIIe siècle aux années 1950, non seulement il n'y a pas eu vraiment d'analytique des textes nécessitant son propre vocabulaire (encore aujourd'hui, les questions de terminologie sont négligées dans les rééditions des ouvrages de référence de Gero von Wilpert et Wolfgang Kayser), mais, de plus, la terminologie de la *Literaturwissenschaft* (« science de la littérature », là où la français dit « théorie littéraire ») était encore entièrement tributaire de la perspective romantique d'un absolu littéraire. Le langage dans lequel l'analyse des textes et les questions de poétique narrative se sont articulées en allemand est donc resté, jusqu'aux grands textes canoniques qui ont encore fortement marqué l'après-guerre (Emil Staiger, Günther Müller, Karl Vietör), celui de Goethe, de Hegel ou des frères Schlegel. Une œuvre littéraire était un *literarisches Kunstwerk* (œuvre d'*art* littéraire), la littérature une *Dichtkunst* (voir DICHTUNG), et les concepts sur lequels reposait l'analyse des textes narratifs étaient ceux de *Gebilde, Gestalt, Gefüge, Fügung, Gliederung, Aufbau, Dichtwerk*, autant d'intraduisibles, mots composés équivalents — mais seulement équivalents — aux idées de structure, composition, agencement ou articulation pour les six premiers. Quant au terme *Dichtwerk*, composé à partir de *Werk* (œuvre) et *Dicht* pour *Dichtung*, on pourrait le traduire par « œuvre d'art littéraire ». Il n'y a pas un seul *Fremdwort* dans les 590 pages de la *Morphologische Poetik* de Günther Müller (1968), — qui rassemble des études s'étalant de 1923 à 1954. Müller écrit d'ailleurs lui-même, dans l'article « *Über das Zeitgerüst des Erzählens* » paru en 1950 (*Gerüst* voulant dire « échafaudage », on devrait traduire « Zeit *gerüst* » par « *structure* temporelle ») :

> C'est une chose bien connue que l'étude de la littérature en Allemagne (*die deutsche Literaturwissenschaft*), conformément à son origine herdérienne, schlégélienne et hégélienne, s'est essentiellement constituée dans la perspective d'une considération historique des faits et qu'elle dispose à peine d'une tradition de critique littéraire, voire d'un vocabulaire approprié à ce que l'on appelle *art* en France et *craft* en anglais. Il en résulte un savoir et une conscience mal assurés de la spécificité des œuvres littéraires (*literarische Kunstwerke*) et une sorte d'inhibition à parler, dès qu'il s'agit de littérature (*Dichtung*), de ce pour quoi nous ne disposons que du terme trompeur de « technique ».
>
> « Über das... », p. 389-390.

Tout change dans les années 1950. Des ouvrages importants comme *Bauformen des Erzählens* de Lämmert, *Typische Formen des Romans* de Stanzel ou *Die Logik der Dichtung* (1957, trad. fr. *Logique des genres littéraires*, Seuil, 1986) de Käte Hamburger annoncent le passage à une analyse rigoureuse de la fiction et de son langage propre. Leur terminologie est à la fois nouvelle, à la mesure de leur percée analytique (*Erzählakt* [acte de narration], *Erzählstimme* [voix narrative], *Ich-Origo* : autant de mots nouveaux pour de nouveaux problèmes), et respectueuse de la tradition classique et romantique. Mais si l'on compare le langage de la poétique et de l'analyse des récits tel qu'il s'est globalement maintenu dans la *Literaturwissenschaft* de langue allemande jusqu'à la fin des années 1960 et la langue dans laquelle les mêmes questions sont aujourd'hui traitées, on observe que le vieux vocabulaire romantique a été désormais entièrement remplacé par un langage introduit au cours des années 1970 par l'importation des recherches sémiotiques et structuralistes, notamment françaises (mais aussi anglo-saxonnes et soviétiques, l'Allemagne ayant dû en l'espace de quelques années rattraper son retard dans le domaine de la théorie des textes, du formalisme russe au structuralisme français). Ainsi, *Struktur* a remplacé *Aufbauform*, *Form* a remplacé *Gebilde*, *Figur* a remplacé *Gestalt*, *Konfiguration* a remplacé *Gefüge*, *Artikulation* a remplacé *Verknüpfung*, etc. Rien ne manifeste mieux la naturalisation de ce changement radical de vocabulaire que le langage dans lequel Rainer Rochlitz a traduit les trois tomes de *Temps et Récit* de Paul Ricœur : *Kompositionsregeln*, *Konfiguration*, *Refiguration*, *Konfigurationsvorgang*, *Rekonstruktion*, *relogifizieren*, *entchronologisieren*, *Modalitäten der Fabelkomposition*, etc. (règles de composition, configuration, refiguration, [...] reconstruction, relogification, déchronologisation, modalités de la mise en intrigue). Tout cela aurait été impensable trente ans plus tôt.

Dans certains cas, l'importation du concept n'aurait pas pu se faire autrement que par l'acclimatation du *Fremdwort*, faute de quoi la case serait restée vide pour l'idée. C'est le cas par exemple de *Semiotik*, *Aktant* ou *Funktion*, trois concepts inexistants dans l'ancien vocabulaire ; les deux premiers parce qu'ils ne peuvent pas être transformés sans que soit remise en cause la rigueur de la théorie greimasienne (tout comme par exemple pour la *Diegese*, calque de *diégèse* de Genette), le troisième parce que l'idée de fonction n'avait, avant le bouleversement terminologique des années 1970, aucune place dans un vocabulaire qui était resté imperméable à un traitement logico-sémiotique de l'art du langage. Pourtant il serait faux de parler d'un changement radical de décor. En général, il y a plutôt cohabitation de deux vocabulaires : l'allemand, dans lequel la terminologie analytique puise aujourd'hui pour se ressourcer après avoir épuré la langue de ce qui, dans le « vieux langage », faisait obstacle à la rigueur de l'analyse, et les mots d'origine française ou anglaise (*mise en abyme*, *stream of conscienceness*, *intradiegetisch*, *implotment*) quand on pense que l'on gagne en clarté à maintenir le mot étranger.

II. « ERZÄHLUNG »/« BERICHT » : LES INTRADUISIBLES DU RÉCIT

Comment traduire le français *récit* : *Bericht*, *Geschichte*, *Erzählung* ? Il n'y a pas eu en Allemagne de tentative comparable à celle de Gérard Genette dans ce domaine, aboutissant à la trilogie *narration*, *diégèse*, *histoire*, et la langue doit puiser dans ses propres ressources, à moins de se plier entièrement à l'analytique de Genette et de chercher terme à terme un mot correspondant. Avant ce nettoyage terminologique, il fallait procéder autrement. Ainsi, le récit en tant que procès, on peut le nommer *das Erzählen*, littéralement *le raconter* (c'est comme cela par exemple que Käte Hamburger désigne le processus narratif), par opposition à *die Erzählung*, comme produit du processus narratif. Si l'on veut éviter toute équivoque, on peut opérer une seconde distinction, et opposer, comme le fait aussi Käte Hamburger, *das Erzählte* (le narré) à *das Erzählende* (la narration), afin d'éviter toute collision entre le produit intratextuel du processus de narration et le produit de la narration comme catégorie formelle du genre narratif (où *Erzählung* correspond à ce que nous appelons *nouvelle* : *Kafkas Erzählungen*, les « nouvelles » de Kafka. C'est la seule dimension que Wilpert, par exemple, prend en compte).

♦ Voir encadré 1.

S'il n'y a pas d'ambiguïté fondamentale dans l'opposition *Erzählen/Erzählung* – à condition d'être aussi précis que l'a été Käte Hamburger dans l'emploi du vocabulaire traditionnel –, il y a en revanche dans les rapports entre *Erzählung* et *Bericht* beaucoup d'intraduisible.

Les équivalents latins que le dictionnaire de Grimm donne pour le terme de *Bericht* sont *relatio*, *expositio*, *nuntiatio*, *Kunde*, *Nachricht* et *Unterricht*, c'est-à-dire qu'ils couvrent un champ considérable, à la fois rhétorique et narratif, et ne distinguent pas entre un acte de discours, un artefact de discours et la transmission d'une nouvelle ou d'un savoir. L'origine de *Bericht* est la même que *richtig* [juste], et *berichten* signifiait au XVIe soit « corriger une erreur d'information » (on dit aujourd'hui *berichtigen*), soit même, dans son acception pastorale, « accorder un sacrement ». Luther donne explicitement les équivalents grecs et latins de *synaxis* et *communio* (*synaxis griechisch, communio lateinisch, und Berichten auf Deutsch*, cité par Grimm, *s.v.* « *Bericht* »). Dans les deux cas, qu'il s'agisse d'information ou de transmission d'un sacrement, l'enjeu est celui de la vérité : *berichtet werden/sein* (on dit aujourd'hui *unterrichtet werden/sein*), c'est être en possession de la vraie version des choses et du juste savoir (aujourd'hui : *einer Sache kundig sein*). Le *Bericht* est donc un message (*Kunde*) vrai. Ce n'est que plus tard que la scission s'est faite dans la langue entre la transmission de la vérité (ou du sacrement de la Vérité) et le récit, et que *Bericht* a évolué vers la sémantique protocolaire qui est aujourd'hui essentiellement la sienne (*ein Bericht* : un rapport, comme chez Kafka, *Bericht an eine Akademie* [*Rapport adressé à une Académie*]). Or, bien que ce déplacement de signification soit déjà attesté par Adelung et Heyse (Heyse définit le *Bericht* comme « *pflichtgemäße, meist schriftliche Meldung oder Darstellung eines Herganges oder Sachbestandes* [la communication officielle, le plus souvent écrite, ou la représentation d'un événement ou d'un état de fait] »), le *Bericht* de la théorie littéraire n'a pu l'entériner, pour faire ainsi entendre le sens aujourd'hui dominant de rapport objectif, aussi longtemps que le vocabulaire de la description des récits n'a pas eu de mot pour désigner l'articulation du langage narratif. C'était encore le cas par exemple chez Emil Staiger ; dans ses *Grundbegriffe der Poetik* (*Concepts fondamentaux de la poétique*), qui ont fait très longtemps autorité et continuent de faire autorité en germanistique, il mettait en couple les mots de *Erzähler* et *Bericht* pour exprimer la relation narrateur/récit, et ce à propos d'Homère :

> *Er redet die Musen an. Er unterbricht nicht selten einen Bericht, um eine Bemerkung, eine Bitte an die Himmlischen einzuschalten.*
>
> [Il (Homère) s'adresse aux Muses. Il n'est pas rare qu'il interrompe un *Bericht*, pour insérer une remarque ou une prière qu'il adresse aux dieux.]
>
> Emil Staiger, *Grundbegriffe der Poetik*.

1

Narration, « diégèse », « histoire »

Si la diégèse est le *monde raconté* apparaissant dans une fiction, la narration est *l'univers où l'on raconte*, c'est-à-dire l'ensemble des actes et des procédés narratifs qui génèrent et régissent cet univers fictif. Cette distinction, d'ordre analytique, demande donc de ne pas confondre les diverses instances et les divers plans d'une fiction narrative et de faire toujours la différence entre ces deux univers. Il faut, par exemple, faire une différence de principe entre un personnage et un narrateur, ou un narrateur inclus dans une histoire racontée et une voix narrative à la source de tel ou tel « monde raconté » à l'intérieur duquel peuvent être insérés d'autres niveaux de fiction (paroles, actes et événements). Quant à l'*histoire* comme suite d'actions et d'événements, elle ne se confond pas nécessairement avec la *diégèse*, ou « monde raconté », qui implique d'autres éléments fictifs comme par exemple des descriptions. Gérard Genette, qui a mis au point ces définitions (en empruntant à Souriau l'utilisation en ce sens du terme de *diégèse*) et démontré leur application à l'exemple d'une analyse d'*À la recherche du temps perdu de Marcel Proust* (*Figures III*, Seuil), est revenu sur ces distinctions en tentant de balayer certains malentendus dans *Nouveau Discours du récit*, Seuil, 1983, p. 5-10.

Comment comprendre ici *Bericht* ? Le terme oppose l'intrusion du narrateur à ce que nous ne pouvons traduire que par *récit*, mais un récit où le raconter et le raconté ne sont qu'un seul et même continuum : tel est l'emploi classique du terme dans la théorie littéraire allemande.

Nous devrions être étonnés de retrouver l'emploi du même terme dans la *Logik der Dichtung* de Käthe Hamburger, donc dans l'ouvrage fondamental qui établit précisément une rupture avec la tradition que représentait encore Staiger, laquelle n'avait que mépris pour tout traitement technique de l'intouchable *Dichtung*. Or, dans un passage où elle démontre que, dans certains cas, il devient impossible de trouver un critère de distinction entre le raconter et le raconté parce que les voix narratives se confondent, Käthe Hamburger dit bien qu'alors « *Bericht und Rede fließt uns zusammen in der gestalteten Welt der betreffenden Dichtung* [Le *Bericht* et le discours ne nous parviennent que comme un seul et même flux, dans le monde mis en forme de la *Dichtung*] ». Le *Bericht* ici n'est pas un protocole, ni la communication d'une vérité, mais c'est le continuum du narré, où l'articulation narrative se fond dans le coulé de la fiction. Pour Staiger, il y avait *Bericht* parce qu'il y avait encore indistinction conceptuelle entre *narration* et *diégèse* (le monde fictif était l'œuvre de la diction homérique) ; pour Käthe Hamburger, au contraire, le récit comme *Bericht* est, en tant qu'il aboutit à l'effacement du procédé dans l'image fictive, le *produit* indifférencié du travail de différenciation. Le *Bericht*, c'est le fondu de l'enchaînement narratif, la *naturalisation* du récit dans le langage de la fiction, aurait dit Barthes. Dans une acception plus proche en fait de la rhétorique que de la narratologie, *Bericht* sera employé au sens de narration sans ornement (*sachlich-nüchtern*), par opposition à la description (*Beschreibung*) ou à la présence de réflexions et de commentaires (*Erörterungen*) dans le récit. C'est par exemple la définition qu'en donne Wilpert. Mais la question du *Bericht* relève pour lui de la *Stilkunst* (entendons : de la stylistique des formes littéraires). Si la fiction narrative n'est pas simplement un art du discours couché sur du papier mais un langage propre, le *Bericht* est donc à la fois ce qui, dans le narratif, semble ne pas en faire partie, et la marque de la puissance du langage narratif (de sa « magie », dirait Borges).

Ainsi, *Bericht* tourne le dos à son usage courant, tout comme *Erzählen* a fait oublier son origine, puisque *erzellen*, c'était en moyen haut allemand « compter » (le nombre des faits). Grimm donne pour *erzählen* deux groupes de synonymes : *narrare*, *enarrare*, *recitare* d'une part, *enumerare*, *recensere*, *aufzählen* (compter), *vortragen* (rapporter, exposer) d'autre part. Entre *berichten* et *erzählen* nous avons donc affaire à un chiasme : tandis que *berichten* est à l'origine « transmettre le vrai », et ensuite « transposer le donné dans le continuum de l'artefact narratif », *erzählen* c'est « faire se suivre les actions et les événements dans le bon ordre de l'exposé narratif, en ordonner l'enchaînement ». De l'un à l'autre, tout l'enjeu est celui de l'antagonisme entre une poétique aristotélicienne, où le compte est ordre, et une poétique platonicienne, où le donné est re-donné — entre la récitation et la citation.

III. LE RÉCIT DE L'ÉVÉNEMENT : « GESCHICHTE »/« GESCHEHEN »/« BEGEBENHEIT »

Admettons que l'on suive Genette et que l'on décide d'appeler *histoire* l'enchaînement d'événements et d'actions organisés par un certain mode narratif. L'allemand dispose d'un terme équivalent — *Geschichte* — et les traducteurs allemands de Genette ont effectivement traduit *histoire* par *Geschichte* et *diégèse* par *Diegese*. Il reste que, si l'on définit l'histoire par un enchaînement d'événements racontés, les mots allemands que le traducteur devra choisir posent problème. On peut traduire *événement raconté* par *Ereignis*. Mais on peut dire aussi *Geschehen* (ou *Geschehnis*). Les deux termes proviennent de la même racine que *Geschichte* (vieux haut allemand *gisciht*, moyen haut allemand *gesciht*, *sciht* ou *schiht*, provenant du verbe vieux haut allemand *scehan*, d'où provient aussi *Geschehen*). Quand Grimm définit la *Geschichte* (récit, histoire ?) par « *der zusammenhängende bericht über diese begebenheiten, das geschichtswerk* », nous pourrions traduire par « la cohésion narrative d'événements, l'histoire comme œuvre ». Cependant, il n'y a aucun mot qui ne fasse ici problème : ni *bericht*, ni *begebenheit*, ni *geschichtswerk*, et pas même le sens à donner à *zusammenhängend*. Certes, c'est bien de la « *sustasis tôn pragmatôn* » [σύστασις τῶν πραγμάτων] de l'« exposition des faits » dans la *Poétique* d'Aristote qu'il s'agit, mais *Begebenheit* ne traduit pas *pragmata*, et la distinction que l'on devrait respecter entre *Bericht* et *zusammenhängend* (le continuum narratif qu'une narration fait tenir ensemble comme un tout) ne se retraduit pas en grec. Quel rapport entre *Geschichte* et *Geschehen*, *Geschehen* et *Ereignis*, *Ereignis* et *Begebenheit* ?

A. La « Begebenheit », « casus narrativus »

Consultons à nouveau Grimm à *Begebenheit*. Il donne comme synonymes *eventus*, *vorfall*, *ereignis*, *geschichte*. La *Begebenheit*, c'est « ce qui arrive », dérivé du verbe *sich (hin) begeben*, « aller quelque part ». Au XVIIIe siècle, quantité de romans portaient l'intitulé de *Begebenheiten* — c'était l'équivalent de notre *histoire* (*Histoire du chevalier des Grieux et de Manon Lescaut*). Goethe a largement contribué à en déployer le sens. D'abord en l'employant contre l'usage habituel au singulier : *die Begebenheit*, c'est alors « ce qui nous arrive », la puissance de l'accident — « *Stürzen wir uns in das Rauschen der Zeit, ins Rollen der Begebenheit* [Jetons-nous dans le bruissement du temps, dans ce qui nous arrive comme le rouleau d'une vague qui nous emporte] » (*Faust* I, vers 1755). Mais aussi en le distinguant de *Tat* (action), *Begebenheiten* prenant alors le sens de *gesta*, *Taten* de *pragmata* : « *Im Roman sollen vorzüglich Gesinnungen und Begebenheiten vorgestellt werden, im Drama Charaktere und Taten* [Dans le roman, ce sont principalement des opinions et des

Begenbenheiten qui doivent être présentés, dans le drame, des caractères et des *Taten*] » (*Wilhelm Meisters Lehrjahre*, livre 5, chap. 7, éd. de Weimar, t. 22, p. 178).

En ce sens, *Begebenheit*, ce serait le *casus narrativus*, un accident marquant de la vie ou de l'histoire digne d'être pris en compte par le récit parce qu'il contient en soi à la fois hasard et sens. Ce serait une « pré-narrativité » au sens de Ricœur. Un « *Nationalautor* », un auteur classique national, nous dit Goethe dans *Literarischer Sanculottism* (éd. de Weimar, t. 40, p. 148), serait celui qui « *in der Geschichte seiner Nation große Begebenheiten und ihre Folgen in einer glücklichen und bedeutenden Einheit vorfindet* [dans l'histoire de sa Nation trouve de grandes *Begebenheiten* et leurs conséquences (rassemblées) en une unité signifiante] ». Mélangeant délibérément le donné « pré-narratif » et l'organisation narrative, Goethe dit, à propos d'un sujet qu'il cherche à exploiter en récit et dont le contenu serait le suicide :

> *Es wollte sich nichts gestalten ; es fehlte eine Begebenheit, eine Fabel, in der sie sich verkörpern konnten.*
>
> [Rien ne voulait prendre forme (*sich gestalten*) ; il me manquait une *Begebenheit*, une Fable, dans laquelle elles (à savoir : ses réflexions sur le suicide) auraient pu prendre corps.]
>
> *Dichtung und Wahrheit*, éd. de Weimar, t. 28, p. 220.

Si la structure du récit est le *corps*, son objet n'est pas ici une idée, mais une « Fable ». Or « fable » (*Fabel*) est le mot qui, du Moyen Âge à Brecht, traduit le *muthos* [μῦθος] aristotélicien, la *sustasis* — pas seulement *Ereignis*, mais aussi *Begebenheit* —, un donné pré-articulé.

C'est sur la base de cette conception que Goethe a pu livrer l'une des plus pertinentes formulations du genre de la nouvelle : « *Was ist eine Novelle anders als eine sich ereignende unerhörte Begebenheit* ? » : « Qu'est-ce que la nouvelle, sinon une *Begebenheit* <donné marquant narratif> inouïe <valeur sensationnelle et catastrophique du contenu de la (mauvaise) nouvelle> qui a lieu (*sich ereignend*) ? ». L'événement (*Ereignis*), le *casus*, est ici explicitement distingué du *casus narrativus*. Le reste, ajoute Goethe, appelez-le comme vous voulez : *Erzählung* ou autrement.

B. La (ré)apparition d'un singulier-collectif : « das Geschehen »

Si la *Begebenheit* est un donné pré-articulé, qu'en est-il des rapports entre *Geschichte* (histoire) et *Geschehen* — ou *Geschehnis* — (événement raconté) ? Dans la langue courante, *Geschehen* peut être synonyme d'*Ereignis*, et c'est souvent aussi dans ce sens que la langue traditionnelle de la *Literaturwissenschaft* l'emploie. Gero von Wilpert renvoie par exemple tout simplement de *Geschichte* à *Erzählung*, qu'il définit comme « *Darstellung des Verlaufs von wirklichen oder gedachten Geschehnissen* [représentation du déroulement d'événements véritables ou imaginés] ». Là encore, ce n'est qu'avec l'importation de la terminologie des théories de la narrativité que le terme va trouver une nouvelle précision et être réservé non plus au *comment*, mais au *quoi* de la narration. Dans l'état le plus actuel des choses (M. Martinez et M. Scheffel, *Einführung in die Erzähltheorie*), *Geschehen* et *Geschichte* font l'objet d'une stricte différenciation : une suite d'événements (*Ereignisse*) racontés forme un *Geschehen* — correspondant à l'anglais *story* ou à l'*histoire* au sens de Genette ; mais on réservera le terme de *Geschichte* pour signaler qu'on considère non plus le tout d'un enchaînement d'actions et d'événements, mais leur consécution en tant qu'elle relève d'une logique de causalité et répond à une motivation au sens des formalistes russes (donc à une exposition de cette suite vraisemblable selon la causalité induite par la narration). Dans ce cas, *Geschichte* correspond à l'anglais *plot*. Quant à *Geschehen*, il serait, selon cette définition, le Tout du récit au niveau de l'*histoire* — au sens que Genette donne à ce mot, c'est-à-dire en tant qu'enchaînement d'événements racontés. Mais si l'on n'envisage plus la différence entre consécution racontée dans le continuum de l'histoire et consécution motivée par les structures de la mise en récit, et que l'on considère le fait que ce Tout est aussi le continuum du fictif, alors *Geschehen*, c'est aussi le Tout du raconté. C'est ainsi que Käte Hamburger le voyait : « *Das Erzählen ist das Geschehen, das Geschehen ist das Erzählen* [le raconter est l'histoire, l'histoire est le raconter] ».

Il est intéressant de constater que cette promotion de *Geschehen* au statut non plus d'événement (*Ereignis*), mais du Tout d'une suite d'événements ou du Tout du raconter ne fait que réitérer, quelque deux cents ans plus tard, le passage de *Geschichten* (récits) au singulier-collectif *die Geschichte*, dont l'apparition, qui ne s'est pas imposée sans résistance (on retrouve encore chez Herder *die Geschichten* [le mot est encore ici pluriel] pour les histoires au sens de *res gestae*), a accompagné l'émergence, à partir de la seconde moitié du XVIIIe, d'une philosophie de l'histoire (cf. R. Koselleck ; voir HISTOIRE, II).

IV. « BESCHREIBUNG »/« SCHILDERUNG » : DE L'IMAGE À L'ÉCRIT

Le vocabulaire de la description a lui aussi ses intraduisibles, puisque l'idée de description se distribue sur deux mots, *Beschreibung* et *Schilderung*. Bien loin d'être de simples équivalents, ils renvoient à deux mondes : celui de l'écriture et celui de la peinture. La définition que donne Gero von Wilpert de *Beschreibung* dans son *Sachwörterbuch der Literatur* les explique l'un par l'autre, et tous deux par un troisième, *ausmalen* (peindre). *BESCHREIBUNG* : « *Schilderung und ausmalende Wiedergabe eines Sachverhalts, Gegenstandes (Lanschaft, Haus, Raum) oder einer Person durch sprachliche Mittel.* »

La *Beschreibung* serait la *Schilderung*, c'est-à-dire la « reproduction » (*ausmalend*, littéralement « qui dépeint ») d'un état de choses, d'un objet (paysage, maison, pièce) ou d'une personne à l'aide de moyens langagiers.

A. Peinture et écriture

Afin de démêler un peu ce cercle, il faut commencer par souligner que *beschreiben* ne signifie pas à l'origine *décrire* au sens de « faire une description », mais *inscrire*, « coucher sur le papier ». On retrouve ce sens encore aujourd'hui dans la langue courante lorsque l'on dit par exemple *ein Blatt beschreiben* pour « couvrir une page de son écriture » (Grimm donne pour ce sens les équivalents de *vollschreiben, implere paginam*). À partir de quoi, *beschreiben* en géométrie veut dire « dessiner des figures géométriques ». Le même emploi existant en français, pas d'intraduisible ici : la géométrie descriptive se dit *beschreibende Geometrie*. Dans son emploi adjectival, *beschreibend*, « descriptif », correspond en poétique à l'usage de l'épithète *descriptif* : *beschreibende Poesie* = « poésie descriptive ». Notons aussi que si le terme de *Beschreiber*, qui est le calque allemand du latin *scriptor*, a survécu aujourd'hui au sens de celui qui décrit un objet ou un événement par un récit (celui qui raconte un voyage est un *Reiseschreiber*, celui qui décrit une vie un *Lebensbeschreiber*), le *scriptor* n'est plus depuis le XVIe siècle en allemand *der Beschreiber* (Luther emploie encore le mot en ce sens), mais *der Schriftsteller*. Le mot a été créé par analogie avec *Briefsteller* (donc l'écrivain public, celui qui compose [*stellt*] des lettres [*Briefe*] pour les autres).

Si la *Beschreibung* est la *mimêsis* [μίμησις] par (in)scription, *Schilderung* la « pense » comme peinture. Aux XVIIe et XVIIIe siècles, le mot *Schilderei*, importé du hollandais, était l'équivalent de *Gemälde* et signifiait un tableau. Philander von Sittewald (Johannes Michael Moscherosch) écrit dans ses *Geschichten* (Strasbourg, 1677) : « *Also hat Horatius die picturam der poesi, die Schilderei der Poeterey vorziehen wollen* (Horace a donc voulu donner la préférence à la *pictura* sur la poésie, au tableau sur la *Poeterey* [que l'on traduira par "littérature"]) ». Grimm donne, comme équivalents de *Schilderei*, *bildliche Darstellung* (représentation imagée), *Gemälde* (tableau), *tabula picta, imago, simulacrum, effigies*. L'*ut pictura poiesis*, c'est la *Schilderei*. Au XVIIIe siècle, le mot fait place à *Schilderung*, et la place est gardée jusqu'à aujourd'hui. Grimm note bien, au XIXe, que le sens propre de *peinture, tableau*, a été oublié et que l'image de la description comme image-peinture s'est justement effacée des esprits « ces derniers temps ». Mais ce n'était qu'à moitié vrai. Adelung notait encore que la *Schilderung* est « *lebhafte Beschreibung eines Dinges nach allen seinen Teilen, ein rednerisches oder poetisches Bild* [vivante description (*Beschreibung*) d'un objet selon toutes ses parties, l'image de l'orateur ou du poète] », transposant tout simplement l'impératif rhétorique de l'*hypotypose* et de l'*ekphrasis* (*ut ante oculos videatur*) dans le domaine de la littérature. Et si la signification de *tableau* au sens propre a disparu dès le XVIIIe siècle de *Schilderung*, il reste que *Schilderung*, par opposition à *Beschreibung*, a toujours gardé en lui-même la trace de cette origine effacée. Il est par exemple frappant de remarquer que vers la fin du XIXe siècle, c'est-à-dire au moment où la social-démocratie allemande commençait à prendre conscience de sa force, un grand nombre de titres ont fait leur apparition, du genre *Schilderung des sozialen Elends* (Tableau de la misère sociale), *Schilderung des Aufstandes der Arbeiter von Paris vom 23. bis zum 26. Juni 1848* (« Schilderung » du soulèvement des ouvriers parisiens...), *Schilderung des vom preußischen Parlament und vom Zentrum gegen die Bergarbeiter ausgeübten Verrats* (« Schilderung » de la trahison du parlement prussien envers les ouvriers...), etc., de même que l'on pouvait trouver vers le milieu du XIXe siècle des titres comme *Schilderung der in Berns Umgebung sichtbaren Gebirge* (Description des montagnes autour de Berne, 1852). De la mise en tableau des Alpes pittoresques au récit véridique de la lutte des classes, *Schilderung* ne pouvait pas signifier « description », mais tantôt « tableau pittoresque » dans le cas des Alpes, tantôt « reconstruction vivante et véridique » (des conflits politiques), ou « tableau vrai et frappant » de la misère sociale. Qu'il s'agisse de pittoresque romantique ou d'enthousiasme politique, la *Schilderung* est l'héritière des figures de *l'ekphrasis* [ἔκφρασις] et de l'hypotypose (voir encadré 1 dans DESCRIPTION). Dans le vocabulaire de la technique du récit, elle n'est donc pas un simple terme technique lié à l'articulation de la mise en intrigue ou aux paradoxes de la relation entre narration et description, mais la survivance de la puissance de l'imagination dans la fiction.

Mais s'il en est ainsi, pourquoi Gero von Wilpert a-t-il besoin, dans sa définition de *Beschreibung*, d'ajouter à l'équivalent *Schilderung* le critère de l'*ausmalen* — qui relève, comme *Schilderung*, du tableau et non pas de l'inscription ? *Ausmalen*, c'est non seulement *depingere*, mais le faire en détail. D'où l'assimilation du terme aux figures rhétoriques de l'*amplificatio* et de l'*ornatus* et son extension vers deux pôles. Car *ausmalen*, c'est soit rehausser par plus de couleur (au sens le plus concret du terme : repeindre une façade de couleurs plus vives), soit intensifier la vivacité de l'image fictive par plus de détails dans le récit-image.

B. Du tableau à l'image : « Schilderung » et « Bild »

Quel lien entre le tableau fictif et le statut philosophique du mot *Bild* ? Un tableau fictif n'est pas *Bild*, mais *Abbild*. Il n'est pas la schématisation du monde, mais son vivant tableau. Et quand le romantisme a mené sa croisade contre l'imitation classique, c'est en enchaînant essentiellement sur la position fichtéenne de l'imagination comme expansion illimitée des puissances d'auto-invention du Moi (cf. les analyses de Walter Benjamin dans son étude sur le romantisme allemand), passant du reflet (*Nachahmung, Wiedergabe*) à la réflexion absolue, à la fois spéculative et en concurrence avec le théorique, de l'imagination dans ses images. On pouvait alors concevoir l'imagination, *Einbildungskraft*, comme puissance originaire, et l'œuvre comme son produit et son origine en même temps. Mais la *Schilderei* de l'artefact descriptif ne relève pas d'une problématique de l'absolu originaire. Elle reste, dans la tradition aristotélicienne, le procédé de l'*inscription-image*, dont la finalité n'est pas de jalouser l'universalité de l'idée, mais plutôt de rendre au vivant du réel sa « vérité » — mais au terme du détour mimétique. C'est bien ce qu'Aristote dit de la *mimêsis* et de sa puissance : « si l'on aime à voir des images, c'est qu'en les regardant on apprend à connaître et on conclut ce qu'est chaque chose comme on dit : celui-là, c'est lui » (*Poétique*, 4, 1448 b 15). Cette faculté de redonner au vrai son image, l'*apeikazein* [ἀπεικάζειν] aristotélicien, n'est pas la production sensible d'un objet idéal comme chez Platon. L'idéalisme transcendantal, qui en Allemagne a si fortement fait pression sur le discours poétique, continue de projeter son ombre — celui d'une *mimêsis* platonicienne inversée, celle-là même qui perdure dans la collusion romantique entre le Sujet et le *Bild*. Chez Heidegger, le *Bild* (*Kant-Buch*, § 20) reste encore « *Versinnlichung von Begriffen* (devenir sensible des concepts) » : du schématisme de la représentation kantienne à l'*Anblick*, à la vue sur le monde, l'image demeure puissance de l'esprit, même si en fin de compte elle est maintenue dans son altérité, comme être-là du tableau du monde, en face et devant les yeux de l'esprit.

Si le vocabulaire des instances narratologiques et de l'articulation mimétique a encore tant de peine en Allemagne à se libérer de son empreinte métaphysique, c'est précisément parce que le romantisme a riposté à l'idéalisme transcendantal par un absolu littéraire pour lequel la liberté infinie de l'esprit reste celle du *sujet* écrivant ou imaginant. Tant que la schématisation du langage reste court-circuitée par l'absolu du Moi, la *poiêsis* [ποίησις] ne peut être conçue que comme puissance infinie de production d'images, puissance d'autant plus libre que les figures de son infini sont libérées de tout schématisme du langage (Frédéric Schlegel les baptise *unendliche Fülle* [infinie plénitude] ou *Arabeske*). À l'opposé, mais symétriquement, s'il ne reste plus que l'infini de la volonté pour « renverser le platonisme », comme chez Nietzsche, la « *Schematisierung der Welt* (schématisation du monde) » est bien l'imposition au monde d'un *Kunstwerk* qui n'est que la forme du vouloir devenu monde possible — et réel à la fois — au-delà de la scission platonicienne entre image et vérité, et dont la mélodie infinie wagnérienne a été pour Nietzsche un certain temps la preuve, confirmant que le schématisme et l'anti-schématisme de la forme ne sont qu'une seule et même chose tant que la forme n'est pas structurée « comme un langage », mais libre comme le chant du rossignol kantien.

Le renversement du platonisme dans le vocabulaire de l'imagination littéraire est à peine en cours en Allemagne, et sa nécessité est encore loin d'être perçue dans tous ses enjeux.

Jean-Pierre DUBOST

BIBLIOGRAPHIE

BENJAMIN Walter, *Der Begriff der Kunstkritik in der deutschen Frühromantik*, in *Gesammelte Schriften*, I/1, Francfort, Suhrkamp, 1974 ; trad. fr. P. Lacoue-Labarthe et A.-M. Lang, Flammarion, 1986.

GENETTE Gérard, *Introduction à l'architexte*, Seuil, 1979.

— *Nouveau Discours du récit*, Seuil, 1983.

HAMBURGER Käte, *Die Logik der Dichtung*, Stuttgart, Ernst Klett Verlag, 1957 ; trad. fr. T. Todorov, Seuil, 1986.

KAYSER Wolfgang, *Das sprachliche Kunstwerk*, Berne, Francke, 1948.

LÄMMERT Eberhard, *Bauformen des Erzählens*, Stuttgart, Metzler, 1955.

MARTINEZ Matias et SCHEFFEL Michael, *Einführung in die Erzähltheorie*, Munich, Beck, 1999.

MÜLLER Günther, *Morphologische Poetik*, Tübingen, Niemeyer, 1968.

RICŒUR Paul, *Temps et Récit*, t. I, Seuil, 1979 ; *Zeit und Erzählung*, trad. all. R. Rochlitz, Munich, Fink, 1988.

STAIGER Emil, *Grundbegriffe der Poetik*, Zurich, Atlantis, 1946.

STANZEL Franz K., *Typische Formen des Romans*, Göttingen, Vandenheok und Ruprecht, 1964.

OUTILS

GRIMM Jacob et Wilhelm, *Deutsches Wörterbuch*, Leipzig, Hirzel, 1854, repr. Munich, Deutscher Taschenbuch, 1984.

KOSELLECK Reinhard, article « Geschichte, Historie in Geschichtliche Grundbegriffe », *in* Otto BRUNNER, Werner CONZE et Reinhard KOSELLECK (ed.), *Geschichtliche Grundbegriffe. Historisches Lexikon zur politisch-sozialen Sprache in Deutschland*, 8 vol., Stuttgart, Klett, 1972-1992, t. 2, 1975, p. 593-717.

RITTER Joachim et GRÜNDER Karlfried, *Historisches Wörterbuch der Philosophie. Unter Mitwirkung von mehr als 700 Fachgelehrten*, nouv. éd., Bâle, Schwabe, 1971-, Darmstadt, Wissenschaftliche Buchgesellschaft, 1971-.

WILPERT Gero von, *Sachwörterbuch der Literatur*, Stuttgart, Kröner, 1955-.

ES, ICH, ÜBER-ICH ALLEMAND – fr. *ça ; je, moi ; surmoi*

gr.	*ego* [ἐγώ]
lat.	*id ; ego*
angl.	*id ; I, me, self ; super-ego*

► *ÇA*, et CONSCIENCE, DEVOIR, *IL Y A*, INCONSCIENT, JE, *PERSONNE*, PULSION, ROMANTIQUE, SELBST, SUJET

La première topique, que Freud élabora dès L'Interprétation des rêves *(1900) et qui comprend le conscient, le préconscient et l'inconscient, s'appuie sur le vocabulaire classique de la philosophie et de la psychologie, l'auteur n'innovant essentiellement, du point de vue linguistique, qu'en introduisant le préconscient* (das Vorbewusste). *Elle ne pose donc pas de problème particulier de traduction. Il en va tout autrement avec la seconde topique, qui, développée à partir de la publication en 1923 de l'essai* Das Ich und das Es [Le Moi et le Ça], *utilise un vocabulaire tout à fait spécifique à la langue allemande, de manière à définir le psychisme comme un système très complexe où s'affrontent, s'équilibrent et se défont ce que l'on pourrait appeler des « figures » psychiques, porteuses de la « personnalité » (le moi et le surmoi), celles-ci puisant leur énergie dans le réservoir des pulsions qu'est le ça. Ainsi peut-on dire que le moi est le « centre » de la personnalité et qu'il tente de trouver un équilibre entre la triple exigence de la réalité, du surmoi (porteur de l'idéal et des interdits) et du ça, c'est-à-dire des désirs archaïques. Mais, loin d'être une instance autonome et supportant l'identité transparente d'un sujet, le moi lui-même est le produit d'une série d'identifications. Pour donner une représentation vivante de ce qu'il appelle la « décomposition de la personnalité psychique », Freud choisit d'utiliser des pronoms substantivés* (Ich, *pronom personnel de la première personne du singulier ;* Es, *pronom neutre de la troisième personne du singulier), qu'il trouve dans la tradition philosophique et psychologique* (das Ich), *chez des auteurs récents* (das Es) *ou qu'il invente* (das Über-Ich).

La difficulté que présente la traduction de ces termes en français et en anglais repose donc à la fois sur la différence entre les systèmes de pronoms dans ces deux langues, et sur les traductions « classiques » du Ich *substantivé. Enfin, c'est l'interprétation même de cette nouvelle topique, et surtout de la signification du* Ich, *qui contribue à orienter les traductions, ce qui conduira Lacan à réintroduire, à la suite d'Édouard Pichon, une distinction entre « moi » et « je ».*

I. LE PRONOM « ICH »

Ich, pronom personnel de la première personne du singulier, correspond à l'*ego* [ἐγώ] grec, à l'*ego* latin, au *je* français. L'allemand ne connaît pas l'équivalent du *moi* français, c'est-à-dire une « forme tonique » du *je* (*Le Petit Robert*), ou, comme le définit Littré, un « *pronom* [...] dont la destination principale est de servir de régime, mais que l'usage emploie comme sujet quand on a besoin d'une forme qui ne soit pas enclitique, comme le sont *je* et *me*... » (*Dictionnaire de la langue française*, 1873, t. 3, p. 588). C'est au XVIe siècle que « je » est ressenti comme enclitique (on trouve encore chez Scarron : « Je lui chantai jadis Typhon d'un style que l'on trouvera bouffon », *Le Virgile travesti*, L. I, v. 1-2, Delahays, 1858, p. 11). En allemand, *Ich* est à la fois forme forte et faible : « *Ich, Ich* » = « moi, je » ; « *Ich, der* » = « moi qui », etc. C'est ainsi que la célèbre formule *Et in Arcadia ego* se traduit en français par : « Moi aussi, j'ai vécu en Arcadie », et en allemand (par Schiller, *Thalia*, 1786, *Resignation*, *Eine Phantasie*, in *Schillers Werke*, Nationalausgabe, vol. 1, *Geschichte*, 1776-1799, t. 1, p. 106) : *Auch Ich war in Arcadia geboren*.

C'est cette forme renforcée qui a été logiquement substantivée en français. Elle représente donc le moi qui est l'objet de la psychologie :

> Moi, en tant que pensant (*Ich, als denkend*), je suis un objet du sens interne et je m'appelle une âme (*und heisse Seele*). Si bien que l'expression : moi (*der Ausdruck : Ich*), en tant qu'être pensant, désigne déjà l'objet de la psychologie.
>
> Kant, *Kritik der reinen Vernunft* [*Critique de la raison pure*], Hambourg, Meiner, 1990, p. 371.

L'opposition fichtéenne entre *Ich* et *Nicht-Ich* devient donc celle du moi et du non-moi, et le « moi transcendantal » traduit naturellement le *transzendentale Ich* de Husserl :

> Par l'ἐποχή phénoménologique, je réduis mon moi humain naturel (*mein naturalisches menschliches Ich*) et ma vie psychique — domaine de l'expérience de soi psychologique (*meiner psychologischen Selbsterfahrung*) — à mon moi (*Ich*) transcendantal et phénoménologique, domaine de l'expérience de soi (*Selbsterfahrung*) transcendantale et phénoménologique.
>
> *Cartesianische Meditationen*, in *Husserliana*, vol. 1, La Haye, Nijhoff, 1950, p. 65.

On pourrait donc poser la question ainsi : le *Ich* freudien est-il un sujet fort ou un sujet faible ? Cette question paraît réduire de manière abrupte une question théorique à un problème grammatical : mais les considérations grammaticales sont essentielles pour comprendre les débats qui ont agité la psychanalyse française.

♦ Voir encadré 1.

II. LE PRONOM NEUTRE « ES »

C'est non sans mal que s'est imposée la traduction de *Es* par « ça » : la séance du 31 mai 1927 adopta bien le *ça* proposé par Édouard Pichon contre Angelo Hesnard, mais, Freud ayant semble-t-il rendu un avis défavorable, c'est le « soi » qui est finalement choisi le 20 juillet 1928. On trouve une trace remarquable de ces difficultés de traduction dans une note d'Hesnard, ajoutée à la traduction par S. Jankélévitch du texte de Freud intitulé *Le Moi et le Ça* :

> Le *Es* freudien, pronom neutre en langue allemande, est intraduisible en français. On a proposé de le traduire par le *Id* latin. L'usage a prévalu du terme *Ça* (ou cela). Bien des psychanalystes conservent le terme allemand de *Es*, opposé au *Ich* (Moi) et à l'*Über-Ich* (Sur-Moi).
>
> *Le Moi et le Ça*, Payot, 1971, p. 186.

Es, en allemand, est un pronom neutre qui entre dans un très grand nombre d'expressions traduites par « ça » ou par « il » (par ex. *es regnet*, il pleut ; *es geht*, ça va ; voir ES GIBT). Mais sa substantivation sous la plume de Freud est la conséquence dans la langue allemande de tout un courant de pensée (philosophie de la nature, médecine romantique, vitalisme), qui, tout au long du XIXe siècle, a utilisé l'impersonnel *es* pour désigner les activités qui échappent à la maîtrise de la volonté et de la conscience (cf. Staewen-Haas, « Le terme "Es" ["Ça"], Histoire de ses vicissitudes tant en allemand qu'en français », *Revue française de psychanalyse*, n° 4, 1986 ; « *Zur Genealogie des "Es"* [La Généalogie du "ça"] », *Psyche*, 39e année, n° 2, 1985).

Dans le texte intitulé *Le Moi et le Ça*, Freud déclare emprunter ce terme, sous sa forme substantivée, à Groddeck et, par-delà, à Nietzsche :

> Je propose d'en tenir compte, en proposant d'appeler *le moi* (*das Ich*) ce qui part du système *perception* et qui est d'abord *préconscient*, et d'appeler l'autre élément psychique, dans lequel le moi se prolonge et qui se comporte comme l'*inconscient*, *le ça* (*das Es*), selon l'usage de Groddeck.
>
> S. Freud, *Gesammelte Werke*, vol. 13, p. 251.

Et Freud précise en note : « Groddeck a probablement suivi l'usage de Nietzsche, qui utilise couramment cette expression grammaticale pour désigner ce qu'il y a d'impersonnel et pour ainsi dire de soumis à la nécessité naturelle [*Naturnotwendige*] dans notre être » (*ibid.*).

Reste que Nietzsche, ni aucun de ses prédécesseurs (par ex. Georg Lichtenberg et Eduard von Hartmann) ne construisent un véritable concept du *Es*. Le propos du paragraphe 17 de *Par-delà bien et mal* n'est certes pas de remplacer le « je pense » cartésien par le « ça pense », mais de montrer que, dans les deux cas, ce qui demeure, c'est la croyance en un sujet de la pensée, fût-il impersonnel :

> Ça pense (*Es denkt*) : mais qu'avec ce « ça » (*dies « es »*) on ait justement affaire avec cet antique et célèbre « Je » (« *Ich* »), n'est, pour parler poliment, qu'une simple supposition (...). Mais on en fait encore trop avec ce « ça pense » (« *es denkt* ») : ce « ça » (*dies « es »*) contient déjà une interprétation du processus, et n'appartient pas au processus lui-même.
>
> *Jenseits von Gut und Böse* [*Par-delà bien et mal*], § 17, éd. G. Colli et M. Montinari, Berlin - New York, Gruyter, « DTV », 1988, p. 31.

C'est donc bien à une critique de l'usage romantique et surtout néo-romantique du *es* que se livre Nietzsche (remarquer qu'il conserve la minuscule : c'est bien une fonction grammaticale qui l'intéresse) ; cet usage sera précisément celui de Groddeck, qui donnera à l'expression son tour substantivé. Freud pourra reprendre la formule pour en faire une instance : c'est-à-dire lui donner une place et une définition rigoureuse, tout en reconnaissant sa nature foncièrement irrationnelle. Si tout ne se dissout pas dans le ça, tout en est issu.

III. LA TRADUCTION ANGLAISE : « EGO AND ID »

Comme pour d'autres termes freudiens, la traduction anglaise s'est ici aussi très tôt (dès la traduction, en 1927, de *Le Moi et le Ça* par Joan Riviere) orientée vers un choix savant : utiliser des termes d'origine latine, alors que l'anglais dispose évidemment d'un jeu de pronoms (*I* et *it*), et possède, avec *me*, un équivalent du français *moi* (*it's me*, c'est moi — ce qui, en allemand, donne *Ich bin es*). Contrairement à la France, ce choix n'a guère fait, en langue anglaise, l'objet de discussions. Ce choix correspond tout à fait à l'orientation médicale de la psychanalyse dans le monde anglo-saxon. Il faut signaler toutefois que *Ego* est un terme utilisé depuis le milieu du XIXe siècle, en psychologie, pour désigner la fonction psychique correspondant au pronom *I* : c'eût été une véritable invention terminologique que de substantiver ce pronom pour l'usage psychanalytique. Bruno Bettelheim, dans *Freud and Man's Soul*, montre à quel point la traduction anglaise a introduit des abstractions là où Freud cherche à ancrer sa deuxième topique dans le langage le plus courant.

Mais l'anglais peut aussi utiliser ses propres ressources pour créer des termes : c'est le cas, par exemple, de Winnicott, qui forge, à côté de l'*ego*, une notion propre : le « *self* ». Voici comment il le définit dans une lettre adressée à la traductrice d'un de ses articles, embarrassée par la traduction du mot *self* : « *For me the self, which is not the ego, is the person who is me, who is only me, who has a totality based on the operation of the maturational pro-*

1

Le « je » et le « moi », de Pichon à Lacan

La Société psychanalytique de Paris (SPP), fondée en 1926, comprend parmi ses membres le grammairien, Édouard Pichon, coauteur, avec Jacques Damourette, de l'*Essai de grammaire de la langue française* (Collection des linguistes contemporains, 1911-1940, rééd. Genève, Slatkine, 1983). Il est à l'initiative de la Commission linguistique pour l'unification du vocabulaire psychanalytique français. Lors de la réunion du 29 mai 1927, Pichon est le seul à s'opposer à la traduction de *Ich* par « moi » :

> M. Pichon expose pourquoi la traduction de *Ich* par le moi lui paraît mauvaise. Le moi s'oppose au non-moi ; il comprend tout ce qui est dans le psychisme du sujet ; il répond aussi bien à *das Es* qu'à *das Ich* : ce qui caractérise selon lui *Ich*, c'est de pouvoir être le sujet de la pensée consciente : c'est pourquoi il propose comme traduction soit *ego*, soit *je*, termes qui sont d'ailleurs les correspondants les moins inexacts de *Ich*.
>
> *Revue française de psychanalyse*, 1927, n° 2, p. 404-405.

Le moi l'emporte par quatre voix contre une.

Pichon, malgré sa curieuse assimilation du *Ich* au conscient, aurait-il anticipé, à partir de pures considérations grammaticales, le dédoublement qu'opérera Lacan entre « je » et « moi » ? C'est ce que pourrait faire penser un article intitulé « La personne et la personnalité vues à la lumière de la pensée idiomatique française » (*Revue française de psychanalyse*, 1938, n° 3, p. 447-459), consacré précisément à différencier le « je » et le « moi », mais dans un sens assez éloigné de Lacan (ce que ne semble pas clairement remarquer Élisabeth Roudinesco, *Histoire de la psychanalyse en France*, Fayard, 1994, t. 2, p. 311-312). Pour Lacan, la distinction entre « je » et « moi » correspond à deux fonctions psychiques fondamentalement différentes. Le « je » est le sujet de l'inconscient, le sujet du signifiant : or, le sujet, dans le « cercle du signifiant », ne peut « s[e] compter et n[e] faire fonction que de manque ». D'où surgit donc le « moi » ? De la nécessité de combler ce manque, ou « la marque invisible que le sujet tient du signifiant », ce qui l'« aliène [...] dans l'identification première qui forme l'idéal du moi » (J. Lacan, « Subversion du sujet et dialectique du désir », *Écrits*, Seuil, 1966, p. 807-808). Nous verrons enfin plus loin si l'opposition lacanienne entre « je » et « moi » passe nécessairement « à l'intérieur » du *Ich*.

Or, dans l'article cité plus haut, Pichon, se fondant sur la grammaire, oppose le *je-me* comme « personnalité ténue » au *moi* comme « personnalité étoffée ». Il est vrai que le « je », tout ténu soit-il, représente la partie inaltérable, et le « moi » la partie modifiable, notamment par la cure : on aidera donc un patient « en lui expliquant que détruire une partie de son moi peut faire souffrir temporairement son *je-me*, mais non le mutiler [...]. Et le patient sentira que son nouveau moi, c'est-à-dire le nouvel étoffement de sa personne, convient mieux que l'ancien à son *je-me* » (Pichon, 1938, p. 459). Pichon ne montre donc pas comment se produit le « moi » à partir du « je ». En outre, rien de plus étranger à Lacan que cette doctrine des étoffements : comment être sûr de pas être pris dans un nouveau mirage narcissique, par identification à l'analyste ? La cure lacanienne est plutôt une démarche de dépouillement du moi, et la grammaire ne doit pas masquer le sens des fonctions psychiques :

> [...] ce n'est pas dans une conception grammaticale des fonctions où ils apparaissent qu'il s'agit d'analyser si et comment le *je* et le *moi* se distinguent et se recouvrent dans chaque sujet particulier.
>
> J. Lacan, « La chose freudienne », *Écrits*, 1966, p. 418.

cess » (lettre du 19 janvier 1971, *in* « Le Corps et le *Self* [*Basis for Self in Body*] », trad. fr. J. Kalmanovitch, *Nouvelle Revue de psychanalyse*, n° 3, printemps 1971, p. 37-47, note p. 47-48). On pourrait traduire ainsi : « Pour moi le soi, qui n'est pas le je, est la personne qui est moi, qui a une totalité reposant sur l'opération du processus de maturation. » Mais la tradition française de traductions des termes allemands conduit également à rejeter les solutions offertes par la langue française. En traduisant *self* par *moi*, la traductrice de l'article en question craint de ne plus disposer de ce terme pour traduire *ego* : d'où la conservation, dans la traduction, du terme anglais *self*, proclamé intraduisible. Comme on le voit, le problème ne réside en fait nullement dans l'absence de ressource de la langue d'arrivée. Mais le « *self* » ayant été déclaré intraduisible par les traducteurs de Winnicott, et le *je* ne s'étant pas imposé, voici ce que serait la traduction autorisée : « Pour moi, le *self*, qui n'est pas le moi, est la personne qui est moi. »

♦ Voir encadré 2.

En conclusion, on peut constater que les choix de traduction ne sont pas sans rapport avec la question de la scientificité de la psychanalyse. La seconde topique représente pour Freud une volonté de rupture avec le caractère abstrait de la première (inconscient, préconscient, conscient) et avec son ancrage dans le vocabulaire psychologique et philosophique. Quelles que soient les déclarations de Freud quant au caractère scientifique de son invention, la seconde topique est davantage tributaire de l'inscription de son auteur dans la littérature romantique allemande. Si cet héritage est connu des traducteurs anglais et français, les premiers ont tout fait pour l'occulter et se donner ainsi une solution de continuité dans l'œuvre de Freud. Les seconds sont beaucoup plus hésitants, ce qui est dû en partie à l'absence d'unité théorique du mouvement psychanalytique français (la logique eût demandé le « moi » et le « soi » ou le « je » et le « ça »). Lacan a certes tenté d'incarner enfin l'unité, mais son « je » ne s'est pas imposé. Serait-ce pour des raisons d'inertie du langage ? Pas seulement : c'est plutôt parce que, en dédoublant le *Ich* en « moi » et en « je », il paraît éclairer certains aspects du texte de Freud au prix d'une formalisation qui peut sembler abusive. Freud, en romantique, était sans doute attaché à l'ambiguïté de ces notions, qui renforce ainsi leur pouvoir de métamorphose.

Alexandre ABENSOUR

BIBLIOGRAPHIE

BETTELHEIM Bruno, *Freud and Man's Soul*, Londres, Hogarth Press, 1983 ; *Freud et l'âme humaine. De la traduction à la trahison*, trad. fr. R. Henry, Laffont, 1984.

FREUD Sigmund, *Gesammelte Werke*, 18 vol., Londres, Imago, 1940-1952 ; *The Standard Edition of the Complete Psychological Work of Sigmund Freud*, éd. James Strachey, 24 vol., Londres, The Hogarth Press - The Institute of Psycho-Analysis, 1953-1974 ; *Les*

2

La formule : « Wo Es war, soll Ich werden »

Dans ce qui est peut-être la formule la plus célèbre de Freud se concentrent une grande partie des difficultés de traduction que présentent ces concepts formés sur des pronoms substantivés. La difficulté se complique du fait que Freud semble rétablir l'usage pronominal (en supprimant les articles) tout en préservant la dimension substantivée (en écrivant les pronoms avec des majuscules) : *Wo Es war, soll Ich werden* (*Neue Folge der Vorlesungen zur Einführung in die Psychoanalyse*, Londres, in *Gesammelte Werke*, vol. 15, p. 6). Ce qui, mot à mot, donne : « Où Ça était, doit Je advenir », ou bien : « Où C'était, dois-Je advenir ».

Aucune traduction ne peut rendre l'extrême subtilité avec laquelle Freud maintient les substantifs à l'écrit, tout en les supprimant à l'oral. On trouve donc deux orientations :

(1) Celle des traductions publiées ne s'embarrasse pas de ces subtilités et choisit franchement de traiter *Es* et *Ich* comme des substantifs. La première traduction française, celle d'Anne Berman en 1936 (qui fut la seule disponible jusqu'en 1984), ajoute même un verbe absent dans le texte : « Le moi doit déloger le ça. » Les deux traductions récentes, celles de Gallimard (1984) et des PUF (1993), sont très proches : « Là où était du ça, doit advenir du moi » (Gallimard) et « Là où était du ça, du moi doit advenir » (PUF). Le choix de traiter *Es* et *Ich* comme des partitifs s'appuie sur la logique grammaticale de l'allemand : on peut certes regretter la perte de la résonance pronominale, mais le partitif correspond également au contexte. Freud, dans la phrase immédiatement précédente, affirme en effet que la visée de la psychanalyse est d' « élargir [le] champ de perception [du moi] et d'étendre son organisation, de sorte que [le moi] puisse s'approprier de nouveaux morceaux du ça [*neue Stücke des Es*] » (S. Freud, *Gesammelte Werke*, vol. 15, p. 86).

(2) L'autre orientation, celle de Lacan, ignore superbement ledit contexte. Des nombreuses traductions qu'il donne de cette sentence freudienne, la plus simple est sans doute celle de « La science et la vérité » : « Là où c'était, là comme sujet dois-je advenir » (*Écrits*, 1966, p. 864). Cette traduction, à la fois littérale et interprétative, introduit une précision (« comme sujet ») tout à fait absente du texte de Freud. C'est bien l'interprétation lacanienne de la seconde topique qui est ici en cause. Pour Freud, il est clair que le « moi » doit conquérir des territoires sur le « ça », c'est précisément cela qu'il appelle un « travail culturel » (*Kulturarbeit*) : c'est, en somme, la contribution de la psychanalyse à la culture. Lacan interprète le *Es* de la formule non comme une part « inculte », mais comme le lieu même du sujet de l'inconscient : autrement dit, le « moi » doit, en venant à la place du sujet, devenir sujet, donc « je ». Et l'absence d'article ne transforme pas pour Lacan les pronoms en partitifs, mais permet de sortir du substantialisme pour parler enfin le langage de l'ontologie :

> [...] il apparaît ici que c'est au lieu : *Wo*, où *Es*, sujet dépourvu d'aucun *das* ou autre article objectivant, *war*, était, c'est d'un lieu d'être qu'il s'agit, et qu'en ce lieu : *soll* [...], *Ich*, je, là dois-je (comme on annonçait : ce suis-je, avant qu'on dise : c'est moi), *werden*, devenir, c'est-à-dire [...] venir au jour de ce lieu même en tant qu'il est lieu d'être.
>
> « La chose freudienne », *Écrits*, 1966, p. 417.

La distinction du *je* et du *moi* ne passe donc dans le *Ich* qu'en fonction de la place du *Es*, c'est-à-dire, pour Lacan, du S : mais l'homophonie dont use Lacan pour passer d'une langue à l'autre est-elle comparable au jeu qui permet à Freud d'écrire une phrase et d'en faire entendre une autre ?

Œuvres complètes de Freud/Psychanalyse (21 vol. prévus), PUF, 1er vol., 1988 ; *Œuvres de Sigmund Freud*, traductions nouvelles, Gallimard, « Connaissance de l'inconscient ».
— *The Ego and the Id*, trad. angl. J. Riviere, Londres, Hogarth Press, 1927.
GRODDECK Georg, *Ça et Moi*, trad. fr. R. Lewinter, Gallimard, 1977.
HAYMAN A., « What do we mean by Id », *Journal of the American Psychoanalytic Association*, vol. 17, n° 2, 1969.
LACAN Jacques, *Écrits*, Seuil, 1966.
MOREAU Daniel, *Édouard Pichon, médecin, psychanalyste, linguiste. Vie et œuvre. Contribution à l'histoire du mouvement psychanalytique français*, thèse de médecine, Faculté de médecine de Créteil, 1979.
NITZSCKE Bernt, « Zur Herkunft des *Es*. Freud, Groddeck, Nietzsche - Schopenhauer und E. von Hartmann » (De l'origine du Ça), *Psyche*, 37e année, n° 9, 1983, p. 769 *sq.*
ROUDINESCO Élisabeth, *Histoire de la psychanalyse en France*, t. 2, Fayard, 1994.

OUTILS

LITTRÉ Émile, *Dictionnaire de la langue française*, 4 vol., Hachette, 1873.
Le Petit Robert, dictionnaire alphabétique et analogique de la langue française, nouv. éd. du *Petit Robert* de Paul Robert, éd. J. Rey-Debove et A. Rey, Le Robert, 2002.

ES GIBT ALLEMAND – fr. *il y a*

angl.	*there is*
dan.	*der er*

► *IL Y A* [ESTI, HÁ], et COMBINATOIRE ET CONCEPTUALISATION, DASEIN, EREIGNIS, ES, *ÊTRE*, FICAR, LOGOS, LUMIÈRE, OBJET, SEIN, SUJET, VORHANDEN

À la différence d'autres langues germaniques (angl. there is, *dan.* der er*), l'allemand exprime le gallicisme « il y a » par la tournure « *es gibt *» (+ accusatif), à savoir littéralement « il / ça donne », par association du pronom impersonnel* es *au verbe* geben, *« donner ». Il semble donc y avoir une prédisposition de la langue allemande à penser* ce qui est, ce *qu'*il y a, *dans le registre de la donation, et à le penser dans une provenance qui s'exprime de manière impersonnelle. C'est cette prédisposition qu'il s'agit d'interroger, en suivant les voies par lesquelles la pensée allemande aura exploité et orchestré ces deux composantes de la locution* es gibt.

I. DU « DATUR » AU « ES GIBT »

Sans doute convient-il de ne pas exagérer l'aspect idiomatique, voire spécifiquement germanique propre à la locution *es gibt*, dont Grimm a certes lui-même noté le caractère étrange (*seltsam*), mais en soulignant sa parenté, au moins dans la langue savante, avec l'emploi au passif du verbe latin *dare* (« donner »), donc *dari*. Grimm renvoie à Spinoza (*Éthique*, II, 49) : *in mente nulla* datur *absoluta facultas volendi et nolendi* (trad. fr. B. Pautrat : « Dans l'Esprit *il n'y a* aucune faculté absolue... » ; trad. fr. C. Appuhn : « *Il n'y a* dans l'Âme... »), et commente : *datur* gleich *es gibt*, « *datur* équivalant ici à *es gibt* ». On parle encore en ce sens des « données d'un problème », des « données immédiates de la conscience » (Bergson), des *sense data* (Wittgenstein).

Ce qui est, ce qui s'offre à notre pensée (intuition, etc.) sans que celle-ci y soit pour rien est un *datum*, un *Gegebenes*. La philosophie allemande, de Kant à Husserl, explorera cette voie, conforme au vocabulaire de la donation (et donc de la réceptivité) dans l'expression *es gibt*. Une autre voie, frayée par Heidegger, reviendra plutôt à souligner l'étrangeté du pronom impersonnel *es* dans le *es gibt*. Les nombreuses variations auxquelles a pu donner lieu la tournure toute simple *es gibt* dans la philosophie allemande oscillent donc entre la mise en évidence de la donation elle-même, ou de ce dont et par quoi donation il y a (mais donation de quoi au juste ?).

♦ Voir encadré 1.

II. DU « ES GIBT » À LA « GEGENBENHEIT » : KANT ET HUSSERL

L'intuition n'a lieu que dans la mesure où l'objet nous est donné (*gegeben wird*) ; « par l'intermédiaire de la sensibilité, des objets nous sont donnés (*gegeben*), et elle seule nous livre des intuitions » : tout le début de l'« Esthétique transcendantale » de la *Critique de la raison pure* de Kant est régi par l'opposition du donné et du pensé (*gegeben/gedacht*), non sans reconnaître la priorité à celui-là. En effectuant le passage d'une terminologie latine à un lexique allemand, Kant demeure le témoin et l'acteur privilégié de la transposition du *dari* latin dans le vocabulaire de la réceptivité. En effet, la *Dissertation de 1770* peut affirmer (II, § 10) : « *Intellectualium non datur* (*homini*) Intuitus [Il n'y a pas (pour l'homme) d'*intuition* des intelligibles] », ou encore (II, § 5) : « *dantur* conceptus [les concepts sont donnés] » ! Le *dari* latin, qui gardait encore chez Spinoza, et jusque chez le Kant pré-critique, l'aspect tout géométrique des données d'un problème, va se trouver explicitement thématisé et métamorphosé.

1

Une construction personnelle de l'impersonnel

On trouve, dans certains dialectes de Thuringe, Hesse, etc., cette même tournure *es gibt*gouvernée par le nominatif, comme dans l'exemple donné par Grimm « *es gibt* ein tüchtiger *regen heute* » (« il va y avoir bien de la pluie aujourd'hui », « c'est une sacrée pluie qui s'annonce aujourd'hui »), le *donner* étant oblitéré et l'objet devenant sujet (grammaticalement : au nominatif), où *es gibt* = *es ist*, *es kommt* (« c'est », « il va y avoir »). Le passage attesté de l'accusatif au nominatif indique que l'idée même de donation a pu cesser d'être ressentie dans la tournure même du *es gibt*. On trouve également (notamment chez Luther), comme variante du *es gibt* : *es ist gegeben* (« il est donné »).

Ce qui nous est donné (= ce qui s'offre à l'intuition), Husserl en fixera la modalité dans le terme, que Kant n'avait pas encore risqué, de *Gegebenheit*, substantivant ainsi le participe passé du verbe *geben* (donner), à la faveur d'une extension de la sphère de l'intuition, et du passage d'une intuition réceptive à une intuition « donatrice » (*gebende Anschauung*, in *Idées directrices pour une phénoménologie et une philosophie phénoménologique pure* I, § 24). « *Absolute Gegebenheit ist ein Letztes* [L'être-donné absolu est quelque chose d'ultime] » (*L'Idée de la phénoménologie*, *Husserliana*, t. 2, p. 61).

Ces variations, tant kantiennes que husserliennes, auraient-elles vu le jour si ne les avait stimulées le *es gibt* si familier dans la langue courante ? Un emploi emphatique du *es gibt* commence de fait à se faire jour chez Husserl : « *es gibt also* [...] *Bedeutungen* [il y a des significations] » (*Recherches logiques*, II, § 35).

III. « ES GIBT », « ES GILT », « ES GIBT NICHT » : MEINONG

L'exploration de la *Gegebenheit* n'est pas réservée toutefois aux recherches phénoménologiques husserliennes. Natorp, Lask, Meinong ont à peu près au même moment fait usage de ce concept. Au § 3 de sa *Gegenstandstheorie*, Meinong écrit :

> Es gibt *Gegenstände, von denen gilt, daß* es *dergleichen Gegenstände* nicht gibt.
>
> [*Il y a* des objets au sujet desquels vaut *qu'ils n'existent pas* (au sujet desquels est valide la proposition selon laquelle ils n'existent pas).]

Il n'y a pas là une contradiction grossière, mais nous soulignons un jeu subtil à l'intérieur du *es gibt* : de certains objets, il nous faut dire qu'ils ne peuvent être envisagés que comme n'étant pas et ne pouvant pas être. Ce jeu se redouble de l'assonance entre *es gibt* et *es gilt* (« il vaut »). Le *es gibt* ne s'applique pas moins, chez Meinong, à l'irréel. Le *es gibt* équivaut presque ici à un « il se trouve » : il se trouve que certains objets ne se trouvent nulle part. « Que veut donc dire "*es gibt*" ? »

IV. DE L'ÊTRE À LA PAROLE, LE « ES GIBT » DE HEIDEGGER

Telle est la question posée par Heidegger dans le cours de Fribourg de 1919 intitulé *Zur Bestimmung der Philosophie* (*GA*, t. 56/57, p. 67). Trois étapes peuvent être distinguées dans la méditation heideggerienne du *es gibt* :

(1) les discussions antérieures à *Sein und Zeit*,

(2) le traité de 1927 répondant à cet intitulé,

(3) la reprise de cette question dans la *Lettre sur l'humanisme* (1946), puis dans *Temps et Être* (1962).

(1) Que veut donc dire « *es gibt* » ?

> *Es gibt Zahlen, es gibt Dreiecke, es gibt Bilder von Rembrandt, es gibt U-Boote ; ich sage :* Es gibt *heute noch Regen*, es gibt *morgen Kalbsbraten. Mannigfache « es gibt », und jeweils hat es einen anderen Sinn und doch auch jedes wieder ein in jedem antreffbares identisches Bedeutungsmoment. Auch dieses ganz abgeblaßte, bestimmter Bedeutungen gleichsam entleerte bloße « es gibt » hat gerade wegen seiner Einfachheit seine mannigfachen Rätsel. Wo liegt das sinnhafte Motiv für den Sinn des « es gibt » ?*
>
> [Il y a des nombres, il y a des triangles, il y a des tableaux de Rembrandt et il y a des sous-marins ; je dis : *il va* encore *y avoir* de la pluie aujourd'hui, *il y aura* demain du rôti de veau [cf. Grimm, sens II, 17, e, b *s.v.* geben]. Autant de « *es gibt* », ayant chaque fois un sens autre, encore qu'un moment de signification identique se rencontre en chacun de ces sens. Et pourtant ce simple « *es gibt* » si terne, vidé en quelque sorte de significations précises, n'en abrite pas moins, du fait même de sa simplicité, bien des énigmes. Où réside le motif porteur de sens pour le sens du « *es gibt* » ?]
>
> *GA*, t. 56/57, p. 67.

Heidegger souligne ainsi la plurivocité du *es gibt*, sa richesse insoupçonnée, et l'unité du sens générateur d'une telle profusion.

(2) Les occurrences du « *es gibt* » que l'on peut relever dans *Être et Temps*, dès son § 2, se rapportent soit au monde (*Sein und Zeit*, p. 72), soit à la vérité (p. 214), soit à l'être (p. 212, 230). La locution *es gibt* figure généralement entourée de guillemets, indices d'une problématisation de l'expression courante qui se trouve ainsi relevée et interrogée. Leibniz demandait « pourquoi *il y a* plus tôt quelque chose que rien » (*Principes de la nature et de la grâce fondés en raison*, § 7). Pour Heidegger, qui est souvent revenu sur cette déclaration de Leibniz, ce qu'*il y a* n'est quelque chose qu'à la condition de n'en être aucune, que pour autant que ce quelque chose n'équivaut à rien d'étant. *Il y a le il y a* (D. Panis).

(3) Mais c'est, avant *Temps et Être*, dans la *Lettre sur l'humanisme* que le « *es gibt* » sera expressément thématisé, notamment dans la locution « *Es gibt Sein* [Il y a Être] » :

> *In « S. u. Z. » (S. 212) ist mit Absicht und Vorsicht gesagt : il y a l'Être : « es gibt » das Sein. Das il y a übersetzt das « es gibt » ungenau. Denn das « es », was hier « gibt », ist das Sein selbst.*
>
> [Dans *L'Être et le Temps* (p. 212), c'est à dessein et avec précaution qu'il est dit : « il y a » [« *es gibt* »] l'être. Le il y a ne traduit que très approximativement le « *es gibt* ». Car le « cela » [« es »] qui ici « donne » [« *gibt* »] est l'Être lui-même.]
>
> *GA*, t. 9, p. 334-335 ; trad. fr. p. 86 *sq.*

Le « donner » (*geben*) du « *es gibt* », Heidegger l'interprète immédiatement après comme un *gewähren*, « accorder », « octroyer ». Plus déconcertante est la remarque qui suit : « *Doch über dieses il y a kann man nicht geradezu und ohne Anhalt spekulieren* [Mais on ne peut se lancer dans des spéculations à perte de vue sur cet *il y a*] ».

Sans doute faut-il voir là le refus du geste qui reviendrait à dissocier le *il y a* de l'Être, vu que ce *il y a* vise surtout à dire, dans ce contexte, que l'Être n'est pas à la manière dont l'étant est. Ce qui n'empêchera pas Heidegger de revenir sur ce point dans *Temps et Être* : « *Das in der Rede "Es gibt Sein", "Es gibt Zeit" gesagte "Es" nennt vermutlich etwas Ausgezeichnetes...* [Il y a lieu de présumer que le « Il » prononcé quand on dit « Il y a être », « Il y a temps » nomme quelque chose de typique et d'exceptionnel...] » (*Temps et Être*, p. 53-55).

Le *Es* du « *Es gibt* », Heidegger l'approfondit alors en direction de l'*Ereignis* (voir EREIGNIS). Dans le *Protocole d'un séminaire sur la conférence « Temps et Être »*, enfin, Heidegger déclarera (trad. fr. *Questions IV*, p. 73), après la citation d'un passage des *Illuminations* de Rimbaud (« Enfances, III ») : « Le français "Il y a" (cf. la tournure idiomatique propre à l'allemand du Sud : *Es hat*) correspond à l'allemand *Es gibt*, mais a une plus grande extension. La traduction parfaitement conforme du "Il y a" de Rimbaud serait en allemand le *Es ist* ("Il est")... »

Reste la question de l'écart qui sépare le « il y a » du *Es gibt*. L'accent mis résolument sur la donation — certes littéralement indiquée, mais le plus souvent inaudible — dans cette locution a pu conduire J.-L. Marion à surinterpréter la locution en question en la restituant par « cela donne » :

> La traduction habituelle par « Il y a », certes admissible dans l'usage courant, ne se justifie plus lorsqu'on veut la précision du concept. Elle masque en effet toute la sémantique de la donation qui structure pourtant le « *es gibt* ». Nous ne comprenons vraiment pas l'argument inverse de F. Fédier : « Toutes les fois donc où, dans la traduction, le *Es gibt* est développé en direction d'un *donner*, la traduction va un peu trop loin » (note dans *Questions IV*, Paris, 1976, p. 49). Et pourquoi donc ? Une si brutale dénégation peut-elle se passer de la moindre justification ?
>
> *Étant donné*, p. 51.

La « précision du concept » n'est sans doute pas ce à quoi vise l'entente heideggérienne de l'expression courante « *es gibt* » : plutôt que de fixer un outil conceptuel opératoire, il s'agit d'entendre la langue, en ses ressources insoupçonnées. La réticence de F. Fédier à développer le *Es gibt* « en direction d'un donner » est toutefois loin de « se passer de la moindre justification », si l'on se reporte précisément au passage allégué :

> On se rappellera que *geben*, c'est le développement germanique de la racine indo-européenne *ghabh* —, qui a donné le latin *habere*. [...] Ce qu'il faudrait tenter, c'est d'entendre le *habere* latin en consonance avec le *geben* pour percevoir dans le « il y a » ce que veut dire « avoir » — et qui est sans doute plus proche de *tenir* que de *posséder*.

Étymologiquement, le *es gibt* est donc moins éloigné du « il y a » qu'il n'y paraît de prime abord : il renvoie à un *avoir* dont le sens, dans le « il y *a* », reste assurément à penser. Mais par là se trouve indiqué du même coup dans quelle direction le *es gibt* demeure à penser, à la fois dans sa proximité et dans sa différence avec le « il y a » : dans son rapport avec le déploiement de la parole, comme l'indique Heidegger dans *Unterwegs zur Sprache* :

> Nous connaissons la tournure *es gibt* en de multiples emplois : par exemple : *es gibt an der sonnigen Halde Erdbeeren* (au coteau ensoleillé, il y a des fraises) ; là, il y a des fraises ; on peut les trouver comme quelque chose qui se présente, se rencontre. Dans le cheminement de notre pensée, *es gibt* est employé autrement ; non pas : il y a le mot, mais *il*, le mot, *donne*. Ainsi vole en éclats toute la fantasmagorie du *es*, du *ça*, devant laquelle plus d'un s'inquiète à juste titre [...]
>
> *GA*, t. 12, p. 182-183 ; *Acheminement vers la parole*, p. 178.

Rapportée électivement à la parole en son déploiement, la tournure *es gibt* ne signifie donc plus qu'il y a le mot (ou des mots), mais que lui, le mot, donne (*es gibt das Wort = es, das Wort, gibt*). La parole est le domaine où « il y a ce qui donne », comme toujours donnante, jamais donnée. Ultime métamorphose du *es gibt* dans la pensée de Heidegger : le verbe (*das Wort*) *gibt* (*das Sein*), la parole donne l'être dans le domaine où « il y a ce qui donne ».

Pascal DAVID

BIBLIOGRAPHIE

HEIDEGGER Martin, *Zur Bestimmung der Philosophie*, in *Gesamtausgabe* [*GA*], t. 56/57, Francfort, Klostermann, 1987.

— *Sein und Zeit*, in *Gesamtausgabe*, t. 2, Francfort, Klostermann, 1977 ; *Être et Temps*, trad. fr. F. Vezin, Gallimard, 1986.

— *Lettre sur l'humanisme*, in *Gesamtausgabe*, t. 9, Francfort, Klostermann, 1976 ; trad. fr. R. Munier, Aubier, 1964.

— *Zeit und Sein / Temps et Être*, éd. bilingue, trad. fr F. Fédier, in *L'Endurance de la pensée*, Plon, 1968, p. 12-69 ; repris in *Questions IV*, Gallimard, 1976, p. 9-48.

— *Unterwegs zur Sprache*, *Gesamtausgabe*, t. 12, Francfort, Klostermann, 1985 ; *Acheminement vers la parole*, trad. fr. F. Fédier, Gallimard, 1976.

HUSSERL Edmund, *Die Idee der Phänomenologie* (*Husserliana*, II), La Haye, Nijhoff, 1950, 2e éd. 1973 ; *L'Idée de la phénoménologie*, trad. fr. A. Lowit, PUF, 1970.

— *Ideen zu einer reinen Phänomenologie und phänomenologischen Philosophie*, La Haye, Nijhoff, 1913 ; *Idées directrices pour une phénoménologie et une philosophie phénoménologique pures*, trad. fr. P. Ricœur, Gallimard, 1950.

— *Logische Untersuchungen*, Tübingen, Niemeyer, 1900 ; *Recherches logiques*, trad. fr. H. Élie, A. L. Kelkel et R. Schérer, PUF, 1961-1964.

KANT Emmanuel, *De mundi sensibilis atque intelligibilis forma et principiis*, Königsberg, 1770 ; *La Dissertation de 1770*, trad. fr. P. Mouy, Vrin, rééd. 1976.

— *Kritik der reinen Vernunft*, Riga, Hartknoch, 1781 ; *Critique de la raison pure*, trad. fr. A. Tremesaygues et B. Pacaud, Félix Alcan, 1905.

LEIBNIZ Gottfried Wilhelm, *Principes de la nature et de la grâce fondés en raison*, PUF, 1954.

MARION Jean-Luc, *Étant donné*, PUF, 1997.

MEINONG Alexius, *Über Gegenstandstheorie*, Hambourg, Meiner, 1988.

PANIS Daniel, *Il y a le il y a*, éd. Ousia, Bruxelles, 1993.

SPINOZA, *Éthique*, trad. fr. B. Pautrat, Seuil, 1988 ; trad. fr. C. Appuhn, Garnier, 1965.

OUTILS

FEICK Hildegard, *Index zu Heideggers « Sein und Zeit »*, Tübingen, Niemeyer, 1961, 3e éd. 1980.

GRIMM Jacob et Wilhelm, *Deutsches Wörterbuch*, Leipzig, Hirzel, 1854, repr. Munich, Deutscher Taschenbuch Verlag, 1984.

ESPAGNOL

LA SINGULARITÉ ESPAGNOLE : LE DOUBLET « SER » / « ESTAR »

► DASEIN, DE SUYO, *ÊTRE*, ESSENCE, FICAR, *IL Y A* [ES GIBT, ESTI, HÁ], MITMENSCH, PRÉDICATION, ORDRE DES MOTS, SEIN, VORHANDEN

L'espagnol dispose de deux mots différents — ser *et* estar *—, non synonymes, pour exprimer le complexe sémantique que d'autres langues regroupent sous les verbes* être, sein *ou* to be. *Ce doublet (qui permet de distinguer,* grosso modo, *le stable du circonstanciel au niveau de la prédication) constitue d'abord un fait du langage courant. Son intérêt philosophique n'en est pas moins évident pour autant. D'une part, son existence implique des difficultés linguistiques et conceptuelles considérables dans l'appropriation, en espagnol, du vocabulaire ontologique traditionnel. Les discussions nées dans la communauté hispanophone autour de la traduction du vocabulaire heideggérien en sont un bon exemple. D'autre part, les possibilités expressives qui dépendent du doublet sont, elles aussi, une source de difficultés lorsqu'il s'agit de les rendre dans d'autres langues. La constitution d'un réseau conceptuel exprimé par des termes liés étymologiquement (*estar, bienestar *et* circun-stancia *chez Ortega y Gasset), le remaniement, pour des raisons théoriques, du sens premier d'une formule courante (le* estar siendo *de Zubiri), ou, finalement, la position, chez certains penseurs latino-américains, du* estar *comme l'expression d'une vision du monde plus originaire et fondamentale que celle qui tient à l'être, illustrent ce deuxième versant de la question.*

I. « SER » / « ESTAR » DANS L'ESPAGNOL COURANT

En espagnol, la plupart des contenus sémantiques et des fonctions du verbe latin *esse* ont été repris par deux verbes différents : *ser* (dont la conjugaison dérive directement de *esse* mais aussi de *sedere*, être assis) et *estar* (résultant du latin *stare*, être debout). Signifiant à l'origine « se tenir debout », « rester en place » ou « rester immobile », *stare* a donné lieu ainsi à l'un des verbes pouvant servir de copule dans les constructions attributives du castillan. Le portugais et le catalan ont eu une évolution similaire à celle de l'espagnol. L'italien, quant à lui, a adopté aussi *stare* comme forme indépendante et s'en sert dans certaines constructions qu'il partage avec le castillan, mais non pas en tant que copule. Enfin, la conjugaison du verbe français *être* a intégré une partie de celle du *stare* latin (pour l'imparfait, par exemple), mais ne l'a pas développée en tant que forme indépendante.

Dans l'espagnol actuel, il est possible de dissocier au moins deux usages différents du doublet. *Ser* et *estar* connaissent en effet tantôt un usage absolu, qui fait d'eux des prédicats à part entière, modifiés ou non par un adverbe ou une expression adverbiale, tantôt un usage copulatif selon lequel, au contraire, ils servent de lien entre un sujet et son prédicat.

Utilisé absolument, le verbe *ser* permet d'exprimer, bien que rarement, l'existence d'un objet ou d'une personne (« *ella es y eso me basta* [elle est et cela me suffit] »). Dans le même ordre d'idées, mais cette fois très couramment, il constitue un synonyme des verbes *advenir*, *avoir lieu* ou *arriver* (« *el crimen fue de noche* [le crime eut lieu la nuit] »). Le verbe *estar*, quant à lui, possède surtout une valeur locative et sert à marquer la position ou le lieu où se trouve le sujet, physiquement ou dans un sens figuré. Ainsi, des phrases comme « il n'est pas là », « la pomme est sur sa tête » ou « tu es dans mon cœur » se construiront toujours avec *estar*. De même, toutes les constructions comportant un adverbe d'état ou une expression équivalente (« on est bien », « les voisins sont en parfaite harmonie », etc.) se feront nécessairement avec ce verbe (« *estamos bien* », « *los vecinos están en perfecta armonía* », etc.).

Ces usages absolus ne posent cependant aucun problème particulier quant à leur possibilité de traduction. Il s'agit de valeurs fixes et assez bien déterminées, qui peuvent être reprises dans n'importe quelle langue sans perdre aucune nuance majeure. Il n'en va pas de même pour l'usage copulatif de *ser* et *estar*. En effet, l'économie et la précision inhérentes à cet usage ne sont pas facilement transposables dans des langues qui ne possèdent pas le doublet. En tant que verbes reliant sujet et prédicat, *ser* et *estar*, loin d'être des simples auxiliaires syntaxiques, supposent d'importants changements du contenu de la phrase. Ils déterminent en effet le mode d'appartenance du prédicat au sujet, en opposant, respectivement, l'habituel à l'occasionnel, le classificatoire au ponctuel, le régulier au sporadique et/ou l'abstrait au concret. On dira par exemple d'un fruit qu'il est vert, en se servant de *ser*, pour indiquer que sa surface présente cette couleur de façon *permanente*. En revanche, « *las uvas están verdes* » (« les raisins sont verts ») — avec *estar* — renvoie immédiatement à l'état transitoire et concret de la maturation du fruit, c'est-à-dire à un ensemble de propriétés résultant et faisant partie d'un processus et qui, en tant que telles, sont susceptibles de changer.

◆ Voir encadré 1.

La possibilité de distinguer entre ces divers modes d'appartenance est ouverte, en théorie, à n'importe quel prédicat. L'usage courant cependant est beaucoup plus restreint. Normalement, si le prédicat est exprimé par un substantif, l'attribution se fera avec *ser*. En revanche, si le prédicat est un adjectif, l'hispanophone se servira habituellement des deux verbes. Très souvent, il cherchera sciemment à distinguer entre ce qu'il considère comme un trait indélébile ou constant du sujet et ce qui se présente à ses yeux comme mutable. Parfois, néanmoins, l'usage se révèle moins rigoureux. On dira, par exemple, tantôt *eso es permitido*, tantôt *eso está permitido* (« cela est permis »), mais on ne se servira d'ordinaire que de *ser* pour dire « cela est obligatoire ».

II. « SER » / « ESTAR » ET LE VOCABULAIRE HEIDEGGERIEN

L'existence du doublet a eu naturellement des conséquences dans l'appropriation du vocabulaire philosophique traditionnel. Le problème peut d'abord se poser en termes très simples : comment doit-on traduire les occurrences et les dérivés d'un mot aussi riche d'un point de vue philosophique que *être* (ou ses

1

« Ser »/ « estar » — essentiel / accidentel

L'une des façons traditionnelles de définir l'usage copulatif du doublet consiste à le rapporter à l'opposition essentiel / accidentel (voir, parmi d'autres, R. J. Cuervo [dir.], *Diccionario de construcción y régimen de la lengua castellana*, Bogota, Instituto Caro y Cuervo, t. 3,1994, p. 1076, et A. Vañó-Cerdá, *Ser y estar + adjetivos*, 1982, p. 16). Avec *ser*, l'on énoncerait les attributs essentiels du sujet ; avec *estar*, en revanche, il ne s'agirait que de simples accidents. Or, si on la prend *stricto sensu*, cette opposition se révèle être d'un tout autre ordre.

Tout d'abord, l'usage copulatif de *ser / estar* concerne tout type d'attributs exprimés par un adjectif. Ainsi, par exemple, il est parfaitement possible de prédiquer d'un homme qu'il est pâle (et donc de lui attribuer un accident) en se servant tantôt de *ser*, tantôt de *estar*. Ensuite, l'opposition essentiel / accidentel constitue, dans son usage habituel, une dichotomie exclusive. Un même attribut appartenant à un même sujet ne peut donc pas être un *accident* et faire partie de son *essence*. Cette antithèse stricte ne vaut pas en revanche pour l'usage courant du doublet. Rien n'empêche en effet à María de « *estar bella* » et de « *ser bella* » en même temps.

En réalité, plus qu'à établir une quelconque classification des attributs ou des propriétés, l'usage courant du doublet oblige à distinguer deux perspectives de locution différentes. En se servant de *ser*, le locuteur cherche à énoncer un fait qu'il rencontre, ou suppose pouvoir rencontrer, habituellement ; avec *estar*, au contraire, il met l'accent sur le caractère singulier ou transitoire de ce même fait.

« équivalents » dans d'autres langues occidentales) dans une langue qui, comme l'espagnol, partage habituellement ses significations et fonctions entre au moins deux termes différents ? Une première façon d'aborder la question consiste à ignorer le doublet et ses possibilités en le réduisant à l'un de ses membres. Pour des raisons étymologiques, le terme choisi lors de cette réduction est, traditionnellement, *ser*. En fait, l'espagnol (tout comme les autres langues romanes) dispose déjà d'une panoplie de termes (*ente*, *entidad*, *esencia*, etc.), liés – toujours étymologiquement – avec les formes du *esse* latin, qui lui permettent d'exprimer une grande partie du vocabulaire ontologique.

En ce qui concerne le vocabulaire heideggerien, cette voie a été pratiquée par José Gaos, le premier traducteur de *Sein und Zeit* en espagnol. Pour rendre la vaste série d'expressions qui comportent la forme, verbale ou substantivée, *sein* (par exemple, *Sein*, *Seinsfrage*, *Dasein*, *Zu-sein*, *Seinsart*), il a créé en effet un réseau d'équivalences où, pratiquement, seul le mot *ser* est présent (*ser*, *pregunta que interroga por el ser*, *ser-ahí*, *ser relativamente a*, *forma del ser*, respectivement). Dans son *Introducción a* El Ser y el Tiempo *de Martin Heidegger* (1971), Gaos justifie certains de ses choix, notamment celui du *ser ahí*.

> Puisqu'il faut distinguer entre le *Dasein* et son *Existenz*, et que cette dernière a tous les droits à la traduction *existencia*, il faut en donner une autre à *Dasein*. Laquelle ? Seule la traduction « littérale », le « calque » « *ser ahí* » est capable de reproduire les *idées* capitales selon lesquelles l'*être là* est son *là*, et celui-ci est, en tant que tel, *lieu* car il possède la « constitution existentiale » intégrée par le « se trouver » et le « comprendre », lequel, à son tour, est constitué comme « projection », etc.
>
> [*Puesto que hay que distinguir entre el* Dasein *y su* Existenz, *y ésta tiene todos los derechos a la traducción* existencia, *hay que dar a aquél otra. ¿Cuál?... Sólo la « literal », el « calco » « ser ahí » resulta capaz de reproducir las capitales* ideas *de que el* ser ahí *es su* ahí *y de que éste es como tal* lugar *como tiene la « constitución existenciaria » integrada por el « encontrarse » y el « comprender », éste constituido a su vez como « proyección », etc.*]
>
> J. Gaos, p. 12.

Toutes ces raisons internes au texte heideggerien ne peuvent pas cependant cacher un problème bien réel. En espagnol, comme on le disait à l'instant, le verbe utilisé pour exprimer la position d'un sujet donné, le fait pour quelqu'un d'« exister dans un certain endroit » (M. Moliner, *Diccionario del uso del español*, 1980, p. 1220), n'est pas *ser* mais *estar*. Une deuxième possibilité s'ouvre alors : au lieu d'ignorer et de réduire le doublet, on peut se servir de chacun de ses membres là où la syntaxe espagnole l'exige. Pour rendre le *Dasein*, par exemple, on trouve dans le *Vocabulario filosófico* (1955) de Juán Zaragüeta une synthèse des diverses propositions se servant de *estar* et une justification de ces choix :

> Bien que José Gaos [...] ait utilisé le verbe *ser* pour rendre le *Dasein* (en forgeant l'expression *ser ahí*), d'autres philosophes ont proposé pour le traduire des expressions créées à partir de *estar*. Ainsi *estar en algo* [*estar* dans quelque chose] (Xavier Zubiri), *el humano estar* [l'*estar* humain] (Pedro Laín-Entralgo), *estar en el ahí* [*estar* dans le là] (José Ortega y Gasset), ou tout simplement *el estar* (Manuel Sacristán). Les raisons de Gaos pour se servir de *ser* afin de traduire le *Dasein* sont fondées, car elles s'attachent au système de décalques et d'équivalents bâti pour traduire *Sein und Zeit* [...]. Mais on comprend pourquoi les autres auteurs ont choisi *estar* pour traduire le *Dasein* : la présence du déictique *da* implique que *estar* est le terme approprié dans la langue espagnole, car il évoque tout de suite et sans violence le caractère spatio-temporel que le *da* donne au *Sein*.
>
> J. Zaragüeta, p. 206.

Si pour le *Dasein* la solution adoptée par Jorge Eduardo Rivera, dernier traducteur en date de *Sein und Zeit* en espagnol (Santiago, 1997), consiste à conserver le terme allemand, sa version n'en est pas moins pour autant un bon exemple de cette ligne de travail. Aussi, pour donner quelques exemples, *Mitsein* est rendu par *coestar*, *In-sein* par *estar-en*, ou encore *In-der-Welt-sein* par *estar-en-el-mundo*. Tout en visant à conserver le caractère technique du vocabulaire heideggerien, le traducteur a donc choisi de respecter l'usage habituel du doublet en espagnol. Parfois cependant ses choix s'inspirent aussi de considérations qui vont au-delà de la grammaire. C'est le cas de la traduction proposée pour *Vorhandenheit* ou *Vorhandensein* : *estar-ahí*. L'expression avait déjà été utilisée par les traducteurs de *Wahrheit und Methode* (1965) de H.-G. Gadamer (*Verdad y método*, trad. esp. A. Agud Aparicio et R. de Agapito, université de Salamanque, 1988, p. 319, n. 29), qui s'en étaient servis pour rendre *Dasein*, lors de la présentation du projet heideggerien par Gadamer. Or, d'après Rivera, si *estar-ahí* peut traduire effectivement *Dasein*, ce n'est pas pour autant dans le sens introduit et thématisé par Heidegger, mais, au contraire, au sens que possédait le terme dans l'allemand classique, et qui reprenait le latin *existentia* (*Sein und Zeit*, trad. esp. J. E. Rivera, 1997, p. 462). Dès lors, puisque la *Vorhandenheit* explicite chez Heidegger ce sens traditionnel de *Dasein* (*Sein und Zeit*, § 9, p. 42), elle doit se traduire par la formule *estar-ahí*.

C'est dans cette même perspective non réductrice que l'on peut comprendre les commentaires, à mi-chemin entre la traduction et l'interprétation, du philosophe et essayiste espagnol Julián Marías. Dans son article « Estar a la muerte » (1re éd. 1956 ; rééd. in *Obras completas*, vol. 3, 1959, p. 172-173), il examine en effet deux exemples différents tirés du vocabulaire heideggerien : les concepts de *Sein zum Tode* et de *In-der-Welt-sein*. Les traductions existantes pour le premier calquent, artificiellement, la syntaxe allemande. On a ainsi proposé « *ser para la muerte* » (« être pour la mort ») — qui, d'après J. Marías, « mis à part sa déficience littéraire, force indûment le sens original, soulignant plus qu'il n'en est besoin le “mortalisme” [...] qu'on attribue souvent à Heidegger » —, mais aussi « *ser a muerte* » (« être à mort », comme on dit « lutter à mort ») ou « *ser relativamente a la muerte* » (« être relativement à la mort »). Aucune suggestion ne tient compte cependant de l'existence, en espagnol, d'une formule courante qui, selon l'auteur, reprend le sens du mot heideggerien sans lui faire subir « aucune violence linguistique ni conceptuelle ». Il s'agit, comme le titre de l'article, de « *estar a la muerte* ». L'expression désigne normalement le fait, pour quelqu'un, de se trouver en danger imminent de mort. Or, avec le *Sein zum Tode*, il s'agit justement d'« élever à une catégorie de la vie humaine, à un “existential”, comme le dit Heidegger lui-même, cette condition de l'homme dont il ne se rend compte que lorsque cette imminence se fait particulièrement marquante [*se trata de elevar a categoría de la vida humana, a « existencial », como dice el propio Heidegger, esa condición del hombre, de la que éste no se da cuenta más que en caso en que la inminencia es especialmente acusada*] » (J. Marías, p. 173).

Avec *In-der-Welt-sein* les problèmes de traduction sont encore plus flagrants, tout simplement parce que, en espagnol, « avec ou sans traits d'union », la version littérale, *ser en el mundo*, ne fait pas sens. On se sert en revanche de *estar* pour signifier « sans équivoque l'inclusion [...] dans tout ce qui est un lieu, un espace », ce qui donnerait, très naturellement, *estar en el mundo*. Qui plus est, l'usage du verbe *estar* suppose, toujours selon J. Marías, une sorte d'engagement dans le réel qui conviendrait parfaitement au concept du philosophe allemand. En effet, « alors que *ser* peut désigner une simple façon d'être, pas nécessairement réelle [...], *estar* renvoie forcément à la réalité : sans doute Ophélie “est” pâle, mais seule la femme qui “est” pâle peut être réelle [*mientras el « ser » puede apuntar a un mero modo de ser, posiblemente irreal (...), el « estar » remite necesariamente a la realidad : quizá Ofelia « es » pálida, pero no puede ser sino real la mujer que « está »* pálida] » (*ibid.*, p. 173).

III. « ESTAR », « BIENESTAR » ET « CIRCUN-STANCIA »

Les problèmes de traduction liés au doublet valent aussi en sens contraire : que faire face à une occurrence de *estar* lorsqu'un auteur hispanophone profite de sa spécificité par rapport à *ser* ? On trouve, par exemple, chez Ortega y Gasset, au moins deux passages où la valeur locative de *estar* (pratiquement absente dans le verbe *ser*) est mise en valeur. Tous deux développent et précisent une notion centrale de la pensée du philosophe : la *circon-stance*.

Le premier extrait se trouve dans la quatrième leçon de métaphysique de cet auteur (*Unas lecciones de metafísica*, 1974, p. 67-83). L'analyse du concept de vie mène celui-ci à poser, comme une condition *sine qua non* de toute prise de conscience de soi, l'idée que l'homme, nécessairement et essentiellement, « se trouve entouré de ce qui n'est pas lui-même, se trouve dans un contour, dans une circon-stance, dans un paysage [*se encuentra rodeado de lo que no es él, se encuentra en un contorno, en una circun-stancia, en un paisaje*] » (p. 69). Nos liens avec cet Autre consistent d'abord dans le fait, pour nous, d'être (*estar*) dans lui. Mais que veut dire *estar* dans ce cas ? Il ne s'agit pas, comme pour un objet, d'un rapport de partie au tout, car il n'y a aucune homogénéité entre le moi et cette enveloppe spatio-temporelle et sociale qu'est sa circonstance. Au contraire, le caractère radicalement unique de chaque moi (un « moi qui vit sa vie, et cette vie que vit le moi nul autre ne la vit, *même si tous les contenus des deux vies étaient identiques* », p. 74) impose une profonde hétérogénéité. *Estar*, donc, dans ce cas bien précis, « c'est exister moi dans cet autre que moi, c'est par conséquent exister en dehors de moi, dans une terre inconnue, c'est être [*ser*] fondamentalement étranger, car je ne fais pas partie de cela où je suis [*estoy*, du verbe *estar*], je n'ai rien à voir avec lui [*es existir yo en lo otro que yo, por tanto, es existir fuera de mí, en tierra extraña, es ser constitutivamente forastero, puesto que no formo parte de aquello donde estoy, no tengo nada que ver con ello*] » (*ibid.*, p. 75).

Ces rapports de totale étrangeté entre le moi et sa circonstance n'annulent pas pour autant la possibilité d'une interaction ou, plus exactement, d'une intervention du premier dans le deuxième. C'est en effet ce qui découle de la *Meditación de la técnica y otros ensayos sobre ciencia y filosofía* (*Méditation de la technique...*, 1982). Ici, le philosophe, cherchant à clarifier le concept de besoin humain, oppose le *estar* au *bienestar*, « bien-être » (p. 31-37). Le premier, propre à l'animal, correspond à une adaptation *a-technique* au monde, à une appropriation de celui-ci qui se limite à subvenir aux besoins objectifs du vivre. Le deuxième, en revanche, « implique l'adaptation du milieu à la volonté du sujet », la transformation, en besoin subjectif, de ce qui, objectivement, peut se présenter comme superflu. En effet,

> les besoins biologiques objectifs ne sont pas, par eux-mêmes, des besoins pour lui [*sc.* l'homme]. Quand il se trouve limité à ceux-ci, il se refuse à les satisfaire et préfère s'éteindre. Ils ne se transforment en besoins que lorsqu'ils se présentent comme les conditions du « *estar* dans le monde ». Celui-ci, à son tour, est seulement nécessaire sous une forme subjective, c'est-à-dire, parce qu'il rend possible le « *bienestar* dans le monde » et le superflu.
>
> [*las necesidades biológicamente objetivas no son, por sí, necesidades para él. Cuando se encuentra atenido a ellas se niega a satisfacerlas y prefiere sucumbir. Sólo se convierten en necesidades cuando aparecen como condiciones del*

> *« estar en el mundo », que, a su vez, sólo es necesario en forma subjetiva, a saber, porque hace posible el « bienestar en el mundo » y la superfluidad.*]
>
> *Meditación de la técnica*, p. 34.

Les occurrences de *estar* dans ces deux passages peuvent être reprises en français par le verbe *être* (qui possède une valeur locative évidente), ou par des expressions plus ponctuelles et plastiques comme *se trouver* ou *se placer*. Ce faisant, on effacerait cependant certaines nuances de l'original, notamment la filiation étymologique qu'entretiennent *estar* et *circonstance* dans le premier cas (parenté soulignée de temps à autre par Ortega en séparant, par un trait d'union, les deux composantes de ce dernier mot), ou entre ces deux termes et *bienestar* dans le deuxième. Cela étant, la perte ne serait pas bien grande, car elle se situerait au niveau du signifiant : l'idée centrale (l'appartenance, inéluctable et problématique, de l'individu à son contexte) réussirait à passer de toute façon. La situation est tout autre cependant lorsque l'auteur, en plus de profiter de la matérialité de sa langue, parvient à remanier le sens à partir des possibilités qu'elle lui offre. L'exemple suivant peut illustrer ce fait.

IV. « ESTAR SIENDO »

Le philosophe espagnol Xavier Zubiri se sert, dans son traité *Sobre la esencia* (in *Estudios filosóficos*, Madrid, Sociedad de estudios y publicaciones, 1962, rééd. 1985), d'une expression constituée des deux membres du doublet, l'un à l'infinitif, l'autre au gérondif. Il s'agit de *estar siendo*, formule verbale, substantivée, qui lui permet de caractériser la durée (*duración*), l'une des trois « dimensions selon lesquelles le réel s'offre à nous [*está plasmado*] depuis son intériorité dans l'extériorité intrinsèque de ses traits [*notas*] » (p. 497-498) ; les deux autres dimensions étant la richesse — l'abondance de traits — et la solidité ou stabilité de ceux-ci (p. 495 *sq.*).

D'un point de vue linguistique, la formule ne suppose aucune transgression de la syntaxe espagnole. *Estar*, en effet, jouerait ici le rôle, presque banal, d'auxiliaire. Adjoint à n'importe quel verbe au gérondif, il permet d'exprimer couramment l'aspect duratif d'une action. On pourrait donc la traduire, littéralement, par « être en train d'être ». Or, en réalité, l'interprétation que X. Zubiri lui-même propose de ce *estar* écarte d'emblée ce type d'analyse. Le rôle d'auxiliaire y est en effet carrément dépassé, se mêlant inextricablement à des valeurs qui dépendent plutôt de l'usage copulatif.

> En tant que constatation du caractère réel de la chose, les traits [*notas*] l'actualisent dans un rapport formel bien déterminé, un rapport que nous pourrions appeler le « *estar siendo* », en mettant l'accent sur « *estar* ». Rappelons-nous que *stare*, « *estar* », avait parfois en latin classique l'acception de *esse*, « *ser* », mais dans un sens « fort ». Il est passé ainsi dans certaines langues romanes pour exprimer l'être, non pas d'une façon quelconque, mais la réalité « physique » en tant que « physique ». De cette manière *esse*, « *ser* », s'est restreint presque exclusivement à son sens d'outil grammatical : la copule. C'est seulement en des rares occasions que « *ser* » permet de distinguer le profond et le permanent du circonstanciel, qui s'exprimera alors avec « *estar* » ; dire d'Untel que « c'est » un malade [« *es* » *un enfermo*] ou dire qu'il « est » malade [« *está* » *enfermo*], voilà en effet deux choses bien différentes. Mais cela fait d'autant moins exception à ce qu'on vient de dire que la nuance originaire est parfaitement perceptible. Car le circonstanciel, justement parce qu'il est circonstanciel, enveloppe le moment « physique » dans sa réalisation, alors que le « est » [« *es* » de *ser*], profond et permanent, dénote plutôt le « mode d'être » [« *modo de ser* »] et non pas le caractère « physique ». C'est pourquoi l'expression « *estar siendo* » est, peut-être, celle qui exprime le mieux le caractère de réalité

« physique » qui appartient à toute chose réelle et qui, d'un point de vue intellectif, se voit ratifié dans la constatation.

[*En cuanto constatación de la índole real de la cosa, las notas actualizan a ésta en un respecto formal precisamente determinado, un respecto que podríamos llamar el « estar siendo », cargando el acento sobre el « estar ». Recordemos que stare, estar, tenía a veces en latín clásico la acepción de esse, « ser », pero en un sentido « fuerte ». Pasó así a algunas lenguas románicas para expresar el ser no de una manera cualquiera, sino la realidad « física » en cuanto « física ». Con lo cual el esse, ser, quedó adscrito casi exclusivamente a su sentido de útil gramatical, la cópula. Sólo raras veces expresa el « ser » lo hondo y permanente a diferencia de lo circunstancial, que se expresa entonces en el « estar » ; así cuando se dice de fulano que « es »* un enfermo, cosa muy distinta de decir de él que « *está* » *enfermo. Pero esto quizá tampoco hace excepción a lo que acabamos de decir, sino que el matiz primitivo es perfectamente perceptible. Porque lo circunstancial, precisamente por serlo, envuelve el momento « físico » de su realización, al paso que el « es » hondo y permanente denota más bien el « modo de ser », no su carácter « físico ». Por esto la expresión « estar siendo » es, tal vez, la que mejor expresa el carácter de realidad « física » de que está dotada toda cosa real, y que intelectivamente se ratifica en la constatación.*]

X. Zubiri, p. 130.

Estar siendo n'exprime donc pas seulement l'expression de quelque chose comme l'acte d'exister *en général* dans la durée. En effet, comme Zubiri le dit immédiatement après, cette dimension ne concerne pas la « *"mera" realidad* », la réalité « pure et simple », l'abstraction indéterminée de l'être. Au contraire, *estar siendo* vise à exprimer le cours d'un mode bien concret d'existence, celui qui appartient à ce que l'auteur appelle la « réalité physique », c'est-à-dire au caractère réel de *ce qui*, s'actualisant continuellement et présentement dans des traits [*notas*] riches et stables, s'offre à nous comme un « tel » bien déterminé. Or, si la formule constitue aux yeux de l'auteur l'expression la plus appropriée de cette « talité » (*talidad*, néologisme créé à partir de *tal*, « tel »), c'est parce qu'il lui est possible, à partir des ressources propres à sa langue, de redonner un sens fort et tout à fait particulier au *estar* qui la compose ; un sens qui lui appartient de droit, mais qu'une analyse purement grammaticale serait incapable de faire ressortir. Le *estar siendo* de Zubiri est par ailleurs un exemple clair d'intraduisible, entendu au sens large : « ce qu'on n'en finit pas de traduire ». La version littérale, *être en train d'être*, même si elle n'est pas incorrecte à proprement parler, laisserait de côté la connotation que l'auteur veut lui faire exprimer ; une version paraphrastique : *être en train d'être ici et maintenant*, par exemple ; elle pourrait peut-être l'intégrer, mais on perdrait alors toute la plasticité et la simplicité de l'original. L'idée que la formule exprime est, de fait, déjà profondément ancrée, matériellement et sémantiquement, dans une spécificité de la langue source. Parfois, cependant, l'exploitation de ces particularités mène à un autre genre d'intraduisibles, et génère des expressions qui, purement et simplement, sont à ne pas traduire. L'usage que certains penseurs latino-américains font du verbe *estar* peut illustrer cette possibilité.

V. « SER » VS « ESTAR » DANS LA PHILOSOPHIE LATINO-AMÉRICAINE

On perçoit souvent, dans les textes traitant du doublet rédigés par des hispanophones, une certaine « fierté » — tantôt teintée d'ironie, tantôt chargée d'un sérieux patent — à cause de ses possibilités expressives. Julián Marías, par exemple, dans l'article cité plus haut, remarque, non sans humour : « Je crois que les Allemands donneraient pour le verbe *estar* l'une des quelques provinces qu'on leur a laissées » — le papier ayant été rédigé en 1953 —, et il ajoute ensuite : « [...] si leur langue disposait de ce verbe, en plus de *ser*, la philosophie allemande et, par conséquent, toute la philosophie moderne seraient différentes » (J. Marías, p. 17). Pour d'autres, le doublet relève de la « forme intérieure du langage », dans le sens que Wilhelm von Humboldt donnait à cette expression. Il constituerait donc un trait spécifique de l'espagnol, contribuant à créer une vision du monde propre et quasi exclusive à la communauté hispanophone (R. Navaz-Ruíz, *Ser y estar...*, p. 149).

Cependant, c'est peut-être chez certains représentants de l'autoproclamée « philosophie latino-américaine » (un courant de pensée catholique, engagé politiquement et inspiré des sources philosophiques les plus diverses) que ce sentiment de « fierté », fruit de l'impression de posséder quelque chose d'unique dont dépendraient des possibilités insoupçonnées, trouve son expression la plus systématique. L'article de Carlos Cullen, « *Ser y estar. Dos horizontes para definir la cultura* » (*Stromata* 34, Buenos Aires, 1978, p. 43-52), illustre bien cette perspective.

L'auteur y oppose, d'une façon relativement simpliste, deux approches différentes de la notion de culture. La première, issue de la Modernité mais fortement ancrée dans la pensée grecque, est un « code d'interprétation de l'activité humaine dans toutes ses manifestations, qui se structure à partir d'un noyau de sens fourni par l'"effort d'être" ["*esfuerzo de ser*"] » (C. Cullen, art. cité, p. 43). C'est l'horizon ontologique ou horizon du *ser*. Cullen distingue deux moments dans sa constitution. Le premier (p. 46-48), articulé autour des notions de sujet transcendantal et d'expérience, mène à un concept de culture axé sur le progrès et l'accumulation. L'agir, affranchi de toute « immédiateté », s'identifie alors au nécessaire et à l'universel. Il faudra attendre les « maîtres du soupçon » (Marx, Nietzsche et Freud) pour que ce modèle entre en crise (p. 48-50). Dans un deuxième moment, en effet, l'activité humaine n'est plus conçue comme étant le produit inévitable et toujours plus épuré de la conscience d'un sujet transcendantal. Elle constitue au contraire le fondement même de toute conscience et de toute notion de sujet.

Cette crise, cependant, ne marque pas une rupture décisive, selon Cullen. Elle ne suppose pas de changement de paradigme et donne lieu plutôt à une sorte d'extension de l'approche moderne. Si, d'une part, « la culture n'est plus un code », elle n'est pourtant que « la possibilité même de structurer des codes » ; si, d'autre part, « les héros, les sages et les génies » qui illustrent la Modernité ont disparu, ce n'est que pour être remplacés par leur « immense pouvoir créateur » (*ibid.*, p. 50). Le véritable dépassement de l'horizon du *ser* (une approche de la culture non plus proto-ontologique mais pré-ontologique, selon Cullen) ne peut venir que d'un nouvel horizon, celui du *estar*. Il s'agit de « la signification obtenue pour l'homme et son activité à partir du noyau vital qui s'impose "comme pur et simple *estar*, rien de plus" ["*como mero* estar, *no más*"] » (*ibid.*, p. 50). À une conception temporelle et historique de la culture, cet horizon oppose le sol (*suelo*) comme principal référent. Il donne donc lieu à une « géo-culture », expression de l'enracinement (*arraigo*) dans ce sol, fondée sur la « grande histoire » — celle du provisoire et de l'immédiat —, dont le « sujet » n'est autre que le peuple (p. 51). Il s'agit aussi d'une culture caractérisée par sa *négativité*, car elle se doit de rejeter la codification occidentale des actions humaines, dominante jusqu'à présent.

Cet horizon du *estar* n'est pas une simple construction théorique pour Cullen. Il s'agit en fait de celui « qui est en vigueur dans "l'Amérique profonde", l'Amérique qui est en deçà de tout effort pour être occidentale, qui est en train de phagocyter lentement l'effort d'être, c'est-à-dire qui nous apprend à lire les événements à partir du sol, à inscrire l'histoire dans le *estar*, à attendre en étant déjà le fruit [*es el vigente en la "América profunda", la que está más acá de todo esfuerzo por ser occidentales, la que lentamente va fagocitando el esfuerzo por ser, es decir, nos va enseñando a leer los acontecimientos desde el suelo, inscribir la historia en el estar, esperar estando el fruto*] » (*ibid.*, p. 52).

Quelques années plus tard, J. C. Scannone publie un article intitulé « Un nuevo punto de partida en la filosofía latinoamericana » (*Stromata*, 1980, p. 25-47). Il s'agit là aussi d'opposer une façon de scruter le monde caractérisée par des notions fortes comme l'identité et la nécessité — l'horizon du *ser* — à une perspective capable d'intégrer le provisoire et l'indéterminé — l'horizon du *estar*. Cet antagonisme, qui se veut avant tout l'expression d'un vécu, est pourtant présent déjà, selon l'auteur, dans « les potentialités philosophiques de la langue espagnole (et des langues semblables comme le portugais) », dans lesquelles : « *estar* a un sens plus situé ou circonstancié, où il signifie être ferme (debout) mais prêt à se mettre en marche, et n'exprime pas l'essence en soi des choses comme le fait, par soi, le verbe *ser* » (J. C. Scannone, p. 38).

Finalement, C. Cullen et J. C. Scannone renvoient tous deux, pour ce qui concerne leurs développements autour de la notion de *estar*, aux travaux de l'Argentin Rodolfo Kusch (1922-1979). Véritable inspirateur de la « philosophie latino-américaine », ce penseur s'est surtout intéressé, dans sa vaste production, aux problématiques concernant la culture et l'identité du peuple amérindien. Il avouera pourtant, à la fin de sa vie, que c'est le concept de *estar* « qui [l'a] hanté tout au long de [son] œuvre. Il s'agit du *estar* comme de quelque chose d'antérieur au *ser* et qui possède la signification profonde de l'advenir [*De ahí el concepto de estar. Me ha obsediado durante toda mi producción. Se trata del estar como algo anterior al ser y que tiene como significación profunda el acontecer*] » (« Dos reflexiones sobre la cultura », 1975, *in* C. Cullen, 1978, p. 44, n. 5). C'est donc chez R. Kusch qu'on trouve, pour la première fois (dans *América profunda*, paru en 1962), la doctrine de l'antériorité du *estar* par rapport au *ser*. C'est lui aussi qui forge une bonne partie des dichotomies (inculture / culture, puanteur / pureté, Amérique profonde / Occident, etc.) qui serviront à lui donner un contenu et à en exprimer les conséquences. Tout comme pour ses héritiers, ce domaine du *estar* (censé être plus originaire et authentique) s'enracine selon Kusch dans une conception du monde propre à l'Amérique latine, dont les traits principaux se trouvent déjà dans les civilisations précolombiennes.

Avec ce type de traitement, un pas est franchi par rapport à ce qu'on a vu pour X. Zubiri. Ici, il n'y a plus de problèmes de traduction, tout simplement parce que l'expression *estar* (remplie de connotations, proches ou non du sens original) devient par elle-même irremplaçable. Cette particularité de l'espagnol n'est plus seulement une ressource pour arriver à exprimer une idée. Elle est simultanément le point de départ de la réflexion et son cœur même. Dès lors, paradoxalement, *estar* se transforme de la forme verbale en une sorte de nom propre. Son sens est figé et, malgré ses possibilités originelles, si riches soient-elles, il ne fait plus que dénoter une certaine doctrine. Il faudrait espérer que le sentiment de « fierté », qui semble lui avoir donné l'élan, se modifie lui-même un peu. On peut être « fier » (ou non) de *s'appeler* Juán ou María ; cela cependant a peu de chose à voir avec le fait d'*être* Juán ou María.

Alfonso CORREA MOTTA

BIBLIOGRAPHIE

GAOS José, *Introducción a* El Ser y el Tiempo *de Martin Heidegger*, Mexico, Fondo de Cultura Económica, 1971.

HEIDEGGER Martin, *Ser y Tiempo* [*Sein und Zeit*, Tübingen, Niemeyer, 1953], éd. et trad. esp. J. E. Rivera Cruchaga, Santiago du Chili, Editorial universitaria, 1997.

MARÍAS Julián, *Obras completas*, t. 3, Madrid, Revista de Occidente, 1959.

NAVAZ-RUÍZ Ricardo, « Ser y estar. Estudio sobre el sistema atributivo del español », *Acta Salmenticensia, Filosofía y letras*, t. 17 (3), université de Salamanque, 1963.

ORTEGA Y GASSET José, *Meditación de la técnica y otros ensayos sobre ciencia y filosofía*, Madrid, Revista de Occidente, 1982.

— *Unas lecciones de metafísica*, Madrid, Revista de Occidente, 1974.

VAÑÓ-CERDÁ Antonio, *Ser y estar + adjetivos : un estudio sincrónico y diacrónico*, Tübingen, G. Narr, 1982.

OUTILS

MOLINER María, *Diccionario del uso del español*, Madrid, Gredos, 1980.

ZARAGÜETA Juán, *Vocabulario filosofico*, Madrid, Espasa-Calpe, 1955.

ESSENCE, SUBSTANCE, SUBSISTANCE, EXISTENCE

gr. *ousia* [οὐσία], *hupostasis* [ὑπόστασις], *ousiôsis* [οὐσίωσις], *huparxis* [ὕπαρξις]	lat. *essentia, substantia, subsistentia, existentia* ; *esse essentiae, esse existentiae*

► *ACTE, CATÉGORIE*, DE SUYO, *ÊTRE*, ESTI, *IL Y A*, JE, LANGUES ET TRADITIONS..., *PERSONNE*, RES, SPECIES, SUJET (encadré 5, « SUJET, CHOSE, PERSONNE »), TO TI ÊN EINAI, TRADUIRE

Le vocabulaire de l'être le plus savant et le plus technique ne soulève pas d'ordinaire, aujourd'hui comme hier, de véritables problèmes de traduction, puisque aussi bien il s'agit de formations artificielles qui se laissent aisément transposer, selon une violence égale faite à la langue. C'est ainsi que le grec ontotês [ὀντότης] *est immédiatement rendu par* essentitas *(Marius Victorinus), et qu'on en déduit, sans peine, la série* entité, entity, Seiendheit, *voire* étantité. *Mais il n'en va plus du tout de même quand ce que nous tenons pour le vocabulaire ontologique fondamental procède en réalité de multiples sédimentations, de réappropriations et de réinterprétations des mots de la langue la plus commune. Platon n'a pas plus « inventé » l'*ousia [οὐσία] *que Sénèque ou Quintilien la* substantia. *À cette profondeur de quelques-uns des termes clés de l'ontologie, liée à leur histoire préphilosophique — ce qui justifie réappropriations, renversements, nouvelles hiérarchisations —, vient s'ajouter l'empiétement des domaines : quand, notamment, la traduction des Septante ou celle de Jérôme, la Vulgate réintroduisant des termes déjà philosophiquement chargés (c'est le cas notamment d'*hupostasis [ὑπόστασις] *dans l'Écriture, qui impose progressivement ses méthodes exégétiques propres, ou dans la dogmatique conciliaire). Le modèle de la transposition* verbum e verbo *ou celui du décalque, même s'il paraît d'abord immédiatement évident* (hupo-stasis-sub-stantia), *révèle aussitôt son insuffisance.*

Pour filer encore un instant la métaphore géologique : la sédimentation par couches, et qu'il faut tenter de reconnaître stratigraphiquement (sur un fond préphilosophique, on dégage un usage platonicien, aristotélicien, stoïcien, philonien, plotinien, néoplatonicien...), aura été elle-même profondément altérée par une série de glissements de terrain ou de fortes contraintes géologiques, quand on passe notamment de l'ontologie aristotélicienne ou stoïcienne à la théologie néoplatonicienne ou à celle des Pères, quand, aux distinctions philosophiques, viennent se superposer les formulations laborieuses du dogme trinitaire.

L'hypothèse, double, que nous entendons illustrer ci-dessous, concerne : (1) l'ancrage des concepts ontologiques fondamentaux dans l'idiome, et la contrainte traductive supplémentaire qui s'impose de faire également fond sur des tours de langue préphilosophiques, à riche teneur sémantique (comme le lat. substantiam habere, substantiam capere*) ;*

(2) le nouveau cadre doctrinal qui permet soit de forger des termes inouïs (essentia *est sans doute l'exemple le plus parlant), soit de se réapproprier, en leur ouvrant une nouvelle carrière, des vocables plus anciens* (existentia, *notamment).*

*Sur le plan des « concepts ontologiques fondamentaux », les parties qui se jouent sont donc d'autant plus complexes que la donne est finalement très limitée : ce sont les mêmes cartes, ou presque, qui se trouvent redistribuées, mais chaque grande partie impose ses règles et de nouvelles contraintes. On comprend par là que l'idée même de « rétroversion » ne puisse avoir qu'une application très limitée, et qu'on ne revienne pas, sans briser le contexte conceptuel et problématique, de l'*existentia *à l'*huparxis [ὕπαρξις] *ou à la question aristotélicienne : « ei esti ? [εἰ ἔστι ;] ».*

I. LES ACCEPTIONS MULTIPLES DU « EST » DANS LE PLURIEL DES LANGUES

A. Prédication ou existence

John Stuart Mill, dans son *System of Logic* (1843), mettait en garde contre la « double signification » du verbe *être* (le *est*), qui sert tantôt de « signe de prédication » (voir PRÉDICATION, V), tantôt de « signe pour l'existence » :

> On remplirait des volumes des spéculations frivoles sur la nature de l'Être (τὸ ὄν, οὐσία, *Ens, Entitas, Essentia*, etc.) qu'a fait naître cette double signification du mot *être*, auquel on voulait trouver un sens qui s'appliquât à tous les cas, et qu'on supposait devoir exprimer toujours la même idée, quand il signifie simplement *exister* et quand il signifie *être* quelque chose de déterminé, comme *être* Socrate, *être* vu, *être* un fantôme, et même *être* une non-entité. Le brouillard formé dans ce petit coin se répandit de très bonne heure sur toute la surface de la métaphysique. Nous ne pouvons pourtant pas nous croire supérieurs à ces grands génies, Platon et Aristote, parce que nous sommes maintenant en mesure d'éviter les erreurs dans lesquelles ils sont, peut-être inévitablement, tombés. [...] Les Grecs ne connaissaient guère d'autres langues que la leur propre, et il leur était, par conséquent, plus difficile qu'à nous d'acquérir l'aptitude à démêler les ambiguïtés. Un des avantages de l'étude de plusieurs langues, et principalement de celles dont de grands esprits se sont servis pour exposer leurs pensées, est la leçon pratique qu'elle nous donne relativement à l'ambiguïté des mots, en montrant que le même mot dans une

langue correspond, en diverses occasions, à des mots différents dans une autre. Sans cet exercice, les intelligences même les plus fortes trouvent de la difficulté à croire que les choses qui portent le même nom n'ont pas aussi, sous un rapport ou un autre, une même nature, et bien des fois elles dépensent sans profit beaucoup de travail (comme il est arrivé souvent aux deux philosophes grecs) en de vaines tentatives pour découvrir en quoi consiste cette nature commune.

Trad. fr. Louis Peisse [1866], repr. 1988, p. 85-86.

B. Une épouvantable ambiguïté

Bertrand Russell, dans *The Principles of Mathematics*, sériait de manière beaucoup plus précise l'ambiguïté du verbe « être » :

> Le mot *est* est effroyablement ambigu, et il faut faire très attention à ne pas confondre ses différentes acceptions. Il y a 1) le sens selon lequel le *est* affirme l'être, comme dans « A est » ; 2) le sens de l'identité ; 3) le sens prédicatif, dans « A est humain » ; 4) le sens de « A est un homme » [...], qui est très proche de l'identité. À quoi il faut encore ajouter des usages moins communs, tels que « être bon, c'est être heureux », où se trouve signifiée une relation d'assertion, cette relation qui, de fait, quand elle existe, donne naissance à l'implication formelle.

p. 64, n.

Nul ne songe à contester cette « terrible » ambiguïté de l'être ou du *est* dans les langues philosophiques européennes, mais on peut :

(1) avec Charles Kahn, se demander si, à travers des analyses conceptuelles différenciées, relayées par les efforts de traduction, elle n'aura pas constitué un des éléments moteurs du développement logique, ontologique, théologique de la philosophie occidentale :

> Je n'entends pas ici partir en guerre contre la thèse générale du relativisme linguistique, et je ne veux surtout pas nier le fait que l'union dans un seul verbe des fonctions prédicative, locative, existientielle et véritative soit une particularité saisissante des langues indo-européennes. [...] Je voudrais suggérer, à l'inverse, que l'absence d'un verbe à part pour « exister », et que l'expression de l'existence et de la vérité (et, en outre, de la réalité) par un verbe dont la fonction primordiale est prédicative, auront certainement fourni un point de départ exceptionnellement favorable et fécond à la réflexion philosophique sur le concept de vérité et la nature de la réalité, en tant qu'objet de connaissance.

« Retrospect on the Verb "To Be" and the Concept of Being », *in* S. Knuuttila et J. Hintikka (éd.), *The Logic of Being*, p. 4.

(2) avec Jaakko Hintikka, contester la toute-puissance des distinctions frégéo-russelliennes, et dénoncer non seulement le caractère anachronique de l'application rétrospective de ces distinctions à des auteurs classiques (à commencer par Platon et Aristote), mais encore, et plus sérieusement, le brouillage qu'elle induit tant dans l'analyse des notions que dans celle des reprises et traductions, intra-linguistiques et d'une langue à l'autre ; Hintikka va jusqu'à dénoncer « le mythe contemporain qu'il y a une distinction tranchée entre le *est* de l'identité, le *est* de la prédication, le *est* de l'existence, le *est* de l'implication générique... » (*The Logic of Being*, p. 82).

On notera aussi que, s'il importe de dégager et de clarifier les grammaires (philosophique, logique, théologique) du mot *être*, l'étymologie n'est ici d'aucun secours, pour cette raison fondamentale qu'il n'y a dans aucune des langues philosophiques de l'Europe *un* verbe *être* qui soit unitaire et homogène. Or ce qui vaut ici de l'être, pris grammaticalement, comme « verbe », vaut aussi pour l'ensemble du vocabulaire ontologique qui — comme on peut le voir à travers les termes d'*essence*, de *substance*, d'*existence*, de *subsistance*... — ne s'élabore pas d'abord en fonction de quelque « étymon » (**es*, **bhû*, **wes*), mais en fonction des ressources de la langue, dans ses usages multiples (voir ESTI).

C. Être-essence et acte d'être - « actus essendi »

C'est une autre « ambiguïté » que pointait, de son côté, Jacques Maritain dans ses *Sept Leçons sur l'être* :

> [...] l'être présente deux aspects : l'aspect essence qui répond avant tout à la première opération de l'esprit (la formation des concepts est ordonnée avant tout à saisir, fût-ce, en bien des cas, d'une manière aveugle, les essences qui sont des aptitudes positives à exister) ; et l'aspect existence, l'*esse* proprement dit, qui est le terme perfectif des choses, leur acte, leur « énergie » par excellence, c'est l'actualité suprême de tout ce qui est.

in *Œuvres complètes*, t. 5, p. 545.

À quoi fait écho Étienne Gilson dans *L'Être et l'Essence*, en soulignant, lui aussi, cet « aspect existence » de l'être que Thomas d'Aquin aurait pour la première fois et sans ambiguïté mis en lumière :

> Que l'on dise *il est*, *il existe* ou *il y a*, le sens reste le même. Toutes ces formules signifient l'action première que puisse exercer un sujet. Première, elle l'est en effet, puisque, sans elle, il n'y aurait pas de sujet.

2e éd., p. 279.

C'est là comme un fait de langue (Gilson se réfère ici à Ferdinand Brunot, *La Pensée et le Langage. Méthode, principes et plan d'une théorie nouvelle du langage appliquée au français*, Masson, 1922), dont il tire habilement la grammaire logique et métaphysique : le verbe *est* n'est pas copule, mais il signifie « l'acte premier en vertu duquel un être existe, et la fonction principale des verbes est alors de signifier, non pas des attributs, mais des actions » ; et par là Gilson retrouve la définition canonique de Priscien :

> *Verbum est pars orationis cum temporibus et modis, sine casu, agendi vel patienti significativum.*
>
> [Le verbe est cette partie du discours qui signifie, avec les temps et les modes, mais sans les cas de la déclinaison, l'agir ou le pâtir.]

Institutiones grammaticae, VIII, 1, 1 ; éd. M. Herz, Leipzig, Teubner, 1865, t. 1, p. 369.

Mais Étienne Gilson retrouve aussi une ancienne terminologie scolastique qui lui servait peut-être secrètement déjà de fil conducteur depuis le départ. L'être entendu comme « verbe d'action », de « cette action première que puisse exercer un sujet », signifie l'exister comme « acte » - « *actus exercitus* » : « il faudrait admettre, note-t-il (*L'Être et l'Essence*, p. 279), la présence, au cœur même du réel, de ce que l'on nommait autrefois des "actes premiers", c'est-à-dire ces actes d'exister en vertu desquels chaque être est, et dont chacun se déploie en une multiplicité plus ou moins riche d'"actes seconds", qui sont ses opérations » (voir ACTE, et *energeia* [ἐνέργεια], sous FORCE, encadré 1, et sous PRAXIS, encadré 1). Ainsi l'existence, au sens plein, est toujours l'existence « *ut exercita*, en tant qu'exercée ou *tenue* » (Maritain, *Sept Leçons sur l'être*, p. 546 ; cf. aussi *ibid.*, p. 625 : « Exister, c'est *se tenir* et *être tenu* hors du néant, l'*esse* est un acte, une perfection, l'ultime perfection, une fleur brillante où s'affirment les choses »).

Ainsi compris comme « acte », ou, mieux, comme « acte exercé », l'être est « *actus essendi* [acte d'être] » : ce qu'il y a de plus intime et de plus profond en quoi que ce soit (Thomas d'Aquin, *Summa theologica*, Ia, qu. 8, a. 1, ad resp. : « *esse autem est illud quod est magis intimum, et quod profundius omnibus est, cum sit formale respectu omnium quae in re sunt* [l'être est ce qu'il y a de plus intime et de plus profond en toutes choses, puisqu'il est l'élément formel par rapport à toutes les choses qui sont réellement] » [nous traduisons]).

Ce qu'en revanche ni Maritain ni Gilson ne pressentaient en rien, c'est que cette interprétation « existentialiste » de l'être dont ils créditaient généreusement le thomisme renvoie à une histoire longue, tissée de traductions, de transpositions, de renversements, dans laquelle le néoplatonisme aura joué un rôle décisif.

II. « ÊTRE », « EXISTER », « EXISTO »

Existo fait partie des nombreux composés de *sisto*, « s'arrêter, arrêter ; se présenter, comparaître, faire comparaître (devant un tribunal) », comme *absisto*, « s'éloigner », *desisto*, « abandonner, cesser de... », *obsisto*, « s'arrêter devant, s'opposer », *insisto*, « s'appuyer sur, presser... ». *Exsisto (existo)*, dans son acception classique, signifie donc « se dresser hors de, s'élever, sortir de terre, surgir ».

C'est dans ce sens que l'emploie Cicéron, dans le *De officiis* (I, 30, 107) : « *Ut in corporibus magnae dissimilitudines sunt, sic in animis existunt majores etiam varietates* [des diversités encore plus grandes se trouvent (se rencontrent) dans les esprits] » (nous traduisons). Ou encore Lucrèce, dans le *De natura rerum* (II, 871) : « *Quippe videre licet vivos existere vermes / stercore de taetro...* [En effet on peut voir des vers vivants sortir de la fange infecte...] » (trad. fr. Alfred Ernout).

A. L'« existentia » comme « ex-sistere »

On retrouve au XIIe siècle dans la distinction canonique de Richard de Saint-Victor (*De Trinitate* [1148], IV, 12, 937C-983, trad. fr. p. 252-253) l'écho, amplifié et transposé sur le plan métaphysique et théologique, de cette première acception concrète du verbe latin *exsisto* :

> *Possumus autem sub nomine exsistentiae utramque considerationem subintelligere, tam illam scilicet quae pertinet ad rationem essentiae, quam scilicet illam quae pertinet ad rationem obtinentiae. Tam illam, inquam, in qua quaeritur quale sit de quolibet exsistenti, quam illam in quae quaeritur unde habeat esse. Nomen exsistentiae trahitur verbo quod est exsistere. In verbo sistere notari potest quod pertinent ad considerationem unam ; similiter per adjunctam praepositionem ex notari potest quod pertinet ad aliam. Per id quod dicitur aliquid sistere, primum removentur ea quae non tam habent in se esse quam alicui inesse, non tam sistere, ut sic dicam, quam insistere, hoc est alicui subjecto inhaerere. Quod autem sistere dicitur, ad utrumque se habere videtur et ad id quod aliquo modo et ad id quod nullo modo habet subsistere ; tam ad id videlicet quod oportet quam ad id quod omnino non oportet subjectum esse. Unum enim est creatae, alterum increatae naturae. Nam quod increatum est sic consistit in seipso ut nihil ei insit velut in subjecto. Quod igitur dicitur sistere tam se habet ad rationem creatae quam increatae essentiae. Quod autem dicitur exsistere, subintelligitur non solum quod habeat esse, sed etiam aliunde, hoc est ex aliquo habet esse. Hoc enim intelligi datur in verbo composito ex adjuncta sibi praepositione. Quid est enim exsistere nisi ex aliquo sistere, hoc est substantialiter ex aliquo esse. In uno itaque hoc verbo exsistere, vel sub uno nomine exsistentiae, datur subintelligi posse et illam considerationem, quae pertinet ad rei qualitatem et illam quae pertinet ad rei originem.*
>
> [Le mot *existence* peut nous faire entendre ces deux considérations : et celle qui se réfère à l'essence et celle qui se réfère à l'obtention ; celle, dis-je, qui en tout existant recherche ce qu'il est et celle qui recherche d'où il tient l'être. On peut noter que dans ce verbe (*ex-sistere*), la terminaison *sistere* se rapporte à la première considération ; et on peut noter également que le préfixe *ex* se rapporte à la seconde considération. En disant d'une chose qu'elle « se tient », on écarte d'emblée ces réalités dont l'être est plutôt dans un autre qu'en elles-mêmes, qui, pour ainsi dire, ne se tiennent pas en elles-mêmes, mais « insistent » et tiennent à un autre, sont inhérentes à un sujet. Mais le mot *sistere* (se tenir) paraît convenir également à ce qui subsiste d'une certaine manière et à ce qui ne subsiste aucunement ; à ce qui est nécessairement sujet et à ce qui ne peut l'être en aucune manière. L'un de ces états est celui de la nature créée ; l'autre, celui de la nature incréée. Car l'incréé consiste en lui-même de telle manière que rien ne lui soit inhérent comme à un sujet. Ainsi le mot *sistere* peut se dire tant de la nature créée que de la nature incréée. Quant au terme *ex-sistere*, il implique non seulement la possession de l'être, mais une certaine origine, il dit qu'on le tient de quelqu'un. C'est ce que donne à entendre, dans le verbe composé, la préposition *ex*, qui lui est adjointe. En effet qu'est-ce qu'exister, sinon être « de » quelqu'un, tenir de quelqu'un son être substantiel ? Ainsi donc ce seul verbe *exister* ou ce seul substantif *existence* peut donner à entendre et ce qui se réfère à la nature de l'être et ce qui se réfère à son origine.]
>
> Trad. fr. G. Salet mod.

B. « Existentia », « existentialitas »

Il faut sans doute attendre Candidus l'Arien (connu par Marius Victorinus, vers 281/291-361) pour voir apparaître le féminin singulier *existentia*, accompagné de l'abstrait *existentialitas*, alors que chez Chalcidius, dans sa traduction et son commentaire du *Timée*, *existentia* est encore un neutre pluriel qui renvoie à *onta* [ὄντα] : « *tria* [...] *auta onta* [τρία (...) αὐτὰ ὄντα] », que Chalcidius rend par *existentia* (neutre pluriel).

Ce n'est donc que tardivement (seconde moitié du IVe siècle), et à la suite d'une série de traductions, que le terme trouve ses lettres de noblesse philosophique, dans le contexte latin de la théologique trinitaire : chez Marius Victorinus, le terme sert en effet de traduction à *huparxis* [ὕπαρξις], à la différence de *substantia* qui traduit *ousia* [οὐσία], alors que *subsistentia* est réservé à la traduction de *hupostasis* [ὑπόστασις].

La différence fondamentale dans les acceptions de l'être est alors celle qui se dessine, en écho au grec *huparxis-ousia*, entre *existentia* et *substantia* :

> *Multo magis autem differt existentia a substantia, quoniam existentia ipsum esse est, et solum est, et non in alio non esse, sed ipsum unum et solum esse ; substantia vero non solum habet esse, sed et quale et aliquid esse.*
>
> [Il y a une très grande différence entre l'existence et la substance, parce que l'existence est l'être même et seul, et elle n'est pas non-être en un autre, mais l'être lui-même, un et seul ; tandis que la substance non seulement a l'être, mais elle est aussi un quelque chose de qualifié.]
>
> *Candidi Epistola*, 2, 18-22, *in* Marius Victorinus, *Traités théologiques sur la trinité*, éd. Paul Henry, trad. fr. Pierre Hadot, p. 109.

C. « Quid » - « Quod » (« was » - « daß »)

Mais on aurait tort de voir là une simple traduction, susceptible d'ouvrir une possibilité de « rétroversion », telle que l'opposition « bien connue » de l'essence et de l'existence, et l'on se gardera, contre Suzanne Mansion (« Le rôle de la connaissance de l'existence dans la science aristotélicienne », p. 183-203), de superposer sans plus la « distinction bien connue » aux questions aristotéliciennes : *ti esti ? ei esti ?* [τί ἐστι ; εἰ ἐστι ;].

C'est une chose en effet de savoir d'une chose *to ti esti* [τὸ τί ἐστι], le « ce que c'est », ou, mieux, *to ti ên einai* [τὸ τί ἦν εἶναι], le « ce que c'est que d'être pour *x* », la « quiddité » (voir TO TI ÊN EINAI), c'en est une autre que de savoir que c'est (*hoti estin* [ὅτι ἔστιν]), que c'est le cas (*daß*), la « quoddité » :

> Ἀνάγκη γὰρ τὸ εἰδότα τὸ τί ἐστιν ἄνθρωπος ἢ ἄλλο ὁτιοῦν, εἰδέναι καὶ ὅτι ἔστι (τὸ γὰρ μὴ ὂν οὐδεὶς οἶδεν ὅ τι ἐστίν, ἀλλὰ τί μὲν σημαίνει ᾳ ; λόγος ἢ τὸ ὄνομα, ὅταν εἴπω τραγέλαφος, τί δ' ἐστὶ τραγέλαφος ἀδύνατον εἰδέναι) [...] τὸ δὲ τί ἐστιν ἄνθρωπος καὶ τὸ εἶναι ἄνθρωπον ἄλλο.
>
> [Il est nécessaire pour celui qui connaît, s'agissant d'un homme ou de toute autre chose, ce que c'est, qu'il connaisse aussi que c'est (en effet, de ce qui n'est pas, personne ne peut savoir ce que c'est — tout au plus peut-on savoir ce que signifie la définition ou le mot, quand je dis « bouc-cerf », mais ce que c'est que le bouc-cerf, impossible de le savoir) (...) le « ce que c'est, un homme » et l'être homme font deux.]
>
> *Seconds Analytiques*, II, 7, 92b 4-11 ; nous traduisons.

D. « Huparxis » - « ousia »

Le premier, semble-t-il, à utiliser le substantif *huparxis*, attesté dans la Septante, est Philon d'Alexandrie (vers 20 av. J.-C. - 41 apr. J.-C.) : après avoir noté dans le *De opificio mundi* (§ 170-171, trad. fr. R. Arnaldez) que Moïse, par son récit de la création, nous a appris « qu'il y a du divin et qu'il existe (*hoti esti to theion kai huparkhei* [ὅτι ἔστι τὸ θεῖον καὶ ὑπάρχει]) », il précise l'importance de cet enseignement, qui nous a été transmis « à cause des athées, dont les uns ont douté en hésitant sur la question de son existence... [διὰ τοὺς ἀθέους, ὧν οᾳ ; μὲν ἐνεδοίασαν ἐπαμφοτερίσαντες περὶ τῆς ὑπάρξεως αὐτοῦ...] ».

Comme le souligne très justement John Glucker (« The Origin of ὑπάρχω and ὕπαρξις as Philosophical Terms », *in* F. Romano et D. P. Taormina (éd.), *Hyparxis e Hypostasis nel neoplatonismo*, p. 1-23), l'invention de Philon présuppose une distinction bien tranchée entre l'*ousia*, l'essence de quelque chose, ce qu'elle est — ou, mieux, « ce que c'est que d'être *x* » —, et l'*huparxis*. S'agissant de Dieu ou du divin, il est clair que son « essence » est inaccessible à l'homme (*akatalêptos anthrôpôi* [ἀκατάληπτος ἀνθρώπῳ]) : celui-ci ne peut, au mieux, que reconnaître sa puissance ou ses « pouvoirs » (*dunameis* [δυνάμεις]), qui lui révèlent sa providence et son « existence » (*huparxis*).

En laissant ici de côté les discussions serrées qui concernent l'interprétation des termes *huparxis-huparkhein* [ὑπάρχειν], ou, mieux, l'opposition des deux modes d'être définis respectivement par l'*huparkhein* et l'*huphestêkenai* (ὑφεστηκέναι) (cf. P. Hadot, « Zur Vorgeschichte des Begriffs "Existenz", ΥΠΑΡΧΕΙΝ bei den Stoikern »), nous nous arrêterons seulement à la distinction établie dans le néoplatonisme, puisque, aussi bien, c'est elle qui commande les principales décisions de traduction qui nous intéressent ici : l'opposition entre l'*huparxis*, l'existence, associée à l'être purement et simplement (*to einai monon* [τὸ εἶναι μόνον]), d'un côté, et l'*ousia-substantia* (*to on* [τὸ ὄν]), de l'autre.

E. L'existence comme « ipsum et solum esse »

C'est dans ce contexte que, chez Marius Victorinus, *existentia*, comme traduction d'*huparxis*, désigne l'être, sans détermination, qui n'est encore ni sujet ni prédicat, par différence d'avec l'étant déterminé (*Adversus Arium*, I, 30, 21-26 ; *Candidi Epistola I*, 2, 19-24).

Comme le note très bien Pierre Hadot (*Porphyre et Victorinus*, t. 1, p. 269) : « Chez Victorinus et dans la lettre de Candidus, l'existence, c'est l'être encore indéterminé, c'est l'être pur, pris sans qualification, sans sujet et sans prédicat ; la substance au contraire, c'est l'être qualifié et déterminé, l'être de quelque chose et qui est quelque chose. »

> *Exsistentiam quidem et exsistentialitatem, praeexsistentem subsistentiam sine accidentibus, puris et solis ipsis quae sunt in eo quod est solum esse, quod subsistunt ; substantiam autem, subjectum cum his omnibus quae sunt accidentia in ipsa inseparabiliter existentibus.*
>
> [Les philosophes définissent l'existence et l'existentialité comme le fondement initial préexistant à la chose même, sans ses accidents, en sorte que n'existent d'abord, purement et simplement, que les seules réalités qui constituent son être pur, sans addition, en tant qu'elles sont appelées à subsister ; ils définissent la substance comme

le sujet pris avec tous les accidents qui sont inséparablement inhérents à la substance.]

Marius Victorinus, *Adversus Arium*, I, 30, 21 ; trad. fr. P. Hadot, *op. cit.*, p. 275.

Exsistentia ipsum esse est et solum esse, et non in alio esse aut subjectum alterius, sed unum et solum ipsum esse, substantia autem non esse solum habet, sed et quale aliquid esse. Subjacet enim in se positis qualitatibus et idcirco dicitur subjectum.

[L'existence diffère de la substance, puisque l'existence est l'être en soi, l'être sans addition, l'être en soi un et seul, tandis que la substance n'a pas que l'être sans addition, mais elle a aussi l'être-quelque chose de qualifié. Car elle est sous-jacente aux qualités placées en elle, et c'est pourquoi on l'appelle *sujet*.]

Candidi Epistola I, 2, 19-23 ; trad. fr. P. Hadot, *op. cit.*, p. 109.

F. La « nue entité »

Il mérite d'être noté que celui qui, des siècles plus tard, introduit pour la première fois, semble-t-il, dans son usage « technique » en français le mot *existence* renverra lui aussi, sinon à l'*esse solum* (*to einai monon*), du moins à la « nue entité » :

Il est donc certain qu'il y a une notable différence entre l'existence et l'essence des choses. Mais pour le mieux entendre il faut observer qu'en notre langue française nous n'avons point de terme qui réponde énergiquement au latin *existentia*, qui signifie la nue entité, le simple et nu être des choses, sans considérer aucun ordre ou rang qu'elles tiennent entre les autres. Mais le mot *essentia*, que nous pouvons bien dire *essence*, marque la nature de la chose, et par ainsi quel ordre ou rang elle doit tenir entre les autres choses. Par exemple, quand je dis que l'homme est, c'est autant à dire, qu'il a son acte, qu'il est dis-je actuellement : et en cela je ne marque rien que sa nue entité et simple existence. Mais quand je dis que l'homme est un animal raisonnable, je déploie et manifeste toute son essence et nature, et lui attribuant son genre et sa différence il est aisé à voir qu'il est en l'ordre de la catégorie de substance sous le genre d'animal.

Scipion Dupleix [1569-1661], *La Métaphysique* [1re éd., 1609], rééd. de l'éd. de 1640, Fayard, « Corpus des œuvres de philosophie en langue française », 1992, p. 127-128.

♦ Voir encadré 1.

G. « Exister » : être hors de ses causes et du rien - être créé

En rigueur de termes, ce n'est jamais à Dieu que revient l'existence — même s'il arrive à Anselme (1033-1109) de conclure ainsi le chapitre 2 de son *Proslogion* : « *Existit ergo procul dubio aliquid quo magis cogitari non valet, et in intellectu et in re* [Quelque chose dont plus grand ne peut être pensé existe donc, sans le moindre doute, et dans l'intelligence et dans la réalité] » —, mais à la créature, dont il est quasi redondant d'affirmer qu'elle existe. Avant d'exister, elle n'a qu'un être d'essence (*esse essentiae*), qui relève du possible et trahit, plus ou moins, une « *aptitudo ad existendum* », une « exigence d'existence ». Celle-ci est donc bien, comme le souligne, longtemps avant Christian Wolff (1679-1754), Gilles de Rome (1247-1316) — celui-là même qui, après Thomas d'Aquin, introduit pour la première fois la distinction expresse de l'essence et de l'existence —, un « complément » de l'essence (cf. sur ce point le « dossier » établi par Alain de Libera et Cyrille Michon dans Thomas d'Aquin, Dietrich de Freiberg, *L'Être et l'Essence. Le vocabulaire médiéval de l'ontologie*, p. 207-244).

quaelibet res est ens per essentiam suam ; tamen quia essentia rei creatae non dicit actum completum sed est in potentia ad esse, ideo non sufficit essentia ad hoc quod res actu existat nisi ei superaddatur aliquod esse quod est essentiae actus et complementum. Existunt ergo res per esse superadditum essentiae vel naturae. Patet itaque quomodo differat ens per se acceptum et existens.

[c'est par son essence que chaque chose est ; cependant, parce que l'essence de la chose créée n'exprime pas un acte complet, mais est en puissance vis-à-vis de l'être, l'essence ne suffit donc pas pour que la chose existe actuellement, si ne lui est pas surajouté quelque être, qui est l'acte et le complément de l'essence. Les choses existent donc grâce à un être surajouté à l'essence ou à la nature. Par où l'on voit clairement comment diffèrent l'étant, entendu pour soi, et l'existant.]

Theoremata de esse et essentia, XIII, éd. Edgard Hocedez, p. 83.

Ce qui existe, ex-siste donc, référé, comme l'indiquait Richard de Saint-Victor, à une origine (*origo*), à un *ex*... ; ce qui existe, ainsi que le rediront à l'envi Thomas de Vio [Cajetan] (1469-1534) et Suárez (1548-1617), existe « *extra suas causas et extra nihilum* [hors de ses causes et hors du rien] » (« *id quod realiter existit extra causas suas est ens reale* [ce qui existe réellement hors de ses causes est un étant réel] », Cajetan, *In De ente et essentia D. Thomae Aquinatis Commentaria*, IV, 59, p. 92 ; F. Suárez, *Disputationes metaphysicae*, disp. XXXI, sect. 6, n. 21-22, éd. C. Berton, t. 26, p. 249). C'est pourquoi aussi on peut dire avec Leibniz, qui forge le terme, que Dieu est « *existentificans* », et, des essences possibles, on dira qu'elles comportent un « *existurire* », une existence encore à venir et à confirmer. Le possible porte en lui sa propre futurition :

Est ergo causa cur Existentia praevalet Non-Existentiae, seu Ens necessarium est EXISTENTIFICANS. *— Sed quae causa facit ut aliquid existat, seu ut possibilitas exigat existentiam, facit etiam ut omne possibile habeat conatum ad Existentiam, cum ratio restrictionis ad certa possibilia in universali reperiri non possit. — Itaque dici potest Omne possibile* EXISTITURIRE, *prout scilicet fundatur in Ente necessario actu existente, sine quo nulla est via qua possibile perveniret ad actum.*

[Il y a donc une cause pour laquelle l'existence prévaut sur la non-existence, autrement dit, l'Être nécessaire est existentifiant. — Mais cette cause qui fait que quelque chose existe, ou que la possibilité exige l'existence, fait aussi que tout possible a une tendance à l'existence, puisqu'on ne peut trouver généralement parlant une raison de restreindre cette tendance à certains possibles. — C'est pourquoi on peut dire que tout possible est un existant futur, dans la mesure naturellement où il est fondé dans l'Être nécessaire existant en acte, sans lequel il n'y aurait aucun moyen pour qu'un possible soit actualisé.]

Leibniz, *Vingt-Quatre Thèses métaphysiques*, in *Recherches générales sur l'analyse des notions et des vérités*, p. 466-467.

1

La « métaphysique » de Porphyre : l'être-agir sans sujet

► PRINCIPE, SYNCATÉGORÈME

Cette même distinction *huparxis-ousia* correspond aussi à l'usage de Damascius (462-538). Damascius comprend *hup-arxis* [ὕπαρξις], en jouant sur l'étymologie, comme « premier commencement, présupposition, fondement de la substance » :

> ἡ ὕπαρξις, ὡς δηλοῖ τὸ ὄνομα, τὴν πρώτην ἀρχὴν δηλοῖ τῆς ὑποστάσεως ἑκάστης, οἷόν τινα θεμέλιον ἢ οἷον ἔδαφος προϋποτιθέμενον τῆς ὅλης καὶ πάσης οἰκοδομήσεως.
>
> [l'*huparxis*, comme l'indique son nom, désigne le premier principe de chaque *hypostase* ; elle est comme une assise ou comme un fondement antérieurement posé sous la totalité de la superstructure et sous toute superstructure.]
>
> *Dubitationes et solutiones*, § 121, t. 1, p. 312, 15 = *Traité des premiers principes*, t. 3, p. 152, 19-22, trad. mod.

Comme le note très clairement Pierre Hadot, plutôt que d'*huparxis*, « existence », il faudrait ici parler de « préexistence ». L'*huparxis*, dans sa simplicité, renvoie à l'Un, antérieurement à la composition de la « substance » (*Traité des premiers principes*, t. 2, 76, 22-77, 1).

Telle est en effet la thèse qui éclaire la définition de l'existence que donne Victorinus : « *praeexistens subsistentia* » (*Adversus Arium*, I, 30, 22) — ce que Pierre Hadot traduit par « fondement initial préexistant à la chose elle-même » (trad. fr. citée, p. 274). La rétroversion s'impose ici : *prouparkhousa hupostasis* [προϋπάρχουσα ὑπόστασις] (*Dubitationes et solutiones*, § 34, t. 1, p. 66, 22 = *Traité des premiers principes*, t. 1, p. 100, 13-14). Et P. Hadot de commenter : « C'est l'"Un" de chaque chose, son existence, l'état selon lequel la substance est encore être pur, non déterminé et non déployé » (*Porphyre et Victorinus*, t. 1, p. 270). « [...] on peut dire que la substance préexiste à elle-même dans l'existence, qui est son état d'unité et de simplicité transcendantes ». Pour comprendre l'émergence et le succès des traductions devenues uselles — existence / essence-substance —, il faut donc faire l'hypothèse d'un renversement complet, opéré par le néoplatonisme en général, et plus particulièrement par la « métaphysique » de Porphyre, de la distinction et de la hiérarchisation stoïciennes : pour les Stoïciens, l'étant, *to on* [τὸ ὄν], *to einai* [τὸ εἶναι] (on traduit couramment : *l'existence, l'exister*), renvoyait à la plénitude ontologique de ce qui est réellement présent, comme un corps, tandis que l'*huparxis*, *huphistanai* [ὑφιστάναι] (on traduit couramment : *la subsistance, le subsister*), ne désignait qu'une réalité seconde, celle qui relevait de l'incorporel, caractéristique du prédicat, du temporel, de l'événementiel (cf. P. Hadot, *ibid.*, t. 1, p. 489).

Ainsi, l'originalité de Porphyre, non pas tant par rapport à Plotin qu'au stoïcisme, aura consisté, sur le plan ontologique, à récuser la distinction *einai-huphistanai*, et à identifier l'*huparxis* avec l'« être pur et simple [εἶναι μόνον] » ; ce qui revient aussi, contre Aristote cette fois, à traiter le verbe *être* comme un verbe pleinement signifiant, et pas seulement « cosignifiant », dans sa fonction de copule, comme un verbe essentiellement actif, qui dit purement et proprement l'activité d'« être », *ousia-energeia* [ἐνέργεια], celle de l'essence pure, prise dans sa plus grande indétermination. Le renversement est complet par rapport à la thèse aristotélicienne du *De interpretatione* :

> οὐ γὰρ τὸ εἶναι ἢ μὴ εἶναι σημεῖόν ἐστι τοῦ πράγματος, οὐδ' ἐὰν τὸ ὂν εἴπῃς ψιλόν· αὐτὸ μὲν γὰρ οὐδέν ἐστιν, προσσημαίνει σύνθεσίν τινα [...]
>
> [en effet l'« être » et le « n'être-pas » ne sont signe d'aucune chose, et pas davantage quand on prononce seul le terme « étant » ; car en lui-même, il n'est rien, mais il cosignifie une certaine synthèse (...)]
>
> 16b 22-24.
>
> Cf. aussi *Seconds Analytiques*, B, 7, 92b 13-14 : « τὸ δ'εἶναι οὐκ οὐσία οὐδενί [l'être n'est la propriété, l'essence de rien] » (nous traduisons) ; signalons — et le point est révélateur du changement de sens des termes grecs — que Michel Psellos (XIe siècle) paraphrase le premier passage cité : « οὐδὲ γὰρ σημεῖά ἐστι τοῦ πράγματος τὰ ῥήματα τοῦ ὑπάρχειν, ἢ μὴ ὑπάρχειν [en effet, les verbes « être/exister », « ne-pas-être/ne-pas-exister » ne sont pas signes d'une chose] » [*Paraphrasis*, fol. M. II[v], 13, cité *in* Aristote, *Peri hermeneias*, trad. all. et comm. H. Weidemann, p. 184].

C'est pourquoi P. Hadot peut encore noter synthétiquement : « Il n'y a pas, dans l'ontologie porphyrienne, de distinction entre l'existence et l'essence. L'être est indissolublement agir et idée. L'opposition fondamentale est ici celle qui s'établit entre l'être, agir sans sujet, et l'étant, qui est le premier sujet, la première forme résultant de l'être » (*Porphyre et Victorinus*, t. 1, p. 490).

Si l'on accepte, comme nous le faisons ici, l'attribution à Porphyre (232-301) du « fragment de Turin », édité pour la première fois par Kroll en 1892 et considéré par P. Hadot comme un commentaire du *Parménide* (cf. « Fragments d'un commentaire de Porphyre sur le *Parménide* », *in* P. Hadot, *Plotin, Porphyre. Études néoplatoniciennes*, p. 281 *sq.*), il faut souligner en effet la hardiesse de son auteur, qui, prenant une position résolument non plotinienne, identifie l'Un purement Un avec l'être. Identification assurément inadmissible pour Plotin (204-270), mais qui entraîne aussi une profonde redéfinition de l'être (*to einai* [τὸ εἶναι] = *to energein* [τὸ ἐνεργεῖν]), pris dans un sens actif, et rigoureusement distingué de l'étant. Rappelons le passage clé de ce fragment :

> Ὅρα δὲ μὴ καὶ αἰνισσομένῳ ἔοικεν ὁ Πλάτων, ὅτι τὸ ἓν τὸ ἐπέκεινα οὐσίας καὶ ὄντος ὂν μὲν οὐκ ἔστιν οὐδὲ οὐσία οὐδὲ ἐνέργεια, ἐνεργεῖ δὲ μᾶλλον καὶ αὐτὸ τὸ ἐνεργεῖν καθαρόν, ὥστε καὶ αὐτὸ τὸ εἶναι τὸ πρὸ τοῦ ὄντος· οὗ μετασχὸν τὸ ἓν ἄλλο ἐξ αὐτοῦ ἔχει ἐκκλινόμενον τὸ εἶναι, ὅπερ ἐστὶ μετέχειν ὄντος. Ὥστε διττὸν τὸ εἶναι, τὸ μὲν προϋπάρχει τοῦ ὄντος, τὸ δὲ ὃ ἐπάγεται ἐκ τοῦ ὄντος τοῦ ἐπέκεινα ἑνὸς τοῦ εἶναι ὄντος τὸ ἀπόλυτον καὶ ὥσπερ ἰδέα τοῦ ὄντος, οὗ μετασχὸν ἄλλο τι ἓν γέγονεν, ᾧ σύζυγον τὸ ἀπ'αὐτοῦ ἐπιφερόμενον εἶναι· ὡς εἰ νοήσειας λευκὸν εἶναι.
>
> [Vois donc si Platon n'a pas aussi l'air de quelqu'un qui laisse entendre un enseignement caché : car l'Un, qui est au-delà de la substance et de l'Étant, n'est ni Étant, ni substance, ni acte, mais plutôt il agit et il est lui-même l'agir pur, en sorte qu'il est lui-même l'Être, celui qui est avant l'Étant. C'est en participant à cet Être que le second Un reçoit de cet Être un être dérivé : c'est cela, « participer à l'Étant ». Ainsi l'être est double : le premier préexiste à l'étant, le second est celui qui est produit par l'Un, qui est au-delà de l'Étant, et qui est lui-même l'Être, au sens absolu, et en quelque sorte l'idée de l'Étant. C'est en participant à cet Être qu'un autre Un a été engendré auquel est accouplé l'être qui est produit par cet Être. C'est comme si l'on pensait « être-blanc ».]
>
> trad. fr. P. Hadot, in *Porphyre et Victorinus*, t. 2, p. 104, 22-106, 35.

III. « ESSENTIA », « OUSIA » - « ESSENTIA » - « SUBSTANTIA » : « ESSENCE », « ENTITÉ », « ENTITAS », « ENTITY », « SEIENDHEIT », « ÉTANCE », « E(S)TANCE », « ÉTANTITÉ »

A. D'un calque « ousia » - « essentia » ?

Charles Kahn a bien établi, à partir d'un riche matériel documentaire, que le terme *ousia*, attesté dès l'époque d'Hérodote, renvoie toujours aux composés (présents chez Eschyle, par exemple) *parousia-apousia* [παρουσία-ἀπουσία], « présence-absence ». Ajoutons que c'est cette acception fondamentalement temporelle qui constitue l'unité du terme, pour désigner, dans son sens courant, le « bien », la « propriété », le « fonds » (cf. all. *Anwesen*), et, dans son sens philosophique, pour dire l'« essence » de quelque chose, c'est-à-dire « ce-qu'est-la-chose » et « la-chose-qui-est » ; cf. *Phédon*, 78c-d, où l'*ousia* est assurément ce dont il y a *logos*, ce dont il faut rendre compte comme tel, mais aussi bien l'étant (*to on*), voire l'ensemble des êtres (*pasê ousia*, *République*, 486a), et cela même qu'est la chose (*auto hekaston ho esti* [αὐτὸ ἕκαστον ὅ ἐστι]), chaque chose qui est, en elle-même, par-delà ses multiples aspects, ses apparences ; par-delà les différentes affections (*pathê* [πάθη]) qui peuvent lui survenir, comme du dehors.

(1) Aristote distingue, comme on sait, au seuil du traité des *Catégories*, deux acceptions de l'*ousia* : l'essence première comme « individu [*tode ti* (τόδε τι)] » (« est essence, dite au sens le plus fondamental, premier et principal, ce qui ne ne se dit pas d'un sujet ni n'est dans un sujet, par exemple tel homme donné ou tel cheval donné ») et l'essence seconde comme « espèces » ou « genre » (« sont dites essences secondes les espèces auxquelles appartiennent les essences dites au sens premier, ces espèces ainsi que les genres de ces espèces », trad. fr. F. Ildefonse et J. Lallot). Sur la définition de l'*ousia prôtê*, voir SUJET, encadré 1. Une des difficultés classiques de l'exégèse aristotélicienne, qui ne nous retiendra pas ici, tient au fait que dans d'autres parties du *corpus*, et en particulier dans le livre Z de la *Métaphysique*, chapitre 3, Aristote récuse comme « insuffisante » l'identification de l'*ousia* au *sous-jacent* (*hupokeimenon* : « ce dont toutes les autres [déterminations] sont dites »), et qu'il définit en termes de forme (*morphê* [μορφή], *eidos* [εἶδος]) l'essence première : « εἶδος δὲ λέγω τὸ τί ἦν εἶναι καὶ τὴν πρώτην οὐσίαν [j'appelle *eidos* (espèce, forme) la “quiddité”, c'est-à-dire l'essence première] » (voir QUIDDITÉ, SPECIES).

(2) Si les Romains ont cherché un calque savant pour rendre en leur langue l'*ousia* grecque, c'est, pensera-t-on, *essentia* ou *entia* (non attesté) qui a dû venir spontanément sous leur plume ; hypothèse confirmée d'ailleurs par une lettre de Sénèque (2-66 apr. J.-C.) (*Lettres*, 58, 6) attribuant la paternité du premier terme à Cicéron (106-43 av. J.-C.). Cette attribution fait pourtant difficulté, non seulement parce que le terme ne se lit nulle part dans les œuvres de Cicéron qui nous ont été conservées — pas même dans les fragments de sa traduction du *Timée*, où l'*ousia* platonicienne est rendue de multiples façons, mais jamais par *essentia* —, mais surtout parce qu'elle est contredite par deux autres témoins importants, Quintilien (35-100 apr. J.-C.) et Augustin (354-430).

(a) Quintilien attribue en effet la création du terme à un certain Sergius Plautus, auteur à vrai dire assez mal connu, appartenant au courant stoïcien, autour du Ier siècle après J.-C. (*De institutione oratoria*, II, 42, 2). Quintilien évoque dans ce passage les différentes traductions qui ont été proposées du grec *rhêtorikê* [ῥητορική] (*oratoria, oratrix*), puis poursuit par une remarque plus générale :

> *Quos equidem non fraudaverim debita laude quod copiam Romani sermonis augere temptarint. Sed non omina nos ducentes ex Graeco secuntur, sicut ne illos quidem quotiens utique suis verbis signare nostra voluerunt. Et haec interpretatio non minus dura est quam illa Plauti « essentia » et « queentia », sed ne propria quidem.*
>
> [Je ne voudrais pas frustrer les traducteurs de l'éloge qu'ils méritent pour avoir tenté d'enrichir la langue latine. Mais pour nous, tous les mots ne viennent pas bien, quand nous traduisons du grec en latin, pas plus que pour les Grecs, inversement, chaque fois qu'ils ont voulu marquer à tout prix nos vocables de leur empreinte. La traduction en question n'est pas moins dure que celle que Plautus a faite < du grec > : *essentia* et *queentia*, et elle n'est même pas exacte.]
>
> Trad. fr. J. Cousin.

À propos de ce dernier terme, *queentia*, passablement obscur, notons que l'on peut être tenté de suivre la correction portée par un manuscrit : *atque entia*. Cf. aussi *De institutione oratoria* (III, 6, 23) : « *Ac primum Aristoteles elementa decem constituit* [...] οὐσίαν *quam Plautus* “ *essentiam* ” *vocat* [Aristote a établi comme le premier des dix éléments (...) l'*ousia* que Plautus nomme *essentia*] ».

(b) Saint Augustin, qui introduit définitivement dans l'usage de la langue latine le terme d'*essentia* à la fin du IVe siècle, ne manque jamais de rappeler qu'il s'agit là d'un mot nouveau (*novo quidem nomine*), encore inconnu des auteurs plus anciens (cf. *De moribus Manichaeorum*, 2, 2, 2 ; *De civitate Dei*, XII, 2). On peut assurément relever quelques occurrences de *essentia* dans les textes qui nous ont été conservés, entre Quintilien et saint Augustin ; mais dans tous les cas l'acception du terme y demeure encore assez largement indéterminée, ce que trahit par exemple le flottement quasi constant entre *substantia* et *essentia*, ou bien elle fait signe plus ou moins nettement vers le sens spécifiquement augustinien du terme, sur lequel nous reviendrons.

B. « Essentia » et / ou « substantia » ? Le corps de la substance

1. Un lexique complexe (Apulée)

Le mot *essentia* apparaît notamment avec Apulée (seconde moitié du IIe siècle), chez qui l'on rencontre, indifféremment semble-t-il, *essentia* et *substantia* pour traduire l'*ousia* platonicienne. Mais en réalité, les choses sont un peu plus complexes : dans son *De Platone*, par exemple, Apulée pose explicitement l'équivalence *ousia*

= *essentia* : « οὐσίας, *quas essentias dicimus* » ; mais c'est pour lui substituer dès le paragraphe suivant le terme de *substantia*. Apulée propose sa traduction d'*ousiai* [οὐσίαι] par *essentiae* dans un développement où, suivant la distinction platonicienne la plus classique, il oppose deux types de réalité différents et deux modes d'être correspondants : « deux aspects des étants (*duo eidê tôn ontôn* [δύο εἴδη τῶν ὄντων]) » (*Phédon*, 79a 6) : l'essence proprement dite, telle qu'elle s'offre au pur regard de l'esprit et se laisse concevoir par la seule *cogitatio*, et la réalité sensible qui n'en est que l'ombre et l'image (*umbra et imago*).

> Οὐσίας, *quas* essentias *dicimus, duas esse ait, per quas cuncta gignantur mundusque ipse ; quarum una cogitatione sola concipitur, altera sensibus subjici potest. Sed illa, quae mentis oculis conprehenditur, semper et eodem modo et sui par ac similis invenitur, ut quae vere sit ; at enim altera opinione sensibili et irrationabili aestimanda est, quam nasci et interire ait. Et sicut superior vere esse memoratur, hanc non esse vere possumus dicere.*
>
> [D'après Platon, il y a deux οὐσίαι — nous les appelons *essences* — qui engendrent toutes choses et le monde lui-même. L'une n'est conçue que par la seule pensée ; l'autre peut tomber sous les sens. Mais la première, qui n'est appréhendée que par les yeux de l'esprit, se retrouve toujours et de la même façon égale à elle-même, comme ce qui est vraiment ; l'autre au contraire, dont il dit qu'elle naît et qu'elle périt, doit être évaluée par l'opinion sensible et irrationnelle. Et de même qu'il rappelle que la première est vraiment, de même nous pouvons affirmer que la seconde n'est pas vraiment.]
>
> *De Platone et ejus dogmate*, in *Opuscules philosophiques et Fragments*, p. 65.

L'opposition centrale est ici celle d'un *vere esse* et d'un *non esse vere*, et seule l'« essence » intelligible mérite donc pleinement le titre d'*essentia*, de par son identité et sa permanence : « *semper et eodem modo et sui par ac similis* [...] *ut quae vere sit* [comme ce qui est à proprement parler] ».

Dans un tel contexte, la traduction d'*ousia* par *essentia* s'imposait immédiatement et presque nécessairement. Traduire par *substantia* obligerait en effet à dire que n'est pas, à proprement parler ou vraiment, substance ce qui peut tomber sous les sens à titre de sujet (*sensibus subjici potest*), ce qui irait manifestement contre l'esprit même de la langue. Mais Apulée n'hésite pas cependant à recourir au lexique de la substantialité dès qu'il cherche à expliciter précisément l'« essentialité » de cette essence intelligible qui *est vraiment*. Le glissement s'opère d'abord à la faveur de l'examen du second type d'*ousia*. Quand Apulée aborde cette « essence » qui n'est pas vraiment — la réalité qui peut tomber sous les sens —, le terme de *substantia* vient en effet compléter l'*essentia*, puis s'y substituer :

> *Et primae substantiae vel essentiae primum deum esse et mentem formasque rerum et animam ; secundas substantias, omnia quae ab substantiae superioris exemplo originem ducunt, quae mutari et converti possunt, labentia et ad instar fluminum profuga.*
>
> [De la première essence ou substance relèvent le premier dieu, l'esprit, les « formes » des choses, et l'âme ; de la seconde, tout ce qui est informé, tout ce qui naît et tire son origine du modèle de la substance supérieure, tout ce qui peut changer et se transformer, glissant et fuyant comme de l'eau qui court.]
>
> *De Platone et ejus dogmate, ibid.*

Quelques paragraphes plus haut, Apulée avait exposé l'enseignement du *Timée* relatif à la matière : elle est ce qui précède les premiers principes et les éléments les plus simples (eau, feu, etc.), à titre de matière première :

> *Materiam vero inprocreabilem incorruptamque commemorat, non ignem neque aquam nec aliud de principiis et absolutis elementis esse, sed ex omnibus primam, figurarum capacem, fictionique subjectam.*
>
> [Pour la matière, il signale qu'elle ne peut être ni créée ni détruite, qu'elle n'est ni feu ni eau, ni aucun autre des principes ou des éléments simples ; mais la première de toutes les réalités capables de recevoir des formes, et se prêtant, comme sujet, à être façonnée.]
>
> *De Platone et ejus dogmate, ibid.*

La matière précède tout le reste, dans la mesure où elle est capable, de manière ultime, de recevoir des figures. Elle n'est presque rien, pas même un corps, mais elle n'est pas non plus incorporelle : « *sine corpore vero esse non potest dicere, quod nihil incorporale corpus exhibeat* [< Platon > ne veut pas dire non plus qu'elle est sans corps, puisque rien de ce qui est incorporel n'exhibe un corps (= ne peut produire au jour un corps)] ». Le statut de la matière est par là essentiellement ambigu, puisque celle-ci, n'ayant pas l'évidence insigne du corps et ne tombant point sous les sens, n'est pas non plus du nombre des choses qui ne sont saisies que par la pensée (*ea cogitationibus videri*), c'est-à-dire du nombre de ces choses qui n'ont pas la subsistance, la solidité ou la stabilité propres aux corps (*quae substantiam non habent corporum*). La liaison *substantia-corpus* est ici capitale.

Ainsi, quand Apulée veut souligner la parenté *ousia-einai*, il parle d'*essentia* — ce qui est vraiment —, mais quand il entend le terme grec comme désignant le mode d'être (privilégié en un tout autre sens) de ce qui est corporel ou sensible, c'est naturellement le concept de substance qui s'impose à lui. Être, dans ce cas, peut s'entendre univoquement comme *substantiam habere*, « avoir substance », c'est-à-dire avoir un corps, avoir du corps, être solide et stable. C'est dans ce même horizon sémantique qu'Apulée peut poser la thèse qui restera directrice : « *Quod nullam substantiam habet, non est* [Ce qui est dépourvu de toute substance n'est pas] » (*De philosophia liber*, éd. P. Thomas, 3, 267).

On rapprochera ce passage du *De Platone*, consacré à la matière, de la distinction établie par Cicéron dans ses *Topiques* entre les choses qui sont et celles qui sont seulement intelligées (*earum rerum quae sunt* [...], *earum quae intelliguntur*) :

> *Esse ea dico quae cerni tangive possunt, ut fundum, aedes, parietem, stillicidium, mancipium, pecudem, suppellectilem, penus et cetera... Non esse rursus ea dico quae tangi demonstrarive non possunt, cerni tamen animo atque intelligi possunt, ut si ususcapionem, si tutelam, si gentem, si agnationem definias, quarum rerum nullum subest cor-*

pus, est tamen quaedam conformatio insita et impressa intelligentia, quam notionem voco.

[Je dis que sont (vraiment) les choses que l'on peut voir ou toucher, comme fonds de terre, mur d'enceinte, réservoir d'eau, esclave, bétail, mobilier, provisions, etc. Je dis au contraire que ne sont pas (vraiment) les choses qui ne peuvent pas être touchées ou montrées du doigt, mais peuvent pourtant être distinguées et comprises par l'esprit, comme quand on doit définir l'usucapion, la tutelle, la gens, l'agnation, toutes choses qui n'ont aucun corps à la base < *i.e.* aucune substance >, mais dont il y a cependant une certaine configuration innée, une certaine connaissance empreinte dans l'esprit, et que j'appelle notion.]

VI, 27.

L'être « réel » se définit clairement ici comme être « substantiel », à la manière du fonds de terre, de la propriété ou de la « demeure », des moyens de « subsistance »... — par opposition à tout ce qui est dépourvu d'un tel substrat corporel, c'est-à-dire du *subesse* propre au corps, par opposition donc à ces choses « *quae substantiam non habent corporum* [qui n'ont pas la substance des corps] », comme le dira Apulée, développant complètement la logique de l'expression.

2. « Substantia a substare » (Sénèque)

Le latin *substantia*, forgé sur *substare* (verbe bien attesté), se lit pour la première fois sous la plume de Sénèque. Ce témoignage relativement tardif est en lui-même surprenant, si l'on songe par exemple à la multitude des composés en *-antia* forgés à partir de *stare* (*circumstantia, constantia, distantia, instantia, praestantia*, etc.). On ne saurait cependant tirer argument de ce silence des textes pour en conclure à une création originale de Sénèque, et, de fait, quand le mot apparaît sous sa plume, il ne requiert jamais, à la différence d'*essentia*, d'explication ou de justification particulières. Le terme est manifestement un mot de la langue courante, même si, chez Senèque, il apparaît dans des contextes très déterminés, où il est généralement facile de mettre au jour une conceptualité stoïcienne sous-jacente. On peut lire par exemple dans les *Quaestiones naturales*, à propos de l'arc-en-ciel :

Non est propria in ista nube substantia nec corpus est, sed mendacium sine re similitudo.

[Il n'y a dans cette nuée ni substance propre ni corps, mais illusion et apparence dépourvue de réalité.]

Quaestiones naturales, I, 6, 4, éd. P. Oltramare, t. 1, Les Belles Lettres, 1929 ; nous traduisons.

On reconnaît ici sans peine, à travers l'opposition instituée par Sénèque entre *propria substantia* et *mendacium*, ou encore entre *res* et *similitudo*, les deux termes d'*hupostasis* et d'*emphasis* [ἔμφασις] (réalité/apparence), que l'on retrouve, dans un contexte exactement similaire, dans le traité pseudo-aristotélicien *De mundo* par exemple, et qui deviendront usuels dans cet antagonisme à partir surtout de Posidonius. On pouvait y lire :

Τῶν ἐν ἀέρι φαντασμάτων τὰ μὲν ἐστι κατ' ἔμφασιν, τὰ δὲ καθ' ὑπόστασιν.

[Parmi les phénomènes célestes, les uns ne sont qu'apparents, les autres réels.]

De mundo, 395a 28 ; nous traduisons.

On doit cependant réserver la question de savoir si l'opposition instituée par Sénèque recouvre exactement la distinction stoïcienne ici sous-jacente, ou si le mot *substantia* est par lui-même porteur d'une acception plus spécifiquement latine, lui permettant de correspondre, dans le cas présent, à la construction stoïcienne. Interrogeons dans cette optique un autre passage de Sénèque, où se lit encore une fois, semble-t-il, l'opposition « simple » et « reçue » : *substantia/imago*. Il s'agit de la célèbre lettre 58 à Lucilius, déjà citée, puisque c'est dans ce même texte que Sénèque proposait, en s'appuyant sur l'autorité de Cicéron, le néologisme *essentia* pour traduire *ousia*, ce dernier terme étant d'ailleurs lui-même assez singulièrement explicité comme suit :

Quomodo dicetur οὐσία *— res necessaria, natura continens fundamentum omnium ?*

[Comment sera rendu le concept d'*ousia*, de réalité nécessaire, de substance où réside le fondement de toutes choses ?]

Lettres, 58, 6, trad. fr. H. Noblot, rev. P. Veyne, *in* Sénèque, *Entretiens, Lettres à Lucilius*, R. Laffont, « Bouquins », 1993.

N.B. : on ne résiste pas à cette... traduction qui réintroduit en son centre le terme de *substance* évité par Sénèque !

Après ce premier essai de traduction, auquel d'ailleurs Sénèque ne se sentira pas lié, notre auteur s'engage dans un exposé à vrai dire assez embrouillé, puisqu'il mêle la *diairesis* [διαίρεσις] platonicienne, l'analyse catégoriale d'Aristote et l'examen des catégories stoïciennes ; il s'agit dans tous les cas de se mettre en quête du premier, du genre suprême à quoi sont suspendues toutes les autres espèces :

Nunc autem primum illud genus quaerimus, ex quo ceterae species suspensae sunt, a quo nascitur omnis divisio, quo universa comprensa sunt.

[Pour le moment, nous cherchons ce premier genre à qui sont subordonnées toutes les espèces, de qui émane toute division, qui comprend l'universalité des choses.]

Lettres, 58, 8, trad. fr. citée.

Ce genre premier (« *genus primum et antiquissimum* », *ibid.*, 12) est d'abord défini comme « étant » (*to on = quod est* — ce qui est). L'« étant « ainsi visé est au-delà du corps (*aliquid superius quam corpus*), le *quod est* — ce qui est — est donc susceptible d'apparaître indifféremment comme corporel ou comme incorporel. C'est pourquoi, ajoute Sénèque, les Stoïciens ont voulu superposer au *quod est* un autre genre suprême (SVF, III, 25, p. 214 : *genikôtaton genos* [γενικώτατον γένος] ; cf. aussi Alexandre d'Aphrodise, *In Topica*, IV, éd. M. Wallies, 301, 19), encore plus initial ou davantage principe (*aliud genus magis principale*), le *quid* (= *ti* [τι]). Puis Sénèque explicite ainsi les raisons ultimes de la décision des Stoïciens :

In rerum, inquiunt, natura quaedam sunt, quaedam non sunt, et haec autem, quae non sunt, rerum natura complectitur, quae animo succurunt, tanquam Centauri, Gigantes, et quicquid aliud falsa cogitatione formatum habere aliquid imaginem coepit, quamvis non habet substantiam.

[Dans la nature, disent-ils, il y a des choses qui sont, des choses qui ne sont pas. Or la nature embrasse les choses mêmes qui ne sont pas et viennent à l'esprit, comme les centaures, les géants ; produits de faux concepts, affectant déjà forme d'image, et cependant dépourvus de substance.]

Lettres, 58, 15, trad. fr. citée.

On peut conclure de ce bref passage que les « choses qui sont » (*to on* vs *to huphestos* [τὸ ὑφεστός]), sont précisément parce qu'elles « ont substance ». « Avoir substance [*substantiam habere*] » peut et doit sans aucun doute s'entendre ici comme une traduction ou une explication de ce que signifie « être [*esse*] » ; être, cela implique en vérité, non point seulement d'être une substance, d'être substantiellement ou à la manière d'une substance, mais bien d'*avoir substance* ou de *prendre substance* (« *substantiam capere* », Boèce), c'est-à-dire de pouvoir faire fond sur une réalité corporelle définie par sa stabilité et sa solidité.

3. « Substantiam habere » - « substantiam capere » (« avoir », « prendre substance »)

On peut ici remarquer d'emblée, en tenant compte du caractère stéréotypé de l'expression latine unitaire *substantiam habere*, que celle-ci renvoie, au moins dans le passage cité, plus probablement au verbe grec *huphistanai* qu'au concept strict d'*hupostasis*. Il n'en reste pas moins certain que Sénèque entend la substantialité, propre à ce qui est au sens plein, comme le fait d'avoir un support, un substrat ou une base assurant consistance et stabilité.

Par là, *avoir-substance*, c'est toujours supposer ou présupposer un corps ; le corps nomme ici en général le fond sur lequel doit reposer toute chose pour être. Si être implique d'avoir-substance, c'est parce que le fait d'avoir-substance dit la possession d'un substrat solide, dont la propriété est justement gage de consistance et de permanence.

Dans le passage cité plus haut, tiré des *Quaestiones naturales*, Sénèque, après avoir repris, comme nous l'avons vu, l'opposition classique *hupostasis/emphasis*, ajoutait :

Nobis non placet in arcu aut corona subesse aliquid corporis certi.

[Nous ne sommes pas d'avis qu'il y ait à la base, dans l'arc-en-ciel ou le halo lumineux, quelque chose de corporel.]

I, 6, 4.

4. « Substantia » - « corpus »

On peut penser qu'une expression du type *subesse corpus* (un corps se tient à la base, au fondement) a dû jouer un rôle déterminant dans l'apparition du terme *substantia* en contexte philosophique. Pour expliciter cette convergence, un rapide retour en arrière s'impose : nous avons vu comment Cicéron, dans les *Topiques* (5, 27), distinguait, à travers son analyse de la définition, deux types de « choses [*res*] » : les choses qui sont, les choses qui sont intelligées (*res quae sunt - res quae intelliguntur*). Ne sont véritablement, affirmait Cicéron, que les êtres concrets, à la différence des entités abstraites privées de réalité matérielle : *quibus nullum subest corpus*. De même, dans le *De natura deorum* (I, 105, 38), Cicéron demandera, à propos de la thèse selon laquelle la « forme de dieu » ne peut être saisie que par la pensée et non par les sens et qu'elle est dépourvue de toute consistance (*speciem dei percipi cogitatione non sensu, nec esse in ea ullam soliditatem*) :

Nam si tantum modo ad cogitationem valent nec habent ullam soliditatem nec eminentiam, quid interest utrum de hippocentauro an de deo cogitemus ?

[Si les dieux n'existent que dans la pensée, s'ils n'ont aucune consistance, aucun relief, quelle différence y a-t-il à évoquer par la pensée un hippocentaure ou un dieu ?]

M. Tulli Ciceronis De natura deorum,
éd. Arthur Stanley Pease, Harvard UP, 1955, p. 482 ;
trad. fr. C. Auvray-Assayas,
Les Belles Lettres, 2001, p. 48.

Ne pas avoir de solidité, ne pas avoir de corps (on attend naturellement ici un *substantiam habere*), c'est n'être pas, au sens où l'hippocentaure est l'exemple même de l'inexistence ou de l'irréalité (*anuparxias paradeigma* [ἀνυπαρξίας παράδειγμα]) (Sextus Empiricus, *Esquisses pyrrhoniennes*, I, 162 ; trad. fr. P. Pellegrin, p. 139).

Tout se passe donc comme si le terme de *substantia*, qui trouve la plénitude de son sens dans des expressions composées du type *substantiam habere*, avait pour objet d'élaborer thématiquement une compréhension immédiate de l'être comme corporéité, solidité, fond(s). La *substantia* est donc proprement ce qui est à la base — *id quod substat* —, la réalité qui se tient en dessous et sur laquelle on peut faire fond, le fondement qui assure à l'étant qui est vraiment sa subsistance en le soutenant ontologiquement. Sénèque dira encore, explicitant la substantialité au sens de l'« avoir-substance », qui implique toujours la propriété d'un corps propre et déterminé (*proprium, certum*) :

Aliquid per se numerabitur cum per se stabit.

[Ne comptera par soi que ce qui se tiendra par soi.]

Lettres, 113, 5.

Dès ses premiers emplois « philosophiques », le terme latin paraît ainsi comporter une compréhension spécifique, une coloration propre, qui suffit déjà à mettre en doute l'hypothèse d'un pur et simple décalque savant à partir d'*hupostasis* ; la précompréhension qu'importe le terme de *substantia* apparaît encore plus nettement si l'on envisage cette fois les emplois non techniques du mot. Il faut noter encore, contre l'hypothèse du « décalque », les nombreux emplois de *substantia* dans des sens très modestes, concrets et matériels, chez les juristes des IIᵉ et IIIᵉ siècles, où le terme conserve son acception ancienne de bien-fonds, patrimoine, propriété foncière, ressources, moyens de subsistance.

Dans l'*Institution oratoire*, Quintilien propose pour la première fois, et thématiquement, de traduire *ousia* par *substantia*. S'agissant des figures et de l'ornement qu'elles peuvent apporter au discours, mais aussi des dangers de leur usage immodéré, il écrit :

> *Sunt qui neglecto rerum pondere et viribus sententiarum, si vel inania verba in hos modos depravarunt, summos se judicent artifices ideoque non desinant eas nectere, quas sine substantia sectari jam est ridiculum quam quaerere habitum gestumque sine corpore.*
>
> [Il y a des orateurs qui, négligeant le poids des choses et la force des idées, se croient de grands artistes, s'ils ont gâté des mots même vides < de sens > en leur donnant un tour figuré, et, pour cette raison, ils ne cessent d'enchaîner < des figures aux figures >, alors qu'il est aussi ridicule de s'y attacher sans souci du fond que de chercher, en l'absence d'un corps, une attitude ou un geste.]
>
> *De institutione oratoria*, IX, 3, 100, trad. fr. J. Cousin.

Quintilien évoque ailleurs les questions qui peuvent surgir dans certains procès, non point quant à la réalité d'un fait allégué ou reproché, mais quant à l'identité même d'un individu, par ailleurs bien connu :

> Ainsi, dans l'action contre les héritiers d'Urbinia, on a cherché si celui qui réclamait ses biens en se disant son fils était Figulus ou Sosipater. Car la substance effective de cet homme est visible (*nam et substantia ejus sub oculos venit*), si bien que l'on ne peut se demander s'il existe (*ut non possit quaeri an sit*).
>
> *De institutione oratoria*, VII, 2, 5.

Être manifeste (*sub oculos venire*), voilà justement le propre de la « substance », le propre de ce à quoi est sous-jacent un corps, le propre de ce qui « a substance » (*substantiam habere*).

On peut alors se demander si *substantia* aura jamais « traduit » le grec *ousia*, *hupostasis*, ou s'il aura, à la faveur, certes, de traductions surdéterminées, fait fond sur de nouvelles déterminations ontologiques, celles-là mêmes dont toute la *Romania* va hériter, sans trop le savoir.

5. La notion de substance chez Marius Victorinus

Marius Victorinus, dans son *Liber de definitionibus*, présente un exposé critique de la doctrine cicéronienne des deux genres de définition ; la distinction effectuée par Cicéron repose sur l'opposition stoïcienne des corporels et des incorporels (*Topiques*, V, 26-27), et elle tend à frapper d'irréalité tout ce dont l'être ne renvoie pas en dernière instance à une assise corporelle (*subesse corpus - ta ontôs huphestôta* [τὰ ὄντως ὑφεστῶτα], selon la terminologie stoïcienne). Pour renverser — et confirmer — l'exposé de Cicéron, il suffit à Victorinus d'introduire le terme de *substantia*, étranger au texte cicéronien, et d'élargir, au-delà de la pure et simple corporéité, la relation qui fonde la substantialité. Dès lors le corps n'est plus qu'un cas particulier, même s'il est empiriquement privilégié, de ce sur quoi on peut faire fond comme sur un sujet ou un substrat :

> *Quamquam Tullius aliter in eodem libro Topicorum ait esse duo genera definitionum : primum, cum enim id quod est definitur ; secundo, cum id quod sui substantiam non habet, hoc est quod non est ; et hoc partitionis genus in his quae supra dixi clausit et extenuavit. Sed alia esse voluit quae esse dicebat, alia quae non esse. Esse enim dicit ea quorum subest corpus, ut cum definimus quid sit aqua, quid ignis ; non autem esse illa intelligi voluit quibus nulla corporalis videtur esse substantia, ut sunt pietas, virtus, libertas. Sed non omnia ista, vel quae sunt cum corpore vel quae sunt sine corpore, si in eo accipiuntur ut aut per se esse aut in alio esse videantur in uno genere numeranda dicimus : ut ista omnia esse intelligantur quibus omnibus sua potest esse substantia, sive illae corporales sive, ut certissimum est et recto nomine appellari possunt, qualitates.*
>
> [Cicéron dans le livre V des *Topiques* pose, quant à lui, qu'il y a deux genres de définitions : le premier quand on définit ce qui est ; le second quand on définit ce qui n'a pas de substance propre, autrement dit ce qui n'est pas ; et il cherche à circonscrire ce genre de définition *a partibus*, et à en limiter la portée, comme je l'ai montré plus haut. Il veut distinguer entre les choses qu'il dit être, et celles qu'il dit n'être pas. Il pose que les choses auxquelles un corps est sous-jacent, sont ; quand nous définissons par exemple ce qu'est l'eau ou ce qu'est le feu ; il veut au contraire que l'on considère comme n'étant pas les choses qui paraissent n'avoir aucune substance corporelle, comme la piété, la vertu, la liberté. Nous disons au contraire que toutes ces choses, qu'elles soient avec ou sans corps, sont à ranger sous un seul chef générique (celui de l'être, c'est-à-dire de la substantialité), si seulement on les appréhende en ceci qu'elles apparaissent être par soi ou être dans un autre. Il faut donc comprendre que sont toutes ces choses qui peuvent toujours avoir une substance propre, soit parce que ces choses sont corporelles, soit parce qu'elles sont des qualités, comme cela est certainement déterminé, autorisant pleinement cette dénomination.]
>
> Éd. Stangl, p. 12, lignes 7-20
> = Pierre Hadot, *Marius Victorinus* ;
> Éd. augustiniennes, 1971, app. III, p. 342.

Après avoir introduit comme allant de soi le terme de *substantia* dans son résumé de l'analyse cicéronienne, tout l'effort de Victorinus va consister à dissocier corporéité et substantialité. Pour nous, dit-il, qui considérons toutes choses « en ceci qu'elles apparaissent être par soi ou être dans un autre », il nous faut les ranger sous un seul et même chef, celui de la substance. Sont proprement toutes les choses pour lesquelles il peut y avoir substance, ou mieux « substance propre » ; peu importe que la substance désigne d'emblée le *substare* et le *subesse* du corps, ou secondairement le substrat sur lequel vient toujours s'appuyer une « qualité ». « Être-par-soi », c'est être substance, « être-dans-un-autre », c'est être à titre de qualité dans une substance, laquelle devient dès lors pour la qualité en question comme son corps, sa substance propre. C'est cet usage de *substare* que l'on retrouve chez Boèce (480-524), dans le *Contra Eutychen et Nestorium*, chapitre 3, éd. Rand-Stewart, p. 88, 43 *sq.*, que l'on peut expliciter au sens de « procurer un sujet à tout le reste à titre d'accidents, afin qu'ils puissent être », les « soutenir », leur « être subjecté » (cf. Alain de Libera, « Οὐσία, οὐσίωσις, ὑπόστασις dans le *Contra Euthychen* », in *L'Art des généralités*, p. 177-187) :

> Est « substance » (*substat*) ce qui procure en sous-œuvre (*subministrat*) aux autres accidents [*i.e.* à tout le reste à titre d'accidents] quelque sujet (*subjectum*), afin qu'ils puissent être (*ut esse valeant*) ; il les soutient en effet (*sub

illis enim stat), puisqu'il est sujecté aux accidents (*subjectum est accidentibus*).

Boèce, *op. cit.*, p. 88.

Formulations dont se souvient certainement Suárez, quand il note de son côté, en renvoyant à l'« étymologie » de *substantia* : « *Substare enim idem est quod aliis subesse tanquam eorum sustentaculum et fundamentum, vel subjectum*... [être substance, c'est en effet la même chose qu'être sous-jacent à d'autres choses, à titre de support, de fondement ou de sujet...] » (*op. cit.*, Disp. XXXIII, sect. 1, n. 1, p. 330).

♦ Voir encadré 2.

C. « Essentia ab esse » : l'essence

Le terme d'*essentia*, même si l'on peut en noter certaines occurrences, à partir d'Apulée, chez d'autres auteurs influencés par le néoplatonisme, comme Macrobe ou Calcidius, ne réussit à s'imposer véritablement qu'avec Augustin. Comme nous l'avons vu, dans ses premières occurrences, l'acception du mot reste flottante, et le glissement du côté de *substantia* presque inévitable ; le terme est, si l'on peut dire, si peu parlant qu'il demande à tout moment à être explicité par *substantia*. L'œuvre d'Augustin marque ici un renversement capital. Aux yeux d'Augustin, comme nous l'avons déjà noté, *essentia* apparaît comme un vocable de création récente, encore peu usité, mais destiné à se substituer à *substantia*, en certaines au moins de ses précédentes acceptions. Augustin écrit par exemple dans ce texte de jeunesse qu'est le *De moribus manichaeorum* :

> *Nam et ipsa natura nihil est aliud quam id quod intelligitur in suo genere aliquid esse. Itaque, ut nos jam novo nomine ab eo quod est esse vocamus essentiam, quam plerumque substantiam etiam nominamus, ita veteres qui haec nomina non habebant pro essentia et substantia naturam vocabant.*
>
> [En effet la nature elle-même n'est rien d'autre que ce dont on intellige qu'il est quelque chose en son genre. C'est pourquoi, de même que nous, nous le nommons *essence*, en usant d'un néologisme, à partir de ce qui est *être*, de même les anciens qui ne connaissaient pas ces termes, pour *essence* et *substance*, usaient de *nature*.]
>
> 2, 2 ; nous traduisons.

Ou encore :

> *Essentiam dico quae* οὐσία *graece dicitur, quam usitatius substantiam vocamus.*
>
> [J'appelle *essentia* ce qui se dit en grec *ousia*, et que nous nommons plus couramment *substantia*.]
>
> *De Trinitate*, V, 8, 9-10.

On peut même aller jusqu'à supposer qu'au cours de la vie de saint Augustin, et assurément grâce à lui, le terme a dû se répandre jusqu'à devenir usuel, puisque Augustin peut écrire, dans une œuvre tardive comme la *Cité de Dieu* :

> [...] *ab eo quod est esse vocatur essentia, novo quidem nomine quo usi veteres non sunt latini sermonis auctores, sed jam nostris temporibus usitato, ne deesset etiam linguae nostrae, quod Graeci appellant* οὐσίαν.
>
> [(...) le verbe *esse* (être) a donné le mot *essentia*

2

« Existence » et « subsistance » : la stratégie stoïcienne

► HOMONYME, MOT, SEIN, SENS, SIGNIFIANT

À la suite des Stoïciens, Cicéron, dans les *Topiques*, opposait l'être véritable (substantiel) des corps, et l'être « fictif » (*to huphestos, kat' epinoian psilên huphistasthai* [τὸ ὑφεστός, κατ' ἐπίνοιαν ψιλὴν ὑφίστασθαι]) des notions (*ennoêmata* [ἐννοήματα]) : « [...] ἐννόημα δέ ἐστι φάντασμα διανοίας, οὔτε τι ὂν οὔτε ποιόν, ὡσανεὶ δέ τι καὶ ὡσανεὶ ποιόν... [un concept est un phantasme de la pensée, qui n'est ni quelque chose, ni quelque chose de qualifié, mais quasi-quelque chose et quasi-quelque chose de qualifié...] » (Diogène Laërce, *Vies et Doctrines des philosophes illustres*, VII, 61, trad. fr. dir. M.-O. Goulet-Cazé ; SVF, t. I, n. 65, p. 19 ; A. A. Long et D. N. Sedley, *The Hellenistic Philosophers*, t. 2, p. 182 ; cf. aussi t. 1, p. 164 ; et également la mise au point de A. de Libera *in* Porphyre, *Isagoge*, trad. fr. A. de Libera et P. Segonds, intr., p. XLVII-LIII, notes, p. 32-34).

> Les Stoïciens évitent le présupposé platonicien [...] d'après lequel être quelque chose, c'est déjà exister. Être quelque chose est plutôt, semble-t-il, être un sujet approprié pour la pensée et le discours. Beaucoup de choses qui le sont existent aussi, en ce qu'elles sont des corps. Mais un incorporel comme un temps, ou un objet fictif comme un centaure, n'en sont pas. Puisque des expressions comme *centaure* ou *aujourd'hui* sont pourtant authentiquement douées de signification, l'on considère qu'elles nomment *quelque chose*, même si ce quelque chose n'a pas d'existence réelle ou indépendante (indépendante, en l'espèce, du mouvement du monde dans le cas du temps, ou de l'image mentale que s'en fait quelqu'un, dans le cas du centaure). Bien qu'ils s'interdisent d'utiliser le terme *exister* [εἶναι, τὸ ὄν] dans de tels cas, les Stoïciens ont recours au terme plus large sous lequel il tombe, à savoir *subsister* [ὑφίστασθαι]. Ce dernier terme, dans son emploi stoïcien, semble recouvrir le mode d'être que Meinong a appelé *bestehen* et que Russell a rendu par to *subsist* (dans ses articles de 1904 sur Meinong, publiés dans *Mind*, 13). Pour Meinong, la similarité ou Pégase, par exemple, subsistent mais n'existent pas. Ils partagent cependant avec les choses existantes le fait qu'ils ont un caractère (*Sosein*), exactement comme un vrai cheval et un centaure, dans le stoïcisme, sont tous deux des « quelque chose ». Nous pourrions rendre la distinction stoïcienne entre *exister* et *subsister* en disant : « Il y a quelque chose comme un arc-en-ciel, il y a un personnage comme Mickey Mouse, mais ils n'*existent* pas vraiment ».
>
> A. A. Long et D. N. Sedley, *Les Philosophes hellénistiques*, t. 2, *Les Stoïciens*, trad. fr. J. Brunschwig et P. Pellegrin, p. 21.

Contre cette doctrine, Marius Victorinus croit devoir en appeler à Aristote, mais cela sur la base d'une interprétation de l'*ousia* du traité des *Catégories*, et de l'articulation *ousia prôtê* [οὐσία πρώτη] - *ousia deutera* [οὐσία δεύτερα], qui a déjà concédé le seul point décisif : l'entente substantielle de l'*ousia*. Même quand celle-ci n'est pas à proprement parler, comme c'est éminemment le cas des êtres corporels, elle peut à tout le moins être appréhendée comme sujet d'accidents ou de qualités, qui trouvent ainsi en elle leur *substantia propria*.

(essence), mot nouveau certes, inusité chez les anciens auteurs latins, mais employé aujourd'hui, pour procurer à notre langue le mot correspondant au grec *ousia*.]

De civitate Dei, XII, 2, in *Œuvres*, t. 35, trad. fr. G. Combes, p. 155.

Il s'agirait donc d'un terme récemment forgé pour répondre littéralement (*hoc enim verbum e verbo expressum est, ut diceretur essentia*) au grec *ousia* ; assurément, le vocable *essentia* est destiné, de par sa formation même, à « traduire » *ousia*, mais lui-même ne peut apparaître comme tel qu'à partir d'une nouvelle compréhension de l'être différente de celle qui était directrice (*esse* au sens d'« avoir corps », « avoir substance »). Autrement dit encore, *essentia* ne peut s'imposer comme « traduction » d'*ousia* qu'à partir du moment où ce dernier terme est lui-même résolument interprété à partir du verbe *einai*, réinterprété dans l'horizon du néoplatonisme porphyrien. Saint Augustin est parfaitement explicite quant au sens de cette dérivation, sur laquelle il revient à maintes reprises :

Sicut enim ab eo quod est sapere dicta est sapientia et ab eo quod est scire dicta est scientia, sic ab eo quod est esse vocatur essentia [...]

[De même en effet que de *sapere* on a fait *sapientia*, de *scire*, *scientia*, ainsi de *esse* on a tiré *essentia* (...)]

De Trinitate, V, 2, 3, in *Œuvres*, t. 15, trad. fr. M. Mellet et T. Camelot, p. 429.

L'essence doit s'entendre d'abord *ab esse*, ou mieux *ab eo quod est esse* — à partir de ce que dit le verbe être, ou l'acte d'être.

On peut suivre assez précisément les bouleversements qu'introduit cette nouvelle « traduction » sur un passage remarquable du *De immortalitate animae* : il fournit, semble-t-il, la première occurrence du terme *essentia* sous la plume d'Augustin, mais il propose aussi une réinterprétation platonisante d'Aristote. La thèse augustinienne centrale se formule ainsi :

Illa omnia quae quomodo sunt ab ea Essentia sunt, quae summe maximeque est.

[Toutes les choses qui sont d'une façon ou d'une autre sont à partir de l'Essence qui est le plus et au plus haut point.]

De immortalitate animae, XI, 18, in *Œuvres*, t. 5, p. 205 ; nous n'avons pas suivi la trad. fr. P. de Labriolle, qui passe tout à fait à côté du point que nous voulons souligner.

Il faut bien lire ici, nous semble-t-il, *Essentia* (avec majuscule) ; l'Essence comme telle, l'Essence purement et simplement, doit s'entendre comme Nom Divin ; elle nomme même proprement le Dieu comme l'Essence par excellence, c'est-à-dire comme *causa essendi* (*De diversis quaestionibus*, 83, qu. 21) : l'être par quoi sont toutes les choses qui sont d'une manière ou d'une autre. La « définition » aristotélicienne de l'*ousia prôtê* est clairement évoquée, mais pour être entièrement théologisée. « L'*ousia* dite au sens fondamental, premier et principal (*hê kuriôtata te kai prôtôs kai malista legomenê* [ἡ κυριώτατά τε καὶ πρώτως καὶ μάλιστα λεγομένη]) » s'entend désormais comme « *Essentia*[...] *quae summe maxime que est* », c'est-à-dire Dieu. Rien n'est, rien n'est étant que par l'être en lui, par son *essentia* (*omnis essentia* [...] *non ob aliud essentia est, nisi quia est*).

♦ Voir encadré 3.

Le vocable d'*essence*, croyons-nous, ne peut donc s'imposer dans la langue latine que si vibre en lui l'écho de ce que dit verbalement l'*esse* (*to einai*) ; ainsi *essentia* ne se substitue pas simplement à *substantia*, mais il ouvre une compréhension neuve de l'être. Ce n'est donc point par hasard si ce terme ne se déploie totalement qu'à partir du moment où il vise prioritairement celui qui *summe est*, celui qui, ira même jusqu'à dire saint Augustin, *est est* : « *Est enim est sicut bonorum bonum est* [il est en effet "est", comme < il > est le bien des biens] » (*Enarrationes in Psalmos*, CXXXIV, *PL*, t. 37, col. 1741 ; cf. aussi *In evangelium Johannis tractatus*, XXXIX, 8, 9 : « *Est quod est* [il est ce qui est] » ; *Confessions*, XII, 31, 46 : « [...] *quidquid aliquo modo est, ab illo enim est, qui non aliquo modo est, sed est est* ([...] toute chose qui est d'une façon quelconque est par celui qui n'est pas d'une façon quelconque mais est est) » (trad. fr. mod. E. Tréhorel et G. Bouissou).

Autrement dit encore, c'est d'abord comme Nom Divin que le terme *essentia* peut s'imposer pour énoncer proprement l'être de celui qui dit de lui : « *sic sum quod sum, sic sum ipsum esse* [ainsi je suis celui qui suis, ainsi je suis l'être même] » (*Sermones*, VII, 7, *PL*, t. 38, col. 67). C'est parce qu'il est appréhendé comme celui qui est « primairement et éminemment » que le Dieu devient *ousia prôtê*, c'est-à-dire maintenant et nécessairement : *Essentia*. Dieu n'a pas d'attributs, mais surtout il ne saurait être le sujet de ses attributs : « Il n'est pas permis de dire que Dieu se tienne sous sa bonté (*ut sub-sistat et sub-sit Deus bonitati suae*) et que cette bonté ne soit pas sa substance ou plutôt son essence, et que Dieu ne soit pas cette bonté, mais qu'elle soit en Lui comme en un Sujet » (*De Trinitate*, II, 18, 35, in *Œuvres*, t. 15, trad. fr. M. Mellet et T. Camelot, p. 268-269).

Jean-François COURTINE

BIBLIOGRAPHIE

ALEXANDRE D'APHRODISE, *In Topica*, éd. M. Wallies, *Commentaria in Aristotelem graeca* [CAG], II, 2, Berlin, Preussische Akademie der Wissenschaften, 1883.

APULÉE, *Opuscules philosophiques (Du dieu de Socrate, Platon et sa doctrine, Du monde) et Fragments*, éd., trad. fr. et comm. J. Beaujeu, Les Belles Lettres, 1973.

APULÉE [PSEUDO-], Περὶ ἑρμηνείας, *De philosophia liber*, éd. P. Thomas, Leipzig, Teubner, 1908.

ARISTOTE, *Catégories*, prés., trad. fr. et comm. F. Ildefonse et J. Lallot, Seuil, « Points bilingues », 2002.

— *Analytica Priora et Posteriora*, éd. W. D. Ross, préf. et app. L. Minio-Paluello, Oxford UP, 1964.

— *Categoriae et Liber De interpretatione*, éd. L. Minio-Paluello, Oxford UP, 1956.

— *Werke in deutscher Übersetzung*, t. 1, vol. 2, *Peri Hermeneias*, trad. all. et comm. H. Weidemann, Berlin, Akademie Verlag, 1984.

AUGUSTIN, *De immortalitate animae*, in *Dialogues philosophiques*, éd., trad. fr. et notes P. de Labriolle, in *Œuvres de saint Augustin*, t. 5, Desclée de Brouwer, « Bibliothèque augustinienne », 2e éd., 1948.

— *La Trinité*, éd. et trad. fr. M. Mellet et T. Camelot, in *Œuvres de saint Augustin*, t. 15 et 16, Desclée de Brouwer, « Bibliothèque augustinienne », 1955.

— *Les Confessions*, éd. M. Skutella, trad. fr. E. Tréhorel et G. Bouissou, in *Œuvres de saint Augustin*, t. 13 et 14, Desclée de Brouwer, « Bibliothèque augustinienne », 1962.

— *La Cité de Dieu*, trad. fr. G. Bardy et G. Combès, in *Œuvres de saint Augustin*, t. 33-37, Desclée de Brouwer, « Bibliothèque augustinienne », 1959-1960.

BOÈCE, *The Theological Tractates*, trad. angl. H. F. Stewart, E. K. Rand et S. J. Tester, Cambridge (Mass.), Harvard UP, Londres, Heinemann, nouv. éd., 1973 ; *Traités théologiques*, trad. fr. et prés. A. Tisserand, Flammarion, « GF », 2000.

CICÉRON, *Division de l'art oratoire. Topiques*, éd. et trad. fr. H. Bornecque, Les Belles Lettres, 1921.

— *De natura deorum*, 2 vol., éd. et trad. angl. A. S. Pease, Cambridge (Mass.), Harvard UP, 1955 ; repr. Darmstadt, Wissenschaftliche Buchgesellschaft, 1968 ; trad. fr. C. Auvray-Assayas, Les Belles Lettres, 2002.

— *De officiis. Les devoirs*, t. 1, éd. et trad. fr. M. Testard, Les Belles Lettres, 1965.

— *Les Paradoxes des Stoïciens*, éd. et trad. fr. J. Molager, Les Belles Lettres, 1964.

DAMASCIUS, *Dubitationes et solutiones de primis principiis in Parmenidem*, 2 vol., éd. C.-E. Ruelle, Imprimerie nationale, 1889 ; réimpr. Bruxelles, 1964, Amsterdam, 1966 ; *Traité des premiers principes*, 3 vol., éd. L. G. Westerink, trad. fr. J. Combès, Les Belles Lettres, 1986-1991.

DIOGÈNE LAËRCE, *Vies et Doctrines des philosophes illustres*, trad.

3

La réinterprétation augustinienne d'Aristote

► JE, encadré 4

C'est cette thèse fondamentale qui conduit Augustin à reprendre à son compte — au prix d'un complet renversement de la hiérarchie *ousia prôtê-ousia deutera*, puisque l'« essence première » n'est plus la chose singulière que voici (*tode ti*), mais Dieu — la doctrine aristotélicienne selon laquelle il appartient aux *ousiai* de n'avoir point de contraire. La transposition augustinienne de cette doctrine éclaire singulièrement la compréhension nouvelle de l'être qui s'énonce à travers la traduction d'*essentia*. Rappelons le texte canonique d'Aristote :

> Ὑπάρχει δὲ ταῖς οὐσίαις καὶ τὸ μηδὲν αὐταῖς ἐναντίον εἶναι. Τῇ γὰρ πρώτῃ οὐσίᾳ τί ἂν εἴη ἐναντίον ; οἷον τῷ τινι ἀνθρώπῳ οὐδέν ἐστι ἐναντίον, οὐδέ γε τῷ ἀνθρώπῳ ἤ τῷ ζῴῳ οὐδέν ἐστι ἐναντίον.
>
> [Aux essences il appartient encore de n'avoir pas de contraire. De l'essence première, en effet, qu'est-ce qui pourrait bien être le contraire ? Par exemple, il n'y a rien qui soit le contraire de tel homme donné, mais rien non plus n'est le contraire de l'homme ou de l'être animé.]
>
> *Catégories*, 5, 3b 24 *sq.*, trad. fr. F. Ildefonse et J. Lallot, p. 71.

Le propos aristotélicien n'est point ici d'opposer principiellement être et non-être ; il s'agit plus simplement, prenant en vue l'« essence » déterminée comme telle ou telle, de montrer qu'elle est, *dektikê tôn enantiôn* [δεκτικὴ τῶν ἐναντίων] (susceptible de recevoir les contraires), ouvrant l'espace à l'intérieur duquel les contraires peuvent prendre place et se répondre, développant ainsi une seule et même configuration (« *kai gar tôn enantiôn tropon tina to auto eidos* [καὶ γὰρ τῶν ἐναντίων τρόπον τινα τὸ αὐτὸ εἶδος] », *Métaphysique*, Z, 7, 1032b 2-3).

C'est dans le cadre, assez différent, d'une démonstration de l'immortalité de l'âme que saint Augustin est amené à faire fond sur ce texte d'Aristote, en lui attribuant une portée ontologique nouvelle. Dans le mouvement de sa démonstration, et à partir d'une identification de l'être et de la vérité, saint Augustin doit répondre à l'objection selon laquelle l'âme, en se détournant de la vérité, perdrait par là même son être. La réponse augustinienne repose sur la distinction de la *conversio* et de l'*aversio*, et surtout — c'est ici le point qui nous intéresse — sur l'affirmation que l'âme, tenant son être de cela même qui n'a pas de contraire, et qui *est* éminemment — l'*Essentia* —, ne saurait le perdre.

La doctrine aristotélicienne selon laquelle l'*ousia* n'a pas de contraire trouve ainsi une illustration singulière, quand il s'agit de l'*Essentia* grâce à laquelle sont toutes les choses qui sont de telle ou telle manière (*illa omnia quae quomodo sunt*) :

> *Nam si nulla essentia in quantum essentia est, aliquid habet contrarium, multo minus habet contrarium prima illa essentia, quae dicitur veritas, in quantum essentia est.*
>
> [Si nulle essence, en effet, dans la mesure où elle est une essence, n'a rien qui lui soit contraire, à plus forte raison en va-t-il pour cette essence première qu'on appelle vérité, dans la mesure où elle est essence.]
>
> *De immortalitate animae*, XII, 19, trad. fr. P. de Labriolle, p. 207.

L'essence comme telle (*essentia in quantum essentia est*) n'a pas de contraire puisqu'elle se dit *ab eo quod est esse* : à partir de ce qui est être. Or l'être (*esse*) n'a pas de contraire, si ce n'est précisément le non-être, ou rien. L'être a le rien pour contraire ; l'être n'a rien pour contraire : « *Esse autem non habet contrarium, nisi non esse ; unde nihil est essentiae contrarium* » (*ibid.* ; cf. aussi *De moribus manichaeorum*, II, 1, 1). Ainsi la doctrine aristotélicienne vient-elle paradoxalement conforter la thèse du primat de l'*Essentia quae summe maximeque est*, et le traité des *Catégories* est désormais mis au service d'une métaphysique porphyrienne de l'*einai*. Et Augustin peut même aller jusqu'à conclure ainsi le mouvement de pensée que nous étudions :

> *Nullo modo igitur res ulla potest esse contrario illi substantiae, quae maxime ac primitus est.*
>
> [Aucune chose ne peut donc, en aucune façon, être contraire à cette substance qui est le plus et en premier lieu.]
>
> *De immortalitate animae*, XII, 19, trad. fr. mod.

Augustin peut bien réintroduire ici le terme de *substance* (pour accentuer encore la référence à *Catégories*, 5), on voit clairement que le mot a cessé d'être directeur, et qu'il s'entend uniquement à partir de la détermination préalable de l'essentialité. C'est là un geste strictement inverse de celui d'Apulée dans son *De Platone*.

Sans doute la référence néoplatonicienne ne suffit-elle pas, à elle seule, à éclairer cette nouvelle compréhension augustinienne de l'être (qui n'est justement pas « essentialiste »), donnant carrière à l'*essentia.* Sans nous engager ici dans les questions que soulève ladite « métaphysique de l'Exode », il faut noter cependant que l'interprétation du Nom mystique que Dieu révèle à Moïse sur le mont Sinaï constitue le centre de la méditation augustinienne. L'*Essentia* peut s'entendre comme Nom Divin, puisqu'elle dit ce qui fait être tout ce qui est ; l'essence peut même se prédiquer proprement de Dieu : « *Quis magis est* [essentia] *quam ille qui dixit famulo suo Moysi : ego sum qui sum, et : dices filiis Israel : Qui est misit me ad vos ?* [Et qui donc "est" plus que Celui qui a déclaré à Moïse son ami : "Je suis Celui qui suis" — "dis aux fils d'Israël : Celui qui est m'a envoyé à vous"] » (*De Trinitate*, V, 2, 3, in *Œuvres*, t. 15, trad. fr. M. Mellet et T. Camelot, p. 429). Dieu est proprement nommé essence, il a pour Nom *Essentia*, puisque à lui seul convient l'*ipsum esse* (*cui profecto ipsum esse* [...] *maxime ac verissime competit*).

fr. sous la dir. de M.-O. Goulet-Cazé, Le Livre de Poche, « La Pochothèque », 1999.

GILLES DE ROME, *Theoremata de esse et essentia*, éd. E. Hocedez, Louvain, Museum Lessianum, 1930.

GILSON Étienne, *L'Être et l'Essence*, 2e éd. rev. et augm., Vrin, 1962.

HADOT Pierre, *Porphyre et Victorinus*, 2 vol., Études augustiniennes, 1968.

— *Marius Victorinus. Recherches sur sa vie et ses œuvres*, Études augustiniennes, 1971.

— *Plotin, Porphyre. Études néoplatoniciennes*, Les Belles Lettres, « L'âne d'or », 1999.

— « Zur Vorgeschichte des Begriffs "Existenz", ΥΠΑΡΧΕΙΝ bei den Stoikern », *Archiv für Begriffsgeschichte*, n° 13, 1969, p. 115-127.

— « Existenz, existentia », *in* Joachim RITTER (éd.), *Historisches Wörterbuch der Philosophie*, t. 2, Bâle-Stuttgart, Schwabe & Co., 1972, col. 853-856.

HINTIKKA Jaakko, « The Varieties of Being in Aristotle », *in* S. KNUUTTILA et J. HINTIKKA (éd.), *The Logic of Being*, Dordrecht, Reidel, 1986, p. 81-114.

KAHN Charles, *The Verb « Be » in Ancient Greek*, dans la série *The Verb « Be » and its Synonyms, Philosophical and Grammatical Studies*, Dordrecht, Reidel, 1973.

— « Retrospect on the Verb "To Be" and the Concept of Being », *in* S. KNUUTTILA et J. HINTIKKA (éd.), *The Logic of Being*, Dordrecht, Reidel, 1986, p. 1-28.

LEIBNIZ Gottfried Wilhelm, *Recherches générales sur l'analyse des notions et des vérités*, PUF, 1998.

LIBERA Alain de, *L'Art des généralités. Théories de l'abstraction*, Aubier, 1999.

LONG Anthony A. et SEDLEY David N., *The Hellenistic Philosophers*, 3 vol., Cambridge UP, 1987 ; *Les Philosophes hellénistiques*, trad. fr. J. Brunschwig et P. Pellegrin, 3 vol., Flammarion, « GF », 2001.

LUCRÈCE, *De la nature*, 2 vol., éd. et trad. fr. A. Ernout, 6e éd. rev. et corr. C. Rambaux, Les Belles Lettres, 1999.

MANSION Suzanne, « Le rôle de la connaissance de l'existence dans la science aristotélicienne », in *Études aristotéliciennes. Recueil d'articles*, éd. J. Follon, Louvain-la-Neuve, Éd. de l'Institut supérieur de philosophie, 1984, p. 183-203.

MARITAIN Jacques, *Sept Leçons sur l'être*, in *Œuvres complètes*, t. 5, *1932-1935*, Fribourg, Éd. universitaires, Paris, Saint-Paul, 1982.

MARIUS VICTORINUS, *Traités théologiques sur la Trinité*, éd. P. Henry, intr., trad. fr. et notes P. Hadot, Cerf, « Sources chrétiennes », n° 68-69, 1960.

MILL John Stuart, *Système de logique*, trad. fr. L. Peisse, Ladrange, 1866 ; repr. Liège-Bruxelles, Mardaga, 1988.

PHILON D'ALEXANDRIE, *De opificio mundi*, in *Les Œuvres de Philon d'Alexandrie*, t. 1, intr., trad. fr. et notes R. Arnaldez, Cerf, 1961.

PORPHYRE, *Isagoge*, trad. fr. A. de Libera et A.-P. Segonds, intr. et notes A. de Libera, Vrin, « Sic et non », 1998.

QUINTILIEN, *Institution oratoire*, t. 2, livres II-III, éd. et trad. fr. J. Cousin, Les Belles Lettres, 1976.

RICHARD DE SAINT-VICTOR, *La Trinité*, texte lat., intr., trad. fr. et notes G. Salet, Cerf, « Sources chrétiennes », n° 63, 1959.

ROMANO Francesco et TAORMINA Daniela Patrizia (éd.), *Hyparxis e Hypostasis nel neoplatonismo*, Florence, Leo S. Olschki, 1994.

RUSSELL Bertrand, *Principles of Mathematics*, Londres, Cambridge UP, 1903.

SÉNÈQUE, *Entretiens, Lettres à Lucilius*, éd. P. Veyne, Robert Laffont, « Bouquins », 1993 ; *Lettres à Lucilius*, 4 vol., éd. F. Préchac, trad. fr. H. Noblot, Les Belles Lettres, 1945-1962.

— *Questions naturelles*, éd. et trad. fr. P. Oltramare, t. 1, livres I-III, Les Belles Lettres, 1929.

SEXTUS EMPIRICUS, *Outlines of Pyrrhonism*, éd. et trad. angl. G. Bury, Cambridge (Mass.), Harvard UP, Londres, Heineman, « Loeb Classical Library », 1933 ; *Esquisses pyrrhonniennes*, intr., trad. fr. et comm. P. Pellegrin, Seuil, 1997.

SUÁREZ Francisco, *Disputationes metaphysicae*, in *Opera omnia*, t. 25-26, éd. C. Berton, Vivès, 1866 ; repr. Hildesheim, Olms, 1965.

THOMAS D'AQUIN, DIETRICH DE FREIBERG, *L'Être et l'Essence. Le vocabulaire médiéval de l'ontologie*, trad. fr. et comm. A. de Libera et C. Michon, Seuil, 1996.

THOMAS DE VIO [CAJETAN], *In De ente et essentia D. Thomae Aquinatis Commentaria*, éd. M. H. Laurent, Turin, Marietti, 1949.

OUTILS

SVF : ARNIM Johannes von, *Stoicorum Veterum Fragmenta*, Leipzig, 1903-1905, rééd., 4 vol., Stuttgart, Teubner, 1964 ; *Stoici antichi : tutti i frammenti*, trad. it. et éd. bilingue R. Radice, Milan, Rusconi, 1998.

ESTHÉTIQUE

gr. *aisthêtikos* [αἰσθητικός]
lat. *aesthetica*
all. *Ästhetik* (subst.), *ästhetisch* (adj.)
angl. *aesthetics*

► ART, BEAUTÉ, ÉPISTÉMOLOGIE, ERSCHEINUNG, GOÛT, PERCEPTION, SENS

*Le terme esthétique semble, en raison de son étymologie, ne poser aucun problème majeur de traduction dans sa transposition d'une langue européenne à une autre. Créé par Alexander Gottlieb Baumgarten (1714-1762), le néologisme « ästhetica » paraît, du moins dans l'esprit du philosophe allemand, ne souffrir aucune équivoque, et les philosophes européens, assurés de l'étymologie grecque et acquis à son insertion dans le vocabulaire du latin philosophique, sont nombreux à l'adopter spontanément. Cependant, dès le début du XIX*e *siècle, la méfiance qu'il provoque est à la mesure de l'engouement qu'il suscite. Les problèmes, variables d'une langue à une autre et d'un pays à un autre, concernent aussi bien la délimitation du champ des connaissances portant sur l'art et sur le beau que la spécialisation des savoirs, des méthodes et des objets relatifs à l'étude du sensible. La cohérence épistémologique que semble assurer la circulation, presque à l'identique, d'un terme parfaitement identifiable d'une langue à une autre — de l'anglais au roumain, en passant par le grec moderne, l'espagnol, l'italien, etc. — apparaît dès lors illusoire.*

I. BAUMGARTEN ET L'ÉPISTÉMOLOGIE D'UNE SCIENCE DU SENSIBLE

Partant de la distinction platonicienne et aristotélicienne — reprise plus tard par les Pères de l'Église — entre les *aisthêta* (choses sensibles ou faits de sensibilité) et les *noêta* (choses intelligibles ou faits d'intelligibilité), A.G. Baumgarten ne doute pas, dès 1735, dans ses *Meditationes philosophicae de nonnulis ad poema pertinentibus*, de l'existence d'une science du monde sensible. « Les *noêta* [...] sont l'objet de la Logique, déclare-t-il, les *aisthêta* sont l'objet de l'*epistemê aisthêtikê*, ou encore de l'Esthétique » (CXVI). Du moins est-ce ainsi, quinze ans avant la parution de l'*Ästhetica* (entre 1750 et 1758), que le philosophe précise l'objet d'une discipline qui n'existe pas encore et qu'il s'attache à définir ultérieurement, moyennant quelques variantes. Celles-ci visent à déterminer progressivement le cadre épistémologique de l'esthétique. Dans la première édition de sa *Métaphysique* (1739), Baumgarten reconstitue, selon la tradition scolastique, un mode de *trivium* en fonction des modalités de l'esthétique, entre la rhétorique et la poétique : « La science du mode de connaissance et d'exposition sensible est l'*esthétique* ; si elle a pour but la moindre perfection de la pensée et du discours sensible, elle est la *rhétorique* ; si elle a pour but leur plus grande perfection, elle est la *poétique universelle* » (*Esthétique*, p. 533).

◆ Voir encadré 1.

Mais, comme si le projet d'une poétique universelle lui paraissait encore trop restreint, Baumgarten abandonne cette définition dans les éditions suivantes de son *Esthétique* pour aboutir, dans ce même paragraphe (7e édition, publiée en 1779), à une formulation censée attester la totale autonomie de l'esthétique : « La science du mode de connaissance et d'exposition sensible est l'esthétique (logique de la faculté de connaissance inférieure, philosophie des grâces et des muses, gnoséologie inférieure, art de la beauté du penser, art de l'analogon de la raison) ».

C'est, à quelques termes près, la définition qui ouvre l'*Ästhetica* de 1750 : « L'esthétique (ou théorie des arts libéraux, gnoséologie inférieure, art de la beauté du penser, art de l'analogon de la raison) est la science de la connaissance sensible » (*Esthétique*, vol. 1, trad. fr. J.-Y. Pranchère, p. 121).

II. LE TERME « ESTHÉTIQUE » ENTRE LATIN, GREC, ALLEMAND ET AUTRES LANGUES

Cette caractérisation de l'esthétique, que Baumgarten veut globale et capable de subsumer sous un même concept aussi bien la beauté et le goût que les beaux-arts et l'expérience sensible, masque difficilement une pluralité de définitions dont la cohérence est, certainement, loin d'être assurée. En fait, au prix de redondances qui frôlent le pléonasme — « théorie », « science de la connaissance », « gnoséologie » —, Baumgarten met au jour la dimension cognitive de l'esthétique en jouant sur l'amphibologie du sens. Il latinise l'adjectif *aisthêtikos* en *aesthetica*, mais pense *sentio*, percevoir par les sens et (ou) percevoir par l'intelligence, ce qui est une manière de nous rappeler, après Aristote, qu'il n'est pas d'*aisthêta* sans *noêta* et que l'un et l'autre sont difficilement dissociables, comme le rappelle Kant en se référant à l'adage grec : *aisthêta kai noêta*. Mais cela même, Baumgarten le formule, à sa manière, en latin : l'esthétique est *ars analogi rationis*.

Ainsi, une équivoque, d'autant plus redoutable qu'elle n'est pas apparente, affecte le terme *esthétique*, lequel se révèle, y compris chez ceux qui l'utilisent et ainsi ratifient son usage, comme une source de difficultés et de confusion. Si, dans les langues européennes, le traducteur surmonte son désarroi devant un vocable aux racines incertaines en se fiant soit à l'indo-européen (*aiein* : percevoir), soit au grec (*aisthanomai* : sentir), dont — selon Baumgarten — le latin *sentio* fournit un équivalent acceptable, il en va différemment pour les penseurs et les philosophes pressés d'explorer le champ illimité, car finalement mal circonscrit, de l'esthétique.

Kant est certainement l'un des premiers à avoir attiré l'attention sur l'emploi spécifique, typiquement germanique, du terme *esthétique*. Dans le chapitre de la *Critique de la raison pure* consacré à l'« Esthétique transcendantale », il signale l'acception particulière du mot que seuls, précise-t-il, les Allemands emploient pour désigner la philosophie du beau. Implicitement, il laisse entendre ainsi la difficulté d'une transposition du mot dans une langue étrangère. Kant, soucieux de préciser l'acception particulière d'*esthétique* (« science de tous les principes *a priori* de la sensibilité »), note :

> Les Allemands sont les seuls à se servir du mot « esthétique » (*Äestetik*) pour désigner ce que d'autres appellent la critique du goût (*Kritik des Crochmacks*). Cette dénomination se fonde sur une espérance déçue que conçut l'excellent analyste Baumgarten, celle de soumettre le jugement critique du beau à des principes rationnels, et d'en élever les règles à la hauteur d'une science. Mais cet effort est vain. En effet, ces règles ou critères sont purement empiriques en leurs principales sources, et par conséquent ne sauraient jamais servir de lois *a priori* déterminées propres à diriger le goût dans ses jugements ; c'est plutôt le goût qui constitue la véritable pierre de touche de l'exactitude des règles. Aussi est-il judicieux, ou bien d'abandonner à son tour cette dénomination et de la réserver pour cette doctrine qui est une vraie science (par où l'on se rapprocherait du langage et de la pensée des Anciens, chez lesquels la division de la connaissance en *aestheta kai noeta* fut très célèbre).
>
> Kant, *Critique de la raison pure*, « La Pléiade », vol. 1, 1980, p. 783.

Hegel fait preuve d'une suspicion similaire vis-à-vis de l'allemand *Äesthetik* et doute de sa traduction adéquate en anglais et en français : « À nous autres Allemands ce terme est familier ; les autres peuples l'ignorent » (*Vorlesungen über Ästhetik* [1935], *Esthétique*, trad. fr. S. Jankélévitch, Aubier-Montaigne, 1944, p. 17). Il précise que les Français disent « théorie des arts » ou « belles-lettres », tandis que les Anglais, en référence à l'ouvrage de Henry Home (1690-1782), *Elements of criticism*, classent l'esthétique dans la *Critic*.

Hegel, dans son *Esthétique*, trouve le terme d'*esthétique* impropre (*unpassend*) et superficiel (*oberflächlig*). Il

1

Ästhetik

C'est comme transcription directe de l'allemand *Ästhetik* que le mot « esthétique » pénètre pour la première fois dans un dictionnaire français à la fin du XVIIIe siècle. Le *Supplément à l'Encyclopédie*, qui paraît en 1776, fournit en effet, au titre de « terme nouveau », une notice « Esthétique » qui n'est que la traduction quasi littérale de l'article « Ästhetik » tiré du dictionnaire de J. G. Sulzer, *Allgemeine Theorie der schönen Künste* (*Théorie générale des beaux-arts*, 1771). Le mot, attesté en français depuis 1753, mais absent du *Dictionnaire de l'Académie française* dans l'édition de 1740 comme dans celle de 1762, accède ainsi à la dignité lexicographique. Le traducteur de la notice « Ästhetik », resté anonyme, est issu du milieu de l'Académie de Berlin, qui a joué de façon générale un rôle central dans les échanges entre l'Allemagne et les Encyclopédistes français. Sulzer peut ainsi être considéré comme un acteur majeur des transferts linguistiques dans le domaine des beaux-arts, et notamment dans l'introduction de la théorie baumgarténienne en France. Son nom, quelque peu occulté par la mode bientôt dominante de Winckelmann, reste d'ailleurs régulièrement cité par les théoriciens de l'art français, tel Quatremère de Quincy. Par-delà cette simple importation lexicale, c'est tout le projet de la *Allgemeine Theorie* qui se trouve, par ce biais, exposé et transposé dans le *Supplément à l'Encyclopédie*, car Sulzer avait fait de cette notice l'une des matrices de son dictionnaire.

Le séjour du mot « esthétique » dans un dictionnaire français fut néanmoins de courte durée. Dès 1792, le terme disparaît de la section de *L'Encyclopédie méthodique* consacrée aux beaux-arts. Il ne s'acclimatera véritablement en France qu'au milieu du XIXe siècle, notamment avec la parution en 1843 du *Cours d'esthétique* de T. Jouffroy. La comparaison entre la notice allemande « Ästhetik » et sa traduction française dans le *Supplément* laisse du reste d'emblée apparaître quelques déplacements caractéristiques d'accent et d'intérêt. S'il reste assez fidèle au texte original, le traducteur tend néanmoins à atténuer les critiques de Sulzer envers J.-B. Du Bos et, au contraire, à tempérer son éloge de Baumgarten. Là où l'allemand présente Baumgarten comme « osant », dans un geste héroïque, poser les premières pierres de cette science nouvelle qu'est l'esthétique, le français, plus sceptique, le décrit comme s'y « hazardant [*sic*] ». De façon générale, l'équilibre initial de la notice allemande entre l'analyse spéculative de l'essence de l'art et l'examen concret de ses diverses techniques semble inversé dans la version française, où la partie pratique paraît beaucoup plus précise, plus dynamique et plus programmatique dans la notice française que dans l'article allemand. L'esthétique, dans sa version française, reste ainsi, jusque dans le *Supplément*, plus directement liée à une approche empiriste et pratique. Moins qu'une analyse spéculative des fondements *de l'art*, elle s'annonce comme un examen des modalités techniques *des arts*. Ainsi, dès ce premier passage de frontière, un clivage franco-allemand émerge-t-il autour du mot « esthétique », que l'avenir ne tardera pas à accentuer.

Élisabeth DÉCULTOT

BIBLIOGRAPHIE

JOUFFROY Théodore, *Cours d'esthétique*, Hachette, 1843.

QUATREMÈRE DE QUINCY Antoine Chrysostome, *Essai sur la nature, le but et les moyens de l'imitation dans les beaux-arts*, Treuttel et Wurtz, 1823, p. VI.

SAINT-GIRONS Baldine, *Esthétiques du XVIIIe siècle. Le modèle français*, P. Sers, 1990.

SULZER Johann Georg, article « Ästhetik », in *Allgemeine Theorie der schönen Künste*, éd. F. von Blankenburg, 4 vol., Leipzig, Weidemanns Erben und Reich, 1786-1787, vol. 1, p. 35-38 (1re éd. 1771) ; article « Esthétique », *in* D'ALEMBERT et DIDEROT Denis, *Supplément à l'Encyclopédie*, vol. 2, Amsterdam, 1776, p. 872-873.

WATELET Claude-Henri et LÉVESQUE Pierre-Charles, *Dictionnaire des arts de peinture, sculpture et gravure*, impr. Prault, 1792.

évoque le néologisme « callistique », construit à partir du grec *to kallos*, la beauté, suggéré par certains, mais le philosophe juge ce mot insuffisant (*ungenügend*), car il réfère au beau en général et non au beau comme création de l'art. Contraint de s'accommoder d'un terme désormais passé dans le langage courant (*in die gemeine Sprache übergegangen*), il prend soin de préciser qu'il n'entend traiter ni de la science du sens et de la sensation, ni des sentiments tels l'agréable ou la peur, mais de la philosophie de l'art, et notamment de la philosophie de l'art beau (*Philosophie der schönen Kunst*).

Hegel se situe assurément, et de façon délibérée, aux antipodes de la double acception kantienne du terme *esthétique*, à la fois étude des formes *a priori* de la sensibilité et critique du goût, étude du sentiment de plaisir et de peine lié à la faculté de juger, dont le domaine d'application est, selon Kant, l'art. On sait toutefois la place prépondérante qu'il accorde à la nature au détriment de l'art en général et des beaux-arts en particulier. De même, la notion hégélienne d'esthétique, vocable imposé par l'usage et non vraiment accepté, s'éloigne du sens que lui attribue Schiller, kantien et rousseauiste, dans les *Lettres sur l'éducation esthétique de l'homme*, où il est question, avant toute chose, de la « disposition esthétique de l'âme » (*ästhetische Stimmung des Gemüts*) dans son aspiration à l'unité de la beauté, de la moralité et de la liberté.

Enfin, on rechercherait vainement une communauté de sens, d'intention et de projet entre la philosophie de l'art de Hegel et l'esthétique de Jean Paul, auteur d'un *Cours préparatoire d'esthétique* (*Vorschule zur Ästhetik*, 1re éd. 1804, 2e éd. 1813), où l'esthétique est définie, par l'auteur lui-même, comme une « théorie de l'avant-goût » (*Vor-Geschmackslehre*), pour autant que *Geschmackslehre* constitue — comme le rappellent les traducteurs français — un équivalent sciemment élaboré du mot *esthétique*.

Il y a donc peu de chance, comme le signale Hegel, pour qu'au simple énoncé du mot *esthétique*, employé soit comme substantif, soit comme adjectif, l'anglais, l'allemand, le français entendent une chose identique. Jean Paul relève déjà, non sans perspicacité et humour, de telles distorsions, lorsqu'il critique vertement les constructions pseudo-scientifiques de ses contemporains et compatriotes (« les modernes esthéticiens transcendants ») et concède un hommage ambigu aux « esthéticiens anglais et français » (Jean Paul cite Home, Beattie, Fontenelle et Voltaire) chez qui, précise-t-il, « l'artiste gagne au moins quelque chose ». « À chaque nation, son esthétique », semble déplorer Jean Paul en dénonçant la répartition des étudiants esthéticiens de Leipzig (joliment nommés les « fils des Muses ») selon leur nationalité française, polonaise, meissenoise et saxonne sur le modèle du Collège des Quatre Nations parisien (*CPE*, 1979, p. 25).

III. ESTHÉTIQUE ET « KUNSTWISSENSCHAFT »

Confronté au terme *esthétique*, lequel apparaît donc bien, dès le XIXe siècle, aussi nécessaire — sur les plans épistémologique et scientifique — que superflu — sur le plan linguistique — le traducteur européen, pris dans l'urgence d'une transposition, peut fort bien, à l'instar de Hegel, s'accommoder de l'évidente transposition étymologique de *aisthêtikos* dans sa propre langue. Mais, sous peine de faire l'impasse sur des enjeux théoriques et philosophiques d'importance, il lui faut s'assurer du champ disciplinaire recouvert par le générique *esthétique*. Il a, pour ainsi dire, le choix entre « philosophie de l'art », « philosophie du beau », « théorie du goût », « théorie de l'art » ou « théorie des beaux-arts », « théorie » ou « science » ou « critique du beau », « théorie ou science de l'art », sans oublier certains de leurs équivalents, plus ou moins approximatifs, anglais ou allemands : *criticism*, *critic of art*, *Wissenschaft vom Schönen*, *Kunstlehre*, *Kunstkritik*, ou *Kunstwissenschaft*, cette dernière n'étant pas toujours explicitement distinguée de la *Kunstgeschichte*.

C'est ce même souci de différenciation entre les domaines du savoir en esthétique qui, au cours du XXe siècle, contraint les philosophes opérant dans le champ indéterminé de l'esthétique à spécifier la nature et l'orientation de leurs travaux. *Esthétique* perd alors son caractère relationnel et interdisciplinaire entre diverses sciences humaines pour désigner une sorte de méta-théorie ou de méta-discours généraliste et référentiel. Ainsi Theodor Lipps prend-il soin de préciser, en sous-titre, que son *Ästhetik* (1923) doit être comprise comme une psychologie du beau et de l'art (*Psychologie des Schönen und der Kunst*). Certes, il adopte, dès l'introduction, la définition classique, ou du moins la plus convenue, de l'esthétique comme science du beau :

> L'esthétique est la science du beau et donc implicitement aussi celle du laid. Un objet est qualifié de beau parce qu'il est propre à éveiller ou à tenter d'éveiller en moi un sentiment particulier, notamment celui que nous avons coutume d'appeler « sentiment de la beauté.

Mais, aussitôt après, il affirme de façon péremptoire, d'une part, que l'esthétique peut être considérée comme une psychologie appliquée et, d'autre part, que la science historique de l'art (*historische Kunstwissenschaft*) relève dans le même temps de l'esthétique sous peine de trahir sa vocation scientifique la plus essentielle.

Theodor Lipps se heurte en fait à la redoutable question du statut de l'esthétique, considérée tantôt comme une discipline générale et englobante, philosophique et théorique, tantôt comme une discipline incluse elle-même dans une autre plus générale, aux côtés de la critique d'art, de l'histoire de l'art, de la sociologie, de la psychologie, de l'ethnologie et d'autres disciplines concernant les arts ainsi que l'expérience qui s'y rattache. C'est pour pallier ce genre de difficulté que Max Dessoir tente d'imposer la double appellation, difficilement acceptable dans une autre langue, d'*Ästhetik und allgemeine Kunstwissenschaft* [science générale de l'art] (1906, Stuttgart, Enke, 2e éd. 1923).

IV. UNE PART D'INDÉTERMINATION SÉMANTIQUE

Si les philosophes et esthéticiens de langue allemande perçoivent le sens d'une telle opération visant à associer, au sein d'un même champ disciplinaire, deux modes d'approche pourtant distincts, par exemple, la philosophie de l'art de type hégélien et les théories plus scientifiques et descriptives d'un Riegl ou d'un Wölfflin, les Français et surtout les Anglais se montrent moins convaincus par la pertinence du dédoublement au sein d'une expression plutôt encombrante, d'autant que la traduction de « *allgemeine Kunstwissenchaft* » par « *general science of the art* » ou par « science générale de l'art », ne renvoie, aussi bien en Angleterre qu'en France, à aucune méthode ni à aucun objet définis.

Dans *The Essentials of Aesthetics* (1921), George Lansing Raymond insiste, au demeurant, sur l'étrangeté de l'importation du mot allemand *Aesthetik* dans la langue anglaise. Par analogie avec *mathematics*, *physics*, *mechanics*, *ethics*, il justifie l'emploi du pluriel *aesthetics*, et non du singulier *aesthetic* — (« *this term* [...] *seems to be out of analogy with English usage* ») —, par le fait que le mot désigne une pluralité de disciplines dans lesquelles des méthodes similaires produisent des résultats très différents (*greatly varying results*). Selon l'auteur, la terminaison au singulier « *ic* » apparenterait fallacieusement *aesthetic* à *logic* ou *music*, départements spécifiques, centrés sur un objet unique, dans lesquels la méthode scientifique produit des résultats similaires. Dès lors, une définition extensive de l'esthétique entendue au sens de « science de la beauté exemplifiée dans l'art » permet à l'auteur de consacrer sa réflexion à des thèmes et à des domaines qui relèvent surtout de ce que les Allemands nomment *Kunstwissenschaft* et *Kunstgeschichte* et les Français « sciences de l'art », plutôt que d'une esthétique théorique et philosophique.

Pure invention d'un philosophe du XVIIIe siècle, le terme *aisthêtike* — irréprochable, au demeurant, sur le plan linguistique — conservera sans doute encore longtemps, en dépit de son apparente traduisibilité, une part d'indétermination sémantique. Mais, s'il n'explique pas, par lui-même, comment s'est effectué le passage du verbe grec *aisthanomai* à la philosophie du beau ou la science de l'art, il ne cesse de renvoyer à la tentative de comprendre comment les sensations « humbles », objets d'une *gnoseologia inferior*, forment en l'homme les idées que celui-ci réincarne dans ces artefacts qu'il nomme « œuvres d'art ».

Marc JIMENEZ

BIBLIOGRAPHIE

BAUMGARTEN Alexander Gottlieb, *Esthétique*, éd. et trad. fr. J.-Y. Pranchère, L'Herne, 1988.

DESSOIR Max, *Ästhetik und allgemeine Kunstwissenschaft*, Stuttgart, Enke,1906.

HEGEL Georg Wilhelm Friedrich, *Esthétique*, trad. fr. Ch. Bénard, éd. revue et compl. B. Timmermans et P. Zaccaria, Le Livre de Poche, 1997.

JEAN PAUL, *Cours préparatoire d'esthétique* [abrév. *CPE*], trad. fr. A.-M. Lang et J.-L. Nancy, L'Âge d'homme, 1979.

KANT Emmanuel, *Kritik der reinen Vernunft* [1781], in *Kants Werke*, vol. 6, Berlin, Gruyter, 1968 ; *Critique de la raison pure*, in *Œuvres philosophiques*, éd. F. Alquié (dir.), trad. fr. A. J.-L. Delamarre et F. Marty, éd. J. Barni revue, Gallimard, « La Pléiade », vol. 1, 1980.

LIPPS Theodor, *Ästhetik. Psychologie des Schönen und der Kunst*, Leipzig, Voss, 1923.

MUNRO Thomas, « Present Tendencies in American Esthetics », *Philosophic Thought in France and the United States*, New York, University of Buffalo - Farber, 1950.

RAYMOND George Lansing, *The Essentials of Aesthetics*, New York-Londres, Putnam's Sons, 1921.

SCHILLER Friedrich von, *Lettres sur l'éducation esthétique de l'homme*, trad. fr. et préf. R. Leroux, Aubier-Montaigne, 1943.

ESTI [ἐστι], EINAI [εἶναι] GREC – fr. *il y a, il existe, il est possible que, c'est le cas que, il est, existe, est ; être, exister, être identique à, être le cas*

► *IL Y A* [ES GIBT, HÁ], ***ÊTRE*** [SEIN], et ANALOGIE, ***NÉGATION***, ***CATÉGORIE***, ***CHOSE*** [RES], DASEIN, ESSENCE, HOMONYME, NATURE, OBJET, PRÉDICATION, PRÉDICABLE, RÉALITÉ, RIEN, SPECIES, SUJET, TO TI ÊN EINAI, VÉRITÉ

Même le verbe être, *que Schleiermacher qualifie de « premier verbe », est « éclairé et coloré par la langue » (« Des différentes méthodes du traduire », § 239 ; trad. fr. p. 83). Le* einai [εἶναι] *grec possède ou posséderait éminemment un certain nombre de caractéristiques sémantiques et syntaxiques à même de donner lieu à la philosophie comme pensée de l'être, en particulier la collusion entre fonction de copule, sens existentiel et sens véritatif. C'est ainsi, souligne Heidegger, que la langue grecque « philosophait elle-même déjà en tant que langue et en tant que configuration de langue* (Sprachgestaltung) » (De l'essence de la liberté humaine, *trad. fr., p. 57*).

Or, c'est en partie l'enjeu du présent dictionnaire que de tenter un partage entre réalités linguistiques, impact idiomatique d'œuvres philosophiques fondamentales, et ce que Jean-Pierre Lefebvre appelle « nationalisme ontologique » — en l'occurrence projection d'une certaine Allemagne sur une certaine Grèce.

Le Poème *de Parménide compte au nombre des œuvres philosophiques fondamentales pour la pensée grecque et pour le grec comme langue. La forme* esti [ἐστι], *« est », troisième personne du singulier du présent de l'indicatif, qui nomme la voie de recherche du* Poème, *est d'autant plus remarquable qu'en début de phrase elle peut signifier « il y a »* (voir ES GIBT, HÁ), *mais aussi « il est possible ». Enfin, une série de mots et d'expressions clés pour l'ontologie se constitue, au long des textes de Parménide, Platon ou Aristote, comme autant de formes dérivées de* einai : to on [τὸ ὄν], *l'étant ;* to ontôs on [τὸ ὄντως ὄν], *l'étant « étantiquement », c'est-à-dire véritablement, authentiquement, étant ;* ousia [οὐσία], *l'« étance », l'essence, la substance ;* to on hêi on [τὸ ὂν ᾗ ὄν], *l'« étant en tant qu'étant » ;* to ti ên einai [τὸ τί ἦν εἶναι], *le « ce que c'était que d'être », quiddité, essentiel de l'essence.*

Enfin, la question du « n'est pas » et de « ce » qui n'est pas est liée à la question de l'être dès le Poème *de Parménide. Elle oblige à tenir compte des deux expressions possibles de la négation, prohibitive et subjective (particule* mê*), ou factuelle et objective (particule* ou*), recoupant la différence entre « négation »* stricto sensu *(gr.* mê *; to* mê on, *ce qui ne peut pas être, le « néant ») et « privation » (gr.* ou *; to* ouk *on, ce qui se trouve n'être pas [tel]), ainsi que de la combinatoire entre les négations, qui peuvent se combiner ou se renforcer. Ces singularités de la langue grecque, dont jouent les sophistes et les philosophes, permettent d'éclairer les spécificités des vernaculaires qui les traduisent.*

I. LE GREC, LANGUE DE L'ÊTRE ?

« Tout ce qu'on veut montrer ici est que la structure linguistique du grec prédisposait la notion d'"être" à une vocation philosophique. À l'opposé, la langue ewe... » (Benveniste, *Problèmes de linguistique générale*, p. 73). « Le fait que la formation de la grammaire occidentale soit due à la réflexion grecque sur la langue *grecque* donne à ce processus toute sa signification. Car cette langue est, avec l'allemande, au point de vue des possibilités du penser, à la fois la plus puissante de toutes et celle qui est le plus la langue de l'esprit » (Heidegger, *Introduction à la métaphysique*, trad. fr. G. Kahn, p. 67). Les perceptions antagonistes de Heidegger philosophe et de Benveniste linguiste entrent un temps en coïncidence pour décrire à partir de la langue grecque le privilège de *einai* [εἶναι], « être », qu'on le juge par ailleurs source de sens et du sens (Heidegger) ou de confusions et de contresens (Benveniste), destinal ou accidentel. Comme tout verbe, *être* possède une « fonction syntaxique » (Benveniste) liée à sa « grammaire » (Heidegger) et un « sens lexical » (Benveniste) lié à son « étymologie » (Heidegger). Jacques Derrida analyse cette singularité du grec en termes de fusion entre fonction grammaticale et fonction lexicale du verbe *être* : « Quoique toujours inquiète et travaillée en son dedans, la fusion de la fonction grammaticale et de la fonction lexicale de "être" a sans doute un rapport essentiel avec l'histoire de la métaphysique et avec tout ce qui s'y coordonne en Occident » (J. Derrida, « Le supplément de copule », p. 243).

A. Fonction lexicale : la sémantique de « einai »

Benveniste, pour faire mesurer la singularité sémantique du verbe *être* dans la langue grecque et dans nos langues « philosophiques », prend le contre-exemple de la langue ewe, où, mis à part l'identité stricte du sujet et du prédicat marquée par *nye*, d'ailleurs « curieusement » transitif, ce que nous disons *être* se dit tantôt *le* (« Dieu existe », « il est ici ») ou *no* (« il reste là »), tantôt *wo* (« c'est sablonneux »), *du* (« il est roi »), ou *di* (« il est maigre »), avec des verbes qui ont pour tout rapport entre eux celui que nous seuls, maternés en nos langues, projetons (Benveniste, *op. cit.*, p. 71 *sq.*). Heidegger propose quelque chose d'analogue sur un mode étymologique, lorsqu'il relève les trois racines indo-européennes et germaniques à l'œuvre dans les flexions du verbe *être* : *es*, en sanscrit *asus*, « la vie, le vivant » (qui donne le *esti* [ἐστι] grec, fr. *est*, all. *ist*, angl. *is*) ; *bhû*, *bheu*, « croître, s'épanouir », peut-être « apparaître » (comme *phusis* [φύσις], « la nature » en grec, et peut-être gr. *phainesthai* [φαίνεσθαι], « paraître », qui donne lat. *fui*, fr. *il fut*, all. *bin*) ; enfin *wes*, sanscrit *wasami*, « habiter, demeurer, rester » (comme gr. *astu* [ἄστυ], « la ville », et *Vesta, vestibule*, qui donne all. *war*, *wesen*, ou angl. *was* et *were*) : « De ces trois racines, tirons les significations qui apparaissent clairement à l'origine : vivre, s'épanouir, demeurer », significations qu'on nivelle en sens « existentiel » du verbe *être* (Heidegger, *op. cit.*, p. 80-81 ; Benveniste, *op. cit.*, p. 160 et 188) (voir, sur *phusis*, encadré 1 dans NATURE ; sur *phainesthai*, encadré 1 dans LUMIÈRE).

Être est ainsi le foyer ou le produit d'une conjonction lexicale remarquable, inaugurée dans la langue grecque, au sein de « nos » langues et par rapport aux « autres » langues.

B. Fonction grammaticale : la syntaxe de « einai »

À côté de cette sémantique exceptionnellement syncrétique, le verbe *einai* possède une fonction grammaticale non moins singulière.

1. Fonction cohésive et copule

Tout verbe possède une fonction « cohésive », permettant de structurer la relation entre les membres de l'énoncé (« Socrate boit la ciguë »). Mais *être* la possède éminemment. Car il la possède une première fois en tant que copule, assurant la liaison entre sujet et prédicat, qu'il s'agisse d'une identité (« Socrate est Socrate ») ou d'une inclusion (« Socrate est mortel »). Et il la possède une seconde fois — c'est là l'éminence —, parce que cette liaison copulative est à même de se substituer à toutes les autres : la copule, moyennant le bon prédicat, vaut tous les verbes (« Socrate est buvant-la-ciguë » vaut « Socrate boit la ciguë »). D'Aristote à Port-Royal, cette analyse structure la logique prédicative (voir MOT, PRÉDICATION, SYNCATÉGORÈME) :

> < Le verbe, y compris même *être* et *n'être pas* > par soi-même n'est rien [*ouden esti* (οὐδὲν ἐστι)], mais signifie de manière additionnelle une mise en relation [*prossêmainei*, que les médiévaux traduisent par « consignifie », *sunthesin tina* (προσσημαίνει σύνθεσίν τινα)] qui ne peut être conçue sans ses composants.
>
> *De interpretatione*, 4, 16b 23-25.

> Le verbe de lui-même ne devait pas avoir d'autre usage que de marquer la liaison que nous faisons dans notre esprit des deux termes d'une proposition ; mais il n'y a que le verbe *être*, qu'on appelle substantif, qui soit demeuré dans cette simplicité.
>
> *Grammaire*, p. 67.

2. Fonction assertive et sens véritatif

Tout verbe possède, de plus, une fonction « assertive » qui, dit Benveniste, dote l'énoncé d'un « prédicat de réalité » : « À la relation grammaticale qui unit les membres de l'énoncé s'ajoute implicitement un "cela est" qui relie l'agencement linguistique au système de la réalité » (*op. cit.*, p. 154). Un « cela est » accompagnerait toutes nos phrases, au moins affirmatives, comme le « je pense » kantien accompagne toutes nos représentations. Derechef, *être* possède éminemment cette fonction. Car, d'une part, « Socrate est mortel » asserte que Socrate est mortel, au même titre que « Socrate boit » asserte que Socrate boit. Mais, d'autre part, *est*, comme en témoigne le *cela est* qui vient sous la plume de Benveniste, ou notre *n'est-ce pas ?* — angl. *isn't it ?*, mais all. *nicht wahr ?* —, vaut comme une affirmation de cette force affirmative, un redoublement ou un second degré donc, en même temps qu'il fonctionne comme un substitut de n'importe quelle affirmation, un équivalent général donc, aussi universel quant à l'assertion que la copule quant à la cohésion.

Cette seconde fonction, sous le titre d'« usage véritatif », a été récemment projetée sur le devant de la scène par Charles Kahn comme caractéristique par excellence du *einai* grec : ainsi, *legein ta onta* [λέγειν τὰ ὄντα] signifie couramment « dire les choses comme elles sont », « dire la vérité » (cf. Thucydide, VII, 8, 2, cité par C. Kahn, *The Logic of Being*, p. 7). En tant que telle, elle a pu servir pour fonder à elle seule le point de départ parménidéen ; ainsi, pour Pierre Aubenque, Parménide opère-t-il une « confusion » entre fonction véritative, universelle (*être* veut dire « c'est le cas, c'est vrai » et s'oppose à l'opinion), et sens lexical, particulier (*être* veut dire « être permanent » et s'oppose au devenir) : avec le « paralogisme » qui consiste à universaliser ce sens lexical particulier au nom de l'universalité de la fonction syntaxique, faisant ainsi coïncider les deux contraires, « devenir » et « sembler », on tient le *prôton pseudos* (« premier mensonge / première erreur »), « fondateur de la métaphysique » (« Syntaxe et sémantique de l'être », *Études sur Parménide*, t. 2, p. 133 ; cf. « Onto-logique », *in* A. Jacob [dir.], *L'Univers philosophique*, p. 5-16).

Cette fonction assertive, qui induit le sens véritatif, est à coup sûr intriquée au sens existentiel (dire *ta onta*, c'est dire la réalité existante, la *Wirklichkeit*) comme à la fonction copulative (« Socrate est mortel » affirme que Socrate est bel et bien mortel). Elle n'est rien d'autre finalement qu'un symptôme de la « prétention au-dehors de la langue » (c'est une expression de Derrida, « Le supplément de copule », p. 219), ou, en termes autrement marqués, de la vection proprement ontologique du *logos*. La caractéristique grammaticale de *einai*, verbe si bien nommé *substantif*, est ainsi de pouvoir tenir lieu de tous les autres pour lier et pour affirmer, dans la langue, dans le monde ou vers le monde, et dans notre pensée. *Être* est, à lui seul, la matrice ou la projection grammaticale de cette « unité trinitaire » être-penser-parler dont le poème de Parménide constitue la première exposition (E. Hoffmann, *Die Sprache und die archaische Logik*, p. 11, 15).

Pour évaluer cette fusion ou cette confusion entre fonction et sens caractéristique de *einai*, on retrouve évidemment les deux positions : homonymie accidentelle et obstacle linguistique à l'intelligibilité rationnelle, ou coup d'envoi historial et marque de « la façon dont les Grecs comprenaient l'essence de l'être [*Wesen des Seins*, "l'estance de l'être"] » (Heidegger, *Introduction à la métaphysique*, trad. fr. G. Kahn, p. 100) comme ouverture — mais dans un cas comme dans l'autre, nul ne conteste qu'il s'agit d'un fait de langue. (Voir ESSENCE, I, où la position comparatiste de Mill peut être, *mutadis mutandis*, alignée sur celle de Benveniste, et la position historisante, voire « historialisante », de Hintikka sur celle de Heidegger.)

♦ Voir encadré 1.

1

Le statut des distinctions aristotéliciennes

► ANALOGIE, *CATÉGORIE*, HOMONYME, *SOPHISME*

Aristote utilise, comme tout locuteur grec, le verbe *einai* dans l'amplitude de son sens, cependant qu'il thématise, comme philosophe, dans sa *Métaphysique* la pluralité des sens de l'être et qu'il stigmatise, par exemple dans les *Réfutations sophistiques*, les erreurs de raisonnement et les sophismes imputables à la confusion des différentes significations. Qu'il soit ou non conscient à la manière de Benveniste des rapports entre catégories de pensée et catégories de langue (« Inconsciemment, écrit Benveniste, il a pris pour critère la nécessité empirique d'une *expression* distincte pour chacun des prédicats. Il était donc voué à retrouver sans l'avoir voulu les distinctions que la langue même manifeste entre les principales classes de formes », *Problèmes de linguistique générale*, p. 70), Aristote propose des distinctions ontologiquement fondatrices et que ne cessent de reprendre, parfois « inconsciemment », les distinctions modernes, y compris celles qui constituent, *via* les « ontologies informatiques », l'ossature du *semantic web*.

L'être (*to einai*), ou l'étant (*to on* [τό ὄν]), est un *pollakhôs legomenon* [πολλαχῶς λεγόμενον] : il se dit de manière multiple, très précisément différenciée de l'homonymie (la pluralité des sens est énoncée plusieurs fois dans la *Métaphysique*, Δ 7 ; E 2 ; Θ 10). En un premier sens, qui recoupe et même définit la fonction copule, il se dit « selon l'accident (*to kata sumbebêkos* [τὸ κατὰ συμβεβηκός]) » : « quand on dit "ceci est cela", cela signifie que "cela est accident de ceci" » (Δ 7, 1017a 12-13). En un second sens, qui recoupe le sens véritatif, l'étant se dit « comme vrai (*hôs alêthes* [ὡς ἀληθές]), et le non-étant comme faux » (E 2, 1026a 34-35). À quoi s'ajoutent les « figures des catégories » ou « chefs de la prédication » (*skhêmata tês katêgorias* [σχήματα τῆς κατηγορίας], 36 ; voir encadré « *Skhêma* » dans MOT), soit une liste finie et peu variable d'angles d'attaque, d'imputations (ce qui est peut être : « essence, quantifié, qualifié, relatif, quelque part, à un moment » ; il peut « se trouver dans une position, avoir, agir, pâtir », pour reprendre la liste canonique du chap. 4 des *Catégories*). Or la première catégorie, l'*ousia* [οὐσία], substantif dérivé du participe *on* et qu'on traduit par « essence » ou « substance » (voir ESSENCE et SUJET, I), est celle qui détermine la consistance et la subsistance du sujet de la prédication : elle recoupe ainsi le sens existentiel de *einai*, et unifie toutes les autres catégories qui ne se disent qu'en fonction du « principe unique » qu'elle-même constitue (Γ 2, 1003b 5-10, voir HOMONYME, II).

Reste un dernier sens : celui du « en puissance et en acte [*dunamei kai energeiai* (δυνάμει καὶ ἐνεργείᾳ)] » (E 2, 1026b 1-2), dont la modernité linguistique a peu tiré parti (voir ASPECT), à la différence de la modernité ontologique (voir ACTE). C'est le plus énigmatique pour nous, qui n'articulons guère la physique (voir FORCE, encadré 1), la praxis (voir PRAXIS) et la sémantique.

II. « ESTI » : LA TROISIÈME PERSONNE DU SINGULIER

A. La route « que esti »

Le *Poème* de Parménide, *Sur la nature ou sur l'étant*, est toujours impliqué comme texte fondateur de l'ontologie : « Ces quelques mots sont dressés là comme des statues grecques archaïques. Ce que nous possédons encore du poème didactique de Parménide tient en un mince cahier qui bien entendu réduit à rien les prétentions de bibliothèques entières d'ouvrages philosophiques, qui croient à la nécessité de leur existence. Celui qui connaît les dimensions d'un tel dire pensant doit, aujourd'hui, perdre toute envie d'écrire des livres » (Heidegger, *Introduction à la métaphysique*, trad. fr. G. Kahn, p. 105). C'est le texte par excellence où se laisse déchiffrer cette fusion.

Voici ce que la divinité dit au jeune homme :

> Εἰ δ᾽ ἄγ᾽ ἐγὼν ἐρέω, κόμισαι δὲ σὺ μῦθον ἀκούσας,
> αἵπερ ὁδοὶ μοῦναι διζήσιός εἰσι νοῆσαι·
> ἡ μὲν ὅπως ἔστιν τε καὶ ὡς οὐκ ἔστι μὴ εἶναι,
> πειθοῦς ἐστι κέλευθος, ἀληθείῃ γὰρ ὀπηδεῖ,
> ἡ δ᾽ ὡς οὐκ ἔστιν τε καὶ ὡς χρεών ἐστι μὴ εἶναι,
> τὴν δή τοι φράζω παναπευθέα ἔμμεν ἀταρπόν·
> οὔτε γὰρ ἂν γνοίης τό γε μὴ ἐόν, οὐ γὰρ ἀνυστόν,
> οὔτε φράσαις.
>
> Viens que j'énonce — mais toi, charge-toi du récit que tu auras entendu —
> quelles voies de recherche seules sont à penser :
> l'une que est et que n'est pas ne pas être,
> c'est le chemin de la persuasion, car il suit la vérité ;
> l'autre que n'est pas et qu'est besoin de ne pas être,
> celle-là, je t'indique que c'est un sentier dont on ne peut rien savoir
> car tu ne saurais connaître ce qui, en tout cas, n'est pas
> (car on ne peut en venir à bout)
> ni l'exprimer.
>
> II, 1-8.

Parmi les deux routes de recherche susceptibles d'être pensées, la seule qu'on puisse connaître et exprimer, celle de la persuasion qui accompagne la vérité, s'énonce : *esti*, « est », troisième personne du singulier du présent du verbe *être* (*hê men* [*hodos*] *hopôs estin*, « la première [route], que est », II, 3, repris en VIII, 1, *muthos odoio* [...] *hôs estin* [μῦθος ὁδοῖο (...) ὡς ἔστιν], « le mot du chemin / le récit de la route, que est »).

Si *einai* n'est pas n'importe quel verbe, *esti* n'en est pas non plus n'importe quelle forme. « La forme verbale déterminée et particulière "est", *la troisième personne du singulier de l'indicatif présent*, a ici un privilège. Nous ne comprenons pas l'être en ayant égard à "tu es", "vous êtes", "je suis" ou "ils seraient"... » (Heidegger, *op. cit.*, p. 100). *Esti* implique ou consignifie à soi seul un mode (l'« indicatif » : c'est là, c'est le cas, c'est vrai — ou toujours déjà là), un temps (le « présent » : c'est maintenant, en simultanéité avec l'énonciation — ou hors temps), un nombre (un « singulier » : c'est un, unique — ou sans nombre) et une personne (la « troisième » : c'est de l'autre, extériorité — ou de l'impersonnel, ouverture).

Il faut bien comprendre que l'indication de personne (troisième du singulier) peut suffire en grec comme en latin, à la différence du français ou de l'anglais, à exprimer le sujet : *est* veut seulement dire « est », mais *esti*, sans pronom, peut vouloir dire « est », mais aussi « il (ou "elle", au féminin, "il" ou "cela", au neutre) est ». D'ordinaire, évidemment, lorsque le sujet n'est pas exprimé, c'est qu'il vient de l'être ou qu'il se trouve facile à déduire (« Socrate arrive ; [il, non exprimé en grec] est laid »).

Il y aura donc deux types de traduction pour *esti* :

(a) Celles qui supposent un sujet (« supposer » et « sujet » se diraient avec le même mot si l'on faisait du thème, *hupokeisthai* [ὑποκεῖσθαι], *hupokeimenon* [ὑποκείμενον], voir SUJET). Les sujets envisagés ont été ou bien le substantif le plus proche, à savoir la route elle-même, ou bien un nom ou un pronom « contenu » dans le verbe grec (« l'être », « l'étant », « quelque chose », « il », « c' »), qu'on choisit alors de lester d'un sens plus ou moins lourdement métaphysique, physique, ou épistémologique (la réalité, le vrai, l'objet de connaissance). Ainsi, J. Barnes traduit II, 3 et 5 par *it is*, *it is not* — *it* désignant l'objet de la recherche (*The Presocratic Philosophers*, p. 157 ; « Soit un étudiant, *a*, et un objet d'étude, *O* ; et supposons que *a* étudie *O* », p. 165). G. S. Kirk, J. E. Raven et M. Schofield traduisent de même, et commentent : « Que représente le "il" que notre traduction considère comme le sujet grammatical du verbe *estin* ? Il s'agit très probablement de tout objet soumis à une recherche quelconque — dans chaque recherche, on doit présumer soit que l'objet est, soit qu'il n'est pas » (*Les Philosophes présocratiques*, trad. fr. H.-A. de Weck et D. J. O'Meara, p. 263 et 259).

(b) Celles qui n'entendent que du verbe dans le verbe. C'est là qu'intervient la possibilité pour *esti* d'être un « impersonnel » (voir sur ce point les classements hétérogènes de Bailly et du LSJ). En grec, le rapport entre forme dite personnelle et forme dite impersonnelle est d'autant plus sensible que *esti* (ou pl. *eisi* [εἰσί]) placé en début de phrase signifie couramment « il y a ». Il peut prendre même un sens modal lorsqu'il est suivi d'un infinitif, « il est possible que » : ainsi, au vers 3 du fragment II, *kai hôs ouk esti mê einai* peut se traduire « et qu'il n'est pas possible de ne pas être » (cf. VI, 1, *esti gar einai* [ἔστι γὰρ εἶναι], « il est possible d'être »). Il faut noter que toutes nos langues, à la différence du grec, doivent ajouter un sujet apparent ou grammatical, alors qu'en grec *esti*, ou au pluriel *eisi*, placé en premier, est suivi très normalement du sujet « réel » (non pas, comme dans le poème de Rimbaud que Heidegger aimait à citer pour faire comprendre la donation du *es gibt* : « au bois, *il* y a un nid de bêtes blanches », mais « *esti* un nid de bêtes blanches »). Par ailleurs, le français n'a pas plus de chance que l'allemand (« il *y a* », « es *gibt* »), car il ne peut rendre, à la différence de l'anglais (« there *is* »), le même par le même (voir ES GIBT, HÁ).

Pour comprendre et traduire le *esti* de la route, il importe de partir de cette fusion caractéristique, entre autres, du grec entre assertion, copule, existence, donation, et de ne pas le restreindre à une part ou à une dimension de lui-même, de refuser donc toute traduction coupante et partielle, en particulier toute traduction qui suppose ou invente un sujet, bloquant ainsi toute une série de sens possibles. On les aura pourtant toutes proposées ou caressées, en pariant parfois que l'élue contenait, relevait toutes les autres : outre *it is* (J. Barnes ; G. S. Kirk, J. E. Raven et M. Schofield), on trouve *it is the case* (le véritatif de C. Kahn), — *is* — (la copule provisoire de A. Mourelatos), *il y a* (la donation de M. Conche). Mais aucune ne donne la liberté de la traduction « totale » par *est*, permettant au poème de mettre en exploitation le *est* en fusion, et d'instituer par là la philosophie comme fait de langue.

♦ Voir encadré 2.

B. De « esti » (est) à « to eon » (l'étant) : le déploiement de la grammaire

S'il ne faut pas *supposer* de sujet à ce premier *esti*, c'est que, d'une certaine manière, tout le poème consiste à le construire. Et s'il est essentiel de rendre *esti* par *est*, c'est qu'il faut pouvoir opérer l'élaboration nominale de *to eon* [τὸ ἔον], « l'étant », hors, ou à partir, de ce *est*, faire exister le premier sujet à partir du premier verbe.

Les étapes sont autant de formes grammaticales marquées : du *esti*, « est », surgit le participe *eon*, « étant », sous sa forme verbale, c'est-à-dire sans article. Elle est préparée par une première transformation, dont l'antériorité est signalée par un « en effet » : du *est*, se détache d'abord la forme infinitive *être* :

> Χρὴ τὸ λέγειν τε νοεῖν τ' ἐὸν ἔμμεναι· ἔστι γὰρ εἶναι
> (*Khrê to legein te noein t' eon emmenai ; esti gar einai*).
>
> Il faut dire ceci et penser ceci : [c'est] en étant [que] est ; est en effet être.
>
> VI, 1.

(Sur l'ensemble des constructions et des traductions possibles de cette phrase, voir B. Cassin, *Parménide*, p. 144-148 et 34-47 ; citons, pour faire mesurer l'amplitude des variations : « il faut que ce qu'il est possible de dire et de penser soit » [J. Barnes], « il faut dire et penser de l'étant l'être » [J. Beaufret].)

2

L'accentuation de « esti »

Les textes grecs se sont d'abord présentés sous forme de *scriptio continua*, en onciales (lettres ressemblant à des majuscules), sans séparation entre les mots, sans ponctuation, sans accentuation. Le passage aux textes tels que nous les éditons, qui implique en outre la résolution de nombreuses abréviations et la connaissance des différentes formes de ligatures entre les lettres, est évidemment une source d'erreurs. Pour « émender » un texte, pour juger de la vraisemblance d'une confusion, donc d'une correction, il faut en tout cas faire retour aux conditions de la transmission manuscrite.

L'accentuation a été codifiée, non seulement tardivement, mais selon différents critères. En ce qui concerne *esti*, elle différencie le type d'usage qui est fait du verbe : la majorité des auteurs modernes écrivent *esti* enclitique (ἐστι) pour signaler l'emploi copulatif, prédication ou identité, et *esti* (ἔστι) orthotonique dans ses emplois existentiels et potentiels. Cette règle complète la règle plus ancienne de la simple position, avec *esti* (ἔστι) accentué quand il est à l'initiale (ou après des mots comme *alla, ei, kai, hopôs, ouk, hôs*) — à vrai dire, les deux règles se recoupent, un *esti* en début de phrase ou de vers ayant toutes les chances d'être un *esti* fort, « accentué », avec le sens de « il y a », « il existe », « il est possible ».

Cette codification tardive, qui contraint à la distinction entre sens existentiel et sens copulatif, risque toutefois d'entraver le libre jeu de l'amplitude, indissolublement sémantique et fonctionnelle, de *esti*, fait de langue total, et d'obliger à des choix trop figés par rapport à un état de langue, et au travail sur la langue qui est en train de s'accomplir. C'est le cas en particulier dans le poème de Parménide, ou le *Traité du non-être* de Gorgias. Elle imprime en tout cas dans le grec les choix des interprètes. Ainsi, dans Parménide, VII, 34, avec la même accentuation, on peut comprendre *esti* comme verbe d'existence (Simplicius, Beaufret) ou comme autonyme (Aubenque, O'Brien, Conche ou Cassin, voir P. Aubenque, « Syntaxe et sémantique de l'être », p. 123). Mais, selon la manière dont on l'accentue au vers 35, on le comprendra ensuite comme autonyme ou comme simple copule. Soit donc deux accentuations possibles, et trois traductions types :

> ταὐτὸν δ' ἐστὶ νοεῖν τε καὶ οὕνεκεν
> ἔστι νόημα
> οὐ γὰρ ἄνευ τοῦ ἐόντος, ἐν ᾧ
> πεφατισμένον ἐστίν
> εὑρήσεις τὸ νοεῖν·
>
> [Or c'est le même, penser et ce à dessein de quoi il y a pensée.
> Car sans l'être où il est devenu parole, tu ne trouveras le penser.]
>
> J. Beaufret, *Parménide. Le Poème*, p. 87.

> ταὐτὸν δ' ἐστὶ νοεῖν τε καὶ οὕνεκεν
> ἔστι νόημα
> οὐ γὰρ ἄνευ τοῦ ἐόντος, ἐν ᾧ
> πεφατισμένον ἐστίν
> εὑρήσεις τὸ νοεῖν·
>
> [C'est une même chose que penser et la pensée < affirmant > : « est »,
> car tu ne trouveras pas le penser sans l'être, dans lequel
> < le penser > est exprimé.]
>
> D. O'Brien, *Le Poème de Parménide*, p. 40.

> ταὐτὸν δ' ἐστὶ νοεῖν τε καὶ οὕνεκεν
> ἔστι νόημα
> οὐ γὰρ ἄνευ τοῦ ἐόντος, ἐν ᾧ
> πεφατισμένον ἔστιν,
> εὑρήσεις τὸ νοεῖν·
>
> [C'est la même chose penser et la pensée que « est »
> car sans l'étant dans lequel « est » se trouve formulé,
> tu ne trouveras pas le penser.]
>
> B. Cassin, *Parménide, Sur la nature ou sur l'étant*, p. 89 ; voir sur tout ceci p. 160-165.

OUTILS

LEJEUNE Michel, *Précis d'accentuation grecque*, Hachette, 1945 (§ 51).

VENDRYÈS Joseph, *Traité d'accentuation grecque*, Klincksieck, 1904 (§ 122-123 et 130-133).

WACKERNAGEL Jacob, « Der grieschische Verbal-akzent », *Zeitschrift für vergleichende Sprachforschung*, 23, 1877, p. 466 *sq*.

Enfin, en VIII, 32, la substantivation du participe lui confère sa définitive plénitude de sujet : *to eon*, « l'étant ». Il faut souligner le rôle de l'article, *ho, hê, to*, issu du démonstratif homérique, qui confère à la chose la consistance d'un nom propre (on dit en grec : *ho Sôkratês* [ὁ Σωκράτης], « le Socrate », voir MOT, II, A, 1), d'un sujet-substance (la différence sujet-prédicat se marque en grec, non par l'ordre des mots, mais par la présence ou l'absence de l'article). L'article-déictique entre ainsi dans la formation du pronom personnel de la troisième personne, *autos* [αὐτός], « lui-même », *ipse*, qui deviendra terminologique chez Platon du statut de l'idée *kath' hauto* [καθ' αὑτό], « en soi » ; précédé d'un article, *ho autos*, il signifie *idem* et marque dans le *Poème* l'expression de l'identité à soi de l'étant (voir JE, encadré 2) :

> Ταὐτόν τ' ἐν ταὐτῷ τε μένον καθ' ἑαυτό τε κεῖται
> χοὔτως ἔμπεδον αὖθι μένει· κρατερὴ γὰρ 'Ανάγκη
> πείρατος ἐν δεσμοῖσιν ἔχει, τό μιν ἀμφὶς ἐέργει, οὕνεκεν οὐκ ἀτελεύτητον τὸ ἐὸν θέμις εἶναι·
>
> [Le même et restant dans le même, il se tient en soi-même
> et c'est ainsi qu'il reste planté là au sol, car la nécessité puissante
> le tient dans les liens de la limite qui l'enclôt tout autour ;
> c'est pourquoi il est de règle que l'étant ne soit pas dépourvu de fin.]
>
> VIII, 29-32.

C'est ainsi qu'au bout de la route du *esti* surgit la sphère de *to eon*, avec les mots mêmes qui servent à nommer Ulysse dans son identité de héros quand les Sirènes le chantent (Homère, *Odyssée*, XII, 158-164 ; voir B. Cassin, *op. cit.*, p. 48-64).

III. LE VOCABULAIRE GREC DE L'ONTOLOGIE : « TO ONTÔS ON », « OUSIA », « TO ON HÊ ON », « TO TI ÊN EINAI »

« Autre chose est de s'exprimer sur l'étant par le récit et la narration, autre chose est de saisir l'étant dans son être. Que l'on compare donc les passages ontologiques du *Parménide* de Platon ou le quatrième chapitre du septième livre de la *Métaphysique* d'Aristote aux parties narratives de Thucydide, et l'on verra à quel point était inouï le langage que les philosophes grecs ont imposé à leurs contemporains » (M. Heidegger, *Être et Temps*, § 7, trad. fr. p. 57). De fait, les philosophes n'ont cessé de forger des *termini technici*, expressions-surenchères pour dire de plus en plus intimement le « par excellence » du *to on* ainsi surgi, en exploitant les ressources sémantiques et syntaxiques offertes par le grec le plus courant et en faisant par là même apparaître le jeu de ces ressources comme à penser.

Ainsi de l'adverbe *ontôs* [ὄντως] (formé sur le participe *on*), qui signifie « réellement, véritablement, authentiquement », confirmant le nouage entre sens existentiel et sens véritatif : il est utilisé en ce sens par Euripide (*Héraclès*, 610 : « Es-tu vraiment [*ontôs*] allé chez Hadès ? ») ou Aristophane (*Nuées*, 86 : « Si tu m'aimes vraiment [*ontôs*] »). Platon l'utilise à son tour comme tout le monde, en corrélation avec *alêthôs* [ἀληθῶς] par exemple, même s'il en souligne contextuellement la littéralité (« c'est un tel assemblage qui devient réellement et vraiment un discours faux [*ontôs te kai alêthôs gignesthai logos pseudês* (ὄντως τε καὶ ἀληθῶς γίγνεσθαι λόγος ψευδής)] », *Sophiste*, 263d). L'Étranger peut alors jouer avec un brio tout sophistique sur le fait que le non-être, en tant qu'image ou semblant (*eidôlon* [εἴδωλον]), n'est pas « étantiquement/authentiquement » — on pourrait traduire : « pour de bon », *wirklich* (voir RÉALITÉ) — du non-être.

> L'ÉTRANGER : — Le véritable, tu dis que c'est étantiquement étant (*ontôs on* [ὄντως ὄν]) ?
> THÉÉTÈTE : — Oui.
> [...]
> É. : — Donc le ressemblant, tu dis que c'est non étantiquement non-étant (*ouk ontôs ouk on* [οὐκ ὄντως οὐκ ὄν]), puisque tu vas dire que c'est non véritable.
> T. : — Oui, mais pourtant c'est d'une certaine façon (*esti pôs* [ἔστι πως]).
> É. : — Mais pas vraiment (*oukoun alêthôs* [οὔκουν ἀληθῶς]), dis-tu.
> T. : — Bien sûr que non, sauf que c'est étantiquement une image (*eikôn ontôs* [εἰκὼν ὄντως]).
> É. : — Ce que nous appelons image est donc étantiquement non étantiquement non-étant (*ouk on ara ouk ontôs estin ontôs hên legomen eikona* [οὐκ ὂν ἄρα οὐκ ὄντως ἐστὶν ὄντως ἣν λέγομεν εἰκόνα]).
>
> *Sophiste*, 240b 3-13 (je ne rends *ontôs* par « étantiquement » que pour faire entendre le poids de la famille de termes) ; voir MIMÊSIS, I.

À comprendre bien simplement : l'image, ce n'est pas réellement du non-être — mais il sied qu'en ces matières le lecteur perde pied et ne puisse compter sur le traducteur (ainsi N. L. Cordero : « Ce que nous disons être réellement une copie n'existe pas réellement », Flammarion, « GF », 1993, p. 133).

Quoi qu'il en soit, il est manifeste que Platon rend terminologique l'adverbe *ontôs* en substantivant le redoublement *to ontôs on* [τὸ ὄντως ὄν], qu'on traduit généralement par « l'être authentique ». Pour les « amis des formes [*tous tôn eidôn philous* (τοὺς τῶν εἰδῶν φίλους)] », l'*ontôs on* et l'*ontôs ousia* [ὄντως οὐσία] désignent l'être réel et l'existence réelle, immuables, qui relèvent du raisonnement et de l'âme, par opposition au devenir qui relève de la sensibilité et du corps : bref, cela désigne les *eidê* elles-mêmes (*Sophiste*, 248a 11 ; cf. *Phèdre*, 247c 7, e 3 ; cf. aussi *République*, X, 597d 1-2, où le dieu, par différence avec le menuisier d'une part, le peintre de l'autre, veut « être réellement le créateur du lit qui est réellement [*einai ontôs klinês poiêtês ontôs ousês* (εἶναι ὄντως κλίνης ποιητὴς ὄντως οὔσης)] », à savoir de l'idée, *to eidos* [τὸ εἶδος], de « ce qui est lit [*ho esti klinê* (ὃ ἔστι κλίνη)] » [597a 1]).

Ces syntagmes complexes se complexifient, bien davantage et autrement, avec le néoplatonisme, qui fait se croiser, sous les expressions du *Sophiste* et du *Parménide*, des distinctions aristotéliciennes et, surtout, stoïciennes, pour parvenir, *via* les *ontôs onta* et les *mê ontôs mê onta*, « véritablement/étantiquement étants » et « non-véritablement/non-étantiquement non-étants », à un *mê on huper to on* [μὴ ὄν ὑπὲρ τὸ ὄν], un « non-étant au-dessus de l'étant », qui s'oppose au « non-étant absolu », « pur et simple », *haplôs mê on* [ἁπλῶς μὴ ὄν], et permet de résoudre le problème de la définition de Dieu (Pierre Hadot, *Porphyre et Victorinus*, p. 147-178).

Le même investissement philosophique du langage courant vaut sur le plan strictement sémantique. On sait bien qu'*ousia* a le sens usuel, relevant du domaine juridique, de « propriété, bien-fonds, fortune », qui implique l'appartenance et la possession d'une part, la présence actuelle et visible de l'autre (on lit ainsi dans l'*Hélène* d'Euripide le dialogue suivant : « Comment honorez-vous ceux qui meurent en mer ? — Selon l'état de la fortune de chacun (*hôs an parousês ousias* [ὡς ἂν παρούσης οὐσίας]) », 1252-1253, trad. fr. H. Grégoire, Les Belles Lettres, 1973, voir ESSENCE, III]). Or c'est ce mot que, après Platon, Aristote élit pour désigner l'objet « par excellence, premier et pour ainsi dire unique » de sa recherche : « Ce qu'autrefois comme maintenant et sans cesse on cherche et sans cesse on manque : qu'est-ce que l'étant , c'est : qu'est-ce que l'essence (*ti to on, touto esti tis hê ousia* [τί τὸ ὄν, τοῦτο ἐστὶ τίς ἡ οὐσία]) » (*Métaphysique*, Z, 1, 10028b 1-7). Puis on trouvera, à partir d'Épicure et Plotin, l'*ousiotês* [οὐσιότης] pour dire la « substantialité » (*Corpus hermeticum*, 12. 1), et l'adjectif *ousiôdês* [οὐσιώδης] pour caractériser un agrégat (Épicure, *De rerum natura*, 14, 1).

Mais la substantivation liée au redoublement demeure la clef de la technique philosophique. Ainsi en va-t-il de *to on hêi on* [τὸ ὂν ᾗ ὄν], « l'étant en tant qu'étant » ou « l'être en tant qu'être », « et non en tant que nombres, lignes ou feu », dont le début du livre *Gamma* de la *Métaphysique* affirme qu'« il existe une science » pour en faire la théorie, et que c'est justement celle du philosophe (1, 1003a 21 ; 2, 1003b 15-19 et 1004b 5-6). Ou de l'énigmatique *to ti ên einai* [τὸ τί ἦν εἶναι], qui duplique la question elle-même substantivée *to ti esti* [τὸ τί ἔστι] (le « ce que c'est », l'« essence », comme on traduit), pour désigner quelque chose comme le cœur du cœur de l'être — « l'essentiel de l'essence » (voir TO TI ÊN EINAI).

IV. « OUK ESTI » : NON-ÊTRE, NÉANT, RIEN

A. Les deux sortes de négation, « ou » et « mê »

1. « Esti », « ouk esti » et « to on », « to ouk on », « to mê on »

Le *Poème* de Parménide propose deux voies de recherche à penser, apparemment symétriques puisque contradictoires : *esti* et *ouk esti*, « est » et « n'est pas » (II, 3 et 5). La complexité du sens de *esti* vaut de fait pour l'affirmation comme pour la négation : « est », « il est », « il existe », « il est possible que », « c'est le cas » / « n'est pas », « il n'est pas », « il n'existe pas », « il est impossible que », « ce n'est pas le cas » (voir ci-dessus, I et II, A).

Mais l'expression de la négation ajoute un autre type de perturbation, car il y a en grec deux manières de nier. D'une part, la négation *ou* (*ouk, oukh*) [οὐ] : c'est une négation de fait, « objective », qui s'applique à un fait réel ou présenté comme tel ; d'autre part, la négation *mê* [μή] : c'est une négation à la fois « subjective » et « prohibitive », qui implique une volonté et une supposition de l'esprit (voir par ex. A. Meillet et J. Vendryes, *Traité de grammaire comparée des langues classiques*, Champion, 4e éd. rev., § 882-883). On trouve la seconde essentiellement aux modes autres que l'indicatif, liés à la « modalité » justement (subjonctif, optatif), pour exprimer toutes les nuances de la défense, de la délibération, du souhait et du regret, de l'éventualité, de la virtualité. De même distinguera-t-on par exemple *ouk on* [οὐκ ὄν] et *mê on* [μὴ ὄν], « n'étant pas », en distribuant toutes les nuances que peut revêtir un participe, plutôt factuel et causal (*ouk on* [*x*], « dans la mesure où, parce que, il n'est pas [x] ») ou plutôt adversatif, concessif, hypothétique (*mê on* [*y*], « alors que, du moment que, même si, il n'est pas [y]).

Le contraste vaut évidemment quand on substantive le participe. Ainsi, *ho ouk on, hoi ouk ontes*, au masculin, est la manière dont Thucydide désigne le mort ou les morts (II, 44 et 45) ; de même quand on évoque un passage possible entre de l'étant et du non-étant, c'est *to ouk on* qu'on utilise ; par exemple, Mélissus, élève de Parménide, refuse le devenir en ces termes : « S'il s'altérait, nécessairement l'étant ne serait pas semblable, mais l'étant d'avant (*to prosthen eon*) périrait, et le non-étant (*to de ouk eon*) adviendrait » (30 B 7 D.K., t. I, p. 270, l. 19-20). Par différence, *to mê on*, c'est ce qui n'est pas, non pas parce qu'il n'est pas, mais parce qu'il ne peut pas, ou ne doit pas, être. *To ouk on et to mê on* sont donc deux manières bien distinctes de signifier « le non-étant », face à l'unique *to on*.

Or, dans le *Poème*, dès qu'on s'avance sur la route du « n'est pas », *ouk esti*, ce n'est plus le *ouk*, mais le *mê*, qu'on rencontre, si bien que sur cette route, à la différence de celle du « est », le verbe ne donne lieu à aucun sujet : *to mê on*, participe substantivé, désigne le non-être en tant qu'il n'est pas simplement inexistant, mais prohibé, interdit, impossible (II, 6-7 : « tu ne saurais connaître *to ge mê on* [litt. : le en tout cas absolument non-étant], car on ne peut en venir à bout ni l'exprimer »). Le choix de cette négation implique qu'il n'y a pas de passage ni de commensurabilité entre l'être et le non-être, et que la route du « n'est pas » est une impasse.

Mais si l'on s'en tient à la logique de la négation prohibitive, alors, comme le souligne l'Étranger dans le *Sophiste* de Platon, il ne peut pas y avoir d'« orthologie du non-être » (239b) : émettre *to mê on*, articuler ce syntagme, c'est déjà en effet, du fait de l'énonciation, conférer au non-être un certain type d'existence (le non-*être*) ; de plus, c'est, à travers la forme de l'énoncé, lui conférer un certain type d'unité (*le* non-être) — deux manières d'aller qu'on le veuille ou non contre le sens propre de l'expression prohibitive (237a-239b). D'où le choix philosophique de réinterpréter cette négation, et d'en faire seulement la marque d'une altérité, d'une distinction, d'une différence, et non pas d'une contradiction ou d'une interdiction : « Chaque fois que nous disons *to mê on*, à ce

qu'il semble, nous ne disons pas un contraire de l'*on*, mais simplement un autre (*ouk enantion ti* [...] *all' heteron monon*, 257b) ». Dans ce cas, sur fond de la participation des Idées entre elles, la négation *mê* est ramenée à la négation *ou*, et toutes deux sont ramenées à l'affirmation – non pas toute détermination est négation, comme dira Spinoza, mais toute négation est détermination :

> Chaque fois qu'on dira que négation signifie contraire, nous ne serons pas d'accord ; nous accorderons seulement ceci : le *mê* et le *ou* qu'on pose devant les mots qui viennent après font signe vers l'un des autres mots ou, plus exactement, vers l'une des autres choses que désignent les mots articulés après la négation.
>
> *Sophiste*, 257b-c.

Platon, suivant là Gorgias, peut prendre Parménide à son propre piège en constatant qu'énoncer le non-être, c'est déjà le faire être. L'orthodoxie parménidéenne, en revanche, est en droit de réduire l'opération du *Sophiste*, assimilant non-être et altérité, à un engagement pur et simple dans la voie de la *doxa*, cette voie trop humaine des mortels qui ne savent pas faire la distinction entre « est » et « n'est pas » (« race qui ne distingue pas, pour qui l'exister et ne pas être [*to pelein* – forme archaïque de *einai* – *te kai ouk einai* [τὸ πέλειν τε καὶ οὐκ εἶναι] est estimé même et non-même », fr. VI, 9-10 ; voir DOXA).

♦ Voir encadré 3.

2. Négation et privation

La différence entre « les deux particules de négation que la langue grecque a vraisemblablement connue avant *toutes* les autres » (Schelling, *Introduction...*, trad. fr. p. 202) recoupe de manière subtile la différence entre négation et privation.

Aristote thématise cette différence entre « négation » et « privation ». Elles sont deux des quatre manières de « s'opposer » (*antikeisthai* [ἀντικεῖσθαι]) :

> On dit qu'une chose s'oppose à une autre en quatre sens : soit à la manière des relatifs [*ta pros ti*], soit à la manière des contraires [*ta enantia*], soit à la manière de la possesssion et de la privation [*sterêsis kai hexis*], soit à

3

Les « Traités du non-être », ou comment le non-être est non-être

Il n'y a pas d'orthologie du non-être. Cela signifie d'abord qu'énoncer le non-être, *to mê on*, contredit son inexistence, dès qu'on suppose avec Parménide qu'être, penser et dire s'entrappartiennent. L'énonciation contrevient à l'énoncé (voir ACTE DE LANGAGE).

Cela implique également que toute proposition le concernant, et au premier chef la proposition d'identité, « le non-être est non être » est auto-contradictoire. Comme pour *être*, sémantique et syntaxe sont inséparables. Telle est en tout cas la position de Gorgias qui inaugure la très longue série des *Peri tou mê ontos* [Περὶ τοῦ μὴ ὄντος], *De nihilo, Elogio del nulla* et autre *Glorie del niente* (voir C. Ossola, *Le antiche Memorie del Nulla*), en montrant pour la première fois comment le non-être dans la langue même, en l'occurrence le grec, constitue une exception analogue à celle de l'être — mais beaucoup plus intéressante puisqu'elle seule est à même de rendre manifeste l'exceptionnalité subreptice de l'être et de la proposition d'identité appliquée à l'être, sans laquelle il n'y aurait pas d'ontologie.

> Εἰ μὲν γὰρ τὸ μὴ εἶναι ἔστι μὴ εἶναι, οὐδὲν ἂν ἧττον τὸ μὴ ὂν τοῦ ὄντος εἴη. Τό τε γὰρ μὴ ὂν ἐστι μὴ ὄν, καὶ τὸ ὂν ὄν, ὥστε οὐδὲν μᾶλλον ἢ εἶναι ἢ οὐκ εἶναι τὰ πράγματα. Εἰ δ' ὅμως τὸ μὴ εἶναι ἔστι, τὸ εἶναι, φησίν, οὐκ ἔστι, τὸ ἀντικείμενον. Εἰ γὰρ τὸ μὴ εἶναί ἐστι, τὸ εἶναι μὴ εἶναι προσήκει. Ὥστε οὐκ ἂν οὕτως [...] οὐδὲν ἂν εἴη, εἰ μὴ ταὐτόν ἐστιν εἶναί τε καὶ μὴ εἶναι. Εἰ δὲ ταὐτό, καὶ οὕτως οὐκ ἂν εἴη οὐδέν· τό τε γὰρ μὴ ὂν οὐκ ἔστι καὶ τὸ ὄν, ἐπείπερ γε ταὐτὸ τῷ μὴ ὄντι.
>
> [Car si le ne pas être est ne pas être, le non-étant serait non moins que l'étant : en effet, le non-étant est non-étant tout comme l'étant étant ; de sorte que sont, pas plus que ne sont pas, les choses effectives. Mais si pourtant le ne pas être est, l'être, dit-il, son opposé, n'est pas. En effet si le ne pas être est, il convient que l'être ne soit pas. De sorte qu'en ce cas [...] rien ne serait, dès lors que ce n'est pas la même chose d'être et de n'être pas. Mais si c'est la même chose, en ce cas aussi ne serait rien : en effet le non-étant n'est pas, ainsi que l'étant, si du moins il est bien la même chose que le non-étant.]
>
> Gorgias, « Sur le non-étant ou sur la nature », *Sur Melissus, Xénophane et Gorgias*, 979a 25-34 (*in* B. Cassin, *Si Parménide*, p. 637).

Ce qui est proprement impossible, à suivre l'argument, c'est d'opérer la distinction (la *krisis* du *Poème* de Parménide) entre les deux séries « ne pas être, non-être, non-étant » (*to mê einai, mê einai, to mê on, mê on*) et « être, l'étant, étant » (*to einai, einai, to on, on*). Comme le note Hegel au début de *Science de la logique*, « ceux qui insistent sur la différence entre l'être et le néant feraient bien de nous *dire* en quoi elle consiste » (*Theorie Werkausgabe* [Science de la logique], Francfort, V. Klostermann, 1965, V, 1, p. 95). Pour distinguer en effet, il faut pouvoir identifier, or c'est là ce qui ne fonctionne pas avec le non-être. Dans la proposition d'identité « le non-être est non-être » (*to mê einai esti mê einai*), le non-être n'est pas identique à soi car, d'une occurrence à l'autre, tout a changé (« c'est comme s'il s'agissait de deux étants », *ibid.*, 979a 39). C'est particulièrement vrai en grec puisque, l'ordre des mots n'étant pas normé, le prédicat ne se repère qu'à l'absence de l'article. L'article obligatoire devant le sujet est la marque de sa consistance, de sa substantialité ; il indique que toute position d'un sujet dans une proposition d'identité implique une présupposition d'existence, ou encore que, pour dire « le non-être est non-être », il faut avoir toujours déjà proféré : « le non-être est » (voir JE, encadré 2, et cf. ORDRE DES MOTS).

Loin de refuser de distinguer entre les diverses acceptions du *pollakhôs legomenon* qu'est l'être, comme le diagnostique Aristote, Gorgias rend bien plutôt manifeste que l'exception, l'équivoque, en un mot le sophisme, sont la faute du philosophe, qu'ils tiennent au « est » et à son traitement ontologique. Avec « l'être est être », la différence entre sujet et prédicat reste insensible puisque les deux séquences « l'être est » et « l'être est être » se confirment, voire se confondent, ainsi que les deux sens, existence et copule, du « est ». L'énoncé d'identité traditionnel se sert de l'équivoque du « est », l'exploite et la dissimule, pour l'ériger en règle. Seul le cas du non-être permet de prendre conscience de la différence normalement inscrite dans l'énoncé d'identité : le « n'est pas » doit devenir la règle du « est ». Et c'est le discours tout seul qui, dans sa linéarité constitutive liée à sa temporalité, ne peut s'empêcher de produire cette catastrophe que le sophiste s'occupe de faire entendre.

> la manière de l'affirmation et de la négation [*kataphasis kai apophasis*) [...] à la manière des relatifs, par exemple le double à la moitié, à la manière des contraires, par exemple le mauvais au bon, à la manière de la privation et de la possession, par exemple la cécité et la vue (*tuphlotês kai opsis*), à la manière de l'affirmation et de la négation, par exemple est assis – n'est pas assis (*kathêtai-ou kathêtai*).
>
> *Catégories*, chap. 10, 11b 17-23, trad. fr. F. Ildefonse et J. Lallot, Seuil, « Points bilingues », 2002.

Deux ordres de phénomènes, souvent mal distingués, interviennent ici. La négation (*apophasis* [ἀπόφασις], sur *apo-*, « loin de » et *phainô*, « [se] montrer »), comme l'affirmation (*kataphasis* [κατάφασις], où *kata*, « sur, à propos de », renvoie au « dire de », à la prédication), est d'abord un fait de syntaxe (voir SUJET, I) ; l'affirmation et la négation sont des propositions contradictoires qui ne peuvent pas être vraies simultanément (voir PRINCIPE, I, B). De ce point de vue, ou et *mê* sont sur le même plan : ce sont deux adverbes de négation susceptibles d'affecter la proposition dans son ensemble, le plus souvent via son verbe (*ouk esti leukon* peut être rendu par « il n'est pas blanc », ou « il n'est pas vrai que – sabir contemporain : « ce n'est pas le cas que » – il soit blanc »), même si le choix d'une négation ou de l'autre, on l'a vu, n'est pas indifférent. En revanche, la privation (*sterêsis* [στέρησις], sur *steromai*, « manquer de, perdre », de même famille que l'allemand *stehlen*, « voler »), qui s'exprime souvent par l'*alpha* justement nommé « privatif », affecte le seul prédicat : elle est donc grammaticalement tout autre. Pourtant, dans la mesure même où elle « prive » d'un prédicat, elle implique que le sujet est concerné par cette prédication au moins comme possible, et contient donc une certaine modalité d'affirmation : *akinêton esti* signifie que c'est immobile, mais susceptible de mouvement – c'est pourquoi cela se dit en rigueur de terme d'un homme, mais non d'une plante (qui par définition pousse mais ne se déplace pas). Si bien que l'*alpha* privatif et la négation factuelle en *ou* se retrouvent cette fois du même côté par rapport à l'impossibilité ou au refus que dénote le *mê* : ce qui est *akinêton*, im-mobile, peut se mouvoir (même si cela ne se meut pas actuellement, *ou kineitai*),

3

Ces phrasés de l'identité du non-être sont, par excellence, difficiles à traduire et sources de contresens. Dans chaque traité du non-être, quelle qu'en soit la visée, sophistique et/ou apologétique, non-être pur et simple ou non-être au-dessus de l'être, les apories sont idiomatiques et inventives, liées à la syntaxe de la négation, aux possibilités grammaticales de passer du verbe au nom et réciproquement (*Il niente annientato* est, par exemple, le titre d'un traité de Raimondo Vidal [1634]), et aux noms du non-être. Le *De nihilo* [1509] de Charles de Bovelles, qui s'inscrit dans une perspective liée à la problématique du Créateur, de la créature et de la création, en fournit un bon exemple. Il commence par la proposition d'identité « *Nihil nihil est* », « Le Néant n'est rien », pour en déployer la double intelligence :

> [...] *hujusque orationis que insit nichil esse nichil, gemina sit intelligentia, negativa una, altera assertiva et positiva.*
>
> [(...) de cette proposition « Le néant n'est rien », il y a deux lectures, l'une négative, l'autre affirmative et positive.]
>
> *Le Livre du néant*, texte et trad. fr. P. Magnard, p. 40-41.

On ne peut que constater la distance entre l'*incipit* « *Nihil nihil est* » et son rendu « Le Néant n'est rien », qui, outre l'irrémédiable de l'ordre des mots, rend méconnaissable l'énoncé d'identité. Mais peut-être fallait-il en français quelque chose comme une « traduction-valise » pour tenir à la fois la position affirmative : « le néant est néant », et l'exténuation négative : « le rien n'est rien », deux traductions non moins recevables l'une que l'autre de la tentative d'identification.

Le plus récent traité du non-être est sans doute écrit par Heidegger en langue allemande, tout au long de son œuvre, depuis « *Was ist Metaphysik ?* » et « *Vom Wesen des Grundes* » [1929], où le Néant apparaît comme l'origine de la négation, et non l'inverse. Héritage, notamment, d'une tradition « méontologique » qui passe par la mystique, se déploie l'activité « néantisante » du néant, le « *nichtende Nicht des Nichts* » (où l'on entend, sous l'égide du verbe, d'abord l'adverbe *nicht*, puis sa substantivation *das Nicht*, puis le substantif *das Nichts* ; voir J. Taubes, « Von Adverb... »). Le non-être devient par là, comme le voulait Gorgias mais évidemment à rebours de son intention critique, la règle de l'être - à savoir de l'être de l'étant :

> *Jenes nichtende Nicht des Nichts und dieses nichtende Nicht der Differenz sind zwar nicht einerlei, aber das Selbe im Sinne dessen, was im Wesenden des Seins des Seienden zusammen gehört.*
>
> [Ce ne-pas néantisant du néant (Henri Meschonnic : « Ce rien riennant du rien ») et ce ne-pas néantisant de la différence ne sont certes pas identiques, mais ils sont le même au sens de ce qui s'entrappartient dans le déploiement essentiel de l'être de l'étant.]
>
> Préface à la 3e éd. de *Vom Wesen des Grundes*, in *Wegmarken* XXI ; cité par J.-F. Marquet, *in* « Mort, mystère et oubli chez Heidegger », *Revue philosophique*, n° 3, 1985, p. 284 ; et par H. Meschonnic, *Le Langage Heidegger*, PUF, 1990, p. 296, note (la présente trad. est de J.-F. Courtine).

BIBLIOGRAPHIE

BOVELLES Charles de, *Le Livre du néant*, texte et trad. fr. P. Magnard, Vrin, 1983.

BRETON Stanislas, *La Pensée du rien*, Kampen, Pharos, 1992.

CASSIN Barbara, *Si Parménide, Le traité anonyme* De Melisso, Xenophane et Gorgia, Presses Universitaires de Lille, Éditions de la Maison des sciences de l'homme, 1980.

OSSOLA Carlo, *Le antiche Memorie del Nulla*, Roma, Edizioni di Storia e letteratura, 1997.

TAUBES Jacob, « Vom Adverb "nichts" zum Substantiv "das Nichts". Überlegungen zu Heideggers Frage nach dem Nichts », in *Vom Kult zur Kultur*, Fink Verlag, 1996, p. 160-172.

et il n'est pas vrai d'en dire *mê kinêton einai*, que c'est « non mobile ».

La différence entre négation et privation est d'ailleurs une question de point de vue. Une pierre, qui n'a pas d'yeux, est évidemment « niée de vue », « non voyante » (négation *mê*, elle est hors de la sphère du prédicat). Mais pour une taupe, cela dépend : si on la considère comme un animal qui a des yeux, donc par rapport à son genre, elle est « privée de vue », « mal-voyante » (*tuphlos* : le grec dit cette fois positivement ce que le français exprime privativement : « a-veugle », négation *ou*), car d'habitude les animaux y voient ; en revanche, si on la considère comme une taupe par rapport à son espèce taupe, alors elle est « non-voyante » tout comme la pierre, car aucune taupe n'y voit (*Métaphysique*, IV, 2, 1004a 10-16 et V, 22 ; cf. le commentaire de B. Cassin et M. Narcy, in *La Décision du sens*, Vrin, 1989, p. 168-171).

Quoi qu'il en soit, la caractéristique de la privation, c'est d'être, selon l'expression de la *Physique* (II, 1, 193b 19-20), *eidos pôs* [εἶδος πώς] : « en un sens forme » (trad. P. Pellegrin, Garnier-Flammarion, 2000). Et Heidegger commente ainsi cette « dénégation », cette « dépossession » qui est « quelque chose comme un visage » (*sterêsis zur Anwesung*, « dépossession *pour* l'entrée dans la présence », trad. fr. p. 268, note 2), qu'on pourra relier à la privation majeure qu'est l'*alêtheia* (voir VÉRITÉ, I, B) :

> *Sterêsis* comme absentement, ce n'est pas seulement être-absent, mais bien *entrée en présence*, à savoir celle dans laquelle c'est justement *l'absentement* — et non ce qui est absent — qui se fait présent.
>
> « Ce qu'est et comment se détermine la *Phusis* [Aristote, *Physique*, B1] », in *Questions II*, trad. fr. F. Fédier, p. 269.

« Des remarques de ce genre peuvent paraître subtiles », note Schelling à propos de la négation et de la privation, « mais comme elles se rapportent à des nuances effectives de la pensée, on ne peut en faire l'économie ». Les langues, à coup sûr, en proposent des marques différentes :

> La langue allemande a du mal à les distinguer et ne peut s'appuyer que sur l'accent — si elle refuse de s'exprimer tant bien que mal avec des tournures latines. On ne saurait en effet se tromper sur la différence entre *est indoctus, est non-doctus* et *non est doctus*. On ne peut dire d'un enfant nouveau-né ni le premier, *indoctus*, car il n'a pas eu encore la possibilité, ni le deuxième, *est non-doctus*, car il ne se trouve pas dans l'impossibilité, mais on concédera le troisième, *non est doctus*, en effet, puisqu'il nie seulement l'effectivité, il pose la possibilité.
>
> *Introduction...*, trad. fr. p. 292.

B. Les noms du non-être : du « mêden », rien, au « den », moins que rien

Ce qui n'existe pas a plusieurs noms (voir *RIEN, NÉANT*). On trouve, dès le *Poème* de Parménide, deux manières de le désigner : *to mê on*, symétrique négatif de *on*, l'étant (« car tu ne saurais connaître *to ge mê on*, le

---

4

Le « ne explétif » français, une trace du « mê »

► MÊTIS, encadré [1], VERNEINUNG

Contrairement à l'ancien français qui connaissait la négation simple avec *ne*, le français moderne utilise la négation composée. À quelques exceptions près (je *ne* puis..., je *ne* saurais...), l'absence des forclusifs (*pas, mie, goutte, point, plus, rien*, dont on notera qu'ils désignent d'abord une entité positive — y compris *rien*, issu de l'accusatif *rem*, « quelque chose ») confère à la proposition une valeur positive. Ainsi, dans l'énoncé « Je crains que Pierre ne vienne », l'omission du *ne* ne change rien au sens de la phrase qui exprime les sentiments de crainte à l'idée de la venue de Pierre. Cet énoncé se distingue de l'énoncé « Je crains que Pierre ne vienne pas » qui, quant à lui, exprime l'idée que Pierre ne viendra pas. Dans le premier énoncé, le *ne* n'exerce pas de force négativante. D'où l'emploi du terme « explétif » qui, selon Littré, caractérise un mot « qui n'apporte rien au sens de la phrase et n'est pas exigé par la syntaxe ». Le *ne* explétif serait par conséquent un signe vide. Aussi Grévisse se félicitait-t-il de la disparition prochaine de « cette particule parasite » (éd. de 1969, § 877 *bis*), dite aussi « redondante » ou « abusive » (éd. de 1993, § 983).

Et pourtant, l'emploi du *ne* explétif est soumis à des règles grammaticales strictes. Dans les subordonnées, il apparaît après les verbes de crainte, d'empêchement, de doute, ou après des conjonctions comme « à moins que », « avant que », « sans que », et dans des comparaisons d'inégalité. L'usage français s'inscrit en effet dans la continuité de l'usage latin *timeo ne, timeo ne non*, et de l'usage grec *dedoika mê, dedoika mê ouk*, « je crains que ... ne », « je crains que ... ne ... pas », où, pour reprendre une expression de Humbert, « il y a un *obstacle* dans la principale qui envoie pour ainsi dire son reflet négatif » sur la subordonnée (*Syntaxe*, § 653) ; autrement dit, le *ne* explétif dans la complétive maintient ou accentue l'idée négative exprimée par le verbe recteur sans nier pourtant le verbe de la subordonnée. On peut l'interpréter comme un signe de l'inadéquation ressentie par le locuteur entre le contenu négatif du verbe recteur (*je crains* qu'il ne vienne) et le contenu positif de la subordonnée (je pense *qu'il viendra*) : c'est précisément là ce que les inventifs Damourette et Pichon, travaillés par Jacques Lacan, appellent le « discordantiel » (t. VI, chap. 4), nuance que seul le français permettrait d'exprimer encore.

Marco BASCHERA et Barbara CASSIN.

OUTILS

DAMOURETTE Jacques et PICHON Édouard, *Des mots à la pensée, Essai de grammaire comparée de la langue française*, Éditions d'Artrey, t. VI, 1911-1940.

GRÉVISSE Maurice, *Le Bon Usage, Grammaire française*, 1re éd. 1936, refondue par André Goose, 13e éd. revue, Duculot, 1993.

HUMBERT Jean, *Syntaxe grecque*, 3e éd. revue et augmentée, Klincksieck, 1997.

[quoi qu'il en soit et à coup sûr] non-étant » [II, 7]), et *mêden*, qu'on rend d'habitude par *rien, nothing, nichts, nada (mêden d'ouk esti* [VI, 2] : « rien n'est pas » ; voir B. Cassin, *Parménide*, p. 206-207). Cette seconde désignation, et ses traductions, méritent réflexion.

Mêden [μηδέν] est d'abord un vocable négatif, construit à la manière de *mê on* : une négation en *mê* (en l'occurrence *mêde* [μηδέ] « pas même »), suivie d'un terme positif, *hen* [ἕν], « un » (ce qui ne saurait surprendre un parménidéen pour qui l'être et l'un ne font qu'un, *convertuntur*). L'étymologie est sensible : le Platon du *Sophiste*, par exemple, la met en évidence pour enfoncer le clou de l'auto-contradiction performative ; quand on dit *mêden*, « rien », on dit *mê ti* [μή τι], « pas quelque chose », à savoir *hen ge ti* [ἕν γε τι], « quelque chose d'un » (237e 1-2 et 237d 7) ; *mêden* s'entend donc comme *mêd'hen*, « pas même un ». Mais, à la différence de *to mê on*, il s'agit cette fois d'un mot unique, et non plus d'une expression composée : *mêden*, comme *ouden*, en un seul mot, est le pronom neutre qu'on trouve déjà chez Homère. Avec *mêden*, la négation devient une entité positivée, voire positive, comme « rien » ou « personne ».

À cet égard, la différence entre le grec et le français est éclairante : en français, *rien*, comme *personne*, est d'emblée positif. *Rien* provient en effet de l'accusatif latin *rem*, « chose », et le Littré explique que : « 1) Le sens étymologique et propre de *rien* est chose. 2) Avec la négation *ne, rien* niant toute chose, équivaut au latin *nihil* ». Dès le XIIe siècle, comme en témoignent les expressions « pour rien », « de rien », « mieux que rien » ou « moins que rien » (DHLF), le pronom indéfini est employé au sens négatif avec ellipse du *ne*. On pourra dès lors tenter une taxinomie des noms de ce qui n'existe pas, selon qu'ils sont d'abord des négations (*mêden, nihil, néant, niente, nothing, Nichts*) ou d'abord des positions : le français *rien*, mais aussi l'espagnol *nada* (sur le latin [*res*] *nata*, « [chose] née »). Surtout, l'on excusera par là l'esprit vacillant du traducteur et du lecteur français devant une phrase élémentaire de la physique grecque comme *mêden ek mêdenos* [μηδὲν ἐκ μηδενός] source de l'adage latin *nihil ex nihilo*, puisque l'évolution de sa langue l'autorise à entendre quelque chose comme « rien (ne) provient de rien », à savoir : tout provient de quelque chose / le néant vient du néant (voir encadrés 3 et 4). Subsidiairement, on pardonnera aux traducteurs de Jean-Paul Sartre de ne pas trouver les mots, en allemand par exemple — même si Jean-Paul Sartre opère aussi « comme » Heidegger et acclimate son allemand —, pour rendre la différence entre *rien*, ou *le rien*, et *néant*, ou *le néant* (Hans Schöneberg et Traugott König en sont réduits à distinguer par la minuscule, *nichts*, et la majuscule, *Nichts* [*Das Sein und das Nichts*, éd. T. König, Rowohlt Verlag, Reinbek, 1993] ; cf. *RIEN, NÉANT*).

Repartons à présent de la différence *mê on / mêden*.

Deux conséquences, d'ordre bien différent, s'ensuivent.

(1) Un bougé d'ordre syntaxique :

Mêden fait partie des négations dites composées, par différence avec les négations simples comme *mê* (de même, *ouden* par différence avec *ou*). Se pose alors la question du sens des négations successives. On ne peut dire qu'en grec, tout simplement, deux négations valent une affirmation. En effet, tout change selon qu'il s'agit de négations simples ou de négations composées, et selon leur ordre de succession. La règle grammaticale est d'autant plus inquiète qu'elle doit apprécier sur quoi porte la négation, phrase entière ou mot, ce qu'elle ne peut précisément pas déterminer en appliquant une règle. Voici comment une syntaxe reconnue traite la question :

> Le grec avait à sa disposition, à côté des négations simples (*ou* et *mê*), des formes composées (*oute/mête, oude/mêde, oudeis/mêdeis*), etc.) : suivant l'ordre selon lequel elles se succèdent, la valeur négative de la phrase *se renforce* ou *se détruit*. On enseigne volontiers qu'une négation **simple**, suivie d'une ou de plusieurs négations composées, aboutit à un *renforcement négatif*, tandis qu'une négation **composée**, suivie d'une négation **simple** a pour conséquence la *destruction sans réserve de la négation*, c'est-à-dire une *affirmation totale*. Cette règle n'est juste qu'en gros : en particulier, elle ne tient aucun compte de la considération suivante : la *première négation*, qu'elle soit simple ou composée, porte-t-elle réellement sur la *phrase entière*, ou seulement sur un *mot* ?
>
> J. Humbert, *Syntaxe grecque*, 3e éd. revue et augm., Klincksieck, 1997 ; les gras et les italiques sont dans le texte.

On comprend le flottement de l'helléniste confronté à des successions aussi simples que : *mêden ouk esti* (composé + simple) et *ouk esti mêden* (simple + composé), qui voudraient dire des choses aussi différentes que « à coup sûr, il y a de l'être » et « à coup sûr, il n'y a absolument rien qui soit ». En s'autorisant de lui-même, il entendrait plutôt dans les deux cas : « rien n'est », « non, rien n'est », c'est-à-dire quelque chose d'analogue aux énoncés simples *mêden esti* et *ouk esti*, « rien n'est », que seul un Gorgias, venant après Parménide, pourrait lui faire déchiffrer différentiellement en « pas de sujet pour *est* » et « même pas de verbe *est* ».

(2) Une nouvelle aventure sémantique :

Mêden est, on l'a vu, par formation une désignation négative. Mais il devient une entité positive susceptible de substantivation, « le *mêden*, le rien ». Le *mêden* en tant que terme positif (et sans doute faut-il ajouter en tant que mot, ou signifiant) se retrouve alors pris dans une autre histoire que le *mê on*. Démocrite en effet fabrique à partir de lui un mot qui n'existe pas, *den* [δέν] et que le LSJ qualifie de « *abstracted from oudeis* » (on le trouve une fois chez Alcée le Lyrique, 320 L.P. « dans un texte douteux et obscur », précise Chantraine, « où l'on traduit *denos* par "rien" ou plutôt "quelque chose" » (*sic*), et il n'a « aucun rapport avec le grec moderne *den*, "rien" »). Démocrite affirme, selon Plutarque, que :

> μὴ ἄλλον τὸ δὲν ἢ τὸ μῆδεν εἶναι.
>
> [le *den* n'est pas plus que le *mêden*.]
>
> Fragment 68 B 156 DK.

Les doxographes qui transmettent la phrase proposent chacun une traduction intra-linguistique. Pour Plutarque, qui donne le fragment, *den* nomme le « corps » (Galien dit précisément : les « atomes », A 49 DK ; voir aussi Simplicius, A 37 DK, empêtré dans les traductions aristotéliciennes), et *mêden*, le « vide ». On comprend l'intention : il faut à Démocrite quelque chose qui ne soit pas un *on*, un « étant », qui ne soit même pas un *ti*, un « quelque chose » (terme auquel les Stoïciens auront recours pour échapper à l'*ousia* platonico-aristotélicienne) : un « moins que rien » donc, pour définir ce corps conçu pour ne ressembler à aucun corps dans la nature, conçu même pour échapper à la physique, à savoir l'atome, l'insécable. *Den* est un pur signifiant, né d'une fausse coupe (manifestation de l'insécable ?) sur *mêden* ou *ouden*, fausse puisque l'étymologie toujours entendue (*med' hen* ou *oud' hen*, « pas même un ») implique qu'on coupe à *hen*, « un ». Le *den* convient à l'atome, en ce qu'il est comme lui un pur artefact : ce n'est même pas un mot de la langue, c'est une fabrication *ad hoc*, un jeu signifiant. Lacan voit très clair, qui revient à plusieurs reprises sur le *joke* de Démocrite, « à qui il fallait quelque part un clinamen », et qui a donc forgé le mot *den* pour ne dire ni *mêden* (contre une « pure fonction de négativité »), ni *hen* (« pour ne pas parler de l'*on* » [*Le Séminaire*, Livre XI, *Les Quatre Concepts fondamentaux de la psychanalyse*, Seuil, 1973, p. 61-62]) — « Moyennant quoi, le *den* fut bien le passager clandestin dont le clam fait maintenant notre destin. Pas plus matérialiste en cela que n'importe qui de sensé » (« L'Étourdit », *Scilicet*, 4, 1973, p. 51).

Rien de plus difficile à rendre qu'un mot d'esprit. Dumont propose : « *Den* [l'étant] n'est pas plus que *Mèden* [le néant] », et le sens de l'invention est aussitôt perdu. Diels et Kranz ont la chance de pouvoir s'appuyer sur une invention de même type, fausse coupe à partir de *Nichts* faite par Maître Eckhart, où résonne le *iht*, fabriqué par différence avec le *niht* (sermons 57 et 58), et traduisent : « *Das Nichts existiert ebenso sehr wie das Ichts* ».

Il n'est pas malséant que les chemins du « Est » et du « N'est pas » présentent aussi ce type d'impasse, d'alternative, et d'invention.

Barbara CASSIN

BIBLIOGRAPHIE

ARNAULD Antoine et LANCELOT Claude, avec les remarques de Charles DUCLOS, *Grammaire générale et raisonnée* [1660], intr. M. Foucault, Republications Paulet, 1969.

AUBENQUE Pierre, « Syntaxe et sémantique de l'être », in *Études sur Parménide*, t. 2, Vrin, 1987.

— « Onto-logique », *in* André JACOB (dir.), *Encyclopédie philosophique universelle*, t. 1, *L'Univers philosophique*, PUF, 2000, p. 5-16.

BARNES Jonathan, *The Presocratic Philosophers*, Londres, Routledge, 2ᵉ éd. rév., 1982.

BEAUFRET Jean, *Parménide. Le Poème*, PUF, 1955.

BENVENISTE Émile, « Catégories de pensée et catégories de langue », « "Être" et "avoir" dans leurs fonctions linguistiques », et « La phrase nominale », in *Problèmes de linguistique générale*, Gallimard, 1966, p. 63-74, 187-207 et 151-157.

CASSIN Barbara, *Parménide, Sur la nature ou sur l'étant. La langue de l'être ?*, Seuil, « Points bilingues », 1998.

CONCHE Marcel, *Parménide. Le Poème : Fragments*, PUF, 1996.

DERRIDA Jacques, « Le supplément de copule », in *Marges de la philosophie*, Minuit, 1972, en part. p. 237-246.

ECKHART Meister, *Die deutschen Werke*, J. Quint (éd.), Stuttgart, Kohlhammer, 1963.

— *Traités et Sermons*, trad. fr. A. de Libera, Flammarion, 1993.

HADOT Pierre, *Porphyre et Victorinus*, I, Études augustiniennes, 1968.

HEIDEGGER Martin, *Sein und Zeit* [1927], in *GA*, t. 2, Francfort, Klostermann, 1977 ; *Être et Temps*, trad. fr. R. Boehm et A. de Waelhens, Gallimard, 1964.

— *Einführung in die Metaphysik*, Tübingen, Niemeyer, 1952 ; *Introduction à la Métaphysique*, trad. fr. G. Kahn, Gallimard, 1967.

— *Die Physis bei Aristoteles* [1958], Francfort, Klostermann, 1967 ; « Ce qu'est et comment se détermine la *Phusis* [Aristote, *Physique*, B1) », in *Questions II*, trad. fr. F. Fédier, Gallimard, 1968, p. 165-276 ; « Vom Wesen und Begriff der *Phusis* », in *GA*, t. 1, Francfort, Klostermann, 1976.

— « Vom Wesen der menschlichen Freiheit ; Einleitung in die Philosophie », in *GA*, t. 31, Francfort, Klostermann, 1982 [cours du semestre d'été 1930] ; *De l'essence de la liberté humaine. Introduction à la philosophie*, trad. fr. E. Martineau, Gallimard, 1987.

HOFFMANN Ernst, *Die Sprache und die archaische Logik*, Tübingen, Mohr, 1925.

KAHN Charles, *The Verb « Be » in Ancient Greek* [J. W. M. VERHAAR (éd.), *The Verb « Be » and its Synonyms*, partie 6], Dordrecht, Reidel, 1973.

— « Retrospect on the verb "to be" and the concept of being », *in* S. KNUUTTILA et J. HINTIKKA (éd.), *The Logic of Being*, Dordrecht, Reidel, 1986, p. 1-28.

KIRK Geoffrey Stephen, RAVEN John Earle et SCHOFIELD Malcolm, *The Presocratic Philosophers, a Critical History with a Selection of Texts*, Cambridge UP, 2ᵉ éd., 1983 ; *Les Philosophes présocratiques*, trad. fr. H.-A. de Weck et D. J. O'Meara, Éd. universitaires (Fribourg) et Cerf, 1995.

LEFEBVRE Jean-Pierre, « Philosophie et philologie : les traductions des philosophes alllemands », *Encyclopædia Universalis*, Symposium, Les Enjeux, 1, 1990.

MOURELATOS Alexander P. D., *The Route of Parmenides*, Yale UP, 1970.

O'BRIEN Denis, collab. FRÈRE Jean, *Le Poème de Parménide*, texte et trad. fr. *in* Pierre AUBENQUE (dir.), *Études sur Parménide*, t. 1, Vrin, 1987.

SCHLEIERMACHER Friedrich D. E., « Über die verschiedenen Methoden des Übersetzens », in *F. Schleiermachers sämtliche Werke*, vol. 3, *Zur Philosophie*, t. 2, Berlin, Reimer, 1838, p. 207-245 ; *Des différentes méthodes du traduire*, trad. fr. A. Berman reprise et corr., Seuil, « Points bilingues », 1999, p. 30-93.

SCHELLING Friedrich Wilhelm, *Introduction à la philosophie de la mythologie* [*Einleitung in die Philosophie der Mythologie*, 1856], trad. fr. sous la dir. de J.-F. Courtine et J.-F. Marquet, Gallimard, 1998.

OUTILS

BAILLY Anatole, *Dictionnaire grec-français*, rédigé avec le concours de E. Egger, éd. rev. L. Séchan et P. Chantraine, Hachette, 1950.

DHLF : REY Alain (dir.), *Dictionnaire historique de la langue française*, 3 vol., Le Robert, 1992.

DK : DIELS Hermann et KRANZ Walther, *Die Fragmente der Vorsokratiker*, 3 vol., Berlin, Weidmann, 5ᵉ éd. 1934-1937.

DUMONT Jean-Paul (éd.), *Les Présocratiques*, Gallimard, « La Pléiade », 1988.

LITTRÉ Émile, *Dictionnaire de la langue française*, 4 vol., Hachette, 1873.

LSJ : LIDDELL Henry G., SCOTT Robert et JONES Henry S., *A Greek-English Lexicon*, 9ᵉ éd., Oxford, Clarendon Press, 1925-1940 ; *A Supplement*, éd. E. A. Berber, 1968.

ÉTAT *État* provient du latin *status*, qui désigne l'action de se tenir et la façon de se tenir, la posture, la position, sur *sto, stare*, « se tenir debout, immobile, ferme », et d'où dérive *statuo*, « établir, estimer, décider » ; on retrouve le même radical dans le grec *istêmi* [ἵστημι], « dresser, placer » et, au sens intransitif (par ex. à l'aoriste *estên* [ἔστην]), « se tenir debout », dans l'espagnol *estar*, « être » (voir ESPAGNOL et *ÊTRE*), comme, bien sûr, dans l'anglais *stand*, l'allemand *stehen*, etc. Le grec *stasis* [στάσις] peut ainsi désigner à la fois la stabilité politique et morale, l'état d'une personne, d'une cité, d'une question (cf. lat. *status quaestionis, status causae*, voir CHOSE), et la sédition, le soulèvement, la guerre civile, quand une partie de la cité « se dresse » contre une autre. La *stèle*, la *statue*, le *statut*, la *stance* sont aussi apparentés à l'*état*, dont on comprend qu'il puisse dire à la fois la manière d'être, physique et morale, et cette institution des institutions qu'est l'État, qu'on écrit aujourd'hui avec une majuscule.

1. Sur l'état comme disposition et manière d'être, voir *DISPOSITION* (II), STAND, SUJET.

2. Le concept d'État proprement dit désigne un mode d'organisation du pouvoir politique qui suppose un gouvernement spécialisé, séparé de la société et institutionnalisé ; c'est pourquoi la tradition dominante de la philosophie politique, d'accord avec les grands théoriciens du droit public, tend à réserver le nom d'« État » aux formes politiques nées avec le développement de la doctrine moderne de la souveraineté. Mais il arrive qu'on parle d'État pour désigner ce qui fait la consistance propre d'une communauté politique, indépendamment des éléments empiriques qui la composent : voir POLIS , la « cité », à la fois État, société, nation, et rien de tout cela ; cf. POLITIQUE, *PATRIE, SOCIÉTÉ*.

3. Sur le rapport entre l'État et le droit, voir ÉTAT DE DROIT ; cf. *DROIT, LOI*.

4. On a choisi d'étudier ici la modulation du sens d'État telle qu'elle est véhiculée par les langues et les histoires nationales : ainsi l'italien *stato* et l'anglais *state* n'articulent pas de la même manière le rapport entre territoire, pouvoir, régime politique et gouvernement : voir STATE/GOVERNMENT, STATO ; cf. *AUTORITÉ, GOUVERNEMENT*, HERRSCHAFT, MACHT.

5. Sur l'« État-providence », voir WELFARE ; cf. ÉCONOMIE, LIBERAL, MULTICULTURALISM.

► *COMMUNAUTÉ, NAROD, PEOPLE, PEUPLE, POUVOIR*

ÉTAT DE CHOSES C'est l'une des traductions possibles de l'allemand *Sachverhalt*, qui désigne dans la langue courante les « circonstances ». Mais cette traduction insiste sur les propriétés des objets de l'expérience, au détriment de la saisie propositionnelle de l'objet du jugement. L'autre traduction, non moins fréquente, par *contenu propositionnel* souffre, elle, du déficit inverse. Voir SACHVERHALT.

On se trouve en présence d'une terminologie logique liée aux plus grandes questions (rapport chose-mot-esprit et définition de la vérité), qui fait passer d'un latin médiéval (DICTUM-ENUNTIABILE), issu du stoïcisme dans sa concurrence avec l'aristotélisme (voir *lekton* sous SIGNIFIANT/SIGNIFIÉ, II), à l'allemand de la fin du XIXe - début du XXe siècle, ouvre sur l'anglais analytique le plus contemporain (voir TRUTH-MAKER), et pour laquelle le français produit des traductions descriptives qui rendent le problème manifeste.

On se reportera, d'une part et à DICTUM, INTENTION, PROPOSITION, SENS ; d'autre part à *CHOSE* [RES], *FAIT*, ERSCHEINUNG, *ÊTRE*, GEGENSTAND, *IL Y A*, MATTER OF FACT, OBJET, TATSACHE ; enfin à TRUTH-MAKER et VÉRITÉ.

► *CONTENU PROPOSITIONNEL*

ÉTAT DE DROIT, ÉTAT LÉGAL

all.	***Rechtstaat***
angl.	***Rule of Law***

► DEVOIR, *ÉTAT*, HERRSCHAFT, LIBERAL, *LOI* [LAW], MACHT, POLIS, POLITIQUE, SOCIÉTÉ CIVILE, SOLLEN

Longtemps dédaigné par les philosophes, qui y voyaient souvent une notion purement juridique, voire idéologique, le concept d'État de droit jouit aujourd'hui d'un prestige considérable dans la pensée contemporaine, ce qui correspond à l'évolution récente de la politique intérieure des démocraties et du droit international. La fin du XXe siècle a vu la disparition des régimes autoritaires conservateurs de l'Ouest européen (Espagne, Portugal, Grèce), la montée des juridictions constitutionnelles dans la plupart des démocraties, l'effondrement des régimes communistes d'Europe centrale et orientale et, enfin, l'émergence, d'ailleurs problématique, d'un droit international qui est supposé limiter la souveraineté des États en rendant possibles, sous certaines conditions, des sanctions contre les gouvernants coupables de violations flagrantes des droits fondamentaux. Il est sans doute possible d'appréhender ces processus hétérogènes mais convergents sous le concept d'État de droit, dans la mesure où ils font tous apparaître une opposition entre des États totalitaires, autoritaires ou du moins arbitraires et un modèle supérieur d'État défini par sa conformité au droit, sans que l'on sache très bien si l'on se réfère par là à la simple existence d'une hiérarchie de normes dûment sanctionnées, ou, plus radicalement, à la soumission des États à des normes métajuridiques comme les droits de l'Homme. On peut d'ailleurs remarquer que les acteurs de ces transformations se sont souvent eux-mêmes référés au concept d'État de droit pour légitimer leur action, qu'il s'agisse des gouvernants des pays en transition vers la démocratie, des juridictions constitutionnelles ou même des derniers dirigeants communistes lorsqu'ils s'efforçaient encore de sauver quelque chose des régimes dont ils avaient la charge (Mikhaïl Gorbatchev voulait faire de l'Union soviétique un « État socialiste de droit »). La philosophie politique contemporaine a largement accompagné ce mouvement, en se présentant comme philosophie du droit (Renaut et Sosoe, Philosophie du droit*), en s'efforçant de montrer l'irréductibilité de l'État de droit (né en Europe occidentale) à l'« État de police » (Kriegel,* L'État et les Esclaves*), ou encore en cherchant une synthèse entre une théorie radicale de la démocratie et la tradition libérale de l'État de droit (Habermas,* Droit et Démocratie*). Il n'en reste pas moins que, aujourd'hui encore, la notion d'État de droit reste problématique à bien des égards. Les principales questions qui se posent à son sujet sont celles des origines du concept d'État de droit (qui remonte à la doctrine germanique du*

Rechtstaat, *apparue dans un contexte très différent de celui qu'a connu la France), de sa valeur opératoire (contestée à partir de prémisses proposées à la fois par Carl Schmitt et par Hans Kelsen) et de sa traduisibilité en langue anglaise (où prévaut le concept de* Rule of Law, *qui renvoie à la fois à une articulation différente entre le droit et la loi et à des agencements constitutionnels irréductibles aux modèles « continentaux »).*

I. LA DOCTRINE ALLEMANDE DU « RECHTSTAAT »

L'expression française « État de droit » est la traduction du terme allemand *Rechtstaat*, apparu dans le courant du XIXe siècle pour accompagner et penser le processus progressif d'encadrement et de limitation de l'État par le droit que l'on croyait voir à l'œuvre dans l'État allemand. Comme le remarque Jacques Chevallier, « cet objectif commun recouvre néanmoins des visions assez différentes de l'État et du droit » (*L'État de droit*, p. 11), qui vont de la simple exigence fonctionnelle d'un État agissant au moyen du droit à des exigences substantielles concernant le contenu du droit en passant par l'idée formaliste d'un État assujetti au droit. La formule est d'ailleurs avancée à la fois par des juristes libéraux comme R. von Mohl, qui cherchent surtout à limiter la sphère d'action de l'État et à mieux protéger les libertés individuelles, et par d'autres, moins ambitieux ou plus conservateurs, qui veulent simplement rationaliser la domination étatique en normalisant les relations de l'État et de l'administration avec les administrés. Pour finir, c'est la conception formaliste qui s'est imposée, parce qu'elle permettait, d'un côté, de soumettre l'administration au droit en ouvrant des voies de recours juridictionnel contre elle, tout en présentant, par ailleurs, l'assujettissement de l'État au droit comme le fruit d'une autolimitation (ce qui exclut toute référence ultime à des normes juridiques supérieures à celles que pose l'État). D'un côté, l'État de droit s'oppose à l'État de police (*Polizeistaat*), dans lequel le droit n'est que l'instrument d'une administration qui peut imposer des obligations aux administrés sans être liée par des normes supérieures. D'un autre côté, l'État de droit est le fruit d'une libre (mais rationnelle) autolimitation de l'État, véritable sujet de droit dont la domination (*Herrschaft*) est un droit subjectif originaire avant lequel il ne peut y avoir de droit public, mais dont la finalité immanente est de créer du droit et de régner par lui (à noter ici que l'expression française « autolimitation » traduit en fait plusieurs mots allemands — *Selbstverpflichtung*, *Selbstbindung*, *Selbstbeschrünkung* — qui incluent tous l'idée que l'État s'impose lui-même des devoirs, des obligations ou des bornes ; voir Carré de Malberg, *Contribution à la théorie générale de l'État*, p. 231).

Le *Rechstaat* apparaît donc comme un concept indissolublement libéral et étatiste, qui s'inscrit du reste assez bien dans la tradition de la philosophie politique allemande telle qu'elle s'est développée de Kant à Hegel. L'aspect libéral se traduit par l'exigence de protection des administrés dans leur rapport à l'État, mais aussi, plus radicalement, par l'affirmation claire des principes du constitutionnalisme : le respect des normes supérieures ne s'impose pas seulement à l'administration et au pouvoir exécutif, mais aussi bien au pouvoir législatif lui-même, qui est soumis à la Constitution, selon un schéma qui peut très bien être transposé de l'Empire à un État démocratico-libéral (comme dans l'actuelle Loi fondamentale allemande). L'aspect étatiste se traduit par l'absence de toute norme supra-constitutionnelle (contrairement à ce qui est supposé se produire aujourd'hui), par l'affirmation assez emphatique de la puissance originaire de l'État (qui va d'ailleurs de pair avec la supériorité du droit interne sur le droit international — produit lui aussi par l'autolimitation des États souverains) et, plus concrètement, par l'autonomie du droit administratif (qui provient du privilège qu'a l'État de fixer lui-même les règles qu'il suit dans ses rapports avec les particuliers). La théorie du *Rechstaat* s'inscrit ainsi dans le cadre plus général de la constitution d'un droit public centré sur l'État, qui est inséparable du développement de l'Empire. On remarquera à ce sujet que, en insistant sur le caractère originaire des droits de l'État par rapport à la nation, les théoriciens de l'autolimitation s'inscrivent également en faux contre les thèses des romantiques et de l'École historique du droit, tout en rompant avec toute conception patrimoniale de l'État et en distinguant clairement celui-ci des gouvernants (cf. Chevallier, *L'État de droit*, *op. cit.*, p. 14-21). Il serait cependant injuste de ne voir là qu'une doctrine allemande, car la théorie de l'État de droit pouvait être pertinente aussi dans les autres nations de l'Europe continentale, et plus généralement partout où se posait le problème de la synthèse entre l'affirmation du droit public et la limitation libérale du pouvoir de l'État. C'est ce qu'illustre la réception en France de la doctrine allemande, qui a fini par y être reprise à travers l'œuvre de Carré de Malberg, malgré la méfiance dont était l'objet une théorie qui semblait légitimer le régime impérial et qui s'opposait à la conception de l'État-nation héritée de la Révolution française (Chevallier, *ibid.*, p. 21-43).

Les discussions françaises sur le problème de l'État de droit ne sont pas purement théoriques ; elles sont au contraire étroitement liées au contexte politique national et international du début du XXe siècle. Les auteurs les plus critiques à l'égard de la doctrine allemande, comme Léon Duguit ou, dans une moindre mesure, Maurice Hauriou, sont avant tout soucieux de distinguer l'État et le droit, pour mieux garantir la soumission du premier au second. Chez Duguit, cela se traduit par une double critique de la doctrine de la souveraineté et de l'individualisme juridique, considérés comme des effets du subjectivisme, auquel le juriste bordelais oppose l'idée de la règle de droit comme seul fondement réel d'un droit objectif, qui est fondé sur la solidarité sociale et s'oppose à la fois à l'État et aux individus : il n'y a donc pas d'autolimitation de l'État, puisque celui-ci n'est pas un sujet juridique, et la limitation de l'État ne se fonde pas non plus sur les droits subjectifs chers aux libéraux (Raynaud, « Léon Duguit et le droit naturel »). Chez Hauriou, le droit est aussi nettement distinct de l'État, mais la doctrine de l'auto-limitation conserve néanmoins un sens pour comprendre le développement des libertés : « Logiquement, l'autolimitation de l'État apparaît comme une absurdité. Historiquement, c'est la vérité constitutionnelle » (p. 101). Chez ses défenseurs français, dont le plus éminent est Raymond Carré de Malberg, l'État de droit apparaît à la fois comme une expression contemporaine d'idéaux nés de la Révolution française (ce qui permet de contester la priorité allemande sur ce point tout en légitimant la reprise en France d'une théorie allemande ; voir par exemple, Carré de Malberg, *Contribution à la théorie générale de l'État*, *op. cit.*, I, p. 488, n. 5) et un instrument puissant pour critiquer l'ordonnancement constitutionnel de la IIIe République. Le régime français de l'époque, en effet, garantit avec plus de rigueur qu'en Allemagne la légalité de l'action de l'exécutif ou de l'administration puisqu'il « subordonne aux lois ceux mêmes des actes administratifs qui n'intéressent pas directement les citoyens individuellement ». Mais, d'un autre côté, la Constitution française « ne s'est pas élevée jusqu'à la perfection de l'État de droit », puisqu'elle n'interdit pas au législateur de « déroger » par des lois particulières « aux règles générales consacrées par la législation existante », et que, surtout, le législateur n'y est pas soumis à la Constitution faute d'un contrôle de constitutionnalité des lois, ce qui empêche de protéger les droits individuels contre le législateur (Carré de Malberg, *ibid.*, I, p. 492). Parallèlement, Carré de Malberg reprend à son compte la théorie de l'autolimitation en la traduisant dans le langage français de la souveraineté, et il donne pour finir une version qu'on pourrait dire libérale du positivisme juridique, tout en refusant la conception allemande des rapports entre l'État et la nation : du point de vue du droit constitutionnel français, l'État ne peut être que la personnification juridique de la nation (cf. Raynaud, « Droit naturel et souveraineté nationale... »). Le débat entre ces courants s'est poursuivi pendant très longtemps dans l'histoire ultérieure de la doctrine parce qu'il mettait en jeu des questions fondamentales, à la fois théoriques et pratiques (Chevallier, *L'État de droit*, *op. cit.* ; Raynaud, « Des droits de l'homme à l'État de droit... » ; Redor, *De l'État légal à l'État de droit*). On remarquera, pour conclure, que, entre la version allemande de la théorie du *Rechtsstaat* et la transposition qu'en a donnée Carré de Malberg, la continuité l'emporte sur la rupture : dans les deux cas, la synthèse entre les préoccupations libérales et le droit public passe par le positivisme juridique et par la théorie libérale de l'autolimitation de l'État, et la théorie de l'État de droit, qui permet de renforcer les garanties des administrés et d'étendre l'action des juridictions, sert d'« appui solide dans la construction doctrinale d'un droit administratif en plein essor » (Chevallier, *op. cit.*, p. 32). Inversement, les principales critiques théoriques de l'État de droit portent, d'une part, sur sa composante libérale, et, d'autre part, sur la théorie de l'autolimitation ; et la difficulté de la langue anglaise à traduire la notion d'État de droit est historiquement liée à la faiblesse du droit administratif en Angleterre.

II. LES CRITIQUES DE L'ÉTAT DE DROIT

Née du projet d'une rationalisation libérale de l'État, la notion d'État de droit a été l'objet de critiques diverses, dont beaucoup sont anti-libérales ou anti-démocratiques, mais dont certaines sont au contraire d'inspiration démocratique et anti-autoritaire.

Du côté anti-libéral, la critique la plus radicale et la plus élaborée se trouve sans doute chez le juriste allemand Carl Schmitt (1888-1985) dont l'œuvre considérable ne peut pas être séparée de son engagement contre la démocratie libérale. Cette prise de position devait pendant quelque temps le conduire à soutenir le IIIe Reich (après qu'il eut, sous la République de Weimar, demandé l'interdiction du parti nazi, dans le cadre il est vrai d'une transformation autoritaire de la constitution en vigueur ; Beaud, *Les Derniers Jours de Weimar*). Dans son grand ouvrage sur la *Théorie de la constitution* (1928), la discussion des principes de l'« État de droit bourgeois » vise à faire apparaître le caractère implicitement polémique ou partisan de la notion d'État de droit, tout en dévoilant son incapacité à rendre compte de ce que l'État libéral moderne conserve de politique. Si on prenait l'expression État de droit dans son sens littéral, « on pourrait qualifier d'État de droit tout État qui respecte sans faillir le droit objectif en vigueur et les droits subjectifs existants ». Cela conduirait à appliquer cette notion aux formes politiques les plus impuissantes et parfois les plus archaïques, formes où les droits acquis seraient scrupuleusement respectés au détriment des conditions même de l'existence politique ou de la sécurité de l'État. « En ce sens, écrit Schmitt, l'ancien Reich allemand, l'Empire romain de la nation allemande, était un parfait État de droit à l'époque de sa décomposition ; son caractère d'État de droit n'a été que la manifestation et l'instrument de son effondrement politique » (1993, p. 268). Mais le sens contemporain de la notion est en fait essentiellement polémique : l'État de droit s'oppose à l'État de puissance (*Machtstaat*), ainsi qu'à l'État de police et à l'État-providence et à « tout autre genre d'État qui ne se borne pas à maintenir simplement l'ordre juridique » (*ibid.*). Si, enfin, on cherche à donner un sens plus précis à la notion, on trouve les principes du constitutionnalisme libéral, où le respect des droits (individuels) fondamentaux s'articule sur la division de la puissance de l'État (*ibid.*, p. 264-265), ce qui conduit à divers critères organisationnels comme le principe de légalité, la répartition fixe des compétences étatiques et l'indépendance des juges, qui aboutissent à la prédominance générale des formes juridictionnelles (*allgemeine Justizförmigkeit*) dans la vie de l'État (*ibid.*, p. 268-272). Les réserves de Schmitt sur cette conception de l'État portent d'abord sur son caractère unilatéral, qui conduit à méconnaître la dimension spécifiquement politique de l'ordre juridique, lequel repose sur la décision souveraine et non pas simplement sur un « système de normes juridiques destiné à préserver l'individu contre l'État » (*ibid.*, p. 263). Schmitt suggère ainsi que l'État libéral est soit hypocrite, soit incapable de se comprendre lui-même, faute de voir que l'État de droit lui-même suppose une telle décision préalable en sa faveur – le principe libéral, qui demande simplement la limitation du pouvoir, étant par ailleurs muet sur la question des formes de gouvernement (*ibid.*, p. 338 *sq.*). Dans d'autres textes, Schmitt évoque aussi la dimension institutionnaliste du droit, tout aussi méconnue pour lui par la doctrine de l'État de droit, unilatéralement attachée à la simple idée normativiste du droit comme système de règles abstraites (voir, par ex., *Les Trois Types de pensée juridique*, p. 70 *sq.*, reprise de conférences de 1934).

Si les théories de Schmitt peuvent être vues comme une réactivation des aspects autoritaires de la conception allemande de l'État contre les tendances libérales qui sont à l'œuvre dans l'État de droit, celles de Hans Kelsen, qui affirme l'identité entre l'État et le droit, peuvent être considérées, au contraire, comme un effort pour émanciper l'idée normativiste de ce que l'idée d'autolimitation de l'État conservait de prédémocratique.

Kelsen est connu comme un des grands représentants du positivisme juridique et, à ce titre, il est souvent l'objet de critiques aussi rituelles que vaines, qui portent sur la prétendue incapacité des positivistes à critiquer le droit positif, lorsque celui-ci est manifestement injuste ou oppressif, là où ces derniers se contentent de pointer l'impossibilité de fonder dans le droit lui-même la nécessité de l'obéissance, ainsi que le caractère ultimement non juridique (parce que moral et/ou politique) de la norme fondamentale dont dérive le droit positif. Définissant le droit comme un ordre de contrainte, Kelsen est conduit à y inclure des faits extrêmement choquants (par ex., *Théorie pure du droit*, p. 55-56). Mais cela doit être vu comme l'expression d'un effort de désacralisation de l'ordre juridique qui est peut-être aussi, pour le démocrate Kelsen, la condition préalable d'une définition des conditions effectives de la préservation des libertés. Quant à l'identité de l'État et du droit, elle conduit à une critique vigoureuse de la théorie de l'autolimitation (ou plutôt ici de l'auto-obligation, *Selbstverpflichtung*), qui montre que celle-ci repose sur un raisonnement circulaire, puisque l'autorité de l'État présuppose une norme qui le constitue en sujet juridique habilité à poser d'autres normes. En ce sens, tout État est un État de droit, et « il est impossible de penser un État qui ne soit pas soumis au droit », puisque « l'État n'existe que dans les actes étatiques, c'est-à-dire des actes accomplis par des êtres humains et qui sont attribués à l'État en tant que norme juridique » ; ainsi « ce terme d'État de droit représente un pléonasme » (*ibid.*, p. 410-411). Kelsen remarque cependant que, en fait, l'expression d'État de droit est employée en général comme simple synonyme de l'État démocratique garantissant la sécurité juridique, dont il ne nie nullement la spécificité par rapport aux États autoritaires. Comme juriste praticien, Kelsen, qui fut aussi un grand théoricien de la démocratie, a du reste été un des promoteurs en Europe continentale du contrôle de constitutionnalité ; ce contrôle, parce qu'il permet de soumettre le pouvoir législatif à la norme fondamentale, est un des vecteurs les plus puissants du développement de ce qu'il est convenu d'appeler État de droit. L'orientation anti-impériale de la doctrine de Kelsen, qui inspire sa critique de la notion d'auto-obligation, est également visible dans une autre thèse fondamentale pour la « théorie pure du droit », celle de l'unité du droit international et du droit interne, qui s'oppose évidemment aux thèses des juristes de l'Empire. Les meilleurs lecteurs de Kelsen ne se sont pas trompés sur le sens de sa doctrine : dans sa période la plus virulente, Carl Schmitt dénonce le normativisme comme étant essentiellement libéral et anti-politique (Schmitt, *Les Trois Types de pensée juridique*, *op. cit.*, p. 70-80). Et un penseur comme Raymond Aron, qui, tout en étant libéral, était aussi un penseur réaliste des relations internationales, confessait sa préférence pour la théorie de l'autolimitation (même si elle ne peut pas fonder la « force obligatoire » du droit, cette théorie « est une mise en forme de la réalité historico-sociale ») (*Paix et Guerre entre les nations*, p. 704-707).

III. « RULE OF LAW » ET ÉTAT DE DROIT

Si la notion allemande de *Rechstaat* peut aisément être traduite dans la plupart des langues continentales, sa traduction en anglais pose des problèmes importants qui ne sont pas seulement linguistiques. L'usage le plus courant est de traduire *Rechtstaat* ou État de droit par l'expression *Rule of Law*, dont les connotations sont néanmoins assez différentes. D'un point de vue linguistique se pose le problème de la dualité de sens de *Law*, qui signifie à la fois le droit et la loi, alors que les droits subjectifs seraient plutôt désignés comme étant des *Rights* ; ce n'est pas le plus important, car il faut surtout remarquer que le contenu juridico-politique du concept de *Rule of Law* est assez différent de celui d'État de droit. Plus qu'à la cohérence formelle d'un système de normes étatiques, la notion de *Rule of Law* renvoie à des critères substantiels et procéduraux de légitimité des gouvernants et des normes juridiques : elle signifie, d'une part, que dans l'organisation du *government* la loi doit être mise au-dessus des hommes (selon une idée classique depuis la pensée grecque), d'autre part, que la législation et le processus juridictionnel doivent présenter certaines qualités procédurales (cf. la notion américaine de *due process of Law*, que l'on traduit en général par « procédure équitable »). Ainsi, là où l'État de droit préconise surtout un moyen (la hiérarchie des normes) supposé propre à atteindre un certain résultat (la liberté), le *Rule of Law* définit beaucoup plus précisément le résultat, mais n'indique aucun moyen pour y parvenir (Troper, « Le concept d'État de droit », p. 63). La difficulté est d'ailleurs redoublée par les origines anglaises de la notion, tant la Constitution anglaise est peu conforme aux normes du constitutionnalisme contemporain ; l'auteur classique est ici le grand juriste A. V. Dicey (1835-1922), qui a montré que le régime anglais repose sur un équilibre subtil entre la souveraineté du Parlement (qui exclut le contrôle de constitutionnalité des lois) et le *Rule of Law* (qui exige que l'administration relève du *Common Law* et que les fonctionnaires soient, comme tous les autres citoyens, responsables devant les tribunaux ordinaires, ce qui est incompatible avec l'idée continentale et notamment française de droit administratif). La conséquence de cette doctrine est que, d'un côté, le Royaume-Uni n'est pas un État de droit, faute de contrôle de constitutionnalité des lois, et que, de l'autre, la France ne vit pas sous le *Rule of Law*, du fait de l'existence d'un droit administratif relevant d'une juridiction spécifique (voir Mockle, « L'État de droit et la théorie de la *Rule of Law* »). Les enjeux pratiques sont moins importants aujourd'hui qu'au début du XXe siècle, du fait de l'évolution libérale du droit administratif et aussi de l'importance du constitutionnalisme américain dans la culture des juristes et des philosophes de langue anglaise. Il n'en reste pas moins qu'aujourd'hui encore les auteurs anglais ou américains n'entendent pas par *Rule of Law* tout à fait la même chose que ce que les juristes ou les philosophes entendent par État de droit. C'est d'ailleurs pour cela que les plus rigoureux d'entre eux traduisent *Rechtstaat* par *constitutional government* et non par *Rule of Law* (Troper, « Le concept d'État de droit », art. cité, p. 54).

Philippe RAYNAUD

BIBLIOGRAPHIE

ARON Raymond, *Paix et guerre entre les nations*, 2e éd. Calmann-Lévy, 1984.

BEAUD Olivier, *Les Derniers Jours de Weimar. Carl Schmitt face à l'avènement du nazisme*, Descartes et Cie, 1997.

CARRÉ DE MALBERG Raymond, *Contribution à la théorie générale de l'État* [1920], rééd. CNRS, 2 vol. 1962.

CHEVALLIER Jacques, *L'État de droit*, 3e éd., Montchrestien, 1999.

DICEY Albert Venn, *Introduction to the Study of the Law of the Constitution*, 8e éd., Venn, 1915, rééd. Indianapolis, Liberty Fund, 1982.

DUGUIT Léon, *Traité de droit constitutionnel*, Boccard, 5 vol., 3e éd., 1927-1930.

HABERMAS Jürgen, *Droit et Démocratie*, trad. fr. R. Rochlitz et C. Bouchindhomme, Gallimard, 1997.

HAURIOU Maurice, *Précis de droit constitutionnel*, 2e éd. 1929, rééd. CNRS, 1965.

KELSEN Hans, *Théorie pure du droit*, trad. fr. C. Eisenmann, Dalloz, 1962.

KRIEGEL Blandine, *L'État et les Esclaves*, 3e éd., Payot, 1989.

MOCKLE Daniel, « L'État de droit et la théorie de la *Rule of Law* », *Cahiers de droit*, Montréal, vol. 35, n° 4, déc. 1994, p. 823-904.

RAYNAUD Philippe, « Droit naturel et souveraineté nationale. Remarques sur la théorie de l'État chez Carré de Malberg », *Commentaire*, n° 22, 1983, p. 384-393.

— « Des droits de l'homme à l'État de droit chez les théoriciens français classiques du droit public », *Droits*, n° 2, 1985, p. 61-73.

— « Léon Duguit et le droit naturel », *Revue d'histoire des facultés de droit et de la science juridique*, n° 4, 1987, p. 169-180.

REDOR Marie-Joëlle, *De l'État légal à l'État de droit. L'évolution de la doctrine publiciste française 1879-1914*, Economica, 1992.

RENAUT Alain et SOSOE Lukas, *Philosophie du droit*, PUF, 1992.

SCHMITT Carl, *Théorie de la Constitution* [1928], trad. fr. L. Deroche, PUF, 1993.

— *Les Trois Types de pensée juridique* [1934-1944], trad. fr. M. Köller et D. Séglard, PUF, 1995.

TROPER Michel, « Le concept d'État de droit », *Droits*, n° 15, 1992, p. 51-63.

ÉTERNITÉ

ÉTERNITÉ L'éternité est généralement définie comme ce qui échappe au devenir et au temps, qu'il s'agisse d'une durée indéfinie ou d'un hors-temps absolu. Pourtant, le mot même d'*éternité* signale qu'il y va d'abord d'une durée de vie (lat. *aevum*, gr. *aiôn* [αἰών]). On comprend qu'entre ces deux pôles les modulations, à travers les langues et les doctrines, puissent être considérables.

I. ÉTERNITÉ : DURÉE / TEMPS

Éternité provient du latin *aeternitas*, peut-être créé par Cicéron, pour désigner une durée sans commencement ni fin. Le terme renvoie à *aevum*, grec *aiôn*, qui désigne, comme *aetas* (cf. fr. *âge*), le temps comme durée de la vie, et implique une conception « animée » de la durée (Ernout et Meillet).

Cet ensemble est bien différencié d'une autre manière de dire et penser le temps, en latin *tempus*, en grec *khronos* [χρόνος], qui le considère cette fois en tant que déterminé (coupe, fraction, époque — on rapproche le latin *tempus* du verbe grec *temnô* [τέμνω], « couper »), et donc susceptible d'être quantifié, en particulier comme nombre du mouvement.

On trouvera sous AIÔN / KHRONOS les principales difficultés tenant à cette distinction, dont l'histoire est traversée notamment par celle des traductions de la Bible (c'est *saeculum*, et non *aevum*, qui sert à rendre *aiôn* — « dans les siècles des siècles »), et qui donne lieu à de très subtiles distinctions et inventions terminologiques.

Sur le rapport entre temps et durée de vie, cf. DASEIN, ERLEBEN, *VIE*. Sur le rapport entre temps et mouvement, cf. FORCE (et l'encadré 1, « *Dunamis...* », sur la définition aristotélicienne du mouvement), *MONDE*, NATURE.

L'expression linguistique et grammaticale de la durée, dans son rapport avec l'aspect des verbes et leur temps, est examinée sous ASPECT.

Plus généralement, voir PRÉSENT et *TEMPS*.

II. ÉTERNITÉ ET INSTANT

L'éternité hors du temps est liée à l'instant (sur lat. *instans*, « présent » et « pressant, menaçant »), conçu non comme unité de temps mais, au contraire, comme faisant exception au compte, non comptabilisable. Les Grecs le désignent du terme de *kairos* [καιρός], ouverture d'une opportunité distincte de la durée et du temps : voir MOMENT (en part. II), voir aussi AIÔN (encadré 1, « *Khronos / aiôn / kairos*, du grec ancien au grec moderne »). La théologie chrétienne se sert de l'instant comme *tota simul*, « tout à la fois », pour penser l'éternité divine : voir, outre AIÔN (II), DIEU.

Sur le rapport entre l'éternité divine et la subjectivité éthique, et sur son expression dans le danois de Kierkegaard, voir EVIGHED ; Cf. CONTINUITET, PLUDSELIGHED.

Plus généralement, voir *INSTANT*.

III. PROCÉDURES D'ÉTERNITÉ

Sur la manière dont les hommes tentent de sortir de l'ordre du temps pour passer à celui de l'éternité, on se reportera à BOGOČELOVEČESTVO, HISTOIRE, JETZTZEIT, MÉMOIRE ; cf. LOGOS, LUMIÈRE (et encadré 1, « *Phôs...* »), *SAGESSE*, SVET.

► *DESTIN, GLÜCK, NOSTALGIE, PROGRÈS*

ÊTRE

I. « ÊTRE » : LE « PREMIER VERBE »

« Être » est, dit Schleiermacher, le « premier verbe », et même lui est « éclairé et coloré par la langue » (« Des différentes méthodes du traduire », § 239).
On a étudié tout particulièrement :
a) les particularités du grec : voir ESTI ; cf. TO TI ÊN EINAI ;
b) le doublet espagnol *ser/estar*, voir ESPAGNOL, auquel s'ajoute en portugais le verbe *ficar*, voir FICAR ; cf. HÁ.
c) la complexité du vocabulaire postkantien : voir SEIN/SOSEIN/AUSSERSEIN.

II. LES DIFFÉRENTS SENS DE « ÊTRE »

On distingue généralement quatre acceptions principales de l'être : existence, copule, véritatif, identité. Ces sens commandent plusieurs partitions transversales complexes : essence/existence (quiddité/quoddité), objet/sujet, vérité/fausseté/fiction.

1. Être-existence / être-essence

On trouvera sous ESSENCE l'étude des grandes ambiguïtés et des traductions qui donnent lieu aux partitions *essence/substance/existence.*
Sur la position, le fait d'être, voir OMNITUDO REALITATIS.
Sur l'acception existentielle, rapportée à l'objet, voir *IL Y A* [ES GIBT, ESTI, HÁ] ; cf. EREIGNIS ; rapportée au sujet, voir DASEIN, cf. ERLEBEN, EPOKHÊ ; voir aussi SUJET, et cf. CONSCIENCE.
Sur l'être au sens de réalité objective et dans son rapport à la « chose », voir GEGENSTAND/OBJEKT, OBJET, RÉALITÉ, RES (et, sous RES, notamment le gr. *pragma* [πρᾶγμα], *khrêma* [χρῆμα], et l'all. *Ding, Sache*), SEIN, VORHANDEN/ZUHANDEN. Cf. *CHOSE.*
Sur l'identification onto-théologique de l'être et de Dieu : voir JE (en part. l'encadré 4, « Exode 3,14 ») ; cf. DIEU.
Cf. *ACTE.*

2. Être-copule

Voir, outre ESTI : SUJET, PRÉDICABLE, PRÉDICATION (et l'encadré 4, « Copule... »).

3. Être-véritatif

Voir, outre ESTI, VÉRITÉ, SACHVERHALT, TRUTH-MAKER ; voir aussi *GELTEN, GELTUNG, ES GILT* sous SEIN. Cf. *APPARENCE,* DOXA, ERSCHEINUNG, *FAUX, FICTION, MENSONGE.*

4. Être-identité

Voir JE (en particulier l'encadré 2, « *To, auto...* »), SELBST, SUJET (sous lequel on traite du lat. *persona*, en particulier encadré 5, « Sujet, chose, personne » ; cf. ACTEUR). Voir aussi IMPLICATION.
Cf. *IDENTITÉ.*

► *ÉVÉNEMENT*

ÉVÉNEMENT

Événement, sur le latin *evenire*, « venir hors de, avoir un résultat, arriver, échoir, se produire » (d'où *eventus*, « issue, succès », et *eventum*, surtout au pl. *eventa*, « événements, accidents »), désigne un fait ou un phénomène en tant qu'il fait rupture, qu'il marque.

I. ÉVÉNEMENT ET ÊTRE

C'est le terme le plus fréquemment retenu pour rendre l'allemand *Ereignis*, que Heidegger lie à l'appropriation (*Ereignung*, voir PROPRIÉTÉ) et à la monstration (*Eräugnis*) : voir EREIGNIS et cf. *APPROPRIATION.* Voir aussi ES GIBT, « *Gestell* » sous COMBINATOIRE ET CONCEPTUALISATION (II), GESCHICHTLICH, et l'encadré 1, « *Faktum, faktisch, Fakticität* », sous TATSACHE ; cf. VORHANDEN.
Plus généralement, sur l'ontologie de l'événement, son rapport à l'accident par différence avec l'être, voir CHANCE, *DESTIN*, ESSENCE, *ÊTRE*, SUJET.
Sur cet « événement » que représente l'incarnation, voir BOGOČELOVEČESTVO, LOGOS (III, B), OIKONOMIA.

II. ÉVÉNEMENT, TEMPORALITÉ ET ŒUVRE D'ART

Sur la temporalité de l'événement, voir ASPECT, MOMENT (en part. II, « *Kairos* »), HISTOIRE, *INSTANT*, JETZTZEIT.
Sur la mise en discours de l'événement, voir ERZÄHLEN, HISTOIRE ; cf. *RÉCIT.*
Plus précisément, dans son rapport à l'œuvre d'art, voir HAPPENING, IN SITU.

EVIGHED [DANOIS] – fr. *éternité*

all. *Ewigkeit*

► *ÉTERNITÉ*, et AION, CONSCIENCE, CONTINUITET, JE, MOMENT, *PERSONNE*, PLUDSELIGHED, PRÉSENT, *TEMPS*, VÉRITÉ

À l'éternité du beau moment, qui fige le mouvement, s'oppose l'éternité du Soi éthique. À l'éternité abstraite de l'idée, objet de réminiscence, s'oppose l'éternité concrète vécue passionnément par l'existant tendu vers l'éternel comme avenir. « Le concept central du christianisme » (t. 7, p. 189), à savoir la plénitude du temps (saint Paul, Galates, 4, 4), impose la pensée d'une éternité qui sans cesse pénètre le temps, et d'un temps qui constamment arrache l'éternité à elle-même. Dans cette tension sans relâchement, égale à celle qui, sans Aufhebung, *unit le fini et l'infini, l'éternel vaut, dans le présent, à la fois comme passé et comme avenir* (voir encadré 3, « *Øjeblik* », dans MOMENT).

La pluralité de sens que Kierkegaard confère au concept d'*Evighed* correspond aux variations de ceux de *Continuitet-Continuerlighed.*

(1) Dans l'immédiateté du moment de la jouissance, la personne (l'esthéticien) est comme diffuse dans la tonalité affective (« *Personligheden dæmrer i Stemningen* », t. 4, p. 207). Le pouvoir qu'a l'âme de se plonger totalement dans « un tel instant » (t. 4, p. 181) lui permet de suspendre en quelque sorte le temps, d'être délivrée de l'essentielle fugacité du transitoire, d'accéder ainsi à une certaine éternité.

(2) À l'opposé, le choix de soi confère à la personne « sa valeur éternelle » (t. 4, p. 193). En écho à une formule de Fichte (*La Destination de l'homme*, trad. fr. M. Molitor, Aubier, 1942, p. 176, 210), Kierkegaard fait dire à l'éthicien : « Je ne puis devenir conscient de moi de manière éthique sans devenir conscient de mon moi éternel » (t. 4,

p. 242). Cette « éternité » est le devenir soi en sa permanence faite de progrès. Par l'éthique, l'homme « devient ce qu'il devient » (t. 4, p. 162 ; voir une formule semblable chez Fichte, *op. cit.*, p. 209).

(3) « L'éternité est la continuité de la conscience, voilà ce qui fait la profondeur et la pensée du socratique » (t. 7, p. 91). « Pour la pensée, l'éternel est le présent » (t. 7, p. 186). La réminiscence a pour fonction de « maintenir dans la vie de l'homme la continuité éternelle » (t. 9, p. 10). Malgré ce qui sépare Socrate de Platon, cette thèse (et donc le recours à une éternité abstraite) « appartient aux deux » (t. 10, p. 192).

Face à ces trois sortes d'éternité, Kierkegaard situe le christianisme. Par son point de départ historique, c'est un événement qui fait la différence d'avec le socratisme. Il pose comme absolument décisif l'instant de l'accès à la vérité. Ce *punctum* ne concerne ni la pensée pure, ni la mythologie, ni l'histoire seule. Il affecte essentiellement l'existant, et donc le penseur subjectif existant. Si, en toute décision éthique, surgit l'éternel, la continuité est cependant toujours de nouveau interrompue par des décisions nouvelles (voir PLUDSELIGHED). « Pour l'existant, décision et répétition sont le but du mouvement. L'éternel est la continuité du mouvement, mais une éternité abstraite est en dehors du mouvement, et une éternité concrète dans l'existant est le maximum de la passion » (t. 11, p. 12). « L'anticipation passionnée de l'éternel n'est cependant pas, pour un existant, une continuité absolue, [c'est] la possibilité de s'approcher de l'unique vérité qu'il puisse y avoir pour un existant » (t. 11, p. 12-13). L'éternité, comme *telos* donné à chaque fois dans l'instant, n'est susceptible que d'une infinie approximation. L'éternité concrète a donc figure d'avenir. « L'avenir est cet incognito où l'éternel, en tant qu'incommensurable au temps, veut cependant sauvegarder son commerce avec lui » (t. 7, p. 189).

Tout existant a son temps, autrement dit le reçoit, car « l'éternel veut faire sien le temps » (t. 13, p. 15). Il s'évade dans l'existence abstraite, celui pour qui « les décisions existentielles ne sont que jeu d'ombres flottant sur le fond de ce qui, en arrière, est éternellement décidé » (t. 10, p. 210).

Jacques COLETTE

BIBLIOGRAPHIE

KIERKEGAARD Søren, *Œuvres complètes*, trad. fr. P. H. Tisseau et E. M. Jacquet-Tisseau, L'Orante, 1966-1986, 20 vol.

EXIGENCE *Exigence* provient du latin *exigere*, littéralement « pousser (*agere*) dehors (*ex*) », qui prend le sens de « mener à son terme » et de « réclamer, exiger ». Le terme figure ici comme l'une des traductions possibles de l'anglais *claim* : il ne possède pas de tonalité péjorative (à la différence de *prétention*), mais, à la différence de l'allemand *Anspruch*, il peine à articuler la demande (avec sa dimension d'expression linguistique et sonore) avec sa justification (morale ou juridique), en sorte que la demande constitue elle-même la justification : voir CLAIM, et cf. *VOIX*.

La notion anglaise de *claim* est indissociable de la distinction, tout aussi difficile pour les traducteurs, entre le droit-*law* et le droit-*right*, qui renvoie à la légitimité de la demande : voir RIGHT, LAW, et plus généralement *DROIT*, DEVOIR, *LOI*, SOLLEN ; cf. *OBLIGATION*.

Sur le rapport entre cette exigence, qui est plus particulièrement une revendication de connaissance, et la philosophie anglo-saxonne du langage ordinaire, voir ANGLAIS, et cf. ACTE DE LANGAGE, LANGUE, MATTER OF FACT, SENS, *SENS COMMUN* [COMMON SENSE, MORAL SENSE].

► ÉPISTÉMOLOGIE, *RAISON*

EXPÉRIENCE *Expérience* provient du latin *experientia*, « essai, épreuve, pratique, expérience », de même famille que *periculum*, « épreuve, risque », ou que *peritus*, « habile, expert », et sur la même vaste racine **per-* (qui signifie quelque chose comme « aller de l'avant, pénétrer »), que le grec *empeiria* [ἐμπειρία], « expérience », *peira* [πεῖρα], « tentative, essai, expérience », ou *peras* [πέρας], « limite » (cf. en français le *pore*, le *port* et la *porte*). Le mot connote ainsi à la fois une percée et une avancée en soi et dans le monde, un gain de connaissance et l'habileté cumulée d'un acquis. Ce complexe sémantique donne lieu à des distinctions terminologiques singulières selon les langues.

I. EXPÉRIENCE INTÉRIEURE

1. Le terme allemand *Erleben* désigne précisément le fait de faire l'expérience et l'épreuve de la vie : voir ERLEBEN, et cf. DASEIN, LEIB, *VIE*.

2. Plus généralement, sur l'expérience de soi, voir CONSCIENCE, JE, SUJET ; sur ses difficultés entre affect et histoire ou histoire de l'être, voir ANGOISSE, *MALAISE*, PATHOS (cf. *PASSION*).

3. Sur le rapport entre cette expérience et la sagesse ou la morale, voir PHRONÊSIS, *SAGESSE* ; cf. GLÜCK, OIKEIÔSIS ; plus généralement sur l'expérience morale, y compris celle de la loi morale, voir MORALE, WILLKÜR.

II. EXPÉRIENCE ET CONNAISSANCE OBJECTIVE

La problématique philosophique récurrente est celle de l'impact du sujet sur l'objet ou le phénomène observé dans l'expérience, à travers les conditions de l'expérience dans l'expérimentation comme à travers les formes *a priori* de l'expérience dans l'*Erfahrung* kantienne.

1. On s'est attaché au doublet *experiment / experience*, mis en œuvre dans l'empirisme anglo-saxon, qui ne recoupe pas la différence expérience/expérimentation : voir EXPERIMENT ; cf. ANGLAIS et UTILITY.

2. Plus généralement, sur l'expérience comme connaissance, et les procédures de construction de l'objet, voir ABSTRACTION, ÉPISTÉMOLOGIE, EPOKHÊ, *INTUITION*, PERCEPTION, REPRÉSENTATION ; cf. AFFORDANCE. Sur l'objet lui-même, voir GEGENSTAND, ERSCHEINUNG, OBJET, et cf. *PHÉNOMÈNE*.

III. EXPÉRIENCE ET PRATIQUE

1. Sur la manière dont l'« empirie » se rapporte à la *tekhnê* [τέχνη], à l'art, qui se définit d'être entre expérience et science, voir ART, ESTHÉTIQUE, MIMÊSIS.
2. Sur le rapport entre la pratique et la conduite, voir AGENCY, BEHAVIOUR, MORALE, PLAISIR, PRAXIS, TRAVAIL ; cf. ci-dessus, I, 3.

► *MONDE, NATURE, RAISON, SÉCULARISATION, TATSACHE*

EXPERIMENT / EXPERIENCE ANGLAIS – fr. *expérience, expérimentation, épreuve*

► *EXPÉRIENCE*, et CHANCE, ERLEBEN, PATHOS, PERCEPTION

Le traducteur est tenté de substituer mécaniquement « expérience » à experience *et « expérimentation » à* experiment*, conférant une plus grande part de passivité à l'*experience *et d'activité à l'*experiment*. Or les choses, surtout dans l'anglais classique, ne permettent pas une telle simplification. De plus, l'anglais conserve au niveau des verbes la même opposition qu'au niveau des noms (en la complétant même par la forme en* -ing : experiencing, experimenting*), alors que le français n'a plus qu'*expérimenter *et que le verbe unifie ce que les noms tiennent divisé ; si l'on décide alors de rendre* to experiment *par* expérimenter *et* to experience *par « éprouver »,* éprouver *connote une difficulté qui n'existe pas dans* to experience *(cf.* épreuve*). Cette dissymétrie du français par rapport à l'anglais ne permet pas la même approche de l'opposition, d'ailleurs plus prétendue que réelle, de l'empirisme et du rationalisme. Pour le français, qui ne connaît qu'« expérimenter », l'empirisme ne peut jamais être qu'un rationalisme qui se cache, car il n'est d'expérience qu'active au bout du compte. L'*experiencing *de l'anglais est d'emblée moins encadré par une activité rationnelle ; on parle même de* to experience *quand cet encadrement est difficile, voire impossible.*

Par ailleurs, ces noms s'utilisent avec, auprès d'eux, les termes de *case* et d'*instance* qu'il faut se garder de rendre par « cas » et par « exemple ». *Instance* est très souvent le cas singulier, l'occurrence particulière, auquel ou à laquelle on n'accède que par une « expérience » ; l'*instance* ne devient un *case* que lorsque l'*experiment* lui est « transférée » (Hume, *A Treatise of Human Nature*, p. 142). Le *case* suppose qu'un terrain commun, « a common footing », permet de rapporter un événement repéré à d'autres événements, estimés semblables, ou ne différant que par un élément décisif dans des circonstances semblables, de telle sorte que l'on puisse dire qu'il s'est produit ou ne s'est pas produit quand on en fait le *trial*, quand on en fait l'essai.

I. L'« EXPERIMENT » CLASSIQUE : UN PHANTASME D'ACTIVITÉ

On peut avoir l'impression que l'*experiment* implique une intervention de celui qui observe les phénomènes et qui agit sur eux pour en comprendre ou en modifier les mécanismes : « *we make experiments* » (*A Treatise of Human Nature*, p. 337) ; alors que l'*experience* serait plus passive et concernerait des objets ou des événements qu'il serait difficile, voire impossible, de changer directement : « *Relation is frequently experienced to have no effect* » (*ibid.*, p. 347). Or cette impression, qui est bien fondée quand on lit *The Logic of Scientific Discovery* de K. Popper, où *experiment* est synonyme de *theory testing* ou *falsifying* (p. 80), ne l'est plus ou l'est beaucoup moins lorsque l'on consulte les auteurs de l'Âge classique.

Outil de l'analyse, l'*experiment* donne lieu à des fantasmes d'activité, irréalisables dans les faits. Lorsque Hume relit le second livre de la *Rhétorique* d'Aristote pour réviser, par un jeu sur les paramètres constitutifs des structures passionnelles, les limites des passions les unes par rapport aux autres et leur fonctionnement, son mode d'action est purement linguistique : on ne saurait faire ni conclure les *experiments* qu'il préconise et qui se donnent l'allure de descriptions autrement qu'en travaillant, par l'écriture, l'imaginaire du lecteur. C'est à partir de ce jeu symbolique et de ses pratiques imaginaires que l'*experiment* peut donner lieu à l'inventaire de cas contraires et à des balances de cas (*A Treatise*..., p. 403). L'*experiment* n'est réelle que lorsqu'elle est et parce qu'elle est, d'abord, symboliquement tramée. Qu'elle donne lieu ou non à un sentir, elle devient dépourvue de sens en dehors d'une lecture, d'une écriture, d'une « singularisation » qui lui permet d'entrer comme unité dans un calcul (C, 343). Ainsi se tranche la question de savoir si l'on peut expérimenter sur le terrain des passions, de l'économie, de l'histoire : il est évident qu'on le peut (encore qu'il ne soit pas plus facile de modifier des sentiments que des mouvements dans les cieux) parce que l'*experiment* est essentiellement symbolique, même quand elle permet, ce qui est souvent le cas en physique, la manipulation sensible. Price, réfléchissant sur la règle de Bayes, parle, en prenant indifféremment ses exemples en physique ou dans la science de la nature humaine, de notre possibilité de déterminer « quelle conclusion tirer d'un nombre donné d'*experiments* qui ne sont pas contrecarrées par des *contrary experiments* » (*Essai*..., p. 86). L'*experiment* se monnaie comme la *chance* : « *chance or experiment* », dit Hume (*A Treatise*..., p. 141).

II. L'ÉQUIVOQUE DE L'« EXPERIENCE »

Experience présente une impressionnante gamme de sens. L'un d'eux est très proche d'*experiment*, lorsqu'un ensemble plus ou moins régulier d'*experiments* peut donner lieu à une *experience* plus ou moins parfaite (*A Treatise*..., p. 142) ou, en sens inverse, lorsque l'*experience* s'essentialise et s'autonomise pour devenir une expérience passée ou un élément d'expérience passé susceptible d'entrer dans un *experiment*. Un autre en est au contraire très éloigné, voire rebelle : *experience* peut en effet désigner ce qui résiste irréductiblement à l'explication ; traitant des complications de la sympathie, Hume écrit, juste avant la conclusion générale du *Traité* : « Il y a quelque chose de très inexplicable dans cette variation de nos impressions ; mais c'est ce dont nous avons l'expérience (*it is what we have experience of*) en ce qui concerne toutes nos passions et tous nos sentiments » (*ibid.*, p. 617).

D'une manière générale, l'*experience* est plutôt ce qu'on trouve (*ibid.*, p. 623), ce qu'on rencontre comme une limite (p. 124, 139), ce qui permet de découvrir (p. 395, 498, 548, 568), ce qui enseigne (p. 466, 522), ce qui permet d'inférer (p. 87), de dériver (p. 125), ce qui prouve (p. 481), ce qui se répète, revient (Price parle des « *returns of an event* » ou de la « *recurrency of events* » [*Essai...*, p. 92, 94]), s'emmagasine (*A Treatise...*, p. 140) et s'accumule (p. 490), soit par l'habitude de la vie, soit par une observation particulière, pour nous porter à tirer des conclusions.

Mais, si elle peut être fausse (*ibid.*, p. 408), si elle peut réguler notre jugement (p. 133), jamais, toutefois, il ne lui est possible de penser à notre place ou de se substituer à une explication, laquelle ne peut s'obtenir que *by*, *from*, *on experience*. Que nous fabriquions l'*experience* par sa répétition ou que nous la laissions être, que nous consultions l'*experience*, que nous inférions par son moyen l'existence ou que nous la forcions, d'une façon ou d'une autre, elle est liée à des décisions ; celle, par exemple, de ne valider les idées que pour autant qu'elles se rattachent à l'expérience, ou celle de ne jamais dépasser les limites de l'expérience (comme lorsque Hume préconise de ne pas étendre l'influence de la relation de causalité au-delà de l'expérience [*ibid.*, p. 466]). C'est à nous de rendre l'*experience* « *undoubted* » (p. 419). Si bien que l'*experience* est toujours invoquée dans une inévitable équivoque : elle est convaincante à condition de ne pas être forcée ; elle n'a pourtant de sens qu'à la condition d'être provoquée et de tendre vers l'*experiment* : « nous sommes heureusement parvenus à des *experiments* portant sur les vertus artificielles », dit Hume en conclusion de sa IIe partie du IIIe Livre sur la morale (p. 578).

Si entrelacée soit-elle avec l'*experience*, l'épure de l'*experiment* tient à une simplification artificielle du phénomène ou de la ligne d'événements que l'on s'efforce d'isoler, au moins symboliquement, pour mieux garder le contrôle de son articulation avec d'autres phénomènes ou de sa composition avec d'autres lignes. Dès lors l'*experience* est la prise en compte de phénomènes dont il est impossible de se saisir par le jeu simplificateur de l'*experiment*, et d'événements sur des lignes en écheveau ou dans des systèmes ouverts susceptibles de se compliquer indéfiniment.

L'opposition traditionnelle de l'empirisme et du rationalisme n'apparaît plus aussi tranchée dès lors qu'on regarde en détail les opérations linguistiques constitutives du jeu dialectique de l'*experience*, de l'*experiment* et de leur *authority* (*ibid.*, p. 337). Que les idées dérivent de l'expérience n'est un principe qu'à condition d'être entendu comme une règle méthodique. L'empirisme est, au bout du compte, une philosophie de la décision, même si la volonté y est partout présentée comme un sentiment, voire dénoncée comme une fiction : il faut décider de n'accepter comme valide qu'une proposition qui ait, d'une façon ou d'une autre, la caution de l'expérience, et cette décision n'est pas moins *a priori* que les catégories et les principes du rationalisme. On passe donc de l'empirisme au rationalisme par un simple déplacement, et l'affrontement de ces deux doctrines n'est qu'imaginaire.

Jean-Pierre CLÉRO

BIBLIOGRAPHIE

BAYES Thomas, *Essai en vue de résoudre un problème de la doctrine des chances, Cahiers d'histoire et de philosophie des sciences* [1763], n° 18, Belin, 1988.

BENTHAM Jeremy, *Chrestomathia* [1816], éd. M. J. Smith et W. H. Burston, Oxford, Clarendon Press, 1983.

HUME David, *A Treatise of Human Nature* [1739-1740], éd. Selby-Bigge, Oxford, Clarendon Press, 1978 ; *Traité de la nature humaine*, Flammarion, « GF », 3 vol. (1er vol. [Livre I], trad. fr. P. Béranger et P. Saltel, 1995 ; 2e vol. [Livre II], trad. fr. J.-P. Cléro, 1991 ; 3e vol. [Livre III], trad. fr. P. Saltel, 1993).

POPPER Karl R., *The Logic of Scientific Discovery* [1935], Londres-Melbourne, Hutchinson, 1980.

F

FACTURE Sur le latin *factura*, « fabrication » (dérivé de *facere*, « faire »), le mot désigne la manière dont est faite une œuvre d'art et, comme *facteur*, s'emploie en particulier pour les instruments de musique. On a privilégié le terme russe *faktura* [фактура], qui acquiert au début du XXe siècle une importance remarquable (voir FAKTURA).

Sur le rapport au matériau, voir ART (encadré 2, « Plastique... »), COLORIS, DISEGNO, *FORME, PLASTICITÉ*.

Sur le style de l'artiste, voir MANIÈRE, MIMÊSIS, *STYLE*.

► DICHTUNG, ESTHÉTIQUE, TABLEAU

FAIR, FAIRNESS, EQUITY ANGLAIS – fr. *honnêteté, impartialité, justice, équité*

► *JUSTICE*, et *LOI* [LAW, LEX], PHRONÊSIS, PRAVDA, PRUDENTIAL, RIGHT, UTILITY, VERGUENZA

L'intraduisible fairness *suscite de nos jours un intérêt nouveau en raison de l'utilisation originale qu'en a faite récemment le philosophe américain John Rawls. Dans la traduction française de son ouvrage* A Theory of Justice (Théorie de la justice), fairness *a été rendu par « équité ». Rawls cherche à établir un contraste entre une conception morale « déontologique », comme la sienne, pour laquelle le respect des droits de chacun et un traitement équitable sont prioritaires, et une conception « téléologique » où les droits et la justice peuvent être sacrifiés à la réalisation du souverain Bien, du* telos *ultime, comme dans la philosophie de l'utilitarisme. Surtout, il fait de la justice le résultat d'un accord entre les parties prenantes d'un « contrat social » sur le modèle des doctrines de Hobbes, Locke et Rousseau. Il révoque complètement l'idée que la justice puisse faire l'objet d'une intuition intellectuelle comme le veulent les doctrines « intuitionnistes ». C'est pourquoi l'expression « justice procédurale » se trouve souvent associée à cette représentation de la justice comme équité* (fairness). *Mais le terme anglais* fairness *combine d'une manière si particulière plusieurs champs sémantiques que certaines langues, comme l'allemand, ont préféré le reprendre tel quel plutôt que le traduire. Le français, pour sa part, a adopté l'expression de* fair play, *mais il doit, par ailleurs, se contenter d'équivalents dont aucun n'articule de la même façon les idées centrales d'honnêteté, d'impartialité, de justice et d'équité auxquelles correspond le terme* fairness.

I. EMPLOIS COMMUNS

Dans la langue non philosophique, *fair* est à l'intersection de plusieurs champs distincts. Le plus ancien est celui de la couleur, où *fair* désigne tout ce qui est clair, avenant, de bon augure et s'oppose à *foul*, qui signifie sombre, noir, de mauvais augure et laid. Ainsi, dans Shakespeare, la *fair maiden* est la jolie fille aux cheveux blonds et au teint clair. De même que, de nos jours encore, le *fair weather* est le beau temps. Ensuite, dans un deuxième champ sémantique, *fair* désigne ce qui est clair moralement, c'est-à-dire honnête, sans tache, sans reproche, comme lorsqu'on parle d'une conscience claire ou nette. En troisième lieu, un sens, plus récent, qui s'étend au-delà de l'individu, de son caractère ou de sa conscience, caractérise l'action, la conduite et les procédures générales de l'action ; *fair* met alors l'accent sur l'absence de fraude, de malhonnêteté, d'où l'expression de *fair play*, qui renvoie au respect des règles du jeu. C'est à ce niveau que les notions d'honnêteté et d'impartialité se rejoignent. Une action, une méthode, un raisonnement sont *fair* s'ils excluent les préférences arbitraires, les faveurs indues, la partialité, s'ils ne cherchent pas à l'emporter par des moyens malhonnêtes ou par la force. Ainsi, en quatrième lieu, le terme *fairness* devient-il une composante essentielle de l'idée de justice : le résultat de ces procédures, méthodes, raisonnements ou décisions est lui-même *fair*, c'est-à-dire justifié et mérité compte tenu de leurs conditions ; il est juste au sens où il satisfait à la formule « à chacun son dû ». Enfin, le dernier sens de *fairness* est celui où, à l'impartialité d'une procédure, d'un traitement, d'une décision, à la conformité de leurs résultats avec la justice, vient s'ajouter l'idée de mesure, de quantité, d'une quantité modérée mais suffisante.

II. « FAIRNESS » ET « EQUITY »

Dans la langue philosophique, la traduction de *fairness* par « équité » est problématique puisque, en anglais, il existe déjà *equity*, terme qui, venu du latin *aequitas* pour traduire l' « équité » aristotélicienne, a été conservé dans la langue technique et qui est relativement distinct du champ sémantique de *fairness*. Le terme employé par Aristote, en effet, renvoie à une idée différente, celle d'un conflit entre la lettre de la loi et son esprit : « L'équitable, tout en étant juste, n'est pas le juste selon la loi, mais un correctif de la justice légale » (Aristote, *Éthique à Nicomaque*, V, 10, 1137b, p. 267 ; voir THÊMIS, IV). Il existe ainsi une juridiction dans le droit anglais (*the equity jurisdiction*) dont la tâche est de justifier des exceptions là où la loi est défaillante ou trop rigide — ce que le vocabulaire juridique appelle des « cas d'équité » (*cases of equity* ; cf. J. Rawls, 1971, § 38, p. 274). C'est de ce souci d'équité au sens aristotélicien que s'inspirent la tradition de la *common law* et la latitude qu'elle laisse aux juges dans leur interprétation des lois. On voit ainsi comment l'*equity* aristotélicienne et la *fairness* au sens de Rawls en viendraient à s'opposer.

III. « FAIRNESS » ET IMPARTIALITÉ : « DUTY OF FAIR PLAY »

Si l'*equity* veut corriger la justice, la *fairness* en est au contraire le cœur en ce qu'elle exige un traitement impartial des personnes. C'est à Henry Sidgwick et à sa tentative de synthèse entre Kant et l'utilitarisme que remonte le sens philosophique contemporain qui stipule que :

> il ne peut être juste pour A d'adopter envers B une conduite qui serait mauvaise si B l'adoptait envers A, pour l'unique raison que ce sont deux individus différents, et sans qu'il existe, entre la nature et la situation de ces deux individus, de différence qui puisse être invoquée comme motif raisonnable pour les traiter différemment [...]. Le principe qui vient d'être étudié semble plus ou moins clairement impliqué par la notion commune d'impartialité (*fairness*) ou d'équité (*equity*) ; on l'obtient en considérant la similarité des individus qui constituent un ensemble logique ou classe.
>
> Sidgwick, 1874, III, XIII, § 3.

Mais ce qui est original, c'est l'extension que Sidgwick va donner au terme, annonçant la conception rawlsienne de la *fairness*. Il l'interprète, en un sens intrasubjectif, comme le principe « qui consiste à traiter impartialement toutes les parties de notre vie consciente ; [...] un bien présent moindre ne doit pas être préféré à un bien futur plus grand ». Par le même raisonnement, il l'étend intersubjectivement au principe de la bienveillance universelle, le principe utilitariste qui demande de maximiser le bonheur général :

> [...] en considérant la relation qui unit les parties intégrantes à l'ensemble et entre elles, j'obtiens le principe, qui va de soi, selon lequel le bien de n'importe quel individu n'a pas plus d'importance, du point de vue de l'univers, si je puis m'exprimer ainsi, que le bien de n'importe quel autre individu, à moins qu'il n'y ait des raisons spéciales de croire qu'un Bien plus grand est susceptible d'être atteint dans un cas plutôt que dans l'autre. Selon moi, il est également évident que, comme être rationnel, je suis tenu de viser le bien en général, pour autant qu'il est susceptible d'être atteint par mes efforts, et non pas simplement une certaine partie de ce bien.
>
> *Ibid.*

IV. « FAIRNESS » ET JUSTICE

Pour Sidgwick, le terme *fairness* en vient à englober une théorie générale non seulement de la justice, mais aussi de la *rightness*, du devoir moral. Ce développement trouve sa conclusion dans l'exposé de Rawls pour qui la justice est définie par la *fairness* au sens d'un respect égal auquel a droit tout être rationnel, c'est-à-dire au sens de l'impératif catégorique kantien : « Les principes de la justice comme équité (*fairness*) sont analogues à des impératifs catégoriques » (Rawls, 1971, § 40, p. 289). Comme pour Kant, mais pour d'autres raisons, la justice est procédurale, elle s'attache à des processus, non à un ordre intemporel. Tout d'abord, elle caractérise une certaine manière d'agir vis-à-vis des êtres humains et des êtres vivants. Ensuite, elle résulte elle-même de procédures ; elle n'existe pas « en soi » ou par conformité à un critère extérieur :

> L'idée intuitive de la théorie de la justice comme équité (*fairness*) consiste à se représenter les principes premiers de la justice comme faisant eux-mêmes l'objet d'un accord originel dans une situation initiale définie de manière adéquate [...] de façon que tous les accords conclus soient équitables (*fair*) [...] et où le résultat n'est pas conditionné par des contingences arbitraires ou par l'équilibre relatif des forces.
>
> Rawls, 1987, p. 151-153.

Ainsi, quand on examine la justice distributive ou justice sociale, dans le domaine économique des échanges et des contrats, des salaires et des prix, du marché, le terme de *fairness* a pris tout son sens pour désigner la justice d'une distribution, d'un prix, d'un salaire qui seraient non pas justes « en soi » comme dit Aristote, mais les plus justes en fonction des conditions particulières de la concurrence :

> Les revenus et les salaires sont justes quand un système de prix concurrentiels est correctement organisé et fondé sur une juste structure de base [...]. La répartition qui en résulte est un exemple de justice du contexte (*background justice*) à la manière du résultat d'un jeu équitable (*fair game*).
>
> Rawls, 1971, § 47, p. 343.

Donc, lorsque le philosophe veut penser la justice, il dispose de deux registres dans lesquels puiser : d'une part, celui de *fairness* et de la justice procédurale, c'est-à-dire de l'impartialité, de l'honnêteté, mais aussi de l'équité dans les décisions, procédures, échanges, distributions, contrats, etc., sans critère indépendant pour en évaluer les résultats ; d'autre part, celui du *just* et celui du *right* qui désignent la conformité à un critère externe et indépendant, l'obligation, le devoir aussi bien moral que légal en référence à un idéal d'objectivité et de vérité. Dans l'usage philosophique, *justice* tend à s'appliquer plutôt aux résultats et *fairness* aux procédures (Barry, p. 145 *sq.*). Mais les différences sont souvent simplement une question d'usage.

On peut comprendre alors pourquoi, si l'on veut construire une conception de la justice toute conventionnelle, comme chez Hume, et qui ne soit pas pour autant arbitraire, le terme *fairness* et ses aspects anthropocentriques peuvent faire l'objet d'un choix légitime. Le sens philosophique conserve en la théorisant la référence à des situations humaines où des partenaires rationnels tentent de régler ensemble leurs différends, comme dans la signature d'un contrat, sans faire appel à un critère indépendant. La théorisation produite par Rawls est particulièrement intéressante de ce point de vue, parce qu'elle tente d'arriver à l'égalité et à la justice sociale à partir d'une procédure au lieu de l'imposer comme un critère indépendant, comme c'est presque toujours le cas. Dans le fait que Rawls emploie de manière souvent interchangeable les termes de *just* et de *fair*, il faut voir une volonté de se dispenser de tout réalisme moral et de découvrir les principes de justice dans la seule dialectique des intérêts et des passions. Rawls établit d'ailleurs une comparaison entre la théorie de la justice et la théorie pure des prix ou de l'équilibre des marchés, d'une manière telle que sa conception de la première est pleinement contractualiste, au sens où, comme chez Rousseau, le juste résulte du suffrage universel, c'est-à-dire du contrat de chacun avec lui-même et avec les autres. L'équitable ou le juste n'existent pas en soi ; ils résultent d'un accord dans des conditions de liberté, d'égalité et d'impartialité réunies sous la métaphore du « voile d'ignorance ». Toute intervention inspirée par un critère externe, que ce soit la pression de la force ou celle d'une idéologie comme celle de l'égalité, fausserait la décision.

V. « FAIRNESS » ET ÉGALITÉ

On voit alors que, contrairement à ce qu'il en est dans le deuxième registre du *just* et du *right*, *fairness* désigne bien la justice, mais sans que l'idée d'égalité y joue le rôle d'un critère indépendant. Dans une théorie de la justice elle-même égalitariste, des inégalités peuvent être justifiées ou équitables si et seulement si elles sont le résultat de conditions ou de principes eux-mêmes équitables (second principe de Rawls). L'égalité est donc bien une composante de la justice, mais comme résultat de la procédure, et non comme condition imposée *a priori*. Par son emploi du terme *fairness*, Rawls annonce qu'il n'est plus possible de parler de la justice indépendamment d'un jugement humain et d'une procédure. *Fairness* combine l'impartialité des conditions du choix, l'honnêteté de la procédure et l'équité vis-à-vis des contractants et permet ainsi de construire une théorie de la justice purement procédurale.

Catherine AUDARD

BIBLIOGRAPHIE

ARISTOTE, *Éthique à Nicomaque*, trad. fr. J. Tricot, Vrin, 1983.

BARRY Brian, *Theories of Justice*, Londres, Harvester, 1989.

HUME David, *Traité de la nature humaine* [*A Treatise on Human Nature*, 1749], livre III, trad. fr. P. Saltel, Flammarion, 1993.

RAWLS John, « Justice as Fairness », *Philosophical Review*, n° 67, 1958 ; « La justice comme équité », trad. fr. J.-F. Spitz, *Philosophie*, n° 3, 1987.

— *A Theory of Justice*, Cambridge (Mass.), Harvard UP, 1971 ; *Théorie de la justice*, trad. fr. C. Audard, Seuil, 1987.

SIDGWICK Henry, *The Methods of Ethics* [1874], Londres, Macmillan, 6e éd., 1901, 7e éd., préface J. Rawls, Londres, Hackett Publishing Co., 1981 ; *Les Méthodes de l'éthique*, trad. fr. F. Robert *in* C. AUDARD (éd.), *Anthologie historique et critique de l'utilitarisme*, t. 2, PUF, 1999.

FAIT

FAIT *Fait* dérive du lat. *factum*, participe neutre substantivé de *facere*, « réaliser, faire » (même racine que le grec *tithêmi* [τίθημι], « poser, placer »). Le fait se caractérise par son caractère de positivité, indépendante de la fiction et de la norme.

I. FAIT / FICTION

Le terme désigne d'abord ce qui est donné, en particulier dans l'expérience à titre de phénomène, dans l'histoire à titre d'événement, et se distingue par là de l'illusoire ou du fictif. On a choisi d'étudier et de comparer deux réseaux singuliers : le réseau anglais, qu'on aborde à partir de ses locutions les plus idiomatiques — voir MATTER OF FACT/ FACT OF THE MATTER ; cf. ANGLAIS ; et le lexique allemand, qui se construit en traduction et en contrepoint de l'empirisme anglais : voir TATSACHE / TATHANDLUNG ; on trouvera dans l'encadré 1, « *Faktum, faktisch, Faktizität* », l'étude du réinvestissement existentiel, *via* le danois de Kierkegaard, du *Faktum* de la raison kantienne.

Plus généralement, sur le statut objectif du fait, voir APPARENCE, *CHOSE*, *PHÉNOMÈNE* [ERSCHEINUNG, GEGENSTAND, OBJET, RÉALITÉ, RES].

Sur le discours auquel il donne lieu, voir FAUX, *FICTION* [ERZÄHLEN, HISTOIRE], VÉRITÉ. Sur le fait comme énoncé d'un présent (*infectum*) par différence avec un « parfait » (*perfectum*), voir ASPECT ; cf. PRÉSENT.

II. FAIT / DROIT

L'ordre du fait s'oppose à l'ordre du droit. Les faits relèvent de l'empirique et du contingent, selon la nature ou la culture, par différence avec le nécessaire logico-mathématique et la norme pratique et juridique. L'intrication entre vérité des faits et norme pratique et juridique est particulièrement sensible en russe : voir PRAVDA. L'intrication entre valeur de vérité (« validité ») et valeur morale (« valeur ») est particulièrement lisible en allemand : voir WERT.

Sur le rapport au connaître, voir, outre ISTINA et VÉRITÉ, ÉPISTÉMOLOGIE, GEISTESWISSENSCHAFTEN.

Sur la notion d'expérience, et d'expérience de soi, voir CONSCIENCE, EPOKHÊ, EXPERIMENT, et cf. *CULTURE*, *EXPÉRIENCE*.

Sur le rapport à l'éthique, voir DEVOIR, MORALE, SOLLEN.

Sur la question *quid facti/quid juris ?*, voir DROIT, *LOI* [*LAW/RIGHT*, LEX/JUS, TŌRĀH-ŠARĪ'A, THEMIS/DIKÊ], RIGHT ; cf. *DESTIN*, *FAIR*.

► *ACTE*, *DISPOSITION*, *ÉVÉNEMENT*

FAKTURA [фактура] RUSSE – fr. *facture, texture*

lat. *factura*

► *FACTURE*, et ART, MANIÈRE, PLASTICITÉ, *STYLE*

Au sens traditionnel du terme — dérivé du latin factura *(fabrication) —, la facture, ensemble des caractéristiques des tableaux ou des sculptures liées à la manière dont les matériaux ont été mis en œuvre par l'artiste, constitue l'élément concret du style. Elle est alors une résultante non négligeable, mais dont la valeur demeure néanmoins secondaire. Cependant, en Russie, au cours des années 1910 et 1920, le terme* faktura [фактура], *que l'on traduit généralement par « facture » et parfois par « texture », acquit une importance conceptuelle et idéologique sans précédent.*

Le *zaoum* (russe *zaum* [заум]) – forme poétique qui répudie l'assujettissement au sens pour privilégier les qualités propres du matériau verbal lui-même – et les possibilités ouvertes par l'abstraction picturale ont stimulé une intense réflexion sur le rôle des constituants de l'œuvre. Ainsi apparaissent diverses typologies des « éléments plastiques ». Dans le contexte russe, et notamment dans le milieu des constructivistes, adeptes d'un matérialisme conséquent, la « culture des matériaux » revêt une importance déterminante. Vladimir Markov fut l'un des pionniers de cette nouvelle attention accordée à la facture (*faktura* [фактура]) référée au matériau : « L'amour du matériau est pour l'homme une incitation. L'orner et le traiter donnent la possibilité d'obtenir toutes les formes qui lui sont propres, les “résonances”, que nous appelons factures » (V. Markov, *Principes de la création dans les arts plastiques. La Facture* [1914], *in* G. Conio, 1987, p. 135).

Quelques années plus tard, Nicolas Taraboukine autonomise la facture, qui peut ainsi devenir un élément plastique à part entière. Le théoricien constate :

> Toute l'originalité de l'aspect factural de la peinture contemporaine vient de ce qu'on l'a détaché de l'ensemble des problèmes picturaux et transformé en un problème particulier, en créant ainsi toute une école de facturistes.
>
> N. Taraboukine, *Pour une théorie de la peinture* [1923], *in* G. Conio, p. 189.

L'expérimentation plastique menée avec des matériaux variés avait en effet conduit Tatline et quelques autres artistes russes à élaborer des reliefs picturaux ou des constructions tridimensionnelles, tels les *Contre-reliefs*, qui invitent à dissocier la « facture » (*faktura*) des autres éléments auxquels elle était liée, notamment, pour la peinture, de la couleur. Si, comme l'affirme Taraboukine, « c'est le matériau qui dicte à l'artiste la forme et non l'inverse » (*ibid.*, p. 191), l'étude du matériau mis en œuvre – autrement dit l'étude de la facture – ouvre des perspectives nouvelles : quand le matériau et la forme demeurent des entités figées, la facture crée un lien dynamique entre elles. Relevant du flux, elle manifeste et elle enregistre l'énergie vivifiante d'une dialectique en acte.

Denys RIOUT

BIBLIOGRAPHIE

CONIO Gérard (éd.), *Le Constructivisme russe*. I : *Le Constructivisme dans les arts plastiques*, Textes théoriques. Manifestes. Documents, trad. fr. G. Conio et L. Yakoupova, Lausanne, L'Âge d'Homme, 1987.

GAN Alexis, *Le Constructivisme* [1922], *in* Gérard CONIO (éd.), 1987, p. 440.

FANCY/IMAGINATION ANGLAIS – fr. *fantaisie, imagination*

► *IMAGINATION* [PHANTASIA], et BILDUNG, ERSCHEINUNG, FEELING, FOLIE, GÉNIE, *IMAGE* [BILD], MIMÊSIS, SUBLIME

Au début du chapitre IV du Salon de 1859 *sur* « Le Gouvernement de l'imagination », *Baudelaire cite en anglais et traduit aussitôt en français un texte de Catherine Crowe dans lequel il voit la confirmation d'une de ses idées, mais dans lequel aussi il est permis de repérer une distinction depuis longtemps à l'œuvre dans les textes théoriques anglais : « Par imagination* [imagination], *je ne veux pas seulement exprimer l'idée commune impliquée dans ce mot dont on fait si grand abus, laquelle est simplement fantaisie* [fancy], *mais bien l'imagination créative* [constructive], *qui est une fonction beaucoup plus élevée, et qui, en tant que l'homme est fait à la ressemblance de Dieu, garde un rapport éloigné avec cette puissance sublime par laquelle le Créateur conçoit, crée et entretient son univers »* (Œuvres complètes, *vol. 2, Gallimard, « La Pléiade », 1976, p. 623-624. Sans préciser l'édition qu'il a feuilletée — qui peut être celle de 1848 ou de 1853 —, Baudelaire se rapporte explicitement à* The Night Side of Nature, *publié à Londres). Cette distinction recueillie par Baudelaire remonte au milieu du XV*e *siècle lorsque* fancy *s'est formé par la contraction de* fantasy *(voir le* Dictionarium britanicum *de Nathan Bailey, 1730) ; elle est donc pratiquée depuis longtemps par les auteurs anglais sensibles à leur langue et soucieuse de la penser. Elle correspond aux deux étymologies grecque et latine,* fancy *sur* phantasia [φαντασία] *et* imagination *sur* imaginatio, *l'une renvoyant à la force créatrice de l'apparaître et l'autre à la reproduction et à l'image. On retrouve donc en anglais le même type de doublet qu'en allemand* (voir BILD). *Les deux mots* imagination *et* fancy *ne recouvrent donc qu'en apparence la même idée, et l'on peut établir cette différence dans quelques textes majeurs du XVIII*e *siècle. Toutefois, cette conscience d'une imparfaite synonymie, qui peut aller jusqu'à la plus complète opposition, ne permet nullement de résoudre les problèmes de traduction.*

La distinction *fancy*/*imagination* est souvent rendue en français par l'opposition entre « fantaisie » et « imagination ». Il n'est pas toujours faux de traduire *fancy* par « fantaisie » : on trouve par exemple, sous la plume de Bentham, l'expression « *principle of caprice or groundless fancy* » (« principe du caprice ou de la chimère sans fondement » [la traduction que nous proposons par « chimère » serait aussi bien rendue par « fantaisie »], *Deontology. A Table of the Springs of Action*, p. 31, § 304). Mais même si l'on veut bien rapporter « fantaisie » à son sens grec et oublier le sens particulier d'improvisation plus ou moins folle que le mot a pris, au moins dans le vocabulaire courant, il faut constater que cette opposition ne rend presque jamais compte du doublet anglais.

I. « IMAGINATION » ET « FANCY » : LES POINTS COMMUNS

Les points communs sont évidents dès lors que l'imagination, qu'on en appelle le processus *imagination* ou *fancy*, est moins conçue comme une faculté que comme la résolution idéologique de conflits qu'il serait insupportable de vivre ou de sentir, naturellement ou socialement. *Imagination* feint, comme *fancy*, une solution ; mais cette feinte est déjà, à sa façon, une solution. Ainsi Hume ponctue-t-il régulièrement ses remarques sur les fondements de quelque institution ou du pouvoir d'une phrase de ce genre : « *This is founded on a very singular quality of our thought and imagination* [Cela est fondé sur une qualité très singulière de notre pensée et imagination] » (*A Treatise of Human Nature*, p. 560, 565). L'imagination est donc bel et bien une « maîtresse d'erreur », à condition d'ajouter comme le faisait finement Pascal, qu'elle est « d'autant plus fourbe qu'elle ne l'est pas toujours » (fragment « Imagination », Le Guern 41, Brunschwig 82, Lafuma 44). *Imagination* est aussi souvent rapprochée d'« erreur » (*ibid.*, p. 515) que *fancy*. Lorsque Hume écrit : « Il est naturel, pour quiconque n'examine pas les objets d'un œil rigoureusement philosophique, d'imaginer (*to imagine*) comme tout à fait identiques des actions de l'esprit qui ne produisent pas une sensation différente et ne sont pas immédiatement discernables au sentir (*feeling*) et à la perception » (*ibid.*, p. 417), *to imagine* a nettement le sens de « concevoir faussement ». Il en va de même lorsqu'il écrit, à propos de la délivrance symbolique d'une clé, d'une pierre, d'une poignée de terre ou de blé, que « la ressemblance supposée des actions et la présence de cette délivrance sensible trompent l'esprit et lui font imaginer (*make it fancy*) qu'il conçoit le mystérieux transfert de la propriété » (*ibid.*, p. 515). Des deux côtés, on traite symétriquement de la relation avec les passions. Une chose peut « *satisfy the fancy* » (p. 508), comme elle peut, aussi souvent, être « *agreeable to the imagination* » (p. 452).

Mais, si elles conçoivent faussement, c'est dire aussi qu'*imagination* et *fancy* sont toutes deux capables de concevoir : Hume parle de la *conception* (angl.) de la *fancy* (p. 426), et propose l'équivalence « Imagination ou entendement (*imagination* or *understanding*), appelez-cela comme il vous plaira » (p. 440).

II. LE JEU DES ALLIANCES : TOPIQUE DE L'« IMAGINATION » ET DYNAMIQUE DE LA « FANCY »

Mais alors, par où passent les différences, quand elles existent ? Le *and* ou le *or* ont la fonction philosophique de tisser des alliances de notions dans un ensemble mouvant, puisque l'alliance dans telle conjoncture et de tel point de vue ne sera pas forcément l'alliance dans une autre conjoncture et une autre perspective. Le jeu des alliances est le suivant.

Statistiquement — mais l'argument n'est pas négligeable dans une philosophie dont la méthode procède plus du dénombrement et de la pesée de cas que du scalpel de la critique —, *fancy* a tendance à se charger des aspects les plus fantasques de l'imagination. « Je me figure telle chose » se rendrait plutôt par « *I fancy* » que par « *I imagine* ». Ce sont les philosophes chimériques et faiseurs de systèmes qui, en attaquant les vertus féminines de modestie et de chasteté avec une grande véhémence, « *fancy they have gone very far in detecting popular errors* [imaginent qu'ils se sont avancés très loin en repérant des erreurs populaires] » (*A Treatise...*, p. 570). C'est Alexandre qui, partout où il voyait des hommes, « s'imaginait (*fancied*) trouver des sujets » (p. 598). Ce qui ne doit pas nous porter à sous-estimer la dimension « frivole » de l'*imagination* : « *imagination or the more frivolous properties of our thought* » (p. 504). Mais on aurait, à coup sûr, plus de mal à rapprocher *fancy* qu'*imagination* de *judgement*, comme le fait Hume (p. 587, 608). La connotation moins intellectuelle de *fancy* par rapport à *imagination* se voit aussi au rapprochement de *fancy* et de *taste* qu'on lit souvent dans le *Traité* (p. 504).

Enfin, il est une deuxième façon statistique d'opposer les deux termes, qui se fixe dans l'anglais philosophique des XVIIIe et XIXe siècles sous l'effet conjugué du développement de la théorie des probabilités et des conceptions dynamiques du psychisme. *Imagination* désigne l'acte par lequel, à partir d'une situation présente appelée à se développer dans ses effets ou envisagée comme résultat de causes concurrentes, on fait un inventaire des situations, soit en direction du passé, soit en direction de l'avenir. L'*imagination* opère une sorte d'abstraction des dimensions du temps, considérées comme des repères objectivés. *Imagination* prend donc un sens topique, et désigne l'aptitude de notre esprit à repérer la situation qu'il occupe, parmi d'autres en plus ou moins grand nombre. *Imagination* implique un repérage souvent aussi systématique que celui de l'entendement, quoiqu'il puisse être plus sommaire, moins régulier et surtout plus rapide : l'*imagination* « *conceives* » (*ibid.*, p. 431).

Fancy, moins systématique, désigne plutôt l'acte particulier de se rapporter à une situation que l'on n'occupe pas réellement. C'est pourquoi l'on parle des lois ou des « principes de l'*imagination* » (*ibid.*, p. 559), lesquels peuvent bien, presque sans aucune ironie, gouverner les hommes (p. 534), plutôt que des « lois de la *fancy* », expression dont on ressentirait aussitôt l'insupportable contradiction. Sans doute est-il souvent question, chez Hume, de la « force » de l'*imagination* (p. 427), de l'*effect* des événements sur elle, du *flow* (flux) qui emporte l'*imagination* autant que la *fancy* (p. 431, 432) ; sans doute l'« *imagination moves* » (p. 436), dans le sens où elle « se meut ». Mais l'*imagination* est plus phoronomique que dynamique. Au contraire, la notion de *fancy* met en jeu, plus volontiers et plus consciemment, les forces psychiques ; elle implique qu'un sillon soit creusé dans une direction privilégiée : « Il est certain que la tendance des corps, qui agit continuellement sur nos sens, doit produire, par habitude, une tendance semblable dans la fantaisie (*fancy*) » (p. 435). Et l'opposition d'*imagination* et de *fancy* est parfaitement marquée, lorsque Hume écrit :

> Tout ce qui renforce et avive l'âme, en touchant soit les passions, soit l'imagination (*imagination*), transfère (*conveys*) naturellement cette tendance à s'élever à la fantaisie (*fancy*) et la détermine à remonter le cours naturel de ses pensées et de ses conceptions.
>
> p. 435.

Conformément aux étymologies, on préfèrera donc parler d'*imagination* quand on s'intéressera aux images et à leurs relations réciproques, dans l'espace et dans le temps ; et de *fancy* pour désigner l'imagination dynamique, qui constitue le ressort des images plutôt que l'image même. *Fancy* ne s'arrête à aucune image ; c'est par là seulement que l'on retrouve son côté fantasque de « fantaisie », qui fourvoie si l'on en fait un point de départ. Mais elle emprunte à la croyance et à la réalité une sorte de vivacité (*vividness*) que n'a pas l'*imagination*. Curieusement, c'est l'*imagination*, réputée moins fantasque que *fancy*, qui est la moins crédible, précisément parce que, plus voisine de l'entendement, elle est aussi plus facilement toisée par le vrai et apparaît du coup plus fausse (p. 417) que *fancy*, laquelle relève d'une logique des fictions échappant en partie au vrai comme au faux.

Jean-Pierre CLÉRO

BIBLIOGRAPHIE

BENTHAM Jeremy, *Deontology* [1834], *Together with a Table of the Springs of Action* [1817] *and Article on Utilitarianism* [1829], éd. Amnon Goldworth, Oxford, Clarendon Press, 1984.

CROWE Catherine, *The Night Side of Nature, or, Ghosts and Ghost Seers*, Londres, T.C. Newby, 1848 ; New York, Redfield, 1853.

HUME David, *A Treatise of Human Nature* [1739-1740], éd. Selby-Bigge, Oxford, Clarendon Press, 1978 ; *Traité de la nature humaine*, Flammarion, « GF », 3 vol. (1er vol. [Livre I], trad. fr. P. Béranger et P. Saltel, 1995 ; 2e vol. [Livre II], trad. fr. J.-P. Cléro, 1991 ; 3e vol. [Livre III], trad. fr. P. Saltel, 1993).

PASCAL Blaise, *Œuvres complètes*, éd. Le Guern, t. 2, Gallimard, « La Pléiade », 2000.

OUTILS

BAILEY Nathan, *Dictionarium Britanicum ; or, A More Compleat Universal Etymological English Dictionary Than any Extant*, Londres, T. Cox, 1730 ; *A Compleat English Dictionary*, Leipzig, Frommann, 8e éd., 1792.

FAUX

Faux, comme *faute*, provient du latin *fallo*, qui signifie « tromper » et au passif « se tromper » (*falsus*, « faux, trompeur, qui se trompe », probablement de même étymologie que le grec *sphallô* [σφάλλω], « je fais tomber » (voir PARDONNER, II). Le faux renvoie, comme le vrai, à deux registres, linguistique et ontologique, et à l'articulation des deux qui ouvre sur l'éthique. On trouvera sous VÉRITÉ (IV, « Vérité, sincérité, authenticité... ») un aperçu sur l'évolution des antonymes de *vrai*, *via* le passage du grec (*pseudês* [ψευδής], « faux » et « trompeur ») au latin (*fallax*, « faux »/*mendax*, « menteur »). D'une manière générale, chaque caractérisation de la vérité comporte une caractérisation de son antonyme : voir ISTINA, PRAVDA.

I. LOGIQUE : FAUX, PROPOSITION, DISCOURS

1. Dire faux, c'est dire les choses comme elles ne sont pas. Du point de vue de la logique traditionnelle, un mot isolé ne peut être comme tel vrai ou faux, il faut une « composition » : on trouvera sous PROPOSITION/PHRASE/ÉNONCÉ l'exploration du vocabulaire de ce qui est susceptible d'être vrai ou faux. Voir aussi DICTUM, PRÉDICABLE, PRÉDICATION et SUJET. À comparer avec l'unité minimale, qui est le corrélat du sens mais non du vrai ou du faux : voir MOT, SIGNE, et cf. SIGNIFIANT/SIGNIFIÉ. Et avec l'unité englobante qu'est le discours : voir LANGUE, LOGOS.

2. Sur le contenu de la proposition, sa « teneur en chose » et l'objet du jugement, voir SACHVERHALT ; cf. TATSACHE ; sur ce qui rend une proposition vraie ou fausse, voir TRUTH-MAKER ; cf . ACTE DE LANGAGE.

3. La différence entre ce qui est faux et ce qui est dépourvu de sens est explorée à partir de l'anglais NONSENSE, voir aussi SENS ; cf. SYNCATÉGORÈME.

4. Sur les principes logiques, en particulier le principe de non-contradiction, qui norment la vérité et l'erreur, voir PRINCIPE ; cf. HOMONYME.

5. Sur la conséquence des démonstrations et leur valeur, voir IMPLICATION.

II. ONTOLOGIE : LE FAUX ET LE RÉEL

1. Dire faux, c'est dire aussi, plus radicalement, des choses qui ne sont pas. Le faux est une question, non seulement logique, mais ontologique. La problématique du faux recoupe alors celle de l'apparence, par différence avec le réel et l'objet : voir APPARENCE [DOXA, ERSCHEINUNG], *PHÉNOMÈNE*, *RIEN*. Certaines langues intègrent la dimension véritative dans la perception, ainsi l'all. *Wahrnehmung* (encadré 3 dans PERCEPTION) ; cf. REPRÉSENTATION.

2. On se trouve ainsi renvoyé à l'objectivité de l'objet, à la réalité du réel, voir notamment *CHOSE*, ESSENCE, *ÊTRE*, GEGENSTAND, *IL Y A*, OBJET, RÉALITÉ.

3. Et l'on recoupe alors la problématique de l'image et de l'imagination, avec la valeur ambiguë de l'illusion esthétique : voir IMAGE [BILD, EIDÔLON], *IMAGINATION* [FANCY, PHANTASIA], MIMÊSIS.

III. ÉTHIQUE : LE FAUX ET LA FAUTE

1. L'étroite parenté dans un certain nombre de langues entre le *faux* et la *faute* est étudiée sous DEVOIR-DETTE (III).

2. La différence entre « se tromper » et « tromper » tient, non dans ce qui est dit, mais dans l'usage qu'on en fait et dans l'intention. Le gr. *pseudês* ne fait pas la différence, au contraire du couple lat., d'ailleurs non figé, *fallax*/*mendax* (voir VÉRITÉ, IV). Sur la complexité de l'intention, voir INTENTION, et VOLONTÉ, WILLKÜR ; cf. *DESTIN*, *LIBERTÉ*, MORALE. Voir aussi *MENSONGE*.

3. Par ailleurs, on peut parler de choses qui n'existent pas sans intention de tromper, voir SENS ; cf. HOMONYME. On retrouve alors dans le discours la problématique de l'illusion esthétique (*supra*, II, 3), qui renvoie au réseau de la fiction : voir ACTE DE LANGAGE, *DÉCEPTION* (en part. encadré 3, « *Apatê* », dans VÉRITÉ, et DESENGAÑO), *FICTION*, HISTOIRE.

4. Enfin, on peut ne pas dire tout en disant, voir en particulier VERNEINUNG ; cf. *NÉGATION* ; et, sur les mots qui indiquent privation ou ratage, voir pour l'allemand COMBINATOIRE ET CONCEPTUALISATION.

FEELING, PASSION, EMOTION, SENTIMENT, SENSATION, AFFECTION, SENSE

ANGLAIS – fr. *sentir, passion, émotion, sentiment, sensation, impression, affection, sens*

► *SENTIR, PASSION*, et ANGLAIS, COMMON SENSE, CONSCIENCE, GEFÜHL, *IMAGINATION* [FANCY, PHANTASIA], MORAL SENSE, PATHOS, PERCEPTION, SENS, STIMMUNG

Feeling, passion, emotion, sentiment, sensation, affection, sense *: la diversité de ces termes et leur disparité par rapport au français désemparent souvent les traducteurs, au point qu'ils préfèrent parfois laisser entre parenthèses ou dans les marges les mots anglais qu'ils calquent, pour ce qui est des six derniers termes, par « passion », « émotion », « sentiment », « sensation » (ou « impression »), « affection », « sens », tandis qu'ils réservent souvent pour* feeling*, d'étymologie saxonne et pour lequel il n'est pas de calque dans les langues latines, l'usage de l'infinitif substantivé « le sentir », désespérant toutefois de s'en tenir fermement à des règles, même conventionnellement établies. Il faut d'abord comprendre pourquoi le problème est insoluble et considérer ensuite comment une philosophie très particulière de l'affectivité ou, du moins, une façon de philosopher, est rendue possible par une configuration de vocables que leurs homologues français ne permettent guère de rendre intégralement.*

I. LA RÉPARTITION DES TERMES ANGLAIS

Les définitions qui paraissent fixer le sens des termes ne renvoient pas à des objets stables. Ainsi, Hume oppose les « impressions de sensation » (*impressions of sensation*) aux « impressions de réflexion » (*impressions of reflexion*). Les premières, ou « impressions originales (*original impressions*), sont telles qu'elles naissent dans l'âme, sans perceptions qui les précèdent, de la constitution du corps ou de l'application des objets aux organes extérieurs ». Les secondes, ou « impressions secondaires (*secondary impressions*), sont telles qu'elles procèdent de quelque impression originale, soit immédiatement, soit par interposition de son idée » (*A Treatise of Human Nature*, p. 275). Mais à peine Hume a-t-il posé ces distinctions qu'il appelle, sans ressentir la moindre contradiction, *sensation* ce qu'il vient de repérer comme *reflexion*, et semble entrer dans une spirale relativiste qui fait qu'aucun terme ne reste en place. De plus, la connotation des termes anglais ne coïncide nullement en ce domaine avec celle des termes français. La situation est donc celle d'un double décalage: des signes à leurs référents ; du système de signes de la langue française au système de signes de la langue anglaise.

La place de *feeling* au milieu de *sensation, sentiment, passion, emotion, affection, sense* fait problème précisément parce que le français ne dispose pas d'un analogue et impose donc une autre délimitation des termes homologues. L'écart qui caractérise *feeling* tient évidemment à son étymologie, qui ne doit rien au latin, mais qui renvoie à l'ancien saxon *folian* et à l'ancien haut allemand, d'où dérive *fühlen*. Ce *felan* du vieil anglais a commencé par signifier « percevoir », « toucher », « saisir ». Il est clair que sa signification a beaucoup dérivé à partir du « toucher » en passant dans le domaine affectif. Mais on aurait tort de croire que *feeling* a pris sa place parmi les autres termes de l'affectivité en se taillant un espace à côté d'autres espaces. On aurait également tort d'attendre, en passant de l'anglais au français, une simple répartition différente des territoires de l'affectivité, comme si l'affectivité pouvait être considérée comme un objet homogène avec, d'un côté, les sensations, d'un autre les sentiments, qui recouvrent les émotions et les passions, enfin le sens, d'acception plus normative que les composantes précédentes. Les mots manifestent, plutôt que des territoires différents, des attitudes différentes à l'égard de ce qu'on entend par affectivité. Dès lors, rien n'est désigné en soi comme *sensation*, comme *sentiment*, comme *feeling* ou comme *sense*.

Les grandes répartitions, à travers les philosophies anglaises des passions qui en font usage comme d'un code, tiennent aux découpages suivants : les acceptions structurelles et celles qui relèvent plutôt d'un sentir ponctuel et événementiel ; les acceptions normatives et celles qui sont plutôt factuelles ; enfin, les acceptions qui impliquent et celles qui n'impliquent pas une dimension de saisie cognitive.

II. STRUCTURATION ET ÉVÉNEMENT

A. « Sensation » et « feeling », événementiels / « passion » et « sentiment », structurels

On peut, en français comme en anglais, parler, en relation avec les organes des sens, de sensation (*sensation*) de rouge ou de vert, de chaleur (*A Treatise of Human Nature*, p. 87) ou de sécheresse, de faim ou de désir sexuel (*ibid.*, p. 287). Mais l'anglais permet en outre, en particulier sous la plume de Hume, de parler de la « sensation » de telle ou telle passion, pour désigner celle-ci non pas dans sa structure, mais comme événement senti, dans sa qualité vécue particulière de plaisir et/ou de douleur. La *sensation* d'une passion se distingue du *sentiment*, qui est la charpente systématique de la passion, constituée d'un objet, d'un sujet, de qualités, de causes, d'un contexte (*ibid.*, p. 287, 288, 305, 333, 367), d'une trajectoire de développement et d'une sorte de destin. Ce caractère structurel ou structurant se lit très bien dans des tournures comme : « *These are the sentiments of my spleen and indolence* » (p. 270), où l'on comprend que le *spleen* et l'*indolence* sont moins des *sentiments* qu'ils ne sont sous-tendus par des *sentiments* (il faut probablement traduire la phrase par : « Tels sont les sentiments qui soustendent ma mélancolie et mon indolence »). On peut concevoir et même établir, selon le mot de Hume, un système du *sentiment* ou de la *passion* (« *constant and established passion* », *ibid.*, p. 335) ; il ne saurait y en avoir de la *sensation* ou du *feeling*. Un *sentiment* peut s'opposer à un autre, être contraire à un autre (p. 384, 387) ; mais une sensation n'est contraire à une autre qu'indirectement, par la contrariété du *sentiment* dont elle est le vécu momentané et intermittent (p. 383). Si bien que le *sentiment* peut fort bien rester inconscient, insensible, et ne devenir senti qu'à certaines des phases qui manifestent particulièrement sa présence. Hume note par exemple que « *the passage from one moment to another is scarce felt* [le passage d'un moment à l'autre est à peine ressenti] » (p. 203, 207).

De même, si la passion est structurée par la double association des impressions et des idées, il n'est pas toujours évident que nous soyons « *sensible of it* » (*ibid.*, p. 305), cette passion fût-elle violente (p. 407). En ce sens, le substantif *sensation* reste proche en anglais de l'adjectif *sensible* qu'on rend très souvent correctement en français par « conscient » (p. 138, 151, 158, 274, 296).

Si les termes de *sentiment*, d'*affection*, de *passion* sont nettement de connotation structurale, en revanche, le vocable *feeling* est, avec *sensation*, non moins nettement du côté de l'expérience vécue (*ibid.*, p. 97 : « *feeling or experience* » ; p. 192, 268 : « *feeling and experience* »). Ainsi Hume peut-il parler, dans son essai *Of the Standard of Taste*, sans aucune espèce de redondance, mais au grand désespoir des traducteurs, des « *feelings of sentiment* ». M. Malherbe parle de « ce qui s'éprouve par sentiment » (p. 271) ; R. Bouveresse, des « impressions du sentiment » (p. 87) ; G. Robel, des « émotions du sentiment » (p. 701). Aucune de ces solutions n'est convaincante, mais existe-t-il un moyen de résoudre le problème ?

B. « Sensation » et « feeling » se distinguent par le statut de leur objet

Sensation et *feeling* ne peuvent cependant être pris indifféremment l'un pour l'autre. À la différence du latin ou du français, l'anglais n'a pas de verbe qui, comme « sentir », corresponde à *sensation* ; si bien que le mot effectue une sorte de transcendance du côté de l'expérience vécue beaucoup mieux réussie que *feeling*, dont la proximité avec *to feel* fait un simple mode verbal. La sensation détache son objet, comme la conclusion se détache d'un raisonnement — ce qui permet à Hume de traiter le « *probable reasoning* » comme « *a species of sensation* » (*A Treatise of Human Nature*, p. 103). Le *feeling* ne pose pas son objet à la manière de la *sensation* ; on peut même « *feel a reverst sensation from the happiness and misery of others* (ressentir une sensation inversée du bonheur ou de la misère des autres) » (*ibid.*, p. 376). À peine le *feeling* a-t-il une consistance indépendamment de ce qu'il sent, puisqu'il est dans la manière de concevoir (p. 629), d'imaginer, de se représenter... *To feel* marque une collaboration à un processus ; il en joue le jeu de façon immanente ou adhérente (p. 115), à la différence de la *sensation*, plus ponctuelle et événementielle ; à tel point que *to feel* est souvent exprimé au passif, sans indication de celui qui sent. « *Something felt* » dit l'anglais (p. 166, 629), au lieu de « quelque chose de senti » comme on est contraint de dire en français. Hume va jusqu'à affirmer que : « *An idea assented to feels different from a fictitious idea* (Une idée à laquelle on donne son assentiment se sent différemment d'une idée fictive) » (p. 629).

L'impossibilité pour le *feeling* d'avoir un objet comme en a la *sensation* n'est pas sans conséquence. Le *feeling* ne saurait avoir de vérité comme la *sensation*, ne serait-ce que parce que les *sensations* peuvent encore être *felt* ; s'il a une vérité, ce ne peut être une vérité de conformité avec un objet quelconque, mais la justesse d'un rapport interne à soi, que Hume désigne par « réflexion ». Les objets du *feeling* n'ont pas nécessairement de réalité, mais ce sont ordinairement des fictions comme ce que nous appelons notre moi (*self*), une force, un passage, une inclination (*ibid.*, p. 270), une propension (p. 255, 265), une virtualité (p. 271 : « *I feel I should be a loser in point of pleasure* [je sens que j'y perdrais en plaisir] »), une probabilité, une différence (de condition sociale, par exemple, p. 316), etc., et il faut apprendre à se garder de leur apparente réalité. Je sens une inclination comme je dis que je sens mon esprit (« *I feel my mind* [...] *and am naturally inclin'd* », p. 270), c'est-à-dire comme je sens quelque chose qui se passe en lui, sans que l'expression « en lui » *(within itself)* ait une valeur représentative directe.

III. L'AXE DE LA NORMATIVITÉ : « SENSE »

Toutefois, c'est le terme *sense* qui attire vers lui, en anglais, quand il ne signifie pas un organe des sens ou les organes des sens extérieurs, l'ensemble des caractéristiques normatives d'une saisie interne (*A Treatise of Human Nature*, p. 108, 240). On parle de *sense of beauty* (p. 118, 395), de *sense of sympathy* (p. 393), de *moral sense*, quitte à montrer, dans le même mouvement, qu'il n'existe pas de sens moral (voir MORAL SENSE). On parle même parfois simplement de *sense* dans le sens de *bon sens* ou de *raison* (p. 182, voir COMMON SENSE). Le terme de *sense* implique une dimension d'appréciation que ne comportent pas forcément *feeling* ou *sensation*. Lorsque Hume, dans *De la règle du goût*, laisse la parole au sceptique, l'argumentation de celui-ci fait valoir que le *sentiment*, la *sensation* ou le *feeling* sont toujours vrais pourvu qu'on les éprouve réellement ; la réponse de Hume consiste à distinguer vérité et réalité et à souligner que le *sense* implique une normativité interne : « Bien que cet axiome [il est vain de disputer du goût] soit devenu proverbial et qu'il semble avoir gagné la sanction du sens commun (*common sense*), il y a certainement une espèce de sens commun qui lui est contraire, ou qui du moins pousse à le modifier et à le restreindre » (*De la règle du goût*, trad. fr. M. Malherbe, p. 268).

IV. L'AXE DE LA COGNITION : « SENTIMENT », « SENSE » / « FEELING », « SENSATION »

Reste un dernier écartèlement sémantique de l'affectivité en anglais. Par rapport à la cognition, *sentiment* passe nettement du côté de *sense*, par différence avec *feeling* et, plus encore, avec *sensation*.

Les sensations sont ce qu'elles sont ; elles sont réelles, mais non pas pour autant vraies : « *All sensations are felt by the mind, such as they really are* [Toutes les sensations sont ressenties par l'esprit comme elles sont réellement] » (*A Treatise of Human Nature*, p. 190). C'est commettre une erreur que de leur attribuer la vérité dès lors qu'elles sont, car on confond alors vérité et réalité.

En revanche, *sentiment* équivaut souvent à *opinion* et à *judgment* (*ibid.*, p. 158, 167, 182, 193, 222, 223, 271) ; à tout le moins, dans les combinaisons de deux concepts que Hume avance si souvent dans sa philosophie, *sentiment* figure-t-il fréquemment auprès de mots qui accusent son caractère cognitif. Et si le *sentiment* n'est pas toujours équivalent à l'*opinion*, c'est en tout cas une posture ou une attitude intellectuelles, une disposition à opiner (p. 266, 274). L'essai *Of the Standard of Taste* (p. 268) qui distingue *sentiment* de *opinion* n'en établit pas moins que le *sentiment* est susceptible d'être *right* (juste), en distinguant, contre « une espèce de philosophie qui coupe court à tous les espoirs de jamais atteindre aucune norme du goût », sa *rightness* (justesse) de sa réalité (*real*) — comme s'il lui suffisait d'être juste (voir GOÛT et RIGHT).

Des notions, fort ressemblantes lorsqu'elles sont envisagées selon un certain axe, peuvent se disjoindre violemment lorsqu'on les regarde selon d'autres axes non moins pertinents dès lors qu'on considère l'affectivité. Hume, qui couple volontiers les notions, organise tous les regroupements possibles (« *feeling or sentiment* » [*A Treatise of Human Nature*, p. 623] ; « *impression or feeling* » [p. 625] ; « *sentiment or feeling* » [p. 627] ; « *feeling or sensation* » [p. 231]), non pour marquer l'équivalence entre ces termes mais, au contraire, pour montrer à chaque fois à quoi leur couplage s'oppose.

Un tel système ne saurait être ontologiquement stable. Les notions se répartissent différemment selon la perspective adoptée. Ainsi Hume peut-il écrire « *imagination feels that...* » (*ibid.*, p. 129, 185) ou « *fancy feels that...* » (p. 221), « *judgment feels that...* » ou « *the spirit feels that...* » (p. 99). Tel croit pouvoir énoncer une loi de portée ontologique quant à l'affectivité, en soulignant, comme Bowlby dans *L'Attachement*, qu'« être senti *(being felt)* est une phase du processus lui-même » (p. 157), qui ne fait en réalité que faire fonctionner correctement les jeux sémantiques de sa langue ou, tout au plus, les expliquer.

Jean-Pierre CLÉRO

BIBLIOGRAPHIE

BOWLBY John, *Attachment and Loss*, Londres, Hogarth, 1969 ; *Attachement et Perte*, trad. fr. J. Kalmanovitch, PUF, 1978, t. 1, *L'Attachement*.

HUME David, *A Treatise of Human Nature* (1739-1740), éd. Selby-Bigge, Oxford, Clarendon Press, 1978 ; *Traité de la nature humaine*, Livre 2, trad. fr. A. Leroy, Aubier-Montaigne, Flammarion, « GF », 1991.

— *Dialogues sur la religion naturelle* [1779], trad. fr. M. David, Vrin, 1964, rééd. 1987.

— *The Standard of Taste*, in *The Philosophical Works of David Hume*, Londres, T.H. Green & T.H. Grose, 1874-1875, vol. 3 ; *De la règle du goût*, in *Essais et Traités sur plusieurs sujets, Essais moraux, politiques et littéraires*, Première partie, trad. fr. M. Malherbe, Vrin, 1999, p. 265-282.

— *Les Essais esthétiques*, Deuxième partie, trad. fr. R. Bouveresse, Vrin, 1974.

— *Essais moraux, politiques et littéraires et autres essais*, trad. fr. G. Robel, PUF, 2001.

OUTILS

BAILEY Nathan, *Dictionarium Britanicum ; or, A More Compleat Universal Etymological English Dictionary Than any Extant*, Londres, T. Cox, 1730.

FICAR PORTUGAIS – fr. *rester, être, devenir*

lat. *figere*

► *ÊTRE*, ESPAGNOL, et ASPECT, DASEIN, ES GIBT, ESSENCE, ESTI, *FICTION*, HÁ, PRÉDICATION

À la différence ibérique entre ser *et* estar, *verbes qui apportent dans leur usage copulatif d'importantes nuances quant à la condition permanente ou transitoire, essentielle ou accidentelle, abstraite ou concrète, etc., du rapport entre l'attribut et le sujet, le portugais en ajoute une autre, car il a un verbe de plus pour exprimer ce rapport : le verbe* ficar, *qui fiche et fixe les attributs sur le sujet.*

I. L'ORIGINE CONCRÈTE DE LA COPULE DANS « FICAR »

Nous ne sentons guère le sens verbal concret d'un verbe copulatif, sans doute par la force sémantique des attributs qui tendent à le cacher ou à le poser dans le rôle d'une simple articulation syntactique, même si les conséquences métaphysiques d'un tel rappel peuvent être considérables. Pour le verbe portugais *ficar* ce sens concret n'est pas difficile à dégager. Une étymologie assez claire et la coexistence d'un sens non copulatif y contribuent sensiblement.

Ficar vient du latin *figicare* ou *fixicare*, fréquentatif de *figere* , en français : « ficher », « enfoncer », « planter », « fixer », comme dans cette expression de l'irrévocabilité d'une parole : « *Fixum et statutum est* (C'est fixé et arrêté » ; Cicéron, *Pro L. Murena*, 62). Il apparaît en ce sens comme suffixe dans quelques mots français tels que : *crucifix*, *crucifier*. L'usage de *ficar* qu'on traduit par « rester » conserve à peu près ce sens de verbe d'état : « Là-bas, bien au-delà de l'embouchure du fleuve, [...] elle est restée (*ficou*), pleine de crainte [...] » (J. Guimarães Rosa, *Magma*, p. 18). Que le sens de *rester*, *se fixer* se transpose du sujet vers le rapport entre le sujet et ses qualités, et nous sommes devant une formule attributive. Dans l'exemple précédent, il suffit d'enlever la virgule entre le verbe « est restée (*ficou*) » et le complément « pleine de crainte » pour opérer cette transformation ; le signifié change, évidemment, car l'attribut devient l'élément le plus important de la prédication : « *ela ficou cheia de medo* [elle était remplie de crainte] ». C'est comme si les attributs étaient fichés sur le sujet dans un mouvement très concret d'accrochage. Ou plutôt : comme si le sujet, momentanément, se fixait, se figeait sur des conditions, des qualités, etc. On comprend ainsi l'aspect perfectif de l'attribution, qui résulte de cette fixation.

II. LES DIFFÉRENCES ASPECTUELLES ENTRE « SER », « ESTAR » ET « FICAR »

H. Santos Dias da Silva parle de « la nécessité concrétisante que possède l'esprit portugais » (*Expressão linguística da realidade e da potencialidade,* cité dans A. Quadros, « Da lingua portuguesa para a filosofia portuguesa », p. 97) :

> *Deus é bom* [Dieu est bon] : c'est la seule formule admissible, puisque Dieu est un sujet éternel et indépendant de l'espace et du temps, c'est-à-dire non limité ; si nous changeons de sujet, pour en choisir un limitable ou dans l'espace ou dans le temps, avec une existence conditionnée, la copule peut s'exprimer par d'autres verbes que *ser* [être] : a) *o homem é bom* ; b) *o homem está bom* ; c) *o homem fica bom.*

En comparant les différentes façons d'attribuer en portugais l'adjectif *bon* au substantif *homme*, on peut voir comment les différents verbes utilisés pour la copule, par leur modulation aspectuelle, transforment le sens de la phrase :

A. « Ser » : « O homem é bom »

On traduit sans aucun problème par « L'homme est bon ». Cela veut dire qu'il est moralement bon, qu'il agit honnêtement ou qu'il a une chair savoureuse. Son essence, son âme, ou sa consistance, sa chair — quoi que ce soit qui le caractérise spécifiquement, ou universellement si l'on parle de l'homme en tant que tel —, cela est bon. Le verbe *ser* en portugais exprime cette idée d'attribution essentielle.

B. « Estar » : « O homem está bom »

Le verbe *estar*, par contre, dénote un aspect ponctuel et momentané, ou bien un aspect d'imparfait (*infectum*), surtout si on y ajoute des gérondifs pour former des locutions verbales courantes et très concrètes, telles que *estar sendo,* « être en train d'être ». La traduction requiert un contexte pour reconstruire l'information aspectuelle. Si l'homme en question était malade ou convalescent, par exemple, il faudra traduire *está bom* par : « Il va bien ». Si « l'homme est bon », *o homem está bom* ou *o homem está sendo bom,* parce qu'il fait bien une action, son travail par exemple, on dira : « Il marche bien », « ça va bien ». Si l'on veut préciser justement qu'il est bon maintenant, mais que nul ne sait comment il sera demain, alors une solution possible est : « il tient », « il se maintient ». Mais cette traduction ne fonctionne pas toujours, comme dans le célèbre cas du ministre et philosophe E. Portela qui, interrogé sur le choix de sa personne pour le ministère de la Culture du Brésil, déclara : « *Eu não sou ministro, estou ministro* », intraduisible dans sa concision, car pour préciser l'aspect il faudrait ajouter deux locutions adverbiales : « Je ne suis pas éternellement ministre, je ne suis ministre que pour l'instant » puisque l'expression « je me maintiens ministre » aurait connoté une faiblesse politique qui n'existe pas dans l'expression en portugais.

Avec *estar*, il est rare de lier un attribut universel. Le verbe *estar* ne peut parler de l'universel que s'il s'agit de conditions, avec des compléments circonstanciels, ou des adjectifs déterminant des dispositions, comme si elles étaient des circonstances de l'esprit : *O homem é um vivente que está sempre atento à própria morte,* « L'homme est un vivant dont la condition est d'être toujours attentif à sa propre mort ». Cela n'empêche donc pas ce verbe d'énoncer paradoxalement la condition universelle de l'accomplissement de chaque particularité, la condition existentielle d'un être jamais accompli tant qu'il est là — *está* —, d'un être étant à l'instant de la circonstance. D'où l'importance capitale du verbe *estar* dans toute la problématique existentielle en langues ibériques.

C. « Ficar » : « O homem fica bom »

Ici, l'attribution comporte un aspect perfectif. Si le verbe était au passé défini (*perfectum*), *ficou bom,* « il a été bon », on reviendrait au cas précédent : le verbe *ficar* remplace très bien le verbe *estar* au parfait. Il y aurait en outre une idée de transformation accomplie, de devenir, qui exigerait en français ou bien un verbe non copulatif : *O homem ficou bom,* « L'homme a recouvré la santé » ; ou bien un passé composé : « Et moi, de penser à tout cela, j'ai été [*fiquei*] encore une fois moins heureux... J'ai été [*fiquei*] sombre et malade et saturnien comme un jour où toute la journée le tonnerre se prépare mais n'arrive même pas le soir » (F. Pessoa, *Poemas*, p. 28). Mais en portugais, si la phrase avec *ficar* est au présent, elle semble encore incomplète, elle exige les compléments circonstanciels dont on a parlé plus haut : c'est le portugais qui exige que les circonstances soient précisées, car *ficar* ne peut exercer sa tâche copulative que dans une ambiance très précise, définie, concrète. Où, quand, comment ? Il faut que les catégories de temps, de lieu, de cause, de manière, etc., construisent la circonstance de l'attribution : *O homem fica bom* (l'homme est bon) ... *quando educado* (quand il est bien élevé), ... *se está só* (s'il est tout seul),... *durante o verão* (pendant l'été). On perçoit encore mieux l'aspect circonstanciel et perfectif dans l'expression courante *ficar com alguém,* à la lettre : « avoir été avec quelqu'un », qui désigne une liaison amoureuse rapide, faite en général d'une seule rencontre.

Fernando SANTORO

BIBLIOGRAPHIE

CICÉRON, *Discours*, éd. A. Boulanger, Les Belles Lettres, t. 11, 1946.

GUIMARÃES ROSA João, *Magma*, Rio de Janeiro, Nova Fronteira, 1997.

PESSOA Fernando, *Poemas de Alberto Caeiro*, Lisbonne, Ática, 10ᵉ éd. 1993.

QUADROS António, *O Espírito da cultura portuguesa*, Lisbonne, Soc. De Expansão Cultural, 1967.

— « Da língua portuguesa para a filosofia portuguesa », *in Seminário de literatura e filosofia portuguesa* (actas), Lisbonne, Fundação Lusíada, 2001.

SANTOS DIAS DA SILVA Hernani, *Expressão linguística da reali-*

dade e da potencialidade, Braga, Éd. Fac de Filosofia, 1955.

OUTILS

BUARQUE DE HOLANDA Aurélio, *Novo Dicionário da língua portuguesa*, Rio de Janeiro, Nova Froteira, 1986.

ERNOUT Alfred et MEILLET Antoine, *Dictionnaire étymologique de la langue latine. Histoire des mots* [1932], 4ᵉ éd. augm. J. André, Klincksieck, 1994.

MACHADO José Pedro, *Dicionário etimológico da língua portuguesa*, Lisbonne, Liv. Horizonte [1952], rééd. 1990.

FICTION *Fiction* dérive de *fingo* (au supin, *fictum*), dont le sens propre est « modeler dans l'argile », comme le gr. *plassô* [πλάσσω], qui désigne aussi l'activité d'inventer des fictions, par différence avec l'histoire. Fiction et plasticité sont ainsi sémantiquement liées : voir ART (encadré 2, « Plastique, arts plastiques... »), HISTOIRE (encadré 3, « *Historia, muthos...* »), PLASTICITÉ.

Par ailleurs, la proximité entre *factum*, le « fait » (sur lat. *facere*, « faire », racine indo-européenne **dhē-*, comme gr. *tithêmi* [τίθημι], « placer », qui donne par ex. *faktura* [фактура], voir ce mot) et *fictum* (sur lat. *fingo*, racine indo-européenne **dheig'h-*, qui donne par ex. *figura*) n'a cessé de laisser entendre le rapport entre fait et fiction, fabrication humaine (sur le lien chez Vico, voir encadré 1, « *Verum factum...* », dans DICHTUNG ; mais Lacan, par exemple, propose dans *L'Étourdit* (*Autres écrits*, Seuil, 2001) l'orthographe-valise *fixion* ; voir le port. FICAR, qui fixe les prédicats sur le sujet).

I. FICTION, LANGAGE ET VÉRITÉ

Sur le statut discursif de la fiction, on se reportera à DICHTUNG (à compléter par PRAXIS sur la singularité de la *poiesis* [ποίησις] grecque comme « fabrication » du poète ; voir POÉSIE), *DÉCEPTION*, DESCRIPTION/DEPICTION, ERZÄHLEN, HISTOIRE. Voir aussi *RÉCIT* et *STYLE*.

Plus généralement, sur le rapport à la pratique humaine, voir PRAXIS, *ACTE* [acte de langage].

Sur le rapport à la vérité et au réel, voir DOXA, ERSCHEINUNG, RÉALITÉ, RES, VÉRITÉ ; cf. *CHOSE, FAUX, INTENTION, MENSONGE, TRUTH-MAKER*.

II. FICTION, IMAGE ET ART

La fiction est liée à l'image et à la faculté d'imaginer ; voir IMAGE [BILD, BILDUNG, EIDÔLON], *IMAGINATION* [FANCY, PHANTASIA], MIMÊSIS.

Elle renvoie à l'activité de l'artiste, voir ART, BEAUTÉ ; et à son invention, voir ARGUTEZZA, CONCETTO, INGENIUM, GÉNIE.

► GENDER, PEUPLE, SEXE

FOI *Foi* provient du lat. *fides*, qui désigne la confiance qu'on inspire (le « crédit », la « crédibilité » d'un discours) et celle qu'on accorde, et prend toute son extension dans la langue du droit : « engagement solennel, garantie, serment » (cf. *foedus*, « traité »), « bonne foi, fidélité ». La même racine indo-européenne **bheidh-*, « se fier, persuader », se retrouve dans le gr. *peithomai* [πείθομαι], « obéir », et, à l'actif, *peithô* [πείθω], « persuader ». Le latin chrétien spécialise le terme, qui sert de substantif à *credo*, « croire », dans le sens de confiance en Dieu.

Les différentes langues modernes ne différencient pas de la même manière les réseaux juridique, rhétorique et logique, d'une part — crédit et crédibilité, confiance et croyance —, et le réseau religieux de la « foi » proprement dite. L'allemand en particulier, avec *der Glaube*, qu'on traduit par « foi » ou par « croyance », ne présente pas cette distinction : voir GLAUBE, et BELIEF, *CROYANCE*.

Plus généralement, pour les rapports au réseau logique, voir VÉRITÉ et ISTINA, PRAVDA, mais aussi *CERTITUDE*, DEVOIR, EIDÔLON (encadré 1 : « *To eikos*, ou comment le vraisemblable... »), *FICTION*, INTENTION, *PROBABILITÉ*, TRUTH-MAKER.

Pour le réseau religieux, voir en particulier PIETAS, *RELIGION* ; cf. *ALLIANCE, DESTIN*, LEX.

► SÉCULARISATION

FOLIE / DÉMENCE

gr.	*mania* [μανία], *phrenitis* [φρενῖτις] *aphrosunê* [ἀφροσύνη], *paranoia* [παράνοια]
lat.	*furor, phrenesis ; dementia, insania, insipientia*
all.	*Schwärmerei, Wahn ; Unsinn, Verrücktheit*
angl.	*madness ; insanity*
it.	*follia, pazzia ; demenza*

► ÂME, GÉNIE, LOGOS, ***MALAISE*** [MÉLANCOLIE], MÉMOIRE, MORALE, PATHOS, ***PRUDENCE***, PULSION, ***RAISON***, ***SAGESSE***

Le vocabulaire de la folie obéit dans la plupart des langues à deux modèles bien distincts. D'une part, un modèle positif, qui fait de la folie une entité à part entière, susceptible des plus hautes valorisations : ainsi de la mania *grecque et, dans un autre registre, de la* furor *latine, qui indiquent un état d'exception ; on les retrouvera dans la modernité littéraire au plus près de l'inspiration, de l'enthousiasme ou du génie, au plus près aussi de la* Schwärmerei, *cette extravagance par laquelle Kant désigne aussi bien le délire de Swedenborg que celui de l'idéalisme dogmatique. D'autre part, un modèle négatif ou privatif : la folie, le fou sont hors ou à côté de la raison, voire de la sagesse* (aphrôn, insipiens, insania, dementia, *d'où nos termes* insanité, démence, paranoïa *et autres*) *; la déraison risque alors d'être mal distincte de l'irrationalité* (*la folie est une idiotie,* stultitia), *ou de l'immoralité* (*l'*aphrôn [ἄφρων] *est le contraire du* phronimos [φρόνιμος], *du sage moralement avisé*).

Cicéron, s'appliquant à gérer personnellement le passage du vocabulaire grec au vocabulaire latin, ouvre celui-ci à la symétrie de la santé du corps et de la santé de l'âme. Le lexique médiéval sur le sujet confère, jusque dans la controverse théologique elle-même, une sorte de valeur technique à des termes comme insipiens *et* phreneticus. *Les multiples vocables de l'Antiquité, lesquels prennent appui d'abord sur la* mania [μανία] *grecque, se sont maintenus dans les langues modernes jusqu'à l'avènement de la psychiatrie, à la fin du* XVIIIᵉ *siècle, au prix de glissements sémantiques ou de nouveaux choix linguistiques dus en particulier à ces traductions et définitions de Cicéron, des Stoïciens ou d'Augustin.*

I. LA « MANIA » GRECQUE ET SON DESTIN MODERNE : DE L'ENTHOUSIASME À LA PSYCHOSE

A. La « mania » des philosophes et la « phrenitis » des médecins

Boissier de Sauvages écrit à propos de *mania* [μανία] : « Du grec *mainomai*, je suis fou, furieux ; en latin, *furor, insania* ; en français, folie & manie... » (*Nosologie*, t. 7, p. 389). Ainsi le mot est-il piégé dans ses équivalences, en latin, comme en français. On peut le considérer comme le plus général, le plus disponible, tant en extension qu'en compréhension (*mainomai* [μαίνομαι] répond à un radical sanscrit qui signifie « croire, penser », d'où dérive aussi bien *menos* [μένος] , l'« ardeur guerrière » que *mimnêskô* [μιμνήσκω] , « je me souviens » ; voir MÉMOIRE). *Mania* désigne à l'origine tout ce que nous pourrions mettre sous le vague mot de *folie*, et a continué de le faire dans le langage ordinaire. Chez Hippocrate, on peut dire que la manie ne se trouve que comme symptôme, à la façon de toutes les altérations de l'*êthos* [ἦθος], du caractère. Elle n'existe pas encore comme concept de maladie.

Platon décrit quatre formes de folie (*mania*) divine (*Phèdre*, 265b, et surtout 244-245). La première, inspirée d'Apollon, est le délire mantique, la divination. Ce sont les « modernes », dit Platon, qui, n'ayant pas le sens du beau, ont introduit un « t » et ont appelé mantique (*mantikê* [μαντική] au lieu de *manikê* [μανική]) l'art divinatoire. La deuxième est le délire « télestique », don de Dionysos, qui « accomplit » (*teleô* [τελέω]) au sens où il initie aux mystères. La troisième est le délire inspiré par les Muses, le délire poétique ; et la quatrième, don d'Aphrodite ou d'Éros, est celle que suscite l'amour, l'*erôtikê mania* [ἐρωτική μανία]. Ce texte, que la médecine ancienne rappelle avec soin, est capital pour situer la définition que celle-ci donne de la manie. Ainsi Caelius Aurélien, médecin du Ve siècle de notre ère (qui transpose en latin Soranos d'Éphèse, médecin du IIe siècle) écrit-il :

> Platon, dans le *Phèdre*, déclare que la folie est duelle : l'une vient d'une tension de l'esprit, ayant une cause ou origine dans le corps, l'autre est divine ou envoyée, et son inspirateur est Apollon ; maintenant nous l'appelons divination.
>
> *Maladies chroniques*, I, chap. 5, 144, éd. Bendz.

Et Caelius, continuant de citer, dans ses *Maladies chroniques*, le texte du *Phèdre*, a raison de parler de la dualité de la folie ; car, quel que soit le nombre des distinctions de Platon, à côté de ces folies, disons « sensées », il y a la maladie de la folie. En fait, on peut parler d'une « double folie », d'une bonne folie (celle « par laquelle nous viennent les plus grands biens », *Phèdre*, 244b), et d'une folie pathologique. C'est cette dualité qui est mise à l'épreuve dans la tragédie des *Bacchantes* d'Euripide.

Mais quelque chose s'est passé, qu'on ne saurait mieux rendre évident qu'en citant Galien. Quand il lit, dans une constitution hippocratique (*Épidémies* III = Littré, III, 92), qu'« aucun des phrénitiques n'eut d'accès de manie [...], mais qu'au lieu de cela ils étaient prostrés », il est perplexe. La rencontre de la manie et de la *phrenitis* [φρενῖτις] lui est incompréhensible. Comme Hippocrate ne peut se tromper, il faut donner, selon Galien, au terme *phrénitique* un sens métaphorique. En vérité, le texte d'Hippocrate lui fait problème, parce qu'il y a eu une rupture très importante du point de vue épistémologique, à savoir l'élaboration de la définition des maladies. Quant à l'opposition systématique entre *phrenitis* et *manie*, sans doute faut-il la placer dans la seconde moitié du IIe siècle avant J.-C. ; de sorte que, la définition entraînant le diagnostic, on ne saurait confondre la *phrénitis* — aliénation d'esprit avec fièvre, *crocudismos* [κροκυδισμός] (geste d'arracher des fils d'un tissu ou des brins de paille) et *carphologia* [καρφολογία] (mouvements permanents et involontaires des mains et des doigts) — et la *manie*, aliénation sans fièvre. Galien a, pour ce texte, les mêmes difficultés que nous de compréhension et de traduction.

La détermination et la définition de maladies telles que manie, *phrenitis* ou mélancolie supposent un certain nombre de faits culturels complexes, notamment : la contrainte de la définition d'après le modèle de la philosophie et de la rhétorique ; la séparation définitive entre maladies du corps, réservées au médecin, et maladies de l'âme, domaine du philosophe ; la victoire du dualisme âme-corps ; le triomphe de la théorie stoïcienne de la passion comme maladie de l'âme (voir PATHOS). Celse a tenté un nouveau regroupement. Il a classé sous la notion ou le « genre » de l'*insania* les trois grandes maladies entre lesquelles se distribua essentiellement la « folie » des médecins anciens, c'est-à-dire la *phrenitis*, la mélancolie (la crainte et la tristesse imputées par les écrits hippocratiques à la « bile noire ») et la *manie*. Pourquoi l'*insania* ? On serait bien en peine de se livrer à une analyse sémantique, mais on passe en tout cas d'une entité positive, la manie, à une privation, l'insanité, qui autorise et promeut le parallèle maladie de l'âme - maladie du corps. Les déterminations de la folie, ou les façons de l'exprimer en latin au sens le plus large possible, sont très nombreuses. Il semble bien que ce soit ici le choix de Celse. Le champ sémantique de la folie est alors réglé par l'histoire de la médecine.

B. La manie et la frénésie des psychiatres

Il ne faudrait pas croire que ces problèmes soient réservés au champ de l'Antiquité gréco-romaine. D'abord, parce que ces textes sont parfaitement connus et médités jusqu'au milieu du XIXe siècle et interviennent dans la fondation de la psychiatrie, mais aussi parce que c'est dans l'Antiquité que s'est réglé un certain nombre de problèmes, d'une façon déterminante pour la psychopathologie, et pour le sens même du mot *mania*.

Au moment de la création de la psychiatrie (fin du XVIIIe siècle), revient la question de la terminologie. Pinel écrit alors : « L'heureuse influence exercée en ces derniers temps sur la médecine par l'étude des autres sciences ne peut plus permettre aussi de donner à l'aliénation le nom général de folie, qui peut avoir une latitude indéterminée... » Mais il y a chez lui deux concepts de la manie, l'un qui, dans sa *Nosographie philosophique*, correspond à la tradition ; et un autre, plus large et plus neuf dans sa définition, qui pose des problèmes d'articulation avec le premier, dans son *Traité médico-philosophique sur l'aliénation mentale, ou la Manie* (1re éd., An IX ; 2e éd., J. A. Brosson, 1809, p. 128-129).

Pourtant, son élève Esquirol écrit, en 1816, un article « De la folie ». En 1818, il en donne un autre, « De la manie », où il reprend la définition classique : « La manie est une affection cérébrale, chronique, ordinairement sans fièvre, caractérisée par la perturbation et l'exaltation de la sensibilité, de l'intelligence et de la volonté. » « Je me servirai, avait écrit en revanche Vincenzo Chiarugi, du mot *folie* (*pazzia*) plutôt que de tout autre emprunt inutile aux dialectes étrangers, avec le risque de confusion et d'équivoque » (*Della pazzia in generale ed in spezie*, 3 vol., Florence, 1793-1794).

Pour finir, en dehors de tout contexte médical, on aura la prudence d'éviter de traduire *mania* par *manie*, mot réservé à un usage technique ; et on le rendra par *folie*, qui reste le terme le plus général et le moins technique. Il n'est pas rare de voir le traducteur, entraîné par le souci d'éviter une répétition, aller, pour varier, jusqu'à rendre *manie* par *frénésie*. Fâcheuse solution, car, dans la nosographie traditionnelle, *manie* s'oppose justement à *frénésie* (la *phrenitis*). On se gardera aussi de traduire *mania* par *délire*, car, depuis Pinel, on sait qu'il y a des manies sans délire... *Manie* reste, de nos jours, un terme médical technique défini ainsi : « État d'excitation intellectuelle et psychomotrice, et d'exaltation de l'humeur, avec euphorie morbide, à évolution périodique et cyclique, entrant dans le cadre de la psychose maniaco-dépressive » (J. Postel [dir.], *Dictionnaire de psychiatrie*).

♦ Voir encadré 1.

On peut constater, d'ailleurs, que la nosographie traditionnelle s'est trouvée recouverte, depuis la fin du XVIIIe siècle, par une nomenclature de type « scientifique » issue de la médicalisation de la folie, définie désormais comme « maladie mentale ». Mais, comme l'a remarqué Michel Foucault, entre ces deux lexiques de la folie, c'est-à-dire avant l'ère de la médicalisation, s'était développé un vocabulaire médian de type simplement descriptif. On parlait plutôt d'un « plaideur opiniâtre », d'un « grand menteur », d'un homme « très méchant et chicaneur », d'un « esprit inquiet chagrin et bourru » :

> Inutile, écrit Foucault, de se demander si ce sont bien là des malades et jusqu'à quel point [...]. Ce qui est désigné dans ces formules, ce ne sont pas des maladies, mais des formes de folie qui seraient perçues comme la pointe

1

La nosographie contemporaine

Les conceptions de la « folie » qui se sont ainsi développées depuis l'Antiquité n'ont pu trouver place dans les nomenclatures établies par la psychiatrie contemporaine, au sein de laquelle apparaissent, par exemple, des mots ou des expressions tels qu'*aliénation mentale* (P. Pinel, 1797 ; en anglais *insanity*), *psychose* (E. Feuchtersleben, 1844), *paranoïa* (C. Lasègue, 1852) ou *Verrücktheit* en allemand (W. Griesinger, 1845, puis E. Kraepelin), *schizophrénie* ou *dementia praecox* (E. Bleuler, 1908), *phobie* (1880). Dans cette nouvelle nosographie, bien souvent, les dénotations de termes anciens comme *mania* (μανία), *phrenitis* (φρενῖτις) et *pathos* (πάθος) chez les Grecs ou *furor*, *insania* et *perturbatio* chez les Latins (et dont la symptomatologie remontait généralement à Hippocrate ou à Galien) ne gardèrent plus dès lors qu'une valeur d'usage profane ou littéraire.

La nosographie moderne et contemporaine de la folie recourt à une grande variété de néologismes empruntés au grec comme *phobie* (φόβος — maladie dont le symptôme central est une peur paralysante et irrépressible face à un objet ou une situation ne présentant en réalité aucun danger et que la psychanalyse désigne plutôt sous le nom d'*hystérie d'angoisse*), *psychose maniaco-dépressive* (déb. du XXe s., la troisième, après la paranoïa et la schizophrénie, des grandes psychoses actuelles qui se caractérise par un dérèglement de l'humeur où alternent des états d'exaltation maniaque et des accès de mélancolie ou de dépression), *hystérie* (XVIIIe s., puis, à la fin du XIXe, ensemble d'affections qu'on croyait d'abord liées à un érotisme d'origine utérine — du grec *hustera* [ὑστέρα] — et qui se rapportent à des conflits inconscients se traduisant par des symptômes corporels et sous la forme de symbolisations), *paranoïa* [παράνοια] (sorte de délire systématisé dans lequel prédomine l'interprétation et qui ne comporte pas de détérioration intellectuelle ; Freud y voit une défense contre l'homosexualité).

On notera cependant que, à côté de ces divers vocables, la psychiatrie et la psychanalyse mettent l'accent sur l'idée d'une « schize » ou d'une faille dans la personnalité du sujet, notamment à propos de ce qu'on appelle la schizophrénie. Ce dernier terme, par lequel Bleuler remplaça l'expression de *démence précoce* utilisée par Kraepelin, vient directement du verbe grec *skhizô* [σχίζω] qui veut dire « séparer, fendre, dissocier » et qui avait déjà donné en français *schisme* au sens de « séparation ». Ainsi la schizophrénie se caractériserait-elle par des symptômes de dissociation mentale, de discordance des affects et d'activité délirante qui entraînent en général un repli sur soi (autisme) et une rupture du contact avec le monde extérieur. La même idée se retrouve dans le substantif allemand *Spaltung* employé par Freud, que les psychanalystes français traduisent par *clivage*, mais en l'employant plus souvent tel quel, avec le sens de dissociation de la conscience, de l'objet, du moi — s'agissant de cette *Ichspaltung* freudienne, Lacan la traduit par l'expression de « refente du sujet » (*Écrits*, Seuil, 1960, p. 842).

BIBLIOGRAPHIE

EY Henry, *Études psychiatriques*, 3 vol., Desclée de Brouwer, 1948, 1950, 1952.

FOUCAULT Michel, *Histoire de la folie à l'âge classique*, Plon, 1961, rééd. Gallimard, 1976.

KRAEPELIN Emil, *Lehrbuch der Psychiatrie*, Leipzig, Kraepelin & Lange, 9e éd., 1927.

extrême de défauts. Comme si, dans l'enfermement, la sensibilité à la folie n'était pas autonome, mais liée à un certain ordre moral où elle n'apparaît qu'à titre de perturbation.

Folie et Déraison. Histoire de la folie à l'âge classique, p. 167.

II. LE VOCABULAIRE LATIN : « FUROR »/« INSANIA »/« DEMENTIA »

A. Cicéron traducteur des Grecs

Les emplois du vocabulaire latin de la folie sont marqués par l'influence du stoïcisme, dont les distinctions et les analyses sont reprises dans des contextes qui ne sont pas seulement stoïciens ; ainsi Cicéron :

> Pour expliquer les passions (*perturbationes*), je suivrai la division qui fut d'abord celle de Pythagore et ensuite celle de Platon. Ils distinguent deux parties dans l'âme, l'une qui a part à la raison, l'autre qui en est dépourvue (*rationis particeps, rationis expers*) [...]. Tel sera mon point de départ, mais j'utiliserai, pour classer les passions, les définitions et les divisions des Stoïciens, que je trouve très pénétrantes sur cette question.
>
> *Tusculanes*, 4, 11.

Un premier effort porte sur la distinction des passions et de la maladie, que le grec englobe sous le terme *pathê* :

> [...] la crainte, le désir, la colère, ce sont là ce que les Grecs appellent *pathê* [πάθη] ; j'aurais pu les appeler « maladies » (*morbos*), ce qui serait la traduction littérale, mais cela ne correspondrait pas à notre usage. La pitié, l'envie, l'exaltation, la joie, tout cela les Grecs l'appellent *pathos*, « maladie », alors que ce sont des mouvements d'un esprit qui refuse de se soumettre à la raison ; nous avons raison, je pense, d'appeler ces mouvements d'un esprit troublé des passions (*perturbationes*), parce que « maladies » n'est pas conforme à notre usage.
>
> *Ibid.*, 3, 7.

C'est dans le cadre de cette distinction générale qu'il faut apprécier le rapprochement étymologique entre *insania* (folie) et *insanitas* (mauvaise santé) à partir duquel Cicéron développe la doctrine stoïcienne de la passion/maladie : « Le mot *insania* désigne une faiblesse et une maladie de l'intelligence (*mentis aegrotatio et morbus*), c'est-à-dire la mauvaise santé (*insanitas*) d'un esprit malade (*animus aegrotus*). » Ainsi le recours au jeu étymologique permet d'inscrire dans la langue la symétrie santé du corps/santé de l'âme qui est une construction des philosophes. De cette manière, Cicéron dote la langue latine d'une capacité que le terme général de *pathê* ou celui de *mania* (que traduit *insania*) ne possède pas en grec, quitte à forcer l'usage latin : tandis que *sanus* peut signifier sain de corps ou sain d'esprit, *insanus* ne signifie que « malade mental/fou ».

Une fois cette symétrie construite, Cicéron peut interpréter le seul texte juridique qui mentionne le fou (*furiosus*) à l'époque classique de façon à faire coïncider l'usage juridique le plus ancien de la langue avec l'approche stoïcienne : le *furor* est, tout autant que l'*insania*, un dérèglement de l'esprit, mais il est tel qu'il empêche de remplir les obligations de la vie.

> L'origine du mot grec *mania*, je l'ignore ; mais la chose même, nous l'appréhendons avec des distinctions meilleures que celles des Grecs. Nous séparons, en effet, la folie (*insania*) qui, parce qu'elle est liée au manque de sagesse (*stultitia*), s'applique à beaucoup de monde, de la fureur (*furor*). C'est ce que veulent aussi les Grecs, mais leur vocabulaire est impropre à le rendre. Ce que nous appelons fureur (*furor*), ils l'appellent *melancholia* : comme si l'intelligence était seulement perturbée par la bile noire et non pas, dans la plupart des cas, par un excès de colère, de crainte ou de ressentiment. C'est dans ce sens que nous disons qu'Athamante, Alcméon, Ajax, Oreste sont en état de fureur. Ce sont aux gens ainsi atteints que les Douze Tables interdisent la disposition de leurs biens. C'est pourquoi il y est écrit non pas « s'il est fou » (*si insanus*), mais « s'il est en état de fureur » (*si furiosus escit*). Nos ancêtres ont en effet estimé que le manque de sagesse (*stultitia*), même si c'est un état qui ne connaît pas l'équilibre (*constantia*), c'est-à-dire la santé (*sanitas*), permet cependant d'observer les devoirs et obligations de la vie courante ; la fureur, au contraire, est selon eux un aveuglement complet de l'esprit (*mentis caecitas*).
>
> *Ibid.*, 3, 11.

La distinction proposée à partir de l'autorité du texte des Douze Tables permet de mieux rendre compte de ce qui sépare l'état de fureur des grands héros tragiques de la folie telle que la définition paradoxale des Stoïciens l'attribue à tous les non-sages : cette distinction n'existe pas dans le verbe *mainesthai* qui désigne tout autant la folie d'Héraclès que la fureur prophétique et l'état de non-sagesse. Le paradoxe *hoti pas aphrôn mainetai* [ὅτι πᾶς ἄφρων μαίνεται] est traduit : « *omnem stultum insanire* » (Cicéron, *Paradoxes des Stoïciens*, 27). Le choix du latin *stultus*, qui ne connote pas la folie, pour rendre le grec *aphrôn* [ἄφρων] dont le sens le plus attesté est « dément/fou », renforce l'effet de distinction et fait entendre ce qui est le plus caractéristique dans la doctrine stoïcienne des passions : toute passion provient d'une erreur de jugement.

Cependant, la distinction opérée ne rejette pas pour autant le *furor* du côté de la maladie des « grandes natures » : Cicéron refuse de lui attribuer pour cause la bile noire et le présente comme l'aveuglement total qui résulte d'un excès. Il maintient de cette manière le point de vue stoïcien en exploitant tout ce qui, dans *furor*, connote l'excès — des fureurs héroïques aux dépossessions de soi de la poésie érotique — sans renvoyer à une forme précise de dérèglement. Aussi le terme est-il absent de la liste des formes de la colère qui donne, dans la « traduction » cicéronienne : *ira, excandescentia, odium, inimicitia, discordia* (colère, emportement, haine, inimitié, ressentiment) (*Tusculanes*, 4, 21).

B. « Furor » et « insania » chez les Stoïciens

Les efforts de distinction accomplis par Cicéron sont largement repris par Sénèque, qui cependant en tire parti pour explorer la confusion des causes morales et des causes physiques du dérèglement collectif :

> Entre la folie (*insania*) qui touche tout le monde et celle qu'on confie aux médecins, il n'y a qu'une différence : la seconde est une souffrance qui résulte de la maladie ; la

première résulte des opinions. L'une doit la cause de la fureur (*furor*) à la disposition du corps (*valetudo*) ; l'autre est une mauvaise disposition de l'esprit (*mala valetudo animi*)

À Lucilius, 94, 17.

Mais *furor* et *insania* sont utilisés conjointement pour dire le mal du corps et de l'esprit, le mal de l'individu dans la civilisation : le *furor* désigne un état d'ingratitude devenu si général qu'il menace le fondement de tous les liens sociaux (« *Eo perductus est* furor *ut periculosissima res sit benificia in aliquem magna conferre* », *ibid.*, 81, 31-32) ou l'aveuglement comparable à celui de la bouffonne qui, ayant perdu la vue, croyait que la maison était devenue sombre (*ibid.*, 50). C'est l'état de tous ceux qui ne peuvent même plus savoir qu'ils sont atteints, parce que l'organe du jugement est trop malade : la langue de Sénèque exploite la symétrie *insania/insanitas* avec plus d'extension que ne le faisait Cicéron, pour appliquer le paradoxe stoïcien à un état de la civilisation : « Comme l'individu, la communauté sociale est en démence (*non privatim solum sed publice furimus*) » (*ibid.*, 95, 30).

III. LES FIGURES SCOLASTIQUES DE LA DÉRAISON ET LA FOI CHRÉTIENNE COMME « FOLIE »

A. Le « fol »

Sous l'influence, dès le XIe siècle, de la réforme grégorienne et du considérable rayonnement de Cluny, la société en vient à coïncider en toutes ses composantes avec ce qu'on appellera la Chrétienté. Ceux qui en sont exclus — les Juifs, les Sarrasins, les hérétiques — encourent le reproche de penser ou de se conduire « autrement ». Leur déviance est alors taxée du défaut majeur d'égarement et de déraison. Dans la langue vernaculaire, l'« autre » est traité de sot (en ancien français *soz*, *sos*, du latin médiéval *sottus*, d'étymologie inconnue), de forcené, de *dervé*, d'insensé, de *fol*. Ce dernier vocable, qui allait s'imposer en bonne place dans la langue de la folie, dérive du latin *follis*, qui signifie « poche de cuir fermée, outre, ballon ou soufflet pour le feu » ; et c'est au Moyen Âge seulement qu'il a pris par dérision le sens second de sot ou d'idiot.

Dans leurs propres querelles universitaires en latin, les théologiens n'hésitent pas non plus à stigmatiser l'adversaire comme étant incapable de raisonner sainement, frappé de *stultitia*, d'*amentia* ou de *furor*. Mais, parmi les vocables relatifs à la déraison ou à l'égarement mental qu'ils se renvoient mutuellement sur un mode plus ou moins injurieux, figurent notamment deux termes qui revêtent, dans la controverse, un sens proprement technique : *insipiens* et *phreneticus*. Le premier est la traduction, dans la Vulgate, de l'épithète *aphrôn* qu'on trouve chez les Septante dans l'incipit du psaume 52 (aujourd'hui 53) et qui stigmatise l'incroyance. Cet incipit, en effet, se présente dans les bibles latines sous la forme suivante : « *Dixit insipiens in corde suo : Non est Deus* (L'insensé a dit dans son cœur : pas de Dieu). » Et c'est pourquoi l'iconographie médiévale illustrant le fou et la folie a généralement pour cadre les enluminures de la lettre D, qui est l'initiale de ce demi-verset du psaume.

B. L'« insipiens »

Étymologiquement proche, à la différence de *fol*, de l'idée de dérangement de l'esprit, *insipiens*, qui vient de *sapio* « avoir de la saveur, du goût, du discernement » et de *sapiens* comme substantif ou adjectif « sage », désigne le non-sage, celui dont la raison est en défaut. On le traduit en français par « insensé », c'est-à-dire celui dont les propos sont contraires au bon sens et dont l'esprit s'égare (de *sensus* et, dans la langue de l'Église, de *insensatus*, adjectif qui évoque l'absurdité, la stupidité, la sottise, comme *nonsense* en anglais).

Or, même si cette attitude d'esprit, cette déraison, était aussi imputée aux Juifs, coupables de n'avoir pas reconnu en Jésus le Messie, c'est Anselme de Canterbury qui en dénonça la figure la plus emblématique dans la personne du moine Gaunilon pour le refus que celui-ci opposait à la célèbre preuve de l'existence de Dieu formulée par l'auteur du *Monologion* et du *Proslogion*. Quand il s'en prend à son adversaire, surtout dans les chapitres 2 à 4 de ce dernier traité, Anselme ne le désigne jamais, à de très nombreuses reprises, que comme étant « l'*insipiens* ». Il se demande notamment comment cet insensé par excellence « a pu dire dans son cœur ce qui ne peut être pensé (*quomodo insipiens dixit in corde suo, quod cogitari non potest*) ». Ce qui « ne peut être pensé », c'est que Dieu ne soit pas, dès lors qu'on a dans l'esprit l'idée d'un être tel qu'il est impossible d'en concevoir de plus grand. Il faut, en effet, qu'il existe à la fois dans la pensée et dans la réalité (*et in intellectu et in re*). « Pourquoi donc *l'insensé a-t-il dit dans son cœur : Dieu n'est pas*, [...] sinon parce qu'il est sot (*stultus*) et insensé (*insipiens*) ? » (voir SENS).

C. Le « phreneticus »

Dans la série des qualificatifs les plus violents que les auteurs du Moyen Âge latin lancent à leurs adversaires on trouve aussi celui de *phreneticus*. Ainsi, au XIIe siècle, Richard de Saint-Victor défend-il le caractère contraignant de son argumentation relative à la Trinité en recourant à la dialectique, ce « triple lien difficile à rompre par lequel se trouve solidement enchaîné n'importe quel frénétique pourfendeur de notre foi (*unde phreneticus quivis fidei nostrae impugnator fortiter alligetur* » ; *De Trinitate*, Livre 3, chap. 5). Or ce terme de *phreneticus* provient alors non d'une source scripturaire, mais de la tradition d'Augustin, lui-même bien informé de la terminologie médico-psychologique de l'Antiquité.

L'évêque d'Hippone en évoque d'abord le tableau clinique (cf. F. Guimet, « *Caritas ordinata* et *amor discretus...* », p. 226-228). La *phrenesis* (du gr. *phrenitis*) est une maladie mentale qui fait perdre la raison et qui, par exemple, porte le sujet à rire là où il devrait pleurer (*Sermo 175*, II, 2, PL 38, 945). Elle s'accompagne parfois de délire, de visions et de phénomènes divinatoires extravagants (*De Genesi ad litteram*, XII, 17, 35-36, PL 34, 468). Elle se traduit par des troubles tels que fièvres, abus de vin, insomnies, et débouche sur des crises d'autant plus violentes que la mort est proche (*De quantitate animae*, XXII, 38, PL 32, 1057 ; *ibid.* 40, col. 1058 ; *Ennaratio in Psalmum 58*, PL 36, 696). Par tous ces symptômes, le « frénétique » s'oppose au « léthargique », qui sombre en permanence dans l'inertie et le sommeil (*Sermo 87*, XI, 14, PL 38, 538).

Augustin fait ensuite une application morale et spirituelle de ce tableau classique. À ses yeux, les deux composantes de la *phrenesis* que sont l'égarement et la violence se retrouvent en particulier dans le cas des Juifs. C'est sous l'empire d'une virulente fureur que ceux-ci, refusant la guérison que le Christ venait leur apporter, se sont faits ses bourreaux. Et c'est sur leur aveuglement que le Messie a imploré le pardon divin, avec cette excuse : « Ils ne savent pas ce qu'ils font. » Imputant aussi cet état pathologique à ses autres adversaires que sont les donatistes, Augustin propose qu'on enchaîne le *phreneticus* par des arguments contraignants (*Sermo 359*, 8, PL 39, 1596), remède que reprend Richard de Saint-Victor en s'ingéniant à lier ce malade mental par le biais de la dialectique.

Néanmoins, la *phrenesis* de l'Antiquité tardive et du Moyen Âge se trouvera paradoxalement réhabilitée, à l'époque romantique et jusque dans le surréalisme, par la littérature dite frénétique, qui, notamment avec Charles Nodier (1781-1840), se présente comme une exaspération délibérée de la sensualité, de la passion, de l'imagination, de la révolte et de l'onirisme.

♦ Voir encadré 2.

IV. LA « SCHWÄRMEREI » CHEZ KANT ET LE RAPPORT À LA CROYANCE

A. L' « essaim d'abeilles »

Originellement, le substantif féminin allemand *Schwärmerei* désigne l'agitation d'abeilles qui tournent sans arrêt, et, plus précisément, d'une part, les mouvements sans règle de chacun de ces insectes considéré isolément, d'autre part, le vol compact de l'essaim formant une bande, et de façon incontrôlable également. Cette double signification a rendu possible l'application du terme aux croyances religieuses qu'on pouvait stigmatiser comme « errantes » et « sectaires ». Ainsi a-t-il été fréquemment employé par Luther à partir des années 1520 pour dénoncer « l'aile gauche » de la Réforme qui condamnait la chair de façon exaltée, en interprétant dans un sens fanatique l'Évangile de Jean (6, 63) : « C'est l'esprit qui crée la vie, la chair ne sert à rien. » La *Schwärmerei* connote à la fois l'imagination exaltée qui sort des sillons admis, l'entêtement incontrôlé dans des croyances et les comportements sectaires. C'est vraiment un terme intraduisible, car ni le latin ni l'anglais ou le français ne disposent d'un vocable possédant un lien quelconque avec l'image de l'essaim d'abeilles dans laquelle se conjoignent les caractères opposés de l'aventure isolée d'un rêveur et du fanatisme d'un groupe qu'on ne peut maîtriser. En français, le terme est rendu par *exaltation*, *fanatisme* ou *enthousiasme*, selon les cas. Dans le vocabulaire allemand de la tactique militaire, l'image de l'essaim d'abeilles est convoquée aussi pour désigner à la fois l'activité d'un éclaireur qui se détache de la troupe en s'aventurant personnellement et le mouvement compact mais mal coordonné du groupe des soldats.

B. Kant : des hallucinations de Swedenborg à l'idéalisme de Leibniz

Le terme *Schwärmerei* a été employé jusqu'au XVIIIe siècle dans les controverses théologiques pour désigner les hérétiques, les schismatiques, les novateurs qui s'égarent et troublent l'équilibre des dogmes et le calme de l'Église. Dans tous ces usages, il s'agit plus d'une étiquette injurieuse ou stigmatisante que d'un concept. C'est Emmanuel Kant qui transforma cet usage seulement polémique en un concept, lorsqu'en 1766, dans les *Rêves*

2

La valorisation paulinienne de la folie

La parabole des vierges sages et des vierges folles (Matthieu 25, 1 *sq.*) n'évoque la folie que comme synonyme d'étourderie, de désinvolture, de manque de prévoyance : « Cinq d'entre elles étaient folles et cinq prudentes ([πέντε δὲ ἐξ αὐτῶν ἦσαν μωραὶ καὶ πέντε φρόνιμοι] — *quinque autem ex eis erant fatuae et quinque prudentes*). »

C'est chez l'apôtre Paul qu'est décrite la situation paradoxale en vertu de laquelle la foi chrétienne serait une forme de folie radicalement opposée à la raison et à la sagesse communes (*1 Cor.* 1, 23-25) : « Nous proclamons, nous, un Christ crucifié, scandale pour les Juifs et folie pour les païens (*ethnesin de môrian* [ἔθνεσιν δὲ μωρίαν] — *gentibus autem stultitiam*) [...] car ce qui est folie de Dieu est plus sage que les hommes ([ὅτι τὸ μωρὸν τοῦ θεοῦ σοφώτερον τῶν ἀνθρώπων ἐστίν] — *quia quod stultum est Dei sapientius est hominibus*) ». Paul ajoute (*1 Cor.* 3, 18) : « Si quelqu'un parmi vous croit être sage à la façon du monde, qu'il se fasse fou (*môros genesthô* [μωρὸς γενέσθω] — *stultus fiat*) ». Et toujours dans la même épître (4, 10) : « Nous sommes fous ([ἡμεῖς μωροὶ] — *nos stulti*), nous, à cause du Christ. »

Pour rendre cette idée de folie et de scandale appliquée à la dévotion au Crucifié, Paul recourt au terme de *môria* [μωρία] qui, présent chez Eschyle et Platon notamment, est lié au verbe *môrainô* [μωραίνω], lequel signifie, au sens transitif, d'abord « émousser » ou « hébéter » (cf. Matthieu 5, 13 : « Si le sel s'affadit [μωρανθῇ]... »), puis « rendre fou ». Ainsi l'adjectif *môros* [μωρός] a-t-il le sens premier d'« émoussé » ou d'« insipide » et, en second, celui de « fou » ou d'« insensé ». Traduit dans la Vulgate par *stultitia*, *môria* vient en composition, dans le vocabulaire grec, avec *sophos* [σοφός] et *phrôn* [φρῶν] pour donner *môro-sophos* [μωρό-σοφος] et *môro-phrôn* [μωρό-φρων], termes signifiant aussi bien « follement sage » que « sagement fou », comme s'ils étaient particulièrement aptes à expliciter le paradoxe paulinien.

d'un voyeur d'esprits expliqués par des rêves de la métaphysique, il caractérisa la pensée du visionnaire Swedenborg comme relevant de la *Schwärmerei*, en la confrontant à l'idéalisme leibnizien. Dans cet ouvrage, le philosophe analyse longuement le système de croyances et de pensées qui, se fondant sur l'idée de l'irréalité de la mort, permet au voyant de communiquer avec les esprits de l'au-delà, lesquels lui parlent grâce aux transformations extatiques de ses sens. Les hallucinations sensorielles sont interprétées par Swedenborg comme un message des anges et du Christ, qui lui révèlent le véritable ordre des choses sous l'apparence des lois de la nature. Le contenu des images de ces visions qui l'habitent est mis en relation par ce « prophète de l'autre monde » avec le texte de la Genèse dont Swedenborg prétend donner la juste interprétation en affirmant que son « être intérieur est ouvert » et qu'il est donc lui-même l'oracle des esprits.

Le vocabulaire de la *Schwärmerei* se lie aussi, en 1766, à celui des spectres et du commerce avec les esprits. Si, comme on vient de le voir, l'extravagance des discours et des pratiques du voyant ne donne pas seulement lieu à l'injure, mais aussi à l'élaboration d'un concept, la liaison entre l'extravagance, la folie et la croyance aux esprits donne à Kant l'occasion de jouer avec ces différents vocables. En effet, outre *Schwärmerei*, qui étymologiquement désigne le nuage formé par un essaim d'abeilles, la langue allemande possède un autre terme qui emprunte aussi à la vie des insectes pour exprimer les idées qui tournent dans la tête des individus dérangés : c'est celui de *Hirngespinst* (in *Werkausgabe*, vol. 2, Francfort, Suhrkamp Taschenbuch Wissenschaft, p. 926). *Spinnen* veut dire filer. *Hirngespinst,* tout aussi intraduisible que *Schwärmerei,* (sauf peut-être par « chimère » ou « fantasmagorie »), désigne le fait d'avoir une araignée dans le cerveau ou, comme on dit parfois plus familièrement, d'« avoir des araignées dans le clocher ». Or, l'image des abeilles et celle des araignées se conjuguent dans les *Rêves d'un voyeur d'esprits...*, de sorte que la référence de l'extravagance du commerce avec les esprits des morts donne naissance, sous la plume de Kant, à un autre terme, celui de *Hirngespenst*, par quoi il entend l'idée de « fantôme dans la tête ». Swedenborg est possédé par des esprits célestes qui lui tournent dans la tête. C'est le système de ces différents termes qui, dans l'ouvrage de 1764, transforme aussi le sens du mot *Wahn*, lequel signifie dès lors moins l'illusion, entendue au sens de perception d'une apparence, que la folie — et ce sens se conservera dans la *Critique de la raison pure*. Le mot *Wahn* se distingue donc de tous ceux que Kant a employés, depuis l'*Essai sur les maladies de la tête* (1764) jusqu'à l'*Anthropologie considérée du point de vue dogmatique* (1798) lorsqu'il s'est attaché à classer toutes les formes de dérangement de l'esprit, selon les facultés, sensibles ou intellectuelles, qui sont atteintes : outre les formes communes de maladies de la tête et du cœur qui s'étagent de la bêtise (*Blödsinn*) à la bouffonnerie (*Narrheit*), le dérangement (*Verkehrtheit*) est l'inversion (*Verrückung*) des notions empiriques ; le délire (*Wahnsinn*) est le désordre qui frappe le jugement au plus près de cette expérience sensible ; la démence (*Wahnwitz*) est le bouleversement de la raison dans ces jugements les plus universels. Certes, le terme *Wahn* a un rapport avec *Wahnsinn*, le délire, et, en 1766, Kant écrit en effet que ce qui l'intéresse chez Swedenborg, c'est le dérèglement du jugement au plus près du dérangement des sens, c'est-à-dire des hallucinations de ce dernier. Mais *Wahn* tient son sens spécifique de l'élaboration philosophique qui lie le délire de Swedenborg au délire de la raison dans l'idéalisme représenté par Leibniz.

Lorsque Kant commente les *Arcanes célestes* de Swedenborg, il insiste sur le fait que, plus que la construction délirante en elle-même, c'est l'hallucination entretenue des sens qui fait la *Schwärmerei*, lorsqu'elle nourrit la croyance dans l'irréalité de la mort et dans la communication avec les esprits, puis, *last but non least*, lorsqu'elle construit une philosophie de la nature comme simple apparence, qui s'introduit dans les esprits des hommes à partir des conversations que les esprits de l'au-delà poursuivent entre eux. C'est en tant que théorie idéaliste de la nature que la *Schwärmerei* est rapprochée par Kant de la pensée de Leibniz. Rapprochée, car, en 1766, Kant met au défi les rationalistes de dire en quoi consiste la différence entre ces deux systèmes de pensée. Pourtant, la réforme introduite en 1781 dans la *Critique de la raison pure*, lorsqu'il définit de façon transcendantale la modalité de nos jugements, garde l'empreinte de ce voisinage établi en 1766 entre la *Schwärmerei* et la pensée de Leibniz : Kant distingue, en effet, ce qui, « sans être impossible au sens de la contradiction, ne peut être compté parmi les possibles ». Il existe deux formes de cet impossible au sens transcendantal : le monde intelligible leibnizien et le système du monde fanatique du *Schwärmer*. D'ailleurs, dans la préface à la première édition de la *Critique de la raison pure*, Kant forge un mot composé qui réunit une fois encore les exaltés et les dogmatiques dont la critique de la raison nous apprendra à nous garder : la réponse critique qu'il apporte aux problèmes de la métaphysique ne contentera pas, nous dit-il, « les désirs de savoir extravagants et dogmatiques (*Zwar ist die Beantwortung jener Fragen gar nicht so aufgefallen, als dogmatischschwärmende Wissbegierde erwarten mochten*) » (in *Werkausgabe*, vol. 3, Francfort, Suhrkamp Taschenbuch Wissenschaft, p. 14).

On notera que Kant emploie *Schwärmerei* comme synonyme de *Fanatismus* lorsqu'il insiste sur la fonction pratique de l'extravagance qui détermine alors la volonté. Cela explique que, dans *Critique de la raison pratique*, ce soit le plus souvent le terme de *fanatisme* qui est convoqué pour désigner la folle illusion des réformateurs moraux et politiques qui veulent faire croire qu'un bien déterminé dans son contenu est l'absolu réalisé. Le formalisme de la moralité selon Kant a pour fonction d'éviter cette folie de la volonté qu'est le fanatisme. Et l'on sait que, dans la *Kritik der Urteilskraft* (*Critique de la force de juger*, titre traduit ordinairement par *Critique de la faculté de juger*), le philosophe revient encore sur le voisinage de l'enthousiasme et du fanatisme. C'est cet usage du terme *Schwärmerei*, et non pas son sens strictement lié au thème critique et transcendantal, qui est repris par tous les auteurs, philosophes, écrivains et poètes, de l'âge du romantisme allemand : ses formes douces le rendent équivalent à une lubie, mais une lubie indéracinable, qui se développe en fantaisies ou en croyances envahissantes.

◆ Voir encadré 3.

V. LE DROIT À LA FOLIE

Au sortir du Moyen Âge, sur un registre analogue à celui de la dialectique paulinienne entre la folie et la sagesse de la Croix, plusieurs courants de pensée ont tenté, en gardant les mêmes vocables jusque-là jugés dépréciatifs, de valoriser la déraison ou, au moins, d'en relativiser la gravité. Ainsi, alors que le XVe siècle enferme la cargaison des insensés dans l'étrange « Nef des fous » (*Narrenschiff*) qui erre le long des fleuves et canaux de la Rhénanie ou de la Flandre, Érasme fait de son *Éloge de la folie* (1509) l'outil d'un retournement qui permet de voir dans toutes les choses humaines deux faces fort dissemblables, l'une paraissant glorieuse tout en étant dérisoire — telle l'infatuation des érudits et des théologiens —, l'autre tenue pour extravagante et méprisable, mais en réalité empreinte d'une noble prudence et d'une véritable sagesse. Montaigne fait de même en renversant la folie en sagesse et la sagesse en folie. À l'orée du XVIIe siècle, le *Don Quichotte* de Cervantès est une interrogation facétieuse sur le caractère indécidable de la frontière entre le délire et le bon sens, entre l'enchantement et le désabusement (voir DESENGAÑO). Fasciné par les prouesses des anciens romans de chevalerie dans lesquels il se complaît, le noble hidalgo de la Manche quitte son village, revêtu de son armure, pour faire passer dans la réalité ce qu'il a lu. Ainsi finit-il, ensorcelé lui-même, par ensorceler le monde et par sauver la vérité moyennant le mensonge de la fiction.

À son tour, le rationalisme, notamment celui de Descartes et de Spinoza, vise à exclure le fou de l'ordre de la raison et à dénier à son état psychique toute réalité positive, tandis que les Lumières nuanceront cette attitude en faisant de la déraison une ruse de la nature qui n'est nuisible qu'au-delà de certaines limites — ce qui innocente radicalement de tout danger, par exemple, les « fous littéraires » de Raymond Queneau et André Blavier ou ceux qui ont donné droit de cité à ce qu'on appelle « l'art des malades mentaux », héritiers d'une partie de la positivité de la *mania* grecque. Mais c'est aussi un tel souci de compréhension qui va accréditer l'idée que la folie peut apparaître chez tout un chacun, même si son extravagance n'est pas toujours perceptible.

À partir de la fin du XVIIIe siècle, en effet, les adoucissements symboliques attribués à Pinel en matière de traitement de la folie libèrent paradoxalement un discours

3

La « Schwärmerei » chez Freud

Curieusement, on retrouve le terme de *Schwärmerei* chez Freud, en un sens très spécifique. Il ne désigne pas, chez le fondateur de la psychanalyse, toute forme de délire, ni toute croyance, mais les histoires que se racontent les adolescents lorsqu'ils vouent un amour exalté à une personne du même sexe qu'eux : serments de fidélité, correspondance quotidienne, annonce de l'absolu. Ces lubies ou ces flammes se dissolvent en général comme par enchantement, dit Freud dans les *Trois Essais sur la théorie sexuelle* (1905, *G.W.*, t. 5, p. 130 ; trad. fr. p. 173 et 174), et en particulier lorsque les amours pour une personne de l'autre sexe prennent forme. Mais, là encore, le paradoxe de la *Schwärmerei*, c'est d'être une croyance inentamable malgré sa fragilité, et de construire un monde imaginaire où l'on s'exalte. Du coup, le terme *Schwärmerei* est employé aussi par Freud dans deux autres cas. D'abord, dans l'amour exalté de celle qu'on appelle « la jeune homosexuelle » pour une femme mûre, de mauvaise vie, avec qui elle s'affiche. Mais la gravité de sa passion se démontre lorsque, rencontrant son père un jour où elle cheminait avec la dame de ses pensées, elle se jette du pont qui surplombe un chemin de fer (« Sur la psychogenèse d'un cas d'homosexualité féminine », 1920). Dans un autre cas, Freud qualifie de *Schwärmerei* l'engagement des martyrs qui ne sentent pas la douleur lorsqu'ils souffrent pour leur Dieu (*Psychische Behandlung, G.W.*, t. 5, p. 287 ; trad. fr. p. 1-23). Et il insiste alors sur la transition qui se produit, dans ces expériences, entre des composantes perverses des pulsions et le sacrifice de soi qui assure la croyance (« Pour une histoire du mouvement psychanalytique », in *Cinq Leçons sur la psychanalyse*, p. 69-155).

BIBLIOGRAPHIE

FREUD Sigmund, *Psychische Behandlung* (1890), in *Gesammelte Werke*, t. 5 ; « Traitement psychique », trad. fr. M. Borch-Jacobsen *et al.*, in *Résultats, idées, problèmes*, t. 1, PUF, 1984.

— *Drei Abhandlungen zur Sexualtheorie* (1905), in *Gesammelte Werke*, t. 5 ; *Trois Essais sur la théorie sexuelle*, trad. fr. P. Kœppel, Gallimard, « Folio-Essais », 1987, p. 173-174.

— *Zur Geschichte der psychoanalytischen Bewegung* (1914), in *Gesammelte Werke*, t. 10 ; « Pour une histoire du mouvement psychanalytique », trad. fr. S. Jankélévitch, in *Cinq Leçons sur la psychanalyse*, Payot, rééd. 1973, p. 69-155.

— *Über die Psychogenese eines Falles von weiblicher Homosexualität* (1920), in *Gesammelte Werke*, t. 12 ; « Sur la psychogenèse d'un cas d'homosexualité féminine », trad. fr. D. Guérineau, in *Névrose, psychose et perversion*, PUF, 1973.

très fortement vengeur vis-à-vis de l'approche dite « scientifique » de la psychiatrie qui les accompagnait. Visitant les « lunatiques » d'un hôpital, un des maîtres du frénétisme, Charles Nodier, dans *La Fée aux miettes* (1832), définit le « fou » comme « une créature de rebut ou d'élection comme vous ou comme moi, qui vit d'invention, de fantaisie et d'amour dans les pures régions de l'intelligence ». Du romantisme au surréalisme, avec Breton, Blanchot et Foucault, à propos de Nerval, Lautréamont, Artaud, Van Gogh, Nietzsche, Hölderlin, l'assertion : « Il est fou » s'efface devant cette interrogation : « Est-il fou ? » Ainsi, comme le dit Blanchot au sujet des accès extrêmes et proprement schizophréniques de Hölderlin :

> La folie serait un mot en perpétuelle disconvenance avec lui-même, et interrogatif de part en part, tel qu'il mettrait en question sa possibilité et, par lui, la possibilité du langage qui le comporterait, donc l'interrogation, elle aussi, en tant qu'elle appartient au jeu du langage [...], un langage, comme tel, déjà devenu fou.
>
> Préface à Karl Jaspers, *Strindberg et Van Gogh. Swedenborg et Hölderlin*, Minuit, 1953.

Clara AUVRAY-ASSAYAS, Charles BALADIER, Monique DAVID-MÉNARD, Jackie PIGEAUD

BIBLIOGRAPHIE

ANSELME DE CANTERBURY, *L'Œuvre de S. Anselme de Cantorbéry*, vol. I, *Monologion. Proslogion*, intr., trad. et notes de M. Corbin, Cerf, 1986.

BLANCHOT Maurice, « La folie par excellence », *in* Karl JASPERS, *Strindberg et Van Gogh. Swedenborg et Hölderlin*, Minuit, 1953.

BOISSIER DE SAUVAGES François, *Nosologie méthodique, ou Distribution des maladies en classes, en genres et en espèces...*, trad. fr. M. Gouvion, Lyon, 1772.

BRISSON Luc, « Du bon usage du dérèglement », in *Divination et Rationalité*, Seuil, 1974, p. 230-248.

CHIARUGI Vincenzo, *Della pazzia in genere ed in spezie. Trattato medico-analitico. Con una centuria di osservazioni*, Florence, Carlieri, 3 vol., 1793-1794 ; repr. Vecchiarelli, 1991 ; section I, 1 ; *On Insanity and its Classification*, trad. angl., avant-propos et intr. G. Mora, Canton (Mass.), Science History Production, 1987.

DAVID-MÉNARD Monique, *La Folie dans la raison pure. Kant lecteur de Swedenborg*, Vrin, 1990.

ESQUIROL Jean Étienne, *Des maladies mentales*, Baillière, 1838, t. 2, p. 132.

FOUCAULT Michel, *Folie et Déraison. Histoire de la folie à l'âge classique*, thèse de doctorat, Plon, 1981 ; repr. in *Histoire de la folie à l'âge classique*, Gallimard, « Tel », 1976.

GOLSCHMIDT Georges-Arthur, *Quand Freud voit la mer. Freud et la langue allemande*, Buchet-Chastel, 1988, p. 138 *sq*.

GUIMET Fernand, « *Caritas ordinata* et *amor discretus* dans la théologie trinitaire de Richard de Saint-Victor », *Revue du Moyen Âge latin*, août-octobre 1948.

IOGNA-PRAT Dominique, *Ordonner et exclure. Cluny et la société chrétienne face à l'hérésie, au judaïsme et à l'islam. 1000-1150*, Aubier, 1998.

KANT Emmanuel, *Versuch über die Krankheiten des Kopfes*, 1764 ; *Essai sur les maladies de la tête*, trad. fr. M. David-Ménard, Flammarion, 1990.

— *Traüme eines Geistersehers erlaütert durch Traüme der Metaphysik*, 1766 ; *Rêves d'un visionnaire expliqués par des rêves de la métaphysique*, trad. fr. B. Lortholary, in *Œuvres philosophiques*, vol. 1, Gallimard, « La Pléiade », 1980.

LAHARIE Muriel, *La Folie au Moyen Âge. XIe-XIIIe siècles*, Le Léopard d'or, 1991.

PIGEAUD Jackie, « La réflexion de Celse sur la folie », in *La Médecine de Celse. Aspects historiques, scientifiques et littéraires*, Publication de l'Université de Saint-Étienne, Centre Jean Palerne, 1994, p. 257-279.

— *Folie et Cures de la folie chez les médecins de l'Antiquité gréco-romaine. La Manie*, Les Belles Lettres, 1987.

OUTILS

PL : MIGNE Jacques-Paul (éd.), *Patrologiae cursus completus*, series latina [Patrologie latine], 1844-.

POSTEL Jacques (dir.), *Dictionnaire de psychiatrie*, Larousse-Bordas, 1995.

FORCE/ÉNERGIE

gr.	*dunamis* [δύναμις], *energeia* [ἐνέργεια], *entelekheia* [ἐντελέχεια]
lat.	*vis, virtus*
all.	*Kraft, Energie, Wirkung*
angl.	*force, energy*

► *ACTE*, ÉPISTÉMOLOGIE, MACHT, MOMENT, *POUVOIR*, RÉALITÉ, STRENGTH, *VERTU*

Dans toutes les langues européennes, le mot force *(fr.)/* force *(angl.) /* Kraft *a subi une modification brusque avec la publication en 1847 du mémoire* Über die Erhaltung der Kraft *(G. Reimer, Berlin) par Hermann von Helmholtz. Plus précisément : alors que, dans son usage vernaculaire, le mot est resté synonyme de* pouvoir *au sens vague du terme (comme dans les expressions « avoir force de loi », «* la forza del destino *»), son usage conceptuel, jusqu'alors tout aussi vague, s'est soudainement, « par la force des mathématiques », radicalisé. Le mot d'avant 1847 admet depuis deux traductions :* force/force/Kraft *(action dirigée produisant ou tendant à produire du mouvement, conformément aux lois de la dynamique de Newton) et* énergie/energy/Energie *(grandeur scalaire, c'est-à-dire non dirigée, obéissant à un principe métaphysique de conservation, au même titre que la « matière »). Les diverses manières de désigner en allemand la conservation de l'énergie* (die Erhaltung der Kraft/ die Konstanz der Energie / Energiesatz) *sont la trace que laisse la difficile élaboration de cette notion.*

I. « FORCE », « ÉNERGIE » ET « CONSERVATION » DANS LA PHYSIQUE DE LANGUE ALLEMANDE

Le mot *énergie* a suivi une évolution inverse de celle du mot *force*. Il est issu du grec *energeia* [ἐνέργεια] ; on sait qu'Aristote, dans son étude du mouvement, oppose l'énergie à la potentialité et que cette dualité a profondément marqué le développement des sciences et de la philosophie européennes jusqu'au début du XVIIIe siècle, époque à laquelle l'usage du mot *énergie* est devenu réservé à la littérature, le mot *force* l'ayant supplanté dans le discours sur la nature.

♦ Voir encadré 1.

Cependant cette éclipse est de courte durée : un siècle plus tard, *énergie* fait un retour remarqué, dans un contexte physico-mathématique bien précis, celui de la mécanique rationnelle : Thomas Young en 1807 écrit : « Le terme énergie (*energy*) peut être utilisé de façon tout à fait appropriée pour désigner le produit de la masse, ou poids, d'un corps par le carré du nombre qui exprime sa vitesse » (*Lectures on Natural Philosophy*, vol 1, p. 78). Le mot acquiert son statut théorique définitif avec l'essai *Über die Erhaltung der Kraft*, essai où il ne figure pas, mais qui cependant en établit la définition actuelle : c'est, pour un système isolé, la quantité qui garde une valeur constante tout au long des processus physiques se produisant au sein de ce système. La signification du mot dans la langue vernaculaire s'élargit alors et il acquiert un vague sens technique, voire, ces trente dernières années, technocratique. Il est amusant de constater que dans ce registre de langue qui prétend à l'exactitude scientifique, le sens du mot est complètement dénaturé — comme dans l'expression *économies d'énergie*, qui constitue, à proprement parler, un contresens puisqu'une quantité qui, par définition, « se conserve » ne saurait être « économisée ».

Ce manquement aux règles élémentaires de la logique a le mérite de révéler une difficulté théorique : l'idée de conservation est une idée tout aussi, sinon plus, savante que celle d'énergie ou de force et, en tant que telle, elle est inévitablement malmenée par la langue courante ; l'idée que l'énergie puisse (et surtout doive) être écono-

1

« Dunamis », « energeia », « entelekheia », et la définition aristotélicienne du mouvement

► ART, DIEU, NATURE, PRAXIS, PRINCIPE, TO TI ÊN EINAI, VIRTÙ

Pour *dunamis* [δύναμις] comme pour *energeia*, on trouve dans les dictionnaires une traduction commune par « force » : *dunamis* se rend par « pouvoir, puissance, force » et *energeia* par « force en action, action, acte » (tous deux pouvant se dire, par exemple, de la force d'un discours : cf. Bailly, *s.v.* « *dunamis* », III, et *s.v.* « *energeia* », II, 2). La différence entre ces deux « forces » est cependant une pièce maîtresse de la terminologie physique (*Physique* [abrév. ci-après : *Phys.*], en part. III) et métaphysique (*Métaphysique* [abrév. ci-après : *Mét.*], Θ) d'Aristote :

> L'objet de sa recherche est *dunamis* et *energeia*, *potentia* et *actus* d'après la traduction latine, *Vermögen und Verwirklichung* (pouvoir et réalisation) d'après la traduction allemande, ou encore *Möglichkeit und Wirklichkeit* (possibilité et réalité).
>
> M. Heidegger, *Aristote, Métaphysique*, θ 1-3, p. 13.

Aristote fonde l'étude de la physique comme science (*epistêmê theôrêtikê* [ἐπιστήμη θεωρητική], « science théorétique », *Mét.*, E, 1, 1025b 18-28) à partir de quelques principes et de quelques définitions fondamentales. Étrangement, certaines demeurent pour nous évidentes, alors que d'autres, même canoniques comme celle du mouvement, sont devenues littéralement inintelligibles.

La nature, *phusis* [φύσις], dont traite la *Physique*, se définit par le mouvement. Tous les êtres naturels (*ta phusei onta panta* [τὰ φύσει ὄντα πάντα]), dit Aristote, ont en eux-mêmes immédiatement et par essence un principe de mouvement et de fixité (« *arkhên kinêseôs kai staseôs* [ἀρχὴν κινήσεως καὶ στάσεως] », *Phys.*, II, 1, 192b 13-14) : un arbre pousse, à la différence des objets techniques que sont un lit ou un manteau (voir ART), il est « automobile ». *Automobile*, au sens aristotélicien du terme, n'implique pas nécessairement, comme pour nous, de déplacement local : la *kinêsis* sc. *kata topon* [κατὰ τόπον], selon le *pou* [ποῦ], le « où », est seulement pour Aristote une espèce du genre *kinêsis* [κίνησις], mouvement au sens large (genre nommé, c'est très aristotélicien, d'après l'espèce la plus significative). Le mouvement (*kinêsis*) ou, comme le dit aussi Aristote : le changement, *metabolê* [μεταβολή], mot formé sur *ballô* [βάλλω] « jeter, lancer », et *meta*, qui indique le lieu ou le temps suivant ; soit, comme dit Heidegger, « *Umschlag von etwas zu etwas* » (la lancée depuis quelque chose jusqu'à quelque chose, in *Die Physis bei Aristoteles*, trad. fr. p. 193) le mouvement, ou le changement comprend en effet, outre le déplacement,

— la génération et la destruction, *genesis kai phthora* [γένεσις καὶ φθορά], ou mouvement selon l'*ousia* [οὐσία], selon l'« essence » ;
— l'altération, *alloiôsis* [ἀλλοίωσις], mouvement selon le *poion* [ποῖον], le « quel »,
— et l'accroissement ou la diminution, *auxêsis kai phtisis* [αὔξησις καὶ φθίσις], mouvement selon le *poson* [ποσόν], le « combien » (*Phys.*, II, 192b 14-16 ; VII, 7, 261a 27-36).

C'est avec la définition générale du mouvement, donnée au début du livre III, qu'interviennent l'énergie et la potentialité, ou, plus littéralement, l'entéléchie, *entelekheia* [ἐντελέχεια], et la puissance, *dunamis*. Voici cette célèbre définition, tant glosée et brocardée :

> L'entéléchie d'un étant en puissance en tant qu'il est tel est mouvement (*hê tou dunamei ontos entelekheia hêi toiouton kinêsis estin* [ἡ τοῦ δυνάμει ὄντος ἐντελέχεια ᾗ τοιοῦτον κίνησίς ἐστιν]).
>
> *Physique*, III, 1, 201a 10-11.

De ce couple puissance et acte, il faut bien peser la charge ontologique. Il constitue en effet l'un des quatre sens de l'être :

> L'être se dit selon l'accident [κατὰ συμβεβηκός], comme vrai [ὡς ἀληθές], selon les catégories [κατὰ τὰ γένη τῶν κατηγορίων] — *ousia, pou, poion, poson*, qui servent à décliner les espèces de mouvement, sont précisément des catégories, enfin au moyen de la *dunamis* et de l'*energeia*.
>
> *Métaphysique*, E, 2, 1026a 32-b 2, par ex.

La physique d'Aristote est ainsi d'emblée de part en part métaphysique. Le premier exemple de mouvement permet de mesurer la distance avec notre cinétique :

> Chaque fois que le constructible [τὸ οἰκοδομητόν], en tant que nous le disons tel, est en entéléchie, il se construit [οἰκοδομεῖται], et c'est cela la construction [οἰκοδόμησις].
>
> *Physique*, III, 1, 201a 16-18.

C'est le passage de la puissance à l'acte, l'énergie de la puissance qui se déploie tout le temps de l'accomplissement (« ni avant ni après », 201b 7), qui constitue le mouvement, donc ni la potentialité pure et inactive, ni le résultat achevé (« quand il y a la maison [οἰκία], il n'y a plus le constructible [οὐκέτ' οἰκοδομητόν] », 201b 11).

Le mouvement est ainsi *energeia atelês* [ἐνέργεια ἀτελής], une mise en œuvre qui n'atteint pas sa fin (« un acte, mais incomplet » ou « imparfait », *Phys.*, III, 2, 201b 32 ; cf. *Mét.*, θ, 6, 1048b 29), ou *entelekheia atelês* [ἐντελέχεια ἀτελής], un accomplisse-

misée au même titre que l'eau, l'argent ou la nourriture, comme si l'on risquait d'être un jour « à bout d'énergie », est beaucoup plus naturelle (et conforme à la morale économique du temps) que celle d'une grandeur qui se conserve quoiqu'on fasse. La comparaison avec des expressions couramment utilisées dans le langage familier, du type « être à bout de force », « économiser ses forces », montre que le jeu *force/énergie* est en réalité un jeu à trois, dont le mot *conservation* établit la règle. On ne saurait donc étudier le couple force/énergie (ou *Kraft/Energie*) indépendamment de ses rapports constitutifs au mot *conservation* (*Erhaltung*). Une fois ce point établi, il apparaît immédiatement une différence significative entre l'anglais et le français (et de façon générale les langues issues du latin) d'une part et l'allemand de l'autre : alors que l'usage du mot *conservation* (*conservation* en anglais) n'a pas été affecté par l'article de Helmholtz de 1847, en allemand, le mot *Erhaltung*, que l'on traduit habituellement (en français et en anglais) par « conservation », est tombé en désuétude (en tant que mot de la langue savante), remplacé par Helmholtz lui-même, en 1881 dans l'édition de ses *Wissenschaftliche Abhandlungen*, par celui de *Konstanz*. L'expression totalement germanique, *die Erhaltung der Kraft*, s'est vue pré-

---

1

ment incomplet (*Phys.*, VIII, 5, 257b 8-9). Aristote utilise alors les deux termes d'*energeia* (sur *ergon* [ἔργον], le « travail » et son produit, une faculté et sa mise en œuvre, voir PRAXIS) et d'*entelekheia* (sur *telos* [τέλος], la « fin », terme et but, voir PRINCIPE) pour désigner cette emprise progressive de la fin, de la réalisation de soi, qui mène au repos. Comme le note *Mét.*, Θ, 8, 1050a 21-23 :

> L'*ergon* est *telos*, et l'*energeia* c'est l'*ergon* ; c'est pourquoi le mot *energeia* est fait sur *ergon* et tend à signifier *entelekheia*.

J. Tricot traduit :

> L'œuvre est la fin, et l'acte est l'œuvre; de ce fait aussi le mot *acte*, qui est dérivé d'*œuvre*, tend vers le sens d'*entéléchie*.

Et Bonitz commente *s.v.* « *entelekheia* » :

> Alors que l'*energeia* est l'action par laquelle quelque chose est conduit de la possibilité jusqu'à l'essence pleine et parfaite, l'*entelekheia* désigne cette perfection elle-même.

Par contraste avec les substances physiques [αἱ φυσικαὶ οὐσίαι], le dieu, dont la substance n'est qu'acte ou énergie [ἡ οὐσία ἐνέργεια] (*Mét.*, Λ, 6 1071b 20), plus précisément : « énergie de l'esprit [ἡ νοῦ ἐνέργεια] », et par là « vie la meilleure et éternelle » (b 26-28 ; voir encadré 1, « Aux origines du *nous*... », dans ENTENDEMENT), est nécessairement immobile : premier moteur, il est « ce qui meut sans être mû [ὃ οὐ κινούμενον κινεῖ] » (1072a 25).

Du même coup, dans notre monde sublunaire, la *dunamis* est une notion souveraine et complexe. Elle signifie d'abord dès Homère la *potestas*, la force physique ou morale, le pouvoir des hommes ou des dieux, la puissance politique : le terme peut s'appliquer aussi bien à la valeur d'un mot, à la puissance d'un nombre qu'on élève au carré, qu'aux forces armées, et désigne alors ce qu'on peut bien appeler une réalité efficace. Mais *dunamis* signifie aussi la *potentia*, c'est-à-dire un « pas encore », une pure virtualité, cet « Hermès en puissance dans le bois » que le sculpteur aperçoit (*Mét.*, Θ, 6, 1048a 32-33), et la *virtus*, une faculté (« quand nous appelons savant même celui qui ne spécule pas s'il a la faculté de spéculer [καὶ τὸν μὴ θεωροῦντα ἂν δυνατὸς ᾖ θεωρῆσαι] », *ibid.*, 1048a 34-35), qu'Aristote thématise par son couplage avec l'acte. La *potentia* touche ainsi à la *possibilitas*, au concept logique opposé à l'*adunaton* [ἀδύνατον], à l'impossible de la contradiction :

> Une chose est possible si le passage à l'acte dont elle est dite avoir la puissance n'est aucunement impossible [ἔστι δὲ δυνατὸν τούτῳ ᾧ ἐὰν ὑπάρξῃ ἡ ἐνέργεια οὗ λέγεται ἔχειν τὴν δύναμιν οὐθὲν ἔσται ἀδύνατον].
>
> *Mét.*, Θ, 3, 1047 a 24-26 ; voir aussi, pour une analyse des sens de *dunamis*, *Mét.*, Δ, 12.

C'est sur cette dynamique-là que repose la connexion entre physique, métaphysique et logique à l'œuvre dans tous les aspects du monde humain, du politique à l'art. Mais cette dynamique n'est elle-même dynamique, en mouvement, que parce que l'*energeia* ou l'*entelekheia* est *proteron* [πρότερον], « antérieure » à la puissance, ou « première » par rapport à elle (*Mét.*, Θ, 8, 1049b 5) : on ne passe pas chez Aristote, comme le souligne Heidegger, de la *potentia* à l'*actualitas*, — selon la proposition devenue plausible avec la latinité : « pour que quelque chose soit *réel* [...] il faut qu'il soit d'abord *possible* » (1968, p. 250).

Au contraire, l'énergie ou l'acte doit être déjà là pour aimanter la puissance ou la force, l'énergie est plus *ousia* que la puissance, tout comme le dieu par rapport aux autres entités, — ou la *morphê* [μορφή], la « forme », par rapport à la *hulê* [ὕλη], la « matière », au sein d'une substance composée (*Phys.*, II, 1, 193b 7-9).

Ce complexe terminologique si subtilement articulé, lié à une cosmologie détruite par la modernité, ne cessera d'évoluer sémantiquement, *via* notamment la dynamique leibnizienne, jusqu'à chiffrer notre nouvel univers.

Barbara CASSIN

BIBLIOGRAPHIE

HEIDEGGER Martin, *Aristote, Métaphysique Thêta 1-3, De l'essence et de la réalité de la force*, éd. H. Hüni, trad. fr. B. Stevens et P. Vandevelde, Gallimard, 1991 [= *Gesamtausgabe*, t. 33, Francfort, Klostermann, 1981 (cours de 1931)].

— « Ce qu'est et comment se détermine la *Physis* », trad. fr. F. Fédier, *Questions II*, Gallimard, 1968, p. 165-276 [*Die Physis bei Aristoteles* (1958), Francfort, Klostermann, 1967].

OUTILS

BAILLY Anatole, *Dictionnaire grec-français*, coll. E. Egger, éd. rev. L. Séchan et P. Chantraine, Hachette, 1950.

BONITZ Hermann, *Index aristotelicus*, Berlin, Reimer, 1870 ; rééd. Berlin, Akademic-Verlag, 1955.

férer par son auteur même une autre qu'à la réflexion il a jugée meilleure : *die Konstanz der Energie*, où le recours aux racines gréco-latines marque à la fois le caractère savant et la signification universelle de l'expression. On jugera du degré de difficulté que présente en allemand l'idée de conservation/constance au fait qu'aujourd'hui ce que les autres langues européennes appellent la conservation de l'énergie (*energy conservation* en anglais) se dit tout simplement *Energiesatz* ou *Energieprinzip* (loi ou principe de l'énergie), manière chirurgicale de régler la question.

On fera donc ici l'hypothèse que les difficultés rencontrées par la langue allemande pour parler de la « conservation de l'énergie » viennent de ce que le développement historique de cette notion a été le fait de physiciens de langue allemande : essentiellement Leibniz qui en a posé les fondements et Helmholtz qui lui a apporté une conclusion dont on voit mal aujourd'hui comment elle pourrait ne pas être définitive. Parce que les difficultés conceptuelles que pose cette notion ont d'abord été exprimées par des Allemands dans les mots de leur langue, mots nécessairement non savants à l'origine, empruntés au langage courant, elles ne sont restées vraiment sensibles que dans cette langue, les autres langues européennes s'étant contentées de traductions conventionnelles — ce à quoi elles étaient d'autant plus autorisées que l'expression mathématique de la « conservation de l'énergie », elle, n'est en aucune façon ambiguë. On tentera de vérifier cette hypothèse en montrant que la mise en regard de *Kraft* et *Erhaltung* fait apparaître, du fait même de l'usage de ces mots en allemand ordinaire, des particularités que la confrontation du couple force/conservation ne peut suggérer en anglais, encore moins en français. En sorte que les ambiguïtés de sens portées par le mot *Kraft* ne sont pas, et ne seront jamais, rigoureusement les mêmes que celles véhiculées en français et en anglais par le mot *force*.

II. LES INDÉTERMINATIONS DE LA DÉFINITION PHYSIQUE DE LA FORCE DANS LA TRADITION MÉCANISTE : INTERNE/EXTERNE, CONSERVER/CHANGER

L'indétermination de sens du mot *force* au sein de la tradition mécaniste du XVIIIe siècle et du début du XIXe, indétermination dont les physiciens d'avant 1847 ont eu pleinement conscience sans pouvoir en préciser la nature exacte (contrairement à nous qui avons été éduqués dans la stricte distinction des concepts de force et d'énergie), est particulièrement flagrante dans celles des *Lettres à une princesse d'Allemagne* qu'Euler consacre en 1760 à la question de la force (on remarquera que le texte est d'un auteur de langue allemande s'exprimant en français, langue de communication savante de l'époque).

> Le soleil et toutes les planètes *sont doués d'une* semblable *vertu* d'attraction par laquelle tous les corps sont attirés [...] Si le corps de la terre était plus grand ou plus petit, la gravité ou la pesanteur des corps serait aussi plus grande ou plus petite. D'où l'on comprend que tous les autres grands corps de l'univers, comme le soleil, les planètes et la lune, *sont doués d'une force* attractive semblable, mais plus ou moins grande suivant qu'ils sont eux-mêmes plus ou moins grands.
>
> Lettres LIII et LV [les soulignements ne sont pas dans le texte].

La force est donc une vertu, une propriété des corps, un pouvoir qu'ils possèdent en raison même de leur qualité de corps. La force est une propriété de la matière.

La question se pose alors de savoir quelle est la nature de ce pouvoir que possède la matière, de quelle façon il s'exerce, comment il se manifeste, quel est son effet, comment il se réalise. Notons tout de suite l'embarras de la langue française qui sur ce point bégaie et cherche ses mots ; il n'en serait pas de même en allemand où le mot *Kraft* est immanquablement associé à *wirken, Wirkung* (il suffit de lire les entrées correspondantes dans n'importe quel dictionnaire allemand : *Kraft* définit *Wirkung* et *Wirkung* définit *Kraft*) ; autrement dit, la langue allemande possède un mot pour désigner l'actualisation d'un pouvoir, d'une force, et ce mot fait défaut aux langues issues du latin. La réponse donnée par Euler à la question de la détermination du pouvoir qu'il faut associer au mot *force* (« terme dont on se sert communément, quoique beaucoup de ceux qui l'emploient n'en aient qu'une idée fort imparfaite ») est simple (Lettre LXXVI) : « On comprend sous le mot de force tout ce qui est capable de changer l'état d'un corps » (Euler ne le précise pas à cet endroit, mais l'état dont il s'agit ici est l'état de mouvement, conformément à la doctrine newtonienne dont il se fait le propagateur). On l'aura deviné, le mot important ici est *changer*. Changer qui s'oppose à... conserver.

Or conserver, « se conserver dans le même état, soit de repos, soit de mouvement », c'est là une autre qualité des corps (à moins que ce soit la même, la question ne sera tranchée qu'en 1916 avec la théorie de la relativité générale), elle aussi liée à leur nature de corps, que l'on nomme « inertie », mais qui, pour Euler, ne peut être identifiée à une force sans abus de langage puisqu'elle en est « plutôt le contraire », en vertu de la définition précédente du mot *force*. D'ailleurs l'inertie existe dans le corps même (elle est *insita* selon l'adjectif utilisé par Newton), alors que la force, telle que la comprend Euler (ce que Newton appelle *vis impressa*), est nécessairement externe au corps dont elle change l'état :

> Toutes les fois que l'état d'un corps est changé, il n'en faut jamais chercher la cause dans le corps même ; elle existe toujours hors du corps, et c'est la juste idée qu'on doit se former d'une force.
>
> Lettre LXXIV.

On aura remarqué que le concept de force que décrit Euler, défenseur des idées de Newton, est beaucoup plus complexe que ce que l'enseignement élémentaire de la mécanique newtonienne laisse supposer : c'est avant tout un pouvoir des corps, qu'ils exercent sur d'autres corps. Que ce pouvoir soit directionnel, et que donc la force dans ce cas soit mathématiquement représentée par un vecteur, est important certes, mais somme toute secondaire, en ce sens que cela ne fait pas partie de la définition ; cela résulte de la seconde loi de Newton qui établit que le pouvoir en question a pour effet une modification de la quantité de mouvement, grandeur orientée.

Mais revenons à Euler et à la « juste idée » qu'on doit se former d'une force, en vertu de laquelle il s'oppose à Leibniz et au système des monades :

> Il est faux que les éléments de matière, ou les monades, s'il y en a, soient pourvues d'une force de changer *leur* état. Le contraire est plutôt vrai, qu'elles ont la qualité de se conserver dans le même état.
>
> Lettre LXXVI.

C'est donc sur l'effet de la « force », et non sur son existence en tant que pouvoir des corps, que porte la controverse entre newtoniens et leibniziens ; la question est de savoir si une force est capable de changer l'état du corps qui la possède ou seulement celui des autres corps auxquels elle est extérieure.

> Je dis donc ce qui paraîtra bien étrange, que la même faculté des corps par laquelle ils s'efforcent de se conserver dans le même état est capable de fournir des forces qui changent l'état des autres.
>
> Lettre LXXVI.

La question est donc double, ou redoublée, mettant en jeu deux couples d'opposés : interne/externe et conservation/changement.

Faut-il, comme le fait Euler (mais aussi, dans une certaine mesure, Newton qui, s'il n'hésite pas à parler de *vis insita* à propos de l'inertie, précise toutefois qu'un corps n'exerce cette force interne que si une autre force externe, *vis impressa*, tente de le faire changer d'état de mouvement), faut-il donc supposer que les causes de changement d'état des corps leur sont extérieures, et donc ne considérer que des forces externes, nécessairement externes ? Cette conception a prévalu pendant deux siècles, en dépit des difficultés logiques qu'Euler qualifie pudiquement d'étrangeté et qui sont à l'origine de son dépassement ; on sait que l'étrangeté en question disparaît dès lors qu'on admet, comme c'est le cas en théorie de la relativité générale, qu'inertie et gravitation sont deux aspects d'un même phénomène : l'interaction des corps entre eux dans l'espace considéré lui-même comme un être physique. Pour un physicien moderne, d'après 1916, « force » est synonyme de « corrélation ». « La force, écrit Hermann Weyl (*Philosophy of Mathematics and Natural Science*, Princeton, 1949, p. 149), est l'expression d'un pouvoir indépendant qui établit une corrélation entre les corps, selon leur nature interne et leurs positions et mouvements relatifs. »

Ou bien faut-il penser, comme Leibniz, que les corps peuvent changer d'état sous l'effet d'une cause interne, à laquelle il conviendrait d'appliquer aussi le concept de « force » ? Que cette conception, celle des monades, soit plus proche de la notion moderne de force — dans la mesure où elle implique qu'un corps n'existe qu'en tant qu'il est lié à d'autres et où elle ne fait pas l'impasse sur l'espace — ne lui confère aucune supériorité pour ce qui nous concerne ici : l'évolution du mot *force/force/Kraft.* Son intérêt vient par contre de ce qu'elle conduit tout naturellement à la question de la conservation, dont on a dit plus haut qu'elle est intrinsèquement liée à celle de la force. En effet, dans une conception où le changement par lequel se mesure l'effet de la force affecte l'état de tous les corps, rechercher ce qui dans tout ce changement reste inchangé devient une obligation. Avant d'entrer plus avant dans l'examen du sens qu'il faut donner au mot *conservation*, remarquons qu'il ne figure pas explicitement chez Newton. La question de savoir si l'idée y figure de façon implicite, cachée dans les conséquences de la « troisième loi du mouvement », celle qui énonce qu'à toute action correspond une réaction opposée, est encore aujourd'hui en débat. Aussi nous en tiendrons-nous, pour une fois, aux « faits » : le mot ne figure pas chez Newton ; contentons-nous d'étudier sa signification là où il se trouve employé, à savoir dans la tradition leibnizienne.

III. LA MÉTAPHYSIQUE LEIBNIZIENNE DE LA FORCE : FORCE ET SUBSTANCE

A. « Vis » ou « virtus » et acte

La « force » ne fait pas l'objet, chez Leibniz, du même type de définition que chez Newton ou Euler. Le mot ne désigne pas un phénomène physique caractérisant des « corps », mais bien un concept métaphysique, destiné à éclairer une notion métaphysique, celle de « substance » :

> Je dirai que la notion de *vis* ou *virtus* (que les Allemands appellent *Kraft*, les Français *la force*), à laquelle je destine pour l'expliquer la science particulière de la *Dynamique*, apporte beaucoup de lumière à la vraie notion de substance.
>
> *De la réforme de la philosophie première et de la notion de substance*, 1694.

Parce qu'elle est si intimement liée à celle de « substance » (étymologiquement, ce qui se tient dessous, ce qui se conserve), la force a d'emblée partie liée avec la conservation. Mais rien ne prouve que cette conservation soit du même type que celle qui caractérise, selon Newton, l'état de mouvement d'un corps sur lequel aucune force extérieure ne s'exerce. En tout cas, cette conservation n'a rien de statique ; ce n'est pas une inertie, une résistance passive (qui ne devient active que si une *vis impressa* lui est opposée) ; la force, chez Leibniz, est avant tout et par essence active : « Elle contient un certain acte ou entéléchie et est intermédiaire entre la faculté d'agir et l'action elle-même. » C'est un « pouvoir d'agir », inhérent à toute substance, en sorte que « toujours quelque acte provient de lui ». C'est là, comme il a déjà été noté, une différence essentielle avec la force au sens newtonien du terme (outre le fait que chez Newton la force est liée aux « corps » et chez Leibniz à la « substance »).

B. Force et action, « Wirkung »

Le mot *acte* apparaît chez Leibniz comme indissociable de la notion de force. Il est à l'évidence emprunté à la tradition scolastique. Mais il est remarquable que Leibniz, dans ce texte comme dans d'autres, en fasse un usage libre, jouant avec ses dérivés : *action, agir*, termes empruntés, eux, au langage ordinaire. Il n'est donc pas surprenant de voir apparaître dans le cours du développement de la dynamique leibnizienne une notion (appelée à un grand avenir en physique mathématique) portant le nom d'*action* — comme, par exemple, dans le titre d'un opuscule de 1692 : *Essai de dynamique sur les lois du mouvement, où il est montré qu'il ne se conserve pas la même quantité du mouvement, mais la même force absolue, ou bien la même quantité de l'action motrice.* Or *action* est la traduction de *Wirkung*. Traduction nécessairement bancale puisque l'équivalent strict de *Wirkung* manque en français, mais qui a cependant le mérite, pour un philosophe de langue allemande écrivant en français, de faire apparaître l'introduction du concept d'action comme « naturellement » lié à celui de force. Inutile de dire que cette liaison, dans la mesure où elle repose sur une traduction sous-entendue, une traduction du for intérieur, des mots *Kraft* et *Wirkung*, n'a rien qui aille de soi pour un lecteur francophone : des générations successives de mathématiciens-physiciens de langue française se sont demandé pourquoi l'action (apparaissant dans des expressions techniques telles que principe de moindre action, quantum d'action, etc.) porte le nom d'action et ont accepté ce nom comme une convention. Que le lien entre « action » et « force » n'ait rien d'évident en français ordinaire (il n'est ni nécessaire ni suffisant d'être fort pour agir) est probablement dû à ce que le français n'a qu'un seul mot, *force*, là où l'allemand — tout comme l'anglais, du fait de sa double origine latine et saxonne — possède *Kraft* et *Stärke* (*force* et *strength*), ce qui permet de distinguer pouvoir et vigueur (voir STRENGTH).

Quoi qu'il en soit, l'action (ou action motrice) est définie par Leibniz comme un double produit : produit de l'« effet formel » (ou essentiel) du mouvement — qui lui-même « consiste dans ce qui s'y trouve changé [...] c'est-à-dire dans la quantité de la masse qui a été transférée et dans l'espace, ou la longueur par laquelle cette masse a été transférée » — et de la vitesse avec laquelle ce changement s'effectue. Que l'effet formel ne suffise pas à caractériser l'action (au sens de *Wirkung*) de la force absolue, c'est ce que Leibniz n'a pas de mal à justifier sur la base de l'usage courant de la langue (mais ici, de la langue française) : « Il est bien manifeste que celui qui produit le même effet formel en moins de temps agit davantage. » Que, par ailleurs, ce soit l'action, faisant intervenir la vitesse et par là même dynamique, et non l'effet formel, hors du temps, purement statique, qui donne la mesure de la force absolue, c'est ce que Leibniz, renouvelant l'argument maintes fois développé par lui selon lequel la matière ne se réduit pas à son étendue, explique de la façon suivante : « L'effet formel consiste dans le corps en mouvement, pris en lui-même, et ne consume point la force... » Sans entrer dans le détail de cet argument, ce qui impliquerait d'en dire plus sur la dynamique leibnizienne, remarquons simplement le verbe utilisé ici : *consumer*, la force est consumée. Et Leibniz de continuer : l'action, au contraire de l'effet formel, consume la force ; de ce fait, elle donne la mesure de la force — en parfaite conformité avec ce que suggère la langue allemande qui associe *Kraft* et *Wirkung*.

C. L'entretien de la force

C'est ici qu'intervient un « axiome d'une philosophie supérieure » qui « ne saurait être démontré géométriquement », et que, pour cette raison, nous qualifierions volontiers aujourd'hui de *méta-physique* : « l'effet est toujours égal en force à sa cause, ou, ce qui est la même chose, la même force se conserve toujours » (*Théodicée* [1710], III, § 346). C'est là une forme du principe de convenance, « c'est-à-dire du choix de la sagesse ». Faisons ce choix et souvenons-nous que la force se consume. Pour que cette dernière se maintienne, il faut que, telle une flamme, elle soit entretenue. Il faut veiller sur elle (comme dans l'expression rituelle « *Gott erhält die Welt* »), s'en faire une obligation (« *Die Selbsterhaltung als Pflicht* », Schiller), contribuer à son entretien, comme on le ferait, disons d'une danseuse ou d'un gigolo ; il faut la conserver au sens des conservateurs de musée ; bref, il faut agir, s'activer, y injecter suffisamment d'action. Pour que la force soit conservée, il faut, comme le dit Leibniz, « y avoir durant cette heure autant d'action motrice dans l'univers ou dans des corps donnés, agissant entre eux seuls, qu'il y en aura durant quelque autre heure que ce soit ».

Le passage par l'action a donc permis de préciser ce qu'il faut entendre chez Leibniz par « conservation » ; c'est tout simplement la traduction de *Erhaltung* en français ; « entretien » aurait probablement été mieux adapté.

IV. « DIE ERHALTUNG DER KRAFT » : DE LA CONSERVATION À LA CONSTANCE ET DE LA FORCE À L'ÉNERGIE

Lorsqu'en 1847 le jeune Helmholtz (il avait 26 ans, le temps de ses études n'était pas bien loin) utilise le mot *Erhaltung*, il se place, qu'il le veuille ou non, qu'il en ait conscience ou non, dans le droit fil de la tradition leibnizienne. Non qu'il ait été leibnizien : comme tous ses contemporains il était fermement convaincu de la validité de la conception newtonienne du mouvement et du caractère opérationnel des lois de Newton. Mais, si l'on en croit le témoignage de Max Planck (*Das Prinzip der Erhaltung der Energie*, Leipzig, 1913), l'idée, cartésienne certes à l'origine mais amplement reprise et illustrée par Leibniz, qu'il existe une entité fondamentale conservée dans tous les processus physiques, dont tout mouvement puisse être dérivé, était un lieu commun de la tradition mécaniste allemande :

> Tant qu'au mot *Kraft* ne fut associée aucune notion claire, toute controverse sur la quantité de cette *Kraft* resta sans objet. Mais il faut bien voir que le contenu sur lequel se fondait cette controverse était d'une tout autre nature, car les parties en présence, même si elles ne le disaient pas de façon claire, étaient dans une certaine mesure d'accord sur ce qu'il fallait entendre par *Kraft*. Descartes, tout comme Leibniz, avaient certainement en tête, même de façon vague, l'idée d'un principe expri-

mant le caractère invariant et indestructible de ce dont procède tout mouvement dans le monde.

Cité par Y. Elkana, *The Discovery of the Conservation of Energy*, Cambridge (Mass.), Harvard UP, 1974 p. 98.

En somme, l'idée de conservation (au sens de *Erhaltung*) était enfouie dans toutes les consciences, alors même que la référence à Leibniz (ou Descartes) était oubliée. Dans ces conditions, il n'est pas étonnant que Helmholtz ait donné à son mémoire le titre *Über die Erhaltung der Kraft*. D'autant qu'en dépit de son jeune âge, Helmholtz avait déjà travaillé pendant sept ans dans le domaine de la physiologie où l'idée d'une entité d'où dérivent, pour un organisme vivant, à la fois ses forces mécaniques et ce qu'il est convenu d'appeler sa chaleur animale était défendue, entre autres, par Liebig. L'idée plus vaste encore que les phénomènes de la nature puissent être tous rapportés à une même « force », idée développée par Kant dans les *Premiers Principes métaphysiques de la Nature*, si elle n'est pas rigoureusement synonyme de celle de conservation, en est cependant proche, dans la mesure où l'une et l'autre supposent une unité du monde physique que l'existence d'une entité conservée viendrait confirmer.

Helmholtz, dont l'ambition était donc de faire apparaître que les phénomènes connus à son époque pouvaient être unifiés sous l'égide d'une entité qui se conserve, procède avec ordre, du plus simple au plus compliqué. C'est donc tout naturellement qu'il intitule la première section de son essai (qui en comporte six) : conservation de la force vive (*lebendige Kraft*). Cette grandeur, comme chacun le savait depuis Leibniz précisément, est conservée lors du choc élastique de deux corps, situation qui peut être considérée comme le cas le plus simple de phénomène physique. Helmholtz procède alors, à la section II, à une généralisation de cette première section et démontre que, dans le cas plus compliqué d'un corps qui passe d'une position à l'autre au cours de son mouvement, il est possible d'établir une relation d'égalité entre la variation de ce que nous appelons aujourd'hui son énergie cinétique (produit de la masse par le carré de la vitesse) et une autre grandeur que Helmholtz appelle « la somme des forces de tension (*Spannkräfte*) entre ces deux positions ». Plus précisément : la variation d'énergie cinétique est égale à *l'opposé* de la somme des forces de tension, laquelle « somme » (nous dirions aujourd'hui intégrale définie) peut elle-même être mise sous forme de différence, et donc de variation d'une certaine grandeur. Inutile de dire que cette « force » de tension n'a pas les dimensions d'une force newtonienne, puisqu'elle a le statut de ce qu'aujourd'hui nous appelons un travail, qui est lui-même le produit d'une force newtonienne par un déplacement. Cela ne gêne guère Helmholtz, habitué qu'il est, comme l'ensemble de ses contemporains, à donner au mot *Kraft*, dans un contexte général, le sens de pouvoir, quantité mal définie mais de nature scalaire, et dans un contexte newtonien, le sens d'une action dirigée, de nature vectorielle donc.

Le point important ici est que l'égalité obtenue ne porte pas sur deux grandeurs mais sur leurs variations entre un état certain initial et un état final ; plus même, ces variations sont de signe contraire. Or si deux grandeurs subissent dans un certain processus des variations égales et de signe contraire, c'est que leur somme, elle, ne varie pas, reste constante. Que Helmholtz donne à cette somme le nom de *Kraft*, c'est ce que le procédé de généralisation à partir de la *lebendige Kraft*, auquel il vient d'avoir recours, justifie pleinement. Mais peut-on, comme il le fait, intituler cette deuxième section *Erhaltung der Kraft*, sans tordre le sens du mot *Erhaltung* ? L'entité *Kraft* qu'il vient d'identifier n'est pas conservée, au sens d'entretenue ; elle est, ou reste, constante, c'est-à-dire que ses variations sont nulles ; ce qui n'est pas pareil. La force de Helmholtz, de ce point de vue, est plus proche de la matière qui reste identique à elle-même, alors même qu'elle subit des transformations, que de la force vive de Leibniz, pour laquelle le mot *Erhaltung* était parfaitement adéquat. Cette comparaison avec la matière qui prend diverses formes (solide, liquide, gaz) tout en restant constante sur le fond, est d'ailleurs poursuivie par Helmholtz dans les quatre dernières sections de son essai, où il étudie l'« équivalent-force » successivement de la chaleur, des processus électriques, du magnétisme et de l'électromagnétisme, avant de conclure par quelques mots concernant les processus physiologiques. Dans toute cette partie de l'essai de 1847 l'idée maîtresse est celle de conversion, conversion d'une forme d'énergie en une autre, idée que le mot *Erhaltung* ne véhicule nullement. C'est donc à juste titre qu'en 1881 Helmholtz remplace ce mot par *Konstanz*, indubitablement plus exact.

On pourrait penser qu'en revanche la transformation simultanée de *Kraft* en *Energie* ne correspond à aucune rectification de sens et qu'elle est purement conventionnelle : après tout, il ne s'agit que d'attribuer un autre nom à la grandeur dont Helmholtz avait en 1847 révélé la constance afin d'éviter la confusion entre deux grandeurs : la grandeur scalaire mise au jour par Helmholtz et la force newtonienne, grandeur vectorielle. Il n'est pas sûr que ce changement de nom obéisse uniquement à des considérations de commodité. Peut-être peut-on penser que l'architecture toute particulière de la langue allemande a joué ici un rôle essentiel. Cette architecture est en effet telle que dans *Erhaltung* on entend clairement *halten* et c'est la raison pour laquelle Helmholtz n'a pu garder le mot *Erhaltung* pour désigner le processus par lequel une certaine grandeur garde la même valeur. Mais il lui est tout aussi impossible, du fait même de l'expression, toute faite serait-on tenté de dire, *Erhaltung der Kraft*, de garder *Kraft* pour désigner cette nouvelle grandeur qui reste constante : *Kraft* était inévitablement associé dans son esprit, et dans celui de ses contemporains de langue allemande, à *Erhaltung*, il lui était impossible de parler de la constance de la force (*Konstanz der Kraft*). *Kraft* devait disparaître en même temps que *Erhaltung*.

Françoise BALIBAR

BIBLIOGRAPHIE

EULER Leonhard, *Lettres à une princesse allemande* [1760-1762], Charpentier, 1843.

HELMHOLTZ Hermann von, *Über die Erhaltung der Kraft*, t. 1, p. 12-85, in *Wissenschaftliche Abhandlungen*, Leipzig, J.A. Barth, 1895.

LEIBNIZ Gottfried Wilhelm, *De la réforme de la philosophie première et de la notion de substance* [1694], in *Œuvres choisies avec préface, notes, table par questions et table des noms propres*, éd. L. Prenant, Garnier Frères, 1939.

— *Essai de dynamique sur les lois du mouvement, où il est montré qu'il ne se conserve pas la même quantité du mouvement, mais la même force absolue, ou bien la même quantité de l'action motrice* [1692], *in* P. COSTABEL, *Leibniz et la dynamique*, Hermann, 1960.

— *Essai de Théodicée* [1710], éd. J. Brunschwig, Flammarion, « GF », 1969.

PLANCK Max, *Das Prinzip der Erhaltung der Energie*, Leipzig, J.A. Barth, 1913.

WEYL Hermann, *Philosophie der Mathematik und Naturwissenschaft* [1927], Munich, R. Oldenbourg, 4e éd., 1976 ; *Philosophy of Mathematics and Natural Science*, trad. angl. rev. et augm. O. Helmer, Princeton (N.J.), Princeton UP, 1949.

YOUNG Thomas, *A Course of Lectures on Natural Philosophy and the Mechanical Arts*, 2 vol., Londres, impr. W. Savage, 1807 ; nouv. éd. avec réf. et notes R.P. Kelland, Londres, Taylor & Walton, 1845 ; repr. Londres, New York, « The Sources of Science », 1971.

FORME

FORME *Forme* provient du lat. *forma*, lui-même peut-être emprunté au gr. *morphê* [μορφή] *via* l'étrusque, qui signifie « forme, belle forme », et désigne concrètement aussi bien le moule que la forme de l'objet obtenu, qu'il s'agisse d'arts et de techniques (la forme d'une chaussure, le plan d'une maison, le cadre d'un tableau), de norme (une formule juridique, l'empreinte d'une monnaie), de discours (une forme grammaticale, une figure de style). Le terme est particulièrement plastique en français, comme en latin, puisqu'il a pu servir à traduire notamment les mots grecs *eidos* [εἶδος], « idée » (par opposition à *eidôlon* [εἴδωλον], « image ») ou « forme » (par opposition à *hulê* [ὕλη], « matière »), *morphê*, « aspect, contour », *skhêma* [σχῆμα], « figure, manière d'être », *ousia* [οὐσία], « essence », *to ti esti* [τὸ τί ἔστι] et même *to ti ên einai* [τὸ τί ἦν εἶναι], « quiddité », *paradeigma* [παράδειγμα], « modèle », ou *kharaktêr* [χαρακτήρ], « marque, signe distinctif ».

I. ASPECTS PHYSIQUES ET MÉTAPHYSIQUES

L'article SPECIES/FORMA/EXEMPLAR compare l'ensemble des réseaux latins et grecs liés à la « forme ». À compléter par ESTI et TO TI ÊN EINAI en ce qui concerne le vocabulaire plus aristotélicien de l'ontologie (voir aussi FORCE, en part. encadré 1, « *Dunamis*... », pour la physique).
Sur le rapport entre forme, substance et sujet, voir SUJET.
Sur l'ontologie « formelle », voir INTENTION, RÉALITÉ, RES, et SACHVERHALT ; cf. MERKMAL.
Sur le rapport entre forme et phénomène, voir ERSCHEINUNG ; cf. ESTHÉTIQUE, PERCEPTION, REPRÉSENTATION, SUBLIME.

II. ASPECTS ESTHÉTIQUES

On trouvera étudié sous EIDÔLON (voir IMAGE) et MIMÊSIS le rapport, essentiel à l'ontologie platonicienne, entre forme-modèle et image-copie.
Outre SPECIES, voir aussi CONCETTO (en part. encadré 1, « *Concetto*, rival esthétique de l'*idea* »), DISEGNO, PLASTICITÉ ; cf. ART.

III. FORMES ET FORMALISMES

Sur la notion de « forme » en grammaire, voir MOT (en part. II, B, et encadré 2, « *Skhêma*... ») ; en rhétorique, voir STYLE (I).
Sur le formalisme logique, voir en part. IMPLICATION.
Sur le formalisme juridique, voir en part. LEX, et ÉTAT DE DROIT.
Sur le formalisme moral, voir SOLLEN ; cf. MORALE, WILLKÜR.

IV. FORME ET « GESTALTTHEORIE »

On trouvera sous STRUCTURE-PATTERN-GESTALT l'étude de la théorie psychologique centrée sur la notion de « forme ».

► *DÉFORMATION*

FRANÇAIS
DE LA LANGUE FRANÇAISE COMME ÉVIDEMENT

► ALLEMAND, ANGLAIS, COMBINATOIRE ET CONCEPTUALISATION, ERZÄHLEN, ÊTRE, GREC, ITALIEN, LANGUES ET TRADITIONS, LOGOS, ORDRE DES MOTS, PEUPLE, POLITIQUE, PORTUGAIS, ***RAISON***, RUSSE, ***SENS COMMUN***, SEXE, SOCIÉTÉ CIVILE

L'installation de la pensée dans la langue française revêt une signification d'emblée politique : le privilège accordé au français ne tient pas à un quelconque caractère intrinsèque de la langue, mais à la possibilité d'une adresse universelle et démocratique de la philosophie. Langue des femmes et des prolétaires plutôt que des savants, le français philosophique repose sur la conviction que l'acte de pensée est ouvert et destiné à tous : son lien intime avec l'écriture littéraire n'a pas d'autre raison. Contre la fascination du mot et de l'étymologie, c'est-à-dire de l'origine et de la substance, il joue le primat de la syntaxe, c'est-à-dire de la relation et de l'assertion. Et c'est pourquoi, derechef, la philosophie en langue française est politique : entre axiome et sentence, contre le consensus et l'ambiguïté, le français y imprime sa certitude et son autorité, qui font aussi sa beauté persuasive.

En 1637, Descartes fait paraître en français, et sans nom d'auteur, le *Discours de la méthode*. Cette publication est antérieure de quatre ans à celle des *Meditationes de prima philosophia* (*Méditations métaphysiques*) en latin. Descartes ne traduira pas lui-même le *Discours* en latin (ce sera fait en 1644 par Étienne de Courcelles), il ne s'acharnera pas plus à défendre le latin des *Méditations*. Il laissera dire partout que la traduction en langue française par le duc de Luynes, suivie de celle des *Objections et Réponses* par Clerselier, fortement revue de sa main, peut valoir texte de référence, ou, dira plus tard Baillet, qu'elle donne « un grand relief » à sa pensée, et qu'il est fort important de soutenir la lecture de ceux qui, « n'ayant pas l'usage de la langue des savants, ne laisseraient pas d'avoir de l'amour et de la disposition pour la philosophie ».

La stratégie langagière de Descartes n'est pas douteuse : elle privilégie le français, tout en montrant à « Messieurs les doyens et docteurs de la sacrée faculté de théologie de Paris », destinataires de la prudente et défensive préface des *Méditations*, qu'on sait y faire avec la langue savante officielle, et qu'on peut, comme tout un chacun, vanter en latin décadent l'autorité du « nom de Sorbonne ».

De même au XXe siècle, les grandes figures créatrices de la philosophie de langue française, Bergson, Sartre, Deleuze, Lacan, ont tous revendiqué le droit d'être écrivains dans leur langue, le droit en somme à la *liberté* de la langue, tout en cherchant à faire reconnaître par l'Université leur compétence technicienne. C'est dire la ténacité de cette disposition inaugurale, qui installe la philosophie selon un désir frontal d'écriture maternelle, sans chercher une rupture anarchique avec les institutions savantes.

La question est de savoir quel est, pour Descartes et ses successeurs, l'enjeu proprement philosophique de cette installation de la pensée dans la langue française, qui est aussi l'installation d'une équivoque revendiquée, au risque d'être anathémisé par les doctes, entre le statut de philosophe et celui d'écrivain.

I. POLITIQUE DU FRANÇAIS : L'ADRESSE DÉMOCRATIQUE DE LA PHILOSOPHIE

Or, tout le point, dont les conséquences nous régissent encore, est que *le privilège accordé au français n'a rien à voir avec la langue comme telle*. Contrairement à ce qui va peu à peu se dessiner — bien plus tard — pour la langue allemande, et qui se donnait dans l'Antiquité pour la langue grecque, la connexion de la technicité philosophique et de la langue française ne s'accompagne d'aucune spéculation sur les caractéristiques philosophiques du français. Mieux même : Descartes est profondément convaincu que la force de la pensée n'a rien à voir, ni avec la langue, ni avec la rhétorique :

> Ceux qui ont le raisonnement le plus fort, et qui digèrent le mieux leurs pensées, afin de les rendre claires et intelligibles, peuvent toujours le mieux persuader ce qu'ils proposent, encore qu'ils ne parlassent que bas-breton, et qu'ils n'eussent jamais appris de rhétorique.
>
> *Discours de la méthode*, 1re partie.

Autrement dit, la transmission de la pensée est indifférente à la langue. Elle a — pour Descartes — trois critères extralinguistiques :

1) Le raisonnement — mais la capacité à enchaîner les idées à partir d'axiomes incontestables, dont le paradigme est l'écriture des géomètres, transite universellement dans les langues.

2) La subjectivation (la « digestion ») des idées, qui est leur clarification intime, le « ce qui se conçoit bien » de Boileau, et dont l'énonciation n'est qu'une conséquence. Mais l'intériorité pensante, qui est intuition des idées immanentes, n'a rien de langagier.

3) La transcription claire et intelligible, laquelle, si les critères 1 et 2 sont satisfaits, peut procéder dans n'importe quel dialecte (le bas-breton par exemple), et persuader n'importe quel esprit.

Cette dernière remarque est d'une grande importance. Une des raisons pour lesquelles, aux yeux de Descartes, il serait néfaste d'avoir à passer par l'examen des singularités de la langue, est l'universalisme de principe. Aucune condition langagière ne peut être rattachée, ni à la formation des pensées vraies, ni à leur transmission, ni à leur réception. C'est un des sens du fameux axiome sur le bon sens, qui est « la chose du monde la mieux partagée ». Il s'agit en effet d'un axiome universaliste égalitaire, comme Descartes tient à le préciser : « la puissance de bien juger et distinguer le vrai d'avec le faux [...] est naturellement égale en tous les hommes », et, quant à la raison, elle est « tout entière en un chacun ».

Nous lierons donc la volonté de phraser en français la philosophie, non à la considération d'une appropriation particulière de cette langue à l'expression adéquate des pensées, moins encore à une doctrine spéculative nationale sur l'accointance de l'Être et de la langue (allemande, grecque...), mais à une détermination originairement démocratique de la formation et de la destination de la pensée. Il s'agit de parler la langue « de tout le monde », et, puisque nous sommes en France, le français, sans que cela se paie de considérations particulières, ni sur les concepts (lesquels sont par eux-mêmes indifférents à la langue), ni sur la langue (car le français ne se voit accorder de ce fait aucun privilège).

Au demeurant, un point d'apparence empirique, mais dont nous avons des raisons de croire qu'il ne l'est nullement, est que commence avec Descartes, liée au choix du français, la conviction qu'il faut adresser le discours philosophique aux femmes, que la conversation des femmes d'esprit est un mode d'approbation et de validation beaucoup plus important que tous les décrets des doctes. Le Salon, ou les Reines, comptent davantage que la Sorbonne. Comme s'en émerveille Descartes, « une si parfaite et si diverse connaissance de toutes les sciences n'est point en quelque vieux docteur qui ait employé beaucoup d'années à s'instruire, mais dans une princesse encore jeune et dont le visage représente mieux celui que les poètes attribuent aux Grâces que celui qu'ils attribuent aux Muses ou à la savante Minerve » (Dédicace des *Principes de la philosophie*). Ce moment des princesses est en réalité une intention démocratique élémentaire, qui tourne le discours philosophique vers l'entretien et la séduction, vers Vénus plutôt que vers Minerve, l'éloignant autant que faire se peut du retranchement académique ou scientifique. Et cette intention sera ponctuée par tous les philosophes français notoires, composant ainsi un florilège significatif : Rousseau, mais aussi à sa manière Auguste Comte, et puis Sartre, aussi bien que Lacan. Tous veulent être entendus et admirés des femmes, et savent qu'on ne leur fait la cour ni en latin, ni dans la langue des cuistres.

Disons que, dès qu'elle se « nationalise » linguistiquement, la philosophie le fait en France au régime de la socialité, de l'adresse, de l'universalisme immédiat, et non de la prise en considération de la matérialité ou de l'histoire des langues. Il ne s'agit ni de leur enracinement dans quelque dire originaire plus ou moins oublié (logique de la tradition), ni de ce que la rhétorique impose de cadence ou de formes nécessaires au déploiement de la pensée (logique sophistique).

La thèse peut se dire simplement : la raison pour laquelle les philosophes commencent, avec Descartes, à écrire en français est une raison qui, à leurs propres yeux, *est de caractère politique*. Car il s'agit uniquement de répondre à la double question : d'où provient la philosophie, et à qui est-elle destinée ? Et la réponse est, d'une part, que la philosophie n'a nul site singulier de provenance, mais qu'elle commence n'importe où, par un acte libre dont tout esprit est capable ; d'autre part, que la philosophie est destinée à tous, ce qui voudra dire finalement, comme Comte (fidèle sur ce point à Descartes, à Rousseau, et anticipant Sartre ou Deleuze) le dira « systématiquement » : aux femmes et aux prolétaires.

À qui par ailleurs la philosophie *n'est-elle pas* destinée ? Aux doctes, à la Sorbonne. Il ne suffira pas, pour l'attester, d'écrire en français. Il faudra écrire ce français « moderne », ce français d'écrivain, ce français littéraire, qui se distingue du français « académisé » ou « correct », dont on transmet universitairement l'usage. Même un philosophe aussi paisible que Bergson s'est imposé par une langue certes fluide et aisée, mais chargée de comparaisons, prise dans un mouvement impérieux, et finalement en résonance avec la langue « artiste » de la fin du XIXe siècle. Aussi bien les doctes ne manquaient pas de moquer les belles dames en fourrure qui se pressaient à son cours du Collège de France. Voyez, de nos jours, l'écriture mallarméenne de Lacan, la prose romanesque de Sartre, la scintillation de Deleuze. Et, en amont, la puissance dynamique de Diderot, ou l'invention du phrasé romantique par Rousseau. Et, encore avant, l'aphoristique de Pascal. Preuve que l'accomplissement de la vocation démocratique de la philosophie suppose qu'on installe la pensée dans la langue française littéraire, voire dans la langue écrite « à la mode ». Ce qui risque aussi bien, par un renversement dialectique dont le démocratisme français est coutumier, de faire de la philosophie une discipline particulièrement aristocratique, ou au moins un peu snob. Risque auquel, de toujours, les doctes ont déclaré que la philosophie française succombait absolument, quitte à se réclamer, pour excommunier le « jargon » de Derrida ou de Lacan, d'une clarté cartésienne qui n'est en réalité que la fondation d'un lien national entre l'exposé philosophique et l'écriture littéraire, lien auquel tant Lacan que Derrida tentent d'être fidèles.

II. SYNTAXE CONTRE SUBSTANCE : LE FRANÇAIS COMME LANGUE MAIGRE

La vraie question porte sur les conséquences, pour la philosophie, de son installation dans la langue des écrivains, elle-même effet paradoxal d'un choix démocratique originaire.

Nous avons déjà dit qu'il résultait de ce choix une sorte d'indifférence royale aux particularités philosophiques du dialecte national. En dépit des efforts importés les plus véhéments, rien n'a jamais pu plier en France la philosophie à ce dur labeur allemand qui ouvre les mots, les dérive de leurs racines indo-européennes, leur enjoint de dire l'être ou la communauté. Rien n'a jamais *destiné* la langue à autre chose qu'à sa saveur immédiate, et en définitive à l'aisance charmeuse, fût-elle sophistiquée, de son style. La grande règle, comme le disait Corneille pour le théâtre, est de plaire, et non de s'assurer, avec une gravité un peu sacerdotale, que la langue est bien le transcendantal d'une promesse de la pensée, ou le support élu d'un dire bouleversant. La France a toujours moqué ce que Paulhan nommait « la preuve par l'étymologie ». Sa superbe ne va pas à croire le français philosophiquement convoqué par ses origines, mais plutôt à l'idée, tout aussi nationale à sa façon, mais très différemment, qu'une langue maniée par un écrivain peut dire exactement ce qu'elle veut dire, et en outre séduire et rallier, par son charme, celui à qui son dire est destiné. Il est vrai, et les proses françaises les plus torturées (Mallarmé, Lacan, le Sartre drogué de la *Critique de la raison dialectique*) n'y font pas exception, bien au contraire, que c'est d'une transparence de la prose à l'Idée qu'il s'agit, et non de profondeur, ou de complicité entre l'épaisseur de la langue et le fond.

C'est que l'universalisme latent de tout usage de la langue française, de Descartes à nos jours, repose tout entier sur la conviction que *l'essence de la langue est la syntaxe*. Le français classique, tel qu'il se façonne après Montaigne ou Rabelais, ce français raboté et « compactifié » par les efforts conjoints de la police des salons précieux et de l'État centralisé, est une langue qui laisse peu de place à l'équivoque sémantique, parce qu'elle subordonne tout au placement syntaxique le plus énergique, le plus court et le plus cadencé. Cette langue, dont le cœur est l'aphorisme de Pascal ou de La Rochefoucauld, d'une part, l'alexandrin de Racine, d'autre part, se présente au philosophe comme extraordinairement ramassée autour des verbes et des liaisons, ou consécutions. Contrairement à l'anglais, elle n'est pas une langue du phénomène, de la nuance, de la subtilité descriptive. Son champ sémantique est étroit, l'abstraction lui est naturelle. Aussi bien, ni l'empirisme ni même la phénoménologie ne lui conviennent. C'est une langue de la décision, du principe et de la conséquence. Et ce n'est pas non plus une langue de l'hésitation, du repentir, de la lente remontée interrogative vers le point obscur et saturé des origines. Au vrai, c'est une langue que la question impatiente, et qui se hâte vers l'affirmation, la solution, l'analyse terminée.

J'ai toujours été frappé de l'ordre parfait que les tenants (français) de l'intuition, de la vie sensible, du désordre créateur imposaient à leur discours. Quand Bergson polémique contre le côté discontinu et abstrait de l'intelligence langagière ou scientifique (mais justement : il parle en vérité des caractéristiques de la langue française, de sa discrétion, de son abstraction), quand il prône les données immédiates, l'élan continu, l'intuition inséparée, il le fait dans une langue exemplairement transparente et ordonnatrice, où les formules bien frappées abondent et où toutes les distinctions, toutes les oppositions binaires ressortent avec une singulière netteté. Et inversement, si un Lacan ou un Mallarmé semblent porter le rationalisme logicisant vers une langue coupée, violemment discontinue et dont on doit reconstruire le sens, c'est en définitive l'esprit de la maxime qui l'emporte, quand elle vient concentrer (« la Femme n'existe pas », ou « toute pensée émet un coup de dés ») ce qui d'abord a été soumis à l'épreuve de la syntaxe allusive.

Finalement, qu'on soit tenant du continu vital ou de la discrétion signifiante, la langue française impose le primat syntaxique des relations sur les substances, des corrélations phrasées sur les vocables. Personne n'échappe à l'ordre des raisons, parce que la langue elle-même s'y conforme. Ou du moins est-ce sa tendance naturelle, en sorte que celui qui veut s'abîmer dans l'intuition vitale devra convaincre dans l'élément contraire des constructions symétriques et des subordinations grammaticales.

La langue française porte à l'évidement de toute substantialité. Car, si elle s'arrête sur la densité d'un substantif (comme ce peut être le cas pour « morceau de cire », ou « racine de marronnier », ou « prolétaire »), ce n'est à chaque fois que pour en destituer peu à peu la singularité sensible dans un réseau prédicatif et relationnel si envahissant qu'à la fin le substantif initial n'est qu'un exemple, toujours substituable, d'une place conceptuelle. Ainsi du morceau de cire, que Descartes résorbe dans la neutralité de l'étendue géométrique, de la racine de marronnier, dont Sartre fait le pur surgir d'un être-en-soi sans qualité, ou du prolétaire de Comte, qui peut aussi bien, complété par l'épithète « systématique », désigner le philosophe quelconque. Même chez un penseur aussi tourné vers la singularité que Deleuze, la meute de loups n'est qu'un rhizome en mouvement, et le rhizome fait concept pour tout agencement multiple « horizontal », soustrait à la forme de l'arborescence binaire.

La souveraineté syntaxique du français n'autorise guère la délectation descriptive, ni l'insondable devenir de l'Absolu. C'est une langue maigre, dont la saturation exige une longue portée des phrases, elle-même soutenue par de puissantes connexions propositionnelles.

Nul ne l'a mieux aperçu et pratiqué qu'Auguste Comte, sans doute parce qu'il écrivait à l'avance cette langue extrêmement articulée et un peu pompeuse que les instituteurs imposeront pendant des décennies aux campagnards. Une langue sans doute précise, mais si rudement assertorique qu'elle est toujours, comme un discours de distribution des prix, aux lisières du ridicule. Émouvante, aussi bien, de ce que (comme c'est déjà l'effort de Descartes) elle s'efforce de rendre justice, littérairement, au diseur autant qu'au dit. Une langue, en somme, qui juxtapose en philosophèmes le discours de la chaire et celui de la confession, improbable bâtard de Bossuet et de Fénelon. Par exemple, A. Comte écrit :

> Il serait certes superflu d'indiquer ici expressément que je ne devrai jamais attendre que d'actives persécutions, d'ailleurs patentes ou secrètes, de la part du parti théologique, avec lequel, quelque complète justice que j'aie sincèrement rendu à son antique prépondérance, ma philosophie ne comporte réellement aucune conciliation essentielle, à moins d'une entière transformation sacerdotale, sur laquelle il ne faut pas compter.
>
> *Cours de philosophie positive*, Préface.

Il est essentiel à un philosophe, en langue française, de convaincre son lecteur qu'il rencontre dans le texte une certitude d'une telle compacité qu'on ne saurait, sans faire injure au sujet, douter de ce qui est dit, sauf — mais alors on saura qu'il s'agit d'une opposition *politique* — à le faire en bloc, et sans véritable examen. C'est que la langue philosophique française est celle des affrontements idéologiques, beaucoup plus que celle des descriptions attentives, des réfutations sophistiques ou des spéculations infinies. C'est pourquoi Auguste Comte flanque tout substantif d'un adjectif qui le consolide, qui est comme son garde du corps subjectif, tout de même qu'il appareille la phrase de robustes chevilles adverbiales (« expressément », « sincèrement », « réellement ») qui sont à l'édifice verbal ce que les colonnes doriennes sont au temple.

On aurait tort de croire que nous n'avons là que les singularités de ce demi-fou de Comte. Quand Sartre entreprend, dans la *Critique de la raison dialectique,* l'exploration de la catégorie de totalité dynamique, et donc l'appréhension du mouvement de totalisation et de détotalisation, quand il doit, en somme, restituer dans la langue ce qu'il nomme la « totalité détotalisée », il retrouve spontanément la longue phrase didactique et fortement articulée du positivisme, dans la nécessité où il se trouve, dit-il lui-même, de phraser d'un seul coup les composantes dialectiques du processus. C'est dire que c'est de propos délibéré que la lourdeur syntaxique vient unifier les contraires sémantiques, au risque d'en faire disparaître la singularité substantielle, ou empirique, et d'imposer à la dialectique un rythme uniforme, qui peu à peu vide l'historicité des exemples de leur couleur et de leur amplitude prosodique, pour ne plus laisser subsister, à distance, que le sceau reconnaissable des verbes et de leurs consécutions. Voyez, entre mille, cette phrase (il s'agit d'interpréter les émeutes ouvrières contre le patron Réveillon, en avril 1789) :

> Si, déjà, l'unité négative comme totalité future suscite du fond de la marche imitative et contagionnelle l'*être-ensemble* (c'est-à-dire le rapport non sériel de chacun au groupe comme *milieu de liberté*) à titre de possibilité saisie dans la sérialité et se donnant comme négation de la sérialité, il n'en demeure pas moins que l'*objectif* de cette marche est indéterminé : il apparaît à la fois comme la sérialité même comme réaction à la situation et, à la fois, comme une tentative également sérielle de *montre*.
>
> *Critique de la raison dialectique*, p. 392.

Il y a dans une telle langue comme un effort héroïque pour que le clairon de l'histoire se laisse encore entendre au sein même de l'entortillement conceptuel. Et le rôle pathétique dévolu à cette fin, par Comte, aux adverbes et aux adjectifs, tout autant qu'au boulonnage syntaxique, est cette fois clairement assumé par un étirement vertigineux de la « pâte » verbale, au sein duquel on espère que vont se faire remarquer ces ponctuations illicites que sont les mots en italiques. Cependant, il n'est pas vrai que ce phrasé — bizarrement apparenté à la mélodie continue wagnérienne — poursuive des buts différents de ceux que, dès l'origine, Descartes assigne à l'usage philosophique du français. Car il s'agit toujours d'un rapport instrumental (et non thématique) à la langue, dont l'unique destination est d'arracher au lecteur un assentiment qui résulte de ce qu'on voit la pensée se faire et s'exposer « à nu », selon sa force affirmative propre. Quoi de plus opposé, en apparence, à la totalisation sartrienne que le grand style d'Althusser, chevalerie militante du concept pur placée sous l'idéal de la science ? Et pourtant :

> Pour dire le fait en clair, il n'a été possible de poser aux analyses politiques pratiques que Lénine nous donne des conditions de l'explosion révolutionnaire de 17, la question de la *spécificité* de la dialectique marxiste, qu'à partir d'une *réponse* à laquelle manquait la proximité de sa *question*, d'une réponse située *en un autre lieu* des œuvres du marxisme dont nous disposons, très précisément la *réponse* par laquelle Marx déclarait qu'il avait « *renversé* » la dialectique hégélienne.
>
> *Lire « Le Capital »*, Introduction.

Comme on reconnaît l'allongement de la phrase, chargée de ramasser d'un seul coup les composantes de la conviction, et les italiques, balises clignotantes pour une lecture-navigation entièrement prescrite ! Comme la clarté d'Althusser emporte avec elle la même insistance que la dialectique sartrienne !

III. POLITIQUE DU FRANÇAIS, ENCORE : L'AUTORITÉ DE LA LANGUE

Style « marxiste », alors ? Totalisation politique ? Soutenons plutôt qu'en français *la syntaxe politise toute énonciation philosophique*, y compris la plus éloignée de toute politisation explicite, y compris celle (Lacan) qui situe son charme retors entre le calembour (une grande tradition nationale, destinée à moquer et discréditer l'équivoque sémantique, dont nous avons horreur) et la formule mallarméenne. Voyez comme l'autorité du dire, son désir politique fondateur, transit ce genre de mélodie rompue, jusque dans l'usage d'une des ressources les plus singulières du français : l'interrogative impérieuse, la question qui terrasse, celle après laquelle, tant le sujet est allé loin dans le tremblement de son dire, il n'y a, en effet, plus rien à dire. Et ce n'est pas pour rien que d'emblée ce français est convoqué comme tel dans la sentence (il s'agit de « traduire » le dit de Freud : « *Wo Es war, soll Ich werden* ») :

> Mais le français dit : Là où c'était... Usons de la faveur qu'il nous offre d'un imparfait distinct. Là où c'était à l'instant même, là où c'était pour un peu, entre cette extinction qui luit encore et cette éclosion qui achoppe, Je peux venir à l'être de disparaître de mon dit.
> Énonciation qui se dénonce, énoncé qui se renonce, ignorance qui se dissipe, occasion qui se perd, qu'est-ce qui reste ici sinon la trace de ce qu'il faut bien qui soit pour choir de l'être ?
>
> J. Lacan, « Subversion du sujet et dialectique du désir », *Écrits*, p. 801.

La beauté de tout cela ! beauté persuasive, plus importante pour tout écrivain-philosophe français que l'exactitude. Ou plutôt : une exactitude seconde, qu'on doit reconstruire de l'intérieur de la beauté, guidé par elle, et la délaissant, comme on doit obtempérer à la contrainte syntaxique pour accomplir, tout à la fin, le déliement de l'Idée. Si bien que la communauté stylistique l'emporte souvent sur l'antipathie doctrinale ou personnelle, comme on le voit à ce que le vitalisme de Deleuze s'accentue comme son adversaire psychanalytique, et que c'est dans la même langue effervescente que se dit le désir comme manque (Lacan) et que le désir ne manque de rien (l'anti-œdipien Deleuze-Guattari), car il s'agit toujours, comme déjà pour Sartre, de tenir ensemble dans une grammaire formulaire les prédications opposées, de les faire s'évanouir l'une dans l'autre :

> Objets partiels qui entrent dans des synthèses ou interactions indirectes, puisqu'ils ne sont pas partiels au sens de parties extensives, mais plutôt « partiaux » comme les intensités sous lesquelles une matière remplit toujours l'espace à des degrés divers (l'œil, la bouche, l'anus comme degrés de matière) ; pures multiplicités positives où tout est possible, sans exclusive ni négation, synthèses opérant sans plan, où les connexions sont transversales, les disjonctions incluses, les conjonctions polyvoques, indifférentes à leur support, puisque cette matière qui leur sert précisément de support n'est spécifiée sous aucune unité structurale ni personnelle, mais apparaît comme le corps sans organe qui remplit l'espace chaque fois qu'une intensité le remplit.

Consonance évidente de l'« énonciation qui se renonce » et de la « disjonction incluse », de la « conjonction polyvoque » et de « l'extinction qui luit encore », comme si la pente de la langue à frapper un oxymore pour faire pivoter la pensée l'emportait sur la prise de parti. Comme si, embusqué derrière le concept, un La Rochefoucauld invariable se proposait de faire fuser l'aphorisme et de *tendre* l'arc électrique de la pensée entre des pôles que la précision syntaxique a préalablement distribués dans la reconnaissable symétrie des jardins à la française.

Et ce n'est pas que nous pensions tous de même. La philosophie de langue française est la plus violemment polémique de toutes, elle ignore le *consensus* et fait même peu de cas de la discussion raisonnée, car, de toujours opposée aux académies, elle s'adresse (politiquement) au public et non aux confrères. Mais c'est que nous parlons *réellement* la même langue, ce qui veut dire que c'est aux même artifices que nous avons recours pour donner puissance (publique) à nos thèses. Et cette identité est d'autant plus forte que le français classique, le seul que parvienne à parler la philosophie, en dépit des efforts toujours avortés pour en baroquiser le cours, ne propose qu'un assortiment restreint d'effets, tous tenus dans le primat de la syntaxe et de l'univocité sur la sémantique et la polysémie.

À celui qui philosophe dans la langue française, il est imposé de disposer le concept et ses descendances sur le lit de Procuste d'une sorte de latinité seconde. Une chose sera dite après l'autre, et il n'y aura d'échanges verbaux que ceux qu'autorisent la grammaire des consécutions et la réglementation des univocités.

Nous savons certes (et il en est souverainement question dans ce dictionnaire) que rien de péremptoire ne peut être dit sur les langues que quelque écrivain, quelque poème, ne vienne démentir. Ce savoir ne nous empêche pas, nous philosophes, d'entretenir une image des langues, certes approximative, mais efficace. C'est ainsi qu'à tort ou à raison il nous arrive d'envier le pouvoir qu'a la langue allemande de distribuer, dans une sémantique idolâtre, des profondeurs offertes à une exégèse infinie. Il nous arrive aussi de désirer la ressource descriptive et ironique de l'anglais, ce touché merveilleux de la surface, cette argumentation toujours circonscrite, qui ne totalise rien, parce que la grammaire n'est jamais que celle de l'ici et du maintenant. Et même la ramification italienne, quand nous cessons de penser qu'elle embrouille tout à plaisir, et tient simultanément trente discours enchevêtrés, tous érudits et mimétiques, nous en admirons la vélocité, et que, lorsqu'elle affirme, elle garde toujours un œil clair sur l'autre affirmation possible qu'un simple repentir de la phrase peut faire venir dans la pensée.

Mais ce n'est pas notre genre. On pourrait montrer comment Heidegger, en dépit du style parfois dévot de ses interprètes et traducteurs, devient, en français, invinciblement limpide, et presque monotone. Comment la sensibilité empirique de la langue anglaise tourne inéluctablement à la platitude, si le traducteur n'est pas un créateur. Et comment le réseau vif-argent de la prose italienne n'est plus qu'un bavardage décourageant.

Ce que nous offrons d'universel à la philosophie est toujours dans la forme des maximes un peu raides ou des dérivations mal nuancées. Encore une fois, le genre latent est celui du discours, qui vise à faire qu'une assemblée, séduite, vote pour vous sans trop examiner les détails. Il faut accepter cette force, ou cette faiblesse. Elle entre dans la composition de la philosophie éternelle, comme ce qui, de l'origine grecque, retient la mathématique plutôt que la mythologie, la plaidoirie plutôt que l'élégie, l'argument sophistique plutôt que la profération prophétique, la politique démocratique plutôt que la césure tragique.

On ne cessera pas de dire, en français, que « l'homme est une passion inutile », que « l'inconscient est structuré comme un langage » (Lacan), que « la schize ne vient à l'existence que par un désir sans but et sans cause qui la trace et l'épouse », ou que « la philosophie est ce lieu étrange où il ne se passe rien, rien que cette *répétition* du rien ». Et on ne cessera pas d'examiner les conséquences de ces maximes, et de leur opposer, devant des auditoires conquis, d'autres axiomes, et d'autres réseaux syntaxiques.

Axiomatiser, dériver, et par là même vider le dire de toute particularité trop chatoyante, de toute prédication trop colorée. L'épurer, ce dire, des tournures excessives comme des repentirs et des incertitudes. Tels sont les actes mêmes de la philosophie, dès qu'elle ordonne son Idée à ce *lieu* matériel qui la saisit, la transit : une langue, *cette* langue, le français.

Alain BADIOU

BIBLIOGRAPHIE

ALTHUSSER Louis, *Lire « Le Capital »*, Maspero, 1967.
COMTE Auguste, *Cours de philosophie positive*, Hermann, 1975.
DELEUZE Gilles et GUATTARI Félix, *Capitalisme et schizophrénie*, I. *L'Anti-Œdipe*, Minuit, 1972.
DESCARTES, *Œuvres complètes*, éd. C. Adam et P. Tannery, rééd. Vrin, 1997.
LACAN Jacques, *Écrits*, Seuil, 1966.
SARTRE Jean-Paul, *Critique de la raison dialectique*, Gallimard, 1960.

G

GEFÜHL / EMPFINDUNG [ALLEMAND]

– fr. *sentiment / sensation*

angl.	*feeling, sensation, sentiment, opinion*

► ***SENTIR***, et BEGRIFF, COMMON SENSE, CONSCIENCE, ESTHÉTIQUE, FEELING, GOÛT, ***INTUITION***, MORAL SENSE, ***PASSION*** [PATHOS], PERCEPTION, SENS

Le couple allemand Gefühl / Empfindung *n'est pas superposable à l'opposition, traditionnelle en français, du sentiment et de la sensation. De nos jours l'emploi de* Gefühl *est plutôt réservé à la sphère des sentiments et des émotions — il correspond alors* grosso modo *à l'anglais* feeling *—, tandis que son doublet* Empfindung *renvoie à la fois à la sensation physiologique et au sentiment. Cette instabilité est aujourd'hui relative, et elle ne fait plus l'objet d'un enjeu philosophique majeur. En revanche, analyser la manière dont les deux termes ont été, au XVIIIe siècle, mis en évidence, opposés ou dialectisés, revient à établir une sorte de radiographie du vocabulaire du sujet et de la conscience, de Wolff à Kant et ses héritiers en passant par les écrits de Johann Nicolaus Tetens ; les enjeux philosophiques étaient alors sans commune mesure avec ceux de leurs équivalents français. De la théorie des sensations à celle du sentiment moral en passant par les doctrines de la conscience comme sentiment de soi, les deux termes, placés à la charnière des différents discours anthropologique, esthétique et psychologique, interviennent sur l'ensemble du champ philosophique.*

I. « GEFÜHL »/« EMPFINDUNG », SENSATION / SENTIMENT / OPINION, « FEELING »/« SENSATION »/« SENTIMENT » : LA SPÉCIFICITÉ DU DOUBLET ALLEMAND

À considérer l'ensemble de leurs usages, courants autant que philosophiques, un certain nombre de termes exprimant la différence entre le sentiment et la sensation ont, aussi bien en français qu'en anglais ou en allemand, connu une forte instabilité depuis le début des Temps modernes. Dans le cas du français actuel, les termes de sensation et de sentiment n'entremêlent plus leur signification, comme c'était le cas à l'Âge classique, où *sentiment* voulait dire à la fois sensation, sentiment et opinion. Mais à côté de cette tripartition du sens dans l'usage courant, on trouve un usage proprement philosophique du terme, aussi bien chez Malebranche (au sens de « sentiment intérieur ») que chez Pascal, au sens de vision intuitive synthétique (prophétiser c'est parler de Dieu, non par preuves du dehors, mais par sentiment intérieur et immédiat, cf. *Pensées*, Lafuma 328). Cet usage est clairement explicité au XVIIIe siècle dans l'article « Sentiment » de l'*Encyclopédie* : c'est le « sentiment intime que chacun de nous a de sa propre existence, et de ce qu'il éprouve en lui-même », il est « la première source et le premier principe de vérité dont nous soyons susceptibles » et il « n'en est point de plus immédiat pour nous dire que l'objet de notre pensée existe aussi réellement que notre pensée elle-même, puisque cet objet et cette pensée, et le sentiment intime que nous en avons, ne sont réellement que nous-mêmes qui pensons, qui existons, et qui en avons le sentiment ».

En ce qui concerne l'anglais, on retrouve la même tripartition à partir de *sentiment*. Attesté en anglais dès l'œuvre de Chaucer, le mot a été utilisé aussi comme synonyme de *feeling*, *sensation* et *opinion*. En revanche, l'intraduisible anglais tient essentiellement à la surdétermination de *sense*, qui va de perception à sentiment, raison, bon sens ou signification, et dont dérivent, de Hutcheson, Shaftesbury ou Hume jusqu'à Bentham, les concepts de *inner sense*, *internal sense*, *inward sense*, *common sense*, *moral sense*. Coste, le traducteur de l'*Essai sur l'entendement humain* de Locke, n'a pas rencontré d'obstacle particulier pour traduire les termes anglais *sensation* et *sentiment*. Dans le premier cas, le terme est identique dans les deux langues et dans le second on passe sans peine de l'anglais *sentiment* au sens de « mental feeling » au français *sentiment*. Coste traduit ainsi « due *sentiments* of Wisdom and Goodness » (livre I, chap. 7, § 6) par « justes *sentiments* de la sagesse et de la bonté » et, au livre IV, chap. 1, § 4, « the first act of the Mind, when it has any *sentiments* of Ideas at all » par « le premier acte de l'esprit, lorsqu'il a quelque *sentiment* ou quelque idée ». De même, Coste trouve en anglais un usage parallèle à la spécialisation philosophique (ou métaphysique) du terme en français. Quand Locke écrit par exemple « I do not say there is no Soul in a Man because he *is not sensible of it* in his sleep » (livre II, chap. 1, § 10), Coste traduit par « Je ne dis pas qu'il n'y ait point d'âme dans l'homme parce que durant le sommeil l'homme *n'en a aucun sentiment* ».

Dans la langue philosophique allemande, l'essentiel des enjeux s'est concentré sur le doublet *Gefühl/Empfindung*, dont la différenciation a été l'objet d'un long travail conceptuel, sur fond d'ambivalence. La traduction des deux termes ne peut se faire qu'au cas par cas et dans le respect de l'intraduisible, c'est-à-dire en prenant en compte la redistribution de leurs rapports, laquelle dépend elle-même toujours de la manière dont les différents discours philosophiques allemands les ont employés dans leur propre stratégie de démarquage par rapport à l'usage commun des mots.

De fait, comme le montrent bien le dictionnaire d'Adelung ou le *Versuch einer allgemeinen deutschen Synonymik* [Essai de synonymique générale de l'allemand, 1795] d'Eberhard, *Gefühl* et *Empfindung* étaient dans la langue courante considérés au XVIIIe siècle comme synonymes et employés plutôt pour désigner l'immédiateté sensible d'une représentation. Les deux mots sont définis comme « représentations intuitives (*anschauend*) ou immédiates, qui participent de notre sensibilité (*Sinnlichkeit*) jusqu'à un certain degré » (Eberhard, *Synonymik*, vol. 1, p. 119). Et Johann Nicolaus Tetens note en 1777 dans ses *Philosophische Versuche über die menschliche Natur und ihre Entwicklung* [Essais philosophiques sur la nature humaine et sur son évolution] que « les mots *Gefühl* et *fühlen* ont désormais une étendue de signification presque aussi grande que celle des mots *Empfindung* et *empfinden* » (vol. 1, p. 167 *sq.*). Ce faisant, il met l'accent à la fois sur l'omniprésence des deux couples de termes, sur la difficulté de les distinguer et sur la confusion qui règne dans leur usage.

De même, dans son *Allgemeine Theorie der schönen Künste* [Théorie générale des beaux-arts], J.A. Sulzer inaugure l'article *sinnlich* en ces termes :

> En fait, on appelle sensoriel (*sinnlich*) ce que nous ressentons (*empfinden*) par le truchement des sens extérieurs du corps ; *mais l'on a étendu la signification du terme* à ce que nous ressentons (*empfinden*) dans notre seule intériorité (*bloß innerlich*) sans qu'entrent en action les sens corporels comme par exemple dans le cas du désir, de l'amour, etc.
>
> p. 408.

Ce constat d'instabilité n'a jamais cessé d'accompagner le partage philosophique des deux notions. Même dans les œuvres les plus décisives, on relève de fait de nombreuses inconséquences. Il semblerait par exemple que, d'emblée, les termes de *Gefühl* et *Empfindung* relèvent philosophiquement parlant du champ de *sensus*, tandis que le terme connexe de *Rührung* (sentiment, émotion), dont l'usage était au XVIIIe siècle aussi fréquent dans la langue courante qu'en philosophie, relèverait, lui, du champ de *tactus*, puisque *anrühren* et *berühren* veulent bien dire *toucher*. Or Baumgarten propose par exemple de traduire *tactus* par *Gefühl* (*Metaphysica*, § 536) et non par sa traduction littérale (et devenue commune) de *Tastsinn* — sens du toucher —, alors qu'il emploie lui-même indifféremment *Tastsinn* et *Gefühl* pour *tactus*. Mais aussi bien Wolff que Thomasius emploient *Gefühl* au sens de sentiment du toucher, *Tastsinn*. Dans tous les cas, il est clair que l'intériorisation du *Gefühl*, ou son renvoi à la sphère intime de la subjectivité, ne se produira que plus tard, à la faveur d'un besoin de clarification terminologique.

II. « GEFÜHL » ET « EMPFINDUNG » : EN DEÇÀ DU PARTAGE ENTRE RÉCEPTIVITÉ ET RÉFLEXIVITÉ

A. Le double sens d'« Empfindung » dans le système wolffien

Dans la mesure où le système philosophique de Christian Wolff ne fait pas de distinction entre un système logique de la connaissance fondée sur des *a priori* métaphysiques d'origine scolastique et les principes d'une lecture empiriste du monde, expérience et connaissance se répondent et s'alimentent mutuellement sur un fond leibnizien d'harmonie préétablie. Dans un tel cadre de pensée, l'*Empfindung* est à la source même de l'expérience, donc de la connaissance, et il suffit d'y être attentif pour avoir accès à l'être véritable des choses. La thèse de la *Deutsche Logik* (chap. 5, § 1) selon laquelle : « C'est en faisant attention à nos *Empfindungen* que nous avons l'expérience de tout ce que nous connaissons [*Wir erfahren alles dasjenige, was wir erkennen, wenn wir auf unsere Empfindungen acht haben*] », trouve en miroir sa formulation dans la *Deutsche Metaphysik* (§ 325) : « La connaissance à laquelle nous parvenons quand nous prêtons attention à nos *Empfindungen* et aux modifications de l'âme, nous avons l'habitude de l'appeler expérience. » Si *Empfindung* est ici proprement intraduisible, ce n'est pas parce que Wolff n'en donne aucun équivalent ; c'est plutôt parce que le terme renvoie à *deux* couples philosophiquement consacrés : sentiment/sensation d'une part, et sensation/perception d'autre part. Wolff écrit en effet dans ses *Anmerkungen zu den vernünftigen Gedanken von Gott, der Welt und der Seele des Menschen, auch allen Dingen überhaupt* :

> J'ai expliqué ici [= § 220] ce que j'entends par le mot *Empfindung*, à savoir ce genre de *perceptionum* [*sic*] que l'on appelle en latin *sensationes*. Et en tant que l'on considère ces *sensationes* comme modifications de l'âme par

> lesquelles nous sommes conscients des choses qui agissent sur nos *organa sensoria* [*sic*], nous pouvons en latin les appeler *ideas rerum materialium praesentium*.
>
> § 65.

L'équivalence entre idée et sensation devient ici explicite par le biais du latin. La sensation causée par les choses vient se confondre avec l'acte de conscience, la sensation est tout simplement une pensée :

> Les pensées qui ont leur cause dans les modifications des organes de notre corps et qui sont suscitées par les choses corporelles hors de nous, nous les nommons *Empfindungen*.
>
> *Deutsche Metaphysik*, § 220.

Wolff n'hésite donc pas à établir les inférences suivantes : une pensée est la prise de conscience d'une modification de l'âme ; donc le devenir-conscient d'un effet des choses extérieures sur l'âme est une pensée ; donc les sensations sont des pensées. Et il ajoute : pensées des objets en tant qu'ils sont présents à notre âme. Il n'y a donc plus de différence entre sentir et connaître, entre *empfinden* au sens de sentir, ressentir et *erkennen* au sens de connaître, et c'est sur cette base que Baumgarten va pouvoir élaborer son esthétique, conçue comme science de la connaissance (*cognitio sensitiva*, voir ESTHÉTIQUE). Wolff insiste particulièrement sur la coïncidence des modifications des choses et de celles de l'âme, point sur lequel il se voit en accord absolu avec Aristote, Descartes et Leibniz, se défendant à maintes reprises des accusations de spinozisme qui lui ont été adressées. Le syncrétisme entre une forme d'empirisme et un système abstrait assuré de la pertinence absolue de vérités logiquement déduites le conduit à donner au terme *Empfindung* l'extension philosophique la plus grande : ce même terme peut alors signifier aussi bien l'irréductibilité naturelle de la sensation (notre ouïe ne peut pas ne pas être affectée par le fracas du tonnerre, nos organes ne peuvent pas ne pas être affectés par la lumière, etc. : cf. *Anmerkungen*, *op. cit.*, § 69), une modification de l'âme, et le fait qu'elle nous est sensible, donc consciente. L'*Empfindung* est ainsi la charnière entre l'âme et le monde, et rend possible la distinction entre « *innerliche Empfindung* » (*Empfindung* interne), quand on considère l'*Empfindung* en tant qu'elle a lieu dans l'âme, et « *äußere Empfindung* » (*Empfindung* externe) quand on considère l'*Empfindung* comme causée par des objets extérieurs (cf. Johann Friedrich Stiebritz, *Erläuterungen der Wolffischen vernünftigen Gedancken von den Kräften des Menschenverstandes* [*Explication des « Pensées raisonnables » de Wolff sur les forces de l'entendement humain*], 1741, § 101).

B. La vérité du ressentir : Sulzer, Schulze, Herder

Chez Sulzer, dans la perspective d'une harmonie entre pensée théorique et pensée esthétique, le partage ne se fait plus, comme chez Wolff, entre *Empfindung* interne et externe, mais bien entre *Empfinden* et *Erkennen*. La prémisse de Baumgarten, en faveur de l'égale dignité de la connaissance esthétique ou « sensitive » et de la connaissance intellectuelle, est radicalisée sous la forme d'une distinction entre *Empfinden* et *Erkennen*, qui n'est plus une hiérarchie, mais un partage des compétences. Tandis que, pour Wolff, l'*Empfindung* fait charnière entre le moi et le monde, l'*Empfinden* renvoie pour Sulzer à la capacité d'être affecté au sentiment agréable ou désagréable et se rapproche donc de l'émotion (*Rührung*). Elle est donc sans ambiguïté du côté du sujet et s'oppose au pôle objectif de la connaissance (*Erkennen*). L'article « *Sinnlich* (*Schöne Künste*) » de la *Theorie der schönen Künste* (1786) présente bien cette topique :

> Nous disons que nous connaissons (*erkennen*), que nous saisissons (*fassen*) ou que nous comprenons (*begreifen*) quelque chose quand nous avons la claire perception (*Wahrnehmung*) de sa nature (*Beschaffenheit*), et nous avons une connaissance claire des choses dont nous sommes capables d'expliquer ou de décrire la nature aux autres. Dans l'état de connaissance, il y a quelque chose qui vient se placer devant notre esprit (*Beym Erkennen schwebt also unserem Geist etwas vor*), ou nous sommes conscients d'une chose que nous considérons comme différente de nous-mêmes, c'est-à-dire de notre puissance d'agir, et nous appelons cette chose objet de connaissance. En revanche, nous disons que nous ressentons (*empfinden*) quelque chose quand nous sommes conscients d'une modification au sein même de notre propre puissance.
>
> *Theorie der schönen Künste*, *op. cit.*, article « *Sinnlich [Schöne Künste]* », p. 408.

Le but de l'argumentation est en fait de démontrer par et dans le vocabulaire de la connaissance qu'il y a une pensée dans le ressentir. Dans cette perspective, motivée par le désir de confirmer la dignité de la pensée esthétique établie par Baumgarten, l'*Empfindung* doit être distinguée, comme ressentir de soi par soi, de la constitution d'un objet de connaissance, laquelle ne peut avoir lieu que si nous sommes « spectateurs de ce qui a lieu » (« *Zuschauer dessen, was vorgeht* »), alors que « dans le ressentir nous sommes nous-mêmes la chose où a lieu le changement [*beym Empfinden sind wir selbst das Ding, mit dem etwas veränderliches vorgeht*] » (*ibid.*). Ce ressentir de soi par soi va participer aussi bien du vocabulaire de la sensibilité que du vocabulaire de la conscience : « chaque fois que nous ressentons quelque chose, nous sommes conscients d'un changement en nous-mêmes [*bey jeder neuen Empfindung sind wir uns einer Veränderung in uns selbst bewußt*] » (*ibid.*). La différence radicale qu'établit Sulzer entre le ressentir (*Empfinden*), comme résonance du soi en soi, et la connaissance (*Erkennen*), comme séparation de la conscience observante et des objets de connaissance, aboutit alors à la constitution de deux sphères équivalentes en dignité. Dans le ressentir, la sensibilité « pense ». Il existe donc une « pensée sensible », une « pensée des sens » (*sinnliches Denken*, *ibid.*, p. 410), qui s'oppose à la « pensée spéculative » (*das spekulative Denken*, *ibid.*). Du point de vue de la distinction entre *Gefühl* et *Empfinden*, la nouveauté introduite par la problématique de la conscience sensible est que la pensée « sensible » que Sulzer prend bien soin de distinguer de ce qui, dans le ressentir, n'est que sentir du ressentir, devient dans sa terminologie « le plein sentiment » (*das volle Gefühl*) du ressentir (*Empfindung*). Il y a donc à la fois, sur la base de l'esthétique nouvellement constituée, une promotion du sentiment à la dignité de la connaissance et le maintien d'une conception « en miroir » de la réflexion et de la sensibilité. La pensée se retrouve dans les replis du sentir.

On peut franchir un pas de plus et rehausser la dignité de cette pensée des sens jusqu'à affirmer qu'elle est un *cogito*. C'est bien ce que fait G.E. Schulze quand il parle dans son *Grundriss der philosophischen Wissenschaft* d'un *Gefühl der Existenz*, qu'il met au nombre des « *Gefühle des inneren Sinnes* » (sentiments du sens intérieur), et qu'il conçoit comme un équivalent du cogito (*Grundriss der philosophischen Wissenschaft,* 1788-1790, t. 1).

Cette mise en équivalence entre sentiment et connaissance se retrouve chez Herder, lequel a recours à Wolff pour définir dans ses *Kritische Wälder* l'esthétique comme une « science du sentiment du beau, c'est-à-dire de la connaissance sensible [*eine Wissenschaft des Gefühls des Schönen, oder nach der Wolffischen Sprache, der sinnlichen Erkenntnis*] ». Radicalisant d'une nouvelle manière le propos wolffien, Herder n'hésite pas à parler de « sentiment de l'esprit » (*geistige Empfindung*) et à effacer toute distinction entre *Empfindung* et connaissance, ainsi qu'entre *Empfindung* et *Gefühl* :

> Aucune connaissance n'est possible sans *Empfindung* c'est-à-dire sans sentiment (*Gefühl*) du bien et du mal [...] La connaissance de l'âme est donc impensable sans le sentiment du bien-être ou du mal-être, sans la sensation profondément intime et intellectuelle de la vérité et de la bonté.
>
> *Über Erkennen und Empfinden in der menschlichen Seele* [1774], éd. Suphan, t. 8, p. 236 *sq.*

III. DE TETENS À KANT : LE FILTRAGE DES DIFFÉRENCES À PARTIR DE LA THÉORIE DES FACULTÉS

Dans la philosophie de Johann Nikolaus Tetens et dans le criticisme kantien, l'articulation entre empirisme et abstraction se retrouve mise en question, et cette mise en question ouvre à une réflexion sur la différence entre *Gefühl* et *Empfindung*. Tetens, s'appuyant en apparence sur des principes sensualistes d'origine lockienne, opère un filtrage en soulignant que l'incidence du monde extérieur sur la sensation n'est jamais qu'un point de départ, et qu'il faut donc faire une différence entre la matière première de la sensation et son devenir-représentation. Dire que nos idées proviennent des sensations signifie pour lui seulement que « les sensations (*Empfindungen*) sont la matière première (*Grundstoff*) dont la raison dispose pour nos représentations, nos pensées et nos idées, la matière à partir de laquelle l'activité de la pensée les fait advenir » (*Über die allgemeine spekulativische Philosophie* [1775], repr. in *Neudrucke seltner philosophischer Werke,* t. 4, Berlin, 1913, p. 49). De même, Kant dira dans la *Critique de la raison pure* que les sensations sont la « matière de nos sens » (*Critique de la raison pure*, B 286/ A 233-234), l'effet de l'objet sur la capacité représentative (*Critique de la raison pure*, « Esthétique transcendantale », § 1) et, en tant que telles, « la matière du phénomène » (*ibid.*, § 8 ; B 60, A 42/43). Ce qui fait la différence entre la veille et le rêve malgré leur source commune dans les sensations, argumente Tetens, est que, dans l'état de veille, « la capacité de penser (*Denkkraft*) élabore les représentations des objets à partir des sensations (*Empfindungen*) » (*Über die allgemeine spekulativische Philosophie, op. cit.*, p. 50). Mais il ajoute aussi que, même dans l'état de réceptivité, l'âme n'est jamais vraiment passive et que l'attention est déjà elle-même une activité de l'âme. La contradiction entre sujet et objet est ainsi résolue, dans la mesure où les modifications de l'âme, qui définissaient pour Wolff ou Sulzer l'*Empfindung*, présupposent une faculté (*Vermögen*) de l'âme à être modifiée. Si l'*Empfindung* est un effet (*Wirkung*) sur l'âme, « les capacités [de l'âme] à être modifiée sont, en tant qu'elles ont leur siège dans l'âme, des facultés participatives (*mitwirkende Vermögen*), et elles ont leur source dans celles qui sont actives » (*Philosophische Versuche über die menschliche Natur,* t. 1, p. 650). C'est la capacité de l'âme à s'autoanimer qui lui rend la réalité accessible. Mais dans la mesure où la connaissance élabore le matériau de la sensation, elle « l'expulse hors de l'âme » et la « place devant elle » (*ibid.,* t. 1, p. 219).

Sur cette base, Tetens intervient pour remédier à la confusion de langage qu'il constate dans l'usage des termes *Empfindung* et *Gefühl*, réservant au terme de *Gefühl* la signification active (le *Gefühl*, c'est l'acte de ressentir) et à celui d'*Empfinden* une connotation de signal : la sensation a valeur indicative par rapport à sa source. Ainsi :

> Les mots *Gefühl* et *fühlen* ont une étendue de signification presque aussi grande que celle des mots *Empfindung* et *empfinden*. Et pourtant, il semble que l'on doive constater entre eux une nette différence. Le sentir (*Fühlen*) se rapporte plutôt à l'acte de sentir (*Aktus des Empfindens*) qu'à l'objet lui-même ; et, en tant qu'on les distingue des sensations (*Empfindungen*), il y a sentiments (*Gefühle*) quand nous ressentons un changement en nous ou exercé sur nous, sans que cette impression nous permette pour autant d'avoir la connaissance de l'objet qui en a été la cause. Ressentir (*empfinden*) fait signe vers un objet (*zeiget auf einen Gegenstand hin*), que nous sentons (*fühlen*) en nous par le truchement de l'impression sensible et que nous découvrons pour ainsi dire comme un déjà-là.
>
> *ibid.*, t. 1, p. 167 *sq.*

Comme Tetens, Kant différencie *Empfindung* et *Gefühl* en soumettant le rapport entre sentiment et sensation à une analyse rigoureuse. Au § 3 de la *Critique du jugement*, Kant se propose comme Tetens de mettre de l'ordre dans le vocabulaire — le passage commence par ces mots : « Voilà tout de suite l'occasion de constater une confusion tout à fait courante intervenant dans la double signification que peut avoir le mot sensation... » Certes le contexte n'est plus le même que chez Tetens, puisque Kant veut ici opposer, au rapport intéressé de l'hédonisme envers l'objet de plaisir, le plaire esthétique libre de tout intérêt. Toutefois les implications se recoupent :

> Quand une détermination du sentiment (*Gefühl*) du plaisir ou de la peine est appelée sensation (*Empfindung*), ce terme désigne tout autre chose que quand j'appelle sen-

> sation la représentation (*Vorstellung*) d'une chose (par les sens, en tant que réceptivité relevant du pouvoir de connaître). Car, dans le dernier cas, la représentation est rapportée à l'objet, tandis que dans le premier, elle l'est exclusivement au sujet et ne sert absolument à aucune connaissance, même pas à celle par laquelle le sujet se connaît lui-même. [...] Nous entendons [...] par le terme sensation (*Empfindung*) une représentation objective des sens (*eine objektive Vorstellung der Sinne*), et pour ne pas toujours courir le risque d'être mal compris, nous désignerons ce qui, en tout temps, doit nécessairement rester simplement subjectif et ne peut en aucune façon constituer la représentation d'un objet sous le nom au demeurant usuel de sentiment (*Gefühl*). La couleur verte des prairies relève de la sensation objective (*gehört zur objektiven Empfindung*) en tant que perception d'un objet des sens (*Wahrnehmung eines Gegenstandes des Sinnes*) ; mais ce qu'elle a d'agréable relève de la sensation subjective, qui ne nous livre la représentation d'aucun objet.
>
> *Critique du jugement*, trad. fr. A. Renaut modifiée, p. 184.

Ici le traducteur peut transposer terme à terme en français : « sensation » pour *Empfindung*, « sentiment » pour *Gefühl*, puisque Kant explicite les raisons philosophiques du partage terminologique. L'opposition établie ici s'adosse à la notion générale de « représentation » (*Vorstellung*), qui fait office de moyen terme entre *Gefühl* et *Empfindung*, et suppose en outre une équivalence entre la sensation « objective » (*Empfindung*) et ce que l'on traduit ordinairement par « perception », *Wahrnehmung* (voir PERCEPTION). Le *Gefühl* comme ressentir simplement subjectif sans représentation d'objet, dont parle Kant à cet endroit de la *Critique du jugement*, correspond bien au *Gefühl* comme ressentir d'un changement en l'âme sans connaissance de sa cause, tel que Tetens le définit dans le passage des *Philosophische Versuche* cité précédemment, et qu'il dénomme parfois *Empfindnis* pour le distinguer justement de l'*Empfindung*. Mais dire, comme fait Kant, que la couleur d'une prairie est une « sensation objective » ne revient pas à dire que la matérialité d'une couleur échappe, en tant que réalité objective, à toute détermination subjective, ni que la sensation, en tant qu'elle a lieu dans le sujet, est seulement relative et arbitraire. Le terme « objectif » est ici le produit d'une césure, celle de l'esthétique transcendantale, que Tetens n'avait pas faite. Pour Kant, les couleurs ne sont pas des réalités physiques, mais des modifications de nos sens. C'est pour cette raison qu'elles sont « subjectives ». Mais ce qui affecte le sujet ne lui appartient pas pour autant, pas plus que ne lui appartiennent l'espace et le temps comme *a priori* de la sensation : en quoi ils sont, comme l'*Empfindung*, « objectifs ». S'il est donc légitime de scinder le terme de sensation en fonction des deux pôles du sujet et de l'objet, il est tout aussi nécessaire de distinguer nettement l'*Empfindung*, comme ce qui fait charnière entre le monde et l'individu, et le *Gefühl*, comme une résonance subjective interne, et signal du sujet à lui-même. Si Tetens n'est pas allé jusqu'à définir les principes de la sensibilité (*Sinnlichkeit*) comme Kant le fera dans son *Esthétique transcendantale*, en les désignant comme conditions formelles *a priori* du temps et de l'espace, c'est que l'analyse psychologique englobait encore chez lui la philosophie de la représentation.

IV. LES AVATARS DU SENTIMENT MORAL : « GEFÜHL », « EMPFINDSAMKEIT »

C'est précisément cette césure qui permet à Kant de faire passer le terme de *Gefühl* dans le domaine moral, de transcender donc le senti, mais sans risquer de gommer la différence entre éthique et esthétique : le respect devient alors l'unique « sentiment » (*Gefühl*) de la raison pratique. Cet usage du terme de *Gefühl* n'est pas en contradiction avec l'habitude de l'époque. La quasi-totalité des exemples qu'Adelung donne dans son dictionnaire pour l'emploi du terme *Gefühl* relève de valeurs éthiques (amour de la patrie, du créateur, sentiment du bonheur éprouvé auprès d'un ami honnête) et culmine dans l'équation suivante : « *Das moralische Gefühl, die Empfindung dessen, was gut und böse ist* [le sentiment (*Gefühl*) moral, le sentiment (*Empfindung*) de ce qui est bien et de ce qui est mal]. »

On opposera à ce sens de *empfindend* comme « capable de sentiment moral » le terme de *empfindsam* et la question de l'*Empfindsamkeit*, dont l'histoire relève entièrement du domaine de la littérature et qui a été institutionnalisé en allemand à partir des remarques de Lessing concernant la traduction du *Sentimental Journey* de Sterne par J.J. Boder (*Empfindsame Reise*, 1768). Dans cette acception, *empfindsam* a voulu dire au XVIIIe siècle « capable d'émotion » (*Rührung*). Adelung le définit par « *fähig, leicht gerührt zu werden* » (« capacité d'être facilement ému »), tandis que Campe parle de la capacité d'éprouver du plaisir dans la participation émotive. Chez Kant et chez d'autres, l'*Empfindsamkeit* est dénoncée comme larmoyance (*Empfindelei, Empfindsamelei*). Mais le terme reste entièrement lié à cette époque, et à partir du XIXe siècle on ne parlera plus que de *Sentimentalität*.

En mêlant entre eux le sentiment moral et l'effusion de la participation, on obtient le croisement conceptuel du *Mit-Gefühl*, c'est-à-dire d'un sentiment moral de participation à la communauté, dont les usages pourront être soit pédagogiques (comme chez Herder, *Ideen zur Philosophischen Geschichte der Menschheit*, 1784-1795 : le fondement de la communauté est le *Mit-Gefühl* familial [éd. Suphan, t. 13, p. 159]), soit politiques — notamment avec le concept de *Freiheitsgefühl* chez Schubart (*Deutsche Chronik*, 1775) ou dans le *Fiesko* de Schiller (1783). Friedrich von Schlegel donnera au terme une tonalité emphatique et conservatrice en accordant au caractère allemand un sentiment inné de la liberté lié à un sentiment intuitif de la justice de droit (*Rechtlichkeit*) fondé sur le respect de la morale et de la religion (F. von Schlegel, *Europa* [1803], éd. Behler, 1983, p. 12), ce à quoi Heinrich Heine ripostera bientôt dans sa préface à la seconde édition des *Reisebilder* (1831) en opposant au conservatisme communautariste d'une « *katholische Harmonie des Gefühls* » (« harmonie catholique du *Gefühl* ») une vision plus française et jacobine du politique.

Quant au philosophe du sentiment par excellence au cours de la Querelle du panthéisme, Jacobi, un *Gefühl* objectif et pur est pour lui la base d'une philosophie qui se conçoit comme transcendantale. Cette pure totalité indissociable du *Gefühl* abolit les frontières entre imagination et discours, littérature et philosophie. Herder, Bouterwerk, Goethe ou Jacobi se rencontrent sur ce terrain de l'absolu du sentiment. Chez Goethe particulièrement, le *Gefühl* est à l'origine de toute découverte et de toute vérité. Il se rapproche alors de l'immédiateté de l'*Anschauung*, de l'« intuition », la dimension du génie en plus. On retrouve cela chez Schleiermacher, pour qui l'essence de la religion n'est ni la pensée ni l'action, mais « *Anschauung und Gefühl* » (*Über die Religion. Reden an die Gebildeten unter ihren Verächtern* [1799], p. 120 *sq.*). L'absolu littéraire des romantiques et de Hölderlin en fait un concept originaire à la source de toute *poiêsis*, de toute invention et finalement de toute culture. La poésie des Grecs, fondée sur la simplicité et la pureté d'un *Gefühl* originaire, devient le lieu sacré de l'esprit, contre lequel la dialectique hégélienne va mener sa croisade anti-particulariste au nom de la *Vernünftigkeit*, de la rationalité.

Jean-Pierre DUBOST

BIBLIOGRAPHIE

BAUMGARTEN Gottfried, *Metaphysica* (1757), Hambourg, rééd. Meiner Verlag, 1983.

BÄUMLER Alfred, *Das Irrationalitätsproblem in der Ästhetik und Logik des 18. Jahrhunderts bis zur* Kritik der Urteilskraft, Halle, 1923 ; repr. Darmstadt, Wissenschaftliche Buchgesellschaft, 1975.

BODER Johann Joachim Christoph, *Yoricks empfindsame Reise durch Frankreich und Italien*, Hambourg, 1768 ; *A Sentimental Journey through France and Italy, and, Continuation of Bramine's Journal: the text and notes*, trad. all. L. Sterne, éd. M. New et W.G. Day, Gainesville, University Press of Florida, 2002.

HEINE Heinrich, *Reisebilder*, I (1824-1828), in *Sekulärausgabe*, t. 5, Berlin-Paris, Akademie Verlag/CNRS, 1970.

HERDER Johann Friedrich, *Vom Erkennen und Empfinden in der menschlichen Seele* (1778), éd. Suphan (1877-1913), t. 8 ; repr. Hildesheim, Olms, 1978.

— *Kritische Wälder oder Betrachtungen, die Wissenschaft und die Kunst betreffend*, nach Maasgaben neuerer Schriften (1769), éd. Suphan (1877-1912), t. 3 et 4 ; repr. Hildesheim, Olms, 1994.

KANT Emmanuel, *Critique de la raison pure*, trad. fr. A. Tremesaygues et B. Pacaud, 1944.

— *Critique du jugement*, trad. fr. A. Renaud, Aubier, 1995.

LOCKE John, *An Essay Concerning Human Understanding* (1690), éd. Nidditsch, Oxford, Clarendon Press, 1975 ; *Essai philosophique concernant l'entendement humain* (1700), trad. fr. P. Coste, éd. É. Naert, Vrin, 1972.

SCHILLER Friedrich von, *Die Verschwörung des Fiesko zu Genua* (1783), in *Nationalausgabe*, t. 4, Weimar, Hermann Böhlaus Nachfolger, 1967.

— *Über den Zusammenhang der thierischen Natur des Menschen mit seiner geistigen* (1780), in *Nationalausgabe*, t. 20, Weimar, Hermann Böhlaus Nachfolger, 1962.

— *Über die ästhetische Erziehung des Menschen in einer Reihe von Briefen* (1795), in *Nationalausgabe*, t. 20, Weimar, Hermann Böhlaus Nachfolger, 1962.

SCHLEGEL Friedrich von, *Europa* (1803) ; repr. Hildesheim, Olms, 1998.

SCHLEIERMACHER Friedrich, *Über die Religion. Reden an die Gebildeten unter ihren Verächtern* (1799), rééd. Stuttgart, Reclam, 1997.

SCHUBART Christian Friedrich Daniel, *Deutsche Chronik* (1774-1775) ; repr. Hildesheim, Olms, 1998.

SCHULZE Gottlob Ernst, *Grundriss der philosophischen Wissenschaft* (1788-1790) ; repr. Hildesheim, Olms, 1970.

STIEBRITZ Johann Friedrich, *Erläuterungen der Wolffischen vernünftigen Gedancken von den Kräften des Menschenverstandes* (1742-1743) ; repr. Hildesheim, Olms, 1977.

SULZER Johann Anton, *Allgemeine Theorie der schönen Künste*, Leipzig, Weidmann und Reich, 1773-1775.

TETENS Johann Nikolaus, *Philosophische Versuche über die menschliche Natur und ihre Entwicklung* (1777) ; repr. Hildesheim, Olms, 1979.

— *Über die allgemeine spekulativische Philosophie* (1775) ; repr. in *Neudrucke seltner philosophischer Werke*, t. 4, Berlin, Reuther und Reichard, 1913.

WOLFF Christian, *Deutsche Logik*, in *Gesammelte Werke*, tome 1 ; repr. Olms, Hildesheim, 1977.

— *Deutsche Metaphysik. Vernünftige Gedanken von Gott, der Welt und der Seele des Menschen, auch allen Dingen überhaupt*, in *Gesammelte Werke*, t. 10, Hildesheim, Olms ; repr. Hildesheim, Olms, t. 2, 1976.

OUTILS

ADELUNG Johann Christoph, *Versuch eines vollständigen grammatisch-kritischen Wörterbuches der hochdeutschen Mundart* [Essai de dictionnaire grammatico-critique complet du haut allemand], 5 vol., Leipzig, Breitkopf, 1774-1786.

EBERHARD Johann August, *Versuch einer allgemeinen deutschen Synonymik* [Essai de synonymique générale de l'allemand], Halle, J.G. Ruff, 1795 ; repr. Hildesheim, Olms, 1971.

GEGENSTAND/OBJEKT ALLEMAND

► OBJET, et *CHOSE*, EPOKHÊ, ERSCHEINUNG, ESSENCE, GEFÜHL, INTENTION, PERCEPTION, RÉALITÉ, REPRÉSENTATION, RES, SACHVERHALT, SENS, SUJET, VÉRITÉ, WERT

C'est surtout dans les philosophies dites transcendantales, faisant du sens objectif ou de l'objet le produit des actes du sujet, que les difficultés de traduction du registre de l'objectivité se font jour. Elles tiennent pour l'essentiel à la distinction de niveaux de l'objectivation, c'est-à-dire à la distinction d'étapes dans la production du sens objectif, qui engendre une véritable prolifération lexicale difficile à transposer en français comme en toute autre langue que la langue originale. Deux différences notables apparaissent cependant : d'une part, chez Kant la scission de l'objet en « phénomène » (Erscheinung) *et « chose en soi »* (« Ding an sich ») *partage en deux le lexique de l'objectivité, alors que le rejet par Husserl de la notion de chose en soi fait disparaître cette dualité ; d'autre part, les niveaux d'objectivation sont, chez Kant, relatifs à la doctrine des facultés et des fonctions synthétiques (à la table des catégories), donc à la structure du sujet, tandis que Husserl, en refusant le renversement copernicien et la doctrine des facultés, les rend relatifs à la seule stratification du sens objectif dévoilée par l'intuition d'essence* (Wesenschau).

I. KANT : « OBJEKT » ET « GEGENSTAND » ENTRE PHÉNOMÈNE (« ERSCHEINUNG ») ET CHOSE EN SOI (« DING AN SICH »)

Le passage à l'idéalisme critique, concernant le thème de l'objectivité, a été un réveil étymologique. *Gegenstand* et *Objekt* ont été introduits pour traduire le latin *objectum*, qui vient de *objicio*, « jeter devant », « exposer » ; l'allemand *gegen* ajoute à cette idée de manifestation celle de direction vers... et de résistance (*entgegenstehen*, dont le substantif est *Gegenstand*, signifie d'abord *oppositum esse*, et en vieil haut allemand *gaganstentida* a le sens d'*obstacula*), et *Stand* (= *stans*), « ce qui se tient », puis « ce qui se maintient, ce qui dure ». Le terme philosophique *Gegenstand* hérite donc de trois registres : *das Gegenüberstehende*, « ce qui se tient face à moi », « ce qui me fait op-position » ; le *terminus ad quem* d'une faculté (« *Gegenstand der Empfindung, der Wahrnehmung...* » : objet de sensation, de perception...) ; et la subsistance ou substantialité. Dans la période pré-critique, Kant, dans le sillage de la pensée classique, recouvre le registre de l'op-position (de la phénoménalité) par celui de la subsistance (de la réalité en soi). Le virage vers l'idéalisme transcendantal consiste à retrouver en deçà du sens « objet subsistant en soi » les deux premiers sens, et à les penser dans une unité systématique : l'objet est le « vis-à-vis » constitué par des actes d'objectivation relevant des facultés (sensibilité, imagination, entendement) et de leurs fonctions, mais la chose en soi demeure son fondement ontologique inconnaissable.

A. La scission entre phénomène et chose en soi

Dans le latin de la *Dissertatio* de 1770, on trouve deux séries d'équations ontologiques antonymiques : *objectivum* = *reale* = *intelligibile* = *subjecto irrelativum*, *subjectivum* = *ideale* = *sensibile* = *subjecto relativum*. L'*objectivum* s'oppose au *subjectivum*, à ce qui réside dans le sujet ou est relatif au sujet, et s'identifie donc à l'intelligible (qui par opposition au sensible ne varie pas selon les sujets) et à la *realitas* (par opposition à l'*idealitas*, qui caractérise les idées ou représentations subjectives mais non les objets existants). Ainsi Kant oppose-t-il la « *lex subjectiva* », « *lex quaedam menti insita* », ou encore les « *conditiones subjecto propriae* » (la « loi subjective », « située dans l'esprit », les « conditions propres au sujet » : espace et temps, § 29), à la « *conditio objectiva* », par exemple la « *forma objectiva sive substantiarum coordinatio* [la condition objective, la forme objective comme coordination des substances] ». De même refuse-t-il d'accorder au temps et à l'espace le statut d'« *objectivum aliquid et reale* [quelque chose d'objectif, c'est-à-dire de réel] » (§ 14-15) pour en faire une « *coordinatio idealis et subjecti* [une coordination idéale, c'est-à-dire subjective] ». D'où résulte le double sens de l'*objectum*, correspondant à son double registre étymologique : d'un côté la *res*, l'« *existens in se* », « *objectum intellectus* », chose en soi et cause intelligible des affections sensibles, de l'autre le *phaenomenon*, l'« *objectum sensuum* » :

> *Phaenomena ceu causata testantur de praesentia objecti, quod contra Idealismum.*
>
> [Les phénomènes, en tant qu'ils sont causés, attestent la présence de l'objet, ce qui va contre l'idéalisme (*praesentia* a, dans cette réfutation de l'idéalisme, le sens d'*existentia* et non de manifestation).]
>
> § 4.

> *Quaecunque ad sensus nostros referuntur ut objecta, sunt Phaenomena.*
>
> [Tout ce qui se rapporte à nos sens en tant qu'objet est phénomène.]
>
> § 12.

Malgré cette amphibologie, le terme d'*objectum* tend déjà à être réservé à l'objet apparaissant et à se dégager du registre de l'existence en soi : ainsi la section IV, qui traite du principe formel du monde intelligible (donc des objets en soi), substitue-t-elle au terme *objectum* ceux de *res, substantia, aliquid, omnia* ; c'est pourquoi, dans le dernier passage cité, mieux vaut éviter la traduction de *quaecunque* par « toutes les choses qui... » (trad. fr. P. Mouy, Vrin), qui implique une réification du phénomène, et réserver « chose » à la « *res intelligibilis* ».

Cette amphibologie se confirme dans la période critique, mais avec un déplacement décisif. L'objet garde certes son double sens, celui de la chose en soi (désignée par les expressions *Ding an sich, Objekt an sich, Gegenstand an sich, Noumenon, das Erscheinende*, c'est-à-dire « chose en soi », « objet en soi », « noumène », « l'apparaissant ») et du phénomène (désigné par les termes *Objekt, Gegenstand, Erscheinung*). Mais le passage à l'idéalisme transcendantal opère un déplacement décisif : les choses en soi sont inconnaissables pour le sujet fini, même pour son entendement ; l'objet en soi cesse donc de signifier la réalité purement intellectuelle par opposition à la réalité sensible, pour désigner ce qui n'est relatif ni à la sensibilité ni à l'entendement. Dans l'idéalisme critique, le phénomène confisque le sens de l'objectivité pour tout sujet fini, et l'intuition sensible, en devenant la condition minimale de l'expérience possible, l'est aussi de toute validité objective et de toute dénotation :

> *Also beziehen sich alle Begriffe und mit ihnen alle Grundsätze [...] auf empirische Anschauungen, d. i. auf Data zur möglichen Erfahrung. Ohne dieses haben sie gar keine objektive Gültigkeit.*
>
> [Tous les concepts, et avec eux tous les principes (...) se rapportent à des intuitions empiriques, c'est-à-dire à des données pour l'expérience possible. Sans cela, ils n'ont aucune validité objective.] (Validité objective est ici l'équivalent de sens, de signification ou de relation à l'objet, c'est-à-dire, en langage frégéen, de la dénotation, voir SENS).
>
> *Kritik der reinen Vernunft*, A 239, B 298.

L'objectivité récupère ainsi le sens étymologique de manifestation à..., comme apparition à la sensibilité par le biais des affections : *Objectum* = *Gegen-stand* = *phaenomenon* = *ob-jectum* = *Dawider* = vis-à-vis pour l'« *intuitus derivatus* ».

♦ Voir encadré 1.

B. Les différents concepts de l'objectivité en soi

Est-ce à dire que le phénomène confisque tout le sens de l'objectivité ? Non, car le concept de chose en soi, même s'il ne désigne aucun objet connaissable, conserve plusieurs fonctions essentielles dans l'idéalisme transcendantal. Ce concept est d'ailleurs trompeur, car l'« en en soi » suggère l'exclusion de toute relation, alors que Kant, loin de le penser à partir de la seule subsistance ontologique, le définit selon le renversement copernicien comme « *terminus ad quem* » de facultés (intuition infinie, entendement, raison pure, raison pratique) dans la perspective de la « corrélation » ouverte par le renversement copernicien, ce qui a pour effet d'en multiplier le sens.

— Le premier concept d'objet en soi correspond au sens positif du noumène, au pur objet d'entendement tel qu'il serait donné à une intuition intellectuelle ou à un *intuitus originarius* créateur de son objet :

> *Wenn ich aber Dinge annehme, die bloß Gegenstände des Verstandes sind, und gleichwohl, als solche, einer Anschauung, obgleich nicht der sinnlichen* (*als* coram intuitu intellectuali), *gegeben werden können ; so würden dergleichen Dinge Noumena* (Intelligibilia) *heißen*.
>
> [Si j'admets des choses qui sont simplement des objets de l'entendement, et qui pourtant peuvent être données comme telles à une intuition, bien que ce ne soit pas à l'intuition sensible (en tant qu'elles le sont *coram intuitu intellectuali*), de telles choses s'appelleraient des noumènes (*intelligibilia*).]
>
> *Kritik der reinen Vernunft*, A 249.

Noumène et phénomène se définissent ainsi par leur relativité à l'intuition infinie *vs* finie, créatrice *vs* réceptive, originaire *vs* dérivée. Heidegger, jouant sur l'opposition entre les particules *ent-* et *gegen-*, les caractérise comme *Entstand* (l'étant-surgissant-à-partir-de-l'intuition-originaire) et *Gegen-stand* ou *Dawider* (l'étant op-posé à l'intuition dérivée) (*Kant et le problème de la métaphysique,* trad. fr. p. 92 *sq.*, 179). Comme nous n'avons d'intuition que sensible et que nous ne pouvons démontrer la possibilité d'une intuition intellectuelle, un tel concept n'a aucune réalité objective, c'est-à-dire ni dénotation ni contenu.

— Le second est le concept négatif de noumène, auquel correspondent les termes d'« objet transcendantal » (« *tranzendentales Objekt* »), d'« objet en général » (« *Gegenstand überhaupt* »), de « quelque chose en général » (« *Etwas überhaupt* »). On ne peut rien connaître du noumène ; mais si l'on veut éviter l'idéalisme berkeleyen, il faut attribuer aux phénomènes, en tant que simples représentations, la relation à quelque chose qui ne soit pas représentation, mais cause ontologique des intuitions ; cet « objet » a pour double fonction de limiter la prétention de la sensibilité à donner les objets en soi (donc d'assurer l'idéalité transcendantale des phénomènes), et de garantir la dénotation ou la réalité empirique de ces derniers :

> *Da Erscheinungen nichts als Vorstellungen sind, so bezieht sie der Verstand auf ein Etwas, als den Gegenstand der sinnlichen Anschauung : aber dieses Etwas ist insofern nur das transzendentale Objekt. Dieses bedeutet aber ein Etwas = x, wovon wir gar nichts wissen.*
>
> [Comme les phénomènes ne sont rien que des représentations, l'entendement les rapporte à quelque chose, comme à l'objet de l'intuition sensible : mais ce quelque chose n'est sous ce rapport que l'objet transcendantal. Or, cet objet signifie un quelque chose = x, dont nous ne savons rien du tout.]
>
> *Kritik der reinen Vernunft*, A 250.

Cet objet est défini ailleurs comme « *die bloß intelligible Ursache der Erscheinungen überhaupt* [la cause purement intelligible des phénomènes en général] » (*Kritik der reinen Vernunft*, A 494, B 522), et « *das, was in allen unseren empirischen Begriffen überhaupt Beziehung auf einen Gegenstand, d. i. objektive Realität verschaffen kann* [ce qui dans tous nos concepts empiriques peut en géné-

1

Traduire le doublet chez Kant ?

Un embarras classique des traducteurs de Kant concerne l'emploi du doublet terminologique *Gegenstand-Objekt*. Les traductions existantes replient les deux termes l'un sur l'autre en les traduisant uniformément par « objet ». Est-il souhaitable, voire nécessaire de souligner terminologiquement la distinction entre objet apparaissant et chose en soi, et celle-ci correspond-elle à la distinction entre *Gegenstand* et *Objekt* dans le texte original ? E. Martineau soulève le problème dans son avertissement à la traduction française du cours de Heidegger sur la *Critique de la raison pure*, suggérant d'adopter « ob-jet » pour le phénomène (le tiret rendant la nuance d'opposition à l'intuition en séparant ob-), et « objet » pour la chose en soi. L'inconvénient, noté par les traducteurs français du *Kant-Lexikon* de R. Eisler (art. « Objet », p. 750), est que Kant emploie très souvent les deux termes l'un pour l'autre, leur faisant désigner aussi bien le phénomène que la chose en soi : on trouve indifféremment les expressions « *transzendentaler Gegenstand* » et « *transzendentales Objekt* » (objet transcendantal), « *Gegenstand in sich* » et « *Objekt in sich* » (objet en soi), etc. Cependant Kant emploie souvent les deux termes simultanément pour ménager un effet de contraste, par exemple au § 19 des *Prolégomènes...* : « *Das Objekt bleibt an sich selbst immer unbekannt* [L'objet en soi demeure toujours inconnu] », mais quand le rapport des représentations sensibles est déterminé par les catégories, « *so wird der Gegenstand durch dieses Verhältnis bestimmt* [alors l'ob-jet est déterminé par ce rapport] ». Il faudrait donc utiliser le doublet ob-jet/objet sans le faire correspondre strictement au doublet *Gegenstand* / *Objekt*, mais en fonction du contexte. La difficulté de l'usage de ce doublet tient à ce que Kant emploie parfois le terme *Gegenstand* pour désigner le genre coiffant les espèces « phénomène » et « chose en soi », notamment dans le passage cité par E. Martineau pour exemplifier sa distinction :

> *Die* Transzendentalphilosophie *betrachtet nur den* Verstand, *und Vernunft selbst in einem System aller Begriffe und Grundsätze, die sich auf Gegenstände überhaupt beziehen, ohne Objekte anzunehmen, die* gegeben wären (Ontologia) *; die* Physiologie *der reinen Vernunft betrachtet* Natur, *d. i. den Inbegriff* gegebener *Gegenstände (sie mögen nun den Sinnen, oder, wenn man will, einer anderen Art von Anschauung gegeben sein).*
>
> [La *philosophie transcendantale* ne considère que l'*entendement* et la raison même dans un système de tous les concepts et de tous les principes qui se rapportent à des objets en général, sans admettre des objets qui *seraient donnés* (ontologie) ; la *physiologie* de la raison pure considère la *nature*, c'est-à-dire l'ensemble des objets *donnés* (qu'ils soient donnés aux sens ou, si l'on veut, à une autre espèce d'intuition).]
>
> *Kritik der reinen Vernunft*, A 845, B 873.

ral procurer la relation à un objet, c'est-à-dire une réalité objective] » (*ibid.*, 109).

En tant que nulle catégorie ne peut s'y appliquer pour le déterminer, cet objet transcendantal n'est justement pas un « objet » défini : c'est un pur X, « le concept d'un objet en général [*der Begriff eines Gegenstandes überhaupt*] » (*ibid.*, A 251), « la pensée totalement indéterminée de quelque chose en général [*der gänzlich unbestimmte Gedanke von Etwas überhaupt*] » (*ibid.*, A 253). C'est l'*ob-* de l'objet, qui garantit la dénotation unitaire de nos représentations corrélative à l'aperception transcendantale comme unité formelle de la conscience de soi.

— Le troisième concept est celui d'idée de la raison : « objet purement intelligible », « objet de la pensée pure » (« *bloß intelligibler Gegenstand* », « *Gegenstand des reinen Denkens* », *ibid.*, A 286-287 *sq.*, B 342-343), c'est-à-dire objet suprasensible de la « *metaphysica specialis* » (l'âme, le monde, Dieu) tel que la raison prétend le déterminer à l'aide des seules catégories, en l'absence de toute donnée sensible. Comme la sensibilité est condition de la relation à un objet, les catégories comme pures formes de pensée ne définissent alors que des « *entia rationis* », « *leere Begriffe ohne Gegenstand* » (« des concepts vides sans objet », *ibid.*, A 292, B 348), « *hyperbolische Objekte* », « *reine Verstandeswesen (besser : Gedankenwesen)* » (« des objets hyperboliques », « de purs êtres d'entendement (ou mieux, de pensée) », *Prolegomena*..., § 45, *AK*, t. 4, p. 332), c'est-à-dire des objets suprasensibles sans réalité objective, sans dénotation.

— Le dernier concept de l'objet en soi est corrélatif à la raison pratique. Les idées suprasensibles n'ont aucune dénotation pour la raison spéculative mais en ont une pour la raison pratique, en tant que conditions nécessaires à l'observation de la loi morale. L'immortalité de l'âme, la liberté et l'existence de Dieu ont ainsi une « réalité objective », ce sont des « objets » en tant que corrélats nécessaires de la foi rationnelle, bien qu'aucune intuition n'assure cette réalité objective :

> *Nun bekommen sie durch ein apodiktisches praktisches Gesetz als notwendige Bedingungen der Möglichkeit dessen, was dieses sich* zum Objekte machen *gebietet, objektive Realität, d. i. wir werden durch jenes angewiesen,* daß sie Objekte haben, *ohne doch, wie sich ihr Begriff auf ein Objekt bezieht, anzeigen zu können.*
>
> [Ces idées reçoivent par une loi pratique apodictique, comme conditions nécessaires de ce que cette loi nous commande de *prendre pour objet*, tel une réalité objective, c'est-à-dire que nous apprenons de cette loi *qu'elles ont des objets,* sans cependant pouvoir montrer comment leur concept se rapporte à un objet.]
>
> *Kritik der praktischen Vernunft*, *AK*, t. 5, p. 135.

« Objectivité » et « réalité objective » signifient certes la subsistance indépendante de notre connaissance, mais en tant que corrélats nécessaires de la raison pratique, qui les pose comme postulats.

C. Les degrés de l'objectivité phénoménale

L'objet comme phénomène est pensé comme corrélat des fonctions objectivantes de la pensée. D'une manière générale, le problème critique est celui de la validité objective de nos connaissances, c'est-à-dire du passage de représentations simplement subjectives, valables pour moi seul (« *bloß subjektiv* »), à une représentation ayant à la fois relation à un objet (*Gegenständlichkeit*, « *Beziehung auf ein Objekt* ») et validité objective, pour tous (*Objektivität*). La traduction uniforme par « objectivité » masque cette distinction ainsi que la solution kantienne, qui est d'assimiler la *Gegenständlichkeit* (que l'on peut traduire par « objectualité ») à l'*Objektivität* (à laquelle on réservera la traduction par « objectivité »), comprise comme validité nécessaire (« *notwendige Gültigkeit* ») et universelle (*Allgemeingültigkeit*) :

> *Es sind daher objektive Gültigkeit und notwendige Allgemeingültigkeit (für jedermann) Wechselbegriffe, und ob wir gleich das Objekt an sich nicht kennen, so ist doch, wenn wir ein Urteil als gemeingültig und mithin notwendig ansehen, eben darunter die objektive Gültigkeit verstanden.*
>
> [Les concepts de validité objective et de validité universelle (pour quiconque) et nécessaire sont donc équivalents, et bien que nous ne connaissions pas l'objet en soi, si un jugement est perçu comme doué de validité générale et nécessaire, on entend par là qu'il a une validité objective.]
>
> *Prolegomena*..., § 19, *AK*, t. 4, p. 298.

L'objectivité ne s'oppose donc plus à la subjectivité mais seulement à la « simple subjectivité » (« *bloße Subjektivität* »), « validité purement subjective » (« *bloß subjektive Gültigkeit* ») des modifications sensibles du sujet ; elle s'identifie à ce qui dans le sujet est *a priori*, à savoir les intuitions pures et catégories, qui fournissent le rapport à l'ob-jet :

> *Daß es a priori erkannt werden kann, bedeutet : daß es ein Objekt habe und nicht bloß subjektive Modifikation sei.*
>
> [Que cela (ce qui est donné par l'expérience) puisse être connu *a priori* signifie : que cela ait un objet, et ne soit pas seulement une modification subjective.]
>
> *Reflexionen*, 5216.

Cependant le concept d'objet est un concept générique, dont le sens se multiplie en fonction des niveaux d'objectivation qui assurent au phénomène sa dénotation, son universalité et sa nécessité. S'ensuit la plurivocité du concept de « réalité objective » (« *objektive Realität* »), qui se divise en niveaux liés aux conditions transcendantales (formelles, matérielles, générales) définissant les modalités (possible, effectif, nécessaire) et correspondant aux différents concepts scolastico-cartésiens de « réalité » (*quidditas* ou « *realitas objectiva* », *quodditas* ou « *realitas actualis* », *necessitas* ou « *ens causatum* »). Chaque niveau réalise une élimination successive de ce qui est simplement subjectif (« *bloß subjektiv* ») : la qualité sensible, l'« *ens imaginarium* » et la contingence.

— La *realitas objectiva* (*essentia, possibilitas*), au plan mathématique, n'est pas l'objet simplement présent là-devant (*da-seiendes*) mais débarrassé de ses qualités secondes, constitué par les seules qualités premières (grandeurs) comme conditions de la construction dans l'espace et le temps, c'est-à-dire l'objet possible ; c'est le sens d'objet (« *gegenständlicher Sinn* »), qui s'oppose au *nihil negativum*, objet vide sans concept (« *leerer Gegenstand ohne Begriff* », *Kritik der reinen Vernunft*, A 292, B 348) :

> [*die*] *Bedingungen des Raumes und der Bestimmung desselben* [...] *haben ihre objektive Realität, d. i. sie gehen auf mögliche Dinge, weil sie die Form der Erfahrung überhaupt* a priori *enthalten.*
>
> [(les) conditions de l'espace et de sa détermination ont leur réalité objective, c'est-à-dire se rapportent à des choses possibles, puisqu'elles contiennent *a priori* la forme de l'expérience en général.]
>
> *Ibid.*, A 221, B 268.

— La *realitas actualis existentia*, au plan dynamique, est l'effectivité (*Wirklichkeit*), l'objet donné perceptivement avec une matière sensible qui garantit sa réalité empirique ou dénotation (*Gegenständlichkeit, Beziehung auf einen Gegenstand*), qui s'oppose à l'*ens rationis* et à l'*ens imaginarium* comme intuition ou concept vides sans objet (*ibid.*, A 292) :

> [*wir müssen*] *immer eine Anschauung bei der Hand haben, um* [...] *die objektive Realität des reinen Verstandesbegriff darzulegen.*
>
> [(nous devons) toujours avoir en main une intuition pour mettre en évidence la réalité objective du concept pur de l'entendement.]
>
> *Ibid.*, B 288.

— Enfin l'*ens creatum sive causatum*, dépouillé de tout sens théologique, correspond à la « nécessité matérielle dans l'existence » (« *materiale Notwendigkeit im Dasein* »), c'est-à-dire à la soumission au principe de causalité et à la règle nécessaire de l'entendement dans l'appréhension des phénomènes :

> *Dasjenige an der Erscheinung, was die Bedingung dieser notwendigen Regel der Apprehension enthält, ist das Objekt.*
>
> [Ce qui dans le phénomène contient la condition de cette règle nécessaire de l'appréhension est l'ob-jet.]
>
> *Ibid.*, A 191, B 236.

L'idée d'ordre causal du temps prescrit une règle à l'enchaînement subjectif de l'appréhension, et permet de passer de la succession subjective des représentations à la représentation d'une succession objective, de l'*Erscheinung* à l'*Objekt* ; l'objet en ce sens ne désigne pas simplement l'objet existant, mais ce qui a une validité universelle et nécessaire. L'objectivité comme validité objective ne s'identifie donc pas totalement à la dénotation mais lui ajoute une exigence, celle du principe de raison ou de causalité, qui insère tout objet dans l'ordre nécessaire de causation des phénomènes et permet de constituer la réalité pour les sciences de la nature, identique pour tout sujet (*allgemeingültig*). On se gardera de confondre cette validité intersubjective avec la simple *prétention* à l'*universalité subjective* qui caractérise le jugement de goût (*Kritik der Urteilskraft*, § 8, *AK*, t. 5, p. 213-216), car elle n'est que l'Idée d'un assentiment universel dépourvu de concept, donc d'objectivité.

— Un dernier concept de l'objectivité apparaît au plan pratique, où se pose également la question critique de l'objectivité de nos principes d'action. Il y a bien en général un objet de la pratique comme phénomène, à savoir l'objet du désir comme réalisation de la volonté ; mais si le principe de détermination de l'action est un objet empirique, à savoir le sentiment de plaisir ou de peine ou la distinction entre le bon et le mauvais, l'action est dépourvue de validité objective parce que son objet est une matière *a posteriori* (*Kritik der praktischen Vernunft*, *AK*, t. 5, p. 21 — *Objekt* = *Materie*), donc simplement subjective ; pour qu'elle en ait une, son objet doit être un objet *nécessaire* de la faculté de désirer, dont la validité intersubjective est assurée par son caractère formel, *a priori*, à savoir la forme de la loi, principe de distinction entre bien et mal (*Gut* et *Böse*). Comme dans le cas de la raison pure, il faut donc distinguer la *Gegenständlichkeit* et l'*Objektivität*, l'objectualité et l'objectivité, celle-ci étant garantie par l'apriorité, c'est-à-dire la nécessité et l'universalité :

> *Unter einem Begriffe eines Gegenstandes der praktischen Vernunft vertehe ich die Vorstellung eines Objekts als einer möglichen Wirkung durch Freiheit.*
>
> [J'entends par concept d'un objet de la raison pratique la représentation d'un objet comme effet possible de la liberté.]
>
> *Kritik der praktischen Vernunft, AK*, t. 5, p. 57.

> *Die alleinigen Objekte einer praktischen Vernunft sind also die vom* Guten *und* Bösen. *Denn durch das erstere verteht man einen notwendigen Gegenstand des Begehrungs, durch das zweite des Verabscheuungsvermögens, beides nach einem Prinzip der Vernunft.*
>
> [Les seuls objets d'une raison pratique sont donc le *bien* et le *mal*. Car par le premier on comprend un objet nécessaire de la faculté de désirer, par le second un objet nécessaire de la faculté d'abhorrer, tous deux d'après un principe de la raison.]
>
> *Ibid.*, *AK*, t. 5, p. 58.

II. HUSSERL : DE L'OBJET À LA « GEGENSTÄNDLICHKEIT »

Le lexique de l'objectivité présente chez Husserl le même genre de difficulté que chez Kant, en ce qu'il est techniquement étendu et complexifié par la distinction de types d'objet et d'objectivation. Cependant il est en même temps, par rapport au kantisme, simplifié par l'*epokhê* [ἐποχή] qui, évacuant la dissociation de l'objet en phénomène et chose en soi, ramène l'objet au seul phénomène.

A. Multiplication des types d'objet

Le mot d'ordre de Husserl est le « *Rückgang auf die Sache selbst* », traduit par « retour aux choses mêmes ». Cependant : « *Sachen sind nicht ohne weiteres Natursachen* [Les choses ne sont pas tout bonnement les choses de la nature] (*Ideen*... I, § 19, Hua III/1, p. 42), mais tout ce qui peut être amené à l'auto-donnée (*Selbstgegebenheit*) intuitive par opposition à ce qui est simplement visé (« *bloß vermeint* »). Il en résulte une multiplication des types d'objet thématiques, pour lesquels Husserl ajoute au terme *Gegenstand* celui de *Gegenständlichkeit*, mieux traduit par « objectité » (S. Bachelard, Élie-Kelkel-Schérer) que par « objectivité » (Ricœur) pour éviter la confusion avec le caractère de ce qui a une validité objective (*Objektivität*, voir *infra*) :

> *Ich wähle öfters den unbestimmteren Ausdruck Gegenständlichkeit, weil es sich hier überall nicht bloß um Gegenstände im engeren Sinn, sondern auch um Sachverhalte, Merkmale, um unselbständige reale oder kategoriale Formen u. dgl. handelt.*
>
> [Je choisis plus fréquemment l'expression plus imprécise d'objectité, parce que ici il s'agit partout non pas simplement d'objets au sens étroit, mais aussi d'états de chose, de caractéristiques, de formes réelles ou catégoriales dépendantes, etc.]
>
> *Recherches logiques*, Première recherche, § 9, note, Hua XIX/1, p. 45.

Ainsi un nombre, une valeur, une nation sont-ils des « objectités » au même titre qu'un arbre. Analysons cette différenciation du lexique de l'objet.

1. Choses de la nature et objectités fondées

Les objectités peuvent désigner les formes d'objet fondées sur l'infrastructure de la nature matérielle et possédant des couches de sens superstructurelles. Ce sont « de nouveaux types d'objectité d'ordre supérieur [*neuartige Gegenständlichkeiten höherer Ordnung*] » (*Ideen*... I, § 152, Hua III/1, p. 354) que Husserl désigne par les termes *Gegenstand, Objekt, Gegenständlichkeit, Objektität* (*Ideen*... I, § 95, Hua III/1, p. 221) : êtres animés (*Animalien*), objets doués de valeur (*Wertobjekte* ou *Wertobjektitäten,* voir WERT), objets d'usage (« *praktische Objekte* » ou *Gebrauchsobjekte*), formations culturelles (« *konkrete Kulturgebilde* » : État, droit, morale, etc.). La difficulté tient à la distinction entre l'infrastructure naturelle (la chose qui vaut, « *werter Gegenstand* »), la couche abstraite fondée en elle (*das Wert*, la valeur comme corrélat de l'évaluation, l'« *objectified value* »), et l'objectité concrète résultant de cette fusion (*Wertgegenstand* où fusionnent le *Naturobjekt* et le *Wert*, l'« *object with value* ») :

> *Wir sprechen von der bloßen « Sache », die werte ist, die Wertcharakter,* Wertheit *hat ; demgegenüber vom* konkreten Werte *selbst oder der Wertobjektität.*
>
> [Nous parlons de la simple « chose » qui vaut, a le caractère de « valeur » ou la qualité-valeur, par opposition à la *valeur concrète elle-même* ou à l'objectité douée de valeur.]
>
> *Ideen*... I, § 95, Hua III/1, p. 221.

Dans un musée, je perçois d'abord un objet primitif comme simple chose, puis comprenant sa valeur d'usage (*Gebrauchssinn*) je la lui incorpore et le perçois comme objet d'usage (*Gebrauchsobjekt*). Le français ne dispose pas de la facilité qu'offrent en allemand les mots composés pour rendre cette fusion : « objet-valeur » risque d'induire une confusion avec la valeur objectivée (abstraite), « objet portant la valeur » (Ricœur), de suggérer une scission entre objet et valeur ; l'expression « chose-évaluée » suggère mieux la fusion. D'une manière générale, les différents niveaux d'objectivation et la distinction entre objectités abstraites et concrètes posent problème à la langue française.

2. Objets singuliers et essences

Husserl élargit aussi le domaine des objectités en admettant à côté des objets singuliers les essences comme objets d'une intuition spécifique :

> *Das Wesen (Eidos) ist ein neuartiger Gegenstand.* [...] *Auch Wesenerschauung ist eben Anschauung,* wie eidetischer Gegenstand eben Gegenstand ist.
>
> [L'essence (eidos) est un objet d'un nouveau type. (...) L'intuition des essences est, elle aussi, une intuition, *de même que l'objet eidétique est, lui aussi, un objet.*]
>
> *Ideen*... I, § 3, Hua III/1, p. 14.

La difficulté n'est pas ici de traduction mais de compréhension du terme *Gegenstand* : si on le rend par « objet » il faut garder à l'esprit « la généralisation des concepts d'intuition et d'objet » (« *Verallgemeinerung der Begriffe "Anschauung" und "Gegenstand"* »), qui n'est pas une analogie pensant les essences sur le modèle des objets sensibles, mais la compréhension des objets singuliers et des essences comme espèces du genre « objet quelconque », du « concept universel d'objet, de l'objet comme un *quelque chose* quelconque [*des allgemeinen Gegenstandsbegriffs, des Gegenstands als irgend etwas*] » (*Ideen*... I, § 22, Hua III/1, p. 47). Husserl généralise le fait d'être objet (*Objektheit*) à d'autres champs que les singularités, tout en dénonçant toute confusion entre les objectités réelles et idéales :

> *Besagt* Gegenstand *und* Reales, Wirklichkeit *und* reale Wirklichkeit *ein und dasselbe, dann ist die Auffassung von Ideen als Gegenständen und Wirklichkeiten allerdings verkehrte « platonische Hypostasierung ».*
>
> [Si *objet* et *étant réal, effectivité* et *effectivité réale* désignent la même chose, la conception des idées comme objets et effectivités est bien une absurde « hypostase platonicienne ».]
>
> *Ideen*... I, § 22, Hua III/1, p. 47.

Le terme de *Wirklichkeiten*, correspondant au concept généralisé d'objet, ne désigne pas les « réalités » (Ricœur) au sens de « réalités naturelles », mais tout ce qui a le caractère de l'effectivité (*Wirklichsein*) et englobe différents types d'idéalité (*vielerlei Ideales* : la gamme des tons, le nombre 2, le cercle, une proposition, etc.).

3. Objectités syntaxiques

Parmi les essences, l'idée d'ontologie formelle crée une extension de l'objectivité au domaine syntaxique. Les ontologies matériales considèrent les genres d'objets concrets (chose, animal, homme, etc.), l'ontologie formelle, la « région formelle » (*formale Region*) de l'objet quelconque, « la forme vide de région en général » (« *die leere Form von Region überhaupt* », *Ideen*... I, § 10, Hua III/1, p. 26). L'objet au sens logique, désignant tout sujet de possibles prédications, ne se limite pas aux individus concrets comme proto-objectités (*Urgegenständlichkeiten*) ou substrats ultimes (« *letzte Substrate* »), mais englobe les « objectités syntaxiques ou catégoriales [*syntaktische oder kategoriale Gegenständlichkeiten*] » (*Ideen*... I, § 11, Hua III/1, p. 28-29) dérivées des premiers par construction syntaxique :

> « Gegenstand » *ist ein Titel für mancherlei, aber zusammengehörige Gestaltungen, z. B. « Ding », « Eigenschaft »,*

> *« Relation », « Sachverhalt », « Menge », « Ordnung » usw., die* [...] *auf eine Art Gegenständlichkeit, die sozusagen den Vorzug der Urgegenständlichkeit hat, zurückweisen.*
>
> [« *Objet* » est une rubrique pour toute sorte de configurations solidaires comme « chose », « propriété », « relation », « état-de-choses », « ensemble », « ordre », etc., qui (...) renvoient à un type d'objectité qui a le privilège de la proto-objectivité.]
>
> *Ideen*... I, § 10, Hua III/1, p. 25.

De tels « objets » sont les concepts fondamentaux purement logiques, les déterminations formelles de l'objet comme un « quelque chose en général » (« *ein irgend Etwas* ») pris comme substrat d'une énonciation, objets d'ordre supérieur car dérivés des substrats ultimes que sont les objets perceptifs. Ainsi l'état-de-chose « la neige est blanche » est un objet au même titre que la neige, mais d'un ordre supérieur, car impliquant à la fois la conscience du substrat, de la propriété et de leur relation : c'est un objet-d'ensemble de conscience polythétique (« *Gesamt-Gegenstand polythetischer Bewußtseins* »). La traduction de *Sachverhalt* (voir SACHVERHALT) par « état-de-chose » est fallacieuse, la chose n'étant pas la chose de la nature (*Naturding*) mais tout sujet logique de niveau quelconque ; l'anglais « *predicatively formed affair-complex* », mieux encore que « *state of affairs* », rend son origine prédicative et son caractère quelconque.

B. Suppression de l'objet en soi et couches de sens de l'objet intentionnel

L'amphibologie kantienne de l'objet (*Erscheinung* et « *Ding an sich* ») est évacuée par l'*epokhê*, car mettre hors circuit (*ausschalten*) la thèse naturelle, c'est mettre entre parenthèses (*einklammern*) tout objet posé par elle, donc tout étant en soi, et faire apparaître l'objet comme « objet intentionnel » ou noème (*Noema*), termes qui désignent le sens objectal visé et constitué par la conscience :

> *Ähnlich wie die Wahrnehmung hat jedes intentionale Erlebnis* [...] *sein « intentionales Objekt », d. i. seinen* gegenständlichen Sinn.
>
> [Tout comme la perception, chaque vécu intentionnel a (...) son « objet intentionnel », c'est-à-dire son *sens objectal* ou *objectuel*.]
>
> *Ideen*... I, § 90, Hua III/1, p. 206.

L'objet intentionnel est l'objet non au sens d'étant subsistant en soi, mais au sens où l'on parle d'objet de l'attention, c'est-à-dire du corrélat ou « *terminus ad quem* » (*Worauf*, vers-où, dira Heidegger) d'une activité ; non la chose existante (« *das wirkliche Ding* »), mais le sens-d'être (*Seinssinn*) constitué par les donations de sens de la conscience : la noèse d'arbre ne brûle pas ! Le terme *gegenständlich* désignant le rapport à un objet, on le traduira par « objectal » ou « objectuel » pour le distinguer du terme *objektiv* qui désigne ce qui a une validité intersubjective. De la sorte, tout objet étant réduit à un sens-d'objet corrélatif à une visée de la conscience, à un noème corrélatif à une noèse, de même que l'on peut décomposer le noème en une pluralité de visées partielles, on pourra distinguer dans le noème différentes couches de sens objectal correspondant aux degrés de l'objectivation ; on retrouve ainsi, comme chez Kant, une stratification de sens de l'objet et de l'objectivité renvoyant aux opérations constituantes du sujet transcendantal.

1. Le double sens du concept de réalité : reell et real

Cette réduction de l'objectivité à l'objet intentionnel ne doit pas masquer la scission du concept de « réalité » en deux sens de l'être désignés par les adjectifs *reell* et *real*, ou *immanent* et *transzendent*. Ce qui est *reell* désigne ce qui a le mode d'être de la conscience et est absolument donné, ce qui est *real*, toute chose de la nature matérielle (*Naturding*) donnée par esquisses ; l'arbre perçu est *real*, ma perception de l'arbre est par contre *reell*, incluse dans la conscience et à ce titre *irreal*, non incluse dans la nature matérielle. Traduire indifféremment *real* et *reell* par « réel » masquerait cette distinction essentielle des modes d'être de la conscience et de l'objet, du vécu (*Erlebnis*) et de la chose (*Ding*), « *des reellen Bestands der Wahrnehmung* » (« teneur réelle de la perception ») et « *des transzendenten Objekts* » (« objet transcendant ») (*Ideen*... I, § 41, Hua III/1, p. 83) ; et la traduction d'*irreal* par « irréel » serait fautive, en laissant entendre que les vécus sont des fictions alors que ce sont des données absolues : *irreal* désigne tout ce qui n'a pas le mode d'être d'un objet mondain. Husserl reprend ainsi un lexique hérité de l'idéalisme allemand, où la *Realphilosophie* désignait la philosophie du travail, de la nature, de la famille (cf. Hegel, *Realphilosophie* de Iéna), *real* s'opposant à tout ce qui est d'ordre métaphysique et relève de la philosophie de l'esprit ; il étend le concept de *real* à tout ce qui appartient au monde, l'opposant seulement aux objectités idéales et syntaxiques (voir VÉRITÉ).

2. Objectités immanentes

Si le lexique de l'objectivité se complexifie vers le haut par l'admission d'objets d'ordre supérieur, il le fait aussi vers le bas, lorsqu'on examine les composantes abstraites d'objets concrets : ce sont des « objectités immanentes », c'est-à-dire non des objets situés dans le monde mais des unités identifiées par la conscience. Ainsi le temps de la conscience n'est-il pas héraclitéen, informe, mais déjà informé par des unités permanentes :

> *Das Erlebnis, die wir jetzt erleben, wird uns in der unmittelbaren Reflexion gegenständlich, und es stellt sich in ihm immerfort dasselbe Gegenständliche dar : derselbe Ton.*
>
> [Le vécu que nous vivons maintenant devient objectal pour nous dans la réflexion immédiate, et en lui s'expose continûment le même contenu objectal : le même son.]
>
> *Die Idee der Phänomenologie,* Hua II, p. 67.

Ce son est certes un « objet » au sens d'unité appréhendée par la conscience, mais pas un objet de la nature (*Reales*, *Naturgegenstand*). D'où la difficulté de traduction des expressions désignant ces « objets » immanents, comme *Zeitobjekt* :

> In der Wahrnehmung mit ihrer Retention konstituiert sich das *ursprüngliche Zeitobjekt*.
>
> [Dans la perception avec sa rétention se constitue le *tempo-objet originaire*.]
>
> *Die Idee der Phänomenologie*, Hua II, p. 71.

Il faut traduire par « tempo-objet » (Granel) ou « objet de temps » et non « objet temporel » (Dussort, Lowit), car si tout objet de la nature est « temporel » en tant qu'inséré dans le temps objectif, une mélodie comme donnée immanente de la conscience est un « tempo-objet », pure chose-de-durée sans caractère spatial ni causal. Il en va de même pour la couche abstraite de la spatialité, qui définit des « objets » concrets relativement à elle-même, mais abstraits de la chose naturelle : « *res extensae* ». Là encore, il faut rendre *res extensa* par spatio-objet ou chose-spatiale (avec un tiret) plutôt que par « chose étendue » ou « chose spatiale », car si tout *Naturding* est étendu, la « *res extensa* » n'est qu'extension, abstraction faite de sa matérialité, de son insertion dans l'ordre causal de la nature : un fantôme, un arc-en-ciel comme pures apparitions. Ces couches se dissocient à nouveau en couches plus abstraites, par exemple la « *res extensa* » en « choses » relatives à chaque sens (*Sinnendinge* : *Sehdinge, Tastdinge*, etc.), qui ne sont pas les « choses sensibles » ou « choses sensorielles » (Ricœur), « *sensory things* » ou « *things of sense* » (Boyce Gibson, trad. angl. des *Ideen*... I) — car tout *Naturding* est sensible —, mais les « *things pertaining to the senses* » (Cairns), choses-des-sens ou choses se rapportant à chaque sens, que l'on peut traduire par le latin *sensualia* (Escoubas, trad. fr. des *Ideen*... II). Ainsi rendra-t-on *Sehding* à l'aide du latin *visuale* (Escoubas), ou encore par chose-visuelle ou chose-de-vue, mais non par « chose visuelle » ni « chose visible » (Ricœur) : car tout *Naturding* est visible (mais aussi tangible, audible, etc.), tandis que le *Sehding* est une pure chose-de-vue n'ayant que des propriétés visuelles (par ex. une tache de couleur rouge que je vois en fermant les yeux).

3. Objet « pur et simple » et objet complet

L'analyse des objets intentionnels et de leurs modes de donnée permet de distinguer un sens étroit et un sens large du noème : le noyau central ou pur sens objectal, ou moment noématique central (« *zentraler Kern* », « *purer gegenständlicher Sinn* », « *zentrales noematisches Moment* ») s'oppose à l'objet intentionnel complet ou objet dans le comment de ses modes de donnée (« *volles intentionales Objekt* », « *Gegenstand im Wie seiner Gegebenheitsweisen* »). Le même arbre peut être perçu sous différents angles, à différentes saisons, et change de prédicats (couleur, forme...) tout en demeurant identique, il peut être perçu, ressouvenu, imaginé, nommé : ce « même » est le sens objectal minimal (« *gegenständlicher Sinn* »), abstraction faite des actes d'appréhension (perception, mémoire, etc.) qui confèrent à l'arbre les *Aktcharaktere* (caractères d'acte) du « perçu », « ressouvenu », etc., et s'oppose à l'« *Objekt im Wie* » qu'est l'arbre-perçu, l'arbre-ressouvenu, etc. :

> [...] *daß verschiedene Begriffe von* unmodifizierten Objektivitäten *unterscheidbar sein müssen, von denen der « Gegenstand schlechthin », nämlich das Identische, das einmal wahrgenommen, das andere Mal direkt vergegenwärtigt, das dritte Mal in einem Gemälde bildlich dargestellt ist u. dgl., nur einen zentralen Begriff andeutet.*
>
> [(...) on doit pouvoir distinguer différents concepts d'*objectités non modifiées*, parmi lesquels l'« objet pur et simple », à savoir l'identique qui est tantôt perçu, tantôt directement re-présenté, tantôt figuré dans un tableau, indique un unique concept central.]
>
> *Ideen*... I, § 91, Hua III/1, p. 211.

Les expressions de « pur sens objectal » (« *purer gegenständlicher Sinn* »), de noyau noématique (« *noematischer Kern* ») et de noyau central (« *zentraler Kern* ») désignent ainsi une couche de sens de l'objet complet, à savoir celle que l'on obtient par abstraction des déterminités inhérentes au « comment » de la visée subjective ; le concept d'« objectivité » a donc ici le sens de l'absence de modification subjective, et celui de « pur objet », le sens de corrélat préalable à toute mutation de sens liée aux caractères d'actes.

4. La distinction entre sens noématique et « objet » déterminable

On a dit précédemment que le sens husserlien de l'objectivité se réduisait au sens intentionnel ou noématique, à l'exclusion de la chose en soi, et que dans ce sens noématique le moment spécifiquement « objectif » était le noyau, obtenu en éliminant les caractères inhérents au comment de la visée subjective (ressouvenu, imaginé, etc.). Cependant le sens archifondateur de l'objet chez Husserl ne se réduit ni au sens noématique ni au noyau noématique, mais à une couche noématique ultime, celle de l'« objet » comme pur X, pur « quelque chose », pur substrat identique de déterminations variables :

> Es scheidet sich *als zentrales noematisches Moment aus* : der « *Gegenstand* », das « *Objekt* », das « *Identische* », das « bestimmbare Subjekt seiner möglichen Prädikate » — *das pure X in Abstraktion von allen Prädikaten* — und es scheidet sich [...] von den Prädikatnoemen. [...] derart, daß der charakterisierte Kern ein wandelbarer und der « Gegenstand », das pure Subjekt der Prädikate, eben ein identisches ist. [...] Kein « Sinn » ohne das « *etwas* » *und wieder ohne* « bestimmenden Inhalt ».
>
> [Se distingue (des prédicats variables et changeants), *comme moment noématique central*, le « *vis-à-vis* », l'« *objet* », l'« *identique* », le « sujet déterminable de ses prédicats possibles » — *le pur X abstraction faite de tous les prédicats* —, et il se distingue de tous les prédicats noématiques. (...) de sorte que le noyau caractérisé est changeant, tandis que l'« objet », le pur sujet des prédicats, demeure justement identique. (...) Pas de sens sans le « *quelque chose* », ni à nouveau sans « *contenu déterminant* ».]
>
> *Ideen*... I, § 131, Hua III/1, p. 302-303.

Qu'est-ce à dire quant à ce sens du concept d'objet, manifesté en général par l'emploi de guillemets ? En quoi se distingue-t-il du concept habituel d'objet intentionnel, ainsi que des concepts d'objet « pur et simple » et de noyau noématique ? C'est le parallélisme noético-noématique qui permet de le comprendre : de même qu'au plan analytique toute visée d'objet se laisse décomposer en intentions partielles, le sens noématique se décompose en couches de sens partielles, la couche fondatrice étant celle du noyau noématique (par ex. une église, abstraction faite de savoir si elle est perçue, ressouvenue, etc.) et, plus profondément, de l'objet « pur et simple » (la même église comme chose matérielle, abstraction faite de ses prédicats spirituels) ; mais inversement, au plan synthétique, toute visée, quels que soient les changements qui affectent l'objet, ne se limite pas à la visée de tel ou tel état de l'objet, mais demeure visée du *même* objet (si l'église est détruite ou si l'arbre brûle, les décombres ou les cendres sont bien les restes du même objet, bien que méconnaissable) ; de sorte que toute visée d'objet concret comporte, à son fondement, la visée minimale d'un pur substrat permanent, garante de l'identité de l'objet. Tel est le concept d'« objet » : pur *hupokeimenon* [ὑποκείμενον], pur « ceci-là » ou « quelque chose » préalable à toute détermination, défini par les seules permanence et déterminabilité. On retrouve là la fonction des concepts kantiens d'objet transcendantal ou d'*Objekt überhaupt*, ou de la catégorie de substance : en l'absence de l'existence transcendante de l'objet, fonder l'identité du corrélat objectif par la permanence d'une visée vide ; qu'il n'y ait pas de sens sans le « quelque chose », cela signifie que la relation indéterminée à l'objet X (tel est d'ailleurs le titre du premier chapitre de la quatrième section des *Ideen*... I : « le sens noématique et la relation à l'objet ») précède tout rapport à un objet déterminé, et donc que l'ontologie formelle, théorie du pur « quelque chose », a un statut fondateur pour les ontologies matériales. Aussi devrait-on en toute rigueur, comme chez Kant, traduire cette occurrence du concept d'« objet », pour la distinguer de l'objet pourvu d'un sens noématique déterminé, par « ob-jet », en signifiant par là la permanence d'un vis-à-vis pour la conscience.

5. Le double sens de l'« objectivité » : « Objektivität » et « Gegenständlichkeit »

Enfin le concept d'*Objektivität*, que l'on traduit par « objectivité », ne désigne pas comme la *Gegenständlichkeit* le rapport à une objectité, mais le niveau le plus élevé de l'objectivation, à savoir la validité intersubjective. La chose objective (« *objektives Ding* ») est « la chose intersubjectivement identique » (« *das intersubjektiv identische Ding* », *Ideen*... I, § 151, Hua III/1, p. 352), qui est une unité constitutive d'ordre supérieur (« *eine konstitutive Einheit höherer Ordnung* ») dans la mesure où elle relève d'une constitution intersubjective, rapportée à une pluralité indéfinie de sujets liés par une compréhension réciproque « pour lesquels une chose est à donner et identifier intersubjectivement comme la même effectivité objective [*für welche ein Ding als dasselbe objektiv Wirkliche intersubjektiv zu geben und zu identifizieren ist*] » (*ibid.*, § 135, Hua III/1, p. 310-311). À ce titre l'objectivité de plus haut niveau, rapportée à une communauté indéfiniment ouverte, est la « chose vraie » (*das wahre Ding*), que Husserl nomme *das physikalische Ding*, et qui n'est pas simplement la « chose physique » (*ibid.*, § 41, Hua III/1, p. 83 — Ricœur, ou *physical thing*, Boyce Gibson), mais la chose-de-la-pensée-physicienne (*as conceived in physics*), de même que *das physikalische Wahre* désigne non la « vérité physique » mais la vérité visée par la science physique, qui dépouille la nature de ses qualités subjectives-relatives ; la « chose vraie » n'est pas la chose en soi comme cause intelligible de toute appréhension, mais la superstructure édifiée par la pensée mathématicienne sur le monde des objets apparaissants.

Dominique PRADELLE

BIBLIOGRAPHIE

HEIDEGGER Martin, *Kant und das Problem der Metaphysik*, Francfort, Klostermann, 1991 ; trad. fr. W. Biemel et A. de Waelhens, Gallimard, 1953.

— *Phänomenologische Interpretation von Kants Kritik der reinen Vernunft*, Francfort, Klostermann, 1977 ; trad. fr. E. Martineau, Gallimard, 1982.

— *Die Grundprobleme der Phänomenologie*, Francfort, Klostermann, 1975 ; trad. fr. J.-F. Courtine, Gallimard, 1985.

HUSSERL Edmund, *Logische Untersuchungen*, Husserliana XIX, Dordrecht, Kluwer, 1984 ; trad. fr. H. Élie, A. Kelkel, R. Schérer, PUF, 1961-1963.

— *Die Idee der Phänomenologie*, Husserliana II, La Haye, Nijhoff, 1950 ; trad. fr. A. Lowit, PUF, 1970.

— *Ideen zu einer reinen Phänomenologie und phänomenologischen Philosophie* (cité *Ideen*... I), Husserliana III/1, La Haye, Nijhoff, 1976 ; trad. fr. P. Ricœur, Gallimard, 1950 ; *Ideen zu einer reinen Phänomenologie und phänomenologischen Philosophie* II, Husserliana IV, La Haye, Nijhoff, 1952 ; trad. fr. E. Escoubas, PUF, 1982.

— *Formal und transzendentale Logik*, Husserliana XVII, La Haye, Nijhoff, 1974 ; trad. fr. S. Bachelard, PUF, 1957.

KANT Emmanuel, *Gesammelte Schiften* (= *AK*), éd. Königliche Preussische Akademie der Wissenschaften, 22 vol., Berlin-Leipzig, 1902-1938.

— *Dissertatio de 1770*, texte et trad. fr. P. Mouy, Vrin, 1985.

— *Kritik der reinen Vernunft*, 1781 [1], 1787 [2] ; trad. fr. A.Tremesaygues, B. Pacaud, PUF, 1944 ; trad. fr. J.-L. Delamarre et Fr. Marty, Gallimard, « La Pléiade », 1980 ; trad. fr. A. Renaut, Aubier, 1997.

— *Kritik der praktischen Vernunft*, 1788 ; trad. fr. F. Picavet, PUF, 1943.

— *Prolegomena zu einer jeden künftigen Metaphysik*, 1783 ; trad. fr. L. Guillermit, Vrin, 1996.

— *Kritik der Urteilskraft*, 1792 ; trad. fr. A. Renaut, Aubier, 1995 ; in *Kants gesammelte Schriften*, t. 3-5, Berlin, Reimer, 1903-1908.

OUTILS

ADELUNG Johann Christoph, *Versuch eines vollständigen grammatisch-kritischen Wörterbuches der hochdeutschen Mundart* [Essai de dictionnaire grammatico-critique complet du haut allemand], 5 vol., Leipzig, Breitkopf, 1774-1786, *s.v.* « *Ding* », « *gegen* », « *Gegenstand* », « *Sache* ».

CAIRNS Dorion, *Guide for translating Husserl*, La Haye, Nijhoff, 1973.

EISLER Rudolf, *Kant-Lexikon* [1926-1930], repr. Hildesheim, Olms, 1961 ; trad. fr. augm. A.-D. Balmès et P. Osmo, Gallimard, 1994.

GRIMM Jacob et Wilhelm, *Deutsches Wörterbuch*, Leipzig, Hirzel, 1854, repr. Munich, Deutscher Taschenbuch, 1984, *s.v.* « *Ding* », « *gegen* », « *Gegenstand* », « *Sache* ».

GEISTESWISSENSCHAFTEN

ALLEMAND

– fr. *sciences humaines, sciences de l'esprit*

angl.	*human sciences, moral sciences, social sciences, humanities, human studies*
it.	*scienze umane, scienze morali, scienze dello spirito*
pol.	*nauki humanistyczne*

► *SCIENCES HUMAINES*, et ÂME, BILDUNG, ÉPISTÉMOLOGIE, HISTOIRE UNIVERSELLE, *HUMANITÉ*, LUMIÈRE, MORALE

L'expression Geisteswissenschaften *présente une double connotation. D'un côté, elle renvoie à un objet, ou à une constellation d'objets de l'expérience : l'homme et ses actions dans le monde, par opposition aux* Naturwissenschaften, *sciences de la nature. D'autre part, cet écart s'accompagne d'une différence de méthode résumée par Dilthey dans l'opposition entre « expliquer »* (erklären) *et « comprendre »* (verstehen). *La traduction de* Geisteswissenschaften *a donné lieu à la formation d'une multiplicité de termes qui recoupent l'une ou l'autre connotation de l'expression allemande, sans toutefois en épuiser totalement le sens. Ainsi se trouve-t-on à chaque fois devant au moins un doublet : en français* sciences de l'esprit/sciences humaines, *en anglais* humanities/moral (social) sciences, *en italien* scienze umane / scienze morali, *de sorte que le choix de traduction relève d'une décision plus ou moins clairement assumée quant à ce qu'il faut entendre par l'idée même de science.*

I. DIVISER LA SCIENCE : « GEISTESWISSENSCHAFTEN » ET SES TRADUCTIONS

A. Émergence : Allemagne-Angleterre

Geisteswissenschaft, au singulier, apparaît vers la fin du XVIIIe siècle en liaison avec une *Pneumatologie oder Geisteslehre* (doctrine de l'esprit), au sens d'étude des facultés intellectuelles et morales de l'homme. Le pluriel *Geisteswissenschaften*, aujourd'hui consacré, est utilisé par Droysen dans sa *Geschichte des Hellenismus* (1843, t. 2, Préface) ; mais l'ironie est qu'il ne se répand, à partir de 1849, que comme une traduction de l'anglais *moral sciences*. C'est Dilthey qui, en 1883 (*Einleitung in die Geisteswissenschaften*), lui donne son usage canonique et sa dimension conceptuelle pour désigner le savoir herméneutique des œuvres de la culture ou des objectivations de l'esprit à travers l'histoire.

♦ Voir encadré 1.

B. « Moral sciences », « social sciences », « humanities » — France-Allemagne-Angleterre

L'expression d'origine, *moral sciences*, est employée par John Stuart Mill dans le sixième et dernier livre de son *System of Logic, Ratiocinative and Inductive* (1843 ; *System der deduktiven und induktiven Logik*, trad. all. J. Schiel, Vieweg, Brunswick, 1849). Mais le sens nouveau que confère Dilthey à sa traduction allemande, *Geisteswissenschaften*, explique, à rebours, les difficultés éprouvées par les traducteurs anglais de l'*Einleitung in die Geisteswissenschaften*. Or celles-ci sont particulièrement significatives du problème lié à *Geisteswissenschaften*. Si *mind*, pour traduire *Geist*, ne semble pas s'imposer en raison du lien qui le rattache prioritairement à la vie mentale individuelle, il peut cependant aussi désigner un collectif : ainsi le titre de *Geschichte des deutschen Geistes* de Dilthey a-t-il été rendu par *Studies concerning the History of the German Mind*, de sorte que R.G. Collingwood traduisait *Geisteswissenschaften* par *Sciences of Mind*. Cependant, bien que Dilthey renvoie expressément au concept hégélien d'esprit, ni *mind* ni *spirit*, qui sont en concurrence pour traduire la *Phänomenologie des Geistes* de Hegel, n'ont prévalu pour traduire *Geisteswissenschaften*. Deux autres termes se sont imposés : *moral* et *social*.

1. « Moral sciences » et « Geisteswissenschaften »

En français comme en anglais, les expressions « sciences morales », « sciences morales et politiques », longtemps considérées comme la traduction de *Geisteswissenschaften* (voir B. Groethuysen, « Dilthey et son école » de 1912, ainsi que le Vocabulaire de Lalande de 1938, *s.v.* « science », ou Raymond Aron usant en 1935 alternativement de ces expressions et de « sciences de l'esprit »), sont tombées en désuétude pour se voir progressivement substituer *human sciences*, *scienze umane* et « sciences humaines » (voir les traductions française de 1942 et anglaise de 1988 de l'*Einleitung* de Dilthey). Par leur connotation indéterminée, ces expressions plus récentes gomment le clivage entre deux conceptions de ces sciences, la première inductive ou mathématisée, comme le sont l'économie et certains secteurs de la sociologie, la seconde compréhensive, comme l'histoire. En témoigne, *a contrario*, l'examen de ce que Mill entend par *moral sciences*, à savoir essentiellement la science politique, la sociologie et l'économie politique, sous-tendues par une science des lois de la vie psychique.

2. « Geisteswissenschaften » et « social sciences »

De fait, outre *moral sciences*, la formule *social sciences* (sciences sociales) peut également prétendre à rendre compte de ces savoirs. Au premier abord, défendre cette prétention jusque dans la traduction de Dilthey ne semble pas illégitime, puisque ce dernier juge nécessaire de donner pour sous-titre à son *Introduction* « *Versuch einer Grundlegung der Gesellschaft und der Geschichte* ». Le concept des *Geisteswissenschaften* reste néanmoins irréductible au projet de Mill. En effet, loin de vouloir fonder l'autonomie des sciences de l'esprit, ce dernier invite au contraire à élargir le champ d'application de la méthode inductive aux *sciences of Ethics and Politics* ou *moral and social sciences*, ou encore aux *sciences of human nature and society*. Le livre VI consacré aux *moral sciences* ne constitue donc qu'une « sorte de supplément ou d'appendice » au reste du système.

Il est ainsi significatif que ce soit une citation de l'*Esquisse d'un tableau historique des progrès de l'esprit humain* (1793) de Condorcet qui figure en exergue de ce livre. Pourquoi Condorcet plus que Hume par exemple ?

L'intention de *A Treatise of Human Nature; being an attempt to introduce the experimental method of reasoning into moral subjects* (1739) de Hume est, en effet, littéralement identique et cela d'autant plus que cette *science of man* doit se prolonger par « l'examen de la morale, de la politique et de la critique ». Condorcet toutefois, s'il fait indifféremment usage des expressions de « sciences

1

La structuration d'un vocabulaire : les antithèses de Dilthey

Avec Dilthey, la science du *Geist* (esprit) n'est plus la connaissance de l'homme en général, de ses facultés, de sa raison critique ou morale, mais devient un faisceau de disciplines, de sciences empiriques dont les objets sont déterminés par les diverses manifestations du *Geist* dans son devenir historique. En même temps, les différences de méthode avec les sciences de la nature ne se limitent plus à une simple partition entre deux groupes de disciplines à l'intérieur de l'univers de la science.

L'année même (1883) où paraît l'essai de Dilthey sur les *Geisteswissenschaften*, Wilhelm Windelband introduit, pour caractériser chacun de ces deux champs, une distinction entre les sciences monothétiques (*monothetisch*) et les sciences idiographiques (*idiographisch*). Les premières sont celles qui veulent, telles les sciences naturelles, ordonner la diversité des phénomènes par la construction d'un système de concepts ou de lois revêtant la validité la plus générale. Les secondes, telles les sciences historiques, s'occupent des événements dans leur singularité concrète et dans leur devenir individuel. En réalité, par rapport à Dilthey, cette distinction est relative non à l'objet, mais à la méthode. Si l'objet lui-même devait être pris en compte, il s'agirait non de *Geist*, mais de *Kultur*, au sens où l'entend Heinrich Rickert, lequel, dans le prolongement de Windelband, critique le concept de *Geist*.

De cette situation s'ensuivent deux conséquences majeures :

(a) d'une part, les *Geisteswissenschaften* deviennent, dans leur multiplicité, des disciplines empiriques, ce qui amène à traduire en français cette expression, non plus par « sciences morales », mais par « sciences humaines ». Par une telle transformation, le terme de *Geisteswissenschaften* cesse de revêtir le sens rigoureusement scientifique d'une réflexion morale ou philosophique de manière à opérer, au contraire, un détachement par rapport à la philosophie, désormais placée à un niveau supérieur d'abstraction.

(b) d'autre part, et par voie de conséquence, s'effectue la soudure définitive des déterminations de méthode et de contenu dans un seul terme, *Geisteswissenschaften*, ce qui ne se produit pas dans les autres langues. De ce fait, cela provoque dans celles-ci une multiplication lexicale que le caractère synthétique du terme allemand empêche.

Ces phénomènes sont parfaitement résumés par Dilthey dans les lignes suivantes :

« À côté des sciences de la nature s'est tout naturellement développé, à partir des exigences du vivant, un groupe de connaissances liées par une communauté d'objet [*Neben den Naturwissenschaften hat sich eine Gruppe von Erkentnnissen entwickelt, naturwüchsig, aus den Aufgaben des Lebens selbst, welche durch die Gemeinsamkeit des Gegenstandes miteinander verbunden sind*]. Ces sciences sont l'histoire, l'économie politique, le droit et les sciences politiques, les sciences de la religion, l'étude de la littérature et de la poésie, de l'art figuratif et de la musique, des conceptions du monde et des systèmes philosophiques, et finalement la psychologie. Toutes ces sciences se réfèrent à un même fait massif : le genre humain [*Alle diese Wissenschaften beziehen sich auf dieselbe große Tatsache : das Menschengeschlecht*]. Elles décrivent et relatent, jugent et produisent des concepts et des théories en relation à ce fait.

La distinction habituelle entre le physique et le psychique se trouve confondue dans ce fait. Celui-ci renferme en soi la connexion vivante des deux. Nous sommes nous-mêmes nature, et la nature agit en nous, à notre insu, dans les profondeurs de nos pulsions. Les états de conscience s'expriment sans cesse dans les gestes, les expressions, les mots et trouvent leur objectivité dans les institutions, les états, les églises, les organisations scientifiques : c'est dans ces contextes que se déroule l'histoire.

Cela n'implique naturellement pas que les *Geisteswissenschaften* utilisent, dès lors que leurs buts l'exigent, la distinction entre le physique et le psychique. Mais seulement qu'elles doivent rester conscientes de ce qu'elles opèrent avec des abstractions, non pas avec des entités, et que ces abstractions n'ont de validité que dans les limites du point de vue qui les constitue [...]

Il est donc clair qu'il ne serait pas logiquement correct de distinguer les *Geisteswissenschaften* et les *Naturwissenschaften* par deux domaines de faits qu'elles construiraient. [...] Les *Geisteswissenschaften* ne doivent pas traiter de la même manière les dimensions physiques et psychiques de l'homme. Et ainsi en est-il dans les faits [*Denn es ist klar, daß die Geisteswissenschaften und die Naturwissenschaften nicht logisch korrekt als zwei Klassen gesondert werden können durch zwei Tatsachenkreise, die sie bilden.* [...] *Die Geisteswissenschaften müssen sich zu der physischen Seite der Menschen anders verhalten als zur psychischen. Und so ist es in der Tat*] » (W. Dilthey, *Die Aufbau der geschichtlichen Welt in den Geisteswissenschaften, Abgrenzung der Geisteswissenschaften*, in *Gesammelte Schriften* [abrév. *GS*], Leipzig, Teubner, vol. 7, 1927, p. 79-82).

On mesure la transformation opérée depuis l'*Einleitung* de 1883, qui rattachait encore les *Geisteswissenschaften* à un domaine d'objets particulier :

> L'ensemble des sciences qui ont pour objet la réalité historico-sociale [*welche die geschichtlich-gesellschaftliche Wirklichkeit zu ihren Gegenstände haben*] sera résumé dans cet ouvrage sous le nom de *Geisteswissenschaften.*
>
> *Einleitung in die Geisteswissenschaften*, in *GS*, Stuttgart, Teubner, vol. 1, 1922, p. 4.

Il reste malgré tout que la pluralité des sciences désignées sous l'intitulé des *Geisteswissenschaften* semble se laisser ramener à une certaine unité, celle du *Geist.* Si la nature de cette unité est rendue de plus en plus insaisissable par l'évolution de Dilthey, ses effets ne s'en font pas moins sentir : la plasticité propre à la notion de *Geist*, sa richesse sémantique ont fait que l'allemand n'a pas ressenti le besoin de varier les expressions et d'augmenter son lexique en la matière. À la polysémie de l'expression allemande devra donc correspondre dans les autres langues une pluralité terminologique.

Luca M. SCARANTINO

humaines », « sciences morales et politiques » ou « sciences métaphysiques et sociales », déploie de façon explicite et systématique le projet d'une mathématique sociale dont le calcul fouriériste constitue comme la caricature et par rapport à laquelle Auguste Comte reste très en retrait.

Nonobstant l'idée d'une science de la *nature* humaine et l'ambiguïté de la connotation normative de *moral sciences*, la façon dont Mill pense ces sciences dont la certitude est incontestable en tant qu'elles concernent « le caractère et le comportement des masses » explique par avance le futur déclin de cette expression au profit de *social sciences*, c'est-à-dire de *behavioral sciences* (voir BEHAVIOUR). Alors que le sens politique plus culturel et national du projet diltheyen est de restaurer l'«unité de la vision allemande du monde », la visée sociale de ces sciences est de rationaliser la société et, pour Condorcet, de réduire les inégalités en pensant par exemple un système de retraite et d'assurance sur la vie.

En contrepartie, tout se passe comme si les savoirs qui résistent le plus à un tel traitement, par exemple l'histoire de l'art comparée à l'économie, avaient été voués à subsister sous le nom de *humanities*, le qualificatif de *moral* s'effaçant lui-même à la suite du nouveau clivage entre *natural* et *social sciences*. Dans ce contexte, loin de correspondre à ce que recouvre *social sciences* et en particulier à la connotation de *science* dont l'extension est bien plus restreinte que *Wissenschaft*, le choix terminologique de *humanities* pour traduire en 1961 la *Logik der Kulturwissenschaften* d'Ernst Cassirer (cf. aussi R. Makkreel, qui consacre en 1975 un ouvrage à Dilthey sous le titre *Dilthey. Philosopher of the human studies*) est bien plus près de ce qu'entend Dilthey. À la différence de *humanities* et comme le polonais *nauki humanistyczne*, dont le qualificatif signifie aussi bien humaine qu'humaniste, *human studies* en usage depuis le XIXe siècle a pour particularité d'englober les *social sciences*.

♦ Voir encadré 2.

II. CONCEVOIR LA SCIENCE DE L'HOMME : LE MODÈLE PHILOLOGIQUE ET HISTORIQUE

Mais ce qui détermine au fond l'écart entre les *Geisteswissenschaften* et les *social sciences*, c'est la façon de concevoir l'histoire et la connaissance qu'il est possible d'en avoir. Dilthey considérait déjà en 1876 l'isolement dans lequel était tenue la science historique comme responsable de l'incapacité des *Geisteswissenschaften* à se constituer dans leur autonomie, et il opposait à Comte et à Mill « l'esprit de l'historiographie allemande ». Les « sciences de l'esprit » sont, en effet, le résultat du processus par lequel la philologie, les humanités littéraires des humanistes de la Renaissance se transforment en une étude comparative des œuvres de l'esprit. Autrement dit encore, deux facteurs sont décisifs pour que naisse ou soit reçue l'idée des *Geisteswissenschaften* : une tradition philologique et l'apparition de la conscience historique.

En cela, les thèses comme la terminologie d'Ernest Renan dans *L'Avenir de la science* (chap. 8, écrit en1848-1849, publié en 1890) anticipent partiellement celles de Dilthey. Nourri de la tradition allemande, Renan oppose aux sciences de la nature les « sciences de l'humanité », c'est-à-dire les sciences philologiques et historiques, tout en anticipant les raisons du caractère limité de sa propre réception à venir. Manifestement inspiré par l'usage du terme de « philologie » en Allemagne, à une époque où il sert à qualifier la germanistique et les sciences de la littérature, de l'art et de la religion, qui se constituent sur le modèle de la science de l'Antiquité, Renan met l'accent sur la philologie en tant que « *science exacte* des choses de l'esprit » ou « science des produits de l'esprit humain », et définit par là l'orientation générale des sciences de l'humanité, au plus près de la future conception diltheyenne des *Geisteswissenschaften* (chap. 8).

Si l'on interroge, non ce que *Geisteswissenschaften* aurait de spécifiquement allemand, mais au contraire ce qui résiste en français à la traduction littérale par « sciences de l'esprit », Renan pointe d'abord l'absence de philologie qui rendrait compte par exemple de la simplicité et de la violence de l'appréhension de l'histoire par Auguste Comte. Renan considère que la conception de celui-ci est « la plus étroite » et sa méthode « la plus grossière ». Le modèle n'est plus celui de Comte (« Comte n'entend rien aux sciences de l'humanité, parce qu'il n'est pas philologue », écrit Renan à Mill, le 21 octobre 1844), mais celui de Vico : l'histoire de l'humanité se déchiffre dans l'histoire de la langue. Et le projet de Condorcet d'instituer « une langue universelle » est tout autant aux antipodes de l'amour de la langue propre au philologue. Dénonçant le « dépérissement de l'esprit scientifique » dû au système « d'instruction publique qui fait de la science un simple moyen de l'éducation et non une fin en soi », Renan vise enfin une caractéristique typique de l'esprit français : « [...] toute une petite manière de faire fi des qualités du savant pour se relever par celles de l'homme de sens et de l'homme d'esprit [...] et que Mme de Staël a si finement appelé le *pédantisme de la légèreté* » (chap. 6, 1995, p. 175).

La réception italienne du projet diltheyen et l'acclimatation de *scienze dello spirito* seront en revanche d'autant plus faciles que Benedetto Croce contribuera à un renouveau de la réception de Vico en qui il voyait un précurseur de Hegel. Mais cette réception a aussi pour arrière-plan la tradition philologique des humanistes de la Renaissance. Décalque manifeste des *studia humanitatis* que le chancelier florentin Coluccio Salutati, un disciple de Pétrarque, distinguait des *studia divinitatis*, l'expression de « sciences humaines » apparaît en français à la fin du XVIIe siècle avec le même sens (Wartburg, *Französisches etymologisches Wörterbuch*, vol. 11, p. 308), c'est-à-dire avant d'avoir sa signification moderne. Mais l'idée de la chose a inversement existé avant que ne s'imposent les dénominations actuelles : défendant la spécificité de la méthode et de la certitude des savoirs relatifs au *mondo civile*, c'est aussi en s'appuyant sur la philologie de Lorenzo Valla que Vico interroge les institutions, les mythes et la langue. On comprend que Renan et Dilthey y renvoient, leurs projets respectifs d'une « embryogénie » de l'esprit humain et d'une psychologie comparée s'inscrivant dans la continuité de *La Scienza nuova* (1744).

Les traductions de *Geisteswissenschaften* s'inscrivent donc de part et d'autre d'une ligne de fracture entre deux conceptions des « sciences humaines », qui correspond en gros au clivage séparant les philosophies anglo-saxonne et continentale. Se substituant à « sciences morales », l'expression *social sciences* renvoie à une rationalité impliquant quantification et prévision, dont *humanities* ne désigne alors que le reliquat. En revanche, la conception philologique et historique, c'est-à-dire interprétative, de ces savoirs se trouve à l'arrière-plan des expressions de « sciences de l'esprit », de *human studies* et de *Geisteswissenschaften*.

Jean-Claude GENS

BIBLIOGRAPHIE

BANFI Antonio, *Principi di una teoria della ragione*, Paravia, Milan, 1926 ; réimp. Rome, Editori riuniti, 1967.

BIRD Otto Allen, "Humanities", in *Encyclopaedia Britannica*, 1984.

CONDORCET, « Discours de réception à l'Académie française » [1782] et *Esquisse d'un tableau historique des progrès de l'esprit humain* [1793], in *Œuvres complètes*, vol. 1 et vol. 6, éd. F. Arago, Didot frères, 1847-1849 ; *Esquisse d'un tableau historique des progrès de l'esprit humain*, rééd. Flammarion, « GF », 1988.

DEWEY John, *Reconstruction in Philosophy*, Boston, Beacon Press, 2e éd. 1948.

DILTHEY Wilhelm, *Einleitung in die Geisteswissenschaften*, 1883 ; *Introduction aux sciences humaines*, trad. fr. L. Sauzin, PUF, 1942 ;

2

« Geisteswissenschaften » : solutions françaises et italiennes

Quand on l'adopte à la suite de la parution en 1883 de l'*Einleitung in die Geisteswissenschaften* de Dilthey, l'expression de « sciences de l'esprit » ne semble pas s'imposer en français en dehors de ce sens technique et sa circulation y reste limitée à cet emploi. Et, bien que Renan parle de « sciences des faits de l'esprit », fondées essentiellement sur la « philologie », la tradition philosophique française restera fidèle à l'expression de « sciences morales », employée au sens très large d'étude des facultés intellectuelles de l'homme. Cette signification se retrouvait déjà dans les titres d'institutions à valeur pédagogique et figurait, depuis 1795, dans celui de l'Académie des sciences morales et politiques.

L'intégration dans l'usage français de la constellation de disciplines empiriques telles que Dilthey les entend se fait par la notion de « sciences humaines ». Elles se différencient, en particulier dans l'usage ordinaire, des « sciences sociales » qui recourent souvent à des démarches à caractère formel. Aussi le double caractère des études sociologiques, qui traitent de problèmes humains mais sous une forme mathématisée, a-t-il souvent opposé une résistance aux diverses tentatives de les classer parmi les sciences humaines. Pour parvenir à intégrer véritablement toutes les disciplines correspondant aux *Geisteswissenschaften* de Dilthey, dont l'ouvrage a été traduit en 1942 seulement sous le titre d' *Introduction à l'étude des sciences humaines* (avant que les facultés des lettres ne deviennent en 1958 des « facultés des lettres et sciences humaines »), le français tend aujourd'hui à employer l'expression de « sciences de l'homme », qui couvre l'ensemble des études portant sur l'homme, sa condition et ses actions individuelles ou collectives, mais en toute indépendance par rapport aux méthodes utilisées dans le procédé de l'investigation. Ainsi, avant son entrée au Collège de France, en 1952, Maurice Merleau-Ponty consacrait son cours de la Sorbonne aux « Sciences de l'homme dans leur rapport à la phénoménologie », regroupant dans celles-ci « la psychologie, la sociologie et l'histoire ». À propos de cette question d'appellation et de contenu, Fernand Braudel souligne les points communs et les différences entre une science humaine, l'histoire, et les « sciences du social » :

> Plus scientifiques que l'histoire, écrit-il, mieux articulées qu'elle par rapport à la masse des faits sociaux, elles sont, autre différence, délibérément centrées sur l'actuel, c'est-à-dire sur la vie, et toutes elles travaillent sur ce qui peut se voir, se mesurer, se toucher du doigt [...]. Nos méthodes ne sont pas les leurs, mais nos problèmes, oui bien [...]. Et s'il y a dépendance, et dépendance enrichissante, de l'historien vis-à-vis des sciences sociales, il garde une position à part.
>
> *Les Ambitions de l'histoire*, p. 30-32.

On notera enfin qu'en français une nouvelle édition de l'*Einleitung* de Dilthey a paru (en 1992) sous le titre d'*Introduction aux sciences de l'esprit*, comme si l'on jugeait préférable d'en revenir à une traduction plus littérale par-delà les divers équivalents qui en avaient été proposés.

Parallèlement aux *moral sciences*, qui traduisent une aspiration à soumettre l'étude de l'esprit humain (*moral philosophy*) à des règles d'analyse aussi précises que celles qui gouvernent l'étude de la nature, il faut relever aussi la notion de *Moralwissenschaft* introduite par Georg Simmel (*Einleitung in die Moralwissenschaft*, 1892) pour la différencier des *Geisteswissenschaften* entendues au sens de Dilthey, que le rationalisme italien développe sous le nom de *scienza della morale*, variante de *filosofia della morale*, dont le sens est différent de *filosofia morale* (cf. A. Banfi, *Sui principi di una filosofia della morale*, « Rendiconti del Regio Istituto lombardo di scienze e lettere », LXVII, p. 609 *sq.*). La distinction n'est pas négligeable dès lors que l'italien utilise largement la notion de *scienze morali* dans le même sens que le français, alors que l'expression *scienze dello spirito* traduit bien la connotation idéaliste de *Geisteswissenschaften*. L'italien recourt donc, pour satisfaire aux différentes connotations de l'expression allemande, à une pluralité lexicale très proche de celle du français. Si l'on résume par la notion de *scienze umane* l'ensemble des disciplines définies par Dilthey, celles-ci ne sont pas intégrées dans les *scienze morali* et Antonio Banfi peut signaler, dans sa polémique avec Benedetto Croce, que, « pour le reste, [...] on continue en Allemagne de parler de *Geisteswissenschaft* et de *Geisteswissenschaften* en un sens comparable, mais plus large que celui qu'avaient chez nous les *scienze morali*, et l'on retient que la position et la fonction de la philosophie par rapport à de telles disciplines présentent encore quelque intérêt » (« Discussioni », *Studi filosofici*, II, 1941, p. 380).

Luca M. SCARANTINO

BIBLIOGRAPHIE

BRAUDEL Fernand, *Les Ambitions de l'histoire*, R. de Ayala et P. Braudel (dir.), Éd. de Fallois,1997.

Introduction aux sciences de l'esprit, in *Œuvres*, éd. S. Mesure et H. Wismann (dir.), vol. 1, Cerf, 1992.

GOLDMANN, *Sciences humaines et philosophie*, « Nouvelle Encyclopédie philosophique », PUF, 1952.

GRANGER Gilles Gaston, *La Mathématique sociale du marquis de Condorcet*, Odile Jacob,1989.

HUME David, *A Treatise of Human Nature*, éd. P.H. Nidditch, Oxford, Clarendon Press, 1978 ; *Traité de la nature humaine*, trad. fr. A. Leroy, Aubier, 1946.

LÉCUYER Bernard-Pierre, « Sciences sociales (Préhistoire des) », in *Encyclopædia universalis*, 1984.

MILL John Stuart, *System of Logic*, Collected papers VIII, University of Toronto Press, Routledge & Kegan Paul, 1973 ; *Système de logique*, trad. fr. L. Peisse, Liège, P. Mardaga, 1988.

RENAN Ernest, *L'Avenir de la science* [1890], Flammarion, « GF » 1995.

VICO Giambattista, *La Scienza nuova*, Naples, Nicolini, 1744 ; *La Science nouvelle*, trad. fr. A. Doubine, Nagel, 1986.

OUTILS

WARTBURG Walther von, *Französisches etymologisches Wörterbuch*, Bâle, Zbinden und Co, 1959.

GEMÜT ALLEMAND – fr. *âme, cœur, sentiments, affectivité, esprit*

gr.	*thumos* [θυμός]
lat.	*mens, animus*
angl.	*mind, mood*

► ÂME, *SENTIR*, *CŒUR*, et CONSCIENCE, FEELING, GEFÜHL, GÉNIE, GOGO, INGENIUM, PATHOS

Gemüth *(aujourd'hui orthographié* Gemüt) *est un de ces termes insubstituables qui renvoient au registre de l'âme/esprit sans qu'aucune de ces équivalences soit satisfaisante. C'est en même temps un des termes philosophiques les plus anciens de la langue allemande, présent depuis Eckhart jusqu'à la phénoménologie. Dans* Gemüth, *le préfixe* ge- *indique un rassemblement, une unité. Le mot est formé à partir de* Muth, *le moral de l'homme, l'état d'âme, le courage, l'humeur — l'amplitude du sens va du* thumos [θυμός] *grec au* mood *anglais —, mais il reçoit des sens bien spécifiques, comme par exemple* Anmuth *(la grâce),* Demuth *(l'humilité). Dans sa différence d'avec l'âme,* Seele, *il est perçu comme l'équivalent d'*animus *par rapport à* anima *(W.T. Krug,* Allgemeines Handwörterbuch der philosophischen Wissenschaften, *t. 2, Leipzig, 1833, p. 185* sq.). *Mais Krug note justement, que « puisque les Français n'ont pas de mot particulier pour "*Gemüth*", ils le traduisent par* âme [Seele] *», ce qui a eu à son tour des incidences sur* Gemüt (ibid., *p. 187*).

Gemüt *est le plus souvent, au sens strict, un principe interne qui anime l'esprit et les affections, parfois limité à la part affective, quand il est en concurrence avec* Geist, *mais pas toujours, en particulier dans son emploi kantien. Des cimes de la mystique, on le voit passer progressivement, à partir du XIX*e *siècle, dans le registre bourgeois du confort et du bien-être à travers son adjectivation en* gemütlich *qui a pris, dans la langue courante, le sens de « sympa », qui en est finalement une assez fidèle traduction. Mais cette banalisation ne saurait faire complètement oublier la surexploitation du « Gemüt » et des puissances irrationnelles dans les années 1920 et 1930 prénazies et nazies, allant de pair avec l'instrumentalisation d'une tradition de la profondeur « germanique » convoquant Eckhart, de Cues, Paracelse : le terme lui-même suffisait à signifier une supériorité de l'enracinement de la langue allemande dans un fond sans fond.*

I. L'ÂME MYSTIQUE

La première détermination conceptuelle du *Gemüt* se rencontre dans la mystique allemande, où il désigne l'ensemble du monde intérieur de l'homme, le lieu intérieur des représentations et des idées : « Il y a une force dans l'âme qui s'appelle gemüete... [*Ein kraft ist in der sêle, diu heizet daz gemüete, die hât got geschaffen mit der sêle wesen, diu ist ein ûfenthalt geistlîcher forme und vernünftiger bilde*] » (Maître Eckhart). Un « esprit libre » est *ein ledic gemüete* (« *Die rede der unterscheidunge* », Maître Eckhart, *Die deutschen Werke* ; J. Quint (éd.), vol. 5, p. 190, 9), mais *gemüete* renvoie à plus profond que l'esprit, comme le suggère l'expression « ton fond et ton esprit » (« *dînen grunt und dîn gemüete* », *ibid.*, vol. 5, p. 255, 8). Le sermon 83 (*ibid.*, vol. 3, p. 437, 4-8) établit la cohérence entre *geiste*, *mens* et *gemüete*, en se référant tant à saint Paul (Éph. 4, 23) qu'à Augustin, qui permet de préciser que *mens* ou *gemüete* renvoie à la partie supérieure de l'âme, *selen* (« *caput animae* » ; *Ennaratio in Psalmum*, 3 n. 3, PL 36, 73). Au XVIe siècle, *Grund* et *Gemüth* sont encore associés étroitement chez Paracelse, où *Gemüth* désigne le « tréfonds de nous-mêmes », le lieu « où nous nous trouvons entièrement réunis » (L. Braun, *Paracelse*, Genève, 1995, p. 187) :

> c'est une chose si considérable que le *Gemüth* des hommes que personne ne peut l'exprimer. Et comme Dieu lui-même, la *Prima Materia* et le ciel, qui sont tous trois éternels et immuables, tel est le *Gemüth* de l'homme. C'est ainsi que l'homme est bienheureux par et avec son *Gemüth*, c'est-à-dire qu'il vit éternellement et ne meurt plus.
>
> *Liber de imaginibus*, *GW*, I, 9, p. 389.

Il va sans dire que l'investissement de la notion de *Gemüth* est considérable dans cette tradition où l'on peut compter également Jakob Böhme (*Des trois principes*, X, 37), qui ne manque pas de déposer son empreinte sur le vocabulaire philosophique naissant, comme on peut le repérer chez Leibniz.

Cette détermination s'affirme encore massivement dans le romantisme allemand, en particulier dans les *Discours sur la religion* de Schleiermacher (24 occurrences), qui défend l'idée que le siège de la religiosité est une « province dans l'âme [*eine Provinz im Gemüt*] » (*Reden*, p. 37), et chez Novalis, en particulier dans *Heinrich von Ofterdingen* (I, 6).

II. LA FACULTÉ TRANSCENDANTALE

Un des effacements les plus spectaculaires des traductions des œuvres de Kant en d'autres langues est la disparition systématique du terme *Gemüt* au profit d'*esprit*.

Or Kant, à la différence des philosophes idéalistes qui le suivront, n'utilise pas *Geist* dans la *Critique de la raison pure*, et le fait en alternance avec *Gemüt* dans la *Critique de la faculté de juger*. Vittorio Mathieu (1974), le « réviseur » italien de la traduction de G. Gentile (1909), voit dans *spirito* pour *Gemüth* une « *traduzione tipicamente gentiliana* », autrement dit un détournement idéaliste, et il l'a précisée par *animo*.

♦ Voir encadré 1.

Chez Kant, le *Gemüt* est présenté d'emblée comme l'ensemble des pouvoirs transcendantaux, leur fondement et leur origine à la fois. La *Logique transcendantale* l'évoque en son commencement :

> Notre connaissance vient de deux sources fondamentales de l'esprit (*Gemüt*), dont la première consiste à recevoir les représentations (la réceptivité des impressions) et dont la seconde est le pouvoir de connaître un objet au moyen de ces représentations (la spontanéité des concepts) [...]
>
> B 74.

Dans la *Critique de la faculté de juger*, il fonctionne comme le cadre où jouent les facultés dans leurs rapports réciproques, sans être à aucun moment déterminé positivement, ni par référence à une acception transcendantale ni au regard de l'anthropologie. Le § 49 définit même le *Geist* (l'esprit) au sein du *Gemüt* comme « son pouvoir vivifiant ». Cela ne fait pas pour autant de Kant un mystique, mais l'inscrit dans une recherche de formulation d'un vocabulaire du sentiment, un des enjeux décisifs de la pensée morale et esthétique du XVIIIe siècle : dans la continuité de l'espace neutre entre passivité et activité articulé par le sentiment, Kant dissocie *Gemüt* de l'acception pratique que, dans la lignée du leibnizianisme, avec Wolff, Meier et Mendelssohn, le terme avait couramment avant lui. Adelung donne dans son *Dictionnaire* (1808) un état moyen de l'acception qu'avait le mot au XVIIIe siècle, comme exprimant « l'âme » (*Seele*) rapportée aux désirs et à la volonté, par contraste avec « l'esprit » (*Geist*) théorique. Le terme qui désigne ainsi chez Kant « l'ensemble des facultés transcendantales » va progressivement être investi par la psychologie et le langage courant, alors que l'idéalisme allemand, dans son inspiration théologique, privilégiera le terme de *Geist*. C'est la *Geistesgeschichte* du début du XXe siècle, sorte d'histoire des idées faite sur un mode métaphysique, qui réintroduira en force le *Gemüt* parmi les notions irréductiblement « germaniques » de l'esprit, ouvrant la voie aux usages nazifiants. Caractéristique d'un certain romantisme littéraire, *Gemüt* conservera, dans son ambiguïté même, une vertu descriptive que la phénoménologie de Husserl ou surtout de Scheler saura utiliser.

Denis THOUARD

BIBLIOGRAPHIE

BÖHME Jakob, *De Tribus Principiis oder Beschreibung der Drey Principien Göttlichen Wesens* (1619), in *Sämmtliche Werke*, t. 3, K.W. Schiebler (éd.), Leipzig, Barth, 1841 ; *Des trois principes*, trad. fr. L.-C. de Saint-Martin, Paris, 1802.

BRAUN Lucien, *Paracelse*, Genève, Slatkine, 1995.

ECKHART Meister, *Die deutschen Werke*, J. Quint (éd.), Stuttgart, Kohlhammer, 1963.

— *Traités et Sermons*, trad. fr. A. de Libera, Flammarion, 1993.

FUES, Wolfram Malte, *Mystik als Erkenntnis ? Kritische Studien zur Meister Eckhart-Forschung*, Bonn, Bouvier, 1981.

KANT Emmanuel, *Kritik der reinen Vernunft*, Riga, 1787 ; *Critique of pure reason*, trad. angl. P. Guyer et A. Wood, Cambridge UP,

1

« Gemüt » dans la « Critique de la raison pure »

Le terme est particulièrement fréquent dans l'*Esthétique transcendantale* : au § 1, A 19, l'intuition n'est possible que si l'objet nous est donné ; cela, à son tour, suppose nécessairement « *dadurch* [...] *daß er das Gemüt auf gewisse Weise affiziere* » : A. Tremesaygues / B. Pacaud, « à la condition que si l'objet affecte d'une certaine manière notre esprit (*das Gemüth*) » ; J. Barni / F. Marty, « si l'objet affecte d'une certaine manière notre esprit » ; A. Renaut, « parce que l'objet affecte l'esprit sur un certain mode « (avec note) ; G. Gentile / V. Mathieu, « *in quanto modifichi, in certo modo, lo spirito* » ; P. Guyer / A. W. Wood, « *if it affects the mind in a certain way* ».

Seconde occurrence en A 20 : A. Tremesaygues / B. Pacaud, « la forme pure des intuitions sensibles en général se trouvera *a priori* dans l'esprit » ; J. Barni / F. Marty, « la forme pure des intuitions sensibles en général [...] se trouvera *a priori* dans l'esprit » ; A. Renaut, « laquelle réside *a priori* dans l'esprit » ; G. Gentile / V. Mathieu, « *la forma pura delle intuizioni sensibili in generale* [...] *si troverà* a priori *nello spirito* ».

Le § 2 fait clairement apparaître les implications d'une traduction dont on ne relève pas les difficultés : nous lisons ainsi A 22 / B 37, « *Der innere Sinn, vermittelst dessen das Gemüt sich selbst, oder seinen inneren Zustand anschauet, gibt zwar keine Anschauung von der Seele selbst, als einem Objekt* », chez J. Barni / F. Marty, « Le sens interne, par le moyen duquel l'esprit s'intuitionne lui-même, ou intuitionne son état intérieur, ne nous donne aucune intuition de l'âme elle-même comme d'un objet » ; chez A. Renaut, « Le sens interne, par l'intermédiaire duquel l'esprit s'intuitionne lui-même, intuitionne son état intérieur, ne fournit certes pas d'intuition de l'âme elle-même comme objet », chez G. Gentile / V. Mathieu, « *Il senso interno, mediante il quale lo spirito intuisce se stesso, o un suo stato interno, non ci dà invero nessuna intuizione dell'anima stessa, come di oggetto* » ; P. Guyer / A. W. Wood, « *the mind intuits itself* » ; seuls A. Tremesaygues / B. Pacaud attirent notre attention de la sorte, « Le sens interne, au moyen duquel l'esprit (*das Gemüth*) s'intuitionne lui-même ou intuitionne aussi son état interne, ne donne pas, sans doute, d'intuition de l'âme elle-même comme d'un objet (*Objekt*) ».

Ces traductions ont pour inconvénient de rabattre *Gemüt* sur esprit, qui efface l'opposition entre *mens*, *spiritus* et *animus*, et entraîne la rétrojection du *Geist* de l'idéalisme allemand ou de l'esprit du spiritualisme sur le texte kantien. Même lorsqu'il s'agit de rendre un passage dans lequel Kant distingue explicitement *Gemüt* de *Seele* comme *animus* d'*anima* (voir l'exemple précédent, ou encore la note de « À propos de l'ouvrage de Sömmering sur l'âme », AA XIII, 33), le traducteur de l'édition de la Pléiade, L. Ferry, rend *Gemüt* par *esprit*. On intègre ainsi Kant dans l'idéalisme allemand, en le désolidarisant du même coup de la tradition de la psychologie empirique.

1998 ; *Critique de la raison pure*, trad. fr. A. Tremesaygues/ B. Pacaud, PUF, 1944 ; *Critique de la raison pure*, trad. fr. J. Barni et F. Marty/A. Delamarre, Gallimard, « La Pléiade », 1980 ; *Critique de la raison pure*, trad. fr. A. Renaut, Flammarion, 1995 ; *Critica della ragion pura*, trad. it. G. Gentile (1909), V. Mathieu (1974), Bari, Laterza, 1987.

NOVALIS, *Heinrich von Ofterdingen*, R. Kluckhohn et R. Samuel (éd.), Darmstadt, Wissenschaftliche Buchgesellschaft, 1977, vol. 1, p. 181-358 ; trad. fr. in *Les Romantiques allemands I*, Michel Alexandre (éd.), Gallimard, « La Pléiade », 1963.

PARACELSE, *Liber de imaginibus*, in *Sämtliche Werke*, Bernhard Aschner (éd.), vol. 4, Iéna, G. Fischer, 1932.

SCHELER Max, *Wesen und Form der Sympathie* (1923), Berne, Francke, 1973.

SCHLEIERMACHER Friedrich, *Über die Religion. Reden*, Berlin, Unger, 1799.

OUTILS

ADELUNG Johann Christoph, *Versuch eines vollständigen grammatisch-kritischen Wörterbuches der hochdeutschen Mundart* [Essai de dictionnaire grammatico-critique complet du haut allemand], 5 vol., Leipzig, Breitkopf, 1774-1786.

EISLER Rudolf, *Kant-Lexikon* [1926-1930], repr. Hildesheim, Olms, 1961 ; trad. fr. augm. A.-D. Balmès et P. Osmo, Gallimard, 1994.

KRUG Wilhelm Traugott, *Allgemeines Wörterbuch der philosophischen Wissenschaften*, Leipzig, 1832-1938 ; repr. Stuttgart, Frommann, 1969.

GENDER ANGLAIS – fr. *différence des sexes, identité sexuelle, genre*

all.	*Geschlecht*
esp	*genero*
it.	*genere*

► *GENRE*, SEXE, GESCHLECHT, et BEHAVIOUR, MULTICULTURALISME, NATURE, PEUPLE, PLAISIR, PULSION

Depuis que, vers la fin des années 1960, biologistes, sociologues, psychanalystes et philosophes en sont venus à prendre en compte, dans l'étude de la sexualité, ce que les auteurs anglo-saxons désignent sous le nom de gender, *le débat a gagné le champ d'autres langues européennes sans qu'on se résolve à rendre* gender, *par exemple, en français par « genre », en italien par* genere, *en espagnol par* genero, *en allemand par* Geschlecht. *Cette sorte d'esquive s'explique par la signification que les auteurs anglo-saxons puis, plus spécialement, les féministes américaines ont donnée à* gender *par rapport à ce qu'on appelle* sex *dans le monde anglophone et* sexualité *en français.*
Ce débat sur la différence des sexes (masculin et féminin) a eu pour point de départ le livre de Robert Stoller intitulé Sex and Gender *(1968) — d'ailleurs traduit en français sous le titre* Recherches sur l'identité sexuelle *(1978). Dans la préface à l'édition française de son ouvrage, Stoller définit « les aspects de la sexualité qu'on appelle le genre » comme étant « essentiellement déterminés par la culture, c'est-à-dire appris après la naissance », tandis que le sexuel proprement dit se caractériserait par ses composantes anatomiques et physiologiques, en tant qu'elles déterminent « si l'on est mâle ou femelle ». Si* gender *est un terme réputé intraduisible, cela tient à ce qu'il ne recouvre pas le terme de* sexualité. *En effet, la sexualité, telle que l'entend la psychanalyse, disparaît dans la distinction établie par les auteurs américains entre le sexe biologique et la construction sociale des identités masculine et féminine. Distinction que bon nombre de ses tenants commencent à réinterpréter et que la psychanalyse contemporaine ne peut que remettre en cause plus radicalement encore.*

I. LA DISTINCTION ENTRE « SEX » ET « GENDER » ET SES RÉINTERPRÉTATIONS

Le terme anglais *sex* peut raisonnablement se traduire en français par *sexe*, les deux langues définissant la sexualité comme « l'ensemble des notions physiologiques et psychologiques » qui caractérisent celle-ci. Pourtant, il est parfois erroné de traduire *sex* par *sexe*, étant donné qu'en anglais *sex* est opposé dans beaucoup de circonstances à *gender*, ce qui n'est pas le cas en français. La distinction entre *sex* et *gender*, que Stoller avait mise en relief en 1968 et qui a été adoptée par la pensée féministe au début des années 1970 (voir, en particulier, A. Oakley, *Sex, Gender and Society*, 1972), représente pour ce courant un argument politique et sociologique au nom duquel on s'impose de distinguer les aspects physiologiques et psychologiques du sexe, faute de quoi on déboucherait sur un essentialisme biologique qui aurait valeur normative en matière d'identité sexuelle.

Les tentatives scientifiques pour séparer, à ce sujet, les apports respectifs de la nature et de la culture se sont ensuite multipliées dans le dernier tiers du XXe siècle. Mais le recours à la distinction entre sexe et genre est resté spécifique de la terminologie anglaise. L'*Oxford English Dictionary* mentionne, à propos de *gender*, l'emploi qu'en fait A. Oakley (« Les différences de sexe peuvent être “naturelles”, mais les différences de genre ont leur source dans la culture »). Et le même ouvrage fait référence à l'usage féministe du terme comme représentant l'une des significations majeures de celui-ci :

> Dans l'usage moderne, et spécialement chez les féministes, *gender* est une sorte d'euphémisme qui, pour le sexe de l'être humain, vise souvent à accentuer les distinctions sociales et culturelles par opposition à la distinction biologique entre les sexes.

Dans ce contexte, la psychanalyse, et la signification qu'elle accorde à la différence des sexes, ne connaissait pas, dans le monde anglo-saxon, l'influence décisive qu'elle a eue en France. Au sein de ce dernier, c'est le comportementalisme qui était dominant dans la période où s'imposait la distinction entre *sex* et *gender*, domination spécialement entretenue par la psychologie et la philosophie britanniques. Cette distinction se trouvait alors en consonance avec un climat de confiance quant aux possibilités de modifier les comportements relatifs aux rôles sexués jusque-là soumis à des critères normatifs. Du coup, il apparaissait comme non nécessaire que le comportement féminin allât de pair avec le sexe féminin biologique.

Après les années 1990, l'emploi du terme *gender* devint de plus en plus commun et passa dans l'usage général là où auparavant on aurait utilisé *sex*. (Dans la version électronique de l'*Oxford English Dictionary* figure, à la rubrique *gender*, la citation suivante du *Financial Times* : « L'école peut [...] modifier l'éducation d'un enfant sans considération de race, de *gender* ou d'origine de classe ».) Il s'ensuit que les psychologues ou les féministes qui se réfèrent actuellement au *gender* ne sont pas supposés tenir strictement à la distinction du sexe et du genre. De plus, la théorie féministe a, pour une large part, rejeté cette distinction pour les raisons suivantes :

(1) Il est difficile de distinguer ce qui relève du *sex* et ce qui relève du *gender*.

(2) On refuse l'idée que « *gender*, comme construction culturelle, serait imposé superficiellement sur la chose en question, comprise comme corps ou comme sexe » (voir J. Butler, *Bodies that Matter*, p. 5). Ce refus se fonde sur l'argument selon lequel le sexe ne peut être considéré comme une *tabula rasa* neutre (voir M. Gatens, « A Critic of the Sex/Gender Distinction »).

(3) La féministe américaine Judith Butler soutient que le sexe est matérialisé rétrospectivement comme « primaire » et que cela résulte du fait que notre abord du *gender* envisage le culturel comme « secondaire ». Elle décrit « la répétition ritualisée par laquelle les normes du *gender* produisent et stabilisent non seulement les effets de genre, mais la matérialité du sexe » (*Bodies that Matter*, *op. cit.*, p. X-XI). Son ouvrage présupposait que « le sexe se forme non seulement comme une donnée corporelle sur laquelle la construction du *gender* serait imposée artificiellement, mais aussi comme une norme qui gouverne la matérialisation des corps ».

(4) Certains théoriciens interprètent le sexe lui-même comme une construction culturelle. C'est cette perspective qu'adopte Thomas Laqueur lorsqu'il déclare :

> Que la biologie définisse les sexes semble parfaitement évident : que pourrait donc signifier le sexe par ailleurs ? [...]. Mais, à y regarder de plus près, il n'y a pas de faits indiscutables d'où découlerait une saisie de la différence des sexes [...]. Dans les organes [génitaux féminins] où l'on avait vu jusqu'alors des versions internes de l'apanage externe du mâle — le vagin comme pénis, l'utérus en guise de scrotum —, le XVIIIe siècle reconnut une nature entièrement différente.
>
> *La Fabrique du sexe*, p. 10-11.

Aussi cet auteur explique-t-il qu'il s'attache, dans ses recherches, à retracer « une histoire de la manière dont le sexe, non moins que le genre, se fait » (*ibid.*).

(5) Les féministes, ou d'autres théoriciens, qui recourent aujourd'hui au terme *gender*, n'adhèrent pas nécessairement à la distinction établie primitivement entre *sex* et *gender*, en particulier parce que le terme *gender* est devenu un euphémisme pour désigner le sexe. Et pareillement, lorsqu'un(e) théoricien(ne) utilise *sex*, il (elle) n'entend pas sous ce terme une notion qui, contrairement à celle de *gender*, serait universelle, abstraction faite de l'histoire et de la culture. L'argument de Thomas Laqueur a acquis une véritable portée à cet égard.

II. LA NOTION DE « GENDER » AU REGARD DE LA PSYCHANALYSE

Si *gender* est intraduisible dans beaucoup d'autres langues, c'est donc parce que ce vocable est lié à l'histoire de deux problèmes différents qui se sont développés parallèlement en empiétant l'un sur l'autre sans se rencontrer. Or, par rapport à la distinction établie par Stoller entre le sexe biologique et la construction sociale des identités masculine et féminine, la psychanalyse voit dans la sexualité une combinaison de facteurs physiologiques et psychologiques. Mais, alors que se déployait la problématique de Stoller et des féministes américaines, la réévaluation, en France, des concepts fondamentaux de la psychanalyse montrait la nécessité de renoncer au dualisme du physiologique et du psychique pour en venir à comprendre ce que sont les pulsions et les fantasmes, comme terrain sur lequel se forment les identités sexuées. Lorsque Freud définit en 1905 le corps érogène (dans les *Trois Essais sur la théorie sexuelle*) et qu'il précise en 1915 (dans *Pulsions et Destins de pulsions*) selon quels éléments hétérogènes se constituent les pulsions — poussée, but, source, objet —, il introduit l'idée que lesdites pulsions ont un destin, ce qui en fait tout autre chose que des données physiologiques ou psychologiques. Le terrain sur lequel se décide le fait que tel être humain se sent femme ou homme concerne les destins de ses pulsions, l'articulation de celles-ci avec des scénarios de jouissance sexuelle dans lesquels le sujet est en rapport avec des figures d'altérité prélevées en partie dans les détails de son commerce précoce avec les adultes. La sexuation a donc pour terrain de formation le plaisir, le déplaisir et l'angoisse, à partir desquels se tissent les expériences et les pensées des enfants immergés dans un monde adulte qui les soutient, les menace, les porte, bien qu'il soit en même temps intrusif et étranger.

Du point de vue de la psychanalyse, les déterminations sociales du *gender* sont l'un des matériaux moyennant lesquels se forgent les fantasmes et les pulsions. Les données physiologiques du sexe constituent un des autres matériaux concernés en cette affaire, mais elles ne sont pas sur le même plan que les premières : une société donne toujours un contenu à la différence des sexes. Et cette différence, comme le montrent les anthropologues, structure toutes les activités d'échange, de rites, de répartition de l'espace, de la subsistance, des circuits de mariages permis et défendus, etc. Comme le *gender* ne consiste jamais que dans le système de répartition des activités sociales, il reçoit, selon les sociétés, des contenus divers. Le point d'accord entre les anthropologues, les psychanalystes et certains théoriciens du *gender*, c'est que la sexuation humaine est rien moins que naturelle, qu'elle n'a pas de contenu qui soit commandé par une essence ou par la nature, cette nature serait-elle déterminée par le rôle différent des femmes et des hommes dans la procréation. Mais l'accord entre ces problématiques s'arrête à ce point négatif.

Pour rendre compte de la sexuation, la psychanalyse emploie d'autres notions que celle de physiologique et de psychique. C'est pourquoi Robert Stoller, comme beaucoup d'autres psychanalystes, a entretenu une confusion sur le sexuel au sens psychanalytique du terme. Et les théories du *gender* héritent de cette confusion. La sexualité n'est ni physiologique ni psychique ; elle est pulsionnelle et fantasmatique ; les données biologiques et sociales ne sont prises en compte par les fantasmes et les pulsions qu'à partir de leur organisation spécifique. Compte tenu de ce changement conceptuel, la question de savoir si Freud a eu tort d'affirmer qu'il existe, lors de la « phase phallique », une seule libido et qu'elle est d'essence mâle peut se poser sur d'autres bases.

Monique DAVID-MÉNARD
et Penelope DEUTSCHER

BIBLIOGRAPHIE

BUTLER Judith, *Gender Trouble. Feminism and the Subversion of the Identity*, New York et Londres, Routledge, 1990.

DAVID-MÉNARD Monique, *Tout le plaisir est pour moi*, Hachette, 2000.

DEUTSCHER Penelope, *Yielding Gender. Feminism, Deconstruction and the History of Philosophy*, Londres et New York, Routledge, 1997.

FRAISSE Geneviève, *La Différence des sexes*, PUF, 1996.

GATENS Moira, « A Critic of the Sex/Gender Distinction », in *Imaginary Bodies: Ethics, Power and Corporeality*, New York et Londres, Routledge, 1995.

LAQUEUR Thomas, *Making Sex. Body and Gender from the Greeks to Freud*, Cambridge (Mass.) et Londres, Harvard UP, 1990 ; *La Fabrique du sexe. Essai sur le corps et le genre en Occident*, trad. fr. M. Gautier, Gallimard, 1992.

OAKLEY Ann, *Sex, Gender and Society*, Londres, Temple Smith, 1972.

STOLLER Robert, *Sex and Gender. On the Development of Masculinity and Feminity*, New York, Science House, 1968 ; *Recherches sur l'identité sexuelle à partir du transsexualisme*, trad. fr. M. Novodorsqui, Gallimard, 1978.

OUTILS

SIMPSON John et WEINER Edmund (éd.), *The Oxford English Dictionary*, 20 vol., Oxford, Clarendon Press, 2e éd., 1989 ; version électronique : *OED Online*, Oxford UP, <http://dictionary.oed.com>.

GÉNIE

lat. *genus, genius*
all. *Genie, Geist, Naturell, natürliche Fähigkeit, Witz*
angl. *genius*

► ÂME, ART, CONCETTO, DAIMÔN, DUENDE, ESTHÉTIQUE, FOLIE, GEMÜT, GOÛT, *IMAGINATION*, INGENIUM, MANIÈRE, MIMÊSIS, PLASTICITÉ, SUBLIME, TALENT

Vers la fin du XVIIIe siècle, La Harpe écrit dans l'introduction de son ouvrage Lycée ou cours de littérature ancienne et moderne *: « Mais ce qui pourra surprendre, c'est que ces deux mots, le génie, le goût, pris abstractivement, ne se trouvent jamais ni dans les vers de Boileau, ni dans la prose de Racine, ni dans les dissertations de Corneille, ni dans les pièces de Molière. Cette façon de parler [...] est de notre siècle. » Comment un vieux mot, riche de significations diverses et vagues comme le mot « génie », a-t-il pu s'installer au centre des discussions esthétiques et philosophiques au siècle des Lumières, aussi bien en Angleterre, en Allemagne, qu'en France ? Que reste-t-il aujourd'hui de ces débats ?*

I. CONFUSION OU RICHESSE SÉMANTIQUE

À propos du mot *génie*, Ernst Cassirer écrit, dans sa *Philosophie des Lumières*, au chapitre sur « Le problème fondamental de l'esthétique », qu'« ici encore on doit bien se garder de vouloir déchiffrer le développement des idées et des doctrines en partant tout simplement de l'histoire d'un mot ». Ainsi Shaftesbury, ajoute-t-il, « n'a pas créé le mot "génie" ; il s'en sert comme d'un terme déjà connu et depuis longtemps familier en esthétique. Mais il est le premier qui, non content d'user de ce terme, l'ait délivré de la confusion et de l'ambiguïté dont il souffrait jusqu'alors pour lui donner un sens bien net et spécifiquement philosophique ».

En admettant que cette analyse soit exacte et que Shaftesbury ait bien été l'auteur de ce « coup de génie » philosophique, il n'en reste pas moins que l'histoire du mot *génie*, comme celle d'ailleurs de tous les mots, mais ici de façon particulièrement éclairante, aide à débrouiller ce que Cassirer nomme « confusion » et « ambiguïté », et qui n'est peut-être que richesse sémantique inépuisable.

Le mot français *génie*, puisque c'est de lui qu'il s'agit ici, se rattache au latin et, par-delà, à une origine indo-européenne commune à plusieurs langues (**gn*, « naître », « engendrer »). *Gigno, gignere*, signifie donc « engendrer », « produire », « causer ». De lui dérivent plusieurs substantifs. Le *genus*, c'est la naissance, la race, et de façon abstraite la classe, le genre (voir PEUPLE). Le *genius*, lui, est d'abord la divinité qui préside à la naissance d'un individu, puis la divinité tutélaire de chaque individu avec laquelle elle se confond, si bien que *genius* en vient à signifier les inclinaisons naturelles, les appétits, les qualités intellectuelles et morales propres à quelqu'un. En ce dernier sens, le mot double celui du composé *ingenium*, qui est un autre dérivé de *gigno* (voir INGENIUM).

II. DE L'« INGENIUM » AU « GÉNIE »

Quand le mot *génie*, calqué sur *genius*, apparaît en français au XVIe siècle (Rabelais, 1532), il déploie la richesse de signification qu'il tient de son origine latine. Il désigne de façon générale les tendances naturelles, le caractère, les dispositions innées pour une activité, un art. Il se particularise ensuite pour désigner l'aptitude supérieure de l'esprit (avant 1674), et enfin, par métonymie, un individu supérieur, un « génie » (1686).

Mais, concurremment, *génie* reprend, au XVIe siècle, le sens latin de « divinité », et désigne alors un « esprit », bon ou mauvais, qui influe sur notre destinée (cf. le « malin génie » de Descartes), puis, par extension, un être allégorique personnifiant une idée abstraite et sa représentation, et enfin, dans les récits fantastiques, un être surnaturel doué de pouvoirs magiques (définitions tirées du Robert, *Dictionnaire étymologique de la langue française*).

Ces deux séries de significations, apparemment très distinctes, sont en fait intimement liées. Avoir du génie, c'est posséder une part de la faculté créatrice que possède un dieu, donc participer de quelque chose d'extérieur et de supérieur à soi. Être un génie, c'est être considéré, ou se considérer soi-même comme une source créatrice, comme un dieu : une certaine *hubris* est ainsi sous-entendue dans cette notion, *hubris* qui s'affirmera clairement dans la conception romantique du génie (sur *hubris*, cf. VERGUENZA, II).

Une particularité de la langue française est qu'elle n'a pas créé de mot directement calqué sur *ingenium* (sauf *ingénieur*). Or ce mot latin, que l'on retrouve dans l'italien *ingegno* et l'espagnol *ingenio*, et qui est employé couramment dans le vocabulaire philosophique de l'époque classique (cf. les *Regulae ad directionem ingenii* de Descartes), désigne à la fois une certaine pénétration de l'esprit et une faculté synthétique permettant de rapprocher des idées éloignées les unes des autres, et donc de « trouver », au sens d'« inventer ». En ce sens on peut opposer, comme le fera en particulier Vico, la créativité et l'inventivité de la pensée « ingénieuse » à la stérilité de la pensée analytique qui se contente de déduire mécaniquement les conséquences de prémisses données au départ. Mais il est admis, au XVIe et au XVIIe siècle, que l'*ingenium*, traduit en français par *génie*, est à l'œuvre, à des degrés divers, chez tous les individus, et dans toutes les sphères d'activité, même si ses manifestations sont particulièrement apparentes chez les poètes et les artistes.

C'est au XVIIIe siècle que la notion de génie prend une signification nouvelle et devient, dans l'Europe entière, un objet de réflexion dans le domaine esthétique, et, plus largement, dans le domaine philosophique (on a ainsi pu parler de la « naissance du génie » au XVIIIe siècle). Alors que dans les siècles précédents il était admis que l'œuvre d'art naissait de la conjonction d'un savoir et d'une technique propres à un art particulier et susceptibles d'acquisition, et d'autre part d'une qualité propre à l'individu, d'une donnée naturelle appelée « génie », cette dernière qualité va prendre désormais une importance prépondérante, voire démesurée, au point de faire presque oublier les autres facteurs. Le génie devient une puissance de création *ex nihilo* irréductible à toutes les règles, et impossible à analyser rationnellement. Du même coup, alors que l'esthétique classique reposait sur la notion d'imitation, le génie se caractérisera par l'originalité absolue de ses productions, par leur caractère inimitable.

Mais si cette portée nouvelle donnée à la notion de génie est un phénomène européen, il est intéressant de noter que ce phénomène n'est pas partout concomitant, et qu'il existe des différences proprement nationales dans la définition qui est donnée du génie, dans l'importance qui lui est accordée, dans l'interprétation dont il est l'objet. En ce sens, on peut parler d'une « intraduisibilité » relative de la notion de génie telle qu'elle est appréhendée dans la littérature qui lui est consacrée en Angleterre, en France et en Allemagne.

III. « ENTHOUSIASME » ANGLAIS ET « RATIONALISME » FRANÇAIS

On s'accorde généralement pour souligner l'influence déterminante que Shaftesbury a exercée sur la manière dont la question du génie a été posée au XVIIIe siècle, en popularisant la notion d'« enthousiasme » (*enthusiasm*), (*Lettre sur l'enthousiasme*, 1708). L'enthousiasme naît de l'accord de l'artiste avec la nature considérée comme « artiste souveraine », « nature plastique universelle ». L'enthousiasme de l'artiste est un « plaisir désintéressé », provoqué par la présence en lui d'une inspiration divine, le « génie » (*genius*), qui fait de lui le proche parent du génie du monde et son égal. L'artiste sent vivre en lui sa connaturalité avec l'acte créateur, et Shaftesbury peut écrire que « le poète est un second Créateur, un véritable Prométhée au-dessous de Jupiter » (*Soliloque, ou Adresse à un auteur*, 1710). L'artiste ne se contente pas d'imiter les produits de la nature, ce qui est engendré, il participe activement à l'acte de production et d'engendrement. Son œuvre, qui est donation de forme, création d'un modèle intérieur, ne fait que manifester la présence de l'infini dans le fini.

Il ne faut pas croire qu'en France la conception « enthousiaste » que le philosophe anglais se fait du génie est reprise immédiatement et sans réticence. En fait, la plupart des auteurs français qui traitent du génie dans la première moitié du XVIIIe siècle le font dans une perspective beaucoup plus traditionnelle, plus « rationaliste » en un mot. C'est moins à une approche métaphysique du génie qu'à une recherche de ses causes « naturelles » et « morales » qu'ils se livrent. Ainsi pour Du Bos, dans ses *Réflexions critiques sur la poésie et la peinture* (1719) :

> On appelle génie l'aptitude qu'un homme a reçue de la nature pour faire bien et facilement certaines choses que les autres ne sauraient faire que très mal, même en prenant beaucoup de peine.
>
> J. Mariotte, 1719, 2 vol. ; rééd. Slatkine Reprints, 1967, 3 vol.

En ce sens, le génie, qui concerne toutes les activités humaines, ne diffère guère du talent, et Du Bos en cherche les causes naturelles dans « un heureux arrangement des organes du cerveau », l'influence du sol et du climat, l'éducation, et la fréquentation des artistes et des philosophes. Quoi qu'il en soit, le don naturel doit être développé par l'apprentissage et le travail : « Le génie le plus heureux ne peut être perfectionné que par une longue étude. »

Batteux, dans la première partie de son très influent traité sur *Les Beaux-Arts réduits à un même principe* (1746), définit quant à lui le génie comme :

> une raison active qui s'exerce avec art, qui en recherche industrieusement toutes les faces réelles, tous les possi-

bles, qui en dissèque minutieusement les parties les plus fines, en mesure les rapports les plus éloignés ; c'est un instrument éclairé qui fouille, qui creuse, qui perce sourdement.

Durand, 1746 ; éd. crit. J.-R. Mantion, Aux amateurs de livres, 1989.

Le génie est donc assimilé à une raison supérieure, et non à une mystérieuse puissance dévolue à certains hommes. L'imitation de la nature reste la loi suprême de tous les arts, mais l'artiste peut découvrir des choses qui avaient échappé aux autres. L'enthousiasme poétique relève d'une explication purement psychologique :

> Ils [les poètes] excitent eux-mêmes leur imagination jusqu'à ce qu'ils se sentent émus, saisis, effrayés ; alors *Deus ecce Deus*, qu'ils chantent, qu'ils peignent, c'est un Dieu qui les inspire.

Peut-être est-ce Helvétius qui, dans le livre V de *De l'esprit*, réduit le plus la part de mystère et d'originalité du génie. Selon lui, le génie, chez les artistes, mais aussi chez les philosophes et les savants, consiste à « inventer », mais l'invention n'est possible que grâce à des conditions favorables, elle est facilitée par l'air du temps, les tendances d'une époque, et parfois par le hasard. Il y a dans le monde une masse diffuse de génialité que seuls quelques heureux réussissent à exprimer.

On constate donc une résistance typiquement française, dont on peut chercher l'origine dans la méfiance cartésienne à l'égard de l'imagination, à l'exaltation du génie créateur qui ferait de l'artiste le rival de Dieu. Voltaire, dans l'article « Génie » des *Questions sur l'Encyclopédie* (1772), s'interroge : « Mais au fond, le génie est-il autre chose que le talent ? Qu'est-ce que le talent, sinon la disposition à réussir dans un art ? » Et pour Buffon, le génie, s'il doit imiter la nature, doit suivre sa démarche lente, laborieuse, obstinée, et il doit faire preuve de davantage de raison que de chaleur, puisqu'il n'est en définitive, selon le mot que Hérault de Séchelles lui prête, « qu'une plus grande aptitude à la patience » (Hérault de Séchelles, *Voyages à Montbard,* Librairie des bibliophiles, 1890, p. 11).

C'est à cette méfiance, à cette volonté critique et réductrice qui tend à soumettre le génie aux lois de la raison, fussent-elles celles de la « raison sublime », que s'opposent ceux qui ont retenu la leçon de Shaftesbury. Pour ceux-là, la présence du génie dans une œuvre d'art s'impose avec une évidence brutale, elle ne peut être que sentie, et non analysée, parce que précisément elle ôte à celui qui la ressent toute faculté critique. C'est ce qu'exprime Rousseau, dans son *Dictionnaire de musique* (1768), à l'article « Génie » :

> Ne cherche point, jeune artiste, ce que c'est que le génie. En as-tu : tu le sens en toi-même. N'en as-tu pas : tu ne le connaîtras jamais [...] Veux-tu savoir si quelque étincelle de ce feu dévorant t'anime ? Cours, vole à Naples écouter les chefs-d'œuvre de Leo, de Durante, de Jommelli, de Pergolèse. Si tes yeux s'emplissent de larmes, si tu sens ton cœur palpiter, si des tressaillements t'agitent, si l'oppression te suffoque dans tes transports, prend le Métastase et travaille [...] Mais si les charmes de ce grand art te laissent tranquille, si tu n'as ni délire, ni ravissement, si tu ne trouves que beau ce qui transporte, oses-tu demander ce qu'est le génie ? Homme vulgaire, ne profane point ce nom sublime.

Œuvres complètes, t. 5, p. 837-838.

IV. DIDEROT ET LE GÉNIE COMME « RESSORT DE LA NATURE »

C'est Diderot, traducteur de Shaftesbury, qui va le plus loin, en France, dans l'approfondissement de l'analyse du génie dans la direction indiquée par le philosophe anglais. Il reprend l'idée que le mystère du génie est celui de la création, mais ce n'est plus des dieux, ou de Dieu, mais de la nature comme puissance générale qu'il fait la source de la créativité géniale. Pour lui, le génie est un « ressort de la nature », et a donc un fondement biologique : par là, il est infaillible, comme l'instinct des animaux. C'est pourquoi, en poésie, il se manifeste de préférence chez ceux qui sont restés proches de la nature, comme l'enfant, la femme, le primitif (« La poésie veut quelque chose d'énorme, de barbare et de sauvage », *Discours sur la poésie dramatique*, 1758 [Diderot, *Œuvres complètes*, Club français du livre, 1970, t. 3, p. 483]). Les manifestations, chez l'artiste génial, de la puissance créatrice de la nature ne peuvent être que de l'ordre du corporel, du sensible, de l'affectif, de l'imaginatif, et les mots *fureur, ivresse, mouvements du cœur* reviennent sans cesse chez Diderot et chez ceux qui le suivent, dans l'*Encyclopédie* en particulier.

Ainsi, dans l'article « Génie » du *Dictionnaire*, dû à Saint-Lambert, mais auquel Diderot semble avoir prêté la main, comme le laisse entendre Voltaire dans son propre article « Génie » des *Questions sur l'Encyclopédie*, l'état naturel du génie est-il défini comme étant le « mouvement » : « le plus souvent ce mouvement excite des tempêtes », et le génie est « emporté par un torrent d'idées ». Ainsi entendu, le génie n'est pas l'apanage des artistes, et la philosophie a aussi ses représentants géniaux, « dont on admire les systèmes comme l'on admirerait des poèmes, et qui construisent des édifices hardis que la raison ne saurait habiter ». Dans la philosophie, comme dans l'art, « le vrai et le faux ne sont point les caractères distinctifs du génie », et ainsi « il y a bien peu d'erreurs dans Locke et trop peu de vérités dans milord Shaftesbury : le premier, cependant, n'est qu'un esprit étendu, pénétrant et juste ; et le second est un génie de premier ordre ».

Saint-Lambert, comme Diderot dans son article *Encyclopédie* et dans son *Discours sur la poésie dramatique*, insiste sur l'opposition entre *goût* et *génie*, question qui restera jusqu'à Kant, et même plus tard, au centre de la problématique du génie. « Le goût est souvent séparé du génie. Le génie est un pur don de la nature ; ce qu'il produit est l'ouvrage d'un moment ; le goût est l'ouvrage de l'étude et du temps [...] Le sublime et le génie brillent dans Shakespeare comme des éclairs dans une longue nuit » (pour tout le XVIIIe siècle, Shakespeare est l'exemple par excellence du génie, dans ce qu'il a d'irréductible à la raison, aux règles et au goût). Et Saint-Lambert ajoute que les règles du goût sont constamment transgressées par les œuvres du génie, car « la force, l'abondance, je ne sais quelle rudesse, l'irrégularité, le sublime, le pathétique, voilà dans les arts le caractère du génie ».

Mais si la nature du génie reste en dernière analyse impénétrable, il est possible cependant d'étudier les conditions qui favorisent ou défavorisent sa manifestation. À cet égard, ce que Diderot dit du génie poétique dans *De la poésie dramatique* a une valeur générale. Il y a des époques, des mœurs, des circonstances plus poétiques, plus appropriées à la création que d'autres : « En général, plus un peuple est civilisé, poli, moins ses mœurs sont poétiques : tout s'affaiblit en s'adoucissant » (Vico avait déjà dit la même chose dans sa *Science nouvelle* [1725- 1744], en donnant à la notion de poésie une portée bien plus large, puisque pour lui c'est avec la poésie que les peuples primitifs « créent » leur propre monde). Diderot met aussi en cause les conditions particulières, d'ordre social, politique, économique, qui peuvent empêcher le génie d'un individu de se déployer, et il montre, dans l'article « Éclectisme » de l'*Encyclopédie*, comment les hommes peuvent contrarier les desseins de la nature. C'est l'apparition du thème romantique du génie incompris, de l'homme exceptionnel condamné à mourir de faim, avec l'appel concomitant au gouvernement pour qu'il subventionne les artistes méconnus. Du même coup, l'intérêt commence à se déplacer de la notion abstraite de génie à celle, concrète, et obtenue par un effet de métonymie, de l'« homme de génie », qui va prendre place dans la typologie humaine idéale, aux côtés du saint et du héros.

V. COMMENT L'ALLEMAGNE S'EMPARE DU MOT FRANÇAIS POUR FAIRE DU GÉNIE SA CHOSE PROPRE

Le mot *Genie,* emprunté au français, apparaît dans le vocabulaire allemand avec la traduction que Johann Adolf Schlegel donne en 1751 du traité de Batteux sur les *Beaux-Arts* (les autres traducteurs de Batteux avaient choisi de traduire *génie* par *Geist, Naturell, natürliche Fähigkeit,* et surtout *Witz*). À partir du milieu du XVIIIe siècle, la notion de génie prend en effet en Allemagne une place de plus en plus importante dans les discussions sur l'art, sur la langue, sur l'histoire des peuples, et particulièrement au moment où s'impose, dans les années 1770-1780, le mouvement littéraire, à résonances politiques, du *Sturm und Drang*. Ces discussions prennent évidemment leur pleine signification si on les rapporte à l'époque où l'Allemagne commence à s'affirmer vigoureusement sur le plan littéraire, philosophique et politique.

Les premiers auteurs allemands de traités sur le génie reconnaissent que « les Français [les] ont engagés à réfléchir avec soin sur ce concept », mais très tôt leur réflexion les éloigne des sources françaises (à l'exception de Diderot et de Rousseau), pour les entraîner dans des voies nouvelles.

Cette démarche se fait par étapes. Sulzer, avec son idée du « génie raisonnable », Mendelssohn, et même Lessing, si opposé à l'influence française, s'efforcent de conserver ce qui peut l'être de la critique « rationaliste », notamment les exigences des règles et du goût, tout en reconnaissant au génie, comme expression de la nature et comme originalité créatrice, des droits imprescriptibles. C'est avec Hamann que la rupture se fait violente et radicale, et que les droits supérieurs du génie dans l'art et dans la vie sont affirmés de façon impérieuse. Influencé par Rousseau, mais surtout par le poète anglais Young, l'auteur des célèbres *Nuits* (1742-1745), qui, dans ses *Conjectures on Original Composition* (1759), insiste sur le caractère absolument « original », inimitable, des œuvres de génie, que l'on ne discute pas et que l'on peut seulement admirer, Hamann donne à ses considérations sur le génie des résonances mystiques. La foi n'a rien à voir avec la raison, et ce que la foi est dans la vie, le génie l'est dans l'art. Les *Mémoires socratiques* (1760) appliquent la méthode de Socrate à la notion de génie, que l'on peut voir ou sentir, mais jamais comprendre. Le génie embrasse le passé et l'avenir, et seule la poésie est capable de traduire ses visions.

Pour Hamann, qui va plus loin dans ce sens que Diderot, le génie ne peut être connu des contemporains. L'homme qui le possède est au-dessus de la foule, il est incompris et moqué par elle, car il est souvent proche de la folie, et il se produit parfois « des incidents de frontière entre le génie et la folie ». Ce n'est pas Apollon, mais Bacchus, qui régit les arts. Le génie a deux faces, l'une qui nie, qui méprise la raison, l'autre qui affirme, qui crée et engendre : « Mon imagination grossière m'a toujours interdit de me représenter un génie créateur dépourvu de *genitalia* » (lettre à Herder, 1760).

Herder prolonge les idées de Hamann dans le sens d'un nationalisme littéraire qui va s'épanouir en Allemagne, puis dans l'Europe entière. Dans de nombreux écrits, il revient sur le thème du génie qui, selon lui aussi, est par nature indéfinissable :

> Il en est du génie comme des autres concepts délicats et de nature complexe ; on peut, dans des cas individuels, les saisir par intuition, mais nulle part ils ne sont exactement délimités et sans mélange. Aux philosophes qui recherchent une idée générale précise et claire, ils donnent autant de mal que Protée à Ulysse quand il essayait de le saisir.
>
> cité par P. Grappin, *La Théorie du génie dans le préclassicisme allemand*, p. 224-225.

Mais Herder insiste surtout sur l'idée selon laquelle le génie d'un artiste n'est pas un phénomène purement individuel, mais ne fait qu'exprimer l'« esprit », ou, si l'on veut, le « génie » d'un peuple, et ne se manifeste que quand les temps sont mûrs pour l'accueillir. Aussi ses formes varient-elles selon les époques, d'où l'intérêt de l'étude des chants et traditions populaires que les poètes modernes ne doivent cependant pas pasticher en se déguisant en « bardes germaniques », mais dont ils doivent retrouver l'inspiration authentique, comme l'ont fait Klopstock et Goethe.

VI. LE GÉNIE D'APRÈS KANT

On ne peut comprendre les pages célèbres que Kant consacre au génie dans la *Critique de la faculté de juger* (1790) sans tenir compte de toutes les discussions qui ont eu lieu sur le sujet en Allemagne depuis le milieu du XVIIIe siècle et dont on vient de voir quelques exemples. Kant accomplit une synthèse équilibrée de ces écrits et leur donne d'autre part le fondement proprement philosophique qui leur manquait. Il échappe ainsi au rationalisme réducteur de la tradition française et au mysticisme de la *Schwärmerei*.

De cet équilibre témoigne la définition qu'il donne du génie dans l'ouvrage cité :

> Le *génie* est le talent (don naturel) (*Talent*) qui donne les règles à l'art. Puisque le talent, comme faculté productive innée de l'artiste, appartient lui-même à la nature, on pourrait s'exprimer ainsi : le *génie* est la disposition innée de l'esprit (*ingenium*) (*Gemüt*) *par laquelle* la nature donne les règles à l'art.
>
> *Critique de la faculté de juger*, trad. fr. A. Philonenko, Vrin, 1974, p. 138.

Il ne craint donc pas d'employer deux termes honnis par les apologistes du génie : talent et règles, mais pour lui, cependant, ce n'est pas la raison qui, dans l'œuvre d'art, donne les règles (« le beau plaît sans concept »), mais la nature. Nous retrouvons là l'idée qui, depuis Shaftesbury, domine la pensée du XVIIIe siècle. La nature « donne la règle à l'art dans le sujet », et cela par la « concorde des facultés » chez celui-ci. L'imagination et l'entendement constituent, par leur union, le génie, qui consiste dans un « heureux rapport qu'aucune science n'enseigne, et dans lequel on trouve les Idées se rapportant à un concept donné et l'expression qui leur convient, par laquelle la disposition de l'âme ainsi suscitée peut être communiquée à autrui ». La proportion et la disposition de ces facultés ne sauraient être produites par les règles de la science ou de l'imitation : ceux qui ont le don naturel qui leur permet d'y parvenir sont des « favoris de la nature », et leurs œuvres ont un caractère absolument original.

Une des conséquences les plus importantes de cette définition est la limitation par Kant de la notion de génie à la création artistique :

> La nature par le génie ne prescrit pas de règles à la science, mais à l'art, et [...] cela n'est le cas que s'il s'agit des beaux-arts.
>
> *Ibid.*, p. 139.

Il ne faut pas confondre génie et « puissant cerveau » : Newton peut rendre claire et enseigner sa démarche, mais pas Homère ou Wieland.

Dans son *Anthropologie* (1798), Kant, qui revient sur la question du génie, semble élargir à d'autres sphères que celle des beaux-arts l'application du terme de génie, « ce nom mystique », qu'il identifie à l'« originalité exemplaire du talent (*Talent*) » : ainsi Léonard de Vinci est-il « un vaste génie (*Genie*) dans de nombreux domaines », mais on peut considérer que ces « nombreux domaines » relèvent des « arts » en général, et non de la science, si bien qu'il n'y a pas véritable contradiction avec ce qui est soutenu dans la *Critique de la faculté de juger*. On trouve également, dans l'*Anthropologie*, une remarque d'ordre linguistique dont le caractère « nationaliste » est révélateur de la sensibilité allemande de l'époque, à propos du génie : « Notre nation se laisse persuader que les Français auraient dans leur propre langue un mot à cet usage, alors que nous n'en avons pas et que nous devons le leur emprunter, alors qu'ils l'ont eux-mêmes emprunté au latin (*genius*) qui ne signifie rien d'autre que *eigentümlicher Geist* [esprit individuel, principe spirituel de l'individu] (Kant, *Anthropologie du point de vue pragmatique*, trad. fr. P. Jalabert, in *Œuvres philosophiques*, Gallimard, « La Pléiade », 1986, t. 3, p. 1043).

Et Kant se pose la question de savoir si le monde tire un profit particulier des grands génies parce qu'ils frayent souvent de nouveaux chemins et ouvrent de nouvelles perspectives, ou bien si les « esprits mécaniques », qui se servent des « cannes et béquilles de l'entendement » n'ont pas davantage contribué à l'accroissement des sciences et des arts. À cette question, il ne donne pas de réponse, se contentant de dire qu'il faut se méfier des « hommes appelés géniaux », qui ne sont souvent que des charlatans.

VII. LE CRÉPUSCULE DU GÉNIE

Avec le romantisme, on assiste à une apothéose du génie, correspondant à une véritable « sacralisation de l'art dans la société bourgeoise », comme l'écrit Gadamer dans *Vérité et méthode*. Aujourd'hui, on parle toujours du « génie » d'un artiste, mais la notion n'est plus guère un objet de réflexion théorique, et l'on peut dire, avec Gadamer encore, que l'on assiste au « crépuscule du génie ». Valéry, dans l'*Introduction à la méthode de Léonard de Vinci*, réagit contre l'idée de l'inconscience somnambulique, de l'inspiration mystérieuse, quasi divine, qui présiderait à la création artistique. C'est là, en effet, un point de vue d'« observateur ». L'artiste, quand on l'interroge, est davantage terre à terre, il parle de sa technique, non de son génie.

Alain PONS

BIBLIOGRAPHIE

CASSIRER Ernst, *Die Philosophie der Aufklärung*, Tübingen, J.C.B. Mohr, 1932 ; trad. fr. P. Quillet, Fayard, 1970.

GADAMER Hans Georg, *Wahrheit und Methode. Grundzüge einer philosophischen Hermeneutik*, Tübingen, J.C.B. Mohr, 1960 ; trad. fr. P. Fruchon, J. Grondin et G. Merlio, Seuil, 1996.

GRAPPIN Pierre, *La Théorie du génie dans le préclassicisme allemand*, PUF, 1952.

LARTHOMAS Jean-Paul, *De Shaftesbury à Kant*, Didier, 1985.

MATHORE Georges et GREIMAS Algeirdas Julien, « La naissance du génie au XVIIIe siècle », *Le Français moderne*, octobre 1957.

SAINT-GIRONS Baldine, article « Génie », in M. DELON (dir.), *Dictionnaire européen des Lumières*, PUF, 1997.

OUTILS

ALEMBERT Jean Le Rond d' et DIDEROT Denis, *Encyclopédie ou Dictionnaire raisonné des sciences, des arts et des métiers*, Paris,

Briasson [1751-1780], nouv. éd. en fac-similé, Stuttgart-Bad Cannstatt, Frommann, 1966-1988.

DHLF : REY Alain (dir.), *Dictionnaire historique de la langue française*, 3 vol., Le Robert, 1992.

ROUSSEAU Jean-Jacques, *Dictionnaire de musique* [1768], in *Œuvres complètes*, t. 5, Gallimard, « La Pléiade », 1995.

GENRE

GENRE *Genre* est pris dans plusieurs réseaux divergents, tous issus du gr. *genos* [γένος] (sur *gignesthai* [γίγνεσθαι], « naître, devenir ») et de son calque latin *genus*. Ces réseaux ne cessent d'interférer.

I. BIOLOGIE ET CLASSIFICATIONS

Le réseau biologique est le réseau de départ, comme en témoigne le sens homérique de *genos* : « race, lignée ». On le retrouve thématisé par Aristote, en particulier dans ses classifications zoologiques, en contraposition avec *eidos* [εἶδος], « genre/espèce ». Voir PEUPLE.

Ce réseau classificatoire, où *genre* prend le sens de « catégorie, type, espèce », est utilisé notamment en théorie de la littérature, avec la question des « genres littéraires » (all. *Gattung*). Voir ERZÄHLEN et HISTOIRE. Cf. *FICTION, RÉCIT, STYLE*.

II. LES RÉSEAUX ONTOLOGIQUE ET LOGIQUE

Le réseau le plus prégnant philosophiquement est toutefois celui de l'ontologie, comme dans le cas d'*eidos* : voir *IDÉE*, et en part. SPECIES. *Genos* peut ainsi désigner les genres, c'est-à-dire aussi les sens, de l'être. On se reportera à l'encadré 5, « Les genres de l'être : généalogie ou logique », dans PEUPLE ; voir également ANALOGIE, *ÊTRE*, HOMONYME, et l'explicitation de la notion de « catégorie », à travers l'encadré 1, « Le statut des distinctions aristotéliciennes », dans ESTI, et sous SYNCATÉGORÈME.

Le réseau onto-logique est ainsi lié au réseau logique, comme le marque la terminologie du « générique » et du « général », par différence avec le singulier et l'universel : voir PROPRIÉTÉ, UNIVERSAUX.

III. LE DÉBAT CONTEMPORAIN SUR « GENDER » ET « SEXE »

On recoupe le sens biologique d'« engendrement » avec les débats sur l'identité sexuée (féminine ou masculine), qui reprennent à nouveaux frais les débats grammaticaux sur le « genre » des noms (masculin, féminin ou neutre) : voir encadré 1, « Masculin, féminin, neutre », dans SEXE. En témoigne l'anglais *gender*, dont la traduction par le fr. *genre* entendu au sens de la sexuation passe mal, aussi mal que l'it. *genere* ou l'esp. *genero*, tandis que l'all. *Geschlecht* désigne aisément non seulement la lignée, la génération, le peuple, la nation, la race, mais encore la différence sexuelle : voir, outre GENDER et GESCHLECHT, SEXE/GENRE, *HUMANITÉ* [en part. MENSCHHEIT], et MULTICULTURALISM.

GESCHICHTLICH, GESCHICHTLICHKEIT

ALLEMAND – fr. *historique / historial, historicité / historialité*

► *DESTIN*, HISTOIRE, HISTOIRE UNIVERSELLE, et AUFHEBEN, DASEIN, EREIGNIS, ES GIBT, *ÊTRE*, PRÉSENT, TATSACHE, *TEMPS*

Un même terme allemand, geschichtlich, *se traduit par « historique » quand il apparaît chez Hegel et par « historial » chez Heidegger, et il en va de même pour le substantif* Geschichtlichkeit, *« historicité » ou « historialité ». Il ne s'agit pas d'une variation secondaire ou d'un caprice de traducteur. Ce que le passage de l'historique à l'historial fait apparaître en français, c'est le débat profond qui a parcouru les philosophies allemandes, de Hegel à Heidegger, sur la nature de ce qui est* véritablement historique, *en d'autres termes, sur ce qui fait d'une suite d'événements une histoire. Les ressources de la langue y sont convoquées, dans un réseau complexe qui superpose un célèbre couple d'opposés* (Geschichte / Historie, geschichtlich / historisch) *et un étymon étrange,* das Geschehen, *sorte de matrice lexicale où s'interroge le rapport entre l'histoire et ce qui arrive, en général.*

I. « GESCHICHTE », « HISTORIE », « GESCHEHEN »

L'examen de *Geschichte*, *geschichtlich* dans le lexique heideggérien pourrait partir d'une remarque de Heidegger, in *Gesamtausgabe* [notée GA] :

> Le pays qui peut se flatter de compter R. Descartes parmi ses grands penseurs, à savoir le fondateur de la doctrine de l'humanité entendue comme subjectivité, ne dispose pas, dans sa langue, de mot pour *Geschichte*, par quoi il pourrait la distinguer de l'*Historie*.
>
> t. 79, p. 102.

La première difficulté est donc de trouver accès à ce que recouvre le terme *Geschichte*, toujours entendu chez Heidegger par contraste avec l'*Historie*, au sens de science historique, études historiques, historiographie.

Hegel l'avait noté :

> *Geschichte* réunit en notre langue aussi bien l'aspect objectif que l'aspect subjectif, et signifie de ce fait tout aussi bien l'*historia rerum gestarum* que les *res gestas* ; elle est ce qui est advenu (*das Geschehene*) non moins que l'historiographie (*Geschichtserzählung*).
>
> *Vorlesungen über die Philosophie der Geschichte*, p. 83.

Raymond Aron commente :

> Le même mot, en français, en anglais, en allemand s'applique à la réalité historique et à la connaissance que nous en prenons. Histoire, *history*, *Geschichte* désignent à la fois le devenir de l'humanité et la science que les hommes s'efforcent de donner de leur devenir (même si l'équivoque est atténuée, en allemand, par l'existence de mots, *Geschehen*, *Historie*, qui n'ont qu'un des deux sens).
>
> *Dimensions de la conscience historique*, p. 5.

La différence décisive ne repose pas sur le fait que l'allemand a deux mots là où le français n'en a qu'un : le double sens d'« histoire » se trouve aussi dans *Geschichte*. L'important est que l'allemand dispose, pour *Geschichte*, d'une ressource étymologique propre dans le verbe *geschehen*, « arriver, se produire », qui donne le substantif *das Geschehen*, « l'advenir », et l'adjectif substantivé *das Geschehene*, « ce qui est advenu ».

C'est cette ressource qui va être particulièrement exploitée dans les philosophies de l'idéalisme allemand.

Pour Schelling, ce qui s'est passé, est advenu (selon la formule de Ranke : *was geschehen ist*), en allemand *das Geschehene* — César ayant franchi le Rubicon, Marignan 1515 —, ce qui relève de l'histoire appelée aujourd'hui « événementielle » (ou encore l'histoire « traités-et-batailles », par opposition à l'histoire-problème chère à l'École des Annales) n'atteint toutefois pas encore le niveau de l'« histoire proprement dite », *die eigentliche Geschichte*, ou le niveau de ce qui est « proprement historique » (*eigentlich geschichtlich*), comme dira Hegel (*Vorlesungen..., op. cit.*, p. 83). Schelling écrit :

> *Was wäre alle* Historie, *wenn ihr nicht ein innrer Sinn zu Hülfe käme ? Was sie bei so vielen ist, die zwar das meiste von allem* Geschehenem *wissen, aber von* eigentlicher Geschichte *nicht das Geringste wissen.*
>
> [Que serait tout le savoir de l'historien si un sens interne ne lui venait en aide ? Réponse : il serait ce qu'il est chez beaucoup, qui savent bien, en gros, tout ce qui s'est passé, mais n'entendent strictement rien à l'histoire proprement dite.]
>
> *Weltalter*, p. 6 ; trad. fr. p. 15.

La distinction est double : entre *Historie* (science de l'histoire, études historiques) et *Geschichte* (histoire, *res gestae)*, mais aussi entre « tout ce qui s'est passé » (*das Geschehene*) et « l'histoire proprement dite » (*die eigentliche Geschichte*). L'histoire proprement dite est irréductible à ce qui s'est passé, elle ne tire son sens que d'une réappropriation, d'une intériorisation, d'un savoir qui ne soit pas du par cœur (*auswendig*), mais su par le cœur (*inwendig*), comme dira Hegel (*Phänomenologie des Geistes*, p. 35 ; trad. fr. p. 53). Spéculativement, le rapport lexical entre *Geschehenes* et *Geschichte* est donc moins l'indice d'une proximité que d'une distance, voire d'un abîme.

II. « GESCHICHTLICH » ET « HISTORISCH » : HEIDEGGER, L'HISTORIAL ET L'HISTORIQUE

Si l'on se transporte, des lignes citées de R. Aron, jusqu'à l'univers de la pensée heideggérienne, il apparaît que l'atténuation de l'équivoque entre *Geschichte* et *Historie* va se muer en différenciation radicale, au niveau des adjectifs, *geschichtlich* vs *historisch*, plus encore que des substantifs. L'*Historie* se trouvant rejetée du côté du décompte chronologique propre à une « pensée calculante », la *Geschichte* va se lester d'un tout autre rapport à la temporalité, propre à une « pensée méditante ».

Il faut toutefois commencer par rappeler que « dans la première période de son enseignement à Fribourg, avant 1923, Heidegger entend par *historisch* ce qu'il nommera plus tard *geschichtlich*, à savoir ce qui est pleinement historique — en ceci que tout être humain ne peut *vivre* qu'au regard d'une dimension d'être au sein de laquelle, ayant un jour transmis quelque chose qui sera historique, il devient pleinement à son tour l'héritier d'une histoire... » (F. Fédier, « Phénoménologie de la vie religieuse », p. 154).

L'adjectif *geschichtlich* chez Heidegger, dans sa différence avec *historisch*, a pu être rendu par « *historial* », « *historique* » étant réservé à *historisch*. « Historial » en français n'est pas un néologisme mais un archaïsme : on le trouve chez Vincent de Beauvais, *Le Miroir historial du monde*, traduction française du *Speculum historiale* imprimé à Paris en 1495 (cf. J. Le Goff, *Saint Louis*, p. 566), mais aussi chez Montaigne (cf. Littré *s.v.*) [voir sur ce point Heidegger, *Questions I*, Avant-Propos de H. Corbin, p. 18 n.]. Le traducteur Henry Corbin déclarera rétrospectivement : « [...] je forgeai le terme d'*historialité*, et je crois que le terme est à conserver. Il y a entre l'historialité et l'historicité le même rapport qu'entre l'existential et l'existentiel » (*Cahier de l'Herne Henry Corbin*, p. 28 ; voir DASEIN et ESSENCE). Cette traduction a toutefois été contestée par J.A. Barash, qui maintient « historique » et « historicité », notamment au motif que les termes *geschichtlich* et *Geschichtlichkeit* ne sont pas des néologismes sous la plume de Heidegger, et que ladite traduction reviendrait à éloigner celui-ci des débats de ses prédécesseurs immédiats et de ses contemporains « en son siècle » (cf. *Heidegger en son siècle*, p. 17-18, n. 1). Sans devoir trancher ici ce débat, nous nous contenterons de deux remarques : (1) l'initiative, que nous croyons heureuse, de Corbin est liée aussi à sa vision d'une « hiéro-histoire », notamment dans la spiritualité islamique iranienne ; (2) le recours à un même terme, de Hegel à Heidegger en l'occurrence, marque bien, si l'on veut, une continuité lexicographique, mais un même vocable peut prendre une tout autre résonance, et par là même être plus neuf qu'un néologisme : ainsi « divertissement » n'est nullement un néologisme chez Pascal, ni *Dasein* chez Heidegger. Bref, la traduction opère aussi au sein d'une même langue.

La traduction par Corbin de *geschichtlich* (chez Heidegger) par *historial* résiste-t-elle, par conséquent, à la critique que lui adresse Barash ? Réponse affirmative, et il faut même savoir gré à Corbin, dont les traductions de Heidegger essuyaient les plâtres, d'avoir très tôt pressenti l'existence d'un problème dans la portée du terme *geschichtlich* chez Heidegger, comme d'avoir su puiser dans les ressources du français pour y faire face. Instruire cette question, c'est se demander : en quoi la *Geschichtlichkeit* — mot qui semble avoir été forgé par Hegel, repris par Schelling puis Heine — reçoit-elle avec Heidegger une acception qui diffère assez radicalement de celle qu'elle avait chez Hegel ?

III. « GESCHICHTE » ET « GESCHICHTLICHKEIT » DE HEGEL ET SCHELLING À HEIDEGGER

L'historicité (*Geschichtlichkeit*) dont parlent les penseurs de l'idéalisme allemand relève d'une conception métaphysique — c'est même la première fois que l'histoire est conçue métaphysiquement — où elle désigne la dimension propre à l'Esprit dans son cheminement jusqu'à lui-même, le concept d'historicité ne faisant au fond que conceptualiser la nécessité de ce « jusqu'à ». Ce cheminement, ou ce calvaire (qui n'est sans doute pas dissociable d'une christologie), est pensé par Hegel comme un « travail du négatif », avec tout ce qu'il comporte de sérieux, de douleur et de patience, c'est « le formidable travail de l'histoire universelle » *(Phénoménologie de l'esprit,* Préface, trad. fr. J.-P. Lefebvre modifiée, p. 38 et 46). Voie d'accès de l'Esprit à lui-même, travail de sa venue à soi, l'histoire accomplit et révèle (ironiquement, ajouterait Schelling) ce qui est de l'Esprit, en une mobilité qui lui est essentielle, comme Marcuse le soulignait en 1932 : « L'historicité (*Geschichtlichkeit*) indique le sens de ce que nous visons lorsque nous disons de quelque chose : c'est historique (*geschichtlich*) [...] Ce qui est historique advient d'une certaine manière (*geschieht*). L'histoire comme advenir (*Geschehen*), comme mobilité, tel est le problème posé » (*L'Ontologie de Hegel*..., p. 13). Le problème posé est aussi, en quelque sorte, le lancement de l'idéalisme allemand. Il y a une « histoire de la conscience de soi », histoire assurément transcendantale, comme l'établit en 1800 le *Système de l'idéalisme transcendantal* de Schelling, traduisant à sa manière la préoccupation *génétique* de la philosophie de Fichte, et c'est cette histoire que donnera à lire la mythologie comprise comme théogonie, à savoir histoire plutôt que doctrine des dieux, *Göttergeschichte* plutôt que *Götterlehre*, procès théogonique de la conscience humaine (*Schellings Werke*, t. 11, p. 229).

Chez Heidegger en revanche, ce n'est pas dans l'Esprit que l'historicité trouve son ancrage (le terme même d'esprit, de *Geist*, se trouve « évité » dans *Être et Temps*, selon les termes exprès de son § 10), mais « dans » le *Dasein* (si l'on peut dire, celui-ci n'ayant pas de dedans) et sa factivité, dont l'analytique existentiale se veut l'investigation. Contre toute attente, c'est dans une confrontation, non avec Hegel, mais avec Aristote que se trouve dégagée l'historialité (pour la distinguer de l'historicité) conçue comme mobilité inhérente à toute vie humaine, dès le « rapport Natorp » (traduit en français sous le titre *Interprétation phénoménologique d'Aristote*) de 1922. Dans l'étude très serrée des liens entre physique et éthique aristotéliciennes, s'y trouve dégagée, comme relevant d'une éthique, la mobilité ontologique de la vie humaine. L'éthique pressentie en 1922, c'est à l'analytique existentiale de *Sein und Zeit* qu'il sera réservé d'en préciser les contours, dans la perspective d'une « herméneutique de la factivité ». La *Faktizität* (factivité) constitue, comme l'a souligné Gadamer (« Heidegger und die Griechen », p. 60-61), une sorte de contre-épreuve de tout ce qui, dans l'idéalisme allemand, porte la livrée de l'Absolu (Esprit, conscience de soi, etc.) et, à ce titre, elle indique ce que le ressort de l'historicité a de tout autre dans l'idéalisme absolu et dans l'analytique existentiale : d'où l'abîme qui sépare la *Geschichtlichkeit*-historicité de la *Geschichtlichkeit*-historialité, le monde de l'Esprit du « monde à soi » (*Selbstwelt*).

Heidegger semble bel et bien avoir établi un lien entre la « métaphysique de la subjectivité » que Descartes passe pour avoir fondée et, d'autre part, le fait que la langue française n'accède pas à cette dimension de l'histoire que dit le terme allemand *Geschichte*, ou encore ramène l'*historial* à de l'*historique* : sans doute faut-il entendre que la *Geschichte* indique une dimension de l'histoire qui échappe à l'emprise d'une subjectivité, à l'action d'un sujet (fût-il collectif), compris de telle sorte qu'il serait susceptible de « faire l'histoire » (cf. Pasternak : « Personne ne fait l'histoire »). *Geschichte* indique une dimension de l'histoire d'autant plus essentielle qu'elle n'est pas susceptible d'être « faite » par l'homme à titre d'acteur ou d'agent, et ne relève pas de ce que Heidegger a appelé *Machenschaft* durant les années 1930 : non pas, au sens courant du terme, une machination ourdie, de sombres agissements, mais ce qui ressortit à un *faire/machen*, à l'efficience d'une cause efficiente, par exemple d'un sujet « opérationnel », et relève ainsi d'une ontologie implicite de l'étant comme « faisable », à savoir déjà du règne ou de l'esprit de la technique moderne comme *Gestell* dont la *Gelassenheit* et l'*Ereignis* sont le contre-chant (cf. F.W. von Herrmann, *Wege ins Ereignis*, p. 73 ; voir COMBINATOIRE ET CONCEPTUALISATION, II). « Quels enfers l'être humain doit-il encore traverser, jusqu'à ce qu'il apprenne qu'il ne se fait pas lui-même ? », demandera Heidegger dans une lettre du 12 avril 1968 à Hannah Arendt (H. Arendt / M. Heidegger, *Briefe 1925-1975*, p. 167). La dimension qu'indique le terme *Geschichte* est telle que, s'il n'appartient pas à l'homme de la « faire », il est à même d'être disposé à la laisser *geschehen* (advenir), ou non. *Geschichte* indique ainsi ce qui vient *à* l'homme, mais ne vient pas *de* l'homme.

IV. « GESCHICHTE », « GESCHEHEN », « GESCHICK » : DE L'HISTORIAL À L'HISTOIRE DE L'ÊTRE

Hegel et Schelling, nous l'avons vu, ont travaillé dans une certaine mesure à disjoindre *Geschichte*, l'histoire, du *Geschehen*, ce qui en elle se passe ou advient. Heidegger semble au contraire retrouver cette parenté. *Geschichte* indique un *Geschehen*, *advenir* ou *aventure* dont Heidegger fait parfois remonter le sens original jusqu'à Luther, chez qui le mot se dit au féminin *die Geschichte* ou *die Geschicht*, mais bien plus souvent au neutre, *das Geschicht* (GA, t. 54, p. 81). En ce sens, le *Geschicht* est *göttliche Schickung*, dispensation divine, et Heidegger entendra comme Luther le *Geschicht*, sinon à partir de Dieu, du moins à partir d'un *Geschick*, *envoi* dont l'homme est au mieux le destinataire, à charge pour lui d'en accuser réception — voire d'un *Schicksal*, destin. Ce qui est véritablement *geschichtlich*, historial, est par là même *geschicklich*, *destinal* ou encore *epochal*.

En résumé, *Geschichte* doit se comprendre :

(1) à partir de *Geschehen*, « *des* Geschehens *dessen, was wir Geschichte nennen, d.h. des* Seins *dieses Seienden* [de l'*être* de cet étant que nous appelons *Geschichte*, en remontant de l'événement à l'advenir] » (GA, t. 34, p. 82), comme avènement et avenir, à-venir (all. *Zu-kunft*, irréductible au futur ; cf. Péguy : *évenir* [*Œuvres complètes en prose*, Gallimard, « La Pléiade », t. 2, p. 1393] ; voir PRÉSENT, PASSÉ, FUTUR). La *Geschichte* n'est accessible comme telle qu'à une pensée méditante, non calculante, d'où

l'hommage appuyé souvent rendu par Heidegger à Jacob Burckhardt (GA, t. 51, p. 16) ;

(2) en direction d'une *Geschichtlichkeit* (selon le terme qui apparaît d'abord chez Hegel, Schelling et Heine), *historicité* ou *historialité*, en anglais *non-historiographical historicality*, elle-même enracinée dans la temporalité du *Dasein*. La mobilité spécifique du *Dasein*, dont le temps se tempore à partir de l'avenir, le lance dans une aventure (*Geschehen*) où s'enracine son historialité, liée à la finitude de la temporalité dans l'être-vers-la-mort assumé en propre (GA, t. 2, p. 510 = *Sein und Zeit*, § 74). Ainsi en GA, t. 61, p. 139 : « *Die Zeit nicht haben, sondern sich von ihr haben lassen, ist das Geschichtliche* [Ne pas avoir le temps en notre possession, mais être tels qu'il entre en possession de nous, voilà l'historial]. ».

La possibilité d'une *Geschichte* recèle en elle-même la possibilité d'une *Ungeschichte* (non-histoire), d'un *Geschichtsverlust* (perte de l'histoire) ou d'une *Geschichtslosigkeit* (absence d'histoire, in GA, t. 65, p. 32, 96, 100), quand vient à faire défaut la dimension historiale.

En 1927, l'historialité est la geste du *Dasein*. Mais la *Geschichte* va importer à la pensée de l'ontologie fondamentale au point que celle-ci va s'inscrire dans la perspective d'une *Seinsgeschichte* (histoire de l'être), voire *Seynsgeschichte* (histoire de l'estre). Que ce qui nous concerne puisse venir à nous sans venir de nous, c'est là ce qu'indique l'*historial*, dans sa différence avec l'*historique*, pour autant que ce dernier terme renvoie à la fois à un décompte chronologique reposant sur le *vulgäres Zeitverständnis* (« conception vulgaire » ou « entente courante » du temps), et à l'idée que, susceptible d'être « faite » par l'homme, l'histoire ressortirait au domaine du « faisable », pour se muer ainsi en une non-histoire où plus rien ne peut advenir à nous.

Pascal DAVID

BIBLIOGRAPHIE

ARENDT Hannah-HEIDEGGER Martin, *Briefe 1925-1975*, Francfort, Klostermann, 1998 ; trad. fr. P. David, Gallimard, 2001.

ARON Raymond, *Dimensions de la conscience historique*, Plon, 1961, rééd. 1964.

BARASH Jeffrey Andrew, *Heidegger en son siècle*, PUF, 1995.

Cahier de l'Herne Henry Corbin, Paris, 1981.

FÉDIER François, « Phénoménologie de la vie religieuse », in *Heidegger Studies*, vol. 13, Berlin, Duncker & Humblot, 1997.

GADAMER Hans Georg, « Heidegger und die Griechen », in *Zur philosophischen Aktualität Heideggers*, Francfort, Klostermann, 1991, t. 1, p. 57-74.

HEGEL, *Vorlesungen über die Philosophie der Geschichte*, Francfort, Suhrkamp, 1970, t. 12 ; trad. fr. J. Gibelin, Vrin, 1946.

— *Phänomenologie des Geistes*, Francfort, Suhrkamp, 1970, t. 3 ; trad. fr. J.-P. Lefebvre, Aubier, 1991.

HEIDEGGER Martin, *Interprétations phénoménologiques d'Aristote*, trad. fr. J.-F. Courtine, Mauvezin, TER, 1992.

— *Questions I*, trad. fr. H. Corbin *et al.*, Gallimard, 1968.

HERRMANN Friedrich Wilhelm von, *Wege ins Ereignis*, Francfort, Klostermann, 1994.

LE GOFF Jacques, *Saint Louis*, Gallimard, 1996.

MARCUSE Herbert, *L'Ontologie de Hegel et la Théorie de l'historicité*, trad. fr. G. Raulet et H.A. Baatsch, Minuit, 1972.

PÉGUY Charles, *Œuvres complètes en prose*, Gallimard, « La Pléiade », t. 2, 1988.

RENTHE-FINK L. von, *Geschichtlichkeit. Ihr terminologischer und begrifflicher Ursprung bei Hegel, Haym, Dilthey und Yorck*, Abh. Wiss., philos.-hist. Kl.3, F.59, 1964.

SCHELLING Friedrich von, *Weltalter*, Munich, éd. Schröter, 1946 ; trad. fr. P. David, PUF, 1992.

GESCHLECHT ALLEMAND – fr. *race, parenté, lignée, communauté, génération, genre, sexe*

► *GENRE*, MENSCHHEIT, SEXE, et *AUTRUI*, DASEIN, GENDER, *HUMANITÉ*, LEIB, PEUPLE

Ainsi que le rappelait Heidegger, dans un texte longuement commenté par Derrida, Geschlecht *est d'une redoutable polysémie. Il désigne aussi bien la race que la parenté, la génération, le genre et le sexe qui divise chacune de ces communautés ou appartenances : « Le mot signifie aussi bien l'espèce humaine* [das Menschengeschlecht]*, au sens de l'humanité* [Menschheit]*, que les espèces au sens des tribus, souches ou familles* [Stämme, Sippen und Familien]*, tout cela de nouveau frappé de la dualité générique des sexes* [das Zweifache der Geschlechter] » (Acheminement vers la parole, *p. 53*). *C'est pourquoi* Geschlecht *se prête à un véritable travail de traduction intra-linguistique, qui consiste à trouver des équivalents pour telle ou telle de ses significations, afin de mieux en circonscrire le sens. L'enjeu d'un tel travail est double. Il s'agit de lever la confusion entre divers ordres d'appartenance, mais aussi d'interroger la constitution et la destination de la diversité humaine.*

I. LA POLYSÉMIE DE « GESCHLECHT »

Quatre sens de *Geschlecht* doivent être distingués. (1) Le terme désigne d'abord la lignée paternelle (*Geschlecht vom Vater*) ou maternelle (*Geschlecht von der Mutter*). Il sert donc à assigner l'identité. C'est ainsi que, dans la pièce de Gotthold E. Lessing, *Nathan le Sage* [*Nathan der Weise*], Nathan révèle celle de sa fille adoptive : « Ne savez-vous pas au moins de quelle lignée était la mère [*was für Geschlechts die Mutter war*] ? » (IV, 7). Mais dès lors que cette identité se décline en terme d'appartenance à une lignée, elle peut devenir un signe de distinction. C'est pourquoi *Geschlecht* renvoie aussi, de façon plus restrictive, à la noblesse. Appartenir à un *Geschlecht*, c'est descendre d'une famille noble, comme en témoigne, dans la même pièce (*ibid.*, II, 6), l'échange entre Nathan et le Templier à propos de la famille von Stauffen : « NATHAN : von Stauffen, il doit y avoir encore plusieurs membres de cette noble famille [*des Geschlechts*]. LE TEMPLIER : Oh oui, ils étaient, ils sont encore nombreux de cette noble famille [*des Geschlechts*] à pourrir ici. » (2) Mais *Geschlecht* désigne aussi une communauté plus large, dont l'extension varie de la tribu à l'humanité tout entière, en passant par le peuple ou la race. L'humanité tout entière sera alors désignée comme *das Menschengeschlecht*, *das sterbliche Geschlecht* ou *das Geschlecht der Sterblichen* (la race des mortels). Dans un glissement de sens significatif d'une solidarité verticale à une solidarité horizontale, *Geschlecht* peut aussi signifier l'ensemble des individus nés à une même époque : la génération. (3) Dans un autre registre, *Geschlecht* renvoie à la différence sexuelle (*der Geschlechtsunterschied*). *Geschlecht*, c'est à la fois le sexe en général et chaque sexe en particulier, le sexe masculin (*das männliche Geschlecht*) et le sexe féminin (*das weibliche Geschlecht*). (4) Enfin, dans un registre plus abstrait, *Geschlecht* désigne le genre, entendu comme catégorie logique, au sens le plus large. Il renvoie alors tout aussi bien aux différents genres de l'histoire naturelle qu'à toutes sortes d'objets et d'abstractions.

Cette polysémie, très largement héritière de celle du *genos* grec (voir PEUPLE), est problématique à un double niveau. Elle l'est, d'abord, dès qu'il s'agit de traduire *Geschlecht* dans une autre langue. Si les deux derniers sens sont aisément identifiables et ne prêtent guère à confusion, le contexte permettant de savoir quand il s'agit du sexe ou du genre dans un sens logique, la traduction est infiniment plus complexe dès que le terme désigne une lignée, une génération ou une communauté. À la polysémie de *Geschlecht* se superpose alors celle de *peuple*, de *nation*, de *race*, sans qu'elles puissent se confondre. Dans l'un ou l'autre de ces termes, en effet, on entendra toujours à la fois plus et moins que dans *Geschlecht*. Du coup, cette polysémie est problématique au sein même de la langue allemande, où *Geschlecht* entre en concurrence avec des termes qui retiennent une partie de son sens, et dont l'introduction ou l'usage constituent, à chaque fois, une difficulté théorique et un enjeu polémique.

II. LES DÉSAMBIGUÏSATIONS ET LEURS ENJEUX

On assiste ainsi, entre Kant et Herder, à tout un travail de distinction terminologique qui vise à restreindre l'amplitude incontrôlable du sens de *Geschlecht* et à lui substituer, avec *Stamm* et *Rasse*, de nouveaux concepts plus univoques. Dans l'essai intitulé *Définition du concept de race humaine* [*Bestimmung des Begriffs einer Menschenrasse,* 1785], Kant s'attache à donner à *Rasse* un sens restrictif qui préserve l'unité du genre humain, en excluant tout usage polygéniste du terme. Il s'agit d'éviter toute confusion entre l'espèce ou le genre et les races, et de prévenir toute tentative de penser la diversité des « races » comme une diversité originelle de générations distinctes :

> Le concept de race [*der Begriff einer Rasse*] renferme donc premièrement le concept d'une souche commune [*der Begriff eines gemeinschaftlichen Stammes*] ; deuxièmement, il renferme des caractères qui se transmettent par hérédité et qui forment la distinction de classe entre les descendants de celle-ci. C'est sur ces derniers qu'on fonde avec sûreté la différenciation grâce à laquelle nous pouvons répartir le genre [*die Gattung*] en classes [*in Klassen*] qui, ensuite, en vertu du premier point, à savoir l'unité de la souche [*die Einheit des Stammes*], doivent s'appeler non pas espèces [*Arten*], mais seulement races [*Rassen*].

Kant, *Opuscules sur l'histoire*, trad. fr. S. Piobetta, Flammarion, « GF », 1990, p. 135 *; Bestimmung des Begriffs einer Menschen Rasse*, in *AK*, vol. 8, p. 99.

Les races (*Rassen*) sont donc les différentes classes d'un genre dont l'unité originelle se trouve ainsi maintenue. Mais cela implique aussi que les peuples et nations ne constituent plus la première division naturelle du genre humain. *Rasse* vient s'interposer entre *Volk* et *Geschlecht*. C'est pourquoi, l'année même où paraît l'essai de Kant, Herder s'oppose, dans la seconde partie des *Idées pour la philosophie de l'histoire de l'humanité* [1785], à l'idée qu'on puisse trouver dans *Rasse* (qu'il écrit *Race*) un concept opératoire pour penser une telle première division :

> Quatre ou cinq subdivisions ayant été établies à l'origine d'après la contrée ou même la couleur, certains ont osé les appeler des races [*Racen*]. Race [*Race*] fait penser à une diversité d'origine [*eine Verschiedenheit der Abstammung*] qui ou bien n'existe pas du tout ici, ou bien, dans chacune de ces contrées, englobe sous chacune de ces couleurs les races les plus diverses. Car chaque peuple [*Volk*] est un peuple.

Herder, *Idées pour la philosophie de l'histoire de l'humanité*, livre VII, chap. 1, trad. fr. M. Rouché modifiée, Montaigne, 1962, p. 127 *; Ideen zur Philosophie der Geschichte der Menschheit*, in *Sämmtliche Werke*, éd. B. Suphan, Berlin, Weidmann, 33 vol., 1877-1913, vol. 13, p. 257.

Mais c'est surtout dans l'*Anthropologie d'un point de vue pragmatique* [1797] que, par le biais de la caractéristique qui différencie quatre types de caractères : ceux de la personne (*der Person*), du peuple (*des Volks*), de la race (*der Rasse*) et de l'espèce humaine (*der Menschengattung*), Kant s'attache à fixer le sens des termes. *Geschlecht* et *Rasse* se distinguent alors essentiellement par leur finalité. Le premier terme, *Geschlecht*, est réservé à la différence sexuelle, qui a dans la nature une double fin : la conservation de l'espèce et, grâce à la féminité, la culture de la société et son affinement. Le second, *Rasse*, s'applique à une différence dont la seule fin est l'assimilation, le métissage qui donne au genre humain son unité (*die Zusammenschmelzung verschiedener Rassen*). *Geschlecht*, *Stamm*, *Rasse* : l'enjeu du choix des termes est donc double. Il engage à la fois la pensée de l'unité du genre humain et celle de sa finalité.

Un autre signe de l'embarras suscité par l'usage de *Geschlecht* se trouve dans la possibilité pour le mot de désigner à la fois une solidarité horizontale (une génération) et une solidarité verticale (la suite des générations). Tel est, en effet, l'infléchissement de sens que réclame Luther dans un texte significatif des difficultés du mot :

> Et sa miséricorde s'étend d'une génération [*Geschlecht*] à l'autre. Nous devons nous habituer à l'usage de l'Écriture qui appelle *Geschlechter* la suite des engendrements ou des naissances naturelles, quand les hommes sont successivement engendrés par d'autres. C'est pourquoi le mot allemand *Geschlecht* n'est pas suffisant, mais je n'en connais pas de meilleur. Nous appelons *Geschlechter* les souches et la réunion des fraternités de sang [*geblüter Freundschaften*], mais le mot doit ici signifier la succession naturelle entre le père et l'enfant de ses enfants, en sorte que chacun des membres de cette succession porte le nom de *Geschlecht*.

Grimm, art. « Geschlecht », 1984.

Cet embarras se retrouve dans la traduction du terme hébreu *tōledōt* [תּוֹלְדֹת] dans le chapitre 10 de la Genèse qui, exposant la descendance de Noé, dessine en même temps un partage de l'humanité que Luther nomme « la table des peuples [*die Völkertafel*] » :

> Tels furent les clans [*die Nachkommen*] des fils de Noé selon leurs familles groupées en nations [*in ihren Geschlechtern und Leuten*]. C'est à partir d'eux que se fit la répartition des nations sur la terre après le déluge.
>
> *TOB*, Cerf, 1988, p. 31 ; nous mettons entre crochets le terme allemand choisi par Luther dans sa traduction.

Significative est alors la retraduction du même passage de la Bible par Martin Buber et Franz Rosenzweig (*Die fünf Bücher der Weisung*, Heidelberg, Lambert und Schneider, 1987, p. 33). À *Nachkommen*, ils préfèrent *Sippe* (parenté), et substituent à *in ihren Geschlechtern und Leuten* l'expression *nach ihren Zeugungen, in ihren Stämmen* (selon leurs générations, dans leurs tribus), distinguant ainsi ce qui est un engendrement vertical (*Zeugungen*) et la répartition différenciée horizontale (*Stämmen*). *Geschlecht* disparaît, comme s'il s'était chargé d'une polysémie trop lourde pour désigner encore la génération, au sens strict de l'engendrement.

Geschlecht concentre ainsi, plus encore que *peuple*, *nation* ou *race*, le risque propre à toute désignation de la communauté : celui d'être reconduite vers un ordre d'appartenance relevant prioritairement de la génération et de l'ascendance (donc aussi de la sexualité) — c'est-à-dire le risque d'une contamination du politique par le généalogique.

Marc CRÉPON

BIBLIOGRAPHIE

DERRIDA Jacques, « Geschlecht I et II », in *Psyché, inventions de l'autre*, Galilée, 1987, p. 395-453.

HEIDEGGER Martin, *Acheminement vers la parole* [*Unterwegs zur Sprache*], trad. fr. J. Beaufret, W. Brockmeier et F. Fédier, Gallimard, 1976.

KANT Emmanuel, *Anthropologie du point de vue pragmatique* [*Anthropologie in pragmatischer Hinsicht*], trad. fr. P. Jalabert, Gallimard, « La Pléiade », t. 3, 1986.

OUTILS

GRIMM Jacob et Wilhelm, *Deutsches Wörterbuch*, Leipzig, Hirzel, 1854, repr. Munich, Deutscher Taschenbuch, 1984.

TOB : *Traduction œcuménique de la Bible*, Paris-Villiers-le-Bel, Cerf-Société Biblique Française, 9e éd., 2000 ; *Concordance de la Traduction œcuménique de la Bible*, Cerf, 1993.

GLAUBE ALLEMAND – fr. *foi, croyance*

angl. *faith, belief*

► *CROYANCE, FOI*, et BELIEF, DOXA, FEELING, GEISTESWISSENSCHAFTEN, VÉRITÉ

Le lexique de l'allemand possède la particularité de ne pas marquer la distinction entre la foi et la croyance. Il dispose d'un seul mot, der Glaube, *là où le français (et l'anglais :* faith / belief*) en a deux qui désignent respectivement l'adhésion (plus ou moins vécue) aux dogmes d'une religion et l'assentiment (plus ou moins sensible) à toute sorte de représentation ou de contenu propositionnel. Cela ne signifie pas que les locuteurs allemands n'aient pas d'idée de la distinction ; ils ont néanmoins des difficultés à lui donner une expression dans la langue.*

I. DE LA DIFFICULTÉ DE TRADUIRE HUME EN ALLEMAND

On trouve un bon exemple de ces difficultés dans les traductions allemandes d'ouvrages philosophiques de langue anglaise sollicitant particulièrement la notion de croyance. L'*Enquête sur l'entendement humain* de Hume peut constituer à cet égard un test. La deuxième partie de la section V entend livrer, à partir de la notion de *belief*, une « solution » aux « doutes sceptiques concernant les opérations de l'entendement » soulevés dans la section IV. Les conclusions que nous tirons de l'expérience reposent sur une croyance (*belief*) qui tient du sentiment (*sentiment* ou *feeling*) ou même de l'instinct (*some instinct* ou *mechanical tendency*) et qui peut être décrite comme l'union entre la perception (directe ou indirecte, par la mémoire) d'un objet et un certain lien constaté par l'habitude entre cet objet et un autre. Les traductions allemandes de ce texte ont systématiquement rendu *belief* par *Glaube*, qu'il s'agisse d'une traduction moderne courante comme celle de R. Richter (12e éd., 1993) ou d'une traduction ancienne comme celle de W.G. Tennemann (Iéna, 1793), qui contient l'essai de Reinhold *Sur le scepticisme philosophique* et dans laquelle l'idéalisme allemand a lu Hume. Du fait même cependant, comme le remarque R. Richter dans le glossaire anglais-allemand qui accompagne son édition (trad. cit., p. 199-200), ces traductions ne peuvent rendre de façon différentielle la *faith* dont parle la section X, sur les miracles : pour la foi « au sens religieux » (p. 200), elles ne disposent aussi que de *Glaube*.

II. LE TRAVAIL DE LUTHER SUR SA LANGUE : « GLAUBEN » / « DER GLAUBE »

La difficulté se fait en outre sentir dans les textes allemands eux-mêmes, comme le montre l'exemple de Luther. C'est sans doute chez ce théologien du salut par la « foi seule [*sola fide*] » (opposée aux œuvres) que *Glaube* prend le statut d'un concept : l'usage emphatique que Luther fait du mot marquera durablement la philosophie, et au premier chef l'idéalisme allemand. On trouve par ailleurs chez Luther des remarques d'ordre linguistique sur la construction du verbe *glauben* (cf. *Werke, kritische Gesamtausgabe* [abrév. *WA*], vol. 11, p. 49, 1-3, qui tranche en faveur de la préposition *an*, de préférence à *in*). Or dans un sermon de 1544 retranscrit par Veit Dietrich, Luther énonce la distinction entre foi et croyance :

> Un homme riche, possédant abondance de bien et d'argent, s'il croit [*glaubt*] qu'il ne mourra pas de faim cette année, ce n'est pas de la foi [*Glaube*]. Celui en revanche qui est démuni et qui pourtant se tient à la

> Parole de Dieu, selon laquelle Dieu lui procurera comme un père sa subsistance [...], celui-là croit [*glaubt*] correctement.
>
> *Hauspostille* [1544], *WA*, vol. 52, p. 517, 16-18.

Comme en français, le verbe *glauben* peut désigner à la fois ce que nous appelons la foi et la croyance, selon leurs différents objets (en l'occurrence ici, croire en sa bonne fortune et croire aux largesses de Dieu). Mais dans la première phrase, le verbe est, d'une manière étrange, opposé au substantif de même famille *Glaube* : il y a des manières de croire, *glauben*, qui ne relèvent pas du *Glaube*. Le problème est que Luther ne dispose ici que d'une seule famille de mots, *glauben/Glaube*, pour désigner les deux termes qu'il oppose. Il n'y a pas là, à proprement parler, de problème de traduction : le français a, dans ce cas, toujours tranché à l'avance. Mais la distinction que le français possède dans son lexique ne permet pas de rendre compte du travail que Luther opère sur sa propre langue, quitte à en brusquer l'usage.

III. LA « GLAUBENSPHILOSOPHIE »

Un problème de traduction apparaît en revanche ultérieurement, avec la controverse suscitée par Jacobi et ce qu'on a appelé la *Glaubensphilosophie*. L'origine s'en trouve dans la formule de Kant : « Je dus donc abolir le savoir [*Wissen*] pour faire place à la croyance [*Glauben*] » (*Kritik der reinen Vernunft* [*Critique de la raison pure*], Préf. à la 2e éd., in *AK*, vol. 5, p. 19). La traduction de *Glauben* est ici malaisée. Les objets que Kant lui attribue — Dieu, la liberté, l'immortalité — inciteraient à parler de foi, mais la juridiction à laquelle il est rattaché, la raison pratique, interdit toute traduction qui référerait trop directement à une réalité religieuse. « Croyance » est de fait la traduction adoptée par tous les traducteurs de la *Critique de la raison pure*, de J. Barni revue par P. Archambault (rééd. « GF », 1985), à A. Renaut (Aubier, 1997).

Glauben a ici une souplesse d'usage que le français, toujours obligé de choisir entre *foi* et *croyance*, usage religieux et usage épistémique, ne possède pas. À cela s'ajoute un phénomène grammatical. Dans la problématique ouverte par Kant, il est question non d'un *Glaube*, mais d'un *Glauben*, c'est-à-dire d'un infinitif substantivé, le « croire », auquel est opposé un autre infinitif substantivé, le « savoir ». Une cause supplémentaire de difficulté vient du fait qu'entre *der Glaube* et *das Glauben*, la différence de forme est ténue. *Glaube*, masculin faible, devient *Glauben* à l'accusatif et au datif.

Le titre de la réponse que Hegel fait à Kant, Fichte et Jacobi en 1802, *Glauben und Wissen*, devrait donc se traduire par *Croire et savoir*, si ce dernier titre ne risquait pas d'induire en erreur : il ne s'agit pas seulement ici d'une interrogation, à la manière de Hume, sur les degrés de la certitude et de l'assentiment dans l'entendement humain. Lorsque Jacobi affirme que tout *Wissen* doit « s'élever » à un *Glauben*, il a avant tout en vue Dieu, lequel — Jacobi résume ici Kant — ne peut selon lui être su, mais seulement cru. L'objet de Kant, Fichte, Schelling, Jacobi et Hegel dans la controverse est le même : il s'agit de Dieu ou de l'absolu. Le titre *Foi et savoir* donné en traduction à l'ouvrage de Hegel permet donc de contourner la difficulté, mais il en recrée immédiatement une autre. Le lecteur francophone peut en effet être tenté de plaquer unilatéralement sur tout le propos une distinction qui lui est familière entre foi et raison, alors que pour Kant, que discute Hegel, le *Glauben* ne se distingue pas de la raison, mais résulte d'un transfert de compétences de la raison théorique vers la raison pratique. En fait, la question *Glauben und Wissen*, qui parcourt tout le début de l'idéalisme allemand (voir aussi J.F. Fries, *Wissen, Glauben und Ahndung*, Iéna, 1805), réunit deux questions que les habitudes françaises ont tendance à séparer : celle du rapport entre foi et raison d'une part, celle de la certitude à laquelle peuvent prétendre les connaissances humaines d'autre part (et l'on peut voir là une continuation du débat entre Kant et Hume : cf. Jacobi, *David Hume über den Glauben*, 1787). L'usage particulier de *Glaube* en allemand permet d'intriquer ces deux questions jusqu'à les rendre indissociables, là où la séparation entre foi et croyance porte le lecteur francophone à distinguer deux ordres de problèmes différents.

Philippe BÜTTGEN

BIBLIOGRAPHIE

FRIES Jakob Friedrich, *Wissen, Glauben und Ahndung* [1805], éd. L. Nelson, Göttingen, Vandenhoeck und Ruprecht, 1905.

HEGEL Georg Wilhelm Friedrich, *Glauben und Wissen*, éd. H. Glockner, *Jubiläumsausgabe*, vol. 1, Stuttgart-Bad Cannstatt, Frommann-Holzboog, 4e éd. 1965 ; *Foi et Savoir*, trad. fr. A. Philonenko, Vrin, 1988.

HUME David, *Untersuchung über den menschlichen Verstand* [*Enquête sur l'entendement humain*], trad. all. M.W.G. Tennemann, Iéna, Akademische Buchhandlung, 1793 ; *Eine Untersuchung über den menschlichen Verstand*, éd. et trad. all. R. Richter, Hambourg, Meiner, 1993.

JACOBI Friedrich Heinrich, *David Hume über den Glauben, oder Idealismus und Realismus, ein Gespräch* [Breslau, Loewe, 1787], in *Werke*, Leipzig, Fleischer und Jüng, vol. 2, 1815 ; réimpr. Darmstadt, Wissenschaftliche Buchgesellschaft, 1998.

— *Von den göttlichen Dingen und ihrer Offenbarung*, in *Werke*, *op. cit.*, vol. 3, 1816 ; réimpr. 1980.

KANT Emmanuel, *Kritik der reinen Vernunft, Vorrede zur zweiten Ausgabe*, Akademie-Ausgabe [abrév. *AK*], vol. 5, Berlin, Reimer, 1907.

LUTHER Martin, *Werke, kritische Gesamtausgabe*, Weimar, Böhlau, 1883-.

TAVOILLOT Pierre-Henri, *Le Crépuscule des Lumières. Les documents de la « querelle du panthéisme » (1780-1789)*, Cerf, 1995.

GLÜCK, GLÜCKSELIGKEIT, SELIGKEIT, WOHLFAHRT

ALLEMAND – fr. *bonheur, félicité, béatitude, chance, fortune, prospérité*

gr.	*eudaimonia* [εὐδαιμονία], *eutukhia* [εὐτυχία], *makariotês* [μακαριότης]
lat.	*felicitas, beatitudo*
angl.	*happiness, luck, welfare*

► ***BONHEUR***, et DAIMÔN, ***DESTIN***, ***LIBERTÉ***, MORAL SENSE, MORALE, PLAISIR, PRAXIS, ***VERTU***, WELFARE

La difficulté de l'allemand Glück *tient à sa double signification de « bonheur » et de « chance ». Elle est ressentie par les germanophones eux-mêmes : les critiques de l'eudémonisme à partir de Kant tiennent à ce voisinage, jugé malsain, de mérite et de hasard. Par là s'explique en particulier l'ajout du composé* Glückseligkeit *(à partir de* selig, *« bienheureux »), traduit maladroitement en français par « félicité », alors que le terme ne vise le plus souvent — et avec des succès divers — qu'à exprimer la conception d'un bonheur dissocié des accidents de la fortune. Mais l'embarras des usagers de* Glück *tient aussi à la puissance de l'héritage aristotélicien dans la réflexion morale de l'Allemagne des Lumières, et introduit à la dimension européenne ou supranationale du problème. Le couple* Glück-Glückseligkeit *est consciemment rattaché à la distinction que fait l'*Éthique à Nicomaque *entre* eutukhia [εὐτυχία] *(bonne fortune) et* eudaimonia [εὐδαιμονία] *(bonheur), à quoi s'ajoute encore la difficulté propre au troisième terme* makariotês *[μακαριότης], qui désigne le bonheur des dieux. La traduction de ce dernier par* Seligkeit *et l'usage intensif de ce mot en contexte religieux rejaillissent sur* Glückseligkeit, *dont la dimension spirituelle résiste aux efforts de traduction. En anglais, au même moment, c'est au contraire l'absence de cette dimension intériorisée qui explique que* happiness *ait pu ouvrir la voie à une philosophie du bien commun et du bonheur politique dont les autres pays européens ne possèdent pas d'équivalent.*

I. LES RACINES GRECQUES DU DÉBAT

A. « Eudaimonia » et « eutukhia »

La question du bonheur est une problématique centrale de la pensée grecque. Dans les premières pages de l'*Éthique à Nicomaque*, Aristote donne un résumé de la tradition :

> Puisque toute connaissance et toute intention aspirent à quelque bien, disons quel est le bien vers lequel tend la politique, c'est-à-dire quel est le plus élevé de tous les biens praticables (*tôn praktôn agathôn* [τῶν πρακτῶν ἀγαθῶν]). Sur son nom, la majorité des gens tombent sans doute d'accord : la foule comme les gens cultivés l'appellent le bonheur (*tên eudaimonian* [τὴν εὐδαιμονίαν]), et pensent que vivre bien et agir bien (*to d'eu zên kai to eu prattein* [τὸ δ' εὖ ζῆν καὶ τὸ εὖ πράττειν]) σοντ λα μᾶμε ψηοσε ♀υῴἄτρε ηευρευχ (*τᾀι ευδαιμονειν* [τῷ εὐδαιμονεῖν]).
>
> I, 2, 1095a 14-20.

Le terme *eudaimonia* [εὐδαιμονία] utilisé par Aristote ne se trouve pas dans les textes archaïques : inusité chez Homère, il est rare chez Pindare. *Olbos* [ὄλϐος], le terme homérique qu'on traduit aussi par bonheur, désigne la prospérité que les dieux accordent aux hommes, la jouissance de ce bonheur matériel (et pas seulement la richesse, *ploutos* [πλοῦτος]) qui, dans un cosmos bien ordonné, est le signe d'une vie bonne. *Olbos* est progressivement remplacé par *eudaimonia*, terme issu de la famille de *daiomai* [δαίομαι], « partager » : *eu-daimôn* [εὐ-δαίμων] est, littéralement, celui « qui a un bon *daimôn* », une bonne divinité distributrice (un bon génie) et donc « une bonne part ». *Eudaimonia*, comme *olbos*, désigne au premier chef la prospérité et le bonheur de l'homme qui a la faveur des dieux (ainsi, Hésiode, *Travaux*, 824 : *eudaimôn te kai olbios* [εὐδαίμων τε καὶ ὄλϐιος]). Il serait difficile de parler, à propos d'*eudaimonia*, d'une intériorisation de l'idée de bonheur : est *eudaimôn* celui qui sait tirer parti des circonstances extérieures de l'existence.

Pourtant, à travers la conceptualisation aristotélicienne, le terme acquiert une spécificité pratique et éthique : l'*eudaimonia* est décidément distinguée du hasard heureux ou de la bonne fortune (*eutukhia* [εὐτυχία], sur *tukhê* [τύχη], le sort, la fortune) : « Bien des gens déclarent identiques bonheur (*eudaimonia*) et bonne fortune (*eutukhia*) », écrit Aristote dans l'*Éthique à Eudème* (I, 1, 1214a 25 *sq.*). Mais un Euripide par exemple sait bien faire jouer les trois termes : « Aucun humain n'est un homme heureux (*eudaimôn anêr* [εὐδαίμων ἀνήρ]) : la prospérité qui afflue (*olbou epirruentos* [ὄλϐου ἐπιρρυέντος]) peut rendre l'un plus fortuné (*eutukhesteros* [εὐτυχέστερος]) que l'autre, mais pas plus heureux (*eudaimôn d'an ou* [εὐδαίμων δ' ἂν οὔ]) » (*Médée*, 1228-1230). La question de la permanence des éléments qui composent le bonheur, la problématique du temps, joue ici un rôle essentiel. Contrairement à l'extrême volatilité de la fortune et des biens extérieurs, les activités vertueuses garantissent le bonheur en ce qu'elles ont de la stabilité (*bebaiotês* [βεϐαιότης], *Éthique à Nicomaque*, I, 11, 1100b 12) :

> Ce n'est pas dans les événements du sort (*en tautais* sc. tais tukhais [ἐν ταύταις *sc.* ταῖς τύχαις]) que résident le bien ou le mal <vivre>, mais la vie humaine n'en a besoin qu'en supplément (*prosdeitai* [προσδεῖται]), comme nous l'avons dit : les maîtresses de bonheur sont les activités conformes à la vertu (*kuriai d'eisin hai kat'aretên energeiai tês eudaimonias* [κύριαι δ' εἰσὶν αἱ κατ' ἀρετὴν ἐνέργειαι τῆς εὐδαιμονίας]) ; les activités contraires, du contraire.
>
> *Ibid.*, 1100b 8-b 11.

La définition aristotélicienne du bonheur peut ainsi paraître morale au sens moderne, en ce qu'elle renvoie à l'activité vertueuse du sujet (au point que Tricot, par exemple, traduit constamment *to ariston* [τὸ ἄριστον], le meilleur, le plus excellent, par le « Souverain Bien », I, 8, 1098b 32 par ex.) — même si l'on peut tenter de faire mieux entendre la tonalité grecque en variant la traduction :

> Le bien proprement humain vient ainsi de la mise en acte (*energeia* [ἐνέργεια]) de l'âme selon l'excellence (*aretê* [ἀρετή]), et s'il y a plusieurs excellences, selon la plus excellente et la plus achevée (*kata tên aristên kai teleiotatên* [κατὰ τὴν ἀρίστην καὶ τελειοτάτην]), et de plus dans une vie achevée (*en biôi teleiôi* [ἐν βίῳ τελείῳ]).
>
> I, 6, 1098a 16-18.

Mais le supplément de l'*eutukhia* vient encore rattacher cette définition du bonheur d'un homme à la part que les dieux lui concèdent.

B. « Eudaimonia » et « makariotês »

Si l'axe temporel joue un rôle important pour déterminer la différence entre *eutukhia* et *eudaimonia*, il entre également en ligne de compte pour le terme *makariotês* [μακαριότης]. *Hoi makares* [οἱ μάκαρες], les bienheureux, est l'expression qui désigne les dieux (*Iliade*, I, 329 par ex.). Ce bonheur propre aux dieux, les mortels ne peuvent guère le goûter qu'après la mort. Voilà pourquoi *makarios* [μακάριος] désigne fréquemment les défunts (l'adjectif allemand *selig*, bienheureux, connaît le même emploi : *die Seligen*) — à moins que le vocatif dans un dialogue familier n'en fasse le simple équivalent de « mon tout bon » (Platon, *Protagoras*, 309c par ex.). Ce n'est que de façon exceptionnelle, et en le spécifiant expressément, que *makarios* se dit aussi des hommes. Ainsi quand Aristote, mettant la dernière touche à sa définition de l'*eudaimonia*, ajoute à l'activité vertueuse le fait d'être suffisamment pourvu en biens extérieurs, et non seulement de vivre mais de mourir en cet état, il énonce ainsi ce maximum qui fait passage à la limite :

> Nous appellerons bienheureux (*makarious* [μακαρίους]) les vivants qui possèdent et posséderont ce dont nous avons parlé, bienheureux cependant comme des hommes (*makarious d'anthropous* [μακαρίους δ' ἀνθρώπους]).
>
> *Éthique à Nicomaque*, I, 11, 1101a 20-21.

La coupure entre bonheur et béatitude est celle qui sépare le profane du sacré, l'immanence de la transcendance ; elle est évidemment très fortement présente dans les textes religieux, et se retrouve de ce fait dans presque toutes les langues. Chez Thomas d'Aquin, cette importante concessive aristotélicienne est immédiatement soulignée : « Aristote dit que l'homme ne recherche pas la félicité parfaite, explique-t-il, mais une félicité à sa mesure [*Posuit hominem non consequi felicitatem perfectam, sed suo modo*] » (*Summa contra gentiles*, III, 48). Distinction que Thomas réaffirmera dans la *Somme théologique* de façon systématique en opposant la *beatitudo imperfecta* (accessible aux hommes ici-bas) à la céleste *beatitudo perfecta* (qui leur est inaccessible) :

> Chez les hommes, dans l'état de la vie présente, la perfection ultime est acquise par une activité qui unit l'homme à Dieu ; mais cette activité ne peut être ni continue, ni par conséquent unique, car l'activité se multiplie par ses interruptions. Pour ce motif, dans l'état de vie présente, la béatitude parfaite ne saurait être possédée par l'homme.
>
> Saint Thomas, *Somme théologique*, I-II, Q. 3, a. 2, sol. 4.

En latin, la distinction originelle entre une *felicitas* profane (= *eudaimonia*) et une *beatitudo* sacrée (= *makariotês*) s'est érodée. La *vita beata* de Sénèque n'est pas propre aux dieux. Les mots latins *felicitas* et *beatitudo* sont pratiquement synonymes : chez Thomas, ce sont donc les adjectifs qui introduisent les distinctions nécessaires.

♦ Voir encadré 1.

II. « GLÜCKSELIGKEIT » : LE BONHEUR INTÉRIEUR

En allemand, la distinction entre béatitude et bonheur ne pose pas de problème. L'adjectif *selig* et le nom correspondant *Seligkeit* s'opposent nettement à *Glück* et *glücklich*. Le clivage, cependant, n'est pas toujours aussi strict : il faut souligner l'importance, au XVIIIe siècle, du mouvement qui, sous l'influence notamment de la sacralisation du monde dans le langage piétiste, conduit la langue allemande à utiliser le vocabulaire sacré dans des contextes profanes. Ainsi, sans être céleste, le bonheur extrême d'un cœur complètement absorbé par l'amour, celui du sage ou du moine, peut exiger l'emploi du terme *Seligkeit*. Cependant, malgré sa relative désacralisation, *Seligkeit* désignera toujours un bonheur qui sait se passer du monde extérieur, un bonheur religieux ou, du moins, très fortement spiritualisé.

En revanche, le mot le plus fréquemment employé, en allemand, pour exprimer le bonheur dans sa version immanente ou profane ne va pas sans poser quelques difficultés. En effet, *Glück* réunit ce que la disjonction

1

Du bonheur à l'apathie et à l'ataraxie

L'indépendance de l'*eudaimonia* [εὐδαιμονία] par rapport aux biens extérieurs est déjà philosophiquement évoquée dès Démocrite (B 40, 170, 171 DK, qui, comme Héraclite B119 DK, réinterprète psychiquement et éthiquement le *daimôn* [δαίμων]), et solidement assise avec Platon (*Lois*, 664c). Pourtant, elle demeure une idée paradoxale ; lorsque Xénophon donne à entendre le dialogue d'Euthydème et de Socrate, ce paradoxe conserve manifestement sa fraîcheur :

> Il y a grande apparence, Socrate, reprit-il, que le bonheur (*to eudaimonein* [τὸ εὐδαιμονεῖν] : litt. : l'être-heureux) soit le bien le plus incontestable (*anamphilogôtaton agathon* [ἀναμφιλογώτατον ἀγαθὸν]). — Oui, Euthydème, repartit Socrate, s'il ne se compose pas de biens contestables. — Et que peut-il y avoir de contestable dans les éléments du bonheur (*tôn eudaimonikôn* [τῶν εὐδαιμονικῶν]) ? demanda Euthydème. — Rien, dit Socrate, si nous n'y enfermons pas la beauté, la force, la richesse, la gloire ou quelque autre chose du même genre. — Mais, par Zeus, dit-il, il faut les y enfermer ; car comment être heureux sans cela ? — Par Zeus, dit Socrate, nous y enfermons donc des éléments qui sont pour les hommes la source de beaucoup de peines.
>
> Xénophon, *Mémorables*, IV, 2, 34-35.

Aristote, à son tour, conceptualise l'*eudaimonia* contre ce que dit le mot : minimisant la part de la chance et des biens extérieurs (*eutukhia* [εὐτυχία]), il fait dépendre le bonheur de la plus haute excellence, c'est-à-dire pour finir non pas de la politique mais de la *theôria* [θεωρία], qui rend l'homme semblable au dieu (*Éthique à Nicomaque*, X, 7, voir PRAXIS). Mais les Stoïciens et les Épicuriens, qui poussent à l'extrême chacun à leur façon cette autarcie du sage, sont finalement contraints à de réelles inventions terminologiques : pour les deux écoles, le bonheur, loin d'être la bonne part dont on jouit jusqu'au bout, se caractérise essentiellement par son aspect privatif, point sur lequel se rejoignent l'*a-patheia* [ἀ-πάθεια] (l'absence de passion, de passivité) des Stoïciens (Plutarque, *Dion*, 32) et l'*a-ponia* [ἀ-πόνια] et l'*a-taraxia* [ἀ-ταραξία] (l'absence de souffrance du corps et l'absence de trouble de l'âme) des Épicuriens (Diogène Laërce, X, 96, voir PLAISIR).

grecque entre *eutukhia* et *eudaimonia* tentait de séparer. D'un côté, *Glück* désigne la chance. Il se situe du côté du hasard ou, si l'on veut, de « l'accident favorable ». Dans les textes anciens, le mot *Glück* se trouve souvent employé de façon neutre, sans aucune connotation positive. On en trouve encore des exemples chez Goethe :

> *Das Glück ist eigensinnig, oft das Gemeine, das Nichtswürdige zu adeln und wohlüberlegte Taten mit einem gemeinen Ausgang zu entehren.*
>
> [Le sort, dans son caprice, se plaît souvent à élever le vulgaire et les choses indignes, cependant qu'il déshonore par un dénouement commun les entreprises conçues avec sagesse.]
>
> *Egmont*, acte IV, sc. 2.

Ici, l'équivalent français du mot *Glück* serait « fortune ». En ce sens-là, *Glück* apparaît comme un mot inapproprié pour les philosophes : chose trop inconstante, indépendante de la volonté des hommes, et que l'on associe toujours à l'imprévisible roue de la fortune *(das Glücksrad)*. En français, le mot *bonheur* a également, originairement, le sens de bonne fortune (le mot vient de *bon* et *heur*). Mais il ne semble actuellement conserver ce sens que de façon secondaire et dans de rares expressions figées (porter bonheur à quelqu'un, au petit bonheur, par bonheur, etc.). On peut se référer à l'article « Félicité » de l'*Encyclopédie*, où Voltaire précise la différence entre *un* bonheur et *le* bonheur : « Un bonheur est un événement heureux. Le bonheur, pris indéfinitivement, signifie une *suite* de ces événements. »

Le second sens de *Glück* est bien celui du bonheur proprement dit (« état de la conscience pleinement satisfaite », pour reprendre la définition du bonheur donnée dans le *Petit Robert*). L'allemand emploie couramment les deux sens de *Glück* et de son opposé *Unglück* (malchance et malheur). La réunion à l'intérieur du même mot allemand de l'idée d'accident heureux (en anglais : *luck*) et de celle du bonheur proprement dit (en anglais : *happiness*) a cependant quelque chose de fâcheux pour les philosophes. Car il est impossible de parler de bonheur lorsque manque une certaine durée ou stabilité : « Une seule hirondelle ne fait pas le printemps, ni un seul jour, et pas davantage ne suffit-il pour faire l'homme bienheureux et heureux (*makarion kai eudaimona* [μακάριον καὶ εὐδαίμονα]) d'un seul jour ou d'un court laps de temps » (*Éthique à Nicomaque*, I, 6, 1098a 18-20).

La présence extrêmement forte, à partir de la Renaissance, de la réflexion aristotélicienne sur le bonheur explique sans aucun doute les efforts de différenciation lexicale, et notamment l'introduction du composé *Glückseligkeit*, liée aux essais de définition que l'on trouvera tout au long du XVIIIe siècle chez Christian Wolff et chez ses successeurs. Dans l'*Éthique allemande* de Wolff, la joie *(Freude)* est définie comme une forme de plaisir *(Vergnügen)* permanent, le bonheur *(Glückseligkeit)* comme un « état de joie permanente » (C. Wolff, *Gesammelte Werke*, t. I/4, Hildesheim, Georg Olms, 1976, p. 35). La stabilité de la *Glückseligkeit* est ainsi vigoureusement affirmée ; lexicalement, le bonheur-*Glückseligkeit* semble échapper à l'inconstance qui caractérise *Glück*. Formé à partir de *Glück* et de *selig*, l'adjectif *glückselig* signifie à l'origine « marqué par le bonheur, riche en bonheur ». Le bonheur-*Glückseligkeit* n'est pas un accident. Le mot, certes, n'est pas un néologisme, mais il prend aux XVIIe et XVIIIe siècles une place de plus en plus importante dans les textes théologiques et philosophiques. D'une certaine façon, derrière *Glückseligkeit*, il convient la plupart du temps de lire *eudaimonia*. C'est aussi ce qui ressort du dictionnaire philosophique des synonymes publié à la fin du siècle des Lumières par Johann August Eberhard (*Versuch einer allgemeinen deutschen Synonymik*, Halle und Leipzig, 1795-1802, 6 vol., vol. 3, p. 305) :

> *Glückseligkeit* comprend les biens physiques et moraux. On a traduit ainsi le mot grec *eudaimonia* qui, dans les écoles philosophiques les plus répandues, désigne la quintessence de toutes sortes de biens.

Pour les textes du XVIIIe siècle allemand, la traduction de *Glückseligkeit* par « bonheur » semble en ce sens plus appropriée que celle par « félicité », qui est en français d'un emploi plus limité.

La langue philosophique allemande semblait retrouver la triade grecque *eutukhia/eudaimonia/makariotês* sous la forme *Glück/Glückseligkeit/Seligkeit*. Mais, en vérité, le statut philosophique et lexical de *Glückseligkeit* reste assez précaire. D'un côté, l'attraction de *Seligkeit* confère à *Glückseligkeit* une connotation bien passive, plus « apathique » ou « quiétiste », parfaitement éloignée de l'*eudaimonia* qu'Aristote avait définie comme une « *activité* heureuse ». Le philosophe grec avait rapproché le bonheur-*eudaimonia* du « bien vivre et du bien agir » (*to eu zên kai to eu prattein* [τὸ εὖ ζῆν καὶ τὸ εὖ πράττειν]), mais *eu prattein* signifie en même temps « réussir » (*Éthique à Nicomaque*, I, 2, 1095a 19). L'époque moderne n'a guère repris la conception dynamique du bonheur inhérente à la position aristotélicienne : qu'il soit défini comme absence de trouble, à la manière épicurienne, ou comme moment de satisfaction, le bonheur reste relativement statique. Seule exception notable sans doute : la distinction établie par Diderot entre ce qu'il appelle le « bonheur circonscrit » et le « bonheur expansif » :

> Il y a un bonheur circonscrit qui reste en moi et qui ne s'étend pas au-delà. Il y a un bonheur expansif qui se propage, qui se jette sur le présent, qui embrasse l'avenir et qui se repaît de jouissances morales et physiques, de réalité et de chimère, entassant pêle-mêle de l'argent, des éloges, des tableaux, des statues et des baisers.
>
> *Réfutation suivie de l'ouvrage d'Helvétius intitulé « L'homme »* (1773/74), in *Œuvres complètes*, éd. Assézat, t. 2, Paris, Garnier, 1875, p. 306.

En revanche, la définition proposée par Christian Wolff place le bonheur résolument du côté des sentiments ; *Glückseligkeit* est à la fois plus intériorisé et plus spiritualisé que le mot grec. Cette tendance est encore soulignée par l'étymologie erronée, mais très répandue au XVIIIe siècle, qui fait procéder *selig* et *glückselig* (d'ailleurs souvent orthographiés *seelig*, *glückseelig*) de *Seele*, l'âme. À partir du début du XIXe siècle, *glückselig*/*Glückseligkeit* connaissent une certaine évolution ; aujourd'hui, ils ne renvoient guère qu'à un bonheur très spiritualisé. La sévère critique de l'eudémonisme engagée par Kant et par ses successeurs semble ainsi s'être accompagnée de certaines modifications lexicales. *Glückseligkeit*, sans avoir disparu complètement, est tombé en désuétude ; du moins le mot se fait-il plus rare. Dans les textes actuels, on trouvera *Glück* (ou *glücklich*) là où un auteur du XVIIIe siècle aurait immanquablement employé *Glückseligkeit* (ou *glückselig*). Ainsi, si le XVIIIe siècle est en Europe le siècle où l'on réfléchit sur le bonheur, on y réfléchit en Allemagne avec un vocabulaire qui n'est plus celui couramment utilisé de nos jours. Kant avait déjà montré la voie en utilisant la plupart du temps, à côté de *Glückseligkeit*, l'adjectif *glücklich* et non pas *glückselig*. Car, dans la langue courante, *Glück* a toujours été le mot le plus fréquemment employé pour désigner le bonheur.

III. L'INCONSTANCE DE LA FORTUNE : « GLÜCKSELIGKEIT », LA NATURE ET LA LIBERTÉ CHEZ KANT

Si l'usage moderne trace donc une limite assez nette entre *Glück* et *Glückseligkeit* pour rejeter le second terme du côté d'une félicité qui semble définitivement passée de mode, la critique kantienne tend à l'inverse à déprécier le bonheur-*Glückseligkeit* à cause de son compromettant compagnonnage avec *Glück*. Il est impossible, en premier lieu, de donner une définition objective du bonheur :

> Malheureusement, le concept de bonheur est un concept si vague *(Es ist ein Unglück, daß der Begriff der Glückseligkeit ein so unbestimmter Begriff ist)* que, bien que tout homme souhaite atteindre le bonheur, il n'est jamais capable de dire de façon claire et univoque ce qu'il souhaite et veut vraiment.
>
> *Kants Gesammelte Schriften, AK*, vol. 4, p. 418.

En jouant sur les mots allemands *Unglück* et *Glückseligkeit*, Kant montre que la question philosophique du bonheur et de l'eudémonisme est aussi un problème de vocabulaire. La *Glückseligkeit* est un sentiment ; la quête du bonheur un désir. Or, le sentiment, d'où qu'il provienne, est toujours physique (cf. *Métaphysique des mœurs*, *AK*, vol. 6, p. 377). C'est ce point qui explique le refus kantien de faire du bonheur la fin dernière de l'activité humaine. Construire une philosophie pratique sur l'idée de bonheur, ce serait accepter, selon Kant, la contamination de la morale par le principe de plaisir. De surcroît, et c'est le second moment de la critique kantienne, le concept de *Glückseligkeit* est lié aux circonstances extérieures et donc aux heureuses rencontres désignées par le mot *Glück*. Le sujet est incapable de déterminer les conditions qui lui permettent d'accéder au bonheur :

> Déterminer de façon sûre et générale quelle action favorise le bonheur d'un être raisonnable est un problème parfaitement insoluble ; sur cette base, il est donc impossible d'énoncer un impératif qui enjoigne au sens exact du terme de faire ce qui rend heureux, car le bonheur n'est pas un idéal de la raison, mais un idéal de l'imagination.
>
> *Fondements de la métaphysique des mœurs*, *AK*, vol. 4, p. 418.

Kant met en évidence l'élément fondamentalement empirique de la définition du bonheur :

> Être heureux (*glücklich zu sein*) est nécessairement ce que désire tout être raisonnable mais fini ; c'est donc aussi un inévitable principe déterminant de sa faculté de désirer. Car être satisfait (*die Zufriedenheit*) de son existence entière n'est nullement une possession originelle et une félicité (*Seligkeit*) qui supposerait la conscience de se suffire à soi-même en toute indépendance, mais un problème qu'impose à cet être sa nature finie, parce qu'il a des besoins.
>
> *Critique de la raison pratique*, § 3, scol. 2, trad. fr. L. Ferry et H. Wismann, in *Œuvres*, F. Alquié (éd.), Gallimard, « La Pléiade », t. 2, 1985, p. 635 *sq*.

Kant détruit ainsi les efforts faits en Allemagne pour différencier *Glückseligkeit* et *Glück*. Le bonheur-*Glückseligkeit* souffre de l'inconstance de la fortune *(Glück)*. Pour Kant, le bonheur reste fondamentalement dans la sphère de la nature ; la liberté humaine n'y a aucune part.

♦ Voir encadré 2.

IV. LE BONHEUR POLITIQUE : LA PISTE ANGLO-AMÉRICAINE

La traduction anglaise d'*eudaimonia* : *happiness*, n'a pas l'aura et la connotation spiritualiste de *Glückseligkeit*. La ligne de partage entre *happiness* (bonheur) et *bliss* (béatitude), *happy* et *blessed* ou *blissful* est clairement marquée. *Happiness* rend une sonorité bien plus immanente que ne le fait la *Glückseligkeit* allemande. Cela explique sans doute pourquoi le mot anglais est capable, au XVIIIe siècle, de réveiller les virtualités politiques des développements aristotéliciens sur le bonheur, notamment au sein de l'école écossaise et de la philosophie du *moral sense*. Ainsi, dans son *Inquiry into the Original of our Ideas of Beauty and Virtue* (1725), Francis Hutcheson fait du « bonheur le plus grand pour le plus grand nombre » la pierre de touche de la moralité de nos actions (« *that Action* is *best*, which accomplishes the *greatest Happiness* for the *greatest Numbers* », *Collected Works of Francis Hutcheson*, B. Fabian [éd.], Hildesheim, Olms, 1990, t. I, p. 164 ; cf. aussi l'expression *happiness of mankind*, *ibid*., p. 221). Cette virtualité s'exprime de façon particulièrement nette dans la Déclaration d'indépendance américaine : « Nous soutenons que les maximes suivantes ont la force de l'évidence, savoir que tous les hommes ont été créés égaux, qu'ils ont été dotés par leur créateur d'un certain nombre de droits inaliénables, parmi lesquels la vie, la liberté et la recherche du bonheur [*among these are life, liberty and the pursuit of happiness*]. » Dans ce texte, le bonheur ne désigne pas uniquement un bien individuel, mais également un bien collectif, c'est-à-dire, au sens propre du terme, un bien civil ou *politique* : il s'agit par exemple du droit de déterminer le type de gouvernement qui convient à la cité (cf., sur ce point, l'article de D. Sternberger, « Das Menschenrecht, nach Glück zu streben »).

2

« Glückseligkeit » chez Hegel

Hegel reprend la critique kantienne de l'eudémonisme :

> En tant que l'on entendait par bonheur *(Glückseligkeit)* la satisfaction de l'homme, dans ses penchants, souhaits, besoins, etc. particuliers, on faisait ainsi de ce qui est contingent et particulier le principe de la volonté et de sa manifestation active. À cet eudémonisme dépourvu de tout point d'appui ferme en lui-même [...], Kant a alors opposé la raison pratique et a par là exprimé l'exigence d'une détermination de la volonté, qui fût universelle et eût pour tous le même caractère obligatoire.
>
> *Encyclopédie des sciences philosophiques* I, addition au § 54, in *Sämtliche Werke*, éd. Glockner, Stuttgart, Friedrich Frommanns Verlag, 1927-1940, en 20 t., ici t. 8, p. 153 ; trad. fr. B. Bourgeois mod., Vrin, p. 507.

Dans sa *Propédeutique philosophique* des années 1808-1811, Hegel avait fortement souligné les nécessaires distinctions lexicales :

> Le bien-être *(Wohlsein)* en tant qu'accord de l'extérieur à notre intérieur est aussi appelé plaisir *(Vergnügen)* ; le bonheur *(Glückseligkeit)* est non seulement un plaisir isolé, mais un état permanent qui provient, d'une part, du plaisir que nous éprouvons réellement, et, d'autre part, des circonstances et des moyens qui nous permettent de créer du plaisir si nous le voulons. Dans ce dernier cas, il s'agit donc du plaisir de l'imagination. Inhérent au bonheur comme au plaisir est cependant le concept de chance *(Glück)* : ici, c'est par hasard *(es ist zufällig)* que les circonstances extérieures s'accordent aux déterminations intérieures des penchants. La béatitude *(Seligkeit)* en revanche se définit par l'absence de chance, c'est-à-dire que l'adéquation de l'existence extérieure et de nos exigences intérieures n'est pas l'effet du hasard. Béatitude ne peut se dire que de Dieu.
>
> *Sämtliche Werke*, éd. Glockner, t. 3, p. 53 ; cf. trad. fr. M. de Gandillac, Minuit, 1963, p. 39.

L'opposition aux principes de l'eudémonisme est particulièrement virulente dans les premières œuvres de Hegel. Ainsi, dans l'article *Foi et savoir* de 1802, Hegel en vient même à accuser Kant, Jacobi et Fichte d'eudémonisme inconscient (in *Sämtliche Werke*, éd. Glockner, t. 1, p. 283 *sq.*, notamment p. 286) :

> Leur orientation consciente se dirige immédiatement contre le principe de l'eudémonisme, mais du fait même qu'elles ne sont rien d'autre que cette orientation, leur caractère positif est ce principe lui-même.
>
> trad. fr. A. Philonenko, Vrin, 1988, p. 97.

On a cependant l'impression que, sans rien renier de la critique fondamentale de l'eudémonisme, Hegel cherche ultérieurement à atténuer les attaques que Kant avait portées contre le concept de bonheur. Dans la *Phénoménologie de l'Esprit*, il note :

> La conscience morale ne peut renoncer au bonheur *(Glückseligkeit)*, et ne peut pas défaire ce moment de sa fin absolue [...] L'harmonie de la moralité et de la nature — ou encore, dès lors que la nature n'entre en ligne de compte que pour autant que la conscience fait l'expérience de l'unité de celle-ci avec elle-même — l'harmonie de la moralité et du bonheur, est *pensée* comme *étant* nécessairement, ou encore, elle est *postulée*.
>
> éd. Glockner, t. 2, p. 462 *sq.* ; cf. trad. fr. J.-P. Lefebvre, Aubier, 1991, p. 401.

Ce faisant, Hegel confère au bonheur-*Glückseligkeit* une certaine dignité. La première version de l'*Encyclopédie des sciences philosophique* expliquait que l'idée de bonheur conditionnait un choix à effectuer parmi l'ensemble des désirs en présence : « Le bonheur est la représentation désordonnée de la satisfaction de tous les penchants, mais pour laquelle tel penchant sera sacrifié, préféré ou mis au service de tel autre penchant » (éd. Glockner, t. 6, p. 279, § 396). Hegel ne rejette plus la forme supérieure du concept de bonheur *(Glückseligkeit)* du côté de la nature, comme l'avait fait Kant. De même, dans les additions aux *Principes de la philosophie du droit* dues à son élève Gans, nous lisons :

> Dans la félicité *(Glückseligkeit)*, la pensée a déjà du pouvoir sur la force naturelle des penchants. Elle ne se contente pas, en effet, de ce qui est instantané, mais recherche une totalité de bonheur *(ein Ganzes von Glück)*.
>
> éd. Glockner, t. 7, p. 71, § 20 ; cf. aussi éd. Glockner, t. 10, p. 378, § 479.

Dans le passage que nous venons de citer, la coexistence des deux termes *Glückseligkeit* et *Glück* pose cependant des problèmes au traducteur. Dans sa traduction des *Principes de la philosophie du droit*, Robert Derathé traduit les deux termes respectivement par « félicité » et « bonheur » (G. W. F. Hegel, *Principes de la philosophie du droit*, trad. fr. R. Derathé, 2e éd., Vrin, 1982, p. 84). *Glückseligkeit* désigne en effet une forme supérieure de bonheur, un bonheur stable et spiritualisé, *Glück* un bonheur temporellement plus limité, la bonne fortune. Cependant, le passage hégélien se réfère également à toute la réflexion philosophique prékantienne sur la *Glückseligkeit*, très présente notamment dans la philosophie populaire du XVIIIe siècle, d'inspiration aristotélicienne et leibnizo-wolffienne (signalons par exemple la traduction de l'*Éthique à Nicomaque* par Christian Garve, l'un des principaux protagonistes de la philosophie populaire). La traduction de *Glückseligkeit* par « bonheur », dans le texte hégélien, permettrait de souligner ce lien intertextuel, mais aplanirait jusqu'à un certain point la distinction entre *Glückseligkeit* et *Glück*.

En ce sens, le terme *happiness* se rapproche de l'idée de *welfare* (en all. *Wohlfahrt*, salut, prospérité) dont les Révolutionnaires français donneront une traduction assez exacte en parlant de « salut public ». *Welfare* (et *Wohlfahrt*, en allemand) fait référence à l'image du voyageur qui, ayant échappé aux obstacles et aux dangers du chemin, arrive à bon port. Là où *happiness* (ou *Glück*) se réfère uniquement à la sphère de l'immanence, *welfare* ou *Wohlfahrt* véhiculent souvent une connotation religieuse, à peine perceptible, il est vrai, aujourd'hui. Notons, à ce propos, que la traduction française de *welfare state* ou *Wohlfahrtsstaat* par « État providence » accentue encore cet aspect aujourd'hui bien atténué dans la version anglaise et allemande. À côté de *Wohlfahrt* qui désigne un salut public ou privé, l'allemand connaît aussi un mot réservé à l'espace public : *das Gemeinwohl*, le bien commun.

Christian HELMREICH

BIBLIOGRAPHIE

BIEN Günter (éd.), *Die Frage nach dem Glück*, Stuttgart-Bad Cannstadt, Frommann-Holzboog, 1978.

BLUMENBERG Hans, « Ist eine philosophische Ethik gegenwärtig möglich ? », *Studium generale*, 6, 1953, p. 174-184.

FESTUGIÈRE André-Jean, *Contemplation et Vie contemplative selon Platon*, 3e éd., Vrin, 1967.

HINSKE Norbert, « Zwischen fortuna und felicitas. Glücksvorstellungen im Wandel der Zeiten », *Philosophisches Jahrbuch* 85, 1978, p. 317-330.

KRAUT Richard, "Two Conceptions of Happiness", *Philosophical Review*, 88, 1979, p. 167-197.

MAUZI Robert, *L'Idée du bonheur dans la littérature et la Pensée française du XVIIIe siècle*, Armand Colin, 1960.

PLEINES Jürgen-Eckhardt, *Eudaimonia zwischen Kant und Aristoteles. Glückseligkeit als höchstes Gut menschlichen Handelns*, Würzburg, Königshausen & Neumann, 1984.

SPAEMANN Robert, *Bonheur et Bienveillance. Essai sur l'éthique* (1989), trad. fr. S. Robilliard, PUF, 1997.

STERNBERGER Dolf, « Das Menschenrecht, nach Glück zu streben » (1966), in *Staatsfreundschaft. Schriften IV*, Francfort, Suhrkamp, 1980, p. 93-111.

WARNER Richard, *Freedom, Enjoyment and Happiness*, Ithaca, London, Cornell UP, 1987.

GOGO BASQUE – fr. *puissance de l'âme, esprit*

lat. *anima, spiritus, mens*

► ÂME, et CONSCIENCE, ***DÉSIR***, ENTENDEMENT, FEELING, GEMÜT, ***MALAISE***, MÉMOIRE, ***SENTIR***, SUJET, VOLONTÉ

Gogo exprime en basque tous les processus de l'intériorité et de la subjectivité. Malgré les efforts de certains écrivains pour remplacer par ce terme les néologismes arima *et* espiritu, *transpositions des termes* anima *et* spiritus *de la tradition latine dans les traductions de textes chrétiens,* gogo *ne prendra jamais le sens d'âme ou d'esprit. Il désignera toujours la puissance de l'âme (mémoire ou volonté) ou le vécu psychologique du sujet (envie, désir, pensée, conscience) plutôt que l'âme en tant que telle. S'il existe en basque des mots signifiant la volonté* (nahi), *le désir* (gura), *la pensée* (asmo) *ou la mémoire* (or[h]oi), *ceux-ci sont en réalité souvent associés et juxtaposés à* gogo, *comme à un terme générique. Moyennant de nombreux termes dérivés appartenant à son champ sémantique (le* Dictionnaire Retana *en énumère près de 180), on peut ainsi exprimer même la « sympathie », l'« ennui » et le « dégoût », entre autres sentiments.*

I. « GOGO » COMME PRINCIPE

Arima a toujours été la traduction du concept chrétien de l'âme (*anima*), notamment lorsque celui-ci a un sens théologique. Chez Dechepare, par exemple, *arima* se comprend par rapport aux thèmes de la résurrection : « *arima eta gorpucetan oro vertan pizturic* [âmes et corps, tous aussitôt seront ressuscités] » (*Linguae vasconum primitiae*, I, 323) ; de la création : « *arima creatu* » (*ibid.*, I, 3) ; du salut : « *arimaren saluacera* » (*ibid.*, I, 52 : « à sauver l'âme ») ; ou de l'âme en peine : « *arima gaixoa* » (*ibid.*, I, 95 : « pauvre âme »). Mais, pendant la première moitié du XXe siècle, on trouve quelques essais, inscrits dans un mouvement linguistique de caractère puriste, pour remplacer le terme *arima* par *gogo*. On lit ainsi dans un dictionnaire de 1916 : « *Arima (anima), alma, voz erdérica sustituible por "gogo"* [*Arima* (*anima*), *âme*, terme étranger remplaçable par "gogo"] » (E.M. Bera et I. López Mendizábal, *Diccionario Erdera-Euskera*, Tolosa, 1916).

Altube se prononce contre cette tendance (*Erderismos*, 1929, p. 241-242). Le fond de son argument était la peur d'une « pauvreté lexicographique », puisque cette substitution était un retour en arrière de la langue. Mais, de plus, *gogo* n'exprime jamais le concept d'âme au sens théologique, au sens de l'âme qui est créée, qui peut ressusciter ou être sauvée, car il renvoie plutôt à celui de puissance.

On pourrait alors penser que *gogo* serait un équivalent de l'*anima* latine conçue en un sens plus philosophique comme l'ensemble des puissances de mémoire, de volonté ou d'entendement chez Augustin, ou encore un équivalent de la *mens* de Thomas d'Aquin qui fédère intelligence, mémoire et volonté. Or Axular — avec tous les autres auteurs ou traducteurs de textes chrétiens du XVIe au XIXe siècle — traduit cette division des facultés de l'âme en employant *arima* : « *Arimac bere penac beçala, arimaren potenciec eta botherée ere, cein baitira adimendua, vorondatea, eta memoria, içanen dituzte bere pena moldeac* [Tout comme l'âme a ses peines, les puissances et les pouvoirs de l'âme, qui sont l'entendement, la volonté et la mémoire, auront aussi leurs propres peines] » (*Guero* [Après], LVII, p. 586).

Gogo n'est en général pas non plus utilisé pour exprimer cette division de l'âme, puisqu'on ne trouve qu'une seule occurrence de ce sens chez Perez de Betolaça (XVIe s.) : « *Arimako potenziak dira iru : lelengoa, zenzuna. Bigarrena, gogoa. Irugarrena, borondatea* [Les puissances de l'âme sont trois : la première, l'entendement. La deuxième, *gogo*. La troisième, la volonté] » (*Doctrina christiana en romance y basquenze*, Bilbao, 1596, p. 15).

La même impossibilité de remplacer le décalque du latin par *gogo* se retrouve avec le terme *espiritu* (ou *izpiritu*), bien qu'on ait pu voir au XVIIe siècle quelques rares textes où *gogo* se substitue à *espiritu* de façon remarquable (ainsi, chez Oihenart : « *Glori' Aitari, Semeari/ Eta Gogo Sainduari* [Gloire au Père, au Fils/ et au Saint *Gogo*] », *Les Proverbes basques*, Paris, 1657). Quand Axular par exemple veut trouver des équivalents du *spiritus* latin, il choisit dans sa traduction d'Augustin le terme *hats* (souffle) : « *in ultimo vitae spiritu* [...] *azquen* hatsaren *aurthiquitcean* [en rendant le dernier *souffle*] » (*Guero*, XV, p. 195-196). Le seul contexte où *gogo* semble véritablement proche de ce qu'on entend par l'esprit est celui de la sphère subjective de l'affectivité et de la pensée, du « mental » : « *orazione mentala, edo izpirituaz eta gogoz egiten dena* [la prière mentale, ou celle qui est faite par esprit et par *gogo*] » (François de Sales, *Philotea*, trad. basq. J. Haraneder, Tolosa, 1749, p. 176). De même, Leiçarraga employait *gogo* pour rendre ce qui est signifié en français par le terme *esprit* : « perplexités d'*esprit* [...] gogo-*arráguretaric* » (*Testamentu berria*, 1571, p. 244 et p. 250).

Le *gogo* est ainsi toujours relatif au *sujet*, et son emploi ne peut pas s'étendre à la signification d'autre chose. À cet égard, il n'est pas synonyme du *nous* grec qui gouvernait pour certains les processus de l'univers. Mais on pourrait alors penser qu'il est très proche de l'*animus* latin qui évoque la volonté, la mémoire, la pensée, le désir, l'intention et l'humeur (*Thesaurus linguae latinae*, *Lipsiae in aedibus*, Stuttgart-Leipzig, Teubner, 1900-1906,

t. 2, art. « animus », p. 89-105). Rappelons à cet égard ce que dit Leiçarraga du terme *arima* dans le lexique qui suit sa traduction du Nouveau Testament (la première de ce texte en langue basque) : bien qu'il emploie presque toujours *arima* au sens théologique, il y a pourtant un signifié de ce terme qui est pour lui traduisible par *gogo*, quand ce terme est synonyme de l'*affection* : « Arimá, *hartzen da* [...] *Batzutan,* gogoagatic *edo affectioneagatic* [*Arimá* est prise [...] quelque fois pour *gogo* ou pour affection] » (Leiçarraga, *ibid.*, p. 1202). Et, en effet, l'association fréquente de *gogo* avec un autre terme renvoyant à un sentiment précis ou à une faculté mieux définie démontre ce caractère tout subjectif du *gogo*.

II. « GOGO » : DIFFÉRENTES FACULTÉS

Bien que les puissances de l'âme soient le plus souvent désignées par leurs décalques latins (*zenzuna, memoria, borondate*), on a vu que P. de Betolaça employait *gogo* pour traduire « mémoire ». Axular va quant à lui faire de *gogo* un équivalent de *borondate*.

> *Hartcen dugu* gogo, *hartcen dugu vorondate, obra onac eguin behar ditugula* [...] *ordea han* [...] *beharrenean faltatcen dugu. Ceren hartcen dugun* gogo *eta* vorondate *hura, ezpaita fina, ezpaita cinezcoa eta ez deliberatuqui deliberatua ;* nahicundea *baita eta ez* nahia.
>
> [Nous prenons du *gogo*, nous prenons de la volonté (*borondate*), de quoi nous allons faire de bonnes œuvres (...) or (...) nous ratons le plus nécessaire. Parce que le *gogo* et cette volonté-là (*borondate*) que nous avons prise n'est pas authentique, elle n'est pas vraisemblable et elle n'est pas délibérément délibérée ; puisqu'il s'agit de la mauvaise volonté (« velléité », *nahikunde*) et non de la volonté (*nahi*).]
>
> Axular, *Guero*, III, p. 47.

Dans ce texte apparaissent les trois termes qu'Axular va employer pour désigner la volonté : *gogo, borondate* (ou *vorondate*) et *nahi*. Bien que *borondate* soit presque toujours associé chez Axular à *gogo*, il y a d'autres endroits où *borondate* est équivalent à *nahi* : « *gure nahia, eta vorondatea* » (*Guero*, XV, p. 198). *Nahi* signifie en basque soit « volonté, soit « désir ». Et l'enchevêtrement de ces termes permet à cet auteur d'associer alors *gogo* à désir : « *Eta* desira *hautan, gueroco* gogoan *eta vorondatean, dembora guztia iragaiten çaicu* [Et dans ces désirs, dans le *gogo* et la *volonté* de l'avenir, tout notre temps se passe] » (*Guero*, III, p. 48-49).

Un recueil de proverbes basques de 1596 nous fournit un autre exemple de l'usage de ces termes. L'auteur y traduit *nay* par *voluntad* (volonté), ou par *desseo* (désir) : « *Galdu çe eguic aldia,/ ta idoro dayc* naya. *No pierdas la sazon/ y hallaras el* desseo [Ne perds pas l'occasion/ et tu trouveras le *désir*] » (*Refranero vasco. Los refranes y sentencias de 1596*, éd. J. de Urquijo, Saint-Sébastien, Auñamendi, 1967, n° 282 et n° 336).

Mais, bien que *gogo* puisse se substituer à *borondate*, à *nahi*, à *desir* ou encore à *gura* (autre terme basque plus proche du terme « désir »), ces derniers vocables ne sont pas tout à fait équivalents au premier. C'est pourquoi Dechepare a pu écrire : « *gogo honez nahi dicit çure eguina laudatu* [je veux (*nahi*) de bon *gogo* louer ce que vous faites] » (*Linguae vasconum primitiæ*, XIII, p. 43). L'équivalence entre *gogo* et tous les autres termes n'est pas réciproque : *gogo* peut sans doute remplacer tout autre terme relevant de son vaste champ conceptuel, mais l'inverse n'est pas vrai. *Gogo* agit en effet comme une puissance qui fédère aussi bien le champ sémantique de la volonté et du désir que celui de la mémoire (« [*cócientcia(k)*] *orhoitcen çaitu, guztiac* [*falta*] *gogora eccartcen derauzquitçu* [(elle) la conscience] te les [tes fautes] rappelle, elle te les porte tous à *gogo* », Axular, *Guero*, XLV, p. 438) ou de la pensée : « *eguin çuen, Piramide batcuen eguiteco gogoeta, asmua eta pensua* [Il fit le *gogoeta*, l'*asmo* et la pensée de faire quelques Pyramides] » (*Guero*, I, p. 26). *Gogoeta*, formé par l'addition du suffixe *-eta*, signifie l'action que le *gogo* produit, et peut ainsi servir à Axular pour rendre la *cogitatio* latine. Il peut alors écrire (*Guero*, XXXVI, p. 369) : « *Gure* gogoa *ecin dagoque* gogoeta *gabe ; ecin gauteque, cerbaitetan pensatu gabe* [Notre *gogo* ne peut pas être sans *gogoeta* ; nous ne pouvons pas être sans penser à quelque chose]. » Axular reste cependant là dans l'ambiguïté : en conservant l'équivocité de *gogoeta*, il demeure dans l'orbite de la *cogitatio* latine, mais en rapportant le terme à la seule pensée, il se rapproche de la réduction que vient d'opérer Descartes.

Isabel BALZA

BIBLIOGRAPHIE

ALTUBE Severo, « Erderismos », *Euskera*, Travaux et actes de l'Académie de la langue basque, Bilbao, 1929.

AXULAR Pierre de, *Guero* [Après], Bordeaux [1643], réimpr. fac-similé, Bilbao, Real Academia de la lengua vasca, Euskaltzaindia, 1988.

LEIÇARRAGAS Ian, *Baskische Bücher von 1571 (Neues Testament, Kalender und Abc)*, éd. T. Linschmann et H. Schuchardt, Strasbourg, Trübner, 1900 ; réimpr. fac-similé, Bilbao, 1990.

OUTILS

DECHEPARE Bernard, *Linguae vasconum primitiae* [Bordeaux, 1545], éd. crit. P. Altuna, Bilbao, Mensajero, 1987.

Diccionario retana de autoridades de la lengua vasca, Bilbao, La Gran Enciclopedia vasca, 1980.

MICHELENA Luis, *Diccionario general vasco*, Bilbao, Real Academia de la lengua vasca, Euskaltzaindia, 1987.

Thesaurus linguae latinae, Stuttgart-Leipzig, Teubner, 1900-1906.

VILLASANTE Luis, *Axularren hiztegia euskara, español, français : español-euskara, français-euskara*, Arantzazu-Oinati, Jakin, 1973.

GOÛT

lat.	*gustus*
all.	*Geschmack*
angl.	*taste*
esp.	*gusto*
it.	*gusto*

► ARGUTEZZA, BEAUTÉ, CLASSIQUE, ESTHÉTIQUE, GÉNIE, INGENIUM, MANIÈRE, SENS, STANDARD, *VALEUR*

Gusto en italien et en espagnol, goût en français, Geschmack en allemand, taste en anglais, possèdent tous un double sens, gustatif et esthétique. Les langues européennes ont en effet emprunté au vocabulaire des cinq sens le mot propre à désigner ce qu'on nomme aujourd'hui le jugement esthétique. Pour importante qu'elle soit, cette ambiguïté sémantique n'est pas la véritable source des difficultés constantes que présente le concept de goût dans le champ de l'esthétique. Celles-ci tiennent à des malentendus spécifiques nés du clivage entre l'esthétique comme discipline philosophique et les anciennes théories de l'art. Lié à giudizio, *le mot* gusto, *tel qu'il est utilisé par les Italiens de la Renaissance, désigne l'acuité du jugement, la capacité à discerner, la disposition spécifique d'un artiste. Il peut avoir une signification éthique, psychologique, voire politique. Aux XVI*e *et XVII*e *siècles,* gusto *en espagnol et* goût *en français gardent le sens d'acuité et de discernement. Si ces termes prennent peu à peu au cours du XVII*e *siècle le sens de jugement esthétique, particulièrement en France, leur usage ne présente pas d'emblée un caractère normatif. Ce n'est qu'au XVIII*e *siècle que goût est assimilé à bon goût, en même temps qu'il prend un sens de plus en plus subjectif, notamment sous l'influence de nouveaux courants philosophiques. L'élaboration conceptuelle de* taste *dans les philosophies anglaises de l'expérience esthétique donne une nouvelle orientation à la réflexion sur le goût, en conservant toutefois au terme la diversité des significations attachées à* gusto *et* goût.

La véritable rupture avec la tradition de la théorie de l'art s'opère avec la définition kantienne du jugement de goût qui aboutit à priver celui-ci de toute objectivité possible. La perte de cette objectivité minimale du jugement de goût, propre à l'intersubjectivité esthétique telle qu'elle s'était formée à l'Âge classique, a rendu possible une conception désormais dominante selon laquelle il n'existerait aucune corrélation possible entre le goût comme faculté d'évaluation et les propriétés esthétiques de l'œuvre d'art, au sens qu'une philosophie réaliste donne au terme de propriété, c'est-à-dire une donnée existant indépendamment de la conscience. Reste que la question posée par la polysémie du concept, telle que la tradition nous la transmet, celle de la pluralité de ses fonctions et de ses finalités, demeure entière. De même que celle de la traductibilité de ce qui fut véritablement pensé sous ces notions dans des champs qui excèdent amplement la relation à l'art.

I. LE CONTINENT DU GOÛT AVANT L'ÂGE DE L'ESTHÉTIQUE

Gusto en italien et en espagnol comme *goût* en français dérivent du latin *gustus* qui désigne le fait de goûter, le goût d'une chose, et l'échantillon à déguster (la racine indo-européenne, qu'on retrouve dans le grec *geuomai* [γεύομαι], signifie « éprouver », « goûter à », « apprécier, aimer » [Ernout-Meillet, *s.v.*]). *Gustus* est en concurrence avec *sapor*, « saveur, goût », et « sens du goût », physique et moral ; *sapere*, qui signifie « avoir du goût » en parlant des choses savoureuses, se dit aussi des personnes de goût, de discernement, liant les qualités du palais à celles de l'esprit, d'où *sapientia*, la « sagesse » (Cicéron, *De finibus*, II, 24 : « *non sequitur ut cui cor sapiat, ei non sapiat palatus* [ce n'est pas parce qu'on a du goût avec son esprit qu'on n'a pas de goût avec son palais] » ; de même, plus généralement, *sentio* et *sensus* lient les sens et le jugement, voir SENS).

Si la définition italienne du *gusto* en termes de jugement conserve peu de l'idée de saveur, celle-ci reste présente en français et en espagnol. Dans son *Thresor de la langue françaíse tant ancienne que moderne*, publié en 1606, Jean Nicod, qui explique toujours le sens de chaque mot français par son correspondant latin, définit ainsi le goût comme « *intellectus saporum* », qu'il traduit lui-même par « jugement des saveurs ». On retrouve également ce sens de saveur dans la définition que donne Gracián du bon goût : « *un bon gusto sazona toda la vida* [un bon goût donne du piment à la vie] ».

A. Le « gusto » comme « habitus », disposition et jugement dans les théories italiennes

Le mot *gusto* a pris très tôt en Italie un sens métaphorique très éloigné de son origine gustative : il indique les humeurs, les désirs et les impulsions. Il peut exprimer, comme chez Dante, un « désir hardi [*ardito gusto*] » (*Paradis*, XXXII, v. 122) ou « une indignation dédaigneuse [*disdegnoso gusto*] » (*Enfer*, XIII, v. 70, trad. fr. J. Risset). Mais l'importance de *gusto*, son influence et sa diffusion dans les langues européennes apparaissent à propos de la réflexion sur l'expérience de l'art aux XVIe et XVIIe siècles. Ainsi, quand Vasari dit de Michel-Ange qu'il avait du jugement et du goût en toute chose : « *giudizio e gusto in tutte cose* » (*Le Vite*..., VII, p. 272), le mot *gusto* ne renvoie pas à une réceptivité sensible ; il indique certes une faculté de discerner les qualités proprement artistiques, l'acuité du « jugement des yeux », comme chez Léonard de Vinci, mais également et parfois exclusivement les dispositions propres, l'idiosyncrasie inhérente à une individualité (un artiste ou un amateur d'art).

Cette idiosyncrasie est souvent moins la marque d'une sensibilité artistique que l'expression d'un tempérament tel que l'entendait alors la théorie très répandue des tempéraments, de la *complezione* spécifique de la personnalité d'un artiste. Dans les relations entre les maîtres et les élèves, le problème premier sera donc de trouver des affinités, une harmonie entre le goût et le tempérament de chacun, de manière à ce que l'enseignement soit le plus fécond possible. C'est pourquoi Antonio Francesco Doni insiste dans son traité, à propos de l'art de la draperie, pour que le disciple choisisse judicieusement son maître :

> *Questi panni sono tutta gratia e maniera che s'acquista per studiare una materia fatta d'altro maestro che piu t'é ito a gusto che alcuno altro.*
>
> [Ces draperies sont toute grâce et style que l'on acquiert en étudiant une matière faite par un maître qui convient plus qu'aucun autre à ton goût.]
>
> *Il Disegno*, Venise, 1549, p. 18.

Ce qui est décisif ici, ce n'est donc pas le *gusto* comme capacité de juger, mais d'abord la disposition, le tempérament comme expression d'une individualité singulière, dans la mesure où ceux-ci déterminent la *maniera* de l'artiste, c'est-à-dire son style. Le goût n'est pas seulement un principe d'identité d'une *maniera* ou d'un artiste, il peut également désigner un groupe, une école artistique, voire une nation (les Allemands ont par exemple un « *gusto gotico* » qui est au fond conforme à leurs dispositions et à leur tempérament).

Gusto prend en outre le sens d'une certaine faculté de juger et d'évaluer des qualités esthétiques ou artistiques et tend progressivement à supplanter le *giudizio*, qui se réduit souvent à un acte de perception, une manière de discerner et de distinguer qui met en jeu à la fois la sensibilité et l'intellect. Au XVIe siècle, un texte de Paolo Pino montre bien l'orientation du *gusto* par rapport à *giudizio*, en dépit d'une polysémie évidente de ces notions :

> *Sono varii li giudicii umani, diverse le complessioni, abbiamo medesmamente l'uno dall'altro estratto l'intelletto nel gusto, la qual differenzia causa che non a tutti aggradano equalmente le cose.*
>
> [Les jugements des hommes sont variés et les tempéraments différents, nous avons de la même manière extrait l'un de l'autre l'intellect du goût, et cette différence est la cause que les choses ne plaisent pas à tous de la même façon.]
>
> *Dialogo di pittura*, Venise, 1548, p. 47.

Au XVIIe siècle, un théoricien aussi soucieux de fixer la clarté et la précision des concepts artistiques que Bellori cite avec complaisance la définition de la peinture (écrite en italien) par Nicolas Poussin. Or, celui-ci considère le *gusto* comme un synonyme de *maniera* et de *stile* (mot alors relativement nouveau) :

> *Lo stile è una maniera particolare ed industria di dipingere e disegnare nata dal particolare genio di ciascuno nell'applicazione e nell'uso dell'idea, il quale stile, maniera o gusto si tiene dalla parte della natura e dell'ingegno.*
>
> [Le style est une manière particulière et une ingéniosité à peindre et à dessiner nées du génie particulier de chacun dans l'application et dans l'emploi de l'idée ; ce style, manière ou goût, tient de la nature et de l'esprit.]
>
> *Osservazioni di Nicola Pussino sopra la pittura*, in Bellori, *Le Vite...*, p. 480.

Une autre définition de Filippo Baldinucci vient en quelque sorte compléter la première par une détermination fondamentale, celle-là même qui domine l'activité artistique jusqu'au commencement du XIXe siècle, à savoir le *gusto* comme exercice du jugement dans l'application adéquate des règles de l'art :

> *Gusto e Buon gusto, si applicano anche alle opere d'arte, nelle quali l'autore abbia seguite le regole del bello, ed abbiano grazia, eleganza, garbo, e simile.*
>
> [Goût et bon goût s'appliquent également aux œuvres d'art, celles dans lesquelles l'auteur a suivi les règles du beau et qui possèdent la grâce, l'élégance, la délicatesse et autres choses semblables.]
>
> *Vocabolario Toscano dell'arte del disegno*, Florence, 1681, p. 49.

C'est dans cette alliance avec les systèmes de règles des arts que le *gusto* peut résoudre la tension qui existait entre son sens originel, idiosyncrasique et individuel, et l'exigence d'universalité propre à l'art et à la théorie de l'art classiques.

B. Prédominance et exemplarité de « gusto » : Baltasar Gracián

Dans le champ espagnol, à la fin du XVIe et au XVIIe siècle, *gusto* implique rarement un jugement de goût au sens proprement esthétique ou artistique. Il apparaît bien plutôt comme un mode d'évaluation implicite, un jugement de valeur qui s'exerce dans des circonstances bien déterminées, à savoir dans le monde de la cour et dans la sphère politique. Il renvoie à l'idée d'habileté, à la faculté de s'adapter avec ingéniosité au comportement d'autrui en sachant en tirer le plus grand profit. Chez Baltasar Gracián, qui élabore la théorie la plus précise du goût, le *gusto* ne possède pas la fécondité créatrice de l'*ingenio* (l'esprit) ou du *genio* (génie) qui impliquent cependant tous deux « *l'ejercicio y cultura del gusto* [l'exercice et la culture du goût] » (*Agudeza y Arte de Ingenio*, Huesca, 1648, p. 52). Quand il est exclusivement une capacité de juger et un mode de jugement, le *gusto* se confond avec le *genio*. Mais il s'en distingue en ce qu'il s'exerce au terme d'une longue maturation, fruit de l'étude des livres, des œuvres et des hommes, bien que se manifestant sur le mode de l'immédiateté. Comme l'*ingenio*, le *gusto* est un acte qui ne peut se faire que dans un instant propice, quand l'esprit est véritablement consommé et quand les choses sont parvenues à leur plus haut degré d'accomplissement. D'où la difficulté à définir clairement le *gusto* qui, semblable à la subtilité de l'*agudeza* et à l'inventivité éblouissante de l'*ingenio*, sait capter dans la pluralité des relations et des qualités sensibles le trait caractéristique, attestant ainsi la supériorité de celui qui est capable d'un jugement aussi juste et aussi perspicace. Si l'*ingenio* est l'art de l'invention spirituelle, le *gusto* est l'acuité la plus parfaite dans l'art du discernement. En ce sens, le véritable *gusto* obéit à une téléologie qui est de s'accomplir dans le *buen gusto*, sur le mode de l'évaluation juste. *Ingenio*, *agudeza* et *gusto* ont un trait commun : ils se déploient dans un esprit unique, privilégié, celui où le *genio* parvient à son point d'excellence et à sa gloire éphémère, conformément à cet égard à la vision du monde de maints théoriciens jésuites. En tant qu'il se manifeste dans de rares moments de la vie de l'esprit, le *gusto* est inaccessible à la jeunesse (trop inculte) et impossible à la vieillesse (trop débile). Il est une forme de savoir (*gustar* implique *saber*). Quant à ses origines : « *Si la admiracion es hija de la ignorancia, también es madre del gusto* [Si l'admiration est la fille de l'ignorance, elle est aussi la mère du goût] » (*El Criticon*, Bibliotheca Castro, Turner, 1993, C. I/III, p. 128). Mais cette admiration, qui s'applique aussi bien aux circonstances de la vie, aux qualités les plus exceptionnelles des choses et à l'art, exige une forme de discernement supérieur, nécessaire à la démarche du sage, de sorte que le goût enveloppe finalement toute la vie, qu'elle soit pratique ou contemplative.

C'est sans doute chez Gracián qu'apparaît pour la première fois avec tant de clarté le refus de toute universalité possible du goût, l'affirmation plusieurs fois répétée selon laquelle il s'agit d'une faculté rare. Ainsi dans l'*Oraculo manual*, la maxime XXVIII : « Que celui-là avait bon goût, qui se déplaisait de plaire à plusieurs ! Les Sages ne se repaissent jamais des applaudissements du vulgaire » ; ou la maxime XXXI : « C'est la marque d'un goût très fin de discerner ce qu'il y a d'excellent dans chaque chose : mais peu de gens en sont capables, et ceux qui le peuvent, ne le font pas toujours » (*L'Homme de cour*, trad. fr. Amelot de La Houssaie, 1684, p. 89). Ce pouvoir d'élection (*eleccion*), cette faculté de juger aussi bien morale qu'esthétique, va de pair avec l'*ingenio*, puisque l'esprit et le goût sont « frères jumeaux ». Seul le *buen gusto* est apte à saisir la grâce imperceptible d'une chose, d'un être ou d'une œuvre, toutes les nuances de ce *despejo*, qu'Amelot de la Houssaie traduit par le « je ne sais quoi », et qui représente la « *vida de toda perfeccion* » (la vie de toute perfection). Seul il peut discerner dans le *despejo* la qualité supérieure qui est la perfection de la perfection sans laquelle toute beauté est chose morte. Ainsi :

> *Es eminencia de buen gusto gozar de cada cosa en su complemento.*
>
> [C'est l'éminence propre du bon goût de jouir de chaque chose à son degré de perfection.]
>
> *Oraculo manual*, § 39.

L'idée selon laquelle le goût comme jugement spécifique se signale par son extrême rareté, c'est-à-dire par une faculté que seuls quelques-uns peuvent exercer adéquatement, est ainsi radicalisée ; elle trouvera ses prolongements en France au XVIIe siècle et au XIXe siècle, en Allemagne avec Schopenhauer, qui s'inspire de la traduction de Amelot de la Houssaie pour sa propre traduction de Gracián en allemand et, de manière plus indirecte, chez Nietzsche.

C. Le goût et la règle

L'acception française de *goût* a relativement peu emprunté aux modèles dominants italiens ou espagnols. L'une des caractéristiques du mot et de ses usages aux XVIIe et XVIIIe siècles est d'impliquer, ouvertement ou tacitement, un refus des catégories de la logique héritées de la scolastique, et de s'opposer à ce qu'on appelait alors « le langage des pédants ». On ne rencontre pas cette volonté d'autonomie et parfois de provocation dans les textes italiens ou espagnols. Étroitement lié au tact, à la finesse du discernement, à l'esprit d'opportunité, le « goût » français se pense davantage en termes de relations, de situations habilement maîtrisées ou d'acte du jugement qu'en termes de propriétés idiosyncrasiques ou de dispositions comme chez les Italiens. Le sens ancien de jouissance et de fin discernement prend une valeur nouvelle chez Bossuet, notamment lorsqu'il cite la phrase du Grand Condé mourant : « *Oui*, dit-il, *nous verrons Dieu comme il est, face à face*. Il répétait en latin, avec un goût merveilleux, ces grands mots » (*Oraison funèbre du Grand Condé,* 1687). Le mot exprime l'idée d'un plaisir extraordinaire, d'une acuité d'esprit exceptionnelle, c'est-à-dire un mixte de sympathie au sens le plus affectif et d'intelligence clairvoyante.

♦ Voir encadré 1.

C'est précisément cette conception d'une activité judicatoire dont le fondement semble se soustraire à toute justification qui sera ultérieurement l'objet de tous les malentendus et de toutes les ambiguïtés. Cette remarque vaut également pour la notion de règle (le goût qui s'attache aux règles dont parle La Rochefoucauld) indissociable du pouvoir de « bien juger ». Car la règle n'a jamais été pour les théoriciens du XVIIe siècle une norme rigide et plus ou moins arbitraire imposée par les groupes d'amateurs dominants, mais une médiation essentielle dans la relation à l'œuvre d'art. Elle est plutôt l'exemplification de la réussite exceptionnelle d'une œuvre (celle d'un Raphaël ou d'un Carrache) à laquelle il ne convient pas précisément de se conformer mais qu'il s'agit d'imiter dans un acte lui-même librement créateur. Si la traduction des notions de goût et de règle a pu reposer sur tant d'incompréhensions, c'est que la critique esthétique, depuis Lessing en particulier, s'est volontiers référée au

1

La définition du goût chez La Rochefoucauld

Chez La Rochefoucauld, le goût renvoie à une faculté de « juger sainement » qui se rapproche de l'esprit sans se confondre véritablement avec lui. Comme Bouhours, Méré et tant d'autres de ses contemporains, La Rochefoucauld fait du goût une forme spécifique de jugement qui ne consiste pas en un acte purement intellectuel, mais qui n'est pas non plus réductible aux affects ni surtout à un sentiment tel que le plaisir esthétique, au sens où l'entend le XVIIIe siècle. Plus précis et opératoire que « l'esprit de finesse » de Pascal, il est central dans les relations à autrui ou aux œuvres d'art, bien que la logique qui constitue ce mode d'évaluation ne puisse être analysée que par une description.

La définition que La Rochefoucauld donne du goût est en quelque sorte paradigmatique :

> Ce terme de goût a diverses significations, et il est aisé de s'y méprendre. Il y a différence entre le goût qui nous porte vers les choses et le goût qui nous en fait connaître et discerner les qualités en s'attachant aux règles : on peut aimer la comédie sans avoir le goût assez fin et assez délicat pour en bien juger et on peut avoir le goût assez bon pour bien juger de la comédie sans l'aimer.
>
> *Maximes et Réflexions diverses*, Du goût, § 10, Gallimard, « La Pléiade », 1957, p. 520.

S'il est possible de « bien juger d'une comédie sans l'aimer », c'est qu'il existe une faculté d'évaluation capable de distinguer avec une lucidité plus grande que celle de la plupart des hommes les qualités artistiques ou esthétiques d'une œuvre. Cela suppose donc qu'il y ait des qualités singulières et exceptionnelles inhérentes à une œuvre et un pouvoir d'évaluation particulièrement clairvoyant qu'on nomme le goût.

sens plus normatif du goût et de la règle que leur ont donné au XVIIIe siècle Batteux et surtout Voltaire.

Deux orientations divergentes déterminent le goût en France au XVIIIe siècle. L'une tend à affirmer la rareté d'une faculté sachant véritablement discerner les qualités singulières, les propriétés uniques d'une œuvre d'art. L'autre est inhérente à la naissance de l'esthétique et entend répondre à des exigences spécifiquement philosophiques. Dans les cercles d'un public cultivé, écrire, interpréter et évaluer un tableau ou une sculpture exigent autre chose que la faculté générale de juger : il faut surtout « un goût exquis », c'est-à-dire une aptitude à saisir les nuances les plus rares et les propriétés esthétiques les plus délicates qui échappent à la perception de la plupart de hommes.

> Il y a mille gens de bon sens contre un homme de goût, et mille personnes de goût contre une d'un goût exquis.
>
> Diderot, *Lettre sur les sourds-muets,* éd. crit., Genève, Droz, 1951, p. 52.

Si cette conviction est étrangère à tout élitisme au sens par exemple du XIXe siècle, elle risque fort d'être inassimilable par une pensée d'abord soucieuse de déterminer les conditions d'un jugement universel. En effet, la question de l'universalité du jugement esthétique tend à s'imposer sous l'influence des théoriciens anglais. Voltaire s'est efforcé de la résoudre d'une manière qui, à défaut d'être toujours originale, a exercé une influence considérable. L'intérêt de ses textes est qu'il tire profit de la polysémie du mot *goût*, recourant tantôt au sens hérité du XVIIe, et donnant tantôt au concept une inflexion explicitement normative. Ce qui le distingue des auteurs du siècle précédent, c'est qu'il définit le goût comme une référence nécessaire aux règles du classicisme. La règle, qui était productive en tant qu'elle possédait une valeur d'exemple, devient norme, c'est-à-dire règle désormais fixe, immuable et peu contestable. Ainsi, il écrit : « il n'y avait plus de goût en Italie » (*Le Siècle de Louis XIV*, chap. 32, t. 2 p. 113). La phrase signifie que les artistes italiens ne se conformaient plus au système de règles propres à l'idéal classique et qu'ils produisaient des œuvres extravagantes comme celles du Bernin et de Borromini. Le goût renvoie moins à une subjectivité esthétique qu'à une sorte de législation immanente aux œuvres produites, comme dans cette phrase : « La véritable raison est que, chez les peuples qui cultivent les beaux-arts, il faut beaucoup d'années pour épurer la langue et le goût » (*ibid.*, p. 129). Le mot désigne alors une sorte d'idéalité dans l'union des règles appliquées avec justesse et du génie d'un artiste. D'où, par exemple, à propos de l'art d'Addison : « Les œuvres d'Addison respirent le goût » (*ibid.*, p. 140), c'est-à-dire que ce sont des œuvres dans lesquelles on voit l'alliance du bon sens, de l'imagination et du respect des règles. C'est pourquoi Voltaire considère Addison comme un « Rabelais perfectionné », c'est-à-dire comme un Rabelais qui aurait fait preuve de goût. Sa conception du goût, contrairement à celle de Du Bos ou de Diderot, constitue un ultime mouvement de résistance à l'influence anglaise dans la mesure où, chez lui, le pouvoir de juger esthétiquement ne relève pas précisément du sentiment ou de l'intellect : ce qui importe surtout, c'est la juste adéquation de l'acte créateur avec le système de règles de la théorie de l'art classique. Or, c'est surtout cette position quelque peu dogmatique qui fut largement diffusée en Europe, bien plus que les textes de Batteux ou de Rousseau, jusqu'à ce que le goût français devienne synonyme de normativité et d'objectivisme arbitraire des critères esthétiques. Cet usage et cette signification du mot ont prévalu jusqu'à présent à titre de contre-exemple et de concept à exclure de toute théorie esthétique. Ils ne sont cependant pas particulièrement représentatifs de la pensée du XVIIIe siècle, puisqu'on trouve chez Du Bos, Trublet, Montesquieu ou Batteux des conceptions souvent fort différentes. Ainsi, l'abbé Trublet n'accorde un rôle actif au sentiment du beau qu'à ceux qui possèdent une véritable culture :

> Les arguments demandant une instruction, il appert que l'appréciation du beau appartient en premier lieu aux gens possédant un goût cultivé : le dilemme est tranché en leur faveur.
>
> *Essais sur divers sujets de littérature et de morale*, p. 64.

Mais la thèse originale de son livre est que plus le goût, c'est-à-dire le goût cultivé, se développe, plus le sentiment et la raison sont destinés à se fondre.

Tel est sans doute l'ultime effort en vue de surmonter l'antinomie croissante du sentiment esthétique et de la pensée rationnelle au siècle des Lumières. Mais Rousseau interdit pour longtemps cette synthèse possible en opérant un renversement décisif. Le mot devient à présent une notion indéfinissable :

> De tous les dons naturels le Goût est celui qui se sent le mieux et s'explique le moins ; il ne serait pas ce qu'il est, si l'on pouvait le définir : car il juge des objets sur lesquels le jugement n'a plus prise, et sert, si j'ose parler, de lunettes à la raison.
>
> *Dictionnaire de musique*, article « Goût ».

En réalité, le goût est pour Rousseau un instinct (comme pour Leibniz), et le sentiment du beau ne peut être un jugement au sens d'une mise en relations de concepts et de données empiriques. Le jugement de goût n'est donc pas véritablement un jugement, tel que l'entend la pensée logique, c'est-à-dire un énoncé pouvant aboutir à une proposition porteuse d'objectivité, de même qu'une proposition évaluative, pour Frege, Wittgenstein et les logiciens, ne saurait être une véritable proposition, puisqu'on ne peut déterminer sa valeur de vérité. Sentiment inexprimable et activité de l'esprit irréductible à toute objectivation, le goût, tel que le conçoit Rousseau, se retrouvera dans la problématique kantienne du jugement réfléchissant et dans l'esthétique contemporaine.

II. LA GENÈSE PROPREMENT ESTHÉTIQUE DE « TASTE »

La construction esthétique de *taste* joue un rôle central au XVIIIe siècle comme le rappelle l'auteur de l'entrée

« *taste* » (*A Compagnion to Aesthetics*, p. 415). Le terme anglais hérite d'une histoire considérable qui s'est mise en place, comme on l'a vu, à la Renaissance. D'après le peintre Reynolds, conformément aux traditions italienne et française, *taste* est l'instrument d'une réflexion sur la perfection de l'art en Angleterre :

> Toutes les langues ont des mots propres destinés à exprimer cette perfection : le *gusto grande* des Italiens, le *beau idéal* des Français, le *great style*, le *genius* et le *taste* des Anglais, ne sont que différentes dénominations de la même chose.
>
> *Discours sur la peinture*, p. 53.

Taste appartient donc à l'histoire européenne du goût. Mais c'est en Angleterre que cette histoire est réélaborée par les philosophes et dès lors s'inscrit dans un contexte propre à la tradition anglo-saxonne.

L'usage de *taste* fait d'abord du goût un terme qui rend raison des distinctions sociales. *Taste* sert de règle et de justification pour élaborer un discours sur la civilisation, les mœurs dont le danger est toujours un partage entre goût civilisé et goût barbare. Lorsqu'un goût juste est pratiqué, le plaisir en société se développe. *Taste* s'avère très proche de *relish* que l'on peut traduire par délectation. Mais le sens du terme se déplace pour désigner aussi une opération du sujet qui commence dans le sentiment. Le mot signifie alors l'expérience esthétique comme expérience de contemplation, ceci supposant à la fois une théorie de la perception et de l'évaluation. Il faut alors souligner la fragilité et les ambiguïtés d'un concept qui propose un mode singulier du jugement et reconnaît en même temps son immanence aux émotions.

Taste apparaît ainsi en premier lieu comme un concept prescriptif dans lequel l'art et la société sont entremêlés. Les règles du goût n'ont pas une valeur absolue, elles ont pour fin l'éducation des hommes à la civilisation. La prise de conscience du goût comme instance de la vie polie commence avec le *Spectator* d'Addison et de Steele qui, de 1711 à 1714, offrit des chroniques sur les mœurs, les arts, les comportements sociaux afin d'observer et de diffuser les règles de vie et de politesse britanniques des hommes du monde (*gentlemen*) et de la culture. Le goût est une disposition par laquelle l'individu est à la source de sa propre formation sociale qui, suffisamment avancée, lui procure de l'agrément : « Découvrir comment nous pouvons former en nous-mêmes, d'une manière plus avantageuse, ce que l'on nomme dans le monde poli *une délectation* ou un *bon* GOÛT [*To discover, how we may, to best Advantage, form within our-selves what in the polite World is call'd* a Relish, *or* Good *TASTE*] », écrit Shaftesbury dans *Characteristics of Men, Manners, Opinions, Times* (vol. 3, p. 154). La constitution de soi comme sujet de goût a pour corrélat nécessaire la correction et les ajustements quotidiens que suppose la politesse comme ensemble de règles collectives de bienséance produisant un mieux-être de la société.

Par-delà la production du plaisir en société, *taste* est associé à la présence en l'homme d'un sens naturel fonctionnant comme une évaluation immédiate possible. Le goût peut alors être comparé à un flair, un talent dont on discute le caractère inné ou acquis. Étymologiquement, *taste* vient du latin *tangere* : *taste* est d'abord une affaire de toucher, de tact, au propre et au figuré. Il évoque une appréciation délicate et spontanée. L'emploi de *taste* suppose une réflexion sur la notion de *sense*, le sens entendu comme un dispositif sensoriel. En 1759, Alexander Gerard publie *An Essay on Taste* qui reçoit le prix du meilleur essai sur le goût attribué par la société des arts d'Édimbourg. Selon cet ouvrage, qui constitue une reprise des différentes thèses sur le goût alors discutées en Écosse, le goût structure la perception des « œuvres d'art et de génie » et peut être ramené aux principes par lesquels l'esprit reçoit du plaisir ou de la douleur. Ces principes sont les *internal senses* (sens internes) : sens de la nouveauté, de la grandeur ou de la sublimité, de la beauté, de l'imitation, de l'harmonie, du ridicule et de la vertu. L'union des sens internes forme et perfectionne le goût en ce qu'elle permet d'exciter les plaisirs les plus exquis. Pour découvrir les qualités les plus profondes de *taste*, les sens internes sont aidés par le jugement, faculté qui distingue des choses différentes, sépare vérité et fausseté, compare les objets et leurs qualités. Le jugement introduit la possibilité non seulement de percevoir mais d'estimer le sens d'une œuvre. Après le pouvoir des sentiments qui fait sentir ce qui plaît ou déplaît grâce aux sens internes, le jugement apporte au goût la profondeur de la pénétration. *Taste* désigne une opération composée, à la fois sensible et intellectuelle, immédiate et médiate, perceptive et évaluative. Hume, dans *Of the Standard of Taste*, prend aussi en considération ce caractère composé du goût. *Taste* ne saurait se définir par la seule justesse interne du sentiment même si le philosophe ne peut que constater la variété des goûts, preuve de l'adhésion vitale et ordinaire de chacun à son sentiment. En même temps, le goût suppose l'accord, un processus d'évaluation qui estime le rapport des œuvres à la beauté. La délicatesse du goût par laquelle l'esprit affine les émotions permet l'énoncé de jugements justes sur l'art. Cette capacité esthétique suppose un exercice par lequel sont identifiées les qualités réelles d'une œuvre. Adam Smith, dans *The Theory of Moral Sentiments*, pose une figure similaire de l'homme de goût qui distingue les menues différences souvent imperceptibles de beauté ou de laideur.

La tension exprimée par *taste* entre perception et évaluation continue à enrichir la réflexion sur le goût. Du côté de la construction de l'émotion esthétique comme *sense* et *taste*, l'ouvrage du critique d'art anglais Clive Bell, *Art* (1914), dessine un prolongement intéressant puisqu'il propose un retour à l'expérience personnelle dans l'art à partir du concept d'« *aesthetic emotion* » qui ne se réduit pas à une simple représentation subjective de l'objet contemplé. Du côté de la valeur de l'art, Malcom Budd dans *Values of Art* (1995), s'intéressant à la détermination de la valeur artistique d'une œuvre, pose l'expérience de l'œuvre d'art comme un acte de l'intelligence et discute le *standard of taste* de Hume.

III. LE GOÛT À L'ÉPREUVE DE LA RÉFLEXION PHILOSOPHIQUE : DE LA SUBJECTIVITÉ TRANSCENDANTALE AU GOÛT COMME MÉTHODE DE DÉTERMINATION DE LA VALEUR

A. La révolution transcendantale : le « Geschmack » comme jugement réfléchissant

Si les philosophes anglais mettent en lumière la productivité et l'autonomie de la subjectivité esthétique, ils restent néanmoins fidèles aux conceptions traditionnelles du goût comme faculté de discernement d'un certain type. La véritable rupture avec toutes les théories antérieures du goût a lieu avec la philosophie critique de Kant qui s'efforce de ruiner l'idée chère à Baumgarten d'une esthétique cognitive, fondée sur des principes rationnels et normatifs.

C'est dans la *Metaphysica* et l'*Æsthetica* de Baumgarten que l'on trouve l'une des premières définitions proprement philosophiques du goût, dans la mesure où celle-ci s'efforce de renouveler la problématique des relations entre le sensible et l'intelligible. Ce qui signifie que ce concept appartient bel et bien cette fois au champ spécifique de la philosophie. Mais Baumgarten, qui écrit et pense en latin, tient à conserver l'héritage rhétorique et humaniste en le conciliant avec les exigences propres de la métaphysique leibnizienne, représentée en particulier par l'école de Wolff. Pour Baumgarten, le *gustus* est, comme les autres facultés, une forme de connaissance (« *cognitio inferior* »), une expérience sensible de la réalité :

> *Gustus significatu latiori de sensualibus, i.e. quae sentiuntur, est judicium sensuum.*
>
> [Au sens le plus étendu, le goût dans le domaine du sensible, c'est-à-dire de ce qui est senti, est le jugement des sens.]
>
> *Metaphysica*, § 608.

C'est grâce à cet organe sensoriel que l'objet du jugement est senti. Le *gustus* est ainsi déterminé comme une faculté sensible de juger, mais qui suppose une éducation pour parvenir à une pleine maturité (*maturitas*), un peu comme chez Gracián : « *Talis gustus est sapor non publicus* (*purior, eruditus*) [Le goût qui y correspond est une saveur non commune (plus pure et cultivée)] » (*ibid.*). Dans la mesure où cette faculté est effectivement cognitive puisqu'elle rend compte de certaines expériences de la réalité, elle peut commettre des erreurs de jugement, comme dans le cas des illusions perceptives. Elle est ainsi centrale en tant que *facultas diiudicandi*, comme faculté de juger esthétiquement.

La pensée esthétique de Kant repose en partie sur le refus de cette perspective qui permet encore d'intellectualiser les formes des jugements des sens, c'est-à-dire des jugements qui impliqueraient à la fois une sorte d'intelligibilité virtuelle et une objectivité minimale. La signification originelle de *Geschmack*, tel que le mot est utilisé dès la *Critique de la raison pure*, dans la fameuse note de l'« Esthétique transcendantale », se fonde sur un rejet radical du *gustus* tel que le concevait Baumgarten :

> Les Allemands sont les seuls à se servir du mot *esthétique* pour désigner ce que d'autres appellent la critique du goût. Cette dénomination se fonde sur une espérance déçue que conçut l'excellent analyste Baumgarten, celle de soumettre le jugement critique du beau à des principes rationnels, et d'en élever les règles à la hauteur d'une science. Mais cet effort est vain. En effet, ces règles ou *critères* sont purement empiriques en leurs principales sources, et par conséquent ne sauraient jamais servir de lois *a priori* déterminées propres à diriger le goût dans ses jugements ; c'est plutôt le goût qui constitue la véritable pierre de touche de l'exactitude des règles.
>
> « Esthétique transcendantale », F. Alquié (éd.), p. 89.

Cette note condamne explicitement le projet de l'*Æsthetica* à laquelle il ne sera jamais fait allusion dans la troisième *Critique*, bien que ses thèses y soient indirectement réfutées. En effet, dans la *Critique de la faculté de juger*, la première définition du goût en fait une faculté de juger qui porte moins sur un objet que sur un mode de représentation :

> *Geschmack ist das Beurteilungsvermögen eines Gegenstandes oder einer Vorstellungsart durch ein Wohlgefallen oder Missgefallen ohne alles Interesse. Der Gegenstand eines solchen Wohlgefallens heisst schön.*
>
> [Le goût est la faculté de juger d'un objet ou d'un mode de représentation, sans aucun intérêt, par une satisfaction ou une insatisfaction. On appelle beau l'objet d'une telle satisfaction.]
>
> « Analytique du beau », § 5, trad. fr. A. Philonenko, p. 55.

Le souci de Kant de se conformer en priorité à son projet d'une philosophie transcendantale est patent dès cette première définition. En effet, le jugement de goût ne porte pas sur l'objet en tant que tel, ni sur les propriétés de l'objet, ni sur une règle de l'art ni même sur la sensation esthétique provoquée par l'objet, mais sur le mode de représentation né de la sensation. Et ce mode de représentation suscite à son tour un sentiment spécifique qui n'est autre que le sentiment de plaisir conçu comme *Bestimmungsgrund* (fondement) de l'expérience esthétique. En tant qu'il se manifeste par un sentiment, le goût est une forme de jugement réfléchissant se référant aux structures de la subjectivité esthétique telle qu'elle est comprise dans le projet d'une philosophie transcendantale. C'est pourquoi le seul prédicat que Kant accorde en définitive au beau est le sentiment de plaisir. L'une des grandes difficultés du jugement de goût tel qu'il est exposé dans l'« Analytique du beau » est de vouloir concilier le caractère autoréférentiel du goût avec l'exigence en droit d'une communicabilité universelle, fondée subjectivement, c'est-à-dire avec la prétention à une universalité subjective.

B. Le « Geschmack » en procès

Si Hegel accorde une place aussi restreinte à la problématique du goût dans ses *Cours d'esthétique*, c'est qu'il disqualifie celui-ci comme critère de compréhension de l'œuvre d'art. En tant que manifestation de la subjectivité esthétique, le goût est pour lui un obstacle essentiel dans l'analyse véritablement philosophique de l'art. Une grande partie de la pensée esthétique du XXe siècle (particulièrement celle de Lukács et d'Adorno) a hérité de cette condamnation et en a assumé activement les conséquences théoriques. Le goût a cessé désormais d'être un élément constitutif de l'interprétation ; il n'est plus qu'une forme de subjectivisme parasitaire.

Chez Hegel, *Geschmack* est employé sans aucune référence à la problématique du jugement réfléchissant de Kant. Lorsqu'il analyse cette notion, c'est exclusivement de manière polémique, en s'en prenant aux théories de l'art du XVIIIe siècle.

> Outre le but déclaré de susciter directement la création d'authentiques œuvres d'art, une autre intention manifeste de ces théories était de guider le jugement porté sur les œuvres d'art et, de façon générale, de *former le goût*. L'ouvrage de Home, *Elements of criticism* (1762), les écrits de Batteux et de Ramler (*Einleitung in die Schönen Wissenschaften*, 1756-1758) ont été pour cette raison beaucoup lus en leur temps. Le goût, pris en ce sens, a trait à la composition et au traitement du sujet, apprécie la convenance et le raffinement de tout ce qui ressortit à l'aspect extérieur d'une œuvre d'art (*Geschmack in diesem Sinne betrifft die Anordnung und Behandlung, das Schickliche und Ausgebildete dessen, was zur äusseren Erscheinung eines Kunstwerks gehört*) [...] Mais il n'en reste pas moins éternellement vrai que chaque homme juge les œuvres d'art, les caractères, les intrigues et les épisodes à l'aune de ses lueurs et de sa sensibilité propres, et comme cette formation du goût ne s'attachait qu'à de maigres caractéristiques extérieures, ne tirait ses préceptes que d'un nombre restreint d'œuvres d'art, sa portée resta insuffisante et elle ne sut ni saisir l'intérieur et le vrai, ni exercer le regard à les pénétrer.
>
> *Aesthetik*, p. 27 ; trad. fr. J.-P. Lefebvre et V. von Schenck, p. 25.

Le concept de goût n'a plus guère ainsi qu'une signification négative, destinée à montrer l'insuffisance des théories antérieures ; il renvoie davantage à des conceptions franchement erronées qu'à une fonction précise. Le connaisseur ou l'amateur ont, selon Hegel, porté leur attention sur des détails techniques, des connaissances secondaires et contingentes. Cette attention excessive à la « manifestation extérieure » d'une œuvre d'art est le propre selon lui d'une esthétique qui accorde un rôle prépondérant à la sensation, à la perception sensorielle, voire au sentiment. Le goût devient ainsi et pour longtemps synonyme de sensation immédiate, de subjectivité exclusivement attachée aux aspects les moins essentiels de l'œuvre. Il n'a pas seulement perdu toute productivité critique, il se résume en une activité secondaire, faisant écran à la signification profonde de l'art, parce qu'il renvoie au sensible comme tel, c'est-à-dire à ce qui est inadéquat pour l'esprit. Cette opposition entre le goût comme connaissance sensible s'appuyant sur des règles extérieures à son objet, et l'esprit comme connaissance vraie de l'art peut déconcerter, précisément parce qu'elle demeure une opposition pure, aboutissant à une condamnation et à une exclusion radicale du goût. Ce n'est donc pas à titre de « moment » que ce concept est éliminé, mais en tant que démarche fausse, nocive et contraire à l'esprit comme intériorité. La difficulté à déterminer un sens précis, un usage quelconque au concept de goût tient au fait que Hegel lui a intenté un procès qui est fortement conditionné par une opposition à toutes les formes de sensualisme et de subjectivisme. À travers ce concept, Hegel vise surtout le primat de la sensation, le sentiment comme position de la subjectivité, la reconnaissance de l'apparence comme telle, c'est-à-dire le XVIIIe siècle.

C. La positivité du « Geschmack » comme mode fondamental de l'évaluation

La pensée du XIXe siècle va s'interroger de plus en plus sur la nature et les fonctions du jugement de valeur. Or, cette réactivation du jugement de valeur, implicite chez Schopenhauer, centrale chez Nietzsche, puis problématique chez Max Weber et Rickert, entraîne avec elle une réhabilitation du goût comme mode d'évaluation.

Avec Schopenhauer, le goût retrouve sa dignité philosophique parce qu'il est une expression du vouloir-vivre (*Wille zum Leben*). Cette instance métaphysique qu'est le vouloir-vivre se fonde, selon Schopenhauer, sur les sciences de la vie. Il peut se former désormais une physiologie du goût, des théories de l'activité spécifique des organes des sens ayant valeur de connaissance positive. L'*aisthêsis* [αἴσθησις] du goût ainsi conçue, déterminée par la physiologie, l'optique et les sciences médicales, échappe nécessairement à la subjectivité transcendantale ou à la critique hégélienne pour devenir elle-même forme interprétative majeure, non seulement de l'art mais également de la réalité et de la culture. La signification du mot est toujours implicite dans les démonstrations de Schopenhauer (ainsi à propos de la question capitale du style, et particulièrement du style philosophique) et elle n'est jamais conceptualisée en tant que telle : *Geschmack* renvoie le plus souvent au goût au sens espagnol (rappelons que Schopenhauer a traduit Gracián) et surtout français tel que l'avait transmis le XVIIIe siècle. S'il pense *Geschmack* au sens de *gusto* et de « goût », c'est pour produire de nouveaux critères d'un mode de raisonnement philosophique dont Nietzsche est l'héritier privilégié.

Quand Nietzsche utilise *Geschmack*, c'est le plus souvent pour en faire un élément constitutif de l'évaluation et une détermination de toute valeur possible.

> *Und ihr sagt mir, Freunde, dass nicht zu streiten sei über Geschmack und Schmecken ? Aber alles Leben ist Streit um Geschmack und Schmecken ! Geschmack : das ist Gewicht zugleich und Wagschale und Wägender ; und wehe allem Lebendigen, das ohne Streit um Gewicht und Wagschale und Wägende leben wollte !*
>
> [Et vous me dites, amis, que « des goûts et des couleurs il ne faut pas discuter ». Mais toute vie est lutte pour les goûts et les couleurs ! Le goût, c'est à la fois le poids, la balance et le peseur ; et malheur à toute chose vivante qui voudrait vivre sans la lutte à cause des poids, des balances et des peseurs !]
>
> *Also sprach Zarathoustra*, « *Von den Erhabenen* », *Werke*, 3 t., K. Schlechta (éd.), Darmstadt, Wissenschaftliche Buchgesellschaft, 1997, t. 2, p. 373 ; *Ainsi parlait Zarathoustra*, « Des hommes sublimes », éd. et trad. fr. J. Lacoste et J. Le Rider, t. 2, p. 374.

On notera que dans la traduction de l'adage latin : « *de gustibus coloribusque non disputandum* » l'allemand ne retient que ce qui relève du gustatif : *Geschmack* et *Schmecken*, le goût et ce qui a de la saveur.

Parmi les nombreux usages que fait Nietzsche du concept de goût, celui-ci a l'intérêt de se présenter comme une définition en recourant aux trois figures emblématiques de la balance, du poids et du peseur. La triple relation montre clairement un effort pour surmonter la dimension purement subjective de l'évaluation en posant des corrélats et des critères constitutifs de l'expérience axiologique. La balance, le peseur ne renvoient pas au principe de la subjectivité de l'évaluation, pas plus qu'ils ne seraient que des métaphores exprimant le goût comme jugement de valeur. En réalité, la définition emblématique du goût est déjà axiologique : elle présuppose que toute pensée est à la fois interprétation, évaluation et conflit. Ce qui ne signifie pas exactement que le goût soit une condition suffisante pour décider de la valeur ou de la non-valeur d'une chose, mais qu'il doit être réhabilité en tant qu'il est constitutif de toute évaluation, donc comme l'un des moyens de résoudre certains problèmes éthiques et esthétiques. « C'est notre goût (*Geschmack*) qui décide contre le christianisme » (*Le Gai Savoir*, § 132), ou « C'est à nous autres penseurs qu'appartient le droit de fixer le bon goût (*Wohlgeschmack*) de toutes choses » (*Aurore*, § 505). Si toute sensation et si toute perception contiennent déjà une évaluation, le goût ne peut être que constitutif du jugement de valeur et de l'évaluation.

♦ Voir encadré 2.

IV. CRISE ET RÉÉVALUATION DES FONCTIONS DU GOÛT DANS L'ESTHÉTIQUE CONTEMPORAINE

Le refus d'attribuer un caractère cognitif au jugement de goût et à l'évaluation est caractéristique d'une attitude philosophique assez communément partagée aujourd'hui. La question de la signification et de la fonction du goût est ainsi sans cesse différée, voire exclue *a priori*, y compris dans le domaine de l'esthétique. L'argument assez général qui disqualifie le jugement esthétique fondé sur le goût est qu'on ne peut jamais, à partir d'une perception des propriétés artistiques et esthétiques de l'œuvre, dériver ou inférer un jugement, ou plutôt un énoncé susceptible d'une certaine objectivité, voire d'une simple validité. Le goût semble ainsi voué à renvoyer presque toujours aux structures de la subjectivité, donc au problème kantien du jugement réfléchissant. La disqualification croissante du jugement de valeur dans la réflexion esthétique depuis le XIXe siècle n'a fait que confirmer le discrédit du jugement de goût.

Dans le champ de l'esthétique contemporaine, le goût est un concept qui n'a le plus souvent qu'un sens négatif ou qui présente une absence de contenu assez évidente. Dépourvues de toute possibilité de références (par ex. l'œuvre d'art en tant que telle ou l'activité du sujet de l'expérience esthétique), ses définitions sont la plupart du temps purement négatives. Ainsi, Reinhard Knodt affirme : « *Das Zeitalter des guten Geschmacks ist vorbei* [L'époque du bon goût est passée] » (*Aesthetische Korrespondenzen*, Stuttgart, 1994, p. 39). Mille fois ressassé par la critique esthétique, ce type de proposition tend à l'élimination pure et simple de la notion de goût comme faculté de discernement de propriétés esthétiques et artistiques sans jamais analyser véritablement ce qu'elle implique. Car cette critique s'exerce sur un contenu sémantique qui n'a jamais été celui transmis par la tradition ; elle s'appuie sur l'idée erronée et rétrospective du goût comme conformité à un système de normes plus ou moins arbitraires. À quelques exceptions près, définir ce concept ne consiste plus à déterminer un sens précis, mais à produire des arguments idéologiques hostiles à toute idée d'une aptitude quelconque à discerner des

2

« Le oui et le non du palais »

C'est précisément ce primat de l'évaluatif qui est le plus souvent l'objet de mésinterprétations, d'incompréhensions et d'oppositions principielles de la part des commentateurs.

La manière dont Habermas cite l'expression « le oui et le non du palais » que Nietzsche utilise dans le § 224 de *Par-delà le bien et le mal*, est à cet égard particulièrement significative.

Dans ce paragraphe, Nietzsche oppose le « sens historique » (« *der historische Sinn* ») que « nous autres Européens revendiquons comme notre particularité », cette faculté qu'ont « les modernes » de comprendre toutes les formes d'évaluation et de goûter toutes choses, à la capacité de rejet et d'exclusion qu'avaient « les hommes d'une civilisation aristocratique » à l'égard de tout ce qui ne s'accordait pas avec leur propre système de valeur. C'est ainsi que les Français du XVIIe siècle, dit-il, étaient incapables d'apprécier Homère :

> Le oui et le non très sûrs de leur palais (*Das sehr bestimmte Ja und Nein ihres Gaumes*), leur prompt dégoût (*Ekel*), leur réserve hésitante à l'égard de tout ce qui est étranger, leur crainte du manque de goût (*Ungeschmack*) qu'implique une curiosité trop vive, et d'une façon générale la répugnance de toute civilisation aristocratique et fière de soi à s'avouer une nouvelle convoitise (*Begehrlichkeit*) et à reconnaître que ce qu'elle possède ne la satisfait pas et qu'elle admire l'étranger — tout cela prévient défavorablement ces aristocrates même contre les meilleures choses du monde qui ne sont pas leur propriété et dont ils ne peuvent faire leur butin.
>
> *Jenseits von Gut und Böse*, § 224, t. 2, p. 686-687 ; trad. fr., t. 2, p. 116.

Habermas interprète ainsi la démarche de Nietzsche : « Nietzsche intronise le goût, "le oui et le non du palais" comme unique organe d'une "connaissance" au-delà du vrai et du faux, au-delà du bien et du mal » (« Die Verschlingung von Mythos und Aufklärung », in *Mythos und Moderne*, K.H. Bohrer [éd.], Francfort, Suhrkamp, 1983, p. 422). Pour invalider la pensée de Nietzsche, Habermas ne recourt pas à un argument : il lui suffit de souligner le rôle exorbitant à ses yeux du goût comme mode de connaissance pour en faire une sorte de modèle d'irrationalité.

qualités esthétiques dans une œuvre d'art et à les déterminer selon un ordre hiérarchique.

Au XXe siècle, la pensée esthétique qui s'est développée dans le champ de la philosophie analytique est certainement la seule qui tente de redonner un contenu sémantique précis à la notion de goût. Le goût n'est pas simplement assimilé à une forme arbitraire de jugement de valeur ou à un fait idiosyncrasique. C'est à propos de la question de la définition des concepts esthétiques et de la détermination des propriétés esthétiques d'une œuvre, donc des actes de prédication, que la notion s'est trouvée réactualisée, en particulier par Frank Sibley. L'article de Sibley : "Aesthetic concepts" (*Philosophical Review*, 68, 1959, « Les concepts esthétiques », trad. fr. *in* D. Lories, *Philosophie analytique et esthétique*, p. 41-69) a suscité un nombre important de réactions et de polémiques, précisément parce qu'il prétend affirmer la positivité du goût, son activité productrice et opératoire dans la détermination d'une propriété esthétique de l'objet. En effet, pour Sibley, un énoncé portant sur des qualités spécifiquement esthétiques ne se distingue d'un énoncé portant sur des qualités sensibles que si l'on recourt à un type d'activité autre que celle de la simple perception, à savoir l'exercice du goût (*taste*) : « Lorsque, donc, un mot ou une expression est tel que son application requiert le goût ou la perceptivité, je l'appellerai un terme ou une expression *esthétique*, et je parlerai, parallèlement, de concepts *esthétiques* ou de concepts de *goût* » (Lories, p. 59 ; cf. aussi "About Taste", *The British Journal of Aesthetics,* 6, 1966). Tout le problème de Sibley, et surtout celui de ses épigones, est de sortir de ce raisonnement quelque peu circulaire contenu dans la définition : le goût est une condition nécessaire pour la production de concepts esthétiques et ces concepts présupposent l'exercice du goût comme aptitude spécifique pour discerner des qualités ou des propriétés propres à l'art. Sans aller plus avant dans cette problématique, qui a le mérite de poser à nouveau la question de la logique des prédicats et des critères esthétiques, on peut y voir une réhabilitation du goût, non comme faculté transcendantale, mais comme condition nécessaire de validation des concepts esthétiques.

Le recours au langage ordinaire, ou plutôt la volonté de l'accepter comme tel, voire comme possibilité de résoudre certaines apories logico-sémantiques, sont propres à la philosophie analytique. Considérant le contenu sémantique des concepts esthétiques comme tout aussi problématique que celui des autres notions de la philosophie, Wittgenstein utilise à plusieurs reprises le mot *Geschmack*. Dans les *Vermischte Bemerkungen*, il écrit : « *Feilen ist manchmal Tätigkeit des Geschmacks, manchmal nicht. Ich habe Geschmack* [Polir est parfois la fonction du goût, parfois non. J'ai du goût] » (*Remarques mêlées*, trad. fr. G. Granel, p. 77-78). Or, dans tous les cas, le mot *Geschmack* est curieusement employé de manière non critique, c'est-à-dire non philosophique. Quoique les *Bemerkungen* appartiennent à sa pensée philosophique, *Geschmack* conserve ici toute la densité et l'évidence des mots du langage ordinaire. Ce qui laisse intacte la possibilité d'user du mot, non sans cette bénéfique irresponsabilité qui nous permet de dire que, après tout, le goût est le goût.

Jean-François GROULIER
et Fabienne BRUGÈRE (II)

BIBLIOGRAPHIE

BALDINUCCI Filippo, *Vocabolario Toscano dell'arte del disegno*, Florence, 1681.

BATTEUX Charles, *Les Beaux-Arts réduits à un seul principe*, 1746 ; repr. in *Principes de la littérature*, Paris, 1774, 5 t.

BAUEMLER Alfred, *Le Problème de l'irrationalité dans l'esthétique et la logique du XVIIIe siècle* [1923], trad. fr. O. Cossé, Presses universitaires de Strasbourg, 1999.

BAUMGARTEN Alexander Gottlieb, *Metaphysica*, 1739.

— *Æsthetica*, 1758, trad. fr. J.-Y. Pranchère, *Esthétique*, précédée de la *Métaphysique*, L'Herne, 1988.

BECK Annie, *Genèse de l'esthétique française moderne (1680-1814)*, Albin Michel, 1984, 2e éd. 1994.

BELL Clive, *Art*, Londres, 1914, Oxford University Press, 1987.

BELLORI Giovan Pietro, *Le Vite de Pittori Scultori e Architettori moderni*, Roma, 1672.

BOUHOURS Dominique, *La Manière de bien penser dans les ouvrages de l'esprit*, Paris, 1687.

BUDD Malcom, *Values of Art*, Londres, Penguin Books, 1995.

COOPER David (éd.), *A Companion to Aesthetics*, Oxford Malden, Blackwell, 1992.

DANTE Alighieri, *La Divine Comédie*, trad. fr. J. Risset, Flammarion, 1990.

DIDEROT Denis, *Lettre sur les sourds-muets à l'usage de ceux qui entendent et qui parlent*, 1751.

DONI Antonio Francesco, *Il disegno*, Venise, 1549.

DU BOS Jean-Baptiste, *Réflexions critiques sur la poésie et sur la peinture*, 1719, rééd. énsb-a, Paris, 1993.

FOLKIERSKI Wladyslaw, *Entre le classicisme et le romantisme*, Champion, 1969.

GERARD Alexander, *An Essay on Taste* [1759], Oxford, Scolar Press, 1971.

GRACIÁN Baltasar, *Agudeza y arte de ingenio*, Huesca, 1648 ; *La Pointe ou l'art du génie*, trad. fr. P. Laurens et M. Gendreau-Massaloux, Lausanne, L'Âge d'homme, 1983.

— *El Criticon*, Saragosse [1651], Edicion critica y comentada, University of Pensylvania Press, 1938-1940.

— *Oraculo manual y Arte de prudencia* [1647] ; *L'Homme de cour*, trad. fr. A.-N. Amelot de la Houssaie, Paris, Vve Martin et J. Boudot, 1684, Paris, Ivrea, 1993.

HEGEL Georg Wilhelm Friedrich, *Aesthetik*, éd. F. Bassenge, d'après le texte établi par H.G. Hotho, 1976 ; *Cours d'esthétique*, trad. fr. J.-P. Lefebvre, Aubier, 1995.

HUME David, *Essay of the Standard of Taste*, 1757, in *Essays Moral, Political, and Literary* (1777), *Selected Essays*, Oxford UP, 1993 ; *Essais et Traités sur plusieurs sujets*, 1re partie, trad. fr. M. Malherbe, Vrin, 1999.

KANT Emmanuel, *Kritik der reinen Vernunft*, *Kritik der Urteilskraft*, Hamburg, Felix Meiner Verlag, 1968 ; trad. fr. F. Alquié (éd.), Gallimard, « Folio », 1980.

— *Critique de la faculté de juger*, trad. fr. A. Philonenko, Vrin, 1965.

LA ROCHEFOUCAULD François de, *Maximes et Réflexions diverses* [1678], Gallimard, « La Pléiade », 1957.

LESSING Gotthold Ephraim, *Laocoon oder über die Grenzen der Malerei und Poesie*, 1766 ; *Laocoon ou les limites de la peinture et de la poésie*, trad. fr. de Courtin rev. et corrigée, avant-propos H. Damisch, intr. J. Bialostocka, Hermann, 1990.
LORIES Danielle, *Philosophie analytique et esthétique*, Klincksieck, 1989.
MÉRÉ Antoine Gombauld, Chevalier de, *Œuvres*, Les Belles Lettres, 1930.
MONTESQUIEU Charles de Secondat, baron de La Brède, *Essai sur le goût*, *Encyclopédie*, t. 7, 1757.
NICOD Jean, *Thresor de la langue française tant ancienne que moderne*, Paris, 1606.
NIETZSCHE Friedrich, *Werke*, 3 t., K. Schlechta (éd.), Darmstadt, Wissenschaftliche Buchgesellschaft, 1997 ; *Œuvres*, 2 vol., J. Lacoste et J. Le Rider (éd.), Laffont, « Bouquins », 1993.
PINO Paolo, *Dialogo di pittura*, Venise, 1548 ; éd. crit., intr. et notes R. et A. Pallicchini (éd.), Venise, Daria Guarnati (tip. di C. Ferrari), 1946.
REYNOLDS Joshua, *Discourses on Art* [1790], *Discours sur la peinture*, énsb-a, Paris, 1991.
SCHOPENHAUER Arthur, *Die Welt als Wille und Vorstellung*, in *Gesamtausgabe*, Stuttgart, Reclam, 1990 ; trad. fr. A. Burdeau et R. Ross, PUF, 1998.
SHAFTESBURY Anthony Ashley Cooper, *Characteristics of Men, Manners, Opinions, Times* [1711], Hildesheim - New York, Georg Olms Verlag, 1978.
SMITH Adam, *The Theory of Moral Sentiments* [1759], Oxford UP, 1976 ; trad. fr. M. Biziou, C. Gautier et J.-F. Pradeau, PUF, 1999.
VASARI Giorgio, *Le vite de più eccellenti architettori, pittori et scultori italiani*, Florence, 1568, éd. Milanesi, Florence, 1878-1885, 9 vol.
VOLTAIRE, *Le Siècle de Louis XIV*, 2 vol., Classiques Garnier, 1930.
WITTGENSTEIN Ludwig, *Remarques mêlées*, éd. bilingue, trad. fr. G. Granel, Mauvezin, Trans-Euro Repress, 1990.

GOUVERNEMENT *Gouvernement* dérive du lat. *gubernare* qui, comme le grec *kubernaô* [κυϐερνάω], renvoie au fait d'être au « gouvernail » d'un navire, donc de diriger, de commander. Le terme désigne d'abord le fait de gouverner ou de régir une collectivité ou une institution quelconque, avant de s'appliquer plus particulièrement aux communautés politiques. Il s'applique à la fois à la manière dont une collectivité est dirigée (le bon ou le mauvais gouvernement, ce que nous nommons aujourd'hui *gouvernance*), au régime par lequel ce mode de direction se traduit (les types de gouvernement) et enfin à l'instance qui exerce la fonction « exécutive » et qui détient le pouvoir de contrainte par distinction d'avec le « législatif » et le « judiciaire ». On s'est attaché ici à la discordance des réseaux anglais et français, l'anglais parlant souvent de *government* là où les traditions continentales évoquent plutôt les pouvoirs de l'« État » : voir STATE / GOVERNMENT, et LAW. Voir aussi *ÉTAT*, HERRSCHAFT, POLIS, POLITIQUE.

► *AUTORITÉ, DOMINATION, DROIT, LOI*, MIR, *POUVOIR*

GRÂCE Le latin *gratia* (sur *gratus*, « agréable, charmant, cher, reconnaissant ») désigne une manière d'être agréable qu'on manifeste à autrui ou qu'autrui vous manifeste, « faveur, grâce, gratitude, bonnes relations », y compris sur le plan physique, « agrément, charme, grâce ». La langue d'Église s'en est tout particulièrement servie pour rendre le grec *kharis* [χάρις] (ex. *gratificus*, bienveillant = *kharistêrios* [χαριστήριος]) — nous entendons par exemple dans la salutation à la Vierge Marie « pleine de grâces » qu'elle est chère, bienveillante et charmante. Le terme joue ainsi aux frontières de l'esthétique et du religieux.

I. ESTHÉTIQUE DE LA GRÂCE

1. Pour le gr. *kharis*, et la manière dont *khairein* [χαίρειν] désigne le plaisir d'être, la joie d'exister dans la beauté du monde, on se reportera à PLAISIR (I, A). Cf. pour une tout autre connotation l'all. *Gelassenheit* (voir SÉRÉNITÉ).
Voir aussi WELT (en part. encadré 1, « Ordre... », sur *kosmos* [κόσμος]), et l'étude du syntagme *kalos kagathos* [καλὸς κἀγαθός] (encadré 1, « Bel et bon... », dans BEAUTÉ).
2. Sur le réseau terminologique mis en place dans l'esthétique italienne de la Renaissance, on se reportera à LEGGIADRIA, « grâce, légèreté ». Voir aussi SPREZZATURA, et cf. ARGUTEZZA, CONCETTO, DISEGNO.
3. Sur le rapport entre grâce et beauté, et le « je ne sais quoi », voir BEAUTÉ, en part. encadré 4, « La beauté et la grâce », GOÛT ; cf. BAROQUE, INGENIUM, STILL.

II. GRÂCE ET DIVIN

Sur la grâce divine comme liée à l'organisation du monde, voir, outre *kharis* et WELT, encadré 1, sur *kosmos* (ci-dessus, I, 1), le russe SVET, « lumière, monde » ; voir aussi BOGOČELOVEČESTVO, « divino-humanité ». Sur le rapport entre la grâce et la ruse, la machination divine, voir OIKONOMIA, TALAṬṬUF ; cf. *RUSE* ; entre la grâce et le pardon, voir PARDONNER.
Sur *Anmut* et le réseau terminologique allemand, cf. GEMÜT.
Voir aussi, lié à la grâce comme appel et vocation, BERUF ; cf. PIETAS, SÉCULARISATION.

► AIMER, *DESTIN*, DIEU, RELIGIO

GREC : CONSTANCES ET CHANGEMENTS DANS LA LANGUE GRECQUE

► AIÔN, ENTENDEMENT, EPOKHÊ, ESSENCE, ESTI, LANGUES ET TRADITIONS, LOGOS, RUSSE, SUJET, TRADUIRE

On sait qu'il est problématique de traduire le grec ancien, langue « maternelle » de la philosophie, dans quelque parler vernaculaire que ce soit, et ce dès le latin. On connaît moins la difficulté qu'il y a à le traduire en grec moderne, due en particulier, malgré l'exceptionnelle longévité de la langue grecque, aux péripéties de la diglossie constitutive de son évolution historique.

On attribue à Théophile Voréas, professeur de philosophie à l'université d'Athènes vers la fin du XIXe siècle, la paternité d'une politique rigoureuse dans la formation de la terminologie philosophique en grec moderne. Malgré cette tentative, on constate encore des fluctuations importantes dans les traductions du grec ancien. L'enseignement de celui-ci dans les écoles et la domination jusque dans les années 1970 d'une langue archaïsante, la katharevoussa (litt. la « purifiée »), en ont longtemps dissimulé les difficultés : en dépit d'un bouleversement dans l'ordre syntaxique entre le grec ancien et le grec moderne, il suffisait d'utiliser les termes anciens pour avoir l'illusion d'une perception claire de ce dont il est question. Mais intuition et traduction ne sont pas la même chose, de sorte que la présence de plus en plus active de la langue démotique, ou parler vulgaire, à partir du milieu du XXe siècle a rendu manifeste l'imprécision de l'usage moderne des termes philosophiques anciens, et les modifications dues aux traductions successives comme aux médiations des langues européennes. S'il est vrai qu'un traducteur peut toujours régler les difficultés en recourant aux termes anciens (ce qu'il fait souvent), cette pratique ne fait que différer la solution de la question du sens. La multiplication des traductions en grec moderne des textes anciens écrits en grec ou en latin, en même temps que des textes modernes écrits en une autre langue, permet de mieux prendre conscience de l'ampleur des déplacements et des contresens qu'ils peuvent provoquer.

NOTE : Pour des raisons de commodité, j'ai opté pour la prononciation érasmienne dans le domaine du grec ancien (y compris pour la *koinê*), et j'ai appliqué, pour le grec moderne, le iotacisme (« i » pour ι, η, υ, ει, οι, υι) — en utilisant cependant « y » pour υ et « o » pour l'omikron et l'oméga. Pour les accents, je me suis accordé à l'usage varié que font les auteurs eux-mêmes, les uns adoptant l'accentuation ancienne, d'autres, la simplifiant, et d'autres encore, supprimant les esprits et les accents sur les monosyllabes, mais acceptant un accent tonique pour le reste. Enfin, la simplification de la grammaire actuelle remplace l'ancienne troisième déclinaison par la première, acceptée par la *katharevoussa* : ainsi, pour σκέψις, on écrit σκέψη. D'autre part, bien que la grammaire actuelle ait supprimé l'infinitif ancien, cette forme est néanmoins conservée d'une façon idiomatique : nous parlons de devenir (το γίγνεσθαι, *to gignesthai*), de penser (το νοείν, το φρονείν, το σκέπτεσθαι, *to noein, to phronein, to skepsasthai*), etc. Enfin, j'ai constamment pris pour guide le *Dictionnaire de la langue grecque moderne* de Babiniotis, paru en 1998.

I. LE CONTEXTE HISTORIQUE

A. L'évolution de la langue grecque

L'unité de la langue grecque, depuis le monde archaïque, constitue un phénomène qui ne cesse d'étonner ceux qui s'en occupent. Les études récentes montrent que cette unité remonte à l'époque mycénienne et s'est accommodée des changements spécifiques de l'évolution de toute langue. Pourtant, le grec a connu des crises profondes, notamment quand on s'est soucié de restaurer une langue plus ancienne ou d'établir une langue plus noble, en soutenant que la langue courante, produit d'une évolution marquée par l'acculturation, s'était appauvrie.

Il s'agit là d'un phénomène qu'on rencontre dans le russe par exemple – où Ferguson distingue la « diglossie » (la même langue comprenant une langue vulgaire et une langue noble) et le « bilinguisme » ou « multilinguisme » (ou coprésence de deux ou plusieurs langues nationales dans le même pays). La « diglossie » prit une ampleur considérable dans la Grèce moderne, au point de rendre difficilement traduisibles, voire intraduisibles, certains termes issus de la langue grecque antique et médiévale.

L'unité de la langue grecque s'est imposée peu à peu : d'abord, à travers le passage d'un système linguistique syllabique (l'écriture qualifiée de linéaire B) à un système alphabétique (hérité des Phéniciens, qui l'auraient eux-mêmes reçu des Grecs) ; ensuite, en accord avec une diversité de dialectes apparentés qui manifestement n'ont pas constitué un obstacle à la communication ; enfin, grâce à l'évolution politique de la Grèce archaïque qui contribua à l'avènement de la sagesse hellénique. Du point de vue de la philosophie, c'est cette dernière étape qui est essentielle, notamment parce que s'y échafauda une terminologie qui rendit possible la formation progressive d'une langue philosophique.

La répartition de cités autour de centres culturels et cultuels comme Delphes et Délos peut expliquer pourquoi cette première structure unitaire de la langue connut un tel dynamisme historique. Ces centres rayonnaient dans une sphère délimitée par l'extension colonisatrice des différentes cités favorisant la constitution d'un monde commun. Ce type de topologie assure à la langue grecque une unité opposée à la dispersion décrite dans l'épisode biblique de Babel. Dans l'espace hellénique, quand bien même les actions politiques s'inscrivent dans la mobilité comme avec la guerre de Troie ou les aventures d'Ulysse, le centre de référence n'en demeure pas moins à l'intérieur de contours prescrits par une territorialité fixe. Les épopées homériques et les généalogies hésiodiques constituent à la fois un témoignage mythique de la formation d'une unité topologique qui assigne à la langue grecque son enracinement historial, et la référence permanente de l'éducation et de la culture (voir encadré 1, « *Paideia* », dans BILDUNG), unifiant un monde commun.

Les ruptures s'accentuent à l'époque classique. La langue attique, symbole de la cité athénienne, animée par des structures démocratiques et une volonté politico-économique dominante, est le fruit d'une rupture avec les pratiques dialectales. L'expansion de la philosophie, née des « muses d'Ionie et de Sicile », doit beaucoup à l'attique, qui a consolidé la terminologie philosophique selon les normes imposées par la philosophie athénienne, Académie, Lycée, Jardin, etc. L'adoption de l'attique par la cour macédonienne, au moment où celle-ci achève l'unification politique de la Grèce, n'est pas étrangère à l'évolution rapide du grec en une langue « commune » (*koinê*). Cette langue s'est répandue dans l'Empire d'Alexandre, au-delà de l'espace hellénique. Le cosmopolitisme favorise alors la banalisation de la *koinê*, qui contribue à la persévérance du grec dans l'Empire romain avant la domination du latin (à partir du IIe siècle avant notre ère dans l'administration et après le IVe siècle de notre ère dans la culture). Devenue *lingua franca*, le grec réalise une proximité communicationnelle et produit un impact civilisateur sans précédent en Europe, en imposant la culture hellénique sur tout l'espace méditerranéen.

♦ Voir encadré 1.

B. Les péripéties de la diglossie

L'unité synchronique d'une diversité dialectale à laquelle se sont ajoutées, d'abord, l'unité diachronique de l'attique, puis l'unité plus active de la *koinê*, n'a pas empêché les crises linguistiques. Celles-ci concernent le choix délibéré du type de langue qui pourrait le mieux exprimer le grec dans son authenticité historique. C'est dans ce cadre que l'on peut parler de conflits linguistiques propres à la diglossie.

Le premier conflit s'est produit, dans l'Antiquité, au nom de la défense de l'attique contre l'universalisation du grec, interprétée comme impliquant banalisation et acculturation. Dans cette histoire perturbée, l'événement le plus significatif est la traduction de la Bible hébraïque en grec, à Alexandrie vers le IIIe siècle avant notre ère. En s'adaptant à la langue « commune », le message judaïque s'est répandu plus facilement.

♦ Voir encadré 2.

À l'inverse, les réactions dues à l'hégémonisme de la *koinê* grecque ont puisé leurs arguments dans l'histoire même, en conférant un arrière-fond idéologique à la langue. À l'époque hellénistique, les résistances, animées par la nostalgie du passé, ont créé l'« atticisme » — langue purifiée et quasi artificielle, pratiquée par de nombreux érudits et philosophes. L'atticisme s'est imposé au détriment de l'évolution naturelle de la langue et des dialectes, imposant désormais deux langues, l'une pour les intellectuels, l'autre pour le peuple. Ainsi est né dans l'Antiquité le problème de la « diglossie », dont l'arrière-fond idéologique n'a cessé d'agir au sein de la culture grecque.

Beaucoup plus tard, au IXe siècle, apparaît un second conflit majeur qui concerne le statut du grec moderne. Il est probable que la substitution du latin au grec en Occident et la pression du multilinguisme dans l'Empire issu des conquêtes romaines entraînèrent la fragmentation de la *koinê* en plusieurs dialectes. L'hellénisation de l'Empire oriental, qui conserve l'atticisme avec peu de changements jusqu'au renouveau byzantin des XIe et XIIe siècles, a certes ralenti la généralisation de ce phénomène, mais elle n'a jamais réussi à amenuiser la diglossie, favorisée par la hiérarchisation de l'État et de l'Église à partir du IVe siècle. La

1

Athènes ou l'homophonie du monde

Ælius Aristide (117-189 apr. J.C.), Grec de Mysie et citoyen romain vivant sous l'Empire, a écrit un *Éloge de Rome* et un *Éloge d'Athènes*, qui constituent à eux deux le plus extrême éloge de la langue grecque et témoignent de son rôle sous l'Empire.

Avec Rome, le monde n'est plus divisé en « Grecs » et en « barbares », car « Romain » est devenu « le nom d'une sorte de race commune » (*Éloge de Rome*, 63), et l'œkoumène entier est spatialement accessible et « apprivoisé » (*Rome*, 101). Mais, si Rome est toute-puissante, elle est monodique : « Comme un enclos bien nettoyé, le monde habité tout entier prononce un son unique, plus précis que celui d'un chœur » (*Rome*, 30) ; il faut même dire qu'elle est muette : sur le modèle de l'armée, « chœur éternel » (*Rome*, 87), « tout obtempère en silence » (*Rome*, 31).

Athènes présente le modèle inverse : au lieu de s'étendre, c'est le « centre du centre » (*Éloge d'Athènes*, 15) qui propose « une langue non mélangée, pure (*elikrinê de kai katharan [...] phônên*, comme se devra d'être la *katharevoussa*), sans rien qui gêne, paradigme de tout entretien grec » (*Athènes*, 14). L'universalité n'est plus territoriale mais logique ; dans l'attique, idiome, langue et langage se trouvent confondus : « Tous sans exception parlent l'unique langue commune de la race [*tou genous*, voir PEUPLE], et à travers vous [*sc.* les Athéniens] tout l'univers est devenu homophone » (*Athènes*, 226). Le grec, « définition et critère de l'éducation et de la culture [*horos tina paideias*, voir BILDUNG] » (*Athènes*, 227), est la langue du partage, appropriée à la vie publique — pour autant qu'il puisse encore, sous Rome, en exister une.

Barbara CASSIN

BIBLIOGRAPHIE

OLIVER James H., *The Ruling Power*, Transactions of the American Philosophical Society, NS 43, 4, Philadelphie, 1953 ; *The Civilizing Power*, NS 58, 1, Philadelphie, 1968.

langue écrite et administrative témoigne d'une différence à la fois de culture et de classe. Lors de la domination ottomane, les nouvelles transformations se sont heurtées au besoin de conserver la langue ecclésiastique, puisque la seule institution organisée était celle de l'Église. Or, pendant cette période, non seulement l'atticisme, mais également la *koinê* devenaient incompréhensibles au peuple soumis à la pression de l'évolution de la langue parlée dans un sens plus populaire, formant peu à peu ce qu'on a appelé langue « démotique ». Connaître toutes ces langues en même temps passait pour un exploit et constituait le signe d'une culture plus élevée.

Pourtant, ce n'est pas dans les régions occupées par les Ottomans, qui s'étendaient sur l'ensemble multiethnique des Balkans, que la diglossie manifesta ses effets pervers, puisque le clergé qui propageait la langue et la foi était généralement peu instruit et s'alignait sur la langue parlée et populaire ; c'est plutôt dans les écoles helléniques d'Italie où était enseignée une langue archaïsante qu'on peut voir une source de la langue épurée (*katharevoussa*). En perturbant l'évolution naturelle de la langue, les puristes ont multiplié des débats qui n'ont trouvé une solution satisfaisante que dans la seconde partie du XXe siècle (1976), lorsque l'État, face aux excès de la langue purifiée imposée par les colonels (1967), décida d'instaurer, par un vote unanime du Parlement, la langue parlée comme seule langue officielle.

♦ Voir encadré 3.

C. Le contexte philosophique de la modernité hellénique

La philosophie est née en parlant le grec, langue qui a été pendant au moins un millénaire sa langue exclusive. On peut y ajouter un autre millénaire, car si, en Occident, l'hégémonie du grec a disparu à l'époque romaine, les philosophes latinophones ont continué à le pratiquer jusqu'au début du Moyen Âge. Il s'agit là d'un phénomène unique de l'histoire qui implique un lien « historial » entre une langue particulière, le grec, et l'avènement et le développement de la philosophie.

2

Le grec, langue sacrée

► TRADUIRE

Les Juifs d'Alexandrie, qui, organisés en un *politeuma*, parlaient le grec, entreprirent la traduction dans cette langue de la Bible hébraïque dès le IIIe siècle avant J.-C. C'est par un écrit de propagande issu de ce milieu des Juifs hellénisés d'Alexandrie, la *Lettre d'Aristée*, que s'est diffusée plus tard la légende de cette traduction dite des Septante. Selon cet écrit, le roi Ptolémée II Philadelphe (285-247 av. J.-C.) aurait chargé soixante-douze (ou soixante-dix) savants juifs, envoyés spécialement à Alexandrie par le grand prêtre de Jérusalem, de traduire en grec le Pentateuque, pour les besoins des Juifs hellénophones d'Égypte. Chacun des traducteurs aurait travaillé séparément et, à eux tous, ils auraient produit autant de versions miraculeusement identiques. Ce fut là la première traduction des textes sacrés hébraïques dans une langue occidentale et vraisemblablement la première traduction collective que l'on connaisse. La légende de ces versions uniformes grâce à l'inspiration divine aboutit paradoxalement à la négation de la Septante en tant que produit de traduction et à l'authentification du texte traduit comme totalement homogène au texte d'origine. L'audience du texte grec des Septante, entretenue par cette légende, en vient à occulter la provenance hébraïque des livres traduits et joua un rôle déterminant dans le processus d'hellénisation du monothéisme juif. Par ailleurs, tandis que, de son côté, le judaïsme rabbinique, surtout à partir de la destruction du Temple en 70, se montrait hostile à cette traduction, elle fut adoptée par les auteurs du Nouveau Testament et, jusqu'à saint Jérôme, par la quasi-totalité des communautés chrétiennes. Ainsi la version grecque des Septante était-elle devenue la Bible méditerranéenne des Juifs de plus en plus hellénisés, puis de l'Église des premiers siècles qui en fit son Ancien Testament dans toutes les régions de l'Empire où elle se propagea, en attendant que, dans l'Ouest européen, elle opte pour le latin.

Cécile MARGELLOS

Aussi entend-on dire, sous l'influence de Heidegger, que le grec (auquel on associe l'allemand) est la langue philosophique par excellence.

♦ Voir encadré 4.

Sans refuser un tel jugement qui reflète une situation passée, ébranlée par l'expansion mondiale de la philosophie anglo-américaine, on doit constater que la persévérance de la langue grecque n'a pas réussi à conserver, dans l'espace où elle domine, la fécondité du passé philosophique qu'elle a contribué à façonner. L'inventaire amorcé depuis quelques décennies en Grèce pour mettre en valeur les philosophes grecs modernes et contemporains révèle suffisamment le

3

« Demotiki » et « katharevoussa »

Pour comprendre l'opposition entre la *demotiki* et la *katharevoussa*, il faut évoquer le contexte culturel qui prépare la guerre d'Indépendance de 1821 contre l'Empire ottoman. Quelques intellectuels, parmi lesquels Adamantios Koraïs, qui vivait en France, ont promu l'idée d'un retour au passé et éprouvé le besoin d'une langue nouvelle adaptée à l'enseignement et plus authentique que la langue vulgaire. Fallait-il retourner au grec ancien ou créer une langue purifiée, dite, de ce fait, *katharevoussa* ? La première option ne suscita pas l'enthousiasme, alors pourtant que l'Antiquité classique était toujours idéalisée, et c'est la seconde qui fut adoptée par les intellectuels. Koraïs avait insisté sur le rôle de la langue pour la formation de la Grèce nouvelle, en affirmant que le caractère d'une nation se reconnaît à sa langue. Pour lui, la Grèce antique avait associé liberté et langue pure, tandis que la domination ottomane aurait favorisé une langue impure ; dès lors seule la connaissance des textes ancestraux serait capable d'épurer la langue des éléments étrangers. Paradoxalement, ce partisan des Lumières amorce l'idéologie de la langue pure qui aura des effets négatifs sur la destinée de la philosophie en Grèce, désormais tributaire du discours des autres, qu'ils soient Modernes ou Européens, créateurs de pensées nouvelles à l'époque où les Grecs demeuraient quant à eux sous l'Empire ottoman. Une fois officialisée, cette langue fut adoptée dans les universités, notamment pour enseigner la philosophie.

La défense d'une langue démotique en science est un peu plus tardive. Elle est l'œuvre de Grecs vivant dans la diaspora au XIXe siècle, à Paris (Psycharis), en Angleterre et aux Indes (Pallis, Emphaliotis, Vlastos), ainsi qu'à Istanbul (Photiadis). L'aboutissement de cette lutte est la formation d'une Association éducative, en 1910, qui milite pour la consécration officielle de la langue démotique. Mais, entre-temps, la traduction de la Bible et de quelques tragédies antiques en démotique a provoqué un tollé et un débat politique. Le projet échoue sous la pression des partisans de la *katharevoussa*, menés par G. Mistriotis, professeur à l'université d'Athènes, qui parle de la nécessité de sauver la « langue nationale ». Un vote du Parlement en 1911 clôt provisoirement le débat, malgré un gouvernement libéral dirigé par E. Vénizelos, favorable aux novateurs. Un article de la Constitution interdit l'usage officiel de la langue démotique, ignorant sa préséance dans la vie quotidienne.

Mais lorsque, en 1945, Ch. Théodoridès rédige pour la première fois en démotique une *Introduction à la philosophie*, son livre connaît un grand succès. Cela n'empêche pas les philosophes d'hésiter encore sur le choix d'une langue, avant que l'État n'instaure, en 1976, la langue démotique comme seule langue officielle de la République hellénique. Six ans après le décret gouvernemental, une Association de la langue grecque a publié un manifeste signé par sept personnalités — parmi lesquelles Odysséas Elytis, prix Nobel de littérature, et Georges Babiniotis, le plus doué des linguistes actuels —, qui critique la mise en forme légale de la langue, et y voit une contrainte linguistique et expressive susceptible d'ébranler « les fondements de la liberté de penser » au nom d'une langue démotique « artificielle » instaurée par ceux qui s'autodésignent comme « modernistes ». Des réactions ont suivi cette démarche, relançant un débat qu'on pouvait croire clos, et dont le résultat tangible est le maintien par certains des « esprits » et accents supprimés dans la version la plus récente de la langue démotique, et l'usage d'une langue qui écarte ce qu'on considère comme des « fautes » en grec moderne.

BIBLIOGRAPHIE

BROWNING Robert, *Medieval and Modern Greek*, Cambridge UP, 1969, 2e éd. 1983.

CHRISTIDIS A.F. (éd.), *"Strong" and "Weak" Languages in the European Union. Aspects of Linguistic Hegemonism*, 2 vol., Centre de la langue grecque, Thessalonique, 1999.

FERGUSON Charles A., "Diglossia", *Word*, 15, 1959, p. 325-340.

FISHMAN J., "Bilingualism with and without Diglossia; Diglossia with and without Bilingualism", *Journal of Social Issues*, 32, 1976, p. 29-38.

KOPIDAKIS M.Z., *Histoire de la langue grecque* (en grec), Athènes, Archive de littérature et d'histoire hellénique, 1999.

LAMBRAKI A. et PAGANOS G.D., *L'Enseignement de la langue démotique et Costis Palamas* (en grec), Athènes, Pataki, 1994.

THILLET Pierre, « Le grec », *in* J.-F. MATTÉI (dir.), *Encyclopédie philosophique universelle. Le discours philosophique*, PUF, 1998, p. 66-83.

THOMSON G., *La Langue grecque*, Athènes, Kedros, 1964, 2e éd. 1989.

TONNET H., *Histoire du grec moderne. La formation d'une langue*, L'Asiathèque, 1993.

contraste : leur notoriété peut rarement, dans les conditions actuelles de notre culture, dépasser les frontières de l'hellénisme.

Pour expliquer cette carence, on évoque souvent la chute de Byzance et la soumission des territoires hellénophones à l'Empire ottoman. Quatre cents ans pendant lesquels, sur le territoire étendu (allant de la Moldovlachie jusqu'à la Grèce actuelle et de l'Asie Mineure jusqu'aux côtes de la mer Noire) où vivaient des populations d'ascendance hellénique, aurait régné le désert intellectuel le plus complet. Les populations locales, grâce à l'Église et à quelques instituteurs, s'efforçaient de sauvegarder la langue grecque, le plus souvent réduite à un parler populaire. En revanche, les intellectuels réfugiés dans les îles Ioniennes qui avaient échappé aux Ottomans, ou en Italie, étaient perçus comme une source d'espoir pour l'avenir de la Grèce indépendante.

Pendant cette période, les textes philosophiques sont parfois écrits en latin et souvent dans une langue grecque archaïsante, plus rarement dans un grec simple. Il s'agit surtout de commentaires de la pensée antique, en particulier d'Aristote, qui était à la mode à Padoue et à Venise. Théophile Corydalée († 1646), qui réorganise l'École patriarcale de Constantinople, peut être considéré, avec Gerassimos Vlachos († 1685), comme le pionnier du commentaire grec moderne des œuvres d'Aristote. La présence d'Aristote dans les Balkans devient un élément majeur du renouveau de la philosophie antique dans l'espace hellénophone, renouant ainsi avec le début de l'époque ottomane lorsque Scholarios, premier patriarche après la chute de Constantinople, imposait l'aristotélisme contre le platonisme de Pléthon.

Dans la période qui suit, la philosophie néo-hellénique, philosophie universitaire pour l'essentiel, parle la *katharevoussa* : elle a trouvé une langue qui la rapproche davantage de son passé prestigieux, même si ce passé est lu dans l'éclairage des philosophies européennes à la mode. Un ami de Koraïs, Néophyte Vamvas

4

Heidegger : « La langue préphilosophique des Grecs était déjà philosophique »

On peut qualifier avec Jean-Pierre Lefebvre de « nationalisme ontologique » (« Philosophie et philologie : les traductions des philosophes allemands », *Encyclopædia universalis*, Symposium, Les Enjeux, 1 ; 1990, p. 170) la manière dont Heidegger pense le rapport historial complexe entre grec, allemand et philosophie :

> *Ousia tou ontos* signifie en traduction littérale : étantité de l'étant, ou, comme nous disons, être de l'étant. *Seindheit*, « étantité » : c'est là une formation très dure et insolite, parce que *artificielle*, qui ne doit sa naissance qu'à la réflexion philosophique. Toutefois, ce qui vaut de ce néologisme allemand, nous n'avons pas le droit de l'affirmer du mot grec correspondant. Car *ousia* n'est point une expression artificielle, frappée seulement en philosophie, mais elle appartient au discours et à la langue quotidiens des Grecs. La philosophie s'est bornée à recueillir un mot de la langue préphilosophique. Or, que cette transposition ait pu s'opérer pour ainsi dire spontanément et sans étonnement, cela nous oblige à supposer que la langue *préphilosophique* des Grecs était déjà *philosophique*. Et il en est bien ainsi : l'histoire du mot fondamental de la philosophie antique n'est qu'un document *privilégié* qui nous prouve que la *langue grecque* est *philosophique*, autrement dit qu'elle n'a pas été investie par de la terminologie philosophique, mais philosophait déjà elle-même en tant que langue et configuration de langue.
>
> [*Sprachgestaltung*]. Et autant vaut de toute langue authentique, naturellement à des degrés divers. Ce degré se mesure à la profondeur et à la puissance de l'existence d'un peuple et d'une race qui parle la langue et existe en elle [*nach der Tiefe und Gewalt der Existenz des Volkes und Stammes, der die Sprache spricht und in ihr existiert*]. Ce caractère de profondeur et de créativité philosophique de la langue grecque, nous ne le retrouvons que dans notre langue allemande (1).
>
> *De l'essence de la liberté humaine, Introduction à la philosophie*, trad. fr. E. Martineau, Gallimard, 1987, p. 57 *sq.* = *GA* 31, 1982, p. 50 *sq.*, cours du semestre d'été 1930.

[(1) cf. Maître Eckhart et Hegel]

Barbara CASSIN

(† 1855), reprend à la fois l'« idéologie » de Destutt de Tracy et de F. Thurot, et la rhétorique de H. Blair, qui domina le paysage britannique au XVIIIe siècle. Il est le premier à occuper la chaire de philosophie à l'université d'Athènes (1837). T. Reid et D. Stewart, à travers leurs traductions, auront aussi leur heure de gloire chez les philosophes grecs de langue française, à côté des spiritualistes V. Cousin et T. Jouffroy qui s'imposent pour un temps. Dans un autre horizon de pensée, C. Koumas († 1836) défend la philosophie critique, inaugurant la présence de plus en plus active de la philosophie allemande, ce qui intensifie l'introduction de la philosophie antique dans l'enseignement. Ainsi, le culte de l'Antiquité, éclairé par la philosophie européenne, devient l'élément moteur du renouveau intellectuel de la Grèce moderne. En contrepoint, l'idéologie helléno-chrétienne constitue l'axe de référence permanent des philosophes conservateurs en Grèce.

À la même époque, la crise sociale débouche sur la pensée socialiste, avec Platon Drakoulis et Georges Skliros († 1919). Les thèses de ce dernier ont été reprises par J. Kordatos et par Dimitrios Glénos, un autre philosophe formé en Allemagne, où il participa aux débats en faveur de la langue démotique. Sur le plan philosophique, Glénos oppose à l'idéalisme dynamique des hégéliens le « réalisme dynamique », c'est-à-dire le matérialisme dialectique interprété au moyen d'une synthèse entre Héraclite et Démocrite. Pour lui, toute référence au passé philosophique hellénique suppose une historicité créatrice capable de se l'approprier en fonction des données concrètes de la vie actuelle. Glénos fut un subtil analyste des divisions sociales, qu'il interprète comme la conséquence de la diglossie. Après lui, il faudra attendre la réforme préconisée, entre 1950 et 1960, par un autre philosophe formé en Allemagne, E. P. Papanoutsos, pour assister à la modernisation de la philosophie dans l'enseignement.

Enfin, la philosophie s'exprime surtout par la voix de la littérature, où de nombreux auteurs avaient déjà écrit en langue démotique. Le grand poète Kostis Palamas (1859-1943) allie philosophie et littérature sous l'éclairage de Nietzsche. Dans son sillage, mais aussi dans ceux de Bergson (dont il fut l'élève) et de Marx, Nikos Kazantzakis (1883-1957) fut un fervent défenseur de la *demotiki* qu'il enrichit par une œuvre originale et puissante. La véritable révolution philosophique de la Grèce moderne se trouve donc non pas dans la philosophie pure, mais dans la littérature. Créatrice de pensée, la littérature grecque répète, sous de nouvelles formes, les origines de la pensée grecque, lorsque avec Parménide, Empédocle ou Platon littérature et philosophie ne se distinguaient pas. Ce sont donc les écrivains qui ont défendu la langue démotique contre la *katharevoussa* des philosophes universitaires.

II. TRADUIRE LE GREC EN GREC ?

A. « Logos » et « orthologiko »

La polysémie du terme *logos*, depuis le monde archaïque, est le signe le plus spectaculaire de la permanence de la langue grecque. Son ambivalence, qui associe principalement les sens de parole et de raison, requiert sans cesse le recours au contexte, qui parfois demeure lui-même inapte à éclairer le sens. Or, si le sens de « parole », « discours », demeure intact jusqu'au grec moderne, il n'en va plus de même des sens de « rassemblement » et de « raison ». On ne s'arrêtera pas sur le premier de ces deux sens, car, dissimulé par les dictionnaires, mais utilisé par quelques philosophes qui s'inspirent de Heidegger, il requiert une étude par lui-même. Pour dire « raison », le grec moderne a recours, bien plus souvent qu'à *logos*, à la sémantique de la pensée (*noisi* [νόηση], *skepsi* [σκέψη]).

On y trouve pourtant des survivances qui auraient pu constituer le centre de gravité d'une consolidation de la consistance ancienne : « quelle est la raison de ta position... » (ποιος ο λόγος...), « je n'ai pas de raison de... » (δεν έχω λόγο να...). Mais, au lieu d'utiliser *logos* pour dire « raison » au sens de *ratio,* on parle plutôt, par un infléchissement, de « ce qui est rationnel », « du logique » (*logiko* [λογικό]) ; et c'est de l'expression *orthos logos* [ορθός λόγος], « raison droite », qu'on tire « rationnel » et « rationalisme » en formant respectivement les mots-valises *orthologiko* [ορθολογικό] et *orthologismos* [ορθολογισμός]. On comprend que, face à cette situation de carence et de complémentation, les philosophes préfèrent garder le terme ancien, même si le dictionnaire l'évite. Dans sa traduction de la *Pharmacie de Platon* de J. Derrida, Ch. G. Lazos écrit que « Derrida utilise principalement les mots *discours, parole, raison* ou *logos* pour traduire le λόγος. En grec, le *logos* comprend tous ces sens. Ainsi je traduis tous ces mots avec le mot λόγος et place entre parenthèses le terme français correspondant » (J. Derrida, *La Pharmacie de Platon*, trad. gr. Ch. G. Lazos, Athènes, Agra, 1990, p. 246, n. 23). Bref, même lorsqu'il conserve le terme *logos*, le Grec d'aujourd'hui doit préciser entre parenthèses le sens qu'il lui accorde. Bien plus, le traducteur situe tous les sens au même niveau, alors que dans le dictionnaire, le sens de « raison » est exceptionnel et identifié avec la « cause » ou précisé par *orthos logos* (rationnel). Cette transgression du dictionnaire moderne se retrouve chez d'autres traducteurs, qui utilisent *logos* pour signifier le divin stoïcien (Raison), la seconde personne de la Trinité chrétienne (Verbe), la raison séminale — ce sont alors des calques et non des traductions —, non moins que la raison pure selon Kant. L'embarras des traducteurs est tel qu'il leur arrive d'utiliser *logos* en ajoutant, entre parenthèses, *logikos* [λογικός] (rationnel), ou, à l'inverse, *logos*, pour tous les cas litigieux où il est question de la pensée (cf. I. Tzavaras dans Plotin, *Ennéades*, 30-33, trad. gr. mod., Athènes-Ionnina, Dodoni, 1995). Résultat : ou bien on conserve *logos* en ne traduisant pas, ou on le traduit par « raisonnement », « puissance constituante », « capacité logique », « notion », « rationalité », « discussion », etc., mais en laissant une frange d'intraduisible.

Pour cerner cette situation, G. Babiniotis établit, dans son *Dictionnaire*, un tableau pour *logikos* [λογικός] (« rationnel », « logique »), considéré comme exprimant le mieux *logos* au sens de raison. Il explique que « le λογικός (*rationnel*) désigne ce qui se rapporte au λόγος, dans le sens du fonctionnement de l'intellect (νου), de la pensée discursive (διάνοιας), de la pensée logique (λογικής νόησης) de l'homme... » Puis, après avoir articulé les sens par des oppositions qui mettent en jeu l'irrationnel, l'insensé, etc., il fait appel à la sémantique de la faculté de penser au sens de *phrenes* [φρένες], pour mettre en relief le caractère propre de celui qui agit d'une façon rationnelle (*emphron* [έμφρων]) ou irrationnelle (*aphron* [άφρων], *paraphron* [παράφρων]), etc. Ces précisions confirment que la notion de *logos* [λόγος], « raison », se manifeste surtout par un dérivé, *logikos*, lui-même explicité par les sémantiques variées du penser et de la pensée.

Face aux textes de la philosophie antique, un hellénophone est aussi démuni qu'un francophone ou un anglophone. Il l'est peut-être même encore plus qu'eux, car il est tenté, pour occulter la difficulté, de ne pas traduire plutôt que d'admettre les limites de sa langue.

B. « Skepsis » et champ de la pensée

Pour rendre « penser » et « pensée » en grec ancien, on utilise, d'une part, la sémantique dite de l'« intellect » (*noos* [νόος], *noys* [νοῦς]) — intelliger (*noein* [νοεῖν]), intellection (*noisis* [νόησις]), penser de façon discursive (διανοεῖσθαι),

pensée discursive (*dianoia* [διάνοια]) – d'autre part, celle dite de l'« esprit » (*phrin* [φρήν]) – penser de façon avisée, conformément au bon sens (*phrono* [φρονῶ]), intelligence pratique (*phronisis* [φρόνησις]), etc. Plus tard, s'est ajoutée la notion d'« esprit » (*pneuma* [πνεῦμα]) introduite par le stoïcisme dans le sens de « souffle » (vent et souffle de vie), à laquelle le christianisme assura une promotion impressionnante en la dématérialisant. Bien que cette évolution complique la traduction, les confusions actuelles sont dues moins à la langue qu'à des choix qui, au lieu de lui garder le sens habituel d'« intellect », confondent *nous* avec « esprit », comme le fait P. Hadot dans ses traductions de Plotin (cf. sa justification dans Plotin, *Ennéades*, Traité 38, Cerf, 1988, p. 401). De telles hésitations se rencontrent aussi chez les Grecs, lorsqu'ils désignent la philosophie de l'esprit de Le Senne et de Lavelle, par l'expression « philosophie du νοῦς » et non du *pneuma* [πνεῦμα] (cf. C. Theodoridès, *Introduction à la philosophie*, p. 73).
Mais le fait qu'en grec moderne les terminologies antiques de la pensée (*noêsis* [νόησις]) et de la réflexion (*skepsis* [σκέψις]) aient fusionné entraîne des difficultés plus réelles. *Skepsis*, concept thématisé par le courant sceptique, ouvre à des paradoxes dans les textes modernes, lorsqu'on parle par exemple de « la pensée des sceptiques » (η σκέψη των σκεπτικών) ou des « penseurs de la réflexion » (ή των στοχαστών της σκέψης). Une fusion analogue s'est produite avec la sémantique de l'activité de méditer (*stokhazomai* [στοχάζομαι]). Tandis que, dans l'Antiquité, *stokhazomai* signifie « viser », « tendre à », voire « rechercher » et « conjecturer », en grec moderne, ce verbe exprime aussi bien l'activité courante de réfléchir que l'activité la plus élevée du penser, la « méditation » (*stokasmos* [στοχασμός]). Dans la littérature des XIXe-XXe siècles (de Solomos [1798-1857] à Palamas [1859-1943]), il est utilisé pour signifier le penser ; d'où *stokhastis* [στοχαστής] pour dire « penseur ». Ajoutons que souvent l'activité de raisonner et de calculer (*logizomai* [λογίζομαι], *ypologizo* [υπολογίζω], *logariazo* [λογαριάζω]...) est également confondue avec l'activité de penser (*skeptomai* [σκέπτομαι]).
Bien que les traducteurs et les philosophes grecs contemporains soient embarrassés par ces divers infléchissements, ils ne les affrontent pas en les problématisant. Pour éviter les confusions sémantiques, ils préfèrent souvent garder les termes antiques, même si, dans le langage courant, la sémantique du *skeptesthai* et de la *skepsis* domine depuis le milieu du XXe siècle. La jonction entre grec ancien et grec moderne s'accomplit au moyen du *nous* [νοῦς] (ou νους), qui exprime le siège de la pensée, en donnant l'impression de conserver le sens ancien d'« intellect ». Quoique le terme soit le plus souvent utilisé dans des formules composées signifiant « avoir en tête », « avoir sa tête », « être sensé », etc., il comporte un sens général et englobant qui déborde le sens archaïque de « projet » et le sens classique de faculté la plus élevée du penser, « intuition ». Babiniotis parle, dans un premier cas, de « l'ensemble des facultés spirituelles (πνευματικών δυνάμεων) de l'homme, lui permettant d'appréhender la réalité et d'articuler les données ». Cette généralisation révèle qu'on peut associer à *nous* [νους] d'autres activités, comme juger (*krino* [κρίνω]), imaginer (*phantazomai* [φαντάζομαι]), raisonner (*sullogizomai* [συλλογίζομαι]), réfléchir (*skeptomai* [σκέπτομαι]), méditer (*stokhazomai* [στοχάζομαι])... Dans ce dernier cas, Solomos écrit dans son dialogue sur la langue : « Viens à ta (faculté de) pensée (τὸ νοῦ), médite (στοχάσου) le mal que produit la langue qui s'écrit » (*Œuvres*, introd. I. Polylas, Athènes, 1965, p. LXXIII).
Si, jusque-là, les choses peuvent paraître encore simples, elles se compliquent dès qu'on pénètre dans la sémantique de la *skepsis*, qui sert à éclairer le sens des autres termes signifiant « penser » et « pensée ». Déjà, pour *stokhazomai* [στοχάζομαι], le

Dictionnaire mentionne : (1) « *je pense* profondément » (skeptomai *vathia* [σκέπτομαι βαθιά]), avec comme synonymes, « je raisonne » (*sillogimai* [συλλογίζομαι]), « je pense d'une façon discursive » (*dianooumai* [διανοούμαι]) ; (2) « je pense bien » (*skeptomai kala* [σκέπτομαι καλά]), avec comme synonymes, « je calcule » (*ypologizo* [υπολογίζω], *logariazo* [λογαριάζω]...). Il en va de même pour les autres sens de νους : « capacité pour quelqu'un de penser (να σκέπτεται), de produire des pensées (σκέψεις) logiques, de créer d'une façon spirituelle ; [...] de juger selon les circonstances », etc. Cette domination de la sémantique de *skeptomai* [σκέπτομαι] et de σκέψις/σκέψη [*skepsis/skepsi*] est d'autant plus troublante qu'elle n'a pas toujours existé : ainsi, *La Philosophie de la Renaissance* (Athènes, Organismos scholikon vivlion, 1955) de Logothetis, défenseur de la *katharevoussa* en philosophie, limite encore la sémantique de *skepsis* aux courants sceptiques (Montaigne, Charron...), en associant *skepsis* et *amphivolia* (doute), et utilise la sémantique du *nous* pour faire état de la « pensée », et celle du *logos* pour signifier la « raison ».

À propos de σκέψη, Babiniotis parle de l'« ensemble de points de vue et de positions de quelqu'un à l'égard d'un phénomène social, façon de l'analyser et de l'interpréter ; théorie », faisant précéder ce sens par d'autres tels que : « processus au cours duquel nous manipulons dans notre cerveau certaines données, pour aboutir à un résultat »; ou encore : « ce que quelqu'un pense (σκέπτεται) d'une affaire ; idée, raisonnement », etc. La dualité du sens général, qui met en jeu à la fois l'action sociale et la théorie (comprise comme « vision du monde »), élargit le domaine d'action de la *skepsis*. Si l'on ajoute à *skeptomai* le sens de raisonner et de méditer, on se rend compte que ce terme est devenu intraduisible.

Il faut d'abord observer que la sémantique du *nous* [νοῦς], depuis Parménide, n'a jamais écarté la sémantique de la *skepsis* utilisée depuis Homère, bien avant que les sceptiques n'assurent à ce terme sa destinée philosophique et bien avant qu'elle ne conquière le grec moderne en revendiquant le sens de « pensée ». Chez Homère, *skeptomai* signifie regarder de tous les côtés pour observer. Ulysse dit : « Me retournant de tous les côtés pour voir (*skepsamenos* [σκεψάμενος]) le croiseur et mes gens, je n'aperçois les autres qu'emportés en plein ciel, pieds et mains battant l'air, en criant, m'appelant ! » (*Odyssée*, XII, v. 244-249). Ce sens d'un regard attentif vers deux ou plusieurs directions conduit au sens de regarder par la pensée, de réfléchir à partir de deux possibilités au moins. Par exemple, chez Sophocle, le verbe signifie tantôt « regarder » (*Ajax*, 1028) et tantôt « réfléchir » (*Œdipe Roi*, 584). Dans le second cas, aux reproches d'Œdipe, Créon répond : « [...] Réfléchis (*skepsai* [σκέψαι]) d'abord à ceci : à puissance égale, crois-tu les soucis du pouvoir préférables à un repos que rien ne trouble ? » Nous trouvons la même ambivalence dans les textes de Platon. Dans le *Protagoras*, Socrate dit que l'examen de la santé requiert l'observation des parties du corps, et ajoute qu'il désire, pour l'intérêt de la réflexion (*pros tên skepsin* [πρὸς τὴν σκέψιν]), faire la même chose pour l'agréable et le bien, afin de dévoiler la pensée (*tês dianoias* [τῆς διανοίας]) de son interlocuteur et voir si sa conception ressemble à celle de la plupart des hommes ou si elle est différente (352a-b). Cette dernière précision circonscrit le sens pré-sceptique de *skepsis* : une réflexion qui met en jeu un choix entre deux ou plusieurs positions.

Les sceptiques refusent ce choix en accordant à chacune des positions le même poids, l'équipotence, suspendant du même coup tout jugement (voir EPOKHÊ). La *skepsis* diffère de la *dianoia* [διάνοια] (pensée discursive), analysée comme identique à l'« intention ». En grec moderne, lorsqu'on explicite le sens de *dianoia* – qu'on utilise cependant le plus souvent pour signifier l'inventivité, le génie –, on parle de « fonctionnement de la pensée (σκέψης) qui codifie en concepts et représentations les données des sens » (Babiniotis). Tout se passe comme si, en grec moderne, *skepsis* et *skeptomai* étaient le genre dont la pensée noétique et discursive étaient les espèces. Ce caractère extensif de *skepsis* s'expliquerait par le fait que le processus de réflexion peut intervenir dans l'action, aux côtés de la « délibération ». Les sceptiques ont exploité cette perspective, alors que Platon évitait la fusion.

À la question « qu'est ce que la réflexion (*skepsis* [σκέψης]) ? », Sextus Empiricus répond : c'est « la capacité d'opposer les phénomènes et les choses pensées (*ta nooumena* [τα νοούμενα]) de toutes les façons possibles, capacité à partir de laquelle nous arrivons, par l'équipotence entre les choses et les raisonnements opposés, d'abord à la suspension du jugement et ensuite à l'ataraxie » (*Hypotyposes pyrrhoniennes*, I, 8-9). Si le sceptique suppose, grâce à l'équipotence, qu'aucun raisonnement ne peut être plus persuasif que son opposé ou qu'un autre quel qu'il soit, il envisage, grâce à la suspension du jugement, l'arrêt de la pensée discursive (*dianoia*), donc aussi de la recherche et de la délibération. Ainsi, à travers cette approche qui tient compte, dans la recherche, de toutes les possibilités, théorie et action s'enchevêtrent, modifiant le paysage sémantique de la langue antique. Du même coup, un autre itinéraire est amorcé, où le grec moderne puise ses concepts propres, contraignant à négocier une traduction intralinguistique pour tout un ensemble de notions philosophiques du passé.

La modification sémantique engagée par le grec moderne concerne également d'autres usages, par exemple les expressions « cerveau » et « cervelle » pour désigner l'ensemble des facultés mentales, comme synonyme d'esprit (*pneuma*) et de pensée (*skepsis*). Plus encore qu'en français, la métaphore du cerveau exprime en grec « la pensée humaine (*anthoponi skepsi* [ανθρώπινη σκέψη]) ». Au point que E. Roussos, traducteur des fragments d'Héraclite (*Péri physeos* Athènes, Karavia 1971 et Papadima, 1987[2]), rend *tis autôn noos* [τίς αὐτῶν νόος] (fr. 104 DK) d'abord par « quelle est leur cervelle/pensée (το μυαλό) ? » et ensuite par « pensée » (ὁ νοῦς), alors que K.P. Mihailidis (*Philosophes archaïques*. Introduction, texte, traduction et commentaire, Nicosie, 1971), plus prudent, traduit *noos* par *nous*. En accord avec d'autres traducteurs, ce dernier agit avec la même prudence quand il traduit *nous* [νοῦς] et *noein*[νοεῖν] chez Parménide, alors que Roussos une fois encore innove en traduisant *noein* par *to na to ennois* [τό νά τό ἐννοεῖς], c'est-à-dire « j'appréhende le sens » (έχω στο νου μου, ou encore συλλαμβάνω στη σκέψη μου). D'autre part, dans son *Manuel* du secondaire, P. Roulia, observe que Parménide « a trouvé dans la pensée (σκέψη) la stabilité nécessaire pour la connaissance. Cependant, il a été conduit à identifier la pensée (σκέψη) et la réalité ». Aussi son énoncé célèbre [il s'agit du fr. III DK, τὸ γὰρ αὐτὸ νοεῖν τε καὶ εἶναι] signifie-t-il : « Quand nous pensons (σκεφτόμαστε), nous déterminons avec notre intellect (νου) les choses. Notre pensée (νόηση) donc s'identifie avec la réalité. La réalité est par conséquent intelligible (νοητή). » Il n'est pas sûr que les élèves comprennent clairement ce dont il s'agit ici, où l'on confond trois processus : réfléchir, penser et intelliger — mais bien des philosophes sont dans le même cas.

Tzavaras, qui est actuellement le traducteur le plus inventif en philosophie, conserve souvent le grec ancien pour les présocratiques (cf. I. Tzavaras, Η ποίηση του Εμπεδοκλή, Athènes-Ioannina, Dodoni, 1988 et Τὸ ποίημα τοῦ Παρμενίδη, Athènes, Domos, 1980), mais il prend plus de risques pour Plotin et pour les penseurs allemands. Commençons par sa traduction de Plotin. Dans son anthologie de quelques textes des *Ennéades* (Plotin, *Ennéades*, 30-33, *op. cit.*), il opte en faveur de *skeptomai* pour traduire *phronô*, *noô* et *dianooûmai*. Par exemple, « ils sont bons comme des dieux, dans la mesure où ils ne pensent pas (δεν σκέπτονται) tantôt correctement et tantôt incorrectement, mais pensent (σκέπτονται) toujours ce qui est correct dans leur intellect (μέσα στο νου τους)... » (V, 8, 3, 23-25 : καλοὶ δὲ ἧ θεοί. οὐ γὰρ δὴ ποτὲ μὲν φρονοῦσι, ποτὲ δὲ ἀφραίνουσιν, ἀλλ' ἀεὶ φρονοῦσιν ἐν ἀπαθεῖ τῷ νῷ). D'autre part, bien qu'il ait une tendance de conserver le terme *dianoia* et *noèsis*, il lui arrive de traduire « les pensées » (*hai noêseis* [αἱ νοήσεις]) par « les pensées de l'intellect » (*skepsis tou nou* [σκέψεις του νου]) (V, 5, 1, 24). Mieux : alors qu'il se permet de traduire νοῦς νοῶν par νοών νους, il change aussitôt de cap pour traduire : « cependant, quand tu le penses (όταν όμως τον σκέπτεσαι)..., pense (σκέψου) qu'il s'agit du bien, car comme cause productrice de la vie raisonnable (έλλογης) et intellective (νοητικής), il est une puissance de la vie et de l'intellect (νου) » (V, 5, 10, 9-12 : ὅταν δὲ νοῇς [...], νόει, ὅτι τἀγαθόν – ζωῆς γὰρ ἔμφρονος καὶ νοερᾶς αἴτιος δύναμις ὢν [ἀφ'οὗ] ζωῆς καὶ νοῦ[...]).

♦ Voir encadré 5.

Face à cette situation, une attitude inverse, qui réduirait toutes les sémantiques signifiant « penser » et « pensée » à celle de la *skepsis* et du *skeptesthai*, n'aurait-elle pas plus de chance d'exprimer ce dont il est question ? Cette option a été assumée par Vayenas pour traduire quelques textes de Heidegger issus des *Wegmarken* (trad. gr. A.A. Vayenas, Athènes, Anagnostidi, sans date), en utilisant le plus souvent *skepsis* pour « pensée », quel que soit le philosophe en jeu (Parménide, Descartes, Kant et Hegel). Le fr. III de Parménide où il est dit que « le même est à la fois penser et être » devient sous sa plume : τὸ ἴδιο εἶναι σκέψη καὶ εἶναι. À propos de Kant, il précise que « je pense » (*skephtomai* [σκέφτομαι]) signifie : « je relie une variété donnée de représensations... » (ce qui correspond à « juger »). D'autre part, il traduit *tranzendantale Überlegung* ou *Reflexion* par « réflexion/ pensée transcendantale » (*huperbatiki skepsi* [ὑπερβατικὴ σκέψη]), *Reflexionbegriffe* par « appréhensions de la pensée/réflexion » (*antilipsis tis skepsis* [αντιλήψεις τῆς σκέψης]) et *Sein und Denken* par « être et pensée » (εἶναι καὶ σκέψη). L'usage hégélien du *ego cogito sum* cartésien, il le rend par « je pense, je suis » (σκέπτομαι, εἶμαι) – ce qu'on rencontre d'ailleurs chez beaucoup d'autres auteurs, y compris dans les manuels du secondaire. Enfin, la formule heideggérienne de « pensée occidentale » est rendue par *dytiki skepsi* [δυτικὴ σκέψη], ce qui rejoint une terminologie courante, comme « pensée grecque moderne », « pensée socialiste », alors qu'on peut utiliser *dianoisi* [διανόηση] et *stokhasmos* [στοχασμός]. Cette présence massive chez Vayanas de la sémantique de la *skepsis*, sans doute pour mieux s'accorder au langage courant, accentue la confusion et justifie la position de ceux qui souhaitent revenir à une sémantique présceptique. Ces péripéties montrent à quel point la « pensée » et ses dérivés sont difficiles à traduire en grec moderne, ne serait-ce que parce que la traduction dominante par *skepsis* signifierait au fond plutôt réflexion que pensée.

C. « Ousia », « huparxis », « hupostasis » : l'essence et l'existence

À première vue, *ousia* [οὐσία] ne devrait pas poser de difficulté en grec moderne, puisque ce mot est couramment utilisé pour signifier l'essence et la nature de quelque chose. Toutefois, l'évolution du sens du terme, dès l'Antiquité, a beaucoup compliqué la tâche des philosophes grecs modernes. Déjà entre Platon et Aristote le sens a été bouleversé, puisque le premier conçoit *ousia* au sens courant de « bien » (fortune matérielle) et au sens philosophique d'essence de quelque chose, tandis que le second ajoute d'autres significations, du fait qu'il identifie *ousia* et *hupokeimenon* [ὑποκείμενον] (ce qui l'oblige à désigner par *ousia* tantôt l'*eidos* [εἶδος], espèce ou spécificité, tantôt le composé de matière et d'*eidos* et tantôt encore la matière elle-même). Les choses ne cessent de se compliquer au long de l'histoire de la philosophie, puisque les Stoïciens envisagent l'*ousia* comme un substrat indéterminé, alors que les penseurs du médioplatonisme et du néoplatonisme reviennent au sens d'« essence », et que la christo-

5

Les traductions de Hegel

► ENTENDEMENT, INTELLECTUS

Le même type de problème se pose pour les traductions des philosophes modernes. Dans sa traduction de *La Science de la logique* de Hegel (§ 1-244 du *Précis de l'encyclopédie des sciences philosophiques*), Tzavaras enrichit le grec de termes techniques. Voici quelques exemples, avec en complément la traduction française la plus courante et, dans quelques cas, entre crochets la traduction que A. Kélessidou donne du livre de J.-L. Vieillard-Baron sur les *Leçons de philosophie platonicienne* de Hegel.

Πνεύμα : *Geist* — esprit,
νόηση [τὸ νοεῖν] : *Denken* — pensée ou intelligence,
διανόηση : *Intelligenz* — pensée ou conception intellectuelle ou encore intelligence,
διάνοια : *Verstand* — pensée discursive ou entendement,
σκέψη [ἐννόημα] : *Gedanke* — pensée ou réflexion,
αναλογισμός : *Nachdenken* — réflexion ou méditation,
διαλογισμός : *Räsonnement* — raisonnement ou réflexion, ou encore méditation,
συλλογισμός : *Schluß* — déduction ou syllogisme,
ανασκόπηση [ἀναστοχασμός, ἀναδίπλωση] : *Reflexion* — examen ou révision,
ορθολογικό στοιχείο : *Rationelles* — élément rationnel,
λογικό στοιχείο [ἡ λογική] : *Logisches* — élément logique [le logique],
έλλογο στοιχείο : *Vernünftiges* — élément raisonnable ou sensé,
λογική ικανότητα [λόγος, τὸ ἔλλογο, τὸ λογικό] : *Vernunf* — capacité logique [raison].

Curieusement, Tzavaras non seulement ignore la sémantique du στοχάζομαι, mais limite fortement celle de σκέπτομαι, qu'il utilise abondamment dans sa traduction de Plotin, conformément à la langue courante. Au contraire A. Kélessidou ignore la sémantique de *skepsis*, qu'elle utilise pourtant dans le cours de son exposé, notamment pour faire état du fait de penser (νὰ σκεφθοῦμε) l'absolu. Le recoupement en français de certaines traductions montre que le choix des termes grecs force la langue au nom d'une clarté qui n'est pas toujours évidente. La différence qui nous intéresse plus particulièrement ici entre *Denken* et *Gedanke*, exprimée par νόηση et σκέψη chez Tzavaras, et par τὸ νοεῖν et ἐννόημα chez Kélessidou, peut néanmoins tromper, si l'on songe à la référence à l'expression aristotélicienne de « pensée de la pensée » (νόησις νοήσεως) divine, attribuée par Hegel à la logique. Qu'est-ce qui légitime, pour marquer la différence entre pensée divine et pensée humaine, un saut sémantique aussi important que celui qui distinguerait théoriquement νόηση et σκέψη (ou ἐννόημα), alors qu'on ne trouve rien de tel ni chez Aristote (qui attribue la *noêsis* aussi bien à la pensée divine qu'à la pensée humaine), ni dans le grec moderne, où les deux notions sont souvent confondues (selon la sémantique de la σκέψη), ni, en allemand, où la différence entre *Denken* et *Gedanke* n'est pas aussi marquée ? J. Gibelin traduit en français les deux mots par « pensée », conférant, semble-t-il, au texte une cohérence satisfaisante. En forçant la différence par l'usage de *skepsis*, alors que celle-ci signifie, dans la langue courante, « pensée » au sens large du terme, Tzavaras risque de susciter d'autres confusions. Il place le § 5 sous le signe de la σκέψης et le § 19 sous celui de la νόησης, alors qu'en pratique, comme le montrent les § 14 et 19, il s'agit du « penser » propre à la philosophie comme forme spécifique de son activité, du fait que chaque humain peut penser par nature ; de sorte que l'évolution de la pensée qui s'expose dans l'histoire de la philosophie se manifeste sous la forme de l'idée. Bref, il n'y aurait pas de différence radicale entre deux types du penser, mais simplement manifestation de la pensée (*Denken*) de façon telle qu'elle (*Gedanke*) soit l'idée. À supposer qu'il faille effectivement marquer la différence, la confusion provoquée par le grec moderne rend les choix aussi difficiles que lorsqu'on traduit le grec ancien. L'attitude ambiguë de Tzavaras, qu'on rencontre chez beaucoup de traducteurs grecs, n'éclaire pas d'une façon satisfaisante le sens des textes. Ce n'est donc pas une solution durable que de vouloir se mettre d'accord avec la langue courante, tout en imposant tantôt la terminologie antique et tantôt ses propres conventions, modifiables, selon les cas.

BIBLIOGRAPHIE

HEGEL Georg Wilhelm Friedrich, *Enzyklopädie der philosophischen Wissenschaften im Grundrisse* (1830), § 1-244 : *Die Wissenschaft der Logik* ; trad. fr. J. Gibelin, *Précis de l'encyclopédie des sciences philosophiques*, Vrin, 1987 ; trad. gr. I. Tzavaras, Η επιστήμη της λογικής, Athènes, Dodoni, 1991.

VIEILLARD-BARON Jean-Louis, G.W.F. Hegel, *Leçons de philosophie platonicienne (1825-1826)*, trad. gr. A. Kélessidou, Athènes, Académie d'Athènes, 1991.

logie chrétienne rapproche *ousia* et *hupostasis* [ὑπόστασις], enrichissant *ousia* d'autres valeurs, que le grec moderne ne parvient plus à maîtriser.
De plus, la traduction latine d'*ousia* par *substantia* perturbe la tâche des traducteurs grecs, confrontés désormais à de nouvelles philosophies, venues de la Renaissance et de la modernité, où la notion de substance devient centrale. Bien qu'ils prennent de plus en plus au sérieux cette médiation et traduisent « substance », non plus par *ousia*, mais par *hypostasi*, ils se contentent le plus souvent, pour l'Antiquité et le Moyen Âge byzantin, d'uniformiser *ousia* en ne traduisant pas.
Le problème posé par le couple essence/existence est dès lors très complexe. Commençons par l'époque moderne, en prenant pour guide Vinkentios Damodos († 1752) — formé à l'aristotélisme à l'école flaginianne de Venise et à Padoue, et adepte du nominalisme et des courants influencés par Descartes et Gassendi. Il associe *ousia* et *hyparxis* [ὕπαρξις] (existence), en partant de la notion thomiste de « substance composée » constituée par l'essence (*essentia*) et l'être comme existence (*esse*) — même s'il s'agit là pour lui d'une différence conceptuelle, et non réelle comme pour Thomas d'Aquin. Damodos sait que, dans le thomisme, la substance individuelle ne se confond pas avec l'essence, puisque celle-ci doit composer avec l'être ou l'existence pour former la substance. Mais cette distinction n'a cessé d'être occultée par les traducteurs modernes lorsqu'ils traitent des philosophies qui font état de la substance, depuis le Moyen Âge et la Renaissance jusqu'à la philosophie moderne. Logothetis, par exemple, traduit *substantia* et *essentia* par *ousia*. Il amplifie même cette confusion en précisant que l'*ousia* est considérée par Nizolio comme signifiant les choses particulières (*ta kath' hekaston* [τὰ καθ' ἕκαστον]). Tzavaras, conscient de ces difficultés, est le seul à avoir osé emprunter une autre voie, en choisissant dans son anthologie des textes de Plotin de traduire *ousia* par « être » (*einai* [εἶναι]). Ces confusions dans l'usage d'un terme aussi important que *ousia* révèlent que le mot n'est pas seulement intraduisible en français (où on le rend par essence, substance, étance, étantité...), mais également en grec. Bien plus, une fois qu'on fait intervenir la médiation médiévale et moderne, en lui associant la « substance », envisagée par le thomisme selon l'unité entre *essentia* et *esse* (et *existentia*), les choses deviennent immaîtrisables.
Repartons à présent du verbe *huparkhein* [ὑπάρχειν]. Il signifiait d'abord « commencer », « être à l'origine de », « prendre l'initiative » et, par suite, « exister antérieurement » ; puis « être à la disposition » et, enfin, « appartenir à ». Ce dernier sens sert en logique pour exprimer l'« attribution ». Aristote écrit par exemple : « si A n'est attribué à aucun B, B ne sera pas non plus attribué à un A » (εἰ [...] μηδενὶ τῷ B τὸ A ὑπάρχειν, οὐδὲ τῷ A οὐδενὶ ὑπάρξει τὸ B — soit, dans la traduction Tricot, « si A n'appartient à nul B, B n'appartiendra non plus à nul A », *Premiers Analytiques*, I, 2). Le sens d'« attribuer », conçu comme mode de l'appartenance, peut être compris comme « ce qui contribue à quelque chose », proche du sens courant : « être à la disposition de quelque chose ou de quelqu'un ». On utilise ainsi *ta huparkhonta* [τὰ ὑπάρχοντα], pour désigner les « choses qui sont sous la main, à la disposition de », la situation présente, les choses existantes. Ce sens ouvre donc à la question de l'existence. Si, dans l'Antiquité, l'ambivalence domine, l'évolution de la langue s'est faite, en faveur de la simplification, au profit du sens d'« exister ».
Cet usage moderne de *huparkhein,* pour signifier l'exister d'une chose quelle qu'elle soit, s'est heurté, à notre époque, au problème de la traduction d'*existence* dans l'existentialisme, qui n'assigne l'existence qu'à l'homme. Déjà la désignation de ce courant de pensée opposa deux terminologies : *hyparxismos* [ὑπαρξισμός],

et *existentialismos* [ἐξιστενσιαλισμός]. Aujourd'hui, on préfère la première expression au calque. Mais, si la désignation d'un courant philosophique est affaire de convention, la traduction du concept d'existence lui-même révèle des difficultés plus tenaces. C'est ainsi que, lorsque Malevitsis traduit, en 1970, le livre de Jean Wahl, *Les Philosophes de l'existence* (Athènes, Dodoni, 1970), il propose *hupostasis* [ὑπόστασις], et non *huparxis* [ὕπαρξις], pour rendre *existence*. La position de Malevitsis s'appuie sur le refus de Heidegger et de Jaspers d'être identifiés à des existentialistes, pour éviter la confusion entre l'existence ontique des étants et l'existence propre à l'homme. C'est pourquoi il écarte la traduction habituelle par *huparxis*. L'idée ne manque pas de pertinence, car, depuis l'Antiquité, la sémantique de l'*huparkhein* a perdu sa connivence secrète avec les subtilités de la sémantique d'*arkhê/arkhô/arkhomai* (principe et commencement, fondement/je commande/je commence). Mais le terme d'*hupostasis* a, lui aussi, une longue histoire qui s'enracine dans le néoplatonisme et dans la christologie chrétienne, atteignant son point culminant avec la formation du terme *substantia* (substance). Les interférences avec la question de l'être ont si bien accru l'opacité de son sens que même Malevitsis est contraint d'ajouter entre crochets le terme *huparxis* pour éviter les confusions.

Ainsi, l'analyse des mots les plus importants de la philosophie antique ne peut réconforter le traducteur, fût-il hellénophone, qui croit à la transparence du sens.

Lambros COULOUBARITSIS

BIBLIOGRAPHIE

APOSTOLOPOULOS Dimis, *Histoire concise de la philosophie néohellénique* (en grec), Collection de l'Union franco-hellénique des jeunes, Athènes, 1949.

ARGYROPOULOU Roxane D., « La philosophie en Grèce (XVIIe-XXe s.) », *in* J.-F. MATTÉI (dir.), *Encyclopédie philosophique universelle : Le discours philosophique*, PUF, 1998, p. 496-510.

ARGYROPOULOU Roxane, GLYKOPHRYDI-LEONTSINI Athanassia, KÉLESSIDOU Ana et VLACHOS Georges, *La Notion de liberté dans la pensée néohellénique* (en grec), Athènes, Académie d'Athènes, 1996.

CASSIN Barbara, « Le statut théorique de l'intraduisible », *in* J.-F. MATTÉI (dir.), *Encyclopédie philosophique universelle : Le discours philosophique*, PUF, 1998, p. 998-1013.

COULOUBARITSIS Lambros, *Aux origines de la philosophie européenne. De la pensée archaïque au néoplatonisme*, Bruxelles, De Boeck, 1992, 3e éd. 2000.

— « Problématique sceptique d'un impensé : hè skepsis », *in* A.-J. VOELKE (éd.), *Le Scepticisme antique. Perspectives historiques et systématiques*, Lausanne, Revue de théologie et de philosophie, « Cahiers de la Revue de théologie et de philosophie », 1990.

GLYKOPHRYD-LEONTSINI Athanassia, *Esthétique néohellénique et la philosophie européenne des Lumières* (en grec), Athènes, sans éditeur, 1989.

Groupe de la langue grecque (en grec), Athènes, Éditions Kardamitsa, 1984.

LOGOTHETIS Constantin I., *La Philosophie de la Renaissance et la fondation de la physique moderne* (en grec), Athènes, Organismos ekdoseôs scholikôn vivliôn, 1955.

NOUTSOS Panayotis Ch., *La Pensée socialiste en Grèce de 1875 à 1974* (en grec), Athènes, Éditions Gnosis, 1994.

— *Philosophie néohellénique. Les dimensions idéologiques des approches européennes*, Athènes, Kedros, 1981.

PAPANOUTSOS Evangelos P., *La Philosophie néohellénique* (en grec), 2 vol., Athènes, Vasiki vivliothiki, 1954 et 1956.

PSIMMENOS Nicos (dir.), *La Philosophie grecque, 1453-1821* (en grec), 2 vol., Athènes, Éditions Gnosis, 1988-1989.

ROULIA P. Ch., *Principes de philosophie* (en grec), Athènes, Metaichmio, 1999.

THÉODORIDIS Ch., *Introduction à la philosophie* (en grec) Athènes, Édtions du Jardin, 1945, 2e éd. 1955.

OUTILS

BABINIOTIS Gheorgios, *Lexiko tes neas ellenikes glossas* [Dictionnaire de la langue grecque moderne], Athènes, Kentro Lexikologias, 1998 (en grec).

DIMITRAKOS Dimitrios, *Grand Dictionnaire de toute la langue grecque*, 9 vol., Athènes, I. Zervos (en grec).

La Langue grecque, Athènes, Ministère de l'Éducation nationale et des Cultes, 1996.

Lexicon of Presocratic Philosophy, 2 vol., Athènes, Académie d'Athènes, 1994.

GUT/BÖSE, WOHL / ÜBEL (WEH), GUT/ SCHLECHT

ALLEMAND – fr. *bien / mal, bon / méchant, bon / mauvais*

lat. *bonum, malum*

► *BIEN / MAL*, et BEAUTÉ, FAIR, GLÜCK, MORALE, PLAISIR, RIGHT, VOLONTÉ, WERT

Deux exemples, Kant et Nietzsche, font apparaître le lien qui s'est noué en Allemagne entre la réflexion sur le bien et le mal et la réflexion sur les pouvoirs de la langue. Formellement, les deux philosophes ont en commun de dédoubler les objets de la réflexion : au couple initial « bien » (gut) *et « mal »* (böse) *vient à chaque fois s'ajouter un deuxième couple* wohl / übel, gut / schlecht, *ce qui force à étudier non seulement l'opposition qui constitue chacun des couples, mais aussi l'opposition entre ces couples eux-mêmes. Cette allure commune à des conceptions en tout opposées s'explique par des raisons linguistiques, qui rendent difficilement traduisibles en français les oppositions de l'allemand.*

I. LE DÉDOUBLEMENT KANTIEN : SENSIBILITÉ ET RAISON PURE

La deuxième section de l'Analytique de la *Critique de la raison pratique* se distingue par une attention inhabituelle chez Kant à la singularité et au pouvoir des langues. Le bien et le mal y sont étudiés comme les « deux objets d'une raison pratique » (*AK*, vol. 5, 1908, p. 57 ; trad. fr. 1985, p. 59) : les deux seuls possibles, dit Kant, tout autre objet « pris comme principe déterminant de la faculté de désirer» faisant perdre son autonomie à la volonté. Encore faut-il que ces deux objets eux-mêmes, le bien et le mal, aient un statut secondaire, déterminé par la loi morale qui doit les précéder, comme elle précède tout contenu dans la raison pratique pure : c'est le « paradoxe de la méthode dans une Critique de la raison pratique » (*AK*, vol. 5, p. 62 ; 1985, p. 65). La démonstration commence par recourir à l'« usage de la langue *(Sprachgebrauch)* », qui distingue le bien *(das Gute)* de l'agréable *(das Angenehme)*, interdisant ainsi de fonder le bien et le mal sur des objets de l'expérience, c'est-à-dire sur le sentiment de plaisir et de peine (*AK*, vol. 5, p. 58 ; 1985, p. 60). Kant peut ensuite déplorer les « limites de la langue » (*AK*, vol. 5, p. 59), visibles selon lui dans l'usage scolastique des notions de *bonum* et de *malum*, qui ne permettent pas d'établir de distinction sur ce point. Leur ambiguïté est levée par la langue allemande, dont Kant fait l'éloge :

> La langue allemande a le bonheur de posséder des expressions qui ne laissent pas échapper cette différence. Pour désigner ce que les Latins appellent d'un mot unique *bonum*, elle a deux concepts très distincts et deux expressions non moins distinctes. Pour *bonum*, elle a les deux mots *Gute* et *Wohl*, pour *malum*, *Böse* et *Übel* (ou *Weh*), de sorte que nous exprimons deux jugements tout à fait différents lorsque nous considérons dans une action [ce] qui en constitue ou ce qu'on appelle *Gute* et *Böse* ou ce qu'on appelle *Wohl* et *Weh (Übel)*.
>
> *AK*, vol. 5, p. 59-60 ; trad. fr. 1985, p. 61.

L'unique opposition *bonum/malum* se divise ainsi en deux, *wohl/übel*, qui renvoie à l'état agréable ou désagréable dans lequel se trouve le sujet, et *gut/böse*, qui, elle, contient toujours « une relation à la *volonté*, en tant qu'elle est déterminée par *la loi de la raison* » (*AK*, vol. 5, p. 60 ; 1985, p. 62).

Le traducteur français ne peut ici faire autrement que de conserver, en italiques, les termes originaux. Son embarras est bien exprimé par la note que Francis Picavet ajoute à ce passage : « [...] On ne pourrait, en remplaçant par des mots français les mots allemands que Kant cherche à *définir*, que donner une fausse expression à la pensée : le sens en est clair d'après le contexte » (1985, p. 61, n. 2).

Le contexte, ici, est celui d'une opposition dédoublée que le français ne peut pas désigner : s'il possède bien les couples de synonymes que Kant ajoute pour expliciter ce qu'il entend par *wohl* et *übel* (*Annehmlichkeit* et *Unannehmlichkeit,* l'agrément et le désagrément, *Vergnügen* et *Schmerz,* contentement et douleur [*AK*, vol. 5, p. 58-59 ; 1985, p. 60]), en revanche, il n'a pas d'autres mots que « bien » et « mal » pour rendre ce bien et ce mal, qui selon Kant, ne sont pas ceux de la moralité.

L'éloge kantien de la langue allemande est délicat à interpréter. Le premier traducteur français de la *Critique de la raison pratique*, Jules Barni (1848), appliquera aussi au français le reproche adressé au latin, mais il s'agit sans doute moins chez Kant lui-même d'une exaltation de la langue maternelle que d'une critique, dans l'esprit des Lumières, de la scolastique et de sa langue.

II. QUALIFICATIONS PSYCHOLOGIQUES OU VALEURS MORALES ?

Le français n'est pas, à vrai dire, limité au couple *bien/mal* ; il dispose aussi du couple *bon/mauvais*, auquel Picavet recourt parfois pour traduire ce qui se rapporte à la sensation (cf. 1985, p. 60 : « le concept de ce qui est tout simplement *mauvais* » pour *schlechthin Böse*, *AK*, vol. 5, p. 58). Une raison fait toutefois que ce nouveau couple ne permet pas de résoudre la difficulté. Les deux couples *bien* et *mal* et *bon* et *mauvais* ne sont pas de même nature grammaticale ; il en va différemment en allemand, pourvu qu'on remplace le couple d'adverbes (un peu vieillis) *wohl/übel* par le couple à la fois adverbial et adjectival *gut/schlecht*, parallèle grammaticalement à *gut/böse*. De nouvelles difficultés apparaissent alors, dont témoigne la traduction de la première dissertation de *La Généalogie de la morale* de Nietzsche.

Le titre donné à la première dissertation de l'ouvrage, *Gut und Böse, Gut und Schlecht*, a été rendu en français par *Bon et méchant, bon et mauvais*. Un nouveau dédoublement s'opère : c'est cette fois celui de deux « évaluations » (cf., par ex., § 2 et § 7, in *KGA*, VI/2, p. 273 et p. 280 ; trad. fr. 1986, p. 21 et p. 30), de deux manières d'imposer des jugements de valeur à la réalité, respectivement celle des esclaves et celle des nobles ou puissants. Leurs relations présentent deux caractéristiques principales. En premier lieu, le dédoublement des évaluations révèle qu'il y a une division plus fondamentale que celle du bien et du mal, celle qui oppose le haut et l'« en bas » *(einem « Unten »)*, le supérieur et l'inférieur (§ 2). Deuxièmement et surtout, le conflit ne fait pas que traverser chacun des couples, il oppose les deux couples l'un à l'autre, le méchant selon les esclaves étant « *précisément* le "bon" de l'autre morale » (§ 11, *KGA*, VI/2, p. 288 ; 1986, p. 39). Les deux oppositions, selon Nietzsche, font système, et ce système a une histoire — le « combat effrayant » et millénaire des « deux valeurs *opposées* "bon et mauvais", "bon et méchant" » *(die beiden entgegengesetzten Werte « gut und schlecht », « gut und böse »*, § 16, *KGA*, VI/2, p. 299 ; 1986, p. 52) — dans la mesure où il n'oppose pas seulement, comme chez Kant, deux instances en l'homme (sensibilité et raison pure), mais des hommes différents et inégaux.

C'est précisément dans la conclusion que la traduction française révèle ses limites :

> [...] car on aura compris depuis longtemps ce que c'est que je *veux*, ce que je veux justement avec ce mot d'ordre dangereux qui donne son titre à mon dernier livre : *Par-delà bien et mal (Jenseits von Gut und Böse)* [...] Ce qui du moins *ne veut pas* dire : « Par-delà bon et mauvais » (*Dies heisst zum Mindesten* nicht : « *Jenseits von Gut und Schlecht* »).
>
> § 16, *KGA*, VI/2, p. 302 ; trad. fr. 1986, p. 56.

Ici disparaît soudain la traduction de *Gut und Böse* par « bon et méchant », que le rappel de l'œuvre précédente pousse à remplacer par le couple « bien et mal ». Il ne s'agit pas d'un détail, puisque *La Généalogie de la morale* entend, dès son sous-titre, « compléter et éclairer *Par-delà bien et mal* récemment publié ». « Bon et méchant » n'a pourtant rien d'inexact en soi, et convient à tout ce qui précède : simplement, *Gut und Böse* est à la fois adjectif et adverbe et signifie à la fois « bon et méchant » et « bien et mal », c'est-à-dire à la fois les qualifications psychologiques associées aux adjectifs et les qualifications plus proprement morales associées aux adverbes. Si le français, avec « bon », peut rendre l'indétermination du *Gut* nietzschéen, qui entre dans les deux couples d'opposés, et dont le sens varie précisément selon son insertion dans l'un ou l'autre de ces couples, en revanche, pour *Gut* et son antonyme, il est obligé de choisir entre l'adjectif (« bon et méchant ») et l'adverbe (« bien et mal »), c'est-à-dire entre un style psychologique et un style moral que la méthode de Nietzsche a la particularité de ne pas dissocier. Par rapport à ce qu'on observait chez Kant, le problème est donc inversé. Ce n'est pas que le français n'a pas assez de distinctions, il en a trop : « bien » et « mal » se surajoutant à « bon » et « méchant » et aussi à « bon » et « mauvais ».

On conclura en remarquant que la méthode de Nietzsche se veut également linguistique, du début, avec les réflexions sur « le droit des maîtres à donner des noms » (§ 2, *KGA*, VI/2, p. 274 ; 1986, p. 22), à la question finale sur la contribution de la « linguistique, et notamment [de] la science de l'étymologie » à « l'histoire de l'évolution des sentiments moraux » (§ 16, *KGA*, VI/2, p. 303 ; 1986, p. 56). Il est par ailleurs tentant de retrouver le grec dans l'allemand de Nietzsche, en particulier dans le couple *gut/schlecht*, pour ainsi dire retraduit dans l'opposition *agathos/kakos* (ἀγαθός/κακός) (§ 5). Le « bon » nietzschéen fait ainsi entendre les deux intraduisibles grecs *kalos kagathos* [καλὸς κἀγαθός] (voir BEAUTÉ) et *eu prattein* [εὖ πράττειν] (voir PRAXIS) (§ 10), qui le font apparaître dans ses deux dimensions principales, distinction et activité.

Malgré ce lien plusieurs fois affirmé avec le grec, Nietzsche n'accorde pourtant, au contraire de Kant, aucun privilège à la langue allemande : celle-ci, selon lui, confirme certes exemplairement la généalogie des évaluations, en faisant descendre *schlecht* (mauvais) de *schlicht* (les sens de « simple », puis « bas », « de basse extraction » sont recensés par le Dictionnaire de Grimm, à partir des sens de « droit », « plan »), mais il reste que « les expressions du "bon" dans les différentes langues [...] renvoient toutes à la *même transformation des concepts* » (§ 4, *KGA*, VI/2, p. 275 ; 1986, p. 24 [trad. fr. mod.]). Là encore, l'interprétation variera, selon qu'on mettra l'accent sur les progrès des sciences du langage ou sur l'origine présumée de la « superbe *brute blonde* » — dont Nietzsche dit pourtant qu'elle peut être « romain[e], arabe, germanique ou japonais[e] » (§ 11).

Philippe BÜTTGEN

BIBLIOGRAPHIE

KANT Emmanuel, *Kritik der praktischen Vernunft*, Akademie-Ausgabe [abrév. *AK*], vol. 5, Berlin, Reimer, 1908 ; *Critique de la raison pratique*, trad. fr. F. Picavet, PUF, 1re éd. 1943, 9e éd. 1985 ; trad. fr. L. Ferry et H. Wismann, Gallimard, 1985.

NIETZSCHE Friedrich, *Jenseits von Gut und Böse ; Zur Genealogie der Moral*, in *Werke, Kritische Gesamtausgabe* [abrév. *KGA*], éd. G. Colli et M. Montinari, vol. VI, t. 2, Berlin, Gruyter und Co., 1968 ; *La Généalogie de la morale*, éd. G. Colli et M. Montinari, trad. fr. I. Hildenbrand et J. Gratien, Gallimard, 1re éd. 1971, « Folio-essais », 1986.

OUTILS

GRIMM Jacob et Wilhelm, *Deutsches Wörterbuch*, Leipzig, Hirzel, 1854, repr. Munich, Deutscher Taschenbuch-Verlag, 1984.

H

HÁ, HAVER [PORTUGAIS] – fr. *il y a, avoir*

gr.	*esti* [ἔστι]
all.	*es gibt*

► *IL Y A* [ES GIBT, ESTI], et ASPECT, ESPAGNOL, *ÊTRE*, FICAR, PRÉSENT, RÉALITÉ

Le français il y a *et l'allemand* es gibt *peuvent être rendus en portugais par trois verbes impersonnels distincts : (1)* há, *du verbe* haver *(issu du lat.* habere*), construit sans sujet ni adverbe, mais avec un complément d'objet ; (2)* tem, *du verbe* ter *(issu du lat.* tenere*), qui a absorbé tout le sens possessif de* haver *; (3) enfin, dans un registre plus soutenu, littéraire et philosophique, la forme pronominale* dá-se, *analogue au* es gibt, *dont l'origine est la forme passive du latin,* datur. *Leur usage n'est pas toujours permutable, ce qui souligne la différence sémantique (et pas seulement étymologique) des trois verbes, et peut aider à percevoir la disparité entre* il y a *et* es gibt.

I. LE SENS DE « HÁ », SANS SUJET

Le verbe *haver* en portugais (*haber* en espagnol) a la même origine que le verbe *avoir* en français : le latin *habere*. Pourtant, c'est le verbe portugais *ter*, beaucoup plus que *haver*, que l'on traduit couramment par « avoir ». *Haver* a perdu son sens possessif, et a été supplanté par *ter* dans cet usage. Il a conservé des fonctions auxiliaires, aussi bien aspectuelles que modales, quelques emplois peu fréquents avec des sens très particuliers comme verbe principal, et surtout la fonction existentielle impersonnelle. Cette limitation a forgé son sens et fait de lui l'un des verbes les plus importants en portugais, à côté du verbe *être*, pour tout questionnement ontologique fondamental. Dans une note à sa traduction de *Être et Temps* de Heidegger, par exemple, M. Cavalcante passe par le sens du verbe *haver* pour expliquer l'usage spécifique du verbe allemand *geben* dans l'expression *es gibt*, même si elle choisit de le traduire par la forme portugaise équivalente de l'allemand, *dá-se* :

> Pour distinguer le plan ontologique d'établissement des structures du plan ontique des dérivations, *Être et Temps* réserve le verbe donner [*dar-se*] (*geben*), et insère ainsi [*incutindo*] le sens actif et transitif dans le procès désigné par le verbe *haver*. Par conséquent, donner [*dar-se*] renvoie toujours aux mouvements de l'être et à sa vérité dans la présence, dans l'existence, dans la temporalité, dans l'histoire.
>
> *Ser e Tempo*, p. 315.

Dans son acception existentielle, *há* ne requiert ni sujet, apparent ou réel, ni adverbe de lieu. L'absence de sujet ne pose aucun problème grammatical en portugais ; elle est même, pour les verbes personnels, stylistiquement souhaitable, dans la mesure où les terminaisons verbales personnelles sont marquées (*amo, amas, ama, amamos, amais, amam*) comme en latin, et à la différence de l'anglais ou du français qui ne saurait les distinguer phonétiquement sans pronom sujet ([j']aime ; [tu] aimes ; [il] aime ; [ils] aiment). L'adverbe de lieu a déjà existé, comme dans cette phrase d'un grammairien du XVIe siècle : « *E por não ficar confusão em este nome próprio, pois i há muitos homens que têm um mesmo nome* [...] [Et pour qu'il n'y ait pas de confusion dans ce nom propre, car il y a beaucoup d'hommes qui ont un même nom (...)] » (J. de Barros, p. 5), mais il a progressivement disparu de la locution verbale. Il ne reste que l'objet direct du verbe : ce qui est projeté vers l'existence. Cet objet direct ne peut pas être confondu avec un sujet ; le verbe dans cette acception est invariable comme tout verbe impersonnel, et ne s'accorde évidemment jamais avec son complément : « *há flores no prado* [il y a des fleurs dans le pré] ». D'ailleurs, s'il fallait chercher un « sujet réel », il faudrait plutôt se tourner vers l'adverbe de lieu qui a disparu et qui tenait le rôle logique d'un ensemble contenant les objets, comme l'explique Mattoso Câmara :

> On peut le comprendre à partir de l'usage de *habere* dans les phrases existentielles du latin vulgaire, quand figurait en premier comme sujet un nom de lieu, par exemple [...] « L'Afrique a des lions ». Le passage vers une construction impersonnelle s'est produit quand on a perçu le lieu comme un « décor » plutôt que comme un « possesseur ». De là sa présentation avec la préposition *in* ou son expression par l'adverbe *ibi* (port. archaïque *hi*, fr. *y* etc.) : « *in arca Noe habuit homines I* » (Bourciez, 1930). Qu'il s'agisse là d'une pente naturelle de l'esprit, le brésilien courant en témoigne, qui reproduit le changement, cette fois avec le verbe *ter* [*avoir, posséder*], dans les mêmes conditions : « en Afrique [il y] a des lions (*na Africa tem leões*) ». On peut dire que le nom de lieu, qui était d'abord sujet, a été intégré au fait ou au prédicat considéré en lui-même, sans référence à un possesseur extérieur à lui.
>
> *Princípios de Ligüística Geral*, p. 178.

Haver et *ter*, dans leur usage existentiel, se construisent exactement de la même manière, bien qu'il y ait toujours une différence de nuance. *Ter*, même comme auxiliaire ou existentiel, conserve l'aspect rassurant et solide d'une possession. Le poète C. Drummond de Andrade utilisera *ter* pour dénoter une pierre rencontrée dans le chemin : « *Tinha uma pedra no meio do caminho* [Y avait une pierre au milieu du chemin] » (*Reunião*, Réunion, p. 23 – on notera l'absence du « il » dans la traduction) ». Le verbe *haver* pourrait remplacer *ter*, mais le vers perdrait gravement en lourdeur. En revanche, l'idée d'épanouissement, d'évasion et de souplesse de cet autre vers disparaîtrait complètement sans *haver* : « *Minha alma é uma lembrança que há em mim* [Mon âme est un souvenir qui est en moi] » (F. Pessoa, *Poemas inéditos*, p. 16). Dans ce cas, plus qu'un objet que je possède solidement, l'âme, selon Pessoa, est l'irruption d'un objet, « une mémoire » dans la région du moi.

L'absence du sujet et de l'adverbe de lieu en portugais induit une idée de présence dans le monde, instantanée, sans autre support que l'avènement lui-même, point de départ ni substantiel ni subjectif de tout ce qui est – tel un *satori*, l'événement zen, que Barthes définit comme « un séisme plus ou moins fort (nullement solennel) qui fait vaciller la connaissance, le sujet : il opère un *vide de parole* » (R. Barthes, *L'Empire des signes*, p. 10). On peut presque toujours traduire *haver* au moyen d'une quelconque tournure du verbe « avoir », mais on ne peut pas traduire cette absence de sujet qui marque son acception existentielle. On ne peut pas rendre l'effet de suspension qu'il produit dans son complément d'objet en le projetant, de nulle part, vers la présence : « *Há um azul em abuso de beleza* [Il y a du bleu en comble de beauté] » (M. Barros, *O Livro das ignorãças*, p. 41).

II. « HAVER », L'AVENIR ET L'EXPRESSION DU FUTUR

On ne peut pas davantage rendre son allure projective qui devance et fait jaillir aussi bien l'objet existant que l'événement pur de l'avenir. Par la syntaxe du verbe *haver*, tout ce qui se pose comme réel (*isto que há*, litt. « ce qu'[il y] a ») prend son existence dans un élan ouvert dans le présent. La présence devient l'embouchure de l'avenir qui, régnant dans la puissance du possible, devance et soutient ce qui existe. Ainsi « l'avenir » est-il nommé par Antonio Quadros « *o que haverá* (litt. ce qui aura [lieu]) », où la détermination est dégagée d'une différence et même d'un dépassement du sens possessif de *ter* (avoir/posséder) :

> L'avenir (*o que haverá*) n'est pas encore ce qui est éternellement (*não é ainda o que é*) mais n'est pas davantage déjà ce que l'on est dans l'espace temps (*não é já o que se é*), c'est plutôt l'horizon ouvert et interminable de la liberté. L'avenir (*o que haverá*) n'est pas non plus ce qu'on aura (*o que se terá*), mais précisément ce qui transcende l'avoir et l'être eu (*o ter e o sermos tidos – sermos tidos* est l'infinitif personnel passif du verbe *ter*, avoir, à la première personne du pluriel ; voir encadré 2, « Infinitif personnel », dans PORTUGAIS), une participation au mouvement, qui ne s'achève jamais dans la possession.
>
> A. Quadros, *O Espírito da Cultura portuguesa*, p. 61.

Il est très significatif que l'idée d'un « avenir » soit dégagée par un philosophe portugais à partir du sens du verbe *haver*. D'ailleurs, le verbe *haver* garde encore vivantes en portugais les tournures dont ont été extraites les actuelles formes du futur des verbes néolatins. C'est ce que Benveniste repère à propos de l'origine du futur des langues latines, venu d'une extension progressive de l'expression des prédictions et des prophéties, une tournure qui est « née chez les écrivains et théologiens chrétiens à partir de Tertullien (au début du IIIe siècle ap. J.-C.) » (*Problèmes de linguistique générale*, t. 2, p. 131). Cet événement de l'histoire des langues est comparable à ce qui se passe synchroniquement dans le portugais actuel :

> Le syntagme *habere* + infinitif a longtemps coexisté avec le futur ancien, sans le croiser, parce qu'il convoyait une notion distincte. Il y a eu ainsi deux expressions du futur : l'une comme intention (c'est la forme simple en *-bo*, *-am*), l'autre comme prédestination (c'est le syntagme : « ce qui a à arriver » > « ce qui arrivera »).
>
> *Ibid.*, p. 132.

En portugais, cet ancien syntagme verbal, *haver*, suivi de l'infinitif du verbe principal, ne coexiste plus avec le futur ancien du latin mais avec le futur des langues romanes où le verbe *habeo*, réduit à un suffixe, est devenu une simple terminaison verbale. C'est ce futur simple récent qui reprend le sens intentionnel de l'ancien futur du latin. Ainsi les deux expressions du futur coexistent-elles dans cette phrase d'un écrivain contemporain :

> [...] *os ímanes que, na sua aldeia,* hão-*de fazer voar a passarola, cujos, ainda por cima, terão de vir do estrangeiro...*
>
> [(...) les aimants qui dans son village *doivent faire* voler l'aérostat, lesquels en outre devront venir de l'étranger...]
>
> J. Saramago, *Memorial do Convento*, p. 71.

La mésoclise du pronom (le pronom atone complément d'objet s'intercale entre le radical – l'infinitif du verbe – et la terminaison du verbe conjugué, au futur simple de la voix pronominale) souligne en portugais cette formation du futur :

> *Aos que têm seara em casa,* pagar-lhes-ão *a semeadura ; aos que vão buscar a seara tão longe, hão-lhes de medir a semeadura e hão-lhes de contar os passos.*
>
> [À ceux qui ont des champs chez eux, on payera les semences ; à ceux qui vont loin chercher les champs, on mesurera la semence et on comptera les pas.]
>
> A. Vieira, « Sermão da sexagésima », p. 3.

Cette notion de projection, d'éclosion traverse la plupart des usages actuels de *haver*, comme auxiliaire de futur aussi bien que comme verbe impersonnel désignant l'existence. Ainsi, signifiant ce jaillissement à la présence, *há* se rapproche-t-il beaucoup du grec *esti* [ἔστι], ou au pluriel *eisi* [εἰσί], placé en tête de phrase, lequel est suivi très normalement d'un sujet avec lequel il s'accorde. À ceci près justement qu'en portugais ce qui serait le sujet « réel » n'est nullement compris ni analysé comme un sujet, mais vraiment comme un objet, jeté devant. L'avenir se projette en objet, et le réel se devance lui-même — parce que, d'emblée, *há* ce qui est.

Fernando SANTORO

BIBLIOGRAPHIE

BARROS João de, *Gramática da Língua Portuguesa* [1540], Lisbonne, org. J. Machado, 3e éd., 1957.

BARROS Manoel de, *O Livro das ignorãças*, Rio de Janeiro, Civilização Brasileira, 3e éd., 1994.

BARTHES Roland, *L'Empire des signes*, Flammarion, 1970.

BENVENISTE Émile, *Problèmes de linguistique générale*, t. 2, Gallimard, 1974, « Tel », 1996.

CARNEIRO LEÃO Emmanuel, « Tiers Monde », *Sociétés*, févr. 1986, vol. 2, no 2, p. 3-4.

DRUMMOND DE ANDRADE Carlos, *Reunião*, Réunion, trad. fr. J.-M. Massa, Aubier-Montaigne, 1973.

HEIDEGGER Martin, *Ser e Tempo*, trad. port. M. Cavalcante, vol. 1, Petrópolis, Vozes, 1988.

MATTOSO CÂMARA Jr. Joaquim, *Princípios de Ligüística General*, Rio de Janeiro, Livraria Acadêmica, 1970.

PESSOA Fernando, *Poemas inéditos* 1919-1930, Lisbonne, Ática, 1990.

QUADROS Antônio, *O Espírito da Cultura portuguesa*, Lisbonne, Soc. Expansão Cultural, 1967.

SARAMAGO José, *Memorial do Convento*, Lisbonne, Caminho, 2e éd., 1995.

VIEIRA Antônio, *Sermens*, Lisbonne, Éd. Joam da Costa, 1679 ; « Sermão da sexagésima », in *Obras completas*, vol. 1, Porto, Lello, 1951 ; *Le Ciel en damier d'étoiles*, trad. fr. I. Oséki-Dépré, Grenoble, Éd. Cent Pages, 1989.

OUTILS

BUARQUE DE HOLANDA Aurélio, *Novo Dicionário da língua portuguesa*, Rio de Janeiro, Nova Fronteira, 1986.

CUNHA Celso et CINTRA Lindley, *Nova Gramática do Português Contemporâneo*, Lisbonne, J.S. da Costa, 15e éd., 1999.

ERNOUT Alfred et MEILLET Antoine, *Dictionnaire étymologique de la langue latine. Histoire des mots* [1932], 4e éd. augm. J. André, Klincksieck, 1994.

HAPPENING

ANGLAIS – fr. *événement, manifestation, performance, happening*

► *PERFORMANCE, ÉVÉNEMENT*, et *ACTE*, ACTE DE LANGAGE, ANGLAIS, ES GIBT, PATHOS, PLASTICITÉ, WORK IN PROGRESS

Construit à partir du verbe anglais to happen, *« advenir », le terme* happening *fut introduit dans le vocabulaire artistique par Allan Kaprow lorsqu'il présenta* Eighteen Happenings in Six Parts *(New York, Reuben Gallery, 1959). Le public n'était pas seulement convié à assister aux manifestations prévues : il était invité à y prendre part, afin que ses actes modifient les situations initiées par l'artiste. Ainsi, l'œuvre, faite par tous, engageait la responsabilité de chacun des participants, et ce qui advint ne pourra jamais être reproduit à l'identique. Ces quelques traits caractérisent le happening, œuvre éphémère, événement plus que forme. Pour en saisir la puissance disruptive, il faut cependant se souvenir qu'il ne relève pas des arts du spectacle, mais s'enracine dans l'histoire des arts plastiques.*

Kaprow avait publié en 1958 « The legacy of Jackson Pollock » (*Art News*, oct. 1958, vol. 57, no 6). Son analyse souligne que les *Drip Paintings*, du fait de leurs très grands formats, accaparent tout l'espace de la salle où elles sont exposées. Environnementales, elles assaillent les spectateurs qui éprouvent alors le besoin de « s'identifier avec le processus, de faire corps avec l'aventure dans son ensemble ». Cette prise de conscience de la place et du rôle du spectateur/participant conduisit Kaprow à envisager de poursuivre l'aventure avec d'autres moyens. Il écrivait en effet :

> Ainsi, Pollock, tel que je le vois, nous a laissés au point où nous devons commencer à nous préoccuper, sans nous laisser aveugler, de l'espace et des objets de notre vie quotidienne, de nos corps, de nos vêtements, de nos appartements, ou si besoin en est, de toute l'étendue de la 42e Rue. Insatisfaits de faire appel à nos autres sens par l'intermédiaire de la peinture, nous utiliserons les caractéristiques spécifiques de la vue, de l'ouïe, des mouvements, des gens, des odeurs, du toucher. Des objets de toutes sortes constituent le matériel du nouvel art : peinture, chaises, nourriture, ampoules électriques et tubes de néon, fumée, eau, vieilles chaussettes, un chien, des films, et mille autres choses qui seront découvertes par l'actuelle génération des artistes.
>
> *Ibid.*, p. 56-57.

Une évolution logique mène, selon Kaprow, du collage à l'assemblage, puis de l'assemblage à l'environnement, et enfin de l'environnement au happening — « environnement exalté » par la participation des spectateurs devenus acteurs.

Les happenings se sont rapidement répandus dans le monde occidental. Aux États-Unis, après Kaprow, de nombreux artistes s'emparèrent des possibilités offertes par cette nouvelle forme d'art. En France, Jean-Jacques Lebel créa à partir de 1960 maints happenings ; Tadeusz Kantor présenta à Varsovie le premier happening polonais ; l'Italie, l'Allemagne l'Autriche, l'Angleterre ou encore l'Argentine, le Japon, etc., ne furent pas en reste. La décennie soixante fut d'ailleurs celle du plus grand retentissement du happening : les événements de mai

1968 eux-mêmes ont été qualifiés par Edgar Faure – alors ministre de l'Éducation nationale – de *happening*. Bref, comme chacun sait, le terme lancé par Kaprow eut un tel succès qu'il est désormais passé du vocabulaire spécialisé à la langue courante.

Volontiers provocants, les happenings ont souvent transgressé les tabous pour créer des aires de liberté et rapprocher l'art de la vie – inépuisable réserve d'inattendu. Comme les *Events*, les actions ou les performances, ils participent d'un vaste mouvement artistique qui mise sur l'acte lui-même, sollicite la participation, assume l'éphémère. Ce déni apporté aux valeurs de la forme pérenne en fait l'un des vecteurs de l'effondrement du système des beaux-arts, notion à laquelle s'est progressivement substituée celle d'arts plastiques, plus ouverte, plus accueillante.

Denys RIOUT

BIBLIOGRAPHIE

HENRY Adrian, *Environments and Happenings*, Londres, Thames & Hudson, 1974.

KAPROW Allan, *Assemblage, Environments and Happenings*, New York, Abrams, 1966.

— *L'Art et la Vie confondus*, éd. J. Kelley, trad. fr. J. Donguy, Centre Georges-Pompidou, 1996.

LEBEL Jean-Jacques, *Le Happening*, Lettres Nouvelles, 1966.

HEIMAT ALLEMAND – fr. *terre natale*

► *PATRIE*, et *DESTIN*, *MONDE*, OIKEIÔSIS, PEUPLE, PROPRIÉTÉ, SOCIÉTÉ CIVILE

Heimat, que l'on traduit souvent par « terre natale », désigne, tout comme Vaterland *(patrie), sinon le lieu explicite de la naissance, du moins celui d'où l'on tire ses origines. Mais tandis que le second renvoie explicitement à une généalogie (le* Vaterland*, c'est le* Land des Väters*, le pays que l'on tient de son père), l'appartenance impliquée par le premier est plus complexe. La* Heimat*, qui vient de* Heim*, le domicile, le foyer, la maison (cf. angl.* home*), c'est, en effet, le pays où l'on s'est trouvé — c'est-à-dire le pays où l'on a trouvé son séjour, son chez-soi, et où se confondent les deux dimensions de la patrie et de la maison. C'est le lieu qui est nôtre (voire qui l'est devenu) parce qu'il nous était destiné ou approprié. À la différence de* Vaterland*, il désigne donc le lieu propre, en un sens plus ontologique que généalogique. De cette différence résulte, pour l'un et l'autre, des usages, voire des instrumentalisations politiques différents.*

I. « VATERLAND » : APPARTENANCE DE NAISSANCE ET COMMUNAUTÉ POLITIQUE

Au-delà de son acception première, *Vaterland* trouve dès le XVIIIe siècle, un sens politique. Avoir un *Vaterland*, une patrie, c'est appartenir à une communauté publique qui donne (ou du moins devrait donner) droit à une citoyenneté. Elle est publique, au sens où elle est clairement identifiable, pour tous, par la naissance. C'est ainsi que Kant écrit dans sa *Rechtslehre* (*Doctrine du droit*), au § 50 :

> Le territoire (*territorium*) [*das Land*] dont les occupants [*Einsassen*], de par la constitution, c'est-à-dire sans avoir besoin d'exercer un acte public particulier (donc de naissance [*mithin durch die Geburt*]) sont déjà concitoyens [*Mitbürger*] d'une seule et même communauté publique [*gemeinen Wesens*], s'appelle la patrie [*Vaterland*].
>
> trad. fr. J. et O. Masson, vol. 3, p. 609.

Le *Vaterland* est donc une communauté à laquelle on appartient de fait. Elle ne nécessite pas d'appropriation particulière. En même temps, elle est ce qui, naturellement, donne droit à une citoyenneté. Elle constitue une sorte de précitoyenneté. En témoigne le fait que la citoyenneté exige, en retour, un attachement au *Vaterland*, une dette qui se traduit notamment dans une obligation de défense, voire de sacrifice. Tout le problème politique est alors de savoir comment acquérir une citoyenneté, sans disposer de l'identification préalable à cette communauté publique, comment devenir citoyen d'un pays quand celui-ci n'est pas, de par la naissance, son *Vaterland*, le *Land* [pays] de ses pères.

II. « HEIMAT » : L'ENRACINEMENT ONTOLOGIQUE

C'est dans un tout autre sens que *Heimat* oriente la question de l'appartenance. D'une manière générale, *Heimat* peut désigner simplement le lieu où quelque chose est advenu – une invention ou une œuvre – le lieu de naissance qu'on lui attribue. Mais cette généralité même se prête à un infléchissement ontologique. La *Heimat* est moins le lieu que tel ou tel reconnaît pour sien, comme le lieu de sa naissance, que celui où un être est et devient ce qu'il était destiné à être et à devenir, son lieu propre. Lieu de la destination (voire de la mission), la *Heimat* devient alors ce qui permet à un être de se manifester et de se développer, de révéler son essence. D'une telle inflexion témoigne déjà la philosophie de l'histoire de Hegel, y compris celle qui sous-tend sa propre histoire de la philosophie. Ainsi peut-il écrire, à propos des Grecs :

> Mais ce qui fait que nous sommes en terre natale [*bei ihnen ist es uns heimatlich zu Mute*] chez les Grecs, c'est que nous découvrons qu'ils ont fait de leur monde leur patrie [*sich selbst ihre Welt zur Heimat gemacht haben*], nous sommes liés par un esprit commun, celui de l'appartenance à une patrie.
>
> Hegel, *Leçon sur l'histoire de la philosophie*, partie I, *La Philosophie grecque*, trad. fr. P. Garniron, Vrin, 1971, p. 21-22.

Mais faire de son monde une *Heimat* ne veut rien dire d'autre qu'accueillir le *Weltgeist*. La *Heimat*, c'est donc le lieu où le *Weltgeist* [l'esprit du monde] se manifeste :

> La Grèce, l'Italie ont été longtemps le théâtre de l'histoire universelle et quand le centre et le nord de l'Europe n'étaient point civilisés, le *Weltgeist* a trouvé ici sa *Heimat*.
>
> Hegel, *Leçons sur la philosophie de l'histoire*, introduction, trad. fr. J. Gibelin, Vrin, 1987, p. 82.

C'est surtout dans l'œuvre de Heidegger que cette ontologisation de la *Heimat* prend toute sa dimension. Car c'est d'abord par rapport à sa perte et à son absence (*Heimatlosigkeit*) que la *Heimat* se définit. La *Heimat* est en effet le lieu natal dans lequel l'homme se trouve enraciné, le lieu le plus proche. Et cet enracinement signifie d'abord qu'il peut s'y développer, conformément à son être. Dans la proximité et la familiarité de ce lieu, entendu comme un don, il trouve la source d'une pensée méditante et d'une œuvre. Ainsi l'allocution *Gelassenheit* [*Sérénité*] commence-t-elle en ces termes :

> Que ma *Heimat* soit remerciée pour tout ce qu'elle m'a donné et qui m'a soutenu sur une longue route.
>
> Heidegger, *Sérénité*, in *Questions III*, p. 161.

D'où le triple questionnement qui gouverne la pensée heideggérienne de la *Heimat* :

(1) L'enracinement de l'œuvre (à commencer par celle de la pensée) n'est-il pas nécessaire à sa production ?

> Ceci nous donne à penser et nous nous demandons si la réussite d'une œuvre de qualité ne requiert pas l'enracinement dans un sol natal [*die verwurzelung im Boden einer Heimat*].
>
> *Ibid.*, p. 167.

Ce que *Heimat* connote, c'est alors l'idée d'un fond propre (*Grund*), entendu comme un sol (*Boden*) ou une terre, « la profondeur du sol natal [*die Tiefe des heimatlichen Boden*] » (*ibid.*, p. 168).

(2) L'appropriation de la *Heimat* fait alors l'objet d'un réquisit qui, s'il n'est pas directement politique, reconduit toute politique à cette exigence d'enracinement dans un sol (*die Bodenständigkeit*). C'est ainsi que, au lendemain de la guerre, Heidegger juge plus préoccupante la situation des Allemands devenus étrangers à leur patrie que celle des réfugiés :

> Beaucoup d'Allemands ont perdu leur patrie [*haben ihre Heimat verloren*] [...] Ils sont devenus étrangers à l'ancienne patrie [*sie sind der alten Heimat entfremdet*]. Et ceux qui sont restés dans leur patrie [*die in der Heimat Gebliebenen*] ? Ils sont encore plus dépourvus de patrie [*heimatloser*] que ceux qui en ont été expulsés [*die Heimatvertriebenen*].
>
> *Ibid.*, p. 168, trad. fr. modifiée.

Le premier effet de l'ontologisation de la *Heimat* est donc de faire de la question de la citoyenneté (celle qui concerne le *Vaterland*, au sens kantien du terme) un problème secondaire par rapport au caractère généralisé de ce déracinement qui menace l'homme « dans son être le plus intime » (*ibid.*, p. 169).

(3) Du même coup, la pensée se voit assigner une nouvelle tâche, dans laquelle s'épuiserait sa responsabilité politique : penser et trouver une nouvelle *Heimat*, dans laquelle les œuvres humaines puissent à nouveau s'enraciner :

> Aussi demandons-nous maintenant : si l'ancien enracinement [*die alte Bodenständigkeit*] vient à disparaître, n'est-il pas possible qu'en retour un nouveau terrain, un nouveau sol [*ein neuer Grund und Boden*] soit offert à l'homme, un sol où l'homme et ses œuvres puiseraient une sève nouvelle pour leur développement, au cœur même de l'âge atomique ? Quel serait le sol, la terre d'un nouvel enracinement [*welches wäre der Grund und Boden für eine künftige Bodenständigkeit*] ?
>
> *Ibid.*, p. 175-176.

♦ Voir encadré 1.

III. PEUT-IL Y AVOIR « HEIMAT » SANS « VATERLAND » ?

Pour autant le terme ne perd pas toute signification politique. Peut-il y avoir *Heimat* sans *Vaterland* ? Celui qui est privé de droit en un lieu donné peut-il trouver dans ce lieu son lieu propre et en faire un chez-soi ? Une pensée dépolitisée de la *Heimat* n'est-elle pas en réalité très politique ? C'est la question que pose Jean Améry dans *Jenseits von Schuld und Sühne. Bewältigungsversuche eines Überwältigten* [*Par-delà le crime et le châtiment. Essai pour surmonter l'insurmontable*], en évoquant le statut des Juifs dans l'Allemagne nazie. C'est, explique-t-il, parce qu'on interdisait aux Juifs de reconnaître dans l'Allemagne leur *Heimat* qu'ils pouvaient être privés de droits — et donc se retrouver sans *Vaterland*. Mais c'est aussi parce qu'ils étaient privés de droits que, pour eux, il n'y avait plus de *Heimat* possible. La *Heimat*, ce n'est donc pas

1

Les « Heimatlosen » du « Gai Savoir »

L'enracinement dans la *Heimat* peut aussi intimer à la philosophie des exigences exactement inverses. Pour Nietzsche, il désigne, par la voix de Zarathoustra, cet ensemble d'attachements (à une terre, un paysage, une famille) dont il faut se déprendre pour qu'une nouvelle parole, ou une nouvelle écriture, soit possible. La *Heimat* n'est pas le lieu propre dans lequel s'enracine une œuvre, mais un lieu qu'il faut savoir quitter, sous peine de répéter ce qui a déjà été pensé et dit. C'est à la fois un *Vater-land* et un *Mutter-land*, non au sens d'une communauté politique, mais d'un ensemble de dépendances (une tradition, une autorité, en tant qu'elles supposent et même exigent des liens affectifs) :

> Mais je n'ai trouvé de patrie [*Heimat*] nulle part, je ne suis jamais qu'un passant [*unstätt bin ich*] dans toutes les villes, et en partance sur tous les seuils. Ils me sont étrangers [*fremd*], ils me sont une dérision, ces hommes d'à présent vers qui mon cœur naguère m'appelait et je suis banni des pays des pères et des mères [*vertrieben bin ich aus Vater- und Mutterländern*].
>
> Nietzsche, *Ainsi parlait Zarathoustra*, p. 167 ; trad. fr. modifiée.

Dans *Le Gai Savoir*, Nietzsche nommera « les enfants de l'avenir » à qui se destine sa *gaya scienza*, des sans-patrie (*Heimatlosen*).

BIBLIOGRAPHIE

NIETZSCHE Friedrich, *Also sprach Zarathoustra*, in *Kritische Studienausgabe*, éd. G. Colli et M. Montinari, vol. 3, Berlin-New York, Gruyter, 1988 ; *Ainsi parlait Zarathoustra*, trad. fr. P. Mathias, Flammarion, « GF », 1996.

2

« Das Unheimliche »

► ANGOISSE, ENTSTELLUNG, INCONSCIENT, *MALAISE*, SUJET, THÊMIS, VERNEINUNG

C'est à l'angoisse que renvoie l'antonyme substantivé de *heimlich, das Unheimliche*, qui appartient depuis Freud au vocabulaire de la psychanalyse. « Inquiétante étrangeté » : le terme allemand est « intraduisible », note Bertrand Féron, qui maintient la traduction de Marie Bonaparte, mais constate que le français glose, élimine le *Heim* de la maison, supprime le *un* de la censure (*L'Inquiétante Étrangeté et autres essais*, p. 212) ; James Strachey choisit *uncanny*, « étrange, mystérieux » : ne pouvant mobiliser d'équivalent forgé sur *home*, il a recours au privatif de *canny*, « prudent, avisé », sur *can*, « pouvoir, être capable de », de la même famille que *to know*, « savoir ».

Freud, dans son essai éponyme [1919], est plus que jamais attentif à sa langue et aux autres langues : « Le mot allemand *unheimlich* est manifestement l'antonyme de *heimlich, heimisch* (du pays), *vertraut* (familier), et l'on est tenté d'en conclure qu'une chose est effrayante justement pour la raison qu'elle n'est *pas* connue ni familière » (GW, t. 12, p. 231 ; trad. fr. B. Féron, p. 215). Or c'est faux : « [...] l'inquiétante étrangeté est cette variété particulière de l'effrayant [*jene Art des Schreckhaften*] qui remonte au depuis longtemps connu, depuis longtemps familier » (*ibid.*). Et Freud, dictionnaires à l'appui, constate que « cette nuance particulière de l'effrayant » fait défaut « dans les langues étrangères » — peut-être précisément parce qu'elles nous sont « étrangères » (GW, t. 12, p. 232 ; trad. fr. citée, p. 216). Le remarquable en effet est que, dans une nuance de l'allemand, *heimlich* puisse coïncider avec son contraire, et signifier non seulement le « familier, confortable », mais ausi le « caché, dissimulé », le « secret [*geheim*] », même si l'on peut comprendre que, comme le disent les frères Grimm, du « domestique » dérive le concept de ce qui est « caché à des yeux étrangers » (cité par Freud, GW, t. 12, p. 236 ; trad. fr. citée, p. 222). L'attention de Freud est attirée là-dessus par une remarque de Schelling « qui énonce quant au contenu du concept de *Unheimlich* quelque chose de tout à fait nouveau et à quoi notre attente n'était certainement pas préparée. Serait *unheimlich* tout ce qui devait rester un secret, dans l'ombre, et qui en est sorti » (GW, t. 12, p. 236 ; trad. fr. citée, p. 222 — Freud cite Schelling *via* Daniel Sanders [*Wörterbuch der deutschen Sprache*, 1860] ; voici le texte de Schelling, *Philosophie der Mythologie*, 2, 2 , 649 : « *unheimlich nennet man alles, was in Geheimnis, im Verborgenen, in der Latenz bleiben sollte und hervorgetreten ist* » ; à ceci près, comme le note David Stimilli, que Sanders omet « *in der Latenz* » !).

Le contexte de la définition de Schelling, que Freud ne connaissait peut-être pas, est le statut de Némésis : ce principe « étrangement inquiétant », au-dessus de la loi (*nomos* [νόμος]), que la religion olympienne veut cacher (« *die Gewalt jenes unheimlichen Princips, das in der früheren Religionen herrschte* [la puissance du principe étrangement inquiétant qui dominait dans les religions antérieures] », *Philosophie der Mythologie*, p. 649 ; trad. fr. p. 430) ; la Némésis n'est rien d'autre en effet que « la puissance même de cette loi suprême du monde qui met tout en mouvement, qui refuse que rien reste caché, qui contraint tout ce qui est caché à apparaître, et le force en quelque sorte moralement à se montrer [*das alles Verborgen zum Hervortreten antreibt und gleichsam moralisch zwingt sich zu zeigen*] » (*ibid.*, p. 146-147 ; trad. fr. p. 96-97). La Némésis, puissance cachée, se définit de produire en pleine lumière ce qui se cache — Pindare la nomme « plus juste que la justice », *huperdikon* [ὑπέρδικον] (*Pythiques*, X, 45 ; *Olympiques*, VIII, 86).

L'*Unheimlich* désigne donc du caché soudain contraint de se montrer : en langage freudien, « quelque chose de refoulé qui fait retour [*etwas wiedekehrendes Verdrängtes*] » (GW, t. 12, p. 254 ; trad. fr. B. Féron, p. 246). On comprend, dit Freud, que « l'usage linguistique fasse passer le *Heimlich* en son contraire, le *Unheimlich*, puisque ce *Unheimlich* n'est en réalité rien de nouveau ou d'étranger, mais quelque chose qui est pour la vie psychique familier de tout temps, et qui « ne lui est devenu étranger que par le processus du refoulement [*nur durch den Prozess der Verdrängung entfremdt worden ist*] » (GW, t. 12, p. 254 ; trad. fr. citée, p. 246). Il constitue ainsi une espèce particulière de l'angoissant, « lorsque des complexes infantiles *refoulés* [*verdrängte infantile Komplexe*] sont ranimés par une impression », comme dans « L'homme au sable » de Hoffmann, ou « lorsque des convictions primitives *dépassées* [*überwundene primitive Überzeugungen*] paraissent à nouveau confirmées » (GW, t. 12, p. 263 ; trad. fr. citée, p. 248), comme dans la répétition non intentionnelle qui mime si bien la fatalité.

Se rendre compte qu'on n'est même pas chez soi en soi, telle est l'angoisse du sujet moderne devant l'*Unheimliches*.

Barbara CASSIN

BIBLIOGRAPHIE

FREUD Sigmund, « Das Unheimliche [1919] », GS, t. 10, 1924 ; GW, t. 12, 1947 ; « The "Uncanny" », trad. angl. J. Strachey, Standard Edition, t. 17, 1955 ; trad. fr. M. Bonaparte et E. Marty, in *Essais de psychanalyse appliquée*, Gallimard, « Idées », 1933 ; trad. fr. B. Féron, in *L'Inquiétante Étrangeté et autres essais*, Gallimard, « NRF », 1985.

SCHELLING Friedrich Wilhelm Joseph, *Philosophie der Mythologie*, in *Sämmtliche Werke*, t. 2, Stuttgart, 1857 ; *Philosophie de la mythologie*, trad. fr. A. Pernet, Jerôme Millon, 1994.

STIMILLI David, *The Face of Immortality* : *Physiognomony and Criticisim*, sous presse, chap. 6.

OUTILS

GRIMM Jacob et Wilhelm, *Deutsches Wörterbuch*, Leipzig, Hirzel, 1854, repr. Munich, Deutscher Taschenbuch, 1984.

SANDERS Daniel, *Wörterbuch der deutschen Sprache*, Leipzig, 1860, repr. Hildesheim, Olms, 1969.

seulement un lieu propre, c'est aussi le lieu d'une sécurité minimale. Ce que la dépolitisation de *Heimat*, son repli sur une familiarité folklorique oublient, c'est que pour un individu privé de droit, un sans-patrie, aucune *Heimat* n'est possible :

> Il nous faut clarifier, avec la brièveté qui s'impose, le rapport entre *Heimat* et *Vaterland*. En effet, une opinion largement répandue veut limiter le concept de *Heimat* à sa dimension régionale et folklorique, sauvegardant ainsi au moins sa qualité pittoresque, et faire du *Vaterland* un mot de ralliement démagogique et l'expression d'un entêtement borné et réactionnaire profondément suspect. [...] Moi, comme je suis un *Heimatlos* [sans-patrie] qualifié, j'ose prendre le parti de la valeur que représente la *Heimat*, et je refuse carrément de souscrire à la distinction pointue que l'on veut faire entre *Heimat* et *Vaterland*, car je crois finalement que l'homme de ma génération ne pourrait s'en sortir avec succès sans les deux, qui ne forment qu'un. Celui qui n'a pas de *Vaterland*, s'entend : pas d'asile dans un ensemble social représentant une unité nationale autonome et indépendante, n'a pas non plus de *Heimat*.
>
> Améry, *Par-delà le crime et le châtiment*, p. 100-101.

C'est donc quand on est privé que la différence entre *Vaterland* et *Heimat* est la mieux thématisée, mais c'est aussi là qu'elle se brouille. La privation de *Vaterland* renvoie à une situation politique bien précise. Elle est le fait des sans-patrie et elle désigne la difficulté (voire l'impossibilité) d'obtenir des droits sans une identification et une appartenance préalable au type de communauté que ce terme désigne. Elle touche ceux-là mêmes qui ont dû quitter, de force ou de gré, leur patrie. L'absence de *Heimat* n'implique pas nécessairement le déplacement ou l'exil. Elle désigne bien davantage un déracinement, la perte du lieu où l'on peut être pleinement soi-même. Sauf que, lorsque l'un ou l'autre est instrumentalisé et que les deux sont confondus, lorsque l'appartenance à une *Heimat* est ce qui donne droit à un *Vaterland* — le déracinement n'est plus ontologique, il désigne la privation d'un chez-soi familier et sécurisant, une menace permanente pour sa propre sécurité.

♦ Voir encadré 2.

Marc CRÉPON

BIBLIOGRAPHIE

AMÉRY Jean, *Jenseits von Schuld und Sühne. Bewältigungs versuche eines Überwältigen*, Stuttgart, Klette Kotta, 1977 ; *Par-delà le crime et le châtiment. Essai pour surmonter l'insurmontable*, trad. fr. F. Wuilmart, Arles, Actes Sud, 1995.

HEGEL Georg Wilhelm Friedrich, *Vorlesungen über die Geschichte der Philosophie*, vol. 1-4, éd. P. Garniron et W. Jaeschke, Hambourg, Meiner, 1986-1996.

— *Vorlesungen über die Philosophie der Weltgeschichte*, éd. K. H. Ilting, K. Brehmer et H. N. Seelmann, Hambourg, Meiner, 1996.

HEIDEGGER Martin, *Gelassenheit*, Pfüllingen, Neske, 1959 ; *Sérénité*, in *Questions III*, trad. fr. A. Préau, Gallimard, 1966.

KANT Emmanuel, *Œuvres philosophiques*, F. Alquié (dir.), Gallimard, « La Pléiade », 1986, vol. 3.

KLEMPERER Victor, *LTI — Notizbuch eines Philologen*, Leipzig, Reclam, 1975 ; *LTI, la langue du Troisième Reich*, trad. fr. É. Guillot, Albin Michel, 1996.

NIETZSCHE Friedrich, *Also sprach Zarathoustra*, in *Kritische Studienausgabe*, éd. G. Colli et M. Montinari, vol. 3, Berlin-New York, Gruyter, 1988 ; *Ainsi parlait Zarathoustra*, trad. fr. P. Mathias, Flammarion, « GF », 1996.

HERRSCHAFT ALLEMAND – fr. *domination*

► *AUTORITÉ, DOMINATION, LIBERTÉ, POUVOIR*, et ÉCONOMIE, *ÉTAT*, MACHT, OIKONOMIA, PRAXIS, PROPRIÉTÉ, SÉCULARISATION

Le terme, omniprésent dans la tradition allemande médiévale et la réflexion à la fois juridique et politique, n'est en fait pas véritablement défini comme un concept. Il sert dès le départ à désigner aussi bien la dignité de celui qui, parce qu'il est âgé, est supposé vénérable et sage, l'autorité exercée par le père de famille considéré comme chef de clan et la relation de propriété d'un chef de clan sur un territoire. Mais, il n'est pas même établi comme équivalent stable dans la traduction, en allemand, de notions latines telles que dominium, dominatio, potestas, *etc. Chez Kant, puis chez Marx, l'emploi du terme ne débouche toutefois pas sur sa conceptualisation. À l'époque contemporaine, le terme jouit encore d'une extension très vaste qui paie tribut à la rigueur de sa définition ; c'est le cas de l'usage qu'en fait l'École de Francfort, et seul Max Weber s'est risqué à le préciser, mais dans une perspective moins thématique que fonctionnelle.*

I. ÉVOLUTION SÉMANTIQUE

Le terme *herscaft* ou *hertuom*, en vieux haut allemand, provient sans doute de l'adjectif *her*, qui signifie « gris de cheveux », « digne ». Le comparatif *heriro* de l'adjectif, et qui traduisait le latin *senior* et le grec *presbuteros* [πρεσβύτερος], a servi à former le substantif *herre*, au VIIe siècle, qui fut à peu près l'équivalent de *dominus* (cf. Grimm, *Deutsches Wörterbuch*, vol. 4, t. 2, p. 1124 *sq.* ; G. Ehrismann, « Die Wörter für "Herr" im Althochdeutschen »). Tandis qu'au cours du Moyen Âge ne cesse de s'affiner la distinction entre *potestas* (pouvoir royal) et *auctoritas* (autorité papale) pour déboucher sur une opposition (cf. W. Ensslin, « Auctoritas und Potestas » ; Habermas, *L'espace public*, chap. I, § 2) — dont les conséquences extrêmes ont été la constitution d'un droit indépendant en France (la réforme de Cujas sous Philippe Auguste) et le schisme anglican outre-Manche —, le terme de *Herrschaft* reste, dans l'ère germanique, relativement indéterminé et désigne le pouvoir du père de famille sur les siens et sur ses serviteurs comme le rapport de propriété sur une terre et ses serfs ; mais il a également pour sens la dignité, la supériorité (morale), puis, à partir du XIIIe siècle, il renvoie à une fonction officielle. L'opposition *Herr/Knecht* est déjà présente sous la forme de la différence de statut entre le propriétaire d'une terre et celui qui n'en a que la tenure, mais cette opposition reste, du point de vue terminologique, indifférenciée par rapport à l'opposition entre suzerain et vassal, comme par rapport au pouvoir dont jouit le roi sur le domaine royal ; ces deux acceptions reposent sur une même traduction du terme *dominus* qu'on retrouve encore à l'arrière-plan de la manière d'exprimer le pouvoir spécifique de l'empereur — *dominus mundi*. Le pouvoir du pape, du roi et des princes est exprimé par *Gewalt* ou par *Macht* traduisant *potestas*, *imperium*, *regnum* ou *regimen*, tandis que *Herrschaft* reste, semble-t-il, lié à un rapport fondamentalement inscrit dans le registre de la propriété (sur les membres de la famille élargie comme sur les biens et la terre). Mais, au tournant du XIIIe et du XIVe siècle, à l'époque où Louis IV de Bavière s'oppose franchement au pape Jean XXII, Marsile de Padoue dans son *Defensor pacis* (vers 1324) et Guillaume d'Ockham dans son *Breviloquium de potestate papae* (vers 1341) distinguent propriété et pouvoir, dans le but de contester les prétentions papales à exercer également un pouvoir et une propriété temporelles, interdisant à la notion de *Herrschaft* de subsumer les deux aspects ou de les fondre. La *Constitutio in favorem principium* de 1232 établit la notion de *dominus terrae*, traduite par *lantherr*, mais il faut attendre le XIVe siècle pour que le pouvoir du *Herr im Land* soit associé au terme de *Herrschaft*, encore que le sens de ce mot puisse renvoyer aussi bien à une fonction qu'à la propriété (cf. Grimm, art. « Landesherrschaft ») sur laquelle, le plus souvent, repose l'exercice de ce pouvoir.

Entre *propriété* et *pouvoir* (*Gewalt*, pouvoir exercé sur des personnes), *Herrschaft* reste à la fois plurivalent et difficilement abstrait ; il est difficile de le spécifier par rapport à d'autres notions, que ce soit à travers ses équivalents français — autorité, domination, pouvoir, seigneurie —, allemands — *Herrschung, Regiment, Obrigkeit, Oberherrschaft* — ou anglais — *command, dominion, lordship, reign, rule*. Le dictionnaire d'Adelung (vol. 2, 1775, p. 1133 *sq.*) définit *Herrschaft* comme un terme concret — à la différence de *Gewalt* — qui désigne soit les personnes qui exercent l'autorité sur un territoire, un lieu ou une famille, soit le domaine (abstrait ou concret) sur lequel s'exerce cette autorité.

Nicolas de Cues est l'un des premiers à opposer, sur la base du droit naturel, une souveraineté du peuple à une domination qui ne possède pas le pouvoir qu'elle exerce (*De concordantia catholica* [1433], p. 162 *sq.*), selon l'adage de Pline (*Panégyrique de Trajan*, 55, 7) : « *Principis sedem obtines, non sit domino locus* [tu as un prince afin de ne pas avoir un maître]. » C'est seulement alors que la domination renvoie à un usage abusif d'un pouvoir compris comme un exercice encadré par le droit et soumis d'une manière ou d'une autre à un contrôle relativement indépendant. De même, Érasme va jusqu'à refuser que le terme de *Herrschaft* (traduisant *dominium*) soit un « terme chrétien », et il oppose à cette domination païenne l'*administratio* (*Institutio principis christiani* [1517], in *Ein nützliche underwisung eines Christlichen fürstur wol zu regieren*, Zurich, 1521, p. XXIII). Ces deux penseurs établissent ainsi les bases d'une lignée sémantique dont on retrouve les effets au cours du XVIIIe siècle, où certaines encyclopédies et dictionnaires (le *Repertorium*, vol. 2, 1793, de Scheidemantel, et la *Deutsche Encyclopädie*, 1790, vol. 15, p. 285 *sq.*,) enregistrent l'évolution du terme : les antonymes que l'on y voit alors figurer — *Freiheit, Knechtschaft* — sont l'occasion d'une critique de la domination comprise dans cette perspective. Luther offre un état plus ambigu de la question, car il balance entre une conception plutôt critique de la domination — « Qui veut être un prince chrétien doit véritablement abandonner l'idée qu'il exercera une domination et procédera par la violence » (*Von weltlicher Obrigkeit* [1523], in *WA*, vol. 11, 1900, p. 271 *sq.*) — en opposant *Herrschaft* à *Obrigkeit* et à *Regiment*, mais cède également à la tentation de justifier le pouvoir en général :

> Puisque Dieu a donné aux païens et à l'entendement la domination temporelle, il a certainement dû créer des gens qui, avec sagesse et courage, avaient le désir de s'y vouer, qui y étaient destinés, et qui savaient la maintenir.
>
> Interprétation du Psaume 101, in *WA*, vol. 51, p. 243.

D'une part, il radicalise la doctrine augustinienne des deux règnes — en considérant parfois le pouvoir comme purement profane (cf. « Wochenpredigten über Matthias [Sermons hebdomadaires sur Matthieu 5-7] » [1530-1532], in *WA*, vol. 32, p. 440) —, mais il cherche, d'autre part, à légitimer ses prises de parti par tous les moyens théologiques, comme le lui reprochera Thomas Münzer, lors du soulèvement des paysans, puisque Luther se rangera alors du côté de la noblesse. De même, il ignore toutes les constructions juridiques dont il est contemporain pour une large part, qui tendent à limiter ou à contrôler le pouvoir en général. C'est ce qui le différencie de Calvin, qui non seulement tient compte de ces innovations juridiques et constitutionnelles, mais se garde bien de donner à la domination une quelconque origine divine.

II. « HERRSCHAFT » / « KNECHTSCHAFT »

Hegel a d'abord introduit cette opposition dans un cadre théologique — *L'Esprit du christianisme* [1798-1799], 1907, p. 374 — et dont l'inspiration est paulinienne : il s'agit d'une scission qui interdit toute réunion libre entre des individus, mais cette opposition est révolue, dépassée par la vision chrétienne. Dans la *Phénoménologie de l'esprit*, l'opposition décrit une étape de la conscience de soi ; mais on ne peut ni la déterminer de manière rigoureuse du point de vue d'une évolution historique datée précisément ni la réduire à une interprétation psychologique. C'est Vico qui a cherché à donner une datation pseudo-historique à ce processus en le référant à la « domination des Cyclopes » (*La Scienza nuova*, 1928, p. 324). La difficulté vient, là encore, de l'indétermination qui affecte le remplissement possible des deux notions : le maître n'est au fond pas défini autrement que par le fait qu'il est prêt à faire le sacrifice de sa vie, tandis que l'esclave préfère la soumission à la mort. C'est plutôt la définition du travail, refusé par le maître et accepté par l'esclave, qui est l'enjeu de cette opposition, tout comme l'introduction de la négativité comme ferment d'évolution historique. Il est évidemment bien difficile de voir dans la transformation de cette opposition en conscience de la liberté soit un fait attesté, soit une utopie — on serait plutôt tenté de la concevoir comme une anticipation par Hegel de ce que sera l'histoire générale après la Révolution française, et, plus généralement, comme la confirmation que l'ère moderne est traversée par la critique de l'ordre établi, critique qui se justifie par le fait que la négativité ne saurait être exclue d'aucune position sociale, d'aucun statut de pouvoir.

Sur le plan strictement lexicographique, l'opposition *Herrschaft-Knechtschaft* renvoie d'abord exclusivement à un domaine sémantique d'ordre juridique ; dans la deuxième moitié du XVIIIe siècle, la tradition aristotélico-chrétienne qui justifiait le rapport de domination d'un homme sur un autre est peu à peu remise en question, et la tendance sémantique qui s'annonce pour se renforcer au XIXe siècle fait peu à peu perdre à la notion son contenu juridique au profit d'une acception plus large, d'ordre philosophico-politique, où ce qui est alors de plus en plus contesté, c'est le bien-fondé juridique du rapport non naturel de domination : l'influence de la Révolution française n'a pas manqué de se faire sentir outre Rhin, sans pour autant contribuer véritablement à donner au terme de *Herrschaft* une définition plus rigoureuse, voire conceptuelle.

III. UN HIATUS CHEZ KANT : LA NOTION DE « HAUSHERRSCHAFT »

Il est significatif que Kant, dans son traité *Sur la paix perpétuelle* où il examine et oppose diverses formes de gouvernement, n'emploie pas le terme *Herrschaft*, pas même lorsqu'il s'agit de désigner le despotisme qu'il opposera, comme on le sait, au républicanisme, le seul régime qui laisse envisager une évolution vers une constitution fondée sur le droit. C'est, en revanche, dans l'ordre juridique privé que l'on voit apparaître le terme, et pour désigner, dans les *Fondements de la métaphysique des mœurs* (*Grundlegung zur Metaphysik der Sitten*, in *AK*, vol. 6, p. 283, § 30), le pouvoir du maître de maison (*Hausherrschaft*), qui rappelle l'ancienne notion d'*oikodespotês* [οἰκοδεσπότης]. Et il s'agit bien d'un pouvoir lié à la personne (*ibid.*, p. 276, § 22) au sein d'une « société inégalitaire (celle de celui qui commande, ou maître [*Herrschaft*] et de ceux qui obéissent, c'est-à-dire la domesticité, *imperantis et subjecti domestici*) ». Kant se montre tout à fait contemporain de l'érosion, au XVIIIe siècle, de ce pouvoir domestique sapé par l'émergence de la notion de contrat, qui à la fois justifie la dépendance, et reconnaît le statut de personne à celui ou celle qui obéit : c'est pourquoi la relation d'inégalité ainsi décrite a ses limites (*ibid.*, p. 283, § 30). Il n'en reste pas moins difficile d'accorder à l'esprit comme à la lettre de l'impératif catégorique cette possibilité de « faire un usage immédiat d'une personne comme d'une chose, en tant que moyen pour ma fin », même si cet usage ne se borne qu'à l'« usufruit » de la personne d'autrui, ce qui ne porte pas véritablement atteinte à son statut de personne (*ibid.*, p. 359, § 2 et § 3). La *Critique de la raison pratique* ne laisse aucun doute à ce sujet :

> Dans la création entière, tout ce que l'on veut et ce sur quoi on a quelque pouvoir peut aussi être employé simplement comme moyen ; l'homme seul, et avec lui toute créature raisonnable, est fin en soi.
>
> *Kritik der praktischen Vernunft*, in *AK*, vol. 5, p. 87 ; in *Œuvres philosophiques*, trad. fr. L. Ferry et H. Wismann, Gallimard, « La Pléiade », 1985, vol. 2, p. 714.

Ce hiatus est fondateur de la critique de la domination qui va se développer, avec Marx notamment : d'une part, l'instrumentalisation de la personne est condamnée — et c'est au nom de cette condamnation moralement fondée sur la valeur absolue de la personne qu'on argumente —, d'autre part, l'émancipation du genre humain conforme à l'esprit de l'impératif catégorique n'a pas encore été réalisée dans l'histoire (la seule solution semble donc la révolution, laquelle doit être une « révolution radicale qui ne peut être que celle de besoins radicaux... », *Zur Kritik der Hegelschen Rechtsphilosophie* [*Critique de la philosophie hégélienne du droit*], Introduction, in *Marx-Engels Werke*, p. 387). La critique contemporaine de la domination — de quelque nature qu'elle soit (raciale, sexuelle, etc.) —, elle aussi, puise à la même source : l'impossibilité de réduire la domination, même en multipliant les règlements et les jurisprudences, que ce soit dans le domaine privé ou dans le domaine public.

IV. LA DOMINATION ANONYME

C'est Marx qui opère un déplacement remarquable du sens de *Herrschaft* en en dépersonnalisant le contenu, sans pour autant fournir de définition proprement conceptuelle :

> Le prolétariat utilisera son pouvoir politique [*politische Herrschaft*] pour peu à peu arracher tout capital à la bourgeoisie, pour centraliser tous les instruments de production entre les mains de l'État, c'est-à-dire du prolétariat organisé en classe dominante, et pour augmenter le plus rapidement possible la masse des forces productives.
>
> *Manifest der Kommunistischen Partei* [*Le Manifeste du Parti communiste*], in *Marx-Engels Werke*, vol. 4, p. 481.

Mais cette dépersonnalisation a lieu, pour l'essentiel, sur le terrain déterminant tous les autres conflits politiques et sociaux, à savoir le terrain économique : « Le capital n'est pas [...] un pouvoir [*Macht*] personnel, c'est un pouvoir social » (*ibid.*, p. 476). La grande différence entre les formes archaïques et « naturelles » de production et celles qui se développent dans le cadre d'une civilisation se révèle dans la forme personnelle ou anonyme de la relation entre propriétaire et producteur :

> Dans le premier cas, la domination (*Herrschaft*) du propriétaire sur le non-propriétaire peut reposer sur des rapports personnels [...], dans le second, elle ne peut que passer par une instance tierce, l'argent, et revêtir une forme chosale.
>
> *Die deutsche Ideologie* [*L'Idéologie allemande*], in *Marx-Engels Werke*, vol. 3, p. 65.

Néanmoins, et même dans les sociétés développées où règne la forme la plus avancée du capitalisme moderne, la forme, donc, la plus anonyme de la domination, on peut encore interpréter « le fondement caché de tout l'édifice social et, partant, [...] de la forme, spécifique à chaque stade, que prend l'État » comme une relation « maître-esclave » : « le rapport immédiat du propriétaire des conditions de production aux producteurs immédiats » (*Das Kapital* [*Le Capital*], t. 3, in *Marx-Engels Werke*, vol. 25, p. 799 *sq.*), qui n'est autre que l'appropriation d'un surtravail non payé (présupposé de la plus-value). Si dépersonnalisé soit-il, le rapport entre dominant et dominé garde une dimension « personnelle », celle de l'expérience concrète et immédiate de la domination, laquelle, du moins dans cette dimension-là, — mais Marx affirme bien qu'elle est essentielle et que tout le reste de l'édifice social en découle —, n'en est pas pour autant plus explicitée par lui. La réflexion marxienne sur la dépersonnalisation progressive des rapports de production, qui va jusqu'à la réification, reste cependant muette sur ce qu'est initialement et historiquement la « réussite » de la domination. Cet anonymat de la domination trouvera, dans les années 1960-1970, un écho caricatural se plaisant à une extension radicale de la notion pour dénoncer un mystérieux « système » :

> Si l'homme mange, s'il boit, s'il se loge, s'il se reproduit, c'est que le système a besoin qu'il se reproduise pour se reproduire : il a besoin d'hommes. S'il pouvait fonctionner avec des esclaves, il n'y aurait pas de travailleurs « libres ». S'il pouvait fonctionner avec des esclaves mécaniques asexués, il n'y aurait pas de reproduction sexuelle [...]. Le système ne peut que produire et reproduire les individus en tant qu'éléments du système. Il ne peut y avoir d'exception.
>
> Jean Baudrillard, *Pour une critique de l'économie politique du signe*, Gallimard, 1972, p. 93.

Ce qu'était l'État pour Hegel, « réalité effective de l'idée morale » en même temps que « réalité effective de la liberté concrète » (*Philosophie du droit*, § 257 et § 260), c'est, pour Marx, la société sans classe, l'émancipation réalisée, la négation de la distinction libérale entre État et société, l'identité entre contenu économique et forme politique, c'est-à-dire l'identité entre principe matériel et principe formel : l'isonomie concrète, l'histoire au-delà de ce qui en était jusque-là reconnu comme l'unique moteur, par-delà la lutte des classes, l'humanité affranchie de la domination, de toute forme de domination. « Le prolétariat supprimera la domination de toutes les classes et les classes elles-mêmes, donc aussi sa propre domination en tant que classe » (*Die deutsche Ideologie* [*L'Idéologie allemande*], p. 70). Or Marx a été tout aussi discret sur cet avenir radieux que sur la « dictature du prolétariat », se refusant à prophétiser ; mais sans voir que le présupposé de toute critique de cet ordre était précisément kantien, le fait qu'idée et réalité ne coïncident guère, voire, sur le terrain moral, politique et social, jamais ; le fait que la critique ne peut s'exercer contre l'état de fait matériel sans constamment en appeler, même implicitement, au plan formel. Et ce n'est pas un hasard si la réduction de la politique à l'économie, tendance récurrente dans le marxisme (plus que chez Marx d'ailleurs), va de pair avec une négligence foncière à l'égard du droit.

On peut aisément constater que Marx, dans la *Critique de la philosophie hégélienne du droit* comme dans *L'Idéologie allemande*, utilise, pour décrire les fonctions qui, dans la société affranchie de toute forme de domination, relevaient dans les sociétés antérieures de cette même domination, un vocabulaire qui n'est qu'une manière de contourner le terme honni de *Herrschaft* sans témoigner d'un règlement conceptuel du problème : *Oberaufsicht* (contrôle supérieur), *Leitung* (direction), *kommandierender Wille* (volonté ordonnatrice), etc.

Ce n'est pas tout à fait sans rapport avec cette situation si, moins de quarante ans après la mort de Marx, Georg Simmel s'efforce, dans sa *Soziologie*, de contourner lui aussi la notion : « L'homme veut être dominé [*beherrscht*], la majorité des hommes ne peut exister sans être guidée [*Führung*] » (1922, p. 109). On sait quel destin a connu aussitôt le fait de substituer *Führung* ou *Führerschaft* à *Herrschaft* dans le vocabulaire sociologique et politologique...

V. TENTATIVE DE CLARIFICATION : MAX WEBER

Max Weber distingue trois types de domination : la domination rationnelle (dont la réalisation la plus pure est la domination qui s'exerce par le biais d'une administration obéissant à des critères rigoureux, comme la comptabilité arithmétique), la domination traditionnelle et la domination charismatique (1922, chap. 3, p. 122 *sq.*). La domination est ainsi un phénomène commun à toute forme historique qu'elle revêt — qu'elle soit proche d'un des types décrits, ou qu'elle s'en écarte en fonction de toutes les gradations possibles par mélanges et compromis —, et il n'est pas interdit d'y voir comme une sorte d'invariant anthropologique psychosocial. Malgré les efforts de Marianne Weber pour dissimuler l'importance des sources nietzschéennes dans la pensée de son mari, force est de reconnaître, en l'occurrence, une résurgence à peine voilée de la notion de volonté de puissance. Tandis que le pouvoir (*Macht*) signifie « toute possibilité d'imposer, même en dépit de la résistance qu'elle va rencontrer, une volonté propre au sein d'un rapport social », la domination (*Herrschaft*) désigne « la possibilité qu'a un ordre doté d'un contenu déterminé de susciter l'obéissance chez telle ou telle personne à qui il est adressé » (*ibid.*, p. 28 *sq.*). Imposer sa volonté et obéir à un ordre apparaissent comme les deux volets, nécessairement complémentaires, décrivant un rapport de forces dans le cadre des relations de pouvoir. Mais on constate immédiatement que cette définition laisse évidemment de côté l'ensemble des raisons qui font qu'un ordre est suivi : « La situation de domination n'est liée qu'à l'existence effective d'un *autre qui donne un ordre* auquel on obéit » (*ibid.*, p. 122). Même s'il évoque, dans ce même contexte, la discipline, Weber n'indique pas ce qui fait que l'on consent à cette discipline. Dans la mesure, cependant, où il reconnaît que l'obéissance peut également avoir lieu sur la base de la loyauté ou de la fidélité, et qu'elle ne s'effectue plus alors selon un rapport formel entre celui qui ordonne et celui qui obtempère (*ibid.*, p. 123), il n'est plus possible de considérer que la notion de domination resterait neutre du point de vue axiologique puisqu'on serait logiquement obligé d'intégrer à sa définition un mobile relevant de la valeur. Ce qui relance la difficulté technique propre à toute critique de la domination qui voudrait procéder par induction généralisatrice. Pour Weber, l'exigence de neutralité axiologique ne peut que neutraliser aussi la notion de domination, et ainsi fragiliser d'emblée la possibilité conceptuelle de sa critique effective. Il renvoie en quelque sorte dos à dos l'apologétique de la domination (A. Gehlen, 1993) et la critique générale de la domination telle que l'a développée l'École de Francfort (T. W. Adorno *et al.*, 1950, et, surtout, en collaboration avec M. Horkheimer, *La Dialectique de la raison* [1944]) qui aboutit finalement à un constat désespéré sans lever le voile qui décidément semble nimber la domination : « La mystérieuse disposition qu'ont les masses à se laisser fasciner par n'importe quel despotisme, leur affinité autodestructrice avec la paranoïa raciste, toute cette absurdité incompréhensible révèle la faiblesse de l'intelligence théorique actuelle » (trad. fr. E. Kaufholz, Gallimard, 1974, p. 16). Ce sont les mêmes accents qui résonnaient dans le pamphlet célèbre de La Boétie :

> La faiblesse d'entre nous hommes est telle : il faut souvent que nous obéissions à la force [...]. C'est un extrême malheur d'être assujetti à un maître dont on ne peut être jamais assuré qu'il soit bon puisqu'il est toujours en sa puissance d'être mauvais quand il voudra...
>
> *De la servitude volontaire ou Contr'un* [1574], Gallimard, « Tel », 1993, p. 79 *sq.*

Marc de LAUNAY

BIBLIOGRAPHIE

ADORNO Theodor W. *et al.*, *The Authoritarian Personality*, New York-Londres, Evanston-Harper & Row, 1950.

CUES Nicolas de, *De concordantia catholica* [1433], in *Opera omnia*, vol. 14, t. 1, éd. G. Kallen, Hambourg, 1968.

EHRISMANN Gustav, « Die Wörter für "Herr" im Althochdeutschen », *Zeitschrift für neuenglische Wortforschung*, n° 1, 1905-1906, p. 173 *sq.*

ENSSLIN Wilhelm , « Auctoritas und Potestas », *Historisches Jahrbuch*, n° 74, 1955, p. 661 *sq.*

GEHLEN Arnold, *Der Mensch, seine Natur und seine Stellung in der Welt* [1940], in *Gesamtausgabe*, t. 3, Francfort, Klostermann, 1993.

HABERMAS Jürgen, *L'Espace public* [1962], trad. fr. M. de Launay, Payot, 1978.

HEGEL Georg Wilhelm Friedrich, *Der Geist des christentums und sein Schicksal* [*L'Esprit du christianisme et son destin*] [1798-1799], in *Hegels theologische Jugendschriften*, éd. H. Nohl, Tübingen, Mohr, 1907.

KANT Emmanuel, *Gesammelte Schriften* [abrév. *AK*], Berlin, Reimer, 1902-1913.

LUTHER Martin, *Von weltlicher Obrigkeit* [1523], in *Werke, kritische Gesamtausgabe* [abrév. *WA*], Weimar, Böhlaus Nachf, 1906-1961.

MARX Karl, *Marx-Engels Werke*, Berlin, Dietz, 1964.

SIMMEL Georg, *Soziologie.Untersuchungen über die Formen der Vergesellschaftung*, Munich-Leipzig, 2e éd., 1922.

VICO Giambattista, *La Scienza nuova* [1744], in *Opere*, éd. F. Nicolini, t. 4/1, Bari, Laterza e figli, 1928.

WEBER Max, *Wirtschaft und Gesellschaft* [Économie et Politique], Tübingen, Siebeck, 1922.

OUTILS

ADELUNG Johann Christoph, *Versuch eines vollständigen grammatisch-kritischen Wörterbuches der hochdeutschen Mundart* [Essai de dictionnaire grammatico-critique complet du haut allemand], 5 vol., Leipzig, Breitkopf, 1774-1786.

Deutsche Encyclopädie oder allgemeines Real Worterbuch aller Kunste und Wissenschaften von einer Gesellschaft Gelehrten, 25 vol., Francfort, Varrentrapp Sohn und Wenner, 1778-1807.

GRIMM Jacob et Wilhelm, *Deutsches Wörterbuch*, Leipzig, Hirzel, 1854, repr. Munich, Deutscher Taschenbuch, 1984.

SCHEIDEMANTEL Heinrich Gottfried, *Repertorium reale pragmaticum juris publici et feudalis imperii Romano-Germanici*, Leipzig, Weidmanns Erben & Reich, 4 vol., 1782-1795.

HISTOIRE

gr.	*historia* [ἱστορία], *historiê* [ἱστορίη]	angl.	*history, story*
lat.	*historia, gesta, res gestae*	it.	*storia, storiografia*
all.	*Historie, Historik, Geschichten, Geschichte*	néerl.	*Geschiedenis*

► DICHTUNG, ERLEBNIS, ERZÄHLEN, *FICTION*, GEISTESWISSENSCHAFTEN, GESCHICHTLICH, HISTOIRE UNIVERSELLE, LOGOS, MÉMOIRE, MIMÊSIS, MOMENT, PRÉSENT

Le chemin qui a mené du grec historia *au latin* historia *et au français* histoire *(it.* storia, *angl.* history, *all.* Historie) *semble simple et direct. L'histoire a toujours été l'histoire ! Pourtant, un indice déjà pourrait mettre en garde : pourquoi l'allemand en est-il venu à distinguer entre* Historie *(claire traduction de l'*historia *latine) et* Geschichte *(désignant ce qui est advenu, mais aussi le compte rendu qu'on en fait, l'étude du passé — l'Histoire avec une majuscule) ?*

*Quelle a donc été la voie antique ? De l'*historiê [ἱστορίη] *(forme ionienne de* historia [ἱστορία]), *de l'enquête hérodotéenne à l'*historia *des Romains, de l'histoire universelle du Grec Polybe, otage pendant dix-sept ans à Rome, à l'histoire ecclésiastique d'Eusèbe, évêque de Césarée, et à l'histoire sacrée d'Augustin, le même mot n'a pas couvert, tant s'en faut, la même marchandise. On semble être passé de l'*historia *tout court, comme revendication d'une pratique nouvelle, à une* historia *pourvue de qualificatifs (universelle, ecclésiastique, etc.).*

Si le Moyen Âge s'inspire largement des définitions de l'histoire héritées de l'Antiquité, l'époque moderne conduit à une différenciation progressive aussi bien sémantique que linguistique. Le premier acquis est une distinction plus nette entre les faits et leur récit. Le deuxième est la construction progressive d'une dimension réflexive. Parallèlement, si les dérivés du latin historia *sont repris dans la plupart des langues, l'allemand (suivi du néerlandais) va substituer à* Historie *la notion de* Geschichte *qui réunit de nouveau ce qui est advenu avec le récit qu'on en donne. En même temps, on passe du pluriel* Geschichten *au singulier collectif* Geschichte. *Cette transformation illustre à son tour l'introduction d'une perspective totalisante qui porte un regard réflexif sur l'ensemble des histoires particulières. Les langues qui restent dans la lignée du terme d'*historia *opèrent le même changement de perspective, sans pour autant lui donner une expression formelle.*

*L'élaboration d'une science historique, en écho à celle d'une philosophie de l'histoire qui tente de reconfigurer le rapport entre passé, présent et avenir, s'effectue dans des traditions savantes de plus en plus marquées par la pensée nationale. Malgré les contacts souvent intenses entre les communautés respectives, ces évolutions contribuent à fixer des usages sémantiques spécifiques. Mais les questions qui animent les débats entre historiens sont largement communes : l'historicisation du champ du savoir (associée en allemand au terme d'*Historismus), *le rapport entre relativisme et universalisme, la relation entre l'objet historique et son exposition par l'historien, l'émergence d'une histoire de l'histoire* (storia della storiografia) *donnent lieu à des interventions qui infléchissent et renouvellent les usages de la notion d'histoire et de ses équivalents.*

I. « HISTORIA » : DE L'ENQUÊTE GRECQUE AUX HISTOIRES LATINES

A. L'« histôr » et l'aède

L'épopée connaît un personnage qu'elle nomme *Histôr*. Témoin ou arbitre ? Pour Émile Benveniste, *histôr* désigne le témoin. Étymologiquement, *histôr* [ἵστωρ] (comme *historein* [ἱστορεῖν] et *historia* [ἱστορία]) renvoie à *idein* [ἰδεῖν], voir, et à (*w*)*oida* [οἶδα], je sais. « Je vois », « je sais » : d'emblée l'intrication du voir et du savoir se trouve posée. L'*histôr* serait donc témoin « en tant qu'il sait, mais tout d'abord en tant qu'il a vu » (Benveniste, 1969, p. 173-174). Pourtant, dans les deux scènes de l'*Iliade* où l'on décide de faire appel à un *histôr*, il est clair qu'il ne peut s'agir d'un témoin, au sens de celui qui sait pour avoir vu. Lors des funérailles de Patrocle, Ajax et Idoménée sont en désaccord sur le point de savoir qui, après avoir tourné la borne, est en tête dans la course de chars organisée par Achille : Ajax propose de prendre Agamemnon comme *histôr* (Homère, *Iliade*, XXIII, p. 482-487). Quel que soit le rôle exact d'Agamemnon, il est sûr qu'il n'a rien vu de la scène. Sur l'extraordinaire bouclier forgé par Héphaïstos pour Achille, est représentée une scène où deux hommes qu'un grave désaccord oppose (le rachat d'un meurtre) décident de faire appel à un *histôr* (*Iliade*, XVIII, 497-502). L'*histôr* n'est évidemment pas un témoin du meurtre. Intervenant, dans les deux cas, dans une situation de querelle (*neikos* [νεῖκος]), l'*histôr* est, non pas celui qui, par sa seule intervention, va mettre fin au différend, donnant son arbitrage entre des versions conflictuelles, mais plutôt le garant (pour le présent et plus encore pour l'avenir) de ce qui se trouvera avoir été convenu par les deux parties (cf. E. Scheid-Tissinier, « À propos du rôle et de la fonction de l'*histôr* », *Revue de philologie*, n° 68, 1994, p. 187-208).

Cette première entrée dans le champ lexical d'*historia* amène, plus largement, à reconnaître dans l'épopée une forme de préhistoire de l'histoire. Quel est en effet le dispositif de la parole épique et la configuration de savoir qui le porte ? L'aède, inspiré par la Muse, fille de Zeus et de Mémoire (*Mnêmosunê*), est un voyant, tandis que l'omniscience de la Muse est fondée sur le fait qu'elle est toujours là : elle voit tout. « Vous êtes présentes, et vous savez tout », dit le poète de l'*Iliade* (II, 485, *in* F. Hartog [éd.], *L'Histoire d'Homère à Augustin*, p. 25). Quand Ulysse s'adresse à l'aède des Phéaciens, il le loue ainsi :

> Démodocos, assurément, je te loue, toi, entre tous les mortels ; / ton maître, vrai, ce fut Muse, fille de Zeus, ou ce fut, vrai, Apollon : car tu chantes trop selon son ordonnance le malheur des Achéens, / tout ce qu'ils accomplirent et souffrirent et tout ce qu'endurèrent les Achéens ; / comme si quelque part, tu y étais toi-même (*autos pareôn* [αὐτὸς παρεὼν]) ou que tu l'avais entendu (*akousas* [ἀκούσας]) d'un autre.
>
> *Odyssée*, VIII, 486-491 ; *in* F. Hartog (éd.), *op. cit.*, p. 33.

Cette scène a valeur emblématique. En effet, que va chanter l'aède, à la demande expresse d'Ulysse ? La prise de Troie. C'est la première mise en récit de l'événement, alors même que la présence d'Ulysse fait attester que *ça* a réellement eu lieu.

Démodocos serait, en somme, le premier historien, et son récit, l'acte de naissance de l'histoire, à cette différence près et qui change tout : il n'y était pas et n'a rien vu (il est aveugle), tandis qu'Ulysse est à la fois l'acteur et le témoin. D'où l'étonnante (fausse) question d'Ulysse : ton récit semble trop précis pour ne pas provenir d'une vision directe ? La vision humaine (historienne avant la lettre, voir de ses propres yeux ou apprendre de quelqu'un qui a vu) devient, le temps de ces deux vers, l'étalon de la vision divine. Tout se passe comme si l'on avait une étrange et brève juxtaposition de deux Démodocos : l'un (encore) aède et l'autre (déjà) historien. C'est là comme un éclair jeté sur une autre configuration de savoir possible : celle justement que viendra occuper la première historiographie à laquelle il se trouvera qu'Hérodote, deux ou trois siècles plus tard, viendra donner sa forme et son nom : *historiê*. Elle ne la rend, naturellement, ni nécessaire ni même probable, mais simplement possible.

B. « Historiê » et « historein » : enquête et enquêter

Enquête en tous les sens du terme : *historiê* désigne plus un état d'esprit (le fait de celui qui *historei* [ἱστορεῖ]) et un type de démarche qu'un domaine particulier où elle s'exercerait spécifiquement. C'est un mot appartenant à ce moment de l'histoire intellectuelle (la première moitié du Ve siècle av. J.-C.), peut-être un mot à la mode : il veut dire ce qu'il veut dire et chacun le plie à son propre usage. Sans oublier complètement l'*histôr*-arbitre ou garant de l'épopée, le mot comporte plusieurs strates de sens et a dû fonctionner comme un mot carrefour.

On peut s'en servir pour décrire l'activité d'un « enquêteur-voyageur » comme Démocrite, une enquête de type judiciaire (chercher à savoir quelque chose, enquêter, faire attester) ; les Tragiques ne l'ignorent pas – Œdipe, s'adressant à ses filles, dit de lui-même : « Ce père qui, sans avoir rien vu (*horôn* [ὁρῶν]), rien su (*historôn* [ἱστορῶν]), s'est révélé soudain comme vous ayant engendrées dans le sein où lui-même avait été formé » (Sophocle, *Œdipe roi*, v. 1484, trad. fr. P. Mazon, Les Belles Lettres, 1re éd., 1958) ; les médecins y font appel aussi.

♦ Voir encadré 1.

L'empruntant ou le faisant en tout cas sien, Hérodote le lancera comme le mot clé de toute son entreprise. « D'Hérodote d'Halicarnasse voici l'exposition de son *historiê*... » (I, 1) : lancés au génitif, ces premiers mots valent comme signature inaugurale de celui qui vient présenter en public, en son nom propre, sa recherche. Il est celui qui *historei* (jamais il ne se nomme « historien »), venant revendiquer une place de savoir qui est, pourtant, tout entière à construire. Au-delà de la phrase d'ouverture, Hérodote emploie le verbe *historein* pour désigner le type de travail qu'il a mené. Ainsi, quand il s'emploie à résoudre la difficile question des sources du Nil, il précise :

> Je suis allé et j'ai vu de mes yeux (*autoptês* [αὐτόπτης]) jusqu'à la ville d'Éléphantine ; pour ce qui est au-delà j'ai mené une enquête orale (*akoêi historeôn* [ἀκοῇ ἱστορέων]).
>
> Hérodote, II, 29.

À plusieurs reprises (Livre II, chap. 19, 34, 118), *historein* est employé dans un contexte d'enquête orale, mais il n'empêche que le voyageur est d'abord allé sur place. En II, 44, cherchant à comprendre qui est Héraclès, il précise qu'il est allé jusqu'à Tyr en Phénicie : là, il a vu les sanctuaires qui lui étaient consacrés et il a interrogé les prêtres des lieux. C'est alors l'ensemble de la démarche (l'œil et l'oreille, l'autopsie et l'information orale) qu'il qualifie d'enquête (*ta historêmata* [τὰ ἱστορήματα]) : « Mon enquête montre clairement que... » Pour voir désormais, il lui faut payer de sa personne (aller y voir) et apprendre à voir (recueillir des témoignages, réunir les différentes versions, les rapporter, les classer en fonction de ce qu'il sait par ailleurs et aussi en fonction de leur degré de vraisemblance).

D'un point de vue épistémologique, l'*historiê* apparaît donc comme la procédure qui opère comme substitut à la vision d'origine divine (une sorte d'ersatz), aboutissant à une vision limitée et jamais totalement acquise. Il ne s'agit plus que des seuls hommes et de ce qu'ils ont fait de grand (l'aède chantait aussi bien les hommes que les dieux), dans un temps qui est, lui aussi, celui des hommes seulement. Contre le temps qui efface tout, l'historien fera œuvre de mémoire et, puisque l'instabilité est la règle, il lui faut faire état « pareillement », à parité, comme un juge équitable, des grandes et des petites cités : il sera leur garant.

Enfin, la Muse comme énonciatrice unique s'étant tue, se met désormais en place un récit à structure double : d'un côté le *je*, enquêteur et narrateur, qui va et vient, jauge et juge, de l'autre la profusion des *logoi* [λόγοι], des dits, tenus par les uns et par les autres (jusqu'à l'anonyme *legetai* [λέγεται], « il se dit que »), qu'il inventorie et rapporte, et de l'un à l'autre les modalités, toujours à renégocier, d'un procès d'« interlocution » qui forme la texture profonde et qui est la raison d'être du récit historique.

C. « Suggraphein » : transcrire l'autopsie

Avec Thucydide, communément tenu pour l'autre fondateur, sinon le véritable fondateur de l'histoire, ce qui frappe d'abord, c'est la volonté de rupture avec Hérodote. À aucun moment *La Guerre du Péloponnèse* n'est placée sous le signe de l'*historia* : jamais le nom n'apparaît, pas plus que le verbe *historein*. Non que Thucydide récuse l'enquête, tout au contraire, mais il place son travail sous le signe de la mise par écrit (*suggraphein* [συγγράφειν]) : « Thucydide a consigné par écrit la guerre entre les Péloponnésiens et les Athéniens, comment ils se firent la guerre » (I, 1). Le verbe signifie prendre note, consigner par écrit ou, avec un sens plus technique, rédiger un projet de loi, un contrat. Ensuite, quand l'histoire existera comme genre, *suggraphein* et *suggrapheus* [συγγραφεύς] (en latin *scriptor*) désigneront couramment l'écriture historique et l'historien. Mais jamais ni *suggrapheus* ni *scriptor* ne désigneront le seul historien : il est un écrivain qui pratique une certaine forme d'écriture. Mais, pour Thucydide, historien du présent, dire qu'il *suggraphei*, c'est signifier qu'il rapporte au plus près ce qui vient de se passer, ce qui est encore en train de se passer. Il ne fait pas l'histoire de la guerre, mais il consigne par écrit la guerre, nommant pour toujours ces trente années d'hostilités la guerre du Péloponnèse.

Pour ce faire, des deux moyens de connaissance dont dispose l'historien, l'œil (*opsis* [ὄψις]) et l'oreille (*akoê*

1

L'histoire des médecins

Le corpus hippocratique présente plusieurs exemples très intéressants. À commencer par la formule même du serment, qui fait appel aux dieux comme témoins, c'est-à-dire garants :

> Je jure par Apollon, médecin, par Esculape, par Hygie et Panacée, par tous les dieux et toutes les déesses, les prenant à témoin (*historas poieumenos* [ἵστορας ποιεύμενος]), que je remplirai, selon mes capacités et mon jugement, le serment suivant.
>
> *Serment*, in Hippocrate, *Œuvres complètes*, vol. 4, p. 629.

Les dieux sont convoqués pour entendre (non pour voir) et se porter garants, du serment qui va être prononcé par l'impétrant. On retrouve encore là l'*histôr* de l'épopée.

Historion comme preuve. Dans *Des maladies* l'auteur énumère les « preuves » (il en trouve sept) que la boisson ne va pas dans le poumon, avant de conclure :

> Je n'en aurais pas accumulé autant [de preuves] si tant de gens ne croyaient pas (*dokeousi* [δοκέουσι]) que la boisson va au poumon : devant des opinions fortement ancrées, il est nécessaire de dresser beaucoup de preuves (*polla historia* [πολλὰ ἱστόρια]) si on veut par des discours persuader l'auditeur d'abandonner une croyance antérieure.
>
> *Des maladies IV*, 56, 2-7.

Historein :

> Il n'y a aucune disgrâce si un médecin embarrassé dans quelque occasion auprès d'un malade, et ne voyant pas clair à cause de son inexpérience (*apeiria* [ἀπειρία]), réclame la venue d'autres médecins avec qui il consultera sur le cas actuel [εἵνεκα τοῦ ἐκ κοινολογίης ἱστορῆσαι τὰ περὶ τὸν νοσέοντα] et qui s'associeront à lui pour trouver le secours.
>
> *Préceptes*, 8, in *Œuvres complètes*, vol. 9, p. 263 [il s'agit d'un traité plus tardif].

L'investigation de ce qui concerne le malade et son mal se mène à partir de la base commune fournie par la consultation à plusieurs.

Historiê comme enquête ou savoir en résultant. Le traité *De l'ancienne médecine*, 20, 2, affirmant que seule la médecine peut donner une connaissance précise de la nature de l'homme, évoque « cette enquête (*historiê*) qui consiste à savoir ce qu'est l'homme, les causes de sa formation et tout le reste, avec exactitude (*akribeôs* [ἀκρίβεως]) ».

On peut suivre le rapport entre *historia* et autopsie (le fait pour le médecin d'avoir vu de ses propres yeux, d'avoir une connaissance directe) jusqu'au IIe siècle après J.-C. : l'*historia* se donnant comme récit d'autopsie. Ainsi, Galien expose et critique la position des médecins de l'école empiriste.

> Les empiriques disent que le premier et l'unique critère d'une *historia* vraie, c'est l'autopsie de celui qui l'évalue. Si en effet nous trouvons dans un livre écrit quelque chose dont nous avons l'autopsie, nous dirons que l'*historia* est vraie. Mais un tel critère est inutile pour l'accroissement de notre connaissance. Il ne nous sert à rien en effet d'apprendre dans un livre ce que nous connaissons de nos propres yeux. Le critère le plus utile et à la fois le plus vrai de la qualité d'une *historia* est l'accord (*sumphônia* [συμφωνία]).
>
> Deichgräber, p. 48 ; trad. fr. *in* A. Sauge, p. 189.

Galien prend alors un exemple : soit un médicament qu'il ne connaît pas. Tous ceux qui ont écrit dessus disent qu'il a tel effet. Faut-il les croire ? Oui, répond Galien, du fait même de cette *sumphônia*.

BIBLIOGRAPHIE

DEICHGRÄBER Karl, *Die Griechische Empirikerschule* [1930], Berlin-Zurich, Weidmann, 1965.

GALIEN, *Subfiguratio empirica*, trad. fr. *in* A. SAUGE, *De l'épopée à l'histoire. Fondements de la notion d'historiê*, Francfort, Lang, 1992.

HIPPOCRATE, *Œuvres complètes*, trad. fr. É. Littré, 1839-1861.

— *De l'ancienne médecine*, éd. et trad. fr. J. Jouanna, Les Belles Lettres, 1990.

— *Des maladies IV*, éd. et trad. fr. R. Joly, Les Belles Lettres, 1970.

SAUGE A., *De l'épopée à l'histoire. Fondements de la notion d'historiê*, Francfort, Lang, 1992.

[ἀκοή]), il privilégie résolument le premier, qui seul peut conduire à une vision claire et distincte (*saphôs eidenai* [σαφῶς εἰδέναι]). *Historiê* et *historein*, trop liés à une forme orale de l'enquête, n'ont plus leur place dans son épistémologie. L'oreille n'est jamais fiable : ce qui se dit, se colporte, se transmet, tout ce qui relève de la mémoire est sujet à déformation, cède, délibérément ou insidieusement, à la loi du plaisir qui règle le bouche-à-oreille. C'est bien pourquoi il n'est d'histoire scientifique que du présent. Encore faut-il que l'œil, le fait de voir soi-même soit passé au crible d'une critique des témoignages. Écrire l'histoire, c'est transcrire une autopsie. Le but recherché doit être l'utile.

D. L'histoire comme genre : une « historia » sans « historein »

Ni *historia* ni *historein* ne reparaissent aussitôt. Xénophon n'en fait, lui non plus, jamais usage. On écrit alors des *Hellenika* (des affaires grecques), et lui aussi écrit ses *Hellenika*, reprenant exactement là où Thucydide s'était arrêté. Éphore au IVe siècle av. J.-C., que Polybe reconnaîtra comme son seul prédécesseur dans la voie de l'histoire universelle (*s.v.*), publiera, il est vrai, des *Historiai*, qui sont une façon de renouer avec le projet hérodotéen. Mais il faut attendre justement la préface des *Histoires* de Polybe pour avoir la nette confirmation que l'*historia* est devenue un genre à part entière : « S'il était arrivé à ceux qui avant nous racontaient les faits d'avoir négligé l'éloge de l'histoire elle-même » (I, 1), je devrais y sacrifier, mais comme tel n'est pas le cas, je puis m'en dispenser. Suivent immédiatement une série de variations sur le thème de l'histoire comme *paideia* [παιδεία] (éducation), *gumnasia* [γυμνασία] (entraînement), *didaskalos* [διδάσκαλος] (professeur) pour faire face aux vicissitudes de la vie. Un siècle plus tard, la formule cicéronienne de l'*historia* comme *magistra vitae* (maîtresse de vie, *De l'orateur*, II, 36 ; éd. et trad. fr. E. Courbaud, Les Belles Lettres, 1959) ne fera que reprendre ce programme et résumer ce projet. Tout comme celle de Denys d'Halicarnasse (contemporain d'Auguste) ou attribuée à Denys qui définit l'histoire comme « philosophie à partir d'exemples » (*Ars rhetorica*, XI, 2) : philosophie morale bien sûr. Mais nous sommes alors à Rome, ou entre la Grèce et Rome. On aura désormais une *historia* sans *historein*.

Que s'est-il passé entre le IVe et le IIe siècle av. J.-C., alors même qu'on a écrit beaucoup d'histoires (presque entièrement perdues) ? Qu'est devenu l'enquêteur curieux, émule et rival de l'aède d'antan ? Ou celui qui, habité d'une autre ambition, voulait faire de son histoire *la* science politique, fournissant aux hommes du futur un instrument d'intelligibilité de leur propre présent ? Ils ont disparu, tandis que l'*historia*, elle, s'est installée. Mais elle a, selon les modernes, été rattrapée par la rhétorique, et ici surgit le nom d'Isocrate. Elle est devenue une branche du discours d'éloge. Tandis qu'Aristote, lui, allait la cantonner avant tout dans le domaine du particulier. Pour ce qui est d'Athènes, l'expérience de la défaite face à Sparte et ses suites ont provoqué un durable retournement de conjoncture : pour faire face (ou tout aussi bien ne pas faire face) aux difficultés du présent, on s'est tourné massivement vers le passé, en se proposant de l'imiter. C'est de là que le thème de l'histoire comme fournisseuse d'exemples (*paradeigmata* [παραδείγματα], *exempla*) a pris son essor jusqu'à devenir, rapidement et pour longtemps, un *topos* du genre historique : l'histoire comme « maîtresse de vie ». Face à la crise du présent, on est également plus soucieux de continuité : raconter à la suite l'histoire de la cité ou du monde depuis les origines jusqu'au temps présent. L'historien a, dans ces conditions, davantage besoin d'autres livres et il prend le chemin des bibliothèques. La part de l'enquête (*historiê*) diminue et celle de la compilation augmente : l'historien est devenu un lecteur. Tout le monde s'accorde pour estimer que les faits sont donnés, sont là ; l'important réside dans leur mise en œuvre : non pas quoi dire, mais comment le dire ?

♦ Voir encadré 2.

E. L'histoire-récit : « narratio »

L'historien, rappellera encore Lucien de Samosate au IIe siècle après J.-C., doit « disposer les faits de belle façon et les montrer de la manière la plus claire qu'il se peut » (*Comment on doit écrire l'histoire*, 51, *in* F. Hartog [éd.], *op. cit.*, p. 233). L'historien est comme les sculpteurs Phidias ou Praxitèle : on met à sa disposition la matière première, lui intervient après pour la façonner et lui donner sa forme.

Des modèles de style existent désormais : on les a répertoriés, on les étudie et on apprend, dans les écoles de rhétorique, à les imiter. L'*historia* est devenu un genre littéraire et, quand Cicéron s'interroge sur les débuts de l'histoire, il raconte une histoire littéraire de l'histoire : on va des Annales (organisées par années) à une *narratio* de plus en plus élaborée et consciente d'elle-même. L'histoire, pour le dire désormais en latin, est, ou même n'est que, *narratio*.

Utile à la formation de l'orateur, son ressort et sa finalité, comme le souligne Quintilien, n'en sont pas moins autres que ceux de l'éloquence du forum.

> L'histoire (*historia*) aussi peut procurer à l'orateur un certain suc abondant et agréable ; mais elle doit être lue elle-même de façon que nous sachions que la plupart de ses qualités sont à éviter par l'orateur. En effet, très proche des poètes, elle est en quelque sorte un poème en prose (*carmen solutum*) et elle est écrite pour raconter (*ad narrandum*), non pour prouver (*ad probandum*), et de plus la totalité de l'œuvre est composée non pour accomplir une chose ou pour un combat immédiat, mais pour la mémoire de la postérité et la renommée du talent (*ad memoriam posteritatis et ingenii famam*).
>
> *Institution oratoire*, X, 31, *in* F. Hartog [éd.], *op. cit.*, p. 167.

L'*historia* est récit des *res gestae*, de ce qui a été accompli, et plus particulièrement des hauts faits du peuple romain : rappeler les « hauts faits du premier peuple du monde » (I, 3), tel était le projet de Tite-Live. L'*historia romana* devient désormais le passé de la Ville, sur lequel

« veille Auguste » (Probus, *Vie de Virgile*, 28), lui-même auteur d'un monument-testament, justement intitulé *Res gestae*, où il récapitule et son action et l'Empire romain.

♦ Voir encadré 3.

Même s'il est assuré que Lucien joue avec ces classifications quand il écrit son *Histoire véritable*, ces débats n'eurent pas de grandes incidences sur la production historique courante à Rome. L'éloquence et l'orateur perdirent de leur importance, et l'*historia* continua à se réclamer, de façon plus ou moins lâche, de l'*historia magistra*. Les chrétiens la reprirent. Mais le principal déplacement fut alors que la Bible passa du côté de l'*historia* (comme rapportant des choses vraies et qui sont arrivées). Et il est sûr que tout ce qui la contredit est faux. Il s'ensuit qu'il y eut désormais, avec Augustin, d'un côté une *historia divina* et de l'autre une *historia gentium*. La première, que l'on trouve dans les saintes Lettres, est à déchiffrer, car elle est porteuse d'un sens.

II. DES HISTOIRES PARTICULIÈRES À L' HISTOIRE - « GESCHICHTE » ET À LA SCIENCE HISTORIQUE

A. « Historia » et « gesta »

Pendant tout le Moyen Âge, les acceptions du terme d'histoire sont marquées par les références latines et, par conséquent, évoluent peu. Isidore de Séville se réfère aux trois caractéristiques essentielles énoncées par Cicéron : l'histoire est en premier lieu la narration des faits passés, à travers laquelle ces événements sont connus (« *historia est narratio rei gestae* [...], *per quam ea, quae in praeterito facta sunt, dignoscuntur* », Isidore, *Etymologiae*, I, 41). Si elle repose d'abord sur le témoignage direct, elle englobe aussi des périodes antérieures. À partir de là, elle recouvre donc, en deuxième lieu, les témoignages du passé pour autant qu'ils sont censés transmettre un savoir sûr. En troisième lieu, le terme d'histoire vise aussi l'objet de la connaissance historique, qu'il s'agisse d'un événement

2

L'histoire entre rhétorique et philosophie

a) Rhétorique et histoire : Isocrate

Définissant la philosophie comme ce qui sert « à la parole et à l'action », Isocrate ne s'est jamais directement occupé de l'histoire et n'a jamais légiféré sur ce que devait être le récit historique. Pourtant, il passe pour un maître (néfaste), dont l'influence a brisé le développement de l'histoire. Ainsi, au XIXe siècle, l'historien allemand Droysen estimait qu'Isocrate « avait mis l'histoire sur une voie dont Polybe avait ensuite tenté en vain de la sortir ». De nos jours, Momigliano a rapproché les positions de l'historien américain H. White et celles d'Isocrate.

> Nous ne sommes nullement sur un nouveau terrain quand nous l'entendons dire que l'histoire est une forme de rhétorique [...]. Certains d'entre nous se souviennent qu'un rapport problématique existait déjà entre l'histoire et la rhétorique dans l'école d'Isocrate au IVe siècle avant J.-C. : alors comme aujourd'hui, le problème pour l'histoire était d'éviter d'être absorbée par la rhétorique, quels que soient les éléments de contact entre les deux disciplines.
>
> « History in an age of ideologies », p. 255.

Si Isocrate ne se prononce pas sur l'histoire, il est exact qu'il accorde tout au *logos* pour la mise en forme et en œuvre des faits passés.

> Puisque les paroles (*logoi* [λόγοι]) ont telle nature qu'il est possible d'exposer les mêmes faits de nombreuses façons, de rendre modeste ce qui est grand et de mettre de la grandeur à ce qui est petit, de raconter de façon neuve ce qui est ancien et de parler de vieille manière de ce qui s'est passé récemment, il ne faut plus fuir ce dont d'autres ont parlé avant et au contraire tenter d'en parler mieux qu'eux. Car les actions passées nous ont été laissées à tous comme un bien commun (*koinai* [κοιναὶ]), mais les utiliser à propos (*en kairôi* [ἐν καιρῷ]), faire les réflexions convenables sur chacune, les disposer de bonne façon par les mots, c'est le propre des personnes qui pensent de bonne façon.
>
> *Panégyrique*, 8-9.

b) Aristote et l'*historia*

Aristote est d'une part un praticien résolu des enquêtes empiriques (*historiai*) — l'*Histoire des animaux* (*Hai peri tôn zôon historiai*) est le traité le plus connu —, mais il n'emploie jamais le verbe *historein*. Il assigne d'autre part à l'histoire, cette fois comme récit des événements advenus, le seul domaine du particulier, lui fermant l'accès au général et donc à la science (*epistêmê* [ἐπιστήμη]).

> Il est clair à la fois que ce n'est pas dire ce qui est arrivé qui est la tâche du poète, mais que c'est dire ce qui pourrait arriver, et que le possible l'est selon le vraisemblable ou le nécessaire. Car l'historien et le poète n'ont pas pour différence de parler l'un dans la forme métrique et l'autre sans cette forme [...], mais leur différence consiste en ceci : l'un dit ce qui est arrivé [τὰ γενόμενα λέγειν], l'autre ce qui pourrait arriver [οἷα ἂν γένοιτο]. Aussi bien la poésie (tragique) est un genre plus philosophique et plus sérieux que l'histoire : la poésie dit plutôt ce qui relève du général [μᾶλλον τὰ καθόλου], l'histoire (*historia*) ce qui relève du particulier [τὰ καθ' ἕκαστον]. Fait partie du général l'espèce d'hommes à qui il arrive de dire ou de faire telle espèce de choses selon le vraisemblable ou le nécessaire, c'est le but de la poésie qui attribue des noms, tandis que le particulier c'est ce qu'a fait ou subi Alcibiade.
>
> *Poétique*, 9, 1451a 36-b 11 ; *in* F. Hartog (éd.), *op. cit.*, p. 109.

Ainsi pris entre l'orateur et le philosophe, l'historien, sans territoire propre, n'aurait plus eu d'autre choix que d'emprunter à l'un et à l'autre, tout en prétendant qu'il pouvait satisfaire tout le monde, tel Polybe, aux risques de ne contenter en réalité que les seuls amateurs d'histoires — le plaisir remplaçant alors l'utilité et la vérité, pourtant toujours revendiquées comme but véritable de l'histoire.

BIBLIOGRAPHIE

LOUIS Pierre, « Le mot *historia* chez Aristote », *Revue de philologie*, n° 21, 1955, p. 39-44.

MOMIGLIANO Arnaldo, « History in an age of ideologies », *Contributo alla storia degli studi classici e del mondo antico*, 7, Rome, Éd. Storia e Letteratura, 1984.

— « History between Medecine and Rhetoric », *Contributo alla storia degli studi classici e del mondo antico*, 8, Rome, Éd. Storia e Letteratura, 1987, p. 13-25.

singulier ou d'un ensemble d'événements. Par la suite, le terme *gesta*, pluriel neutre de *gestum* désignant les faits advenus, peut se transformer, du point de vue grammatical, en féminin singulier et devenir un synonyme d'*historia* (le récit des faits advenus, cf. *geste* en ancien français), avant de constituer l'un des quatre sous-genres historiographiques : les chroniques qui prennent pour sujet un thème historique développé, en général, depuis les origines jusqu'au temps présent, les annales qui enregistrent les faits année par année, la *vita*, la biographie, notamment de nature hagiographique, et la *gesta* qui raconte les actions d'une série de dignitaires et, à travers elles, l'histoire d'une institution (le pontificat, l'Empire, etc.). Par ailleurs, on trouve, dérivées de la chronique, des histoires d'une gens telle l'histoire des Goths de Cassiodore. Ce n'est que vers le XIIe siècle que la frontière entre les *res gestae* et *historia* se précise de nouveau : la seconde est davantage réservée au récit véridique du passé, alors que les autres termes recouvrent des acceptions moins strictes d'actions ou d'événements.

Dans le système des *artes liberales*, l'historia était rattachée, à l'intérieur du *trivium*, à la grammaire et à la rhétorique. En tant que *magistra vitae*, selon la formule de Cicéron, elle fournit à l'argument de l'énonciateur les exemples qui doivent emporter l'adhésion de l'interlocuteur ou du lecteur.

Si les humanistes redécouvrent l'Antiquité et postulent, en même temps, un rapport particulier entre leur propre temps et celui des anciens, ils n'en développent pas pour autant un nouveau concept d'histoire. Lorenzo Valla (*Historia Ferdinandii regis Aragoniae*, 1528) tente de valoriser le rôle de l'histoire par rapport à la poésie, mais il insiste surtout, de même que Politien et Budé, sur l'objectif méthodologique de la précision, de la *fides historica*. Pour atteindre cet objectif, les humanistes capitalisent le savoir sur l'Antiquité, cultivent les subtilités techniques des sciences auxiliaires, de la philologie, de la géographie, de la chronologie, de la généalogie, de la numismatique, ils maximalisent les acquis méthodologi-

3

« Historia » [ἱστορία], « muthos » [μῦθος] /« fabula », « plasma » [πλάσμα] /« argumentum »

Si l'histoire appartient au genre narratif, où la placer dans un genre qui prend de l'ampleur, puisqu'on peut trouver en toute œuvre littéraire une part narrative ? Alors que, dans un premier temps, la distinction s'établissait entre récit des faits (*ergon* [ἔργον]) et discours (*logos* [λόγος]), comme chez Thucydide, l'histoire dans son ensemble relève désormais de la narration. C'est en ce point que vont intervenir les classifications, tant grecques que latines, proposées par les rhéteurs et les grammairiens. Il ne s'agit pas d'épistémologie, mais de caractérisation à partir du contenu.

La *Rhétorique à Herennius* (86-83 av. J.-C.) distingue trois types de narrations. Le troisième se divise en deux : l'un concerne les personnes, l'autre les actions :

> Celui qui consiste à décrire des actions comporte trois formes : la fable (*fabula*), l'histoire (*historia*), la fiction (*argumentum*). La fable contient des éléments qui ne sont ni vrais ni vraisemblables, comme ceux qui se trouvent dans les tragédies. L'histoire contient des événements qui ont eu lieu, mais à une époque éloignée de la nôtre. La fiction est un récit inventé qui aurait pu cependant se produire, comme les sujets de comédie.
>
> *Rhétorique à Herennius*, I, 12.

Le grammairien Asklepiade de Myrleia (IIe-Ier siècle av. J.-C.) (également historien de la Bithynie) distingue trois parties dans la grammaire : technique, historique et proprement grammaticale.

> La partie historique se divise elle-même en trois : histoire vraie, fausse et comme vraie. Est vraie (*alêthê* [ἀληθῆ]) l'histoire factuelle (*praktikê* [πρακτική]), fausse (*pseudê* [ψευδῆ]) l'histoire mythique (*peri muthous* [περὶ μύθους]), comme vraie (*hôs alêthê* [ὡς ἀληθῆ]) celle concernant des fictions (*plasmata* [πλάσματα]) du genre de la comédie et des mimes. L'histoire vraie se divise encore en trois : la première concerne les personnages des dieux, des héros et des hommes illustres, la seconde porte sur les lieux et les temps, et la troisième sur les actions. D'histoire fausse, c'est-à-dire mythique, il dit qu'il n'y en a qu'une seule sorte, la généalogie.
>
> Cité par Sextus Empiricus, *Adversus mathematicos*, I, 252.

Sextus Empiricus (IIe-IIIe siècle ap. J.-C.) opère une critique radicale de l'histoire dans le cadre de sa critique de la grammaire, puisque l'histoire en est une partie. Globalement, l'histoire est une *amethodos hulê* [ἀμέθοδος ὕλη], une matière informe, ne relevant d'aucune compétence technique (*ibid.*, I, 266). On peut, en tout cas, retenir ici sa reprise de la triple catégorisation. « Ce qui relève de l'histoire est pour une part histoire (*historia*), pour une autre mythe (*muthos*) et, pour une troisième, fiction (*plasma*) ». L'histoire, au sens restreint, rapporte « des choses vraies et qui sont arrivées, telles que le fait qu'Alexandre est mort à Babylone empoisonné par des comploteurs, la fiction rapporte des choses qui ne sont pas arrivées, mais qu'on raconte comme celles qui sont arrivées, telles les intrigues des comédies et les mimes, le mythe des choses qui ne sont pas arrivées et qui sont fausses, comme lorsqu'on chante que la race des araignées et des serpents venimeux est née du sang des Titans » (*ibid.*, I, 263-264).

L'histoire n'est pas technique. Il n'y a pas de méthode pour distinguer ce qui est historique (au sens restreint) de ce qui ne l'est pas. Moins que jamais elle peut échapper au particulier (*kat' hekaston* [κατ' ἕκαστον]) aristotélicien. Quant à l'historien-grammairien, son jugement (*krisis* [κρίσις]) ne lui permet pas de faire le départ entre récit vrai et récit faux.

BIBLIOGRAPHIE

CASSIN Barbara, « L'histoire chez Sextus Empiricus », *Le Scepticisme antique : perspectives historiques et systématiques, Cahiers de la revue de théologie et de philosophie*, n° 15, 1990, p. 123-138.

Rhétorique à Herennius, éd. et trad. fr. G. Achard, Les Belles Lettres, 1989.

SEXTUS EMPIRICUS, *Against the Grammarians, Adversus Mathematicos* I, trad. angl. D. L. Blank, Oxford, Clarendon Press, 1998.

ques, mais ils ne thématisent pas le champ de l'histoire en tant que rapport à la connaissance.

Machiavel s'en tient, lui, à l'idée des *exempla* tirés des *istorie*, des ouvrages d'histoire, qui doivent servir l'acteur du présent. C'est le caractère immuable de la nature humaine qui garantit, en quelque sorte, la comparabilité des situations et permet de sauter le pas entre l'antiquité et le moment présent. Si on peut imiter les exemples du passé, c'est que, fondamentalement, ni les temps ni les hommes n'ont changé. Guichardin, de son côté , tente de décrire les limites d'une action politique raisonnée. Mais ni lui ni Machiavel ne proposent une nouvelle définition de l'histoire. Ils restent entièrement tournés vers les objets, dont ils tentent de démêler, chacun à sa manière, les connexions causales.

Ce sont deux auteurs français qui, au XVIe siècle, vont infléchir le concept d'histoire. Dans son ouvrage qui traite du lien entre une histoire universelle et une jurisprudence tournée vers les problèmes de l'action (*De institutione historiae universae et ejus cum jurisprudentia conjunctione*, 1561), François Baudouin met en œuvre une vision comparative englobant histoire antique et histoire biblique, histoire sacrée et histoire profane, orient et occident, une histoire dont le fil conducteur est la question de la conformité (ou non-conformité) au droit de l'action humaine. Par là, il établit une distinction fondamentale entre histoire naturelle et histoire de l'homme, tout en faisant entrer dans son raisonnement l'ensemble des connaissances nouvelles apportées par l'ère moderne. Quelques années après, Jean Bodin, en formulant les principes de la connaissance historique et en poussant le degré de rigueur méthodologique à un niveau jamais atteint auparavant, fait un pas important vers la fondation d'une science empirique de l'histoire (*Methodus ad facilem historiarum cognitionem*, 1566). Ce sera un érudit italien enfin, Francesco Patrizi, qui annonce, à la même période, le nouveau tournant de l'histoire. En proclamant « *la historia è memoria delle cose humane* », il signale que l'historien se détourne progressivement de la vision directe des objets pour ouvrir un espace d'expérience propre (*Della historia dieci dialoghi*, 1560).

♦ Voir encadré 4.

B. Les dérivés d'« historia » face à « Geschichte »

Le nouveau tournant se laisse observer avec beaucoup de détails à partir de la deuxième moitié du XVIIIe siècle, chez Vico, qui construit une vision générale de l'histoire humaine. Tout en distinguant des étapes, il attire l'attention sur la diversité des ordres juridiques, des langues et des cultures. En Allemagne notamment intervient un changement sémantique : la substitution progressive du terme de *Geschichte* à celui d'*Historie*. R. Koselleck a montré que ce changement comporte deux volets : d'une part, le passage d'une pluralité d'histoires particulières (*Geschichte* en tant que féminin pluriel, autre forme pour *Geschichten*) au singulier collectif *Geschichte*. Le terme de *Geschichte* désigne, depuis le Moyen Âge, à la fois l'événement et sa mise en récit. Jusqu'à la fin du XVIIIe siècle cependant, il est surtout utilisé en liaison avec des faits singuliers, renvoyant aux multiples formes d'un *Geschehen*, d'un enchaînement d'événements dans le passé. L'usage du pluriel souligne, précisément, la multitude des faits particuliers. Le singulier qui s'impose progressivement ne comprend pas seulement la totalité des histoires singulières, il renvoie également à leur abstraction, à leur généralité. Du coup, certains auteurs introduisent une dimension réflexive, l'histoire entre dans le champ de la conscience. Le dictionnaire d'Adelung marque, en 1775,

4

« Historia », histoire, « Geschichte »

Sur le plan linguistique, l'usage des termes commence à se fixer dans les grandes langues européennes à partir du XVIe siècle. D'un côté, les langues romanes reprennent, en gros, les acceptions formées à partir du latin et du grec qui mettent en avant le récit, la présentation des événements par rapport aux événements eux-mêmes. Histoire, *istoria* (qui devient *storia*), *historia*, etc., constituent des traductions directes. L'anglais, de son côté, introduit une différence entre *history* et *story*, le premier terme étant réservé aux usages savants alors que le second singularise les histoires particulières et, le cas échéant, leur mise en forme littéraire. En allemand, *Historie* reprend le terme latin, mais sera concurrencé, à partir du milieu du XVIIIe siècle, par le mot d'origine germanique *Geschichte*. Le néerlandais *Geschiedenis* suivra l'évolution de *Geschichte*, alors que les langues scandinaves en restent au groupe sémantique de *historia*. La particularité de la famille sémantique *Geschichte* est que le mot signifie à la fois le récit de l'événement et l'événement lui-même. La diffusion du terme de *Geschichte* marque une transformation profonde dans la conception même de l'histoire, y compris dans les traditions historiographiques qui en restent à la famille *histoire / history*. Hegel lui-même a tenté de généraliser à partir des particularités de l'évolution sémantique de l'allemand :

> Dans notre langue, *histoire* [*Geschichte*] réunit le côté objectif et le côté subjectif et signifie à la fois *historia rerum gestarum* et *res gestae*. [...] Dans cette fusion des deux significations, nous devons voir davantage qu'un hasard extérieur, elle est bien porteuse d'un sens supérieur.
>
> *Zur Philosophie der Geschichte*, 1837, éd. Glöckner.

C'est l'association de l'individu et de l'État qui, selon lui, constitue la condition même de l'histoire. Elle produit l'histoire en même temps que le regard qu'on porte sur elle. Mais Hegel laisse de côté le fait que, en l'occurrence, sa démonstration s'appuie sur une particularité linguistique de la seule langue allemande.

BIBLIOGRAPHIE

EVANS Richard J., *In Defence of History*, Londres, Granta Books, 1997.

le passage, tout en maintenant encore les deux acceptions côte à côte. Selon Adelung, *Geschichte* signifie :

> Ce qui est advenu, une chose passée, de même que, dans une autre acception, toute modification aussi bien active que passive arrivant à une chose. Dans un sens plus étroit et plus habituel, le mot vise des modifications diverses reliées entre elles qui, prises ensemble, constituent un certain tout [...]. Dans cette acception, on l'emploie souvent comme collectif et sans pluriel, pour plusieurs événements passés relevant d'une même espèce.

Il est vrai que le passage ne s'opère que lentement. En 1857 encore, Droysen peut opposer singulier et pluriel, en précisant : « Au-dessus des histoires est l'Histoire (*Historik*). » Mais à cette époque, la hiérarchie est clairement établie.

On peut décrire par ailleurs ce changement — c'est le deuxième volet mis en évidence par Koselleck — comme l'absorption progressive du terme de *Historie*, reprise du mot latin (et grec), par celui de *Geschichte*. Winckelmann en fournit, en 1764, une illustration saisissante. Dans le titre de son ouvrage *Geschichte der Kunst des Altertums*, on n'arrive plus à distinguer si l'accent est mis sur les objets artistiques ou sur le tableau d'ensemble qui résulte de la mise en récit. Dans sa préface, Winckelmann précise :

> [...] l'histoire (*Geschichte*) de l'art de l'Antiquité que j'ai entrepris d'écrire n'est pas le simple récit de sa succession et de ses transformations, mais je prends le mot histoire (*Geschichte*) en un autre sens, celui qu'il a dans la langue grecque, et mon intention est de livrer un essai de système susceptible d'être enseigné.
>
> *Geschichte der Kunst des Altertums*, préface.

En se référant à l'*historia*, Winckelmann ne fait, formellement, que reprendre les définitions transmises de l'Antiquité. Celles-ci, à commencer par celles de Cicéron, avaient, depuis le début, prévu à côté des histoires particulières une signification « générique » de l'histoire en tant que telle, qui n'avait pas besoin d'être rattachée à des objets singuliers. Mais en même temps, Cicéron ouvre une dimension nouvelle, abstraite, qui renvoie à la construction intellectuelle d'une totalité, d'un système. Gatterer utilise, à la même époque, la formule du « système d'événements [*System von Begebenheiten*] », auquel il attribue une temporalité différente de celle qui règle, normalement, la perception quotidienne du temps du citoyen (*Vom historischen Plan und der darauf sich gründenden Zusammenfügung der Erzählungen*, 1767). Kant réserve le terme de *Historie* à une histoire empirique, qui aligne simplement des faits, alors que *Geschichte*, notamment en référence à la conception d'une *Geschichte a priori*, c'est-à-dire en tant que construction de la raison, ouvre la possibilité de présenter une « agrégation » d'actions humaines sous la forme d'un système, organisé selon une logique d'ensemble. Hegel, en faisant une distinction entre une histoire primitive (*ursprüngliche Geschichte*, l'histoire écrite par les témoins), une histoire réflexive (*reflektierende Geschichte*, l'histoire des historiens, qui construisent un rapport particulier à leur objet) et une histoire philosophique (*philosophische Geschichte*), poussera plus loin le concept d'une histoire systématique qui, dans sa variante la plus abstraite, prend la forme d'une *Welt-Geschichte*, d'une histoire mondiale. En tant que telle, l'histoire philosophique a pour objet l'évolution de la substance logique, l'activité et le travail de l'esprit qui se constitue lui-même en objet de sa propre conscience et réalise, par là même, le principe de la liberté. Toutes ces reformulations sont l'indice d'un changement profond qui prépare l'avènement de la « science historique » au XIXe siècle. Mais elles coïncident, surtout, avec les mutations de la perception du temps qui précèdent et accompagnent l'expérience révolutionnaire.

C. Changement d'expérience et mutation de l'histoire : « Historisierung », historisation du champ du savoir

La simultanéité du vécu révolutionnaire — pris au sens large — et de la mutation qui s'opère dans la conception de l'histoire conduit à insister sur la rupture — ou, si l'on veut, sur la nouveauté. Elle indique, en effet, un lien double qui sera déterminant pour la suite : d'une part entre expérience du présent et définition de l'histoire, de l'autre entre modèles de temporalité et représentations d'historicité. Sur les deux plans, l'intrusion violente et massive des manifestations de la rupture produit des effets en chaîne qui vont modifier l'autoperception des cultures européennes contemporaines. De ce point de vue, les changements de la notion d'*histoire*/*Geschichte* conduisent au centre du problème de l'articulation entre le vécu et les tentatives de rationaliser celui-ci en tant qu'expérience collective.

On peut observer qu'un mouvement similaire de réforme interne s'est opéré en France et en Angleterre, mais il repose, dans les deux traditions historiographiques en question, sur des bases différentes. En France, on attribue généralement le rôle fondateur à Voltaire, qui, aussi bien sur le plan théorique (*Essai sur l'histoire générale et sur les mœurs et l'esprit des nations depuis Charlemagne jusqu'à nos jours*, 1756) que sur celui de la pratique historique (*Le Siècle de Louis XIV*, 1751), aurait introduit une vision générale du processus historique. Voltaire substitue à l'histoire universelle chrétienne d'un Bossuet une histoire d'un autre type, tout aussi universelle, qui décrit l'histoire de l'humanité comme un long procès de civilisation débouchant sur la victoire de l'esprit humain face aux résistances de l'obscurantisme. Par là, il place l'homme au centre de l'histoire. Même si, par la suite, on a reproché à Voltaire le caractère trop « philosophique » de son approche, il n'en reste pas moins qu'il est devenu à son tour le modèle, à la fois intellectuel et stylistique, pour au moins deux générations d'historiens français. François Guizot, s'il tente de fonder, sur le plan méthodologique, un nouveau type d'histoire, reste tributaire, dans son *Histoire de la civilisation en Europe* (1828-1830), de la conception d'une histoire intellectuelle de type « macro » qui met en scène, selon un schéma téléologique, le processus de civilisation (voir HISTOIRE UNIVERSELLE).

En Grande-Bretagne, un rôle comparable est joué par W. Robertson, avec son *History of Scotland* (1759) et par *L'Histoire de la Grande-Bretagne* de David Hume [*History of Great Britain*, 1754-1762]. Les deux ouvrages deviennent des références de la nouvelle historiographie, déroulant, avec des moyens stylistiques renouvelés, les grands sujets d'une histoire nationale naissante. *The Decline and Fall of the Roman Empire* d'Edward Gibbon (1776-1788), qui suit les mêmes principes théoriques et met en œuvre des qualités littéraires comparables, exercera une influence importante sur l'Europe entière.

Le XIXe siècle a vu la consolidation du rôle central qui, dans la nouvelle constellation, revient à l'histoire. Là aussi on peut distinguer deux niveaux. D'une part, la pénétration progressive de l'ensemble du champ du savoir par une vision historique. Ce mouvement touche tous les domaines, toutes les disciplines, de la philologie et de la linguistique à l'économie, aux nouvelles sciences de la vie et aux sciences sociales, jusqu'à la théologie même. Pour une grande part, la scientificisation de ces domaines équivaut à l'historicisation de leur objet. Le progrès scientifique pouvait se mesurer selon le degré de pertinence de schémas d'explication historique. D'autre part, à un second niveau, l'ensemble de ces histoires propres à chacun des domaines particuliers devait être davantage qu'une simple accumulation. Il s'agit d'un mode de production spécifique de la connaissance, qui pose pour principe que l'intelligibilité de l'action humaine passe par la prise en compte, à toutes les instances, de la dimension du temps. Le regard de l'historien est censé pénétrer cette dimension du temps, il en fournit la clé. Du coup, l'histoire devient, en quelque sorte, la discipline reine du XIXe siècle. Elle incarne, plus particulièrement, l'idée de progrès, en ce sens qu'elle est seule capable d'intégrer l'ensemble des savoirs produits par les disciplines particulières. En tant que science de l'évolution, elle est à la base de toute vision du devenir du monde ; en tant que science d'explication, elle vise l'action humaine dans tous ses aspects. Sur les deux plans, elle est dorénavant censée rendre compte à la fois des continuités et des ruptures.

D. Le travail de l'histoire : poésie, roman, « Anschaulichkeit »

L'aspiration totalisante donne à l'histoire un rôle comparable à la philosophie d'une part et à la religion de l'autre : elle devient à son tour une sorte de religion laïque. Cela dit, les rapports qu'elle entretient avec la religion restent ambigus. D'un côté, elle substitue sa propre capacité d'explication à la providence divine qui, auparavant, avait fondé le cours des choses. En ce sens, Gatterer peut postuler que l'objectif de l'histoire est de restituer le « *nexus rerum universalis* », terme qui préfigure le *Zusammenhang* de Humboldt et de Ranke. D'un autre côté, elle n'exclut nullement la référence à cette même providence. Pour Ranke, c'est même le rapport au divin qui garantit l'unité de l'histoire. L'historien doit reconstituer le passé tout en reconnaissant que, dans la mesure où chaque période est directement reliée à Dieu (*unmittelbar zu Gott*), il reste toujours une part cachée, inaccessible à la rationalité de la reconstruction historienne. L'unité est donc à la fois à l'intérieur et à l'extérieur de l'histoire. On peut ajouter la version, elle aussi totalisante, de Hegel qui insiste sur le travail de l'esprit qui s'opère dans l'histoire, travail qui procure à l'esprit la connaissance progressive de ce qu'il est :

> Ce processus, qui consiste à aider l'esprit à se trouver lui-même, à trouver son essence, c'est l'histoire.
>
> [*Dieser Prozeß, dem Geiste zu seinem Selbst, zu seinem Begriffe zu verhelfen, ist die Geschichte.*]
>
> *Die Vernunft in der Geschichte*, éd. Glöckner, t. 12.

Les trois variantes ont en commun qu'elles visent un niveau global, au-delà de l'événementiel et du particulier, et confortent donc l'aspiration universalisante de l'histoire.

Au niveau pratique de l'historiographie, on observe le même mouvement de totalisation. Dans son article sur la tâche de l'historien, Humboldt établit une distinction claire entre les matériaux de l'histoire (les événements, *Begebenheiten*), et l'histoire elle-même (*Geschichte selbst*) qui ne peut être obtenue selon les préceptes de la critique des sources. Elle se révèle à l'historien seulement dans la mesure où il arrive à dégager la « connexion interne [*innerer Zusammenhang*] » des faits, l'idée générale qui structure l'ensemble (« Über die Aufgabe des Geschichtsschreibers », 1821, publié en 1822, *passim*). Dans la recherche de cette structure, il doit faire preuve de dons analogues à ceux du poète et, plus généralement, de l'artiste. Dans une lettre au juriste F.G. Welcker, il commente son texte :

> J'y ai comparé l'histoire à l'art, lequel ne consiste pas tant à imiter des formes qu'à rendre sensible l'Idée qui gît dans ces formes.
>
> [*Ich habe darin die Geschichte mit der Kunst verglichen, die auch nicht sowohl Nachahmung der Gestalt, als Versinnlichung der in der Gestalt ruhenden Idee ist.*]
>
> W. von Humboldt, *Briefwechsel an F. G. Welcker*, p. 49, lettre du 7 mai 1821.

Par là, il rouvre le grand débat, qui traverse une importante partie de l'historiographie, sur le rapport entre histoire et poésie, histoire et roman. Diderot avait déjà, à propos de Richardson, opposé l'histoire qui serait un « mauvais roman » et le roman qui serait une « bonne histoire » (*Éloge de Richardson*, 1761, in *Œuvres complètes*, éd. J. Assézat, 1875, vol. 5, p. 221). En adoptant le parti de peindre la « couleur locale », les historiens français dits romantiques ont essayé d'intégrer dans leurs tableaux historiques les vertus du roman, illustrées notamment par Walter Scott. Augustin Thierry fait l'éloge de la « prodigieuse intelligence du passé » mise en œuvre par le romancier pour dévaloriser la simple érudition bornée de l'historien traditionnel (Préface à *Dix Ans d'études historiques*, 1835). C'est que, selon lui, le roman, en mettant en avant des principes d'intelligibilité clairs et conséquents, se rapproche davantage de la vérité que l'histoire poussiéreuse qui ne fait qu'amasser des faits. En Angleterre, T. B. Macaulay s'inspire fortement de Walter Scott. Ranke, de son côté, prendra position contre le roman, en établissant une distinction stricte entre science et fiction. Selon lui, Walter Scott pêche pour avoir déformé les faits. L'unique critère de la science historique devait être la vérité historique, qui peut se dégager de la critique minutieuse des sources. Toute sa science historique, Ranke la construit à la fois contre l'historiographie antérieure et contre les prétentions de la fiction. Mais il est facile de montrer qu'au niveau de la mise en récit, il mobilise, malgré tout, des principes formels mis en œuvre par le roman, visant à la fois l'*Anschaulichkeit* (qui renvoie en même temps au caractère perceptible, accessible aux sens, et à la démonstration par l'exemple ; voir ANSCHAULICHKEIT) et l'effet d'ensemble produit par la narration. En insistant sur l'individualité irréductible, en décrivant même la vie des institutions et des collectifs sur le mode de l'évolution individuelle, en déployant des registres stylistiques variés, il met des ingrédients essentiels de la fiction au service de la science historique. Ce faisant, il rapproche les deux éléments de la narration et de l'argumentation, dont le mélange caractérise le discours historique. Dans la tradition historiographique allemande, qui insiste sur la scientificisation du champ historique, on a souvent sous-estimé le rôle des techniques littéraires, alors qu'en France Michelet est apprécié pour avoir réussi la synthèse de l'histoire et de la littérature. Mais on peut rappeler que Theodor Mommsen lui-même a vu dans l'imagination non seulement « la mère de toute poésie, mais aussi de toute histoire [*Die Phantasie ist, wie aller Poesie so auch aller Historie Mutter*] » (*Römische Geschichte*, 1852, rééd. 1932, t. 1, p. 15).

♦ Voir encadré 5.

E. Connaissance historique, crise de l'histoire et historicisme

À partir du milieu du XIXe siècle, les significations des termes d'*histoire*, *history*, *storia*, *historia* d'un côté et *Geschichte*, terme auquel correspond en néerlandais *Geschiedenes*, d'un autre sont en gros stabilisées. Elles suivent, certes, les évolutions fines de l'historiographie et le mouvement de la philosophie de l'histoire, mais elles restent dans le cadre des champs sémantiques indiqués. Si certains types particuliers d'histoire voient le jour (histoire sociale, histoire culturelle, histoire des mentalités, de la mémoire, des intellectuels, micro-histoire, histoire mondiale, etc.), ils renvoient généralement à des déplacements et à la découverte de nouvelles approches — ou de nouveaux objets. Même s'ils sont, le plus souvent, nés dans des traditions historiographiques nationales, les courants qu'ils désignent dépassent en général les cadres de ces traditions et les termes entrent dans le processus de traduction de la communauté scientifique internationale.

Ce qui, en revanche, suscite périodiquement des controverses, c'est la question du rôle de l'histoire dans l'expérience humaine ainsi que les différentes modalités de penser cette expérience. Dès 1874, Nietzsche a mené la première attaque contre l'aspiration totalisante de l'histoire, en opposant les impératifs de la vie (*Leben*) à une logique relativiste de la démarche historienne, qui pousse le savoir sur le détail jusqu'à perdre la vue d'ensemble. Selon lui, l'historicisation généralisée (« *das überschwemmende, betäubende und gewaltsame Historisieren* [l'historicisation qui submerge tout, étourdit l'esprit, procède de manière violente] », Nietzsche, *Vom Nutzen und Nachtheil der Historie für das Leben*, [*Considérations inactuelles*], in *Sämtliche Schriften*, éd. G. Colli et M. Montinari, Munich, Deutscher Taschenbuch Verlag, 1988, vol. 1, p. 300) menaçait les fondements de la culture. Face à ce qu'il considère comme l'emprise nocive du passé, Nietzsche met en avant la logique et les nécessités du présent ainsi que l'action que la vie impose. Par là, il inaugure la crise de l'historicisme. En poussant à l'extrême le principe de Ranke, qui voulait interdire à l'historien le double rôle de juge du passé et de maître du présent, l'école historique se serait aliéné les valeurs qui doivent guider l'action politique. Problématisant à leur tour la production de la connaissance sociohistorique, les néokantiens de l'école de Bade ont tenté de sortir du dilemme historiciste. Ils insistent, d'un côté, sur la différence entre le savoir produit par les sciences de la nature, organisé en règles et en lois, et celui propre aux sciences « idéographiques » qui, telle l'histoire, décrivent des configurations sensibles (*anschaulich*). D'un autre côté,

---

5

Historiographie, histoire de l'histoire, « Historik »

Le terme d'historiographie désigne en français l'histoire de l'histoire, le travail historique qui a pour objet le discours historique, les manières d'écrire l'histoire depuis les débuts. En allemand, *Historiographie* n'a plus qu'un sens affaibli et est souvent pris comme un synonyme d'histoire (*Geschichte*). *Historiographie* au sens français est plutôt rendue par *Historiographiegeschichte*, alors qu'« histoire de l'historiographie » apparaîtrait en français comme tautologique. En italien, en revanche, *storiografia* est assimilée à l'allemand *Historiographie*, comme l'indique, par exemple, le titre de la revue *Storia della storiografia*. En anglais, *Historiography* est utilisé dans le sens de *history writing*, ce qui recoupe, en gros, les acceptions italiennes et allemandes. Ces exemples montrent que nous nous trouvons en fait sur un continuum, où, d'un côté, l'histoire est assimilée à toute investigation sur les faits du passé, et où, d'un autre côté, il s'agit d'insister sur le caractère réflexif de toute opération historique. Pour désigner la théorie et la méthodologie de l'histoire, l'allemand utilise le terme *Historik*, qui n'a pas d'équivalent dans les autres langues. Il attribue un statut particulier à cette réflexion, que les historiens allemands, en particulier Droysen, ont voulu préserver de l'emprise de la philosophie, et notamment de la philosophie de l'histoire. *Historik* désigne à la fois la réflexion et la présentation, en particulier à des fins d'enseignement.

ils font une distinction entre les sciences de la nature (*Naturwissenschaften*) et les sciences de la culture (*Kulturwissenschaften*), les dernières étant définies comme celles qui rapportent des matériaux historiques à la sphère des valeurs reconnues au sein des groupes. Les néokantiens ont fourni à Max Weber les instruments d'une théorie des valeurs grâce à laquelle celui-ci pensait reconstruire une forme d'objectivité nécessaire à la constitution d'une scientificité propre aux sciences sociales. Ernst Troeltsch, qui est l'un des penseurs les plus aboutis de la crise de l'histoire, utilise les mêmes prémisses théoriques pour rapprocher les sciences sociales (*Geisteswissenschaften*) et les problématiques de l'action. Parallèlement aux néokantiens, Dilthey, dans son *Édification du monde historique dans les sciences de l'esprit* ([*Der Aufbau der geschichtlichen Welt in den Geisteswissenschaften*, 1910], trad. fr. S. Mesure, Cerf, 1988) qui esquisse le projet d'une « critique de la raison historique », tente de dépasser le criticisme kantien en posant que l'homme, producteur de la connaissance historique, était lui-même un être historique (« celui qui explore l'histoire est le même que celui qui fait l'histoire [*daß der, welcher Geschichte erforscht, derselbe ist, der die Geschichte macht*] » W. Dilthey, *Gesammelte Schriften*, vol. 7, p. 278). Ce n'est pas grâce à la raison que l'homme arrive à comprendre le passé, mais en fonction de l'*Erlebnis*, de sa qualité d'être vivant qui possède la capacité de vivre et de comprendre les situations de l'intérieur.

Par ailleurs, des théoriciens de l'histoire qui, tel Croce, se réclament de l'univers de pensée hégélien insistent sur le caractère construit de la connaissance historique. La vérité n'est pas dans les faits, elle est le résultat d'une fusion entre une critique philologique et une tentative de systématisation de type philosophique. Du coup, Croce souligne le fait qu'à travers l'acte de penser de l'historien, l'histoire est ancrée dans le présent : l'esprit est à la fois facteur productif de l'histoire et résultat du passé qui le précède. Par conséquent, « toute histoire est une histoire contemporaine » (*Théorie et Histoire de l'historiographie*, 1915). Collingwood (*The Idea of History*, 1946) souligne à son tour la spécificité de la connaissance historique qui traite toujours de matériaux intellectuels et jamais de fait de nature. Si Toynbee (*A Study of History*, 1934-1961) poursuit l'exploration des limites entre sciences de la nature et sciences historiques en échafaudant une histoire mondiale des sociétés et des cultures, la philosophie existentielle met l'accent, de nouveau, sur l'individu. Elle reconstruit l'historicité de l'être, du *Dasein*, comme une donnée fondamentale de l'existence. Mais ni Husserl ni Heidegger n'exercent une influence durable sur l'historiographie ou sur la conception de l'histoire mise en œuvre par les historiens eux-mêmes.

En France, si Raymond Aron a pensé le problème théorique de l'histoire en discutant les développements de la philosophie de l'histoire allemande, ou si Henri Marrou a suggéré d'intégrer dans la discussion sur la connaissance historique la question des rapports variés qu'entretient l'historien avec son objet, force est de constater que la tradition positiviste a joué, avant comme après, un rôle déterminant. Tout en la critiquant, les historiens inspirés directement par la sociologie de Durkheim aussi bien que les historiens du politique ou encore les spécialistes d'histoire économique et sociale s'en sont tenus à un idéal objectiviste de l'histoire. Cela vaut aussi, dans une certaine mesure, pour les premières *Annales*. À travers sa critique de l'histoire « historisante » ou de l'histoire « positiviste » d'un Seignobos, Lucien Febvre a esquissé une science de l'histoire dont l'ambition totalisante, englobant l'ensemble des sciences humaines, est analogue à celle des sciences exactes (*Combats pour l'histoire*, 2e éd., Armand Colin, 1965). Il est vrai que, conformément à la culture littéraire et rhétorique française, le problème de la mise en forme des résultats de la recherche était toujours considéré comme un domaine à part de l'activité historiographique. Mais, selon la grande majorité des historiens, il s'agissait, précisément, d'une question de présentation, sans implication théorique directe. C'est seulement dans la foulée du *linguistic turn* que, depuis une bonne vingtaine d'années, les débats antérieurs menés autour de la double qualité de *Geschichte* en tant que *historia rerum gestarum* et *res gestae* ont été en partie actualisés. Inauguré aux États-Unis, ce débat est international, tout en présentant de multiples variantes « nationales ». Des pays à tradition herméneutique comme l'Allemagne ou l'Italie ont été, dans un premier temps, plus réceptifs que l'Angleterre et la France où les courants empiriste et positiviste ont maintenu des positions fortes. Mais il serait erroné de construire un simple parallèle entre, d'une part, la perspective herméneutique et le relativisme postmoderne qui tente de réduire l'histoire à la fabrication d'une *story*, et les traditions analytiques ou objectivistes de l'autre. C'est l'interpénétration des deux dimensions — la construction abstraite du « fait » à partir d'un ensemble de données aussi bien analytiques qu'herméneutiques, et sa mise en forme en tant que récit plus ou moins élaboré, produisant du sens par son agencement — qui fait, depuis toujours, l'une des particularités de l'activité historienne.

♦ Voir encadré 6.

François HARTOG (I)
et Michael WERNER (II)

BIBLIOGRAPHIE

ARENDT Hannah, « Le concept d'histoire antique et moderne », *La Crise de la culture*, trad. fr. P. Lévy (dir.), Gallimard, 1972, p. 58-120.

CASSIN Barbara, *L'Effet sophistique*, Gallimard, 1995, p. 470-493.

CASTELLI GATTINARA Enrico, *Les Inquiétudes de la raison. Épistémologie et histoire en France dans l'entre-deux-guerres*, Vrin, 1998.

CERTEAU Michel de, *L'Écriture de l'histoire*, Gallimard, 1975.

CHARTIER Roger, *Au bord de la falaise. L'histoire entre certitudes et inquiétude*, Albin Michel, 1998.

DILTHEY Wilhelm, *Gesammelte Schriften*, Leipzig-Berlin, Teubner, 1913-1931.

DROYSEN Johann Gustav, *Historik* [1857], éd. P. Leyh, Stuttgart, Frommann-Holzboog, 1977.

ESCUDIER Alexandre, *Le Récit historique comme problème théo-*

6

Rhétorique de l'histoire et « metahistory »

Les débats déclenchés par *Metahistory* (1973), le livre de Hayden White, reprennent une discussion sur les questions de l'exposition historique qui a occupé, au XIXᵉ siècle, les historiens en France, Allemagne et Angleterre. Si Ranke a tenté d'instituer une distance maximale entre fiction et science historique, il n'en a pas moins utilisé une grande variété d'artifices narratifs pour présenter les résultats de ses investigations. S'adossant à l'idéal d'une histoire mondiale dont l'unité est fondée dans son inspiration divine, il pense atteindre à l'objectivité grâce à des procédures historiographiques qui se situent en amont de l'écriture et sont donc indépendantes de celle-ci. Droysen, quant à lui, est conscient des interactions entre construction de la connaissance historique et mode d'exposition. Selon lui, l'exposition est directement connectée aux autres opérations constitutives de l'histoire. L'historien doit choisir, parmi une multitude de modalités de présentation, celle qui correspond à la question qu'il entend poser aux documents. Dans sa *Topik*, Droysen, récusant l'idée selon laquelle à la réalité passée ne correspond qu'une seule présentation, tente de penser une pluralité de formes d'exposition qui se rapportent à différentes manières de construire un rapport entre le passé et le présent. L'exposition analytique (*untersuchende Darstellung*), l'exposition narrative (*erzählende Darstellung*), l'exposition didactique (*didaktische Darstellung*) et l'exposition discussive (*diskussive* ou *erörternde Darstellung*) constituent autant de genres qui articulent l'objet de la recherche empirique sur le présent de l'historien et qui visent, chacun, des publics spécifiques.

La discussion consécutive au livre d'Hayden White renoue en les radicalisant avec les positions défendues par les prédécesseurs. Inversant la posture de l'histoire objectiviste, White ne voit dans le discours historique qu'une forme parmi d'autres qui produit des énoncés sur le passé. En tant que production de connaissance sur le passé, rien ne distingue, au fond, l'histoire du roman ou du mythe. L'historien se trouve pris dans des contraintes discursives et des structures implicites analogues à celles du romancier. Sa liberté se résume à pouvoir choisir entre différents modes d'exposition, mais il reste prisonnier des présupposés structurels de chacun d'eux. En mettant en question la notion de « fait historique » et en insistant sur les implications propres au niveau « métahistorique », White voudrait réunifier *history* et *story*, rapprochant l'opération historiographique de l'invention d'une histoire. On le constate donc : loin d'opposer rhétorique et vérité, le *linguistic turn*, en stipulant que chaque discours historique produit sa propre vérité, confond les deux éléments. Dans les réponses à White, on ne dépassera guère les positions avancées par Droysen. Entre l'objectivisme des tenants du fait et le relativisme des protagonistes de la fiction postmoderne, Droysen et, par la suite, Max Weber ont posé qu'une connaissance historique reste possible, à condition d'accepter son statut provisoire, dû à l'historicité fondamentale des catégories de perception et d'analyse mises en œuvre par l'historien. C'est précisément cette prise en compte du perspectivisme de la connaissance et de son ancrage dans un présent toujours en mouvement qui donne sa spécificité au savoir de l'historien. Il en résulte une pluralité des formes d'exposition qui correspondent à la variabilité des questionnaires et aux transformations du regard historien.

BIBLIOGRAPHIE

WEBER Max, *Gesammelte Aufsätze zur Wissenschaftslehre*, Tübingen, Mohr, 1951², trad. fr. partielle Julien Freund, *Essais sur la théorie de la science*, Plon, 1965.

WHITE Hayden, *Metahistory, The Historical Imagination in Nineteenth-Century Europe*, Baltimore-Londres, Johns Hopkins UP, 1973.

rique en France et en Allemagne au XIXᵉ siècle, thèse de doctorat, EHESS, 1998.

FORNARA C. W., *The Nature of History in Ancient Greece and Rome*, Berkeley, California UP, 1983.

HARTOG François (éd.), *L'Histoire d'Homère à Augustin*, textes réunis et commentés, éd. gr./fr et lat./fr., trad. fr. M. Casevitz, Seuil, 1999.

HASKELL Francis, *L'Historien et les Images* [1993], trad. fr. A. Tachet et L. Évrard, Gallimard, 1995.

HÉRODOTE, *Histoires*, trad. fr. P.-E. Legrand, Les Belles Lettres, 1930-1954, 10 vol.

HÖLSCHER L., *Die Entdeckung der Zukunft*, Francfort/Main, Fischer, 1999.

HOMÈRE, *Iliade*, éd. et trad. fr. P. Mazon *et al.*, Les Belles Lettres, 1961.

— *Odyssée*, *in* F. HARTOG (éd.), 1999.

HUMBOLDT Wilhelm von, « Über die Aufgabe des Geschichtsschreibers » (12 avril 1821), in *Werke*, éd. A. Flitner et K. Giel, vol. 1, Darmstadt, Wissenschaftliche Buchgesellschaft, 5 vol., 1ʳᵉ éd. 1964, 5ᵉ éd. 1996, p. 585-606 ; *La Tâche de l'historien*, éd. J. Quillien, trad. fr. A. Disselkamp et A. Laks, Lille, Presses universitaires de Lille, 1985.

— *Briefwechsel an F. G. Welcker*, éd. R. Haym, Berlin, Gaertner, 1859.

ISOCRATE, *Panégyrique*, *in* F. HARTOG (éd.), 1999.

KOSELLECK Reinhart, *Le Futur passé. Contribution à une sémantique des temps historiques* [1979], trad. fr. J. Hoock et M.-C. Hoock, Éd. EHESS, 1990.

— *L'Expérience de l'histoire*, éd. M. Werner, trad. fr. A. Escudier *et al.*, Gallimard-Seuil, 1997.

MAZZARINO Santo, *Il Pensiero storico classico*, Bari, Laterza, 3ᵉ éd. 1973.

NICOLAI Roberto, *La Storiografia nell'educazione antica*, Pise, Giardina, 1992.

OEXLE Otto Gerhard, *Geschichtswissenschaft im Zeichen des Historismus. Studien zu Problemgeschichten der Moderne*, Gottingen, Vandenhoeck und Ruprecht, 1996.

POLYBE, *Histoires*, Livre 1, trad. fr. P. Pédech, Les Belles Lettres, 1969.

PRESS Gerald Alan, *The Development of the Idea of History in Antiquity*, Kingston-Montréal, McGill-Queen's UP, 1982.

RICŒUR Paul, *La Mémoire, l'Histoire, l'Oubli*, Seuil, 2000.

THUCYDIDE, *La Guerre du Péloponnèse*, trad. fr. J. de Romilly, Les Belles Lettres, 1968, 5 vol.

OUTILS

ADELUNG Johann Christoph, *Versuch eines vollständigen grammatisch-kritischen Wörterbuches der hochdeutschen Mundart* [Essai de dictionnaire grammatico-critique complet du haut allemand], Leipzig, Breitkopf, 1774-1786, 5 vol.

BENVENISTE Émile, *Le Vocabulaire des institutions indo-européennes*, t. 2, Minuit, 1969.

HISTOIRE UNIVERSELLE, HISTOIRE GÉNÉRALE - HISTOIRE MONDIALE

lat.	*historia universalis*
all.	*Universalhistorie, Weltgeschichte, Universalgeschichte, Welthistorie, allgemeine (Welt)Geschichte*
angl.	*world history, general history, universal history*

► CORSO, GEISTESWISSENSCHAFTEN, GESCHICHTLICH, HISTOIRE, MUTAZIONE, PEUPLE, SÉCULARISATION, WELT

D'origine latine — c'est en 1304 que paraît pour la première fois une Historia universalis *—, le concept recouvre en fait deux pratiques distinctes : la juxtaposition exhaustive des histoires politiques d'une part, l'articulation de l'histoire profane (restreinte à quelques peuples privilégiés) avec l'histoire catholique d'autre part. Dans la seconde moitié du XVIIIe siècle, c'est sur le refus commun de ces deux démarches que Français, Britanniques et Allemands s'efforcent d'élaborer de nouvelles universalités historiques, lesquelles engagent des choix terminologiques qui ne se superposent pas. Rien d'étonnant alors à ce que tous redécouvrent à peu près simultanément, mais diversement, Vico dont l'entreprise avait sans doute « anticipé » les leurs.*

I. UNIVERSALITÉ CATHOLIQUE, UNIVERSALITÉ EMPIRIQUE, UNIVERSALITÉ DU PROGRÈS

En 1783, Mably distingue deux concepts d'« histoire universelle » : le premier recouvre l'exhaustivité empirique de simples « recueils d'histoires particulières », le second renvoie à l'universalité catholique telle que l'avait encore mise en œuvre Bossuet dans son *Discours* de 1681 où il ramenait « tout à quelques peuples célèbres » (Gabriel de Mably, *De la manière d'écrire l'histoire*, I, éd. revue B. de Negroni, Fayard, 1988, p. 320). La distinction met bien en évidence une équivoque réelle et l'on pourrait illustrer la première acception par l'*Introduction à l'histoire, générale et politique, de l'univers ; où l'on voit l'origine, les révolutions et la situation présente des différents États de l'Europe, de l'Asie, de l'Afrique et de l'Amérique* (Amsterdam, 1721) par laquelle A.-A. Bruzen de La Martinière « complétait » l'ouvrage de Samuel von Pufendorf, *Einleitung zur Geschichte der europäischen Staaten* (Francfort, 1682), traduit par C. Rouxel en 1710. En effet, il s'agit bien ici de juxtaposer les histoires dynastiques et militaires, donc avant tout politiques, de toutes les nations connues — du moins pour autant que cela est possible : en ce qui concerne les Nègres d'Afrique, il faudra s'en tenir à leurs « usages communs » (Pufendorf, rééd. Mérigot, Grange *et al.*, 1753-1759, t. 8, p. 245).

En 1756, Voltaire récuse autant cette histoire de l'univers que l'histoire universelle de Bossuet, et c'est pourquoi l'ouvrage de 1756 s'intitule *Essai sur l'histoire générale et sur les mœurs et l'esprit des nations depuis Charlemagne jusqu'à nos jours*. C'était, d'une part, récuser tout augustinisme en proposant une histoire réellement universelle car exclusivement profane et donc étendue à tous les peuples de la terre (avec le *telos* catholique disparaît toute sélection rétroactive). C'était, d'autre part, rejeter une histoire politique, une histoire des princes et des batailles, au profit d'une histoire réellement universelle en tant cette fois qu'étendue aux « mœurs et à l'esprit des nations », c'est-à-dire à tout ce par quoi celles-ci ont une consistance propre, indépendamment de ceux qui les gouvernent et de leurs conflits. Ce qui en résulte pour Voltaire, c'est « un chaos d'événements, de factions, de révolutions et de crimes » (Garnier, t. 2, 1963, p. 905), mais, au fond, penser l'histoire universelle comme un processus essentiellement mondain, effectivement mondial et pan-institutionnel (il emporte désormais avec lui toutes les institutions humaines, morales et juridiques), c'est là la tâche qui, d'une manière ou d'une autre, s'impose alors à tous. En France, elle conduit à minorer l'usage du syntagme d'« histoire universelle », et quand Condorcet se refuse à suivre Voltaire et à écrire « l'histoire des gouvernements, des lois, des mœurs, des usages, des opinions, chez les différents peuples qui ont successivement occupé le globe », c'est pour y substituer un « tableau historique des progrès de l'esprit humain » (Condorcet, *Œuvres complètes*, Firmin-Didot, 1847-1849, t. 6, p. 281, repr. Stuttgart-Bad Cannstatt). Sans doute faudra-t-il attendre le siècle suivant et le désir de réconcilier l'universalité catholique avec « le Progrès » pour qu'il redevienne possible d'écrire des ouvrages comme celui de J. F. A. Boulland, *Essai d'histoire universelle ou exposé comparatif des traditions de tous les peuples depuis les temps primitifs jusqu'à nos jours* (Paris, 1836).

II. LA « NATURAL HISTORY OF MANKIND » COMME « HISTOIRE RAISONNÉE »

En 1767, Adam Ferguson évite soigneusement d'utiliser l'expression « *history of the world* » qui avait servi de titre à un ouvrage de sir Walter Raleigh en 1614 ou l'expression « *universal history* » qu'il avait pu rencontrer chez Henry Bolingbroke (*Letters on the Study and Use of History*, 1735, III ; Basil, 1788, p. 42, 61 *sq.*). Il préfère désigner son entreprise comme « *the general history of nations* » (*An Essay on the History of Civil Society*, I, 10, Edinburgh UP, 1966, p. 65), par où il faut entendre assurément « *of* all *nations* » (*ibid.*, II, 1, p. 75 ; III, 6, p. 158 ; III, 8, p. 173). Figurant dans un hommage à Montesquieu, il est sans doute frappant de voir ainsi traduit le pluriel de la préface à *De l'esprit des lois* — « les histoires de toutes les nations » — en un singulier collectif qui témoigne qu'une nouvelle universalité est en voie de constitution — un peu comme, chez Vico, « *le storie di tutto le nazioni* » pouvaient être subsumées par « *una storia ideal eterna* » (*Scienza nuova*, 1744, § 145). En effet, si la formule de Ferguson fait écho à celle de Voltaire — Claude-François

Bergier la traduit correctement par « l'histoire générale des nations » (*Essai sur l'histoire de la société civile*, Desaint, 1783, t. 1, p. 178-179) – et si cet écho est significatif – il s'agit d'un processus essentiellement mondain, mondial et civil –, il reste que sa « généralité » en est bien différente : elle résulte de la superposition empiriste des trajectoires poursuivies par les nations observables ; ou encore : c'est le procès abstrait que doit suivre toute nation pour autant que les circonstances le lui permettent. En ce sens, abstrait, c'est aussi « naturel », et J. Millar suggérera l'expression de « *natural history of mankind* [histoire naturelle du genre humain] » pour qualifier cette démarche (*The Origin of the Distinction of Ranks* [1771], Basil, Tourneisen, 1793, p. 11). Mais comme les choses sont décidément compliquées, lorsque Dugald Stewart, en 1793, suggère une traduction française de « *natural history* » ainsi entendue, il ne propose ni « histoire naturelle » ni « histoire générale », mais « histoire raisonnée » (Adam Smith, *Works and Correspondence*, Oxford, Clarendon Press, t. 3, 1980, p. 293) en songeant à d'Alembert qui avait évoqué, en 1759, dans l'*Essai sur les éléments de philosophie*, « l'histoire générale et raisonnée des sciences et des arts » (chap. 2, Fayard, 1986, p. 14). Traduction surprenante, mais nullement absurde : si David Stewart pouvait renvoyer son lecteur anglais à la *Natural History of Religion* (1757) de David Hume, il devait esquiver en français une formule – « histoire naturelle de l'humanité » – qui aurait forcément évoqué Buffon et un tout autre type d'enquêtes. De surcroît, « raisonnée » s'opposait à « révélée » comme « naturelle » à « surnaturelle », ce qui permettait de conserver l'essentiel.

III. LA « WELTGESCHICHTE » CONTRE L' « UNIVERSALHISTORIE »

La traduction allemande de l'*Essai* de Voltaire, publiée en 1762, propose *allgemeine Weltgeschichte*, soit, si l'on veut, « histoire générale du monde », soit surtout l'expression que Kant utilise, en 1784, dans l'énoncé de la neuvième proposition de l'*Idee zu einer allgemeinen Geschichte* où il s'agit, au contraire, de justifier une téléologie historique à laquelle n'aurait jamais souscrit Voltaire. Cette téléologie qu'il faut disculper d'être un roman, qu'est-elle, en effet, sinon la réalisation de ce que Leibniz avait réservé à Dieu, à savoir « ce roman de la vie humaine qui fait l'histoire universelle du genre humain » (*Essai de Théodicée*, II, 149), tandis qu'il assignait à l'homme « une espèce d'histoire universelle » destinée à simplement recueillir toutes les données « utiles » (*Nouveaux essais*, IV, 16, 11) ? L'*allgemeine Weltgeschichte*, c'est sans doute alors quelque chose comme une théodicée de l'histoire et l'on peut aussi bien dire, dans ces années 1780, *allgemeine Geschichte*, *Universalgeschichte* ou *Weltgeschichte*, ainsi qu'en témoigne la leçon inaugurale de Schiller à Iéna, en 1789 (« Was heisst und zu welchem Ende studiert man Universalgeschichte ? », *Werke*, *Nationalausgabe*, Weimar, Böhlau, 1970, t. 17, p. 359 *sq.*). À la rigueur, le traducteur pourrait s'en tirer en disant « histoire générale », « histoire universelle » et « histoire mondiale » (mais « histoire du monde » serait moins anachronique).

Il sera alors toutefois au rouet quand il rencontrera *Welthistorie*, par exemple dans la préface d'Ernesti à la traduction allemande de *A General History of the World, from the Creation to the Present Time* (Londres, Newbery, 1764-1767) sous la direction de W. Guthrie et J. Gray, parue elle aussi sous le titre d'*Allgemeine Weltgeschichte von der Schöpfung an bis auf gegenwärtige Zeit* (Leipzig, 1765-1808, t. 1, p. XII-XIII). Il le sera aussi, et bien plus souvent, quand il rencontrera *Universalhistorie*, encore couramment utilisé au début des années 1770 : J. C. Gatterer publie une *Einleitung in die synchronistische Universalhistorie* en 1771, tandis qu'en 1785 ce sera une *Weltgeschichte in ihrem ganzen Umfange* ; de même, A. L. Schlözer fait paraître, en 1772, une *Vorstellung einer Universalhistorie* et, en 1779, une *Vorbereitung zur Weltgeschichte für Kinder*. C'est, en gros, dans ces années que *Weltgeschichte* l'emporte sur *Universalhistorie* et c'est pourquoi Kant l'adopte spontanément pour repenser l'« histoire universelle » de Leibniz. Mais pourquoi cette substitution ? La réponse se trouve chez Kant lui-même, au dernier paragraphe de l'*Idee zu einer allgemeinen Geschichte*, mais aussi bien, l'année suivante, chez Schlözer :

> § 1 : Universalhistorie *war weiland nichts als ein « Gemengsel von einigen historischen* Datis, *die der Theolog zum Verständnis der Bibel, und der Philolog zur Erklärung der alten grieschischen und römischen Schriftsteller und Denkmäler, nötig hatte » : war nichts als eine Hilfswissenschaft der biblischen und Profanphilologie.* [...] § 2 : Weltgeschichte *ist eine systematische Sammlung von Tatsätzen, vermittelst deren der gegenwärtige Zustand der Erde und des Menschengeschlechts, aus Gründen verstehen lässt.*
>
> [§ 1 : L'*Universalhistorie* n'était jadis rien qu'un « mélange de quelques *data* historiques dont avait besoin le théologien pour la compréhension de la Bible et le philologue pour l'explication des anciens écrivains et artistes grecs et romains » : elle n'était rien qu'une science auxiliaire de la philologie biblique et profane. [...] § 2 : La *Weltgeschichte* est un recueil systématique des faits au moyen desquels l'état actuel de la terre et du genre humain devient compréhensible à partir de ses principes.]
>
> *Weltgeschichte nach ihren Hauptteilen im Auszug und Zusammenhange*, Göttingen, Vandenhoek, 1785.

Choisir *Weltgeschichte*, au fond, c'était choisir *Welt* et *Geschichte*. *Welt* pour renvoyer à *weltlich* (mondain) et pas seulement à *Welt* comme universalité. *Geschichte* pour renvoyer à « systématique » par opposition à l'*historia* grecque, pour opposer un processus à un simple recensement érudit. La *Weltgeschichte*, c'est le développement du genre humain considéré dans sa totalité passée, présente, voire future – mais toujours terrestre –, et elle repousse l'agrégat de l'*Universalhistorie* dans la préhistoire de l'histoire comme substrat métaphysique. On comprend alors que la nature exacte de cette systématicité entendue comme *Zusammenhang* (connexion téléologique ? *a priori* ? etc.) soit ce qui définit l'enjeu des conflits entre les philosophies allemandes de l'histoire.

Bertrand BINOCHE

BIBLIOGRAPHIE

BORST Arno, « Weltgeschichten im Mittelalter ? », *in* R. KOSELLECK et W. STEMPEL, *Geschichte, Ereignis und Erzählung*, Munich, Fink, 1973.

HÖPFL Harro M., « From savage to scotsman : conjectural history in the Scottish Enlightenment », *Journal of British Studies*, n° 17, 1978.

KOSELLECK Reinhart, « Von der "historia universalis" zur "Weltgeschichte" », *in* R. KOSELLECK (dir.), *Geschichtliche Grundbegriffe*, t. 2, Stuttgart, Klett, 1975, p. 686 *sq.*

LAUDIN Gérard, « Changements de paradigme dans l'historiographie allemande : les origines de l'humanité dans les "Histoires universelles" des années 1760-1820 », *in* C. GRELL et J.M. DUFAYS, *Pratiques et Concepts de l'histoire en Europe, XVIe-XVIIIe siècles*, Presses de l'univ. Paris-Sorbonne, 1990.

— « La cohérence de l'histoire : aspects de la réception de Voltaire dans l'Allemagne des années 1760-1770 », *in* U. KÖLVING et C. MERVAUD, *Voltaire et ses combats*, Oxford, Voltaire Foundation, 1997, p. 1435-1447.

PONS Alain, « Vico et la "barbarie de la réflexion" », *La Pensée politique*, n° 2, juin 1994.

TRUYOL Y SERRA Antonio, « The idea of man and world history from Seneca to Orosius and Saint Isidore de Seville », *Cahiers d'histoire mondiale*, n° 6, 1960.

HOMONYME/SYNONYME

gr. *homônuma* [ὁμώνυμα] / *sunônuma* [συνώνυμα]	lat. *homonyma, aequivoca / synonyma, univoca*

► ANALOGIE, CONNOTATION, *ÊTRE*, INTENTION, LOGOS, MIMÊSIS, MOT, PARONYME, SENS, SIGNE, SIGNIFIANT, *SOPHISME*, SUPPOSITION, TRADUIRE

Homonymie et synonymie, *calqués du grec dans la plupart des langues modernes, ne présentent pas en soi de difficulté de traduction. Mais l'identité des mots cache des déplacements de sens d'autant plus complexes et moins thématisés qu'ils sont liés à un paysage ontologique changeant selon les doctrines et les époques, notamment aux avatars de la critique aristotélicienne du platonisme. D'où des difficultés récurrentes dans la compréhension des textes anciens, manifestées par un certain nombre de contresens dans leurs traductions, qui les rendent aujourd'hui inintelligibles. À première vue, en effet, comment n'y aurait-il pas pure et simple « homonymie » entre ce que nous appelons aujourd'hui couramment* homonymes, *à savoir des homophones comme « vert » et « verre », et l'exemple canonique des* Catégories *d'Aristote qui qualifient d'*homonymes *un homme et son portrait ?*

Plus généralement, la question posée à propos de l'homonymie et de la synonymie est celle des conditions, ou des critères, de l'identité de sens : depuis Aristote, c'est en effet sur l'univocité des mots et des phrases, que se fonde la possibilité du discours non contradictoire et de la communication entre les hommes « ne pas signifier quelque chose d'un, c'est ne rien signifier du tout » (Métaphysique, *IV, 4, 1006b 12 sq.). C'est en questionnant ces critères d'identité de sens, que les Médiévaux sont amenés à redéfinir les notions d'*equivocatio *et d'*univocatio, *pour distinguer les différents types de variations sémantiques. L'identité sémantique est perturbée dès qu'une expression « veut dire » ou « tient lieu » de choses multiples, dans une proposition, dès qu'elle est* multiplex. *Mais elle n'est pas nécessairement* ambiguë, *puisqu'il est possible qu'elle signifie de manière claire plusieurs choses en même temps. On se trouve alors face à un réseau de termes :* equivocatio, univocatio, multiplicitas, ambiguitas, *qui cohabitent avec les termes calqués sur le grec :* homônuma [ὁμώνυμα], sunônuma [συνώνυμα] *(et les dérivés correspondants). La chasse à l'homonymie, intentionnelle ou non, est ainsi le premier réquisit de la logique, voire d'une certaine éthique du langage.*

I. LES NŒUDS DE PROBLÈMES

A. Choses ou mots : la dérive référent-nom

Les définitions de l'homonymie aujourd'hui courantes sont assez floues. Le plus souvent, l'homonymie est définie en symétrie inverse de la synonymie : *grosso modo*, il y a homonymie quand un seul mot a plusieurs significations (« *eine Name mit mehreren Bedeutungen* ») et synonymie quand plusieurs mots ont une seule signification (« *eine Bedeutung mit mehreren Namen* » [cité par Ritter, *s.v.*, p. 1184]). Cette définition hérite d'une longue tradition déjà bien fixée chez les grammairiens latins, par exemple dans le recueil de *Differentiae* qui porte le nom de Fronton : « *Homonymia una voce multa significat, synonymia multis vocibus idem testatur* [L'homonymie signifie plusieurs choses à l'aide d'un seul mot, la synonymie montre une même chose à l'aide de plusieurs mots] » (G.L. VII, p. 525). Mais on remarquera déjà l'indice d'un premier problème entre ces définitions apparemment congruentes : s'agit-il du rapport entre des mots et leurs sens (Ritter) ou du rapport entre des mots et des choses (Fronton) ?

À la question : les homonymes et les synonymes désignent-ils des choses ou bien des mots ?, on répondra : « Une difficulté spécifique de l'histoire des composés en -onyme tient au fait qu'ils sont appliqués successivement — et aussi, ce qui est plus grave, simultanément — au référent et au nom lui-même... La suite de l'histoire ne fait que prolonger cette dérive » (Lallot, *La Grammaire de Denys le Thrace*, p. 152), l'une des clefs de cette histoire étant la critique aristotélicienne de la doctrine des Idées.

Aujourd'hui les homonymes et les synonymes sont des mots. Dans l'Antiquité, ce pouvait être des choses ou des mots. Ainsi Homère dit que les deux Ajax, le fils de Télamon et le fils d'Oïlée, et non pas leurs noms, sont homonymes (*Iliade*, XVII, 720), mais il dit en même temps que le nom « Ulysse » est éponyme (littéralement : « nommé d'après », *epi* [ἐπί], pour indiquer en particulier une étymologie signifiante), bien adapté à l'homme Ulysse, qui a « ulcéré » (*odussamenos* [ὀδυσσάμενος], « ulyssé ») le cœur de son grand-père (*Odyssée*, XIX, 407-410).

Platon qualifie d'*homonymes* (*Phédon*, 78e ; *Timée*, 52a) les choses sensibles par rapport aux modèles intelligibles qui leur confèrent à la fois l'être et l'éponymie (*Parménide*, 133d) ; l'art du langage, en tant qu'il prétend avec le sophiste tout fabriquer, est un art mimétique comme la peinture qui fabrique des copies de copies, « images et homonymes des étants (*mimêmata kai homônuma tôn ontôn* [μιμήματα καὶ ὁμώνυμα τῶν ὄντων], *Sophiste*, 234b ; voir MIMÊSIS) : la relation d'homonymie lie ainsi les Idées, les sensibles, et leurs simulacres, en particulier les mots (*eidôla legomena* [εἴδωλα λεγόμενα], 234c), des choses et des mots donc.

Aristote à son tour prend tantôt explicitement en considération les choses (*Catégories*, 1), tantôt, comme si cela allait de soi, les mots (*Réfutations sophistiques*). L'idée selon laquelle l'homonymie antique concerne les choses tient à la prééminence historique de la définition des *Catégories,* qui constitue de fait la première définition des homonymes. C'est à elle qu'on se rapporte toujours, c'est elle qui norme le sens, même quand on ne s'y tient pas. D'où sa fortune, et les gloses qui la déplacent.

Si l'on en croit Simplicius (*Commentaire sur les* Catégories *d'Aristote*, 38, 19-24), ce serait Speusippe, le neveu de Platon et son successeur à la tête de l'Académie, qui aurait institué le couple terminologique *homônumos-sunônumos*, dans le cadre d'un classement systématique des seuls « mots » (*onomata* [ὄνοματα]) :

Mots				
tautônuma (mots identiques)		*heterônuma* (mots différents)		
homônuma (ne désignant pas la même chose)	*sunônuma* (désignant la même chose) ex. « animal » pour l'homme et le bœuf	*idiôs heterônuma* (proprement hétéronymes = ne désignant pas la même chose)	*poluônuma* (désignant la même chose)	*parônuma* (de forme et de sens différents mais proches)

Les commentateurs grecs reprennent partiellement ce système, mais en l'appliquant de nouveau aux choses. Ils vont être en cela suivis par les Latins, qui utilisent un double jeu de termes, à partir d'un double jeu d'opposition : nom : identique/différent, définition : identique/différente (cf. Boèce, *In categorias Aristotelis commentaria*, 163C-164A, qui se sert des termes latins ; voir Desbordes, « Homonymie et synonymie d'après les textes théoriques latins », p. 61 pour les autres textes latins) :

choses de	même nom	nom différent
même définition	*synonyma* *univoca* ex. l'homme, l'être animé (« animal ») à cause du prédicat commun « substance animée sensible »/ l'homme, le cheval à cause du prédicat commun « animal »	*polyonyma* *multivoca,* *plurivoca* ex. le glaive, l'épée
définition différente	*homonyma* *aequivoca* ex. un homme réel, un homme peint	*heteronyma* *diversivoca* ex. le feu, la pierre, la couleur

On voit que l'apparente symétrie est un leurre : si ce sont différentes choses qui sont *univoca, aequivoca* ou *diversivoca*, c'est une même chose qui est *multivoca*. Une chose multivoque est celle qui, littéralement, est désignée par plusieurs expressions, *voces*, ces *voces* étant ce que nous qualifions aujourd'hui de synonymes. Nous suivons en cela l'usage que Simplicius qualifiait déjà de « moderne » (36, 30), mettant le doigt sur le motif du flottement entre sens ancien et moderne de la synonymie : quand on étudie les genres, on appelle synonymes plusieurs « choses » désignées par le même mot avec le même sens (l'homme et le bœuf, qu'« animal » désigne au même sens, sont synonymes) : c'est le sens « le plus propre », celui de l'Aristote des *Catégories.* Mais quand on s'intéresse à la pluralité et la variété des mots, on appelle synonymes plusieurs « mots » qui désignent la même chose, et qui, chez Speusippe, seraient qualifiés de polyonymes (ainsi, pour l'Aristote de la *Rhétorique* [III, 2, 1404b 37-1405a 2] « faire route » et « cheminer », *poreuesthai* [πορεύεσθαι] et *badizein* [βαδίζειν], sont des synonymes) : c'est ce sens moderne que font triompher les Stoïciens (par ex. : Alexandre et Pâris ; cf. Simplicius, 36, 7-32).

D'une manière générale, les commentateurs d'Aristote, tout en affirmant que les homonymes sont des choses, appliquent aussi aux mots l'adjectif « homonyme ». Simplicius est particulièrement conscient du glissement (« au sens propre, ce sont les réalités et non les mots qui produisent l'homonymie », 24. 20 *sq.* /« il devient clair alors que le nom est homonyme », 25. 5). C'est le lieu même de la variation entre une interprétation conceptualiste de l'homonymie, d'accent stoïcien (un seul mot, plusieurs *ennoiai* [ἔννοιαι] « représentations mentales »), et une interprétation participative, d'accent néoplatonicien (74. 28 - 75. 5, cf. commentaire de Luna à Simplicius, fasc. 3, en part. p. 88-90). Dans l'usage récent, celui de Luna par exemple, on utilise « homonymie » pour qualifier les choses, et « équivocité » pour qualifier les mots (*ibid.*, p. 11, n. 26 par ex.). La définition des grammairiens, liée au stoïcisme, choisit les mots, et dans les mots, leur *phônê* [φωνή] : pour Denys le Thrace (IIe-Ier s. av. J.-C.), comme pour Ducrot-Schaeffer, les homonymes sont essentiellement des homophones. Mais elle s'oppose aux définitions des philosophes, à savoir Aristote et les commentateurs des *Catégories.* Boèce distingue bien l'adjectif *aequivoca*, qui qualifie, non les choses, mais la manière dont elles sont dites, du substantif *aequivocatio*, qui décrit un phénomène concernant les mots, non seulement les noms, mais aussi les verbes, les prépositions et les conjonctions :

> *AEQUIVOCA, inquit, dicitur res scilicet, quae per se ipsas aequivocae non sunt, nisi uno nomine praedicentur: Quare quoniam ut aequivoca sint, ex communi vocabulo trahunt, recte ait, aequivoca dicuntur. Non enim sunt aequivoca sed dicuntur. Fit autem non solum in nominibus sed etiam in verbis aequivocatio...*
>
> [Équivoques, dit-il (Aristote, *Catégories*, chap. 1), c'est-à-dire les choses, qui par elles-mêmes ne sont pas équivoques, à moins qu'un nom commun n'en soit prédiqué. C'est pourquoi, puisque le fait qu'elles soient équivoques vient de ce qu'elles ont un vocable commun, Aristote dit à juste raison : « elles sont dites équivoques ». En effet, elles ne sont pas équivoques, elles sont dites équivoques. L'équivocité se produit non seulement dans les noms mais aussi dans les verbes...]
>
> *In Categorias Aristotelis commentaria*, PL 64, 164B.

B. Symétrie / dissymétrie entre homonymie et synonymie

Un second nœud de problèmes est le rapport de symétrie ou de dissymétrie qu'entretiennent homonymie et synonymie. Le *Dictionnaire historique de la langue française* fournit un indice de ce brouillage. On y lit que « *homonyme* est un emprunt au latin *homonymus*, “de même prononciation mais de sens différent” [...], lui-même du grec *homônumos* “qui porte le même nom, qui emploie la même dénomination”, composé de *homos* (d'où homo-) et de *onoma* “nom” ». Mais on y lit aussi que *synonyme* est emprunté au latin *synonymus*, qui reprend lui-même « le grec *sunônumos* “de même nom que”, sur *sun* [σύν] “avec, ensemble”, et *onoma* ». Paradoxalement, les deux adjectifs grecs *homônumos* et *sunônumos* se retrouvent ainsi avoir la même définition : « qui porte le même nom », « de même nom que ». Brouillage d'autant plus inquiétant que cette définition de la synonymie est incompatible avec celle qui suit, pourtant elle aussi rapportée à l'étymologie grecque : « [Synonyme] s'applique au XVIe siècle à un mot qui a, avec un autre, une analogie de sens (genre commun) mais des acceptions différentes, valeur étymologique et aristotélicienne. » Comment s'y retrouver ?

Le D.H.L.F. n'a pas tort pourtant : *synonyme* et *homonyme* commencent par être, dans les attestations les plus anciennes, ce que nous appelons nous des synonymes, qualifiant tous deux des porteurs différents du même nom. « Homonymes » (*homônumoi* [ὁμώνυμοι]) se rencontre une fois chez Homère, appliqué aux deux Ajax (*Iliade*, XVII, 720, voir *supra*). Mais Euripide utilise « syno-

1

La dissymétrie moderne homonymie/synonymie : homonymes et homophones

La dissymétrie entre homonymie et synonymie affleure souvent dans les définitions modernes comme en témoigne le *Nouveau Dictionnaire des sciences du langage* de Ducrot et Schaeffer. En effet, selon eux, la synonymie prend en considération deux ou plusieurs « expressions » (mots, groupes de mots, énoncés), alors que l'homonymie prend en considération, non pas le mot ou l'expression, mais la « réalité phonique » (Ducrot-Schaeffer, p. 398-399) : les homonymes d'aujourd'hui sont essentiellement des homophones, comme *vair, verre, vert, vers* et *ver* ; si bien qu'on qualifiera d'*homonyme* aussi bien plusieurs mots distincts, qu'un mot, ou du moins une graphie, unique (*rame* de papier et *rame* de navire). Cette définition, y compris dans sa focalisation sur la *phônê*, est fort proche de celle des grammairiens antiques (Denys le Thrace, *Tekhnê grammatikê*, 12, 6 et 7 ; *Scholies*, 554, 31-32, cf. Lallot, *La Grammaire de Denys le Thrace*, *op. cit.*, p. 152).

Par ailleurs, les critères de l'homonymie paraissent particulièrement difficiles à tenir. En effet, s'il n'est pas facile de décider, quant à la synonymie, que deux significations sont identiques (connotation, valeur expressive etc.), comment établir que deux significations sont « radicalement différentes » ? L'homonymie, à la différence de la synonymie, se trouve prise dans un réseau de phénomènes « semblables mais d'une autre nature » (Ducrot-Schaeffer, p. 399), comme la « détermination contextuelle » (« *ce magasin ouvre le lundi* » : seulement le lundi / même le lundi ?), la « polysémie » (le *bureau* Louis XV et le *bureau* de poste), l'« extension » (*aimer* son père et la confiture), l'« indétermination » (la *vagueness* des Anglais : suis-je « riche » ?), la « signification oppositionnelle » (*petits* microbes et *petits* éléphants).

Au plan syntaxico-sémantique, certaines recherches en linguistique, telles celles d'Antoine Culioli, se sont intéressées au phénomène de la paraphrase : il s'agissait alors de considérer les variations formelles, même minimes, au sein d'une famille d'énoncés paraphrastiques, pour remonter aux opérations énonciatives ou prédicatives dont elles étaient les marques, et comprendre les différences sémantiques qu'elles recouvraient (par ex. *« Pierre, la pomme il la mange »/« la pomme, Pierre il la mange »/« c'est la pomme que mange Pierre »*, etc.).

Le critère retenu par Ducrot et Schaeffer pour distinguer entre ce qui est homonyme et ce qui ne l'est pas est l'impossibilité de trouver un point commun entre les différentes significations du mot : « ni noyau commun, ni même continuité », ni explication ni dérivation : ce qui correspond exactement au critère aristotélicien des homonymes *apo tukhês* [ἀπὸ τύχης], « par hasard » (l'exemple canonique est *kleis* [κλείς], à la fois « clef » et « clavicule »). Mais l'arbitraire des distinctions proposées demeure cependant : ainsi, Ducrot et Schaeffer choisissent de ne pas différencier *homonymie* et *ambiguïté* (« les phénomènes d'ambiguïté ou d'homonymie », p. 399). On objectera que « ambigu » (qu'il ne va d'ailleurs pas de soi d'opposer à « équivoque ») ne s'applique guère à des homophones, et a un champ sémantique beaucoup plus large que *homonyme* (une attitude ambiguë). On opposera surtout l'usage de Quine ou Hintikka (« Aristotle and the ambiguity of ambiguity », p. 138), qui distinguent au contraire l'ambiguïté de l'homonymie en fonction de l'étymologie : le critère de la pure coïncidence n'est réellement satisfait que dans le cas de mots issus d'étymologies différentes (« rame » de navire, du sanscrit *aritra*, « qui meut », face à l'arabe *rizma* [الرزمة], « paquet d'habits », pour la « rame » de papier, selon Littré), dont Aristote ne parle pas, mais auxquels on réservera l'appellation d'« homonymes ».

Toutes ces catégories sont les héritières des distinctions diverses, parfois contradictoires, élaborées dans l'Antiquité à des fins ontologiques précises. L'apparent arbitraire de ces différences et de ces critères tient sans doute à ce qu'on ne s'interroge plus sur les enjeux ou la visée du concept.

Quoi qu'il en soit, le trait essentiel de l'homonymie moderne est qu'elle s'applique exclusivement à des mots, se réduisant même aux phénomènes d'homophonie. Elle se présente dès lors comme un phénomène marginal, lié au signifiant, pouvant intéresser la psychanalyse et les amateurs de mots d'esprit, mais d'une importance secondaire pour l'analyse du langage (voir SIGNIFIANT).

BIBLIOGRAPHIE

HINTIKKA Jaako, « Aristotle and the ambiguity of ambiguity », in *Time and Necessity*, Oxford, Clarendon Press, 1973, p. 1-26.

OUTILS

DUCROT Oswald et SCHAEFFER Jean-Marie, *Nouveau Dictionnaire des sciences du langage*, Seuil, 1995.

nyme » avec exactement le même sens : Ménélas vient d'apprendre qu'une femme de même nom qu'Hélène habite le palais, et se console en se demandant « quelle terre est *synonyme* de Lacédémone et de Troie » (*Hélène*, 495), constatant que « bien des gens portent les mêmes noms (*onomata taut' ekhousin* [ὀνόματα ταὖτ' ἔχουσιν]), une cité qu'une cité et une femme qu'une femme » (497-499). Ainsi s'explique sans doute l'apparition tardive et l'extrême rareté avant Aristote du second terme, qui n'était qu'un doublet du premier (Platon, qui emploie seize fois *homônumos*, ignore *sunônumos*). Plus tard, l'un des sports favoris des commentateurs des *Catégories* sera de montrer en quel sens des homonymes, par exemple les Ajax, sont aussi des synonymes, à coups de « en tant que » : même si « en tant qu'Ajax », le fils de Télamon et le fils d'Oïlée sont homonymes, « en tant qu'ils sont des hommes », ils sont synonymes (voir Porphyre, 62, 30 et 64, 10-20 ; Dexippe, 19, 20 et 22, 15 ; Simplicius, 29. 2-5, 30 ; 17-31. 4 et 35. 9-36. 6).

♦ Voir encadré 1, ci-dessus.

2

Comment traduire les définitions des « Catégories » ?

On appelle homonymes les items qui ont en commun seulement un mot, alors que la définition de l'essence qui correspond au mot est différente : par exemple sont « zôion » à la fois l'homme et le dessin qui en est fait ; car ils ont en commun seulement un mot, alors que la définition de l'essence qui correspond au mot est différente ; de fait, si on explicite ce que c'est pour chacun d'entre eux que d'être un zôion, on donnera une définition distincte pour l'un et pour l'autre.
On appelle synonymes les items qui ont en commun à la fois le mot en question et la définition de l'essence qui correspond au mot : par exemple sont « zôion » à la fois l'homme et le bœuf ; chacun d'eux est nommé au moyen d'un mot commun, « zôion », et la définition de l'essence est la même ; en effet si l'on donne la définition de chacun, pour dire ce que c'est pour chacun d'entre eux que d'être un zôion, c'est la même définition qu'on donnera.

[Ὁμώνυμα λέγεται ὧν ὄνομα μόνον κοινόν, ὁ δὲ κατὰ τοὔνομα λόγος τῆς οὐσίας ἕτερος, οἷον ζῷον ὅ τε ἄνθρωπος καὶ τὸ γεγραμμένον· τούτων γὰρ ὄνομα μόνον κοινόν, ὁ δὲ κατὰ τοὔνομα λόγος τῆς οὐσίας ἕτερος· ἐὰν γὰρ ἀποδιδῷ τις τί ἐστιν αὐτῶν ἑκατέρῳ τὸ ζῴῳ εἶναι, ἴδιον ἑκατέρου λόγον ἀποδώσει. συνώνυμα δὲ λέγεται ὧν τό τε ὄνομα κοινὸν καὶ ὁ κατὰ τοὔνομα λόγος τῆς οὐσίας ὁ αὐτός, οἷον ζῷον ὅ τε ἄνθρωπος καὶ ὁ βοῦς· τούτων γὰρ ἑκάτερον κοινῷ ὀνόματι προσαγορεύεται ζῷον, καὶ ὁ λόγος δὲ τῆς οὐσίας ὁ αὐτός· ἐὰν γὰρ ἀποδιδῷ τις τὸν ἑκατέρου λόγον τί ἐστιν αὐτῶν ἑκατέρῳ τὸ ζῴῳ εἶναι, τὸν αὐτὸν λόγον ἀποδώσει.]

1, 1a 1-12.

Nous ne traduisons pas *zôion* [ζῷον] : le mot grec, sur *zôê* [ζωή], la vie, signifie « être animé, vivant » (voir ANIMAL). Mais il signifie également « personnage ou figure (d'homme ou d'animal) représentés dans un tableau » (l'image peinte d'un être animé, Hérodote, III, 88, ou Platon, *République*, VII, 515a). Il a enfin ce sens d'« image peinte » même quand le modèle représenté n'est pas vivant (Hérodote, IV, 88, « ayant représenté d'après nature, *zôia grapsamenos* [ζῷα γραψάμενος], le passage du Bosphore », ou Platon, *Lois*, 769a). Autrement dit, *zôion*, renvoyant à n'importe quelle œuvre d'un *zôgraphos* [ζωγράφος], d'un peintre, peut aussi bien désigner ce que nous appelerions une « nature morte ».

La différence des langues joue à plein : c'est autour d'un mot qui pour nous est homonyme que se déploie la définition canonique de l'homonymie et de la synonymie. À vrai dire, pas seulement la différence des langues, mais non moins l'ironie aristotélicienne, qui consiste à exploiter la paradoxale économie de la doctrine platonicienne, pour laquelle un vivant n'est jamais que la réplique d'une idée, non sans obliger au constat que ce paradoxe est inscrit dans le grec.

Il y a une erreur qu'il faut éviter d'induire en traduisant. On risque de croire qu'il s'agit avec *onoma* [ὄνομα], non pas d'un mot, d'un nom, attribuable aux deux homonymes, en l'occurrence le mot *zôion*, mais du nom qui nommerait les homonymes eux-mêmes, en l'occurrence le mot « homme ». Erreur que Tricot par exemple induit immanquablement, d'une part en traduisant *onoma* par « *le* nom » (mais, de même, Zanatta : *il nome*), d'autre part en rendant *to gegrammenon* [τὸ γεγραμμένον] par « un *homme* en peinture », pour y retrouver « homme » : « On appelle *homonymes* les choses dont *le nom* seul est commun, tandis que la notion désignée par ce nom est diverse. Par exemple, *animal* est aussi bien un homme réel qu'un *homme* en peinture. Ces deux choses n'ont en effet en commun que *le nom* » (c'est moi qui souligne). L'exemple mis en note achève l'impression : « [...] les choses homonymes [...] qui n'ont en commun que *le nom* [...], par exemple [...] *kleis* [κλεὶς], qui désigne une clef ou la clavicule ». Mais cet exemple est particulièrement mal choisi pour un homme et son portrait, puisque *kleis*, dit Aristote qui considère qu'une clef et une clavicule ne se ressemblent guère, est une homonymie où « la différence est considérable car elle porte sur la forme extérieure (*kata tên idean* [κατὰ τὴν ἰδέαν]) » (*Éthique à Nicomaque*, V, 2, 1129a 26-32 — les commentateurs se servent d'ailleurs de ce passage pour illustrer les homonymies « dues au hasard »).

L'exemple de *kleis*, qui n'implique justement aucun troisième terme comme *zôion*, contribue à faire croire que, pour Aristote comme pour nous aujourd'hui, les homonymes ont toujours le même nom et une définition différente. Le même contresens se retrouve pour les synonymes : « D'autre part "synonyme" se dit de ce qui a à la fois communauté de nom et identité de notion, par exemple *l'animal* est à la fois l'homme et le bœuf », commenté par : « Les choses synonymes sont identiques en nature et *en nom* » (trad. Tricot, p. 25, n. 2, je souligne).

Mais il importe de comprendre que ni les homonymes ni les synonymes ne doivent avoir en commun « le » nom au sens de « leur » nom : ils ont en commun « un » nom (*onoma*, 1a 1 et 9), ce que J.-L. Ackrill, au contraire de Tricot, traduit soigneusement par « *a name in common* », « *a common name* ». C'est de ce seul nom commun, *zôion*, qu'il est fait tantôt un usage homonyme, quand sa définition doit changer d'une application à l'autre (un homme est doué de vie, mais pas son portrait), tantôt un usage synonyme, quand la même définition peut être donnée à chaque occurrence (un homme, un bœuf sont l'un comme l'autre des animaux). On se réjouira de constater que les traductions françaises les plus récentes (Bodéüs, Lallot-Ildefonse) corrigent enfin le contresens de Tricot.

Il faut dire, à la décharge des traductions erronées des *Catégories*, que de nombreux exemples d'homonymes aristotéliciens fonctionnent sans troisième terme, directement à partir du nom des homonymes eux-mêmes, par exemple la « main » ou l'« œil » du vivant

II. LA DÉFINITION DES « CATÉGORIES »

A. Le texte et sa traduction

Aristote propose la première définition connue des homonymes et des synonymes (ainsi que des paronymes, voir PARONYME) à l'ouverture des *Catégories* : ce texte est la matrice de tous les commentaires et de toutes les transformations ultérieures. Or sa compréhension la plus courante repose sur un contresens, ou du moins sur un glissement lié à la prégnance intempestive d'une conception plus moderne de l'homonymie.

♦ Voir encadré 2.

B. Causes et conséquences ontologiques de la définition aristotélicienne

1. Nature/culture : les classements aristotéliciens

Seront donc toujours synonymes entre elles — c'est le paradigme même de la synonymie — les espèces (homme, bœuf), d'un même genre (animal), ou, comme on voudra, les espèces avec leur genre (homme, animal ; cf. par ex. *Topiques*, III, 123a 28 *sq.*), ou encore les exemplaires singuliers, les « atomes », d'une même espèce (voir *Catégories*, 3a 33-b 9) : on peut dire que la *phusis* [φύσις], la nature, en tant qu'engendrement, tout comme

2

et du cadavre (*De anima*, II, 1, 412b 14 *sq.*, 21 par ex.). Dans tous ces cas, il se trouve que le mot commun est bien leur nom, qui n'a évidemment pas la même définition essentielle. Quoi qu'il en soit, c'est là tout simplement un sous-ensemble des homonymes précédemment définis, et non une contradiction par rapport à cette définition.

On notera enfin que les lemmes de commentateurs sont rendus comme par Tricot, même en anglais (et y compris chez ceux qui, comme Evangeliou, citent par ailleurs la bonne traduction d'Ackrill) : « *their name* in common ». En revanche, dans le commentaire proprement dit, on trouve, lorsqu'il est impossible de faire autrement, et comme sous la contrainte de la vérité, « *a name* » : ainsi dans Ammonius, lemme 1 a1, 18, 18 : « *that have ony* their name *in common* », mais *ibid.*, 20, 3 : « *[Ajaxes] have* a name *in common* »).

La traduction latine de Boèce est la suivante :

Aequivoca dicuntur quorum nomen solum commune est, secundum nomen vero substantiae ratio diversa, ut animal homo et quod pingitur [...]. *Univoca dicuntur quorum et nomen commune est et secundum nomen eadem substantiae ratio, ut animal homo atque bos* [...]

Aristote, *Catégories*, c. 1, *translatio Boethii* (Aristoteles latinus, I, 1-5).

Mais son commentaire fait bien apparaître la lecture que nous venons de décrire : on ne peut parler de choses équivoques que si l'on en prédique un nom, un vocable commun. Cependant le latin rencontre un autre problème que le grec n'avait pas : alors que *zôion* en grec désigne une représentation quelconque (pas nécessairement d'un sujet), ce n'est pas le cas du terme *animal*. Boèce, qui raisonne sur les expressions composées « homme vivant » et « homme peint » (*homo vivus, homo pictus*) maintient pourtant qu'on peut leur appliquer le mot *animal* (être animé) (« [...] en effet, qu'il s'agisse d'un homme peint ou d'un homme vivant, le mot *être animal* se dit identiquement de l'un et l'autre... »), mais aussi conjointement le mot « animal » et le mot « homme » (« l'un et l'autre peuvent être dits en effet *homme* ou *être animé*... »). Il ne prend ensuite en compte que le nom *homo*, ce qui génère un changement majeur : on passe en effet de la perspective d'une prédication genre-espèce à la perspective sémantique du « transfert de nom » d'une réalité à une autre : « *ut ex homine vivo ad picturam nomen hominis dictum est* [à partir de l'homme vivant, on applique le nom d'homme à une peinture] » (voir *translatio* dans TRADUIRE, et *infra*). On voit ainsi que ce changement de perspective est induit en partie par un problème de traduction et de langue : la non-superposition entre *zôion* et animal, le raisonnement sur des expressions complexes qui comportent un nom commun, « *homo vivus* », « *homo pictus* », qui se maintient même lorsqu'on substitue à la dernière l'expression simple *pictura*.

BIBLIOGRAPHIE

AMMONIUS, *On Aristotle's* Categories, trad. angl. S. M. Cohen et G. B. Matthews, Duckworth, 1991 (= Ancient Commentators on Aristotle, gen. ed. Richard Sorabji).

ARISTOTE, *Les Catégories,* trad. fr. et comm. J. Lallot et F. Ildefonse, Seuil, « Points bilingues », 2002 ; Aristote [*Catégories*], texte établi et trad. par R. Bodéüs, Les Belles Lettres, « CUF », 2001 ; *Aristote, Organon I, Catégories et sur l'Interprétation*, trad. fr. et notes J. Tricot, Vrin, 1989 ; *Aristotle's Categories and De Interpretatione,* trad. angl. avec notes et glossaire J. L. Ackrill, Oxford, Clarendon Press, 1963 ; *Aristoteles Categoriae et liber De Interpretatione, recognovit brevique adnotatione critica instruxit* L. Minio-Paluello, Oxford, 1949.

BOETHIUS, *Liber Aristotelis de decem praedicamentis,* ed. Minio-Paluello, Bruges, Desclée de Brouwer (Aristoteles latinus 1 I-5), 1961.

— *In Categorias Aristotelis commentaria*, PL 64, col. 159A-294C.

CASSIN Barbara, *L'Effet sophistique*, Gallimard, 1995, p. 348-353 (cf. Barbara Cassin et Michel Narcy, *La Décision du sens*, Vrin, 1989, p. 198).

DESBORDES Françoise, 1988, « Homonymie et synonymie d'après les textes théoriques latins », *in* I. ROSIER (éd.), *L'Ambiguïté, cinq études historiques,* Lille, Presses universitaires, p. 51-102.

DEXIPPE, *On Aristotle. Categories*, trad. angl. J. Dillon, Duckworth, 1990 (= Ancient Commentators on Aristotle, gen. ed. Richard Sorabji).

EVANGELIOU Christos, *Aristotle's Categories and Porphyry*, Leyde, Brill, 1996.

ZANATTA Marcello, *Identità, logos e verita, saggio su Heidegger*, L'Aquila, Japadre, 1990.

la science naturelle, en tant que classification des généalogies, procèdent par synonymies (cf. *De la génération des animaux*, II, 1, 735a 2 *sq.* : « la génération se fait par synonymie »).

Seront en revanche homonymes tous les phénomènes qui relèvent de la *tekhnê* [τέχνη], de l'art, de la *mimêsis* [μίμησις], de l'imitation, et plus généralement de la ressemblance : pour Aristote la ressemblance est le paradigme même de l'homonymie. On est là sans doute au plus loin de notre conception moderne, pour laquelle une bonne homonymie est une homonymie purement accidentelle, comme les homophones justement (voir par exemple la violente critique de Hintikka, cf. encadré 1).

2. La critique du platonisme

On ne saurait comprendre le choix de ce paradigme sans le rapporter à la critique de la doctrine platonicienne des Idées : Aristote s'attache à souligner que, de l'aveu même de Platon (voir ci-dessus I, A), le rapport entre modèle et image (*eidos* [εἶδος] et *eidôlon* [εἴδωλον], intelligible et sensible) n'est qu'un rapport d'homonymie. Or l'homonymie ne peut apparaître, dans la systématique aristotélicienne, que comme un artefact contingent qui révèle soit la malice du sophiste, soit la pauvreté du langage. Donc il faut substituer au platonisme de la participation l'aristotélisme de la prédication que les catégories mises en place dans les *Catégories* permettent de fonder.

◆ Voir encadré 3.

3. Ce que parler veut dire : la chasse à l'homonymie

L'ensemble de la logique aristotélicienne (sens des mots, syntaxe prédicative, syllogisme) dépend du « principe le plus ferme de tous », principe onto-logique qui fait le lien entre l'ordre de l'être et l'ordre du discours, passé à la postérité sous le nom de principe de non-contradiction : « il est impossible que le même simultanément appartienne et n'appartienne pas au même et selon le même [τὸ γὰρ αὐτὸ ἅμα ὑπάρχειν τε καὶ μὴ ὑπάρχειν ἀδύνατον τῷ αὐτῷ καὶ κατὰ τὸ αὐτό] » (*Métaphysique*, *Gamma* [Γ], 3, 1005b 19-20). De fait, la réfutation de ses adversaires — qui en constitue la seule démonstration possible — repose tout entière sur l'exigence d'univocité. Aristote propose en effet comme allant de soi la série des équivalences suivantes : « parler » (*legein* [λέγειν], soit le propre de l'homme, qui sinon n'est qu'une plante, 4, 1006a 13-15), « dire quelque chose » (*legein ti* [λέγειν τι], a 13, 22), « signifier quelque chose pour soi-même et pour autrui » (*sêmainein ti kai autôi kai allôi* [σημαίνειν τι καὶ αὐτῷ καὶ ἄλλῳ], a 21), « signifier une chose unique » (*sêmainein hen* [σημαίνειν ἕν], a 31 ; « car ne pas signifier une chose unique, c'est ne rien signifier du tout [τὸ γὰρ μὴ ἓν σημαίνειν οὐθὲν σημαίνειν ἐστίν] », 1006b 7). Ainsi, le principe de non-contradiction à la fois se prouve et s'instancie de cela seul qu'il est impossible que le même (mot) simultanément ait et n'ait pas le même (sens). L'univocité est bel et bien la condition nécessaire de toute la logique (Cassin, *La Décision du sens*, p. 9-40 ; voir SENS). Aristote fera donc la chasse à l'homonymie, en

3

Aristote, ou contre l'homonymie des Idées

Alors que Socrate, souligne Aristote, n'accordait d'existence séparée ni aux universaux, ni aux définitions, les philosophes qui vinrent ensuite :

> [...] les ont séparés (*ekhôrisan* [ἐχώρισαν]), au contraire, et c'est ce genre d'entités qu'ils ont appelé Idées (*ideas* [ἰδέας]) ; ils ont alors été conduits sans doute par le même raisonnement à l'existence d'Idées de tout ce qui se dit universellement [πάντων ἰδέας εἶναι τῶν καθόλου λεγομένων] : c'est à peu près comme si quelqu'un, voulant compter, s'imaginait dans l'impossibilité de le faire quand les entités sont en petit nombre, et en fabriquait en plus pour faire le compte. Les Idées, comme on dit, sont en effet plus nombreuses que les sensibles singuliers [τῶν καθ' ἕκαστα αἰσθητῶν] dont, cherchant les causes, ces philosophes sont partis pour arriver là-bas : pour chaque singulier en effet, il existe un homonyme, et qui ne se confond pas avec les essences [καθ' ἕκαστόν τε γὰρ ὁμώνυμόν ἔστι καὶ παρὰ τὰς οὐσίας], mais, en plus, pour les autres items <*sc.* les termes généraux>, il en existe un pour plusieurs, qu'il s'agisse des choses d'ici-bas ou des éternelles.
>
> *Métaphysique*, M, 4, 1078b 30-1079a 3.

N.B. Pour cette dernière phrase, nous suivons sans correction le texte le mieux attesté, avec Tredennick et contre Jaeger ; cf. A 9, 940a 34-b 9.

Les commentateurs ont noté qu'en toute rigueur on attendrait plutôt ici *synonyme* (c'est même ainsi que traduit Tredennick). Aristote s'est-il trompé de concept ? Faut-il y voir, comme Robin, un flottement dans la terminologie ? Il faut bien plutôt y lire la virulence de la critique aristotélicienne contre la participation platonicienne, qui ne reconnaît même pas entre les items concernés, liés par la participation, la communauté d'une même définition. C'est clairement exposé au livre A de la *Métaphysique* :

> S'il y a identité de forme [ταὐτὸ εἶδος] entre les Idées et les êtres qui y participent [τῶν ἰδεῶν καὶ τῶν μετεχόντων], il y aura <entre les Idées et ces êtres> quelque chose de commun (pourquoi, en effet, la dyade serait-elle une et la même plutôt entre les dyades corruptibles et celles qui sont multiples mais éternelles, qu'entre la dyade elle-même et la dyade de quelque chose [αὐτῆς καὶ τῆς τινός] ? Si, au contraire, il n'y a pas identité de forme, ce ne pourront être alors que des homonymes [ὁμώνυμα ἂν εἴη], et ce sera comme si l'on appelait homme à la fois Callias et un morceau de bois, sans envisager aucune communauté entre eux.
>
> A 9, 991a 2-8, cf. *Gamma* [Γ], 4, 1008a 34-b 3.

Ou bien le troisième homme, ou bien l'homonymie.

Barbara CASSIN
et Frédérique ILDEFONSE

BIBLIOGRAPHIE

ARISTOTLE, *Metaphysics (X-XIV)*, avec une trad. angl. H. Tredennick, Harvard UP, 1977, vol. XVIII

proposant de distinguer entre les différents sens d'un même mot afin de pouvoir apposer si nécessaire un mot différent sur chaque définition (*tetheiê* [...] *idion onoma kath' hekaston ton logon* [τεθείη (...) ἴδιον ὄνομα καθ' ἕκαστον τὸν λόγον], 1006b 5 ; cf. 18-20), car « la difficulté n'est pas d'admettre que simultanément le même soit et ne soit pas homme quant au mot, mais quant à la chose (*to auto einai kai mê einai anthrôpon to onoma, alla to pragma* [τὸ αὐτὸ εἶναι καὶ μὴ εἶναι ἄνθρωπον τὸ ὄνομα, ἀλλὰ τὸ πρᾶγμα]) », 1006b 20-22, et Cassin, *ibid.*, p. 195-197).

Lorsque l'intérêt d'Aristote se focalise sur le langage comme tel, non plus dans son assise ontologique, mais comme technique discursive, comme c'est le cas dans les *Réfutations sophistiques*, ce sont alors les mots et les mots seuls, non plus les choses, qui sont dits homonymes. La cause des homonymies, mal radical du langage, est qu'il y a plus de choses que de mots, et qu'il faut donc employer les mêmes mots pour plusieurs choses (1, 165a 4-19). Aristote, rémunérant le défaut de la langue dont profitent les adversaires du principe, s'efforce alors de guérir les argumentations en diagnostiquant les confusions volontaires qui tirent parti des diverses sortes d'homonymies, répertoriées en fonction de la *lexis*. C'est là qu'on est au plus près de la conception moderne de l'homonymie comme homophonie.

4. Le cas de l'être, « pollakhôs legomenon »

L'être est-il ou non un genre (lié à la synonymie donc) ? L'être est-il ou non un homonyme ? À ces deux questions, devenues historiales, la réponse la plus constante d'Aristote est non. L'être, répète-t-il en effet, se dit de manière multiple : c'est un *pollakhôs legomenon* [πολλαχῶς λεγομένον] — ni homonymie, ni analogie, mais, pour reprendre l'expression devenue terminologique de Owen, « *focal meaning* », sens focal. Il arrive qu'Aristote range l'être, comme le bien ou l'un, parmi les « homonymes provenant de ou visant une unité (*aph' henos ê pros hen* [ἀφ' ἑνὸς πρὸς ἕν]) », qu'il distingue alors des homonymes « par hasard » (ou plutôt « par fortune », *apo tukhês* [ἀπὸ τύχης]) et des homonymes « par analogie » (à comprendre comme une proportion : ce que la vue est au corps, l'intellect l'est à l'âme) (*Éthique à Nicomaque*, I, 4, 1096b 25-30 ; cf. *Éthique à Eudème*, VII, 2, 1236a 17 et b 25). Mais pour l'être, et précisément au livre *Gamma* de la *Métaphysique*, ce cas est très explicitement distingué d'un cas d'homonymie : « L'être se dit de façon multiple, mais relativement à une unité, à une certaine nature unique, c'est-à-dire de façon non homonyme [πρὸς ἓν καὶ μίαν τινὰ φύσιν καὶ οὐχ ὁμωνύμως] », *Métaph.*, IV, 2, 1003a 34 ; cf. 1003b 6, « de façon multiple mais tout entier relativement à un principe unique [πολλαχῶς μὲν ἀλλ' ἅπαν πρὸς μίαν ἀρχήν] »). Comment se satisfaire de ce statut glissant, où loger l'être ? La difficulté induit une taxinomie durcie des homonymies elles-mêmes : ainsi Porphyre choisit de retrouver sous l'homonymie la position *aph'henos* et *pros hen*, qui débouchera sur une réinterprétation de l'analogie (voir ANALOGIE et PARONYME).

III. LA TAXINOMIE DE PORPHYRE ET SA POSTÉRITÉ

Porphyre systématise diverses indications éparses chez Aristote pour proposer une taxinomie des homonymes (65, 18-68, 1). Elle sera reprise et modifiée par les commentateurs suivants (cf. Ammonius 21, 15- 22, 11 ; Simplicius 31. 23-33.21 ; sur le rapport des commentateurs entre eux, voir par ex. Luna, p. 128 et 146, et, sur la classification, p. 46, schémas p. 98 et 100), puis de nouveau reprise par Boèce (*In Categorias Aristotelis*, éd. Migne, PL 64, 166B-C), passant ainsi dans la tradition latine médiévale (voir Libera, « Les sources gréco-arabes de la théorie médiévale de l'analogie de l'être » et voir ANALOGIE). Dans le schéma ci-après (page suivante), P indique les termes de Porphyre, B ceux de Boèce (trad. Desbordes, 166B-C), T ceux de la *Paraphrasis Themistiana*, lorsqu'ils diffèrent de B (*Anonymi Paraphrasis Themistiana*, éd. Minio Paluello, Bruges-Paris, Desclée de Brouwer, 1961 [*Aristoteles latinus* 1 I-5], p. 136-137).

On constate chez Porphyre que :

— L'*on* [ὄν], et tout ce qui se dit *pollakhôs*, se retrouve sous le chef de l'homonymie, contre les indications de *Gamma* par exemple (cf. *Isagoge*, II, 10 : « posons simplement, comme dans les *Catégories*, les dix premiers genres comme jouant le rôle d'autant de principes premiers : à supposer qu'on les appelle tous étants, on le fera, dit-il, d'une manière homonymique, mais non pas synonymique »).

— Le seul exemple d'homonymes par hasard est lié aux noms propres : il y a plus d'un homme qui s'appelle Alexandre. Ce n'est pourtant pas un exemple aristotélicien, alors que d'autres exemples du corpus se retrouvent quant à eux parfois présentés sous ce chef : en particulier celui de *kleis*, la clef/la clavicule, donné comme une homonymie facile à repérer car mettant en jeu des choses homonymes visiblement différentes (*Éthique à Nicomaque*, V, 2, 1129a 26-31). Ou encore ceux du *kuôn* [κύων], chien animal aboyant/Chien constellation céleste, et de l'*aetos* [ἀετός], aigle/fronton, donnés comme « tropes propres » de l'homonymie, en ce que « le mot ou l'expression ont *kuriôs* plusieurs significations » (à la différence du « trope d'usage », « chaque fois que l'habitude nous fait parler ainsi », *Réfutations sophistiques*, 4, 166a 15-17). C'est peut-être là une façon de signaler la difficulté inhérente aux exemples aristotéliciens : de l'aveu même des dictionnaires, *kleis* implique une ressemblance (la clavicule verrouille la poitrine et a une forme de crochet, comme une clef, cf. LSJ, *s.v.*), tout comme la constellation ressemble à un chien, et le fronton déploie ses ailes sur la colonne. De fait, cette ressemblance trahit la difficulté de trouver des homonymies non motivées en se conformant aux définitions d'Aristote. On n'aura plus le choix qu'entre des homophones et des spécimens (voir Hintikka, « Aristotle and the ambiguity of ambiguity », art. cit., et Cassin, *L'Effet sophistique*, p. 348-353).

<table>
<tr><td colspan="5">Homonymes
P homônumai B aequivoca</td></tr>
<tr><td>1. Par hasard
P apo tukhês
B casu
T fortuitu
Alexandre (fils de Priam) / Alexandre (roi de Macédoine)</td><td colspan="4">2. Par intention, délibérés
P apo dianoias
B consilio T hominum voluntate</td></tr>
<tr><td rowspan="3"></td><td rowspan="2">2.1. par ressemblance
P kath' homoiotêta
B secundum similitudinem
ex. homme/réel portrait, homme peint</td><td rowspan="2">2.2. par analogie
P kat' analogian [sc. de proportion]
B secundum proportionem
T pro parte</td><td>2.3. source unique</td><td>2.4. visée unique</td></tr>
<tr><td colspan="2">P. aph' henos kai pros hen, pollakhôs legomenon [2.3 et 2.4 désignent ensemble l'analogie d'attribution, c.-à-d. le cas de l'être]</td></tr>
<tr><td></td><td>ex. le principe = l'origine dans la série des nombres, le point dans la ligne</td><td>ab uno
ex. médical, dans bistouri médical, potion médicale</td><td>ad unum
ex. promenade salutaire, nourriture salutaire parce qu'elles procurent la santé (salus)</td></tr>
</table>

– Tous les autres homonymes relèvent des homonymes par intention. Et les *Catégories* en définissent une espèce bien déterminée et une seule : les homonymes par ressemblance. Cette délocalisation congrue permet de redéployer la question des sens de l'être.

IV. L'AMBIGUÏTÉ ET LES GRANDES NOUVEAUTÉS LATINES

La notion d'*equivocatio*, en raison de la nécessité d'harmoniser des sources diverses, aristotéliciennes (*Catégories*, *Réfutations sophistiques*, *Topiques*) ou non (sources stoïciennes, à partir du *De dialectica* d'Augustin), se précise et se divise. Quant à la notion d'*univocatio,* elle se spécialise pour qualifier toute variation d'acception d'un terme qui ne relève pas d'une « institution » nouvelle, et devient ainsi la notion clé de la théorie terministe de la *suppositio* ou référence (voir SUPPOSITION). Sur le plan terminologique, ces confrontations et réorganisations aboutissent à la spécialisation des termes *univoca* et *synonyma* dans deux usages distincts, alors que le premier était à l'origine la traduction du second.

A. Homonymie et ambiguïté

À côté des termes déjà cités, Boèce parle, dans le *De divisione,* des énoncés *ambigua,* à propos de l'ambiguïté syntaxique causée par le double accusatif (par ex. *audio Graecos vicisse Trojanos* [« j'apprends que les Grecs ont vaincu les Troïens/que les Troïens ont vaincu les Grecs »]), qui correspond à l'*amphibolia* ou *amphibologia* dans la taxinomie des *Réfutations sophistiques.* En renvoyant aux *Topiques* (I, 15) et aux *Réfutations sophistiques*, il distingue l'expression (*vox*) *simplex,* qui signifie une seule chose, et l'expression *multiplex*, qui signifie plusieurs choses (*multiplex idest multa significans*). Un énoncé *multiplex* ou polysémique peut l'être en raison d'une seule de ses parties qui est *équivoque*, ou en totalité : il s'agit d'une *amphibola oratio.* Boèce s'attache aux diverses manières de désambiguïser (« diviser ») un énoncé polysémique, par exemple par adjonction d'une détermination ou production d'une paraphrase (dans l'exemple cité : *Audio quod Graeci vicerint Trojanos*) (PL 64, 889-890). C'est *multiplex*, à côté de *duplex*, qui sert de terme générique dans la tradition médiévale. Ainsi, le classement des six premiers paralogismes des *Réfutations sophistiques*, ceux qui concernent le discours, fait par Galien à partir de la distinction en effectif/potentiel/apparent, est toujours donné comme un classement des types de *multiplicitates* [sur la difficulté de savoir à quel terme grec renvoie le latin *multiplicitas* et sur le grec *ditton* [διττόν], voir Ebbesen, *Commentators and Commentaries on Aristotle's Sophistici Elenchi*, vol. 3, p. 174].

Une proposition *multiplex* (ou *duplex*) signifie plusieurs choses, sans être nécessairement ambiguë. Ainsi *Socrates calvus philosophus ambulat* est *multiplex* car « à partir de la calvitie, de la philosophie et de la marche rien d'unique ne peut être conjoint <au sujet> », – le cas est différent pour *animal rationale mortale homo est*, qui est une proposition une (*una, simplex, singula*) du fait que les divers éléments du prédicat, prononcés en continu, « font quelque chose d'un », et ne constituent donc qu'un prédicat unique. *Canis animal est* est à la fois *multiplex* et ambigu : le prédicat *canis* est un terme qui renferme des choses multiples du fait qu'il est équivoque, choses qui ne peuvent se ramener à une chose unique ; il ne peut donc servir à former une affirmation unique : « il y a une seule *vox* mais une affirmation multiple » (Boèce, *In Librum Aristotelis Peri hermeneias,* 2ᵉ éd., p. 352-356 ; cf. Aristote, *Peri hermeneias*, 11). D'où la nécessité, lorsque c'est l'interrogation qui est *multiplex* (si son sujet ou son prédicat ne sont pas simples), de répondre également par une réponse *multiplex* (*ibid.*, p. 358).

Augustin, dans le *De dialectica*, s'intéresse au signe et à sa valeur (*vis*, voir SENS), qui est proportionnelle à la capacité à « mouvoir l'auditeur ». Les obstacles qui empêchent cette valeur de se réaliser et par là même empêchent le signe d'atteindre la vérité : l'obscurité (*obscuritas*) et l'ambiguïté (*ambiguitas*). Augustin accepte la position des « dialecticiens », que tout mot est ambigu, écartant les moqueries de Cicéron (« Comment font-ils donc pour expliquer des ambiguïtés avec des ambiguïtés », fragment perdu de l'*Hortensius*) en précisant que cette affirmation vaut pour les mots pris isolément : les *ambigua* sont dissipés dans l'argumentation lorsqu'ils sont joints à d'autres (*De dial.* IX). Il propose un classement des « ambiguïtés », en commençant par la division entre celles qui relèvent de l'oral et celles qui relèvent de l'écrit. Parmi les premières se trouvent deux genres principaux, les *univoca* et les *aequivoca*, définis comme « choses » (*ea*, pronom neutre) ayant le même nom avec identité/diversité de définition. L'enfant, le vieillard, le sot, le sage, le grand, le petit, peuvent être désignés du nom d'« homme », en admettant la même définition « animal raisonnable mortel » (ce qui pose d'ailleurs problème pour le sot ou l'enfant), et en ayant en outre un nom et une définition qui appartiennent à chacun en propre : la multiplicité des espèces comprises dans un même genre est ici considérée comme source infinie d'ambiguïté dans le lexique. La division des *aequivoca* montre bien qu'Augustin s'est maintenant tourné vers des *noms*. Le premier exemple l'atteste : « *Tullius* est un nom, un pied dactyle, et un équivoque ». Les « équivoques » se divisent en trois groupes, selon que l'ambiguïté est due à des emplois techniques, notamment grammaticaux (*ab arte*), ce qui inclut tous les usages métalinguistiques et autonymiques, à l'usage (*ab usu*), ou aux deux ensemble. On distingue notamment les *aequivoca* avec identité d'origine, ce qui inclut les transferts de sens, par exemple *Tullius* appliqué au prince de l'éloquence ou à sa statue, ainsi que d'autres transferts empruntés à la rhétorique, du tout à la partie, du genre à l'espèce, etc. ; ou diversité d'origine : quand une même forme, telle *nepos*, a deux sens différents. Augustin prête une attention remarquable à l'ambiguïté métalinguistique, à la distinction entre le mot pris « en usage » et le mot pris « en mention », non seulement dans le *De dialectica* mais également dans le *De Magistro* (sur l'opposition *verbum-dictio*, voir MOT ; on retrouvera cette ambiguïté de façon, semble-t-il, indépendante sous la dénomination de « *suppositio materialis* » à partir du XIIe siècle ; voir SUPPOSITIO).

Les termes *amphibolia* ou *amphibologia* sont réservés à l'ambiguïté syntaxique. En grec, les termes renvoyant à l'idée d'ambiguïté ont été formés sur le préverbe *amphi-* « des deux côtés », d'où le verbe *amphiballesthai* [ἀμφιϐάλλεσθαι], « donner lieu à ambiguïté », et l'adjectif *amphibolos* [ἀμφίϐολος], avec son contraire *anamphibolos* [ἀναμφίϐολος] (Lallot, 1988). Le terme a un sens générique, et couvre différentes espèces, dont l'homonymie, l'homophonie, l'ambiguïté syntaxique ; mais il renvoie aussi de manière plus limitée à l'ambiguïté syntaxique ou de construction, deuxième type de paralogisme dans les *Réfutations sophistiques*, distinct du premier type qu'est l'homonymie, localisée dans le mot. Les *Réfutations sophistiques* distinguent deux types d'ambiguïté syntaxique. L'*amphibolia* est, pour la phrase, comme l'équivocité pour le nom simple, à savoir, selon la terminologie de Galien, une multiplicité « actuelle » : en effet une construction avec un double accusatif, comme *video lupum comedere canem* (« je vois le loup manger le chien » ou « le chien manger le loup »), est « en acte » porteuse de ses deux interprétations, ce qui justifie les grammairiens, dès l'Antiquité, à la classer parmi les « défauts » (*vitia*) du discours. Inversement la composition (et la division) est une multiplicité « potentielle », tout comme la fallacie de « l'accent » pour le mot simple : *vidisti baculo hunc percussum* peut vouloir dire soit, au sens divisé : tu as vu avec un bâton — celui-ci frappé (faux), soit, au sens composé : tu as vu — celui-ci frappé avec un bâton (vrai). Les deux acceptions n'existent pas simultanément, on a l'une ou l'autre, le problème étant de savoir quel est en fait le « porteur de l'ambiguïté « (la séquence graphique, sans son intonation ou sa ponctuation ?). La composition/division s'avère un outil logique extrêmement puissant, permettant de traiter notamment des problèmes de portée des opérateurs logiques : par exemple *omnis homo qui currit movetur* (« tout homme qui court est en mouvement ») où le quantificateur *omnis* peut porter simplement sur *homo* (sens divisé) ou sur *homo qui currit* (sens composé), ce qui induit des interprétations non restrictive ou restrictive de la relative. La même opposition sert également à distinguer les modalités *de dicto* et *de re* : par exemple *possibile est sedentem ambulare* (« il est possible que celui qui est assis marche »), qui est faux selon l'interprétation divisée : il est possible — que celui qui est assis marche (comme il est faux que celui qui est assis marche) mais vrai selon l'interprétation composée : quelqu'un qui est assis peut marcher.

B. La différence / la juxtaposition synonymes / univoques

La notion d'*univocatio* a une histoire complexe. Elle va, tout au long du Moyen Âge, caractériser toute variation sémantique d'un mot qui ne relève pas d'une « imposition nouvelle ». Ainsi le fait que, dans un énoncé comme *homo currit*, *homo* puisse signifier « un homme » ou « l'homme » n'est pas un cas d'équivocité comme l'est l'usage du nom *canis*, signifiant unique « imposé » à trois choses différentes, le chien, le chien de mer et la constellation. La réflexion sur l'*univocatio* est accrochée, au début du XIIe siècle, au passage sur la contradiction du *Peri hermeneias* (6, 17a 34-37). Elle se mène en trois moments.

[1] Boèce, commentant ce passage, et en faisant explicitement allusion aux *Réfutations sophistiques*, définit les six conditions d'une véritable opposition (contradiction et contrariété) : dans l'affirmative et la négative, les termes ne doivent être (1) ni équivoques, (2) ni univoques, ce qui est le cas dans *homo ambulat* : « l'homme en tant

qu'espèce et l'homme en tant que particulier sont univoques » (*specialis homo et particularis univoca sunt*), (3) ni pris selon des parties différentes (ce qui correspond à la *fallacia secundum quid* et *simpliciter* des *Réfutations*, avec l'exemple « l'œil est blanc »/« n'est pas blanc », selon qu'on réfère au blanc ou à la pupille), (4) ni pris selon des relations différentes (dix est double/n'est pas double), (5) ni pris selon des temps différents (Socrate est assis/n'est pas assis), (6) ni pris selon des modes différents (Catule voit/ne voit pas, en renvoyant ici à l'acte, là à la puissance) (*In Librum Aristotelis Peri hermeneias*, 2e éd., p. 132-134).

[2] Abélard fait un rapprochement entre ce passage sur la contradiction et le commentaire de Boèce sur le premier chapitre des *Catégories*. Suivant Porphyre, Boèce distingue d'abord, on l'a vu, l'équivocité de hasard et l'équivocité délibérée. Parlant ensuite des transferts de sens, il distingue ceux qui se produisent pour des raisons d'ornement, et ne relèvent pas de l'équivocité, et ceux qui se produisent « par pénurie des noms » : un nom appartenant à une chose se voit alors transféré à une autre qui n'en possède pas, et se trouve ainsi être le nom de deux choses différentes, et donc un nom équivoque. Abélard regroupe sous l'*univocatio* tous les transferts de sens qui ne relèvent pas de la « pénurie des noms », c'est-à-dire aussi bien les transferts poétiques que ceux que Boèce mentionnait à propos de la contradiction (par ex. *homo* au sens générique/spécifique). Ces différents cas peuvent être regroupés sous la même catégorie car ils partagent deux caractéristiques essentielles : ce sont des variations d'acception qui ne relèvent pas d'une nouvelle imposition ; elles n'apparaissent que dans un contexte donné.

[3] La redécouverte des *Réfutations sophistiques* dans les années 1130, permet de confronter ces conditions avec celles données par Aristote comme conditions d'une véritable réfutation (167a 20 *sq.*). Le terme *synonymus*, qui se trouve dans la traduction latine de *Réfutations sophistiques* (167a 20), est gardé sous cette forme (« *Elenchus est contradictio ejusdem et unius, non nominis sed rei, et nominis non sinonimi sed ejusdem...* [La réfutation est une contradiction qui est du même et de la même chose, selon une unicité qui n'est pas seulement celle du nom mais de la chose, et d'un nom qui n'est pas seulement synonyme mais qui est bien le même nom...] »), illustré par l'exemple de « synonymes » (au sens moderne) Marcus/Tullius, les deux noms de Cicéron : *synonymus* n'est donc pas confondu avec l'*univocus* de Boèce. Le cadre fourni par les *Réfutations* s'avère problématique, puisque l'*equivocatio* peut recouvrir soit l'ensemble des paralogismes relevant du discours, soit le premier de ceux-ci, l'« équivocité », soit le premier mode de l'équivocité elle-même. On sait en effet que l'équivocité, comme l'amphibolie, se divise en trois modes : le premier mode se produit lorsqu'un nom est imposé à des choses différentes, qu'il signifie à titre égal, c'est l'équivocité « de hasard » que Porphyre ou Boèce distinguent dans les *Catégories* (par ex. *canis*), ou équivocité stricte ; le second se réalise lorsque les différentes choses que le mot signifie sont hiérarchisées « *secundum prius et posterius* », ce qui se produit dans le cas des usages métaphoriques (et on y retrouve l'exemple des *Catégories* de l'homme vivant/peint) : c'est donc le cas de la *translatio*, mais aussi de l'*univocatio* (si l'on considère qu'un nom renvoie *per prius* aux individus, et *per posterius*, par exemple, à son propre nom) (voir *translatio* dans TRADUIRE) ; le troisième mode a pour origine le sens particulier qu'un mot prend dans un contexte donné : par exemple ce n'est que dans la locution « *monachus albus* » (moine blanc) que blanc prend l'acception « cistercien ». Les différents phénomènes relevant de l'*univocatio* se retrouveront prioritairement classés sous le second mode de l'équivocité (« Tous les sophismes que Boèce appelle sophismes selon l'univocité relèvent de ce second mode de l'équivocité. Aristote a parlé d'équivocité au sens large, puisqu'il y a inclut l'univocité », commentaire sur les *Réfutations sophistiques*, éd. L. M. De Rijk, *Logica modernorum*, vol. 1, p. 302), mais également dans d'autres types de paralogismes. Ainsi, par exemple, l'ambiguïté de *homo* dans *homo est species/Socrates est homo* pourra-t-elle être traitée sous l'*equivocatio* (si l'on considère qu'il s'agit d'un transfert de sens), sous la *figura dictionis* (*homo* en conservant la même « forme » a plusieurs acceptions), sous l'*accidens* (le mode de prédication est différent) (De Rijk, *ibid.* ; Rosier, « Évolution des notions d'*univocatio* et *equivocatio* au XIIe siècle »).

Tout en se maintenant, appliqué aux choses, dans la traduction et les commentaires sur le premier chapitre des *Catégories* (cf. Pierre d'Espagne, *Tractatus*, éd. De Rijk, p. 26), le phénomène de l'univocité devient le cœur de la logique terministe. Toutes les acceptions différentes d'un « même » terme, dans un contexte donné, en relèveront, et ces acceptions multiples feront l'objet des classifications des modes de la « supposition » des termes (voir SUPPOSITION). Les notions d'équivocité et d'univocité trouveront une utilisation nouvelle en théologie lorsqu'il s'agira d'analyser les « prédications divines » : dans les énoncés « Dieu est juste »/« l'homme est juste », le prédicat sera, selon les auteurs, considéré comme énoncé de son sujet équivoquement (il s'agit du même signifiant, mais il signifie des choses absolument différentes), univoquement (il y a quelque chose de commun dans les deux prédications, et quelque chose de différent, que l'on analyse notamment en termes de connotation différente, voir CONNOTATION), ou analogiquement (voir ANALOGIE ; cf. notamment Ashworth, « Analogy and equivocation in thirteenth-century logic... »).

On mesurera donc l'évolution du sens d'homonymie et la distance entre concept ancien et concept moderne, source des principaux contresens de lecture, sur les points suivants. Dans l'Antiquité :

[1] Homonymes et synonymes ne se disent pas d'abord de mots mais d'abord et en tout cas aussi de choses : les deux Ajax, l'*eidos* et l'*eidôlon*, l'homme et le dessin qui en est fait, l'homme et le bœuf.

[2] Homonymes et synonymes ne sont pas en position de symétrie inverse (un mot-plusieurs sens/un sens-plusieurs mots) : à s'en tenir aux définitions canoniques des *Catégories,* il s'agit à chaque fois de plusieurs choses et d'un seul mot les nommant ou les définissant, mais ce mot peut lui-même avoir un ou plusieurs sens.

[3] L'*univocatio* s'introduit, au Moyen Âge, en opposition avec l'*equivocatio*, pour qualifier une multiplicité de sens d'un mot qui ne relève pas d'une nouvelle imposition, qu'il s'agisse d'emplois métaphoriques, ou d'acceptions contextuellement déterminées du « même mot ». Il y a « univocité » parce que l'on considère un seul et même mot, alors que, lorsque l'on a « équivocité » (cf. *canis* : « chien », « constellation »), il s'agit de plusieurs mots. La notion joue un rôle dans la genèse de la théorie de la supposition, consacrée précisément à répertorier les variations référentielles d'un « même » terme. Alors que l'accent est mis au Moyen Âge sur l'unicité du mot, sous ses acceptions multiples, l'univocité caractérisera ensuite l'unicité du sens d'un mot : un mot univoque était au Moyen Âge un mot « un », derrière ou malgré ses variations d'emploi, un mot univoque est aujourd'hui un mot qui a un seul sens. Dans les deux cas, néanmoins, un tel mot n'est pas équivoque, au sens strict, au départ parce que la multiplicité n'atteint pas son être sémantique originel et immuable, défini par l'imposition, aujourd'hui parce qu'il n'a pas plusieurs significations. Mais tandis que l'univoque du Moyen Âge est « polysémique », l'univoque moderne, au contraire, ne l'est pas.

Barbara CASSIN et Irène ROSIER-CATACH

BIBLIOGRAPHIE

AMMONIUS ALEXANDRINUS HERMIAS, *On Aristotle's Categories*, trad. angl. S. M. Cohen et G. B. Matthews, Ithaca, Cornell UP, 1991.

Aristoteles Latinus, II, 1-5 *Categoriae*, éd. L. Minio-Paluello, Bruges-Paris, Desclée de Brouwer, 1961.

ASHWORTH Earline Jennifer, « Analogy and equivocation in thirteenth-century logic : Aquinas in context », *Mediaeval Studies*, 54, 1992, p. 94-135.

ATHERTON Catherine, *The Stoics on Ambiguity,* Cambridge UP, 1993.

CASSIN Barbara, *L'Effet sophistique*, Gallimard, 1996 (3e partie).

CASSIN Barbara et NARCY Michel, *La Décision du sens. Le livre* Gamma *de la* Métaphysique *d'Aristote*, intr., texte, trad. fr. et comm., Vrin, 1989.

DESBORDES Françoise, « Homonymie et synonymie d'après les textes théoriques latins », *in* I. ROSIER (éd.), *L'Ambiguïté. Cinq Études historiques,* Lille, Presses universitaires, 1988, p. 51-102.

DEXIPPE, *On Aristotle's « Categories »*, trad. angl. J. Dillon, Ithaca, Cornell UP, 1990.

EBBESEN Sten, *Commentators and Commentaries on Aristotle's Sophistici Elenchi*, Leyde, Brill, 1981, 3 vol.

— « Les Grecs et l'ambiguïté », *in* I. ROSIER (éd.), *L'Ambiguïté. Cinq Études historiques,* Lille, Presses universitaires, 1988, p. 15-32.

GALLET Bernard, *Recherches sur* kairos *et l'ambiguïté dans la poésie de Pindare*, Presses universitaires de Bordeaux, 1990.

HEITSCH Ernst, *Die Entdeckung der Homonymie*, Abhandlungen der Geistes- und sozialwissenschaftlichen Klasse / Akademie der Wissenschaften und der Literatur, Mainz, Verlag der Akademie der Wissenschaften und der Literatur, Wiesbaden, F. Steiner, n° 11, 1972.

LALLOT Jean, « Apollonius Dyscole et l'ambiguïté linguistique », *in* I. ROSIER (éd.), *L'Ambiguïté. Cinq Études historiques,* Lille, Presses universitaires, 1988, p. 33-49.

— *La Grammaire de Denys le Thrace*, trad. fr. annotée, CNRS, 1989.

LESZL Walter, *Logic and Metaphysics in Aristotle. Aristotle's Treatment of Types of Equivocity and its Relevance to his Metaphysical Theories*, Padoue, Antenore, 1970.

LIBERA Alain de, « Référence et champs. Genèse et structure des théories médiévales de l'ambiguïté (XIIe-XIIIe siècles) », *Medioevo*, 10, 1984, p. 155-208.

— (éd.), « Les sources gréco-arabes de la théorie médiévale de l'analogie de l'être », *Les Études philosophiques*, juillet-décembre 1989, p. 319-345.

LUNA Concetta, voir Simplicius.

OWEN Gwilym Ellis Lane, « *Tithenai ta phainomena* », *in* S. MANSION (éd.), *Aristote et les Problèmes de méthode*, Louvain, Éd. de l'Institut supérieur de philosophie,1961, p. 83-103.

— « Aristotle on the snares of ontology », *in* M. NUSSBAUM (éd.), *Logic, Science and Dialectic. Collected papers in Greek philosophy,* Londres, Duckworth, 1986, p. 259-278 (d'abord *in* R. BAMBROUGH [éd.], *New Essays on Plato and Aristotle*, Londres - New York, Routledge and Kegan Paul - Humanities Press, 1965, p. 69-95).

TARÀN Leonardo, « Speusippus and Aristotle on homonymy and synonymy », *Hermes*, 106, 1978, p. 73-99.

RIJK Lambert Marie De, *Logica modernorum*, Assen, Van Gorcum, 1962-1967, vol. 1 et 2.

ROSIER Irène, « Évolution des notions d'*univocatio* et *equivocatio* au XIIe siècle », *in* I. ROSIER (éd.), *L'Ambiguïté. Cinq Études historiques*, Lille, Presses universitaires, 1988.

SCHIELDS Charles, *Ordre in Multiplicity. Homonymy in the Philosophy of Aristotle*, Oxford, Clarendon Press, 1999.

SIMPLICIUS, *Commentaire sur les Catégories*, trad. fr. comm. I. Hadot (dir.), Philosophia Antiqua vol. LI, Fascicule III, Préambule aux *Catégories*, Commentaire au premier chapitre des *Catégories* (p. 21-40, 13 Kalbfleisch), trad. fr. P. Hoffmann, avec la coll. de I. Hadot, P. Hadot et C. Luna, comm. et notes à la trad. C. Luna, Leyde, Brill, 1990.

OUTILS

[G. L.] *Grammatica latine*, Leipzig, Teubner, 1857-1880, repr. Hildesheim-New York, Ohms, 1981, 7 vol.

RITTER Joachim et GRÜNDER Karlfield, *Historisches* Wörterbuch der Philosophie, Darmstadt, Wissenschaftliche Buchgesellschaft, 1971.

[D.H.L.F.] *Dictionnaire historique de la langue française*, A. REY (dir.), Le Robert, 1992, 3 vol.

HONTE C'est l'une des traductions reçues pour l'espagnol *vergüenza*, sentiment moral et social lié au regard de l'autre et qui correspond en partie à l'*aidôs* [αἰδώς] grec : voir VERGÜENZA. Cf. SPREZZATURA.

Plus généralement, sur la morale en général, voir MORALE, et *BONHEUR* [GLÜCK], DEVOIR, *VALEUR*, *VERTU* [PHRONÊSIS, VIRTÙ].

Sur le rapport à la crainte qu'inspirent le ou les dieux, voir en particulier *ALLIANCE*, RELIGIO, PIETAS, SÉCULARISATION, THEMIS ; cf. *DROIT*, *LOI*.

Sur le rapport à la pudeur et au sexe, voir GENDER, PLAISIR, SEXE.

► *AUTRUI*, *COMMUNAUTÉ*, *COMPORTEMENT*, GEMÜT, *MALAISE*

HUMANITÉ *Humanité* désigne à la fois l'ensemble des hommes, et, comme le latin classique *humanitas*, l'ensemble des caractères qui définissent la nature humaine par différence avec l'animal, en particulier la philanthropie — bienveillance, culture, politesse, savoir-vivre. Le doublet allemand est un bon point d'entrée dans ce réseau complexe.

I. « MENSCHHEIT » / « HUMANITÄT »

1. L'allemand distingue en effet terminologiquement l'appartenance au genre humain (*Menschheit*), qui relève de la nature, et le sentiment d'humanité (*Humanität*, directement lié à l'*humanitas* latine), qui relève de la culture et ouvre sur les « humanités » et l'« humanisme » : voir MENSCHHEIT, et cf. GESCHLECHT.

2. Le lien entre cette communauté de nature et le rapport à l'autre est exploré sous MITMENSCH (cf. *AUTRUI*).

II. HOMME / ANIMAL / DIEU : NATURE ET CULTURE

1. Sur la nature de l'homme et la distinction homme/animal, voir ANIMAL, BEHAVIOUR, GESCHLECHT ; comme liée au langage, à la raison, voir LOGOS, *RAISON* ; cf. HOMONYME ; au politique, voir POLIS, *CIVILITÉ*, *CIVILISATION* [CIVILTÀ, SOCIÉTÉ CIVILE], *COMMUNAUTÉ* ; à l'art, voir ART, ESTHÉTIQUE, MIMÊSIS ; à la manière d'être au monde, voir DASEIN, ERLEBEN, LEIB, *MALAISE* ; cf. NATURE, PATHOS.

Pour la définition grecque de l'homme, on se reportera à l'encadré 1, « *Phôs...* », dans LUMIÈRE, et à l'encadré 1, « Qu'est-ce qu'un barbare... », dans TRADUIRE. Le réseau latin est traité sous MENSCHHEIT ; voir aussi PIETAS et RELIGIO.

2. Sur la culture comme nature propre de l'homme, voir CULTURE, et en particulier BILDUNG (avec l'encadré 1, « *Paideia...* »), LUMIÈRE-LUMIÈRES (avec l'exploration du sens de *Aufklärung*, et de l'hébreu *Haskālāh* [הַשְׂכָּלָה], encadré 3), PERFECTIBILITÉ ; cf. GEISTESWISSENSCHAFTEN, MORALE.

3. Sur la différence entre l'homme et le ou les dieux, on se reportera à *GRÂCE*, *RELIGION* et, en particulier, à BOGOČELOVEČESTVO.

► GENDER, *SENS COMMUN*, SEXE

I

IDÉE

I. IDÉE ET ONTOLOGIE

1. Le mot *idée* est issu, *via* le lat. philosophique *idea* (sur *videre*, « voir ») qu'utilise notamment Sénèque (*Epistulae*, 58, 18) pour traduire Platon, du gr. *idea* [ἰδέα] (sur *idein* [ἰδεῖν], l'aoriste de *horaô* [ὁράω], « voir »), qui, en concurrence avec la formation voisine *eidos* [εἶδος], signifie « la forme visible, l'aspect », puis la « forme distinctive, l'essence ».

L'article SPECIES-FORMA-EXEMPLAR étudie les réseaux respectifs du latin et du grec (cf. *FORME*).

2. Le mot constitue depuis Platon l'un des termes clefs de l'ontologie, constamment réinvesti dans les différentes langues (*idea* angl., *Idee* all., etc.), par les différentes philosophies, au croisement de l'objectivité (l'« Idée » chez Platon ou Hegel) et de la subjectivité (les « idées » chez Locke, chez Kant), croisement qu'exprime par exemple la notion de « réalité objective de l'idée » chez Descartes (voir RÉALITÉ, III).

Voir, d'une part, ERSCHEINUNG, ESSENCE, ESTI, RÉALITÉ, RES, TO TI ÊN EINAI, UNIVERSAUX ; d'autre part, ÂME, CONSCIENCE ; cf. CONCEPTUS, PERCEPTION, REPRÉSENTATION.

II. IDÉE ET ESTHÉTIQUE

En esthétique, joue plus particulièrement le rapport entre la surface, l'image, et la réalité profonde, le modèle.

Voir BEAUTÉ, CONCETTO (en part. encadré 1, « *Concetto*, rival esthétique de l'*idea* »), DISEGNO, *IMAGE* [BILD, EIDÔLON], MIMÊSIS ; cf. ART, PLASTICITÉ.

► *ÊTRE, FORME*

IDENTITÉ

Identité est formé sur *identitas*, tiré du pronom *idem*, « le même » (sans doute composé du démonstratif et d'une particule d'insistance), qui fait partie des inventions tardives introuvables en latin classique. Mais le terme français est polysémique, nouant la « mêmeté » et l'« ipséité » : il recouvre ainsi deux terminologies distinctes en latin, qui ouvrent des problématiques spécifiques.

I. IDENTITÉ, MÊMETÉ, IPSÉITÉ

1. Conformément à son étymologie latine, *identité* désigne d'abord l'indiscernabilité, « même » au sens de « même que », « identique à », *idem*. Le grec exprime cette identité-indiscernabilité au moyen de *ho autos* [ὁ αὐτός], *to auto* [τὸ αὐτό], avec l'article placé devant le démonstratif.

2. *Identité* renvoie également à la personne, à l'identité personnelle : même au sens de « soi-même », ipséité, sur le latin *ipse*, qui signifie « lui-même », « en personne » (*ego ipse*, « moi-même » ; angl. *myself*, etc.). Le grec exprime cette identité-ipséité au moyen du même démonstratif, *autos* [αὐτός], mais sans article, éventuellement accolé au pronom : *egô autos* [ἐγὼ αὐτός], comme *ego ipse*, « moi-même en personne ». C'est l'identité de la carte d'identité et de la procédure d'identification.

Voir JE (pour le grec, voir l'encadré 2, « *To, auto, h(e)auto, to auto…* »), *PERSONNE*, SAMOST', SELBST ; cf. ES.

3. Sur le passage du registre ontologique au registre transcendantal, dans lequel l'identité « réflexive » est pensée comme condition de possibilité de l'énonciation, voir JE, SUJET, et cf. ACTE DE LANGAGE, CONSCIENCE, *PERSONNE*.

II. L'INTRICATION DES PROBLÉMATIQUES : ESSENCE, RESSEMBLANCE

Mêmeté et ipséité sont intriquées de plusieurs manières philosophiquement essentielles :

1. Une première manière d'être soi-même est d'être vérifié comme identique à soi, ainsi que le sujet et le prédicat du principe d'identité « *a* est *a* », manière qui exige la comparaison entre deux items dont on constate qu'ils ne font finalement qu'un, à la position près, indiquée par l'ordre des mots, voir ORDRE DES MOTS ; par la présence ou l'absence de l'article, voir à nouveau encadré 2 dans JE. Voir PRINCIPE, et cf. SUJET, PRÉDICATION, PRÉDICABLE.

2. L'ipséité renvoie à la définition, à l'essence, à l'idée qui fait qu'une chose est ce qu'elle est. La problématique platonicienne noue l'ipséité et l'intelligibilité avec la ressemblance au modèle et à l'idée : les deux sens de l'identité sont ainsi dialectisés ; voir EIDÔLON, MIMÊSIS, SPECIES ; cf. BEAUTÉ. Voir, plus largement, ESSENCE, ESTI, *ÊTRE*, TO TI ÊN EINAI.

On fera le rapprochement avec le français, qui distingue par l'ordre des mots entre « l'homme même » et « le même homme ».

3. Avec la problématique de l'image, l'expression de l'identité est directement liée à celle de la ressemblance, et de la similitude, *sameness, similis* (lat.), *homos* [ὁμός] et *homoios* [ὅμοιος] (gr.), sur le radical indo-européen **sem*, « un », permettant de focaliser l'attention sur les points communs de deux entités qui demeurent distinctes ; outre MIMÊSIS et *IMAGE*, voir ANALOGIE.
La distinction entre la mêmeté et l'ipséité est particulièrement rigoureuse et inventive en anglais depuis Locke (*sameness / identity*) : voir en particulier STAND, STANDING, où s'amorce une nouvelle expression de l'identité, selon une métaphoricité (« se tenir debout ») que partagent l'anglais et l'allemand, mais non le français par exemple ; cf. STANDARD.
4. Enfin, on réfléchira sur l'extension problématique de l'identité à soi du champ de l'individu à celui de la collectivité, qui entre inégalement dans les connotations des noms du peuple d'une langue à l'autre : voir PEUPLE et NAROD ; cf. MULTICULTURALISM, *PATRIE*.

► ACTEUR, OBJET

IL Y A La tournure française pour dire la présence de quelque chose, ou la manière dont le monde se donne, est tout à fait idiomatique, en particulier à cause de l'adverbe *y*, qui à l'origine indique le lieu (mais, note le DHLF, *s.v.* « Y », à propos de l'expression, « n'a pas de sens analysable » en l'occurrence). Les autres langues utilisent des expressions simples ou complexes qui comprennent tantôt le verbe « avoir » (*há* port.), tantôt le verbe « être » (*esti* [ἔστι] gr., *est* lat., *there is* angl.), « donner » (*es gibt* all., *dá-se* port.), ou « tenir » (*tem* port.). Voir ESTI, ES GIBT et SEIN (en part. encadré 1, « Le *es gibt* heideggérien »), HÁ.
Plus généralement, sur le rapport entre l'être et la présence, voir aussi *ÊTRE* [ESPAGNOL], ERSCHEINUNG, ESSENCE, NATURE, PRÉSENT, TO TI ÊN EINAI, WELT.

► *ASPECT*, LUMIÈRE, MÉMOIRE

IMAGE Le fr. *image* est un calque du lat. *imago* qui désigne en propre une imitation matérielle, en particulier les effigies des morts, et que réinvestira la psychanalyse (voir encadré 2 dans EIDÔLON). On partira du grec, à cause de la multiplicité non synonyme des mots qui y désignent l'image, et de l'allemand, à cause de l'ampleur des dérivations auxquelles *Bild* donne lieu.

I. « EIDÔLON » : LA COMPLEXITÉ DU VOCABULAIRE GREC DE L'IMAGE

Le grec nomme l'image en privilégiant à chaque fois l'un de ses traits définitionnels ou fonctionnels : *eikôn* [εἰκών], « la similitude », *phantasma* [φάντασμα], « l'apparition dans la lumière » (voir PHANTASIA, « imagination », sur *phôs* [φῶς], « lumière », et LUMIÈRE), *tupos* [τύπος], « l'empreinte, la frappe », etc. On trouvera explorées sous l'entrée EIDÔLON, terme le plus général formé sur le verbe signifiant « voir » et qui désigne l'image comme un visible qui donne à en voir un autre, les principales difficultés d'interprétation et de traduction auxquelles ont donné lieu l'ontologie et l'optique, *via* l'arabe (*ma'nā* [المعنى] ; voir aussi INTENTION).
De nombreux termes latins autres qu'*imago* peuvent être rendus par *image* (*simulacrum, figura, forma, effigies, pictura, species*). Ils répondent, mais ne correspondent pas, aux termes grecs : *species*, par exemple, est la traduction que privilégie Cicéron pour l'*eidos* [εἶδος] platonicien, « idée, essence » ; mais le mot peut désigner dans d'autres contextes philosophiques l'*eidôlon* [εἴδωλον], « image » et « simulacre ». L'entrée lat. SPECIES explore les traductions latines d'*eidos*, dans son couplage platonicien avec l'*eidôlon* (voir IDÉE, ESSENCE).

II. « BILD » : L'AMPLEUR DES DÉRIVATIONS EN ALLEMAND

Sous l'entrée all. BILD, on trouvera étudié un réseau de termes qui font système et permettent de problématiser le rapport de l'image à son modèle : *Urbild / Abbild* (modèle/copie), *Gleichbild* (copie ressemblante), *Nachbild* (ectype), à mettre en perspective avec l'hébreu de la Genèse (*ṣèlèm* [צֶלֶם], *demūṯ* [דְּמוּת]). Cette constellation d'une amplitude exceptionnelle s'étend à *Einbildungskraft*, l'imagination comme faculté de former des images (voir IMAGINATION), et à *Bildung*, la formation (voir BILDUNG, *CIVILISATION*, *CULTURE*).

III. LES COMPLEXES DE PROBLÈMES

1. La dimension esthétique de l'image est étudiée sous le chef de la MIMÊSIS, « imitation/représentation » (voir IMITATION) ; voir aussi DESCRIPTION / DEPICTION (angl.), TABLEAU.
2. Sur l'aspect littéraire et rhétorique de l'image, voir encadré 1, « *To eikos* » (le « vraisemblable »), dans EIDÔLON, et COMPARAISON, LIEU COMMUN ; voir aussi ARGUTEZZA, CONCETTO, INGENIUM.
3. Sur la possibilité d'une théologie et d'une politique fondées sur l'image comme trace visible de l'invisible, voir OIKONOMIA (et ÉCONOMIE).
4. Sur l'ontologie de l'être et du paraître, voir *APPARENCE*, ERSCHEINUNG, DOXA.
5. Sur la logique de la vérité comme ressemblance et similitude, voir VÉRITÉ, *FICTION*.
6. Sur l'aspect cognitif de l'image, voir REPRÉSENTATION ; voir aussi PERCEPTION, SENS.

IMAGINATION Le fr. *imagination* provient d'un lat. impérial peu fréquent, *imaginatio* (lui-même dérivé d'*imago* dont le sens principal est « effigie, portrait », voir IMAGE), tandis que la racine grecque, *phantasia* [φαντασία] (sur *phôs* [φῶς], « la lumière »), s'est développée dans le sens de « fantaisie, fantasme » (voir encadré 3 dans PHANTASIA pour le vocabulaire de la psychanalyse).

I. LA TENSION ENTRE PRODUCTION ET REPRODUCTION

La différence *phantasia/imaginatio*, dont témoignent les difficultés que les Latins ont éprouvées à traduire le grec, est celle entre la force créatrice des apparitions (PHANTASIA, voir DOXA et ERSCHEINUNG) et la faculté reproductrice des images (voir EIDÔLON, MIMÊSIS, et REPRÉSENTATION), chacun des termes pouvant être lui-même travaillé du dedans par cette tension et les jugements de valeur qui s'y attachent.
Sur la tradition scolastique, liée au passage par l'arabe d'Avicenne, voir SENSUS COMMUNIS (et *SENS COMMUN*) et cf. INTENTION.
Le doublet est remis en chantier de manière différente dans la tradition allemande (*Phantasie / Einbildungskraft*, voir BILD et BILDUNG, avec l'extraordinaire fécondité de la famille de mots qui place l'image et l'imagination du côté

de la formation et de la culture) et dans la tradition anglaise, qui tend à différencier le pouvoir de produire la fiction selon les degrés de l'arbitraire et de la nécessité (FANCY, voir *FICTION*).

II. L'IMAGINATION COMME FACULTÉ : ESTHÉTIQUE ET ÉPISTÉMOLOGIE

Cette même tension détermine la place de l'imagination dans le jeu des facultés et des modalités d'être au monde. Est-ce une faculté nécessaire à l'exercice des autres facultés, entre passivité (voir ESTHÉTIQUE, PATHOS, FEELING ; cf. SENS) et activité (voir *RAISON* ; cf. ÂME, ENTENDEMENT, INTELLECT, INTELLECTUS, INTENTION, *INTUITION*, MÉMOIRE), ou, comme dit Pascal, une « maîtresse d'erreur et de fausseté » (voir VÉRITÉ) ?

1. On trouvera sous BILD l'étude de la différence que Kant situe au cœur de la *Critique de la raison pure*, entre imagination empirique « reproductrice » et imagination transcendantale « productrice » des schèmes, donc condition de possibilité de nos représentations.

2. En deçà ou au-delà de la distinction critique entre concept et intuition, image et idée, la tradition italienne insiste sur la capacité métaphorique des images et de l'imagination dans l'art et la pensée (voir ARGUTEZZA, CONCETTO, DISEGNO ; cf. BEAUTÉ, INGENIUM).

IMITATION *Imitation* est un emprunt au dérivé lat. *imitatio* (« imitation, copie, faculté d'imiter »). C'est l'une des grandes traductions possibles du grec *mimêsis* [μίμησις] (voir MIMÊSIS), à côté de *représentation* (voir REPRÉSENTATION). La *mimêsis*, qui constitue la clef durable de la problématique esthétique depuis Platon et Aristote, est en effet comprise tantôt comme ressemblance, sur le modèle pictural, et elle est alors liée à l'image (voir IMAGE [BILD, EIDÔLON], et *IMAGINATION*), tantôt comme représentation, sur le modèle théâtral (voir ACTEUR).

I. IMITATION ET REPRODUCTION

On se reportera à ART, MANIÈRE, TABLEAU.

Cf. BEAUTÉ, DISEGNO, GOÛT.

II. IMITATION, LOGIQUE, RHÉTORIQUE

On se reportera à ANALOGIE, COMPARAISON, DESCRIPTION/DEPICTION, ERZÄHLEN.

Cf. *FICTION*, *POÉSIE*, VÉRITÉ.

► ARGUTEZZA, GÉNIE, INGENIUM

IMMOBILE *Immobile* est, avec *silencieux*, l'une des traductions possibles de l'all. *still*, topos de l'esthétique classique : voir STILL, et ESTHÉTIQUE, CLASSIQUE, SUBLIME. Cf. *SAGESSE*, *SÉRÉNITÉ*.

Voir aussi, sur le mouvement en général et sur l'immobilité du premier moteur aristotélicien, ABSTRACTION (en part. II), *ACTE*, *DYNAMIQUE*, FORCE (en part. encadré 1, « *Dunamis, energeia...* »), MOMENT, STRENGTH.

► DIEU, *NÉGATION*, *RIEN*

IMPLICATION

gr. ***sumpeplegmenon*** [συμπεπλεγμένον], ***sumperasma*** [συμπέρασμα], ***sunêmmenon*** [συνημμένον], ***akolouthia*** [ἀκολουθία], ***antakolouthia*** [ἀντακολουθία]
lat. ***illatio, inferentia, consequentia***
all. ***nachsichziehen, zurfolgehaben, Folge(-rung), Schluß, Konsequenz, Implikation, Implikatur***
angl. ***entailment, implication, implicature***

► ANALOGIE, PROPOSITION, SENS, SUPPOSITION, SYNCATÉGORÈME, TRUTH-MAKER, VÉRITÉ

Implication *désigne, en logique moderne, une relation entre propositions ou énoncés telle que, de la valeur de vérité de l'antécédent (vrai ou faux), on puisse dériver celle du conséquent. Plus largement, « on dit qu'une idée en implique une autre si la première ne peut être pensée sans la seconde » (Lalande). L'usage commun ne fait pas de différence stricte entre* impliquer, inférer, entraîner. *Le verbe* inférer, *« tirer une conséquence, déduire » (1372), le substantif* inférence, *« conséquence » (1606), ne semblent pas, de fait, présenter de différence manifeste avec* impliquer, implication. *De prime abord, en effet, rien ne distingue l'implication telle que la définit Lalande — « relation logique consistant en ce qu'une chose en implique une autre » — et l'inférence telle que l'entend l'*Encyclopédie *(1765) — « opération logique par laquelle on admet une proposition en raison de son lien avec d'autres propositions tenues pour vraies ». Le même phénomène s'observe en allemand, où les termes correspondant à* implication (Nachsichziehen, Zurfolgehaben), inférence ([Schluß-]Folgerung, Schluß), inférer (schließen), conséquence (Folge[-rung], Schluß, Konsequenz), raisonnement ([Schluß-]Folgerung) *et* raisonner (schließen ; Schlußfolgerungen ziehen) *se recoupent ou se recouvrent largement.*

L'histoire du français impliquer *révèle cependant quelques caractéristiques que le terme ne partage pas avec* inférer *ou* entraîner. *Tout d'abord, un lien originel avec la notion de contradiction, comme le montrent l'emploi d'*impliquer *dans* impliquer contradiction *au sens d'« être contradictoire » (1377, 1381), l'emploi d'*implication *au sens de « contradiction » (1718) ou l'existence du syntagme* implication de contredits *dans le sens de « confusion résultant de déclarations contradictoires » (1663). Pareil lien n'explique pas, cependant, le passage du sens le plus courant d'*impliquer *— « comporter de façon implicite » — au sens logique d'« entraîner comme conséquence ». Or ces deux sens interfèrent constamment dans les langues philosophiques européennes, ce qui ne manque pas de poser de difficiles problèmes aux traducteurs. Le phénomène est également lisible dans le cas du verbe anglais* import, *couramment donné comme synonyme de* mean *ou* imply *au sens de « signifier, vouloir dire », mais oscillant plutôt, dans certains cas, entre « comporter » et « impliquer », le substantif lui-même étant généralement laissé tel quel en français (« import existentiel » ;* voir encadré 4, « Import », dans SENS). *Le français* importer *(Rabelais, 1536), « nécessiter,*

comporter », formé à travers l'italien importare *(Dante) sur l'ancien français* emporter *, « comporter, avoir pour conséquence », sorti de l'usage, retrouve ainsi droit de cité à travers l'anglais. La nature du lien existant entre les deux acceptions principales d'*impliquer *(ou d'*implicare *en italien), « comporter de façon implicite » et « entraîner comme conséquence », n'en demeure pas moins obscure. Une autre difficulté est de comprendre comment s'opère le passage d'*impliquer*, « entraîner comme conséquence », à* implication, *« relation logique où une assertion en suppose obligatoirement une autre », et de marquer ce qui, dans le cas précis, distingue* implication *et* présupposition.
*C'est donc à l'implicite d'*impliquer *et d'*implication*, à la dimension du pli, du repli et de la pliure, que l'on doit se rendre attentif pour faire le départ entre* impliquer, inférer, entraîner, *ou entre* implication, inférence, conséquence *— ce qui exige de remonter au latin, spécialement au latin médiéval. Une fois clarifié le rapport entre le sens moderne d'*implication *et le sens médiéval d'*implicatio, *il sera loisible d'examiner certains dérivés* (implicature) *ou substituts* (entailment) *des termes relevant du champ de l'*implicatio, *étant posé que ce sont les difficultés du concept d'implication (paradoxes de l'implication matérielle) qui ont donné lieu à de nouvelles frappes de mots correspondant à des tentatives logiques originales. Enfin, l'ensemble de ces difficultés s'éclaire en amont par la conflagration, sous le même vocabulaire de l'implication, de plusieurs gestes logiques hétérogènes, relevant d'une tout autre systématique chez Aristote et chez les Stoïciens.*

I. LE VOCABULAIRE DE L'IMPLICATION ET L'« IMPLICATIO »

Divers termes peuvent exprimer de manière équivalente en latin médiéval une relation entre propositions et énoncés telle que, de la valeur de vérité de l'antécédent (vrai ou faux), on puisse dériver celle du conséquent : *illatio*, *inferentia*, *consequentia*. Abélard appelle indifféremment *consequentia* l'hypothétique « *si est homo est animal* » (*Dialectica*, éd. L.M. De Rijk, Assen, Van Gorcum, 1970, p. 473) et *inferentia* « *si non est justus homo, est non-justus homo* » (*ibid.*, p. 414). Certes : (1) *illatio* intervient surtout dans le contexte des *Topiques*, et désigne plutôt un raisonnement (*argumentum* chez Boèce) permettant de tirer une conséquence à partir d'un lieu (par ex. *illatio a causa*, *illatio a simili*, *illatio a pari*, *illatio a partibus*) : *illatio* a donc plutôt ici le sens d'argument topique ; (2) *consequentia* a parfois un sens très général, comme dans « *consequentia est quaedam habitudo inter antecedens et consequens* » (L.M. De Rijk, *Logica modernorum*, II, 1, p. 38), et est de toute façon présent dans les expressions *sequitur*, *consequitur* (suivre, s'ensuivre, découler) ; (3) *inferentia* intervient, au contraire, fréquemment dans le contexte du *Peri hermêneias*, que ce soit dans le cadre du carré des oppositions, pour expliciter la « loi » des contraires, subcontraires, contradictoires et subalternées (*ibid.*, II, 1, p. 115), ou pour fixer les règles de la conversion des propositions (*ibid.*, II, 1, p. 131-139). Toutefois, c'est un de ces trois termes (ou d'autres apparentés) qui, au Moyen Âge, exprime la relation logique d'implication, et non les termes de la famille d'*implicatio*. En somme, *implicatio* ne désigne pas originairement l'implication.

Au XIIe siècle se développent des traités sur les « implicites » (*tractatus implicitarum*), qui étudient les propriétés logico-sémantiques des propositions dites « *implicationes* », les propositions relatives. Le terme *implicitus*, participe passé du verbe *implico*, est utilisé en latin classique au sens d'« être joint, mélangé, enveloppé », et le verbe *implico* ajoute à ces sens l'idée d'« empêchement » (*impedire*), et même de « tromperie » (*fallere*). La source de l'usage logique du terme est un passage du *De interpretatione* sur la contrariété des propositions (14, 23b 25-27), où *implicitus* rend le grec *sumpeplegmenê* [συμπεπλεγμένη], terme formé sur *sum plekô* [συμπλέκω], « lier ensemble », de même famille que *sumplokê* [συμπλοκή], qui désigne, depuis Platon (*Politique*, 278b, et *Sophiste*, 262c), la combinaison des lettres qui forme le mot, et l'entrelacs du nom et du verbe qui forme la proposition :

> Aristote : ἡ δὲ τοῦ ὅτι κακὸν τὸ ἀγαθὸν συμπεπλεγμένη ἐστίν· καὶ γὰρ ὅτι οὐκ ἀγαθὸν ἀνάγκη ἴσως ὑπολαμβάνειν τὸν αὐτόν.
>
> *De interpretatione* [*Peri hermêneias*], 23b 25-27.

> Boèce : *Illa vero quae est « quonian malum est quod est bonum » implicita est ; et enim quoniam non bonum est necesse est idem ipsum opinari.*
>
> *Aristoteles latinus*, II, 1-2, éd. L. Minio-Paluello, Desclée de Brouwer, 1965, p. 36, 4-6.

> J. Tricot : Quant au jugement « le bon est mal », ce n'est en réalité qu'une combinaison de jugements, car sans doute est-il nécessaire de sous-entendre en même temps « le bon n'est pas bon ».
>
> Trad. fr. J. Tricot, Vrin, 1966, p. 141.

> J.L. Ackrill : *The belief that the good is bad is complex, for the same person must perhaps suppose also that it is not good.*
>
> *Aristotle's "Categories" and "De interpretatione"*, trad. angl. et notes J.L. Ackrill, Oxford, Clarendon Press, 1963, p. 66 ; cf. son commentaire perplexe, p. 154-155.

Aristote veut ici définir la contrariété entre deux énoncés ou opinions. Partant du principe que méritera le nom de *contraire* la proposition maximalement fausse opposée à la proposition maximalement vraie, le Stagirite démontre successivement que « le bon est bon » est une proposition maximalement vraie, puisqu'elle porte sur l'essence du bon et prédique le même du même (ce que ne fait pas la proposition « le bon est le non-mauvais », qui n'est vraie que par accident) ; la proposition maximalement fausse est celle qui comporte la négation du même attribut, à savoir « le bon n'est pas bon ». La question se pose alors de savoir si « le bon est mauvais » mérite aussi le titre de contraire. Aristote répond que cette proposition n'est pas la proposition maximalement fausse opposée à la proposition maximalement vraie. En effet, « le bon est mauvais » est *sumpeplegmenê*. Ce terme se trouve condenser tous les moments du passage de la simple idée de contenant à celle, « moderne », d'implication ou de présupposition. Pour Boèce, en effet, la proposition est *duplex*, équivoque, à double sens, « parce qu'elle contient en elle-même [*continet in se, intra se*] : *bonum non est* », et il en conclut que seules deux propositions « simples » peuvent être déclarées contraires (*Commentarii in librum Aristotelis Peri hermêneias*, éd. K. Meiser, Leipzig, Teubner, 1re éd., 1877, p. 219, 2e éd., 1880, p. 485). Cette dernière thèse est conforme à celle d'Aristote, pour qui en effet seul « le bon n'est pas bon » (proposition simple) est le contraire de « le bon est bon » (proposition simple). Cependant, les analyses respectives de « le bon est mauvais », proposition dite *implicita* par Boèce, ne sont manifestement pas les mêmes : pour Aristote, en effet, la *doxa hoti kakon to agathon* [δόξα ὅτι κακὸν τὸ ἀγαθόν], l'opinion selon laquelle le bon est mauvais, n'est contraire à « le bon est bon » qu'en tant qu'elle « contient » (dans les termes de Boèce) « le bon n'est pas bon » ; alors que, pour Boèce, c'est en tant qu'elle contient *bonum non est* — expression d'une ambiguïté remarquable en latin (« le bon n'est pas », « il n'y a rien qui soit bon », et même, dans le contexte, « le bon n'est pas bon »). Abélard va dans le même sens qu'Aristote : « le bon est mauvais » est « implicite » quant à « le bon n'est pas bon » ; il précise bien le sens du terme *implicita* : « c'est-à-dire impliquant <"le bon n'est pas bon"> en elle-même, et d'une certaine manière la contenant [*implicans eam in se, et quodammodo continens*] » (*Glossa super Periermeneias*, éd. L. Minio-Paluello, in *Abaelardiana inedita*, Rome, Ed. di storia e letteratura, 1958, p. 99-100). Mais il ajoute, ce que ne faisait pas Aristote : « parce que quiconque pense que "le bon est mauvais" pense aussi que "le bon n'est pas bon", alors que la réciproque ne tient pas [*sed non convertitur*] ». Cette précision est décisive pour l'histoire de l'implication, car on peut très bien exprimer en termes d'« implication » au sens moderne ce qu'Abélard exprime en notant la non-réciprocation des deux propositions (on peut dire que « le bon est mauvais » implique ou présuppose « le bon n'est pas bon », tandis que « le bon n'est pas bon » n'implique pas « le bon est mauvais »). Les traductions modernes d'Aristote sont les héritières de ces difficultés. Boèce et Abélard lèguent à la postérité une interprétation du passage d'Aristote selon laquelle « le bon est mauvais » ne peut être considéré comme le contraire de « le bon est bon » que dans la mesure où, comme proposition « implicite », il contient la contradictoire de « le bon est bon », à savoir « le bon n'est pas bon ». D'une manière qui reste encore obscure, c'est le sens de « contenir une contradiction » qui prend la relève de cette analyse pour spécifier le sens d'*impliquer*. En tout état de cause, la première attestation en français du verbe se trouve chez Oresme, dans le syntagme *impliquer contradiction*, en 1377 (DHLF, p. 1793).

Ces mêmes textes donnent lieu à une autre analyse dans la seconde moitié du XIIe siècle : une *propositio implicita* est une proposition qui « implique », c'est-à-dire qui contient deux propositions nommées *explicitae* et leur équivaut par paraphrase ; ainsi, *homo qui est albus est animal quod currit* (« l'homme qui est blanc est un animal qui court ») contient les deux explicites *homo est albus* et *animal currit*. Ce n'est qu'en « exposant » ou en « résolvant » (*expositio, resolutio*) une telle proposition *implicita*, c'est-à-dire par une réécriture logique, que l'on peut lui assigner une valeur de vérité :

> *Omnis implicita habet duas explicitas* [...]. *Verbi gratia :* Socrates est id quod est homo, *haec implicita aequivalet huic copulativae constanti ex explicitis :* Socrates est aliquid et illud est homo, *haec est vera, quare et implicita vera.*
>
> [Toute « implicite » a deux « explicites » (...). Par exemple : « Socrate est cela qui est un homme », cette « implicite » équivaut à la proposition conjonctive suivante composée de deux « explicites » : « Socrate est quelque chose et cela est un homme » ; cette dernière est vraie, donc l'« implicite » l'est aussi.]
>
> *Tractatus implicitarum*, in F. Giusberti, *Materials for a Study on Twelfth Century Scholasticism*, p. 43.

Les propositions « contenues » sont le plus souvent des propositions relatives, qu'on appelle *implicationes*, et ce terme restera alors même que l'appellation de *propositio implicita* va devenir plus rare, peut-être parce qu'elles vont se retrouver classées dans la catégorie plus vaste des propositions « exponibles », qui précisément ont besoin d'être « exposées » ou paraphrasées pour que soit mise en lumière leur structure logique. Dans les traités de logique terministe, un chapitre est consacré au phénomène de la *restrictio*, restriction de la dénotation ou *suppositio* du substantif (voir SUPPOSITION) : à côté d'autres expressions, les relatives (*implicationes*) ont une fonction restrictive (*vis, officium implicandi*), tout comme les adjectifs ou les participes (les grammairiens enseignent d'ailleurs l'équivalence entre la relative *qui currit* et le participe *currens*) : dans « un homme qui dispute court », le terme *homme*, par la relative *qui court*, est restreint à dénoter des présents (*Summe metenses*, éd. L.M. De Rijk, in *Logica modernorum*, II, 1, p. 464). Dans le cas où la relative est restrictive, elle a pour fonction de « laisser quelque chose comme constante [*aliquid pro constanti relinquere*] », c'est-à-dire de réaliser, en termes modernes, une pré-assertion, qui conditionne la vérité de l'assertion principale sans en être l'objet premier. C'est dit de manière très claire dans le passage suivant d'une logique du XIIIe siècle :

> *Implicare est pro constanti et involute aliquid significare. Ut cum dicitur homo qui est albus currit. « Pro constanti » dico, quia praeter hoc quod asseritur ibi cursus de homine, aliquid datur intelligi, scilicet hominem esse album ; « involute » dico quia praeter hoc quod ibi proprie et principaliter significatur hominem currere, aliquid intus intelligitur, scilicet hominem esse album. Per hoc patet quod implicare est intus plicare. Id enim quod intus plicamus sive ponimus, pro constanti relinquimus. Unde implicare nil aliud est quam subjectum sub aliqua dispositione pro constanti relinquere et de illo sic disposito aliquid affirmare.*
>
> [« Impliquer », c'est signifier quelque chose en le posant comme constante et de manière cachée. Ainsi, quand on dit *l'homme qui est blanc court*. Je dis « en le posant comme constante », parce que, au-delà de l'assertion qui prédique la course de l'homme, quelque chose d'autre est donné à entendre, à savoir que l'homme est blanc ; je dis « de manière cachée » parce que, au-delà de ce qui est signifié principalement et au sens propre, à savoir que l'homme court, quelque chose est donné à entendre à

l'intérieur (*intus*), à savoir que l'homme est blanc. De là suit qu'*implicare* n'est rien d'autre qu'*intus plicare* (« plier à l'intérieur »). Ce que nous plions ou posons à l'intérieur, nous le laissons comme une constante. De là suit qu'« impliquer » n'est rien d'autre que laisser quelque chose comme constante dans le sujet, de sorte que celui-ci se trouve sous une certaine disposition, et que ce soit sous cette disposition que quelque chose en soit affirmé.]

De implicationibus, éd. L.M. De Rijk, 1966, p. 100.

N.B. F. Giusberti, *op. cit.*, p. 31, choisit partout la leçon *pro constanti*, alors que le manuscrit, tel qu'édité par De Rijk, a parfois *pro contenti* et *precontenti*, ce dernier terme n'étant pas attesté par ailleurs.

On a là véritablement ce que Port-Royal caractérisera comme une assertion incidente.

Cependant, la situation est plus complexe, dans la mesure où ce fonctionnement ne concerne qu'un des usages de la relative, lorsqu'elle est restrictive. Or il se trouve que la restriction peut être bloquée, les réécritures logiques étant alors différentes pour les relatives restrictives et non restrictives. Un des cas de blocage est celui des « implications fausses », comme dans « l'homme qui est un âne court », quand il y a conflit (*repugnantia*) entre ce que le terme déterminé dénote par lui-même (*homme*) et la détermination (*âne*). Les valeurs de vérité des propositions contenant des relatives diffèrent donc selon qu'elles sont restrictives, de sens composé — (*a*) *homo qui est albus currit* (« l'homme qui est blanc court ») —, ou non restrictives, de sens divisé — (*b*) *homo currit qui est albus* (« l'homme, qui est blanc, court »). Quand la relative est restrictive (*a*), l'implicite, nous l'avons vu, ne réalise qu'une seule assertion (puisque la relative correspond à une pré-assertion), et équivaut donc à une hypothétique. Ce n'est que dans le second cas qu'il peut y avoir « résolution » de l'implicite en deux explicites — (*c*) *homo currit*, (*d*) *homo est albus* — et équivalence logique entre l'implicite et la conjonction de deux explicites — (*e*) *homo currit et ille est albus* ; ce n'est donc que dans ce cas que l'on peut dire, au sens moderne, que (*b*) implique (*c*) et (*d*), donc (*e*).

♦ Voir encadré 1.

II. « IMPLICATION »/« IMPLICATURE »

Le terme d'*implicature* a été introduit par H.P. Grice en 1967 dans les William James Lectures (Harvard) portant le titre "Logic and Conversation". Ces conférences ont posé les bases d'une approche logique de la communication, c'est-à-dire des relations logiques dans des contextes conversationnels. La nécessité d'un terme distinct d'*implication* s'est fait sentir dans la mesure où l'*implication* est une relation entre des propositions (au sens logique), tandis que l'*implicature* est une relation entre des énoncés, éventuellement à l'intérieur d'un contexte. L'*implication* est une relation qui porte sur la vérité ou la fausseté des propositions, tandis que l'*implicature* apporte une signification supplémentaire aux énoncés qu'elle régit. Quand l'*implicature* est fonction d'un contexte, elle rentre dans le domaine de la pragmatique et elle doit alors être distinguée de la présupposition.

L'implication logique est une relation entre deux propositions dont l'une est la conséquence logique de l'autre. L'équivalent anglais d'*implication logique* est *entailment*. Ce mot est un dérivé de *tail* (vx fr. *taille* ; moyen angl. *entaill* ou *entailen* = *en* + *tail*) et le sens d'*entailment* est, avant son emploi logique, celui de « restriction », *tail* ayant le sens de « limitation ». Un *entailment* est à l'origine une limitation de la transmission d'une propriété dans un héritage. Les deux sens d'*entailment* ont en commun deux éléments : (*a*) la transmission d'une propriété ; (*b*) la limitation d'un des pôles de la transmission. Dans l'*entailment* logique, une propriété est transmise de l'antécédent au conséquent et, dans la sémantique usuelle, on met en avant une limitation de l'antécédent. On peut donc faire l'hypothèse que la mutation du sens juridique au sens logique s'est opérée par analogie sur la base de ces éléments communs.

On distingue en logique l'implication matérielle et l'implication formelle. L'implication matérielle (le « si... alors... », symbolisé $\supset$), appelée aussi implication philonienne (à cause de sa formalisation par Philon de Mégare), n'est fausse que lorsque l'antécédent est vrai et le conséquent faux. Cela présente le défaut, pour une formalisation de la communication, de comporter une sémantique contre-intuitive, puisqu'une proposition fausse implique matériellement n'importe quelle proposition : « si la lune est un fromage vert, alors 2 + 2 = 4 » ! Le *ex falso quodlibet sequitur*, qui exprime ce fait, a une histoire qui remonte à l'Antiquité (chez les Stoïciens et les Mégariques, différence entre l'implication philonienne et l'implication diodoréenne) ; il traverse la théorie des conséquences au Moyen Âge et fait partie des paradoxes de l'implication matérielle parfaitement résumés dans ces deux règles de Buridan : (1) si P est faux, de P il suit Q ; (2) si P est vrai, de Q il suit P (J.M. Bochenski, *A History of Formal Logic*, p. 208). L'implication formelle (« *formal implication* », Russell, *The Principles of Mathematics*, Cambridge UP, 1903, p. 36-41) est une implication conditionnelle universelle : $\forall x\,(Ax \supset Bx)$ (pour tout x, si Ax, alors Bx).

Pour résoudre les paradoxes de l'implication matérielle, divers moyens ont été utilisés. L'« implication stricte » de Lewis (« *strict implication* », C.I. Lewis et C.H. Langford, *Symbolic Logic*, 1932) est définie comme une implication renforcée telle qu'il n'est pas possible pour l'antécédent d'être vrai et le conséquent faux ; elle présente le même défaut que l'implication matérielle (une proposition impossible — *i.e.* nécessairement fausse — implique strictement n'importe quelle proposition). La relation d'*entailment* introduite par Moore en 1923 est une relation qui évite ces paradoxes en exigeant une dérivabilité logique de l'antécédent à partir du conséquent (dans ce cas, « si 2 + 2 = 5, alors 2 + 3 = 5 » est faux, car on

1

Le vocabulaire grec de l'implication : disparate et systématicité

Le mot même d'*implication* en français recouvre et rend un vocabulaire grec très disparate, qui porte l'empreinte d'opérations logiques et systématiques hétérogènes selon qu'il s'agit d'Aristote ou des Stoïciens.

Le passage par le latin médiéval permet de comprendre rétrospectivement le lien dans la logique aristotélicienne entre l'*implicatio* des implicites (*sumpeplegmenê*, comme un tissage et un entrelacs) et l'implication conclusive ou conséquence, en grec *sumperasma* [συμπέρασμα] (ou *sumpeperasmenon* [συμπεπερασμένον], *sumpeperasmenê* [συμπεπερασμένη], sur *perainô* [περαίνω], « limiter »), terminologique pour désigner dans l'*Organon* la conclusion des syllogismes (*Premiers Analytiques*, I, 15, 34a 21-24 : « si on désigne par A les prémisses [*tas protaseis* (τὰς προτάσεις)] et par B la conclusion [*to sumperasma*] »). Ce qui *sumbainei* [συμβαίνει], « marche avec », les prémisses et en découle, verbe que J. Tricot rend, lors de la célèbre définition du syllogisme, par « conséquence », même si aucun substantif ne figure :

> Le *syllogisme* est un discours (*logos* [λόγος]) dans lequel, certaines choses étant posées, quelque chose d'autre que ces données en résulte nécessairement par le seul fait de ces données. *Par le seul fait de ces données*, je veux dire que c'est par elles que la **conséquence** est obtenue [λέγω δὲ τῷ ταῦτα εἶναι τὸ διὰ ταῦτα συμβαίνει].
>
> *ibid.*, I, 1, 24b 18-21 ; les italiques sont de J. Tricot, le mot en gras de nous.

Mais, pour faire le lien avec l'*implication* moderne, il faut, comme le plus souvent, faire droit aussi à l'usage stoïcien des mêmes termes. Ce que les Stoïciens appellent *sumpeplegmenon* [συμπεπλεγμένον], c'est la proposition « conjonctive » ; par exemple : *et il fait jour, et il y a de la lumière*. La conjonctive est la troisième espèce des propositions non simples, après la « conditionnelle » (*sunêmmenon* [συνημμένον] ; par exemple : *s'il fait jour, il y a de la lumière*) et la « subconditionnelle » (*parasunêmmenon* [παρασυνημμένον] ; par exemple : *puisqu'il fait jour, il y a de la lumière*), et avant la « disjonctive » (*diezeugmenon* [διεζευγμένον] ; par exemple : *ou il fait jour, ou il fait nuit*) (Diogène Laërce, VII, 71-72 ; cf. A.A. Long et D.N. Sedley, A 35, t. 2, p. 209, et t. 1, p. 208 ; trad. fr., t. 2, p. 113-114). On remarque qu'il n'y a pas d'implication dans la conjonctive, alors qu'il y en a une dans le *sunêmmenon* en « si… alors… », qui constitue, face au syllogisme aristotélicien, la formule stoïcienne par excellence. C'est de fait autour de la conditionnelle que se redéploient la problématique et le vocabulaire de l'implication. Au *sumbainein* [συμβαίνειν] aristotélicien, qui dit l'accidentalité du résultat, si démontré soit-il (on ne saurait oublier que *sumbebêkos* [συμβεβηκός] désigne l'accident, voir SUJET, I), se substitue l'*akolouthein* [ἀκολουθεῖν] (sur *a-* copulatif et *keleuthos* [κέλευθος], « chemin » [Chantraine, *s.v.* ἀκόλουθος], qui dit l'accompagnement d'une conformité conséquente : « Ce connecteur [*sc.* le "si"] annonce que la seconde proposition ["il y a de la lumière"] s'ensuit [*akolouthei* (ἀκολουθεῖ)] de la première ["il fait jour"] » (Diogène Laërce, VII, 71). Et quand on cherche, avec Philon ou Diodore jusqu'à aujourd'hui, à déterminer le critère de la conditionnelle « valide » (*to hugies sunêmmenon* [τὸ ὑγιὲς συνημμένον]), on trouve, entre autres possibles, l'*emphasis* [ἔμφασις], que Long et Sedley traduisent par *entailment*, et Brunschwig et Pellegrin par *implication* (Sextus Empiricus, *Esquisses pyrrhoniennes*, t. 2, p. 104-106 = A.A. Long et D.N. Sedley, 35 B, t. 2, p. 211, et t. 1, p. 209 ; trad. fr., t. 2, p. 116), terme qu'on emploie d'habitude pour désigner l'image réfléchie et la force, aussi bien rhétorique, d'une impression. Cette « emphase » se trouve ailleurs explicitée en termes de *dunamis* [δύναμις], de contenu « virtuel » (« quand nous avons les prémisses qui aboutissent à une certaine conclusion, nous avons virtuellement [δυνάμει] cette conclusion aussi dans les prémisses, même si elle n'est pas explicitement énoncée [κἂν κατ' ἐκφορὰν μὴ λέγεται] », Sextus Empiricus, *Contre les professeurs*, VIII, 229 *sq.* = *ibid.*, G 36 (4), t. 2, p. 219 , et t. 1, p. 209 ; trad. fr., t. 2, p. 132-133) — où le bouclage entre les différents sens d'*implication* se construit à nouveaux frais.

Il faut bien comprendre que le type d'implication logique représenté par la conditionnelle implique, au double sens de « contenir implicitement » et d'« avoir pour conséquence », le système stoïcien tout entier, logique, physique, moral. *To akolouthon en zôêi* [τὸ ἀκόλουθον ἐν ζωῇ], il s'agit de « la conséquentialité dans la vie », comme traduisent Brunschwig et Pellegrin (Stobée, II, 85, 13 = *ibid.*, 59 B, t. 2, p. 356 ; trad. fr., t. 2, p. 427. Cicéron dit plutôt « *congruere* », *De finibus*, III, 17 = *ibid.*, 59 D, t. 2, p. 356).

> C'est le même mot, *akolouthia* [ἀκολουθία], qui désigne la conduite conséquente avec elle-même qui est celle du sage, l'enchaînement des causes qui définit la volonté ou le destin, et enfin le lien qui unit l'antécédent au conséquent dans une proposition vraie.

Victor Goldschmidt, après avoir ainsi cité Émile Bréhier (*Le Système stoïcien et l'Idée de temps*, p. 53, n. 6), insiste sur le néologisme de frappe stoïcienne *antakolouthia* [ἀντακολουθία], qu'on peut rendre par « implication réciproque », et qui désigne en particulier la solidarité des vertus (*antakolouthia tôn aretôn* [ἀντακολουθία τῶν ἀρετῶν], Diogène Laërce, VII, 125 ; V. Goldschmidt, *ibid.*, p. 65-66), comme un bloc qu'envelopperait la vertu dialectique, immobilisant l'*akolouthia* dans le présent total du sage. *Implication* est finalement, dès lors, le nom le plus propre du système comme tel.

Barbara CASSIN

BIBLIOGRAPHIE

ARISTOTE, *Premiers Analytiques*, trad. fr. J. Tricot, Vrin, 1966.

GOLDSCHMIDT Victor, *Le Système stoïcien et l'Idée de temps*, Vrin, 1953.

LONG Anthony A. et SEDLEY David N., *The Hellenistic Philosophers*, 3 vol., Cambridge UP, 1987 ; *Les Philosophes hellénistiques*, trad. fr. J. Brunschwig et P. Pellegrin, 3 vol., Flammarion, « GF », 2001.

OUTILS

CHANTRAINE Pierre, *Dictionnaire étymologique de la langue grecque*, nouv. éd. mise à jour avec un « Supplément au dictionnaire », Klincksieck, 1999.

ne peut dériver logiquement le conséquent de l'antécédent). Il arrive qu'on fasse appel au couple *entailment/ implication* pour distinguer une implication au sens de l'implication matérielle d'une implication au sens de Moore, qu'on appelle aussi parfois *relevant implication* (« implication pertinente », A.N. Anderson et R. Belnap, *Entailment: the Logic of Relevance and Necessity*) pour achever de saturer le réseau des termes.

À côté de cette première série de termes où alternent *entailment* et *implication*, il existe une seconde série de termes où s'opposent deux types d'*implicatures*. Le mot *implicature* (fr. *implicature*, all. *Implikatur*) est formé à partir d'*implication* et du suffixe *-ture*, qui exprime un aspect résultatif (par ex. *signature* ; cf. lat. *temperatura* de *temperare*). *Implication* est dérivé de *to imply* et *implicature* de *to implicate* (du lat. *in* + *plicare*, sur *plex*, cf. l'indo-européen *plek*), qui a le même sens.

Le concept gricéen d'*implicature* est une extension et une modification du concept de présupposition, qui diffère de l'implication matérielle en ce que la négation de l'antécédent implique le conséquent (la question « avez-vous arrêté de battre votre femme ? » présuppose l'existence d'une femme dans les deux cas). En ce sens, l'implicature échappe d'emblée aux paradoxes de l'implication matérielle. Grice distingue deux types d'implicatures, conventionnelle et conversationnelle. L'implicature conventionnelle (*conventional implicature*) est pratiquement l'équivalent de la présupposition, car elle désigne les présuppositions attachées par convention linguistique à des items ou tournures lexicaux. Par exemple, « Marie aime même Pierre » a une relation d'implicature conventionnelle avec « Marie aime d'autres entités que Pierre ». Cela est équivalent à : « "Marie aime même Pierre" présuppose "Marie aime d'autres entités que Pierre". » Avec ce type d'implicature, nous restons dans le lexique et donc dans la sémantique. Cependant, l'implicature conventionnelle est différente de l'implication matérielle, puisqu'elle est relative à un langage (ici, dans l'exemple, le français pour le mot *même*). L'implicature conversationnelle (*conversational implicature*), elle, n'est pas dépendante d'une tournure linguistique et nous fait entrer dans la pragmatique (la théorie des relations entre énoncés et contextes). Grice donne cet exemple : si, à quelqu'un me demandant comment X réussit dans son nouveau travail, je réponds « eh bien, il aime ses collègues et jusqu'ici il n'est pas en prison », ce qui est impliqué pragmatiquement par cette assertion est dépendant du contexte (et non d'une tournure linguistique). Elle est, par exemple, compatible avec deux contextes aussi différents que celui où X a été piégé par des collègues peu scrupuleux dans un trafic louche et celui où X est peu honnête et réputé pour son irascibilité.

Implication, *entailment* et *implicature* appartiennent donc à deux séries linguistiques distinctes. Les décisions de traduction pour les deux premiers termes ont abouti à une situation inextricable qui reflète les différences de lexiques, latin ou franco-anglais. Il vaut mieux traduire *entailment* par le terme français *implication* et renoncer, provisoirement peut-être, à rendre les nuances de *imply, implicate, entail.*

Alain de LIBERA, Irène ROSIER (I),
Frédéric NEF (II)

BIBLIOGRAPHIE

ANDERSON Allan Ross et BELNAP Nuel, *Entailment: the Logic of Relevance and Necessity*, t. 1, Princeton UP, 1975.

AUROUX Sylvain et ROSIER Irène, « Les sources historiques de la conception des deux types de relatives », *Langages*, 88, 1987, p. 9-29.

BOCHENSKI Joseph M., *A History of Formal Logic*, trad. angl. I. Thomas, New York, Chelsea, 1961.

DE RIJK Lambertus Marie, "Some Notes on the Mediaeval Tract *De insolubilibus*, with the Edition of a Tract Dating from the End of the Twelfth-Century", *Vivarium*, vol. 4, 1966, p. 100-103.

— *Logica modernorum*, 2 vol., Assen, Van Gorcum, 1962 et 1967.

GIUSBERTI Franco, *Materials for a Study on Twelfth Century Scholasticism*, Naples, Bibliopolis, 1982.

GRICE Henry Paul, "Logic and Conversation", *in* P. COLE et J. MORGAN (éd.), *Syntax and Semantics*, 3, *Speech Acts*, New York, Academic Press, 1975, p. 41-58 (également *in* D. DAVIDSON et G. HARMAN [éd.], *The Logic of Grammar*, Encino [É.-U.], Dickenson, 1975, p. 64-74).

LEWIS Clarence Irving et LANGFORD Cooper Harold, *Symbolic Logic*, New York Century Co, 1932.

MEGGLE Georg, *Grundbegriffe der Kommunikation*, 2e éd., Berlin, De Gruyter, 1997.

MOORE George Edward, *Philosophical Studies*, Londres, Kegan Paul, 1923.

ROSIER Irène, « Relatifs et relatives dans les traités terministes des XIIe et XIIIe siècles. (2) Propositions relatives (*implicationes*), distinction entre restrictives et non restrictives », *Vivarium*, vol. 24, n° 1, 1986, p. 1-21.

STRAWSON Peter Frederick, "On Refering", *Mind*, 59, 1950, p. 320-344 ; trad. fr. J. Milner in *Études de logique et de linguistique*, Seuil, 1977.

OUTILS

ALEMBERT Jean Le Rond d' et DIDEROT Denis, *Encyclopédie ou Dictionnaire raisonné des sciences, des arts et des métiers*, Paris, Briasson, 1751-1780, nouv. éd. en fac-similé, Stuttgart-Bad Cannstatt, Frommann, 1966-1988.

DHLF : REY Alain (dir.), *Dictionnaire historique de la langue française*, 3 vol., Le Robert, 1992.

LALANDE André, *Vocabulaire technique et critique de la philosophie*, PUF, 19e éd., 1999.

INCONSCIENT, INCONSCIENCE

all.	*unbewusst, Unbewusste ; Unbewusstheit, Unbewusstsein*
angl.	*unconscious ; unconsciousness*

► ÂME, CONSCIENCE, ES, JE, PERCEPTION, PULSION, ROMANTIQUE, SUJET

Contrairement à d'autres termes du vocabulaire de la psychanalyse, celui d'inconscient n'a jamais posé de problèmes particuliers de traduction. L'anglais et le français étaient déjà armés pour recevoir le substantif das Unbewusste *et pour le rendre par des termes équivalents,* the unconscious *et* l'inconscient. *De même,* das Vorbewusste *est traduit sans difficulté par* « le préconscient » *et the* preconscious. *Cela signifie-t-il que l'inconscient a été effectivement reçu tel que Freud le concevait ? Il faut d'abord souligner que ce terme ne prend vraiment sens que dans le cadre de la première topique, qui distingue trois systèmes : l'inconscient, le préconscient et le conscient. Cette construction est d'une rigueur sans équivalent dans la psychologie de la fin du XIX*e *siècle et du début du XX*e*. C'est peut-être précisément cette rigueur qui fait problème pour les traducteurs. Ainsi, Freud est conduit à rejeter le terme de* subconscient, *très en vogue en France et dans les pays de langue anglaise, ou à laisser de côté* l'inconscience (die Unbewusstheit, the unconsciousness). *Or, il n'a peut-être pas suffi de traduire* das Unbewusste *par* « l'inconscient » *pour en accepter le sens. Si l'on veut saisir les enjeux de cette question, il faut tenir les fils de plusieurs moments successifs de son histoire.*

I. « REPRÉSENTATIONS NON CONSCIENTES » ET INCONSCIENCE

Le problème des « représentations non conscientes » se trouve posé dans le sillage de Leibniz et de ses petites perceptions. Il s'agit pour Leibniz d'affirmer, contre Descartes, que, si l'âme pense toujours, elle n'est pas toujours consciente de ses pensées, « puisqu'il y a à tout moment une infinité de perceptions en nous, mais sans aperception et sans réflexion, c'est-à-dire des changements dans l'âme même dont nous ne nous apercevons pas, parce que ces impressions sont ou trop petites et en trop grand nombre ou trop unies... » (*Nouveaux Essais sur l'entendement humain*, Préface, p. 41). Ces perceptions sont dites « insensibles » (*ibid.*, p. 42 et 43), cet adjectif correspondant donc dans la langue classique au futur *inconscient* (cf. aussi Descartes, « Première méditation », 1966, p. 23). Être conscient, c'est, en effet, avoir un sentiment de soi (du latin *sentiri*).

La question qui ne cessera ensuite de hanter les débats philosophiques et psychologiques est celle du degré. Si la conscience pleine et entière a un statut déterminé par la clarté et la conscience de soi (à laquelle Leibniz donne le nom d'aperception, voir CONSCIENCE et PERCEPTION), comment passe-t-on ensuite de la simple perception à l'insensibilité ? Poussant dans ses ultimes conséquences le principe de continuité leibnizien, Kant instaure ainsi une infinité de degrés entre le pleinement conscient et l'inconscient, dans un texte qui s'inscrit dans une perspective psychologique et non transcendantale :

> [...] tout ainsi que, même entre une conscience et l'inconscience parfaite (l'obscurité psychologique) [*zwischen einem Bewusstsein und dem völligen Unbewusstsein (psychologischer Dunkelheit)*], il peut toujours se trouver des degrés de plus en plus faibles...
>
> *Prolégomènes à toute métaphysique future qui pourra se présenter comme science*, p. 80 (in *AK*, vol. 4, p. 307).

Toujours fidèle sur ce point à Leibniz, Kant affirme ainsi, dans l'*Anthropologie in pragmatischer Hinsicht* (in *AK*, vol. 7, p. 136 ; 1993, p. 63), que « c'est le champ des représentations obscures qui, en l'homme, est le plus vaste ». Philosophiquement, l'opération est de grande portée, puisque l'adversaire n'est pas Descartes, mais bien Locke, soit le fondateur de la psychologie empirique, qui ne peut admettre qu'une représentation soit non consciente (in *AK*, vol. 7, p. 135 ; 1993, p. 61-62). On voit aussi qu'il ne s'agit en rien pour Kant de dégager un lieu particulier, doté de lois spécifiques (ce que sera *das Unbewusste* chez Freud), mais simplement de construire le négatif de la conscience (*das Unbewusstsein*), c'est-à-dire un « état négatif de conscience » : ce que l'obscurité est à la clarté. La traduction par « inconscience » s'impose donc ici.

II. LA SUBSTANTIVATION DE L'INCONSCIENT : LE ROMANTISME ET VON HARTMANN

Avec le romantisme, s'impose en allemand, en anglais et en français un usage massif de termes adjoignant un préfixe privatif au champ lexical de la conscience, tels les adjectifs *unbewusst*, *unconscious* et *inconscient*, et les substantifs *Unbewusstheit*, *Unbewusstsein*, *unconsciousness* et *inconscience*. L'adjectif substantivé *das Unbewusste* est moins courant, bien qu'on le trouve par exemple aux premières lignes d'un ouvrage du philosophe et médecin romantique Carl Gustav Carus (1789-1869), dont la première édition date de 1846 :

> La clé de la connaissance de la nature de la vie consciente de l'âme est à chercher dans le règne de l'inconscient [*des Unbewusstseins*]. D'où la difficulté, sinon l'impossibilité, à comprendre pleinement le secret de l'âme. S'il était absolument impossible de retrouver l'inconscient [*das Unbewusste*] dans le conscient, l'homme n'aurait plus qu'à désespérer de pouvoir jamais arriver à une connaissance de son âme, c'est-à-dire à une connaissance de lui-même. Mais, si cette impossibilité n'est qu'apparente, alors la première tâche d'une science de l'âme sera d'établir comment l'esprit de l'homme peut descendre dans ces profondeurs.
>
> *Psyche, zur Entwicklungsgeschichte der Seele*, 1975, p. 1.

De manière générale, et comme le montre cet extrait, l'importance de ce courant tient à la positivité qui est reconnue à cette sphère inconsciente : loin d'être le plus bas degré de la conscience, l'obscurité de l'inconscient est gage de sa richesse et de sa valeur de vérité.

Une troisième étape est constituée par un ouvrage qui a assis définitivement l'adjectif substantivé *das Unbewusste* au rang de substantif à part entière. Il s'agit de *Philosophie des Unbewussten* de Eduard von Hartmann, publié en 1870 (Berlin, Carl Dunker Verlag). Son titre est révélateur de l'accès du terme à la pleine reconnaissance philosophique, puisque *das Unbewusste* y désigne ce fond métaphysique de toute chose que Schopenhauer avait dénommé *der Wille*, c'est-à-dire la volonté. Le choix du terme est significatif : chez Schopenhauer, la volonté s'oppose à la représentation (*die Vorstellung*), ce qui exclut d'emblée l'idée qu'il puisse y avoir des représentations inconscientes. Hartmann introduit, au contraire, dans l'inconscient la majeure partie de la vie psychique et intellectuelle. L'inconscient freudien sera lui-même constitué indissociablement d'affects et de représentations. L'ouvrage de Hartmann aura un retentissement considérable et sera rapidement traduit en français (*Philosophie de l'inconscient*, trad. fr. D. Nollen, Baillière, 1877) et en anglais (*Philosophy of the Unconscious*, trad. angl. W.C. Coupland, Londres, Trübner, 1884). Les dictionnaires, notamment le Littré, renvoient justement à cette traduction pour reconnaître pleinement l'usage du substantif.

III. LE SUBSCONSCIENT ET LA PSYCHOPHYSIOLOGIE

Peu avant Freud, apparaît l'immense floraison de la psychologie scientifique à partir du milieu du XIXe siècle (notamment les *Grundzüge der physiologischen Psychologie* de Wilhelm Wundt ou les œuvres d'Alexander Bain en Angleterre et de Théodule Ribot en France), ainsi que les recherches sur les consciences multiples du somnambulisme et de l'hystérie. Le contexte intellectuel de ces débats n'est plus le romantisme, mais le positivisme, ce qui conduit d'une certaine façon à retrouver la question classique des degrés de conscience. On peut repérer un effet de cet usage du vocabulaire de l'inconscient dans la traduction de textes qui en étaient dépourvus. C'est ainsi que, dans une traduction anglaise de *La Monadologie* de Leibniz datant du début du XXe siècle, le terme *unconsciousness* est utilisé pour rendre le français « étourdissement », qui désigne les états de mort apparente. La première phrase du paragraphe 23 fait ainsi apparaître dans la traduction un vocabulaire de la conscience et de l'inconscience absent chez Leibniz :

> *Therefore, since on awakening after a period of unconsciousness we become conscious of our perceptions, we must, without been conscious of them, have had perceptions immediately before.*
>
> [Donc, puisque réveillé de l'étourdissement on s'aperçoit de ses perceptions, il faut bien qu'on en ait eu immédiatement auparavant, quoiqu'on ne s'en soit aperçu.]
>
> *Discourse on Metaphysics, Correspondence with Arnauld, and Monadology*, 1902, p. 153.

Mais c'est le terme *subconscient* (en anglais *subconscious*, en allemand *unterbewusst*) qui désigne généralement ce qui se situe juste en dessous du seuil de la conscience. Ainsi, dans un article intitulé “Consciousness and unconsciousness”, le psychologue G.H. Lewes défend la thèse du caractère psychique de l' *unconsciousness* et de la *subconsciousness*, contre les partisans de la « cérébration inconsciente », c'est-à-dire du caractère purement réflexe des mécanismes inconscients. Mais il ne s'agit de toute façon que d'une question de complexité : « Tous les arguments tendent donc à montrer qu'entre les états conscients, subconscients et inconscients [*conscious, subconscious and unconscious states*] la différence réside seulement dans la complexité décroissante des processus neuraux [*degrees of complication in the neural processes*] » (1877, p. 163). En psychopathologie cette fois, Pierre Janet accorde une grande importance aux « actes subconscients », soit une « action ayant tous les caractères d'un fait psychologique sauf un, c'est qu'elle est toujours ignorée par la personne même qui l'exécute au moment même où elle l'exécute » (*L'Automatisme psychologique*, p. 263). Ces actes sont dus à la « faiblesse psychologique », au rétrécissement du champ de la conscience qui laisse ainsi s'exprimer des actes automatiques.

IV. LE MOMENT FREUDIEN

Si l'on passe cette fois à Freud, on remarque qu'il fait lui-même usage du terme *subconscient* dans un article rédigé en français en 1893, « Quelques considérations pour une étude comparative entre les paralysies motrices organiques et hystériques ». Cet article lui avait été commandé par Charcot, et on retrouve sous sa plume la terminologie française en vigueur. Mais c'est cependant dès l'*Interprétation des rêves* [1900], et dans son dernier chapitre consacré à la « Psychologie des processus du rêve », que l'on trouve la première élaboration de la première topique, qui sera précisée dans l'article métapsychologique précisément intitulé « Das Unbewusste » (1915). L'inconscient — *das Unbewusste* — est alors un des trois systèmes du psychisme. Il obéit à des lois propres (le processus primaire : condensation, déplacement, etc.) qui permettent de rendre compte des particularités formelles du rêve et des mécanismes de son interprétation. Le *Vocabulaire de la psychanalyse* résume parfaitement les caractéristiques de l' « inconscient système » :

> a) Ses contenus sont des représentants des pulsions ; b) Ces contenus sont régis par les mécanismes spécifiques du processus primaire, notamment la condensation et le déplacement ; c) Fortement investis de l'énergie pulsionnelle, ils cherchent à faire retour dans la conscience et dans l'action (retour du refoulé) ; mais ils ne peuvent avoir accès au système Pcs-Cs que dans des formations de compromis après avoir été soumis à la déformation de la censure ; d) Ce sont plus particulièrement des désirs de l'enfance qui connaissent une fixation dans l'inconscient.
>
> Laplanche et Pontalis, p. 197.

Freud matérialise ce caractère topique en utilisant des abréviations pour désigner les différents systèmes : *Ubw, Vbw, Bw* (en français Ics, Pcs, Cs, et en anglais *Ucs, Pcs, Cs*). Une étrange opération : l'épistémologie est en apparence positiviste, mais Freud rompt avec toute différenciation par le degré (les différences entre les systèmes Pcs-Cs et Ics sont de nature) et paraît renouer avec la proposition romantique concernant le fond inconscient de l'être : « paraît » seulement, car, d'une part, l'inconscient « en soi » reste inaccessible ; d'autre part, il n'est pas doté d'attributs métaphysiques. La spécificité du « système » inconscient est-elle bien rendue par le terme *das Unbewusste*, si chargé par cette double origine positiviste et romantique ?

♦ Voir encadré 1.

On trouve un exemple intéressant de la façon dont l'inconscient de Freud a été reçu en France en examinant son destin dans les premiers numéros de la *Revue française de psychanalyse* [*RFP*], organe officiel de la Société psychanalytique de Paris, fondée en 1926. Les traductions des textes de Freud s'y caractérisent par un respect scrupuleux du passage de l'allemand *das Unbewusst* au français *l'inconscient* et par la disparition du vocable *subconscient*. Mais que le mot ne recouvre pas la chose, on en trouve de multiples traces. L'une des plus significatives figure dans un compte rendu par Édouard Pichon du *Traité de psychologie* de Georges Dwelshauwers, un psychologue de l'école néo-thomiste, important à l'époque. On y trouve notamment ceci :

> L'inconscient, ce n'est que l'*insu*. Il est toujours virtuellement sujet aux atteintes de la conscience [...]. Ainsi se complète pour moi la définition de l'inconscient : *l'ensemble des choses actuellement étrangères à la conscience du je, mais que cette conscience peut être éventuellement amenée à saisir sous l'espèce des siens états d'âme.*
>
> *RFP*, 1928, n° 2, p. 369-370.

On s'aperçoit alors que les psychanalystes français ont eu d'autant plus de facilité à se débarrasser du subconscient que le terme *inconscient* préserve l'essentiel : le rapport à la conscience. Pichon, en bon grammairien, devait être satisfait d'un terme qui se construit de manière privative. Freud aurait peut-être souhaité un terme qui ne soit pas le simple négatif de la conscience. Nous demeurons embarrassés de ce que la langue manque d'un terme positif pour désigner cet autre lieu psychique. Mais n'est-ce qu'un problème linguistique ?

Freud a donc choisi, en effet, le terme *das Unbewusste* par défaut. Sans doute parce qu'il redoute tous les malentendus auxquels se prête un terme si chargé par sa double histoire romantique et psychophysiologique. Mais l'allemand ne lui offre pas de terme pour désigner clairement le caractère « systématique » du nouvel inconscient, pas plus que pour son caractère conceptuel : le mot ne renvoie donc pas assez à la chose. Le terme le plus célèbre de la psychanalyse risque donc à jamais d'être entaché par ce qui n'est pas psychanalytique. C'est sans doute ce qu'avait en vue Jacques Lacan lorsque, dans l'introduction d'une conférence au colloque de Bonneval sur l'inconscient, il déclarait : « L'inconscient *est* un concept forgé sur la trace de ce qui opère pour constituer le sujet. L'inconscient *n'est pas* une espèce définissant dans la réalité psychique le cercle de ce qui n'a pas l'attribut (ou la vertu) de la conscience » (« Position de l'inconscient », *Écrits*, Seuil, 1966, p. 830). Et Lacan « inventera » à son tour un terme, non pas traduction, mais transcription de l'allemand dans le français : l'inconscient, c'est l'« unebévue », soit ce qui produit un sens inattendu, non ce qui est en deçà du sens, ou qui contiendrait le cœur de tous les sens (*Le Séminaire*, XXIV, *L'Insu que sait de l'une bévue s'aile à mourre*, 1976-1977, inédit).

Alexandre ABENSOUR

BIBLIOGRAPHIE

CARUS Carl Gustav, *Psyche, zur Entwicklungsgeschichte der Seele* [Psyché, l'histoire du développement de l'âme], Pforzheim, Flammer und Hoffmann, 1846, rééd. Darmstadt, Wissenschaftliche Buchgesellschaft, 1975.

DESCARTES, *Méditations métaphysiques*, « Première méditation », trad. fr. Duc de Luynes, Vrin, 1966.

FREUD Sigmund, *Gesammelte Werke* [*GW*], 18 vol., Londres et Francfort, Imago et Fischer, 1940-1952, et vol. suppl. *Nachtragsband (1885-1938)*, Francfort, Fischer, 1987 ; *The Standard Edition*

1

L'inconscience et l'inconscient comme système

Nous trouvons un exemple intéressant des enjeux linguistiques et théoriques de l'inconscient tel que l'entend Freud, et de son point de vue sur le terme lui-même, dans un article qu'il rédigea en anglais, et dont la traduction allemande a été assurée sans doute par Hanns Sachs, mais sous sa vérification. Il s'agit de « A note on the Unconscious in Psycho-Analysis [Note sur l'inconscient en psychanalyse] ; [Einige Bemerkungen über den Begriff des Unbewussten in der Psycho-analyse] », publié d'abord dans les *Proceedings of the society for Psychical Research*, 26, 66, 1912. Le dernier paragraphe de ce texte présente le passage entre la qualité de ce qui échappe à la conscience, la simple *unconsciousness*, et l'inconscient proprement freudien, *the unconscious*, caractérisé par son aspect systématique. Curieusement, le texte allemand ne rend pas compte de ce glissement, ni les premières traductions françaises, jusqu'en 1968 inclus. Finalement, seuls l'anglais et le français (dans sa dernière version, celle des *OCF/P*) sont ici fidèles à l'opération théorique de Freud.

> *Unconsciousness* [das Unbewusste] *seemed to us at first only an enigmatical characteristic of a definite psychical activity. Now it means more to us. It is a sign that this act partakes of the nature of a certain psychical category known to us by other and more important characteristics ant that it belongs to a system of psychical activity which is deserving our fullest attention. The index value of the unconscious* [der Wert des Unbewussten als Index] *has far outgrown its importance as a property. The system* [das System] *revealed by the sign that the single acts forming parts of it are unconscious* [unbewusst] *we designate by the name "the unconscious"* ["das Unbewusste"], *for want of a better and less ambiguous term* [in Ermangelung eines besseren und weniger zweideutigen Ausdruckes]. *In German, I propose to denote this system by the letters* Ubw, *an abbreviation of the German word* "Unbewusst". *And this is the third and most significant sense which the term "unconscious" has acquired in psycho-analysis* [dies ist der dritte und wichtigste Sinn, den der Ausdruck "unbewusst" in der Psycho-analyse erworben hat].
>
> *Standard Edition*, XII, p. 266 ; *GW*, vol. 8, p. 438-439.

On peut traduire ainsi :

> L'inconscience [L'inconscient (in *Métapsychologie*, trad. fr. J. Laplanche et J.-B. Pontalis, Gallimard, 1968, p. 185)] nous a d'abord semblé être seulement la caractéristique énigmatique d'une activité psychique déterminée. Elle signifie davantage à nos yeux maintenant. Elle indique que cet acte participe de la nature d'une certaine catégorie psychique que nous connaissons par d'autres caractéristiques plus importantes, et qu'elle fait partie d'un système d'activité psychique qui mérite toute notre attention. La valeur de l'inconscient comme indice [la valeur d'indice de l'inconscient (in *OCF/P*, XI, p. 180)] a dépassé de beaucoup son importance comme propriété. À défaut d'un terme meilleur et moins ambigu, nous utilisons le mot « l'inconscient » pour désigner le système dont le signe est que les actes particuliers qui s'y déroulent sont inconscients. En allemand, je propose de désigner ce système par les lettres *Ubw*, abréviation du terme allemand « Unbewusst ». C'est là le troisième sens, le plus significatif, que le terme « inconscient » a acquis en psychanalyse.

of the Complete Psychological Works of Sigmund Freud, éd. J. Strachey, 24 vol., Londres, Hogarth Press, 1953-1966 ; *Les Œuvres complètes de Freud/Psychanalyse* [*OCF/P*], trad. fr. A. Bourguignon, P. Cotet et J. Laplanche (dir.), PUF, 1er vol., 1988.

ELLENBERGER Henri F., *The Discovery of the Unconscious, the History and Evolution of Dynamic Psychiatry*, New York, Basic Book, 1970 ; *Histoire de la découverte de l'inconscient*, trad. fr. J. Feisthauer, Fayard, 1994.

EY Henri (dir.), *L'Inconscient* (VIe Colloque de Bonneval, 1960), Desclée de Brouwer, 1966.

FRANKL George, *The Social History of the Unconscious*, Londres, Open Gate Press, 1989.

HESNARD Angelo, *L'Inconscient*, librairie Doin, 1923.

JANET Pierre, *L'Automatisme psychologique* [1894²], Odile Jacob, 1998.

KANT Emmanuel, *Prolegomena zu einer jeden künftigen Metaphysik, die als Wissenschaft wird auftreten können*, in *Gesammelte Werke* [*AK*], vol. 4, Berlin, Reimer, 1902-1913 ; *Prolégomènes à toute métaphysique future qui pourra se présenter comme science*, in *Œuvres philosophiques*, trad. fr. F. Alquié (dir.), Gallimard, « La Pléiade », t. 2, 1985.

— *Anthropologie in pragmatischer Hinsicht*, in *AK*, vol. 7, Berlin, Reimer, 1902-1913 ; *Anthropologie d'un point de vue pragmatique*, trad. fr. A. Renaut, Flammarion, « GF », 1993.

LEIBNIZ, *Nouveaux Essais sur l'entendement humain*, Préface, Flammarion, « GF », 1990.

— *Discourse on Metaphysics, Correspondence with Arnauld, and Monadology*, trad. angl. G. Montgomery, Chicago, Open Court Publishing Company, 1902.

— *La Monadologie*, Delagrave, 1983.

LEWES G.H., "Consciousness and unconsciousness", *Mind*, Londres et Édimbourg, Williams & Norgate, vol. 2, n° 6, avril 1877.

MAC INTYRE Alasdair C., *The Unconscious, a Conceptual Analysis*, Londres, Routledge & Kegan Paul Ltd., 1958 ; *L'Inconscient, analyse d'un concept*, trad. fr. G. Nagler, PUF, 1984.

RIBOT Théodule, *Les Mouvements et l'Activité inconsciente* [1912], Cariscript, 1991.

WHYTE Lancelot Law, *The Unconscious before Freud*, New York, Basic Books, 1960 ; *L'Inconscient avant Freud*, trad. fr. J. Morche, Payot, 1971.

OUTILS

LAPLANCHE Jean, PONTALIS Jean-Bertrand et LAGACHE Daniel (dir.), *Vocabulaire de la psychanalyse*, PUF, 1967, rééd. « Quadrige », 1998.

LITTRÉ Émile, *Dictionnaire de la langue française*, 4 vol., Hachette, 1873.

INGENIUM LATIN – fr. *esprit*

ar.	*ḥads* [الحدس]
gr.	*euphuia* [εὐφυΐα]
all.	*Witz*
angl.	*wit, humour*
esp.	*ingenio*
it.	*ingegno*

► *MOT D'ESPRIT*, *RAISON*, ÂME, et ARGUTEZZA, BAROQUE, COMPARAISON, CONCETTO, GEMÜT, GÉNIE, INTELLECT, INTELLECTUS, INTENTION, NONSENSE, SIGNIFIANT, *SOPHISME*, TALENT

Le mot ingenium*, employé dans le latin courant de l'Antiquité et, dans le latin philosophique, jusqu'à l'époque moderne, est d'une grande richesse de sens. Parmi les langues romanes, seuls les mots* ingegno *en italien et* ingenio *en espagnol ont conservé l'essentiel de cette richesse. En français, les nombreux dérivés d'*ingenium *n'ont gardé que des rapports partiels et plus ou moins lointains avec leur source, et le terme* esprit*, souvent employé comme un équivalent, a des connotations très particulières. L'anglais* wit*, l'allemand* Witz *ont, eux, une étymologie différente et ne restituent que de manière restreinte la constellation signifiante exprimée par le mot latin, qui présente ainsi aux traducteurs modernes des difficultés proprement insurmontables.*

I. « INGENIUM », « EUPHUIA »

Ingenium (*in-geno*, *gigno*) se rattache à une importante famille indo-européenne de mots se rapportant à l'engendrement et à la naissance. Son usage, dans la langue latine, se répartit autour de quatre thèmes sémantiques distincts, mais clairement reliés les uns aux autres, qui sont énumérés dans le *Totius latinatis lexicon* de E. Forcellini (1865). *Ingenium* désigne d'abord les qualités innées d'une chose (*vis*, *natura*, *indoles*, *insita facultas*). En second lieu, il s'applique aux êtres humains et à leurs dispositions naturelles, leur tempérament, leurs manières d'être (*natura*, *indoles*, *mores*). Puis il exprime, parmi les dispositions naturelles de l'homme, l'intelligence, l'habileté, l'inventivité (*vis animi*, *facultas insita excogitandi*, *percipiendi*, *addiscendi*, *solertia*, *inventio*). Enfin, par métonymie, il désigne les hommes qui sont particulièrement doués de cette faculté (*ingenia* est synonyme de *homines ingeniosi*).

Dans tous ces différents emplois, *ingenium* exprime, lorsqu'il s'agit de l'homme, l'élément inné en lui de productivité, de créativité, de capacité de dépasser et de transformer le donné, qu'il s'agisse de la spéculation intellectuelle, de la création poétique et artistique, du discours persuasif, des innovations techniques, des pratiques sociales et politiques. « Il faut, écrit Cicéron, un *ingenium* puissant pour détacher son esprit [*mentem*] des sens [*a sensibus*], et détacher sa pensée [*cogitationem*] de l'habitude » (*Tusculanes*, I, 16, 38). Et ailleurs il parle du *divinum ingenium* qui apparente les hommes aux dieux. Mais c'est dans le domaine de la rhétorique qu'il s'attache avec le plus de soin à montrer l'importance de l'*ingenium* comme facteur de l'invention oratoire :

> Comme l'invention oratoire exige trois conditions, la pénétration de l'esprit [*acumen*], le savoir méthodique ou art, enfin l'application, je ne peux refuser le premier rang à l'*ingenium*.
>
> *De oratore*, II, 35, 147-148.

On voit que l'*ingenium* est ici assimilé à sa qualité principale, l'*acumen*, un mot qui désigne le caractère aigu (*acutus*), pénétrant, fin, de quelque chose (d'*acutus* dérive l'*acutezza*, en italien, l'*agudeza* en espagnol, dont l'équivalent est la « pointe » en français, voir ARGUTEZZA). En quoi consiste l'action de l'*ingenium* ? À « sauter par-dessus ce qui est à nos pieds [*ingenii specimen est quodam transilire ente pedes positum*] », pour saisir les relations, les similitudes entre des choses qui peuvent être très éloignées les unes des autres. On comprend pourquoi la capacité à former des métaphores, c'est-à-dire à opérer des déplacements du sens des mots pour les rapprocher, est, pour Cicéron, une des manifestations privilégiées de l'*ingenium* dans le domaine du discours persuasif et de la poésie.

Sur ce point, il ne fait que reprendre ce qu'Aristote dit de l'*euphuia* [εὐφυΐα], la « bonne disposition naturelle », proche du sens premier d'*ingenium*, qui est nécessaire pour trouver les ressemblances et faire des métaphores réussies :

> Ce qui est de beaucoup le plus important, c'est d'exceller dans les métaphores. En effet c'est la seule chose qu'on ne peut prendre à autrui, et c'est un indice de dons naturels [εὐφυΐα] ; car bien faire les métaphores, c'est bien apercevoir les ressemblances.
>
> *Poétique*, 22, 1459a 7 (voir COMPARAISON, encadré 1).

♦ Voir encadré 1.

II. « INGENIO »/« INGEGNO » HUMANISTE ET BAROQUE

La signification technique que le terme *ingenium* a prise dans le domaine de la rhétorique et de la poétique se transmettra au long des siècles, au détriment de la richesse et de la profondeur de sens philosophique que le mot suppose. L'humanisme de la Renaissance, cependant, continue à attribuer à l'*ingenium* en tant que faculté spécifique une puissance incomparable dans le domaine de la connaissance et de l'action. L'Espagnol Juan Luis Vives écrit, dans son *Introductio ad sapientiam* (1524), que l'*ingenium*, apanage de la créature humaine, est « la force d'intelligence destinée à ce que notre esprit examine les choses une par une, sache ce qui est bon à faire et ce qui ne l'est pas ». Il « se cultive et s'aiguise au moyen de beaucoup d'arts ; il est instruit d'une grande et admirable connaissance des choses, par laquelle il saisit plus exactement les natures et les valeurs des choses une par une ».

On a pu dire que l'*ingenium*, à la fin du XVIe et dans la première moitié du XVIIe siècle, était devenu un concept maniériste ou baroque par excellence, en faisant référence à des auteurs comme Huarte de San Juan, avec son *Examen de ingenios, para las sciencias* (1575), Pellegrini, avec *Delle acutezze, che altrimenti spirite, vivezze e concetti, volgarmente si appellano* (1630) et *I fonti dell'ingegno ridotti ad arte* (1650), Tesauro, avec *Il Cannocchiale aristotelico, o sia Idea dell'arguta e ingeniosa elocutione. che serve a tutta l'arte oratoria, lapidaria e simbolica* (1654), Baltasar Gracián, avec *Agudeza y arte de ingenio* (1648). Longtemps ces textes ont été étudiés d'un point de vue purement esthétique, en relation avec les courants littéraires du gongorisme, du marinisme, du concettisme, de la préciosité. À y regarder de plus près, on s'aperçoit que l'*ingegno* des Italiens, l'*ingenio* des Espagnols n'ont pas seulement des effets stylistiques et ornementaux, mais ont aussi, et même en premier lieu, une fécondité dans l'ordre de la connaissance et de l'existence morale et sociale. Gracián, dans *El discreto* (1646), qui dépeint l'« homme de discernement », souligne que l'*ingenio* appartient à « la sphère de l'entendement », et le définit précisément comme « la vaillance de l'entendement », son œuvre étant le *concepto*, qui établit immédiatement une corrélation entre des phénomènes éloignés

---

1

Intuition, ar. « ḥads »

► TERME (encadré 2, « Science, prophétie naturelle et "invention du moyen terme" selon Avicenne »)

Aristote, traitant du savoir scientifique, mentionne une capacité qu'il appelle « présence d'esprit » (*agkhinoia* [ἀγχίνοια]), à laquelle il consacre aussi quelques lignes à propos des vertus intellectuelles (dianoétiques) (*Éthique à Nicomaque*, VI, 10, 1142b 5). Il la définit comme « la capacité de tomber pile (*eustokhia* [εὐστοχία]) sur le moyen terme dans un temps insensible » (*Seconds Analytiques*, I, 34, 89b 10 *sq.*). Le latin, dans le premier texte, porte par erreur *eustochia*, que Thomas d'Aquin paraphrase par *bona conjecturatio* (*Commentaire à l'Éthique à Nicomaque*, VI, 8, § 1219). Les traducteurs arabes des *Analytiques* ont rendu ce terme par *ḏakā'* [الذكاء] (« finesse, intelligence »), mais expliquent εὐστοχία par « bonté du *ḥads* [الحدس] » (*Manṭiq Arisṭū* [منطق أرسطو], éd. Badawi, p. 426, 5). L'occurrence d'*Éthique à Nicomaque* est rendue par « sagacité de l'intellect » (*lawḏa'īya'l-'aql* [الوذعية العقل]) (Arisṭū, *al-Aḫlāq*, A. Badawi (éd.), Koweït, Wakâlat al-Matbû'ât, 1979, p. 222, 15). Avicenne traite à plusieurs reprises du *ḥads* (cf. A.-M. Goichon, *Lexique de la langue philosophique d'Ibn Sina*, Desclée de Brouwer, 1938, § 140, p. 65 *sq.*) et lui donne une place capitale dans son épistémologie (cf. D. Gutas, *Introduction to reading Avicenna's philosophical works*, Leyde, Brill, 1988, p. 161-166). Il en donne une définition précise : tout savoir scientifique s'acquiert par des syllogismes, dont le pivot est le moyen terme. Celui-ci peut venir par enseignement, ou par « le *ḥads*, <qui> est une action de l'esprit par lequel il déduit par lui-même le moyen terme ». L'enseignement est d'ailleurs lui-même fondé en dernière analyse sur des intuitions (al-Šifā', *De l'âme*, V, 6, F. Rahman [éd.], Oxford UP, 1959, p. 248 *sq.*, cit. p. 249, 7). Le *ḥads* est donc, d'une part, intuition des principes ; mais il est aussi la capacité de parcourir instantanément toutes les étapes d'un raisonnement discursif. Avicenne fournit donc le concept d'une connaissance qui n'est ni simplement intuitive ni simplement discursive, mais comme la discursivité ramassée en un acte unique d'intuition, annonçant ainsi le programme de Descartes (*Regulae*, VII ; AT, t. 10, p. 387 *sq.*) — sauf que ce qui, pour celui-ci, est méthodiquement conquis est pour Avicenne un don inné. Pour lui, qui le possède n'a pas besoin de maître et peut réinventer par lui-même toutes les sciences — ce qu'Avicenne, dans son autobiographie, se vante d'ailleurs d'avoir fait. Cela permet entre autres de donner une théorie philosophique de la connaissance prophétique. Les traducteurs latins rendent le terme une fois par *subtilitas*, mais dans la plupart des cas par *ingenium* (Avicenna Latinus, *Liber sextus de naturalibus*, S. Van Riet [éd.], Louvain, Peeters et Leyde, Brill, 1968, p. 152 *sq.*). Qualifier quelqu'un de très intelligent de « génie », et donner au « génie » les allures d'un prophète, c'est se placer dans le sillage d'Avicenne.

Rémi BRAGUE

les uns des autres. Il permet ainsi à l'homme, en répandant une « lumière divine », de « déchiffrer le monde » qui demeurerait sans lui muet et inconnu.

Le dernier et sans doute le plus grand représentant de cette antique tradition humaniste qui fait de l'*ingenium* la faculté humaine par excellence est Vico qui, dans le *De nostri temporis studiorum ratione* (1709) et le *De antiquissima Italorum sapientia* (1710), réactive la théorie cicéronienne de l'*ingenium* pour opposer sa fertilité « topique » à la stérilité de la méthode analytique et déductive de Descartes. Et dans la *Scienza nuova* (1725, 1730, 1744), partant de la constatation que l'*ingegno*, en tant que puissance imaginative fertile en métaphores, est le propre de la jeunesse, il lui donne une place centrale dans la vie des nations, singulièrement dans les stades premiers de leur développement, quand les hommes créent « poétiquement » leur monde.

III. L'ESPRIT FRANÇAIS

Dans le *De ratione*, Vico remarque que « les Français, quand ils veulent donner un nom à cette faculté mentale qui permet de relier de manière rapide, appropriée et heureuse des choses séparées et que nous appelons *ingegno*, emploient le mot *esprit* (*spiritus*), et de cette puissance mentale qui se manifeste dans la synthèse, ils font quelque chose de tout simple, parce que leurs intelligences exagérément subtiles excellent dans la finesse du raisonnement plutôt que dans la synthèse ». Quelle que soit la valeur de cette explication, le fait est que le français, dont le vocabulaire est cependant si riche en dérivés d'*ingenium* (*ingénieux*, *ingéniosité*, *engin*, *ingénieur*, *s'ingénier*, *génie*), ne possède pas d'équivalent du mot latin, à la différence de l'italien et de l'espagnol. Assez tôt le terme *esprit*, dont la gamme des significations est extrêmement vaste, a été employé pour le traduire, au prix de beaucoup d'équivoques, étant donné le caractère vague du mot français. Le chevalier de Méré, dans son *Discours*

2

« Wit and/or Humour »

Généralement, *wit* désigne un pouvoir cognitif différent de *mind*, une activité de l'esprit dans laquelle l'imagination autorise un plaisir et une beauté des idées. Dès lors, *wit* fait intervenir *humour*, l'humeur, qui autorise un rapport plaisant, voire éloquent à la pensée. Ainsi, dans l'*Essay on the Freedom of Wit and Humour*, Shaftesbury analyse une opération critique de l'esprit qui s'exerce dans la bonne humeur et a pour lieu la conversation agréable entre amis. La difficulté de traduction et de compréhension de *wit*, de *humour* et de leur articulation, tient alors non seulement à une répugnance pour conjoindre ce qui est drôle et ce qui relève de l'intelligence mais aussi à la polysémie des termes : que faire de *humour* lorsqu'il devient humour et désigne ce que les Français ont coutume de nommer « l'humour anglais » ?

a. « Wit » et « mind »

Wit n'est pas *mind*. *Mind* renvoie à la nature de l'esprit alors que *wit* désigne l'activité et l'expérience cognitive. Chez Hobbes (*Leviathan*, p. 134-135, trad. fr. p. 64-65), *wit* a le sens d'esprit comme pouvoir de saisir les similitudes entre des choses qui peuvent sembler très éloignées les unes des autres. *Natural wit* est proche d'*ingenium* ; c'est une aptitude à remarquer des ressemblances rarement aperçues. Selon Hobbes, *to have a good wit* est différent de *to have a good judgment* car le jugement consiste à repérer des différences et dissemblances, à user de discernement. Dans *An Essay Concerning Human Understanding*, Locke évoque un partage assez proche de celui de Hobbes entre *mind*, *wit* et *judgment* (*Essay*, p. 156, trad. fr. p. 108-109). Alors que le jugement a une fonction analytique qui a pour fin la distinction des idées, l'esprit comme *wit* joint promptement et agréablement des pensées : « ce caractère divertissant et plaisant de l'esprit qui frappe si vivement l'imagination et qui est, par conséquent, si satisfaisant pour tout le monde [*that entertainment and pleasantry of Wit, which strikes so lively on the Fancy, and therefore so acceptable to all People*] » (*ibid.*).

b. « Wit » et « Witz »

Wit ressemble alors à l'allemand *Witz*. Les deux termes renvoient à un savoir (la racine commune est *wissen*) qui n'est pas celui d'une discursivité analytique, mais manifeste un esprit créateur qui fabrique des ressemblances tout en reconnaissant la possibilité d'une socialité de la pensée (P. Lacoue-Labarthe, J.-L. Nancy et A.-M. Lang, *L'Absolu littéraire*, Seuil, 1978, p. 82). *Wit* désigne un éclat individuel qui, combiné au divertissement, peut produire le jeu de mots (*pun*) et la plaisanterie (*joke*) qui sont des manières singulières d'exprimer le *wit*.

c. Le plaisir dans l'usage du langage

Avec Hume, on peut dire que l'effet produit par le *wit* est le même que celui de l'éloquence ; il apporte du plaisir dans l'usage du langage (*A Treatise of Human Nature*, p. 611, trad. fr. p. 239). Mais, le plaisir pris au *wit* ou à l'éloquence n'est pas de la même espèce que celui pris à la bonne humeur (*good humour*). La bonne humeur n'est immédiatement agréable qu'à la personne elle-même, et se communique ensuite à autrui par sympathie. En revanche, l'esprit comme *wit* a une valeur immédiatement sociale qui se déploie particulièrement dans le plaisir de la conversation : « Il est évident que la conversation d'un homme d'esprit [*the conversation of a man of wit*] donne beaucoup de satisfaction » (*ibid.*). Enfin, *wit* et *humour* se distinguent de la sagesse et du bon sens (*wisdom and good-sense*) qui ne valent que pour la personne qui les possède. Au XVIIIe siècle, *humour* est volontiers associé à *wit* pour exprimer un rapport à autrui sur le mode de la gaieté, voire sur celui de la plaisanterie et des jeux de mots. Mais *humour*, avant de se traduire par humour, signifie humeur : « En effet, qu'est-ce donc, ce que tu appelles de l'esprit ou de l'humeur [*wit or humour*] ? » (Shaftesbury, *Exercices*, p. 99). Cependant, selon le dictionnaire anglais de Samuel Johnson (*Dictionary of the English Language*, Londres, 1755), *humour* veut dire *general temper of mind* mais aussi *jocularity*, *merritment*, incluant dans sa compréhension le badinage, la joie, voire l'hilarité. *Humour* contient déjà quelque chose de l'humour anglais, c'est-à-dire autre chose qu'une simple disposition de l'esprit : une façon de rire singulière, très anglaise, dont la traduction ne fait que renvoyer au mot anglais *humour* qui reste indéterminé pour un Français.

d. La tradition du « wit and / or humour » se dissocie en deux moments.

Tout d'abord, *humour* désigne l'humeur. La bonne humeur est une conversion de l'humeur en disposition joyeuse. Dans l'*Essay on*

de l'esprit (1677), écrit par exemple : « Il me semble que l'esprit consiste à comprendre les choses, à les savoir considérer à toutes sortes d'égard, à juger nettement de ce qu'elles sont, et de leur juste valeur, à discerner ce que l'une à de commun avec l'autre, et ce qui l'en distingue, et à savoir prendre les bonnes voies pour découvrir les plus cachées. » Il ajoute que « c'est un grand signe d'esprit que d'inventer les Arts et les Sciences ». Et il est évident que l'« esprit de finesse », que Pascal, l'ami de Méré, oppose au cartésien « esprit de géométrie », a beaucoup de points communs avec l'*ingenium* baroque. Au XVIIIe siècle, on retrouve la même référence dans la définition que Voltaire donne de l'esprit dans l'article « Esprit » de l'*Encyclopédie* de Diderot et d'Alembert :

> Ce mot, en tant qu'il signifie une qualité de l'âme, est un de ces termes vagues, auxquels tous ceux qui les prononcent attachent presque toujours des sens différents. Il exprime autre chose que jugement, génie, goût, talent pénétration, étendue, grâce, finesse ; et il doit tenir de tous ces mérites : on pourrait le définir, raison ingénieuse.

IV. « WIT » ET « WITZ »

Dans le vocabulaire anglais, on considère généralement que *wit* est l'équivalent le plus proche du mot latin (il est à signaler que *wit*, comme *Witz* en allemand, se rattache à une racine différente de celle d'*ingenium*, et se réfère à la notion de savoir, et non à celle de « talent naturel »). Chez Shaftesbury, dans une tradition de pensée qui n'est pas celle de l'intellectualisme rationaliste, le *wit* conserve quelque chose de la puissance d'invention métaphorique que recèle l'*ingenium* cher à l'humanisme rhétorique.

♦ Voir encadré 2.

De fait, il ne saurait y avoir de véritable adéquation de sens entre *wit* et *ingenium*, comme le montrent les difficultés des traducteurs anglais de Vico, qui proposent les termes *ingenuity*, *invention*, *inventiveness*, *genius*, *perception*, *wit*, pour essayer d'approcher la richesse sémantique d'*ingegno* dans les textes vichiens.

2

the Freedom of Wit and Humour, Shaftesbury propose de soumettre le domaine des vérités au rire :

> *Truth, 'tis suppos'd, may bear all Lights: and one of those principal Lights or natural Mediums, by which Things are to be view'd, in order to a thorow recognition, is Ridicule it-self.*
>
> [On estime que la vérité peut supporter toutes les lumières : l'une de ces lumières principales ou méthodes naturelles pour appréhender les choses et les identifier parfaitement est le rire lui-même.]
>
> *Characteristics*, I, p. 61.

Dans cette théorie de l'usage critique du rire, *wit* consiste en une opération de l'esprit dans laquelle le commerce des passions joyeuses tient à un jeu réglé entre *wit* et *humour* sur le modèle d'un échange d'idées tout à la fois joueur, plaisant et poli :

> *Wit will mend upon our hands, and Humour will refine it-self; if we take care not to tamper with it.*
>
> [L'esprit se perfectionnera entre nos mains et l'humeur se raffinera si nous prenons soin de ne pas en altérer la forme.]
>
> *Characteristics*, I, p. 64.

Une humeur non altérée est une humeur qui ne se laisse pas déformer par la mélancolie ou le rire démesuré. *Humour* devient alors synonyme d'autres termes volontiers employés par Shaftesbury : *raillery*, *irony* et *ridicule*, à condition que ces mots soient toujours associés à la possibilité d'un rire mesuré et bienveillant. L'usage du *Wit and Humour* ne saurait accepter le comique outré de la bouffonnerie et du burlesque (*Buffoonery and Burlesque*, *Characteristics*, I, p. 72) qui rejoint le carnaval, le cabaret pour la seule fin du divertissement.

Ensuite, *humour* veut dire humour. Désormais, *wit* et *humour* se conjoignent dans le second terme qui souligne une activité remarquable de l'esprit et fonde une disposition permanente de l'individu — on peut dire *a man of great humour*. Plus encore, l'humour donne à la réalité des figures ambiguës et contradictoires, comme si le sens n'était jamais unique. Alice, dans *Alice's Adventures in Wonderland* de Lewis Carroll, n'arrête pas de grandir et de rapetisser, sans jamais savoir dans la suite de ses aventures ce qui la rendra plus grande ou plus petite. L'humour anglais ou *humour*, difficilement traduisible en ses figures, ne tient-il pas à cette tentative née avec Lewis Carroll de montrer le réel dans toutes ses possibilités à la fois, créant des effets comiques par la superposition d'éléments logiquement nécessaires et logiquement incompatibles et, par là, non maîtrisables ?

Fabienne BRUGÈRE

BIBLIOGRAPHIE

CARROLL Lewis, *Alice's Adventures in Wonderland* [*Les Aventures d'Alice au pays des merveilles*], éd. bilingue angl./fr., trad. fr. M. Merle, Librairie générale française, « Le Livre de Poche », 1990.

HOBBES Thomas, *Leviathan* [1651], Londres, Penguin Books, 1968 ; *Léviathan*, trad. fr. F. Tricaud, Sirey, 1971.

HUME David, *A Treatise of Human Nature* [1739-1740], Oxford, Clarendon Press, 1978 ; *Traité de la nature humaine*, trad. fr. J.-P. Cléro, Flammarion, « GF », 1991.

LOCKE John, *An Essay Concerning Human Understanding*, Oxford, Oxford UP, 1975 ; *Essai sur l'entendement humain*, trad. fr. P. Coste, reprint de la 5e éd. (1755), éd. E. Naert, Vrin, 1972.

SHAFTESBURY Anthony Ashley Cooper, *Characteristics of Men, Manners, Opinions, Times* [1711], Hildesheim - New York, Georg Olms, 1978, I. *Essay on the Freedom of Wit and Humour*.

— *Exercices*, trad. fr. L. Jaffro, Aubier, 1993.

OUTILS

JOHNSON Samuel, *Dictionary of the English Language*, Londres, T. Payne et fils, 1755.

3

Le « Witz » selon Freud et ses traductions

L'importance que Freud accorde aux mécanismes psychiques du *Witz* appartient manifestement au champ sémantique de l'idée de créativité, d'acuité et de trouvaille qui est propre à l'*ingenium* antique. Mais, à la suite de l'ouvrage intitulé *Der Witz und seine Beziehung zum Unbewussten* (1905) — que Lacan considère, avec *L'Interprétation des rêves* et *Psychologie de la vie quotidienne*, comme un des trois textes « canoniques » de Freud —, la traduction de *Witz* n'a cessé de poser des problèmes aux psychanalystes. En français, les premiers traducteurs de l'ouvrage, Marie Bonaparte et Marcel Nathan, optèrent pour *mot d'esprit* (Gallimard, 1930). Ce choix fut repris par Denis Messier dans une excellente nouvelle édition de 1988 (Gallimard, avec une « Note liminaire » de Jean-Bertrand Pontalis sur ce sujet). Cela donna lieu, semble-t-il, à beaucoup d'hésitations, car, de son côté, Lacan avait proposé de rendre *Witz* par *trait d'esprit* (*Écrits*, Seuil, 1966, p. 522 ; voir aussi *Le Séminaire*, livre 5 [1957-1958], *Les Formations de l'inconscient*, Seuil, 1998), en rapprochant *Witz* de cet autre terme allemand *Blitz*, qui désigne la fulgurance de l'éclair. Par ailleurs, en 1989, les éditeurs des *Œuvres complètes* de Freud (PUF) publièrent la traduction de l'ouvrage sur le *Witz* dans leur volume 7 sous le titre *Le Trait d'esprit*, en arguant du fait qu'il existerait une « langue freudienne » que les différentes versions étrangères doivent prendre en compte, notamment à propos de *Witz* qui aurait alors le sens, non de *mot d'esprit*, mais de trait propre à l'« esprit freudien ». Face à ces options et perplexités, certains se sont même demandé s'il ne valait pas mieux renoncer à traduire le *Witz* de Freud, comme on s'y est résigné ici ou là pour le vocable typiquement britannique de *nonsense* (voir J.-B. Pontalis, *loc. cit.*, p. 34).

La question du *Witz* se posa aussi chez les freudiens de langue anglaise, mais en donnant lieu parfois à des polémiques. En 1916, le psychanalyste américain d'origine austro-hongroise Abraham A. Brill publia, entre plusieurs autres entreprises du genre toutes jugées aussi mauvaises, la première traduction de l'ouvrage du maître sur le *Witz*, terme qu'il choisit de rendre par *wit*, sans voir que cela privilégiait la signification de plaisanterie intellectuelle, comme lorsqu'on dit de quelqu'un qu'il est un homme d'esprit (*man of wit*). James Strachey, qui se mit à revoir les traductions de Brill, marqua d'emblée sa préférence pour *joke*, ce qui, en revanche, présentait le risque d'étendre le sens intellectuel du *Witz* freudien au vaste champ des expressions du comique (jeux de mots, plaisanteries, calembours, blagues, histoires drôles — notamment juives —, saillies à la manière du *scherzo* italien, etc.). Il explique en ces termes son choix en faveur de *joke* (et même de *jokes* au pluriel) dans une préface à sa traduction anglaise :

> Traduire [*Witz*] par *wit* ouvre la porte à de fâcheux malentendus. Dans l'usage anglais ordinaire, *wit* et *witty* ont un sens très restreint, [alors que] *Witz* et *witzig* ont une connotation beaucoup plus large. À l'inverse, *joke* semble être trop large et recouvrir jusqu'aux signifiés de l'allemand *Scherz* [mot qui se rapporte à toute forme de jeu ou de plaisanterie].
>
> *Jokes and their Relation to the Unconscious, Standard Edition*, t. 8, Londres, The Hogarth Press, 1960, p. 7.

Dans ce débat, il faut savoir, en outre, que par *wit* (qui a la même étymologie que *Witz*, celle de savoir — *wissen*) on entend aussi bien les mots d'esprit que la faculté d'en produire, de la même manière que l'allemand *Phantasie* signifie à la fois un fantasme particulier et le pouvoir général de l'imagination (voir PHANTASIA, encadré 3).

Les dilemmes autour desquels tournent ces différentes façons de traduire le *Witz* freudien tiennent à ce que ce dernier est envisagé ici dans son rapport avec l'inconscient. Comme le lapsus, l'acte manqué ou la condensation dans un rêve, il a le sens d'une saillie, d'une pointe (*Einfall*), c'est-à-dire d'une idée qui surgit sans qu'on s'y attende et qui peut surprendre celui-là même qui l'énonce. Il y a, en effet, dans le *Witz* selon Freud, un lapsus réussi qui provient inopinément de l'inconscient, comme ce terme de *famillionnaire* qui — sorte de crase entre [attitude] *familière* et *millionnaire* — intéressa tant Lacan (et d'abord Freud lui-même) et par le moyen duquel il échappa à un pauvre diable de faire savoir qu'il avait été aimablement traité par le cependant très riche baron de Rothschild. Freud explicite et déploie de la manière suivante la pensée contenue dans ce mot d'esprit ou cette « pointe » de l'esprit (*geistreicher Einfall*) : « [...] nous avons dû ajouter à la phrase *"R. m'a traité tout à fait comme son égal, d'une manière tout à fait familière"* une proposition supplémentaire, qui, raccourcie au maximum, s'énonçait ainsi : *"autant qu'un millionnaire est capable de le faire"* » (*Le Mot d'esprit et sa relation à l'inconscient*, trad. fr. D. Messier, Gallimard, 1988, p. 60). C'est, en effet, le mécanisme d'une condensation répondant à ce modèle qui est à la source du plaisir pris à de tels jeux de l'esprit ou, plus précisément, de l'inconscient.

Charles BALADIER

La situation est identique en allemand. Il est intéressant de voir comment Kant donne, dans deux contextes différents, deux équivalents différents pour le même mot *ingenium*. Dans la *Critique de la faculté de juger* (« Analytique du sublime »), il définit le génie (*Genie*) comme « la disposition innée de l'esprit [*Gemüt*] (*ingenium*) par le truchement de laquelle la nature donne ses règles à l'art » (§ 46). Dans l'*Anthropologie du point de vue pragmatique*, après avoir dit que « la faculté de trouver le particulier pour l'appliquer au général (la règle) est le jugement », il ajoute que, de même, « la faculté de penser le général pour l'appliquer au particulier est le *Witz* (*ingenium*) [...] Dans l'un et l'autre cas, l'éminence du talent consiste à remarquer les petites ressemblances ou dissemblances. Cette faculté est le *Scharfsinn* [acuité de l'esprit] (*acumen*) » (§ 44). Pour définir ce qu'il entend par *Witz*, Kant a donc recours au vocabulaire de la rhétorique classique, avec l'*ingenium* et son *acumen*, mais tout en reconnaissant la « richesse » du *Witz*, il en réduit la portée au champ anthropologique de la vie mondaine, et l'assimile à « une sorte de luxe intellectuel » qu'il oppose à « la forme commune et saine de l'entendement ». Les traductions françaises reflètent la difficulté qu'il y a à rendre le mot *Witz* dans ce texte. Parmi les versions récentes de l'*Anthropologie*, l'une, dans le passage qui vient d'être cité, propose classiquement « esprit » (Kant, *Antropologie du point de vue pragmatique*, trad. fr. M. Foucault, 1970, p. 71), une autre, pour marquer le rapport indiqué par Kant lui-même avec *ingenium*, parle d'« ingéniosité » (*ibid.*, trad. fr. A. Renaut, 1993, p. 149), une troisième de « combinaison spirituelle » (*ibid.*, trad. fr. P. Jalabert, 1986, p. 1019).

♦ Voir encadré 3.

Ingenium est ainsi une notion en elle-même claire, malgré sa complexité et sa richesse, mais que certaines langues nationales, et non des moindres du point de vue de la philosophie, ne parviennent pas à rendre de façon satisfaisante.

Alain PONS

BIBLIOGRAPHIE

ARISTOTE, *La Poétique*, éd. bilingue gr./fr. et trad. fr. R. Dupont-Roc et J. Lallot, Seuil, 1980.

CICÉRON, *De l'orateur* [*De oratore*], éd. et trad. fr. E. Courtaud, Les Belles Lettres, 1967.

— *Tusculanes* [*Tusculanae disputationes*], éd. G. Fohlen et trad. fr. J. Humbert, Les Belles Lettres, 1970.

GRACIÁN Baltasar, *La Pointe ou l'Art du génie* [*Agudeza y arte de ingenio*], éd. et trad. fr. M. Gendreau-Massaloux et P. Laurens, Préface de M. Fumaroli, Lausanne, L'Âge d'Homme, 1983.

— *L'Homme universel* [*El discreto*], trad. fr. J. de Courbeville, Champ Libre, 1980.

GRASSI Ernesto, *Potenza dell'immagine. Rivalutazione della retorica*, part. 3e : « *Ingenium* : la tradizione umanistica », Naples-Milan, Guerini, 1989.

HIDALGO-SERNA Emilio, *Linguaggio e pensiero originario. L'umanesimo di J.L. Vives*, Naples-Milan, Guerini, 1990.

— *Baltasar Gracián : la logica dell'ingegno*, Bologne, Nuova Alfa, 1989.

KANT Emmanuel, *Critique de la faculté de juger* [*Kritik der Urteilskraft*], trad. fr. A. Philonenko, Vrin, 1974.

— *Anthropologie du point de vue pragmatique* [*Anthropologie in pragmatischer Hinsicht*], éd. et trad. fr. A. Renaut, Flammarion, « GF », 1993 ; trad. fr. M. Foucault, Vrin, 1970 ; in *Œuvres philosophiques*, trad. fr. P. Jalabert, Gallimard, « La Pléiade », t. 3, 1986.

VICO Giambattista, *La Méthode des études de notre temps* [*De nostri temporis studiorum ratione*], in *Vie de Giambattista Vico écrite par lui-même. Lettres. La méthode des études de notre temps*, éd. et trad. fr. A. Pons, Grasset, 1981.

— *L'Antique Sagesse de l'Italie* [*De antiquissima Italorum sapientia*], trad. fr. J. Michelet, présentation B. Pinchard, Flammarion, « GF », 1993.

— *La Science nouvelle* [*Principi di scienza nuova d'intorno alla comune natura delle nazioni*, 1744], trad. fr. A. Doubine, Nagel, 1953.

OUTILS

JOHNSON Samuel, *Dictionary of the English Language*, Londres, 1755.

IN SITU [LATIN] – fr. *sur place, dans son site, in situ*

angl. *site specific*

► *LIEU*, et ART, CONCETTO, HAPPENING, MOMENT, *ŒUVRE*

D'usage courant en archéologie, la locution latine in situ *a été reprise, à la fin des années 1960 et au cours des années 1970, par des critiques et des artistes afin de désigner un trait fondamental des nombreuses œuvres qui furent, non seulement réalisées pour un site particulier, mais de surcroît conçues en fonction des caractéristiques physiques, institutionnelles et symboliques du lieu — galerie, musée, espace public ou encore espace naturel, parfois fort retiré comme ce fut souvent le cas pour les* Earthworks *américains (les créateurs de ces derniers avaient aussi recours à l'expression* Site specific*). Pris en ce sens,* in situ *fait désormais partie du vocabulaire esthétique et critique.*

Pour les archéologues, *in situ* s'applique à deux plans de réalité distincts : (1) Un objet lorsqu'il est découvert à l'endroit supposé de son usage initial. Dans ce cas, sa *situation*, notamment par rapport aux autres traces du passé qui l'accompagnent, est capitale pour l'élucidation de ses fonctions, de son sens. (2) Un mode de présentation des vestiges du passé sur le lieu même de leur mise au jour, organisation muséographique qui facilite la compréhension des visiteurs.

Dans son acception esthétique, *in situ* condense les deux significations de son emploi en archéologie. En effet, l'œuvre *in situ*, élaborée en fonction du lieu, doit être vue sur place et elle acquiert sa pleine signification dans le rapport dialectique qu'elle entretient avec le lieu de son implantation. Ainsi, la notion d'*in situ* bat en brèche l'un des acquis fondamentaux de l'esthétique traditionnelle, la notion d'autonomie de l'œuvre. Cette autonomie, naguère considérée comme un signe d'émancipation qui permettait à l'objet cultuel ou au monument commémoratif, par exemple, d'accéder à une dignité proprement esthétique, fondait en droit l'existence du musée, lieu de rassemblement d'objets hétéroclites arrachés à leur contexte d'origine. Ce n'est donc nullement un hasard si l'usage de la locution *in situ* s'imposa dans les années 1970, époque où nombre d'artistes ont développé maintes stratégies pour combattre la logique muséale. Depuis que les réalisations de Daniel Buren et celles du Land Art l'ont imposée, cette locution est utilisée par les artistes les plus divers.

Denys RIOUT

BIBLIOGRAPHIE

BUREN Daniel, *Au sujet de...*, entretien avec J. Sans, Flammarion, 1998, p. 134 *sq.*

POINSOT Jean-Marc, *Quand l'œuvre a lieu. L'art exposé et ses récits autorisés*, chap. 4, « L'*in situ* et la circonstance de sa mise en œuvre », Genève - Villeurbanne, Mamco - Institut d'art contemporain & Art édition, 1999.

INSTANT *Instant*, sur le lat. *in-stare*, « se tenir sur, serrer de près », est l'une des désignations possibles de l'atome de temps : c'est la traduction reçue du *to nun* [τὸ νῦν] aristotélicien, litt. « le maintenant », dont le temps physique se compose, voir AIÔN/KHRONOS.

C'est aussi, cette fois en prêtant attention à l'insistance (qui s'entend dans *instant*) de ce qui est en instance d'arriver, une manière de nommer la pression du présent au sein de la durée subjective : voir MOMENT, où l'on traite du gr. *kairos* [καιρός] (« opportunité »), de l'all. *Augenblick* (« clin d'œil »), du danois de Kirkegaard (« *øjeblik* », encadré 3, à compléter par PLUDSELIGHED, « soudaineté », qui souligne la discontinuité de l'irruption) ; JETZTZEIT, qui désigne dans le vocabulaire de Benjamin l'efficacité messianique

d'un « à-présent » dans l'histoire. Voir, plus généralement, PRÉSENT et *TEMPS*.
Sur la manière dont un instant peut rassembler ou condenser le temps, voir *ÉTERNITÉ* [AIÔN], *INTUITION* [ANSCHAULICHKEIT, ENTENDEMENT] ; cf. *ACTE*, DIEU, *SAGESSE*.
Sur l'expression verbale de l'instantanéité, voir ASPECT.

► *ÉVÉNEMENT*, GLÜCK, HISTOIRE, MÉMOIRE, *PROGRÈS*

INSTINCT Dérivé du lat. classique *instinctus*, qui signifie « instigation, impulsion, excitation » (sur la racine indo-européenne **stig-*, « piquer »), le mot français *instinct* a le sens courant de « tendance innée et puissante, commune à tous les êtres vivants ou à tous les individus d'une même espèce », et, dans les sciences, celui de « tendance innée à des actes déterminés selon les espèces, exécutés parfaitement sans expérience préalable et subordonnés à des conditions de milieu » (*Le Petit Robert*). On le trouve en allemand sous la forme d'*Instinkt*, en anglais sous celle d'*instinct*, comme dans l'it. *istinto*. La différence entre l'animal et l'homme recoupe traditionnellement celle entre l'instinct et l'intelligence : voir ANIMAL, et *DISPOSITION*, ENTENDEMENT (en part. encadré 1, sur gr. *nous* [νοῦς], dont le sens va du « flair » du chien à l'esprit divin et à l'intuition divine) ; cf. LOGOS, *RAISON*.
C'est à propos de l'usage du terme allemand *Instinkt* dans le vocabulaire de la psychanalyse qu'a été posé l'important problème de sa traduction, certains auteurs l'assimilant à *Trieb*, terme d'origine germanique qui, en biologie, est équivalent et qu'on trouve aussi chez Freud mais selon une acception bien différente. En effet, « quand Freud parle d'*Instinkt*, c'est pour qualifier un comportement animal fixé par l'hérédité [...] et adapté à son objet » (*Vocabulaire de la psychanalyse*). C'est pourquoi s'est imposée en France, après une période où prévalut *instinct*, la traduction de *Trieb* par *pulsion*, au sens de poussée en direction d'un objet non prédéterminé. De leur côté, les traducteurs anglais rendent *Trieb* par *instinct* et, plus judicieusement, par *drive*, terme qui est de même origine que *Trieb*, mais qui n'est pas exempt, pour autant, d'une certaine connotation biologisante de la théorie freudienne de la pulsion. Voir PULSION, WUNSCH; voir aussi ES, INCONSCIENT.

► ERLEBEN, INGENIUM, INTUITION, NATURE

INTELLECT, INTELLIGER

lat.	*intellectus, intelligere, concipere, comprehendere*
it.	*intelletto*

► ENTENDEMENT, INTELLECTUS, et ÂME, CONCETTO, CONSCIENCE, GEMÜT, ***INTUITION***, JE, ***RAISON***

Au XVIIe siècle, période de traduction de la langue philosophique latine dans la langue philosophique française, notamment à travers la traduction des œuvres maîtresses de Descartes (Meditationes, Principia philosophiae), *le mot latin* intellectus *fait presque figure d'intraduisible, dans la mesure où il n'est pratiquement jamais rendu en français par le mot « intellect » qui lui correspond, mais par un mot qui appartient à un tout autre champ sémantique, celui d'« entendement ». Le mot « intellect » appartient pourtant à la langue française depuis plusieurs siècles. Dès le XIIIe siècle, en effet, nous le trouvons dans le* Livre du trésor *de Brunetto Latini (1260), mais cela reste, semble-t-il, un terme technique, qui n'est pas véritablement passé dans la langue d'usage. Il a manqué à la langue française un auteur comparable à Dante, qui a beaucoup contribué à populariser en italien le mot* intelletto *dès le XIVe siècle.*
Le mot « entendement », au contraire, présent dès le XIIe siècle, dans le Psautier d'Oxford *(1120), devient très tôt d'un usage courant. Nous le retrouvons notamment au XIVe siècle sous la plume de Nicole Oresme, associé au mot raison dans sa traduction française de l'*Éthique à Nicomaque *d'Aristote (pour rendre le* nous [νοῦς] *grec), et, au XVIe siècle, le terme est fréquent dans les* Essais de Montaigne, *mais pour désigner une qualité plutôt qu'une faculté, celle des « gens d'entendement ». Par ailleurs, si Montaigne utilise le mot « intelligence », jamais il n'emploie le mot « intellect ».*
Le terme d'« intellect » ne va véritablement se répandre en français qu'au XIXe siècle, à la suite de Renan, dans le cadre de la traduction du lexique averroïste. L'influence de l'italien sur le français jouera peut-être également un certain rôle. Il est en tout cas frappant de voir que le terme usuel employé par Valéry, par ailleurs si « cartésien », dans ses Cahiers, *n'est pas « entendement », mais « intellect ».*

I. L'« INTELLECTUS » À LA RENAISSANCE : L'EXEMPLE DE BOVELLES

Toute la question est de savoir si — mises à part quelques très rares occurrences, notamment chez Guez de Balzac ou chez Malebranche — cette quasi-impossibilité de traduire littéralement en français, à la Renaissance et à l'Âge classique, *intellectus* par « intellect », ou même d'utiliser le mot « intellect » dans un écrit original, est simplement due aux limites du vocabulaire alors en usage, ou s'il n'y a pas, liée à ce déplacement sémantique, une transformation philosophique au moins aussi déterminante. Au début de la Renaissance, traiter de l'*intellectus*, ce n'est pas simplement étudier les opérations de l'« entendement » humain ; c'est avant tout évoquer le mode d'existence et de connaissance d'un *intellectus* séparé, celui de l'ange. Le *Liber de intellectu* publié par Charles de Bovelles en 1511 en est un bon exemple, qui ne pense l'« intellectus » de l'homme qu'en le confrontant à l'*intellectus* pur de l'ange. Nous sommes dans une philosophie pour laquelle la pensée humaine ne peut être étudiée que par comparaison avec l'*intellectus* pur d'une intelligence séparée. Nous avons une hiérarchie verticale des modes de pensée : *sensus, ratio, intellectus, mens*, dont on trouve une préfiguration dans le *De conjecturis* de Nicolas de Cues (1440). Le *sensus* est le mode d'appréhension propre au corps, la *ratio* propre à l'homme, l'*intellectus* à l'intelligence pure (*intelligentia*) et la *mens* à Dieu. Dans une note manuscrite prise par un étudiant alsacien de Lefèvre d'Étaples et de Bovelles, Beatus Rhenanus, ce sont quatre modes de philosopher qui sont distingués selon ces quatre modes de connaître, la philosophie intellectuelle étant ainsi à mi-chemin entre la philosophie rationnelle et la philosophie mentale. À travers cette gradation se joue la conception que l'on doit se faire des capacités de connaître propres à l'homme. Si celui-ci se distingue par la seule raison, sa connaissance sera limitée au mode abstractif de connaître à partir des espèces sensibles, tandis que le mode intuitif sera réservé à l'*intellectus* pur de l'ange. Or précisément, Bovelles ne s'en tient pas, pour l'homme, à cette séparation d'origine scotiste entre connaissance abstractive et connaissance intuitive, la première seule étant accessible à l'homme en cette vie. Pour Bovelles, au contraire, l'homme n'est pas seulement raison, mais aussi *intellectus* : il est capable de s'accomplir au point de s'égaler à l'*intellectus* de l'ange lorsque sa connaissance, à l'origine abstractive, devient capable d'une force intuitive, Bovelles parlant alors d'une *vis intuitiva* pour l'*intellectus* de l'homme lui-même. Avec Bovelles, la gradation *ratio, intellectus, mens*, n'est plus un principe de limitation, mais un schème dynamique.

II. LA DISTINCTION CARTÉSIENNE DES MODES DE PENSÉE : « INTELLIGERE », « CONCIPERE », « COMPREHENDERE »

De Bovelles à Descartes, il y a bien évidemment un changement radical d'univers mental. La gradation verticale des êtres intellectuels n'est plus ce sur le fond de quoi se mesure la capacité d'accomplissement de la pensée humaine. On connaît l'énumération de la « Méditation seconde » où les termes soigneusement différenciés par la noétique médiévale et renaissante sont présentés par Descartes comme des équivalents : « *res cogitans, id est, mens, sive animus, sive intellectus, sive ratio* » (AT, t. 7, p. 27). Désormais, la confrontation est directe et sans médiation entre l'« intellectus » fini de l'homme et celui, infini, de Dieu. Les distinctions de la philosophie cartésiennes n'opèrent plus entre des substantifs : *ratio*, *intellectus*, *mens* — qui ne désigneraient pas seulement des facultés différentes mais des êtres ontologiquement distincts —, elles opèrent entre les formes verbales qui signifient différents modes de pensée et de connaissance propres à l'homme : *intelligere*, *concipere*, *comprehendere*, particulièrement bien différenciés dans l'*Entretien avec Burman* (AT, t. 5, p. 154). Curieusement, la distinction entre *intelligere* et *concipere* semble ignorée des traducteurs contemporains de Descartes qui, tel le duc de Luynes, traduisent fréquemment *intelligere* par « concevoir ». Pourtant, comme le suggère Jean-Marie Beyssade à partir des précisions cartésiennes, il y a, entre *intelligere* et *concipere*, tout l'écart qui distingue l'idée du concept. Quant à la distinction entre *intelligere* et *comprehendere*, elle est véritablement principielle pour toute la métaphysique cartésienne. Cette distinction apparaît à propos de notre connaissance de l'être infini : nous sommes capables de le « connaître » (*intelligere*) — ou de l'« intelliger », mais ce verbe n'est toujours pas d'usage en français —, sans pour autant le « comprendre » (*comprehendere*).

Descartes n'est pas le premier à user d'une telle distinction ou de tels termes à propos de notre connaissance de Dieu. D'une part, si nous nous reportons à la distinction entre *mente attingere* et *comprehendere* formulée par Descartes à Mersenne à propos d'un passage d'Augustin (lettre du 21 janvier 1641, AT, t. 3, p. 284), nous trouvons dans Augustin une distinction précise entre les mêmes termes. Ce dernier écrit en effet :

> Atteindre de quelque manière Dieu par l'esprit est un grand bonheur, mais le comprendre est impossible.
>
> [*Attingere aliquantum mente Deum, magna beatitudo est : comprehendere autem, omnino impossibile.*]
>
> *Sermo CXVII*, chap. 3, 5, PL, t. 38, col. 663.

Il est donc vraisemblable que Descartes a eu connaissance de ce texte augustinien qui, pourtant, n'est pas cité par Z. Janowski dans son *Index augustino-cartésien* (Vrin, 2000, voir p. 83-85). D'autre part, et puisque cet article est centré sur le passage de la Renaissance à l'Âge classique, nous évoquerons Nicolas de Cues qui, deux siècles avant Descartes, avait écrit, au livre I de la *Docte ignorance*, que Dieu est « intelligé de manière incompréhensible [*incomprehensibiliter intelligitur*] ». Ce quasi-oxymore cusain n'a pas été fidèlement rendu par les traducteurs français du XXe siècle : Abel Rey, en 1930, a traduit à l'inverse par « compris sans être saisi », tandis que Maurice de Gandillac, en 1942, a traduit les deux mots par le même terme : « compris de façon incompréhensible », effaçant ainsi la distinction entre *intelligere* et *comprehendere*, peut-être en vue de radicaliser l'effet d'opposition. L'usage différencié des deux termes n'en est pas moins présent dans le latin du Cusain. Est-ce pour autant que la métaphysique cartésienne ne ferait que reprendre une distinction cusaine ? Certes non. Les *Méditations* ne sont pas une reprise à l'Âge classique de la docte ignorance cusaine. Le livre I de la *Docte ignorance* concluait sur le primat de la théologie négative ; Descartes, au contraire, met en valeur le fait que l'homme est naturellement capable d'une connaissance ou intellection « positive » de l'être infini. C'est cette capacité même qui caractérise le mode de pensée métaphysique.

Cependant, une tradition d'interprétation s'est construite dans la seconde moitié du XXe siècle en minorant l'importance de la distinction cartésienne entre *intelligere* et *comprehendere*. Ainsi Ferdinand Alquié, lorsqu'il a voulu justifier l'absence de l'*Entretien avec Burman* dans son édition des *Œuvres* de Descartes, a traduit par « nous comprenons » le verbe *intelligimus* employé par le philosophe à propos de notre connaissance des perfections de Dieu (voir Descartes, *Œuvres*, t. 3, p. 766). De plus, soucieux de promouvoir l'image d'un Descartes pré-kantien, il a parlé, en 1950, d'une « inconnaissable transcendance » et d'une « métaphysique de l'être inaccessible » à propos du Dieu des *Méditations* (*La Découverte métaphysique de l'homme chez Descartes*, PUF, 1950 et 1987, resp. p. 113 et p. 109). Plus récemment, Jean-Luc Marion a développé une interprétation similaire en évoquant l'« inconnaissabilité » d'un Dieu « inaccessible » chez Descartes (*Questions cartésiennes* II, PUF, 1996, resp. p. 233 et p. 240). L'un et l'autre concluent en outre à la présence d'une « théologie négative », ou *via negativa* chez Descartes (Alquié, *op. cit.*, p. 88 ; Marion, *op. cit.*, p. 246).

On peut se demander si ces interprétations ne tendent pas à mettre, en lieu et place de la métaphysique cartésienne de l'infini positivement connu, une théologie de la Toute-Puissance incompréhensible. Descartes, pourtant, nous dit bien autre chose : ainsi, dans la Troisième Méditation (AT, t. 7, p. 45), le caractère suprêmement connaissant (« *summe intelligentem* ») de la substance divine est affirmé *avant* sa toute-puissance, de sorte que l'on peut penser que c'est dans la mesure où l'être infini est perçu comme souverainement « intelligent » que son nom nous est « intelligible » : « *Dei nomine intelligo...* », écrit Descartes dans la même phrase. On ne saurait donc trop insister sur l'importance de la distinction cartésienne entre *intelligere* et *comprehendere* : là se joue sans doute notre perception de la métaphysique moderne, car nous trouvons, dans les *Méditations*, une pensée métaphysique qui ne souscrit pas à la thèse scolastique (reprise, semble-t-il, par Kant à l'époque moderne) de l'impossibilité pour l'homme de toute « intuition intellectuelle ». Une relecture attentive du Descartes latin peut ainsi contribuer à la réévaluation des capacités intellectives de l'homme, qui devrait continuer d'inspirer notre usage du mot « intellect ».

Emmanuel FAYE

BIBLIOGRAPHIE

AUGUSTIN, *Sermo CXVII, De Verbis Evangelii Joannis*, Patrologie latine, t. 38, col. 661-671.

BEYSSADE Jean-Marie , *Descartes au fil de l'ordre*, PUF, 2001.

BOVELLES Charles de, *Quae hoc volumine continentur : Liber de intellectu, Liber de sensu, Liber de nihilo, Ars oppositorum, Liber de generatione, Liber de sapiente, Liber de duodecim numeris, Epistolae complures*, Henricus Stephanus, 1511 ; fac-simile Stuttgart-Bad Cannstatt, Friedrich Fromann Verlag, 1970.

DESCARTES René, *Meditationes de Prima Philosophia*, in Œuvres de Descartes, publ. C. Adam et P. Tannery [abrégé AT], Vrin, t. 7, 1983.

— *Responsiones Renati Des Cartes ad quasdam difficultates ex Meditationibus ejus, etc., ab ipso haustae*, AT, t. 5, p. 146-179 ; repris et trad. fr. in *L'Entretien avec Burman*, éd. J.-M. Beyssade, PUF, 1981.

— *Œuvres philosophiques*, 3 vol., éd. F. Alquié, Garnier, 1963-1973.

FAYE Emmanuel , « Beatus Rhenanus lecteur et étudiant de Charles de Bovelles », in *Annuaire des Amis de la Bibliothèque humaniste de Sélestat*, 1995, p. 115-136.

— *Philosophie et Perfection de l'homme. De la Renaissance à Descartes*, Vrin, 1998.

GOUHIER Henri, « *Intelligere* et *comprehendere* », in *La Pensée métaphysique de Descartes*, Vrin, 3e éd. 1978, p. 208-214.

NICOLAS DE CUES, *De coniecturis, Mutmaßungen*, éd. J. Koch et W. Happ, Hambourg, Meiner, 1988.

— *De docta ignorantia, Die belehrte Unwissenheit*, Livre I, éd. P. Wilpert et H.G. Senger, Hambourg, Meiner, 1994 ; trad. fr. A. Rey, PUF, 1930 ; trad. fr. partielle M. de Gandillac, *in* Nicolas de Cues, *Œuvres choisies*, Aubier, 1942.

RENAN Ernest, *Averroès et l'averroïsme* [1852], rééd. et préf. A. de Libera, Maisonneuve et Larose, « Dédale », 1997.

VALÉRY Paul, *Cahiers*, 2 vol., Gallimard, « La Pléiade », 1973 et 1974.

OUTILS

PL : MIGNE Jacques-Paul (éd.), *Patrologiae cursus completus, series latina* [Patrologie latine], 1844-.

INTELLECTUS LATIN – fr. *intellect, entendement, sens, signification, pensée*

gr.	*nous* [νοῦς], *epinoia* [ἐπίνοια], *logistikon* [λογιστικόν]
ar.	*'aql* [العقل]
all.	*Vernunft, Intellekt, Verstand, Sinn*
angl.	*mind, intellect, understanding, meaning, thought*
it.	*intelletto, significato*

► INTELLECT, ENTENDEMENT, ***RAISON, INTUITION***, et ÂME, CONSCIENCE, GEMÜT, JE, PERCEPTION, REPRÉSENTATION, SENS

Intellectus *est un des termes les plus polysémiques du latin médiéval. Il s'applique en effet aussi bien au « sens » (on parle de l'*intellectus *d'une phrase ou d'un jugement, all.* Sinn, *angl.* meaning, *it.* significato*), au « vouloir-dire » (au sens de l'intention de signifier d'un locuteur ou d'un scripteur), à l'« entente » (c'est-à-dire le « sens », « voulu » ou non, tel qu'il est « reçu » dans l'esprit de l'auditeur), et plus largement à la signification, au sens en tant que « plein de sens », comme c'est le cas dans l'expression programmatique de la théologie et de l'exégèse :* intellectus fidei, *« intelligence », c'est-à-dire « compréhension », de la foi. Vouloir dire, entendre, comprendre ; ces diverses acceptions ne posent pas de problème au traducteur, car le vernaculaire les a souvent sélectionnées dans ses propres lignes d'évolution au détriment d'autres emplois. En dehors de la sphère du sens, de la compréhension, le mot* intellectus *couvre cependant aussi la quasi-totalité des notions relatives à la pensée, à son activité, à ses conditions de possibilité. C'est là que résident les difficultés. Terme fondamental de la psychologie ancienne et médiévale,* intellectus *et la série des termes qui en procèdent ou qui lui sont apparentés* (intelligere, intellectualis, intellegibilis) *posent des problèmes particuliers, sinon insolubles, au traducteur. Le plus délicat vient de ce que les mots comme le fr.* entendement, *l'all.* Verstand *ou l'angl.* understanding, *qui, à des moments divers, se sont imposés comme équivalents du lat.* intellectus, *ne correspondent pas au champ qu'il couvre dans le lexique péripatéticien et scolastique. La mutation de l'*intellectus *en « entendement » marque une rupture dans l'histoire des théories de l'âme. De fait, la notion postlockéenne d'« entendement » utilisée par Leibniz pour discuter la théorie averroïste de l'« unité de l'intellect » ne recoupe pas plus celle d'*intellectus *que le couple* intellectus/ratio *ne recouvre le couple* Verstand / Vernunft *légué par Kant à la modernité. Une psychologie empiriste de l'entendement, une théorie du transcendantal ne sont pas un cadre d'acclimatation possible pour le* nous [νοῦς] *aristotélicien. Tiraillé non seulement entre l'entendement et la raison, mais aussi entre diverses assignations d'une (supposée) même faculté bapti-*

sée entendement, Verstand, understanding, *par divers philosophes de langue, de théories, de présupposés souvent peu commensurables, l'*intellectus *médiéval, comme le* nous *qu'il abrite, est un exemple d'intraduisible relevant à la fois de la sous-traduction — sa dimension originaire ne transparaît que dans des expressions comme « intuition intellectuelle », l'*intellektuelle Anschauung *de Kant refusée à l'entendement — et de la sur-traduction — c'est parce qu'il interprète l'*intellectus *comme « raison » au sens kantien du terme que Renan dénonce dans la noétique d'Averroès une affirmation obscure et inadéquate de « l'universalité des principes de la raison pure » et celle, non moins embarrassée, d'une « unité de constitution psychologique dans toute l'espèce humaine » (cf. E. Renan,* Averroès et l'averroïsme, *Maisonneuve et Larose, « Dédale », 1997, p. 109). De même, les interprétations modernes de la théorie médiévale de l'intellect qui substituent aux concepts d'intellect poiétique (ou agent) et d'intellect matériel (ou possible) ceux de* productive *et de* receptive mind *mettent en œuvre des modèles de lecture aussi étrangers à la théorie de l'*intellectus *qu'à son point de départ, celle, péripatéticienne, du* nous. *Bien voir en quoi l'*intellectus-nous *n'est ni l'*understanding *(entendement lockéen), ni la* Vernunft *(raison kantienne), suppose que l'on soit au clair sur la distinction inaugurale* nous/dianoia [διανοία] *; que l'on distingue les usages péripatéticiens et non péripatéticiens du terme* intellectus *— avant les traductions latines du* De anima, intellectus *ne renvoie pas, en effet, au* nous *d'Aristote et de ses commentateurs grecs, mais le plus souvent à une notion de couleur fortement stoïcienne : l'*epinoia [ἐπίνοια]. *Ces deux partitions,* nous *vs* dianoia *et* nous *vs* epinoia, *distinguent deux âges de l'*intellectus *: l'un préscolastique, qui en fait un synonyme d'*opinio, *l'autre scolastique, qui renvoie à l'intellect-*nous *du* De anima, *III, 4-5, et le distingue de la* ratio. *On se concentrera ici sur les usages péripatéticiens, les plus maltraités par les traductions modernes.*

I. L'« INTELLECTUS » ENTRE « NOUS » ET « EPINOIA »

Dans le vocabulaire scolastique, *intellectus* présente au moins dix acceptions plus ou moins coordonnées : (1) le *nous* péripatéticien au sens de « substance » ; le même, au sens (2) de « faculté » (all. *Vermögen*) ou de « faculté de connaissance » (all. *Erkenntnisvermögen*) ; (3) de faculté de connaissance non sensible ou suprasensible, mais non distingué de *ratio* (c'est-à-dire sans prise en compte de la distinction entre connaissance intuitive et connaissance discursive) ; (4) d'activité cognitive, d'acte de connaissance, d'intellection ou d'intelligence (syn. *intellegentia*) ; (5) de faculté de connaissance non sensible intuitive, pénétrant l'essence intime des choses (selon l'étymologie médiévale rapprochant *intelligere* de *legere intus*, voir encadré 1) ; (6) d'« *habitus* des principes », distingué de *prudentia*, *sapientia*, *scientia*, mais aussi de *ratio* et de *synteresis* (voir CONSCIENCE), gr. *nous tôn arkhôn* [νοῦς τῶν ἀρχῶν], lat. *habitus principiorum* (par ex. « intellectus dicitur *habitus primum principiorum* », Thomas d'Aquin, *Summa theol.* I, q. 58, 3c, « quendam specialem habitum, qui dicitur *intellectus principiorum* », *ibid.*, q. 79, 12c) ; (7) d'inspection intellectuelle (all. *Einsicht*), antonyme : *ratio*, synonyme : *intellegentia* ; (8) de conception, compréhension, interprétation, entente ou acception (all. *Verständnis*, *intellektuelle Auffassung*, par ex. « *verbum illud Philosophi universaliter verum est in omni intellectu* [cette phrase d'Aristote est absolument vraie, en quelque sens qu'on la prenne] », Thomas d'Aquin, *Summa theol.* I, q. 87, 1 *ad 3m*, « *secundum intellectum Augustini* [selon le sens où l'entend Augustin] », *ibid.*, q. 58, 7 *ad 1m*) ; (9) de représentation non sensible (*Vernunftvorstellung*), notion, synonyme : *ratio*, au sens de formule définitionnelle (par ex. « *voces sunt signa intellectuum* », Thomas d'Aquin, *Summa theol.* I, q. 13, 1c, « *compositio intellectuum est in intellectu* », *ibid.*, q. 17, 3a) ; (10) de signification ou sens (all. *Bedeutung*, *Sinn*), synonymes : *ratio* (au sens de formule définitionnelle, *logos*-formule, *sensus*, *significatio*, *virtus*, *vis* [« force expressive », « portée »] d'un mot).

♦ Voir encadré 1.

Comme on le voit, certains usages scolastiques d'*intellectus* renvoient à la νόησις d'Aristote entendue tantôt comme la pensée en général, tantôt comme la pensée dite « intuitive » (opposée à la *dianoia* [διανοία], pensée « discursive »), d'autres au *nous* proprement dit, l'intellect (lui-même compris par certains interprètes comme « raison intuitive » et opposé, en ce sens, à *to dianoêtikon* [τὸ διανοητικόν], la « raison discursive »), d'autres, enfin, à l'intelligible ou au pensable (= le *noêton* [νοητόν]), pour ne pas dire au concept ou à la notion (= le *noêma* [νόημα]). Cette polysémie, qui veut notamment que le même terme désigne à la fois une faculté, son opération et

1

Sur l'étymologie d'« intellectus »

Le mot *intellectus* est formé sur l'association d'*inter* et de *legere*, où *legere* a le sens de « lier », « rassembler », « récolter » qui est l'un des sens du grec *legô* [λέγω] et de l'allemand *lesen* (voir LOGOS). Au Moyen Âge, *intelligere*, parfois attesté sous la forme *intellegere*, est rapproché au contraire de *intra* ou *intus*, *legere* ayant alors le sens banal de lire, et non celui de lier. De bons exemples de cette « étymologie » sont donnés par Thomas d'Aquin : « *Nomen intellectus sumitur ex hoc, quod intima rei cognoscit, est enim intellegere quasi intus legere* [Le nom "intellect" est dérivé du fait qu'il connaît ce qui est à l'intime de la chose ; en effet, "intelliger" dit autant que "lire à l'intérieur"] », *Quaestiones disputatae De veritate*, q. 1, 12c) ;

« *Dicitur autem intellectus ex eo quo intus legit intuendo essentiam rei ; intellectus et ratio differunt quantum ad modum cognoscendi, quia scilicet intellectus cognoscit simplici intuitu, ratio vero discurrendo de uno in aliud* [On l'appelle "intellect" du fait qu'il lit à l'intérieur en intuitionnant l'essence de la chose ; intellect et raison diffèrent quant au mode de la connaissance, car l'intellect connaît d'un acte de simple intuition, tandis que la raison passe discursivement d'une chose à une autre] », *Summa theol.* I, q. 59, a. 1, *ad. 1m*).

son objet, est une des difficultés principales de la lecture des textes médiévaux, comme des textes grecs (voir « *aisthêsis* » sous SENS).

Si dans la tradition scolastique, « arabo-latine », *intellectus* a surtout le sens d'*intellect*, dans la tradition « gréco-latine » originaire (celle de Boèce), il a parfois le sens d'*epinoia* [ἐπίνοια] (« ce qui vient à l'esprit », « réflexion », « imagination », « pensée », plutôt que, par extension, « intelligence » en général, voire « sens commun »), rendu habituellement par *opinio*. Cet usage est encore attesté au XIIIe siècle, principalement dans les traductions de Guillaume de Moerbeke. C'est le mot *intellectus*, non celui d'*opinio*, qui figure dans la traduction de la citation muette de l'*Isagoge* par laquelle Simplicius, dans son *Commentaire* sur les *Catégories*, renvoie le problème des universaux hors du champ de la logique : « *si enim sunt universalia sive intellectu solo esse habeant, alterius utique erit negotii inquirere* [savoir si les universaux exis-

2

« Intellectus » vs « intellegentia », « ratio » vs « rationalitas »

Compte tenu de l'étymologie qu'ils donnent d'*intellectus*, les médiévaux ont tendance à utiliser indifféremment *intelligentia* et *intellegentia* (où la forme *lego*, « lire », est plus immédiatement transparente). Les auteurs du XIIe siècle distinguent, en général, avec Boèce, *sensus, imaginatio, ratio, intellectus* et *intelligentia/intellegentia* — la *mens* restant, comme chez Augustin, en position générique, dans le sens d'« âme ». C'est le cas, par exemple, chez Isaac de l'Étoile, *Epistula de anima*, PL 194, 1884C-1885B ; *Sermo*, 4, PL 194, 1701C-1702C), Alcher de Clairvaux (*De spiritu et anima*, chap. 4, PL 40, 782 et 7, PL 40, 787) et Alain de Lille (PL 210, 673D). À l'époque, *ratio, intellectus* et *intelligentia/intellegentia* constituent un véritable ternaire. Pour Isaac, (*a*) la raison est la « faculté de l'âme qui perçoit les formes incorporelles des choses corporelles », (*b*) l'intellect, la « faculté de l'âme qui perçoit les formes des choses véritablement incorporelles », (*c*) l'intelligence, la « faculté de l'âme qui a Dieu pour objet immédiat ». Dans le *De anima*, rédigé entre 1126 et 1150, Dominique Gondissalvi développe la distinction en opposant l'*intellectus* facteur de science (*scientia*), occupé à dégager l'intelligible du sensible (par l'abstraction) à l'*intelligentia/intellegentia* génératrice de sagesse (*sapientia*), « œil supérieur » de l'âme, exclusivement occupée à contempler les Intelligibles purs. Ce type de connaissance, l'« intelligence » qui « dépasse la science », permet à l'âme « de se contempler elle-même » et de « refléter en les contemplant, tel un miroir, et Dieu et les intelligibles éternels ». Il est assimilé à un « rapt », dont le prototype est l'ascension au « troisième ciel » dont parle l'apôtre Paul.

Les termes *rationalitas* et *ratio* sont souvent employés au Moyen Âge au sens obvie de « faculté rationnelle » ou « discursive » (= *dianoia*). Dans le *De intellectibus* (dont le titre signifie « Les intellections », et non « Les intellects »), Abélard distingue la rationalité, impartie à toutes les créatures « rationnelles » et la raison pleinement aboutie de ceux qui sont capables de l'exercer à fond. *Rationalitas* et *ratio* se distinguent ainsi plus ou moins comme « raisonnable » (doué de raison) et « rationnel » (prédicat positif, désignant la plénitude du raisonnable en acte, la rationalité exercée). Cf. Abélard, *De intellectibus* :

> La rationalité n'est pas la même chose que la raison : de fait la rationalité appartient à tous les esprits angéliques et humains, d'où on les a dits rationnels ; mais la raison n'appartient qu'à quelques-uns seulement, comme nous l'avons dit, à savoir aux esprits seuls qui sont distincts. C'est pourquoi je pense qu'il y a autant de différence entre la rationalité et la raison, qu'entre la puissance de courir et la puissance de courir facilement, d'après laquelle Aristote appelle *coureurs* < ceux qui possèdent > l'aisance des membres flexibles. Donc, quel que soit l'esprit qui peut discerner à partir d'une nature propre, il possède la rationalité. Mais < possède > la raison celui-là seul qui est en état d'exercer cela facilement, empêché par aucune faiblesse de son âge ou par aucun handicap corporel, d'où il contracterait quelque perturbation qui le rendrait fou ou stupide.
>
> § 8-9.

Si l'on passe au vernaculaire, c'est le moyen-haut allemand qui propose la série de termes la plus intéressante pour penser les relations complexes qui se sont établies par la suite, dans les langues modernes, entre *Vernunft* et *Verstand, Understanding* et *Reason*. Il s'agit essentiellement des couples *vernünfticheit / vernünftecheit* ; *vernunft* ; *verstentenisse / verstantnisse*, attestés dans la mystique allemande, particulièrement, mais non exclusivement, chez Maître Eckhart. De prime abord, la loi de correspondance semble facile à établir : *vernunft* est pris comme équivalent de *ratio* ; *verstentenisse / verstantnisse* comme équivalent d'*intellectus* ; *vernünfticheit / vernünftecheit* flottant entre *intellectualitas* et *ratio*. Ce système d'équivalence est cependant trop schématique. De fait, la distinction *ratio/intellectus* est prolongée dans le vocabulaire scolastique par la division de l'*intellectus* en *intellectus agens* et *intellectus possibilis* héritée de l'exégèse gréco-arabe du *De anima*, III, 4-5. Or cette distinction fondamentale est aussi exprimée dans la littérature allemande médiévale. Un témoin capital est ici l'opuscule connu sous le titre *Ein schoene ler von der selikeyt* (« Une belle théorie du bonheur ») attribué à un certain Eckhart de Gründig, qui expose et discute les thèses de Maître Eckhart et de Dietrich de Freiberg sur la nature de la béatitude. Dans ce traité, en effet, l'intellect « agent » et l'intellect « possible » reçoivent clairement leurs équivalents allemands : pour le premier, « *diu würkendiu vernunft* », pour le second, *diu müglichiu vernunft*. Cf. W. Preger, « Der altdeutsche Tractat von der wirkenden und möglichen Vernunft » [*Sitzb. Ak. Wiss. München, philos.-philol. hist. Classe*, 1], 1871, p. 189, 1-16, pour l'intellect agent, et 188, 14-25, pour l'intellect possible. Il ne paraît donc pas possible de considérer que l'opposition entre *rationalitas* et *ratio* se retrouve dans l'allemand *vernünfticheit / vernünftecheit* vs *vernunft*. C'est à *intellectus* que correspondent tous ces termes plus qu'au moderne *Vernunft*. Chez Maître Eckhart, *vernunftekeit* rend d'ailleurs indifféremment *intellectualitas, intellegentia* et *intellectus* (= *nous*).

BIBLIOGRAPHIE

ABÉLARD, *Des intellections*, éd., trad. et commentaire par P. Morin, Librairie philosophique J. Vrin, « Sic et Non », 1994.

LIBERA Alain de, « Sermo mysticus. La transposition du vocabulaire scolastique dans la mystique allemande du XIVe siècle », *Rue Descartes*, 14, 1995, p. 41-73.

ULIVI URBANI Liviana, *La psicologia di Abelardo e il « Tractatus de intellectibus »*, Rome, Edizione di Storia e Letteratura, 1976.

tent ou n'ont d'être que dans la pensée, relèverait en effet d'un tout autre genre d'étude] », cf. Simplicius, *In Praedicamenta Aristotelis*, éd. A. Pattin, Louvain, Publications universitaires-Paris, Béatrice-Nauwelaerts, *Corpus Latinum Commentariorum in Aristotelem Graecorum*, V/1, 1971, p. 71, 44-45. L'utilisation d'*intellectus* pour rendre *epinoia*, interprété cette fois au sens de concept « postérieur dans l'ordre de l'être » est également attestée dans la traduction moerbekienne du *Commentaire* (éd. citée) :

> [...] *aut quia aliqui perimebant universalia et intellectualia et ea quae qualitercumque intelliguntur aut quia etsi haec essent in natura, intellectus ipsorum posterius accepimus...*
>
> [(...) soit parce que certains rejetaient les universaux, les intelligibles et tout ce qui est objet d'une quelconque intellection, soit parce que, bien que ces derniers existent réellement (dans la nature), nous n'engendrons leur concept (pensée) que postérieurement...]
>
> p. 261, 83-86.

On notera aussi dans ce passage l'emploi du mot *intellectualia* dans le sens d'« intelligibles ». Enfin, on remarquera que, dans l'usage préscolastique, l'*intellectus* est souvent opposé à la fois à la « raison » et à l'« intelligence ». Cette distinction, probablement empruntée à la *Consolation de Philosophie* de Boèce, s'efface après la réception d'Aristote.

♦ Voir encadré 2.

II. L'« INTELLECTUS » ET LE VOCABULAIRE DE LA NOÉTIQUE PÉRIPATÉTICIENNE

La difficulté du lexique médiéval de l'intellect tient, d'abord, à celle du vocabulaire d'Aristote dans le *De anima*, puis, et surtout, à la surimposition continuée des traductions et des commentaires, du grec au latin ou du grec à l'arabe, puis au latin. Telle que l'énonce le *De anima* III, 5, la distinction entre les diverses sortes d'intellect est passablement obscure. Elle ne fait qu'effleurer les idées d'intellect en puissance (par la formule *touto de ho panta dunamei eikeina* [τοῦτο δὲ ὅ πάντα δυνάμει ἐκεῖνα]), d'intellect poiétique ou agent (en l'espèce de τὸ αἴτιον καὶ ποιητικόν), et d'intellect passif (*ho de pathêtikos nous* [ὁ δὲ παθητικὸς νοῦς]), sans en proposer de construction systématique. En fait, ce sont les commentateurs d'Aristote, au premier rang desquels Alexandre d'Aphrodise, qui ont modelé à distance les notions médiévales d'*intellectus*.

A. Intellect agent, intellect hylique (matériel, possible)

Le *De intellectu* d'Alexandre d'Aphrodise attribue à Aristote une distinction entre trois sortes d'intellect, l'intellect matériel (*nous hulikos* [νοῦς ὑλικός]), l'intellect « selon l'habitus » (*nous kath' hexin* [νοῦς καθ' ἕξιν]), et l'intellect poiétique (*nous poiêtikos* [νοῦς ποιητικός]) : « *nous esti kata Aristotelê trittos* [νοῦς ἐστι κατὰ Ἀριστοτέλη τριττός] ; l'intellect est triple selon Aristote » (cf. P. Moraux, *Alexandre d'Aphrodise exégète de la noétique d'Aristote*, Liège, Faculté de philosophie-Paris, E. Droz, « Bibliothèque de la faculté de philosophie et lettres de l'Université de Liège », Fasc. XCIX, 1942, p. 185 = éd. Bruns, p. 106, 19). Cette distinction à trois termes a été reprise par tous les commentateurs, et s'est à ce point imposée comme aristotélicienne, que la traduction arabe sur laquelle Averroès a bâti son *Grand Commentaire* du *De anima* a incorporé la division d'Alexandre au texte même d'Aristote.

♦ Voir encadré 3.

3

Une traduction d'Alexandre incorporée à l'original d'Aristote

Le *Textus* 17 = *De an.* III, 5, 430a10-14, que commente Averroès est le suivant :

> *Et quia, quemadmodum in Natura, est aliquid in unoquoque genere quod est materia (et est illud quod est illa omnia in potentia), et aliud quod est causa et agens (et hoc est illud propter quod agit quidlibet, sicut dispositio artificii apud materiam), necesse est ut in anima existant hee differentie.*
>
> [Et puisque, de même que dans la Nature il y a en chaque genre quelque chose qui est matière (et c'est ce qui est en puissance toutes ces choses) et autre chose qui est cause et agent (et c'est ce en vertu de quoi chaque chose agit, comme c'est le cas de l'art par rapport à la matière), il est nécessaire que ces différences existent aussi dans l'âme.]
>
> éd. Crawford, p. 436, 1-7.

L'original, dans la trad. Tricot, se présente ainsi :

> Mais, puisque, dans la nature tout entière, on distingue d'abord quelque chose qui sert de matière à chaque genre (et c'est ce qui est en puissance tous les êtres du genre), et ensuite une autre chose qui est la cause et l'agent parce qu'elle les produit tous, situation dont celle de l'art par rapport à sa matière est un exemple, il est nécessaire que, dans l'âme aussi, on retrouve ces différences.
>
> Vrin, 1992, p. 181.

La modification (incorporation d'Alexandre) décisive a lieu dans le *Textus* 18 = *De an.* III, 5, 430a14-17, où trois différences sont mentionnées, contrairement à ce qu'annonçait la division binaire du *Textus* 17 :

> *Oportet igitur ut in ea sit intellectus qui est intellectus secundum quod efficitur omne, et intellectus qui est intellectus secundum quod facit ipsum intelligere omne, et intellectus secundum quod intelligit omne, quasi habitus, qui est quasi lux. Lux enim quoquo modo etiam facit colores qui sunt in potentia colores in actu.*
>
> [Il est donc nécessaire qu'en elle aussi il y ait (1) un intellect qui est intellect en tant qu'(il) devient tout, et (2) un intellect qui est intellect en tant qu'il lui permet de tout concevoir, et (3) un intellect en tant qu'il conçoit tout tel un habitus, qui est comme la lumière. En effet, d'une certaine manière, la lumière aussi fait des couleurs qui sont en puissance des couleurs en acte.]
>
> éd. Crawford, p. 437, 1-7.

À comparer avec Tricot :

> Et, en fait, on y distingue, d'une part, l'intellect qui est analogue à la matière, par le fait qu'il devient tous les intelligibles, et d'autre part, l'intellect [qui est analogue à la cause efficiente], parce qu'il les produit tous, attendu qu'il est une sorte d'état analogue à la lumière : car, en un certain sens, la lumière, elle aussi, convertit les couleurs en puissance, en couleurs en acte.
>
> Vrin, 1992, p. 181-182.

En fait, non seulement Aristote ne parle pas de *nous kath' hexin*, mais la distinction même de l'intellect agent et de l'intellect hylique ou possible est loin d'être si nettement formulée dans le *De anima* que ne le laisse entendre Alexandre. En dehors des quelques lignes consacrées par *De anima* III, 4 et 5, à l'intellect « analogue à la matière », semblable à une « table rase », qui évoquent assez bien l'intellect « possible », et du passage plus qu'énigmatique de III, 5, évoquant l'intellect qui « produit » les intelligibles, on serait bien en peine de citer un texte quelconque d'Aristote qui propose une véritable « théorie de l'intellect ». C'est donc plutôt dans les œuvres noétiques d'Alexandre parvenues jusqu'à nous, c'est-à-dire le *Peri psukhês* [Περὶ ψυχῆς] (*De anima*), édité par I. Bruns en 1887 (*Supplementum Aristotelicum*, II 1, Berlin, 1892, p. 1-100) et le *De anima liber alter*, également appelé *Mantissa* (Bruns, *ibid.*, p. 101-186), collection de 25 traités, comprenant, notamment, en n° 1, un second et bref *Peri psukhês* (Bruns, p. 101, 1-106, 17) et, en n° 2 (Bruns, p. 106, 18-113, 24), le célèbre *Peri nou* [Περὶ νοῦ] (« Sur l'intellect »), qu'il faut chercher l'exposé de la théorie péripatéticienne de l'intellect qui, à travers les commentateurs grecs et arabes, a imprégné la scolastique médiévale.

B. Intellect spéculatif, intellect théorétique

Les philosophes scolastiques utilisent souvent l'expression *intellectus speculativus*, que les traductions modernes rendent en général par un calque (« intellect spéculatif », angl. « *speculative intellect* », ital. « *intelletto speculativo* », etc.). Sans être inexacte, cette traduction littérale en masque l'homonymie. L'expression provenant de la traduction latine du *Grand Commentaire* d'Averroès sur le *De anima*, l'analyse des divers passages du *textus* aristotélicien et de sa reprise averroïste montre que l'intellect « spéculatif » désigne, en fait, *trois* sortes d'entités : (1) la faculté désignée par Aristote comme « intellect théorétique » en *De anima*, III, 6, 42925 *sq.* (ar. *'aql naẓarī* [العقل النظري]) par opposition à l'« intellect pratique » de *De anima*, III, 7, 431a 1 *sq.* (ar. *'aql 'amalī* [العقل العملي]) ; (2) le « composé » de l'intellect matériel et de l'intellect agent, qu'Averroès appelle « intellect produit » (*factus*), à savoir, non pas une faculté, mais un acte ou une activité (c'est-à-dire l'« intellection des indivisibles », selon Aristote, *ta adiaireta* [τὰ ἀδιαίρετα], *ta hapla* [τὰ ἁπλᾶ], et celle des « composés », objets du jugement) ; (3) l'intellect agent en tant qu'il est joint à l'intellect matériel et est pour l'homme « forme » essentielle — une acception d'origine thémistienne, extrapolée du passage de *De anima*, II, 2, 413b 24-25 (Tricot, p. 76-77), où, parlant de « l'intellect et de la faculté théorétique », Aristote indique qu'« il semble bien que ce soit là un genre de l'âme tout différent, et que seul il puisse être séparé, comme l'éternel, du corruptible » (cf. Thémistius, *In III De anima, ad* 430a 20-25 ; Verbeke, p. 232, 44-46 et 233, 80-82). Ces trois sens ne sont évidemment pas cumulables. Le contexte immédiat permet, en principe, de trancher. Le latin *res speculativae* désigne, en général, les objets de l'activité de l'intellect théorétique au sens n° 2, c'est-à-dire, à titre premier, les indivisibles allégués en *De anima*, III, 6, 430a 26-31. On notera que cette activité porte chez Averroès le nom de « représentation » (*taṣawwur* [التصوّر], lat. *formatio*, « formation », subsistant dans « former un dessein » au sens de « concevoir un dessein »), en tant qu'elle s'applique aux intelligibles envisagés en eux-mêmes, en dehors de la prédication, tandis que la considération des « noêmes » (*ma'nā* [المعنى], intention) dont la combinaison, dans la prédication, « comporte vérité ou fausseté », porte le nom d'« assentiment » (*taṣdīq* [التصديق], lat. *fides*, « foi »). Dans les traductions arabo-latines d'Aristote (ainsi que dans celles d'Avicenne et d'Averroès), l'expression correspondant à *noein* [νοεῖν] est, le plus souvent, « *formare per intellectum* » (subst. « *formatio per intellectum* » = « représentation par l'intellect », ar. « *al-taṣawwur bi-al-'aql* [التصوّر بالعقل] »).

C. Intellect habituel, intellect acquis, intellect commun

L'expression « intellect en *habitus* » ou « intellect habituel » (*intellectus in habitu*) correspond au *nous kath' hexin* d'Alexandre d'Aphrodise. La notion d'*habitus* désignant, pour l'intellect, le pouvoir d'accomplir à volonté son action propre — l'intellection —, est chez Alexandre illustrée par la métaphore de l'artisan : « L'intellect a un autre degré, à savoir quand il pense et possède l'habitus pour concevoir et a le pouvoir d'assumer les formes des

4

L'intellect « acquis » : un contresens devenu terme technique

Alexandre interprète dans un sens très particulier la notion aristotélicienne d'intellect « du dehors » : il s'agit pour lui de l'intellect agent, acquis par l'âme à chaque contemplation de l'intelligible séparé. Cf. Alexandre d'Aphrodise, *De anima* :

> Quand l'intelligible est par sa propre nature tel qu'il est pensé [= intelligible], [...] il demeure incorruptible lorsqu'il cesse d'être pensé ; donc l'intellect qui l'a pensé est lui aussi incorruptible : non pas l'intellect matériel qui sert de substrat (car il se corrompt en même temps que l'âme se corrompt, puisqu'il en est une puissance, et en même temps qu'il se corrompt, son habitus, sa capacité et sa perfection se corrompent aussi), mais celui qui, quand il le pensait, était devenu identique à lui en acte (car, étant donné qu'il devient semblable à chaque contenu de pensée, quand ce contenu est pensé, ce qui pense devient tel qu'est ce qu'il pense). Et cet intellect est celui qui vient en nous de l'extérieur et qui est incorruptible [...]. Donc, tous ceux qui ont à cœur d'avoir en eux-mêmes quelque chose de divin devront s'efforcer de réussir à penser quelque chose de ce genre.
>
> éd. Bruns, p. 90, 11-91, 7.

On notera que dans les fragments de Théophraste parvenus jusqu'à nous figure, au contraire, la question de savoir en quel sens l'intellect « venu du dehors » (*exôthen* [ἔξωθεν]) ou « surajouté » (*epithetos* [ἐπίθετος]) peut être dit « congénital » (*sumphuês* [συμφυής]).

intelligibles par la puissance qu'il a en lui, puissance que l'on peut comparer à celle de ceux qui ont en eux l'habitus pour fabriquer et qui sont capables par eux-mêmes d'opérer leurs œuvres » (cf. Théry, p. 76). L'expression *intellectus in habitu* revient fréquemment dans l'Avicenne latin, dans la traduction latine d'al-Ghazālī et, de là, chez la plupart des scolastiques. En général, on appelle « intellect acquis » ou « en acte » (*in effectu*), l'intellect qui « considère en acte les conclusions tirées de propositions évidentes par soi », l'« intellect habituel » désignant ces mêmes conclusions en tant que l'intellect « les possède sans y penser actuellement ». L'*intellectus in habitu* est, cependant, souvent assimilé à l'*habitus principiorum* dont parlent les *Seconds Analytiques*. C'est dans cette acception qu'il figure, par exemple, chez Albert le Grand quand, dans la *Summa de creaturis*, II^a pars, q. 54, ce dernier oppose l'intellect « habituel » au sens de la « possession de principes non reçus d'un maître », que l'on connaît « en connaissant simplement les termes qui les composent », et l'intellect « acquis » (*acquisitus*), au sens de la possession de « principes que l'on acquiert au contact d'un maître par l'enseignement et l'étude ». L'intellect « acquis » pouvant désigner en outre l'intellect « acquis de l'extérieur » (*adeptus*, gr. *thurathen* [θύραθεν]), au sens plus ou moins mystique, extrapolé par Alexandre (voir encadré 4) d'un passage des *Parva naturalia* (*De generatione animalium*, 736b 20-29), la plus grande confusion règne dans la terminologie. La principale source d'obscurité vient ici du fait que, sous des expressions latines apparemment semblables, se retrouvent des notions d'origine tantôt grecque, tantôt arabe, tantôt gréco-arabe, allant de l'union ou « conjonction » (lat. *conjunctio*, *copulatio*, *connexio*, ar. *ittiṣāl* [الاتّصال]) de l'âme humaine avec l'intellect agent séparé à la simple acquisition d'un stock d'intelligibles par l'enseignement ou le raisonnement.

♦ Voir encadré 4.

Les notions d'*intellectus adeptus* (ar. *al-'aql mustafād* [العقل المستفاد]) et d'*intellectus adeptus agens* (« intellect acquis agent », ar. *al-'aql al-mustafād al-fā'il* [العقل المستفاد الفاعل]), exprimant l'état de *connexio*, comptent parmi les plus obscures de toute la psychologie médiévale. Sans pour autant pouvoir déterminer par là le sens exact des doctrines auxquelles il est confronté (et qui varie considérablement d'un auteur à l'autre, d'Alexandre à Fārābī, et d'Avicenne à Averroès), le lecteur des textes de noétique devra donc toujours, remontant au grec, distinguer avec Alexandre au moins deux acceptions non superposables de l'intellect « acquis » : (1) l'intellect agent acquis « du dehors », c'est-à-dire le *nous ho thurathen* [νοῦς ὁ θύραθεν] (lat. *adeptus*), et (2) la connaissance scientifique acquise à partir des intelligibles premiers, avec ou sans intervention d'un maître, c'est-à-dire le *nous epiktêtos* [νοῦς ἐπίκτητος] (lat. *acquisitus*, *possessus*, *possessivus*).

Bien qu'elle soit parfois identifiée à celle d'intellect « habituel », la notion d'« intellect commun » a un contenu original. Entée sur la doctrine aristotélicienne de l'intellect patient (*passivus*, *passibilis*), cette création de Thémistius véhicule en réalité un contenu nettement platonicien, sans rapport avec le couple *in habitu* vs *in effectu*.

♦ Voir encadré 5.

D. « Intellectus passibilis » vs « intellectus possibilis »

Le *De anima*, III, 5, 430a 20-25, fait allusion à un intellect dit « patient » ou « passif » (*nous pathêtikos* [νοῦς παθητικός]), qui est souvent confondu avec l'intellect « hylique » (matériel, *nous hulikos* [νοῦς ὑλικός]) d'Alexandre, c'est-à-dire l'intellect « possible » des scolastiques. La confusion entre *passibilis* et *possibilis* étant facile à faire dans les manuscrits médiévaux, on attribue souvent à Aristote une théorie de la corruptibilité de la partie passive (possible) de l'âme intellective, que rien ne justifie véritablement. Cf. Aristote, *De anima* :

> Par contre, la science en puissance est antérieure selon le temps, dans l'individu, mais, absolument, elle n'est pas antérieure même selon le temps, et on ne peut dire que cet intellect tantôt pense et tantôt ne pense pas. C'est une fois séparé qu'il n'est plus que ce qu'il est essentiellement, et cela seul est immortel et éternel. (Nous ne nous souvenons pas cependant, parce qu'il est impassible, tandis que l'intellect patient est corruptible) ; et sans l'intellect agent, rien ne pense.
>
> III, 5, 430a 20-25, trad. J. Tricot, p. 182-183.

Pour les interprètes anciens et médiévaux, l'intellect que la traduction Tricot présente comme « intellect patient » n'est pas l'intellect possible ou matériel, mais soit (1) l'intellect « spéculatif » ou « théorétique » (ar. *'aql naẓarī*) qui, on l'a vu, désigne à la fois un intelligible théorique en acte (ce qu'Alexandre appelle « intellect

5

L'intellect commun selon Thémistius

L'expression d'« intellect commun », propre à Thémistius, abondamment reprise dans la littérature médiévale sous le titre d'« *intellectus communis* », est source de nombreuses confusions. Malgré ce que suggère le latin, l'« *intellectus communis* » n'est pas un concept « commun » ou « général », par opposition à un concept « singulier » ou « particulier ». L'« intellect commun » (*koinos nous* [κοινὸς νοῦς]) est le nom que donne Thémistius à l'intellect passible d'Aristote. Cf. Thémistius, *In III De anima*, *ad* 430a 25 ; Verbeke, p. 239, 1-241, 34, qui traite de « l'intellect dit "commun" en tant que l'homme est composé d'une âme et d'un corps dans lequel résident la colère et le désir (lat. *concupiscentia*), que Platon considère corruptibles ». L'intellect « commun » ou « passible » thémistien illustre la thèse platonicienne selon laquelle « seul l'intellect est immortel, tandis que les passions et la "raison qui leur est inhérente ", qu'Aristote appelle l'*intellect passif* sont corruptibles ». C'est lui également qui supporte la thèse selon laquelle « les passions humaines *ne sont pas entièrement irrationnelles, car elles obéissent à la raison*, et sont susceptibles d'éducation et d'instruction ».

habituel » ou *en habitus*) et l'acte même de « spéculer » (lat. *considerare*), lequel, comme tout acte psychique ou mental, est engendrable et corruptible, soit (2) l'intellect que Thémistius appelle « intellect commun » (voir encadré 5), soit (3) comme le soutient Averroès, « les formes de l'imagination en tant qu'agit sur elles la faculté cogitative propre à l'homme ». Ce n'est, en aucun de ces trois cas, l'intellect matériel ou possible lui-même. La confusion entre intellect possible et intellect passible a déterminé l'interprétation moderne de l'averroïsme, dont un bon témoin est le résumé de la noétique d'Averroès par Leibniz, qui, au passage, effectue la transformation de l'*intellectus* en « entendement », où s'atteste le changement de paradigme entre psychologie médiévale et psychologie moderne signalé plus haut (voir ENTENDEMENT).

♦ Voir encadré 6.

III. « INTELLECTUS » ET SES TERMES DÉRIVÉS

Plusieurs adjectifs sont formés sur *intellectus*. L'adjectif *intellectivus, a, um* (antonyme : *sensitivus, sensibilis*) est le plus répandu. Il est employé dans les contextes les plus variés : on parle de *cognitio*, d'*apprehensio*, d'*operatio*, de *potentia*, d'*intentio*, de *visio i.*, mais aussi de *memoria i.* et d'*habitus i.* ainsi que d'*anima* et de *substantia i.* Si les anciennes traductions allemandes rendent *intellectivus* par *übersinnlich* « suprasensible », on parle plus volontiers aujourd'hui de « connaissance intellective », ou « intellectuelle », voire « noétique ». Le terme « intellectuel » est, en général, réservé à *intellectualis, e*, dont le spectre est à peu près identique à celui d'*intellectivus* : on parle de *conceptio*, *cognitio*, *apprehensio*, *existimatio*, *operatio*, *intentio*, *visio i.*, mais aussi de *desiderium*, *appetitus*, *amor*, *delectatio i.* et encore de *species i.* (syn. *intelligibilis*). Pris au au sens large, *intellectualis, e* caractérise la fonction cognitive de l'intellect qu'elle soit intuitive ou discursive (synonyme : *intellectivus*, *rationalis*) ; au sens strict *intellectualis* s'applique seulement à la fonction cognitive intuitive de l'intellect distingué de la raison (antonyme : *rationalis*). C'est en ce sens que Thomas d'Aquin qualifie les anges d'« intellectuels » :

> Les anges sont dits « intellectuels » (*intellectuales*), car même chez l'homme, ce qui est perçu naturellement de façon immédiate [*statim* = non discursive, d'un coup, d'un seul acte d'intuition] est dit être « intelligé », et c'est bien pourquoi l'intellect est appelé habitus des premiers principes (*habitus primorum principiorum*), alors que les âmes humaines, qui n'accèdent à la connaissance de la vérité que discursivement, sont dites rationnelles (*animae vero humane, quae veritatis notitiam per quendam discursum adquirunt, dicuntur rationales*).
>
> *Summa theol.* I, q. 58, 3c.

6

Leibniz et Averroès : psychologie médiévale et psychologie moderne

Empruntant analogiquement à la théologie l'expression « monophysite », désignant la thèse de la nature unique du Christ (et non pas double divine et humaine), Leibniz crée le mot « monopsychite » pour désigner la thèse averroïste de l'intellect unique, présentée comme une repristination de l'Âme du Monde stoïcienne :

> L'âme du monde de Platon a été prise en ce sens par quelques-uns ; mais il y a plus d'apparence que les stoïciens donnaient dans cette âme commune qui absorbe toutes les autres. Ceux qui sont de ce sentiment pourraient être appelés monopsychites, puisque selon eux il n'y a véritablement qu'une seule âme qui subsiste.
>
> G.W. Leibniz, *Discours sur la conformité de la foi avec la raison*, § 9, in *Essais de théodicée sur la bonté de Dieu, la liberté de l'homme et l'origine du mal*, préf. et notes J. Jalabert, Aubier-Montaigne, « Bibliothèque philosophique », 1962, p. 57.

Cet *intellectus* unique est cependant baptisé « Esprit », non pas tant d'ailleurs « unique », que « universel ». À cet « Esprit », il coordonne parfois l'*intellectus* traduit par « entendement » — l'*intellectus agens* devenant l'« entendement actif », opposé à l'« entendement passif », expression rendant un *intellectus patiens* sans grand équivalent dans les textes médiévaux, qui parlent soit d'*intellectus possibilis* (intellect possible ou « matériel »), soit d'« *intellectus passibilis* » (imagination), et favorisant de multiples confusions :

> Plusieurs personnes ingénieuses ont cru et croient encore aujourd'hui qu'il n'y a qu'un seul Esprit, qui est Universel, et qui anime tout l'univers et toutes ses parties, chacune suivant sa structure et suivant les organes qu'il trouve, comme un même souffle de vent fait sonner différemment divers tuyaux d'orgue [...]. Aristote a paru à plusieurs d'une opinion approchante, qui a été renouvelée par Averroès, célèbre philosophe arabe. Il croyait qu'il y avait en nous un *intellectus agens*, ou entendement actif, et aussi un *intellectus patiens* ou entendement passif ; que le premier, venant du dehors, était éternel et universel pour tous, mais que l'entendement passif, particulier à chacun, s'éteignait dans la mort de l'homme. Cette doctrine a été celle de quelques Péripatéticiens depuis deux ou trois siècles, comme de Pomponazzi, Contarini et autres ; et on en reconnaît les traces dans feu M. Naudé.
>
> G.W. Leibniz, *Considérations sur la doctrine d'un Esprit universel unique* [1702], in *Système nouveau de la nature et de la communication des substances et autres textes* (1690-1703), prés. et notes C. Frémont, Flammarion, « GF », 1994, p. 221.

L'interprétation leibnizienne du *De anima*, III, 5, 430a 20-25 et de sa lecture averroïste est sans fondement. Pour Averroès, l'*intellectus passibilis* n'est autre que les images soumises à l'activité de la *vis cogitativa*, condition *sine qua non* de l'activité de l'intellect matériel ou possible (voir encadré 2, « *Cogitative* », dans INTENTION) :

> Or [Aristote] entend ici par *intellect passible* les formes de l'imagination en tant qu'agit sur elles la faculté cogitative propre à l'homme. En effet, cette faculté a un caractère rationnel, et son activité consiste soit à déposer l'« intention » de la forme imaginée, avec son individu, dans la mémoire soit à la distinguer de lui dans la faculté « formative » [= *al-muṣawwira* (المصوّرة)] et l'imagination. Or, il est manifeste que l'intellect qu'on appelle « matériel » reçoit les entités imaginées après cette distinction. Par conséquent l'intellect passible est nécessaire à la conception par l'intellect [matériel]. Aristote a donc dit à bon droit : *Et nous ne nous souvenons pas, car il est n'est pas passible, alors que l'intellect passible, lui, est corruptible ; et sans cela il ne conçoit rien.* C'est-à-dire : sans la faculté imaginative et cogitative l'intellect qu'on appelle « matériel » ne conçoit rien.
>
> Averroès, *In III De an.*, comm. 20.

Le substantif *intellectualitas* (antonyme : *sensibilitas*) désigne, le plus souvent, le statut d'intelligible — *intellectualitas* a donc davantage le sens d'intelligibilité que celui d'intellectualité (*Summa theol.* III, q. 23, 2c : « *non autem secundum intellectualitatem, quia forma domus in materia non est intelligibilis* », où *intellectualitas* désigne un mode de cognoscibilité, all. *Erkennbarkeit*). Le mot peut toutefois désigner aussi le fait d'être doué de pensée (par ex. « *intellectualitas consequitur immaterialitatem* », *Summa theol.* I, q. 105, 3c). Le substantif neutre pluriel *intellectualia* désigne soit les universaux (intelligibles) soit les substances séparées, objets de la théologie philosophique (intelligibles intelligents). Le contexte permet en général de trancher. Le verbe *intelligere/intellegere*, dont le sens est évident (= gr. *noein* [νοεῖν]), reste difficile à traduire. Les principales suggestions vont de « penser », « concevoir par l'intellect », « intelliger » (néologisme permettant de préserver la série *intellect*, *intelligible*, *intelliger*), à l'anglais « conceptualize » ou « think (noetically) ». Aucune n'est entièrement satisfaisante.

Alain de LIBERA

BIBLIOGRAPHIE

AL-FARABI, *De intellectu et intellecto*, éd. par É. Gilson, « Les sources gréco-arabes de l'augustinisme avicennisant », *Archives d'Histoire doctrinale et littéraire du Moyen Âge*, 4 (1929), p. 108-141 [avec une traduction française].

— L'Intelligence et la Pensée. *Grand Commentaire* du *De anima*, III, trad. fr. A. de Libera, Flammarion, « GF », 1998.

AVERROÈS, *Commentarium magnum in Aristotelis De anima libros*, recensuit F. Stuart Crawford, Cambridge (Mass.), The Mediaeval Academy of America, "*Corpus Commentariorum Averrois in Aristotelem. Versionum Latinarum*", vol. VI, 1, 1953.

AVICENNE, *Liber De anima seu Sextus De Naturalibus*, éd. crit. de la trad. latine méd. par S. Van Riet, 2 vol., Louvain, E. Peeters-Leyde, E.J. Brill, 1972 et 1968.

DAVIDSON Herbert A., *Alfarabi, Avicenna, and Averroes, on Intellect. Their Cosmologies, Theories of the Active Intellect, and Theories of Human Intellect*, New York-Oxford, Oxford UP, 1992.

ELAMRANI-JAMAL Abdelali, « Averroès : la doctrine de l'intellect matériel dans le *Commentaire moyen* au *De anima* d'Aristote. Présentation et traduction, suivie d'un lexique-index du chapitre 3, livre III : *De la faculté rationnelle* », in A. de LIBERA, A. ELAMRANI-JAMAL, A. GALONNIER (éd.), *Langages et Philosophie, Hommage à Jean Jolivet*, J. Vrin, « Études de philosophie médiévale », LXXIV, 1997, p. 292-307.

GIELE Maurice, VAN STEENBERGHEN Fernand et BAZÁN Bernardo (éd.), *Trois Commentaires anonymes sur le traité de l'âme d'Aristote*, Louvain, Publications universitaires-Paris, Béatrice-Nauwelaerts, « Philosophes médiévaux », XI, 1971.

JOLIVET Jean, *L'Intellect selon Kindī*, Leyde, Brill, 1971.

LIBERA Alain de, « Existe-t-il une noétique averroïste ? Note sur la réception latine d'Averroès au XIIIe siècle », *in* F. NIEWÖHNER et L. STURLESE (éd.), *Averroismus im Mittelalter und in der Renaissance*, Zürich, Spur Verlag, 1994, p. 51-80.

— *Albert le Grand et la philosophie*, « À la recherche de la Vérité », Vrin, 1990.

PERLER Dominik (éd.), *Ancient and Medieval Theories of Intentionality*, Leyde, Brill, 2001.

— *Theorien der Intentionalität im Mittelalter*, Francfort, Klostermann, « Philosophische Abhandlungen », t. 82, 2002.

SCHROEDER F.M. et TODD R.B., *Two Greek Aristotelian Commentators on the Intellect. The "De intellectu" Attributed to Alexander of Aphrodisias and Themistius' Paraphrase of Aristotle "De anima" 3.4-8*, intr., trad. angl., comm. et notes, Toronto, Ontario, "Medieval Sources in Translation", 33, 1990.

SIGER DE BRABANT, *Quaestiones in tertium De anima. De anima intellectiva. De aeternitate mundi*, éd. crit., B. Bazán, Louvain, Publications universitaires-Paris, Béatrice-Nauwelaerts, « Philosophes médiévaux », XIII, 1972.

THOMAS D'AQUIN, *Contre Averroès. L'Unité de l'intellect contre les averroïstes*, suivi des *Textes contre Averroès antérieurs à 1270*, trad. fr. A. de Libera, Flammarion, « GF », 1994.

INTENTION

gr.	*noêma* [νόημα]	all.	*Intention, übersinnliches Erkenntnisbild, Vorstellung der Vernunft, Begriff*
ar.	*ma'nā* [المعنى], *ma'qūl* [معقول]	angl.	*intention*
lat.	*intentio*	it.	*intenzione*

► ÂME, *CONCEPT*, CONSCIENCE, DASEIN, EPOKHÊ, ERLEBEN, *FORME*, *IMAGE*, LOGOS, OBJET, *PHÉNOMÈNE*, RÉALITÉ, REPRÉSENTATION, RES, VOLONTÉ, SACHVERHALT, SENS, UNIVERSAUX

Intention *est un terme doublement polysémique. Outre l'équivoque existant en français ou en italien entre l'acception courante — celle d'intention dans « avoir l'intention de » ou dans « l'intention morale » — et l'acception psycho-phénoménologique (qui n'existe pas en allemand, où le premier sens est exprimé par* Absicht), *le terme présente, dans ce second registre, une ambiguïté radicale, où perce une divergence profonde entre paradigmes philosophiques. En fait, le champ d'*intention *couvre une série de phénomènes distincts dont la coordination progressive dans l'histoire de la philosophie explique en partie la saturation de la notion moderne d'intentionnalité, tiraillée entre le modèle phénoménologique husserlien et celui de la « philosophie de l'esprit »* (philosophy of mind). *Ainsi, comme l'a montré H. Putnam, le terme* intentionnalité *renvoie, dans l'usage actuel, à des faits aussi différents que* (1) *celui, pour des mots, des phrases et autres représentations, d'avoir une signification ;* (2) *celui, pour des représentations, de pouvoir désigner (c'est-à-dire être vraies pour) une chose réellement existante ou, parmi plusieurs choses, chacune d'entre elles ;* (3) *celui, pour des représentations, de pouvoir porter sur quelque chose qui n'existe pas ; et* (4) *celui, pour un « état d'esprit »* [state of mind], *de pouvoir avoir pour objet un « état de choses »* [state of affairs] *(H. Putnam,* Représentation et Réalité, *trad. fr. Cl. Engel-Tiercelin, Gallimard, 1990, p. 211). On tentera de montrer ici comment un même mot en est venu à désigner en allemand, puis de là dans les autres langues de la philosophie, l'« intentionnalité des expressions linguistiques »* (die Intentionalität von sprachlichen Äußerungen), *celle des actes mentaux ou des actes de pensée* (die I. von Denkakten), *ou celle des actes de perception* (die I. von Wahrnehmungsakten).

I. INTENTION ET SENS

La relation entre intention et sens est attestée dans plusieurs thèses des *Ideen* de Husserl, spécialement quand il définit l'« élément fondamental de l'intentionnalité » en mettant en équation « objet (*Objekt*) intentionnel » et « sens objectif » et pose qu'« avoir un sens ou "viser à quelque sens" est le caractère fondamental de toute conscience, qui par conséquent n'est pas seulement un vécu, mais un vécu qui a un sens, [qui est] "noétique" [*Sinn zu haben, bzw. etwas "im Sinne zu haben" ist der Grundcharakter alles Bewußtseins, das darum nicht nur überhaupt Erlebnis, sondern sinnhabendes, "noetisches" ist*] » (*Ideen*, I, III, chap. 3, § 90, p. 185 [206], trad. fr. p. 310). En fait, une partie des distorsions ou des écarts relevés par Putnam tiennent à ce que le vécu intentionnel husserlien se voit attribuer deux faces, une face « noétique » et une face « noématique », qui comprend précisément le sens « dégagé de ce vécu, en disposant convenablement le regard ». Le « sens » en question n'est pas, cependant, la « signification » (angl. *meaning*) dans l'acception commune du terme, il a trait à l'existence et à la non-existence.

La « situation » qui, selon Husserl, définit le « sens » est le fait que « même si l'objet représenté ou pensé d'une représentation donnée (et en général l'objet d'un vécu intentionnel quelconque) n'existe pas — ou si l'on est persuadé de sa non-existence – la représentation ne peut être dépouillée de son objet représenté en tant que tel, et donc qu'il faut instituer une distinction entre l'objet de la représentation et l'existence de cet objet » (*ibid.*, p. 311). L'indifférence du « sens » à l'existence ou à la non-existence de l'objet est donc le phénomène saillant relevé par le mot « sens » dans l'analyse de l'intentionnalité. Husserl note, à ce propos, que « la distinction scolastique entre l'objet mental (*mentalem*), intentionnel ou immanent d'une part et l'objet réel (*wirklichem*) d'autre part renvoie » à la distinction de l'objet et de l'existence de l'objet. Il conteste, cependant, radicalement l'assimilation de l'objet intentionnel à un objet immanent au sens d'objet « inclus à titre réel dans la perception ou le vécu » (p. 186, trad. fr. p. 312) : le sens n'est pas une composante réelle du vécu, comme la *hulê* [ὕλη] (c'est-à-dire, par ex., les *data* de sensation, *Empfindungsdaten*, qui, d'ailleurs, ne « possèdent pas le caractère fondamental de l'intentionnalité », II, chap. 2, § 36, p. 65, trad. fr. p. 117), ce n'est pas davantage une réalité psychique, ni même un portrait ou un signe. L'attribution au vécu intentionnel d'une « fonction de copie » entraînerait « une régression à l'infini » (p. 313) : « supposer un second arbre immanent, ou même un "portrait interne" de l'arbre réel qui est là-bas, au-dehors, devant moi » ne « conduit qu'à des absurdités ». Le « sens » husserlien ne s'entend donc pas comme la simple reprise de la notion d'« objet immanent », mais comme un « *corrélat* qui appartient à l'essence de la perception *phénoménologiquement réduite* [*das zum Wesen der phänomenologisch reduzierten Wahrnehmung gehörige Korrelat*] (p. 187 [209], trad. fr. p. 314). En tant que limité à la notion vague de représentation, le lien marqué par Putnam entre intentionnalité et non-existence ne capture pas entièrement la notion husserlienne de « sens » (ni *a fortiori* celle de « noème complet » distingué du « noyau de sens »). La signification d'« intention » et d'« intentionnalité » n'en reste pas moins marquée par une série de balancements que rend bien la taxinomie de Putnam.

II. INTENTION ET INTENTIONNALITÉ

La conception de l'intentionnalité qui a longtemps dominé dans la littérature francophone est principalement issue des *Méditations cartésiennes*. C'est que (*a*) « tout état de conscience en général est, en lui-même, conscience de quelque chose, quoi qu'il en soit de l'existence réelle de cet objet et quelque abstention que je fasse, dans l'attitude transcendantale qui est mienne, de la position de cette existence et de tous les actes de l'attitude naturelle » ; (*b*) que tout état de conscience "vise" quelque chose, et qu'il porte en lui-même, en tant que "visé" (en tant qu'objet d'une intention) son *cogitatum* respectif » — ce que Husserl synthétise ainsi dans la célèbre formule du § 14 de la Deuxième « Méditation » :

> [...] *wobei das Wort Intentionalität dann nichts anderes als diese allgemeine Grundeigenschaft des Bewußtseins, Bewußtsein von etwas zu sein, als cogito sein cogitatum in sich zu tragen, bedeutet.*
>
> éd. Ströcker, p. 35.
>
> [...] le mot *intentionnalité* ne signifie rien d'autre que cette particularité foncière et générale qu'a la conscience d'être conscience *de* quelque chose, de porter, en sa qualité de *cogito*, son *cogitatum* en elle-même.
>
> *Méditations cartésiennes, Introduction à la phénoménologie*, trad. G. Peiffer et E. Levinas, Vrin, 1953, p. 28.

> N.B. On notera l'exacte parenté des formules introduisant le *cogito* dans le § 14, éd. Ströcker, p. 34 : « *Der Transzendentale Titel ego cogito muß also um ein Glied erweitert werden : Jedes cogito, jedes Bewußtseinserlebnis... meint irgend etwas und trägt in dieser Weise der Gemeinten in sich selbst sein jeweiliges cogitatum, und jedes tut das in seiner Weise.* »

Certains interprètes francophones et anglophones tendent cependant à oublier aujourd'hui que le slogan « toute conscience est conscience de » ne renvoie pour Husserl ni à « une relation entre quelque événement psychologique qu'on appellerait le vécu et un autre existant réel de la nature (*realen Dasein*) du nom d'objet » ni à une « liaison psychologique qui se produirait entre l'un et l'autre dans la réalité objective (*objektiven*) », mais à « des vécus considérés purement en fonction de leur essence », c'est-à-dire « à des essences pures, ainsi qu'à ce qui est inclus *a priori* dans l'essence selon un rapport de nécessité inconditionnée [*Vielmehr ist von Erlebnissen rein ihrem Wesen nach, bzw. von reinen Wesen die Rede und von dem, was in den Wesen, "a priori", in unbedingter Notwendigkeit beschlossen ist*] » (*Ideen*, p. 64 [74], trad. fr. p. 116). L'intentionnalité n'est pas une liaison entre un fait physique et un fait psychique.

On tend à l'oublier lorsque, pris dans l'opposition contemporaine, post-wittgensteinienne, entre « empirisme » et « intentionalisme », on en vient à invoquer l'intentionnalité contre une conception des actes mentaux affirmant qu'aucun acte mental ne saurait avoir pour contenu une entité extra-mentale. L'« intentionalisme » consiste ainsi à soutenir « l'intentionnalité du mental », entendant par là que nos actes nous orientent vers les choses en dehors de nous. C'est, cependant, une caractérisation faible (voire triviale) de l'intentionnalité phénoménologique, qui, par exemple, fait bon marché de la distinction husserlienne entre « chose pure et simple » (*Sache*) et « objet (*Objekt*) intentionnel complet » (*Ideen*, I, § 34, p. 66-67, trad. fr. p. 120). De même, les discussions suscitées par l'affirmation béhavioriste que l'on peut et doit éliminer toutes les entités intentionnelles (les « expressions mentalistes » du langage naturel) donne à « intentionnel » un sens si réduit ou si métaphorique que l'on peut se demander si par « intention » en entend encore quoi que ce soit qui ait trait à la phénoménologie. Des débats toujours plus complexes se développent, néanmoins, hors du champ husserlien primitif, spécialement dans la philosophie anglophone. En témoigne exemplairement la discussion de Sellars et de Chisholm sur le rapport existant entre les pensées et les propriétés sémantiques du langage : Sellars affirmant que « les pensées comme entités intentionnelles sont dérivées des propriétés sémantiques du langage », ce qui veut dire que « l'intentionnalité réside dans les énoncés métalinguistiques qui expriment les propriétés sémantiques d'une langue objet » (thèse dite d'« irréductibilité faible »), Chisholm soutenant, au contraire, que « les propriétés sémantiques du langage, et donc les énoncés métalinguistiques qui les expriment, sont dérivées des propriétés des pensées, qui sont le support fondamental de l'intentionnalité » (thèse dite d'« irréductibilité forte », cf. F. Cayla, *Routes et Déroutes de l'intentionnalité*).

III. INTENTION ET « INTENTIO »

Si éclatée qu'elle paraisse de prime abord, la pluralité de sens d'« intention » peut être relativement ordonnée si elle est considérée comme le prolongement ou l'avatar de la polysémie originaire du latin *intentio*. S'y retrouve, de fait, outre les effets induits par les traductions successives, l'ombre portée sur le lexique philosophique moderne par les diverses étapes de la genèse de la notion médiévale. Certains débats contemporains sur l'intentionnalité peuvent ainsi apparaître, jusqu'à un certain point, réarticuler, en les simplifiant ou les compliquant, des problèmes abordés au Moyen Âge dans un cadre plus unitaire.

Le latin scolastique *intentio* présente une palette de sens d'une grande richesse. On peut, en effet, traduire le terme par : (1) attention (all. *Aufmerksamkeit*), (2) visée, but, propos (all. *Anstrebung, Absicht, Vorhaben*), (3) relation, rapport (syn. *habitudo*, all. *Beziehung*, cf. Thomas d'Aquin, *In I Sent.*, d. XXV, q. 1, 3, c), (4) intention de signifier quelque chose chez un locuteur, vouloir-dire (*intentio loquentis, intentio proferentis*), (5) image, copie, ressemblance, similitude (syn. *similitudo*, all. *Ähnlichkeit, Abbild*), (6) représentation, notion, concept (syn. *conceptio intelligibilis, ratio, conceptus, repraesentatio*, all. *übersinnliches Erkenntnisbild, Vorstellung der Vernunft, Begriff*), (7) forme intelligible (syn. *species*), (8) similitude extra-mentale. La polysémie d'*intentio* est relevée par Duns Scot (*Reportata Parisiensa*, II, 13, art. un., McCarthy, 1976, p. 39 ; *Ordinatio, ibid.*, McCarthy, 1976, p. 26), qui la ramène à quatre acceptions principales :

> *Notandum est quod hoc nomen « intentio » est equivocum. Uno modo dicitur actus voluntatis « intentio ». Alio modo : ratio formalis in re, sicut intentio rei a qua accipitir genus differt ab intentione a qua accipitur differentia. Tertio modo dicitur conceptus. Quarto modo, dicitur ratio tendendi in obiectum, sicut similitudo dicitur ratio tendendi in illud cuius est. Et isto modo dicitur lumen « intentio » vel « species » lucis.*
>
> [Il faut remarquer que le nom « intention » est équivoque. En un premier sens, « intention » désigne un acte de la volonté. En un deuxième : une raison formelle présente dans une chose, au sens où dans une chose l'intention dont est tiré le genre diffère de celle dont est tirée la différence (spécifique). En un troisième, « intention » désigne un concept. En un quatrième, (« intention ») désigne une manière de tendre vers un objet, au sens où une similitude est une manière de tendre vers ce dont elle est similitude. Et c'est en ce sens que la lumière émanée est « l'intention » ou « l'espèce » (intentionnelle) de la lumière source.]

A. L'« intentio » comme « actus voluntatis » : intention et attention

L'acception éthique d'*intentio*, la première historiquement attestée, rejoint le sens courant de l'intention volontaire. Cependant, dès saint Augustin, la dimension d'orientation active, immanente à la notion d'*intentio*, est présentée non seulement comme caractéristique de la volonté, mais, par extension, de tout processus cognitif. Prise en ce sens, *intentio* devient synonyme d'attention. La rencontre entre intention et attention est bien connue des phénoménologues. Husserl en donne un traitement unifié (du point de vue noétique et noématique) dans son analyse des « mutations » ou « modifications attentionnelles », quand il s'efforce de décrire, pour le « noème complet », les variations de l'apparaître corrélatives des modifications noétiques (§ 92, p. 189-192, trad. fr. p. 322), non sans souligner que :

> pas une fois, la relation éidétique entre attention et intentionnalité — à savoir le fait fondamental que l'attention n'est qu'une espèce fondamentale de « modifications intentionnelles » — n'a été mise en lumière jusqu'à présent.
>
> [(...) *nicht einmal der Wesenzusammenhang zwischen Aufmerksamkeit und Intentionalität — diese fundamentale Tatsache, daß Aufmersamkeit überhaupt nichts anderes ist als eine Grundart intentionaler Modifikationen — ist meines Wissens früher je hervorgehoben worden.*]
>
> *Ibid.*, p. 192 [215], note 1, trad. fr. p. 322.

Le couple intention/attention (qui correspond aussi à l'anglais *directedness*) est attesté, exemplairement, dans l'analyse augustinienne de la sensation visuelle :

> *Itemque illa animi intentio, quae in ea re quam videmus tenet sensum, atque utrumque conjungit, non tantum ab ea re visibili natura differt ; quandoquidem iste animus, illud corpus est : sed ab ipso quoque sensui atque visione : quoniam solius animi est haec intentio.*
>
> [De même l'attention, qui fixe le sens sur la chose que nous voyons et qui joint l'un à l'autre, diffère par nature non seulement de la chose visible, car elle est esprit, et celle-ci corps, mais encore du sens et de la vision, car cette attention ne relève que de l'âme.]
>
> *De Trinitate*, XI, II, 2 ; trad. fr. BA, 16, p. 165.

Intentio et *attendere* « prêter attention à », « viser » (allemand *Aufmerksamkeit*) sont souvent combinés. C'est le cas chez Abélard, dans sa théorie de l'abstraction comme attention sélective (qui préfigure celle de John Stuart Mill et de Hamilton) :

> *Dum in homine hoc solum quod ad humanitatis naturam attinet intelligere nitimur, utpote animal rationale mortale, circumscriptis scilicet omnibus aliis que ad substantiam humanitatis non attinent, profecto multa se per imaginationem nolenti animo objciunt que omnino ab intentione abjecimus... Adeo... ut..., dum aliquid tamquam incorporeum per intellectum attendo, sensuum usu tamquam corporeum imaginari cogor.*
>
> [Pendant que nous nous efforçons de concevoir seulement dans l'homme ce qui concerne la nature de son humanité — à savoir : animal raisonnable mortel —, après avoir éliminé tout le reste qui ne concerne pas la substance de l'humanité, maintes choses que nous avions entièrement rejetées de notre visée s'ob-jectent malgré lui à l'esprit par l'imagination... À ce point que... pendant que je vise par une intellection une chose comme incorporelle, je suis contraint par l'usage des sens de l'imaginer comme corporelle.]
>
> *De intellectibus*, § 19.

L'ad-tension, la tension vers, l'attention, d'une formule « l'orientation vers », est donc le premier sens d'*intentio* dans le domaine de la cognition — que cette tension vers soit provoquée par la chose même (c'est-à-dire l'ob-jet présent) ou spontanée (c'est-à-dire visée d'un terme éloigné ou absent). L'étymologie d'*intentio* comme *tendere in aliud* suggère une distinction limitée entre l'attention et la visée proprement dite (lexicalisée en allemand par *Aufmerksamkeit* et *Absicht, Anstrebung, Vorhaben*). C'est dans le premier sens que Thomas d'Aquin écrit que l'attention est la « condition requise pour l'activité de n'importe quelle faculté cognitive [*ad actum cujuslibet cognoscitivae potentiae requiritur intentio*] », *De veritate*, q. 13, 3, c, dans le second, qu'il souligne qu'*intentio* désigne l'activité de la faculté de pensée en tant qu'elle « ordonne ce qu'elle perçoit à la connaissance ou à l'effectuation pratique d'une autre chose [*id, quod apprehendit, ordinat ad aliquid aliud cognoscendum vel operandum*] »

(*Summa theologiae*, I, q. 79, a. 10, ad 3m). Comme l'écrit, cependant, Duns Scot, dans la mesure même où *intendere* signifie « *in aliud tendere* », s'il est vrai que toute puissance cognitive est dite viser un objet, de cela seul qu'un objet s'ob-jecte à elle, *intendere* s'entend plus proprement de ce qui s'oriente volontairement vers un objet qu'il soit absent ou présent *(Reportata Parisiensa*, II, 38. 1). L'attention volontaire est donc fondamentalement mêlée à l'idée d'*intentio*. Ce sens est sans aucun doute hérité de saint Augustin, qui lui fait jouer un rôle central dans sa théorie de la perception et du souvenir, en le faisant intervenir de façon identique dans la trinité de la vision corporelle (*a*) la forme du corps perçu, (*b*) l'image qui s'en forme dans la visée de celui qui le discerne, (*c*) l'attention de la volonté qui joint les deux) et dans celle de la mémoire ([1] le vestige imaginaire qui subsiste dans la mémoire, [2] ce qui s'en imprime, lors du rappel, dans la visée de l'esprit, [3] et l'attention de la volonté qui, derechef, joint les deux — latin : « (*a*) *forma corporis*, (*b*) *conformatio que fit in cernentis aspectu*, (*c*) *intentio voluntatis utrumque conjungens* ; 1. *imaginatio corporis que in memoria est*, 2. *informatio, cum ad eam convertitur acies cogitantis*, 3. *intentio voluntatis utrumque conjungens* » [*De Trinitate*, XIV, III, 5, BA 16, p. 354-356 ; XV, III, 5, p. 430-433]).

B. L'« intentio » comme « ratio formalis in re », forme

Intentio a souvent le sens de forme. Cette forme n'a rien à voir avec la « forme du corps perçu » telle que la mentionne la théorie augustinienne de la vision : il s'agit de la forme aristotélicienne, entendue à la fois comme forme et comme définition (ou formule définitionnelle) réalisée dans les choses extra-mentales, suivant une des ambiguïtés caractéristiques du terme *logos* [λόγος] (sur la distinction des deux sens de *logos* : *logos*-définition et *logos*-forme, cf. B. Cassin, *Aristote et le logos*, p. 107-110, ainsi que « Enquête sur le *logos* dans le traité *De l'âme* », p. 257-293, spécialement p. 260-263). En tant que *ratio formalis in re*, *intentio* désigne donc ce qu'Alexandre d'Aphrodise appelait le *logos koinos* [λόγος κοινός], à la fois notion commune, *logos*-formule, *et* forme commune, *logos*-forme, ou, si l'on préfère, « définition commune » et « nature commune » présente entièrement en chaque chose et prédiquée à égalité, c'est-à-dire entièrement, de chacune des choses qui sont, grâce à elle, les êtres qu'elles sont. L'usage du mot *intentio* comme « *ratio formalis in re* » prolonge donc l'idiosyncrasie du lexique d'Alexandre, quand posant, par exemple, que « la définition de l'homme ("animal terrestre bipède") » est commune car elle est dans « tous » les hommes et qu'elle « est entière en chacun », il substitue la définition elle-même à la « qualité commune nommée dans cette définition » — assimilant ainsi une expression et ce qu'elle désigne. Cette acception d'*intentio* est celle qui commande ce que Lloyd appelle, à propos d'Alexandre, la « thèse conventionnelle traitant les formes comme des universaux *in re* » (« the conventional picture of forms as universals in re », cf. A.C. Lloyd, *Form and Universal*, p. 51), thèse fondée sur une « confusion de l'universel avec la forme ».

C. L'« intentio » comme « conceptus », concept

Le sens de « concept » est un des sens les mieux attestés d'*intentio*. Il est très clair dans cette description du processus de conceptualisation par Thomas d'Aquin qui fait intervenir tous les termes impliqués :

> Formé grâce à une *species* (forme) de la chose, l'intellect, quand il conçoit, forme en lui-même une intention de la chose conçue, intention qui est la notion de la chose, signifiée par sa définition.
>
> [*intellectus per speciem rei formatus intellegendo format in seipso quandam intentionem rei intellectae, quae est ratio ipsius, quam significat definitio.*]
>
> *Summa contra Gentiles*, I, q. 53.

Intentio est donc à l'évidence lié à *conceptio*, *conceptus* et *ratio* sans en être toujours exactement synonyme. Dans le présent passage de la *Summa contra Gentiles*, l'intention apparaît comme le contenu de la notion (= *ratio*), exprimé/signifié par la définition. Mais, tous les textes ne sont pas aussi tranchés : dans maints développements, *intentio* et *conceptus* sont traités comme équivalents. Dans bien d'autres, *intentiones* est substitué à l'embarrassante expression de « *passiones animae* », qui constitue le sommet du triangle sémiotique du *De interpretatione* (voir SIGNE). Dans ce cas, c'est la tripartition des *phônai* [φωναί], c'est-à-dire des « sons vocaux », des *noêmata* [νοήματα], « noèmes » ou concepts, et des *onta* [ὄντα], êtres ou « étants » (encore appelés « choses », *ta pragmata* [τὰ πράγματα]), héritée des commentaires néoplatoniciens sur les *Catégories* qui, surimposée au triangle « sons vocaux, affects ou passions de l'âme et choses », explique l'apparition, en ce contexte, d'*intentio* = noème, concept. *Intentiones* au sens de *noêmata* s'inscrit ainsi dans une histoire au long cours, dont le plus ancien témoin est, peut-être, la distinction mentionnée par Clément d'Alexandrie, *Stromates*, VIII, 8, 23, 1, éd. Stählin, III, p. 94, 5-12, entre *onomata* [ὀνόματα] (noms), *noêmata* (concepts, dont les noms sont les symboles) et *hupokeimena* [ὑποκείμενα] (« substrats réels, dont les concepts sont, en nous, les empreintes », cf., sur ce point, J. Pépin, « Clément d'Alexandrie, les *Catégories* d'Aristote et le fragment 60 d'Héraclite », *in* P. Aubenque [éd.], *Concepts et Catégories dans la pensée antique* [Bibliothèque d'histoire de la philosophie, Vrin, 1980, p. 271-284 ; spéc. p. 271-279]).

D. L'« intentio » comme « ratio tendendi in objectum », l'angle de visée

Le quatrième sens d'*intentio* qui, de prime abord, évoque ce que Brentano appelle *die Richtung auf ein Objekt* (l'orientation vers un objet, cf. *infra*), est, en réalité, le plus énigmatique. D'une certaine manière il se confond avec le troisième, si la *ratio tendendi* désigne ce qui fait office de principe formel dans l'acte de visée par lequel une puissance cognitive s'oriente vers son objet (« *illud per quod tamquam per principium formale in obiectum tendit sensus* »). Dans ce cas, en effet, la *ratio tendendi* désigne une *similitudo* conceptuelle qui constitue l'angle de la visée. Mais, l'analyse se complique quand on voit que Duns Scot ramène à ce quatrième sens une similitude qui est à la fois extra-mentale et non conceptuelle en posant que « *isto modo dicitur lumen "intentio" vel "species" lucis* [c'est en ce sens que la lumière émanée, la luminosité, est dite "intention" ou "espèce" de la lumière source] ». Cette thèse a quelque chose de déroutant. Premièrement, parce qu'elle suppose que l'on traite la luminosité (*lumen*) comme un *conceptum* produit par une chose extra-mentale (*lux*) indépendamment de toute activité ou acte de l'intellect. Cette affirmation correspond toutefois à une théorie précise de l'intentionnalité stipulant que « tout concept est [concept] d'une intention première qui [le concept] est naturellement productible immédiatement par la chose même, sans opération ni acte de l'intellect » (*Ord.* I, 23, éd. Balic, vol. 5, p. 360 : « *omnis conceptus est intentionis primae qui natus est fieri immediate a re, sine opere vel actu intellectus negociantis* »). Ainsi, le terme *intentio* sert à exprimer ici une intuition directement opposée à celle du moderne « intentionalisme », en ce qu'il suggère que ce sont les objets eux-mêmes qui engendrent les concepts qui les représentent à l'esprit (thèse qui est compatible avec l'affirmation selon laquelle les *noêmata* sont en nous les empreintes des *hupokeimena* [ὑποκείμενα]). Cette intuition s'oppose également à la théorie que l'on voudrait standard selon laquelle toutes les intentions au sens de concepts sont produites par l'intellect ou sont des *species* formées par l'intellect et existant dans l'intellect. L'exemple pris par Duns Scot n'est cependant pas neutre.

La distinction, classique dans la théorie médiévale de la lumière, entre le *lumen*, lumière émanée ou rayonnant dans le milieu transparent (ou diaphane, voir LUMIÈRE, DIAPHANE) et la *lux*, lumière source, suppose qu'il existe entre *lux* et *lumen* une relation d'engendrement, qui, paradoxalement, rappelle un des sens les plus anciens de concept : le fruit (*proles*) de la conception au sens propre du terme. Or, c'est bien ce registre qui sous-tend l'emploi d'*intentio* quand il y va de la lumière : la lumière source « engendre » la luminosité — *lux*, écrit Scot, « *gignat lumen tamquam propriam speciem sensibilem sui* » (*Ord.* II, 13, McCarthy, p. 276). Ce vocabulaire, que l'on peut à volonté colorer d'augustinisme, est plus accentué encore chez les théoriciens de l'optique ou *perspectiva*, spécialement lorsqu'ils abordent le thème de la « multiplication des espèces ». Un des pères de la théorie, Robert Grosseteste, écrit littéralement que le terme générique de *lux* doit s'analyser en lumière engendrante (*generans*) ou enfantante (*gignens*) et engendrée (*generata*) ou enfantée (*gignata*) : « *lux quae est in sole gignit ex sua substantia lumen in aere* [la lumière qui est dans le soleil engendre de sa substance la lumière qui est dans l'air] » (Robert Grosseteste, *Comm. Post. Anal.* I, 17, éd. Rossi, p. 244-245). Cette relation d'enfantement, qui préserve à la fois l'altérité et une certaine unité d'essence entre l'engendrant et l'engendré explique sans doute que l'on puisse traiter, au prix d'un nouveau jeu sur le mot *species*, le thème de la propagation de la lumière, puis celui de la perception des couleurs, et au-delà de la perception tout court, en recourant au langage de la propagation et de la multiplication des espèces naturelles. Matthieu d'Aquasparta explique en ce sens que « toute forme corporelle ou spirituelle, réelle ou intentionnelle a une force d'engendrement et d'auto-diffusion, soit réellement, comme dans le cas des formes soumises à la génération et à la corruption, soit intentionnellement » (*Quaestiones disputatae de gratia*, q. 8 ; éd. Doucet, p. 214).

Si étonnant que cela puisse paraître, *intentio* est donc à la fois un rival de *conceptus*, issu d'un autre réseau et d'un autre champ inter-linguistique (arabo-latin, on le verra, et non plus gréco-latin), et un équivalent de *conceptus* pour ce qui concerne le trait sémantique de la génération/conception. Tout en étant au point de départ d'une authentique théorie de l'intentionnalité comme orientation vers l'objet, Duns Scot joue donc également un rôle de premier plan dans la naturalisation de l'intentionnalité : il sait parfaitement que l'*intentio* prise comme *conceptus* relève des théories arabes de l'optique, qu'en tant que *similitudo* ou *species*, le *lumen* multiplié selon les trois sortes de rayons (*rectus*, *fractus*, *reflexus*) désigne l'« espèce sensible de la *lux*, immédiatement engendrée par elle », mais il se sert consciemment de cette théorie perspectiviste pour expliquer que la raison formelle d'une intellection quelconque, la *species genita* (forme engendrée) qui n'est autre que l'*imago gignentis* (l'image de ce qui l'engendre), réclame une « présence réelle » de l'objet à la puissance cognitive, c'est-à-dire une « proximité suffisante pour l'engendrement » de ladite *species* par l'objet lui-même, engendrement qui installe l'objet présent *sub ratione cognoscibilis vel repraesentati*, bref qui le rend connaissable ou représentable (*Ord.* I. III. 3. 1, Balic, vol. VI, p. 232). En somme, le mot *intentio* sert ici à exprimer le processus par lequel les objets engendrent directement leur image dans l'intellect. Un mouvement exactement contraire à celui de l'orientation vers un objet travaille donc le thème de l'*intentio* comme *ratio tendendi in objectum*.

Cette tension n'est levée qu'à partir du moment où la théorie perspectiviste de l'*intentio* est rejetée comme modèle épistémologique et cadre d'une théorie de la perception fondée sur un réalisme gnoséologique direct, c'est-à-dire à partir du moment où l'intentionnalité ne fonctionne plus comme une caractéristique ou un mode d'être de la *similitudo* ou *species* enfantée par l'objet, indépendamment de tout sujet percevant. On peut, à l'heure actuelle, faire remonter à Pierre d'Auriole cette décision, qui ouvre l'espace d'une réflexion nouvelle sur la phénoménalité du paraître. C'est, en effet, contre l'admission de toute existence intentionnelle extramentale que s'élève la théorie de Pierre d'Auriole réduisant l'être intentionnel du *lumen* à un être réel et reformulant la notion d'être intentionnel en termes d'être apparent ou phénoménal (*esse apparens*), l'être intentionnel étant désormais réservé, au sens strict, au mode d'être de la couleur dans l'arc-en-ciel. Devenu, sur cette base, synonyme d'*esse objectivum* ou *fictitium sive apparens* (« être objectif ou fictionné ou apparent », c'est-à-dire phénoménal), l'*esse intentionale* s'oppose à l'*esse reale et fixum in rerum naturae absque omni apprehensione* (« l'être réel demeurant stable dans la réalité naturelle en dehors de toute perception »). Ce qui est doté d'un être intentionnel ne saurait exister en dehors de la perception : ce n'est qu'un « *conceptus objectivus* » (*concept objectif*) ou, pour mieux dire, une « *apparitio objectiva* » (*phénomène objectif*, *Scriptum*, I, 23, éd. Pinborg, 1980, p. 133-134).

IV. GENÈSES DE L'INTENTIONNALITÉ

A. In-exister

C'est Brentano qui, dans un emprunt conscient à la scolastique, a introduit le terme « intentionnalité » (*Intentionalität*) dans le vocabulaire de la psychologie. C'est de cette initiative que dépendent, directement, les reprises du terme et du concept dans la psychologie intentionnelle et la phénoménologie. L'intentionnalité brentanienne est censée définir la spécificité des phénomènes mentaux, par un type de relation fâcheusement dénommé « in-existence intentionnelle » :

> *Jedes psychische Phänomen ist durch das charakterisiert, was die Scholastiker des Mittelalters die intentionale (auch wohl mentale) Inexistenz eines Gegenstandes genannt haben, und was wir, obwohl mit nicht ganz unzweideutigen Ausdrücken, die Beziehung auf einen Inhalt, die Richtung auf ein Objekt (worunter hier nicht eine Realität zu verstehen ist), oder die immanente Gegenständlichkeit nennen würden.*
>
> F. Brentano, *Psychologie vom empirischen Standpunkt* [1874], éd. O. Kraus, 2 vol., Hambourg, Felix Meiner, 1974, vol. 1, p. 124-125.

> [M. de Gandillac traduit : Ce qui caractérise tout phénomène mental, c'est ce que les scolastiques du Moyen Âge nommaient l'in-existence intentionnelle (ou encore mentale) d'un objet, et que nous décririons plutôt, bien que de telles expressions ne soient pas dépourvues d'ambiguïté, comme la relation à un contenu ou la direction vers un objet (sans qu'il faille entendre par là une réalité), ou encore une objectivité immanente.]
>
> *La Psychologie au point de vue empirique*, Aubier-Montaigne, 1944, p. 102.

On s'interrogera sur la traduction de *die immanente Gegenständlichkeit* par « une objectivité immanente ». L'article défini (*die*) pourrait suggérer qu'il s'agit bien plutôt de « l'objectualité immanente », de l'ouverture à l'objet en tant qu'immanente au psychique. *Gegenständlichkeit* est, cependant, une expression aussi équivoque qu'*Intentionalität*. On peut donc aussi penser que Brentano l'utilise dans le même sens que Bolzano quand, évoquant l'empire des « choses qui ne prétendent pas à l'existence (« *Dinge, die keinen Anspruch auf Wirklichkeit machen* »), il s'interroge sur la *Gegenständlichkeit* (« objectualité ») du concept « qu'il convient d'associer au mot *infini* » : « Ce concept a-t-il une *objectualité, i.e.* existe-t-il des choses dont il peut être l'attribut, y a-t-il des ensembles que nous pouvons, à bon droit, nommer infinis ? » (cf. B. Bolzano, *Paradoxien des Unendlichen*, § 13, éd. B. Van Rootselaar, Hambourg, Felix Meiner Verlag, 1975, p. 13 ; trad. H. Sinaceur, *B. Bolzano. Paradoxes de l'infini*, Paris, Seuil, 1993, p. 71). L'« in-existence », qui n'a rien à voir avec la non-existence (all. *Nicht-Existenz*), désigne un type de présentification relevant de l'inhérence, au sens d'« être présent », « exister dans », « résider en » (all. *Innewohnen*) : en tout phénomène psychique existe un objet.

En ce sens l'intentionnalité exprime le fait que comme l'écrit Aristote, *De anima* (8, 431b 30-432a 1) : « Ce n'est pas la pierre elle-même qui est dans l'âme, mais la forme de la pierre [οὐ γὰρ ὁ λίθος ἐν τῇ ψυχῇ, ἀλλὰ τὸ εἶδος] ». Parler ici d'intentionnalité revient à dire que le mode de présence de la pierre dans l'âme est intentionnel et non réel, que la chose extra-mentale n'est pas « réellement » inhérente à l'âme, mais seulement « intentionnellement ». Ce choix de vocabulaire a une histoire et des raisons. La notion d'« être intentionnel » ne doit pas être confondue avec celle d'*esse objectivum* ou *objective*, la mention de la « direction vers un objet » n'en souligne pas moins une dimension de l'in-existence mentale qui a posé beaucoup de problèmes aux lecteurs de Brentano : l'orientation ou direction vers un objet. Selon Putnam, Brentano ne soutenait pas, contrairement à Husserl, que « l'intentionnalité du mental fût un moyen de comprendre comment l'esprit et le monde sont reliés et comment il se fait que dans les actes de conscience nous en arrivions à être dirigés vers un *objet* », il voulait seulement pointer que « les phénomènes mentaux se caractérisaient par le fait d'être dirigés vers des *contenus* » (cf. H. Putnam, *op. cit.*, p. 211). Que l'interprétation de Putnam soit ou non fondée (voir *supra*), reste que la « tension vers un objet », suggérée par l'étymologie latine courante du verbe *intendere* (*tendere in*), a été très tôt considérée comme un aspect caractéristique du type de présentation mentale visé par Aristote en 431b 30-432a 1. C'est par cette « tension vers » que Radulphus Brito définit l'intentionnalité : une *intentio* est « ce par quoi un intellect tend vers une chose », *tendit in rem* (J. Pinborg, "Radulphus Brito's Sophism on Second Intentions", *Vivarium*, 13, 1975, p. 141, n. 49). Dans les textes médiévaux, la directionnalité de l'*intentio* est, cependant, en concurrence explicite avec la notion même de contenu mental. En fait, et ce recouvrement n'est pas sans conséquence pour le statut de l'intentionnalité dans la philosophie moderne, le même terme désigne à la fois le mouvement par lequel l'intellect se dirige vers un objet ou appréhende un contenu mental, le mode de présentation intrapsychique de cet objet et ce contenu même. La nature de cette polysémie est fondamentalement liée à l'histoire des traductions. Le mot *intentio* n'apparaît en effet, dans la diversité de ses emplois, qu'à la fin du XIIe siècle, dans les traductions arabo-latines d'Aristote et du corpus péripatéticien, comme traduction de l'arabe *ma'nā*. Son ambiguïté est originairement celle-là même du terme qu'il traduit. Le mot *ma'nā* correspondant à la fois, et entre autres (voir encadré 1), au grec *logos* [λόγος], *noêma* [νόημα], *dianoia* [διάνοια], *ennoia* [ἔννοια], *theôrêma* [θεώρημα], et *pragma* [πρᾶγμα]

(G. Endress, « Du grec au latin à travers l'arabe : la langue créatrice d'idées dans la terminologie philosophique », *in* J. Hamesse [éd.], *Aux origines du lexique philosophique européen*, Louvain-la-Neuve, Fédération internationale des instituts d'études médiévales, « Textes et études du Moyen Âge, 8 », 1997, p. 151-157), l'arabo-latin *intentio* a autant de significations, puisqu'il équivaut à au moins trois sortes de termes : (*a*) pensée, concept, idée, notion, (*b*) signification (où l'on retrouve la dimension du « vouloir-dire », anglais *to mean*), (*c*) entité. Que le même terme désigne à la fois un acte mental, un contenu, un état cognitif et un objet apparaît clairement dans le fait que, dès le XIIIe siècle, *intentio* signifie indifféremment soit le concept d'une chose soit cette chose même en tant qu'elle est conçue, soit les deux à la fois. La notion de « relation intentionnelle » est donc inscrite d'emblée, programmatiquement, au Moyen Âge dans l'idée d'une coappartenance originaire de l'*intentio rei* et de la *res intenta*. S'y ajoute, dans le même registre, une autre ambiguïté du couple *logos-ma'nā*, qui colore progressivement le terme *intentio* des deux nuances de « forme » (comme dans l'expression l'« intention d'une chose », *intentio rei*, c'est-à-dire la « forme d'une chose ») et de « formule » (comme dans l'expression : « l'intention d'*homme* », *intentio hominis*, autrement dit : « la *formule définitionnelle* caractérisant le concept d'homme », c'est-à-dire « animal-raisonnable-mortel-bipède »).

♦ Voir encadré 1.

B. « Intentio » comme terme d'optique

Si *intentio* est à la fois souvent synonyme de concept et de chose conçue, la notion même de présentation/présentification/présence intentionnelle recouvre plusieurs autres réseaux lexicaux. Un premier ensemble est lié au vocabulaire technique de l'optique, et à la diffusion des théories et du corpus d'Alhazen, qui fait d'*intentio* le nom de la forme affectant l'appareil de la vision, puis, par extension de son mode d'être dans le milieu physique transmetteur : on parle, en ce sens, de l'« *esse intentionale* » de la chose *in medio*. C'est dans cette même acception que la traduction latine du *Grand Commentaire* d'Averroès sur le *De anima* d'Aristote parle de l'« être spirituel » de la chose extra-mentale affectant la vision : dans le milieu transmetteur, la res a un « *esse spirituale* », non un « *esse materiale* ». L'équivalence entre *spirituale* et *intentionale* est une caractéristique du lexique averroïste latin (cf. Averroès, *In Aristotelis De anima* II, comm. 97 ; éd. Crawford, p. 277, 28-30 : « *Color habet duplex esse, scilicet esse in corpore colorato* [*et hoc est esse corporale*] *et esse in diaffono* [*et hoc est esse spirituale*] »), pérennisée par Albert le Grand (cf. *De intellectu et intelligibili*, I, 3, 1 : « Dans la matière, la forme a un être matériel, dans le diaphane, en revanche, la couleur n'a pas un être matériel, mais un être spirituel ; ce pourquoi l'immutation du diaphane par les couleurs et la lumière est subite »).

C. « Intentio » comme forme des sens internes

Un second ensemble est fourni par la terminologie propre à l'*Avicenna latinus*, qui emploie le mot *intentio*

1

« Intentio » et « ma'nā »

L'arabe *ma'nan* (avec l'article : *al-ma'nā*) signifie ce que l'on a à l'esprit, ce que l'on désigne, ce que l'on « veut dire » (angl. *to mean*, all. *meinen* — aucun lien étymologique) par un mot, donc la notion. La racine arabe ('NY [ع ن ي]) signifie en effet « viser ». Les traducteurs du IXe siècle ont choisi le mot pour rendre certaines acceptions du grec *logos* [λόγος]. Ainsi, dans le traité d'Aristote *De l'âme*, nous lisons que la sensation subit de la part de ce qui possède la couleur, le goût ou le son, non en tant que chacun de ceux-ci est dit, mais en tant qu'il est de telle ou telle qualité, et « selon le *logos* » (II, 12, 424a 24). Les commentateurs ont cherché à préciser ce statut d'être de ce qui affecte ainsi la sensation. Thémistius *ad loc.* (*Paraphrase du « De anima »*, 4, éd. R. Heinze, *CAG*, V-3, Berlin, 1899, p. 78, 3. 10. 13) a lui aussi λόγος. Or, l'arabe rend ce terme par *ma'nā* [المعنى], ici (éd. M.C. Lyons, Oxford, 1973, p. 132, 1. 7. 11) comme pour Aristote lui-même (cf. Averroès, *Magnum Commentarium in* De anima, § 121, éd. Crawford, Cambridge [Mass.], 1953, p. 317 et cf. G. Bos, *Aristotle's "De anima" translated into Hebrew by Zerahyah b. Isaac b. Shealtiel Hen*, Leyde, 1994, p. 107, l. 658). Avicenne utilise le terme en diverses acceptions (cf. A.-M. Goichon, *Lexique de la langue philosophique d'Ibn Sînâ*, DDB, 1938, § 469, p. 253-255), dont un sens, le nôtre, que l'on a rapproché du *lekton* [λεκτόν] des Stoïciens (*Avicenna's De anima*, éd. F. Rahman, Oxford, 1959, p. 287). Au XIIe siècle, le mot a été traduit depuis l'arabe d'Avicenne et d'Averroès par le mot latin *intentio*. Parallèlement, les traducteurs juifs de la famille Ibn Tibbon le rendaient par *'inyān* [עִנְיָן]. Les traductions latines ont popularisé cette acception, qui n'a donc plus grand-chose à voir avec notre « intention » au sens de « se proposer de faire quelque chose ». C'est en ce sens que l'on parle des « espèces intentionnelles » (à partir de Roger Marston) comme de ce que reçoivent les organes perceptifs, lesquels dépouillent les choses concrètes de leur matière pour n'en garder que la forme. Avicenne définissait l'objet de la logique comme étant « les concepts (*ma'ānī* [معاني]) intelligés seconds qui s'appuient sur les concepts intelligés premiers, < et qui s'y appuient > du point de vue de < ce qu'ils ont > la qualité d'< être > ce par quoi on atteint l'inconnu à partir du connu, non du point de vue de ce qu'ils sont intelligés ; ils ont l'existence intellectuelle qui ne dépend d'absolument aucune matière ou qui dépend d'une matière non corporelle » (Shifa', *Métaphysique*, I, 2, éd. Anawati, Le Caire, 1960, p. 10, 17-11, 2 ; trad. fr. [modifiée], 1978, t. 1, p. 92). La scolastique le suit en distinguant *intentio prima* et *intentio secunda* (à partir de Godefroid de Fontaines) ; usage devenu tellement habituel qu'il permet la plaisanterie de Rabelais : *comedere secundas intentiones*, « manger des intentions secondes » (*Pantagruel*, I, 7), c'est-à-dire de pures abstractions (voir encadré 2). Ce mode d'existence dans le seul intellect étant parfois appelé *intentionalitas* (Pierre d'Auriole, Étienne de Rieti), l'usage phénoménologique d'« intentionnalité », emprunté par Husserl à Brentano, est une dernière trace de cette histoire.

Rémi BRAGUE

pour désigner une représentation d'origine non sensible, formée dans les sens internes, et associée à une saisie sensible effectuée par les sens externes. Dans ce réseau, l'*intentio* désigne, au sens propre, l'objet de la « *vis aestimationis* » ou faculté estimative, dont le rôle est d'appréhender les « intentions non senties résidant dans les sensibles singuliers » : ainsi entendues les « intentions » sont ce que les sens intérieurs perçoivent d'une réalité sensible sans que « les sens extérieurs leur servent d'intermédiaire ». Les « intentions non senties des sensibles » s'opposent ainsi aux « formes des sensibles » qui sont perçues en premier lieu par les sens extérieurs, puis ensuite seulement (et grâce à eux) par les sens intérieurs. Un exemple caractéristique d'« intention » est, en ce sens, la propriété ou le caractère de « dangerosité » du loup, que le mouton perçoit de manière non sensible, et qui lui fait prendre la fuite à la vue du loup, c'est-à-dire à la présentation de sa « forme » au sens externe (voir encadré 2 et SENSUS COMMUNIS). Chez Averroès, l'opposition entre intention et image acquiert une portée nouvelle, quasi « iconique ». Pour celui-ci, en effet, l'image « dépeint » seulement certains caractères externes d'un objet réel, certaines de ses propriétés sensibles propres ou communes (couleur, « forme » au sens de « figure », etc.), elle ne le « représente » pas. L'*intentio*, au contraire, représente certains éléments du « ceci individuel », non livrés par l'image, qui correspondent à ce qu'est cet individu en tant que « cet individu ». Parler de l'aspect iconique de l'*intentio* signifie donc que seule l'*intentio* rend présent un individu déterminé comme l'individu qu'il est, alors que l'image ne présente qu'un ensemble de caractères sensibles. Pour Averroès, il appartient à une faculté spécialisée, la faculté cogitative, d'extraire l'*intentio* (*ma'nā al-khayāl* [معنى الخيال]) de l'image (*al-khayāl* [الخيال]).

♦ Voir encadré 2.

La distinction porphyrienne entre imposition première (*prôtê thesis* [πρώτη θέσις]) et imposition seconde (*deutera thesis* [δευτέρα θέσις]) des noms fonde en partie l'analyse médiévale des *intentiones* en intentions premières et intentions secondes. Selon Porphyre, les noms sont appliqués premièrement (« de prime imposition ») aux sensibles, et seulement secondairement aux intelligibles, considérés comme des choses « antérieures en soi » (c'est-à-dire par nature), mais postérieures dans l'ordre de la perception (Porphyre, *In Categorias Aristotelis*, éd. Busse, p. 90, 20 *sq*.). Étant perçus les premiers (*i.e.* avant les « communs »), les sensibles, c'est-à-dire les individus, sont les objets premiers de la signification (*ibid*., p. 91, 6-12) ; perçus après les sensibles (*ibid*., p. 91, 20-27), les intelligibles sont, de ce fait même, objet d'une imposition linguistique « secondaire ». Au Moyen Âge, la distinction entre les deux types d'imposition sert d'instrument à la différenciation des modes d'orientation de la pensée vers l'objet. Pour Pierre d'Auvergne, « l'intellect a deux façons de s'orienter vers les choses (*supra res ipsas intellectus duplicem habet motum*) ». Un premier mouvement l'oriente directement ou immédiatement vers les choses mêmes. Ce mouvement lui procure la connaissance de la nature des choses auxquelles il impose un nom. Cette « nature » est la quiddité, et le nom imposé, un nom de première intention (« homme », « animal », « Socrate »), car il signifie « le concept de l'intellect orienté de manière originaire vers la chose même (*in rem ipsam primo intellectus intendentis*) ». Le second mouvement est celui par lequel l'intellect s'oriente vers une chose « déjà appréhendée », pour y rattacher les « conditions » de la considération desquelles dépend l'attribution d'un nom de seconde intention ou « nom universel ». Partant des mêmes prémisses, les modistes développent une véritable théorie des intentions.

Définissant l'*intentio* comme « ce par quoi l'intellect s'oriente vers une chose (*tendit in rem*) », le *modista* Raoul Le Breton articule les distinctions courantes (celles de Simon de Faversham ou de Pierre d'Auvergne) en une véritable combinatoire où l'on retrouve à la fois le *topos* aristotélico-thomiste des « trois opérations de l'intellect » (appréhension, jugement, raisonnement) et la théorie sémantique modiste des paronymes. Il peut ainsi faire jouer aux trois niveaux d'opération de l'intellect une même distinction entre l'abstrait et le concret, qui lui permet de résorber l'opposition triviale de l'intention et de la chose. Au niveau de la première opération, l'appréhension d'une réalité selon son mode d'être propre, Raoul distingue entre première intention abstraite, « connaissance de la chose » (*cognitio rei*), et première intention concrète, « chose ainsi connue » (*res sic cognita*). Il retrouve ainsi le thème de la paronymie (rapport abstrait/concret) qui fournissait à ses prédécesseurs le cadre général d'intelligibilité nécessaire à l'élucidation du statut des intentions secondes. Chez lui, cependant, la correspondance entre la signification paronymique et le statut sémantique des intentions se généralise en une véritable théorie de l'objectité intentionnelle, puisqu'il soutient que toute espèce de connaissance « dénomme son objet » comme les « accidents abstraits dénomment leur sujet », c'est-à-dire concrètement : « *Et ita semper cognitio denominat suum objectum, sicut accidentia abstracta denominant suum subjectum* » (cf. J. Pinborg, "Radulphus Brito's Sophism on Second Intentions", *loc. cit.*, p. 141). Sur cette base s'édifie toute une taxinomie brassant : *prima intentio in concreto* (couplage d'une *res intenta*, « chose visée intentionnellement, et d'une *prima intentio in abstracto*, « première intention abstraite »), *intentio secunda in abstracto* et *intentio secunda in concreto*, assignées derechef à la seconde puis à la troisième opération de l'intellect. Cette lourde architecture est brutalement secouée par les nominalistes, spécialement par Guillaume d'Ockham, qui réarticule en une doctrine entièrement différente théorie des impositions et théorie des intentions.

Tenant compte de la différence, à ses yeux cardinale, qui sépare les mots des langues parlées et écrites des concepts ou termes du langage mental, Guillaume d'Ockham redéfinit entièrement le rapport existant entre « impositions » et « intentions ».

♦ Voir encadré 3.

2

« Cogitative » et ses équivalents grecs, arabes et latins

Dans le lexique de la psychologie philosophique médiévale, la distinction *nous* [νοῦς], *to noêtikon* [τὸ νοητικόν], *to dianoêtikon* [τὸ διανοητικόν], littéralement : « intellect », « faculté intellective » ou « noétique », « faculté dianoétique » est généralement réduite à une opposition entre les équivalents arabes ou latins de *nous* et *to dianoêtikon*. Cette réduction correspond au fait, noté par R. Bodéüs (Aristote [*Catégories*], texte établi et traduit par R. B., Paris, Les Belles Lettres, p. 146, n. 6) que le *De anima* ne fait pas de délimitation stricte entre la faculté appelée *to dianoêtikon* en 413b 13, 414b 18, 431a 14 et la faculté ailleurs désignée par *to noêtikon*. Les traductions françaises du grec, qui vont de « faculté discursive » (Tricot) à « faculté de "réflexion" » (Bodéüs), montrent que, pour elles, l'opposition fondamentale passe ici entre *dianoia* [διάνοια] — la pensée dite « discursive » — et *noêsis* [νόησις] — la pensée dite « intuitive ». C'est le même partage qui préside à l'organisation du champ médiéval, structuré sur le couple *vis cogitativa* vs *intellectus*.

Dans la tradition du péripatétisme arabe, *to dianoêtikon* apparaît au centre d'un dispositif à trois termes, correspondant aux « facultés de perception » dites « passibles » ou « matérielles » : l'imaginative, la cogitative et la remémorative. Ces termes demandent cependant à être précisés. Chez Avicenne, pour qui les sens internes sont au nombre de cinq (voir SENSUS COMMUNIS), la cogitative désigne la même faculté que l'imaginative : troisième sens interne, la *vis cogitativa* (*al-quwwat al-mufakkira* [القوة المفكّرة]), chez l'homme, ou *imaginativa*, chez l'animal, a pour fonction de diviser et de composer les images retenues par l'imagination, deuxième des sens internes. Chez Averroès, en revanche, la division des sens internes étant tripartite, la cogitative assume une partie des fonctions réservées par Avicenne à l'estimative : percevoir les intentions (voir encadré 1, « *Intentio* et *ma'nā* »). Dans le commentaire du *De sensu et sensato*, Averroès décrit ainsi le fonctionnement des trois facultés relevant des « sens internes » : « Le sens perçoit la chose extra-mentale, puis la *faculté formative* [*i.e.* la faculté imaginative] en forme [une image] ; puis la *faculté distinctive* [*i.e.* la faculté cogitative] distingue l'intention de cette forme de sa description ; puis la *faculté rétensive* reçoit ce que la faculté distinctive a distingué » (cf. D. Black, "Memory, Individuals, and the Past in Averroes's Psychology", *Medieval Philosophy and Theology*, 5 [1996], p. 168-169). Dans la traduction latine de son *Grand Commentaire* sur le *De anima*, ces trois facultés sont désignées par la triade : « (*virtus*) *imaginativa, cogitativa, rememorativa* » — trois facultés dont la fonction est de « rendre présente la forme de la chose imaginée en l'absence de sensation correspondante ».

Les cinq facultés distinguées par Avicenne — (*a*) sens commun (*banṭāsiā* [بنطاسيا]), (*b*) imagination, (*c*) imaginative (chez l'animal) = cogitative (chez l'homme), (*d*) estimative, (e) mémoire — sont donc ainsi recombinées chez Averroès : (1) *imaginativa* = (a), (*b*), (2) *cogitativa* = (*c*), (*d*), (3) *rememorativa* = (e). De fait, le rôle particulier de la « cogitative », faculté dotée d'un « caractère rationnel », consiste soit (1) à déposer dans la mémoire l'« intention » de la forme imaginée prise avec l'individu servant de substrat à cette forme, soit (2) à la distinguer de lui dans la faculté imaginative (*al-mutakhayyila* [المتخيّلة]) ou « formative » (*al-muṣawwira* [المصوِّرة]) et l'« imagination ». La cogitative est donc en position médiane, en relation avec les deux autres facultés : avec l'imagination, par son activité abstractive, qui porte sur des images, avec la mémoire, par son activité de dépôt, qui consiste à transmettre les intentions individuelles abstraites à une instance réceptive. C'est dans ce dépôt que sont puisées les « intentions imaginées » nécessaires au processus noétique de l'abstraction : la coopération des facultés du sens interne permet la « présentation de l'image d'une chose sensible » sur laquelle s'exerce l'activité de la « *virtus rationalis abstracta* », qui, comme intellect agent, « en extrait une intention universelle », puis, comme intellect matériel, la « reçoit » et la « saisit » (ou « comprend » ou « pense »). Pour Averroès, la distinction entre « faculté cogitative » et « intellect » (cf. *In De anima* II, comm. 29 ; éd. Crawford, p. 172, 25-173, 32, à propos de 414b 18 : « *Deinde dixit :* Et in aliis distinguens et intellectus. *Idest, et ponamus etiam pro manifesto quod virtus cogitativa et intellectus existunt in aliis modis animalium que non sunt homines* ») est méconnue dans la tradition galénique. Elle est également méconnue par tous ceux qui attribuent à Aristote une doctrine de l'intellect comme « faculté existant dans un corps ». Dans la tradition scolastique, « cogitative » conserve généralement cette acception. Certains auteurs accentuent cependant l'aspect d'« abstraction individuelle ». Si la cogitative ne produit pas de concepts universels, elle présente ou livre au moins la forme individuelle d'une chose en tant qu'elle est telle « chose » (par ex. un « homme » ou une « ligne »), « forme » individuelle qui ne se réduit pas à la collection des accidents propres ou communs qui caractérisent chaque individu en tant qu'« individu » (*cet homme-ci, cette ligne-ci*).

> *[...] ipsa* [= *virtus cogitativa*] *cognoscit intentiones, id est formas individuales omnium decem praedicamentorum, ut formam individualem huius hominis, secundum quod hic homo, et hanc lineam* [...] *et huiusmodi plura ita quod non tantum cognoscit accidentia sensibilia communia et propria, sed intentionem non sensatam, et exspoliat eam ab eis, quae fuerunt ei coniuncta de sensibilibus communibus et propriis.*
>
> [C'est elle qui connaît les intentions, c'est-à-dire les formes individuelles de ce qui tombe sous l'une quelconque des dix catégories, comme la forme individuelle de cet homme-ci, en tant qu'il est cet homme-ci, ou comme cette ligne-ci (...) et bien d'autres choses du même type, de sorte qu'elle ne connaît pas seulement les accidents sensibles communs et propres, mais aussi l'intention non sensible, qu'elle extrait et dégage des sensibles communs et propres qui lui sont joints.]
>
> Jean de Jandun, *Super libros Aristotelis De anima*, Venise, 1587 [reprint Francfort, Minerva, 1966], p. 214.

BIBLIOGRAPHIE

DAVIDSON Herbert A., *Alfarabi, Avicenna and Averroes, on Intellect. Their Cosmologies, Theories of the Active Intellect, and Theories of Human Intellect*, New York-Oxford, Oxford UP, 1992.

ELAMRANI-JAMAL Abdelali, « Averroès : la doctrine de l'intellect matériel dans le *Commentaire moyen* au *De anima* d'Aristote. Présentation et traduction, suivie d'un lexique-index du chapitre 3, livre III : *De la faculté rationnelle* », in A. de LIBERA, A. ELAMRANI-JAMAL et A. GALONNIER (éd.), *Langages et Philosophie, Hommage à Jean Jolivet*, Vrin, « Études de philosophie médiévale », LXXIV,1997, p. 281-307.

Cette complexe classification, qui permet de dégager un aspect métalinguistique, en repérant une possibilité d'application réciproque au double niveau du langage mental et du langage conventionnel (puisque le nom de seconde imposition peut s'appliquer à un concept mental, et que le nom de seconde intention peut s'appliquer à un signe conventionnel), est, si l'on fait abstraction de la thèse ontologique « particulariste » qui porte tout le système, un des trois piliers de la doctrine des universaux.

V. L'INTENTIONNALITÉ COMME THÉORIE ANTI-ARISTOTÉLICIENNE

A. Action des choses ou de l'intellect ?

Même si, on l'a vu, elle procède d'une relecture de *De anima*, III, 8, 431b 30-432a 1, la théorie médiévale de l'intentionnalité est, dans une certaine mesure, anti-aristotélicienne. Plus exactement, elle s'oppose à la dimension naturaliste de la notion d'impression psychique élaborée par les commentateurs à partir des premières lignes du *De interpretatione*. L'idée d'une présence intentionnelle de la chose à l'intellect a, de fait, pour principale fonction de rompre avec une lecture strictement empiriste et inscriptioniste de la de la *passio animae*, attribuant à Aristote une réduction des concepts à de simples impressions (ou similitudes) des choses « dans » l'âme. Grâce à l'intentionnalité comprise comme orientation de l'intellect vers l'objet, l'explication de la pensée par l'impression d'une « espèce » (*species*) en l'âme par la chose elle-même — modèle causal qui pose le problème du passage de l'impression sensible au concept intelligible, et rend nécessaire une distinction entre deux types de *species* : l'« espèce imprimée, *species*

3

Intentions et imposition selon Guillaume d'Ockham

Ockham appelle « noms de première imposition » les signes catégorématiques, mots oraux ou écrits, qui signifient conventionnellement des choses extramentales individuelles ; « intentions premières », les signes conceptuels naturels des choses individuelles auxquels ils sont subordonnés ; « noms de seconde imposition », les mots oraux ou écrits catégorématiques signifiant conventionnellement d'autres signes conventionnels ; « intentions secondes », les signes conceptuels catégorématiques mentaux signifiant naturellement d'autres signes mentaux. Cette grille générale s'avère, dans l'application concrète, d'une remarquable complexité : l'expression « nom de seconde imposition » s'entend, en effet, de deux manières : (1a) au sens large, est nom de seconde imposition tout nom qui signifie des sons institués conventionnellement en tant que sons institués conventionnellement, c'est-à-dire en tant que significatifs, qu'il soit ou non applicable aux intentions de l'âme (qui sont des signes naturels). C'est le cas des expressions telles que « nom », « pronom », « conjonction », « verbe », « cas », « nombre », « mode », « temps », etc., « comprises comme en use le grammairien », c'est-à-dire « pour signifier des parties du discours *pendant* qu'elles signifient » (les noms prédicables de sons vocaux aussi bien *quand* ils ne signifient pas que *quand* ils signifient ne sont donc pas des noms de seconde imposition). (1b) Au sens strict, est nom de seconde imposition tout nom qui signifie des signes conventionnellement institués sans pouvoir être appliqué aux intentions de l'âme (qui sont des signes naturels). C'est le cas des expressions telles que « conjugaison » ou « figure », qui ne peuvent (et c'est la seule raison de les exclure des noms de seconde imposition au sens strict) signifier une intention de l'âme, puisqu'il n'y a pas de distinctions de conjugaison et de figures pour les verbes « mentaux ».

Les noms de première imposition sont tous les noms qui ne sont ni noms au sens (1a) ni noms au sens (1b). Toutefois, l'expression « nom de première imposition » s'entend de deux manières : (2a) au sens large, tout ce qui n'est pas nom de seconde imposition est nom de première imposition : en ce sens, les termes syncatégorématiques sont des noms de première imposition ; (2b) au sens strict, seuls les noms catégorématiques qui ne sont pas des noms de seconde imposition sont des noms de première imposition.

Les noms de première imposition au sens strict de (2b) sont eux-mêmes de deux sortes, c'est-à-dire certains (3a) sont des noms de seconde intention, d'autres (3b) sont des noms de première intention. Les noms de seconde intention sont ceux qui sont « précisément » imposés pour signifier des intentions de l'âme ou « précisément » imposés pour signifier à la fois des intentions de l'âme qui sont des signes naturels et d'autres signes qui sont institués conventionnellement (ou ce qui caractérise de tels signes). Il y a donc (3a1) un sens large et (3a2) un sens strict de l'expression « noms de seconde intention ». Au sens large (3a1), un nom de seconde intention est un nom qui signifie des intentions de l'âme (qui sont des signes naturels) et qui peut aussi signifier ou non « des signes institués conventionnellement, uniquement *pendant* qu'ils sont signes », c'est-à-dire des noms de seconde imposition au sens (1a). Au sens (3a1) un nom de seconde intention peut ainsi être en même temps un nom de seconde imposition. C'est le cas des noms utilisés à propos de ce qu'on appelle les « universaux ». Les noms « genre », « espèce », etc., tout comme les noms « universel » et « prédicable » sont des noms de seconde intention parce qu'ils ne signifient « rien d'autre » que des intentions de l'âme (qui sont des signes naturels) ou des signes institués arbitrairement. Au sens strict (3a2), un nom de seconde intention est un nom qui signifie seulement des intentions de l'âme (qui sont des signes naturels). Au sens (3a2), « aucun nom de seconde intention n'est donc un nom de seconde imposition ».

Les noms de première intention sont tous les autres noms, c'est-à-dire ceux qui signifient des choses qui ne sont ni des signes ni ce qui caractérise ces signes. Mais, là encore, on peut distinguer entre (3b1) les noms qui signifient « précisément » des choses qui ne sont pas des signes destinés à supposer pour d'autres choses et (3b2) les noms qui signifient simultanément de telles choses et des signes, comme les noms « chose », « être », « quelque chose » (*aliquid*), etc., c'est-à-dire, ce que les scolastiques appellent les « transcendantaux ».

Il y a donc des signes qui signifient à la fois des signes conventionnels et des concepts mentaux : ce sont les noms de seconde imposition au sens large (1a), qui sont soit des mots oraux, soit des mots écrits, et les noms de seconde intention au sens large (3a1), qui sont des concepts. Il y a aussi des noms qui sont à la fois de première imposition et de seconde intention : de première imposition, parce qu'ils ne signifient pas un signe conventionnel, mais de seconde intention, parce qu'ils signifient un concept mental : c'est le cas par excellence du mot oral « concept ».

impressa, dans les sens » et l'« espèce exprimée, *species expressa*, dans la pensée » — cède le pas à la description du processus par lequel une puissance cognitive s'oriente par son acte vers un objet pour s'y terminer. En termes aristotéliciens, la théorie de l'intentionnalité opère donc un déplacement de problématique : il ne s'agit plus d'expliquer quelle action les choses extérieures exercent sur l'âme par l'intermédiaire des espèces sensibles, mais de décrire la manière dont l'intellect, entendu comme puissance d'appréhension (« *potentia apprehensiva* »), passe à l'acte (*perficitur*) et se termine (*terminatur*) comme saisie « de quelque chose » (voir « *aisthêsis* » sous SENS).

C'est chez Duns Scot que la théorie trouve sa formulation canonique, quand il pose que « dans une puissance appréhensive, le principe moteur n'a pas à être l'objet propre de cette puissance sous l'angle où il est moteur, mais l'objet sous l'angle où il *termine* ladite puissance », c'est-à-dire lui sert de terme, de pôle d'actualisation, de « terminaison » — ce qui revient à dire que « la puissance cognitive n'a pas tant à recevoir l'espèce de l'objet (*recipere speciem objecti*) qu'à s'orienter vers lui par son activité (*tendere per actum suum in objectum*) ».

B. Intention, représentation et visée

La thèse brentanienne de l'« in-existence intentionnelle » définissant les phénomènes psychiques par le fait de « contenir intentionnellement en eux un objet » va de pair avec une seconde thèse, aussi populaire, affirmant que tout acte mental est soit une représentation (*Vorstellung*) soit « fondé sur une représentation » (ce qui est le cas, par exemple, du jugement ou du mouvement affectif). Dans l'école de Brentano la question de l'intentionnalité se développe donc spontanément à partir de la notion de représentation, celle-ci étant prise comme essentiellement « orientée » vers un objet (*Gegenstand*). La notion d'objet intentionnel est alors explorée du point de vue de la représentation, sur le fond d'une distinction entre l'ob-stant lui-même, le *Gegen-stand* (« l'objet tenu pour indépendant de la pensée » ou l'objet « en tant qu'il se tient en face » de la pensée et est « ce sur quoi se dirige notre représenter », cf. K. Twardowski, *Zur Lehre von Inhalt und Gegenstand der Vorstellungen*, Vienne, 1894, p. 4, trad. fr. J. English, in *Husserl-Twardowski. Sur les objets intentionnels (1893-1901)*, Vrin, 1993, p. 88) et « l'objet immanent » (« *immanentes Objekt* ») ou « contenu » (*Inhalt*) de la représentation, qui, seul, mérite, au sens propre, le titre d'« objet intentionnel ». Dans ce cadre, le cas des « représentations sans objets » (« *gegenstandslose Vorstellungen* »), selon la terminologie jadis introduite par Bolzano, doit, cependant, être redéfini. Il ne suffit pas de dire que toute représentation a un contenu, mais qu'à chaque représentation ne correspond pas pour autant un ob-stant. Il est faux, en rigueur de termes, de parler de représentations « inobjectives ». Selon Twardowski, il n'y a pas de représentation « qui ne représenterait pas quelque chose en tant qu'objet » (p. 25, trad. fr. p. 110), de représentations « auxquelles ne correspondrait aucun objet », il y a, en revanche, nombre de représentations « dont l'objet n'existe pas » (p. 29, trad. fr. p. 114). Même si ces remarques restent très en deçà de l'« élargissement de la sphère de l'objet au-delà même de l'être et du non-être », qu'apportera seul A. Meinong dans sa « Théorie des objets », l'idée de « représentations dont les objets n'existent pas » expose une des problématiques fondamentales véhiculées par la notion d'intentionnalité (voir RES).

La théorie médiévale de la visée (*aspectus*) objectuelle relève, en ce sens, de la proto-histoire des « *gegenstandslose Vorstellungen* » (représentations sans objets). Selon cette théorie, spécialement élaborée par Pierre-Jean Olieu [Olivi] vers 1280, tout acte cognitif (sensible ou intelligible) requiert un *aspectus* « ayant pour terme actuel un objet » ou, plus littéralement, « se terminant en acte sur un objet » (« *super objectum actualiter terminatus* »). Cela ne veut pas dire que le principe de l'acte cognitif doive être dans tous les cas un objet réel, fonctionnant comme cause de la perception : dans bien des cas, au contraire, c'est un objet substitutif, purement « terminatif et représentatif » qui est le principe de l'acte cognitif, par exemple une « espèce » mémorielle (s'il y va de la « pensée d'objets absents »), qui se « présente à la place de la chose extérieure », quand « celle-ci ne s'objecte pas elle-même à la visée » (Pierre-Jean Olieu, *Quaestiones in II librum Sententiarum*, q. 74, éd. B. Jensen, Quaracchi, 1922-1926, vol. 3, p. 113). La représentation, image ou *species*, « objet présentiel » (*praesentialis*), assure ainsi une présence substitutive, qui « s'objecte à la visée et la termine », là où aucun objet n'est (réellement) présent. La distinction entre objet terminatif et objet causal donne une portée plus intéressante à l'intentionnalité entendue comme orientation vers un objet.

C. Intention / in-tension / pro-tension

Si la triade in-tension, pro-tension, ré-tension connaît une fortune particulière dans l'analyse phénoménologique de la conscience intime du temps, la structure intentionnelle de la pensée même est présentée au Moyen Âge en termes de pro-tension. Le lexique de la « tension » (*in*/*pro*) immanente à l'intentionnalité est fixé au XIVe siècle. Il s'y combine avec celui de la « visée », exprimé avec et autour de la notion augustinienne et boécienne de « pointe de l'esprit », « *acies mentis* » (voir AGUTEZZA). Pour les médiévaux, dire que la « puissance intentionnelle », « *vis intentiva* », d'une faculté cognitive (« *potentia cognitiva* ») « se tend vers un objet » (« *in objectum intendit* »), c'est dire qu'elle « s'étend vers lui à l'intérieur d'elle-même » (« *intra se protenditur* ») et que, « dans cette protension » même, « elle pointe vers ce qui lui est ob-jecté » (« *et protendendo acuitur quod est acute ad aliquod sibi objectum intenta* »). L'« acuité » ne désigne donc pas une modalité circonstancielle de la pensée, sujette à variation : elle est un trait constitutif de son intentionnalité. L'intention, en tant que « visée actuelle » (« *aspectus actualis*) », est fondamentalement pro-tensive, mouvement de tension, de déploiement par lequel une faculté cognitive « s'aiguise », « pointe », en direction de l'objet (Pierre-Jean Olieu, *ibid.*, vol. 3, p. 64).

Alain de LIBERA

BIBLIOGRAPHIE

BIARD Joël, « Intention et signification chez Guillaume d'Ockham. La critique de l'être intentionnel », *in* A. de LIBERA, A. ELAMRANI-JAMAL et A. GALONNIER (éd.), *Langages et Philosophie. Hommage à Jean Jolivet*, Vrin, 1997, p. 201-220.

BLACK Deborah L., "Mental Existence in Thomas Aquinas and Avicenna", *Mediaeval Studies*, 61, 1999, p. 45-79.

BOULNOIS Olivier, *Être et Représentation. Une généalogie de la métaphysique moderne à l'époque de Duns Scot (XIIIe - XIVe siècles)*, PUF, 1999.

BRENTANO Franz, *Psychologie vom empirischen Standpunkt* [1874], O. Kraus (éd.), Hambourg, Meiner, 1974, 2 vol. ; trad. fr. F. Brentano, *La Psychologie au point de vue empirique*, trad. fr. M. de Gandillac, Aubier-Montaigne, 1944.

CASSIN Barbara, *Aristote et le logos. Contes de la phénoménologie ordinaire*, PUF, 1997.

— « Enquête sur le *logos* dans le traité *De l'âme* », *in* G. Romeyer Dherbey (éd.), *Études sur le « De anima » d'Aristote*, Vrin, 1996, p. 257-293

CAYLA Fabien, *Routes et déroutes de l'intentionnalité. La correspondance R. Chisholm-W. Sellars*, Combas, Éd. de l'Éclat, 1991.

CHISHOLM Roderick M., *Theory of Knowledge*, Englewood Cliffs, N.J., Prentice-Hall, 2e éd. 1977.

DENERY D.G., "The Appearance of Reality : Peter Aureol and the Experience of Perceptual Error", *Franciscan Studies*, 55, 1998, p. 27-52.

HAMESSE Jacqueline (éd.), *Aux origines du lexique philosophique européen* (Fédération internationale des instituts d'études médiévales), Louvain-la-Neuve, « Textes et études du Moyen Âge » 8, 1997.

HUSSERL Edmund, *Méditations cartésiennes. Introduction à la phénoménologie*, trad. G. Peiffer et E. Levinas, Vrin, 1953.

LAMBERTINI Roberto, « La teoria delle *intentiones* da Gentile da Cingoli a Matteo da Gubbio. Fonti e linee di tendenza », *in* D. BUZZETTI, M. FERRIANI et A. TABARRONI (éd.), *L'Insegnamento della logica a Bologna nel XIV secolo* (Studi e memorie per la storia dell'università di Bologna, N.S., VIII), Bologne, Istituto per la storia dell'università), 1992, p. 277-351.

LLOYD Antony C., *Form and Universal in Aristotle*, Liverpool, 1980.

MÜNCH Dieter, *Intention und Zeichen. Untersuchungen zu Franz Brentano und zu Edmund Hussserls Frühwerk*, Francfort, Suhrkamp, 1993.

NORMORE Calvin, "Meaning and Objective Being; Descartes and His Sources", *in* A. ORKSENBERG RORTY (éd.), *Essays on Descartes' Meditations*, Berkeley-Los Angeles-Londres, University of California Press, 1986, p. 223-241.

PÉPIN Jean, « Clément d'Alexandrie, les *Catégories* d'Aristote et le fragment 60 d'Héraclite », *in* P. AUBENQUE (éd.), *Concepts et Catégories dans la pensée antique*, Vrin, « Bibliothèque d'histoire de la philosophie », 1980, p. 271-284.

PERLER Dominik (éd.), *Ancient and Medieval Theories of Intentionality*, Leiden, Brill, 2001.

— *Theorien der Intentionalität im Mittelalter*, Francfort, Vittorio Klostermann, « Philosophische Abhandlungen », vol. 82, 2002.

PINBORG Jan, "Radulphus Brito's Sophism on Second Intentions", *Vivarium*, 13, 1975.

PUTNAM Hilary, *Représentation et Réalité*, trad. fr. Cl. Engel-Tiercelin, Gallimard, 1990.

RICHARDSON R., "Brentano on Intentional Inexistence and the Distinction between Mental and Physical Phenomena", *Archiv für Geschichte der Philosophie*, 64, 1982, p. 250-282.

SEARLE John R., *Intentionality: An Essay in the Philosophy of Mind*, Cambridge-New York, Cambridge UP, 1983.

SORABJI Richard, "From Aristotle to Brentano: The Development of the Concept of Intentionality", *Oxford Studies in Ancient Philosophy*, suppl. vol. 9, 1991, p. 227-259.

TACHAU Katherine, *Vision and Certitude in the Age of Ockham. Optics, Epistemology and the Foundations of Semantics (1250-1345)*, Leiden, Brill, 1988.

INTUITION

INTUITION *Intuition* provient du lat. *intuitio* qui désigne, dans la traduction que Chalcidius propose du *Timée* de Platon, l'image réfléchie dans un miroir. Le terme dérive du verbe *intueri* qui signifie « voir, porter ses regards » (*tueri* signifie « voir » et « garder, protéger »), avec une connotation intensive — attentivement, fixement, admirativement, immédiatement, d'un seul coup —, et s'applique aussi bien à la vue au sens propre, celle des yeux du corps, qu'à la vue métaphorique par les yeux de l'âme. L'intuition est ainsi la vision directe d'un donné qui se présente immédiatement comme réel ou comme vrai, conjuguant dans la modernité une source cartésienne (clarté et évidence) et une source kantienne (objectivité de l'objet).

I. INTUITION ET ÉVIDENCE

1. Intuition, sensation, intellect

Le premier réseau est celui de l'intuition sensible, liée à l'immédiateté de la perception et, par là, à sa vérité : voir PERCEPTION (et l'encadré 3, « *Wahrnehmung* »), SENS (en part. I, A, et l'encadré 1, « *Aisthêton* ») ; cf. *SENTIR*, VÉRITÉ. Le second est lié à l'intuition intelligible, qui porte sur les idées (voir IDÉE). Le fr. *intuition* sert à rendre une grande diversité de termes désignant, dès avant Platon, ce type d'intellection instantanée ; il traduit très fréquemment le gr. *nous* [νοῦς], « esprit », ou *noêsis* [νόησις], « pensée », et même *noêma* [νόημα], « objet de pensée », quand il s'agit de les faire contraster avec des procédures plus discursives comme la *dianoia* [διάνοια], « intelligence » ; mais c'est tout aussi justement la traduction d'*epibolê* [ἐπιϐολή] (sur *epiballô* [ἐπιϐάλλω], « jeter sur », d'où les sens classiques d'« imposition, apposition, superposition, impôt, projet ») qui désigne, dans une terminologie qui va d'Épicure jusque par-delà Plotin, l'application directe de l'esprit. Le passage par le latin est non moins complexe : *intellectus* est bien l'une des traductions de *nous* (mais l'une seulement, voir la traduction par *sensus* sous SENS), or il n'est pas rendu en français par *intuition* mais par *intellect* ou *entendement* ; et c'est *intuitus* qu'on trouve dans les textes philosophiques de l'Âge classique européen, chez Descartes par exemple (les scolastiques avaient forgé *notitia* ou *cognitio intuitiva* qui passe à Spinoza et à Leibniz) : sur ce nœud de vocabulaire, lié au nom des facultés, voir ENTENDEMENT, INTELLECT, INTELLECTUS ; cf. CONCEPTUS, *RAISON*.

2. Intuition et rapport au divin

L'intuition, *via* le *nous* et l'*intellectus*, est l'une des manières de caractériser Dieu : voir, outre INTELLECTUS, TERME (encadré 2, « Science... »), et cf. DIEU, LOGOS.

L'importance théologique de l'intuition est en rapport avec le problème de la « vision béatifique » ou de la « transparence », plus tard transposée dans la métaphysique de Malebranche en « vision en Dieu » ; elle est ainsi voisine et concurrente à la fois de la thématique de la vérité comme « lumière » ou « éclaircie » : voir LUMIÈRE, SVET, VÉRITÉ ; cf. DIAPHANE, OIKONOMIA.

3. Intuition et subjectivité

L'aperception proprement dite, liée à la conscience que le sujet a de soi-même, constitue un cas très particulier d'intuition ; voir, outre PERCEPTION-APERCEPTION, ÂME,

CONSCIENCE, ERLEBEN, JE, SENS, *SENS COMMUN, SOI*, SUJET, TATSACHE (et ci-dessous, III) ; cf. *ACTE, CERTITUDE*, DASEIN.

Le rapport constitutif à soi ouvre sur la singularité de l'individu : voir GÉNIE, INGENIUM, *PERSONNE*. L'intuition caractérise alors un comportement intelligent, mais toujours spontané ou soudain, venant peut-être d'en deçà de la philosophie, dans une certaine analogie de la *noêsis* avec le « flair » (voir encadré 1, « Aux origines du *noûs* : le flair », dans ENTENDEMENT) ; on l'entend sous les connotations de *ḥads* [الحدس] dans l'arabe d'Avicenne (voir encadré 1, « Intuition, ar. *ḥads* », dans INGENIUM) ; on le retrouverait dans l'opposition que font les anglophones entre l'*intuition* sémantique et l'*insight* pragmatique (la « vue » qui illumine ou éclaircit la difficulté).

Plus généralement, la position de sujet détermine une *Weltanschauung*, une « intuition du monde », dont le sens se déploie entre cosmologie et romantisme, voire idéologie : voir WELTANSCHAUUNG.

II. INTUITION ET OBJET DE L'INTUITION

1. Les usages d'« Anschauung »

La révolution kantienne coupe en deux l'histoire des usages d'*Anschauung* (et d'*intuition*) dans la mesure où elle oppose à l'intuition intellectuelle (*intuitio intellectualis* est déjà chez Nicolas de Cues), héritière de la *noêsis* et donc en contraste avec l'empirique et le monde sensible, le paradoxe d'une intuition sensible (*sinnliche Anschauung*) néanmoins susceptible d'être « pure », qui constitue le fondement de la donnée des phénomènes ou du divers de l'expérience. La première est, pour Kant, radicalement illusoire, la seconde forme système avec le concept (*Begriff*) pour constituer le champ de la représentation. Sur la singularité du vocabulaire kantien, voir BEGRIFF (et *CONCEPT*), ERSCHEINUNG, GEGENSTAND, RÉALITÉ, REPRÉSENTATION, SEIN ; cf. OMNITUDO REALITATIS. Cette révolution est corrélative de l'élargissement de la signification de l'« esthétique » en science générale de la sensibilité : voir ESTHÉTIQUE ; cf. GEFÜHL/EMPFINDUNG, SENS.

En traduction française, on peut faire correspondre *comprendre* ou *penser* à l'activité du *Begriff*, mais il manque un terme technique pour *anschauen* ; on forge donc *intuitionner* ; voir, outre BEGRIFF : GEMÜT (en part. encadré 1, « *Gemüt* dans la *Critique...* ») et ALLEMAND.

Au-delà de Kant, l'idéalisme transcendantal explore la possibilité de dégager l'intuition pure du sensible sans pour autant la référer à une « chose en soi » nouménale, donc en lui conférant une signification d'activité constitutive : voir TATSACHE. À l'inverse, l'épistémologie de la physique quantique explore un problème de visualisation qui n'est pas lié à un donné sensible mais à une possibilité théorique de représentation : voir ANSCHAULICHKEIT, et l'évolution particulièrement significative du sens de ce terme.

2. Le « donné »

L'intuition implique un certain mode d'accès à l'objet. Son caractère d'évidence immédiate culmine dans la problématique du donné et de la « donation sans donateur » : voir ES GIBT, HÁ, et, plus généralement, *IL Y A*.

La philosophie contemporaine se divise entre une dévalorisation de l'intuition au bénéfice de la pratique dans la tradition marxiste : voir PRAXIS ; et la reconstitution d'une doctrine de l'intuition des essences, par-delà la critique kantienne du monde intelligible, chez Husserl et dans une partie de la tradition phénoménologique, avec la thématique de la *Wesenschau* ou *Wesenanschauung* : voir GEGENSTAND.

III. INTUITION ET INTUITIONNISMES

Intuitionnisme se prend en plusieurs sens, qui renvoient tous à une valorisation de l'immédiateté d'un type de connaissance.

Sur son usage en morale, en particulier dans le domaine anglo-saxon, voir FAIR, et cf. MORAL SENSE, UTILITY, WERT.

Sur son usage en épistémologie des mathématiques, et plus généralement dans le champ de la philosophie analytique, où l'« intuitionnisme » (Poincaré, Brouwer) est opposé au « formalisme » et au « logicisme », voir ÉPISTÉMOLOGIE, PRINCIPE, et cf. ANSCHAULICHKEIT.

► BEAUTÉ, BILD, COMPARAISON, *IMAGINATION, INSTANT*, INTENTION, MÉMOIRE, MERKMAL, SIGNE

ISTINA [истина] RUSSE – fr. *vérité*

gr.	*alêtheia* [ἀλήθεια]
hébr.	*'èmèṯ* [אֱמֶת]
lat.	*veritas*
angl.	*truth*

► VÉRITÉ, et DASEIN, ***ÊTRE***, MIR, ***MONDE***, POSTUPOK, PRAVDA, RÉALITÉ, RUSSE, SOBORNOST', SVOBODA

Le mot russe istina [истина], *à la différence de sa traduction française « vérité », possède en premier lieu un sens ontologique : il signifie « ce qui est, ce qui existe vraiment ». Par rapport à ce sens ontologique, le sens épistémologique de « ce qui est dit en conformité avec la réalité, jugement vrai » est secondaire et dérivé. Le sens logique de « véridicité » est d'ailleurs rendu par un autre substantif russe,* istinnost' [истинность], *si bien que* istina *et* istinnost' *sont, par exemple, traduits en anglais par le même mot* truth. *Dans la philosophie russe, il existe une opposition fondamentale entre l'*istina *comme existence vraie et l'*istina *comme jugement véritable. Dégagé de l'acception épistémologique, le terme* istina *peut ensuite s'entendre de deux façons opposées. Dans la philosophie de Vladimir Soloviev, il possède un caractère objectif et impersonnel : l'*istina, *c'est l'auto-identité objective de la réalité ; mais, chez les existentialistes, l'*istina *reçoit un sens dynamique : « ce qui est » n'est autre que l'identité de l'acte et de l'événement.*

I. « ISTINA » : LA VÉRITÉ COMME RÉALITÉ ET IDENTITÉ À SOI DE L'ÊTRE

Le mot russe contemporain *istina* [истина], comme le slavon *istina*, correspond au grec *alêtheia*. Il vient du slavon *ist*, *istov*, « vrai », « véritable » (Vasmer, *Ètimologičeskij slovar' russkogo jazyka* [Dictionnaire étymologique de la langue russe], p. 144 ; Preobrazhenskij, *Ètimologičeskij slovar' russkogo jazyka* [Dictionnaire étymologique de la langue russe], t. 1, p. 275-276). Les dictionnaires proposent trois versions de l'étymologie de *ist* : selon l'hypothèse la plus ancienne, ce terme est dérivé de l'indo-européen *es-* (être) ; selon une autre, il est formé du préfixe *iz-* et de la forme *sto-* (qui est debout), comme le latin *ex-sistere*, *ex-stare* ; enfin, d'après Vasmer, la version plus probable rattache *ist* et *istina* à la forme pronominale *is-to* (le même), analogue au latin *iste*. *Ist* signifie « le même » en bulgare contemporain, comme le slovène *îsti*, le serbe et le croate *ìstî* (Vasmer, *op. cit.*, p. 144).

Paul Florensky, dans *La Colonne et le Fondement de la vérité*, fait une étude comparative des notions de vérité chez les Slaves, les Grecs, les Romains et les Juifs. Pour lui, le grec *alêtheia* [ἀλήθεια] aurait le caractère gnoséologique de « ce qui résiste à l'oubli », tandis que le latin *veritas* a d'abord un sens cultuel et juridique (c'est l'« état réel de la chose jugée ») et que l'hébreu *'èmèṯ* [אֱמֶת] « relève de l'histoire sainte, de la théocratie » (parole fidèle et promesse sûre). À propos du terme russe, P. Florensky écrit :

> Notre mot russe de « vérité », *istina*, se rapproche linguistiquement du verbe « être » : *istina - estina*. Ainsi, selon l'acception russe, *istina* a fixé en soi la notion de réalité absolue : *istina*, c'est ce qui est (*suščee* [сущее]), ce qui existe vraiment (*podlinno suščestvujuščee* [подлинно существующее]), *to ontôs on* ou bien *ho ontôs ôn* ; par opposition à ce qui est illusoire, apparent, non réel, sans permanence. La langue russe marque dans le mot *istina* l'aspect ontologique de cette idée. Aussi *istina* signifie-t-il une auto-identité absolue et donc une égalité avec soi-même, une exactitude, une authenticité (*podlinnost'* [подлинность]) absolues.
>
> *La Colonne et le Fondement de la vérité*, p. 17.

Le terme *suščee* (en grec, *to ontôs on* [τὸ ὄντως ὄν]) est traduit en français par « ce qui est » ou « l'être » (Berdiaev, *Khomiakov*, p. 195), par « existant concret » (Berdiaev, *Essai de métaphysique eschatologique*, par ex., p. 111) et, rarement, par « étant » (Berdiaev, *Khomiakov*, *op. cit.*, p. 196). Si, en français, on oppose *étant* et *existant*, en russe *suščestvujuščee* (ce qui existe) et *suščee* sont considérés comme synonymes, de même que *bytie* [бытие] (être) et *suščestvovanie* [существование] (existence) ; leur opposition exige d'ordinaire une référence au français *existence* ou à l'allemand *Existenz*. Ainsi, en situant l'*istina* dans ce champ ontologique, Florensky la rapporte à l'identité de l'être en soi.

C'est en raison de ce concept ontologique de vérité que les philosophes russes sont souvent portés à insister sur l'opposition fondamentale entre la vérité comme être (*bytie*) authentique et la vérité comme jugement véritable. Nicolas Berdiaev en fait le constat :

> Les Russes n'admettent pas que la vérité (*istina*) puisse être découverte par la voie purement intellectuelle, par le raisonnement, ils n'admettent pas que la vérité (*istina*) ne soit que jugement. Et aucune théorie de la connaissance, aucune méthodologie n'est capable apparemment d'ébranler cette conviction pré-rationnelle des Russes, à savoir que la saisie de ce qui est n'est donnée qu'à la vie intégrale de l'esprit, à la plénitude de la vie.
>
> *Khomiakov*, p. 81-82.

L'*istina*, ainsi comprise comme être et identité du réel n'est pas accessible au sujet purement logique ou intellectuel, mais relève toujours d'un acte de la personne, d'un choix de soi.

II. L' « ISTINA » ET LE SUJET SUPRA-PERSONNEL (SOLOVIEV)

Il y a cependant deux manières de concevoir le rapport à l'*istina*. La première, chez Vladimir Soloviev, lie l'objectivité de l'être (l'*istina* comme *ousia*, substance et quiddité) au dépassement de la subjectivité. Par réaction à celle-ci, la seconde manière, celle des existentialistes russes, interprète l'*istina* comme *energeia* [ἐνέργεια], acte et exercice, ancrés dans la personne. Dans sa *Teoretičeskaja filosofija* (Philosophie théorétique), Soloviev établit une distinction entre la vérité d'un fait isolé, ou vérité logique formellement universelle, et la vérité proprement dite, c'est-à-dire la vérité comme *bezuslovno-suščee* [безусловно-сущее] (ce qui existe d'une manière absolue). *Bezuslovno-suščee* est un substantif composé du participe substantivé qui correspond au grec *to on* [τὸ ὄν] (l'étant) et de l'adverbe *bezuslovno* (inconditionnellement), analogue au grec *an-upothetôs* [ἀνυποθέτως]. La vérité en ce dernier sens constitue l'objet, peut-être inaccessible, de l'entreprise hasardeuse qu'est la philosophie. Bien que la philosophie soit une affaire personnelle, elle exige qu'on dépasse les limites de l'existence particulière. Soloviev écrit :

> La vraie philosophie commence lorsque le sujet empirique s'élève par l'inspiration supra-personnelle jusqu'au domaine de la vérité (*istina*). Car, même si l'on ne peut définir par avance ce qu'est la vérité (*istina*), au moins on doit dire là où elle n'est pas. Elle n'est pas dans le domaine du moi séparé et isolé...
>
> *Teoretičeskaja filosofija* [Philosophie théorétique], *op. cit.*, p. 213.

En somme, la vérité, à savoir « ce qui existe vraiment », est objective. C'est pourquoi elle ne se révèle qu'à l' « esprit », c'est-à-dire au sujet supra-personnel ou proprement philosophique (*dux* [дух], « esprit »), en tant qu'il se distingue du sujet empirique (*duša* [душа], « âme ») et du sujet logique (*um* [ум], « intellect »). Pour Soloviev, penseur classique du XIXe siècle qui se situe dans la ligne de Hegel et du rationalisme, l'*istina* est ainsi l'identité à soi du monde objectif supra-personnel ; elle se révèle à l'esprit qui se pense lui-même.

III. L' « ISTINA » ET L'EXISTENTIALISME

Face à l'objectivisme de Soloviev, on trouve dans l'existentialisme russe trois interprétations distinctes de l'*istina* : elle peut s'inscrire dans une problématique individualiste avec Chestov, dans une problématique créationniste avec Berdiaev ou dans une problématique éthique avec Bakhtine.

A. Léon Chestov : « istina » et singularité de la personne (« ličnost' »)

Dans le quatrième chapitre de *Athènes et Jérusalem* (1951), Chestov oppose la *vérité* (*istina*) aux *vérités* (*istiny* [истины], pluriel d'*istina*) :

> En recherchant les sources de l'être, la métaphysique n'a pu trouver la vérité (*istina*) universelle et nécessaire, tandis qu'en étudiant ce qui découle de ces sources, les

sciences positives ont découvert nombre de « vérités » (*istiny*). Cela ne signifie-t-il pas que les « vérités » (*istiny*) des sciences positives sont des vérités fausses (*istiny ložnye* [истины ложные]) ou tout au moins passagères, qui ne durent qu'un instant ?

1992, p. 334.

La « vérité universelle et nécessaire », comme la « vérité logique » de Soloviev, se révèle au « sujet logique », désigné par le pronom *vse* [все] (« tous », souvent entre guillemets), analogue à l'allemand *man* (on). Que la philosophie ait été incapable d'atteindre cette « vérité universelle et nécessaire » est loin d'être une objection contre la métaphysique. Au contraire, « la métaphysique ne veut pas et ne doit pas nous donner des vérités (*istiny*) obligatoires pour tous » (*ibid.*, 1992, p. 334) ; car elle ne conduirait alors qu'à des « vérités qui contraignent », comme celles que nous livrent les sciences positives. Pour découvrir la vérité authentique, la métaphysique doit justement abandonner « le glaive de la nécessité », c'est-à-dire ses prétentions à une vérité universellement valable.

Cependant, si le sujet logique est, chez Chestov comme chez Soloviev, incapable de découvrir la vérité authentique, du point de vue existentiel, le sujet suprapersonnel de Soloviev n'existe pas. Au contraire, « la vérité (*istina*) se révèle à la personne (*ličnost'* [личность]) empirique et seulement à la personne empirique » (*ibid.*, 1992, p. 336). Opposant la personne empirique au *vse* (tous), Chestov rapproche la distinction *empirique/transcendantal* et celle de *vivant/mort* : « L'homme vivant, ce que l'école appelle personne empirique, était pour Soloviev le principal obstacle [...] » (*ibid.*, 1992, p. 336). L'*istina* gagne ainsi un caractère existentiel : comme, par exemple, le démon de Socrate ou la vision de saint Paul sur la route de Damas, elle ne peut être reconnue par « tous ». À la différence de l'*istina* qui s'impose à « tous » de façon nécessaire (l'*istina* comme jugement), l'*istina* comme « ce qui est » est *une* vérité particulière et personnelle, « ce qui existe vraiment pour la personne empirique, lorsqu'elle est seule avec elle-même » :

C'est seulement lorsque nous sommes seuls avec nous-mêmes, sous le voile impénétrable du mystère de l'être individuel, de la personnalité (*ličnost'*) empirique, que nous nous décidons parfois à renoncer à ces droits réels ou illusoires, à ces prérogatives dont nous disposons du fait de notre participation au monde commun à tous. C'est alors que brillent soudain à nos yeux les dernières et les avant-dernières vérités (*istiny*).

Ibid., 1992, p. 335.

Indicibles, incommunicables, ces vérités ultimes meurent d'être exprimées dans les mots et les structures du langage qui s'efforcent de les transformer en jugements rationnels, nécessaires, compréhensibles et évidents, « pour toujours et pour tous ».

B. Nicolas Berdiaev : « istina », communion (« soobščenie ») et liberté créatrice (« svoboda »)

Berdiaev oppose, lui aussi, la vérité comme jugement et la vérité comme existence :

Je suis le chemin, la vérité (*istina*) *et la vie*. Que signifie cette parole ? Elle veut dire que la vérité (*istina*) ne comporte pas de caractère intellectuel, exclusivement gnoséologique, qu'il faut la comprendre intégralement : elle est existentielle.

Vérité et Révélation, 1954, p. 21.

Cependant, pour Berdiaev, à la différence de Chestov, l'*istina* existentielle relève, non de l'individu, mais de l'intersubjectivité :

La vérité est communautaire (*istina kommjunotarna* [истина коммюнотарна]) ; en d'autres termes, elle suppose le contact (*soobščenie* [сообщение]) et la fraternité entre les hommes » (*ibid.*, p. 24). La meilleure traduction de *soobščenie* en français est *communion* ; en fait, Berdiaev utilise souvent les deux mots, *soobščenie* et la translittération du mot français « communion », comme des synonymes (Berdiaev, *Ja i mir objektov* [Moi et le monde des objets], p. 165 ; 1936, p. 186). La communion est le fruit de l'amour (*ljubov'* [любовь]) et de l'amitié (*družba* [дружба]). L'adjectif *kommjunotarnyj*, utilisé comme équivalent laïque de *sobornyj* [соборный] (catholique, universel), est de même un emprunt au français. Le communautaire, au contraire du collectif, est fondé sur la liberté (*svoboda* [свобода]) de chacun. L'idée de « liberté originelle » comme source de la création, divine et humaine, est centrale pour la métaphysique de Berdiaev qui développe ici la doctrine de l'*Ungrund* de Jakob Böhme. Cette liberté, *svoboda*, donne son caractère absolu à la subjectivité humaine : l'homme ressemble à Dieu par ses capacités créatrices ; mais la création humaine est toujours sortie de soi, élimination du soi, et ne se réalise donc que dans la communion avec les autres.

Ibid.

La réalité comme « donnée objective (*ob'ektivnaja dannost'* [объективная данность]) » qui s'impose « de l'extérieur (*izvne* [извне]) » de la personne (*ličnost'*) est aux antipodes de l'existence humaine créatrice. Berdiaev y voit la source de l'esclavage et de la soumission de l'homme : « C'est une erreur complète que d'attribuer à la vérité (*istina*) une signification purement théorique, et de ne voir en elle qu'une sorte de soumission intellectuelle du sujet connaissant à une réalité qui lui est donnée de l'extérieur » (*Vérité et Révélation, op. cit.*, p. 22-23). L'*istina*, en tant que « ce qui existe vraiment », n'a rien de commun avec la réalité donnée ; mais cette réalité peut être transformée, transfigurée par l'énergie créatrice de la liberté originelle présente dans l'acte créateur. C'est donc en ce sens qu'il faut comprendre la phrase suivante : « La vérité (*istina*) n'est pas une réalité, ni un corollaire du réel : elle est le sens même du réel, son Logos, sa qualité et sa valeur suprême » (*ibid.*, p. 22). L'*istina*, qui possède ainsi un caractère dynamique, est « ce qui existe vraiment dans la réalité ; la subjectivation, la transfiguration du réel ». La vérité comme transfiguration a finalement un sens théologique et eschatologique : elle conduit, par la communion et par l'acte créateur de la personne, vers la « victoire définitive » sur « l'état de chute comme objectivation » (*Essai de métaphysique eschatologique*, 1946, p. 63) ou, en d'autres termes, vers la fin de l'être (*bytie*).

C. Mikhaïl Bakhtine : « istina » et « pravda »

Bakhtine oppose, quant à lui, l'*istina* logique, non pas à l'*istina* ontologique, mais à la *pravda* [правда] (vérité-justice), terme qui traduit le grec *dikaiosunê* [δικαιοσύνη], mais pris dans un tout autre système d'oppositions, si bien qu'on le rend traditionnellement en français, faute de mieux, comme *istina* justement, par « vérité ». Cette opposition est à replacer dans le contexte de la critique par Bakhtine de l' « abstraction » de la philosophie scientifique, présentée dans son œuvre intitulée *À propos de la philosophie de l'acte* (écrite au début des années 1920 et inachevée). Pour lui, le monde théorique avec sa « vérité abstraite (*otvlečënnaja istina* [отвлечённая истина]) » est incapable de contenir le *postupok* [поступок] (l'acte éthique). Opposant à l' « abstraction théorique » ce qu'il nomme « la pensée participante », celle qui considère l'être « de l'intérieur de l'acte (*postupok*) », il propose une version originale de l'existentialisme : l'existentialisme éthique. Son « sujet » n'est plus le sujet connaissant, mais le sujet agissant.

L'*istina* implique toujours l'abstraction pour Bakhtine. Cependant, il ne tente ni de relativiser ni de subjectiviser la vérité ; il ontologise plutôt les concepts moraux : la singularité (*edinstvennost'* [единственность]), la participation (*pričastnost'* [причастность]), la responsabilité (*otvetstvennost'* [ответственность]), le devoir (*dolženstvovanie* [долженствование]). À la différence de l'*istina*, la *pravda* est une catégorie morale : « La vérité-justice (*pravda*) de l'événement n'est pas la vérité (*istina*) identique à soi du contenu, mais la position juste et singulière de chaque participant, la vérité-justice (*pravda*) de son devoir concret et réel [...]. Chacun a raison (*prav* [прав]) de sa place, et ce non pas d'une manière subjective, mais responsable » (Bakhtine, *K filosofii postupka* [*À propos de la philosophie de l'acte*], p. 116).

La *pravda* n'exclut pas l'*istina* théorique. Au contraire, elle la suppose et la complète par la responsabilité personnelle : « Le contexte infini de la connaissance théorique, de la science, doit être connu d'une manière responsable [...]. Cela n'abaisse ni ne fausse en rien sa vérité (*istina*) autonome, mais la complète jusqu'à la vérité-justice (*pravda*) contraignante et signifiante » (*ibid.*, p. 118-119). Le caractère absolu de l'*istina* est préservé, car l'action responsable n'implique aucune relativité :

> À nos yeux, l'autonomie de la vérité (*istina*), sa pureté méthodique, et son autodétermination sont absolument conservées. C'est précisément à condition d'être pure qu'elle peut participer d'une manière responsable à l'être-événement (*bytie-sobytie* [бытие событие]). La vie-événement ne requiert pas une vérité relative (*otnositel'naja istina* [относительная истина]) [...] La valeur de la vérité (*istina*) se suffit à elle-même, elle est absolue et éternelle, et l'acte responsable de connaissance prend en considération cette particularité, cette essence de la vérité (*istina*).
>
> *Ibid.*, p. 88-89.

L'*istina* conserve donc son sens épistémologique, « ce qui est du point de vue objectif ou scientifique », mais elle est destituée de son sens ontologique : elle ne peut plus désigner « ce qui existe vraiment » ni ce que les traducteurs français parfois ont rendu, par exemple chez Berdiaev par « vérité philosophique » (*Khomiakov*, *op. cit.*, 1988, p. 7). Pour Bakhtine, la métaphysique (il utilise l'expression *prima philosophia,* ou doctrine de « l'être en tant qu'être ») doit dépasser les limites du monde théorique : « Ce n'est que de l'intérieur de l'acte (*postupok*) réel, singulier, entier et responsable qu'il y a aussi une approche de l'être singulier et unique dans sa réalité concrète, ce n'est que sur cet acte (*postupok*) que peut s'orienter la philosophie première » (p. 102). « Ce qui existe vraiment » n'est pas l'*istina* ; mais le *postupok*, l'acte investi d'une *pravda*. Le monde de « ce qui est », où se déroule le *postupok*, est l'être-événement (*bytie-sobytie*). Par ce terme, Bakhtine introduit une métaphore étymologique : *sobytie* veut dire « événement », mais littéralement *so-bytie* signifie « co-être », « co-existence », c'est-à-dire monde partagé. *Bytie-sobytie*, analogue de l'allemand *Mitwelt*, est l'anto-

1

« Podnogotnaja », la vérité et la pratique de la question

Il existe un synonyme d'*istina* qu'on rend aussi par « vérité » : c'est le terme de *podnogotnaja* [подноготная], qui désigne « la vérité cachée par quelqu'un, les circonstances ou détails celés soigneusement ». On le rencontre dans la situation où il s'agit d' « éclaircir » une affaire, de tenter de « dévoiler » la vérité, par exemple, dans une enquête judiciaire ; c'est un adjectif substantivé à partir du groupe de mots *podnogotnaja istina* ; initialement *podnogot-naja* désigne une sorte de torture, de mise à la question, comme lorsque des objets pointus sont enfoncés « sous les ongles » — *pod nogti* [под ногти], ou au singulier *pod nogot'* [под ноготь] (cf. Tsyganenko, *Ètimologičeskij slovar' russkogo jazyka* [Dictionnaire étymologique de la langue russe], p. 352). De même, le terme *podlinnyj* [подлинный] (authentique) se rattache étymologiquement à la pratique ancienne qui consiste, dans une enquête judiciaire (*pravëž* [правёж]), à donner des coups au suspect avec un « bâton long (*podlinnik* [подлинник]) » pour lui arracher la vérité (Preobrazhenskij, *Ètimologičeskij slovar' russkogo jazyka* [Dictionnaire étymologique de la langue russe], t. 2, p. 186).

Le terme russe isole une partie du sens de l'*alêtheia* [ἀλήθεια] grecque, tributaire elle aussi de l'enquête judiciaire. L'*alêtheia*, qu'on étymologise en « dé-voilement », « décèlement », se découvre dans les procès en faisant très normalement usage de la torture (*basanizein* [βασανίζειν]) à l'encontre des esclaves appelés à témoigner, qu'on libère par ce moyen de l'allégeance à leur maître. Mais l'*alêtheia* comprend sous le dévoilement tous les sens de la vérité, de l'authenticité à la justesse ; et le judiciaire grec ouvre, quant à lui, sur le jugement et la faculté de discriminer (*krisis* [κρίσις], *krinein* [κρίνειν]) : il étend son orbite sémantique au questionnement philosophique lui-même, comme suffit à l'attester la manière dont Platon cite à comparaître les vers de Parménide pour qu'ils avouent sous la torture que le faux suppose l'existence du non-être (*Sophiste*, 237a-237b « "Non, jamais tu ne dompteras ceci — disait-il : que soi(en)t des non-étants ; Toi qui cherches, de cette voie, écarte donc ta pensée". C'est de Parménide que vient le témoignage, et en tout cas, plus que tout, c'est son énoncé lui-même qui peut le manifester si on le met comme il faut à la question [*basanistheis* (βασανισθείς)] »).

nyme du monde de l'*istina* théorique : il implique l'existence authentique et la participation.

♦ Voir encadré 1.

Comme on traduit d'ordinaire *istina*, comme *pravda*, par « vérité », le sens précis de chacun de ces deux termes se trouve, par là, perdu. C'est pourquoi, dans les contextes où *istina* s'oppose à *pravda*, la moins mauvaise solution est d'expliciter le premier terme sous la forme de « vérité philosophique », de « vérité théorique » ou bien de « vérité abstraite », par quoi se marque la différence d'avec *pravda*, qui a le sens de « vérité-justice » (voir, par ex., Berdiaev, *Khomiakov*, *op. cit.*, p. 7). Alors que *istina* exprime l'authenticité de « ce qui est », *pravda* souligne le fait que la chose possède le caractère d'être juste.

Andriy VASYLCHENKO

BIBLIOGRAPHIE

BAKHTINE Mikhaïl, *K filosofii postupka* [*À propos de la philosophie de l'acte*], in *Filosofija i sociologija nauki i texniki* [*Philosophie et Sociologie de la science et de la technique*], Moscou, Nauka, 1986.

BERDIAEV Nicolas, *Ja i mir objektov* [*Moi et le monde des objets*], YMCA Press, 1934 ; *Cinq méditations sur l'existence*, trad. fr. I. Vildé-Lot, Aubier, 1936.

— *Essai de métaphysique eschatologique* [*Opyt esxatologitcheskoï metafiziki*, 1947], trad. fr. M. Herman, Aubier, 1946.

— *Vérité et Révélation* [*Istina i Otkrovenie*, 1953], trad. fr. A. Constantin, Neuchâtel, Delachaux et Niestlé, 1954.

— *Khomiakov* [1912], trad. fr. V. et J.-C. Marcadé en coll. avec E. Sebald, Lausanne, L'Âge d'Homme, 1988.

CHESTOV Léon, *Athènes et Jérusalem* [*Afiny i Ierusalim*, 1951], trad. fr. B. Schloezer, Aubier, 1992.

FLORENSKY Paul, *La Colonne et le Fondement de la vérité* [*Stolp i utverždenie Istiny*, 1914], trad. fr. C. Andronnikof, Lausanne, L'Âge d'Homme, 1975.

SOLOVIEV Vladimir, *Teoretičeskaja filosofija* [Philosophie théorétique], in *Sočinenija* [Œuvres], t. 8, Saint-Pétersbourg, 1903.

OUTILS

PREOBRAZHENSKIJ Aleksandr Grigorevič, *Ètimologičeskij slovar' russkogo jazyka* [Dictionnaire étymologique de la langue russe], 2 vol., Moscou, G. Lissnera i D. Sovko, 1910-1914.

TSYGANENKO Galina, *Ètimologičeskij slovar' russkogo jazyka* [Dictionnaire étymologique de la langue russe], Kiev, Radians'ka škola, 1970.

VASMER Max, *Ètimologičeskij slovar' russkogo jazyka* [Dictionnaire étymologique de la langue russe], 4 vol., Moscou, Progress, 1986.

ITALIEN

LANGUE ITALIENNE : UNE PHILOSOPHIE, AUSSI, POUR LES NON-PHILOSOPHES

► ART, ATTUALITÀ, BEAUTÉ, CIVILTÀ, FRANÇAIS, GOÛT, LANGUES ET TRADITIONS , LEGGIADRIA, MÊTIS, PRAXIS, SPREZZATURA, VIRTÙ

Le public de non-philosophes est l'interlocuteur privilégié des philosophes italiens, qui considèrent tous les hommes non seulement comme des animaux doués de raison, mais aussi comme des animaux qui nourrissent des désirs et formulent des projets. Ce qui caractérise la philosophie italienne et se reflète dans son réseau de concepts, dans ses styles de recherche et dans son langage est — pour le dire comme Machiavel — le fait qu'elle ne cherche pas simplement la vérité logique, mais plutôt « la vérité effective de la chose » dans sa complexité. Les termes fondamentaux du lexique philosophique italien sont communs à la tradition européenne : s'ils se distinguent, cela est dû à la qualité expressive dont chaque auteur, singulièrement, les investit. Leur marge d'intraduisibilité ne tient donc pas à « l'esprit de la langue », mais à la particularité de la frappe poétique, artistique, par laquelle ils sont individuellement créés ou réinterprétés. Ils sont issus d'un langage choisi, mais non spécialisé, clair, mais non technique, intuitif, mais pas mystique. L'idéal de la philosophie italienne peut être rapproché de celui de la musique, en laquelle la plus grande rigueur mathématique coexiste avec le pathos le plus intense. En ce sens, son registre se caractérise par l'entrelacs de la raison et de l'imagination, du concept et de la métaphore.

I. UNE PHILOSOPHIE CIVILE

En Occident, la philosophie est, en grande partie, transnationale. Si, lors d'une expérience hypothétique, on devait tracer les courbes de niveau et les isobares afin de relier les théories appartenant à un même genre, dispersées dans des aires géographiques différentes, il serait facile de voir que celles-ci conduiraient à dessiner des cartes où les frontières ne coïncident pas du tout avec celles des États ou des langues nationales existantes. Malgré cela, il est indéniable que la philosophie italienne – comme les autres – a acquis et conservé une physionomie qui lui est propre et possède un répertoire personnel de thèmes récurrents et de renvois à un registre expressif et conceptuel particulier.

À l'échelle du temps long et compte tenu des limites imposées par son irréductible complexité, elle s'est caractérisée par une constante et prédominante vocation civile. Par « civile », j'entends une philosophie qui n'est pas immédiatement liée à la sphère de l'État, ni à celle de la religion, ni à celle de l'intériorité. Depuis ses origines humanistes et renaissantes, ses interlocuteurs privilégiés ne sont pas, en effet, les spécialistes, les clercs ou les étudiants qui fréquentent l'université, mais un public plus vaste, une société civile qu'on cherche à orienter, persuader, façonner.

Le premier cercle d'interlocuteurs est constitué de compatriotes, héritiers déchus d'un grand passé, citoyens d'une communauté au début seulement linguistique, politiquement divisée en une pluralité d'États régionaux fragiles et, du point de vue spirituel, conditionnée par une Église catholique trop forte (la philosophie italienne a, par conséquent, développé des fonctions de suppléance face à des institutions politiques faibles, et de contention face à la présence massive de l'Église). Le second cercle, l'accent étant mis sur des traits « universalistes », est composé de tous les hommes.

Les philosophes italiens les plus représentatifs ne se sont donc pas enfermés dans d'étroits cercles locaux, pas plus qu'ils ne se sont consacrés à des questions d'une subtilité logique, métaphysique ou théologique particulière, comme c'est le cas dans les autres nations – Angleterre, Allemagne ou Espagne –, où le poids de la philosophie scolastique ou académique s'est fait davantage sentir pendant longtemps, précisément parce que la césure représentée par l'Humanisme et la Renaissance a été moins forte en elles. Ces philosophes ont pris pour objet d'enquête des questions qui impliquent virtuellement la majeure partie des hommes (les « non-philosophes » comme les appelait Croce), en sachant bien qu'il s'agit non seulement d'animaux doués de raison, mais aussi d'animaux qui nourrissent des désirs et formulent des projets, des animaux dont les pensées, les actes ou les attentes se soustraient aux statuts argumentatifs fixés d'avance ou encore à des méthodes et des langages définis, certes rigoureusement, mais de manière abstraite et générale.

II. « LA VÉRITÉ EFFECTIVE DE LA CHOSE »

La philosophie italienne, par conséquent, donne le meilleur d'elle-même dans les tentatives faites pour trouver des solutions à des problèmes où l'on rencontre et où se rencontrent l'universel et le particulier, la logique et l'empirie. Ces problèmes (et le lexique pour les exprimer) naissent de l'imbrication des relations sociales et des variables qui se sont mélangées ; il en résulte une conscience individuelle partagée entre la conscience des limites imposées par la réalité et les projections du désir, entre tradition et innovation, entre l'opacité de l'expérience historique et sa transcription en images et concepts, entre l'impuissance de la morale et l'implacabilité du monde, entre la pensée et le vécu. De là les tentatives nombreuses — et réussies — pour créer des espaces de rationalité dans des territoires qui en semblaient dépourvus, pour donner sens à des savoirs et à des pratiques qui se présentent souvent comme dominés par le caractère impondérable du pouvoir, du goût ou du hasard : à la philosophie politique, à la théorie de l'histoire, à l'esthétique ou à l'histoire de la philosophie (tous champs où, du reste, le poids de la subjectivité et de l'individualité se révèle décisif).
Il faut, en rejetant l'optique prédominante, souligner le fait qu'il ne s'agit pas d'un « affaiblissement » des prétentions à l'intelligibilité du réel, mais au contraire de l'effort pour mettre en valeur des espaces trop hâtivement abandonnés (et qu'on a renoncé à fertiliser) par une raison qui s'était identifiée de manière excessive, au point de se mouler sur eux, aux modèles parfois victorieux des sciences physiques et mathématiques. Les philosophies italiennes sont par conséquent plus des philosophies de la « raison impure », qui tiennent compte des conditionnements, des imperfections et des possibilités du monde, que des philosophies de la raison pure ou de l'abstraction. C'est-à-dire qu'elles tendent vers le concret, au sens étymologique du latin *concretus*, participe passé du verbe *concrescere*, qui indique justement ce qui croît par agrégation, de manière dense et touffue (cela correspond à l'anglais *thick* [épais], par opposition à *thin* [fin], selon les termes introduits il y a quelques décennies par Bernard Williams, à propos du discours moral, irréductible à des formules ou à des préceptes).
Bien qu'elles ne soient pas tournées vers la connaissance de l'absolu, de l'immuable ou d'un normatif qui ne connaît pas l'exception, ces philosophies ne renoncent certes pas à la recherche de la vérité et elles ne s'engagent absolument pas en faveur du scepticisme ou du relativisme. Au contraire, la grande tradition de la philosophie italienne n'a jamais désespéré de l'existence d'une vérité et de la possibilité d'y parvenir. Et cela dès l'époque de Dante qui s'exprime ainsi :

Io veggio ben che già mai non si sazia *nostro intelletto, se 'l ver non lo illustra* *di fuor dal qual nessun vero si spazia.* *Posasi in esso come fera in lustra,* *tosto che giunto l'ha ; e giugner pòllo,* *se non, ciascun disio sarebbe frustra.*	[Je vois bien que jamais notre intellect n'est assouvi, si ce vrai ne l'éclaire hors duquel aucun vrai ne se répand. Dès qu'il atteint le vrai, il s'y repose comme un fauve en son gîte — et peut l'atteindre : sinon, tous nos désirs viendraient en vain.]

Dante, *La divina Commedia*, « Paradiso », éd. A. Lanza, Anzia, De Rubeis, 1996, p. 566 ; *La Divine Comédie*, « Paradis », chant IV, v. 124-129, 1999, p. 899.

Ce qui caractérise la philosophie italienne et se reflète dans son réseau de concepts, dans ses styles de recherche et dans son langage est – pour le dire comme Machiavel – le fait qu'elle ne cherche pas simplement la vérité logique, mais plutôt la « *verità effettuale della cosa* [la vérité effective de la chose] », qui contredit souvent ce qui apparaît de prime abord et se révèle, sans que cela en soit la cause, dépourvue d'une rationalité intrinsèque « *juxta propria principia* [selon ses propres principes] ». Mais il ne s'agit pas d'une vérité à laquelle on parvient par le simple raisonnement. C'est-à-dire que la philosophie italienne a, en termes aristotéliciens, toujours maintenu la tension entre l'*epistêmê* et la *praxis*, entre la connaissance de ce qui ne peut être autrement qu'il n'est et la connaissance de ce qui peut être différent de ce qu'il est, entre l'*a priori* et l'*a posteriori* – non pour rester au milieu du gué, mais pour passer d'une rive à l'autre.

Dans cette philosophie, bien qu'elle distingue les deux aspects, le monde de la pensée cherche à ne jamais perdre complètement le contact avec le monde de la vie, ainsi qu'à ne pas isoler la sphère publique de la sphère privée. Malgré l'importance de l'Église et l'ample diffusion des pratiques religieuses, ou peut-être grâce à celles-ci, une philosophie de l'intériorité, du dialogue dramatique ou intimiste avec soi-même, comme celle qui s'est développée en France, de Pascal à Maine de Biran, ou au Danemark, avec Kierkegaard, a essentiellement fait défaut en Italie. Cela ne tient pas seulement à la tendance à l'extériorisation et à la théâtralité du rite catholique romain ou à des blocages psychiques provoqués par la peur de l'Inquisition et des « tribunaux de la conscience » de la Contre-Réforme, mais aussi à l'institutionnalisation, fortement hiérarchisée, des rapports entre les fidèles et la divinité. À la différence de ce qui se produit dans la religion luthérienne ou calviniste, l'Église de Rome est dépositaire d'une culture juridique, formalisée au cours des siècles, qui règle minutieusement et savamment les comportements des fidèles. Dans la tradition philosophique italienne, on peut par conséquent observer, par opposition à la conviction protestante selon laquelle *sola fides justificat* (seule la foi justifie), les traces de la « religion par les œuvres », de l'existence dans le monde, propres au catholicisme – autrement dit, ce qui ne devient pas effectif n'a pas de valeur.

Les termes fondamentaux du lexique philosophique italien (que nous verrons repris par une constellation d'auteurs comme Machiavel, Bruno, Galilée, Vico, Leopardi, Croce et Gramsci) sont en général communs à la tradition européenne, qui a ses racines les plus profondes dans la triade « Athènes, Rome, Jérusalem ». S'ils se distinguent, cela est dû à la qualité expressive principale dont chaque auteur, singulièrement, les investit. Autrement dit, leur marge d'intraduisibilité ne tient pas à l'esprit de la langue, mais à la particularité de la frappe poétique, artistique, par laquelle ils sont individuellement créés ou réinterprétés (et cela concerne tant le lexique que la syntaxe). Inversement, leur apparente facilité de traduction ne tient pas à ce qu'ils sont puisés, comme c'est le cas pour l'anglais, dans le langage ordinaire, mais plutôt à ce qu'ils sont issus d'un langage choisi, mais non spécialisé, clair, mais pas technique, intuitif, mais pas mystique, un langage qui, pour paraphraser le titre d'un livre connu de Jean Starobinski, tend plutôt vers la transparence que vers l'obstacle (J. Starobinski, *Jean-Jacques Rousseau : la transparence et l'obstac*le, Gallimard, « Tel », 1971). C'est pourquoi il faut, plus que dans d'autres cultures, connaître l'histoire intellectuelle de l'Italie pour bien les interpréter. Le degré d'abstraction des concepts, ou plus exactement leur capacité de compréhension, est, en moyenne, plus élevé en italien qu'en anglais (dont la richesse lexicale est quatre à cinq fois plus importante : environ sept cent cinquante mille mots contre cent cinquante mille) et moins élevé qu'en allemand, si bien que les concepts italiens doivent « couvrir » des connotations qui, dans d'autres langues, sont distribuées entre plusieurs sous-concepts. La syntaxe, en outre, ne présente pas d'aspérités ni de pièges particuliers : elle est, en général, moins complexe et constituée de périodes moins longues que celles de l'allemand écrit par Luther à partir du latin, mais plus articulée que les phrases brèves et sèches de l'anglais. Il en résulte que la tournure des phrases et la ponctuation doivent parfois être retravaillées selon les rythmes de la langue dans laquelle l'italien est traduit.

La référence constante, implicitement ou explicitement, à l'univers défini par l'idée de réalité effective se révèle fondamentale du point de vue conceptuel. Elle se rapproche certes de la tradition aristotélicienne de l'*auto to pragma*, dont la *Sache selbst* et la *Wirklichkeit* sont, en langage hégélien, l'aboutissement. Cependant, ce concept implique, dans sa version italienne, quelque chose de concret qui l'éloigne des autres cultures philosophiques (du reste, le jeune Hegel construit aussi le sens de la *Wirklichkeit* à partir de Machiavel, qu'il a étudié pour écrire l'œuvre inachevée sur *La Constitution d'Allemagne,* trad. fr. M. Jacob, Champ libre, 1974).

♦ Voir encadré 1.

1

Machiavel : « Verità effettuale della cosa » et connaissance du détail

Machiavel lui-même peut servir de premier exemple, dans le champ politique : la compréhension de la « *verità effettuale della cosa* [vérité effective de la chose] » est impliquée par la connaissance des choses particulières dans leur spécificité. Cela n'exclut pas, mais au contraire présuppose le passage de la connaissance à l'universel ; cela implique aussi le dépassement (et non l'abandon) de la vision confuse et déformante de l'imagination et de l'opinion, comme de celle, transparente et bien articulée selon des genres, des normes et des lois, que dicte la raison sans s'appuyer sur l'expérience de situations concrètes.

Dans un chapitre des *Discours sur la première décade de Tite-Live*, intitulé « Bien que les hommes se trompent dans les jugements généraux, ils ne se trompent pas dans les détails », Machiavel analyse la situation apparue à Florence après que les Médicis ont été chassés en 1494. En l'absence d'un gouvernement constitué et en raison de la dégradation quotidienne de la situation politique, nombreux sont ceux qui, au sein du peuple, ont tendance à l'époque à en attribuer la responsabilité à l'ambition des seigneurs. Mais dès que l'un d'eux parvient à son tour à occuper une haute magistrature, ses idées sur la situation réelle de la ville deviennent de plus en plus proches de la réalité et il abandonne aussi bien les opinions qui circulent parmi ses amis que les préceptes et les règles abstraites avec lesquelles il a dû commencer son apprentissage des affaires publiques :

> Il arrivait souvent que de telles personnes accédassent à la magistrature suprême ; à peine y étaient-elles parvenues qu'elles voyaient les choses de plus près et discernaient les causes des désordres, les dangers qui menaçaient et la difficulté d'y remédier. Voyant que c'était les temps et non les hommes qui causaient le désordre, ils changeaient à l'instant d'état d'esprit et de comportement. La connaissance des détails les tirait de l'erreur qu'ils avaient conçue sur un plan général. De sorte que ceux qui les avaient d'abord entendus parler, lorsqu'ils étaient de simples particuliers, et les voyaient tout à fait calmés quand ils étaient parvenus à la plus haute magistrature, croyaient que cela provenait, non d'une connaissance exacte des choses, mais de ce qu'ils avaient été bernés et corrompus par les grands.
>
> Machiavel, *Discours sur la première décade de Tite-Live,* I, 47, 1996, p. 269-270 ; trad. fr. modifiée.

De là, l'intention explicite de Machiavel de s'attacher à la réalité, sans suivre la dérive de l'imagination et des désirs :

> Mais mon intention étant d'écrire chose qui soit utile à qui la comprend, il m'a paru plus convenable d'aller droit à la vérité effective de la chose qu'à l'imagination de celle-ci ; et beaucoup se sont imaginé des républiques et des principats qui ne se sont jamais vus ni n'ont été connus pour vrais. Parce qu'il y a si loin de la manière dont on vit à celle dont on devrait vivre que celui qui laisse ce qui se fait pour ce qui devrait se faire, apprend plus vite sa ruine que sa préservation.
>
> Machiavel, *Le Prince*, chap. 15, 2000, p. 119.

III. « VOLGARE » ET LOGIQUE POÉTIQUE

Dans l'usage du *volgare* (vulgaire), le vocabulaire philosophique italien n'établit pas de fracture nette avec la langue savante, avec le latin, aussi parce que la filiation du premier au second est perçue comme directe. Le latin demeure, dans sa simplicité exemplaire, « classique », le squelette sur lequel se construit une langue charnelle, liée à l'italien parlé dans les différentes régions. Les catégories fondamentales de la tradition philosophique classique et médiévale (*res*, *natura*, *causa*, *substantia*, *ratio*, *conscientia* [chose, nature, cause, substance, raison, conscience]) ne sont donc pas perçues comme requérant des efforts interprétatifs particuliers. À la différence de l'allemand (dans lequel le terme d'école s'ajoute à celui du langage ordinaire – par ex., il y a *Differenz* et *Unterschied* [différence]), les concepts employés par la philosophie en Italie sont les mêmes que ceux du langage ordinaire. Pour enrichir leur sens ou gagner en détermination, ils doivent seulement passer à travers l'épaisseur des raisonnements et des *exempla* (exemples), et se rendre, depuis les cellules des couvents et les salles de classe de l'université, sur les places et dans les cabinets de travail des citoyens les plus cultivés – ce faisant, ils sont retraduits dans la langue parlée. Le bilinguisme (latin/italien) en philosophie se limite très tôt à la correspondance avec les érudits des autres nations d'Europe ou, comme c'est le cas avec Vico, aux dissertations inaugurales prononcées dans un cadre académique. Une telle pratique de l'ample usage du vulgaire est favorisée par le fait que l'italien, du moins entre le XVIe siècle et la fin du XVIIIe siècle, est reconnu comme langue de culture (une langue, il est vrai, plus véhiculée par le mélodrame, le théâtre et la littérature en général que par la philosophie).

♦ Voir encadré 2.

Alors que les philosophes allemands, de Hegel à Heidegger, ont considéré leur langue éminemment spéculative comme la plus appropriée pour exprimer la pensée philosophique, la prétention à proclamer un tel primat n'a jamais traversé l'esprit des philosophes italiens. Ils n'ont pas non plus cherché intentionnellement un vocabulaire technique spécifique, relatif à la *koinê* philosophique issue de la tradition européenne. La philosophie italienne a plutôt visé la puissance expressive des concepts et de l'argumentation : son idéal peut être rapproché de celui de la musique, en laquelle la plus grande rigueur mathématique coexiste avec le pathos le plus intense. Comme l'a observé Giacomo Leopardi (*Zibaldone*, in *Œuvres*, 1964, p. 825) à propos de Galilée, « l'association de la précision et de l'élégance » l'a orientée. En ce sens, son registre se caractérise par l'entrelacs de la raison et de l'imagination, du concept et de la métaphore. Ou plutôt, en termes vichiens, par l'alliance entre la logique de la raison et la « logique poétique ».

Parce qu'il s'agit de comprendre la logique des transformations, de trouver un sens au devenir continuel des choses, d'affronter cette *mutazione* (mutation), si souvent invoquée par Giordano Bruno comme l'essence des choses et la source de la *delettazione* (délectation), et non de la tristesse et de la mélancolie (1985, p. 91-92), le langage de la philosophie italienne cherche à être incisif et éclairant sur un mode familier. Il fonctionne plus dans la forme du dialogue (d'Alberti à Leopardi, en passant par Galilée) ou dans les énoncés riches de figures forgées par l'imagination que dans la forme sèche du traité systématique ou de la méditation métaphysique. Comme chez Bruno, il y a cependant toujours un ordre dans le tourbillon des mutations, au sein duquel tout changement se produit autour d'un pivot immobile :

> Le temps ôte tout et donne tout ; toutes choses se transforment, aucune ne s'anéantit ; l'un seul est immuable, l'un seul est éternel et peut demeurer

> éternellement un, semblable et même. [...] Avec cette philosophie, mon esprit prend une autre dimension et mon intellect se magnifie.
>
> Bruno, *Chandelier*, 1993, vol. 1, p. 12-14.

Le fait qu'il n'y ait pas de hiérarchie dans l'univers infini et, par conséquent, qu'un centre et une périphérie absolus fassent défaut, se reflète aussi dans la syntaxe : étant donné que tout élément de la phrase, jusqu'aux virgules, peut devenir le centre du discours, Bruno réfute, comme l'a observé Y. Hersant, l'un des ses traducteurs français, les constructions hiérarchisées, fondées sur les subordonnées, et il raisonne surtout à travers des propositions coordonnées (qui sont, en général, des séries de relatives). En outre, il mélange, au gré de son inspiration, les trois styles (bas, moyen, haut) de la tradition aristotélicienne, et fait intervenir le langage trivial. Le vulgaire et le sublime, la raison et les « fureurs héroïques », la logique et l'imagination peuvent ainsi coexister et fusionner.

2

Le « vulgaire illustre » : une langue pour la philosophie

Conscient que beaucoup de gens n'ont pas pu se former en philosophie et convaincu « que tous les hommes désirent connaître » et donc recherchent la philosophie, Dante forme le projet d'organiser un banquet philosophique auquel le plus grand nombre peut participer. Le *Convivio* (vers 1304) n'est pas seulement conçu comme une sorte de somme du savoir philosophique pour non-lettrés (*non litterati*), mais il contient en outre une réflexion explicite sur la transmission du savoir et, par conséquent, la langue philosophique. Si Dante n'est certainement pas le premier à écrire une philosophie en langue vulgaire, il est cependant celui qui a le plus clairement posé le problème du lien entre la langue et la philosophie et qui en a tiré toutes les conséquences, en transformant à la fois le mode d'expression et le contenu de la philosophie. La *Comédie* (1307-1320) réalisera pleinement l'idéal d'un tel enseignement philosophico-moral adressé à tous et dédié à une vaste réforme du monde social et politique « pour le bien du monde qui vit mal [*in pro del mondo che mal vive*] ».

Le traité *De vulgari eloquentia* [De l'éloquence en vulgaire], contemporain du *Convivio*, cherche à fonder théoriquement un nouvel usage du vulgaire. S'appuyant sur une analyse des différents modes d'expression, à savoir le « parler vulgaire [*locutio vulgaris*] » et « le parler secondaire [*locutio secundaria, grammatica*] », dont le premier est naturel, commun à tous, corruptible et variable, le second artificiel, réservé aux lettrés, pérenne et invariable selon les lieux et les temps, et sur un parcours historico-biblique allant de l'unité de l'idiome adamique jusqu'à la division infinie des idiomes post-babéliques, Dante postule la nécessité d'un « vulgaire illustre » qui éviterait les inconvénients des deux parlers tout en en gardant les principales qualités (voir LANGUE). Ce vulgaire illustre, qui doit être commun à toutes les cités italiennes sans être propre à aucune, est comparable à ce qu'il y a de premier dans chaque genre et qui sert de mesure :

> Les signes les plus nobles qui caractérisent les actions des Italiens ne sont propres à aucune cité d'Italie et sont communs à toutes ; et parmi eux on peut mettre le vulgaire que nous chassions plus haut et qui exhale son parfum dans chaque cité sans résider en aucune. Il peut cependant exhaler son parfum dans une cité plus intensément que dans une autre, comme la plus simple des substances qui est Dieu exhale son parfum dans l'homme plus que dans la bête, dans l'animal plus que dans la plante, dans celle-ci plus que dans le minéral, dans ce dernier plus que dans l'élément, dans le feu plus que dans la terre...
>
> *De vulgari eloquentia*, I, chap. XVI.

Ce vulgaire recherché par le poète-philosophe, et dont il reconnaît certains exemples chez quelques contemporains inspirés, permettra de mesurer, d'évaluer et de comparer tous les vulgaires municipaux existants. Le but de l'ouvrage inachevé est d'établir les règles, tant du point de vue grammatical que poétique et rhétorique, de ce vulgaire qui peut prétendre à l'universalité du latin sans en avoir la rigidité, à l'expressivité du vulgaire sans le travers du morcellement. En écrivant le « poème sacré », Dante simultanément produit le modèle et l'exemplaire. La langue et la forme de la *Comédie* sont les moyens qu'il se donne d'une philosophie nouvelle pour un public nouveau : les laïcs.

Ruedi IMBACH, Irène ROSIER-CATACH

BIBLIOGRAPHIE

DANTE ALIGHIERI, *De vulgari eloquentia*, éd. P.V. Mengaldo, in *Opere minori di Dante*, t. 2, éd. P.V. Mengaldo, B. Nardi, A. Frugoni, G. Brugnoli, E. Cecchini, F. Mazzoni, Milan-Naples, Ricciardi, 1979, p. 3-237 ; *De l'éloquence en langue vulgaire*, trad. fr. *in* Dante, *Œuvres complètes*, éd. et trad. fr. C. Bec, coll. M. Scialom, R. Barbone *et al.*, Librairie générale française, « La Pochothèque », 1996.

Et c'est précisément à la « logique poétique » de l'imagination que Vico fait appel pour montrer quelles sont les racines de « l'esprit pur », *mente pura*, auquel parviennent les hommes lorsqu'ils sont au point culminant de développement d'une civilisation. À travers l'idée d'une logique poétique, Vico soustrait les mythes, la religion, les passions, l'art à l'espace stérile de l'irrationnel et montre que ces derniers possèdent une légalité spécifique et féconde, une logique précisément, dotée de règles qui, sans coïncider avec celles de « l'esprit déployé », *mente dispiegata*, éclairent le sens de ce que les hommes accomplissent sans en avoir l'intention ou d'une manière non réfléchie :

> De sorte que, si la métaphysique rationnelle enseigne que « *homo intelligendo fit omnia* », cette métaphysique imaginative [*metafisica fantastica*] montre que « *homo non intelligendo fit omnia* » ; et peut-être y a-t-il davantage de vérité dans la seconde affirmation que dans la première, car l'homme, lorsqu'il comprend, déploie son esprit et se saisit des choses, mais lorsqu'il ne comprend pas, il fait les choses à partir de lui-même et, en se transformant en elles, il devient ces choses mêmes.
>
> Vico, *La Science nouvelle*, p. 175.

À Vico, on doit la découverte que la logique interne des événements n'est pas seulement révélée par la raison, mais aussi par l'imagination, qui obéit à des lois réellement plus contraignantes et plus engageantes que celles de la raison. Et cela consiste en un héritage du passé que l'on ne peut effacer. Dans l'*ingens sylva* (la grande forêt), où il place les rapports primitifs que les hommes ont entre eux et avec la nature, règne la promiscuité. Les mariages font défaut, parce que le choix réfléchi et solennel de la femme avec laquelle engendrer ses propres enfants n'a pas encore lieu. Les accouplements entre les *bestioni* (bêtes sauvages) se font ainsi par la force ou sont dus au hasard ; les morts se putréfient sans sépulture ; les conflits se résolvent par la force ou la ruse. Mais la période suivante marque la naissance d'un ordre civil également imposé par l'entremise de la logique poétique. La famille monogame et la religion apparaissent et, avec cela, l'humanité quitte son état féroce. Les *gentes majores* (ceux qui se disent capables d'interpréter l'ordre visible dans les cieux contemplés depuis les clairières des bois [voir encadré 2, « *Illuminismo* »]) éprouvent l'exigence d'imposer d'en haut, à ceux qui vivent dans l'anarchie, des lois qui reflètent un ordre semblable. L'imagination politique des *gentes majores* — qui fait appel aux mythes et aux puissances surnaturelles, aux peurs et aux espérances — est donc à l'origine d'un ordre fictif, mais dans lequel les hommes croient, grâce au pouvoir de l'imagination (*fingunt simul creduntque*). Il règle et donne sens aux moments marquants de l'émergence solennelle d'une vie désormais vécue ensemble : il fixe la sépulture des cadavres, la célébration des mariages, le culte des divinités. Si l'histoire des hommes a un sens, ce n'est pas parce qu'elle dérive d'une logique rationnelle interne aux événements, mais parce que à ceux-ci est imposé l'ordre issu de l'imagination, peu à peu rationalisé à travers des mythes, des rites, des formules juridiques et des obligations morales qui apparaissent ultérieurement. Dans l'effort pour exprimer la genèse de la raison qui se déploie dans l'imagination, le langage linéaire des ouvrages latins de Vico devient, dans *La Science nouvelle*, complexe, surchargé ; du point de vue syntaxique, les incises et les digressions s'y multiplient. Mais il est toujours puissamment expressif.

♦ Voir encadré 3.

IV. L'« ULTRAPHILOSOPHIE »

Mais c'est Giacomo Leopardi qui cherche à établir vraiment une alliance durable entre philosophie et poésie, raison et imagination, clarté et distinction conceptuelles et indétermination : il rompt leur réciproque isolement, pour en montrer la complémentarité antagoniste. Seul celui qui est, en même temps, philosophe et poète peut comprendre la réalité. S'il ne veut pas être qu'« une moitié de philosophe », le penseur est en effet tenu de faire l'expérience des passions et des illusions :

> Quiconque n'a pas et n'a jamais eu d'imagination, de sentiment, quiconque ignore toute possibilité d'enthousiasme, d'héroïsme, d'illusions vives et grandes, de passions fortes et variées, quiconque ne connaît pas l'immense système du beau, ne lit pas, ne sent pas, ou n'a jamais lu ni senti les poètes, ne peut en aucun cas être un grand, véritable et parfait philosophe [...] il est tout à fait indispensable qu'un tel homme soit un poète souverain et parfait. Non pas pour raisonner en poète, mais pour examiner comme le plus froid raisonnateur [*ragionatore*] et calculateur ce que *seul* le plus ardent *poète* peut connaître [...] La raison a besoin de l'imagination et des illusions qu'elle détruit ; le vrai a besoin du faux, la substance de l'apparence, l'insen-

3

Illuminismo

► LUMIÈRE

L'*illuminismo* n'a rien de commun avec ce qu'on désigne en français par « illuminisme », qu'il s'agisse de la doctrine de certains mystiques comme Swedenborg ou Böhme, ou, en psychiatrie, d'« une exaltation pathologique accompagnée de visions de phénomènes surnaturels » (*Le Petit Robert*).

Mais l'*Illuminismo*, les Lumières italiennes, se distingue aussi des Lumières françaises, comme de l'*Enlightenment* anglais ou de l'*Aufklärung* allemand, par la volonté de ne pas perdre de vue les facultés psychiques ou les conditions sociales à partir desquelles émerge la raison.

Bien que Vico n'appartienne pas, à proprement parler, au mouvement des Lumières, on trouve déjà chez lui, bien avant Heidegger, l'idée que la clairière a une importance philosophique, en tant que lieu où se rencontrent la lumière et l'ombre, l'ordre et le désordre, et lieu d'émergence de la rationalité et de la fantaisie poétique. En effet, chez Vico, les premiers hommes opposent au désordre de leur existence, dans l'*ingens sylva*, la grande forêt, des origines, l'ordre du ciel, auquel leur imagination attribue un nom :

> Alors quelques géants, qui devaient être les plus robustes, et qui étaient dispersés dans les bois au sommet des montagnes, là où les bêtes les plus vigoureuses ont leurs tanières, épouvantés et frappés de stupeur par le grand effet dont ils ne savaient pas la cause, levèrent les yeux et remarquèrent le ciel [...] Aussi se figurèrent-ils que le ciel était un grand corps animé que, sous cet aspect, ils appelèrent Jupiter, le premier dieu des *gentes* dites *majores*, et qui voulait par le sifflement des éclairs et le fracas du tonnerre leur dire quelque chose.
>
> Vico, *La Science* nouvelle, livre 1, Librairie Arthème Fayard, p. 158.

De cette manière, « l'esprit déployé » a une genèse, dont il est impossible de faire abstraction, et une consistance qui est continuellement limitée par les données historiques, que l'on ne peut déduire rationnellement (le « certain » et les « labyrinthes aveugles du cœur de l'homme »). Il est menacé par la possibilité d'un retour à des étapes traversées précédemment, en vertu duquel il peut arriver que les hommes qui ont atteint un haut niveau de civilisation « des cités [fassent] des forêts et, des forêts, des tanières d'homme » (*ibid.*). Une ombre de barbarie nouvelle se projette donc sur l'espace éclairé de la civilisation.

Les Lumières italiennes — dans ses deux centres principaux, Naples et Milan — conservent un contact étroit avec la société civile et la vie pratique. Le refus explicite de la métaphysique et des abstractions se traduit ainsi chez Antonio Genovesi (1712-1769), le premier en Europe à occuper en 1754 une chaire d'économie politique, dont la pensée se concentre sur la trame des intérêts et des aspirations des hommes et sur la lutte contre les privilèges. La philosophie des Lumières lombarde est plus orientée vers le droit ; elle se manifeste aussi à travers la dynamique revue *Il caffè* (1764-1766) et a pour représentants majeurs Pietro Verri (1728-1797) et Cesare Beccaria (1738-1794). Le projet des Lumières se développe chez eux d'une part en direction d'une modernisation de la société qui facilite la recherche du bonheur par les individus et d'autre part, vise à rendre humain le système coercitif, à travers l'abolition de la torture, l'humanisation de la peine, le caractère certain et la rapidité du jugement. La lumière d'une raison humaine (et non plus de la Providence) qui s'efforce d'être juste, filtre ainsi avec peine à travers les ténèbres de la vie sociale.

> sibilité la plus parfaite de la sensibilité la plus vive, la glace du feu, la patience de l'impatience, l'impuissance de la souveraine puissance, le tout petit du très grand, la géométrie et l'algèbre de la poésie, etc.
>
> Leopardi, *Zibaldone* (4 oct. 1821), in *Œuvres*, 1964, p. 963-966.

Leopardi énonce ici une tendance plus générale de la philosophie italienne, déjà présente chez Vico de la manière la plus explicite : la volonté d'abattre les murs qui séparent la raison de l'imagination, la philosophie de la poésie, sans cependant être à l'origine d'une confusion des rôles. Chacune, en effet, se nourrit de l'autre, tout en restant fermement à sa place : la philosophie occupe l'espace du réel, la poésie celui de l'imagination, qui est complémentaire, et chacune reconnaît les exigences de l'autre. À cause de cela, le philosophe doit tenir compte non seulement de la vérité (et telle est sa visée principale), mais aussi des illusions, qui sont des ingrédients essentiels de la nature humaine et qui interviennent dans la plus grande partie de l'existence des individus. Et il n'est pas suffisant de les reconnaître comme telles pour les laisser de côté, en ce qu'elles possèdent une « racine très vigoureuse », grâce à laquelle, même si on les coupe et qu'on en connaît la vanité, « elles refleurissent ». Cependant, la « noble nature » humaine, comme il est dit dans le poème la *Ginestra* (v. 111-119), est celle qui s'oppose héroïquement à ces dernières, qui ne sacrifie rien de la vérité, mais a, au contraire, le courage de la regarder en face (Leopardi, *Chants*, 1995, p. 247).

Tout en reconnaissant le pouvoir des illusions, la philosophie doit par conséquent, selon Leopardi, s'attacher à l'expérience des sens et rester proche de la vérité effective de la chose. Et cela, à la différence de ce qui se passe dans le cadre de la culture allemande qui, confondant poésie et philosophie, finit par engendrer d'hybrides poèmes philosophiques, des constructions chimériques qui atteignent leur sommet dans l'auto-exaltation de l'Allemagne :

> *Che non provan sistemi e congetture*
> *E teorie dell'alemanna gente ?*
> *Per lor, non tanto nelle cose oscure*
> *L'un dì tutto sappiam, l'altro niente,*
> *Ma nelle chiare ancor dubbi e paure*
> *E caligin si crea continuamente :*
> *Pur manifesto si conosce in tutto.*
> *Che di seme tedesco il mondo è frutto*
>
> [Y a-t-il quelque chose que ne prouvent pas
> Les systèmes, conjectures et théories des gens d'Allemagne ?
> Pour eux, ce n'est pas tant des choses obscures
> Qu'un jour nous savons tout et l'autre, rien,
> Mais c'est encore les choses claires qu'incessamment des brumes obscurcissent
> Et qu'à leur propos naissent continuellement des doutes et des craintes :
> En tout, l'on voit si manifestement
> Que le monde est le fruit d'une semence germanique.]
>
> Leopardi, *Paralipomeni*, I, 17 , éd. F. Russo, p. 6 ;
> trad. fr. M. Gaille-Nikodimov.

Pourtant, les Allemands (dont la culture philosophique est assez ignorée de Leopardi) n'ont aucun motif pour s'exalter :

> L'absence de vie sociale chez les hommes de lettres allemands et leur vie d'études sans relâche et retirée dans les cabinets rend non seulement leurs opinions et leurs pensées indépendantes des hommes (et des opinions d'autrui), mais aussi des choses. C'est pourquoi leurs théories, leurs systèmes, leurs philosophies sont pour la plupart — quel que soit le genre examiné : politique, littéraire, métaphysique, morale, et même physique, etc. — des *poèmes de la raison*. En effet, les Anglais (comme Bacon, Newton, Locke), les Français (comme Rousseau, Cabanis) et même quelques Italiens (comme Galilée, Filangieri, etc.) ont fait des grandes découvertes, *vraies et*

> *concrètes*, sur la nature et sur la théorie de l'homme, des gouvernements, et ainsi de suite, mais les Allemands, aucune.
>
> Leopardi, *Zibaldone* (30 août 1822), 1997, vol. 2, p. 1667 ; trad. fr. M. Gaille-Nikodimov.

Leopardi tente de compléter et de dépasser le rationalisme et les Lumières auxquelles la culture de son siècle « superbe et sot » a mis un point d'arrêt à travers l'élaboration d'une « ultraphilosophie », qui se lie à la poésie, qui soit en mesure d'offrir une évaluation exacte de la nature de l'homme comme être désirant, mais aussi incapable de réaliser l'infinité de son désir et de parvenir à un plaisir durable. En paraphrasant Clausewitz, on pourrait dire que l'« ultraphilosophie » n'est rien d'autre que la continuation de la philosophie par d'autres moyens, à savoir ceux de la poésie — moyens qui, une fois connus et employés, ne doivent cependant pas troubler et échauffer excessivement la « très froide raison ».

La philosophie doit se servir de la beauté indéterminée de la poésie, pour refuser toute conception de la forme comme forme pure, fixe, rigide et innée (d'origine platonicienne, mais reprise par le christianisme et identifiée à Dieu). Puisque toute connaissance vient des sens et est alimentée par l'imagination et la raison, à partir de l'incessant travail sur les matériaux qui leur sont transmis, les hommes constatent qu'en vérité toutes les choses se donnent, sans pouvoir être déduites — ce qui s'oppose à tout innéisme :

> La destruction des idées innées détruit le principe de la bonté, de la beauté, de la perfection absolue et de leurs contraires, c'est-à-dire d'une perfection qui aurait un fondement, une raison, une forme supérieure à l'existence des sujets qui la contiennent et donc, éternelle, immuable, nécessaire, primordiale, existant avant lesdits sujets et indépendamment d'eux.
>
> Leopardi, *Zibaldone* (17 juillet 1821), 1997, vol. 1, p. 970 ; trad. fr. M. Gaille-Nikodimov.

Il devient ainsi absurde de parler, dans l'absolu, du bien et du mal, de la beauté et de la laideur, de l'ordre et du désordre. En effet, une fois éliminées les idées innées :

> Il n'y a pas d'autre *raison* possible, pour laquelle les choses devraient être absolument et nécessairement telles ou telles — les unes, bonnes, les autres, mauvaises —, indépendamment de chaque volonté, de chaque événement, de chaque *état de fait*. La seule raison pour tout, en réalité, réside dans ces états de fait, et par conséquent, celle-ci est toujours et seulement relative. Rien n'est donc bon, vrai, mauvais, laid, faux, sinon de façon relative ; et la convenance des choses entre elles est aussi relative, et cela, si l'on peut parler ainsi, absolument.
>
> Leopardi, *Zibaldone* (17 juillet 1821), 1997, vol. 1, p. 971 ; trad. fr. M. Gaille-Nikodimov.

Dans la tradition métaphysique, le mal, le faux et le laid ont une connotation éminemment négative : ils sont, respectivement, privation du bien, du vrai et du beau. Leopardi arrache jusqu'aux racines les présupposés d'une telle conception. En démontrant que le mal n'est pas une perturbation accidentelle, volontaire, humaine, d'un ordre divin ou naturel qui, sans cela, serait en lui-même parfait, il invalide tant la conception substantialiste de la plénitude de l'être que la thèse de l'existence d'un *kosmos*, structure harmonieuse et divine (synonyme à la fois de beauté et d'ordre). Ainsi s'écroulent les piliers des architectoniques du bien, du vrai et du beau, qui sont présentes, presque sans discontinuité, de Platon à Leibniz. Un principe d'ordre indépendant (*absolutus*) cesse donc d'exister à la racine de toutes les choses, de même qu'une source — morale, logique ou esthétique — de justification du monde et des actions humaines :

> Car aucune chose n'est absolument nécessaire ; c'est-à-dire qu'il n'y a aucune raison absolue qui l'empêche de ne pas être ou de ne pas être de telle et telle façon, etc. [...] Cela revient à dire qu'il n'y a pas, et qu'il n'y a

> jamais eu de principe premier et universel des choses, ou que s'il existe ou a existé, nous ne pouvons en aucune façon le connaître, puisque nous n'avons ni ne pouvons avoir la moindre donnée pour juger les choses avant les choses et les connaître au-delà du pur fait réel [...] Il est certain qu'à détruire les Formes platoniciennes préexistant aux choses, on détruit Dieu.
>
> Leopardi, *Zibaldone*, in *Œuvres*, trad. fr. J. Bertrand, p. 831-832.

Avec le *Summum bonum* tombe aussi le *Summum malum*, avec Dieu, tombe Satan. Les hommes et leurs histoires demeurent par conséquent seuls dans un cosmos qui les ignore et qui ne recèle aucune finalité pour eux.

V. L'HISTORICISME ET LE NON-PHILOSOPHE

L'historicisme italien (de Croce à Gramsci) a combattu les abstractions jacobines, déjà dénoncées par Leopardi, en mettant en évidence les obstacles, les blocages, la spécificité — ou plutôt le caractère concret — de chaque situation historique et la nécessité, qui en découle, de faire de la réalité l'étalon de la pensée. Il s'est plus inspiré du *Saggio sulla rivoluzione napoletana* [Essai sur la révolution napolitaine de 1799] de Vincenzo Cuoco que de Marx. C'est-à-dire qu'il a plus pensé les révolutions manquées et les enseignements à tirer des défaites soudaines que le goût pour les innovations radicales ou la préparation de nouvelles insurrections. L'historicisme italien est précisément caractérisé par la rencontre de l'histoire et de l'utopie : une histoire dynamisée, structurée, innervée par une fin utopique (celle de l'émancipation) et une utopie freinée et lestée, contrainte de tenir compte des obligations et du champ des possibles, de la carte des obstacles et des lieux de passage. Dans le champ éthique et politique, mais aussi esthétique, l'attachement au réel, à la vérité effective de la chose, la fidélité au monde et la capacité à communiquer sont de nouveau validés, par exemple pour Croce, par opposition à l'intériorité vide et à ses prétentions. Le beau également, par conséquent, n'est autre chose que l'expression effective, dans une œuvre d'art singulière et unique, d'une intuition qui resterait, sans cela, indéterminée et sans contenu dans notre sentiment et notre esprit, et dont nous avons pleine conscience seulement parce que quelqu'un a été capable de l'exprimer. Le beau est, en effet, pour Benedetto Croce, au moment où il écrit l'*Esthétique*, « l'*expression réussie* ou mieux, l'*expression* tout court, puisque l'expression, quand elle n'est pas réussie, n'est pas expression » (1909, p. 9 ; trad. fr. M. Gaille-Nikodimov). La preuve apportée par la réalité et la communicabilité brise le préjugé dissimulé dans la croyance selon laquelle l'intériorité confuse de l'intention est suffisante pour créer l'œuvre d'art :

> On entend souvent certains affirmer qu'ils ont à l'esprit de nombreuses et importantes pensées, mais qu'ils ne parviennent pas à les exprimer. En vérité, s'ils les avaient vraiment, ils les auraient frappées en de belles paroles sonnantes, et par conséquent exprimées. Si, au moment de les exprimer, ces pensées semblent s'évanouir, ou s'avèrent être rares et pauvres, c'est qu'elles n'existaient pas ou étaient rares et pauvres.
>
> *Ibid.*, p. 12 ; trad. fr. M. Gaille-Nikodimov.

Pareils à ceux qui nourrissent des illusions sur le montant de leurs propres richesses, qu'ensuite les mathématiques démentent durement, nous sommes pour la plupart accoutumés à surestimer l'intensité et la précision de nos dons intuitifs. La preuve par quatre ou « le pont du diable » qu'est l'expression nous montre nos limites et, en même temps, nous rend plus conscients du fait que le peintre (et lui-même, dans des moments de grâce déterminés) « est peintre parce qu'il voit ce que les autres ressentent seulement, ou entrevoient, mais ne voient pas » (*ibid.*, p. 13 ; trad. fr. M. Gaille-Nikodimov).

Chez Croce, l'amour pour le concret va jusqu'à l'apologie du « non-philosophe », déclaré fils légitime du philosophe, qui diffuse une culture et contribue à la sédimentation des idées philosophiques dans la forme irréfléchie du bon sens :

> J'exècre le philosophe méchant, présomptueux et dilettante : présomptueux lorsqu'il traite les choses difficiles comme si elles ne l'étaient pas, dilettante à l'égard des choses sacrées. En revanche, j'aime beaucoup le non-philosophe, qui ne s'émeut pas et reste indifférent aux disputes, aux distinctions et aux dialectiques philosophiques, qui possède la vérité énoncée en des principes simples et peu nombreux, en des phrases limpides, guides sûrs de son jugement et de son action : l'homme du bon sens et de la sagesse.
>
> Croce, « Il non-filosofo », *Frammenti di etica*, 1973, p. 156-157 ; trad. fr. M. Gaille-Nikodimov.

Celui-ci est, précisément, le fils du philosophe, en ce que « le bon sens n'est en réalité rien d'autre que l'héritage des philosophies antérieures, continuellement enrichies par la capacité à accueillir les résultats nets du nouveau philosopher. Ce n'est pas un don de la nature, mais un fruit de l'histoire, un produit distillé du travail historique de la pensée : et puisqu'il accueille les résultats, seulement les résultats, sans le processus d'acquisition, il les accueille sans débats et subtilités, et sans appareils doctrinaux » (*ibid.*).

Chez Gramsci aussi, le souci — lié à des intentions plus politiques — de trouver un « pont du diable » entre la haute pensée philosophique, celle des élites, et la philosophie spontanée des non-philosophes, entre raison et sens commun, est présente de manière obsessionnelle :

> Il faut détruire le préjugé fort répandu selon lequel la philosophie serait quelque chose de très difficile, étant donné qu'elle est l'activité intellectuelle propre d'une catégorie déterminée de savants spécialisés ou de philosophes professionnels et faiseurs de systèmes. Il faut donc démontrer au préalable que tous les hommes sont « philosophes », en définissant les limites et les caractères de cette « philosophie spontanée » qui est celle de « tout le monde », autrement dit de la philosophie qui est contenue : 1) dans le langage même, lequel est un ensemble de notions et de concepts déterminés, et non pas seulement un ensemble de mots grammaticalement vides de contenu ; 2) dans le sens commun et le bon sens ; 3) dans la religion populaire, et donc également dans le système de croyances, de superstitions, d'opinions, de façons de voir et d'agir, qui se manifestent dans ce qu'on appelle généralement le « folklore ».
>
> Gramsci, *Cahiers de prison*, cahier 11, § 12, 1978, p. 175.

La seule différence entre la philosophie des philosophes et celle des non-philosophes tient au degré de conscience critique et d'élaboration conceptuelle active. De là, la question rhétorique suivante :

> [...] est-il préférable de « penser » sans en avoir une conscience critique, d'une façon désagrégée et occasionnelle, c'est-à-dire de « participer » à une conception du monde « imposée » mécaniquement par le milieu extérieur, autrement dit par l'un des nombreux groupes sociaux dans lesquels chacun se voit automatiquement impliqué depuis son entrée dans le monde conscient (et cela peut être son propre village ou sa province, l'origine peut en être la paroisse et l'« activité intellectuelle » du curé ou du vieillard patriarcal dont la « sagesse » fait loi, ou encore la petite bonne femme qui a hérité la sapience des sorcières, ou le petit intellectuel aigri dans sa propre stupidité et son impuissance à agir), ou bien est-il préférable d'élaborer sa propre conception du monde de façon consciente et critique, et ainsi, en connexion avec ce travail que l'on doit à son propre cerveau, de choisir sa propre sphère d'activité, de participer activement à la production de l'histoire du monde, d'être le guide de soi-même au lieu d'accepter passivement et lâchement que le sceau soit mis de l'extérieur à notre propre personnalité ?
>
> Gramsci, 1978, p. 175-176.

♦ Voir encadré 4.

4

Storicisme

► HISTOIRE

L'historicisme italien, bien que sa naissance soit en partie due à l'*Historismus* allemand d'un Ranke ou d'un Dilthey, acquiert rapidement sa physionomie propre et son originalité, surtout avec Croce et Gramsci. Il repose sur la thèse de l'historicité et de l'immanence absolues de toute vie et de toute expression humaines. L'histoire est le produit de l'objectivation, de l'incorporation déterminée de nos actions dans ce monde unique et incroyable, ou plutôt du fait que les actions de chacun sont inévitablement entraînées dans les grands torrents des événements collectifs. De là, le refus de tout téléologisme, le respect de l'implacabilité des faits, l'accent mis sur la responsabilité individuelle. Une telle position n'implique cependant pas l'acceptation de la nécessité inéluctable du cours historique. Au contraire, les individus questionnent le passé et le rendent ainsi vivant et présent, pressés par des besoins qui se renouvellent et se manifestent sans cesse, aiguillonnés par le désir d'éliminer les obscurités et les fantasmes qui interfèrent avec l'action et de se défaire de la servitude et du poids du passé.

Grâce à la réflexion, à la philosophie — qui est *metodologia della storiografia*, « méthodologie de l'historiographie » (« historiographie » signifiant, comme le précise Croce, *historia rerum gestarum*, c'est-à-dire non les événements, mais leurs interprétations dans les livres d'histoire), connaissance de cet « universel concret » présent dans chaque événement —, nous réussissons à comprendre quel est le sens de ce qui a été. L'enquête historique des historiens et celle que chacun mène pour reconstruire la signification de son comportement et de son passé aplanissent la route de la liberté, comprise comme conscience de la nécessité, connaissance des possibilités réelles de l'agir. L'historicisme exclut, par conséquent, tant l'acceptation passive des événements que le désir de passer outre, sans les affronter, les conditionnements et les barrières du réel. En convertissant le passé en connaissance, en comprenant tout ce qui, obscurément, s'agite en nous et dans le monde, nous sommes prêts à nous réaliser, à devenir des créateurs d'histoire. Seul ce qui s'objective, ce qui entre en relation avec l'activité des autres, en laissant quelque signe, a une valeur permanente — et non les efforts impuissants, les fanfaronnades, les paralysies de la volonté qui brisent les esprits, les bavardages.

La vie de l'Esprit consiste précisément en cette réalisation du mouvement du Tout dans les œuvres des individus, qui sont seulement des fonctions subordonnées de cette totalité. Ils deviennent immortels, en un sens laïc, et n'ont de valeur que s'ils acceptent consciemment d'être le matériau de construction d'une histoire qui se déploie au-dessus de leurs têtes, au-delà de leurs intentions, et en laquelle, cependant, ils croient :

> [...] chacun de nos actes, à peine accompli, se détache de nous et vit d'une vie immortelle, et nous-mêmes (qui ne sommes rien d'autre que le procès de nos actes), nous sommes immortels, pour avoir vécu et vivre toujours.

Croce, « Religone e serenità », *Frammenti di etica*, 1973, p. 23 ; trad. fr. M. Gaille-Nikodimov.

Dans ce monde unique, nous souffrons peut-être, mais en lui seulement se trouvent les objets de notre désir, de notre passion, de notre intérêt, de notre connaissance. En réalité, nous n'en voudrions pas un autre, par exemple celui que promettent les religions : nous sommes indissolublement liés à cette immanence (telle est la signification de l'expression *storicismo assoluto*, « historicisme absolu »). Nous devons courageusement nous immerger en lui, accepter le risque, la possibilité de la souffrance, des déceptions et des chagrins :

> [..] est-ce la peine de vivre, quand on est contraint de se tâter le pouls à tout instant et de s'entourer de remèdes inutiles et d'éviter le moindre souffle d'air par peur des maladies ? Est-ce la peine d'aimer, en pensant et en pourvoyant toujours à l'hygiène de l'amour, en en mesurant les doses, en les modérant, en essayant de temps à autre de s'abstenir pour s'exercer à l'abstinence, par crainte de chocs et de déchirements trop forts dans le futur ?

Croce, « Amore per le cose », in *Frammenti di etica*, 1973, p. 19 ; trad. fr. M. Gaille-Nikodimov.

La conception gramscienne de l'historicisme veut plutôt être l'armature théorique appropriée pour affronter une situation historique déterminée, de lutte et de transition, marquée par de nombreux déséquilibres, tensions, où se côtoient des têtes de pont et des poches de retard — dans laquelle on doit, par exemple, en Italie jouer un rôle de médiateur entre le Nord industriel et le Sud agricole, la haute culture de la tradition bourgeoise et les croyances magiques ou le folklore des classes subalternes, la philosophie et le mythe, le développement des forces productives, jusque dans le cadre du système tayloriste, et les obstacles issus des rapports de production dépassés ou archaïques. À travers l'effort accompli pour éliminer les divisions entre dominants et dominés, l'histoire doit être transformée à partir d'un projet d'émancipation collective, et non contemplée et adorée comme un mystère insondable et rendu cruel par son essence incompréhensible et éternelle. L'historicisme est si radical et immanent que ce qui, aujourd'hui, dans cette situation précise de contrainte historique, est vrai, pourra bien devenir faux et ce qui est faux pourra, au moins dans une certaine mesure, devenir vrai :

> On peut même aller jusqu'à affirmer que, tandis que le système entier de la philosophie de la *praxis* peut devenir caduc dans un monde unifié, nombre de conceptions idéalistes ou du moins certains aspects de celles-ci, qui sont utopiques durant le règne de la nécessité, pourraient devenir « vérités » après le passage, etc.

Gramsci, *Cahiers de prison*, Cahier 11, 1978, p. 285.

La valeur presque néo-réaliste du concret du vécu, du lien avec les situations historiques et économiques déterminées est, du reste, placée au centre de l'ensemble de l'historicisme italien (également après Croce et Gramsci). Cela se traduit par la reconnaissance des droits et de l'implacabilité du temps lui-même et par le refus de se réfugier dans l'abri corrompu de la conscience, dans l'isolement rassurant mais stérile de l'espace privé, ou de chercher une voie pour fuir dans d'exaltantes mais fallacieuses utopies visant la régénération immédiate. Pour les historiens, il faut insister sur le lien entre la philosophie et l'histoire effective des hommes, sur les « racines réelles des choix idéaux », puisque la philosophie consiste à « retrouver l'humanité de la pensée, à mettre le feu à l'humanité de la pensée, à la *chair humaine* sans laquelle ces pensées ne seraient pas dans le monde » (Garin, 1959, p. 136-137 ; trad. fr. M. Gaille-Nikodimov). Chaque philosophie dépend donc du fait que les hommes et les instruments intellectuels pour comprendre la réalité varient. Désormais, l'historien de la philosophie découvre « en lieu et place de la philosophie, en tant que développement autonome d'un savoir autosuffisant, une pluralité de champs d'enquêtes, de positions, de visions, par rapport auxquels l'unité du philosopher se conçoit comme un certain niveau de conscience critique, ou à la limite, comme une exigence d'unification des champs de recherche » (Garin, 1976, p. 451 ; trad. fr. M. Gaille-Nikodimov). Encore une fois, dans l'historicisme, la philosophie se conçoit elle-même en marche vers le concret et envisage de devenir finalement le point de liaison entre l'expérimenté et le pensé.

VI. LA « MEKHANÊ » ET LES MACHINES

Lorsqu'on considère de nouveau, du point de vue des sciences, les caractères fondamentaux de la philosophie italienne, traduisible ou intraduisible, on constate la contribution fondamentale offerte par l'Italie dans ce domaine jusqu'à une époque récente, de Léonard de Vinci à Galilée, de Volta à Pacinotti, de Marconi à Fermi ; curieusement, on observe d'autre part qu'une réflexion autochtone sur la philosophie des sciences ou sur la logique n'a jamais existé — si l'on exclut Galilée lui-même et les figures, demeurées longtemps isolées, de Peano, Vailati ou Enriques. Par conséquent, aucun langage technique et spécialisé ne s'est diffusé et il est en général récemment importé du monde anglo-saxon.

Cependant, Galilée est un autre exemple excellent de l'attitude particulière de la tradition italienne qui, d'un côté, cherche à se placer également du point de vue des non-philosophes et des non-spécialistes, et, de l'autre, à montrer que, derrière les formules générales et abstraites, se dissimule une situation inattendue et pourtant dotée d'une logique propre, que l'on comprend en respectant la spécificité de l'objet. En effet, à travers une prose cristalline, Galilée se place aussi constamment, dans ces dialogues, du point de vue d'un interlocuteur, Simplicio, destiné à représenter de manière exemplaire la façon de penser alors dominante dans la communauté scientifique, celle qui s'appuie sur l'autorité bien ancrée d'Aristote et de Ptolémée. Galilée cherche à la réfuter au moyen d'« expériences faites et de démonstrations certaines », mais certainement pas à l'ignorer. Au contraire, il la maintient comme point de référence constant, comme indicateur d'un sens commun qu'il faut patiemment élever au niveau d'un nouveau savoir scientifique. En tant que représentant de l'Accademia dei Lincei, fondée en 1604 par Federico Cesi, Galilée a précisément pour idéal de se doter d'un œil de lynx pour chercher la vérité là où elle est le plus difficile à atteindre et là où les apparences peuvent facilement tromper.

Dans sa recherche, on peut partir d'éléments simples qui, recombinés, offrent le sens de ce qui est complexe :

> J'ai un petit livre bien moins long qu'Aristote ou Ovide, qui contient toutes les sciences et n'exige pas une longue étude : c'est l'alphabet ; qui saura assembler de manière ordonnée voyelles et consonnes y puisera les réponses les plus vraies à toutes les questions, et en tirera les enseignements de toutes les sciences et de tous les arts ; c'est exactement ainsi qu'un peintre, avec les différentes couleurs simples, placées les unes à côté des autres sur sa palette, sait, mêlant un peu de l'une avec un peu de l'autre et encore un peu d'une troisième, figurer des hommes, des plantes, des édifices, des oiseaux, des poissons, en un mot, imiter tous les objets visibles ; et pourtant, sur sa palette, il n'y a pas d'yeux, de plumes, d'écailles, de feuilles ou de pierres.
>
> Galilée, 1992, p. 135.

Telle est la voie qui conduit à l'incarnation des abstractions dans la réalité, c'est-à-dire à transformer les lettres de l'alphabet en termes doués de sens, les couleurs en des yeux et des plumes, les nombres et les figures géométriques en des êtres physiques. Mais Galilée se hasarde également dans le parcours opposé. Selon cette méthode, il procède, comme dirait Yves Bonnefoy, à l'excarnation, pour extraire les règles générales de la chair vive des cas particuliers, tout en sachant qu'ainsi on peut aboutir à l'impasse. De là, son éloge de la découverte progressive de la réalité, dans ses traits spécifiques et distincts, une découverte qui doit dépasser les fausses analogies, afin de privilégier la faculté de discriminer et qui, cependant, doit parfois se conclure par une déclaration d'ignorance provisoire. Celle-ci est bien illustrée par la parabole de « l'homme doué par la nature d'un esprit perspicace et d'une curiosité extraordinaire » (Galilée, 1980, p. 181), qui confond d'abord le chant des oiseaux avec le son du pipeau et apprend ensuite peu à peu à distinguer ce dernier de la musique jouée avec un instrument à corde, du son émis par le frottement d'un doigt sur le bord d'un verre ou par le bourdonnement des ailes d'une mouche. Finalement, quand il tente de comprendre d'où peut provenir la stridulation de la cigale, « ayant soulevé la paroi de sa poitrine et voyant au-dessous quelques cartilages durs mais fins et pensant que le crissement venait de leur vibration » (*ibid.*, p. 182), il la tue en la découpant, de manière qu'« il lui ôta à la fois la voix et la vie [...] il en arriva alors à une telle défiance vis-à-vis de son savoir que, si on lui demandait comment se produisent les sons, il répondait honnêtement en connaître quelques manières, mais tenir pour certain qu'il pouvait en exister cent autres inconnues et insoupçonnables » (*ibid.*, p. 183).

En ce sens, la logique de la découverte est, chez Galilée, ouverte au nouveau et n'est pas encore réductible à l'unité compacte de la théorie :

> Je ne veux pas que notre poème soit astreint à l'unité au point de ne plus laisser de champ libre aux épisodes : il suffit qu'ils aient quelque lien avec notre propos ; c'est comme si nous étions réunis pour conter des histoires, permettez-moi de dire celle qui me vient à l'esprit en entendant la vôtre.
>
> Galilée, 1992, p. 183.

La célèbre affirmation selon laquelle le monde est écrit en caractères mathématiques n'autorise pas à déduire de ces formes *a priori* une quelconque connaissance certaine dans l'espace physique. Relisons le texte :

> La philosophie est écrite dans cet immense livre qui se tient toujours ouvert devant nos yeux, je veux dire l'Univers, mais on ne peut le comprendre si l'on ne s'applique pas d'abord à en comprendre la langue et à connaître les caractères avec lesquels il est écrit. Il est écrit dans la langue mathématique et ses caractères sont des triangles, des cercles et autres figures géométri-

ques, sans le moyen desquels il est humainement impossible d'en comprendre un mot. Sans eux, c'est une errance vaine dans un labyrinthe obscur.

Galilée, 1980, p. 141.

Galilée sait bien qu'il y a une nette différence entre les modèles mathématiques et la réalité physique, bien que cette dernière puisse et doive être lue, ultimement, avec ces instruments mêmes. Les ingénieurs, les artisans et les ouvriers de l'arsenal de Venise, lorsqu'ils construisent leurs navires, ont, par exemple, appris qu'il n'y a pas de correspondance entre les modèles à l'échelle et les modèles réels, entre la théorie abstraite et la pratique dictée par les expériences vécues. En effet, alors que Salviati, au début des *Discorsi e dimostrazioni matematiche intorno a due nuove scienze*, fait l'éloge de la fréquentation, par le philosophe et le théoricien de la nature, du monde de ceux qui savent construire les machines — « C'est un vaste champ que me paraît ouvrir aux méditations des esprits spéculatifs la fréquentation assidue de votre fameux arsenal, Seigneurs vénitiens, et en particulier celle des ateliers dits de mécanique, où toutes sortes d'instruments et de machines sont constamment mis en usage par un grand nombre d'ouvriers dont certains, grâce aux observations de leurs prédécesseurs et à celles que leur suggère une pratique quotidienne, doivent forcément acquérir une expérience remarquable et un jugement des plus subtils » (Galilée, *Dialogue des sciences nouvelles*, in *Dialogues et Lettres choisies*, 1966, p. 225) —, il n'argumente certainement pas en faveur de la pratique contre la théorie. Comme l'observe le personnage de Sagredo, le fait que, dans la construction des navires, les modèles à l'échelle ne soient pas équivalents aux modèles réels implique qu'« en matière de machines, qu'il s'agisse de celles-ci ou d'autres, il ne faut pas inférer du petit au grand, car beaucoup de machines qui, en petit, remplissent leur office, en grand ne seraient pas viables » (Galilée, *ibid.*, p. 226). La géométrie n'est donc pas applicable *sic et simpliciter*, purement et simplement, à la réalité physique. En passant du petit modèle réduit d'une galère au vrai navire, ces éléments mêmes de la structure en bois qui, dans un premier temps, résistaient aux poids et aux sollicitations des matériaux qui reposaient et prenaient appui sur eux, peuvent se casser en raison du changement d'échelle. Par conséquent, l'invariabilité des propriétés propres aux figures géométriques ne vaut pas toujours en physique : « [...] en géométrie, je ne vois pas que la grandeur ou la petitesse des cercles, des triangles, des cylindres, des cônes ou de n'importe quelles figures solides influe sur leurs propriétés » (Galilée, *ibid.*, p. 226).

Le cas de Galilée, qui se demande pourquoi la raison mathématique abstraite ne peut avoir sur la réalité les effets qu'on pourrait intuitivement lui supposer, ne conduit pas à la reddition de la rationalité, dans les confrontations avec une pratique a-conceptuelle, mais au contraire, à la naissance d'une nouvelle forme de savoir, comme c'est le cas — exemplaire — avec la mécanique moderne. Pour saisir le caractère innovant des propositions de Galilée dans ce domaine, il faut en mesurer la distance par rapport à une longue tradition qui commence en Grèce antique et se poursuit jusqu'à son temps. En effet, à l'origine, le terme *mekhanê* signifie seulement « ruse », « tromperie », « artifice », et il apparaît déjà dans l'*Iliade* (VIII, 177) avec cette acception. C'est seulement plus tard qu'il désigne la machine en général — en un sens proche des connotations de l'« usage approprié d'un instrument » et de « machine théâtrale », dont vient l'expression *theos epi mekhanêi, deus ex machina* — et, en particulier, la machine simple — levier, poulie, coin à trancher, plan incliné, vis —, la machine de guerre et l'automate.

La mécanique, savoir relatif aux machines, naît donc avec cette marque distinctive : elle est préposée à la construction d'entités artificielles, de pièges tissés contre la nature pour en capturer l'énergie et la diriger à l'avantage des hommes et selon leurs caprices. Mais pourquoi la machine hérite-t-elle des significations de la ruse et de la tromperie ? Parce qu'on ne réussit pas, pendant longtemps, à en expliquer l'efficacité. On ne comprend pas, par exemple, comment un levier peut soulever, avec un effort minimum, des poids énormes, ni comment un coin à trancher réussit à fendre des pierres ou de gigantesques troncs d'arbres. De cet étonnement, les *Quaestiones mechanichae*, longtemps attribuées à Aristote, offrent un témoignage lorsqu'elles affirment clairement que « beaucoup de choses merveilleuses, dont la cause est inconnue, adviennent selon l'ordre de la nature, tandis que d'autres adviennent contre lui, produites par la *tekhnê* au profit des hommes » (*ibid.*, 847a). Quand la nature est contraire à notre utilité, nous réussissons à la maîtriser au moyen de l'artifice (*mekhanê*). De cette manière, la technique nous permet de vaincre la nature dans des circonstances où nous serions au contraire vaincus par elle. À propos de ce genre étrange (*atopos*), le traité ajoute encore : « ce sont ces choses par lesquelles le moins l'emporte sur le plus », comme dans le cas du levier, justement, qui permet de soulever de grands poids avec un petit effort.

Les arts mécaniques, parce qu'ils appartiennent au royaume de la ruse et de ce qui est « contre-nature », ne font pas partie de la physique, qui s'occupe de ce qui appartient à l'ordre de la nature. Du reste, pour les Grecs, seules les mathématiques et l'astronomie sont des sciences au vrai sens du terme, en tant qu'elles ne s'occupent pas de ces choses qui peuvent être autrement qu'elles sont et qui ne possèdent donc pas un caractère de nécessité — ainsi en va-t-il de celles qui sont liées à la *praxis* (Aristote, *Éthique à Nicomaque*, VI, 5, 1140a et VI, 6, 1140b). Elles jouissent donc des privilèges de la nécessité et de la connaissance *a priori*, puisqu'elles sont valides indépendamment de l'expérience. Dans le vaste débat sur le rapport entre *phusis* et *nomos*, la mécanique se détermine résolument, depuis ses origines mythiques avec Dédale et Icare, comme anti-nature, alors que la médecine, qui apparaît par exemple dans les traités *De arte* [*De l'art*] et *De victu* [*Du régime*] du corpus hippocratique, se présente plutôt comme une science qui seconde et imite la nature.

Avec Galilée, on commence à se rendre compte que l'on commande la nature en lui obéissant, qu'elle ne peut simplement être bafouée et que le devoir principal de la mécanique n'est pas de provoquer l'étonnement. Pour maîtriser la nature, il faut la servir, se plier à ses lois et à ses injonctions, en tirant profit de leur connaissance. Le concept de ruse, au sens où le plus faible a le dessus sur le plus fort, où l'homme, tel Ulysse, trompe cet obtus Polyphème qu'est la nature, perd sa pertinence. Pour Galilée, il n'y a plus besoin de faire dévier la nature de son cours, de la torturer, de la mettre au chevalet pour la contraindre à révéler ses secrets, comme le voulait Francis Bacon qui opposait, à la force de la nature, non la ruse mais une contre-violence. L'homme, « vicaire du Très-Haut », peut et doit selon Bacon exercer la violence sur la nature, car la méthode la plus sûre face à la matière qui, pareille à Protée, connaît de continuelles métamorphoses, est de l'arrêter, de bloquer le cours de ses changements : « Le moyen le plus facile et le plus expéditif de contraindre et de lier la matière est de s'en saisir avec des menottes, c'est-à-dire par les extrémités » (Bacon, *La Sagesse des anciens*, trad. fr. J.-P. Cavaillé, Vrin, 1997, p. 101).

Chez Galilée, une telle violence disparaît, justement parce que la mécanique cesse d'être contre-nature. La formule PxFxDxV indique la conquête de la rationalité au moyen du produit de quatre « choses », que l'on doit considérer dans leurs relations réciproques : « à savoir le fardeau que l'on veut transporter d'un lieu à un autre ; la force qui le doit mouvoir ; la distance par laquelle se fait le mouvement ; et le temps dudit mouvement, parce qu'il sert pour en déterminer la vitesse, puisqu'elle est d'autant plus grande que le corps mobile, ou le fardeau, passe par une plus grande distance en même temps » (Galilée, *Les Méchaniques*, 1966, p. 23-24 ; orth. modernisée par M. Gaille-Nikodimov). Si l'on examine le poids nécessaire pour mouvoir un corps d'un lieu à un autre, la force nécessaire à cette opération, la distance à laquelle le mouvement a lieu et le temps nécessaire au mouvement (vitesse), on voit clairement qu'on perd pour un paramètre ce qu'on gagne pour un autre. Ainsi, l'usage d'une force moindre se paie d'un temps de traction plus long, comme dans le cas du levier qui soulève de grands poids avec un petit effort.

Galilée, au moyen de démonstrations vraies et nécessaires, indique que les déceptions des mécaniciens viennent de la volonté d'utiliser les machines dans de nombreuses opérations impossibles par nature. On ne doit plus céder à la rêverie de prendre la nature en faute (ou, pour ainsi dire, la garde baissée), de l'induire à se plier à notre volonté :

> Avant que d'entreprendre la spéculation des instruments de la Mécanique, il faut remarquer en général les commodités et les profits que l'on peut en tirer, afin que les artisans ne croient pas qu'ils puissent servir aux opérations dont ils ne sont pas capables, et que l'on puisse lever de grands fardeaux avec peu de force : car la nature ne peut être trompée, ni céder à ses droits ; et nulle résistance ne peut être surmontée que par une plus grande force, comme je ferai voir après.
>
> Galilée, *Les Méchaniques*, 1966, p. 23.

Dans cette perspective, ce sont justement les machines — que l'on construit désormais selon des critères et des calculs pleinement rationnels, qui dépassent le système de « l'à-peu-près » empirique, au sens où l'entend Alexandre Koyré (*Du monde clos à l'univers infini*, trad. fr. R. Tarr, Gallimard, « Tel », 1988) — qui ôtent à l'esclavage ses avantages et en permettent virtuellement l'abolition. La force de travail humaine, sous la forme d'une pure dépense d'énergie, n'est plus indispensable, tandis que — et c'est une autre grande intuition de Galilée — les machines se substituent désormais au manque d'intelligence des forces naturelles et des animaux qui dépensent de l'énergie. Par le moyen des « artifices et inventions », elles sont désormais en mesure d'épargner aux hommes leur fatigue et leur argent, en transférant à la nature inanimée et animée la charge de fournir l'énergie préalablement orientée vers l'obtention de « l'effet désiré ». Vaut dans ce domaine, comme souvent dans l'ensemble de la tradition italienne, l'idée d'un contrôle conscient sur les processus en partie spontanés (naturels ou historiques). On intervient parfois sur ceux-ci en orientant leurs cours vers le futur à partir des mutations présentes, selon le principe énoncé au chapitre 2 du *Prince* de Machiavel : « *sempre una mutazione lascia l'addentellato per la edificazione dell'altra* [toujours, en effet, une mutation laisse une pierre d'attente pour l'édification de la suivante] » (Machiavel, *Le Prince* [1513], 2000, p. 47).

Remo BODEI
(traduction : Marie GAILLE-NIKODIMOV)

BIBLIOGRAPHIE

BRUNO Giordano, *Chandelier* [1582], in *Œuvres complètes* (éd. ital./fr.), trad. fr. Y. Hersant et N. Ordine, Les Belles Lettres, 1993.

— *Spaccio della bestia trionfante* [1584], Milan, Rizzoli, 1985 ; *Expulsion de la bête triomphante*, 2 vol., trad. fr. J. Balsamo, Les Belles Lettres, 1999.

CROCE Benedetto, *Estetica come scienza dell'espressione e linguistica generale*, in *Filosofia dello spirito*, Bari, Laterza, 1909.

— *Frammenti di etica*, in *Etica e politica*, Bari, Laterza, 1973.

DANTE Alighieri, *La divina Commedia*, éd. A. Lanza, Anzia, De Rubeis, 1996 ; *La Divine Comédie*, in *Œuvres complètes*, trad. fr. C. Bec (dir.), Librairie générale française, « La Pochothèque », 1999.

GALILÉE, *Opere*, Florence, Barbera, 1929-1939.

— *Dialogues et Lettres choisies*, éd. et trad. fr. P.-H. Michel, Hermann, 1966.

— *Les Méchaniques* [1593], trad. fr. P. Marin Mersenne, PUF, 1966.

— *L'Essayeur* [1623], trad. fr. C. Chauviré, Les Belles Lettres, 1980.

— *Dialogue sur les deux grands systèmes du monde* [1632], trad. fr. R. Fréreux, concl. F. de Gandt, Seuil, 1992.

GARIN Eugenio, *La Filosofia come sapere storico*, Bari, Laterza, 1959.

— *La filosofia dal' 45 a oggi*, éd. V. Verra, Milan, Principato, 1976.

GRAMSCI Antonio, *Appunti per una introduzione e un avviamento allo studio delle filosofia e della storia della cultura*, in *Quaderni del carcere*, éd. V. Gerratana, Turin, Einaudi, t. 2, 1975 ; *Cahiers de prison*, Cahier 11, *in* t. 3, trad. fr. P. Fulchignoni, G. Granel et N. Negri, Gallimard, 1978.

LEOPARDI Giacomo, *Zibaldone di pensieri*, 3 vol., éd. R. Damiani, Milan, Mondadori, 1997.

— *Œuvres, prose*, trad. fr. J. Bertrand, Del Duca, UNESCO, 1964.

— *Paralipomeni della Batracomiomachia*, éd. F. Russo, Milan, Angeli, 1997.

— *Canti*, éd. N. Gallo et C. Garboli, Turin, Einaudi, 1993 ; *Chants*, trad. fr. M. Orcel, Aubier, 1995 [1re éd. 1987].

MACHIAVEL Nicolas, *Discours sur la première décade de Tite-Live* [1513-1518], in *Œuvres*, trad. fr. C. Bec, Laffont, 1996.

— *Il Principe* [1513-1514], Venise, 1538 ; *Le Prince*, trad. fr. M. Gaille-Nikodimov, Librairie générale française, « Le Livre de Poche », 2000.

VICO Giambattista, *La Scienza nuova*, in *Opere*, éd. P. Rossi, Milan, Rizzoli, 1744, Princ. 53, livre II, chap. 2, « Della logica poetica » ; *La Science nouvelle*, trad. fr. et prés. A. Pons, Librairie Arthème Fayard, 2001.

J

JE, MOI, SOI

gr.	*egô* [ἐγώ]	angl.	*I* ; *me* ; *self*, *myself*
lat.	*ego* ; *ipse*	it.	*io* ; *sé*, *si*, *si-mismo*
all.	*Ich* ; *Selbst*		

► ACTEUR, AGENCY, ÂME, ***AUTRUI*** [MITMENSCH, DRUGOJ], CONSCIENCE, DASEIN, ES, ***IDENTITÉ***, OIKEIÔSIS, REPRÉSENTATION, ***SOI*** [SAMOST', SELBST], STAND, SUJET, TATSACHE

*Il est frappant d'observer que certaines traditions dominantes dans la philosophie européenne (en particulier la philosophie transcendantale, de Kant à Husserl) et une tradition d'analyse grammaticale venue de l'Antiquité qui a triomphé dans la linguistique structurale (Jakobson, Benveniste) se sont accordées pour associer étroitement la possibilité d'une pensée réflexive avec l'usage des pronoms personnels, indicateurs de la « subjectivité dans la langue ». L'*ego cogito, ego sum *cartésien a vu ainsi justifié et fondé son privilège philosophique. Sans doute faut-il doublement relativiser une telle représentation. Les formes linguistiques qu'elle présuppose n'ont rien d'universel, et d'autres analyses grammaticales sont possibles. Il n'en est pas moins essentiel de comparer au sein du colinguisme européen les effets théoriques des expressions du sujet de l'énonciation et de l'énoncé, pour comprendre comment la langue prédispose à la pensée de la réflexivité dans différentes problématiques spéculatives.*

On esquisse ici dans cette perspective une description du cycle de la « première personne » au sein de la philosophie moderne — en passant par la dialectique allemande du Ich *et du* Selbst *(Fichte et son équation «* Ich = Ich *», puis son opposition de* Ich *et* Nicht-Ich *; Hegel et sa problématisation de la conscience de soi comme réciprocité du* Ich *et du* Wir*), par l'invention anglaise du* self *et du* own *(au cœur de la* self-consciousness *lockienne), enfin par la reconnaissance européenne du primat ontologique de l'*ego *et de l'*alter ego *(dans la phénoménologie husserlienne) — pour introduire à cette pensée des limites que vise la phrase paradoxale de Rimbaud : « Je est un autre », dont on peut faire l'épigraphe commune aux dépassements de la subjectivité « en première personne » vers la transcendance, la corporéité impersonnelle ou l'anonymat transindividuel, pour lequel Foucault a inventé l'expression de « pensée du dehors ».*

I. AVOIR LE « JE » : ÊTRE « UNE PERSONNE »

Au début de son *Anthropologie d'un point de vue pragmatique* (cours publiés en 1797), Kant écrit :

> Posséder le Je dans sa représentation : ce pouvoir élève l'homme infiniment au-dessus de tous les autres êtres vivant sur la terre [*Dass der Mensch in seiner Vorstellung das Ich haben kann, erhebt ihn unendlich über alle anderen auf Erden lebende Wesen*]. Par là il est une personne [*Dadurch ist er eine Person*] ; et grâce à l'unité de la conscience dans tous les changements qui peuvent lui survenir, il est une seule et même personne, c'est-à-dire un être entièrement différent, par le rang et la dignité, de *choses* comme le sont les animaux sans raison, dont on peut disposer à sa guise ; et ceci, même lorsqu'il ne peut pas dire Je [*selbst wenn er das Ich nicht sprechen kann*], car il l'a dans sa pensée ; ainsi toutes les langues, lorsqu'elles parlent à la première personne, doivent penser ce Je,

> même si elles ne l'expriment pas par un mot particulier [*ob sie zwar diese Ichheit nicht durch ein besonderes Wort ausdrücken*]. Car cette faculté de penser est l'entendement.
>
> *Anthropologie...*, p. 17.

Le texte se poursuit — 150 ans avant Paul Guillaume — par des considérations sur l'âge où les petits enfants cessent de se désigner eux-mêmes à la troisième personne et commencent à dire « Je » : *durch Ich zu sprechen*. Le traducteur de ce texte, Michel Foucault, n'a pas voulu reprendre en français le néologisme technique , « moïté », par lequel on rend quelquefois le mot allemand *Ichheit*, inventé au tournant du XIIIe siècle par Maître Eckhart : non seulement parce qu'il s'agit d'un barbarisme, mais aussi parce qu'il voit bien que l'objet de Kant est le *Je* (la possibilité de dire « Je ») et non le *Moi* (la possibilité de qualifier ou de juger le Moi). Du même coup il a dû, suivant la ligne principale du texte, simplifier l'amphibologie que recèle sa première phrase : être « une personne » (et qui soit « une »), c'est disposer du mot *Ich*, mais c'est aussi inclure (le) *Ich* — ce « quelque chose » qui n'est pas une chose — dans sa représentation. C'est d'une certaine façon représenter l'irreprésentable que nomme *Ich* « pour soi-même [*für sich Selbst*] ».

Cette formulation communique avec des développements décisifs de la *Critique de la raison pure* où se trouve pour la première fois théorisée la « subjectivité transcendantale » (voir SUJET). Une thèse y est énoncée, à la fois extrêmement contestable et déterminante pour le développement de la philosophie occidentale. Thèse contestable, parce que eurocentrique, et, par voie de conséquence, idéaliste, attentive en apparence seulement à la matérialité de la langue. Sans doute doit-on admettre avec Jakobson que toute langue comporte un système complet de renvois du code à lui-même, du code au message, du message à lui-même et du message au code, et notamment qu'il y existe nécessairement une classe d'unités spécifiques (*shifters* ou « embrayeurs ») dont la fonction est de référer au message actuel, dans sa singularité. Les pronoms personnels correspondent éminemment à cette définition (de même que les démonstratifs, les adverbes de temps et de lieu, le temps des verbes, etc.). On peut aussi, suivant des analyses célèbres de Benveniste, caractériser comme problème de la subjectivité dans le langage l'« acte individuel d'appropriation de la langue » (*Problèmes de linguistique générale*, II, 1974 , p. 82) par où « celui qui parle [est introduit] dans sa parole » (*ibid.*), court-circuitant énonciation et énoncé. Mais déjà le fait d'employer le mot de *subjectivité* comporte une sorte de pétition de principe, car il tient pour acquis (comme c'était le cas dans le texte de Kant que nous avons cité) que la forme « normale » ou « implicite » est celle où l'agent, le support d'attribution dans l'énoncé, le « centre de l'énonciation » (*ibid.*, p. 83) ou porteur de la parole, enfin l'être parlant générique (« homme ») peuvent être subsumés sous un même concept. Or une telle situation ne caractérise que certaines langues, ou même certains de leurs usages. La « simplicité » du système indo-européen des pronoms personnels n'est pas un « universel linguistique ».

En japonais, par exemple, on observe (Takao Suzuki) deux phénomènes corrélatifs, contraires aux usages des langues européennes modernes (ou n'y occupant qu'une place considérée comme résiduelle, infantile, artificielle ou pathologique). D'une part, les termes que nous appellerions des pronoms personnels (avant tout les équivalents de *je* et de *tu*) n'ont aucune stabilité étymologique : ils se substituent historiquement les uns aux autres, suivant un processus continu de dévaluation et de remplacement, lié à la transformation des marques de respect en marques de familiarité ou de condescendance. D'autre part, la forme normale sous laquelle les interlocuteurs sont désignés dans l'énoncé consiste à marquer leur position ou leur rôle respectifs dans les relations sociales (presque toujours dissymétriques) au sein desquelles s'instaure la communication. Particulièrement importants à cet égard sont les termes de parenté qui, par une fiction caractéristique, peuvent être étendus à d'autres types de relations.

Par contraste, il apparaît que les langues européennes ont construit, sur une très longue durée, un type d'universalisme spécifique, neutralisant les qualités et les rôles des interlocuteurs (ou permettant *a contrario* de les souligner : « Le Roi le veut », « Grand-père va se fâcher ! », « Madame est servie »), de façon à dégager la position abstraite d'émetteur et de récepteur de la parole, virtuellement réciproque : celui qui vient de parler va ensuite écouter, et inversement. C'est donc à juste titre que, sur ce point, Jakobson critique l'interprétation de Husserl dans les *Recherches logiques*, pour qui « le mot *Je* désigne selon les cas des personnes différentes, et prend de ce fait une signification toujours nouvelle ». Cette signification au contraire est toujours la même et elle est le bien commun des locuteurs — des sujets — qui par elle s'approprient individuellement l'instrument de communication. Il importerait naturellement d'étudier l'interaction des usages linguistiques, des transformations institutionnelles (émergence d'une sphère d'égalité formelle de plus en plus large, empiétant à la fois sur le public et sur le privé), enfin des théorisations logico-grammaticales, qui a rendu possible la reconnaissance de cette norme, sa standardisation dans la langue savante autant que populaire, son intériorisation et sa conceptualisation sous des notions comme « personne », « sujet », *agency*, « individualité », « eccéité », etc.

Faussement universelle, cette thèse n'en est pas moins déterminante pour l'histoire de la philosophie européenne. Nous pouvons la reprendre, mais de façon critique, en particulier en la situant dans l'horizon du problème de la traduction. Il nous faut alors prêter attention à l'action réciproque du concept et des formes linguistiques différant d'une langue à une autre, sur le fond des caractéristiques communes, dans l'élaboration d'une pensée de la subjectivité. Car il s'agit là d'une des clés de l'intraduisible « traduisibilité » qui caractérise le colinguisme philosophique européen. Et il est surprenant à cet égard qu'on ne se soit pas beaucoup préoccupé (à quelques remarquables exceptions près, comme les analyses du caractère performatif du *cogito* cartésien par J. Hintikka ou, plus récemment, celles du *Ich denke* kantien en termes d'acte linguistique par M. Baschera, dans une certaine mesure aussi celles de E. Tugendhat à propos de Wittgenstein, Heidegger et Hegel) de développer à partir de la question des pronoms personnels le même type d'analyse philologique et philosophique qu'on a fait porter sur les effets de la syntaxe et de la sémantique du verbe *être* dans la constitution de l'ontologie classique, depuis Benveniste jusqu'à Barbara Cassin. La voie avait pourtant été ouverte, d'un côté, par une tradition de critique de la métaphysique du sujet en termes de « convention grammaticale » qui va de Hume et de Nietzsche jusqu'au Wittgenstein du *Tractatus logico-philosophicus* et des *Recherches philosophiques*, de l'autre par les réflexions de Humboldt sur le caractère originaire de la référence au sujet dans différentes langues, développées par Cassirer dans *La Philosophie des formes symboliques* en une esquisse des formes d'expression de la *Ich-Beziehung* (relation Je).

On concentrera les remarques autour de quatre groupes de problèmes qui, naturellement, interfèrent : la nomination de la première personne, avec les possibilités de mention et de négation qu'elle autorise (en particulier en allemand) ; les connotations du réfléchi de la première et de la troisième personne (en fr. *moi*, *soi*, en angl. *self*, en all. *Selbst*) ; les raisons du recours à des noms étrangers du sujet (avant tout l'*ego* latin dans les langues modernes) ; enfin les problèmes que pose l'emploi de l'indéfini et du neutre (*ça* et *on*) en philosophie. Mais il faut d'abord évoquer quelques difficultés concernant les notions mêmes de personne et de pronom personnel.

♦ Voir encadré 1.

II. « VOM ICH »

La théorie du sujet dans l'idéalisme allemand, de Kant à Fichte et Hegel (nous pouvons rassembler sous le titre du premier essai de Schelling tous les *Vom Ich*...), est dépendante d'une plasticité du *Ich* qui peut se transposer partiellement en anglais, mais n'a pas d'équivalent en français. Le français n'a pas nominalisé le sujet simple, mais le réfléchi, « le moi », induisant un effet d'objectivation, tandis que *Ich* est immédiatement perçu comme un terme autonyme. En conséquence, la formulation kantienne *das Ich* (étroitement associée à « *das Ich denke* », souvent écrit « *das : Ich denke* », ce qui suggère par homophonie avec la conjonction *dass* une quasi-équivalence entre nomination et proposition : « *le* Je pense », « [le fait] *que* je pense ») fonctionne à la fois comme référence à un être subjectif et comme référence à la forme linguistique, à l'acte de parole dans lequel il se dit. Écrire en français « le Je » ne peut être qu'une mention de grammairien, ou un germanisme de traduction philosophique, d'ailleurs tardif (l'italien au contraire dispose de l'*Io* sans problèmes, comme on le voit par exemple chez Gentile). On n'imagine pas Pascal écrivant « le Je est haïssable » (nous reviendrons ci-dessous sur le problème de « Je est un autre »). En conséquence, il est pratiquement impossible à une oreille française d'entendre la forme nominale *das Ich* sans y supposer le réfléchi , « le moi ». L'ambivalence propre à l'analyse kantienne de la « conscience de soi » comme enveloppement réciproque de l'apparence et de la vérité, d'une connaissance et d'une méconnaissance (voir SUJET), se rabat alors sur la doctrine psychologique ou morale des illusions que chacun se fait sur lui-même (et particulièrement de la façon dont il se surestime ou se sous-estime).

La « simplicité » absolue du mot *Ich*, avec sa plasticité propre, rend compte pour une part de la puissance dialectique qui se déploie dans le champ de la *Ichheit*, dont la transposition littérale en français présente toujours d'insurmontables difficultés. On comprend que ce soit essentiellement en langue allemande que la philosophie spéculative de l'Europe moderne a développé l'antithèse de la « voie de l'être » et de la « voie du Je », dans laquelle semblent se répéter de très anciennes alternatives théologiques à propos du « nom de Dieu » (Cassirer, *Sprache und Mythos*, p. 139 : « *Der Weg über das Sein und der Weg über das Ich* »). En voici trois exemples.

(1) Dans la *Wissenschaftslehre* [*Doctrine de la science*] de 1794, Fichte a donné une interprétation de l'aperception transcendantale kantienne qui se fonde sur l'homologie entre le principe logique d'identité (A = A) et une proposition qu'on peut aussi écrire algébriquement *Ich* = *Ich* (« *Ich gleich Ich* »). Cette proposition qu'on peut comprendre comme signifiant *Ich bin Ich* est ontologique au sens strict, puisqu'elle exprime le propre de *Ich* en tant qu'être, sa réflexivité interne ou son identité à soi, et la façon dont *Ich* se pose en tant que conscience de soi (formule fichtéenne du *Selbstbewusstsein* : « *Das Ich setzt sich schlechthin als sich setzend* » [le *Ich* se pose tout simplement en tant que se posant]). Il s'agit donc d'un absolu subjectif, qui apporte à la philosophie un nouveau fondement, dans la forme d'une intuition intellectuelle (en ce sens il annule les effets de la critique kantienne). Le français n'a pu faire autrement que de traduire « Moi = Moi », quitte à risquer à l'occasion « Je suis Je ». Dans une phrase comme : « La formule suivante serait l'expression immédiate de l'acte que l'on a explicité jusqu'ici : *Je suis absolument, c'est-à-dire : Je suis absolument parce que je suis ; et je suis absolument ce que je suis ; ces deux affirmations étant pour le Moi* [...] *Le Moi pose originairement son propre être* » (*Œuvres choisies de philosophie première*, trad. fr. Philonenko, p. 22), la traduction est incapable de rendre la symétrie du texte allemand. Elle manque donc (sauf à le gloser par un commentaire) le mouvement propre à l'idéalisme subjectif qui remonte en deçà du principe d'identité logique jusqu'à l'identité transcendantale du *Ich*, s'apercevant et s'énonçant immédiatement elle-même.

(2) Le manque à traduire est plus manifeste encore au stade suivant de la dialectique fichtéenne, lorsqu'il est dit que, dans son mouvement d'auto-position, *Ich* « se pose

immédiatement à la fois comme *Ich* et comme *Nicht-Ich* », contredisant cette fois la forme du principe d'identité dans son développement traditionnel (A n'est pas non-A). En effet, *Nicht-Ich* — négation, non d'un prédicat, mais d'un terme singulier, que pour cette raison Tugendhat considère comme une absurdité, *ein Unding* : ce qui, pris à la lettre, veut dire aussi une « non-chose » — n'est pas « [le] Non-Moi », mais il est, dans la simplicité d'une même négation, à la fois « [tout] ce que je ne suis pas » et le « néant du Je », voire son anéantissement, c'est-à-dire sa privation de toute détermination substantielle. Une formule telle que « J'oppose dans le Moi un Non-Moi divisible au Moi indivisible » dont Fichte nous dit qu'elle « épuise l'ensemble de ce qui est certain inconditionnellement et absolument » (*ibid.*, p. 30) ne permet pas — en français — de comprendre que *Nicht-Ich* contient encore en soi la forme du sujet, mais affectée d'une négation (ou que *Nicht-Ich* est un *Ich* qui se nie comme tel). Elle masque donc les racines linguistiques de l'élaboration qui conduit Fichte à dépasser l'interprétation de l'opposition entre *Ich* et *Nicht-Ich* comme antagonisme du sujet et de l'objet (ou de la conscience et du monde, de la liberté et de la nature), pour en faire la formule d'une intersubjectivité ou « interpersonnalité constituante », unité originaire du « Je » et du « Tu » (ou de la personne du sujet et de celle d'autrui).

(3) Hegel n'a cessé, pour sa part, de critiquer ce qu'il considère comme le « formalisme », la « tautologie sans mouvement (*bewegungslose Tautologie*) » de l'équation *Ich = Ich*. C'est, on le sait, l'un des fils conducteurs de la *Phänomenologie des Geistes* (*Phénoménologie de l'esprit*), qui commence par l'analyse du vide de la certitude sensible, suspendue à une autoréférence purement verbale (« *Das Bewusstsein ist* Ich, *weiter nichts, ein reiner* Dieser *; der* Einzelne *weiss reines Dieses, oder* das Einzelne », phrase presque intraduisible en raison de l'équivocité de *Ich* et de l'alternance masculin/neutre : « La conscience est/suis *Je/Moi*, rien de plus, un pur *celui-ci* [au sens de : *cet homme-ci*] ; *l'individu* ne sait rien d'autre que *cela* [au sens de : *cette chose-là*], *l'individuel* »). Dans le même texte, cependant (chap. « *Die Wahrheit der Gewissheit seiner selbst* [La vérité de la certitude de soi-même] »), il a introduit à son tour une formule qui se fonde sur la syntaxe des pronoms personnels pour engager la dialectique de la conscience de soi : « Ich, *das* Wir, *und* Wir, *das* Ich *ist* » (éd. J. Hoffmeister, p. 140). Cette formule est immédiatement suivie par le développement célèbre sur « autonomie et non-autonomie de la conscience de soi : domination et servitude ». Les traductions

1

Vraies et fausses personnes

► ACTEUR (encadré 1), SUJET (encadré 5)

Dans son article sur « La nature des pronoms », Benveniste explique que seules la première et la deuxième personnes sont « de vraies personnes », et les pronoms correspondants de « vrais pronoms personnels », puisque seuls ils désignent des interlocuteurs, c'est-à-dire qu'ils impliquent l'énonciation dans l'énoncé lui-même :

> [...] la « 3e personne » n'est pas une « personne » ; c'est même la forme verbale qui a pour fonction d'exprimer la *non-personne*. [...] La « troisième personne » est la seule par laquelle une *chose* est prédiquée verbalement. Il ne faut donc pas se représenter la « 3e personne » comme une personne apte à se dépersonnaliser. Il n'y a pas aphérèse de la personne, mais exactement la non-personne, possédant comme marque l'absence de ce qui qualifie spécifiquement le « je » et le « tu ». Parce qu'elle n'implique aucune personne, elle peut prendre n'importe quel sujet ou n'en comporter aucun, et ce sujet, exprimé ou non, n'est jamais posé comme « personne » [...]. La « 3e personne » a pour caractéristique et pour fonction constantes de représenter, sous le rapport de la forme même, un invariant non personnel, et rien que cela. Mais si « je » et « tu » sont l'un et l'autre caractérisés par la marque de personne, on sent bien qu'à leur tour ils s'opposent l'un à l'autre, à l'intérieur de la catégorie qu'ils constituent [...]. Au couple *je / tu* appartient en propre une corrélation spéciale, que nous appellerons, faute de mieux, *corrélation de subjectivité* [...]. On pourra donc définir le « tu » comme la *personne non subjective*, en face de la *personne subjective* que « je » représente ; et ces deux « personnes » s'opposeront ensemble à la forme de « non-personne » (= « il »). Il semblerait que toutes les relations posées entre les trois formes du singulier dussent demeurer pareilles si on les transpose au pluriel [...]. La distinction ordinaire du singulier et du pluriel doit être sinon remplacée, au moins interprétée, dans l'ordre de la personne, par une distinction entre *personne stricte* (= « singulier ») et *personne amplifiée* (= « pluriel »). Seule la « troisième personne », étant non-personne, admet un véritable pluriel.
>
> *Problèmes de linguistique générale*, I, 1966, p. 228-236.

Cette analyse célèbre est justifiée à la fois par le recours à un formalisme contemporain de la communication qui construit la référence à l'intérieur du langage lui-même, et par une métaphysique moderne opposant les *personnes* et les *choses*. En fait, elle représente leur point de fusion. Elle s'oppose ainsi à une tradition plus ancienne, venue de l'aristotélisme et perfectionnée jusqu'à la Renaissance, pour qui, de façon qu'on pourrait dire réaliste ou objective, c'est au contraire la « 3e personne » qui caractérise en propre ce dont il s'agit. La notion de personne (*prosôpon* [πρόσωπον], *persona*) y est pensée à partir de celle de nom, signifiant le *suppositum* (sujet) d'une attribution que traduit, représente ou exprime l'énoncé :

> La personne est le mode de signifier par la médiation duquel le verbe consignifie la propriété de parler non en tant qu'inhérente à soi, mais en tant que la chose du verbe est applicable à la chose du *suppositum* subsistant par lui-même selon les propriétés de la parole. D'où la personne affecte le verbe (*inest verbo*) du fait de son aptitude attributive à l'égard du *suppositum* selon un mode d'attribution varié.
>
> Thomas d'Erfurt, *Grammatica speculativa*, cité par Jacques Julien.

Les « noms » *ipse*, *ego* ou *tu*, qui « consignifient » la personne qui parle ou à qui l'on parle, doivent alors être interprétés à la fois comme des abstractions et comme visant l'étant individuel en situation : des universels singuliers en quelque sorte. Nous serions tentés de penser que cette tradition habite toujours certaines tentatives réductionnistes de la philosophie analytique contemporaine, inspirées notamment de Russell (*egocentric particulars*) et de Strawson (*individual occurrences*).

courantes – « un *Moi* qui est un *Nous*, et un *Nous* qui est un *Moi* », « un *Je* qui est un *Nous*, et un *Nous* qui est un *Je* » (anglais : *"I" that is "We" and "We" that is "I"*) – ne suffisent pas à rendre le mouvement d'identification passant par l'autre, dont Hegel va faire ici le ressort de la progression de l'esprit (*Geist*). Il est nécessaire, pour marquer la reprise de l'altérité dans l'intériorité du même sujet, à travers la négation de la négation, de traduire en forçant la syntaxe : « *Moi* que *Nous* sommes, *Nous* que *Je* suis ».

Pour une fois cependant, le détour par la terminologie française du « moi » est utile, car cette formule hégélienne transpose une idée venue de Rousseau :

> À l'instant, au lieu de la personne particulière de chaque contractant, cet acte d'association produit un corps moral et collectif composé d'autant de membres que l'assemblée a de voix, lequel reçoit de ce même acte son unité, son *moi* commun, sa vie et sa volonté.
>
> *Contrat social*, I, 6.

Mais, là où Rousseau décrivait de façon naturaliste la formation d'un individu d'individus, quitte à lui attribuer après coup l'intériorité d'une conscience, de façon à interpréter l'énigme d'une aliénation qui est en même temps une libération, Hegel nous installe d'emblée dans l'immanence du sujet, connoté par l'usage de la première personne au singulier et au pluriel. Il utilise ce que Benveniste appelle la différence entre la « personne stricte » et la « personne amplifiée » (autrement dit le fait que le *Je* à la fois s'oppose au *Nous* et s'inclut en lui pour en faire une personne), de façon à présenter la tension des deux termes comme une sorte de réflexion conflictuelle inhérente à la constitution du sujet, moment décisif de la transformation de l'esprit individuel en esprit universel, qui se sait lui-même (*Geist* en tant que forme absolue du *Selbst*).

III. DU « MOI » AU « SELF », DU « SELF » AU « SOI »

Laissant de côté la sémantique remarquable du *Selbst* allemand, essentiellement en raison de ses possibilités de composition (par ex., *Selbstbewusstsein*, *Selbstbestimmung*, *Selbstständigkeit*, *Selbsterfahrung*, *Selbstbildung*, *Selbstverständigung*, etc.) (voir SELBST), on examinera ici le double déplacement qui se produit entre le français et l'anglais : du *moi* au *self*, du *self* au *soi*. Il s'agit d'un petit drame de la trahison, qui se joue d'abord dans un temps très court, mais qui n'a cessé d'être à l'œuvre dans le rapport conflictuel entre les psychologies et les philosophies de l'identité personnelle propres à ces deux langues (depuis l'opposition de Hume et de Rousseau au XVIIIe siècle jusqu'à la différence d'orientation entre les

1

Mais elle ne s'oppose pas moins au point de vue qui avait été élaboré par la logique stoïcienne, et transmis de là aux grammairiens de la même école. Au lieu d'être concentré sur une personne déterminée (et en quelque sorte approprié par elle), le lien « subjectif » de l'énoncé et de l'énonciation y est au contraire généralisé et anticipé dans une théorie de la signification. Les personnes sont définies de façon équivoque, à la fois par rapport à l'action décrite en elle-même (comme agent ou patient) et par rapport à la parole (en tant qu'elles peuvent tenir un discours sur soi, et que plus généralement elles « attestent » leurs actions ou celles d'un[e] autre). Citant Apollonius Dyscole : « [...] les personnes qui prennent part à l'acte se distribuent en personnes grammaticales [...] mais l'acte lui-même reste extérieur à la personne et au nombre et peut ainsi se combiner avec toutes les personnes et tous les nombres [...] ; le terme de personne est approprié en ce qu'il manifeste une *deixis* corporelle et une disposition mentale », Frédérique Ildefonse soutient que la coïncidence « entre actant du monde physique et personne grammaticale », indissociablement liée à la manière dont « le même terme de diathèse [= disposition], dans le champ des signifiés, est commun à la diathèse physique et au mode, c'est-à-dire à la diathèse de l'âme », est essentielle à la notion stoïcienne de personne. En d'autres termes, celle-ci se projette sur différentes individualités, non pas à partir d'un rapport intrinsèque entre la pensée et la langue, mais à partir d'événements du monde où l'action rencontre la parole, produisant autant d'effets de sens. C'est de là que part Deleuze pour engendrer le « jeu des personnes » à partir d'un « champ neutre, pré-individuel et impersonnel où il se déploie » (*Logique du sens*, p. 149). Mais, d'une autre façon, on peut en percevoir un écho dans la théorie syntaxique de Jean-Claude Milner, qui reprend la question des pronoms personnels à partir du « réfléchi » (*me, moi, se, soi*) et de la manière dont, dans certaines langues, il interfère avec l'expression de la réciprocité ou de la collectivité (notion générale de « coréférence »).

Ces points de vue inconciliables instituent une tension dont on peut penser qu'elle est constamment présente dans les discours de la philosophie moderne sur le « sujet » et la « personne ». Mais elle n'est pas toujours résolue de la même façon, car chaque langue a sa propre façon de citer, de réfléchir, de nier, etc., et la pensée philosophique en subit l'effet (ou si l'on préfère, elle en exploite les possibilités). D'où, à la rigueur, des intraduisibles qui nourrissent aussi la relance des théories de la subjectivité.

BIBLIOGRAPHIE

DELEUZE Gilles, *Logique du sens*, Minuit, 1969.

ILDEFONSE Frédérique, « La théorie stoïcienne de la phrase (énoncé, proposition) et son influence chez les grammairiens », *in* P. BÜTTGEN, S. DIEBLER et M. RASHED (éd.), *Théories de la phrase et de la proposition de Platon à Averroès*, Éd. Rue d'Ulm, 1999.

MILNER Jean-Claude, *Ordres et Raisons de langue*, Seuil, 1982.

RUSSELL Bertrand, *Signification et Vérité* [*An Inquiry into Meaning and Truth*, Londres, Allen & Unwin, 1940], trad. fr. P. Devaux, Flammarion, 1969.

STRAWSON Peter F., *Individuals*, Londres, Methuen, 1959 ; trad. fr. A. Shalom et P. Drong, Seuil, 1973.

pragmatiques américains comme William James ou George Herbert Mead et la phénoménologie à la française de Sartre ou de Ricœur).

Dans l'*Essai concernant l'entendement humain* [*An Essay Concerning Human Understanding*, II, xxvii, *Of identity and diversity*], Locke invente deux grands concepts de la philosophie moderne : la conscience (*consciousness*) et le soi (*the self*) (voir CONSCIENCE). Son arrière-plan immédiat est constitué par l'invention de l'expression « le moi » dans la philosophie et la littérature françaises (Descartes, Pascal, Malebranche). C'est Pascal, on le sait, qui a popularisé le *moi* : « Je sens que je puis n'avoir point été, car le moi consiste dans ma pensée » (*Pensées*, B 469/ L 135) ; « Qu'est-ce que le moi ? [...] Où est donc ce *moi*, s'il n'est ni dans le corps ni dans l'âme ? et comment aimer le corps ou l'âme, sinon pour ces qualités, qui ne sont point ce qui fait le moi, puisqu'elles sont périssables ? » (*ibid.*, B 323/L 688). Mais Descartes, dans le *Discours de la méthode* (4e partie), avait déjà écrit : « Ce moi, c'est-à-dire mon âme, par laquelle je suis ce que je suis. » Et cette formule frappante avait été interpolée par le traducteur français dans le cours de la 4e Méditation (AT, vol. 9, p. 62). La substantivation de l'auto-référence (*ce moi*, *Ego ille*) est au cœur de l'interrogation cartésienne sur l'identité. Elle impose une contrainte grammaticale très forte aux transferts : passer de l'expression « le moi » à *the self*, c'est opérer une transformation profonde, de telle sorte que le trajet inverse n'est plus possible. C'est pourquoi le traducteur français de Locke a dû à son tour créer « le soi », innovation dont les effets se font encore sentir aujourd'hui (« Le *moi* de M. Pascal m'autorise en quelque manière à me servir du mot *soi*, *soi-même*, pour

2

« To », « auto », « h(e)auto », « to auto » : la construction de l'identité en grec

► TO TI ÊN EINAI, *IDENTITÉ*, *SOI* [SELBST, SAMOST']

Nous avons conservé quantité de composés calqués sur les termes grecs, souvent *via* le latin, et fabriqués à l'aide du pronom *autos, ê, o* [αὐτός, ή, ό], comme *autographe, autodidacte, automate, autonome*, pour désigner une action que le sujet exerce personnellement et le plus souvent sur lui-même (écrit de sa propre main, qui s'instruit soi-même, qui se meut de lui-même, qui se donne ses propres lois). Cette formation était virtuellement aussi extensible et généralisable en grec ancien que les composés en *Selbst-* le sont aujourd'hui en allemand (voir SELBST) ; en français, elle est aussi porteuse d'inventions plus récentes, où le second terme est français (« auto-allumage », 1904, Robert DHLF, 1998, *s.v.* « *auto* »).

Autos est lui-même composé de la particule *au* [αὖ], qui marque la succession (« puis »), la répétition (« de nouveau »), l'opposition (« d'un autre côté »), et de *ho, hê, to* [ὁ, ἡ, τό], un déictique, « celui-ci, celle-ci », qui devient en grec classique l'article défini, « le, la, les » (mais *ho men, ho de* [ὁ μέν, ὁ δέ] par ex. continue de signifier « celui-ci, celui-là »). Le sens premier et littéral de *autos* est ainsi quelque chose comme : « d'autre part, et puis encore celui-ci, par opposition à cet autre » (cf. Bailly, *s.v.*). *Autos* a grammaticalement trois emplois essentiels :

(1) Aux cas autres que le nominatif, il sert de pronom de rappel de la troisième personne, avec usage anaphorique (*auton horô* [αὐτόν ὁρῶ], je le vois ; *ho patêr autou* [ὁ πατήρ αὐτοῦ], le père de lui, son père, comme le latin *ejus, eorum*).

(2) Il sert de pronom ou d'adjectif emphatique (lat. *ipse*, fr. *même*), seul (ainsi dans la phrase pythagoricienne *Autos epha* [Αὐτὸς ἔφα], « Le Maître dit »), ou apposé à un pronom personnel (*egô autos* [ἐγὼ αὐτός], c'est moi en personne qui, moi-même) ou à un nom (*auto to pragma* [αὐτὸ τὸ πρᾶγμα], la chose même ; *dikaion auto* [δίκαιον αὐτό], le juste en soi).

Il est alors souvent utilisé en même temps que le pronom réfléchi, *heautos, ê, o* [ἑαυτός, ή, ό], qui est lui-même une combinaison de deux pronoms : *he* [ἕ], pronom personnel de la troisième personne, qu'on trouve chez Homère, suivi de *autos* ; quand le réfléchi se contracte en *hautou, -ês, -ou* [αὑτοῦ, -ῆς, -οῦ], ils ne se distinguent plus que par l'esprit (rude pour le réfléchi, aspiration translittérée par notre *h*) : ainsi, la formule delphique s'énonce dans le *Charmide* (165 b) *to gignôskein auton heauton* [τὸ γιγνώσκειν αὑτὸν ἑαυτόν], « se connaître soi-même par soi-même », et le fait d'être *auto kath' auto* [αὐτὸ καθ' αὑτό] signe le statut ontologique séparé, « en soi et par soi », ou peut-être « en soi et pour soi », de l'idée platonicienne.

(3) Enfin, quand il est immédiatement précédé de l'article, *ho autos, hê autê, to auto* [ὁ αὐτός, ἡ αὐτή, τό αὐτό], il prend le sens du latin *idem*, « le même ». Le grec distingue ainsi très fortement par l'ordre des mots : *ho autos theos* [ὁ αὐτὸς θεός], « le même dieu », et *hautos ho theos* [αὑτὸς ὁ θεός], « le dieu lui-même ».

On voit qu'il existe en grec toute une constellation de termes qui noue très étroitement les deux aspects de l'identité : l'ipséité, la constitution d'un soi, et la « mêmeté », la construction d'une identité à soi ou à un autre que soi. Un certain nombre de langues ont des procédures analogues, telles que la présence de l'article fait la différence de sens : fr. *(soi) même / le même (que)*, all. *Selbst / dasselbe*, par contraste avec lat. *ipse / idem*, angl. *self / same*. Mais, en grec, l'article est d'abord un constituant du terme lui-même, *au-t-os*. S'enchaîne dès lors une série très singulière et instructive de gestes linguistiques, qu'on pourrait caractériser, avec Schleiermacher, comme constituant le schème grec de l'identité. Cette série est, de fait, philosophiquement déterminante.

Repartons de l'article. Le grec ne connaît que l'article défini (à la différence du latin, qui n'en possède aucun, et du français par ex., qui distingue *le*, défini, et *un*, indéfini). En grec archaïque, ce qui va devenir l'article, *ho, hê, to*, a manifestement un sens fort, démonstratif, d'où, en particulier, son rôle de renvoi et de liaison proche du relatif (voir Meillet, *Aperçu...*, p. 188, 192 *sq.*). Lorsque après Homère, il devient article, le petit mot conserve au long de son histoire une consistance remarquable : sa seule présence aux côtés d'un substantif confère une présomption ou une présupposition d'existence ; ainsi le trouve-t-on régulièrement aux côtés d'un nom propre (on dit en grec *ho Sokratês* [ὁ Σοκράτης], « le Socrate », et non « Socrate ») ; ainsi, plus manifestement encore, sert-il à différencier le sujet du prédicat dans une phrase que l'ordre des mots ne norme pas : on ne dirait pas en grec « *a* est *a* », mais « *le a* est *a* (ou "*a* le *a* est", ou "est le *a a*", etc.) ». Un Gorgias par exemple en tire argument contre l'identité du sujet et du prédicat dans un énoncé d'identité tel qu'on le profère : avec *to mê on esti mê on* [τὸ μὴ ὂν ἐστὶ μὴ ὄν], « le non-étant est non-étant », on dit, qu'on le veuille ou non, exprimer ce sentiment que chacun a en lui-même qu'il est *le même* ; ou pour mieux dire, j'y suis obligé par une nécessité indispensable ; car je ne saurais exprimer autrement le sens de mon Auteur, qui a pris la même liberté dans sa Langue. Les périphrases que je pourrais employer dans cette occasion embarrasseraient le discours, et le rendraient peut-être tout à fait inintelligible » [note de Pierre Coste à sa traduction de l'*Essai* de Locke, 1700, livre II, chap. 27, § 9]). Mais les usages courants de l'anglais *self* et ceux du français *soi* ne se superposent pas vraiment. On ne peut écrire en français « mon soi » (comme en anglais *myself* ou *My Self*), ni *a fortiori* employer ce substantif au pluriel (à la différence de l'anglais *our selves*). La traduction ouvre sur une dérive du sens plutôt qu'elle ne fixe un concept universel.

La façon dont Locke met à profit des particularités d'une langue pour transformer la problématique venue d'une autre est tout à fait remarquable. Si en effet l'anglais n'a pas élaboré d'expression de la forme *das Ich* ou *le moi*, en revanche il dispose d'une grande variété d'usages pour *self*, qui prédisposent à la conceptualisation du sujet comme disposition ou propriété de soi-même. Le terme *self* (dont l'étymologie demeure obscure) comporte à la fois l'usage pronominal (correspondant au latin *ipse*) et l'usage comme adjectif (correspondant tantôt au latin *ipse* tantôt au latin *idem* : donc « moi-même » et « soi-même », ou « le même », « la même chose »). Très tôt existent aussi les usages comme substantif, avec ou sans article (*self*, *the self*). Enfin existent les combinaisons : soit avec des pronoms et des possessifs, écrites en un mot (*itself*, *himself*, *myself*, *oneself*), ce qui souligne une fonction pronominale, ou en deux (*it self*, *him self*, *my self*, *one self*), ce qui introduit un nom tendant à se substituer au pronom lui-même dans un mouvement d'intensification ; soit avec des substantifs ou des adjectifs, pour former des notions appliquant l'action sur son sujet même, ainsi *self-*

2

que le sujet *to mê on* [τὸ μὴ ὂν], « *le* non-étant », a un autre type de consistance et d'existence que le prédicat *mê on* [μὴ ὄν], « non-étant » (*De Melisso Xenophane Gorgia*, 978 a 25-b 7, = G, 3-4, *in* Cassin, *Si Parménide*, p. 636). C'est aussi pourquoi l'article sert si facilement à « substantiver », non seulement des adjectifs (*to kalon* [τὸ καλόν], « le Beau » du *Banquet* platonicien), des participes et des infinitifs (*to on* [τὸ ὄν] et *to einai* [τὸ εἶναι], « l'étant » et « l'être »), mais toutes sortes d'expressions (voir par ex. TO TI ÊN EINAI, le « ce que c'était que d'être », la « quiddité » de l'Aristote latin), ainsi que des mots ou des phrases entières qui passent alors, comme affectés de guillemets, de l'usage à la mention (chez Aristote par ex., cf. *Métaphysique*, IV, 4, 1006b 13-15).

Le premier et plus fort témoignage de cette organisation de l'identité en fonction de la constellation *to, auto, to auto* est la manière dont le *Poème* de Parménide construit l'identité de l'être. Suivant en effet « la route du *est* » (désignée d'ailleurs comme *hê men* [ἡ μὲν], « celle-ci », par opposition à *hê de* [ἡ δὲ], « celle-là », II, 3 et 5), Parménide développe l'ensemble des formes et des potentialités, syntaxiques et sémantiques, du verbe *esti* [ἔστι] « est » (3ᵉ personne du sg, II, 3 ; voir ÊTRE), pour aboutir à *to eon* [τὸ ἐὸν] « l'étant » (participe substantivé, VIII, 32), c'est-à-dire au sujet identifié comme tel seulement au bout du chemin (et que suffit ensuite à désigner l'article démonstratif souligné d'une particule : *to ge* [τό γε], VIII, 37, « le / cela en tout cas », ou *to gar* [τὸ γὰρ], VIII, 44, « le / cela en effet »). L'un des points nodaux de l'opération se trouve au fr. III, au sens si controversé, mais salué par Heidegger comme principe directeur de la philosophie occidentale : *to gar auto noein estin te kai einai* [τὸ γὰρ αὐτὸ νοεῖν ἐστίν τε καὶ εἶναι], dont une traduction littérale serait « un même en effet est à la fois penser et être ». On peut y entendre que penser et être ne font qu'un, et le comprendre avec Heidegger, non comme une proclamation du subjectivisme et de l'idéalisme avant la lettre — l'être n'est jamais que ce qu'on pense —, mais comme la co-appartenance de l'être et du penser et, par là, comme une détermination de l'homme lui-même (*Introduction à la Métaphysique*, p. 151-152). Mais on peut aussi entendre comment est fait ce *to auto* : *to*, le / ce, *au*, encore, de nouveau, *to*, le / ce. La particule joint deux fois le même élément : le même se dit en grec « le re-le », « ce re-ce ». Autrement dit, la consistance identitaire (*to auto*, le même au sens de un même, un quelque chose d'identifiable en tant que même que soi-même) n'est rien d'autre que la conjonction (*te kai*) du penser avec l'être. C'est bien là ce qui trouvera avec *to eon*, l'étant lui-même et proprement dit, son nom de sujet subsistant et connaissable, ipséité par excellence.

Barbara CASSIN

BIBLIOGRAPHIE

CASSIN Barbara, *Si Parménide, Le traité anonyme* De Melisso Xenophane Gorgia, *éd. critique et commentaire*, PUL, MSH, 1980 (= Cahiers de Philologie, 4).

HEIDEGGER Martin, *Introduction à la Métaphysique*, cours du semestre d'été 1935, Niemeyer, 1952, trad. fr. G. Kahn, Gallimard, 1967.

PARMÉNIDE, *Sur la nature ou sur l'étant. La langue de l'être ?*, prés., trad. et comm. B. Cassin, Seuil, « Points-bilingues », 1998 (en particulier, p. 30-48 et p. 122-134).

SCHLEIERMACHER Friedrich D.E., *Herméneutique, 1809-1810*, trad. fr. C. Berner, Cerf / PUL, 1987.

OUTILS

BAILLY Anatole, *Dictionnaire grec-français*, coll. E. Egger, éd. rev. L. Séchan et P. Chantraine, Hachette, 1950.

CHANTRAINE Pierre, *Grammaire homérique*, 2 vol., Klincksieck, 1948 ; t. 1, 2ᵉ éd. 1953 ; t. 2, réimpr. 1986.

MEILLET Antoine, *Aperçu d'une histoire de la langue grecque*, Klincksieck, 1965, 8ᵉ éd. 1975.

conscious et *self-consciousness* (comme dans les termes grecs formés avec *auto-* et *heauto-*, où les langues latines suivent, elles, une construction au génitif : *causa sui, compos sui,* « cause de soi », « maîtrise de soi », « conscience de soi »).

♦ Voir encadré 2.

Non moins décisive est la réciprocité, confinant à l'équivalence, qui s'instaure entre *my self* et *my own* quand le sujet, tout en s'adressant à lui-même, désigne ce qu'il a de plus proche ou de plus « propre ». Cette réciprocité va permettre à Locke de fusionner une problématique moderne de l'identité et de la différence (*identity and diversity*) avec une problématique antique de l'appropriation (*oikeiôsis, convenientia,* voir OIKEIÔSIS), termes extrêmes entre lesquels s'insère le spectre des notions concernant la reconnaissance, la conscience, la mémoire, l'imputation, la responsabilité de soi et de ses propres actions. En anglais, *own* est à la fois adjectif et verbe. En tant qu'adjectif, il se combine avec les possessifs *my, his,* etc. dans une formulation intensive : *my own house* (ma propre maison, la maison qui est à moi), *I am my own master* (je suis mon propre maître, je ne suis qu'à moi). Et absolument : *I am on my own* (je vais tout seul). En tant que verbe (*to own*), il a toutes les significations qui vont de « posséder » à « avouer », en passant par « confesser », « reconnaître », « déclarer », « réclamer » : c'est, en général, le fait de dire « sien ». Locke en pratique l'intégralité, séparément ou en combinaison (comme dans : « *owns all the actions of that thing, as its own* [elle s'attribue ainsi et avoue pour siennes toutes les actions de cette chose, qui n'appartiennent qu'à elle] » *An Essay,* II, xxvii, § 17). Le résultat de ces constructions est une fusion des paradigmes de l'être et de l'avoir, typique de ce qu'on a pu appeler du point de vue de la philosophie politique un « individualisme possessif ». Fondamentalement, « moi », c'est (= je suis) « le mien », et ce qui est « le plus proprement mien », c'est « moi-même » (de même que ce qui est le plus proprement « tien », « sien », c'est « toi-même », « lui-même », etc.).

Même si cette fusion vient d'aussi loin que les discours grecs sur l'*oikeios* et l'*idios*, qualifiant la particularité du soi (cf. Vernant), c'est avec Locke qu'elle s'installe au centre de la philosophie moderne. Elle parviendra jusqu'à nous, ne cessant de se renforcer juqu'à la thèse liminaire de *Sein und Zeit* (§ 9), où Martin Heidegger identifie la particularité existentielle du *Dasein* humain à la *Jemeinigkeit* (litt. « être à chaque fois [le] mien »), au moyen d'un autre néologisme (allemand, cette fois) tout aussi difficilement traduisible. Elle se renverse alors d'une certaine façon en son contraire, puisque le contenu du *own* anglais (en allemand *das Eigene*) n'est que l'imminence de la mort, seule « chose » qui pour chacun lui appartienne « en propre ». Nous verrons plus loin que ce renversement s'accompagne d'une nouvelle révolution dans la nomination du sujet.

Dans les passages de l'*Essay* de Locke où se construit la doctrine de l'identité personnelle (avant tout le chap. II, xxvii), nous trouvons la mise en œuvre de ces virtualités par les glissements mêmes de l'écriture. Un premier moment nous fait passer de l'idée d'identité en tant que simple « mêmeté » (*sameness*) à celle d'identité réflexive ou d'*ipséité* : le mot *self* devient alors un substantif. Des expressions comparatives (*the same with itself* : être le même que soi, en particulier dans le temps), on glisse à *that is self to it self* (« qui est "soi" pour soi-même », équivalent à l'idée de conscience, *consciousness*) :

> [...] *consider what person stands for* [...] *When we see, hear, smell, taste, feel, meditate, or will any thing, we know that we do so* [...] *and by this every one is to himself, that which he calls* self [...] *it is the same* self *now it was then; and it is by the same* self *with this present one that now reflects on it, that that action was done.*
>
> [Il nous faut considérer ce que représente la personne (...) Quand nous voyons, entendons, sentons par l'odorat ou le toucher, éprouvons, méditons ou voulons quelque chose, nous savons que nous le faisons (...) et ce par quoi chacun est pour lui-même précisément ce qu'il appelle *soi* (...) c'est le même *soi* maintenant qu'alors ; et le *soi* qui a exécuté cette action est le même que celui qui, à présent, réfléchit sur elle.]
>
> *Essay*, II, xxvii, § 9.

On peut ainsi échanger les expressions : *to be one (identical) Person* et *to be one self* (être soi-même/être un seul soi). Dans un second moment, *self* joue par rapport à la première personne, tantôt comme son substitut, tantôt comme son double, qui dialogue avec elle et se soucie d'elle :

> *Had I the same consciousness* [...] *I could no more doubt that I, that write this now* [...] *was the same self, place that self in what Substance you please, than that I that write this am the same my self now whilst I write* [...]. *That with which the consciousness of this present thinking thing can join it self, makes the same person, and is one self with it, and with nothing else; and so attributes to it self, and owns all the actions of that thing* [...]
>
> [Si j'avais la même conscience (...), je ne pourrais pas plus douter que moi qui écris ceci maintenant. (...) J'étais le même soi, dans quelque substance qu'il vous plaira de le placer, que je ne puis douter que moi qui écris suis le même soi ou moi-même (...). Celle avec qui peut se joindre la conscience de la chose pensante actuelle fait la même personne, elle forme un seul soi avec elle, et avec rien d'autre ; elle s'attribue ainsi et avoue toutes les actions de cette chose (...)]
>
> *Essay*, II, xxvii, § 16-17.

Self, nom commun, glisse à *self* quasi nom propre (sans article), tout en conservant les possibilités de faire entendre un possessif. À travers l'équivalence d'expressions telles que *I am my self, I am the same self, I am the same my self*, Locke fait de *self* la représentation de soi pour soi, le terme à qui (ou à quoi) j'attribue ce que je m'attribue, ce dont je me soucie quand je me soucie de moi. Pour finir, Locke nomme *Personne* (caractérisée par lui, non comme un terme de grammaire ou de théologie, mais comme un « terme judiciaire » : *forensic term*) le *self* qui lui-même avait servi à clarifier la singularité de l'« identité personnelle » :

> Person, *as I take it, is the name for this* self. *Wherever a man finds, what he calls* himself, *there I think another may say is the same person* [...] *This personality extends it* self

> *beyond present existence* [...] *whereby it becomes concerned and accountable, owns and imputes to it* self *past actions* [...]
>
> [Le mot *personne*, tel que je l'emploie, est le nom de ce *soi*. Partout où un homme découvre ce qu'il appelle *lui-même*, un autre homme, ce me semble, pourra dire qu'il s'agit de la même personne (...) C'est uniquement par la conscience que cette personnalité s'étend *soi-même* au passé, par-delà l'existence présente : par où elle devient soucieuse et comptable des actes passés, elle les avoue et les impute à *soi-même* (...)]
>
> *Essay*, II, xxvii, § 26.

Dans la perspective d'un jugement intérieur (qui anticipe le Jugement dernier), Locke traduit dans le langage du *self* l'expression de Descartes, tout en substituant « la conscience » à « mon âme » dans la fonction d'identifier ce par quoi « je suis ce que je suis », et en jouant une nouvelle fois sur le possessif : « *that consciousness, where by I am my self to my self* [je suis moi-même pour moi-même] », c'est-à-dire « pour mon soi ».

Cette idée d'être soi-même pour sa personne suggère évidemment un élément de réflexion, de distanciation interne. Donc une incertitude quant à la question de savoir si l'identique et l'identité sont « moi-même », ou bien sont « en moi » comme un objet, une image ou un simulacre verbal. Mais le *soi* pour Locke n'est pas autre chose qu'un « s'apparaître » ou « se percevoir » identique dans le temps : il ne saurait donc se dédoubler réellement ni en soi réel et soi apparent (Leibniz), ni en acteur et spectateur (Hume, Smith), ni en sujet et objet, ni en Je et Moi (comme dans la décomposition du *Self* par G.H. Mead en *I* et *Me*, échangeant continûment leurs places, dont il serait intéressant de se demander ce qu'elle doit peut-être à une relation oblique avec le français). Cette distance évanouissante est en somme la différentielle pure du sujet. Elle correspond remarquablement à l'idée que tente par ailleurs de fonder la théorisation lockienne de la *consciousness*, marquée par la tension entre la représentation d'un point fixe auquel se rattacherait toute la succession temporelle des idées, et celle d'un flux de représentation, dont la continuité même induirait l'identité. Elle nous apparaît cependant d'abord comme le produit d'un jeu de langage — ce qui ne manque pas d'ironie quand on sait à quel point, par ailleurs, Locke a travaillé à dégager la théorie de la connaissance, fondée sur les pures associations d'idées, de leur « vêtement » linguistique.

♦ Voir encadré 3.

IV. RETOURS D' « EGO »

Le français ayant la dualité du *je* et du *moi*, qui permet de problématiser l'identité, plus tard l'introspection, dans la perspective d'une assertion de certitude et d'une passion d'exister (mais aussi bien de disparaître), l'allemand ayant la plasticité du *Ich* qui enveloppe une dialectique de position, de réflexion et de négation, l'anglais ayant élaboré une expression synthétique de la responsabilité morale et de l'appropriation mentale avec le *self*, on pourrait supposer que le jeu est distribué (à moins d'inclure encore d'autres idiomes, bien entendu) et que tout n'est plus, précisément, qu'affaire de traductions. Quelques énigmes subsistent cependant, dont la plus frappante est la façon dont la philosophie du XXe siècle a entrepris de ressusciter le latin *ego*, comme un *Fremdwort* qui serait pourtant, par définition, absolument familier.

A. « The ego-psychology »

Il n'est pas certain que ce « retour d'*ego* » pose exactement les mêmes problèmes en tous contextes, d'abord parce que le fait d'écrire au milieu d'une phrase vernaculaire *ego* ou « l'*ego* » ne produit pas partout les mêmes effets d'étrangeté. Il est probable qu'il faut réserver une place spéciale aux conséquences, désormais universelles, de la généralisation d'une terminologie psychanalytique de langue anglaise, dans laquelle le *Ich* de la deuxième topique de Freud a été rendu par *the ego*, tandis que *Es* était traduit par *the id* (voir ES). Ces effets se comprennent mieux si on précise non seulement, avec A. Abensour, que le terme d'*ego* relevait en anglais du vocabulaire psychologique et médical, mais qu'il y avait donné lieu de façon précoce à toutes sortes de composés désignant le fait de « rapporter au moi » — voire de mettre « au service du moi » — des idées ou des comportements (*ego-attitude, ego-complex, ego-consciousness* [sic], *ego-satisfaction*, etc., débouchant sur d'étonnantes redondances comme *ego-identity*, tous attestés par l'*Oxford English Dictionary* au XIXe et au XXe s.). Cette influence s'étend même à certains textes de Lacan, notoirement hostile à l'*ego-psychology* : ainsi sa communication à la Société anglaise de psychanalyse du 3 mai 1951, « Quelques réflexions sur l'*Ego* » (cité par B. Ogilvie, *Lacan, la formation du concept de sujet*, PUF, 1987, p. 52). Titre non dépourvu d'ironie sans doute. Mais le fait que Lacan ait en vue une théorisation de la « connaissance paranoïaque » suggère aussi une autre piste : celle des usages, savants ou parodiques, du mot *ego* (y compris sous la forme « mon *ego* ») pour désigner l'image narcissique du moi que le sujet forme en lui (« l'*ego* du Premier ministre est très développé »).

B. « Das transzendentale Ego »

Plus directement liée à notre propos est la question de l'introduction de la terminologie « égologique » dans la phénoménologie husserlienne et des effets de sens très profonds qu'elle y produit. Alors que, dans les *Logische Untersuchungen* (*Recherches logiques*) de 1900-1901 et dans les *Ideen* de 1913, Husserl n'avait utilisé que la terminologie classique — celle de l'idéalisme transcendantal, posant les problèmes de traduction habituels (ainsi dans *Ideen*, I, § 57 : « *Die Frage nach der Ausschaltung des reinen Ich* », que Paul Ricœur traduit : « Le Moi pur est-il mis hors circuit ? ») —, les textes de la dernière période, à partir des *Cartesianische Meditationen* (*Méditations cartésiennes* issues des conférences prononcées en allemand à la Sorbonne en 1929 et traduites en français par E. Levinas et G. Peiffer avant même leur publication en langue originale), introduisent une autre terminologie : celle de « l'*ego* transcendantal [*das transzendentale* Ego] ». Pourquoi cette retraduction latine, qui pourrait passer pour pédantisme ? On peut en chercher les raisons dans le contexte et les intentions du texte, sans entrer ici dans la complexité des problèmes soulevés par l'évolution de la conception husserlienne de la subjectivité — lesquels n'ont cessé d'alimenter la philosophie contemporaine, depuis le grand article de Sartre sur « La transcendance de l'*ego* » (1936), où se trouvent problématisés les rapports entre la conscience, le Je et le Moi, jusqu'à la controverse sur l'auto-affection du sujet entre Jacques Derrida (*La Voix et le Phénomène*, PUF, 1967) et Michel Henry (*L'Essence de la manifestation*, PUF, 1963) dans les années 1960 .

La première raison, la plus simple, réside dans le fait que Husserl cite Descartes, dont il annonce vouloir réitérer le geste philosophique :

> Si nous examinons le contenu des *Méditations*, nous constatons que s'y accomplit un retour [*Rückgang*] à l'*ego* philosophant [...], un retour à l'*ego* des pures *cogitationes*.
>
> *Méditations cartésiennes*, Introduction, § 1.

Le texte cartésien dont se réclame Husserl est le texte latin original, ce qui tout à la fois continue une tradition universitaire allemande et marque la persistance d'une *universitas* linguistique commune à l'Europe spirituelle, horizon téléologique dans lequel Husserl situe justement la primauté de la subjectivité transcendantale. On pourrait dire que, dans sa reprise husserlienne, l'*ego* cartésien est immédiatement perçu comme absolument traduisible

3

Le « self » en psychanalyse

C'est dans le monde anglo-saxon, vers 1960 et sous l'influence principale de Donald W. Winnicott, que le terme *self* a fait sa véritable entrée dans la littérature psychanalytique. Et c'est sous cette forme linguistique que, depuis lors, il n'a cessé de s'imposer au sein de cette dernière, même si on a parfois tenté de le rendre en français par *soi*, en allemand par *Selbst* ou par un terme équivalent dans les autres langues européennes. Ce qui fait obstacle à de telles traductions semble tenir, d'une part, à une particularité culturelle impliquant que le *self* anglais désigne un aspect caché, ou susceptible d'être méconnu et négligé, de la personnalité (ce que suggère, par ex., l'expression « *Take care of yourself* » [Prends bien soin de ton *self*]), d'autre part, à la difficulté d'ordre épistémologique que pose aux psychanalystes contemporains un franc ralliement à ce concept. En effet, quand Winnicott définit le *self* comme différent du « je » en disant équivalemment que, pour lui, « le *self*, qui n'est pas le moi, est la personne qui est moi » (voir ES), certains auteurs voient dans ce concept nouveau un utile complément des trois instances psychiques mises en place par la seconde topique de Freud (le moi, le ça et le surmoi), tandis que les autres le considèrent comme un abâtardissement qui nous ramènerait à une phénoménologie antéfreudienne, personnaliste, voire bergsonienne, de l'autonomie et de l'unité du moi.

Or, en réalité, comme le montre J.-B. Pontalis dans une excellente analyse des aspects épistémologiques du problème (« Naissance et reconnaissance du "soi" », in *Entre le rêve et la douleur*, Gallimard, « Tel », 1977, p. 159-189), le *self* selon Winnicott et selon plusieurs autres psychanalystes anglo-saxons ne doit pas s'interpréter exclusivement d'un point de vue théorique par rapport à l'appareil conceptuel élaboré par Freud. Quand ils font intervenir le *self*, ces auteurs ont en fait pour souci de « répondre à des problèmes que leur posait l'analyse de leurs patients, et non [de] démontrer l'insuffisance ou la carence de la métapsychologie freudienne ». Il s'agissait donc alors « plus de cerner un domaine d'expérience que de mettre à l'épreuve de la critique théorique la validité d'un concept ».

À vrai dire, la notion de *self* fut aussi utilisée d'abord, en 1950, par le psychanalyste new-yorkais d'origine viennoise Heinz Hartmann dans le cadre du courant de l'*Ego Psychology*. Hartmann s'attache à dissocier un moi qui est défini par ses fonctions (contrôle de la motilité, perception, épreuve de la réalité, anticipation, pensée, etc.) et un *self* qui représente la personne propre en tant qu'elle s'oppose aux objets extérieurs et à autrui. Une telle bipartition revient notamment à isoler le narcissisme, qui s'en trouve ainsi exalté dans le sentiment de plénitude et d'autosuffisance de l'être tout entier, alors que, comme le dit Pontalis, « la constitution du moi est liée à la reconnaissance de l'autre et lui sert de modèle ».

Quant à la problématisation élaborée par Winnicott dans le cadre de ce qu'il appelle l'« objet transitionnel » et l'« espace potentiel », elle débouche sur une distinction entre le vrai *self* (*true self*) et le faux *self* (*false self*) qui a été souvent vulgarisée dans un sens trivial et normatif. Le premier se construit dans un rapport que le sujet entretient avec ses objets subjectifs et qui revêt un caractère solipsiste correspondant au « droit de ne pas être découvert, [au] besoin de ne pas communiquer, dans la mesure où un tel besoin, s'il est reconnu, révèle que l'individu se sent réel dans la communication secrète qu'il entretient avec ce qu'il y a en lui de plus subjectif » (Pontalis, *ibid.*, p. 180). Le faux *self*, pour sa part, correspond à la nécessité pour le sujet de s'adapter aux objets extérieurs tels que les lui présente l'environnement. Selon Pontalis, il s'apparenterait à ce que Helen Deutsch appelait en 1942 la personnalité *as if* (comme si), en ce sens qu'il se caractérise par un comportement bien rodé, par une aisance fonctionnant à vide mais apparemment adaptée, nonobstant une oscillation constante entre une extrême soumission au monde extérieur et une exposition aux coups qu'on y prend et auxquels on s'empresse de réagir à son propre avantage. Mais cette bipolarité du vrai *self* et du faux *self* n'a rien à voir avec une dichotomie entre deux types de personnalités dont l'un, le *true self*, serait seul authentique, tandis que l'autre, le *false self*, serait plus ou moins aliéné dans les contraintes de l'environnement. Selon Winnicott, en effet, ces deux *self* forment un couple dans lequel le second protège le premier, même s'il paraît se borner à le dissimuler ou à le travestir. Car il importe que, dans sa position de non-communication, le vrai *self* ait besoin d'être protégé. Il n'y aurait donc situation vraiment pathologique que dans le cas d'une nette scission entre ces deux aspects de la personnalité. Mais, encore une fois, aux yeux de Winnicott lui-même, des concepts de ce genre n'ont de pertinence que dans l'utilité qu'ils représentent à tel ou tel moment de la clinique, sans pour autant porter atteinte à la problématique freudienne du moi.

Charles BALADIER

(à la différence de la façon dont, par ex., le *Dasein* heideggérien finira par être perçu comme intraduisible en d'autres langues). Le Descartes latin dont la pensée (re)commence la philosophie, symboliquement résumé dans l'usage qu'il fait du nom *ego* et des expressions *ego cogito, ego sum*, n'est pas tant français qu'européen, et ainsi universel au sens de l'universalité européenne, dont Husserl entreprend alors d'interpréter la crise. Sans doute Husserl n'est-il pas conscient du fait que les tournures au moyen desquelles, dans les *Meditationes de prima philosophia* [*Méditations métaphysiques*], Descartes avait problématisé l'*ipséité*, en particulier le *ille ego, qui jam necessario sum* de la 2e Méditation, n'auraient pas été possibles sans un constant va-et-vient entre latin ancien et français classique (« ce moi, c'est-à-dire mon âme, par laquelle je suis ce que je suis »). En revanche, la lecture kantienne du *cogito*, dans laquelle « Je » et « Je pense », voire « Je me pense », sont pris comme des noms du sujet, est tacitement présupposée. Un circuit se trouve ainsi dessiné, qu'il s'agit de reconduire à ses origines pour en interpréter la signification à nouveaux frais.

Deux thèmes, ouvrant et fermant respectivement le développement des *Cartesianische Meditationen*, nous semblent ici dignes d'attention. Nous suggérerons que leur rapprochement fournit la clé de l'artifice linguistique husserlien.

En premier lieu, Husserl décrit ce qu'il appelle une « *transzendentale Selbsterfahrung* » (traduit par Levinas-Peiffer comme « expérience interne transcendantale », et par Marc de Launay comme « auto-expérience transcendantale ») en vertu de laquelle nous devient accessible « une structure universelle et apodictique de l'expérience du moi [*des Ich*] qui s'étend à travers toutes les données particulières de l'expérience de soi [à nouveau *Selbsterfahrung*] affective et possible » (§ 12). Cette *Selbsterfahrung* jouit d'une évidence spécifique, dans laquelle la conscience « se donne » sur le mode du « lui-même », « *im Modus* Er selbst » ou du « soi-même », « Es selbst » (§ 24). Elle est ensuite caractérisée comme *Selbstkonstitution* (« constitution de soi-même », « autoconstitution »), ce qui revient à dire que la conscience qui se nomme *ego* s'apparaît aussi comme suffisante, origine de ses propres significations ou qualités. C'est ce que Husserl appelle un « solipsisme transcendantal ». À la différence de Kant, toutefois, Husserl ne donne pas cette expérience dans laquelle le Moi (*Ich*) se perçoit comme « pôle identique des vécus », « substrat des habitus », etc., pour une illusion constitutive de la subjectivité. Il n'y voit pas non plus, comme Heidegger à peu près au même moment dans *Sein und Zeit*, le risque de « manquer le sens d'être du *sum* ». Mais il en fait le point de départ et l'horizon d'une « auto-explicitation » (*Selbstauslegung*) dans laquelle l'*ego* va découvrir progressivement *ce qui* lui donne son sens, et qui n'avait pas été immédiatement aperçu, sinon de façon partielle.

Or ce « dévoilement de la sphère d'être transcendantale [*Enthüllung der transzendentalen Seinssphäre*] » a pour contenu essentiel la fonction constitutive pour l'*ego* lui-même de l'intersubjectivité, ce que Husserl dans une analyse désormais célèbre appelle une constitution de l'*ego* en tant qu'*alter ego* ou un « accouplement [*Paarung*] originel » de l'*ego* :

> Dans cette intentionnalité, se constitue un nouveau sens d'être qui franchit les limites de mon *ego* monadique dans mon autospécificité [*der neue Seinssinn, der mein monadisches ego in seiner Selbsteigenheit überschreitet*] [Levinas et Peiffer traduisaient : « un sens existentiel nouveau qui transgresse l'être propre de mon *ego* monadique »], et il se constitue un *ego* non en tant que *je-même* [*nicht als* Ich-selbst], mais en tant qu'il se *reflète* dans mon je propre [*in meinem eigenen Ich*], ma monade. Mais le second *ego* n'est pas purement et simplement là, à nous donné lui-même en propre [*uns eigentlich selbst gegeben*] [Levinas-Peiffer : « donné en personne »], il est au contraire constitué en tant qu'*alter ego*, et l'*ego*, désigné comme moment par cette expression d'*alter ego*, je le suis moi-même dans ma spécificité [*Ich selbst in meiner Eigenheit bin*] [Levinas-Peiffer : « c'est moi-même, dans mon être propre »].
>
> *Méditations cartésiennes*, 5e, § 44.

Ainsi le solipsisme se trouve renversé de l'intérieur, plus exactement il débouche sur un nouveau problème transcendantal, profondément énigmatique de l'aveu même de Husserl, qui tient à ce que l'intersubjectivité constituante (car l'*ego* ne serait pas le sujet de la pensée d'un monde d'objets si ce monde n'était pas originairement commun à une multiplicité réciproque de subjectivités) a pour condition la représentation de « soi-même comme un autre », un *alter ego* qui est à la fois générique et concret, irréductible à (l') *ego* et cependant indiscernable de lui (c'est-à-dire de « moi ») dans sa constitution. Ce que Husserl appelle encore (§ 56) « *eine objektivierende Gleichstellung meines Daseins und des aller Anderen* », éprouvée de l'intérieur (Levinas et Peiffer traduisent : « une assimilation objectivante qui place mon être et celui de tous les autres sur le même plan » ; M. de Launay propose : « une équivalence objectivante de mon existence et de celle de tous les autres »).

Par cette association verbale, Husserl achève de déterminer le sens de ses choix initiaux, mais il ne peut le faire qu'en débordant Descartes et en remontant à une couche plus ancienne de la tradition humaniste. L'expression *alter ego*, redevenue courante et même banale dans les différentes langues européennes au cours du XIXe siècle avec le sens d'ami intime, représentant personnel, homme de confiance, etc. (la première occurrence française est chez Balzac), est couramment référée au *De amicitia* (*Laelius*) de Cicéron, où l'on ne trouve en réalité que les formules *tanquam alter idem* et *alterum similem sui* pour désigner l'ami véritable. Mais elle vient de beaucoup plus loin (Pythagore : « *ti esti philos* [τι ἔστι φίλος] » ; « *allos egô* [ἄλλος ἐγώ] », ap. Herm. *In Phdr*, 166 A). Elle projette à travers toute notre culture une interrogation sur la possibilité d'éprouver intellectuellement ou affectivement un au-delà de l'alternative du soi et de l'étranger/autrui (*Fremd*, dans le texte de Husserl). C'est cette interrogation que par exemple Montaigne exprimait dans le registre éthique à propos de son amitié unique avec La Boétie (« parce que c'était lui ; parce que c'était moi »). C'est d'elle aussi que Husserl nourrit sa refonte de l'ontologie, éclairant du même coup le sens dans lequel il fallait entendre que Descartes tout à la fois avait indiqué à la philosophie la voie d'un questionnement radical et en avait manqué le sens transcendantal. Peut-être faut-il alors suggérer que, dès le début, le retour à l'*ego* et le retour de l'*ego* (comme mot universel) avaient été surdéterminés par la possibilité de dire authentiquement l'*alter ego* (voir MITMENSCH et AIMER).

V. « JE EST UN AUTRE » : ÇA (ME) PENSE

Articulons immédiatement à cette dialectique l'autre problème ontologico-linguistique, celui que désigne la formule de Rimbaud : « Je est un autre ». Ce pourrait être encore une traduction de *alter (est) ego*, voire de *ille ego*. Cependant, l'incertitude en français du masculin et du neutre et le forçage rimbaldien de la syntaxe des personnes nous orientent vers d'autres interprétations. Elles sont en partie suggérées, d'ailleurs, par la lettre à Paul Demeny (15 mai 1871) où figure cette formule, car il y est question tout à la fois, pour le poète, de découvrir en soi une puissance de création disproportionnée, dont il n'est pas l'auteur (« j'assiste à l'éclosion de ma pensée : je la regarde, je l'écoute [...] Si les vieux imbéciles n'avaient pas trouvé du Moi que la signification fausse, nous n'aurions pas à balayer ces millions de squelettes qui [...] ont accumulé les produits de leur intelligence borgnesse, en s'en proclamant les auteurs ! »), et de retrouver le sens d'un délire antique, où la folie communique avec l'enthousiasme (« En Grèce, ai-je dit, vers et lyres rythment l'Action [...] L'intelligence universelle a toujours jeté ses idées, naturellement [...]. Le Poète se fait voyant par un long dérèglement de tous les sens [...] »). Ce qui surgit ici (dans certaines conditions-limites où le *Je* échappe au *Moi*) c'est le paradoxe de l'équivalence entre le personnel et l'impersonnel, ou mieux, si nous reprenons les catégories de Benveniste, entre la « personne » et la « non-personne », sous ses différentes modalités.

Celles-ci sont fondamentalement de trois types, que la philosophie n'a cessé de désigner à l'horizon du « Je », comme son envers, sa limite ou sa vérité. « *Das Wesen, welches in uns denkt* », ainsi que l'écrivait Kant dans la « Dialectique transcendantale » (*Kritik der reinen Vernunft*, Hambourg, Meiner, 1976, p. 374) où il en esquissait la personnification selon une étonnante tripartition : *Ich, oder Er, oder Es* (*das Ding*) — « ce qui pense en nous », donc, ce peut être *Lui* ou *Elle* (Dieu, l'Être, la Vérité, la Nature) ; ce peut être *ça* (le corps, le désir ou les pulsions, l'inconscient) ; ce peut être *on* (l'impersonnel de la pensée commune, qui circule comme parole entre tous les sujets). Esquissons pour finir ces trois traductions.

« Je est un autre », c'est dire sans doute qu'il est Dieu, seul à pouvoir user absolument pour se nommer de la *Ich-Prädikation* (Cassirer). On sait que la Bible (peut-être inspirée d'autres modèles, notamment égyptien, mais n'entrons pas ici dans les querelles de priorité) est à l'origine d'une formulation théophanique (« *Éyéh asher éhyéh* », c'est-à-dire « Je suis qui je suis », ou « Je suis qui je serai », Exode 3, 14. Voir encadré 4). Elle donne lieu dans la tradition mystique à d'étonnants renversements (comme chez Maître Eckhart l'appropriation exclusive du « Je » et du « Je suis » par le « fond du fond » de l'âme [*Urgrund*], lui-même pensé comme néant créateur, précédant l'existence de Dieu). Si l'on admet que la sécularisation du nom divin en philosophie commence vraiment avec l'*ego sum, ego existo* ou « Je suis, j'existe » de Descartes, on voit que cet énoncé par définition moderne est à son tour le point de départ d'une série de déplacements et de renversements. C'est le cas lorsque Spinoza inscrit dans l'*Éthique* l'axiome factuel « *homo cogitat* » (car cet « homme » indéfini est très proche d'un « on » impersonnel, il exprime simplement l'un des modes selon lesquels la substance ou la nature se pense, et ainsi se produit elle-même). C'est le cas d'une tout autre façon lorsque le romantique et théosophe Franz von Baader « inverse » le *cogito* cartésien : « *cogitor [a Deo], ergo Deus est* [Dieu me pense, donc il est] » (cité par Baumgardt). Sans ces précédents, Hegel n'aurait pu tenter le dépassement qui attribue à l'Esprit comme rationalité universelle le Soi, c'est-à-dire la subjectivité absolue d'une « pensée de la pensée ».

♦ Voir encadré 4.

Mais « Je est un autre » doit aussi s'entendre en tant que référant à la puissance du corps individuel, ou comme disait Locke à son inquiétude (*uneasiness*), c'est-à-dire à son mouvement perpétuel et au désir dont il est perçu confusément comme le siège. Parodiant Descartes, Voltaire avait écrit (*Lettres philosophiques*, XIII) : « Je suis corps et je pense ; je n'en sais pas davantage. » De leur côté, beaucoup d'auteurs, surtout de langue allemande, depuis Lichtenberg jusqu'à Nietzsche et Wittgenstein, ont insisté sur l'idée que l'autoréférence du sujet et l'identité irremplaçable dont elle est censée être le signe sont inutiles pour se représenter l'essence de la pensée : ce n'est donc pas *Ich denke* qu'il faudrait écrire, sauf à titre d'effet dérivé, mais *es denkt*, « il pense » ou « il y a de la pensée », comme on dit *es regnet*, « il pleut » ou « il fait mauvais ». Les conséquences les plus intéressantes de ces deux points de vue se produisent quand ils fusionnent dans une doctrine de l'inconscient comme c'est le cas chez Freud. Dans la deuxième topique, le « réservoir des pulsions » est nommé *Es*, qu'on a rendu en français par (*le*) ça, en opposition au *moi* (*das Ich*) et au *surmoi* (*das Über-Ich*) (qui est d'une certaine façon le *Il, Ille* surplombant *ego*, modèle d'autorité divine ou paternelle). Le sens de ces étranges désignations grammaticales pour les « instances de la personnalité psychique » est sans doute de rétablir l'idée antique du conflit entre les parties de l'âme, mais dans l'horizon moderne d'une réflexion de la pensée sur ses propres facultés d'expression. Il n'apparaît clairement que lorsqu'elles donnent lieu à une formule d'échange : le « *Wo Es war, soll Ich werden* » des *Nouvelles Conférences sur la psychanalyse* [1932], où *Es* doit bien être conçu comme un sujet (ou comme « du sujet »), puisque *Ich* l'est par définition. Il n'y a de subjectivité que

4

Exode 3,14

Dans le livre de l'Exode est rapportée l'unique théophanie du Nom divin transmise par l'Ancien Testament. Celle-ci se déroule en deux étapes. Une fois « missionné » par Yahvé pour « faire sortir d'Égypte les enfants d'Israël » (Ex 3, 11), Moïse lui demande de lui faire connaître le nom sous lequel il devra désormais être invoqué par eux : « Moïse dit alors à Dieu : "Soit ! Je vais trouver les enfants d'Israël et je leur dis : Le Dieu de vos pères m'a envoyé vers vous ! Mais s'ils demandent quel est son nom, que leur répondrai-je ?" » Ex 3, 14 apporte la réponse, double : « Dieu dit alors à Moïse : "Je suis celui qui suis." Et il ajouta : "Voici en quels termes tu t'adresseras aux enfants d'Israël : 'Je suis' m'a envoyé vers vous." » En principe, Ex 3, 14 contient donc deux noms : « Je suis celui qui suis » (Ex 3, 14a) et « Je suis » (Ex 3, 14b), le premier généralement considéré par l'exégèse antique et médiévale comme un nom mystique, révélé au seul Moïse en plénitude, le second, comme un nom exotérique, destiné aux « enfants d'Israël ». Par rapport aux autres noms sous lesquels Dieu est désigné par la tradition — Yahvé, dans la tradition « yahvite », El Shaddaï [« Le Seigneur »] dans la tradition « sacerdotale » — le nom révélé à Moïse en Ex 3, 14 (passage relevant de la tradition « élohiste ») a connu un destin particulier, voire extraordinaire. Une caractéristique de la formulation originale telle que la rapporte le texte saint, « *Éhyéh asher éhyéh* », est qu'elle ne comporte pas de connotation métaphysique immédiate — le sens obvie sur lequel s'accordent les exégètes étant « je suis le Vivant qui vit », « le Vivant absolu » (étant entendu que le Vivant est aussi un *être* vivant, et que l'appellatif Yahvéh, correspondant à *éhyéh*, à la troisième personne, est couramment compris comme « Il est »). Pourtant, si comme l'a noté Gilson, il n'y a pas de métaphysique *dans* l'Exode, il y a une « métaphysique *de* l'Exode », une appréhension de Dieu comme Être ou comme l'Être, fondée sur une certaine entente du Nom révélé. Cette entente repose sur un fait de traduction, en l'occurrence sur la traduction du passage par la Septante, version grecque de l'Ancien Testament établie pour transmettre le message biblique aux Juifs de la diaspora hellénisée, qui introduit le mot ὄν. C'est dans la transposition opérée par les traducteurs judéo-hellénistiques de la Septante que « *Éhyéh asher éhyéh* » devient « Moi, je suis l'Être », l'ὄν, transposition « ontologique » qui connaît son acmé pour la pensée juive chez Philon d'Alexandrie (cf. E. Starobinski-Safran, « Exode 3, 14 dans l'œuvre de Philon d'Alexandrie », dans *Dieu et l'être*, Paris, 1978, p. 47-56). La Vulgate latine a décisivement fixé ce transfert, en rendant Ex 3, 14a par « *Ego sum qui sum* » et Ex 3, 14b par « *Qui est* (*misit me ad vos*) », le français « Je suis celui qui est », courant à l'Âge classique étant le fruit d'un collage de 14a et de 14b dicté par un souci d'élégance. Il est inutile — et impossible — d'examiner ici toutes les exégèses proposées de la théophanie de l'Exode. On peut se contenter de marquer les bornes extrêmes de leur oscillation : d'un côté, le refus de répondre, le « vrai Dieu ne pouvant se mettre à la merci des hommes en leur livrant un nom qui exprimerait son essence » — refus traduit par le caractère elliptique d'une formulation comprise comme « Je suis qui je suis », « Je suis ce que je suis » ; de l'autre, l'affirmation de Dieu comme l'Être même — au sens de « Je suis : celui qui suis/est » —, ou du moins celle de son « existence » (par opposition au néant ou au mal), gage de véracité (Jésus se désignant lui-même, en ce sens, par l'expression « Je suis », en Jn 8, 24 : « si vous ne croyez pas *je suis*, vous mourrez dans vos péchés », qui contient une allusion transparente au Nom de l'Exode, mais que les traducteurs embarrassés préfèrent en général rendre par : « si vous ne croyez pas *ce que je suis*, vous mourrez dans vos péchés »). Ce qui nous intéresse ici est plus limité, et suppose admis l'horizon de la lecture « métaphysique » : le jeu entre le Je et l'être, l'*ego* et le *sum*. Ce jeu est porté à son maximum dans l'interprétation eckhartienne du Nom de l'Exode, notamment dans sa réécriture d'Ex 3, 14 en « *Deus est ipsum suum esse* », qui donne lieu à toutes sortes de variations, *jouant* entre « Dieu est lui-même son être » et « Dieu est l'être-soi-même » — la dernière formule choisie par Eckhart étant : « *Ipse est "Qui est"* » (« Lui-même est "Qui est" », comprise au sens de : c'est Lui-même, cet *Ipse* — le *Ich* (= *ego*, « je ») des *Sermons allemands* — « qui *est* ». C'est un *Ipse*, plus exactement un *Solus Ipse* (« Lui seul ») caché dans l'énoncé mosaïque que Maître Eckhart cherche avant tout à dévoiler dans sa lecture : « Dieu est l'être lui-même et l'essence de lui-même est l'être lui-même. Lui-même est ce qui est et celui qui est, Ex 3 : *Je suis celui qui suis, Qui est m'a envoyé*. Par lui-même et en lui-même est tout ce qui est, la suffisance elle-même, en qui et pour qui et par qui il suffit à tout » (*In Exodum*, n° 158, *Lateinische Werke*, 2, p. 140, 5-9 : « *Deus est ipsum esse et essentia ipsius est ipsum esse. Ipse est id quod est et is qui est, Exodi 3 : Sum qui sum, Qui est misit me. Per ipsum et in ipso est omne quod est, ipsa sufficientia, in quo et per quem et a quo sufficit omnibus* »). Chez Eckhart, la « métaphysique de l'Exode » tend donc spontanément vers une théologie de l'*Ipse* ; c'est pourquoi, s'appuyant principalement sur le témoignage de Maimonide, le commentaire eckhartien d'Ex 3, 14 tend principalement à montrer que dans l'énoncé divin, la copule (*sum*) et l'attribut (*sum*) s'identifient au sujet, à cet *Ego* que Dieu seul est réellement (*In Exodum*, n° 14-21, LW 2, p. 20, 1-28, 10). Le jeu du je et de l'être est explicitement thématisé dans le sermon allemand 77, par la confrontation de deux passages de la Bible : « *Ego mitto* angelum meum » (Lc 7, 27 : « *Moi j'envoie* mon ange »), qui contient le mot « je », et « Ecce, *mitto* angelum meum », qui le tait (Malachie 3, 1 : « Voyez, [j']*envoie* mon ange »). L'absence du mot *ego* signifie l'ineffabilité de Dieu ; le fait que l'âme est inexprimable et indicible, « là où elle se saisit dans son propre fond », et le fait que « Dieu et l'âme sont à ce point un, que Dieu ne peut avoir aucune propriété par laquelle il se distinguerait de l'âme ou serait autre chose qu'elle, de sorte qu'il ne peut pas dire : "*Ego mitto* angelum meum" ». La présence du mot « *ego* » signifie, en revanche, « l'estéité [*isticheit*] de Dieu », *i.e.* « le fait que Dieu seul est » et le fait qu'il est « indistingué de toutes choses », « car Dieu est en toutes choses et il leur est plus intime qu'elles ne le sont à elles-mêmes ».

Alain de LIBERA

BIBLIOGRAPHIE

ECKHART, *Sermons*, tome III, trad. fr. J. Ancelet-Hustache, Seuil, 1979 (p. 115-120, pour le sermon 77).

Dieu et l'être. Exégèse d'Exode 3, 14 et de Coran 20, 11-24 (Bibliothèque des Études augustiniennes), Études augustiniennes, 1978.

GILSON Étienne, « L'Être et Dieu », *Revue thomiste*, 62/2 (1962), p. 181-202 et 62/3 (1962), p. 398-416.

LIBERA Alain de et ZUM BRUNN Émilie (dir.), *Celui qui est. Interprétations juives et chrétiennes d'Exode, 3, 14*, Centre d'Études des religions du livre, Cerf, 1986.

dans le cours d'un procès où peuvent s'échanger les places du personnel et de l'impersonnel, celles d'une pensée se réfléchissant dans l'unité au moins apparente d'une première personne, et d'une pensée se décomposant, se désidentifiant dans le conflit des représentations attachées au corps (pulsions de vie, pulsions de mort).

Comme le remarque A. Abensour (voir ES), la traduction très simple et pourtant improbable de « *Wo Es war, soll Ich werden* » proposée par Lacan (« Là où c'était, là comme sujet dois-je advenir », *Écrits*, Seuil, 1966, p. 864) permet de parler à nouveau « le langage de l'ontologie ». Faut-il s'étonner dans ces conditions qu'une telle traduction emporte avec elle, sous le nom de *grand Autre*, une sorte de court-circuit des deux interprétations précédentes du « Je est un autre » ? S'il n'est pas l'inconscient, à tout le moins faut-il dire que « Dieu est inconscient » (F. Regnault).

Mais, par cette référence lacanienne, nous touchons à la troisième façon possible de comprendre la « non-personne » et de transformer le « je » en son autre : celui-ci apparaît alors comme l'ordre même du langage, le symbolique. Lacan n'a pas, on le sait, le privilège d'une telle interprétation, dans laquelle « ça pense » est toujours déjà précédé par « ça parle ». Elle régnait aussi chez Heidegger, à ceci près que l'impersonnalité du langage constituant y était d'abord présentée de façon péjorative, comme caractéristique de l'être impropre (*uneigentlich*), le « on » ou « l'homme quelconque [*das Man*] » qui est essentiellement celui de la parole publique, de l'échange bruyant des opinions (par opposition à la figure silencieuse, « absolument mienne », du souci). À la question « qui suis-je ? », le *Dasein* ou l'existant, fuyant l'angoisse devant la possibilité de sa propre mort, ne peut répondre le plus souvent qu'en assumant une « identité publique », exprimée dans le langage au moyen de significations communes (*Être et Temps*, partie I, chap. 4). Ce qu'il faut entendre exactement par le pronom français *on* ([*das*] *man*) n'est certes pas très facile à comprendre en raison de l'imbrication de l'analyse phénoménologique et du jugement de valeur. Mais les traductions sont instructives. En anglais, elles ont recours à pas moins de trois termes corrélatifs : *anyone*, *one* et *they* (terme originellement retenu par le traducteur Richardson), elles font ainsi fluctuer l'anonymat de l'un au multiple, de façon à évoquer allégoriquement la masse. En italien, elles privilégient la tournure impersonnelle : *si dice*, qui représente « *tutti e nessuno, il* medium *in cui l'esserci o* Dasein, *si dissipa nella chiacchiera* [...] [tout le monde et personne, le *medium* dans lequel le *Dasein* se dissipe en bavardage] » (R. Bodei, « Migrazioni di identità », p. 646).

Mais une telle combinaison (qui a pour contrepartie la quête inlassable des voix du silence, dans l'expérience mystique ou dans la poésie, où l'être se dirait par prédilection, et qui se situeraient en quelque sorte en-deçà du « je » comme du « on ») n'est pas en toute rigueur nécessaire. Par-delà l'alternative du « sujet de l'inconscient » lacanien, parlant ou signifiant comme la vérité au « lieu de l'Autre », et du sujet-multitude « anonyme » de la quotidienneté bavarde selon Heidegger, la détermination la plus convaincante a sans doute été proposée par Michel Foucault, dans son commentaire du neutre de Blanchot. « L'autre » est le retournement de la pensée en son extériorité constitutive, qui n'est au fond que la dispersion à l'infini des effets de langage :

> Le « je » qui parle se morcelle, se disperse et s'égaille jusqu'à disparaître en cet espace nu. Si en effet le langage n'a son lieu que dans la souveraineté solitaire du « je parle », rien ne peut le limiter en droit – ni celui auquel il s'adresse, ni la vérité de ce qu'il dit, ni les valeurs ou les systèmes représentatifs qu'il utilise ; bref, il n'est plus discours et communication d'un sens, mais étalement du langage en son être brut, pure extériorité déployée ; et le sujet qui parle n'est plus tellement le responsable du discours (celui qui le tient, qui affirme et juge en lui, s'y représente parfois sous une forme grammaticale disposée à cet effet), que l'inexistence dans le vide de laquelle se poursuit sans trêve l'épanchement indéfini du langage.
>
> *La Pensée du dehors*, chap. 1.

Nous avons parcouru (au prix de quelques simplifications) le cycle des expressions du sujet dans le code européen des personnes. Deux hypothèses en ressortent, qui appellent de nouvelles enquêtes. La première, c'est qu'aucune langue ne suffit absolument à compléter ce cycle : mais le dévoilement du rapport entre langage et pensée que « consignifie » le sujet (comme disaient les scolastiques) ne peut se faire qu'en transférant la question d'une langue dans une autre, c'est-à-dire en l'y reformulant selon sa syntaxe propre. La seconde, c'est qu'un tel cycle reproduit manifestement celui des énonciations originaires du principe métaphysique : tautologie ou identité, conflit ou contradiction, dédoublement ou réflexion, différence et aliénation... Ces figures ontologiques ne sont pas engendrées, encore moins prédéterminées par la langue. Mais il est certain que sans une disposition linguistique, et sans la culture de cette disposition, elles ne seraient pas pensables. Et donc n'auraient pas été pensées.

Étienne BALIBAR

BIBLIOGRAPHIE

BALIBAR Étienne, « "Ego sum, ego existo". Descartes au point d'hérésie », *Bulletin de la société française de philosophie*, n° 3, 1992.

BASCHERA Marco, *Das dramatische Denken. Studien zur Beziehung von Theorie und Theater anhand von I. Kants « Kritik der reinen Vernunft » und D. Diderots « Paradoxe sur le comédien »*, Heidelberg, éd. Carl Winter, 1989.

BAUMGARDT David, *Franz von Baader und die philosophische Romantik*, Halle, Niemeyer, 1927.

BENVENISTE Émile, *Problèmes de linguistique générale*, I (chap. 6 : « Catégories de pensée et catégories de langue » ; section V : « L'homme dans la langue » ; chap. 24 : « Problèmes sémantiques de la reconstruction ») ; II (chap. 5 : « L'appareil formel de l'énonciation » ; section V : « L'homme dans la langue »), Gallimard, 1966 et 1974.

BODEI Remo, « Migrazioni di identità. Trasformazioni della coscienza nella filosofia contemporanea », *Iride. Filosofia e discussione pubblica*, 8e année, n° 16, 1995.

CASSIRER Ernst, « Sprache und Mythos. — Ein Beitrag zum Problem der Götternamen » [1925], rééd. in *Wesen und Wirkung des Symbolbegriffs*, Darmstadt, 1956 ; *La Philosophie des formes sym-*

boliques, trad. fr. O. Hansen-Love et J. Lacoste, Minuit, t. 1. *Le Langage* (en part. chap. 3, § 4), 1972.

DESCARTES René, *Œuvres*, éd. C. Adam et P. Tannery, 11 vol., rééd. Vrin, 1996.

FICHTE Johann Gottlieb, *Œuvres choisies de philosophie première. Doctrine de la science* [1794-1797], trad. fr. A. Philonenko, Vrin, 1980.

FOUCAULT Michel, *La Pensée du dehors*, éd. Fata Morgana, 1986.

GENTILE Giovanni, *Teoria generale dello spirito come atto puro* [1916], Florence, Sansoni, 1959.

GUILLAUME Paul, *L'Imitation chez l'enfant*, PUF, 1950.

HEGEL Georg Wilhelm Friedrich, *Phänomenologie des Geistes*, éd. J. Hoffmeister, Berlin, Akademie-Verlag, 1971.

HENRICH Dieter, « Fichte's Ich », in *Selbstverhältnisse*, Stuttgart, Reclam, 1982.

HINTIKKA Jaakko, « *Cogito ergo sum* : inférence ou performance ? » [1962], *Philosophie*, n° 6, mai 1985.

HUSSERL Edmund, *Idées directrices pour une phénoménologie* [abrév. *Ideen*], I, trad. fr. P. Ricœur, Gallimard, 1950.

— *Méditations cartésiennes* [*Cartesianische Meditationen und Pariser Vorträge*, La Haye, Nijhoff, 1950], trad. fr. M. de Launay, PUF, 1994.

JAKOBSON Roman, *Essais de linguistique générale*, trad. fr. N. Ruwet, Minuit, 1963, chap. 9, « Les embrayeurs, les catégories verbales et le verbe russe ».

JULIEN Jacques, « Personne grammaticale et sujet parlant dans le *De causis* de J.C. Scaliger », in *DRLAV, Revue de linguistique*, univ. de Paris-VIII, n° 30, 1984.

KANT Emmanuel, *Anthropologie du point de vue pragmatique*, trad. fr. M. Foucault, Vrin, 1984.

KISIEL Theodore, *The Genesis of Heidegger's* Being and Time, University of California Press, 1993.

LIBERA Alain de, *La Mystique rhénane d'Albert le Grand à Maître Eckhart*, Seuil, 1994.

LOCKE John, *Identité et différence. L'invention de la conscience* [*An Essay Concerning Human Understanding*, II, xxvii], éd. et trad. fr. É. Balibar, Seuil, 1998.

MCDOWELL John, "Reductionism and the First Person", *Mind, Value, and Reality*, Cambridge (Mass.), Harvard UP, 1998.

MEAD George H., *Mind, Self, and Society From the Standpoint of a Social Behaviorist* [1934], éd. C.W. Morris, Chicago, University of Chicago Press, 1962 ; *L'Esprit, le Soi et la Société*, trad. fr. J. Cazeneuve, E. Kaelin et G. Thibault, PUF, 1963.

PARIENTE Jean-Claude, *Le Langage et l'individuel*, Armand Colin, 1973.

— « La première personne et sa fonction dans le *Cogito* », *in* Kim Sang ONG-VAN-CUNG (dir.), *Descartes et la question du sujet*, PUF, 1999.

REGNAULT François, *Dieu est inconscient. Études lacaniennes autour de saint Thomas d'Aquin*, Navarin, 1985.

RICŒUR Paul, *Soi-même comme un autre*, Seuil, 1990.

SARTRE Jean-Paul, *La Transcendance de l'ego. Esquisse d'une description phénoménologique* [1936], Vrin, 1988.

SCHELLING Friedrich W.J. von, *Vom Ich* [1795] [Du moi comme principe de la philosophie ou de l'inconditionné dans le savoir humain], *Sämtliche Werke*, Stuttgart, 1856-1861, vol. 1.

SUZUKI Takao, *Words in context. A Japanese Perspective on Language and Culture*, trad. angl. Akira Miura, Kodansha International, 1978.

TUGENDHAT Ernst, *Selbstbewusstsein und Selbstbestimmung. Sprachanalytische Interpretationen*, Francfort, Suhrkamp, 1979 ; *Conscience de soi et autodétermination*, trad. fr. R. Rochlitz, Armand Colin, 1995.

VERNANT Jean-Pierre, *L'Individu, la Mort, l'Amour. Soi-même et l'autre en Grèce ancienne*, Gallimard, 1989.

WITTGENSTEIN Ludwig, *Philosophische Untersuchungen*, in *Schriften I*, Francfort, Suhrkamp, 4e éd. 1980.

JETZTZEIT ALLEMAND – fr. *à présent, temps actuel*

► *INSTANT*, et HISTOIRE, MOMENT, PRÉSENT, STILL, *TEMPS*

Bien que la formation lexicale ait existé avant lui (notamment chez le poète romantique Jean Paul), c'est à Walter Benjamin qu'il revient d'avoir fait de ce mot un concept d'ordre à la fois heuristique et philosophico-pratique. Il n'est pas facilement traduisible. Benjamin lui-même, qui rédigea une version française, malheureusement incomplète, de ses thèses Sur le concept d'histoire, *traduit par « présent », indiquant par les guillemets qu'il s'agit d'un autre concept de présent que celui qui est utilisé habituellement mais néanmoins, vu l'identité lexicale, qu'il désigne le présent dans sa proximité quotidienne : ce n'est donc pas un terme technique ou savant mais plutôt un substantif commun, renouvelé par ce dédoublement du* jetzt *(maintenant, à présent) et du* Zeit *(temps). Maurice de Gandillac traduit par « à présent », Pierre Missac par « temps actuel ».*

Jetztzeit n'apparaît sous la plume de Walter Benjamin que dans ses tout derniers écrits, à la fin des années 1930 : dans ses thèses « Sur le concept d'histoire » (souvent autrement cité « Thèses ») de 1940, dans les notes qui se rapportent à ce texte et dans le « Cahier N » du *Livre des Passages*, consacré, lui aussi, à des « Réflexions théoriques sur la connaissance », en particulier à des réflexions critiques sur la « théorie du progrès ». C'est donc dans une situation d'extrême danger personnel et collectif et face à l'impérieuse nécessité de repenser une lutte possible contre le fascisme triomphant que Benjamin essaie de formuler un concept qui redonne au « temps d'à présent » (traduction littérale possible de *Jetztzeit*) un poids décisif au lieu de le traiter comme un instant évanescent, sorte de point irreprésentable de basculement entre le passé (révolu) et le futur (inexistant). Cette situation de péril et cette nécessité de lutte sont également deux des principales caractéristiques de ce concept. En effet, la *Jetztzeit* doit permettre une *construction* de l'histoire en opposition au « temps homogène et vide » de l'historiographie traditionnelle, notamment celle de l'historicisme mais aussi celle de « l'idéologie du progrès », dénoncées dans les « Thèses ». Cette construction critique procède par interruptions, ruptures, recoupements entre le présent et le passé d'une grande intensité et qu'accompagnent des actions politiques rénovatrices :

> *Die Geschichte ist Gegenstand einer Konstruktion deren Ort nicht die homogene und leere Zeit sondern die von Jetztzeit erfüllte bildet. So war für Robespierre das antike Rom eine mit Jetztzeit geladene Vergangenheit, die er aus dem Kontinuum der Geschichte heraussprengte.*
>
> [L'histoire est l'objet d'une construction dont le lieu n'est pas le temps homogène et vide, mais le temps saturé d' « à-présent » (litt. : le temps que forme celui qui est rempli de temps d'à présent). Ainsi, pour Robespierre, la Rome antique était un passé chargé d'« à-présent », qu'il arrachait au continuum de l'histoire (litt. : qu'il faisait sauter du continuum de l'histoire).]
>
> Thèse XIV, trad. fr. M. de Gandillac revue par Pierre Rusch.

L'enjeu du concept est donc double. Un enjeu théorique : critiquer une conception spatialisée, indifférenciée et indifférente du « déroulement » temporel où l'histoire se transforme en une accumulation infinie ; et un enjeu pratique et politique : interrompre cette énumération, *bloquer* cette avalanche (Thèse XVII. *Stillstellung, stillstellen* [Blocage, bloquer, paralyser]) pour opérer, à bon escient, une transformation du présent qui transfigure également l'image du passé. Ainsi, même si la *Jetztzeit* est proche, par sa temporalité brève et fulgurante, de l'*Augenblick* (un autre terme fréquent dans les *Thèses* et que Benjamin traduit par « instant »), le mot reprend, sans aucun doute, de nombreuses caractéristiques du *kairos* : les idées de coupure, de discontinu, de moment décisif et irremplaçable. Benjamin note dans *Le Livre des Passages* (N, 10, 2) : « Définitions des concepts historiques fondamentaux : la catastrophe — avoir manqué l'occasion [...]. » Le « temps d'à présent » est précieux et unique, donc fragile, mais aussi tranchant et décisif, il crée une nouvelle image du passé et établit une nouvelle constellation entre le présent et le passé. Parce qu'il permet, enfin, d'agir, de s'en sortir, de bloquer la catastrophe — l'histoire telle qu'elle est et telle qu'elle continue — il est, selon le vocabulaire théologique de Benjamin, un « modèle du temps messianique » (Thèse XVIII) ou encore il contient des « échardes de temps messianiques » (« Thèses », Appendice A). C'est parce que l'action politique décisive et juste, qui advient dans le temps d'à présent, est à la fois urgente, tranchante et extrêmement précaire, puisqu'il lui faut saisir au vol le « bon moment », qu'elle s'apparente à la rédemption messianique que ne sauraient garantir aucune théologie de l'histoire ni aucune idéologie du progrès.

Aucun déterminisme temporel ne garantit également l'échéance de la *Jetztzeit*. Ce n'est pas l'une des moindres difficultés de ce concept qu'il souligne la dimension subjective de choix et de décision, la dimension des sujets de l'action historique justement, et, simultanément, qu'il ne puisse se fonder sur une quelconque résolution arbitraire, sous peine de perdre par là son efficacité fulgurante ; il lui faut aussi pouvoir s'appuyer sur une certaine objectivité temporelle, sur une « marque historique », un indice (*index*) qui ne renvoie pas à une causalité mécanique entre passé et présent mais à une sorte de condensation où un moment du passé oublié, perdu, refoulé peut-être, devient soudainement lisible et connaissable par le présent et dans le présent, ce que Benjamin nomme « le Maintenant de connaissabilité [*das Jetzt der Erkennbarkeit*] » (*Le Livre des Passages*, N, 3, 1). Pour mieux décrire cette réunion entre décision subjective et tissu historique objectif, Walter Benjamin recourra à différents modèles, en particulier à la théorie proustienne de la mémoire involontaire, à la dialectique freudienne entre images oniriques et inconscientes et action de la conscience éveillée, et à la disponibilité errante des surréalistes.

Pourquoi Benjamin ne reprend-il pas, quitte à le modifier, le terme de *kairos*, mais façonne-t-il celui de *Jetztzeit* ? Nous pouvons énoncer deux hypothèses pour répondre à cette question : pour mieux souligner la proximité de ce concept de la tradition juive, prophétique et messianique en particulier, en opposition à une filiation grecque et/ou chrétienne ; et surtout pour insister, presque lourdement et dans la propre structure du mot, sur le fait que ce n'est qu'au présent que peuvent se conjuguer la véritable connaissance historique et l'action politique juste.

Jeanne-Marie GAGNEBIN

BIBLIOGRAPHIE

BENJAMIN Walter, « Über den Begriff der Geschichte », in *Gesammelte Schriften*, vol. I-2, éd. R. Tiedemann et H. Schweppenhäuser, Francfort/Main, Suhrkamp, 1974, p. 691-704 ; texte remanié de « Geschichtsphilosophische Thesen », in *Angelus Novus*, Francfort/Main, Suhrkamp, 1966 ; « Thèses sur la philosophie de l'histoire », trad. fr. M. de Gandillac, in *Poésie et Révolution*, Denoël, 1971, p. 271-288 ; trad. reprise et revue par P. Rusch, in W. BENJAMIN, *Œuvres*, vol. 3, Gallimard, « Folio », 2000, p. 427-443 ; « Sur le concept d'histoire », in *Hommage à Walter Benjamin*, trad. fr. (à partir de la publication de l'Institut für Sozialforschung 1942 et/ou manuscrits) P. Missac, *Les Temps modernes*, n° 25, oct. 1947, p. 623-634 ; « Sur le concept d'histoire », in *Gesammelte Schriften*, trad. fr. partielle W. Benjamin, vol. I-3, Francfort/Main, Suhrkamp, 1972, p. 1260-1266 ; repris in *Écrits français*, introduction J.-M. Monnoyer, Gallimard, 1991, p. 339-347.

— « Anmerkungen [Remarques] » à « Über den Begriff der Geschichte », in *Gesammelte Schriften*, vol. I-3, Francfort/Main, Suhrkamp, 1972, p. 1222-1266.

— *Das Passagen-Werk*, « Konvolut N [Erkenntnistheoretisches, Theorie des Fortschritts] », in *Gesammelte Schriften*, vol. V-1, éd. R. Tiedemann et H. Schweppenhäuser, Francfort/Main, Suhrkamp, 1982, p. 570-611 ; « Cahier N, Réflexions théoriques sur la connaissance. Théories du progrès », in *Paris, Capitale du XIXe siècle. Le Livre des passages*, trad. fr. J. Lacoste, Cerf, 1993, p. 473-507.

TIEDEMANN Rolf, « Jetztzeit », in J. RITTER et K. GRÜNDER, vol. 4, 1976, p. 648-649.

JUDICIAL REVIEW ANGLAIS

► CIVIL RIGHTS, ÉTAT DE DROIT, FAIR, *JUSTICE*, et *DROIT*, LAW, LIBERAL, POLITIQUE

L'expression Judicial Review *désigne d'abord le système en vigueur aux États-Unis qui permet au pouvoir judiciaire de censurer toute loi non conforme à la Constitution, qu'elle émane d'un des États fédérés ou du Congrès. On peut la traduire par « contrôle juridictionnel de constitutionnalité », à condition de ne pas négliger ce qui distingue le système dit américain de celui des cours constitutionnelles qui se sont développées en Europe à partir des années 1920 et, surtout, de la fin de la Seconde Guerre mondiale : le* Judicial Review *américain s'exerce* a posteriori *et à tous les niveaux de la pyramide judiciaire, à l'occasion d'un litige né de l'application d'une loi déjà adoptée et dans un contexte où le droit constitutionnel pénètre la totalité de l'ordre juridique, alors que, dans le modèle européen, le contentieux constitutionnel est du ressort exclusif de cours constitutionnelles spécialisées et pouvant statuer* a priori, *par exemple à la suite d'une saisine d'autorités politiques (L. Favoreu,* Les Cours constitutionnelles*). Les problèmes théoriques ou philosophiques posés par le* Judicial Review *sont néanmoins, pour l'essentiel, les mêmes que ceux que pose le contrôle de constitutionnalité : ce sont ceux de la relation entre le droit, la loi et la politique dans les régimes modernes, héritiers de l'État souverain du XVIIe siècle et dont la légitimité démocratique pourrait sembler incompatible avec une censure du législateur populaire par des juges. La conception hobbesienne de la souveraineté (voir, par ex., le* Dialogue entre un philosophe et un légiste des Common Laws *[1681], trad. fr. L. Carrive et P. Carrive, Vrin, 1990), la critique rousseauiste de la notion de loi fondamentale (*Du contrat social*, I, chap. 7) et la doctrine révolutionnaire française de la loi comme « expression de la volonté générale » pouvaient évidemment être invoquées pour présenter cette conception du droit comme prémoderne et antidémocratique. On s'efforcera donc ici de montrer comment le* Judicial Review *a pu se développer dans la première grande démocratie moderne, avant que la plupart des États européens se convertissent au contrôle de constitutionnalité, pour examiner ensuite la place que ces institutions occupent dans la réflexion contemporaine.*

I. LES ORIGINES DU « JUDICIAL REVIEW »

Le *Judicial Review* américain est né de la rencontre entre la tradition politique anglaise et les tâches particulières que s'était données la jeune République née de l'indépendance américaine. Les Américains ont conservé pour l'essentiel le système juridique du *Common Law*, centré sur le juge et fondé sur la règle du précédent ; ils se sont donné une Constitution qui, comme celle de l'Angleterre, limite le pouvoir par un jeu complexe de « *checks and balances* », mais ils se sont écartés de l'exemple anglais sur deux points essentiels : ils ont refusé l'idée de la souveraineté du parlement, pour considérer que le pouvoir législatif lui-même devait être limité et ils se sont donné pour cela une constitution écrite, supérieure à la législation ordinaire et dont les amendements peuvent être opposés au Congrès lui-même (là où le *Bill of Rights* britannique fixait simplement les limites du pouvoir royal). Même si elle ne s'est affirmée que très progressivement, la puissance de la Cour suprême et plus généralement des tribunaux est née de cette configuration institutionnelle originale, et elle a été favorisée par la structure fédérale du régime américain, qui exigeait une instance régulatrice pour trancher les éventuels conflits entre l'Union et les États fédérés. Mais il faut aussi remarquer que les premières justifications du pouvoir de la Cour ou du *Judicial Review* reposent sur une argumentation très modérée, qui exclut, ou dénie, toute idée d'un gouvernement des juges. Si Hamilton, par ailleurs hostile à l'idée d'un *Bill of Rights*, défend déjà l'idée que le pouvoir judiciaire peut censurer des lois ordinaires non conformes à la Constitution, c'est parce que celle-ci est l'œuvre du *peuple* américain, là où le pouvoir législatif n'est qu'une autorité subordonnée au pouvoir constituant (*Le Fédéraliste*, n° 78). De manière similaire, lorsque le *Chief Justice* Marshall, dans le célèbre arrêt *Marbury V. Madison* (1803), étend aux lois fédérales le pouvoir de *Judicial Review* que la Constitution n'avait explicitement prévu que pour les lois des États, il s'appuie sur la logique propre des constitutions écrites, ce qui suppose évidemment que le juge n'a pas d'autre autorité que celle que lui confère la Constitution, qui est une loi et dont l'autorité découle de « la volonté originaire et suprême du peuple ».

II. « JUDICIAL REVIEW », « JUDICIAL RESTREINT », « JUDICIAL ACTIVISM » AUX ÉTATS-UNIS

Comme l'avait remarqué Tocqueville, la démocratie américaine a été profondément influencée par le rôle des tribunaux qui, en jugeant de la constitutionnalité des lois, a fait que les problèmes politiques apparaissaient toujours aussi comme des questions de droit (*De la démocratie en Amérique*, I, première partie, chap. 6). On aurait tort, cependant, d'en conclure que le rapport du droit et de la politique, et l'extension du *Judicial Review* aient été fixés une fois pour toutes par le texte constitutionnel ou par la jurisprudence Marshall : la question des limites du pouvoir judiciaire et de ses éventuels conflits avec la démocratie traverse au contraire toute l'histoire politique américaine. Du côté des autorités politiques, on peut noter que plusieurs présidents prestigieux, comme Jefferson, Jackson, Lincoln ou Roosevelt, ont défendu, souvent avec succès, une conception très limitative du rôle des juges, qui valorisait au contraire le pouvoir démocratique des pouvoirs législatif et exécutif ; quant à la Cour suprême elle-même, elle a d'abord joué surtout un rôle dans l'affirmation du pouvoir fédéral contre les États, sans entraver vraiment les pouvoirs du Congrès (après l'arrêt *Marbury V. Madison*, il faut attendre l'arrêt *Dredd Scott V. Sandford* de 1857 pour que la Cour annule une loi fédérale, dans des conditions d'ailleurs catastrophiques, puisque cet arrêt annulait la législation fédérale sur l'esclavage pour donner satisfaction aux revendications du Sud, et déniait aux Noirs américains toute possibilité de devenir citoyens des États-Unis). En fait, c'est surtout après la guerre de Sécession que la Cour a joué un rôle politique majeur en censurant des actes législatifs fédéraux, et c'est donc de cette époque que date vraiment le débat récurrent entre les tenants du *Judicial Activism* et ceux du *Judicial Restreint* (auto-limitation judiciaire). La victoire de l'Union s'était traduite par une série d'amendements qui visaient à abolir l'esclavage et à étendre aux anciens esclaves libérés le bénéfice des droits et privilèges inhérents à la citoyenneté américaine, mais l'Amérique démocratique n'a pas vraiment tenu les promesses de la guerre, puisque la ségrégation raciale s'est étendue progressivement aux États-Unis et que les États du Sud ont eu recours à divers artifices pour priver les Noirs de leurs droits politiques. La Cour suprême a, pour l'essentiel, laissé faire cette évolution qui correspondait sans doute au consensus de l'Amérique blanche, en acceptant la ségrégation au nom du principe « *Equal but separate* » et en donnant une interprétation restrictive du *Bill of Rights* (qui permettait difficilement de le faire jouer contre les États). Mais la période qui suit la guerre de Sécession est aussi, sur un autre plan, marquée par un activisme intense de la Cour, dirigé pour l'essentiel contre les premières tentatives de législation sociale : alors même qu'elle renonçait à s'en servir pour défendre les droits des anciens esclaves, la Cour fit alors un large usage des principes du *Due Process of Law* et de l'*Equal Protection of the Laws* affirmés dans le 14e amendement, pour défendre l'économie de marché au nom de la liberté des contrats. Cette orientation prit fin pendant la deuxième présidence de Franklin Roosevelt, dont la réélection en 1936 montra clairement que sa politique sociale, condamnée jusqu'alors par la Cour, jouissait d'un large soutien populaire : la Cour renversa sa jurisprudence et renonça rapidement à l'interprétation substantielle de la clause du *Due Process of Law*.

Le conflit entre la Cour et Roosevelt s'est donc achevé par la victoire d'une interprétation démocratique classique de la Constitution, fondée sur la primauté des autorités politiques et de la volonté populaire sur l'activisme judiciaire. Mais cet épisode n'a nullement mis fin au rôle politique de la Cour, laquelle devait acquérir à nouveau une autorité considérable en soutenant les forces favorables aux droits civiques et à l'égalité raciale (*Brown V. Board of Education of Topeka*, 1954), en favorisant la constitutionnalisation du droit à la contraception et de la liberté d'avorter et en défendant une interprétation extensive des libertés garanties par le *Bill of Rights*. Cette évolution a conduit les forces politiques américaines à un renversement de leurs positions traditionnelles sur les rapports entre le pouvoir judiciaire et les autorités politiques : les conservateurs, dont l'influence à la Cour est assez forte depuis que celle-ci est présidée par le *Chief Justice* Rehnquist (1986), en vinrent à dénoncer l'activisme judiciaire au nom de la démocratie et à plaider pour le *Judicial Restreint*, pendant que des libéraux (progressistes) comme Ronald Dworkin élaboraient une doctrine nouvelle des droits fondée sur l'irréductibilité des principes de la Constitution aux règles légales posées par la loi positive (S. Davis, *Justice Rehnquist and the Constitution* ; R. Dworkin, *Prendre les droits au sérieux* ; P. Raynaud et É. Zoller, « Le Judiciaire américain... »). Les débats les plus récents montrent, cependant, que d'autres voies sont possibles (et même nécessaires, du point de vue de ceux qui veulent contrecarrer une possible évolution conservatrice de la Cour) ; certains, comme Bruce Ackermann, mettent ainsi en valeur le caractère dualiste du régime américain, où le fondationnalisme des droits serait contrebalancé par l'activité instituante des citoyens (B. Ackermann, *Au nom du peuple*) pendant que d'autres, comme Cass R. Sunstein, développent une interprétation minimaliste du *Judicial Review*, qui montre comment c'est souvent en réduisant la portée de leurs décisions que ceux-ci contribuent à la vie des démocraties en favorisant les compromis entre les intérêts en conflit (C.R. Sunstein, *Legal Reasoning and Political Conflict* et *One Case at a Time*).

III. LES THÉORIES CONTEMPORAINES DE L'ÉTAT DE DROIT

Même si les controverses américaines sont très marquées par les caractères propres du droit des États-Unis, il est néanmoins possible de leur trouver des équivalents dans le monde continental, où le modèle dominant de contrôle de constitutionnalité est celui des cours constitutionnelles. Traditionnellement, les philosophes positivistes, qui souvent sont aussi des démocrates, étaient assez méfiants à l'égard du contrôle de constitutionnalité, dans la mesure même où celui-ci s'appuie volontiers sur des principes irréductibles aux règles juridiques. C'est le grand intérêt de l'œuvre fondamentale de Hans Kelsen, qui fut du reste un des inventeurs du modèle continental des cours constitutionnelles, que d'avoir ouvert la voie à une théorie positiviste du contrôle de constitutionnalité, dont l'ambition est de dégager la portée juridique de cette institution, qui permet de maintenir la distinction entre les formes législative et constitutionnelle et qui donne un contenu particulier à la notion de démocratie (M. Troper, *Pour une théorie juridique de l'État*). L'analyse positiviste ne visera donc pas à fonder la valeur du contrôle de constitutionnalité, mais plutôt à expliquer pourquoi, dans les conditions contemporaines, la démocratie fait appel à des mécanismes de limitation du pouvoir de la majorité, et pourquoi un « législateur négatif » (Kelsen) ou un « colégislateur » (Troper) doit aujourd'hui, pour être légitime, se présenter comme un « juge ».

Philippe RAYNAUD

BIBLIOGRAPHIE

ACKERMANN Bruce, *Au nom du peuple. Les Fondements de la démocratie américaine* [1991], trad. fr. J.-F. Spitz, Calmann-Lévy, 1998.

DAVIS Sue, *Justice Rehnquist and the Constitution*, Princeton UP, 1989.

DWORKIN Ronald, *Prendre les droits au sérieux* [4e éd., 1984], trad. fr. M.-J. Rossignol et F. Limare, révisée par F. Michaut, PUF, « Léviathan », 1995.

FAVOREU Louis, *Les Cours constitutionnelles*, PUF, « Que sais-je ? », 1986.

RAYNAUD Philippe et ZOLLER Élisabeth, « Le Judiciaire américain, l'interprétation et le temps. Deux points de vue », *Droits*, n° 30, 1999, p. 97-126.

SUNSTEIN Cass R., *Legal Reasoning and Political Conflict*, Oxford UP, 1996.

— *One Case at a Time. Judicial Minimalism on the Supreme Court*, Harvard UP, 1999.

TROPER Michel, *Pour une théorie juridique de l'État*, PUF, « Léviathan », 1994.

ZOLLER Élisabeth (éd.), *Grands Arrêts de la Cour suprême des États-Unis*, PUF, « Droit fondamental », 2000.

JUSTICE, JUGEMENT

I. JUSTICE ET ÉQUITÉ

Justice provient du lat. *justitia*, lui-même dérivé de *jus*, que les dictionnaires rendent aussi bien par *droit* que par *justice*. Le français, comme le latin, désigne par *justice* à la fois la conformité au droit (cf. all. *Gerechtigkeit*), la justice qu'on rend (et qui constitue à l'époque moderne l'un des trois pouvoirs à côté du législatif et de l'exécutif), et le sentiment d'équité, l'esprit de justice, qui relève de la morale. Voir THEMIS / DIKÊ / NOMOS, LEX / JUS, RIGHT-JUST-GOOD, et FAIR, JUDICIAL REVIEW, PRAVDA ; et cf. ISTINA, POSTUPOK. Sur l'équité, on se reportera plus précisément à THEMIS (IV) ; cf. PHRONÊSIS, PIETAS.

II. JUSTICE ET JUGEMENT

Le *jugement* (lat. *judicium*, sur *judico, judicare*), qu'implique la *justice*, renvoie quant à lui à une sphère plus large ; il désigne aussi bien l'acte de juger au sens de « dire le droit » que celui de juger au sens de « porter un jugement, apprécier, penser », et la « faculté », décrite par Kant (dans la seconde partie de l'Analytique de la *Critique de la raison pure*) comme le « pouvoir de subsumer sous des règles » qui en est la source. Le grec *krinein* [κρίνειν] ne relève pas de la même racine (**krin-y$^{e}/_{o}$* qui signifie « séparer, cribler » ; on la retrouve dans le latin *cerno*, et dans les français *critique, critère, crise* ou *discernement*), mais comporte pourtant la même amplitude de sens, entre jugement du tribunal et jugement logique, esthétique ou moral.

Sur le jugement logique, voir BEGRIFF, *CATÉGORIE*, LOGOS, MERKMAL, PROPOSITION, SACHVERHALT, VÉRITÉ ; cf. IMPLICATION, INTENTION, PRINCIPE.

Sur le jugement esthétique, voir ESTHÉTIQUE, GOÛT, STANDARD ; voir aussi PERCEPTION, REPRÉSENTATION ; cf. INGENIUM.

► *ALLIANCE*, MORALE, *VERTU*

K

KÊR [κήρ], **MOIRA** [μοῖρα], **AISA** [αἶσα], **HEIMARMENÊ** [εἱμαρμένη], **ANAGKÊ** [ἀνάγκη], **PEPRÔMENÊ** [πεπρωμένη], **TUKHÊ** [τύχη] GREC – fr. *destin, fatalité, sort, lot, nécessité, fortune*

lat.	*fatum, fortuna*
angl.	*fate, destiny*
esp.	*destino*
it.	*fortuna, fato, destino*

► *DESTIN* [SCHIKSAL], et CHANCE, DAIMÔN, DEVOIR, DIEU, EREIGNIS, GLÜCK, *LIBERTÉ* [ELEUTHERIA], *LOI*, MOMENT, *OBLIGATION*, PRÉSENT, THEMIS

Un nombre considérable de termes grecs bien différenciés servent à désigner ce que les langues romanes nomment généralement destin (*it. et esp.* destino, *angl.* destiny, *sur la racine lat.* destinare, *« fixer, arrêter »*) *ou* fatalité (fato, fate, *du lat.* fatum, *sur* fari, *« dire »*). *Ces termes grecs véhiculent des représentations et des images, plus ou moins philosophiquement réinvesties et élaborées, qui sont toujours à l'œuvre aujourd'hui : la mort* (kêr [κήρ]), *la part distribuée et le lot qu'on tire au sort* (moira [μοῖρα], heimarmenê [εἱμαρμένη], aisa [αἶσα]), *le fil et le nœud* (Klôthô, *les Moires elles-mêmes*), *l'atteinte, bonne ou mauvaise, de la fortune* (tukhê [τύχη]), le lien et la contrainte de la nécessité (anagkê [ἀνάγκη]). Chacune de ces expressions atteste à sa manière la construction du rapport entre les dieux et les hommes, et du rapport de l'homme à lui-même.

I. LES PREMIERS PARADIGMES DU DESTIN

A. « Kêr » : le destin de mort

En Grèce, jusqu'à la fin du Ve siècle, le destin fait planer sur l'homme sa redoutable et irrépressible présence. Car il est littéralement la « destruction » qui menace l'être humain lorsqu'il se présente sous le mot *kêr* [κήρ]. Un terme qui, comme le dit P. Chantraine (*Dictionnaire étymologique de la langue grecque*, *s.v.*), a un contenu très riche, puisqu'il « participe à la fois aux notions de destin, de mort et de démon personnel ». Dans une scène célèbre de l'*Iliade*, Zeus pèse la *kêr* d'Achille et celle d'Hector (XXII, 209 *sq.*) ; on ne sait ici si les deux *kêres* sont personnifiées ou non : elles sont décrites comme « *kêres* de la pénible mort », c'est-à-dire le destin de mort que chacun des héros a pour double, fantôme, ou démon personnel. La chose curieuse est qu'elles aient un poids et qu'on puisse les peser. Zeus pose les deux *kêres* sur la balance et la *kêr* d'Hector tombe et descend dans la maison d'Hadès. Apollon abandonne le héros et son destin est scellé.

Dans une pièce perdue, *Psukhostasia*, Eschyle a repris cette scène iliadique, mais il remplace les *kêres* par les âmes d'Achille et de Memnon (TGF, p. 88-89 N. = 374-77 Radt). Évidemment, Eschyle interprétait les *kêres* iliadiques comme des *psukhai*, ces sortes de doubles psychiques ou fantômes qui survivent dans l'Hadès après la mort de l'individu (voir ÂME, encadré 3). Dans d'autres cas, cependant, la *kêr* n'a rien de personnel : en *Iliade* VIII, 69 *sq.*, Zeus pèse sur la balance deux *kêres*, celle des Achéens et celle des Troyens. Ce rapport à la mort fait que le mot *kêr* s'emploie aussi dans le sens de « malheur », par exemple dans la tragédie.

B. « Moira », « Aisa » : le lot et le fil

L'autre terme, plus fréquent et plus traditionnel, pour indiquer le destin s'inscrit dans le champ sémantique de la « partie », le « lot » qui s'attache à l'être à sa naissance : *moira* [μοῖρα], sur le verbe *meiromai* [μείρομαι], « avoir sa part légitime », qui, au parfait *heimartai* [εἵμαρται] ou au plus-que-parfait *heimarto* [εἵμαρτο], signifie « il est (était) marqué par le sort », d'où *heimarmenê* (*moira*) [εἱμαρμένη (μοῖρα)], « la part impartie ».

En *Iliade*, XXIV, 209-210, la mère d'Hector se lamente sur la mort de son fils : « C'est ainsi que le puissant Destin (*Moira*) a filé avec son fil (*epenêse linôi* [ἐπένησε λίνῳ]), à sa naissance, quand je l'ai procréé... » Moira est une fileuse qui file autour du nouveau-né la partie de vie qui lui est donnée. Comme on le voit dans cet exemple, *moira* ou Moira et Moirai sont associées à la mort ; chez Homère, on rencontre, inlassablement répétée, la formule : « la mort et la *moira* puissantes (*thanatos kai moira krataiê* [θάνατος καὶ μοῖρα κραταιή]) » (par ex. *Iliade*, V, 83 ; XVI, 334).

Cette valeur sémantique du destin en grec est confirmée par *aisa* [αἶσα], qui nomme le « destin » en tant que « partie », « lot » de la vie, et qui se rattache étymologiquement à une série de mots comme *aitios* [αἴτιος], *aitia* [αἰτία], « cause », qui impliquent la responsabilité (*Iliade*, XX, 127-128 : « Après cela il souffrira ce que le destin [*aisa*] à sa naissance fila avec son fil pour lui, quand sa mère le procréa »). *Aisa* et *Moira* sont toutes deux personnifiées comme fileuses, et occasionnellement employées comme synonymes (*Odyssée*, V, 113 *sq.*, etc.), bien qu'*Aisa* ne devienne jamais une figure de la tradition populaire.

Ces termes soulignent que la notion fondamentale de destin en grec est liée à l'idée que la vie de chacun est une part d'un tout, tout comme la *moira* est une partie d'un terrain, ou d'un pays, ou de l'honneur dû à une classe de personnes, etc. C'est une partie légitime, singulière, liée à un sujet. Sur la ligne du destin, tout événement produit une clôture ; la ligne elle-même, étant constituée d'une succession de clôtures, ne se déroule pas comme une « trace ». Au-dessus de ces événements qui touchent le sujet, qui sont *pour lui, hic et nunc*, s'ouvre la dimension de l'*ubique* et du *semper*, c'est-à-dire du divin (C. Diano, *Il concetto della Storia nella filosofia dei Greci*, p. 252 *sq.*). C'est sous la voûte de ce tout, du divin, que le sujet sent qu'il est là comme cadeau, offert et repris par le mystère, par le *mysterium tremendum et fascinans*.

♦ Voir encadré 1.

C. « Fatum », « destinare » : le mot et l'arrêt

Le champ sémantique de *moira* et d'*aisa* contraste nettement avec celui de *fatum*, « destin » en latin. *Fatum*, du verbe *for, faris, fari, fatus sum,* « parler », implique quant à lui précisément le « mot » du destin, l'oracle : « *At si ita fatum est : nascetur Œdipus Laio...* [Mais si c'est suivant "le mot du destin" qu'Œdipe naîtra de Laïus...] » (Cicéron, *De fato*, 30). L'étymologie de *fatum* implique des connexions avec *fabula* (fable), *fateor* (« j'avoue », d'où notre « confession »), *fama* (la « gloire », d'où notre « fameux »), etc. *Fatum* est passé dans plusieurs langues romanes : cf. fr. *fatal*, it. *fato*, angl. *fate*, etc.

Les langues romanes ont puisé également dans un autre champ sémantique pour exprimer la notion de destin : précisément celui du latin *destinare* (sur *de* et une forme verbale liée à *stare*), « fixer, arrêter, assigner ». Le latin ne forme aucun terme signifiant « destin » à partir de ce verbe, mais les langues romanes le font : fr. *destin* (1160), it. *destino* (av. 1321), esp. *destino* — et, de là, angl. *destiny*.

II. LES FILEUSES

A. De la « part » (« moira ») à la « Moire » (« Moira »)

En grec, la « partie » du destin est assignée (*peprôtai* [πέπρωται], de *porô* [πόρω], « donner, offrir ») ou établie par les dieux ; parfois, elle « arrive », « saute » (comme le hasard) sur l'être humain ; mais, plus souvent, elle devient le « fil » du destin de chacun. Le grec a alors recours au verbe *klôthein* [κλώθειν], « filer », et invente la déesse *Klôthô* [Κλωθώ], la Fileuse, la met au pluriel, *Klôthes* [Κλῶθες], les Fileuses (*Odyssée*, VII, 197), ou en fait l'une des trois *Moirai*, déesses du destin, les deux autres étant Lakhesis (*lakhos* [λάχος], sur *lagkhanô* [λαγχάνω], signifie le « lot », dans un tirage au sort par ex.) et Atropos, « l'Inflexible ». Ainsi, le sens étymologique de *moira* comme « partie » est perdu, car, en assignant à des fileuses le rôle de produire cette « partie », on en fait symboliquement un fil préparé par la quenouille : une image de l'impermanence et de la vulnérabilité humaines ; puis, par une sorte de personnification ou de métonymie, cette *moira* donne son nom, non au fil, mais aux fileuses, qui, défiant toute étymologie de *moira*, seront appelées *Moirai*. Cette opération est une véritable trouvaille poétique (B.C. Dietrich, « The Spinning of Fate in Homer », p. 88). Ce passage rhétorico-religieux de *moira* (partie) à *Moira* (Fileuse) ne doit pas exclure toute interférence mythologique. On a comparé les « Fileuses », entre autres, aux *Nornes* de l'épopée norvégienne, aux *Metten(a)* anglo-saxonnes, aux *Gaschepfen* médiévales allemandes, fileuses magiques qui accordent habileté et talents aux êtres humains à leur naissance, même si elles ne sont pas de véritables déesses ou figures du destin. Il semble qu'en Grèce le filage était anciennement associé à la magie : Homère a peut-être opéré un syncrétisme entre ces croyances populaires et l'image des *Moirai* (B.C. Dietrich, *ibid.*, p. 93 *sq.*).

Très souvent la *Moira* et les *Moirai* président à la mort de l'être humain, Aisa prenant parfois la place d'Atropos ; elles sont filles de la Nuit chez Hésiode (*Théogonie*, 211-220) ; elles apparaissent dans les inscriptions funéraires ; dans le culte, elles sont parfois associées aux divinités chthoniennes Gê, Déméter et Korê. La tragédie les appelle « antiques déesses » (*palaigeneis* [παλαιγενεῖς]) (Eschyle, *Les Euménides*, 172 ; Sophocle, *Antigone*, 987) ; et le motif des *Moirai* fileuses du destin reste populaire dans l'imaginaire religieux jusqu'à l'époque romaine (S. Eitrem, *Real Encyclopädie*, *s.v.*, col. 2479-2493).

En associant les *Moirai* avec le fil filé et coupé, la mort et les divinités chthoniennes, le destin grec se charge d'une connotation mélancolique nocturne et funéraire. Cependant, déjà chez Hésiode (*Théogonie*, 900-906), se développe une version olympienne des *Moirai* qui en fait les filles de Zeus et Thémis (voir THEMIS). Ici, les associations sont toutes positives car elles naissent du même lit que les *Horai*, Eunomie, Justice et Paix, et reçoivent de

Zeus « le plus grand honneur » (*pleistên timên* [πλείστην τιμήν]). Elles sont mentionnées pour la première fois comme triade avec leurs noms propres et leur fonction spécifique : donner aux hommes le bien et le mal. Cette formule les apparente à d'autres divinités partageant la même tâche, par exemple les Muses (*Odyssée*, VIII, 63), et Zeus en particulier (pour la première fois dans l'*Iliade*, XIV, 527 *sq.*). Elles filent, mais ne sont pas les seules à le faire, car Homère emploie parfois « filer » (*epiklôthô* [ἐπικλώθω]) pour les autres dieux quand, ensemble (*Odyssée*, I, 17 ; III, 208 ; VIII, 579 ; XI, 139 ; XX, 196 ; *Iliade*, XXIV, 525) ou individuellement (*Odyssée*, IV, 208 ; XVI, 64), ils prennent une décision ou distribuent des portions de bonheur ou de malheur aux hommes. Les *Moirai* semblent être le modèle métaphorique servant à représenter cette action.

Zeus et Apollon sont dits *Moiragetai* [Μοιραγέται], un titre cultuel qui les définit comme ceux « qui guident les *Moirai* » et président donc au destin. Sous cette lumière olympienne, le destin grec prend une coloration plus positive que chez Homère et finit par désigner l'arc de la vie humaine, en particulier la naissance (Euripide, *Les Bacchantes*, 99 ; etc.), le mariage (Aristophane, *Les Oiseaux*, 1731-1735, etc.), les moments décisifs de la vie, et la mort.

B. Les Parques

Les fileuses deviennent l'image préférée de la poésie classique et passent à Rome où elles prennent le nom de *Parcae*. Le terme vient de *Parca* (du verbe *pario*, « procréer »), et désignait une déesse de la naissance qui s'est identifiée à une *Moira* (probablement par fausse étymologie) et, au pluriel, aux *Moirai*. Elles accomplissent les mêmes fonctions imaginaires que dans la poésie grecque classique : elles interviennent dans les moments importants de la vie (Horace, *Carmina*, II, 6, 9 : « Si la rigueur des Parques m'interdit ce lieu... ») ; elles contrôlent la longé-

1

La double motivation épique et tragique : déterminisme et responsabilité

Il y a une étrange contradiction chez Homère entre deux ordres d'analyse s'appliquant au destin individuel. D'une part, les héros se donnent leur mort, créant ainsi les conditions de leur liberté ; d'autre part, l'*Iliade* confie la gestion du destin de mort (*moira*, *aisa*, ou *kêr*) de ses héros à des dieux, tant protecteurs qu'antagonistes, à travers une machinerie complexe — intervention directe, mais aussi Parques, balance de Zeus, dessein de Zeus (*Dios boulê* [Διὸς βουλή]), complicité entre un dieu et le destin maudit (*oloê moira* [ὀλοὴ μοῖρα]).

Ce paradoxe a créé des problèmes d'interprétation inlassablement débattus.

Ainsi, même quand un personnage comme Patrocle invoque une lourde responsabilité divine pour son destin de mort, on peut toujours retracer l'instant de sa décision. Patrocle accuse Zeus, Apollon, le destin maudit, Euphorbe et finalement Hector de sa mort (*Iliade*, XVI, 844-850). Dans cette hyperdétermination typique de l'*epos*, on ne sait qui choisir, mais, pour Achille, il n'y a pas de doute : c'est Hector, et c'est de lui qu'il se vengera. Patrocle aurait pu échapper à sa mort s'il avait suivi les conseils d'Achille (XVI, 87-96) et n'avait pas guidé l'armée contre Ilion. Le poète relève la gravité de ce manquement, et apostrophe son héros en l'appelant « sot » ou « fou » (*nêpios* [νήπιος]). Il ajoute que Zeus excita son cœur, sa passion (*thumon* [θυμόν]). Avec cette double motivation humaine et divine, le poète exprime ce qu'on appelle aujourd'hui la compatibilité entre déterminisme et responsabilité (voir par ex. Hilary Bok, *Freedom and Responsibility*, Princeton UP, 1999 ; ou Jacques Derrida, *Donner la mort*, Galilée, 1999), et présente dans son propre langage le mystère de la décision fatale. Apollon lui-même, à quatre reprises, arrête Patrocle et, répétant la mise en garde d'Achille, lui dit que son destin (*aisa*) n'est pas de conquérir Troie (*Iliade*, XVI, 698-709). Mais Patrocle, s'adressant à Hector qui vient de lui assener un coup mortel, refuse de s'accuser de démesure et préfère produire la liste des agents qui ont causé sa perte : il place Hector en fin de liste, agent mineur qu'il peut humilier ainsi en le privant de gloire.

L'homme homérique est libre et responsable, bien qu'il soit représenté en contact avec les forces divines : dans le cas de Patrocle, elles ne le privent pas de cette liberté, contrairement à ce qu'il dit, mais la nuancent par la nature excessive de sa décision. Ce destin est célébré par le poète, qui attribue la gloire (*kleos* [κλέος]) au héros qui a choisi de mourir pour elle et lui dresse un tombeau dans son chant immortel.

La tragédie revient aux questions mises en lumière par Homère : la liberté individuelle malgré le destin ou la volonté des dieux. Mais le destin devient plus réel et brutal, la volonté destructrice des dieux se fait pressante, impliquant des forces comme *atê* [ἄτη], « aveuglement et destruction » (Eschyle, *Perses*, 1037), *phthonos* [φθόνος], « jalousie des dieux » (Eschyle, *Agamemnon*, 904), *anagkê* [ἀνάγκη], qui désigne souvent un malheur comme l'esclavage (Eschyle, *Choéphores*, 75-78), ou les Érinyes, déesses vengeresses des crimes familiaux (*ibid.*, 283). La malédiction des ancêtres (*ara* [ἀρά], Sophocle, *Électre*, 111) est inéluctable. L'oracle est le texte du destin. Dans l'*Œdipe roi* de Sophocle, il est perçu non seulement comme anticipation, mais aussi comme volonté divine : Œdipe constate qu'il est celui-là même qu'Apollon a prédit, assassin de son père et époux de sa mère. Pourtant, l'action humaine dépasse le cercle de l'assignation divine : Œdipe en s'aveuglant passe la mesure de son malheur et, en se reconnaissant victime de la divinité, acquiert une conscience héroïque de sa destinée. De plus, le *telos* [τέλος] divin se manifeste par une série de circonstances constamment appelées « chances » (*tukhê* [τύχη], *tukhai* [τύχαι]) : si la nécessité est aidée par la chance, n'est-elle pas un peu moins nécessaire ? La chance et la nécessité cessent d'être opposées ; cette contiguïté est l'une des trouvailles les plus déroutantes du théâtre sophocléen.

BIBLIOGRAPHIE

DODDS Eric Robertson, *The Greeks and the Irrational*, Berkeley, University of California Press, 1951, p. 37-41 ; trad. fr. M. Gibson, Montaigne, 1965 ; rééd. Flammarion, 1995.

PUCCI Pietro, *Œdipus and the Fabrication of the Father*, Baltimore, The Johns Hopkins University Press, 1992.

vité (*ibid.*, II, 3, 13-16 : tu jouiras de ton banquet « tant que le permettent ta condition, ton âge, et les fils noirs des trois sœurs (*dum res et aetas et sororum fila trium patiuntur atra*) ».

Entre-temps, elles ont aussi appris à chanter et à écrire. Catulle (64, 321) dit que les Parques « *divino fuderunt carmine fata* (exprimèrent des mots oraculaires [mots du destin] avec un chant divin) » ; *fata*, par sa connexion avec le verbe *fari* (parler), gagne en force et richesse sémantiques. Parmi de nombreux exemples, mentionnons Ovide qui décrit les Parques filant et chantant un oracle dans les *Métamorphoses*, 8, 452 *sq.*

C. Le livre du destin

Dans les représentations figurées, on voit souvent les *Moirai* un rouleau (*volumen*) dans une main et une quenouille dans l'autre (cf. LIMC, *s.v.* « *Moirai* », p. 643, n. 33,

2

« Tukhê » et « automaton » chez Aristote

► ART, PRAXIS

C'est dans l'analyse des causes (*aitiai* [αἰτίαι]) menée au livre II de sa *Physique* qu'Aristote réélabore la notion de *tukhê* en la distinguant de celle d'*automaton* [αὐτόματον]. « Fortune » et « hasard », pour reprendre les traductions classiques, sont tous deux des causes motrices (« *hothen hê arkhê tês kinêseôs* [ὅθεν ἡ ἀρχὴ τῆς κινήσεως] » [7, 198a 3], cf. *to kinêsan* [τὸ κινῆσαν], par différence avec la matière, *hulê* [ὕλη], la forme, *eidos* [εἶδος], et la finalité, *to hou heneka* [τὸ οὗ ἕνεκα], 7, 198a 22-24) de ce qui arrive. Cependant, ce ne sont pas des causes « par soi » (*kath' hauto* [καθ' αὑτό]), comme la qualité de bâtisseur l'est quant à la maison, mais par accident (*kata sumbebêkôs* [κατὰ συμβεβηκώς]), comme la qualité de flûtiste que peut bien posséder tel architecte. Leur champ d'action n'est pas le domaine de « ce qui arrive toujours ou le plus souvent » (le nécessaire, l'universel, objet de science), c'est celui du contingent, de l'accidentel, lié au caractère infini, indéfini, indéterminé (*aoriston* [ἀόριστον]) de l'individuel (« *apeira gar* [...] *tôi heni sumbaiê* [ἄπειρα γὰρ (...) τῷ ἑνὶ συμβαίη] », 4, 196a 28 *sq.*, « car ce qui peut arriver à un individu est illimité »). Où l'on entend bien comment un accident vient tomber sur, *sum-baiê*, un sujet, ou comment des séries hétérogènes, impliquant des unités distinctes, peuvent venir à se croiser, par exemple les allées et venues d'un débiteur et d'un prêteur (*sunebê* [συνέβη], 196b 35). C'est pourquoi on peut les compter « pour rien » face aux causes par soi (5, 197a 14).

Néanmoins, on les remarque. Cela tient à une seconde caractéristique de leur domaine : fortune et hasard s'appliquent seulement aux « événements qui se produisent en vue de quelque chose [*ta heneka tou* (τὰ ἕνεκά του)] », ceux qui manifestent une finalité et qui pourraient être accomplis par la pensée ou par la nature (*apo dianoias, apo phuseôs* [ἀπὸ διανοίας, ἀπὸ φύσεως], 5, 196b 18-22) : l'événement se produit, mais « il ne provient pas d'une cause qui le visait lui », il a seulement l'air d'avoir été visé (c'est ainsi que je comprends (*hotan mê genêtai to heneka allou ekeinou heneka* [ὅταν μὴ γένηται τὸ ἕνεκα ἄλλου ἐκείνου ἕνεκα]), 197b 24, texte difficile et souvent corrigé). C'est là qu'intervient la différence d'amplitude entre *automaton* et *tukhê*. L'*automaton* renvoie à toute apparence de finalité, quelle qu'elle soit ; mais c'est seulement lorsque la fin se laisse lire en termes de choix délibéré, de décision (*proairesis* [προαίρεσις]) caractéristique d'un *praxis*, d'un agent pratique, qu'on parle de *tukhê*. Les exemples sont parlants : « le trépied est tombé *automatos* : le voilà debout pour servir de siège, alors qu'il n'est pas tombé pour servir de siège » (197b 16-18). Mais quand le prêteur parti se promener tombe sur son débiteur « comme pour toucher son argent [*hoion heneka tou apolabein* (οἷον ἕνεκα τοῦ ἀπολαβεῖν)] » (5, 196b 33), alors on parle de *tukhê*. Dans un cas comme dans l'autre, la finalité a l'air d'être intrinsèque, alors qu'elle ne l'est pas ; d'où l'étymologisation d'*automaton* en *auto-matên* [αὐτὸ-μάτην], litt. « par soi-même en vain », dont la *tukhê* est une espèce : « tel est l'*automaton* et ce d'après son nom : chaque fois que cela par soi-même se produit en vain (*hotan auto matên genêtai* [ὅταν αὐτὸ μάτην γένηται]) » (6, 197b 29 sq.).

On comprend que la traduction d'*automaton* par *hasard* soit peu féconde (*hasard* est un emprunt à l'arabe *az-zahar* [الزَّهر], « jeu de dés », par l'intermédiaire de l'espagnol ; le DHLF, *s.v.*, précise même que *zahr* [الزَّهر], « fleur », désignait la fleur que portait le dé sur l'une de ses faces). Pierre Pellegrin choisit de rendre *automaton* par *spontanéité*, et *tukhê* par *hasard* (4, 195b 30 : « On dit aussi que le hasard (*tukhê*) et la spontanéité (*automaton*) sont parmi les causes » [trad. fr. P. Pellegrin] /« On dit aussi que la fortune (*tukhê*) et le hasard (*automaton*) sont des causes » [trad. fr. H. Carteron]). Mais cette nouvelle traduction est très problématique. Le paradigme du jeu de hasard s'oppose en effet directement à la conceptualisation aristotélicienne de la *tukhê* : il est certain que ni le dé ni sa chute ne font l'objet d'un choix rationnel ; si bien que telle affirmation d'Aristote devient probablement incompréhensible : « Rien d'inanimé, non plus qu'une bête ou un petit enfant, ne fait rien qui soit produit par le hasard (*ouden poiei apo tukhês* [οὐδὲν ποιεῖ ἀπὸ τύχης]) parce qu'ils n'ont pas la faculté de choix rationnel (*hoti ouk ekhei proairesin* [ὅτι οὐκ ἔχει προαίρεσιν]) ; pas plus que ne leur reviennent chance ou malchance (*oud' eutukhia oud' atukhia* [οὐδ' εὐτυχία οὐδ' ἀτυχία]), si ce n'est par métaphore... » (6, 197b 7-9) — d'autant moins compréhensible que la bipartition grecque de la *tukhê* en *eutukhia* [εὐτυχία] et *atukhia* [ἀτυχία] est rendue inaudible par la différence hasard / chance et malchance.

On mesure la distance qu'instaure cette systématique physique (les quatre causes) et ontologique (l'accidentalité et la contingence), avec le destin du héros épique et tragique. La fortune devient un objet d'*epistêmê* [ἐπιστήμη], non qu'on la calcule ou qu'on la mesure (la mathématique des probabilités est loin ; voir CHANCE), mais parce qu'on en analyse strictement le « comme si ».

Barbara CASSIN

BIBLIOGRAPHIE

ARISTOTE, *Physique*, trad. fr. H. Carteron, Les Belles Lettres, « CUF », 1931 ; trad. fr. P. Pellegrin, Flammarion, « GF », 2000.

OUTILS

DHLF : REY Alain (dir.), *Dictionnaire historique de la langue française*, 3 vol., Le Robert, 1992.

35, etc.). Bien que n'écrivant pas dans le livre du père des dieux, les *Moirai* et les *Parcae* écrivent néanmoins. On lit par exemple dans un texte funéraire (CLE, II, 1332, 2) : « *vixi bene ut fata scripsere mihi* (j'ai bien vécu comme les *fata* l'ont écrit pour moi) » : il y avait donc un écrit des *Parcae* pour prescrire la qualité de la vie et le destin.

En devenant écriture, le destin n'est plus une partie de vie, même symboliquement représentée par un fil, ni un double fantomatique de l'homme (*kêr*), mais une tablette ou un rouleau qui porte des signes oraculaires. Cela implique que le tout à l'intérieur duquel la prescription particulière prend forme est un texte.

Le livre du destin est devenu proverbial dans la littérature et l'imaginaire européens : Shakespeare, pour ne citer que lui, évoque « *the book of fate* » (*Henri IV*, seconde partie, acte III, sc. 1, v. 45).

Cependant, cet énorme apparat imaginaire et conceptuel, la force incantatoire de ces fantômes n'ont jamais empêché les Grecs de voir l'homme nu, responsable de ses actes, fasciné et horrifié par sa propre mort (Arthur W.H. Adkins, *Merit and Responsibility. A Study in Greek Values*, Oxford, Clarendon Press, 1960, p. 17-29).

La philosophie crée sa propre mythologie pour les *Moirai* : chez Platon (*Politique*, 617c), elles sont filles d'Anagkê, Nécessité, et prennent place sur des trônes près des cercles célestes, chantant avec les Sirènes, Lakhesis le passé, Klôthô le présent, Atropos le futur.

3

La « Fortuna » à la Renaissance

► VIRTÙ

S'entendant depuis le radical latin et toute la tradition romaine autant que comme la retraduction de la tradition grecque et hellénistique, *fortuna* est un terme équivoque qui désigne la chance ou la malchance, l'occasion, l'accident, et peut signifier indistinctement le hasard, la nécessité ou le destin et la Providence. Notion dont l'ambiguïté se laisse mettre en figure et personnifier en une quasi-divinité, particulièrement à l'époque de l'humanisme du Moyen Âge et de la Renaissance. Le terme ne désigne pas alors la fortune au sens de la *tukhê* (Aristote, *Physique*, V), ou de ce qui ne dépend pas de nous (Cicéron, Sénèque). Chez Dante, il est encore une unité plastique condensant des thèmes contradictoires et désigne analogiquement l'intelligence divine providentielle comme puissance tutélaire.

La Renaissance opère un double mouvement : c'est l'époque de la plus puissante polymorphie de la notion et de sa plus grande mobilité, représentant de façon analogue aux beaux-arts une « formule plastique de compromis » entre les différentes acceptions, pour prendre une expression de Cassirer. C'est aussi l'époque de sa délégitimation : *Fortuna* passe du rang de déesse stellaire proche de la toute-puissance à celui de bête en sa *furor* qu'il convient d'apprendre à chasser et à apprivoiser, et le terme finit presque par désigner soit le hasard, dépourvu de toute intention, soit l'autre nom de la nécessité de la nature, c'est-à-dire essentiellement ce à quoi a affaire la « liberté d'action » humaine.

Chez Machiavel, le terme, considéré désormais dans un rapport de stricte corrélation avec la *virtù*, revêt tout le spectre de ses acceptions, à l'exception de celle de Providence. Cette plasticité, au bord de la rupture d'unité conceptuelle, est d'autant plus nécessaire que *Fortuna* fait signe vers ce qui échappe à notre appréhension, et revêt le statut — que formalisera Bruno — d'idée de ce dont on ne peut s'approcher autrement qu'au figuré, précisément parce que ce qui est en question échappe à toute forme déterminée.

> Néanmoins, pour que notre libre arbitre ne soit aboli, je juge qu'il peut être vrai que la fortune soit arbitre de la moitié de nos actions, mais aussi que l'autre moitié, ou à peu près, elle nous la laisse gouverner à nous.
>
> *Le Prince*, chap. 25, trad. fr. Y. Lévy.

La phrase vaut comme assertion de l'équiparité entre *fortuna* et *virtù*, qui retire au jugement théorique la possibilité de trancher en neutralisant l'estimation décisive, arrête toute allégation de démesure dans quelque sens que ce soit, et vaut comme prescription d'agir. *Fortuna* est le nom de ce qui nous échappe au moment même où il s'agit de le canaliser ou de le prendre en chasse. De même, au moment précis où la *virtù* se libère de la Fortune et choisit l'épreuve de force (ce qui passe par l'interpellation de la *fortuna* comme *kairos* [καιρός] ; voir MOMENT) selon une relation en analogie avec le rapport sexuel masculin-féminin, *fortuna* rappelle sa présence et enveloppe la *virtù*, car la *virtù* elle-même est *ce qui arrive* à un sujet. Le terme vient dès lors nommer le paradoxe du rapport entre hasard, nécessité et liberté sur un mode qui reste mythique sans être mystificateur. Le terme a trop fréquemment été considéré dans le sens d'un résidu mythologique (Cassirer) ou d'une préfiguration encore imagée de l'opposition conceptuelle entre la liberté et l'ordre du monde. Or, si Machiavel exclut de la notion la marque de la Providence, ce n'est pas pour en effacer le caractère nécessairement obscur, mais pour en maintenir puissamment la forme d'intelligibilité.

Gérald SFEZ

BIBLIOGRAPHIE

CASSIRER Ernst, *Individu et Cosmos dans la philosophie de la Renaissance*, Minuit, 1983.
DANTE, *Œuvres complètes*, Gallimard, « La Pléiade », 1965.
LEFORT Claude, *Le Travail de l'œuvre : Machiavel*, Gallimard, « NRF », 1972.
MACHIAVEL Nicolas, *Le Prince*, trad. fr. Y. Lévy, Flammarion, « GF », 1980.
— *Œuvres complètes*, Gallimard, « La Pléiade », 1952.
— *Il Principe*, Turin, Einaudi, 1995.
— *Discorsi sopra la prima deca di Tito Livio*, Turin, Einaudi, 1983.
POCOCK John Greville Agard, *The Machiavellian Moment*, Princeton UP, 1975.
PROCACCI Giuliano, *Studi sulla fortuna del Machiavelli*, Rome, Instituto storico italiano, 1965.

III. « TUKHÊ », L'ATTEINTE DE L'ÉVÉNEMENT

La notion de « hasard, chance, fortune », se dit en grec *tukhê* [τύχη]. Ce mot dérive du verbe *tugkhanô* [τυγχάνω] (à l'aoriste *etukhon* [ἔτυχον]), qui, ayant deux connotations différentes (« atteindre, toucher, réussir », et « se trouver, se produire par hasard »), affecte le champ sémantique de la *tukhê* de significations pendulaires : tantôt le mot fait signe vers la réussite, vers la bonne fortune ; tantôt vers la pure accidentalité des choses ; tantôt vers le mauvais destin. La *tukhê* est donc cet « événement » aoristique qui arrive, *hic et nunc* : elle se distingue en cela de *moira* et de *heimarmenê* [*moira*], sur le parfait *heimartai*, qui comportent en soi une notion de continuité et de complétude de l'action — une prédétermination constituée à la naissance de l'être humain (voir ASPECT).

Pour la pensée archaïque, tant la *moira* que la *tukhê* viennent des dieux, c'est-à-dire des puissances du panthéon polythéiste, et les deux participent de cette dépendance. Mais, à partir de la moitié du Ve siècle, *tukhê* nomme l'événement dû au hasard. Dans ce sens, la *tukhê* acquiert une connotation clairement laïque, car, comme le dit Euripide : « S'il y a la *tukhê*, que sont les dieux ? Et si les dieux ont du pouvoir, la *tukhê* n'est rien » (Euripide, fr. 154, v. 4-5, *in* Austin Colinus, *Nova Fragmenta Euripidea* Berlin, Walter de Gruyter, 1968). Les Stoïciens se souviendront de ce principe et ils lui préféreront la notion de *heimarmenê* (voir encadré 4) .

Tukhê, comme chance et hasard, opère dans les textes philosophiques d'Aristote à Épicure, pour donner, pardelà la nécessité qui clôt, le jeu permettant à l'homme d'être libre et de connaître le plaisir.

♦ Voir encadré 2.

Au IVe siècle, la *tukhê* passe des textes savants, où elle s'est laïcisée, aux couches populaires, et devient la déesse Tukhê, avec une propension à la bienveillance : la bonne Tukhê, la bonne Chance. La Déesse Fortuna sera son équivalent latin.

♦ Voir encadré 3.

IV. « ANAGKÊ » : LES LIENS DE LA NÉCESSITÉ

L'étymologie de *anagkê* [ἀνάγκη] est disputée : le terme pourrait évoquer le champ sémantique de « serrer dans les bras » (Chantraine). En effet, dès Homère, le mot dit la « contrainte », d'où vient le sens de fatalité divine (Euripide, *Les Phéniciennes*, 1000). Dans *Prométhée* (511-519), les Moires et les Érinyes gouvernent Anagkê ; quand le chœur demande qui gouverne la Nécessité, Prométhée répond : « les trois *Moirai* et les Érinyes à l'implacable mémoire » ; et il ajoute qu'au destin de celles-ci (*tên peprômenên* [τὴν πεπρωμένην]), Zeus lui-même ne saurait échapper.

Elle joue un rôle important dans les écrits orphiques, comme l'atteste Euripide dans *Alceste*, 963 *sq.* : « Je n'ai trouvé rien qui soit plus fort que la Nécessité (Anagkê), ni un remède (contre elle) dans les tablettes thraces, que la voix d'Orphée a écrites. » Par une invention platonicienne, elle devient la mère des *Moirai* (*Politique*, 617b-e).

L'*anagkê* intervient dans la construction théorique de Parménide. L'*anagkê*, associée à *moira* et *dikê* [δίκη] (« justice », signifiant étymologiquement une « indication » voir THEMIS), ligote l'étant dans des liens solides. B. Cassin en a montré le palimpseste dans l'immobilité d'Ulysse, lié au mât, dans l'épisode des Sirènes (*Parménide. Sur la Nature ou sur l'étant,* Seuil, 1998, p. 55 *sq.* et 151). L'auteur analyse aussi (p. 151) le mot et la notion d'*anagkê* : l'étymologie la moins controversée connecte le terme avec la courbure du bras (*agkos* [ἄγκος]), et le mot est en effet constamment lié à la circularité, au retour sur soi du *telos*, aux limites, aux liens, aux cercles et aux bandes qui, comme le Styx, le Serpent ou l'Océan, entourent le tout (voir R.B. Onians, *The Origin of the European Thought about the Body, the Mind, the Soul, the World, Time and Fate*, Cambridge UP, 1994, 3e partie, chap. 2 et 12, et Heinz Schreckenberg, *Ananke. Untersuchungen zur Geschichte des Wortgebrauches*, Munich, Beck, « Zetemata », 36, 1964).

La contrainte du destin deviendra un thème universel : Dante parle de « *la forza del destino* » (voir l'opéra de Verdi) ; Shakespeare dit : « *All unavoided is the doom of destiny* » (*Richard III*, acte IV, sc. 4, v. 218) ; et Milton fait dire à son Allmighty : « *What I will is Fate* » (*Paradis perdu*, VII, 173). Dans tous ces exemples, cependant, le champ sémantique du destin n'est plus grec mais latin, venant de *destinare* ou de *fatum*.

♦ Voir encadré 4.

Pietro PUCCI

BIBLIOGRAPHIE

BARTOS Jaromir, « Die Entstehung der theoretischen Kategorie der Zufälligkeit in der Antike », *Helikon*, 6, 1966, p. 518-533.

BERNER Franz, *Tekhne und Tukhe. Die Geschichte einer griechischen Antithese*, Dissertation, Université de Vienne, 1954.

BIANCHI Ugo, *Dios Aisa*, Rome, Signorelli, 1953.

BRUTSCHER Cordula, « Cäsar und sein Glück », *Museum Helveticum*, 15, 1958, p. 75-83.

BUSCH Gerda, *Untersuchungen zum Wesen der Tukhê in den Tragödien des Euripides*, Dissertation, Heidelberg, Ruprecht-Karls-Universität, 1937.

DECHARME Paul, *La Critique des traditions religieuses chez les Grecs*, A. Picard et fils, 1904.

DIANO Carlo, *Il concetto della Storia nella filosofia dei Greci*, Milan, Carlo Marzorati, 1955.

— *Forma e evento. Principi per una interpretazione del modo greco*, Venise, Neri Pozza, 1960.

DIETRICH Bernard Clive, *Death, Fate and the Gods*, Londres, Athlone Press, 1965.

— « The Spinning of Fate in Homer », *Phoenix*, 16, 1962, p. 86-101.

EITREM Samson, art. « *Moira* », in *Real Encyclopädie*, t. 15, Stuttgart, J.B. Metzlersche Verlagbuchhandlung, col. 2449-2497.

ERKELL Harry, *Augustus, Felicitas, Fortuna. Lateinische Wortstudien*, Dissertation, Université de Göteborg, 1952.

FEENEY Denis C., *The Gods in Epic*, Oxford, Clarendon Press, 1993.

GIGON Olof, « Die Theologie der Vorsokratiker », *Entretiens sur l'Antiquité classique*, 1, Klincksieck, 1954, p. 127-155.

GREENE William Chase, *Moira, Fate, Good and Evil in Greek Thought*, Cambridge, Harvard UP, 1948, et le compte rendu de A.J. Festugière, *Revue de philologie*, 1948, p. 149-177.

GUNDEL Wilhelm, art. « *Heimarmene* », in *Real Encyclopädie*, t. 7, 2, Stuttgart, J.B. Metzlersche Verlagbuchhandlung, 1912, col. 2623 *sq.*

HERTER Hans, « Glück und Verhängnis. Über die altgriechische Tukhe », *Hellas* [Bonn], 4, 1-2, 1963, p. 1-16.

HERZOG HAUSER Gertrud, art. « *Tukhê* », in *Real Encyclopädie*, t. 14, 1, Stuttgart, Alfred Druckenmüller, 1948, col. 1643-1689.

KRIKOS-DAVIS Katerina, « Moira at Birth in Greek Tradition », *Folia Neohellenica*, 4, 1982, p. 109 *sq.*

LESKY Albin, « Göttliche und menschliche Motivierung im homerischen Epos », *Sitzungsberichte der Heidelberger Akademie der Wissenschaften, Philos. Hist. Klasse*, Abh. 4, 1961, Heidelberg, Winter, p. 1-52.

NILSSON Martin Persson, *Geschichte der griechischen Religion*, Munich, Beck, 1967.

PUCCI Pietro, *The Song of the Sirens*, New York-Oxford, Rowman Littlefield, 1998.

REYDAMS-SCHILS Gretchen, *Demiurge and Providence. Stoic and Platonist Readings of the Timaeus*, Turnhout, Brepols, 1999.

ROUSSEAU Philippe, *Dios Boulê. Destin des héros et dessein de Zeus dans l'intrigue de l'Iliade*, thèse d'État, Lille, 1995.

ROVERI Alessandro, « Tukhê in Polibio », *Convivium*, 24, 1956, p. 275-293.

STROHM Hans, *Tukhê. Zur Schicksalauffassung bei Pindar und den Frühgriechischen Denkerh*, Stuttgart, Cotta, 1944.

VALGIGLIO Ernesto, Plutario. *De fato*, intr., éd. crit., trad. it. et comm. E. Valgiglio, Naples, M. D'Auria, 1993.

VAN DER HORST Pieter Willem, « Fatum Tria Fata, Parca, Tres Parcae », *Mnemosyne*, 11, 1942, p. 217-227.

WILAMOWITZ MOELLENDORFF Ulrich von, *Der Glaube der Hellenen*, Darmstadt, Wissenschaftliche Buchgesellschaft, 1959.

OUTILS

CHANTRAINE Pierre, *Dictionnaire étymologique de la langue grecque*, nouv. éd. mise à jour avec un « Supplément au dictionnaire », Klincksieck, 1999.

CLE : BÜCHELER Franz, *Carmina latina epigrafica*, Amsterdam, Adolf M. Hakkert, 1972.

4

L'« heimarmenê » des Stoïciens, chaîne et providence

► **BEGRIFF (encadré 1), ELEUTHERIA (encadré 2), IMPLICATION, LOGOS**

Pour les Stoïciens, tout arrive par le destin. Le destin est l'organisation rationnelle des événements qui arrivent par nature (Diogène Laërce, VII, 149). Aucun événement n'y échappe : rien n'arrive sans cause.

Les Stoïciens nient la fortune ou la chance, et choisissent comme principe du monde la nécessité, *heimarmenê*, renouvelant du moins étymologiquement la notion de partie du tout : mais le tout n'est plus mystérieux. Par une série de jeux de mots, d'allusions verbales, de références littéraires (Homère en particulier, voir Anthony A. Long, « Stoic Readings of Homer », *in* Robert Lamberton et John J. Keaney [éd.], *Homer's Ancient Readers*, Princeton UP, 1992), Chrysippe et les Stoïciens élargissent la portée et l'extension des définitions de l'*heimarmenê* qui devient *heirmon* [εἱρμόν], « chaîne », et *logos* [λόγος], « discours » et « raison ».

L'unicité du gouvernement destinal se réciproque avec l'unicité du monde lui-même, qui est Dieu. « Dieu, l'intellect, le Destin et Zeus ne font qu'un » (Diogène Laërce, VII, 135) ; « la nature commune et la raison commune de cette nature sont le Destin, la Providence et Zeus » (Plutarque, *Des contradictions des Stoïciens*, 34, 1050B). Nos sensations, nos représentations (*phantasiai* [φαντασίαι]) sont nos points d'accès dans le réseau global du Destin, Dieu ou la Nature, qui est maillage intégral de causes et d'effets, présent total, indicatif de l'univers. L'articulation logique se fonde dans l'organisation du monde lui-même, Dieu ou la Nature, Providence, Destin, qu'elle restitue dans l'ordre et la teneur des énoncés qu'elle relie.

Heimarmenê, le destin est également dit *pepromênê*, assignant à toute chose sa limite, *peras* [πέρας], qui est sa détermination, et par là, « finissant et terminant » (Plutarque, *ibid.*, 1056b). Cicéron (*De divinatione*, I, 55, 125) explicite le terme de *fatum* (de *fari*, « dire », *fatum*, « ce qui a été dit » — l'arabe dit *mektoub*, « ce qui a été écrit ») comme la traduction latine de *heimarmenê* :

> Par « destin », j'entends ce que les Grecs appellent *heimarmenê* : une ordonnance et une série de causes, puisque c'est la connexion de cause à cause qui d'elle-même produit toute chose.
>
> [*fatum autem id appello, quod Graeci* εἱμαρμένην, *id est ordinem seriemque causarum, cum causae causa nexa rem ex se gignat.*]
>
> trad. fr. J. Brunschwig et P. Pellegrin, *in* A. Long et D. Sedley, *Les Philosophes hellénistiques*, Flammarion, « GF », 2001.

Dans les termes de Diogène Laërce :

> Le Destin est la cause séquentielle des êtres ou bien la raison qui préside à l'administration du monde.
>
> [ἔστι δ' εἱμαρμένη αἰτία τῶν ὄντων εἰρομένη ἢ λόγος καθ' ὃν ὁ κόσμος διεξάγεται.]
>
> *Vies et Doctrines des philosophes illustres*, VII, 149, trad. fr. M.-O. Goulet-Cazé [dir.], Librairie générale française, « Le Livre de Poche », 1999.

Les Stoïciens identifient le souverain bien, la vertu et le bonheur, qu'ils définissent comme le fait de vivre conformément aux événements qui arrivent par nature. Pour autant, la théorie stoïcienne du Destin, irréductible à l'« argument paresseux » (si je dois guérir de ma maladie, je guérirai, que j'appelle ou non le médecin), n'anéantit ni mon action ni ma liberté qu'elle paraît opprimer : dans l'économie rationnelle des *confatalia*, des événements liés par le destin, ma maladie est liée au fait que j'appelle le médecin. La liberté humaine en effet ne réside pas tant dans le choix du contenu de nos actes que dans la manière, active, dont nous adhérons aux événements qui nous arrivent par nature, et dont nous nous insérons par là même dans le système du monde. Le destin est irrésistible (« les destins conduisent une volonté docile ; ils entraînent celle qui résiste », « *ducunt fata volentem, nolentem trahunt* » — c'est la manière dont Sénèque (Lettre 107, 11, in *Lettres à Lucilius*, 4 vol., éd. F. Préchac, trad. fr. H. Noblot, Les Belles Lettres, 1945-1962) traduit librement les vers de Cléanthe qui sont cités à la fin du *Manuel* d'Épictète. Notre action peut toutefois s'y conjoindre, pourvu qu'on sache distinguer entre faits simples et faits solidaires (*simplicia* vs *copulata*), entre causes parfaites et principales et causes auxiliaires et prochaines (*causae perfectae et principales* vs *adjuvantes et proximae*) :

> De même que, en poussant le cylindre, on lui a fait commencer son mouvement, mais on ne lui a pas donné la propriété de rouler, de même la représentation imprimera, certes, et marquera sa forme dans l'âme, mais notre assentiment sera en notre pouvoir ; poussé de l'extérieur, comme on l'a dit du cylindre, il se mouvra par sa force propre et par sa nature.
>
> Cicéron, *De fato*, XIX, 43.

Par l'assentiment (*sugkatathesis* [συγκατάθεσις]), qui est en notre pouvoir et qui ne se réduit pas à une passive acceptation, nous avons le pouvoir d'une participation active au réseau de la Providence. La théorie leibnizienne de la liberté saura s'en souvenir.

Frédérique ILDEFONSE

LIMC : *Lexicon iconographicum mythologiae Classicae*, Zurich, Artemis, 1981.

TGF : RADT Stefan Lorenz, *Tragicorum Graecorum fragmenta*, t. 3 [Aeschylus], Göttingen, Vandenhoeck & Ruprecht, 1985.

KITSCH ALLEMAND – fr. *art de pacotille, art tape-à-l'œil, kitsch*

► ART, BAROQUE, CLASSIQUE, *CULTURE*, ESTHÉTIQUE, GOÛT, MODERNISME, NEUZEIT, PEUPLE, SUBLIME

Mot d'origine allemande, Kitsch, *naguère traduit en français par* art de pacotille *ou* art tape-à-l'œil, *s'est imposé tel quel dans toutes les langues européennes. Adjectif,* kitsch *(dis)qualifie des productions culturelles destinées aux masses et appréciées par elles. Substantif, le terme pointe une catégorie du goût, certes liée à une esthétique mais, bien davantage encore, à une éthique dont les conséquences politiques sont patentes. Les sous-titres de deux ouvrages consacrés au kitsch (Moles, 1971, et Dorfles, 1968) indiquent pourquoi il séduit les uns quand d'autres le jugent sévèrement : c'est à la fois un art du bonheur et une expression du mauvais goût.*

I. HISTOIRE DE PUBLIC OU DE VALEUR ?

La notion de kitsch apparut au XIXe siècle. Elle devint l'objet d'une vive attention quand la société de masse – le développement des loisirs aidant – disposa d'une « culture de masse » qui, par ses caractéristiques, semblait menacer l'existence même d'une culture authentique. Le kitsch concerne chacun des moyens d'expression, dès lors qu'ils abandonnent toute exigence pour s'adresser à un large public. L'art des chromos, les photographies aimablement racoleuses, les bondieuseries pour pèlerins, les souvenirs destinés aux touristes, mais aussi la littérature de gare, le théâtre de boulevard ou la musique d'ambiance relèvent du kitsch. Sur le mode de la vulgarisation dégradante, il offre un modèle dépravé d'autant plus alléchant qu'il est toujours facile d'accès. C'est du moins ce que disent ses détracteurs.

Hermann Broch, l'un des premiers analystes du kitsch, y décèle une forme du « mal radical », destructeur du système des valeurs, car son essence, « c'est la confusion de la catégorie éthique et de la catégorie esthétique » (« Le mal dans le système des valeurs de l'art », 1933 , in *Création littéraire et Connaissance*, 1985, p. 360). À la recherche du bel effet, celui qui séduit à moindres frais, l'art kitsch ne vise nullement le bon travail, mais exclusivement la belle réalisation. Cette manière de perversion implique que le kitsch use de moyens éprouvés, qu'il tourne le dos à la création pour réussir sans risque dans son entreprise de séduction. Albert Kohn précisait, dans une note de l'Introduction qu'il rédigea pour sa traduction française du livre de Hermann Broch :

> Le mot allemand *Kitsch* n'a pas d'équivalent en français. Il désigne tous genres d'objets de mauvais goût, la pacotille à prétention artistique, qui vulgarise en grande série un poncif, mais s'applique également à des œuvres littéraires, plastiques ou musicales qui recherchent les effets faciles (le mélo), la grandiloquence, et cultivent une sentimentalité ou un conformisme niais. Faute de pouvoir introduire le mot allemand, nous l'avons traduit selon les cas par : « art de pacotille » ou « art tape-à-l'œil ». En réalité, ces deux sens s'additionnent.
>
> H. Broch, *Création littéraire et Connaissance* [1985], p. 17.

Les inconvénients d'une telle traduction sont multiples. Les deux attributs qu'elle substitue à la notion foisonnante de *Kitsch* tronquent sa complexité. D'emblée dévalorisants, ils donnent pour acquis ce qu'il convenait de mettre au jour. Ainsi, lorsque H. Broch écrit : « L'essence du kitsch, c'est la confusion de la catégorie éthique et de la catégorie esthétique. Il ne veut pas faire du "bon", mais du "beau" travail, c'est le bel effet qui lui importe », la traduction de *Kitsch* par « tape-à-l'œil » est tout à fait inadéquate, d'abord parce que tout « tape-à-l'œil » ne relève pas de l'esthétique et, ensuite, parce que la deuxième phrase n'énoncerait plus alors qu'une banalité tautologique, à savoir que le tape-à-l'œil vise « le bel effet ». Il en va tout autrement si l'on maintient le terme *Kitsch.* D'autres traditions linguistiques n'avaient d'ailleurs pas hésité à nommer la notion dans sa langue originelle.

1

Avant-garde et Kitsch

Dans l'article « Avant-garde et Kitsch » (1939), Clement Greenberg écrit :

« Là où il y a une avant-garde, on trouve en général aussi une arrière-garde. Le fait est qu'un second phénomène nouveau a fait son apparition, en même temps que l'avant-garde, dans l'Ouest industrialisé, phénomène auquel les Allemands ont donné le nom merveilleux de *Kitsch* ; il s'agit d'un art et d'une littérature populaires et commerciaux faits de chromos, de couvertures de magazines, d'illustrations, d'images publicitaires, de littérature à bon marché, de bandes dessinées, de musique de bastringues, de danse à claquettes, de films hollywoodiens, etc. Pour une raison inconnue, cette apparition massive a toujours été considérée comme allant de soi. Il est grand temps d'en chercher les causes et les raisons. [...]
La condition préalable à l'avènement du kitsch, condition sans laquelle il ne pourrait exister, c'est la présence d'une longue et riche tradition culturelle dont il peut détourner les découvertes, les connaissances et la conscience historique d'elle-même à son profit. Le kitsch lui emprunte des procédés, des trucs, des stratagèmes, des démarches empiriques, des thèmes qu'il érige en système tout en rejetant le reste. Il tire sa sève, pour ainsi dire, de ce réservoir d'expérience accumulée. C'est ce qu'on veut dire quand on dit que l'art et la littérature populaires d'aujourd'hui sont l'art et la littérature audacieux et ésotériques d'hier. Bien évidemment, il n'en est rien. Ce qu'on veut dire en réalité, c'est que, lorsque assez de temps a passé, le kitsch pille dans la nouveauté un butin sans cesse renouvelé qu'il édulcore et sert ensuite comme kitsch. »

Art et Culture, 1988, p. 15-17.

C'est ainsi qu'en 1939 Clement Greenberg publie un article intitulé « Avant-garde et Kitsch » dans lequel il reprend l'idée, énoncée par H. Broch, que le kitsch emprunte « des procédés déjà employés et éprouvés », utilise « des vocables préfabriqués qui, entre ses mains, se figent en clichés » (p. 11). Greenberg a le mérite de lier l'apparition du kitsch à celle d'un autre phénomène discuté, l'avant-garde, qui, elle aussi, ébranla durablement l'édifice des valeurs esthétiques. Il oppose le kitsch à l'avant-garde. Celle-ci apparaît seule capable de « continuer à faire évoluer la culture au milieu des confusions et de la violence idéologiques » (p. 17) : « Le choix n'est pas entre Picasso et Michel-Ange, mais entre Picasso et le kitsch [...]. Si l'avant-garde imite les processus de l'art, le kitsch, lui, en imite les effets » (p. 19-22).

♦ Voir encadré 1.

II. GOÛT, EFFET OU ATTITUDE ?

Après la guerre, Hannah Arendt mena une réflexion sur la culture de masse qui se développait et dont le kitsch demeure une composante capitale. Elle pointait les liens structurels entre le domaine du goût et celui des opinions politiques qui, tous deux, requièrent la persuasion. Plus généralement, la culture et la politique s'entre-appartiennent « parce que ce n'est pas le savoir ou la vérité qui est en jeu, mais plutôt le jugement et la décision, l'échange judicieux d'opinions portant sur la sphère de la vie publique et le monde commun, et la décision sur la sorte d'action à y entreprendre, ainsi que la façon de voir le monde à l'avenir, et les choses qui doivent y apparaître » (« La crise de la culture », p. 285). Saisi dans cette perspective, le kitsch devient d'autant plus inquiétant que, H. Broch l'avait noté, « dans aucun art on ne peut opérer sans une goutte d'effet » (1985, p. 361), c'est-à-dire sans une goutte de kitsch. C'est sans doute pour cette raison que le kitsch, alarmante corruption présente même dans les œuvres les plus intraitables, fut combattu avec tant d'ardeur.

Au fil des années, la définition du kitsch s'élargit et se complexifie. Quand H. Broch revient sur le sujet, en 1951, il affirme ne pas parler « véritablement de l'art, mais d'une attitude de vie déterminée » (1985, p. 311) enracinée dans « l'homme-kitsch ». Abraham Moles suivit cette logique dans l'ouvrage qu'il consacra au kitsch :

> Ce n'est pas un phénomène *dénotatif* sémantiquement explicite, c'est un phénomène *connotatif* intuitif et subtil ; il est un des types de rapport que l'être entretient avec les choses, une *manière d'être* plus qu'un objet, ou même un style. Certes, nous parlerons souvent du « style kitsch », mais en tant qu'un des *supports objectivables* de l'attitude kitsch, et nous verrons ce style se formaliser dans une époque artistique.
>
> *Le Kitsch, l'art du bonheur,* 1971, p. 7.

Toutefois, à l'époque où le Pop Art brouillait l'ordonnancement des valeurs établies dans l'univers des avant-gardes, apparut une forme revendiquée du kitsch, le *camp*. Ce terme américain sert à qualifier « quelque chose d'outrageant, d'inapproprié ou de tellement mauvais goût que ça en devient amusant » (dictionnaire Webster). Depuis lors, en Europe comme aux États-Unis, des artistes manient à la fois le premier degré — leurs œuvres sont ineptes — et le second degré — ils le font exprès, mêlant joyeusement le joli et l'infâme (par ex., Jeff Koons). Ici, on ne sait trop si le kitsch est seulement réjouissant — un *homme-kitsch* sommeille peut-être en chaque amateur d'art — ou s'il est à la fois drôle et critique.

Denys RIOUT

BIBLIOGRAPHIE

ARENDT Hannah, « La crise de la culture. Sa portée sociale et politique », trad. fr. B. Cassin, in *La Crise de la culture*, P. Lévy (dir.), Gallimard, 1972.

BROCH Hermann, *Création littéraire et connaissance* (1955), trad. fr. A. Kohn, Gallimard, 1966, rééd. « Tel », 1985.

DORFLES Gillo, *Le Kitsch, un catalogue raisonné du mauvais goût* (1968), trad. fr. P. Alexandre, Bruxelles, Éditions Complexe, 1978.

GEISZ Ludwig, *Phänomenologie des Kitsches. Ein Beitrag zur anthropologischen Aesthetik*, Rothe, Heidelberg, 1960.

GREENBERG Clement, « Avant-garde et Kitsch » [1939], *Art et Culture* [*Art and Culture*, Boston, Beacon Press, 1961], trad. fr. A. Hindry, Macula, 1988.

MOLES Abraham, *Le Kitsch, l'art du bonheur*, Tours, Mame, 1971.

OUTILS

Webster's New Encyclopedic Dictionary, G. Le Prat, 1995.

L

LANGUE/LANGAGE/PAROLE

gr.	*logos* [λόγος], *glôssa* [γλῶσσα], *idiôma* [ἰδίωμα]
lat.	*eloquium, lingua, loquela, idioma, locutio, sermo, oratio*
all.	*Sprache, Rede*
angl.	*language, tongue, speech*
cat.	*llengua, llenguatge, parla*
esp.	*lengua, lenguaje, favella, habla(r)*
it.	*lingua, linguaggio, favella, parlare*
port.	*lingua, linguagem, falar*
roum.	*limba, limbaj, vorbire*
russe	*jazyk* [язык], *reč'* [речь]

► ACTE DE LANGAGE, *DISCOURS*, LOGOS, MANIÈRE, MOT, SIGNE, SIGNIFIANT, TERME, TRADUIRE

De l'unité du logos *à la multiplicité des vocables latins, en passant par des oppositions binaires (par ex. all.* Sprache/Rede*) ou ternaires affirmées (par ex. fr.* langue/langage/parole*), l'histoire montre que, pour désigner des réalités relativement circonscrites (organe de la parole, faculté, mode d'expression propre à un groupe, ensemble de vocables, particularité de style, usage) ou des oppositions précises (individuel/commun, etc.), les mêmes termes ont parfois été utilisés dans des acceptions inversées, avec des glissements sensibles et repérables. Les différentes théories du langage ont choisi, dans la multiplicité, voire la profusion offerte par les langues, un ensemble de termes à chaque fois limité. Elles les ont définis de manière contrastive pour poser les oppositions dont elles avaient besoin et spécifier ainsi l'objet de la discipline — rien n'empêchant d'ailleurs une théorie ultérieure de repartir du même ensemble pour en donner des définitions différentes.*

I. L'ÉMERGENCE DE LA DIFFÉRENCIATION LANGUE / LANGAGE / PAROLE

A. De la langue aux sciences du langage

C'est d'abord avec le sens d'« organe situé dans la bouche » que l'on trouve attesté *lingua, lingue* (v. 980), à partir du latin *lingua* (d'où par métonymie « mauvaise langue », dès 1260, au sens de « mauvais propos » puis de « mauvaise personne »). Le sens de « système d'expression propre à un groupe » est attesté à la même époque, plutôt au sens de « langage » sauf si le nom est restreint par une détermination. Le mot « idiome », francisation de *idiomat*, emprunté au bas latin *idioma*, a eu également le sens de « langue ou de parler particulier à une région », puis plus tardivement de « particularité de style ». *Langage*, d'abord noté *lentguage* (v. 980), désigne la faculté propre à l'homme de s'exprimer et de communiquer. Mais dès le XIIe siècle, le mot a désigné la parole, le discours, parfois avec une valeur péjorative (« bavardage »), cet emploi revenant ensuite au mot *parole*. *Langage* au sens de « manière de parler propre à un peuple » cédera le pas à *langue*, mais subsistera comme « manière de parler propre à un individu ou un groupe » (cf. « langage diplomatique »). Sa définition comme système de signes organisé servant à la communication va permettre son extension aux systèmes non linguistiques (« le langage de l'art, des couleurs ») (DHLF). L'anglais *lenguage* est emprunté vers 1280 au vieux français *langage*, au sens de « parler », puis de « langue nationale ».

L'*Encyclopédie*, en 1765, critique la définition commune d'une *langue* comme « suite ou amas de paroles et d'expressions » (cf. Furetière, 1701), disant qu'elle décrit en vérité plus un « vocabulaire » qu'une « langue », terme qui recouvre non seulement les mots et leurs sens, mais tous les tours figurés, les connotations, la construction, etc. La *langue* devra être définie de manière plus exacte comme « totalité des usages de la voix propres à une nation » en tant qu'on considère « l'expression et la communication des pensées, d'après les vues de l'esprit les plus universelles et les plus commmunes à tous les hommes », et non les particularités propres à une nation et ses modes d'élocution, pour lesquelles le terme « idiome » sera utilisé, la *parole* renvoyant au langage en général (« La parole est une sorte de tableau dont la pensée est l'original »). La distinction permet ainsi de distinguer la *Grammaire générale*, comme « science », qui s'occupe des « principes immuables et généraux de la parole prononcée ou écrite » des « grammaires particulières », comme « art », étudiant l'application pratique des usages d'une langue à ces principes généraux de la parole (voir S. Auroux, *L'Encyclopédie. « Grammaire » et « langue » au XVIIIe siècle*, Mame, 1973).

La séparation entre *langue* et *parole*, dans le *Cours de linguistique générale* de Saussure, va permettre de distinguer le code de son utilisation, le social de l'individuel, l'essentiel de l'accidentel, et permettre par là même de donner à la science du langage un objet stabilisé, le *langage* renvoyant à la faculté (voir, *infra*, B). C'est une même nécessité épistémologique qui conduira Chomsky à distinguer entre « compétence » et « performance », sans que l'on puisse superposer les deux couples, notamment, parce que, si la *langue* saussurienne est envisagée comme un « trésor », un réceptacle passif de « signes » isolés, la « compétence » chomskyenne est un ensemble de « règles » permettant de générer l'ensemble infini des *combinaisons* possibles d'une langue donnée, à partir d'une faculté universelle et innée du langage. Pour d'autres linguistes, comme A. Culioli, le *langage* n'est pas hors du champ de la linguistique, ni réservé à la physiologie, la psychologie ou encore à la philosophie (cf. la « philosophie du langage »), mais il est précisément son objet ultime en tant qu'appréhendé à partir de la diversité des *langues* (d'où le pluriel « sciences du langage » souvent préféré actuellement à « linguistique », pour qualifier la discipline).

B. Le couple saussurien langue/parole et ses traductions

1. Langue / parole

Le couple terminologique *langue/parole* a reçu droit de cité par l'autorité que lui a conférée Ferdinand de Saussure. On lit, en effet, dès les premières pages du *Cours de linguistique générale* :

> En séparant la langue de la parole, on sépare du même coup : 1°) ce qui est social de ce qui est individuel ; 2°) ce qui est essentiel de ce qui est accessoire et plus ou moins accidentel.
> La langue n'est pas une fonction du sujet parlant, elle est le produit que l'individu enregistre passivement [...]
> La parole est au contraire un acte individuel de volonté et d'intelligence dans lequel il convient de distinguer : 1°) les combinaisons par lesquelles le sujet parlant utilise le code de la langue en vue d'exprimer sa pensée personnelle ; 2°) le mécanisme psycho-physique qui lui permet d'extérioriser ces combinaisons.
>
> *Cours de linguistique générale*, Introduction, chap. 3, p. 30-31.

En réalité, ce chapitre 3 est marqué par une cascade de distinctions. En amont, on trouve une première coupure tranchée entre *langage* et *langue* (*langage* doit être écarté parce que ce terme est trop « hétérogène »). Mais l'« homogénéité » présumée de *langue* exige une nouvelle démarcation (ou « séparation »), celle qui la met à distance de *parole* précisément, au point de produire deux « linguistiques » clairement opposables, comme le « social » à l'« individuel » et, plus encore, comme l'« essentiel » à l'« accidentel ». Distinction renforcée par le terme de « subordination » (p. 38) — *sc.* de la parole à la langue —, si bien que :

> On peut à la rigueur conserver le nom de linguistique à chacune de ces deux disciplines et parler d'une linguistique de la parole. Mais il ne faudra pas la confondre avec la linguistique proprement dite, celle dont la langue est l'unique objet.
>
> *Ibid.*, p. 38-39.

Il est évident qu'on est dès lors sorti de l'ordre méthodologique pour entrer dans un ordre ontologique. Ce qui soulève un problème redoutable : qui décide ici, l'expérience vécue de la langue ou l'imposition conceptuelle du théoricien ? Ce dernier ne s'érige-t-il pas en juge suprême, au risque de faire violence à l'« objet » sommé de se plier à ses décisions d'interprète-ordonnateur ? Et le théoricien renforce encore son pouvoir par la puissance d'une induction indiscutée — de fait, l'histoire ultérieure montre que cette distinction *langue/parole* a été longtemps admise comme un axiome indiscutable de toute linguistique digne de ce nom.

2. Binaire ou ternaire, selon les langues

Pourtant, le *Cours* témoigne d'une certaine réticence à cet égard :

> [...] les distinctions établies n'ont rien à redouter de certains termes ambigus qui ne se recouvrent pas d'une langue à l'autre. Ainsi en allemand *Sprache* veut dire « langue » et « langage » ; *Rede* correspond à peu près à « parole », mais y ajoute le sens spécial de « discours » [...] Aucun mot ne correspond exactement à l'une des notions [en cause] ; c'est pourquoi toute définition faite à propos d'un mot est vaine ; c'est une mauvaise méthode que de partir des mots pour définir les choses.
>
> *Ibid.*, p. 31.

Curieuse affirmation de la part d'un linguiste, qui plus est partisan déclaré de l'« arbitraire du signe linguistique » (à moins qu'il faille ici incriminer les éditeurs du *Cours* ?). Quoi qu'il en soit, si l'on se retourne vers les mots, on doit bien admettre qu'ils flottent sans arrimage assuré, comme le confirme E. Coseriu qui, tout en posant que cette dualité serait à l'œuvre dans la plupart des langues, doit reconnaître qu'elle serait relayée et compliquée par une deuxième distinction entre deux variétés de langues, celles qui ne connaissent qu'une distinction binaire et celles qui présentent une division ternaire. On aurait ainsi :

(a) type binaire (langage-langue/parole) :

allemand	*anglais*	*russe*	*latin*
Sprache	language/ tongue	jazyk [язык]	lingua
Rede	speech	reč' [речь]	sermo/oratio

(b) type ternaire (langues romanes essentiellement) :

français	*italien*	*espagnol*	*portugais*	*roumain*	*catalan*
langage	linguaggio	lenguaje	linguagem	limbaj	llenguatge
langue	lingua	lengua	língua	limba	llengua
parole	favella/ parlare	favella/ habla(r)	fala(r)	vorbire	parla

Mais les éléments fournis par Tullio de Mauro (éd. critique du *Cours*, Payot, 1972) donnent un ternaire également pour le polonais (*jezyk/mowa/mowa jednostkowa*) et pour le magyar (*nyelvezet/nyelv/beszéd*), ce qui relativise l'exclusivité accordée aux langues romanes. Il insiste par ailleurs sur des complexités spécifiques de l'allemand, de l'anglais, de l'italien (p. 423 *sq.*). Et déjà le tableau ci-dessus fait apparaître un certain brouillage (plusieurs termes sur la même ligne — on pourrait redoubler le russe *reč'* par *govorenie* [говорение]). On peut donc présumer que la thèse d'une distribution ordonnée (de langue à langue et à l'intérieur de chacune) doit être fortement relativisée. Il est alors permis de formuler l'hypothèse qu'en cherchant bien on trouvera toujours le moyen de procéder aux démultiplications et/ou aux contractions qu'on voudra. Ce qui revient à confirmer par la bande la théorie de l'« arbitraire du signe linguistique » : les signifiants n'ont pas d'adhérence rigide et leur distribution espérée vire à la dispersion, entraînant à leur suite celle des signifiés. La distinction entre *langue* et *parole* devrait-elle être qualifiée de « factice », au sens de Descartes (*factae* ; in *Meditatio* 3a, AT, t. 7, Vrin, 1996, p. 37-38) ?

3. La dynamique des oppositions

Il faut sans doute commencer à contester l'opposition paresseuse entre « factice » et « inné » (ou entre « accidentel » et « essentiel »). Car ce qui s'offre à penser dans ce couple terminologique, c'est précisément la dualité même, c'est-à-dire une relation dynamique, sans séparation ni confusion ; plus radicalement encore, sans « subordination », qui demeure la tentation majeure, aux effets fortement pervers (il faudra tout mettre dans un des termes — « langue » — pour ne laisser à l'autre que des résidus insignifiants, au prix de leur disqualification mutuelle). On trouvera une piste en remontant en amont de Saussure vers W. von Humboldt qui est peut-être son contrepoint latent. Car le trait qui retient et excite son intérêt au plus haut degré, c'est le fait que la langue se montre tout à la fois objet et sujet, dans une coïncidence paradoxale de contraires (ou de termes jugés tels par un entendement abstrait) :

> La langue est tout autant objet et indépendante qu'elle est sujet et dépendante. Car nulle part elle n'a [...] d'assise permanente, elle doit toujours être produite à nouveaux frais dans la pensée et, par suite, passer entièrement du côté du sujet ; mais l'acte de cette production a pour caractère propre de la convertir tout aussitôt en objet ; ce faisant elle met en jeu à tout instant l'action exercée par l'individu, action déjà liée en elle-même par l'ensemble de ses opérations, présentes et passées.
>
> [*Die Sprache is gerade insofern Object und selbständig, als sie Subject und abhängig ist. Denn sie hat nirgends (...), eine bleibende Stätte, sondern muß immer im Denken aufs neue erzeugt werden ; es liegt aber in dem Act dieser Erzeugung, sie gerade zum Object zu machen ; sie erfährt auf diesem Wege jedesmal die ganze Einwirkung des Individuums, aber diese Einwirkung ist schon in sich duch das, was sie wirkt und gewirkt hat, gebunden.*]
>
> *Werke in fünf Bänden*, t. III, *Schriften zur Sprachphilosophie*, Wissenschaftliche Buchgesellschaft, Darmstadt, 1979, p. 226.

Humboldt n'a cessé de traquer cet entrelacement de pôles opposés et complémentaires qui conduit *in fine* au couple célèbre et obscur, qui plus est exprimé en langue grecque : *ergon/energeia*. Mais d'autres lui sont substituables, par exemple *Macht* (puissance massive des éléments mémorisés) face à *Gewalt* (initiative fougueuse de l'individu ; voir MACHT) ; et finalement l'énoncé peut-être le plus saillant, le plus provocant :

> [...] il est aussi juste de dire que le genre humain ne parle qu'une seule langue qu'il l'est de dire que chaque homme possède une langue particulière.
>
> [(...) *daß man ebenso richtig sagen kann, daß das ganze Menschengeschlecht nur Eine Sprache, als daß jeder Mensch eine besondere besitzt.*]
>
> *Ibid.*, p. 424.

La puissance langagière ne se laisse pas distribuer en moments (croissants ou décroissants, étendus ou restreints, essentiels ou accessoires). L'universel et le singulier cohabitent ; mieux, ne se manifeste que leur tension réciproque, dans leur féconde interaction (coordination sans subordination).

C'est toujours la coordination qui doit l'emporter, fût-ce au prix de compromis plus ou moins heureux, ou paresseux, qui s'en remettent à l'accord de dualités pacifiées. C'est le cas avec le couple devenu classique de *modus/dictum* (voir DICTUM) :

> La phrase explicite comprend [...] deux parties : l'une est le corrélatif du procès qui constitue la représentation (p. ex. la pluie, une guérison) ; nous l'appellerons, à l'exemple des logiciens, le *dictum*.
> L'autre contient la pièce maîtresse de la phrase, à savoir l'expression de la modalité, corrélative à l'opération du sujet pensant. La modalité a pour expression logique et analytique un verbe *modal* ; tous deux constituent le *modus*, complémentaire du *dictum*.
> La modalité est l'âme de la phrase, elle est constituée essentiellement par l'opération active du sujet parlant.
>
> Ch. Bally, *Linguistique générale et Linguistique française*, § 28.

> [...] le modus est le *thème*, et le *dictum* le *propos* de l'énonciation explicite. [...] Le *modus* et le *dictum* sont complémentaires l'un de l'autre.
>
> *Ibid.*, § 32.

C'est le cas également pour *type/token* (voir encadré 3, « *Type/token* », dans PROPOSITION) :

> Une façon usuelle d'estimer le volume d'un manuscrit ou d'un livre imprimé est de compter le nombre de mots. Il y aura ordinairement à peu près vingt *le* par page, et bien sûr ils comptent comme vingt mots. Dans un autre sens du mot « mot », cependant, il n'y a qu'un seul mot *le* en français ; et il est impossible que ce mot soit visible sur une page, ou audible dans une séquence sonore, pour la raison qu'il n'est pas une chose singulière ou un événement singulier. Il n'existe pas ; il détermine seulement des choses qui, elles, existent. [...] Je propose de l'appeler un *type*. Un événement singulier qui n'a lieu qu'une fois et dont l'identité est limitée à cette occurrence, ou un objet singulier (une chose singulière) qui est en un certain point singulier à un moment déterminé [...] comme ce mot-ci ou celui-là, figurant à telle ligne, telle page de tel exemplaire particulier d'un livre, recevra le nom de *token*.
>
> C.S. Peirce, *Collected Papers*, éd. Ch. Hartshorne et P. Weiss, Cambridge, 1960, IV, § 537.

C'est le même classicisme au fond qui alimente la dualité produite à date récente par Chomsky : « competence »/« performance », rapprochée, par l'auteur lui-même, du couple saussurien :

> L'objet particulier de la théorie linguistique est un locuteur-auditeur idéal, appartenant à une communauté linguistique complètement homogène, qui connaît parfaitement sa langue et qui, lorsqu'il applique en une performance effective sa connaissance de la langue, n'est pas affecté par les conditions grammaticalement non pertinentes, telles que limitation de mémoire, distractions, déplacements d'intérêt ou d'attention, erreurs (fortuites ou caractéristiques). [...] Pour étudier la performance linguistique effective, nous devons considérer l'interaction de facteurs variés, dont la compétence sous-jacente du locuteur-auditeur ne constitue qu'un élément parmi d'autres. [...] Nous établissons donc une distinction fondamentale entre la *compétence* (la connaissance que le locuteur-auditeur idéal a de sa langue) et la *performance* (l'emploi effectif de la langue dans des situations concrètes). Ce n'est que par l'idéalisation que la performance reflète directement la compétence. Dans les faits, cela n'est évidemment pas possible. [...] Le problème, pour le linguiste aussi bien que pour l'enfant qui apprend la langue, consiste en ceci : déterminer, à partir des données de la performance, le système sous-jacent de règles qui a été maîtrisé par le locuteur-auditeur et qu'il met en usage dans sa performance effective [...]. La distinction que je signale ici s'apparente à la distinction « langue-parole » chez Saussure [...]
>
> Noam Chomsky, *Aspects de la théorie syntaxique*, trad. fr. J.-Cl. Milner, Seuil, 1971, p. 12-14.

Elle a le mérite d'une grande maniabilité, renforcée par la présomption d'une forte fidélité à son objet, mais on peut soupçonner que cette symétrie trop bien balancée gomme la complexité interactive du problème à résoudre.

C'est pourquoi, en aval de Saussure, l'un des essais les plus intéressants paraît être celui qu'a proposé L. Jäger (« F. de Saussures, historisch-hermeneutische Idee der Sprache », in *Linguistik und Dialektik*) et que Th. M. Scherer résume de la manière suivante : on a affaire à une classification croisée qui opère sur les quatre concepts « actuel/virtuel » et « individu/social ». On aurait alors :

(1) quant au virtuel (*in absentia*), la distinction entre un concept « individuel » de langue (au sens de processus subjectivement internalisé) correspondant aux concepts saussuriens de « trésor », « dépôt », « mémoire », et un concept social de langue (au sens d'institution sociale, sémiologique, à valeur intersubjective) correspondant aux concepts saussuriens de « cristallisation sociale », « sécrétion sociale », « produit social » ;

(2) quant à l'actuel (*in praesentia*), la distinction entre un concept « individuel » de parole (au sens de réalisations subjectives des possibilités données avec les potentiels internalisés et intersubjectifs de la langue) et un concept « social » de parole (au sens de production intersubjective — dialogique — dotée d'un sens nouveau, correspondant aux concepts saussuriens d'« analogie », de « création parasémique »).

L'intéressant, dans cette proposition, est le souci de trouver une voie médiane, mais non réductrice, entre la dualité saussurienne propre, avec ses démarcations et ses impasses, et une exigence d'ordre qui ne sacrifie pas la complexité du problème. Lequel, une fois apparu, demeure toujours un tourment, générateur, de moment en moment, de conjectures éclairantes.

II. DE L'UNICITÉ DU « LOGOS » À LA COMPLEXITÉ DU CHAMP MÉDIÉVAL

La difficulté de traduction en langage moderne des textes anciens se révèle de manière dramatique avec le réseau terminologique qui nous occupe. D'un côté une quasi-unicité, en grec, avec *logos*, qui recouvre à lui seul tous les termes modernes désignant le champ linguistique, et même au-delà, et ne laissant qu'une petite place à *glôssa*. En latin classique, d'un autre côté, l'éparpillement en plus d'une dizaine de termes, au sens plus ou moins fixé. Le latin médiéval hérite de cette diversité, sans qu'il soit vraiment possible d'y mettre de l'ordre : il a en effet à faire face à de véritables héritages, par la transmission des textes, qui entrent en conflit avec des choix spécifiques et nouveaux. Ces choix nouveaux sont liés à la fois à des choix de traduction dans les textes philosophiques ou religieux (ainsi, c'est *lingua* qui apparaît dans la Vulgate pour parler de la *confusio linguarum*, mais *locutio* qui est retenu dans le célèbre passage du *De anima*, voir ci-dessous), à des choix théoriques dans l'élaboration d'une doctrine particulière (opposition entre *lingua* et *idiomata* chez Roger Bacon), à des remotivations diverses de connotations anciennes, notamment à l'aide des fameuses étymologies (voir celle sur *idioma*).

A. « Glôssa »/« logos » : langue / langage, parole, etc.

En grec ancien, *logos* [λόγος] vaut pour tout : langage, langue, parole, et plus généralement discours, mais aussi faculté de penser et de parler, et plus généralement mise en rapport (voir LOGOS) — pour tout, sauf pour la langue comme organe, qui se dit *glôssa* [γλῶσσα] (dans les traités biologiques d'Aristote, par exemple). *Glôssa*, en revanche, a le même type d'extension métonymique que « langue » en français : la langue comme organe, commun aux hommes et aux animaux (Homère, *Iliade*, I, 249, *Odyssée*, I, 332), et la langue comme organe de la parole (Hésiode, *Les Travaux et les Jours*, 707) ; donc la parole par opposition aux actes (Eschyle, *Agamemnon*, 813), au cœur ou aux pensées (Euripide, *Hippolyte*, 612 ; Lucien, *Pro lapsu inter salutendum* [*Sur une faute en saluant*], 18). Enfin, dès Homère, le terme désigne aussi la langue qu'on parle, au sens générique de langage quand c'est du grec, d'idiome quand c'est une langue étrangère ou barbare (*Iliade*, II, 804 ; IV, 438 ; Hérodote, I, 57) ; « parler une langue » se dit *glôssan nomizein* [γλῶσσαν νομίζειν], l'avoir en usage (Hérodote, I, 142), *khrêsthai* [χρῆσθαι], s'en servir (IV, 109), et les dialectes en sont des sortes de « dérivations » ou d'« altérations », *tropous paragôgeôn* [τρόπους παραγωγέων] (I, 142, 8) (voir TRADUIRE, I). En rhétorique et en poétique, chez Aristote en particulier, les *glôssai* sont les termes archaïques ou dialectaux (« mots insignes » pour Hardy, « noms empruntés » pour Dupont Roc et Lallot ; voir MOT, II, B, 1), par opposition au mot propre (*kurion* [κύριον]), qui peuvent tantôt relever le *logos*, tantôt le rendre incompréhensible (*Poétique*, chap. 21 et 22, en part. 1458a 22-26). Enfin, les *glôssai* désigneront les langues de feu de la Pentecôte.

On constate qu'en grec les *glôssai*, comme les *logoi*, au pluriel, ne renvoient pas d'ordinaire ou de prime abord aux mêmes réalités que les singuliers (*logos* : pensée-parole, etc. ; *logoi* : termes, propositions, définitions. *Glôssa* : langue-organe et langue distincte d'une autre ; *glôssai* : archaïsmes, obscurités).

La *glôssa*, langue-organe, par différence avec l'universalité du *logos* définitionnel de l'humanité de l'homme, est liée à la différence des langues et à la diversité humaine. On aurait tendance alors à réserver « langage » pour *logos*, et « langue » pour *glôssa*. On pourrait en outre être tenté de dire que « parole », au sens saussurien d'acte individuel, est sans équivalent, mais ce serait oublier que le *logos* est d'abord et avant tout discursivité, acte, performance, propre donc à désigner l'acte de parole — mais en tant qu'acte définitionnel de l'humain, universellement singulier (voir ACTE DE LANGAGE).

♦ Voir encadré 1.

B. La prolifération des termes pour dire « la langue » en latin médiéval

Pour le latin classique, on se reportera à l'encadré 2.

« *Fiebat autem res non materno sermone, sed literis* [l'entretien se déroulait, non dans notre langue maternelle (*materno sermone*), mais en latin (*literis*)]. » Cette phrase de Guibert de Nogent († vers 1125 ; éd. E.R. Labande, J.-L. Brière, 1981, livre 3, p. 288) permet de saisir d'emblée la complexité de ce champ sémantique en latin médiéval.

Les notions regroupées sous le terme de « langue » se trouvent au confluent d'une dizaine de vocables, aux acceptions générales plus larges que le terme en question. Ce champ sémantique n'intéresse guère les lexicographes médiévaux : il ne donne en effet lieu à aucun de ces vers différentiels si appréciés par les maîtres ni à aucune entrée de dictionnaire substantielle. Parmi ces mots (*elocutio, eloquium, famen, idioma, lingua, linguagium, locutio, loquela, sermo, verbum, vox*), on retiendra ici les plus représentés dans le corpus médiéval.

1. L'idiome (« eloquium », « lingua », « loquela », « idioma », « locutio », « sermo »)

Les termes étudiés ont en commun l'acception de « langue d'un groupe, idiome » ; les quatre vocables privilégiés dans cette acception sont *lingua* (*anglica, arabica, gallica, graeca, latina, romana*, etc.), *sermo* (*anglicus, hebraeus, latinus, maternus, sclavonicus*), *eloquium* (*arabicum, graecum, hebraeum, latinum*), *idioma* (*arabicum, graecum, teutonicum*), alors qu'il est plus rare de trouver *loquela* (*hebraica, latina, saxonica*) et *locutio* (*barbarica, latina*). Le sens spécifique d'*idioma* (« caractère propre ») transparaît dans les expressions d'*idioma linguae*, *idioma linguae graecae, hebraeae, teutonicae*, et se maintient face à l'acception simplifiée de « langue », même si Robert de Melun († 1167) en vient à parler, par renforcement, de *proprietas idiomatis hebraeae linguae* ; on trouve ainsi chez Pierre le Mangeur († 1178 ; P.L. 198, col. 1653B) la distinction entre *linguae* et *idiomata linguarum* : les Apôtres ne se font pas seulement comprendre par leur maîtrise des langues mais aussi par celle des dialectes qui en dépendent. *Idioma* est en particulier employé quand on veut insister sur la difficulté de traduire, qu'il s'agisse d'une des trois langues sacrées ou d'une langue vernaculaire.

La synonymie entre plusieurs de ces termes fait l'objet d'un consensus : Pierre Hélie (ca 1150) passe ainsi indifféremment de *genus loquelae* à *genus linguae* avant de les détailler : *graeca, latina*, etc. ; Boèce de Dacie (vers 1270, éd. J. Pinborg-H. Roos, G.E. Gad, 1969, question 2, p. 10) pose l'équivalence entre *lingua* et *idioma* (« *grammatica in una lingua vel in uno idiomate* »), mais pose également l'universalité de la grammaire comme science en expliquant que « toutes les langues sont une seule grammaire [*omnia idiomata sunt una grammatica*] » (*ibid.*, p. 12) ; Pierre le Mangeur (PL 198, col. 1623D) affirme l'équivalence entre *loquela* et *idioma* (« *tua loquela id est idioma Galilaeae* » dans le commentaire sur Matthieu 26, 73).

Par extension, *lingua* signifie aussi, mais plus rarement, la communauté formée par ceux qui parlent une même langue (cf. Apocalypse 13, 7) : ainsi Raoul de Caen parle de Tancrède, célébré par tous les peuples (*populos*), en toutes les langues (*linguas*), etc. (*Recueil des historiens des croisades. Historiens occidentaux*, Imprimerie nationale, III [1866] 16, p. 617).

1

« Sprache »/« Rede », langue/parole ? Heidegger lecteur des Grecs

Heidegger déclare, au § 34 d'*Être et Temps* (p. 165), dans le cadre d'une analyse de la parole comme existential : « Les Grecs n'avaient pas de mot pour la langue (*Sprache*), ils entendaient ce phénomène "d'emblée" comme parole (*Rede*). » La différence établie ici entre *Sprache/Rede* ne s'impose pas toutefois de manière évidente — difficulté première à laquelle s'ajoute celle de sa traduction, qui varie sensiblement : soit en opposant langue/parole, comme dans la traduction citée de F. Vezin, soit en les associant au contraire, comme sœurs jumelles opposées à la *Rede*, comme fait la traduction d'E. Martineau : « Les Grecs n'ont pas de mot pour la *Sprache* (parole, langue), ils comprirent "de prime abord" ce phénomène au sens du parler. »

La distinction *Sprache/Rede* est classique en allemand, on la trouve notamment chez Goethe (*Dichtung und Wahrheit* [*Poésie et vérité*], Deuxième partie, Livre 10) : « *Schreiben ist ein Mißbrauch der* Sprache, *stille für sich lesen ein trauriges Surrogat der* Rede [Écrire, c'est mésuser de la *langue*, lire silencieusement à part soi, c'est là un triste succédané de *l'entretien de vive voix*]. »

C'est à la tradition antique, et encore médiévale, de la lecture à haute voix que Goethe oppose le « *stille für sich lesen* » = « *legere in silentio* » (saint Augustin), « *tacite legere* » ou « *legere sibi* » (saint Benoît).

Chez Heidegger, toutefois, la distinction établie entre *Sprache/Rede* ne prend tout son sens qu'à partir de 1) l'interprétation proposée dans le même traité (§ 7) du *logos* [λόγος] comme apophantique, et 2) la structure existentiale de l'être-avec. Il s'agit de remonter jusqu'aux conditions de possibilité ontologiques, et donc existentiales, de la parole comme structure ontologique du *Dasein*. La *Rede* laisse toujours ouverte la possibilité du *Gerede* (§ 35), de la « parlerie » (Montaigne), du « bavardage » (trad. E. Martineau) ou du « on-dit » (trad. F. Vezin).

L'opposition entre *Sprache/Rede* est toutefois si peu tranchée que le paragraphe suivant (§ 35) pourra dire : « *Die Rede* [...] *ist Sprache* » : « La parole [...] est langage parlé » (F. Vezin), ou « Le parler [...] est parole » (E. Martineau). D'autres déclarations de la même époque vont en ce sens, qui associent *Sprache* et *Rede* plutôt qu'elles ne les opposent, comme par exemple dans la *Gesamtausgabe*, où il est dit :

> Les Grecs, comme tous les peuples méridionaux, vivaient bien plus intensément dans la dimension de la parole échangée et de la discussion [*in der öffentlichen Sprache und Rede*] que nous ne sommes accoutumés à le faire. Penser, c'est pour eux discuter au vu et au su de tout le monde. Le livre n'intervenait pas à cet égard, et encore moins le journal.
>
> GA, t. 27, p. 57.

C'est que le *logos* ne se conçoit pas indépendamment du « dialogue », au sein d'un espace qu'on peut dire « rhétorique » (le § 29 d'*Être et Temps* caractérise la *Rhétorique* d'Aristote comme « la première herméneutique systématique de la quotidienneté de l'être-en-compagnie ») et « politique », au sens de la définition aristotélicienne de la *polis* [πόλις], dans l'*Éthique à Nicomaque* (II, 7), comme « communauté de paroles et d'actions ». Bref, *Rede* se prête mieux que *Sprache* à souligner le caractère existential de la parole, pour autant qu'elle s'éprouve dans le recroisement des paroles.

Ce que Heidegger souligne à sa façon, c'est que le « langage » n'est pas saisi de manière originale, mais dérivée, lorsqu'il est envisagé indépendamment de cela *dont* on parle comme de celles et ceux « avec qui » on en parle. En d'autres termes : les structures existentiales que sont l'être-au-monde (*In-der-Welt-sein*) et l'être-avec (*Mitsein*) constituent le sol originaire sur lequel seulement peut s'enraciner un « langage » entendu comme « emploi de la langue pour l'expression des pensées et des sentiments » (Littré, *s.v.*).

À quoi il faut ajouter que, contrairement à une longue tradition, Heidegger lit tout autre chose, dans le début du *Peri hermeneias* d'Aristote, qu'une mention des « sons émis par la voix » — la traduction latine (« *ea quae sunt in voce* ») étant ici plus fidèle au propos du Stagirite (voir SIGNE, encadré 1). L'élément décisif dans la voix n'est pas d'ordre sonore, comme « ébruitement vocal », mais « l'humanité de la voix est première par rapport au fait qu'elle puisse se faire entendre » (F. Fédier, *Interprétations*, p. 36).

Dans *Acheminement vers la parole*, Heidegger s'émerveillera que les Japonais non plus ne disposent pas de mot pour *Sprache*, et ne rattachent pas à « la brillante carrière du sonore dans l'aventure humaine du langage » (C. Hagège, *L'Homme de paroles*, p. 23), autrement dit au « phonétique », ce que dit *Koto ba* (parole) : « pétales de fleurs issus de *Koto* — l'appropriement qui gouverne ce pour quoi il faut prendre en garde ce qui croît et s'épanouit en fleurs » (*in* GA, t. 12, p. 136), lequel « nomme autre chose que ce que nous présentent les noms entendus depuis la métaphysique : γλῶσσα, *lingua, langue* et *language* ». Et Heidegger d'ajouter, dans un recueil pourtant intitulé *Unterwegs zur* Sprache, justement traduit pour cette raison sous le titre *Acheminement vers la* parole : « Depuis longtemps, je n'emploie plus qu'à contrecœur le mot de "langue" (*Sprache*) lorsque je pense en direction de son déploiement » (*Acheminement vers la parole*, trad. fr. F. Fédier, p. 133).

Pascal DAVID

BIBLIOGRAPHIE

FÉDIER François, *Interprétations*, PUF, 1985.

HAGÈGE Claude, *L'Homme de paroles, Contribution linguistique aux sciences humaines*, Fayard, 1985.

HEIDEGGER Martin, *Être et Temps*, trad. fr. E. Martineau, Authentica, 1985 ; trad. fr. F. Vezin, Gallimard, 1986.

— *Einleitung in die Philosophie*, *in* O. SAAME et I. SAAME-SPEIDEL (éd.), *Gesamtausgabe* (GA), t. 27, Francfort, Klostermann, 1996.

— *Acheminement vers la parole*, trad. fr. Fr. Fédier, Gallimard, 1976.

GOETHE Johann Wolfgang von, *Dichtung und Wahrheit*, in *dtv-Gesamtausgabe*, t. 22, Munich, Peter Boerner, 1973.

OUTILS

LITTRÉ Émile, *Dictionnaire de la langue française*, 4 vol., Hachette, 1873.

2. Le langage, la parole (« sermo », « locutio », « loquela »)

Le sens de « langage », capacité humaine à utiliser les signes vocaux pour communiquer, se retrouve dans *sermo*, qui rend alors *logos* (cf. la traduction par Chalcidius du *Timée* de Platon, 47c : « *Propter hoc enim nobis datus est sermo ut praesto nobis fiant mutuae voluntatis indicia* [Le langage nous a été donné afin que nous disposions d'un moyen pour que nous puissions commodément indiquer à autrui nos volontés] »). Il se retrouve également dans *locutio* ; ainsi, Boèce de Dacie répond à la question de savoir si la « grammaire » est possédée naturellement par les hommes (« *utrum grammatica sit naturaliter ab homine habita* », question 16, p. 61) : des hommes qui n'auraient jamais entendu de parole (*loquela*) humaine auraient cependant la capacité naturelle de parler (*locutio vel grammatica*) ; il reprend la fameuse expérience de Psammétique, rapportée par Hérodote :

> *Si homines aliqui in deserto nutrirentur, ita quod numquam aliorum hominum loquelam audirent nec aliquam instructionem de modo loquendi acciperent, ipsi suos affectus naturaliter sibi mutuo exprimerent et eodem modo. Locutio enim est una de operibus naturalibus, cujus signum est, quod instrumentum, per quod fit locutio, natura in nobis ordinavit.*
>
> [Si des hommes étaient élevés dans un désert, en sorte qu'ils n'entendent jamais la parole d'autres hommes, et ne reçoivent aucun apprentissage quant à la manière de parler, ils exprimeraient néanmoins naturellement leurs affects, et de la même manière. Le langage est en effet une des facultés naturelles, et le signe en est que l'instrument, par lequel est produit le langage, nous a été donné par la nature.]
>
> Hérodote, *Histoires*, trad. fr. Ph. E. Legrand, Les Belles Lettres, 1936 (4e éd. 2003), II, p. 65-66.

N.B. pour le devenir de l'histoire, voir M.L. Launay, « Un roi, deux enfants et des chèvres : le débat sur le langage naturel chez l'enfant au XVIe siècle », dans *Studi Francesi*, n. 72, 1980, p. 401-414, qui malheureusement ne cite que très peu de textes en version originale.

Il y a un *modus loquendi* unique et universel (*idem apud omnes*, formule qu'Aristote appliquait aux affects mentaux (*pathêmata tês psukhês* [πάθηματα τῆς ψυχῆς] ; voir SIGNE), ici attribuée au langage, les différences accidentelles expliquant la variété des langues (*idiomata*).

Parlant du pouvoir de la parole à propos de Proverbes 18, 21 (« *mors et vita sunt in manibus linguae* »), Abbon de Saint-Germain (éd. U. Önnerfors, Frankfurt am Main, 1985, 5, p. 92 et 21) casse explicitement la métaphore biblique sur *lingua* et rend l'expression par « *id est in potestate loquele* ». *Lingua* n'apparaît en effet jamais dans ce contexte au sens de langage ; quand ce vocable est présent, en association à *locutio* ou *loquela*, il est toujours cantonné au sens d'organe physique : on dira ainsi que la langue (*lingua*) est l'instrument du goût et de la parole (*gustum et locutionem*, selon la traduction du *De anima*, 420b 5 *sq.* ; voir MOT, II, A).

Ce sont les trois mêmes termes, *locutio*, *sermo* et *loquela*, qui servent par extension à désigner la capacité humaine de phonation distincte du langage, la faculté dont sont privés les muets, chez Bède, Aldhelm, Wulfstan, Thietmar, Pierre le Vénérable, Pierre Riga entre

---

2

« Lingua » et « sermo » dans le latin classique

Deux mots servent à dire la langue dans le latin classique : *lingua* et *sermo*. Le premier, qui s'applique originellement à l'organe de la parole, désigne le matériel linguistique d'un peuple, l'outil de communication que chacun possède parce qu'il appartient à telle ou telle communauté. Par rapport à cet emploi fondamental de *lingua*, *sermo*, qui s'applique originellement à l'entretien, à la conversation, à la discussion, aux propos échangés, est employé pour désigner la langue perfectionnée, maîtrisée :

> *cum audisset Latronem declamantem, dixit : sua lingua disertus est ; ingenium illi concessit, sermonem objecit.*
>
> [après avoir entendu Latron déclamer : il a, dit-il, de l'éloquence dans la langue qu'il parle ; il lui accorda le talent, il lui contesta le beau langage.]
>
> Sénèque le Rhéteur, *Controverses*, II, 12.

Il semble exister cependant une autre opposition entre ces deux termes, que l'on peut du moins soupçonner chez Varron. Celui-ci a écrit, entre autres, deux ouvrages au titre voisin, le *De lingua latina* et le *De sermone latino*. Varron avait ainsi, apparemment, une conception bipartite de la description du latin (dont il est difficile de juger dans la mesure où l'on n'a qu'une petite partie du *De lingua latina* et à peine quelques minces fragments du *De sermone latino*). Si, comme les études les plus détaillées du plan du *De lingua latina* le montrent, ce traité était une étude du langage comme sens, il est tentant de considérer que le *De sermone latino* était, par opposition, une étude des aspects matériels de la langue. Les rares témoignages qui nous soient parvenus du *De sermone latino* ne contredisent pas cette hypothèse : ils portent sur des questions d'orthographe, d'accent, de formes archaïques, voire de métrique. Les deux types d'oppositions sont-elles compatibles ? Le point commun en est peut-être que la langue dans son aspect le plus immédiat (la *lingua*) vise essentiellement le sens, alors que la langue sous son aspect maîtrisé (le *sermo*) implique la conscience de sa forme. Cette hypothèse est cependant tout à fait conjecturale.

Marc BARATIN

BIBLIOGRAPHIE

BARATIN Marc, *La Naissance de la syntaxe à Rome*, Minuit, 1989.

SÉNÈQUE le RHÉTEUR, *Controverses et suasoires*, Leipzig/Stuttgart, Teubner, 1989.

VARRON, *La Langue latine*, livre VI, Les Belles Lettres, 1985.

autres. *Lingua*, avec son double sens d'organe physique de l'articulation et de système de signes vocaux, ne peut évidemment être employé dans ce type de contexte sans risque de contresens ou d'amphibologie.

3. La langue d'un auteur, le style (« sermo », « eloquium », « locutio », « lingua »)

Le sens de « façon de parler, style, expression, langage » est assumé par *sermo*, *eloquium*, mais aussi *lingua*. Remi d'Auxerre donne ainsi *sermo* pour synonyme de *facundia*, tandis qu'Hugues de Saint-Victor le place en position d'intermédiaire entre la *vox* et l'*intellectus* (éd. R. Baron, University of Notre Dame, 1966, p. 195 et 204). On parlera de *sermo vulgaris* (au sens de langage familier), tandis que Giraud de Barri (éd. J.F. Dimock, Londres, Longman, 1867, tome V, p. 208) déclare renoncer à son ancienne façon d'écrire au profit d'un *presentis idioma sermonis* assimilé à un *novus modus eloquentiae*. Le style, l'expression, la « langue » d'un auteur sont d'ailleurs désignés par des expressions comme *sermo clarus*, *s. nitidus*, *s. exquisitus*, *s. blandus* ; *eloquium fluens*, *e. luculentissimum*... *Sermo* comme *locutio* servent aussi à caractériser les modes d'expression versifiés et prosaïques : on parlera ainsi de *sermo metricus*, *s. prosaicus*, et Raban Maur, transposant en prose un texte versifié, se déclare l'interprète non d'une autre langue mais d'un autre mode d'expression (éd. E. Dümmler, *Monumenta Germaniae Historica*, *Epistulae*, tome V, 1899, 2b, p. 384, 26 [datée de 814] : « *interpres* [...] *non alterius linguae sed alterius locutionis* »). Il est donc d'autant plus intéressant de retrouver *lingua* dans ce contexte, au sens de « style, langue » : Vulfin, auteur de la *Vie de saint Marcel* (ca 800 ; éd. F. Dolbeau, Francia, *Forschungen zur westeuropäischen Geschichte*, 11, 1984, 1, 3, p. 113) oppose ainsi au style d'une langue habile et savante (« *diserti eruditique sermonis eloquium* ») la pauvreté d'un style aride (« *paupertas sterilis linguae* ») ; au XIIe siècle, Geoffroy de Saint-Victor (éd. Ph. Damon, *Med. Studies* 22, 1960, p. 96) félicite Augustin d'avoir su donner à l'expression une langue raffinée (« *ad eloquentiam linguam das urbanam* »).

C. La langue maternelle (« lingua materna ») : de l'unité perdue à la multiplicité/diversité

1. « Nos Latini »

Les lettrés du Moyen Âge parlaient latin au point qu'ils se désignaient eux-mêmes comme des Latins (*nos Latini*). Le latin était ressenti, par les clercs et les savants, comme un facteur d'identité ou d'identification au point que toute autre langue était une langue étrangère (*lingua aliena*), qu'il s'agisse de l'une des langues sapientielles (hébreu, grec, arabe) ou des langues vernaculaires. Pour cette raison, on parle des mots étrangers transférés/traduits (*translata*) en latin comme des mots étrangers, qu'ils aient été assimilés c'est-à-dire pourvus d'une terminaison latine (*nota*) ou non (*peregrina*). Le latin, selon Gilles de Rome, est ainsi une invention des philosophes, qui ont voulu se forger un « idiome propre » (*proprium idioma*) pour pallier les carences de la langue vulgaire (*De regimine principium*, éd. Romae : *apud* B. Zanettum, 1607, II, II, c. 7). Pour certains, le point de clivage se situe clairement entre clercs et laïcs : les clercs ont une langue (*ydioma*) qui est « la même chez tous » (*idem apud omnes* — le terme *ydioma*, comme *modus loquendi* plus haut, indiquant la spécificité, ici d'un groupe social, là du genre humain) et que l'on apprend à l'école, alors que les laïcs ont des langues composées de mots imposés conventionnellement (*ydiomata vocum impositarum ad placitum*), que l'on apprend par la mère et les parents. Le latin permet ainsi de retrouver l'unité perdue avec Babel, unité nécessaire au savoir, profane ou sacré. Si Roger Bacon va jusqu'à dire qu'il parle le latin comme sa langue maternelle (*lingua materna*), au même titre que l'anglais et le français, on oppose en général la première aux secondes. La langue maternelle, est, pour Bacon, dépréciée comme langue de culture pour les Latins, par exemple parce qu'il la juge incapable d'exprimer des savoirs particuliers, comme la logique, mais elle se voit pourtant de façon étonnante assigner un rang supérieur pour les autres peuples, lorsqu'il dit par exemple qu'ils se détournent de la religion chrétienne parce que la prédication ne se fait pas dans leur langue maternelle, au détriment d'une persuasion convaincante (« *quia persuasionem sinceram non recipiunt in lingua materna* », *Opus Majus*, t. 3, éd. Bridges, 1900, p. 118). Pour Bacon, une *lingua* substantiellement une se diversifie accidentellement en différents *idiomata* (par ex., le grec en attique, éolien, dorique, ionien) ; si le latin est le même « de l'extrémité des Pouilles aux limites de l'Espagne », chaque idiome a ses traits distinctifs propres (*proprietas*) d'où précisément cette appellation d'*idioma*, à partir d'*idion* « propre », dont on dérive le mot *idiota* qualifiant celui qui se contente des propriétés de son idiome — *idios* [ἴδιος], en grec, s'oppose à *koinos* [κοινός] : ce qui relève du privé est « idiot » ; ou encore : l'idiome et l'idiomatique diffèrent du *logos* qui, lui, ouvre l'homme au politique (Aristote, *Politique*, I, 1, 1253a 1-18 ; voir PROPRIÉTÉ, et cf. LOGOS et POLIS). Cette *proprietas*, ce génie propre à chaque idiome, qui inclut, au-delà du vocabulaire, les caractéristiques rythmiques ou musicales, rend toute traduction littérale impossible. Les *idiomata* sont dans certains passages les dialectes, par rapport à la langue mère (et Thomas d'Aquin parle dans le même sens de *locutiones*), mais il s'agit ailleurs simplement des différents usages, ou manières de prononcer la même langue, cette identité de la langue étant garantie par une « substance » qui se maintient précisément indépendamment de ses usages.

Pour Dante, la *materna locutio*, qui est aussi *vulgaris locutio*, s'oppose au latin, dit encore *grammatica*, précisément par le fait qu'elle a été apprise naturellement, sans règle, par imitation de la nourrice, alors que le latin l'a été « artificiellement », c'est-à-dire selon les règles de l'art (cf. *Banquet*, I, 13). En raison des difficultés de son apprentissage, peu parviennent à la connaissance d'un mode d'expression second/secondaire (*locutio secundaria*), et seuls certains peuples en disposent, comme les Grecs :

> [...] *vulgarem locutionem* (*it.* lingua volgare) *appellamus eam qua infantes assuefiunt ab assistentibus cum primitus distinguere voces incipiunt ; vel, quod brevius dici potest, vulgarem locutionem asserimus quam sine omni regula nutricem imitantes accipimus. Est et inde alia locutio secundaria nobis, quam Romani gramaticam vocaverunt* [...] *Harum quoque duarum nobilior est vulgaris : tum quia prima fuit humano generi usitata ; tum quia totus orbis ipsa perfruitur, licet in diversas prolationes et vocabula sit divisa ; tum quia naturalis est nobis, cum illa potius artificialis existat.*
>
> [(...) Nous appelons mode d'expression vulgaire celui que les enfants apprennent dès qu'ils sont capables de distinguer les sons ; ou, plus brièvement, celui que nous apprenons sans aucune règle, en imitant notre nourrice. Et il y a un mode d'expression secondaire, que les Romains ont appelé « grammaire » (...) De ces deux langues, la plus noble est la vulgaire : à la fois parce qu'elle fut la première dont usât le genre humain, qu'elle est utilisée par tous, même si elle est diversifiée selon les prononciations et le vocabulaire, et qu'elle nous est naturelle, alors que la seconde est plutôt un produit de l'art.]
>
> *De vulgari eloquentia*, I, 2-4 ; cf. trad. it. V. Coletti, Garzanti, Milano, 1991 ; trad. fr. A. Pézard, Gallimard, « La Pléiade », 1965 (non reprise ici) (voir encadré 2, « Dante », dans ITALIEN).

Ce passage pose de nombreuses questions : puisque le latin était en fait la langue maternelle des Romains, argument que l'on reprendra ultérieurement précisément pour légitimer l'emploi de la langue vulgaire, pourquoi le latin serait-il *grammatica* et plus artificiel (*i.e.* produit de l'art) que ne l'est le vulgaire pour le clerc du Moyen Âge ? Par ailleurs, le fait que Dante affirme ici que le « vulgaire » est la langue la plus noble, alors qu'il disait l'inverse dans le *Banquet*, I, 5, 7-15 a fait couler beaucoup d'encre, d'autant qu'il faut rappeler que le *De vulgari* fut écrit en latin et le *Convivio* en *volgare*... (pour un résumé des discussions, voir V. Coletti, *Dante-Alighieri*, p. 105). Dans le *Banquet*, trois motifs sont avancés en faveur du caractère supérieur du latin. Sa « noblesse » : il est perpétuel et non corruptible, ce qui permet à des écrits antiques d'être encore lus aujourd'hui ; sa « vertu » : est vertueuse au plus haut point la chose qui accomplit ce à quoi elle est ordonnée, or le latin est ce qui permet au mieux de manifester la pensée humaine, le vulgaire étant incapable de rendre certaines choses ; sa « beauté » : le latin est plus harmonieux que le vulgaire, en tant qu'il est produit de l'art et non de la nature. Le latin ou la *grammatica* est en tout cas une création humaine due à ses inventeurs (*inventores grammatice facultatis*), régulée et réglée (*regulata*) par le « consensus commun » et, de ce fait, insensible à toute intervention qui relèverait de l'« arbitraire individuel » ; d'où sa définition, rappelant l'idée baconienne d'unité substantielle, comme « une certaine identité de langage qui ne s'altère pas selon les époques et les lieux [*quaedam inalterabilis locutionis idemptitas diversis temporibus et locis*] » (*De vulgari*..., I, 9, 11). L'on voit ainsi comment les variations ordinaires et quotidiennes des parlers (*sermo*) individuels ne peuvent atteindre le latin qui se maintient à travers les époques, condition nécessaire à la transmission du savoir antique.

2. La « vulgaris locutio »

Quant à la question de l'origine, Dieu, dit Dante, a créé une *certa forma locutionis* (Pézard : « certaine forme de langage », Coletti : « *data forma di linguaggio* », Imbach : « forme déterminée du langage ») en même temps qu'il créait l'âme première, la forme recouvrant à la fois les vocables des choses, la construction de ces vocables et la prononciation de ces constructions (« *Dico autem "formam" et quantum ad rerum vocabula et quantum ad vocabulorum constructionem et quantum ad constructionis prolationem* »). Cette *forma locutionis* originelle a été diversement interprétée, soit comme langue première (l'hébreu, que Dante désigne aussi comme *ydioma* : « L'idiome hébraïque fut celui que fabriquèrent les lèvres du premier locuteur », *De vulgari*..., VI, 6), soit comme structure universelle pré-linguistique permettant la génération des langues premières, soit comme type (forme) dont les langues concrètes auraient été des espèces, etc. Si selon le *De vulgari* cette forme de langage fut celle dont se servait Adam, le *Paradis* dit au contraire qu'il parlait une langue qui s'éteignit avant Babel (*Paradis*, XXVI). Cette forme de langage aurait été utilisée par « toutes les langues des êtres parlants [*qua quidem forma omnis lingua loquentium uteretur*] » s'il n'y avait pas eu Babel « tour de la confusion », alors qu'elle ne fut préservée que par les fils d'Héber : « Après la confusion, elle ne resta qu'avec eux, de sorte que notre Rédempteur [...] puisse utiliser non la langue de la confusion, mais la langue de la grâce ». Après Babel, l'homme dut inventer des langues ou plutôt des modes de parler (*loquelae*) selon son bon plaisir, *ad placitum* (*De vulgari*..., I, 9, 6) — on notera cependant que dans d'autres passages, Adam semblait déjà disposer d'une langue inventée *ad placitum* (*Paradis*, XXVI), et que pour d'autres auteurs contemporains ce même caractère *ad placitum* du langage s'imposa non pas après Babel, mais après la chute, comme la punition, consécutive au péché originel, qui ôta à l'homme la capacité de disposer d'un langage qui exprimerait naturellement la quiddité des choses (Henri de Gand).

En fait, les nombreuses interprétations différentes du *De vulgari* reposent finalement sur la manière d'interpréter les différents termes du champ sémantique linguistique. Contrairement à l'approche traditionnelle, défendue par P.V. Mengaldo (1989), qui ne fait relever cette variation du vocabulaire que d'une simple « variation stylistique » de la part de Dante, autorisant ainsi une « variation stylistique » analogue de la part du traducteur, nous pensons, avec M. Tavoni (1987, 1989), que le choix du vocabulaire est délibéré et joue un rôle absolument crucial dans la compréhension du traité, ce dont atteste d'ailleurs sa répartition statistique. On ne saurait négliger le fait que *locutio* domine dans les chapitres 1-5, *idioma* dans les chapitres 6-9, et *vulgare* dans les chapitres 10-19, que *lingua* n'apparaît que dans la narration de Babel, dans des syntagmes codés (VIII, 1 : *confusio linguarum*, VI, 6 : *lin-*

gua confusionis) reprenant ceux de la Vulgate (Genèse 10 et 11) et ceux de nombreux exégètes ; que *loquela* n'est à son tour présent que dans cet épisode, pour désigner le parler des hommes, d'abord unifié, puis divisé en autant de métiers... Les premiers chapitres apparaissent ainsi comme attachés à définir les différents modes d'expression ou de parole (*locutiones*), vulgaires et artificiels, dans la spécificité de l'expression humaine, qui est de manifester à l'autre ses pensées, selon la définition commune du *Timée*, ici reprise. Dante passe ensuite, avec le terme *idioma*, à des modes d'expression incarnés, historiques, « propres » à un individu ou une communauté, de l'*idiome* hébreu d'Adam aux premiers idiomes post-babéliques. Après Babel, on entre dans le royaume des *vulgaires*, des langues historiques attestées et contemporaines, diverses et imparfaites, variables et dispersées, qui nécessitent un retour à l'unité selon deux modes différents : le mode savant par l'invention, décidée par les docteurs, d'une langue de savoir unique et stable, la *grammatica*, le latin, le mode « illustre » par l'établissement de ce *volgare latium* dont Dante se pose d'abord en promoteur, dans le *De vulgari*..., avant d'en être acteur dans la *Commedia*. Les différents termes linguistiques ne sont pas à prendre comme s'appliquant à des réalités disjointes, mais comme manifestant des points de vue différents sur une réalité identique : ainsi le latin est-il envisagé d'abord comme exemple d'un mode d'expression réglé (*locutio regulata*), puis comme un *idioma*, en tant que langue propre des Romains, et ensuite comme *grammatica*, une invention artificielle postérieure à la division du roman, ce qui n'implique naturellement aucune équivalence entre ces trois termes. La difficulté, qu'illustrent remarquablement les divergences quant à la lecture de ce traité, est d'ordre méthodologique : doit-on comprendre le vocabulaire en référence à d'autres réseaux terminologiques contemporains, ou lui donner une part d'autonomie en pesant la valeur de chaque terme à l'intérieur même du texte – ou de l'œuvre ? Dans le premier cas, à quels réseaux terminologiques se référer, à condition encore qu'il existe pour chacun une cohérence que l'on sache déterminer, un réseau théologico-scripturaire, un réseau scolastico-philosophique ? un réseau littéraire, grammatical ou rhétorique ? De telles questions doivent être envisagées par tout interprète et tout traducteur, surtout lorsqu'il aborde, comme c'est le cas avec Dante ou Bacon, des auteurs marginaux ou hors des circuits institutionnels, et donc des langages conventionnels, établis. Il en va de la compréhension même de leur projet.

En conclusion, on a une constellation à trois termes, si l'on s'en tient au schéma de F. de Saussure, où l'un des termes (*langage*) se trouve investi d'un rôle négatif, pure généralité abstraite qui doit être exclue afin de laisser le champ libre au jeu des deux autres (*langue/parole*). Ce jeu est ouvert, complexe, intense, opérant une interaction continuée sans réduction ni exclusion. On parlera alors de complémentarité ou, mieux encore, de polarité. Prégnance d'un schème puissant à implications multiples et qui n'a pas besoin de réminiscence explicite pour se reproduire.

Irène ROSIER-CATACH,
Barbara CASSIN (II, A), Pierre CAUSSAT (I, B),
Anne GRONDEUX (I, A)

BIBLIOGRAPHIE

ARISTOTE, *Poétique*, éd. et trad. fr. J. Hardy, Les Belles Lettres, 1969 ; texte, trad. fr. et notes R. Dupont-Roc et J. Lallot, Seuil, 1980.

BALLY Charles, *Linguistique générale et Linguistique française*, Berne, A. Francke, 2e éd., 1944.

CHOMSKY Noam, *Aspects de la théorie syntaxique*, trad. fr. J.-C. Milner, Seuil, 1971.

COLETTI Vittorio, *Dante Alighieri, De vulgari eloquentia*, Milan, Garzanti, 1991.

COSERIU Eugenio, *Sprachkompetenz. Grundzüge der Theorie des Sprechens*, Tübingen, Francke Verlag, 1988.

DAHAN Gilbert, ROSIER Irène et VALENTE Luisa, « L'arabe, le grec, l'hébreu et les vernaculaires », *in* S. EBBESEN (éd.), *Sprachtheorien in Spätantike und Mittlelalter*, Tübingen, Gunter Narr, p. 265-321.

IMBACH Ruedi, *Dante, la philosophie et les laïcs*, Éditions universitaires de Fribourg, 1996.

JÄGER Ludwig, « F. de Saussures historisch-hermeneutische Idee der Sprache. Ein Plädoyer für die Rekonstruktion des Saussureschen Denkens in seiner authentischen Gestalt », *Linguistik und Dialektik*, 27, 1976, p. 210-244.

— « Le latin était la langue maternelle des Romains : la fortune d'un argument à la fin du Moyen Âge », *in* Carla BOZZOLO et Ezio ORNATO, *Préludes à la Renaissance. Aspects de la vie intellectuelle en France au XVe siècle*, Éd. du CNRS, 1992, p. 265-282.

MENGALDO Pier Vincenzo, « Un contributo all'interpretazione di *"De vulgari eloquentia"* I, i-ix », *Belfagor* V, XLIV, 1989, p. 539-558.

OLENDER Maurice, *Les Langues du paradis*, Seuil, 1989.

RÉCANATI François, *La Transparence et l'Énonciation*, Seuil, 1979.

ROSIER-CATACH Irène, « Roger Bacon : Grammar », *in* J. HACKETT (éd.), *Roger Bacon and the Sciences: Commemorative Essays 1996*, Leiden, Brill, 1997, p. 67-102.

SAUSSURE Ferdinand de, *Cours de linguistique générale*, éd. crit. T. de Mauro, Payot, 1972.

SCHEERER Thomas M., *Ferdinand de Saussure*, Darmstadt, Wissenschaftliche Buchgesellschaft, 1980.

TAVONI Mirko, « Contributo all'interpretazione di *De vulgari eloquentia* I, 1-9 », *Rivista di Letteratura Italiana* V, 1987, p. 385-453.

— « Ancora su *De vulgari eloquentia* I 1-9 », *Rivista di Letteratura Italiana* VII, 1989, p. 469-496.

OUTILS

KOLL Hans Georg, *Die französischen Wörter « langue » und « langage » im Mittelalter*, Paris-Genève, Minard-Droz, 1958.

LANGUES ET TRADITIONS CONSTITUTIVES DE LA PHILOSOPHIE EN EUROPE

► ALLEMAND, ESSENCE, GREC, LOGOS, *SAGESSE*, SIGNIFIANT, TRADUIRE

La philosophie est venue de Grèce. Ses partisans et ses adversaires le rappellent. Parmi les premiers, le philosophe musulman al-Farabi († 950) le rappelle : la philosophie vraie est venue de Platon et d'Aristote (L'Obtention de la béatitude, *fin). Et le rabbin mis en scène par Jehuda Halevi († 1140), l'un des seconds, explique que les philosophes étant des Grecs, ils n'ont pu bénéficier de l'illumination divine : « Les philosophes sont excusables, car ces gens n'ont reçu en héritage ni science, ni loi révélée. En effet, ce sont des Grecs, et Javan <l'ancêtre des Grecs, selon Genèse, 10, 2> est un des descendants de Japhet, qui habitent le Nord. Or la science reçue en héritage d'Adam et confortée par la divinité ne se trouve que dans la descendance de Shem, qui est l'élu d'entre les enfants de Noé. Cette science n'a cessé et ne cessera d'appartenir à cette élite de la postérité d'Adam. Elle n'est passée entre les mains de Javan que lorsqu'il eut acquis la suprématie. Elle lui a été transmise par les Perses qui, eux-mêmes, l'avaient reçue des Chaldéens. C'est à cette époque, ni avant ni après, que les philosophes grecs ont surgi. Mais, lorsque la puissance fut passée entre les mains de Rome, aucun philosophe notoire ne s'éleva plus parmi les Grecs » (Kuzari, I, 63).*

I. TRADUCTIONS

Tous ont reçu des Grecs. Mais tous n'ont pas reçu la même chose, et tous n'ont pas reçu de la même façon. L'héritage a été transmis de façon diversifiée selon les aires de réception : le monde arabe a accueilli à peu près toute la « philosophie » (incluant la science), mais pas les « belles-lettres ». Les chrétiens byzantins de culture syriaque, eux aussi, n'avaient pas traduit la littérature grecque. En arabe, Homère se retrouve dans quelques florilèges de sentences morales. Les tragiques sont inconnus, ce qui contribue à expliquer l'absence du genre dramatique dans la littérature arabe classique.

L'Europe est la seule à avoir reçu l'héritage latin, et en particulier la poésie (Virgile, Ovide, etc.). Rien n'a été traduit du latin à l'arabe, sauf l'histoire de Paul Orose. Le droit romain reste étudié dans l'Orient chrétien, en latin, pendant assez longtemps, avant de le céder aux traditions juridiques des peuples « barbares », puis de resurgir au XIe siècle, notamment à Bologne. On a longtemps cru qu'un peu de droit romain était passé dans le droit musulman (*fiqh*). Il semble en fait qu'il ne s'agisse que de la version provinciale (pérégrine) de celui-ci.

En revanche, l'Europe médiévale n'a connu de la philosophie grecque que peu de textes : le début du *Timée* de Platon, traduit par Cicéron, et le début de l'*Organon* d'Aristote, traduit par Boèce. Le monde arabe a connu presque tout Aristote dès le IXe siècle, et n'a connu de Platon que des résumés. L'Europe a dû attendre le XIIIe siècle pour avoir un Aristote complet. De Platon, le *Ménon* et le *Phédon* ont été traduits en latin au XIIIe siècle, mais peu diffusés. Pour les autres dialogues, il a fallu attendre Marsile Ficin, au XVe siècle.

La transmission du savoir est souvent comprise comme une *translatio studiorum*, un déplacement purement local, une sorte de déménagement. En fait, elle ne se fait pas d'une façon purement hydraulique, comme si, en vertu d'une sorte de loi des vases communicants, le niveau culturel tendait à s'équilibrer par transmission de la civilisation la plus avancée vers d'autres moins fortunées. Les traductions supposent un public potentiel, et la demande de celui-ci précède sa satisfaction. En Europe, le mouvement de traductions répond à un besoin accru d'outillage intellectuel, lancé par la « Révolution papale » de la fin du XIe siècle, à partir de la querelle des Investitures et du renouveau des études juridiques qui l'accompagne.

En revanche, les œuvres qui ne peuvent être l'objet d'une utilisation, soit ne sont pas traduites du tout, soit le sont, mais ne sont guère diffusées. C'est ainsi que le monde arabe a connu tout Aristote, sauf la *Politique*. Elle apparaissait en effet comme le mode d'emploi d'une machine surclassée. Du même Aristote, la *Poétique* a bien été traduite, mais est restée à peu près incompréhensible pour le Moyen Âge arabe tout comme pour le Moyen Âge latin.

Le problème posé par la différence des niveaux de langue ne se formule pas de la même façon au nord et au sud de la Méditerranée. Le monde arabe ne connaît pas le problème du passage de la langue savante à la langue vernaculaire, comme il s'est posé en Europe. Ce passage n'a tout simplement pas lieu, ou s'il se fait, il n'est pas conscient : l'arabe classique, censé être la langue du Livre de Dieu, est figé dans une forme immuable. Dans la pratique, les chrétiens et les juifs écrivent un arabe délivré de la contrainte coranique, dit « arabe moyen », et comportant certaines simplifications de morphologie et de syntaxe. En Europe, le latin n'était que la langue de l'Empire romain et celle de la Vulgate. Il reste au Moyen Âge la langue liturgique et le moyen de communication entre intellectuels, mais il n'est pas une langue sainte, la « langue de Dieu ».

II. L'EUROPE

L'Europe a la conscience d'avoir reçu son bien de gens qui parlaient dans d'autres langues. Ainsi, le franciscain Roger Bacon s'adresse au pape en 1265 pour défendre son projet d'établir des écoles de langues grecque et orientales : « la sagesse des Latins est tirée de langues étrangères ; en effet, tout le texte sacré et toute la philosophie sont descendus de langues extérieures » (*Lettre à Clément IV*). La Bible n'est vraiment elle-même qu'en hébreu (l'*hebraica veritas* de saint Jérôme, et, avant la lettre, d'Origène) ; la philosophie d'Aristote n'est vraiment elle-même qu'en grec. Ceci implique le sentiment d'une perte par rapport à un original. Le même Roger Bacon se plaint de cette situation et compare un texte qu'on lit à travers plusieurs niveaux de traduction à un vin transvasé qui perd son goût (*Moralis philosophia*, VI, 4). Il faut traduire, et l'on traduit beaucoup. Mais ce n'est qu'un pis-aller par rapport à la lecture dans l'original.

Le problème de la traduction est ainsi posé. En Occident, il est rendu nécessaire par l'effacement quasi total de la connaissance du grec après Boèce († 524). Le grec est oublié assez vite, sauf en Irlande, que son éloignement a abritée des invasions barbares. Parmi les exceptions, on notera Hilduin († 840), noble lorrain devenu moine bénédictin et abbé de Saint-Denis. Il en sait assez pour qu'on lui confie la traduction du corpus des œuvres du Pseudo-Denys offert par le Basileus Michel III à Louis le Pieux en 827. Jean Scot Érigène († 877) est capable de traduire du Grégoire de Nysse, du Némésius et du Pseudo-Denys.

Et pourtant, les philosophes qui se donnent la peine d'apprendre d'autres langues que la langue de culture dominante ne sont pas nombreux. Dans l'Occident médiéval, Érigène et l'Anglais Robert Grosseteste († 1253), traducteur de l'*Éthique à Nicomaque*, sont plus des exceptions qu'une règle. Roger Bacon lui-même n'est que frotté de grec et d'hébreu. Raymond Lulle († 1316) a appris l'arabe surtout pour écrire et prêcher en cette langue, plutôt que pour lire les œuvres des philosophes musulmans.

En terre d'islam, ceux qui apprennent la langue d'un peuple non musulman sont rarissimes. Al-Birūnī († 1048), qui apprit le sanscrit pour se livrer à une étude impartiale des religions indiennes, est la très brillante exception. Aucun musulman ne semble avoir appris le grec, à plus forte raison le latin. Les traducteurs sont des chrétiens de langue maternelle et/ou de culture syriaque, chez lesquels le grec est parfois une tradition familiale.

III. L'INTRADUIT CENTRAL : « PHILOSOPHIA »

Dans cette histoire de traductions, un paradoxe nous attend dès le début : le mot même qui désigne la philosophie n'a jamais été traduit à proprement parler dans les langues européennes. Il est l'intraduisible par excellence, ou en tout cas l'intraduit. « Philosophie » est resté plutôt transcrit que traduit dans les autres langues que le grec. Seul le néerlandais a forgé *Wijsbegeerde*, qui calque l'étymologie de *philosophia* [φιλοσοφία]. L'allemand du XVIIIe siècle avait risqué *Weltweisheit* « sagesse du monde », au sens de sagesse profane. Le mot a eu l'honneur d'être utilisé par Kant dans son écrit de 1763 sur les grandeurs négatives, mais n'a pu s'imposer dans l'usage courant. Fichte encore, certes dans un écrit destiné à éveiller le sentiment national (1805), remarque au mot *Philosophie* : « il nous faut la désigner par son nom étranger, puisque les Allemands n'ont pas accepté le nom allemand qui a été proposé il y a déjà longtemps » (*Discours à la nation allemande*, 5).

En Islam, *falsafa* [الفلسفة] fut perçu d'emblée comme un mot grec, et a continué à l'être. Le mot est décomposé et expliqué par al-Farabi, correctement d'ailleurs, dans un fragment consacré à l'origine de la philosophie cité par l'auteur de biographies de médecins Ibn Abī Uṣeybī^{c}a dans sa notice sur al-Farabi. C'est encore le cas au XVe siècle chez l'historien Ibn Khaldūn. Le choix du mot plus authentiquement sémitique de *ḥikma* [الحكمة], « sagesse », témoigne d'une volonté de prise de distance par rapport aux sciences étrangères. Il est préféré là où il s'agit d'assurer une continuité entre les disciplines nées de l'islam et leur élaboration intellectuelle dans une synthèse où les éléments aristotéliciens sont juxtaposés avec l'apologétique (*Kalām* [الكلام]) et/ou la mystique. On rencontre le même sentiment d'étrangeté chez les auteurs juifs d'expression arabe. Ainsi, dans le glossaire des termes difficiles qu'il place vers 1213 en appendice à sa traduction du *Guide des égarés* de Maimonide, terminée en 1204, Samuel Ibn Tibbon dit encore : « *pilosofia*, mot grec ».

La continuité du mot n'empêche d'ailleurs pas une évolution sémantique qui l'entraîne loin du sens initial. C'est le cas à l'intérieur même du grec. Dès l'Antiquité tardive, *philosophia* désigne, tout autant qu'un savoir, un style de vie. Le fait, déjà bien vu par Nietzsche, a été largement orchestré par P. Hadot. Dans le christianisme, *philosophia* désigne classiquement la vie monastique, et à Byzance, outre son sens habituel pour nous, le mot « philosophe » désigne aussi le moine. Dans un texte stupéfiant, Michel Psellos, au XIe siècle, prend le contrepied exact de l'auto-définition « païenne » de la philosophie : « J'appelle "philosophes" non pas ceux qui scrutent la nature des existants, ni ceux qui, cherchant les principes du monde, négligent les principes de leur propre salut, mais bien ceux qui méprisent le monde et vivent avec les <êtres> supramondains » (*Chronographia*, Michel IV, chap. 34). Le mot en vient à désigner un homme cultivé, avec une connotation sociale d'appartenance à la classe dominante, mal vue par les petites gens. Ainsi, dans l'épopée animale, genre « Roman de Renard », c'est le renard qui est qualifié de *philosophos*.

Le contenu du vocabulaire philosophique européen est marqué de la façon la plus décisive par le latin. Soit directement, pour les langues romanes qui en sont issues. Soit indirectement, pour les autres, qui ont dû traduire du latin. De la sorte, le fait latin est massif. Mais le latin est lui-même passé par un processus destiné à le rendre capable de traduire le grec. Celui-ci est la langue natale de la philosophie. Si c'est un mot grec qui la désigne, c'est que la chose même a été inventée par des Grecs.

IV. GREC

La langue grecque présente ainsi un cas unique : c'est en grec, et seulement en grec, que le langage a dû travailler sur soi, et uniquement à l'intérieur de soi, pour produire les termes techniques nécessaires. On les obtint la plupart du temps en modifiant le sens de mots déjà présents dans le lexique. Ainsi *ousia* [οὐσία], « propriété foncière », prend le sens de « substance » ; *dunamis* [δύναμις], « force », prend celui de « potentialité » ; *eidos* [εἶδος], « aspect », désigne l'« idée » platonicienne ; *katêgoria* [κατηγορία], « accusation », sert à Aristote pour les « catégories », ou familles de prédicats ; *aretê* [ἀρετή], l'« excellence » d'une chose ou d'un animal, désigne la vertu morale ou intellectuelle. D'autres mots font un substantif d'un usage idiomatique d'un verbe. Ainsi, du verbe *ekhein* [ἔχειν] + adv., « être dans un état déterminé », se tire *hexis* [ἕξις], « habitus ». On note aussi un petit nombre de mots carrément inventés. Ainsi, les deux termes qu'Aristote dut forger pour exprimer le plein épanouissement d'une réalité : *energeia* [ἐνέργεια] et *entelekheia* [ἐντελέχεια].

Cela n'a pas été sans une certaine gêne de la part de l'homme de la rue. Ainsi, Aristophane se moque des termes techniques en *-ikos* (*Cavaliers*, 1375-1381).

Ce travail sur soi du grec était indispensable. Il ne suffisait pas de se laisser aller au fil de la langue. On a pu penser que la métaphysique était comme préformée dans la structure de la langue grecque. Certaines de ses particularités se prêtent bien, en effet, à l'expression de la pensée abstraite. Ainsi, la facilité avec laquelle elle peut substantiver ce que l'on veut à l'aide de l'article. A. Trendelenburg a soutenu que la doctrine des catégories calquait une description de la structure grammaticale du grec. Il a été suivi par É. Benveniste. Sans doute faut-il nuancer. Ainsi, la forme impeccable de la question *ti to kalon* [τί τὸ καλόν] n'empêche pas Hippias de ne pas la comprendre (Platon, *Hippias majeur*, 287d).

Le grec évolue depuis le linéaire B jusqu'à nos jours. Dans le monde byzantin, il n'y a pas de solution de continuité avouée entre le grec des commentateurs néoplatoniciens et celui, artificiel d'ailleurs, des Byzantins. Le grec de Pléthon (XVe siècle), par exemple, est en gros le même que celui des grands philosophes du IVe siècle avant notre ère. Mais on peut se demander de qui il était compris. Le grec écrit s'éloigne en effet de plus en plus du grec parlé, ce qui correspond à l'isolement d'une mince couche d'intellectuels par rapport au peuple. On notera ainsi le paradoxe de traductions destinées au contraire de la divulgation, comme celles de Siméon Métaphraste (IXe siècle), qui réécrit en langue distinguée des vies de saints populaires. Le problème est encore brûlant dans la Grèce moderne, entre langue populaire (*dhimotiki*) et langue épurée (*katharevousa*), avec leurs surdéterminations sociales et politiques. Les philosophes byzantins inventent quelques mots techniques, en se servant de suffixes en *-ikos* ou *-otès*. Ainsi, *ontotês*, « étantité », etc. Mais, pour l'essentiel, le vocabulaire est en place.

V. LATIN

Les premières tentatives pour écrire sur la philosophie en latin remontent aux premiers siècles avant et après notre ère avec Lucrèce († 55 avant J.-C.), Cicéron († 43 avant J.-C.), puis Sénèque († 65). Tous se plaignent de la pauvreté du latin

(Lucrèce, *De natura rerum*, I, 139 et 832 ; III, 260 ; Cicéron, *De finibus*, III, 2, 5 ; Sénèque, *Ad Lucilium*, 58, 1 ; Pline le Jeune, IV, 18). Cicéron, en bon avocat, dit au même endroit que le latin n'a au fond rien à envier au grec. Mais en croit-il un mot ? Et lorsqu'il adapte des traités stoïciens, Cicéron propose en tout cas des équivalents latins des termes techniques grecs. Le plus souvent, un seul mot latin rend un seul mot grec. Mais il faut parfois décomposer : *euthumia* [εὐθυμία] est rendu par *animi tranquillitas* (*De finibus*, V, 5, 23). Les mots ainsi forgés sont très souvent restés les nôtres.

On remarque dans ces traductions certaines inflexions. D'abord, une dérive de l'objectif au subjectif. Ainsi, *telos* [τέλος], « le bout d'une réalité », devient *ultimum*, « le point le plus éloigné (que l'on puisse atteindre) » (*ibid.*, I, 12, 42 et III, 7, 26). Une traduction emblématique est celle d'*axian ekhon* [ἀξίαν ἔχον], « ce qui a du poids » par *aestimabilis*, « digne d'être mis à prix pour cher » (*ibid.*, III, 6, 20) ; *paradoxos* [παράδοξος], « contraire à l'attente », devient *admirabilis*, « digne qu'on le regarde » (*ibid.*, IV, 27, 74). On note une certaine psychologisation des tendances : *hormê* [ὁρμή], « élan », devient *appetitus*, « effort pour rechercher » (*ibid.*, II, 7, 23 par exemple). Ailleurs, on observe un glissement de l'intérieur à l'extérieur : *êthikos* [ἠθικός], « qui a trait au caractère », devient *moralis*, « qui a trait au comportement » (Cicéron, *Du destin*, I, 1, suivi par Sénèque, *À Lucilius*, XIV, 89, 9 et Quintilien, XII, 2, 10).

La tentative pour faire parler latin à la philosophie ne s'impose pas d'emblée, et même des philosophes grecs établis à Rome, comme Épictète († 130) ou Plotin († 269), écrivent dans leur langue maternelle. Le premier des Romains, l'empereur Marc Aurèle († 180), rédige un ouvrage très intime, ses exercices spirituels, en grec. En revanche, Apulée († après 170) et Aulu-Gelle († vers 150) écrivent en latin. Une deuxième tentative est réussie, mais du côté des écrivains chrétiens comme Tertullien († 220) et saint Augustin († 430), qui semble n'avoir su que quelques mots de grec. Ensuite, pour des raisons moins positives que négatives – le recul du grec en Occident –, le latin resta seul en lice. C'est le cas chez les païens Macrobe et Martianus Capella (début Ve siècle) comme chez le chrétien Chalcidius († peu après 400).

Les Latins ont moins traduit à proprement parler qu'adapté. Les premières véritables traductions sont celles de Marius Victorinus († vers 380), qui met en latin des passages de Plotin. Il se peut qu'Augustin en ait lu certains. Boèce, issu d'une famille cultivée de patriciens, avait formé le projet de traduire intégralement Platon et Aristote en latin, ce qui fut empêché par son exécution en 524. Il put quand même mettre en latin le début de l'*Organon*, soit l'*Isagoge* de Porphyre, les *Catégories* et le *De l'interprétation*. C'est à lui que nous devons les équivalents des concepts fondamentaux de la logique aristotélicienne : *genus*, *species*, *differentia*, *proprium*, *individuum*. C'est aussi lui qui prit la décision lourde de conséquences de traduire *ousia* par *substantia*, la réduisant ainsi à l'une de ses dimensions, celle du sous-jacent (*hupokeimenon* [ὑποκείμενον]), qu'Aristote disait pourtant insuffisante (*Métaphysique*, Z, 3).

Le latin des Pères de l'Église a dû se rendre capable d'exprimer les subtiles nuances de la terminologie qui avait été élaborée par les Grecs quant aux doctrines de la Trinité ou de la christologie. Souvent, le latin est en décalage par rapport au grec. À la question : Dans la Trinité, il y a trois quoi ? le grec répond par *hupostasis* [ὑπόστασις], le latin par *persona* (Tertullien, *Contre Praxeas*, 11).

Le latin médiéval s'est enrichi de termes techniques rendus nécessaires par un raffinement constant des problématiques. Pour ce faire, il a emprunté au grec des mots comme *categorematicus*, ou il les a produits par un travail sur soi, comme *compossibilitas, actuositas, immutatio, suppositio, conceptus*.

Certains textes grecs ont été retraduits en latin après l'époque scolastique, et souvent en réaction contre la langue de celle-ci, jugée rocailleuse à une oreille cicéronienne. C'est ainsi que Leonardo Bruni († 1444) retraduisit l'*Éthique à Nicomaque* ou que Bessarion retraduisit le reste d'Aristote. Le latin est resté créatif jusqu'à la fin de sa carrière. L'humaniste italien Ermolao Barbaro († 1493) propose *perfectihabia* pour rendre tant bien que mal l'*entelekheia* d'Aristote. Leibniz († 1716) n'hésite pas à fabriquer *existentificans* et *existiturire*.

Souvent, c'est en latin que sont forgés des composés de racines grecques, mais qui sont en fait modernes. C'est le cas de *cosmologia*, pris comme titre par Wolff (1731), puis, en français, par Maupertuis (1750), d'*ontologia*, catalogué dans le dictionnaire philosophique de Goclenius (1613), de *psychologia* (Freigius, 1579).

Il est amusant que certains termes techniques de la scolastique soient passés dans la langue quotidienne, méconnaissables. Ainsi, l'anglais populaire *contraption*, « fourbi, truc compliqué », vient directement du nom de l'opération logique de la *contrapositio*.

VI. ARABE

À partir du IXe siècle, l'héritage scientifique grec fut traduit en arabe. Ce fut l'œuvre de générations de traducteurs chrétiens. Ils durent créer une langue destinée à rendre les concepts philosophiques. À la différence des traductions en syriaque, les mots sont véritablement traduits : il y a peu de translittérations. On peut citer *usṭuqus* [الأسطقس] pour *stoikheion* [στοιχεῖον], « élément », *hayūlā* [الهيولى] pour *hulê* [ὕλη], « matière ». Et encore, ces mots sont concurrencés par des termes plus conformes au génie de la langue comme *'unṣur* [العنصر] ou *mādda* [مادّة], participe féminin substantivé du verbe « étendre », correspondant assez bien à la « substance étendue » de Descartes. Les traducteurs tâtonnent avant de trouver un équivalent qui s'impose, d'où plusieurs termes pour rendre le même original. Lorsque deux termes coexistent, ils tendent à se spécialiser. Ainsi, *hayūlā* tend à désigner plutôt la matière première, et *mādda* la matière d'un composé concret. Ou encore, dans le registre de la causalité, *sabab* [السبب], originairement les circonstances d'un événement, désigne plutôt la cause prochaine ; *'illa* [العلة], originairement la maladie qui excuse l'absence au combat (analogue au latin *causa*), désigne plus volontiers la cause lointaine. Il arrive que l'arabe ait recours au persan. Ainsi, le mot pour « substance » est-il le persan *ǧawhar* [الجوهر], qui signifie originellement « joyau » ; le plus précieux d'une chose en est la « substance », de même que le français parle encore d'« essence » pour désigner l'état raffiné d'un corps chimique, en parfumerie — et pour le carburant.

Les choix de vocabulaire infléchissent légèrement le sens du concept. Ainsi, avec la traduction arabo-persane par *jawhar* est perdue l'association avec le verbe « être », qui saute aux yeux dans le grec *ousia*. Le verbe grec *einai* [εἶναι], à la fois existentiel et copule, n'a pas d'équivalent en arabe. Pour l'existentiel, les traducteurs ont choisi le verbe « trouver » au passif : ce qui existe est bien ce qui « se trouve » (*mawǧūd* [موجود]). Ce choix a été réfléchi par al-Farabi (*Livre des lettres*, I, § 80). Curieusement, la même forme est parfois employée comme substitut de la copule dans des exemples de syllogismes. Pour « nature », *ṭab'* [طبع] ou *ṭabīʿa* [طبيع] évacue l'idée de croissance végétale que les Grecs percevaient (sans doute à tort) dans le mot *phusis* [φύσις], au profit de celle d'« empreinte, de marque laissée par un cachet ».

La langue de la philosophie apparaît « barbare » aux yeux des grammairiens. Cela se voit dans la célèbre controverse entre le philosophe et traducteur chrétien Abū Bishr Mattā b. Yunūs et le grammairien musulman Abū Sa'īd al-Sirāfī, tenue en 932 et rapportée par Tawḥīdī († 1023) dans la huitième nuit de son *al-Imtā' wa 'l-mu'ānasa* [الإمتاع و المؤانسة]. On en a encore un écho chez al-Farabi, *Livre des lettres*, II, 25, § 156, qui rappelle que certains tiennent à ce que la philosophie s'exprime dans des termes purement arabes. Pour les grammairiens, la logique n'est rien de plus que la grammaire d'une langue particulière, la langue grecque.

Il n'est plus nécessaire de rappeler l'importance de l'arabe pour la formation du vocabulaire scientifique de l'Europe médiévale et moderne, parlant latin ou vernaculaire, en mathématique (*algèbre*, etc.), astronomie (*azimut*, etc.), chimie (*ammoniac*, etc.). L'œuvre astronomique de Ptolémée a gardé pour titre le grec précédé de l'article arabe : *Almageste*, de *al-Megistè*. En revanche, les termes relevant de la philosophie, au sens étroit que le mot a pris à l'ère moderne, sont pour la plupart d'origine purement latine ou grecque. Tout au plus peut-on citer le fameux *helyatin* qui donna du fil à retordre aux commentateurs du *Liber de causis* (IX) et qui est l'arabe *kulliyya* [كلية], traduisant *holotês* [ὁλότης] dans le grec de Proclus. Une problématique développée dans la *falsafa* comme celle de la possible « conjonction » de l'intellect humain à l'Intellect agent a importé dans la scolastique latine le mot même de *conjunctio*, calque de l'arabe *iṭṭisāl* [الاتصال]. Schelling en était encore conscient (*Introduction à la philosophie de la mythologie*, 20e leçon). On peut signaler aussi que le latin *intentio* a subi l'influence de l'arabe *ma'nā* [المعنى], « signification » (voir INTENTION).

VII. HÉBREU

Au Moyen Âge, les juifs vivant en terre d'islam se servent de l'hébreu à des fins religieuses. Cela inclut la liturgie, mais aussi le « droit » religieux, comme la littérature des *responsa*. Pour la vie quotidienne, mais aussi la philosophie, ils utilisent l'arabe. Ainsi, Maimonide écrit le *Mishneh Torah* en hébreu, mais le *Guide des égarés* en arabe. Le premier à écrire de la philosophie en hébreu est sans doute Abraham bar Hiyya († 1136), philosophe et astronome espagnol, avec le *Hégyon ha-Nefesh* (titre complet : « Méditation de l'âme attristée qui frappe à la porte du repentir »). Il forge un vocabulaire dont certains éléments ont survécu. Dans le premier livre du *Mishneh Torah*, le *Livre de la connaissance*, écrit vers 1180, Maimonide présente un résumé de la vision du monde de la philosophie aristotélicienne arabe pour lequel il lui faut des mots nouveaux. Il donne au mot *dë'āh* [דֵּעָה], « pensée », le sens nouveau d'« intellect », y compris l'intellect de l'âme des sphères.

Cependant, l'hébreu philosophique ne se développe vraiment pour atteindre sa forme classique qu'à partir des traductions de l'arabe par la famille Ibn Tibbon. Trois générations de cette famille, chassée d'Espagne par les Almohades (1148), traduisent successivement de textes de la spiritualité juive, puis de la philosophie juive, puis de la philosophie tout court (Aristote, Averroès). Ils calquent la phrase hébraïque sur la syntaxe arabe à un degré qui la rend étrange, voire barbare. Rien d'étonnant à ce que ces traductions n'aient pas été acceptées immédiatement. Ainsi, le poète Judah b. Solomon Al-Harizi († 1235) tenta une contre-traduction du *Guide*, pour donner au second Ibn Tibbon, Samuel († 1230), une leçon de « beau langage ». Mais sa compétence philosophique est limitée, et il commet des contresens qu'Ibn Tibbon énumère avec satisfaction dans la préface qu'il ajoute à la réédition de sa version à lui. Nous possédons encore la traduction d'Al-Harizi, mais dans un seul manuscrit, alors que celle d'Ibn Tibbon a été très largement diffusée.

Les penseurs juifs médiévaux n'ont pas d'accès direct au grec, et ne connaissent Aristote et ses commentateurs que par l'intermédiaire de l'arabe. Les mots nouveaux qu'ils forgent sont souvent empruntés directement à l'arabe. Ainsi bar Hiyya hébraïse l'arabe *markaz* [مركز] en *mèrkāz* [מֶרְכָּז], « centre », et lui emprunte *ṣūrāh* [צוּרָה, de *ṣūra* (صورة)], « forme ». D'autres mots sont calqués sur lui, comme lorsque *mawǧūd* est rendu par *nimṣā'* [נִמְצָא]. Mais d'autres mots sont obtenus à partir d'un travail sur l'hébreu lui-même. Ainsi, pour « substance », l'hébreu réutilise le mot biblique *'èṣèm* [עֶצֶם], dont le sens habituel est « os ». Pour « accident » au sens philosophique de *sumbebêkos* [συμϐεϐηκός], il utilise *miqrèh* [מִקְרֶה], qui a, comme d'ailleurs le latin *accidens*, le sens de « ce qui arrive », « incident ».

VIII. LANGUES MODERNES

Les langues vernaculaires de l'Europe moderne n'ont été les supports de la philosophie qu'assez récemment. Le latin était encore la langue de Descartes et Leibniz. Kant éclaire souvent d'un mot latin entre parenthèses sa terminologie allemande encore hésitante. Et la *Critique de la raison pure* fut aussi traduite en latin. Hegel et Schelling écrivirent leur thèse en latin, et Bergson composa sa thèse complémentaire (1888) dans cette langue. On commence à trouver des concepts philosophiques épars dans la seconde partie du *Roman de la rose* (Jean de Meung, † 1280), où est traduit un passage du *Timée* (v. 19083-19110 = 41a 7-b 6), ou chez Chaucer († 1400).

Mais les premières œuvres philosophiques en langue vulgaire datent du XIIIe siècle. La première langue « moderne » dans laquelle parle la philosophie est le catalan, avec Raymond Lulle (1232-1316). Cela tient à l'histoire personnelle de Lulle. D'abord laïc, il est, vers 1263, arraché à une carrière mondaine à la suite d'une illumination. Devenu franciscain, il a reçu plus tard que la normale une formation universitaire et n'a donc jamais très bien su le latin. Le *Libre de contemplació en Déu* (1273-1274 ?) est peut-être la première œuvre philosophique en langue vulgaire de toute l'Europe.

L'allemand le suit d'assez peu. Le dominicain Maître Eckhart († 1328), quand il prêchait à des religieuses ne sachant pas le latin, mais assez lettrées pour pouvoir prendre par écrit ses sermons, devait transposer dans le dialecte de l'époque les concepts latins. Il dut traduire de façon littérale des termes scolastiques. Les autres mystiques rhénans firent de même. Ainsi, *Wesen* pour *essentia*, *Zufall* pour *accidens*, etc. expliquent les termes qui, pour une langue latine (ou pour l'anglais), ont au fond fonction d'idéogramme. Ce travail fut poursuivi aux XVIIe et XVIIIe siècles. C'est ainsi qu'ont été créés pour « imagination » *Einbildungskraft* (*vis imaginationis*), pour « objet » *Gegenstand* (*objectum*), pour « préjugé » *Vorurteil* (*praejudicium*) (XVIIe siècle), pour « concept » *Begriff* (*conceptus*) (C. Wolff).

Ces transpositions donnent à l'allemand philosophique une allure particulière : les mots ne sonnent pas étrange. Ils ont même des sens populaires que leurs équivalents dans d'autres langues n'ont que rarement. Un Allemand demandera, après avoir indiqué le nom de la rue qu'il cherche : « *Ist das für Sie ein Begriff ?* » — mot à mot : « Est-ce pour vous un concept ? » —, là où nous dirions : « Ça vous dit quelque chose ? » Et nos tournures alambiquées « en soi » et « pour soi », perçues comme pédantes, viennent d'une formule unique *an und für sich*, « dans le fond ». Avant les années 1930, Heidegger aimait faire un usage conceptuel de tournures très idiomatiques, voire familières (*eine Bewandtnis haben*, *bewenden lassen*, *vorhanden sein*, etc.) dont les traducteurs sont obligés de faire du charabia. Ainsi *Zeug*, « truc pour... », ou « truc contre... » (*Regenzeug* : « quelque chose au cas où il pleuvrait », un parapluie, ou un imperméable, etc.) devient « outil » (E. Martineau), voire « util » (F. Vezin).

Par ailleurs, les langues germaniques, l'allemand et surtout l'anglais, disposent parfois pour une seule idée de deux termes parallèles, un mot savant emprunté au latin ou à une langue romane, et un mot de souche. Les termes initialement synonymes tendent à se différencier et à devenir le support de deux nuances qui peuvent en venir à s'exclure. En allemand, les mots d'origine latine ont souvent une nuance péjorative, comme *räsonnieren* ; et ils sont pourchassés par les puristes. Lesquels puristes sont parfois soupçonnés d'associer à la recherche de pureté linguistique celle, xénophobe, de la pureté raciale. À l'inverse, des auteurs comme Adorno prendront un malin plaisir à remplacer des mots allemands usités par des germanisations forcées de mots non allemands et à dire *camouflieren* là où l'allemand dispose de *tarnen* ou *vertuschen*.

Ce n'est que récemment que l'on voit apparaître des termes allemands fondamentaux qui ne sont pas la traduction ou la transposition de termes latins ou grecs. Heidegger fait remarquer que c'est seulement avec le mot central de la dernière période de sa pensée, *Ereignis*, que la philosophie cesse vraiment de parler grec : « On ne saurait arriver à penser l'*Ereignis* [...] à l'aide du grec (qu'il s'agit précisément de "dépasser"). [...] Avec l'*Ereignis*, ce n'est plus grec du tout ; et le plus fantastique ici, c'est que le grec continue à garder sa signification essentielle et *à la fois* n'arrive plus du tout à parler comme langue » (Séminaire du Thor, 11 septembre 1969, in *Questions IV*, p. 302 ; voir EREIGNIS).

Les autres langues romanes ont eu plus de mal à se dégager du latin, en raison de leur proximité même à celle-ci. L'italien est devenu le support de la philosophie avec Dante († 1321). Le *Convivio* de celui-ci, écrit vers 1304-1307, contient un résumé de philosophie scolastique. Depuis lors, les deux langues ne cessent de se croiser, de se conjuguer, de se répartir selon les œuvres, mais aussi selon les milieux d'origine des écrivains. Dante justifie l'emploi poétique de la langue vulgaire, mais il le fait en latin, dans *De vulgari eloquentia* (vers 1305). Léonard de Vinci utilise l'italien par ignorance du latin. Machiavel n'écrit qu'en italien, mais donne aux chapitres du *Prince* des titres latins. Pétrarque, Vico écrivent les deux langues. Leopardi, de formation philologique, écrit un italien archaïsant, proche du latin. Le français est illustré par Nicole Oresme († 1382) dans ses traductions d'Aristote et par Christine de Pisan († 1430), dans des passages du *Livre des fais et bonnes meurs du sage roy Charles V*.

Les langues vernaculaires ont été et restent en constante interaction. Les traductions de l'une à l'autre contraignent les langues d'arrivée à donner à certains mots des sens inédits jusqu'alors. La domination du français dans l'Europe classique a entraîné des emprunts de la part des autres langues. Ainsi, l'allemand a transposé « progrès » en *Fortschritt*, et « point de vue » en *Gesichtspunkt*. La domination actuelle de l'américain, quand elle ne mène pas à de purs et simples emprunts, induit des sens nouveaux dans les autres langues. Ainsi, « équité », choisi — faute de mieux — pour rendre l'intraduisible *fairness* de J. Rawls, a ajouté ce sens à celui de *epieikeia* (voir FAIR ; THEMIS, IV). Certaines idées accomplissent un aller et retour complet, s'enrichissant au passage de connotations nouvelles. Ainsi, l'anglais *moral sciences*, choisi par J. Stuart Mill pour rendre le français « sciences morales », a donné chez son traducteur allemand *Geisteswissenschaften*, que le français a retraduit par « sciences humaines » (voir GEISTESWISSENSCHAFTEN).

L'arabe appelle le dictionnaire *qāmūs* [قاموس]. C'est le grec *Ôkeanos* ['Ωκεανός], au sens originel de cette étendue liquide qui entoure toutes les terres émergées, en permettant la circumnavigation. Les langues sont de la même façon le lieu d'un constant commerce dans le temps et l'espace. Mais les mots ne gardent que rarement le goût exotique de leur origine. La plupart du temps, ils s'acclimatent si bien qu'on en oublie le travail qu'il a fallu pour les faire venir, pour les fabriquer, ou pour les adapter à leur contexte d'arrivée. Il en faut donc un second pour restituer la rumeur des distances traversées.

Rémi BRAGUE

LAW/RIGHT ANGLAIS – fr. *loi / droit*

lat. *lex, jus*
all. *Gesetz, Recht*

► *LOI* [*LEX*], *DROIT*, et CIVIL RIGHTS, ÉTAT DE DROIT, FAIR, JUDICIAL REVIEW, LIBERAL, POLITIQUE, RIGHT, STANDARD, THEMIS, TRUST

La plupart des notions juridiques utilisées dans la philosophie politique moderne proviennent d'une transcription, dans les langues vernaculaires, de termes issus du droit romain et de sa réception dans l'Europe médiévale. Cette transmission des notions romaines s'est accompagnée d'une inflexion importante de leur signification, mais il n'en reste pas moins que, en Europe continentale, les conventions de traduction sont assez stables pour que des termes fondamentaux comme lex *et* jus *trouvent partout des équivalents, et que soit constante la distinction entre la loi et le droit. Or, la situation est fondamentalement différente dans la langue anglaise, dans laquelle ou par rapport à laquelle se posent des problèmes de traduction d'une difficulté constante, aussi bien dans le vocabulaire philosophique que dans les textes juridiques. Schématiquement, le problème se présente sous la forme d'une double amphibologie. L'anglais distingue entre* law *et* right, *qui correspondent chacun à certains des aspects de ce que l'on appelle ailleurs « loi »* (Gesetz) *ou « droit »* (Recht), *mais l'extension des concepts n'est pas la même :* law *a une extension plus large que « loi », et, même si* right *recoupe en partie la polysémie de* jus *ou de « droit », l'usage du terme* right, *au singulier ou au pluriel, renvoie de plus en plus souvent à cette partie restreinte du droit que sont les droits subjectifs (liberté, propriété, etc.), attachés à des sujets individuels ou collectifs.*

I. LES PARTICULARITÉS DU DROIT POLITIQUE ANGLAIS

A. Le vocabulaire juridique anglais

Dans la tradition continentale, la loi est à la fois une règle et un commandement édicté par une autorité habilitée à le poser ; plus spécialement, la loi désigne un certain type de norme, établie par un pouvoir spécifique (pouvoir législatif) et réputée supérieure à celle des autres sources du droit (règlement, jurisprudence, etc.), en vertu de critères qui peuvent être matériels ou formels. Dans ce contexte, le problème fondamental est de savoir ce qui fonde l'autorité supérieure de la loi, et qui peut provenir de ses caractères intrinsèques (rationalité, généralité, publicité, etc.) ou de l'identité de son auteur (le souverain). Et l'histoire de la loi se confond avec celles, parallèles, du rationalisme politique moderne et de la souveraineté étatique. La tendance dominante aujourd'hui, particulièrement nette en France, consiste à relativiser le culte de la loi, sous le triple effet de l'affaiblissement du pouvoir législatif, de la prolifération des textes législatifs et, surtout, de l'acceptation progressive du « contrôle de constitutionnalité des lois » (c'est ainsi que, pour le Conseil constitutionnel français, la « loi, expression de la volonté générale », n'est telle que lorsqu'elle s'accorde avec la Constitution, telle que l'interprète le Conseil). On doit cependant remarquer que, en elle-même, cette évolution ne suffit pas à bouleverser entièrement la logique des catégories juridico-philosophiques : elle tend simplement à transférer à un certain type de loi (la Constitution), édictée par un pouvoir législatif spécifique (le pouvoir ou le législateur « constituant »), les caractères attribués précédemment à la loi comme « expression de la volonté générale », tout en reconduisant d'ailleurs toutes les difficultés qui s'attachent à la doctrine moderne de la souveraineté (O. Beaud, *La Puissance de l'État*). D'un autre côté, l'extension du concept de loi se trouve d'emblée limitée par son jeu avec celui de droit, qui désigne à la fois l'ordre juridique dans son ensemble et le droit d'un sujet, susceptible d'être défendu dans une cause ; ainsi, quelle que soit sa position dans la hiérarchie des normes, la loi n'est qu'une source du droit. Dans la tradition anglaise, en revanche, le terme *Law* désigne l'ordre juridique dans son ensemble (le droit, donc), mais il conserve aussi certaines des principales connotations qui s'attachent à la loi ; inversement, si *Right* peut parfois, lui aussi, être pris dans le sens général (ne serait-ce que parce que l'adjectif *right* signifie « juste »), il a le plus souvent, employé au pluriel ou au singulier, une extension beaucoup plus réduite, qui tend à se confondre avec les droits « subjectifs » (R. Dworkin, *Law's Empire* [*L'Empire du droit*] et *Taking Rights Seriously* [*Prendre les droits au sérieux*]).

Ces difficultés sont bien connues et elles ont engendré des conventions dont la plupart sont aisées à comprendre et à appliquer. Une « philosophie du droit » ou une *Rechtsphilosophie* sera *Philosophy of Law*, même si elle refuse de faire de la loi (ordinaire ou même constitutionnelle) la première source du droit (mais il arrive cependant que la *Rechtsphilosophie* de Hegel soit traduite par *Philosophy of Right*, par souci de fidélité à l'allemand). La loi posée par un législateur habilité à statuer sera *Statute Law* (ce qui conduit déjà à quelques bizarreries : pour expliquer le sens originel de l'article 6 de la Déclaration des droits de l'homme et du citoyen de 1789, il faudrait dire par exemple que, dans le *French Law*, le *Statute Law* est l'expression de la volonté générale...). *Statute Law* a cependant le défaut de suggérer une distinction trop nette entre un pouvoir législatif et d'autres autorités, qui n'est pas toujours pertinente, soit parce que l'on se réfère à des périodes où une telle distinction n'a pas l'importance qu'elle a chez les Modernes, soit parce que le raisonnement philosophico-juridique lui-même conduit à la mettre entre parenthèses. Il s'ensuit un artifice courant et ancien, qui consiste à jouer sur le pluriel, qui renvoie presque toujours à la dimension législative, ou nomothétique du *Law* : *the Laws* sera une traduction possible de *la loi*, de *lex* ou de *nomos*, et le titre *De legibus* [*Traité des lois*] de Cicéron, pas plus que celui des *Nomoi* [*Les Lois*] de Platon, ne posent de problème particulier de traduction.

Ces conventions sont commodes, mais elles ne surmontent pas toutes les difficultés. Pour les notions antiques, il est fâcheux de devoir traduire par le même terme *Law*, la *lex naturae* de Cicéron et le *jus gentium* du droit romain. Dans le contexte moderne, la dualité de sens de *Law* ne manque pas non plus de poser quelques problèmes comme le montre, par exemple, la lecture du *Second Treatise of Civil Government* de Locke. L'état de nature n'est pas pour Locke un état de non-droit, parce que les hommes y sont soumis au *Law of Nature* (§ 6) que l'on peut traduire à la fois par « droit naturel » (trad. fr. B. Gilson, *in* Locke, *Deuxième Traité du gouvernement civil*) et par « loi naturelle » ; le gouvernement civil, en revanche, permet seul la naissance d'un *legislative Power*, qui permet au *Commonwealth* d'être gouverné par une « *establish'd, settled, known, Law* » (§ 124). La fonction de la loi positive (*Statute Law, establish'd Law*) sera donc de donner au droit naturel (*Natural Law*) une publicité suffisante pour qu'elle acquière une force obligatoire dont l'ignorance ou la partialité la prive dans l'état de nature. Mais la loi positive ne pourra elle-même avoir d'autorité légitime que si elle est conforme au *Natural Law*, institué par Dieu, qui s'impose donc au législateur humain comme un commandement supérieur (les traducteurs et les auteurs anglais rencontrent des difficultés symétriques lorsque, par exemple, ils doivent distinguer entre *lex naturae* et *jus naturae*, ce qui les conduit parfois à utiliser *Right* comme traduction de *jus* pour mieux faire du *Law* l'équivalent de *lex*). En dernière analyse, ces problèmes se rencontrent à chaque pas dans toute traduction en anglais ou de l'anglais : l'« histoire du droit » sera *legal history* et les *lawyers* du cinéma américain sont à la fois des juristes et des hommes de loi, tout en étant très différents des « légistes » de Philippe le Bel.

Il y a donc bien, lorsqu'on passe du latin ou des langues modernes continentales à l'anglais, des difficultés particulières qui proviennent d'une institution particulière du droit et qui perdurent encore aujourd'hui, comme le savent tous les juristes qui se sont un jour essayés à traduire en anglais une notion comme le *Rechtsstaat* allemand (que le français « État de droit » rend parfaitement) ou à chercher un équivalent continental du *Rule of Law* anglais. Pour éclairer ces difficultés, on partira ici d'une analyse généalogique de la particularité de la voie anglaise, pour examiner ensuite la manière dont les premiers philosophes modernes ont repris ou, au contraire, subverti cette tradition, enfin les transformations ultérieures de la philosophie du droit de langue anglaise.

B. L'esprit du droit anglais

L'histoire anglaise s'inscrit dans celle de l'Europe occidentale marquée par le développement de l'État moderne, qui a permis de soumettre le pouvoir politique (royal) à un processus de rationalisation du droit. En Angleterre comme en France, ce processus a conduit, d'une part, à institutionnaliser le pouvoir royal en le distinguant de la domination, patrimoniale ou impériale, et, d'autre part, à augmenter la prévisibilité du droit en privilégiant un droit commun au Royaume. Dans ce cadre général, la particularité anglaise se présente de la manière suivante : les tribunaux du Royaume (notamment la *Royal Court*) ont joué un rôle majeur dans l'unification du droit anglais, en produisant un droit à la fois coutumier et jurisprudentiel qui fournissait au pouvoir royal le cadre centralisé dont il avait besoin pour gouverner, sans pour autant faire de la Loi positive édictée par le Roi la source première du droit. Parallèlement, l'histoire de la liberté anglaise est aussi celle de la conquête, par les « barons », puis par l'ensemble des sujets britanniques, de droits (*rights*) opposables à l'autorité royale, qui forment la substance des différentes déclarations anglaises, de la *Magna Carta* (1215) au *Bill of Rights* (1689). Le système conceptuel du droit anglais, dont les usages linguistiques reproduisent les articulations fondamentales, apparaît d'abord comme une mise en forme de cette expérience historique singulière, selon une logique à la fois très ancienne et extrêmement durable. F.W. Maitland note à ce propos que, chez les grands juristes anglais des XIIe et des XIIIe siècles, comme Glanvill ou Bracton, l'usage des termes romains est lui-même quelque peu incertain et qu'on ne différencie pas clairement *jus* et *lex* (F. Pollock et F.W. Maitland, *The History of English Law*, I, p. 175). Les deux sens de *Law* renvoient à la dualité du *Common Law* des tribunaux et au *Statute Law* posé par le souverain. Les *Rights* sont des droits opposables au pouvoir politique par des sujets sur lesquels celui-ci exerce cependant une autorité légitime. *Law* renvoie ainsi à deux conceptions concurrentes de la formation des normes, dont la Constitution anglaise assure le concours par un miracle constamment renouvelé. Le *Common Law* ne se présente pas initialement comme un *Judge-made Law* (« droit fait par le juge »), parce qu'il est supposé être simplement « découvert » par le juge, qui est en ce sens la « bouche de la loi ». C'est en cela qu'il se distingue du *Statute Law* qui est « fait » (*made*) par une autorité qui se fonde sur ses propres vues, sur la justice ou sur le bien commun, et qui n'a pas besoin d'autre titre que sa légitimité politique. Le *Common Law* se donne donc pour une mise en forme des coutumes, dont l'ancienneté est un gage de leur caractère vénérable, et il favorise ainsi la continuité, puisque la première règle de construction est celle du « précédent » (*stare decisis*).

Le *Common Law* est ainsi un élément fondamental de l'*Ancient Constitution*, qui est supposée régir les Anglais depuis des temps immémoriaux (et dont le prestige permettra plus tard à la Révolution de 1688 de se présenter comme une restauration). Le prodige de l'histoire anglaise est d'avoir fondé sur cette légitimité traditionnelle sa propre voie vers la rationalisation du droit : la centralisation des décisions judiciaires a permis de faire émerger un ordre homogène à partir des différentes coutumes, et le précédent lui-même a favorisé la sécurité juridique et la prévisibilité des décisions, qui constitue la base du développement de la société moderne. L'autorité du précédent n'est d'ailleurs pas absolue ; comme le remarquera le grand juriste W. Blackstone, « la doctrine du droit (*Law*) est la suivante : les précédents et les règles doivent être suivis à moins qu'ils ne soient nettement absurdes ou injustes », ce qui signifie, d'un côté, que les jugements ne doivent pas dépendre de l'opinion des juges, mais des lois et coutumes du pays (W. Blackstone, *ibid.*, I, p. 69), et aussi que, de l'autre, le juge peut et doit écarter « les décisions contraires à la raison (absurdes) ou à la loi divine (injustes) » (A. Tunc, « Coutume et *Common Law* », p. 57).

L'effet majeur de ce type d'élaboration du droit, du point de vue de la philosophie politique, est d'avoir fait obstacle à la pleine affirmation de la doctrine de la souveraineté qui caractérise au contraire le développement politique français ; là où les théoriciens français de la Monarchie comme Bodin tendaient à faire du souverain la source ultime, sinon unique, du droit, les Anglais ont fondé l'autorité du pouvoir politique sur un « droit commun » originel, tout en donnant à leur communauté politique les moyens d'un « progrès » du droit vers la modernité. Ce dispositif original explique les différences politiques entre l'Angleterre — où la Couronne n'a pas pu apparaître comme le vecteur du progrès, et où la Révolution de 1688 a confirmé le pouvoir des Cours — et la France, où l'action des parlements a longtemps discrédité l'idée de pouvoir judiciaire (A.V. Dicey, *Introduction to the Study of the Law of the Constitution*, 1915, rééd. 1982, p. 242-244). Il a eu aussi d'importantes conséquences philosophiques : il a limité l'essor du rationalisme législatif moderne fondé sur l'idée d'une affinité naturelle entre la raison et la « loi » faite par le souverain, qui devait au contraire s'épanouir pleinement dans la culture des Lumières françaises.

Mais il faut aussi ajouter que la primauté du *Common Law* n'est qu'une des deux faces de la Constitution anglaise : tout en se fondant sur la tradition du *Common Law*, celle-ci suppose aussi « la souveraineté du Parlement » (ou du *King in Parliament*). Or, cette souveraineté doit être entendue au sens le plus fort : la souveraineté du Parlement est absolue, en ce sens qu'aucune règle de droit ne peut être opposée à un *Act* ou à un *Statute* du Parlement anglais, si celui-ci a été adopté dans des formes valides (cf., par ex., W. Blackstone, *Commentaries on the Laws of England*, I, p. 156-157 et A.V. Dicey, *Introduction...*, p. 4-11). Et elle s'impose notamment aux tribunaux, pour lesquels un *Statute* a le pouvoir d'abroger les règles du *Common Law* (Blackstone, *op. cit.*, p. 89), sous certaines conditions formelles. Parallèlement, les *rights* sont pour l'essentiel des droits subjectifs, qui peuvent être apparus dans la coutume avant d'être intégrés dans le *Common Law* ou reconnus par un *Statute*, mais qui sont comme tels opposables à l'autorité politique.

Ce paradoxe du droit public anglais vient de l'absence de Constitution écrite. Il provient originairement de la primauté des dispositions coutumières ou semi-coutumières de l'*Ancient Constitution* (dont l'esprit est sur ce point celui du *Common Law*), mais il se traduit aussi par l'affirmation de la pleine souveraineté du Parlement, contrepartie naturelle de la souplesse de la Constitution. Les difficultés sont du reste amplifiées par le fait que le « constitutionnalisme » moderne (qui implique la subordination de la loi ordinaire à la Constitution, à travers un contrôle juridictionnel de la constitutionnalité des lois) s'est développé à partir de l'expérience américaine, dans un univers juridique dominé par des concepts anglais. Il n'en reste pas moins qu'une étude du développement de la philosophie du droit de langue anglaise montrerait la permanence de l'opposition entre deux lignées, dont la dualité exprime l'ambivalence de la tradition anglaise. La voie, dominante, qui va de Edward Coke à un auteur comme Ronald Dworkin, pourrait être vue comme une idéalisation progressive de l'expérience du *Common Law* ; mais le fait même que le droit se donne comme *Law*, combiné avec la logique propre de la conception moderne de la souveraineté, explique aussi la permanence d'un courant positiviste, qui tend toujours à subvertir le vocabulaire anglais : c'est celui qui s'affirme chez Hobbes et Bentham, et qui survit chez Austin et Hart. Mais il faut aussi ajouter que ces deux traditions n'ont pas manqué de communiquer l'une avec l'autre, notamment à travers l'affirmation de la conception libérale de la liberté comme absence de contrainte, conception largement adoptée par les tenants du courant issu de l'expérience du *Common Law*, mais dont certains éléments proviennent de Hobbes. Pour comprendre ce développement tout en explicitant la permanence des intraduisibles que le droit anglais a transmis à la philosophie, le mieux est donc de partir du *Common Law* et des débats qu'il a suscités dans la pensée politique anglaise.

C. « Common Law »

Prise au sens strict, l'expression *Common Law* désigne la première des trois principales branches traditionnelles du droit anglais, dont les compléments sont l'*Equity* et le *Statute Law*. *Common Law* signifie ici qu'il s'agit d'un droit commun aux différentes régions du Royaume, droit qui, devant les Cours, doit toujours l'emporter sur les usages ou les coutumes particulières et qui, indissolublement, fonde l'autorité du Roi sur tous ses sujets tout en offrant à ces derniers les avantages d'une justice unique. Le *Common Law* (ou la *Common Law* — au féminin, si on préfère mettre l'accent sur sa légalité plus que sur son caractère juridique) est d'abord un droit coutumier, non écrit (*lex non scripta*, dit W. Blackstone), dont l'autorité est liée à son caractère immémorial. C'est aussi un droit savant, dont les règles fondamentales excluent toute modification arbitraire et dont la connaissance s'acquiert par une longue et patiente étude des précédents. Mais le *Common Law* n'est pas seulement un « système juridique » original : il se présente aussi comme le fondement du régime politique anglais, dans la mesure où c'est à partir de lui que l'on peut comprendre les attributions des différentes institutions politiques.

Si le prestige du *Common Law* en a fait le fondement de ce que l'on pourrait appeler l'idiome politique anglais, c'est d'abord parce qu'il a très longtemps permis de résoudre de façon originale les principaux problèmes qu'a rencontrés l'Angleterre. C'est grâce à son droit que ce pays à l'histoire troublée a pu se voir comme le fruit d'une histoire continue et harmonieuse, à la fois profondément différente de celles des autres monarchies européennes et, pour finir, appelée à donner des leçons de liberté aux autres nations civilisées. Dans un ouvrage désormais classique, J.G.A. Pocock a en effet montré que le *Common Law* a constitué le modèle à partir duquel les Anglais ont élaboré la doctrine de l'*Ancient Constitution*, qui, au XVIIe siècle, devait servir de référence aux adversaires des Stuarts et contribuer ainsi à la victoire d'une interprétation libérale du régime anglais (J.G.A. Pocock, *The Ancient Constitution and the Feudal Law*). En insistant sur la continuité du *Common Law* avant et après la conquête normande, on minimisait les effets de cet événement tout en limitant les droits de la force. En faisant du *Common Law* le cœur du droit anglais, on excluait, avec le droit civil romain, l'autorité de l'Empire, tout en mettant en valeur les différences entre la monarchie anglaise (« régime mixte ») et l'absolutisme français. Ces idées devaient s'épanouir lors de la période révolutionnaire, durant laquelle les adversaires des Stuarts invoquaient volontiers la permanence du droit anglais et le caractère immémorial de l'ancienne Constitution pour récuser l'idée que le pouvoir royal serait la source principale du droit ou qu'il pourrait la modifier à sa guise.

Les thèses fondamentales des apologistes du *Common Law* reposent elles-mêmes sur un fond très ancien. On les trouve déjà, par exemple, dans l'œuvre de John Fortescue qui, au XVe siècle, distingue déjà clairement la monarchie absolue à la française et la monarchie « limitée » anglaise, où la prérogative royale est limitée par les tribunaux, au premier rang desquels on trouve le Parlement, considéré d'abord comme une cour de justice. Mais c'est surtout au XVIIe siècle que la doctrine classique du *Common Law* va se développer, autour notamment des thèses de Edward Coke, le rival de sir Francis Bacon et de Matthew Hale (1609-1676).

♦ Voir encadré 1.

La conception classique du *Common Law* implique une certaine interprétation de la Constitution anglaise, selon laquelle l'ensemble des institutions politiques ou judiciaires doit être soumis au droit (ou à la loi), c'est-à-dire à l'ordre du *Common Law*, tel que l'interprètent les juges des principales Cours. Or, à l'époque même de Coke, cette orthodoxie se heurte déjà à plusieurs objections, tirées de la pratique politique ou judiciaire, ou encore des nouvelles doctrines politiques. Tout d'abord, en effet, il existe dans les institutions anglaises des éléments qui semblent contredire la vision de Coke : la Cour de la Chancellerie peut tempérer le *Common Law* par l'*Equity* ; le Parlement peut le changer radicalement par des *Statutes* qui se substituent au droit antérieur, et la prérogative royale semble donner au monarque une certaine indépendance à l'égard des *Statutes* eux-mêmes. Plus généralement, les conceptions traditionnelles anglaises sont également confrontées au développement contemporain de la doctrine de la souveraineté, familière aux juristes français depuis Bodin, mais qui n'est pas sans échos en Angleterre même (où elle sera revendiquée par les partisans du renforcement du pouvoir royal, mais aussi par certains défenseurs du Parlement). Sur ce dernier point, Coke, qui est aussi un acteur politique, tend à refuser la logique de la souveraineté, incompatible à la fois avec la logique du droit (*Law*) anglais et avec les droits (*rights*) acquis par les Anglais depuis la Grande Charte. Quant à l'*Equity* et aux *Statutes*, il les présente comme des compléments du *Common Law*, découverts par des autorités constituées par le *Common Law* lui-même. Dans ce contexte, le Parlement lui-même apparaît comme une juridiction spécifique, constituée du Roi, de la Chambre des lords et des communes, dont le caractère suprême autorise à modifier le droit, en posant des *Statutes* nouveaux, en abrogeant les *Statutes* antérieurs et même en modifiant le contenu du *Common Law*. Tout en réaffirmant ainsi la supériorité du Parlement sur le Roi (celui-ci n'est pleinement légitime que comme *King in Parliament*), Coke parvient donc à concilier la primauté

1

Edward Coke (1552-1634)

Edward Coke fut à la fois un juge, un parlementaire et un théoricien du droit. Plusieurs fois membre de la Chambre des communes, dont il fut le *speaker* en 1592-1593, il fut aussi *attorney général* (avocat général du gouvernement) en 1593-1594, puis Grand Juge des Plaids Communs (1606) et Grand Juge du Banc du Roi (1613). Comme parlementaire, il s'opposa aux tendances absolutistes de Jacques Ier (ce qui lui valut d'être incarcéré en 1621) et c'est dans ce cadre qu'il fut le rédacteur, en 1628, de la *Petition of Right*, qui est une des bases des « libertés anglaises ».

Coke est généralement considéré comme le plus grand représentant de la tradition du *Common Law*, dont il a donné une interprétation qui se situe à mi-chemin entre les doctrines traditionnelles de limitation du pouvoir et le libéralisme moderne. Dans la conception du droit que défend Coke, l'autorité et le savoir du juge sont simultanément minimisés et magnifiés. D'un côté, en effet, le juge n'est pas législateur et il ne « fait » pas le droit : *judex est lex loquens*, sa fonction est de « dire le droit » (*jus dicere*) ; en ce sens, même si l'identité du législateur est ici problématique, le *Common Law* est bien une loi, qui s'impose aux juges dont elle fonde l'autorité et qui exprime une rationalité supérieure. D'un autre côté, cette loi et la raison qui l'animent ne nous sont connues qu'à travers la succession des générations, et ce savoir réclame une « raison artificielle », fondée sur l'expérience accumulée et pas seulement sur le raisonnement. Le droit est donc un savoir spécialisé, qui ne se confond pas avec la « raison naturelle » (*nemo nascitur artifex*) et les juges en sont les détenteurs privilégiés : c'est pour cela que c'est à eux, et à eux seuls, qu'il revient de faire apparaître le sens toujours identique et toujours nouveau que prend le *Common Law* dans la suite des temps.

du Parlement avec le règne du droit (*Rule of Law*) et avec sa propre conception anti-volontariste de la production du droit. D'un côté, le Parlement a le privilège de « pouvoir abroger, suspendre, qualifier, expliquer ou annuler ce qu'ont fait les [parlements] antérieurs, quand bien même ceux-ci auraient interdit, restreint ou pénalisé un tel pouvoir, car c'est une maxime dans le droit parlementaire : *quod leges posteriores priores contrarias abrogat* » et ce pouvoir est « si transcendant et si absolu qu'il ne peut être limité, que ce soit par égard pour des causes ou pour des personnes » (*Institutes*, 4). D'un autre côté, le Parlement ne fait rien d'autre ici que se comporter comme un juge, qui en appelle des *Statutes* anciens « au droit, à ce droit universel que les Anglais ont réclamé comme leur héritage » (*loc. cit.*) (voir aussi F. Lessay, « Common Law », p. 94, et J.W. Gough, *L'Idée de loi fondamentale dans l'histoire constitutionnelle anglaise*, p. 50-52).

♦ Voir encadré 2.

D. Les conséquences philosophiques de la doctrine du « Common Law »

Au-delà de la Constitution anglaise, la doctrine du *Common Law* implique quelque chose comme une théorie générale ou une philosophie du droit, qui s'oppose par avance aux théories *positivistes* (lesquelles ne reconnaissent comme droit que le « droit positif », posé par le souverain ou par une autorité habilitée par celui-ci), sans avoir pour autant la rigidité de la plupart des théories du « droit naturel », du fait de son enracinement dans une tradition juridique qui valorise le rôle du temps et de l'histoire dans la découverte du droit.

Comme le remarque un historien contemporain (G.L. Postema, *Bentham and the Common Law Tradition*, p. 6-7), l'autorité du précédent et de la coutume n'implique pas nécessairement que l'on puisse faire remonter tout le *Common Law* à la plus haute antiquité. L'important est plutôt que l'on puisse affirmer une continuité entre le passé et le présent. L'usage et la coutume ont imposé des règles en montrant que celles-ci étaient à la fois acceptables parce qu'elles s'accordaient avec l'esprit public et raisonnables parce que conformes à la raison commune. Cette affirmation conjointe de la continuité historique et de la « raisonnabilité » (*reasonnableness*) n'est pas sans quelque ambiguïté. On peut, avec Coke, en tirer une conception particulariste de la raison juridique, qui insiste sur la cohérence interne de la jurisprudence construite patiemment à travers les « cas » résolus par les juges, ou par le droit « dit » par les juges. Comme on le verra, cet aspect de la théorie (qui est évidemment lié au « corporatisme » judiciaire de Coke et à sa défense de la « raison artificielle » du juge) est la cible privilégiée des grandes critiques modernes du *Common Law* depuis Hobbes ; et c'est sans doute pour cela que les auteurs ultérieurs insistent au contraire sur l'accord entre le *Common Law* et la raison naturelle pour montrer que le *Common Law* inclut en lui-même un certain nombre de principes généraux qui non seulement sont conformes à la coutume, mais aussi traduisent des exigences rationnelles liées à la nature même du droit. Ces deux conceptions de la raison à l'œuvre dans le droit ont en commun de s'opposer à l'avance aux thèses positivistes qui mettent au premier plan, dans la création du droit, la loi positive, posée par un législateur et non pas découverte par un juge. C'est pour cela que, quelles que soient ses ambiguïtés, la tradition du *Common Law* apparaît comme un adversaire privilégié du positivisme juridique, et que les critiques de ce courant restent souvent, encore aujourd'hui, conduits à reproduire ou à retrouver des modes de raisonnement typiques du *Common Law*.

Inversement, la théorie traditionnelle de la Constitution anglaise offrait elle-même une prise à une interprétation positiviste, à travers l'idée de la suprématie du Parlement – ou du *King in Parliament*. L'argument de Coke, qui explique le pouvoir qu'a le Parlement de changer le droit par ses *Statutes* et de modifier indéfiniment ces derniers comme venant de l'autorité qui est la sienne dans le système du *Common Law*, peut en effet être assez aisément renversé : s'il existe une autorité suffisamment puissante et légitime pour modifier les règles du droit anglais, il est difficile de ne pas penser que cette autorité est souveraine et que ses décisions sont présumées plus rationnelles que celles que rendent les juges communs, en s'inspirant de leur « raison artificielle ». En outre, si la

2

« Equity »

► THEMIS

En droit anglais, l'*Equity* (« équité ») désigne l'une des trois sources fondamentales du droit (avec le *Common Law* et le *Statute Law*) : la Cour de la Chancellerie peut juger « en équité » et protéger ainsi des droits méconnus par les tribunaux ordinaires (qui doivent suivre en toute rigueur le *Common Law*). Le terme anglais *equity* désigne donc tantôt la notion philosophique classique (l'*epieikeia* [ἐπιείκεια] d'Aristote), tantôt un droit particulier, produit à l'origine par une juridiction distincte. Dans le *Dialogue des Common Laws*, Hobbes joue habilement sur les deux sens du mot pour suggérer la supériorité de la justice royale (qui est sans appel puisque directement inspirée par la raison naturelle) sur celle des juges ordinaires, dont l'action doit pouvoir être tempérée par celle des Cours d'« *equity* ».

BIBLIOGRAPHIE

RAYNAUD Philippe, « L'équité dans la philosophie politique », *in* T. LAMBERT *et al.*, *Égalité et Équité : antagonisme ou complémentarité ?*, Economica, 1999.

Chancellerie jugeant en équité a le pouvoir de corriger les règles du *Common Law* et si le Roi n'est pas entièrement soumis aux *Statutes*, il semble bien que l'ordre juridique présente des lacunes que les juges communs ne sont pas les seuls à pouvoir combler. C'est ce qui a permis le développement, chez des auteurs aux intentions diverses, de critiques du *Common Law* qui, en s'appuyant sur la prérogative royale ou sur la souveraineté du Parlement ou, plus profondément encore, sur l'idée qu'un souverain quelconque est nécessaire pour qu'il y ait du droit, ont abouti à une refonte globale de la doctrine du droit. Il ne saurait évidemment être question ici d'un examen systématique de ces discussions. En renvoyant à ce sujet aux études déjà citées de F. Lessay, de G.J. Postema et de J.G.A. Pocock, on s'efforcera simplement de montrer brièvement leur influence sur le développement de la philosophie politique anglaise et sur la philosophie du droit contemporaine, où le vocabulaire lui-même fait écho à ces débats fondateurs.

II. « LAW » ET « RIGHT » SELON HOBBES : LE POSITIVISME LÉGALISTE CONTRE LE « COMMON LAW »

A. Le débat fondateur

Le chapitre 14 du *Leviathan* (1651) s'ouvre sur une distinction entre le droit de nature (*Right of Nature*, *jus naturale*) et la loi de nature (*Law of Nature*, *Lex naturalis*) : alors que le droit de nature « est la liberté qu'a chacun d'user comme il le veut de son pouvoir propre, pour la préservation de sa propre nature », une loi de nature « est un précepte, une règle générale, découverte par la raison, par laquelle il est interdit aux gens de faire ce qui mène à la destruction de leur vie ou leur enlève le moyen de la préserver, et d'omettre ce par quoi ils pensent qu'ils peuvent être le mieux préservés » (*Leviathan*, 1996, p. 86 ; trad. fr. F. Tricaud, 1971, p. 128). L'objet de cette distinction est de montrer pourquoi les hommes sont nécessairement amenés à se dessaisir du droit (*Right*) qu'ils ont naturellement sur toutes choses dans leur condition naturelle, sans pour autant par là avoir à contredire leur nature : lorsqu'ils se dessaisissent (*lay down*) de leurs droits, ils ne cessent pas de rechercher la préservation de la nature et de leur vie ; cependant, la prise en compte des lois de nature qui nous indiquent comment nous préserver se traduit bien par un changement radical, puisqu'elle marque le passage de la liberté à l'obligation et à l'obéissance.

Hobbes a conscience d'être un novateur lorsqu'il distingue le droit et la loi de manière aussi nette que dans le passage suivant :

> En effet, encore que ceux qui parlent de ce sujet aient coutume de confondre *jus* et *lex*, droit [*right*] et loi [*law*], on doit néanmoins les distinguer, car le *droit* [*right*] consiste dans la liberté [*liberty*] de faire ou de s'abstenir, alors que la *loi* [*law*] vous détermine et vous oblige [*bindeth* = « lie »] à l'un ou à l'autre ; de sorte que la loi [*law*] et le droit [*right*] diffèrent autant que l'obligation et la liberté, qui ne sauraient coexister sur un seul et même point.
>
> *Leviathan*, p. 86 ; trad. fr. F. Tricaud, p. 128.

Comme on l'a souvent noté, cette transformation des rapports entre le droit et la loi situe Hobbes à l'intersection exacte des deux courants fondamentaux de la politique moderne que sont, d'un côté, le libéralisme et, de l'autre, l'absolutisme exprimé par la théorie de la souveraineté. Hobbes est un des pères du libéralisme parce qu'il donne la priorité aux droits subjectifs et à la liberté, pensée comme absence de contrainte, dans son analyse de la constitution du lien politique, ce qui l'oppose à la fois à la tradition classique et au républicanisme moderne. Mais il est aussi un des penseurs de l'État absolu, parce qu'il prétend montrer que les individus ne peuvent atteindre leur premier but (la préservation de leur vie) qu'en transférant la quasi-totalité de leurs droits au souverain, contre lequel aucune résistance n'est licite hormis la fuite ou l'exil. Ces deux aspects de la pensée de Hobbes sont du reste liés, car le pouvoir absolu dont disposent le souverain et ses lois va de pair avec une transformation du statut de la loi, qui n'a plus pour fonction de guider les hommes vers la vertu ou vers la vie bonne, mais, plus modestement, de créer les conditions dans lesquelles les sujets poursuivront leurs fins propres afin d'atteindre un bonheur essentiellement privé et, sans doute, terrestre : l'État absolutiste a pour fonction de créer les conditions de ce que B. Constant appellera plus tard la « liberté des Modernes ». Au-delà de la défense de l'autorité de l'État contre les séditions et les troubles dont la première révolution anglaise a donné l'exemple, l'œuvre de Hobbes vise ainsi une transformation complète de la politique, qui passe par un changement profond du statut de la philosophie politique et par une subversion radicale de la tradition du *Common Law*.

Le projet explicite de Hobbes est sans doute de montrer la priorité du souverain et de la loi dans la définition du droit, ce qui ne va pas sans une certaine dévalorisation du rôle du juge au profit du législateur (P. Raynaud, « Juge »), mais il s'inscrit lui-même dans une promotion non moins remarquable de la place du droit dans la philosophie politique. Plus que toute autre, en effet, la philosophie politique de l'auteur du *Léviathan* est d'abord une philosophie du droit parce qu'elle met au premier plan la nécessité d'un tiers impartial et étranger aux querelles des hommes pour instituer un lien juridique entre eux grâce à sa capacité à imposer ses décisions sans contestation. En ce sens, le souverain, qui détermine la compétence des autres instances, est bien en quelque sorte un juge suprême dont la fonction est d'abord de faire régner le droit : le *law* est toujours simultanément « loi » et « droit » et les autorités supérieures sont indissolublement « juridictionnelles » et « législatrices » (comme l'étaient le Parlement ou le *King in Parliament* dans la tradition anglaise). C'est ce que montre le jeu continuel entre *jus* et *lex* auquel se livre Hobbes et dont on trouve un exemple admirable au chapitre 24 du *Leviathan*, qui traite « De l'alimentation et de la procréation de la république », c'est-à-dire de la production et de la répartition des matières premières ainsi que du statut des colonies créées par une république dans des pays étrangers. Hobbes y défend la thèse selon laquelle le droit et sa garantie dépendent de la protection et de l'autorisation préalables du souverain et, à l'appui de sa théorie, il invoque l'autorité de Cicéron qui, pourtant connu comme un « défenseur passionné de la liberté », a dû reconnaître (*Pro Caecina*, XXV, 70 et 73) qu'aucune propriété ne saurait être protégée ou même reconnue sans l'autorité de la « loi civile [*civil Law*] » (*Leviathan*, chap. 24, p. 162 ; trad. fr. F. Tricaud, p. 262-263). Or, ce que Hobbes traduit ainsi, c'est évidemment *jus civile*, un « droit », plutôt qu'une « loi », dont le rapport à la « loi de nature » est d'ailleurs différent, chez Cicéron, de ce qu'il est chez l'auteur du *Léviathan*. Inversement, cette inflexion de la terminologie classique du *jus civile* dans un sens favorable à l'autorité souveraine du législateur suprême ne va pas sans une transformation symétrique du statut de la loi qui s'appuie très habilement sur l'étymologie du grec *nomos* (loi) pour redonner au *Law* ce que le droit romain attribuait au *jus*, c'est-à-dire la fonction d'attribuer à chacun ce qui lui revient (*suum cuique tribuere*) et de garantir ainsi la justice (*justitia*) dans les partages :

> Par conséquent, étant donné que l'introduction de la propriété est un effet de la République, qui ne peut agir que sur la personne qui la représente, cette introduction est l'acte du seul souverain ; elle repose sur des lois que nul ne peut promulguer s'il ne dispose que du pouvoir souverain. Cela, les Anciens le savaient bien, qui appelaient νόμος, c'est-à-dire *répartition*, ce que nous appelons loi ; et qui définissaient la justice comme la répartition par laquelle chacun reçoit *ce qui lui appartient*. [*And this they well knew of old, who called that* νόμος (*that is to say* distribution) *which we call law; and defined justice, by* distributing *to every man* his own.]
>
> *Ibid.*, p. 164 ; trad. fr. F. Tricaud, p. 263.

Significativement ce texte est cité par Carl Schmitt, qui a cherché à replacer Hobbes dans une tradition politique impériale, étrangère à la fois au libéralisme et à l'absolutisme « éclairé » (C. Schmitt, « À partir du *nomos* : prendre, partager, patûrer », p. 550).

B. Hobbes et la tradition du « Common Law » : la subversion de l'héritage anglais

Quelles sont les conséquences de cette philosophie du droit pour l'héritage anglais et, singulièrement, pour la tradition du *Common Law* ? Le texte le plus clair à ce sujet est sans doute l'admirable *Dialogue entre un philosophe et un légiste des Common-laws d'Angleterre*, dans lequel Hobbes met en scène l'opposition entre la tradition de Coke et la nouvelle philosophie « légicentriste » et rationaliste. Hobbes y attribue clairement à Coke la confusion entre *Law* et *Right* (ou entre *lex* et *jus*) qu'il dénonçait dans le *Leviathan*. Et il développe une puissante critique interne de la tradition des juristes du *Common Law* afin de montrer que la conception moderne de la souveraineté (attribuée ici au Roi et non au Parlement) est la seule qui puisse donner une vraie cohérence à l'ordre juridique anglais. Il s'appuie ainsi sur diverses citations de Bracton (« le plus sûr des auteurs de la *Common Law* », *ibid.*, p. 55) pour montrer que le Roi est pleinement souverain dans l'ordre temporel. Il ajoute que, depuis la rupture de l'Angleterre avec Rome, le pouvoir spirituel revient lui aussi au Roi, et il interprète la formule *King in Parliament* d'une manière qui proscrit tout dualisme dans les autorités civiles. La cible principale du *Dialogue* est évidemment le pouvoir des juges du *Common Law*, que la tradition dominante prétendait fondé sur la sagesse produite par la « raison artificielle » acquise au cours des études juridiques et que Hobbes attaque au nom à la fois de la « raison naturelle » et de l'autorité du législateur. D'un côté, en effet, il n'y a pas d'autre raison que la raison naturelle (*Leviathan*, trad. fr F. Tricaud, p. 29) : s'il est vrai que « personne ne naît avec l'usage de la raison, cependant tous les hommes peuvent y accéder aussi bien que les légistes » (*ibid.*, p. 38) et le savoir des juges ne se distingue en rien de celui qui est mis en œuvre dans les autres arts. D'un autre côté, la sagesse des juges ne saurait elle-même suffire à donner force de loi à leurs décisions, car « ce n'est pas la sagesse, c'est l'autorité qui fait une loi » (*ibid.*, p. 29). Les lois anglaises n'ont pas été faites par les professionnels du droit, mais « par les rois d'Angleterre, en consultation avec la noblesse et les communes en Parlement, parmi lesquels il n'y en avait pas un sur vingt qui fût juriste » (*ibid.*, p. 29). En reprenant une formule du *Leviathan* : « *autoritas, non veritas facit legem* », Hobbes indique clairement qu'il voit dans les doctrines qui valorisent le droit recueilli ou découvert par les jurisconsultes anglais des sophismes de même nature que ceux des philosophes platonisants, des fanatiques religieux ou des défenseurs du papisme : la prétention à faire de la vérité ou de la sagesse la source de la loi n'est rien d'autre que le masque dont se couvrent toutes les tentatives pour usurper le pouvoir suprême. Par ailleurs, comme le montre d'ailleurs le *Dialogue* lui-même, le raisonnement du philosophe apparaît aux yeux du légiste comme le fruit d'un privilège indûment conféré au *Statute Law* contre le *Common Law*, là où le philosophe prétend au contraire parler du « droit (*law*) en général » lorsqu'il évoque le rôle des rois d'Angleterre dans la genèse des lois anglaises (*ibid.*, p. 29).

La reconstruction hobbesienne de la théorie du droit aboutit donc bien à donner à la législation la priorité sur toute autre source du droit et à affirmer hautement la souveraineté du Roi, dont les autres composantes du Parlement ne sont guère que des auxiliaires utiles sans être nullement indispensables à l'adoption des lois. Cela ne signifie pas pour autant que Hobbes abandonne la totalité de la tradition antérieure, ni qu'il refuse tout rôle aux juges dans l'élaboration du droit, car sa stratégie consiste toujours à partir d'une critique *interne* des contradictions de la tradition pour montrer que ses propres propositions sont plus aptes à réaliser les objectifs que celle-ci prétendait poursuivre. En premier lieu, comme on l'a déjà noté, la primauté du législateur provient elle-même de la capacité de celle-ci à dire le droit et à le faire régner en dépassant les litiges violents qui traversent l'état de nature : le souverain de Hobbes (qui est pour lui le Roi) reste en quelque façon un juge, comme l'était le Parlement anglais dans les théories traditionnelles des juristes du *Common Law*, et son action continue donc de relever des deux sens de *Law* (*ibid.*, p. 46 : « puisque le Roi est unique législateur (*legislator*), je crois que c'est raison aussi qu'il soit unique juge suprême »). Hobbes reprend du reste à son compte l'identité de la raison et du *Common Law*, même si c'est pour en inverser ironiquement la signification : là où les émules de Coke disaient que le *Common Law* était la raison « artificielle » elle-même, il dira que la raison naturelle est le véritable *Common Law*. Quant au rôle des juges, il est certes sévèrement réduit, mais il n'est pas pour autant nié. Hobbes reconnaît au juge du *Common Law* un certain pouvoir normatif, qui vient de ce que le souverain a préalablement posé que, « en l'absence de loi contraire », les règles coutumières ou jurisprudentielles auraient force de loi (de la même manière que le « droit civil », c'est-à-dire le droit romain, peut être incorporé dans le droit anglais si le Roi le veut ainsi). Le juge n'est d'ailleurs pas nécessairement plus passif que dans la doctrine traditionnelle. Dans le *Dialogue*, le philosophe va jusqu'à reconnaître, contre son interlocuteur, que le juge peut sans danger s'écarter de la lettre de la loi, s'il ne s'écarte pas de son sens et de l'intention du législateur (*ibid.*, p. 30). Et, dans le *Léviathan*, Hobbes note que le juge peut compléter la loi civile par la loi de nature lorsque le droit positif n'autorise pas pleinement une sentence raisonnable, même s'il doit aussi, dans les cas les plus difficiles, en référer à l'autorité supérieure du législateur (*Leviathan*, chap. 26, trad. fr. F. Tricaud, p. 300).

III. DEUX TRADITIONS PHILOSOPHIQUES

La grandeur de Hobbes vient de ce qu'il a d'emblée saisi ce qui, dans l'héritage du *Common Law*, faisait obstacle à l'épanouissement de l'État moderne, tout en comprenant admirablement la nature indissolublement émancipatrice, rationaliste et absolutiste de la conception « moderne » de la souveraineté. C'est pour cela que, dans l'histoire ultérieure de la pensée de langue anglaise, on trouvera à l'œuvre une logique « hobbesienne » chez tous les penseurs qui veulent rompre avec l'héritage des juristes du *Common Law* ou mettre en lumière les similitudes entre le régime anglais et les autres formes de l'État moderne. Inversement, les schémas conceptuels du *Common Law* renaissent spontanément chez tous ceux qui, pour des motifs divers, veulent limiter les prétentions du souverain et du législateur pour affirmer les droits de l'histoire ou pour donner au juge un rôle privilégié dans la protection des « droits ». C'est ce que montrent, d'un côté, les exemples de Bentham et de Hart et, de l'autre, ceux de Hume, de Burke et de Dworkin.

A. Le positivisme juridique en Angleterre

Jeremy Bentham (1748-1832) est sans doute le principal héritier de Hobbes en Angleterre, même si ses opinions politiques sont évidemment très éloignées de l'absolutisme monarchique. L'anthropologie utilitariste prolonge les thèses fondamentales de Hobbes à travers l'œuvre d'Helvétius et d'Holbach et, surtout, J. Bentham a à l'égard de l'héritage anglais le même regard critique que l'auteur du *Léviathan* ; chez Bentham comme chez Hobbes, le but est de rationaliser le droit anglais en réduisant l'influence des juges au profit des autorités politiques, et ce projet passe là encore par une affirmation des droits de la raison naturelle contre la culture judiciaire, par la priorité donnée à la loi entendue comme *commandement* et par une transformation fondamentale des principes de légitimation des règles et des usages du *Common Law*. L'attitude de Bentham est ainsi semblable, *mutatis mutandis*, à celle de Hobbes, comme le montre la façon dont il interprète l'autorité de la coutume ou la règle du *stare decisis*. Chez les juristes traditionnels, la continuité historique de la coutume avait en elle-même une autorité, alors que, pour Bentham, la coutume ne devient vraiment du droit (*law*) que lorsqu'elle est légalisée, c'est-à-dire sanctionnée par le législateur (*lawgiver*) : le raisonnement est le même que celui qui, dans le *Dialogue entre un philosophe et un légiste des Common-laws d'Angleterre* (1681), fondait l'autorité des Cours anglaises sur l'autorisation du souverain. La coutume et la règle du précédent ont par ailleurs un avantage réel du point de vue utilitariste, qui est de garantir, grâce à la continuité du droit, la *sécurité* que le citoyen recherche dans l'ordre juridique, mais cela entraîne pour Bentham des conséquences inverses de celles qu'en tiraient les juristes anglais traditionnels. Pour ces derniers, la continuité de la coutume crée une présomption de rationalité et de juridicité, mais le juge, qui raisonne sur les principes incorporés dans le *Common Law*, peut parfois s'affranchir des précédents lorsqu'il apparaît que ceux-ci conduiraient à une décision « déraisonnable », ce qui explique comment le juge, sans « faire » (*make*) le droit ou la loi (qu'il ne fait que « découvrir »), peut jouer un rôle innovateur (par ex., Blackstone, *Commentaries*..., I, p. 69-71). Pour Bentham, au contraire, le juge ne pourrait s'écarter du précédent sans devenir législateur et sans créer ainsi des lois rétrospectives, qui mettraient en danger la sécurité des citoyens (G.L. Postema, *Bentham and the Common Law Tradition*, p. 194-197 et 207-210). Mais le conflit entre la lettre du droit et les décisions des juges peut aussi être vu comme un symptôme de l'imperfection du système anglais traditionnel, où la rigidité de la règle du précédent augmente le risque de l'arbitraire des juges, ce qui conduit Bentham à proposer une réforme d'ensemble du droit anglais, dans laquelle la législation (*Law-making*) et la décision de justice (*adjudication*) sont l'une et l'autre régulées par les principes de l'utilité, selon des voies qui empruntent à la fois à la tradition hobbesienne et, paradoxalement, à certains éléments de la tradition du *Common Law* (cf. G.L. Postema, *ibid.*, p. 339-464). Les mêmes problèmes sont repris chez les grands théoriciens anglais du positivisme juridique comme J. Austin (1790-1859) ou surtout Herbert L.A. Hart (né en 1907), dont l'œuvre a notamment permis de donner une interprétation « positiviste » des données fondamentales du droit anglais : contrairement à la doctrine classique selon laquelle le juge ne faisait que « découvrir » le droit, le *Common Law* y apparaît comme un *Judge-made Law*, dans lequel le juge peut être amené à poser des règles nouvelles lorsque le droit en vigueur ne permet pas de résoudre un cas.

B. L'héritage du « Common Law »

Le principal héritage philosophique des juristes anglais traditionnels se trouve chez des auteurs comme David Hume ou Edmund Burke, dont les schémas d'interprétation de la politique peuvent être vus comme des transpositions philosophiques des modèles du *Common Law*, ainsi que le montrent leur usage de l'histoire anglaise, leur insistance sur les limites de la raison individuelle et leur recherche d'une « raison artificielle » irréductible à la simple application des règles « métaphysique » issues de la « raison naturelle » (Postema, *ibid.*, p. 81-143 et J.G.A. Pocock, *Politics, Language and Time. Essays on Political Thought and History*, p. 202-232). À côté de cette tradition que l'on peut dire « conservatrice », on notera aussi la présence tout à fait évidente des modes de pensée issus du *Common Law* chez un auteur comme Dworkin, dont la critique du positivisme de Hart est clairement au service des grandes causes « libérales » d'aujourd'hui. Dans la perspective de Dworkin, en effet, le droit ne peut pas être réduit à des règles (*rules*), car il comprend aussi un ensemble de principes qui sont sous-jacents au système juridique tout en exprimant la moralité commune. Et ce sont ces principes qui servent aux juges lorsqu'ils semblent s'écarter du précédent ou, plus généralement, lorsque ceux-ci, par exemple les juges « libéraux » de la Cour suprême des États-Unis, paraissent « créer » du droit : c'est là un raisonnement très semblable à celui de Blackstone. De la même façon, l'insistance de Dworkin sur la « continuité » du droit au-delà des revirements « apparents » de la jurisprudence ou encore sa thèse selon laquelle il n'y a sur chaque cas difficile qu'une seule bonne réponse (ce qui suppose que les mauvaises décisions ne peuvent être que des « erreurs ») font assez évidemment écho aux idées des grands juristes anglais. Et cette œuvre tout entière vouée à la défense de la modernité récente nous rappelle ainsi que le succès du *Common Law* est venu de sa capacité à présenter les innovations les plus radicales comme des conséquences de la fidélité à la tradition.

Il y a donc bien, dans la philosophie du droit de langue anglaise, quelque chose d'irréductible aux autres courants modernes, et qui vient d'une incorporation, dans la philosophie, de schèmes de raisonnement directement issus de la tradition juridique du *Common Law*, comme si l'expérience et la langue anglaises portaient avec elles une vision particulière du droit, irréductible à la fois au positivisme et aux versions les plus dogmatiques du droit naturel. Mais cette tradition est elle-même traversée par des tensions internes constantes et elle a été l'objet, à partir de Hobbes, de critiques radicales, fondées sur un projet de rationalisation de l'État et de la société, qui ont permis un rapprochement entre la pensée anglaise et les courants « continentaux » : Hobbes semble parfois un successeur de Bodin, et Bentham est un lecteur d'Holbach et d'Helvétius. Inversement, les schèmes issus du *Common Law* sont très vivants chez les auteurs sensibles au rôle propre du juge, dont l'importance est évidente dans la politique démocratique et dans le droit constitutionnel d'aujourd'hui.

Philippe RAYNAUD

BIBLIOGRAPHIE

AUSTIN John, *The Province of Jurisprudence Determinated*, Londres, 1832.

BEAUD Olivier, *La Puissance de l'État*, PUF, 1993.

BLACKSTONE William, *Commentaries on the Laws of England*, 1765-1769, rééd. University of Chicago Press, 1979.

CARRIVE Paulette, « Hobbes et les juristes de la *Common Law* », *in* M. BERTMAN et M. MALHERBE (éd.), *Thomas Hobbes. De la métaphysique à la politique*, Vrin, 1989.

DICEY Albert Venn, *Introduction to the Study of the Law of the Constitution*, 8ᵉ éd., 1915, rééd. Indianapolis, Liberty Classics, 1982.

DWORKIN Ronald, *Law's Empire* [1986] ; *L'Empire du droit*, trad. fr. E. Soubrenie, PUF, 1994.

— *Taking Rights Seriously* [1977] ; *Prendre les droits au sérieux*, trad. fr. M.-J. Rossignol et F. Limare, rev. F. Michaut, PUF, 1995.

GOUGH John Wiedofft, *L'Idée de loi fondamentale dans l'histoire constitutionnelle anglaise*, trad. fr. C. Grillou, PUF, 1992.

HART Herbert Lionel Adelphus, *The Concept of Law*, Oxford UP, 1961.

HOBBES Thomas, *Leviathan, or the Matter, Forme, and Power of a Common-Wealth, Ecclesiasticall and Civill*, 1651, rééd. Oxford UP, 1996 ; *Léviathan, ou la Matière, la Forme et la Puissance d'un état ecclésiastique et civil*, trad. fr. F. Tricaud, Sirey, 1971.

— *Dialogue entre un philosophe et un légiste des Common-Laws d'Angleterre*, 1681, trad. fr. L. et P. Carrive, Vrin, 1990.

LESSAY Frank, « Common Law », *in* P. RAYNAUD et S. RIALS (éd.), *Dictionnaire de philosophie politique*, PUF, 1996.

LOCKE John, *The Second Treatise of Civil Government* [1690] ; *Deuxième Traité du gouvernement civil*, trad. fr. B. Gilson, Vrin, 1977.

POCOCK John Greville Agard, *The Ancient Constitution and the Feudal Law*, Cambridge UP, 1987.

— *Politics, Language and Time. Essays on Political Thought and History*, Chicago-Londres, The University of Chicago Press, 1989.

— *Vertu, Commerce et Histoire* [1985], trad. fr. H. Aji, PUF, 1998.

POLLOCK Frederick & MAITLAND Frederic William, *The History of English Law*, 1895, rééd. Cambridge UP, 1998, I, p. 175.

POSTEMA Gerald L., *Bentham and the Common Law Tradition*, Oxford UP, 2ᵉ éd., 1989.

RAYNAUD Philippe, « Juge », *in* P. RAYNAUD et S. RIALS (éd.), *Dictionnaire de philosophie politique*, PUF, 1996.

RAYNAUD Philippe et RIALS Stéphane (éd.), *Dictionnaire de philosophie politique*, PUF, 1996.

SCHMITT Carl, « À partir du *nomos* : prendre, partager, patûrer », trad. fr. T. Paélologue, *Commentaire*, n° 87, automne 1999, p. 549-556.

TUNC André, « Coutume et *Common Law* », *Droits*, n° 3 : « La coutume », 1986, p. 57.

OUTILS

Black's Law Dictionary, Centennial Edition (1891-1991), Saint Paul, West Company, 1998.

LEGGIADRIA ITALIEN – fr. *grâce, beauté, élégance, légèreté*

all.	*Geschicklichkeit*
angl.	*grace, beauty*

► *GRÂCE*, et ART, BAROQUE, BEAUTÉ, DISEGNO, MIMÊSIS, SPREZZATURA

Terme aujourd'hui désuet, renvoyant à une élégance affectée, leggiadria *provient du latin* levitus *et du provençal. C'est pendant la Renaissance italienne que la* leggiadria *devient l'expression d'une grâce quasi naturelle, nullement divine mais ancrée dans la réalité mondaine, d'une tension entre le naturel et l'artificiel dont elle se veut le point d'équilibre. Ses traductions seront alors :* grâce, grace, grazie, *élégance, beauté,* beauty. *Vers la fin du XVI*^e^ *siècle cependant, au temps de la Contre-Réforme et de la perte, par l'Italie, de son autonomie, le sens du terme se déplace : la* leggiadria *prend plutôt la signification d'une beauté où l'artificiel l'emporte sur le naturel et devient ainsi l'une des qualités majeures de l'homme de cour dans les traités de comportement.* Leggiadria *désigne alors la capacité de construire une sphère sociale à l'écart des véritables conflits politiques, et se présente comme une feinte spontanéité dont l'expression la plus pertinente est* sprezzatura *(une désinvolture affectée), comme dans le* Cortegiano *de Baldassare Castiglione (1528) qui eut maints lecteurs dans l'Europe des cours. En ce nouveau sens, ses traductions pourront être « gaillardise » et* Geschicklichkeit *(« habileté, adresse », formé sur* Geschick*).*

I. L'ÉDUCATION DE LA NATURE ?

Le terme de *leggiadria* connaît son origine et sa plus grande fréquence dans la poésie amoureuse ; il renvoie à la beauté féminine ou à l'élégance propre aux animaux que l'on peut, en principe, dresser. Car, dans la *leggiadria*, il est en fait question d'éduquer la nature, jusqu'à faire apparaître l'acquis comme naturel. Cette coloration traverse la poésie en langue vulgaire, depuis Dante jusqu'aux poètes baroques. Chez Politien par exemple, *leggiadria* est la grâce toute particulière de la biche et de la femme aimée, toutes deux caractérisées par une élégance spontanée mais précieuse :

> La colère funeste se retire de son visage, et Vanité résiste encore un peu face à elle ; chaque douce vertu est sa compagne, Beauté la montre du doigt et *Leggiadria* aussi.
>
> [*Ira dal volto suo trista s'arretra, e poco, avanti a lei, Superbia basta ; ogni dolce virtù l'è in compagnia, Beltà la mostra a dito e Leggiadria.*]
>
> *Le Stanze*, I, 45.

Au XVe siècle, ce terme exprime une oscillation entre le naturel et l'artificiel aux contours assez flous. Au XVIe, avec l'exigence de systématisation et de classification des genres littéraires comme des systèmes politiques, de nombreux traités d'amour ou de poétique s'attachent à distinguer entre la beauté, la grâce et la *leggiadria*. Le cas le plus frappant est le dialogue intitulé *Il Celso. Della bellezza delle donne*, où A. Firenzuola, dressant une taxinomie des termes utilisés pour dire la beauté, se sert d'une fausse étymologie pour faire dériver *leggiadria* non pas de *légèreté*, mais de *loi* (*legge*) :

> Comme d'aucuns le veulent et selon la force même du vocable, la *leggiadria* n'est rien d'autre que l'observance d'une loi tacite, qui est faite et promue par la nature pour vous, les femmes, pour que vous mouviez, portiez et agenciez votre personne entière tout comme les membres particuliers avec grâce, modestie, mesure, discrétion, de sorte que nul mouvement ou action ne soit sans règle, sans manière, sans mesure ou sans dessein.
>
> [*La leggiadria non è altro, come vogliono alcuni, e secondo che mostra la forza del vocabolo, che un'osservanza d'una tacita legge, fatta e promulgata dalla natura a voi donne, nel muovere, portare e adoperare così tutta la persona insieme, come le membra particolari, con grazia, con modestia, con misura, con garbo, in guisa che nessun movimento, nessuna azione sia senza regola, senza modo, senza misura o senza disegno.*]
>
> *Il Celso*, Discours, I, p. 39 [notre traduction].

La *leggiadria* continue donc de désigner une beauté plus que gracieuse, mais elle commence à perdre, pour ainsi dire, en légèreté : il lui faut la règle, la mesure, le *disegno*. Ainsi, l'équilibre entre le naturel et l'artificiel semble s'infléchir vers l'artificiel ou, tout au moins, vers la construction d'un ordre conséquent et programmé. Ce n'est pas un hasard si cette exigence est particulièrement forte dans le genre naissant des traités d'art : le principe d'imitation de la nature y entre en compétition avec l'idée d'une mise en œuvre selon les intentions de l'auteur et grâce à son savoir-faire. Les avis sont alors partagés ; l'accent tombe tantôt sur le naturel, tantôt sur l'artificiel, mais c'est dans la deuxième direction que les humanistes semblent s'engager.

L'équilibre de la *leggiadria* se trouve encore maintenu dans la traduction en italien par C. Bartoli du *De re ædificatoria* d'Alberti : là où l'humaniste avait utilisé le terme latin *venustas* pour désigner un certain ordre obtenu en suppléant aux insuffisances de la nature même, le traducteur choisit en 1550 le vocable *leggiadria*. La *leggiadria* confère à la beauté à la fois son principe d'ordre et d'harmonie, et le pouvoir d'accomplir les projets qui n'ont pas abouti au sein de la nature :

> La beauté est un certain accord et concordance des parties, quelle que soit la chose où ces parties se trouvent, cette concordance étant obtenue par une mesure déterminée, par un ordre et par une disposition, à savoir la *leggiadria*, laquelle est la visée principale que recherchait la nature.
>
> [*La bellezza è un certo consenso, e concordantia delle parti, in qual si voglia cosa che dette parti si ritrovino, la qual concordantia si sia avuta talmente con certo determinato numero, finimento, e collocatione, qualmente la leggiadria ciò è, il principale intento della natura ne ricercava.*]
>
> Alberti, *L'Architettura*, trad. it. C. Bartoli, Florence, Torrentino, 1550, VI, 2.

Mais si, dans la traduction de Bartoli, la nature reste une référence majeure, à la même date, Vasari distingue nettement la beauté de la *leggiadria*, et considère celle-ci avant tout comme exempte de mesure : elle excède la nature et les règles de l'harmonie proportionnelle. Ses modèles sont ainsi Raphaël, Le Parmesan, Perin del Vago ; ses contre-modèles Paolo Uccello, Piero della Francesca, les peintres les plus sensibles à la référence à l'univers « naturel ».

II. LA NOUVELLE MORALE ET LA VERTU DE LÉGÈRETÉ ?

Le glissement vers la signification d'artificiel et même d'artefact s'opère de manière plus marquante dans l'utilisation de *leggiadria* par les traités de comportement de la seconde moitié du XVIe siècle. Avec la perte de l'autonomie italienne et la Contre-Réforme, une nouvelle morale du comportement se développe dans les cours ; les hommes de lettres élaborent une rhétorique qui s'appuie sur l'écart ménagé entre le for intérieur et l'exhibition publique. La *leggiadria* acquiert alors un sens voisin de la *sprezzatura*, telle qu'elle est illustrée par Baldassare Castiglione dans *Il Cortegiano* (1528), qui consiste à dissimuler les efforts de l'art sous une apparence de désinvolture. Cette morale trouvera, bien plus tard, une justification théorique dans *La Dissimulazione onesta* (1641) de Torquato Accetto, pour qui le déguisement de la spontanéité et de ses opinions propres constitue un mode de survie. *Leggiadria* devient, en effet, dans nombre de traités de la Contre-Réforme ce qui caractérise l'espace intermédiaire entre le privé et le public, l'inné et l'acquis, la sincérité et le mensonge, espace qui est aussi celui de l'entregent, de la distance négociée où se déploie la sociabilité propre à la *leggiadria* : la conversation. Dans son *Galateo* (1558), Giovanni della Casa situe ainsi la *leggiadria* dans le registre des bonnes manières. Elle est toujours au centre de l'activité consistant à *comunicare e usare*, entretenir des liens qui rendent deux hommes moins étrangers l'un à l'autre, moins ennemis. Mais elle se définit aussi comme un travail sur les inconvenances du corps propre : sans l'élégance de contenir son corps, le beau et le bon divorcent. Jean de Tournes (1598) traduit ainsi en français la définition de la *leggiadria* qui figure dans le *Galateo* :

> L'élégance [*leggiadria*] n'est en quelque sorte rien d'autre qu'une certaine lumière qui se dégage de la convenance des choses qui sont bien composées et bien divisées les unes avec les autres et toutes ensemble : sans cette mesure, le bien n'est pas beau, ni la beauté plaisante.
>
> Giovanni della Casa, *Il Galateo* [1558] ; trad. fr. Jean de Tournes, 1598, rev. A. Pons, chap. 27, p. 101-102.

C'est en ce sens que la *leggiadria* est traduite et adaptée dans les grandes sociétés de cour européennes. Toutefois, sa vie est de courte durée : Heinrich Wölfflin (*Renaissance und Barok*, 1888) vit dans la disparition de l'univers de la *leggiadria* (*die graziöse Leichtigkeit*) l'un des éléments majeurs du passage entre Renaissance et Baroque : la ligne de fracture passerait par le goût pour les masses, la couleur, la spirale, supplantant celui des contours, du dessin, de la légèreté. Au XVIIIe siècle, la *leggiadria* est complètement occultée par la distinction entre la grâce et la beauté, chez les néoclassiques tels que Antonio Canova, Leopoldo Cicognara, Ugo Foscolo : l'art aspire à la divinisation, et ne peut par conséquent être considéré comme simplement mondain. Si la grâce semble chez Schiller, s'agissant de la beauté en mouvement, reprendre les traits de la *leggiadria*, elle vise en réalité à fonder la synthèse entre la nature et la liberté suprasensible. Or la *leggiadria* ne se veut aucunement transcendante au réel. Ancrée dans la réalité mondaine, elle en suspend certaines règles pour construire des mondes contigus, pris dans un équilibre fragile entre l'artificiel et le naturel, et non pour faire intervenir la dimension de la grâce divine. Comme Guido Cavalcanti qui échappe chez Boccace à la poursuite, par un bond « d'une grande légèreté » et retombe de l'autre côté de l'Orto San Michele, elle ne nie pas la nécessité du réel, mais cherche seulement les points d'appui d'où faire un saut svelte et léger, un rien qui sauve. Italo Calvino reprend ce récit dans ses *Lezioni americane* (1988) en recommandant la légèreté aux écrivains du prochain millénaire comme l'une des consignes majeures, quoique oubliée, de la littérature occidentale, héritière de l'humanisme de la Renaissance.

Fosca MARIANI-ZINI

BIBLIOGRAPHIE

ALBERTI Leon Battista, *De pictura* [1435], Roma-Bari, Laterza, 1980 (texte latin et italien) ; *De la peinture*, trad. fr. J.-L. Schefer, Macula, 1992.

— *De re aedificatoria* [1452], éd. et trad. it. G. Orlandi, Milan, Il Polifilo, 1966.

CASTIGLIONE Baldassare, *Il Cortegiano* [1528], Turin, UTET, 1955 ; *La Seconda Redazione del Cortegiano*, éd. crit. G. Ghianassi, Florence, Sansoni, 1968 ; *Le Livre du courtisan*, trad. fr. A. Pons, Lebovici, 1987.

DELLA CASA Giovanni, *Il Galateo* [1558], Turin, UTET, 1970 ; *Galatée*, trad. fr. A. Pons, d'après la version J. de Tournes [1598], Quai Voltaire, 1988.

FIRENZUOLA Agnolo, *Il Celso. Della bellezza delle donne* di M. Agnolo Firenzuola fiorentino [1548], nouv. éd., In Venetia, per Giouan, Griffio, Ad instantia di Pietro Boselli, 1552.

POLITIEN [POLIZIANO] Angelo, *Le Stanze* [1478], Milan, Garzanti, 1992.

VASARI Giorgio, *Le Vite de' più eccellenti pittori, scultori ed architettori* [1550-1568], Florence, Sansoni, 1966-1969 ; *La Vie des meilleurs peintres et architectes*, éd. et trad. fr. A. Chastel (dir.), Berger-Levrault, 1983.

LEIB / KÖRPER / FLEISCH ALLEMAND – fr. *chair/corps*

gr.	*sôma* [σῶμα] / *sarx* [σάρξ]
hébr.	*bāsār* [בָּשָׂר]
lat.	*corpus / caro*
angl.	*lived-body / body / flesh*
esp.	*carne / cuerpo*
it.	*carne / corpo*

► *CHAIR*, *CORPS*, et ÂME, ANIMAL, CONSCIENCE, DASEIN, ERLEBEN, GESCHLECHT, LOGOS, PATHOS, QUALE, PERCEPTION, SUJET, *VIE*

Leib possède deux acceptions en fonction du corrélat privilégié : couplé à Seele *(âme), il correspond au sens courant du corps comme foyer de la sensorialité et s'inscrit dans le cadre du rapport âme/corps ; saisi dans son lien avec son voisin* Körper, *sa signification s'infléchit en se ressourçant à son étymologie* Leben *(vie) : il signifie la face vitale, fluide, vivante et dynamique de la corporéité, tandis que* Körper *indique l'aspect structurel du corps, c'est-à-dire sa dimension statique. D'où la tentation de rendre* Leib *: (1) par* chair *(*carne *en it. et esp.) pour mettre l'accent sur cet aspect de fluidité vitale, et* Körper *par* corps *lorsque les deux termes sont en présence l'un de l'autre — dans le contexte husserlien notamment ; (2) par* corps *lorsque c'est* Seele *qui en structure le sens, dans des cadres plus classiques. Mais le problème que l'on rencontre alors est celui de la re-traduction de* chair *— terme déterminant chez Merleau-Ponty — dans les langues germaniques, qui disposent d'un terme spécifique :* Fleisch *(all.),* flesh *(angl.), lequel se rend couramment en français par* viande. *De surcroît reflue sur* chair *une connotation théologique qui conduit à interroger le contexte gréco-latin, voire hébraïque, d'enracinement de la notion. Or on trouve en grec et en latin deux termes qu'il serait confortable de retenir comme des couples bi-univoques pour rendre* chair/corps *ou* Leib/Körper, *à savoir* caro/corpus *et* sarx/sôma *[σάρξ/σῶμα]. Mais, de même que le passage de l'allemand au français ne permet pas une transposition simple d'un couple à l'autre, de même est-on confronté en latin et en grec à des déplacements ou, du moins, à des inflexions de sens liées à l'axiologie qui sous-tend chaque terme, et ce, de manière d'ailleurs distincte en philosophie et en théologie.*

I. DIMENSIONS LEXICALE ET ÉTYMOLOGIQUE

En allemand courant, *Leib* désigne le ventre ou le sein : des expressions comme *Nichts im Leibe haben* (« n'avoir rien dans le ventre »), *gesegneten Leibes sein* (« être enceinte ») ou *die Mutterleib* en témoignent. *Lato sensu*, *Leib* correspond à ce qui touche à l'intimité corporelle dans ce qu'elle a de vital – *harten Leib haben* (« être constipé ») – ou de sensoriel : *am ganzen Leibe zittern* (« trembler de tout son corps »). En outre, *Leib* est pris dans des expressions qui mentionnent l'âme (*Seele*) ou le cœur (*Herz*) : *kein Herz im Leib haben* (« n'avoir pas de cœur ») ; *mit Leib und Seele* (« de tout son cœur/corps et âme ») ; *jemandem mit Leib und Seele ergeben sein* (« être dévoué à quelqu'un corps et âme »). Cela laisse pressentir une proximité du *Leib* avec le domaine du « sentir », qu'il s'agisse de l'affectif ou du sensoriel.

L'étymologie révèle une souche commune dès le moyen haut-allemand (*līp*, gén. *lībes*) entre *Leib* et *leben*, d'une part, entre *Leib* et *bleiben*, d'autre part. Dans un cas, *Leib* véhicule l'idée d'un flux vital propre à tous les êtres vivants, animant le corps inerte. Dans l'autre, *bleiben* atteste le lien de *Leib* avec la demeure, le séjour comme foyer et intimité du lieu. *Leib* s'inscrit dans un contexte germanique spécifique : *līp*, ce sont ceux qui sont « restés » (*die Gebliebenen*), qui ne sont pas tombés sur le champ de bataille, en opposition à *wal*, ceux qui sont tombés, c'est-à-dire les élus (*die Ausgewählten*) du ciel, les héros. La polarisation vie/mort du couple *līp/wal* en découle simplement (les vivants et les morts), même si elle n'est pas constitutive du sens initial.

On retrouve ainsi cette communauté de sens entre *Leib* et *leben* dans nombre d'expressions idiomatiques quasi tautologiques : *bei lebendigem Leibe verbrannt werden* (« être brûlé vif »), *Leib und Leben einsetzen* (« risquer sa vie »), *das ist er, wie er leibt und lebt* (« c'est lui tout craché »). Bref, la face *Leib* du corps est vitale et vive ; la face inerte est le devenir-inerte du *Leiche* ou du *Leichnam* (*corpse* en angl./*cadavre* en fr.), ou l'inertie du *Körper*, corps solide, physique et matériel. On parlera ainsi des corps en science physique, corps céleste (*Himmelskörper*) de la cosmologie aristotélicienne ou corpuscule (*Körpchen*) de la physique quantique. Lorsque *Körper* intervient dans un contexte humain, il signifie structure organique ou complexion (*Körper-Anlage-Beschaffenheit*), stature ou conformation (*-bau*), port, tenue (*-haltung*), en tout cas sa configuration statique, fonctionnelle ou quantifiable (*-gewicht, -größe, -kraft*).

♦ Voir encadré 1.

1

« Lebenswelt » et « In-der-Welt-Sein », « monde de la vie » et « être au monde »

► DASEIN, *MALAISE*, WELT

L'accent mis sur la *Lebenswelt*, le « monde de la vie », dans les derniers écrits de Husserl correspond à une exigence interne de la phénoménologie husserlienne ; toutefois il semble correspondre aussi à un choc en retour des écrits du disciple (Heidegger) sur ceux du maître (Husserl), et notamment de la notion élaborée par *Être et Temps* d'« *In-der-Welt-Sein* ».

On préférera traduire la locution heideggerienne par « être-au-monde », plutôt que par « être-dans-le-monde » (Sartre). Elle se comprend en effet à partir de l'allemand *In-sein*, « être à », où il s'agit bien moins de localisation que de délocalisation, voire de « déménagement » au sens baudelairien : « Il me semble que je serai toujours bien là où je ne suis pas, et cette question de déménagement en est une que je discute sans cesse avec mon âme. » « Être à », c'est aussi « être exposé à » et ne pas pouvoir ne pas y être exposé, en sorte que le titre du poème en prose XLVIII, dans *Le Spleen de Paris* de Baudelaire, excelle à dégager la tension à la fois centripète et centrifuge de l'être-au-monde (et à une langue) : « *Any where out of the world* [N'importe où hors du monde]. »

Pascal DAVID

BIBLIOGRAPHIE

HEIDEGGER Martin, *Être et Temps*, trad. fr. F. Vezin, Gallimard, 1986.

II. L'ENTRÉE DE « LEIB » EN PHILOSOPHIE

Elle a lieu sous le double sceau de sa relation de couplage avec *Seele* (âme) et de sa distinction quasi oppositive avec *Körper* (« corps »), alors corrélé avec *Geist* (« esprit ») (*Historisches Wörterbuch*, p. 174).

L'inscription du *Leib* dans le contexte kantien, post-kantien et dans l'idéalisme *lato sensu*, jusque dans ses retombées critiques chez Nietzsche, illustre le couplage dans la mesure où *Leib* s'y est lié à la subjectivité. Alors que l'*Opus postumum* (p. 324 *sq.*) fait du *Leib* un *a priori* formel du sujet, que Fichte (*Die Thatsachen des Bewußtseins*, p. 596, 608 *sq.*) affirme que la matérialité du *Leib* est l'*a priori* absolu de la conscience de soi, Hegel (*Phénoménologie de l'esprit*, section Raison, V, A, c, p. 256-288) insiste sur le fait que le corps (*Leib*) est l'expression de l'individu, mais une expression déjà médiatisée, un signe produit par lui et dont il n'est pourtant pas à l'origine. Pour Schopenhauer (*Werke*, p. 120), le *Leib* est, du point de vue de la représentation, un objet immédiat et, du point de vue de la volonté, l'expression de cette même volonté, *Willensorgan*. Nietzsche en fait la « grande raison », jusqu'à y voir le principe vital du théorique (*Also sprach Zarathustra*, p. 301). Bref, dans le XIXe siècle allemand, *Leib* est associé à la subjectivité transcendantale ou rapporté au sujet individuel, physiologique ou pulsionnel.

III. UNE « CRUX PHAENOMENOLOGICA » : L'ÉCLATEMENT DE « LEIB » SOUS LA DIVERSITÉ DE SES TRADUCTIONS

La psychologie de l'époque, dont Husserl hérite, fait aussi usage du terme mais dans le cadre du parallélisme psycho-physique (Fechner, Wundt, Avenarius) ou, plus finement, d'une réciprocité du psychique et du physique (Stumpf). Outre ces auteurs, Husserl retient de T. Lipps la notion de l'empathie comme partage *immédiat* des sentiments d'autrui. Refusant l'inférence analogique de B. Erdmann, il conçoit l'empathie comme la manifestation médiate (corporelle) du vécu d'autrui.

Leib acquiert ainsi le sens de « corps vécu ». C'est ce qui a conduit les Anglo-Américains à opter pour *lived-body*. Mais cette traduction a l'inconvénient de situer la corporéité dans un cadre réflexif, lors même que la phénoménologie vise à court-circuiter la distinction intérieur/extérieur. On tombe dans des difficultés analogues avec *corps animé* (trad. fr. Tiffeneau) : c'est situer le *Leib* sur le plan d'une psycho-physique. Revers de la même difficulté : la traduction par *corps organique* (Levinas/Peiffer) ou *corps vivant* (English), pertinente en phénoménologie mondaine, anthropologique, laisse à chaque fois apparaître une détermination biologisante du *Leib*.

Que penser alors du *corps propre* (Escoubas) thématisé de Maine de Biran au Merleau-Ponty de la *Phénoménologie de la perception*, « corps-sujet » qui est mien, opposé au « corps-objet » dont traitent les scientifiques ? Cette distinction recouperait sans peine celle de Husserl entre *Leib* et *Körper*. Mais une telle traduction est quasi tautologique : de fait, le *Leib* est toujours mien (*mein Leib*) ou propre (*Eigenleib*). Même lorsque apparaît *fremder Leib*, c'est le mode d'appartenance à soi de l'autre qui est en jeu. De même, quand Husserl parle de *Leibkörper* (litt. « corps de chair »), de *körperlicher Leib* ou même de *physischer Leib*, voire de *Körperleib* (*Hua* XIII, n° 2, p. 28 ; *Hua* XV, n° 15, p. 252, n. 1), c'est pour dégager la subjectivation du corps-objet (*Körper*). Si le propre est au même titre que le vif et le vécu une composante du *Leib*, il ne saurait s'y réduire. Lorsque Husserl parle d'*Eigenleib*, c'est pour spécifier le *Leib* comme propre, non pour assimiler l'un à l'autre. Si cette traduction conforte la filiation entre Husserl et Merleau-Ponty, elle ne fait pas droit à l'ancrage vital. Le réseau des composés se redoublant d'une série de dérivés (*leiblich/Leiblichkeit/Verleiblichung/körperlich/Körperlichkeit/Verkörperung*), une correspondance bi-univoque se révèle d'autant plus malaisée que, dans les langues romanes, il y a un seul terme pour désigner le sens courant et le sens théologique d'Incarnation, alors que l'allemand parlera, sur ce dernier registre, de *Menschwerdung*.

Chez Husserl, la sphère propre renvoie à l'expérience première où se constituent, s'engendrent les vécus de conscience : elle a un statut génétique en tant que matrice originaire de notre corporéité. La notion de chair dit ce *locus* sensible irréductible à la spatialité objective (*Recherches phénoménologiques*..., trad. fr. E. Escoubas, p. 408 ; *Problèmes fondamentaux*..., trad. fr. J. English, p. 313-314). Mais l'emploi du terme *chair* est-il pertinent pour désigner cette inflexion du *Leib* ? Dès *Le Visible et l'Invisible* (1964), Merleau-Ponty fait droit à ce terme pour désigner, non pas le corps d'autrui mais l'être du monde. Insister sur la dimension charnelle de l'expérience, c'est constater un (se) sentir du monde. Ainsi, la chair rend compte mieux que l'être d'une unité de l'expérience (il y a une chair de l'être), tandis que le corps propre est individuel. Le *Leib* husserlien recèle aussi cette unité *originaire* de l'expérience qui, sans apparaître, se concrétise sous la forme du corps de chacun.

Un tel in-apparaissant n'est pas un au-delà. Si la chair n'apparaît pas, c'est que, comme les petites perceptions leibniziennes, nous ne l'apercevons pas, n'y sommes pas attentifs. Noter ce caractère labile, fluide, mou de la chair, qui minorerait la stature structurelle du corps, bien qu'on se prévale du sens courant du terme (on oppose les os et la chair liée au sang, à la viande, cette substance molle du corps), reste unilatéral. Certes, *Fleisch* (all.) et *flesh* (angl.) ont ce sens, et les traducteurs allemands de Merleau-Ponty ont d'ailleurs rendu *chair* ainsi, tout en usant aussi de *Leib*. S'y fait jour la dimension hypersensible de l'être humain (c'est la chair qui est blessée, ou florissante) ; s'y indique l'inter-face primordial, dans le corps, de l'échange intime entre intérieur et extérieur, à savoir la peau : seule la peau a la chair de poule. Par ailleurs, qu'il s'agisse d'un fruit ou de l'aspect de la peau, la chair recèle un réseau à la fois mobile et ferme, plastique et structuré

de reconfiguration incessante : la *vitalité* du corps réside dans la chair.

Aussi Michel Henry peut-il revendiquer ce sens charnel du *Leib* qui nomme autrement ce qu'il appelle « autoaffection ». Refuser d'autonomiser cet originaire en articulant l'invisible, l'inapparent qui constitue l'apparaître visible, tel est le propos de l'analytique de la chair dont Didier Franck propose l'idée dans *Chair et Corps* (1982). Traduire *Leib* par *chair*, c'est donc manifester la tension entre phénoménologie et métaphysique, du fait de l'unité originaire inapparaissante que porte le terme. Une telle articulation deviendra l'horizon de la phénoménologie husserlienne. Par ailleurs, le projet du dernier Merleau-Ponty comme la perspective de M. Henry travaillent dans un tel cadre.

Là où cette tension devient problématique, c'est lorsque la métaphysique inhérente à la chair se dualise en immanence pulsionnelle/transcendance théologique. Dès le XIIe siècle, *chair* est lesté d'une résonance théologique à laquelle n'échappe pas la notion de corps vivant comme corps glorieux. Par ailleurs, *chair* possède aussi une connotation pulsionnelle, voire sexuelle : parler d'union charnelle, c'est parler en termes élégants d'union sexuelle. De l'ambivalence du corps vivant, biologisant ou théologisant, à l'ambiguïté de la chair, pulsionnelle ou spirituelle, on reste pris dans la dualité immanence/transcendance.

IV. L'HORIZON ANTIQUE : RACINES LATINE, GRECQUE ET HÉBRAÏQUE

Comment statuer à partir d'un tel essaimage de décisions prises au fil du temps ? Devant l'écartèlement du *Leib* entre des traductions toutes unilatérales, il convient d'interroger l'ancrage gréco-latin de la notion. On dispose à chaque fois d'un couple (*sarx/sôma* [σάρξ/σῶμα] ; *caro/corpus*) que les langues modernes ont transposé en chair/corps ou *carne/cuerpo-corpo*. Mais les contextes théologique et philosophique pallient-ils les difficultés à traduire *Leib* ?

A. L'équivocité du contexte paulinien et johannique : « sôma », « sarx », « pneuma »

Dans sa 1re Épître aux Corinthiens, Paul oscille entre chair (*sarx*) et corps (*sôma*) : après avoir distingué entre les chairs dans le règne animal, puis différencié les corps dans la cosmologie des Anciens, il sépare le corps animal psychique (destructible, méprisable) du corps spirituel pneumatique (glorieux, puissant). *Sôma* est ambivalent, lié au péché, rejeté ou élevé à la gloire de sa Résurrection : le *sôma* paulinien n'a pas de qualité propre ; en revanche, la *sarx* est définie dans les Épîtres aux Romains et aux Galates comme opposée à l'esprit (*pneuma* [πνεῦμα]), ne s'identifiant pas au corps somatique puisque, fermeture égoïste sur soi, résidu d'un péché que la loi entérine, source de décès, elle ne renvoie qu'à son sens *négatif* (Épître aux Romains 7, 5 ; 6-15 ; Épître aux Galates 5, 13-16). La *sarx* est saisie depuis une morale de la continence qui lui donne un sens mondain et fini. C'est aussi cette acception de la chair, manifestation de la finitude humaine, que l'on trouve en Matthieu 26, 41 (ou Marc 14, 38) : l'Esprit est plein d'ardeur, mais la chair est faible.

D'après Jean (3, 6), *sarx* et *pneuma* renvoient à deux types de génération : « Ce qui est né de la chair est chair, ce qui est né de l'Esprit est esprit. » Seul *sôma* recèle une possibilité de transformation glorieuse de soi. Seul *sôma* peut avoir un statut individué et individuant, tandis que *sarx* serait infra-individuel : la chair asthénique s'opposerait alors à la force de l'esprit. Pourtant, cette hypothèse (Husserl, *Chose et Espace*, trad. fr. J.-Fr. Lavigne, p. 448, n. 2, 480, 488 et 489) ne tient pas : (*a*) on n'a affaire qu'à *une* acception, asthénique, de la chair ; (*b*) l'axiologie de l'esprit et de la chair se soutient de celle de la gloire et du péché. À ce titre, « le Verbe s'est fait chair » (Jean 1, 14) ne renvoie pas à une telle postulation : la « chair de vie » johannique est requalification de la finitude, possible puissance d'individuation. La distinction ne passe donc pas entre chair et esprit (ni d'ailleurs entre Paul et Jean), mais entre chair de péché et chair de gloire et de vie (Cyrille d'Alexandrie, *Deux Dialogues christologiques*, p. 96-97).

B. L'univocité du contexte philosophique : « sôma », « psukhê », « nous »

Dans le contexte platonico-aristotélicien où *sarx* et *pneuma* ne forment pas un cadre conceptuel, c'est la distinction *sôma/psukhê* [ψυχή], ou corps animé/intellect (*nous* [νοῦς]) qui prévaut, liée à une dépréciation du somatique qui régnera à l'époque moderne jusqu'à Descartes compris : le *Phédon* (83d) et le *Gorgias* (493a-b) font du premier une geôle, un tombeau (*sôma* = *sêma* [σῆμα]) dont l'indice est le désir et comprennent la seconde comme une exilée, bourreau d'elle-même crucifiée sur le corps ; Aristote aggrave ce qui n'était pas chez Platon dualité mais désir de l'âme par le corps et exil de l'âme dans le corps par une rupture ontologique qui universalise la pensée pure divine (*nous*) et individualise la forme corporelle : *psukhê* et *sôma* sont alors le corrélat l'un de l'autre, comme forme (*morphê* [μορφή]) et matière (*hulê* [ὕλη]) ou activité et passivité (*De anima*, 430a 5).

Cette dualité se retrouve chez Descartes dans la distinction réelle entre la *res extensa* et la *res cogitans* (*anima, mens* et *cogitationes*). Bref, le corps (*sôma, corpus*), ontologiquement inconsistant, y est mis à distance en tant que désir, matière passive. Heidegger a pu ainsi penser la corporéité comme substantialité ontique. Aussi n'est-ce pas cette filiation platonico-aristotélicienne que l'on retiendra si l'on veut conférer à la corporéité une fécondité.

C. La dynamique non onto-théo-logique (hébraïque) de la chair : « bāsār », « rūaḥ », « nèfèš »

Pour saisir l'ambivalence théologique de *sôma/sarx* (ou de *corpus/carne*, Tertullien) et le sens positif qu'ils peuvent revêtir, tournons-nous vers un autre contexte :

dans l'Ancien Testament, ni corps ni chair n'ont un sens dépréciatif. C'est même la chair (*bāsār* [בָּשָׂר]), ce composé humain de corps et d'âme (*rūaḥ* [רוּח] ; voir ÂME), qui reçoit une primauté comme *index* concret de l'esprit (*nèfèš* [נֶפֶשׁ]). L'être humain est une unité organique que désigne tantôt *nèfèš*, tantôt *bāsār*, *rūaḥ* (souffle, esprit de Dieu, âme) lui étant lié.

Comme en témoigne la *Traduction œcuménique de la Bible* (TOB), la moitié des occurrences de *bāsār* est rendue par « chair » (137/270), ce qui atteste une constance du vocable, alors que « corps » ne correspond à aucun registre conceptuel unifié : 17 termes hébreux y renvoient, dont *basar* (28/270) et *ḥayyah* [חַיָּה] (2/3) sur un total de 72 occurrences. « Chair » ne correspond en revanche qu'à 5 termes hébraïques.

Nulle part dans l'héritage judaïque, la chair ne se réduit au corps physique ou organique. Sa dimension spirituelle est le socle à partir duquel fait sens une possible glorification du corps lui-même. À l'évidence, il y a dans cette acception dynamique de la chair un arrachement à la substantialité : le christianisme sera porteur, dans cette postulation de la chair, de ce sens non onto-théo-logique du corps dont témoigne la phrase johannique : « le Verbe s'est fait chair ».

D. Comment traduire ?

On a affaire à quatre champs conceptuels distincts. Le christianisme et la phénoménologie insistent sur l'ambivalence du corporel : pécheur/glorieux (*sarx-caro/sôma-corpus*, et *Körper/Leib*) ; les deux autres sont monovalents, positif (judaïsme) ou négatif (philosophie).

De surcroît, il n'y a pas, d'un couple (*sarx/sôma*) à l'autre (*Körper/Leib*), d'analogie ni d'inversion (où *sarx* serait à *Körper* ce que *sôma* serait à *Leib*), puisque *sôma* a aussi un sens négatif et *sarx* un statut positif. Bref, le couple *sarx/sôma* (*caro/corpus*) n'est pas à lui seul discriminant. Une autre qualité polarise sa pertinence : le couple *modal* péché/gloire. *Sarx* n'est pas en elle-même porteuse de mal, mais le péché dont Paul la revêt en est porteur jusqu'à la définir. En revanche, suivant le sens judaïque de la chair, Jean fait d'elle une chair de vie, qui désigne comme dans l'Ancien Testament l'homme complet, corps, âme et esprit.

À ce titre, un jalon décisif est celui des ésotéristes allemands (Weigel, Œtinger, Baader), qui font de la *Leiblichkeit* une *geistige Leiblichkeit*, dotant le corps-chair d'une vie spirituelle dont Schelling fait son miel, *corps-chair* que la phénoménologie réactive en le délestant de sa matérialité substantielle et en le réinvestissant comme dynamisme vital subjectif.

Le couple *Körper/Leib* permet une distinction opératoire due à la polarité inertie/vie ou objectif/subjectif que les couples gréco-latins n'offrent pas et que l'hébreu seul permet par l'amplitude de *basar*. Ce sont donc les *qualités* de *sôma/corpus* (péché/gloire) et de *sarx/carne* (mort/vie) qui entrent en analogie avec les qualités de *Leib/Körper* (vécu subjectif/inerte objectif).

Bref, la polarité *Leib/Körper* est conceptualisée sans être terminologique. À ce titre, le ralliement de P. Ricœur à l'économie de sens (corps/chair) que permet l'usage d'un seul terme paraît raisonnable. Si l'on suit ce principe, on peut opter pour une traduction minimale de *Leib* par *corps* ; on peut aussi rendre la polarité phénoménologique en usant du terme *chair*, dans la mesure où Husserl fait un usage différencié de *Leib* : associé à *Körper*, articulé à *Seele*. On fait ainsi droit à des termes distincts selon les usages. Soit *Leib* (chair) joue phénoménologiquement en liaison avec *Körper*, soit *Leib* (corps) est associé au psychique : en allemand (*Leib und Seele*) comme en français (*corps et âme*), on dispose d'expressions idiomatiques qui font sens dans la langue courante.

En mettant en œuvre deux usages, l'un plus technique, l'autre plus courant, on opère une contextualisation salutaire. En maintenant une distinction entre *Leib* et *Körper* en français, on rend compte de la différence entre l'apparaître corporel et l'apparaître charnel. Le philosophique émerge alors : les composés allemands ont pour but d'indiquer l'entrelacement qui permet seul de penser une unité dans la différence. Au reste, cette articulation ne correspond-elle pas au double sens de *Leib* (lié à *Seele*/opposé à *Körper*) qui signe son entrée en philosophie ?

Natalie DEPRAZ

BIBLIOGRAPHIE

AVENARIUS Richard, *Philosophie als Denken der Welt gemäss dem Princip des kleinsten Kraftmasses. Prolegomena zu einer Kritik der reinen Erfahrung* (1888-90), Berlin, J. Guttentag, 2e éd., 1903.

CYRILLE D'ALEXANDRIE, *Deux Dialogues christologiques*, Sources chrétiennes 97, Cerf, 1964.

ERDMANN Benno, *Wissenschaftliche Hypothesen über Leib und Seele*, Cologne, M. Dumont-Schauberg, 1907.

FECHNER Gustav Theodor, *Elemente der Psychophysik* [1860], Leipzig, Breitkopf & Härtel, 3e éd., 1907.

FICHTE Johann Gottlieb, *Die Thatsachen des Bewußtseins*, *in* I. H. FICHTE (éd.), *Werke*, Francfort, Deutscher Klassiker Verlag, 1997.

FRANCK Didier, *Chair et Corps. Sur la phénoménologie de Husserl*, Minuit, 1982.

HEGEL Georg Wilhelm Friedrich, *Phénoménologie de l'esprit*, trad. fr. J. Hyppolite, Aubier, 1941.

HENRY Michel, *C'est moi, la vérité. Pour une philosophie du christianisme*, Seuil, 1997.

HÜBNER Kurt, « Leib und Erfahrung in Kants *Opus Postumum* », *Zeitschrift für philosophische Forschung*, VII, 2, 1953.

HUSSERL Edmund, *Chose et Espace*, trad. fr. J.-Fr. Lavigne, PUF, 1982.

— *Problèmes fondamentaux de la phénoménologie*, trad. fr. J. English, PUF, 1991.

— *Idées directrices pour une phénoménologie et une philosophie phénoménologique pures*, trad. fr. P. Ricœur, Gallimard, 1950, vol. 1.

— *Idées directrices pour une phénoménologie et une philosophie phénoménologique pures*, vol. 2, *Recherches phénoménologiques pour la constitution*, trad. fr. E. Escoubas, PUF, 1982 ; vol. 3, *La Phénoménologie et les Fondements des sciences*, trad. fr. D. Tiffeneau, PUF, 1993.

— *Méditations cartésiennes. Introduction à la phénoménologie* [1930], trad. fr. G. Peiffer et E. Levinas, Vrin, 1986.

— KERN I. (éd.), *Hua* XIII (1905-1910), introd. p. XXV ; app. IX, X, n° 2, app. XLIV ; *Hua* XIV, n° 12 (1922) et app. XVI ; *Hua* XV, n° 15.

KANT Emmanuel, *Opus postumum*, A. Buchenau (éd.), Berlin, W. de Gruyter, 1936-38 ; textes choisis et trad. fr. J. Gibelin, Vrin, 1950.
LIPPS Theodor, *Ästhetik (Psychologie des Schönen und der Kunst)*, Hambourg, L. Voss, 1903-1906.
NIETZSCHE Friedrich, *Also sprach Zarathustra*, « Von den Verächtern des Leibes », K. Schlechta (éd.), in *Werke*, vol. 6, Stuttgart, A. Kröner, 1964.
RICŒUR Paul, *Soi-même comme un autre*, Seuil, 1990.
SCHOPENHAUER Arthur, *Sämtliche Werke*, P. Deussen (éd.), Munich, R. Piper & Co., 1911-1913.
STUMPF Carl, *Leib und Seele. Der Entwicklungsgedanke in der gegenwärtigen Philosophie. Zwei Reden*, Leipzig, J.A. Barth, 1903.
WUNDT Wilhelm Max, « Über psychische Kausalität », in *Zur Psychologie und Ethik. Zehn ausgewählte Abschnitte*, J.A. Wentzel (éd.), Leipzig, Reclam, 1911.

OUTILS

RITTER Joachim et GRÜNDER Karlfried, *Historisches Wörterbuch der Philosophie. Unter Mitwirkung von mehr als 700 Fachgelehrten*, nouv. éd., Bâle, Schwabe, 1971-, Darmstadt, Wissenschaftliche Buchgesellschaft, 1971-.
TOB : *Traduction œcuménique de la Bible*, Paris-Villiers-Le-Bel, Cerf-Société biblique française, 9e éd., 2000.
— *Concordance de la Traduction œcuménique de la Bible*, Cerf, 1993, *s.v.* « Chair », p. 150-151 ; s.v. « Corps », p. 210-211.

LËV [לֵב], LËVĀV [לֵבָב] HÉBREU – fr. *cœur*

ar.	*qalb* [القلب], *fu'ād* [الفؤاد], *lubb* [اللبّ]
gr.	*kardia* [καρδία]

► *CŒUR*, et ÂME (encadré 4), CONSCIENCE, ENTENDEMENT, ESSENCE, GEMÜT, GOGO, INGENIUM, INTELLECTUS, SAMOST', TO TI ÊN EINAI, VÉRITÉ

Le mot est commun aux langues sémitiques. Son usage représente, comme dans beaucoup de langues, un cas remarquable de l'emploi métaphorique d'une partie du corps, considérée comme centrale, pour exprimer la valeur morale d'un individu ou l'être même de quelque chose.

L'arabe possède des mots spéciaux pour l'organe (*qalb* [القلب], et le moins fréquent *fu'ād* [الفؤاد]). En hébreu, *lëv* [לֵב] désigne moins l'organe que le thorax entier (cf. 2 Samuel 18, 14 *sq.*) avec l'ensemble des entrailles contenues dans la cavité qu'il forme. C'est du cœur que jaillissent les sources de la vie (Proverbes 4, 23 ; cf. 25, 13). Il est le siège de la force vitale, et le centre de la vie psychique en toutes ses dimensions (cf. Maimonide, *Le Guide des égarés*, I, 39). Du cœur proviennent les perceptions (Deutéronome 29, 3), la mémoire (Isaïe 46, 8, etc. ; Jérémie 3, 16, etc.), les sentiments, le désir – y compris le courage (Psaume 40, 13), au sens du « cœur » de Rodrigue. Il n'y a là rien de spécifiquement sémitique. Chez Aristote aussi, le « cœur » (*kardia* [καρδία]) est le point d'aboutissement des sensations et le point de départ des mouvements de l'organisme (cf. Bonitz, *Index aristotelicus*, 365b 34-54). Et l'Égypte, à partir du Moyen Empire, connaît une pesée du cœur *post mortem*, censée juger la valeur morale du défunt, et donc déterminer son sort dans l'au-delà. En revanche, l'attribution au cœur de fonctions intellectuelles supérieures, si elle est latine (cf. Cicéron, *Tusculanes*, I, 9, 18), n'est guère grecque. La Bible parle d'un cœur sage et intelligent (Psaume 90, 12 ; Proverbes 15, 14). Le Coran entend, par les gens qui « ont du cœur » (*'ūlū 'l-albāb* [أولو الألباب]), ceux qui sont assez intelligents pour déchiffrer les signes de la création et y voir des traces d'Allah (III, 190).

Le sens de « noyau le plus intime », qui permet de parler du « cœur de quelque chose », est discrètement présent dans la Bible, qui parle par exemple du « cœur » d'un chêne (2 Samuel 18, 14) ; il se développe en hébreu médiéval et prend un sens laudatif sous l'influence de l'arabe *lubb* [اللبّ], qui peut désigner le noyau d'un fruit, et aussi ce que quelque chose a de plus pur, sa quintessence.

Rémi BRAGUE

BIBLIOGRAPHIE

MAIMONIDE, *Le Guide des égarés*, éd. S. Munk, Maisonneuve, 2003.

OUTILS

BONITZ Hermann, *Index aristotelicus*, Berlin, Reimer, 1870 ; rééd. Berlin, Akademie-Verlag, 1955.

LEX / JUS LATIN – fr. *loi / droit*

gr.	*nomos* [νόμος]
all.	*Recht*
angl.	*right*
esp.	*derecho*
it.	*diritto*

► *LOI* [*LAW, TORAH*], *DROIT* [THEMIS, LAW, TORAH], et CIVILTÀ, DEVOIR, FAIR, MORALE, PIETAS, *RÈGLE*, RELIGIO, RIGHT, SOLLEN

Le nomos [νόμος] *grec, impliquant à la fois les notions de partage, de loi, de droit et d'obligation* (voir THEMIS), *n'a pas de correspondant dans les langues modernes — sauf dans le grec actuel où, sous deux entrées lexicales distinctes, le* nomos *désigne toujours la loi et le partage (plus exactement la « loi » et le « département » : cf. A. Mirambel, et H. Pernot), et où son radical décline une série de vocables faisant référence au droit (ainsi,* nomiki, *la « science du droit » [cf. A. Kyriakides],* nomika, *« les études de droit » [cf. A. Mirambel],* nomikos, *« le juriste » [cf. A. Mirambel, et H. Pernot], ou* nomodidaskalos, *« le professeur de droit » [cf. Ch. Alexandre, J. Planche et Ch.-A. Defauconpret]). Les Romains, conscients de la correspondance entre* lex *et* nomos, *ont insisté sur ce que le mot latin désignait un libre choix et non un partage imposé. Ainsi la* lex *annonçait le* jus *en ce qu'elle exprimait une volonté politique liée à l'impérialisme romain. Quant au* jus, *il trouve sa pleine signification dans sa confrontation avec le* directum, *qui au travers de son usage populaire donna, entre autres, le « droit » (*diritto, derecho, Right *ou* Recht, *reçus* *sans hésitation comme la traduction de* jus), *et avec le* rex, *celui qui trace les lignes et les angles et qui fixe ainsi ce qui est dedans et dehors, permettant à la fois de construire la ville architecturale et la cité du droit. Le contexte de l'Empire romain militairement et politiquement victorieux en Grèce permet d'entrevoir pourquoi le* nomos *grec a mal résisté à la* norma *(l'équerre) latine, phénomène linguistique désignant une authentique « mise à l'équerre » romaine de la civilisation antique.*

I. DU « NOMOS » À LA « NORMA »

Le *nomos* [νόμος] grec désigne, non pas directement la loi, mais « la part assignée » (*nemein* [νέμειν], « répartir » ; voir THEMIS) à quelque chose ou quelqu'un, en particulier en fonction de son espèce ou de son genre : ainsi les hommes, par différence avec les animaux, se voient-ils assigner la *dikê* [δίκη], la justice, par différence avec la violence (« Écoute donc la justice (*dikês*), oublie la violence (*biês* [βίης]) à jamais : telle est la loi que le Cronide a ordonancée (*nomon dietaxe* [νόμον διέταξε]) pour les hommes », Hésiode, *Les Travaux et les Jours*, 275-276).

Il n'y a pas de rupture entre les *nomoi* qui régissent l'univers et les *nomoi* de la cité : en effet, le processus normatif qui fait d'un certain type de mammifère un animal politique, passe par une instance déterminante où l'homme est domestiqué par la maison avant d'être civilisé par la cité. Il s'agit du façonnage par les lois (*nomoi*) de la maison (*oikos* ; voir OIKONOMIA et ÉCONOMIE). La soumission aux « lois de la maison » fut pour toute l'Antiquité pré-chrétienne la phase première de la gestion du vivant, qu'il soit humain, animal ou végétal. L'*oikos* (en latin la *domus*) *domestique* le vivant dont seule la partie humaine peut subir ensuite le processus sélectif de l'insertion dans la cité (J.-P. Baud, *Le Droit de vie et de mort*, p. 109-209). Sur la fonction essentielle des lois de la maison, il suffit de rappeler que la confrontation entre Créon et Antigone, le plus célèbre passage de la littérature antique au chapitre de l'opposition entre les lois divines et celles de la cité, concerne les lois de la maison dominées par le culte funéraire qui renvoie en dernière instance à la loi de Zeus (Sophocle, *Antigone*).

Linguistiquement, il n'y a pas de relation entre le *nomos*, la *lex* et le *jus*. Le contact entre le grec et le latin est en fait de nature perverse. Le passage s'effectue par des instruments de mesure. C'est en effet du *gnômôn* [γνῶμων] grec (qui désigne notamment le cadran solaire et la règle) que provient en latin la *norma*, l'équerre, terme sans doute emprunté, *via* l'étrusque, à l'accusatif de *gnômôn* (voir Ernout-Meillet, *s.v.*). Le *nomos* est ce qui est attribué par un acte de partage. Il désigne la justice comme étant d'abord la justesse d'une mesure. Les appareils de mesure, destinés à devenir les instruments du constructeur, sont les véritables interfaces entre justesse et justice. Ce qu'on perçoit ici du monde gréco-romain est clairement exprimé dans la Bible : « Vous ne commettrez point d'injustice dans les sentences, dans les mesures de longueur, de poids et de capacité. Vous aurez des balances justes, des poids justes, une mesure juste, un setier juste » (Lévitique 19, 35-36). Sans oublier le poids et le titre de la monnaie (*nomisma* [νόμισμα], en grec, sur *nomos* justement, comme le souligne Aristote, *Éthique à Nicomaque*, V, 8, 1133a 30 *sq.*). C'est pourquoi la balance s'est solidement installée en figure allégorique de la justice humaine. On ne s'étonnera pas de ce que, dans l'ancien droit romain, un transfert de propriété ait exigé la présence rituelle d'un lingot d'airain et d'une balance (acquisition « *per aes et libram* »), ni que, du fait de la situation intermédiaire des lois de la maison, une obligation pût être créée par simple inscription sur le livre de comptes du père de famille (l'*expensilatio*).

L'entrée dans le monde des lois « urbanistiques » de l'*urbs* et dans les lois « civiques » de la *civitas* est ainsi identifiée à l'ajout d'une signification métaphorique aux instruments qui servirent d'abord à appréhender scientifiquement le monde physique, puis à organiser l'espace, enfin à construire les maisons et à dessiner les villes. Dans la cité du droit, la *norma* devient une forme virtuelle grâce à laquelle l'homme peut faire du droit avec cette matière qu'est la société des animaux déjà domestiquée par les lois de la maison. Quant à la *forma*, issue elle aussi du *gnômôn* grec, elle désigne le moule, et surtout le petit moule, la *formula*, qui met les relations humaines en forme judiciaire : dans le droit classique de Rome, on n'avait pas une action parce qu'on avait un droit, mais on pouvait se voir reconnaître un droit parce que le préteur avait prévu le petit moule de la *formula* pour y faire entrer la prétention juridique en cause.

C'est ainsi que, dans un enchaînement logique, mais en passant du grec au latin, les *nomoi* ont conduit aux *normae*, aux normes d'une civilisation s'accordant sur le droit, mais aussi, plus généralement, sur le beau, le bon et le juste, normes qui imposent dans la cité, par un jeu de sanctions variées (critique, ridicule, réprobation, mise à l'écart, et enfin condamnation judiciaire), un système encadrant la société par l'équerre et la formule.

♦ Voir encadré 1.

La *norma* est devenue un vampire linguistique. Bien que désignant le seul monde normatif, c'est-à-dire celui de l'activité humaine, elle devint dans les langues modernes l'heureuse rivale du *nomos*. Certes le *nomos* est toujours présent dans des termes tels « économie » et « autonomie », ainsi que dans quelques néologismes du jargon scientifique, mais il n'empêche qu'une *anomalie* semble presque une erreur grammaticale quand on l'oppose au formidable bataillon des *normes*, du *normal*, de la *normalité*, de la *normalisation*, etc. La défaite linguistique du *nomos* — qui dissimule sa permanence conceptuelle — peut trouver une explication dans la domination politique du monde grec par une civilisation romaine, fondée sur la prééminence du droit et qui voulut que la sagesse du droit (*jurisprudentia*) l'emporte sur toutes les écoles de la philosophie grecque.

II. « LEX »

Bien que le *jus* et la *lex* n'aient aucune relation avec le vocabulaire grec, la proximité entre *lex* et *nomos* fut aisé-

1

« Gnômôn », « metron », « kanôn »

► VÉRITÉ (encadré 2, « VRAI / MEILLEUR... »)

De *gignôskô* [γιγνώσκω], « apprendre à connaître à force d'efforts » et, à l'aoriste, « reconnaître, discerner, comprendre » (Chantraine), proviennent un grand nombre de dérivés nominaux, comme *gnôsis* [γνῶσις] (recherche, enquête, connaissance, gnose), *gnômê* [γνώμη] (intelligence, jugement, décision, intention, maxime; en composition: *suggnômê* [συγγνώμη] désigne le pardon; voir PARDONNER), *gnôma* [γνῶμα] (signe de reconnaissance). L'un d'entre eux, *gnômôn* [γνώμων], comme adjectif, qualifie celui qui discerne, comprend et juge, et, comme substantif, désigne « ce qui sert de régulateur ou de règle ». Il a de nombreux emplois techniques, qu'il s'agisse de personnes, experts, inspecteurs (*hoi gnômones* [οἱ γνώμονες] sont les surveillants des oliviers sacrés, Lysias, 110, 28), ou, surtout, de choses, d'instruments marqueurs de temps et d'espace : l'aiguille du cadran solaire et le cadran lui-même (Plutarque, *Morales*, 1006e ; Hérodote, II, 109), la clepsydre (Athénée, *Deipnosophistes*, 42b), la pointe d'une forêt (Apollodore Damscène, *Poliorcétiques*, 149, 4) et surtout l'équerre du menuisier, qui sert aux Pythagoriciens à expliquer en la représentant la génération des nombres (équerre dont Aristote, dans les *Catégories*, souligne qu'« entourant un carré, elle l'agrandit sans l'altérer », 15a 30 *sq.*). C'est l'outil par excellence de l'astronomie, de la géométrie (le *gnômôn* est chez Euclide le parallélogramme complémentaire d'un autre parallélogramme ou d'un triangle), de l'arithmétique (le *gnômôn* est le facteur impair d'un nombre pair, comme 3 par rapport à 6), l'outil de la co-constitution dans la mathématique ancienne de l'arithmétique et de la géométrie. On passe avec ce seul mot du plus intellectuel au plus concret (les *gnômones* sont aussi les dents auxquelles on reconnaît l'âge d'un cheval ou d'un âne, Xénophon, *De l'équitation*, III, 1), de l'opération de l'esprit à l'instrumentation qui l'inscrit dans le monde.

Le même type d'extension sémantique vaut pour le canon et pour le mètre.

Metron [μέτρον], « mesure », de la même famille que *mêtis* [μῆτις] (la pensée rusée ; voir MÊTIS), désigne aussi bien l'instrument de mesure (le bâton d'arpenteur, *Iliade*, XII, 422 ; les mesures de vin ou d'eau, *Iliade*, VII, 471), le facteur dans un produit (Nicomaque de Gerasa, 83-84), que la quantité mesurée, espace ou temps (la mer, la jeunesse), en part. le vers ou mètre (diff. de *melos* [μέλος] et *rhuthmos* [ῥυθμός], Platon, *Gorgias*, 502c; *Lois*, II, 669d). Il signifie surtout, en tant que mesure, la juste mesure (dès Hésiode, *Les Travaux et les Jours*, 694, lié à *kairos* [καιρός] ; voir MOMENT) : Aristote souligne par exemple qu'« il existe un *metron* de la taille d'une cité, comme pour tout le reste, animaux, plantes, organes » (*Politique*, VIII, 4, 1326a 35-37) — en l'occurrence une taille telle que la voix puisse porter. Le *metron* (juste) mesure, et la *metriotês* [μετριότης] « modération », sont ainsi liés au *meson* [μέσον] et à la *mesotês* [μεσότης] (juste) milieu, qui servent à définir la vertu (*aretê* [ἀρητή] ; voir VERTU ; cf. Aristote, *Éthique à Nicomaque*, II, 1106b 24-28). Du système métrique à la juste mesure, mathématiques et morale, *via* poésie et musique, sont ainsi intrinsèquement liées. Mais, de cet impact antique du *metron* et de l'art de la mesure (*metrêtikê* [μετρητική], Platon, *Protagoras*, 356-357), témoignent plus que tout la très célèbre phrase de Protagoras sur l'homme-mesure et ses violentes réinterprétations : « l'homme est mesure de toutes choses (*pantôn khrêmatôn metron estin anthrôpos* [πάντων χρημάτων μέτρον ἐστὶν ἄνθρωπος]), de celles qui sont qu'elles sont, de celles qui ne sont pas qu'elles ne sont pas » (80 B1 DK = Sextus, *Adversus mathematicos*, VII, 60 ; voir encadré 1, « Les manières de dire "chose" en grec », dans RES ; cf. B. Cassin, *L'Effet sophistique*, p. 228-231 et 261-263). Pour le Platon des *Lois*, c'est le dieu qui est mesure (IV, 716c), et pour l'Aristote de l'*Éthique à Nicomaque*, c'est le *spoudaios* [σπουδαῖος], l'homme de bien, qui est par lui-même *kanôn* [κάνων] et *metron* (V, 11, 1136a 32-33).

Avec le *kanôn*, on passe cette fois de la matière à l'opération. Le *kanôn* est une tige de roseau ou une baguette de jonc (*kanna* [κάννα]), et désigne toute barre de bois longue et droite (les tiges ou la poignée du bouclier, la lame de la navette ou la tige d'une quenouille, le fléau d'une balance, la clé d'une flûte, les colonnes d'un lit), en particulier la règle et le cordeau des menuisiers et des charpentiers (Euripide, *Troyennes*, 6 ; Platon, *Philèbe*, 56b), d'où règle, modèle, principe (Euripide, *Hécube*, 602 : « on sait le mal, quand on a appris le bien pour *kanôn* »). Bailly explique qu'il désigne en musique une sorte de diapason, en histoire les époques, en grammaire les règles et le modèle des déclinaisons ou conjugaisons : bref, du canon de Polyclète au catalogue alexandrin des classiques, en passant par la logique (*to kanonikon* [τὸ κανονικόν]) des Épicuriens, le canon donne toujours la règle. Le mot a été emprunté par le latin administratif pour désigner l'impôt, et par la langue de l'Église pour désigner la règle, le canon (Chantraine).

Cet ensemble, qui fait comprendre pourquoi « nul n'entre ici s'il n'est géomètre », témoigne de l'intimité grecque entre mathématiques et morale, dont la synergie latine entre architecture et droit constitue l'un des triomphes possibles.

Barbara CASSIN

BIBLIOGRAPHIE

CASSIN Barbara, *L'Effet sophistique*, Gallimard, 1995.

ROBIN Léon, *La Pensée grecque et les Origines de l'esprit scientifique*, nouv. éd. augm. d'une bibliographie complémentaire, par P.-M. Schuhl et G.A. Rocca-Serra, Albin Michel, « L'Évolution de l'humanité »,1973.

OUTILS

BAILLY Anatole, *Dictionnaire grec-français*, coll. E. Egger, éd. rev. L. Séchan et P. Chantraine, Hachette, 1950.

CHANTRAINE Pierre, *Dictionnaire étymologique de la langue grecque*, nouv. éd. mise à jour avec un « Supplément au dictionnaire », Klincksieck, 1999.

LSJ : LIDDELL Henry G., SCOTT Robert et JONES Henry S., *A Greek-English Lexicon*, 9e éd., Oxford, Clarendon Press, 1925-1940 ; *A Supplement*, éd. E.A. Berber, 1968.

ment perçue par les Romains. Et c'est ce qui leur a permis de revendiquer le *jus* comme un bien propre. En d'autres termes, ce que nous appelons le droit exprime toujours, en une époque où l'Empire romain s'appelle l'Occident, un système normatif qui constitue le socle de la civilisation ; les Romains s'étant accordés pour désigner comme « civilité (*civilitas*) » l'art « d'être ensemble » (D. Duclos, *De la civilité*, p. 83), entre autres au sein de leur droit civil, les Français élaborèrent successivement, aux XVIe et XVIIe siècles, les vocables « civiliser » et « civilisation » afin de désigner respectivement un acte procédural et une situation judiciaire : le fait d'entrer, puis celui d'être au sein du droit civil (J. Starobinski, « Le mot civilisation » ; voir aussi CIVILTÀ).

A. L'inscription de la « lex »

Les Grecs respectaient aussi les « lois non écrites », ces *agraphoi nomoi* [ἄγραφοι νόμοι] issues directement de la divinité et conformes au juste naturel, telles ces lois imprescriptibles de la famille à laquelle obéit Antigone en désobéissant à Créon, et qui, à la différence des lois écrites, ne pouvaient être appropriées par aucun tyran (Aristote, *Rhétorique*, I, 1373b 4-15 ; cf. G. Hoffmann, « Le *nomos*, tyran des hommes »). En revanche, les Romains ont inscrit en Occident, avant même d'être confortés en cela par leur adhésion à une « religion du Livre », la mystique du texte fondateur.

Bien qu'ayant d'abord désigné la loi religieuse, la *lex* ne conserva que quelques traces de cette origine, en de très rares formules. À la différence du *jus*, la *lex* des Romains fut essentiellement humaine, d'abord parce qu'elle exigeait qu'une œuvre humaine lui donne sa forme lapidaire (dans le sens large de ce qui est gravé sur la pierre ou sur le bronze), puis parce qu'on en vint à concevoir qu'un homme, l'Empereur, pouvait l'incarner. À la différence de la coutume (*mos*), qui suppose une acceptation tacite, la *lex* est ce qui doit être gravé et affiché dans la ville. *Legem figere* signifie « graver la loi sur le bronze ou la pierre et l'afficher sur le forum », *legem delere*, *perrumpere*, *perfringere*, c'est « effacer, briser la loi » (A. Ernout et A. Meillet, *s.v.* « *lex* »). La *lex* s'est ainsi trouvée à l'articulation de la matérialité de la ville (*urbs*) et de l'immatérialité de la cité (*civitas*), confirmant ce lien entre l'architecture et le droit que désigne la *norma*.

La *lex* par excellence fut pour les Romains la Loi des XII tables, rédaction au Ve siècle avant J.-C. de coutumes montrant une société rurale primitive et superstitieuse, que Cicéron présente pourtant comme recelant plus de sagesse que toutes les écoles philosophiques d'Athènes (Cicéron, *De l'orateur*, XLIV, 195). Certes, les Romains prétendent respecter une loi naturelle que la « droite raison » permet de découvrir (Cicéron, *De la République*, III, 22), mais ils ne manquent pas une occasion de relever que rien n'est plus proche de la droite raison que le droit romain. Avec la Loi des XII tables, les Romains passent de la gravure lapidaire à l'inscription « dans les poitrines ». À l'époque de Cicéron, les Romains apprenaient en effet la Loi des XII tables comme une comptine (Cicéron, *Traité des lois*, II, 4, 9), alors qu'elle était devenue un texte archaïque dont la signification n'était comprise, et encore imparfaitement, que d'une minorité d'érudits. Bien que, au IIe siècle de notre ère, on ait encore tenté d'en défendre la sagesse (Aulu-Gelle, *Nuits attiques*, XX, 1), l'essentiel était pour les Romains que la Loi des XII tables se soit inscrite dans la matérialité de la ville comme dans la vérité juridique de la cité.

Gravée sur les murs de la ville, puis dans le cœur des Romains, la *lex* fut, au final, scarifiée à l'intérieur du corps de l'empereur. Tirant la conséquence de ce que l'empereur du Bas-Empire était devenu la clef de voûte du droit romain, et récupérant une formule que les monarchies hellénistiques avaient vulgarisée (*nomos empsukhos* [νόμος ἔμψυχος]), les *Compilations* de Justinien transmirent à l'Occident l'idée que l'empereur (et, par la suite, le pape, le roi, l'État, etc.) était une « loi vivante » (*lex animata* : *Compilations* de Justinien *Nouvelle*, 105, 2, § 4), ce que les juristes médiévaux complétèrent en ajoutant qu'il avait « toutes les archives dans sa poitrine » (thème récurrent dans toute l'œuvre de P. Legendre, voir en particulier *L'Empire de la vérité*, p. 144-145).

B. « Nomos » et « lex »

Cicéron thématise le rapport entre *nomos* et *lex*. Comme tous les Romains, comme tout le monde antique, il voue à Platon une admiration sans bornes, mais elle n'est pas suffisante pour modérer la fierté qu'il éprouve en contemplant une culture romaine fondée sur le droit et qui, soutenant un empire qui a vaincu la Grèce, peut prétendre opposer sa science ou sa sagesse du droit, la *jurisprudentia*, à la philosophie grecque (Cicéron, *De l'orateur*, I, 34, 195 et *De la République*, I, 22 et II, 15). C'est pourquoi il veut établir un abîme entre le *nomos* et la *lex*. Le *nomos* grec est le fait d'un partage, alors que la *lex* des Romains désigne un choix délibéré :

> [...] cette chose qui tire son nom grec *nomos* du fait de « répartir » à chacun ce qui lui revient (*Graeco* [...] *nomine* nomon *a suum cuique tribuendo appelatam*), mais la nôtre tire pour moi son nom du fait de choisir (*ego nostra a legendo*). Car, de même que les Grecs placent dans la loi l'idée essentielle d'« équité », nous y plaçons celle de « choix distinct » (*ut illi aequitatis sic nos delectus vim in lege ponimus*), l'un comme l'autre étant cependant des propres de la loi.
>
> Cicéron, *Les Lois*, I, 6, 19.

Par ses lois, Rome s'affirme comme maîtresse de son destin, un destin impérial, qui inscrit parmi ses devoirs celui de donner des lois aux peuples vaincus, *leges datae*. Le général victorieux, ou le gouverneur nommé pour administrer le territoire conquis, donnait une loi généralement gravée et exposée, et les peuples composant l'Empire furent progressivement identifiés par une *lex*, soit d'origine, soit donnée. Rome jugeait souverainement la loi des autres. C'est ainsi que Justinien déclara en 553, dans la *Nouvelle* 146 de ses *Compilations*, que les Juifs se livraient à des « interprétations insensées » de la Bible. Ne pouvant plus être rattachée à la « droite raison » de la loi naturelle, la Torah mettait les Juifs hors la loi. C'est là que trouve son point de départ l'histoire de l'antisémitisme occidental (P. Legendre, *Les Enfants du Texte*, p. 220).

Le parcours antique du mot *lex*, qui conduisait à son inscription dans le *corps* de l'empereur tout en signalant, par une voie inverse, une identité ethnique, explique que, dans sa traversée du Moyen Âge, il ait pu, d'une part, désigner tout fragment de ce que l'université médiévale appelait le *Corps du droit romain* (les *Compilations* de Justinien) et d'autre part désigner, sous la période franque, ce qui distinguait les peuples (*lex* des Francs Saliens, *lex* des Burgondes, etc., sans oublier la *lex* de divers groupes de Gallo-Romains... rédigée désormais par le roi barbare dont ils étaient devenus les sujets !).

III. « JUS »

Finalement, pourquoi parlons-nous de « droit » lorsque nous traitons de ce qui est « juridique » ? Cette question lexicale majeure résiste aux tentatives d'escamotage.

A. D'un soi-disant « jus naturale »

Sur le *jus* des origines, si intimement lié à l'histoire et à la culture romaines, les lexicographes sont prolixes (A. Ernout et A. Meillet, *s.v.* « *jus* » ; É. Benveniste, *Le Vocabulaire des institutions*..., vol. 2, chap. 3 : « *Jus* et serment à Rome »). L'indiscutable lien avec le serment (*jusjurandum*) désigne fermement la formule religieuse ayant force de loi et la formule sacrée qui engage. La désacralisation du *jus* fut une longue histoire, marquée d'abord par l'isolement en son sein d'un droit public (*jus publicum*) contenant ce qui concernait « les choses sacrées, les sacerdoces et les magistratures » (*Compilations* de Justinien, in *Digeste*, 1.1.1, § 2 : « *Publicum jus in sacris, in sacerdotibus, in magistratibus consistit* »), puis par l'échafaudage médiéval du droit canonique qui ne laissa au droit public que ce qui concernait les magistratures (G. Chevrier, « Remarques... »). En outre, et de façon fort compréhensible, l'imprégnation religieuse du *jus* donnait au mot qui disait le droit une force politique majeure. Liant la fondation de la ville à l'existence d'une cité devenue empire, les jurisconsultes romains soudèrent le *jus* à l'existence politique de Rome. Transcrivant dans un registre patriotique la théorie cicéronienne selon laquelle la *lex* était l'origine du *jus* — et confortant par là notre attitude critique face aux morceaux de bravoure de l'avocat philosophe —, les historiens et les juristes romains ont toujours insisté sur le fait que la Loi des XII tables était l'unique « source du droit », la *fons juris* (Y. Thomas) de Rome et de cet Empire qui fit l'Occident.

Le passage latin du *nomos* à la *norma* a imposé en principe premier qu'à la différence de la justice, mais à l'instar de l'architecture, le droit est nécessairement de facture humaine. C'est pourquoi il est impératif de s'interroger sur ce que les Romains voulurent dire lorsque, les premiers, ils parlèrent d'un « droit naturel ».

Pour l'auteur des *Institutes* [*Institutiones*] de Justinien (1.2) qui, en 533, entendait former les futurs juristes de l'Empire, « le droit naturel était ce que la nature avait enseigné à tous les animaux [*jus naturale est, quod natura omnia animalia docuit*] », « ce que le genre humain n'avait pas en propre, parce qu'il le partageait avec l'ensemble des animaux célestes, terrestres et marins [*nam jus istud non humani generis proprium est, sed omnium animalium quae in coelo, quae in terra, quae in mari nascuntur*] ». Quant à ce que comporte ce *jus naturale*, il n'est fait allusion qu'à l'union du mâle et de la femelle, à la procréation et à l'éducation des enfants. Pour prouver qu'il s'agit là, non pas de ce que nous appelons le droit, mais de ce que les Grecs désignaient comme étant le *nomos* que nous avons en commun avec les animaux, il est un texte incontournable, celui où Démosthène a défini comme un *nomos* de la nature (τῆς φύσεως νόμος) le fait que l'on aime ses parents aussi bien chez les hommes que chez les animaux (Démosthène, *Contre Aristogiton*, 25, 65).

Ainsi, ce *jus naturale* dont parlent les *Institutes* de Justinien n'appartient pas au monde normatif dans lequel s'inscrit ce que nous appelons le droit, mais à la sphère d'une observation humaine des plus élémentaires. Pour que cela rentre dans la sphère du droit proprement dit, il aurait fallu accorder la personnalité juridique aux animaux. Il est vrai que les philosophes de l'Antiquité préchrétienne, surtout dans la mouvance pythagoricienne, ont profondément réfléchi à la façon dont on pouvait concevoir une justice entre les humains et les animaux (voir sur ce point le travail fondamental d'É. de Fontenay, *Le Silence des bêtes*), mais le droit n'en a jamais tenu compte : l'abandon noxal, par lequel on livrait à la victime d'un dommage l'animal qui en avait été la cause, n'était rien d'autre que la survie de l'archaïque principe selon lequel tout corps vivant pouvait être matériellement engagé dans un rapport obligataire. En revanche, c'est parce qu'ils considéraient qu'il y avait un abîme entre les humains et les autres animaux que les jurisconsultes romains s'accordèrent sur ce que l'enfant d'une esclave ne devait jamais être gardé par un usufruitier, alors qu'il pouvait fort bien, en fin de contrat, rendre la vache ou la jument en gardant le veau ou le poulain (F. Terré, *L'Enfant de l'esclave*, p. 9-13).

Ouvrage pédagogique, les *Institutes* de Justinien conduisent du général au particulier afin d'en venir à ce qui est réellement l'objet de l'étude : le droit civil des Romains. Dans cette opération didactique, on part du *nomos* commun aux hommes et aux animaux, pour lequel il n'est d'autre nom que *jus* puisqu'on doit aboutir au *jus civile* : on s'en tient donc au droit naturel (*jus naturale*), dont il faut d'ailleurs préciser qu'il n'intervient qu'en introduction de la rubrique (livre 1, titre 2), annonçant en quelque sorte les véritables matières juridiques qui sont ensuite définies dans le premier paragraphe, avec une gradation dans la pertinence : « le *droit* se divise en droit des gens (commun à tous les hommes) et en droit civil (propre à telle cité) [*jus autem civile vel gentium ita dividitur*] ». On le voit, le véritable droit exclut le *nomos* de la nature, traduit en *jus naturale*, et ne comporte que deux parties : le droit des gens (comprenant les contrats les plus communs), et le droit civil, ce véritable objet du traité que l'opération rhétorique allant du général au particulier permet enfin d'atteindre. En fait, et bien que les *Institutes* concèdent que les lois de Solon et de Dracon aient pu être considérées autrefois comme le droit civil des Athéniens, il va de soi que, dans l'esprit de l'ouvrage, le véritable droit civil est celui des Romains. Cela témoigne de la condescendance, souvent méprisante, que les jurisconsultes romains ont entretenue, à l'instar de Cicéron (*De l'orateur*, I, 44, 97), en évoquant le droit des autres cités, mais aussi du fait que, depuis l'édit de Caracalla de 212, tous les habitants de l'Empire sont devenus des citoyens romains.

« Ce que nous appelons le droit n'a rien de "naturel", pas plus qu'il ne constitue un phénomène "objectif" dont le caractère universel irait de soi » (P. Legendre, *Sur la question dogmatique en Occident*, p. 123). Ni dans la littérature grecque, ni dans le droit romain, on ne peut trouver quelque chose qui soit réellement du droit naturel. Qu'il s'agisse des lois non écrites (*agraphoi nomoi*) des Grecs ou du *jus naturale* des Romains, on ne perçoit rien d'autre qu'un ordre naturel garanti par la divinité. C'est la loi de Zeus qu'Antigone opposait à Créon et c'est à la Providence divine que l'Empire christianisé de l'époque de Justinien va attribuer l'existence des « droits naturels », utilisant un pluriel qui renforçait l'allégeance aux lois non écrites des Grecs : « *naturalia quidem jura* [...] *divina quadam providentia constituta* » (*Institutes* de Justinien, 1, 2, § 11). Très logiquement donc, en 1140, le *Décret de Gratien*, texte fondateur de la nouvelle discipline du droit canonique (*jus canonicum*), s'ouvre sur cette définition du droit naturel : « Le droit naturel est ce qui est contenu dans la Loi <la Loi de Moïse : l'Ancien Testament> et l'Évangile » (*Décret de Gratien*, I, distinction 1 : « *Jus naturale est quod in Lege et in Evangelio continetur* ») ; et c'est dans cette logique que Thomas d'Aquin fait du droit naturel l'approche, par les hommes, d'un droit divin qui dépasse leur intellect (L. Strauss, *Droit naturel et Histoire*, p. 150).

B. « Jus » et « directum »

Ainsi, dans l'Occident antique et médiéval, les lois divines ont absorbé le droit naturel parce que le droit proprement dit est de facture humaine. C'est nécessairement une œuvre humaine parce qu'on le fabrique à l'aide de la règle et de l'équerre. Voilà pourquoi le *jus* romain, au demeurant fort présent en tant que radical de nombreux mots faisant référence au « juridique », a été supplanté par le *directum* (Ch. Du Cange, III, *s.v.* « *directum* ») pour former la plupart des vocables qui, en Occident, désignent le droit : *diritto* (it.), *derecho* (esp.), *direito* (port.), *droit* (fr.), *Recht* (all.), *right* (angl.), etc. Le mystère s'éclaircit si l'on prend en considération que le *Digeste*, cette œuvre monumentale que les compilateurs de Justinien consacrèrent à la doctrine juridique, se termine par un titre conclusif (50, 17) sur les « règles du droit ancien » (« *De regulis juris antiqui* ») et si l'on comprend que le roi (*rex*) est ce qui lie la *regula* au *directum*. Le *gnômôn* et la *norma* ont ouvert l'espace des normes, au sein desquelles le *rex* désigne la règle et annonçe ce qu'on appelle aujourd'hui le droit. Avant d'être un roi, le *rex* est d'abord celui qui trace des lignes droites (É. Benveniste, *ibid.*, vol. 2, *s.v.* « *Rex* »), celui qui fait le *directum*, c'est-à-dire la ligne droite, en utilisant la *regula*, l'outil permettant de régir (*regere*), à savoir de « diriger en ligne droite », puis « d'avoir la *direction* ou le commandement » (A. Ernout et A. Meillet, *s.v.* « *rego* »). Le *rex* Romulus traça le premier sillon, à partir duquel furent construites la ville (l'*urbs*) et la cité (la *civitas* : le lieu du droit civil).

En distinguant ce qui était sacré de ce qui était profane (il y avait à Rome l'enceinte sacrée du *pomoerium* où l'on ne pouvait pas entrer en armes) et en distinguant aussi ce qui était la territorialité de Rome de ce qui ne l'était pas, le *rex* a défini en outre ce lieu extensible du droit civil où se fabriqua l'Occident.

Jean-Pierre BAUD

BIBLIOGRAPHIE

ARISTOTE, *Rhétorique*, I, trad. fr. M. Dufour, Les Belles Lettres, 1991.

AULU-GELLE, *Les Nuits attiques*, IV, trad. fr. Y. Julien, Les Belles Lettres, 1998.

BAUD Jean-Pierre, *Le Droit de vie et de mort. Archéologie de la bioéthique*, Aubier, 2001.

CAILLEMER Exupère, « *Nomoi* », *in* C. DAREMBERG et E. SAGLIO (dir.), *Dictionnaire des antiquités grecques et romaines*, t. 4, fasc. 1, Hachette, 1908.

CHEVRIER Georges, « Remarques sur l'introduction et les vicissitudes de la distinction du "*jus privatum*" et du "*jus publicum*" dans les œuvres des anciens juristes français », in *Archives de philosophie du droit*, Sirey, 1952, p. 5-77.

CICÉRON, *De l'orateur*, I, trad. fr. E. Courbaud, Les Belles Lettres, 1922.

— *De la République*, t. 1, trad. fr. E. Breguet, Les Belles Lettres, 1980 ; t. 2, trad. fr. G. Achard, Les Belles Lettres, 1991.

— *Traité des lois*, trad. fr. G. de Plinval, Les Belles Lettres, 1959.

DÉMOSTHÈNE, *Orationes*, Oxford, Butcher and Rennie, 1921.

DUCLOS Denis, *De la civilité. Comment les sociétés apprivoisent la puissance*, La Découverte, 1993.

FONTENAY Élisabeth de, *Le Silence des bêtes. La Philosophie à l'épreuve de l'animalité*, Fayard, 1998.

GRATIEN, *Corpus juris canonici*, t. 1, *Decretum*, éd. Friedberg, Graz, Akademische Druck - U. Verlagsanstalt, 1959.

HÉSIODE, *Théogonie. Les Travaux et les Jours. Le Bouclier*, trad. fr. P. Mazon, Les Belles Lettres, 1972.

— *Théogonie. La Naissance des dieux*, trad. fr. A. Bonnafé, Rivages, 1993.

HOFFMANN Geneviève, « Le nomos, Tyran des hommes », in *Droit et Cultures*, XX, 1990, p. 19-30.

JUSTINIEN, *Corpus juris civilis*, éd. Th. Mommsen et P. Krueger, Berlin, Weidmann, 1886.

LEGENDRE Pierre, *L'Empire de la vérité. Introduction aux espaces dogmatiques industriels*, Fayard, 1983.

— *Les Enfants du Texte. Étude sur la fonction parentale des États*, Fayard, 1992.

— *Sur la question dogmatique en Occident. Aspects théoriques*, Fayard, 1999.

SOPHOCLE, *Tragédies*, trad. fr. P. Mazon, Gallimard, 1994.

STAROBINSKI Jean, « Le mot civilisation », in *Le Temps de la réflexion*, IV, Gallimard, 1983.

STRAUSS Leo, *Droit naturel et Histoire*, Flammarion, 1986.

TERRÉ François, *L'Enfant de l'esclave. Génétique et Droit*, Flammarion, 1987.

XÉNOPHON, *L'Économique*, trad. fr. P. Chantraine, Les Belles Lettres, 1949.

OUTILS

ALEXANDRE Charles, PLANCHE Joseph et DEFAUCONPRET Charles-Auguste, *Dictionnaire français-grec*, Hachette, 1859.

BENVENISTE Émile, *Le Vocabulaire des institutions indo-européennes*, t. 2, Minuit, 1969.

DU CANGE Charles Dufresne, *Glossarium mediae et infimae latinitatis* [1678], 7 vol., Didot Fratres, 1840-1850, rééd. Librairie des sciences et des arts, 1937.

ERNOUT Alfred et MEILLET Antoine, *Dictionnaire étymologique de la langue latine. Histoire des mots* [1932], 4e éd. augm. J. André, Klincksieck, 1994.

KYRIAKIDES Achilleus, *Modern Greek-English Dictionary*, Athènes, Anesti Constantinides, 1909.

MIRAMBEL André, *Petit Dictionnaire français-grec moderne et grec moderne-français*, Maisonneuve et Larose, 1980.

PERNOT Hubert, *Dictionnaire grec moderne-français*, Garnier, 1970.

LIBERAL, LIBERALISM ANGLAIS – fr. *libéral, libéralisme*

► *LIBERAL*, et CIVIL RIGHTS, *ÉTAT*, LAW, *LIBERTÉ*, LUMIÈRE, PEUPLE, POLITIQUE, SOCIÉTÉ CIVILE, WELFARE, WHIG

Le terme anglais liberalism *évoque une tradition politique et culturelle sans véritable équivalent français, ce qui le rend bien difficile, non à traduire, mais à utiliser à bon escient. Il y a eu, bien entendu, des libéraux français, mais qui sont assez éloignés, en définitive, de leur modèle anglais et qui ont fini par abandonner ce qui en constitue l'axe essentiel : l'individu. Né des suites de la* Glorious Revolution *et de l'œuvre de J. Locke, le* libéralisme, *entendu au sens de l'affirmation de la priorité des libertés individuelles et de leur protection contre les abus du souverain ou de la collectivité, représente une tradition culturelle nationale qui a rayonné sur le reste de l'Europe et a trouvé son expression la plus achevée dans la Constitution américaine. Mais, en dehors de ce champ, il n'est guère aisé de le saisir. Il désigne un ensemble d'attitudes et de convictions plutôt qu'une doctrine aux contours bien définis. Cela peut conduire à des contresens complets :* libéral *désignera ainsi une attitude progressiste ou social-démocrate aux États-Unis et une opposition à l'État providence en France. Il semble peut-être plus satisfaisant de faire passer la ligne de partage entre l'acceptation et le refus d'une certaine modernité : acceptation du marché, de l'individualisme, de la permissivité des mœurs, refus du nationalisme et de l'État tout-puissant... Étant donné la charge idéologique et émotionnelle de ce vocabulaire, il faudra donc se contenter de décrire certains de ses usages contemporains que le traducteur ne saurait ignorer et entre lesquels il devra choisir. Par commodité, on distinguera entre une « philosophie » libérale, les positions politiques qui s'en réclament, le libéralisme économique et, enfin, une attitude sociale et culturelle propre au monde anglophone et à l'Europe du Nord, et aux contours assez flous.*

I. LES SOURCES DU LIBÉRALISME

Réalité culturelle et politique complexe, le libéralisme semble, sur le plan intellectuel, avoir une certaine consistance. Mais le mythe d'une unité intellectuelle du libéralisme a volé en éclats et l'on parlera plutôt des libéralismes. On peut au moins en distinguer deux formes historiques dont la seconde est la mieux connue. Le premier libéralisme est « le libéralisme de la diversité » (W. Galston, "Two Concepts of Liberalism", 1995), héritier de la Réforme protestante et des guerres de Religion, qui s'exprime, en particulier chez Locke, par l'appel à la tolérance vis-à-vis de la diversité des croyances religieuses. Il est fondé sur la peur de la guerre civile, d'où l'expression de « libéralisme de la peur » (J. Shklar, *Ordinary Vices*, 1984, p. 5), plutôt que sur l'idée de la tolérance comme idéal positif. Le second libéralisme, « le libéralisme de l'autonomie », découle du projet des Lumières et de Kant. Il justifie la tolérance par l'appel à une raison universelle, facteur ultime d'unification de l'espèce humaine. Il est donc erroné d'identifier le libéralisme au « projet des Lumières ». Mais, au-delà de ces distinctions, l'on peut reconnaître quelques traits constants de la philosophie libérale telle que s'en sont faits diversement les hérauts Kant, Humboldt, Benjamin Constant, John Stuart Mill, Tocqueville et, plus récemment, Isaiah Berlin, Karl Popper ou John Rawls.

L'aspect le plus caractéristique en est la priorité de la liberté individuelle. Par opposition à l'idéal de la démocratie directe ou participative à l'antique, illustrée par la pensée de Jean-Jacques Rousseau, le libéralisme incarnerait plutôt la modernité, avec « la liberté des Modernes » ou protection de la sphère privée des individus contre toute interférence abusive, et il défendrait la souveraineté de l'individu pour des raisons à la fois épistémiques et morales. La base épistémique du libéralisme, héritée de Locke et repensée par Kant et Mill, puis par Popper, se trouve dans l'affirmation d'une relation intrinsèque entre la valeur de la vérité et celle de la liberté individuelle. L'accès à la vérité apparaît comme lié par essence à la liberté de jugement et d'investigation des individus, à l'absence d'entraves dans le dialogue et la découverte. L'origine de cette idée se trouve dans la philosophie grecque, dans l'idéal socratique de l'homme libre, dont le libéralisme, de façon certaine chez Mill, serait l'héritier direct. Bien loin d'être une société comme les autres, le monde libéral prétendra alors à l'établissement d'un lien essentiel avec la vérité et la raison. Sa base morale se trouve dans la conception de la personne et de ses droits imprescriptibles héritée de Kant, conception qui, chez un auteur comme Rawls, conduit à placer la justice et les droits au cœur du libéralisme :

> Chaque personne possède une inviolabilité fondée sur la justice qui, même au nom du bien-être de l'ensemble de la société, ne peut être transgressée... C'est pourquoi, dans une société juste, l'égalité des droits civiques et des libertés pour tous doit être considérée comme définitive.
>
> *Théorie de la justice*, trad. fr. C. Audard, p. 29-30.

Cette priorité de la liberté conduit à défendre une théorie du pouvoir de l'État et du gouvernement limité par l'existence d'un *Bill of Rights* ou Déclaration des Droits, par l'établissement de contrôles (*checks and balances*) dont le plus connu est le contrôle de constitutionnalité (*judicial review*), la séparation de l'Église et de l'État et la laïcisation du pouvoir politique — même là où demeure une religion « établie » comme en Grande-Bretagne.

♦ Voir encadré 1.

C'est seulement à l'époque récente que le libéralisme s'est rapproché de l'idéal démocratique. Il était traditionnellement caractérisé plutôt par sa méfiance vis-à-vis des démocraties, du « despotisme » des majorités, méfiance formulée avec éloquence par Tocqueville. Les formes populaires et électorales de démocratie s'étant révélées impuissantes devant la montée des fascismes et des totalitarismes, elles ont été rejetées par le libéralisme comme porteuses de germes de tyrannie et d'antilibéralisme véhiculés dans la notion discutable de « souveraineté populaire ». D'où la conception d'une démocratie libérale où le constitutionnalisme tempère les égarements des majorités élues. Mais le point faible du libéralisme, par contraste avec l'idéal républicain, demeurerait alors son échec à faire une place à la participation politique (« la liberté des Anciens »). Il ne déboucherait que sur l'atomisme social, étant dépourvu, en raison de son individualisme, d'une vraie doctrine de la citoyenneté et de la communauté politique.

II. LE LIBÉRALISME COMME RÉALITÉ POLITIQUE : « RADICALS », « CONSERVATIVES » ET « LIBERALS »

On notera, tout d'abord, que le terme *liberalism* n'a de sens que relationnel, en fonction de l'existence ou de l'absence d'autres mouvements politiques et sociaux, en particulier, de mouvements ouvriers solidement constitués et de partis communistes ou socialistes implantés depuis le XIXe siècle. Dans le cas exemplaire des États-Unis, où les trois familles politiques (*conservatism*, *liberalism*, *radicalism*) sont différentes de celles de l'Europe et ne peuvent guère se définir qu'à travers leurs relations mutuelles, il est clair que le libéralisme occupe à peu près le terrain de la gauche au sens européen.

Les conservateurs (*conservatives*) ou, plus récemment, les néo-conservateurs, correspondent approximativement aux droites européennes, mais avec des nuances tenant aux particularités de l'histoire américaine, histoire dont l'imaginaire ne fait aucune place à l'Ancien Régime et dans laquelle, en revanche, la religion, notamment protestante, joue un rôle central, alors même que la Constitution a rompu avec toute idée d'une religion établie quelconque. Ainsi les conservateurs américains sont donc volontiers sécuritaires et favorables à des politiques pénales dures (*Law and Order*) ; ils se méfient du *Welfare State* (État providence), au nom à la fois de la propriété et de la responsabilité individuelle ; ils sont inquiets aussi devant les difficultés de l'institution familiale ou devant le déclin des Églises et certains d'entre eux peuvent même être conduits aujourd'hui à soutenir les positions de la « droite religieuse » sur des questions comme l'avortement, la prière à l'école ou l'enseignement du créationnisme antidarwinien.

Les radicaux (*radicals*), qu'on oppose aux libéraux, correspondraient à l'extrême gauche européenne, mais leur absence de culture jacobine, et surtout d'idéologie léniniste, fait qu'ils sont aussi, le plus souvent, des démocrates fervents, très attachés aux « libertés formelles » (à certaines du moins) que n'estiment guère la plupart des courants « gauchistes » du Vieux Continent ; il existe du reste une généalogie proprement américaine du radicalisme, qui entend réactualiser les éléments démocratiques de la tradition nationale en se référant à des figures comme Thomas Paine (à l'époque révolutionnaire) ou encore comme l'abolitionniste Garrison : une étude un peu fine montrerait que ce radicalisme emprunte beau-

1

Les contrôles dans le monde anglo-saxon

► JUDICIAL REVIEW, *JUSTICE*

a. Checks and balances
(Contrôle et équilibre des pouvoirs)

À la doctrine classique de la simple séparation des pouvoirs (Montesquieu), la pratique constitutionnelle britannique a ajouté, depuis le XVIIIe siècle, l'idée d'équilibre et de contrôle des pouvoirs les uns par les autres. Le terme intraduisible *check* désigne la capacité de contrôle et de blocage conduisant à un équilibre : les *balances*. Dans la Constitution américaine, ce principe de contrôle et d'équilibre a donné, entre autres, au Président le pouvoir de bloquer la législation et de nommer les juges de la Cour suprême ; le Sénat peut ratifier des traités et la Chambre des représentants peut elle-même invalider le Président, etc.

b. Judicial review
(Contrôle de constitutionnalité)

Apparu au début du XIXe siècle comme une conception constitutionnelle typiquement américaine, le « contrôle de constitutionnalité » a pris sa place dans la plupart des régimes démocratiques contemporains. Dans les cas de conflit entre les pouvoirs exécutif, législatif et judiciaire, ou entre les régions (ou États) et le pouvoir central (ou fédéral), ou encore entre les citoyens et l'État, il existe une instance morale supérieure (Cour suprême, Conseil constitutionnel, etc.) qui permet de trancher et de juger si la loi (ou l'action de l'État, etc.) sont ou non conformes à la Constitution.

c. Judicial activism / Self-Restraint
(Activisme / Auto-contrôle des juges)

Il s'agit ici d'un dilemme fondamental de toute philosophie constitutionnelle qui peut s'exprimer ainsi : quand faut-il accepter le verdict des élections ou intervenir et défendre ce qu'on croit être les « principes » de la Constitution ? Partagés entre l'activisme, par exemple au moment du *New Deal* qu'ils avaient condamné comme anticonstitutionnel, et le devoir de réserve vis-à-vis de pouvoirs légitimement élus, de lois votées au Parlement, les magistrats des cours constitutionnelles ne peuvent prétendre à l'objectivité et se considèrent comme de simples interprètes de la Constitution ou de la Loi fondamentale. C'est dans cette perspective qu'il faut comprendre la question du « pouvoir des juges ».

coup aux sources « libérales » et puritaines de la démocratie américaine. C'est d'ailleurs pour cela que l'historien Gordon S. Wood (*The Radicalism*..., 1992) a pu à bon droit parler du « radicalisme » de la révolution américaine. Dans ce contexte, il est assez juste de voir les « libéraux » comme représentant une gauche modérée. Sont ou ont été libéraux : les partisans du *New Deal* de F.D. Roosevelt, les défenseurs légalistes de la cause des femmes ou de celle des Noirs, les tenants d'une politique de sécurité plus préventive que punitive, ou encore tous ceux qui ont accepté les changements profonds qui ont affecté les mœurs américaines depuis les années 1960.

Il va de soi que, comme c'est le cas aussi avec la distinction d'origine française entre droite et gauche, le caractère relationnel de ces définitions fait que les positions respectives des « libéraux », des « conservateurs » et des « radicaux » sur tel ou tel problème particulier peuvent varier. C'est ainsi, par exemple, qu'un certain activisme des juges de la Cour suprême, qui passait pour conservateur à l'époque où celle-ci entravait des réformes jugées progressistes, fait au contraire partie du fond commun de la culture « libérale » d'aujourd'hui, marquée par le rôle historique du *Chief Justice* Warren et de ses successeurs immédiats (lutte contre la ségrégation raciale, constitutionnalisation de la liberté d'avorter, etc.) et, inversement, la plupart des conservateurs se disent aujourd'hui favorables à un certain *Judicial Self-Restraint* (voir encadré 1, *c*). Le fait que le libéralisme soit aussi un courant *philosophique* dont la définition est elle-même un enjeu important peut d'ailleurs compliquer les choses puisque des courants politiquement conservateurs peuvent eux-mêmes être conduits à se présenter comme libéraux (A. Bloom, *in* L. Strauss, *Liberalism*..., 1988). Il est d'ailleurs permis de penser que, pour l'essentiel, les positions des uns et des autres se situent toujours à l'intérieur d'un cadre général qui reste celui du libéralisme au sens large, c'est-à-dire d'une politique inscrite dans le cadre constitutionnel d'un gouvernement représentatif.

Il en va évidemment tout différemment en Europe et, notamment, en France. Le libéralisme y est historiquement le courant qui a, pourrait-on dire, *consciemment* poursuivi l'établissement du « régime moderne » fondé sur la défense des libertés et droits individuels tout en refusant la surenchère démocratique de la « tyrannie de l'opinion publique » et, surtout, du socialisme. Si c'est en Angleterre qu'il est né, il a eu aussi d'éminents représentants en France (Montesquieu, Constant, Tocqueville) et même en Allemagne (W. von Humboldt). Il a eu ses heures de gloire au XIXe siècle et paraît par la suite en retrait du fait du progrès du socialisme, de la construction de traditions ouvriéristes et syndicales, et de l'État providence de l'après-guerre, ce qui le conduit à se rapprocher des droites conservatrices. La nouvelle droite de M. Thatcher en Grande-Bretagne s'est emparée du terme *liberal*, en lui donnant un sens nouveau, pour partir en guerre à la fois contre l'État providence et le paternalisme des conservateurs classiques. Elle a ainsi introduit des politiques économiques dérégulées et monétaristes dites « libérales », ce qui ne l'a pas empêchée de renforcer et de centraliser l'État d'une manière tout à fait opposée à la conception libérale du politique. Un peu partout, les libéraux en sont venus à occuper un centre assez flou avec les courants les plus modérés de la démocratie chrétienne (les partis libéraux peuvent jouer le rôle de partis charnières comme en Allemagne — ou en être empêchés par le mode de scrutin comme en Grande-Bretagne). Dans ce cadre général, il y a sans doute une spécificité de la France, celle qui a conduit les libéraux français à effacer de plus en plus l'individu de leurs préoccupations jusqu'à finalement se rallier au républicanisme et à l'étatisme (L. Jaume, *L'Individu effacé*..., 1997). Si les « radicaux » français pouvaient sans doute se situer quelque part entre leurs homonymes américains et les *liberals*, le « sinistrisme » ultérieur, selon l'expression de René Rémond, les a rejetés un peu plus à droite avec le développement des partis politiques socialiste, puis communiste.

Il est clair en tout cas que, jusqu'à une date assez récente, il était impossible de transposer en France sans précautions les catégories américaines de « conservatisme », de « radicalisme » et de « libéralisme ». Le conservatisme a été affaibli du fait de la captation d'une part

2

« Libertarianism » (anglais)

Le *libertarianism* (« libertarisme » [néologisme]) représente la position qui va le plus loin dans la défense de l'État minimal, en prônant un principe de non-intervention et de non-redistribution au profit des plus désavantagés en se fondant sur une théorie de la justice alternative, celle des seuls *entitlements* ou titres de propriété librement acquis (R. Nozick, 1974), sans qu'un principe de justice comme celui de l'égalité des chances ou des besoins vienne corriger cette distribution initiale. Une telle position s'inspire de l'idée d'autorégulation des échanges économiques et sociaux, illustrée par la métaphore de la « main invisible » d'Adam Smith. Elle s'appuie sur le principe d'optimalité de Vilfredo Pareto, c'est-à-dire sur l'existence de points d'équilibre du marché, pour soutenir que celui-ci fournit de lui-même un critère de justice : une distribution est optimale ou juste, s'il existe un individu et un seul dont la position serait aggravée dans le cas où la distribution serait modifiée pour compenser la situation des plus défavorisés. La liberté des échanges suffit donc à en assurer la justice, toute intervention de l'État étant injuste parce que limitant les libertés individuelles.

BIBLIOGRAPHIE

NOZICK Robert, *Anarchie, État et Utopie* [1974], trad. fr. E. d'Auzac de Lamartine et P.-E. Dauzat, PUF, 1988.
VAN PARIJS Philippe, *Qu'est-ce qu'une société juste ?*, Seuil, 1991.

importante de ses thèmes par l'Action française ; les républicains les plus « libéraux », au sens européen, formaient, certes, un courant important sous la Troisième République, mais ils n'ont pas de successeurs parmi les courants politiques ultérieurs (seuls quelques hommes politiques s'y rattachent).

III. LE LIBÉRALISME ET LE MARCHÉ

Serait-il alors plus éclairant de lier le libéralisme à une conception de la société où le marché et la « société civile » au sens de Hegel seraient les vrais agents de l'organisation sociale, ce qui rendrait le rôle de l'État secondaire ? Une telle approche est séduisante parce que, le partage se faisant sur le rôle de l'État, on aurait un clivage entre libéraux individualistes et anti-libéraux interventionnistes et centralisateurs, de gauche comme de droite, ce qui correspondrait peut-être mieux aux transformations actuelles de la démocratie et de la société françaises. Le marché a, en effet, été conçu par certains auteurs, dont le plus célèbre est F. v. Hayek, comme un principe politique de limitation du pouvoir et donc comme la source d'une plus grande liberté de choix pour les individus. Mais cela a conduit à de nouvelles confusions et l'anglais préférera parler dans ce cas de *libertarianism* plutôt que de libéralisme.

♦ Voir encadré 2.

Au contraire, pour les libéraux socio-démocrates, dont le philosophe J. Rawls est le meilleur représentant – mais l'économiste J. Harsanyi en serait aussi un bon exemple –, il doit être possible de concilier justice sociale et respect des libertés individuelles. Le marché ne peut être à lui seul la source d'un principe de justice ou de redistribution ; celui-ci, pour respecter la liberté égale de tous, doit faire l'objet d'un accord de la part de ceux qui peuvent espérer en profiter aussi bien que de ceux qui verront leurs bénéfices diminuer. Le libéralisme n'hésite donc pas à se situer dans la grande tradition du contrat social pour soutenir que les principes de justice économique (2e principe de Rawls) sont justes s'ils peuvent faire l'objet d'un consentement unanime, d'un contrat, donc s'il est prouvé qu'ils bénéficient aux plus défavorisés. Bien loin de se soumettre à la loi du marché, le libéralisme contemporain justifie sa limitation au nom de la justice sociale :

> Le succès du constitutionnalisme libéral est apparu comme la découverte d'une nouvelle possibilité sociale : la possibilité d'une société pluraliste relativement stable et harmonieuse.
>
> Rawls, *Théorie de la justice*, 1995, p. 13.

Ce qui reste toutefois commun dans les différentes expressions du concept flou de libéralisme économique, c'est, comme l'a bien montré B. Manin, l'idée d'un ordre qui ne serait pas le résultat d'un pouvoir central et qui viendrait même en quelque sorte se substituer à lui pour libérer les individus de l'oppression. Le marché, si on l'utilise bien, apparaîtrait comme une source d'émancipation au même titre que les autres dimensions de la *civil society* dont le champ d'action va bien au-delà de la satisfaction des besoins économiques.

♦ Voir encadré 3.

IV. UNE CULTURE LIBÉRALE ?

Le terme *liberalism* décrit en définitive une tradition culturelle qui insiste sur l'autonomie des individus, leur esprit d'entreprise, leur capacité à se diriger eux-mêmes ou *self-government*, sans en référer à un pouvoir central, sur le plan économique certes, mais pas non plus sur le plan social, dans la lignée de la *civil society* au sens anglais du XVIIIe siècle – laquelle n'est pas la *bürgerliche Gesellschaft* honnie par Marx, mais la *zivile Gesellschaft*, c'est-à-dire le « forum public » où les citoyens d'une démocratie s'organisent, communiquent, agissent ensemble, coopèrent et développent leurs potentialités, sans passer nécessairement par des structures étatiques ou par une bureaucratie centralisée. C'est une culture pour laquelle le monde associatif, bien loin d'être marginal, est au centre de l'épanouissement de l'individu et de sa relation pacifique à autrui. Or cette dimension sociale du libéra-

3

« Communitarianism » (anglais)

► GENDER

Depuis quelques années, un mouvement critique important s'est développé aux États-Unis et au Canada qui est dirigé contre le libéralisme classique : c'est ce qu'on appelle le *communitarianism*, terme qui peut difficilement être traduit en français par le néologisme « communautarisme » puisqu'il ne vise pas la défense des communautés traditionnelles pour elles-mêmes, mais la reconnaissance du besoin d'ancrage et d'identité de l'individu moderne. De même que la philosophie abstraite et universaliste des Lumières était rejetée par Hegel et par le romantisme politique de Herder ou de Schleiermacher au nom de la valeur des traditions, de la communauté, de la *Gemeinschaft*, et du sens de l'histoire, de même, la critique contemporaine du libéralisme se fait au nom de l'importance de l'enracinement des individus dans des communautés et de la diversité concrète des cultures comme des différences de « genre » (critiques féministes).

BIBLIOGRAPHIE

BERTEN André (dir.), *Libéraux et Communautariens*, PUF, 1997.
TAYLOR Charles, *La Liberté des Modernes*, PUF, 1997.
WALZER Michael, *Pluralisme et Démocratie*, Seuil, *Esprit*, 1997.

lisme est souvent occultée par ceux qui comprennent la liberté individuelle uniquement en tension avec l'autorité externe, comme « liberté de dire non ». Un tel malentendu correspond à une division religieuse à l'intérieur de l'Europe et il peut être éclairant de parler, à propos du libéralisme, de valeurs protestantes, au sens où l'individu est conçu, au sein de celles-ci, comme responsable moralement de ses choix et comme ne connaissant pas d'autre juge de ses actes que sa conscience. La permissivité et l'individualisme, dans le libéralisme, sont inséparables de ce qu'il est convenu d'appeler une « morale des principes » intériorisée, par contraste avec une « morale de l'autorité » pour laquelle la Loi reste toujours extérieure et surplombante par rapport à l'agent. Selon que l'on admire ou que l'on hait cette tradition, qu'on la condamne comme permissive et comme source de fragmentation et d'anomie sociale, ou qu'on la pense comme porteuse de sources nouvelles de bonheur et d'épanouissement, on utilisera le terme *libéralisme* avec des connotations péjoratives ou positives et on lui opposera soit le totalitarisme et la violence d'État, soit la République et la social-démocratie, ou encore le « libertarianisme » et les dangers du développement anarchique de l'individu post-moderne, comme le soulignent les *communitarians* américains ou canadiens.

Catherine AUDARD
et Philippe RAYNAUD

BIBLIOGRAPHIE

BERLIN Isaiah, *Éloge de la liberté* [1969], trad. fr. J. Carnaud et J. Lahana, Calmann-Lévy, 1988.

CONSTANT Benjamin, *Principes de politique* [1818], in *De la liberté des Modernes*, Hachette, 1980.

GALSTON William, "Two Concepts of Liberalism", *Ethics*, vol. 106, University of Chicago Press, avril 1995.

GAUTIER Claude, *L'Invention de la société civile*, PUF, 1993.

HALÉVY Élie, *La Formation du radicalisme philosophique*, 1901-1904, 3 vol., rééd. PUF, 1995.

HARTZ Louis, *The Liberal Tradition in America*, New York, Harcourt Brace Jovanovitch, 1983.

HAYEK Friedrich von, *La Route de la servitude* [1941], trad. fr. G. Blumberg, PUF, 1985.

JAUME Lucien, *L'Individu effacé ou le Paradoxe du libéralisme français*, Fayard, 1997.

MANENT Pierre, *Les Libéraux*, Hachette Littératures, « Pluriel », 1986.

— *Histoire intellectuelle du libéralisme*, Calmann-Lévy, 1987.

MANIN Bernard, *Principes du gouvernement représentatif*, Calmann-Lévy, 1995.

MILL John Stuart, *De la liberté* [1858], trad. fr. L. Lenglet, Gallimard, 1990.

PARETO Vilfredo, *Manuel d'économie politique*, trad. fr. A. Bonnet, Giard et Brière, 1909, chap. 6.

POPPER Karl, *La Société ouverte et ses Ennemis* [*The Open Society and its Enemies*, I, Londres, 1945], trad. fr. J. Bernard et P. Monod, Seuil, 1979.

RAWLS John, *Théorie de la justice* [1971], trad. fr. C. Audard, Seuil, 1987.

RENAUT Alain, *L'Ère de l'individu*, Gallimard, 1989.

ROSANVALLON Pierre, *Le Libéralisme économique*, Seuil, 1989.

SHKLAR Judith, *Ordinary Vices*, Cambridge (Mass.), Harvard UP, 1984 ; *Les Vices ordinaires*, trad. fr. F. Chase, PUF, 1989.

SMITH Adam, *Recherches sur la nature et les causes de la richesse des nations* [1776], trad. fr. G. Garnier, rév. A. Blanqui, Flammarion, « GF », 1991.

STRAUSS Leo, *Liberalism, Ancient and Modern*, New York, Cornell UP, 1988 ; *Le Libéralisme antique et moderne*, trad. fr. O. Berrichon, Sedeyn, PUF, 1990.

WOOD Gordon S., *The Radicalism of the American Revolution*, New York, Knopf, 1992.

LIBÉRAL

Le mot *libéral*, identique en français et en anglais, dérive du lat. *liberalis*, qui désigne ce qui est relatif à une personne de condition libre (par différence avec un esclave), et ce qui lui sied, au physique comme au moral (« noble, gracieux, honorable, bienfaisant, généreux »), par exemple, les « arts libéraux » : voir ART (en part. II), *CULTURE* [BILDUNG, CIVILTÀ]. On trouvera sous ELEUTHERIA l'étude des différents paradigmes qui servent à penser et à exprimer la liberté, dont celui d'où dérive précisément *liberté* (par différence avec *freedom*), sur la racine **leudh*, « croître », dont dépendent aussi bien le gr. *eleutheria* [ἐλευθερία] que le lat. *liberi*, « les enfants », *liberté*, ou *libéral*. Sur le réseau liberté-noblesse-vertu, voir VIRTÙ (avec l'encadré 1, « *Aretê...* »), BEAUTÉ (encadré 1, « *Kalos kagathos* ») ; cf. LIBERTÉ.

Dans son sens politique, le terme *libéral*, qui renvoyait jadis à la vertu de « libéralité », est d'usage récent ; on appelle *libéraux*, depuis le XIXe siècle, les courants politiques qui défendent l'héritage des révolutions anglaise et américaine, à savoir celui d'une limitation des pouvoirs de l'État au nom des droits des individus ; une telle limitation passe par certains agencements institutionnels, comme le gouvernement représentatif et la séparation des pouvoirs, elle suppose toujours une nette différenciation entre l'« État » et la « société civile », et elle exclut un contrôle intégral du politique sur l'économie sans interdire toujours pour autant une certaine redistribution des revenus. On comprend que le terme français, ne renvoyant pas à la même tradition, ne soit pas superposable au terme anglais : voir LIBERAL (angl.), WHIG ; voir aussi *CONSERVATEUR*, MULTICULTURALISM, et cf. LAW, POLITIQUE, SOCIÉTÉ CIVILE.

► ÉCONOMIE, *POUVOIR*

LIBERTÉ

I. DOMAINES ET MODÈLES

1. La polysémie du mot *liberté* est déjà, en français, une source de difficulté non négligeable. L'adjectif *libre* recouvre, en effet, toute une palette de nuances qui ne sont pas indifférentes philosophiquement : il peut être synonyme de *spontané, non contraint, non entravé* (ainsi, pour un corps, une « chute libre » ; voir FORCE), mais aussi d'*indépendant, autonome*, voire *autarcique* ; il peut avoir le sens, plus technique, d'*indéterminé* ou d'*indifférent* : on parlera alors d'indifférence du choix, de libre (ou franc) arbitre. Des nuances tout aussi nombreuses sont présentes dans la plupart des langues modernes.

2. La problématique de la liberté est ainsi déterminante pour la constitution de la subjectivité, puis pour la psychologie : jusque dans le mot même de *sujet* (où s'entend la *sujétion*) ; voir SUJET et VOLONTÉ, WILLKÜR ; cf. CONSCIENCE, ES, INCONSCIENT, JE, PULSION.

3. Pour la morale, voir PRAXIS ; cf. *DESTIN*, DEVOIR, MORALE, *OBLIGATION*.

4. Elle investit d'emblée le domaine politique et social, dès la différence entre homme libre et esclave : voir en particu-

lier l'angl. LIBERAL, *LIBÉRAL*, et l'encadré 1, « *Paideia...* », dans BILDUNG ; voir aussi HERRSCHAFT, *LOI*, POLIS, POLITIQUE, *POUVOIR*, SOCIÉTÉ CIVILE, TRAVAIL.

On se reportera à ELEUTHERIA (I, avec l'encadré 1, « Les deux paradigmes : *freedom / liberty* »), pour les différentes matrices à l'œuvre dans les principaux réseaux linguistiques : nature et croissance, ou culture et appartenance au groupe des amis ; voir aussi SVOBODA, l'une des manières de dire *liberté* en russe, qui est formé sur le possessif slave *svoj* [свой], analogue à *suus*.

II. DU GREC AU LATIN

Mais on s'est ici attaché essentiellement à deux problèmes de traduction du grec au latin, qui permettent de mieux appréhender un certain nombre de singularités dans les réseaux des langues modernes.

A. De l'« eleutheria » grecque à la « libertas » latine

1. Comment passe-t-on de l'épanouissement réglé qui caractérise l'*eleutheria* [ἐλευθερία] platonicienne à la *libertas* conçue comme liberté de la volonté, alors que la notion même de « volonté » ne possède aucun équivalent direct en grec ? Deux entrées répondent à cette question : ELEUTHERIA, qui analyse la traduction des acceptions grecques de la « liberté » dans le latin des Pères et de la scolastique ; et VOLONTÉ, qui reconstruit l'histoire médiévale de la formation d'un équivalent terminologique de la *thelêsis* [θέλησις] grecque : la *voluntas* comme puissance libre d'acquiescer ou de nier le contenu du jugement, ou d'agir rationnellement en fonction du bien. La laïcisation de cette notion de volonté débouche sur la notion moderne, cartésienne : « Il n'y a personne qui [...] ne ressente et n'expérimente que la volonté et la liberté ne sont qu'une même chose, ou plutôt qu'il n'y a point de différence entre ce qui est volontaire et ce qui est libre » (*Réponses aux troisièmes objections*, AT, t. 7, 191, l. 10-14).

2. Sur les développements que connaît le vocabulaire de la volonté dans la philosophie anglo-saxonne contemporaine, on se reportera à l'encadré 1, « L'émergence d'un nouveau vocabulaire... », dans VOLONTÉ ; cf. ÂME/ESPRIT et CONSCIENCE.

B. La traduction de « to autexousion » par « liberum arbitrium »

1. Le *libre arbitre* latin substitue à la notion grecque d'autorité sur soi celle d'un choix indifférent des contraires, et situe ainsi la liberté tout entière dans cette indifférence du choix. Autrement dit, les deux déterminations de la « liberté » qui, pour nous, modernes, semblent aller de soi sont : a) la quasi-synonymie de *libre* et de *volontaire*, qui fait que toute liberté est déterminée en son fond comme liberté de (du) vouloir ; b) le fait que le lieu propre de la liberté soit situé dans l'*electio*, c'est-à-dire dans un choix entre des contraires, de telle sorte que la liberté puisse être comprise elle-même comme libre arbitre (cf. Thomas d'Aquin : « L'acte propre du libre arbitre est le choix [*electio*]. Car nous sommes libres en tant que nous pouvons accepter une chose en en refusant une autre ; ce qui est choisir », *Somme théologique*, I, q. 83, art. 3 rép.).

2. La traduction de la problématique du libre arbitre entraîne sur ce point à son tour des choix décisifs.

En allemand, le terme *Willkür* permet de lier d'emblée la question de l'arbitre libre et de la volonté autonome : c'est cette discussion de la problématique kantienne dont nous héritons directement dans notre terminologie qu'on trouve sous WILLKÜR.

En russe, le jeu sémantique entre les deux mots désignant la liberté, *svoboda* [свобода] et *volja* [воля], propose un autre couplage du rapport entre infini de la volonté et naturalité passionnelle du mobile, tandis que le terme de *postupok* [поступок] désigne l'acte libre, en tant qu'il peut prendre la forme d'un engagement : voir SVOBODA / VOLJA et POSTUPOK.

► *ACTE*, *DROIT*, PEUPLE

LIEU *Lieu* provient du latin *locus*, « lieu, place, endroit », mais aussi « rang, situation », qui sert à traduire le gr. *topos* [τόπος] et en a pris tous les sens techniques, en particulier médical (« région malade » ; « parties génitales ») et rhétorique (« lieu commun »).

1. En esthétique, on se reportera à IN SITU, qui, se réappropriant un terme d'archéologie, désigne le trait fondamental d'œuvres conçues en fonction d'un site. Sur le rapport ontologique entre une œuvre d'art et son lieu, voir en particulier LUMIÈRE (encadré 2, « *Lichtung...* »), et cf. *IL Y A*.
2. Sur le lieu rhétorique, voir LIEU COMMUN ; cf. ANALOGIE, COMPARAISON, *IMAGE*, MIMÊSIS, TROPE, et, plus largement, ACTE DE LANGAGE, *DISCOURS*, LOGOS.
3. Sur le lieu comme lié à l'espace et à la physique, voir FORCE, MOMENT, *MONDE*, NATURE, *TEMPS*.
4. Sur le lieu conçu comme lieu propre, originaire, voir HEIMAT, *IL Y A*, OIKEIÔSIS, PROPRIÉTÉ, SEHNSUCHT (avec l'encadré 1, « *Nostos* et nostalgie » ; cf. *MALAISE*) ; voir aussi DASEIN, LEIB, WELTANSCHAUUNG (*MONDE*, 5 et 6) ; cf. PEUPLE et PRINCIPE.

► SEIN

LIEU COMMUN

gr.	***topos*** [τόπος], ***topêgoria*** [τοπηγορία], ***deinôsis*** [δείνωσις]
lat.	***locus communis, indignatio***
angl.	***commonplace***

► COMPARAISON, CONCETTO, ***CONSENSUS***, ***DESTIN***, DOXA, ***IMAGE***, INGENIUM, MIMÊSIS, PATHOS, ***PROBABILITÉ***, SUBLIME, VÉRITÉ

L'expression moderne de lieu commun*, au sens de « cliché » ou « banalité », hérite d'une histoire longue qui s'étend au moins sur trois siècles. Si elle a aujourd'hui une connotation péjorative, elle a longtemps eu un sens positif, comme élément essentiel de la formation intellectuelle et artistique. Du XVI*e *au XVIII*e *siècle, en France comme en Europe,* lieu commun *est un terme technique. De façon très schématique, il a eu deux sens très distincts, qui chacun à leur manière se retrouvent dans le sens moderne. D'un côté, on désignait par* lieu commun *un développement oratoire ; de l'autre côté, les rubriques d'un fichier. Ces deux sens à leur tour remontent à celui de* lieu *ou* topos *[τόπος] en rhétorique ancienne, défini par Aristote comme « ce sous quoi tombe une multiplicité d'enthymèmes »* (Rhétorique,

II, 26, 1403a 16-17), ces syllogismes du probable caractéristiques de la rhétorique.

I. LE « TOPOS » : LE LIEU COMMUN COMME RÉSERVOIR DE PRÉMISSES

Le premier des trois sens remonte donc à la *Rhétorique* d'Aristote. Le grec dit simplement *topos* [τόπος], « lieu » (c'est la traduction française de Médéric Dufour [Les Belles Lettres, 1973] qui introduit dans le français une distinction entre « lieux propres » ou « lieux spéciaux » et « lieux communs » en I, 2, 1358a 13 *sq.*, comme en II, 22, 1396b 28). Le lieu, dit Aristote, est un *stoikheion*, un élément des enthymèmes : « il est ce sous quoi tombe une multiplicité d'enthymèmes » (*eis ho polla enthumêmata empiptei* [εἰς ὃ πολλὰ ἐνθυμήματα ἐμπίπτει], II, 26, 1403a 17). C'est pourquoi, à la différence des prémisses, ou « protases », propres à un seul des genres oratoires que sont le délibératif, le judiciaire ou l'épidictique (par exemple, l'utile ou l'honnête pour le délibératif), le lieu est toujours « commun » (*houtoi hoi koinoi* [οὗτοι οἱ κοινοί], ou *koinêi* [κοινῇ] : « les lieux sont les lieux communs en matière de droit, de physique, de politique [...] », 1358a 13-14), par exemple « le lieu du plus et du moins ». Comme le souligne Jacques Brunchwig, « le lieu est une machine à faire des prémisses à partir d'une conclusion donnée, si bien qu'un même lieu doit pouvoir traiter une multiplicité de propositions différentes, et une même proposition doit pouvoir être traitée par une multiplicité de lieux différents » (Préface de son édition des *Topiques*, Les Belles Lettres, I, 1967, p. XXXIX-XL). Le mécanisme du lieu fait qu'il n'y a de cas que pris dans la généralité, bref, comme nous le disons encore : « topique ».

Dans l'histoire ultérieure de la rhétorique, ce premier sens de « lieu commun » ne sera évidemment pas oublié. Dans la rhétorique latine, celle des Anciens comme celle des Modernes, *locus communis* s'oppose, de façon plus claire et plus pédagogique que chez Aristote, aux lieux « propres » à chacun des trois genres. Les lieux communs renvoient ainsi à une liste à peu près sans variante, qui va de la Définition (puis l'Étymologie, l'*Enumeratio partium*, etc.) aux « Adjoints » (*Adjuncta*) en passant par le lieu des Contraires ou la Comparaison. Comme chez Aristote, ces lieux sont, par hypothèse, des « lieux d'invention ». Tout lieu est en effet un réservoir, un « là-où-trouver » des arguments (voir COMPARAISON). Aristote du reste n'a pas inventé ce terme de *topos*, qui remonte très probablement aux arts de mémoire. Mais sa marque distinctive est, selon son habitude, d'avoir totalement repensé un terme que l'usage de la langue grecque lui donnait sous forme non élaborée. Il est donc logique que, comme concept, *topos* soit référé par toutes les topiques ultérieures, implicitement ou non, à la *Rhétorique* et plus encore aux *Topiques* aristotéliciennes.

♦ Voir encadré 1.

1 Rhétoriques du « topos », rhétoriques du « kairos »

► ART, LOGOS, MOMENT

La rhétorique, *rhêtorikê <tekhnê>* [ῥητορική <τέχνη>], est un terme qui apparaît pour la première fois dans le *Gorgias* de Platon. Elle n'y figure que pour être déboutée de sa prétention à être un art, *tekhnê*, et ravalée au statut paradoxal d'*alogon pragma* [ἄλογον πρᾶγμα] (chose dépourvue de *logos* [λόγος], « pratique sans raison » si l'on préfère, 465a). C'est le savoir parler de Gorgias et des sophistes (leurs succès oratoires et leur enseignement) qui se trouve ainsi exclu de la discursivité-rationalité philosophique. Reste à inventer une bonne rhétorique : la rhétorique philosophante du *Phèdre*, c'est-à-dire la « dialectique », « l'art des divisons et des rassemblements » (266b), qui ne vise pas à persuader mais à élever les âmes (c'est la « psychagogie », 261b).

Toute l'élaboration ultérieure de la rhétorique, chez Platon comme chez Aristote, consiste à dévaloriser, voire interdire, un certain type de rhétorique au profit d'un autre. Dépourvue d'art et de raison, celle qui joue sur le temps et l'énonciation (rhétorique de l'improvisation, *skhedioi logoi* [σχέδιοι λόγοι], discours « à la hâte », *ex tempore* ; rhétorique du *kairos* [καιρός], du « moment opportun », qui sait exploiter les paradoxes de l'énonciation avec ces *kataballontes* [καταβαλλόντες] dont Protagoras est l'inventeur, arguments-catastrophes, qui se renversent sitôt énoncés) ; valorisée comme authentique et réellement technique, celle qui s'en tient à l'énoncé et ramène le temps à l'espace dominé. Décrit par les philosophes, le dicours est un organisme qui s'étale et s'articule : il faut savoir le « découper » en respectant son plan (cf. Platon, *Phèdre*, 265e), il se compose d'une hiérarchie de *sun* [σύν], « avec », depuis la syntaxe prédicative jusqu'aux syllogismes, obéissant aux normes de l'*hama* [ἅμα], de l'en-même-temps, que prescrit le principe de non-contradiction ; il privilégie ainsi la stabilité du sens contre l'irruption du signifiant, homonymie, mot d'esprit (tout l'*organon*, l'appareil métaphysique et logique d'Aristote de *Métaphysique Gamma* aux *Réfutations sophistiques*), il décrit des « périodes » (litt. « tours complets », qui se laissent embrasser d'un seul regard, *Rhétorique*, III, 9, 1409b 1) et utilise les figures visuelles (la « métaphore », qui transporte, la « métonymie » qui compte la partie pour le tout) aux dépens des figures sonores (ces allitérations à prétention poétique, *ibid.*, III, 1, 1404a 24-29). La promotion du *topos* [τόπος], du lieu, est évidemment une pièce essentielle de ce dispositif. On comprend que le pouvoir du lieu fasse rêver les interprètes, qui proposent pour le définir une série de métaphores foisonnantes sur l'espace : moule, matrice, filon, cercle, sphère, région, puits, arsenal, réservoir, siège, magasin, trésor, sans oublier le « trou à pigeons » de Ross (Brunschwig, Préface des *Topiques*, p. XXXIX, n. 3).

Avec le *topos*, la rhétorique philosophante spatialise le temps du discours et parvient à thésauriser jusqu'à l'invention.

Barbara CASSIN

BIBLIOGRAPHIE

CASSIN Barbara, *L'Effet sophistique*, Gallimard, 1995 (3e partie).

II. LE « LOCUS COMMUNIS » LATIN : LE LIEU COMMUN COMME DÉVELOPPEMENT ORATOIRE

Ce deuxième sens porte la marque de l'autre grande pensée sur la rhétorique, celle de Cicéron, même s'il est déjà présent dans la *Rhétorique à Hérennius*. Dans l'Europe latine du XVIe au XVIIIe siècle, c'est le sens prédominant et aussi, de manière paradoxale, celui que nous avons le plus perdu de vue. En première analyse, il s'articule mal avec le *topos* aristotélicien. Même s'il est lui aussi lié à la *doxa* et au général, sa différence essentielle est de ne pas pouvoir être défini par la seule invention. Le *topos* n'est pas un ensemble de propositions (de phrases, si l'on veut), mais le moyen de produire ces propositions. Or le *locus communis* au sens cicéronien est d'abord un développement, très oratoire, ou tout simplement un passage dans un discours, ou encore ce qu'on appelle vulgairement une tirade : donc, en termes aristotéliciens, un ensemble de propositions, d'arguments, etc. Il n'est que de façon très lointaine et très médiate un « lieu ». En tout cas, le mieux est pour l'instant de traiter ce nouveau concept ou objet comme un simple homonyme du précédent.

Le *locus communis* cicéronien a trois caractéristiques. La première est le fait de brasser des idées reçues, de la *doxa*. La deuxième est de parler en général, *generaliter*. Enfin, cette généralisation se déploie longuement, elle ne se limite pas à un énoncé bref, à une maxime sentencieuse. L'un des textes les plus nets est sans doute le *De inventione* de Cicéron, à la fin du livre I, § 100-105. Dans le genre judiciaire, le lieu commun a pour moment canonique la péroraison. C'est le moment du réquisitoire, où l'accusateur parle non plus contre l'accusé qu'il a en face de lui, mais contre le crime en général — quand nos procureurs tonnent non plus contre Untel qui a violé ou assassiné, mais contre le Viol ou le Racisme. Dans les traités anciens, l'exemple habituel est le Parricide, qui était à Rome le crime impardonnable par excellence ; dans le *Pour Milon* de Cicéron, l'exemple classique est l'éloge de la légitime défense.

Quant à la *doxa*, on voit tout de suite la gravité des enjeux. Sans doute la *doxa* relève-t-elle de la seule opinion, non de la vérité. Mais pour le rhéteur, que la *doxa* ne soit pas vraie ne lui ôte pas toute valeur. Bien au contraire, elle pèse lourd de *gravitas*. On retrouve ainsi l'un des sens du mot *doxa* en grec, le sens positif de « réputation, gloire » : la *doxa* est l'ensemble des valeurs qui ont cours dans une société donnée. Et elle se définit au mieux lorsque ces valeurs sont bafouées. Le parricide chez les Romains, l'assassinat raciste chez nous soulèvent l'indignation. *Indignatio*, c'est précisément l'un des mots par lesquels Cicéron désigne le lieu commun. Ce nouveau mot a l'avantage d'être moins formel que l'expression de *locus communis* — laquelle est en somme du jargon pour rhéteurs habitués à l'idée même de « lieu ». L'*in-dignatio* permet de reformuler ce qui est à l'œuvre, puisque le mot renvoie en creux à la *dignitas* ou dignité, ou encore à la « décence » du *decet* et du *non decet*, étymologiquement proche, c'est-à-dire au « décorum » (voir encadré 6, « Le décorum », dans MIMÊSIS ; et article « Decorum » de l'*Historisches Wörterbuch der Rhetorik* de G. Ueding). Le parricide, le racisme, voire le viol, détruisent le *decorum* ou, en français du XVIIe siècle, les « bienséances » : c'est-à-dire qu'ils menacent tout l'édifice des relations sociales.

Dans ce contexte judiciaire, le passage au général prend lui aussi une singulière importance. En généralisant, l'avocat « élève » le débat, comme on dit encore si justement. Ce mouvement d'élévation élève aussi l'émotion, la porte à un degré supérieur. Car en remontant on en appelle aux grands principes. Les grands principes remuent le grand public, en suscitant de grandes émotions. On est au plus haut des effets que l'art rhétorique est capable de produire, ce que Cicéron nomme le *movere* et qui traduit le grec *pathos* [πάθος]. Et à partir du moment où le mouvement de généralisation est un mouvement de remontée, au plus haut se trouve nécessairement la question du politique. Chez Cicéron lui-même, on passe très vite des procès de parricide aux procès proprement politiques, au thème de la Patrie en danger. Verrès crucifiant un citoyen romain en Sicile, les yeux tournés vers la terre d'Italie, c'est l'idée même de citoyenneté romaine qu'on assassine. Comme le note Quintilien, on atteint avec cet exemple non seulement le summum mais d'une certaine manière le super summum, *supra summum* (« *non modo ad summum, sed quodam modo supra summum* » [*Institution oratoire*, VIII, 4, 4]). On est au sommet de l'émotion et de l'intolérable, c'est-à-dire à la hauteur du sublime.

Le troisième et dernier trait du lieu commun renvoie à un autre terme non moins important de la rhétorique, particulièrement latine : la longueur ou « étendue », *copia*. Car il ne s'agit pas seulement d'abondance verbale, de longueur quantitative. La *copia* est surtout qualitative. L'abondance est le signe extérieur de la véhémence, de la violence qui soulève le discours. Formé sur *opes*, « les forces », particulièrement militaires, la *copia* est une armée d'arguments, une armée romaine. Selon les images qu'affectionne Cicéron, la *copia* est soit fleuve en crue soit incendie ravageur. Dans les deux cas, c'est irrésistible. Ce n'est pas pour rien que l'*indignatio* a pour moment canonique la péroraison. La fin du discours-fleuve ramasse et parachève, les dernières digues de résistance craquent. Indignation contre l'accusé, pitié pour ses victimes, voilà les deux *loci communes* essentiels, typiques de la péroraison, pour lesquels le *De inventione* de Cicéron donne une liste de « lieux » particuliers, cette fois au sens canonique de *topos* : une liste de réservoirs d'arguments parmi lesquels choisir pour construire son développement. Au total, on pourrait comparer de tels développements oratoires avec le grand air d'opéra plutôt qu'avec la tirade. Le plus attendu n'est pas le moins délectable, ne suscite pas moins les applaudissements. La grande émotion soude un public, et plus encore une communauté. Parfois même, comme dans le cas de Verdi, c'est la naissance d'une nation. Le pathos alors n'est pas vulgaire, mais digne de ce beau nom de *commun* qui est bien, dès Cicéron, l'une des connotations de *locus communis*.

On voit que le *locus communis* cicéronien n'est en rien un synonyme du *topos* aristotélicien. Le même mot renvoie à deux réalités bien distinctes. Ce deuxième sens étant identifié, on peut alors se demander quel est l'équivalent en grec du *locus communis* ou *indignatio*, chez Aristote et en général les rhéteurs grecs. Il serait en effet étonnant que la *Rhétorique* aristotélicienne ignore un phénomène aussi considérable.

Pour les rhéteurs grecs tardifs, et en particulier postérieurs à Cicéron, la réponse est facile. Comme terme technique, *indignatio* a pour strict équivalent *deinôsis*. On aura un historique très complet dans l'article « Deinotes » de l'*Historisches Wörterbuch der Rhetorik* de G. Ueding, en particulier col. 468 : « *der früheste rhetorische Terminus, der mit* deinos *verwandt ist, ist* deinôsis (= lat. *indignatio*) ». La *deinôsis* [δείνωσις] a pour emblème Démosthène : ainsi chez Quintilien citant en grec le mot *deinôsis* et lui associant *indignus* ou *indignitas* (VI, 2, 24 ; voir aussi VIII, 3, 88 et IX, 2, 104) ; ou chez Longin (XII, 5 en particulier : Démosthène est sublime dans les *deinôseis* [ἐν ταῖς δείνωσεσι]). Denys d'Halicarnasse surtout, dans son *Démosthène*, attribue pour qualité majeure à son héros la *deinotês* [δεινότης]. Pour expliquer ces substantifs, il faut comprendre tout le poids de l'adjectif *deinos* [δεινός]. Le *deinos* est d'abord, fondamentalement, l'apparition terrorisante du sacré, équivalent du latin *terribile* — l'arc de Phébus Apollon qui envoie la peste est ainsi *deinos* (*Iliade*, I, 49). De là on passe au sens de « puissant » et aussi d'« habile », pour tout artisan maître en son art et en particulier pour le rhéteur ou le sophiste. L'artisan *deinos*, maître de son art, est tel un dieu dont les techniques sont cachées et les effets, spectaculaires. Comment devenir *deinos* est la seule chose que Gorgias promette d'enseigner (Platon, *Ménon*, 95c). L'adjectif est tout un programme : puissance et habileté, maîtrise des effets sur le public, succès « monstre », voilà condensées en un mot toutes les promesses en effet terrifiantes et sacrées de la rhétorique — se rendre comme maîtres et possesseurs du cœur des hommes.

Quand donc il est *deinos*, Démosthène n'est plus un orateur mais un dieu qui tétanise ou galvanise son auditoire, qui en fait ce qu'il veut, de façon irrésistible. Non plus tirade, mais pour ainsi dire « sortie » tonitruante, foudre qui tombe d'un Jupiter dévastateur. La *deinôsis* limite ainsi le *locus communis* à sa dimension la plus visible, celle du réquisitoire, en oubliant la pitié (qui est aussi chez Cicéron un développement, un lieu commun). De cette limitation on passe même à une autre. Un Longin renvoie la *deinôsis* démosthénienne à la seule brièveté, pour lui opposer la forme particulière du sublime cicéronien, qui passe par l'étendue ou *copia*. D'un côté la « sortie » sur le mode de la foudre, de l'autre le fleuve ravageur du lieu commun cicéronien : deux modalités du même sublime. Écrivant en grec à un Romain, Longin en vient d'ailleurs à créer le néologisme sans avenir de *topêgoria* [τοπηγορία] pour désigner le *locus communis* selon Cicéron — sur *topos*, mais avec un suffixe qui renvoie à la parole publique, celle de l'*agora* (*agoreuein* [ἀγορευείν], parler devant l'Assemblée ; *Traité du sublime*, XII, 5 : Démosthène est sublime « dans les *deinôseis* et les passions violentes », Cicéron « dans les *topêgoriai* et les péroraisons »).

Quant à Aristote, sa *Rhétorique* n'emploie qu'incidemment *deinôsis*, quatre fois selon l'index de l'édition des Belles Lettres, lequel traduit avec raison le terme par « sentiment de révolte, indignation, exagération ». Cet usage incident souligne qu'Aristote, cette fois, n'a pas réélaboré le terme en concept. Il le prend comme l'usage le lui donne, mais il n'en fait rien. L'usage qu'il enregistre est d'ailleurs intéressant, puisqu'à l'évidence c'est un usage déjà typifié par la rhétorique : ou la pitié ou la *deinôsis* (*ê oikton ê deinôsin* [ἢ οἶκτον ἢ δείνωσιν]) (III, 16, 1417a 13) ; « les passions (*pathê* [πάθη]) à susciter quand les faits sont établis sont la pitié, la *deinôsis*, la colère (*eleos kai deinôsis kai orgê* [ἔλεος καὶ δείνωσις καὶ ὀργὴ]) » (III, 19, 1419b 26). On retrouve le moment clé de la péroraison, quand les faits sont établis (voir aussi l'emploi en II, 24, 1301b 3), ainsi que le balancement fondamental du réquisitoire, entre pitié pour le client et indignation pour son accusateur. Ce balancement est déjà chez Platon, enregistrant lui aussi l'usage de son temps : « pitié et *deinôsis* [ἐλεινολογίας καὶ δεινώσεως] (*Phèdre*, 272a). Le balancement rappelle, dans la *Poétique* d'Aristote (VI, 1449b 28), le fameux passage sur la *katharsis* (« épuration, purgation »), où « pitié et *phobos* [φόϐος] » servent d'emblème et de résumé des autres passions [ἐλέου καὶ φόϐου] (voir aussi *Poétique*, XIII ; et en XIX, 1456b 1 : « et les autres de ce genre » ; cf. CATHARSIS).

Le passage par la *Poétique* a l'avantage de nous mettre sur la piste. Quatre emplois incidents ne font pas une théorie. Mais il est un endroit où la *Rhétorique* traite systématiquement l'*indignatio*, mais en lui donnant un autre nom que *deinôsis* : c'est le chapitre II, 9. Celui-ci est précisément le pendant de II, 8, sur la pitié. Nous sommes dans le balancement fondamental, pitié puis terreur sacrée. L'indice qu'Aristote repense ici la notion triviale de *deinôsis* est le changement de son vocabulaire. En II, 9, il la nomme *nemesis* [νέμεσις], comme la déesse ou incarnation de la Justice. La plupart des traductions latines d'Aristote n'ont ici aucune gêne à traduire par *indignatio* et ses dérivés, tout comme d'ailleurs la traduction des Belles Lettres, qui parle d'« indignation ». Le début immédiat du chapitre souligne si besoin était que l'emploi d'un terme aussi chargé renvoie au sacré : « si nous attribuons l'indignation aux dieux (*nemesan* [νεμεσᾶν]) » (1386b 14), c'est que les dieux éprouvent ce sentiment quand ils voient que sont heureux ceux qui ne le méritent pas, ceux qui en sont donc indignes. Pareille émotion divine est fermement distinguée de l'envie ou *phthonos* [φθόνος], plus humaine, à l'encontre du bonheur à nos yeux immérités de nos égaux et rivaux. Tels en effet les spectateurs de tragédie, nous serons comme des dieux si nous n'avons là « aucun intérêt personnel » (1386b 15-20). Qu'on soit là clairement devant un travail de conceptualisation est encore souligné par le rapprochement avec l'*Éthique à Nicomaque* (chap. 7, 1108b 1), où est redit que la *nemesis* est à l'envie ce que le vrai courage est à la témérité. La *nemesis* est le « juste milieu » de l'indignation, elle est la *juste* indignation.

En reformulant le concept, Aristote en pose les vrais enjeux. Sa description est informée à l'évidence par celle de la *deinôsis*, « sortie » démosthénienne ou péroraison cicéronienne. Mais le sacré du *deinos* peut toujours être suspect, et celui qui s'érige dans le rôle divin du procureur peut être animé par des intérêts personnels. La question de fond est : qui t'a fait procureur ? Pour atteindre au véritable sublime, il est impératif que celui qui tonne soit de fait habité par un dieu, celui chez Cicéron et Démosthène de la Patrie en danger. Ou pour le dire autrement, il faut qu'il ait la Justice avec lui, qu'il puisse passer avec vraisemblance pour l'incarnation même de la Justice. Ici comme ailleurs, la *Rhétorique* d'Aristote montre qu'elle est véritablement une éthique, tout comme celle de Quintilien (chez qui on trouverait des remarques du même ordre).

Au XVIIe siècle, la relecture chrétienne d'un tel chapitre ne va pourtant pas de soi. S'indigner contre les indignes, n'est-ce pas se prendre pour Dieu même, et douter de sa Providence, qui donne mystérieusement des bienfaits ici-bas à ceux qui ne le méritent pas ? Un professeur de rhétorique comme Christoph Schrader (à l'Université de Helmstedt) maintient les droits de l'indignation chrétienne dans les choix qui dépendent du libre arbitre humain. Il ne faudrait pas par exemple que pour les emplois et les magistratures « les indignes soient préférés aux dignes (*ne indigni dignis praeferantur*) » (commentaire *ad loc.*, p. 332 : c'est toute la question du mérite). Mais pour le reste, et d'un point de vue plus métaphysique (p. 333-334), il se sert du chapitre d'Aristote comme incitation à l'ascèse, par exemple envers les biens énumérés en 1387a 12, « richesse, pouvoir » ainsi que dons de naissance, c'est-à-dire en fait envers tout ce qui relève de la *Fortuna* ou de la Providence. Il faut là réfréner notre envie d'*indignatio*, et laisser un tel sentiment à Dieu seul. Nous ne sommes pas la Némésis. C'est une façon de souligner à quel point le sublime décrit ici, d'Aristote à Longin, est un sublime évidemment païen.

III. LES LIEUX COMMUNS COMME RUBRIQUES DE FICHIER

C'est de nouveau un homonyme. Par « lieux communs », au pluriel, le XVIe siècle a désigné les rubriques sous lesquels un lecteur classe les citations qui lui paraissent remarquables. C'est une sorte de fichier indexé, classeur ou répertoire. Cet outil pédagogique a deux buts : entraîner la mémoire et former le jugement.

Un mot de l'époque dit cette double ambition. C'est celui de « digérer », que l'anglais connaît encore avec l'idée de *digest*. Techniquement, le verbe désigne le fait de classer une citation sous telle ou telle rubrique : *di-gerere*, c'est dis-tribuer des éléments, chacun dans la case qui lui convient. L'expression habituelle pour désigner un rangement par lieux communs est donc « *per locos communes digesta* », chaque chose sous sa rubrique. Le mot « digérer » parle du corps, mais aussi bien de l'esprit. L'esprit retiendra mieux ce qu'il aura mieux « digéré ». C'est le sens de la fameuse image de l'abeille employée par Sénèque, dans sa lettre 84 à Lucilius, dont les termes sont inlassablement cités et variés par Érasme tout au long de son œuvre — Érasme lui-même la transformant en un véritable cliché repris constamment aux XVIe et XVIIe siècles. L'abeille butine des fleurs : c'est le moment où l'élève note dans ses carnets ou tablettes portatives les « fleurs » de littérature et d'histoire (cf. Hamlet notant sur son *common-place book* que son oncle est un *villain*, juste après avoir vu le fantôme !). De retour à la ruche, ces fleurs butinées sont distribuées, chacune trouvant sa place dans un des alvéoles de la ruche : c'est le moment de la « digestion », de la distribution, où l'élève recopie dans le gros *in-folio* de feuilles blanches qu'il garde chez lui. C'est alors que l'esprit peut faire son miel, s'approprier le savoir étranger.

Il est clair que sans jugement, sans esprit critique, l'entreprise risque de tourner à la pure compilation. Cela est fortement souligné par le réformateur Melanchthon (1497-1560), qui dirige après Luther la fameuse université de Wittenberg. Le double maléfique du *digerere*, c'est le *congerere* : amasser pour amasser. La solution est l'ordre, à tous les moments du processus (livret *De locis communibus ratio*). L'ordre règne du côté de la lecture mais aussi de l'écriture. Bien classer, bien penser, bien écrire. L'un des buts des lieux communs est de se rendre savant dans la science que l'on décide de suivre principalement. Du côté de la lecture, les mots-rubriques doivent être pour Melanchthon organisés par ordre analytique, de préférence au fouillis de l'ordre alphabétique. Le modèle est l'arbre ramifié de l'encyclopédie. Quel que soit son domaine, l'étudiant fortifiera sa mémoire et sa réflexion en rangeant sa collection de lieux communs selon les grandes puis les petites catégories de sa discipline. Du côté de l'écriture, le discours bénéficiera lui aussi du même ordre. Car sans plan bien pensé cela risque d'être une compilation d'arguments. Il suffit de relire les propos de Quintilien sur la *dispositio* pour retrouver la même détestation de ce qui est... indigeste : « une abondance copieuse d'idées, si grande soit-elle, ne fournirait qu'un amas et un entassement (*cumulum atque congestum*), si la même disposition ne les ordonnait, (*in ordinem digestas*) » (VII, prol. 1).

Élément essentiel de la pédagogie des Jésuites, cette méthode a joué un rôle très important dans l'organisation des études de toute l'Europe, et dans tous les domaines du savoir. Car les lieux communs au sens de rubriques ne se limitaient en rien à la littérature, ou même aux seules sciences humaines. La méthode est une reprise, souvent explicite, du premier instrument des *Topiques* d'Aristote (I, 14, 105a *sq.*), à savoir la collecte des prémisses, des propositions communément reçues (*endoxai* [ἔνδοξαι]). Aristote lui-même y a gagné son surnom de « lecteur » :

tout lire, faire des fiches sur tout. C'est ainsi qu'il écrit l'*Histoire des animaux* ou les *Politiques*, en commençant par recenser et classer – par « digérer » – toute l'information disponible. C'est ainsi que, au XVIe siècle, procède Bodin pour écrire sa *République* : la vaste compilation de toutes les constitutions existantes est le préalable de l'induction, laquelle dégagera, chez Bodin, le concept neuf de souveraineté.

Quel est le rapport entre le développement oratoire et la rubrique de fichier ? La réponse est encore à demander à Melanchthon. Il faut d'abord souligner le contexte, non pas rhétorique mais théologique. Ses *Lieux communs de théologie* parus en 1521 se conçoivent comme un manuel, et l'on y verra l'une des premières sommes du luthéranisme. Les grandes questions doctrinales sont abordées systématiquement, pour fournir un corps cohérent de doctrine à opposer à l'ancien. L'ordre n'est à ce point nécessaire que sur fond de controverse. Si on n'a pas les bons principes, on ne pourra construire les bons discours. Si Melanchthon met en vedette le terme de *lieu commun*, c'est que le réformateur a fort bien lu Cicéron. Il a compris que ce dernier faisait du passage au général le nerf de sa rhétorique. La remontée du particulier au général fournit les idées essentielles, la charpente et l'articulation d'ensemble, ces idées organisent les arguments du discours et suscitent les moments d'émotion les plus intenses.

IV. LE LIEU COMMUN DES MODERNES

Le *lieu commun* au sens moderne est à la fois un faux ami et un vrai héritier.

C'est un faux ami dans un texte apparemment aussi simple que celui-ci, sous la plume de Pierre Bayle en 1686 :

> C'est ce que je réponds au lieu commun qui a été si rebattu par les ignorants, que le changement de religion entraîne avec lui le changement de gouvernement, et qu'ainsi il faut soigneusement empêcher que l'on n'innove.
>
> *Commentaire philosophique sur ces paroles de Jésus-Christ...*, IIe partie, chap. 6, p. 415.

La proximité de *lieu commun* et de *rebattu* donne l'impression qu'il s'agit déjà du sens actuel. On est bien, c'est vrai, dans la généralité, et même dans le conservatisme politique, celui-là même que Flaubert moque à cœur joie dans son *Dictionnaire des idées reçues*. Mais ce que le faux ami nous empêche de voir, c'est que Bayle renvoie par là à tout un développement. Les ignorants ont longuement, passionnément, traité la question, qui touche comme chez Cicéron à la patrie en danger. Le mot-rubrique en est quelque chose comme « Gouvernement », ou « Nouvelletés dangereuses » et, sur un sujet pareil, arguments et citations sont collectionnés avec ardeur, on sait d'avance qu'on pourra les réutiliser. De ces longs développements sur une question de principe, l'auteur ne nous donne ici que la substance. C'est lui qui abrège, et qui nous donne l'impression fallacieuse qu'un lieu commun se réduit à une ou deux formules, à ce que nous connaissons sous le nom de « cliché ».

Et pourtant la possibilité même d'une telle réduction n'est pas si infidèle. Le cliché ne demande qu'à être étendu, tout comme l'étendue peut être abrégée. L'essentiel n'est pas là. Il est dans cette visibilité trop grande que la méthode *des* lieux communs a donné *au* lieu commun. Bayle ne reproche pas au lieu commun d'être rebattu, mais de l'être par les ignorants. Ce que nous reprochons au cliché, après Flaubert, c'est d'être rebattu, tout court, par les gens intelligents aussi bien que par les autres. Autrement dit, si le lieu commun au sens moderne est vraiment le lointain héritier des sens anciens, c'est l'héritage qui est devenu trop encombrant. La *doxa* était près de la Sapience et nous la trouvons proche de la Bêtise.

Francis GOYET

BIBLIOGRAPHIE

AMOSSY Ruth, *Les Discours du cliché*, CDU-Sedes, 1982.

— *Les Idées reçues : sémiologie du stéréotype*, Nathan, 1991.

— *Stéréotypes et Clichés : langue, discours, société*, Nathan, 1997.

— *Critique et Légitimité du préjugé : XVIIIe-XXe siècles*, R. AMOSSY et M. DELON (éd.), Bruxelles, Éd. de l'Université de Bruxelles, 1999.

ARISTOTE, *Rhétorique*, trad. fr. M. Dufour, Les Belles Lettres, « CUF », 1931.

BAYLE Pierre, *Commentaire philosophique sur ces paroles de Jesus-Christ : Contrain-les d'entrer* [= sur les conversions forcées], in *Œuvres diverses*, La Haye, P. Husson *et al.*, 1727, t. 2 ; repr. E. Labrousse (éd.), Hildesheim, Georg Olms, 1965.

BLAIR Ann, *The Theater of Nature: Jean Bodin and Renaissance Science*, Princeton UP, 1997.

CAUQUELIN Anne, *L'Art du lieu commun. Du bon usage de la doxa*, Seuil, 1999.

CICÉRON, *De l'invention* [*De inventione*], éd. et trad. fr. G. Achard, Les Belles Lettres, « CUF », 1994.

COUZINET Marie-Dominique, *Histoire et Méthode à la Renaissance. Une lecture de la* Methodus ad facilem historiarum cognitionem *de Jean Bodin*, Vrin, 1996.

DENYS D'HALICARNASSE, *Démosthène*, trad. fr. G. Aujac, Les Belles Lettres, « CUF », 1988.

GOYET Francis, *Le Sublime du « lieu commun ». L'invention rhétorique dans l'Antiquité et à la Renaissance*, Champion, 1996.

— « Hamlet, étudiant du XVIe siècle », *Poétique*, n° 113, février 1998, p. 3-15.

LONGIN, *Traité du Sublime*, trad. fr. N. Boileau, F. Goyet (éd.), LGF, « Le Livre de Poche classique », 1995.

MELANCHTHON Philippe, *De locis communibus ratio*, livret à la suite du *De formando studio* de Rudolf Agricola, Bâle, H. Petrus, 1531.

MOSS Ann, *Printed Commonplace-Books and the Structuring of Renaissance Thought*, Oxford, Clarendon Press, 1996.

QUINTILIEN, *Institution oratoire*, trad. fr. J. Cousin, Les Belles Lettres, « CUF », 1975-1980.

SCHRADER Christoph, *De rhetoricorum Aristotelis sententia et usu commentarius*, Helmstedt, H.D. Müller, 1674.

OUTILS

UEDING Gert, *Historisches Wörterbuch der Rhetorik*, Darmstadt, Wissenschaftliche Buchgesellschaft, t. 2, 1994, pour les articles « Decorum » (col. 423-452, signé U. Mildner) et « Deinotes » (col. 467-472, signé I. Rutherford).

LOGOS [λόγος] GREC – fr. *discours, langage, langue, parole, rationalité, raison, intelligence, fondement, principe, motif, proportion, calcul, rapport, relation, récit, thèse, raisonnement, argument, explication, énoncé, proposition, phrase, définition, compte/conte...*

hébr.	*dāvār* [דָּבָר]	angl.	*count / account / recount, tell / tale / tally*
lat.	*ratio / oratio, Verbum*		
all.	*Zahl / Erzählung,* cf. *legen / liegen / lesen*		

► ***DISCOURS, RAISON,*** et ACTE DE LANGAGE, FOLIE, GREC, HOMONYME, LANGUE, MOT, PRÉDICATION, PROPOSITION, RES, SENS, SIGNIFIANT

Le mot grec logos [λόγος] *a un sens si étendu, des usages si différenciés, qu'il est difficile de le percevoir, à partir d'une quelconque autre langue, autrement que comme plurivoque et qu'il est, en tout cas, impossible de le traduire sinon par une pluralité de mots distincts. Cette polysémie, parfois analysée comme homonymie par les grammairiens, a plutôt été ressentie par les modernes comme une caractéristique de la langue et de la pensée grecques renvoyant, en deçà des sens techniques, au sens premier du verbe* legein [λέγειν] *: « rassembler, cueillir, choisir ». Ce qui est ici intraduisible, de manière paradigmatique, c'est l'unité, sous l'idée de « rassemblement », d'une série de concepts et d'opérations — mathématiques, rationnelles, discursives, langagières — qui s'expriment dès le latin par des mots sans rapport les uns avec les autres.*

Une manière privilégiée de désigner en creux cette unité perdue est le jeu de mots, qui incarne la parenté dans l'étymologie, voire au niveau des seuls signifiants, comme en latin, ratio/oratio *(le premier sur* reor, *qui, comme une part de* legein, *signifie « compter » puis « penser » ; le second, qu'une étymologie populaire fait dériver de* os, oris, *la « bouche », venant compléter le premier avec le sens de « discours ») ; en français, on joue sur* compte/conte, *qui dérivent tous deux de* computare *et ne se distinguent sûrement qu'au XVII*e *siècle ; en anglais, de manière analogue, sur* count/account/recount, *mais aussi sur* tell/tale/tally *; en allemand, sur* Zahl/Erzählung, *mais aussi sur* legen/liegen/lesen.

L'autre manière, non alternative, de procéder est d'importer le mot dans sa propre langue : elle culmine avec un usage heideggerien qui témoigne de la dette de la philosophie à l'égard du grec.

Enfin, pour prendre toute la mesure de la polysémie de logos *au cours de l'histoire du mot, il faut articuler à la première bifurcation* ratio/oratio *(raison/discours), le* Logos *johannique, traduit par* Verbum, *qui désigne, sur fond de l'hébreu* davar [דבר], *la parole et la chose, en l'occurrence le Christ, la parole faite homme.*

I. HISTOIRE DE LA LANGUE ET LEXICOGRAPHIE

La multiplicité des sens de *logos* [λόγος] pose à l'historien de la langue la question de savoir si nous sommes en présence d'un phénomène de polysémie proprement dite (prolifération des sens d'un étymon unique) ou d'homonymie (convergence formelle à partir d'étymons homophones). Comme toujours en pareil cas, la question peut admettre des réponses différentes selon qu'on se place en synchronie (comment les usagers de la langue sentaient-ils les choses ?) ou en diachronie (que nous apprend l'enquête étymologique ?).

♦ Voir encadré 1.

De l'avis, au demeurant unanime, des étymologistes modernes, ce qui peut se présenter d'un point de vue synchronique comme une convergence sémantique plus ou moins accidentelle entre des radicaux homophones (homonymie) doit au contraire se décrire comme l'effet d'une différenciation dans la diachronie du sens primitif d'un unique radical λε/ογ-, donc comme un phénomène de polysémie. L'examen philologique des occurrences, en grec ancien, des vocables, tant nominaux que verbaux, fondés sur ce radical, d'une part, la comparaison avec le latin, d'autre part, conduisent en effet à penser que la valeur de base de λε/ογ- est celle de « collecter, cueillir, rassembler », et que l'emploi du verbe grec *legô* [λέγω], lat. *lego*, dans des contextes particuliers est, dans chacune des langues, à l'origine de différenciations *a priori* imprévisibles, mais bel et bien réelles.

En latin, on croit tenir dans un syntagme comme *legere oculis* « rassembler par le regard » appliqué aux signes graphiques d'un texte ou aux noms d'une liste l'origine du sens de « lire » qu'a pris *lego* dans cette langue, sans pour autant perdre son sens premier — polysémie qui se conserve jusque dans les langues romanes, où vivent en bon voisinage, pour nous en tenir au français, *lire, relire* et *élire, dialecte* et *collecte*. En grec, les emplois homériques de *legô* — *ostea legômen* [ὀστέα λέγωμεν] « ramassons les os » (*Iliade*, XXIII, 239), *duôdeka lexato kourous* [δυώδεκα λέξατο κούρους] « il choisit / rassembla / dénombra douze jeunes hommes » (*Iliade*, XXI, 27), *leg' oneidea* [λέγ' ὀνείδεα] « accumulait / débitait des injures » (*Iliade*, II, 222), *su de moi lege theskela erga* [σὺ δέ μοι λέγε θέσκελα ἔργα] « rassemble-moi / énumère-moi / raconte-moi / dis-moi tes prouesses merveilleuses » (*Odyssée*, XI, 374) — permettent bien d'apercevoir comment l'emploi, déjà fréquent chez Homère, de ce verbe signifiant « rassembler » avec pour compléments des termes désignant des entités langagières (injures) ou se prêtant à en prendre la forme (prouesses réalisées → choses racontées), a pu conduire à sa spécification comme verbe de *parole* : « rassembler → mettre en série → (dé)compter, énumérer → (ra)conter → dire ». Le verbe composé homérique *katalegein* [καταλέγειν] (et plus tard ses dérivés nominaux *katalogos* [κατάλογος], puis *katalogê* [καταλογή], « recensement, registre, liste, catalogue ») illustre particulièrement bien la plasticité et les conditions contextuelles de modulation du sémantisme premier du radical λε/ογ- : nul doute qu'une formule épique comme ἀλλ' ἄγε μοι τόδε εἰπὲ καὶ ἀτρεκέως κατάλεξον « allons, *dis*-moi cela, recense / énumère / raconte imperturbablement » (*Iliade*, XXIV, 380 = 656 = *Odyssée*, I, 169, etc.) ne soit un exemple précieux de ces contextes « langagiers » qui, dès la préhistoire du texte homérique, ont orienté l'évolution sémantique du radical λε/ογ-.

Ces données historiques, désormais bien établies, permettent donc de mettre correctement en perspective la polysémie, parfois flexible et éventuellement indécise, qui se manifeste en grec dans les mots de la famille de *logos*. Un point mérite d'être souligné. Du sens de base de « rassembler » du radical λε/ογ-, le *logos* grec garde, comme une connotation quasi indélébile, le trait sémantique de syntagmaticité : de tous les avatars sémantiques, bien connus, de *logos* « propos, paroles, récit, discours, proverbe, langage, compte, proportion, considération, explication, raisonnement, raison, proposition, phrase » (voir encadré 4, « La polysémie de "logos"... »), il n'en est pratiquement aucun qui ne fasse place au sème originel de « mise ensemble » — constitution ou prise en considération d'une série, d'un ensemble notionnellement complexe : « compte » ou « proportion », *logos* n'est jamais un « nombre » isolé ; « récit », « discours », « proverbe », « proposition » ou « phrase », il n'est jamais (ou très marginale-

1

Composés et dérivés : un ou deux radicaux ?

Outre le mot simple λόγος, le grec ancien possède plus de deux cents composés nominaux à second élément -λογος / -λόγος. L'importance numérique ainsi que la productivité ouverte de ce groupe lexical le recommandent comme moyen d'approche indirect pour l'étude du vocable simple.

Du point de vue *sémantique*, cet ensemble se laisse assez aisément diviser en deux groupes :

— dans l'un, -λογος renvoie à la notion de « rassemblement » : ainsi σύλλογος « rassemblement, réunion, assemblée », λιθολόγος « maçon [qui assemble des pierres] » ;

— dans l'autre, -λογος renvoie à la notion de « parole, discours » : ainsi διάλογος « conversation, dialogue », μυθολόγος « diseur d'histoires ».

Dans les deux cas, -λογος se rattache clairement à un radical verbal λεγ-, susceptible de porter les deux sens repérés dans les composés nominaux : ainsi, en face de σύλλογος, συλλέγειν « rassembler », en face de διάλογος, διαλέγεσθαι « dialoguer ». Face à cet ensemble lexical, un locuteur grec pouvait avoir le sentiment que sa langue possédait deux radicaux homophones de forme λε/ογ-, signifiant l'un « rassembler » — ci-après λε/ογ- 1, l'autre « parler, dire » — ci-après λε/ογ- 2.

Morphologiquement, les composés en -λογος se répartissent, selon des règles de caractère général en grec, en deux classes accentuelles :

(a) ceux en -λογος, dans lesquels λ., inaccentué, s'interprète comme un *nom d'action*, ex. διάλογος « discours croisé, dialogue » (λε/ογ-2), σύλλογος « acte de mise ensemble, résultat de cet acte » (λε/ογ-1), φιλόλογος, ce dernier composé dit « possessif », « à qui le λ. est cher, ami des belles lettres, philologue » (λε/ογ-2) ;

(b) ceux en -λόγος, dans lesquels λ., accentué, s'interprète comme un *nom d'agent*, le composé X-λόγος signifiant « (celui) qui λέγει X », ex. μυθολόγος « qui raconte des histoires » (λε/ογ-2), λιθολόγος « (celui) qui assemble des pierres » (λε/ογ-1).

C'est ainsi l'accent qui permet d'assurer que le « philologue » est l'ami des discours plutôt que celui qui parle d'amour.

Comme on voit, les deux types (a) et (b) font place aux deux sens repérés du radical λε/ογ-. Par ailleurs, tous ceux parmi ces composés qui sont propres à désigner un agent — tout le groupe (b) en principe et un certain nombre de représentants du groupe (a) — fournissent très naturellement à leur tour le point de départ d'une *dérivation verbale* en -εῖν (-εῖσθαι) et d'une *dérivation nominale* abstraite en -ία, désignant l'activité de l'agent, ex. :

— φιλόλογος → φιλολογεῖν « s'adonner à l'étude des lettres », φιλολογία « étude des lettres, philologie »,

— μυθολόγος → μυθολογεῖν « raconter des histoires », μυθολογία « (*acte de raconter des histoires) », d'où « histoire imaginaire »,

— λιθολόγος → λιθολογεῖν « construire en assemblant des pierres », λιθολογία « activité du maçon ».

L'uniformité d'une telle série dérivationnelle productive, avec, au terme, un vocabulaire relativement technique désignant souvent des activités de type professionnel, contribue, à n'en pas douter, à donner à l'ensemble de ces termes contenant le radical λε/ογ- une sorte d'unité sémantique où s'estompe à l'occasion l'opposition que nous avons envisagée au départ entre λε/ογ-1 et λε/ογ-2. À côté de séries comme κακολόγος — κακολογεῖν — κακολογία « médisant — médire — médisance », ἀντίλογος — ἀντιλογεῖν — ἀντιλογία « contradicteur — contredire — contradiction » (λε/ογ-2), d'une part, ou comme ποιολόγος — ποιολογεῖν — ποιολογία « faneur — faner — fenaison », βοτανηλόγος — βοτανηλογεῖν — βοτανηλογία « herboriste — herboriser — herborisation » (λε/ογ-1), d'autre part, où les deux sémantismes sont bien séparés, il est probable que, pour le sentiment linguistique des usagers grecs des différentes époques, le sémantisme attaché à -λογεῖν / -λογία était plus ou moins flottant dans tous les cas où l'activité désignée pouvait associer « cueillette, rassemblement, recensement » (λε/ογ-1) et « discours sur..., théorie de... » (λε/ογ-2). Ce cas devait se présenter, tendanciellement, pour les activités de type « scientifique » dans lesquelles un savant spécialisé tenait un *discours* plus ou moins théorisé sur des objets ou des faits qu'il avait *collectés*. L'ἀστρολόγος, qui discourt sur les astres, n'a-t-il pas aussi vocation à les recenser ? L'ἐτυμολόγος, qui montre, dans un discours au second degré, comment les mots « disent vrai », n'est-il pas aussi un collectionneur d'étymons et, potentiellement, un compilateur d'ἐτυμολογικά (listes d'étymologies) ? Le γενεαλόγος ne doit-il pas recenser les générations avant de me dire mon ascendance ?

ment) un « mot », etc. Il suffit de considérer la relative stérilité d'une autre racine « dire », *Ϝεπ- (cf. *epos* [ἔπος], *eipein* [εἰπεῖν]), pourtant étroitement associée à λεγ- dans la flexion supplétive du verbe *legô*, pour mesurer ce que l'extraordinaire fécondité de λε/ογ- doit à cette dimension « syntagmatique » de son sémantisme. Même si, comme on sait, l'étymologie ne règne pas indéfiniment et sans partage sur le sens que peuvent prendre les mots dans le cours de leur histoire, il n'est pas sans importance de garder en tête que le *logos* grec se rattache à un étymon polysémique associant étroitement un sème « rassembler » et un sème « dire » : toute réflexion sur l'histoire de *logos* comme terme philosophique doit partir de là.

♦ Voir encadré 2.

II. LA POLYSÉMIE DE « LOGOS » THÉMATISÉE ET UTILISÉE PAR LES GRECS EUX-MÊMES

L'histoire de la philosophie grecque peut être décrite comme une série de réinterprétations du sens de *logos*, sur fonds d'une polysémie toujours active. On passe d'une doctrine ou d'une systématique à une autre par une stratégie de refocalisation : des Présocratiques et des Sophistes à Platon, de Platon à Aristote, d'Aristote aux Stoïciens, etc., la polysémie de *logos* est à chaque fois réorganisée autour d'un sens matriciel différent. Nous ne proposerons que quelques coups de sonde.

A. Du pouvoir du discours (« logos ») à la rectitude de l'énoncé (« logos »)

Ainsi, des Sophistes à Platon, le sens de « discours » est très clairement dévalorisé au profit de celui d'« énoncé rationnel ». Dans son *Gorgias*, sous-titré *Sur la rhétorique*, Platon déplace le *logos*, du champ de la discursivité qu'il assigne à la rhétorique, vers celui de la rationalité et de la rectitude des énoncés, qu'il réserve à la philosophie.

Le Sophiste Gorgias, dans l'*Éloge d'Hélène*, discours célèbre dont l'effet fut d'innocenter devant tout Athènes la cause de la guerre de Troie, définissait le *logos* comme « un grand souverain (*dunastês megas* [δυνάστης μέγας]) qui, au moyen du plus petit et du plus inapparent des corps, parachève les actes les plus divins (*theiotata erga apotelei* [θειότατα ἔργα ἀποτελεῖ]) » (82 B 11 DK, § 8). Le pouvoir du *logos*-discours, supérieur à celui de la force, est ainsi lié à sa puissance performative. Loin de dire simplement ce qui est, conformément au mouvement de dévoilement et d'adéquation propre à l'ontologie, le *logos*-discours ainsi compris fait être ce qu'il dit, et produit en particulier la *polis* (voir POLIS), la cité, comme échange de discours et création continue de consensus, caractéristique de cet animal politique doué de *logos* qu'est l'homme (voir *epideixis* dans ACTE DE LANGAGE, I).

Socrate, dialoguant avec Gorgias, part d'une définition apparemment banale de la rhétorique comme « art (qui traite) des discours » (*tekhnê peri logous* [τέχνη περὶ λόγους], 450c). Cependant, à examiner de plus près la rhétorique, il lui refuse le nom d'art pour la qualifier d'*alogon pragma* [ἄλογον πρᾶγμα] (465a) que force est de traduire, avec Croiset par exemple, par pratique ou chose « sans raison » : que les *logoi*-discours puissent relever de l'*alogon*-irrationnel, c'est la marque de l'opération platonicienne qui dévalorise et exclut de la philosophie un sens de *logos* au profit d'un autre. D'un sens de

2

Comment procèdent les dictionnaires ?

L'ensemble des dictionnaires, d'étymologie comme de langue, distingue deux verbes : *legô* et **legô*, « étendre » (Bailly), « lay » (LSJ) [*contra* : voir encadré 7]. Le LSJ propose ensuite pour le premier une seule entrée, répartie en trois grands sens : I. « *pick up* », II. « *count, tell* », III. (avec fut. et aoriste 2) « *say, speak* ».

Le Bailly, se fondant sur la distribution des modes et des temps usuels, lemmatise pour sa part deux verbes formés sur le même radical *leg-, « rassembler » ; le premier signifie I. « rassembler », II. « choisir », d'où « cueillir », « trier, compter », et seulement par suite, « énumérer, dire l'un après l'autre » ; le second signifie d'emblée : I. « dire », au sens de « parler », « déclarer, annoncer », II. « dire quelque chose, parler sensément », III. « désigner », IV. « signifier », avant d'aboutir à des sens plus techniques (« vanter », « réciter », « lire à haute voix », « ordonner », « parler comme orateur », « déposer une motion », etc., jusqu'à XI. « faire dire »). Cette discordance, toute en faveur de la simplicité motivée du dictionnaire anglais, est un symptôme de la difficulté moderne à nouer dans la discursivité parcours rationnel et énoncé verbal. On notera en français la polarité de l'adjectif « discursif », qui dénote la série rigoureusement ordonnée tout autant que la digression [*Nouveau Petit Robert*, 1993, p. 655], tandis que « discursivité » n'est pas attesté avant 1966 dans *Les Mots et les Choses* de Michel Foucault [DHLF, 1992, I, p. 610].

Quant au substantif *logos*, le Bailly distingue entre deux grands domaines sémantiques qui se complexifient : A) parole, B) raison. Le LSJ juxtapose au contraire une série d'items : I. « *computation, reckoning* », II. « *relation, correspondence, proportion* », III. « *explanation* », IV. « *inward debate of the soul* », V. « *continuous statement, narrative* », VI. « *verbal expression or utterance* », VII. « *a particular utterance, saying* », VIII. « *thing spoken of, subject matter* ». On constate que le passage s'y effectue du mathématique (I-II), au rationnel (compte rendu à l'autre ou à soi-même, III-IV), puis au langagier (du point de vue des énoncés, de l'énonciation, ou de la référence). Tantôt donc on part de la parole pour arriver *via* la raison, sa capacité de juger et d'évaluer, au sens mathématique de « relation, proportion, analogie » (B, III, 4 du Bailly, 4e et dernier sens dans Bonitz, *Index Aristotelicum*), tantôt c'est la mathématique qui fournit le point de départ (LSJ). La discordance essentielle peut se formuler ainsi : comme le suggère l'histoire de la langue (voir *supra*), le sens mathématique est-il premier, la relation et la proportionnalité servant de paradigme, voire de matrice, à la syntagmaticité, dans une lignée qui courrait de Pythagore à Platon et au néoplatonisme, ou bien, dans une perspective de structuration sans doute plus aristotélicienne (Bailly, Bonitz), la technique mathématique n'est-elle qu'un point d'application du *logos* humain ?

logos à l'autre se joue le premier acte de la guerre entre philosophie et rhétorique, qui constitue l'une des clés d'acès au monde grec : « La prétention la plus illimitée de pouvoir tout, comme rhéteurs ou comme stylistes, traverse toute l'Antiquité, d'une manière pour nous inconcevable » (Nietzsche, « Cours sur l'histoire de l'éloquence grecque », trad. fr. J.-L. Nancy et P. Lacoue-Labarthe, *Poétique*, 5, 1971, p. 130).

La dialectique platonicienne réinvestit alors chacune des significations courantes de *logos*. Comme art de poser les bonnes questions et d'y donner les bonnes réponses, elle est également l'art de soutenir une thèse (*logos*), où résonne encore le sens musical de donner le ton, l'accord ou le rapport dominant ; elle est l'art de « rendre raison » ou de « rendre compte » (*logon didonai* [λόγον διδόναι]) ; le *logos*, comme discours argumentatif, s'y oppose au *muthos* [μῦθος], le discours narratif. La polysémie du *logos* se trouve donc placée sous le joug de l'énoncé droit ou rigoureux (*orthos logos* [ὀρθὸς λόγος]), du raisonnement, comme medium de la philosophie : « quand on pose des questions aux hommes, et si on pose les questions comme il faut, d'eux-mêmes, ils disent tout ce qui est comme c'est. Or si un savoir ne se trouvait pas présent en eux, et un raisonnement droit (*orthos logos*), ils ne seraient pas capables de le faire » (*Phédon*, 73a 8). C'est le tournant que thématise Socrate dans le *Phédon* (99e) lorsqu'il se déclare lassé de l'examen matérialiste des choses existantes et pense qu'il faut « [se] réfugier du côté des raisonnements (*eis tous logous* [εἰς τοὺς λόγους]), et, à l'intérieur de ces raisonnements, examiner la vérité des êtres » (« raisonnements » est la traduction de M. Dixsaut, qu'elle qualifie de « cache-misère » [« GF », 1991, p. 373,

3

Les sens de « logos » dans le « Théétète » de Platon

Dans le *Théétète*, Socrate affronte directement le problème de la polysémie de *logos*. Il vient de définir la science comme une « opinion vraie accompagnée de *logos* [μετὰ λόγου] », et envisage alors les trois acceptions que le terme de *logos* lui paraît susceptible d'y prendre. La première relève du rapport entre énoncé et pensée : « La première [acception de *logos*] serait : rendre apparente sa propre pensée au moyen de la voix [ἐμφανῆ ποιεῖν διὰ φωνῆς] avec des expressions et des mots [μετὰ ῥημάτων τε καὶ ὀνομάτων — ce que dans le contexte du *Sophiste*, 261d-262e, on traduit par "avec des verbes et des noms"] en figurant son opinion dans le flux qui passe à travers la bouche comme en un miroir ou dans de l'eau » (206d) ou « comme le reflet de la pensée dans la voix [διανοίας ἐν φωνῇ ὥσπερ εἴδωλον] » (208c) ; en effet, ajoute Théétète, « de celui qui fait cela nous disons qu'il parle [λέγειν] ». La seconde tient au rapport entre chose et connaissance complète ou définition exhaustive : « La seconde », c'est « pour chaque chose le parcours complet de ses éléments [τὴν διὰ στοιχείου διέξοδον περὶ ἑκάστου] » (207d) ou « le chemin conduisant, élément par élément, jusqu'au tout [διὰ στοιχείου ὁδὸς ἐπὶ τὸ ὅλον] » (208c). La troisième, au rapport entre chose et reconnaissance de la chose ou énoncé d'un propre : « la troisième », c'est « avoir un signe à mentionner par lequel l'objet en question diffère de tout le reste » (208c).

Mais, avant de thématiser tant bien que mal ces trois sens, Socrate utilise *logos* en laissant foisonner une bien plus considérable polysémie. C'est à ce titre maximaliste que le passage ci-contre mérite qu'on s'y arrête, et qu'on en compare les traductions.

Chacune de ces traductions illustre, à sa façon, les glissements du terme λόγος au fil de ses occurrences. Celle de Robin (*Platon, Œuvres complètes*, t. 2, « La Pléiade », 1950) multiplie les équivalents (raison, justification, langage) et les gloses (« exprimer l'essence en une proposition » rend *legesthai*, « pourvoir ainsi cette essence de la justification qui est proprement la sienne » rend *eikhen oikeion autou logon*). Celle de Narcy (« GF », 1994) uniformise sous « définition » (A. Diès, Les Belles Lettres, 1965, avait de son côté choisi « raison ») mais court le risque de l'inintelligibilité. Exception notable : les traducteurs anglais ont la chance de disposer de *account*. C'est ainsi que Myles Burnyeat traduit *logos* par *account* et on ne peut que l'envier d'avoir à sa disposition un mot dont la polysémie recouvre presque celle de *logos*. Comme celui de *logos*, le sens de *account* varie suivant les contextes : récit, description, analyse, explication, justification... (cf. M. Narcy, *in* Myles Burnyeat, *Introduction au* Thééthète *de Platon*, trad. fr. M. Narcy, PUF, 1998, p. 6).

La difficulté procède du fait qu'à presque aucun moment le terme de *logos* ne correspond à une seule de ses acceptions : chaque occurrence maintient en résonance quelques-unes, voire toutes les autres. Ainsi *logos*, dans l'expression *logon ouk ekhoi* [λόγον οὐκ ἔχοι], (201e) signifie « comporter une raison » (Diès), et quelque chose qui comporte une raison est quelque chose dont on peut « rendre compte » (Robin). Mais quand l'expression est reprise, *logos* entre en opposition avec *onoma*, le nom, et cette opposition est soutenue par une polémique de Platon avec Antisthène, que confirme l'emploi dans le passage de l'expression d'*oikeios logos* [οἰκεῖος λόγος]. *Oikeios logos* est en effet l'expression clef d'Antisthène, qu'on traduit généralement par « énoncé propre » et qui renvoie à l'idée selon laquelle la seule définition appropriée est l'énoncé d'identité, celui qui énonce le nom propre.

On est bien tenté alors de surtraduire : rendre deux fois *logos* dans *logon ouk ekhoi*, de manière à préparer l'opposition *logos/onoma* — soit : « des premiers éléments [...] il n'est pas possible de donner une justification (ou "de rendre compte") dans un énoncé » —, ce qui amènerait, de proche en proche, à rendre : εἶχεν οἰκεῖον αὐτοῦ λόγον (202a 7-8) par « il serait possible d'en donner justification [d'en rendre compte] par son énoncé approprié ». Le redoublement (« justification », et « énoncé » traduisant tous deux *logos*) permet par la suite de faire varier la traduction de λόγος entre *énoncé* et *justification*. *Énoncé* en tout cas dans la séquence ὀνομάτων γὰρ συμπλοκὴν εἶναι οὐσίαν (202b 4-5) — impossible de traduire ici par *raison* (Diès), *définition* (Narcy) ou même *langage* (Robin), pas plus que par *Erklärung* (Heitsch), *ragione* (Mazzara) ou *spiegazione* (Antonelli). Puis *justification* (*alogos*, 202b 6 : « il n'est pas possible d'en donner justification »).

Et, pour la fin, le même redoublement :

> lorsque l'on a l'opinion juste de quelque chose sans en rendre compte [ou sans en donner justification] dans un énoncé (*aneu logou*), notre âme est dans le vrai à propos de cette chose, mais elle ne la connaît pas ; car celui qui ne peut ni donner ni recevoir justification (*logon*) de quelque chose n'en a pas la connaissance ; qu'en revanche on ajoute une justification (*logon*), il est alors possible que toutes ces qualités soient réunies et qu'on se comporte parfaitement relativement à la science.

n. 277], néanmoins préférable à « propositions » [R. Hackforth, *Plato's Phaedo*, Cambridge UP, 1955], « idées » ou « notions » [L. Robin, « La Pléiade », 1950], « définitions » [R.S. Bluck, *Plato's Phaedo*, Indianapolis, Bobbs-Merrill, 1955]).

Le *logos*, comme énoncé rationnel, suscite l'analyse : une analyse « grammaticale » avant la lettre, inséparable de l'activité dialectique d'analyse selon les formes et selon les cinq genres fondamentaux, se lie, dans le *Sophiste*, à l'analyse logique de la vérité ; le *logos* est la « première combinaison » (*hê prôtê sumplokê* [ἡ πρώτη συμπλοκή], *Sophiste*, 262c 5-6), composée d'un nom et d'un verbe, et susceptible d'être vraie ou fausse (263b) ; la fixation du sens d'énoncé pour *logos* est donc exacte-

3

Théétète, 201e-202c	Robin	Narcy
Ἄκουε δὴ ὄναρ ἀντὶ ὀνείρατος. Ἐγὼ γὰρ αὖ ἐδόκουν ἀκούειν τινῶν ὅτι τὰ μὲν πρῶτα οἱονπερεὶ στοιχεῖα, ἐξ ὧν ἡμεῖς τε συγκείμεθα καὶ τἆλλα, λόγον οὐκ ἔχοι. Αὐτὸ γὰρ καθ' αὑτὸ ἕκαστον ὀνομάσαι μόνον εἴη, προσειπεῖν δὲ οὐδὲν ἄλλο δυνατόν, οὔθ' ὡς ἔστιν, οὔθ' ὡς οὐκ ἔστιν· ἤδη γὰρ ἂν οὐσίαν ἢ μὴ οὐσίαν αὐτῷ προστίθεσθαι, δεῖν δὲ οὐδὲν προσφέρειν, εἴπερ αὐτὸ ἐκεῖνο μόνον τις ἐρεῖ. Ἐπεὶ οὐδὲ τὸ αὐτὸ οὐδὲ τὸ ἐκεῖνο οὐδὲ τὸ ἕκαστον οὐδὲ τὸ μόνον οὐδὲ τοῦτο προσοιστέον οὐδ' ἄλλα πολλὰ τοιαῦτα· ταῦτα μὲν γὰρ περιτρέχοντα πᾶσι προσφέρεσθαι, ἕτερα ὄντα ἐκείνων οἷς προστίθεται, δεῖν δέ, εἴπερ ἦν δυνατὸν αὐτὸ λέγεσθαι καὶ εἶχεν οἰκεῖον αὑτοῦ λόγον, ἄνευ τῶν ἄλλων ἁπάντων λέγεσθαι. Νῦν δὲ ἀδύνατον εἶναι ὁτιοῦν τῶν πρώτων ῥηθῆναι λόγῳ· οὐ γὰρ εἶναι αὐτῷ ἀλλ'ἢ ὀνομάζεσθαι μόνον ῳ ὄνομα γὰρ μόνον ἔχειν ῳ τὰ δὲ ἐκ τούτων ἤδη συγκείμενα, ὥσπερ αὐτὰ πέπλεκται, οὕτω καὶ τὰ ὀνόματα αὐτῶν συμπλακέντα λόγον γεγονέναι· ὀνομάτων γὰρ συμπλοκὴν εἶναι λόγου οὐσίαν. Οὕτω δὴ τὰ στοιχεῖα ἄλογα καὶ ἄγνωστα εἶναι. αἰσθητὰ δέ· τὰς δὲ συλλαβὰς γνωστάς τε καὶ ῥητὰς καὶ ἀληθεῖ δόξῃ δοξαστας. Ὅταν μὲν οὖν ἄνευ λόγου τὴν ἀληθῆ δόξαν τινός τις λάβῃ, ἀληθεύειν μὲν αὐτοῦ τὴν ψυχὴν περὶ αὐτό, γιγνώσκειν δ'οὔ· τὸν γὰρ μὴ δυνάμενον δοῦναι τε καὶ δέξασθαι λόγον ἀνεπιστήμονα εἰναι περὶ τούτου· προσλαβόντα δὲ λόγον δυνατόν τε ταῦτα πάντα γεγονέναι καὶ τελείως πρὸς ἐπιστήμην ἔχειν. Οὕτως σὺ τὸ ἐνύπνιον ἢ ἄλλως ἀκήκοας;	En échange d'un rêve écoute donc un rêve ; car il me semble, à mon tour, avoir entendu dire à certaines gens que ce constitue pour ainsi dire les lettres élémentaires des choses, ce avec quoi nous, aussi bien, nous composons tout le reste, de cela on ne pourrait rendre raison : pris en lui-même, chacun de ces composants ne comporterait que sa seule dénomination, et il serait impossible de rien dire sur lui, ni qu'il est, ni qu'il n'est pas ; car ce serait dès lors le qualifier, par opposition à ce qu'il est, comme étant une réalité ou n'étant pas une réalité, tandis que (si toutefois c'est lui seul que l'on doit désigner en lui-même) il faut ne rien lui adjoindre. Aussi ne lui doit-on même pas adjoindre le mot « lui », pas même le mot « celui-là », pas même « chacun », pas même « lui seul », pas même « ceci », ni non plus quantité d'autres déterminations analogues ; ce sont là, disent-ils, des déterminations qui, courant de-ci de-là, s'adjoignent à tout, en se distinguant de ce à quoi d'autre part elles sont adjointes ; au contraire, ces simples, s'il était vrai qu'il fût possible d'en exprimer l'essence en une proposition et de pourvoir ainsi cette essence de la justification qui est proprement la sienne, il faudrait que, sans réserve, ils fussent exprimés de la sorte indépendamment de tout le reste. Mais la vérité, c'est qu'il est impossible de formuler une quelconque de ces données premières au moyen du langage ; car pour elle rien n'est possible, sinon de la dénommer seulement, puisque sa dénomination est la seule chose qui lui appartienne. Quant à ce qui, maintenant, est constitué par la composition de ces données simples, tout comme il est lui-même entrelacé, ainsi également les dénominations des simples, s'entrelaçant les unes des autres, donnant lieu à un langage ; car l'essence du langage est d'être un entrelacement de noms. De cette façon donc, les lettres élémentaires des choses sont dépourvues de justification et ne sont pas objets de connaissance proprement dite, mais d'intuition immédiate ; les syllabes des choses sont au contraire connaissables, exprimées par le langage et jugées par un jugement vrai. Or, lorsque sur quelque objet nous avons, en l'absence de sa justification, rencontré le jugement vrai, notre âme alors énonce la vérité à l'égard de cet objet ; mais, disent-ils, elle n'en a pas la connaissance, car celui qui n'est pas capable de donner ou de recevoir la justification de son jugement, est là-dessus dépourvu de connaissance, tandis que, s'il a mis en outre la main sur la justification, alors il possède toutes les capacités dont il était question, et, par rapport à la connaissance, il se comporte en perfection. Ce rêve, est-ce ainsi que tu l'as entendu, ou bien d'une autre façon ?	Écoute alors un rêve en réponse à un rêve. Car moi, de mon côté, il me semblait entendre certains qui disent que les premiers éléments, pour ainsi dire, à partir desquels nous-mêmes, et les autres choses, sommes constitués, n'ont pas de définition. En effet, chacun de ces éléments, en soi et par soi, il serait possible seulement de le nommer, mais on ne pourrait en dire rien d'autre en plus de son nom, ni qu'il est, ni qu'il n'est pas : car de ce simple fait, on lui adjoindrait le fait d'être ou non, alors qu'il ne faut rien lui ajouter, si c'est bien celui-là même, seul, qu'on doit énoncer — quoiqu'on ne doive lui ajouter ni « lui-même », ni « celui-là », ni « chacun », ni « seul », ni « ce », ni beaucoup d'autres précisions du même genre. Car, sans cesser de passer de l'un à l'autre, elles s'ajoutent à tous, différentes qu'elles sont de ce à quoi elles s'adjoignent : or, si l'élément lui-même pouvait être défini, c'est-à-dire s'il avait une définition qui lui soit propre, il faudrait qu'il soit défini indépendamment d'absolument tous les autres. Mais, en fait, il est impossible que l'un quelconque des éléments premiers soit exprimé par une définition, car il ne lui appartient que d'être nommé : car il a seulement un nom. Tandis que, disent-ils, les choses qui, de ces éléments, aussitôt se constituent, tout comme elles sont faites de leur entrelacs, de même les noms des éléments deviennent, une fois tissés ensemble, une définition : car des mots tissés ensemble, c'est ce qu'est une définition. Ainsi donc les éléments, d'une part, ne sont pas définis, ne sont pas connus, mais ils sont sentis ; d'autre part, ce sont leurs composés qui sont connus et exprimés, et objets d'une opinion vraie. Ce qui amène à dire, lorsque quelqu'un saisit, sans définition, l'opinion vraie de quelque chose, que sur la chose elle-même, son âme est dans le vrai, certes ; mais qu'elle connaît, non. Car ce qui n'est pas capable d'en donner ou accueillir la définition est dépourvu de science sur la chose en question ; tandis que si, en plus, il s'assure de sa définition, tout ce que je viens de dire, l'en voilà devenu capable, et il est dans une disposition parfaite vis-à-vis de la science. Est-ce ainsi que tu as entendu ce songe, toi, ou autrement ?

ment contemporaine de la fixation du sens de nom pour *onoma* – qui, jusqu'alors, signifiait plutôt le mot – et de la fixation du sens de verbe pour *rhèma* [ῥῆμα]. Le *logos* ainsi compris peut, par excellence, désigner la définition : au mot ou au nom (*onoma* [ὄνομα]) « cercle » correspond son *logos*, composé de noms et de verbes (*ex onomatôn kai rhêmatôn* [ἐξ ὀνομάτων καὶ ῥημάτων]) – « ce dont les extrémités sont à une distance parfaitement égale du centre » (*Lettre* VII, 342c).

♦ Voir encadré 3.

B. Le réseau des sens de « logos » chez Aristote

Dans le « dictionnaire » philosophique que propose Aristote au livre Delta [Δ] de sa *Métaphysique*, il n'y a pas d'entrée *logos* qui recense et clarifie les emplois de ce mot. Pourtant le mot est pris dans une pluralité de réseaux qui, même s'ils trouvent leur ancrage premier dans des lieux différents de l'œuvre, sont utilisés de manière non thématisée au sein d'un même traité. C'est le cas, en particulier, du *De anima* : en déployant ces réseaux, on comprend mieux l'extrême difficulté d'une œuvre classique. L'interprète d'Aristote a, comme toujours, le choix entre deux types d'attitude ; creuser les différences et manifester les hiatus ou les glissements conceptuels en déployant une multiplicité de traductions hétérogènes (ainsi, D.W. Hamlyn : « Pour prévenir les erreurs de compréhension, j'ai signalé toutes les occurrences du mot [*logos*] en ajoutant sous toutes ses traductions la mention "L" » [p. XVIII]) ; ou tenter de « rendre [...] disponible la source qui motive les différentes manières de signifier » (M. Heidegger, *Interprétations phénoménologiques d'Aristote*, p. 20), en réinventant l'amplitude du grec au sein de la langue d'arrivée.

Un premier réseau (*De anima*, I et II), thématisé au livre Zêta [Z] de la *Métaphysique*, lie *logos* à *eidos* [εἶδος] (« forme » par opposition à « matière »), *to ti ên einai* [τὸ τί ἦν εἶναι] (« quiddité », « essentiel de l'essence ») ou *entelekheia* [ἐντελέχεια] (« acte », par opposition à « puissance »), en même temps qu'à *horos* [ὅρος] (« définition »). Ainsi, l'âme est le *logos* du corps, comme la hachéité est celui de la hache (412b 11-16), et l'on peut ajouter que le *logos* de l'âme est d'être *logos* du corps. Le *logos*, désignant ce qui donne forme à une chose, en constitue du même coup la définition ; il est simultanément essence, finalité, raison d'être, et définition, raison rendue (ce dont témoigne l'essaim des traductions en 412b 10, « voilà ce qu'est l'âme », à savoir *ousia* [...] *hê kata ton logon* [οὐσία (...), ἡ κατὰ τὸν λόγον], « une substance au sens de forme » [Barbotin], « *substance, that corresponding to the principle* L » [Hamlyn], « *substance as that which corresponds to the account of a thing* » [Durrant], « la substance qui correspond à la raison » [Bodéüs], « l'essence en tant qu'elle se laisse dire » [cf. Heidegger, *Questions II*, p. 233]). L'étant par excellence et le dicible par excellence, physique et métaphysique, se trouvent ainsi onto-logiquement noués, ouvrant la *Métaphysique* sur l'*Organon*.

Un second réseau noue *logos*, voix, discursivité, rationalité (*De anima*, II, 8 et III, 3), dans des énoncés qui font du *logos* un propre de l'homme. Il renvoie à deux types d'analyses ; l'une, qui a pour base l'anatomie et la physiologie, spécifie le type d'articulation par la langue propre au *logos* humain (*Histoire des animaux*, 9, 535a 28-30, par ex.) ; l'autre, *via* l'élaboration de l'expressivité opérée dans le *Peri hermeneias* (4, 16b 26, *logos* [...] *esti phônê sêmantikê* [λόγος (...) ἐστι φωνὴ σημαντική], « un son vocal possédant une signification conventionnelle », trad. fr. J. Tricot), articule dans le rapport au bon et au bien, au bien vivre, l'homme comme « animal doué de *logos* » et l'homme comme « animal politique » (*Politique*, I, 1, 1253a 7-15). Avec la *phantasia logistikê* [φαντασία λογιστική] (« représentation », non pas *aisthêtikê* [αἰσθητική], « sensitive », comme celle des animaux, mais « rationnelle » [Barbotin, par ex.], « calculatrice » [Bodéüs], ou mieux « discursive », *De anima*, III, 10, 433b 29-30) qui enchaîne imagination et persuasion, le *Traité de l'âme* fait converger sous le *logos* des domaines que nous séparerions au titre, d'une part, de l'anatomie et de la physiologie, d'autre part, de la politique et de l'éthique, mais aussi de la rhétorique et de la poétique.

Le troisième réseau, plus spécifique du *De anima*, définit la sensation comme un *logos*, au sens mathématique de « rapport, proportion », une *ratio* : la sensation (*aisthêsis* [αἴσθησις]), nom de la coïncidence en acte entre un organe des sens (*aisthêtêrion* [αἰσθητήριον]) et un objet senti (*aisthêton* [αἰσθητόν]) n'est rien d'autre que le calcul d'une moyenne, le chiffrage entre des qualités opposées – blanc/noir pour faire un gris. C'est pourquoi « les excès des objets sentis détruisent les organes des sens : car si le mouvement est trop fort pour l'organe, le *logos* [le rapport] est brisé, or c'est cela la sensation » (*De anima*, II, 12, 424a 30-31 ; cf. III, 2, 426a 27-b 8). Mais les traductions fréquentes par « forme » [Barbotin] ou « raison » [Bodéüs] ne facilitent pas cette, ou la, compréhension.

Le quatrième réseau engage une sémantique à peine différente du second : tout au plus s'agit-il d'une spécification de *logos*, joint à *phasis* [φάσις] et *apophasis* [ἀπόφασις] (« affirmation » et « négation »), au sens d'« énoncé ». Mais la nouveauté tient au sujet capable de *legein*, de proférer les énoncés : c'est, non pas l'homme, mais l'*aisthêsis* elle-même, y compris celle des *aloga*, des « bêtes », qui *legei*. La sensation énonce ce qu'elle sent en propre, la vue dit ce qu'elle voit (du blanc), mais pour autant elle ne parle pas, ni ne produit un *logos*, c'est-à-dire un énoncé grammaticalisé, une phrase prédicative (Socrate est blanc). Si bien que la perplexité perdure quant à la partie sensitive de l'âme, « qu'on ne saurait classer facilement ni comme *alogon*, ni comme *logon ekhon* [λόγον ἔχον] » (III, 9, 432a 15-17).

Une telle enquête sur les sens de *logos* rend manifeste aussi bien leur disjonction que leur mise en système : ainsi, un hiatus demeure entre le *logos* mathématique qui chiffre la sensation et le *logos* propre à l'homme qui phrase les énoncés, construit les raisonnements, unit et persuade les citoyens. Comme si la langue grecque contribuait à confondre et donc à forclore un certain nombre de questions qu'Aristote, « contraint par la vérité », s'obstine pourtant à poser.

C. Le « logos » et la systématicité stoïcienne

Les Stoïciens, à la différence d'Aristote, portent la polysémie du *logos* au principe de leur systématicité ; c'est thématiquement le *logos* qui organise l'unité des trois parties du *logos* philosophique : physique, éthique et logique.

Le *logos* physique est l'ordre rationnel et immanent du monde (*kosmos* [κόσμος]), de part en part déterminé par des relations causales qui ne connaissent pas d'exception. Les Stoïciens distinguent deux principes cosmologiques fondamentaux, qui reproduisent la division stricte entre agir et pâtir : la matière (*hulê* [ὕλη]), qui est pur principe indéterminé, stricte capacité de subir, et le *logos*, duquel chaque chose tire sa détermination. Ils appellent ce *logos* « dieu », en tant qu'ils le considèrent comme le démiurge, à l'action motrice et formatrice. Son nom physique est le « feu », héritier du *logos* héraclitéen : ainsi, pour Zénon, le dieu est « un feu artisan qui procède méthodiquement à la genèse du monde » (Diogène Laërce, *Vies et Doctrines des philosophes illustres*, VII, 156). En outre, chaque être vivant, chaque corps, chaque individu du monde physique, contient des *logoi spermatikoi* [λόγοι σπερματικοί], des raisons séminales, selon lesquelles il se développe, chacune représentant la raison singulière de la loi fatale conformément à laquelle il se développera, pourvu qu'il rencontre des conditions favorables. C'est le *logos* qui justifie l'identité stoïcienne entre nature, nature commune comme nature propre, destin, providence et Zeus : dans les termes de Plutarque, on sait jusques aux Antipodes « que la nature commune et la raison commune de cette nature [ἡ κοινὴ φύσις καὶ ὁ κοινὸς τῆς φύσεως λόγος] sont le Destin, la Providence et Zeus » (Plutarque, *Des contradictions des stoïciens*, 34, 1050B).

Cette identité est également au principe de l'éthique stoïcienne, éthique rationnelle qui affirme l'identité entre la vertu, le bonheur et le souverain bien. Pour Zénon, la fin est un vivre conformément à la nature, lui-même identifié comme un vivre selon la vertu, c'est-à-dire un « vivre conformément à l'expérience des événements qui arrivent naturellement ». L'ordre des événements n'est autre que le destin, qui est *logos* (Plutarque, *loc. cit.*).

En logique, le *logos* est à la fois la faculté de raisonner qui distingue l'homme de l'animal, c'est-à-dire la faculté de donner les raisons, les relations causales, de rendre compte (*logon didonai*) de ce que nous percevons en articulant entre elles nos données perceptives, représentations logiques (*phantasiai logikai* [φαντασίαι λογικαί]) qui désignent les représentations humaines distinctes de celles des animaux, où *logikos* signifie indissociablement rationnel et discursif.

♦ Voir encadré 4.

III. DU GREC AU LATIN

A. « Logos »/« ratio », « oratio »

Le terme latin *ratio* ne recouvre pas tous les sens de *logos* : il n'a ni le sens de « rassemblement » ni le sens de « discours ». Issu du verbe *reor* (« compter, calculer », et dans la langue commune « penser, estimer, juger »), moins usité que *puto* ou *opinor*, le substantif *ratio* n'a pas produit de nombreux composés : *ratiocinor* est rare et l'adjectif *rationalis* n'est pas employé avant Sénèque. C'est à partir du sens de « compte » et de « calcul », que *ratio* a en commun avec *logos*, que se développent tous les emplois attestant, dès l'époque de Plaute (IIIe s. av. J.-C.) les valeurs de « raisonnement », « méthode », « explication ». C'est pourquoi, quand Cicéron et Lucrèce traduisent et exposent les doctrines philosophiques grecques, ils disposent avec *ratio* d'un terme susceptible de rendre une grande partie des acceptions de *logos* : un sens peut être précisé par un autre substantif, qui ne s'ajoute pas à *ratio* mais le détermine, dans des groupes comme *ratio et consilium* (le plan, l'intention), *ratio et mens* (l'intelligence, la faculté rationnelle), *ratio et via* (la méthode). Pour rendre le sens de « discours », le terme *oratio*, qui n'a pas de rapport étymologique avec *ratio* mais une homophonie remarquable, permet, surtout quand il est couplé avec *ratio*, de faire entendre la polysémie de *logos*.

1. Les nouvelles cohérences de Lucrèce

Les emplois de *ratio* dans le poème *De la nature* (*De rerum natura*) de Lucrèce tendent à réduire la polysémie du terme pour renforcer la cohérence de la méthode épicurienne et l'efficacité didactique de son exposition : ce mouvement de réduction et d'unification du sens se marque d'une part, avec la récurrence de *vera ratio*, d'autre part avec des emplois qui recouvrent plusieurs substantifs grecs composés à partir de *logos* : *logismos* [λογισμός], *epilogismos* [ἐπιλογισμός], *phusiologia* [φυσιολογία].

Vera ratio qualifie la doctrine épicurienne (voir par exemple I, 498 ; V, 1117) dont la véracité est proclamée par opposition aux théories erronées d'Héraclite (I, 637) et d'Anaxagore (I, 880). C'est le « raisonnement juste » qui permet de rendre compte du mouvement des atomes (II, 82 ; II, 229), c'est l'avènement d'une explication qui va révéler un nouvel aspect du monde :

Maintenant, prête attention à la vraie doctrine.	*Nunc animum nobis adhibe veram ad rationem.*
Une découverte inouïe va frapper ton oreille	*Nam tibi vehementer nova res molitur ad auris*
Un nouvel aspect de l'univers à toi se révéler.	*accidere, et nova se species ostendere rerum.*

Lucrèce, *De la nature*, II, 1023-1025.

Dans ces emplois, *ratio* recouvre presque le seul sens de *logos* qu'il n'a pas en latin, c'est-à-dire celui de « parole » : c'est le discours du maître, parole révélée, ce *logos* qui, à la fin de la *Lettre à Hérodote* (Diogène Laërce, X, 83), désigne le résumé des points fondamentaux de cette doctrine capable de donner la force à qui l'a fixée dans sa mémoire.

D'autre part, *ratio* unifie plusieurs aspects de la science de la nature épicurienne (*phusiologia*), dont l'objet est de « préciser la cause des phénomènes » (Diogène Laërce, X, 78) : *ratio* est ainsi souvent couplé avec *causa* (IV, 500 ; VI, 1000) quand il ne le remplace pas (VI, 1090 : la *ratio*de l'épidémie). La *ratio* recouvre l'ensemble des lois de la nature (II, 719) et pour cette raison même en donne le principe général d'explication : *ratio* se trouve ainsi étroitement associé à *natura* dans l'expression « *natura haec rerum ratioque* » qui désigne la découverte récente, par Épicure, du système de la nature et son explicitation en latin par Lucrèce :

Trouvaille récente enfin que ce système de la nature,	*Denique natura haec rerum ratioque repertast*
et moi-même aujourd'hui le tout premier, oui, je me trouve	*nuper, et hanc primus cum primis ipse repertus*
apte à le traduire dans la langue de nos pères.	*nunc ego sum in patrias qui possim vertere voces.*

Lucrèce, *De rerum natura*, V, 335-337.

L'importance de cet emploi est marquée dans le syntagme qui scande à quatre reprises le poème (I, 148 ; II, 61 ; III, 93 ; VI, 41), *naturae species ratioque*, « la vue et l'explication de la nature », c'est-à-dire plus précisément « l'explication qui rend compte des phénomènes » (*naturae species*, ce que la nature donne à voir) mais aussi « l'explication qui procède du raisonnement à partir des phénomènes ». Ces gloses, qui ne sont pas des traductions, visent à rappeler que *ratio* désigne ici le *logismos*, le raisonnement par lequel s'explicitent les leçons de la nature (Diogène Laërce, X, 75) ou l'*epilogismos* par lequel est comprise la fin de la nature (X, 133). Si deux aspects fondamentaux du raisonnement méthodique sont rendus par le terme unique de *ratio*, la saisie des choses invisibles, en revanche, perçues *dia logou* [διὰ λόγου] (X, 47, 59 et 62), ne s'exprime pas par *ratio* mais par *mens* (VI, 77) ou par *injectus animi*, la projection de l'esprit (II, 740). L'activité rationnelle, quand elle recouvre une sorte de perception, est ainsi directement rapportée au sujet pensant et sentant qu'aucun composé de *ratio* ne permet d'exprimer.

2. *Les nœuds de traduction chez Cicéron*

Les emplois de *ratio* dans le corpus cicéronien laissent apparaître au moins deux « nœuds » de traduction qui font saillie par rapport à une banalisation du terme selon

4

La polysémie de « logos » selon les grammairiens grecs

Scholie marginale d'un manuscrit de la *Tekhnê grammatikê* de Denys le Thrace, ce texte doit être pris pour ce qu'il est : une compilation byzantine plus ou moins soignée (il y a des redondances) de notices d'origines et de dates diverses. Il n'appelle donc pas le même type d'exégèse qu'un texte construit. Nous le donnons comme « pièce à conviction », pour montrer à quel point la polysémie de *logos*, ici qualifié d'équivoque ou d'homonyme, avait frappé les grammairiens grecs : à cet égard, le zèle que montre notre scholiaste à fournir, même au prix de quelques redites, une liste de sens aussi longue que possible, est en lui-même un symptôme digne d'attention.

<D'Héliodore.>

Logos se dit en des sens multiples : c'est un mot équivoque qui s'applique à beaucoup de signifiés. On appelle *logos*
(1) la disposition rationnelle (ἐνδιάθετος λογισμός) qui fait de nous des êtres raisonnables et pensants (λογικοὶ καὶ διανοητικοί) ;
(2) le souci (φροντίς), cf. les expressions « il n'est pas digne de *logos* » ou « je ne me fais pas de *logos* pour lui » [...] ;
(3) la considération (λογαριασμός), cf. « le chef a du *logos* pour ses lieutenants » ;
(4) la justification (ἀπολογία), cf. « il a rendu *logos* [compte] de cela » ;
(5) le (*logos*) global (ὁ καθόλου), qui renferme toutes les parties du discours (μέρος λόγου) ;
(6) la définition (ὅρος), cf. « être animé sensible », comme réponse à la question « donne le *logos* de l'animal » ;
(7) la juxtaposition de mots exprimant un sens complet, c'est-à-dire le *logos* syntaxique, cf. « finis ton *logos* [ta phrase] » [...] ;
(8) le (*logos*) des dépenses, qu'on appelle aussi bancaire [...] ;
(9) le (*logos* [rapport]) de la géométrie, cf. « il y a le même *logos* entre deux coudées et quatre coudées qu'entre une demie et une coudée » ;
(10) la proportion (ἀναλογία), cf. « de quatre à trois le *logos* est de quatre tiers » ;
(11) le bon droit (τὸ εὔλογον), cf. « ce n'est pas sans *logos* qu'il a fait cela », pour « à bon droit » (εὐλόγως) ;
(12) la conclusion qui s'ajoute à des prémisses [suit un exemple de syllogisme] ;
(13) l'équipement rationnel (λογικὴ κατασκευή), quand on dit que les hommes sont doués de *logos*, mais non les êtres privés de raison (ἄλογα) ;
(14) la potentialité (δύναμις), quand on dit que c'est en vertu d'un *logos* naturel que les animaux possèdent des dents et ont de la barbe, autrement dit en vertu de potentialités naturelles et séminales ;
(15) la forme vocale coextensive à la pensée (ἡ συμπαρεκτεινομένη φωνὴ τῷ διανοήματι), cf. ἄπελθε [va-t'en], qui est un mot (λέξις) en tant que porteur de sens, et aussi un *logos*, en raison de la complétude du contenu de pensée signifié ;
(16) ce qui exprime l'autosuffisant (ὃ δηλοῖ τὸ αὐτοτελές), cf. ce qu'on dit quand il manque quelque chose dans un énoncé : « finis ton *logos* » ;
(17) le (*logos*) étendu satisfaisant à un type donné de complétude, cf. « le *logos* de Démosthène contre Midias est beau » ;
(18) le livre (βιϐλίον), « prête-moi le *logos Contre Androtion* » [discours de Démosthène] ;
(19) la relation entre grandeurs (σχέσις τῶν μεγεθῶν), quand on dit que telle grandeur a même *logos* par rapport à telle grandeur que telle autre par rapport à telle autre ;
(20) le sujet (ὑπόθεσις) [*scil.* le résumé de l'intrigue], cf. « je vais lire maintenant le *logos* de la pièce, et sa didascalie » [frag. comique] ;
(21) la cause (αἰτία), cf. Platon [*Gorg.* 465a] : « moi, je n'appelle pas art une activité dépourvue de *logos* (ἄλογον πρᾶγμα) » ;
(22) par excellence, Dieu (κατ' ἐξοχὴν ὁ θεός), cf. Évangile de saint Jean 1, 1 : « Au commencement était le *logos*, et le *logos* était auprès de Dieu », autrement dit « le fils de Dieu, au commencement, était exactement semblable et égal au Père ».

Denys le Thrace, *Scholia in Dionysii Thracis artem grammaticam*, *Gr. Gr.* I 3, p. 353, 29 Hilgard.

ce qu'il conviendrait d'appeler un sens stoïcien diffus. On trouve un exemple de cette banalisation dans l'exposé sommaire de la doctrine physique d'Anaxagore (*De natura deorum*, I, 26) : la mise en ordre du monde que réalise le *nous* (fr. A.38 DK), la *diakosmêsis* [διακόσμησις], est rendue par un énoncé dans lequel le groupe de mots « *vis ac ratio* » décrit le processus rationnel mis en œuvre, comme si la *diakosmêsis* d'Anaxagore était le déploiement d'une rationalité immanente, celle que postulent les Stoïciens (« Anaxagore [...] soutint le premier que l'organisation bien réglée de toutes choses résultait d'une intelligence infinie qui en avait achevé la disposition en procédant rationnellement (*omnium rerum discriptionem et modum mentis infinitae* vi ac ratione *dissignari*) ».

Un premier nœud se forme autour de la traduction de la *logikê (tekhnê)* [λογική] (τέχνη)], la logique : « *in altera philosophiae parte, quae quaerendi ac disserendi quae* logikê *dicitur* [dans la seconde partie de la philosophie, qui concerne la recherche et l'exposition des arguments, qu'on appelle "logique"] » (*De finibus* I, 22). Où l'on constate que *ratio* n'est pas ce sur quoi porte la technique mais la méthode elle-même du *quaerere et disserere* : « logikên *quam rationem disserendi voco* » (*De fato*, 37).

Le sens de « rassemblement », bien attesté pour *logos* mais pas pour *ratio* est donc rendu avec le verbe *disserere*, « lier ensemble et en ordre les mots » ; la *ratio* est du côté du déploiement, de la méthode en progrès, comme le fait saisir cette définition de l'*apodeixis* [ἀπόδειξις], démonstration, traduite par *argumenti conclusio* (la mise en forme de l'argument) : « *ratio quae ex rebus perceptis ad id quod non percipiebatur adducit* [la méthode qui mène, à partir des choses perçues, à ce qui ne l'était pas] » (*Academica*, 2, 26).

Selon un autre choix de traduction (que l'on trouve rapporté à la doctrine d'Antiochus, *Academica*, 1, 30-32), *ratio* est doté d'un sens plus proche des acceptions de *logos* « raison *et* discours » : la logique est définie comme « *philosophiae pars, quae erat in ratione et in disserendo* [la partie de la philosophie qui concerne les méthodes du raisonnement et son exposition] » et la dialectique a pour objet l'« *oratio ratione conclusa* », le discours régi par les règles de l'argumentation.

Le jeu sur l'homophonie *ratio/oratio* permet de résoudre, d'un point de vue ici nettement marqué par le stoïcisme, l'impossible traduction de l'objet de la logique. Cependant les occurrences de ce couple non étymologique (mais qui devait être perçu comme étymologique, si l'on en juge d'après les emplois cicéroniens) font comprendre où se joue la seconde difficulté.

Quand les deux termes sont utilisés conjointement, ils soulignent une cohérence de type mythique : la naissance de l'éloquence, dans le *De inventione* (1, 2), celle du lien social dans le *De officiis* (1, 50) s'expliquent par l'aptitude à manier *ratio et oratio*, qu'il s'agisse d'apprendre ou d'enseigner. Cette cohérence est aussi celle que vise le discours stoïcien contre la douleur morale (*Tusculanes*, 4, 60). Mais la dissociation des termes met en valeur l'irréductible distinction, ou le leurre de la conception stoïcienne du langage : contre le Stoïcien Caton, Cicéron marque son désaccord sur le plan des mots tout en étant d'accord sur l'essentiel de la doctrine : *Ratio enim nostra consentit, pugnat oratio* « nous sommes d'accord sur la doctrine, c'est le langage qui nous oppose » (*De finibus*, 3, 10).

Dans la traduction que Cicéron a faite du *Timée*, l'impropriété de tout discours à rendre, autrement que « vraisemblablement », ce qui touche aux dieux et à la génération de l'univers (29c) se marque nettement grâce à la distinction entre la *ratio* du dieu démiurge et l'*oratio* qui en donne une image, qui l'un comme l'autre rendent *logos*.

Les emplois de *ratio* dans la langue de Sénèque sont marqués par une interprétation de la doctrine qui limite, pour l'homme, la participation à la raison du monde : l'*animus* de dieu est tout entier *ratio*, celui de l'homme est possédé par l'*error* (*Questions naturelles*, Préf. 14). La rationalité de l'homme est constitutive et Sénèque forge l'adjectif *rationalis* qui recouvre essentiellement la première manifestation du *logos* à travers la maîtrise de la parole : « *infans inrationalis, puer rationalis* [le nouveau-né n'a pas la raison (il n'a pas la parole) –, l'enfant l'a] » (*Epistulae*, 118, 14). Mais si la *ratio* est l'*imitatio naturae* (*ibid.*, 66, 39), les conditions de cette imitation sont rendues difficiles par un aveuglement général qui empêche de percevoir les principes rationnels en œuvre dans la nature et dans la nature propre à l'homme (*ibid.*, 95) : la construction du sujet rationnel ne coïncide donc pas avec le renforcement progressif de la raison, mais avec la guérison de la cécité (*ibid.*, 50). Une telle interprétation, qui traite systématiquement l'erreur de jugement comme une maladie, privilégie le vocabulaire du soin et celui de la disposition à guérir, *bona mens*, *voluntas*.

B. De « Logos » à « Verbum ». L'Évangile de Jean

1. Le « Logos », Fils de Dieu, « ḥokmah » (sagesse) ou « davar » (parole) ?

Logos apparaît sous la plume de saint Jean sept fois dans le Nouveau Testament (quatre fois dans le prologue du quatrième Évangile I, 1, 14 ; deux fois dans la Première Épître I, 1 ; V, 7 ; une fois dans l'Apocalypse XIX, 13). Le terme est traduit de façon canonique par « Verbe », calque du *Verbum* de la Vulgate.

Jean dit que le *Logos* existait « au commencement » (1, 1) avant même la création du monde, et que c'est par lui que Dieu a tout créé (1, 3 : « tout fut par lui »). Le *Logos* « était Dieu » (1, 1), tout en étant une personne distincte de Dieu (1, 2 : « il était [...] tourné vers Dieu »). Il est aussi appelé « Fils unique » de Dieu (1, 14). Ce qui fait la spécificité du *Logos* johannique est qu'« il s'est fait chair et a habité parmi nous » (1, 14) : l'incarnation confère au *Logos* une mission de communication avec les hommes et de révélation, affine à son sens courant de « parole » en grec profane. On passe de l'organicité des *logoi spermatikoi*(raisons séminales) des Stoïciens, héritiers de la

« forme » aristotélicienne, à l'économie des personnes et de la filiation.

Les exégètes anciens (Origène, Augustin) ont été très tôt convaincus de la continuité existant entre les deux Testaments. Dans cette perspective, c'est d'abord la Sagesse de l'Ancien Testament (*ḥāḥmāh* [חָכְמָה]), traduit par *Sophia* dans la Septante) qui a été considérée comme préfigurant le *Logos* johannique. Ainsi, saint Paul (Ier s.) appelait déjà le Fils de Dieu, » Sagesse de Dieu » (1 Cor. 1, 24). De nombreux points communs entre la Sagesse et le *Logos* permettaient cette assimilation : tous deux sont engendrés par Dieu (Sagesse 8, 22 ; cf. Jean 1, 14), représentent la vie (la Sagesse déclare « car celui qui me trouve a trouvé la vie et il a rencontré la faveur du Seigneur », Proverbes 8, 35 ; cf. le *Logos* : « en lui était la vie et la vie était la lumière des hommes », Jean 1, 4), préexistent à la création (« Le Seigneur m'a engendrée, prémice de son activité, prélude à ses œuvres anciennes », Sagesse 8, 22) dont ils constituent le moyen (la Sagesse est l'ouvrière, *tekhnitis,* de tout ce qui existe, Sagesse 7, 21 ; 8, 6 ; et en Jean 1, 3, il est dit du *Logos* que « tout fut par lui »). La Sagesse se présente même comme « sortie de la bouche du très haut » (Siracide 24, 3), et en cela, elle rejoint le sens usuel de *logos* et sa fonction de communication.

Malgré ces convergences, Jean n'a pas utilisé *Sophia*, qui rend *ḥāḥmāh*, pour désigner le Fils de Dieu, mais bien *Logos*, qui rend *dāvār* [דָּבָר]. Outre le genre des noms (*Sophia* est un terme féminin, à la différence de *Logos*, masculin plus approprié au Fils de Dieu), *Logos* couvre un champ plus vaste que la Sagesse, associée dans la tradition rabbinique à la Torah, la Loi écrite (cf. Siracide 24, 23). *Davar* est, comme le *Logos*, le moyen de la révélation (cf. Exode 3, 14, où Dieu se fait aussi connaître aux hommes par sa Parole comme le Dieu Unique) et, surtout, c'est une puissance agissante.

♦ Voir encadré 5.

2. « Logos » : verbum, sermo, « ratio » ou « causa » ?

a. « Logos », « verbum » et « sermo »

Dans les versions latines de la Bible, deux traductions concurrentes pour le *logos* du Prologue de Jean 1, 1, sont attestées suivant les aires géographiques : en Afrique du Nord, c'est *sermo* qui est utilisé (cf. Cyprien, *Ad Quirinum testimoniorum*, II, 3 : « In principio fuit Sermo et Sermo erat apud Deum et Deus *erat Sermo* »). En revanche, en Europe, c'est *verbum* qui prédomine (Novatien, *De Trinitate*, 30). Que le terme retenu pour traduire *logos* soit *verbum* ou *sermo*, le Christ est parole. Mais *verbum* convient, mieux que *sermo* chargé d'une connotation de pluralité interne, à l'unité et à l'unicité du Fils. Ainsi, dans son *Tractatus in Johannis Evangelium*, 108, 3, Augustin commente le passage de Jean 17, 17 en ces termes :

> *Ta Parole (Sermo) est vérité*, a dit [le Christ]. Que veut-il dire d'autre que : *C'est moi qui suis la vérité*. En effet, l'Évangile grec emploie le mot *logos*, que l'on peut lire aussi dans le passage où il est écrit : *Au commencement était le Verbe* (Verbum) *et le Verbe était tourné vers Dieu et le Verbe était Dieu*. Et nous savons de façon certaine que le Verbe est le Fils Unique de Dieu *qui s'est fait chair et a habité parmi nous (Et utique Verbum ipsum novimus unigenitum Dei Filium quod caro factum est et habitavit in nobis)*. C'est pourquoi [le mot *verbum*] a pu être employé dans ce passage et qu'il a été utilisé dans certains manuscrits [où l'on lit] : *Ton Verbe* (Verbum) est vérité. De la même façon, dans d'autres manuscrits il a été écrit : *Au commencement était la Parole* (Sermo). Or en grec, il y a *logos* dans ces deux passages sans aucune variation. Par

5

L'ambiguïté de l'hébreu « dāvār », parole

Le mot hébraïque *dāvār* présente une ambiguïté intéressante. En effet, il signifie aussi bien « parole » que « chose » — d'abord au sens de « fait », « événement ». Le substrat sémitique explique certaines bizarreries des Évangiles de l'enfance comme la formule de l'ange à Marie : « aucune parole (*rhêma* [ῥῆμα]) n'est impossible à Dieu » ou la phrase des bergers à Noël : « allons voir la parole qui s'est produite » (Luc 1, 37 et 2, 15). La même ambiguïté existe en arabe, où *amr* [الأمر] désigne tantôt l'« affaire » (pl. *umūr* [أمور]), tantôt le commandement (pl. *awāmir* [أوامر]). En français, « chose » est un doublet de « cause » : la chose est ce qui est en cause dans un débat juridique, ce dont on « cause » ; les mots *Ding* (all.) ou *thing* (angl.) rappellent le *thing*, l'assemblée du peuple où certaines « choses » sont à l'ordre du jour.

L'ambiguïté du mot prend sens dans la représentation de la création comme issue d'un commandement divin. L'idée se trouve au Proche-Orient ancien, peut-être à partir de l'idée du tonnerre comme voix divine (cf. sum. ENEM = akk. *awātum*). Elle figure dans la Bible : « c'est par la parole (*davar*) de Dieu que les cieux ont été faits » (Psaume 33, 6). Elle est supposée par le premier récit de la création au début de la Genèse. Cette parole créatrice fut hypostasiée chez Philon qui la nomme *logos*. Le terme est repris par l'Évangile de Jean pour désigner la parole dans laquelle toutes choses furent créées et qui s'est faite homme. Le latin traduit par *verbum*. Le Verbe désigne en théologie la seconde personne de la Trinité, avant son incarnation en Jésus-Christ. L'usage emphatique, voire avec majuscule, du « verbe » pour désigner la parole poétique, représente une sécularisation de l'idée.

Une autre représentation vient se greffer là-dessus, celle selon laquelle la parole peut agir sur la réalité, dans la magie. Savoir le « mot de l'énigme » permet de modifier les choses en se replaçant à leur source verbale. Les choses sont comme des paroles figées, que l'on peut délivrer. L'idée trouve un dernier écho dans un quatrain d'Eichendorff : « un poème (*Lied*) dort dans toutes les choses » (*Wünschelrute*), et chez Proust : « ce qui était caché derrière les clochers de Martinville devait être quelque chose d'analogue à une jolie phrase » (*Du côté de chez Swann*, chap. 1).

Un des jeux de mots les plus célèbres de la littérature occidentale repose sur l'ambiguïté de *dāvār*. Dans le premier *Faust*, Goethe fait retraduire à son héros le début du prologue de l'Évangile de Jean : « au commencement était le *logos* ». Il rejette *Wort*, puis *Sinn*, puis *Kraft*, avant de se décider pour *Tat* (v. 1224-1237). Ce choix semble arbitraire tant que l'on ne comprend pas que Faust commence par une rétroversion implicite de son texte, attentive au substrat sémitique.

Rémi BRAGUE

conséquent, [il faut comprendre dans ce passage de *Jean* 17, 17 que] le Père consacre ses héritiers et les cohéritiers de son Fils dans la vérité, c'est-à-dire dans son Verbe, son Fils Unique (*Sanctificat itaque Pater in veritate, id est in Verbo suo, in unigenito suo, suos heredes ejusque coheredes*).

Augustin, *Tractatus in Johannis Evangelium*, 108, 3.

À la fin de ce passage, l'association entre *Verbum* et *veritas* (vérité) n'est pas fortuite. Elle renvoie à une étymologie populaire, traditionnellement attribuée à Varron et que reprend saint Augustin lorsqu'il rattache *verbum* (« le mot ») soit à *verum* (vrai), soit à *verum boare* (« clamer le vrai », *De dialectica*, 6). On peut y voir probablement un autre facteur expliquant le choix de *Verbum* par les traducteurs, pour rendre le *Logos* de Jean.

b. « Logos » et « ratio »

Cependant, les Pères de l'Église n'ont cessé de s'interroger sur la traduction possible de *Logos* par *Ratio*, renvoyant à la Raison divine du Dieu créateur.

Pour Tertullien (vers 150-222) — qui disposait d'une version africaine de la Bible où la traduction par *sermo* avait été préférée —, *logos* ne trouve pas son correspondant dans le latin *verbum*, mais dans l'association de *ratio* (raison) et *sermo* (discours) ; en effet, s'il est vrai que la pensée précède la parole, que la raison (*ratio*) est la substance de cette parole (*sermo*), elle est cependant formulée sous la forme d'une parole intérieure.

Les Grecs appellent [la raison] *logos*. Ce terme correspond aussi à ce que nous appelons discours (*sermo*). C'est pourquoi, pour traduire simplement, nous avons l'habitude de dire que le discours (*sermo*) était auprès de Dieu au commencement, alors qu'il serait plus judicieux de considérer la raison comme plus ancienne, parce qu'au commencement, Dieu n'est pas « discourant » (*sermonalis*), alors qu'il est « rationnel » (*rationalis*) avant même le commencement. En outre, le discours lui-même, qui repose dans la raison, montre que celle-ci lui est première en tant qu'elle est sa substance. Cependant, même ainsi, la différence est minime. En effet, même si Dieu ne profère pas encore son discours (*sermo*), il l'avait toujours en lui-même, avec la raison (*ratio*), tandis qu'il pense et ordonne en lui-même ce qu'il va bientôt dire par l'intermédiaire de son discours. Car, en pensant et ordonnant son discours (*sermo*) au moyen de sa raison (*ratio*), il produisait celle-là même [= la raison] qu'il discutait au moyen du discours (*sermo*) (*Cum ratione enim sua cogitans atque disponens sermonem, eam efficiebat quam sermone tractabat*).

Tertullien, *Adversus Praxean*, 5.

Chez Augustin (354-430), on retrouve une opposition un peu analogue entre le *Verbum*, Parole créatrice du Père, et la *Ratio*, Raison, immanente en Dieu indépendamment de toute création. Mais Augustin, préfère *verbum* à *sermo* pour traduire *logos*, le premier terme mettant pour lui, mieux que *ratio*, l'accent sur la notion de Parole efficace. Ainsi, dans le *De diversis quaestionibus* :

Au commencement était le Verbe. Ce qui se dit *logos* en grec, correspond aux mots latins *ratio* et *verbum*. Dans ce passage, on traduit mieux avec *verbum*, pour indiquer non seulement la relation avec le Père, mais aussi la puissance créatrice, relativement à ce qui a été créé par le Verbe (*Sed hoc loco melius verbum interpretamur, ut significetur non solum ad Patrem respectus, sed ad illa etiam quae per Verbum facta sunt operativa potentia*). En revanche, la raison, *ratio*, s'appelle toujours *ratio*, même si rien n'est créé par elle.

Augustin, *De diversis quaestionibus*, 83, question 63.

Dans son *Tractatus in Johannis Evangelium*, I, 10, Augustin considère toujours cette traduction comme acquise, en dépit de l'ambiguïté potentielle du mot *verbum*, qui désigne aussi bien le Verbe que les paroles humaines ; plutôt que de suggérer une meilleure traduction, l'auteur se contente de souligner la différence entre le *Verbum* du Père et nos paroles (*verba*) humaines : « Et quand tu entends : *Au commencement était le Verbe* (*In principio erat Verbum*), pour que tu n'ailles pas penser à quelque chose de peu de valeur, — comme ce que tu imagines habituellement quand tu entends parler de paroles humaines (*cum verba humana soleres audire*) —, voici ce que tu dois penser : *le Verbe était Dieu* (*Deus erat Verbum*). »

c. « Logos » et « causa »

Au IXe siècle, Jean Scot Érigène (810-877) développe lui aussi une réflexion sur la notion de *Logos*, dans le *Periphyseon*. Il mêle à sa christologie de nombreux éléments néoplatoniciens et fait reposer dans le Verbe les Idées, c'est-à-dire les causes premières à partir desquelles toutes choses ont été créées.

La raison principale, à la fois simple et multiple, de toutes choses, est le Verbe Dieu. En effet, il est appelé par les Grecs *logos*, c'est-à-dire *verbum* (parole) ou *ratio* (raison) ou *causa* (cause) (*Nam a Grecis* logos *vocatur, hoc est verbum vel ratio vel causa*). Ainsi, la formule de l'Évangile grec : *en arkhêi în ho logos*, peut être traduite : « au commencement était la Parole », ou « au commencement était la Raison », ou « au commencement était la Cause ». Celui qui prononcera l'une de ces formules ne s'éloignera pas de la vérité car le fils unique de Dieu est Parole et Raison et Cause. Il est Parole car c'est à travers lui que Dieu le Père a dit la création de toutes choses (*verbum quidem quia per ipsum deus pater dixit fieri omnia*) ; bien plus, il est lui-même le dire, l'expression et le discours du Père (*immo etiam ipse est Patris dicere et dictio et sermo*), comme lui-même l'a dit dans l'Évangile : « La parole que je vous ai dite n'est pas de moi, mais de celui qui m'a envoyé » (*et sermo quem locutus sum vobis non est meus sed ipsius qui misit me*) [...]. Il est Raison, puisqu'il est lui-même le Modèle principal de toutes choses, visibles et invisibles et c'est pour cela qu'il est appelé par les Grecs *idea*, c'est-à-dire espèce ou forme (*ratio vero quoniam ipse est omnium visibilium et invisibilium principale exemplar ideoque a Grecis* idea, *id est species bel forma dicitur*) ; en effet, en lui, le Père a pensé la création de tout ce qu'il a voulu faire avant de le créer. Il est Cause aussi, parce que c'est en lui que subsistent de façon éternelle et immuable les origines de toutes choses (*causa quoque est quoniam occasiones omnium aeternaliter et incommutabiliter in ipso subsistunt*).

Jean Scot Érigène, *Periphyseon*, III, 642a-642c.

Avec Maître Eckhart (1260-1327), la théologie du Verbe se complexifie encore. L'auteur a consacré les paragraphes 4 à 51 de son *Commentaire sur le Prologue de saint Jean* à une exégèse de la formule : *in principio erat Verbum*. À la suite d'Augustin, il pose l'équivalence *Logos = Verbum et ratio* (§ 4). Pour lui, le *logos* est la cause première de toutes choses (§ 12 : « *causa prima omnis rei ratio est*, logos *est, Verbum in principio* [la Cause première de toute chose est la Raison, le Logos, le Verbe dans le Principe] »). Il souligne aussi la nature intellective du Verbe (§ 38 : « *Verbum, quod est ratio* [...] *in intellectu est, intellegendo formatur, nihil praeter intellegere est* [le Verbe, qui est la raison, (...) est dans l'intellect, est formé par le connaître, n'est rien que le connaître] »). L'homme, en tant qu'intellect, peut ainsi se retrouver dans le Verbe, et renaître à sa vraie nature divine, tandis que le Père engendre son Fils dans l'âme humaine.

Cet emploi de *logos* dans le vocabulaire théologique, pour désigner le Fils de Dieu, deuxième personne de la Trinité, frappe par son originalité. Saint Jean opère un détournement du terme en l'arrachant à son domaine noétique usuel par le biais de l'incarnation. Suit une période d'éclipse de l'idée de causalité, nécessaire à la conceptualisation chrétienne de la création. Puis le latin des théologiens médiévaux réinvestit le *logos* des valeurs profanes de la philosophie grecque (idée platonicienne et cause stoïcienne).

IV. LES JEUX DE MOTS VERNACULAIRES

A. Anglais : « tell », « tale », « tally » ; « count », « account », « recount »

Say (dire), la manière la plus courante de dire « dire » en anglais, est peu polysémique, et ne peut jamais rendre qu'une seule des acceptions de *legein*. Il est concurrencé par d'autres familles de mots, en particulier autour des verbes *tell* et *count*, qui ouvrent, comme *legein*, sur des usages plus complexes, à la fois arithmétiques, discursifs et performatifs.

(*a*) Un premier sens important, plutôt archaïque, mais encore présent, de *tell* est celui de « compter », « énumérer » : il s'agit plutôt alors de compter en disant les nombres un à un (un, deux, trois, etc.), en quelque sorte d'une forme première du compter, à laquelle Wittgenstein s'est intéressé dans les *Investigations philosophiques*. Ainsi, dans *Robinson Crusoe* de D. Defoe :

> *He could not* tell *twenty, but he numbered them, by laying so many stones in a row, and pointing to me to* tell *them over.*
> [Il ne pouvait compter le nombre 20, mais il pouvait en énumérer les unités, en alignant des pierres en nombre égal une à une, et en me les désignant du doigt pour que je les compte.]
>
> D. Defoe, *Robinson Crusoe*, chap. 15.

C'est par exemple ce que l'on fait quand on compte des pièces de monnaie ou des billets. Ainsi un *teller* est aussi bien en anglais un conteur d'histoires (*tales*) qu'un guichetier de banque (compteur d'argent). Cela associe l'idée de compter à celle de *dire* (énoncer les chiffres, un à un), et l'arithmétique à la capacité de poursuivre, à voix haute, une série : comme 2, 4, 6. Inversement, l'association *tell/count* définit la narration et le récit comme dérivant d'une forme première de comptage, comme une série aux étapes énumérables et bien délimitées : le récit à épisodes est de ce type.

Tell se traduit le plus souvent par *dire*, mais il est nettement orienté vers l'effet ou l'intention de la parole et possède une dimension d'*acte* de langage : *tell* est toujours autre chose que décrire ou constater, et ne renvoie pas, comme le plus souvent *say*, à une proposition. Ainsi, on dira plutôt *tell a lie* (dire un mensonge) ou *a truth* (une vérité) que *say*, et *tell* ajoute, à la simple idée d'énoncer, le fait d'indiquer (*tell the time* : donner l'heure), d'annoncer et d'informer, adéquatement ou non, de faire savoir. *Tell* signifie aussi raconter (au sens de raconter une histoire, *narrate, relate*), et *tell tales*, raconter des histoires (les deux mots sont apparentés). *Tell* indique parfois, dépassant encore le cadre de la description, l'aveu, la révélation (cf. en français : « raconte! »), comme *disclose, reveal* (cf. l'expression *tell all*, « tout déballer »). Son usage s'étend aussi aux cas où il s'agit, en *disant*, de faire des différences, de montrer qu'on peut discerner (« *tell friend from foe* », « *tell bad from wrong* »). *Tell* se détache alors de la notion d'énoncé et veut dire : *faire* une différence, la *voir*, avoir un critère (*I can tell* : je sais ; ou « *How do you know (can you tell) it's a goldfinch?* [Comment sais-tu que c'est un chardonneret ?] », J.L. Austin, *Other minds*, in *Philosophical Papers*, Oxford UP, 1962 ; *Écrits philosophiques*, trad. fr. L. Aubert et A.L. Hacker, Seuil, 1994, p. 57).

On peut ainsi déterminer dans le verbe *tell* deux directions, celle de la narration et du conte (du raconter), et celle de l'énumération et du compte (cf. le verbe *tally*, « pointer », « compter des marchandises) ». Le verbe *tell* indique par ses usages deux dimensions du *logos* qui dépassent la simple description de ce qui est : le « racontar », le dire narratif et orienté vers un effet sur autrui (ce qu'Austin, dans *Quand dire c'est faire*, Oxford UP, 1962, trad. fr. G. Lane, Seuil, 1971, définit comme la dimension perlocutoire de l'énoncé) et l'acte de comptage impliqué dans tout énoncé (qui serait sa dimension illocutoire). Quoi qu'il en soit, il semble que le verbe *to tell* et ses usages, mieux que *to say* et que ses équivalents français, mettent en évidence une dimension performative du dire, inséparable d'une conception du *logos* comme performance.

(*b*) Cette dualité, à laquelle répond curieusement le faux duo français *conter/compter*, se retrouve dans les composés de *count* (*recount, account*) qui veulent dire « raconter, rendre compte ». Ainsi *recount* signifie au sens strict « recompter », mais aussi « raconter ». *Account* peut être employé, non seulement au sens de « compter » (de l'argent), mais au sens de « rendre compte », et de « rendre des comptes » (*account for*, comme le grec *logon didonai* ; le *day of account* désigne le jugement dernier). C'est précisément l'usage que fait Locke du substantif *account*, d'où la traduction de Coste par alternativement *compte* et *récit*, ce qui pose le problème de la traduction de *accountable* : non pas « responsable » (Coste), mais « comptable » (É. Balibar, dans la version proposée dans *Identité et Différence*, Seuil, « Points-bilingues », 1997) de ses actions. Où l'on voit comment le moral — c'est là une caractéristique de cette période de la philosophie anglaise, et de tout ce jeu de langage autour des comptes à rendre — se définit

par l'économique.

Les couples *count/account* et *tell/tally* définissent ainsi un lien remarquable entre le compter, le dire et la dette. Stanley Cavell repère chez Shakespeare une origine de ces problématiques qui lient l'économique au moral : dans son essai sur *Un conte d'hiver*, intitulé *Recounting Gains, Showing Losses* (« Recompter/raconter les gains, montrer les pertes », essai repris dans *In Quest of the Ordinary*, Chicago UP, 1988), il montre comment le vocabulaire shakespearien est saturé de ces doubles usages de *tell* et de *count, account, loss, gain, owe, debt, repay,* etc. ; on voit la prégnance de l'économique dans le discours shakespearien, mais le compte, ou plutôt l'impossibilité du compte, acquiert une dimension supplémentaire, celle de l'incapacité à dire, à s'exprimer : *tell.* Léontès dans le *Conte d'hiver* est ainsi « *unable to tell anything* », incapable de compter, de savoir et de dire ce qui compte, et Cavell, retrouvant la dualité dire/connaître de *tell,* voit dans cette attitude l'expression même du scepticisme — l'impossibilité de l'expression répétant l'incapacité à compter, et à compter pour autrui.

Cet usage du couple *tell/count* associe étroitement le *dire* à la catégorisation, comme le montre l'expression intraduisible *count as* (« compter pour, comme »). « Compter quelque chose comme », c'est le faire tomber sous une catégorie ou un terme : « *how we determine what counts as instances of our concepts, this thing as a table, this other as a human. To speak is to say what counts* [comment nous déterminons ce qui compte comme instances de nos concepts : telle chose pour une table, telle autre pour un humain. Parler, c'est dire ce qui compte] » (*In Quest of the Ordinary*, p. 86). Voir une chose comme ceci ou cela, c'est la *compter*, au sens littéral, sous ce mot (ou ce concept) ou sous cet autre. Dans *This New Yet Unapproachable America* (1989, trad. fr. S. Laugier, *Une nouvelle Amérique encore inapprochable*, Combas, L'Éclat, 1991), Cavell lit les catégories kantiennes, mais aussi émersoniennes, comme moyen de compter les choses, c'est-à-dire de compter telle chose sous tel mot, et ainsi, conclut-il, de « *recount our condition* » (« recompter/raconter notre condition » : ici le terme *recount* devient intraduisible, sauf à inventer, comme dans la traduction française, le verbe « ra-compter », p. 110). Le jeu de langage autour de *tell/count* permettrait alors une nouvelle définition des catégories (c'est-à-dire de l'application des concepts et des mots au monde) : par l'invention d'une conception du *logos* qui serait à la fois et indissolublement narration (raconter), décompte des différences, et compte. C'est ainsi qu'à travers la langue anglaise et ses usages apparaît très concrètement l'irréductibilité du *logos* à la simple description d'un monde, ou l' irréductibilité de la description à la proposition.

B. Allemand : « legen », « liegen », « lesen »

La difficulté de traduire *legein* et *logos* est une pièce maîtresse de la réflexion heideggerienne sur la Grèce, la langue, la philosophie, et provoque un jeu complexe en allemand. L'un des points de départ de cette réflexion est le fragment 50 d'Héraclite.

♦ Voir encadré 6.

À propos de ce fragment, Heidegger propose une retraduction de *logos* et de *homologein,* en prenant pour point d'appui le sens « propre » ou « authentique » (*eigentlich*) de *legein*.

> *Wer möchte leugnen, dass in der Sprache der Griechen von früh an λέγειν reden, sagen, erzählen bedeutet ? Allein es bedeutet gleich früh und noch ursprünglicher und deshalb immer schon und darum auch in der vorgenannten Bedeutung das, was unser gleichlautendes « legen » meint : nieder- und vorlegen. Darin waltet das Zusammenbringen, das lateinische* legere *als* lesen *im Sinne von einholen und zusammenbringen. Eigentlich bedeutet λέγειν das sich und anderes sammelnde Nieder- und Vor-legen. Medial gebraucht, meint λέγεσθαι : sich niederlegen in die Sammlung der Ruhe ; λέχος ist das Ruhelager ; λόχος ist der Hinterhalt, wo etwas hinterlegt und angelegt ist.*
>
> Comment nier que dès les débuts de la langue grecque λέγειν ait signifié parler, dire raconter ? Seulement à une époque non moins ancienne et d'une façon plus originelle — donc toujours, donc intérieurement aussi à cette signification — le mot λέγειν a déjà le sens de notre homonyme *legen* : poser, étendre devant. Ce qui domine ici, c'est le fait de rassembler, c'est le *legere* latin rendu par l'allemand *lesen* au sens d'aller prendre et de réunir. Λέγειν veut dire proprement : poser et présenter après s'être recueilli et avoir recueilli d'autres choses. La forme moyenne λέγεσθαι signifie : s'allonger dans le recueillement du repos ; λέχος est la couche où l'on repose ; λόχος est l'embuscade où quelque chose est caché et en position d'attaque.
>
> *Vorträge und Aufsätze* [1954] (conférence de 1951), 3e partie, Pfulligen, Neske, 3e éd., 1967, p. 4 ; *Essais et Conférences*, « Logos... », trad. fr. A. Préau, Gallimard, 1958, p. 251.

Plusieurs remarques s'imposent.

Quant au grec d'abord. Heidegger, contrairement à la vulgate étymologique représentée aussi bien par Frisk que par Chantraine, ne distingue pas *λέγω, sur la racine indo-européenne **legh-* « être couché » (d'où λέχος, λόχος, non moins que *legen, liegen*, ou le fr. *lit*), de λέγω, sur **leg-*, « rassembler ». Cette fusion ou confusion est au contraire essentielle à son propos. C'est en elle que s'enracine le privilège *stricto sensu* onto-logique du *Logos* grec, puisqu'elle suscite la question : « Comment λέγειν dont le sens propre est étendre (*legen*), en arrive-t-il à signifier dire et parler (*sagen und reden*) ? » (trad. fr. p. 252). Or la réponse touche l'être du langage :

> Dire, c'est λέγειν. Bien considérée, cette phrase a maintenant dépouillé tout ce qui peut s'y attacher de banal, d'usé et de vide. Elle donne un nom à ce secret impensable : le parler du langage se produit à partir de la non-occultation des choses présentes (*der Unverborgenheit des Anwesenden*) et se détermine comme le-laisser-étendu-ensemble-devant, conformément au fait que la chose présente est étendue devant nous (*dem Vorliegen des Anwesenden als das beisammen-vorliegen-Lassen*).
>
> *Ibid.*, all. p. 9 ; trad. fr. p. 257.

Le *logos*, ainsi lié au dévoilement de l'*alêtheia*, est ce qui permet au phénomène de se montrer de lui-même à partir de lui-même (*apo-phainesthai* ; cf. *Sein und Zeit*, § 7B).

> Que serait-il arrivé si Héraclite — et après lui les Grecs — avaient pensé spécialement l'être du langage comme Λόγος, comme la Pose recueillante ? Rien de moins que ceci : les Grecs auraient pensé l'être du langage à partir de l'être de l'être (*das Wesen der Sprache aus dem Wesen des Seins*), bien plus ils l'auraient pensé comme ce dernier lui-même. Car ὁ Λόγος est le nom qui désigne l'être de l'étant (*das Sein des Seienden*). Mais tout ceci ne s'est pas produit.
>
> *Ibid.*, all. p. 25 ; trad. fr. p. 277.

Avec *Logos* (et sa majuscule), les Grecs « *habitaient* dans cet être du langage », mais « ils ne l'ont jamais *pensé*, pas même Héraclite, qui l'a fait apparaître "le temps d'un éclair" » (*ibid.*).

Quant à l'allemand, la même fusion/confusion se répète pour *legen* et *lesen* : « Étendre [*legen*] veut dire : mettre en position couchée (*zum Liegen bringen*). En même temps *legen* signifie : rassembler, réunir (*zusammenlegen*). *Legen* est *lesen* » (trad. fr. mod. p. 252 ; all. p. 5). Le sens courant du *lesen* allemand, « lire » (comme le *legere* latin), n'est ainsi qu'une variété du *lesen* qui rassemble, recueille et met à l'abri (cf. *Ährenlese*, « glanage » ; *Traubenlese*, « vendange » ; *Lese*, « récolte » ; *Auslese*, « sélection » ; *Erlesen*, « élection » ; *Vorlese*, « choix préalable », etc., que le français ne constitue pas en famille de mots). L'allemand heideggerien articule, exactement comme le grec, dans l'étendre l'être du dire et du discourir.

Quant à la traduction française, enfin, il faut faire un sort à la note (1, p. 251) que le traducteur français, André Préau, accroche à la traduction de « notre homonyme *legen* » (on notera d'ailleurs que *gleichlautendes* ne désigne pas un « homonyme », même au sens moderne de homophone, puisque *legen* a non seulement les mêmes sonorités mais aussi, selon Heidegger, le même sens et la même étymologie que *legein*). C'est en effet une tentative très étonnante pour produire les « équivalences » de langue à langue, sans qu'un principe unique, étymologie ou traduction, soit à même de justifier les colonnes et leurs cases vides ; on la prendra, définitivement, comme un symptôme d'affolement devant *legein*.

grec	latin	français	allemand
λέγειν		coucher	*legen*
λέγειν	*legere*	cueillir, recueillir	*lesen*
λέγειν	*legere*	lire	*lesen*
λέγειν		dire	*sagen*

♦ Voir encadré 7.

Barbara CASSIN, Clara AUVRAY-ASSAYAS,
Frédérique ILDEFONSE, Jean LALLOT,
Sandra LAUGIER, Sophie ROESCH

6

Traduire un présocratique (Héraclite, fragment 50)

Un « fragment » s'entoure d'une aura de sens, et dépend d'une interprétation d'ensemble plus voulue qu'assurée. Il en va ainsi du très célèbre fragment d'Héraclite :

> οὐκ ἐμοῦ ἀλλὰ τοῦ λόγου ἀκούσαντας ὁμολογεῖν σοφόν ἐστιν ἕν πάντα εἶναι
>
> 22 B 50 DK = Hippolyte, *Réfutations de toutes les hérésies*, IX, 9.

La difficulté de déterminer le sens de *logos* se complique de l'impossibilité de rendre l'écho *logos-homologein* [ὁμολογεῖν]. Le verbe, composé sur *homos* [ὁμός], « un, le même, commun, uni », signifie « parler d'accord avec, être d'accord, convenir ». Quel que soit ce supplément local de difficulté, c'est l'ensemble du fragment qui fait l'objet de profondes divergences, comme en témoigne la comparaison de quelques traductions en usage :

— Une interprétation plutôt rationaliste entend *Logos* au sens de *Sinn*, « le sens, la raison », et fonde une physique cosmique préstoïcienne où le *Logos* fait l'unité du monde ; on peut entendre ainsi la traduction de Diels Kranz (1951) : « *Haben sie nicht mich, sondern den Sinn vernommen, so ist weise, dem Sinne gemäss zu sagen* [dire conformément au sens], *alles sei eins* » ; Dumont propose : « Si ce n'est pas moi, mais le Logos que vous avez écouté, Il est sage de convenir qu'est l'Un-Tout. »

— Une interprétation plutôt discursive, soutenue par exemple par J. Bollack et H. Wismann, insiste sur la différence entre signifiant et signifié, dire et dit (1972) : « L'art est bien d'écouter, non moi, mais la raison, pour savoir [*eidenai* est la leçon retenue] dire en accord toute chose-une. » Le commentaire ne « rationalise » pas, bien au contraire : « Pour laisser le signifiant agir, Héraclite demande qu'on écoute parler, sans se limiter à l'intention du locuteur » (p. 176).

— Une interprétation ontologique, comme celle que propose Heidegger, lie le *Logos* au dévoilement de l'être : « *Nicht mir, aber der Lesende Lege gehörig : Selbes liegen lassen : Geschickliches west (die lesende lege) : Eines einend Alles* » (p. 22) ; rendu par A. Préau : « Appartenant et prêtant l'oreille, non à moi, mais à la Pose recueillante : laisser le Même étendu : quelque chose de bien disposé déploie son être (la Pose recueillante) : Un unissant Tout » (p. 274).

BIBLIOGRAPHIE

BOLLACK Jean, WISMANN Heinz, *Héraclite ou la séparation*, Minuit, 1972.

HEIDEGGER Martin, « Logos », in *Vorträge und Aufsätze*, Pfullingen, Neske, 1954 ; trad. fr. A. Préau, in *Essais et Conférences*, Gallimard, 1958.

OUTILS

DK : DIELS Hermann et KRANZ Walter, *Die Fragmente der Vorsokratiker*, 3 vol., Berlin, Weidemann, 5ᵉ éd., 1934-1937.

DUMONT Jean-Paul (éd.), avec la collab. de D. DELATTRE et de J.-L. POIRIER, *Les Écoles présocratiques*, Gallimard, « Folio », 1991.

7

« Vernunft ist Sprache, λόγος » : les trois sens de « Wort »

Je chante comme un coq toujours depuis mon petit tas de fumier. J'ai déjà dit combien me plaisait votre jardin des plaisirs. Que la dernière moitié du quatrième livre me concerne plus que toutes les autres, vous pouvez aisément le deviner. Cette belle vallée touche immédiatement ma colline ou comme je l'ai tout d'abord nommée. Quand même je serais aussi éloquent que Démosthène, je ne pourrais pourtant rien faire de plus que répéter trois fois un seul mot [*als ein einziges Wort dreymal widerholen müssen*]. Raison est langue, λόγος [*Vernunft ist Sprache,* λόγος] ; je ronge cet os à moelle et le rongerai jusqu'à la mort. Ces profondeurs restent pour moi toujours obscures : j'attends toujours l'ange de l'Apocalypse ayant la clé de cet abîme.

Hamann à Herder, 6-10 août 1784.

Le passage fameux cité par Heidegger (« La raison est parole, λόγος », in *Acheminements vers la parole*, trad. fr. F. Fédier, Gallimard, 1976, p. 15) date du 8 août. Hamann interpelle Herder en se mettant dans la posture de Job sur son fumier (Job 30, 6 *sq.*) : il désigne les *Idées sur la philosophie de l'histoire de l'humanité* de celui-ci, qu'il vient de recevoir, comme un *Lustgarten*, et ne se sent concerné de près que par le livre IV, sur l'origine divine du langage et le rôle de la religion dans la vie humaine. « Vernunft ist Sprache, λόγος » renvoie à l'ensemble de la conception de la création, sous ses deux faces : nature et histoire, comme parole divine, conformément à sa lecture de la Genèse. Ce « langage » sensible que parle Dieu est rendu obscur (*finster*) par la chute ; c'est pourquoi l'intelligence n'en viendra qu'à la fin des temps, avec l'ange de l'apocalypse qui en dévoilera le sens et non pas avec une *Clavis Scripturae* humaine (*kritische Grübeley*). La raison est dans l'abîme du langage, qui est lui-même le discours voilé de Dieu, une profération divine modèle de toute création. L'explication de Herder est donc un peu courte pour Hamann : s'il réintègre bien la raison dans la langue, il ne voit pas dans la langue le verbe divin. Or les trois sont indissociables, et la logique de la spécialisation propre au monde moderne l'ignore. Contre cela, dont Herder, quoique critique, reste un représentant, il faut réitérer les trois sens de *logos* que Hamann retrouve sous l'allemand « Wort » : raison (*Vernunft*), parole (*Sprache*), verbe (*Logos*) — en rhétorique démosthénienne, pour Hamann, c'est : *actio*, *actio* et *actio* (d'après un passage de Cicéron qu'il affectionne, *De oratore*, III, 56, 213 ; cf. *Orator*, 27, 56). À travers la traduction luthérienne du Logos johannique, Hamann entend retrouver l'unité de la raison et du langage, mais surtout leur commune origine dans le verbe divin. La raison des Modernes est absorbée dans la parole divine, *Wort* disant simultanément, en culture protestante, la révélation et la langue. La défense du langage naturel est ainsi pour Hamann le moyen d'endiguer la raison (*Vernunft*) et de la soumettre au verbe. Chez lui, *Wort* est ainsi plus une réduction stratégique de *Logos* qu'une traduction adéquate, mais elle lui permet d'intervenir sur les trois champs couverts par ce terme.

Denis THOUARD

BIBLIOGRAPHIE

ARISTOTE, *De l'âme*, texte établi par A. Jannone, trad. fr. E. Barbotin, Les Belles Lettres, « CUF », 1966 ; trad. fr. R. Bodéüs, Flammarion, « GF », 1993 ; *Aristotle's* De Anima, trad. angl. D.W. Hamlyn, Oxford, Clarendon Press, 1968 ; *Aristotle's* De Anima in focus, éd. M. Durrant, Londres, Routledge, 1993.

CASSIN Barbara, *L'Effet sophistique*, Gallimard, 1995.

— *Aristote et le* logos, PUF, 1997.

GILSON Étienne, *History of Christian Philosophy in the Middle Ages*, Random House, New York, 1954.

GRILLMEIER Aloys, *Le Christ dans la tradition chrétienne*, Cerf, 1973.

HEIDEGGER Martin, *Interprétations phénoménologiques d'Aristote*, trad. fr. J.-F. Courtine, Mauvezin, TER, 1992.

— « Ce qu'est et comment se détermine la Physis » [« Die Physis bei Aristoteles », 1958], *Questions II*, p. 165-276, trad. fr. F. Fédier, Gallimard, 1968.

LÉON-DUFOUR Xavier, *Lectures de l'Évangile selon saint Jean*, Seuil, 1988.

LIBERA de Alain, *Maître Eckart ; métaphysique du verbe et théologie négative*, Beauchesne, 1984.

NICOLAS Christian, *Utraque lingua — Le calque sémantique : domaine gréco-latin*, Bibliothèque d'études classiques, Louvain-Paris, Peeters, 1996.

O'ROURKE BOYLE Marjorie, « *Sermo*, reopening the conversation on translating Jn 1, 1 », *Vigiliae christianae*, 31, 1977, p. 161-168.

PLATON, *Œuvres complètes*, éd. L. Robin, Gallimard, « La Pléiade », 1940 et 1943, 2 t.

SCHINDLER Alfred, *Wort und Analogie in Augustins Trinitätslehre*, Tübingen, J.C.B. Mohr, 1965.

SCHUHL Pierre (dir.), *Les Stoïciens*, Gallimard, « La Pléiade », 1962.

YON Albert, *Ratio et les mots de la famille de reor*, Champion, 1933.

OUTILS

BAILLY Anatole, *Dictionnaire grec-français*, coll. E. Egger, éd. rev. L. Séchan et P. Chantraine, Hachette, 1950.

CHANTRAINE Pierre, *Dictionnaire étymologique de la langue grecque*, nouv. éd. mise à jour avec un « Supplément au dictionnaire », Klincksieck, 1999.

DHLF : REY Alain (dir.), *Dictionnaire historique de la langue française*, 3 vol., Le Robert, 1992.

Dictionnaire de spiritualité, fondé par M. Viller et F. Cavallera, J. de Guibert et A. Rayez, continué par A. Derville, P. Lamarche et A. Solignac, Beauchesne, 1991, t. 15, *s.v.* « Trinité », col. 1288-1323.

Dictionnaire de théologie catholique, Paris, Letouzey et Ané, 1903, t. 52, *s.v.* « Fils de Dieu » ; t. 152, col. 2639-2672, *s.v.* « Verbe », et col. 1545-1855, *s.v.* « Trinité ».

FREEDMANN D.N. (éd.), *The Anchor Bible Dictionary*, New York, Doubleday, 1992.

FRISK Hjalmar, *Griechisches etymologisches Wörterbuch*, 3 vol., Heidelberg, Winter-Universitätsverlag, 1960-1972.

KITTEL Gerhard, puis FRIEDRICH Gerhard (éd.), *Theologisches Wörterbuch zum Neuen Testament*, 9 vol., Stuttgart, Kohlhammer, 1933-1973, t. 4, 1942, *s.v.* « *lego, logos* ».

LÉON-DUFOUR Xavier *et al.* (éd.), *Le Vocabulaire de théologie biblique*, Cerf, 2e éd. rév. et augm., 1970, *s.v.* « Parole » et « Sagesse ».

LSJ : LIDDELL Henry G., SCOTT Robert et JONES Henry S., *A Greek-English Lexicon*, 9e éd., Oxford, Clarendon Press, 1925-1940.

LOI

I. MODÈLES ET TRADITIONS

1. *Loi* provient du lat. *lex, legis,* qui a donné *lego, legare,* « déléguer, députer », et qui est le plus souvent perçu comme de même racine que *lego, legere,* « recueillir, rassembler, choisir », puis « lire » (de même famille que le gr. *legô* [λέγω] ; voir LOGOS). La *lex,* insiste Cicéron, est un

choix délibéré et non un partage imposé, à la différence de son équivalent grec, le *nomos* [νόμος], sur *nemô* [νέμω], « répartir ». C'est ainsi que le premier sens de *loi* est juridique et politique : formulation d'une obligation consentie qui indique ce qui doit être, voir LEX.
2. À travers la complexité du vocabulaire grec de la loi, on perçoit les grandes tensions à l'œuvre dans sa possible définition : imposition divine (*themis* [θέμις]), ostension de la sentence dans un jugement (*dikê* [δίκη]), ou répartition territoriale (*nomos*) : voir THEMIS ; cf. KÊR (et *DESTIN*).
3. Mais ce que nous appelons aujourd'hui *loi* croise d'autres modèles et d'autres vocabulaires, *via* en particulier les traductions de la Bible : non seulement le latin et le grec, mais l'arabe et l'hébreu, voir TORAH-ŠARĪ'A.

II. LOI, DROIT, RELIGION

1. À chaque moment, mais de manière différente, la loi et le droit ont partie liée. Ainsi pour le grec, où la *dikê* renvoie à la situation de procès et de jugement : voir « *dikê* » dans THEMIS/DIKÊ/NOMOS. Le *jus* et le *directum* latins construisent l'empire de la loi romaine : voir LEX/JUS.
Cette intrication s'analyse aujourd'hui de manière significativement différente dans la tradition anglaise et en français, par exemple : *law* et *rights* n'ont pas la même extension que *loi* et *droits*, et cette distorsion oblige à des ajustements constants, voir LAW/RIGHT, cf. *RIGHT*, et *DROIT*, ÉTAT DE DROIT.
2. Les différents modèles qui servent à dire et penser la *loi* impliquent d'une manière ou d'une autre le lien et la déliaison entre le juridique et le politique d'une part, le théologique ou le religieux de l'autre : outre THEMIS, LEX et TORAH, voir aussi LOGOS (III, B), PIETAS, RELIGIO, SÉCULARISATION, SOBORNOST' ; cf. BERUF, PRAVDA.

III. QUELQUES REGISTRES D'APPLICATION

1. Sur les lois logiques : voir PRINCIPE et IMPLICATION ; cf. HOMONYME, LOGOS, *RAISON*, SENS.
2. Sur le rapport à la morale : voir DEVOIR, MORALE ; sur *Gesetz* et « loi morale », voir en particulier SOLLEN, WILLKÜR, et l'encadré 5, « L'éthique de la volonté pure... », dans MORALE ; cf. PHRONÊSIS, *OBLIGATION*.
3. Sur les « lois de la nature », cf. ÉPISTÉMOLOGIE, FORCE, NATURE.
4. Sur le rapport à l'esthétique, aux règles de l'art et aux règles du goût, voir ART, GOÛT, STANDARD.

► *ÉTAT, LIBERTÉ, SOCIÉTÉ*

LUMIÈRE, LUMIÈRES

hébr.	*haskālāh / Haskālā* [הַשְׂכָּלָה]
gr.	*leukos* [λευκός], *phôs* [φῶς]
lat.	*lux, lumen*
all.	*Licht*, vieux haut-all. *lio(t)ht* ; *Aufklärung*
angl.	*light* ; *Enlightenment*
dan.	*lys*
esp.	*luz* ; *Luces*
it.	*luce* ; *Lumi / Illuminismo*
néerl.	*licht*
russe	*svet* [свет] (« lumière » et « monde »)

► BILDUNG, DIAPHANE, DOXA, ERSCHEINUNG, FOLIE, *IDÉE*, ITALIEN, MIR, *RAISON*, SVET

Le vocabulaire indo-européen de la lumière renvoie à ce qui est éclatant, resplendissant à partir de l'idée d'espace libre et dégagé pour l'activité humaine à ciel ouvert, par opposition à l'espace boisé et couvert.
Solidaire de la vue, sens privilégié par la tradition occidentale, la lumière sert de paradigme à la connaissance et à la raison. Quant au mouvement européen des Lumières, son appellation a été rattachée par Novalis au nouveau statut de la lumière dans la physique moderne.

I. LE VOCABULAIRE INDO-EUROPÉEN DE LA LUMIÈRE

L'ensemble des termes qui disent la lumière dans les langues européennes modernes (lat. *lux*, *lumen* ; it. *luce* ; esp. *luz* ; all. *Licht* [vieux haut-all. *lio(t)ht*] ; angl. *light* ; néerl. *licht* ; dan. *lys*, etc.) est issu de la racine indo-europénne **leuk*-, d'où le grec *leukos* [λευκός] « d'un blanc lumineux, éclatant », le latin *lucere* « briller », *lustrare* « illustrer », *luna* « lune ». Le vocabulaire indo-européen de la lumière présente une remarquable parenté entre les familles grecque, romane et germanique, même si le grec n'est représenté en l'occurrence que par λευκός et ses dérivés (mais voir aussi « *Phôs...* » [φῶς], encadré 1).

L' adjectif *leukos* [λευκός], comme du reste tous ceux qui ressortissent en grec ancien au vocabulaire de la couleur, désigne moins la blancheur en elle-même que son intensité, son éclat. Il qualifie le marbre ; « la notion d'éclat apparaît bien dans l'emploi en rapport avec *hêlios* [ἥλιος] [soleil] [(*Iliade*, XIV, 185) et dans l'expression λευκὴ φωνή = λαμπρὰ φωνή [*leukê phônê* = *lampra phônê*], “voix éclatante” chez Aristote *Top.* 106a » (Chantraine). On comparera avec *argos* [ἀργός] (d'où dérive le lat. *argentum*) qui, pour dire aussi le luisant du blanc (l'argile, le blanc des yeux), dit cette fois l'éclair du rapide (la foudre, les chevaux, le chien d'Ulysse) et sert ainsi de nom aux Grecs : les « Argiens » (cf. Chantraine, *s.v.* « *argos* »).

En latin, *lumen*, *-inis* n. (de **leuk-s-men* > **louksmen* > **lousmen*> *lumen*) diffère de *lux*, *lucis* f. en ce qu'il a dû désigner d'abord un moyen d'éclairage, une « lumière », avec le sens concret que donnait à la formation le suffixe *-men*. *Lux* est la lumière « considérée comme une activité, une force agissante et divinisée, et spécialement “lumière du jour” [...] *lux* est un terme plus général que *lumen*, et leurs emplois ne se recouvrent pas » (A. Ernout et A. Meillet, *Dictionnaire étymologique de la langue latine*).

Chantraine renvoie sous *leukos* au lat. *lucus*, originellement « clairière », sanscrit *loká-* m. « espace libre, monde », lit. *laũkas* « champ », v. h. all. *loh* « clairière ». « Ce mot indo-européen désignait l'espace libre et clair, par opposition à ce qui est boisé — le bois, le couvert, étant le grand obstacle à l'activité de l'homme », notent A. Ernout et A. Meillet, *s.v.* « *lucus* », en renvoyant au groupe de *lux* (cf. aussi l'étymologie possible, mais contestée, du fr. *lucarne*, J. Picoche, *Dictionnaire étymologique du fran-*

çais). Ces rapprochements, entre éclaircie de la clairière et clarté de la lumière, ne vont pas de soi. On ne confondra pas l'anglais *light* « lumière » (lat. *lux*) avec son homonyme *light* « léger » (lat. *levis*), apparenté à l'allemand *leicht*, *lichten*, *Lichtung*, et l'on s'aidera de Heidegger pour penser l'allégie comme condition de la lumière.

♦ Voir encadré 2.

II. LA LUMIÈRE, LA VUE ET L'IDÉE

La lumière jouit dans le vocabulaire de la pensée occidentale d'un privilège solidaire de celui de la vue parmi les cinq sens, au point que celle-ci va servir de dénominateur commun aux autres sens, comme l'a remarqué, à la fin de l'Antiquité, saint Augustin :

> *Ad oculos enim uidere proprie pertinet. Utimur autem hoc verbo etiam in ceteris sensibus, cum eos ad cognoscendum intendimus. Neque enim dicimus : audi quid rutilet, aut : olefac quam niteat, aut : gusta quam splendat, aut : palpa quam fulgeat : uideri enim dicuntur haec omnia. Dicimus autem non solum : uide quid luceat, quod soli oculi sentire possunt, sed etiam : uide quid sonet, uide quid oleat, uide quid sapiat, uide quam durum sit.*
>
> [C'est aux yeux en effet qu'appartient en propre la vision. Mais nous usons de ce terme même pour les autres sens, lorsque nous les appliquons à connaître. Oui, nous ne disons pas : « Écoute comme cela brille », ni : « Sens comme cela luit », ni : « Goûte comme cela resplendit », ni « Touche comme cela éclaire ». C'est « voir » que l'on emploie, en effet, dans tous ces cas. Or nous disons non seulement : « Vois comme cela brille » — et cela, les yeux seuls peuvent le percevoir — mais aussi : « Vois comme cela résonne, vois comme cela sent, vois comme cela a du goût, vois comme c'est dur. »]
>
> Saint Augustin, *Conf.* X, 35, 54.

Un primat de la vue s'exprime ici, illustré et conforté par la manière commune de s'exprimer, voire une tradition « photologique ». L'éclat du soleil, appelé *leukos* [λευκός] par Homère (cf. *supra*), deviendra, dans la célèbre allégorie de la caverne chez Platon (*République*, VII), l'*analogon* de l'éclairage procuré par l'Idée du Bien, par opposition à la pénombre qui règne dans la caverne.

La lumière solaire demeurera chez Descartes le paradigme de la connaissance, dans son texte programmatique :

> [...] *cum scientiœ omnes nihil aliud sint quam humana sapientia, quœ semper une et eadem manet, quantumvis differentibus subjectis applicata, nec mejorem ab illis distinctionem mutuatur, quam Solis lumen a rerum, quas illustrat, varietate* [...]
>
> [(...) comme toutes les sciences ne sont rien d'autre que la sagesse humaine, qui demeure toujours une et semblable à soi, si différents que puissent être les sujets auxquels elle s'applique, et qu'elle n'en reçoit pas plus de diversité que *la lumière du soleil* de la variété des choses, qu'elle *illumine* (...)]
>
> Descartes, *Regula ad directionem ingenii*, I [nous soulignons].

1

« Phôs », « phainô », « phêmi » (lumière, [se] montrer, parler) : une Grèce ultra phénoménologique

► ERSCHEINUNG, *PHÉNOMÈNE*, PROPOSITION

Même si le terme de « phénoménologie », comme le fait remarquer Heidegger, n'apparaît historiquement qu'au XVIIIe siècle, chez Lambert, il est historialement grec. *Phainomenon* [φαινόμενον], participe moyen de *phainô* [φαίνω], « ce qui se montre, par soi, à partir de soi », et *logos*, « dire ». Au paragraphe 7 de *Être et Temps*, Heidegger rappelle que *phainô* vient de *phôs* [φῶς], « la lumière ». Mais à vrai dire, il y a déjà là un nœud étymologique encore plus serré. Chantraine note en effet que *phainô* est formé sur le radical sanscrit *bha*, doué d'« ambivalence sémantique », car signifiant à la fois « éclairer, briller » (*phainoi*, <*phami*>), et « expliquer, parler » (*phêmi* [φημί], *fari* en latin) : autrement dit, il y a déjà coappartenance du dicible et du brillant, il y a déjà phénoménologie rien que dans phénomène.

Enfin *phôs* [φώς], le même mot que « lumière » à l'accent près, un aigu au lieu du périspomène, désigne aussi, c'est le terme courant chez Homère, l'homme, le héros, le mortel. L'étymologie en est « obscure », nous dit Chantraine. Pourtant, « si la flexion en dentale est secondaire, il y a identité formelle entre le nominatif grec et le sanscrit *bhas*, lumière, éclat, majesté » ; « mais, ajoute-t-il, du point de vue sémantique, le rapprochement est malaisé ». Phénoménologiquement, c'est au contraire trop beau pour être vrai : évidence de l'étymologie qui conjoint dans le même éclat l'apparaître, le dire et l'homme. L'homme grec, c'est celui qui voit, en tant que mortel, la lumière (celle du jour de sa naissance, du retour, de la mort), ce qui apparaît dans la lumière, les phénomènes, et qui les éclaire en les disant. Le jeu de mots sur *allotrion phôs* [ἀλλότριον φῶς], périspomène, du fragment XIV du *Poème* de Parménide, « lumière d'ailleurs », à savoir celle que la lune ne possède qu'en l'empruntant au soleil, et *allotrion phôs* [ἀλλότριον φώς], oxyton, « l'homme venu d'ailleurs », « l'étranger » des poèmes homériques (par exemple *Iliade*, V, 214, ou *Odyssée*, XVI, 102, XVIII, 219 *e.g.*), et sa fortune empédocléenne (fr. 45 DK), suffisent à confirmer que l'étymologie, cratylienne ou non, était entendue. Les deux mots résonnent l'un dans l'autre, comme Homère en Parménide, l'épopée dans la cosmologie et la philosophie.

On tient là la matrice de la perception commune de la Grèce, à la fois classique et romantique, et comme le motif de l'intérêt heideggerien : la vérité, si elle est coappartenance du paraître et du dire dans le *Dasein* humain, à la fois ouverture et finitude, semble décalque et méditation de cette étymologie.

Barbara CASSIN

BIBLIOGRAPHIE

HEIDEGGER Martin, *Être et Temps*, trad. fr. F. Vezin, Gallimard, 1986.

CASSIN Barbara, *Parménide, Sur la nature ou sur l'étant, la langue de l'être ?*, Seuil, « Points-bilingues », 1998.

Sur les sources de « la métaphore d'un soleil rayonnant pour signifier l'universalité d'un entendement omniscient », cf. J.-L. Marion, in *Règles utiles et claires...*, p. 91-93, : « Faudrait-il conclure que le rapport "solaire" d'un entendement aux vérités se trouve, avec Descartes, transposé du divin à l'humain ? » La fin de la même *Règle* I n'évoque pas par hasard le *naturali rationis lumen*, « lumière naturelle de la raison » : un passage décisif s'accomplit en effet de la lumière extérieure à celle dont l'esprit humain est porteur comme *lumen naturale* = *ratio*. C'est « la lumière de la raison » (Descartes), « le jour de la raison » (Boileau, *Art poétique*, I, 19), « la lumière naturelle de la raison » (Leibniz, *Théodicée*, § 120) — seule propre à éclairer « un homme qui marche seul et dans les ténèbres » (Descartes, *Discours de la méthode*, AT, 6, p. 16, l. 30-31). « Tremblez que le jour de la raison n'arrive », dira Voltaire au siècle suivant (*Dictionnaire philosophique*, art. « Abbé »).

III. L'« AUFKLÄRUNG »

A. L'émergence d'un « terminus technicus »

Conjuguée avec l'avènement du rationalisme moderne, la détermination de la raison comme *lumen naturale* va amener la caractérisation du XVIIIe siècle comme « siècle des Lumières » (en esp. *Luces*, it. *Lumi*/*Illuminismo*, angl. *Enlightenment* [voir ITALIEN, encadré 3, « *Illuminismo* »], mais en all. *Aufklärung*, issu de l'adjectif *klar*, du lat. *clarus*, fr. *clair*). L'expression *es klart auf* (*aufklaren*, sans alternance vocalique) se dit d'abord du temps qui s'éclairicit, du ciel qui se dégage, par un emprunt de l'allemand au vocabulaire des marins néerlandais (cf. Duden). D'où le verbe transitif *aufklären*, au sens du français *éclairer* (l'*Aufklärer* n'est pas seulement l'esprit éclairé ou le philosophe des Lumières, mais l'*éclaireur* au sens militaire de la *reconnaissance*), et la formation, au XVIIIe siècle, du terme *Aufklärung* comme concept philosophique, *terminus technicus*. En 1784, Moses Mendelssohn ressent encore le terme comme un néologisme :

> *Die Worte* Aufklärung, Kultur, Bildung *sind in unsrer Sprache noch neue Ankömmlinge. Sie gehören vor der Hand bloß zur Büchersprache. Der gemeine Haufe versteht sie kaum.*
>
> [Les termes *Aufklärung, Kultur, Bildung* (formation) sont encore en notre langue de nouveaux arrivants. Ils n'appartiennent pour le moment qu'à la langue livresque. La grande masse ne les comprend guère.]
>
> *Apud* Grimm.

2

« Lichtung », « clairière », « éclaircie », « allégie »

Contrairement aux apparences, l'all. *Lichtung* ne vient pas de *Licht* « lumière », mais de *leicht* (cf. angl. *light* au sens de *léger*), du verbe *lichten*, « alléger, dégager, libérer ». La *Lichtung* dont il est question au § 28 (p. 133) de *Sein und Zeit* (« Le Dasein de l'être humain est lui-même la *Lichtung* ») ne revient donc nullement à inscrire le *Dasein* dans une tradition « photologique », ni à reprendre la métaphore platonicienne de la lumière. Revenant en 1965 sur ces questions, dans le texte qui paraîtra en 1984 sous le titre *Zur Frage nach der Bestimmung des Denkens* [*L'Affaire de la pensée*], Heidegger déclare :

> La présence-même de l'étant-présent n'a comme telle aucun rapport à la lumière au sens de la clarté. Mais la présence-même est vouée à « *das Lichte* » au sens de la « *Lichtung* ».
>
> Ce que ce dernier mot donne à penser se peut élucider à l'aide d'un exemple, à supposer que nous le pensions de suffisamment près. Si la *Lichtung* en forêt [la clairière] est ce qu'elle est, ce n'est pas en raison de la clarté et de la lumière qui peuvent y luire ; elle existe même de nuit. Elle veut dire : la forêt, à cet endroit, s'ouvre au marcheur.
>
> *Das Lichte* au sens du lumineux et *das Lichte* au sens de la *Lichtung* diffèrent non seulement quant à ce dont il s'agit, mais également quant au mot. *Lichten* veut dire : libérer en dégageant, en accordant la levée d'une contrainte, en affranchissant. *Lichten* appartient à la famille de *leicht* [léger]. *Leichtmachen* [rendre léger], *erleichtern* [alléger] quelque chose, c'est : le débarrasser des résistances, l'amener dans ce qui est sans résistance, là où le champ est libre (*ins Freie*). *Den Anker lichten* [lever l'ancre] veut dire : libérer l'ancre du fond marin qui l'enserre, et la tirer pour l'élever dans le libre élément de l'eau, puis de l'air.
>
> Heidegger, *L'Affaire de la pensée*, trad. fr. A. Schild, p. 24-25.

Ou encore, lors d'un séminaire tenu conjointement avec E. Fink en 1966-1967 :

> *Haben Lichtung und Licht überhaupt etwas miteinander zu tun ? Offenbar nicht.* [...] *Die Lichtung dürfen wir nicht vom Licht her, sondern müssen sie aus dem Griechischen heraus verstehen. Licht und Feuer können erst ihren Ort finden in der Lichtung.*
>
> [L'éclaircie et la lumière ont-elles même quelque chose à voir entre elles ? Manifestement non. (...) Nous ne devons pas comprendre l'éclaircie à partir de la lumière, mais il nous faut la comprendre à partir du grec. Lumière et feu ne peuvent trouver leur lieu que d'abord dans l'éclaircie.]
>
> M. Heidegger et E. Fink, XIII, *Seminare, Gesamtausgabe*, t. 15, p. 262.

Il s'agit donc bien de remonter de la lumière à sa condition de possibilité non visuelle, qui ne relève plus de l'opposition du lumineux et de l'obscur, mais la précède à titre d'*a priori*, de « légèreté de l'être » (A. Schild). La traduction de *Lichtung* par « allégie » (F. Fédier) permet, à la différence de celles par « clairière » ou « éclaircie », de l'émanciper du registre de la lumière, conformément aux indications de Heidegger.

BIBLIOGRAPHIE

HEIDEGGER Martin, *Zur Frage nach der Bestimmung des Denkens*, St. Gallen, Erker, 1984 ; *L'Affaire de la pensée (Pour aborder la question de sa détermination)*, trad. fr. A. Schild, Mauvezin, TER, 1990.

HEIDEGGER Martin - FINK Eugen, *Heraklit*, in *Seminare*, *Gesamtausgabe*, t. 15, Klosterman, Francfort, 1986 ; trad. fr. J. Launay et P. Lévy, Gallimard, 1973.

FÉDIER François, *Regarder voir*, Les Belles Lettres/Archimbaud, 1995, p. 33-35.

Le terme *Aufklärung* n'en garde pas moins un étroit rapport sémantique, sinon lexical, avec la lumière, comme le montre la définition qu'en donne Wieland (*Sechs Fragen zur Aufklärung*) :

> *Was ist* Aufklärung *?*
> *Antwort : Das weißt jedermann, der* vermittelst eines Paars sehender Augen *erkennen gelernt hat, worin der Unterschied zwischen Hell und Dunkel, Licht und Finsternis besteht.*
> [Qu'est-ce que l' *Aufklärung* ?
> Réponse : c'est ce que sait pertinemment tout un chacun qui, *ayant des yeux pour voir*, a appris à reconnaître par leur moyen où réside la différence entre le clair et l'obscur, entre la *lumière* et les ténèbres.]
>
> *Apud* Grimm [nous soulignons].

ou encore dans cette déclaration de Lichtenberg :

> *man spricht viel von aufklärung und wünscht mehr licht, mein gott, was hilft aber alles licht, wenn die leute entweder keine augen haben, oder die, welche sie haben, vorsätzlich verschließen.*
>
> [on parle beaucoup d'*Aufklärung* et on aspire à plus de lumière, mais, grands dieux, à quoi peut donc bien servir toute la lumière que l'on voudra, si les gens soit n'ont pas des yeux pour voir, soit, s'ils en ont, les ferment à dessein.]
>
> Lichtenberg, *Werke*, t. 1, p. 201, *apud* Grimm.

Il appartient à la lumière qu'est la raison d'apporter partout les lumières de la raison, de rejeter préjugés et superstitions, à l'égard desquels l'*Aufklärung.* se veut libération (Kant, *Was ist Aufklärung ?* [*Qu'est-ce que les Lumières ?*], 1783), dans les ténèbres de l'*obscurantisme* — en allemand, le contre-concept d'*Aufklärung* est *Schwärmerei.*

♦ Voir encadré 3.

3

Haskālāh

Haskālāh [הַשְׂכָּלָה], parfois retranscrit *Haskala*, de *sēḵel* [שֵׂכֶל], « raison, intellect, discernement, culture » : forgé à partir d'une racine hébraïque, ce terme n'est pas à proprement parler une traduction en hébreu du terme all. *Aufklärung*, ni du fr. *Lumières*, même s'il désigne un mouvement étroitement lié aux Lumières. « Bien qu'inspiré de la philosophie des Lumières, ses racines, son caractère propre et son développement sont entièrement juifs » (*Dictionnaire du judaïsme*). L'appellation de « siècle des Lumières » serait en hébreu presque blasphématoire, ne serait-ce qu'en raison des versets 3-5 de Berēšiṯ (= Genèse), où ce n'est pas à l'homme mais à Dieu qu'il revient de dire, de (et à) la lumière (*'or* [אוֹר], « lumière, soleil, matin, éclat »), qu'elle soit — Sept. : Γενηθήτω φῶς ; Vulg. : *Fiat lux* ; Luther : *Es werde Liecht* ; Authorized King James Version : *Let there be light* ; Le Maistre de Saci : *Que la lumière soit faite*. Apparu en Allemagne dans les années 1760, le terme *Haskalah*, étranger à l'hébreu biblique, désigne un mouvement social et culturel dans le judaïsme d'Europe centrale et orientale, à la fin du XVIIIe siècle et au XIXe siècle, « l'expression d'une attitude plus ouverte des Juifs à l'égard des valeurs propres et du mode de vie de leurs voisins non juifs », la sortie du ghetto et le refus de ce que l'on appellerait aujourd'hui le repli identitaire, une émancipation, voire assimilation, qui s'oppose à la fois au judaïsme orthodoxe et au hassidisme. La figure emblématique en est Moses Mendelssohn (1729-1786), auteur notamment d'une traduction allemande de la Torah, imprimée toutefois en caractères hébraïques.

C'est dans la mouvance de la Haskalah que naîtra en Allemagne une *Wissenschaft des Judentums*, ou « science du judaïsme » dont la constitution a pu aller de pair avec une position agnostique, voire athée, selon le propos de Steinschneider « qui ne cachait pas qu'à ses yeux la fonction de la science du judaïsme consistait à enterrer dignement le phénomène », propos rapporté par Gershom Scholem, qui avait projeté d'écrire un article, qui ne vit jamais le jour, sur le « *Selbstmord des Judentums in der sogenannten Wissenschaft des Judentums* [le suicide du judaïsme dans ce qu'on a appelé science du judaïsme] » (G. Scholem, *Von Berlin nach Jerusalem*, p. 156 ; trad. fr. p. 180). Sans doute faut-il faire la part, dans ce jugement sans appel, de la position propre de Scholem eu égard à ce qu'il est convenu d'appeler le *Deutschjudentum*, une symbiose judéo-allemande, dont Hermann Cohen aura été un illustre représentant. Toutefois, comment l'antijudaïsme parfois forcené des Lumières, tristement illustré par Voltaire, est-il compatible avec une connaissance du judaïsme et une reconnaissance d'un statut (social, politique, juridique) aux Juifs européens ? C'est là l'une des tensions inhérentes à la Haskalah — diffusion de la culture juive, fût-ce en langue vernaculaire autre que l'hébreu ou le yiddish, *et* fermentation de germes qui revenaient à la nier, en l'embaumant au besoin sous les dehors de la stricte scientificité. Comment une « religion de la raison », ou « religion ramenée dans les limites de la simple raison » (Kant) pourrait-elle faire droit à la Révélation attestée dans le judaïsme, que l'on a coutume d'appeler judéo-chrétienne ? Ce sera l'effort héroïque de H. Cohen de tenter de surmonter cette contradiction dans sa *Religion der Vernunft aus der Quellen des Judentums* [*Religion de la raison tirée des sources du judaïsme*].

BIBLIOGRAPHIE

COHEN Hermann, *Religion de la raison tirée des sources du judaïsme*, trad. fr. M.B. de Launay et A. Lagny, PUF, 1994.

SCHOLEM Gershom, *Von Berlin nach Jerusalem*, Francfort, Suhrkamp, 1977 ; trad. fr. S. Bollack, Albin Michel, 1984.

OUTILS

ATTIAS Jean-Christophe et BENBASSA Esther (éd.), *Dictionnaire de la civilisation juive*, Larousse-Bordas, 1997.

Dictionnaire du judaïsme, Encyclopædia universalis et Albin Michel, 1998.

SANDER Nathaniel et TRENEL Isaac, *Dictionnaire hébreu-français* [hébreu biblique], Archives israélites, 1859, repr. Genève, Slatkine, 1982.

WIGODER Geoffrey (dir.), *Dictionnaire encyclopédique du judaïsme*, adaptation fr. S.A. GOLDBERG (dir.), Cerf, 1993.

B. Critique des Lumières et conception réductrice de la lumière dans la physique moderne

Novalis, qui est précisément l'auteur d'une *Apologie der Schwärmerei* (1788), et se démarque donc des *Aufklärer* parmi ses contemporains, a rattaché de manière très originale le mouvement français puis allemand des Lumières au nouveau statut de la lumière telle que la construit la physique moderne comme science mathématique de la nature, anticipant ainsi les critiques que Merleau-Ponty adressera, dans *L'Œil et l'Esprit* (chap. 3), à la *Dioptrique* de Descartes :

> *Das Licht war wegen seines mathematischen Gehorsams und seiner Frechheit ihr Liebling geworden. Sie freuten sich, daß es sich eher zerbrechen ließ, als daß es mit Farben gespielt hätte,* und so benannten sie nach ihm ihr großes Geschäft, Aufklärung.
>
> [La lumière était devenue leur thème de prédilection, en raison de son obéissance (aux lois des) mathématique(s) et de son insolence. Ils se sont réjouis de voir qu'elle se laisse réfracter plutôt que de s'iriser (« jouer avec des couleurs »), *et c'est d'après elle qu'ils ont donné à leur grande affaire le nom d'*Aufklärung.]
>
> *Die Christenheit oder Europa* [1799], *Novalis Werke*, p. 509.

Descartes déclarait en effet, dans le *Discours I* de sa *Dioptrique* (AT, VI, p. 85, l. 1-4) : « que ces couleurs ne sont autre chose, dans les corps qu'on nomme colorés, que les diverses façons, dont ces corps la [= lumière] reçoyuent & la renvoyent contre nos yeux [...] ».

Ailleurs (lettre à Mersenne de décembre 1638, AT, II, p. 469, l. 1-2), Descartes définira la lumière comme poussement : « c'est ce seul poussement en ligne droite qui se nomme *Lumiere* ». Novalis aura ainsi établi une généalogie du projet même de l'*Aufklärung*, des Lumières, ainsi que de l'appellation qu'elles ont revendiquée, en se référant à l'histoire des sciences, c'est-à-dire en rattachant ce projet à la manière nouvelle d'aborder le phénomène de la *lumière* dans la physique moderne, de Descartes à Newton. Les *Lumières* s'appellent aussi parfois, en français, la *lumière* (Littré, *s.v.*, sens 13), comme l'atteste telle déclaration de Voltaire (lettre à Gallitzin du 14 août 1767) qui vient illustrer *a contrario* la généalogie proposée par Novalis : « Je vois avec plaisir qu'il se forme dans l'Europe une république immense d'esprits cultivés : *la lumière se communique de tous côtés* » [nous soulignons].

Aux yeux de Novalis, c'est donc sur la base d'une conception *réductive* (et réductrice) de la lumière, d'un rétrécissement d'optique propre à la physique moderne qu'ont pu germer et prendre leur essor le mot et l'idée de Lumières. À contre-courant du projet même de la science moderne comme science mathématique de la nature, Novalis demeure ici le témoin d'une tradition platonicienne, voire néo-platonicienne, plotinienne de la lumière, comme Goethe répondant à Schopenhauer (*Gespräche*, t. 2, p. 245) : « Quoi donc ! La lumière ne serait là que lorsque vous la voyez ? Non ! C'est plutôt vous qui ne seriez pas là si la lumière elle-même ne vous voyait. »

Selon Plotin, en effet (*Ennéade*, V, 3, 17, 28) : « Ce que l'âme doit voir, c'est la lumière par laquelle elle est illuminée. Car le soleil non plus n'est pas vu dans la lumière d'un autre. Comment cela se réalisera-t-il ? Retranche toutes choses ». « Ce qu'il faut voir, c'est ce qui nous fait voir ; c'est la lumière qui est à l'origine de notre regard » (P. Hadot, *Plotin ou la Simplicité du regard*, p. 106), et non seulement son objet. C'est ce que l'œil a de « solaire » (*sonnenhaft*), comme dira Goethe au début d'un célèbre quatrain :

> *Wäre nicht das Auge sonnenhaft,*
> *Wie könnten wir das Licht erblicken ?*
>
> [Si l'œil n'était solaire,
> Comment pourrions-nous voir la lumière ?]
>
> *Farbenlehre* ; *Traité des couleurs*, trad. fr. H. Bideau, Triades, 1993, p. 80.

Le passage de la lumière extérieure, solaire, aux « lumières » qui sont celles de l'esprit humain suscitera aussi, par contre-coup, une singulière réévaluation de la lumière qui n'est pas le fait de l'esprit humain, ou de la raison : c'est toujours à la lumière, mais tout autrement entendue, que continue à faire référence, chez Swendenborg, Saint-Martin, l'*illuminisme*.

Pascal DAVID

BIBLIOGRAPHIE

AUGUSTIN, *Confessions*, trad. fr. E. Tréhorel et G. Bouissou, Institut d'études augustiniennes, « Bibliothèque augustinienne », t. 14, 1962, 2e éd., 1992.

DESCARTES René, *Discours de la méthode*, éd. Adam-Tannery, t. 6, Vrin, 1973.

— *Regulæ ad directionem ingenii*, t. X ; *Règles utiles et claires pour la direction de l'esprit et la recherche de la vérité*, traduction selon le lexique cartésien et annotation conceptuelle par J.-L. Marion avec des notes mathématiques de P. Costabel, Nijhoff, La Haye, 1977.

HADOT Pierre, *Plotin ou la SIMPLICITÉ du regard*, Gallimard, 1997.

GOETHE Johann Wolfgang von, *Gespräche*, éd. W. von Biedermann, Leipzig, 1909.

MERLEAU-PONTY Maurice, *L'Œil et l'Esprit*, Gallimard, 1964.

NOVALIS, *Die Christenheit oder Europa* [1799], in *Werke*, Munich, Beck, 1969, 2e éd., 1981.

VOLTAIRE, *Correspondance*, éd. T. Besterman, Gallimard, « La Pléiade », 1978-1987, 13 vol.

WIELAND Christoph, MENDELSSOHN Moses, cf. textes réunis dans le volume *Was ist Aufklärung ?*, Stuttgart, Reclam, 1974.

OUTILS

CHANTRAINE Pierre, *Dictionnaire étymologique de la langue grecque*, nouv. éd. mise à jour avec un « Supplément au dictionnaire », Klincksieck, 1999.

DUDEN Konrad, *Etymologie. Herkunftswörterbuch der deutschen Sprache*, éd. G. Drosdowski, P. Grebe *et al.*, Mannheim, Dudenverlag, 1963.

ERNOUT Alfred et MEILLET Antoine, *Dictionnaire étymologique de la langue latine. Histoire des mots* [1932], 4e éd. augm. J. André, Klincksieck, 1994.

GRIMM Jacob et Wilhelm, *Deutsches Wörterbuch*, Leipzig, Hirzel, 1854, repr. Munich, Deutscher Taschenbuch, 1984.

PICOCHE Jacqueline, *Dictionnaire étymologique du français*, Le Robert, « Les Usuels du Robert », 1983, rééd. 2002.

« *Pons* » Wörterbuch Deutsch-Französisch, Stuttgart, Klett, 1999.

VOLTAIRE, *Dictionnaire philosophique*, Flammarion, « GF », 1964.

M

MACHT, GEWALT ALLEMAND – fr. *puissance, pouvoir, violence*

► *POUVOIR*, et *DROIT*, FORCE, HERRSCHAFT, JETZTZEIT, *VALEUR*

Lorsque Luther commente Romains *13 (« Que chacun se soumette aux autorités... »), il écrit qu'« on ne doit pas résister à l'autorité* (Obrigkeit) *par la force* (Gewalt)*, mais uniquement en confessant la vérité »* (Weimarer Ausgabe, *vol. 11, p. 277) ; cette interprétation souligne l'une des connotations — la force rebelle — venues s'adjoindre peu à peu, et surtout vers la fin du Moyen Âge, au sens alors traditionnel de* Gewalt *qui désigne d'abord l'ensemble des actes liés à l'exercice du pouvoir temporel : administrer, régner, organiser* (*la racine du terme renvoie au latin* valere). *On comprend qu'à cet exercice soient directement liées les notions connexes de* potestas *et de* vis (force) *; et du fait que* Gewalt *implique l'usage de la force, le sens du terme glisse, par extension, jusqu'à l'idée de violence, c'est-à-dire l'usage rebelle, voire révolutionnaire, de la force exercée contre le pouvoir* (Macht). Gewalt *et* Macht *se partagent ainsi l'idée de* potestas, Gewalt *infléchissant cette idée vers la* vis *et la* violentia, *tandis que* Macht *tend plutôt vers la* potentia.

I. UN PARTAGE INCERTAIN : ARBITRAIRE ET LIBRE DÉPLOIEMENT DE LA FORCE

Ce n'est pas tant l'étymologie de ces termes ou la tradition de leur usage qui esquissent ou anticipent leur valeur sémantique dans les réflexions philosophiques, mais plutôt une décision terminologique qui établit un partage au sein de leurs territoires connotatifs, dont les frontières sont floues. Lorsque Kant appelle *Macht* une « faculté qui triomphe de grands obstacles », et *Gewalt*, cette même force « lorsqu'elle triomphe même de la résistance de ce qui est aussi doté d'une *Macht* », on constate, d'une part, que *Gewalt* est comprise comme une modalité de *Macht*, d'autre part, que ces définitions transposent un usage linguistique ordinairement politique et juridique dans le domaine de la nature ; cette citation bien connue est le début du paragraphe 28 de l'« Analytique du sublime » (*AK*, t. 5, p. 260) où Kant parle de la force naturelle (laquelle devrait plutôt être exprimée par le terme *Kraft*, qui désigne la force physique en général, voir FORCE). Il veut simplement souligner que la force de la nature peut être comprise comme une puissance qui, en certaines occasions, se déchaîne et devient violente. La violence est comprise comme un avatar de la puissance qui, comme telle (c'est-à-dire comme *potentia*), doit être synonyme de la possibilité, *lato sensu*.

Dans l'usage contemporain, *Macht* peut correspondre à la définition qu'en donne Max Weber : « Toute possibilité, au sein d'un rapport social, d'imposer sa volonté, même en dépit d'une résistance, et peu importe sur quelle base repose cette possibilité » (*Wirtschaft und Gesellschaft*, p. 28) ; *Gewalt* désigne d'emblée l'exercice d'une contrainte (peu importe qu'elle soit ou non légitime). La différenciation minimale entre les deux notions tient à ceci : *Gewalt* renvoie d'office à l'idée d'une « libre » disposition de quelque chose ou de quelqu'un ; par conséquent, les connotations d'arbitraire, d'instrumentalisation ou de réification appartiennent logiquement à ce champ sémantique ; *Macht* renvoie essentiellement (sinon exclusivement) à la *vita activa*, à l'usage d'une volonté et à l'établissement des fins que l'on cherche à réaliser. Les connotations de *Macht* sont donc plutôt celles de l'autonomie et de la cohérence de l'action, de son adéquation aux buts poursuivis ; ce qui implique que *Macht* exige inévitablement légitimité et reconnaissance.

II. DE « POTESTAS » ET « POTENTIA » À « MACHT » ET « GEWALT » : ÉTAPES VERS LA CRITIQUE DE LA DOMINATION

L'évolution des champs sémantiques, qui n'ont cessé de se recouper, de ces deux notions a connu au moins trois phases assez clairement identifiables.

La première accompagne, depuis la fin du Moyen Âge, la formation des instances politiques modernes, la concentration de l'exercice de la domination entre les mains de l'appareil d'État : sous l'effet de la réception du droit romain, des conflits entre les princes, le pouvoir impérial et l'autorité papale qui en appelait à la toute-puissance divine (*Allmacht*), les notions de *potestas* et de *potentia* deviennent des termes de plus en plus abstraits, traduits en allemand par *Gewalt* et *Macht*. Cette phase s'achève avec la distribution de la « domination » entre l'État, qui a su acquérir « le monopole de l'usage légitime de la contrainte » (M. Weber, *op. cit.*, p. 29), la société civile, l'économie et les restes des autorités spirituelles.

La deuxième phase concerne le vaste domaine de la légitimation de la puissance et de l'usage de la force. À l'article qu'il consacre à *Gewalt* dans son dictionnaire, Grimm relève que le sens d'« un mésusage de la puissance n'est presque pas développé » au cours du Moyen Âge ; il faut donc attendre la convergence d'une concentration des pouvoirs et d'un courant de sécularisation et de rationalisation de la conception du droit pour que les termes de puissance et de force contraignante quittent leur statut de notions normatives exprimant la nécessité légitime de conserver un ordre politique et social dont les fondements, pour l'essentiel chrétiens, ne sont pas mis en cause. *Gewalt* et *Macht* deviennent alors soit des notions descriptives (dont les connotations restent relativement « neutres »), soit des états de choses qui, s'ils ne bénéficient pas d'une justification explicitée, succombent au soupçon d'être potentiellement illégitimes. La réflexion politique, à partir du XVIe siècle, ne cessera de réfléchir à l'opposition du droit et de la force, de même que, parallèlement, la réflexion morale opposera la « puissance » de la raison à la « violence » des passions. Le terme *Gewalt* est, par exemple, interprété, dans une perspective jusnaturaliste, comme désignant à la fois l'espace de liberté propre à chaque individu, l'intervention illégitime d'un individu au sein de la sphère privée d'un autre, et la force légitime qui préserve cet espace naturel de liberté. Dans cette extension sémantique, il est difficile de ne pas constater à quel point *Macht* peut recouper chacune des valeurs attribuées à *Gewalt*, à cette seule nuance partielle près que les connotations de *Macht* seraient un peu moins négatives.

La troisième phase, aux XVIIIe et XIXe siècles, est celle de la contestation qui s'attache au fait que la puissance et la force soient concentrées entre les mains de l'appareil d'État ou de domination. Les phénomènes révolutionnaires, les guerres modernes, l'analyse, en termes de conflits et d'exploitation, de la structure de la société, la critique du droit au nom des intérêts idéologiques qu'il sert en en masquant la « réalité » provoquent un déplacement dans la compréhension des deux notions : elles ne sont plus comprises dans le cadre général du droit, mais deviennent les pôles de théories sociales et politiques dont la finalité est la critique de la domination en vue de sa refonte, de son contrôle, voire de sa disparition dans l'histoire. Du même coup, les deux termes sont des notions qui deviennent tout autant concepts de la réflexion théorique que notions dont telle ou telle idéologie s'empare à des fins d'instrumentalisation (la « violence » [*Gewalt*] révolutionnaire, par exemple, peut être dite « légitime » dans la perspective d'une idéologie de l'histoire arbitrant le présent au nom d'un avenir « scientifiquement » garanti et gagé sur la « puissance » [*Macht*] des classes exploitées).

Lorsque Fichte développe, dans son ouvrage de 1796, *Grundlage des Naturrechts nach Prinzipien der Wissenschaftslehre*, l'idée que la « loi doit être une puissance (*Macht*) », et qu'il s'interroge sur ce que doit être la nature de cette puissance de sorte qu'elle dépasse celle de la volonté de chaque individu dans une perspective contractuelle inspirée directement de Rousseau, il emploiera d'abord le terme d'*Übermacht* qui est immédiatement synonyme d'*Obergewalt* : il s'agit de la « surpuissance » ou de la force/puissance suprême de la loi. La « volonté commune » des contractants doit être dotée d'une « surpuissance face à laquelle la puissance de chaque individu est incommensurablement restreinte afin que cette volonté puisse se conserver au-delà d'elle-même et assurer son maintien : la force de l'État (*Staatsgewalt*) » (*ibid.*, p. 153). La seule distinction que l'on puisse faire dans l'emploi de ces deux termes est que *Macht* y apparaît plus abstrait et plus général, tandis que *Gewalt* est explicitement référé à la *potestas executiva* puisque l'usage de la force est alors concrètement requis pour que la force contraignante de la loi soit effectivement réalisée.

Chez Hegel aussi, comme chez Kant, la différenciation des deux notions a beau être thématisée — « La force (*Gewalt*) est une manifestation de la puissance (*Macht*), ou encore c'est la puissance comme extériorité » (Hegel, Logik, II, p. 200) —, *Enzyklopädie* (1830, § 541) parle de *Staatsgewalt* dans la même acception que Fichte, et il emploie *Gewalt* pour désigner la distribution de la puissance de l'État en différents pouvoirs (exécutif, législatif, judiciaire). Lorsque qu'il parle de l'état de nature (*ibid.*, § 502), *Gewalt* signifie alors moins la force que la libre disposition de quelque chose (selon son sens premier) :

> Le droit de nature est donc l'existence de la force (*Stärke*), le fait de faire valoir la libre disposition (*Gewalt*) [sur les choses et les gens], et un état de nature est une situation de violence (*Gewalttätigkeit*) et d'injustice, dont on ne peut rien dire de plus vrai que ceci : *il faut en sortir*. La société, par contre, est la seule situation où le droit acquiert son effectivité ; ce qu'il faut y restreindre et y sacrifier, c'est précisément l'arbitraire et la violence (*Gewalttätigkeit*) de l'état de nature.

Néanmoins, dans ses *Principes de la philosophie du droit*, § 95 (cf. également § 93 add.), Hegel utilisera *Gewalt* pour désigner la contrainte (*Zwang*), c'est-à-dire l'emploi de la force brutale contre une existence naturelle dépositaire d'une volonté (l'existence d'un homme ou de ce qu'il a produit et fabriqué) ; mais *Gewalt* y joue également le rôle de synonyme de « possession » (*Besitz*) qui est définie par le fait de disposer à sa guise et de manière extériorisée de quelque chose. Ce premier niveau de possession sera dépassé pour atteindre celui de la propriété (*Eigentum*) qui n'est plus seulement définie par la libre disposition, mais aussi par le droit qui, bien évidemment, garantit cette libre disposition (dans certaines limites) contre l'arbitraire d'une autre personne.

Marx ne se distinguera pas fondamentalement de cette distribution des connotations ; et les formules désormais célèbres — « les prolétaires doivent abolir le pouvoir (*Gewalt*) politique lorsqu'il est entre les mains de la bourgeoisie. Ils doivent eux-mêmes devenir un pouvoir (*Gewalt*) et, tout d'abord, un pouvoir révolutionnaire » (« Moralisierende Kritik une kritisierende Moral », *Deutsche Brüsseler Zeitung*, 28 octobre 1847, in *Marx-Engels Werke*, vol. 4, p. 338) ; « la force (*Gewalt*) est l'accoucheuse de toute vieille société en travail. La force est un agent économique » (*Le Capital*, I, 8e section, chap. 31) — ne modifient pas essentiellement les acceptions des deux termes entre lesquels les différences sont davantage de degré et de modalité plutôt que de nature.

♦ Voir encadré 1.

III. « MACHT » ET « GEWALT », « POWER » ET « VIOLENCE » : ARENDT ET BENJAMIN SUR LES FONCTIONS DE LA VIOLENCE

Par rapport à ces acceptions, seules se distinguent par leur originalité l'utilisation par Benjamin du terme de *Gewalt* dans l'extension extrême de son sens, la violence, auquel il ne craint pas, contre toute la tradition, d'adjoindre le qualificatif de « divine » (*göttliche*), et l'opposition tranchée entre *power* (*Macht*) et *violence* (*Gewalt*) que développe Hannah Arendt dans l'essai qui porte ce titre (*Macht und Gewalt*).

Dans son essai de 1920, « Critique de la violence » (in *Œuvres*, t. 1, p. 210-243), Benjamin oppose la violence mythique, fondatrice et conservatrice du droit à la violence divine, destructrice et purificatrice : « Il faut rejeter toute violence mythique, la violence fondatrice du droit qu'on peut appeler violence discrétionnaire (*schaltende Gewalt*). Il faut rejeter aussi la violence conservatrice de droit, la violence administrée (*verwaltende Gewalt*) qui est au service de la violence discrétionnaire. La violence divine (*göttliche Gewalt*), qui est insigne et sceau, et n'est jamais moyen d'exécution sacrée, peut être appelée régnante (*waltende*) » (*ibid.*, p. 243). Cette violence, dont la conception s'inspire manifestement des idées de Georges Sorel, est dite également révolutionnaire, elle est « violence pure exercée en faveur du vivant contre toute vie », elle « délivre de tout droit », alors que la violence mythique « impose tout ensemble la faute et l'expiation ». Une manifestation de la violence divine se trouve dans la part du « pouvoir éducateur » qui « échappe à tout droit ». Pour l'essentiel, cette violence divine a pour arrière-plan une transposition, dans des termes soréliens plus que marxiens (encore que l'idée de violence pure soit fort proche de l'acception hégéliano-marxiste de la *Gewalt* comme négativité), d'une conception de la mystique juive : la notion cabalistique d'Isaac Luria de « brisure des

1

La « volonté de puissance » (« Wille zur Macht ») chez Nietzsche

Cette expression qui apparaît à l'époque où Nietzsche rédige *Ainsi parla Zarathoustra*, en 1883, donc dans la dernière phase de l'évolution de sa pensée, est d'abord considérée comme une autre manière, plus juste, de désigner ce que communément on appelle la vie. Mais, dans le *Zarathoustra* même, la « volonté de puissance » est mise directement en relation avec l'évolution des cultures, dans le temps et l'histoire, pour établir une mainmise intellectuelle sur l'ensemble de la réalité phénoménale. Cette expression revient à plusieurs reprises, en 1885, surtout dans *Par-delà bien et mal*, et désigne alors le niveau ultime que peut atteindre notre propre réflexion lorsqu'elle s'attache à interpréter la réalité (ce que Nietzsche désigne par le « texte original »). Elle est ainsi le plus haut niveau atteint par nos hypothèses, et elle s'identifie donc à la philosophie comme tentative de penser la totalité de ce qui est. La « volonté de puissance » désigne donc la dynamique générale de nos instincts, des plus élémentaires pulsions aux plus raffinées, la dynamique du corps, voire celle aussi du monde inorganique. Mais il ne faut jamais perdre de vue que les instincts se caractérisent essentiellement par le fait qu'ils opèrent constamment des évaluations en fonction de leur tendance à se réaliser, et qu'ils entrent nécessairement en conflit ; il n'y a donc que des états transitoires et fragiles d'équilibre entre ces différentes motions : c'est ce que nous appelons le « moi », par exemple, ou une « cause », ou la « connaissance », la « volonté ». Comme, d'une part, Nietzsche dit explicitement que « volonté » (*Wille*) est un terme exotérique, qu'il n'existe en fait rien de tel — il n'existe qu'une dynamique pulsionnelle totalement indissociable de la dynamique de l'esprit —, et que, d'autre part, ce qu'il affirme être sa pensée la plus profonde est celle de l'« éternel retour » (*ewige Wiederkunft*) (dont la formulation, en 1882, précède l'apparition de l'expression « volonté de puissance »), il est loisible de considérer la « volonté de puissance » comme le « masque » de l'éternel retour. Nietzsche explique dans un fragment posthume (7 [54], fin 1886-printemps 1887) que la « suprême volonté de puissance » est le fait d'« imprimer au devenir le caractère de l'être [...] que tout revienne, c'est le plus extrême rapprochement d'un monde du devenir avec celui de l'être ». En 1887, Nietzsche a le projet d'écrire un livre qui portera le titre de « Volonté de puissance » ; il travaille à ce projet dans le courant de l'année 1888, non sans préciser, d'une part, que les 372 fragments notés dans la perspective de ce projet ne sont en fait qu'une mise au clair destinée à lui-même, si bien que toute publication est exclue (lettre à P. Gast du 26 février 1888) et, d'autre part, que ce même projet s'appelle désormais « Conversion des valeurs » (lettre à F. Overbeck, 13 février 1888). En septembre de cette même année, Nietzsche abandonne l'expression même de « volonté de puissance » pour désigner ce qu'il va publier, et l'avant-propos du *Crépuscule des idoles* s'achève, le 30 septembre, en désignant cette date comme l'an I de la « conversion des valeurs ». Les différentes éditions de la *Volonté de puissance* qui, après la mort de Nietzsche, ont vu le jour ne sont que des compilations de fragments posthumes regroupés de manière plus ou moins cohérente selon des thèmes définis par les équipes qui se sont succédé aux Archives de Weimar (sous l'égide de la sœur de Nietzsche).

vases », cette catastrophe responsable à la fois de la dispersion dans le monde des étincelles du mal et de l'« exil » de Dieu en lui-même, cette « contraction divine » dont la conséquence est la création elle-même. La violence divine se manifeste également dans l'idée de l'ici et maintenant (voir JETZTZEIT), dans l'irruption possible de la dimension messianique au sein de la continuité mythique et donc fallacieuse du temps.

Arendt, quant à elle, oppose le domaine de la « force », c'est-à-dire de la technique (production et adéquation matérielle des moyens aux fins), à celui du « pouvoir », celui de l'institution, soutenue par un nombre plus ou moins grand de volontés individuelles. Le « pouvoir » (*Macht, power*) est donc à la fois condition de tout ordre socio-politique et finalité en soi, tandis que la « force » (*Gewalt, violence*) n'a que des buts chaque fois changeants. En outre, le pouvoir n'a pas besoin de justification, mais seulement de légitimité, tandis que la force n'est jamais légitime et que son usage peut être, dans certaines circonstances, justifié en fonction d'une anticipation de ce qu'elle permet de réaliser (le pouvoir tirant ses légitimations plutôt d'une tradition). Du même coup, les révolutions ne sont que les résultats de redistributions du pouvoir sans que la force puisse les déclencher (elle est plutôt vouée à susciter des réformes), et lorsque la « force révolutionnaire » (*revolutionnäre Gewalt, revolutionary violence*) provoque néanmoins une transformation de la réalité, elle n'obtient qu'un résultat : « le monde est devenu plus violent (*gewalttätiger, more violent*) qu'il n'était auparavant » (*Macht und Gewalt, op. cit.*, p. 80). Le pouvoir est normatif, la force, instrumentale ; le pouvoir n'est pas identifiable à la domination, car lui font défaut la contrainte, la manipulation et le conflit, pas plus qu'il ne se définit par la capacité de vaincre une résistance (il ne ressortit pas, comme chez Max Weber, à une relation ordre-obéissance) : parler d'un « pouvoir sans violence (*gewaltlos*) est un pléonasme. La violence peut anéantir le pouvoir ; mais elle est absolument incapable d'en créer un » (*ibid.*, p. 57).

Marc de LAUNAY

BIBLIOGRAPHIE

ARENDT Hannah, *Macht und Gewalt*, Munich, Piper, 1970 ; *On Violence*, trad. angl. revue par l'auteur, New York, Harcourt, Brace & Co, 1970 ; *Du mensonge à la violence*, trad. fr. G. Durand, Calmann-Lévy, 1972, repris *in* Pocket, « Agora », n° 37, 1994.

BENJAMIN Walter, *Œuvres*, trad. fr. M. de Gandillac, P. Rusch et R. Rochlitz, Gallimard, 2000, 3 t.

FICHTE Johann Gottlieb, *Grundlage des Naturrechts nach Prinzipien der Wissenschaftslehre* [Fondement du droit naturel d'après les principes de la Doctrine de la science] [1796], Berlin, Gruyter, vol. 3, p. 105.

HEGEL Georg Wilhelm Friedrich, *Logik*, II, éd. Lasson [1934], Hambourg, Meiner, 1975.

— *Enzyklopädie*, 1830, Hambourg, Meiner, 1969.

— *Grundlinien der Philosophie des Rechts* [Principes de la philosophie du droit], Hambourg, Meiner, 1967.

MARX Karl, « Moralisierende Kritik une kritisierende Moral », *Deutsche Brüsseler Zeitung*, 28 octobre 1847, in *Marx-Engels Werke*, vol. 4, Berlin, Dietz.

— *Le Capital*, trad. fr. J. Roy, rev. M. Rubel, Gallimard, « La Pléiade », 1965.

WEBER Max, *Wirtschaft und Gesellschaft* [1922], Tübingen, Mohr, 5e éd. 1972.

MAL / BIEN Voir BIEN.

► *MALAISE*

MALAISE

Malaise (contraire de l'*aise*, sur lat. *jacere*, « jeter », lui-même lié à l'idée de demeure, puis de commodité et de plaisir) désigne une sensation pénible, tant morale que physique, et implique en particulier la perception, plus ou moins consciente ou confuse, d'un dysfonctionnement dans les rapports entre l'âme et le corps. Sous ce terme de *malaise*, on peut regrouper une multitude de souffrances passagères ou chroniques, ténues ou aiguës, dont pâtissent une personne, mais aussi un groupe : une époque, une langue, une culture ou une nation peut se singulariser de nommer, caractériser et exprimer, en littérature comme en philosophie, son malaise.

I. UN DYSFONCTIONNEMENT ÂME-CORPS

1. Sur le rapport âme-corps, les réseaux de l'affect et de la passion, voir notamment CONSCIENCE, GEFÜHL, GEMÜT, GOGO, INCONSCIENT, LEIB, *PASSION*, PATHOS, PERCEPTION-APERCEPTION, PHANTASIA (et *IMAGINATION*), PULSION, STIMMUNG, STRADANIE, WUNSCH ; cf. AIMER, ÂME, ANIMAL, PLAISIR, *SOUFFRANCE*.
2. Le point d'ancrage physiologique du malaise varie avec la cause organique à laquelle on attribue le dysfonctionnement : la bile, voir MÉLANCOLIE ; la rate, voir SPLEEN ; la gorge, voir ANGOISSE. Varie également avec le degré de sa possible médicalisation : voir MÉLANCOLIE ; cf. FOLIE, GÉNIE, PATHOS.

II. ESSAI DE TYPOLOGIE DES MALAISES

1. Souffrance individuelle, souffrance ontologique, souffrance nationale

Le malaise individuel peut mettre en cause le rapport à l'être et le sens de l'appartenance au monde : voir ANGOISSE, DOR, HEIMAT (encadré 2, « *Das Unheimliche* »), SAUDADE ; cf. DASEIN, SORGE, *SOUCI*, et encadré 8, « La *mauvaise foi*, un mal français ? », dans VÉRITÉ. Il peut simultanément relever d'un registre moral, religieux, social, ou témoigner d'une époque : voir ACEDIA, SEHNSUCHT, SPLEEN.

D'une manière plus générale, ces affects s'inscrivent dans un registre culturel national, le mot qui les désigne fonctionnant comme un mot de passe, même lorsqu'il est « importé », comme *spleen* par exemple : voir ACEDIA, DESENGAÑO, DOR, SAUDADE, SEHNSUCHT, SPLEEN.

2. Modèles et expressions

Divers modèles temporels et spatiaux sont à l'œuvre, l'un des plus prégnants étant la *nostalgie* grecque, tournée vers le passé et le retour au lieu d'origine : voir encadré 1, « *Nostos* et nostalgie », dans SEHNSUCHT, et *NOSTALGIE* ; cf. HEIMAT. Mais l'avenir et l'au-delà inconnu peuvent être non moins déterminants : voir SAUDADE, SEHNSUCHT. Cf. *DESTIN*.

Les expressions du malaise et de la douleur diffèrent aussi considérablement, impliquant syntaxiquement le tout (lat. *me dolet*, « je souffre ») ou la partie (angl. *my foot aches*, « j'ai mal au pied ») ; et déterminant un rapport à la philosophie (*angoisse*, *Sensucht*) et/ou à la poésie (*nostalgie*, *saudade*, *spleen*), à la littérature (*desengaño*), au silence (*acedia*) : voir tous ces termes.

► PORTUGAIS, SVOBODA / VOLJA

MANIÈRE, FAIRE, STYLE

all.	*Manier ; Stil*
angl.	*manner ; style*
it.	*maniera ; stile*
néerl.	*manier ; handeling ; wijze van doen*

► ART, BAROQUE, CLASSIQUE, CONCETTO, DISEGNO, ESTHÉTIQUE, GÉNIE, GOÛT, INGENIUM, MIMÊSIS, ROMANTIQUE, TABLEAU

Le mot maniera, *dans les différentes langues et pris dans ses diverses acceptions, se trouve placé au cœur du discours critique sur l'art depuis le XVIe siècle jusqu'à la fin du XVIIIe. Il renvoie à la fois au caractère personnel de l'œuvre d'un artiste, au goût d'une école et à l'emploi d'un langage formel lié à un temps ou à un lieu (manière florentine, manière romaine, manière flamande). Complété d'adjectifs (grande manière, manière forte, heurtée) ou de noms de modèles (manière de Michel-Ange, du Carrache, de Raphaël), il renvoie aux modes d'expression choisis par les artistes. Il peut acquérir une connotation négative : un artiste* maniéré *est un* copiste de manière, *qui néglige d'imiter la nature. Cette diversité d'acceptions a conduit à trouver des substituts (en particulier* faire *en français,* Stil *en allemand,* style *ou* stile *en anglais, avec des nuances différentes) et finalement à abandonner ce mot vers la fin du XVIIIe siècle.*

I. LA « MANIERA » ET LA NAISSANCE DE LA THÉORIE DE L'ART

Il semble que le mot *maniera* apparaisse d'abord dans la littérature artistique italienne ; la première occurrence connue est le *Libro dell'arte* de Cennino Cennini, écrit à la fin du XIVe siècle : « Attache-toi toujours au meilleur maître et, le suivant de part en part, il sera contre nature que tu ne prennes pas de sa manière [*suo' maniera*] et de son air » (chap. 25). La *maniera* est ici la marque caractéristique de l'artiste, la trace de sa main, mais aussi par là même les qualités propres qui, paradoxalement, peuvent être acquises par les autres. Chez Raphaël, dans sa lettre à Léon X sur la conservation des monuments antiques, le terme peut évoquer les caractères formels d'un monument : « Les monuments de notre temps sont connus pour n'avoir pas une *maniera* aussi belle que celle du temps des Empereurs, ni aussi difforme que celle du temps des Goths », qu'il caractérise plus loin comme « exécrable et sans valeur » ; ces bâtiments gothiques, écrit-il, sont « *senza maniera alcuna* [sans aucune manière] ». C'est toutefois dans *Le Vite* de Vasari que la *maniera* devient un terme clé du discours sur l'art. Les diverses acceptions et la fréquence de son emploi en font une des notions les plus riches du discours vasarien. La *maniera* désigne les caractères propres de peuples (*maniera* égyptienne, flamande...), les différentes phases d'évolution de l'histoire de l'art (*maniera antica*, *maniera vecchia*, *maniera moderna*). Chaque artiste a sa propre *maniera*, comparable à l'écriture, et on peut éventuellement la définir à l'aide d'adjectifs (dure, sèche, grande). La *maniera* est aussi ce qui est du ressort de la recette artistique pour exprimer les effets non représentables de la nature : les sculpteurs cherchent une *maniera* pour représenter les cheveux. Elle est surtout la marque des plus grands artistes (Michel-Ange au premier chef) qui savent dépasser la nature. Elle peut être enfin une forme d'infidélité à la nature, une simple pratique.

Cette acception se développe plus nettement au XVIIe siècle et la formulation la plus célèbre d'une critique de la *maniera* est sans doute celle de Bellori, dans l'introduction de sa vie d'Annibale Carracci :

> Les artistes, abandonnant l'étude de la nature, ont pollué l'art avec la *maniera*, je veux dire une idée fantastique, reposant sur la pratique et non sur l'imitation.
>
> *Le Vite* [1672], 1976, p. 31.

Un art trop nourri par la *maniera* s'éloigne de la nature et doit donc être condamné.

II. LA DOUBLE ACCEPTION DE LA « MANIÈRE » DANS LES LANGUES EUROPÉENNES

L'adaptation du mot *maniera* est un signe déterminant de la transmission dans les différents pays européens de la conception italienne de l'œuvre d'art. Il est ainsi frappant que, dans le discours hollandais sur l'art, le terme *manier* soit utilisé conjointement avec celui de *handeling* dont la signification est équivalente. Ainsi Van Mander (1604) parle de la *vaste stoute handeling*, la manière de peindre sûre et hardie, comme de la *vaste manier van Schilderen* de Cornelis de Harlem. Le mot *manier* peut aussi renvoyer à un discours comparatif : Van Eyck, écrit Van Mander, fait ses draperies « *op de manier van Albertus Durerus* [à la manière de Dürer] ». Van Hoogstraten, dans son *Inleyding tot de hooge schoole des Schiderkonst* [Introduction à la haute école de peinture] (1678), utilise, à deux pages d'intervalle, des formulations différentes. Il emploie le mot *manier* dans une acception négative parlant des peintres qui prennent une habitude de colorer « *als of de dingen aen haere manier, en niet haere manier aen des aerd verbonden was* [comme si les choses étaient liées à leur manière et non leur manière aux choses] » (p. 232). En revanche, il intitule son chapitre suivant « *van der handeling of maniere van schilderen* [de l'*handeling* ou manière de peindre] », orthographiant *maniere* avec un *e* final. Et glosant le mot *handeling*, il parle de *wijze van doen* (façon de faire). En fait, il semble que le mot *manier* en Hollande reste plutôt lié au caractère propre de la main.

En France, les diverses acceptions sont utilisées mais différemment selon les auteurs. Abraham Bosse, dans son étude des manières des plus grands peintres, estime que « si le naturel était bien copié selon la règle », il n'y aurait pas tant de diverses manières ; mais « à cause que l'ignorance a régné en des temps parmi les praticiens de cet art, il est arrivé ensuite que plusieurs se sont formés sur les uns ou les autres des manières diverses à leur fantaisie » (*Sentiments sur la distinction des diverses manières de peinture...* [1649], 1964, p. 142). La manière est à la fois le trait caractéristique de l'artiste et une preuve de son caprice opposé à la nature. Pour Félibien, la manière est « l'habitude que les peintres ont prise dans la pratique de toutes les parties de la peinture, soit dans la disposition, soit dans le dessein, soit dans le coloris » (*Des principes de l'architecture...*, 1676, p. 646). Il précise : « L'on se fait d'ordinaire une habitude qui a rapport aux maîtres sous lesquels on a été instruit et que l'on a voulu imiter. Ainsi on connaît la manière de Michel-Ange et de Raphaël dans leurs élèves. » Selon le choix des maîtres ou des modèles, la manière est bonne ou mauvaise. Fruit de l'éducation, la manière est l'équivalent du « style d'un auteur » ou de « l'écriture d'une personne dont on reçoit souvent des lettres » (*ibid.*). Roger de Piles reprend la définition de Félibien en l'infléchissant : « Nous appelons Manière l'habitude que des peintres ont prise, non seulement dans le maniement du pinceau, mais encore dans les trois principales parties de la Peinture » (*Conversations*, 1677, dictionnaire préliminaire non paginé). Il élimine la référence à l'acquisition de la manière par les maîtres, et poursuit en comparant la manière à la fois au « style et à l'écriture d'un homme de qui on a déjà reçu quelque lettre », alors que Félibien la comparait à l'un ou à l'autre. Quoique proche de Félibien dans sa formulation, Piles donne un sens plus large à sa définition. La manière est à la fois caractère de la main (maniement du pinceau, écriture) et caractère de l'esprit (style). « Toutes les manières sont bonnes quand elles représentent la Nature et leur différence ne vient que du nombre infini de façons dont elle paraît à nos yeux » (*ibid.*, p. 11-13 et p. 251). La manière est la façon personnelle dont le peintre interprète la nature, non le résultat d'un apprentissage scolaire.

Cependant, l'acception négative prend progressivement le dessus et, dans le cadre de l'Académie royale de peinture et de sculpture, la manière est condamnée dans une conférence de Philippe de Champaigne en 1672, « Contre les copistes de manière », qui sera relue cinq fois entre 1672 et 1728, et relayée en 1747 par une conférence du comte de Caylus, « Sur la manière... », objet aussi de quatre lectures en vingt ans. Alors que Champaigne se contentait de condamner le manque d'originalité des peintres qui s'approprient la manière d'autrui, Caylus définit la manière comme « un défaut plus ou moins heureux [...], une habitude de voir toujours de la même façon [...], une chose que nous mettons à la place de la nature pour être approuvée dans un art qui ne consiste que dans sa parfaite imitation ». Celui qui serait reconnu pour n'en point avoir mériterait les plus grands éloges. La conférence de Charles-Antoine Coypel sur le « Parallèle entre l'éloquence et la poésie » (1er février 1749) s'inscrit en revanche dans la lignée de Roger de Piles :

> Tout le monde sait qu'en parlant des écrits divers on se sert du mot style qui signifie alors au figuré la manière de composer et d'écrire. Comme les peintres ont chacun leur manière de composer et d'écrire avec le pinceau, ils pourraient ainsi que les orateurs faire usage de ce mot. Mais cette grande partie de leur art ils l'appellent simplement manière. Ainsi lorsque je dis ce tableau est dans la manière de Raphaël, je fais concevoir à l'amateur de la peinture l'équivalent de ce que donnerait à penser à l'homme de lettres en disant : ce plaidoyer est dans le style de Cicéron.
>
> « Parallèle... », p. 17.

La plupart des dictionnaires de la seconde moitié du XVIIe siècle, le plus souvent œuvres de compilation, présentent systématiquement ces deux sens du mot *manière* : la façon de faire qui caractérise les ouvrages d'un artiste et le défaut qui consiste à « sortir du vrai et de la nature ». On distingue généralement « avoir une manière » et « être maniéré », encore que la distinction ne soit pas toujours claire entre cette dernière expression et « avoir une mauvaise manière ». Prise dans le sens de « façon de faire », la manière accompagnée de qualificatifs (forte et ressentie, faible et efféminée, gracieuse, et enfin douce et correcte) permet d'établir des catégories sous lesquelles sont rangés les plus grands peintres anciens. Quant à « la grande manière », elle est définie comme une savante exagération qui s'éloigne de la bassesse du naturel ; cette expression caractérise tous les tableaux où il n'y a rien de petit, où les détails sont sacrifiés à l'idée. C'est surtout la définition d'un genre de peinture.

Cependant, les artistes restent critiques et emploient surtout le mot *manière* dans son acception négative. Pour le peintre Dandré-Bardon : « La manière est un assortiment incorrect de traits exagérés et de formes outrées » (*Traité de peinture*, p. 27). Il précise :

> Cette définition dit assez que par manière nous n'entendons pas ici la façon d'opérer, le style qui distingue un maître d'un autre maître, car dans ce sens chacun a sa manière [...], après la honte d'être ignorant, rien n'est plus injurieux à l'artiste que le titre de maniéré.

La condamnation de la manière prise dans cette acception est moins rigoureuse chez le graveur et secrétaire de l'Académie, Charles-Nicolas Cochin, que chez Dandré-Bardon. Dans une conférence lue en 1777 à l'Académie de Rouen, il distingue lui aussi les termes qui pourraient donner lieu à équivoque. Il n'entend pas par manière « la manière de peindre ou de dessiner », mais tout ce qui s'éloigne de la nature, toute « convention apprise ou imaginée qui n'a pas le vrai pour base, soit qu'elle vienne de l'imitation des maîtres, soit de nos propres erreurs ». À ses yeux, la manière est liée à la recherche d'un beau idéal supérieur à la nature. Mais plus conscient cependant des limites techniques de la peinture, il considère qu'il « est très difficile et presque impossible de n'être pas un peu maniéré en peignant les ombres » (*ibid.*, p. 21). Cette assimilation de la manière à la convention permet de faire passer le mot dans le langage commun, comme l'illustre la dissertation de Diderot, « De la manière », publiée dans le *Salon* de 1767 :

> Il semblerait donc que la manière, soit dans les mœurs, soit dans le discours, soit dans les arts, est un vice de société policée [...]. Tout personnage qui s'écarte des justes convenances de son état ou de son caractère, un magistrat élégant, une femme qui se désole et qui cadence ses bras, un homme qui marche et qui fait la belle jambe, est faux et maniéré.
>
> t. 3, 1963, p. 335-339.

III. LA RECHERCHE FRANÇAISE D'UN SUBSTITUT : LE « FAIRE »

Cette acception négative conduit à chercher des substituts à *manière* pour caractériser la façon personnelle de peindre ou de dessiner d'un artiste. Le mot *goût* avait été utilisé dès le XVIe siècle comme synonyme de *manière*, et les dictionnaires renvoient systématiquement de l'un à l'autre. Des expressions comme « peint d'un grand goût » ou « un tableau d'un grand goût de peinture », « du goût de Raphaël », etc., continuent à se retrouver dans bien des discours sur l'art ; cependant, au XVIIe siècle, le sens du mot *goût* s'est trop élargi pour qu'il puisse systématiquement remplacer celui de *manière*. Charles Nicolas Cochin tente de substituer *faire* à *manière* ; il se refuse en effet à employer *manière* pour désigner les qualités techniques d'un tableau, qui sont les seules qui importent à ses yeux :

> L'une des plus grandes beautés de l'art [...] est [...] uniquement l'effet du sentiment qui meut l'artiste en opérant, c'est cet art dans le travail, cette sûreté, cette facilité de maître, qui fait souvent toute la différence du beau, de ce beau qui excite l'admiration, avec le médiocre qui laisse toujours froid. C'est ce *faire* (ainsi le nomment les artistes) qui distingue l'original d'un grand maître d'avec la copie la mieux rendue, et qui caractérise si bien les vrais talents de l'artiste qu'une petite partie du tableau, même la moins intéressante, décèle au connaisseur que le morceau doit être d'un grand maître.
>
> « De l'illusion dans la Peinture », 1771, p. 69.

Le *faire*, employé au sens où Bosse et Piles parlaient de *manière*, est alors l'objet d'une longue définition enthousiaste qui permet à Cochin de défendre le « faire » contre l'accusation de n'être qu'une sorte de mécanique. Même dans la poésie, dit-il, le *faire* est essentiel ; c'est lui qui fait la différence entre la *Phèdre* de Racine et celle de Pradon. Cependant, les dictionnaires, sans omettre le mot, ne lui consacrent le plus souvent qu'une notice très succincte et renvoient à « Manière », preuve de son échec relatif. Watelet, dans l'*Encyclopédie* de Diderot et d'Alembert, considère qu'il s'applique au « mécanisme de la brosse et de la main ». Dandré-Bardon, dans son *Traité de peinture*, préfère parler de « beau-faire ».

L'*Encyclopédie méthodique* de Watelet et Lévesque (1788-1792) témoigne dans sa composition du renversement esthétique en train de s'accomplir autour de 1790. Dans la notice « Illusion », Watelet avait reproduit intégralement une conférence de Cochin où le mot *faire* est mis au premier plan. Lévesque, chargé d'achever le dictionnaire après la mort de Watelet (1786), demande au peintre Robin un article sur le « Beau-Faire » (qui, sous la même rubrique « Faire », suit l'ancienne notice de Watelet dans l'*Encyclopédie* de Diderot). La condamnation ici est radicale : « Ce n'est pourtant pas que le bien-fait ou le mal-fait dans l'art n'aient leur charme et leur déplaisance ; mais malheur à qui n'en fait pas le dernier mérite ou le plus petit vice d'un ouvrage ! » L'échec du mot *faire* est lié à celui d'une esthétique qui voulait mettre au premier plan les qualités techniques.

IV. L'ÉMERGENCE DE LA NOTION DE « STYLE »

La notion de style, qui va finalement se substituer à celle de manière, émerge progressivement dans la théorie de l'art. Elle est surtout employée à titre de comparaison ; mais, dès le XVIIe siècle, certains essaient de lui faire prendre en charge quelques-unes des acceptions du mot *maniera*, comme on le constate à la lecture de notes de Nicolas Poussin, empruntées au traité de A. Mascardi, *Dell'arte istorica* (Rome, 1636) :

> *La maniera magnifica in quattro cose consiste : nella materia overo argomento, nel concetto, nella struttura, nello stile.* [...] *Lo stile è una maniera particolare ed industria di dipingere e disegnare nata dal particolare genio di ciascuno nell'applicazione e nel uso dell'idee, il quale stile, maniera o gusto si tiene dalla parte della natura e dell'ingenio.*
>
> [La manière magnifique consiste en quatre choses la matière ou argument, l'idée, la structure, le style. (...) Le style est une manière particulière ou talent de peindre et de dessiner, née du génie particulier de chacun dans l'application et l'usage de l'idée. Ce style, ou manière, ou goût se tient du côté de la nature et du génie.]
>
> Notes citées *in* Bellori [1672], 1976, p. 480.

Le style, ou manière particulière, est donc subordonné à la grande manière et inhérent à la personnalité créatrice. Malgré le caractère confus du discours, il s'agit bien d'une tentative pour distinguer deux acceptions du mot *maniera*, celle qui tient au caractère propre de l'artiste et celle qui se présente comme une catégorie rhétorique caractérisant le tableau.

En France, la notion de style avait été utilisée à titre de comparaison par Félibien et Piles. La conférence déjà citée de Coypel sur le « Parallèle entre l'éloquence et la poésie » (1751) a contribué à fixer le sens du mot *style* dans le domaine de la peinture. Le style est un reflet du contenu, et Coypel établit pour la peinture la distinction traditionnelle entre le style héroïque et sublime (celui des fresques de Michel-Ange et de Raphaël au Vatican), le style simple (paysages et bergeries) et le style tempéré (la peinture d'histoire d'artistes comme Albani ou Maratta, des sujets plus gracieux que passionnés). Le style caractérise autant le sujet que la façon de le traiter. Ce parallèle n'est pas sans influence sur les dictionnaires qui tous indiquent que le style appartient à la composition et à l'exécution. Reflet du genre et du contenu pour la composition, qualité de la forme pour l'exécution, le mot n'est presque jamais employé seul ; il peut être héroïque, simple, tempéré, etc., ou sec, poli, ferme, dur, etc. Cependant, le terme demeure assez marginal en France. Ce sont les traductions de textes anglais et allemands qui vont contribuer à en faire une notion cruciale de la théorie de l'art.

Alors que Sutzer, dans son *Allgemeine Theorie der schönen Künste* [Théorie générale des beaux-arts], utilisait *Manier* en un sens très proche des acceptions française et italienne, on voit apparaître chez Winckelmann le mot *Stil* dans une acception très large : il parle *dem verschiedenene Stile der Völker, Zeiten und Künstler* (1764, p. X), ce que J. Huber, son traducteur français en 1789, traduit par « les différents styles et les différents caractères des peuples, des temps et des artistes » (p. II). *Stil* reprend certaines des connotations de *manière*, mais en éliminant la part propre de l'artiste. Les styles caractérisent les peuples et les temps, comme les manières chez Vasari : Winckelmann étudie le style égyptien, le style étrusque, et distingue quatre styles chez les Grecs : *Älter Stil*, traduit par « ancien style », ou « style d'imitation » ; *hohe Stil* ou *Stil der Grosse*, style sublime ou grand ; *schöne Stil*, beau style, et enfin *Stil den heinlichen oder den platten*, le style petit et mesquin. *Style* chez Winckelmann, et de façon voisine chez Mengs, se substitue ainsi à *manière* pour parler des caractéristiques formelles d'une civilisation alors que *manière* introduit une dimension personnelle.

En Angleterre, le mouvement est le même ; la réflexion sur *manner* est renvoyée au *connoisseurship*, et le mot est employé dans les acceptions que lui donnait Abraham Bosse. *Manner* a encore une connotation positive chez Richardson, mais bien plus ambiguë chez Hogarth.

> Que sont toutes les manières, comme on les appelle, même des plus grands maîtres, qui, comme on sait, diffèrent si considérablement entre elles, et qui toutes s'écartent de la nature, si ce n'est autant de preuves de leur inviolable attachement à l'erreur que la bonne opinion qu'ils ont d'eux-mêmes leur fait considérer comme la vérité ?
>
> Analyse de la beauté, p. 49.

Le retournement est opéré par Reynolds, qui emploie le terme négativement :

> Ces particularités qui de prime abord frappent la vue, et qui sont les marques, ou ce qu'on appelle communément la manière à laquelle on reconnaît un peintre [...]. Toute manière est un défaut, et chaque peintre, quelque excellent qu'il soit, a une manière.
>
> *Discours sur la peinture*, 6e disc. [1774], 1991, p. 116-117.

Reynolds introduit le terme *style*, qu'il orthographie *stile* et *style* de façon peu systématique. *The stile* pourrait être l'équivalent de la *manière* au sens de la façon d'exprimer un sujet : « Le style [*stile*] en peinture est, de même qu'en écriture, un pouvoir sur les instruments, soit mots, soit couleurs, par lesquels nos idées ou nos sentiments s'expriment » (2e disc. [1769], 1991, p. 44), tandis que *the style* renverrait à la catégorie rhétorique à laquelle correspond l'œuvre : « le *gusto grande* des Italiens, le *beau idéal* des Français, le *great style*, le *genius* et le *taste* des Anglais ne sont que différentes dénominations de la même chose » (3e disc. [1770], 1991, p. 53). Mais les deux acceptions ou les deux orthographes sont aussi confondues : « S'il faut en juger par le style [*style*], il y a un nombre infini de peintres qui semblent n'avoir vu d'autres œuvres que celles, soit de leur maître, soit de quelque modèle favori, dont la manière [*manner*] est le premier et le dernier objet de leurs vœux » (6e disc. [1774], 1991, p. 119).

Dans l'*Encyclopédie méthodique*, Lévesque consacre une notice de cinq colonnes et demie et au mot « Style » (autant que les deux notices réunies de « Manière » et « Maniéré »). Sa définition, qu'il reconnaît avoir essentiellement tirée des écrits de Mengs et de Reynolds, tente d'établir une synthèse entre la signification de *Stil* chez Winckelman et Mengs, et le second sens de *style* chez Reynolds : « La réunion de toutes les parties qui concourent à la conception, à la composition et à l'exécution d'un ouvrage de l'art en forment ce qu'on appelle le style, et l'on peut dire qu'il constitue la manière d'être de cet ouvrage » (Watelet et Lévesque, *s.v.*).

Même si le mot *style* était utilisé auparavant dans le discours sur l'art, ce n'est donc que par le détour de la traduction qu'il se fixe dans le métalangage pour se substituer à *manière*, au prix toutefois d'une réduction du champ sémantique. *Style* se charge rapidement de toutes les significations qui avaient jusqu'alors été celles de *manière*, à l'exception du sens de pure pratique, jugé négatif ; il ne recouvre pas le caractère propre à la main de l'artiste et subordonne la peinture au style comme mode d'expression de l'idée. Les acceptions contradictoires de *manière* se retrouvent au XIXe siècle à propos du mot *style*, qui met en jeu à la fois la part propre de l'artiste, celle de son temps, de son école, le mode de représentation choisie et le décalage par rapport au modèle naturel. Les nuances introduites par chaque auteur dans l'usage qu'il fait de ce terme rendent impossible toute définition univoque et ne laissent guère aux traducteurs d'autre solution que de reprendre dans chaque langue ce mot fourre-tout pour en nourrir leurs traités.

Christian MICHEL

BIBLIOGRAPHIE

BELLORI Giovanni Pietro, *Le Vite de' pittori, scultori et architetti moderni* [Rome, 1672], éd. E. Borea, Turin, Einaudi, 1976.

BOSSE Abraham, *Sentiments sur la distinction des diverses manières de peinture, dessin et gravure et des originaux d'avec leurs copies* [1649], in *Le Peintre converty aux précises et universelles règles de son art*, éd. R. A. Weigert, Hermann, 1964.

CAYLUS Anne Claude de, « Sur la manière et les moyens de l'éviter », in *Vies d'artistes du XVIIIe siècle, discours sur la peinture et la sculpture [salons de 1751 et de 1753], lettre à Lagrenée*, éd. A. Fontaine, Laurens, 1910, p. 174-182.

CENNINI Cennino, *Libro dell'arte* (fin du XIVe siècle) [1re éd. 1821], éd. F. Tempesti, Milan, Longanesi, 1984.

CHAMPAIGNE Philippe de, « Contre les copistes de manière », *in* A. MÉROT, *Les Conférences de l'Académie royale de peinture et de sculpture au XVIIe siècle*, École nationale supérieure des beaux-arts, 1996, p. 224-228.

COCHIN Charles-Nicolas, « De l'illusion dans la Peinture », *Recueil de quelques pièces concernant les arts*, Jombert, 1771, vol. 2, p. 44-75.

— *Discours sur l'enseignement des beaux-arts prononcés à la séance publique de l'Académie des sciences, belles-lettres et arts de Rouen* [1777], impr. L. Cellot, 1779.

COYPEL Charles-Antoine, « Parallèle entre l'éloquence et la poésie », *Mercure de France*, mai 1751, p. 9-38.

DANDRÉ-BARDON Marie François, *Traité de peinture suivi d'un essai sur la sculpture*, Desaint, 1765.

DIDEROT Denis, « De la manière », *Les Salons*, éd. J. Seznec et J. Adhémar, Oxford, Clarendon Press, t. 3, 1963.

FÉLIBIEN André, *Des principes de l'architecture, de la sculpture, de la peinture et des autres arts qui en dépendent* et *Dictionnaire des termes propres à chacun de ces arts*, Coignard, 1676.

HOGARTH William, *Analyse de la beauté* [1753], trad. fr. Jansen, rev. S. Chauvin, École nationale supérieure des beaux-arts, 1991.

PILES Roger de, *Conversations sur la connaissance de la peinture et sur le jugement qu'on doit faire des tableaux où par occasion il est parlé de la vie de Rubens*, Langlois, 1677.

RAPHAËL, Gli Scritti, *Lettere, firme, saggi tecnici e teorici*, éd. E. Camesasca, Turin, Rizzoli, 1993.

REYNOLDS Joshua, *Discours sur la peinture* [*Discourses on Art*, éd. R. R. Wark, New Heaven - Londres, Yale UP, 1997], trad. fr. École nationale supérieure des beaux-arts, 1991.

SULZER Johann Georg, *Allgemeine Theorie der schönen Künste*, Leipzig, Weidemanns Erben und Reich, 1771-1774.

VAN HOOGSTRATEN Samuel, *Inleyding tot de hooge schoole des Schiderkonst* [Introduction à la haute école de peinture], Rotterdam, 1678.

VAN MANDER Karel, *Het schilder-bœck...*, Harlem, 1604 ; *Lives of the Illustrious Netherlandish and German Painters*, éd. et trad. angl. H. Miedema, Doornspijk, t. 1, 1993.

VASARI Giorgio, *Le Vite de' più eccellenti pittori, scultori e architettori italiani da Cimabué insino a'tempi nostre...*, Florence, 1550 ; *Les Vies des meilleurs peintres, sculpteurs et architectes*, trad. fr. A. Chastel (dir.), Berger-Levrault, 1981-1989.

WINCKELMANN Johann Joachim, *Geschichte der Kunst des Altertums*, Dresde, 1764 ; *L'Histoire de l'art chez les Anciens*, trad. fr. J. Huber, Barrois aîné, 1789.

OUTILS

WATELET Claude-Henri et LÉVESQUE Pierre-Charles, *Dictionnaire des arts de peinture, sculpture et gravure. Encyclopédie méthodique : Beaux-Arts*, impr. Prault, 1788-1792.

MARQUE

Marque est la traduction reçue du terme *Merkmal*, introduit par Frege par opposition à *Eigenschaft*, « propriété », pour exposer une nouvelle théorie de la prédication : voir MERKMAL, et SIGNE, PROPRIÉTÉ, PRÉDICATION. Sur le latin médiéval *nota*, que croise l'idiome frégéen, voir aussi DE SUYO, SIGNE.

Sur les « marques » syntaxiques et grammaticales, on se reportera par exemple à ASPECT, COMBINATOIRE et CONCEPTUALISATION, ORDRE DES MOTS, SEXE (encadré 1, « Masculin, féminin, neutre »), SUJET.

► SENS

MATTER OF FACT, FACT OF THE MATTER

– fr. *fait, réalité*

► *FAIT*, et ANGLAIS, BELIEF, *CHOSE*, *MONDE*, NATURE, PROPOSITION, RÉALITÉ, SACHVERHALT, SENS, TATSACHE, TRADUIRE

On s'intéressera moins ici à fact, *« fait », qu'à l'expression assez étrange* matter of fact, *que l'on trouve dans la philosophie anglaise et notamment chez Hume.* Matter *signifiant* (a) *« matière, chose » et* (b) *« affaire, question »,* matter of fact *redouble en quelque sorte* fact. *On peut mentionner les expressions courantes typiques* for that matter *(« en fait »),* a matter of time *(« une question de temps »),* what's the matter with you ? *(« qu'est-ce qui te prend ? »). Mais* matter, *notamment sous sa forme verbale dérivée, signale aussi l'importance et l'implication :* no matter, it matters. *Cette dualité, spécifique à l'anglais, permet des astuces comme celle du titre du livre de Peter Geach,* Logic Matters *(« questions de logique », mais aussi : « la logique importe ») ou celle de B. Russell :* What is mind ? No matter. What is matter ? Never mind. *Elle fait partie intégrante de la sémantique de l'expression* matter of fact, *qui à la fois désigne la factualité et la pose comme incontournable. Cette dualité se retrouve dans la forme inversée de l'expression, tout à fait intraduisible, apparue chez le philosophe américain W. V. Quine :* fact of the matter, *qui désigne la factualité de façon particulièrement forte, en ajoutant à la notion une dimension physicaliste* (le fact of the matter *comme réalité physique*), *mais aussi, paradoxalement, une interrogation ontologique.*

I. LES « MATTERS OF FACT »

Matters of fact (c'est fréquemment un pluriel chez Hume) est traduit normalement par « faits », mais aussi parfois, de manière étonnante quoique littérale, par « choses de fait » (trad. fr. G. Tanesse et M. David, 1912 [reprise dans une récente édition de Didier Deleule]). La traduction, outre qu'elle démontre le caractère paradoxal de l'expression *matter of fact*, met en évidence la « dureté » ou du moins la réalité du fait ainsi défini. Il semble bien à première vue que Hume signifie par l'expression *matter of fact* un fait empirique, un état de choses, faisant partie de la réalité : « *This is a matter of fact which is easily cleared and ascertained* [C'est là un fait qui peut être aisément éclairci et prouvé] » (*Traité de la nature humaine*, I, I, Sec. 7, p. 65).

Fact et *reality* semblent parfois synonymes : « *If this be absurd in fact and reality, it must also be absurd in idea* [Si c'est absurde en fait et en réalité, ce doit être aussi absurde en idée] » (*Traité de la nature humaine*, I, I, Sec. 7, p. 65).

Les *matters of fact* sont alors les questions qui concernent l'existence des objets, et la réalité empirique.

> *It is evident, that all reasonings from causes or effects terminate in conclusions concerning matter of fact ; that is, concerning the existence of objects or of their qualities.*
>
> [Il est évident que tous les raisonnements sur les causes et effets finissent dans des conclusions sur les faits, c'est-à-dire concernant l'existence des objets ou de leurs qualités.]
>
> *Traité de la nature humaine*, I, III, Sec. 7, p. 158.

Il faut ajouter que ces *matters of fact* sont objets de croyance (*belief*). Ils sont *conçus* par nous, nous en avons idée, mais une idée particulièrement forte et vive. Cette vivacité définit la croyance, qui « ne surajoute rien à l'idée ».

> *It is certain we must have an idea of every matter of fact which we believe.* [...] *When we are convinced of any matter of fact, we do nothing but conceive it.*
>
> [Il est certain que nous devons nécessairement avoir une idée de tout fait auquel nous croyons. (...) Lorsque nous sommes convaincus d'un fait quel qu'il soit, nous ne faisons rien d'autre que le concevoir.]
>
> *Traité...*, I, III, Sec. 8, p. 166.

Ce sont ces deux caractères que l'on retrouve dans les fameuses définitions de l'*Enquête sur l'entendement humain*, qui différencie *matters of fact* et *relations of ideas*. Les faits, au contraire des relations d'idées, ne sont pas connus par l'entendement seul : leur contraire est possible, et la certitude dont ils font l'objet est de nature différente.

> *All the objects of human reason or enquiry may naturally be divided into two kinds, to wit, Relations of Ideas, and Matters of Fact.* [...] *Matters of fact, which are the second objects of human reason, are not ascertained in the same manner ; nor is our evidence of their truth, however great, of a like nature with the foregoing. The contrary of every matter of fact is still possible.*
>
> [Tous les objets sur lesquels s'exerce la raison humaine ou qui sollicitent nos recherches se répartissent naturellement en deux genres : les relations d'idées et les choses de fait. (...) Les choses de fait, qui constituent la seconde classe d'objets sur lesquels s'exerce la raison humaine, ne donnent point lieu au même genre de certitude ; et quelque évidente que soit pour nous leur vérité, cette évidence n'est pas de même nature que la précédente. Le contraire d'une chose de fait ne laisse point d'être possible.]
>
> *Enquiries*, p. 25, trad. fr. D. Deleule, p. 82-83.

On pourrait se demander au premier abord comment Hume peut parler du *contraire* d'un fait, dès lors qu'il a défini le fait comme *fait* (empirique) et non comme idée, croyance ou proposition (qui ont pour objet le fait). Ici, on rencontre une spécificité de *fact*, qui concentre en une unité (*encapsulate*) l'état de chose et la proposition, spécificité indiquée par l'expression anglaise *that-clause* : un fait se formule sous la forme *that p*, qui désigne à la fois un fait et une proposition.

> *That the sun will not rise tomorrow is no less intelligible a proposition, and implies no more contradiction, than the affirmation, that it will rise.*
>
> [Que le soleil ne se lèvera pas demain n'est pas une proposition moins intelligible, et n'implique pas plus contradiction, que l'affirmation qu'il se lèvera.]
>
> *Enquiries*, p. 25-26, trad. fr. p. 83.

« Que le soleil ne se lèvera pas demain » est une proposition, « intelligible », qui peut être affirmée, mais aussi un fait (voir SACHVERHALT). Croire une proposition, ce n'est pas avoir un sentiment de croyance qui adhérerait à une proposition donnée, c'est « croire un fait », directement pour ainsi dire, ce qu'indique la construction croire que (*believe that*).

> *If you were to ask a man, why he believes any matter of fact, which is absent – for instance, that his friend is in the country, or in France – he would give you a reason.* [...] *All our reasonings concerning fact are of the same nature.*
>
> [Si vous demandez à un homme pourquoi il croit un fait, alors que ce fait n'est pas présent – par exemple, que son ami est à la campagne, ou en France – il vous donnera une raison. (...) Tous nos raisonnements concernant les faits sont de même nature.]
>
> *Enquiries*, p. 26, trad. fr. p. 84.

Ces *that-clauses* ont été explorées ensuite par la philosophie du langage contemporaine, notamment par Ramsey, Austin, Strawson et Davidson, pour mettre en cause l'idée qu'il y aurait des « faits » objectifs (voir BELIEF, PROPOSITION), qui seraient objets des croyances ou des énoncés. Ils explorent ainsi les expressions « True to the facts » et « Unfair to facts », ainsi que la question de ce qu'on dit lorsqu'on « dit que » (« On saying that », *in* D. Davidson, *Enquêtes sur la vérité et l'interprétation*). Il s'agit toujours de savoir si l'on peut éliminer la notion de fait de la théorie du langage.

II. L'EXPRESSION « FACT OF THE MATTER »

Dans quelques textes célèbres, W. V. Quine a utilisé l'expression *fact of the matter*, inversant de façon un peu déroutante la formule de Hume (l'une de ses principales références philosophiques, Quine voulant réinventer le naturalisme humien), *matter of fact*. L'expression, utilisée d'abord sous forme négative (*no fact of the matter*), indique que certaines questions n'ont pas de réalité ou de fondement. Quine exprime cette idée à propos de sa thèse d'indétermination de la traduction radicale. La situation de traduction radicale est le cas où on a affaire à une langue radicalement étrangère, sans dictionnaire ni tradition de traduction, ni interprète bilingue, et où le linguiste doit élaborer un manuel de traduction à partir de ses observations empiriques du comportement verbal des indigènes. Suivant la thèse de Quine, il y a plusieurs traductions possibles, empiriquement équivalentes et incompatibles d'une même expression. Il n'y a pas de sens à se demander quelle est *la* bonne traduction, la bonne reconstitution de la langue étrangère. Dans « The problem of meaning in linguistics » (in *From a Logical Point of View*), il résume sa méthode par le mot « *ex pede Herculem* » : on peut reconstituer la statue d'Hercule à partir de son pied, mais il n'y a *rien* à partir de quoi la langue est reconstruite, pas de *fact of the matter*, pas de réalité (physique) qui permette de poser la question.

> En projetant Hercule à partir du pied, il y a risque d'erreur, mais nous pouvons nous réconforter avec le fait qu'il y a quelque chose sur quoi avoir tort. Dans le cas du lexique, sans définition de la synonymie, nous n'avons pas d'énoncé du problème ; nous n'avons *rien* sur quoi le lexicographe puisse avoir tort ou raison [*nothing to be right or wrong about*].
>
> *From a Logical Point of View*, p. 63.

Quine précise le sens de l'expression en comparant, dans le cadre d'une polémique avec Chomsky, l'indétermination de la traduction à la sous-détermination des théories par leurs données. De même que plusieurs théories peuvent rendre compte du même ensemble de données empiriques, plusieurs théories du langage peuvent rendre compte du même comportement verbal. La théorie linguistique, faisant partie de la science, est sous-déterminée par les données du comportement verbal indigène. Mais cela ne suffit pas à rendre compte de l'indétermination de la traduction, qui serait un problème épistémologique banal. Car Quine précise que l'indétermination de la traduction s'*ajoute* à cette sous-détermination empirique.

> Bien que la linguistique soit, bien entendu, une partie de la théorie de la nature, l'indétermination de la traduction n'est pas seulement à recevoir comme un cas particulier de la sous-détermination de la théorie de la nature. Elle est parallèle, mais additionnelle [*additional*].
>
> Réponse à Chomsky (« Replies »), in *Words and Objections*, p. 180.

C'est ici qu'intervient le *fact of the matter*, en référence aussi à des données empiriques, voire dans un cadre « physicaliste », où la seule réalité est celle qui est définie par les sciences de la nature. « Là où s'applique l'indétermination de la traduction, il n'est pas réellement question de choix correct ; il n'y a pas de *fact of the matter*, même à l'intérieur de la sous-détermination reconnue de la théorie de la nature (*ibid.*).

La traduction n'a pas de *fact of the matter*, elle ne traduit « rien ». Là où le linguiste croit découvrir quelque chose, il ne fait que projeter ses hypothèses, se « catapulter », dit Quine, dans la langue indigène avec les catégories de sa langue.

> Il n'y a pas moyen de dire dans quelle mesure le succès des hypothèses analytiques est dû à une réelle parenté de conceptions entre les indigènes et nous, et dans quelle mesure il est dû à de l'ingéniosité linguistique ou à d'heureuses coïncidences. Je ne suis même pas sûr qu'il y ait un *sens* à poser la question.
>
> *Word and Object*, p. 77, trad. fr. p. 123.

Il n'y a pas de sens, ou plutôt pas de réalité (de *fact of the matter*) à la question, puisque le traducteur, dans une large mesure, « lit » sa propre langue à l'intérieur de la langue indigène. L'absence de *fact of the matter* reprend sous une forme particulièrement radicale la critique de la signification opérée par Quine : il n'y a *rien* qui soit traduit dans la traduction, pas de sens (voir SENS) dont les expressions des différentes langues seraient le pendant ou l'expression.

Le *fact of the matter*, comme l'indique le caractère redondant de l'expression, renvoie à un point de vue physicaliste, comme le dit Quine dans un article intitulé « Facts of the matter ». Si la question de la traduction — savoir quel manuel de traduction est « correct » — est dépourvue de *fact of the matter*, c'est parce qu'elle n'a pas de pertinence physique.

> Ma position est que chaque manuel aurait son utilité, mais que la question de savoir lequel est correct et lequel incorrect n'a pas de *fact of the matter* [...]. Je parle en physicaliste lorsque je dis qu'il n'y a pas de *fact of the matter*. Je veux dire que les deux sont compatibles avec l'accomplissement des mêmes états physiques élémentaires.
>
> « Facts of the Matter », p. 167.

Une véritable différence de *fact of the matter* serait une différence dans la distribution d'états physiques élémentaires. Cependant, il ne faudrait pas en déduire que la notion est simplement physique, ce qui affaiblirait la thèse de Quine. C'est une notion naturaliste (et ici réapparaît de façon très caractéristique la référence à Hume) : la notion de *fact of the matter* est interne à notre théorie scientifique, cette factualité est définie par notre théorie du monde, produit de la nature humaine. Le *fact of the matter* n'est plus un substrat physique (« une distribution d'états physiques élémentaires ») indépendant du langage, mais, par un effet de mise en abyme, s'avère aussi faire partie de notre schème conceptuel. « La notion de *fact of the matter* est à concevoir, de façon naturaliste, dans le cadre de notre théorie scientifique. La factualité, comme la gravitation, est interne à notre théorie de la nature » (*Theories and Things*, p. 23).

La notion de *fact of the matter* est elle-même à concevoir de manière immanente. Telle est la conclusion de Quine dans *Theories and Things* : « La notion que j'entends par là n'est pas transcendantale ou épistémologique, ni même une question de preuve empirique ; elle est ontologique, une question de réalité, et doit être conçue de manière naturaliste à l'intérieur de notre théorie du monde » (p. 22).

Ainsi apparaît, dans les derniers textes de Quine, toute la radicalité de sa notion de *fact of the matter* : elle renvoie non seulement à l'évidence empirique, comme le *matter of fact* humien, mais aussi à une indétermination ontologique radicale : « ce qui compte comme réalité » est en tant que tel soumis à indétermination. « Nous pouvons échanger notre propre ontologie aussi, sans faire violence à aucune évidence, mais ce faisant nous échangeons nos particules élémentaires contre des sortes de représentants, et ainsi réinterprétons notre norme de ce qui compte comme réalité [*what counts as fact of the matter*] » (*Theories and Things*, p. 23).

Sandra LAUGIER

BIBLIOGRAPHIE

DAVIDSON Donald, « On saying that », in *Inquiries into Truth and Interpretation*, Oxford UP, 1984 ; *Enquête sur la vérité et l'interprétation*, trad. fr. P. Engel, Nîmes, Jeanine Chambon, 1994.

— et HINTIKKA Jaako (éd.), *Words and Objections. Essays on the Work of W. V. Quine*, Dordrecht, Reidel, 1969.

FOLLESDAL Dagfinn, « Indeterminacy of Translation and Underdetermination of the Theory of Nature », *Dialectica*, 1973.

HUME David, *A Treatise of Human Nature* [1739], éd. Selby-Bigge, Oxford, 1888, rééd. Nidditch, Oxford, Oxford UP, 1978 ; *Enquête sur l'entendement humain*, trad. fr. Ph. Saltel, Flammarion, « GF », 1993.

— *Enquiries concerning Human Understanding and Concerning the Principles of Morals* [1777], éd. Nidditch, Oxford, Clarendon Press, 1975 ; trad. fr. rev. et prés. D. Deleule, Le Livre de Poche, 1999.

LAUGIER Sandra, *L'Anthropologie logique de Quine*, Vrin, 1992.

PITCHER George (éd.), *Truth*, Englewood Cliffs, Prentice-Hall, 1964.

QUINE Willard Van Orman, *From a Logical Point of View* [1953], Cambridge (Mass.), Harvard UP, 1980.

— *Word and Object*, Cambridge (Mass.), MIT Press, 1960 ; trad. fr. J. Dopp et P. Gochet, Flammarion, 1978, rééd. « Champs », 1999.

— *Theories and Things*, Cambridge (Mass.), Harvard UP, 1981.

— « Replies », *in* D. DAVIDSON & J. HINTIKKA (éd.), *Words and Objections. Essays on the Work of W. V. Quine*, Dordrecht, Reidel, 1969, p. 292-352.

— « On the Reasons for Indeterminacy of Translation », *Journal of Philosophy*, 67, 1970, p. 178-183.

— « Facts of the Matter », *in* R.W. SHAHAN (éd.), *American Philosophy from Edwards to Quine*, Oklahoma UP, 1979, p. 176-196.

— « Indeterminacy of Translation again », *Journal of Philosophy*, 84, 1987, p. 5-10.

STRAWSON Peter S., « Truth », *Proceedings of the Aristotelian Society*, 1950, repris *in* G. PITCHER (éd.), *Truth*, Englewood Cliffs, Prentice-Hall, 1964.

MÉLANCOLIE

gr. *melagkholia* [μελαγχολία]
lat. *melancholia, furor*
all. *Melancholie, Schwermut*
angl. *melancholy, spleen*

► ACEDIA, DESENGAÑO, DOR, ES, FEELING, FOLIE, GEMÜT, GÉNIE, INGENIUM, JE, LEIB, *MALAISE*, PATHOS, SAUDADE, SEHNSUCHT, SPLEEN, STIMMUNG

Bien qu'on puisse dater l'origine de la psychiatrie dite moderne de l'œuvre de Philippe Pinel — dont le Traité médico-philosophique sur l'aliénation mentale ou la manie *(an IX, 1801) signe à la fois l'autonomie de la maladie mentale par rapport à la physiologie et l'application d'une nouvelle pratique clinique et institutionnelle envers le malade —, l'étude de l'aliénation mentale, ou de la folie, fait remonter l'histoire de cette discipline à l'Antiquité. Le mot* mélancolie *désignait alors un état de tristesse et d'anxiété, sans fièvre, le plus souvent accompagné d'une idée fixe ou d'une représentation quasi délirante, cet état étant marqué par un excès de bile noire que certains auteurs considéraient comme la cause de la maladie, et d'autres comme un symptôme concomitant.*

Le mot mélancolie *relève donc en premier lieu de la théorie hippocratique des humeurs (*melas [μέλας]*, « noire » ;* kholê [χολή]*, « bile »), ainsi que d'une théorie chimique de la fermentation et des vapeurs qui perdurera de manière plus ou moins manifeste jusqu'au XIXe siècle, alors même que ce vocable tendait à désigner un état d'aliénation mentale de plus en plus séparé de la physiologie. On peut alors repérer, à travers une histoire du terme* mélancolie *et des déplacements de sa signification, quatre thèmes de référence à considérer de manière diachronique : la conception de l'humeur, le symptôme de l'idée fixe, la maladie de la passion amoureuse et la caractéristique du génie. La manière de les traiter contribue à différencier les grands courants des psychiatries anglaise, allemande et française, et les typologies qu'elles proposent.*

On aurait pu croire que l'application générale en psychiatrie des échelles d'évaluation de l'humeur — en son sens psychologique proche du thumos [θυμός] *grec et de ses troubles (*dusthumia [δυσθυμία]*) — aurait fait disparaître ces anciennes dénotations du terme* mélancolie. *Il semble bien plutôt que les approches modernes de la mélancolie — notamment sous les manifestations du deuil, du ralentissement psychomoteur, du négativisme généralisé ou de l'hyper-lucidité intellectuelle — réactualisent au contraire les figures mises en relief par les auteurs anciens, dans la mesure où l'on observe qu'elles ressortissent plus à de véritables mécanismes psychologiques qu'à de simples analogies sémantiques.*

I. L'AMBIGUÏTÉ DU CONCEPT

La mélancolie, du point de vue de la psychiatrie contemporaine, relève du paradoxe qui consiste à devoir prendre en compte tout à la fois la relativité d'une nosologie largement dépassée par la complexité de l'affection et l'uniformisation d'une sémiologie déterminée par différentes échelles d'évaluation des symptômes, américaines pour la plupart, auxquelles la psychiatrie européenne se voit obligée de faire référence. Toutefois, la mélancolie semble encore échapper à toute tentative de classification définitive, comme en témoignent par exemple l'évolution qui va du DSM III [*Diagnostic and Statistical Manual of Mental Disorders*] (1980) au DSM III-R (1987) et au DSM IV (1994), et à travers laquelle se modifient ses signes diagnostiques, ainsi que la CIM [Classification internationale des maladies de l'OMS], qui l'a pratiquement fait disparaître.

Le problème n'est pas nouveau, et Jean-Étienne Esquirol, dans son ouvrage *De la lypémanie ou mélancolie* (1820), écrivait déjà : « Le mot *mélancolie*, consacré dans le langage vulgaire pour exprimer l'état habituel de tristesse de quelques individus, doit être laissé aux moralistes et aux poètes qui, dans leurs expressions, ne sont pas obligés à autant de sévérité que les médecins. Cette dénomination peut être conservée pour le tempérament dans lequel prédomine le système hépatique et désigner la disposition aux idées fixes, à la tristesse, tandis que le mot *monomanie* exprime un état anormal de la sensibilité physique ou morale, avec délire inconscient et fixe. » Esquirol adopta le mot de *lypémanie* (*lupê* [λύπη], « chagrin ») pour remplacer celui de *mélancolie*, renvoyant ainsi ce dernier, d'une part à la disposition du tempérament – un état permanent (*hexis* [ἕξις]), une prédisposition (*proclivitas*) –, d'autre part à la franche déclaration de la maladie, un état ponctuel, accidentel (*diathesis* [διάθεσις]), la manifestation du mal (*nosos* [νόσος], *nosêma* [νόσημα]).

L'intérêt de cette ambiguïté propre au terme *mélancolie* s'exprime tout au long de l'histoire de la psychiatrie, dont on peut faire remonter l'origine à la fin du XVIIIe siècle avec la pratique du « traitement moral », à travers deux formes sémiologiques paradoxales, constituées de traits contradictoires, telles que les marques du génie et de la folie, d'une part, et celles du permanent et de l'accidentel, d'autre part. C'est ainsi que les caractéristiques dispositionnelles du génie relèvent d'une humeur qui peut tout aussi bien déterminer la folie par une perturbation momentanée de l'équilibre thymique. Issue de cette tradition, bien que sa naissance soit récente, la psychiatrie européenne, si attentive qu'elle paraisse aux systèmes d'évaluation internationaux en majorité de source américaine, ne récuse pas pour autant ses sources historiques traditionnelles, à la fois médicales et philosophiques. On en prendra pour témoignage les débats actuels, souvent inspirés par la psychanalyse, relatifs à la signification même du terme *mélancolie*, autrement dit relatifs aux signes spécifiques susceptibles d'orienter sa classification dans les grands groupes nosographiques traditionnels (névroses, psychoses et perversions). Freud écrivait déjà en 1915 au commencement de son article *Deuil et mélancolie* : « La mélancolie (*Melancholie*), dont le concept (*Begriffsbestimmung*) est défini, même dans la psychiatrie descriptive, de façon variable, se présente sous des formes cliniques diverses dont il n'est pas certain qu'on puisse les rassembler en une unité, et parmi lesquelles certaines font penser plutôt à des affections somatiques qu'à des affections psychogènes. » Et l'étude du concept se complique encore si l'on fait référence, parallèlement à l'histoire médicale des déplacements de ses usages et de ses significations, à une autre tradition, la tradition éthologique (*ethos* [ἔθος], « coutume », mais qui désigne aussi un ensemble de caractères culturels, voir MORALE), plus littéraire sans doute, mais qui ne manque pas non plus d'influer sur l'approche psychiatrique, celle-là même qu'Esquirol recommandait de laisser aux moralistes et aux poètes, et qui renvoie au fonds mythique des mentalités propres à différents groupes.

II. LA CONCEPTION DE L'HUMEUR

Par son étymologie, le mot *mélancolie* range l'affection qu'il désigne dans la théorie hippocratique des quatre humeurs (la bile noire, la bile jaune, la pituite et le sang) qui perdura jusqu'au XIXe siècle, même si l'intérêt pour l'humeur faiblit dans la seconde moitié du XVIIe siècle au profit de l'intérêt pour l'aliénation mentale sous la forme de l'égarement. À cette époque, en effet, parurent des écrits qui, empreints de ceux de la Renaissance, eux-mêmes hérités des Grecs et des Arabes, laissèrent place progressivement à la conception plus mentale de l'idée fixe dont les thérapeutiques relevaient de la purgation et du divertissement (voir CATHARSIS). Ainsi, à partir de la conception d'une chimie complexe où adustion et fermentation représentaient les principaux agents de transformation des éléments naturels, la description hippocratique du tempérament (le mélancolique, le bilieux ou colérique, le lymphatique et le sanguin), entendu comme une combinaison (*krasis* [κρᾶσις]) des quatre humeurs (*khumoi* [χυμοί]) relative à leur quantité présente en divers organes, s'intégra ensuite à la conception déjà plus moderne d'une pathologie centrée sur le trouble mental, à propos duquel l'humeur ne figurait qu'une cause parmi d'autres.

On fait remonter à l'aphorisme 23 du livre VI des *Aphorismes* d'Hippocrate la première définition de la mélancolie : « Si crainte et tristesse (*dusthumia* [δυσθυμία]) durent longtemps, un tel état est mélancolique » (cit. et trad. fr. J. Pigeaud, *La Maladie de l'âme*, p. 124). Et Galien, représentant de la médecine gréco-romaine et restaurateur de la théorie humorale, complétera ainsi cette définition : « La mélancolie est une maladie qui lèse la pensée (*gnômê* [γνώμη]), avec malaise (*dusthumia*) et aversion pour les choses les plus chères, sans fièvre. Chez certains de ces malades, s'ajoute une bile abondante et noire qui attaque l'œsophage, si bien qu'ils vomissent et en même temps leur pensée est conjointement atteinte » (Galien, *Définitions médicales*, XIX K 416, cit. et trad. fr. J. Pigeaud, *ibid.*, p. 126). On ne peut mieux faire ressortir, dans cette description à la fois étiologique et sémiologique de la mélancolie, l'influence réciproque de l'âme et du corps, comme si, en cette occasion, le tempérament (*krasis*) pâtissait d'un excès de bile noire qui, lésant l'estomac (*stomakhos* [στόμαχος]), atteindrait l'âme dans son énergie vitale. La mélancolie indique bien une pathologie mentale dont la double cause, d'un point de vue accidentel, renvoie à la fois à une chimie humorale et à un dysfonctionnement organique. Mais sa définition ne peut en rester à cette apparente simplicité ; et si le cerveau se trouve le plus souvent obscurci par les vapeurs excessives de la bile noire, le même résultat se laisse observer lors de la combustion des trois autres humeurs, au point que le terme *mélancolie* finit par désigner non seulement les effets nocifs de la bile noire, mais aussi ceux des trois autres humeurs lorsqu'elles subissent les mêmes opérations. *Mélancolie* devient ainsi un terme générique, représentatif de la folie, relevant d'une complexion, d'un tempérament qui, pour rester naturel, ne prédispose pas moins l'individu à cette sorte d'égarement.

C'est pour cette même raison que d'autres auteurs encore, et en particulier Arétée de Cappadoce, ont étendu la sémiologie de la mélancolie, bien au-delà des seuls effets de la bile noire, à un trouble de l'entendement plus multiforme. Un partisan de cette extension, Cicéron, alla jusqu'à traduire la mélancolie des Grecs par le terme *furor*, en réduisant la mélancolie à une « profonde colère » ou à une « furie », comme l'explique J. Pigeaud dans son ouvrage fondamental *La Maladie de l'âme*. Ainsi Cicéron écrit-il au livre III des *Tusculanes* : « Les Grecs, eux, voudraient bien en faire autant, mais les mots les trahissent : ce que nous entendons par *furor*, ils l'appellent μελαγχολία [*melagkholia*], tout comme si l'esprit était seulement dérangé par la bile noire, comme si ce n'était pas souvent le cas sous l'effet d'une colère, d'une terreur ou d'une douleur particulièrement fortes ; c'est à ce genre de trouble que nous pensons quand nous disons qu'Athamas, Alcméon, Ajax ou Oreste sont atteints de *furor* » (cit. et trad. fr. J. Pigeaud, *op. cit.*, p. 258). Et, selon R. Klibansky, E. Panofsky et F. Saxl, Cicéron aurait procédé ainsi dans l'intention de « décrire une *convulsion* de l'âme, dont le simple concept d'atrabilisme ne permettait pas de rendre compte » (*Saturne et la mélancolie*, trad. fr. p. 93).

Cette extension du terme *mélancolie*, qui constitue toujours le centre de la problématique psychiatrique contemporaine, au sens où certains voudraient la maintenir dans la catégorie des psychoses alors que d'autres aimeraient la considérer comme une structure spécifique et que d'autres encore entendent la faire radicalement disparaître de la nosologie, ne date pas des néostoïciens, mais bien déjà de Platon et d'Aristote, qui la comparaient à l'état d'ivresse, duquel les multiples formes de la mélancolie reproduiraient les degrés d'égarement. Platon écrit dans la *République* : « Ainsi donc, merveilleux ami, rien ne manque à un homme pour être tyrannique, quand la nature, ses pratiques ou les deux ensemble l'ont fait ivrogne, amoureux et fou (*melagkholikos* [μελαγχολικός]) » (IX, 573c, trad. fr. R. Baccou). Mais c'est avec le fameux *Problème XXX* d'Aristote ou du pseudo-Aristote que le mot *mélancolie*, suivant la variété des manifestations de l'ivresse en fonction du caractère des individus, désigne les modifications excessives et incompréhensibles de celui-ci, dès lors que la bile noire agit en trop grande quantité ou bien qu'une occurrence extérieure la sollicite trop brutalement. « Donc, chez la plupart des gens, née de l'alimentation quotidienne, elle [la bile noire] ne modifie nullement leur caractère, mais provoque seulement une maladie de cette bile. Mais quant à ceux qui possèdent, dans leur nature, un tel mélange constitué, ils présentent spontanément des caractères de toutes sortes, chaque individu différant selon le mélange » (trad. fr. J. Pigeaud, *op. cit.*, p. 95).

III. « FROM HUMOR TO MOOD » : L'ÈRE DE LA MESURE QUANTITATIVE

Le mot *mélancolie*, à travers les déplacements successifs de ses significations, ne désigne donc pas une entité pathologique précise, débordé en cela par une sémiologie des plus variables et des plus étendues qui rend impossible l'établissement d'une nosologie définitivement arrêtée. Il indique un tempérament, pour reprendre une expression de J. Pigeaud dans son commentaire du *Problème XXX*, « essentiellement polymorphe », qui possède à l'état de potentialités « tous les caractères de tous les hommes ». Dès lors, l'histoire mouvementée des nombreuses tentatives de classification psychiatrique de la mélancolie repose sur le privilège accordé à tel trait ou tel mécanisme particulier, selon qu'on l'isole de l'ensemble des manifestations de la maladie pour en faire un signe distinctif susceptible de correspondre à un système de classification dont il s'agira d'annoncer à l'avance les critères de pertinence. Mais la poursuite des études expérimentales censées répondre à cet objectif n'a pas confirmé l'hypothèse de la réaction biologique différentielle, et les chercheurs ont alors centré leurs efforts sur les traitements somatiques, en particulier la médication des antidépresseurs. Ces études positives participent activement à la tentative de fixation de la signification du mot *mélancolie* par un effet qu'on pourrait qualifier d'après coup, puisque c'est en fonction des réponses données par les malades aux différents traitements qui leur sont administrés qu'on espère parvenir à la confirmation de leur appartenance au registre mélancolique ou au registre dépressif. De toute façon, on se retrouve devant l'obligation de déterminer des critères d'évaluation internationaux dont l'un des paradoxes les plus notoires est qu'ils remettent à l'honneur une théorie de l'humeur en cherchant à l'appréhender et à la fixer sur une échelle d'évaluation quantitative.

Compte tenu de la variabilité propre à la nosographie de la mélancolie, on ne peut que douter *a priori* des nombreuses entreprises actuelles qui consistent à isoler analytiquement les symptômes de ladite affection afin de parvenir à les évaluer sur une échelle de mesure comparative. Aussi bien fallait-il alors envisager une catégorie nosographique suffisamment large afin de pouvoir y ranger les signes apparemment caractéristiques de la mélancolie en fonction de leur intensité ; ce fut la catégorie de la dépression, et le débat relatif à la distinction mélancolie/dépression, loin de disparaître, s'en trouva renforcé dans sa complexité.

Les classifications diagnostiques, de même que les échelles d'évaluation de l'intensité des symptômes, en particulier celles qui concernent le trouble psychomoteur de plus en plus considéré comme un marqueur de la mélancolie, mériteraient qu'on s'attache à leur histoire dans la mesure où elles font apparaître, d'une part, la mobilité de la sémiologie de la mélancolie — et cela ne paraît pas anodin lorsque certains, à l'encontre d'autres, lui assignent des caractéristiques psychotiques —, d'autre part, l'intérêt qu'il y a à conserver cette notion d'humeur (*mood*, chez les Anglo-Saxons) qui, différente bien évidemment de la théorie humorale d'Hippocrate, se rapprocherait plus de la notion grecque de *thumos* [θυμός], entendue comme la manière dont on se sent soi-même, l'autoperception de son propre rapport au monde en fonction d'une sorte de cénesthésie psychique (voir encadré 1 dans CONSCIENCE). Et les plus explicites à ce sujet restent les Anglo-Saxons, qui utilisent en psychiatrie, pour signifier cette humeur « cénesthésique », le mot *mood*, bien loin dorénavant du mot *moisture*, qui se rapportait à l'humeur liquide au sens hippocratique, et qui, pour un Ben Jonson, désignait déjà, par métaphore, le caractère global d'un homme lorsque toutes ses humeurs coulaient dans le même sens. « Ce nom [*humor*] peut par métaphore (*metaphor*) s'appliquer / À la disposition générale du caractère (*general disposition*) ; / Par exemple lorsqu'une qualité particulière / Possède un homme à tel point qu'elle force / Ses sentiments, ses esprits, ses talents, / Leurs flux mélangés, à s'écouler tous dans le même sens, / Alors oui, on peut dire qu'il y a là un humour » (Ben Jonson, *Every Man in His Humour* [1598], éd. de 1600, prologue et trad. fr. R. Escarpit, *L'Humour*, PUF, 1976, p. 16). De même, on considérera le *spleen* comme cette humeur vague et triste qui provient, au sens ancien, d'une accumulation de *humor/moisture* à l'endroit de la rate, siège de la bile noire pour un grand nombre de médecins (R. Blackmore, 1725). (Voir encadré 2, « *Wit, humour* », dans INGENIUM, et SPLEEN.)

Si elle s'efforce d'évaluer l'intensité de certains signes caractéristiques de l'humeur en vue d'établir une nosographie psychiatrique à vocation toujours plus universelle, la psychiatrie contemporaine aborde la mélancolie par d'autres voies, telles que, d'une part, la psychiatrie phénoménologique avec sa notion d'endogénéité, qui opère un retour à l'observation clinique du comportement du malade et à la description que ce dernier donne lui-même de son humeur, et, d'autre part, la psychiatrie d'inspiration psychanalytique, qui repère, à travers le discours du malade, les mécanismes psychiques sous-jacents à la formation des symptômes. La signification du mot *mélancolie* va se trouver, là encore, sujette à maintes modifications et à maints déplacements selon l'approche méthodologique adoptée. Ainsi la psychiatrie phénoménologique désignera-t-elle la mélancolie comme une maladie de l'endogénéité en insistant sur sa nature générique, et la psychiatrie d'inspiration psychanalytique la caractérisera comme une maladie du narcissisme, reléguant au second plan la question nosologique. Et si la première s'attache encore à l'humeur, au sens cette fois de sentiment interne du déroulement de l'histoire personnelle (*innere Lebensgeschichte*), la seconde s'attache aux figures de la mélancolie, entendues comme des modèles formels de fonctionnement psychique dont certains se rencontrent déjà dans l'histoire de la psychiatrie moderne (fin du XVIIIe siècle).

IV. LA TRADITION CLINIQUE : L'ÈRE DES GRANDES CLASSIFICATIONS

A. « Endon », « Stimmung », « Schwermut »

C'est donc la question de l'endogénéité qui offrirait une interprétation nouvelle de l'humeur moderne, et cela aussi bien pour la psychiatrie positiviste, avec la catégorie de « dépression endogène », que pour la psychiatrie phénoménologique, qui s'efforce de rendre compte de la notion elle-même. Ainsi H. Tellenbach, héritier du grand courant psychiatrique phénoménologique allemand de la première moitié du XXe siècle (avec, entre autres auteurs, E. Straus, V. E. von Gebsattel et L. Binswanger), proposa une définition de l'endogénéité accompagnée de son substrat : l'*endon*, qu'il faut sans doute comprendre comme un schème formel, utile à la configuration globale de la notion. Le terme *endogène* apparut autour des années 1900 (A. Mechler) et fut bien souvent synonyme de *constitutionnel*, ce qui n'éclairait en rien la nature de la mélancolie, puisque d'autres affections pouvaient également s'y rapporter, en particulier les psychoses et les névroses dites « à fond dépressif ». Il visait expressément les « troubles de l'humeur » ou encore les « sentiments vitaux » dans leurs dérèglements stuporeux ou maniaques. Certains situaient là les affects dont les anomalies dépendaient de l'organisation pulsionnelle primitive, sans trop de lien avec les événements extérieurs et les motivations psychologiques. C'est dire que la notion restait vague et semblait en appeler à un troisième champ étiologique à côté du somatique et du psychique. Et la définition qu'en donna H. Tellenbach relativement à la mélancolie est plus une description globale qu'une véritable définition ; elle insiste sur l'importance des rythmes vitaux et sur la cohérence de leur conjonction, autrement dit sur leur aspect historial :

> Ainsi, nous entendons par endogène ce qui ressort comme unité de la forme fondamentale dans tout événement de vie [*als Einheit der Grundgestalt in allem Lebensgeschehen*]. L'*endon* est par l'origine la *phusis* se déployant et séjournant dans les phénomènes de l'endogène.
>
> *Melancholie*, 3e éd., 1976, p. 37 ; trad. fr. mod., p. 71.

Le mot *mélancolie* renvoie dès lors, dans ce contexte phénoménologique, à une endokinèse, à un mouvement, sinon même à une rupture de l'*endon*, entendue comme le blocage des manifestations de base de la vie (stupeur, abattement, désespoir), blocage que l'individu s'applique à prévenir par un comportement de défense entièrement centré sur le respect de la conformité à un ordre établi (*Ordentlichkeit*). Si l'approche phénoménologique de la mélancolie par Tellenbach reflète encore l'actualité de la pensée psychiatrique allemande en dépit de la pression exercée par l'application obligée des normes classificatoires internationales, c'est parce que la tradition de l'humeur tient ses racines non seulement d'une pratique clinique qui tente d'en analyser les manifestations, mais encore d'une tradition philosophique que les psychiatres ne dédaignent pas d'exploiter dans l'élaboration de leurs modèles théoriques.

Comme les psychiatres anglo-saxons, les psychiatres allemands emploient un terme original pour désigner l'humeur moderne : *Stimmung*, dont les significations offrent une résonance encore plus large que le terme anglais correspondant. *Stimmung* provient de *stimmen* : faire entendre sa voix (*Stimme*), fixer, nommer (*bestimmen*, « déterminer »), et faire sonner un instrument pour l'accorder ; cette dernière signification, étendue à l'humeur, indique alors le fait de se mettre dans une certaine disposition (voir STIMMUNG). Le lexique de la traduction française de l'ouvrage de Tellenbach reprend les composés suivants : *Gestimmtsein*, « l'être-dans-une-humeur » ; *Gestimmtheit*, « la coloration de l'humeur » ; *Verstimmung*, « l'altération de l'humeur » ; et *Stimmbarkeit*, « la souplesse, la mobilité affective ». La richesse de ce vocabulaire, outre son application à la mélancolie qui fait de cette dernière non pas tant une entité morbide qu'une disposition, ou bien encore un *typus*, comme l'exprime Tellenbach, rejoint en ce sens les grands courants de la psychiatrie allemande de la fin du XIXe siècle qui, au-delà de la conception clinique et nosographique d'un Kraepelin notamment, ne cessait pour autant de s'inscrire dans la lignée de J. Herbart, celle d'une dynamique des associations d'idées dont les antagonismes entre représentations s'apparentaient analogiquement aux antagonismes intracorticaux. En ce qui concerne précisément la mélancolie, la classification allemande distinguait une mélancolie simple (*melancholia simplex*) et une mélancolie avec stupeur (*melancholia errabunda, melancholia agitans sine activa*), et, relativement à ces deux formes, une mélancolie sans délire, une mélancolie précordiale, une mélancolie délirante, encore appelée religieuse, et une mélancolie hallucinatoire, encore appelée hypocondriaque. Un auteur comme W. Griesinger, par exemple, respecte cette classification de la mélancolie (*Maladies mentales*, 1845) et range la mélancolie proprement dite (*Melancholia*), avec l'hypocondrie, dans la catégorie plus générale des « états de dépression mentale. Mélancolie (*Schwermut*) ». Ce dernier terme, synonyme d'*abattement*, d'*accablement* (*schwer*, « lourd, pesant », et *Mut*, « sentiments, qualités ou dispositions »), rendrait compte de la qualité principale de l'humeur, au sens où B. Rush en Amérique avait avancé le terme de « tristimanie » (1812), J.-É. Esquirol en France celui de « lypémanie » (1820) et L. Delasiauve celui de « dépression » (1860). Dans cette vue, et pour distinguer la *Melancholia* de la seule *Schwermut*, R. Krafft-Ebing et H. Schüle insisteront sur le caractère accidentel ou non du facteur étiologique, ainsi que sur la présence ou non d'anxiété. Mais c'est E. Kraepelin qui mettra en évidence le plus précisément la difficulté d'établir une sémiologie certaine de la mélancolie et de ranger celle-ci dans une catégorie classificatoire pertinente.

B. La folie maniaco-dépressive

Si, antérieurement, les psychiatres français l'inséraient dans le groupe des psychoses thymiques sous le nom de « folie maniaco-dépressive » (« folie circulaire » de Falret, 1851 ; « folie à double forme » de Baillarger, 1854), à l'opposé, Kraepelin la sépara nettement de la folie maniaco-dépressive jusqu'en 1913, date à laquelle, dans la 8ᵉ édition de son *Lehrbuch der Psychiatrie*, il l'y inclut, en soulignant l'identité des symptômes cliniques des deux maladies, même si les variations d'humeur dans la mélancolie restent souvent très légères, au point de passer inaperçues. La folie maniaco-dépressive constitua dès lors une entité morbide au même titre que la paranoïa et la schizophrénie, et engloba toutes les variétés symptomatiques de la mélancolie, de la manie et des états mixtes, ainsi que les formes pures monosymptomatiques. L'intérêt d'une telle classification pour la mélancolie consista dorénavant dans ce qui semblait continuer à la différencier des autres formes simples, à savoir l'intégrité de l'idéation ; et de l'inhibition psychomotrice à l'état de stupeur, des idées délirantes aux états confusionnels, se dégagent trois types de mélancolie pure, tous caractérisés par une aggravation de ce que l'on pourrait appeler la prégnance de l'idée, du point de vue du mécanisme, et par la douleur morale et l'inhibition psychomotrice, du point de vue du syndrome classique.

La nosographie de Kraepelin reste une référence dans l'histoire de la psychiatrie non seulement allemande, mais encore européenne, dans la mesure où, selon une sémiologie détaillée, toutes les formes de maladies simples se trouvent regroupées sous des formes plus générales, comme la « mélancolie pure » sous la forme « folie maniaco-dépressive [*maniaco-depressive Psychose*] », et conservent ainsi leurs caractéristiques de manière quasi autonome. Aussi bien continue-t-on actuellement à verser la mélancolie au compte de la psychose maniaco-dépressive ou de la dépression névrotique selon l'évaluation des perturbations de l'idéation, de l'intensité de la tristesse et de l'anxiété, ainsi que du ralentissement psychomoteur, pour employer les expressions modernes. La seconde moitié du XIXᵉ siècle et le début du siècle suivant constituent la période d'explosion des grands traités de psychiatrie allemands, vastes systèmes de classification des maladies mentales qui reposent sur une approche sémiologique des plus détaillées, déterminée au plus près de l'observation clinique. Et les mécanismes propres aux diverses maladies, ceux-là mêmes qui se trouvent mis au jour et privilégiés par l'approche organodynamiste qui se développera en France, et plus encore par la psychiatrie d'inspiration psychanalytique, se laissent déjà entrevoir sous l'aspect de certaines figures métaphoriques, et particulièrement pour la mélancolie sous les aspects des figures du trou et de la cavité (T. Meynert, Freud), ainsi que des figures du tourbillon et du mouvement hélicoïdal (H. Schüle, H. Emminghaus), caractéristiques de la perte des investissements psychiques et du flux de la pensée. Dorénavant, ce sont les mécanismes somatopsychiques ou psychiques sous-jacents aux manifestations symptomatiques qui entreront dans les définitions des affections mentales aux dépens d'une sémiologie dont les perpétuels remaniements rendaient par trop difficile l'établissement d'une nosologie à vocation universelle.

V. LA MÉLANCOLIE, PARADIGME DE LA MALADIE NARCISSIQUE

A. Le discours mélancolique

En dépit des allures délirante ou confusionnelle que peuvent revêtir certaines formes de mélancolie, l'affection répondant à ce nom se distinguerait de la folie maniaco-dépressive par la préservation de l'intégrité des processus intellectuels, même si, bien souvent, la prégnance de l'idée fixe parvient à faire sombrer le malade dans des comportements pathologiques extrêmes, tels que le mutisme absolu ou le négativisme systématisé. Psychiatrie allemande et psychiatrie française se rejoignent ici dans l'intérêt porté au discours du malade à travers les figures répétitives qu'il présente, et qui traduiraient la nature des affections dont elles procèdent. En 1891, G. Dumas, dans sa thèse de médecine *Les États intellectuels dans la mélancolie*, distingue une mélancolie organique et une mélancolie intellectuelle qui reposent sur l'antériorité de l'état affectif ou de l'état intellectuel selon les cas et selon les variations possibles d'un ordre causal ainsi conçu : faits organiques, productions mentales et perception confuse de ces faits ou mélancolie. La mélancolie illustrerait donc moins une entité pathologique qu'un aménagement psychique opéré pour justifier les désordres organiques ou affectifs dont le malade continue de se rendre compte. Alors, elle ne relèverait pas seulement d'une étiologie organique — ce dont ni les Allemands ni les Français ne pouvaient encore se passer —, mais aussi d'une logique rationnelle : celle qui incite le malade à traduire ses impressions de diminution et de faiblesse dans un type de discours et de comportement qui entrerait précisément dans la définition de la mélancolie. « Dans tous les cas, écrit G. Dumas, l'effet affectif, la mélancolie, paraît bien n'être que la conscience des mouvements accomplis, l'idée confuse du corps. Nous ne nous trouvons plus en présence d'une puissance mal définie succédant à l'idée et s'exprimant par les organes physiques, nous n'avons jamais affaire qu'à des états intellectuels, idées, images ou sensations, et à des états physiologiques. » W. Griesinger, auquel en appelle G. Dumas dans sa thèse, avait déjà insisté sur cette impression de grande cohérence qui se dégage du discours mélancolique, témoignage d'un esprit qui s'efforce de comprendre des états cénesthésiques ou des mouvements du corps apparemment inexplicables et qui, pour cela, conçoit des argumentations logiques plus ou moins éloignées du contexte vécu, plus ou moins artificielles par rapport au fond affectif demeuré sans interprétation.

B. Le mécanisme de la mélancolie

On remarque alors qu'en Allemagne comme en France, à côté d'un intérêt pour la nosologie, se maintient un intérêt non moins puissant pour l'étude des formes du discours propres aux malades, dans la mesure où ces formes pourraient indiquer les mécanismes étiologiques sous-jacents aux différents types d'affections. Parallèlement à la définition sémiologique descriptive de la mélancolie, s'élabore donc une définition morphologique explicative de la maladie, et cela à la fois en Allemagne et en France, dont les traditions médicales s'affirment toutefois diversement. En effet, si les aliénistes allemands restent attachés à la théorie des associations d'idées depuis J. Herbart, qui attribua aux représentations une force d'attraction ou de répulsion, les aliénistes français restent attachés à l'approche organo-psychique de la tradition gréco-latine. Et sans doute cette emprise organo-psychique se fait-elle encore actuellement beaucoup remarquer non seulement parmi les psychiatres français, mais plus largement aussi parmi les psychiatres latins, dans la mesure où elle détermine deux orientations de recherche et de traitement de la mélancolie désormais sans liaison l'une avec l'autre : l'approche neuro-pharmacologique et l'approche psychodynamique, dont les références essentiellement psychanalytiques restent tout particulièrement vivantes en France. C'est alors en termes de mécanismes que l'on abordera la mélancolie, suivant en cela Freud qui, à la suite de la conférence de V. Tausk sur la mélancolie du 30 décembre 1914, conclut de la manière suivante :

> Le critère essentiel selon lequel il faut circonscrire les symptômes (qui, en pratique, n'apparaissent jamais sous leur forme pure) et les formes de maladie est le mécanisme. L'observation de cas bénins fournit, comme l'a mentionné Hitschmann, la seule possibilité de délimiter le tableau pur. S'il en est ainsi, il n'y a qu'*une seule* mélancolie, qui a le même mécanisme et qui devrait être guérissable par la psychanalyse.
>
> H. Nunberg et E. Federn [éd.], *Minutes de la Société psychanalytique de Vienne. Les premiers psychanalystes*, trad. fr. N. Bakman, Gallimard, t. IV, 1983, p. 311.

Cet énoncé de Freud semble toutefois diversement suivi par les psychiatres d'inspiration psychanalytique, et l'on assiste à un vaste panorama nosographique à l'intérieur duquel la mélancolie bascule de la psychose maniaco-dépressive à la dépression majeure, et jusqu'à la maladie narcissique (encore qualifiée de « maladie de l'idéal »), autre formulation proche de la catégorie des « névroses narcissiques » que Freud, en 1924, distinguait des psychoses et des névroses, et dont il faisait de la mélancolie le paradigme : « En attendant, écrit-il, nous pouvons toujours postuler qu'il doit y avoir des affections reposant sur un conflit entre le moi et le surmoi. L'analyse nous autorise à admettre que la mélancolie est un cas exemplaire de ce groupe ; nous aimerions pouvoir donner à ce genre de troubles le nom de "psychonévroses narcissiques" » (*Névrose et Psychose*, trad. fr. D. Guérineau, in *Névrose, Psychose et Perversion*, PUF, 1973, p. 285-286 ; voir ES). Si la pratique psychiatrique se distingue nécessairement de la pratique psychanalytique au sens où elle vise d'emblée l'objectif médical de la disparition du symptôme et traduit l'assurance d'un savoir thérapeutique, elle s'accorde à reconnaître ces mécanismes inconscients énoncés par Freud qu'elle repère au sein du discours des malades. Au nombre de trois, à savoir ceux que l'on rencontre le plus communément dans la littérature psychiatrique, ces mécanismes s'attacheraient respectivement à la figure du deuil entendue comme une impossible résolution psychique, à celle d'un négativisme généralisé qui renverrait à un type de discours logique hyperformalisé, ainsi qu'à celle d'une faille narcissique dont les conséquences se manifesteraient par la dévalorisation de l'image de soi.

C. Les figures de la mélancolie : la maladie d'amour

On remarquera, curieusement, que ces figures contemporaines de la mélancolie rejoignent certaines de celles qui étaient déjà présentes dans l'histoire de la maladie, et cela de l'Antiquité jusqu'au début du XVIIe siècle, sous la forme démultipliée de diverses sortes de mélancolies, telles que la « mélancolie divine » (Marsile Ficin), la « mélancolie blanche ou bile blanche » (Agrippa de Nettesheim) ou encore la « mélancolie amoureuse ou érotique » (Jacques Ferrand et tous les auteurs des « Traités des passions » du XVIIe siècle).

Si les Anciens avaient déjà bien décrit ces diverses manifestations de la mélancolie, la Renaissance et le siècle classique les érigèrent en modèles quasi autonomes. Dans ce cadre, la « mélancolie érotique » offre un exemple des plus instructifs, dans la mesure où elle fournit matière à de nombreux traités spécialisés provenant de médecins autant que de philosophes et de théologiens. On trouve dans l'Antiquité de nombreuses allusions aux embarras causés par l'état amoureux (Hippocrate, Caelius Aurelien, Rufus d'Éphèse, Arétée de Cappadoce), du fait soit de l'*erôs* [ἔρως], soit de l'*epithumia* [ἐπιθυμία], si l'on entrevoit à travers le mouvement transcendant auquel conduit celle-ci le dépassement par l'amour de la seule convoitise. Et c'est bien l'état amoureux, en son acmé passionnel, qui provoque le dérèglement du jugement, ainsi que la langueur et l'hébétude qui accompagnent ce dernier lorsque l'absence de l'objet se fait par trop cruellement sentir. Arétée de Cappadoce témoigne en ce sens d'un adolescent qui, versé dans la mélancolie et abandonné de ses médecins, fut guéri par l'amour d'une jeune fille : « Mais pour moi, ajoute-t-il, je pense qu'il aimait dès le commencement et que, déçu dans ses prétentions sur la jeune fille, il devint languissant, ce qui le fit paraître mélancolique à ses compatriotes » (cité par J. Pigeaud, *op. cit.*, p. 406). Cette passion a donc donné lieu aux XVIe et XVIIe siècles à une catégorie particulière de mélancolie : la « mélancolie érotique », comparée à une sorte de « rage d'amour » ou « folie amoureuse », expression qu'un médecin comme Jacques Ferrand traduit du mot *erôtomania* [ἐρωτομανία]. Sans doute pourrait-on la considérer comme une « maladie du désir » sans pour cela commettre un anachronisme, puisque l'auteur fait nommément du désir une cause efficiente de l'affection dans la définition suivante :

> Nous disons donc selon cette doctrine [celle d'Hippocrate] que l'amour ou passion erotique est une espece de refverie, procedant d'un désir excessif de jouyr de l'object aimable. Or, si cette espece de refverie est sans fievre, accompagnée d'une peur et tristesse ordinaire, elle se nomme mélancolie. *Res est solliciti plena timoris amor* [C'est une chose pleine de crainte et d'inquiétude que l'amour].
>
> J. Ferrand, *Traicte de l'essence et guerison de l'amour ou de la mélancholie érotique*, p. 36.

Ferrand, à la suite de son maître du Laurens, classe la mélancolie amoureuse dans l'espèce hypocondriaque, en lui rattachant les symptômes de cette dernière, tels les dérangements intestinaux et les délires relatifs aux organes ; mais, s'il fait du cœur le siège de la cause de la maladie, du foie le siège de l'amour, et des parties sexuelles le siège des causes conjointes, il renvoie cependant les symptômes au cerveau comme au responsable de l'altération générale de l'esprit et du tempérament. Ses contemporains, et en particulier A. du Laurens, J. Guibelet, T. Bright et R. Burton, ont également respecté cette classification, et, s'ils n'ont pas consacré d'ouvrage à la mélancolie amoureuse, ils en ont cependant traité en des chapitres particuliers. Ces auteurs, et tout spécialement Burton, parlent à ce sujet de « mélancolie héroïque », expression également signalée par Ferrand qui la fait remonter aux auteurs arabes :

> Avicenne avec toute la famille arabesque appelle cette maladie en sa langue *Alhasch* ou *Iliscus* : Arnaud de Villanova, Gordon et leurs contemporanées la nomment Amour héroïque, ou seigneurial, soit que les anciens Héros ou demy-Dieux soient esté beaucoup travaillez de ce mal, comme les Poëtes fabuleux récitent, ou bien que les grands Seigneurs et Dames soient plus enclins à cette maladie que le peuple, ou finalement, dautant que l'Amour seigneurie et maîtrise les cœurs des amans.
>
> J. Ferrand, *De la maladie d'amour ou mélancolie érotique*, p. 15.

Or cette appellation proviendrait sans doute d'une confusion sémantique à partir du grec *erôs* (amour) avec *herus*, *heroycus* ou *hereos* (mots dont le sens échappe depuis longtemps aux lexicographes), sinon même avec le grec *hêrôs* [ἥρως] (héros), dont Arnaud de Villeneuve au XIIIe siècle, dans son *Liber de parte operativa*, aurait été le premier fautif, et que Burton aurait ensuite reprise à son compte. La mélancolie amoureuse, si elle a fait l'objet de nombreux traités particuliers, s'offre donc, du seul point de vue de l'humeur ou de l'affect, comme le modèle d'un comportement caractérisé par un désinvestissement du monde extérieur, un repli sur soi et une douleur morale qu'alimentent des sentiments d'autodépréciation et de culpabilité. Sans doute la survenue d'un deuil ou d'une séparation n'offre-t-elle à la mélancolie qu'une occasion de se manifester, et la maladie tiendrait plutôt d'un mode constitutif de structuration psychique, pour les uns, ou d'une anomalie physico-chimique, pour les autres, bien antérieurs à tout événement déclenchant. Il reste que, comme le montrent si bien les ouvrages traitant de la « maladie d'amour », la mélancolie s'affirme comme une « maladie du désir », au sens où celui-ci, foncièrement attaqué, semble dans son effondrement avoir donné lieu à des formulations expressives diverses, telles que par exemple le *taedium vitae* d'un Sénèque, proche de l'ennui, ou bien encore la nostalgie (*Sehnsucht*, voir ce mot) entendue au XVIIe siècle comme la maladie de l'exil, la maladie du regret du pays des origines (J. Hofer, 1688).

Ranger la mélancolie dans une catégorie spécifique de la nosographie psychiatrique apparaît donc comme une tâche impossible, étant donné, d'une part, la diversité des cadres épistémologiques qui président à l'élaboration d'un tel classement, d'autre part, la variabilité des descriptions symptomatologiques qui s'oppose à toute sémiologie précise. Cependant, parallèlement à celles-ci, les courants phénoménologique et psychanalytique continuent d'alimenter une pratique différente, qui repose sur une approche du mal relative à la nature du tempérament et à la conscience de l'histoire biographique, pour l'un, aux mécanismes inconscients et à la structure psychique, pour l'autre. Ce qu'on entend par mélancolie se laisserait dès lors appréhender par les symptômes mêmes qui, repérés depuis l'Antiquité, relèveraient aujourd'hui d'un glissement métaphorique, à savoir : l'humeur et la douleur morale, l'idée fixe et le délire partiel, la nostalgie amoureuse et l'état de deuil, ainsi que la caractéristique du génie et l'hyper-lucidité d'un discours réduit à une authenticité pathologique. C'est dire que le désir ne peut plus se soutenir de la projection narcissique, faute d'une image spéculaire suffisamment consistante, et que cette défaillance originaire renvoie à une anomalie fondamentale du rapport à l'autre dont la métapsychologie psychanalytique s'efforce de reconstruire l'avènement. Maladie narcissique, maladie du désir et de la vérité au sens où, comme l'énonce Freud, le sujet mélancolique aurait approché celle-ci de si près qu'il en tombe malade (*Deuil et Mélancolie*, 1915), la mélancolie, au-delà de la séduction d'un discours philosophique et littéraire éminemment protéiforme, défie, dans le champ psychiatrique, tout effort de réduction classificatoire ; elle resterait ainsi prisonnière du *kairos* [καιρός] aristotélicien, si l'on veut bien entendre par là l'occasion donnée au tempérament de se manifester comme un effet de structure.

Marie-Claude LAMBOTTE

BIBLIOGRAPHIE

ARISTOTE, *Problème XXX 1*, trad., prés. et notes de J. Pigeaud, *L'Homme de génie et la Mélancolie*, « Petite Bibliothèque Rivages », 1988.

BINSWANGER Ludwig, *Melancholie und Manie. Phänomenologische Studien*, Pfullingen, Günther Neske, 1960 ; *Mélancolie et Manie*, trad. fr. J.-M. Azorin et Y. Totoyan, PUF, 1987.

DUMAS Georges, *Les États intellectuels dans la mélancolie*, thèse de médecine, Paris, 1891.

ESQUIROL Jean-Étienne, *De la lypémanie ou mélancolie* [*Des maladies mentales*, 1838], prés. P. Fédida et J. Postel, Toulouse, Sandoz (Privat), 1976.

FERRAND Jacques, *De la maladie d'amour ou mélancolie érotique* [éd. 1623], Nendeln/Liechtenstein, Kraus Reprint, 1978.

FREUD Sigmund, *Trauer und Melancholie* [1915], *GW*, t. X, p. 428 ; *Neurose und Psychose* [1924], *GW*, t. XIII, p. 391.

KLIBANSKY Raymond, PANOFSKY Erwin et SAXL Fritz, *Saturne et la mélancolie* [1964], trad. fr. F. Durand-Bogaert et L. Évrard, Gallimard, 1989.

KRAEPELIN Emil, *Introduction à la psychiatrie clinique* [1905], Navarin, 1984.

LAMBOTTE Marie-Claude, *Le Discours mélancolique. De la phénoménologie à la métapsychologie*, Anthropos, 1993.

— *Esthétique de la mélancolie*, Aubier, 1984, 2e éd. 1999.

PIGEAUD Jacky, *La Maladie de l'âme. Étude sur la relation de l'âme et du corps dans la tradition médico-philosophique antique*, Les Belles Lettres, 1981.

SIMON Jean Robert, *Robert Burton (1577-1640) et l'anatomie de la mélancolie*, Didier, 1964.

STAROBINSKI Jean, *Histoire du traitement de la mélancolie*, Bâle, Geigy, 1960.

TELLENBACH Hubertus, *Melancholie*, Berlin-Heidelberg-New York, Springer, 1961, 3e éd., 1976 ; *La Mélancolie*, trad. fr. L. Claude, D. Macher, A. de Saint-Sauveur et C. Rogowski, PUF, 1979.

MÉMOIRE / OUBLI

gr.	*mnêmê* [μνήμη], *mnêmosunê* [μνημοσύνη], *memnêmai* [μέμνημαι] *lêthê* [λήθη], *lêsmosunê* [λησμοσύνη]
lat.	cf. *subvenire*, *memini*, *obliviscor*
all.	*Erinnerung*, *Gedächtnis*, *Vergessen*
angl.	cf. *remember*, *forget*

► ÂME, CONSCIENCE, DICHTUNG, FOLIE, ***IMAGE***, INCONSCIENT, HISTOIRE, MIMÊSIS, PARDONNER, PRÉSENT, ***TEMPS***, TRADUIRE, VÉRITÉ, VERNEINUNG

Les mots spécialisés, dénotant la faculté de maîtriser et d'actualiser le passé, la pensée-mémoire, se sont détachés à l'intérieur d'un groupe embrassant l'activité de l'esprit au sens le plus large et s'ouvrant à des associations nombreuses, jusqu'à la violence guerrière et le délire. La racine men *recouvre l'ordre du mental en général, avec* men *dans* menos [μένος] *(la force) et* man *dans* mania [μανία] *(le délire), et pour la mémoire, en grec :* mimnêskomai [μιμνήσκομαι], mnêmê [μνήνη], mnêmosunê [μνημοσύνη], *en latin :* memini *et* memor, memoria.

La mémoire a un double statut : on s'y réfère et on la suscite ou on la subit. Il y a des modèles pour la penser, et en premier lieu l'écriture (gr. graphê [γραφή]*), avec la trace qui est laissée et que l'on retrouve, l'empreinte (gr.* tupos [τύπος]*) et la piste (all.* Spur*) que l'on suit, dans les limites d'un « trésor » présent dans les modèles de la pensée (voir les connotations de l'allemand* Gedächtnis*) ; gardé, il se prête au travail progressif d'une intériorisation du monde (l'all.* Erinnerung*), plus dynamique que la mémoire des langues latines. L'association étroite de la gratitude est préfigurée en allemand dans la langue (*Dank *à côté de* Gedanke*, la pensée) ; la pensée se concentre dans la reconnaissance au point que la connaissance n'est plus qu'une fixation sur l'histoire (*Denken*, comme* Gedenken*, commémoration).*

Le français note clairement la dualité entre l'action efficace et le surgissement quasi involontaire en distinguant entre « se rappeler » et « se souvenir ».

*L'oubli est en relation constante avec la mémoire, qui est non-oubli ou une forme de contre-oubli, s'échappant vers un état naturel, et s'imposant par un travail sélectif. L'anglais (*forget*) et l'allemand (*vergessen*) évoquent la puissance du flux qui emporte les traces de l'expérience, et qui se présente comme hors de portée ; l'effacement dans le mot « oubli » (bas-lat.* oblitare*, « gratter, effacer ») traduit un rapport plus maîtrisé. Il existe un effacement qui fait l'objet d'une recherche propre ; l'oubli cesse d'être la contre-position d'un processus méthodiquement sélectif : dans la création artistique, il marque sous une forme totale la condition d'un passage décisif à un autre ordre de signification.*

I. LA MÉMOIRE-PENSÉE

A. Les racines grecques et latines : mémoire et « mental »

La mémoire n'existe peut-être pas en soi, comme une faculté intellectuelle distincte. L'appui qu'elle offre à la vie de l'homme est si central qu'elle ne peut pas être séparée des manifestations de la pensée sous plusieurs de ses formes. La pensée se représente les choix qu'elle fait et se rappelle sans cesse les voies et les valeurs qu'elle se fixe. Elle se rattache à ce qu'elle sait, à ce qu'elle sait qu'il ne faut pas perdre de vue, ou à quoi l'on pourrait ne pas penser ; on pourrait « oublier ». Ainsi la mémoire et la force guerrière sont-elles apparentées dans la langue ; ce sont deux concentrations qui se rejoignent ; elles se différencient quand l'action se dédouble et devient, dans le langage des récits et des chants, l'objet d'une évocation autonome.

On dit *memini* en latin et *memnêmai* [μέμνημαι] en grec ; c'est deux fois « je me souviens », mais on ne dit pas historiquement la même chose. Ce sont chaque fois des parfaits, exprimant un état, qui sont apparentés par leur généalogie linguistique. On retrouve en latin la même racine, très féconde, de *men-* (le « mental »), notant dans le sens le plus large « les mouvements de l'esprit ». En grec, les mots qui lui correspondent, *menos* [μένος], la « force », ou le parfait *memona* [μέμονα], se sont différenciés ; dans « penser fortement », on a retenu l'objet et l'intensité d'un engagement, qui a conduit à y entendre seulement une passion et surtout l'ardeur au combat, une volonté contre laquelle soi-même, quand on l'a, on ne peut rien. On aimerait l'avoir quand on la rencontre chez l'adversaire ; l'on ne parvient pas à l'avoir quand manque la manifestation première et spontanée de la valeur fondatrice du courage. La force qui s'y révèle revendique sa supériorité ; elle crée l'ordre social du monde héroïque, et d'avant lui.

Les mots latins de *memor*, « se souvenant », et de *memoria*, « mémoire » — qui est devenu un terme porteur dans plusieurs langues —, reposent sur le redoublement intensif d'une autre racine encore, mais se rattachant elle aussi à *men-*, que l'on a dans *memini* ; elle ne met pas moins fortement en évidence, hors spécialisation, le lien étroit qui rattache l'art de « se souvenir » aux contenus de la « pensée » (on a les mots apparentés dans le sanscrit *smarati*, « penser », et dans le grec *merimna* [μέριμνα], « souci », avec l'adjectif à redoublement *mermeros* [μέρμερος], « donnant des soucis »). Le dictionnaire étymologique du latin d'Ernout-Meillet note que la valeur expressive que l'on entend dans *memor* se serait « atténuée ». Elle a dû passer d'une représentation énergétique puissante à la présence d'un système de la mémoire stabilisée.

Mais on peut encore penser différemment autour de la faculté de la mémoire. Le grec a développé un groupe indépendant sur *mna-*, autre forme de la même racine, à côté de *men-* (*mimnêskomai* [μιμνήσκομαι], « se rappeler » ; *mnêmê* [μνήμη], « mémoire » ; *mnêma* [μνῆμα], « monument » ; *mnêmôn* [μνήμων], « qui se souvient »). Le fait est singulier. La mémoire s'est attribué un terrain propre dans l'ordre de la parole, que l'on a du mal à ne pas rattacher à l'importance culturelle prise par l'évocation du passé, et à la constitution de castes spécialisées, gardiennes d'un langage propre, inhérent à la poésie. La distinction est là, deux foyers rayonnent différemment, du côté de l'engagement physique et du côté du savoir dire ; le jeu des croisements se découvre clairement dans les textes.

B. La force et le délire : « menos », « mania »

Homère montre que la mémoire en acte se met au service de l'ordre social. Le devin instruit le héros, qui défend la ville et la royauté. L'intrusion des passions déchaînées révèle que l'ordre est menacé doublement par la nature brute qui règne au-dedans ; dans les maisons, comme au-dehors, sur le champ de bataille, par la folie des transgressions guerrières. La règle est rappelée contre la dérobade de l'oubli au-dedans et contre la fuite provoquée par l'excès au-dehors.

La fureur se concentre et se déploie comme le montrent les emplois du verbe *memona* [μέμονα] dans l'*Iliade* d'Homère : le héros, Hector, est livré à son ardeur, qui se souvient de soi comme si elle était l'unique objet de sa volonté, se confondant avec la force (« Souvenez-vous, dit-il aux autres Troyens, de votre irrésistible force [μνήσασθε (...) ἀλκῆς] », VI, 112). Quand les Troyens par lâcheté se dérobent devant la guerre, la figure contraire de Pâris s'incarne en eux et les plaisirs du lit pour un temps se substituent aux prouesses de la lance. La mémoire est liée à l'exhortation et à l'actualisation de valeurs sociales, l'oubli à leur non-reconnaissance. Hélénos, le devin des Troyens, exhorte les deux chefs, Hector et Énée, d'empêcher les guerriers d'aller se jeter dans les bras de leurs femmes, à la grande joie de leurs ennemis (VI, 80-82). Il montre que leur armée est divisée ; elle se mutile, alors que rien, chez les Grecs, n'arrête leur champion. Diomède sévit comme un second Achille ; personne ne peut se mesurer avec sa force (*menos* [μένος]), qui s'est muée en pur délire ; il est fou (*mainetai* [μαίνεται]). Achille est fils d'une déesse ; mais celui-là, c'est proprement le délire (*all' hode liên mainetai* [ἀλλ' ὅδε λίην μαίνεται], VI, 100 *sq.*) ; il n'y a pas de pouvoir guerrier ordinaire qui puisse s'opposer à lui (*oude tis hoi dunatai menos isopharizein* [οὐδέ τίς οἱ δύναται μένος ἰσοφαρίζειν], VI, 101).

C. Les deux oublis : trop ou pas assez d'intensité

La mémoire, créatrice des valeurs, se définit implicitement dans la contradiction. La liberté de la pensée se dégage et évoque les contraintes de l'ordre social. Les domaines se touchent et se chevauchent ; c'est comme s'il s'agissait de faire ressortir dans la lutte une tension inhérente au langage.

1. Une pensée hors limites

Le délire, *mania* [μανία], en grec, c'est toujours sous une autre forme, « penser » (la même racine *men-* à vocalisme zéro) : « le verbe grec *mainesthai* [μαίνεσθαι] s'est dissocié de la notion générale pour s'appliquer à la notion d'ardeur folle et furieuse » (Chantraine, *Dictionnaire étymologique, s.v.* « *mainomai* » [μαίνομαι]).

Le délire se dégage de la fureur. Hector rencontre Diomède que rien n'arrête. En même temps le devin le dépêche dans la ville pour qu'il y implore le soutien de la déesse protectrice. C'est impossible, sinon absurde ; Athéna, tout le monde le sait, est favorable aux Grecs.

Hélenos a eu la vision du désastre au moment de l'apparition de Diomède, une force comme absolue ; n'obéissant à aucun principe, elle ne prétend pas au commandement ni à l'ordre, elle n'aménage rien que la déroute. Le délire pur, la *mania*, habite le cœur de ce guerrier. Personne ne peut rien contre sa fureur, s'ouvrant à l'intrusion de l'illimité. Les historiens de la langue rapprochent le passage pour la rencontre dans le texte de l'ardeur et de la folie, comme si le poète mettait en évidence leur parenté linguistique. Or il fait voir l'excès (que ce soit linguistiquement juste ou faux) : ce qu'il en est du pouvoir de donner la mort, en dehors du cadre social qui le limite. La force n'est plus rien contre le délire. Il s'agit de l'abolition des règles ; le point de vue que construit le texte conduit à découvrir une béance, la mise à distance de la mémoire collective. Elle cède la place au débordement d'une forme de pensée qui est hors limites. C'est sur elle que la mémoire se fonde.

De la même manière, Ulysse, dans l'*Ambassade auprès d'Achille*, présente la toute-puissance d'Hector, vainqueur et conquérant, lorsqu'il cherche à mettre le feu aux bateaux grecs. L'excès a changé de maître ; les dieux lui laissent libre cours selon leur vouloir ; ils jouent avec le néant qui ira où ils veulent. « Il s'en remet à Zeus et délire effroyablement (*mainetai ekpaglôs pisunos Dii* [μαίνεται ἐκπάγλως πίσυνος Διί]) [...] ; la rage qui le possède emporte tout (*kraterê de he lussa deduken* [κρατερὴ δέ ἑ λύσσα δέδυκεν]) » (*Iliade*, IX, 237-239). La vision du devin est dépassée encore par la persuasion d'Ulysse, l'orateur. Il va droit au délire. Rien n'arrête maintenant Hector, comme rien n'arrêtait Diomède ; il est hors de lui, en proie à une crise aiguë de folie.

2. Les périls de l'oubli

Mais l'oubli (*lêthê* [λήθη]) peut venir, non d'un excès d'intensité, mais d'un défaut dans la tenue de la pensée.

Quand il quitte la bataille (dans les chants II et VI) et qu'il retrouve sa mère, Hector ne veut pas boire du vin qu'elle lui offre (VI, 258-262). « Ne me brise pas les membres ; j'ai peur d'oublier la force et le combat (*mê m' apoguiôsêis meneos, d'alkês te lathômai* [μή μ' ἀπογυιώσῃς μένεος, δ' ἀλκῆς τε λάθωμαι] » ; l'oubli, c'est la perte. Il ne veut pas perdre sa force guerrière, et sait qu'il ne la possède que s'il a d'abord sa tête, et, dans son cœur, la force d'y penser. Il la constitue de cette façon. L'oubli ouvre l'accès à l'instance contraire, à la perte et à une aliénation ruineuse.

II. LA CONSTRUCTION DU PASSÉ

A. Les constructions de l'histoire et la guerre des mémoires

Les valeurs remémorées concernent la vie des cités dans leur présent. Il existe une autre mémoire plus autonome, qui intègre le passé ; elle est représentée dans l'épopée par un personnage comme Nestor, qui est vieux et se souvient. Il est un témoin obligé, présent dans l'*Iliade* comme dans l'*Odyssée*.

L'actualisation s'appuie sur les conflits antérieurs et sur leurs dénouements politiques, qui servent de modèles.

L'action frôle l'excès et risque de s'y diluer. La mémoire s'engage dans l'action et se concentre entre ces deux pôles. L'une de ces formes consiste à se rappeler les conditions de son incarnation. L'autre s'en sépare et prend ses distances en se représentant la forme des expériences du passé comme s'il s'agissait d'abord de savoir, avant de faire.

La création d'un sens implique la distance d'un passé et de faits remémorés. Mais comme la masse est incommensurable et proprement immémoriale, et donc « immémorable » (*amnêmoneutos* [ἀμνημόνευτος], *unvordenklich*), aussi insaisissable que le présent qui passe, les sociétés petites et grandes, les États, et à l'intérieur les communautés ont construit des horizons ; ils sont tous plus ou moins mythiques. Ils transforment par la mémoire les données connues, qui étaient déjà transformées. Ce qui est historique, ce ne sont pas les faits qui se laissent parfois extrapoler, mais le fait qu'une tradition ait à un certain moment été réarrangée et organisée, réaménagée de telle manière, et que les principes directeurs, voire la finalité, soient décelables pour nous. C'est sur cette voie que l'on saisit l'importance de la mémoire dans le monde de la culture grecque, maîtrise d'une tradition, et mnémotechnique particulière, requise par l'étendue du corpus de l'histoire qui s'accroît de toute la variété de ses actualisations régionales.

Les luttes en faveur de la mémoire, qui prennent une importance si grande aujourd'hui, s'inscrivent dans ces traditions, à l'intérieur d'une nation et entre les peuples, qui redéfinissent leur identité. L'enjeu est capital. Tout événement peut être réprimé, puis au contraire accepté, obtenir un « droit à la mémoire » ou être récusé, parce qu'il est mal venu, qu'il gêne ou qu'il pèse. Alors que la connaissance historique progresse et parvient à un degré de précision inconnu jusque-là, elle reste en même temps traversée par les interdits et les non-dits, les amnésies de commande, les contraintes politiques, et l'obligation de s'en tenir à des croyances mythiques. Le passé est à la fois insaisissable et disponible : c'est la guerre des mémoires.

B. Nietzsche. Une ontologisation du devenir

Devant l'ouverture de l'investigation, embrassant la totalité des aires et des époques modernes, qui s'expose à l'arbitraire et impose des choix, Nietzsche, dans la période conquérante de l'historicisme, projette sur l'histoire des zones de domination supérieure qui se répondent de loin. Si elles se détachent, ce sont foncièrement des concentrations d'énergie. La connaissance s'enrichit en se restreignant à l'essentiel, qui renaît et se retrouve identique dans l'immensité du devenir.

La discussion dialectique sur l'histoire et la non-histoire dans le chapitre I de la deuxième partie des *Considérations inactuelles* (« De l'utilité et des inconvénients de l'histoire pour la vie [*Vom Nutzen und Nachteil der Historie für das Leben*] ») ne défend l'oubli (*das Vergessen*) qu'en apparence. Nietzsche circonscrit une aporie : l'homme est condamné à fuir l'oubli de l'enfance (*die Vergessenheit*) ; il est voué à la connaissance de son passé, qui pourtant l'écrase. Seules comptent les fortes concentrations où se manifeste la vie ; Nietzsche élargit le cadre, progressant de la personne à l'histoire, à l'anthropologie et à toute l'évolution des sociétés ; il parle à dessein et avec insistance de « la force créatrice d'un individu, d'un peuple, d'une civilisation [*die plastische Kraft eines Menschen, eines Volkes, einer Kultur*] » pour bien embrasser une totalité lors même que c'est à l'incarnation des forces dans l'individu supérieur, au sur-homme, qu'il pense. Les catégories spéculatives de l'ontologie sont par lui transférées à l'histoire de l'homme, livré au devenir, qui l'emporte. La force de la dispersion et le devenir avec toute sa diversité sont retournés contre eux-mêmes ; ils produisent leurs négations. Une accumulation des forces vitales, comme sur le mode biologique, pousse le devenir jusqu'à ces stades où il peut recevoir le nom de l'« être » et paradoxalement s'immobiliser, à un point de culmination. Il ne s'agit pas tant d'une libération triomphant du poids qui entrave la vie que d'une non-histoire.

Une conclusion désabusée de l'historien Niebuhr sur le hasard, où l'œil des « esprits les plus puissants a pris la structure particulière qui commande leur vision », est reprise, développée et réinterprétée. Le regard supra-historique (*überhistorisch*) est investi comme science du passé dans toute son étendue. Une analyse lucide devait permettre aux yeux de Nietzsche de reconnaître les conditions dans lesquelles une force particulière a pu s'imposer dans des circonstances arbitraires de l'histoire. Du coup, la connaissance du passé (le phénomène historique comme objet de connaissance, *Erkenntnisphänomen*) n'est plus le terme ; elle serait morte, si c'était le cas (« *für den, der es erkannt hat, todt* »). Vivante (la puissance aveugle n'est pas perdue « pour celui qui vit [*für ihn, den lebenden*] »), elle s'applique au seul contenu qu'il est utile de cerner pour celui qui est capable de mettre la connaissance à profit. La science n'est rien en soi, elle est destinée au pouvoir, les règnes passés servent les règnes à venir. La mémoire est réhabilitée en un lieu de réincarnation ou de résurrection (« rattachée à un nouveau puissant courant de la vie, à une culture qui se développe... [*im Gefolge einer mächtigen neuen Lebensströmmung einer werdenden Cultur*] »). Par ce moyen, et en mettant l'accent sur la concentration supérieure des forces (« *von einer höheren Kraft beherrscht* »), Nietzsche élimine le sens de l'histoire, vers l'affranchissement et vers l'utopie — la vision de la concurrente, trop intellectuelle, n'est pas moins « supra », il est vrai. Elle se dégage et quitte l'emprise du passé pour répondre à une attente et au désir d'une construction (« *der Blick in die Vergangenheit drängt* [...] *zur Zukunft hin* »). La spéculation de Nietzsche est plus réaliste, elle considère l'actualisation des forces au cours d'une histoire qui ne change pas et s'ouvre à la réincarnation. La mémoire est sauve quand l'éclat se retrouve dans cet autre messianisme que sont les culminations cycliques de la vie. La vie remémorée de l'histoire se réaffirme dans l'épanouissement de la vie (« *Historie zum Zwecke des Lebens* ») ; les moments s'abolissent dans l'identité d'une force. La mémoire alors se rapporte essentiellement sinon exclusivement à ce qui s'est imposé : rien d'inférieur jamais, et aucune projection dans l'avenir (voir HISTOIRE).

C. La mémoire poétique : Mnémosyne et Lesmosyne

Mémoire est la mère des Muses. L'immortalisation est seconde. La construction du passé, étendue au rassemblement de toutes les connaissances humaines, s'est transformée anciennement dans les sociétés quand elle fut confiée à des spécialistes de l'actualisation par la parole et par la musique. La mémoire devenait l'affaire d'un métier. La fonction était liée aux fêtes et aux célébrations, et une science s'ouvrait à l'invention et aux réinventions d'horizons démultipliés.

Le mot de *mnêmê* [μνήμη], qui prendra tant d'importance, est absent d'Homère, et celui de *mnêmosunê* [μνημοσύνη], qui a servi à donner son nom à la Mémoire, mère des neuf Muses, selon la *Théogonie* d'Hésiode (vers 54), est employé une seule fois chez lui. Dans une scène de l'*Iliade*, où Hector délirant (VIII, 181) rêve de détruire les vaisseaux des Grecs, il dit encore qu'il faut avoir « en mémoire » le feu (« *mnêmosunê tis* [...] *puros* [...] *genesthô* [μνημοσύνη τις (...) πυρὸς (...) γενέσθω] »). Les délires se rejoignent, le désir de mort et le pouvoir poétique. L'aède montre, à cet endroit crucial d'une illusion, qu'il connaissait le mot et qu'il en disposait. Il fait du héros délirant un aède comme lui, arrangeant dans l'extase la réalité à sa guise, et montre en même temps qu'il a choisi de le faire parler de cette façon-là.

Zeus, dans la *Théogonie*, s'unissant à Mnémosyne, engendre les Muses au cours de neuf nuits, à l'écart du cercle des dieux. Elles trouvent en naissant une demeure dans un monde à part, tout près du sommet de l'Olympe, où elles partagent avec les dieux, mais séparés d'eux, l'absence de soucis dans un éloignement propre, qui est la condition du chant (vers 53-67). Le divin lui-même se reproduit avec les filles de Mémoire ; il se dédouble dans la zone d'une merveilleuse et irréelle autonomie. Les dieux accèdent par la voix à la jouissance qu'ils tirent de l'identification de soi au moyen de ce miroir, et les hommes se laissent, par l'entremise des Muses, entraîner ailleurs ; par elles, ils participent du divin. L'art leur fait oublier le malheur et, par une cessation temporaire de leurs soucis, les arrache aux lois normales d'une temporalité quotidienne.

Un deuxième Olympe s'établit à côté des dieux, un domaine de l'oubli. Après tout, les dieux eux-mêmes sont impliqués dans les affaires humaines, qu'ils les gèrent ou ne les gèrent pas. L'oubli réparateur du mal devient, plus absolument, la condition de la conquête d'un autre monde où en principe l'on n'oublie plus rien, rien du bien et rien du mal.

Sur le mot *mnêmosunê*, le poète crée dans ce même passage le mot antithétique de *lêsmosunê* [λησμοσύνη] (vers 55), pouvoir de l'oubli qui se communique. Ce n'est pas un « paradoxe intentionnel » (comme le dit West au vers 55, p. 175 [Hesiod, *Theogony*, éd. M. L. West, Oxford UP, 1966]). L'oubli n'est pas l'absence de mémoire ni un effacement mais, plus positivement, un arrachement aux avatars d'une existence ordinaire aliénante. L'initiation à une histoire du monde chasse le mal de ce monde. Le mot est créé en analogie, non comme une négation, mais comme un pendant actif de la mémoire, une puissance complémentaire, qui aurait l'art d'éloigner les malheurs, comme les drogues d'Hélène savent le faire dans le chant-tome IV de l'*Odyssée*. Lesmosyne procure un répit aux peines ; l'oubli est son œuvre magique ; le contre-terme de la mémoire n'est plus attesté qu'une fois dans la littérature grecque connue, dans l'*Antigone* de Sophocle (vers 156), avec la même référence à un dépassement merveilleux d'une réalité sinistre, la menace du néant.

D. La fiction d'une totalité du savoir

1. Les Muses d'Homère

Les Muses savent tout, elles représentent l'abstraction d'un art tout-puissant. La totalité dans l'espace ou le temps, dans le monde ou l'histoire, fait partie d'une mémoire surhumaine illimitée.

Quand Homère demande l'assistance des Muses, filles de Mémoire, il évoque un savoir d'une précision particulière, et surtout une distinction superlative, — « qui fut le premier », ou : « le meilleur ? » ; voir par exemple *Iliade*, II, 760 *sq.* : « et maintenant, Muse, dis-le-moi, toi, que c'était le meilleur parmi ceux qui suivaient les Atrides... (*su moi ennepe, Mousa* [σύ μοι ἔννεπε, Μοῦσα] »). L'information suppose un choix ; les Muses ont l'avantage de connaître le tout ; l'aède ne le connaît pas. L'appel est adressé à une instance absolue ; le chant en vient à problématiser le savoir auquel les poètes prétendent. Ces invocations par leur force confèrent à l'énoncé l'évidence d'une nécessité ; il est sans faille, sans oubli ou simplement vrai ; le grec homérique dispose de l'adjectif qui dit le « vrai » en disant « ce qui ne se dérobe pas » (*alêthês* [ἀληθής]), à savoir des micro-totalités chaque fois (voir VÉRITÉ).

Dans la course des chars, le vieux Phenix est posté à l'arrivée. Il saura se rappeler la course — une totalité — et rapporter la vérité (*hô memneôito dromou kai alêtheiên apoeipoi* [ὣ μεμνέῳτο δρόμου καὶ ἀληθείην ἀποείποι], XXIII, 361). Ce n'est pas qu'il pourrait cacher le vrai ; il faut voir le tout pour savoir distinguer : ceci et non cela. En fait l'auteur analyse par ce moyen la nature de son discours. Il n'ignore pas que la somme des connaissances qu'il implique n'est qu'une fiction ou une construction. Il montre par là le double aspect de la mémoire absolue sur laquelle il se fonde lui-même ; elle aspire à être entière, mais le poète ne cache pas que c'est une fiction, relevant ses limites et son insuffisance. Il sait que son art est produit, tout factice, le fait de l'art précisément.

2. L'Andromaque de Baudelaire : de la douleur comme muse

Dans la modernité la toute - puissance de la restitution est fondée sur l'exclusion. « Le Cygne » des *Fleurs du mal* orchestre la fécondité universelle de l'exil et de l'absence. L'assimilation par la grandeur de l'échec, qui se situe manifestement dans la tradition chrétienne, offre un nouveau principe unitaire. Le poète moderne affronte l'immensité de la tradition livresque. C'est déjà le *Livre* de Mallarmé ou de Celan.

Dans l'une des analyses les plus poussées de la faculté de mémoire qui ait jamais été menée, Baudelaire s'est attaché à faire de la veuve, de l'Andromaque de Virgile, et, en arrière, de la femme d'Hector dans Homère, le symbole de l'absence, accueillie et surmontée dans le pathos d'une mise en scène. L'esprit a ce pouvoir. S'il ne se sépare pas, c'est qu'il se reconstitue paradoxalement dans la séparation : « [...] je pense à vous... », « je ne vois qu'en esprit... », « je pense à mon grand cygne », puis : « Je pense à la négresse... » : le mouvement s'étend à tout ce qui jamais a été arraché, exilé, exclu. L'absence déterminée retraçant le destin de tout ce qui n'a pas été et qui aurait pu ou dû être propage son emprise à travers toutes les langues apparentées et reliées par les non-lieux. Avec le rappel des larmes, la mémoire des mémoires se recompose à neuf d'une langue à l'autre (voir MALAISE [MÉLANCOLIE, SPLEEN]). À « l'immense majesté », du côté des pleurs de la veuve, répond la fécondité d'une « mémoire » déjà fertile, comme la terre, contenant tout ce qui a jamais pu être dit et écrit après, plus tard, comme dans les entreprises poétiques de synthèse totale.

> [...]
>
> Paris change ! mais rien dans ma mélancolie
> N'a bougé ! palais neufs, échafaudages, blocs,
> Vieux faubourgs, tout pour moi devient allégorie,
> Et mes chers souvenirs sont plus lourds que des rocs.
>
> Aussi devant ce Louvre une image m'opprime :
> Je pense à mon grand cygne, avec ses gestes fous,
> Comme les exilés, ridicule et sublime,
> Et rongé d'un désir sans trêve ! et puis à vous,
>
> Andromaque [...]
>
> Ainsi dans la forêt où mon esprit s'exile
> Un vieux Souvenir sonne à plein souffle du cor !
> Je pense aux matelots oubliés dans une île,
> Aux captifs, aux vaincus ! ... à bien d'autres encor.

Œuvres complètes, C. Pichois (éd.), Gallimard, « La Pléiade », 1975, vol. 1, p. 85.

La majesté, toute objective, est déjà le produit d'une tradition poétique immémoriale ; c'est elle qu'en fait il retrouve, qu'il se remémore et qu'il analyse. Les étagements de l'alexandrin transposent les conquêtes de l'expérience immédiate dans les couches les plus médiatisées de la culture littéraire où le poète fait sonner les mots, comme, dans le poème, les trois syllabes d'« Hélénus ». C'est comme si les arrachements les plus tragiques étaient à l'origine de toutes les créations, et qu'inversement on n'accédait à l'absence que par les livres. Son exil à lui, propre au poète (« [...] dans la forêt où mon esprit s'exile »), le rapproche des exilés de tous les temps. « Un vieux souvenir sonne... » ; il n'y en a qu'un : au terme d'une extension, il est vieux comme le monde, recueillant toute la perte jamais engrangée : « Je pense [...] ». À la fin, c'est n'importe quoi, tout ce qu'on a fait exister en vers parce qu'on ne l'avait plus. C'est aussi une histoire de la poésie, transformée par le passé chrétien. La douleur devient la Muse ; elle connaît toute chose. Le poète jubilant a une clé qui ouvre ce qu'il touche.

3. La coupure de Mallarmé : l'affranchissement par l'oubli

La recherche orphique d'une vérité déposée dans la matière verbale conduit chez Mallarmé à une coupure plus marquée avec les pratiques antérieures. Ce n'est plus seulement l'oubli subi dans le monde à travers les âges, ni l'oubli du monde comme condition de la création poétique, mais l'oubli des fausses présences au monde, pourtant chantées, qui s'ouvre par le passage du vide à un espace de langage plus pur et autonome. Le souvenir se déplace et se replie.

Le ton et l'éclairage diffèrent dans un sonnet, sans doute clé, sûrement programmatique et définitionnel de l'art : « Le vierge, le vivace... » (*Œuvres complètes*, B. Marchal [éd.], Gallimard, « La Pléiade », vol. 1, 1998, p. 36 et aussi p. 96) fait de l'oubli la condition d'un chant. Ce n'est pas la poésie même ; elle pourrait aussi bien, comme on l'a fait à satiété, glorifier l'immédiateté de la vie. Il existe une autre langue, dont la justesse serait toute différente, transférée et s'affinant dans les rejets et les négations. Les élans originels d'une volonté de dépassement se transportent ailleurs dans un absolu. Ils se maintiennent contre l'oubli dans une mémoire, qui se ressaisit au-delà de la nudité d'un effacement et où s'accomplit la rupture avec le monde. Les empreintes se durcissent dans le langage orphique, lorsqu'il s'abstrait en un tiers espace et s'élève d'un dépouillement. La négation était un passage obligé.

La poésie dans la figure du cygne laisse derrière soi « ce lac dur que hante sous le givre / le transparent glacier des vols qui n'ont pas fui ». Ainsi le monde de la vie se divise : il laisse aussi le matériau des traces figées : « Un cygne d'autrefois se souvient [...] ».

Il se remémore sa gloire perdue comme dans un miroir ; s'il s'affranchit, c'est qu'il a résisté. Il n'a pas cédé à l'incantation et à la célébration. Ses moyens l'ont porté ailleurs. L'oubli marque la limite franchie par la transcendance verbale, l'art trouvant le moyen de se composer un autre monde.

L'oubli est la condition première de la création poétique. De la même façon, l'oubli, *Vergessen* en allemand, note chez Celan le mouvement même des mots qui s'arrachent ; il s'inscrit délibérément dans les traditions de langage pour leur faire dire autre chose. L'éloignement du monde sensible que représente alors l'oubli est le rejet d'une langue qui l'évoque ; il offre un espace de franchise. Tout ce qui a jamais été dit peut être redit, soustrait à l'effacement par un système de références créé nouvellement.

III. MODÈLES POUR PENSER

A. L'écriture

La question psychologique et gnoséologique se pose de savoir comment la mémoire fonctionne. Qu'est-ce que l'on retient, et si différemment, non selon l'histoire propre des individus d'abord, mais selon la puissance plus ou moins grande de la faculté ? Platon avant Freud choisit le modèle de l'écriture.

1. Platon. La mémoire et le savoir

Les hommes sont diversement marqués d'un sceau. Seulement, comme, en analysant l'erreur, ce modèle se révèle insuffisant, Platon fera voler les signes. L'inscription était d'abord gravée ; elle devient volatile en un deuxième temps.

La fonction psychologique ou intellectuelle de la mémoire, sans le recours à l'anamnèse, est introduite dans le dialogue *Théétète*, lors de la discussion du jugement erroné. On admet, « pour les besoins de l'argument », que les « idées » ou impressions qui se forment en nous laissent une empreinte sur quelque chose qui serait un bloc de cire que nous portons en nous, pour l'empreinte (un *ekmageion* [ἐκμαγεῖον]). C'est comme si dans notre âme nous reproduisions le sigle d'un anneau. Rien n'empêche donc que nous ayons des représentations, justes ou fausses, confirmées ou infirmées. Le modèle permet d'inclure une phase de sélection — l'oubli se produit quand les inscriptions se sont effacées et perdues (191d) —, et d'expliquer l'inégalité entre les hommes par le volume et la qualité de la masse imprégnable que possède chacun (191c). Les rapprochements avec la mémoire culturelle, que nous appellerions collective, ne manquent pas. On peut dire que c'est la présence de Mémoire. Il est bien vrai que tout s'écrit et se discute avec elle. Le modèle est comme obligé (voir EIDÔLON).

Reste à considérer le cas où l'erreur ne porte pas sur l'identification de l'objet mais sur une méprise au sujet de fausses substitutions dans l'ordre des connaissances dont nous disposons. La cire ne fait plus l'affaire quand on envisage la possibilité que l'on ne se représente pas ce que pourtant l'on sait. Une connaissance se dérobe si l'on considère qu'il existe une opinion fausse et qu'« on est capable de ne pas savoir ce que l'on sait ». Socrate, dans l'entretien, introduit une distinction sémantique importante entre avoir à sa disposition (« posséder », *kektêsthai* [κεκτῆσθαι]) et avoir concrètement dans sa main (*ekhein* [ἔχειν]), comme on tient un stylo (197b). Il faut davantage qu'un effacement, et, plutôt qu'une simple virtualité, une large présence effective, mais non actualisée. Ainsi l'approfondissement de la réalité complexe du dynamisme propre à la mémoire au cours des opérations du raisonnement conduit-il Socrate à proposer une autre image. Il conçoit un enclos, avec une grande variété d'oiseaux captifs, qui vivraient dans cette volière, soit en large quantité, soit par petits groupes, soit encore isolés : ils sont préaccordés aux structures logiques de la pensée. Le propriétaire cherche à y attraper ce dont il a besoin. Il ne réussit pas toujours. La chose est bien là, mais il ne l'a pas (« tant qu'il ne prend pas et ne tient pas dans ses mains ce que depuis longtemps il possédait (*ha palai ekektêto* [ἃ πάλαι ἐκέκτητο] »), *Théétète*, 198d).

Si Homère, qui s'y entend en la matière, dit *kear* [κέαρ] (ou *kêr* [κῆρ]) pour « cœur », au lieu de *kardia* [καρδία], comme Platon, c'est qu'il veut dire « la cire », *kêros* [κηρός], en le cachant au moyen d'une association phonique de la poésie ; il faut savoir interpréter selon le *Cratyle*, et trouver la cire (*kêros*) dans le mot « cœur » (*kêr*). La mémoire qui est cire est le « cœur » de l'âme (*Théétète*, 194c). L'ordre de la réceptivité est défini et attribué à une technique de base comme celle des poètes, retenant gravées comme un sceau toutes les impressions et idées : la magie des fixations innombrables est bien un cadeau que la mémoire, mère des Muses, a fait à l'âme humaine (191d).

2. Freud. L'écriture dans l'inconscient

Les grandes découvertes — les expériences infantiles et le refoulement, et le rôle de la remémoration qui s'y rattache — peuvent être présentées comme une écriture, ainsi que Freud le fait lui-même. L'histoire de sa transmission ressemble à celle des textes, avec les phases qui précèdent, et suit la latence qui nous sépare des drames d'une évolution primitive entravée. Ce sont les sceaux d'une résistance et des blessures qui permettent de remonter le cours du temps en sens opposé, de déchiffrer le « texte », et de remédier au dévoiement.

L'objet de la reconstruction d'une mémoire (*Gedächtnis*) que pratique la cure psychanalytique existe sous la forme d'une écriture. Aux yeux de Freud une langue a été gravée primitivement dans le corps, à un âge où le nourrisson était livré aux poussées de ses pulsions. Il en porte les marques. C'est comme un sigle qui lui a été imprimé, déterminant une histoire, et comme une culture, au stade paradoxalement le plus vital et énergétique de son existence. Les déviations et les accidents de cette histoire naturelle instituent une négation, tout aussi primitive ; elles font du corps un texte qui se lit — ou ne se lit pas.

Le modèle de l'inscription est primordial, dès le texte fondateur de la célèbre lettre à Fliess du 6 décembre 1896 (n° 52 = 112), écrite au moment d'une découverte fulgurante. Freud parle de « rédactions » (*Niederschriften*) ; c'est comme s'il y avait eu dans les différentes couches de l'âme la main d'un scribe qui enregistrait les perceptions ou les accidents et les fixations, et les couchait sur le papier, pour les fixer précisément. Le principe de base consiste à séparer rigoureusement la conscience de cette mémoire (*Gedächtnis*), enfouie, faite d'inscriptions successives ; elle est formée de différentes couches ; leur superposition a entraîné une transcription (ou une traduction, *Übersetzung*) qui est aussi une réécriture (*Umschrift*) ; Freud emploie aussi le mot de « transcription » (*Überschrift*). Le scribe « reporte ».

Selon le modèle esquissé dans la lettre, Freud suppose une transcription de la matière qui a été retenue dans la première couche, et composée de purs signes de la perception ; d'abord dans une seconde, qui se définit par l'état de non-conscience (*Unbewußtsein*), puis dans une troisième, qui se caractérise par une « préconscience » (*Vorbewußtsein*) ; cette nouvelle phase est tributaire de représentations de mots, en correspondance avec notre moi officiel, et précède le développement postérieur d'une « conscience de la pensée » (*Denkbewußtsein*). Le travail de traduction s'applique chaque fois aux passages d'une phase de la vie à une autre ; il lui arrive de mal se faire. Les entraves rencontrées expliquent la genèse des névroses. Il reste des « résidus » ou des « survivances ». La terminologie est innovante et hardie ; elle indique qu'une chose « se survit » du stade antérieur (*Überleben*) ; ce sont des éléments qui ne sont pas à leur place. Les écritures se combattent. Une évolution normale a été arrêtée. Les traumatismes peuvent se comprendre comme des « fixations » au sens fort du mot, des obstacles durs, résultant d'un non-passage, d'un non-fonctionnement. Le refoulement (*Verdrängung*) n'a rien d'un oubli ; il est conçu comme une résistance qui conduit la « poussée » (*Drang*) de la pulsion comme dans un réduit. Une relecture avec les représentations verbales acquises au cours du troisième stade, précédant la puberté, permet une action en arrière sur la non-conscience. La mémoration répare, elle a une chance d'aboutir à un redressement ; le refoulement antérieur peut au stade suivant ne pas s'être fixé encore et être aboli. Une mémoire partiellement intelligible ouvre un accès aux registres ou aux archives de l'inconscient, elle permet l'interprétation échelonnée de l'amnésie par le truchement d'un souvenir. Des perceptions obscures, et pourtant conscientes, forcent la porte qui conduit aux arcanes essentiels de la vie infantile (voir VERNEINUNG et PULSION).

3. Bergson. Les traces du vécu dans la mémoire involontaire

Dans le chapitre sur « Les deux formes de la mémoire » (*Matière et Mémoire*, p. 80 *sq.*), Bergson distingue une mémoire qui échappe aux représentations, selon le modèle d'un souvenir appris, qui se révèle comme un préjugé rationaliste, une idéologie entravant la perception de cet autre souvenir, « spontané » et « tout de suite parfait » : « le temps ne pourra rien ajouter à son image sans le dénaturer » ; c'est un bien qui nous appartient en propre. Si le temps progresse pourtant dans sa durée, c'est pour conserver « à la faculté de la mémoire sa place et sa date ». Les termes importent : ce qui compte, c'est « le souvenir, qui ne doit pas devenir étranger à notre vie passée », être aliéné par le reste, par les influences externes.

Ernst Cassirer dans le troisième volume de sa *Philosophie der symbolischen Formen* (éd. de 1964, p. 214-217) a reproché à Bergson de ne pas avoir considéré l'intuition du temps comme une unité fonctionnelle plus globale, incluant toutes les directions de notre regard et de la conscience, l'avenir aussi bien que le passé. La dissociation chez Bergson de l'horizon de mémoire et de l'horizon d'attente ne lui paraissait pas légitime. Ce sont sans doute plutôt deux points de vue, également valables ; l'un ne doit pas nécessairement absorber l'autre.

Bergson écrit *Matière et mémoire* au moment où Freud fait ses découvertes. L'identité de la personne individuelle, ses expériences irréductibles sont en cause. La philosophie dégage une nouvelle forme du « moi » par la mémoire involontaire, à laquelle la lecture qu'en a fait Proust a assuré un approfondissement psychologique et une exploration romanesque inouïs. La coupure des perspectives était fructueuse et quasi fatale dans le domaine de l'investigation choisie (on se rappelle que, pour Épicure déjà, construisant intellectuellement un art de vivre, sans trouble [à la recherche de l'ataraxie, voir PLAISIR et GLÜCK]), la connaissance du passé se distingue ; elle nous appartient, dénuée d'angoisse. Le principe peut en dernière analyse être reporté sur le travail de Freud.

Bergson isole une mémoire spontanée, distincte de la mémoration, investie dans l'apprentissage des mécanismes indispensables à notre rôle d'acteurs sociaux ; il analyse le vécu et découvre la succession des monades, unitaires et irréductibles, dont il se constitue. Le travail de mémoire ne s'organise pas librement ; il est préformé dans l'histoire du sujet, qui livre au moi une multitude de « dates », chaque fois complexes. Le moi y cherche sa voie ; il veut repérer ce qui compte, et qu'il a déjà retenu. Aussi sa mémoire sera-t-elle faite d'une multitude de mémoire, spécifiquement limitées l'expérience de la personne qui vit avec elles.

4. Benjamin. La mémoire des strates

Walter Benjamin valorise la recherche de Proust en y introduisant un aspect transcendental. Le moi, en se remémorant, découvre son être en reconnaissant les stades de la prise de conscience de ce qu'il fait.

Le traducteur de Proust, dans un texte court, « Fouilles et mémoire » (« *Ausgraben und Erinnern* », 1932, in *Gesammelte Schiften*, vol. 4, t. 1, p. 400 *sq.*), retraduit le travail de découverte. Il le compare à l'examen des couches du sol que pratiquent les fouilleurs : « [...] il fera comme un homme qui creuse (*wie ein Mann der gräbt*) ». On y libère des images. Ce sont les trésors enfouis dans notre passé, à condition que le fouilleur sache indiquer le lieu et le processus de la découverte : « étant épique et rhapsodique dans le sens le plus strict, la remémoration *Erinnerung* véritable doit fournir en même temps une image de celui qui se souvient [...] » ; l'acte s'éclaire dans la silhouette du fouilleur. L'image est érigée en symbole, et Benjamin décompose en ses éléments le « synonyme » allemand de *Denkbild* (à côté de *Sinnbild* ; le titre *Denkbilder*, emprunté à une série de rédactions, regroupe des textes disparates ; il a été choisi par l'éditeur sur le modèle du choix fait par Adorno, dans son édition des *Écrits* de 1955, « Pièces de lecture »). La fouille du mot nous apprend que ce qu'on se rappelle est l'image de l'acte qui le repère et que cette image est issue de la « pensée » qui s'y engage. Le mot a sa tradition. Herder pouvait écrire : « apprends à les comprendre, ces symboles (*diese Denkbilder*) » — ces images où la pensée se fixe (voir BILD).

B. LE STOCKAGE

1. L'allemand, entre l'actualisation du passé et la thésaurisation, « Erinnerung » et « Gedächtnis »

Il y a deux mots en allemand avec des valeurs très différentes, *Erinnerung* et *Gedächtnis*, auxquels « souvenir » et « mémoire » du français ne correspondent que partiellement. Le premier note une action, dans l'enceinte d'une intériorité propre à la personne, et comme l'actualisation d'une donnée entre mille. Le second, plus proche de la capacité cérébrale que de l'âme, fait penser à un coffret et à ses trésors par le suffixe et les analogies qu'on peut établir entre *Gedächtnis* et un mot comme *Behältnis* — la boîte ; l'objet est fermé et d'autant mieux gardé que la mémoire est « bonne ». Cet intensif est formé sur le radical du verbe *denken* (penser) par le jeu de l'apophonie. Les temps primitifs de *denken* (penser) comportent le prétérit *dachte* et le participe *gedacht*, où l'on peut associer l'idée d'une couverture et d'un toit (*Dach*). La faculté de la mémoire est comme démultipliée dans ce lieu de recouvrement où se rassemble tout ce qui y a été pensé.

2. Hegel. Le concept et la pénétration de ses virtualités associatives

Le dynamisme dans le déploiement de l'Esprit entre dans la mémoire. La dimension ouverte par la langue avec le mot *Erinnerung* permet à Hegel de situer la mémoire et d'approfondir le lien qui la rattache aux structures successives de l'histoire. Il la comprend, dans la *Phénoménologie de l'Esprit*, comme un passage à une apparition supérieure, plus « intérieure », de la substance s'ouvrant à la vérité. Le mouvement d'intériorisation devient souvenir *interne*, *Erinnerung*. L'acquisition de la profondeur de la substance par le regard porté sur le passé fonde la science de l'histoire mémorisée. Ailleurs, la marche du monde est présentée comme un examen et une découverte de soi. Le repli de l'esprit absolu sur son propre fond est traduit par un tour emprunté à la pratique religieuse : *insichgehen*, « entrer en soi ». L'intériorisation englobe l'examen de soi traditionnel et toute la dimension de l'autoréflexion.

3. La mémoire poétique intégrée dans le système philosophique : « Erinnerung » et « Andenken »

La *Phénoménologie* intègre le stade primitif de l'aède dans l'évolution de la conscience de soi. Le pathos du poète échappe à l'emprise brute de la nature. C'est l'effet du développement de la mémoire, de *mnêmosunê*, où se manifeste un mouvement de la pensée réflexive, impliquant une reconsidération de l'état acquis (*Besinnung*) et l'acquisition d'une référence interne. L'intériorité inclut la mémoire intériorisée (*Erinnerung*) de l'immédiateté du stade antérieur, alors dépassé. Il était encore dépourvu de liberté. Avec l'écriture, comme avec la musique, l'étape où s'inscrit la libération de la conscience atteint un second niveau.

La fonction de la mémoire introduit le déchirement de la poésie. Pour Hölderlin, qui vit la rupture de l'éloignement des dieux antiques, les derniers hymnes, intitulés *Souvenir* (*Andenken*) ou *Mnémosyne*, relèvent le rôle primordial du poète ; c'est sa « fidélité » (*Treue*) qui préserve. La poésie aspire à réconcilier l'étranger avec le propre, mais dans la reconnaissance des différences concrètes, sous la menace de l'écroulement de la mémoire.

4. L'intériorisation dédoublée chez Heidegger

Le mouvement tracé par Hegel est repris par Heidegger. Dans son *Kant* de 1929 (*Kant und das Problem der Metaphysik*), il réinterprète l'*anamnèse* des visions antérieures de l'âme chez Platon à l'horizon de l'ontologie fondamentale. Il la présente maintenant comme un acte fondateur de la condition humaine de l'être-là (*Dasein*) : « Oui, il s'agit bien d'une remémoration, d'une anamnèse (*wie der Erinnerung*), comme le dit Platon ; mais la "mémoration" (*Erinnerung*) authentique doit à chaque instant rendre intérieur l'objet intériorisé. » Le dédoublement de l'intériorité hégélienne peut surprendre (« [...] *das Erinnerte verinnerlichen* »). Le mot recouvre une analyse du concept. On échappe à la tautologie par une dimension ouverte dans le mot, qui le divise. Ce que l'on se « rappelle » n'est pas appelé par la conscience, mais surgit et s'impose. L'objet n'est autre que la finitude essentielle de l'être-là ; il vient et s'empare de ce qui s'ouvre à elle. Un mouvement est renversé ; l'intériorisation n'est pas proprement celle du soi, comme pour Hegel ; la différence est notable. Plus théologiquement, l'accueil de la vérité fondamentale définit l'existence authentique du soi ; la mémoire, ce sera donc de « laisser celle-ci de plus en plus venir à notre rencontre » (*proprio motu*), dans sa possibilité la plus « interne » ; interne veut dire constitutive ou foncière. La mémoire est fixée dans le cadre d'un recueillement. Il n'y a pas de mot dans d'autres langues qui permette de le penser ou de le rendre ; dans un autre pas, qui suit, l'intériorité sera rendue à la vérité même qui l'englobe. La culture luthérienne allemande se concentre à la fin dans cette réintégration dédoublée de son mouvement premier.

5. Le Hölderlin de Heidegger. La vérité concentrée dans les mots de la mémoire : « Andenken » et « Verdankung »

Plus tard, après 1934, Heidegger, dans ses méditations et ses paraphrases de Hölderlin, s'inspirant de l'hymne « Mnémosyne », où il voit préfiguré un fond de jaillissement poétique, qui se rapporte moins à la mémoire historiquement déterminée qu'à un appel émanant de la pensée même, fixe « ce qui est à penser » dans la sphère du langage. On y trouve réunis des mots, comme *Andenken*, le souvenir, la pensée qui s'attache à un objet (analysable : *An-denken*) ou une accumulation encore concentrée, comme « *Andacht des Andenkens* », où s'ajoutent au souvenir, avec l'apophonie, la ferveur ou le recueillement du culte ou, au moyen d'un autre vecteur, la gratitude, dans l'archaïsme *Gedanc*, dans *Dank* et *Verdankung* ; on peut s'y perdre ou y sombrer. C'est sans doute en réaction contre cet appel emphatique et expansif d'une pensée originelle qu'il analysait, que Paul Celan, dans son propre réseau sémantique, a si clairement rattaché le mot de « pensée », *Denken*, à la mémorabilité constante d'une vérité historique, lui assignant cette autre origine, advenue, en jouant une « pensée » contre une autre. La reprise du titre « *Andenken* » pour l'un de ses poèmes dans le recueil *De seuil en seuil* (1955) se réfère à l'expérience la plus délibérément personnelle.

C. Paul Celan. Le souffle de la mémoire

La poésie peut être expérimentale comme peut l'être l'art. Un bref poème de *Tournant de souffle* (*Atemwende*, 1967, in *Gesammelte Werke* [en 5 vol.], Francfort, Suhrkamp, 1983, vol. 2 ; puis 2000 [en 7 vol.], vol. 2, p. 79), présente la mémoire, inhérente à toute la matière du langage poétique, comme pouvant s'animer d'elle-même par un effet particulier de concentration. C'est comme si, se reproduisant dans un souffle, elle était l'auteur de tout.

Le texte cerne un moment singulier, marqué par un bonheur exceptionnel où tout s'écrit ou s'ébauche tout seul. L'effet de cette grâce n'a rien de surnaturel. C'est une nouvelle manière, comme toujours chez Celan. La composition du poème se fait en se comprenant et en se découvrant. Un poing (c'est la poésie) se referme sur la devise qu'il serre. Ce ne sont que des cailloux, ou des gravillons. La parole poétique est dans les pierres :

> LA PAROLE GRAVILLONNÉE dans le poing,
> tu oublies que tu oublies,
>
> au poignet de la main accourent,
> clignant, les signes de ponctuation,
>
> à travers la terre,
> fendue jusqu'à sa crête,
> arrivent les pauses, en cavalcade,
>
> là, auprès
> du buisson sacrificiel,
> où la mémoire s'embrase

l'Unique haleine
s'empare de vous.

[*Den verkieselten Spruch in der Faust,*
vergißt du, daß du vergißt,

am Handgelenk schießen
blinkend die Satzzeichen an,

durch die zum Kamm
gespaltene Erde
kommen die Pausen geritten

dort, bei
der Opferstaudede,
wo das Gedächtnis entbrennt,
greift euch der Eine
Hauch auf.]

« Vous », c'est le poète, le « tu » ; un « je » s'adresse à lui. La main du « tu » tient la plume ; elle est associée ici à la réduction de l'écriture et à la rythmisation du néant. Le flamboiement de la mémoire même est absorbé par la virtualité d'un dire qui lui serait parfaitement conforme.

Les débris ont été façonnés. Un cristal appelle, il attire les signes de ponctuation, se forme et se structure. Le mouvement de la concentration se dessine : la terre se fend, une crête se dégage d'une poussée. Monte alors d'un magma verbal la suspension. Elle prend figure grâce aux pauses. L'absence même se replie sur elle-même. L'attente d'une fixation condense l'incandescence de la mémoire, elle n'est plus alors l'objet encerclé, ni aucune faculté se déployant dans le langage ; elle est prise dans le mouvement d'une involution, lâchant une simple haleine. Un souffle unique s'empare des signes, et du poète en même temps, qui en l'occurrence « oublie d'oublier », comme il le fait d'ordinaire.

Le paradoxe n'est qu'apparent. Le non-rattachement aux horizons construits suppose la disparition, puis le redressement des significations usuelles. Les morts dans leur mutisme trouvent l'endroit où être « non oubliés » (*unvergessen* ; voir le poème « Nature morte » [« *Stilleben* »] dans le recueil *De seuil en seuil* [*Von Schwelle zu Schwelle*, 1955, dans l'édition des œuvres complètes, *GW*, t. 1 ; trad. fr. M. Broda, *Grille de parole*, Christian Bourgois, 1991]). La différenciation est particulière. Les rescapés du travail de sélection sont exceptés de l'oubli méthodique, ils sont sa raison d'être et sa négation. Le mot de « mémoire » se fait vivant : il s'exprime dans sa condensation, il se parle à lui même.

IV. L'OUBLI, CONDITION DE LA MÉMOIRE

A. Les mots pour l'oubli et la mémoire : les connotations selon les langues

La mémoire a un double statut dans les langues modernes. On la suscite ou on la subit. La dualité qui se traduit dans la langue est essentielle ; elle est due au fait que le passé, vécu ou imaginaire, personnel ou collectif, est toujours là et absent, il s'oublie ou au contraire nous rejoint et s'impose. D'où le croisement constant de l'invocation et de la visitation.

La gamme des associations relatives à la fixation d'un événement passé ou éloigné dans l'ordre de l'activité de l'esprit et du corps couvre une étendue large, en dehors des mots spécialisés.

La valeur abstraite de l'intensif « rappeler » (« appeler intensément ») apparaît très tôt dans la langue (pour : faire venir à la conscience ou à la mémoire) ; elle est à l'origine du tour pronominal « se rappeler » (avant 1673), qui est alors en concurrence avec « se souvenir de... », d'après l'emploi du latin *subvenire*, « venir en aide, secourir », puis « se présenter à l'esprit, survenir ». L'impersonnel « il me souvient » et l'intransitif sont plus vieux que le tour pronominal « se souvenir » (XIVe siècle), qui s'est imposé parallèlement à « se rappeler ». La nuance est importante. Dans un cas le secours vient de lui-même, on le subit passivement comme un don ; l'autre traduit l'effort, avec l'idée d'une réussite ou d'une souveraineté, peut-être même magique. On rappelle bien les morts ; on pénètre dans l'inconnu. L'« appel » se dit de même en allemand : « *in Erinnerung rufen* ». Le français en tout cas insiste sur l'acte, sur l'actualisation ; il ne relie pas directement l'activité verbale au lieu de la mémoire ni à la faculté ni à la présence d'un savoir. En anglais, par exemple, *remember* se rattache autrement à *remembrance* (valant « mémoire » plus que *memory*) que l'acte de « se souvenir » ne le fait avec la matière du « souvenir » (ou de la « souvenance »).

Oublier, c'est ne pas atteindre, ou au contraire se défaire, et c'est aussi la table rase toute pure. Le mot allemand pour l'oubli, *Vergessen*, exprime par son étymologie, tout comme l'anglais *forget*, un échec ou un manque. La recherche ou la poursuite n'ont pas abouti ; on a été frustré du butin. En allemand, en vérité, par le jeu phonique des associations sonores, l'oreille rapproche l'oubli d'une perte plus dispersée par le biais du verbe « verser », *giessen* (*ich vergass*, « j'ai oublié » ; *ich vergoss*, « j'ai répandu ») ; c'est comme une corne d'abondance à l'envers, un courant qui nous emporte. L'oubli en français n'a pas ce dynamisme.

Le mot d'« oublier » remonte au latin populaire *oblitare*, présent dans tous les parlers populaires gallo-romains, à côté cependant d'un *desmembrar* éloquent, dans le Sud-Ouest, sur *memorare* : « se dérappeler ». *Oblivisci* en latin classique, avec le participe *oblitus*, est considéré comme une métaphore empruntée à l'écriture (voir Bréal, puis Ernout et Meillet) ; le mot est apparenté à *oblinere*, « effacer, raturer ». Il est associé aussi à *levis*, « lisse » (gr. *leios* [λεῖος]), l'absence de toute rugosité et de différence, les choses étant réduites à une poussière blanche. Le français en conserve quelque chose, l'idée d'une vacuité plane peut-être. Mallarmé rapprochait le mot d'« aboli », ouvert sur le néant.

♦ Voir encadré 1.

B. L'oubli dans la mémoire

L'oubli et sa puissance d'arrachement aux imprégnations fournissent le moyen de perpétuer une mémoire. Il est au service de la mémoire. La mémoire pense, mais

1

Le français, entre pensée et songe

Là où d'autres langues, comme l'anglais, l'allemand ou l'italien, n'ont qu'un mot pour dire le rêve (*dream* ou *Traum*), le français en a deux, d'une part « songe » (du latin *somnium*) et d'autre part « rêve », issu soit d'une forme du latin *rabies*, la rage, soit d'un latin populaire « vagabond », *exvagus*, ou d'un gallo-romain *exvagares*, selon d'autres, d'un *exvadere*, « sortir ». Le « délire » se croise avec l'évasion dans l'imaginaire, à moins que l'on n'ait affaire à une superposition des deux. À côté de « l'interprétation des rêves », on a « la clé des songes » ; cette dualité singulière a son histoire. « Songer » a ses lettres de noblesse. Ses valeurs se situent dans un cadre de grande liberté sémantique. Le mot oscille par le jeu d'un va-et-vient entre la rigueur de la pensée dirigée et le vague de l'imaginaire. L'évolution de la langue lui a fait occuper souverainement le terrain, se référant d'une part à l'opération rationnelle de « penser », de l'intensif latin *pensare*, « peser », qui rattache l'activité réflexive à l'idée d'une évaluation et d'une appréciation qu'il n'y a pas dans « songer », et évoquant d'autre part le monde opposé des expériences oniriques. L'unité lexicale s'est fracturée. La différenciation s'est accomplie dans deux directions. « Penser » a pris le dessus sur « songer », poussant le songe dans la sphère des apparences illusoires ; le « rêve », qui était réservé au délire et aux extravagances extatiques, est assez récemment venu supplanter le « songe », sans pourtant l'éliminer entièrement non plus, si bien qu'en « songeant » tantôt on « pense », on se concentre et on se rappelle et tantôt on « rêve », et on se laisse emporter.

elle n'y parvient que par l'oubli si, au lieu de signifier la perte, la fuite ou l'abandon, elle permet au contraire la reconstitution d'une référence. On choisit ce qui compte.

Comme, en français, on « pense » à quelqu'un ou on a « une pensée » pour quelqu'un, le verbe *denken* en allemand prend aussi le sens de « se souvenir », même sans que l'on distingue les deux verbes comme le fait dans une langue plus soutenue le préfixe *ge-* dans *gedenken*, qui note le recueillement d'une commémoration solennelle et ritualisée. Celan, faisant de l'extermination des juifs le foyer de sa poésie, emploie un mot pour l'autre, penser pour se souvenir, et restreint l'acception, en rivant la pensée à la mémoire. C'est un cas limite, peut-être exemplaire. Penser, c'est « entrer en oubli » — comme on entre en religion — pour se rappeler, ne pas penser autre chose que l'objet, qui ne s'éloigne jamais et qui oriente la forme de tous les contenus, quels qu'ils soient, façonnés par l'histoire. Les « pensées » (*Gedanken*) seront donc déterminées et structurées du dedans par la puissance de la création verbale. Le français ne parvient pas à dire cela, parce que la pensée et la mémoire ne sont pas semblablement réunies ni liées à la gratitude (*Dank*), comme aussi en anglais (*think* et *thank*). Mais elles l'étaient à l'origine, si la pensée s'est d'abord formée par un retour de la vie sur son passé, là où elle s'est dite et décrite. La réflexion s'est développée dans l'autonomie du langage qui, par le recul, maîtrise son invention.

On peut ne pas avoir en vue le maintien d'une signification, approfondissant l'événement dans la durée, telle une réplique. La libération d'un passé, pesant, que réclame la vie dans la progression du temps, répond à une visée contraire. Dans le premier cas, le présent reste façonné par un choix, imposant une conduite, un jugement, une pratique et une politique.

Jean BOLLACK

BIBLIOGRAPHIE

ASSMANN Jan, *Das kulturelle Gedächtnis. Schrift, Erinnerung und politische Identität in frühen Hochkulturen*, Munich, Beck, 1992.

BENJAMIN Walter, *Denkbilder* [1931-1933], in *Gesammelte Schriften*, Francfort, T. Rexroth (éd.), Suhrkamp Verlag, 1972, vol. 4, t. 1, p. 305-438 (voir p. 400 *sq.*) ; *Images de la pensée*, trad. fr. J.-F. Poirier et J. Lacoste, Christian Bourgois, 1998.

BERGSON Henri, *Matière et Mémoire. Essai sur la relation du corps à l'esprit* [1896], PUF, 1965.

CASSIRER Ernst, *Philosophie der symbolischen Formen*, Berlin, B. Cassirer, 1923-1929, 3 vol. ; vol. 3, *Phänomenologie der Erkenntnis* [1929], réimpr. Darmstadt, Wissenschaftliche Buchgesellschaft, avec un 4ᵉ vol. d'index, 8ᵉ éd. 1990 ; *Philosophie des formes symboliques*, vol. 3, *La Phénoménologie de la connaissance*, trad. fr. O. Hensen-Love, J. Lacoste et C. Fronty, Minuit, « Le sens commun », 1981.

FREUD Sigmund, *Briefe an Wilhelm Fließ 1887-1902*, J. M. Masson (éd.), Francfort, Fischer, 1986 ; *La Naissance de la psychanalyse. Lettres à Wilhelm Fliess, notes et plans (1887-1902)*, M. Bonaparte, A. Freud et E. Kris (éd.), trad. fr. A. Berman, PUF, 1956.

HEGEL Georg Wilhelm Friedrich, *Phänomenologie des Geistes*, in *Gesammelte Werke*, t. 9, W. Bonsieten et R. Heede (éd.), Hambourg, Meiner, 1980 ; trad. fr. et notes G. Jarczyk et P.-J. Labarrière, Gallimard, 1993.

HEIDEGGER Martin, *Kant und das Problem der Metaphysik*, Bonn, Verlag von Friedrich Cohen, 1929 ; in *Gesamtausgabe*, 1ʳᵉ section, Publications 1910-1976, vol. 3, Francfort, Klostermann, 1991.

NIETZSCHE Friedrich, *Nietzsche Werke. Kritische Gesamtausgabe*, G. Colli et M. Montinari (éd.), III, 1, *Die Geburt der Tragödie. Unzeitgemässe Betrachtungen I-III (1872-1874)*, Berlin, Gruyter, 1972 ; trad. fr. de l'édition Colli-Montinari, t. 2, vol. 1 et 2, Gallimard, 1990 et 1988 ; voir aussi *Œuvres*, vol. 1, *La Naissance de la tragédie. Considérations inactuelles*, trad. fr. P. Rusch, Gallimard, « La Pléiade », 2000.

RICŒUR Paul, *La Mémoire, l'Histoire, l'Oubli*, Seuil, 2000.

WEINRICH Harald, *Lethe. Kunst und Kritik des Vergessens*, Munich, Beck, 1997 ; trad. fr. D. Meur, Fayard, 1999.

OUTILS

CHANTRAINE Pierre, *Dictionnaire étymologique de la langue grecque*, nouv. éd. mise à jour avec un « Supplément au dictionnaire », Klincksieck, 1999.

ERNOUT Alfred et MEILLET Antoine, *Dictionnaire étymologique de la langue latine. Histoire des mots* [1932], 4ᵉ éd. augm. J. André, Klincksieck, 1994.

MENSCHHEIT, HUMANITÄT ALLEMAND – fr. *humanité, sentiment d'humanité*

lat. *humanitas*

► *HUMANITÉ*, et ANIMAL, BILDUNG, GESCHLECHT, MORALE, OIKEIÔSIS, PEUPLE

L'appartenance au genre humain (Menschengeschlecht), *le fait d'être un homme et de faire partie de l'humanité* (Menschentum), *n'implique pas qu'on fasse preuve d'humanité, qu'on soit mû par le sentiment d'humanité* (Humanität). *L'introduction relativement récente en allemand du terme d'*Humanität *(qui ne figure pourtant pas dans le dictionnaire de Grimm) répond à la nécessité de distinguer plus rigoureusement encore la qualité d'être humain* (Menschlichkeit) *et la vertu d'« humanité », car on peut effectivement confondre* Menschlichkeit *et* Humanität. *Mais l'humanité* (Menschheit) *considérée comme un horizon éthique, un idéal, se distingue à son tour de la simple appartenance au genre humain.*

I. HUMAIN, NATURE HUMAINE : D'« HUMANITAS » À « HUMANITÄT »/« MENSCHLICHKEIT »

Le latin classique *humanitas* ne désigne pas le genre humain, mais oppose ce qui relève de la nature humaine à tout ce qui est animal, puis, par extension, désigne ce qui caractérise plus précisément cette nature humaine dans ses comportements et, enfin, dans ses vertus et qualités singulières. Cet éventail de significations est particulièrement illustré par Cicéron : même si l'on voit apparaître chez lui une « société universelle du genre humain [*societas universalis humanitatis*] » (*De finibus*, 3, 19, 62), c'est encore dans la perspective aristotélicienne d'une nature politique de l'homme doué de langage qu'est envisagée l'humanité ; cependant, le terme désigne aussi toute une série de qualités et de vertus, si bien que, dans le projet de rassembler rhétorique, philosophie, histoire et droit dans le programme de l'éducation, on peut voir converger les deux acceptions ; bien que Cicéron ait néanmoins avoué ne pas savoir ce qu'est l'homme, ce que serait son essence (*De finibus*, 5, 33), et n'autorise donc pas *stricto sensu* à voir chez lui une pensée anticipant sur « l'humanisme », il sera possible d'en déduire, comme le fit Leonardo Bruni au XVe siècle, la notion de *studia humanitatis*.

♦ Voir encadré 1 .

La tradition chrétienne médiévale insiste sur l'opposition entre *humanitas* et *divinitas*, pour faire du premier terme un synonyme de tout ce qui relève de la finitude et de l'imperfection, sans remettre en cause le sens premier de nature humaine. Molière peut dire « [...] si de parler le pouvoir m'est ôté, / Pour moi j'aime autant perdre l'humanité » (*Le Dépit amoureux*, II, 8), dans le même sens où Pascal, parlant du Christ, écrit : « Sachant que nous sommes grossiers, il nous conduit ainsi à l'adoration de sa divinité présente en tous lieux par celle de son humanité présente en un lieu particulier » (*Provinciales*, lettre 16). C'est en tout cas à *humanitas* que Grimm réfère aussi bien *Menschheit* que *Menschlichkeit*. Or c'est précisément cette dépendance à l'égard de la latinité que conteste Fichte dans le quatrième de ses *Discours à la nation allemande* (1807) en critiquant l'emploi du terme *Humanität*. Sa réaction à l'égard de l'importation d'un terme étranger se fonde sur l'argument que le développement de la langue et de la pensée propres du peuple allemand n'ont en réalité que faire de l'artificialité grevant les termes importés, surtout si les langues où s'effectue l'emprunt ne peuvent pas rivaliser en originalité avec la langue allemande : le français resterait bien trop dépendant du latin alors que l'allemand est parfaitement capable de penser la notion d'humanité en lui donnant des expressions propres : *Menschheit*, *Menschlichkeit* et *Menschenfreundlichkeit* (qui subsume l'affabilité, la bienveillance à l'égard des autres, la philanthropie au sens d'une étymologie littérale). Cette argumentation explicite dissimule à peine l'implicite : Fichte réagit contre un modèle français importé par le biais de l'Académie de Berlin et qui propose un idéal universaliste d'humanité, tandis que ce sont les armées napoléoniennes qui sont chargées de l'imposer en refusant la spécificité allemande. En outre, *Humanität* est par trop directement liée à un contexte sémantique et culturel qui est celui de la romanité catholique dont précisément l'« universalité » s'oppose frontalement au luthéranisme fondateur de la langue allemande.

Il est d'autant plus étonnant que le dictionnaire de Grimm, qui date de la première moitié du XIXe siècle, n'enregistre pas *Humanität* pourtant bien présent, seize ans avant les *Discours à la nation allemande*, dans le grand œuvre de Herder, *Idées pour la philosophie de l'histoire de l'humanité* [*Ideen zur Philosophie der Geschichte der Menschheit*], Livre IV, chap. 4 : « Je souhaiterais pouvoir saisir dans le terme d'humanité [*Humanität*] tout ce que j'ai dit jusqu'à présent sur la formation supérieure de l'homme à la raison et à la liberté [...] ». Le titre même de ce chapitre est explicite : « L'homme est formé en vue de l'humanité et de la religion ». *Humanität* scande d'ailleurs tout ce livre et, comme *humanitas* chez Cicéron, intègre, sans jamais bénéficier d'une définition positive, tout ce qui permet à l'humain de s'élever au-delà de son fond empirique comme tout ce qui est visé par ce mouvement de dépassement, puisque l'humanité est la « finalité du genre humain » ; l'avenir de la raison est d'établir une « humanité durable ».

II. L'« HUMANITÉ » (« MENSCHHEIT ») COMME IDÉAL ÉTHIQUE ?

Kant, lui aussi, fait bien la distinction entre *Humanität* et *Menschlichkeit*, d'une part, et *Menschheit* de l'autre. Dans l'appendice à la deuxième partie de la *Critique de la faculté de juger* (§ 60, « De la méthodologie du goût »), Kant rappelle en se référant aux humanités qu'on les nomme ainsi « parce que *humanité* [*Humanität*] veut dire, d'une part, le sentiment universel de *sympathie*, d'autre part, la faculté de pouvoir *se communiquer* de façon intime et universelle ; ces propriétés réunies constituent la sociabilité conforme à l'humanité [*Menschheit*] ». Mais le problème ne se pose plus sur le terrain d'une différenciation sémantique entre un terme d'origine latine et un terme allemand, car ce qui est introduit par lui, c'est une double acception du terme *Menschheit* : en effet, l'animalité existe également dans l'homme en s'opposant à « l'idée d'humanité [*Menschheit*] qu'il porte en son âme comme modèle de ses actions » (*Critique de la raison pure*, « Dialectique transcendantale », livre I, sect. 1), puisqu'on ne peut fixer « le degré le plus élevé où doit s'arrêter l'humanité, non plus que la distance infranchissable qui sépare nécessairement l'idée de sa réalisation ». L'humanité est ainsi à la fois ce qui caractérise l'homme comme « objet de l'expérience » et l'idéal de sa liberté, « l'humanité élevée en idée » (« Le conflit des facultés », sect. I, Remarque générale, « Des sectes religieuses », trad. fr. A. Renaut, in *Œuvres philosophiques*, Gallimard, « La Pléiade », vol. 3, 1986, p. 865). Si bien que *Menschheit* désigne à la fois l'humanité générique et ce qui, en elle, et en elle seulement, en fait non plus un fait, mais un devenir orienté en fonction d'un idéal éthique : c'est au sein même de l'humanité générique que se situe, définie comme liberté, le moteur même de son devenir, sa cause finale qui est l'humanité achevée et réconciliée, l'humanité ayant réalisé l'idée qu'elle est aussi de par sa nature.

En reprenant ce double sens kantien, Hermann Cohen souligne que, chez Kant, le terme est à la fois un « équivalent d'être raisonnable » et qu'il revêt aussi un « sens universaliste, cosmopolitique » (*Religion de la raison*, chap. 13 : « L'idée de Messie et l'humanité »). Cohen rapproche, en outre, Kant de Herder :

> Ce dernier, par ailleurs disciple rétif et donc ingrat de Kant, n'en communiait pas moins avec lui [...] à travers l'idée d'humanité [...] ce n'est pas non plus un hasard s'il fut aussi l'auteur de *L'Esprit de la poésie des Hébreux*. Il reconnaissait l'esprit de l'humanité dans les tout premiers textes de l'Ancien Testament [...]. C'était une intuition importante qui guida Herder dans sa conception

1

L'architecture complexe de l'« humanitas » dans l'humanisme latin

Le terme latin d'*humanitas* apparaît dans les années 80 avant notre ère (premières occurrences dans la *Rhétorique à Herennius* [II, 24 ; 26 ; 50 ; IV, 12 ; 23], anonyme de datation discutée, et dans le discours *Pour Quinctius* de Cicéron, § 51 et 97) : il dénote alors une disposition de fraternité fondée sur le sentiment d'appartenance à une même espèce, le *genus humanum* (*humanitas* ne signifiera « humanité » en ce dernier sens qu'avec les auteurs chrétiens, cf. Jérôme, *Lettres*, 55, 3, 4). Le concept prend ensuite toute son ampleur chez Cicéron qui élabore une théorie du développement humain à la fois individuel et collectif par la culture et notamment les arts libéraux et les lettres, d'où le terme moderne d'*humanités* directement repris de l'acception latine. À partir du discours *Pour Roscius d'Amérie* (accusé de parricide en 80), la réflexion porte d'abord sur la spécificité de l'humain par opposition à la sauvagerie, puis, de là, aborde les enrichissements essentiels de la civilisation qui font de l'homme un être de culture, par contraste avec les formes de barbarie qui l'abandonnent à un état de nature confinant à l'animalité (voir le discours *Pour le poète Archias* et le traité *De la république*, en particulier I, 28). L'*humanitas* s'impose alors comme un ensemble de traits censés caractériser l'homme civilisé par opposition à ce qui n'est pas lui, d'où découlent certains devoirs pour l'homme en tant qu'homme dans son rapport à soi et à ses semblables (c'est le thème du traité cicéronien *De officiis*).

Architecture complexe donc, sans cesse menacée de destruction par les pôles antithétiques de l'*humanitas* (animalité, sauvagerie, barbarie, monstruosité) ; aussi ne se peut-elle maintenir que par l'exercice constant des devoirs humains de solidarité, de justice et de clémence, mais aussi d'urbanité et de courtoisie (le terme d'*humanitas* recouvre tous ces sens) : or un tel exercice exige de puiser à la source de la culture comme mémoire où l'humanité a d'elle-même consigné ses propres définitions de valeurs (dans le discours philosophique en particulier) et l'illustration de ses principes (à travers les *exempla* historiques notamment) — d'où l'importance des humanités dont le rôle n'est pas décoratif mais bien constitutif. Dans deux textes exemplaires, Cicéron fait ainsi appel à la fois au sentiment de communauté que crée le partage d'une même culture et à l'adhésion aux valeurs que véhicule celle-ci : d'une part, dans le discours *Pour Archias* pour inviter les Romains à ne pas exclure le poète d'origine étrangère du corps civique, d'autre part, dans la lettre-programme à son frère gouverneur de la province d'Asie (*À Quintus*, I, 1) pour l'inciter à la plus grande *humanitas* à l'égard de ses administrés grecs. Dans les deux cas, l'*humanitas* s'oppose à la force d'exclusion que représente l'*acerbitas*, dureté confinant à la cruauté, *saeuitia*, laquelle est une des caractéristiques du monstre moral (voir Sénèque, *De la colère* et *De la clémence*). L'anti-*humanus* se définit alors comme *immanis* : cet adjectif, antonyme de *manis* (bon), désigne plus généralement tout ce qui est hors de proportion et donc effroyable, monstrueux ; c'est notamment l'animalité des bêtes fauves, *ferae*, animalité qui, transférée en l'homme, nie toute humanité en en inversant les valeurs : de Caligula, Sénèque (*Consolation à Polybe*, XVII, 5-6) dit ainsi qu'il « savourait dans les maux d'autrui la consolation la plus inhumaine [*alienis malis oblectare minime humano solacio*] », perversion parfaite du slogan de l'humanisme latin extrait de Térence, *Le Bourreau de soi-même*, vers 77 : « Je suis homme, et rien de ce qui est humain ne me semble étranger [*Homo sum, humani nil a me alienum puto*] », dont on trouve un écho plus éloquent encore chez le même Sénèque, qui définit (*Lettres*, 88, 30) l'*humanitas* par le fait de « ne penser aucun mal comme étranger [*nullum alienum malum putat*] ».

À cette présentation très générale, il convient d'ajouter les précisions suivantes :

(1) L'apport de la Grèce est, bien sûr, déterminant (voir la dette reconnue par Cicéron, *À Quintus*, I, 27-28) : le sentiment d'unité de l'espèce humaine est sans doute aussi ancien que l'homme, mais au-delà de la conscience immédiate, dans l'idée d'une fraternité nécessaire des membres de la même espèce se reconnaît la *philantrôpia* grecque, que le versant culturel de l'*humanitas* romaine associe à la *paideia* (à ceci près que la formation intellectuelle de référence pour l'*humanitas* est celle de l'homme accompli et non celle, initiale, de l'enfant, *pais*, en cours d'instruction). L'origi-

générale de l'esprit de la Bible : *il reconnut le messianisme dans le principe du monothéisme.*

Chap. 13, § 11, p. 342.

Trois perspectives convergent vers une sorte de point de fuite à venir : la politique a pour idéal la confédération des États animée par l'esprit du cosmopolitisme qui, à terme, tend vers la disparition des États-nations puis des États souverains, esprit fondé sur l'aspiration proprement *éthique* à l'idéal d'une humanité réconciliée, c'est-à-dire d'une éthique coïncidant à ce point avec la culture qu'elle rendrait la *religion* inutile puisque cette dernière aura été, en tant que monothéisme messianique, la révélation du sens de ces idéaux sous la figure du Messie (christianisme et judaïsme ne s'opposent pas fondamentalement si l'on reconnaît dans Noé « le premier Messie » et si l'on admet le rôle essentiel joué par les prophètes dans la constitution de l'idéal historico-moral de l'humanité ; le vrai point de divergence, irréductible, c'est, bien évidemment, le fait d'admettre ou de refuser la messianité de Jésus). Cohen, ennemi déclaré du miracle, n'imagine pas le Messie autrement que sous la forme sécularisée et rationalisée d'une coïncidence entre l'idéal et la réalité, entre le *fieri* et le *factum* : il sait qu'il ne s'agit pas d'une réalité effective promise, mais d'une tendance, d'une asymptote. L'humanité unifiée n'est qu'un idéal : le messianisme monothéiste est son expression historique ; l'éthique et le cosmopolitisme kantiens en sont la formulation rationnelle. Le sentiment d'humanité — Cohen ne fait pas de distinction entre *Humanität* et *Menschlichkeit* — est une vertu essentielle puisque c'est grâce à elle que le genre humain (*Menschentum* qui n'est que *Menschengeschlecht* pour la science) accède à l'humanité (*Menschheit*), c'est-à-dire au sens véritable de ce que serait un progrès de l'humanité.

Dans la pensée de Nietzsche, la confusion possible entre les différents termes utilisés pour désigner l'humanité (*Humanität* et *Menschheit*) et l'humain (*das Menschliche* et *das Humane*) fait l'objet d'une attention critique constante. Dans le repli de la *Menschlichkeit* sur l'*Humanität*, il dénonce l'un des effets les plus durables du chris-

---

1

nalité romaine est d'abord dans l'association des deux termes au sein d'une conception unitaire de l'homme qui n'a pas d'équivalent grec. Toutefois, l'équilibre de cette association ne survivra pas à la génération qui l'a opérée : dans sa plus grande extension, l'*humanitas* sera la construction, en gros, de la génération cicéronienne et varronienne et perdra en complexité sous l'Empire, tantôt réduite à la *philantrôpia*, tantôt à la *paideia* (voir Aulu-Gelle, *Nuits attiques*, XIII, 17) : on peut y voir la marque d'une génération nourrie par l'apport de l'hellénisme et qui demande à la culture, perçue dans son universalité, des instruments nouveaux pour comprendre les drames contemporains et y porter remède en sauvant le meilleur de la tradition nationale, le *mos maiorum*, c'est-à-dire ce qui dans le développement historique de Rome marque l'épanouissement de l'humain civilisé (voir A. Novara, 1982, t. 1, p. 165-197).

(2) Le relativisme historique doit s'assortir d'un pendant philosophique : des études récentes ont ainsi souligné combien la construction romaine de l'*humanitas* était liée à la politique impérialiste de Rome (voir Paul Veyne, « *Humanitas* : les Romains et les autres », *in* A. Giardina [éd.], 1992, p. 421-459, et S. Morton Braund, « Roman Assimilations of the Other : *Humanitas* at Rome », p. 15-32). L'universalité alléguée du concept impose en fait le modèle de l'homme romain nanti d'une culture gréco-romaine peu à peu dominée par la langue latine et imbu des valeurs du *mos maiorum* — modèle dont la fonction est d'abord de rejeter dans le néant de la sauvagerie et de la barbarie tout ce qui lui est incompatible, et ensuite de s'offrir en instrument d'intégration des populations conquises dans le corps de l'Empire par une harmonieuse romanisation alors synonyme de civilisation tout court.

(3) Les penseurs romains n'ont pourtant pas ignoré toute dimension proprement universelle : celle-ci apparaît notamment à propos de l'esclavage et sous l'influence du stoïcisme, mais la limite de cet universalisme se lit dans l'absence de toute remise en cause de l'esclavage alors même qu'on reconnaît à l'esclave la qualité d'homme (voir Cicéron, *Des devoirs*, I, 41 et 150, et surtout Sénèque, *Lettres*, 47). Le stoïcisme offrait même le moyen de penser ce qui nous paraît une contradiction, en faisant de l'esclave un salarié à perpétuité entretenu par son maître. Plus généralement, le cosmopolitisme philosophique effaçant en théorie toutes les inégalités de statut ne visait en rien à un éclatement des cadres politiques et sociaux du temps, mais ménageait le respect des structures et institutions existantes par la projection de l'égalité humaine dans l'idéalité d'une utopique cité des sages. Il reste néanmoins remarquable que le discours philosophique sur l'esclave définisse l'homme certes par une liberté, celle de bien jouer le rôle imposé par la Fortune, mais une liberté qui s'inscrit sur fond de servitude première : tout homme est esclave de son sort et en outre, sages idéaux mis à part, esclave de ses propres passions — servitude seconde mais finalement pire que toute autre car volontaire et opérant un avilissement de soi par soi-même (cf. Cicéron, *Paradoxes des Stoïciens*, V, sur le thème « seul le sage est libre », et Sénèque, *De la tranquillité de l'âme*, X, 3 : « Toute vie est un esclavage »). Peut-être l'*humanitas* romaine ne témoigne-t-elle pas seulement d'un pragmatisme impérialiste et d'une incapacité trop humaine à s'affranchir des cadres sociaux et institutionnels d'une culture donnée, mais aussi, en contradiction avec l'optimisme de nos droits de l'homme, d'un sens ancien de la fragilité des choses humaines et de la faiblesse de l'homme, lequel n'aura jamais trop du secours de toute la culture humaine pour tenter d'échapper à une dégradation dont il est lui-même bien souvent l'artisan.

François PROST

BIBLIOGRAPHIE

GIARDINA Andrea (éd.), *L'Homme romain*, trad. fr. M. Aymard et P. Chemla, Seuil, 1992.

MORTON BRAUND Susanna, « Roman Assimilations of the Other : *Humanitas* at Rome », *Acta classica*, n° 40, 1997, p. 15-32.

NOVARA Antoinette, *Les Idées romaines sur le progrès d'après les écrivains de la République*, Les Belles Lettres, 1982.

tianisme sur notre façon d'appréhender l'humain et le signe le plus probant de ce que le christianisme a supplanté l'Antiquité. C'est, en effet, en étudiant ce qui faisait l'humanité des Grecs, en philologue et en historien, que le caractère mensonger et rusé (*witzig*) d'un tel repli apparaît. Une telle étude permet de comprendre à quel point l'idée d'humain (*das Menschliche*) se trouve obscurcie, dès qu'on en bannit tout ce que le christianisme désigne comme inhumanité (*Inhumanität*) :

> L'humain [*das Menschliche*] que nous montre l'Antiquité ne doit pas être confondu avec l'humain [*das Humane*] [...]. L'humain [*das Menschliche*] des Hellènes consiste en une certaine naïveté par laquelle, chez eux, se signalent l'homme, l'État, l'art, la société, le droit de la guerre et des peuples, le commerce des sexes, l'éducation, la tenue de la maison ; c'est exactement l'humain [*das Menschliche*] tel qu'il se manifeste partout, dans tous les peuples, mais, chez eux, sans aucun masque et de façon inhumaine [*in einer Inhumanität*], qu'il ne faut pas manquer si on veut en tirer leçon.
>
> Nietzsche, fragment 3 [12], mars 1875, in *Œuvres philosophiques complètes*, trad. fr. P. Lacoue-Labarthe et J.-L. Nancy, Gallimard, 1988, t. 2, 2, p. 260.

III. L'HOMME ET L'INHUMANITÉ

Cet obscurcissement tient, pour l'essentiel, à ce qu'avec l'idée d'*Humanität* on entend séparer l'homme de la nature. Rétablir le sens de la *Menschheit* suppose qu'on montre combien « les propriétés naturelles et celles qu'on dit humaines [*menschlich*] se sont entremêlées de façon indissociable » (Nietzsche, *La Joute chez Homère*, in *Écrits posthumes* [1873], trad. fr. M. Haar et M. de Launay, Gallimard, t. 1, 2, 1975, p. 193). Il n'y a plus lieu alors de faire de distinction. Mais supprimer ce repli, c'est encore ôter à l'humanité (*Menschheit*) toute signification téléologique. C'est, en effet, en considérant que l'humanité (*Menschheit*) n'est jamais suffisamment humaine (*Humane*) qu'on fait de l'une et de l'autre un but :

> L'homme, pas l'humanité [*die Menschheit*] L'humanité [*die Menschheit*] est bien plus un moyen qu'une fin. Il s'agit du type : L'humanité [*die Menschheit*] n'est que le matériel d'expérience, l'énorme excédent de ce qui n'a pas réussi, un champ de décombres.
>
> Nietzsche, fragment 14 [8], *ibid.*, t. 14, p. 28.

Et aussi :

> Dans notre humanité actuelle [*Menschheit*], un considérable degré d'humanité [*Humanität*] est atteint. Le fait même qu'on ne s'en rende généralement pas compte en est déjà une preuve.
>
> Nietzsche, fragment 15 [63], *ibid.*, t. 14, p. 208.

On comprend alors que, dans les derniers textes de Nietzsche, l'attachement à l'idée d'*Humanität*, le regret qu'il n'y en ait jamais assez, deviennent un symptôme de décadence.

Marc CRÉPON, Marc de LAUNAY

BIBLIOGRAPHIE

COHEN Hermann, *Religion de la raison : tirée des sources du judaïsme* [1918], trad. fr. A. Lagny et M. de Launay, PUF, 1994.

FICHTE Johann Gottlieb, *Werke* [1845-1846], Berlin, Gruyter, 1971. — *Discours à la nation allemande*, trad. fr. A. Renaut, Imprimerie nationale, 1992.

HERDER Johann Gottfried, *Ideen zur Philosophie der Geschichte der Menschheit*, in *Sämtliche Werke*, vol. 14, Berlin, Suphan, 1877-1913 ; *Idées sur la philosophie de l'histoire de l'humanité*, trad. fr. Edgar Quinet, Levrault, 1827-1828.

KANT Emmanuel, *Werke* [abrév. *AK*], Berlin, Reimer, 1902-1913.

OUTILS

GRIMM Jacob et Wilhelm, *Deutsches Wörterbuch*, Leipzig, Hirzel, 1854, repr. Munich, Deutscher Taschenbuch, 1984.

MENSONGE

Mentir (lié au lat. *mentiri* ; les étymologies sont peu parlantes, y compris celles liées au saxon, angl. *lie*, all. *Lüge*), c'est dire le faux avec intention de tromper. Le mensonge renvoie ainsi à l'articulation du vrai et du réel, du logique et de l'ontologique, mais il dépend du registre éthique. On trouvera sous VÉRITÉ (en part. IV ; voir aussi, pour le russe, ISTINA et PRAVDA) l'exploration des antonymes de *vérité*, dont *mensonge* fait partie. La principale coupure passe entre l'indistinction de l'erreur et du mensonge (*pseudos* [ψεῦδος] gr., peut-être sur une racine **bhes-*, « souffler », comme *psukhê* [ψυχή], « l'âme », ou *phêmi* [φημί], « dire ») et la différenciation latine, puis chrétienne, entre les deux.

I. LOGIQUE ET ONTOLOGIE

On se reportera à *FAUX* en ce qui concerne l'articulation de ces deux registres.

II. ÉTHIQUE

Le mensonge est un acte discursif (voir ACTE DE LANGAGE ; cf. *ACTE*) qui fait un usage volontaire du faux. Le problème de l'intention, bonne ou mauvaise, est central : y a-t-il de « pieux mensonges », un « droit de mentir » ? Voir INTENTION, WILLKÜR. Le mensonge est comme tel lié à une volonté jugée d'emblée condamnable (voir BIEN / MAL, MORALE, *VALEUR*), à la différence de l'illusion esthétique : voir *FICTION*, et cf. *APPARENCE* (en part. DESENGAÑO, LEGGIADRIA, MIMÊSIS).

Il met en jeu la croyance de l'auditeur : voir FOI, GLAUBE ; cf. CLAIM.

Le diable est le « menteur » par excellence, voir DIABLE.

MERKMAL ALLEMAND – fr. *marque distinctive, marque, note*

lat.	*nota*
angl.	*mark*

► *MARQUE*, et *CHOSE* [RES], *CONCEPT*, LOGOS, MOMENT, OBJET, PRÉDICATION, PROPRIÉTÉ, RÉALITÉ, REPRÉSENTATION, RES, SACHVERHALT, SENS, SIGNE, TROPE

L'allemand Merkmal *est généralement considéré comme un terme de l'idiolecte philosophique de Frege. Le mot apparaît effectivement dans les* Grundlagen der Arithmetik [Fondements de l'arithmétique] *de 1884 (§ 53), opposé à*

Eigenschaft *(propriété), pour introduire une nouvelle théorie de la prédication. Selon cette théorie, volontairement reformulée ici à l'aide d'un exemple standard de l'histoire de la logique, dans une proposition comme « l'homme est un animal »,* animal *ne s'analysera pas en termes frégéens comme une propriété de* homme, *mais comme une « marque » du concept d'homme. Cependant,* Merkmal *n'est pas qu'un terme technique propre à une philosophie particulière : il se trouve au croisement de deux séries, dont la convergence initiale, puis l'éloignement progressif, sont liés à un fait de traduction du grec au latin qui mérite l'attention du philosophe. Plus que ses équivalents français ou anglais, il permet, de par la netteté des oppositions qui structurent son domaine d'application en allemand, de décrire ledit « croisement », ses sources, ses ressorts et ses enjeux. La première série est celle que dénote la paire synonymique* Merkmal-Zeichen *(signe) ; la seconde, qui correspond à l'usage frégéen, celle que dénote la paire antonymique* Merkmal / Eigenschaft. *Ces deux séries, normalement, n'ont pas de point de rencontre obligé. Leur croisement ne s'explique que par d'autres langues de la philosophie : avant de se fixer dans l'idiome frégéen par opposition à* Eigenschaft, *la notion de* Merkmal *a eu une protohistoire, engageant un certain nombre de déplacements dans la compréhension et l'expression en « langues » de ce que sont un concept, un jugement et un objet de jugement. Ce sont eux que l'on restituera brièvement ici.*

I. « MERKMAL » ET « ZEICHEN », « MARQUE » ET « SIGNE »

C'est dans le latin de Boèce que naît la paire synonymique *Merkmal-Zeichen*, en l'occurrence de la traduction du premier chapitre du *Peri hermêneias* [*De interpretatione*] (16a 2-7), où Aristote met en place ce que l'on appelle, depuis C. K. Ogden et I. A. Richards, le « triangle sémantique ». Dans sa version latine (*Aristoteles latinus*, II, 1-2, p. 5 [4-9]), Boèce rend en effet par le même mot latin *nota* deux mots grecs distincts, *sumbolon* [σύμβολον] et *sêmeion* [σημεῖον] : « *Sunt ergo ea quae sunt in voce earum quae sunt in anima passionum notae et ea quae scribuntur eorum quae sunt in voce. Et quemadmodum nec litterae omnibus eaedem, sic nec voces ; quorum autem hae primorum notae, eaedem omnibus passiones animae sunt, et quorum hae similitudines, res etiam eaedem* [...] » (voir SIGNE, et sur les options actuelles de traduction de l'original grec, encadré 1). Du fait de cette traduction, la relation de signification selon Aristote est doublement modifiée : par l'effacement, relatif, de ce que véhiculait la distinction *sumbolon/sêmeion* ; par le rapprochement opéré entre signification et notification. De là le couplage opéré chez certains commentateurs médiévaux du *Peri hermêneias* entre *nota* et le locuteur, d'une part, *signum* et l'allocutaire ou auditeur, d'autre part (cf. le texte de Robert Kilwardby, cité dans SIGNE : « [...] *dicendum quod differunt nota et signum, quia nota est in quantum est in ore proferentis, set signum est in quantum est in aure audientis* [on répondra que *nota* et *signum* diffèrent, parce que *nota* s'emploie pour ce qui est dans la bouche du locuteur, mais *signum* pour ce qui est dans l'oreille de l'auditeur] », et le commentaire de I. Rosier-Catach). Le remplacement de *nota* par le couple *sumbolum/signum* dans la traduction médiévale de Guillaume de Moerbeke ne joue pas de rôle dans la genèse de la première série de *Merkmal* ; bien avant elle, beaucoup de logiciens avaient pris l'habitude de réorganiser le triangle sémantique avec *signum*. Ce sont donc deux dispositifs latins totalitaires, fondés sur la neutralisation de *sumbolon/sêmeion*, qui rendent compte de l'alternance de *Merkmal* et de *Zeichen* dans l'usage philosophique allemand commun, identifiant, comme le fait plus ou moins la langue de tous les jours, la marque et le signe : le système de *nota* et celui de *signum*, « être une marque de » et « être le signe de », sont traités comme synonymes, du simple fait que *Zeichen* contient, le cas échéant, la même dimension de notification que le français *signe* (*signifier* pouvant prendre le sens de « faire connaître », « notifier » ; *donner un signe de* étant synonyme de *donner une marque de*, etc.). S'y ajoute cependant une formulation de la transitivité de la relation supposée articulée par Aristote dans le « triangle sémantique », qui va acquérir une portée historiale. Cette formulation intervient généralement chez les scolastiques sous la forme d'un adage relevant de *signum* : « *Quicquid est signum signi est signum signati* [Tout ce qui est signe d'un signe est signe de son signifié] » – ils entendent par là que le son vocal (la « *phônê* [φωνή] » d'Aristote), étant signe des « passions » ou « affections de l'âme » (les « *pathêmata tês psukhês* [παθήματα τῆς ψυχῆς] »), est par là même signe des choses signifiées (les « *pragmata* [πράγματα] ») par ces « passions ». Une autre formule existe, cependant, attestée dès le XIIe siècle : « *Nota notae est nota rei* [la *nota* d'une *nota* est *nota* de la chose] », qui, initialement, présente le même sens que la première – puisqu'elle ne fait que dire la même chose dans la langue de la traduction de Boèce –, mais qui va progressivement revêtir un sens nouveau, expliquant l'entrée de *Merkmal* dans une configuration que l'on qualifiera de « préfrégéenne », pour aboutir à l'opposition *Merkmal/Eigenschaft*.

II. MARQUES DE CONCEPTS / MARQUES DE CHOSES

En posant que *animal* n'est pas une propriété de *homme*, mais un *Merkmal* du concept d'homme, un frégéen entend signifier que *animal* est une « partie » de *homme* ou, plus exactement, que *animal* est une « partie » du concept *homme*, tandis que, par exemple, c'est une « propriété » du concept *homme* d'« avoir *n* individus » et une propriété de tel ou tel individu de « tomber sous le concept *homme* » (ce que l'on exprime d'un seul tenant en posant que le concept a une extension : un multiple d'individus « tombant sous le concept »). Dans une lettre publiée en 1941 (cf. *Unbekannte Briefe Frege's über die Grundlagen der Geometrie und Antwortbrief Hilbert's an Frege*, M. Steck [éd.], Heidelberg, Veiss, 1941, p. 9 [*Sitzungsberichte der Heidelberger Akademie der Wissenschaften, Math.-naturwiss, Klasse*, 1941, fasc. 2]), Frege lui-même précise que la relation méréologique et intensionnelle des marques au concept qu'elles constituent est comparable à celle que les pierres entretiennent avec la maison dans la composition de laquelle elles entrent, et qui consiste dans cette composition (« *Ich vergleiche die einzelnen Merkmale eines Begriffes den Steinen, aus denen ein Haus besteht* [Je compare les marques individuelles d'un concept aux pierres dont une maison est constituée] »). Dans un article de 1903 sur « Les fondements de la géométrie » (« Über die Grundlagen der Geometrie », *Jahresbericht der Deutschen Mathematiker-Vereinigung*, vol. 12, 1903, p. 373), les parties du concept sont présentées, de manière moins imagée, comme ses « parties logiques [*logische Teile*] ». La question qui nous intéresse ici n'est pas : quelle est la source de cette nouvelle acception de *Merkmal* ? Mais : qu'est-ce qui rend possible, voire facilite, le passage du couple *Merkmal-Zeichen* à l'opposition *Merkmal/Eigenschaft* ?

Une partie de l'histoire du *Merkmal* a été retracée par Kasimir Twardowski dans un essai de 1894, *Zur Lehre vom Inhalt und Gegenstand der Vorstellungen* [Sur la théorie du contenu et de l'objet des représentations].

♦ Voir encadré 1.

Cependant, c'est plutôt dans un texte d'Adolf Reinach, datant de 1911, *Die obersten Regeln der Vernunftschlüsse bei Kant* [*Les Règles suprêmes du raisonnement chez Kant*], que l'on trouve l'indication la plus neuve du trajet suivi par *Merkmal* avant Frege. Étonnamment, ce trajet est matérialisé par le changement de compréhension radical subi par l'adage scolastique : « *Nota notae est nota rei* ». Présentant les deux règles principales du raisonnement selon Kant, Reinach, qui s'appuie sur le texte de 1762, *Die falsche Spitzfindigkeit der vier syllogistischen Figuren* [*La Fausse Subtilité des quatre figures du syllogisme*], distingue « la règle générale de tous les raisonnements affirmatifs » et « la règle générale de tous les raisonnements négatifs ». La première, R1, est : « *Ein Merkmal vom Merkmal ist ein Merkmal der Sache selbst* [Une marque de marque est une marque de la chose même] » ; la seconde, R2, est : « *Was dem Merkmal eines Dinges widerspricht, widerspricht dem Dinge selbst* [Ce qui est contradictoire avec la marque d'une chose est contradictoire avec la chose même] ». Ces règles montrent que, dans l'usage « préfrégéen » du terme, *Merkmal* se rapporte aux « choses », ou plutôt à « la/une chose », et non, comme chez Frege, au « concept [*Begriff*] » à titre de partie. C'est d'ailleurs par rapport aux « choses » qu'est défini le jugement dans l'opuscule kantien : « *Etwas als ein Merkmal mit einem Dinge vergleichen, heißt Urteilen* [Comparer quelque chose en tant que marque à une chose s'appelle juger] ». Comment traduire *Merkmal* ? Reinach l'indique opportunément au francophone en pointant expressément les « adages scolastiques repris par Kant » dans ses deux règles : soit, pour R1, « *nota notae est etiam nota rei ipsius* [la *nota* d'une *nota* est aussi *nota* de la chose même] », et, pour R2, « *Repugnans notae repugnat rei ipsi* [Ce qui est contradictoire à la *nota* est contradictoire à la chose même] » (cf. A. Reinach, *op. cit.*, p. 51, n. 2). La traduction obvie de *Merkmal* serait donc, *via* le latin scolastique, *note*. Ce choix ne s'est pas imposé, toutefois, uniformément, et *marques* ou *marques distinctives* est le plus couramment attesté. Cette pratique peut se réclamer d'un illustre précédent. Leibniz, écrivant en français, présente en effet la notion (elle aussi d'origine scolastique) de « définition nominale » en posant qu'elle « explique le nom par les marques de la chose » (cf. *Die Philosophischen Schriften von G. W. Leibniz*, éd. C. J. Gerhardt ; repr. Hildesheim, Olms, 1960, t. 5, p. 18) : l'allemand et le français sont ici en accord. Mais on trouve d'autres équivalents, relevant d'un autre champ.

1

« Merkmal », « Moment », « trope »

Le paragraphe 13 de *Zur Lehre vom Inhalt und Gegenstand der Vorstellungen* est consacré au *Merkmal*. Ce n'est pas *soit* au niveau du concept, *soit* à celui des choses, mais à celui de la représentation (*Vorstellung*) *et* de l'objet de représentation, que Twardowski réfère le terme. Il mentionne sur ce point les « autorités d'un grand poids » qui ont frayé la voie de la « marque ». La première est Kant (*Logique*, trad. fr. L. Guillermit, Vrin, 1997, Introduction, VIII), dont il donne une longue citation :

> Une marque distinctive est, sur une chose, ce qui constitue une partie de la connaissance de celle-ci ou bien, ce qui revient au même, une représentation partielle, dans la mesure où elle est considérée comme fondement de connaissance de la représentation tout entière [...]. Toute pensée n'est rien d'autre que le fait de se représenter par des marques distinctives [...]
>
> trad. fr. J. English, in *Husserl-Twardowski*, p. 171.

La deuxième autorité est l'aristotélicien Adolf Trendelenburg, si l'on accepte la réécriture twardowskienne de la définition proposée dans ses *Logische Untersuchungen* (Leipzig, 1870 ; repr. Hildesheim, Olms, 1964, t. 2, p. 255) : un *Merkmal* est « ce qui forme dans l'affaire [*Sache*] le concept ». Et Twardowski de commenter : « Quoique le sens de cette définition [...] paraisse manquer passablement de clarté », on peut lui rendre justice en « lui faisant dire que, par marques distinctives, il faudrait comprendre ce qui, "dans l'affaire", livre le matériau nécessaire à la formation d'un concept de cette chose. Ce qui correspond dans la chose au concept, ce sont les marques distinctives de celle-ci » (*ibid.*, p. 172 ; on notera la différence *affaire* [*Sache*] / *chose* [*Ding*]). La troisième est Albert Stöckl (*Lehrbuch der Philosophie*, Mayence, Kirchheim, 1868, I, § 75) :

> Par marques distinctives, on comprend en général tous les moments par quoi un objet devient reconnu comme ce qu'il est et distingué de tous les autres objets.
>
> *ibid.*, p. 172.

Merkmal est donc un véritable « échangeur » conceptuel : par Trendelenburg, il met en relation la « marque » de Kant, le monde de la représentation, et la « partie de *logos* [λόγος] » d'Aristote, le monde des essences ; par Stöckl, il ouvre sur la notion husserlienne de *Moment* (voir MOMENT), et par là sur celle de *trope*, puisque les *Rotmomente* (moments de rouge), les *individuelle Röte* (rouges individuels), d'une/dans une chose rouge, étant définis comme *Einzelfall* (cas particulier) de la *Spezies Röte* (espèce rougeur), correspondent à l'évidence chez Husserl (*Logische Untersuchungen*, I, § 31, 34 et 39) aux *tropes* de la récente *Trope Theory* (voir TROPE).

Dans la *Logique* de son *Cours de philosophie*, publié à Louvain en 1897, D. Mercier recourt à *caractères* pour illustrer ce qu'est une « idée inadéquate » : « L'idée inadéquate nous présente l'objet au moyen de caractères qui ne suffisent pas à nous le faire distinguer de tout autre » (*op. cit.*, p. 83). On a donc ici plusieurs couples pour exprimer la même distinction de base, la distinction *nota/res* : le couple allemand *Merkmal/Ding* et les couples français *marques/chose* et *caractères/objet*. Par là, *Merkmal* se révèle historialement intervenir non seulement dans le champ frégéen du concept, mais aussi, en deçà, dans celui de *res/Ding/Objekt/chose/objet* (voir OBJET). Qu'est-ce en effet que *la chose/Ding* dont parlent aussi bien Kant que Leibniz ? La question est ouverte : *la chose* peut désigner aussi bien l'homme (commun ou universel), cet homme-ci (singulier ou particulier) ou ø homme (*homme* en tant que ni universel ni particulier, ce que Kant lui-même appelle parfois *Gegenstand*, au sens de la « matière » [all. *Materie*] du concept, à savoir la *res* neutre ou indifférente au particulier/universel, par opposition au *Gegenstand* individuel existant dans l'intuition [all. *Anschauung*]). Si l'on considère que *ø homme* désigne un ensemble de « marques » prises « en soi » (l'Homme en soi), l'univers du *Merkmal* communique avec celui du *triplex status naturae* ou du *triplex respectus essentiae* (*in se*, *in anima*, *in re*), celui de l'« indifférence de l'essence » (voir UNIVERSAUX).

Les règles R1 et R2 de Kant ouvrent sur une autre problématique : celle qu'inaugure Aristote en posant dans les *Catégories* que « quant aux définitions, les espèces premières admettent tant celle des espèces que celle des genres, et l'espèce, celle du genre », et que, « de la même manière, les espèces et les individus admettent aussi la définition des différences ». Pour justifier cette affirmation, le Stagirite introduit en effet une règle qui n'est pas sans évoquer R1 : « Tout ce qui se dit du prédiqué se dira aussi du sujet [ὅσα γὰρ κατὰ τοῦ κατηγορουμένου λέγεται, καὶ κατὰ τοῦ ὑποκειμένου ῥηθήσεται] » (*Catégories*, 3b 4-5 ; trad. fr. F. Ildefonse et J. Lallot, p. 69). En dehors des paralogismes faciles à écarter, tels que « Socrate est un homme, l'homme est une espèce, donc Socrate est une espèce » (cf. les *Fallaciae ad modum Oxoniae*, tradition anglaise du XIIIe siècle, éd. C. Kopp, p. 106-107, qui expliquent que ce type de raisonnement constitue le troisième mode de l'erreur de la figure de l'expression, fondé sur une *commutatio* fautive du *quale quid*, « qualifié », gr. *poion ti* [ποιόν τι], en *hoc aliquid*, « ce quelque chose », gr. *tode ti* [τόδε τι] ; l'auteur des *Fallaciae* démonte l'erreur dans le langage analytique de la *suppositio* : dans la majeure, *homo* a une supposition « purement confuse [*confusa tantum*] », et signifie un « qualifié » ; dans la mineure, il a une supposition « déterminée [*determinata*] », et signifie un « ce quelque chose » ; voir SUPPOSITION), le problème posé aux interprètes est celui du statut des « prédicats de prédicats » chez Aristote. En quelques occasions, le Stagirite aborde la question, notamment quand il évoque certains prédicats de l'Homme en soi (ø homme) qui ne s'appliquent pas à l'homme tout court (cet homme-ci ou cet homme-là), par exemple « être immobile » (cf. *Topiques*, E, 7, 137b 3-10). Le passage le plus net est, toutefois, *Métaphysique*, M, 4, 1079b 3-11, où il oppose à la théorie des Idées un argument « préfrégéen » : s'il y a une Idée du cercle, un Cercle en soi, l'Idée du cercle devra contenir toutes les marques de l'essence du cercle plus la propriété d'« être une Idée (de) ». À quelle partie de l'essence celle-ci s'ajoutera-t-elle ? Assez remarquablement, la note de J. Tricot [*Métaphysique*, Vrin, 1991, t. 2, p. 738], fondée sur le commentaire de Bonitz, cite le passage où celui-ci utilise le terme *nota* pour désigner les éléments constitutifs de l'Idée.

♦ Voir encadré 2.

La thèse « préfrégéenne » est clairement exprimée par Leibniz, quand, face au paralogisme « *animal est genus, Petrus est animal, ergo Petrus est genus* [l'animal est un genre, Pierre est un animal, donc Pierre est un genre] » (du type *poion ti/tode ti*), il répond que la majeure n'est pas universelle, puisque ø animal n'est pas un genre (« *respondeo majorem non esse universalem, neque enim is qui est animal est genus* », *Defensio Trinitatis*, in *Die Philosophischen Schriften von G. W. Leibniz*, *op. cit.*, t. 4, p. 120), ce qui, comme le souligne Angelelli, revient à dire que « "*genus*" *is not a mark of* "*animal*" ["*genus*" n'est pas une marque de "*animal*"] » (*Studies on Gottlob Frege*, p. 149, n. 56). On trouve aussi cette thèse préfigurée chez Albert le Grand quand celui-ci explique que, dans « *homo praedicatur de pluribus* », les référents de *homo* ne possèdent pas la propriété d'être prédiqués de plusieurs (« *nihil est in appellatis ipsis quod de pluribus prœdicatur* »), car le prédicat *être prédiqué de plusieurs* échoit à la forme *homme* sans échoir à ses référents (« *tale enim prœdicatum contingit formae, ita quod non contingit appellatis* », *Metaphysica*, VII, 2, 1, éd. B. Geyer, p. 339, 24-29).

III. « MERKMAL » ET « URTEIL », « MARQUE » ET « JUGEMENT »

Une difficulté récurrente posée par la notion du jugement comme « liaison de marques » (*Merkmalsverknüpfung*), gouvernée par les règles R1 et R2 de Kant, est de distinguer R1, la règle de *Catégories*, 3b 4-5, et celle du *Dictum de omni*. Pour certains auteurs, il n'y a pas de différence entre les deux dernières : « Dire : "Si A est attribut de tout B, et B attribut de tout G, A est attribut de tout G", c'est dire équivalemment : "Tout ce qui s'affirme de l'attribut devra s'affirmer du sujet" » (J. Tonquedec, *La Critique de la connaissance*, Beauchesne, 1929, p. 54). D'autres, comme Husserl, qui utilisent couramment la notion de « marque », rejettent la formulation « *Nota notae est nota rei* » (cf. *Logische Untersuchungen*, I, § 41). Partant de la définition du « jugement » comme « liaison de marques », on ne peut manquer de relever la différence existant entre cette approche et l'approche « logique » du jugement, telle que la discute la seconde édition de la *Critique de la raison pure*. Kant y indique, en effet, qu'il n'a « jamais pu être satisfait de la définition que donnent les logiciens d'un jugement en général, qui est, à ce qu'ils disent, la représentation d'un rapport entre deux concepts (*die Vorstellung eines Verhältnisses zwischen zwei Begriffen*) », parce qu'elle « ne s'applique qu'aux jugements catégoriques (*kategorische Urteile*) et non aux jugements hypothétiques (*hypothetische*) et disjonctifs (*disjunktive*), en tant que ces derniers renferment non seulement un rapport de concepts, mais aussi un rapport de jugements (*als welche letztere nicht ein Verhältnis von Begriffen, sondern selbst von Urteilen enthalten*) » (*Critique de la raison pure*, 2e éd., § 19, p. 120 ; trad. fr. A. Tremesaygues et B. Pacaud, PUF, « Quadrige », 2001, p. 118). Cela implique, entre autres « conséquences fâcheuses », la « longue théorie des quatre figures du syllogisme », laquelle « ne concerne (*betrifft nur*) » effectivement « que les raisonnements catégoriques (*die kategorischen Vernunftschlüsse*) » (*ibid.*, n. 1 ; trad. fr. citée, p. 119). On remarquera surtout que le même passage introduit la notion de « valeur objective du jugement », en la définissant comme la « liaison de deux représentations dans l'objet, indépendamment de l'état du sujet » et de la « perception » :

> *Diese beiden Vorstellungen sind im* Object [sic] *d.i. ohne Unterschied des Zustandes des* Subjects [sic], *verbunden und nicht bloß in der Wahrnehmung (so oft sie auch wiederholt sein mag) beisammen.*
>
> [Ces deux représentations sont liées dans l'objet ou ne dépendent pas de l'état du sujet et ce n'est pas simplement dans la perception (aussi souvent qu'elle soit répétée) qu'elles sont accouplées.]
>
> *ibid.*, p. 121 [nous soulignons] ; trad. fr. citée, p. 120 [trad. fr. J. Barni, Flammarion, « GF », 1987, p. 160 : « associées »].

Avec l'opposition *Object / Subject*, on voit que l'idée de « liaison dans l'objet », qui jusqu'à un certain point reste solidaire de R1, charge la « chose (*Ding*) » d'un nouveau coefficient, propre à l'univers de la *Critique*, supposant la distinction entre « intuition empirique » et « unité synthétique originaire de l'aperception » (« unité d'aperception transcendantale »). Le changement dans le lexique du jugement va de pair avec un changement dans celui de l'objet.

Alain de LIBERA

BIBLIOGRAPHIE

ALBERT LE GRAND, *Metaphysica, Pars II : Libri 6-13*, éd. B. Geyer (*Alberti Magni Opera Omnia*, t. 16, partie II), Münster, Aschendorff, 1964.

ANGELELLI Ignacio, *Studies on Gottlob Frege and Traditional Philosophy*, Dordrecht, Reidel, New York, The Humanities Press, 1967, chap. 5, p. 138-149.

ARISTOTE, *Catégories*, prés., trad. fr. et comm. F. Ildefonse et J. Lallot, Seuil, « Points-bilingues Essais », 2002.

Aristoteles latinus, II, 1-2, *De interpretatione vel Periermenias*, éd. L. Minio-Paluello, Desclée de Brouwer, 1995.

BARNES Jonathan, « Property in Aristotle's Topics », *Archiv für Geschichte der Philosophie*, vol. 52, 1970, p. 136-155.

FREGE Gottlob, *Die Grundlagen der Arithmetik*, Breslau, 1884 ; *Les Fondements de l'arithmétique*, trad. fr. C. Imbert, Seuil, 1970.

HUSSERL Edmund, *Logische Untersuchungen*, Tübingen, Niemeyer, 1928.

KOPP Clemens, *Die « Fallaciae ad modum Oxoniae ». Ein Fehlschlußtraktat aus dem 13. Jahrhundert*, Inaugural-Dissertation, Cologne, 1985.

PORPHYRE, *Isagoge*, trad. fr. A. de Libera et A.-P. Segonds, intr. et notes A. de Libera, Vrin, « Sic et non », 1998.

REINACH Adolf, *Die obersten Regeln der Vernunftschlüsse bei Kant*, in *Sämtliche Werke*, 2 vol. (textes et études critiques), éd. K. Schumann et B. Windsor-Smith, Munich, Hamden (Conn.),

2

« Nota », « Merkmal », « propre »

Un principe platonicien, tacitement mis en œuvre dans les *Topiques*, stipule que ce qui n'appartient pas à l'Idée ne peut appartenir à ce qui lui est subordonné. *Topiques*, E, 7, 137b 3-10 fait intervenir la notion de « propre » dans un contexte d'argumentation évoquant la future règle « *Nota notae est nota rei* ». Si l'on pose dans une discussion tel attribut comme le propre d'un certain sujet, il faut pour réfuter la thèse « porter son attention sur l'Idée du sujet posé ». En effet, « si le propre proposé n'appartient pas à l'Idée en question ou s'il ne lui appartient pas en tant qu'elle est l'Idée » du sujet, alors c'est que « ce qui a été posé comme étant un propre n'est pas un propre ». L'exemple fourni relève à l'évidence de la distinction *marque/propriété* (trad. fr. J. Tricot, Vrin, 1974, p. 212-213) : « [...] puisque le fait d'être en repos appartient, non pas à l'Homme en soi en tant qu'il est homme, mais en tant qu'Idée, le fait d'être en repos ne saurait être un propre de l'homme. » Utilisée dans les *Topiques* sans engagement métaphysique, la distinction entre l'Homme en soi en tant qu'Idée et l'homme est reprise, sous une autre forme, en *Métaphysique*, M, 4, 1079b 3-11, avec l'affirmation que, comme l'écrit Tricot, « tout ce qui compose une Idée est Idée, et que le caractère d'être une Idée est lui-même une Idée qui appartient à toute Idée, tout comme la Surface en soi appartient au Cercle en soi ». Proche de ce qui conduit Frege à formuler la distinction *marque/propriété*, l'argument d'Aristote s'en rapproche davantage encore dans la traduction de Tricot qui recourt à l'expression *parties de notion* :

> Enfin, si nous devons admettre que, pour tout le reste, les notions générales correspondent aux Idées : ainsi, que, dans le Cercle en soi, il y ait la figure, la surface et les parties restantes de la notion, et que, d'autre part, nous ayons dû y ajouter la mention de ce dont le Cercle en soi est l'Idée, il faut examiner si cette addition n'est pas complètement vide. À quel élément de la notion, en effet, ce caractère d'être une Idée sera-t-il ajouté ? Est-ce au centre du Cercle, ou à sa surface, ou à tous les éléments de la notion ? Tous les éléments compris dans la substance sont, en effet, des Idées, par exemple l'Animal et le Bipède [dans l'Idée de l'Homme]. Évidemment aussi, il est nécessaire que le caractère d'être Idée soit lui-même, comme la Surface en soi par rapport au Cercle en soi, une nature déterminée, qui soit contenue dans toutes les Idées, en tant que genre.
>
> t. 2, p. 737-739.

On peut se demander s'il existe un rapport entre les « marques/parties » du concept frégéen et les « marques/parties » du *logos* aristotélicien (*notion* pour J. Tricot, *definizione* pour G. Reale, p. 611). Les formules de Bonitz (p. 538) citées par Tricot en note — la « notion du cercle en soi [*notio* τοῦ αὐτοκύκλου] », « composée de plusieurs marques/notes [*ex pluribus notis composita*] » — expliquent pourquoi le rapprochement peut sembler fondé.

Vienne, Philosophia Verlag, « Philosophia Resources Library », 1989, p. 51-65.

TWARDOWSKI Kasimir, *Sur la théorie du contenu et de l'objet des représentations. Une étude psychologique*, trad. fr. J. English, in *Husserl-Twardowski. Sur les objets intentionnels* [1893-1901], Vrin, « Bibliothèque des textes philosophiques », 1993, p. 85-210.

MÊTIS [μῆτις] GREC – fr. *ruse, habileté*

► *RUSE*, et ART, *DESTIN*, DOXA, ENTENDEMENT, INGENIUM, MÉMOIRE, *PRUDENCE*, *SAGESSE*, *SOPHISME*, TALAṬṬUF, VÉRITÉ

Mêtis [μῆτις], en grec ancien, recouvre un large territoire sémantique, comprenant l'idée d'intelligence pratique, d'astuce, de souplesse d'esprit. Cette catégorie mentale n'avait retenu l'attention des savants que sporadiquement (Carlo Diano) jusqu'au livre fondateur de Marcel Detienne et Jean-Pierre Vernant, Les Ruses de l'intelligence. La mêtis des Grecs. *Le mot est issu d'une racine verbale qui signifie « mesurer » (gr.* metron *[μέτρον],* mêtra *[μήτρα], « mesure »,* voir encadré 1, « Gnômôn, metron, kanôn », *dans* LEX). *On le relie à l'importante racine* *med-, *dont Benveniste définit le sens ainsi : « prendre avec autorité les mesures appropriées »* (Institutions indo-européennes, *vol. 2, p. 123 sq., voir Chantraine,* s.v. « medô »). *Cette racine fournit aussi bien des termes signifiant la mesure, la modération, la modalité (lat.* modus*), que l'attention du celui qui « médite », domine, règle, décide (gr.* medomai *[μέδομαι], « veiller à » ; mais aussi* mêdomai *[μήδομαι], « méditer un projet, avoir en tête »), y compris dans le domaine du droit ou de la « médecine ». La* mêtis *caractérise — pour le meilleur et pour le pire, entre omnicompétence et charlatanerie — la posture sophistique, « à la charnière de la* mêtis *traditionnelle et de la nouvelle intelligence du philosophe » (Detienne et Vernant,* op. cit.*, p. 11). Elle connaît la fortune d'une catégorie anthropologique contemporaine, liée à la catégorie anglo-saxonne de* trikster *(le trompeur, le décepteur), aussi bien qu'à celle, notamment lévi-straussienne, de bricolage.*

À travers des études coordonnées, M. Detienne et J.-P. Vernant ont tracé un vaste panorama qui présente l'ensemble des attitudes mentales comprises dans la *mêtis* (l'astuce, le flair, la sagacité, la prévision, la feinte, le déguisement, la débrouillardise, l'attention, la vigilance, etc.), ainsi que le rôle de *mêtis* dans toute une série de fonctions et de stratégies mises en œuvre par les dieux, les hommes et les animaux.

Le livre analyse d'abord la figure de l'Océanide Mêtis, « Prudence » (c'est la trad. choisie par P. Mazon, Hésiode, *Théogonie*, Les Belles Lettres, 1967), la première femme

1 Ulysse : « Mon nom est personne », première mise en scène de la « mêtis »

► *ESTI, MOT D'ESPRIT, NÉGATION, PERSONNE, RIEN*

Ulysse et ses compagnons sur leur trajet de retour sont prisonniers du Cyclope anthropophage, qui, au lieu de les hospiter, en dévore deux par dîner. On sait comment Ulysse exécute son « meilleur projet » (*aristê boulê* [ἀρίστη βουλή], *Odyssée*, IX, 98) : offrir du vin au Cyclope pour l'enivrer, l'aveugler dans son sommeil avec un épieu durci au feu, et sortir de l'antre dès qu'il aura ôté le roc qui le ferme, chacun attaché sous le ventre d'un mouton. Mais ce coup d'audace, qui implique de tromper un monstre, ne réussirait pas sans une ruse préparatoire, qui passe par des mots et se lit dans le texte grec à travers ce que Victor Bérard appelle « une cascade de calembours » (Les Belles Lettres, 1963, t. 2, p. 44). Tous ces calembours roulent autour du rapport entre *outis* [οὖτις] et *mêtis*.

Outis, sur la particule négative *ou* [οὐ] (« non, ne pas ») et le pronom indéfini *tis* [τίς] (« quelqu'un »), est le nom de héros qu'Ulysse déclare à Polyphème être le sien : « *Outis* [Οὖτις], Personne, est mon nom. C'est *Outis*, Personne, que m'appellent ma mère, mon père et tous mes compagnons » (366-367). Si bien que lorsque les Cyclopes ses voisins, réveillés par les hurlements de Polyphème, lui demandent : « Est-ce que quelqu'un (*mê tis* [μή τίς]) des mortels vient te voler ton troupeau ? Est-ce quelqu'un (*mê tis* [μή τίς]) te tue par ruse ou par force ? » (406), le monstre peut seulement répondre : « Mes amis, Personne me tue (*Outis me kteinei* [Οὖτίς με κτείνει]) » (408). Mais la phrase complète s'entend, en vertu de la syntaxe grecque de la négation, du point de vue de Polyphème, pour qui Personne est le nom de quelqu'un, comme : « [C'est] Personne [qui] me tue par ruse et non par force (*Outis me kteinei dolôi oude biêpsin* [Οὖτίς με κτείνει δόλῳ οὐδὲ βίηφιν]) », alors que les Cyclopes, pour qui personne est négatif, doivent comprendre : « Personne ne me tue par ruse ni par force » — où l'on mesure toute l'utilité du « ne » français, lié au sens d'abord positif de *personne*, car Polyphème, en bon français, se serait fait comprendre ou reprendre. Et le chœur d'enchaîner : « Si personne ne te fait violence [*ei mên de mê tis se biazeitai* (εἰ μὲν δὴ μή τίς σε βιάζεται)] » (410), c'est que Zeus t'envoie une maladie et qu'on n'y peut rien. Or, dans cette répartie, ils utilisent, comme tout à l'heure dans leurs questions, l'autre particule négative, non plus *ou*, la négation de fait, mais *mê* [μή], cette négation prohibitive, dite aussi « subjective », très caractéristique du grec, qui implique une volonté, une pensée, et qu'on trouve essentiellement aux modes autres que l'indicatif pour exprimer toutes les nuances de la défense, de la délibération, du souhait et du regret, ou, comme ici, de l'éventualité, de la virtualité : *ei* mê tis *se biazetai*.

C'est alors, en prise sur cette construction attentive aux subtilités de la négation, que viennent la pointe et le rapport à *mêtis*. Non plus *mê* (particule négative) *tis* (quelqu'un), en deux mots, mais *mêtis*, en un seul mot cette fois, la célèbre *mêtis* des Grecs, leur sagesse pratique et rusée dont Ulysse *polutropos* [πολύτροπος], qui a plus d'un tour dans son sac, est l'incarnation. Car Ulysse, à voir les Cyclopes s'éloigner, rit dans sa barbe et se réjouit dans son cœur : « C'est mon nom qui l'a trompé, et mon irréprochable esprit [*hôs onom' exapatêsen emon kai* mêtis *amumôn* (ὡς ὄνομ' ἐξαπάτησεν ἐμὸν καὶ μῆτις ἀμύμων)] » (414). Et il reprend le mot au livre XX, exhortant son cœur à la patience : « Quel fut ton courage jusqu'à ce que la *mêtis* me sorte de cet antre où je pensais mourir ! » (20-21).

Efficacité de la maîtrise du langage et de la langue jusque dans son fonctionnement grammatical et syntaxique, jeu sur l'être et le non-être, on comprend que la *mêtis* d'Ulysse, et celle d'Homère, soient les modèles héroïques de cet art déceptif et scandaleux pour les philosophes qu'est la rhétorique sophistique.

Barbara CASSIN

de Zeus qui, par un coup imprévu, plus astucieux que l'astuce même, la saisit et l'engloutit au fond de ses entrailles alors qu'elle était déjà grosse d'Athéna (*Théogonie*, vers 886-900). Par ce coup, Zeus acquiert la souveraineté absolue. Mêtis, dont la fonction est non moins fondamentale dans la version orphique, s'ajoute à la force et, dans le cas de Zeus, le rend imbattable.

Le champ sémantique de *mêtis* est couvert par bien d'autres notions, telles que le piège (*dolos* [δόλος]), le déguisement, et surtout la *tekhnê* [τέχνη] (l'art, l'habileté et les métiers techniques), le *kairos* [καιρός], ou « moment opportun » (voir MOMENT), le *poros* [πόρος] (la voie ouverte), l'*apatê* [ἀπάτη] (la ruse, la tromperie ; voir encadré 6, dans VÉRITÉ). C'est sous l'égide de ce vaste champ sémantique que se développent diverses stratégies pour la chasse, la pêche, la guerre, etc., mises en œuvre par les dieux, en particulier Athéna et Hephaïstos, par les hommes (forgerons, marins, etc.) et par les animaux (poulpe, renard, etc.). Un nouvel horizon se trouve ainsi inventé, ouvrant sur des aspects et des idéologies de la Grèce ancienne jusque-là inconnus, et dont l'emblème est l'intelligence pratique d'Athéna qui se distingue du maître des chevaux et de la mer, Poséidon, justement parce qu'elle utilise la technique, la *mêtis*, pour fabriquer l'araire du paysan, le mors pour les chevaux ou diriger la navigation.

La partie du livre mettant en scène Chronos, Zeus et les héros épiques, Ménélas, Antiloque et surtout Ulysse, se base sur les grands textes épiques et quelques exemples tragiques. Car *mêtis* est essentiellement un terme de l'*epos* et, quoique la comédie d'Aristophane soit pleine de ruses, le mot n'y apparaît jamais, de même qu'on ne le rencontre pas chez Hérodote, si ce n'est dans une citation d'Homère, ni chez Euripide et très rarement dans le reste de la tragédie. Cela explique le nombre d'études récentes attachées à l'analyse de *mêtis*, en particulier dans l'*Odyssée*, liant la notion à la polytropie d'Ulysse « aux mille tours » comme à l'écriture même, ironique et piégée, du texte homérique (P. Pucci).

♦ Voir encadré 1.

Le mot *mêtis* est parfois employé dans son acception odysséenne par des disciplines modernes. Ainsi James C. Scott, dans *Seeing like a State* (Yale UP, 1999), utilise ce mot pour décrire l'ingéniosité des paysans traditionnels, débrouillards, capables de s'adapter à des situations changeantes, bricoleurs, par opposition aux techniciens rationnels et scientifiques, abstraits et visionnaires de l'agriculture industrielle et de la globalisation.

Pietro PUCCI

BIBLIOGRAPHIE

DETIENNE Marcel et VERNANT Jean-Pierre, *Les Ruses de l'intelligence. La mêtis des Grecs*, Flammarion, 1974.

DIANO Carlo, *Forma ed evento. Principi per una interpretazione del mondo greco*, Venise, Neri Pozza, 1967 ; trad. fr. P. Grenet et M. Valens, Combas, Éd. de l'Éclat, 1994.

FERRETTO Carla, « Orione tra "Alke" e "Metis" », *Civiltà Classica e Cristiana*, 3, 1982, p. 161-182.

GOLDHILL Simon, *The Poet's Voice. Essays on Poetics and Greek Literature*. Cambridge, Cambridge UP, 1991.

PICCIRILLI Luigi, « Artemide et la *mêtis* di Temistocle », *Quaderni di Storia*, 13, 1981, p. 143-146.

PUCCI Pietro, *Odysseus Polutropos*, Cornell UP, Ithaca, 1987 ; *Ulysse Polutropos*, trad. fr. J. Pucci, Lille, Presses du Septentrion, 1995.

RICHLIN Amy, « Zeus and Metis. Foucault. Femminism, Classics », *Helios* 18 (1991), 160-180.

SCHEIN Seth, « Odysseus and Polyphemus in the *Odyssey* », *Greek, Roman and Byzantine Studies*, 11, 1970, p. 73-83.

SLATKIN Laura M., « Composition by theme and the *Mêtis* of the *Odyssey* », *in* Seth L. SCHEIN (éd.), *Reading the Odyssey. Selected Interpretative Essays*, Princeton UP, 1996, p. 223-255.

OUTILS

BENVENISTE Émile, *Le Vocabulaire des institutions indo-européennes*, 2 vol., Minuit, 1969.

CHANTRAINE Pierre, *Dictionnaire étymologique de la langue grecque*, nouv. éd. mise à jour avec un « Supplément au dictionnaire », Klincksieck, 1999.

MIMÊSIS [μίμησις] GREC – fr. *imitation, représentation*

lat. *imitatio, similitudo* all. *Nachahmung ; nachmachen, kopieren, nachbilden*	it. *imitazione, rassomiglianze ; ritrarre*

► *IMITATION*, et ACTEUR, ANALOGIE, ART, BEAUTÉ, COMPARAISON, DESCRIPTION, DICHTUNG, DOXA, HISTOIRE, *IMAGE* [BILD, EIDÔLON], *IMAGINATION* [PHANTASIA], INGENIUM, PLAISIR, PRAXIS, REPRÉSENTATION, VÉRITÉ

Dès la Renaissance, la traduction et donc l'interprétation du terme mimêsis [μίμησις] *ont été à l'origine d'importants débats philologiques et théoriques qui ont joué un rôle crucial dans l'histoire de la pensée artistique. Le développement de la théorie de l'art, d'abord en Italie aux XVe et XVIe siècles, puis en France au XVIIe siècle, a été en effet entièrement tributaire de la définition grecque de l'art, au sens général de* tekhnê [τέχνη] *et particulier de* poiêsis [ποίησις]*, comme activité mimétique. Et cette définition a soulevé à chaque fois les mêmes questions, chez les Italiens comme chez les Français : En quoi consiste l'imitation artistique ? Qu'est-ce qui la distingue de la ressemblance, de la copie, de la reproduction, de l'illusion ? Quelle est sa fonction : est-elle au service du mensonge ou de la vérité, du plaisir ou de la connaissance ? Quel est son objet : est-ce la nature ou l'idée, le visible ou l'invisible, le monde intérieur ou une réalité extérieure ? Or toutes ces questions s'inscrivent dans une problématique largement déterminée par l'ambiguïté sémantique du concept de* mimêsis *dans le champ de la philosophie grecque. Elles correspondent à la double orientation donnée à la problématique de la* mimêsis *par Platon et par Aristote, c'est-à-dire à l'opposition entre un concept élaboré en référence à un modèle pictural, donnant à* mimêsis *le sens de « ressemblance », et un concept élaboré en référence à un modèle théâtral, donnant à* mimêsis *le sens de « représentation ». Cette opposition entre les deux sens de* mimêsis*, entre la* mimêsis *platonicienne et la* mimêsis *aristotélicienne, est en quelque sorte constitutive de la théorie de l'imitation qui s'est développée à partir de la Renaissance et qui domine la pensée de l'art pendant plusieurs siècles. On la retrouve dans l'idée d'*imitazione*, dans celle d'*imitation *comme dans celle de* Nachahmung*, mais à travers de multiples transformations qui affectent profondément son sens. Les théoriciens italiens réinterprètent en effet la* mimêsis *à partir de l'idée d'*imitatio*, transmise par la langue latine qu'ils continuent à utiliser. Et c'est en fonction de la théorie de l'*imitatio *qu'ils élaborent une théorie de l'*imitazione*. C'est ensuite à partir de l'idée d'*imitazione*, et en opposition à elle, que les Français s'approprient à leur tour la théorie aristotélicienne de la* mimêsis*. Et la critique de la* mimêsis *qui se développe en Allemagne à partir de la fin du XVIIIe siècle est en fait une mise en cause de la doctrine française de l'imitation qui domine la pensée européenne depuis le XVIIe siècle. Tous ces déplacements, toutes ces adaptations et ces « traductions » qui se sont effectués d'une langue à l'autre n'ont fait en un sens que développer l'un des aspects du concept de* mimêsis *et exploiter sa prodigieuse richesse sémantique.*

I. « MIMÊSIS » CHEZ PLATON ET ARISTOTE

A. Théâtre ou peinture ?

Comme les autres mots de la même famille (*mimêtês* [μιμητής], *mimeisthai* [μιμεῖσθαι], etc.), *mimêsis* [μίμησις] se rattache au substantif *mimos* [μῖμος]. Au départ, ce terme ne se référait qu'au mime, à la danse, à la musique, autrement dit à des activités visant à exprimer la réalité intérieure et non à reproduire une réalité extérieure. Son application aux arts visuels est corollaire du changement sémantique qui s'opère à partir du Ve siècle où il commence à désigner la reproduction du monde extérieur. Ce nouvel usage va jouer un rôle déterminant dans l'orientation donnée par Platon à la problématique de la *mimêsis*. L'élaboration philosophique du concept de *mimêsis* naît en effet d'une réflexion sur la peinture et la sculpture. Certes, le premier sens de *mimêsis* subsiste chez Platon, qui continue à appliquer le terme à la musique, à la danse (*Lois*, VII, 798d) et bien sûr au théâtre. C'est ainsi qu'on retrouve l'origine théâtrale de *mimêsis* dans la distinction entre *mimêsis* et *diêgêsis* [διήγησις], le discours mimétique correspondant aux formes de la tragédie et de la comédie par opposition au récit simple où le poète raconte en son nom, sans se cacher sous un personnage (*République*, III, 392c-394d). Mais ces usages, qui restent traditionnels, sont eux-mêmes tributaires de l'instauration d'un nouveau sens de *mimêsis* à partir de la référence aux arts visuels, et plus particulièrement à la peinture, c'est-à-dire à une activité mimétique dont la caractéristique est d'imiter le réel extérieur et de l'imiter en image. L'origine picturale du concept de *mimêsis* tel qu'il est élaboré par Platon inscrit ainsi l'analyse de la *mimêsis* dans un champ fort éloigné de celui auquel l'attachait jusque-là l'origine théâtrale du mot. Le problème ne concerne plus, comme dans le cas de la *mimêsis* théâtrale, l'identité du sujet, la confusion entre l'acteur et l'auteur, mais l'identité de l'objet, c'est-à-dire la relation de l'image (*eidôlon* [εἴδωλον]) à son modèle. Le fait de rapporter la question de la *mimêsis* à celle de l'image donne à *mimêsis* le sens de ressemblance, et la définition de la *mimêsis* comme ressemblance permet de condamner la *mimêsis* picturale comme fausse et mauvaise ressemblance, c'est-à-dire de la rejeter au nom même du critère qu'elle a servi à élaborer. Certes, Platon ne rejette pas toutes les formes de *mimêsis* picturale, comme l'atteste la division qu'il établit dans le *Sophiste* entre deux sortes de *mimêsis* : une *mimêsis eikastikê* [μίμησις εἰκαστική] et une *mimêsis phantastikê* [μίμησις φανταστική] (235d-236c). La première consiste à reproduire le modèle en respectant ses proportions et en donnant à chaque partie les couleurs qui lui conviennent : c'est un art de la copie conforme. La seconde, en revanche, pratiquée surtout pour les œuvres de grande dimension et qui demandent donc à être vues de loin, déforme les proportions exactes et utilise des couleurs qui ne correspondent pas à celles qui existent dans la réalité. Cette mimétique ne cherche pas à reproduire le réel tel qu'il est, mais tel qu'il apparaît au spectateur compte tenu de son point de vue — « ces artistes, donnant congé à la vérité, ne produisent-ils pas par les images (*tois eidôlois* [τοῖς εἰδώλοις]) les proportions, non pas qui sont, mais qui paraissent belles (*ou tas ousas summetrias, alla tas doxousas einai kalas* [οὐ τὰς οὔσας συμμετρίας ἀλλὰ τὰς δοξούσας εἶναι καλάς] ? » (236a 4-6) – et c'est bien sûr là qu'on trouvera logée la sophistique, toujours considérée comme « relativiste » (*Sophiste*, 268c-d). C'est une mimétique qui ne reproduit pas l'être mais l'apparaître : une « phantastique » donc, qu'on traduit par « art du simulacre » (trad. fr. Diès, Les Belles Lettres, 1985) ou « de l'illusion » (trad. fr. N. L. Cordero, Flammarion, « GF », 1993 ; voir PHANTASIA) : elle est, en bonne doctrine platonicienne, condamnable sous le double chef de l'inexactitude et de la tromperie, à la fois parce qu'elle s'écarte de la vérité et parce qu'elle fait croire à sa vérité. Or c'est là « une très large part de la peinture (*pampolu* [...] *kata tên zôgraphian* [πάμπολυ (...) κατὰ τὴν ζωγραφίαν]) » (236b 9). La qualité de la *mimêsis* doit être jugée à l'aune de sa référence, évaluée en termes de justesse et d'exactitude, c'est-à-dire en fonction de critères qui appartiennent au champ de la connaissance et de la vérité : dans les arts d'imitation, « c'est d'abord l'égalité (*isotês* [ἰσότης]) sous le rapport de la quantité et de la qualité qui pourra produire la justesse (*tên orthotêta* [τὴν ὀρθότητα]) » (*Lois*, II, 667d 5-7).

Cette conception purement référentielle de la *mimêsis* pose toutefois quelques problèmes en ce qui concerne l'image, c'est-à-dire lorsqu'on l'applique au type d'imitation sur lequel précisément s'appuie la théorie platonicienne de la *mimêsis*. Les critères de la bonne *mimêsis* au sens de ressemblance ne peuvent être ceux de la *mimêsis* au sens de reproduction. Une image qui reproduirait la grandeur et tous les caractères de son modèle ne serait plus une image mais un double identique à l'original. On n'aurait plus Cratyle et l'image de Cratyle mais deux Cratyle :

> Tu vois donc, mon ami, que pour l'image il faut chercher une autre justesse (*allên khrê eikonos orthotêta zêtein* [ἄλλην χρὴ εἰκόνος ὀρθότητα ζητεῖν]) que pour les choses dont nous parlions, et qu'il n'est pas forcé qu'une image cesse d'être image si on en ôte ou si on y ajoute quelque chose. Te rends-tu compte de tout ce qui manque aux images pour être identiques à ce dont elles sont les images (*hosou endeousin hai eikones ta auta ekhein ekeinois hôn eikones eisin* [ὅσου ἐνδέουσιν αἱ εἰκόνες τὰ αὐτὰ ἔχειν ἐκείνοις ὧν εἰκόνες εἰσίν]) ?
>
> *Cratyle*, 432c 7-d 2.

B. Ressemblance ou représentation ?

Comment penser la ressemblance de l'image ? Comment penser cette autre justesse qui suppose l'existence d'un écart entre le produit de l'imitation et l'objet imité ? Comment concilier la définition référentielle de la *mimêsis* avec l'idée que l'imitation peut être juste tout en étant inadéquate à son modèle ? Cette difficulté proprement conceptuelle, qui témoigne d'une tension entre des exigences contradictoires, est déjà inscrite dans la langue. Comme le remarquent R. Dupont-Roc et J. Lallot dans les notes qui accompagnent leur traduction de *La Poétique* d'Aristote, quelles que soient les différences entre la *mimêsis* aristotélicienne et la *mimêsis* platonicienne, il existe « un trait commun aux verbes d'"imitation" chez les deux auteurs : l'ambivalence de base de l'accusatif d'objet – affecté (= modèle) ou effectué (= copie) – construit avec ces verbes » (Aristote, *La Poétique*, trad. fr. R. Dupont-Roc et J. Lallot, Seuil, 1980, p. 145). Et c'est précisément pour préserver cette ambivalence qu'ils ont choisi de traduire *mimeisthai* par *représenter* et non par *imiter* : « sauf présence d'éléments discriminants dans le contexte, "représenter un homme" offre la même ambiguïté que *mimeisthai anthrôpon* [μιμεῖσθαι ἄνθρωπον], alors que la traduction traditionelle par "imiter" sélectionne abusivement l'interprétation de l'accusatif comme celui du modèle » (*ibid.*, p. 145). Cette ambiguïté grammaticale qui permet de rapporter le verbe aussi bien à l'imitation qu'à l'objet imité s'accorde avec la double filiation, philologique et philosophique, du concept de *mimêsis*, c'est-à-dire avec le fait que son sens s'est constitué à partir d'une double référence, théâtrale et picturale. Ces deux filiations déterminent en effet deux manières différentes d'envisager l'objet de la *mimêsis*. La première, qui ouvre sur l'espace du jeu et de la fiction, amène à rapporter l'activité mimétique plutôt à son produit, à cet objet que Dupont-Roc et Lallot appellent l'objet effectué, celui qui se donne à voir et à entendre dans sa présence réelle – comme dans la représentation théâtrale. La seconde, qui ouvre sur le monde des images, la rapporte au contraire à son modèle, à ce qu'ils appellent l'objet affecté, un objet dont la peinture redouble la présence sur un mode illusoire – comme dans l'imitation picturale. C'est à l'évidence ce deuxième sens qui domine chez Platon, mais sans annuler pour autant les effets de l'autre filiation qui continue à travailler le texte platonicien. La tendance en quelque sorte s'inverse chez Aristote qui réinscrit le sens de *mimêsis* dans le champ de la poétique. Comme l'écrit Ricœur, par *mimêsis*, chez Aristote, « il ne faut pas entendre [...] quelque redoublement de présence, comme on pourrait encore l'entendre de la *mimêsis* platonicienne, mais la coupure qui ouvre l'espace de la fiction » (*Temps et Récit*, t. 1, Seuil, 1993, p. 76).

♦ Voir encadré 1.

De même que la généalogie théâtrale de *mimêsis* vient troubler, chez Platon, la cohérence d'une construction fondée sur un paradigme visuel, par une sorte de mouvement similaire mais inverse, l'analyse aristotélicienne de la *mimêsis* poétique est hantée par la question de l'image picturale qui tire la problématique de la *mimêsis* vers une tout autre direction. La comparaison avec la peinture dont se sert Aristote à d'innombrables reprises, et qui atteste cette présence sous-jacente mais active de la référence picturale, n'est pas en effet sans soulever quelques difficultés. La *mimêsis* poétique, telle qu'elle est définie par Aristote, est, comme on sait, une *mimêsis* d'action : elle concerne « ceux qui représentent des personnages en action (*prattontas* [πράττοντας]) » (*Poétique*, 2, 1448a 1). Représenter l'action signifie représenter l'histoire (*muthos* [μῦθος]) : « c'est l'histoire qui est la représentation de l'action (j'appelle ici "histoire [*muthos*]" le système des faits) » (6, 1450a 2). Cette corrélation entre *mimêsis* et *muthos* par le biais de l'action aboutit à donner la primauté à l'histoire sur les caractères dans la définition de la tragédie : « Le principe et si l'on peut dire l'âme de la tragédie, c'est l'histoire (*ho muthos* [ὁ μῦθος) ; les caractères (*ta êthê* [τὰ ἤθη]) viennent en second » (6, 1450a 38-39). La comparaison avec la peinture, qui intervient immédiatement à la suite de cette phrase, justifie cette hiérarchie en établissant un parallèle entre le dessin et l'histoire, d'une part, la couleur et les caractères, de l'autre : « En effet, c'est à peu près comme en peinture : si un peintre appliquait au hasard les plus belles matières, le résultat n'aurait pas le même charme qu'une image dessinée en noir et blanc. » Mais cette comparaison en quelque sorte structurale, qui établit une correspondance hiérarchique entre les parties qui entrent dans la composition d'un poème et celles qui entrent dans la composition d'un tableau, s'accorde mal avec celle qui est développée au chapitre 2, toujours à propos des caractères. Celle-ci repose en effet sur une tout autre distinction qui met cette fois en jeu l'idée de ressemblance :

> Puisque ceux qui représentent représentent des personnages en action, et que nécessairement ces personnages sont nobles ou bas [...], c'est-à-dire soit meilleurs, soit pires que nous, soit semblables — comme le font les peintres : Polygnote peint ses personnages meilleurs, Pauson pires, Dionysos semblables —, il est évident que chacune des représentations dont j'ai parlé comportera aussi ces différences et sera autre parce qu'elle représentera des objets autres sous le rapport qu'on vient d'indiquer.
>
> *ibid.*, 2, 1448a 1-9.

1

La traduction de « mimêsis » par « représentation » chez Aristote

L'un des points les plus forts de la traduction de la *Poétique* d'Aristote par R. Dupont-Roc et J. Lallot est bien de tenir compte de la double nature, philologique et philosophique, des questions soulevées par la traduction de *mimêsis*. Les raisons avancées pour justifier leur choix de traduire *mimêsis* par *représentation* sont évidemment d'abord philologiques : « On voit maintenant pourquoi, contre toute une tradition, nous avons choisi de traduire *mimeisthai* non par "imiter" mais par "représenter" : les connotations théâtrales de ce verbe et surtout la possibilité de lui donner pour complément, comme à *mimeisthai*, indifféremment l'objet "modèle" et l'objet produit — au lieu qu'"imiter" excluait ce dernier, le plus important — ne pouvaient qu'emporter la décision » (*op. cit.*, p. 20). Mais ce choix répond aussi au souci proprement philosophique de rendre compte de la spécificité de la conception aristotélicienne de la *mimêsis* par rapport à celle de Platon, c'est-à-dire de dissiper les multiples confusions et contresens entretenus par la traduction de *mimêsis* par *imitation* chez les deux auteurs. Leur traduction présente ainsi le très grand avantage d'éclaircir une différence conceptuelle en l'inscrivant dans une distinction lexicale, c'est-à-dire d'éclairer en retour le texte grec lui-même. Mais elle ajoute en même temps un degré de complexité supplémentaire à une histoire déjà passablement compliquée. En effet, le sens de *représentation* n'est pas moins équivoque aujourd'hui que ne l'était hier celui d'*imitation*. Si *imitation* tire la *mimêsis* du côté de la ressemblance en l'inscrivant dans une problématique constituée à partir du paradigme de l'image, « représentation » nous entraîne en revanche du côté d'une théorie du signe fondée sur un modèle qui est celui du langage. Son sens actuel est largement déterminé par une histoire qui débute au XVIIe siècle, notamment avec les logiciens de Port-Royal, et qui a connu d'immenses développements au XXe siècle dans le champ des théories du discours. Si la connotation théâtrale de *représentation* persiste dans l'usage ordinaire du terme, elle disparaît en grande partie dans l'usage théorique, où sa connotation est d'emblée sémiotique, y compris lorsque le mot est appliqué à l'analyse de l'image picturale. La manière dont ce terme a aujourd'hui envahi le discours sur la peinture, où il tend à se substituer à celui d'image, est à cet égard particulièrement intéressante. Penser l'image comme représentation revient à penser l'image comme signe, et donc à oblitérer sa dimension proprement visuelle qui reste présente dans le mot *imitation*. Il n'est donc guère surprenant que la traduction de *mimêsis* par *représentation* puisse s'accorder avec certaines analyses récentes développées dans le cadre d'une philosophie du langage, indépendamment de tout souci philologique et historique. C'est ainsi que Kendall Walton, dès les premières pages de son livre, *Mimesis as Make Believe*, prend soin de prévenir le lecteur que le mot *mimêsis*, tel qu'il l'utilise, doit être entendu au sens de représentation, c'est-à-dire sans référence à une quelconque théorie de la ressemblance ou de l'imitation. Mais, ajoute-t-il aussitôt, si le sens de *mimêsis* correspond pour lui à celui de « représentation », c'est au sens particulier que lui-même donne au terme de *représentation* ! C'est sans doute pour éviter toutes ces ambiguïtés que Walton a préféré revenir au terme grec, sans le traduire.

BIBLIOGRAPHIE

ARISTOTE, *Poétique*, trad. fr. R. Dupont-Roc et J. Lallot, Seuil, 1980.

WALTON Kendall, *Mimesis as Make Believe*, Cambridge (Mass.), Harvard UP, 1990.

Si la définition de la *mimêsis* comme *mimêsis* des actions rapproche la poésie de l'histoire — dont elle se distingue par ailleurs, les actions étant représentées au théâtre par des personnages qui sont eux-mêmes en action —, la *mimêsis* des caractères induit au contraire un rapprochement avec la peinture, et plus précisément avec un genre de peinture qui pose de la manière la plus aiguë la question de la ressemblance, à savoir celui du portrait. Cette double référence, à l'histoire et au portrait, témoigne à nouveau de l'impossibilité de donner une définition univoque de *mimêsis*. Si le lien *mimêsis-muthos* justifie pleinement la traduction de *mimêsis* par *représentation*, l'existence de cet autre lien, entre la *mimêsis* et le portrait, atteste la permanence, chez Aristote, d'une interprétation de la *mimêsis* en termes d'image et donc de ressemblance, qui justifierait que parfois l'on revienne à la traduction de *mimêsis* par *imitation*. Ainsi dans le chapitre 4, où Aristote lève la condamnation platonicienne de la *mimêsis* artistique en assignant d'emblée une fonction cognitive au plaisir que procure l'activité mimétique dont la tendance est inscrite dans la nature humaine. Ce plaisir de la reconnaissance qui, pour Aristote, est à la source de la connaissance, est directement lié à l'existence de l'image, c'est-à-dire à la saisie d'une ressemblance : « En effet, si l'on aime à voir des images (*khairousi tas eikonas horôntes* [χαίρουσι τὰς εἰκόνας ὁρῶντες]), c'est qu'en les regardant on apprend à connaître et on conclut ce qu'est chaque chose comme lorsqu'on dit : celui-là, c'est lui » (1448b 15).

C. Nature ou histoire ?

La définition de l'art en général et de la peinture en particulier comme imitation de la nature s'est souvent légitimée, notamment au XVIe et au XVIIe siècle, de l'autorité d'Aristote. Encore aujourd'hui, nombre d'interprètes y voient la marque la plus évidente de l'influence du Stagirite sur la constitution de la théorie de l'art. Or, si elle emprunte effectivement ses éléments à Aristote, une telle détermination de l'art ne saurait en aucun cas lui être attribuée. Elle confond sous une même idée des définitions qui, chez Aristote, appartiennent à des registres très différents. Elle rapporte à la peinture, et plus généralement aux arts au sens moderne, artistique, du terme, c'est-à-dire aux activités qui, chez Aristote, relèvent du champ de la poétique, la définition que celui-ci donne de la *tekhnê* [τέχνη] dans la *Physique* : « D'une manière générale, l'art (*tekhnê*) ou bien exécute ce que la nature est impuissante à effectuer, ou bien l'imite [...] Si donc les choses artificielles sont produites en vue de quelque fin, les choses de la nature le sont également, c'est évident ; car dans les choses artificielles comme dans les naturelles les conséquents et les antécédents sont entre eux dans le même rapport » (trad. fr. H. Carteron, Les Belles Lettres, « CUF », 1983, II, 8, 199a 15). La *mimêsis* poétique n'est pas référée par Aristote à la nature mais à l'histoire ; elle est une imitation des actions humaines (*mimêsis praxeôs* [μίμησις πράξεως]). Attribuer à Aristote la paternité de l'idée selon laquelle l'art, au sens artistique, est une imitation de la nature implique ainsi un transfert de signification du plan de la physique au plan de la poétique, de l'art au sens de *tekhnê* à l'art au sens de *poiêsis* [ποίησις]. La traduction de *tekhnê* par *ars*, puis par *art*, le fait que le grec ne possède aucun mot pour désigner ce que nous appelons *art* au sens des beaux-arts, c'est-à-dire confonde sous un même terme deux choses que les langues européennes, depuis la Renaissance, se sont efforcées de distinguer, à savoir l'art de l'artiste, du peintre ou du sculpteur, et l'art de l'artisan, de l'ouvrier (distinction qui reprend celle établie au Moyen Âge entre les arts libéraux et les arts mécaniques ; voir ART), ne sont certes pas indifférents à ce transfert. Et celui-ci n'eût sans doute pas été possible si le sens qu'Aristote attribue à *mimêsis*, *mimeisthai*, lorsque ces mots sont référés à l'image et non plus à l'histoire, n'avait en quelque sorte ménagé un espace pour l'accueillir et l'intégrer. La fusion, dans une nouvelle conception de l'art, de la *mimêsis* au sens d'imitation des actions et de la *mimêsis* au sens d'imitation de la nature a pu s'autoriser du sens secondaire que possède *mimêsis* à l'intérieur même de la *Poétique*. Il s'agit là d'une des multiples opérations de transformation qui ont permis à la *Poétique* de devenir, à partir de la Renaissance, un texte fondateur pour la théorie de la peinture. Elle permettait en effet de redonner la première place au paradigme pictural dans la définition de la *mimêsis*. Et aussi de tirer parti des possibilités offertes par la synthèse préalablement effectuée au Moyen Âge, sous le terme d'*ars*, entre la définition de la *tekhnê* donnée dans la *Physique*, où *tekhnê* est opposé à *phusis* [φύσις], et celle qu'on trouve dans l'*Éthique à Nicomaque*, où *tekhnê* est distingué de *praxis*, ces deux termes correspondant alors à deux modes différents d'activité réglée et finalisée : « la disposition à agir accompagnée de règle [τῆς ποιητικῆς ἕξεως] » (VI, 4, 1140a 3-5, trad. fr. J. Tricot, Vrin, 1990 ; voir PRAXIS). La théorie de l'imitation, telle qu'elle devait se développer à la Renaissance et à l'âge classique, allait donner un nouveau sens à ce lien entre l'idée d'art et celle de règle en redéfinissant la règle à l'intérieur d'un champ artistique qui affirme et veut défendre son autonomie par rapport au domaine des activités « mécaniques ». Le contresens sur l'idée aristotélicienne de *mimêsis* n'est donc pas la cause mais bien l'effet de ce travail de réinterprétation que la transformation du champ artistique et les nouveaux enjeux assignés à l'art rendaient nécessaire.

♦ Voir encadré 2.

II. DE L'IMITATION DU VISIBLE À L'EXPRESSION DE L'INVISIBLE : LES POUVOIRS DE L'« IMAGO »

Dans un chapitre de son livre publié en 1637, *De pictura veterum libri tres*, véritable somme de la pensée humaniste sur l'art, Franciscus Junius énumère les différentes définitions de l'imitation. Après avoir cité le chapitre 4 de la *Poétique* d'Aristote, la préface aux *Eikones* et le livre II de *la Vie d'Apollonios* de Philostrate, il écrit : « En tout cas, pour les grammairiens, image (*imago*) veut dire en quelque sorte ce qui procède de l'imitation (*imitago*) » (chap. 1, trad. fr. C. Nativel, Droz, 1999). Cette phrase témoigne de la transformation opérée sur l'idée d'imitation par le passage de *mimêsis* à *imitatio*, en raison du lien qui s'est établi dans la langue latine entre *imitatio* et *imago*. En ce sens, l'histoire d'*imitatio* devient inséparable de celle d'*imago*.

Imago appartient au même champ sémantique que *simulacrum*, *signum*, *effigies*, voire *exemplar* et *species*. Signifiant l'imitation en portrait, *imago* se disait de l'image de morts : il désignait le masque qui était fait à partir de l'empreinte d'un visage. Renvoyant d'abord au culte des ancêtres, il désigne aussi, dans le latin classique, l'image des dieux, s'associant à des termes qui se réfèrent tous au domaine du sacré. La transformation du sens d'*imago* au cours du Moyen Âge par la problématique théologique de l'image va modifier en même temps le sens d'*imitatio* en l'inscrivant dans un nouveau réseau de signification qui s'articule autour de l'idée de ressemblance, mais d'une ressemblance pensée elle aussi en de nouveaux termes, comme l'atteste l'usage extraordinairement complexe de *similitudo* et de ses dérivés. Le sens que prend par exemple *imitatio* au XIVe siècle dans l'expression *imitatio Christi* illustre l'ampleur et la nature de cette transformation. L'usage d'*imitatio* renvoie ici à une problématique de la ressemblance qui s'est développée à partir d'une réinterprétation d'*imago*, la relation du fils au père et celle de l'homme à Dieu donnant un sens radicalement nouveau à ce terme. L'idée selon laquelle l'homme avait été créé à l'image de Dieu imposait de penser la ressemblance de l'*imago* non plus seulement en termes de copie mais aussi en termes d'analogie.

Sous l'influence des doctrines néoplatoniciennes (Boèce, Scot Érigène et surtout l'école de Chartres), cette pensée analogique allait entraîner une complète réélaboration du sens d'*imitatio* appliqué aux activités artistiques. Pour un théoricien du Moyen Âge, l'artiste cherche à imiter tout autant le visible créé par Dieu que l'œuvre de Dieu, à créer à l'image de Dieu en prolongeant l'activité de la nature. Les rapports entre la création humaine et la création divine sont régis par un principe de concordance, de similitude, qui repose sur l'application des règles d'harmonie, de proportion, de symétrie, de clarté, que l'artiste découvre en lui-même comme dans la nature et qui lui permettent d'atteindre cette beauté qui n'est rien d'autre que la manifestation visible de la splendeur divine. L'artiste n'imite pas seulement la *natura naturata* mais aussi la *natura naturans*. Comme l'écrit Panofsky, « la thèse selon laquelle l'art imite autant que possible la nature, ou plutôt d'après la nature, signifie qu'on met en parallèle mais non pas en relation l'art et la nature : l'art (sous lequel il faut naturellement, et peut-être principalement, comprendre aussi les *artes* qui sont étrangers aux trois arts fondés sur le dessin) n'imite pas ce que crée la nature mais travaille à la façon dont la nature crée, en poursuivant, grâce à des moyens définis, des objectifs eux-mêmes définis, en réalisant des formes déterminées dans des matériaux eux aussi déterminés » (*Idea*, trad. fr. H. Joly, Gallimard, 1989, p. 59). La forme visible réalisée par l'artiste est l'expression matérielle d'une forme immanente à son esprit ou imagination (*fantasia*) que l'artiste découvre dans la contemplation du monde visible. En imitant le visible, l'art exprime l'invisible. Commentant une phrase de Robert Grosseteste : « *Forma est exemplar ad quod respicit artifex ut ad ejus imitationem et similitudinem formet suum artificium* [La forme est l'idée que l'artiste a en vue pour produire les imitations et les ressemblances de son art] », Edgar De Bruyne écrit ainsi : « L'œuvre matérielle ne copie pas nécessairement et avec fidélité la forme visible [...] mais inévitablement elle exprime la représentation de ce que l'artiste conçoit dans son âme. C'est ce modèle spirituel que la forme imite

2

La fenêtre d'Alberti

La nouvelle définition de la peinture qui s'élabore à la Renaissance fera coexister ces divers plans de signification, au départ hétérogènes, cette coexistence entraînant parfois certaines contradictions. Loin d'être la marque d'une inconséquence logique, celles-ci témoignent en fait de la difficulté rencontrée par les premiers théoriciens de l'art pour fondre les deux sens de *mimêsis* dans une théorie parfaitement unifiée. La définition du tableau comme « fenêtre ouverte », qu'on trouve au Livre I du *De pictura* d'Alberti, est à cet égard exemplaire, notamment en raison des contresens qu'elle n'a cessé de susciter. Chez Alberti, cette fenêtre encadre une représentation narrative ; elle n'ouvre pas sur la nature mais sur l'histoire : « Je trace d'abord sur la surface à peindre un quadrilatère de la grandeur que je veux, et qui est pour moi une fenêtre ouverte par laquelle on puisse regarder l'histoire (*historia*) » (*ibid.*, I, trad. fr. J.-L. Schefer, Macula, 1992, p. 115 ; dans la version italienne de son traité, Alberti emploie le mot *storia* qui, comme *historia*, correspond au *muthos* d'Aristote [sur les deux versions du traité d'Alberti, voir BEAUTÉ]). Mais cette définition s'accorde mal avec celle que l'on rencontre à d'autres endroits du texte où la représentation picturale est caractérisée par sa fonction monstrative, c'est-à-dire sa fonction d'image : « En effet, puisque la peinture s'efforce de représenter (*repraesentare*) les choses visibles, notons de quelle façon les choses se présentent à la vue » (*ibid.*, II, p. 145). D'où le fait qu'on a pu interpréter cette analogie avec la fenêtre en un sens totalement étranger à la pensée albertienne, comme une fenêtre ouvrant sur du visible, telles ces *vedute* qu'on rencontre dans maints tableaux de la Renaissance. On retrouve la même ambivalence chez Poussin, un siècle plus tard. Dans l'une de ses dernières lettres, il définit la peinture comme « une imitation faite avec lignes et couleurs en quelque superficie de tout ce qui se voit sous le soleil » (lettre à Fréart de Chambray, 2 mars 1665, in *Correspondance de Nicolas Poussin*, p. 462). Mais ailleurs, il écrit que « la peinture n'est rien d'autre que l'imitation des actions humaines », cette seconde définition de l'imitation, conforme à l'idée aristotélicienne de *mimêsis* poétique, étant en fait la traduction d'une phrase du Tasse que Poussin se contente de recopier en remplaçant le mot *poésie* par celui de *peinture*.

avant toute autre chose » (*Études d'esthétique médiévale*, t. 3, p. 152). Comme l'écrit saint Bonaventure, en se référant aux théories classiques de la rhétorique : « *Dicitur imago quod alterum exprimit et imitatur* [on dit que l'image exprime quelque chose d'autre que ce qu'elle imite] » (cité par De Bruyne, *ibid.*, p. 207). La transformation d'*imitatio* en relation à celle d'*imago* ajoute à la définition en quelque sorte horizontale de l'imitation comme ressemblance extérieure, une double dimension, verticale et en profondeur, l'expressivité étant caractérisée par un mouvement de l'intérieur vers l'extérieur et du bas vers le haut. La première conséquence de cette transformation est de permettre aux théologiens de résoudre d'une manière favorable aux images l'épineuse question qui avait été soulevée par les iconoclastes et qui sera sans cesse réactualisée jusqu'au concile de Trente, à savoir la question du culte des images (voir OIKONOMIA). La seconde est évidemment de fournir un argument majeur pour légitimer l'activité artistique. Le travail théorique de la pensée scolastique a consisté à donner une substance, une dimension ontologique à des concepts comme *imago* ou *forma* et à leur conférer une fonction proprement théologique.

III. D'« IMITATIO » À « IMITAZIONE » : LES THÉORIES DE L'ART À LA RENAISSANCE

C'est donc de cette histoire passablement compliquée et qui s'étend sur plusieurs siècles qu'hérite la pensée humaniste de la Renaissance. C'est à partir d'elle que les théoriciens italiens retournent aux textes grecs et latins qu'ils redécouvrent dans leur langue originale, ceux d'Aristote, de Platon, d'Horace ou de Cicéron. Ils se rapportent à la problématique de la *mimêsis* par la médiation du champ dans lequel s'est progressivement inscrite l'idée d'*imitatio*.

A. Les hésitations du vocabulaire

La définition de l'art comme imitation s'est d'abord développée dans le domaine des arts visuels, en donnant à *imitare*, *imitazione*, le sens de ressemblance, d'image fidèle de la réalité visible. L'idée que l'art doit imiter la nature apparaît chez les peintres et théoriciens de la peinture dès le début du XVe siècle. On la rencontre chez Alberti (*De pictura*, III, 1435), chez Ghiberti (*I commentarii* [1436], Florence, Giunti, 1988), ou encore chez Léonard, qui affirme que la peinture la plus digne d'éloge est celle qui est fidèle à la chose imitée (« *conformità co'la cosa imitata* ») (*Trattato della pittura*, fragment 411, in *Libro di pittura*, Florence, Giunti, 1995 ; trad. fr. A. Chastel, Berger-Levrault, 1987). Il faudra attendre la seconde moitié du XVIe siècle et la diffusion de la *Poétique* d'Aristote pour que le concept d'imitation soit appliqué aux arts poétiques, prenant ainsi un nouveau sens (la première traduction latine de la *Poétique* d'après l'original, par Lorenzo Valla, paraît en 1498 ; le texte grec est imprimé pour la première fois en 1503. Dans la seconde moitié du XVIe siècle paraissent de nombreuses traductions en langue vulgaire, accompagnées de commentaires, ainsi que des poétiques d'inspiration aristotélicienne).

Comment concilier la *mimêsis* aristotélicienne avec l'idée d'*imitatio* et surtout celle d'*imitazione* telle qu'elle s'exprime dans le champ de la peinture ? Cette difficulté, proprement conceptuelle, s'est posée d'emblée comme un problème de traduction. Comment fallait-il traduire *mimêsis* ? Si *imitatio*, emprunté au latin classique, finit par l'emporter dans le latin de la Renaissance, certains traducteurs hésitent toutefois sur la pertinence de ce terme pour rendre adéquatement le sens de *mimêsis*. C'est ainsi qu'en 1481 le traducteur d'Averroès opte pour *assimilatio*, tandis que Fracastoro, au siècle suivant, anticipant la solution proposée par Dupont-Roc et Lallot, pense qu'on peut dire indifféremment « imitation » ou « représentation » : « *sive imitari, sive representare dicamus* » (Girolamo Fracastoro, *Naugerius ; sive De Poetica dialogus* [1555], Bari, Laterza, 1947). La complète victoire d'*imitatio* et de son dérivé italien, *imitazione*, qui donnera naissance à son tour aux variantes françaises et anglaises d'*imitation*, ne suffira pas à lever toutes ces hésitations. Le passage à la langue vernaculaire s'accompagnera de multiples distinctions qui attestent la permanence des difficultés rencontrées. Dans son *Trattato delle perfette proporzioni*, publié en 1567, Vicenzo Danti, se fondant sur la distinction aristotélicienne entre poésie et histoire, propose ainsi de réserver *imitare* pour l'art et d'employer *ritrarre* pour désigner l'imitation ressemblante, celle qui reproduit les choses telles qu'on les voit (*ritrarre*, du latin *ritrahere*, tirer en arrière — comme dans le français « retirer » ou « retrait » —, a d'abord le sens général de représenter, décrire, raconter. Appliqué à la peinture, il prend le sens de représentation ressemblante). On rencontre déjà chez Ceninni les expressions « *ritrarre da natura* » ou « *ritrarre naturale* » (Cennino Cennini *Il libro dell'arte* [1437], Milan, Longanesi, 1984). Quant à Castelvetro, auteur d'une traduction italienne de la *Poétique* d'Aristote publiée en 1570, qui sera fort contestée par les Français au siècle suivant, il choisit de traduire *mimêsis* par *rassomiglianze*, ressemblance, et non par *imitazione*.

♦ Voir encadré 3.

B. Imiter la nature ou l'idée ?

Ces divergences que l'on rencontre chez les traducteurs italiens, qu'ils traduisent en latin ou en langue vulgaire, illustrent l'extrême diversité des conceptions qui s'affrontent et ne cesseront de s'affronter pendant plusieurs siècles. Le règne incontesté de l'idée d'imitation à partir de la Renaissance jusqu'à la fin du XVIIIe siècle n'impliquera jamais l'existence d'une théorie systématique et unifiée de l'imitation.

Comme on l'a dit précédemment, le problème de l'imitation a d'abord été posé dans le champ de la peinture avant d'être repris et formulé en des termes très différents par les théoriciens de la poétique. Fallait-il imiter la nature ou l'idée, un modèle extérieur ou un modèle intérieur, le réel ou la beauté ? Le peintre devait-il chercher à rendre la réalité visible aussi fidèlement que possible, dans ses détails et ses imperfections, ou au contraire à rendre visible cette image idéale de la beauté qui n'existe qu'en esprit ou en imagination, sur le modèle de l'orateur parfait tel que Cicéron le décrit dans un passage de *L'Orateur* auquel tous les théoriciens de la peinture se référeront pendant des siècles (*L'Orateur*, trad. fr. A. Yon, Les Belles Lettres, 1964, III, 10 ; voir DISEGNO, BEAUTÉ) ? Pour importante qu'elle soit, l'influence du néoplatonisme et du cicéronianisme sur la pensée de l'art à la Renaissance ne suffit pas à expliquer l'existence ni même le sens d'une telle interrogation. Comme toutes les questions qui se posent à la peinture, celles-ci ont d'abord leur source dans l'histoire même de cet art. Elles renvoient à ce qu'on pourrait appeler des histoires de peinture, en l'occurrence à celles de deux tableaux de Zeuxis, rapportées par Pline. Dans l'un, Zeuxis avait peint des raisins si bien imités que des oiseaux s'étaient précipités sur la toile. Pour l'autre, il avait fait poser les plus belles vierges de la ville de Crotone. Incapable de trouver la beauté parfaite dans un seul modèle, il avait emprunté à chacune ce qu'elle avait de plus beau. Ces deux récits auront pour longtemps valeur de paradigme dans les réflexions sur l'idée d'imitation dans le champ de la peinture. Le premier légitime une interprétation réaliste de l'imitation comme ressemblance, et sera constamment invoqué par tous ceux qui louent les pouvoirs illusionnistes de la peinture (le miroir et le singe sont deux emblèmes traditionnels de la peinture). Le second joue en faveur d'une conception plus intellectualiste de l'imitation, qui soumet l'*imitazione* à l'*idea* et au *concetto*, et dont la finalité n'est plus de donner une illusion du réel à travers une ressemblance fidèle avec les choses mais d'atteindre la perfection et la beauté (voir CONCETTO). C'est ainsi qu'Alberti, se référant à l'histoire de Zeuxis et des vierges de Crotone, recommande au peintre d'imiter plusieurs modèles parce qu'il est impossible de trouver la beauté parfaite dans un seul corps. Telle était la méthode utilisée par Raphaël, comme celui-ci le confie dans une lettre à Castiglione à propos de la difficulté qu'il a à trouver un modèle naturel pour peindre sa *Galatée* : « Puisqu'il y a pénurie de bons juges et de belles femmes, je me sers d'une certaine idée (*certa idea*) qui me vient dans l'esprit (*mente*) » (*in* Lodovico Dolce, *Lettere di diversi eccellentissimi huomini*, Venise, Appresso Gabriel Giolito de Ferrari et fratelli, 1554). C'est cette *certa idea* dont parle Raphaël que l'artiste imite à travers son *disegno*. Défendre « *il primato del disegno* » dans la peinture, comme le font les Florentins, implique ainsi une conception platonicienne ou plutôt néoplatonicienne de l'imitation comme imitation d'une représentation mentale à laquelle le peintre se rapporte comme à un modèle dans son imitation des choses. Renouant avec une problématique théologique développée au Moyen Âge, Zuccaro ira jusqu'à faire du *disegno interno* une empreinte de la divinité, un *segno di dio*, et donc à définir la peinture comme une activité qui consiste non pas à imiter les choses mais à agir à la ressemblance de Dieu (Federico Zuccaro, *L'idea de'pittori, scultori et architetti* [1607], in *Scritti d'arte di Federico Zuccaro*, Florence, L. S. Olschki, 1961 ; voir DISEGNO).

C. Imiter n'est pas mentir. Le problème de la fiction

Reprise par les théoriciens de la poétique, l'idée d'imitation subit un certain nombre de transformations qui affectent en retour la conception picturale de l'imitation. D'abord parce que ceux-ci s'expriment souvent en latin, et, même lorsqu'ils écrivent en italien, pensent *imitazione*

3

La ressemblance du portrait

L'usage du mot *ritratto*, dérivé de *ritrarre*, pour désigner le portrait illustre la prégnance de l'identification entre portrait et ressemblance qui a fait du portrait le paradigme de la ressemblance et donc de la peinture comme image ressemblante (de même en est-il de l'usage de *po(u)rtraire* et de *po(u)rtraiture* au XVIIe siècle au sens général de peinture). Mais cette identification explique aussi que le portrait ait pu être considéré comme un genre inférieur dans le cadre de la hiérarchie des genres qui s'élabore sous l'influence de la *Poétique* d'Aristote, et qui implique la primauté de la peinture d'histoire. Comment défendre le statut du portrait comme genre au regard des critères aristotéliciens ? C'est précisément pour résoudre cette difficulté qu'un auteur comme Mancini propose de distinguer deux types de portraits : « *il ritratto semplice* », le portrait simple, conforme à la définition platonicienne de la « *mimêsis eikastikê* [μίμησις εἰκαστική] », qui « n'exprime rien d'autre que la dimension, proportion et ressemblance avec la chose qu'il imite (*similitudine della cosa che imita*) », et *il ritratto con azione e espressione d'affetto*, le portrait avec action et passion, dans lequel il y a « outre la ressemblance (*similitudine*), l'action et la passion, laquelle s'imite (*imitandosi*) en représentant (*rappresentar*) la manière de cette passion (*il modo di quell'affetto*) » (Giulio Mancini, *Considerazioni sulla pittura* [vers 1620], Rome, Academia nazionale dei Lincei, 1956-1957). Certes, la variété des termes utilisés par Mancini : *similitudine*, *imitare*, *rappresentar*, de même que le lien action/passion qui rattache la problématique de l'action à celle de l'expression des affects, témoignent des déplacements que le Moyen Âge et la Renaissance ont fait subir à la *mimêsis* d'Aristote aussi bien qu'à celle de Platon. Mais cette distinction entre deux genres de portrait, aussi étrangère soit-elle à la pensée d'Aristote, répond à une difficulté qui a sa source dans la double acception qu'Aristote donne à *mimêsis* selon qu'il réfère le terme au discours ou à l'image. Roger de Piles se réclamera lui aussi d'Aristote pour caractériser le genre du portrait, en utilisant toutefois un argument différent : « Si la peinture est une imitation de la nature, elle l'est doublement à l'égard du portrait qui ne représente pas seulement un homme en général, mais tel homme en particulier » (*Cours de peinture par principes* [1708], Gallimard, « Tel », 1989, p. 260).

BIBLIOGRAPHIE
HÉNIN Emmanuelle, *Ut pictura theatrum*, Genève, Droz, 2004.

comme traduction de *mimêsis* et d'*imitatio*. Liée à la traduction et à l'interprétation des textes, la réflexion prend un tour plus savant, plus scolastique. Par ailleurs, il était inévitable que l'application du principe d'imitation aux arts du langage infléchisse son sens dans une nouvelle direction. Imiter pour un poète ne signifie pas la même chose qu'imiter pour un peintre. Il imite avec des mots et non avec des images. Son imitation, contrairement à celle du peintre, ne peut être pensée sur le mode de la ressemblance. La théorie du *disegno* est à cet égard caractéristique du renversement opéré par l'*ut pictura poesis*, c'est-à-dire par la comparaison entre la peinture et la poésie (voir COMPARAISON) ; en référant l'image à l'*idea*, au *concetto*, elle définit l'imitation picturale sur le modèle de l'imitation poétique.

Cette dissociation entre imitation et ressemblance est à l'origine de la plupart des problèmes posés par l'idée d'imitation dans le champ poétique. Comment concilier la définition de la poésie comme imitation avec les licences de l'invention poétique ? Le caractère référentiel de l'idée d'imitation n'est-il pas contradictoire avec le droit qu'Horace reconnaît au poète de tout oser ? Certains n'hésitèrent pas à dénoncer les dangers d'une théorie qui donnait des limites beaucoup trop étroites à l'activité artistique. Le poète, dira Patrizi, n'est pas un *imitator* mais un *facitor*, *facitor* étant ici un parfait équivalent du *poietes* grec (Francesco Patrizi, *Della poetica*, Ferrare, 1586). Cette opposition entre *imitator* et *facitor* soulève toutefois un vrai problème. Le poète fabrique en effet des fictions. Alors que l'idée d'imitation permet d'assigner à l'art une fonction de connaissance et donc de vérité, l'idée de fiction implique celle de mensonge et de fausseté. Au Moyen Âge, Isidore de Séville s'était pourtant efforcé de distinguer *falsum* de *fictum*, mais sa distinction n'avait guère laissé de traces. À la Renaissance et au XVIIe siècle, nombre de théoriciens de l'art continueront à parler des beaux mensonges ou encore des mensonges innocents de l'art, utilisant ainsi en faveur de l'art le même argument qui avait si longtemps servi, et servira encore, à le condamner.

D. Imiter les maîtres : le problème de l'invention

La conception de l'imitation qui s'élabore à la Renaissance à partir de la lecture d'Aristote, d'Horace ou de Cicéron permet en partie de résoudre l'opposition entre imitation et fiction. L'invention poétique peut être légitimée par l'autorité des auteurs antiques. Mais cette même autorité fait surgir une nouvelle difficulté qui transforme radicalement les données du problème de la *mimêsis* et l'énonce en de nouveaux termes. L'imitation n'est plus seulement pensée en référence à la nature mais aussi aux Anciens dont les œuvres sont érigées en modèles d'imitation de la nature. L'imitation de la nature devient en quelque sorte une imitation au second degré, l'imitation d'une imitation : l'art doit imiter l'art afin d'imiter la nature. Cette idée selon laquelle l'art doit reposer sur l'imitation des maîtres constitue la véritable nouveauté de la théorie de l'imitation telle qu'elle se développe dans le cadre de l'humanisme. Mais elle allait susciter aussitôt des réserves, notamment chez les artistes et théoriciens qui se réclament d'une conception platonicienne de l'art, comme ceux de l'Académie florentine plutôt hostile au principe d'imitation. S'ils reconnaissent une valeur pédagogique à l'imitation des Anciens, ils refusent de considérer les Anciens comme des modèles indépassables auxquels l'artiste devrait se soumettre. La discussion soulevée par l'idée de modèle dans le champ de la poésie est ainsi en tout point analogue à celle évoquée précédemment à propos de la peinture, même si elle s'énonce en d'autres termes. L'histoire de Zeuxis a valeur de paradigme non seulement pour le peintre mais aussi pour le poète, à condition de substituer aux beautés naturelles celles de l'art. Aucun modèle n'est assez parfait pour qu'il suffise à l'artiste de l'imiter afin d'atteindre la beauté. C'est pourquoi il faut imiter plusieurs modèles et surtout les imiter avec discernement, comme l'écrit Pico lors de la polémique qui l'oppose à Bembo autour de l'idée d'imitation : « *Imitandum inquam bonos omnes, non unum aliquem, nec omnibus etiam in rebus* [Je dis qu'il faut imiter tous les bons écrivains, non pas un seulement, et non pas en toutes choses] » (Giorgio Santangelo, *Le Epistole « De imitazione » di Giovanfrancesco Pico della Mirandola e di Pietro Bembo*, p. 24). Ce n'est pas dans les auteurs qui ont écrit avant lui que le poète trouve la source de son inspiration poétique, dit-il, mais dans « une certaine idée » *intérieure* (*Idea quaedam*), qui n'est pas sans évoquer « *la certa idea* » de Raphaël. À la conception normative de l'imitation défendue par Bembo, Pico oppose ainsi un rapport critique à la tradition compatible avec la liberté du poète et son originalité : « *Inventio enim tum laudatur magis, cum genuina est magis, et libera* [Car plus l'invention est libre et originale, plus elle est digne d'éloge] » (*ibid.*, p. 30). Conçue comme *inventio*, l'imitation se transforme en une véritable émulation qui permet à l'artiste de dépasser ses modèles et de créer des œuvres supérieures à celles du passé. Chez les auteurs qui écrivent en latin, *imitatio* est d'ailleurs peu à peu délaissé au profit d'*inventio*. Ce terme, emprunté à la rhétorique, n'a pas le sens moderne d'inventer. *Inventio* s'accorde avec l'idée d'imitation, contrairement à *creatio* qui appartient au vocabulaire de la théologie.

IV. D'« IMITAZIONE » À « IMITATION ». L'ARISTOTÉLISME FRANÇAIS

A. Les fins de l'imitation

La *Poétique* a joué un rôle majeur dans la naissance et le développement de la théorie de l'art en France au XVIIe siècle. Qu'il s'agisse de définir l'art en général ou les diverses formes de représentation artistique, de s'interroger sur la nature de la tragédie ou sur celle de la peinture d'histoire, d'établir les règles qui président à la composition d'un poème dramatique ou celles qui interviennent dans la composition d'un tableau, les théoriciens classiques s'inspirent largement d'Aristote et lui empruntent la plupart de leurs catégories. Ils ne disposent pourtant d'aucune traduction française de la *Poétique* avant 1671, date à laquelle paraît celle de Norville, qui sera suivie en 1692 par celle de Dacier. C'est donc d'abord à travers les traductions italiennes, en langue latine ou en vernaculaire, que la pensée aristotélicienne de l'art pénètre en France, ainsi qu'à travers les poétiques italiennes mais aussi néerlandaises, comme celles de Daniël Heinsius (*De tragediae constitutione*, 1511) ou de Gerard Jan Vossius (*De artis poeticae*, 1647), qui exerceront une grande influence sur la pensée française. Même lorsqu'ils lisent le grec, les Français se rapportent à la *mimêsis* aristotélicienne à travers sa réélaboration par l'idée d'*imitatio* et d'*imitazione*.

Ces traductions font l'objet d'un certain nombre de critiques dont l'enjeu excède largement le cadre d'une dispute simplement philologique. En contestant l'interprétation que les Italiens donnent de la *mimêsis*, il s'agit aussi d'affirmer l'originalité de la théorie française de l'imitation artistique ainsi que la supériorité du français sur le latin et l'italien. Le principal reproche adressé aux Italiens est d'avoir obscurci le texte d'Aristote parce qu'ils ne connaissaient rien à l'art du théâtre. La plupart des interprètes, écrit ainsi Corneille, ne l'ont expliqué qu'« en grammairiens ou en philosophes. Comme ils avaient plus d'étude et de spéculation que d'expérience du théâtre, leur lecture nous peut rendre plus doctes, mais non pas nous donner beaucoup de lumières fort sûres pour y réussir ». Corneille prétend au contraire l'expliquer en homme de théâtre. À la différence de celles de ses prédécesseurs, sa lecture d'Aristote, dit-il, se fonde « sur cinquante ans de travail pour la scène » (*Discours de l'utilité du poème dramatique*, in *Œuvres complètes*, Seuil, « L'intégrale », 1963, p. 822). Ce refus exprimé par Corneille de dissocier la théorie de la pratique témoigne d'un changement de perspective qui affecte au XVIIe siècle l'ensemble de la réflexion sur l'art. Qu'il s'agisse de théâtre ou de peinture, la théorie artistique se développe en France à partir de l'art et est principalement élaborée par des artistes. La redéfinition de l'idée d'imitation tient en grande partie à ce caractère très spécifique du développement de la pensée artistique en France. Si l'imitation est toujours posée comme un principe, elle est surtout pensée comme un problème ou plutôt comme un ensemble de problèmes qui sont précisément ceux que l'artiste doit résoudre. Or la nature de ces problèmes comme celle des solutions qui y sont apportées est elle-même déterminée par la subordination du principe d'imitation au principe du plaisir, qui déplace l'idée d'imitation en l'intégrant à une problématique qui n'est plus celle des causes de l'art mais de ses effets. La peinture est une imitation, dira Poussin, et « sa fin est la délectation » (Lettre à Fréart de Chambray du 2 mars 1665, in *Correspondance de Nicolas Poussin*, p. 462). Pour les Français, si l'imitation définit bien la nature de l'art, elle n'en est pas le but. Le seul but de l'art est de plaire, et c'est toujours en fonction de ce but qu'est pensé le principe d'imitation. Son application est entièrement soumise à cette finalité. Définir l'imitation artistique consiste dès lors à déterminer les règles grâce auxquelles l'imitation peut atteindre son but : « La principale règle est de plaire et de toucher, écrit Racine dans sa préface à *Bérénice*, toutes les autres ne sont faites que pour parvenir à cette première. » Corneille, comme tant d'autres, n'hésite d'ailleurs pas à attribuer cette idée à Aristote dès l'ouverture de son premier *Discours* sur le poème dramatique : « Bien que pour Aristote, le seul but de la poésie dramatique soit de plaire aux spectateurs [...] ».

♦ Voir encadré 4.

Cette définition de l'imitation en termes de plaisir illustre l'influence exercée par la pensée rhétorique sur le développement de la théorie artistique. Elle a en effet sa source dans la hiérarchie que Cicéron établit entre les finalités de l'art oratoire : *docere* (éduquer), *delectare* (plaire), *movere* (émouvoir), et qui donne la première

4

Le plaisir : de la cause au but

Soucieux de rétablir la vérité du texte d'Aristote, Dacier dénoncera cette interprétation à ses yeux complètement erronée de l'idée de *mimêsis*, notamment dans le commentaire qui accompagne le célèbre passage du chapitre 4, qu'il traduit ainsi : « Il y a deux causes principales, et toutes deux fort naturelles, qui semblent avoir produit la poésie ; la première est l'imitation, qualité née avec les hommes, car ils diffèrent des autres animaux en ce qu'ils sont tous très portés à l'imitation, que par son moyen ils apprennent les premiers éléments des sciences, et que toutes les imitations leur donnent un singulier plaisir. » Le commentaire concerne le « et que » final :

Les plus savants interprètes d'Aristote ont fait ici une faute très considérable, en prenant ces paroles pour l'explication de la seconde cause qu'il donne de la poésie, comme si Aristote disait : Et la seconde, que toutes les imitations leur donnent du plaisir. Aristote n'était pas capable de dire une chose de si mauvais sens, et de donner à un effet deux causes qui n'en sont qu'une seule. C'est comme si l'on disait que deux causes font croître une plante que cultive un jardinier : la première, l'eau dont il l'arrose, et la seconde, le plaisir qu'il prend à l'arroser. Il n'y a personne à qui cela ne parut absurde. Ce philosophe dit donc que la première cause de la Poésie c'est l'imitation, à laquelle les hommes sont portés naturellement, et comme cette pente, quelque naturelle qu'elle soit, serait inutile si les hommes n'avaient du plaisir à l'exercer, il ajoute : et à laquelle ils prennent un singulier plaisir.

André Dacier, *La Poétique d'Aristote : contenant les règles les plus exactes pour juger du poême heroique, & des pièces de théâtre, la tragédie & la comedie*, Amsterdam, George Gallet, 1692.

Si la faute des savants interprètes a été de croire que le plaisir était la seconde cause qu'Aristote attribue à l'imitation (alors qu'il s'agit de la tendance au rythme et à la mélodie), celle de Corneille est encore plus considérable puisqu'elle consiste à faire de cette cause un but, et même d'en faire le seul but de l'art. Mais cette « faute », qui est au fondement de toute l'esthétique classique, a été extrêmement féconde dans le champ de l'art.

place au *movere*. L'application de la problématique cicéronienne au domaine des arts poétiques et visuels s'accompagnera en France de multiples débats qui témoignent des mêmes difficultés que les théoriciens de la rhétorique avaient déjà rencontrées pour accorder les nécessités du *docere* avec les exigences du *movere*. Si quelques-uns vont jusqu'à mettre en cause la fonction pédagogique et morale de l'art, tous s'accordent pour lui refuser la primauté et affirmer avec Racine que la principale règle de l'art est de plaire et de toucher. Ce qui ne signifie nullement qu'ils refusent de reconnaître à l'art une valeur de connaissance. Au contraire, puisque cette valeur, c'est au plaisir lui-même qu'ils l'attribuent, comme La Fontaine dont l'art est sans doute le meilleur exemple de cette synthèse harmonieuse, parfaitement équilibrée, entre les exigences du plaisir et celles de la connaissance, qui correspond à l'idéal classique de perfection.

B. Imiter selon la nature et le vrai

Qu'est-ce qu'une bonne imitation ? Comment distinguer imitation et ressemblance ? Que signifie imiter la nature ? Quelle est la nature du modèle qu'il faut imiter ? Si les Français se posent dans l'ensemble exactement les mêmes questions que leurs prédécesseurs italiens, ils les posent toutefois d'une manière sensiblement différente. Cette différence ne tient pas seulement aux conditions politiques et institutionnelles dans lesquelles se développe en France la réflexion sur l'art mais aussi à l'existence d'un nouveau contexte théorique, philosophique et scientifique ; elle renvoie à des changements d'ordre épistémologique qui affectent l'ensemble des concepts autour desquels s'est toujours articulée la théorie de la *mimêsis* artistique. Et en premier lieu celui d'image. L'idée de représentation, telle qu'elle s'élabore en France, aboutit en effet à mettre en cause la définition traditionnelle de l'image en termes de ressemblance, obligeant ainsi à penser autrement l'idée même d'imitation. C'est bien ce nouveau concept de représentation qui sous-tend la comparaison que fait Descartes à de multiples reprises entre l'idée et l'image. Lorsqu'il dit que les idées sont « comme des images des choses » ou encore « comme des tableaux ou des peintures », cela ne signifie pas que les idées ressemblent aux choses mais qu'elles se rapportent aux choses de la même manière que les images qui imitent l'apparence des choses, c'est-à-dire par représentation. Ce qui suppose une conception radicalement nouvelle de l'image, fondée sur l'idée de signe et non plus de ressemblance. Comme l'écrit Descartes dans *La Dioptrique*, une image n'a pas besoin de ressembler à ce dont elle est l'image pour le représenter, et même souvent « pour être plus parfaites, en qualité d'images, et représenter mieux un objet, elles doivent ne lui pas ressembler », telles ces estampes qui, « n'étant faites que d'un peu d'encre posée çà et là sur du papier, nous représentent des forêts, des villes, des hommes et même des batailles et des tempêtes » (*La Dioptrique*, Discours quatrième, in *Œuvres et Lettres*, Gallimard, « La Pléiade », 1953, p. 204). Cette problématique du signe et de la représentation sera amplement développée par les logiciens de Port-Royal qui l'appliqueront notamment au problème de l'Eucharistie : le pain et le vin représentent le corps du Christ mais ne lui ressemblent pas. Mais c'est évidemment dans le champ de la peinture que ses effets seront le plus sensibles, donnant une autre orientation aux débats auxquels avait jusque-là donné lieu l'idée d'imitation.

♦ Voir encadré 5.

L'autre transformation concerne évidemment le concept de nature qui prend au XVIIe siècle un nouveau sens, tant sur le plan physique que sur le plan métaphysique. Si le mot « nature » continue à désigner pour les peintres le monde visible, il se charge en même temps de multiples significations qui se mêlent de manière plus ou moins confuse ou contradictoire dans la langue artistique. Il est pris tantôt en un sens empirique, comme synonyme de réalité observable, tantôt en un sens rationnel, comme synonyme d'essence, de règle, de loi, tantôt en un sens normatif, comme synonyme de beauté et de vérité, et la plupart du temps, dans tous ces sens à la fois. Il renvoie aussi bien à l'objet de l'imitation artistique qu'aux effets que cette imitation cherche à produire. Dans tous les cas, il implique l'idée de modèle, qu'il s'agisse du modèle à imiter ou du modèle d'imitation.

La réélaboration de l'idée d'imitation à partir d'une problématique de la représentation comme les significations nouvelles attribuées au mot « nature » expliquent que la définition de l'art comme imitation de la nature n'ait pas le même sens pour les Français et pour les Italiens. Plus aristotéliciens que platoniciens, les Français s'intéressent moins aux pouvoirs de l'Idée qu'à la nécessité des règles (de composition, de construction, du dessin, du coloris, etc.). Cartésiens, ils pensent que les fic-

5

La ressemblance du portrait (bis)

Il n'est pas surprenant que ce soit à propos du portrait que les effets de ce nouveau concept de représentation se manifestent avec le plus d'évidence. Si un bon portrait est un portrait ressemblant, qu'est-ce qui définit la ressemblance du portrait ? À cette question, que les Italiens s'étaient déjà posée, Félibien apporte une réponse tout à fait originale, qui n'est pas sans rappeler l'analyse cartésienne.

> D'où vient, demande Félibien, qu'un peintre médiocre réussit quelquefois mieux à faire ressembler qu'un très savant homme ? [...] Prenez garde que ce qui paraît souvent ressemblant dans ces portraits médiocres n'est rien moins que cela [...]. Du moment que par quelque signe il se forme dans notre esprit une image qui a du rapport à une chose que nous connaissons, nous croyons aussitôt y trouver une grande ressemblance, quoique, à la bien examiner, il n'y eut souvent qu'une légère idée.

André Félibien, *Entretiens sur les vies et les ouvrages des plus excellents peintres anciens et modernes*, 1668-1688, 7e entretien, p. 453.

tions, même les plus extravagantes, naissent toujours d'un « certain mélange et composition » de parties qui ne sont pas « choses imaginaires mais vraies et existantes », comme le dit Descartes dans la première *Méditation*, prenant justement comme exemple les formes bizarres et extraordinaires que les peintres inventent dans leurs tableaux (in *op. cit.*, p. 162) : « Cet art en général, écrit Félibien à propos de la peinture, s'étend à toutes manières de représenter les corps qui sont dans la nature. Et bien que les peintres en forment quelquefois qui ne soient pas naturels, comme les monstres et les grotesques qu'ils inventent, toutefois étant composés de parties qui sont connues et prises de différents animaux, l'on ne peut pas dire qu'ils soient de purs effets de l'imagination » (Préface aux *Conférences* de 1667, *in* Alain Mérot, *Les Conférences de l'Académie royale de peinture et de sculpture*, énsb-a, 1996, p. 43). De même qu'ils refusent d'opposer imitation et imagination, les Français ne voient aucune contradiction entre le souci d'exactitude dans l'observation du réel et l'application de critères analytiques dans l'élaboration de la représentation. L'opposition entre imitation réaliste et imitation idéale est résorbée à l'intérieur d'une conception de l'imitation beaucoup moins dogmatique qu'on ne le pense communément et qui soumet l'imitation à des critères de sélection et de correction non plus idéels mais rationnels. Il faut imiter la nature dans un choix raisonnable, dira ainsi Le Brun. Ce choix raisonnable signifie que l'imitation artistique doit satisfaire à la fois aux règles de l'art, aux exigences de la vérité (d'où l'importance donnée à l'Académie à l'étude de l'anatomie, des proportions, de la géométrie, de la perspective) et à celles de la vraisemblance ou du décorum.

♦ Voir encadré 6.

C. Représenter l'action

Si la définition de l'imitation artistique selon ses modalités (la nature et la vérité) est, comme on l'a vu, assez souple, celle qui la détermine en fonction de son objet est en revanche beaucoup plus normative. Elle consiste à définir l'art comme une représentation des actions humaines. Reprenant la définition aristotélicienne de la *mimêsis* poétique, les Français l'appliquent à l'ensemble des arts, non seulement aux arts poétiques, mais aussi à la sculpture, à la peinture, et même au ballet. Pour les Français, comme pour Aristote, imiter l'action signifie d'abord représenter l'histoire ou ce qu'ils nomment la fable (terme par lequel la plupart des traducteurs de la *Poétique* traduisent *muthos*). Le premier effet de cette définition de l'art dans le champ de la peinture sera l'instauration d'une hiérarchie des genres dominée par la peinture d'histoire, c'est-à-dire par une peinture narrative. Mais l'imitation n'est pas seulement référée à l'histoire ; comme chez Aristote, elle a également pour objet les caractères, les passions, les sentiments, ce qu'on nomme au XVIIe siècle les mœurs (terme utilisé pour traduire l'*êthos* [ἦθος] de la *Poétique*). C'est ainsi que Claude François Ménestrier écrit :

> Le ballet n'imite pas seulement les actions, il imite encore selon Aristote les passions et les mœurs, ce qui est plus difficile que l'expression des actions. Cette imitation des mœurs et des affections de l'âme est fondée sur les impressions que l'âme fait naturellement sur le corps, et sur le jugement que nous faisons des mœurs et des inclinations des personnes sur ces mouvements intérieurs.
>
> *Des Ballets anciens et modernes selon les règles du théâtre*, Chez René Guignard, 1682 ; repr. Genève, Minkoff-Reprints, 1972, p. 160.

Ce texte illustre en même temps la transformation que les théoriciens classiques font subir à la *mimêsis* aristotélicienne. On notera en effet qu'à propos des actions Ménestrier emploie indifféremment les termes *imitation* et *expression*. L'usage du mot « expression » comme équivalent d'imitation traduit la nouvelle manière dont est pensé, au XVIIe siècle, le rapport action/passion.

♦ Voir encadré 7.

Les problèmes posés par la représentation de l'histoire sont l'objet au XVIIe siècle de multiples débats, tant dans le domaine du théâtre que dans celui de la peinture. Ceux-ci mettent en jeu la même distinction entre ressemblance et représentation qu'on a déjà rencontrée à propos du portrait, mais d'une manière toutefois quelque peu différente. Le fait d'imiter l'histoire selon la nature et la vérité, comme l'exige le principe d'imitation, impose-t-il à l'artiste de respecter fidèlement la vérité historique ou peut-il s'en écarter si celle-ci contrevient aux nécessités de la représentation, c'est-à-dire à la nature et à la vérité de l'art ? Cette question donne lieu à un échange assez vif entre Philippe de Champaigne et Le Brun à propos du tableau de Poussin, *Eliézer et Rébecca*. Si Champaigne reproche à Poussin de n'avoir « pas traité le sujet de son tableau avec toute la fidélité de l'histoire, parce

6

Le décorum

Décorum en français a le même sens qu'en latin, celui de convenance. Dans le champ artistique, décorum a, comme le *prepon* [πρέπον] de la rhétorique grecque, une double signification ; il est en quelque sorte déterminé à la fois en amont et en aval. La première détermination est de nature référentielle : la règle du décorum exige que les personnages soient représentés d'une manière qui est conforme à leur état, leur situation, leur caractère : un roi ne saurait s'exprimer ou être vêtu comme un paysan, chaque passion doit être représentée d'une manière qui convient à l'état de la personne, etc. La seconde est de nature morale et sociale. La représentation doit être conforme aux mœurs des spectateurs, ne pas les choquer, respecter les règles de la bienséance. Furetière ne mentionne que ce second sens dans son dictionnaire : « Décorum. Mot latin devenu français, qui se dit en cette phrase proverbiale : garder le décorum, pour dire, observer toutes les lois de la bienséance ».

qu'il en avait retranché la représentation des chameaux dont l'histoire fait mention », Le Brun pense au contraire que le peintre a eu raison de prendre cette liberté avec l'histoire, « que les chameaux n'avaient pas été retranchés de ce tableau sans une solide réflexion ; que Monsieur Poussin, cherchant toujours à épurer et à débarrasser le sujet de ses ouvrages et à faire paraître agréablement l'action principale qu'il y traitait, en avait rejeté les objets bizarres qui pouvaient débaucher l'œil du spectateur et l'amuser à des minuties » (*Conférence académique* du 7 janvier 1668, *in* A. Mérot, *op. cit.*, p. 134-136).

Mais c'est assurément dans le champ poétique que la représentation de l'histoire soulève le plus de difficultés. Car la poésie représente l'histoire à travers des fictions. La fidélité à l'histoire pose donc au poète deux problèmes de nature assez différente. Le premier renvoie à la différence entre ressemblance et représentation : comme en peinture, la fidélité à l'histoire peut entrer en conflit avec les nécessités imposées par les règles de l'art. Le second met en jeu non plus l'autonomie de l'art mais celle de l'artiste : le respect de l'histoire impose des contraintes qui peuvent être incompatibles avec la liberté du poète, c'est-à-dire avec le droit qu'il a de tout oser. Ce problème concerne évidemment les pouvoirs de l'artiste en général, qu'il soit peintre ou poète. Mais en France, comme précédemment en Italie, il est essentiellement envisagé en référence à l'activité du poète, et cela précisément parce qu'il naît d'une réflexion sur l'idée de fiction et que la fiction est du ressort de la poésie et non de la peinture, qui soulève en revanche la question de l'illusion — la poésie dramatique présentant la particularité de mettre en jeu à la fois la question picturale de l'illusion et la question poétique de la fiction.

Concilier ces multiples exigences n'est pas toujours possible mais la liberté du poète consiste aussi à faire fi de toutes les contradictions, comme on le voit avec Corneille qui n'hésite pas à recourir, dans ses préfaces, aux arguments les plus différents, selon les besoins de sa pièce. C'est ainsi au nom des règles de l'art, donc des nécessités de la représentation, qu'il justifie les libertés qu'il a prises avec l'histoire dans *La Mort de Pompée*, où il a voulu « faire tenir en deux heures ce qui s'est passé en deux ans ». On retrouve là la distinction aristotélicienne entre poésie et histoire. Ce qui n'empêche pas Corneille d'invoquer ailleurs la vérité historique, donc les nécessités de la ressemblance, mais pour justifier cette fois les libertés qu'il prend avec la règle de vraisemblance (« le vrai n'est pas toujours vraisemblable ») et celle de la moralité (c'est-à-dire de la catharsis au sens moral où on l'entend au XVIIe siècle), qui veut que les criminels inspirent l'horreur et que le crime soit toujours puni. Cet argument de la ressemblance, qui est un argument pictural, est longuement développé dans la dédicace de *Médée*, à partir justement d'une comparaison entre la poésie et la peinture :

> La poésie et la peinture ont cela de commun, entre beaucoup d'autres choses, que l'une fait souvent de beaux portraits d'une femme laide, et l'autre de belles imitations d'une action qu'il ne faut pas imiter. Dans la portraiture, il n'est pas question de se demander si un visage est beau mais s'il ressemble ; et dans la poésie, il ne faut pas considérer si les mœurs sont vertueuses mais si elles sont pareilles à celles de la personne qu'elle introduit ; aussi nous décrit-elle indifféremment les bonnes et les mauvaises actions, sans nous proposer les dernières pour exemple ; et si elle nous en veut faire quelque horreur, ce n'est point par leur punition, qu'elle n'affecte pas de nous faire voir, mais par leur laideur, qu'elle s'efforce de nous représenter au naturel.

Pour différentes qu'elles soient, les justifications de *Pompée* et de *Médée* ne sont nullement incompatibles. Elles expriment toutes deux le même refus de soumettre l'art à des contraintes extérieures, qu'il s'agisse des contraintes de la vérité historique ou de celles que la morale et la société veulent exercer sur la représentation.

D. Imiter n'est pas copier. De l'idée d'invention à celle d'originalité

Cette volonté d'autonomie explique l'intérêt porté à la question de l'imitation des maîtres, qui avait donné lieu à la polémique entre Pico et Bembo. Mais, là encore, la position des Français est moins dogmatique qu'on ne le croit souvent. Ils sont unanimes à reconnaître que l'imitation des maîtres joue un rôle essentiel dans la formation du peintre, du sculpteur ou de l'écrivain. C'est en imitant l'art qu'on apprend à imiter selon la nature et la vérité, c'est-à-dire qu'on devient soi-même artiste. Mais l'imitation de l'art ne se confond pas avec l'imitation proprement artistique ; elle en est la condition nécessaire mais nullement suffisante. C'est ainsi que Philippe de Champaigne s'en prend à ceux qu'il appelle « les copistes de manière » qui « s'arrêtent servilement à copier la manière particulière d'un auteur, se proposant comme leur but et

7

L'expression

Le mot « expression » entre dans le vocabulaire français de la peinture vers les années 1650 et ce nouvel usage reste longtemps sans équivalent dans les autres langues (*espressione* est encore absent du *Vocabulario toscano dell arte del disegno* de Baldinucci, publié en 1681). « Expression » est employé d'abord au sens général d'expression du sujet du tableau, c'est-à-dire comme synonyme de représentation. Mais il prend très vite un deuxième sens plus restreint pour désigner la représentation des passions. C'est ainsi que Le Brun distingue l'expression générale, qui « est une naïve et naturelle ressemblance des choses que l'on veut représenter » et l'expression particulière « qui marque les mouvements du cœur, et qui rend visible les effets de la passion » (*Conférences académiques* du 7 avril et du 5 mai 1668 sur *L'Expression des passions*, in A. Mérot, *op. cit.*, p. 148). Le premier sens va peu à peu disparaître au profit du second, laissant place à la distinction représentation / expression.

comme l'unique modèle qu'ils doivent consulter. Ils jugent par ce seul auteur la manière de tous les autres et ils n'ont point d'autres yeux pour faire le discernement des beautés et des divers agréments que la nature nous propose à imiter » (« Contre les copistes de manière », *Conférence académique* du 11 juin 1672, *in* A. Mérot, *op. cit.*, p. 225). À l'image de Zeuxis, il faut imiter plusieurs modèles et non pas un seul et, comme le disait déjà Pico, les imiter avec discernement, ce qui signifie, pour un Français, en se donnant toujours pour règle la nature et la vérité. Mais c'est surtout un autre topos qui est repris au XVIIe siècle pour caractériser la démarche de l'artiste, celui de l'abeille qui butine à toutes les fleurs pour fabriquer un miel qui n'est qu'à elle. Comme l'abeille, l'artiste doit emprunter à différents maîtres pour pouvoir devenir enfin son propre maître, c'est-à-dire pour trouver une manière qui n'appartient qu'à lui. Telle est précisément la manière dont La Fontaine décrit ce qu'on peut appeler sa méthode poétique. Après avoir reconnu l'extrême diversité des sources de son inspiration, il se moque du « sot bétail » d'imitateurs serviles qui « suivent en vrais moutons le pasteur de Mantoue » : « J'en use d'une autre sorte ; et, me laissant guider / Souvent à marcher seul j'ose me hasarder. / On me verra toujours pratiquer cet usage ; / Mon imitation n'est point un esclavage » (*Épître à M^r l'Évêque de Soissons*, 1687, in *Œuvres complètes*, Seuil, « L'intégrale », 1965, p. 493). Cette proclamation d'indépendance et de liberté est d'autant plus importante dans le cas de La Fontaine que celui-ci est un partisan des Anciens.

La querelle des Anciens et des Modernes, qui se développe dans les dernières décennies du siècle, change en effet la nature des débats sur l'imitation des maîtres. Les partisans des Modernes ne mettent pas en cause l'idée d'imitation mais celle de maître, les artistes français du siècle de Louis le Grand étant pour eux infiniment supérieurs à ceux du passé, non seulement aux Grecs et aux Romains mais aussi aux Italiens de la Renaissance. Qu'ils soient partisans des Anciens ou des Modernes, tous au XVIIe siècle définissent de la même façon l'imitation artistique en référence à la nature et à la vérité. Il font donc tous la même distinction entre la véritable imitation artistique et celle des imitateurs serviles qui se contentent d'imiter la manière d'un autre. Ceux qui défendent les anciens ne les présentent pas comme des modèles à imiter, mais comme des modèles pour imiter selon la nature et la vérité. Et c'est précisément pour la même raison que les partisans des Modernes refusent de considérer les Anciens comme des modèles, parce qu'ils n'imitent pas selon la nature et la vérité, contrairement aux Français, disent-ils, dont la réussite, sur ce point comme sur tous les autres, est sans exemples dans le passé. « Voiture ne s'est formé sur personne », écrit Charles Perrault ; l'art de La Fontaine, dit-il, « est d'une espèce toute nouvelle » et il n'y a pas une seule de ses inventions « qui ait son modèle dans les écrits des anciens » (*Parallèle des Anciens et des Modernes* [1688-1696], Genève, Slatkine Reprints, 1979, p. 273). L'idée d'invention, constamment associée depuis la Renaissance à celle d'imitation, n'a plus seulement ici le sens rhétorique d'*inventio* ; elle prend aussi le sens de nouveauté, qui donne à son tour un nouveau sens à l'idée d'imitation en l'inscrivant dans une problématique qui n'est plus, comme chez Pico, celle de l'émulation mais celle de l'originalité : « Jamais personne, écrit encore Perrault à propos de La Fontaine, n'a mieux mérité d'être regardé comme original et comme le premier de son espèce » (*Les hommes illustres qui ont paru en France pendant ce siècle avec leurs portraits au naturel* [1696-1700], Genève, Slatkine Reprints, 1970).

E. D'un principe régulateur à un principe normatif : l'idée d'imitation au XVIIIe siècle

Si la réflexion sur l'idée d'imitation se poursuit au XVIIIe siècle, elle ne suscite plus les mêmes débats qu'au siècle précédent. D'abord parce que cette réflexion se développe à présent en dehors du champ artistique, chez des théoriciens de l'art qui abordent l'idée d'imitation sous un angle exclusivement théorique et non plus, comme au XVIIe siècle, sous son double aspect théorique et pratique. Échappant aux artistes, la réflexion sur l'art devient plus systématique, comme l'illustre le titre de l'ouvrage de l'abbé Batteux, publié en 1747 : *Les Beaux-Arts réduits à un seul principe*. La généralisation du principe d'imitation à l'ensemble des beaux-arts s'accompagne ainsi d'un durcissement théorique qui transforme ce qui était pour les classiques un principe régulateur assez souple, intervenant d'abord dans la formation de l'artiste, en un principe universel, à la fois normatif et explicatif, qui prétend rendre compte de toutes les formes d'art. Par ailleurs, la naissance d'une esthétique du sentiment et d'une esthétique de la nature (liées toutes deux à l'émergence de nouvelles formes de sensibilité et aux transformations de l'idée de nature) aboutit à privilégier la définition de l'art comme imitation de la nature au détriment de toutes les autres définitions, et en même temps à donner à cette définition un sens assez éloigné de celui qu'il avait au XVIIe siècle. On ne pense plus, comme Boileau, qu'« il n'est pas de serpents ni de monstres odieux qui par l'art imités ne puissent plaire aux yeux » (*Art poétique*, chant 3, in *Œuvres*, Gallimard, « La Pléiade », 1966). On préfère à présent imiter la belle nature, sous les couleurs aimables de la vraisemblance et du décorum. Cette nouvelle conception de l'idée d'imitation de la nature, qui s'accompagne d'une désaffection pour les grands genres (tragédie, peinture d'histoire), rend évidemment caduques la plupart des réflexions développées au siècle précédent autour des rapports entre nature et histoire. Dans l'art, comme dans la philosophie, la nature désormais s'oppose à l'histoire. Il faudra attendre David pour que la définition aristotélicienne de l'art comme représentation des actions humaines retrouve en peinture un second souffle.

Ces diverses transformations qui affectent l'idée d'imitation n'empêchent pas les auteurs du XVIIIe siècle d'exprimer sur bien des points les mêmes convictions que leurs prédécesseurs. Et notamment sur la nécessité de distinguer l'imitation de l'art de toutes les autres formes d'imitation, de ressemblance ou de reproduction. La réflexion qui se développe sur la nature des sens et le rôle des sensations conduit ainsi les théoriciens de l'art à opposer radicalement l'imitation artistique et l'illusion. Comme l'écrit Marmontel dans l'article « illusion » de l'*Encyclopédie*, ce qu'on appelle l'illusion théâtrale ou l'illusion picturale ne sont que des « demi-illusions », le plaisir pris à l'art tenant « à cette réflexion tacite et confuse qui nous avertit que ce n'est qu'une feinte ». La nature spécifique de l'imitation artistique s'exprime dans la nature spécifique du plaisir que cette imitation nous procure. C'est ainsi par un autre biais — celui de l'analyse des sensations — que les théoriciens du XVIIIe siècle retrouvent l'idée aristotélicienne, qui était au cœur de la doctrine classique, selon laquelle le plaisir produit par la *mimêsis* est un plaisir propre à la *mimêsis*.

V. « NACHAHMUNG » : LA MISE EN CAUSE DE LA « MIMÊSIS »

L'emploi du terme *nachahmen* (« imiter ») pose problème en Allemagne dès la première moitié du XVIIIe siècle, et représente un malaise lexical qui s'alimente à la crise plus générale du principe aristotélicien de *mimêsis*. De plus en plus nombreux sont les auteurs qui, tels J. J. Winckelmann et J. G. Herder, tentent quelque différenciation subtile pour sauver ce mot de toute confusion avec ses corrélats négatifs, *nachmachen* et *kopieren* (« copier, reproduire »). Mais ces subterfuges ne trompent guère. À la fin du XVIIIe siècle, ce ne sont plus ces corrélats qui sont contestés, mais bien le mot *nachahmen* lui-même. De façon récurrente, Jean Paul et F. Schlegel associent la *Nachahmung* (« imitation ») à la simple copie, une évolution que clôt A. W. Schlegel avec sa réfutation péremptoire de l'axiome *ars imitatur naturam*. L'art n'a pas à imiter la nature. Au mot *nachahmen* doivent désormais se substituer selon lui les termes *bilden* (« façonner, donner une forme à ») et *darstellen* (« représenter »).

A. Un malaise lexical latent (1700-1760)

Ce n'est qu'après 1700 que l'on commence réellement à débattre en Allemagne du principe de *mimêsis*, sujet qui avait largement occupé l'Italie, l'Angleterre et la France depuis la Renaissance. Or, au moment où débute cette discussion, la formule *ars imitatur naturam* ne va plus de soi, car chacun des termes de l'axiome se trouve investi de significations multiples. L'imitation peut être comprise tantôt comme reproduction stricte, tantôt comme recomposition inventive du réel, et la nature, tantôt comme *natura naturata*, tantôt comme *natura naturans*. Dès les années 1740 se développe donc un profond malaise linguistique dans le maniement allemand du mot *nachahmen* (« imiter »), que l'on tente à toute force de sauver ou au contraire de grever de virtualités négatives. Si, au milieu du siècle encore, le recours au terme de *Nachahmung* semble dépourvu d'ambiguïté et de difficulté pour J. C. Gottsched ou pour J. E. Schlegel (« un poète est un imitateur habile de toutes les choses de la nature [*ein geschickter Nachahmer aller natürlichen Dinge*] », J. C. Gottsched, *Versuch einer kritischen Dichtkunst* [1730], Leipzig, Breitkopf, 4e éd. augm. 1751, p. 20), il n'en va pas de même pour J. J. Bodmer, J. J. Breitinger ou G. E. Lessing. « Les termes *fidèle* et *embelli* [*getreu und verschönert*] employés à propos de l'imitation et de la nature, en tant que sujet de l'imitation [*Nachahmung*], sont soumis à bien des malentendus », annonce Lessing en 1768 dans la *Dramaturgie de Hambourg* (*Hamburgische Dramaturgie*, § 70, p. 359-360).

◆ Voir encadré 8.

Tantôt investie d'une dignité aristotélicienne, tantôt associée au contraire au registre peu prestigieux de la copie (*nachmachen*, *kopieren*), la notion de *Nachahmung* donne lieu à des différenciations lexicales de plus en plus subtiles, qui posent problème pour le traducteur. L'usage winckelmannien du terme est à ce titre éloquent. Alors qu'il avait fait de l'imitation le cœur et le titre même de son premier essai, les *Réflexions sur l'imitation des œuvres grecques en peinture et en sculpture* de 1755 (*Gedanken über die Nachahmung der griechischen Werke in der Malerei und Bildhauerkunst*, p. 27 *sq.*), Winckelmann ne l'emploie plus dans ses textes suivants qu'avec une gêne croissante. En 1759, il prend soin de distinguer l'imitation véritable (*nachahmen*) de la simple copie (*nachmachen*) :

> À la pensée personnelle, j'oppose la copie (*das Nachmachen*), mais nullement l'imitation (*die Nachahmung*) : sous le terme de copie, j'entends le calque servile (*knechtische Folge*). Dans l'imitation au contraire, l'objet imité, lorsqu'il l'est avec intelligence, peut devenir pour ainsi dire une nouvelle nature et constituer une entité autonome (*gleichsam eine andere Natur annehmen und etwas eigenes werden*).
>
> *Erinnerung über die Betrachtung der Werke der Kunst*, p. 151.

Le malaise lexical est évident. À la suite de Winckelmann, Herder tente une distinction subtile entre un verbe *nachahmen* transitif, synonyme de copie servile, et un *nachahmen* intransitif, désignant l'imitation juste. « *Einen nachahmen* signifie selon moi imiter le sujet, l'œuvre d'autrui ; *einem nachahmen*, au contraire, emprunter à autrui sa manière de traiter ce sujet, ou un sujet comparable [*Einem nachahnem heißt, wie ich glaube, den Gegenstand, das Werk des andern nachahmen ; einem nachahmen aber, die Art und Weise von dem andern entlehnen, diesen oder einen ähnlichen Gegenstand zu behandeln*] » (cité d'après J. et W. Grimm, *Deutsches Wörterbuch*, vol. 13, art. « Nachahmen »). La restitution en français devient complexe : il faudrait traduire le *nachahmen* transitif par « copier, reproduire servilement », et le *nachahmen* intransitif par « s'inspirer de, rivaliser avec ». Pour Winckelmann et pour Herder, la stratégie est la même : il s'agit d'inventer une sorte de double répulsif et néanmoins très proche de *nachahmen*, tel *nachmachen* ou *einen nachahmen*, pour sauver le mot *Nachahmung* de ses potentialités funestes. Mais l'artifice lexical ne trompe guère, et c'est bien le terme même de *Nachahmung* qui se trouve entaché du soupçon d'épigonalité servile.

B. « Nachahmen » et le déclin du principe d'imitation autour de 1800

L'évolution ultérieure le prouve. Dans les décennies suivantes, ce n'est plus seulement sur des termes connexes (*kopieren*, *nachmachen*, *nachbilden*) que porte le soupçon, mais bien sur la matrice sémantique même : *nachahmen*. L'attaque vient avant tout de l'école romantique et de ses alentours.

♦ Voir encadré 9.

Dans son *Cours préparatoire d'esthétique* (1804), Jean Paul reprend la distinction lexicale de Herder entre un usage transitif et un usage intransitif de *nachahmen*, mais lui apporte une fin plus abrupte :

> L'expression *die Natur nachahmen* signifie-t-elle la même chose que *der Natur nachahmen*, et la répétition est-elle imitation ? En vérité, le principe qui consiste à copier fidèlement la nature n'a guère de sens.
>
> [*Aber ist denn einerlei, die oder der Natur nachzuahmen, und ist Wiederholen Nachahmen ? – Eigentlich hat der Grundsatz, die Natur treu zu kopieren, kaum einen Sinn.*]
>
> *Vorschule der Ästhetik*, § 3, p. 34.

Dès 1795, pour mieux disqualifier l'imitation, Jean Paul fait de *nachahmen* un synonyme pur et simple de *kopieren* : « L'imitation de la nature n'est pas encore la poésie, car la copie ne peut contenir davantage que l'original [*Die Nachahmung der Natur ist noch keine Dichtung, weil die Kopie nicht mehr enthalten kann als das Urbild*] » (*Über natürliche Magie der Einbildungskraft* [De la magie naturelle de l'imagination], p. 202). De plus en plus fréquemment associé aux termes *wiederholen*, *kopieren*, *nachäffen*, le mot *nachahmen* fait hésiter le lecteur français entre plusieurs traductions : répéter, copier, singer, ou imiter. Entre F. Schlegel qui, à propos d'imitation, parle de « contrefaçon artificielle » des ouvrages grecs (« *künstliche Nachbildungen* » dans la première édition, changé en « *künstliche Nachahmungen* » dans les éditions ultérieures, *Über das Studium der griechischen Poesie* [De l'étude de la poésie grecque], p. 330) et Novalis qui, dans une lettre à son frère Karl datant vraisemblablement de 1800, affirme péremptoirement que la poésie est aux stricts antipodes de l'imitation, le statut du mot *Nachahmung* ne cesse de se dégrader et l'éventail des traductions possibles, de s'élargir. En 1801-1802, A. W. Schlegel met un terme radical à cette discussion. Dans ses *Leçons sur la littérature et les beaux-arts* données à l'université de Berlin, il se livre à une réfutation systématique du principe aristotélicien de *mimêsis* :

> Aristote avait posé comme principe incontestable que les beaux-arts étaient imitatifs (*die schönen Künste seien nachahmend*). Cela était exact à condition que l'on veuille dire par là cette simple chose : ils ont quelque chose d'imitatif (*es komme etwas Nachahmendes in ihnen vor*) ; mais c'était inexact si cela signifiait, dans le sens où Aristote le comprenait d'ailleurs lui-même, que l'imitation faisait toute leur essence (*die Nachahmung mache ihr ganzes Wesen aus*). [...] De nombreux Modernes ont ensuite transformé ce principe dans l'axiome suivant : l'art doit imiter la nature (*die Kunst soll die Natur nachahmen*). L'imprécision et l'ambiguïté des termes nature et

---

8

La critique de l'idée d'imitation de la nature chez Lessing

L'usage que fait Lessing de *Nachahmung* est conforme à sa démarche générale concernant la théorie de l'art : il recourt à la notion, mais pour en montrer les contradictions internes. En effet, s'il fallait selon lui appliquer littéralement le principe d'imitation de la nature, cher à Breitinger ou à Batteux, alors les pires difformités passeraient pour de l'art et une parfaite harmonie de proportion serait une bizarrerie :

> L'exemple de la nature qui doit justifier le lien du sérieux le plus solennel et de la gaieté la plus bouffonne, pourrait aussi bien servir à justifier tout monstre dramatique qui ne posséderait ni plan, ni liaison, ni sens commun. L'imitation de la nature (*Die Nachahmung der Natur*) ne devrait absolument pas être le principe de l'art (*Grundsatz der Kunst*) ; ou bien, si elle devait le rester, l'art cesserait par là même d'être de l'art, du moins d'être un art élevé [...]. Selon cette manière de penser, l'œuvre la plus artistique serait la plus mauvaise et la plus grossière serait la meilleure.
>
> G. E. Lessing, *Hamburgische Dramaturgie*, 70e section, 1er janvier 1768 [1769], Stuttgart, Alfred Kröner Verlag, 1958, p. 275.

Lessing ne s'en prend pas au principe d'imitation en tant que tel mais à l'imitation de la nature. Si l'imitation de la nature est l'essence de l'art, alors il faut en tirer toutes les conséquences : le parfait reflet de la réalité ne peut que nous renvoyer des représentations et des images souvent laides, voire hideuses. L'application stricte du principe d'imitation de la nature produit le contraire de ce qu'il vise, à savoir le beau, et perd ainsi toute validité de principe artistique. Dans le *Laocoon*, le mot *Nachahmung* réapparaît, mais surtout à propos des modes de représentation de la peinture : « La peinture emploie pour ses imitations (*Nachahmungen*) des moyens (*Mittel*) ou des signes (*Zeichen*) différents de la poésie, à savoir des formes et des couleurs étendues dans l'espace » (G. E. Lessing, *Laocoon*, trad. fr. A. Courtin, Hermann, 1990, p. 120). À la suite des *Réflexions* de Winckelmann, Lessing conserve le mot *Nachahmung* qui semble le plus propre à exprimer la quête de l'idéalité du beau et donc l'essence de l'art lui-même. *Nachahmung* n'est donc pas rejeté mais il n'a pas véritablement le statut d'un concept artistique et esthétique. Dans le *Laocoon*, à propos de la peinture, il s'identifie à *Darstellung*, représentation. L'autre sens, beaucoup plus vague, fait référence aux modèles poétiques et picturaux des Anciens. *Nachahmung* ne s'oppose pas encore explicitement à la *mimêsis* ; sans être véritablement vide de contenu, le mot exprime tout au plus une concession faite au culte de l'idéal classique du beau. En d'autres termes, il possède encore une légitimité due à l'autorité de Winckelmann, mais sa validité théorique est devenue si problématique que seule l'esthétique qui se développe alors en Allemagne pourra lui redonner une fécondité.

Jean-François GROULIER

imiter ont provoqué les plus grands malentendus et conduit aux plus diverses contradictions.

Vorlesungen über schöne Literatur und Kunst [Leçons sur la littérature et les beaux-arts], p. 252 *sq.*

Pour A. W. Schlegel, les symptômes d'inadéquation du terme *nachahmen* sont multiples. Chez Batteux par exemple, qui postule que l'art doit imiter la belle nature ou encore qu'il doit l'imiter en plus beau, le mot imiter est impropre « car ou bien on imite la nature telle qu'on la trouve, et il est possible alors que le résultat ne soit pas beau ; ou bien on lui donne une belle forme (*man bildet sie schön*), et ce n'est plus d'imitation qu'il s'agit (*so ist es keine Nachahmung mehr*). Pourquoi ne pas dire tout de suite : l'art doit représenter le beau (*Warum sagen sie nicht gleich : die Kunst soll das Schöne darstellen*) ? » (A. W. Schlegel, *op. cit.*, p. 253). Le mot *nachahmen*, terme impropre qui traduit ici la notion impropre d'imitation chez Batteux, doit tout simplement être éliminé. Et Schlegel de conclure : « Une formulation plus juste de ce principe serait : l'art doit donner une forme à la nature (*die Kunst muß Natur bilden*). » *Bilden et darstellen* remplacement *nachahmen*. À force d'intraduisibilité, l'intraduisible est évacué.

VI. RÉALISME OU CONVENTIONNALISME : NOUVELLES PERSPECTIVES

Les concepts de référence, de correspondance, de ressemblance, qui étaient au fondement des diverses théories de l'imitation, sont aujourd'hui devenus fort problématiques. L'idée d'imitation, telle qu'elle a fonctionné pendant des siècles à travers de multiples transformations, supposait en effet que l'objet fût donné dans l'expérience et que la représentation pût se référer adéquatement à la réalité. « Apercevoir les similitudes, écrit Aristote, c'est témoigner d'un esprit sagace » (*Rhétorique*, trad. fr. M. Dufour, Les Belles Lettres, 1938, III, 11,5). Cette proposition, qui définissait la ressemblance comme une condition de possibilité de la représentation, a possédé la valeur d'un axiome dans les théories de l'art jusqu'au XIXe siècle. Le réalisme naïf sous-jacent aux conceptions de la représentation fondées sur l'idée de ressemblance a largement été mis en cause par l'épistémologie et les analyses développées particulièrement par les philosophies du langage. Nelson Goodmann a radicalisé une position conventionnaliste aboutissant à un relativisme. Pour lui, ce qui lie A et B consiste en une relation entre des éléments qui peuvent être complètement hétérogènes, et cette relation entraîne une productivité symbolique tout aussi efficace que la ressemblance traditionnelle de type aristotélicien : « *Almost any picture can represent almost anything* [Presque n'importe quel tableau peut représenter presque n'importe quoi] » (*Languages of art*, Indianapolis, Bobbs-Merrill, 1968, p. 38). Le principe selon lequel la représentation de la réalité doit reposer sur la ressemblance à la chose représentée s'appuie ainsi davantage sur une croyance que sur des raisons logiques. Cette conception de la représentation est née d'une réflexion esthétique sur les fonctions de la métaphore,

9

L'imitation formatrice chez Karl Philipp Moritz

À la fin du XVIIIe siècle, l'imitation n'implique plus l'idée d'un ordre rationnel inhérent à la nature ou propre à un système de règles artistiques. Elle se voit confrontée à un double processus : d'une part, la subjectivation croissante de toutes les catégories esthétiques ; d'autre part, le développement d'un nouveau concept de nature. L'art doit désormais produire ses œuvres en vertu d'un principe d'autonomie analogue à celui qui est immanent aux organismes vivants. C'est donc selon un processus dynamique, interne et autonome, que l'œuvre d'art doit s'accomplir. Mais chez Moritz, ce mouvement ne relève nullement, comme chez Goethe, d'une investigation de la nature en tant que telle. Ou plutôt, art et nature se rejoignent dans un tout, analogue au cosmos des Grecs, qui les conditionne étroitement. L'art devra en effet retrouver le langage de la nature, soit par l'imitation, soit par le symbolisme. L'orientation esthétique de Moritz est donc aussi éloignée du rationalisme de Breitinger que de la vision exclusivement artistique de Winckelmann ou de Lessing. C'est l'enthousiasme et la mystique du tout qui animent la pensée de Moritz : le critère essentiel du beau ne peut être que celui d'une chose parfaitement achevée ou accomplie (*Vollendetes*). Mais cette beauté n'est elle-même qu'un moment dans un mouvement qui tend à l'appréhension du tout. Si nous ne possédons pas le concept de bon ou de bien au sens éthique, nous ne pouvons saisir dans sa plénitude l'idée d'une imitation formatrice (*die bildende Nachahmung*) dans la mesure où celle-ci est immanente à la faculté créatrice du beau telle qu'elle se manifeste dans une œuvre :

Die eigentliche Nachahmung des Schönen unterscheidet sich zuerst von der moralischen Nachahmung des Guten und Edlen dadurch, dass sie, ihrer Natur nach, streben muss, nicht, wie diese, in sich hinein, sondern aus sich heaus zu bilden.

[Donc, l'imitation du beau proprement dite se distingue d'abord de l'imitation morale du beau et du noble par ceci, qu'elle doit s'efforcer, d'après sa nature, non, comme cette dernière, de former l'image en soi, mais de la former à partir de soi.]

Karl Philipp Moritz, *Über die bildende Nachahmung des Schönen* [1788], in *Schriften zur Asthetik und Poetik*, Tübingen, Niemayer, 1962, p. 67 ; trad. fr. P. Beck, in *Le Concept d'achevé en soi et autres écrits*, PUF, 1995, p. 149.

Le « *aus sich heraus zu bilden* » (se former à partir de soi) dissipe l'ambiguïté de la phrase. L'imitation formatrice n'a plus rien de commun avec l'imitation telle que l'entendait encore par exemple Lessing : elle est une poïesis, animée par une *Bildungskraft*, une faculté formatrice. *Nachahmung* est d'autant moins traduisible que Moritz utilise le mot tout en le définissant comme ce qu'il n'est pas, à savoir une activité de l'imagination créatrice. La rupture avec la tradition artistique de l'imitation est donc consommée ; le théoricien a en vue une idéalisation du beau impliquant tout autant une expérience mystique qu'une expérience esthétique. C'est cependant en fonction de cette nouvelle signification, parfois obscure, que va se déterminer l'orientation esthétique du romantisme allemand.

Jean-François GROULIER

mais elle s'étend à l'ensemble des créations symboliques de l'art en se fondant sur une nouvelle théorie de la référence. Ernst Gombrich s'est opposé à ce qu'il a appelé « le conventionnalisme extrême » de Goodmann et a défendu l'existence d'une ressemblance visuelle (« *a real visual ressemblance* ») en recourant aux recherches contemporaines, psychologiques, anthropologiques et philosophiques, sur la perception. Sans nier l'importance des codes et de ce que Goodman appelle « l'inculcation » dans le processus de reconnaissance des représentations visuelles, Gombrich refuse l'idée que les images représentant la nature ne seraient que des signes conventionnels, au même titre que les signes linguistiques. Il existe pour lui des relations de similitude entre l'espace visuel du tableau et la nature de l'objet représenté (cf. « Image and Code : Scope and Limits of Conventionalism in Pictorial Representation », in *The Image and the Eye*). Mais ces liens de ressemblance excluent toute référence réaliste à l'objet, puisque la représentation la plus réaliste présuppose déjà un long apprentissage et des cadres de référence culturels et sociaux rigoureusement déterminés. On aboutit ainsi, dans la pluralité des recherches, à une situation paradoxale puisque la dévalorisation de l'imitation comme concept central de l'esthétique a fait naître de nombreuses théories sur ce qui était au fondement même de ce concept, à savoir la ressemblance, la référence et la représentation. Contrairement à la réflexion sur l'art du XIXe siècle, l'esthétique contemporaine ne rejette plus l'imitation au nom d'une liberté créatrice ou d'une autonomie radicale de l'invention artistique, mais en vertu d'une conviction principielle qui veut que chaque acte de référence de la perception et surtout du langage à la réalité élimine toute homologie ou tout isomorphisme possible entre le discours et le réel. Déterminée en connexion avec la logique, donc avec de nouveaux modèles épistémologiques et métacritiques, l'esthétique se voit par conséquent nécessairement impliquée dans le débat sur le réalisme et l'antiréalisme. La question du réalisme conditionne aussi bien la détermination des valeurs, des propriétés objectives d'une œuvre, du beau, des couleurs, que celle de la représentation, de la référence et de la ressemblance, c'est-à-dire une grande partie du champ esthétique. Cela ne signifie nullement que le concept d'imitation ait perdu toute validité et qu'il soit désormais dépourvu de toute valeur expressive, y compris dans la pure copie ou le faux artistique. C'est par une analyse plus précise des fonctions de la référence que l'idée d'imitation peut conserver une signification.

Jacqueline LICHTENSTEIN
et Élisabeth DECULTOT (V)

BIBLIOGRAPHIE

ALBERTI Leon Battista, *De pictura* [1435], trad. fr. J.-L. Schefer, Macula, 1992.

AUERBACH Erich, *Mimêsis, la représentation de la réalité dans la littérature occidentale* [1946], trad. fr. C. Heim, Gallimard, 1967.

BATTEUX, Charles, *Les Beaux-Arts réduits à un même principe* [1746], Aux amateurs de livres, 1989.

BLUMENBERG Hans, « "Nachahmung der Natur". Zur Vorgeschichte der Idee des schöpferischen Menschen », in *Wirklichkeiten, in denen wir leben. Aufsätze und eine Rede* [1957], Stuttgart, P. Reclam jun., 1981, p. 55-103.

— *Die Lesbarkeit der Welt* [1981], Francfort, Surhkamp, 1993.

DE BRUYNE Edgar, *Études d'esthétique médiévale*, Bruges, Albin Michel, 1946.

DESCARTES René, *Œuvres et Lettres*, éd. A. Bridoux, Gallimard, « La Pléiade », 1937 ; 2e éd. remaniée et augm., 1953.

FÉLIBIEN André, *Entretiens sur les vies et les ouvrages des plus excellents peintres anciens et modernes* [1666-1688], 1er et 2e entretiens publiés par René Démoris, Les Belles Lettres, 1987.

GOMBRICH Ernst, *The Image and the Eye*, Oxford, Phaidon Press, 1982.

— « The "What" and the "How" : Perceptive Representation and the Phenomenal World », *in* R. RUDNER and I. SCHEFFLER (éd.), *Logic and Art. Essay in honour of Nelson Goodmann*, Indianapolis, Bobbs-Merril. Co., 1972.

GOODMANN Nelson, *Langages de l'art* [1968], trad. fr. J. Morizot, Nîmes, Jacqueline Chambon, 1990.

GOTTSCHED Johann Christoph, *Versuch einer kritischen Dichtkunst* [1730], Leipzig, Breitkopf, 4e éd. augm. 1751.

HOHNER Ulrich, *Zur Problematik der Naturnachahmung in der Ästhetik des 18 Jahrunderts*, Erlanger, Verlag Palm und Enke, 1976.

ISIDORE DE SÉVILLE. *Étymologies*, éd. et trad. fr. M. Reydellet, J. André *et al.*, Les Belles Lettres, 1981.

JAUSS Hans Robert (éd.), *Nachahmung und Illusion* [1964], Munich, Eidos, 1969.

JEAN PAUL, *Vorschule der Ästhetik* [1804], in *Werke*, éd. N. Miller, Munich, Hanser, 1959-1985, vol. 5, p. 7-456 ; *Cours préparatoire d'esthétique*, trad. fr. A.-M. Lang et J.-L. Nancy, Lausanne, L'Âge d'homme, 1979.

— *Über natürliche Magie der Einbildungskraft* [1795], in *Werke*, éd. N. Miller, Munich, Hanser, 1959-1985, vol. 4, p. 195-205.

JUNIUS Franciscus, *De pictura veterum libri tres* [1637], trad. fr. Colette Nativel, Droz, 1999.

LESSING Gotthold Ephraim, *Hamburgische Dramaturgie* [1767-1768], éd. K. Berghahn, Stuttgart, Reclam jun., 1981.

MANCINI Giulio, *Considerazioni sulla pittura* [1620], Rome, Accademia nazionale dei Lincei, 1956-1957.

MÉROT Alain, *Les Conférences de l'Académie royale de peinture et de sculpture au XVIIe siècle*, énsb-a, 1996.

PATRIZI Francesco, *Della Poetica*, Ferrare, par Vittorio Baldini, 1586 ; trad. angl. M. Cavalchini et I. Samuel, Oxford, Clarendon Press, 1973.

POUSSIN Nicolas, *Correspondance de Nicolas Poussin*, Fernand de Nobèle, 1968.

PREISENDANZ Wolfgang, « Zur Poetik der deutschen Romantik I. Die Abkehr vom Grundsatz der Naturnachahmung », *in* H. STEFFEN (éd.), *Die Deutsche Romantik. Poetik, Formen, Motive*, Gottingen, Vandenhoeck und Ruprecht, 1967, p. 54-74.

— « Mimesis und Poiesis in der deutschen Dichtungstheorie des 18. Jahrhunderts », *in* W. RASCH (éd.), *Rezeption und Produktion zwischen 1530 und 1730. Festschrift für G. Weydt*, Berne-Munich, Francke, 1972, p. 537-552.

QUATREMÈRE DE QUINCY Antoine Chrysostome, *Essai sur la nature, le but et les moyens de l'imitation dans les beaux-arts* [1823].

— *De l'imitation*, Archives d'architectures modernes, 1980.

SANTANGELO Giorgio, *Le epistole « De imitazione » di Giovanfrancesco Pico della Mirandola e di Pietro Bembo*, Florence, Nuova Collezione di testi umanistici inediti o rari, 1954.

SCHLEGEL August Wilhelm von, *Vorlesungen über schöne Literatur und Kunst*, in *Kritische Ausgabe der Vorlesungen*, éd. E. Behler, Paderborn, Schöningh, vol. 1, 1989.

SCHLEGEL Friedrich von, *Über das Studium der griechischen Poesie* [1797], in *Kritische Friedrich-Schlegel-Ausgabe*, 35 vol., éd. E. Behler, Paderborn, Schöningh, 1958 *sq.*, sect. 1, vol. 1, p. 217-367.

TASSO Torquato, *Discorsi dell'arte poetica et del poema eroico* [1587], Bari, G. Laterza, 1964.

TATARKIEWICZ Wladislaw, *A History of Six Ideas* [1975], trad. angl. C. Kasparek, La Haye, Martinus Nijhoff, 1980.

WINCKELMANN Johann Joachim, *Gedanken über die Nachahmung der griechischen Werke in der Malerei und Bildhauerkunst* [1re éd. Friedrichstadt, 1755, 2e éd. augm. Dresde et Leipzig, 1756], in *Kleine Schriften*, éd. W. Rehm, Berlin, Gruyter, 1968, p. 27-59 ; *Réflexions sur l'imitation des œuvres grecques en peinture et en sculpture*, trad. fr. L. Mis, Aubier, 1954.

— *Erinnerung über die Betrachtung der Werke der Kunst* [1759], in *Kleine Schriften*, éd. W. Rehm, Berlin, Gruyter, 1968, p. 149-156.

OUTILS

BALDINUCCI Filippo, *Vocabolario toscano dell'arte del disegno con la notizia de'nomi e qualità delle gioie, metalli, pietre dure, marmi, pietre tenere, sassi, legnami, colori, strumenti, ed ogn'altra materia, che seruir possa, tanto alla costruzione di edifici e loro ornato, quanto alla stessa pittura e scultura*, Florence, Santi Franchi, 1681.

FURETIÈRE Antoine, *Dictionnaire universel, contenant généralement tous les mots françois tant vieux que modernes, & les termes de toutes les sciences et des arts*, La Haye, Arnout & Renier Leers, 1690, rééd. 1694, 1737, repr. 3 vol., Genève, Slatkine, 1970, et Le Robert, 1978.

GRIMM Jacob et Wilhelm, *Deutsches Wörterbuch*, Leipzig, Hirzel, 1854 ; repr. Munich, Deutscher Taschenbuch, 1984.

MIR [мир, міp] RUSSE – fr. *monde, paix, commune paysanne*

gr.	*kosmos* [κόσμος] ; *eirênê* [εἰρήνη]
lat.	*mundus, pax*
all.	*Welt, Friede*

► *MONDE, PAIX*, et OIKEIÔSIS, PRAVDA, SÉCULARISATION, SOBORNOST', SOCIÉTÉ CIVILE, SVET, SVOBODA

La présence en russe de deux homonymes, mir [мир], *« paix », et* mir [мир], *« monde », pose d'abord un problème étymologique : s'agit-il dès l'origine de deux termes distincts, ou faut-il poser qu'un des deux sémantismes dérive de l'autre, ou encore imaginer deux dérivations divergentes à partir d'une notion commune ? D'autre part, cette homonymie a-t-elle été utilisée par les auteurs pour faire apparaître ou pour créer une intersection entre le champ « paix » et le champ « monde » ? Enfin, il faut se demander comment situer par rapport à « paix » et à « monde » le* mir [мир] *qui est le nom d'une institution, la « commune paysanne ».*

I. « MIR », MONDE, ET « MIR », PAIX : UNE INDISTINCTION FÉCONDE

La langue russe a hérité du vieux slave deux substantifs masculins *mir*, l'un signifiant « paix » (et traduisant régulièrement le terme grec *eirênê* [εἰρήνη]), l'autre signifiant « monde » (et traduisant régulièrement le terme grec *kosmos* [κόσμος]). Ces deux termes sont parfaitement homophones. Pour ce qui est de la graphie, l'usage s'est accrédité, dans les textes imprimés et dans la cursive du XIXe siècle, de les distinguer par l'emploi du *i* cyrillique normal pour *mir* [мир], « paix », et du *i* dit « avec point » (réservé en principe à la notation du *i* devant voyelle) pour *mir* [міp], « monde ». Cette distinction n'a pas survécu à la réforme de l'orthographe de 1917 qui a supprimé un certain nombre de lettres de l'alphabet, dont le *i* « avec point » : les deux *mir* s'écrivent donc depuis lors de façon identique, comme ils s'écrivaient de façon identique dans les textes du vieux russe et jusqu'au XVIIIe siècle. Il se trouve que Vladimir Maïakovski a publié en 1916, juste avant la réforme, son grand poème contre la guerre qui ravageait alors l'Europe, *Vojna i mir* : l'orthographe de *mir* (*i* « avec point ») indique qu'il faut comprendre ce titre « La guerre et l'univers » (c'est ainsi que traduit Claude Frioux), bien que l'expression fasse écho au titre du roman de Léon Tolstoï, *Vojna i mir* (avec *i* normal), *La Guerre et la Paix*. Et de fait, dans le poème de Maïakovski, il ne s'agit pas de contraster la guerre et la paix mais de décrire la souffrance que la guerre inflige au monde. Dans les éditions de l'époque soviétique, postérieures à la réforme, les deux titres sont graphiquement indiscernables.

En règle générale, les contextes permettent de distinguer sans hésitation entre les deux *mir* : ces deux homonymes sont bien deux mots différents et c'est à juste titre que tous les dictionnaires leur consacrent deux entrées séparées. L'autonomie de chacun de ces termes se marque aussi dans les dérivés qu'ils produisent : seul *mir*, « paix », donne lieu à un verbe, *mirit'* [мирить], « réconcilier », d'où *smirit'* [смирить], « apaiser, dompter » ; et s'il est vrai que l'adjectif *mirovoj* [мировой], qui signifie le plus souvent « mondial », peut avoir aussi le sens de « relatif à la paix » (dans l'expression *mirovoj sud'ja* [мировой судья], « juge de paix »), et il est vrai encore que l'adjectif vieux slave *mirinu*, vieux russe *mirni*, traduit aussi bien *tou kosmou* [τοῦ κόσμου], *kosmikos* [κοσμικός], *mundi*, que *tês eirênês* [τῆς εἰρήνης], *pacis*, du moins la forme russe moderne de cet adjectif, *mirnyj* [мирный], ne signifie-t-elle plus que « pacifique ».

C'est précisément parce que ces deux substantifs *mir* ne peuvent être confondus que l'on peut jouer sur leur homophonie pour en tirer des effets poétiques ou rhétoriques, comme dans le dicton « *V mire žit', s mirom žit'* [В мире жить, с миром жить — (si l'on veut) vivre dans le monde, (il faut) vivre en (observant la) paix] » (Dal', 1905, *s.v.* « *mir* 1 ») ; ou dans le vers d'Essenine, « *k miru vsego mira* [к миру всего мира — pour la paix de tout l'univers] », appel datant de 1917 (cf. Pascal, *Civilisation paysanne russe !*, p. 122), ou encore dans le slogan soviétique « *mir miru !* [мир миру ! — paix au monde !] », qui ne fait que reprendre la prière du Ménologe de Novgorod (XIIe siècle) : « *mir vsemu miru podazd'* [мир всему миру подаздь — donne la paix au monde entier] » (Sreznevskij, 1893, *s.v.* « *mir* ») ; ou encore dans la traduction de l'Évangile selon saint Jean :

> *Mir ostavljaju vam, mir moj daju vam, ne tak kak mir daët ja daju vam.*
>
> [Мир оставляю вам, мир мой даю вам, не так как мир даёт я даю вам.]
>
> [Εἰρήνην ἀφίημι ὑμῖν, εἰρήνην τὴν ἐμὴν δίδωμι ὑμῖν· οὐ καθὼς ὁ κόσμος δίδωσιν ἐγὼ δίδωμι ὑμῖν.]

> [Je vous laisse la paix, je vous donne ma paix, je vous la donne, non pas comme le monde donne.]
>
> XIV, 27.

La situation de *mir*, sur le plan linguistique, est donc toute différente de celle que nous rencontrons à propos de *volja* [воля], par exemple, qui signifie tantôt « volonté », tantôt « liberté » (comme on peut le voir dans le nom de deux groupes politiques des années 1970 du XIXe siècle, *Zemlja i volja* [Земля и воля], « Terre et liberté », et *Volja naroda* [Воля народа], « la Volonté du peuple »). Dans le cas de *volja*, nous n'avons pas affaire à deux homonymes, mais bien à un seul et même mot dont le champ sémantique inclut des notions qui, en français, sont rendues par deux signifiants différents (du reste, la « liberté » dénotée par *volja* est à comprendre comme le libre exercice, le déploiement sans entrave de la volonté ; elle se distingue de la liberté comme autonomie de la personne dénotée par *svoboda* [свобода] ; *volja* traduit *thelêma* [θέλημα], mais *svoboda* traduit *eleutheria* [ἐλευθερία] (Sreznevskij, *Materialy dlja slovarja drevnerusskogo jazyka* [Matériaux pour un dictionnaire du vieux russe], *s.v.*). Voir SVOBODA.
♦ Voir encadré 1.

II. L'IDÉE DE « LIEN » : « MIR » ET « SOBORNOST' »

Sur le plan linguistique, cependant, ce qui demande réflexion, ce n'est pas la différenciation du sémantisme de *mir* « monde », c'est bien le rapport entre *mir* « paix » et *mir* « monde ». S'il est vrai, répétons-le, que dans l'histoire du russe (et déjà en vieux slave) nous avons affaire à deux termes distincts, on ne peut manquer de se demander si ces deux *mir* ne sont pas liés par une étymologie commune. On considère généralement qu'il a dû exister dans la préhistoire du slave commun un **mir* signifiant « paix » qui se serait scindé en deux termes, l'un conservant le sens initial, l'autre prenant le sens de « monde ». Selon Antoine Meillet (*Le Slave commun*, p. 515 *sq.*), le modèle de ce passage de « paix » à « monde » a été fourni par le latin administratif de l'Empire : *pax romana* devient une expression qui désigne tout le territoire régi par la paix romaine ; de même le vieux slave traduit le grec *kosmos* par (*visĭ*) *miru*, « (toute) la paix », le domaine tout entier de la paix, donc le monde. Le terme de *mir* serait emprunté à une forme **mihr* d'une langue iranienne, peut-être le scythe, forme dérivant de l'iranien ancien **mithra* représentée par l'avestique « miθra ». À ce dernier terme correspond régulièrement le sanscrit védique *mitra*. Nous avons donc affaire à un étymon indo-iranien **mitra* (Vasmer, *Russisches etymologisches Wörterbuch* [Dictionnaire étymologique du russe], *s.v.* « *mir* »). En avestique comme en védique, ce substantif peut être neutre ou masculin. En sanscrit védique, *mitra*, au neutre, signifie « amitié », « alliance » (et aussi, curieusement, « ami ») ; au masculin, « ami ». Mitra est aussi le nom d'une grande divinité du panthéon védique, c'est le dieu de l'amitié, l'amitié personnifiée. En iranien, « miθra » avesti-

1

« La Guerre et la Paix » : dualité de « mir » et polysémie de « monde »

Si, dans le cas des deux *mir*, le traducteur-interprète devait seulement décider entre « paix » et « monde », sa tâche serait le plus souvent aisée. Mais il existe cependant des situations ambiguës. Il arrive que les circonstances et le contexte permettent à un auditeur de choisir l'interprétation qui convient à sa disposition d'esprit mais n'est pas celle de l'énonciateur. Un exemple assez clair (étudié par Bočarov, 1980) est celui que nous offre Léon Tolstoï dans *Guerre et Paix* (III, 1, chap. 18). Nous sommes dans l'été 1812. Les armées de Napoléon envahissent la Russie. Natacha assiste à l'office et entend la grande *ekten'ja* [ектенья] (prière à répons) de la liturgie de saint Jean Chrysostome. Voici d'abord la traduction de ce passage dans l'édition de « La Pléiade » :

> Le diacre s'avança sur l'ambon [...] et [...] entonna d'une voix haute et solennelle la prière : — Prions en paix le Seigneur — Oui, songea Natacha, prions tous ensemble, sans distinction de classes, sans inimitié, unis dans un amour fraternel ! — Prions le Seigneur pour la paix d'en haut et le salut de nos âmes. Pour le monde des anges et de tous les esprits incorporels qui vivent au-dessus de nous, comprenait Natacha.
>
> p. 864.

La situation est plus complexe que ne le donnent à entendre l'analyse d'Uspenskij (à laquelle se réfère Bočarov) et la traduction française. Ce qu'il faut noter en premier lieu, c'est que, dans les éditions publiées du vivant de Tolstoï et, plus généralement, avant la réforme de l'orthographe, toutes les occurrences de *mir* ont la graphie мiр, « monde ». Si donc le traducteur rend la première exclamation du diacre, « *mirom gospodu pomolimsja* [міром господу помолимся] », par « prions en paix », c'est qu'il corrige en quelque sorte Tolstoï pour le rendre conforme au texte grec ; et de fait, le texte grec dit : « *en eirênê tou kuriou deêthômen* [ἐν εἰρήνῃ τοῦ κύριου δεηθῶμεν], donc : « en paix, prions le Seigneur ». Mais, à en juger par l'orthographe, *mirom*, instrumental adverbialisé de *mir*, est à entendre comme « ensemble, de manière à former un monde ». Le diacre, selon Uspenskij (à qui se réfère Bočarov), s'adresse à la communauté priante en tant qu'elle est une totalité unanime, soit un monde. Natacha, de son côté, ne transpose pas « paix » en « monde » comme le donne à penser la traduction, mais tire de « monde » l'idée d'amour qui nous oriente vers la « paix ». La deuxième exclamation du diacre (*o svysnem mire i o spasenij dus našix* [о свыснем міре и о спасений дус наших]) n'est fidèle à l'original grec — en dépit de l'orthographe — que si on l'interprète comme une prière pour la paix qui vient d'en haut (*anôthen* [ἄνωθεν]). Mais Natacha imagine de prier pour les esprits qui sont le monde d'en haut. Entre le diacre et Natacha, il n'y a pas à proprement parler malentendu, et on ne saurait dire que Natacha fait des contresens. L'homophonie, ici, crée une ambiguïté qui légitime deux interprétations simultanées qui, en quelque sorte, se composent. Une telle situation n'est possible que parce que les champs sémantiques des deux *mir*, bien que ces termes soient lexicalement distincts, ont une intersection, ou encore que chacun d'eux projette sur l'autre une aura de connotations. Les penseurs de la *sobornost'* [соборность] y insistent, comme nous le verrons plus loin : le monde n'est véritablement un *mir* que s'il est une assemblée

que signifie « contrat » et, comme nom propre, désigne le dieu qui règne sur tout ce qui relève du bien, de l'ordre et de la lumière. Meillet (*Études sur l'étymologie et le vocabulaire du vieux slave*, p. 404) et, à sa suite, Benveniste et Dumézil, tiennent que le sens premier de l'indo-iranien **mitra* est « accord, amitié résultant d'un contrat ». Au point de vue morphologique, **mitra* est l'instrument ou l'agent par lequel se réalise l'opération **mi-*. Il faut donc s'interroger sur le sens de cette racine verbale. Il peut s'agir de la racine indo-européenne **mi-* « changer » et « échanger », représentée notamment par sanscrit *mi-* « altérer » et *mith-* « alterner » et latin *muto* « changer », *mutuus* « réciproque » : le contrat sur lequel se fonde l'amitié dénotée par **mitra-* est lui-même la mise en forme d'un échange de bienfaits. Mais on pose l'existence, en indo-européen, d'autres racines **mi-* qui permettent de tracer, pour **mitra-* (et donc pour *mir*), d'autres filières sémantiques : un **mi-* « attacher » nous engagerait à comprendre **mitra-* comme un « lien », lien matériel d'abord, et secondairement lien comme obligation constitutive d'un contrat. Le grec *mitra* [μίτρα] « ceinture » serait un emprunt à une forme iranienne qui aurait conservé cette acception concrète (Chantraine, *Dictionnaire étymologique de la langue grecque*, *s.v.* « Frisk »). Certains étymologistes font état aussi d'une racine **mi-* qui serait à l'origine de sanscrit *mayas* « douceur » et de vieux slave *milŭ* « aimable » (Meillet, *Études sur l'étymologie et le vocabulaire du vieux-slave*, *op. cit.*, p. 414). Cette dernière étymologie ferait de l'indo-iranien **mitra* une « amitié » beaucoup plus affective que celle qui résulterait soit d'une obligation en forme de lien, soit d'échanges réglés par contrat (Gonda, « Mitra and mitra. The Idea of Friendship in Ancient India », p. 71 *sq.*, rejette l'idée que *mitra-* soit un terme pour « contrat »).

Ces spéculations sur l'étymologie ultime de *mitra* ne sont pas étrangères à l'analyse plus ou moins explicite, plus ou moins raffinée, que les auteurs russes font des termes *mir* « paix » et *mir* « monde ». Florensky (*La Colonne et le Fondement de la vérité*, p. 20) affirme nettement que les deux *mir* sont indissociables, en ce sens que « l'idée du *mir*, du monde, est fondée sur la notion de concordance des parties, d'harmonie, d'unité. Le monde est un tout cohérent, il est le *mir* des êtres, des choses et des phénomènes qu'il contient. » Autrement dit, la paix et l'accord étant la condition du monde, le monde étant l'espace constitué par la paix, c'est l'acception « paix » (ordre, harmonie, cohérence) qui est première. Cette idée est sous-jacente aux doctrines qui posent que la *sobornost'* (conciliarité) est le fondement du monde humain, et que cette *sobornost'* est une expression de l'amour comme réalisation d'un principe intérieur, surnaturel et qui prévaut sur la nature empirique : c'est le principe de la vérité divine. Et inversement :

> [...] le principe de vérité (*pravda* [правда]) qui est fondement de la société comme communauté (*obščestvo* [общество]), le principe de soumission des passions humaines et des tendances naturelles à la volonté et à la

---

1

d'hommes unanimes, unis entre eux par le sentiment de s'appartenir mutuellement, de former un tout cohérent, harmonieux, fondé sur l'accord entre les parties de ce tout et sur la paix intérieure de chacun des individus. Si forte est l'emprise que le groupe ainsi constitué exerce sur ses membres, que ceux-ci n'ont pas d'autre horizon que ce groupe même : le monde entier ne peut être que la projection du groupe. Le désir de paix inspire l'accord, à la fois structure du monde et condition nécessaire à sa réalisation.

Tel est du moins l'idéal du monde. Mais *mir* au sens de « monde » a pris, dans la langue russe (et déjà en vieux slave), toutes les valeurs qui sont celles du grec *kosmos*, du latin *mundus*, du français « monde » et de l'allemand *Welt*. Le « monde », c'est aussi ce qui est « mondain », le domaine du séculier, du profane, de l'ici-bas, par opposition au monde spirituel, au monde d'en haut. L'*obmirščenie* [обмирщение] est le fait de « mondaniser », de pactiser avec les puissances de ce « monde » : les vieux-croyants reprochent à l'Église qui accepte les réformes voulues par l'État, au XVIIe siècle, de « céder au monde » (sur l'attitude de l'Église face au monde « mondain », cf. Bulgakov, *Pravoslavie : očerki učenija pravoslavnoj Cerkvi* [L'orthodoxie : notes sur la doctrine de l'Église orthodoxe], p. 348).

Ici encore le roman de Tolstoï nous offre un exemple du parti paradoxal qu'un écrivain peut tirer non plus seulement, cette fois, de l'homonymie des deux *mir*, mais de la polysémie de *mir* « monde ». Nous reprenons les analyses de Bočarov. Avant que l'invasion des armées napoléoniennes ne jette la Russie dans la guerre, certains des principaux personnages mènent dans la société, dans le « monde » (*v miru* [в міру]), une « vie mondaine » (*mirskaja žizn'* [мірская жизнь]) qui leur apparaît à la fois pénible et factice. Pierre Bezukhov s'embourbe et se salit « dans le monde » et se reproche d'être un « homme du monde » (*mirskoj čelovek* [мірской человек]). De même Nicolas Rostov ne trouve la paix que lorsqu'il s'éloigne de la « vie mondaine », c'est-à-dire, en l'occurrence, de la vie civile, et rejoint son régiment qui lui apparaît comme un monastère, l'image d'un monde pur. Ce qui est cause d'insatisfaction et de malaise dans le monde mondain de la vie profane, c'est qu'il est dispersion, désordre, incohérence. Ce monde social et séculier (*mirskoj* [мірской]) s'oppose au monde mondial ou cosmique (*mirovoj*) dont les héros peuvent avoir l'intuition, dans des moments de solitude totale propices à la perception mystique, de l'unité de l'univers. Le monde comme cosmos s'oppose au monde de la société profane comme le ciel s'oppose à la terre, mais aussi comme l'harmonie de la totalité s'oppose à la fragmentation et au chaos. Autrement dit, le monde est un cosmos pour autant qu'il est accord. Le fait remarquable, pour la structure du roman *La Guerre et la Paix*, est que ce monde accordé, fondé sur l'amitié et donc la paix entre les éléments qui le constituent, se révèle aux personnages lorsque la guerre est là : pour affronter les épreuves de la guerre, la société rejette les dissensions, les mesquineries et, fondamentalement, les égoïsmes de la mondanité profane pour former ici-bas une communauté spirituelle qui est à l'image du monde cosmique ; ou bien les individus en viennent à sentir qu'ils appartiennent directement à la totalité cosmique et leur être mondain, leurs déterminations sociales sont abolis. On voit comment, dans le titre *Vojna i mir* [*La Guerre et la Paix*], *mir* ne signifie pas seulement « paix » mais se réfère aussi au « monde » et aux contrastes entre le monde profane et le monde cosmique identifié au monde spirituel.

> force de Dieu, se réalise nécessairement comme amour (*ljubov'* [любовь]), totale unité intérieure de l'être humain, unité sans laquelle sont impossibles l'union et la coordination qui déterminent empiriquement la nature de la communauté.
>
> Frank, *Duxovnye osnovy obščestva* [Les bases spirituelles de la société], p. 187 *sq.*

Pour Frank, on le sait, cette communauté véritable, « cet organisme spirituel est ce qui s'entend — au sens le plus profond et le plus général — sous le nom d'Église (*tserkov'* [церковь]). Par là même, nous en venons à l'affirmation qu'au fondement de toute communauté, en tant que moyen et principe créateur de cette communauté, il y a nécessairement l'Église » (Frank, *ibid.*). En sorte que « le monde doit se fondre sans reste dans l'Église [...]. Le monde entier doit devenir sans reste monde en Dieu, mais Dieu ne peut prendre place sans reste dans le monde » (*ibid.*, p. 198-199).

> La vie sociale est faite d'une lutte constante entre le principe de solidarité et le principe de liberté individuelle, entre le pouvoir (*vlast'* [власть]) qui protège les intérêts du tout et les tendances anarchiques, entre les forces centripètes et les forces centrifuges [...]. C'est seulement quand ces deux principes prennent appui sur un troisième principe [...] le service de Dieu, le service de la vérité absolue, qu'ils s'accordent et se concilient durablement.
>
> *ibid.*, p. 197.

Le monde social ne devient communauté, le *mir* du monde mondain ne devient Église que lorsque cette réconciliation, qui est une pacification (*primirenie* [примирение]), a fait son œuvre. Remarquons, pour reprendre la question du sens originel de *mir*, que, si l'harmonie du tout est une forme et une conséquence de l'amour que les parties constitutives de ce tout portent à Dieu, on ne saurait interpréter ce lien social comme un système d'échanges réglés par contrat.

Aussi bien, les doctrinaires de la *sobornost'* reprennent-ils à leur compte, avec beaucoup d'insistance, l'opposition que fait Tönnies entre *Gemeinschaft* et *Gesellschaft* (voir SOCIÉTÉ CIVILE, encadré 1). C'est évidemment dans la société comme *Gesellschaft* que les parties s'ajustent entre elles par l'effet de lois ou de forces qui s'imposent à elles et leur sont en quelque sorte extérieures. Dans la *Gemeinschaft*, au contraire, l'unité est interne, et la solidarité, organique. Mais en fait, dit encore Frank, s'agissant d'une société humaine, même sous l'ajustement externe propre à la *Gesellschaft*, on décèle la présence de la solidarité interne qui caractérise la *Gemeinschaft.* Reprenant l'enseignement de Khomjakov sur la nature de l'unité de l'Église, Frank affirme que la *sobornost'* est fondée sur la relation d'amour (Frank, *ibid.*, p. 115). Si l'idéal est de faire que le monde humain se fonde dans l'Église, par l'effet d'une pacification, il faut aussi reconnaître que le principe d'amour ou de solidarité organique est indispensable, même s'il est invisible, à toute société (Frank, *ibid.*, p. 103 *sq.*).

III. « MIR », COMMUNE PAYSANNE ET UTOPIE — SLAVOPHILES ET SOCIALISTES

Le thème de la *sobornost'*, qui implique une réflexion sur les rapports entre la composante « paix » et la composante « monde » de la notion unitaire de *mir*, inclut aussi des considérations sur une troisième acception de ce mot : le *mir* comme nom d'une institution spécifique, la commune paysanne, dite aussi *obščina* [община]. La réalité qui correspond à *mir* pris dans ce sens a été l'objet, entre 1840 et 1930, de batailles d'idées qui portaient directement sur les caractéristiques et donc les destinées de la société russe, et débouchaient sur la nature du lien social et le statut du politique. Avant d'indiquer brièvement les enjeux de ces discussions, notons que, dans tous les dictionnaires, le *mir* « commune paysanne » est présenté comme un aspect de *mir* « monde », ce que confirme l'orthographe de ce mot avant la réforme : chaque « commune paysanne » est par elle-même un monde, un tout dont la cohésion est assurée par des coutumes de solidarité très puissantes. C'est ce *mir* « commune paysanne » que Toporov a en vue dans ses remarques sur l'étymologie de ce terme : « Le dieu Mitra est celui qui rassemble les hommes en une structure sociale, un *mir*, pourrait-on dire, en empruntant un vocable à la tradition sociale russe » (Toporov, « *Iz nabljudenij nad etimologiej slov mifologiceskogo xaraktera* [Observations sur l'étymologie des mots de caractère mythologique] », p. 19). Cette manière de définir le groupe voulu par Mitra tient compte, dit Toporov, du « lien matériel » (entendons « étymologique ») entre le nom indo-iranien **mitra* et le russe *mir.*

De quelle sorte de collectivité-totalité s'agit-il dans le *mir* paysan ? Les intellectuels ne se sont vraiment avisés de l'importance de cette forme d'organisation sociale qu'à la suite de la publication par le voyageur allemand Haxthausen des résultats de son enquête sur le régime agraire de la Russie (Haxthausen, 1847-1852). Les slavophiles ont voulu reconnaître dans le *mir* décrit par Haxthausen le *mir* dont il est fait état dans les textes juridiques de la Russie kiévienne (notamment la *Russkaja Pravda* du XIIIe siècle). Dès 1856, Čičerin avait montré que c'était là une erreur : dans la Russie *kiévienne*, les paysans d'une commune (au sens de circonscription territoriale) formaient un *mir*, c'est-à-dire se réunissaient périodiquement pour désigner leurs magistrats, qui avaient en charge la police et les rapports entre la commune et le monde extérieur, le prince et les seigneurs domaniaux (cf. Eck, *Le Moyen Âge russe*, p. 260). Bien que le *mir* kiévien ait eu aussi à gérer les terres non encore attribuées, le paysan pouvait disposer à sa guise des terres qu'il exploitait. En revanche, le *mir* observé par Haxthausen est le véritable détenteur (sinon propriétaire) et répartiteur de la terre que travaillent les paysans (cf. Eck, *ibid.*, p. 550). Selon Ključevskij, les traits caractéristiques de ce *mir-obščina* : égalisation obligatoire des lots affectés à chaque foyer, emprise complète de la commune sur le paysan, caution solidaire de la commune pour le paie-

ment de l'impôt, ne se sont affirmés qu'au XVIIe siècle (Ključevskij, *Sočinenija*, t. 2, p. 297 *sq.*).

♦ Voir encadré 2.

Le *mir* paysan a été un thème idéologique, sinon philosophique, extraordinairement vivace et fécond dans la pensée russe de la deuxième moitié du XIXe siècle. La défense et l'illustration du *mir* est un des principaux motifs du courant slavophile.

Ainsi I. Kireevskij voit-il dans le *mir* une société dont la cohésion est assurée par un lien fondamentalement moral. La Russie d'autrefois, la Rus' authentique, non altérée par les réformes imitées de l'Occident, était unie par ce lien moral « en un seul vaste *mir*, une nation où la foi, la terre et la coutume étaient communes à tous » (Kireevskij, cité *in* Walicki, *The Slavophile Controversy*, p. 143). Le *mir* est une unité fondée sur l'adhésion intime des individus et sur la force intégratrice de la religion et des convictions morales partagées ; au contraire, l'organisation imposée par une loi externe, les rapports sociaux résultant de contrats rationnels assortis de garanties légales sont, pour C. S. Aksakov, artificiels et mauvais. Une sphère autonome du juridique et du politique existe : elle est entièrement entre les mains du monarque et de l'État. Elle est extérieure à la vie du peuple telle qu'elle s'organise, selon sa vérité intérieure, dans la communauté du *mir* ; la liberté qu'il faut défendre, ce n'est pas le pouvoir pour le peuple d'intervenir dans les affaires politiques, c'est le droit d'être libre de la politique (Walicki, *A History of Russian Thought from the Enlightenment to Marxism*, p. 96). Le *mir* est, tout comme l'Église dont il est l'analogue dans la société, une forme de vie commune qui combine unité et liberté et dont la loi est l'amour (cf. Walicki, *The Slavophile Controversy*, *op. cit.*, p. 197, citant Khomjakov).

Les slavophiles ne sont pas les seuls à exalter le *mir*. Dans le camp des adversaires de l'autocratie, de ceux qui rêvent d'une Russie démocratique et sont inspirés, dans une large mesure, par les doctrines et les mouvements révolutionnaires de l'Europe occidentale, on voit Alexandre Herzen découvrir lui aussi, dès 1846, d'abord l'importance puis la valeur positive du *mir*. Le *mir* n'est pas seulement ce qui persiste d'un ordre précapitaliste. Il est aussi le germe et le modèle d'une organisation socialiste de la Russie tout entière. Sur l'existence du *mir* se fonde l'espoir de Herzen, et de ses disciples « populistes » que le socialisme peut advenir en Russie sans qu'il faille en passer nécessairement par le stade capitaliste. Herzen, tout comme les slavophiles, est horrifié par les malheurs que la révolution industrielle et, plus généralement, le capitalisme ont infligés aux peuples, mais, à la différence des slavophiles, son but n'est pas de préserver ou de restaurer les structures anciennes, il est de « préserver la commune et de rendre l'individu libre ». Cette combinaison définit son idéal du « socialisme russe » (cf. Malia, *Alexander Herzen and the Birth of Russian Socialism*, p. 336 *sq.* ; Walicki, *A History of Russian Thought*..., *op. cit.*, p. 169). Elle procède d'une critique, non seulement du capitalisme, mais aussi de l'idée que seule la société capitaliste, en engendrant les forces qui la détruiront, peut donner naissance au socialisme et que, d'autre part ce

2

L'histoire du « mir »

Quelle que soit son ancienneté, et quelles que soient les variations et les obscurités des codes agraires avant et après l'abolition du servage en 1861, la commune apparaît comme la forme d'organisation naturelle de la vie paysanne. C'est une sorte de dicton chez les paysans de la plaine russe : « la terre est au *mir* » (*zemlja mirskaja* [земля мирская]) (cf. Lewin, *La Formation du système soviétique*, p. 113 ; pour une analyse des débats juridiques autour du *mir*, voir Lewin, *ibid.*, p. 102-112).

La fonction principale du *mir* est la redistribution périodique des terres entre les foyers, d'après la force de travail dont chaque foyer dispose, ou bien d'après le nombre de bouches à nourrir. Un souci de justice égalitaire poussé jusqu'au scrupule amenait le *mir* à tenir compte, dans l'allocation des lopins, de la qualité du sol, de la configuration du terrain, de l'éloignement par rapport au village. Il fallait en outre se plier à toutes les contraintes inhérentes à la pratique de l'assolement triennal, applicable à l'ensemble des terres de la commune. Chaque foyer recevait ainsi un lot composé de bandes très étroites, dispersées, souvent impraticables pour des charrues attelées, mais la distribution à laquelle on aboutissait était rigoureusement, minutieusement, égalitaire. Les terres associées à chaque foyer ne formaient pas un bloc d'un seul tenant, mais consistaient en parcelles entourées de parcelles appartenant à d'autres foyers. À tout instant, le travail était nécessairement collectif. La répartition des lots résultait de décisions prises après de tumultueuses discussions mais toujours à l'unanimité par les chefs de famille lors d'assemblées générales (*sxod* [сход]). Le système du *mir* s'est encore renforcé après la réforme de 1861 : c'est en effet au *mir* que revient la charge de racheter puis de gérer les terres que les propriétaires fonciers durent céder aux paysans libérés. Mais, aux yeux de beaucoup d'économistes et de politiques, le *mir* était un obstacle insurmontable au développement de l'agriculture et donc à la modernisation capitaliste de la Russie. Les réformes de Stolypin, après l'échec de la révolution de 1905, avaient pour but de briser les cadres de la commune et de favoriser l'émergence d'une classe de paysans propriétaires, décidés, pour s'enrichir, à prendre des initiatives, travailler dur et faire travailler une main-d'œuvre salariée. Les réformes réussirent dans une large mesure : à la veille de la révolution de 1917, près de la moitié des familles paysannes de la Russie d'Europe avaient quitté leur *mir* et les paysans étaient devenus des exploitants individuels. Mais les bouleversements qu'entraîne la guerre civile et le mouvement que déclenche la réforme de 1918 (« la terre aux paysans ») font que le *mir* se reconstitue, et que bon nombre de paysans qui étaient sortis de leur commune y retournent. Pendant plus d'une décennie, le pouvoir soviétique laissa subsister le *mir*, tout en s'efforçant d'aviver la lutte des classes au village et de favoriser les soviets de paysans pauvres. Ce n'est qu'avec la collectivisation générale (élimination des koulaks, mise en place des kolkhozes et des sovkhozes) au début des années 1930 que le *mir* disparaît (sur la vitalité du *mir* pendant les premières années du régime soviétique, cf. Pascal, *Civilisation paysanne russe*, p. 21, 29-44, 97 ; Lewin, *La Paysannerie et le Pouvoir soviétique*, p. 79-87).

qui succédera au capitalisme sera nécessairement le socialisme. Pour Herzen, les voies de l'histoire ne sont pas tracées à l'avance (cf. Berlin, *Russian Thinkers*, 1978, p. 211 *sq.*).

Au nombre des adversaires du *mir*, il y a, surtout à partir de 1861, tous les partisans de la transformation de la Russie en un pays moderne : fonctionnaires, économistes, entrepreneurs. Pour eux, le *mir* est une des principales causes de l'arriération économique, sociale, culturelle et, dans un certain sens, morale, de la paysannerie russe (cf. Besançon, *Être russe au XIX*e *siècle, passim*). Mais la vision « populiste », ou, plus tard, « socialiste-révolutionnaire » du *mir* (qui sera critiquée encore, dans les années 1920, par l'économiste Cajanov, partisan d'une société fondée sur la propriété paysanne familiale, cf. Kremniov, *Voyages...*, p. 126), est surtout attaquée par les marxistes : ils rejettent l'utopie d'un socialisme porté par les masses paysannes et construit sur le modèle du *mir* ; pour eux, c'est au prolétariat industriel, produit du capitalisme, qu'incombe la mission, en Russie comme ailleurs, de diriger la révolution qui réalisera le passage au socialisme. Il faut rappeler cependant qu'à partir des années 1860 Marx puis Engels, interrogés par des populistes russes, notamment par Danielson, traducteur du *Capital*, ont à plusieurs reprises apporté des réponses moins catégoriques et plus éloignées de ce qui était en passe de devenir l'orthodoxie marxiste. Dans la préface qu'ils donnent en 1882 à une édition russe du *Manifeste communiste*, ils écrivent : « Si la révolution russe devient le signal d'une révolution ouvrière à l'Occident, de façon que les deux révolutions se complètent, l'actuelle propriété commune russe peut devenir le point de départ d'une révolution communiste » (cité dans Rubel, *Marx, critique du marxisme*, p. 138). En somme, selon Marx, ce « monde » clos, an-historique et spécifiquement russe qu'est le *mir* paysan russe ne peut être sauvé et ne peut préserver la Russie du capitalisme que s'il est pris lui-même dans l'histoire d'une révolution proprement « mondiale ».

Charles MALAMOUD

BIBLIOGRAPHIE

BERLIN Isaiah, *Russian Thinkers*, Londres, The Hogarth Press, 1978 ; *Les Penseurs russes*, trad. fr. D. Olivier, Albin Michel, 1984.

BESANÇON Alain, *Être russe au XIX*e *siècle*, Armand Colin, 1974.

BOČAROV S., « Le terme *mir* dans *Vojna i mir* », Actes du colloque *Tolstoï aujourd'hui* (Paris 10-13 oct. 1978), Institut d'études slaves, 1980.

BULGAKOV [BOULGAKOV] Sergij, *Pravoslavie : očerki učenija pravoslavnoj Cerkvi* [L'orthodoxie : notes sur la doctrine de l'Église orthodoxe], YMCA-Press, 1985.

ECK Alexandre, *Le Moyen Âge russe*, 2e éd. rév. de M. Szeftel, 1933, réimpr. La Haye, Mouton, 1968.

ESSENINE : voir P. PASCAL.

FLORENSKY Paul, *La Colonne et le Fondement de la vérité*, trad. fr. C. Andronnikof, Lausanne, L'Âge d'homme, 1975.

FRANK Semen, *Duxovnye osnovy obščestva* [Les Bases spirituelles de la société], New York, Posev, 1988.

FRIOUX Claude, *Maïakovski*, Seuil, 1961.

GONDA Jan, « Mitra and mitra. The Idea of Friendship in Ancient India », *Indologica Taurinensia*, I, Turin, 1973, p. 71-107.

HAXTHAUSEN August von, *Studien über die inneren Zustände, das Volksleben und inbesondere die ländlichen Einrichtungen Russlands* 3 vol., Hanovre-Berlin, Hahn-Behr, 1847-1852 ; *Études sur la situation intérieure, la vie nationale et les institutions rurales de la Russie*, Hachette, 1972.

HELLER Michel et LEQUEUX Michel, *Histoire de l'utopie en Russie*, PUF, 1995.

KLJUČEVSKIJ V.O., *Sočinenija*, t. 2, *Kurs russkoj istorii* [Le Cours de l'histoire russe], cast' 2, Moscou, Gosudarstvennoe Izdatel'stvo politiceskoj literatury, 1957.

KREMNIOV Ivan (pseudonyme de A. TCHAÏANOV), *Voyage de mon frère Alexis au pays de l'utopie paysanne*, trad. fr. M. Niqueux, Lausanne, L'Âge d'homme, 1976.

LEWIN Moshé, *La Paysannerie et le Pouvoir soviétique*, 1928-1930, Paris-La Haye, Mouton et Cie, 1966.

— *La Formation du système soviétique*, trad. fr. P. E. Dauzat, Gallimard, 1987.

MAÏAKOVSKI Vladimir « *Vojna i mir* [La Guerre et l'Univers] », 1916, *in* C. FRIOUX, 1961.

MALIA Martin, *Alexander Herzen and the Birth of Russian Socialism*, Cambridge (Mass.), Harvard UP, 1961.

PASCAL Pierre, *Civilisation paysanne russe*, Lausanne, L'Âge d'homme, 1969.

RUBEL Maximilien, *Marx, critique du marxisme : essais*, Payot, 1974.

TCHAÏANOV Alexandre : voir KREMNIOV Ivan.

TOLSTOÏ Léon, *Vojna i mir*, 3 vol., Moscou, I. D. Sytin, 1912 ; *Guerre et Paix*, trad. fr. H. Mongault, Gallimard, « La Pléiade », 1944.

TOPOROV V. N., « *Iz nabljudenij nad etimologiej slov mifologicesкogo xaraktera* [Observations sur l'étymologie des mots de caractère mythologique] », *Etimologija*, année 1967, Moscou, 1969.

USPENSKIJ B.A., « *Vlijanie jazyka na religioznoe soznanie* [L'influence de la langue sur la conscience religieuse] », in *Trudy po jazykovym sistemam*, 4, Tartu, 1969.

WALICKI Andrzej, *The Slavophile Controversy, History of a Conservative Utopia in Ninetennth Century Russian Thought*, Oxford, Clarendon Press, 1975.

— *A History of Russian Thought from the Enlightenment to Marxism*, Stanford UP, 1979.

OUTILS

CHANTRAINE Pierre, *Dictionnaire étymologique de la langue grecque*, nouv. éd. mise à jour avec un « Supplément au dictionnaire », Klincksieck, 1999.

DAL' Vladimir, *Tolkovyj slovar' živogo velikorusskago jazyka* [Dictionnaire raisonné de la langue grand-russe vivante], 3e éd., Moscou, M. O. Vol'f, 1903-1909, repr. 4 vol., Les Cinq Continents, 1954.

FRISK Hjalmar, *Griechisches etymologisches Wörterbuch*, 3 vol., Heidelberg, Winter-Universitätsverlag, 1960-1972.

MEILLET Antoine, *Le Slave commun*, éd. rev. et augm. A. Vaillant, Champion, 1934.

— *Études sur l'étymologie et le vocabulaire du vieux-slave*, partie II, Bibliothèque de l'École des hautes études, 1905.

POKORNY Julius, *Indogermanisches etymologisches Wörterbuch* [Dictionnaire étymologique de l'indo-européen], 2 vol., Berne-Munich, Francke, 1959-1969.

SREZNEVSKIJ Ismaïl I., *Materialy dlja slovarja drevnerusskogo jazyka* [Matériaux pour un dictionnaire du vieux-russe], Saint-Pétersbourg, 1893, repr. 3 vol., Moscou, 1958.

VASMER Max, *Ètimologičeskij slovar' russkogo jazyka* [Dictionnaire étymologique de la langue russe], 4 vol., Moscou, Progress, 1986.

— *Russisches etymologisches Wörterbuch* [Dictionnaire étymologique du russe], 3 vol., Heidelberg, Winter, 1953-1958.

MITMENSCH ALLEMAND – fr. *autrui*

► *AUTRUI*, et ACTEUR, JE, MENSCHHEIT, *MONDE*, PARDONNER, SUJET, WELT

D'utilisation récente en philosophie, le Mitmensch *(littéralement « l'homme-avec <-moi > »), qui n'est pas simplement « l'autre », mais pas non plus vraiment « autrui », se situe au sein d'une configuration complexe où il est pris entre l'* alter ego *indifférencié, l'autre* (alius) *qui est bien quelqu'un, mais n'importe quel autre, le Tu de la relation dialogique, et le prochain au sens que lui confère le Décalogue. Les orientations distinctes prises par les utilisateurs du terme, l'imprégnation théologique ou religieuse du mot ont contribué à sa difficulté de traduction — difficulté d'autant plus remarquable que la réflexion sur le* Mitmensch *a trouvé un écho en France dans les débats qui ont opposé diverses conceptions des fonctions d'autrui.*

Si le terme (attesté par Adelung en 1777, cf. *Versuch eines vollständigen gramatisch-kritischen Wörterbuchs der deutschen Mundart*, 1786) peut être immédiatement compris dans la langue courante, où il désigne simplement « toute personne qui partage avec moi l'humaine condition » — « *Meine Glückseligkeit kann ohne Liebe meiner Mitmenschen nicht bestehen* [Mon bonheur ne peut exister sans l'amour de ceux avec qui je partage l'existence] », écrit Schiller, de même Voss : « *du Frei muß werden sobald zu Vernunft er gelangte der Mitmensch !* [Libre doit être, dès qu'il accède à la Raison, n'importe quel autre homme !] », — il apparaît en philosophie d'emblée comme un concept. Les deux orientations initiales données à ce terme – chez Hermann Cohen en 1918, puis, dix ans plus tard, chez Karl Löwith – sont différentes, mais ce n'est pas seulement leur différence qui fait la difficulté de trouver un équivalent à ce terme ; la traduction de *Mitmensch* par « autrui », sans doute la seule raisonnable et convenable, ne permet nullement de débarrasser le terme de ses ambiguïtés. En outre, il existe, dans le contexte historique où le concept se forme, une dimension d'emblée théologique où le terme subsume à la fois une acception « neutre » — *Mitmensch* signifie bien n'importe quelle autre personne qui partage la même condition que moi — et une acception nettement religieuse : Bultmann, tout au long de sa carrière, emploie lui aussi le mot pour désigner non pas exactement *der Nächste*, le prochain, mais l'autre être humain que mon comportement pratique doit toujours considérer non comme un *Nebenmensch* (littéralement « l'homme-à-côté[-de-moi]), mais, précisément, comme un *Mitmensch*, de telle sorte que je puisse alors entendre le sens du commandement, lequel fera du *Mitmensch*, que tout homme est en droit d'être pour moi, un prochain ; à rebours, Jésus, le prochain éminent, est en réalité, sous la figure du Christ, le paradigme du *Mitmensch*.

Deux axes généraux peuvent être décrits d'un point de vue historique comme d'un point de vue thématique : d'une part, la lignée phénoménologique amorcée par Löwith, élève de Husserl puis de Heidegger, qui conduit à la phénoménologie française de Sartre et de Merleau-Ponty, et qui va jusqu'à Deleuze ; d'autre part, l'orientation éthico-religieuse de Cohen, reprise par Buber dans une certaine mesure, et qui aboutit à la notion d'autrui chez Lévinas. Néanmoins, la critique par Deleuze de l'*alter ego* sartrien (cf. « Michel Tournier et le monde sans autrui », in *Logique du sens*) s'effectue sur fond de phénoménologie, de même que l' « autrui » lévinassien s'enracine également dans une reprise de la phénoménologie (« La trace de l'autre », in *En découvrant l'existence avec Husserl et Heidegger*). Ainsi la notion d'« autrui » qui entérine, sans du tout trancher, cette dualité sémantique de fondation n'est-elle propre à donner un équivalent au *Mitmensch* que par approximation, et sa vertu principale consiste justement dans l'ambiguïté qu'elle conserve en français, bien qu'elle reste tout à fait muette, du moins pour l'immédiate écoute, à la dimension religieuse, premier terreau de la notion.

I. DU « NEBENMENSCH » (L'HOMME À CÔTÉ [-DE- MOI]) AU « MITWELT » (MONDE PARTAGÉ) : UNE PLACE POUR LE « MITMENSCH » (HERMANN COHEN, KARL LÖWITH)

L'origine systématique du concept vient d'un tournant opéré par Cohen vers la fin de sa vie lorsqu'il fait retour sur *L'Éthique de la volonté pure* (1904) afin d'en montrer les limites pour faire droit à la spécificité de la religion qui, jusqu'alors, ne se voyait pas accorder de statut indépendant. Au chapitre IV de *L'Éthique de la volonté pure*, Cohen montre qu'il ne saurait y avoir de morale pure qui fasse l'économie du deuxième homme, le *Nebenmensch*. Mais le *Nebenmensch*, s'il reste prisonnier des limites du concept de pluralité, ne satisfait pas à l'exigence du concept de non-moi, « il faut donc lui préférer le concept plus exact d'autre. L'autre n'est pas un autre, au contraire, dans sa corrélation précise, il est dans une relation de continuité avec le je. L'autre, l'*alter ego*, est l'origine du moi » (p. 211 *sq.*). Cette conception morale va subir un approfondissement et une transformation substantiels lorsque Cohen, en 1918, rédige *Religion de la Raison tirée des sources du judaïsme*. Le problème initial qu'il se pose tourne effectivement autour des limites de la morale, et il s'agit de montrer qu'il existe, au-delà du « il » qui constitue l'horizon exclusif envisagé par le domaine pratique, un « tu » dont la singularité échappe à la notion d'*alter ego*. Parce qu'elle arrache l'humain à tout ce qui est sensible et empirique, l'éthique est contrainte de mettre entre parenthèses l'individualité concrète afin d'objectiver le moi au plan supérieur de l'humanité abstraite. La religion trouve le fondement de sa légitimité du point de vue systématique, et celui de sa spécificité au regard de la raison, dès qu'elle fait valoir la singularité irréductible d'un « tu » qui n'est plus l'*alter ego*, le *Nebenmensch*, mais le *Mitmensch*. La souffrance d'autrui, dans sa singularité, place le « je » face à la responsabilité de la souffrance qu'il inflige en péchant, et l'objectivation particulière de ce mal infligé qui se manifeste dans la souffrance d'autrui est ce qui constitue la conscience de soi...

et la source de la religion. En outre, la corrélation entre l'homme et un Dieu dont Cohen souligne l'unicité ne peut être soutenue logiquement si cet « homme » n'est pas lui-même compris dans une unicité radicale, mais non identique à l'unité divine absolue : il ne peut donc s'agir que de l'individu pris dans sa singularité extrême, c'est-à-dire l'autrui, qui est à la fois comme moi et tout à fait autre : le *Mitmensch*, opposé désormais au *Nebenmensch*. Ce n'est donc pas un hasard si le chapitre central de *Religion de la Raison* est consacré au pardon, l'acte qui, par excellence, excède les limites de la morale, laquelle ne connaît de véritable réparation que dans le droit, et révèle la singularité de la relation entre « je » et « tu » qui se déroule en deçà des relations entre *Nebenmenschen* et uniquement entre *Mitmenschen* comme entre « je » et Dieu. « L'hypothèse que *alter ego* et autrui seraient identiques est précisément le préjugé de la pensée courante [...]. L'*alter ego* n'est nullement autrui. C'est l'expérience elle-même qui refuse cette identification » (trad. fr. p. 164).

Chez Löwith, dans sa thèse de doctorat consacrée à « L'individu dans le rôle du *Mitmensch* » (*Das Individuum in der Rolle des Mitmenschen*) la notion de *Mitmensch* intervient dans l'analyse de la structure de l'être-ensemble (*Miteinandersein*) qui implique que l'on fasse une distinction entre un monde, un environnement (*Umwelt*) et un monde partagé, le *Mitwelt*. « Les autrui ne se rencontrent pas, à l'origine, comme des objets en suspens dont les caractéristiques relèveraient de la personne, mais dans un rapport de l'homme au monde, donc "intramondain", monde considéré comme "monde partagé", dans la perspective du monde environnant » (chap. 2, p. 29 du tome I des *Sämtliche Schriften*, où la référence au § 24 de *Être et Temps* est explicite). C'est parce que les hommes font si essentiellement partie du monde qu'ils en déterminent profondément la nature, et ce monde qui m'est accessible n'est pas seulement humainement structuré au sens d'un monde partagé par des autrui, il est aussi mon monde, et c'est d'abord eu égard à moi-même qu'il peut être caractérisé comme monde partagé, lequel est orienté en fonction d'un soi pour qui les autrui sont les autres. Ainsi le monde partagé, s'il est résumé dans telle autre personne, devient-il pour moi un « tu ». Löwith, qui examine spécialement les *Principes d'une philosophie de l'avenir* de Feuerbach, cherche ainsi à rendre compte de l'équivalence posée par ce dernier : « Le monde ou toi. » Et le « tu » ne représente pas seulement le monde partagé, mais le monde entier. Dans la conclusion de sa thèse, où Löwith cite Stirner, il renforce l'idée d'unicité de chaque « je » qui habite au centre de son monde avec sa « propriété », c'est-à-dire ce qui lui est propre, mais c'est pour souligner avec plus de force encore que ce monde propre est toujours aussi un monde partagé, et que toute individualité radicale est aussi par là même une personnalité (au sens latin de *persona*), c'est-à-dire un « rôle » pour les autres. C'est ce rôle qui est également défini par le terme de *Mitmensch*. La condition de possibilité de cette dualité entre individu et autrui qui coexistent dans chaque être humain repose sur la modalité d'être de l'homme : il est un autrui de manière indépendante parce qu'il est indépendant de sa propre nature. De son être aucun devoir-être particulier ne peut être déduit sinon celui d'être un *Mitmensch*, c'est-à-dire une personnalité qui résulte du rapport entre tout individu et les autres, rapport auquel on ne peut en aucune manière échapper. Cette nécessité du *Mitwelt* détermine celle du *Mitmensch*, et ce qui résulte de cette phénoménologie de l'être-ensemble est une dualité individu-personne considérée comme ultime, mais qui reste orientée d'abord en fonction de l'*ego*.

II. AUTRUI ENTRE STRUCTURE ET TRANSCENDANCE : L'HÉRITAGE DE « MITMENSCH » EN FRANCE (DE SARTRE À RICŒUR)

L'approfondissement de cette perspective s'effectue chez Merleau-Ponty comme chez Deleuze à travers une critique de la théorie sartrienne de l'*alter ego* développée dans *L'Être et le Néant*, et au profit d'une abstraction de la notion d'autrui qui cesse de désigner une modalité particulière de l'autre individu pour devenir plutôt une structure du champ perceptif. Dans une note de travail de novembre 1959 (*Le Visible et l'Invisible*, p. 274), Merleau-Ponty écrit : « Le rapport moi-autrui à concevoir [...] comme rôles complémentaires dont aucun ne peut être tenu sans que l'autre le soit aussi : masculinité implique féminité, etc. Polymorphisme fondamental qui fait que je n'ai pas à constituer l'autre *devant* l'Ego : il est déjà là, et l'Ego est conquis sur lui. » Un an plus tard exactement, on peut lire dans une note intitulée « autrui » ces phrases qui semblent, en revanche, en revenir directement à la thèse de Löwith (que Merleau-Ponty n'a pas encore lue bien qu'il se fût promis de le faire) : « Autrui n'est plus tellement une liberté vue *du dehors* comme destinée et fatalité, un sujet rival d'un sujet, mais il est pris dans [un] circuit qui le relie au monde, comme nous-mêmes, et par là aussi dans [un] circuit qui le relie à nous — Et ce monde nous est *commun*, est intermonde — Et il y a transitivisme par généralité » (*ibid.*, p. 322). La critique de Sartre est bien présente à l'arrière-plan de cette réflexion :

> Si l'accès à autrui est entrée dans une constellation des autres [...] il est difficile de soutenir que l'autre soit, sans plus, *la* négation absolue de moi-même, car de négation absolue, il n'y en a qu'une, elle absorbe en elle-même toute négation rivale. Même si nous avons un *autre principal* [...] le seul fait qu'il ne soit pas un autre unique oblige à le comprendre non comme négation absolue, mais comme négation modélisée, c'est-à-dire en fin de compte, non comme ce qui conteste ma vie, mais comme ce qui la forme [...] le problème d'autrui [n'est pas à poser] comme celui de l'accès à une autre néantisation, mais comme celui de l'initiation à une symbolique et une typique des autres dont l'*être pour soi* et l'*être pour autrui* sont des variantes réflexives, et non les formes essentielles.
>
> *Ibid.*, p. 113 *sq.*

Ainsi autrui s'apparente-t-il moins à l'*alter ego* sartrien, cet « autre regard qui me vole le monde », mais davantage à une structure.

De même Deleuze accordait à Sartre, pour aussitôt le lui retirer, le mérite d'avoir voulu faire d'autrui une structure irréductible au sujet et à l'objet ; « mais comme il définissait cette structure par le regard, il retombait dans les catégories d'objet et de sujet, en faisant d'autrui celui qui me constitue comme objet quand il me regarde » (« Michel Tournier et le monde sans autrui » [1969], *in* M. Tournier, *Vendredi ou les limbes du Pacifique*, Gallimard, 1977, p. 269). Autrui est défini alors d'emblée comme une « structure du champ perceptif » au point que « ce n'est pas moi, c'est autrui comme structure qui rend la perception possible » (*ibid.*, p. 267). Et cette structure n'en est pas une parmi d'autres puisque autrui conditionne l'ensemble du champ. L'effet fondamental de la présence d'autrui « c'est la distinction de ma conscience et de son objet » (*ibid.*, p. 268), distinction qui a lieu à la fois dans l'espace et dans le temps (*ibid.*, p. 270). Plus généralement, Deleuze conteste la manière dont le dualisme philosophique articule correctement les catégories du fonctionnement du champ perceptif et des variations d'objet au sein de ce champ et les synthèses subjectives s'exerçant sur une matière de la perception :

> Le vrai dualisme est tout à fait ailleurs : entre les effets de la « structure autrui » dans le champ perceptif, et les effets de son absence [...]. En définissant autrui [...] comme l'expression d'un monde possible, nous en faisons [...] le principe *a priori* de l'organisation de tout le champ perceptif d'après les catégories, nous en faisons la structure qui permet le fonctionnement comme la « catégorisation » de ce champ.
>
> *Ibid.*, p. 267.

En 1967, dans la réédition de son ouvrage *En découvrant l'existence avec Husserl et Heidegger*, Lévinas publie un inédit, « Langage et proximité », qui prend place parmi une série de textes intitulés « Raccourcis » et reprenant l'essentiel des thèses développées dans *Totalité et Infini*. On peut lire dans cet inédit le célèbre passage sur la caresse qui tend à faire apparaître les lacunes de la saisie intentionnelle en distinguant la saisie cognitive de la relation éthique au réel :

> La perception est proximité de l'être dont l'analyse intentionnelle ne rend pas compte. Le sensible n'est superficiel que dans son rôle de connaissance. Dans la relation éthique au réel, c'est-à-dire dans la relation de proximité qu'établit le sensible, s'engage l'essentiel [...]. La poésie du monde n'est pas séparable de la proximité par excellence ou de la proximité du prochain par excellence. Et c'est comme par référence à leur origine en Autrui — référence qui s'imposerait comme structure *a priori* du sensible — que certains contacts froids et « minéraux » ne se figent en pures informations qu'à titre privatif.
>
> *Ibid.*, p. 228.

Un autre de ces « Raccourcis », « Énigme et phénomène » (1965), renvoie très clairement à l'héritage cohénien lorsque autrui — entendu à partir de l'infini comme ce qui nous renvoie à une antériorité originelle, laquelle ne devient jamais présence ni ne s'incarne — « sollicite à travers un visage, terme de ma générosité et de mon sacrifice. Un Tu s'insère entre le Je et le Il absolu » (*ibid.*, p. 216). On comprend qu'autrui est ce qui règle une asymétrie essentielle entre moi et l'autre, lequel est toujours plus proche de Dieu que moi. Lévinas représente donc une tentative radicale de faire coexister, dans la notion d'autrui, l'héritage phénoménologique profondément revu et la dimension éthico-religieuse initiale. Paul Ricœur, en montrant les limites de cette perspective qui accorde une extériorité radicale d'autrui, rappelle que :

> [...] le thème de l'extériorité n'atteint le terme de sa trajectoire, à savoir l'éveil d'une réponse responsable à l'appel de l'autre, qu'en présupposant une capacité d'accueil, de discrimination et de reconnaissance [...] pour médiatiser l'ouverture du Même sur l'Autre et l'intériorisation de la voix de l'autre dans le même, ne faut-il pas que le langage apporte ses ressources de communication, donc de réciprocité, comme l'atteste l'échange des pronoms personnels [...] lequel reflète un échange plus radical, celui de la question et de la réponse où les rôles ne cessent de s'inverser ?
>
> *Soi-même comme un autre*, p. 391.

Autrui, alors, redevient l'autre, et l'on cesse de l'hypostasier, à partir de la catégorie d'altérité, tantôt comme une singularité radicale et infinie, tantôt comme une structure générale, originaire et abstraite du champ perceptif. Le *Mitmensch* redevient *das Andere*.

Marc de LAUNAY

BIBLIOGRAPHIE

BULTMANN Rudolf, *Glauben und Verstehen*, Tübingen, J. C. B. Mohr, 1993.

COHEN Hermann, *Religion de la Raison tirée des sources du judaïsme*, trad. fr. A. Lagny et M. de Launay, PUF, 1994.

— *Ethik des reinen Willens*, in *Werke*, t. 7, Hildesheim-New York, Olms, 1981.

DELEUZE Gilles, *Logique du sens*, Minuit, 1969.

HEIDEGGER Martin, *Être et Temps*, trad. fr. F. Vezin, Gallimard, 1986.

HUSSERL Edmund, *Méditations cartésiennes*, trad. fr. F. Dastur, F. Escoubas, J. Colette, J.-F. Courtine, D. Franck, M. de Launay et J.-L. Marion, PUF, 1994.

LÉVINAS Emmanuel, *En découvrant l'existence avec Husserl et Heidegger*, Vrin, 1967.

LÖWITH Karl, *Sämtliche Schriften*, vol. 1, Stuttgart, Metzler, 1981.

MERLEAU-PONTY Maurice, *Le Visible et l'Invisible*, Gallimard, 1964.

RICŒUR Paul, *Soi-même comme un autre*, Seuil, 1990.

SARTRE Jean-Paul, *L'Être et le Néant*, Gallimard, 1943.

OUTILS

ADELUNG Johann Christoph, *Versuch eines vollständigen grammatisch-kritischen Wörterbuches der hochdeutschen Mundart* [Essai de dictionnaire grammatico-critique complet du haut allemand], 5 vol., Leipzig, Breitkopf, 1774-1786.

MODERNISME

angl. *modernism*

► BAROQUE, CLASSIQUE, COMPARAISON, KITSCH, NEUZEIT, ROMANTIQUE, *STYLE*

Le terme modernisme *est souvent compris comme une variante plus récente de* modernité. *Il revêt cependant une signification spécifique quand il traduit l'américain* Modernism, *signification qu'il convient de préciser dans la mesure où la distinction, implicite, demeure le plus souvent tributaire du contexte de son emploi, notamment dans les textes d'histoire de l'art ou d'esthétique.*

Dans son usage particulier, le « Modernisme » (*Modernism*) désigne cette mouvance artistique qui mit la réflexivité au premier rang de ses préoccupations. Le critique et théoricien Clement Greenberg imposa, dans les années 1950, cette notion dont il fit la pierre de touche d'une histoire des arts tout entiers tendus vers l'épiphanie de leur vérité ontologique. Greenberg reconnaît que ce processus d'« autopurification » concerne tous les arts : « Il semble que ce soit une loi du modernisme — une loi qui s'applique quasiment à tout art qui reste vraiment vivant aujourd'hui — que les conventions non essentielles à la viabilité d'un moyen d'expression [*medium*] soient rejetées aussitôt reconnues » (C. Greenberg, « Peinture à l'américaine », in *Art et Culture*, trad. fr. p. 226). Mais la « réduction moderniste » affecte essentiellement l'art pictural, et elle trouve l'une de ses meilleures illustrations dans la tendance à la planéité qui s'y manifeste. Alors que la tradition occidentale avait fait de l'*ut pictura poesis* un dogme intangible, à partir du XIXe siècle la peinture moderne se dissociait de la littérature, rompait ses liens avec les textes canoniques et puisait ses sujets tout d'abord dans le seul domaine du visible, puis en elle-même. N'ayant plus besoin de rendre lisible quelque récit que ce soit, elle pouvait cesser de représenter l'espace tridimensionnel. Elle se séparait donc du théâtre comme de la sculpture pour concentrer son attention sur les caractéristiques de son médium.

Le modernisme n'est pas un programme mais une tendance à l'œuvre dans le travail formel des artistes. Les positions de Greenberg sont, sur ce point, fort nettes : « Je répète que l'art moderniste ne présente pas de démonstration théorique. Il faudrait dire plutôt qu'il convertit toutes les possibilités théoriques en possibilités empiriques [...] » (C. Greenberg, « La peinture moderniste », trad. fr. p. 38).

♦ Voir encadré 1.

Le modernisme, construction rétroactive, érige cependant en valeur suprême l'exploration des virtualités du médium. Vision exclusivement formaliste de l'art, il ne retient dans le bouillonnement des innovations que les œuvres qui lui permettent d'élaborer une saga téléologique qui jette aux poubelles de l'histoire les créations préoccupées d'hybridations signifiantes, placées sous le sceau du mêlé, de l'impur. Cette grille d'analyse, liée aux médiums traditionnels, est tributaire des catégories des beaux-arts. L'irruption de la postmodernité acheva de faire apparaître le modernisme comme un récit local dont la puissance herméneutique demeure cependant considérable, au sein de son aire de compétence. C'est pourquoi il reste une référence majeure, inscrite dans l'histoire et utilisée comme telle.

Denys RIOUT

BIBLIOGRAPHIE

GREENBERG Clement, « La peinture moderniste » [« Modernist Painting », *Art and Literature*, n° 4, printemps 1965], trad. fr. A.-M. Lavagne, *Peinture, Cahiers théoriques*, n° 8/9, 1974.

— *Art et Culture. Essais critiques* [1961], trad. fr. A. Hindry, Macula, 1988.

Les Cahiers du musée national d'art moderne, n° 19-20, « Moderne, modernité, modernisme », juin 1987.

1

La définition greenbergienne du modernisme

« Le modernisme ne s'attache pas seulement à l'art et à la littérature. Il touche désormais presque tout ce qui est véritablement vivant dans notre culture. Il se trouve qu'historiquement, c'est aussi un phénomène assez nouveau. La civilisation occidentale n'est pas la première à faire halte et à s'interroger sur ses propres fondements, mais c'est elle qui aura poussé ce processus le plus loin. J'assimile le modernisme à l'intensification, presque à l'exacerbation, de la tendance à l'autocritique dont l'origine remonte à Kant. Parce qu'il fut le premier à critiquer les moyens mêmes de la critique, je fais de ce philosophe le premier vrai moderniste.

L'essence du modernisme, à mon avis, c'est d'utiliser les méthodes spécifiques d'une discipline pour critiquer cette même discipline, pas dans un but de subversion, mais pour l'enchâsser plus profondément dans son domaine de compétence propre. [...]

Ce qu'il fallait manifester et rendre explicite, c'est ce que non seulement les arts en général, mais chaque art en particulier, avaient d'unique et d'irréductible. À travers les opérations qui lui étaient propres, il incombait à chacun de déterminer les effets qui n'appartenaient qu'à lui.

Il apparut vite que le domaine propre et unique de chaque art coïncidait avec tout ce que la nature de ce médium avait d'unique. Le rôle de l'autocritique devint d'éliminer de chacun tous les effets qui auraient pu éventuellement être empruntés au médium, ou par le médium, d'un autre art. Ainsi chaque art redeviendrait "pur" et dans cette "pureté" trouverait la garantie de sa qualité et de son indépendance. "Pureté" signifiait "autodéfinition", et l'entreprise d'autocritique en art devint une entreprise d'autodéfinition passionnée » (C. Greenberg, « La peinture moderniste », p. 33-34).

MODERNITÉ *Neuzeit* (all.), que le français rend par *modernité*, comme pour *die Moderne*, ne s'inscrit pourtant pas dans le même type de périodisation : voir NEUZEIT. Sur la différence entre les Anciens et les Modernes que complique *Neuzeit*, voir ART (en part. encadré 1, « Art des Anciens... ») ; et sur la querelle des Anciens et des Modernes, voir MIMÊSIS (en part. IV, D) ; cf. GOÛT.
Plus généralement, sur les discordances entre périodisations en histoire et histoire de l'art, voir STYLE [BAROQUE, CLASSIQUE, ROMANTIQUE].
Sur le sens précis de *modernisme* quand il rend l'américain *modernism*, voir MODERNISME. Cf. FAKTURA, HAPPENING, KITSCH, WORK IN PROGRESS.

► HISTOIRE, PRÉSENT, *PROGRÈS*, SÉCULARISATION

MOMENT, INSTANT, OCCASION

gr.	*kairos* [καιρός], *rhopê* [ῥοπή]
lat.	*momentum*
all.	*der Moment, das Moment, Augenblick*
angl.	*momentum, moment, instant*
dan.	*øjeblik*
it.	*momento*

► AIÔN, AUFHEBEN, DASEIN, *DESTIN*, FORCE, HISTOIRE, JETZTZEIT, *MOT D'ESPRIT*, PRÉSENT, *TEMPS*

Moment *a deux sens qui dérivent l'un de l'autre : un sens technique (mécanique) et un sens temporel. Mécanique : le* momentum *latin renvoie concrètement, via Archimède, à la petite quantité qui fait pencher la balance. Temporel : ce bougé détermine un avant et un après irréductibles l'un à l'autre. Cette irruption de temps dans l'espace est une clé pour comprendre le* kairos [καιρός] *grec, que l'on traduit, entre autres, par* moment.
*Les langues modernes se caractérisent par leur manière d'oublier le sens technique dans l'usage courant qui se focalise sur la détermination temporelle de petit laps de temps (cf. l'art. « Moment » dans l'*Encyclopédie *de Diderot et d'Alembert : « Un* moment *n'est pas long ; un* instant *est encore plus court »). Parallèlement, elles spécifient de manière différente le sens technique.*
L'allemand a en outre différencié par le genre le sens technique du sens temporel ; Hegel fait du sens technique un usage spéculatif qui oblige à réorganiser la distinction d'avec le sens temporel. Le lexique philosophique des autres langues reprend par traduction l'usage hégélien (« moment » comme instance, niveau de réalité).

I. « MOMENTUM » (latin), « RHOPÊ » (grec) ET LEURS TRADUCTIONS

Le sens technique du mot latin *momentum* est premier par rapport au sens de petit intervalle de temps. *Momentum* désigne alors une grandeur liée au mouvement. La redéfinition de la catégorie de mouvement opérée par Galilée et Newton conduit à établir dans les langues modernes une distinction linguistique, différente d'une langue à une autre, entre un sens dynamique et un sens statique confondus en latin.

Même dans son acception technique, *momentum*, qui est dérivé de *movimentum* (de *movere*, se déplacer), n'a pas un sens univoque. Cette polysémie reflète une difficulté rencontrée à partir du XIIIe siècle dans la traduction du terme grec *rhopê* [ῥοπή], terme utilisé au livre IV de la *Physique* d'Aristote (216a 13-20) et dans le *Commentaire* rédigé par Eutocios (VIe siècle) à partir du livre d'Archimède connu en français sous le titre *Sur l'équilibre des figures planes* (cf. *Archimedis opera omnia cum commentariis Eutoccii*, Teubner, 1915-1972, III, 264, 13-14).

Chez Aristote et chez Eutocios, *rhopê* désigne l'inclination qu'a un corps à se mouvoir selon le mouvement naturel avec une vitesse proportionnelle à son poids (ou à sa légèreté chez Aristote). Mais, dans l'ouvrage d'Archimède cité, *rhopê* a, *via* la considération de la balance, le sens de poids susceptible de faire pencher la balance d'un côté plutôt que de l'autre. Il s'agit toujours d'une inclination, mais celle-ci résulte alors de la combinaison du poids et de la distance au point d'appui du fléau de la balance. Certains traducteurs qui utilisent *momentum* pour désigner le premier sens de *rhopê* sont contraints d'avoir recours à un autre terme (par exemple *pondus*) lorsqu'ils veulent signifier le second sens. Cet usage est d'ailleurs loin d'être général puisque Vitruve, au livre X du *De architectura* (1486), parle de *momentum* comme de l'effet combiné du poids et de la distance. De plus, *momentum* sert également au Moyen Âge à traduire le terme grec *to kinêma* [τὸ κίνημα] que l'on trouve au livre VI de la *Physique* d'Aristote (I, 232a 9, 10, et 241a 4) et qui désigne alors un indivisible de mouvement déjà réalisé.

À la fin du XVIe siècle, le sens technique de *momentum* est donc triple : (*a*) inclination naturelle au mouvement sous l'effet de la gravité (sens dynamique) ; (*b*) produit du poids par la distance (sens statique) ; (*c*) petite quantité de mouvement. Dans les trois acceptions, la référence au mouvement du fléau d'une balance lorsqu'il penche est implicite : *momentum* contient l'idée contradictoire d'un équilibre (statique) et de sa rupture (dynamique) sous l'effet d'une cause infinitésimale.

On retrouve ces trois sens, mêlés et distribués (moyennant des distorsions propres à chaque langue) dans l'usage technique que fait chacune des langues modernes européennes des dérivés du mot latin *momentum*, à savoir : *moment* en français, *momentum* et *moment* en anglais, *momento* en italien et *das Moment* en allemand.

Moment, en français moderne, désigne le résultat d'une opération mathématique bien précise, celle qui consiste à construire le produit vectoriel du vecteur position d'un point matériel par un vecteur ayant ce point pour origine ; on parle alors du moment de ce vecteur (par rapport à l'origine choisie pour repérer la position). La force newtonienne étant un vecteur appliqué au point matériel sur lequel elle agit, on peut définir par cette opération *le moment* d'une force. C'est donc le sens (*b*) qui est ici privilégié, ainsi qu'une conception mathématique des grandeurs mécaniques, mettant l'accent sur leur construction. Par analogie, la grandeur appelée en français *moment cinétique*, construite de la même façon à ceci près que la force est remplacée par la quantité de mouvement (définie comme le produit de la masse par la vitesse, grandeur vectorielle), devrait s'appeler le « moment de la quantité de mouvement ». Tel n'est pas le cas, mais l'adjectif *cinétique* ajouté à *moment* vise à rappeler ce lien avec la vitesse du mobile considéré et à cinématiser, sinon dynamiser, la notion de moment.

En anglais, il existe deux mots dérivés du sens technique de *momentum* : *momentum*, directement importé, et *moment*, traduction du terme latin. *Momentum* en anglais désigne ce qu'en français on appelle la « quantité de mouvement ». Cet usage est postérieur à Newton qui parle, en anglais, de *quantity of motion* et, en latin, de *quantitatis motus*. Quant à *moment*, il désigne, comme en français, le produit vectoriel du vecteur position par un autre vecteur. C'est ainsi qu'on parle de « *moment of a force* » et qu'on peut trouver dans la littérature ancienne l'expression « *moment of momentum* » pour désigner ce qu'en français on appelle *moment cinétique*.

L'importation de *momentum* répond à un souci conceptuel : mettre l'accent sur la connotation dynamique que confère à la « quantité de mouvement » la seconde loi de Newton (encore appelée « principe fondamental de la dynamique »), laquelle prescrit que la variation temporelle de la quantité de mouvement d'un mobile est égale à la force appliquée sur ce dernier. L'anglais *momentum* évoque alors une impulsion et retient donc en partie le sens (*a*) de son homonyme latin ; tout en le modifiant, puisque le *momentum* anglais résulte de l'application d'une force extérieure et n'est pas inhérent au corps (du fait de sa gravité) ; de plus, le terme anglais introduit une nuance de type (*c*), dans la mesure où la loi de Newton est une loi différentielle, donc portant sur des infiniment petits.

En somme, le français marque la différence entre deux concepts, l'un dynamique et l'autre statique, en se servant de deux mots nettement différents (*quantité de mouvement* et *moment*) et en mettant par là même l'accent sur le mode de construction des grandeurs physiques concernées, alors que l'anglais, qui utilise deux termes phonétiquement voisins, garde trace de la polysémie latine. On a affaire non seulement à deux conceptions du rapport entre mathématiques et physique, mais plus profondément à deux représentations intuitives différentes du mouvement : il n'est pas indifférent que le mouvement soit quantifié en français et impulsif en anglais. On verra une preuve de la difficulté qu'eut cette distinction conceptuelle à s'établir dans le fait qu'en français classique (notamment dans l'*Encyclopédie*), *moment* désigne parfois la « quantité de mouvement ». L'article « Mechanique » reproduit même un curieux raisonnement visant à justifier, à propos de la balance, l'utilisation d'un même terme pour deux notions différentes.

En allemand, l'usage de *das Moment* est plus ou moins identique à celui de *moment* en français. Le moment d'une force est *das Kraftmoment*. Cependant, comme la quantité de mouvement se dit *Impuls* (après s'être appelée *Bewegungsgrösse*, quantité de mouvement), le moment cinétique est, de façon plus logique qu'en français, appelé *Impulsmoment*. Pourtant, *das Moment* a une connotation plus dynamique que *moment* en français ; témoin l'expression *Drehmoment*, littéralement *moment de rotation*, pour désigner le moment cinétique.

L'usage en italien actuel du terme *momento* s'apparente beaucoup à celui que fait le français actuel du terme *moment*. Mais il faut signaler une acception de *momento* dont l'importance historique est fondamentale, celle que lui donne Galilée, entre 1593 et 1598, en établissant un lien, jusqu'alors impensable et qui n'est repris dans aucune langue, entre les sens (*a*) et (*b*). Cette coalescence de sens correspond à une tentative avortée de Galilée pour faire dériver la dynamique de la statique sans l'intermédiaire de la cinématique, sur la base d'un parallèle entre la balance et le plan incliné.

> *Momento e la propensione di andare al basso, cagionata non tanto dalla gravità del mobile, quanto dalla disposizione che abbinno tra di loro i diversi corpi gravi.*
>
> [Le moment est la propension à aller vers le bas, provoquée non pas tant par la gravité que par la disposition qu'ont entre eux les corps graves.]
>
> *Les Mechaniques*, II, 2e définition.

II. « KAIROS »

Le mot grec *kairos* [καιρός], qui peut correspondre au français *moment*, entendu comme « bon moment », « moment opportun », « occasion » (cf. le titre de Crébillon fils, *La Nuit et le Moment*), désigne une singularité non mathématisable. La rhétorique latine (Quintilien, III, 6, 26 ; V, 10, 43) distingue ainsi du *tempus generale* ou *khronos* [χρόνος], lié à l'histoire et susceptible de datation, le *tempus speciale* ou *kairos*, temps marqué qui ou bien se répète périodiquement (comme la bonne saison dans un cycle naturel ou le moment propice à un type d'action dans la vie des hommes), ou bien survient de manière imprévisible, et elle le rend aussi par « *tempus per opportunitatem* » (*G. Fabii Laurentii Victorini explanationum in rhetoricam Ciceronis libri duo*, Halm I, 21, p. 207, 40) ou *occasio* (*ibid.*, I, 27, 40).

Ce qui fait la spécificité du mot grec et engendre son amplitude, c'est qu'il a à l'origine un sens spatial et désigne un point critique de coupure et d'ouverture, comme l'atteste l'adjectif *kairios* [καίριος], seul présent dans l'*Iliade*, qui s'applique au défaut d'une cuirasse, point d'articulation ou d'assemblage (IV, 185 ; XI, 439 ; VIII, 326), et à la suture osseuse d'un crâne (VIII, 84), tous lieux où un trait peut pénétrer de manière fatale et décider du destin. Ainsi Euripide parle-t-il d'un homme « frappé au *kairos* » (*Andromaque*, 1120). On comprendra peut-être par là comment en latin la « tempe » (*tempus, -oris*) et le « temps » (*tempus, -oris*), au même titre que le « temple » (*templum*), peuvent être mis en rapport avec *temnô* [τέμνω], « couper » (cf. *temenos* [τέμενος], « enclos, lieu consacré, autel »).

Selon l'hypothèse avancée par Onians, le mot usuel *kairos* [καιρός, avec l'accent aigu] et le terme technique *kairos* [καῖρος, avec le circonflexe] ne font qu'un, la différence d'accent marquant comme souvent la spécification sémantique. *Kairos* avec le circonflexe appartient au vocabulaire du tissage et désigne la tresse régulatrice qui sépare les fils de chaîne, souvent couplée avec le dispositif qui maintient le sommet de l'ouvrage : elle détermine l'espacement entre fils pairs et impairs qui permet l'entrelacs entre chaîne et trame. De même, *kairos* au sens usuel renvoie à l'ouverture d'un discontinu dans un continuum, à la trouée du temps dans l'espace ou du temps temporel dans le temps spatialisé : moment de crise dans le vocabulaire médical, entrelacs ou concours de circonstances en politique et en histoire, il dit l'à-propos (donc la [juste] mesure, la brièveté, le tact, la convenance) et l'occasion (donc l'avantage, le profit, le danger), tout moment décisif qu'il s'agit, de manière plus ou moins normative ou esthétique, de saisir au passage, voire par les cheveux comme en témoignent les figurations du *kairos* sous les traits d'un jeune homme chauve ou rasé par-derrière, mais avec un long toupet par-devant. C'est ainsi que, chez Pindare, le *kairos* caractérise les mots, à la fois bien décochés et bien tissés, qui touchent leur but (*Néméennes*, 1, 18 ; *Pythiques*, 1, 81 ; 9, 78).

L'attention prêtée au *kairos* définit un certain type de rhétorique, celle d'Alkidamas, d'Isocrate et des sophistes, et caractérise l'improvisation (gr. *epi tôi kairôi* [ἐπὶ τῷ καιρῷ], lat. *ex tempore*) dont Gorgias fut pour Philostrate l'initiateur (*Vitae Sophistarum*, I, 482-483).

III. « DER MOMENT » / « DAS MOMENT »

L'allemand découple les significations simultanément présentes dans le latin *momentum* et les distribue non pas sur deux mots différents, mais sur deux genres d'un même mot, dont l'un est repris par le vocabulaire de la spéculation philosophique. *Der Moment*, au masculin, désigne un intervalle de temps plus ou moins long, et *das Moment*, au neutre, a originellement le sens physique de « moment d'une force » (*Momentum*). Le lexique philosophique allemand, à partir de Kant, a produit une signification supplémentaire à partir de *das Moment*, celle de cause, facteur, composante d'un tout considéré ou non dans son déroulement temporel. À partir de là, il a forgé un *terminus technicus* de la spéculation, repris à ce titre par d'autres langues incluant le français. Cette création de la langue philosophique amène à poser deux questions.

La première est celle du rapport entre le sens mécanique et le sens spéculatif de *das Moment*.

♦ Voir encadré 1.

1

« Moment » dans la « Science de la logique »

Le texte le plus topique est constitué par la remarque sur *aufheben* qui clôt le premier chapitre de la *Science de la logique*, soit le texte par excellence où la généralité du propos se nourrit de la particularité d'un idiome. Sa généralité est liée à son environnement immédiat d'abord, puisqu'il conclut l'étape de la logique où sont intervenues les notions les plus abstraites, c'est-à-dire les moins déterminées, l'être, le néant et le devenir, et qu'il prend place au moment où le devenir prend fin et se conserve à la fois dans l'être-là (*Dasein*). À sa visée propre ensuite, puisque Hegel, en explicitant le phénomène qui vient de se produire, l'*Aufheben*, entend traiter d'« un des concepts les plus importants de la philosophie », dont le passage à l'être-là ne constitue qu'un exemple (voir AUFHEBEN). Hegel présente ici une sorte de notice terminologique centrée sur le verbe *aufheben* (plutôt que sur le substantif *Aufhebung*) dans ses acceptions et usages divers. Si *aufheben* attire l'attention, c'est à cause d'un phénomène « réjouissant » que la « pensée spéculative » observe dans une langue particulière, l'allemand : le même verbe présente les deux significations opposées de « faire cesser, mettre un terme » et de « conserver, maintenir ». Pour pouvoir néanmoins penser autrement que « du point de vue lexical », il faut montrer comment « une langue en est arrivée à utiliser un seul et même mot pour deux déterminations opposées » en examinant ce qui se produit dans la chose même dont il est question. C'est à cette fin qu'est introduit le terme *Moment* :

> *Etwas ist nur insofern aufgehoben, als es in die Einheit mit seinem Entgegengesetzten getreten ist ; in dieser näheren Bestimmung als Reflektiertes kann es passend Moment genannt werden. Gewicht und Entfernung von einem Punkt heißen beim Hebel dessen mechanische Momente, um der Dieselbigkeit ihrer Wirkung willen bei aller Verschiedenheit eines Reellen, wie das Gewicht ist, und eines Ideellen, der bloßen räumlichen Bestimmung, der Linie.*
>
> [Une chose n'est sursumée que dans la mesure où elle a accédé à l'unité avec son contraire ; selon cette détermination plus précise en tant qu'il s'agit d'un réfléchi, on peut de façon appropriée l'appeler moment. Poids et distance sont dans le cas du levier les moments mécaniques de ce dernier, en vertu de la similitude de leur action malgré toute la différence qu'il y a par ailleurs entre un réel, tel qu'est un poids, et un idéel, la pure détermination spatiale, la ligne.]
>
> Hegel, *Wissenschaft der Logik* [*Science de la logique*], éd. de 1831, chap. 1.

Il s'agit clairement d'une comparaison entre deux domaines distincts, celui de la spéculation où opère l'*Aufheben* et celui de la mécanique où l'on calcule des moments de forces. *Moment* y est présenté comme un emprunt, une « expression latine » dont se sert la « langue philosophique technique ». Dans l'*Aufheben* de la spéculation comme dans le *Moment* de la mécanique, les contraires, suppression et conservation, réel et idéel, opèrent de concert.

Un mot latin, *momentum* simplement germanisé en *Moment*, pour expliquer à des lecteurs allemands comment fonctionne un mot allemand, de la langue quotidienne qui plus est : l'opération est curieuse. Avec l'équivalence posée au début de la remarque entre *das Aufgehobene* (participe passé substantivé de *aufheben*) et *das Ideelle* mentionné dans le passage cité, elle doit suggérer l'existence d'un lien plus fort entre l'*Aufheben* et les *Momente* — celui-là même qu'établit la conclusion en évoquant « le sens et l'expression plus précise que reçoivent l'être et le néant à présent qu'ils sont des *moments* ». À ce stade, les *Momente* peuvent être définis comme ce dont est fait le processus de l'*Aufheben*.

Il reste que ce processus même, pour ne faire ici référence qu'à la langue et à la mécanique, n'est jamais pensé tout à fait indépendamment du temps (cf. les verbes utilisés par Hegel : « mettre un terme » et « conserver »). C'est ce que montrent *a contrario* les efforts de Marx après les *Grundrisse* pour ne plus penser en termes de « moments » des processus économiques qu'il s'agit de faire échapper à l'eschatologie subreptice, à la correspondance entre cours du temps et mouvement du concept postulée par Hegel.

Dans son traitement philosophique, *das Moment* retrouve donc la configuration du latin *momentum* et sa multiplicité de sens, mécanique et temporel. Le problème n'est alors pas tant que *das Moment* ait aussi un sens temporel : le français l'entend nécessairement dans *moment* — quoique la traduction se révèle malaisée dans certains contextes où le sens spéculatif prévaut malgré tout, témoin ce passage de Jaspers : « *Der Augenblick hat in sich zum Beispiel ein* [neutre] *Moment der Angst* [l'instant contient par exemple le moment de l'angoisse] » (K. Jaspers, *Psychologie der Weltanschauungen*, Berlin, Springer, 1925, p. 116). Il est plutôt de savoir comment rendre différentiellement *der Moment*, maintenant qu'une bonne part du sens temporel s'est rabattue sur *das Moment*.

La seconde question porte donc sur la traduction de *der Moment* et du système de noms qui sert en allemand à exprimer le laps de temps dans ses durées inégales. Alors que le français ne dispose que du couple *instant/moment*, l'allemand peut jouer pour sa part avec trois termes : *der Moment*, *das Moment* avec ce qu'il comporte de sens temporel, et *der Augenblick*. L'« opposition » (*Gegensatz*) du *Zeitmoment* et de l'*Augenblick* (Jaspers, *op. cit.*, p. 114) obéit à une logique tout autre que l'opposition *moment/instant*. *Augenblick* seul se réserve le sens d'« instant vécu », tandis que *der* [*Zeit*]*moment* peut dans certains cas désigner, non le moment, mais l'instant comme division objective, unité de mesure du temps (*ibid.*, p. 111 : « *der objektive Zeitmoment* [l'instant objectif du temps] » ; « *ein beliebiger, willkürlich gewählter Moment* [n'importe quel instant, choisi arbitrairement] »). Les difficultés de traduction propres à *der/das Moment* viennent donc aussi, par ricochet, révéler l'autonomie de la réflexion sur l'*Augenblick*.

♦ Voir encadré 2.

IV. « AUGENBLICK » / « INSTANT »

L'allemand représente l'instant non comme un point immobile sur une ligne (*in-stans*), mais comme un mouvement organique, le clin d'œil. L'*Augen-blick* allemand évoque à la fois la vitesse du regard et la lumière que celui-ci retient (cf. le poème de Schiller, *Die Gunst des Augenblicks* [*La Faveur de l'instant*]). Le mot signifie littéralement le « regard » et la « fermeture des yeux » ; c'est le cillement de l'œil qui fixe son objet, puis par extension la

2

Un hégélianisme de langue anglaise ? « Moment » chez John Stuart Mill

Il est curieux de constater que John Stuart Mill, dans son *Système de logique* (publié en 1843, soit une dizaine d'années après le texte de Hegel cité ci-dessus), problématise la notion de *moment* à peu près dans le même sens que Hegel. Dans un chapitre qui traite des « Conditions d'un langage philosophique », il rappelle d'abord la signification dynamique de cette notion ; puis, insistant particulièrement sur la vérité qu'elle enferme et qui porte sur la conservation de quelque chose d'inconnu (puisque le produit de la vitesse d'un corps par sa masse ne désigne rien de réel, dans l'expérience), il lui fait jouer un rôle qui prend toute son importance dans l'usage des fictions tel qu'il le conçoit au Livre V : la notion, d'abord critiquée, est retournée dans une direction où elle est acceptée à d'autres conditions qu'auparavant. Tout le jeu de la théorie des fictions en usage chez les utilitaristes tient en effet dans la prise de conscience qu'un terme vise seulement en apparence quelque chose dans l'expérience, mais qu'il ne doit pas être rejeté pour autant, pourvu qu'on cesse d'être dupe de son illusoire transcendance, parce qu'il conserve un pouvoir indirect pour déterminer les choses.

> Il était déjà admis que, lorsque deux corps viennent à se choquer, le moment [*the momentum*] acquis par l'un est égal au moment perdu par l'autre. On jugeait nécessaire d'admettre cette proposition, non par le motif (décisif dans tant de cas) qu'elle était fermement établie dans l'opinion populaire, car la proposition en question n'avait jamais eu cours que parmi les savants ; mais on sentait qu'elle contenait une vérité. Une observation même superficielle des phénomènes ne laissait aucun doute que, dans la propagation du mouvement d'un corps à l'autre, il y avait quelque chose dont le second gagnait précisément ce que perdait le premier, et le mot *Moment* fut inventé pour exprimer cette chose inconnue [*and when experiment had shown that this* something *was the product of the velocity of the body by its mass, or quantity of matter, this became the definition of momentum*].
>
> J. S. Mill, *A System of Logic*, t. 2, p. 674 ; *Système de logique*, trad. fr. L. Peisse, livre IV, chap. 4, § 4, p. 222-223.

Cette analyse qui s'enracine dans la physique fait évidemment penser, étant donné son contexte logique et philosophique, à l'équivalent, dans une théorie des fictions, du *Moment* de l'*Aufheben* dans la *Logique* de Hegel. L'étrangeté de cette analogie tient à ce qu'elle s'effectue probablement à l'insu de Mill lui-même, en dépit de son intérêt fait de critique acerbe et d'admiration rentrée pour la philosophie allemande.

Jean-Pierre CLÉRO

BIBLIOGRAPHIE

MILL John Stuart, *A System of Logic Ratiocinative and Inductive*, éd. J. M. Robson, Londres, Routledge, 1996 ; *Système de logique déductive et inductive*, trad. fr. de la 6e éd. angl. L. Peisse, Librairie philosophique de Ladrange, 1866 ; repr. Bruxelles, Mardaga, 1988.

3

« Øjeblik » chez Kierkegaard

► ANGOISSE

L'instant, qui est chez Kierkegaard l'objet de développements originaux dans le registre de l'existentialité, n'est assimilable à aucun des points du *khronos* : passé, présent, futur. Des deux termes danois, *moment* et *øjeblik*, le premier peut désigner, hors spéculation, les moments d'un tout ou d'un processus naturel ou historique. À noter cependant une occurrence non négligeable, puisque âme et corps sont dits deux « moments » d'une synthèse, l'esprit étant le troisième terme. La question du tiers posée quand les deux « moments » sont le temporel et l'éternel (t. 7, p. 185) aboutit précisément au concept d'*øjeblik*, le plus souvent préféré à *moment* pour connoter la dimension existentielle. Après les grands ouvrages où l'instant est une pièce maîtresse de l'analyse des stades esthétique et éthique, le concept est élaboré philosophiquement dans deux livres parus en 1844 : *Miettes philosophiques* et *Le Concept d'angoisse*, notamment au chapitre 3.

Sans l'instant, venue de Dieu lui-même dans le temps, « tout serait resté socratique » (t. 7, p. 53), le paradoxe aurait été manqué, en lequel temps et éternité se touchent. Ou encore, tout serait resté aux mains de « la négation, du passage, de la médiation, ces trois agents masqués, suspects et secrets qui [dans la *Logique* hégélienne] mettent tout en mouvement » (t. 7, p. 181). L'impulsion chrétienne de la réflexion conduit Kierkegaard à s'appuyer *a contrario* sur de solides piliers philosophiques (Socrate, l'*exaiphnês* [ἐξαίφνης] platonicien, la philosophie idéaliste de la religion) pour donner, au prix « d'un malentendu productif » (W. Beierwaltes, « Exaiphnès... », p. 282), toute son extension au concept d'instant.

L'instant est un terme qui fait image : « Atome et clin d'œil » (t. 7, p. 187 : Paul, *Première Épître aux Corinthiens*, 15, 52), il désigne la fin du temps tout en exprimant l'éternité. Comment interpréter cette « première tentative de suspendre le temps » ? Pour les Grecs, l'éternité est le passé auquel on n'accède qu'à reculons. Pour le judaïsme, l'histoire et l'avenir deviennent décisifs. Mais c'est le christianisme qui fait apparaître à la fois la différence qualitative absolue et le contact du temps et de l'éternité. L'avenir, loin d'être conçu comme résultat du passé, est « un tout dont le passé fait partie » (comparer avec Merleau-Ponty, *Phénoménologie de la perception*, Gallimard, 1945, p. 471). Mais il faut pour cela que l'instant soit posé concrètement, de sorte qu'apparaisse cette « ambiguïté en laquelle le temps intercepte [déchire : *afskære*] l'éternité et l'éternité pénètre le temps » (t. 7, p. 188). L'instant, « plénitude du temps » (Paul, *Épître aux Galates*, 4, 4, cité t. 7, p. 18, 189), « éternisation de l'historique et historisation de l'éternel » (t. 7, p. 58), signifie que l'éternel est « l'avenir qui fait retour comme le passé » (*ibid.* et t. 15, p. 92).

Comme Leucippe pour l'espace, Platon a posé la question du mouvement dans le temps. Son mérite est d'avoir ainsi découvert l'*exaiphnês* et sa soudaineté. Toutefois, son approche « métaphysique » ne peut qu'en faire une « muette abstraction atomique » (t. 7, p. 183). Tout en rendant justice aux Grecs (t. 5, p. 20), il convient de mieux cerner cette « chose étrange (*atopon* [ἄτοπον]) », ce sans-lieu, ce pur entre-deux (*mellem*), intervalle entre mouvement et repos, ce passage *kat'exokhên* [κατ' ἐξοχήν], « qui n'est dans aucun temps ». Il ne peut s'agir de ce qui « se passe dans le dos de la conscience » (*Lectures*, p. 304, 321). Extrait du contexte physique et métaphysique, transféré, sur la base du donné « dogmatique », dans le champ de l'existentialité, ce passage relève de la possibilité (*ibid.*, p. 300). Il conditionne le jeu des catégories de saut, de décision, de répétition, de contemporanéité, là où travaillent l'instant opposé à la réminiscence, la disjonction opposée à la médiation.

Ainsi compris, l'*øjeblik* est, en des sens opposés, au centre des analyses de la foi et de l'angoisse, où il appert que le primat de l'avenir et le vertige de la liberté donnent toute son envergure à la dimension du possible, du pur entre-deux comme pouvoir. Comme « l'Un qui à la fois est et n'est pas », l'instant de « l'angoissante possibilité de pouvoir [...] forme supérieure de non-savoir [...], en un sens plus haut, est et n'est pas » (t. 7, p. 146, 183). L'instant est à la fois temporel (passage) et « hors du temps ».

La conception du temps étant chose décisive dans la détermination des stades de l'existence (esthétique, éthique, religieux), le concept d'instant sera l'objet de trois variations originales rythmées par une potentialisation croissante.

L'instant esthétique, le beau moment « poétique » est « l'instant éternel de la jouissance » (t. 2, p. 272). Éternel, car, tout souci des contingences extérieures étant annulé, « il est tout » (t. 3, p. 401 ; t. 10, p. 278). Mais, incapable de fomenter une histoire, la passion esthétique « échoue sur le temps » (t. 10, p. 234 *sq.*).

« L'esthétique est en l'homme ce par quoi il est immédiatement ce qu'il est ; l'éthique est ce par quoi il devient ce qu'il devient » (t. 4, p. 162). Les modèles de ce devenir sont l'amour conjugal et l'action sociale, qui impliquent durée, continuité et histoire. C'est par l'instant du choix résolu de soi que l'individualité éthique « met le temps à son service » (t. 10, p. 235).

Différant de l'éternité esthétique et éthique, comme de l'éternité abstraite de la *Logique* hégélienne, l'éternité dont il est question dans la sphère religieuse chrétienne détermine la troisième application du concept d'*øjeblik*. Si le maître est plus que l'occasion, c'est parce que s'est produit le « Fait absolu » (t. 7, p. 93), par lequel, dans le temps, est donnée la condition qui permet d'affronter l'instant paradoxal, quand la pensée est sommée de découvrir « ce qu'elle ne peut penser » (t. 7, p. 35).

L'éthique de l'autonomie n'étant qu'une « sphère de passage » (t. 9, p. 438), l'instant paradoxal, comparé à l'immédiateté de l'instant esthétique, cette « parodie d'éternité » (t. 7, p. 186), représente une immédiateté nouvelle. Mais ces deux instants ont en commun la passion d'une éternité qui, pour différente qu'elle soit, n'est pas celle de « l'humain en général », du devoir inconditionnel et du pouvoir suspendus au choix absolu de soi. Quand Kierkegaard intitule *L'Instant* ses derniers écrits polémiques contre la chrétienté établie, il évoque cette « catégorie de grande importance pour s'opposer à la philosophie païenne et à une spéculation également païenne dans le christianisme » (t. 7, p. 183 *sq.*).

Jacques COLETTE

BIBLIOGRAPHIE

BEIERWALTES Walter, « Exaiphnès oder : Die Paradoxie des Augenblicks », *Philosophisches Jahrbuch*, 1966-1967, p. 271-283.

COLETTE Jacques, « Instant paradoxal et historicité », in *Mythes et Représentations du temps*, CNRS, 1985, p. 109-134.

KIERKEGAARD Søren, *Œuvres complètes*, trad. fr. P. H. Tisseau et E. M. Jacquet-Tisseau (souvent mod.), L'Orante, 1966-1986, 20 vol.

— *Journal* (Extraits), trad. fr. K. Ferlov et J.-J. Gateau, Gallimard, 1942-1961, 5 vol. ; éd. rev. et augm. du t. 1, 1963.

— *Lectures philosophiques de Kierkegaard*, trad. fr. H. B. Vergote, PUF, 1993.

« brève durée » d'une telle fermeture, qu'on s'accorde à considérer comme « indivisible » (Adelung, *Grammatisch-kritisches Wörterbuch der Hochdeutschen Mundart*, t. 1, Leipzig, 2e éd. 1793, sous art. « Augenblick », col. 561).

Cette métaphoricité particulière n'entraîne pas nécessairement de différence d'usage par rapport au français : le couple *Moment/Augenblick* fonctionne comme le couple *moment/instant*, le deuxième terme se réservant à chaque fois la description d'un laps de temps si bref qu'il se dérobe à la mesure. Toutefois, alors que l'usage français impose le plus souvent d'ajouter une épithète quand *instant* désigne autre chose qu'une division objective du temps (voir par exemple G. Bachelard, *L'Intuition de l'instant*, Stock, 1932, p. 36 : « un instant fécond »), c'est l'inverse qui se produit en allemand, où *Augenblick* seul désigne immédiatement l'instant vécu. Jaspers souligne que « le mot "Augenblick" caractérise quelque chose de tout à fait hétérogène dans ce qui reste identique sous les concepts formels du temps, à savoir le vide et le plein (*das Erfüllte und Leere*) ». Ce qui conduit à la distinction terminologique suivante : « L'*atome de temps* (*Zeitatom*) n'est certes rien, mais l'*instant* (*Augenblick*) est tout » (K. Jaspers, *op. cit.*, p. 108-117). Par là, Jaspers rassemble tout le processus au cours duquel l'*Augenblick* s'est trouvé doté d'une forte charge poétique et esthétique. La poésie développe particulièrement le thème de la part d'éternité contenue dans l'instant (cf. Goethe, *Faust*, I, V, 73), tandis qu'avec Lessing l'*Augenblick* devient un concept esthétique original, moment opportun distinct du *kairos* en ce qu'il cristallise une séquence temporelle, futur compris, au lieu de la rompre : « La peinture ne peut, dans ses compositions où coexistent plusieurs temps, ne faire usage que d'un seul moment (*Augenblick*) et doit pour cela choisir le plus prégnant, à partir duquel ce qui précède et ce qui suit seront le plus compréhensibles » (Lessing, *Laokoon*, in *Werke*, Francfort, Deutscher Klassiker Verlag, 1967, vol. 2, p. 89).

La difficulté se précise lorsque l'ensemble de particularismes que l'on a mentionné se trouve comme revendiqué. Dans *Sein und Zeit* de Heidegger, le terme fait ses premières apparitions en deux paragraphes clés marquant le passage à la temporalité originaire (§ 65 et 68). *Augenblick* sert alors à fixer les caractéristiques du « présent authentique » en tant que maintenu dans l'avenir et dans l'avoir-été.

> *In der Entschossenheit* [...] *wird* [*die Gegenwart*] *in der Zukunft und Gewesenheit gehalten* [...] *Die in der eigentlichen Zeitlichkeit gehaltene, mithin eigentliche Gegenwart nennen wir den* Augenblick.
>
> [Dans la résolution (...), le présent est tenu dans l'avenir et l'être-été. Le *présent* tenu dans la temporalité authentique, donc *authentique*, nous le nommons l'*instant*.]
>
> Heidegger, *Sein und Zeit*, Tübingen, Niemeyer, 1986, § 68, p. 338 ; *Être et Temps*, trad. fr. E. Martineau, Authentica, 1985, p. 237.

Sur ce point, l'*Augenblick* est explicitement distingué du *Jetzt*, du *maintenant* de la temporalité dérivée qui comprend le temps comme un réceptacle, un milieu dans lequel les instants se succèdent. *Instant*, par le seul poids de son étymologie, apparaît alors comme une traduction malaisée pour *Augenblick* qui signale un présent qui lui-même ne se tient pas dans le temps, un présent dans lequel rien ne se passe, puisque aussi bien il est seul à faire que le *Dasein* puisse s'ouvrir à un étant « dans un temps ».

Dès lors se repose le problème de la métaphoricité propre à *Augenblick*. L'expression adverbiale *en un clin d'œil* fournit un équivalent valable, mais qui ne peut en tout état de cause être substitué systématiquement à un nom. La remarque d'Adelung, selon laquelle *Augenblick* doit s'entendre au sens figuré sans que jamais ou presque un sens propre ne soit en usage, peut être prise dans tout son sens : par rapport à *Augenblick*, *instant*, en ne rendant pas la métaphore, désigne une compréhension différente du temps et *clin d'œil* rend la métaphore, mais ne dit pas le temps.

♦ Voir encadré 3.

Françoise BALIBAR,
Philippe BÜTTGEN, Barbara CASSIN

BIBLIOGRAPHIE

GALLET Bernard, *Recherches sur kairos et l'ambiguïté dans la poésie de Pindare*, Presses universitaires de Bordeaux, 1990.

GALUZZI Paolo, *Studi galileiani*, *Lessico Intellectuale Europeo*, vol. 19, Rome, Edizione dell' Ateneo et Bizarri, 1979.

TRÉDÉ Monique, *Kairos : l'à-propos et l'occasion. Le mot et la notion d'Homère à la fin du IVe siècle avant J.-C.*, Klincksieck, 1992.

OUTILS

ONIANS Richard Broxton, *The Origins of European Thought about the Body, the Mind, the Soul, the World, Time and Fate*, Cambridge UP, 1951 ; *Les Origines de la pensée européenne*, trad. fr. B. Cassin, A. Debru et M. Narcy, Seuil, 1999.

MOMENTE ALLEMAND – fr. *Moments* (musique)

► MOMENT, STIMMUNG, TEMPS, TEMPUS

On dit d'une œuvre musicale qu'elle répond à une forme découpée en Momente, *selon l'expression allemande en vigueur depuis le XIXe siècle, lorsque le déroulement est lui-même conçu en une accumulation de* Momente. *Celui-ci devient alors l'étalon de l'unité du temps musical. Stockhausen a donné au terme un sens compositionnel complexe, déterminant pour la musique et la terminologie musicale contemporaines.*

Les Allemands, notamment Schubert, désignent par *Momente* musicaux des morceaux (*Stücke*) qui ne sont pas composés dans le but de développer une forme échelonnée sur différents temps, mais qui, au contraire, indiquent une brièveté constituant à elle toute seule une unité de temps autonome. La notion de *Momente* au sens compositionnel du terme est apparue entre 1958 et 1960 chez Karlheinz Stockhausen. Dans le premier cas, on rend *Momente* par *moments*, et le découpage temporel de l'œuvre en moments désigne un genre musical à part entière. Dans le second, on maintiendra *Momente*, nom propre servant à conceptualiser une expérience unique qui affecte simultanément la structure mélodique, le timbre et la durée.

Dans son œuvre intitulée *Momente* (création le 21 mai 1962 à Cologne) pour soprano, quatre groupes choraux et treize instrumentistes sur des textes de chant de Salomon, Blake et Bauermeister, Stockhausen précise qu'il forme, avec cette notion de *Momente* :

> [...] quelque chose en musique qui est aussi unique, aussi fort et présent que possible. Ou j'expérimente quelque chose et alors, je peux décider, comme compositeur ou comme personne qui a cette expérience, à quelle vitesse et à quel degré de changement le moment suivant va survenir.
>
> *Karlheinz Stockhausen on Music – Conférences et Entretiens*, rassemblés par Robin Maconie, Londres-New York, Marion Boyars, 1989.

Stockhausen fait référence à trois types de *Momente* bien distincts, qui, dans le processus d'élaboration de l'œuvre, parviennent à agir l'un sur l'autre. Tout d'abord, la question du mélodique : le *Moment* de la mélodie concerne le travail sur l'hétérophonie, le jeu interne aux agencements des hauteurs de notes. Ici, la voix parlée, articulée, et non pas chantée, prime. Il s'agit d'un *Moment* qui décuple le sens toujours équivoque de la voix. Puis, la question du timbre culmine dans le traitement des chœurs d'hommes et des percussions, afin de produire des consonnes, des chuintements et des sons bruiteux ; ce *Moment* moins discursif est censé introduire une durée entropique à l'intérieur d'une durée plus articulée. Enfin, il y a le *Moment* qui désigne la durée, comme alternance entre des séquences polyphoniques et des silences ; le sentiment d'un nouveau *Moment* est le résultat d'une cassure volontaire du flux musical suscitée par les voix féminines.

> J'entendrais donc par *Moment* toute unité de forme possédant, dans une composition donnée, une caractéristique personnelle et strictement assignable – je pourrais dire aussi : chaque pensée autonome ; le concept se trouve ainsi déterminé de manière qualitative compte tenu d'un contexte donné (je disais : dans une composition donnée) et la durée d'un moment est une des propriétés parmi d'autres de son mode d'être.
>
> K. Stockhausen, « Momentform », *Contrechamps*, n° 9, Lausanne, L'Âge d'homme, 1988, p. 111-112.

D'où l'importance du pluriel, *Momente*, pour souligner la prolixité des opérations en même temps que leur singularité et leur fonction. À noter que cette conception de la composition articulée en *Momente* fait émerger des variables, des éléments permutables, ce que le compositeur appelle une forme polyvalente – des variables de dynamiques, répartitions statistiques de sons dans une durée globale : la forme collective du *Moment*. Les procédures sont là pour révéler les fonctions mutables des *Momente* dans toute leur puissance d'insert. Trois autres œuvres de Stockhausen inscrivent la question du *Moment* et de la *Momentform* : *Kontakte* (1958), *Carré* (1959-1960), *Gruppen* (1958). Les *Momente* au sens de Stockhausen font désormais partie de la terminologie musicale contemporaine.

Danielle COHEN-LÉVINAS

MONDE Le terme désigne une totalité d'appartenance, un ensemble d'objets qui ont le même mode d'être (le « monde sensible », le « monde intelligible », le « monde sublunaire »), à la différence d'une simple « somme ». Il peut avoir en grec, comme en latin, un sens « laudatif », celui d'une totalité bien ordonnée (voir encadré 1, « "Ordre pour la cité..." : le sens de *kosmos* », dans WELT). La constellation russe, où « monde » est à chaque fois seulement l'un des sens possibles, lié à la « lumière » ou à la « paix », est explorée sous MIR et SVET ; cf. PRAVDA, RUSSE, SOBORNOST'.
On a pris pour point de départ l'allemand WELT pour introduire la partition, particulièrement lisible chez Kant, entre sens cosmologique (*mundus*, « univers ») et sens anthropologique.
On différenciera plus finement :
1. Un sens cosmologique, voir aussi NATURE.
2. Un sens ontologique, lié à la représentation du tout et de la totalité, voir encadré 2, « Tout et totalité : *pan / holon* », dans WELT ; voir aussi OMNITUDO REALITATIS ; cf. *TOUT*.
3. Un sens théologique (*mundus*, *saeculum* ; cf. les formules scripturaires : « venir au monde, quitter le monde »), voir OLAM, SÉCULARISATION (*Verweltlichung*).
4. Un sens chronologique (*aiôn* [αἰών], *Weltalter*, temps du monde, âge du monde), voir AIÔN, et *TEMPS* ; cf. HISTOIRE UNIVERSELLE.
5. Un sens sociologique et anthropologique : *Umwelt*, français *monde*, environnement, milieu ; voir encadré 3, « *Umwelt* : de l'écologie au commerce des étants », dans WELT.
6. Un sens existentiel : le monde de l'expérience, *mondanéité* (*Weltlichkeit*), *in-der-Welt-sein*, voir DASEIN, LEIB (encadré 1, « *Lebenswelt* »), WELTANSCHAUUNG.

► DIEU, ERLEBEN, *IL Y A*, OBJET, RÉALITÉ, RES, SEIN, VORHANDEN

MORALE / ÉTHIQUE

gr.	*ethos* [ἔθος], *êthos* [ἦθος]
lat.	*mores*, *moralitas*
all.	*Sitten*, *Sittlichkeit*, *Moralität*

► BERUF, DEVOIR, ***LIBERTÉ***, ***LOI***, MENSCHHEIT, MORAL SENSE, ***RELIGION***, ***VERTU***, WERT

Morale (sur le latin mores, *« les mœurs ») et éthique (sur le grec* êthos *[ἦθος], « le caractère »), comme leurs équivalents dans les autres langues modernes, désignent, d'une façon générale, les règles qui norment les conduites humaines. Ils se distinguent, au sein d'une même langue et d'une langue à l'autre, en fonction de deux types de problèmes. Le premier est celui du sujet de ces conduites : l'individu ou la communauté. Le second tient à la nature de leur désignation : simple description — elle ren-*

voie alors à la nature et à l'histoire —, ou prescription — elle dicte une loi et inscrit la valeur, bien ou mal. L'articulation de ces quatre dimensions (individuelle et collective, descriptive et prescriptive) constitue le jeu dans lequel s'inscrit la différence des langues.

On pourrait croire que morale *est l'équivalent exact, d'étymologie latine, de* éthique*, d'étymologie grecque, et que le doublet coexiste avec le même sens dans les principales langues européennes modernes, dont le français, même si le terme grec est comme d'habitude plus savant et plus technique (comme* corporel *et* somatique*, par exemple). C'est doublement faux. D'une part parce que, quelles que soient la labilité et la confusion des différences,* morale *et* éthique *n'ont pas aujourd'hui le même champ d'application, et que leur distinction est parfois même un topos doctrinal. D'autre part, et c'est là un chiasme à la fois paradoxal et mal repéré, parce que c'est couramment* éthique *qui renvoie aux* mores*, à une réflexion sur les normes et les conduites sociales ; alors que* morale *renvoie d'abord à l'individu et, sinon à son « caractère »* (êthos)*, du moins à ses choix d'homme libre.*

On trouve dans l'organisation même de la terminologie grecque telle qu'elle est mise en place par Aristote ainsi que dans la manière dont Cicéron justifie ses choix de traduction deux causes assignables au paradoxe de l'usage moderne.

I. ETHOS [ἔθος] L'« HABITUDE » ET ÊTHOS [ἦθος] LE « CARACTÈRE » : QU'EST-CE QUE L'« ÉTHIQUE » ?

Le grec a développé à partir de *eiôtha* [εἴωθα], « j'ai l'habitude » (sanscrit *svada-*, « caractère, penchant, habitude », cf. lat. *suesco*, avec probablement la même racine **swedh-* que *ethnos*, le « peuple »), deux substantifs en concurrence : *ethos* [ἔθος] et *êthos* [ἦθος] ont tous deux le sens originel de « coutume », mais ils évoluent diversement.

Ethos s'est fixé au sens de « habitude, coutume, usage », il désigne par exemple « la coutume de la cité » [ἔθος τῆς πόλεως, Thucydide, II, 64], et *ethei* [ἔθει] s'oppose ainsi à *phusei* [φύσει], « par nature » (Aristote, *Éthique à Nicomaque*, X, 9, 1179b 20 *sq.*, fait ainsi contraster les doctrines de ceux qui pensent qu'on est bon « par nature, par habitude, par enseignement », cf. 1154a 33).

Êthos, avec un η, désigne d'abord au pluriel le séjour habituel des animaux ou des hommes (« les lieux familiers et le pâturage des chevaux [ἤθεα καὶ νομόν] », *Iliade*, VI, 511), et, plutôt au singulier, la manière d'être habituelle, la disposition, le caractère. Le mot relève alors de ce qu'on peut appeler la psychologie (on est, par exemple, « de caractère doux », *praios to êthos* [πρᾷος τὸ ἦθος, Platon, *Phèdre*, 243c 3-4], ou, comme Pandore, « enclin à dissimuler », *epiklopon êthos* [ἐπίκλοπον ἦθος ; Hésiode, *Travaux*, 67, 78]).

♦ Voir encadré 1.

Êthos devient avec Aristote terminologique en poétique : les « caractères » (*êthê*), qui nous permettent de qualifier les personnages en action, sont l'un des six éléments de la tragédie, au même titre que l'histoire, *muthos*, l'expression, *lexis* [λέξις], la pensée, *dianoia* [διάνοια], le spectacle, *opsis* [ὄψις] et le chant, *melopoia* [μελοποΐα] (*Poétique*, 6, 1450 a 5-10) ; terminologique surtout en rhétorique : le « caractère » (*êthos*) de l'orateur est, avec la « passion » (*pathos* [πάθος]) de l'auditeur et le *logos* [λόγος] lui-même en tant que persuasif, l'une des trois « preuves techniques », c'est-à-dire qui dépendent de l'art à la différence de celles, comme les témoignages, qui proviennent de l'extérieur (*Rhétorique*, I, 2, 1356a) : le bon orateur doit en effet non seulement faire la théorie des caractères (θεωρῆσαι τὰ ἤθη, 1356a 22), comme le suggérait déjà le *Phèdre* de Platon, pour adapter son discours à son auditoire, mais aussi faire lui-même montre d'un caractère adapté, correspondant au caractère propre du régime politique dans lequel il parle (« nous devons nous-mêmes posséder le caractère propre à chaque constitution », τὰ ἤθη τῶν πολιτειῶν ἑκάστης, 1366a 12), pour inspirer confiance (*pistis* [πίστις]) et produire la persuasion (*pistis*, encore). On comprend ainsi la connexion entre rhétorique et « éthique » (les preuves — *pisteis* toujours — adviennent, dit Aristote, « par le moyen d'un discours non seulement démonstratif, mais éthique », δι' ἠθικοῦ, 1366a 9 *sq.*) ; on comprend également que la science politique, qui détermine le bien propre-

---

1

Héraclite, « êthos antrôpôi daimôn » [ἦθος ἀνθρώπῳ δαίμων]

► DAIMÔN, *DESTIN*

L'éventail des interprétations proposées pour le fragment B 119 d'Héraclite permet de comprendre ce qu'*êthos*, non moins d'ailleurs que *daimôn* [δαίμων], peut avoir d'étrange pour nous. On entend généralement que la destinée de l'homme se trouve gravée dans sa personnalité (*sein Eigenart*, comme traduit le Diels-Kranz), que ce soit là une fatalité (on naît Antigone), ou une leçon de responsabilité (il n'est d'autre destin que celui qu'on se forge). Jean Bollack s'appuie sur le doublet *ethos-êthos*, habitude-caractère, pour faire remarquer que ces deux interprétations reposent sur une représentation anachronique, très XVIIe siècle, du « caractère », alors que le grec n'en fait pas une virtualité dissociable de la manière d'être (c'est finalement, quant à lui, une autre leçon qu'il choisit, *Héraclite*, p. 328 *sq.*). Martin Heidegger, dans la *Lettre sur l'humanisme*, fait jouer si fort l'*étymon* commun qu'il propose d'entendre que « l'homme habite [...] dans la proximité du dieu » (trad. fr. R. Munier, p. 139).

BIBLIOGRAPHIE

BOLLACK Jean et WISMANN Heinz, *Héraclite ou la séparation*, Minuit, 1972.

HEIDEGGER, Martin, *Lettre sur l'humanisme* [1946], trad. fr. R. Munier, Gallimard, 1966.

ment humain, puisse être architectonique pour l'une comme pour l'autre (*Éthique à Nicomaque*, I, 1, 1094a 26-b7).

Cependant, la nouveauté proprement aristotélicienne, que le titre des *Éthiques* (ἐν τοῖς Ἠθικοῖς, *Politiques*, IV, 1295a 36 *sq.*) indique à soi seul, est d'utiliser l'adjectif *êthikon* [ἠθικόν] pour singulariser tout un domaine de la philosophie. Cette partition, instrumentalisée dans nos programmes, s'institutionnalise dans la description stoïcienne des parties de la philosophie (voir Diogène Laërce, *Prœmium*, 18). Or, pour en donner la définition, Aristote choisit de réentendre le doublet et fait de l'*êthos*, du caractère, un résultat de l'*ethos*, de l'habitude :

> La vertu éthique [*hê êthikê* – ἡ ἠθικὴ – sc. *aretê* – ἀρετὴ –, littéralement : l'excellence de caractère] quant à elle [c'est-à-dire par différence avec l'*aretê dianoêtikê*, l'excellence de pensée, la vertu intellectuelle], survient comme un effet de l'habitude (*periginetai* [περιγίνεται] : naît ou vient « autour et par suite »), d'où lui est venu son nom, par une légère modification de *ethos*. D'où il est manifeste qu'aucune des vertus éthiques n'advient (*egginetai* [ἐγγίνεται] : naît ou vient « dans ») en nous par nature.
>
> *Éthique à Nicomaque*, II, 1, 1103 a 17-19, cf. *Éthique à Eudème*, 1220a 39-b3.

L'enjeu est de taille : il s'agit pour Aristote de déterminer au plus juste la place de la nature dans l'éthique : « Ce n'est ni par nature ni contrairement à la nature qu'adviennent en nous les vertus, mais la nature nous donne la capacité de les recevoir, à nous qui les portons à accomplissement par l'habitude » (*Éthique à Nicomaque*, II, 1, 1103 a 23-26). L'interaction de l'*êthos* et de l'*ethos* ancre la vertu dans la pratique, à la fois au moyen des habitudes politiques qu'une bonne constitution fait contracter et de l'exercice individuel ; autrement dit, la vertu est une *tekhnê* [τέχνη], un « savoir-faire » :

> Nous ne possédons les vertus que pour les avoir exercées d'abord, comme pour les autres arts (*tekhnai*), car les choses qu'il faut avoir apprises pour les faire, c'est en les faisant que nous les apprenons, comme c'est en construisant des maisons qu'on devient constructeur, et en jouant de la cithare, cithariste.
>
> *ibid.*, 1103a 31-34.

On rapproche souvent ce texte de celui des *Lois* : l'Athénien de Platon, pour faire son programme d'éducation, conjoint déjà *êthos* et *ethos*, le caractère et l'habitude, mais en stipulant que c'est chez le nouveau-né, voire dans le ventre maternel, que « s'implantent naturellement chez tous, de la façon la plus décisive, le tout du caractère par l'effet de l'habitude [ἐμφύεται (...) τὸ πᾶν ἦθος διὰ ἔθος, VII, 792e ; cf. par ex. Tricot, n. 3, p. 87 de sa traduction de l'*Éthique à Nicomaque*] ». C'est ne pas voir que l'enjeu est délibérément inverse : là où Platon conforte la naturalité par l'innéité d'un habitus, Aristote neutralise le donné par une pratique responsable.

De ce chiasme initial, qui ancre l'éthique dans l'habitude plus que dans le caractère, dans la culture et la pratique plus que dans la nature, procèdent la plupart des difficultés, voire des confusions entre les mœurs et la morale, entre la morale et l'éthique. La preuve en est que la plupart des philosophes qui se sont attachés à définir les termes dans leurs langues, comme Cicéron ou Hegel, sont toujours partis à la recherche de problématiques équivalents du grec, inscrivant l'épreuve de la traduction au cœur de leur réflexion.

II. « MORES »

Si la réflexion « éthique » en langue grecque joue du rapprochement entre *ethos* et *êthos*, en latin le problème du fondement de la « morale » s'accroît de ce que le même terme désigne au singulier (*mos*) l'habitude et au pluriel (*mores*) le caractère. D'où une relation d'autant plus étroite entre les deux domaines, que les Latins eux-mêmes n'ont eu de cesse de mettre en question le rapport entre les *mores* et le *mos*. Il convient dès lors de préciser les significations du terme à la fois au singulier et au pluriel, et de souligner ce que l'usage linguistique entraîne de spécificité culturelle dans la réflexion théorique.

Le *mos* (au singulier) désigne, dans son acception la plus générale, la manière habituelle, l'habitude en tant qu'elle caractérise l'agent de l'action, que cet agent soit singulier (ainsi Chrysippe, dans tel ouvrage procède-t-il « à sa manière habituelle », *more suo*, Cicéron, *De republica*, III, 12), pluriel (ainsi Numa conserva-t-il « l'antique manière de faire des rois grecs » en matière judiciaire, *mos vetus Graeciae regum*, Cicéron, *De republica*, V, 3), voire une collectivité anonyme (ainsi la maison du grand-père de Cicéron était-elle petite, « à la manière antique », *antiquo more, De legibus*, II, 3). Les deux derniers exemples cités suggèrent d'eux-mêmes le glissement de sens qui, de l'habitude caractéristique, conduit à cette forme particulière d'habitude qu'est la « tradition », sens que porte très fréquemment le terme au singulier, mais aussi au pluriel : c'est par exemple ce *mos* qui tolère la dissimulation, pourtant proscrite par la loi de la nature, d'après Cicéron, *De officiis*, III, 69 ; de même, ce que Cicéron appelle en *De legibus*, II, 23 « nos traditions », *nostri mores*, constitue, avec les lois de Numa, le point de référence de l'élaboration de son code de lois en matière religieuse : la « tradition des ancêtres », le *mos majorum*, constitue ainsi le *mos* par excellence, manifestation la plus pleine de l'habitude érigée en système de référence.

Le terme appliqué à la caractérisation de l'individu dénote d'abord au pluriel l'ensemble des habitudes définissant un comportement, soit donc « les mœurs » et, ensuite, ce que nous appelons « le caractère », pour autant que celui-ci est ce qui, en l'individu, fonde ses « mœurs ». Le latin ne dissocie donc pas l'extériorité – le comportement comme action objective – de l'intériorité – l'ensemble des dispositions qui constituent les ressorts du comportement. Ce n'est pas à dire pour autant que les Latins aient ignoré toute distinction de cet ordre. Lorsqu'elle est requise, une telle précision est en général apportée par l'association du terme *mores* avec d'autres termes circonscrivant l'extension du concept. Deux types de couple peuvent ainsi être mis en évidence : soit les *mores* sont envisagés dans la perspective de l'extériorité de l'action, et se trouvent alors associés à des termes comme *vita* (la vie, le mode de vie, cf. Cicéron, *De republica*, I, 10, 16 ; *ibid.*, II, 21), *instituta* (les principes de vie, cf. Cicéron, *De officiis*, I, 120), *consuetudo* (l'habitude, cf. Cicéron, *De republica*, III, 17) ; soit est privilégié le « caractère » dans l'appréhension des *mores*, et dans ce cas les termes associés sont *ingenium*, *indolis*, *natura*, trois termes dénotant le tempérament en tant que disposition naturelle (cf. Cicéron, *De officiis*, I, 107 *sq.* ; III, 16 ; Sénèque, *De ira*, I, 6, 1 ; II, 15, 1). La réflexion latine sur les *mores* met donc constamment en présence les deux sphères, d'un côté, de l'habitude perçue dans sa formalité, voire son arbitraire, de l'autre, d'une nature antérieure à toute mise en forme, comparée par Sénèque (*De ira*, II, 15, 1-2) à une terre d'où émergent les dispositions morales de l'être.

En contexte philosophique, une telle dualité d'approche tend à recouper la dichotomie grecque classique de la loi et de la nature (*nomos/phusis*). Deux exemples d'analyse rencontrés chez Cicéron montreront comment la réflexion sur les *mores* peut s'organiser autour de ces pôles. Dans le livre III du *De republica*, le personnage de Philus reprend une argumentation du néo-académicien Carnéade affirmant que la justice n'est pas fondée en nature dans un quelconque instinct social. Philus souligne notamment que les « mœurs » des hommes se ramènent en fait à des habitudes (*consuetudines*) et à des formes instituées de comportement (*instituta*) qui ne reposent sur rien d'autre que l'arbitraire de la coutume posée en loi, comme le montrent leur éclatement en une infinité de formes selon les peuples ainsi que leur variabilité au cours du temps. Inversement, dans le *De amicitia*, le personnage de Lélius (celui-là même qui dans le *De republica* répondait à la défense de la justice, au discours de Philus) n'a de cesse de resserrer le lien entre *mores* et *natura* — avec pour objectif premier de contrer la théorie utilitariste que les épicuriens proposent de l'amitié : pour Lélius, c'est l'accord des bonnes natures, manifesté par l'harmonie des *mores*, qui fonde et entretient le sentiment d'affection (*caritas*) à partir duquel se développe l'*amicitia* authentique.

La confrontation de ces deux textes met en évidence une ambiguïté profonde dans la conception latine des *mores*, partagée entre une approche descriptive des « mœurs » constatées et une visée prescriptive consacrant les « bonnes mœurs ». L'usage linguistique peut aider à opérer le partage : une tendance pousse à l'emploi de termes comme *consuetudo*, *usus* (usage), *instituta*, lorsqu'il s'agit de percevoir les *mores* dans leur objectivité et dans leur variabilité éventuelle, tandis que le terme même de *mores* est le plus souvent retenu seul lorsqu'il s'agit de définir une norme morale ou de constater l'adéquation à celle que l'on a posée. Du fait de cette tendance, dans le discours de Philus, l'emploi polémique du terme *mores* vise précisément à disqualifier l'idée que ces « mœurs » soient autre chose que des *instituta*. Dans la perspective inverse, c'est également le terme de *mores* qui est presque toujours employé pour stigmatiser d'un point de vue moral une violation de la règle éthique : les *mores* ainsi dénoncés sont alors perçus, non dans la neutralité d'un point de vue descriptif, mais comme le contraire ou le négatif de ce que devraient être les « bonnes mœurs », l'emploi du terme manifestant l'impératif de la norme dans le constat même de sa négation : ainsi dans le discours sur le tyran, dont la figure se construit en antithèse de toutes les valeurs humaines et civiques, par exemple dans le livre II du *De republica* de Cicéron, ou encore dans le *De clementia* de Sénèque.

Au principe de la « morale », le terme de référence *mores* pose donc un problème qui tient à la confusion des perspectives, d'une part, de l'extériorité des mœurs et de l'intériorité du caractère, et, d'autre part, de la description d'un donné et de la prescription d'une norme. Cette confusion s'explique en grande partie par une conception de la personne ancienne dont on trouve une expression philosophique achevée chez Cicéron, *De officiis*, I, 107-121. Cet exposé doit sans doute l'essentiel de sa substance au médio-stoïcien Panétius, mais au-delà des particularités de doctrine, reflète une approche de la personne caractéristique des milieux aristocratiques dominants dans le monde gréco-romain (voir C. Gill, « Personhood and Personality : the Four-Personae Theory in Cicero, *De officiis I* », p. 169-199). La personne se définit ainsi par la synthèse de deux couples de « rôles » (le terme *persona* désigne le masque, puis par extension le rôle de théâtre ; il traduit *prosôpon* [πρόσωπον] en grec) : le premier couple comprend la *persona* « commune » d'être rationnel et la *persona* « singulière » constituée par notre tempérament et notre sensibilité propres ; le second couple associe la *persona* qu'imposent le hasard de la naissance et les circonstances de la vie et la *persona* donnée par le choix délibéré d'une carrière. Ce schéma met ainsi en présence, mais sans analyser explicitement leur conflit potentiel, d'une part, les déterminations objectives d'un caractère donné et les impératifs d'une raison prescrivant une morale universelle, et, d'autre part, les mobiles internes rapportés à la *natura* de chacun et les comportements externes conditionnés par les institutions et les fonctions sociales (voir PERSONNE).

Le rapport au *mos* - « tradition » fournit cependant une clé de compréhension pour la conception latine des *mores*, comme on peut en juger d'après trois témoins : la philosophie politique de Cicéron (*De republica*, *De legibus*), l'historiographie de Tite-Live (livres I à V, de la fondation de Rome par Romulus à sa refondation symbolique par Camille), la morale pratique de Sénèque (*De ira*, *De clementia*). Dans les trois cas, les *mores*, individuels ou collectifs (*mores* d'un peuple ou d'un groupe social), sont pensés par référence à la tradition romaine qui fournit une norme d'évaluation à travers des modèles concrets incarnant un esprit dominé par la vertu. Les *mores*, terme pluriel, sont ainsi censés à la fois exemplifier et consolider un *mos* singulier, une réalité historique et culturelle, qui s'est elle-même progressivement élaborée et unifiée par accumulation d'actes de comportement et d'illustrations de caractère dans le temps de l'histoire.

Il n'y a pas de place véritable pour un conflit entre le fait et la norme, l'extérieur et l'intérieur, le singulier et le collectif pour l'homme romain dont les *mores* ont vocation à reproduire dans la pluralité de l'expérience l'essence d'un *mos* opérant la synthèse de ces contraires. Un tel conflit est précisément la marque de la monstruosité morale incarnée par les figures de pervers, de séditieux et de tyrans (par exemple Tarquin l'Ancien, Spurius Maelius, Appius Claudius le décemvir, l'empereur Caligula), dont le « caractère » singulier tend à dissoudre la cohésion du corps social par des « mœurs » privés ou politiques contraires au *mos*.

III. MŒURS, MORALE, ÉTHIQUE, ENTRE DESCRIPTION DES RÈGLES DE CONDUITE INDIVIDUELLES OU COLLECTIVES, PRESCRIPTIONS DES NORMES

Dans la langue française, le partage entre les mœurs et la morale semble s'accentuer et fixer la séparation du descriptif et du normatif. Les mœurs sont les règles de conduite d'un peuple ou d'un individu, et il faut un jugement critique pour savoir si elles sont bonnes ou mauvaises, licites ou interdites, car elles peuvent être indifféremment l'un ou l'autre. La morale, au contraire, ne comprend que des règles de bonne conduite. Elle détermine et codifie, de façon plus ou moins systématique, ce qui est bien et ce qui est licite (c'est ainsi qu'on ne parlera pas de mauvaise morale, mais de mauvaises mœurs). Ce faisant, la différence des termes s'inscrit aussi dans un partage des discours, voir un conflit des disciplines. Mœurs et morale ne désignent pas seulement des contenus (descriptifs ou prescriptifs) différents, ils s'opposent l'un à l'autre comme deux approches différentes (anthropologiques et sociologiques, ou théologiques et confessionnelles) des conduites humaines : ainsi, le choix du premier terme pourra impliquer un déni de toute approche théorique et normative, tandis que la préférence accordée au second pourra être le signe d'une universalité revendiquée.

C'est à partir de ce dilemme que doit s'entendre la fortune croissante de la notion d'éthique. Elle semble réservée à une approche normative des conduites humaines qui entend s'affranchir de leur description, en même temps qu'elle ne relève d'aucun dogme (notamment religieux) — d'aucun catéchisme moral — constitué. Les différents composés, qui sont construits à partir de l'éthique et forment ce qu'on appelle l'éthique appliquée (bioéthique, éthique environnementale, éthique professionnelle), visent à accorder une légitimité rationnelle à la production de critères de décision et de règles de conduite dans chaque domaine.

A. Les mœurs : de l'analyse psychologique à l'enquête anthropologique et à l'étude sociologique

La description des *mœurs* se présente d'entrée de jeu comme une résistance à la prescription et à la prédiction morales. Mais, du discours des moralistes classiques aux essais des Lumières, l'objet même de cette description se transforme, et le sens du terme s'infléchit.

(1) Tandis que la connaissance des mœurs contribue encore, dans les *Réflexions ou sentences et maximes morales* (1765) de La Rochefoucauld, à dresser « le portrait du cœur de l'homme » (Avis au lecteur de l'édition de 1765, in *Moralistes du* XVII*e siècle*, p. 232), elle devient, dès *Les Caractères* de La Bruyère (1688), l'objet d'une enquête qui contribue à fixer les divers types humains. Or plus celle-ci s'élargit à la diversité des classes sociales, puis à celle des peuples, plus la distance s'accroît avec la possibilité même d'une prescription. Les règles et les principes moraux sont abandonnés à la liberté du lecteur qui tire lui-même les leçons du portrait, de l'enquête, de l'histoire qui lui sont proposés. Alors que La Rochefoucauld, en dépit d'un retrait visible par rapport à la prédiction morale chrétienne, présente ses maximes comme « l'abrégé d'une morale conforme aux pensées de plusieurs pères de l'Église » (*ibid.*), La Bruyère souligne : « Ce ne sont point, au reste, des maximes que j'ai voulu écrire : elles sont comme des lois dans la morale et j'avoue que je n'ai ni assez d'autorité, ni assez de génie pour faire le législateur [...]. Ceux enfin qui font des maximes veulent être crus : je consens, au contraire, que l'on dise de moi que je n'ai pas quelquefois bien remarqué, pourvu que l'on remarque mieux » (« Préface » des *Caractères ou les Mœurs de ce siècle*, in *Moralistes du* XVII*e siècle*, p. 695). Ainsi la multiplication des points de vue sur les conduites humaines, la prise en compte de la diversité sociale, géographique ne sont-elles pas seulement affaire de connaissance. Substituer les mœurs à la morale, c'est redonner au sujet la liberté de se constituer, comme sujet moral, c'est abandonner à chacun la libre disposition du passage entre description et prescription. D'une telle liberté, la philosophie des Lumières fait, encore davantage, l'enjeu de son approche des conduites humaines. Prenant pour principe de rapporter la constitution du sujet moral à son extériorité (la géographie), elle consacre le passage de la psychologie à l'anthropologie — quitte à chercher dans la diversité des mœurs les signes d'une unité morale de l'humanité. Ainsi Rousseau, dans l'*Émile* :

> Jetez les yeux sur toutes les nations du monde, parcourez toutes les histoires. Parmi tant de cultes inhumains et bizarres, parmi cette prodigieuse diversité de mœurs et de caractères, vous trouverez par tout les mêmes idées de justice et d'honnêteté, par tout les mêmes notions du bien et du mal.
>
> Gallimard, « La Pléiade », t. 4, p. 597.

(2) Pour autant, cette recherche de l'unité n'exclut pas, bien au contraire, que les mœurs soient appréhendées dans leur historicité. D'où une deuxième mutation capitale qui est l'apport propre de la philosophie des Lumières : les prescriptions morales relèvent aussi d'une philosophie de l'histoire. C'est ce dont témoigne amplement le lien entre l'*Essai sur les mœurs et l'esprit des nations* de Voltaire et ses réflexions épistémologiques sur l'histoire (par exemple : l'article « Histoire » de l'*Encyclopédie*).

(3) Mais cela ne signifie pas que toute contrainte disparaisse. De la morale aux mœurs, c'est aussi le rapport

de la politique aux conduites humaines qui se transforme. À l'examen de la conscience morale et au contrôle de la conformité des pratiques aux règles que déterminent les croyances se substitue une police des mœurs qui ne se contente pas de discipliner le corps des individus, d'organiser et de pacifier la société, mais qui contrôle et oriente le devenir des populations. Elle accompagne ladiversification des savoirs qui participent à la normalisation de ces conduites.

♦ Voir encadré 2.

B. La morale : entre fondation rationnelle, apologétique chrétienne et sociologie positive

Face à l'emprise des mœurs, des savoirs qu'elle suscite et des contrôles qui les disciplinent, l'idée de morale ne peut apparaître que comme une résistance à la diversité et à l'historicité (la mouvance) des règles de conduite. Cette résistance est susceptible de prendre deux formes opposées.

(1) La première est celle d'une fondation rationnelle. De la première opposition, on trouve un signe probant dans le sort que réserve à chacun des deux termes (*mœurs* et *morale*) le *Discours de la méthode* de Descartes. Tandis que les mœurs (en même temps que les voyages) sont écartées, en vertu du caractère incertain du savoir qui les concerne, la morale est présentée comme un ensemble de règles nécessaires pour bien conduire sa vie. En principe, ces règles doivent être obtenues suivant une démarche déductive qui n'emprunte rien à l'expérience, mais, à défaut d'une fondation rationnelle immédiate, c'est une « morale par provision » qui s'impose, une morale provisoire dont la caractéristique essentielle est précisément que, loin de pouvoir se résumer à la conformité aux mœurs, elle doit intégrer encore d'autres règles.

(2) La seconde forme d'opposition est celle qui fait de la morale l'objet d'un discours apologétique. Elle lie la défense de la morale à l'existence d'un dogme. C'est pourquoi elle renvoie dos à dos la fondation rationnelle de la morale et l'acceptation de la diversité des mœurs. Ainsi Pascal fait-il de la relativité des mœurs un argument autant contre la nature que contre la raison : « La corruption de la raison paraît par tant de différentes et extravagantes mœurs. Il a fallu que la vérité soit venue, afin que l'homme ne [vécût] plus en soi-même » (Lafuma, n° 600, Seuil, « L'Intégrale », 1963, p. 584). Il n'y a alors pas d'autre morale légitime que celle qu'inspire la religion : « De là cette religion m'est aimable et je la trouve déjà assez autorisée par une si divine morale, mais j'y trouve de plus » (Lafuma, n° 793, *op. cit.*, p. 600). Cette dualité a une importance considérable. Elle fait peser sur la morale le soupçon de porter toujours l'ombre du Dieu chrétien.

D'où la tentation de donner au terme une définition résiduelle et positiviste inédite, en faisant de la morale à la fois un ensemble de faits sociaux, comparable aux faits religieux, juridiques, etc., la science de ces faits, et les applications de cette science. C'est ce que propose Lévy-Bruhl dans un passage significatif de *La Morale et la Science des mœurs* :

> Même en écartant l'ancienne conception de la « morale théorique », le mot « morale », peut encore être pris en trois acceptions qu'il nous faut soigneusement distinguer.
>
> 1° On appelle « morale » l'ensemble des conceptions, jugements, sentiments, usages, relatifs aux droits et aux devoirs respectifs des hommes entre eux, reconnus et généralement respectés, à une période et dans une civilisation données. C'est en ce sens que l'on parle de la morale chinoise, ou de la morale européenne actuelle. Ce mot désigne alors une série de faits sociaux, analogue aux autres séries de faits du même genre, religieux, juridiques, linguistiques, etc.
>
> 2° On appelle encore « morale » la science de ces faits, comme on appelle « physique » la science des phénomènes de la nature. C'est ainsi que l'on oppose les sciences morales aux sciences physiques. Mais tandis que « physique » sert exclusivement à désigner la science dont

---

2

Biopolitique et police des mœurs

La substitution de la description des mœurs à la prescription morale est un trait marquant de l'émergence de ce que M. Foucault a appelé une « société de normalisation ». La biopolitique qui l'organise, en contrôlant l'hygiène, la santé, la famille, la sexualité, est rendue possible par le fait qu'elle s'appuie moins sur un système de règles et de préceptes moraux préétablis, ou sur un dogme théologique, que sur une série de savoirs et de contrôles qui non seulement quadrillent la vie des individus, mais encore les fondent dans un sujet global : la population. La notion de « mœurs » — qui devient l'objet d'une véritable science (cf. L. Lévy-Bruhl, *La Morale et la Science des mœurs*, 1903) — est alors ce qui permet d'assurer l'articulation entre la discipline corporelle (le singulier) et la normalisation ou la régularisation de cette population (le collectif). Elle est aussi ce qui permet de désigner et d'identifier une partie de cette population comme étrangère et de lui appliquer une politique d'exclusion. Ainsi la description ou la caricature des mœurs différentes d'une population donnée est-elle une composante systématique des discours racistes.

Elle l'est d'autant plus que la naturalisation des mœurs — à la différence de la morale, qui sert, au contraire, de critère de distinction entre l'homme et l'animal — permet un brouillage entre les frontières de l'humanité et de l'animalité. Dès lors que, pour les animaux aussi, on peut parler de mœurs, la caractérisation d'une population par ses mœurs différentes ou déviantes de la norme favorise le rapprochement avec telle ou telle espèce animale. Ainsi Voltaire écrit-il des Albinos, dans l'*Essai sur les mœurs et l'esprit des nations* : « Ils n'ont d'homme que la stature du corps, avec la faculté de la parole et de la pensée dans un degré très éloigné du nôtre » (Classiques Garnier, p. 7).

BIBLIOGRAPHIE

FOUCAULT Michel, *Il faut défendre la société*, Hautes Études, Gallimard-Seuil, 1997.

> l'objet s'appelle « nature », le mot « morale » est employé à la fois pour désigner la science et l'objet de la science.
>
> 3° Enfin, on peut encore appeler « morale » les applications de cette science. Par « progrès de la morale », on entendrait les arts de la pratique sociale : par exemple, plus de justice réalisée dans les rapports entre les hommes, plus d'humanité dans les relations entre les classes sociales, ou entre les nations. Ce troisième sens se sépare nettement des deux précédents, qui ne diffèrent pas moins entre eux. De là des confusions inextricables, et, en particulier, cette conséquence que la philosophie morale d'aujourd'hui, semblable en ce point encore à la philosophie physique des Anciens, discute sans fin des problèmes purement verbaux, et passe à côté des problèmes réels sans les voir.
>
> p. 100-101.

Ce que cette double offensive (religieuse d'un côté, positiviste de l'autre) rend problématique, c'est la perspective d'une fondation rationnelle de normes pratiques. Aussi trace-t-elle la voie d'un troisième terme, apparu plus tardivement, qui, sans limiter le discours sur les conduites au catéchisme moral ou à l'enquête anthropologique et sociologique (et soumettre le normatif au descriptif), ne renonce pas à une détermination rationnelle.

C. Éthique

L'apparition du terme d'*éthique*, d'emblée plus technique, accentue ce partage entre la connaissance de la nature (fût-ce la seconde nature des habitudes) et la systématisation des devoirs, sans rabattre la seconde sur les dogmes de la religion. Significatif est, à ce titre, le fait qu'il soit d'abord réservé à la désignation (traduction) d'ouvrages philosophiques de l'Antiquité, par opposition aux catéchismes moraux (ainsi La Bruyère qui, dans le *Discours sur Théophraste*, renvoie aux *Éthiques* d'Aristote). Mais la fortune croissante (et récente) du terme vient surtout de l'impossibilité d'utiliser les notions de morale et de mœurs pour désigner l'exigence de normes pratiques dans des domaines que l'on n'imagine pas régis par de seuls impératifs économiques ou techniques : l'environnement, les affaires, l'entreprise. Parler de bioéthique, d'éthique environnementale ou d'éthique des affaires, c'est donc, en principe, prendre en considération la nécessité de disposer de normes déterminées pour orienter la prise de décision dans des domaines circonscrits et des circonstances précises. En droit, cela ne devrait relever ni d'une description anthropologique ou sociologique des règles de conduite propres à tels ou tels domaines ni d'un catéchisme extérieur. La difficulté vient de ce qu'une telle indépendance n'est jamais avérée. Les éthiques appliquées ne font pas facilement la preuve qu'elles n'entérinent pas les mœurs et les intérêts d'un milieu déterminé (profession ou autre), ou qu'elles n'introduisent pas, sous une forme déguisée, un catéchisme quelconque (religieux ou politique). On est alors en droit de se demander si *éthique*, utilisé pour ne pas dire « mœurs » ou « morale », ne dit pas, en réalité, la même chose. Mais le terme peut aussi renvoyer à la conjugaison des deux, indépendamment de tout dogme religieux : la dimension universelle et abstraite d'un souci moral qui ne se laisse pas aisément définir, et la diversité de ses domaines d'application.

◆ Voir encadré 3.

IV. « SITTE », « SITTLICHKEIT », « MORALITÄT »

Dans la langue allemande, c'est encore la séparation entre le descriptif (la nature) et le prescriptif (la loi), mais aussi celle entre l'individuel et le communautaire, qui constituent les principes à partir desquels les philosophes fixent les termes. C'est ainsi que Kant sépare rigoureusement les mœurs (*die Sitten*) de la moralité (*Moralität*). Cette disjonction consacre et accomplit celle que le rationalisme et la philosophie des Lumières avaient fixée dans la langue française. Elle n'en déplace pas fondamentalement l'opposition, sauf à préciser à quelles conditions absolues le prescriptif est affranchi du descriptif, la morale de l'anthropologie. C'est pourquoi elle ne pose pas de problème majeur de traduction.

3

La « Valse des éthiques »

Sous un tel titre, A. Etchegoyen a analysé et déploré l'inflation contemporaine des éthiques appliquées : l'éthique de l'entreprise dont le but est de proposer aux employés un système de valeurs susceptible d'accroître leurs performances, la bioéthique et ses divers comités. Or son livre est symptomatique du jeu entre éthique et morale. C'est, en effet, la nostalgie d'une morale prescriptive et universelle, de type kantien (*die Moralität*), qui détermine le procès qu'il fait à ces différentes éthiques locales :

> La morale est un impératif catégorique ; l'éthique est un impératif hypothétique. Cette distinction est décisive. Ou l'action est déterminée par un impératif inconditionné qui s'impose de façon catégorique : la conscience agit alors par devoir. Il s'agit de morale. Ou l'action est déterminée par une hypothèse qui lui impose un comportement, ce qu'on pourrait appeler aussi un impératif de prudence. Il s'agit maintenant d'éthique.
>
> *op. cit.*, p. 78.

Ce que désignerait le terme d'éthique, c'est donc, selon A. Etchegoyen, un vague souci moral — qui masque difficilement toute une série de compromis avec les intérêts du moment. Aussi peut-on se demander jusqu'à quel point le procès qu'il adresse aux éthiques ne reproduit pas, de façon caricaturale, l'opposition entre *Moralität* et *Sittlichkeit*, s'il est vrai, comme l'écrit Jean-Pierre Lefèvre dans le glossaire qui accompagne sa traduction de *La Phénoménologie de l'esprit* que « ce terme [éthique] subit actuellement en français une évolution qui rabat le sens traditionnel sur celui de *Sittlichkeit* ».

BIBLIOGRAPHIE

ETCHEGOYEN Alain, *La Valse des éthiques*, François Bourin, 1991.

Il n'en va pas de même de la tentative la plus radicale de rassembler ce que les langues ont si bien disjoint : l'effort accompli par Hegel pour penser la conjonction de la nature, de l'histoire et de la loi. À la *Moralität*, il oppose, en effet, dans les *Principes de la philosophie du droit*, la notion de *Sittlichkeit*. De fait, *Moralität* se définit d'abord par ses manques. Le terme désigne moins l'ensemble des règles de conduite que l'individu se donne à lui-même et dans lesquelles il réalise sa liberté de façon abstraite, que l'intériorisation même de ces règles, leur possession par une volonté libre. La *Moralität* est donc tout entière du côté de la loi que le sujet autonome se donne à lui-même, et elle ne dit rien des règles de conduite effectives que partage une communauté d'hommes. Ce faisant, la *Moralität* manifeste deux oublis : (1) la dimension nécessairement collective ou communautaire des règles de conduite (le sujet de la *Moralität* ne peut être qu'un individu abstrait) ; (2) ce que ces règles doivent à des habitudes partagées dont l'exercice répété fait une seconde nature.

La notion de *Sittlichkeit* réintroduit ces deux dimensions. Dans *Sittlichkeit*, il faut entendre, en effet, les mœurs (*die Sitten*), en tant qu'elles proviennent de l'habitude et constituent une seconde nature — en précisant toutefois que, contrairement à l'usage que pouvaient en faire les moralistes français du XVIIe siècle, il ne peut s'agir de règles de conduite ou de vertus individuelles. La *Sittlichkeit* a donc peu de chose à voir avec la naturalisation des caractères que mettait en œuvre le discours sur les mœurs de ces moralistes. Mais le partage des mœurs fait partie de la *Sittlichkeit* dans la seule mesure où s'y réalise une liberté concrète. C'est à ce compte qu'elle réunit ce qui avait été jusqu'alors disjoint : les *Sitten* et la *Moralität*.

♦ Voir encadré 4.

C'est à cette conjonction forcée (tour de force conceptuel et sémantique) que va s'attaquer Nietzsche — dénonçant dans la *Sittlichkeit der Sitte* l'illusion qui consiste à parer les mœurs d'une nouvelle dignité et à oublier qu'à l'origine de la *Sitte* on ne trouve en réalité rien d'autre que le sacrifice de l'individu au profit de la collectivité et un calcul : la préférence d'un avantage durable à un avantage éphémère. Ainsi écrit-il, dans le § 9 d'*Aurore*, intitulé précisément : *Begriff der Sittlichkeit der Sitte* (concept de la moralité des mœurs) : « La *Sittlichkeit* n'est rien d'autre (et donc surtout rien de plus) que l'obéissance aux mœurs, quelles qu'elles soient ; or les mœurs sont la façon *traditionnelle* d'agir et d'apprécier. Dans les situations où ne s'impose aucune tradition, il n'y a pas de moralité ; et moins la vie est déterminée par la tradition, plus le domaine de la moralité diminue. L'homme libre est immoral parce qu'il veut en tout dépendre de lui-même et non d'une tradition » (*Aurore*, trad. fr. J. Hervier, p. 23). Que le texte de Nietzsche travaille au plus près la construction hégélienne est plus que probable. Il nie, en effet, ce qui précisément faisait, pour l'auteur des *Principes de la philosophie du droit*, la spécificité de la *Sittlichkeit* : à savoir la liberté.

V. « ETHIK »

Cependant la notion de *Sittlichkeit* ne permet pas de rendre compte des conflits qui peuvent se présenter, dans la formation des habitudes et du caractère (au sens d'*ethos*), entre des principes ou des prescriptions théologiques concernant l'action, et des impératifs pratiques,

4

« Sittlichkeit », « das Sittliche » : traduire Hegel

On ne s'étonnera pas que la traduction de *Sittlichkeit* ait posé un problème à tous ceux qui s'y sont essayé ni qu'on trouve autant de mots ou d'expressions divergentes pour en rendre l'absolue singularité. Ainsi R. Derathé le traduit-il par « vie éthique » (Hegel, *Principes de la philosophie du droit*, Vrin, 1982). P. J. Labarrière et G. Jarczyck (dans *Le Syllogisme du pouvoir*, Aubier, 1989), tout comme J. F. Kervegan (dans la dernière traduction parue des *Principes de la philosophie du droit*, PUF, 1998) utilisent le néologisme « éthicité ». E. Fleischmann parle (dans *La Philosophie politique de Hegel*, Plon, 1964) de « morale réalisée ». De façon symptomatique, J. P. Lefèvre (trad. de *La Phénoménologie de l'esprit*, Aubier, 1991) construit toute une périphrase, pour rendre compte de l'intraductibilité du terme : « souci des bonnes mœurs et de la coutume », tandis qu'il traduit l'adjectif « *sittlich* » par éthique.

Ces embarras de traduction manifestent d'abord la mémoire du chiasme entre éthique et morale décrit plus haut. Ainsi le choix de « éthicité » ou de « vie éthique » vise-t-il à faire entendre dans la *Sittlichkeit* l'*ethos* (habitude) que la moralité, au sens kantien du terme, mettait entre parenthèses. Dans la traduction du § 151 des *Principes de la philosophie du droit* qui précise le sens, non plus de la *Sittlichkeit*, mais de l'élément éthique (*das Sittliche*), en le référant au partage des mêmes *Sitten* (mœurs et coutumes), les traducteurs français P. J. Labarrière et G. Jarczyck renvoient entre crochets *Sitte* au grec *ethos*. C'est alors l'habitude de l'élément éthique qui devient « une seconde nature qui est posée à la place de la volonté première simplement naturelle et est l'âme, la signification et l'effectivité pénétrant son être-là, l'esprit vivant et présent là — comme un monde dont la substance n'est qu'ainsi comme esprit » (*op. cit.*). Avec cette seconde nature, nous sommes bien dans le registre aristotélicien, mais à ceci près que la conformité à la coutume, aux mœurs, aux *Sitten*, est aussi un acte de la liberté entièrement conscient : c'est cette conscience libre que doit faire entendre le terme de *Sittlichkeit*.

On comprend donc le choix de « vie éthique » ou d'« éthicité » pour rendre *Sittlichkeit* — même s'il n'est pas sûr, justement, que ces termes soient les plus appropriés pour faire entendre l'*ethos* grec et que le sens aristotélicien ne se soit pas perdu dans les aventures et les mésusages du terme éthique. Il faut, en quelque sorte, passer par-dessus le français ou le latin pour saisir, dans la langue française, l'origine grecque du terme. Il faut, de plus, faire abstraction du brouillage originel entre *ethos* et *êthos* instauré par Aristote. Il est vrai que Hegel, lui-même, joue sur les catégories aristotéliciennes et s'y perd, en traduisant, dans les notes marginales de son exemplaire des *Principes de la philosophie du droit* — signe supplémentaire d'un héritage complexe et d'une traduction impossible —, *êthos* par *Sitte* (les mœurs) et *ethos* par *Gewohnheit* (habitude).

sociaux et professionnels. D'où, pour Max Weber, la nécessité d'un autre terme : *Ethik*, pour rendre compte des préceptes qui résultent de ce conflit et qui déterminent cet *ethos* particulier ; et le titre de son ouvrage : *L'Éthique protestante et l'Esprit du capitalisme* (*Die protestantische Ethik und der « Geist » des Kapitalismus*). Dans cet ouvrage, les notions d'*éthique* et d'*ethos* sont nettement articulées l'une à l'autre. L'éthique, c'est l'ensemble des prescriptions, des règles qui, précisément, donnent à la conduite des capitalistes protestants le caractère d'un *ethos*. Ainsi Weber peut-il analyser en ces termes l'idée que le devoir de chacun est d'augmenter son capital :

> Ce n'est pas simplement une manière de faire son chemin dans le monde qui est ainsi prêchée, mais *une éthique particulière*. En violer les règles est non seulement insensé, mais doit être traité comme une sorte d'oubli du devoir . Là réside l'essence de la chose. Ce qui est enseigné ici, ce n'est pas simplement le « sens des affaires » — de semblables préceptes sont fort répandus —, c'est un *ethos*, voilà le point qui précisément nous intéresse.
>
> Max Weber, *op. cit.*, trad. fr. J. Chavy, p. 47.

Ainsi, ce que Max Weber entend par éthique protestante ne se laisse replier ni sur une déduction de la raison pure, au sens de la *Moralität*, ni sur la rationalité de l'État, au sens de la *Sittlichkeit*. L'*Ethik*, prise en ce sens, n'existe que comme la reconstruction systématique d'un idéaltype. C'est en ce sens qu'on peut parler aussi bien d'une éthique capitaliste, d'une éthique politico-sociale ou d'une « éthique rationnelle de la profession » (voir BERUF) ; mais aussi d'un *ethos* bourgeois, ou d'un « *ethos* de l'entreprise bourgeoise rationnelle ».

Parler d'*Ethik*, c'est néanmoins, de façon plus générale, dépasser *ipso facto* le stade de la description pour adopter un point de vue purement réflexif, voire systématique. C'est notamment le cas dans l'*Éthique de la volonté pure* (*Ethik des reinen Willens*) de Cohen, pour qui *Ethik* désigne la systématisation de la *Sittlichkeit*.

♦ Voir encadré 5.

Barbara CASSIN, Marc CRÉPON,
François PROST

5

L'« Éthique de la volonté pure » de Cohen

Dans son *Éthique de la volonté pure* (1904) Hermann Cohen critique explicitement le partage opéré par Kant entre moralité (*Moralität*) et légalité (*Gesetzlichkeit*) : d'une part, Kant fait de la loi le centre de gravité de l'éthique, mais, d'autre part, il fait une distinction entre moralité et légalité. Kant a également distingué la philosophie du droit de l'éthique :

> On pourrait penser que, si la légalité de la loi devient synonyme de la contrainte exercée par le droit, le sens de la loi pour l'éthique serait ainsi assuré [...]. Cependant, si la loi morale (*Sittengesetz*), en tant que loi de la communauté et de l'humanité, s'oppose à toute particularité de l'individu, en quoi se distinguerait-elle de la loi du droit dont la compétence s'étend pourtant bien à tout un chacun ? Établir ainsi une différence entre le droit et la moralité (*Sittlichkeit*) fait naître un grave doute : la moralité pure semblerait alors vide, et, pour l'essentiel [...] elle ne serait ni ne signifierait rien d'autre que religion.
>
> *Éthique de la volonté pure*, p. 268 *sq.*

Le seul autre passage où Cohen utilise le *Fremdwort* « *Moralität* souligne qu'il n'entend pas opposer légalité et moralité, mais que la moralité doit être « reconnue comme étant une force immanente à la légalité », et que, privée de ce lien, l'éthique resterait dépourvue de ce que serait, par analogie, le *factum* de la science ; la conséquence d'un pareil défaut serait que l'éthique tomberait soit dans le cadre de la psychologie, soit entre les mains de l'exclusivisme religieux.

Chez Cohen, la distinction est donc entre éthique et moralité (*Sittlichkeit*), sans qu'il s'agisse d'une opposition conceptuelle de fond, mais d'abord d'un problème de logique du système. La primauté, au sein du système, revient à la raison (*Vernunft*) et donc à la logique, car elle seule est en mesure de déterminer ce qu'est la pureté nécessaire à dégager les principes de la pensée de toute représentation, et, partant, d'assurer à la pensée une autonomie réelle face à l'intuition et aux donnés qu'elle véhicule. Au niveau le plus élevé du système, on peut établir une équivalence entre la raison et l'intérêt rationnel ; à la raison correspond l'entendement qui cherche à dégager les principes rationnels des sciences de la nature (dont l'expérience est le niveau inférieur), et, à l'intérêt de la raison, correspond l'éthique dont dépendront le droit (analogon des mathématiques) et la loi (analogon de l'expérience). En outre, l'éthique est également la logique des sciences de l'esprit (ou sciences morales), car les problèmes qui relèvent de ses compétences sont l'individu, la totalité, la volonté et l'action.

C'est pourquoi Cohen s'oppose également à Hegel parce que sa logique engloberait également l'éthique : tandis que Hegel distingue l'idée du *Sollen* (devoir-être), il établit une équivalence entre le concept et l'être ; ainsi l'idée serait-elle développement du concept, et resterait prisonnière de l'être, lequel engloberait alors le devoir-être. À cette forme de panthéisme, Cohen oppose une équivalence entre idée (les idées sont les prescriptions de l'usage pratique de la raison) et devoir-être.

L'éthique est la science de la volonté pure : que le terme qui la désigne provienne du grec ἔθος signifie simplement que cette science n'a pas rompu avec l'un de ses problèmes, les coutumes et les mœurs (*Sitten*). Mais ces mœurs ne sont pas le contenu de la moralité (*Sittlichkeit*, laquelle est le contenu de la volonté, comme la nature est celui de la pensée), faute de quoi cette dernière semblerait avoir pour fondement, ce que récuse Cohen, la nature du sujet. La moralité a au contraire comme visée le droit et la justice. Du point de vue de ses rapports avec la religion, l'éthique exige la démythologisation de cette dernière qui n'est que le biais historique grâce auquel l'éthique passe peu à peu dans la culture générale. Ainsi, le niveau des mœurs reste celui de la particularité ou de la pluralité, c'est-à-dire celui de la société, tandis que le niveau de la totalité — celui de l'État (ce qui permet à la moralité de se réaliser), et, plus loin, celui de la confédération des États — n'est atteint que par la moralité (*Sittlichkeit*) telle qu'elle est comprise par l'éthique dont l'horizon ultime, le niveau de l'unité de l'humanité, c'est-à-dire l'idéal, ne peut être pensé qu'à partir de l'interprétation « pure » que l'éthique donne du prophétisme hébraïque. Cohen refuse, en effet, de reconnaître à la religion — comme il le fait pour la pensée, la volonté et le sentiment (esthétique) — une autonomie ; la religion ne jouit que d'une « spécificité » au sein du système (Marc de Launay).

BIBLIOGRAPHIE

COHEN Hermann, *Ethik des reinen Willens*, Berlin, Bruno Cassirer, 1904.

FERRARY Jean-Louis, « Le discours de Philus (Cicéron, *De republica* III, 8-31) et la philosophie de Carnéade », *Revue des études latines*, 55, 1977, p. 128-156.

GILL Christopher, « Personhood and Personality : the Four-Personae Theory in Cicero, *De officiis I* », *Oxford Studies in Ancient Philosophy VI*, 1988, p. 169-199.

GRIFFIN Miriam T., *Seneca, a philosopher in politics*, Oxford, Clarendon Press, 1976.

GRIFFIN Miriam T. et BARNES Jonathan (éd.), *Philosophia togata, I. Essays on Philosophy and Roman Society*, Oxford, Clarendon Press, 1989 ; *II. Essays Plato and Aristotle at Rome*, Oxford, Clarendon Press, 1997.

HEGEL Georg Wilhelm Friedrich, *Grundlinien der Philosophie des Rechts*, éd. J. Hoffmeister, Hambourg, Meiner, 1955 ; trad. fr. J. F. Kervegan, PUF, 1998.

KANT Emmanuel, *Metaphysik der Sitten*, in *Kants Gesammelte Schriften*, Akademia Verlag des Kant's Schriften, Berlin, Gruyter, 1902-1955, vol. 6 ; trad. fr. J. et A. Masson, in *Œuvres philosophiques*, Gallimard, « La Pléiade », 1986, vol. 3.

LAKS André et SCHOFIELD Malcolm (éd.), *Justice and Generosity. Studies in Hellenistic Social and Political Philosophy*, Cambridge UP, 1995.

LÉVRY-BRUHL Lucien, *La Morale et la Science des mœurs*, Alcan, 1903.

LÉVY Carlos, *Cicero Academicus. Recherches sur les académiques et la philosophie cicéronienne*, Rome, Collection de l'École française de Rome, 1992.

Moralistes du XVIIe *siècle, De Pibrac à Dufresny*, édition établie sous la direction de J. Lafond, Robert Laffont, « Bouquins », 1992.

NIETZSCHE Friedrich, *Aurore*, trad. fr. J. Hervier, in *Œuvres philosophiques complètes*, t. 4, Gallimard, 1980.

PASCAL Blaise, *Pensées*, *Œuvres complètes*, éd. Lafuma, Seuil, « L'intégrale », 1963.

POWELL J. G. F. (éd.), *Cicero the Philosopher. Twelve Papers*, Oxford, Clarendon Press, 1995.

ROUSSEAU Jean-Jacques, *Émile*, in *Œuvres complètes*, t. 4, Gallimard, « La Pléiade », 1969.

RUEFF Martin, « Morale et mœurs », *in* M. Delon (dir.), *Dictionnaire du XVIII*[e] *siècle*, PUF, 1998.

VOELKE André Jean, *L'Idée de volonté dans le stoïcisme*, PUF, 1973.

VOLTAIRE, *Essai sur les mœurs*, Bordas, « Classiques Garnier », 1990.

WEBER Max, *Die protestantische Ethik und der « Geist » des Kapitalismus, Archiv für Sozialwissenschaft und Sozialpolitik Tübingen*, n° 20-21, 1905 ; trad. fr. J. Chavy, revue par L. Dumont et E. de Dampierre, Pocket, « Agora », 1994.

MORAL SENSE ANGLAIS – fr. *sens moral*

all. *sittliches Bewusstsein*

► MORALE, SENS, et ANGLAIS, COMMON SENSE, CONSCIENCE, PERCEPTION, PRAXIS, RIGHT, *VERTU*

On peut dater de Shaftesbury et plus encore de Hutcheson l'invention et l'usage philosophique du moral sense. *Plus généralement, la tradition d'une philosophie du sens moral se constitue dans la philosophie anglo-écossaise du XVIII*[e] *siècle. Le sens moral associe la compréhension de la moralité à une sensibilité morale. Il consiste en un ensemble de dispositions innées. Il est aussi un regard d'approbation ou de désapprobation porté sur l'action. Cependant, le recours au terme de* sense *permet d'envisager un rôle de la raison pratique, une activité morale qui est bien plus qu'une faculté de percevoir le bien ou le mal.*

L'expression *moral sense* est d'invention assez récente. Apparue dans le lexique du discours philosophique, elle est généralement attribuée à Shaftesbury dans l'*Enquête sur la vertu* (1699). Elle devient une notion très disputée au XVIIIe siècle. Elle est moins sollicitée dans les débats de la philosophie morale contemporaine ; elle est plutôt utilisée dans la langue courante. D'une personne qui possède des principes sûrs du bien et du mal, on peut dire, en anglais comme en français : « *a man with a developed moral sense* », quelqu'un qui a un sens moral développé.

Si les acceptions philosophique et ordinaire de *moral sense* désignent toujours une certaine présence en l'homme de la moralité, elles renvoient davantage à un ensemble de problématiques morales qu'à une position doctrinale unique.

Tout d'abord, *moral sense* est constitué pour prendre le parti du naturalisme en morale ; *moral sense* désigne un ensemble de dispositions innées à la moralité, une capacité antérieure à toutes les conventions. Ce rapport au discernement du bien et du mal prend la forme d'une faculté de percevoir la qualité morale des actions, un *sense*. Selon Thomas Burnet, il existe chez l'homme une conscience naturelle du bien et du mal qui peut être comprise comme un sens moral : « J'entends par conscience naturelle une sagacité naturelle à distinguer le bien et le mal moraux, c'est-à-dire une perception ou un sens propre du bien et du mal [*I understand by natural conscience a natural sagacity to distinguish moral good and evil, or a different perception and sense of them*] » (*Remarks on Locke*, p. 63).

L'existence d'une sensibilité naturelle à la moralité est en quelque sorte renforcée dans la définition de *moral sense* chez Hutcheson. Le sens moral ne sert pas à réaliser une action bonne mais à être sensible aux qualités morales d'une action et à les approuver. Hutcheson propose une morale du spectateur et non de l'agent : *moral sense* désigne une perception qui devient approbation ou désapprobation d'une action : « Une détermination de nos esprits à recevoir des actions observées les idées simples d'approbation ou de condamnation [*A Determination of our minds to receive the simple Ideas of Approbation or Condemnation, from Actions observ'd*] » (*An Inquiry...*, p. 269, trad. fr. p. 140).

Il n'en reste pas moins que, dans ces perspectives, *moral sense* est surtout lié à une réceptivité de l'esprit humain dans les affaires pratiques. N'y a-t-il pas aussi dans cette expression la possibilité d'exercer l'activité d'une raison morale par une intervention de l'homme sur ses propres actions ? Ainsi, chez Shaftesbury, *moral sense* désigne une capacité à former des représentations adéquates du bien. *Sense* ne se réduit pas à une faculté de percevoir ; il se comprend comme un « *reflected sense* »

(« sens réfléchi », *Characteristics*, vol. 2, p. 28), une instance de contrôle et d'examen des représentations morales. « *Moral sense* » et, plus souvent, « *sense of right and wrong* » constituent une affection de second ordre ou encore une disposition de l'esprit à examiner les sensations, les actions ou les passions reçues. L'homme « est capable de disposer d'un sens du bien et du mal, un sentiment ou un jugement de ce qu'on accomplit grâce à une affection juste, équilibrée et bonne [*is capable of having a* Sense of Right or Wrong ; *a Sentiment or Judgment of what is done thro just, equal, and good Affection*] » (*Characteristics*, vol. 2, p. 31). Le sens moral est une raison fondée sur la naturalité perceptive des actions et des passions.

Aujourd'hui, les propos critiques de Charles Taylor sur le naturalisme moral évoquent peu la place du sens moral. Ils sont plutôt orientés autour du rôle de l'épistémologie naturaliste dont le modèle incite à chercher des « critères » de la morale. À l'opposé de cette démarche, Taylor invoque la nécessité de recourir aux intuitions morales, à ce qui motive moralement, sans convoquer le sens moral qui est pourtant une manière d'appréhender la morale indépendamment des sciences (Charles Taylor, *Philosophical Arguments*, « Explanation and Practical Reason »).

Fabienne BRUGÈRE

BIBLIOGRAPHIE

BURNET Thomas, *Remarks on Locke* [1699], éd. G. Watson Doncaster, Londres, The Brynmill Press, 1989.

HUTCHESON Francis, *An Inquiry into the Original of our Ideas of Beauty and Virtue, in Two Treatises, I. Concerning Beauty, Order, Harmony, Design ; II. Concerning Moral Good and Evil*, 5e éd., Londres, 1753 ; trad. fr. A.-D. Balmès, Vrin, 1991.

SHAFTESBURY Anthony Ashley Cooper, *Characteristics of Men, Manners, Opinions, Times* [1711], Hildesheim-New York, Olms, 1978, vol. 2, *An Inquiry concerning virtue*.

TAYLOR Charles, *Philosophical Arguments*, Cambridge (Mass.)-Londres, Harvard UP, 1995.

MOT

gr.	*onoma* [ὄνομα], *rhêma* [ῥῆμα], *lexis* [λέξις]	esp.	*palabra*
lat.	*vox, verbum, dictio, locutio, muttum, pars orationis, vocabulum*	it.	*parola*
all.	*Wort*	port.	*palavra*
angl.	*word*	roum.	*cuvânt*
		russe	*slovo* [слово]

► *CHOSE*, HOMONYME, LANGUE, LOGOS, PRÉDICABLE, PRÉDICATION, PROPOSITION, SENS, SIGNE, SIGNIFIANT, SUJET, TERME

Dans toutes les langues européennes, il existe un terme qui désigne un élément du langage spontanément senti comme distinct, grammaticalement et/ou sémantiquement, et qui correspond en français au terme mot *: italien* parola, *espagnol* palabra, *portugais* palavra, *anglais* word, *allemand* Wort, *russe* slovo [слово], *etc.*

Cette belle unanimité recouvre cependant plusieurs questions. La première est de savoir si le mot est une catégorie universelle. Or il n'est pas certain que, dans toutes les langues, il existe une telle unité signifiante perçue comme autonome par les locuteurs ; par ailleurs, même si l'on s'en tient à la tradition gréco-romaine, une telle unité s'est constituée, pour les locuteurs, de façon non indépendante du processus de grammatisation ; enfin, la désignation d'une telle unité a fait l'objet, au fil des siècles, d'enjeux politiques et religieux tels qu'elle n'a été fixée dans sa forme moderne qu'à la fin du XVIIe siècle.

De plus, selon que l'on distingue l'unité minimale qu'est le mot à partir de critères grammaticaux (morphologie, fonction) ou sémantiques, ce n'est pas seulement de langue à langue mais à l'intérieur même d'une langue donnée qu'entrent en rapport ou en concurrence divers mots pour dire mot. *Au point, parfois, qu'il n'y ait pas ou plus de terme générique pour désigner le « mot » ; ainsi, le* De interpretatione *d'Aristote est-il construit sur le couplage* onoma-rhêma [ὄνομα-ῥῆμα] *« nom-verbe », constitutifs du* logos [λόγος], *si bien qu'il y a distorsion quand les commentaires médiévaux introduisent la* dictio *(le « mot ») comme terme générique regroupant* nomen *et* verbum.

*Par ailleurs, sont particulièrement difficiles à traduire les termes continuellement réinvestis dans d'autres perspectives, tels, précisément, qu'*onoma *(mot / nom),* verbum *(mot / verbe), et, au confluent de traditions divergentes,* lexis [λέξις] *(discours, style, expression, son vocal articulé, mot) ou* vox *(voix, mot).*

I. LE MOT : UNE ENTITÉ LINGUISTIQUE ?

A. Du mot comme résultat des processus de grammatisation

En grec et en latin, le langage courant ne comportait pas de terme consacré spécifiquement et monosémiquement à une entité linguistique qui corresponde au mot, et qui soit pourvue de ses propriétés générales (M. Fruyt et M.-J. Reichler-Béguelin, « La notion de "mot" en latin et dans d'autres langues indo-européennes anciennes » ; J. Lallot, « Le mot dans la tradition grammaticale et pré-grammaticale en Grèce »). C'est le recours aux parties du discours, dominant dans les processus de grammatisation, qui a mis au centre du traitement des langues la segmentation en mots (cf. S. Auroux [éd.], *Histoire des idées linguistiques*, t. 2). Dans la tradition graphique hellénique, la norme était la *scriptio continua*, et la séparation régulière des mots par un espace n'apparaît que tardivement à l'époque byzantine. Quant à la désignation du mot, après s'être confondue, jusqu'à Platon, avec celle du nom, *onoma* [ὄνομα], elle revient, à partir de la période hellénistique, au terme *lexis* [λέξις] : le mot est alors appréhendé comme « partie du discours ». Et ce n'est qu'avec les grammairiens de la tradition alexandrine que le mot se trouve caractérisé comme segment autonome porteur d'un seul accent et d'une signification une (cf. J. Lallot, art. cité). Pour le latin, il semblerait que ce soit Varron (Ier siècle av. J.-C.) qui nomme le mot *verbum*, avec comme étymologie *verum boare*, « crier le vrai », dans son *De lingua latina*. Toutefois, la polysémie du mot *verbum* est omniprésente chez cet auteur, qui lui assigne plusieurs désignations (M.-L. Di Pasquale, « La notion de mot dans le *De lingua latina* de Varron »). Polysémie (voir ci-dessous, C) dont témoigne le premier dictionnaire français-latin, le *Thresor de la langue françoyse* de Jean Nicot (1606), où l'entrée « Mot : *dictio, verbum* » comporte une liste d'expressions où l'occurrence de *mot* est traduite alternativement par *verbum, dictio, oratio, vox, vocabulum, tessera* : « *haec vox dominus* », « *dictum breviter* », « *prisca vocabula* », « *oratio capitalis* », « *vigiliarum tessera* », « *pervetusta verba* ». Cette polysémie, encore massive dans les dictionnaires actuels au travers des collocations, renvoie tant aux questions liées à la désignation du mot qu'aux difficultés de traduction des différents termes qui le nomment.

♦ Voir encadré 1.

B. Les principaux mots pour dire « mot »

1. « Mot »

Les dictionnaires latins (Du Cange, 1678) et étymologiques (G. Ménage, 1694 ; A. Ernout et A. Meillet, 1932 ; W. von Wartburg, 1959) s'accordent pour dire que *mot* vient du bas latin *muttum* (mot, grognement), dérivé du verbe *muttire* signifiant « dire *mu* », à savoir à la fois : (*a*) produire un grognement, un son inarticulé à l'instar des bovins ou des humains privés de parole (*muet*, *mutus*), et (*b*) souffler mot, produire un énoncé articulé. Cette étymologie, qui peut paraître paradoxale, s'inscrit cependant dans la tradition en cumulant deux types d'étymologie prévus par Isidore de Séville : onomatopée et antiphrase. Le recours à l'onomatopée dans l'étymologie est une pratique courante du Moyen Âge à la Renaissance (cf. *Lexique*, n° 14, 1998). Elle constitue un lieu privilégié où s'exerce le principe de convenance entre désignation et signification, dans la mesure où elle vient redoubler, confirmer la désignation, et la motiver en lui donnant un sens. Par ailleurs, la signification contradictoire de « dire *mu* », à la fois son inarticulé et énoncé articulé, est à rapprocher de l'étymologie par antiphrase ou par contraire chère aux Anciens : ainsi, *lucus* (bois) serait dérivé de *lucendo* (lumière) parce que, dans un bois, il y a peu de lumière (« *lucus a non lucendo* [clairière parce qu'on n'y voit pas clair] »).

Si l'on postule plus simplement que *muttum* veut dire « son émis » (O. Bloch et W. von Wartburg, 1975 ; DHLF), on notera que, en bas latin, les premières attestations de *mot* sont toujours négatives pour signifier « ne proférer aucun son » : « *Ne muttum quidem audet dicere* [Il n'ose pas même dire un mot] » ; « *ne mu quidem audere facere* [ne pas même oser dire *mu*] ». C'est aussi le cas des premières attestations de *mot* en ancien français, dans *La Chanson de Roland* au XIe siècle : « *N'i ad paien qui un sul mot respondet* », ou « *n'i a celui qui mot sont* (sonne) *ne mot tint* (tinte) ». Qu'on pense également à l'interjection *motus !* qui engage à garder le silence (on dit encore *ne dire mot* de nos jours). Ce serait au contact des verbes *dire*, *sonner*, *tinter*, *respondre*, que *mot* aurait évolué vers le sens de « parole », et au travers de la locution *mot à mot*, indiquant dès le XIIe siècle une segmentation du langage, que *mot* serait devenu l'unité signifiante en usage de nos jours.

1

Le mot n'est pas une catégorie universelle

Le mot comme catégorie universelle pose problème. On sait que les grammairiens occidentaux ont les plus grandes difficultés à traiter les langues agglutinantes et polysynthétiques à partir du modèle occidental du dictionnaire de mots, qui suppose une segmentation en unités. Dans les cas où la grammatisation s'est faite indépendamment du modèle occidental, le système d'écriture joue un rôle fondamental. Ainsi, dans les langues à écriture logographique comme le chinois, l'unité est iconique et ne correspond pas toujours à une image acoustique fixe (le caractère 5 peut se dire *cinq*, *five*, *fünf*, etc.). En chinois, deux idéogrammes correspondent partiellement au mot : celui qui traduit la notion de mot ou de vocable, le caractère *ci*, est d'importation récente (après 1920), alors que l'unité d'analyse reste le caractère *zi* (V. Alleton, « Terminologie de la grammaire chinoise »). Dans certains cas, deux systèmes peuvent coexister : aux unités traditionnelles se sont surimposées les parties du discours issues du modèle gréco-latin. Ainsi, la tradition japonaise a aussi deux termes : *kotoba* dans le langage courant et *tango* comme terme grammatical. Le japonais présente une dualité des unités de base, visualisée à l'heure actuelle par la notation : la partie référentielle (appelée selon les époques *kotoba* ou *shi*) est notée en « idéogrammes », et la partie syntaxique ou énonciative (selon les époques, *teniha* ou *ji* est notée en syllabaires). La grammatisation du japonais par les langues occidentales, en l'occurrence par la traduction des grammaires hollandaises au début du XIXe siècle, a fourni des termes pour les parties du discours redoublant ceux de la tradition japonaise. Les termes en *-shi* correspondent aux parties du discours (*dôshi*, « verbe ») et traduisent le néerlandais *woord* ; ceux comportant la racine chinoise *-go* correspondent aux groupes fonctionnels (*shugo*, « sujet »). Par ailleurs, *-go* désigne les unités lexicales : *tango*, « mot simple »; *fuku-go*, « mot complexe » (I. Tamba, « Approche du signe et du "sens" linguistique à travers les systèmes d'écriture japonais »).

Dans la tradition gréco-romaine, le mot a finalement été admis comme unité par les grammairiens, les théologiens et la langue courante au cours des premiers siècles de notre ère. Cela n'a pourtant pas réglé les problèmes de désignation de cette unité. Si l'on s'en tient aux langues romanes, on s'aperçoit qu'il existe en fait trois termes qui contribuent à dénommer le mot : *mot*, *verbe* et *parole*. Le roumain fait exception, puisqu'il est la seule langue romane ne comportant pas *parole* et que *mot* se dit *cuvânt*, qui vient du latin *conventum*, « convention, pacte, accord », et du latin *conventus*, « assemblée ». Le déplacement sémantique d'« assemblée » à « conversation », puis « mot », apparaît dans d'autres langues balkaniques, comme le bulgare ancien, l'albanais et le serbe, où *kuvent* signifie « assemblée, conversation ». Le roumain utilise aussi (niveau stylistique plus familier, populaire) le nom *vorb ă*, avec le sens de « parole, façon de parler ». En grec moderne, il existe un mot très usuel, *kouventa* [κουβέντα], également emprunté au latin, qui signifie à la fois « conversation » et « parole, mot ». *Mot*, *parole* et *verbe* existaient tous dans leur forme latine, *muttum*, *parabola* et *verbum*, pour dénommer une unité langagière, et c'est un de ces termes qui, dans un vernaculaire donné, s'est imposé pour désigner l'unité mot. Des raisons historiques, politiques ou religieuses sont ici à invoquer et un détour par les étymologies est nécessaire.

BIBLIOGRAPHIE

ALLETON Viviane, « Terminologie de la grammaire chinoise », *Travaux du groupe de linguistique japonaise*, n° 1, 1975, p. 12-23.

TAMBA Irène, « Approche du signe et du "sens" linguistique à travers les systèmes d'écriture japonais », *Langages*, n° 82, 1986, p. 83-100.

2. « Verbe »

Verbe vient du latin *verbum* qui partage avec les termes d'une zone dialectale de l'indo-européen une même racine indo-européenne.

Par rapport au *verbum* latin qui comporte trois sens, le sens de *verbe* en français est plus restreint. Ainsi, le premier dictionnaire latin-français de Firmin Le Ver (1440) comporte trois entrées pour *verbum* : I) conversation à plusieurs personnes, II) le fils de Dieu, la seconde personne la Sainte-Trinité, et III) partie du discours avec temps et mode. Les deux derniers sens de *verbe* sont attestés en français dès le XIIe siècle, comme partie du discours, « *tel fist personel del verbe impersonal* », et comme parole de Dieu, « *Deu verbe* » (1120), qui deviendra *le Verbe*, seconde personne de la Trinité, Dieu incarné, à partir du XVIe siècle.

3. « Parole »

Parole vient du grec *parabolê* [παραϐολή], emprunté en latin sous la forme *parabola* attestée depuis Sénèque. C'est au moment de la rédaction de la Septante (première traduction hébreu-grec de l'Ancien Testament), que les traducteurs donnèrent deux sens à *parabolê*, « comparaison » et « allégorie », en utilisant le grec *parabolê* pour traduire l'hébreu *māšal* [מָשָׁל], qui, lui, comporte les deux sens. Ce double sens sera repris par les écrivains latins chrétiens Tertullien et Jérôme, et le terme *parabola*, ainsi que ses dérivés, se répandra dans le langage courant de la chrétienté entre le Ve et le VIIIe siècle avec les sens de « fable, conte », pour prendre finalement le sens de « parole, manière de parler ». Dans presque toutes les langues romanes, il remplace alors le latin *verbum* comme désignation du mot ; *verbum* demeurera dans ces langues, mais réservé à des usages techniques, théologique et grammatical.

4. « Verbe »/« parole »

Le bas latin *parabola* est utilisé pour désigner le mot dans les langues romanes (à l'exception du roumain), à cause du fréquent emploi que l'on faisait de ce terme dans les sermons et aussi parce que l'on répugnait à employer *verbum*, réservé pour signifier le *Verbe*, traduction du grec *Logos* [Λόγος], parole divine dans l'Évangile de Jean (voir LOGOS). En français, *parole* est utilisé jusqu'au XVIe siècle dans un sens non religieux. Mais, à la faveur des guerres de Religion et de l'avènement du français comme langue nationale avec la création de l'Académie française en 1635, *Parole* redevient aux XVIe et XVIIe siècles dans les textes religieux un concurrent de *Verbe* comme traduction de l'incarnation de Dieu. Ainsi la Bible de 1669 fait-elle le commentaire suivant : « le grec *ho Logos* que le vulgaire appelle le *Verbe* et qui se traduit plus commodément par la *Parole* ». Mais c'est le terme *Verbe*, attesté d'abord dans les *Œuvres chrestiennes* de Desportes (vers 1600), qui remplacera *Parole*, d'abord dans la littérature religieuse, puis, peu à peu, dans les traductions de la Bible (Lemaistre de Sacy, 1678), où il finira par s'imposer.

Cette période est transitoire du point de vue linguistique et religieux. Au XVIe siècle, le français l'emporte sur le latin comme moyen d'expression dans les lettres et la théologie. Le débat est compliqué par les querelles religieuses entre protestants et catholiques, qui soutiennent respectivement des positions contradictoires — les premiers réclamant l'emploi du français comme langue ecclésiastique et les seconds maintenant fermement le latin dans la liturgie et les traductions bibliques. Au XVIe siècle, *parole* devient un mot que s'approprient les protestants, qui appellent leurs pasteurs *ministres de la Parole de Dieu*. « La Parole » désignait même la religion réformée (« Le roy [...] a fait minuter une abolition générale, par laquelle ont esté les prisons ouvertes à tous ceux qui estoient prisonniers pour la parole. C'est le terme dont nous usons au lieu de dire la religion », É. Pasquier, *Lettres*, IV, 5). Pour Calvin, la Parole est l'incarnation de Dieu : « Ce mot de Parole signifie une sagesse résidente en Dieu, dont toutes révélations et prophéties sont procédées — de là nous concluons infailliblement que la Parole est vray Dieu » (*Institution de la religion chrétienne*, 75) ; « Jesus Christ est ceste mesme parole revestue de chair » (*ibid.*, 77). Il n'est donc pas étonnant qu'avec la Contre-Réforme ce soit *Verbe* qui l'ait emporté.

La transition est manifeste dans les premiers dictionnaires monolingues du XVIIe siècle. Ainsi *Verbe* est-il défini par *Parole* dans le Richelet (1680) : « Ce mot se dit en termes de *Théologie et d'Écriture sainte*, et signifie *Jésus-Christ*, la seconde personne de la Trinité. Il signifie *la parole* » ; cf. aussi le *Dictionnaire de l'Académie française* (1694) : « On appelle Jésus-Christ *la parole éternelle, la parole increéée, la parole incarnée* quoy qu'on dise plus régulièrement *le Verbe* », la Parole de Dieu (*Verbum Dei*) référant, dans les deux dictionnaires, à l'Écriture sainte.

5. « Mot »/« parole »

Au XVIIe siècle, grâce à l'imposition du français comme langue d'État et langue nationale (cf. A. Collinot et F. Mazière, *Un prêt-à-parler : le dictionnaire*), à l'élaboration de la *Grammaire générale et raisonnée* de Port-Royal (1660) et à l'apparition des premiers dictionnaires monolingues, le français acquiert ses lettres de noblesse à côté du latin.

Parole est le terme scientifique renvoyant à la faculté de langage. C'est la seule entrée, à l'exclusion de *mot* et *verbe*, du *Dictionnaire des Arts et des Sciences de l'Académie française* (1694) : « Articulation que le son qui est produit par l'air en passant par la trachée-artère reçoit de la langue et de la gorge », définition calque de la manière dont Aristote définit la *phônê* [φωνή], la « voix », c'est-à-dire le bruit produit par un être animé (*De anima*, II, 8, 420b 5-29 ; voir ci-dessous, *vox*, III, A).

Dans les premiers dictionnaires monolingues, même si *mot* et *parole* sont définis l'un par l'autre — « Mot : parole d'une ou de plusieurs syllabes. Parole : mot articulé d'une ou de plusieurs syllabes » (Furetière, 1690) —, le mot devient unité de langue, et parole, unité de discours.

Ainsi, dans la suite de la définition du Furetière, *mot* est clairement défini comme une unité linguistique requise par le dictionnaire et par les grammaires qui classent les mots en parties du discours. Quant à *parole*, il renvoie plus généralement au langage « qui sert à expliquer la pensée et que l'homme seul est capable de proférer ». De même, dans le *Dictionnaire de l'Académie française*, les premières collocations réfèrent au *mot* comme unité de langue — « mot français, mot latin, mot grec, mot barbare » —, alors que *parole* est une unité de discours — « mot prononcé ». Enfin, dans le Richelet, c'est l'unité de langue en tant qu'unité distincte qui est mise en avant pour *mot* : « Tout ce qui se prononce et s'écrit à part. [...] Transcrire mot pour mot » ; alors que *parole* est défini comme « discours et explication de la pensée par le son et la voix ».

Toutefois, la norme préconisée au XVIIe siècle est loin d'avoir fait disparaître les multiples sens de *mot* et *parole*, et les dictionnaires conservent encore à l'heure actuelle, au travers des collocations, des traces importantes de cette polysémie historiquement déterminée (voir aussi LANGUE).

II. LE MOT EN GREC, ENJEUX GRAMMATICAUX ET SÉMANTIQUES

A. « Onoma » / « rhêma » : « mot », « nom », « verbe »

Dans la terminologie grammaticale grecque, *onoma* et *rhêma* [ῥῆμα] désignent les constituants fondamentaux du *logos* (« énoncé, phrase », voir LOGOS), le nom et le verbe. Ce sont les favoris du *merismos* [μερισμός], de la partition de la phrase en constituants fonctionnellement différenciés. Mais ce couple a une histoire, et les termes d'*onoma* et de *rhêma* préexistent à leur association.

1. « Onoma » et « rhêma » : deux désignations possibles du mot

Le terme d'*onoma* est intimement associé à la prise de conscience la plus ancienne et la plus élémentaire de la fonction désignative du langage : le langage donne des noms aux choses, c'est une nomenclature qui a le monde pour référent. Bien qu'il ne soit pas encore question, à ce stade, de « parties du discours », les éléments de la nomenclature sont prototypiquement des *substantifs*, c'est-à-dire des mots de type nominal s'appliquant aux objets concrets — « substantiels » — qui nous entourent : en premier lieu, très vraisemblablement, les noms propres de personnes (« Socrate », « Zeus » — on notera l'usage grec de l'article défini, qui fait dire *ho Sôkratês* [ὁ Σωκράτης], litt. « le Socrate », ou « le Zeus » ; voir SUJET). À ce stade, en gros pré-platonicien, *onomata* [ὀνόματα], au pluriel, désigne le « vocabulaire » d'une langue, et le singulier *onoma*, un « mot » (nom propre, nom commun, adjectif ou verbe). Quant aux autres espèces de « mots » (articles, pronoms, conjonctions, prépositions, particules, etc.), on constate en tout cas que, chez Aristote (*Poétique*, 20), tout ce « petit matériel » de la langue est rangé, comme les syllabes, dans la classe des *phônai asêmoi* [φωναὶ ἄσημοι], « sons vocaux dépourvus de sens », et à ce titre bien séparés de l'*onoma*, premier son vocal, dans la hiérarchie ascendante qui va du phonème au discours, à être reconnu « signifiant » (*sêmantikê* [σημαντική]).

Cette acception générique d'*onoma* perdurera dans la langue grecque, y compris sous la plume des grammairiens, bien au-delà de la spécification grammaticale du terme dont il va être question maintenant (on notera ainsi, chez Galien [XVIIA, p. 679], qu'on ne saurait soupçonner d'ignorer la grammaire de son temps — IIe siècle de notre ère —, l'expression τὸ ἰλλαίνειν ὄνομα, l'« *onoma* "*illainein*" », remarquable quand on sait qu'*illainein* est... un verbe).

À côté d'*onoma*, vocable synchroniquement non motivé qu'elle avait hérité, dans son sens prototypique de « nom propre », d'un lointain passé indo-européen, la langue grecque s'est donné, dès l'époque archaïque (premières attestations au VIe siècle), un dérivé postverbal de formation très claire : *rhêma*. Bien intégré à la famille de *rhêtôr* [ῥήτωρ], « orateur », *rhêsis* [ῥῆσις], « discours », etc., *rhêma* est le nom d'action en *-ma* dérivé sur une racine **werə₁-/ *wrē-*, signifiant « parler, dire » (cf. gr. Ϝερέω, « je dirai », lat. *verbum*, all. *Wort*, etc.). Au départ, conformément à sa formation, *rhêma* semble avoir désigné un « dit », expression complexe ou simple mot, sans doute d'abord remarqué pour sa portée sémantique, puis, dans un sens banalisé, tout « mot » comme instrument du dire (une expression comme *kata rhêma apaggeilai* [κατὰ ῥῆμα ἀπαγγεῖλαι], « rapporter mot à mot » [Eschine, 2, 122], illustre bien cet aspect de matérialité du dire), à ce titre volontiers opposé aux « actes », à la « vérité ». Platon, qui fait grand usage de *rhêma*, l'emploie à l'occasion dans ce sens lâche de désignateur linguistique non spécialisé (cf. *Timée*, 49e, où il désigne le démonstratif *tode* [τόδε]), plus ou moins équivalent d'*onoma* avec lequel il paraît alterner librement dans les mêmes contextes (*Lois*, 906c 3 ; cf. aussi, dans cette même variation libre, le composé *prosrhêma* [πρόσρημα], *Politique*, 276b 4, *Phèdre*, 238b 3, qui désigne d'abord sans doute une formule de salutation ; cf. *khaire* [χαῖρε], « salut », *Charmide*, 164e 1).

2. Les couplages platoniciens

On pourrait conclure de ce qui précède qu'à l'époque de Platon la langue grecque s'était donné, par des voies différentes, deux noms interchangeables du « mot » comme instrument d'expression linguistique : *onoma* et *rhêma*. Pour ne pas être matériellement fausse, cette conclusion ne suffit pas à rendre justice à la fécondité du couple *onoma-rhêma*. C'est justement chez Platon que l'on peut observer comment les deux vocables, loin de sombrer dans la banalité et l'indifférenciation, vont développer, en opposition (au sens saussurien) l'un avec l'autre, chacune des virtualités sémantiques propres pour former un couple inédit.

On peut distinguer trois types de contextes dans lesquels le couple se présente avec une régularité de type formulaire qui doit retenir l'attention.

(A) Contextes typiquement « cratyliens », dans lesquels *rhêma* s'oppose à *onoma* comme la « formule étymologique » au « nom » dont elle rend compte, formellement et sémantiquement. Ainsi, *Dii philos* [Διΐ φίλος], « cher à Zeus », est le *rhêma* sous-jacent à l'*onoma Diphilos* [Δίφιλος], « Diphile » (399b 1; cf. 399b 7, 421e 1). Cette spécification apparaît comme une exploitation locale de l'opposition entre *onoma*-nom (vocable unique servant à la désignation) et *rhêma*-locution (syntagme à contenu prédicatif), opposition claire en *République*, 463e, où les *onomata* sont des noms de parenté (« père », « mère », etc.) et le *rhêma* une formule consacrée comme « mes affaires vont bien ».

(B) Contextes à connotation rhétorique, dans lesquels le couple *onomata te kai rhêmata* [ὀνόματα τε καὶ ῥήματα] (quelquefois dans l'ordre inverse) fait référence à la variété des formes de l'expression linguistique que les maîtres du discours, orateurs (*Apologie*, 17c 1 ; *Banquet*, 198b 5, cf. 199b 4 ; *Théétète*, 184c 1, cf. 168c 1) ou poètes (*République*, 601a 5), savent exploiter à des fins esthétiques, tandis que Socrate, dépourvu de toute formation technique, se contente de parler avec les mots (*onomata*) que le hasard lui fournit (*eikêi legomena tois epitukhousin onomasin* [εἰκῇ λεγόμενα τοῖς ἐπιτυχοῦσιν ὀνόμασιν], *Apologie*, 17c 2). S'inspirant de ce que l'on observe dans le groupe A, les traducteurs rendent volontiers le couple par « mots et expressions ». Une alternative plausible serait de considérer que l'on a affaire, dans les contextes B, à une formule plus ou moins redondante du type « us et coutumes » : Platon exploiterait alors librement l'addition de deux vocables de valeur faiblement contrastée pour créer une formule « imitant », par son abondance même, l'usage du langage qu'elle veut décrire.

(C) Contextes où le couple *onoma-rhêma* est étroitement associé à *logos*. Il y a probablement lieu de distinguer ici deux variétés :

(1) Typique de cette variété, la première définition de *logos* en *Théétète*, 206d 2 : « manifester la pensée (*dianoia* [διάνοια]) par la voix en recourant à des *rhêmata* et à des *onomata* ». Bien qu'il ne soit pas question dans ce passage d'un *logos* rhétorique, et que la formule couplée n'y ait certainement pas de connotation esthétique, on pourrait être très proche du groupe B (voir LOGOS). On rangera dans cette section le passage de la *Lettre VII*, 342b, où au nom (*onoma*) *kuklos* [κύκλος], « cercle », est opposé le *logos*, « définition », du cercle, « composé d'*onomata* et de *rhêmata* » (cf. 343b 4), à savoir « ce dont les extrémités sont à une distance toujours égale du centre ». Il n'est évidemment pas question ici d'esthétique, mais il n'en serait pas moins hasardeux, dans le *logos* cité du cercle, de prétendre indiquer précisément ce qui est *onoma* et ce qui est *rhêma* — les traducteurs des Belles Lettres, A. Diès pour le *Théétète*, J. Souilhé pour la *Lettre VII*, s'avancent certainement beaucoup en traduisant par « noms » et « verbes ».

(2) Proche des deux passages cités sous C1 en ce que le *logos* y est déclaré « composé d'*onomata* et de *rhêmata* », le célèbre passage du *Sophiste* 262a-e s'en distingue sur un point décisif : les *onomata* et les *rhêmata* y sont définis et exemplifiés distinctivement. Le mixte *sui generis* qu'est un *logos* « premier et minimal » comme « l'homme apprend » doit sa singularité au fait qu'il associe à un *onoma* qui désigne un agent (*prattôn* [πράττων]), par exemple « lion », « cerf », « cheval », un *rhêma* qui désigne une action (*praxis* [πρᾶξις]), par exemple « marche », « court », « dort ». *Onoma* et *rhêma* reçoivent chacun ici, incontestablement, une spécificité inaliénable de constituants minimaux non interchangeables de l'énoncé prédicatif, et ils sont prototypiquement représentés par ce que la grammaire appellera, à l'aide des termes mêmes dont use Platon, *onoma* et *rhêma*, un « nom » et un « verbe ». Cela n'implique nullement, il faut y insister, qu'*onoma* et *rhêma* fassent exclusivement référence, dans le *Sophiste*, aux espèces grammaticales que sont le « nom » et le « verbe » : la seule chose que l'on puisse affirmer est qu'*onoma* y désigne un constituant propositionnel, typiquement un nom, propre à fonctionner comme sujet, et *rhêma* un constituant propositionnel, typiquement un verbe, propre à fonctionner comme prédicat. Aucun mot simple du français, dans ces conditions, ne peut fournir une traduction satisfaisante de ces deux termes. La chose en elle-même importe peu : l'important est que Platon ait su analyser la proposition assertive simple en ses deux constituants fondamentaux et trouver dans sa langue deux vocables propres à désigner chacun d'eux. L'innovation du *Sophiste* va se révéler d'une exceptionnelle fécondité.

3. Noms et verbes

a. La polarité aristotélicienne

Aristote, chez qui le couple fonctionnel inventé par Platon apparaît comme un acquis de l'analyse du *logos* en tant qu'énoncé assertif simple, enrichit et symétrise les définitions de ses deux termes constitutifs. Dans le *Peri hermêneias* (16a 19), *onoma* est défini comme « un son vocal, possédant une signification conventionnelle, sans référence au temps, et dont aucune partie ne présente de signification quand elle est prise séparément [φωνὴ σημαντικὴ κατὰ συνθήκην ἄνευ χρόνου, ἧς μηδὲν μέρος ἐστὶ σημαντικὸν κεχωρισμένον] » ; au chapitre suivant (16b 6), *rhêma* est défini comme « ce qui ajoute à sa propre signification celle du temps : aucune de ses parties ne signifie rien prise séparément, et il indique toujours quelque chose d'affirmé de quelque chose [τὸ προσσημαῖνον χρόνον, οὗ μέρος οὐδὲν σημαίνει χωρίς, καί ἐστιν ἀεὶ τῶν καθ' ἑτέρου λεγομένων σημεῖον] ». Par là, *rhêma* est clairement identifié comme porteur de la fonction prédicative, et fonctionnellement opposé au substrat, ou sujet (*hupokeimenon* [ὑποκείμενον]). L'insistance sur le caractère non signifiant des parties en lesquelles peut s'analyser un *onoma* ou un *rhêma* a pour effet d'interdire l'application de ces termes à des segments de plus d'un mot : dans « le petit cheval est blanc », ni le constituant sujet *le petit cheval* n'est un nom, ni le constituant prédicat *est blanc* n'est un verbe, car l'un et l'autre s'analysent en parties signifiant séparément. Ainsi se trouve inscrit dans la définition de chacun des termes ce qui ne faisait que se dégager implicitement des exemples donnés dans le *Sophiste*, à savoir que l'*onoma* est un mot unique pouvant occuper la position de sujet, typiquement un nom substantif, et le *rhêma* un mot unique pouvant occuper la position de prédicat, typiquement un verbe. Ce dernier se distingue du premier par son aptitude à « signifier en plus le temps » : on pense évidemment au système de la flexion verbale, qui fournit, entre autres, des formes temporellement spécifiées. Même si Aristote, dans la perspective logique qui est la sienne, raffine son analyse en restreignant encore l'application de *rhêma* aux formes verbales de présent (voir encadré 2, « *Ptôsis* », dans PARONYME), et celle d'*onoma* au nominatif nominal (ce qui correspond effectivement à la forme que prend le nom en position de sujet), il est clair qu'il a posé les bases de l'appréhension proprement grammaticale du « nom » et du « verbe ».

b. Les parties du discours

La dialectique stoïcienne défait l'évidence de la polarité entre *onoma* et *rhêma* telle qu'elle ressortait des définitions de Platon et d'Aristote. *Onoma* et *rhêma* sont deux des cinq parties du discours qui sont présentées dans le lieu sur le son vocal (*topos peri phônês* [τόπος περὶ φωνῆς]) et relèvent de l'enquête sur les signifiants (voir SIGNIFIANT).

Rhêma est défini comme « un élément indéclinable du discours signifiant un prédicat non composé [στοιχεῖον λόγου ἄπτωτον σημαῖνον ἀσύνθετον κατηγόρημα] », selon Diogène Laërce (*Vies et Doctrines des philosophes illustres*, VII, 58), ou, selon d'autres, comme « un élément indéclinable du discours, signifiant ce qui peut être construit avec un ou plusieurs sujets, par exemple : (j')écris, (je) dis [στοιχεῖον λόγου ἄπτωτον, σημαῖνόν τι συντακτὸν περί τινος ἤ τινων, οἷον γράφω, λέγω] » (*ibid.*). En accord avec sa caractérisation aristotélicienne, le *rhêma* est ici clairement présenté comme signifiant un prédicat, c'est-à-dire comme une entité morphologique que son caractère non casuel oppose au nom et à ses satellites ; plus précisément, par rapport au prédicat composé *mange la souris* qui inclut un cas oblique, le *rhêma* signifie le prédicat non composé *mange*. *Rhêma* apparaît donc comme la partie du discours qui signifie *une partie* de ce qui permet la prédication complète : le verbe, puisqu'il faut bien l'appeler par son nom, est appréhendé ici par soustraction, comme la partie non casuelle d'un prédicat composé (sa définition lui permet aussi de couvrir le cas d'un verbe intransitif constituant un prédicat à lui seul).

Dans le même contexte, *onoma* signifie le « nom propre », défini comme « une partie du discours désignant une qualité propre, comme *Diogène*, *Socrate* », et se distingue de *prosêgoria* [προσηγορία], l'« appellatif », défini pour sa part comme « une partie du discours signifiant une qualité commune, comme *homme*, *cheval* » (Diogène Laërce, *ibid.*). Il n'y a donc plus, dans la dialectique stoïcienne, sur l'initiative de Chrysippe, de terme générique qui signifie le nom, à la fois propre et commun.

Chez les grammairiens, et singulièrement chez Apollonius Dyscole, le nom et le verbe sont considérés, dans l'ensemble des huit parties de phrase (*merê logou* [μέρη λόγου]), comme « les plus essentielles », « les plus importantes », ou encore « les plus animées ». Sans nom ou sans verbe, en effet, aucune phrase n'est « bouclée » (« *sugkleietai* [συγκλείεται] », Apollonius Dyscole, *Syntaxe*, I, 14, éd. G. Uhlig, p. 17, 1). Les autres parties de phrase remplissent des fonctions auxiliaires, toutes référées à celles qu'accomplissent le nom et le verbe.

Dans la liste ordonnée des parties de phrase, le nom précède le verbe. À la suite d'Apollonius (*Syntaxe*, I, 16), la tradition grammaticale alexandrine pratiquement unanime justifie la préséance du nom sur le verbe par la primauté physique du corps sur ses dispositions, ou de la substance sur ses accidents, comme chez Denys d'Halicarnasse (*De compositione verborum*, 5).

Chez les grammairiens, *onoma* et *rhêma* reçoivent de nouvelles définitions techniques, mais ces définitions, dans leur symétrie, préservent le souvenir du couple inventé par Platon et incorporent le critère du temps introduit par Aristote. Dans la *Tekhnê grammatikê* de Denys le Thrace, l'*onoma* est défini (chap. 12) comme « partie de phrase casuelle désignant une entité concrète, par exemple “pierre”, ou abstraite, par exemple “éducation” », et le *rhêma* (chap. 13) comme « mot [*lexis*, voir ci-dessous] non casuel qui admet temps, personnes et nombres, et qui exprime l'actif ou le passif ». À la flexion casuelle du nom, le verbe, non casuel, répond par la flexion personnelle ; à la stabilité des entités reflétée par les noms, le verbe oppose la variation temporelle et la plasticité diathétique. À Alexandrie, l'héritage stoïcien est partiellement renié : *onoma* retrouve la valeur générique que Chrysippe lui avait retirée — « l'appellatif (*prosêgoria*) se range en effet sous le nom (*onoma*) comme une de ses espèces » (*Tekhnê grammatikê*, chap. 11). En revanche, Apollonius reste fidèle à la définition stoïcienne du nom en termes de qualité (*poiotês* [ποιότης]) et non de substance (*ousia* [οὐσία]) (*ibid.*, chap. 12) ; le couple qualité-substance sert à opposer le nom au pronom ; pour lui, le nom et le pronom n'ont pas les mêmes attributs ; en effet, le nom n'a pas part à la *deixis* [δεῖξις] mais signifie la qualité, alors que les pronoms possèdent la *deixis* mais ne signifient que la substance. On pourrait donc dire, en rigueur de termes, que les pronoms sont par excellence des « substantifs », tandis que les noms sont des « qualificatifs » : alors que *je*, *ceci*, etc., se contentent de pointer sur une substance sans la décrire qualitativement, *Socrate*, *homme*, *grand*, *grec*, etc., donnent chacun à leur façon une indication qualitative, que la qualité en question soit donnée comme « propre » à un individu substantiel (*Socrate*), « commune » à une classe d'individus substantiels (*homme*), prédicable d'une substance dont elle désignera un attribut « ajouté » — *epitheton* [ἐπίθετον] — (*grand*), etc.

En incluant ainsi des prédicables, on pourrait craindre que l'*onoma* ne vienne à jouxter dangereusement le *rhêma*. Pour le grammairien, le rempart contre ce danger réside dans la morphologie : défini par la flexion casuelle et étranger à la flexion personnelle, le nom ne saurait en aucun cas se confondre avec le verbe, doué, lui, d'une flexion personnelle et privé de flexion casuelle. Ainsi se trouvent stabilisées, pour le meilleur et pour le pire, dans la théorie grammaticale, les acceptions des deux termes que Platon avait le premier couplés, mais avec des valeurs encore multiples et flottantes.

B. La « lexis »

1. L'évolution du sens de « lexis »

Paradoxalement, le progrès de la réflexion sur le langage, en spécialisant *onoma* et *rhêma* respectivement au sens de « nom » et de « verbe », a privé le grec de deux désignations potentielles du « mot ». Même si *onoma*, comme nous l'avons noté, peut occasionnellement continuer à désigner le mot après sa spécialisation au sens de « nom », il est légitime de se demander si le vocabulaire grammatical grec s'est donné ou non un terme spécifique pour « mot ». La réponse est oui : dans les textes grammaticaux, le « mot » se dit *lexis*, et ce terme, parfaitement stabilisé, reste la désignation du mot en grec moderne (démotique *lexi*).

Mais *lexis* a une histoire singulière qui doit aussi être évoquée. Nom d'action dérivé sur le radical *leg-*, « dire », ce terme désigne en principe le dire (par exemple opposé au faire [*praxis*], Platon, *République*, 396c), mais aussi volontiers la diction. Cette dernière spécification s'affirme chez Platon (par ex. *ibid.*, 392c), où *lexis* s'oppose à *logos* comme la forme de l'expression linguistique au contenu exprimé – si l'on veut, comme le style à la pensée. Cette orientation sémantique est nettement confirmée chez Aristote, qui fait une distinction entre la *dianoia*, la « pensée », « faculté de dire [...] ce qui convient », et la *lexis*, l'« expression », « manifestation, interprétation [de la pensée] au moyen de la mise en mots (*tên dia tês onomasias hermêneian* [τὴν διὰ τῆς ὀνομασίας ἑρμηνείαν]) » (*Poétique*, 6, 1450b 14-15), dont les « figures », *skhêmata tês lexeôs* [σχήματα τῆς λέξεως], renvoient aussi bien aux schèmes vocaux de l'acteur, pour prier ou pour exiger, qu'aux variétés de l'enthymème ou à la morphologie de l'expression (voir trad. fr. J. Lallot et R. Dupont-Roc, chap. 19, n. 5, p. 311-313) ; cette même opposition structure l'exposé de la *Rhétorique*, qui fait la différence entre « ce qu'il faut dire », la *dianoia*, et « comment il faut le dire », la *lexis* (*Rhétorique*, III, 1, 1403b 15). L'acception de *lexis* « style » perdurera en grec ancien bien au-delà de l'apparition du sens de « mot » : dans toute la tradition alexandrine et byzantine, *lexis pezê* [λέξις πεζή], comme son calque latin *sermo pedestris*, sera la désignation technique de la prose, opposée à l'expression métrique, *lexis emmetros* [λέξις ἔμμετρος].

Mais, chez Aristote, les *Réfutations sophistiques* obligent à élargir l'acception du terme, plus proche du signifiant saussurien que du style ; elles distinguent en effet deux tropes de réfutations, celles « *exô tês lexeôs* [ἔξω τῆς λέξεως] » (*extra dictionem*, « hors de l'expression », « indépendantes du discours »), qui s'attachent à dissiper les erreurs de raisonnement induites en particulier par les confusions entre les différents sens de l'être, et celles « *para tên lexin* [παρὰ τὴν λέξιν] » (*in dictione*, « liées à l'expression », « relevant du discours »), qui s'attachent à dissiper les confusions provoquées par la matérialité même de la langue (homonymie et amphibolie, composition, séparation, accentuation, morphologie de l'expression : chap. 4, 165b 23-27). Où l'on voit, exemples à l'appui, que relève de la *lexis* ce que nous appellerions aujourd'hui le signifiant, *via* les jeux de sens audibles dans les sons de la langue (ainsi, *sigônta legein* [σιγῶντα λέγειν] est une amphibolie qui s'entend aussi bien au sens de « parler de choses muettes », avec un neutre pluriel, et de « parler en se taisant », avec un masculin singulier : 4, 166a 12-14 ; 10, 171a 7 *sq.*, a 17-b 2 ; 19, 177a 20-26). Mais ces illusions ont vocation à être dissipées à l'aide des outils catégoriaux et grammaticaux (voir HOMONYME).

♦ Voir encadré 2.

Les Stoïciens, inventeurs de l'analyse du langage en signifiant/signifié/référent, thématisent ce rapport entre *lexis* et signifiant, et définissent la *lexis* comme l'un des trois moments du signifiant, susceptible de présenter ou non un sens (voir SIGNIFIANT, et ci-dessous, 2). Cependant, pas plus chez Aristote que chez les Stoïciens, rien n'est dit de la dimension de la *lexis*, le son vocal articulé pouvant *a priori* aussi bien correspondre à une syllabe, à un mot ou à une suite de mots. Il n'est pas facile de préciser comment s'est produit, à partir de là, le déplacement de sens qui a conduit *lexis* à désigner, chez les grammairiens, le mot comme « la plus petite partie de la phrase construite (*meros elakhiston tou kata suntaxin logou* [μέρος ἐλάχιστον τοῦ κατὰ σύνταξιν λόγου]) » (Denys le Thrace, *Tekhnê grammatikê*, chap. 11). Il se peut, comme l'a suggéré M. Baratin (« Les origines stoïciennes de la théorie augustinienne du signe », p. 263 *sq.*), que les grammairiens, tout en conservant à *lexis* la position intermédiaire que lui avaient assignée les Stoïciens (entre le son inarticulé et l'énoncé comme lieu du sens), aient appliqué eux aussi le terme à une unité intermédiaire, le mot, comme composé de syllabes dénuées de signification et composant de la phrase signifiante. Tout en restant partiellement fidèle à l'analyse stoïcienne, cette nouvelle acception de *lexis* présentait incontestablement l'avantage, pour les philologues qu'étaient les grammairiens d'Alexandrie, de trouver à ce terme une application concrète et une utilité fonctionnelle dans le champ des études textuelles : le mot, comme signifiant minimal résultant de la segmentation du *logos*, constituait une entité empirique précieuse dont la grammaire antique allait faire son objet par excellence. Sa définition même chez Denys, rappelée ci-dessus, explique que, dans la *Tekhnê*, *lexis*, « mot », et *meros logou*, « partie de phrase », rigoureusement interchangeables, alternent en variation libre.

On voit donc comment, après avoir affecté à la désignation de parties du discours spécifiques les termes *onoma* et *rhêma* qui avaient un temps pu, au moins occasionnellement pour le second, désigner le mot, la langue grecque a fini par se donner, avec *lexis*, une vraie dénomination générique du mot comme unité signifiante minimale. Elle en dérivera tardivement le nom du recueil de mots, *lexikon* (*biblion*) [λεξικὸν (βιϐλίον)], l'ancêtre de notre « dictionnaire », dérivé, lui, de *dictio*, calque latin de *lexis*. Les plus anciens recueils de mots, intitulés tout simplement *Lexeis* [Λέξεις], « Mots », ou *Glôssai* [Γλῶσσαι], « Mots étranges », n'avaient aucune prétention à l'exhaustivité : c'étaient des listes de mots marginaux, à un titre ou à un autre, par rapport à l'idiome de référence (mots obsolètes, dialectaux, etc.). Sur *glôssa* [γλῶσσα], désignation spécifique de ce genre de mots, cf. Aristote, *Poétique*, 1457b 4 ; *glôssarion* [γλώσσαριον], « glossaire », est un dérivé tardif.

2. La tripartition stoïcienne « phônê », « lexis », « logos », et le changement de perspective par rapport à Aristote

Il faut faire une place particulière au réinvestissement stoïcien de termes aristotéliciens pris dans une séquence nouvelle. Ce brouillage, qui est la marque d'une volonté doctrinale, permet seul de comprendre la complexité terminologique d'un Boèce, par exemple, qui superpose ou assimile ces usages différents.

Pour les Stoïciens, la *lexis* est le second des trois stades du signifiant (voir SIGNIFIANT ; sur tout cela, cf. Diogène Laërce, VII, 56-57). Le premier stade est la *phônê* : c'est à la fois un terme générique, puisque l'étude du signifiant se fait dans les traités *Peri phônês* (*Sur le son*), et le signifiant de base, en tant que corps physique, à savoir de l'air percuté sous l'effet d'un élan animal (*hormê* [ὁρμή]) ou d'une réflexion humaine (*dianoia*), qui va de l'émetteur au récepteur. Ainsi spécifiée, la *phônê* n'est pas, comme telle, articulée (elle peut être animale, c'est alors un *êkhos* [ἦχος], un « bruit » qui ne s'écrit pas), et elle est encore moins porteuse de signification. Vient ensuite la *lexis*, second stade, qui est une *phônê eggrammatos* [φωνὴ ἐγγράμματος], un son (cette fois, on traduit d'ailleurs plutôt *phônê* par « voix ») se prêtant à l'écriture, et les « lettres » qui la composent (*stoikheia* [στοιχεῖα]) sont une garantie d'articulation (*enarthron* [ἔναρθρον], VII, 57) : par exemple *hêmera* [ἡμέρα], « jour » (VII, 56). C'est elle qui est proprement humaine, mais il est tout à fait remarquable qu'elle soit définie comme non nécessairement porteuse de signification (*asêmos* [ἄσημος]) : *blituri* [βλίτυρι], une onomatopée imitant le son d'une corde qui vibre, est une « lexie » (c'est la traduction qu'adopte R. Goulet) au même titre que « jour ». En effet, seul le *logos*, stade final du « son vocal doué de sens impulsé par une réflexion [*phônê sêmantikê apo dianoias ekpempomenê* (φωνὴ σημαντικὴ ἀπὸ διανοίας ἐκπεμπομένη)] » (56), est tout à la fois voix, articulé et porteur de sens : par exemple *hêmera esti* [ἡμέρα ἐστι], énoncé d'une phrase impliquant donc, au moyen d'une conjugaison, quelque chose comme un événement, « il

2

« Skhêma tês lexeôs » et « skhêma » en grammaire

► COMPARAISON, *FORME*, *IDÉE*, SPECIES, TROPE

Skhêma [σχῆμα], attesté en grec à partir du Ve siècle avant J.-C., est un dérivé nominal bâti sur le radical σχ^e/o- du verbe *ekhein* [ἔχειν], « tenir, avoir » et, intransitivement, « se tenir, être dans telle condition » : sémantiquement, *skhêma* se rattache à la valeur intransitive du verbe et désigne donc au départ la « manière de se tenir ». Cette signification de base s'est abondamment spécifiée et diversifiée au cours des Ve-IVe siècles, et l'on est amené, selon les cas, à le traduire en français par « stature, posture, allure, vêture, configuration, figure (géométrique, entre autres), forme ». *Skhêma*, un des noms grecs de la « forme », désigne préférentiellement une configuration complexe ; en géométrie, c'est toujours une figure fermée.

Chez Aristote, on voit apparaître une assez grande variété d'applications de *skhêma* au domaine langagier : configurations de la bouche permettant de formater l'air en sons distinctifs, traits morphologiques caractéristiques de certaines classes de signifiants, modulation de l'énonciation mise au service de la différenciation modale, configurations syntaxiques et rhétoriques. Plusieurs de ces sens sont portés par le syntagme *skhêma tês lexeôs* [σχῆμα τῆς λέξεως], qu'on peut traduire littéralement par « figure de l'expression ». La rhétorique post-aristotélicienne retiendra *skhêma* pour désigner génériquement toute espèce de tour remarquable ; par l'intermédiaire de la traduction latine *figura*, le *skhêma* des rhéteurs grecs deviendra la *figure* de la rhétorique classique.

La théorie grammaticale, que nous voyons se constituer en Grèce à partir du IIe siècle avant J.-C., à côté d'un usage diversifié et faiblement spécifié de *skhêma* comme nom de la forme, retiendra trois types d'emploi nettement techniques :

— en morphologie flexionnelle, *skhêma* fournit la base d'une famille de mots décrivant le phénomène de la variation signifiante des mots fléchis : au centre de cette famille, le *metaskhêmatismos* [μετασχηματισμός], littéral « trans-formation », s'applique principalement à la variation casuelle des nominaux et à la variation personnelle des verbes ;

— en morphologie lexicale, *skhêma*, « figure », fait référence au statut *simple ou composé* d'un mot. On distingue trois *skhêmata* : le simple (par ex. *Memnôn* [Μέμνων]), le composé (par ex. *Aga-memnôn* [Ἀγα-μέμνων]), le dérivé de composé (par ex. *Agamemnon-idês* [Ἀγα-μεμνον-ίδης]). La raison de l'application de *skhêma* à ce type de particularité morphologique n'est pas évidente : les commentateurs tardifs suggèrent (faute de mieux ?) que la complexité plus ou moins grande du mot lui donnerait une « allure » typée, comparable aux postures (*skhêmata*) des statues ;

— en syntaxe, faisant fond sur l'acception rhétorique de « figure » comme tour remarquable, on spécialise *skhêma* dans le sens de « tournure déviante par rapport à la norme syntaxique ». Tour anomal, fautif dans son principe, le *skhêma* reçoit pourtant droit de cité dans la langue chaque fois qu'on peut lui assigner une origine anoblissante, trouvée soit dans un dialecte (figure attique, béotienne, etc.), soit chez un auteur de renom (figure pindarique, sophocléenne, etc.). Tel commentateur rassemble les traits définitoires du *skhêma* syntaxique dans une formule frappante : le *skhêma*, dit-il, est une « faute excusable ».

fait jour ». Le résumé final est clair : « La *phônê* diffère de la *lexis*, en ce que la *phônê* peut être un bruit, alors que la *lexis* est toujours de l'articulé. La *lexis* diffère du *logos*, parce que le *logos* a toujours du sens (*aei sêmantikos* [ἀεὶ σημαντικός]), alors que la *lexis* peut être dépourvue de sens (*kai asêmos* [καὶ ἄσημος]), par exemple "*blituri*", mais jamais le *logos* » (VII, 57). Ce qu'on peut figurer ainsi :

Phônê
non articulée .... articulée
êkhos = *lexis*
dépourvue de sens .... pourvue de sens
blituri « jour »
= *logos*
« il fait jour »

Claude Imbert note que « les termes stoïciens semblent avoir été choisis à dessein pour contredire la sémantique aristotélicienne » (« Théorie de la représentation et doctrine logique dans le stoïcisme ancien », in *Les Stoïciens et leur logique*, Vrin, 1978, p. 223-249, ici p. 247, n. 35) : ce n'est plus le mot comme tel, nom ou verbe, qui constitue l'unité signifiante, ainsi qu'au début du *De interpretatione*, mais l'énoncé — à l'évidence une tout autre appréhension du monde, en termes d'événements et non de substances, de récit d'action et non de syntaxe prédicative, bref, une tout autre « phénoméno-logie ». Tout d'abord, la *phônê* stoïcienne n'est pas la *phônê* aristotélicienne. Aristote définit la *phônê* dans le *De anima* comme « un certain bruit (*psophos* [ψόφος]) produit par un être animé » (II, 8, 420b 5 ; cf. *De historia animalium*, I, 1, et IV, 9) : le « bruit » vaut pour l'animal comme pour l'homme, et la définition, qui fait passer du bruit à la voix au moyen d'un certain nombre de dichotomies physiques déterminant chacune une classe d'exclus (un son d'animé — pas les flûtes —, produit par un mouvement de l'air intérieur — pas les poissons, mais les dauphins —, frappant la trachée-artère — pas une toux), paraît d'emblée compatible avec la définition stoïcienne. Jusqu'à ce qu'elle croise, au moyen d'un simple « et » que je souligne ici, un autre type de réquisit présenté comme une évidence :

> Tout son émis par un animal n'est pas une voix, comme nous l'avons dit (car on peut faire du bruit avec la langue ou en toussant), mais il faut que ce qui frappe soit animé et accompagné d'une certaine représentation (*meta phantasias tinos* [μετὰ φαντασίας τινός]), puisque la voix est à coup sûr un bruit sémantique (*sêmantikos gar de tis psophos estin hê phônê* [σημαντικὸς γὰρ δέ τις ψόφος ἐστὶν ἡ φωνή]).
>
> 420b 29-33.

La « voix » d'Aristote est une espèce de bruit qui implique déjà l'articulation (elle est dite *dialekton* [διάλεκτον, 420b 18], avec le même propre, l'articulation justement, que la *lexis* des Stoïciens) et la signification (elle est dite *hermêneia* [ἑρμηνεία, 420b 19 *sq.*], ayant cette fois le même propre, la signification, que leur *logos*). S'y écrasent donc les trois plans que les Stoïciens choisissent au contraire de distinguer, trois plans qui chez Aristote sont comme aimantés par le dernier, par la « fin » et le « bien » que, par-delà le besoin animal, constitue pour l'homme le sens : « Le vivant possède [...] l'ouïe pour que lui soit signifié quelque chose et la langue pour que soit signifié quelque chose à autrui » (435b 19-25). On pourrait dire que les Stoïciens n'ont fait, après tout, que décaler d'un cran la séquence d'Aristote, nommant *phônê*, « son vocal », ce qu'il avait choisi d'appeler *psophos*, « bruit ». Mais c'est la direction même des hiérarchies qui est impliquée : le bruit peut et même doit être envisagé indépendamment du sens. Alors que la *lexis* aristotélicienne, en particulier dans les *Réfutations sophistiques*, était d'abord un outil d'analyse, d'emblée impliqué par la définition de l'homonymie dans un rapport au signifié, c'est, à l'inverse, sous la catégorie du signifiant, comme une espèce particulière de *lexis*, qu'est pensé le *logos* stoïcien. Simultanément, l'exigence de complétude du sens, définitionnelle du *logos*, fait que l'unité pertinente n'est plus de l'ordre du mot, *onoma* ou *lexis*.

III. LES DÉSIGNATIONS DU MOT EN LATIN

A. « Dictio », « locutio », « pars orationis », « verbum », « vocabulum », « vox » : distinctions et polysémies

Le mot est appréhendé dans le domaine latin comme forme, comme combinaison d'une forme et d'un sens, enfin comme catégorie linguistique.

Comme forme, le mot est désigné par le terme *vox*. Ce terme, qui signifie originellement la *voix*, la *matière phonique* (et qui garde ce sens à toutes les époques), fait à ce titre l'objet de toutes sortes de classifications, selon que la *vox* est *articulée* ou *confuse*, *scriptible* ou non *scriptible*, etc. Appliqué aux entités linguistiques, *vox* sert à désigner leur forme, et, dans la mesure où l'analyse étymologique, sémantique, morphologique a pour cadre naturel le mot, *vox* signifie la forme du mot : Varron oppose ainsi la *vox* et la *significatio* du mot (*De lingua latina*, IX, 38-39 ; X, 77), la *vox* étant « ce qui est composé de syllabes », « ce que l'on entend », par opposition à ce que le mot signifie. Du coup, *vox* désigne également les différentes formes qui apparaissent comme les variables d'un même mot, c'est-à-dire les formes fléchies d'un mot décliné ou conjugué : *Aemilius* est un mot, mais cette forme même de nominatif et l'ensemble des formes obliques correspondantes (*Aemilium*, *Aemilii*, *Aemilio*, etc.) sont des *discrimina vocis*, des variables formelles de ce mot. Le texte de Varron (*ibid.*, VIII, 10) suggère clairement une dissociation entre les notions de *mot* et de *forme*, dans la mesure où *un* mot peut avoir *plusieurs* formes, s'il est fléchi. *Vox* est alors une des formes du mot, mais désigne du coup, dans la réalité concrète des réalisations, un mot particulier (*Aemilius*, ou *Aemilium*, *Aemilii*, etc.).

Ainsi identifié au mot, à la différence de ses synonymes *forma* et *figura*, moins déterminés, *vox* est même employé par Varron pour signifier le mot par rapport à la chose (*ibid.*, X, 69 et 72). Cet emploi est attesté également par Quintilien (*De institutione oratoria*, I, 5, 2), et apparaît à l'occasion chez les grammairiens. Il reste pourtant exceptionnel par rapport aux deux termes originels servant à désigner le mot, *verbum* et *vocabulum*.

La caractéristique première du *verbum* chez Varron est qu'il est présenté comme étant au centre d'un processus de signification, entre la *vox*, qui est le moyen par lequel le *verbum* signifie, et la *res*, qui est ce que le *verbum* signifie (*De lingua latina*, X, 77, et cf. IX, 38-39, où *verbum* est défini comme la combinaison d'une *vox* et d'une *significatio*).

Ces deux termes sont polysémiques, à toutes les époques. *Verbum* signifie en effet également « le verbe », dès Varron et constamment chez les grammairiens. Un autre emploi spécialisé apparaît chez Augustin dans le *De dialectica*, avec une distinction très particulière entre *verbum*, mot « quand il est énoncé pour lui-même », c'est-à-dire quand il « ne renvoie qu'à lui-même », et *dictio*, mot en tant qu'employé « pour signifier quelque chose d'autre ».

♦ Voir encadré 3.

Vocabulum alterne chez Varron avec *verbum*, sans nuance apparente (cf. par ex. *De lingua latina*, VI, 1, ou IX, 1), et fait couple avec la *res* dans l'opposition du mot et de la chose (*ibid.*, V, 1). *Vocabulum* est lui aussi polysémique, mais, tandis que *verbum* signifie le verbe, *vocabulum* signifie le nom, par opposition précisément à *verbum* (*ibid.*, VIII, 11 ; IX, 9). À l'autre bout de la latinité, Priscien suggère par ailleurs que *nomen*, terme utilisé normalement pour signifier le nom, pouvait également signifier génériquement le mot. Il y aurait eu alors parallélisme parfait entre *vocabulum* et *nomen*, l'un et l'autre susceptibles de correspondre à la fois au nom et au mot, mais *vocabulum* signifiant essentiellement le mot et secondairement le nom, et *nomen* l'inverse (cet emploi de *nomen* n'est cependant attesté que par Priscien). Un autre emploi spécialisé de *vocabulum* apparaît chez les grammairiens, où ce terme est parfois cité comme représentant d'une catégorie spécialisée de noms communs, ceux qui désignent des objets concrets, par opposition aux noms communs abstraits (cf. Dosithée, *in* H. Keil [éd.], *Grammatici latini*, t. 7, Leipzig, Teubner, 1880, p. 390, 16), ou des objets inanimés (cf. Diomède, *ibid.*, t. 1, 1857, p. 320, 23).

Peut-être pour clarifier une terminologie souffrant de ces phénomènes de polysémie (c'est l'interprétation de Quintilien, au moins à propos de *verbum*, *De institutione oratoria*, 1, 5, 2), ces différents termes ont été supplantés secondairement par *dictio*, qui apparaît dans le sens de « mot » postérieurement à Varron.

La caractéristique fondamentale de la *dictio* est, comme pour le *verbum*, d'être composée d'un signifiant et d'un signifié : Diomède (in *Grammatici latini*, *op. cit.*, t. 1, p. 436, 10) définit ce terme comme « *vox articulata cum aliqua significatione* [un son vocal articulé avec une signification] ». De même, tout en reconnaissant volontiers qu'une *dictio* peut n'avoir qu'une seule syllabe, Priscien distingue soigneusement la syllabe, signifiant sans signifié, et la *dictio*, porteuse d'un signifié (*ibid.*, t. 2, 1855, p. 53, 13-18). L'emploi de *dictio* chez Augustin, dans le *De dialectica*, repose sur la même opposition.

Cela étant, la *dictio* peut être opposée au *sensus*, c'est-à-dire au seul signifié : lorsqu'il s'agit de rendre compte des phénomènes de syllepse (accords selon le sens), par exemple dans le cas où un verbe au pluriel a pour sujet un mot comme *pars*, singulier que nous dirions collectif (dans une formule comme « une partie d'entre eux découpent des morceaux [...] »), Priscien indique que le verbe « se rapporte non pas à la *dictio*, mais au *sensus*, c'est-à-dire à ce que nous comprenons dans le mot au singulier » (*ibid.*, t. 3, 1859-1860, p. 201, 22-23) ; rapporter le verbe à la *dictio* aurait consisté à se régler sur la forme du mot *pars*, qui est singulier, pour accéder au signifié « singulier », tandis que le rapporter au *sensus* consiste à partir du sens de « partie » pour en inférer qu'il est susceptible de s'appliquer à une pluralité de personnes, et donc qu'il comporte le signifié « pluriel ».

Il y a une sorte de parallélisme entre la disjonction du mot et de la forme chez Varron (un mot, mais plusieurs formes variables, dans le cas de la flexion) et la disjonction du mot et de son sens chez Priscien (un mot, mais plusieurs sens, celui qui correspond à la forme et un autre).

Dictio, par ailleurs, s'entend dans une perspective hiérarchique, comme le constituant d'un ensemble plus vaste : Diomède précise ainsi le rapport entre la *dictio* et l'*oratio* (l'énoncé) en soulignant que l'énoncé est une construction, dont la *dictio* est l'unité (« *dictio* [...] *ex qua instruitur oratio et in quam resolvitur* [le mot (...) à partir duquel se forme l'énoncé et en lequel ce dernier se résout (c'est-à-dire s'analyse)] », *ibid.*, t. 1, p. 436, 10). Priscien indique de même que la *dictio* est la « *pars minima orationis constructae* [la plus petite partie de l'énoncé construit] ».

La formule la plus fréquente, néanmoins, pour désigner le mot comme constituant d'un ensemble plus vaste est *pars orationis*. Le sens de l'ensemble ainsi désigné, *oratio*, n'est pas évident. *Oratio* peut s'appliquer chez Varron à la langue dans son ensemble (*De lingua latina*, VIII, 1, ou 44, etc.) ; en ce sens, les *partes orationis* sont les principales divisions de la langue, les « catégories de mots ». Mais, par ailleurs, *oratio* signifie aussi « énoncé », et c'est bien dans ce sens que Priscien, à la suite de tous les grammairiens, comprend les *partes orationis* : ce sont les « constituants de l'énoncé ». Quoi qu'il en soit, *pars orationis* signifie le mot en tant qu'ensemble de traits (*accidentia*) comme le genre, le nombre, la personne, le temps, etc., dans un système où chaque ensemble de traits s'oppose à d'autres, comme le nom s'oppose au verbe ou au pronom.

Un dernier terme apparaît pour dire *mot* : *locutio*, attesté déjà par Quintilien (*De institutione oratoria*, I, 5, 2), mais ses emplois dans ce sens sont rares et isolés.

3

« Verbum », « dicibile », « dictio », « res » : Augustin, « De dialectica », V, 8

Haec ergo quattuor distincta teneantur : verbum, dicibile, dictio, res. Quod dixi verbum, et verbum est et verbum significat. Quod dixi dicibile, verbum est, nec tamen verbum, sed quod in verbo intellegitur et animo continetur, significat. Quod dixi dictionem, verbum est, sed quod jam illa duo simul id est et ipsum verbum et quod fit in animo per verbum significat. Quod dixi rem, verbum est, quod praeter illa tria quae dicta sunt quidquid restat significat.

[Ces quatre termes doivent être tenus distincts : *verbe, dicible, mot, chose.* Ce que j'appelle *verbe* à la fois est un verbe et signifie « verbe ». Ce que j'appelle *dicible* est un verbe mais ne signifie pas « verbe », mais ce qui est entendu dans le verbe et qui est contenu dans l'esprit. Ce que j'appelle *mot* est un verbe mais signifie ensemble les deux précédents, à savoir le verbe et ce qui se produit dans l'âme par le verbe. Ce que j'appelle *chose* est un verbe et signifie tout le reste, c'est-à-dire tout ce qui n'est pas signifié par les trois mots précédents.]

Le jeune Augustin, dans son *De dialectica*, introduit un système à quatre termes : *verbum, dicibile, dictio, res*. Le passage manifeste l'écart par rapport à la dialectique stoïcienne : Augustin considère que c'est le terme simple, et non plus l'énoncé, qui est « le point de jonction entre signifiant et signifié ». Le verbe est un signe de chose (*verba sunt signa rerum*), et le signe est ce qui s'offre aux sens, et montre en outre quelque chose à l'âme (*signum est quod se ipsum sensui, et praeter se aliquid animo ostendit*). Le *verbum* est le mot pris en tant qu'il renvoie à lui-même, et donc indépendamment de sa relation de signification à une autre chose, et cette acception se manifeste dans un contexte métalinguistique. On a parlé d'autonyme à propos de cet emploi. Cela correspond en effet à quelque chose de cet ordre, mais à condition de ne pas donner une définition trop restrictive du signifié de l'autonyme : le *verbum* d'Augustin correspond à un emploi en mention, c'est-à-dire qu'il a bien son signifié mais n'est pas employé pour manifester ce signifié. Cet usage de *verbum* n'est pas attesté chez les grammairiens. Le *dicibile* est le contenu mental associé au mot, qu'Augustin dit parfois être antérieur à l'énonciation du mot, parfois simplement contenu dans le mot, et parfois encore ce qui est donné à entendre à l'esprit de l'auditeur. La *dictio* est le mot en tant qu'il est énoncé pour signifier quelque chose : il est un *verbum* pris dans sa relation à un *dicibile*. La *res* est tout ce qui n'est encore ni exprimé par un mot, ni conçu par l'esprit, qu'il existe ou non un mot qui puisse la signifier. Ainsi, si un maître de grammaire prend le premier mot de l'*Énéide* — *arma* —, et interroge sur sa catégorie grammaticale, il le prend en lui-même, comme *verbum*, alors que dans le vers de Virgile il s'agissait d'une *dictio*, utilisée pour signifier les armes ; et ces mêmes armes, en tant qu'elles étaient portées, pouvaient être montrées du doigt et n'étaient alors ni des *verba*, ni des *dicibilia*, ni des *dictiones*, mais des choses. Augustin a une conscience très fine de la distinction entre niveau linguistique et niveau métalinguistique : tous les termes *verbum, dicibile, dictio* et *res* sont des *verba* lorsqu'ils entrent dans des énoncés qui portent sur eux-mêmes, des *dictiones* quand ils sont pris dans leur rapport au contenu mental qui leur correspond, et des choses. La suite du *De dialectica* va s'attacher précisément à examiner la valeur des mots qui servent à argumenter, pris en eux-mêmes ou dans leurs relations à ce qu'ils signifient — ces relations sont envisagées au point originel où elles s'établissent (discussion du caractère naturel ou non de cette jonction), ou selon la manière dont elles fonctionnent en synchronie, avec toutes les possibilités de discordances, dues à l'équivocité et à l'obscurité, qui peuvent les affecter.

La question se pose de savoir si *mot* doit servir à traduire *verbum* ou *dictio* : M. Baratin et F. Desbordes (*L'Analyse linguistique dans l'Antiquité classique*) choisissent la première solution, bien que, dans le *De dialectica*, *verbum* apparaisse parfois comme équivalent du simple signifiant ; ils traduisent *dictio* par *dit*, pour garder la connexion étroite avec le contenu mental de la *dictio*, le *dicible* (*dicibile*). Il n'est pas possible de traduire *res* par « référent », parce que ce terme est relationnel : or la *res* peut être la *res* d'un signe mais ne l'est pas nécessairement. Dans le *De doctrina christiana*, le terme *res* rassemble l'ensemble des éléments du monde, les signes en constituant un sous-ensemble. Un peu antérieurement au passage cité plus haut, Augustin définissait la chose comme « tout ce qui est perceptible aux sens ou à l'intellect, ou échappe à la perception [*Res est quidquid vel sentitur vel intelligitur vel latet*] » ; dans notre passage, les *res* sont toutes les choses qui ne sont pas mises en relation avec un signifiant — telles les armes réelles si on les considère comme des objets matériels, et non comme des choses qui peuvent être signifiées par le mot *arme* (que celui-ci soit pris comme *verbum*, et n'y renvoie pas dans le discours, ou qu'il soit pris comme *dictio*, et soit utilisé pour les signifier) ou qui peuvent être les contenus mentaux associés à ce mot. Dans la traduction anglaise, Darrell Jackson traduit *verbum* par *word*, notamment dans la définition initiale du chap. 5 (« *verbum est uniuscujusque rei signum* [*a word is a sign of any sort of thing*] »), mais, lorsqu'il s'agit du système des quatre termes, il les garde en latin (ce qui donne pour la phrase latine « *Quod dixi verbum, et verbum est et verbum significat* » [voir ci-dessus], la « traduction » : « *"verbum" both is a word and signifies a word* »). Dans sa traduction italienne, Mariano Baldassarri interprète le passage à la lumière de la dialectique stoïcienne, ce qui introduit quelque confusion, puisqu'il fait correspondre à *sêmainon* [σημαῖνον] à la fois *signum* et *verbum* (équivalant au seul signifiant) mais pose aussi *verbum* comme équivalant à *phônê* ; il interprète *dictio* comme *lexis sêmantikê* [λέξις σημαντική], *dicibile* comme *lekton* [λεκτόν], et *res* comme *tugkhanon* [τυγχάνον]. Ces problèmes de traduction dépendent finalement du poids assigné à l'influence stoïcienne dans la rédaction du *De dialectica*.

BIBLIOGRAPHIE

AUGUSTIN, *De dialectica*, éd. J. Pinborg, trad. angl., intr. et notes B. Darrell Jackson, Dordrecht, Reidel, 1975.

— *I principii della dialettica*, trad. it., intr. et comm. M. Baldassarri, Côme, s.e., 1985.

BARATIN Marc, « Les origines stoïciennes de la théorie augustinienne du signe », *Revue des études latines*, vol. 59, 1981.

BARATIN Marc et DESBORDES Françoise, *L'Analyse linguistique dans l'Antiquité classique*, Klincksieck, 1981.

— « Sémiologie et métalinguistique chez saint Augustin », *Langages*, n° 65, 1982, p. 75-88.

B. Le double sens de « vox » au Moyen Âge

1. Les captations sémantiques : Aristote, les Stoïciens, Boèce

Chez les grammairiens latins, *vox* est utilisé pour désigner le mot, à côté de *verbum*, *vocabulum* et *dictio*. Le terme *vox* gardera tout au long du Moyen Âge les deux sens que lui donne Boèce, celui de « matière vocale » et celui de « son vocal doué de signification », sens confondus chez lui en raison des deux sources qui sont à l'arrière-plan de ses commentaires sur le *Peri hermêneias*. Le terme *vox*, au début du second commentaire, est défini d'un côté à partir d'Aristote : la *vox* est le résultat du frappement de l'air par la langue, et est produite en vue d'une signification ; mais, par ailleurs, Boèce utilise *vox* pour traduire *phônê*, à partir de la tripartition stoïcienne *phônê, lexis, logos* (voir ci-dessus, II, B, 2), qu'il rend par *vox, locutio, interpretatio*. On voit le hiatus : la signification est présente dans la première définition, alors que, dans l'économie du système stoïcien, la signification n'intervient pas au niveau de la *phônê-vox*, mais seulement au troisième niveau, le second niveau, rappelons-le, étant celui de l'articulation (le fait d'être composé de lettres ou de sons discrets : ainsi, *blituri* est une *lexis*, mais pas un *logos*).

Chez Boèce, le problème rejaillit et s'embrouille encore davantage, si l'on passe à la question des parties : il entend sous l'expression *partes locutionis*, à cause de la traduction du grec stoïcien *lexis* par *locutio*, les *merê lexeôs* [μέρη λέξεως] de la *Poétique* d'Aristote (éléments, syllabes, conjonctions, articles, noms, cas, verbes, *orationes*) ; sous l'expression *partes interpretationis* (à cause de l'équivalence *logos-interpretatio*), les *merê logou* du *Peri hermêneias* d'Aristote (nom, verbe, *oratio*) ; mais il parle aussi de *partes orationis*, en prenant *oratio* au sens plus strict d'« énoncé minimal » (nom, verbe). La tradition postérieure laissera généralement de côté ces imprécisions et s'en tiendra à l'usage de Boèce, non à ses définitions. Dans ses commentaires de logique, en effet, Boèce désigne par *vox* toute expression articulée, qui peut être signifiante ou non, et peut, dans le premier cas, avoir été l'objet d'une imposition et signifier *ad placitum*, ou signifier naturellement (voir SIGNE). C'est ce terme qui fonctionne dans la triade *vox, intellectus, res* du premier chapitre du *Peri hermêneias*. *Sermo* est parfois utilisé lorsqu'il s'agit de mentionner ou de parler d'un mot (« *hic sermo homo* », « *hic sermo lexis* », Boèce, *Commentarii in librum Aristotelis Peri Hermeneias*, éd. C. Meiser, *secunda editio*, p. 4-7). Ailleurs, cependant, *vox* alterne avec d'autres termes, notamment au début du commentaire sur les *Catégories*, ouvrage qui traite, dit Boèce, « *de primis vocibus* [des premières *voces*] » (PL, t. 64, col. 161A), « *sermonibus prima rerum genera significantibus* [*sermones* signifiant les premiers genres des choses] » (col. 162B), et l'on trouve dans le même contexte le terme *vocabula* (col. 162D).

♦ Voir encadré 4.

Lorsqu'on se met à nouveau à lire le *De anima* (II, 8, 420b 5 *sq.*), au début du XIIIe siècle, notamment avec le commentaire d'Avicenne, surgissent des questions qui sont immédiatement suscitées par l'imprécision des termes *vox* et *vocare*. Étant donné que la *vox* est à la fois le son « vocal » émis par des animaux possédant des poumons, une trachée, etc., et ce même son vocal en tant qu'associé à une représentation (« *cum imaginatione aliqua* », 420b 29), puisque c'est un son significatif (*sonus significativus*), la question de savoir si les animaux « *vocant* » (glosé par « *habent vocem* »), ou si cette activité est propre à l'homme, est littéralement intraduisible, puisque le verbe renvoie aux deux acceptions du substantif (d'après l'étymologie classique : « *vox a vocando dicitur* [*vox* se dit à partir de ce qui s'exprime par la voix] »). La réponse à la question dépend également du statut de l'*imaginatio* pour les animaux et du rôle que l'*imaginatio* joue dans la production des sons vocaux par les animaux, par rapport à l'instinct (voir PHANTASIA et LANGUE). L'on considère parfois, avec Avicenne, que l'émission de *voces* (le texte d'Avicenne en latin a « *soni* ») est confuse pour les animaux, en ce sens que, même si deux productions vocales sont *numériquement* distinctes, elles sont *spécifiquement* identiques — autrement dit, tous les chiens aboient, chaque aboiement ne correspondant donc pas à une *imago* mentale individuelle (cf. la *Quaestio de voce* d'Albert le Grand, trad. fr. *in* I. Rosier, *La Parole comme acte*, Vrin, 1994). Pour Dante, lorsque Ovide évoque dans les *Métamorphoses* les poissons « qui parlent [*loquentibus*] », il s'agit d'une manière figurée de s'exprimer, puisqu'en fait l'acte des poissons ou des oiseaux n'est pas un langage (*locutio*), mais une « imitation du son de notre voix [*imitatio soni nostre vocis*] », imitation qui se fait en tant que nous émettons des sons, et non en tant que nous parlons (« *vel quod nituntur imitari nos in quantum sonamus, sed non in quantum loquimur* », *De vulgari eloquentia*, II). Et donc, pour lui, la réponse est claire : seul l'homme fut doté de la capacité de parler (*loqui*) (« *Et sic patet soli homini datur fuisse loqui* », *ibid.*). Remarquons encore, dans la traduction du *De anima*, les termes *locutio* et *interpretatio* : « *Jam enim respiranti congruit natura in duo opera, sicut lingua in gustum et* locutionem, *quorum quidem gustus necessarium est, unde et pluribus inest*, interpretatio *autem est propter bene esse* » (420b 16-20). La *locutio*, dit un commentateur anonyme, est ce qui permet à l'homme d'« exprimer ce qui est en lui au moyen du *discours* (*sermo*) » (*Lectura in librum « De anima »*, éd. R. A. Gauthier, Grottaferrata [Italie], éd. Collegii S. Bonaventurae ad claras aquas, 1985, p. 355). Il pose ensuite une équivalence, en glosant le deuxième membre de phrase, entre *interpretatio, sermo* et *loquutio* (*sic*), auxquels il attribue cette même définition. Pourtant, la distinction existe en grec, *interpretatio* traduisant *hermêneia*, que R. Bodéüs rend en français par « faculté de se faire comprendre », une faculté qui n'est pas spécifique à l'homme et est possédée par certains oiseaux selon *De partibus animalium*, II, 17, 660a 35-b 1. Ce passage du *De anima* va devenir un adage universitaire souvent cité (voir LANGUE).

Les logiciens médiévaux s'accordent généralement sur un système minimal, hiérarchisé à partir du *sonus* par l'application de différences successives. Le *sonus* (son) est simplement ce qui est perçu par l'oreille. Il peut être vocal (*vox*) ou non (*non vox*). La *vox* est significative ou non significative. Le son vocal significatif peut signifier *ad placitum* ou *naturaliter* (voir encadré 3, « Signes naturels/conventionnels et volontaires », dans SIGNE). La *dictio* est une *vox significativa ad placitum* dont aucune partie ne signifie séparément, par opposition à l'*oratio* dont les parties sont signifiantes. Dans le *Peri hermêneias*, Aristote opposait le nom et le verbe, d'un côté, au *logos*, de l'autre, par un seul critère : les premiers ont des parties non signifiantes, le second se compose de parties signifiantes.

4

« Vocales » et « Nominales »

La question de l'origine du terme *Nominales*, utilisé au XIe siècle, a suscité un débat intéressant : les *Nominales* étaient-ils les partisans d'une position particulière sur les universaux, selon laquelle les genres et les espèces sont des noms (*nomina*), ou ceux qui défendaient la théorie dite de l'*unitas nominis*, de l'unité du nom ? Selon cette dernière, les trois expressions vocales (*voces*) *albus, alba, album* constituent un seul et même nom (*nomen*) ; à partir de ce constat, certains théologiens ont soutenu que les trois énoncés ou expressions complexes « Le Christ va naître », « Le Christ naît », « Le Christ naîtra » correspondent à un seul et même énonçable (*enuntiabile*), qui constitue éternel et unique l'objet de la foi (voir DICTUM). Le débat n'est pas tranché, ni le point de savoir si Abélard fut surnommé le « prince des Nominaux [*Princeps Nominalium*] » (Walter Map, 1181) en raison de sa position sur les universaux. Le point intéressant, sur le plan terminologique, est que les *Nominales* sont en réalité les successeurs des *Vocales*, et que, à strictement parler, Roscelin puis Abélard sont des *Vocales* : pour eux, en effet, les genres et les espèces sont des *voces*. Les premiers témoignages de l'existence de ce courant de pensée, apparu dans les années 1060-1070, montrent qu'il s'agit plutôt originellement d'une discussion sur la manière de faire de la dialectique, c'est-à-dire de lire et d'interpréter l'*Ysagoge* de Porphyre et les *Catégories* d'Aristote, et donc, finalement, sur l'objet premier de ces textes et de la dialectique : est-ce que Porphyre et Aristote ont voulu traiter des sons vocaux ou des choses (*de rebus de vocibus agere*) (voir Y. Iwakuma, « *Vocales* or Early Nominalists ») ? La position de Boèce n'est pas claire : dans les *Catégories* (PL, t. 64, col. 160A), il soutient qu'Aristote a voulu parler des *voces*, mais qualifie également les catégories de « premiers noms des choses [*de primis rerum nominibus*] » (col. 159C), et dit encore que les genres et les espèces « sont d'une certaine façon des noms de noms (*nomina nominum*) » (col. 176D) ; dans les commentaires sur l'*Ysagoge*, il est d'accord pour dire, avec Porphyre, que les prédicables sont des *res*. Jusqu'au milieu du XIIe siècle, ceux qui soutiennent que les universaux sont des *voces* (la *sententia vocum*), comme Roscelin, sont appelés *Vocales*. Abélard apparaît manifestement gêné par l'imprécision du terme *vox* ; il tente de distinguer la *vox* comme matière, physique, de la *vox* comme expression porteuse de signification (*Super Porphyrium*, éd. B. Geyer, Münster, Aschendorff, 1919, p. 37-38), et, pour cette raison, il va finalement garder le terme *vox* dans le premier sens et utiliser dans le second celui de *sermo* : « Il est une autre position sur les universaux, qui s'accorde mieux avec la raison ; elle n'attribue la communauté ni aux choses (*res*) ni aux sons (*voces*) ; selon ses tenants, ce sont des *sermones*, qu'ils soient singuliers ou universels » (*Logica « Nostrorum petitioni sociorum »*, éd. B. Geyer, Münster, Aschendorff, 1933, p. 522 ; trad. fr. J. Jolivet, in *Abélard ou la philosophie dans le langage*, Cerf, 1994, p. 138). Jolivet traduit *sermo* par *terme*, mais parle dans son commentaire aussi bien de mot que de nom, ce qui est justifié par certains passages d'Abélard (*nomen sive sermo*, dit-il dans la même page) ; c'est peut-être par souci d'originalité qu'il a choisi *sermo* plutôt que *nomen*, mais peut-être aussi parce qu'il considérait que d'autres expressions que celles qui sont grammaticalement des noms, à savoir des verbes, pouvaient être des universaux (*Super Porphyrium*, *op. cit.*, p. 18). Ce ne sont donc plus les *voces* mais les *sermones* qui sont maintenant universels, en tant qu'expressions vocales porteuses de signification. Il est probable que ce soient ces critiques abélardiennes de l'universel comme *vox*, ainsi que l'alternance entre *vox* et *nomina* chez Boèce, qui aient conduit à retenir le terme *nomen* et finalement motivé le passage de *Vocales* à *Nominales*, vers le milieu du XIIe siècle (cf. J. Marenbon, « Vocalism, Nominalism and the Commentaries on the Categories from the Earlier Twelfth Century »). Quelles que soient les motivations premières de l'usage du terme *Nominales*, il est clair que les thèses attribuées aux *Nominales* ne se restreignent pas à une position sur les universaux, en logique, ou sur l'*unitas nominis*, en théologie, et concernent d'autres questions, sur les propositions, les rapports entre les parties et le tout, etc. Les théologiens du milieu du XIIIe siècle se souviendront exclusivement des *Nominales* comme défenseurs de la théorie de l'unité de l'énonçable. Seul Albert le Grand parlera des *Nominales* comme soutenant une thèse sur les universaux, selon laquelle ils existent dans l'intellect, ce passage constituant un lien essentiel entre les *Nominales* du XIIe siècle et ceux des XIVe-XVe siècles, période où le terme désigne sans équivoque les Nominalistes (cf. Z. Kaluza, *Les Querelles doctrinales à Paris*).

BIBLIOGRAPHIE

COURTENAY William, « *Nominales* and Nominalism *in* the Twefth Century », *in* J. JOLIVET, Z. KALUZA et A. de LIBERA (éd.), *Lectionum varietates. Hommage à Paul Vignaux (1904-1987)*, Vrin, 1991, p. 11-48.

IWAKUMA Yukio, « *Vocales* or Early Nominalists », *Traditio*, 47, 1992, p. 37-111.

KALUZA Zénon, *Les Querelles doctrinales à Paris. Nominalistes et réalistes aux confins du XIVe et du XVe siècle*, Bergame, P. Lubrina, 1988.

LIBERA Alain de, *La Querelle des universaux*, Seuil, 1996.

Vivarium, vol. 30, 1992, n° 1 : l'ensemble du numéro, et notamment l'article de John MARENBON, « Vocalism, Nominalism and the Commentaries on the Categories from the Earlier Twelfth Century », p. 51-61.

Les Latins vont introduire le terme générique *dictio* pour regrouper le nom et le verbe et le distinguer de l'*oratio*, ce qui permet d'opposer l'unité signifiante simple à l'unité signifiante « complexe ». Dans la pratique, cependant, *vox* sera souvent synonyme de *dictio*, au sens de « mot simple ». On remarquera que *vox*, à la différence de *dictio* mais comme *nomen*, peut être construit avec un génitif, et se trouve donc être un terme relatif (cf. par ex. Roger Bacon, *De signis*, § 148 : « *rebus corruptis utimur vocibus illarum significative* [les choses étant détruites, nous utilisons (litt.) les sons vocaux de ces choses (c'est-à-dire ceux qui les désignent) de manière signifiante] »). Le *terminus* est un mot en tant qu'il occupe une fonction dans une proposition, et on distingue les « termes catégorématiques » des « termes syncatégorématiques », d'où les deux types de traités qui constituent la logique dite précisément « terministe », ou *logica modernorum* (voir SYNCATÉGORÈME et TERME).

2. « Dictio » dans la grammaire spéculative

Alors que, on vient de le voir, *dictio* et *vox* sont utilisés de manière souvent indifférenciée pour signifier le mot, les Modistes, grammairiens philosophes de la seconde moitié du XIIIe siècle, vont proposer une théorie originale articulant ces deux termes de manière précise, à partir de l'idée d'une double articulation du langage. En ce sens, aucun vocable des langues modernes ne peut exactement rendre ce qu'est la *dictio* pour les Modistes.

La théorie des Modistes repose sur une réflexion sur le processus d'imposition des mots, qui est conçu en deux temps. Le processus part de la *vox*, matière sonore. Dotée d'une propriété qui lui confère une aptitude à signifier (*ratio significandi*), au terme du processus de première imposition ou articulation, la *vox* devient *dictio* ; dotée secondairement d'une propriété qui lui confère une aptitude à consignifier (*ratio consignificandi*), au terme du processus de seconde imposition ou articulation, la *dictio* devient *pars orationis* ou constructible. À strictement parler, la *dictio* est le signifiant (matière) en tant qu'associé au signifié (forme) qui correspond à la chose en tant que conçue puis signifiée (*res significata*). Tous les termes correspondant à la même *res* sont donc la même *dictio*, soit par exemple « souffrir », « souffrance », « aïe », etc. *Dictio* dans ce contexte est intraduisible, il correspond à une sorte d'archi-mot, de lexème, d'unité signifiante porteuse d'un signifié — encore qu'il soit difficile de se représenter un porteur « vocal » unique de la signification identique qu'ont toutes ces expressions. Ce n'est que lorsqu'elle est spécifiée comme catégorie grammaticale (par exemple comme verbe), munie de ses propriétés grammaticales, les modes de signifier, que l'unité linguistique est complète, apte à être une partie d'un énoncé : elle est alors *constructibile*. La distinction entre les deux processus d'imposition se justifie à la fois sur le plan ontologique et sur le plan psychologique. Pour la première fois, et de façon d'ailleurs éphémère, les deux types de propriétés de l'unité linguistique, les propriétés sémantiques et les propriétés morpho-syntaxiques, sont ainsi distingués : *dictio* correspond seulement aux premières, *constructibile* aux secondes (voir « Mode de signifier » dans SENS, III, B, 3 et encadré 3).

La notion de mot comme unité minimale de signification et de construction semble incontournable, elle n'est pas remise en cause avant le XIXe siècle. C'est avec la grammaire comparée que s'introduit l'idée d'unités significatives inférieures au mot, certaines exprimant un sens (*racines*, *sémantèmes*, all. *Bedeutungslaute*), d'autres exprimant un rapport (*morphèmes*, all. *Beziehungslaute*), elles-mêmes distinguées en *flexions* et *affixes*. Remarquant que cette distinction ne vaut pas pour toutes les langues, on a préféré retenir un terme unique pour toutes les unités significatives composant le mot (angl. *morpheme*, *formative*, fr. *morphème*, *formant*, ou encore, chez Martinet, *monème*), qui correspondent, selon les théories, soit à des *signifiants*, des entités physiques, soit à des *signes*. Par ailleurs, le problème, qu'affrontaient déjà Aristote et ses commentateurs, avec des exemples comme *tragelaphus* (bouc-cerf) ou *respublica*, était celui d'unités minimales signifiantes qui apparaissaient supérieures au mot, puisque composées d'autres unités minimales signifiantes, d'où la difficulté pour les distinguer de la phrase. Une solution a été proposée qui reposait sur la notion de choix : pour le locuteur, *tragelaphus* comme *pomme de terre* correspondent, exactement comme *table*, à un choix unique, et non pas à plusieurs choix consécutifs. De même, le *syntagme* a été reconnu comme unité minimale de construction, par décomposition de la phrase, un syntagme pouvant être composé de plusieurs mots ou morphèmes qui n'apparaissent pas nécessairement conjoints dans la chaîne linéaire du discours. De même encore, la perspective d'automatisation de la traduction a conduit les linguistes structuralistes français, au début des années 1960, à définir des unités de segmentation de la chaîne écrite qui soient aussi des unités de traduction. Ils ont ainsi été amenés à forger de nouveaux termes pour définir des unités syntaxiques supérieures au mot susceptibles d'être appréhendées non seulement du point de vue de leur mode de construction interne mais aussi de leurs rapports avec le reste de l'énoncé. Toutes les appellations nouvelles introduites (*lexies* chez Bernard Pottier, *synapsies* chez Émile Benveniste, *synthèmes* chez André Martinet, etc.) traduisent des interrogations inédites sur les critères d'identification, de construction et de classement des unités minimales, et relèvent de choix théoriques précis (cf. J. Léon, « Conceptions du mot et débuts de la traduction automatique »). Les tentatives pour éliminer le mot, pour le traiter comme un syntagme parmi d'autres, pour assimiler les différents processus de combinaison, ont été finalement remises en cause : on redonne une place au mot dans la linguistique plus récente, et à ses spécificités en tant qu'unité (lieu de réalisation des phénomènes phonologiques ou morphologiques), distincte par rapport à la phrase (caractère contraint, non libre et non arbitraire de la combinaison de ses constituants, etc.). De plus, la segmentation en mots reste, dans la tradition occidentale, indissociablement liée à certaines fins pratiques : enseignement, classements, traduction, confection de dictionnaires.

Marc BARATIN, Barbara CASSIN, Irène ROSIER-CATACH, Frédérique ILDEFONSE, Jean LALLOT, Jacqueline LÉON

BIBLIOGRAPHIE

APOLLONIUS DYSCOLE, *De la construction (syntaxe)*, t. 1, Intr., texte et trad. fr. J. Lallot ; t. 2, notes et index J. Lallot, Vrin, 1997.

— *De constructione*, *in* G. UHLIG (éd.), *Grammatici graeci*, II, 2, Leipzig, Teubner, 1910.

AUROUX Sylvain (éd.), *Histoire des idées linguistiques*, t. 2, Liège, Mardaga, 1992.

BARATIN Marc, « Les origines stoïciennes de la théorie augustinienne du signe », *Revue des études latines*, 59, 1982, p. 260-268.

CASSIN Barbara, *L'Effet sophistique*, Gallimard, 1995 (3e partie, chap. 1, « Homonymie et signifiant »).

COLLINOT André et MAZIÈRE Francine, *Un prêt-à-parler : le dictionnaire*, PUF, 1997.

DENYS LE THRACE, *Technê grammatikê*, *in* G. UHLIG (éd.), *Grammatici Graeci*, I, 1, Leipzig, Teubner, 1883. *La Grammaire de Denys le Thrace*, trad. fr. J. Lallot, 2e éd., CNRS, 1998.

DI PASQUALE M.-L., « La notion de mot dans le *De lingua latina* de Varron », *Lalies*, n° 10, 1992, p. 135-141.

DIOGÈNE LAËRCE, *Vies et Doctrines des philosophes illustres*, trad. fr. sous la dir. de M.-O. Goulet-Cazé, Le Livre de Poche, 1999 ; *Lifes of the Eminent Philosophers*, trad. angl. R. D. Hicks, Cambridge (Mass.)-Londres, Harvard UP, Heinemann, « Loeb Classical Library », 1925, 8e éd., 1980.

FRUYT Michèle et REICHLER-BÉGUELIN Marie-José, « La notion de "mot" en latin et dans d'autres langues indo-européennes anciennes », *Modèles linguistiques*, n° 12, 1990, p. 21-46.

LALLOT Jean, « Le mot dans la tradition grammaticale et prégrammaticale en Grèce », *Lalies*, n° 10, 1992, p. 125-134.

LÉON Jacqueline, 2001, « Conceptions du mot et débuts de la traduction automatique », *Histoire Épistémologie Langage*, vol. 23, 2001, n° 1, p. 81-106.

Lexique, n° 14, 1998 : C. BURIDANT (éd.), *L'Étymologie de l'Antiquité à la Renaissance*.

OUTILS

BLOCH Oscar et WARTBURG Walther von, *Dictionnaire étymologique de la langue française*, PUF, 1932, 6e éd., 1975.

DHLF : REY Alain (dir.), *Dictionnaire historique de la langue française*, 3 vol., Le Robert, 1992.

Dictionnaire de l'Académie française, veuve J. B. Coignard et J. B. Coignard, 1694.

Dictionnaire des Arts et des Sciences de l'Académie française, 1694.

DU CANGE Charles Dufresne, *Glossarium mediae et infimae latinitatis* [1678], 7 vol., Didot Fratres, 1840-1850, rééd. Librairie des sciences et des arts, 1937.

ERNOUT Alfred et MEILLET Antoine, *Dictionnaire étymologique de la langue latine. Histoire des mots* [1932], 4e éd. augm. J. André, Klincksieck, 1994.

FÉRAUD Jean-François, *Dictionnaire critique de la langue française*, 1761, rééd. Marseille, 1788.

FURETIÈRE Antoine, *Dictionnaire universel, contenant généralement tous les mots françois tant vieux que modernes, & les termes de toutes les sciences et des arts*, La Haye, Arnout & Renier Leers, 1690, rééd. 1694, 1737 ; repr. 3 vol., Genève, Slatkine, 1970, et Le Robert, 1978.

GODEFROY Frédéric, *Dictionnaire de l'ancienne langue française et de tous ses dialectes du IXe au XVe siècle*, 10 vol., 1881-1902 ; repr. New York, Kraus Reprint Corp., 1961.

HUGUET Edmond, *Dictionnaire du français du XVIe siècle*, Champion, 1925 ; repr. Genève, Slatkine, 1999.

MÉNAGE Gilles, *Dictionnaire étymologique ou origines de la langue française* [1694], 2 vol. ; repr. Genève, Slatkine, 1973.

MERRILEES Brian et EDWARDS William, *Firmini Verris Dictionarius, Dictionnaire latin-français de Firmin Le Ver, 1440*, Turnhout, Brepols, « Corpus christianorum, Continuatio mediaevalis, Series in-4° I », 1994.

NICOT Jean, *Le Thresor de la langue françoyse tant ancienne que moderne*, D. Douceur, 1606, rééd. Picard, 1960.

PL : MIGNE Jacques-Paul (éd.), *Patrologiae cursus completus, series latina* [*Patrologie latine*], 1844-.

RICHELET Pierre, *Dictionnaire de la langue françoise, ancienne et moderne* [1680], repr. Hildesheim, Olms, 1973, et 2 vol., Genève, Slatkine, 1970.

WARTBURG Walther von, *Französisches etymologisches Wörterbuch*, Bâle, Zbinden und Co, 1959.

MOT D'ESPRIT Le mot d'esprit est une invention langagière, instantanée et liée à l'occasion (voir MOMENT, en part. II, « *Kairos* »), qui à la fois engage son auteur et lui échappe.

Chaque époque et chaque aire linguistique a sa manière de déterminer la valeur et les traits pertinents du mot d'esprit. On trouvera sous INGENIUM les éléments d'une comparaison entre la tradition gréco-latine, classique, humaniste et baroque, pour qui le mot d'esprit est d'abord l'indice de dons naturels (*euphuia* [εὐφυΐα] gr.), l'« esprit » français (voir aussi FRANÇAIS), et la tradition anglo-saxonne du *wit* et du *Witz* (sur *wissen*, « savoir »).

La première tradition privilégie l'aspect rhétorique et politique : voir, pour le grec et le latin, COMPARAISON (le grec désigne le bon mot par *asteion* [ἀστεῖον], sur *astu* [ἄστυ], « la ville » ; cf. encadré 1, « Rappel... », sur la métaphore) et, pour l'italien, ARGUTEZZA, CONCETTO ; cf. CIVILTÀ et SPREZZATURA ; elle met l'accent sur l'invention et la ruse (voir MÊTIS, et le jeu de mots d'Ulysse décrit dans l'encadré 1 ; de même en arabe : voir encadré 1, « *ḥads* » dans INGENIUM ; cf. TALAṬṬUF).

La seconde insiste sur la rupture logique et le rapport au non-sens : voir NONSENSE et *ABSURDE*. L'anglais est particulièrement riche en nuances : *wit, humour, joke, pun* (voir encadré 2, « *Wit and/or humour* », dans INGENIUM).

La thématisation contemporaine du mot d'esprit est liée à Freud, pour qui le *Witz* est, avec le rêve, l'une des voies d'accès privilégiées à l'inconscient (voir INCONSCIENT). On a traité du *Witz* freudien à la fois sous INGENIUM (IV) et sous NONSENSE (IV), et, dans son rapport au signifiant et sa reprise par Lacan, sous SIGNIFIANT / SIGNIFIÉ (V).

► ÂME / ESPRIT, GEMÜT, GÉNIE, LOGOS, MANIÈRE, MOT

MULTICULTURALISM ANGLAIS – fr. *multiculturalisme*

► *CULTURE*, et CIVIL RIGHTS, GENDER, LIBERAL, LUMIÈRE, RIGHT, STANDARD

Constitués sur le modèle, aujourd'hui banal, qui consiste à associer l'élément formant multi- *à un second élément de type nominal pouvant être une forme savante non autonome (par exemple dans* multipartisme) *ou autonome (comme dans le cas présent), les termes anglais* multiculturalism *et* multicultural *(en français* multiculturalisme *et* multiculturel) *servent à désigner la coexistence de plusieurs cultures au sein d'une société, d'un pays, d'une région. L'adjectif* multicultural*, apparu en 1941 dans l'œuvre du* *romancier Edward F. Haskell, ne s'est vraiment répandu dans la philosophie politique et dans les sciences sociales qu'au cours des années 1980, pour entrer définitivement dans la langue commune des journaux américains au début des années 1990. On en vint alors à désigner comme étant « multiculturalistes » les auteurs qui plaident pour un renoncement des États contemporains à l'idéal d'homogénéité culturelle qui aurait dominé la construction des premiers États-nations, de manière à faire droit à l'irréductible diversité culturelle qu'entraîneraient le déclin des standards moraux traditionnels, la renaissance d'identités culturelles qui avaient été réprimées dans le passé ou encore les conditions nouvelles du développement des flux migratoires. Dans le cadre de cette approche multiculturaliste qui fleurit particulièrement aux États-Unis, l'épithète* cultural *est employée pour qualifier des disciplines attachées à l'étude des cultures minoritaires dans une société donnée.*

I. LES ORIGINES DU MULTICULTURALISME

Le multiculturalisme est aujourd'hui revendiqué par des philosophes politiques reconnus, dont les plus importants sont sans doute Charles Taylor (*Rapprocher les solitudes* et *Multiculturalisme*) et Will Kymlicka (*Multicultural Citizenship* et « Les droits des minorités et le multiculturalisme »), et on peut aisément montrer qu'il occupe une place importante à l'arrière-plan de toutes les discussions contemporaines sur le pluralisme (Weinstock, *La Problématique multiculturaliste*). Plus profondément, on peut dire cependant que le multiculturalisme contemporain est avant tout le fruit de la rencontre entre une tradition philosophique qui commence avec Herder et un ensemble d'expériences politiques dont le théâtre principal se trouve en Amérique, mais qui touchent aussi l'Europe.

Herder a introduit dans la philosophie une forme originale de critique des Lumières. D'un côté, en effet, il réhabilite le collectif contre l'individu et il fait l'éloge des particularités culturelles contre le rationalisme abstrait des Lumières françaises ; de l'autre, comme le remarquent Isaiah Berlin et Louis Dumont, ce nationalisme ou ce populisme se situe lui-même dans la lignée des Lumières, puisqu'il présuppose les idées modernes de liberté et d'égalité (toutes les cultures sont de droit égal, parce qu'elles sont en fait des *individus collectifs* [Louis Dumont]). Cet éloge de ce qu'on appellerait aujourd'hui les identités culturelles est d'ailleurs lié à la reconnaissance d'un idéal profondément moderne et individualiste qui est celui de l'authenticité ; de la même manière que chaque homme a sa propre mesure qui lui impose de vivre en restant fidèle à soi-même, chaque peuple a pour devoir de rester fidèle à sa propre culture. Ce schéma, qui sera repris dans tous les courants romantiques ultérieurs, a été l'objet d'usages politiques divers : on le retrouve dans toutes les nuances du nationalisme culturel, qui peuvent, certes, être liées à un projet impérial ou autoritaire (pangermanisme ou slavophilie), mais aussi bien aux revendications d'autonomie culturelle des minorités nationales en lutte contre les empires. L'important, cependant, est de bien voir que la problématique de l'authenticité est essentiellement moderne ; elle présuppose, en effet, la destruction des hiérarchies naturelles qui permettaient de répondre à la question de l'identité en fixant définitivement la place de chacun ; et elle est à la fois individualiste et égalitaire : c'est au nom de la réalisation du « soi » que chacun revendique son identité culturelle, et cette revendication de reconnaissance ne peut guère être entendue si elle ne se présente pas sous la forme d'une demande d'égalité des droits. Il n'est donc pas surprenant qu'un théoricien du multiculturalisme comme Charles Taylor, dont la philosophie est communautariste mais dont la politique est libérale, reconnaisse dans l'œuvre de Herder une de ses principales sources d'inspiration (*Multiculturalisme*, et *Le Malaise de la modernité*).

Le multiculturalisme n'est cependant devenu un thème majeur de la philosophie politique que dans les dernières décennies du XXe siècle, en liaison avec des phénomènes très différents de ceux que posèrent les mouvements « nationalitaires » du XIXe siècle ou la décomposition des empires centraux après la Première Guerre mondiale. La source la plus visible se trouve évidemment aux États-Unis, où la revendication du pluralisme des cultures s'oppose apparemment aux différentes pratiques d'exclusion qui ont marqué l'histoire américaine. Le multiculturalisme américain se trouve, en fait, au croisement entre trois lignes d'évolution. La première concerne l'évolution de la politique d'immigration, qui a abandonné les critères raciaux qui prévalaient au début du XXe siècle, et qui, surtout, renonce à pratiquer une assimilation complète des nouveaux immigrants pour reconnaître l'apport de leur culture à la démocratie américaine : on passerait ainsi du *melting pot* (où tous les ingrédients sont fondus) au *salad bowl*, dont les composants garderaient chacun son identité. La deuxième évolution affecte les mœurs, et conduit au déclin de la famille classique, à la reconnaissance de la pluralité des modes de vie ou des orientations sexuelles et à l'égalité des genres (dans la différence) : on peut présenter ces transformations comme l'émergence d'un pluralisme culturel, qui permet à la culture des femmes, des homosexuels, etc., de jouir des mêmes droits que la culture masculine antérieure. Mais tout cela reste incompréhensible si l'on oublie le rôle fondamental qu'a joué ce qu'on appelait autrefois la question noire dans l'histoire américaine : c'est à travers les difficultés éprouvées pour intégrer les Africains-Américains que les États-Unis ont expérimenté tous les problèmes posés par la politique de la reconnaissance : l'égalité formelle, conquise elle-même contre les interprétations restrictives des amendements de la Constitution adoptés après la guerre civile, est assez vite apparue insuffisante pour protéger la minorité noire ; et la politique d'*affirmative action* a été redoublée par diverses réformes des programmes scolaires et universitaires, destinées à mieux mettre en valeur l'apport des Africains-Américains à la culture américaine. Avant d'être une théorie ou une philosophie, le multiculturalisme américain est une mise en forme de ces expériences, qui permet de les glorifier tout en les présentant comme une rupture avec les traditions antérieures (sur tous ces points, voir Lacorne, *La Crise de l'identité américaine*).

Les revendications multiculturalistes ne sont pas pour autant une singularité américaine, car beaucoup de pays européens connaissent des situations comparables (mais non semblables) à celle des États-Unis : la culture mondialisée d'aujourd'hui fera sans doute que, de plus en plus, on interprétera dans l'idiome multiculturaliste les problèmes posés par le développement de l'immigration, ainsi que ceux qui naissent du réveil de cultures ou de langues minoritaires ou dominées, mais très anciennes, dans les États-nations européens ; cette évolution est évidente en Espagne ou en Belgique et elle affecte aussi les deux plus vieilles nations démocratiques d'Europe, la France et la Grande-Bretagne. Il reste que, en dehors même des États-Unis, c'est encore un État nord-américain, le Canada, qui fait l'objet des débats les plus riches : aux problèmes liés à l'immigration s'ajoutent, dans ce pays, ceux qui naissent de la coexistence de deux peuples distincts dès les origines du Canada moderne (les anglophones et les francophones, que l'on a longtemps appelés des Canadiens français), ainsi que de l'importance des communautés amérindiennes, qui y ont été mieux protégées qu'aux États-Unis. Le Canada représente ainsi un modèle différent de celui des États-Unis, car le Québec y a obtenu des droits quasi nationaux, qui permettent notamment de scolariser dans des écoles francophones les enfants des immigrants qui souhaitent bénéficier de l'école publique (« loi 101 »).

II. DEUX MODÈLES DE PHILOSOPHIE MULTICULTURALISTE

Si l'on veut s'orienter dans la discussion contemporaine, il convient d'abord de se défaire d'une illusion, assez fréquente en France, qui consiste à confondre le débat sur le multiculturalisme avec celui qui oppose, de manière un peu convenue, les « libéraux » aux « communautariens ». Sont libéraux, dans le langage de la philosophie politique contemporaine, les auteurs qui pensent que la protection des droits (*rights*) est le premier objet de toute politique juste, et que les principes du juste (*Right*) ou de la justice sont et doivent être indépendants de toute conception particulière du « bien » (*Good*). Sont communautariens, au contraire, ceux qui estiment que les droits des individus ne prennent de sens que dans le cadre de communautés d'apprentissage, de pratique et d'allégeance et qu'il y a une priorité ontologique du bien sur le juste (la mise en œuvre des principes libéraux présuppose elle-même l'existence d'une communauté qui fait de la liberté un bien premier). On pourrait donc s'attendre à ce que les communautariens soient favorables aux droits culturels comme moyens de protection des identités contre la logique des droits et que les libéraux éprouvent à leur égard de la méfiance, au nom de la primauté de l'autonomie individuelle sur les exigences du groupe. Une analyse plus attentive des débats contemporains montre que ce clivage n'est pas pertinent : les communautariens ne mettent pas toutes les revendications culturelles sur le même plan, certains parmi les plus radicaux des multiculturalistes sont des libéraux au sens philosophique, et, en outre, la plupart des philosophes communautariens sont, en politique, des libéraux.

Le mieux, pour s'orienter dans ce débat, est peut-être de partir des écrits de deux philosophes canadiens qui ont tous les deux une certaine sympathie pour les thèses multiculturalistes, mais dont l'un, Charles Taylor, est un des plus éminents représentants du communautarisme, et dont l'autre, Will Kymlicka, se présente comme un représentant authentique du multiculturalisme libéral. Comme on l'a déjà signalé, Taylor est avant tout un héritier de l'idéalisme allemand et de la philosophie libérale, dont le projet est de comprendre les statuts et les évolutions des idéaux de modernité et d'authenticité. Le multiculturalisme est pour lui à la fois une conséquence de la rupture des hiérarchies traditionnelles, une réponse à la perte de sens qui affecte les hommes dans les sociétés modernes et une traduction particulière d'une exigence inscrite dans la modernité, qui est celle de la reconnaissance. L'aspiration à la reconnaissance, dont Hegel avait montré l'importance fondamentale dans la constitution du monde moderne, conduit à un certain moment à dépasser la simple reconnaissance formelle de l'égale dignité des individus pour déboucher sur la demande d'une prise en compte positive des différences qui distinguent les groupes et les individus. « L'idée est que c'est précisément cette distinction qui a été ignorée, passée sous silence, assimilée à une identité dominante ou majoritaire. Et cette assimilation est le péché majeur contre l'idéal d'authenticité (*Multiculturalisme : différence et démocratie*, p. 57). La reconnaissance des droits des minorités est donc, jusqu'à un certain point, un prolongement de l'émancipation libérale, mais elle ne s'y réduit pas, car certaines revendications, qui touchent aux conditions de la survivance des groupes et des communautés, excèdent la simple protection des droits individuels et peuvent même entrer en conflit avec une conception purement individualiste du libéralisme ; c'est le cas, notamment, des dispositions québécoises pour la protection de la langue française, dont Taylor fait une défense nuancée (sans pour autant être souverainiste), tout en reconnaissant qu'elles font signe vers une conception substantielle de la vie bonne (*Rapprocher les solitudes*, *passim* ; *Le Malaise de la modernité*, p. 84).

La position de Kymlicka, qui pourrait être vue comme une mise en forme des présupposés philosophiques de la Charte canadienne des droits de 1982, repose en revanche entièrement sur des postulats individualistes, car elle fait des droits culturels des droits individuels qui conduisent à reconnaître aux individus la faculté de cultiver l'identité culturelle de leur choix : l'accès à une culture particulière est bien, comme le disent les communautariens, une condition de la vie bonne et même de la liberté, mais il doit lui-même être vu comme une conséquence de leurs choix. Dans cette perspective, le problème essentiel sera de distinguer entre les (vrais) droits qui permettent aux minorités de se protéger contre la majorité et les privilèges de groupe qui entraîneraient un contrôle de la communauté sur l'individu allant jusqu'à la violation de ses droits (l'*affirmative action* serait légitime, de même que les particularismes vestimentaires ou les insignes religieux, mais pas l'excision des filles). Il est plus difficile, en revanche, de prendre en compte les revendications qui visent à assurer la survivance des communautés, qu'elles soient majoritaires ou minoritaires, dans la mesure où celle-ci présuppose toujours que la vie bonne est irréductible à la liberté, et que le bien a une priorité ontologique sur le juste (c'est d'ailleurs pour cette raison que Kymlicka est assez hostile aux revendications québécoises : son multiculturalisme indifféremment protecteur de toutes les minorités s'accorde fort bien avec les tendances dominantes de la fédération canadienne, qui se trouvent par ailleurs être celles des anglophones...). On remarquera aussi que cette position peut aisément être exprimée dans le langage de la philosophie continentale : c'est ce que font Sylvie Mesure et Alain Renaut, qui proposent de penser les droits culturels comme une nouvelle génération de droits de l'homme, soumis comme les droits sociaux à la primauté des droits-libertés du libéralisme classique (*Alter ego*...). Inversement, les positions des républicains français, qui dénoncent volontiers le conflit entre le multiculturalisme et l'universalisme républicain, reposent clairement sur une philosophie communautariste, qui fait de la survivance de la nation républicaine la première condition de l'épanouissement des libertés.

♦ Voir encadré 1.

Philippe RAYNAUD

BIBLIOGRAPHIE

BERLIN Isaiah, *Vico and Herder, Two Studies in the History of Ideas*, Londres, Chatto et Windus, 1976.

DUMONT Louis, « L'Allemagne répond à la France : le peuple et la nation chez Herder et Fichte », *Libre*, n° 6, 1979, « Petite Bibliothèque Payot », n° 365.

HASKELL Edward F., *Lance. A Novel about Multicultural Men*, New York, John Day, 1941.

HERDER Johann Gottfried, *Histoires et Cultures* (*Une autre philosophie de l'histoire*), trad. fr. M. Rouché, préf. A. Renaut, Flammarion, « GF », 2000.

KYMLICKA Will *Multicultural Citizenship*, Oxford, Oxford UP, 1995 ; *La Citoyenneté multiculturelle. Une théorie libérale des minorités*, trad. fr. P. Savidan, La Découverte, « Textes à l'appui », 2001.

— « Les droits des minorités et le multiculturalisme. L'évolution du débat anglo-américain », *Comprendre*, n° 1, *Les identités culturelles*, PUF, 2000, p. 142-171.

LACORNE Denis, *La Crise de l'identité américaine. Du melting pot au multiculturalisme*, Fayard, 1997.

MESURE Sylvie et RENAUT Alain, *Alter ego. Les Paradoxes de l'identité démocratique*, Aubier, 1999.

TAYLOR Charles, *Rapprocher les solitudes*, Sainte-Foy, Québec, Presses de l'Université Laval, 1992.

— *Multiculturalisme : Différence et démocratie* [1992], trad. fr. D.-A. Canal, Aubier, 1994.

— *Le Malaise de la modernité*, trad. fr. C. Melançon, Cerf, « Humanités », 1994.

WEINSTCOK Daniel, *La Problématique multiculturaliste*, Alain Renaut (éd.), *Histoire de la philosophie politique*, t. 5, *Les Philosophies politiques contemporaines*, Calmann-Lévy, 1999, p. 427-461.

MUTAZIONE ITALIEN – fr. *changement, révolution*

► ***RÉVOLUTION***, et CORSO, ***DESTIN***, HISTOIRE, HISTOIRE UNIVERSELLE, ITALIEN, PERFECTIBILITÉ, POLIS, STATO, ***TEMPS***, VIRTÙ

Dans le vocabulaire italien, le mot mutazione *signifie « changement ». Il prend aussi, dans la littérature politique italienne de la Renaissance, un sens plus étroit et plus précis, pour désigner des altérations plus ou moins brutales dans la vie de la cité, qu'il s'agisse du changement du personnel dirigeant ou de la forme du gouvernement. Peut-on traduire alors, comme on le fait souvent,* mutazione *par « révolution » ? La lecture des textes de Machiavel aide à répondre à cette question.*

I. LA « MUTAZIONE » COMME « CHANGEMENT D'ÉTAT »

Un des thèmes favoris de la pensée de la Renaissance italienne est celui de la fragilité et du caractère changeant des choses humaines, soumises à la *fortuna*. La conséquence de cette mutabilité universelle, ce sont les *mutazioni* (du verbe *mutare*, changer) qui affectent constamment la vie des individus et des cités. Ici *mutazione* est pris dans le sens général de « changement d'état » qu'avait déjà le mot latin *mutatio*. Les *mutazioni* qui concernent les phénomènes proprement politiques sont au centre de la réflexion des historiens et penseurs politiques de l'époque, et au premier chef Machiavel et Guichardin. Qu'ils aient été particulièrement sensibles à ce type de changement s'explique aisément par la situation troublée de l'Italie, à une époque qui voyait le pouvoir

1

Les « Cultural Studies »

On appelle *Cultural Studies* des disciplines académiques qui ne correspondent pas aux disciplines traditionnelles, mais qui portent sur des cultures supposées représentatives de la diversité de la société américaine : *Women Studies* (sur le féminisme et la culture des femmes), *African-American Studies* (sur l'histoire et la culture des Noirs américains), *Lesbian and Gay Studies* (sur les différentes composantes de la culture homosexuelle). Le modèle académique des *Cultural Studies* est issu des départements spécialisés dans les différentes aires culturelles géographiques (Asie, Afrique, etc.), mais leur expansion contemporaine est liée au développement de la revendication multiculturaliste.

constamment changer de main dans les républiques, monarchies et principautés, à la suite de luttes intestines ou d'interventions étrangères. Leur expérience personnelle, en particulier dans une cité aussi soumise aux *mutazioni* qu'était Florence, nourrissait leur réflexion, cependant que leur culture classique leur fournissait références historiques et modèles d'analyse, avec les œuvres de Platon, d'Aristote (le Livre V de la *Politique* est entièrement consacré aux changements, aux *metabolai* [μεταβολαί] des constitutions, des *politeiai* [πολιτεῖαι]), de Polybe, et celles des historiens latins Salluste, Tite-Live et Tacite.

Dans le vocabulaire de Machiavel, les termes *mutazione*, *variazione* et *alterazione* ont un sens à peu près équivalent. Dans les *Histoires florentines*, il évoque par exemple les temps misérables vécus par l'Italie à l'époque des invasions barbares :

> Si l'on considère quels dommages causent à une république ou même à un royaume le fait de *variare* de prince ou de gouvernement, non pas à cause d'une force extérieure, mais seulement à cause d'une discorde civile (on voit à ce propos comment quelques *variazioni* ruinent toutes les républiques et tous les royaumes, si puissants qu'ils soient), on peut imaginer quelles furent alors les souffrances de l'Italie.

Et il ajoute qu'« au sein de telles *variazioni*, celle de la religion ne fut pas moins importante » (Livre I, chap. 5). Il parle ailleurs de la *variazione* des religions et des langues, qui est selon lui une des causes de l'oubli des temps anciens (*Discours*, Livre II, chap. 5). Lorsqu'il s'agit des *mutazioni* ou *variazioni* de prince ou de gouvernement, le changement peut prendre des formes diverses. Il peut s'agir du remplacement naturel d'un prince par un autre, dans le système de succession des monarchies héréditaires. Dans ce cas, « toujours une *mutazione* laisse un point d'appui pour l'édification d'une autre » (*Le Prince*, chap. 2). Mais le changement peut être beaucoup plus radical, et Machiavel s'y intéresse alors davantage. C'est le cas, par exemple, du passage de la liberté à la tyrannie, de la *vita libera* à la *vita tirannica*, ou bien, en sens inverse, comme à Rome, de celui des rois aux consuls, de la monarchie à la république, passage dont il est question au chapitre 7 du Livre III des *Discours*. Il s'agit alors de savoir pourquoi ces *mutazioni* « coûtent parfois peu de sang, et parfois beaucoup ». Elles ne sont pas violentes, répond Machiavel, « quand le nouveau *stato* (voir STATO) provient du consentement général d'une communauté », elles le deviennent quand elles sont l'œuvre de ceux qui ont à se venger. Il est significatif que ce chapitre soit précédé par celui qui traite « des conjurations », et suivi par un autre intitulé « Quiconque veut *alterare* [autre terme pour exprimer le changement] une république doit considérer l'état dans lequel elle se trouve » (Livre III, chap. 8).

Ici le verbe *changer* n'est pas pris dans un sens intransitif, mais dans le sens transitif de « faire passer quelque chose d'un état à un autre ». Le changement n'est plus alors un phénomène historique qu'il s'agit de constater, mais le résultat d'une entreprise individuelle ou collective dont Machiavel étudie les conditions de réussite. Dans une monarchie cette entreprise a le caractère d'une « conjuration » (*congiura*), dans une république elle peut être « en faveur de la liberté (*vita libera*) ou en faveur de la tyrannie (*vita tirannica*) », mais Machiavel ne porte pas de jugement sur la légitimité de l'entreprise. Seules l'intéressent les conditions de réussite de la tentative qui n'a de chance d'aboutir que si elle est en accord avec la situation générale : « Il est aussi difficile et périlleux de vouloir rendre libre un peuple qui veut vivre en esclave, que de vouloir rendre esclave un peuple qui veut vivre libre. » Il faut donc toujours « considérer les temps (*tempi*) et s'accommoder à eux », et « ceux qui, par mauvais choix ou par inclination naturelle, sont en désaccord avec leur temps, vivent le plus souvent dans le malheur et voient leurs actions échouer » (*ibid.*).

Ce thème de l'accord nécessaire de l'homme politique avec son temps est central, aussi bien dans *Le Prince* que dans les *Discours*. À la *mutazione* ou *variazione* constante des situations doit répondre une permanente capacité d'adaptation. C'est là le sujet du chapitre 25 du *Prince*, qui insiste sur les résistances à cette adaptation nécessaire qu'entraîne l'immutabilité des caractères individuels, les hommes demeurant obstinés dans leurs façons d'agir. À cet égard, les républiques possèdent une supériorité sur les monarchies. Chez elles, il y a en effet des citoyens différents et des caractères (*umori*) différents, et :

> [...] il en découle qu'une république a une existence plus longue et jouit plus longuement d'une fortune propice qu'une monarchie, parce qu'elle peut mieux s'adapter à la diversité des circonstances, du fait de la diversité des citoyens, que ne le peut un prince. Car un homme qui est accoutumé à procéder d'une certaine façon ne change jamais ; il est donc nécessaire que quand les temps changent et deviennent différents de ce qu'il était accoutumé, il soit perdu.

Et quand « les institutions des républiques ne varient pas avec les temps », il en résulte la ruine des cités (*Discours*, Livre III, chap. 9).

Il faut noter ici une importante différence de point de vue entre le *Prince* et les *Discours* (il y en a bien d'autres !). Dans *Le Prince*, le salut de l'État dépend de la seule capacité du prince de répondre aux circonstances changeantes, et, s'il le faut, de « soumettre, battre et frapper » la fortune qui sourit aux audacieux (chap. 25). Dans les *Discours*, comme on le voit dans le célèbre chapitre 1 du Livre III, il s'agit avant tout de maintenir dans leur *bontà*, dans ce qu'elles ont de bon, les institutions républicaines, de les empêcher de se corrompre, de s'altérer (*alterare*). On sait que pour Machiavel le remède est une autre altération, mais une « altération pour le salut » (*alterazione a salute*), qui consiste à les « ramener à leurs *principii* », le mot *principio* signifiant à la fois « commencement », « origine », et « principe », d'où la diversité des traductions. Cette *alterazione* est une *rinnovazione*, et elle peut provenir soit de la *virtù* d'un homme, soit de l'action d'une institution, comme le tribunat de la plèbe, ou la censure. L'essentiel, selon Machiavel, pour ces « corps mixtes » que sont les républiques et les religions, est de savoir lutter efficacement contre la grande loi qui veut que « toutes les choses du monde ont un terme à leur existence ».

II. « MUTAZIONE » ET RÉVOLUTION

La question est maintenant de savoir quels liens existent entre les notions de *mutazione*, de *variazione* et d'*alterazione* chez Machiavel, et la notion moderne de « révolution ». En effet, comme le remarque Hannah Arendt dans son *Essai sur la révolution*, « le mot *révolution* brille par son absence là même où l'on s'attendrait le plus à le trouver, c'est-à-dire dans l'histoire et la théorie politique des débuts de la Renaissance italienne » (p. 47). On trouve, certes, dans les textes de cette époque de nombreuses références à certains types d'événements qui font partie du paysage « révolutionnaire » : complots, conjurations, luttes de factions, soulèvements populaires (*tumulti*), apparition d'« hommes nouveaux » bouleversant les hiérarchies politiques et sociales traditionnelles. Machiavel est tout particulièrement sensible à la signification de ces formes souvent brutales d'aspiration au changement, et l'on peut prétendre qu'il a découvert « le rôle de la violence dans l'histoire ». Alors que le mot *tumulto*, qui désigne différentes formes de soulèvement violent de certaines parties de la population, et que les traducteurs français rendent par « trouble », « désordre », « agitation » (le *tumulto* des *Ciompi*, à Florence, à la fin du XIVe siècle, était resté célèbre, et Machiavel lui consacre des pages étonnantes au Livre III de ses *Histoires florentines*), est pris dans un sens péjoratif dans la littérature de l'époque, Machiavel n'hésite pas à écrire : « ceux qui condamnent les *tumulti* entre les Nobles et la Plèbe me paraissent blâmer ce qui fut la cause première de la liberté de Rome, et accorder plus d'importance aux bruits et aux cris que ces *tumulti* faisaient naître qu'aux bons effets que ceux-ci engendraient » (*Discours*, Livre I, chap. 4).

On pourrait aussi soutenir que le mot « révolution » évoque le « retour aux origines ou principes » qui est, selon Machiavel, la condition de la « rénovation » des corps politiques. Mais, comme le dit Hannah Arendt, on ne trouve pas chez lui l'emphase spécifiquement révolutionnaire de l'absolument nouveau, du commencement absolu. Pour lui, comme pour ses contemporains, le seul problème est un problème spécifiquement politique : comment fonder un corps politique solide ; et, quelle que soit la profondeur de ses analyses, la notion de changement garde chez lui le sens qu'elle avait dans la théorie classique des constitutions et des gouvernements.

Alain PONS

BIBLIOGRAPHIE

ARENDT Hannah, *Essai sur la révolution*, Gallimard, 1967.

GUICCIARDINI Francesco, *Ricordi*, éd. R. Spongano, Florence, Sansoni, 1951 ; *Ricordi. Conseils et avertissements en matière politique et privée*, trad. fr A. Pons, Ivrea, 1998.

MACHIAVEL Nicolas, *Il Principe*, Rome, Blado, 1532 ; *Le Prince*, trad. fr. Y. Lévy, Garnier-Flammarion, 1980 ; trad. fr. T. Ménissier, Hatier, 1999 ; trad. fr. M. Gaille-Nikodimov, Le Livre de Poche, 2000 ; trad. fr. J.-L. Fournel et J.-C. Zancarini, avec le texte italien et un commentaire, PUF, 2000.

— *Discorsi sopra la Prima Deca di Tito Livio*, Rome, Blado, 1531 ; Florence, Giunta, 1531 ; *Discours sur la première décade de Tite-Live*, trad. fr. in *Œuvres complètes*, prés. et annot. E. Barincou, Gallimard, « La Pléiade », 1958 ; trad. fr. C. Bec, in *Œuvres*, Robert Laffont, « Bouquins », 1996.

— *Istorie fiorentine*, Florence, Giunta, 1532 ; Rome, Blado, 1532 ; *Histoires florentines*, trad. fr. in *Œuvres complètes*, *op. cit.*, 1958 ; *Histoire de Florence*, trad. fr. in *Œuvres*, *op. cit.*, 1996.

N

NAROD [народ] RUSSE – fr. *peuple*

lat. *gens*

► PEUPLE, PEOPLE, et *CULTURE, GENRE,* LIČNOST', MIR, PRAVDA, RUSSE, SOBORNOST', SVOBODA

Le substantif russe narod [народ] *est dérivé de* rod [род], *« lignée, espèce, genre ».* Narod, *exactement comme* peuple, *signifie à la fois la « population » d'un pays, et « les basses classes, les gens ordinaires ». Pour les slavophiles,* narod *a le sens élevé d'« unité spirituelle » de la nation, et une grande partie de l'intelligentsia russe l'idéalise comme un élément naturel et organique, la « vie authentique » du peuple. Fonctionnant ainsi comme un cliché tant en Russie tsariste que dans l'Union soviétique,* narod *prend un sens moins idéologique chez Bakhtine, qui le rapporte à la notion de* narodnaja kul'tura [народная культура] *(culture populaire).*

I. « NAROD » ET « GENS »

La racine *rod* [род], qui a supplanté le radical **gen-* indo-européen dans les langues slaves, signifie essentiellement « naissance ». En russe moderne, le terme possède notamment les différents sens de « clan, tribu, parents » ; « famille, lignée, génération » ; « espèce, genre », y compris grammatical (*Dictionnaire de la langue russe*, p. 575). Toutes ces significations renvoient à des entités (choses ou individus) qui ont été créées ou mises au monde ensemble (*ibid.*, p. 410). Dans le terme dérivé *narod* [народ], « peuple», le préfixe *na-* connote encore davantage la totalité des individus (mis au monde ensemble ou unifiés).

Georgi Fedotov dans *The Russian Religious Mind* met en relief la portée de la vénération persistante qu'on trouve en Russie pour le *rod-* une vénération qui remonte au paganisme et, plus particulièrement, au « culte des morts en tant qu'ancêtres d'une parenté-communauté éternelle (*the eternal kinship-community*) » (Fedotov, *The Russian Religious Mind*, t. 1, p. 15). « La *gens* latine, le *clan* celtique, écrit Fedotov, ne sont que les ombres pâles de réalités sociales autrefois vitales. En langue russe et dans la vie russe, le *rod* est plein de vitalité et de vigueur » (*ibid.*, p. 15). Une manifestation linguistique typique de cette vitalité est l'usage des noms de parenté comme titres de politesse. « Les appellations *père*, *grand-père*, *oncle*, *frère*, ainsi que les noms féminins correspondants, sont utilisées dans le discours du paysan russe pour s'adresser à des individus connus aussi bien qu'à des inconnus » (*ibid.*, p. 16). De cette manière, « toutes les relations morales entre les individus sont élevées au niveau d'une parenté de sang » (*ibid.*, p. 16). *Parenté* est rendu en russe par *rodstvo* [родство], une substantivation abstraite de *rod*.

Cette habitude linguistique d'étendre les relations de parenté à tout le monde jette une lumière particulière sur les racines du communautarisme russe et explique l'importance de notions comme *mir* [мир] (« communauté de village »), *sobornost'* [соборность] (« conciliarité »), ou *obščestvo* [общество] (« communauté »), etc. : pour les slavophiles, le culte archaïque du *rod*, auquel *narod* renvoie clairement, est l'une des caractéristiques de la civilisation russe.

II. « NATSIJA », « NAROD » ET « NARODNITCESTVO »

Les observateurs de la société russe du XIXe siècle ont souligné à maintes reprises que les nobles (*dvorjane* [дворяне]) et le peuple (*narod*) faisaient souvent l'effet de deux nations séparées : les vêtements, les manières, jusqu'à la langue — tout était différent. Le mot russe *natsija* [нация] (« nation ») qui provient du polonais *nacja* (Vasmer, *Ètimologičeskij slovar' russkogo jazyka* [Dictionnaire étymologique de la lange russe], t. 3, p. 50), a été créé à l'époque de Pierre le Grand, dont les réformes ont produit une division tranchée de la société russe entre les personnes cultivées, d'une part, et le *narod,* d'autre part. Dans son acception contemporaine, *natsija* signifie « une communauté de gens que réunissent la langue, le territoire, l'économie et une mentalité commune, développée historiquement » (*Dictionnaire de la langue russe*, t. 2, p. 414). Quant à *narod*, il signifie « la population d'un État », mais aussi « les basses classes ; les gens ordinaires » (Dal', *Tolkovyj slovar' živogo velikorusskago jazyka* [Dictionnaire raisonné de la langue grand russe vivante], vol. 2, p. 493).

Pour les slavophiles, *narod* a un sens élevé, tandis que *natsija* a une valeur neutre. Le slavophilisme est, pour l'essentiel, une forme de réaction idéologique à la modernisation de la Russie et, particulièrement, à la rupture entre les nobles et le *narod.* Les slavophiles se sont concentrés sur l'organisation russe de la vie dans la communauté de village (*mir*) et sur la compréhension de la loi comme vérité et justice (*pravda* [правда]). Cette manière de vivre s'opposait aux standards occidentaux du droit formel (cf. Kireevski, *Polnoe Sobranie Sočinenij* [Œuvres complètes], vol. 1, p. 115-116). Le village russe patriarcal a été considéré comme la véritable origine de la vie et de la force nationales, comme l'incarnation des vertus nationales traditionnelles. Les slavophiles se sont compris eux-mêmes comme partie prenante de cette vie patriarcale, avec le désir de ne pas se détacher du *narod* qui, pour eux, exprime l'unité spirituelle de tous les Russes.

L'idéalisation des paysans est liée au sentiment de culpabilité de l'*intelligentsia* — terme lui-même apparu chez Piotr Boborykine, vers 1860 (*intelligentsija* [интеллигенция]), et passé du russe aux autres langues européennes (*Grande Encyclopédie soviétique*, t. 10 [1972], p. 311) — dont les privilèges ont principalement dérivé du servage. Cette idée d'un devoir des intellectuels envers le peuple a trouvé son développement pratique dans le mouvement du *narodničestvo* [народничество]. Le plus souvent, *narodničestvo* est rendu en français, de façon très inexacte, par *populisme* et en anglais par *populism.* Un traducteur anglais de Berdiaev explique le *narodničestvo* comme « ce mouvement qui, dans la Russie du XIXe siècle, est fondé sur le sentiment d'un dévouement obligatoire aux intérêts généraux des gens ordinaires (angl. *common folk*) » (Berdiaev, *Slavery and Freedom*, p. 4). Le *narodnik* [народник] est un homme qui « croit au *narodničestvo* et le pratique » (*loc. cit.*). Pendant les années 1860 et 1870, beaucoup de *narodniks* sont « allés au peuple ». Ils se sont établis à la campagne pour se dévouer à l'œuvre civilisatrice et à l'amélioration de la vie du peuple, en tâchant de surmonter la rupture entre *intelligentsia* et *narod.* Les idéaux du *narodničestvo* ont inspiré quelques générations de passionnés qui sont devenus médecins et maîtres d'école dans les villages.

Le *narodničestvo* a trouvé son expression dans la littérature russe de la deuxième partie du XIXe siècle, notamment chez Tolstoï et Dostoïevski. Ainsi, pour Tolstoï, la vie simple et quotidienne des gens ordinaires est pourvue d'une haute valeur morale et religieuse : c'est là seulement qu'est la vraie vie, celle qui permet à l'individu de parvenir à son salut et à sa « Résurrection (*Voskresenie* [Воскресение]) », — pour reprendre le titre d'un roman connu de Tolstoï. De même, Dostoïevski, explorant les traits du « caractère russe (*russkij xarakter* [русский характер]) », a cru, d'une manière presque religieuse, au *narod* russe en tant que valeur morale ultime.

III. BERDIAEV, « NAROD » ET « LIČNOST' »

Berdiaev, au contraire, d'un point de vue personnaliste, désapprouve le culte excessif du *narod*, qu'il considère comme un obstacle au développement de la subjectivité et de l'individualité. Le « *Narodničestvo*, écrit-il, n'existe pas en Occident, c'est un phénomène spécifiquement russe. C'est seulement en Russie qu'on peut trouver cette opposition perpétuelle de l'*intelligentsia* et du peuple [*narod*], cette idéalisation du peuple qui devient presque une religion, cette quête de la vérité et de Dieu dans le peuple » (Berdiaev, *Mirosozertsanie Dostoevskogo* [Le monde de Dostoïevski], p. 168). Selon Berdiaev, le *narodničestvo* révèle plutôt une faiblesse qu'une force de l'élite cultivée russe ; la tendance de l'intelligentsia à ne chercher son intégrité que dans la « vie organique » du *narod* témoigne de son manque d'autonomie spirituelle.

> Le *kollektivizm* [коллективизм] et la *sobornost'* russes ont été considérés comme un grand avantage du peuple russe (*russkogo naroda* [русского народа]), celui qui l'a l'élevé au-dessus des nations européennes (*nad narodami Evropy* [над народами Европы]). Mais, en réalité, cela veut dire que la personne (*ličnost'* [личность]) et l'esprit personnel n'ont pas encore été éveillés dans le peuple russe (*v russkom narode* [в русском народе]), et que la personne est encore trop immergée dans l'élément naturel de la vie du peuple.
>
> *ibid.*, p. 171.

IV. « NAROD », CARNAVAL, RIRE : LA NOTION DE « NARODNAJA KUL'TURA » CHEZ BAKHTINE

Il n'est pas étonnant que *narod* joue le rôle d'un cliché idéologique important. Dans l'idéologie soviétique, *narod* est le terme général qui sert à désigner les ouvriers, les kolkhoziens et l'« intelligentsia laborieuse [*trudovaja intelligentsija* (трудовая интеллигенция)] ». Sa nominalisation abstraite, *narodnost'* [народность], a été inscrite dans deux « trinités » fameuses de l'histoire culturelle russe : avec l'autocratie (*samoderžavie* [самодержавие]) et l'orthodoxie (*pravoslavie* [православие]), elle composait la formule du nationalisme officiel en Russie à la fin du XIXe siècle, et avec la conviction idéologique (*idejnost'* [идейность]) et l'engagement politique (*partijnost'* [партийность]), elle constituait la définition dogmatique du « réalisme socialiste » en tant qu'un genre artistique. Le cliché « réalisme socialiste » a été créé en URSS dans les années 1930 pour préciser, d'une manière officielle, la méthode de la littérature soviétique. *Réalisme socialiste* est « une expression esthétique de la conception socialiste du monde et de l'homme » (*Grande Encyclopédie soviétique*, t. 24/1, p. 235).

Chez Mikhaïl Bakhtine, on trouve un usage contre-idéologique du terme *narod*. Bakhtine introduit la notion de « culture populaire » (*narodnaja kul'tura* [народная культура]), ou de « culture comique populaire » (*narodnaja smexovaja kul'tura* [народная смеховая культура]). La culture populaire donne aux gens une vision particulière du monde, opposée à la culture officielle ou sérieuse. Pour lui, la double vision, sérieuse/comique, du monde est une caractéristique intrinsèque de la civilisation humaine. L'événement paradigmatique de la culture populaire est la fête populaire, le carnaval. Le carnaval est un événement universel, démocratique et égalitaire. Pendant la fête, on peut vivre selon les seules « lois de la liberté (*zakony svobody* [законы свободы]) » (Bakhtine, *L'Œuvre de François Rabelais*..., p. 15). Le carnaval « ignore toute distinction entre acteurs et spectateurs, écrit Bakhtine, parce que, de par son idée même, il est fait pour l'ensemble du peuple (*on vsenaroden* [он всенароден]) » (*loc. cit.* ; *Tvorčestvo François Rabelais*..., p. 12). L'adjectif *vsenarodnyj* [всенародный] pose un vrai problème de traduction : on le rend par l'expression « fait pour l'ensemble du peuple », mais aussi par « qui est le bien de l'ensemble du peuple » (*L'Œuvre de François Rabelais*..., p. 20 ; éd. russe 1990, p. 17), et même, dans certains contextes, par *universel* (*L'Œuvre de François Rabelais*..., p. 498 ; éd. russe 1990, p. 377). En un sens, toutes ces traductions sont correctes : *vsenarodnyj*, formé à partir de *narod* et du préfixe *vse-* (omni-) qui exprime l'universalité, veut dire littéralement « omni-populaire, partagé par tous ». On doit comprendre ce terme en le mettant sur le même plan que *sobornost'* (uni-totalité) et *vseedinstvo* [всеединство] (omni-unité = uni-totalité) de Soloviev.

Cependant, Bakhtine détourne le vocabulaire slavophile de sa visée idéologique. Le *narod* en tant qu'acteur du carnaval est un élément naturel, non plus une force « mystérieuse, étrangère et alléchante » comme chez Berdiaev (*Mirosozertsanie Dostoevskogo* [Le monde de Dostoïevski], p. 169). Il est gai et joyeux. C'est un élément spontané dans lequel l'individualité et la subjectivité de l'époque moderne ne sont pas encore séparées. Il n'est question ni d'une personne opposée à la société, ni d'une formation pénible de la personnalité qui exigerait qu'on se retourne vers le *narod*, comme c'est le cas dans le *narodničestvo* du XIXe siècle. La personne est unifiée avec le *narod* d'une manière organique : Bakhtine parle de « corps du *rod* [*rodovoe telo* (родовое тело)] » chez Rabelais (Bakhtine, *Tvorčestvo François Rabelais*, p. 359). L'expression *rodovoe telo*, où l'adjectif *rodovoe* est dérivé de *rod*, est en fait un autre intraduisible : le traducteur français le rend par « corps procréateur » (Bakhtine, *L'Œuvre de François Rabelais*, p. 322 ; éd. russe 1990, p. 359), mais le traducteur anglais par *ancestral body* (éd. russe 1990, p. 322). Bakhtine écrit en fait que Pantagruel, dans l'œuvre de Rabelais, est l'image du « corps universel [*vsenarodnoe telo* (всенародное тело) ; angl. *people's body*] » (*L'Œuvre de François Rabelais*..., p. 338 ; éd. russe 1990, p. 359 ; trad. angl., p. 341).

La culture carnavalesque est un élément spontané qui démonte tout sérieux, y compris l'idéologie officielle.

> À l'opposé de la fête officielle, le carnaval était le triomphe d'une sorte d'affranchissement provisoire de la vérité (*pravda*) dominante et du régime existant, d'une abolition provisoire de tous les rapports hiérarchiques, privilèges, règles et tabous.
>
> Bakhtine, *L'Œuvre de François Rabelais*..., p. 18.

Bakhtine insiste sur un « lien indissoluble et essentiel » entre le « rire extra-officiel » de la fête populaire et la liberté (*svoboda*) (*ibid.*, p. 97). L'humanisme sous le régime stalinien prend ainsi la forme d'un *narodničestvo* anti-autocratique :

> La croissance et la rénovation sont les motifs dominants dans la figure du peuple (*narod*). Le peuple (*narod*) est l'enfant nouveau-né abreuvé de lait, l'arbre nouvellement planté, l'organisme convalescent et régénéré.
>
> *ibid.*, p. 446.

Si l'on reprend l'ambivalence de *peuple* (voir PEUPLE) entre corps des citoyens et masse des exclus, c'est donc davantage le deuxième terme de cette opposition qui nourrit la réflexion suscitée par le *narod*. L'histoire de l'intelligentsia lie le mot aux diverses stratégies déployées pour se rapprocher ou se distinguer du *narod* (en tant qu'il n'a ni la même éducation ni la même culture) — à moins qu'il ne s'agisse, avec Bakhtine, de déjouer l'instrumentation idéologique qu'impliquent ces stratégies mêmes.

Zulfia KARIMOVA
et Andriy VASYLCHENKO

BIBLIOGRAPHIE

BAKHTINE Mikhaïl, *Tvorčestvo François Rabelais i narodnaja kul'tura srednevekov'ja i Renessansa* [1965], Moscou, Khudožestvennaja Literatura, 1990 ; *L'Œuvre de François Rabelais et la Culture populaire au Moyen Âge et sous la Renaissance*, trad. fr. A. Robel, Gallimard, 1970 ; *Rabelais and his World*, trad. angl. H. Iswolsky, Bloomington, Indiana UP, 1984.

BERDIAEV Nicolas, *Mirosozertsanie Dostoevskogo* [Le monde de Dostoïevski], YMCA-Press, 1968.

— *O rabstve i svobode čeloveka* [Sur l'esclavage et la liberté], YMCA-Press, 1939 ; *Slavery and Freedom*, trad. angl. R.M. French, Londres, Centenary Press, 1943.

FEDOTOV Georgij, *The Russian Religious Mind*, Cambridge (Mass.), Harvard UP, vol. 1, 1966.

KIREEVSKI Ivan, *Polnoe Sobranie Sočinenij* [Œuvres complètes], Moscou, vol. 1, 1910.

OUTILS

Bol'shaja Sovetskaia Èntsiklopedija [Grande Encyclopédie soviétique], Moscou, Sovetskaja Èntsiklopedija, 3e éd., 1976 ; *Great Soviet Encyclopedia*, 20 vol., New York-Londres, MacMillan, 1979.

DAL' Vladimir, *Tolkovyj slovar' živogo velikorusskago jazyka* [Dictionnaire raisonné de la langue grand-russe vivante], 3e éd., Moscou, M.O. Vol'f, 1903-1909, repr. 4 vol., Les Cinq Continents, 1954.

HERMAN Louis Jay, *A Dictionary of Slavic Word Families*, New York, Columbia UP, 1975.

Slovar' russkogo jazyka [Dictionnaire de la langue russe], Moscou, Russkij jazyk, 1981-.

VASMER Max, *Ètimologičeskij slovar' russkogo jazyka* [Dictionnaire étymologique de la langue russe], 4 vol., Moscou, Progress, 1986.

NATURE

gr.	*phusis* [φύσις]
lat.	*natura*
all.	*Natur, Aufgang*
russe	*priroda* [природа], *natura* [натура]

► ART, *CULTURE*, ERSCHEINUNG, ESSENCE, ESTI, *ÊTRE*, FORCE, LUMIÈRE, MIMÊSIS

La traduction latine du gr. phusis [φύσις] *en lat.* natura, *d'où dérivent la plupart des mots désignant la « nature » dans les langues européennes, peut être tenue pour un événement inoffensif ou, au contraire, majeur de l'histoire occidentale, d'une portée historiale. La pensée de Heidegger n'a eu de cesse de* problématiser *cette traduction comme jamais auparavant, quitte à rendre le gr.* phusis *par* Aufgang, *« éclosion, épanouissement », plutôt que par* Natur, *« nature ». Pour mesurer la portée de ce geste, il faut toutefois dépasser la pseudo-opposition entre une nature-croissance qui serait grecque et une nature-naissance qui serait romaine.*

Se fixant pour tâche, dans le livre V de la *Métaphysique*, de distinguer les diverses acceptions du terme *phusis* [φύσις], quitte à le déterminer comme mouvement de venir à être par soi-même (d'où la physique), c'est d'abord à l'étymologie qu'Aristote demande un éclairage susceptible de rendre parlant ce terme en son sens premier :

> *Phusis* se dit, en un premier sens, de la génération (*genesis* [γένεσις]) de ce qui croît (*tôn phuomenôn* [τῶν φυομένων]), comme si la voyelle *u* se prononçait comme une longue [...]
>
> Aristote, *Métaphysique*, V, chap. 4.

Aristote rattache explicitement *phusis* à *phuô* [φύω], *phuesthai* [φύεσθαι], « croître, pousser, faire pousser, faire naître, se développer », verbe issu de la racine indo-européeenne **bhu-*, d'où sont issus également le latin *fui*, le français *fus*, l'anglais *(to) be*, l'allemand *bin*, *bist*, dans la conjugaison du verbe *être* à l'indicatif présent, qui incluait jusqu'au XIVe siècle les formes aujourd'hui disparues *<wir> birn*, *<ihr> birt*, remplacées respectivement par *sind* et *seid*, qui, comme le latin *sum*, proviennent d'une autre racine indo-européenne.

Ce rattachement de *phusis* à l'idée de « croissance » peut toutefois sembler aussi insuffisant qu'incontestable, car il reste à se demander de quelle manière la « croissance » est entendue. Heidegger propose de remonter de l'idée de « croître » à celle, tenue pour plus originaire, de « s'épanouir » (all. *das Aufgehen*), lui-même phénoménologiquement reconductible à un « apparaître » :

> La seconde racine indo-européenne [des flexions du verbe « être »] est *bhû*, *bheu*. S'y rattache le grec φύω, « s'épanouir » (*aufgehen*), « perdominer » (*walten*, « être en vigueur »), venir à stance et rester en stance à partir de soi-même. Ce *bhû* a été jusqu'à présent compris comme nature et comme « croître » (*wachsen*), selon la conception ordinaire et superficielle de φύσις et de φύω. À partir de l'interprétation plus originaire, à laquelle on arrive en s'attaquant au point de départ de la philosophie grecque, le « croître » se révèle comme un s'épanouir, qui à son tour reste déterminé à partir de l'adester (*Anwesen*) et de l'apparaître (*Erscheinen*). Aujourd'hui, on rapproche la racine φυ- de φα-, φαίνεσθαι. La φύσις serait ainsi ce qui entre dans la lumière en s'épanouissant (*das ins Licht Aufgehende*), φύειν, « briller, luire, paraître », et par suite « apparaître » (cf. *Zeitschrift für vergl. Sprachforschung*, vol. 59).
>
> Heidegger, *Introduction à la métaphysique*, p. 81.

Heidegger problématise, comme jamais auparavant, la traduction usuelle depuis plus de deux millénaires du grec *phusis* par le lat. *natura* et ses différents dérivés dans les langues européennes, par contraste, par exemple, avec Husserl déclarant au début de sa conférence de Vienne (p. 22-23) que la nature de la Grèce antique est « ce qui avait valeur de nature au goût des Grecs anciens [*was den alten Griechen als Natur galt*] ». Les langues slaves constituent toutefois une exception notable : si le russe connaît *natura* [натура] au sens de « essence d'un être », *natura rerum*, l'ensemble des phénomènes naturels est plutôt désigné par le terme *priroda* [природа] (*priroda*), de *rod* [род], proche par le sens de l'all. *Geschlecht* : « génération, lignée, race, espèce » (voir GESCHLECHT). Rompant avec une longue tradition, ou une longue obstruction, Heidegger propose de réentendre *phusis* non plus comme « nature » (du lat. *nasci*, « naître »), mais comme *Aufgang*, « éclosion, épanouissement ». Mais, contrairement à une idée répandue, Heidegger n'oppose pas à une *natura*-« naissance » une *phusis* « croissance » qu'il tiendrait pour plus originaire ; la ligne de démarcation passe bien plutôt entre la *phusis*, d'une part, et, d'autre part, la *natura* comme naissance *et* croissance confondues. Si la nature désigne un secteur de l'étant (dans des couples d'oppositions où l'autre terme peut être la culture, l'histoire, l'art, la surnature [grâce], etc.), *phusis* nomme plutôt le *comment* (désinence *-sis*) selon lequel toutes choses apparaissent. C'est un nom pour l'être, non pour l'étant. En bref : la *nature* est d'orientation ontique, la *phusis*, ontologique. Réentendu en son acception initiale, le terme *phusis* apparaît dès lors aux yeux de Heidegger comme « *das Grundwort des anfänglichen Denkens* » (*Heraklit*, p. 101), « la parole avec laquelle pointe l'aurore de la pensée matutinale ».

♦ Voir encadré 1.

Plutôt qu'Homère, c'est Héraclite qui constitue la source à laquelle Heidegger n'a eu de cesse de revenir pour y puiser le sens de la *phusis*, et notamment le fragment 123 : *phusis kruptesthai philei* [φύσις κρύπτεσθαι φιλεῖ]. Ce fragment a souvent été traduit par : « La nature aime à se cacher. » Heidegger traduit : « *Das Aufgehen dem Sichverbergen schenkt's die Gunst* », ou encore : « *Das Aufgehen schenkt die Gunst dem Sichverbergen* » (*Heraklit*, p. 110) — « L'éclosion, c'est au retrait qu'elle accorde sa faveur », « L'éclosion accorde sa faveur au retrait [au mouvement de se retirer] ». Ou, dans la retraduction française par Jean Beaufret de l'allemand traduisant le grec : « Rien n'est plus propre à l'éclosion que le retrait » (*Dialogue*, I, p. 18). Il n'est plus question ici de « nature », mais d'une

1

Homère, « phusis » et « pharmakon »

► LOGOS

La première occurrence connue de *phusis* se trouve chez Homère. Le mot, un *hapax*, est placé dans la bouche d'Hermès, dans un passage énigmatique, où il est surtout question de *pharmakon* [φάρμακον] et de langue des dieux :

> Ayant ainsi parlé, le dieu aux rayons clairs tirait du sol une herbe (*pharmakon*), qu'avant de me donner il m'apprit à connaître (*kai moi phusin autou edeixe* [καὶ μοι φύσιν αὐτοῦ ἔδειξε]) : la racine (*rhizêi* [ῥίζῃ]) en est noire, et la fleur (*anthos* [ἄνθος]) blanc de lait ; « molu », disent les dieux ; ce n'est pas sans effort que les mortels l'arrachent ; mais les dieux peuvent tout.
>
> *Odyssée*, X, 302-306.

Le mot *pharmakon* (sur **pharma*, qu'il est séduisant de rattacher à *pherô* [φέρω], « plante que porte la terre », Chantraine, *s.v.*) est univoque pour le remède et pour le poison (« simple, drogue, traitement, philtre, potion, sortilège, teinture, couleur, lessive, réactif, produit pour tanner... » ; le *pharmakos* [φαρμακός, accent sur le ο] est un bouc émissaire, une victime expiatoire, alors que le *pharmakos* [φάρμακος, accent sur le α] est un empoisonneur, un sorcier). Cette ambivalence lui fait désigner de manière parfaitement adaptée le *logos* [λόγος] qui chagrine ou charme, produit terreur ou courage (Gorgias, *Éloge d'Hélène*, 82 B 11 DK, § 14), puis l'écriture, remède/poison pour la mémoire (Platon, *Phèdre*, 274e ; voir J. Derrida). Mais celui d'Hermès est un *pharmakon esthlon* [φάρμακον ἐσθλόν] (v. 286, 292, une « herbe de vie », dit Bérard, « bonne », « courageuse », comme un héros homérique), capable de sauver Ulysse du *pharmakon* de Circé qui transforme les hommes en cochons — mais mènera Ulysse à son lit. Ce bon *pharmakon* a un nom chez les dieux : *môlu* [μῶλυ], qui sonne comme un « emprunt d'origine inconnue » mais désigne par la suite une espèce d'ail (Chantraine). C'est de ce *pharmakon* qu'Hermès montre à Ulysse la *phusis*. *Kai moi phusin autou edeixe* : en traduisant par « [qu']il m'apprit à connaître », Victor Bérard contourne habilement la difficulté par une élision, là où Homère dit : « et il m'indiqua la *phusin* de cette herbe ». Wolfgang Schadewaldt, quant à lui, rend ici *phusis* par *Wuchs*, de même famille que le verbe *wachsen*, « croître », et rejoint donc l'idée de croissance (*Die Odyssee*, p. 176 : « *und wies mir seinen Wuchs* »). La *phusis*, en tout cas, est elle aussi, comme l'idée même de *pharmakon*, contrastée ou ambivalente : noire quant à la racine et blanche quant à la fleur. Langue des dieux, langue des hommes, difficile à creuser pour les mortels, mais facile pour les tout-puissants, noire mais blanche, remède et poison : le terreau textuel de la *phusis* requiert toute attention.

Barbara CASSIN et Pascal DAVID

BIBLIOGRAPHIE

CASSIN Barbara, *Voir Hélène en toute femme*, Les Empêcheurs de penser en rond, 2000 (chap. II, 1).

DERRIDA Jacques, « La pharmacie de Platon », in *La Dissémination*, Seuil, 1972.

HOMÈRE, *L'Odyssée*, éd. et trad. fr. Victor Bérard, Les Belles Lettres, 1924, 1974[9] ; *Die Odyssee*, trad. all. Wofgang Schadewalt, Zurich, Stuttgart, Artemis Verlag, 1966.

OUTILS

CHANTRAINE Pierre, *Dictionnaire étymologique de la langue grecque*, nouv. éd. mise à jour avec un « Supplément au dictionnaire », Klincksieck, 1999.

DK : DIELS Hermann et KRANZ Walther, *Die Fragmente der Vorsokratiker*, 3 vol., Berlin, Weidmann, 5e éd., 1934-1937.

tension interne, d'une « harmonie inapparente », au sens héraclitéen, entre voilement/dévoilement, occultation/désoccultation, ou encore abritement/désabritement. Sans doute est-ce la raison pour laquelle il arrive à Heidegger de noter que le terme *phusis* est « peut-être intraduisible (*vielleicht unübersetzbar*) », à la suite du développement suivant :

> [...] nous laissons encore sans traduction le mot fondamental : *phusis*. Nous ne disons pas *natura* et *Nature*, parce que ces noms sont trop équivoques et chargés — et pour tout dire parce qu'ils ne reçoivent leur force nominative que d'une interprétation très particulière et très orientée de la *phusis*. Nous n'avons en fait aucun mot pour penser en une parole le mode de déploiement de la *phusis* tel qu'il a été clarifié jusqu'ici. (Nous tentons de dire *Aufgang* — la levée de ce qui se dresse en s'ouvrant —, mais nous restons impuissants à donner sans intermédiaire à ce mot la plénitude et la détermination dont il aurait besoin.)
>
> *Wegmarken*, p. 259 ; *Questions II*, p. 208-209

♦ Voir encadré 2, page suivante.

Pascal DAVID

BIBLIOGRAPHIE

ARISTOTE, *Metaphysica*, éd. W. Jaeger, Oxford, 1957.

BEAUFRET Jean, *Dialogue avec Heidegger*, t. 1, Minuit, 1973.

HEIDEGGER Martin, *Einführung in die Metaphysik*, in *Gesamtausgabe*, t. 40, éd. P. Jaeger, Francfort, Klostermann, 1983 ; *Introduction à la métaphysique*, trad. fr. G. Kahn, Gallimard, 1958.

— *Heraklit*, in *Gesamtausgabe*, t. 55, éd. M.S. Frings, Francfort, Klostermann, 1979.

— « Vom Wesen und Begriff der φύσις », *Wegmarken*, in *Gesamtausgabe*, t. 9, éd. F.-W. von Herrmann, Francfort, Klostermann, 1976 ; « Ce qu'est et comment se détermine la φύσις », trad. fr. F. Fédier, *in* Martin Heidegger, *Questions II*, Gallimard, 1968.

HUSSERL Edmund, *Die Krisis des europäischen Menschentums und die Philosophie*, in *Husserliana*, t. 6, éd. W. Biemel, La Haye, M. Nijhoff, 1976[2] ; *La Crise de l'humanité européenne et la Philosophie*, trad. fr. P. Ricœur, Aubier, 1977.

2

Surnaturel

► *GRÂCE*, SVET (encadré 1)

Au début de son commentaire du livre II de la *Physique* d'Aristote (in *Questions II*), Heidegger évoque, parmi les couples antithétiques où *nature* figure l'un des termes, *nature/grâce*, et ajoute entre parenthèses : *sur-nature* (*Über-natur*). Si l'adjectif *surnaturel* est devenu d'usage courant, il n'en va pas de même toutefois du substantif *surnature*, dont le moins que l'on puisse dire est qu'il n'est guère usité en dehors du vocabulaire des théologiens, à telle enseigne que l'on fera plus volontiers de l'adjectif un adjectif substantivé, en parlant *du* surnaturel, quitte à le confondre abusivement, dans l'usage courant, avec le « para-normal ». Un tel mystère reste à élucider : pourquoi cette étrange absence ? Pour le comprendre, il faut interroger l'histoire du « surnaturel ». Cette histoire est retracée, dans la perspective de l'histoire des dogmes, par Henri de Lubac, dans son étude classique intitulée *Surnaturel — Études historiques*, formant une trilogie avec deux autres ouvrages : *Augustinisme et Théologie moderne* et *Le Mystère du surnaturel*. D'après *Augustinisme et Théologie moderne* (p. 315, n. 2), c'est Scheeben qui a introduit le mot *Übernatur/surnature* dans un sens technique, en le distinguant de *surnaturel*, mais, ajoute H. de Lubac (*loc. cit.*) : « Bien que ce raffinement ne nous paraisse pas s'imposer, on ne saurait, croyons-nous, rendre Scheeben entièrement responsable de l'usage actuellement très répandu qui remplace fautivement "surnaturel" par "surnature". » L'apparition du terme *übernatur* semble remonter, en langue allemande, à la mystique rhénane : « Suso parle une fois de "surnature" (*übernatur*) [*Le Livre de la sagesse éternelle*, 2e partie, chap. 24], mais il ne semble pas que ce mot se soit alors répandu » (*Surnaturel*, p. 405). C'est, semble-t-il, au IXe siècle, dans « les traductions carolingiennes du pseudo-Denys, celle d'Hilduin et celle de Jean Scot Erigène, que *supernaturalis* fait sa véritable entrée en théologie », entrée qui sera suivie d'une longue éclipse : « Son usage, resté rare jusque vers le milieu du XIIIe siècle, ne se répandra largement qu'à partir de saint Thomas d'Aquin » (*ibid.*, p. 327). Le vocable semble s'être coulé dans le moule que lui offrait celui de *huperousios* [ὑπερούσιος] (Didyme l'Aveugle, Pseudo-Denys), et devoir donc très lointainement son apparition à l'équivalence *phusis* = *ousia* [οὐσία] relevée par Aristote (*Métaphysique*, V, chap. 4, 1015a 12-15).

BIBLIOGRAPHIE

LUBAC Henri de, *Surnaturel - Études historiques*, Aubier, 1946, rééd. Desclée de Brouwer, 1991.
— *Augustinisme et Théologie moderne*, Aubier, 1965.
— *Le Mystère du surnaturel*, Aubier, 1965.
SUSO Henri, *Le Livre de la sagesse éternelle*, trad. fr. Ancelet-Hustache, Éd. de la Vie spirituelle, 1925.

NÉGATION

NÉGATION Le fr. *négation*, comme le lat. *negatio*, sur *nego, negare*, « dire non » et « affirmer que [...] ne [...] pas », « nier, refuser », désigne à la fois le terme, la particule ou l'opérateur négatif (« ne [...] pas, non, rien, personne »), et l'énoncé ou la proposition qui s'oppose à l'affirmation, ou à une affirmation donnée, dont la valeur de vérité est donc inverse de celle de l'affirmation.

I. LES MOTS NÉGATIFS ET LA MANIÈRE DE DÉSIGNER CE QUI N'EST PAS

1. On se reportera à *RIEN-NÉANT* [ESTI], pour la formation et le sens des termes négatifs dans les différentes langues. Voir aussi *PERSONNE* (II, 4).
2. Sur le rapport à l'être, voir RÉALITÉ, OMNITUDO REALITATIS ; cf. *ÊTRE* [ESTI].
3. Sur le rapport à l'autre, voir MITMENSCH ; cf. TRADUIRE (encadré 1, « Qu'est-ce qu'un barbare... ? »).
4. Sur le vécu de la négation et du rapport au non-être, voir ANGOISSE ; cf. DASEIN, *MALAISE*.

II. LES OPÉRATIONS DE NÉGATION

1. Sur la procédure logique qui permet de construire une affirmation et une négation, et leur valeur de vérité, voir PROPOSITION et VÉRITÉ ; voir aussi NONSENSE, PRINCIPE (en particulier I, C sur le principe de non-contradiction) et SENS ; cf. ACTE DE LANGAGE, *FAUX*, IMPLICATION, *MENSONGE*, TRUTH-MAKER.
Sur le fait que deux négations n'équivalent pas nécessairement à une affirmation, voir PORTUGAIS et ESTI I, IV.
2. Sur la procédure d'exténuation et le passage au négatif, particulièrement en théologie, voir ABSTRACTION (en particulier encadré 1, « *Aphairesis / Entbildung...* »).
3. Sur la force dialectique du négatif et de la négativité, voir AUFHEBEN ; cf. ATTUALITÀ, PLASTICITÉ, PRAXIS.
4. Sur la procédure de dénégation, où la négation fait prendre conscience d'un contenu, voir VERNEINUNG ; cf. ENTSTELLUNG, PULSION, et plus généralement ES, INCONSCIENT, WUNSCH.
5. Sur l'effacement et l'oubli, voir MÉMOIRE ; cf. AIÔN, ERZÄHLEN, HISTOIRE.

► *ABSURDE*, *FICTION*, MATTER OF FACT

NEUZEIT / MODERNE

NEUZEIT / MODERNE ALLEMAND – fr. *temps modernes, âge moderne, modernité*

► *MODERNITÉ*, et BAROQUE, BILDUNG, CLASSIQUE, HISTOIRE, MODERNISME, PRÉSENT, ROMANTIQUE, SÉCULARISATION, STATO, *TEMPS*

Par opposition au couple antiqui/moderni*, l'allemand* Neuzeit *s'inscrit dans une idée de périodisation historique en trois temps : antiquité, moyen âge,* Neuzeit*. Le terme désigne depuis le XIXe siècle l'époque qui a suivi le Moyen Âge, une période fondamentalement ouverte sur le présent et dont les limites temporelles paraissent peu claires. À la différence de* die Moderne *(que le français traduit, tout comme* Neuzeit*, par « modernité ») qui renvoie généralement au XIXe siècle et plus particulièrement à son esthétique,* Neuzeit*, forgé à cette époque également, signale d'abord le sentiment d'un changement profond dans tous les domaines de la vie, tel que purent le ressentir les humanistes de la « Renaissance », promus pionniers de cette « modernité » (Burckhardt). L'extension chronologique du* *terme va alors, avec bien des variations, de la Renaissance italienne jusqu'au siècle de l'industrialisation, voire jusqu'à nos jours.*

*Depuis l'*Historismus, *la notion de* Neuzeit *a par ailleurs connu des différenciations supplémentaires telles que* Frühe Neuzeit, jüngere Neuzeit, neueste Zeit *; en revanche, elle a perdu les connotations qu'elle possédait au départ et est devenu un simple terme de périodisation historique. C'est sous cette forme qu'au milieu du XX*^e^ *siècle, la notion de* Neuzeit *s'est définitivement établie dans l'histoire, la sociologie et l'histoire de la philosophie. Il est vrai qu'il est aussi de plus en plus souvent question de clore cette période historique en lui assignant une fin. Ici, cependant, le débat devient philosophique, et l'allemand recourt alors de préférence à* die Moderne, *qui porte le plus souvent la discussion sur la valeur de la modernité : rien en français ne permet de rendre ce déplacement d'accent.*

La première occurrence de *Neuzeit* se trouve dans le dictionnaire des frères Grimm (1889). Ceux-ci opposent la *Neuzeit* à la *Vorzeit* (littéralement « la période d'avant ») et citent un vers du jeune révolutionnaire Freiligrath de 1870, dans lequel il se qualifie « d'enfant fiévreux et exalté de la *Neuzeit* regrettant encore un peu le temps ancien [*die alte, sc. Zeit*] ». Le terme exprime ici un sentiment de renouveau (*Neu-zeit*, littéralement « le temps nouveau »), un bouleversement affectant toute la vie et tous les individus, les excitations et les angoisses des contemporains ; il s'applique au temps actuel, mais inscrit aussi l'individu dans la dynamique de l'histoire qui entraîne chacun dans son élan, à savoir dans le progrès général : c'est ce que rend l'expression française « les temps modernes », plutôt mieux que le mot même de « modernité ».

I. « NEUZEIT » : LES DÉTERMINANTS HISTORIOGRAPHIQUES

Une série d'événements marque traditionnellement le début de la *Neuzeit* : la découverte de l'Amérique en 1492, c'est-à-dire l'ouverture du monde clos vers un infini potentiel, la proclamation des thèses de Luther et le début de la Réforme en 1517, ainsi que l'invention de l'imprimerie. L'interprétation de certains de ces événements a donné lieu à des débats intenses : c'est le cas en particulier pour la Réforme, dans laquelle Nietzsche voyait une protestation d'esprits attardés contre la Renaissance italienne (*L'Antéchrist*, § 61), avant que Troeltsch ne rende un jugement plus nuancé, mettant en balance les éléments traditionnels (c'est-à-dire, pour lui, luthériens) et novateurs (calvinistes) de la Réforme (*Die Bedeutung des Protestantismus für die Entstehung der modernen Welt*, 1911).

Un consensus s'est pourtant dégagé entre les historiens pour décrire la *Neuzeit* à partir d'un certain nombre de traits dominants qui s'annoncent déjà bien avant 1500, ce qui permet de dégager une constellation historique de longue durée. Parmi eux, on retient de fait l'apparition de l'imprimerie, et l'ouverture qui en résulte d'un « espace public » (*Öffentlichkeit*) : les médias de communication développés à partir du XVIe siècle sont, en allemand, qualifiés de *neuzeitlich* et non pas de *modern*, ce dernier mot restant réservé aux innovations techniques de l'industrialisation aux XIXe et XXe siècles. À cela on ajoute ordinairement le passage du féodalisme à un modèle économique capitaliste, le développement d'une classe nouvelle, la bourgeoisie, et la formation des États modernes. Divers concepts ont été éprouvés, associés, opposés pour fournir une explication plus complète de ce processus d'étatisation des sociétés : à côté de ceux bien connus d'absolutisme et de « disciplinarisation » (*Zivilisationsprozess*, avec les différentes nuances qu'y introduisent Michel Foucault et Norbert Elias), le couple formé par les concepts de sécularisation et de confessionnalisation (*Säkularisierung, Konfessionalisierung*) (voir SÉCULARISATION) parcourt toute l'historiographie du Saint Empire romain germanique, et s'impose comme l'une des composantes les plus remarquables de la réflexion sur la *Frühe Neuzeit*.

II. « FRÜHE NEUZEIT », « NEUERE ZEIT », « NEUESTE ZEIT » : PROBLÈMES DE PÉRIODISATION

L'histoire économique et politique introduit une différenciation de la *Neuzeit* en trois ou quatre phases. La première, celle de la *Frühe Neuzeit*, va à peu près du temps des premières cités-États italiennes jusqu'à la fin de la guerre de Trente Ans qui conduisit à un nouvel ordre en Europe (1350-1650). La seconde est qualifiée de *neuere Zeit* ou *jüngere Neuzeit*, marquée par la formation d'un sujet moderne et les idéaux des Lumières. On la fait aller généralement jusqu'à la Révolution française, en insistant sur l'avènement de la bourgeoisie comme acteur historique. L'industrialisation et ses effets forment le trait essentiel de la troisième période désignée sous le nom de *neueste Zeit*. Cette redondance tautologique (*neu*, *Neuzeit*, *neueste Zeit*, etc.) révèle que la notion de *Neuzeit* implique toujours une conscience de la relativité historique de toute époque (R. Vierhaus, « Vom Nutzen und Nachteil des Begriffs "Frühe Neuzeit"... », p. 14). Parmi ces expressions, il n'y a que la *Frühe Neuzeit*, désignant à peu près la période entre 1450 et 1650, parfois allant jusqu'à 1800, qui ait été adoptée unanimement.

Les problèmes de définition et de délimitation d'une époque de la *Neuzeit* ont entraîné une réflexion historiographique de large ampleur. Ce concept est ainsi lié à la notion de crise (T. Aston, *Crisis in Europe*), ainsi qu'à la proposition de Hans Blumenberg et d'autres pour penser une période de transition entres des époques historiques bien définies. L'idée de ce « seuil entre les époques » (*Aspekte der Epochenschwelle*) voire de ce « siècle de seuil » (Vierhaus, *ibid.*, p. 21) permet d'abandonner la recherche des limites exactes de la *Neuzeit* et de la penser plutôt comme un ensemble de changements divers et comme un processus pluriel et ouvert (*ibid.*, p. 23). Il en va de même chez Reinhard Koselleck (*in* Brunner, Conze et Koselleck, *Geschichtliche Grundbegriffe*, t. 1, Introduction, p. XIV-XV) ; en introduisant l'idée d'un « temps de mise en selle » (*Vorsattelzeit*) de la modernité, où s'opère le « processus de traduction » des « *topoi* classiques » vers la « conceptualité "moderne" (*neuzeitlich*) », il opère une différenciation que d'autres historiens n'ont pas manqué d'utiliser dans leurs périodisations de l'histoire allemande (cf. H. Schilling, *Aufbruch und Krise. Deutschland 1517-1648*).

III. LA « NEUZEIT », LA NATURE ET LE DIVIN

L'historiographie de la *Neuzeit* fait encore une large place aux transformations de la science. Le changement de la notion de nature et de la philosophie de la nature forme pour Romano Guardini le trait essentiel de la *Neuzeit* (*Das Ende der Neuzeit*, p. 35 *sq.*). Se référant à Goethe, il considère l'homme moderne comme un étranger au milieu de la nature qui n'a, bien entendu, plus rien de divin. Ernst Cassirer plaçait de même au centre de sa réflexion sur la *Neuzeit* l'idée d'un individu moderne devant se resituer par rapport à cet univers inconnu (*Individuum und Kosmos in der Philosophie der Renaissance*). Le commencement de la *Neuzeit* se situerait alors quelque part entre la théorie du savoir et de l'ignorance de Nicolas de Cues et le matérialisme de Giordano Bruno. Ce dernier est également un des personnages principaux de la *Neuzeit* pour Hans Blumenberg (*Die Legitimität der Neuzeit*), bien qu'il choisisse le nom de Copernic pour marquer le tournant des temps modernes et le « pathétique » de cette révolution (*Die kopernikanische Wende* et *Kopernikus im Selbstverständnis der Neuzeit*, p. 343). L'homme ne se trouve plus au centre du monde ; son excentricité entraîne son déracinement cosmologique et théologique (*Entwurzelung*) compensé par une « curiosité » théorique (*curiositas, theoretische Neugier*) qui constitue comme la signature de la *Neuzeit*. La notion de *Neuzeit* se trouve ainsi couplée à celle de sécularisation, que Blumenberg, contre Carl Schmitt, entend libérer de la longue tradition d'interprétation qui en a fait une « catégorie d'illégitimité historique » (« *Kategorie geschichtlichen Unrechts* »).

♦ Voir encadré 1.

IV. « NEUZEIT », « MODERNE »

Si l'adjectif *modern* remplace de plus en plus souvent celui de *neuzeitlich*, le substantif *die Moderne* reste uniquement applicable à la période historique qui commence vers le milieu du XIXe siècle. Le concept de *Moderne* apparaît en outre avec l'art et la littérature de cette époque et ses théorisations sont alors toujours de nature esthétique — de Friedrich Vischer qui y voit « l'union de l'antique et du romantique » (*Aesthetik oder Wissenschaft des Schönen*, § 467) jusqu'à Theodor Adorno qui qualifie la modernité comme « l'art de la conscience la plus avancée » (*Ästhetische Theorie*, p. 57 ; sur le « Beau moderne » de Baudelaire et l'interprétation philosophique de la modernité, voir V. Descombes, *Philosophie par gros temps*, et J. Habermas, *Der philosophische Diskurs der Moderne* [1988]). Après la Seconde Guerre mondiale, le mot *Neuzeit* semble de son côté avoir perdu ses connotations optimistes pour se réduire à un terme historique neutre, alors que le mot *modern* garde encore un reflet de l'idée d'un progrès positif. Dans le débat sur la postmodernité et le néo-structuralisme qui a fait les beaux jours du dialogue philosophique franco-allemand dans les années 1980, c'est le terme *die Moderne* qui est retenu. *Die Moderne*, en deçà des notions qui lui sont associées (subjectivité, autonomie, autofondation) et de la critique dont celles-ci font l'objet, se pense fondamentalement comme un *projet*, ce qui introduit en elle une composante de *réflexivité* absente de la notion de *Neuzeit*, du moins dans son usage actuel (cf. J. Habermas, « Die Moderne — ein unvollendetes Projekt », 1980 ; trad. fr., « La modernité — un projet inachevé ») : telle pourrait être la spécificité philo-

1

« Vor tid », « nutiden » (danois)

Ces termes, qu'on rend par « notre temps », « le temps actuel », « l'époque » et d'autres expressions analogues, apparaissent dans presque toutes les œuvres où Kierkegaard caractérise son époque. Celle-ci est soumise à la critique pour avoir perdu le sens des possibilités concrètes de l'homme singulier (*Enkelte*), pour n'avoir pas assumé la tâche du « penseur subjectif existant ». « L'époque » est dominée philosophiquement par la spéculation, et socialement par la culture de masse (la Presse). Cela n'est pas sans affecter le christianisme, religion officielle au Danemark. Être conscient de son temps au point d'en dénoncer les vices, c'est affronter l'incompréhension de la génération présente et faire son deuil de l'admiration.

La tactique consistera à tromper son monde (« *Mundus vult decipi, decipiatur ergo* » : t. 2, p. 229 ; t. 9, p. 313 ; t. 16, p. 33), lui faire entendre la voix de l'Isolé qui stigmatise les travers de l'époque. Kierkegaard aurait peut-être pu dire avec Hamlet : « *The time is out of joint.* » Mais c'eût été sans se croire désigné pour le faire rentrer dans ses gonds. Pour son « temps », il ne veut être qu'un « correctif » (*correctiv*) (t. 17, p. 276 ; t. 19, p. 43). Qu'il s'agisse de la pensée, des mœurs littéraires ou de la religion, la tâche du penseur subjectif est simplement, par la description des stades de l'existence, de leur temporalité propre, de rendre le lecteur « attentif » (t. 14, p. 79 et 86) aux dangers du « nivellement » (*Nivellering*) (t. 5, p. 153), de la jalousie qui nivelle (t. 8, p. 184, 202 et 225). Ce qui n'est pas sans rapport avec l'analyse heideggérienne de la médiocrité (*Durchschnittlichkeit*), du on (*Man*) et du nivellement (*Einebnung*) (*Sein und Zeit*, Tübingen, Niemeyer, 1963, § 27).

Jacques COLETTE

BIBLIOGRAPHIE

KIERKEGAARD Søren, *Œuvres complètes*, trad. fr. P.H. Tisseau et E.M. Jacquet-Tisseau, L'Orante, 1966-1986, 20 vol.

sophique de *die Moderne* par rapport à *die Neuzeit*. Au moment où le projet de la modernité est remis en question, la fortune de la notion de *Neuzeit* semble ainsi avoir fait long feu en philosophie et ne garder une pertinence que dans les débats historiographiques sur la périodisation de la modernité. Il se pourrait cependant, au vu de la richesse de ces débats, que la puissance spéculative du concept de *Neuzeit* demeure. Au reste, l'originalité du projet philosophique de Blumenberg se mesure aussi au maintien du terme *Neuzeit*, qui signale une autre périodisation de la modernité prenant pour point de départ la Renaissance plutôt que l'*Aufklärung* et la Révolution industrielle, au contraire des penseurs de *die Moderne*. La différence entre Blumenberg et Habermas commence donc avec le choix des mots. Le problème de la « modernité » française serait alors de ne pas pouvoir rendre compte de cette bifurcation.

Gisela FEBEL

BIBLIOGRAPHIE

ADORNO Theodor W., *Ästhetische Theorie*, Francfort, Suhrkamp, 1970.

ASTON Trevor (éd.), *Crisis in Europe : 1560-1660. Essays from « Past and Present »*, Londres, Routledge, 1965.

BLUMENBERG Hans, *Aspekte der Epochenschwelle*, Francfort, Suhrkamp, 1976.

— *Die Legitimität der Neuzeit*, Francfort, Suhrkamp, 1966.

— *Die kopernikanische Wende*, Francfort, Suhrkamp, 1965.

— *Kopernikus im Selbstverständnis der Neuzeit*, Mainz, Akademie der Wissenschaften, 1965.

BRENTANO Franz, *Geschichte der Philosophie der Neuzeit* [1870], Hambourg, Meiner, 1987.

BURKHARDT Jacob, *Die Kultur der Renaissance in Italien* [1860], Stuttgart, Kröner, 1958.

CASSIRER Ernst, *Individuum und Kosmos in der Philosophie der Renaissance*, Leipzig, Teubner, 1927.

DESCOMBES Vincent, *Philosophie par gros temps*, Minuit, 1989.

GADAMER Hans Georg, « *Postmoderne und das Ende der Neuzeit* », émission radiophonique, 1992.

GUARDINI Romano, *Das Ende der Neuzeit. Ein Versuch der Orientierung*, Würzburg, Werkbund-Verlag, 1965.

HABERMAS Jürgen, « Die Moderne — ein unvollendetes Projekt » [1980], in *Kleine politische Schriften* I-IV, Francfort, Suhrkamp, 1981, p. 444-464 ; « La modernité — un projet inachevé », trad. fr. G. Raulet, *Critique*, 413, oct. 1981, p. 950-967.

— *Der philosophische Diskurs der Moderne. Zwölf Vorlesungen*, Francfort, Suhrkamp, 1985 ; trad. fr. C. Bouchindhomme et R. Rochlitz, Gallimard, 1988.

HEGEL Georg Friedrich Wilhelm, *Vorlesungen über die Philosophie der Geschichte*, Stuttgart, Reclam, 1972.

KOSELLECK Reinhart, « Neuzeit », in *Vergangene Zukunft. Zur Semantik moderner Bewegungsbegriffe*, Francfort, Suhrkamp, 1979.

— *Kritik und Krise. Eine Studie zur Pathogenese des bürgerlichen Welt*, Francfort, Suhrkamp, 1979.

NIETZSCHE Friedrich, *Vom Nutzen und Nachteil der Historie für das Leben*, in *Werke*, vol. 1, K. Schlechta (éd.), Francfort, Ullstein, 1980 ; *De l'utilité et des inconvénients de l'histoire pour la vie*, trad. fr. P. Rusch, in *Œuvres*, M. de Launay (dir.), Gallimard, « La Pléiade », 2000.

— *Der Antichrist*, in *Werke*, vol. 2, K. Schlechta (éd.), Francfort, Ullstein, 1980 ; *L'Antéchrist*, trad. fr. D. Tassel, Union générale d'éditions, 1967.

SCHILLING Heinz, *Aufbruch und Krise. Deutschland 1517-1648*, Berlin, Siedler, 1988 (Siedler deutsche Geschichte : Das Reich und die Deutschen, 5).

TROELTSCH Ernst, *Die Bedeutung des Protestantismus für die Entstehung der modernen Welt* [1911], Munich, Oldenbourg, 1928 ; trad. fr. M. de Launay, in *Protestantisme et Modernité*, Gallimard, 1991.

VIERHAUS Rudolf, « Vom Nutzen und Nachteil des Begriffs "Frühe Neuzeit". Fragen und Thesen », *in* R. VIERHAUS (éd.), *Frühe Neuzeit — Frühe Moderne ? Forschungen zur Vielschichtigkeit von Übergangsprozessen*, Göttingen, Vandenhoeck & Ruprecht, 1992.

VISCHER Friedrich Theodor, *Aesthetik oder Wissenschaft des Schönen* [1848], Hildesheim, Olms, 1975.

OUTILS

BRUNNER Otto, CONZE Werner et KOSELLECK Reinhard (éd.), *Geschichtliche Grundbegriffe. Historisches Lexikon zur politisch-sozialen Sprache in Deutschland*, 8 vol., Stuttgart, Klett, 1972-1992.

GRIMM Jacob et Wilhelm, *Deutsches Wörterbuch*, Leipzig, Hirzel, 1854, repr. Munich, Deutscher Taschenbuch, 1984.

NONSENSE ANGLAIS – fr. *non-sens, absurdité*

all. *Unsinn, Sinnlosigkeit*

► ***ABSURDE, MOT D'ESPRIT***, et ACTE DE LANGAGE, ANGLAIS, INGENIUM, ***NÉGATION***, PRINCIPE, PROPOSITION, SENS, ***SENS COMMUN*** [COMMON SENSE, SENSUS COMMUNIS], SIGNE, SIGNIFIANT, VÉRITÉ

Pourquoi est-il difficile en général de traduire Nonsense *par* non-sens *? Pourquoi la dimension « positive » de* nonsense *n'est-elle pas, du moins jusqu'à récemment, intégrable au français ou à l'allemand ? Pour répondre à la question, il faut examiner l'évolution de l'expression, notamment dans l'anglais contemporain, et la progressive explicitation voire la réhabilitation philosophique du* nonsense *: déterminer, pour ainsi dire, les différents sens du non-sens. Il est en particulier important, pour la tradition analytique, de distinguer le non-sens radical ou l'absurde (cf. l'adj. allemand* unsinnig*) d'un non-sens qui serait absence de signification ou vacuité (cf.* sinnlos*) et qui soulève alors la question d'une définition (normative) du sens. Mais on peut aussi essayer de dépasser cette distinction, comme tente de le faire, de diverses façons, la philosophie grammaticale de Wittgenstein.*

I. CONCEPTION NATURELLE / CONCEPTION PHILOSOPHIQUE DU « NONSENSE »

On peut distinguer, comme le fait Cora Diamond dans « What Nonsense might be » dans *The Realistic Spirit*, deux conceptions du non-sens. Elles se définissent, superficiellement, par ce à quoi on oppose le non-sens : au « bon sens », ou au « sens ». Le mot anglais *sense* a précisément ces deux usages (cf. le titre de Jane Austen, *Sense and Sensibility*, qu'on rend en français par le titre « Raison et Sentiments », mais qui renvoie à la voie au sens et au sensible, ou l'expression *no-nonsense*, qui veut dire « solidement raisonnable »). *Sense* est donc l'exact opposé de *nonsense*, et l'identification sous un seul mot des deux conceptions du non-sens est sans doute caractéristique de l'anglais.

Chez les empiristes anglais, notamment Hume, le *nonsense* s'oppose d'abord à la raison (au sens de « bon sens », « sens commun »), il est associé à l'absurdité et au ridicule ou parfois, simplement, à l'absence de sérieux. Hume aime bien l'expression « *talking nonsense* » qui veut dire bavarder, raconter n'importe quoi. Mais il peut avoir un usage nettement plus critique de l'expression :

> *Does a man of sense run after every silly tale of witches or hobgoblins or fairies, and canvass particularly the evidence ? I never knew any one, that examined and deliberated about nonsense.*
>
> [Est-ce qu'un homme sensé court après n'importe quelle histoire de sorcières, de gobelins ou de fées, et en examine de près les preuves ? Je n'en ai jamais connu aucun qui porte son attention et réfléchisse à des absurdités.]
>
> *The Letters of David Hume*, Lettre à Blair, vol. 1, n° 188, p. 350.

Ou encore, dans une lettre à Strahan :

> *Since Nonsense flies with greater Celerity, and makes greater Impression than Reason ; though indeed no particular Species of Nonsense is so durable. But the several Forms of Nonsense never cease succeeding one another ; and Men are always under the Dominion of some one or other, though nothing was ever equal in Absurdity and Wickedness to our present Patriotism.*
>
> [En effet le non-sens vole plus vite et fait plus forte impression que la raison ; quoique de fait aucune sorte particulière de non-sens ne soit aussi durable. Mais les différentes sortes de non-sens ne cessent jamais de se succéder, et les hommes sont toujours soumis à l'une ou à l'autre, quoique rien n'ait jamais égalé en absurdité et en perversité, notre actuel patriotisme.]
>
> *The Letters of David Hume*, Lettre à Blair, vol. 2, n° 455, p. 238.

Le sens « naturel » de non-sens est donc d'emblée quelque chose comme « absurde », ou « contradictoire ». Hobbes, dans le *Leviathan*, identifie ainsi absurdité et non-sens : l'homme a le privilège du non-sens sur les animaux parce qu'il peut raisonner, et le philosophe est un spécialiste en la matière. Mais Hobbes développe aussi une première théorie linguistique, assez élaborée, du non-sens. Il distingue deux types de non-sens pour les expressions : lorsqu'un mot ne reçoit pas de signification par une définition, ou lorsque sont associés deux mots dont les significations sont contradictoires ou inconsistantes.

> *For whensoever any affirmation is false, the two names of which it is composed, put together and made one, signifie nothing at all.*
>
> [Car lorsqu'une affirmation quelconque est fausse, les deux noms dont elle est composée, mis ensemble et rassemblés en un, ne signifient rien du tout.]
>
> Hobbes, *Leviathan*, chap. 4, § 21/24, p. 27.

Par exemple, les expressions « quadrangle rond » (« *round quadrangle* ») ou « substance incorporelle » (« *incorporeal body/substance* ») sont dénuées de sens, ce sont de simples sons (« *meere sound* ») ; il s'agit là d'un non-sens radical, puisque Hobbes ne se contente pas de dire que l'expression ne renvoie à aucun objet : elle n'a pas de signification (cf. « *senselesse and insignificant word* »), elle est vide, ne *dit* rien.

On a là un premier aperçu du passage de la conception naturelle (*nonsense = absurdity*) à une conception philosophique ou linguistique du non-sens, les deux conceptions demeurant ici étroitement liées :

> *And therefore if a man should talk to me of a round quadrangle* [...] *or of free-Will, I should not say he were in an Errour ; but that his words were without meaning ; that is to say, Absurd.*
>
> [Et ainsi si un homme me parle d'un quadrangle rond (...) ou de la volonté libre, je ne dirais pas qu'il est dans l'erreur, mais que ses mots sont dépourvus de signification ; c'est-à-dire, absurdes.]
>
> Hobbes, *Leviathan*, chap. 5, § 22, p. 32.

Pour Hobbes, le non-sens est une capacité de l'espèce humaine (« *the privilege of Absurdity* ») aussi distinctive que le rire (cf. chap. 6) : on verra que les deux ne sont pas sans rapport.

II. LES PHILOSOPHES ET LA CONCEPTION NATURELLE DU NON-SENS

La conception naturelle se trouve développée dans l'article d'Annette Baier, « Nonsense » (*Encyclopedia of Philosophy*, Edwards [éd.]), qui présente cette fois six catégories :

(1) ce qui est évidemment faux (*obviously false*), « *it flies in the face of the facts* [ce qui s'évapore devant les faits] » ;

(2) le non-sens sémantique, c'est-à-dire le cas où on ne sait pas de quoi on parle, où l'énoncé est totalement hors de propos : « *wildly inapposite* » ;

(3) les phrases qui impliquent des erreurs de catégories. Ex. : « Cette pierre pense à Vienne », ou ce passage de Lewis Carroll : « *He thought he saw a Garden-Door / That opened with a key ; / he looked again, and found it was A Double Rule of Three* [Il croyait avoir vu une porte de jardin / qui s'ouvrait avec une clé ; / Il regarda à nouveau, et découvrit que c'était / Une double règle de trois] » ;

(4) les suites de mots constituées de termes familiers, mais qui ont une structure syntaxique qui n'a rien à voir avec la structure familière (« *oddball and unclear syntactic structure* »). Par exemple, l'expression citée par Carnap dans sa classification des non-sens dans son fameux essai « Le dépassement de la métaphysique par l'analyse du langage » : « César est et » ;

(5) les phrases que l'on produit en prenant une phrase « respectable » et en y remplaçant un ou plusieurs mots (mais pas trop) par des mots dépourvus de sens, intraduisibles dans le vocabulaire familier, tout en maintenant une structure reconnaissable.

Exemple proposé par Moore : « *Scott kept a runcible at Abbotsford* » ; par Carnap, dans *La Syntaxe logique du langage* : « *Piroten karulieren elatisch* » ; par Frege (*Ueber die Grundlagen der Geometrie*) : « *Jedes Anej bazet wenigstens zwei Ellah* ». On voit que ces exemples de non-sens suscitent une certaine créativité chez les philosophes, même parmi ceux qui sont les moins portés à la fantaisie. Les exemples littéraires de ce

genre de non-sens sont multiples : évidemment Lewis Carroll et *Jabberwock*, ou, dans le domaine allemand, Christian Morgenstern (ce que les commentateurs appellent la « *Nonsens-Lyrik* », inspirée de Mauthner ; cf. J. Bouveresse, *Dire et ne rien dire*, p. 101) ;
(6) les phrases qui sont « *mere gibberish* » : à savoir du « galimatias » asyntaxique.

C'est évidemment la conception 5, dont fait largement usage Lewis Carroll, qui est la plus fascinante du point de vue du traducteur. Les traductions de *Jabberwock* varient sans doute dans des proportions plus grandes que celles des phrases « normales », mais se font sans difficulté, et suivant des règles bien déterminées, comme le montre l'exemple suivant :

> *All mimsy were the borogoves.*
> [Tout flivoreux vaguait les borogoves.]
> [Enmîmés sont les gougebosqueux.]
> Henri Parisot ; Frank L. Warrin (1931).

En réalité cette catégorie de non-sens illustre l'indépendance du sens et de la syntaxe, comme le montre l'ultra célèbre exemple de Chomsky, toujours traduisible : « D'incolores idées vertes dorment furieusement. »

Mais la catégorie 4 est également centrale pour la réflexion philosophique contemporaine : elle est utilisée en philosophie du langage pour distinguer deux types de non-sens, un non-sens radical (cat. 6) et un non-sens syntaxique ou catégorique, qui consiste à assembler des mots qui ne vont pas ensemble.

III. LE CONFLIT AUTOUR DU NON-SENS PHILOSOPHIQUE

A. La conception substantielle du non-sens

On voit que le non-sens philosophique est inséparable de l'idée de règles du langage, qui détermineraient les limites du sens, de ce qui *peut* être dit. Beaucoup d'interprètes croient trouver une telle idée chez Wittgenstein, dans le *Tractatus logico-philosophicus*. Mais il s'agit plutôt d'une conception postérieure, que l'on trouve par exemple chez Carnap et Russell, et qui se distingue radicalement de la conception naturelle. Elle suppose que l'on doive démarquer le non-sens, c'est-à-dire des pseudo-propositions (*Scheinsätze*) du sens, de ce qui peut être dit.

Carnap, dans « Le dépassement de la métaphysique », distingue deux sortes de pseudo-propositions *unsinnig* :
(*i*) celles qui contiennent un ou des mots dépourvus de signification ;
(*ii*) celles qui ne contiennent que des mots pourvus de signification, mais agencés de façon telle qu'il n'en résulte aucun sens.

Le non-sens métaphysique, d'après Carnap, peut occasionnellement être ramené au type de non-sens (*i*). Mais le plus souvent un métaphysicien sait bien ce qu'il entend par chacun de ses mots, et la critique de la métaphysique porte sur le non-sens de type (*ii*). Le type (*i*) est du pur non-sens ; il est littéralement inintelligible. Le non-sens de type (*ii*) est du non-sens *substantiel* : nous savons ce que veut dire chaque partie de la proposition — le problème, c'est le *composé* qu'elles forment.

> En disant que les prétendues assertions (*Sätze*) de la métaphysique sont *dépourvues de sens* (*unsinnig*) nous entendons cette expression dans son sens le plus strict... Au sens strict, une suite de mots (*Wortreihe*) est *dépourvue de sens* si elle ne constitue pas, dans un langage spécifié, une assertion (*gar keinen Satz bildet*). Il peut se faire qu'une suite de mots de ce genre ait l'air d'une assertion (*Satz*) à première vue ; dans ce cas nous disons qu'il s'agit d'une *pseudo-assertion* (*Scheinsatz*).
> Carnap, « Le dépassement... », trad. fr., p. 163.

La syntaxe logique, pour Carnap, spécifie quelles combinaisons de mots sont recevables et quelles combinaisons ne le sont pas. La syntaxe du langage naturel autorise la formation de non-sens (*ii*), où il y a « violation de la syntaxe *logique* ». On voit ici l'émergence d'une conception spécifique, philosophique, du non-sens

Carnap introduit un exemple.

> Prenons pour exemples les suites de mots suivantes :
> 1. « César nous et »
> 2. « César est un nombre premier »
> [...] Dans la mesure où (2) a l'air d'une assertion sans en être une, où elle n'asserte rien, nous pouvons désigner cette séquence comme une « pseudo-assertion » [...] Cet exemple a été retenu de manière à rendre le non-sens aisé à détecter. Mais il n'est pas si facile de reconnaître nombre de prétendues assertions de la métaphysique comme des pseudo-assertions. Le fait que les langues naturelles autorisent la formation de suites de mots dépourvues de signification sans violation des règles de la grammaire, indique que la syntaxe grammaticale est, d'un point de vue logique, inadéquate.
> Carnap, « Le dépassement... », *loc. cit.*

Le non-sens obtenu n'est pas dû à l'absence de signification d'un mot ou d'un autre, mais aux significations mêmes que ces mots possèdent et qui échouent à s'ajuster pour « faire sens ». Les règles du langage ordinaire sont différentes de celles de la syntaxe logique ou philosophique. Il y a donc pour Carnap des « variétés » de non-sens, non seulement l'absurde ou le non-sens radical, mais aussi le logiquement impossible.

Cette conception dite « substantielle » du non-sens, apparemment inspirée de Wittgenstein et de son idée des « limites du sens », est en réalité profondément opposée à sa conception du non-sens comme du sens.

B. « Sinnlos » / « Unsinnig »

Frege et Wittgenstein ont une conception beaucoup plus proche de la conception naturelle, et ne conçoivent qu'une sorte de non-sens. C'est ce qu'on appelle la conception austère du non-sens, qu'on peut opposer à la conception substantielle d'un Carnap. Celle de Wittgenstein, notamment dans l'évolution de sa première à sa seconde philosophie, offre des perspectives intéressantes.

La question du non-sens et de ses différentes espèces devient centrale, en philosophie du langage, à partir du *Tractatus* de Wittgenstein et de son usage de la définition du *Sinn* de Frege (voir SENS, V). Le non-sens au sens d'absence de signification est au centre de la conception contemporaine de la logique. Frege identifie sens et pensée (*Gedanke*), une pensée étant une espèce particulière de sens, un sens propositionnel. Le point important pour Frege est de ne pas penser la distinction sens/non-sens sur le modèle la distinction Vrai/Faux. Il y a des phrases et des pensées vraies ou fausses : une phrase est vraie (fausse) quand elle exprime une pensée vraie (fausse) ; mais il n'y a pas de pensée dénuée de sens, ni de phrase dénuée de sens parce qu'elle exprimerait une pensée qui n'a pas de sens (de la même façon qu'une phrase est fausse quand elle exprime une pensée fausse). Pour Frege, il n'y a pas de pensées logiquement fautives : ce ne sont pas des pensées du tout. Cette idée est reprise par Wittgenstein dans le *Tractatus*, où elle joue un rôle central pour la définition du non-sens et de l'illogique : « Nous ne pouvons rien penser d'illogique (*nichts Unlogisches denken*) parce que sans cela il nous faudrait penser illogiquement (*unlogisch denken*) » (3.03).

Rappelons que le *Tractatus* a pour but de tracer les limites du langage par les limites du non-sens :

> *Die Grenze wird also nur in der Sprache gezogen werden können und was jenseits der Grenze liegt, wird einfach Unsinn sein.*
>
> [La limite ne pourra être tracée qu'à l'intérieur du langage et ce qui se trouve à l'extérieur de la limite sera simplement du non-sens.]
>
> Wittgenstein, *Tractatus*, Préface.

Les propositions de la science sont seules à être pourvues de sens (*sinnvoll*). Les tautologies et les contradictions sont dépourvues de sens, *sinnlos*, car elles ne représentent pas un état de choses donné, mais elles ne sont pas du *Unsinn* (du non-sens) car elles appartiennent au langage et au symbolisme.

> *Tautologie und Kontradiktion sind sinnlos* [vides de sens].
>
> *Tractatus*, 4.461.

> *Tautologie und Kontradiktion sind aber nicht unsinnig* [des non-sens].
>
> *Tractatus*, 4.4611.

Les propositions de la métaphysique sont radicalement du non-sens *unsinnig* :

> *Die meisten Sätze und Fragen, welche über philosophische Dinge geschrieben worden sind, sind nicht falsch, sondern unsinnig. Wir können daher Fragen dieser Art überhaupt nicht beantworten, sonder nur ihre Unsinnigkeit feststellen.*
>
> [La plupart des phrases et questions qui sont écrites sur les choses philosophiques, ne sont pas fausses, mais dépourvues de sens. Nous ne pouvons donc pas du tout répondre à des questions de ce genre, mais simplement établir leur absence de sens.]
>
> *Tractatus*, 4.0003.

Comme le montre le passage énigmatique qui conclut (presque) le *Tractatus*, il est capital de comprendre que ces propositions sont des non-sens, ce qui ne veut pas dire *les* comprendre : justement, elles ne peuvent l'être, radicalement. « Mes propositions ne sont élucidantes que dans la mesure où celui qui me comprend les reconnaît à la fin comme dépourvues de sens. Il doit surmonter (*überwinden*) ces propositions » (6.54).

Surmonter ces propositions veut dire reconnaître ces propositions comme métaphysiques, et comme dépourvues de sens. D'où la tentation qui a longtemps guidé les lectures de Wittgenstein : il y aurait une sorte de compréhension du non-sens, lequel se montrerait au lieu de se dire, et c'est dans ce « montrer » ineffable que la métaphysique aurait sa place paradoxale. On ne saurait ignorer ce qu'il y a de délibérément kantien dans le projet du *Tractatus*. Il s'agit de fixer une limite (*Grenze*) à la pensée, dans un projet similaire à celui d'une critique de la raison pure : une reprise du projet kantien (tracer une limite entre science et non-science), exprimé ici en termes de non-sens : tracer les limites du sens (on peut penser au titre du livre de Strawson sur la première Critique de Kant, *The Bounds of Sense*) en délimitant le domaine de ce qui peut être dit. Mais une telle approche reste bien en deçà de son projet et de sa conception du non-sens, comme le montre la préface :

> Le but du livre est bien plutôt [fixer des limites] non au penser, mais à l'expression des pensées : car pour tracer une limite autour du penser, il faudrait que nous puissions penser des deux côtés de cette limite (il nous faudrait donc pouvoir penser ce qui ne se laisse pas penser).
>
> La limite ne pourra donc être tracée que dans le langage, et ce qu'il y a au-delà de la limite sera simplement nonsens (*Unsinn*).
>
> *Ibid.*, Préface.

On ne peut tracer une limite de la pensée, car pour cela, il faudrait spécifier ce qui ne peut être pensé, le non-sens, et donc le saisir de quelque façon en pensée. Mais sur ce dont on ne peut parler, il ne peut y avoir de phrases, même des phrases dénuées de sens qui pourraient vouloir dire cela si elles avaient du sens. Donc on tracera la limite « dans » le langage (c'est ce que le livre va montrer qu'on peut faire). Une fois cette limite tracée, ce qui reste au-delà des phrases directement intelligibles (les propositions de la science) sera du pur non-sens. Cela veut dire que Wittgenstein exclut précisément l'idée que certaines phrases seraient du non-sens, mais pourraient quand même indiquer quelque chose de ce qui ne peut être dit. Il n'y a donc qu'un seul type de non-sens *unsinnig* : c'est la conception « austère » du non-sens.

Quelle est la source du non-sens ? Wittgenstein nous met en garde (3.324) contre « les confusions dont est pleine la philosophie ». Le philosophe se laisse souvent hypnotiser par l'existence, pour deux objets, d'un même signe (*Zeichen*). Or, la communauté de signe ne saurait être tenue pour caractéristique des objets eux-mêmes (3.322). L'important, ce n'est pas le signe lui-même, mais ce dont il est la face perceptible (3.32), à savoir le « symbole » (*Symbol*), qui détermine le sens de la proposition (3.31). Comment, dès lors, concevoir la possibilité d'un accès au symbole ? La réponse de Wittgenstein est très importante, et constitue le lien entre sa première philosophie et la seconde : « Pour reconnaître le symbole sur (*am*) le signe, il faut considérer l'usage pourvu de sens (*sinnvoller Gebrauch*) » (3.326).

C'est « l'usage pourvu de sens » qui constitue la seule expérience que nous ayons du sens, et le critère du non-sens. Ainsi, dès le *Tractatus*, la limite du sens et du non-sens n'est déterminée ni par le « contenu empirique » du positivisme logique, ni par une sorte d'instance transcendante qui tracerait la limite de la pensée : elle est déterminée par l'usage ; en réalité, la théorie de l'usage qui caractérise toute la seconde philosophie est déjà présente dans la théorie du non-sens du *Tractatus*. Une expression dénuée de sens est une expression à laquelle *moi* je ne donne pas de sens.

Ainsi Wittgenstein précise « la méthode correcte en philosophie » :

> La méthode correcte de la philosophie serait à proprement parler la suivante : ne rien dire que ce qui se laisse dire, donc des propositions des sciences de la nature — donc quelque chose qui n'a rien à voir avec la philosophie —, puis toujours, lorsqu'un autre voudrait dire quelque chose de métaphysique (*etwas Metaphysisches*), lui montrer que, dans ses propositions, il n'a pas *donné de sens* à certains signes.
>
> *Tractatus*, 6.53.

Une phrase dénuée de sens n'est pas une espèce particulière de phrase : c'est un symbole qui a la forme générale d'une proposition et qui n'a pas de sens parce que nous ne lui en avons pas donné. Cela réduit la distinction, pourtant philosophiquement centrale, *sinnlos/bedeutungslos/unsinnig*. « Si un signe n'est pas utilisé, il est sans signification (*bedeutungslos*). C'est le sens de la devise d'Occam » (3.328).

On revient toujours à l'usage pourvu de sens (« *sinnvoller Gebrauch* »). Mais l'usage n'est prescrit par rien d'autre que par l'usage lui-même. « Nous ne pouvons donner à un signe le mauvais (*unrecht*) sens » (5.4732).

Aucun sens ne peut être illégitime (*unrecht*) à partir du moment où il est donné, c'est-à-dire où *nous* le donnons. Quant au non-sens métaphysique, lorsque le signe cesse d'être employé conformément à son usage habituel, on n'a pas pour autant défini de nouvel emploi pour ce qu'on dit. C'est dans cette absence de définition, non pas au sens d'une absence de définition formelle, mais au sens d'une absence de fait de donation de sens, que surgit le non-sens.

C'est ce que souligne la dernière proposition du *Tractatus* : « Lorsque quelqu'un veut dire quelque chose de métaphysique, lui montrer qu'il n'a pas donné de signification (*keine Bedeutung*) à certains signes de la proposition. »

Le non-sens comme tel produit alors une élucidation : celui qui comprend l'auteur du *Tractatus* comprend que ses propositions sont des non-sens, et c'est en comprenant cela qu'il est éclairé.

> *Meine Sätze erläutern dadurch, dass sie der, welcher mich versteht, am Ende als unsinnig erkennt. Er muss diese Sätze überwinden.*
>
> [Mes propositions ne sont éclairantes que dans la mesure où celui qui me comprend les reconnaît à la fin comme dépourvues de sens. Il doit surmonter ces propositions.]
>
> Wittgenstein, *Tractatus logico-philosophicus*, 6.54.

Il faut noter ici une légère bizarrerie d'expression : on croit toujours se souvenir de cette conclusion de Wittgenstein comme l'affirmation que « celui qui comprend ses phrases comprend que ce sont des non-sens ». Or Wittgenstein, écrit, comme une esquive de dernière minute, « celui qui me comprend (*welcher mich versteht*) », et choisit d'attirer ainsi l'attention sur la différence entre comprendre quelqu'un et comprendre ce qu'il dit. Il s'agit non seulement de comprendre que les propositions de Wittgenstein sont des non-sens, mais de renoncer à l'idée de les comprendre « en tant que non-sens ». L'élucidation apportée par les non-sens est la compréhension de leur auteur — Wittgenstein.

C. Non-sens et jeu de langage

Dans les *Investigations philosophiques*, Wittgenstein développe sa conception du non-sens en se préoccupant d'un autre type de non-sens, lié au caractère approprié (*treffend, fitting*) d'un énoncé à son contexte. Il est important d'inscrire, comme le fait Diamond, cette conception dans le prolongement de la première. La seconde philosophie de Wittgenstein tente de définir un non-sens par l'absence d'un « jeu de langage » (*Sprachspiel, Language-game*) dans lequel l'expression puisse être utilisée. Le non-sens se définit alors, encore une fois, mais en un sens nouveau, par l'usage.

Quand une phrase est dite dénuée de sens (*ein Satz... sinnlos*), ce n'est pas « son sens qui est dénué de sens (*so is nicht sein Sinn sinnlos*) », mais c'est une combinaison de mots qui est exclue du langage, mise hors circulation (§ 500).

Ou dans un cours de 1935 (en anglais) :

> *Though it is nonsense to say « I feel his pain », this is different from inserting into an English sentence a meaningless word, say « abracadabra », and from saying a string of nonsense words.*
>
> [Quoique ce soit un non-sens de dire « je sens sa douleur », c'est là une chose différente que d'insérer dans une phrase anglaise un mot dépourvu de signification, comme « abracadabra », ou de dire une suite de mots dépourvus de sens.]
>
> *Wittgenstein's Lectures*, p. 64.

On est alors tenté de constater une évolution de Wittgenstein vers une conception plus pragmatique du non-sens, définie par les règles, non plus de la logique, mais de l'usage. En réalité — et c'est ce qui montre la prégnance et la centralité de l'idée de non-sens, jusque dans sa seconde philosophie — l'expression mal utilisée (*misused*) et donc exclue du langage est un non-sens, elle n'est pas un sens utilisé de manière fausse, absurde ou inadéquate. C'est ce que certains commentateurs (comme Charles Travis dans *The Uses of Sense*) définissent chez le second Wittgenstein comme la sensibilité de la signification à l'usage (« *S-use sensitivity* ») : la signification d'un mot se définit aussi par ses usages ultérieurs et possibles. Pour Wittgenstein, que ce soit dans la première ou la seconde philosophie, il n'y a pas d'intermédiaire entre le sens et le non-sens, même s'il y a diverses espèces de non-sens, comme il y a diverses espèces de significations ou de manières de signifier.

IV. « NONSENSE », « WITZ », GRAMMAIRE PHILOSOPHIQUE ET LANGAGE ORDINAIRE

Nous avons examiné jusqu'ici le *Nonsense* dans son acception « logique » et grammaticale : reste à envisager le *Nonsense* poétique et comique, déjà abordé avec Lewis Carroll. Comment définir la qualité comique du *nonsense* ? Les spécialistes du *nonsense* comme genre littéraire protestent en général contre la tendance qu'on a à identifier le non-sens avec un défaut de sens : le *nonsense* est plutôt l'absence d'un certain sens, par exemple le sens commun ou la raison, qui se trouve subverti dans le non-sens.

En réalité, on pourrait distinguer dans ce contexte, à la suite de Wittgenstein, trois usages de la notion de sens : (1) la notion de sens primaire ; (2) la notion, proposée par Wittgenstein au § 11 de la 2e partie des *Investigations*, de signification secondaire (exemples : l'usage de « gras » ou de « jaune » dans l'affirmation selon laquelle mercredi est gras ou maigre, ou la voyelle *e* jaune), dérivée de la signification primaire ; (3) le complexe de *Sinn-* ou *Bedeutungserlebnisse* (les expériences de signification, centrales chez le second Wittgenstein) qui accompagnent l'usage et qui, malgré leur nom, seraient un vécu d'un type non-linguistique. Or, les *Bedeutungserlebnisse* ne jouent pas un grand rôle dans la définition du non-sens poétique ou comique. On peut donc définir le *nonsense* poétique ou comique dans le cadre d'une sensibilité à la signification, et d'une expérience vécue *de* la signification (« *das Erleben der Bedeutung* », à différencier des *Bedeutungserlebnisse*) (voir ERLEBEN) — ce que Wittgenstein vise dans son idée d'un « aveugle à la signification », incapable justement de sentir (goûter) l'humour des plaisanteries. « Si l'on ne vivait pas la signification des mots, comment pourrait-on alors rire des jeux de mots (*Wortwitze*) ? » (*Letzte Schriften über die Philosophie der Psychologie*, vol. 1, § 711).

L'aveugle au sens (*Bedeutungsblind* ; cf. *Bemerkungen über die Philosophie der Psychologie*, vol. 1, § 202) est aussi bien aveugle au non-sens, en tout cas au type spécifique de non-sens qu'on a dans la poésie et l'humour, et qui a donc plus à voir avec le sens qu'on ne l'imagine couramment.

Wittgenstein remarque qu'« un poème nonsensique (*ein Unsinn-Gedicht*) n'est pas du non-sens de la façon dont le sont par exemple les balbutiements d'un enfant » (*Investigations*, § 282 ; Klossowski traduit : « un poème de "non-sens" », et Anscombe : « nonsense poem »).

Il compare trois énoncés : « un enfant nouveau-né n'a pas de dents », « une oie n'a pas de dents », « une rose n'a pas de dents » et note que, même si le troisième paraît plus vrai ou plus certain que les deux autres, il paraît moins pourvu de sens. Cependant, il y a toujours moyen de lui en donner (*Investigations*, p. 565) en imaginant des conditions d'usage adéquates. Dans la seconde philosophie de Wittgenstein, il n'y a donc pas d'expressions par elles-mêmes dénuées de sens ou auxquelles nous ne puissions donner de sens, mais seulement des expressions auxquelles nous ne voulons pas donner de sens : on peut leur en donner un, un jour, et les inclure dans un jeu de langage. Toute combinaison de mots peut, si nous le voulons, être « mise en circulation ». De ce point de vue, la seconde philosophie de Wittgenstein n'a plus guère à voir avec un normativisme du sens, et ouvre vers une positivité du non-sens.

L'attention nouvelle portée par Wittgenstein aux faits ordinaires de la grammaire et du langage le rend particulièrement sensible au *nonsense* et au *Witz*, et à leur signification. Il note : « L'aptitude à la philosophie réside dans la capacité de recevoir d'un fait de grammaire une impression forte et durable » (*Big Typescript*, p. 193).

Cette aptitude détermine aussi la capacité à l'humour et, plus spécialement, à l'esprit (trait ou mot d'esprit), car elle attire notre attention sur des propriétés curieuses du langage. Wittgenstein cite à ce propos Lichtenberg, et s'intéresse au type de compréhension que nous avons des poèmes de Lewis Carroll.

> Songeons à la signification spirituelle (*witzige Bedeutung*) que nous donnons aux jeux grammaticaux de Lewis Carroll. Je pourrais demander : pourquoi est-ce que je ressens un mot d'esprit (*Witz*) grammatical en un certain sens comme profond ? (Et c'est naturellement la profondeur philosophique).
>
> *Wiener Ausgabe*, vol. 3, p. 261, cité par J. Bouveresse, *Dire et ne rien dire*, p. 248.

Wittgenstein décèle la proximité entre *Witz* et philosophie, dans leur capacité commune, pour ainsi dire, à goûter le sel du langage. Wittgenstein aurait dit une fois qu'on pourrait concevoir un ouvrage de philosophie sérieux et bon qui serait constitué entièrement de *jokes* (sans être pour autant facétieux). Le *Witz* est une autre façon plus plaisante, de « se cogner la tête contre la barrière du langage » — tâche qui définit la philosophie.
La proposition philosophique et le *Witz* grammatical ont tous les deux un rapport direct avec la question des limites du sens et semblent s'opposer l'un à l'autre un peu comme le plaisir du non-sens à ce qu'on pourrait appeler par contraste la douleur, l'impuissance et la frustration du non-sens. On a dit que le mot d'esprit, tel qu'il est analysé par Freud, pourrait être considéré comme un lapsus réussi. Wittgenstein semble parfois suggérer que la proposition philosophique peut ressembler à un mot d'esprit involontaire.

J. Bouveresse, *ibid.*, p. 249.

Comment le *Witz* peut-il attirer notre attention sur le langage, et donc avoir une profondeur du même genre que la grammaire elle-même ? C'est qu'il se caractérise précisément par l'impossibilité de déterminer ce qui en fait la drôlerie, le contenant ou le contenu, la pensée ou le langage :

> Un bon mot d'esprit (*Witz*) nous fait pour ainsi dire une impression globale de satisfaction, sans que nous soyons en mesure de distinger immédiatement quelle partie du plaisir vient de sa forme spirituelle (*witzige*) et quelle partie du contenu excellent de pensée. [...] Nous ne savons pas ce qui nous fait plaisir et de quoi nous rions.
>
> S. Freud, *Le Mot d'esprit...*, trad. fr., p. 125.

La théorie freudienne du *Witz* est que le mot d'esprit, qui commence comme simple jeu, se met rapidement au service de tendances et pulsions de la vie psychique qui doivent surmonter des obstacles et inhibitions pour s'exprimer. Il est clair qu'il y a là un point commun avec la philosophie, notamment quand elle devient grammaticale et montre l'inséparabilité de la pensée et du langage. Ce passage à la grammaire est inséparable d'un certain non-sens voire d'une certaine bouffonnerie : on trouve avec plaisir chez Wittgenstein des tentatives pour transgresser les règles de la grammaire du langage au sens large (de ses usages), qui attirent notre attention précisément sur ces règles. « Pourquoi un chien ne peut-il simuler la douleur ? Est-il trop honnête ? »

Un autre exemple de Wittgenstein est celui de quelqu'un qui remplirait l'en-tête d'un papier officiel ainsi : « Lieu : ici. Date : maintenant ». On peut là encore le rapprocher de Freud dans cette attention au non-sens et à l'équivoque. Le *Witz*, note Freud, « ne crée pas de compromis comme le rêve, il consiste au contraire à conserver sans changement le jeu avec le mot ou le non-sens », en le présentant comme pourvu de sens.

> Rien ne distingue mieux le mot d'esprit de toutes les autres formations psychiques que cette double face et ce double langage qu'il possède, et au moins sous cet aspect les auteurs se sont rapprochés le plus de la connaissance du mot d'esprit lorsqu'ils ont insisté sur le sens dans le non-sens (*Sinn im Unsinn*).
>
> S. Freud, *Le Mot d'esprit...*, trad. fr., p. 125.

Le travail du *Witz* est précisément, pour Freud, d'arriver à trouver le sens dans le non-sens, donc à *donner* un sens, pas à le découvrir. Freud définit le *Witz* comme « sens dans le non-sens » (voir SIGNIFIANT et INGENIUM, encadré 3). Le non-sens superficiel est utilisé dans le *Witz* pour exprimer une pensée importante, mais qu'on ne veut ou ne peut pas forcément approcher. Le *Witz* n'est donc jamais un non-sens radical (*Unsinn* tel que défini plus haut). Une contradiction explicite ou une fausseté évidente peuvent constituer un mot d'esprit : « Le scandale commence lorsque la police y met fin » (Kraus) ; ou, pour prendre un exemple récent : « Dans l'intérêt de notre relation, n'en ayons pas » (Ally McBeal). En s'intéressant aux pièges du langage, mais aussi à son caractère profondément et naturellement ordinaire, la philosophie de Wittgenstein (et plus tard celle d'Austin, fertile en *wit* et *nonsense*) a spécifié une parenté essentielle entre le *Witz* et la grammaire philosophique, dans leur capacité à exprimer à la fois un problème et sa solution comme étant déjà sous nos yeux : on avait simplement mal regardé, ou mal entendu.

Sandra LAUGIER

BIBLIOGRAPHIE

BAIER Annette, « Nonsense », *in* P. EDWARDS (éd.), *The Encyclopedia of Philosophy*, New York et Londres, MacMillan, 1967, vol. 5.

BOUVERESSE Jacques, *Dire et ne rien dire. L'illogisme, l'Impossibilité et le Non-sens*, Nîmes, J. Chambon, 1997.

CARNAP Rudolph, *Die Überwindung der Metaphysik durch logische Analyse der Sprache, Erkenntnis*, 1931 ; « The Elimination of Metaphysics Through Logical Analysis of Language », trad. angl. A. Pap, in *Logical Positivism*, Cambridge, A. Ayer, 1959 ; trad. fr. A. Soulez (dir.), in *Le Manifeste du cercle de Vienne et autres écrits*, PUF, 1985.

CARROLL Lewis, *Les Aventures d'Alice au pays des merveilles*, trad. fr. H. Parisot, Flammarion, 1968.

— *De l'autre côté du miroir. La Chasse au snark*, trad. fr. H. Parisot, Flammarion, 1969.

DELEUZE Gilles, *Logique du sens*, Minuit, 1969.

DIAMOND Cora, « What nonsense might be ? » et « Throwing away the ladder », in *The Realistic Spirit, Wittgenstein, Philosophy, and the Mind*, Cambridge (Mass.), MIT Press, 1991.

FREGE Gottlob, *Écrits logiques et philosophiques*, trad. fr. C. Imbert, Seuil, 1973.

FREUD Sigmund, *Der Witz und seine Beziehung zum Unbewussten* [1905], in *Studienausgabe*, t. 4, Francfort, Fischer Verlag, 1970 ; *Le Mot d'esprit et sa relation à l'inconscient*, trad. fr. D. Messier, Gallimard, 1988.

HOBBES Thomas, *Léviathan* [1843], Londres, Molesworth Edition, 1951, rééd. Past Masters.

HUME David, *The Letters of David Hume*, éd. J.Y.T. Grieg, Oxford, Clarendon Press, 1932.

SCHULTE Joachim, *Lire Wittgenstein*, trad. fr. M. Charrière et J.P. Cometti, Combas, L'Éclat, 1992.

TRAVIS Charles, *The Uses of Sense*, Oxford, Clarendon Press, 1989.

WITTGENSTEIN Ludwig, *Tractatus logico-philosophicus*, Routledge & Kegan, Londres, 1922 ; 1re trad. angl. C.K. Ogden et F.P. Ramsey, 2e trad. angl. D.F. Pears et B.F. McGuinness, Routledge & Kegan, Londres, 1961 ; trad. fr. G.-G. Granger, Gallimard, 1993.

— *Philosophische Untersuchungen*, G.E.M. Anscombe, G.H. von Wright et R. Rhees (éd.), Oxford, Blackwell, 1953 ; *Philosophical Investigations*, trad. angl. G.E.M. Anscombe, Blackwell, 1953 ; trad. fr. P. Klossowski, in *Tractatus logico-philosophicus suivi de Investigations philosophiques*, Gallimard, 1961.

— « Philosophie », *The Big Typescript §§ 86-93, Revue internationale de philosophie*, 1989, p. 175-203.

— *Bemerkungen über die Philosophie der Psychologie*, I et II, G.E.M. Anscombe et G.H. von Wright (éd.), Oxford, Blackwell, 1980 ; trad. fr. G. Granel, Mauvezin, TER, 1989.

— *Letzte Schriften über die Philosophie der Psychologie / Last Writings on the Philosophy of Psychology*, vol. 1 et 2, G.H. von Wright et H. Nyman (éd.), Oxford, Blackwell, 1982 et 1992 ; trad. fr. G. Granel, *Études préparatoires*, Mauvezin, TER, 1994, et *L'Intérieur et l'Extérieur*, Mauvezin, TER, 2001.

— *Wienerausgabe*, Vienne, Springer Verlag, 1994-1995, 4 vol.

— *Wittgenstein's Lectures* [1932-1935], éd. A. Ambrose, Oxford, Blackwell, 1979 ; trad. fr. E. Rigal, Mauvezin, TER, 1992.

NOSTALGIE Un certain nombre de termes qui servent à désigner le malaise, le mal-être, vécu comme caractéristique d'une culture ou d'un génie national, trouvent un équivalent français avec le mot *nostalgie* : ainsi pour *saudade* (portugais), *dor* (roumain) ou *Sehnsucht* (allemand). La composante de la quête et de l'exil, y compris l'exil existentiel hors de soi, le déplacement dans tous les sens du terme, y est en effet très prégnante, qu'elle soit liée à la solitude (*saudade*), à la souffrance du désir impossible (*dor*), à l'aspiration vers le tout autre (*Sehnsucht*). Voir DOR, SAUDADE, SEHNSUCHT et, plus largement, *MALAISE* [ACEDIA, ANGOISSE, MÉLANCOLIE].

Sur le modèle grec de la nostalgie, comme « souffrance du retour », voir encadré 1, « *Nostos*... », dans SEHNSUCHT.

► HEIMAT, PORTUGAIS, STIMMUNG, STRADANIE

O

OBJET, ÊTRE OBJECTIF

gr.	*antikeimenon* [ἀντικείμενον]
lat.	*objici, objectum ; esse objective*
all.	*Objekt*

► *CHOSE*, ERSCHEINUNG, ES GIBT, *ÊTRE*, GEGENSTAND, INTENTION, PERCEPTION, *PHÉNOMÈNE*, RÉALITÉ, REPRÉSENTATION, SEIN, SUJET, TATSACHE, VÉRITÉ, VORHANDEN

Le mot objet*, comme le concept auquel il renvoie, n'a pas toujours existé. Mais nous ne cessons de le projeter dans des textes qui l'ignorent.*

I. L' « ANTIKEIMENON » OU LA PENSÉE SANS OBJET

Ne doit-on pas admettre que, même si le mot manque, le concept d'objet est aussi ancien que la philosophie elle-même ? En réalité, Platon et Aristote ne manquent pas d'analyser le rapport des facultés à leur terme, mais ils ne disposent pas, pour cela, d'un vocable autonome. Alors qu'il est absent de l'original grec, ce sont les traducteurs qui l'introduisent, – projetant sur les auteurs antiques, par une illusion rétrospective, notre vocabulaire latin hérité de la philosophie médiévale.

Lorsque Platon parle des facultés et de « ce à quoi elles se rapportent », il emploie toujours une périphrase embarrassée. Certes, il mentionne le rapport entre une puissance de connaître ou de désirer et l'ordre des choses que celle-ci désire ou connaît. Mais il ne les décrit que par le jeu de la syntaxe : la soif ne saurait être le désir que de « ce dont elle est par nature le désir » – la boisson (*République*, IV, 437e ; E. Chambry traduit : « elle ne saurait être le désir d'autre chose que de son *objet* naturel » [Les Belles Lettres, 1931, 10e éd. 1996, p. 34], je souligne). Chaque désir pris en lui-même « n'est désir que de ce dont il est en lui-même par nature [le désir] » (*loc. cit.* ; Chambry traduit : « chaque désir pris en lui-même ne convoite que son *objet* naturel pris en lui-même », je souligne). De même, la science en soi est « la connaissance de ce dont il faut poser que la science est science » (IV, 438c ; Chambry traduit : « ou de *l'objet*, quel qu'il soit, qu'il faut assigner à la science » [p. 35], je souligne). Pour distinguer une faculté, « je ne considère que ce vers quoi [*eph' hôi*] elle est et ce qu'elle produit » (V, 477d ; Chambry traduit : « je ne considère que son *objet* et ses effets » [p. 94]). Ici, l'on voit combien la liaison platonicienne est souple, se bornant à un pronom relatif, et combien une traduction littérale paraît lourde et embarrassée ; combien plus claire et nécessaire paraît la projection du terme d'*objet* afin d'expliquer le sens du texte de Platon. Il reste qu'une telle traduction introduit chez Platon un concept qui n'a pas de support sémantique. Au contraire, pour lui, les termes correspondants « vont par couples jumeaux » (*Théétète*, 156b 1). Les puissances de l'âme et ce dont elles sont les puissances sont corrélatifs ; mais dans cette corrélation, ce que Platon appelle une « puissance » (*dunamis* [δύναμις]) n'a pas de correspondant terminologique dans l'ordre des choses. Ce que nos traductions nomment l'« objet » – anachroniquement, mais selon une interprétation presque inévitable pour un esprit moderne – reste anonyme chez Platon.

Plus enclin à la classification, Aristote regroupe les puissances et ce qu'elles prennent pour thème dans une catégorie plus vaste, celle des opposés. Les puissances (*dunameis*) se distinguent selon leurs actes propres, et les actes, à leur tour, selon leurs opposés (*antikeimena*) : « et par opposés, j'entends l'aliment, le sensible et l'intelligible » (*De l'âme*, II, 4, 415a 20). Or, si les opérations sont premières, « on pourrait se demander si la recherche de leurs opposés [*antikeimena*] ne devrait pas encore les précéder, par exemple le sensible avant la faculté sensitive, et l'intelligible avant l'intellect » (*ibid.*, I, 1, 402b 15 ; trad. fr. J. Tricot ; la nouvelle édition [1982] ajoute en n. 1 : « le mot *antikeimena* signifie donc ici les objets de la sensation et de l'intelligence »). *Antikeimenon* reçoit d'abord un sens local, celui d'« opposé », comme le rappelle le traité *Du ciel*, où il désigne le lieu le plus bas et le lieu le plus haut, situés aux deux extrémités d'un axe imaginaire qui les relie : « le feu et la terre ne se transportent pas à l'infini, mais vers des <lieux> opposés [*antikeimena*] » (I, 8, 277a 23 ; cf. II, 2, 284b 22 ; voir les remarques de Bonitz [1870], 64a 18). Chaque faculté se distingue d'une autre par ses opérations particulières, puisque l'acte précède la puissance et constitue sa spécificité : « l'acte du sensible et celui du sens sont un seul et même acte » (*De l'âme*, III, 2, 425b 25). Mais, au préalable, chaque acte se trouve déterminé par sa référence à son opposé, c'est-à-dire par le type de propriété qui affecte chacune des facultés de l'âme : ce sont des *opposita*, suivant la juste traduction de Jacques de Venise (vers 1130).

Dira-t-on qu'Aristote a trouvé un nom pour ce qui, chez Platon, restait innommé ? Faut-il interpréter *antikeimenon* comme signifiant l'opposition de l'objet vis-à-vis de la puissance ? Il y a là une illusion rétrospective à laquelle on pourrait aisément succomber. Mais la pensée d'Aristote ne préfigure pas le concept médiéval et moderne d'objet, comme si la généralité de son langage abritait en ses replis secrets la suite de l'histoire et préparait les distinctions ultérieures, comme si encore les interprètes postérieurs parvenaient à la vérité d'un sens latent mais déjà présent en secret, et dont ils seraient les héritiers.

En premier lieu, Aristote ne résorbe précisément pas l'expression platonicienne dans un vocabulaire plus précis ; il se borne à situer le rapport de corrélation observé par Platon dans un concept classificatoire encore plus général. En effet, l'*antikeimenon* est une classe très vaste, dont les corrélatifs sont seulement un cas particulier : « Opposé se dit de la contradiction, des contraires, des corrélatifs, de la privation, de la possession et des extrêmes — point de départ et point d'arrivée des générations et des corruptions » (*Métaphysique*, Δ, 10, 1018a 20-21 ; trad. fr. J. Tricot, rééd. Vrin, 1974, t. 1, p. 277 [trad. modifiée]). Et le corrélatif est lui-même un genre qui a pour espèces « le mesurable pour la mesure, le connaissable pour la connaissance, et le perceptible pour la perception » (*ibid.*, Δ, 15, 1020b 31-32). Loin de contenir en germe les distinctions dont le concept d'*objectum* est chargé, la notion aristotélicienne d'*antikeimenon* permet simplement un regroupement : elle place la corrélation cognitive dans une hiérarchie de termes plus généraux.

De surcroît, une relation corrélative est symétrique : elle peut se renverser, et la connaissance devenir à son tour l'opposé du connaissable (*Catégories*, chap. 10, 11b 29-30 ; cf. chap. 7, 6b 34-36). Le concept médiéval et moderne d'*objet*, lui, est antisymétrique : on ne dira jamais que la connaissance est « l'objet du connu ». Le sens d'*opposé* est donc beaucoup plus vaste que celui, plus tardif, d'*objet* : l'opposition signifie un rapport réciproque général, plus vaste que le cas particulier des puissances de l'âme et de leur thème ; elle ne définit donc pas le statut du terme visé par la faculté. Ce qu'une puissance connaît, c'est d'abord la chose même, dans la manifestation de son essence et de ses propriétés, non point un objet, défini par sa pure correspondance avec la faculté. La faculté se règle sur l'être, et ce n'est pas l'objet qui définit la faculté (*Métaphysique*, Δ, 15, 1021a 26-b 3 ; I, 6, 1057a 7-12).

II. « OBJECTUM » OU L'OBSTACLE DEVANT LA VUE

Le mot même d'*objet* désigne l'acte de se présenter comme un vis-à-vis, *objici* (lat.). Là encore, ne faut-il pas admettre que le vocable qui le désigne, et donc le concept qui l'accompagne, est présent dès l'Antiquité latine ?

Certes, le latin classique connaît déjà le participe passé d'*objicio*, « jeter devant, opposer, interposer, placer en vis-à-vis » ; et Tacite, dans *La Germanie* [*Germania*], évoque joliment, dans un combat, les femmes « faisant un rempart de leurs poitrines [*objectu pectorum*] » (VIII, 1). Le latin connaît aussi le substantif masculin *objectus*, qui en dérive, pour signifier « ce qui se met devant », un « obstacle » (ou un *obstant*), un « spectacle », et plus précisément, une « apparition », un « phénomène ». Mais l'invention du substantif neutre *objectum* correspond à une nouvelle exigence conceptuelle.

Celle-ci provient d'abord de la théorie de la perception, lorsqu'elle implique une activité des puissances de l'âme. Pour Augustin, qui reprend la théorie platonicienne de la vision, celle-ci est engendrée par la rencontre du regard, jaillissant de notre œil, et de la couleur, émanée de la chose. Notre œil émet un rayon « par lequel nous touchons tout ce que nous voyons [...]. Si tu veux voir plus loin et que s'interpose [*interponatur*] quelque corps, le rayon se rompt sur le corps jeté-devant [*corpus objectum*], et il ne lui est pas permis de passer outre vers ce que tu désires voir [...]. Tu désires voir une colonne, un homme se trouve au milieu, ton regard est empêché » (Augustin, *Sermo* 267, chap. X, 10 ; PL, t. 38, col. 1262). Est ici *objectus* l'*obstant*, le corps interposé entre la visée et la vue, l'obstacle qui met précisément hors d'atteinte le terme de mon mouvement, le thème poursuivi par mon opération. L'*objectus* entrave l'activité de la vision, il n'est pas son objectif. Le participe passé *objectum* ne désigne pas la chose regardée, mais ce qui, jeté devant la vue, brise l'axe du regard, offusque la transparence de sa vision.

Mais, par une conséquence paradoxale de cette théorie active de la vision, son terme est toujours un obstacle qui vient limiter de son ombre la pure lumière jetée par le regard ; et réciproquement, l'obstacle est un *objectum*. C'est ainsi que le pseudo-Robert Grosseteste, commentant ce texte d'Augustin, en vient, vers 1230, à substantifier le participe passé : « Le rayon spirituel qui sort de l'œil n'est pas affecté par l'objet extérieur [*non immutatur ab objecto extra*] » (Ludwig Baur [éd.], *Die philosophischen Werke des Robert Grosseteste, Bischofs von Lincoln*, Munster, Aschendorff, 1912, p. 255, l. 15-19). Il ne s'agit plus ici d'un adjectif désignant une qualité, mais, selon toute vraisemblance, d'un neutre et d'un terme subsistant. La contraposition n'est plus un hasard de la perception, son inévitable revers, elle indique une propriété positive du visible.

Le concept d'objet se construit dès lors que le terme *objectum* superpose deux déterminations : le sens ancien d'interposition, selon l'étymologie, le nouveau sens, conforme à la problématique aristotélicienne, de terme auquel une puissance est relative. L'usage du terme s'affermit et se détermine chez le pseudo-Grosseteste :

> Mais on ajoute encore que, soit pour l'appétit naturel, soit pour la faculté délibérative, il existe différents objets et différents moteurs. Il existe donc aussi des actes différents et des puissances différentes.
>
> pseudo-Robert Grosseteste, *in* L. Baur, *ibid.*, p. 265, l. 42-44.

Même si le pseudo-Grosseteste est le seul à produire le concept d'objet dans son état naissant, en présentant ses deux sources (augustinienne et aristotélicienne), on ne peut exclure que ce soit un outil forgé dans la faculté des Arts et diffusé anonymement par celle-ci peu avant sa présentation chez le pseudo-Grosseteste (plusieurs attestations entre 1225 et 1230 permettent de le penser : la *Summa Duacensis*, éd. P. Glorieux, Vrin, 1955, p. 43 et 49 ; le *De anima et de potenciis ejus*, in R.A. Gauthier [éd.], « Le traité *De anima et de potenciis ejus* d'un maître ès arts (vers 1225) », *Revue des sciences philosophiques et théologiques*, n° 66, 1982, p. 223, 232, 244 et 250). Il apparaît pour la première fois dans le titre du texte anonyme *De potenciis animae et objectis* (entre 1220 et 1230, *in* D.A. Callus [éd.], *Recherches de théologie ancienne et médiévale*, n° 19, 1952, p. 147-148).

C'est dans les *Quaestiones de anima* de Philippe le Chancelier que les concepts de sujet et d'objet sont pour la première fois rapportés l'un à l'autre :

> *Una [potentia] enim simpliciter est quae est una in subjecto et objecto, duplex quae est una in subjecto, duplicata in objecto.*
>
> [En effet, est une <puissance> absolument unique celle qui est une dans le sujet et l'objet, et double celle qui est une dans le sujet mais dédoublée dans l'objet.]
>
> Éd. L.W. Keeler, Munster, Aschendorff, 1937, p. 39.

L'objet n'est plus seulement l'obstacle interposé, mais il est clairement reconnu comme le thème propre de l'acte de connaître, et c'est même lui qui sert à distinguer les diverses facultés, puisqu'il leur est antérieur. Ainsi, Grosseteste se croit-il autorisé à citer le texte du *Traité de l'âme* en traduisant *antikeimena*, non plus par *opposita*, comme Jacques de Venise, mais par *objecta*. C'est cette traduction qui s'imposera dans la seconde moitié du XIIIe siècle, y compris dans la nouvelle version du *Traité de l'âme* par Guillaume de Moerbeke.

Avec la fusion de la psychologie d'Aristote et de la théorie augustinienne de la vision, un tournant décisif est accompli : les facultés de l'âme ne sont plus seulement ouvertes à la manifestation motrice et multiforme de l'être auquel elles s'identifient dans l'acte de connaître, mais déterminées par la nature préalable de leur objet propre. Ce qui est connu n'est plus le visage de la chose même, mais l'obstacle contre lequel vient buter le regard de l'âme, et qui dérobe à son acte sa propre transparence. La connaissance n'est plus la simple réception d'un être en acte dans la puissance mue, mais le ricochet d'un rayonnement émis par l'intellect et qui revient sur lui après avoir rebondi sur son terme. Elle n'est plus le face-à-face direct de la chose connue et de l'intellect connaissant, unis par un acte commun, mais la réverbération de la visée sur l'« objectité » qui est venue revêtir la chose d'une strate caractéristique. La chose connue se profilant comme un objet, le problème de la connaissance se détache progressivement de l'être de la chose. La vérité se trouve désormais métamorphosée en adéquation entre les puissances de l'âme et les objets correspondants :

> Certains habitus sont dans l'âme en tant qu'habitus, et ainsi ils sont par eux-mêmes dans l'âme ou dans l'homme ; il y en a d'autres qui y sont en tant qu'objet [*in ratione objectorum*], et telle est la vérité et la fausseté, parce qu'elles sont jetées devant [*objiciuntur*] l'intelligence.
>
> Roger Bacon, *Questiones supra libros prime philosophie Aristoteles,* in *Opera... inedita Rogeri Bacon*, éd. R. Steele et F. Delorme, Oxford, 1930-1932, vol. X, p. 193.

III. « ESSE OBJECTIVE » OU L'ONTOLOGIE DES OBJETS EN GÉNÉRAL

Le concept d'*esse objective* (être objectif) lexicalise cette évolution : ce qui est présent à la pensée pure n'y est pas imprimé comme une perception reçue passivement dans les sens, mais comme le terme d'une visée ; il est présent comme objet de notre représentation : « Une fois cette chose connue telle qu'elle est dans la nature, elle luit objectivement à l'intérieur [*intus objective lucet*] dans l'intelligence même » (Henri de Gand, *Quodlibet* V, quest. 26, Paris, 1518, f. 205 N ; cf. V, quest. 14, f. 175). L'être objectif renvoie à l'être de la chose telle qu'elle est visée par notre représentation, donc à la fois comme immanent (représenté) et transcendant (représentant). L'intellect agent, lorsqu'il rencontre la chose extérieure, produit l'objet dans l'intellect comme un accident réel dans l'âme. Il lui donne alors le statut d'universel : la forme « homme » peut se dire de tous les hommes. L'objet n'est pas un être reçu, mais il est constitué dans l'intellect et par lui : « Pour notre acte d'intellection, nous avons un objet interne, même si pour sentir nous avons besoin d'un objet externe » (*Quodlibet* XIII, art. 2, § [20] 60 ; éd. F. Alluntis, Madrid, Biblioteca de Auctores cristianos, 1968, p. 470). Et Duns Scot souligne que l'être de la chose reste le même, que son objet existe ou non : l'être objectif de César est identique, que celui-ci existe ou non, de même que la statue de César continue de le représenter, en son absence comme en son existence. L'être objectif est universel, abstrait, immanent à l'esprit.

Ainsi, Duns Scot a construit les traits principaux de la théorie moderne de l'être objectif, ou de la réalité objective, telle qu'elle se déploie jusqu'à Suárez, Descartes et Kant : « *Est objectif* ou *existe objectivement* ce qui constitue une idée, une représentation de l'esprit, et non pas une réalité subsistante et indépendante » (Lalande, *s.v.* « Être objectif », 1968, p. 695).

L'invention du terme *objet* et de ses composés montre combien il serait illusoire de supposer que les concepts sont éternels, combien dangereuse et pourtant toujours renaissante est l'illusion rétrospective des interprètes et des traducteurs, qui glissent le concept nouveau dans les textes anciens, et combien les concepts fondamentaux de la métaphysique sont liés à l'évolution du vocabulaire qui permet de les nommer.

Olivier BOULNOIS

BIBLIOGRAPHIE

BOULNOIS Olivier, « Être, luire et concevoir, Note sur la genèse et la structure de la conception scotiste de l'*esse objective* », *Collectanea franciscana*, n° 60/ fasc. 1-2, 1990, p. 117-135.

DEWAN Lawrence, « "Objectum". Notes on the invention of a word », *Archives d'histoire doctrinale et littéraire du Moyen Âge*, n° 48, 1981, p. 37-96.

KOBUSCH Theo, « Objekt », *in* H.-J. RITTER, *Historisches Wörterbuch der Philosophie*, vol. 6, p. 1026-1052.

OUTILS

BONITZ Hermann, *Index aristotelicus*, Berlin, Reimer, 1870 ; rééd. Berlin, Akademic-Verlag, 1955.

LALANDE André, *Vocabulaire technique et critique de la philosophie*, PUF, 19e éd., 1999.

PL : MIGNE Jacques-Paul (éd.), *Patrologiae cursus completus, series latina* [*Patrologie latine*], 1844-.

OBLIGATION

Obligation, du latin *obligo*, « attacher » (*ligo*) « à » ou « contre » (*ob*), a, comme le latin *obligatio*, un sens juridique (engagement entre parties, caution, gage) et moral (engagement spirituel, responsabilité, lien moral, contrainte) fort.

I. OBLIGATION ET LIEN JURIDIQUE

Le réseau juridique, social et religieux liant obligation, loi et droit est exploré sous LEX, PIETAS (la disposition à remplir son *officium*, ou sentiment du devoir) et RELIGIO (qui « relie » hommes et dieux) en ce qui concerne le latin ; on se reportera à THEMIS/DIKÊ/NOMOS pour le grec (voir aussi KÊR, et le vocabulaire complexe du destin, qui comprend *anagkê* [ἀνάγκη], « nécessité, contrainte »). L'autre versant de la tradition, arabe et hébreu, est exploré sous TŌRĀH-ŠARĪ'A (voir aussi hébr. BERĪṮ, « l'alliance »). L'allemand *Pflicht* (sur *pflegen*, « avoir soin de ») traduit *obligatio* et *officium* : voir SOLLEN/PFLICHT, et cf. BERUF. On se reportera à LAW/RIGHT, ainsi que FAIR et RIGHT pour l'anglais. Enfin, le russe SOBORNOST', qu'on traduit par « conciliarité », désigne le type de rassemblement qui lie les personnes, au-delà de la « catholicité », dans la culture russe (cf. OIKONOMIA, PRAVDA).
Voir *DROIT, LOI* ; cf. *DESTIN*.

II. OBLIGATION ET DEVOIR MORAL

L'expression de l'obligation morale est liée à celle du *devoir*. Elle est alors conjuguée à l'expression de la dette, et par là de la faute, et à celle de l'éventualité, voir DEVOIR-DETTE et cf. PARDONNER ; voir aussi ASPECT et *PROBABILITÉ*.
Le rapport entre devoir-être et devoir-faire est exploré à partir de l'allemand, voir SOLLEN-PFLICHT. Le réseau terminologique rejoint alors celui de la volonté : voir WILLKÜR, et VOLONTÉ ; et celui de la valeur : voir WERT et cf. *VALEUR*.
Sur le rapport à l'acte comme acte moral, voir MORALE, POSTUPOK ; cf. *ACTE, BIEN / MAL* et *PRUDENCE*.

► *ALLIANCE, COMMUNAUTÉ, CONCILIARITÉ*, SÉCULARISATION

ŒUVRE

Œuvre fait partie de la vaste famille de mots liés à la racine indo-européenne **op-*, « activité productive ». On trouve par ex. en latin, à côté de *ops, opis*, « abondance » (d'où *copia*, « ressources, richesses », qui donne le fr. *copie*, « grande quantité, reproduction » ; voir MIMÊSIS), *opus, operis* pour désigner le « travail » et son produit, l'« œuvre » (d'où *opifex*, « ouvrier, artisan », et *officium*, « fonction, charge, devoir »), et le féminin *opera*, « activité, soin ». Un autre nom racine, **werg*, désigne l'action, d'où proviennent les mots grecs *ergon* [ἔργον], « la tâche, l'œuvre », *energeia* [ἐνέργεια], « l'acte, l'activité » (voir PRAXIS, en particulier encadré 1, « Métaphysique... », et FORCE, encadré 1, « *Dunamis, energeia...* »), *organon* [ὄργανον], « l'outil, l'organe », comme le germanique *werk* (*work* angl., *Werk* all., « travail »). À quoi il faut ajouter deux familles de mots latins hétérogènes, autour de *labo, labare*, « glisser, s'écrouler » (cf. notre *lapsus*), d'où provient *labor*, le travail comme « charge » sous laquelle on ploie, et *tripalium* (sur *palus*, « pilori, poteau »), qui connote notre *travail* comme un supplice.
L'ensemble de ce réseau est esquissé sous TRAVAIL.

I. ŒUVRE ET ŒUVRE D'ART

1. Sur l'œuvre d'art comme procès en cours, voir WORK IN PROGRESS ; cf. HAPPENING.
2. Sur l'œuvre littéraire comme résultat d'un « faire » (*poiein* [ποιεῖν]), voir DICHTUNG, ERZÄHLEN, *POÉSIE* ; cf. ACTE DE LANGAGE.
3. Plus généralement, sur l'œuvre d'art et la conception de la nature comme artiste, voir ART, BEAUTÉ, MIMÊSIS, TABLEAU ; cf. ESTHÉTIQUE, LOGOS.

II. ŒUVRE, ACTE, CHOSE

1. Sur la dimension ontologique de la mise en œuvre, puissance et acte (*dunamis* [δύναμις], *ergon, energeia* gr.), on se reportera à *ACTE* (I) ; voir en particulier, outre FORCE et PRAXIS, ESSENCE et SPECIES ; cf. NATURE, WELT.
2. Sur l'œuvre comme résultat d'une pratique humaine, on se reportera à *ACTE* (II) ; voir en particulier PRAXIS et ACTEUR, BERUF ; cf. ENTREPRENEUR, MORALE.
Sur l'œuvre de Dieu, voir *GRÂCE* (II).
3. Sur le rapport entre œuvre et chose, voir RES (en part. encadré 1, « Les manières de dire "chose" en grec »), VORHANDEN. Cf. *CHOSE, IL Y A*, OBJET, RÉALITÉ.

► *FAIT, FICTION*

OIKEIÔSIS [οἰκείωσις] GREC – fr. *appropriation*

lat.	*conciliatio, commendatio*
all.	*Zueignung*
angl.	*appropriation*
it.	*attrazione*

► *APPROPRIATION*, et AIMER, JE, HEIMAT, OIKONOMIA, PROPRIÉTÉ, VÉRITÉ

*Appropriation est la traduction littérale, devenue inévitable, de la notion stoïcienne d'*oikeiôsis*, terme formé à partir du verbe* oikeioô [οἰκειόω], *« rendre familier » et par suite « rendre propre à, approprier » ; « s'approprier » au sens réfléchi (cf.* oikeios [οἰκεῖος], *« qui a trait à la famille, à la maison ; qui appartient à la famille », d'où « propre »).* Oikeiôsis *s'oppose à* allotriôsis [ἀλλοτρίωσις], *« aliénation », et désigne ce à quoi la nature nous a originellement « appropriés, attachés, conciliés ». Le terme a aussi une dimension affective qu'*appropriation *rend fort mal.*

Assurant le passage de la physique à l'éthique, la notion d'*oikeiôsis* [οἰκείωσις] est utilisée par les Stoïciens dans deux arguments différents, ce qui en rend compréhension et traduction encore plus malaisées. Cette notion assure en effet que les êtres vivants ne recherchent pas en premier lieu le plaisir, mais ce qui est « approprié » à chacun d'eux, à commencer par la préservation de leur propre constitution. Voilà qui implique une certaine forme d'amour de soi et qui entraîne que, conformément à cette tendance ou impulsion première (*prôtê hormê* [πρώτη ὁρμή]), on puisse poser, pour les êtres rationnels, cette double égalité : vivre selon la nature = vivre selon la raison = vivre selon la vertu. Mais l'*oikeiôsis* a aussi pour fin de fonder les relations de justice entre les êtres humains en assurant que l'amour de soi fonde l'amour pour les siens, amour qui doit s'entendre comme l'amour de leur propre bien et qui est destiné à s'élargir à tous les êtres rationnels, fondant ainsi dans la nature le lien social, voire le cosmopolitisme cher aux Stoïciens, qu'il s'agisse seulement de celui entre les sages, comme dans l'ancien stoïcisme, ou de celui entre tous les êtres humains à partir de Panétius.

On comparera avec profit la traduction la plus récente de l'énoncé canonique de la thèse tel qu'il est donné par Diogène Laërce avec la présentation qu'en donne Cicéron :

> L'impulsion première [τὴν πρώτην ὁρμήν] que possède l'être vivant vise, disent-ils, à se conserver soi-même [τὸ τηρεῖν ἑαυτό], du fait que la nature dès l'origine l'approprie (à soi-même) [οἰκειούσης αὐτὸ τῆς φύσεως ἀπ' ἀρχῆς], comme le dit Chrysippe au premier livre de son traité *Sur les fins*, quand il dit que pour tout être vivant l'objet premier qui lui est propre [πρῶτον οἰκεῖον] est sa propre constitution [σύστασιν] et la conscience [συνείδησιν] qu'il a de celle-ci.
>
> *Vies et doctrines des philosophes illustres*, VII, 85 ; trad. fr. R. Goulet, sous la dir. M.-O. Goulet-Cazé, « Le Livre de Poche », 1999.

> Dès que l'animal est né, il est spontanément approprié à lui-même [*ipsum sibi conciliari*], [...] intéressé à se conserver soi-même [*commendari ad se conservandum*] et à aimer sa propre constitution ainsi que tout ce qui est propre à conserver cette constitution [*et ad suum statum eaque quae conservantia sunt ejus status diligenda*].
>
> *De finibus*, III, 16 ; trad. fr. J. Martha, Les Belles Lettres, « CUF », 1967.

Laissant ici de côté le mode de présentation de cet argument chez nos deux auteurs — preuve *a priori* chez Chrysippe ; preuve par les effets chez Cicéron —, on remarquera que, contrairement à son habitude, Cicéron ne donne pas le grec *oikeiôsis*, et pas non plus d'équivalent latin du terme, laissant à ses interprètes le soin de privilégier *conciliatio* (litt. « association, union ») ou *commendatio* (litt. « recommandation »). L'exposé cicéronien relatif à l'autre versant de cette notion, celui de la justice, insiste sur ce que dans le christianisme on appellerait l'« amour pour son prochain » et n'utilise que le terme *commendatio* (*De finibus*, III, 62-63). On comprend dès lors que, en s'éloignant peut-être du sens littéral grec, on ait pu préférer, tel É. Bréhier, dans son édition des Stoïciens pour la « Bibliothèque de la Pléiade », user des verbes *attacher* et *adapter* dans la traduction de l'énoncé canonique de Diogène Laërce, tandis que R.D. Hicks, le traducteur de la collection Loeb, avait opté pour *endear*, du fait qu'il traduisait *oikeion* par *dear*. C'est aussi ce qui explique que le *Zueignung* de M. Pohlenz (p. 57) fut rendu en italien par *attrazione* (O. De Gregorio, p. 105).

Ces variations montrent à l'évidence que, pour citer deux des éditeurs et traducteurs les plus récents et les plus autorisés des philosophes de la période hellénistique, A. Long et D. Sedley, « toute traduction [perd] quelque chose de l'original » (t. 1, chap. 57, p. 351 ; trad. fr., t. 2, p. 411).

Jean-Louis LABARRIÈRE

BIBLIOGRAPHIE

BRÉHIER Émile, *Les Stoïciens*, Gallimard, 1962.

BRUNSCHWIG Jacques, « The Cradle Argument in Epicureanism and Stoicism », *in* M. SCHOFIELD et G. STRIKER (éd.), *The Norms of Nature*, MSH/Cambridge UP, 1986, p. 113-144 ; « L'argument des berceaux chez les Épicuriens et chez les Stoïciens », *in* J. BRUNSCHWIG, *Études sur les philosophies hellénistiques. Épicurisme, stoïcisme, scepticisme*, PUF, 1995, p. 69-112.

GOLDSCHMIDT Victor, *Le Système stoïcien et l'Idée de temps*, Vrin, 1977.

LONG Antony et SEDLEY David, *The Hellenistic Philosophers*, 2 vol., Cambridge UP, 1987 ; trad. fr. J. Brunschwig et P. Pellegrin, *Les Philosophes hellénistiques*, 4 vol., Flammarion, « GF », 2001.

PEMBROKE S.G., « Oikeiôsis », *in* A.A. LONG (éd.), *Problems in Stoicism*, Londres, Atlantic Highlands, NJ, Athlone Press, 1971, p. 114-149.

POHLENZ Max, *Die Stoa*, Göttingen, Vandenhoeck und Ruprecht, 1948 ; *La Stoa*, trad. it. O. De Gregorio, Florence, Nuova Italia, 2e éd. ,1978.

STRIKER Gisela, « The Role of *Oikeiôsis* in Stoic Ethics », *Oxford Studies in Ancient Philosophy*, t. 1, 1983, p. 145-167.

OIKONOMIA [οἰκονομία] GREC – fr. *économie*

► ÉCONOMIE, *IMAGE* [BILD, EIDÔLON], MIMÊSIS, MOMENT, *MONDE*, OIKEIÔSIS, SÉCULARISATION, SOBORNOST', SVET

*Le terme d'*oikonomia [οἰκονομία] *est un concept nodal dans la pensée chrétienne de l'image* (eikôn [εἰκών]). *Pour le comprendre, il faut analyser son histoire sémantique durant les neuf siècles qui préparent son triomphe. Héritier de l'*oikonomia *classique (Xénophon, Aristote), il est choisi par Paul dans ses épîtres pour désigner la totalité du plan de l'incarnation. Son apparente polysémie est à l'origine de la disparate des traductions. C'est ainsi que fut voilée l'unité profonde d'un concept régulateur, légitimant toute relation du monde spirituel avec le monde temporel. Destinée à justifier les adaptations de la loi à la réalité quotidienne et historique, l'économie patristique soutient toutes les modalités de la gestion et de l'administration du monde visible. La doctrine de l'image en a scellé l'unité pragmatique avec une étonnante modernité.*

I. DE XÉNOPHON ET ARISTOTE JUSQU'À PAUL DE TARSE

La littérature patristique doit l'introduction de l'économie aux épîtres de Paul chez qui l'on trouve *oikonomia* [οἰκονομία] pour désigner l'économie du Plérôme, ou divinité prise dans la plénitude de sa perfection (Éphésiens, 1, 10), l'économie de la grâce (3, 2), l'économie du mystère (3, 9). Dans l'épître aux Colossiens (1, 25), Paul parle de l'économie de Dieu (*oikonomia theou* [οἰκονομία θεοῦ]). Dans les traductions modernes, le mot n'est jamais traduit littéralement, mais on lit tantôt *accomplissement*, tantôt *plan*, *dessein* ou encore *réalisation* (TOB/Jérusalem). Celui qui a la charge de cet accomplissement est *diakonos* [διάκονος] ou *oikonomos* [οἰκονόμος], traduit par *intendant* ou *ministre*, la Vulgate ayant opté pour *actor*. Il s'agit pour Paul d'emprunter à la langue grecque un terme qui jusque-là désigne la gestion et l'administration des biens et des services dans la vie domestique et, par importation du modèle d'économie privée à l'économie publique, dans la vie de la cité. Tel est en effet le sens dans lequel l'emploient aussi bien Xénophon qu'Aristote.

Avant eux, Hésiode dans *Les Travaux et les Jours* traite de l'économie familiale de façon plutôt poétique. Platon dans la *République* (IV et VII) et dans les *Lois* (IV et VIII) s'intéresse à l'*oikonomia* pour construire philosophiquement une figure de l'administration des biens dans la cité idéale. L'économie platonicienne est la science de la gestion des biens et des personnes dans un état dirigé par un sage doué de tempérance (*sôphrosunê* [σωφροσύνη]) et de justice (*dikaiosunê* [δικαιοσύνη]). L'accès à ces vertus politiques cardinales passe par l'éducation et nécessite l'exercice de la dialectique conçue comme art du dialogue qui conduit au savoir. La faculté légiférante n'est autre que le *logos* [λόγος], c'est-à-dire la rationalité discursive.

Tout différent est l'objet de Xénophon et d'Aristote qui, l'un et l'autre, loin du terrain littéraire ou utopique, traitent de problèmes pratiques liés à la réalité quoti-

---

1

Chrématistique et économie

On peut se demander si l'art d'acquérir la richesse (*khrêmatistikê* [χρηματιστική]) est identique à l'art économique (*oikonomikê* [οἰκονομική]), ou s'il en est une partie ou l'auxiliaire. [...] On voit clairement que l'économique n'est pas identique à la chrématistique. Il revient à cette dernière de procurer (*porisasthai* [πορίσασθαι]), à l'autre d'utiliser (*khrêsasthai* [χρήσασθαι]). Quel autre art que l'économie s'occupera de l'utilisation des biens dans la maison ?

Aristote, *La Politique*, I, 8, 1256a 3-13.

Il y a une forme d'acquisition (*eidos ktêtikês* [εἶδος κτητικῆς], *sc.* la guerre et la chasse) qui par nature (*kata phusin* [κατὰ φύσιν]) appartient à l'économie : ou bien les ressources existent ou bien l'économie doit les faire exister. Il s'agit de la constitution des réserves de biens nécessaires à la vie et utiles à la communauté d'une cité ou d'une famille. [...] Ainsi, il existe un art naturel d'acquérir pour les administrateurs de famille (*oikonomois*) et les administrateurs de cité (*politikois* [πολιτικοῖς]).

op. cit., 1256b 27-38.

L'art d'acquérir (*khrêmatistikê*) est-il ou non affaire du chef de famille [oikonomikou] et de l'homme en charge de la cité (*politikou* [πολιτικοῦ]) ? Encore faut-il que ces biens existent. De même que la politique ne fait pas les hommes mais s'en sert après les avoir reçus de la nature, de même la nature doit fournir la terre, la mer et le reste dont l'administrateur familial (*oikonomos*) doit disposer au mieux.

op. cit., 1257b 19-25.

Aristote distingue dans le livre I de *La Politique* deux régimes de l'économie : l'un qui reste solidaire de la nature et qui se charge de stocker, gérer et rentabiliser les produits nécessaires à la vie (économie) ; l'autre, illimité, qui ne vise que l'enrichissement (chrématistique) et nécessite une vigilance éthique du fait de la substitution de l'argent aux biens eux-mêmes (commerce). Ces deux régimes concernent aussi bien l'économie domestique que l'économie politique. L'*Économique*, traité aristotélicien, reprend cette distinction, mais choisit d'accorder sa place proprement politique à l'acquisition et à l'accroissement du pouvoir par l'appropriation et l'accroissement des biens. La chrématistique dans l'*Économique* n'est plus qu'un ensemble de techniques et de stratégies de financement.

Il faut noter que, dans *La Politique* (1258b), sur le versant chrématistique de l'économie, la rentabilité des placements produit un intérêt appelé *tokos* [τόκος] qui donne à Aristote l'occasion de condamner l'usure comme une activité contre nature (*para phusin* [παρὰ φύσιν]). Ceci peut surprendre puisqu'il remarque que cette productivité est homonymique de la procréation des enfants [ὅμοια γὰρ τὰ τικτόμενα τοῖς γεννῶσιν αὐτά ἐστιν]. C'est ce que la pensée chrétienne au contraire exploitera positivement dans une économie ecclésiale qui prend pour modèle l'engendrement et la filiation à partir du ventre fécond de la mère de Dieu, nommée *Théotokos* [Θεοτόκος]. Dans la pensée classique, la réflexion sur l'économie étant solidaire d'un modèle agricole, le souci fondateur reste toujours celui d'une harmonie rationnelle entre *Oikonomia* et *Phusis* [φύσις], entre économie et nature. La construction chrétienne de l'économie rompt avec tout modèle naturel pour définir un régime symbolique du pouvoir théologico-politique.

dienne de la famille et de la cité. De ce fait, chez l'un et l'autre, *oikonomia* devient une notion critique en ce sens qu'elle détermine le lieu d'une confrontation entre le réalisme politique et la justice. Xénophon, dans l'*Économique*, analyse tous les éléments de la gestion des richesses et des biens dans un cadre familial agricole.

> SOCRATE : Dis-moi, Kritoboulos, est-ce que l'économie [οἰκονομία] est bien le nom d'un certain genre de science [ἐπιστήμης], comme la médecine, l'art de forger ou celui du charpentier [...]. Donc pourrions-nous dire ce qu'est l'affaire [ἔργον] de l'économie ?
> KRITOBOULOS : Il me semble que c'est le fait d'un bon économe (*oikonomou* [οἰκονόμου]) de bien administrer sa maison.
>
> SOCRATE : Et la maison d'un autre, si on la lui confiait, ne pourrait-il pas l'administrer comme la sienne propre ? En effet, le charpentier compétent [ἐπιστάμενος] pourrait travailler pour un autre comme pour lui-même. Ainsi celui qui s'y connaît en économie [οἰκονομικός] aura la même capacité. [...] Donc celui qui connaît cet art [τὴν ταύτην τέχνην ἐπισταμένῳ], même dépourvu de biens propres, peut toucher un salaire en administrant la maison d'un autre [οἰκονομοῦντα] comme il ferait en la bâtissant [οἰκοδομοῦντα]
>
> Xénophon, *Économique*, I, 1-4.

L'« économique » est donc celui qui maîtrise l'art de l'économie, c'est-à-dire l'art d'administrer une maison et un patrimoine. Xénophon fait donc la distinction entre « économe » et « économique » : le premier gère bien ou mal son patrimoine, l'autre possède la science de l'économie et peut la pratiquer comme un métier. « L'administrateur du ménage peut être soit bon soit mauvais dans sa gestion. Mais l'*oikonomikos*, c'est-à-dire celui qui possède l'art d'administrer son ménage, est de ce fait même un bon gestionnaire » (L. Strauss, *Xenophon's Socratic Discourse*, p. 87). Le concept chez Xénophon, dans le débat entre Socrate et Kritoboulos, est bien habité par la tension inévitable entre le calcul d'optimisation et les exigences éthiques, un art du gain sans guerre, articulé à une conception providentielle de la nature. Dans la suite de la discussion, Socrate traite davantage de la gestion des richesses et des justes mesures à prendre pour assurer la prospérité des ménages et de la cité.

Dans l'*Économique* [*Oikonomikos*] d'Aristote, les choses se précisent. Ni providence, ni utopie, mais une considération circonstancielle des pratiques effectives et de leurs résultats. Dans le domaine privé, Aristote reste assez proche de Xénophon, mais lorsqu'il passe au domaine public, le souci économique est inséparable du souci politique. L'« économique » ne désigne plus un homme mais un mode de relations rationalisées du réel, qui est plus proche du jugement de probabilité (dialectique) que de la préoccupation métaphysique. La fonction du jugement est confiée au bon usage de la *doxa* [δόξα]. L'analyse des ruses y trouve ainsi sa place. L'économie est une pratique, à la fois stratégique et tactique, au service du pouvoir et de l'enrichissement. Les moyens sont jugés à l'aune de leurs résultats.

♦ Voir encadré 1.

C'est bien de tout cela qu'héritent les Pères après la proposition paulinienne d'assimiler l'incarnation à un plan de gestion et d'administration de la réalité mondaine de l'humanité par la divinité. Les traductions donnent une image fort mal maîtrisée de la polysémie du terme, puisque le mot *économie* tantôt disparaît, tantôt, mis entre guillemets, fait l'objet d'un commentaire embarrassé sur une homonymie accidentelle. Or l'unité systématique du terme est essentielle pour qui veut comprendre l'efficacité opératoire de l'*oikonomia*. La disparate des traductions témoigne du malaise éprouvé par les chrétiens devant un opérateur christologique de l'opportunisme. Il est vrai qu'*oikonomia* change de sens chaque fois que son usage nécessite une inflexion, mais ce qui fait l'unité fondatrice de la polysémie elle-même, c'est précisément sa résistance militante à tout rigorisme (*akribeia* [ἀκρίβεια]), à toute univocité de l'interprétation.

II. LA POLYSÉMIE PATRISTIQUE : ÉCONOMIE ET INCARNATION

La polysémie ne correspond pas à une évolution sémantique, car tous les sens coexistent et opèrent simultanément dès les premiers siècles. Au VIIIe siècle, un tournant décisif articule l'économie au débat sur la légitimité de l'icône dans la littérature patristique. C'est en effet à l'occasion de la crise provoquée par les empereurs iconoclastes (724) que les défenseurs de l'image (iconophiles) produisirent l'unité conceptuelle de l'économie. Alors se révèle et se parachève dans toute son ampleur philosophique et politique la définition d'un opérateur qui assure la gestion sans rupture des intérêts du ciel et des biens de la terre.

♦ Voir encadré 2.

2

Crise de l'image : la période iconoclaste (724-843)

Pendant près d'un siècle, l'Empire byzantin fut secoué par un conflit théologico-politique dont l'enjeu fut la légitimité de l'image et son appropriation monopolistique. L'empereur iconoclaste, Léon III, ordonne par décret (724) la destruction de toutes les images religieuses et leur substitue les figurations impériales ainsi que les décors de l'art profane. L'Église se mobilise dans ce combat où se jouait la fondation de son pouvoir temporel et triomphe en 843, lors du « rétablissement solennel ». C'est à l'occasion de cette convulsion historique que les théologiens et philosophes chrétiens produisirent la première doctrine de l'image. Cette remarquable innovation philosophique, dans un monde héritier du judaïsme et de la pensée grecque peu favorables aux visibilités (par fidélité à la rigueur du questionnement ontologique), s'opéra au nom de l'Économie. C'est par le renouvellement des usages de ce terme et par le jeu de sa polysémie que s'inaugura la première pensée occidentale de l'image, la première iconologie.

A. Économie divine et institution ecclésiale

On trouve dans la littérature des Pères le terme d'*oikonomia* dans son sens classique de gestion et administration des biens et des personnes ou pour désigner les charges et les offices au sein de l'institution ecclésiastique. L'incarnation, c'est-à-dire la volonté divine d'avoir recours aux visibilités et à l'histoire, devient le modèle pour la gestion et l'administration humaine de l'espace mondain par ceux qui s'en reconnaissent les intendants (*oikonomoi*). Paul est le père fondateur du dispositif de l'économie incarnationnelle. L'*oikonomia* ouvre l'espace opératoire de la loi nouvelle qui, à l'image du Christ, est faite d'infractions et de transgressions dont Paul, le premier, énonce (Romains, 2, 29 ; 2 Corinthiens, 3, 6) qu'elles sont l'accomplissement même du sens de la loi par opposition à sa lettre (Eusèbe, *Histoire ecclésiastique*, PG, t. 20, col. 308C ; Jean Chrysostome, *De sacerdotio*, VI, 7, 40, p. 328). Le mot, par conséquent, a désigné la personne du Christ ainsi que tout le récit de sa vie, de sa passion jusqu'à la résurrection et au-delà, jusqu'à l'achèvement futur du plan providentiel de la rédemption (Athanase, PG, t. 25, col. 461B, et t. 26, col. 169A ; Justin, PG, t. 6, col. 753B ; Irénée, PG, t. 7, col. 504B ; Grégoire de Nazianze, PG, t. 36, col. 97C ; Grégoire de Nysse, PG, t. 45, col. 137B).

Du moment où l'incarnation devient un dessein à long terme qui inclut nécessairement l'épreuve la plus radicale de la réalité, à savoir la mortalité, l'*oikonomia* est le modèle de toute adaptation de la gestion humaine au plan providentiel, le concept opérateur qui met en relation les exigences spirituelles avec l'exercice du pouvoir temporel. Autrement dit, il s'agit du concept d'adaptation des moyens aux fins en vertu duquel l'« occasion » (*kairos* [καιρός] ; voir MOMENT) se juge en termes d'utilité, d'efficacité. Il n'est question ni de jurisprudence ni de casuistique, car la fondation reste inébranlablement christologique ; en effet, la personne du Christ ne peut être considérée comme un cas particulier traité en *exemplum*. C'est donc une sorte de pragmatisme fondé eschatologiquement. Cette adaptation finalisée s'appuie sur des analogies organiques dont la plus fondatrice est encore d'origine paulinienne : l'identification du corps du Christ au corps de l'Église (1 Corinthiens, 12-31). Dès lors, l'institution ecclésiale devient *oikonomos* de l'accomplissement et tous les moyens qu'elle met en œuvre pour conduire l'*oikoumenê* [οἰκουμένη], c'est-à-dire l'ensemble des terres habitées, au triomphe du christianisme sont justifiés par la divinité des fins et l'harmonie d'un ordre naturel. L'Église a ainsi opéré le glissement de l'*oikos* [οἶκος] domestique à l'*oikos* cosmologique afin d'étendre à tout l'univers la science de la gestion et de l'administration du patrimoine divin, la création. L'économie divine est le modèle naturel de tous les échanges et de toutes les consommations.

B. « Dispositio » et « dispensatio »

À la lumière des tensions mêmes de la réflexion classique, on comprend que l'institution se soit trouvée rapidement devant la question suivante : jusqu'où peut aller l'adaptation des moyens aux fins ? Jusqu'où la ruse et l'abandon temporaire des principes évangéliques peuvent-ils faire admettre que les fins l'emportent sur l'exigence de justice et d'amour ? Les débats à ce sujet se sont multipliés, qu'il s'agisse des stratégies de conversion, des ruses pédagogiques, des pieux mensonges...

Pour mieux cerner l'espace sémantique d'*oikonomia*, il faut à nouveau repartir de sa fondation christologique telle qu'elle découle de l'usage paulinien. L'*Oikonomia* de Dieu, c'est le Christ, l'incarnation filiale. Il s'ensuit un usage trinitaire (Hippolyte, PG, t. 10, col. 808A, 816B, 821A) que le latin traduit tantôt par *dispositio*, tantôt par *dispensatio*, selon qu'on insiste sur le dispositif comme structure de la divinité (Tertullien) ou sur sa dynamique productive de sens et d'histoire. Tertullien en vient à ajouter aux termes latins la translittération du grec sous la forme *oeconomia* pour désigner la dimension trinitaire du mystère filial (PL, t. 2, col. 158A). *Dispositio* permet d'éclairer la dimension naturaliste de l'*oikonomia* qui recouvre la totalité de la création, donc à la fois *phusis*, *kosmos* [κόσμος] et *sustasis* [σύστασις], c'est-à-dire nature, univers et système organique (Clément d'Alexandrie, PG, t. 8, col. 1033A-B). Le corps est inclus dans cette structure providentielle et ordonnée du monde, et *oikonomia* hérite alors de la conception stoïcienne du cosmos. La « disposition », *dispositio*, est un concept structurel, alors que la « dispensation », *dispensatio*, est un concept fonctionnel. *Dispensatio*, dépense et déploiement dans le visible, recouvre les effets historiques de la volonté et de l'action divine dans le monde et de l'adaptation de ses investissements à sa créature. La pensée comptable des dépenses, des profits et des pertes trouve ici sa fondation théologique.

> Quels sont les biens qui sont dépensés (*khorêgia tôn agathôn* [χορηγία τῶν ἀγαθῶν]) qui nous viennent du Père par le Fils, on va le dire tout de suite : toute nature dans la création, qu'elle appartienne au monde visible ou au monde intelligible, a besoin pour durer de la sollicitude (*epimeleias* [ἐπιμελείας]) divine. C'est pourquoi le Verbe démiurge, Dieu Monogène, octroie son aide à la mesure des nécessités de chacun (*hekastou khreias* [ἑκάστου χρείας]). Il fournit par surcroît des ressources (*epimetrei tas khorêgias* [ἐπιμετρεῖ τὰς χορηγίας]) variées et de toutes sortes suivant la diversité de ses obligés, en les proportionnant à chacun (*summetrous hekastôi* [συμμέτρους ἑκάστῳ]) selon la nécessité de ses besoins (*kata ton tês khreias anagkaion* [κατὰ τὸν τῆς χρείας ἀναγκαῖον]).
>
> Basile de Césarée, *Traité du Saint-Esprit*, trad. fr. B. Pruche, Cerf, 1947, p. 312.

Cette dépense pose à la gestion ecclésiale la question de la rentabilité et de l'équilibre comptable dans la répartition des bienfaits aussi bien que dans la distribution des récompenses et des peines (cf. J. Kotsonis, *Problèmes de l'économie ecclésiastique*, trad. fr. P. Dumont, Gembloux, Duculot, 1971).

La traduction privilégiée par la Vulgate est *dispensatio*, qui recouvre à la fois *phusis* et *pronoia* [πρόνοια], c'est-à-dire nature et providence. C'est ainsi que l'emploient Clément (PG, t. 8, col. 809B), Origène (PG, t. 11, col. 277A),

Grégoire de Nysse (PG, t. 45, col. 126C) et Maxime (PG, t. 90, col. 801B). L'harmonie du monde s'ouvre à tous les procédés d'adaptation des moyens aux fins pour obtenir le consensus (*homologia* [ὁμολογία]). Ainsi se trouvent désignées, sous le même terme d'*économie*, la prudence (*phronêsis* [φρόνησις]), comme chez Origène, Athanase (PG, t. 25, col. 488B) ou Théodore Stoudite (PG, t. 99, col. 1661C), la stratégie pédagogique et la manipulation des âmes, comme chez Origène (PG, t. 13, col. 496B), la ruse et tous les stratagèmes qui permettent l'ajustement du silence et des procédés rhétoriques, comme chez Grégoire de Nazianze (PG, t. 36, col. 473C) ou Basile (PG, t. 32, col. 669A), et finalement le mensonge (*apatê* [ἀπάτη], *kalê apatê* [καλὴ ἀπάτη]), comme chez Chrysostome (PG, t. 48, col. 630 *sq.*).

C. « Économiser la vérité »

La lettre 58 de Grégoire de Nazianze à Basile de Césarée illustre parfaitement la question de l'économie pastorale dans sa gestion de l'opportunité. Basile, face aux hérétiques, pour des raisons stratégiques, dissimule adroitement la rigueur du dogme trinitaire pour éviter un conflit qui menaçait l'unité de l'Église dans les provinces touchées par l'hérésie. N'étant pas en position de force, Basile se tait partiellement. Accusé de lâcheté par les plus rigoristes, il reçoit cette lettre de son ami qui le soutient.

> Il vaut mieux économiser la vérité [οἰκονομηθῆναι τὴν ἀλήθειαν] en cédant un peu aux circonstances comme à un nuage [ὥσπερ νέφει τινὶ τῷ καιρῷ] plutôt que de la compromettre par une déclaration publique qui dévoile tout [...].
> Les assistants n'acceptèrent point cette économie. Ils s'écrièrent que c'était le fait des gestionnaires de la lâcheté [οἰκονομούντων δειλίαν] et non du discours.
> Quant à toi, divin et saint ami, enseigne-nous jusqu'où il faut aller dans la Théologie de l'Esprit, quels termes il faut employer, jusqu'où il faut être économe [μέχρι τίνος οἰκονομητέον]) pour maintenir ces vérités face à nos contradicteurs.
>
> Grégoire de Nazianze, *Lettres*, trad. fr. P. Gallay, Les Belles Lettres, t. 1, 1964, p. 76.

La difficulté d'un concept théologique mis au service de la politique a mobilisé les Pères et les théologiens lorsqu'il fallut concilier la charité chrétienne avec le désir d'hégémonie et de conversion. Tout pouvait faire que l'économie devînt la fondation d'une conception active de la tolérance. Il n'en fut rien, et c'est l'accommodement stratégique qui l'emporta jusqu'à admettre un certain machiavélisme. La gestion pontificale des affaires humaines a donné des exemples historiques où le respect des Évangiles n'a plus du tout inspiré les décisions de la hiérarchie. L'économie pénitentielle est alors venue au secours de pécheurs.

La richesse et l'ambiguïté de la polysémie expliquent assez bien le silence prudent de l'institution ecclésiale qui n'a jamais produit un ouvrage thématique global sur un terme dangereusement ambivalent. Que Dieu et sa créature se rencontrent sur le terrain « économique » d'une accommodation mutuelle ressort clairement des textes sans jamais faire l'objet d'une mobilisation conceptuelle. Le seul témoignage d'une définition thématique se trouve dans l'ouvrage perdu d'Eulogios que nous connaissons par la recension de Photius. Eulogios semble n'avoir pris en compte que le champ sémantique de l'accommodement et de l'opportunité.

♦ Voir encadré 3.

III. L'ÉCONOMIE ICONIQUE

À partir du VIIIe siècle, à l'occasion de la crise des images déclenchée par les empereurs iconoclastes, la défense de l'icône s'est entièrement construite sur l'interprétation économique de l'incarnation. La gestion et l'administration des visibilités sont devenues la pierre

---

3

Les distinctions d'Eulogios

Le traité perdu d'Eulogios est sans doute contemporain des débats sur l'hérésie monophysite et nestorienne (Ve siècle), c'est-à-dire d'un temps où la défense rigoureuse des vérités dogmatiques mettait en danger l'unité de l'Église. Il fallait donc, au jour le jour, « composer » au mieux entre la fidélité spirituelle et le projet politique. Cette « composition » est *économie* et exige une adaptation pragmatique dans une vigilance qui reste de principe. Ce traité est le seul ouvrage byzantin qui semble avoir tenté une synthèse des opérations *économiques*.

> Eulogios établit dans la notion d'économie telle que l'admet l'Église divine une triple distinction, et il démontre que ce n'est en s'alignant sur aucune des trois qu'ils [les hérétiques] ont abouti à un mélange informe d'impiété par l'alliance qu'ils ont faite entre les outrances de leurs hérésies.
> Pour commencer, Eulogios dit que le principe de l'économie n'admet pas le premier venu comme juge et arbitre de sa réalisation, mais elle les prend parmi les serviteurs du Christ, parmi les dispensateurs (*oikonomous*) du mystère divin et parmi ceux qui légifèrent depuis les sièges épiscopaux.
> En outre, c'est un juste principe qui exerce l'économie lorsque le dogme de la foi n'en subit aucune atteinte.
> Souvent une économie circonstancielle (*proskairos oikonomia* [πρόσκαιρος οἰκονομία]) est établie pour un temps limité en admettant et en retenant quelques données qui ne devaient pas l'être pour permettre à la vraie foi de retrouver sa puissance durable et sa tranquillité. [...]
> La seconde économie se fait à propos des mots. Ainsi, quand les dogmes de l'Église sont bien établis et sont exprimés en termes différents, on se met d'accord pour ne rien dire à propos de certains mots, surtout s'ils ne sont pas des motifs sérieux de scandale pour ceux dont l'intention est suffisamment droite. [...]
> Un troisième mode d'économie concerne le cas où les gens, souvent, ne tiennent pas compte d'un décret promulgué, et promulgué précisément contre eux, sans que l'autorité des vrais dogmes en soit amoindrie.
>
> Photius, *Bibliothèque*, vol. 4, codex 227, trad. fr. R. Henry (mod.), Les Belles Lettres, 1965, p. 111-112, 76.

angulaire de la politique ecclésiale. L'ennemi de l'icône est appelé aussi bien « iconomaque » qu'« économaque », puisqu'en grec les deux mots se prononcent de la même façon, *ikonomakhos*. Ainsi l'ennemi de l'icône est le bourreau du Christ, celui de l'Église et du plan universel de la rédemption. L'*oikonomia* iconique rassemble dans la doctrine unifiante qui soutient toutes les productions d'images, la totalité du champ sémantique d'*oikonomia*. En effet, l'icône célèbre l'incarnation, et institue la production des visibilités comme *mimêsis* [μίμησις] de toutes les opérations providentielles de Dieu. L'adaptation stratégique, pédagogique et politique des moyens aux fins, pratiquée par l'institution, est dans la continuité de l'adaptation divine au régime de la visibilité. Pour élaborer la spécificité iconique de l'*oikonomia*, les Pères l'opposent dès lors à *theologia* [θεολογία], c'est-à-dire à la fidélité littérale des juifs à la loi mosaïque. L'économie est la marque de la loi nouvelle, la fin des interdits bibliques et de la soumission à la lettre (Théodore Stoudite, PG, t. 99, col. 353D). Il s'ensuivit des moments de crise au sein de l'Église lorsque l'*oikonomia* devint, pour le scandale des esprits les plus rigoureux, la justification des mensonges, des abus et des crimes commis au nom de fins légitimes. L'économie se trouve en conflit avec l'acribie (*akribeia*) c'est-à-dire avec le respect littéral de la loi. La « sainte économie » viendra inévitablement alimenter la polémique dirigée contre les juifs. Ennemis de l'incarnation et de l'image, ils sont du même coup accusés de pratiquer une gestion diabolique des biens et profits. Leur rapport à l'argent porte les signes de leur damnation.

Dès lors, on peut comprendre autrement l'embarras des traducteurs chrétiens qui choisirent de privilégier la disparate dans le but, tout à fait économique, d'occulter l'unité « idéologique » d'un terme qui menace la pureté spirituelle des pratiques. Traduire, à chaque occurrence du mot, *oikonomia* par *économie* ne pouvait que manifester trop clairement les fins politiques d'un pouvoir temporel qui ne se sent plus fidèle aux exigences éthiques de l'Évangile. Ainsi s'expliquent les innombrables notes de bas de page mettant le lecteur en garde contre les dérives de ce qui est présenté comme une homonymie accidentelle pouvant engendrer de graves malentendus ! Il s'agit pourtant strictement de la même chose, à savoir de la légitimation de tous les moyens nécessaires à la gestion et à l'administration du monde visible en vue du salut dans le respect de l'unité indestructible d'une institution. *Oikonomia* n'est pas un homonyme, mais un concept unifié au service de l'unification.

♦ Voir encadré 4.

Marie-José MONDZAIN

BIBLIOGRAPHIE

EUSÈBE DE CÉSARÉE, *Histoire ecclésiastique*, trad. fr et éd. G. Bardy, Cerf, 1964-1971.

JEAN CHRYSOSTOME, *De sacerdotio/Sur le sacerdoce*, éd. et trad. fr. A.-M. Malingrey, Cerf, « Sources chrétiennes », 272, 1980.

MONDZAIN Marie-José, *Image, Icône, Économie*, Seuil, 1996.

STRAUSS Leo, *Xenophon's Socratic Discourse*, Londres, Cornell UP, 1970.

XÉNOPHON, *Économique*, trad. fr. P. Chantraine, Les Belles Lettres, 1993.

OUTILS

PG : MIGNE Jacques-Paul (éd.), *Patrologiae cursus completus, series graeca* [*Patrologie grecque*], 1857.

PL : MIGNE Jacques-Paul (éd.), *Patrologiae cursus completus, series latina* [*Patrologie latine*], 1844.

‘ŌLĀM [עוֹלָם] HÉBREU – fr. *monde*

► *MONDE* [WELT], et AIÔN, *HUMANITÉ*, PRÉSENT, *VIE*

Parmi les mots qui désignent le monde, certains insistent sur l'ordre des choses, comme le grec kosmos [κόσμος] *et le latin* mundus. *D'autres accentuent la présence du sujet, son être-en-vie. Le monde est alors ce à quoi on vient en*

4

Nicéphore : la synthèse iconophile

C'est à la faveur de la crise de l'image que se fit sans aucun doute l'unité opératoire du concept. Le rassemblement explicite sous un même terme de l'incarnation, de la gestion politique des biens et des personnes ainsi que des enjeux de la figuration iconique fait de l'*oikonomia* la pièce maîtresse d'une construction symbolique. L'économie fait la synthèse doctrinale du message évangélique et de la vie de l'institution. Le patriarche Nicéphore en fut le porte-parole véhément et exemplaire au IXe siècle.

> Avant même d'aborder la question des icônes, par le propos qu'il [l'iconoclaste] profère publiquement, il laisse deviner son plan sans attendre de lui donner le tour fameux qu'on lui connaît. Observez maintenant la consécution logique qui se maintient entre sa conception et tout ce qui précède. En effet, il a d'abord disserté des deux natures et des hypostases, puis, soudain emporté par l'arrogance et la passion, il saute brusquement sans ordre aux icônes et aux prototypes. Il ne pouvait pas mieux prouver que toute la discussion qu'il a soulevée d'un bout à l'autre, n'a en fait d'autre mobile que de faire violence en même temps qu'aux symboles sacrés de notre foi, à l'Économie tout entière de notre Sauveur Jésus Christ, et il n'a fait que se précipiter davantage dans la révolte contre le Christ » (Nicéphore le Patriarche, *Discours contre les iconoclastes, Antirrhétiques* 1, 224C-225A, trad. fr. M.-J. Mondzain, Klincksieck, 1991, p. 71-72).

Les *Antirrhétiques* de Nicéphore sont le plus important des ouvrages iconophiles, et furent écrits au IXe siècle. Le terme d'*économie* y est utilisé trente neuf-fois pour identifier sans rupture la défense de l'incarnation à celle de l'image. Ces traités polémiques répondaient à l'interprétation iconoclaste de l'économie qui, elle, considérait qu'après la résurrection, le respect du message évangélique était la seule charge légitime de la théologie ecclésiale et de sa hiérarchie tandis que l'économie temporelle revenait au pouvoir politique séculier de l'empereur. L'interprétation de l'*oikonomia* devenait de ce fait un enjeu politique dont la séparation des pouvoirs occupait le centre. L'Église a triomphé en rassemblant sous un même mot tous les enjeux mondains du visible, du pouvoir et de la richesse.

naissant, et ce que l'on quitte en mourant. C'est le cas de l'angl. world, *de l'all.* Welt, *et du néer.* vereld, *dans lequel l'étymologie est la plus lisible : la durée de vie (cf. angl.* old) *de l'homme (lat.* vir ; *all.* wer- *dans* Werwolf, *« homme-loup », « loup-garou »). Le mot hébraïque pour « monde » est actuellement* 'ōlām [עוֹלָם]. *Il est présent dans la Bible, mais il ne semble pas que ce soit en ce sens, même dans un texte tardif comme Qohelet, 3, 11. Il y a un autre sens, temporel, celui de durée indéfinie, le plus souvent dans des expressions figées comme* le-'ōlām [לְעוֹלָם], *« pour un avenir indéterminé », d'où « pour toujours », ou* mē-'ōlām [מֵעוֹלָם], *« depuis une période dont on ignore le début », d'où « depuis toujours ».*

Le substantif, employé à l'état construit, comme quasi-adjectif, désigne l'antiquité la plus reculée (Deutéronome, 32, 7, etc.). C'est l'idée d'indétermination qui expliquerait l'étymologie probable par une racine signifiant « cacher » : le passé et l'avenir lointains échappent à notre connaissance.

Le sens de « période, ère, éon » évolue à partir de l'idée d'un changement eschatologique qui distinguera de l'ère présente (*hā-'ōlām ha-zèh* [הָעוֹלָם הַזֶּה]) une ère encore à venir (*hā-'ōlām ha-bā'* [הָעוֹלָם הַבָּא]). Comme, dans cette ère, « toutes choses » doivent être changées, le mot désignant la période prend le sens du contenu : celui de « monde », sens qu'il a conservé dans l'histoire postérieure de la langue, et qui, par l'intermédiaire de l'araméen, est passé dans l'arabe *'ālam* [عالم].

Au Ier siècle de notre ère, on voit apparaître la formule « venir au monde » au sens, pour les hommes, de « naître » ou, pour les choses, d'« apparaître ». C'est le cas dans l'Ancien Testament grec (Sagesse, 2, 24 ; 14, 14), le Nouveau Testament (Jean, 1, 9 ; 13, 1 ; 16, 33) et le Talmud où l'expression « ceux qui viennent au monde » (*ba'ëy ha-'ōlām* [בָּאֵי הָעוֹלָם]) désigne tous les hommes (par ex. *Rosh ha-Shanah*, 16a ; targum de Qohelet, 1, 4). C'est aussi le cas chez des auteurs païens (Dion Chrysostome, XII, 33 ; *Du sublime*, XXXV, 2). Le grec biblique rend cette acception soit par *kosmos* [κόσμος], soit par *aiôn* [αἰών]. Ce mot a le double avantage d'une certaine proximité phonétique et d'une nette parenté sémantique, le mot grec ayant désigné, assez tôt dans son évolution, la durée de la vie, et le mot hébraïque pouvant signifier de son côté « à perpétuité » au sens de « pour toute la vie » (Deutéronome, 15, 17, etc.).

Rémi BRAGUE

OMNITUDO REALITATIS

LATIN – fr. *le tout de la réalité, le tout inclusif de la réalité*

all. *der Inbegriff aller Realität, die Allheit aller möglichen Pradikäte*

► RÉALITÉ, *TOUT*, et ALLEMAND, DASEIN, DIEU, ESSENCE, *ÊTRE*, *NÉGATION*, RES, SEIN, TO TI ÊN EINAI, VORHANDEN

La formule kantienne, qui définit l'idéal de la raison pure — l'idée d'un être qui renferme en soi toute réalité, sans qu'il soit nécessaire de statuer quant à l'« existence d'un être d'une supériorité si éminente » —, est sans doute le meilleur témoignage de l'acception différenciée du terme de réalité *dans l'œuvre critique de Kant.* Realität *est ici le simple décalque du latin* realitas, *au sens de la teneur réelle* (Sachheit), *de la déterminabilité positive et exhaustive (« la possibilité totale »), sur fond de laquelle s'enlève la détermination de chaque chose existante. La formule ne trouve son sens qu'en référence à Christian Wolff et aux usages scolaires du terme* realitas, *ceux-là mêmes qui permettront la première opposition thématique de l'existence entendue comme* Wirklichkeit *(actualité, effectivité) et de la réalité* (Realität). *Or, cette opposition fait le nerf de la critique kantienne de l'argument ontologique, dans la mesure où le concept de Dieu comme* ens originarium, ens summum, ens entium, *s'il est bien — mais dans la raison seulement — le « concept de la suprême réalité », celui que la raison présuppose nécessairement comme « l'être suprêmement réel » qui contient en lui « le tout de la réalité », n'implique pas pour autant l'existence* (Dasein) *; celle-ci, comme être* (Sein) *ou « position », n'étant précisément pas un prédicat « réel », c'est-à-dire susceptible d'être « compris » dans l'ensemble des « réalités » par quoi se définit intégralement l'*ens realissimum (voir RÉALITÉ, *et la différence* Realität/Wirklichkeit).

On aperçoit comme en miniature, à travers cette étrange locution (omnitudo realitatis), *à quel point la percée kantienne demeure aux prises avec la terminologie tardo-scolastique de la métaphysique scolaire allemande : il en va ici comme pour de nombreux textes philosophiques du latin classique qui imposent une sorte de rétroversion en grec. On n'aura garde dans les traductions de la « philosophie classique allemande » d'oublier cette épaisseur historique des concepts, alors même qu'ils s'élaborent par contraposition avec les* Fremdwörter.

I. LE SENS CLASSIQUE DE LA FORMULE KANTIENNE : L'ÊTRE SUPRÊMEMENT RÉEL

Kant introduit, dans le cadre de la Dialectique transcendantale, et à titre d'idéal de la raison pure, l'idée d'un tout de la réalité (*omnitudo realitatis*, *Allheit der Realität*), idée qui répond au principe de la déterminabilité complète : « *alles Existierende ist durchgängig bestimmt* [toute chose existante est déterminée de part en part] » (*Critique de la raison pure*, A 573/B 601) ; selon ce principe, toute chose peut être envisagée par rapport au « concept d'ensemble [*Inbegriff*] » de tous les prédicats possibles susceptibles d'en être affirmés ou niés. À une telle détermination complète répond donc un concept qui ne saurait sans doute jamais être présenté (*darstellen*) *in concreto*, et dont le lieu propre est la raison pure elle-même. Celle-ci, à travers son exigence principielle de la détermination intégrale de toute chose (*Ding*), exigence elle-même fondée sur l'idée « du concept d'ensemble de toute possibilité [*Inbegriff der Möglichkeit*] », forme le concept d'un objet singulier (*einzelner Gegenstand*) : tel est l'idéal de la raison pure (*ibid.*, A 574/B 602), qui est aussi l'idée d'un « tout de la réalité » (*omnitudo realitatis*) ou encore d'un *ens realissimum*, d'un être souverainement réel : cette « chose [*Ding*] » unique, intégralement déterminée par soi-même, et qu'il faut se représenter comme un « individu » (*loc. cit.*). La possibilité de ce qui contient ainsi en soi « toute réalité [*alle Realität*] » sera alors considérée comme « originaire », par rapport au caractère dérivée de la « possibilité des choses [*Möglichkeit der Dinge*] » dont la diversité est directement liée à la manière spécifique dont elles « limitent » la réalité suprême (*höchste Realität*) qui en forme comme le « substrat » (*ibid.*, A 576/B 604). Cette réalité suprême peut encore recevoir les noms plus traditionnels d'*ens originarium, ens summum, ens entium* (être originaire, être suprême, être des êtres). Naturellement, il ne s'agit là que d'une Idée — Kant parlera même de « fiction [*Erdichtung*] » (*ibid.*, A 580/B 608) —, qui ne saurait être hypostasiée dans le concept d'un être suprême.

II. « RÉALITÉ », « POSSIBILITÉ », « QUIDDITÉ » CHEZ CHRISTIAN WOLFF

La formule elle-même — *omnitudo realitatis* — renvoie dans le lexique kantien, par-delà Wolff et Leibniz, à l'usage scolastique du terme. Dans sa *Philosophia prima sive Ontologia* (1730), Christian Wolff définissait en ces termes la « chose » et sa « réalité » :

> *Quicquid est vel esse posse concipitur, dicitur res, quatenus est aliquid ; ut adeo res definiri possit per id, quod est aliquid. Unde et realitas et quidditas apud scholasticos synonyma sunt.*
>
> [Tout ce qui est ou ce dont on conçoit qu'il peut être, est appelé chose, dans la mesure où il est quelque chose ; ainsi la chose pourrait être définie par cela qui est quelque chose. C'est pourquoi, chez les Scolastiques, réalité et quiddité sont des termes synonymes.]
>
> Wolff, *Philosophia prima*..., § 243.

Et déjà en 1729 la « Métaphysique allemande » [*Vernünftige Gedanken von Gott, der Welt und der Seele des Menschen, auch allen Dingen überhaupt*] posait : « *Alles was seyn kann, es mag würklich seyn oder nicht, nennen wir ein Ding* [Tout ce qui peut être, qu'il soit effectivement réel ou non, nous le nommons "chose"] » (§ 16). Chez Wolff, l'écart entre *realitas* et *existentia* — celui-là même qui caractérise la tradition inaugurée par Duns Scot — est encore confirmé par cet ajout au § 243 : « *E.g. arbor et ens dicitur et res. Ens scil. si existentiam respicis ; res vero, si quidditatem* [D'un arbre on dit par exemple qu'il est un étant et une chose. Un étant si l'on prend en vue son existence ; une chose, si l'on considère sa quiddité]. » Il faut noter cependant un autre usage, plus large, du terme *realitas* pour désigner, comme dans la *Theologia naturalis* (1736-1737), tout ce qui peut être compris comme véritablement inhérent à un étant quelconque (« *quicquid enti alicui vere inesse intelligitur* », t. 2, 5). Conformément à cette nouvelle acception, l'*existentia* (qu'elle soit nécessaire ou contingente) peut alors être elle-même considérée comme une *realitas*. Mais si, à titre de réalité inhérente (*inesse alicui*), l'existence peut être attribuée comme une propriété parmi d'autres, elle ne s'identifie pas pour autant à l'actualité ou à l'effectivité.

III. L'EXISTENCE COMPLÉMENT DE LA POSSIBILITÉ. L'« EXISTENTIA » COMME « ACTUALITAS »

Dès la « Métaphysique allemande » de 1729, Wolff traitait de l'existence, à titre de complément ou « remplissement » de la possibilité, en termes d'effectivité :

> *Es muß also außer der Möglichkeit noch was mehrers dazu kommen, wenn etwas seyn soll, wodurch das Mögliche seine Erfüllung erhält. Und diese Erfüllung des Möglichen ist eben dasjenige, was wir Würklichkeit nennen.*
>
> [Il faut encore que s'ajoute à la possibilité quelque chose de plus, si quelque chose doit être, par quoi le possible reçoit son remplissement. Et ce remplissement du possible est précisément ce que nous nommons réalité effective < actualité ou existence >.]
>
> § 14.

Employé adverbialement, le terme *wirklich* (*würklich*) modalise la présence (l'être-là) ou l'existence (*vorhanden*) :

> *Weil die Welt nicht würklich da ist...* [parce que le monde n'est pas effectivement < réellement > présent...]; [...] *die Welt ist würklich außer unserer Seele vorhanden...* [le monde existe réellement hors de notre âme... <il est effectivement présent là-devant>]
>
> Wolff, *Vernünftige Gedanken*..., § 942-943.

Cet usage du terme *Wirklichkeit* n'est en fait que la traduction du latin *actualitas* entendu comme détermination de l'existence. Rudolph Goclenius, dans son célèbre *Lexicon philosophicum*, notait, à l'article « *Actualitas* » : « *Actualitas prima, qua res existit, dicitur Esse ; Paul. Scal. ita loquitur cum Barbaris, quorum haec est distinctio* [On appelle être l'actualité première par laquelle une chose existe ; c'est ainsi que s'exprime Paul Scaliger, en reprenant cette distinction scolastique barbare] ». Wolff redira de manière plus précise: « *Esse ens dicitur, quatenus est possibile : existere autem, quatenus actu datur* [L'étant est dit être, pour autant qu'il est possible ; mais on dit qu'il existe pour autant qu'il est donné en acte] » (*Philosophia prima sive Ontologia*, § 874n). Dans cette actualité première, on reconnaît facilement l'*energeia* [ἐνέργεια] aristotélicienne (voir PRAXIS), distincte de l'essence ou de la formalité qui définit de son côté l'être tel ou tel.

IV. « REALITAS », RÉALITÉS ET NÉGATIONS

Alexander G. Baumgarten ou Georg Friedrich Meier, qui dépendent sur ce point assez étroitement de Wolff, utilisent le terme de *realitas* dans le même sens. La *realitas* intervient dans le cadre de l'analyse générale des « déterminations » (*notae et praedicata*) et rassemble toutes les caractéristiques conceptuelles positives qui peuvent s'attribuer à une chose, ou mieux à un concept, par opposition aux déterminations négatives (les *negationes*) (A.G. Baumgarten, *Metaphysica*, § 34 et 36 ; G.F. Meier, *Metaphysik*, § 46). Les *negationes* sont ainsi directement opposées aux *realitates* (A.G. Baumgarten, *Metaphysica*,

§ 135), et l'étant comme tel, du moins celui qui est conçu comme *ens perfectum, positivum, reale*, est défini par l'ensemble des *realitates* qui le composent, au nombre desquelles figure éventuellement l'existence ou l'actualité (*actualitas*), comprise alors comme *complementum possibilitatis* :

> *Cum in omni ente sit realitatum numerus, omne ens habet certum realitatis gradum.*
>
> [Comme il y a un certain nombre de réalités en tout étant, tout étant comporte un certain degré de réalité.]
>
> A. G. Baumgarten, *Metaphysica*, § 248.

Certes, pour Baumgarten, comme pour le Wolff de la *Theologia naturalis*, l'existence est à compter au nombre des réalités, puisqu'elle contribue à la détermination complète (*complementum*) de ce qui est (*Philosophia prima sive Ontologia*, § 172-173) :

> *Existentia non repugnat essentiae, sed est realitas cum ea compossibilis.*
>
> [L'existence, loin de répugner à l'essence, est une réalité qui lui est compossible.]
>
> A.G. Baumgarten, *Metaphysica*, § 66.

> *Existentia est realitas cum essentia et reliquis realitatibus compossibilis.*
>
> [L'existence est une réalité compossible avec l'essence et toutes les autres réalités.]
>
> *ibid.*, § 810.

Mais l'existence, ainsi comprise à titre de « réalité », ouvre une autre dimension, celle de l'*actualité* ou de la *Wirklichkeit* (nous avons déjà vu comment ce dernier terme s'était imposé à Wolff). C'est ainsi que Baumgarten peut désormais écrire : « *Omne actuale est interne possibile, seu posita existentia ponitur interna possibilitas* [tout ce qui est actuel est intrinsèquement possible, ce qui veut dire que, l'existence étant posée, la possibilité interne l'est aussi] » (*ibid.*, § 8), ce que Hegel « traduira » très naturellement : « *Was wirklich ist, ist möglich* [ce qui est effectivement réel est possible] » (*Wissenschaft der Logik*, éd. G. Lasson, t. 2, p. 381).

Ainsi, les *realitates* envisagées comme des déterminations positives, elles-mêmes susceptibles de degrés, constituent autant d'*entia realia*, et elles peuvent toutes en droit s'appliquer à une chose concrète (l'*ens reale* au sens strict) à laquelle elles sont inhérentes ; on conçoit alors que toutes les réalités, comme perfections élevées au plus haut degré (*plurimae maximae realitates*), puissent coïncider en un seul et même être qui, renfermant en lui l'*omnitudo realitatis*, sera l'*ens realissimum* :

> *Omnes realitates sunt vere positivae, nec ulla negatio est realitas. Ergo si vel maxime conjugantur in ente omnes, numquam ex iis orietur contradictio. Ergo omnes realitates sunt in ente compossibiles. Ergo enti perfectissimo convenit omnitudo realitatum, earumque, quae ullo in ente esse possunt, maximarum.*
>
> [Toutes les réalités sont véritablement positives, et aucune négation n'est réalité. Donc si toutes les réalités sont réunies au plus haut point dans l'étant, aucune contradiction n'en résultera jamais. Toutes les réalités sont donc compossibles dans l'étant. Ainsi, l'ensemble complet des réalités – et celles maximales qui peuvent être en quelque étant – convient à l'étant le plus parfait.]
>
> A.G. Baumgarten, *Metaphysica*, § 807.

V. LA THÈSE KANTIENNE : L'ÊTRE COMME POSITION

On voit clairement tout l'enjeu de la thèse qui fait de l'existence une « réalité ». C'est la formulation la plus économique et comme le nerf de l'argument ontologique : on peut affirmer que Dieu existe dès lors que l'existence a été établie comme un prédicat *réel*, car sinon, comme le souligne encore Baumgarten :

> *Deus non actualis esset ens omnibus realitatibus gaudens, cui quaedam tamen deesset.*
>
> [Dieu ne serait pas l'étant actuel (ou effectif) jouissant de toutes les réalités, puisque l'une d'entre elles lui ferait défaut.]
>
> A. G. Baumgarten, *Metaphysica*, § 807.

On retrouve là la formule de l'antique argument ontologique, réexposé dans une conceptualité wolffienne, celle-là même que Kant critiquera dès 1763, en refusant tout à la fois de faire de l'existence et de l'être-là (*Dasein*) un prédicat réel, ou de la compter au nombre des réalités qui appartiennent à une chose ou la constituent, et de faire de Dieu le concept compréhensif de toutes les réalités. Dire de l'être (*Sein*) qu'il n'est pas un prédicat réel (*reales Prädikat*), ou qu'il n'ajoute rien en fait de « réalité » au concept d'une chose, cela conduit Kant à le définir comme « position » : « *Es ist bloß die Position eines Dinges, oder gewisser Bestimmungen an sich selbst* [C'est purement et simplement la position d'une chose ou de certaines déterminations en soi-même] » (*Critique de la raison pure*, A 598/B 626). On ne saurait donc plus longtemps analyser en termes de prédication les propositions « Dieu est tout-puissant », « Dieu est », comme s'il suffisait de distinguer entre proposition de troisième et de second adjacents. Il n'y a pas de proposition de second adjacent, ou plutôt, « quand je dis : "Dieu est", je ne pose aucun prédicat venant s'ajouter au concept de Dieu, mais je pose seulement le sujet en soi-même avec tous ses prédicats » (*loc. cit.*). L'existence ou l'effectivité n'ajoutent rien (« *Das Wirkliche enthält nichts mehr als das Mögliche* [L'effectif ne contient rien de plus que le possible] », *loc. cit.*). C'est la commune mesure ou l'additivité qui font ici entièrement défaut.

Demeure l'hétérogénéité irréductible de l'être et de la réalité – c'est elle qui commande la thèse de l'être comme *Position* (position). Il est certainement permis de voir là, avec Heidegger, l'écho lointain d'une doctrine scolastique, relayée par Suárez : « Il suffit de considérer ce mot "Existence" pour reconnaître dans le *sistere*, le placer, la liaison avec le *ponere* et la position : l'*existentia* est l'*actus quo res sistitur, ponitur extra statum possibilitatis* » (« La thèse de Kant sur l'être », *Questions II*, p. 110 ; *Nietzsche*, t. 2, p. 417 *sq.*) ; mais on peut aussi être attentif, plutôt qu'à cette histoire uniformément continue

(« d'Anaximandre à Nietzsche »), à la rupture kantienne opérée par rapport à la tradition scotiste.

Jean-François COURTINE

BIBLIOGRAPHIE

BAUMGARTEN Alexander G., *Metaphysica*, Halle, 1739 ; repr. Hildesheim, Olms, 1963.

HEGEL Georg Wilhelm Friedrich, *Wissenschaft der Logik*, éd. G. Lasson, Hambourg, Felix Meiner, 1966².

HEIDEGGER Martin, *Kants These über das Sein*, Francfort, V. Klostermann, 1963 ; « La thèse de Kant sur l'être », trad. fr. L. Braun et M. Haar, in *Questions II*, Gallimard, 1968.

— *Nietzsche*, Pfullingen, Neske, 1961 ; trad. fr. P. Klossowski, 2 vol., Gallimard, 1972.

KANT Emmanuel, *Kritik der reinen Vernunft*, éd. Jens Timmermann, Hambourg, Felix Meiner, 1998 ; *Critique de la raison pure*, trad. fr. J.-L. Delamarre et F. Marty, à partir de la trad. fr. J. Barni, in *Œuvres philosophiques*, t. 1, éd. F. Alquié, Gallimard, « La Pléiade », 1980.

MEIER Georg Friedrich, *Metaphysik*, Halle, 1755-1759.

WOLFF Christian, *Vernünftige Gedanken von Gott, der Welt und der Seele des Menschen, auch allen Dingen überhaupt*, Francfort-Leipzig, 1729 ; repr. Hildesheim, Olms, 1983 ; *Metafisica tedesca, a cura di Raffaele Ciafardone, testo tedesco a fronte*, trad. it., Milan, Rusconi, 1999.

— *Philosophia prima sive Ontologia, methodo scientifica pertractata, qua omnis cognitionis humanae principia continentur*, Francfort-Leipzig, 1736² ; repr. Hildesheim, Olms, 1962.

— *Theologia naturalis methodo scientifica pertractata. Pars prior*, Francfort-Leipzig, 1736 ; *Pars posterior*, Francfort-Leipzig, 1737 ; repr. Hildesheim, Olms, 1978 et 1981.

OUTILS

GOCLENIUS Rudolf, *Lexicon philosophicum, quo tanquam clave philosophiae fores aperiuntur*, Francfort, 1613 ; repr. Hildesheim, Olms, 1964.

ORDRE DES MOTS

► ACTE DE LANGAGE, ASPECT, COMBINATOIRE ET CONCEPTUALISATION, ***DISCOURS***, FRANÇAIS, LANGUES ET TRADITIONS, LOGOS, MOT, PRÉDICATION, PROPOSITION, SIGNE, SIGNIFIANT

Les termes mot *et* ordre des mots *appartiennent au langage ordinaire. Ils sont utilisés dans la description informelle des langues et, en particulier, ils servent à localiser les différences entre langues. Ainsi, l'allemand diffère du français par son vocabulaire (ses mots) et par l'ordre des mots dans l'énoncé. La grammaire puis la linguistique ont fourni des concepts pour caractériser la nature formelle de ce qu'ils désignent. Nous proposons ici une analyse des phénomènes regroupés sous le chef de l'ordre des mots, présentée comme une reconstruction rationnelle (I. Lakatos,* Preuves et Réfutations*).*
*Nous rappelons d'abord la problématique qui émerge de la réflexion grammaticale sur la diversité phénoménologique des langues, quand on considère le placement des constituants fonctionnels dans la phrase. Puis nous exposons quelques éléments de critique de cette problématique constituée en vulgate pour le regard contemporain. Enfin, nous nous séparons de la notion d'*ordre des mots *et proposons le concept de construction, tel qu'il est défini dans l'un des courants du paradigme génératif contemporain (les grammaires de construction), pour analyser la pertinence du placement des constituants dans l'énoncé.*
De ce point de vue, on peut tenir qu'unité lexicale (le concept permettant d'analyser ce que désigne le terme de mot*) et construction sont des entités de même type, des signes (signe lexical et signe syntagmatique, selon la terminologie du cadre grammatical de* Head-driven Phrase Structure Grammar [HPSG]*), ce qui nous autorise à étendre à l'architecture de l'énoncé les notions d'arbitraire, au sens de Saussure, et de surdétermination, au sens de Lacan. À l'issue de l'analyse linguistique, on conclut que, si l'ordre des mots donne lieu à un intraduisible, cet intraduisible a la même étiologie que celui que peuvent occasionner les mots.*

I. LA VULGATE SUR L'ORDRE DES MOTS

A. L'ordre fixe du français

L'ordre des mots apparaît d'emblée comme ce qui distingue le français du latin. La phrase (1) a la même signification, c'est-à-dire le même contenu propositionnel, que les phrases (2) :

(1) Le père aime le fils
(2) (a) *Pater filium amat*
(b) *Amat pater filium*
(c) *Filium pater amat*
(d) *Pater amat filium*
(e) *Amat filium pater*
(f) *Filium amat pater*

On dit que l'ordre est « fixe » en français parce que (1) peut être traduit par (2) en latin, mais aussi parce que (1) n'est pas équivalent à (3) :

(3) Le fils aime le père

et parce que l'ordre de (1) n'est susceptible d'aucune variation, ce que montre l'agrammaticalité des énoncés en (4) :

(4) (a) *Le père le fils aime
(b) *Aime le père le fils
(c) *Aime le fils le père
(d) *Le fils le père aime

De plus, la possibilité de varier l'ordre des constituants en latin se démultiplie encore si on prend en considération deux faits : l'ordre entre un nom et son déterminant peut varier à l'intérieur du groupe nominal (dorénavant GN) ; et les membres d'un même groupe peuvent ne pas former une chaîne continue. En (5), le déterminant (*suum*) est à gauche ou à droite du nom déterminé (*filium*) ; en (6), le déterminant est séparé du nom qu'il détermine par des constituants n'appartenant pas au GN qu'ils constituent (ils sont séparés, en l'occurrence, par le GN sujet *pater*) :

(5) (a) *Pater suum filium amat*
(b) *Pater filium suum amat*

(6) *Suum pater filium amat*

On synthétise l'observation en disant que le français est une langue à ordre fixe et le latin une langue à ordre libre. On est parvenu, après de longues controverses, à donner une explication à ce différentiel. C'est parce que le français n'a pas de système morphologique casuel qu'il recourt à un ordre des mots fixe : le français exploite l'opposition entre placement préverbal et placement postverbal pour identifier les termes nominaux remplissant les fonctions de sujet et d'objet. En revanche, c'est parce que le latin possède un système de morphologie flexionnelle marquant les cas que plusieurs ordres des mots sont disponibles : ainsi, en (2), les GN *filium* et *pater*, quelque place qu'ils occupent par rapport à *amat*, sont identifiés comme des formes porteuses respectivement des marques affixales d'accusatif et de nominatif, et donc comme des termes assurant des fonctions distinctes. On tire de cette analyse la proportion suivante : l'ordre des mots est au français ce que le cas est au latin. Si la flexion casuelle est un système de marques, alors l'ordre des mots est un système de marques. Ce sont les fonctions grammaticales qui sont marquées, une fois par des moyens morphologiques, une fois par des moyens d'ordre relatif.

♦ Voir encadré 1.

B. L'ordre libre du latin

Il faut revenir sur cette notion d'ordre « libre » du latin. Le latin autorise les six ordres réalisés dans les phrases de (2). Mais on admet que, parmi ces six ordres, l'un est non marqué : c'est l'ordre SOV (c'est-à-dire Sujet Objet Verbe, pour reprendre le vocabulaire des typologies modernes) illustré par la phrase ci-dessous :

(7) *Pater filium amat*

En particulier, on tient que cet ordre est pragmatiquement neutre. Cette dernière analyse suppose que, si les six phrases de (2) partagent le même contenu propositionnel, elles diffèrent par leur valeur pragmatique. Les ordres qu'exhibent les cinq autres phrases sont associés à des valeurs que l'on a longtemps dites d'expressivité, d'emphase ou d'insistance. On peut rendre ces valeurs par des

1

Un « ordre naturel et parfait »

On trouvera dans S. Delesalle et J.-C. Chevalier, *La Linguistique, la Grammaire et l'École*, une présentation synthétique du débat qui fait émerger la problématique de l'ordre des mots au XVIIe, puis au XVIIIe siècle. On peut également consulter U. Ricken, *Grammaire et Philosophie au siècle des Lumières*, qui identifie les deux points centraux du débat : (*a*) la relation entre ordre des mots et pensée, et (*b*) l'évaluation des langues les unes par rapport aux autres, l'ordre du français étant considéré comme parfait parce que naturel.

Dans les analyses initiales de la *Grammaire de Port-Royal*, le langage est confronté à la « pensée », supposée constituer la référence. « L'ordre naturel, conforme à l'expression naturelle de nos pensées, consiste en un jugement exprimé à propos d'un concept, le substantif sujet étant en tête » (S. Delesalle et J.-C. Chevalier, *op. cit.*, p. 40) parce que la substance doit précéder l'accident. « On peut dire qu'à ce stade de l'analyse (chez Port-Royal), la ressemblance entre l'ordre français et l'ordre naturel de la pensée est elle-même si naturelle et si intégrée qu'elle n'a pas à être explicitée, encore moins justifiée » (*ibid.*, p. 4).

gloses qui, en français, font justement appel à des constructions de l'énoncé distinctes de celle qui préside à la phrase canonique proposée en (1) :

(8) (a) *Amat pater filium*
(a') Il l'aime, le père, son fils
(b) *Filium pater amat*
(b') Son fils, le père l'aime
(b'') C'est son fils que le père aime
(b''') C'est son fils qu'aime le père

L'ordre des mots en latin est libre, c'est-à-dire non contraint en ce qui concerne le marquage des fonctions dans la dimension syntaxique, mais il n'est ni aléatoire ni dépourvu de signification. On peut synthétiser l'observation en posant la généralisation suivante, qui condense le contenu d'une vulgate que partagent les traditions grammaticale et stylistique :

(9) L'ordre des mots constitue une marque. Selon les langues, il a un rôle de marque syntaxique ou bien un rôle de marque pragmatique.

C. La division du travail

Si on projette la généralisation (9) dans un dispositif grammatical, on est amené à concevoir que les différentes dimensions d'organisation que l'on distingue dans les langues peuvent entrer dans des rapports d'équivalence. Ce que marque la morphologie dans une langue A est marqué par l'ordre des mots dans la langue B. Ce qui est marqué syntaxiquement dans la langue C est marqué par l'intonation dans la langue D. Par exemple, les théories contemporaines admettent que le caractère thématique ou non du GN sujet [le fait que le GN sujet grammatical soit aussi le sujet logique] est marqué en italien par l'ordre des mots, en anglais par l'intonation et en japonais par la morphologie.

Ainsi, en (10), le GN sujet grammatical n'est pas un sujet logique : il est postverbal en italien, porteur de l'accent (avec désaccentuation corrélative du groupe verbal) en anglais et marqué par la particule *ga* (qui s'oppose à une particule « thématique » *wa*) en japonais :

(10) (a) *Mi si è rotta la macchina*
(b) *My CAR broke down*
(c)

Watashino	*kuruma*	*ga*	*koshoo*	*shiteimas*
moi	voiture	particule	panne	verbe

Cette image de la grammaire est courante en linguistique, en particulier dans les approches grammaticales qui intègrent une dimension pragmatique (par ex., cf. K. Lambrecht, *Information Structure and Sentence Form*), mais aussi dans les réflexions sur la traduction. Foucault fonde son appréciation critique (enthousiaste) de la traduction de l'*Énéide* par Klossowski sur la prémisse suivante :

> La phrase latine [...] peut obéir simultanément à deux ordonnances : celle de la syntaxe, que les déclinaisons rendent sensible ; et une autre, purement plastique, que dévoile un ordre des mots toujours libre mais jamais gratuit. [...] [Alors qu'en français] la syntaxe prescrit l'ordre, et [que] la succession des mots révèle l'exacte architecture du régime.
>
> « Les mots qui saignent », p. 425.

D. Les termes et le contenu de la relation d'ordre

Le terme *mots* dans *ordre des mots* recouvre deux types d'unités : les unités lexicales prises dans la constitution des groupes et les groupes pris dans la constitution de l'énoncé. Quand on parle d'« ordre des mots », on parle donc de l'ordre entre les constituants dans les différents groupes et de l'ordre des groupes dans l'énoncé. Il est clair que la généralisation (9) vaut essentiellement pour les groupes dans l'énoncé, puisqu'une valeur pragmatique n'est assignable à un constituant qu'au niveau de l'énoncé.

De plus, la notion d'*ordre* recouvre trois types de phénomènes. Le premier est constitué par les relations de placement relativement à un terme : par exemple, le GN sujet français est préverbal (à gauche du verbe fléchi). S'il apparaît à droite du verbe, on parle alors d'« inversion ». Le second est constitué par le placement fixe de certains constituants. Par exemple, le mot subordonnant apparaît nécessairement en tête de la subordonnée en latin ; le latin connaît, de ce point de vue, au moins une règle d'ordre fixe. On va évoquer plus loin la phrase allemande qui est exemplaire à cet égard. Enfin, le troisième phénomène regroupe les relations d'adjacence. Dans une langue comme le français, les parties d'un même groupe sont adjacentes ; on ne peut pas mêler dans la chaîne les parties de plusieurs syntagmes comme c'est le cas en latin : en (6), le GN sujet est interpolé entre les deux membres du GN objet. La relation d'adjacence, en français, rassemble les termes qui entrent dans une relation de dépendance grammaticale, ce que la linguistique contemporaine a construit sous le nom de *syntagme*. Il n'est pas vrai que dans toutes les langues les relations de dépendance coïncident avec les relations d'adjacence dans la chaîne.

II. CRITIQUE DE LA VULGATE

Rapportés au détail de l'organisation des langues, ni la généralisation (9) ni les rapports d'équivalence entre les moyens d'expression qu'elle induit ne sont empiriquement exacts. Ces propositions pèchent essentiellement par l'idéalisation des faits qu'elles supposent et par le fait que, en constituant d'emblée l'ordre des mots en une marque, elles ne peuvent envisager d'y reconnaître un type d'organisation purement formel. Dans ce qui suit, nous nous limiterons à la

2

La thèse de Weil : syntaxe, ordre des mots, ordre de la pensée

La thèse que H. Weil publie en 1844 et que republie M. Bréal en 1869 marque une rupture avec la problématique léguée par le XVIIIe siècle et introduit un certain nombre d'idées qui préfigurent celles que nous mettons à la base de notre analyse. On trouvera une présentation synthétique de cette thèse dans S. Delesalle et J.-C. Chevalier, *La Linguistique, la Grammaire et l'École*, p. 37-90 et 179-194, et sa mise en perspective contemporaine dans F. Kerleroux, « Discordances d'une langue à une autre, d'une langue à elle-même ».

(*a*) Selon Weil, syntaxe et ordre des mots constituent des ordres distincts. On retrouve le même principe de partitionnement dans les grammaires contemporaines qui traitent les relations de constituance et les relations de dépendance (ce qui recouvre les relations fonctionnelles) comme un module de règles (ou de contraintes) distinct du module rassemblant les règles qui président à la linéarisation des constituants (règles ou contraintes dites de précédence linéaire). G. Gazdar *et al.*, *Generalized Phrase Structure Grammar*, est l'ouvrage de référence.

(*b*) Weil pose, à côté de la marche de la syntaxe, une « marche de la pensée » (où la notion de *pensée* renvoie à une dimension pragmatico-énonciative) qu'il conçoit comme une organisation universelle : il y distingue l'« élément initial » et le « but » de la phrase. Cette conception est toujours vivace dans les approches fonctionnalistes contemporaines (cf. par ex., P. Downing et M. Noonan [éd.], *Word Order in Discourse*). Il y a donc deux principes d'ordre : un principe purement syntaxique et un principe pragmatico-énonciatif.

(*c*) Weil rapporte l'ordre que l'on observe dans les énoncés réalisés à un « rapport mutuel » entre les différentes marches. Nous opérerons la même distinction entre deux principes d'ordre dans ce que nous appellerons « construction » : nous distinguerons entre l'organisation topologique de l'énoncé et les contraintes de nature pragmatico-discursive portant sur les places (ou champs) définies par la topologie.

dimension syntaxique (réduite au codage des relations fonctionnelles entre la tête verbale et ses arguments) et à la dimension pragmatique ; nous laisserons totalement de côté la dimension sémantique et la dimension prosodique.

♦ Voir encadré 2.

A. Le cumul des valeurs

Selon la généralisation (9), l'ordre des mots est exploité pour marquer soit des fonctions grammaticales, soit des distinctions pragmatiques. Si l'analyse que l'on a donnée du contraste entre (1) et (2) est exacte, on s'attend à ce que l'ordre des mots ne soit pas disponible en français pour marquer des distinctions pragmatiques, puisqu'il est mobilisé pour marquer les fonctions grammaticales. Ce n'est pas ce qu'on observe. L'ordre des constituants dans l'énoncé sert aussi de support à l'expression de valeurs pragmatiques en français.

On a vu que l'énoncé (1) (*Le père aime son fils*) exhibe le seul ordre possible dans la phrase, à savoir l'ordre SVO. Cet ordre caractérise la construction canonique de la phrase. On peut schématiser l'organisation spatiale ou, pour reprendre une terminologie traditionnelle dans la linguistique des langues germaniques, l'organisation topologique de la construction par la représentation arborescente (11) où se trouve explicitement représenté l'ordre entre les groupes :

(11)

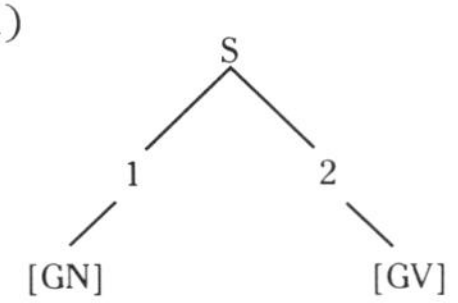

La construction figurée par l'arbre en (11) est loin d'être neutre du point de vue pragmatique. On observe, en effet, que le GN qui apparaît sous la branche 1 (ou champ gauche de la phrase, par opposition à la branche 2, qui décrit son champ droit) est rarement, dans un énoncé réalisé, un GN qui introduit un référent de discours nouveau, c'est-à-dire un référent qui n'appartient pas à l'univers de discours partagé et que le contenu de l'énoncé permettrait d'identifier. On peut mettre ce fait en évidence en contrastant les réponses à une question du type suivant :

(12) Qu'est-ce qui se passe ?

Ce type de question appelle une réponse portant sur une situation dont les caractères sont entièrement nouveaux, en particulier les participants. On observe qu'un énoncé relevant de la construction canonique, comme (13a), n'est pas la forme de réponse la plus appropriée ; dans l'usage courant, on répondrait avec les énoncés (13b) ou (13c) :

(13) [Qu'est-ce qui se passe ?]
(a) Un chien aboie
(b) Il y a un chien qui aboie
(c) C'est un chien qui aboie

L'énoncé (13a) est syntaxiquement bien formé : aucune contrainte syntaxique n'empêche un GN indéfini d'apparaître dans le champ gauche de la phrase ou d'être sujet grammatical. Si (13a) n'est pas approprié dans le contexte défini par la question (12), il faut donc en chercher la raison dans la valeur pragmatique attachée à la construction canonique en général et à son champ gauche en particulier.

L'existence de tours comme (13b) ou (13c) (deux constructions clivées que l'on appelle « présentationnelles ») et leur caractère approprié dans le contexte de (12) constituent un autre indice que (11) n'est pas pragmatiquement neutre. Pour un GN qui introduit un référent de discours nouveau, le champ d'élection est le champ droit de la phrase. C'est là « le génie » des deux constructions présentationnelles (clivées en *il y a* [...] *qui*, et en *c'est* [...] *qui*) que de faire apparaître le GN *un chien*, introducteur d'un référent totalement nouveau, dans le champ droit de la phrase matrice (*il y a un chien* ou *c'est un chien*) : on note que le contenu informationnel principal de l'énoncé est fourni par la phrase subordonnée *qui aboie*. Autrement dit, le clivage exploite à des fins discursives non pas tant la fixité de l'ordre grammatical SVO que la rigidité de l'appariement entre une valeur pragmatique et un champ dans la construction phrastique dont (11) décrit l'organisation topologique.

On peut analytiquement dissocier la distinction grammaticale (l'expression des fonctions) et la distinction pragmatique (l'expression de la valeur informationnelle d'un GN), mais le support de ce double système de valeurs est unique. C'est l'organisation topologique figurée par un arbre en (11) qui constitue ce support. Ainsi, l'ordre des mots dans les énoncés réalisés peut cumuler un double système de valeurs. C'est le cas du français : l'ordre des constituants y est simultanément syntaxique et pragmatique.

B. Morphologie et valeur de l'ordre des mots

Selon la vision de la grammaire qui sous-tend la généralisation (9), morphologie et ordre des mots sont dans un rapport de complémentarité : si une langue possède une morphologie riche (exploitée pour distinguer les fonctions grammaticales), on s'attend à ce que l'ordre des mots, libre de la charge de marquer les fonctions, puisse, par conséquent, être mobilisé pour l'expression de distinctions pragmatiques. Or l'allemand constitue un contre-exemple manifeste à cette prévision. L'allemand est une langue qui comporte à la fois une morphologie casuelle riche et des phénomènes de fixité stricts dans l'ordre des mots. De plus, cette fixité n'est associée à l'expression d'aucune valeur dans aucune dimension interprétative (sémantique ou pragmatique).

Trois ordres sont caractéristiques de la phrase allemande. Le verbe non tensé (participe, infinitif) occupe la position finale de phrase ; (14) illustre la règle avec un participe passé (*gesehen*) :

(14) (a) *Adam hat eine Rose gesehen*
(b) **Adam hat gesehen eine Rose*
« Adam a vu une rose »

La forme tensée du verbe (l'auxiliaire *hat* dans les exemples ci-dessous) ne peut occuper que deux places : soit la place finale absolue d'une phrase subordonnée (15), soit la seconde place d'une phrase non subordonnée (16) :

(15) (a) *Ich glaube, dass Adam eine Rose gesehen hat*
(b) **Ich glaube, dass Adam hat eine Rose gesehen*
« Je crois qu'Adam a vu une rose »
(16) (a) *Eine Rose hat Adam gesehen*
(b) **Eine Rose Adam gesehen hat*

Enfin, le champ initial (le *Vorfeld* pour les grammairiens allemands) ne peut être occupé que par un seul constituant :

(17) (a) *Eine Rose hat Adam gestern gesehen*
(b) *Gestern hat Adam eine Rose gesehen*
(c) **Gestern eine Rose hat Adam gesehen*
« Adam a vu une rose hier »

Ce constituant peut être n'importe quel élément dépendant du verbe, quelle que soit sa fonction et sa catégorie (18a, b), mais ce peut aussi être une conjonction

(18c, d), comme l'illustrent ces deux vers de Goethe (dans *Erlkönig*), que nous avons segmentés en phrases :

(18) (a) *Ich liebe dich*
(b) *Mich reizt deine schöne Gestalt*
(c) *Und bist du nicht willig*
(d) *So brauche ich Gewalt*
« Je t'aime,/ ta belle figure me plaît ;/ et si tu n'es pas docile,/ j'emploierai la force » (trad. fr. Léon Mis, *Ballades de Goethe et de Schiller*, Aubier, 1943, p. 64).

On doit donc dissocier les deux caractères de fixité de l'ordre et de « richesse » de la morphologie casuelle : l'existence d'une morphologie riche n'implique pas nécessairement l'ordre libre des constituants. La seule généralisation qu'autorise une langue comme l'allemand est qu'un répertoire morphologique riche, quand il est exploité pour marquer les distinctions fonctionnelles, peut permettre que des éléments dépendants ne soient pas soumis à un placement fixe, ni entre eux, ni par rapport au constituant dont ils dépendent.

Les trois règles d'ordre que connaît l'allemand ne sont associées ni au marquage fonctionnel ni à l'expression d'une valeur sémantique ou pragmatique quelconque. Leur seule valeur est de créer les démarcations dans l'espace topologique lui-même : elles délimitent des champs distincts dans l'énoncé.

C. L'ordre des mots est arbitraire

Le fait d'apparaître à gauche ou à droite d'un autre terme est un caractère en soi insignifiant. Par exemple, le fait que l'objet soit réalisé à droite ou à gauche du verbe n'intervient en rien dans la définition de ce qu'est la fonction grammaticale objet du verbe. Il en est de même pour toutes les fonctions grammaticales (sujet, complément, ajout) ou sémantiques (argument, modifieur, déterminant). Le fait d'occuper une place fixe dans l'énoncé ou encore le fait pour deux constituants d'être nécessairement contigus sont également en eux-mêmes insignifiants. Apparaître à l'initiale, au milieu ou en fin de phrase, par exemple, n'affecte pas le rôle organisateur du verbe tensé dans la phrase. Le fait d'être nécessairement prénominal n'affecte en rien le fonctionnement du déterminant possessif français par rapport à son équivalent latin qui n'est pas soumis à cette contrainte [cf. (5) ci-dessus]. Autrement dit, il n'y a aucune naturalité attachée à l'ordre des mots. Ce point est important, puisqu'il constitue l'ordre des mots comme un caractère arbitraire des langues. Ce résultat est communément reconnu par les syntacticiens. Il est encore en débat parmi les typologistes d'inspiration fonctionnaliste qui se demandent si la chronologie des processus psycholinguistiques d'encodage ou de décodage ne constitue pas un facteur qui détermine, au moins au niveau de l'énoncé, l'ordre des mots.

De nombreuses langues, en effet, permettent l'observation suivante :

(19) Les constituants thématiques précèdent les constituants rhématiques.

Est *thématique* un constituant qui renvoie au référent à propos duquel on apporte une information ; est *rhématique* le constituant qui véhicule l'information nouvelle. Dans les langues qui connaissent la notion de sujet, le sujet est généralement thématique et le verbe (et ses dépendants) rhématique. Par exemple, la distribution des valeurs pragmatiques dans la construction canonique du français [cf. (11) ci-dessus] tombe sous cette généralisation. Il semble en être partiellement de même pour l'allemand : les énoncés (17) peuvent être analysés comme illustrant la généralisation formulée en (19), mais pas ceux de (18c, d), puisque le champ initial est occupé par des constituants qui n'ont pas de contenu descriptif.

On a ainsi émis l'hypothèse que (19) pouvait être l'effet d'un principe cognitif selon lequel il est naturel de présenter d'abord le thème du discours, afin qu'il fonctionne comme point d'ancrage des informations ou des élaborations apportées par le discours. Autrement dit, la linéarisation des constituants informationnels pourrait refléter la chronologie des opérations psycholinguistiques.
Mais les expériences portant sur l'encodage ou le décodage n'ont pas apporté de soutien empirique décisif à cette hypothèse. Par ailleurs, elle connaît un contre-exemple direct : certaines langues présentent l'ordre inverse — les constituants rhématiques précèdent les constituants thématiques. C'est le cas de langues comme l'ojibwa, le nandi ou bien le toba batak (langues respectivement amérindienne, afro-asiatique, austronésienne). Or ce sont des langues où le verbe apparaît en position initiale de phrase (langue dite VSO). Cette corrélation laisse à penser que l'ordre relatif entre thème et rhème n'est pas déterminé par un principe externe de nature psycholinguistique, mais est en rapport avec l'ordre syntaxique interne qui prévaut dans la langue. Autrement dit, une généralisation comme (19) ne peut pas être considérée comme preuve de la motivation de l'ordre des constituants par un processus externe, mais plutôt comme l'effet du codage, par les grammaires des langues, de distinctions pragmatiques. L'ordre des mots est donc arbitraire au même sens et au même titre que le rapport signifiant/signifié dans le morphème : il n'est motivé par aucun principe externe. Nous allons approfondir au paragraphe III ce rapprochement entre ordre des mots et morphème.

D. Critique du paradigme fondateur de la vulgate

La vulgate sur l'ordre des mots repose crucialement sur la comparaison entre le latin et le français mise en scène dans le contraste entre (1) et (2). Elle a donné lieu à une série de variantes utilisant d'autres couples de langues (russe et anglais, anglais et finnois, etc.) jusqu'à devenir un stéréotype dans les raisonnements de la linguistique contemporaine. Or ce contraste est une figure trompeuse : en effet, il attire exclusivement l'attention sur le fait que des éléments dépendants ne sont pas l'objet de contraintes de placement entre eux ou par rapport au constituant dont ils dépendent. On vient de voir que le placement des éléments dépendant du verbe (qui constitue le phénomène syntaxique majeur dans un grand nombre de langues) est distinct du placement des constituants dans l'énoncé. D'un contraste tel que (1) - (2), on ne peut donc pas tirer de conclusion sur l'ordre des constituants dans l'énoncé en général.

III. ORDRE DES MOTS ET CONSTRUCTION

♦ Voir encadré 3.

3

Comment traiter l'ordre des constituants ?

Il y a trois manières de traiter l'ordre des constituants dans les grammaires qui ont recours à la notion de construction : (*a*) par des arbres ordonnés, (*b*) par des contraintes de précédence linéaire ou (*c*) en posant une organisation topologique (O. Bonami, « DI/DP, linéarisation, arbres polychromes : trois approches de l'ordre des mots »). Pour la défense et illustration de l'approche topologique, on se reportera, entre autres, à A. Kathol, *Linear Syntax*, à J.-M. Marandin, « Sites et constructions dans la théorie de la syntaxe », et aux références qui y sont citées. Pour une présentation du concept de construction, on peut consulter C. Fillmore *et al.*, « Regularity and Idiomaticity in Grammatical Constructions », et A.M. Zwicky, « Dealing Out Meaning : Fundamentals of Syntactic Constructions ».

L'ordre des mots est le reflet, dans les énoncés, de l'organisation topologique de la langue. La figure (11) donne une représentation de la topologie du champ phrastique ; la représentation (21) ci-dessous situe le champ phrastique à l'intérieur de l'organisation topologique de l'énoncé. On a découvert assez récemment que la valeur attachée à chaque champ est variable. Elle varie selon les constructions. Ainsi, un même champ peut se trouver associé à des valeurs distinctes. On va illustrer ce point en considérant les valeurs pragmatiques associées au champ préphrastique. On admettra ici, en accord avec les théories du composant informationnel (K. Lambrecht, *Information Structure and Sentence Form*), qu'il y a deux types de valeur pragmatique à distinguer : le caractère ancien (présupposé pragmatiquement) ou nouveau (asserté) d'une information, d'une part, et le degré d'accessibilité des référents de discours (généralement introduits par un GN), d'autre part.

A. Une unique organisation topologique et deux valeurs pragmatiques

Le français connaît deux constructions que l'on désigne sous les noms conventionnels de *dislocation gauche* et de *topicalisation*. Plusieurs propriétés les distinguent ; la plus évidente est le fait que le constituant préphrastique est repris par un pronom dans le cas de la dislocation et qu'il n'y a pas de reprise dans la topicalisation :

(20) (Dislocation)
(a) Marie, (je pense que) je l'ai vue
[le constituant *Marie* est repris par le pronom anaphorique *l'*]
(Topicalisation)
(b) À Marie, (je pense que) je répondrai par la négative
[le constituant *à Marie* n'est repris par rien]

On a pu montrer, et on l'admettra ici, que les deux constructions mobilisent la même organisation topologique que l'on schématise comme suit :

(21)

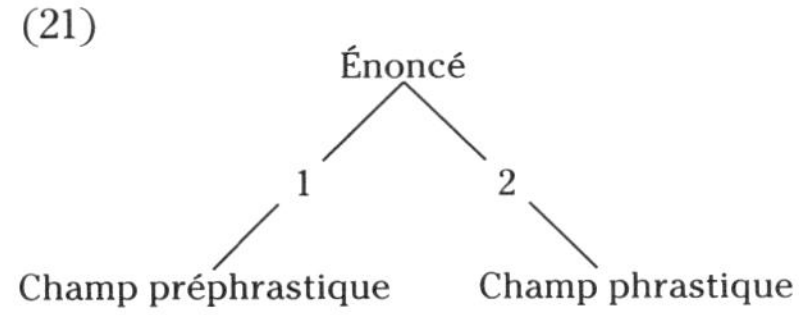

Alors même que l'ordre des mots est identique, la valeur pragmatique attachée au constituant qui occupe le champ préphrastique est différente dans la construction disloquée (20a) et dans la construction topicalisée (20b), respectivement.

Le constituant préphrastique de la dislocation gauche introduit un référent qui doit être déjà identifié (en particulier, l'information apportée par la phrase ne peut pas servir à son identification) et qui fonctionne nécessairement comme un thème. Cette contrainte a un impact sur le type de GN qui peut apparaître dans ce champ préphrastique. Ce ne peut être ni un GN réduit à un quantifieur nu (22a) ni un GN indéfini à interprétation spécifique ou existentielle (22b) :

(22) (a) *Beaucoup, je les vois
(b) *Un chien, je le vois

Si un GN indéfini est possible, il n'est interprétable que de façon générique :

(23) (a) Un enfant, ça se soigne
(b) Q. : As-tu vu des enfants sur ta route ?
R. : Des enfants, je n'en ai vu aucun

La contrainte est tout autre pour la topicalisation, comme le montre le fait que le GN réduit à un quantifieur nu et le GN indéfini à interprétation existentielle sont licites dans le champ préphrastique :

(24) (a) À beaucoup, on a donné de mauvais conseils
(b) À un clochard, Pierre a même donné cent francs

Le constituant préphrastique de la construction topicalisée n'est soumis à aucune contrainte d'identifiabilité externe à l'énoncé et il n'est pas nécessairement un thème.

Les constituants *Marie* et *à Marie* occupent en (20) le même champ, mais ils ne sont pas associés aux mêmes valeurs pragmatiques. Ce qui varie, ce n'est ni le lexique ni le placement dans l'énoncé. Ce qui varie, c'est le complexe de propriétés qui permet à un constituant d'apparaître à une distance plus ou moins grande du verbe avec lequel il est interprété. C'est ce complexe que les modélisations contemporaines appellent une *construction*. Une construction est la donnée d'un appariement entre plusieurs dimensions : syntaxique, sémantique, pragmatique et topologique. Si l'appariement est arbitraire, on s'attend à ce qu'il puisse différer d'une langue à l'autre. C'est ce que confirme la comparaison avec l'anglais.

B. Dislocation gauche et topicalisation en anglais

Il se trouve que l'anglais connaît deux constructions quasiment identiques à celles qu'on vient de définir pour le français, dont on conserve les noms. Leurs propriétés syntaxiques et topologiques sont identiques, comme le montrent les deux phrases ci-dessous :

(25) (a) *Mary, (I think) I saw her*
(b) *To Mary, (I think) I'll say no*

On s'attend à ce que chacune des constructions assigne une valeur différente aux constituants préphrastiques, comme en français. Et c'est le cas. Mais ce qui est remarquable, c'est que ces valeurs sont différentes de celles du français. Le constituant préphrastique de la construction topicalisée anglaise doit introduire un référent de discours identifiable et thématique, à la différence du constituant de la construction française correspondante, qui n'est ni thématique ni nécessairement identifié, ce que montre le contraste entre (26) et (27). En (26), le groupe *in London* est inférable (pragmatiquement) de *in England* :

(26) Q. : *Are you planning to settle in England ?*
R. : *Yes, in London, I've bought a studio*

(27) Q. : Tu penses t'installer en Angleterre ?
R. : *Oui, à Londres, j'ai acheté un studio

En revanche, le constituant préphrastique de la construction disloquée anglaise est thématique et identifiable, comme en français. Mais ce ne sont pas les mêmes ressources d'identifiabilité qui peuvent être mobilisées dans les deux langues. Le constituant de l'anglais peut être identifié grâce à une relation de type partie-tout (méronymique) avec un thème appartenant à l'univers de discours, ce qui n'est pas le cas en français :

(28) (a) *Mary made three groups. The first one, she gave them algebra. The two others, she gave them the permission to leave.*
(b) *Marie a fait trois groupes. Le premier, elle leur a fait faire des exercices d'algèbre. Les deux autres, elle leur a donné quartier libre.

Inversement, l'identification d'un référent de discours au moyen d'une relation méronymique est possible dans le cadre d'une construction topicalisée en français :

(29) Marie a fait trois groupes. Au premier, elle a donné des exercices d'algèbre. Aux deux autres, elle a donné quartier libre.

C. La singularité des constructions

Nous avons progressivement abandonné la notion d'ordre des mots. La tradition désigne, sous ce titre, un ensemble de relations définissables sur la chaîne (placement relatif, fixité, adjacence), comme on l'a montré plus haut. Or les relations d'ordre cruciales sont celles qui constituent l'organisation topologique de la langue. On vient de voir que c'est tel champ qui est le support de telle valeur, syntaxique ou pragmatique, et que l'association d'une valeur à un champ s'opère dans le cadre d'une construction. Il en découle que la notion d'ordre des mots a une pertinence descriptive et théorique limitée. Ce qui constitue l'entité pertinente, c'est la construction.

Dans le même temps, le parallélisme entre mot et construction a pris corps. Mots et constructions sont des entités qui associent plusieurs dimensions relevant soit du signifiant, soit du signifié. Le signifiant de la construction met en œuvre une organisation topologique. Le caractère propre d'une construction est dès lors d'associer une valeur syntaxique, sémantique ou pragmatique aux champs qu'elle distingue. On vient de voir que l'association de telle valeur (dans notre exemple, une valeur pragmatique) à un champ est arbitraire. On a pu montrer que cette association est oppositive : les deux constructions clivées du français *il y a un GN qui V* ou *c'est un GN qui V* n'assignent pas les mêmes valeurs pragmatiques au GN (K. Lambrecht, *Information Structure and Sentence Form*). Autrement dit, ce qui caractérise le mot en tant qu'il est un signe caractérise également la construction. On peut expliciter ce caractère commun en reprenant une généralisation formulée par Lacan :

> Tout symbole linguistique aisément isolé est non seulement solidaire de l'ensemble, mais se recoupe et se constitue par toute une série d'affluences, de surdéterminations oppositionnelles qui le situent à la fois dans plusieurs registres.
>
> J. Lacan, *Le Séminaire*, Livre I, *Les Écrits techniques de Freud*, p. 65.

La construction se présente comme un individu de langue et, comme tout individu, elle présente des caractères généraux, qui la rendent « solidaire de l'ensemble », et des caractères irréductiblement spécifiques. Les constructions, dans une langue et dans plusieurs langues, partagent des fonctionnements communs ; la topicalisation partage avec la relativisation un même mécanisme de relation à distance. C'est le même mécanisme en anglais et en français. Il en est de même pour les mots : le fonctionnement transitif d'un verbe est identique en français et en anglais. Le caractère irréductiblement spécifique des constructions se marque par le fait qu'il n'y a pas de constructions synonymes, comme il n'y a pas de mots synonymes.

IV. ORDRE DES MOTS ET TRADUCTION

On peut maintenant en venir à la question de l'intraduisible et caractériser l'intraduisible occasionné par l'« ordre des mots » par rapport à l'intraduisible occasionné par les mots.

Selon l'hypothèse avancée par les grammaires de construction, la grammaire d'une langue se compose de deux répertoires : un répertoire lexical (infini) et un répertoire de constructions (fini). Les éléments de ces deux répertoires sont de même type : ce sont des signes marqués par l'arbitraire, au sens où le principe d'appariement des différentes dimensions qui les constituent ne renvoie pas à un principe externe. On peut donc déduire que l'intraduisible occasionné par l'ordre des mots est de même nature que celui qu'occasionnent les mots. De même qu'un mot dans une langue A n'a pas d'équivalent exact dans une langue B, on prédit qu'une construction dans une langue A n'a pas d'équivalent exact dans une langue B. Si cette vue est exacte, elle permet de comprendre qu'il n'y a pas place pour une étude comparative, entre langue A et langue B, d'un phénomène tel que l'ordre des mots, parce que ce phénomène n'est pas susceptible d'être détaché et isolé de l'instance de chacune des constructions.

Si les constructions sont, comme les mots, des entités multidimensionnelles soumises à l'arbitraire et à la surdétermination, la question de la traduction des constructions se pose dans les mêmes termes que celle de la traduction des mots. Si la traduction des mots se trouve être « coupante et partielle » (B. Cassin, « Présentation : quand lire, c'est faire », *in* Parménide, *Sur la nature ou sur l'étant*, p. 29), la traduction des constructions l'est également, et pour la même raison : l'assemblage unique qui caractérise une construction dans la langue A (sa constitution interne et sa place dans le système grammatical) est détruit et doit être reconstruit dans la langue B.

Au-delà de l'équivalence référentielle, tout choix de traduction d'un mot a des conséquences sur les chaînes métaphoriques, les patrons d'assonances, les figures morphologiques dans lesquels il peut entrer dans la langue A et dans lesquels ses équivalents peuvent entrer dans la langue B. De la même façon, tout choix de traduction d'une construction a des conséquences sur le réseau des relations de discours et la disposition rhétorique qui font le texte dans lequel elle s'insère. Il faut, à chaque fois, choisir, non pas un ordre des mots, mais une construction, autrement dit un ensemble de contraintes lié à une forme d'énoncé, contraintes qui portent sur l'expression d'un contenu et sur le type de relation que l'énoncé peut entretenir avec d'autres énoncés dans le texte (pour un exemple, voir F. Kerleroux et J.-M. Marandin, « L'ordre des mots »).

Françoise KERLEROUX et Jean-Marie MARANDIN

BIBLIOGRAPHIE

BONAMI Olivier, « DI/DP, linéarisation, arbres polychromes : trois approches de l'ordre des mots », *Linx*, n° 39, 1998, p. 43-70.

CASSIN Barbara, « Présentation : quand lire, c'est faire », *in* Parménide, *Sur la nature ou sur l'étant*, Seuil, 1998, p. 9-68.

DELESALLE Simone et CHEVALIER Jean-Claude, *La Linguistique, la Grammaire et l'École, 1750-1914*, A. Colin, 1986.

DOWNING Pamela et NOONAN Michael (éd.), *Word Order in Discourse*, Amsterdam, J. Benjamins, 1995.

FILLMORE Charles, KAY Paul et O'CONNOR Mary Catherine, « Regularity and Idiomaticity in Grammatical Constructions », *Language*, n° 64, 1988, p. 501-538.

FOUCAULT Michel, « Les mots qui saignent », in *Dits et Écrits*, t. 1, Gallimard, 1994.

GAZDAR Gerald *et al.*, *Generalized Phrase Structure Grammar*, Oxford, Blackwell, 1985.

KATHOL Andreas, *Linear Syntax*, Oxford, Oxford UP, 2000.

KERLEROUX Françoise, « Discordances d'une langue à une autre, d'une langue à elle-même », *Le Gré des langues*, n° 6, L'Harmattan, 1993, p. 5-27.

KERLEROUX Françoise et MARANDIN Jean-Marie, « L'ordre des mots », *in* J.-M. Marandin (éd.), *Cahiers Jean-Claude Milner*, Verdier, 2001, p. 277-302.

LACAN Jacques, *Le Séminaire*, Livre I, *Les Écrits techniques de Freud*, Seuil, 1975.

LAKATOS Imre, *Preuves et Réfutations*, Hermann, 1984.

LAMBRECHT Knud, *Information Structure and Sentence Form*, Cambridge, Cambridge UP, 1994.

MARANDIN Jean-Marie, « Sites et constructions dans la théorie de la syntaxe », *in* J.-M. Marandin (éd.), *Cahiers Jean-Claude Milner*, Verdier, 2001.

RICKEN Ulrich, *Grammaire et Philosophie au siècle des Lumières*, Villeneuve-d'Ascq, PUL, 1978.

VIRGILE, *L'Énéide*, trad. fr. Pierre Klossowski, Marseille, André Dimanche, 1989.

WEIL Henri, *De l'ordre des mots dans les langues anciennes comparées aux langues modernes*, Didier Érudition, 1991.

ZWICKY Arnold M., « Dealing Out Meaning : Fundamentals of Syntactic Constructions », *Proceedings of the Berkeley Linguistics Society*, n° 20, 1994.

P

PAIX C'est l'une des traductions possibles du russe *mir* [мир], qui signifie à la fois la paix, le monde et la commune paysanne : voir MIR ; cf. RUSSE et SOBORNOST', *CONCILIARITÉ*. On fera le rapprochement avec *svet* [свет], qui désigne à la fois le monde et la lumière : voir SVET et cf. *MONDE* [WELT], LUMIÈRE, PRAVDA.

► AIMER, *ALLIANCE*, HERRSCHAFT, MACHT, PLAISIR, POLITIQUE

PARDONNER

gr.	***suggignôskein*** [συγγιγνώσκειν]
lat.	***ignoscere, remittere***
all.	***vergeben***
angl.	***to forgive***
esp.	***perdonar***

► DEVOIR, *FAUX*, MÉMOIRE, THEMIS

Dans la plupart des langues européennes, pardonner *est, comme en français, un composé de* donner *avec préverbe intensif, calqué sur le modèle du latin tardif* perdonare *: ainsi* to forgive *(angl.),* vergeben *(all.),* perdonar *(esp.), etc. Le pardon, comme supplément de don, fait échapper à l'exactitude comptable de la faute et du châtiment. Mais c'est plutôt en termes de connaissance que l'Antiquité exprime le pardon : le grec* suggignôskein *[συγγιγνώσκειν] comme le latin* ignoscere *sont des composés d'un verbe signifiant « apprendre à connaître » (*gignôskein *[γιγνώσκειν],* noscere*) ; pourtant, les deux paradigmes sont antithétiques : le grec entend dans le pardon une connaissance partagée (*sun*, « avec »), alors qu'en latin il relève du registre de l'ignorance et du refus de savoir (*in-*, sans doute privatif). Les attendus moraux et politiques de chacune de ces attitudes diffèrent considérablement.*

I. DON ET PARDON

Dans la plupart des langues modernes, latines comme germaniques, *pardonner* est une transposition du latin tardif *perdonare*, d'ailleurs attesté une seule fois (dans l'*Ésope* de Romulus, vers le IVe siècle). Le verbe n'est pas un composé direct de *dare* (lat. « donner »), mais dérive, par le substantif *donum*, de *donare* (lat. « faire don de » et en particulier « tenir quitte de, donner gain de cause à »). Le *pardon*, comme l'indique le préverbe intensif, a la structure d'un achèvement ou d'un excès, d'un surplus de don. Il fait exception à la comptabilité de la dette et de la justice, qui proportionne le châtiment à la faute selon une stricte rétribution issue de la loi du talion.

« Donner », à soi seul, implique déjà qu'on sorte de l'égalité et de la réciprocité : selon la définition du *Petit Robert*, c'est « abandonner » quelque chose à quelqu'un « sans rien recevoir en retour » (1993). De même, l'économie archaïque du don, mise en lumière par Marcel Mauss, implique une circulation « don/contre-don » qui excède l'échange marchand : « dans les choses échangées au *potlatch*, il y a une vertu qui force les dons à circuler, à être donnés et être rendus » (« Essai sur le don » [1923-1924], in *Sociologie et Anthropologie*, 1990, p. 214). La munificence du contre-don relance sans cesse une nouvelle dette qui perpétue le processus de « dépense », pour reprendre la thématisation de Georges Bataille.

Cet excès constitutif du don et de sa systématique n'est pourtant pas du même ordre que celui du pardon. Au lieu d'initier une relance infinie, le pardon représente bien plutôt un arrêt, au même titre exactement qu'un « arrêt » – jugement du tribunal. Mais pardonner, ce n'est pas, comme punir, rétablir l'équilibre des comptes ; c'est au contraire accepter de solder un compte alors même qu'il est déficitaire, qu'il ne tombe pas juste. On remet une faute (*remittere veniam*), comme le FMI remet une dette ou le juge d'application des peines une sanction, « pour solde de tout compte ». C'est ce dont témoigne « l'oraison dominicale » (le Notre Père), où la phrase : « Pardonnez (-nous) nos offenses comme nous pardonnons à ceux qui nous ont offensés » traduit le latin comptable : *dimitte nobis debita nostra*, lui-même modelé littéralement sur le grec : *aphes hêmin ta opheilêmata hêmôn* [ἄφες ἡμῖν τὰ ὀφειλήματα ἡμῶν] (litt. « remets, laisse aller, nos dettes » ; cf. Matthieu 6, 12-15).

À moins qu'on ne doive considérer qu'avec le pardon le bilan comptable n'est, somme toute, qu'élargi. Entrent en compte en effet de nouveaux éléments d'abord extrinsèques : la demande de pardon (« Le pardon ? Mais nous ont-ils jamais demandé pardon ? », Vladimir Jankélévitch, *L'Imprescriptible*, p. 50), le repentir (« Si sept fois par jour [ton frère] pèche contre toi et que sept fois il revienne à toi en disant : "Je me repens", tu lui pardonneras », Luc 17, 3). Toutes ces preuves de bonne volonté, ou de volonté bonne, génèrent en effet une nouvelle mais non moins exacte comptabilité : celle entre demande et offre de pardon, qu'on pourra qualifier d'« abrahamique », et qui fonctionne jusque dans les grandes scénographies publiques de la repentance (Paul Ricœur, *La Mémoire, l'Histoire, l'Oubli*, p. 607).

Quel sens donner alors à la perfection, au surplus constitutif du *par-don* ? Peut-on encore dire que le pardon fait tomber juste un compte faux ? Oui, et selon deux modalités au moins de l'excès. D'abord, parce que l'hyperbole de l'Évangile qui commande d'aimer ses ennemis ou de tendre l'autre joue produit une offre de pardon « absolue » ou « folle », toujours en avance sur la demande, qui rejoint peut-être (cela mérite en tout cas réflexion) une structure de relance analogue à celle du *potlatch*. Ensuite, comme Jacques Derrida le souligne, parce qu'il y a de l'« impardonnable » et de l'« imprescriptible » : le pardon n'est vraiment pardon — perfection du don — que lorsqu'il pardonne l'impardonnable, remet l'imprescriptible (la Shoah, qu'on n'ose plus affecter d'un « par exemple ») ; seul le pardon impossible serait véritablement non comptable et conforme à son concept.

II. PARDON ET GRÂCE : LA VERTICALE THÉOLOGICO-POLITIQUE

Pour rendre compte de l'inadéquation de tout modèle d'échange, fût-il non marchand, Paul Ricœur choisit de souligner la « disparité verticale, entre la profondeur de la faute et la hauteur du pardon » (*La Mémoire, l'Histoire, l'Oubli*, p. 594). Cette disparité verticale, qui constitue pour lui l'authentique singularité du pardon, tient à la possibilité de « délier l'agent de son acte » : « tu vaux mieux que tes actes » dirait cette « parole libératrice » (p. 637 et 642 ; cf. Matthieu 18, 18 : « Toutes les choses que vous aurez liées [*alligaveritis*] sur la terre seront liées [*ligata*] aussi au ciel, et toutes les choses que vous aurez déliées [*solveritis*] sur la terre seront déliées [*soluta*] aussi au ciel » où *solvere*, « délier, dissoudre, absoudre », traduit le grec *luein* [λύειν]).

Cette forte conception est, sans aucun doute, théologico-politique. Il y a celui qui pardonne, en haut, qui possède la faculté sublime d'originer à nouveau, de recréer, et celui qui est pardonné, en bas, parce qu'il a fauté et chu (si *culpa* est sans étymologie connue, *fallere*, qui a donné *faute* et *faux*, est généralement rapproché du grec *sphallô* [σφάλλω], « faire tomber » ou du vieux haut-allemand *fallan*, « tomber », et *peccare* signifie d'abord « broncher, faire un faux pas »). Le solde de tout compte est une remise gracieuse. Seule la grâce peut en effet valider le compte faux. D'abord, la grâce efficace de Dieu, quel qu'en soit le relais (si l'état d'innocence est perdu avec Adam, la « grâce du baptême » s'y substitue, puis, en cas de péché mortel, la « grâce de la pénitence »). Puis, sur son modèle ou par elle légitimée, la clémence (du latin *clemens*, « en pente douce ») du Prince, qui n'en est jamais que la transposition humaine. Cette condescendance, parfois insupportable, de la grâce s'exerce en tout cas dans la disparité d'une relation duelle.

III. PARDONNER : IGNORER OU COMPRENDRE ?

Cette disparité verticale est parfaitement conforme à la conception du pardon qui s'exprime dans le latin classique. Par contre, elle n'est pas compatible avec le pardon grec.

Pardonner se dit en latin *ignoscere* — verbe auquel *venia* (« indulgence, faveur, grâce ») sert de substantif (*veniam dare, petere*, « accorder, demander pardon », d'où notre péché « véniel »). Les grammairiens latins voyaient dans *ignoscere* un composé avec préfixe privatif de *noscere* « apprendre à connaître » (au parfait *novi*, « connaître »), comme en témoigne par exemple la glose *ignoscere : non noscere* (Loewe, *Prodromus*, 409, cité par Ernout-Meillet) ; mais il existe aussi un verbe *ignorare* qui signifie « ne pas connaître, être dans l'ignorance de ». Le jeu est donc complexe entre l'ignorance, le déni et le pardon, comme en témoigne par exemple cette phrase de Sénèque, à propos d'un soufflet reçu par Caton : « Il ne s'enflamma pas, il ne vengea pas l'insulte, il ne la remit même pas [*ne remisit quidem*], mais il nia le fait — il y avait plus de grandeur d'âme à ne pas reconnaître qu'à pardonner [*majore animo non agnovit quam ignovisset*, avec le jeu sur les deux composés *ad-nosco*, « reconnaître, admettre », et *ignosco*] » (*La Constance du sage*, 14, 3). Il est certain en tout cas que le type d'ignorance dont relève le pardon latin est lié à la décision souveraine de ne pas garder en mémoire, d'oublier, d'« amnistier » : la même anecdote rapportée dans le *De ira* (2, 32, 2) se conclut sur les mots de Caton : « Je ne me souviens pas qu'on m'ait frappé [*Non memini* (...) *me percussum*]. » Il y a de la grandeur d'âme, de la hauteur de vue, dans le sage qui pardonne comme dans le souverain, et cette condescendance est tout entière fondée sur un déni de savoir.

Le *suggignôskein* [συγγιγνώσκειν] grec nous fait entrer dans un tout autre monde : le pardon, au lieu d'être lié à l'ignorance ou à l'oubli, relève d'un savoir partagé. Le verbe signifie littéralement « apprendre à connaître avec », donc généralement « partager une connaissance » (qui peut être une erreur [Thucydide, *Histoire de la guerre*

1

Aristote : la « suggnômê » comme compréhension et largeur d'esprit

Aristote, dans l'*Éthique à Nicomaque* (VI, 11), range la *suggnômê* dans ce qu'on appelle les « vertus intellectuelles (*dianoêtikas* [διανοητικάς]) », par différence d'avec les « vertus morales » qui tiennent au caractère, *êthikas* [ἠθικάς] (sur cette division, cf. *ibid.*, I, 13). Elle est liée à la *sunesis* [σύνεσις], cette « jonction » (sur le verbe *suniêmi* [συνίημι], « lancer ensemble, rapprocher, comprendre », avec le même préverbe *sun-* que pour la *suggnômê*) qu'on traduit par « intelligence » ; et elle se définit par rapport à la *gnômê* [γνώμη], cette faculté de connaître (c'est évidemment *gnômê* comme dans *suggnômê*) qu'on rend par « jugement », « résolution » et qui recouvre aussi bien le « bon sens » et le « sens commun » (celui qui s'exprime en proverbes, *gnômai* [γνῶμαι]) que l'« intention » et le « verdict ». *Gnômê* et *suggnômê* renvoient ensemble, non au juste (*to dikaion* [τὸ δίκαιον] qui répartit selon l'égalité ou corrige et égalise selon la proportion), mais à l'équité (*hê epieikeia* [ἡ ἐπιείκεια]) qui, au cœur de la justice, corrige le juste selon la loi en tenant compte des singularités et des cas (V, 14). Une citation suffira à faire comprendre comment le « pardon » est ancré dans la compréhension, le discernement et la largeur de vue, et pourquoi nous avons du mal à traduire.

> Ce qu'on appelle *gnômê*, jugement [« sens », trad. fr. J. Voilquin ; « bon sens », trad. fr. Gautier-Jolif] et qui nous fait dire des gens qu'ils sont *suggnômonas* [συγγνώμονας], compréhensifs [certains manuscrits portent *eugnômonas* (εὐγνώμονας), « qu'ils ont un bon jugement », trad. fr. J. Tricot] et qu'ils ont du jugement (*ekhein* [...] *gnômên* [ἔχειν (...) γνώμην]), c'est la discrimination droite de ce qui est équitable (*hê tou epieikous* [...] *krisis orthê* [ἡ τοῦ ἐπιεικοῦς (...) κρίσις ὀρθή]). En voici une preuve. C'est surtout l'homme *suggnômonikon* [συγγνωμονικόν], compréhensif [trad. fr. J. Tricot : « favorablement disposé pour autrui » ; trad. fr. J. Barthélémy Saint-Hilaire : « l'homme qui, entrant dans le sens des autres, est porté à leur pardonner »], que nous appelons « équitable », comme nous disons « équitable » le fait d'avoir dans certains cas de la compréhension [*to ekhein* (...) *suggnômên* (τὸ ἔχειν [...] συγγνώμην) ; trad. fr. J. Tricot : « de montrer de la largeur d'esprit »]. La *suggnômê*, compréhension/pardon, quant à elle, est une *gnômê*, un jugement droit qui discrimine l'équitable [ἡ δὲ συγγνώμη γνώμη ἐστὶ κριτικὴ τοῦ ἐπιεικοῦς ὀρθή] ; et un jugement droit est un jugement qui porte sur le vrai.
>
> 1143a 19-24.

BIBLIOGRAPHIE

ARISTOTE, *Ethica Nicomachea*, éd. I. Bywater, Oxford [1894], 13e éd., 1962 ; *Éthique de Nicomaque*, trad. fr. J. Voilquin [1940], Flammarion, « GF », 1965 ; *Éthique à Nicomaque*, trad. fr. R.A. Gauthier et J.Y. Jolif, Louvain-Paris, Publications universitaires-Béatrice Nauwelaerts, 2e éd., 1970 ; trad. fr. J. Tricot, Vrin, 7e éd., 1990 ; trad. fr. J. Barthélémy-Saint-Hilaire, rév. A. Gomez-Muller, Librairie générale française, Le Livre de Poche, 1992.

du Péloponnèse, 8, 24, 6], le secret d'un complot [Appien, *Guerres civiles*, 2, 6]) et, au moyen, quand on la partage avec soi-même, « avoir conscience de » (Lysias, *Discours*, 9, 11) ; d'où : « être du même avis, consentir » (lors d'une transaction ou d'un traité), « reconnaître, confesser » (ainsi l'Antigone de Sophocle peut-elle dire : « Je reconnaîtrais ma faute à ce que je subis » [*Antigone*, v. 926, trad. fr. J. Bollack et M. Bollack, Minuit, 1999], ou « Au milieu de mon supplice, je confesserai que j'étais criminelle » [in *Théâtre*, trad. fr. R. Pignarre, Garnier frères, t. 1, 1958]) ; et finalement : « *have a fellow feeling with another* » (LSJ), « pardonner » : c'est le sens le plus courant chez les Tragiques (Sophocle, *Électre*, 257 ; Euripide, *Hélène*, 1105 *e.g.*), comme chez Platon (*Le Banquet*, 218b *e.g.* : « vous excuserez mes actes [...] »). Le substantif *suggnômê* [συγγνώμη] a d'ailleurs toujours ce sens de « pardon », « indulgence ». C'est en comprenant ensemble, c'est-à-dire en entrant dans les raisons de l'autre, par l'action intellectuelle et non par la compassion, qu'un Grec pardonne.

♦ Voir encadré 1.

La caractéristique essentielle du pardon moderne, comme de l'ignorance latine, est invalidée : le *sun* ne saurait impliquer de disparité verticale. Au contraire, c'est dans l'horizontalité d'un « avec » relevant, non du théologico-politique, mais du seul politique, que se joue le pardon/compréhension. La relation n'est plus duelle, mais plurielle, impliquant un « nous », voire une cité, que le pardon redéfinit. D'ailleurs, la faute ne se pense pas comme une chute, mais plutôt comme un « loupé », *hamartia* [ἁμαρτία], *hamartêma* [ἁμάρτημα] (sur *hamartanein* [ἁμαρτάνειν], « manquer le but », donc aussi bien faire erreur que commettre une faute). Aristote le souligne à propos de sa définition de la vertu comme médiété : « Il y a beaucoup de manières de louper (*hamartanein*) [...] mais une seule d'aller droit (*katorthoun* [κατορθοῦν]) [...] et il est facile de rater la cible (*apotukhein tou skopou* [ἀποτυχεῖν τοῦ σκοποῦ]), difficile de l'atteindre (*epitukhein* [ἐπιτυχεῖν]) » (*Éthique à Nicomaque*, II, 6, 1106b 28-33).

On est donc confronté à deux modèles hétérogènes clairement exprimés dans les mots : une dispense face à une déchéance, qui s'accommode d'un déni de savoir, propre à solder un compte faux pour repartir à zéro ; ou un partage intellectuel qui redéfinit l'espace d'un « nous ».

Barbara CASSIN

BIBLIOGRAPHIE

ARENDT Hannah, *Condition de l'homme moderne* [*The Human Condition*, 1958], trad. fr. G. Fradier, Calmann-Lévy, 1961, rééd. 1983.

BATAILLE Georges, *La Part maudite. Essai d'économie générale*, Minuit, 1949, rééd. 1967.

DERRIDA Jacques, « Le siècle et le pardon », entretien avec Michel Wieviorka, *Le Monde des débats*, déc. 1999, repris in *Foi et Savoir*, suivi de *Le Siècle et le Pardon*, Seuil, « Points Essais », 2000, p. 101-133.

JANKÉLÉVITCH Vladimir, *L'Imprescriptible*, Seuil, 1986.

LACOSTE Jean-Yves, « Pardon », *in* M. CANTO-SPERBER (dir.), *Dictionnaire d'éthique et de philosophie morale*, PUF, 1996, p. 1069-1075.

MAUSS Marcel, *Sociologie et Anthropologie* [1950], PUF, 8e éd., 1990.

RICŒUR Paul, *La Mémoire, l'Histoire, l'Oubli*, Seuil, 2000.

OUTILS

ERNOUT Alfred et MEILLET Antoine, *Dictionnaire étymologique de la langue latine. Histoire des mots* [1932], 4e éd. augm. J. André, Klincksieck, 1994.

Le Petit Robert, dictionnaire alphabétique et analogique de la langue française, nouv. éd. du *Petit Robert* de Paul Robert, éd. J. Rey-Debove et A. Rey, Le Robert, 2002.

LSJ : LIDDELL Henry G., SCOTT Robert et JONES Henry S., *A Greek-English Lexicon*, 9e éd., Oxford, Clarendon Press, 1925-1940 ; *A Supplement*, éd. E.A. Berber, 1968.

PARONYME

gr.	*parônumos* [παρώνυμος]
lat.	*denominativum*
all.	*Paronym, nachbenannt*
angl.	*paronym, derivatively named*
it.	*denominativo*

► ANALOGIE, CONNOTATION, ESSENCE, HOMONYME, MOT, PRÉDICABLE, PRÉDICATION, SENS, SUPPOSITION

Paronymes *est la traduction reçue du grec* παρώνυμα, *utilisé par Aristote dans le premier chapitre des* Catégories *(1a 12-15 ; trad. fr. Tricot, p. 2), pour caractériser « les choses qui, différant d'une autre par le "cas"* (ptôsis [πτῶσις]), *reçoivent leur appellation d'après son nom » (comme « grammaire vient de grammairien, et courage de homme courageux »). Les diverses traductions du terme substantif ou adjectif (fr.* dénominatif, paronyme, paronymique *; all.* Paronym, nachbenannt *; angl.* paronym, derivatively named *; it.* denominativo*) témoignent d'une difficulté qui n'est pas seulement linguistique. Le problème posé par* parônumos [παρώνυμος] *au traducteur-interprète tient au fait que, s'il n'a pas initialement de rôle métaphysique dans l'économie du discours aristotélicien, le terme en acquiert un, prépondérant, dans la tradition interprétative d'Aristote, qui en fait une sorte de foyer caché de l'histoire de la métaphysique.*

I. LE STATUT DES PARONYMES, ENTRE MOTS, CHOSES ET CONCEPTS

Boèce traduit ainsi *Catégories*, 1a 12-15 : « Denominativa *vero dicuntur quaecumque ab aliquo, solo differentia casu, secundum nomen habent appellationem, ut a grammatica grammaticus et a fortitudine forti* [Enfin, on appelle *dénominatifs* tous ceux qui, différant d'autre chose uniquement par le "cas", reçoivent leur appellation selon [son] nom : ainsi de grammaire grammairien, et de courage, courageux] » (*Aristoteles Latinus*, p. 5, 15-17). *Denominativa* semble marquer une distinction nette avec *sumpta* (« noms dérivés ») — et à bon droit, puisque, pour Aristote, les *parônuma* [παρώνυμα] sont, comme les homonymes et les synonymes, des choses, et non des termes. La difficulté naît de ce parallélisme : de fait, synonymie et homonymie concernent dans l'usage moderne, non aristotélicien, des unités linguistiques. À terme, ce déplacement, engagé dès le Moyen Âge, ne peut pas ne pas rejaillir sur la perception du statut de la paronymie, de sa fonction et des enjeux qu'elle véhicule dans l'horizon aristotélicien. Une autre difficulté tient au fait que, en latin classique, *appellatio, appellare, appellatum* renvoient aussi bien à « dénommé » (le dénommé « Pierre ») qu'à « appeler » (on l'appelle « Pierre », il s'appelle « Pierre »), autrement dit au fait de donner ou de porter un nom (le nommé « Pierre ») ; dès lors, la dimension de dérivation du nom (le dé-nominatif) posée dans la détermination du paronyme aristotélicien — une chose qui tire son nom d'une autre chose, par une sorte de double dérivation, réelle, le courageux est une déclinaison du courage, et verbale, le mot « courageux » est une inflexion, une flexion, un infléchissement de « courage » — est soit illisible soit redondante dans la traduction de Boèce (et sa reprise par Tricot).

♦ Voir encadré 1.

Les paronymes étant des adjectifs et, logiquement, des termes accidentels concrets, la question de la signification des termes paronymiques a, du Moyen Âge à l'Âge classique, fait l'objet de vives controverses. Deux grandes positions se sont affrontées : celle d'Avicenne, celle d'Averroès. La thèse d'Avicenne (*Logica* I, Venise 1508, f° 9va) est ainsi résumée et rejetée par Averroès dans son *Grand Commentaire de la Métaphysique*, texte V, comm. 14 : « Il [Avicenne] dit que "blanc" dans "Socrate est blanc" signifie premièrement le sujet et secondairement l'accident, mais c'est tout le contraire : *blanc* signifie premièrement l'accident et secondairement le sujet. En effet, il est de l'essence de l'accident d'exister dans un sujet. » La thèse d'Averroès est majoritaire au XIIIe siècle : l'opinion commune est alors que « blanc » signifie la blancheur *in recto* et le sujet *in obliquo* (par ex., cf. Dietrich de Freiberg, *De accidentibus*, chap. 13, 7, éd. Pagnoni-Sturlese, p. 72). La doctrine avicennienne, relayée par la théorie de la connotation, s'impose par la suite grâce à Ockham, à quelques différences lexicales près. C'est ainsi que le buridanien Marsile d'Inghen nomme « signifié matériel » le sujet (pour lequel seul le terme suppose) et « signifié formel » ce que le terme « connote » ou « signifie connotativement », tandis que Buridan lui-même utilise le terme *appellatio* de préférence à *connotatio*. À l'Âge classique, c'est la théorie d'Averroès qui reprend le dessus, combinée, cette fois, à une distinction entre signification « distincte » et signification « confuse ». Son paradigme est l'exposé de la « connotation » dans la *Grammaire de Port-Royal*, qui reprend, dans ce contexte, la distinction médiévale entre signification « directe » (*in recto*) et signification « oblique » (*in obliquo*) :

> J'ai dit que les adjectifs ont deux significations : l'une distincte, qui est celle de la forme ; et l'autre confuse, qui est celle du sujet. Mais il ne faut pas conclure de là qu'ils signifient plus directement la forme que le sujet, comme si la signification plus distincte était aussi la plus directe.

> Car au contraire il est certain qu'ils signifient le sujet directement, et comme parlent les grammairiens, *in recto*, quoique plus confusément, et qu'ils ne signifient la forme qu'indirectement, et comme ils parlent encore, *in obliquo*, quoique plus distinctement. Ainsi *blanc*, *candidus*, signifie directement ce qui a de la blancheur ; *habens candorem* ; mais d'une manière fort confuse, ne marquant en particulier aucune des choses qui peuvent avoir de la blancheur ; et il ne signifie qu'indirectement la blancheur ; mais d'une manière aussi distincte que le mot même de blancheur, *candor*.
>
> *Grammaire de Port-Royal*, IIe partie, chap. 2, 3e éd., 1676, p. 34.

L'enjeu métaphysique est d'abord celui du rapport Platon-Aristote. De fait, exprimant au niveau du langage (celui du français « dé-nomination »), et de manière quasi platonicienne, la relation d'une chose concrète à une forme qui est, pour ainsi dire, *déclinée* en elle, la paronymie aristotélicienne est aussi la place marquée en creux au sein d'un dispositif – la distinction des homonymes, des synonymes et des paronymes –, jeté entre les mots et les choses, croisant leurs propriétés respectives. Ni mots, ni choses, ni concepts, mais, en un sens, les trois à la fois, les entités (*parônuma* [παρώνυμα]) qui, dans la tradition interprétative d'Aristote, interviennent dans la définition des paronymes – ce *grammairien*, cette *grammaire*, reliés par une *désinence* qui n'est ni vraiment de choses ni simplement de mots – apparaissent ainsi comme le signe de l'indécision originaire du système aristotélicien des catégories, entre un platonisme résiduel, mais confiné au langage, et un aristotélisme inchoatif, qui n'a pas encore trouvé son *niveau d'intervention*. L'interprétation du terme *paronumos* implique donc à la fois une élucidation du statut de la *ptôsis* [πτῶσις] (« cas », « désinence », « flexion »), chez Aristote, puis ses commentateurs (voir encadré 2, « Ptôsis »), et la prise en considération du rôle complexe qu'il est amené à jouer en sous-main, durant l'Antiquité tardive et au Moyen Âge, dans la constitution d'une métaphysique dite « aristotélicienne », progressivement centrée sur la notion d'« analogie de l'être ».

La structure visée par le terme *paronumos* dans les *Catégories*, la « paronymie », est ainsi décrite par C.H. Kahn : « *Paronymy is a four-term relation between two things A and B and two corresponding words, 'A' and 'B' (the "names" of these things), such that 'A' differs from 'B' by a minor morphological deviation.* » On le voit, le même terme peut donc recouvrir simultanément deux rapports A/B et 'A'/'B', ainsi que leur propre rapport, A/B ≡ 'A'/'B'. Dans ces conditions, le lecteur des interprètes anciens et médiévaux d'Aristote ne peut pas ne pas se demander ce qui, dans les textes qu'il a sous les yeux, fonde A/B ≡ 'A'/'B', et, le cas échéant, si cette « fondation » est bien « aristotélicienne ». De ce point de vue, on gardera à l'esprit que, pour le Stagirite, tout terme morphologiquement dérivé d'un autre terme ne renvoie pas à une « paronymie » : « humain » ou l'« humain » n'est pas le paronyme d'« homme », ni celui d'« humanité ». Comme le montre bien *Catégories*, 8, 10a 27-b 11, la « paronymie » ne regarde pas n'importe quel terme concret relativement à l'abstrait correspondant, ni n'importe quel adjectif relativement à un substantif : elle a trait 1) aux seuls termes accidentels concrets considérés sous l'angle de la propriété qu'ils signifient *et* de la substance qui la possède, et, par là même, 2) au rapport de dépendance ontologique unissant un accident à une substance. Dans cette perspective, la « paronymie » ne peut donc être comprise indépendamment des diverses lectures médiévales de *Métaphysique*, VII, 1, 1028a 10-20 (l'accident n'est pas *ens* – un étant –, mais *entis* – quelque chose d'un étant), représentant l'accident selon Aristote comme une « flexion de la substance ».

♦ Voir encadré 2.

1

Les traductions modernes

Les traductions modernes préservent en général la lecture boécienne. Quelques versions anglaises retiennent « *derivatively named* » (H.P. Cooke, *Aristotle, The Categories, On Interpretation*, Londres, 2e éd., Londres-Cambridge (Mass.), 1938 ; E.M. Edghill, *The Works of Aristotle, I: Categoriae and De interpretatione*, Oxford UP, 1928, réimpr. 1963). Il en va de même, en français, chez R. Bodéüs, Aristote [*Catégories*], Les Belles Lettres, 2001, p. 3 : « Par ailleurs, sont dites *dérivées* toutes les choses qui se distinguent d'une autre par l'inflexion et détiennent l'appellation correspondant à leur nom. Ainsi de la science des lettres dérive le lettré et du courage, le courageux » ; d'autres (dont K. Oehler, trad. all., Berlin, 1984, J.L. Ackrill, trad. angl., Oxford UP, 1963, ou D. Pesce, trad. it., Padoue, 1966) préfèrent, comme Tricot, s'en tenir au terme « grec », comme E. Rolfes, qui retient la formule « *Paronym (nachbenannt)* » (in *Aristoteles, Kategorien. Neu übersetzt und mit einer Einleitung und erklärenden Anmerkungen versehen*, Leipzig, Felix Meiner, 1920). Tous cependant laissent clairement entendre que ce qui est « dénommé » (*nach-benannt*) d'après une autre chose, est bien une chose, non un mot. Owen justifie le calque du grec (*The Doctrine of Being in The Aristotelian Metaphysics*, p. 330). Pour lui, en effet, la différence entre l'angl. *denominative* (dénominatif) et l'angl. *derivative* (dérivé) n'est pas pertinente, puisque tous deux s'appliquent à des mots. La meilleure traduction de *parônuma* [παρώνυμα] est donc *paronyms* (« *Derivative in this application would refer only to the word, not the thing. Denominative likewise applies only to the words* »). Il n'y a pas de terme anglais pour rendre la notion aristotélicienne (« *there is in English no term for this notion* »). Les traductions modernes n'ont donc pas la même lecture du calque du latin *denominativa*. Pour nous, cela signifie que l'ambiguïté philosophique de la notion aristotélicienne de « paronymie », liée à sa position intermédiaire entre « homonymie » et « synonymie » (qui produira ses effets au principe de l'invention de l'analogie de l'être ; voir ANALOGIE), est redoublée, voire recouverte, par l'ambiguïté du français ou de l'anglais dénominatif/*denominative*, tiraillée, mais d'une autre manière que le paronyme aristotélicien, entre les mots et les choses.

II. PARONYMIE ENTRE ANALOGIE ET ÉMANATION

Cette interprétation de l'accident comme « flexion » doit être également présente à l'esprit, lorsqu'on souligne le rôle central joué par la « paronymie » dans l'interprétation tardo-antique puis médiévale de la *Métaphysique* d'Aristote. De fait, la « paronymie » est impliquée dans la genèse de la théorie dite de l'« analogie de l'être » (*analogia entis*). Le phénomène peut être décrit comme l'installation des homonymes *aph' henos* [ἀφ' ἑνός] (à partir de quelque chose d'un, « unité de provenance », lat. *ab uno*) et des homonymes *pros hen* [πρὸς ἕν] (en vue de quelque chose d'un, « unité focale », *ad unum*), ou plus simplement des *pros hen legomena* [πρὸς ἕν λεγόμενα], placés par les commentateurs grecs d'Aristote en position médiane entre les homonymes et les synonymes purs, *à la place* même qu'occupaient aussi concurremment, mais pour d'autres raisons, les *parônuma* d'Aristote.

♦ Voir encadré 3.

2

« Ptôsis »

Le substantif *ptôsis* [πτῶσις] n'est pas attesté en grec avant Platon. Nom d'action formé sur le radical de *piptô* [πίπτω] « tomber », *ptôsis* signifie proprement « chute » : chute d'un dé (Platon, *République*, X, 604c), de la foudre (Aristote, *Météorologiques*, 339a 3). À côté de cette valeur de base (et de valeurs métaphoriques dérivées : « décadence », « mort », etc.), le mot reçoit chez Aristote une spécification linguistique qui connaîtra une grande fortune : maintenue jusqu'au grec moderne (*ptôsê* [πτώση]), sa traduction en latin par *casus* lui a valu de désigner le « cas » grammatical dans la plupart des langues européennes modernes.

En fait, lorsqu'il apparaît pour la première fois chez Aristote, ce terme ne désigne pas d'emblée la flexion casuelle du nom. Dans le *Peri hermeneias* (chap. 2 et 3), il qualifie aussi bien les modifications, conjointement sémantiques et formelles (variation désinentielle), du verbe que celles du nom : *[il] se porta bien, [il] se portera bien*, par rapport à *[il] se porte bien, de Philon, à Philon*, par rapport à *Philon*. Comme modification du nom — c'est-à-dire, chez Aristote, de sa forme de base, le nominatif —, le cas (*ptôsis*) diffère du nom dans la mesure où, associé à « est », « était » ou « sera », il ne permet pas de composer un énoncé vrai ou faux. Comme modification du verbe, décrivant alors le temps grammatical, il se distingue du verbe qui sursignifie le présent : le cas du verbe sursignifie en effet le temps qui entoure le présent. Il faut comprendre par là qu'à la signification de tel ou tel verbe (se promener, marcher), le cas du verbe ajoute la signification (*prossêmainei* [προσσημαίνει]) de sa modalité temporelle (il se promènera, il marcha). Ainsi s'affirme la primauté du présent sur le passé ou le futur, puisque au présent le verbe n'a pas de cas.

Mais le « cas » aristotélicien est une notion plus large encore, plus vague et plus élastique : présenté comme partie de l'expression au chapitre 20 de la *Poétique*, il qualifie la variation en nombre et en modalité. Il qualifie encore les modifications du nom selon le genre (chap. 21 de la *Poétique*, *Topiques*) ainsi que les adverbes dérivés d'un substantif ou d'un adjectif, comme « justement », qui est dérivé de « juste ». La notion de cas est alors essentielle à la caractérisation des paronymes.

Aristote n'a pas encore de noms spécialisés pour les différents cas de la flexion nominale. Quand il a besoin de les désigner, il le fait de manière conventionnelle, le plus souvent en recourant à la forme fléchie d'un pronom — *toutou* [τούτου] « de ceci » pour le génitif, *toutôi* [τούτῳ] « à ceci » pour le datif, etc. —, parfois à celle d'un substantif ou d'un adjectif. Dans les *Premiers Analytiques*, Aristote demande de distinguer entre les termes (*horoi* [ὅροι]), « qui doivent toujours être posés selon l'appellation (*klêseis* [κλήσεις]) des noms (par exemple "homme", "bien", "contraires", au nominatif), et les cas des noms selon lesquels les prémisses doivent être envisagées : « soit le cas de l'"égal à ceci" (*toutôi* [τούτῳ], datif) ou celui du "double de ceci" (*toutou* [τούτου], génitif), ou celui du "frappe ou voit ceci" (*touto* [τούτο], accusatif), ou celui de "cet homme est un animal" (*houtos* [οὗτος], nominatif) ou de toute autre façon dont le nom tombe (*piptei* [πίπτει]) dans la prémisse » (I, 36, 48b 41). On tient probablement, dans la dernière expression, l'origine de la métaphore de la « chute ». Mais l'origine de cette métaphore reste controversée. Certains commentateurs rapportent la division en droit et obliques au jeu d'osselets, l'osselet pouvant tomber soit sur une face stable et s'y maintenir — le cas droit —, soit sur trois faces, instables — les cas obliques. Dans une dissertation inédite, consacrée aux principes de la grammaire stoïcienne, Hans Erich Müller a proposé de rapprocher la théorie stoïcienne des cas de la théorie de la causalité, en cherchant à associer les différents cas aux différents types de causalité. Ils correspondraient alors dans l'énoncé aux différentes postures causales des corps dans le champ physique. Pour les Stoïciens, l'affaire de la prédication n'est pas l'identification d'une essence (*ousia* [οὖσια]) et de ses attributs conformément aux catégories aristotéliciennes, mais la restitution, dans l'énoncé, des relations causales, d'action et de passion, qu'entretiennent les corps entre eux.

C'est en effet à partir des Stoïciens que les cas seront réduits aux cas nominaux — chez Denys le Thrace (TG, 13), le verbe est « un mot non casuel » (*lexis aptôton*) et quoique *egklisis* signifie « mode », il signifie parfois « inflexion », recouvrant alors les variations du verbe, temporelles comme modales. Si l'on en croit Diogène Laërce (VII, 192), Chrysippe avait écrit un ouvrage *Sur les cinq cas*. On devait y trouver entre autres ce que nous apprenons ailleurs dans la notice de Diogène : distinction entre cas droit (*orthê ptôsis*) — celui qui, construit avec un prédicat, donne naissance à une proposition (*axiôma*, VII, 64) — et cas obliques (*plagiai ptôseis*), qui portent désormais des noms, dans l'ordre : le génitif (*genikê*), le datif (*dotikê*) et l'accusatif (*aitiatikê*) (VII, 65) (voir la classification des prédicats que nous rapporte Porphyre, *apud* Ammonius, *Commentaire du* De interpretatione *d'Aristote*, p. 44,19 Busse).

Ammonius (*ibid.*, p. 42, 30 *sq.*) rend compte d'une polémique qui sépare Aristote et les Péripatéticiens des Stoïciens et, dans leur obédience, des grammairiens. Pour les premiers, le nominatif n'est pas un cas, il est le nom lui-même duquel les cas tombent ; pour les seconds, le nominatif est un cas à part entière : il est cas droit ou cas direct, et s'il est cas, c'est qu'il tombe du concept, s'il est droit ou direct, c'est qu'il tombe droit, à la manière dont le stylet peut, à l'issue de sa chute, demeurer stable et droit.

Or si la *ptôsis* entre en jeu dans la définition du prédicat — le prédicat est ce qui associé à un cas direct permet de composer une proposition — et figure dans la partie de la dialectique consacrée aux signifiés, elle n'est ni définie, ni déterminée comme constituant de l'énoncé, aux côtés du prédicat.

Dans le stoïcisme, la *ptôsis* paraît excéder le seul sens du cas grammatical. Secondaire par

L'apparition de ce qu'on appelle la « théorie de l'analogie » suppose qu'à un moment donné, les « intermédiaires », *aph' henos* et *pros hen*, se soient vu rassembler sous le titre d'« homonymes par analogie » soit en « délogeant » les paronymes, soit en les « absorbant » — eux ou certaines de leurs propriétés. Quel qu'en ait été le premier auteur, ce geste, qui, dans sa violence même, faisait confluer ou se surimposer en un lieu unique des phénomènes aussi différents que la signification focale, la paronymie proprement dite et la dérivation ontologique a eu deux postérités distinctes. La plus célèbre et la plus étudiée est la théorie de l'analogie de l'être, caractéristique de l'âge arabo-latin (ouvert par les traductions de l'Aristote « arabe », d'Avicenne et d'Averroès). Dans cet horizon, la *denominatio* est progressivement marginalisée par la notion d'*analogia* ou absorbée par elle dans des formulations toujours plus complexes. Il ne faut pas, pour autant, identifier purement et simplement « analogie » et

2

rapport au prédicat qu'elle complète, elle est un concept philosophique, qui renvoie à la manière dont les Stoïciens semblent avoir critiqué la notion aristotélicienne de substrat (*hupokeimenon* [ὑποκειμένον]) ainsi que la distinction entre substance et accidents. La *ptôsis* est la manière dont le ou les corps, dont notre représentation (*phantasia* [φαντασία]) présente une manière d'être déterminée, figurent dans l'énoncé, non pas d'une manière directement issue de la perception, mais d'une manière indirecte, par la médiation du concept qui permet de le/les nommer sous la forme d'un appellatif (concept générique, homme, cheval) ou d'un nom (concept singulier, Socrate). Les cas représentent alors les diverses manières dont le concept du corps « tombe » dans l'énoncé (sans pour autant que le nominalisme stoïcien admette d'existence à ce concept — de même, cette fois, qu'il n'y a pas de catégorie aristotélicienne hors des différents chefs catégoriaux dénombrés, il n'y a pas de corps hors d'une posture casuelle). Peu soucieux de ces nuances, les scholiastes de la *Tekhnê* semblent pourtant, dans le contexte qui est le leur, confirmer cette idée lorsqu'ils qualifient la *ptôsis* de chute de l'incorporel et du générique dans le spécifique (*ek tou genikou eis to eidikon* [ἔκ τοῦ γενικοῦ εἰς τὸ εἰδικόν]).

Chez les grammairiens, le cas se voit réduit au cas grammatical, c'est-à-dire à la variation morphologique des noms, des pronoms, des articles et des participes, qui, parmi les parties du discours, constituent en conséquence la sous-classe des casuels (*ptôtika* [πτωτικά]). La liste canonique des cas place le vocatif (*klêtikê* [κλητική]) en dernier, après le cas droit (ou direct, *eutheia* [εὐθεῖα]) et les trois obliques, dans leur ordre « stoïcien » : génitif, datif, accusatif. Cet ordre des obliques donne lieu, chez certains commentateurs avides de rationalisation (Scholies à la *Technê*, p. 549, 22), à une spéculation d'inspiration « localiste » : le cas du lieu d'où l'on vient (en grec le génitif) précéderait « naturellement » celui du lieu où l'on est (le datif), précédant lui-même « naturellement » celui du lieu où l'on va (l'accusatif). Plus pénétrante est la réflexion syntaxique d'Apollonius qui, dans la *Syntaxe* (III, 158-188), présente, dans cet ordre, l'accusatif, le génitif et le datif comme exprimant trois degrés de la transitivité verbale : conçue comme la distribution de l'activité et de la passivité entre le premier actant (A au cas direct) et le second actant (B à l'un des trois cas obliques) du procès exprimé par un verbe biactanciel, la transitivité de l'accusatif correspond au partage A tout actif-B tout passif (A frappe B), la transitivité au génitif, au partage A surtout actif, un peu passif-B surtout passif, un peu actif (A écoute B), la transitivité au datif, au partage A et B également actifs-passifs (A se bat avec B). Le cas direct, en tête de liste, doit sa primauté au fait d'être le cas de la nomination : l'imposition des noms se fait en effet au cas direct. Les verbes d'existence et de nomination se construisent avec le seul cas direct, sans que la fonction de l'attribut se trouve thématisée comme telle. Si Chrysippe a bien écrit sur les *cinq* cas, le cinquième cas, le vocatif, semble avoir échappé à la division entre cas droit et cas obliques. Littéralement appellatif (*prosêgorikon* [προσηγορικόν]), il pourrait renvoyer non seulement aux énoncés d'adresse, mais plus généralement aux énoncés de nomination. Chez les grammairiens, le vocatif occupe une place marginale : alors que toute phrase comporte nécessairement un nom et un verbe, il constitue à lui seul une phrase complète.

Frédérique ILDEFONSE

BIBLIOGRAPHIE

ARISTOTE, *Poétique*, trad. fr. R. Dupont-Roc et J. Lallot, Seuil, 1980.

DELAMARRE Alexandre, « La notion de *ptôsis* chez Aristote et les Stoïciens », *in* P. AUBENQUE (éd.), *Concepts et Catégories dans la pensée antique*, Vrin, 1980.

DELEUZE Gilles, *Logique du sens*, Minuit, 1969.

FREDE Michael, « The Origins of Traditional Grammar », *in* R.H. BUTTS et J. HINTIKKA (éd.), *Historical and Philosophical Dimensions of Logic, Methodology, and Philosophy of Sciences*, London, Dordrecht/Boston, 1977 ; repris in *Essays in Ancient Philosophy*, Oxford, Clarendon Press, 1987.

HADOT Pierre, « La notion de "cas" dans la logique stoïcienne », in *Actes du XIII*e *Congrès des sociétés de philosophie en langue française*, Genève, Éditions de la Baconnière, 1966, p. 109-112.

HIERSCHE Rolf, « Entstehung und Entwicklung des Terminus πτῶσις "Fall" », *Sitzungsberichte der deutschen Akademie der Wissenschaften zu Berlin, Klasse für Sprachen, Literatur und Kunst*, 3, 1955, p. 5-19.

ILDEFONSE Frédérique, *La Naissance de la grammaire dans l'Antiquité grecque*, Vrin, 1997.

IMBERT Claude, *Phénoménologies et Langues formulaires*, PUF, 1992.

LALLOT Jean, *La Grammaire de Denys le Thrace*, CNRS, 1989.

PINBORG Jan, « Classical Antiquity : Greece », *in* Th. A. SEBEOK (éd.), *Current Trends in Linguistics*, vol. 13, « Historiography of Linguistics », La Haye et Paris, Mouton, 1962.

« paronymie », comme l'ont fait certains interprètes contemporains (cf. Hirschberger, « Paronymie und Analogie bei Aristoteles », *Philosophisches Jahrbuch*, 58, 1959, p. 191-203).

Dans l'Âge gréco-latin de la métaphysique, le problème de l'unification de la multiplicité des sens de l'être ne jouant pas un rôle directeur, la notion de *denominatio* (= « paronymie ») intervient dans un tout autre contexte. Elle est utilisée par Boèce pour résoudre un problème précis, formulé dans le *De hebdomadibus* : « *Quomodo substantiae in eo quod sint bonae sint cum non sint substantialia bona* » — c'est-à-dire déterminer « comment, posé qu'elles sont bonnes (puisqu'elles tendent au bien et lui sont donc semblables en quelque façon) les choses qui existent — les "substances" — sont bonnes *dans leur être même* sans être cependant *substantiellement* bonnes ». Cette question n'a rien d'aristotélicien. En fait, dans son problème comme dans sa solution, Boèce engage, grâce à la « paronymie », un déplacement radical de l'ontologie aristotélicienne : il introduit, par son entremise, l'idée christiano-platonicienne d'une procession, d'un flux — *fluxus, defluere* — des choses existantes, les « biens seconds », à partir de la volonté du Bien premier. Sa thèse étant que les choses existantes ne sont bonnes ni dans leur essence substantielle ni par participation, mais de par leur origine même, parce que leur être a été voulu par le Créateur et « s'épanche », « flue », de sa volonté, il appartient aux théologiens de l'Âge gréco-latin de lui donner une forme définitive en recourant plus explicitement aux harmoniques néoplatoniciennes de la structure de la *denominatio*. Ce geste est clairement accompli chez le commentateur de Boèce, Gilbert de Poitiers, quand il reformule la thèse du *De hebdomadibus* en posant que, émanant de la volonté du Bien premier (*Bonum*), les biens seconds peuvent être dits bons (*bona*) « selon une dénomination » (*denominative*).

La formule est tout sauf banale. En effet, « être dit dénominativement » ne signifie pas ici la dérivation du nom d'une chose qualifiée à partir de la qualité correspondante — comme celle de « blanc à partir de blancheur, de grammairien à partir de grammaire ou de juste à partir de justice » —, non plus que la simple formation d'un nom (concret) à partir d'un autre nom (abstrait). Cette prédication réelle exprime une relation causale, proche de ce que Platon appelait l'« éponymie ». Première tentative médiévale de réorganisation métaphysique du système formé par *Catégories*, 1, 2, 5 et 8, la théorie porrétaine de la *denominatio* donne la physionomie d'ensemble du premier âge de la métaphysique médiévale, avant l'arrivée de la métaphysique de l'analogie fondée sur le corpus des écrits naturels d'Aristote et de ses interprètes arabes.

La « dénomination » selon Gilbert de Poitiers touche un aspect précis de la réalité : la dimension de l'être-causé. C'est pourquoi la plupart des exemples qui servent à l'illustrer sont d'ordre *technique*. L'être visé est celui d'un *opus*, le résultat d'un faire, un *factum*. Si, comme on l'a rappelé, la paronymie aristotélicienne ne s'appliquait pas à des termes comme « humain » ou l'« humain » relativement à « homme » et à « humanité », mais à des termes accidentels concrets comme « blanc », la notion porrétaine de *denominatio* est, au contraire, exemplairement illustrée par le terme *humanum*. Ce terme, en effet, peut se dire formellement d'un vivant, comme dans « *animal humanum* », mais il se dit dénominativement d'un produit fabriqué par l'homme, comme dans « *opus humanum* », parce que, et l'on rejoint ici la notion de *denominatio* entendue comme émanation causale, il émane ou a émané (*fluxit*) d'un agent dont l'*être* est humain. On le voit, ce qui se dit « selon une *denominatio* » s'oppose ici avant tout à ce qui se dit « formellement ». La même distinction se retrouve dans tous les textes médiévaux qui, à l'Âge arabo-latin de la métaphysique, opposent, avec Avicenne (*Logica*, Venise, 1508, f° 3vb), prédication univoque et prédication dénominative (voir PRÉDICABLE, PRÉDICATION).

III. PARONYMIE ET « SUPPOSITIO »

Instrument de deux théories métaphysiques distinctes, la théorie boécienne de l'« émanation » et celle, arabo-latine, de l'« analogie », la « paronymie » intervient aussi de manière décisive au principe de la théorie logique de la signification et de la référence, comme un des lieux de maturation de la théorie de la *suppositio*. L'opposition entre le nom « homme » et le nom « grammairien » se retrouve en effet en position cardinale dans le *De grammatico* d'Anselme de Cantorbéry, où elle illustre la distinction entre les noms qui, comme *homo*, sont à titre

3

L'arbitrage des commentateurs

Le transfert des homonymes « intermédiaires » au problème de l'unification de la multiplicité des sens de l'être, probablement engagé dès Alexandre d'Aphrodise, est bien documenté par les commentateurs hellénophones du VIe siècle (contre Porphyre, qui, dans l'*Isagoge*, se prononce pour l'homonymie stricte de l'être). Parmi ceux-ci, on retiendra surtout Élias, qui rejette explicitement *et* la thèse d'Aristote-Porphyre sur l'être (homonymie stricte) *et* celle de Platon (synonymie stricte), et se prononce clairement en faveur de l'unité d'origine et de l'unité de fin :

> L'étant n'est divisé ni comme un son vocal homonyme (comme le disent Aristote dans les *Catégories* et Porphyre ici même), ni comme un genre en des espèces (comme le dit Platon), mais selon l'origine et la fin.
>
> [διαιρεῖται τοίνυν τὸ ὂν οὐχ ὡς ὁμώνυμος φωνή (ὥσπερ ἐν Κατηγορίαις Ἀριστοτέλης καὶ νῦν ὁ Πορφύριος εἴρηκεν), οὐδὲ ὡς γένος εἰς εἴδη (ὥσπερ ὁ Πλάτων εἶπεν), ἀλλ' ὡς τὰ ἀφ' ἑνὸς καὶ πρὸς ἕν.]

Élias, *In Porphirii Isagogen*, éd. A. Busse, Berlin, G. Reimer, 1900, « *Commentaria in Aristotelem Graeca* », XVIII, 1, p. 70, 18-21.

principal (*principaliter*), c'est-à-dire premier, *et* significatifs *et* appellatifs d'une substance, et les noms comme *grammaticus*, qui présentent une autre structure sémantique. Pour Anselme, en effet (*De grammatico*, éd. Schmitt, p. 156), ce qui distingue « homme » de « grammairien » est que, dans le cas d'« homme », la substance est à la fois signifiée et nommée à titre principal (*principaliter*), c'est-à-dire directement (*per se*), alors que, dans le cas de « grammairien », la substance est nommée mais n'est pas signifiée proprement (*proprie*), c'est-à-dire *per se*, et que la qualité signifiée proprement, elle, n'est pas nommée (on notera que l'explication ici fournie serait plus difficile à donner en allemand, où le même terme *Benennung*, opposé à *Bezeichnung*, signification, est employé pour désigner l'appellation au sens aristotélicien de « dénomination » et l'appellation au sens de nomination, c'est-à-dire de « référence » [= la *Bedeutung* de Frege]). Autrement dit : le nom « grammairien » nomme la substance qu'il signifie *per aliud* et signifie *per se* un accident qu'il ne nomme pas.

La théorie d'Anselme est précisée par les grammairiens et les logiciens du XIIe siècle, qui substituent au couple anselmien « *per se - per aliud* », le couple « *principaliter-secundario* » (principalement, secondairement) (cf. *Promisimus*, éd. De Rijk, 1967, I, p. 258 ; Abélard, *Dialectica*, éd. De Rijk, 1956, p. 113 et 596). Chez ces auteurs, le dénominatif est dit « signifier principalement » la qualité ou forme dont il est dérivé (*sumptum*) et seulement secondairement le sujet qu'il « nomme » (*nominat*). Cette formulation a pour but de résoudre la question traditionnelle induite par le désaccord patent des deux principales autorités du haut Moyen Âge en sémantique — Priscien pour qui tout nom « signifie une substance et une qualité » et Aristote pour qui « un nom comme blancheur signifie seulement la qualité ». La théorie ockhamiste de la synonymie des noms abstraits et concrets (*Summa logicae*, I, chap. 6) relève du même horizon. Reprenant la distinction avicennienne entre prédication univoque et prédication dénominative, Ockham pose, en effet, que la synonymie du concret et de l'abstrait vaut principalement dans la catégorie de substance car, pour les substances, il n'y a pas de distinction réelle entre le sujet lui-même et ce qui le fait être ce qu'il est (la seule différence réside « dans la manière dont les noms signifient [*in modo significandi*] »). Elle ne vaut pas, en revanche, dans le cas des dénominatifs comme « blanc » et « blancheur », car ces termes ne peuvent avoir la même *suppositio*, le premier supposant nécessairement pour le sujet de l'accident, l'autre pour l'accident lui-même (*Summa logicae*, I, chap. 5).

Alain de LIBERA

BIBLIOGRAPHIE

ABÉLARD, *Dialectica*, éd. L.M. De Rijk, Assen, Van Gorcum, 1956, 2e éd., 1970.

ANSELME, *Opera omnia*, éd. F.S. Schmitt, Stuttgart-Bad Cannstatt, Frommann-Holzboog, 1938-1961.

ARISTOTE, *Catégories*, prés., trad. et comm. F. Ildefonse et J. Lallot, Seuil, « Points Essais », 2002.

AUBENQUE Pierre, « Sur la naissance de la doctrine pseudo-aristotélicienne de l'analogie de l'être », *Les Études philosophiques*, 3/4, 1989, p. 291-304.

CODE Alan, « Aristotle : Essence and Accident », *in* R. GRANDY et R. WARNER (éd.), *Philosophical Grounds of Rationality : Intentions, Categories, Ends*, Oxford, Clarendon Press, 1988, p. 411-439.

DE RIJK Lambertus Maria, *Logica Modernorum. A Contribution to the History of Early Terministic Logic 2 : The Origin and Early Development of the Theory of Supposition*, Assen, Van Gorcum, 1967.

EBBESEN Sten, « Boethius as an Aristotelian Scholar », *in* J. WIESNER (éd.), *Aristoteles, Werk und Wirkung*, Berlin-New York, W. de Gruyter, 1987, t. 2, p. 286-311.

GUILLAUME D'OCKHAM, *Somme de logique*, I, trad. fr. Joël Biard, Mauvezin, TER, 1988.

GRICE Paul, « Aristotle on the Multiplicity of Being », *Pacific Philosophical Quarterly*, 69, 1988, p. 175-200.

HIRSCHBERGER J., « Paronymie und Analogie bei Aristoteles », *Philosophisches Jahrbuch*, 58, 1959, p. 191-203.

LEWIS F.A., *Substance and Predication in Aristotle*, Cambridge UP, 1991.

OWEN G.E.L., « Logic and Metpahysics in Some Earlier Works of Aristotle », *in* I. DÜRING et G.E.L. OWEN (éd.), *Aristotle and Plato in the Mid-Fourth Century*, Göteborg, 1960, p. 163-190.

OWENS J., *The Doctrine of Being in the Aristotelian Metaphysics*, Toronto, Pontifical Institute of Medieval Studies, 1951.

— "Aristotle on Categories", *The Review of Metaphysics*, 14, 1960/61, p. 73-90.

SIMPLICIUS, *Commentaire sur les Catégories*, trad. fr. comm. I. Hadot (dir.), fasc. 3, *Préambule aux* Catégories, trad. fr. P. Hoffmann, comm. C. Luna, Leiden-New York-Kobenhavn-Köln, « Philosophia Antiqua », LI/III,1990.

PASSION

PASSION *Passion, via* le lat. *passio* lui-même tiré du verbe *patior* (*pati, passus sum*), « souffrir, supporter, se résigner à, permettre », est l'une des traductions possibles du gr. *pathos* [πάθος], sur *paskhein* [πάσχειν], « recevoir une impression ou une sensation, subir un traitement, être châtié ». Elle insiste sur la passivité de l'âme ou du sujet, qui subit ce qui lui vient du dehors, à la différence d'autres traductions, comme le lat. *perturbatio* ou le fr. *émotion*, qui mettent l'accent sur la mobilité et l'agitation. On trouvera sous PATHOS les réseaux et les enjeux liés à cette première différence d'accent entre passivité et cinétique.

I. PASSION ET ACTION

On a coutume d'opposer les catégories logiques, grammaticales, ontologiques, du pâtir et de l'agir, de l'actif et du passif, du sujet et de l'objet. Mais le vocabulaire de la philosophie ne cesse, d'une langue et d'une époque à l'autre, de remettre en cause ces coupures qu'il instaure : voir notamment AGENCY, INTENTION, NATURE, OBJET, PERCEPTION, PULSION, SENS (I, A), SUJET, VOLONTÉ, *LIBERTÉ* ; cf. *ACTE*, ACTEUR.

II. PASSION ET SOUFFRANCE

1. *Passion* désigne de manière privilégiée les passions de l'âme, les perturbations, voire les maladies, qui affectent, comme dira Descartes, « l'union de l'âme et du corps » et constituent comme la substance irrationnelle de la vie humaine : voir FEELING, FOLIE, GEFÜHL, GEMÜT, PULSION, STIMMUNG ; cf. *DISPOSITION*, ES, INCONSCIENT, *MALAISE*, *RAISON*, *SENTIR*.

2. *Passion* renvoie à l'amour d'une part, à la souffrance de l'autre : voir AIMER, PLAISIR. Le russe STRADANIE met en jeu le rapport entre activité et passion en même temps que la valeur rédemptrice de la souffrance (cf. l'all. *Leidenschaft*,

« passion », sur *leiden*, « souffrir » : *Die Leiden des jungen Werthers*, ce sont les souffrances/passions du jeune homme sensible) ; voir aussi TRAVAIL, et cf. BERUF.
Sur la « Passion » du Christ, liée à l'incarnation, voir aussi BOGOČELOVEČESTVO, DIEU, OIKONOMIA.

3. Sur le rapport entre sagesse et passion, l'usage et la régulation des passions, l'idée d'une capacité de résistance, d'une constance ou d'un courage de l'âme, voir GLÜCK (en particulier encadré 1, «Du bonheur à l'apathie et à l'ataraxie »), MORALE, PHRONÊSIS, PIETAS, *SAGESSE*, VIRTÙ.

PATHOS [πάθος] GREC, PERTURBATIO LATIN – fr. *passion, émotion*

gr.	***epithumia*** **[ἐπιθυμία],** ***orexis*** **[ὄρεξις],** ***pathêma*** **[πάθημα],** ***pathos*** **[πάθος],** ***thumos*** **[θυμός]**
lat.	***affectus, emotio, morbus, passio, perturbatio***
all.	***Affekt, Begierde, Hang, Leidenschaft***
angl.	***emotion, feeling, passion***
it.	***emozione, passione, sentimento***

► ***PASSION***, et ***ACTE***, AIMER, ÂME, CATHARSIS, FEELING, FOLIE, GLÜCK, JE, LEIB, ***LIBERTÉ***, ***MALAISE***, PLAISIR, PULSION, ***SAGESSE***, ***SENTIR***, STRADANIE, VOLONTÉ

La vie psychique est mouvement. L'âme bouge. La vie psychique est passion. L'âme est, en fait, mue, émue. Le vocabulaire du sentir dans les langues européennes s'organise entre ces deux pôles : d'une part, l'idée d'une turbulence, d'un devenir, d'une instabilité — quelque chose s'active et se transforme ; il y a une activité psychique ; d'autre part, une telle activité est l'effet d'une cause extérieure, à laquelle l'âme se trouve exposée, qu'elle subit, passivement. Quelque chose lui *arrive et la transforme. L'agitation est la forme que prend la passivité. Ainsi, en grec, nous avons* thumos [θυμός], epithumia [ἐπιθυμία], orexis [ὄρεξις], *mais aussi* pathos [πάθος], pathêma [πάθημα]. *En latin,* emotio, perturbatio, *d'une part ;* morbus, passio, affectus, *d'autre part. En italien,* sentimento et passione, emozione. *En français,* sentiment et passion *ou* émotion. *En anglais,* feeling, passion, emotion.
L'enjeu théorique, le choix entre une conception cinétique ou passionnelle du sentir, se laisse comprendre dans une histoire des décisions sur la manière de traduire les mots anciens dans les langues modernes. Les discussions sur les concepts sont souvent des commentaires linguistiques, par exemple chez Cicéron, lorsqu'il traduit le grec pathos *par le latin* perturbatio *au lieu de* morbus, *ou chez Augustin, quand il critique une telle traduction. Cette tension détermine encore nos problématiques contemporaines, y compris celle de la psychanalyse.*

I. D'« EPITHUMIA » À « PATHÊMA »

La vie affective est un excès de mouvement, un mouvement à la fois spontané et réflexe. Une réponse impulsive, une réaction, dont on souligne l'aspect actif et impérieux. La figure métaphorique d'une telle activité est le cheval, qui, chez Platon, représente l'âme désirante. Un animal fougueux, sensible à la beauté des corps et des choses que l'on peut posséder, et qui, en leur présence, déploie une énergie extraordinaire et difficile à contenir. La rage et le courage aussi sont un cheval plein d'élan. Cette caractérisation en termes de mouvement est solidaire de l'idée que l'expérience du sensible serait, en général, une expérience du changement, du devenir, de l'impermanent. En tant que sensations — et au même titre que les autres sensations/perceptions —, plaisir et douleur appartiennent au domaine de ce qui bouge et ne s'arrête jamais. Platon n'utilise *pathos* [πάθος] et *pathêma* [πάθημα] que quand il veut souligner la nature maladive, morbide, inguérissable des affects, leur côté pathologique. Son lexique dominant est celui de la motricité.

Le vocabulaire aristotélicien déplace l'accent sur l'aspect « pathétique » des affects. Éthique et rhétorique se fondent sur la possibilité d'agir sur l'âme, la sienne ou celle des autres, de provoquer des effets, qui sont appelés, donc, *pathêmata*. À la place de l'obsession platonicienne pour la turbulence et l'inquiétude, nous trouvons chez Aristote toute une technique de l'influence, de la manipulation. Rage, amour, haine, honte, indignation sont autant de réponses, à la fois raisonnables et irrationnelles. Elles sont raisonnables parce que motivées par une pensée, irrationnelles parce que la pensée s'accompagne d'une altération corporelle comme froid, chaud, larmes, tremblements. Chaque passion correspond, en effet, à une idée précise, pertinente dans une situation donnée et qui comporte une sensation physique : l'idée d'avoir subi une offense inopportune, couplée au désir de se venger déclenche ce que l'on appelle « rage » (*orgê* [ὀργή]). L'anticipation d'un danger se traduit par ce que l'on appelle « crainte » (*phobos* [φόϐος]). La nature cognitive et intellectuelle de l'émotion justifie le recentrage de la vitalité affective autour du concept de passivité : passion est ce que l'on me fait penser, donc ressentir. Passion est la résonance de mon intelligence et de mon corps à la contingence du monde. Passion est ma manière d'interagir avec ce qui m'entoure et m'arrive. Ce qui se passe autour de moi me touche, ce qui m'est fait m'affecte, ce qui m'est dit m'émeut. Ma passivité est ma vulnérabilité à l'égard de ce qui m'est extérieur, du milieu dans lequel je vis. Inévitable, la passion n'est donc pas pathologique : tout au contraire, pâtir est sain, c'est cathartique.

Le mot *pathos* s'impose définitivement avec les Stoïciens. Dans une théorie qui renforce, d'une part, la conception cognitive du sentir et qui propose, d'autre part, un modèle de sagesse et de bonheur défini par l'impassibilité, la passion devient, encore plus clairement que pour Aristote, la réaction du sujet face au monde. Une opération cognitive vient opérer la médiation entre moi et ce qui m'arrive : le consentement (*sugkatathesis* [συγκατάθεσις]). J'ai toujours à dire « oui » ou « non » à mes représentations, perceptions, pensées. Je ne suis donc entraînée par la fureur que si je dis « oui » à la pensée d'une offense reçue et à l'anticipation de ma vengeance. Je ne suis prise de panique que si je ratifie la surestimation d'un danger. Je ne me fâche et je ne tremble que si j'approuve les croyances dont la rage et la peur sont la retombée somatique. Je suis donc responsable de mes passions : ce que je ressens, je veux le ressentir avec mon assentiment. Une telle théorie rend volontaires les mouvements par lesquels l'âme se laisse emporter, accepte, en fait, de se laisser emporter. Rien n'est plus volontaire que la passivité, consentie, complice de la passion.

II. DE « PATHOS » À « PERTURBATIO »

C'est sur ce point que la traduction du grec en latin devient une décision significative. Dans les *Tusculanes*, Cicéron s'interroge sur la meilleure manière de rendre en latin le concept que les Stoïciens grecs expriment par *pathos*. *Pathos* devrait se changer en *morbus* si l'on voulait une version littérale. *Morbus*, « maladie », restituerait le sens de ce qui vous tombe dessus et vous met dans un état malsain de souffrance. À *morbus*, Cicéron préfère un autre mot, *perturbatio* : « *Quae Graeci* πάθη *vocant, nobis perturbationes appellari magis placet quam morbos* [Ces mouvements que les Grecs appellent des *pathê*, nous préférons, nous, les appeler des troubles plutôt que des maladies] », écrit-il (*Tusculanes*, IV, 4, 10 ; cf. *De finibus*, III, 35). Il définit les *perturbationes* comme des mouvements tourbillonnants et saccadés des âmes, contraires à la raison. Les *perturbationes* sont les pires ennemies de l'esprit et d'une vie tranquille (*Tusculanes*, IV, 15, 34).

Pourquoi Cicéron aime-t-il mieux — « *nobis magis placet* » — appeler *troubles* ce que les Grecs appellent *maladies/passions* ? Pour une série de raisons. La première est le respect de l'usage latin, la *consuetudo*. Dans la langue courante, nous appelons *perturbationes* tous ces états que les Grecs appellent *morbi* (*ibid.*, III, 4, 7), observe-t-il. S'agit-il, pour autant, de suivre la langue ordinaire, sans réfléchir ? Non, car le choix de *perturbatio* est correct : « *Nos autem hos eosdem motus concitati animi recte, ut opinor, perturbationes dixerimus* [Quant à nous, ces mêmes mouvements qui agitent notre âme, nous les appellerons à juste titre, ce me semble, des perturbations] » (*loc. cit.*). Comme c'est souvent le cas, à ce propos aussi, le latin est une langue plus juste, plus appropriée que le grec. Par conséquent, il est préférable de ne pas rendre le grec mot à mot : *verbum a verbo* (*loc. cit.*). Il vaut mieux — *magis placet* — remplacer *morbus*, qui serait la traduction littérale, par *perturbatio*. Mais substituer *perturbatio* à *morbus* signifie substituer *perturbatio* à *pathos*, donc, en un sens, corriger le grec, réinventer la pertinence du vocabulaire philosophique, le rendre plus raisonnable.

Dans un commentaire qui montre la complexité de ses décisions de traducteur, Cicéron justifie des choix qui sont linguistiques et philosophiques. Un autre argument contre le rendu mot à mot de *pathos* par *morbus* est que *morbus* est synonyme, en fait, de *aegritudo*, qui signifie « souffrance, chagrin, peine ». C'est avec un sens aigu de l'exactitude que les Romains réservent *aegritudo* à la douleur, par analogie avec la maladie du corps, tandis que les Grecs appellent *pathê* tous les mouvements de l'âme, y compris ceux qui sont agréables, comme le désir et la volupté. La traduction offre donc l'occasion d'une critique de la langue de départ dont le lexique serait générique et contradictoire. Plaisir et désir ne sont pas des maladies, puisqu'on ne souffre pas, note Cicéron. La traduction de *pathos* par *morbus* est adéquate pour une perturbation spécifique, celle que l'on appelle à juste titre *aegritudo*, « mal-être » (*ibid.*, III, 10, 22).

Plus il s'engage dans des explications de fond sur le vocabulaire de la *passion* qu'il s'efforce de transformer en *émotion*, plus notre philosophe en toge dévoile une stratégie ambitieuse : réformer un champ métaphorique. Le langage de la psychologie et de l'éthique anciennes lui semble dominé par le paradigme du corps, de la médecine et, par conséquent, de la maladie. Or, autant un tel modèle fonctionne à propos du trouble qui le préoccupe le plus, la douleur, autant il ne se prête pas à exprimer le concept d'affectivité en général. *Morbus* n'est pas un bon terme, parce que *pathos* n'est pas une bonne idée — philosophiquement parlant. Pourquoi ?

Parce que, pour Cicéron, l'histoire de l'âme remonte à Platon et même, plus tôt, à Pythagore. Ce dernier d'abord et ensuite Platon avaient analysé la structure de la *psukhê* [ψυχή] en deux parties, sur la base d'un trait distinctif, le mouvement. Tandis qu'une partie est tranquille et constante, calme et placide, l'autre partie est remplie de *motus turbidi*, de mouvements et de tourbillons, tels la rage ou le désir (*ibid.*, IV, 4, 10). C'est donc ce concept très précis, celui de la mobilité, de l'inquiétude, de l'inconstance, qui doit refaire surface dans le mot latin. Cicéron met à profit son rôle de traducteur créatif, de fabricateur de néologismes, d'importateur des notions grecques, pour rafraîchir le souvenir philosophique qui s'est estompé dans le vocabulaire grec. En latin, cette langue nouvelle, on retrouvera, à la surface du mot, le signifié originaire que la théorie a toujours identifié comme essentiel dans la vie affective : l'idée de trouble. En latin, cette langue *in fieri* que les traductions façonnent par des choix, les mots seront, somme toute, plus appropriés, plus adéquats aux notions. S'il s'agit de nommer un *motus turbidus*, parce que telle est la définition pertinente, alors, que l'on dise *perturbatio*.

Par les décisions réfléchies qu'il impose, l'acte de traduire offre la chance de trouver le mot juste, de mieux ajuster le mot au concept. Reformuler dans une autre langue permet de faire résonner une signification oubliée ou sous-estimée, donc d'amender un usage incohérent. Cicéron semble reprocher aux Grecs, de Pythagore à Zénon, de ne pas avoir préféré à *pathos* un mot comme *tarakhê* [ταραχή], par exemple, de la même façon que, lui, il a choisi *perturbatio* plutôt que *morbus*. Il lui semble bien, en effet, que l'éthique ancienne a toujours pensé « émotion », tout en disant « passion ». Dans les commentaires qui accompagnent ses choix lexicaux, transparaît sa critique du Stoïcisme : tandis qu'il repousse la nosographie obsessionnelle du classement des *pathê*, il retient leur nature tumultueuse. Cependant – et sur ce point intervient la traduction –, la métaphore cinétique devrait prendre le pas sur la métaphore médicale. Tous les Stoïciens et, notamment, Chrysippe se sont donné une peine excessive pour comparer les maladies de l'âme et celles du corps, remarque-t-il. Approfondissons plutôt ce qui contient la chose même (« *ea quae rem continent pertractemus* »), poursuit-il. Ce qu'il faut comprendre, c'est le fait que la perturbation est toujours en mouvement : « *intellegatur igitur perturbationem* [...] *in motu esse semper* » (*ibid.*, IV, 10, 24). Le mouvement perpétuel est donc la « chose [*res*] » dont le mot *perturbatio* exprime l'essence. D'ailleurs, Zénon avait défini une perturbation comme une « commotion [*commotio*] », contraire à la raison (*ibid.*, IV, 6, 1). Ce faisant, il s'était inscrit dans la tradition pythagoricienne et platonicienne qui identifie la sagesse à la tranquillité de l'âme (*ibid.*, IV, 4, 10). Seulement, les Grecs et, avec eux, Zénon appellent cette *perturbatio* – cette chose qu'ils définissent eux-mêmes comme une *commotio* – un *pathos*. À tort.

Une langue, usée, s'était laissé entraîner à rater la cible d'une idée essentielle. Une autre langue peut maintenant redécouvrir un tel trait sémantique. Le mot *perturbatio* fait écho à ce qu'est effectivement une *perturbatio*, à la chose que le mot *pathos*, au contraire, rend obscure. Dans ce cas particulier, en somme, la traduction est une interprétation. C'est une leçon rétrospective de pertinence. C'est aussi une remise en forme de l'histoire de la philosophie. La préférence pour le champ métaphorique du mouvement plutôt que pour celui de la maladie fait partie d'une stratégie historiographique. Les Stoïciens, soutient Cicéron, ont eu raison de centrer l'affectivité sur le mouvement. Ils ont compris que c'est cela l'essentiel, dans le droit-fil de Pythagore et de Platon. En revanche, les Aristotéliciens l'ont oublié, et leur éthique des passions moyennes est dangereusement tolérante. Dire que les affects sont des émotions permet de les voir comme des sauts dans le vide et des glissades sur des terrains en pente, à savoir comme des déplacements qu'il devient impossible d'arrêter et donc qu'il faut prévenir, au lieu de les seconder avec mesure. Que la *perturbatio* soit une *commotio*, une turbulence, une excitation – métaphoriquement, un bond du cap Leucate, un plongeon, une dégringolade – plutôt qu'une maladie, cela prête à conséquence pour la manière dont on envisage le remède. Malgré certaines maladies mortelles, le langage médical est, par définition, un langage de la cure. En physique, en revanche, ce qui tombe ne peut pas s'arrêter à mi-chemin ; ce qui glisse ne remontera pas la pente ; celui qui file à la dérive ne parvient plus à nager à contre-courant. On traite une maladie quand elle n'est pas une peste incurable, mais on *évite* une chute dans un précipice, car un tel mouvement ne peut pas être dosé. On s'abstient de plonger dans un courant qui vous entraîne au large, là où l'on perd pied. On se garde de s'engager sur une pente glissante (*ibid.*, IV, 18, 41). Bref, il est impératif de forclore les émotions en amont, avant qu'elles ne prennent naissance, car elles se poussent en avant d'elles-mêmes – « *ipsae se impellunt* ». Ce sont elles qui bougent, qui vous font bouger, qui vous meuvent.

Cicéron dresse les arguments stoïciens contre les arguments aristotéliciens, en prenant les précautions qui s'imposent à un bon sceptique. Ce sont des arguments efficaces, *ad hominem*. Toutefois, il ne cache pas son approbation, fût-elle critique, pour la « virilité » de la morale stoïcienne et son mépris pour la mollesse de la pensée et du langage d'Aristote. La *ratio* et l'*oratio* péripatéticiennes manquent de nerf (elles sont *enervatae*). Au contraire, le discours stoïcien, tout axé sur la prévention, lui paraît de rigueur. À une condition, cependant : celle d'en raidir le ton, d'en renforcer encore davantage l'insistance par rapport à l'aspect irrésistible, inéluctable, incurable du *motus turbidus*. Pour ce faire, en particulier pour creuser le contraste avec Aristote et sa modération, il faut réconcilier l'*oratio* stoïcienne avec ses contenus, sa *ratio*, intolérante : il faut l'infléchir du côté de la mécanique du mouvement. Le vocabulaire de la physique est un vocabulaire de l'irréversible. C'est la pertinence de ce vocabulaire pour l'éthique que la traduction latine de *pathos* par *perturbatio* rétablit. Philosophie et langage philosophique retrouvent un accord, dans les mots d'une nouvelle langue.

III. DE « PERTURBATIO » À « AFFECTUS »

Cicéron réorganise le vocabulaire des passions autour de leur motricité et de leur tumulte, en contraste avec l'immobilité de la raison. Il le fait par une traduction et par les commentaires qui l'accompagnent. Or, cette traduction fait l'objet d'une discussion étendue dans *La Cité de Dieu* de saint Augustin. Le tournant chrétien dans la psychologie de l'affectif s'accomplit, entre autres, grâce à une réflexion sur la meilleure manière d'entendre le *pathos* grec et de le rendre en latin. Entre Cicéron et Augustin, on reste donc dans la continuité d'une même langue, le latin, mais on revient sur la pertinence d'un langage et d'un transfert lexical.

Celles que les Grecs appelaient *pathê*, Cicéron les a appelées *perturbationes*, écrit Augustin, mais la plupart les nomment *passiones* (*La Cité de Dieu*, XIV, 8, 1). Il convient donc de ne pas prendre sans précautions le mot cicéronien *perturbatio* : c'est une traduction idiosyncrasique, une traduction d'auteur. Mieux vaut s'en tenir à l'usage général de *passio*, ou, encore mieux, utiliser le terme *affectus*. Parce que ce dernier permet de parler des émotions sans leur appliquer une connotation systématiquement et exclusivement négative. Puisque *per-turbatio* fait résonner, pour ainsi dire, la définition de *motus turbidus*, c'est un terme saturé de mépris philosophique. C'est le mot juste dans une théorie de la vertu, comme *apatheia* [ἀπάθεια], « impassibilité », dans une éthique où *bien* n'est synonyme que de *raisonnable*, tandis que toute forme d'affectivité se trouve disqualifiée. Augustin refuse l'idéal stoïcien du sage imperturbable, que rien ne devrait décontenancer, irriter, émouvoir. Pour lui, quelqu'un qui ne se réjouirait jamais, n'aurait aucun souhait, ne souffrirait pas et n'aurait peur de rien serait, au fond, insensible au bien et au mal. Car la morale chrétienne requiert que nous aimions Dieu, que nous désirions le bien et que nous haïssions le mal. La contrition pour les péchés commis et la terreur du châtiment nous sont indispensables. Comment croire sans ferveur, comment se repentir sans larmes ? Que serait la charité sans compassion, la crainte sans tremblement ? Le chrétien est un être de chair et de sang, un être qui perdrait son *humanitas* s'il s'érigeait dans une rigueur qui n'est autre qu'arrogance et vanité (*ibid.*, XIV, 9, 6). Le chrétien sait qu'après la Chute il est condamné à fauter et que, donc, il lui faut sentir et ressentir. Il sait que les passions sont le résultat même du péché originel, le souvenir du paradis perdu. Car les affects ne sont que la perversion d'une volonté qui était absolument bonne et qui est devenue, désormais, bonne *ou* mauvaise. Le rapport avec le bien et le mal est tout affectif : les émotions nous font pécher, mais elles sont, aussi, notre seule voie du salut. Ce n'est pas la raison qui nous sauve.

Refuser l'identification du bien et de l'*a-patheia* signifie refuser l'idée que tout mouvement est troublant, que toute émotion serait un *motus turbidus*. Cela revient par conséquent à refuser *per-turbatio*, ce terme qui, dans la langue de Cicéron, préserve le noyau dur de l'éthique stoïcienne. Alors Augustin choisit *affectus* parce que c'est neutre : on est affecté par des sentiments droits si l'on mène une vie droite ; on a des affections perverties si la vie est pervertie (*ibid.*, XIV, 9, 6). C'est seulement la cité des impies, c'est-à-dire des incroyants, qui est secouée (« *quatitur* ») par des *affectus* mauvais (« *pravi* »), lesquels sont autant de maladies et de troubles (« *tamquam morbis ac perturbationibus* »). La passion perturbe là où il n'y a pas de foi, car une perturbation est un affect, mais dans sa négativité (*ibid.*, XIV, 10, 26-27 ; 12, 31).

En préférant *affectus*, Augustin renoue avec l'usage de *pathos*. D'une part, il critique l'intransigeance stoïcienne, dont Cicéron s'était fait le porte-parole. D'autre part, il replace la passivité, plutôt que le mouvement, au cœur du ressentir. En prenant à son compte une autre idée stoïcienne, à savoir que nous consentons volontairement à nos représentations, il insiste sur l'extériorité de ce qui nous attendrit, nous excite, nous terrifie. Nous sommes affectés *par* une cause, en ce sens que nous en sommes investis, qu'elle peut nous mettre dans telle ou telle disposition (« *afficere* »). En cela consiste l'échec de notre *voluntas*, de cette maîtrise sans défaut, de cette totale liberté de choix qu'Adam et Ève ont pervertie jadis. Maintenant, notre volonté s'est dévoyée (« *perversa voluntas* »). En nous laissant envahir par un plaisir ou par une peine, nous disons « oui » à quelque chose que nous devrions rejeter. Mais nous disons ce « oui » parce que notre vouloir s'est désormais clivé, divisé, et peut maintenant prendre une mauvaise direction. Dans la possibilité de cette erreur, de cette inflexion de la volonté qui se laisse impressionner, emporter, convaincre, réside la passion, c'est-à-dire la finitude qui nous fait humains.

IV. TRANSPOSITIONS MODERNES : « ENDEAVOUR », « TRIEB »

Les langues européennes traduiront de manière transparente les mots dont nous avons esquissé l'histoire grecque et latine. Ce sont les textes que nous avons choisis, à savoir ceux d'Aristote, des Stoïciens et d'Augustin, qui reviennent comme une référence constante dans les discussions conceptuelles et linguistiques qui ponctuent le destin de la philosophie des passions. Dans cette longue histoire, un moment critique, particulièrement intéressant et comparable à celui où se trouvait Cicéron, se fait jour avec le travail de Thomas Hobbes.

♦ Voir encadré 1.

Comme Cicéron, Hobbes est conscient de l'importance de choisir le mot juste, quand il transpose dans sa langue des concepts qui viennent de textes écrits dans une autre langue. Et, comme pour Cicéron, le problème se pose pour lui de manière aiguë lorsqu'il aborde le vocabulaire des passions. Il écrit :

> *These small beginnings of motion, within the body of man, before they appear in walking, speaking, striking and other visible actions, are commonly called endeavours.*
>
> [Les infimes débuts de mouvements intérieurs au corps, qui n'apparaissent pas encore dans la démarche, la parole ou des actes visibles ou frappants, sont communément appelés mouvements initiaux.]
>
> *Léviathan*, I, 6.

Endeavour est donc le terme générique pour ce mouvement initial qui est la condition de tout désir et de toute répulsion. Désir (*appetite* ou *desire*) et répulsion (*aversion*) forment un couple de contraires, d'où dépendent les passions qui, toutes, se laissent analyser et classer dans l'une ou dans l'autre de ces deux catégories.

> *These words, appetite and aversion, we have from the Latins; and they both of them signify the motions one of approaching, the other of retiring. So also do the Greek words for the same, which are* hormê *and* aphormê.
>
> [Ces mots de désir et de répulsion nous viennent du latin. Ils signalent tous les deux des mouvements, l'un d'approche, l'autre de recul. Il en est de même de leurs équivalents grecs *hormê* et *aphormê*.]
>
> *loc. cit.*

Appetite et *aversion* sont la version anglaise de *appetitio* et *aversio*, qui rendent, à leur tour, *hormê* [ὁρμή] et *aphormê* [ἀφορμή]. En lecteur de Cicéron, Hobbes fait sien un vocabulaire des passions que nous trouvons dans les *Académiques*, selon sa version stoïcienne (*Lucullus*, VIII, 24 ; cf. *De fato*, 17), et dans le *De finibus*, au cœur même du langage épicurien. Le fonctionnement cognitif, affectif et moral de l'être humain s'explique par deux mouvements : un mouvement qui nous pousse vers l'objet qui le cause et un mouvement qui nous en éloigne. Voilà les deux *endeavours* — *appetite* et *aversion* — dont toutes les passions ne sont que des modifications particulières. L'exigence de clarté est bien remplie et la facilité de traduire du grec en latin et du latin en anglais accompagne une référence sereine au passé. Dans ces langues anciennes, la vérité a fait son chemin naturellement, et les langues modernes n'ont qu'à saisir ces idées claires et distinctes. « *For nature itself does often press upon men those truths, which afterwards, when they look for something beyond nature, they stumble at* [Car souvent la nature elle-même révèle à l'homme ces vérités sur lesquelles, s'il cherche au-delà de la nature, il trébuche] » (*Léviathan*, I, 6). Les *trains of words* (voir encadré ci-dessous) passent d'une langue à l'autre : cela prouve la lucidité d'une philosophie vraie. Ils auront alors traversé le test de la modernité.

Hobbes accomplit ainsi un travail différent de celui de Cicéron, mais il partage avec son médiateur romain le souci d'établir des passerelles. La philosophie ne doit pas rester confinée dans un idiome étranger. Il faut soit se l'approprier soit la rejeter. Traduire, c'est comprendre et faire comprendre. Traduire, c'est éclairer. Il n'est donc pas surprenant de voir la traduction devenir une entreprise cruciale pour le projet des Lumières.

Parmi les derniers avatars contemporains de la tension entre passivité externe et agitation interne, on peut relever la manière dont la psychanalyse conceptualise ce même oxymoron (voir PULSION et JE). Par rapport à la philosophie, celle-ci opère une rupture radicale. L'inconscient et surtout le refoulement déplacent le problème entre activité et passivité sur un autre plan, plus complexe. Cependant, la même tension est à l'œuvre. En effet, il y a ici une triple passivité dont le moi doit se rendre conscient : d'abord, celle qui le met à la merci des pulsions (*Trieb*), c'est-à-dire des quantités d'énergie en mouvement et tendant à une décharge ; ensuite, celle qu'il endure face au surmoi, à la loi intériorisée et devenue inconsciente ; enfin, l'impuissance qu'il expérimente dans le symptôme. La pulsion est un stimulus, mais elle agit surtout grâce à une résurgence fantasmatique. Elle est vie, activité, désir d'être, mais aussi répétition, compulsion, réflexe. Le langage de la physique permet à Freud de dire l'oxymoron d'une activité d'autant plus active qu'elle obéit à la contrainte névrotique, une nécessité d'autant plus impérieuse que ses manifestations sont *patho*logiques, menées par le *pathos* du refoulé qui fait retour. Le désir qui a subi jadis l'action du refoulement, le désir dont la réalisation dans un acte ou un mouvement a été inhibée, devient, par cette inhibition même, infiniment puissant, insistant, « actif ». Hyperactif maintenant, parce que passif naguère.

Giulia SISSA

BIBLIOGRAPHIE

ARISTOTE, *Éthique à Nicomaque*, éd. et trad. fr. J. Tricot, Vrin, 2001.

— *Rhétorique*, éd. et trad. fr. M. Dufour, Les Belles Lettres, 1973.

AUGUSTIN, *La Cité de Dieu*, 3 vol., trad. fr. L. Moreau, rev. J.-C. Eslin, Seuil, « Points Sagesse », 1994.

CICÉRON, *Tusculanes*, 2 vol., éd. G. Folhlen et J. Humbert, Les Belles Lettres, 1968 et 1970.

HOBBES Thomas, *Léviathan*, trad. fr. G. Mairet, Gallimard, « Folio », 2000.

1

Hobbes et la traduction

► TRADUIRE

Hobbes a une théorie de la traduction, qu'il considère comme un test de clarté et de validité philosophiques. Confronté à une tradition scolastique qui continue d'utiliser le latin en plein XVIIe siècle, il nourrit le plus grand mépris pour cette langue défigurée et fatiguée, qui ne correspond même plus à celle des grands modèles romains :

> *The writings of the School divine are nothing else for the most part, but insignificant trains of strange and barbarous words, or words otherwise used than in the common sense of the latin tongue; such as would pose Cicero, Varro, and all the grammarians of ancient Rome.*
>
> [Les écrits de la scolastique ne sont rien d'autre, pour la plupart, que des suites sans signification de mots étranges et barbares ou de mots usités autrement que selon le sens commun de la langue latine, tel que le formulaient Cicéron, Varron et les autres grammairiens de la Rome ancienne.]
>
> *Léviathan*, IV, 46.

Un usage coupé du sens commun et de la grammaire produit une langue ésotérique, étrangère et qui ne dit plus rien. À ce langage barbare, ni authentiquement ancien, ni vraiment moderne, l'auteur du *Léviathan* lance un défi : qu'on le traduise !

> *Which if any man would see proved, let him, as I have said once before, see whether he can translate any School divine into any of the modern tongues as French, English, or any other copious language.*
>
> [Si quelqu'un veut mettre cela à l'épreuve, qu'il s'efforce, comme je l'ai déjà dit, de traduire un texte de la scolastique dans l'une de nos langues modernes, le français, l'anglais ou toute autre langue aussi riche.]
>
> *Loc. cit.*

Ce serait la seule manière de vérifier si ces « *insignificant trains of strange and barbarous words* » disent, en fait, quelque chose. Si la traduction en est intelligible, on aura prouvé qu'ils avaient un sens déjà en latin. Sinon, on aura démontré qu'ils étaient sans signification.

> *Which insignificancy of language though I cannot note it for false philosophy, yet it hath a quality not only to hide the truth, but also to make men think they have it, and desist from further search.*
>
> [Le défaut de signification de ce langage, bien qu'on ne puisse juger celui-ci comme étant de la fausse philosophie, tend néanmoins non seulement à dissimuler la vérité, mais aussi à persuader les hommes qu'ils la détiennent et à les dissuader de chercher davantage.]
>
> *Loc. cit.*

La traduisibilité devient un critère de vérité. Là même où l'exercice philosophique devient dissection d'arguments pour en sonder la cohérence et la validité, le fait de traduire acquiert le statut d'une méthode expérimentale. C'est une opération, une intervention sur un texte, dont le résultat prouve une hypothèse, répond à une question. Dans cette œuvre que l'on considère comme fondatrice pour la tradition anglaise, la philosophie se fait analytique grâce, aussi, à la traduction. L'exigence de clarté et d'intelligibilité entraîne un parti pris linguistique : il ne faut pas tant écrire dans les langues modernes — Hobbes lui-même écrit en anglais et en latin — que *pouvoir* traduire.

JAMES Susan, *Passion and Action. The Emotions in Sixteenth-Century Philosophy*, Oxford UP, 1997.
KAHN Charles, « Discovering the Will. From Aristotle to Augustine », *in* J.M. DILLON et A.A. LONG (éd.), *The Question of Eclecticism*, University of California Press, 1988, p. 234-259.
NUSSBAUM Martha, *The Therapy of Desire*, Princeton UP, 1994.
PLATON, *Phèdre*, éd. C. Moreschini, trad. fr. P. Vicaire, Les Belles Lettres, 1985.
RORTY Amelie O., « From Passions to Emotions and Sentiments », *Philosophy*, 57, 1982, p. 159-172.

PATRIE *Patrie* provient du lat. *patria*, qui, comme le gr. *hê patris* [ἡ πατρίς], désigne « la terre du père » ; cf. PIETAS et RELIGIO. Voir, plus largement, PEUPLE, avec les réseaux terminologiques qui impliquent le sol et le sang par différence avec ceux qui impliquent la langue, la culture, le politique, et cf. *COMMUNAUTÉ, ÉTAT*.
Pour faire la distinction avec *Vaterland*, on rend plutôt par « terre natale » le doublet allemand *Heimat* (cf. angl. *home*, « maison ») qui présente d'autres connotations, en particulier dans son usage heideggérien : voir HEIMAT.
Sur la manière dont s'énonce la communauté politique en grec, voir POLIS. Sur le rapport à l'*oikos* [οἶκος], la « maison », et à l'*oikeios* [οἰκεῖος], le « propre », le « familier », voir, d'une part, ÉCONOMIE, OIKONOMIA et, d'autre part, OIKEIÔSIS, concept moral caractéristique du stoïcisme, qu'on rend par « appropriation » (cf. *APPROPRIATION*).

► AIMER, ANGOISSE, GENDER, *LIBERTÉ*, PROPRIÉTÉ

PEOPLE ANGLAIS – fr. *le peuple, les gens*

► PEUPLE, et AGENCY, ANGLAIS, BEHAVIOUR, COMMON SENSE, LIBERAL, NAROD, POLITIQUE, WHIG

L'ambiguïté du terme anglais people, *entre son usage renvoyant à une unité indivisible (« le peuple » comme « les gens ») et celui renvoyant à une pluralité ou fédération d'individus — jusqu'à sa dissolution dans une pluralité impersonnelle (« les gens »), voire à sa pronominalisation (« on ») — est particulièrement intéressante, les deux usages se succédant et même cohabitant dans la langue anglaise philosophique et politique. Le passage à la langue américaine est encore plus significatif que dans d'autres cas, car le double usage du mot et la transformation de son sens jouent un rôle central dans la définition du pouvoir politique lors de l'établissement des principes fédéralistes au moment de la révolution américaine.*

I. « PEOPLE » : SINGULIER ET PLURIEL

En langue anglaise ancienne et classique, *people* est à l'origine synonyme de *folk* (mot associé à « race, nation, tribu » ; cf. all. *Volk*) et constitue d'abord une unité.

L'évolution de l'usage du terme se marque au plan grammatical par le passage au pluriel dans la conjugaison du verbe dont *people* est sujet (*people say, people want*). C'est là précisément une possibilité spécifique de l'anglais, *the people* pouvant être aussi bien un singulier qu'un pluriel. En anglais classique, notamment dans le champ de la philosophie politique (Hobbes, par exemple), le *people* constitue une unité (« *the safety of the people, the soveraign and his People* », *Léviathan*, chap. 2, p. 30), le *corps* des citoyens, qui peut être divisée en parties. Mais le terme coexiste avec l'usage commun et plus lâche de *people* comme pluriel, signifiant à peu près « personnes, gens » (« *people are to be taught* », *ibid.*). On trouve aussi parfois un pluriel *peoples* (« *the common-peoples minds* », *loc. cit.*) qui montre bien l'indétermination du terme. Ces faits de langue rendent particulièrement complexe la définition du rapport entre individu et peuple, le mot *people* renvoyant aussi bien à une unité qu'à un conglomérat pluriel.

À cela s'ajoute un autre sens, celui-ci non spécifique (voir PEUPLE), de *people* comme classe opprimée, ou en relation d'infériorité, sens qui a les mêmes dimensions (aussi bien revendicatives que méprisantes) que le terme français. On notera qu'un sens nouveau et curieux est apparu en anglais, qui inverse radicalement celui-ci : *people* au sens de gens célèbres, cf. la presse *people*.

II. « PEOPLE » ET L'INNOVATION AMÉRICAINE

Cette ambiguïté singulier/pluriel est affine à l'affirmation du peuple comme à la fois un et multiple, comme l'indique clairement l'expression *We the people.* On lit ainsi au début de la Constitution fédérale de 1787 : « *Nous le peuple* des États-Unis, afin de former une union plus parfaite, ordonnons et établissons la présente Constitution (*WE, THE PEOPLE of the United States, in order to form a more perfect Union* [...] *do ordain and establish this CONSTITUTION*). » Le peuple, chez Madison et Hamilton (cf. *The Federalist Papers*) est bien le « corps » du peuple (« *the great body of the people* », Madison, *The Federalist Papers*, n° 39 et n° 46), et c'est en lui que réside la seule source de la souveraineté : « L'édifice de l'Empire américain doit reposer sur la base solide du consentement du peuple » (« *the consent of the people* », Hamilton, *ibid.*, n° 22). « L'autorité suprême réside dans le peuple seul » (« *the ultimate authority resides in the people alone* », Madison, *ibid.*, n° 46). La question de ce consentement est à la base de toute la réflexion américaine spécifique sur la démocratie : comment envisager le consentement du peuple, c'est-à-dire de chacun, à la société ? Ce problème est lié à l'ambiguïté de *people*, que les fédéralistes vont paradoxalement résoudre en en proposant une double définition : le *people* peut être un ensemble d'« individus composant une seule nation anglaise », ou un ensemble d'individus « formant des États distincts et indépendants anglais ». L'organisation politique se définit comme composé (*compound*), se partageant en un pouvoir fédéral et national, le peuple demeurant l'autorité suprême, qui délègue son pouvoir.

Madison (cf. *The Federalist Papers*, n° 46) a particulièrement insisté sur cette souveraineté absolue du peuple, qui est le « supérieur commun » du gouvernement général et des gouvernements des États, et donc « la source de tout pouvoir ». Ainsi s'affirme « le grand principe du droit originaire du pouvoir sis dans le peuple ». Wilson dit : « Le peuple des États-Unis dispose désormais de ses droits primitifs et les exerce », et il est seul à *déléguer* (*delegate*, Hamilton, *The Federalist Papers*, n° 23) ses pouvoirs. « Tout le pouvoir », selon les fédéralistes, « réside dans le peuple, et non dans le gouvernement des États. » La base tant vantée aujourd'hui du fédéralisme, la mixité du pouvoir politique, n'est donc pas séparable de l'idée de *delegation* du pouvoir par le peuple, qui a « l'autorité de déléguer le pouvoir à ses agents et de former un gouvernement dont la majorité pense qu'il contribuera à son bonheur », le « pouvoir transcendant » du peuple étant compétent pour former tel ou tel gouvernement que le peuple juge propice à son bonheur. La redéfinition de *people* s'avère ici liée à une redéfinition de ce en quoi consiste une *constitution* : ce n'est pas l'organisation définitive d'un pouvoir, le peuple pouvant retirer à tout moment — sans recourir à une révolution — sa délégation à un gouvernement défectueux, et rediscuter sa constitution. Alors, « nous le peuple, détenant tout le pouvoir, formerons un gouvernement dont nous pensons qu'il garantira notre bonheur » (Wilson). La constitution est fondée sur « l'accord et la ratification du peuple (*assent and ratification of the people of America*) », mais il s'agit du peuple « non en tant qu'individus composant une nation entière, mais en tant qu'ils composent les États distincts et indépendants auxquels ils appartiennent respectivement » : « L'accord et la ratification des États (*the several States*) dérivés (*derived*) de l'autorité suprême dans chaque État, celle du peuple lui-même (*the authority of the people themselves*) » (Madison, *The Federalist Papers*, n° 39).

Ainsi s'accomplit, dans le projet fédéraliste, la dualité essentielle de *people*, inscrite dans le passage définitif du singulier au pluriel (cf. *themselves*). La multiplicité des intérêts (des individus) qui composent le peuple devient compatible avec l'intérêt commun, par la multiplication des centres de pouvoir. C'est ce phénomène de morcellement du pouvoir que Gordon Wood a défini comme la « désincorporation » (*disembodiment*) du pouvoir (G. Wood, *The Creation of the American Republic*, trad. fr. F. Delastre, p. 698). Le paradoxe étant que le *people* exerce sa souveraineté dans et par cette désincorporation même. Ce phénomène est clairement lié, selon Wood, à une transformation radicale du sens du mot *people* et en général du rapport à la politique, avec le renversement des vieux concepts *whig*. Les Américains avaient commencé leur révolution en considérant le peuple comme une entité homogène, dressée contre les gouvernants. Mais peu à peu s'est imposée dans les faits l'idée d'un *people* non homogène, sans véritable unité d'intérêt.

Ainsi les Américains transformèrent le *people* de la même façon que les Anglais avaient transformé les gouvernants un siècle plus tôt : ils brisèrent la relation d'intérêt entre les individus (G. Wood, *ibid.*, p. 697).

Ici se précise, pour finir, l'enjeu politique de la redéfinition de *people*. On ne pouvait plus définir la politique, dit Wood, comme lutte entre les gouvernants et le peuple : « À l'avenir les luttes politiques seraient internes au peuple, elles opposeraient les divers groupes et les divers individus qui aspirent à créer l'inégalité à partir de leur égalité » (*ibid.*, p. 703).

On voit que ce nouveau sens de *people* résume l'innovation américaine en politique (même s'il y aurait beaucoup à dire sur ses perversions possibles, cf. le chapitre conclusif de Wood, qui semble déplorer une déconnexion du social et du politique et peut-être un appauvrissement durable de la pensée politique en Amérique), dans son désir de mettre réellement en œuvre l'idée classique de la souveraineté du peuple. Ainsi, aux États-Unis le *people* source du pouvoir — que l'on retrouve dans l'usage du terme au sens d'« électorat », ou dans le champ judiciaire avec l'expression bien connue du procureur, « *People vs X* » — cohabitera avec les *people* aux intérêts communautaires divergents. Cette dualité est si naturelle au système démocratique américain qu'il n'y a aucune difficulté à désigner aussi bien, par *the people*, le peuple de l'Amérique, le peuple d'un État, une forme de communauté d'intérêt (*the black people* ; *my people* : mes proches) ou, simplement, *les gens* de manière indéterminée et pronominale (*people-in-law* : belle-famille ; *people say* : on dit), et même, en langue plus familière : « *he's fine people* », c'est quelqu'un de bien.

Sandra LAUGIER

BIBLIOGRAPHIE

HAMILTON Alexander et MADISON James, *The Federalist Papers* ; *Le Fédéraliste*, trad. fr. G. Jèze, LGDJ, 1957.

HOBBES Thomas, *Leviathan*, éd. C.B. MacPherson, Harmondsworth, Penguin Books, 1968 ; *Léviathan*, trad. fr. B. Tricaud, Sirey, 1971.

WOOD Gordon, *The Creation of the American Republic*, University of North Carolina Press, 1969 ; trad. fr. F. Delastre, Belin, 1991.

PERCEPTION, APERCEPTION

gr.	*katalêpsis* [κατάληψις]
lat.	*perceptio, comprehensio, aperceptio*
all.	*Empfindung, Wahrnehmung, Apperzeption*

► BEGRIFF, CONSCIENCE, ÉPISTÉMOLOGIE, ERSCHEINUNG, GEFÜHL, INCONSCIENT, JE, LEIB, OBJET, PATHOS, SENS, *SENS COMMUN*, VÉRITÉ

Le substantif perception *peine à s'imposer dans le français philosophique moderne. Chez Descartes, il conserve le sens de son antécédent latin* perceptio, *qui en fait une forme d'opération intellectuelle ; mais une certaine gêne est perceptible dans son usage, ce qui explique que lui soit souvent préféré le verbe plus courant* apercevoir. *Une tension ne tarde pas à s'installer alors entre le nom et le verbe, du fait de l'ambiguïté de ce dernier, qui peut désigner tout acte de prise de connaissance, le sens actuel de perception sensorielle ne constituant qu'une possibilité parmi d'autres. La racine commune de toutes ces significations se situe pour Descartes dans une réflexivité de la conscience, supposée présente à toutes ces opérations : c'est ce présupposé qu'attaque Leibniz, au motif que toute perception n'est pas nécessairement consciente. La critique leibnizienne de Descartes donne naissance en français à un nouveau couple d'opposés,* perception *et* aperception *(comme perception accompagnée de conscience). Cette innovation linguistique et sa transposition en allemand est à l'origine chez Kant d'une nouvelle économie de la représentation* (Vorstellung), *entre* Wahrnehmung, Empfindung *et* Apperzeption.

I. LA PERCEPTION COMME OPÉRATION DE L'ENTENDEMENT : « S'APERCEVOIR » ET « PERCEPTION », DU NOM AU VERBE

Sur le verbe *percipere*, qui signifie originellement, au sens concret, « prendre, recueillir, recevoir », puis, par transposition, « éprouver, ressentir, apprendre, connaître », le substantif *perceptio* a été retenu pour traduire en latin le terme grec, issu du vocabulaire de la philosophie stoïcienne, de *katalêpsis* [κατάληψις], désignant l'acte de saisie compréhensive de la réalité de la chose donnée dans sa représentation (cf. Cicéron, *De finibus bonorum et malorum*, V, 76, et *Academica*, II, 107 : *perceptio* est synonyme de *cogitatio*, « pensée », ou de *comprehensio*, « compréhension » ou « recueil dans la pensée de ce qui est vraiment » ; voir BEGRIFF, encadré 1).

Perceptio a pu ainsi être employé dans la philosophie médiévale au sens de la désignation d'un concept philosophiquement formé, conférant en retour au verbe *percipere* la signification corrélative de « recevoir dans la connaissance ».

C'est avec la philosophie moderne que la perception acquiert le statut de relation fondamentale du sujet connaissant à ce qui devient pour lui son objet. Descartes désigne ainsi par perception l'ensemble des actes cogitatifs, dont l'esprit est le sujet :

> *Sunt deinde alii actus quos vocamus cogitativos, ut intelligere, velle, imaginari, sentire, etc., qui omnes sub ratione communi cogitationis, sive perceptionis, sive conscientiae conveniunt.*
>
> [Il y a ensuite d'autres actes que nous appelons cogitatifs, comme entendre, vouloir, imaginer, sentir, etc., qui conviennent tous sous la notion commune de pensée, ou bien de perception, ou bien de conscience.]
>
> *Meditationes de prima philosophia*, 1641, AT, t. 7, p. 176.

En un sens plus restreint toutefois, Descartes écarte le vouloir du champ de la perception, identifiée à la seule opération de l'entendement, y compris quand elle implique l'imagination ou la sensibilité :

> *Omnes modi cogitandi* [...] *ad duos generales referri possunt : quorum unus est perceptio, sive operatio intellectus ; alius vero volitio, sive operatio voluntatis. Nam sentire, imaginari, et pure intelligere, sunt tantum diversi modi percipiendi.*
>
> [Toutes nos façons de penser (...) peuvent être rapportées à deux, dont l'une est la perception ou opération de l'entendement, et l'autre la volition ou opération de la volonté. En effet, sentir, imaginer, et entendre purement (= connaître purement par l'entendement) sont seulement différentes façons de percevoir.]
>
> *Principia philosophiae*, première partie, art. 32, AT, t. 8a, p. 17.

Les détours empruntés par le traducteur des *Meditationes* en français attestent qu'à cette époque *perception* n'est pas aisément ni directement accrédité en français. Ses substituts plus familiers et acceptables ne sont abandonnés pour le terme nouveau et technique que dans les deux contextes des *Méditations* où la *perceptio* est thématisée en tant que telle. En outre, cette thématisation introduit la dualité d'une perception considérée tantôt comme une opération intellectuelle ou de nature purement spirituelle, tantôt comme une opération médiatisée par les sens et impliquant le corps.

♦ Voir encadré 1.

De la même manière, l'abbé Picot, traducteur des *Principia philosophiae*, hésite à recourir uniformément à *perception* chaque fois qu'il rencontre, en latin, *perceptio*. À l'article 32 de la première partie, il utilise *perception* dans le titre, mais, dans le corps de l'article, il évite la forme nominale au profit du verbe, en écrivant : « l'une [de nos façons de penser] consiste à apercevoir par l'entendement [...] » (cf. ci-dessus la traduction littérale du passage). De même, à l'article 45, il accepte *perception* dans le titre, mais, dans le texte, préfère lui substituer *connaissance* (comme aux articles 46 et 48). À l'article 35, « *intellectus perceptio* » s'était simplement réduit à « l'entendement ».

Perception est absent des premiers écrits français de Descartes, *Le Monde*, la *Dioptrique* et le *Discours de la méthode* (mais *apercevoir* est fréquent dans *Le Monde* et utilisé dans la *Dioptrique*, au sens ou nous dirions plutôt aujourd'hui « percevoir » : « les corps que nous apercevons autour de nous » [AT, t. 6, p. 87] ; « les qualités que nous apercevons dans les objets de la vue » [AT, t. 6, p. 130] ; « apercevoir la distance » [AT, t. 6, p. 137], etc.). Il faut attendre *Les Passions de l'âme* (1649) pour que Descartes utilise le mot *perception* comme un terme philosophique légitimé par son usage (cf. art. 17 et 19-25). Appliquée à l'âme, l'opposition action-passion recouvre celle de la volonté et des « perceptions ou connaissances » que l'âme « reçoit des choses qui sont représentées par elles ». La perception en retire un double caractère : 1) elle est une réception, qui implique une passivité de l'âme, y compris quand c'est l'âme elle-même qui est la cause de ses propres perceptions : « Bien qu'au regard de notre âme, ce soit une action de vouloir quelque chose, on peut dire que c'est aussi en elle une passion d'apercevoir qu'elle veut » ; 2) la perception représente quelque chose, qui est de l'âme elle-même, ou du corps, ou des choses externes. Il y a donc toujours en elle une fonction référentielle, par laquelle « nous rapportons » nos perceptions aux objets en dehors de nous, ou à notre corps, ou à notre âme (titres des art. 23, 24 et 25).

Toutefois, et telle était, dans la deuxième *Méditation*, la conclusion de l'analyse du morceau de cire, toute perception enveloppe celle que l'âme a d'elle-même. L'équivalence, déjà relevée, entre pensée, perception et conscience a une portée tout à fait générale : au sens cartésien, toute perception est consciente et est aussi par là même la perception que le sujet percevant a de lui-même. C'est pourquoi Descartes comme ses traducteurs font de la perception l'équivalent de l'acte qu'exprime le verbe réfléchi *s'apercevoir* : l'opération par laquelle le sujet s'aperçoit de quelque chose est toujours aussi celle par laquelle il s'aperçoit lui-même.

II. LEIBNIZ : L'OPPOSITION « PERCEPTION » / « APERCEPTION »

C'est précisément pour contester cette équivalence que Leibniz a été amené à introduire une distinction terminologique et conceptuelle entre *perception* et *aperception* :

> L'état passager qui enveloppe et représente une multitude dans l'unité ou dans la substance simple n'est autre chose que ce qu'on appelle la Perception, qu'on doit distinguer de l'aperception ou de la conscience. [...] Et c'est en quoi les Cartésiens ont fort manqué, ayant compté pour rien les perceptions dont on ne s'aperçoit pas
>
> *Monadologie*, art. 14, *Die philosophischen Schriften*, t. 6, 1885, p. 607.

Pour faire place à ces perceptions dont on ne s'aperçoit pas, et qu'on peut qualifier d'inconscientes, Leibniz caractérise ontologiquement la perception dans son universalité comme une forme du rapport du multiple à l'unité véritable, qui est celle de la substance simple ou monade : « Il suffit qu'il y ait une variété dans l'unité pour qu'il y ait une perception. [...] Perception m'est la représentation de la multitude dans le simple » (Lettres à Bourguet, *Die philosophischen Schriften*, t. 3, 1881, p. 581 et 574). Selon cette caractérisation, la perception désigne le rapport mutuel qui rapporte le monde à chaque substance simple qui le représente sous un point de vue singulier, et à un degré variable de clarté et de distinction : toute perception enveloppe l'infini, de telle sorte que la hiérarchie des êtres s'ordonne selon l'explicitation qu'ils sont capables de reconnaître dans la multiplicité interne de leur représentation. Ainsi distinguera-t-on la « perception naturelle », puis la « perception accompagnée de mémoire », et enfin la « perception accompagnée de conscience » ou de réflexion du sujet percevant sur lui-même. En cela, les différents niveaux des perceptions s'intègrent à une notion beaucoup plus générale dont ils constituent les espèces, qui est celle d'expression, qu'on s'attachera soigneusement à distinguer de la connaissance :

> Une chose *exprime* une autre (dans mon langage) lorsqu'il y a un rapport constant et réglé entre ce qui se peut dire de l'une et de l'autre. C'est ainsi qu'une projection de perspective exprime son géométral. L'expression est commune à toutes les formes, et c'est un genre dont la perception naturelle, le sentiment animal et la connaissance intellectuelle sont les espèces. Dans la perception naturelle et dans le sentiment, il suffit que ce qui est divisible et matériel, et se trouve dispersé en plusieurs êtres, soit exprimé ou représenté dans un seul être indivisible, ou dans la substance qui est douée d'une véritable unité. On ne peut point douter de la possibilité d'une telle représentation de plusieurs choses dans une seule, puisque notre âme nous en fournit un exemple. Mais cette représentation est accompagnée de conscience dans l'âme raisonnable et c'est alors qu'on l'appelle *pensée*. Or cette expression arrive partout, parce que toutes les substances sympathisent avec toutes les autres et reçoivent quelque changement proportionnel répondant au moindre changement qui arrive dans tout l'univers,

1 Du latin au français : « perception » dans la traduction des « Meditationes » de Descartes

Une difficulté s'est présentée lorsqu'il s'est agi de traduire dans un français acceptable par les lecteurs contemporains le vocabulaire latin transmis par l'École. *Perception* ne s'est imposé que peu à peu, en étant justifié d'abord à partir de l'acception plus obvie et familière du verbe *s'apercevoir*, au sens de « reconnaître, prendre connaissance de... ». On trouve dans la version latine originale des *Méditations métaphysiques* (*Meditationes de prima philosophia*, 1641, 2e éd., 1642), vingt et une occurrences de *perceptio*. Or, la traduction française du duc de Luynes, autorisée par Descartes (parue en 1644), ne recourt que six fois à *perception* pour les traduire. Ailleurs, le traducteur emploie *connaissance* (six fois), *notion* (trois fois, dont une fois « connaissance ou notion »), *sentiment* (deux fois, dont une dans l'équivalence « perception ou sentiment »), enfin *intelligence*, *conception*, *idée* (une fois chacune) ; on rencontre aussi la transposition verbale *connaître et concevoir*, et même, pour *recta rerum perceptio* (litt. « la perception correcte des choses »), la périphrase *le droit chemin qui peut conduire à la connaissance de la vérité*.

Le verbe *percipere* est, de façon dominante, traduit par *concevoir* (trente et une fois) et, plus rarement, par *connaître* et *apercevoir* (cinq occurrences de chaque terme), voire *comprendre* (quatre). On trouve occasionnellement *recevoir* (en mon esprit, ou par les sens), *sentir*, *ressentir*, *penser*, *entendre*, ainsi que la périphrase *avoir la notion de...*

Le traducteur emploie *perception* neuf fois, dont sept interviennent, remarquablement, dans deux contextes précisément localisés. D'abord, par trois fois, dans la deuxième *Méditation*, dans le passage célèbre où l'analyse de la perception d'un morceau de cire doit délivrer la conclusion que l'esprit humain est toujours impliqué dans toute perception ou connaissance d'un corps, et qu'il est donc à ce titre « plus facile à connaître », ou « plus notoire », que le corps. À la première occurrence, le traducteur a pris soin de justifier son emploi d'un mot inusité par une explicitation définitionnelle : « [...] sa perception [du morceau de cire], ou bien l'action par laquelle on l'aperçoit », action qui s'avère n'être autre chose qu'une opération intellectuelle ou une « inspection de l'esprit (*inspectio mentis*) ».

Les quatre autres occurrences interviennent ensuite dans la sixième *Méditation*, mais cette fois pour donner l'équivalent de *sentiment*, pris dans l'acception de connaissance sensible : il s'agit donc de « ces sentiments ou perception des sens ». Enfin, cette dernière appellation intervient encore deux fois, pour rendre non plus *perceptio* mais *comprehensio sensuum* et *sensus*.

> quoique ce changement soit plus ou moins notable à mesure que les autres corps ou leurs actions ont plus ou moins de rapport au nôtre [...]
>
> Lettre à Arnauld, 9 octobre 1687, *Die philosophischen Schriften*, t. 2, 1879, p. 112.

Si le vocabulaire leibnizien établit en toute clarté la distinction entre la perception au sens général et l'aperception entendue comme perception consciente et réfléchie, la transposition de ce lexique dans une autre langue ne s'opère pas non plus sans difficulté.

♦ Voir encadré 2.

Si le verbe *wahrnehmen* traduit *s'apercevoir*, *Wahrnehmung* ne pourra finalement rendre *perception* qu'au prix de l'abandon de l'universalité formelle de la définition leibnizienne et d'un retour à une acception où toute perception implique la conscience de la référence à son objet. Mais ce n'est pas pour autant un retour à Descartes, puisque l'objet perçu ne peut être que l'objet senti, et que la notion d'une perception purement intellectuelle s'efface. Le vocabulaire de Kant porte témoignage de l'achèvement de cette transformation.

III. LE VOCABULAIRE DE KANT : « VORSTELLUNG », « WAHRNEHMUNG », « EMPFINDUNG », « APPERZEPTION »

Kant inscrit la caractérisation de la perception (*Wahrnehmung*) dans un domaine générique dont la représentation (*Vorstellung*) constitue le terme premier et indéfinissable : comme « état de l'esprit [*blosse Bestimmung des Gemüts*] », la représentation comporte un aspect subjectif (ce que Descartes appelait un mode ou une façon de penser, *modus cogitandi*) et elle possède en même temps une référence objective à ce dont elle est, pour le sujet, la présentation de ce qui est devant (*vor*) lui. La perception est une représentation accompagnée de conscience (cf. aussi *Logik* [*Logique*], Introduction, VIII, *in* AK, t. 9, p. 64) : percevoir (en all. *wahrnehmen*, en lat. *percipere*), c'est « se représenter consciemment quelque chose [*sich mit Bewusstsein etwas vorstellen*] » ; si on la rapporte au sujet comme « modification de son état », elle est sensation (en lat. *sensatio*, en all. *Empfindung*), et si on la rapporte à l'objet, elle est connaissance (en lat. *cognitio*, en all. *Erkenntnis*) (*Critique de la raison pure*, A 320/B 376). La perception comme telle implique donc trois termes : une conscience, la sensation qui détermine cette conscience, et l'objet apparaissant dans la sensation, qui s'appelle aussi phénomène (voir ERSCHEINUNG). Qu'on parte de ce dernier, et l'on dira que « le phénomène, quand il est associé à une conscience, s'appelle perception (*Erscheinung, welche, wenn sie mit Bewusstsein verbunden ist, Wahrnehmung heisst*) » (*ibid.*, A 120) ; qu'on parte plutôt de la conscience, et alors « la perception est la conscience empirique, c'est-à-dire une conscience dans laquelle intervient en même temps une sensation (*Wahrnehmung ist das empirische Bewusstsein, d.i. ein solches, in welchem zugleich Empfindung ist*) » (*ibid.*, B 207), ce qui se dit aussi : « La conscience d'une représentation empirique se nomme perception » (*Prolégomènes à toute métaphysique future*, § 10). La sensation comme telle, à laquelle revient désormais l'appellation d'*Empfindung*, est l'état du sujet dont la réceptivité sensible est affectée par l'objet, qui se donne par là comme phénomène (A 19/B 33). Mais la perception requiert en outre, avec la conscience, une liaison de la diversité qu'elle comporte (diversité interne de la matière de la sensation présente dans chaque perception, et diversité des perceptions elles-mêmes « dispersées et isolées », A 120) ; cette liaison est d'abord l'œuvre de l'imagination, qui « constitue un ingrédient nécessaire de la perception elle-même » (*loc. cit.*), mais l'unité qui la rend possible n'est autre que l'unité même de la conscience de soi, pour laquelle Kant reprend à son compte le terme leibnizien d'aperception (en all. *Apperzeption*).

L'équivalence terminologique entre « la conscience de soi-même (*das Bewusstsein seiner selbst*) » et l'aperception fait de celle-ci « la simple représentation du Je (*die einfache Vorstellung des Ich*) » (*ibid.*, B 68). Mais cette acception tout à fait générale vaut par la dissociation qu'elle permet d'introduire entre deux niveaux de la conscience de soi et de l'aperception : la conscience de soi-même comme détermination de l'état changeant du

---

2

Du français à l'allemand : le cas de la « Monadologie » de Leibniz

Le traducteur de la *Monadologie* en allemand, Heinrich Köhler (1720), a dû associer constamment le terme franco-latin de *perception* à l'équivalent qu'il en donnait avec *Empfindung*, qui en relève implicitement le caractère réceptif ou ressenti : « [...] ce qu'on appelle la *perception*, qu'on doit distinguer de l'aperception ou de la conscience » (art. 14) devient : « [...] *welches man die* Empfindung *oder Perception nennet die man von der Apperception oder von dem* Bewusst sein *wohl unterscheiden muss.* » En revanche, Köhler utilise pour traduire le verbe *s'apercevoir* celui de *wahrnehmen*, qui donnera plus tard le substantif *Wahrnehmung*, et qui sera définitivement accrédité comme traduction de *perception*. Ainsi, « les perceptions dont on ne s'aperçoit pas » sont rendues par « *die Perceptiones oder* Empfindungen *deren man sich nicht bewusst ist, und welche man nicht* wahrnimmt ».

À l'article 23, « [...] on s'aperçoit de ses perceptions » est rendu par : « [...] *seine Empfindungen und Perceptionen wiederum wahrnimmet* ».

BIBLIOGRAPHIE

LEIBNIZ Gottfried Wilhelm, *Monadologie. Französisch und deutsch. Zeitgenössische Übersetzung von Heinrich Köhler...*, éd. Dietmar Till, Francfort-Leipzig, Insel, 1996.

sujet dans le flux des phénomènes internes s'appellera « aperception empirique » ; autre chose est la conscience invariable d'un « Je pense » identique, un et invariant, « qui doit pouvoir accompagner toutes mes représentations », et qui, comme condition nécessaire et apriorique de toute conscience, sera désignée comme « aperception pure (*reine Apperzeption*) » (*ibid.*, B 131-132). La première est une conscience de soi simplement subjective (conscience de l'état interne empiriquement déterminé du sujet), alors que la seconde exprime une conscience de soi objective (unité nécessaire au fondement de tout concept d'objet et de tout jugement exprimant la validité universelle de la liaison des phénomènes dans une expérience).

IV. LA FIN DES THÉORIES DE L'APERCEPTION : LA PERCEPTION ET LE CORPS

« La conscience de moi-même comme aperception originaire » (*ibid.*, A 117, note) est aussi bien « un acte de la spontanéité » (*ibid.*, B 132) : c'est en ce sens que Fichte réhabilite, contre l'usage terminologique de Kant, le sens authentique de l'« intuition intellectuelle (*intellektuelle Anschauung*) » en tant que représentation immédiate et non sensible de l'activité du Moi (*Seconde Introduction à la Doctrine de la science*, 1797, *Sämtliche Werke*, éd. J.H. Fichte, t. 1, p. 472 et 476 ; trad. fr. A. Philonenko, *Œuvres choisies de philosophie première*, Vrin, 1964, p. 279 et 282). Hegel, de son côté, bâtit dans la *Phénoménologie de l'esprit* une théorie alternative de la *Wahrnehmung*, qui se distingue des autres en ce qu'elle s'appuie sur l'étymologie du terme, « prendre pour vrai ».

♦ Voir encadré 3.

La critique que Herbart adresse à Fichte, en réduisant l'aperception à l'observation des perceptions déjà formées dans l'esprit, et en faisant de la représentation « Je », aussi contre Kant, un résultat et non plus une origine de la liaison des représentations dans la conscience, marque la fin des usages philosophiques du terme d'*aperception* (*Psychologie als Wissenschaft, neu gegründet über Erfahrung, Metaphysik und Mathematik* [La Psychologie comme science, fondée de manière nouvelle sur l'expérience, la métaphysique et les mathématiques], Königsberg, 1824-1825). La perception devient en revanche un thème capital de la philosophie de la connaissance et de la psychologie durant tout le XIXe siècle, avant d'être au centre des intérêts de la phénoménologie, chez Husserl et dans ses développements ultérieurs. L'acception contemporaine la plus universelle est alors que, selon la formule de Merleau-Ponty, « percevoir, c'est se rendre présent quelque chose à l'aide du corps » (*Le Primat de la perception et ses conséquences philosophiques*, communication et discussion à la Société française de philosophie, 23 novembre 1946, Grenoble, Cynara, 1989, p. 104). En ce sens, la perception conserve bien quelque chose de la signification qui était la sienne chez les classiques, dans l'horizon de la représentation, ici réinterprétée en présence ; mais l'enracinement corporel de l'accès au monde défait son assimilation à une pure « inspection de l'esprit ».

Michel FICHANT

BIBLIOGRAPHIE

AK : KANT Emmanuel, *Gesammelte Schriften*, Berlin, Reimer, 1902-1913.

AT : DESCARTES René, *Œuvres*, éd. C. Adam et P. Tannery, 11 vol., rééd. Vrin, 1996.

BELAVAL Yvon, « La perception », *Études leibniziennes*, Gallimard, 1976.

KANT Emmanuel, *Critique de la raison pure* [éd. A 1781, éd. B 1787].

LAPORTE Jean, *Le Rationalisme de Descartes*, PUF, 2e éd., 1950.

LEIBNIZ Gottfried Wilhelm, *Die philosophischen Schriften*, éd. C.I. Gerhardt, Berlin, 1875-1890 ; repr. Hildesheim, Olms, 1960.

MERLEAU-PONTY Maurice, *Phénoménologie de la perception*, Gallimard, 1945.

MURALT André de, *La Conscience transcendantale dans le criticisme kantien. Essai sur l'unité d'aperception*, Aubier-Montaigne, 1958.

PUCELLE Jean, « La théorie de la perception extérieure chez Descartes », *Revue d'histoire de la philosophie et d'histoire générale de la civilisation*, n° 3, 1935.

PERFECTIBILITÉ

lat. *perfectibilitas*
all. *Perfektibilität, Vervollkommenheit*
angl. *perfectibility, improvableness*

► BERUF, BILDUNG, DIEU, GLÜCK, HISTOIRE UNIVERSELLE, ***HUMANITÉ***, JE, ***LIBERTÉ***, MUTAZIONE, OIKONOMIA, ***VERTU***, WORK IN PROGRESS

Si l'adjectif perfectibilis *apparaît en 1612, c'est seulement en 1755 que Rousseau et Grimm imposent en français le substantif* perfectibilité. *Le terme va aussitôt essaimer dans l'Europe de la seconde moitié du* XVIIIe *siècle où il fait l'objet de réfractions multiples qui vont souvent, contre Rousseau, l'interpréter comme une tendance nécessaire à la perfection — il tend alors à s'identifier au perfectionnement* (improvement, Vervollkommnung). *C'est dans les années 1790 qu'il triomphe comme « perfectibilité indéfinie », c'est-à-dire comme concept majeur des philosophies de l'histoire qui occupent le devant de la scène ; on dit alors, sans plus de précision, « le système de la perfectibilité ». Ce succès semble toutefois éphémère : c'est, d'une part, que, le Progrès étant devenu un fait objectif évident, il devenait inutile d'en affirmer la condition objective de possibilité et c'est, d'autre part, que, pour pouvoir être pensé rationnellement, il lui fallait ne pas être tout à fait « indéfini », c'est-à-dire soit carrément indéfinissable, soit dangereusement utopique.*

I. DE LA FACULTÉ DE SE PERFECTIONNER AU PERFECTIONNEMENT INDÉFINI

Initialement, la *perfectibilité* apparaît comme une « faculté de se perfectionner », c'est-à-dire comme une sorte de méta-faculté à laquelle sont suspendus les développements de toutes les autres (J.-J. Rousseau, *Discours sur l'origine de l'inégalité parmi les hommes*, in *Œuvres complètes*, Gallimard, « La Pléiade », 1964, t. 3, p. 142). Ses principales caractéristiques sont les suivantes : 1° elle est propre à l'homme – à l'individu comme à l'espèce ; 2° son actualisation est fortuite – elle dépend des « circonstances » ; 3° elle est ambivalente dans la mesure où elle rend possibles les lumières et les erreurs, les vertus et les vices – l'actualisation de la perfectibilité ne signifie donc pas le perfectionnement, car elle signifie que l'homme peut « ou approcher de la perfection que son espèce comporte, ou s'en éloigner jusqu'à se dégrader » et, de fait, ses premiers pas l'ont « toujours entraîné loin de la nature » (Friedrich Melchior, baron de Grimm, *Correspondance littéraire* [1755], Garnier frères, 1877, t. 2, p. 492-493) ; 4° enfin, elle est « presque illimitée » (Rousseau, *loc. cit.*).

En France, dans les trente ans qui vont suivre, le concept va faire l'objet d'une extrême surdétermination.

3

« Wahrnehmung » : les jeux lexicaux de Hegel

► VÉRITÉ

Pour un lecteur habitué aux distinctions leibniziennes et kantiennes, le début de la *Phénoménologie de l'esprit* a ceci de déroutant qu'il ignore tout simplement le couple *Empfindung/Wahrnehmung*, soit la coexistence, dans l'acte de connaître, de la sensation et de la perception. Ce qui précède la *Wahrnehmung* porte chez Hegel le nom de « *sinnliche Gewissheit* [certitude sensible] ». Il n'est plus alors question du rapport de la sensation à la perception, entendu comme une remontée vers le principe, du composé (le divers de la sensation) au simple (la liaison du divers dans la conscience, puis l'unité du Je), mais d'un processus en deux temps qui met en œuvre diverses modalités de saisie du vrai à l'intérieur de la conscience. Chacune des deux étapes suscite sa propre figure de la vérité, « son vrai » (trad. fr. J.-P. Lefebvre, p. 114 ; dans le cas de la perception, il s'agit de la chose), mais toutes ont en commun la même aspiration à une *prise* ou captation du vrai. La première phrase du chapitre sur « La perception », qui fait aussi le bilan de la certitude sensible, doit ainsi se lire comme un jeu sur le verbe *nehmen,* « saisir, prendre » :

> *Die unmittelbare Gewissheit* nimmt *sich nicht das Wahre, denn ihre Wahrheit ist das Allgemeine ; sie aber will das Diese* nehmen. *Die* Wahrnehmung nimmt *hingegen das, was ihr das Seiende ist, als Allgemeines.*
>
> [La certitude immédiate ne se saisit pas du vrai, car sa vérité est l'universel ; alors qu'elle veut prendre le *Ceci.* La perception, à l'inverse, prend comme quelque chose d'universel ce qu'elle considère comme ce qui est.]
>
> trad. fr. J.-P. Lefebvre, p. 103 ; nous soulignons.

La certitude sensible vise une singularité, un « ceci », mais sa dialectique propre révèle que celui-ci est un universel, en ce que l'« ici » est toujours un « ensemble d'autres ici » ; la perception au contraire prend d'emblée la chose pour un universel et correspond au bon sens (*ibid.*, p. 114), pour qui le monde est un monde de choses. Les traducteurs français ont tous ici rendu l'insistante répétition du verbe *prendre* (cf. aussi trad. fr. J. Hyppolite, p. 93, qui accentue même le trait en rendant le *nimmt sich* initial par « prendre possession »). Mais le verbe est susceptible d'usages différents, qui marquent chez Hegel la progression de la certitude sensible à la perception. Alors que la *Gewissheit* cherche à prendre, à attraper sans médiation, la *Wahrnehmung* est un « prendre-pour [*nimmt... als*] » et, plus précisément, un « prendre-pour-vrai [*Wahr-nehmen*] ». Elle présuppose donc explicitement une activité, ou réflexion, de la conscience ; et, parce que la perception est un « prendre-pour », la conscience percevante pose aussi la possibilité de l'illusion (*Täuschung*), entendue comme la forme particulière de non-vérité qu'elle invente et oppose à la vérité de la chose. Toutefois, en cherchant à saisir la chose dans sa vérité, ou plutôt comme étant la vérité, la conscience se perd dans la dialectique de la chose et de ses propriétés (*Eigenschaften*), de l'Un et de l'universel, de la prise et de la réflexion, tout ce que Hegel appelle la *Sophisterei* (« sophistiquerie ») de la perception, et qui trouve une solution provisoire dans le « royaume de l'entendement » (p. 113).

La difficulté du traducteur français est lexicale : il ne peut rendre le jeu que Hegel opère sur la décomposition du verbe *wahrnehmen.* Pour rendre l'inversion « *sein Nehmen des Wahren* », à propos de la conscience, J.-P. Lefebvre propose ce qui est sans doute l'approximation la plus fidèle : « sa captation du vrai » (p. 110), *captation* faisant entendre le *capere* de *percipere* (J. Hyppolite, p. 102, traduisait par « sa préhension du vrai ») ; mais les deux noms, remis dans le bon ordre, ne se recomposent pas pour former le verbe, comme c'est le cas en allemand (*das Nehmen des Wahren*, retournement de *wahrnehmen*). La perception n'est pas nécessairement, en français, la « véri-captation » que Hegel fait entendre dans *wahr-nehmen*.

Pour autant, le jeu de Hegel sur le verbe *nehmen* est dans l'ensemble traduisible, comme le montre le premier extrait cité ; ce qui en revanche nécessite d'être éclairci, c'est la cohérence interne de l'itinéraire qui mène de Leibniz à Hegel. L'histoire des théories de la perception en Allemagne est une histoire franco-allemande, comme le montre bien le néologisme *aperception*, terme français forgé par l'Allemand Leibniz et acclimaté dans la langue de Kant. L'initiative de Hegel, qui décide de faire entendre pour la première fois l'étymologie de *Wahrnehmung,* constitue une réponse directe à cette tradition. Elle correspond à une stratégie qui consiste à exclure du mot toute trace d'un passé en partie francophone, au moment même où Hegel oppose un paradigme de la vérité et de la certitude à une analyse des différentes instances ou organes de la connaissance. En ce sens, la substitution du couple *Gewissheit/Wahrnehmung* au vieux couple *Empfindung/Wahrnehmung* illustre bien les méthodes de langue et de pensée que Hegel déploie pour passer d'une théorie de la connaissance (voir ÉPISTÉMOLOGIE) à une doctrine du savoir.

Philippe BÜTTGEN

BIBLIOGRAPHIE

HEGEL Georg Wilhelm Friedrich, *Die Phänomenologie des Geistes,* in *Sämtliche Werke. Kritische Ausgabe*, éd. G. Lasson et J. Hoffmeister, Hambourg, Meiner, 1937 ; *La Phénoménologie de l'esprit*, trad. fr. J. Hyppolite, Aubier, 1941 ; *Phénoménologie de l'esprit*, trad. fr. J.-P. Lefebvre, Aubier, 1991.

C'est en altérant son statut, puis sa définition elle-même, qu'Helvétius interviendra. En 1758, il renvoie cette méta-faculté à un principe dont elle n'est que la conséquence, à savoir « l'espèce d'inquiétude que produit dans l'âme l'absence d'impression », c'est-à-dire la crainte de l'ennui (*De l'esprit*, III, chap. 5, Fayard, 1989, p. 263). En 1773, dans la récapitulation de *De l'homme*, c'est la tournure pronominale qu'il renverse ; la faculté réactive de se perfectionner devient, au fond, la faculté passive d'« être perfectionné » : « C'est que l'esprit humain, en conséquence, est susceptible de perfectibilité et qu'enfin, dans les hommes communément bien organisés, l'inégalité des talents ne peut être qu'un pur effet de la différence de leur éducation [...] » (*De l'homme*, Fayard, 1989, récap. IV, vol. 2, p. 936 ; cf. aussi II, chap. 23, vol. 1, p. 269-271). L'homme est alors perfectible au sens où il est « éducable », offert passivement à l'action de ses gouvernants éclairés, conformément à un certain matérialisme.

Mais on pourra aussi s'approprier le concept en récusant telle ou telle de ses caractérisations secondaires. Il est, par exemple, possible de nier que la perfectibilité soit propre à l'homme et d'en faire une propriété de tout vivant. Elle devient alors un concept cosmologique et c'est bien ainsi que l'entend Bonnet dans sa *Palingénésie philosophique* : « Un philosophe niera-t-il que l'animal ne soit un être *perfectible*, et perfectible dans un degré illimité ? » (Lyon, Bruyset, 1770, t. 1, p. 182). Pourquoi alors ne pas concevoir que les huîtres pourront un jour s'élever à la connaissance de leur créateur (*ibid.*, p. 200) ? Mais il sera également possible de nier que ladite perfectibilité soit ambivalente et illimitée. Dans ce sens, Voltaire déclarera expressément, en 1765, contre Rousseau : « Il [l'homme] est perfectible ; et de là on a conclu qu'il s'est perverti. Mais pourquoi n'en pas conclure qu'il s'est perfectionné jusqu'au point où la nature a marqué les limites de sa perfection ? » (Voltaire, *Essai sur les mœurs*, Garnier, 1963, t. 1, p. 25).

La perfectibilité n'a alors déjà plus grand-chose d'une faculté subjective, elle se résorbe dans le fait historique des progrès humains, progrès multiples et réversibles. C'est à Condorcet qu'il revient, dès les années 1780, d'homogénéiser ceux-ci en un unique processus irréversible voué à s'accomplir dans la succession cumulative et sans terme des générations : ainsi apparaît en France la « perfectibilité indéfinie » qui est le vecteur de l'*Esquisse d'un tableau historique des progrès de l'esprit humain* (1795) et que Condorcet attribue rétrospectivement au Turgot de 1750 (*Œuvres*, Firmin-Didot, 1847, t. 5, p. 14). Lorsque Auguste Comte dissocie soigneusement le concept adéquat de « perfectionnement » de « la chimérique conception d'une perfectibilité illimitée » (*Cours de philosophie positive*, XLVIIIe, Hermann, 1975, t. 2, p. 128), c'est pour liquider un concept à la fois inutile et périlleux : le perfectionnement sans la perfectibilité, c'est le progrès dans l'ordre.

II. DE LA « PERFEKTIBILITÄT » COMME TENDANCE À LA PERFECTION

En Allemagne, les choses prennent une tout autre tournure, beaucoup plus théologique, et il faut ici se souvenir des paroles de Matthieu : « Vous donc, vous serez parfaits comme votre Père céleste est parfait » (5, 48).

Dès 1756, M. Mendelssohn traduit le second *Discours* de Rousseau ; il refuse le néologisme et s'en tient à « *Vermögen, sich vollkommener zu machen* [faculté de se rendre plus parfait] » (Rousseau, *Abhandlung von dem Ursprunge der Ungleichheit unter den Menschen, und worauf sie sich gründe, ins Deutsche übersetzt...*, Berlin, Voss, 1756, p. 61 et 94). Il justifie cela dans la longue lettre qu'il adresse, la même année, à Lessing et où le *Vermögen* devient une *Bemühung*, un *Bestreben*, c'est-à-dire un effort, une aspiration pour approcher autant que possible le « modèle de la perfection divine [*das Muster der göttlichen Vollkommenheit*] » (*Gesammelte Schriften*, Leipzig, Brockhaus, 1843, t. 1, p. 377-378). La perfectibilité ainsi traduite se retourne contre Rousseau : loin que l'homme puisse indéfiniment se satisfaire d'être sauvage, pour autant que les circonstances le lui permettent, il aspire toujours déjà à cette perfection dont Dieu est le paradigme. Cette compréhension sera assurément décisive.

Dès le 21 janvier 1756, Lessing répond à Mendelssohn en récusant sa traduction et en lui substituant le néologisme « *Perfektibilität* », par où il entend « la propriété en vertu de laquelle une chose peut devenir plus parfaite, propriété qui caractérise toutes les choses dans le monde et qui est absolument nécessaire à leur persévérance [*die Beschaffenheit eines Dinges darunter, vermöge welcher es vollkommener werden kann, eine Beschaffenheit, welche alle Dinge in der Welt haben, und die zu ihrer Fortdauer unumgänglich nötig war*] » (*Sämtliche Schriften*, Leipzig, Göschen, 1857, t. 12, p. 48). C'était là sans doute tenter de substituer une traduction spinoziste de la perfectibilité, entendue alors comme pure puissance de persévérer dans son être, à la traduction leibnizienne qu'en proposait Mendelssohn comme principe interne d'une aspiration continue et nécessaire à la perfection, c'est-à-dire à un perfectionnement constant et harmonieux des forces (*Kräfte*) naturelles de l'homme.

Mais ce fut bien Mendelssohn qui l'emporta. De faculté réactive, la perfectibilité devient alors une tendance spontanée, une sorte d'instinct éminemment positif que l'on ne cessera plus d'opposer à Rousseau. En 1764, dans *Über die Geschichte der Menschheit* [Sur l'histoire de l'humanité], c'est bien contre celui-ci qu'Isaac Iselin la traduit par « l'instinct de perfection [*der Trieb zur Vollkommenheit*] » (Zurich, Orell, Gessner, Füesslin et Cie, 1770, t. 1, II, chap. 5, p. 161 *sq.*) pour en faire le support d'une véritable théodicée de l'histoire où elle tend à s'identifier au progrès lui-même (*Fortschritt*, *Fortgang*) : naturellement encline à la perfection, l'espèce humaine est vouée à un développement naturel où se succèdent la sensibilité orientale, l'imagination méditerranéenne et enfin la raison nordique. En 1772, dans son *Versuch über das erste Prinzipium der Moral*, J.M.R. Lenz prétend fonder celle-ci sur deux grands principes : « l'instinct de perfection et l'instinct de bonheur [*der Trieb nach Vollkommenheit und der Trieb nach Glückseligkeit*] » (in *Werke und Briefe*, Leipzig, Insel, 1987, vol. 2, p. 499-514). Pour lui aussi, Rousseau s'est contredit en affirmant que l'homme, par essence perfectible, trouve le bonheur dans la quiétude de l'état de nature. En vérité, le bonheur est l'état le plus conforme à la perfection, c'est-à-dire au développement optimal des forces et des facultés dont il est naturellement pourvu, à l'instar de tout être vivant. Et, en 1777, dans le onzième de ses *Philosophische Versuche über die menschliche Natur und ihre Entwicklung*, J.N. Tetens explicite anthropologiquement la perfectibilité : la *Vervollkommenheit* de Rousseau est beaucoup trop indéterminée et il faut la rattacher à autre chose qu'elle-même, à savoir à la spontanéité qui caractérise tout être vivant. La « spontanéité perfectible [*perfektible Selbsttätigkeit*] », voici alors ce qui caractérise l'homme au plus haut point en ce sens qu'il est voué à s'autonomiser par rapport à son milieu plus lentement, mais aussi bien plus complètement que l'individu animal (in *Sprachphilosophische Versuche*, Hambourg, Meiner, 1971, p. 104 et 120 *sq.*). Il est au demeurant très significatif que J.N. Tetens entende ce processus comme un « instinct de développement [*Trieb zur Entwicklung*] » (*ibid.*, p. 122-123) : une fois encore, la perfection finalise la perfectibilité.

C'est donc bien toujours le même schème qui se trouve investi dans de multiples champs — historique, moral, anthropologique. Mais l'on voit qu'il est aussi toujours ambigu, car, si la perfectibilité devient ainsi cette sourde pulsion qui entraîne les hommes à la perfection, elle est encore une tâche, une vocation (*Beruf*) et c'est pourquoi il importe tant d'en prendre adéquatement conscience. Il faut donc jouer de nouveau sur le pronominal : la perfectibilité est le devoir qu'a l'homme, comme sujet, de se perfectionner et le progrès n'est alors rien d'autre que l'accomplissement de cette tendance (obligation) étendue à l'espèce. Mais, lorsque Hegel, au siècle suivant, dans un geste comparable à celui de Comte, récusera la *Perfektibilität* comme « quelque chose d'aussi dépourvu de détermination que le changement en général », proprement « sans but, visé ou non [*ohne Zweck und Ziel*] » (*Die Vernunft in der Geschichte*, Hambourg, Meiner, 1955, p. 149), ce ne sera pas en tant qu'adversaire du progrès, mais parce qu'il refusera de laisser celui-ci dans une indétermination semblable à celle du vieux concept de Providence (*Grundlinien der Philosophie des Rechts* [*Principes de la philosophie du droit*], § 343).

III. DE LA « PERFECTIBILITY » À L'EUTHANASIE DU GOUVERNEMENT

C'est en 1761 que paraît à Londres, chez Dodsley, la première traduction anglaise du second *Discours* de Rousseau (*DOI*, 1755). D'emblée, elle adopte *perfectibility* pour désigner ce qui devient une *faculty of improvement* (p. 37-38) et la traduction parue en 1767, à Londres, chez Becket, récidivera (*Miscellenaous Works*, t. 1, p. 180). Pourtant, et sous réserve d'une étude plus précise, il semble que le terme ne prenne guère jusqu'aux années 1790.

Du côté écossais, on l'évite manifestement parce que l'on cherche à concevoir une histoire typique des institutions civiles qui, loin d'écarter tous les faits, résulte au contraire de leur superposition inductive : l'histoire naturelle de l'humanité est l'abstraction des histoires nationales. La violente critique du second *Discours* qui ouvre l'*Essay on the History of Civil Society* d'A. Ferguson (1767) est, à cet égard, tout aussi significative que l'hommage solennel rendu plus loin à Montesquieu (I, 10, Edinburgh UP, 1966, p. 65). Pour esquiver le néologisme, on dira alors que « l'homme est susceptible de perfectionnement et a en lui-même un principe de progrès et un désir de perfection [*man is susceptible of improvement and has in himself a principle of progression, and a desire of perfection*] » (*ibid.*, I, 1, p. 8), à condition d'entendre par là que la pression fortuite des circonstances est indispensable à l'actualisation de ce principe. On voit ici apparaître le concept majeur d'*improvement* dont la moins mauvaise traduction serait peut-être « perfectionnement », l'anglais ne construisant pas, à partir de *perfection*, de substantif analogue (par opposition à l'allemand *Vollkommenheit/Vervollkommnung*). Et, dans l'*improvement* écossais, l'on pourrait sans doute aussi entendre le verbe *to prove* (« éprouver, essayer »), car il s'agit bien d'un processus foncièrement empirique qui s'effectue par ajustements et réajustements successifs aux circonstances susdites.

C'est donc plutôt du côté des dissidents protestants anglais qu'il faut se tourner pour rencontrer quelque chose de semblable à ce que les Allemands élaborent au même moment. Quand Richard Price, en 1767, dans *Four Dissertations*, assigne à l'homme une *natural improvableness* (« perfectibilité » ; cf. H. Laboucheix, *Richard Price, théoricien de la révolution américaine*, p. 196), il renvoie en effet à ce que Joseph Priestley désignera dans son *Essay on the First Principles of Government* (1768) en disant que l'espèce humaine est « capable d'un perfectionnement illimité [*capable of an unbounded improvement*] » (*ibid.*, Londres, Johnson, 2e éd., 1771, I, p. 2). L'*improvement* auquel renvoie ici *improvableness* signifie dans ce contexte un processus absolument endogène qui, comme tel, n'a besoin pour s'effectuer que de l'absence d'obstacles : « C'est une maxime universelle que plus on donne de liberté à toute chose qui est en état de croissance, plus parfaite elle deviendra [*the more liberty is given to every thing which is in a state of growth, the more perfect it will become*] » (*ibid.*, X, p. 258-259). Le problème n'est pas alors de discerner le cours typique des nations, c'est d'affirmer que le progrès humain est l'œuvre immanente de la société par opposition au gouvernement : ce dernier n'a pas d'autre tâche que d'en instituer les conditions en assurant une liberté maximale de discussion dans la perspective millénariste d'une consommation de toutes choses où la vérité resplendira enfin *in vivo* pour ceux qui auront su s'y préparer. L'homme est alors « perfectible » au sens où, de lui-même, politiquement autorisé et moralement contraint au libre examen, de vérité en vérité, il s'achemine vers la Jérusalem céleste.

Comme en Allemagne donc, la perfectibilité devient une tendance spontanée à la perfection dont le progrès (*progress*) est l'irrésistible manifestation. Comme en Allemagne encore, cette tendance est aussi un devoir dont il faut prendre conscience. La différence vient, d'une part, de ce que le temps dans lequel elle s'exprime est celui d'une franche eschatologie, d'autre part et surtout, de ce qu'elle légitime la dévaluation de la politique comme telle : parce que les hommes sont perfectibles, c'est à eux, et non au gouvernement, de se perfectionner. Lorsque W. Godwin, en 1793, dans son *Enquiry Concerning Political Justice*, privilégiera le terme de *perfectibility*, ce sera pour radicaliser cette dernière orientation au détriment de la première : il appartient aux hommes de se perfectionner à l'infini jusqu'à pouvoir, dans ce monde, se passer de tout gouvernement.

L'édition de 1793, encore allusive, se contente de déclarer : « Il n'y a aucune caractéristique de l'homme qui semble, au moins à présent, le distinguer aussi éminemment, ou être d'une aussi grande importance dans toutes les branches de la science morale, que la perfectibilité » (*Political and Philosophical Writings*, Londres, Pickering, 1993, t. 3, I, chap. 6, p. 27). En 1796, W. Godwin sera plus précis :

> *By perfectible, it is no meant that he [man] is capable of being brought to perfection. But the word seems sufficiently adapted to express the faculty of being continually made better and receiving perpetual improvement; and in this sense it is here to be understood.*
>
> [Par perfectible, on n'entend pas qu'il (l'homme) soit susceptible d'être conduit à la perfection. Mais le mot semble suffisamment adéquat pour exprimer la faculté d'être continuellement rendu meilleur et d'admettre un progrès perpétuel ; et c'est en ce sens qu'il doit être ici compris.]
>
> *Ibid.*, t. 4, I, chap. 5, p. 44.

C'est donc bien continûment, c'est-à-dire à la fois graduellement, incessamment et indéfiniment, que l'homme, comme être rationnel d'abord, comme être moral ensuite, se perfectionnera pour autant que les institutions positives, au premier chef desquelles le gouvernement, ne l'en empêcheront pas. Il faut et il suffit de laisser libre cours à cette tendance à la vérité qui le caractérise essentiellement. Mais, ici, il n'est plus question de résurrection collective, il s'agit d'une perfectibilité absolument profane qui garantit, certes à long terme, l'euthanasie pure et simple du gouvernement : après tout, si les hommes sont indéfiniment perfectibles, c'est qu'ils doivent pouvoir un jour, définitivement majeurs, se gouverner d'eux-mêmes, sans qu'aucune coercition ne soit plus requise. Ici encore la perfectibilité s'abolit donc dans le progrès et ce n'est pas un hasard si W. Godwin lui préfère l'expression de « nature progressive [*progressive nature*] », mais le progrès, c'est alors la promesse d'une heureuse anarchie. On comprend que T.R. Malthus ait aussitôt violemment réagi dans la première édition de l'*Essay on the Principle of Population* (Londres, Johnson, 1798, p. 173-302).

On voit que l'histoire du concept de perfectibilité est celle d'un recouvrement qui s'est opéré en deux temps : il fallut d'abord transformer la « perfectibilité » selon Rousseau en une tendance spontanée à la perfection dont l'on put, ensuite, se défaire, au nom du Progrès, comme d'un échafaudage inutile, voire embarrassant. La perfectibilité ne fut donc pas l'ébauche du progrès, mais au contraire ce qu'il fallait occulter pour pouvoir penser celui-ci sous des modalités tout à fait diverses selon les conjonctures. Rien d'étonnant alors à ce que le néologisme de Rousseau brille aujourd'hui pour nous comme une énigme à laquelle nous ne nous lassons pas de revenir.

Bertrand BINOCHE

BIBLIOGRAPHIE

BEHLER Ernst, *Unendliche Perfektibilität. Europäische Romantik und Französische Revolution*, Munich-Paderborn-Vienne, Schöningh, 1989.

BEYSSADE Jean-Marie, « Rousseau et la pensée du développement », *in* O. BLOCH, B. BALAN et P. CARRIVE, *Entre forme et histoire*, Méridiens-Klincksieck, 1988, p. 195-214.

BUCK Günther, « Selbsterhaltung und Historizität », *in* R. KOSELLECK et W.D. STEMPEL, *Geschichte, Ereignis und Erzählung*, Munich, Fink, 1973, p. 29-94.

HORNIG Gottfried, « Perfektibilität. Eine Untersuchung zur Geschichte und Bedeutung dieses Begriffs in der deutschsprachigen Literatur », *Archiv für Begriffsgeschichte*, 1980, vol. 24, fasc. 1, p. 221-257.

KOSELLECK Reinhart, « Fortschritt [Progrès] », *in* R. KOSELLECK (éd.) *et al.*, *Geschichtliche Grundbegriffe, Historisches Lexikon zur politisch-sozialen Sprache in Deutschland*, Stuttgart, Klett, 1975, t. 2, p. 375-384.

LABOUCHEIX Henri, *Richard Price, théoricien de la révolution américaine*, Montréal-Paris-Bruxelles, Didier, 1970, p. 192-205.

LOVEJOY Arthur O., *The Great Chain of Being*, Cambridge (Mass.) - Londres, Harvard UP, 1978, chap. 9.

POLLIN Burton Ralph, *Education and Enlightenment in the Works of W. Godwin*, New York, Las Americas, 1962, chap. 2.

SCHANDELER Jean-Pierre, *Les Interprétations de Condorcet. Symboles et Concepts (1794-1894)*, Oxford, Voltaire Foundation, 2000.

SPADAFORA David, *The Idea of Progress in Eighteenth Century-Britain*, New Haven, Yale UP, 1990, chap. 6 et 7.

TUBACH Frederic C., « Perfectibilité : der zweite Diskurs Rousseaus und die deutsche Aufklärung », *Études germaniques*, vol. 15, 1960, n° 2, p. 144-151.

PERFORMANCE

Performance, terme lui-même emprunté à l'anglais (fin XVe siècle), est l'une des traductions en français de l'angl. *happening*, où ce qui advient (*to happen*) est une œuvre-événement, à laquelle prend part le public : voir HAPPENING ; cf. ŒUVRE, WORK IN PROGRESS.

C'est aussi l'une des traductions reçues du gr. *epideixis* [ἐπίδειξις], qui désigne une prestation rhétorique, en particulier épidictique. On trouvera exploré sous ACTE DE LANGAGE le vocabulaire de la performativité dans les différentes langues, particulièrement dépendant de la linguistique anglo-saxonne (Austin). Voir aussi LANGUE (en particulier I, A, pour la différence introduite par Chomsky entre « compétence » et « performance ») ; cf. LOGOS.

Dans tous les cas, qu'on soit en logique ou en esthétique, il s'agit d'un événement (voir ÉVÉNEMENT), lié à un contexte et à un moment du temps (voir MOMENT, en particulier II, « *Kairos* »), et qui renvoie à un acte (voir ACTE [AGENCY, PRAXIS]).

► ART, *IL Y A*, PLASTICITÉ

PERSONNE

I. « PERSONNE » ET « PERSONA »

Personne provient du lat. *persona* (sur *personare*, « résonner »), qui désigne d'abord le masque de l'acteur (en grec *prosôpon* [πρόσωπον], « ce qui fait face aux yeux, le visage »), le personnage qu'il incarne et l'acteur lui-même (gr. *hupokritês* [ὑποκριτής], « celui qui répond » ou « celui qui interprète » ; d'où le fr. *hypocrisie*, qui passe du registre de l'imitation à celui de l'artifice) : voir ACTEUR et MIMÊSIS. *Personne* hérite d'emblée dans les langues modernes d'une double extension sémantique :

1. *Personne* relève du registre de la grammaire (les « personnes » du verbe, les pronoms « personnels ») : voir l'encadré 1 dans ACTEUR (« *Prosôpon, persona* : du théâtre à la grammaire »), JE-MOI-SOI, et ES/ICH/ÜBER-ICH.

2. *Personne* relève du domaine du droit, qui oppose les « choses » et les « personnes » : voir DROIT [LEX], *CHOSE* [RES, SACHVERHALT] ; cf. CIVIL RIGHTS.

II. PERSONNE ET SUJET

1. À ces deux registres, il faut ajouter le registre théologique, *via* le travail sur la question de la Trinité, et la différence entre *hupostasis* [ὑπόστασις] et *huparxis* [ὕπαρξις] : voir ESSENCE-SUBSTANCE, SUJET (en particulier l'encadré 5 : « Sujet, chose, personne »), et GREC II, 3.

2. L'articulation de ces registres prépare l'adoption du terme de *personne* pour désigner de façon privilégiée à partir de l'Âge classique le sujet individuel de la pensée et de l'action et, par extension, la subjectivité en général : voir ÂME, CONSCIENCE, *IDENTITÉ* [SAMOST', SELBST], SUJET ; cf. *a contrario* AGENCY.

3. C'est en particulier le domaine psychologique et moral qui relève de la *personne* et de la *personnalité*, terme plus abstrait qui, après un sens juridique, possède aujourd'hui couramment le sens psychologique de caractère original d'un individu et le sens moral d'individu libre et autonome : voir, d'une part, par exemple GÉNIE, INGENIUM, *PASSION*, et, d'autre part, *AUTRUI* [DRUGOJ, MENSCHHEIT, MITMENSCH], MORALE, WILLKÜR. Sur l'éthique de la personne, et le « personnalisme », on se reportera à l'étude du russe *ličnost'* [личность], dans RUSSE, POSTUPOK (« acte libre »), SOBORNOST' (« conciliarité »).

4. Enfin, sur le sens négatif de *personne*, comme pronom utilisé dans la plupart des langues romanes, voir RIEN-NÉANT, et, sur le jeu de mots grec *mêtis/outis* [μήτις/οὔτις] utilisé par Ulysse, voir MÊTIS, encadré 1 (« Ulysse : "mon nom est personne"... ») ; cf. ESTI, *NÉGATION*.

PEUPLE, RACE, NATION

gr. *dêmos* [δῆμος], *genos* [γένος], *ethnos* [ἔθνος], *laos* [λαός], *okhlos* [ὄχλος], *plêthos* [πλῆθος], *hoi polloi* [οἱ πολλοί]	lat. *populus, gens, natio, plebs* all. *Volk, Rasse, Nation* angl. *people, race, nation*

► *DROIT, ÉTAT, GENRE,* GESCHLECHT, *LOI,* NAROD, OIKONOMIA, PEOPLE, POLIS, POLITIQUE, SOCIÉTÉ CIVILE

Les termes peuple, race, nation *ont en commun de désigner des types de communauté géographique et historique, culturelle, sociale et/ou strictement politique. La difficulté de leur traduction vient de ce que, d'une langue à une autre et même, à l'intérieur de chaque langue, d'une époque à une autre, ils ne renvoient pas nécessairement aux mêmes types d'appartenance, ils ne les distinguent, ne les croisent ou ne les partagent pas de la même façon. Dès lors, en traduisant* dêmos [δῆμος] *ou* populus *par* peuple, ethnos [ἔθνος], natio *ou le pluriel* gentes *par* nation(s), genos [γένος] *ou* genus *par* race, *on est victime d'une illusion rétrospective qui projette sur les notions grecques ou latines une ambiguïté et des problématiques qui ne leur appartiennent pas.*
Ainsi, dêmos, *comme* populus, *désigne aussi bien le corps des citoyens que la partie la moins riche (et parfois la plus nombreuse), la moins instruite et la moins noble de ce corps, mais jamais une composante naturelle et/ou historique de la diversité humaine. Or, cela est souvent le cas de la notion de* peuple *(notamment au pluriel) et encore plus de* Volk (Völker), *dont les usages privilégient, au contraire, une communauté de naissance ou le partage d'une histoire.*
Inversement, ethnos, natio *ou* gentes *n'ont jamais de signification politique (ils n'impliquent aucune citoyenneté), tandis que l'histoire du terme* nation *se comprend comme celle de sa progressive articulation à la notion d'État, sans que le sens ethnique disparaisse pour autant.*
L'idée de race enfin, quoique fluctuante (composante de la diversité humaine, catégorie sociale), reste inséparable des diverses théories qui font de la guerre des races le moteur de l'histoire — ce que les termes genos *ou* genus *ne permettent jamais d'entendre.*

I. PEUPLE, RACE, NATION

A. « Peuple »

Que *peuple* soit d'une redoutable polysémie, le chevalier de Jaucourt, rédacteur de l'article « Peuple » de l'*Encyclopédie*, en donne un témoignage qui vaut comme aveu de la difficulté : « Peuple : nom collectif difficile à définir, parce qu'on s'en forme des idées différentes dans les divers lieux, dans les divers temps et selon la nature des événements. » En réalité, les tentatives de définition du peuple tournent autour d'une double ambivalence : celle qui existe entre création politique et donnée naturelle ou historique, celle qu'on met entre corps des citoyens et masse positivement ou négativement valorisée. La définition moderne, issue de Rousseau, du peuple comme création politique et, en l'occurrence, institution contractuelle, se heurte ainsi à une double résistance, y compris pour Rousseau : le peuple est aussi une réalité de fait, antérieure au contrat ; de plus, il désigne parfois la partie de la population qui, en raison de sa pauvreté ou de son défaut d'éducation, est exclue de l'exercice de la souveraineté.

1. L'acte par lequel un peuple est un peuple

Le sens de *peuple* engage d'abord la question de son origine ou de sa fondation, comme le rappelle la polémique que Rousseau entretient avec Grotius et à propos de laquelle il déclare : « Un peuple, dit Grotius, peut se donner à un roi. Selon Grotius, un peuple est donc un peuple avant de se donner à un roi. Ce don même est un acte civil, il suppose une délibération publique. Avant même que d'examiner l'acte par lequel un peuple élit un roi, il serait bon d'examiner l'acte par lequel un peuple est un peuple » (*Contrat social*, I, 5). Mais que le peuple n'ait pas d'existence politique et ne puisse donc délibérer avant d'être institué comme tel par le contrat ne veut pas dire qu'il n'existe pas préalablement. Au contraire, l'institution du peuple comme corps politique est pensée avec d'autant plus de force que se mesure l'écart entre un point de départ et un point d'arrivée, une première forme de communauté (un premier « peuple ») et celle qui donne à ce premier peuple la souveraineté. C'est ce que mettent particulièrement en évidence les trois chapitres qui traitent du peuple dans le *Contrat social* (II, 8-10) :

> Quel peuple est donc propre à la législation ? Celui qui, se trouvant déjà lié par quelque union d'origine, d'intérêt ou de convention, n'a point encore porté le vrai joug des lois, celui qui n'a ni coutumes, ni superstitions bien enracinées [...] enfin celui qui réunit la consistance d'*un ancien peuple* avec la docilité d'*un peuple nouveau*.
>
> II, 10 ; nous soulignons.

Ainsi la fondation du peuple comme corps politique n'efface-t-elle pas son origine naturelle ou historique. Au contraire, elle s'appuie sur les premiers liens qui la définissent. Qu'il y ait dans l'unité polysémique de *peuple* une ambiguïté durable difficile à lever, une rétroversion vers le grec et le latin le fait aisément comprendre : l'unité du français affirme, de manière monothétique, le passage, voire la consubstantialité, entre la réalité naturelle (géographique et historique) du peuple comme *ethnos* [ἔθνος], voire comme *genos* [γένος], et la réalité politique du peuple comme *dêmos* [δῆμος]. Le premier peuple, le peuple d'origine, n'a, en effet, aucun des sens que recouvre *dêmos* ou *populus* (voir *infra*). Il correspond bien plus à ce que les termes grecs *ethnos* ou *genos* donneraient à entendre. De sorte que, s'il fallait se risquer à donner d'impossibles équivalents grecs ou latins aux termes de la formule rousseauiste qui résume la problématique de la souveraineté, on aurait peut-être la définition suivante du contrat : l'acte par lequel un peuple (*ethnos*, *natio*) est un peuple (*dêmos*, *populus*).

Cette confusion, lourde de conséquences, est encore plus manifeste dès que la notion s'entend au pluriel. Il est alors presque impossible de faire une distinction entre les peuples et les nations — entendues comme les composantes anthropologiques de la diversité humaine. Dans le *Contrat social* comme dans le *Discours sur l'origine et les fondements de l'inégalité*, Rousseau utilise les deux termes au pluriel de façon indifférenciée, au besoin dans une même phrase. Ainsi dans la fameuse note 10 de ce discours : « [...] il y a peut-être encore des Nations d'hommes gigantesques. » Et un peu plus loin : « [...] il y a des peuples entiers qui ont des queues comme les quadrupèdes. » Sans doute certains, comme Buffon ou Voltaire, cherchent-ils à distinguer *peuples* et *nations* en fonction du degré d'organisation politique, mais les distinctions varient et s'inversent d'un auteur à un autre.

2. Le peuple, corps des citoyens ou masse des exclus ?

Le peuple, pour les philosophes des Lumières, c'est aussi cette partie de la population qui se trouve, de fait, dépourvue de droits politiques et donc totalement assujettie. La seconde ambivalence ne se situe donc pas au niveau de la fondation, comme problème de philosophie politique, mais dans le langage ordinaire. Selon qu'elle fait l'objet d'une valorisation positive ou négative, elle témoigne de la force des préjugés sociaux, ou de l'insuffisance, voire de l'hypocrisie de la définition contractualiste du peuple, tant que subsistent au sein du corps politique de trop nombreuses et trop grandes inégalités. Toute la question consiste à savoir qui fait partie du peuple et qui, au contraire, s'arroge le privilège de s'en excepter. Ainsi l'abbé Coyer peut-il déplorer, dans ses *Dissertations pour être lues, la première sur le vieux mot de patrie, la seconde sur la nature du peuple* (1755), que le peuple se voie réduit à une peau de chagrin : « Autrefois le peuple était l'état général de la nation simplement opposé à celui des grands et des nobles. Il renfermait les laboureurs, les ouvriers, les artisans, les négociants, les financiers, les gens de lettres et les gens de lois. » De fait, c'est ainsi que pouvait l'entendre Vauvenargues lorsqu'il écrivait : « Le peuple et les grands n'ont ni les mêmes vertus, ni les mêmes vices. » Mais, au XVIIIe siècle, ce n'est plus par rapport à la noblesse que le peuple se définit, mais par rapport au tiers état. La montée en puissance de la bourgeoisie, son désir de ne pas être confondue avec la masse du peuple en imposent une perception et une définition de plus en plus restrictives. Du peuple, il semble bien que tout le monde veuille se distinguer, à commencer par Rousseau, qui n'échappe pas à la règle, lorsqu'il écrit dans les *Confessions* : « Né dans une famille que ses mœurs *distinguaient du peuple* [nous soulignons], je n'avais reçu que des leçons de sagesse et des exemples d'honneur de tous mes parents. » Le sens de *peuple* est alors assez proche de celui que prend à la même époque le substantif *public*, compris comme cette masse informe et remuante qui n'inclut ni les nobles ni les parlementaires, mais pas plus les négociants et les marchands, une masse que caractérisent son défaut d'éducation et sa violence potentielle, mais aussi son caractère laborieux. Cependant, pris dans ce sens, le peuple peut aussi faire l'objet d'une valorisation, voire d'une glorification dans la littérature révolutionnaire : c'est ainsi que Marat peut en faire l'éloge, lorsqu'il se demande qui, du peuple ou de la bourgeoisie, est le défenseur de la Révolution : « Dans l'état de guerre où nous sommes, il n'y a que le peuple, le petit peuple, ce peuple si méprisé et si peu méprisable, qui puisse en imposer aux ennemis de la révolution » (Marat, *Textes choisis*, Éd. Sociales, 1975, p. 217).

Une rétroversion vers le grec ou le latin montrerait que cette ambivalence se retrouve dans *dêmos* et *populus*, dont l'usage tend parfois vers *plêthos* [πλῆθος] et *plebs*, sans que la valorisation soit, là non plus, nécessairement à sens unique. Il est notable toutefois qu'aucune construction politique, fût-elle la plus démocratique, ne parvient à résorber complètement et durablement cette opposition entre le corps des citoyens et les exclus de fait. C'est pourquoi, en marge de la pensée qui institue le peuple, subsiste, de façon permanente, un discours qui en fait un objet de compassion.

♦ Voir encadré 1.

B. « Nation » : du corps du roi au corps des citoyens

La polysémie de *peuple* s'aggrave encore du fait que *nation* en recouvre les différents sens au fur et à mesure que ce dernier terme, par toute une série de mutations, acquiert un sens politique rigoureux ; et ce d'autant plus que la signification de *nation* devient un enjeu historique et politique. Sous la monarchie absolue, la *nation* se résume d'abord au corps du roi — l'ensemble de ses sujets, en tant qu'ils lui sont soumis. Ainsi la gloire de la nation, si souvent invoquée, n'est-elle pas autre chose que la puissance du roi. C'est ce que rappelle Rousseau dans le *Jugement sur le projet de paix perpétuelle* : « Toute l'occupation des rois ou de ceux qu'ils chargent de leurs fonctions se rapporte à deux seuls objets, étendre leur domination au dehors et la rendre plus absolue au dedans. Toute autre vue ou se rapporte à l'un de ces deux-là, ou ne leur sert que de prétexte. Telles sont celles du bien public, du bonheur des sujets, de la gloire de la nation » (*Œuvres complètes*, Gallimard, « La Pléiade », 1959-1969, t. 2, p. 592). La politisation de l'idée de nation se comprend alors comme la série des efforts réalisés pour rompre son identification à la personne du monarque absolu. À la définition monarchique s'oppose d'abord la tentative de redonner à la nation le sens d'une communauté historique de mœurs et de culture et de faire-valoir, contre le pouvoir du roi, les droits que lui donne son origine. C'est dans cette perspective que s'inscrivent les différentes thèses qui, comme celle que défend Boulainvilliers dans les *Essais sur la noblesse de France* (1732), entreprennent de distinguer, par leurs origines, deux nations : les descendants des Gaulois assujettis par les Romains, et la noblesse descendant des Francs. Pris en ce sens, *nation* ne peut plus définir l'ensemble des sujets d'un monarque, liés physiquement et juridiquement au corps du roi, mais cela ne renvoie pas non plus à l'unité d'un territoire. La noblesse, comme nation, transcende les frontières d'un État. À ce compte, l'ensemble des nobles de tous pays peuvent se réclamer d'une communauté d'origine (de naissance) pour revendiquer les droits de la nation qu'ils constituent face à d'autres nations.

Or cette appropriation historique du sens de la nation par la noblesse se heurte à la résistance du tiers état, qui va encore infléchir le sens et l'usage du terme. Contre les spéculations de la noblesse, il s'agit d'abord de ressaisir la nation dans l'unité d'un territoire circonscrit par des frontières et dans la soumission à des lois et à un gouvernement commun. C'est notamment ce que fait l'article « Nation » de l'*Encyclopédie*. Il s'agit ensuite de faire de la nation la source de la souveraineté et le propriétaire de la couronne, du gouvernement et de l'autorité publique : « En un mot, la couronne, le gouvernement, et l'autorité publique, sont des biens dont le corps de la nation est propriétaire et dont les princes sont les usufruitiers », écrit Diderot dans l'article « Autorité politique ». Et, inversant les termes de la définition monarchique, il ajoute dans les *Observations sur le Nakaz* : « Il n'y a point de vrai souverain que la nation. » Mais c'est surtout avec le pamphlet de Sieyès *Qu'est-ce que le tiers-état ?* que *nation* prend un sens essentiellement politique et juridique. Pour Sieyès, une nation se définit, en effet, à la fois par sa capacité politique à subsister — ce qui nécessite des travaux particuliers (des ressources exploitables et exploitées) et des fonctions publiques (l'armée, la justice, l'Administration, l'Église) — et par son existence juridique : « un corps d'associés vivant sous une loi commune et représentés par la même législature ». Dans la mesure où le tiers état est capable, à lui seul, d'assurer cette subsistance, de remplir ces fonctions et de constituer un tel corps, il forme « une nation complète » (*Qu'est-ce que le tiers-état ?* [1789], PUF, 1982, p. 31). La noblesse, au contraire, enfermée dans ses privilèges et dans son oisiveté, sort de l'ordre commun, de la loi commune. Elle forme, écrit Sieyès, « un peuple à part dans la grande nation ». Ainsi se trouve bouleversé le rapport sémantique entre *peuple* et *nation* : ce n'est plus au premier qu'est réservée la dimension politique et au second celle de l'histoire, mais l'inverse. Cette idée de « nation complète » inaugure d'abord l'articulation de l'idée de nation à celle d'État. Dire que le tiers état est une nation complète ne veut pas dire que la noblesse soit exclue de la

1

Peuple, masses et homme collectif chez Gramsci

L'ambivalence de *peuple* (corps des citoyens ou masse des exclus) influe encore sur le caractère problématique du rapport du philosophe au peuple. Tandis que, dans le premier cas, l'intellectuel ne se distingue pas du peuple (ou du moins ne se pose pas la question), il est contraint, dans le second, de réfléchir sur les conditions de son adresse. C'est ce qui est particulièrement visible dans la pensée de Gramsci. Ici, en effet, *popolo* apparaît lié à deux problématiques complémentaires, celle de la philosophie et celle de la révolution. L'élaboration conceptuelle et terminologique diffère, ouvrant dans un cas sur l'équivalence entre peuple, masses et simples, et dans l'autre sur l'idée d'un homme collectif.

Dans sa réflexion sur la philosophie, Gramsci emploie indifféremment *popolo* (peuple), *massa* (masse) et *i semplici* (simples) — ceux qui ne sont pas éduqués. Parmi les éléments qui expliquent le maintien d'un courant philosophique, il y a sa reprise dans le sens commun (*il senso comune*) du peuple. S'il y a une conception populaire de la philosophie, elle n'est pas sans lien avec les « philosophies des spécialistes », malgré la coupure entre l'élite intellectuelle et la masse. La relation entre les deux se noue autour de l'idée de direction consciente de l'action. Qualifiée par lui de « noyau sain du sens commun », elle peut être développée en un tout « unitaire et cohérent » et c'est dans ce développement même que réside la « philosophie dite scientifique » (*Gramsci dans le texte*, p. 137). Mais le sens commun lui-même est seulement « un agrégat chaotique de conceptions disparates où l'on peut trouver tout ce qu'on veut » (p. 307). Aussi ne faut-il pas confondre la philosophie populaire et la philosophie comme activité conceptuelle critique. La relation est médiate et doit être d'autant plus élaborée que la philosophie connaît, aux yeux de Gramsci, une métamorphose lorsqu'elle se diffuse dans les masses : elle ne peut être vécue par elles que comme une foi (p. 158).

Le point de vue du peuple constitue par ailleurs l'aune à partir de laquelle on doit évaluer les philosophies. Ainsi, certaines philosophies s'avèrent hostiles à l'égard du peuple. Elles contribuent à le laisser dans son ignorance et ne lui offrent pas les moyens d'acquérir la direction consciente de son action. C'est le cas de l'idéalisme, dont la distance par rapport au peuple se manifeste dans le rejet des « mouvements culturels qui veulent "aller aux peuples" » ; ou encore du « christianisme jésuitisé, transformé en pur narcotique pour les masses populaires [*le masse popolari*] » (p. 140 et 155). Le point de vue du peuple est en outre érigé en critère d'une véritable « philosophie de la *praxis* » (expression que Gramsci emploie pour évoquer le communisme de manière voilée, afin d'éviter la censure de ses textes), afin qu'elle ne pâtisse pas de la faiblesse des « philosophies de l'immanence ». Celles-ci, par exemple chez B. Croce et G. Gentile, n'ont pas su « créer une unité idéologique entre le bas et le haut, entre les "simples" et les intellectuels [*i "semplici" e gli intellettuali*] » (p. 140). Pour établir les conditions de cette unité recherchée entre le bas et le haut, Gramsci semble d'abord recourir simplement à une tactique : considérant que toute philosophie tend à devenir le sens commun d'un milieu, si restreint soit-il, il recommande d'investir une pensée qui soit déjà du sens commun, pour la doter de la « cohérence » et du « nerf des philosophies individuelles ». Cependant, cet investissement est

nation, mais que le tiers état est capable, à lui seul, d'assumer toutes les charges de l'État qui donnent à la nation son unité.

C. « Race » : donnée biologique ou classe sociale ?

Il reste que le sens politique de *nation* ne met pas fin aux autres significations que le terme a pu prendre, à commencer par celui d'une communauté de mœurs et de langue constituant, indépendamment de toute unité politique, une partie de la diversité humaine — objet de l'anthropologie et de l'histoire. C'est pourquoi, dans des traductions qui relèvent parfois de l'illusion rétrospective, on rend, notamment au XIXe siècle mais encore aujourd'hui, *ethnos* ou *genos* (voir *infra*) par « nation ». Certains discours et certaines théories s'opposent même explicitement à cette relative dénaturalisation et déshistoricisation de la notion, en lui conservant la dimension d'une communauté naturelle et/ou historique. Mais alors, c'est avec « race » que se fait la confusion. C'est dans les textes des historiens qui font de la race le moteur de l'histoire, en même temps qu'ils construisent l'idée d'histoire nationale, comme les *Lettres sur l'histoire de France* d'Augustin Thierry, qu'on trouve plus particulièrement cette ambiguïté entre une acception strictement politique et juridique de la nation et son identification à une communauté naturelle.

Or *race* n'est pas davantage dépourvu de polysémie, et son utilisation pour désigner les communautés humaines de l'Antiquité (par le biais de la description historique ou de la traduction) est tout aussi sujette à confusion. L'usage philosophique de la notion de race est d'abord lié, au XVIIIe siècle, à l'élargissement de l'anthropologie (jusqu'alors circonscrite à l'anatomie et à la psychologie de l'homme) pour décrire les variétés de l'espèce humaine — comme dans l'*Histoire naturelle de l'homme* de Buffon, ou l'*Essai sur l'histoire générale et sur les mœurs et l'esprit des nations* de Voltaire. La notion de race est alors utilisée dans un double registre, descriptif et explicatif, qui donne lieu à de nombreuses polémiques, comme celle qui oppose polygénistes et monogénistes. En apparence, il s'agit de savoir si les différences dont cette notion est censée rendre compte — différences d'abord morphologiques (couleur de la peau, forme du visage) — sont originelles ou dérivées ; si plusieurs races d'hommes sont apparues simultanément sur la Terre ou au moins indépendamment les unes des autres, ou si au contraire elles sont dérivées d'une souche ou d'un tronc commun qui les contenait toutes en germe. En fait, il s'agit presque toujours de marquer la supériorité d'une race sur les autres.

Mais le mot *race* a encore une autre signification, et la différence qu'il désigne n'est pas toujours et exclusivement d'ordre ethnique. En fait, dès le XIXe siècle, deux sens coexistent : le premier est celui, large et ouvert, qu'implique le thème de la guerre des races, récurrent dans le discours des historiens. Les races ne sont pas

---

1

lui-même conditionné par « l'exigence < sentie > du contact culturel avec les "simples" » (p. 142). Il n'en va donc pas d'une simple tactique, car, dans cette « exigence sentie », on perçoit clairement la dimension politique de cette philosophie de la *praxis* : elle dépend d'un engagement, celui de « combattre les idéologies modernes dans leur forme la plus raffinée, afin de pouvoir constituer son propre groupe d'intellectuels indépendants, et éduquer les masses populaires dont la culture était médiévale » (p. 255-256).

Cet engagement nous fait basculer vers des interrogations politiques qui engagent une nouvelle vision du peuple. Elle tient à l'analyse des conditions de la révolution. La réussite de celle-ci repose, selon Gramsci, sur le consensus des masses et leur participation. Les notions de masses et de simples, qui servent d'un point de vue culturel à décrire la division interne du peuple, sont réinterprétées et mises au service d'une vision unifiée qui oppose le peuple tout entier à une minorité d'intellectuels et de spécialistes. Gramsci rend compte, dans un texte de 1926, *Quelques thèmes sur la question méridionale*, des lignes de fracture entre paysans et ouvriers, villes et campagnes, prolétariat et intellectuels. Il définit le projet révolutionnaire à partir d'elles : compte tenu des divisions et de la nécessité de ne pas faire une « révolution passive », une révolution sans le peuple, l'ambition politique doit d'abord se borner au projet d'une révolution à l'échelle nationale. Pour mener à bien la révolution, il faut donc atteindre une « unité culturelle-sociale (*unità culturale-sociale*), qui fait qu'un grand nombre de volontés éparses, dont les buts sont hétérogènes, se soudent pour atteindre une même fin, sur la base d'une même et commune conception du monde » (p. 173). Gramsci fait alors référence à Machiavel qui aurait conçu, selon lui, le mouvement de la conscience d'un peuple et le processus de formation d'une volonté collective :

> Dans son livre, Machiavel expose comment doit être le prince qui veut conduire un peuple à la fondation du nouvel État, et l'exposé est mené avec une rigueur logique, avec un détachement scientifique ; dans la conclusion, Machiavel lui-même se fait peuple, se confond avec le peuple, mais non avec un peuple au sens « générique » [*si fa popolo, si confonde col popolo, ma non con un popolo « genericamente » inteso*], mais avec le peuple que Machiavel a convaincu par l'exposé qui précède, un peuple dont il devient, dont il se sent la conscience et l'expression, dont il sent l'identité avec lui-même ».
>
> *Gramsci...*, p. 417.

Une nouvelle notion émerge de cette réflexion. Elle exprime ce que le peuple doit devenir dans la révolution : l'« homme collectif [*uomo collettivo*] » (p. 173). Elle apparaît comme la formule clé de la pensée et de l'activité révolutionnaires, mais nous ramène aussi à la réflexion que Gramsci mène sur la philosophie de la *praxis*. En effet, c'est à elle, à ses intellectuels, que revient la tâche de créer l'unité sociale-culturelle d'un peuple. En ce sens, le « peuple » peut être conçu comme le concept clé pour lier, chez Gramsci, pensée de la philosophie et pensée de la révolution.

Marie GAILLE-NIKODIMOV

BIBLIOGRAPHIE

GRAMSCI Antonio, *Gramsci dans le texte*, éd. F. Ricci et J. Bramant, trad. fr. J. Bramant, G. Moget, A. Monjo et F. Ricci, Éd. Sociales, 1953.

alors nécessairement des composantes ethniquement déterminées, mais aussi bien des groupes sociaux ou culturels. De fait, Marx fait l'éloge d'Augustin Thierry — le théoricien de la guerre des races comme moteur de l'histoire (*Sur l'antipathie de race qui divise la nation française*) — en tant que « père de la lutte des classes dans l'historiographie française » (lettre à Engels du 27 juillet 1854). Par *race*, on entend alors des groupes distincts qui, bien qu'habitant (ou ayant habité) sur un même territoire, n'ont pas pu ou ne peuvent pas se mélanger, pour des raisons qui sont aussi bien d'ordre ethnique que culturel ou social. Au second sens, les races sont les composantes naturelles, biologiquement déterminées, de la diversité humaine. On conçoit alors à quel point traduire *genos* ou *genus* par *race* est un geste ambigu. Sans doute, la traduction est légitime, dès lors qu'avec *race* on se situe dans le prolongement de l'histoire naturelle, dont relève en partie *genos*. Mais *race* donne aussi à entendre des partages trop historiquement et idéologiquement déterminés pour pouvoir être transposés, et laisse supposer, au prix d'une réelle illusion rétrospective, qu'ils ont toujours été pensés ainsi.

♦ Voir encadré 2.

II. « VOLK », « NATION »

A. « Volk »

Volk, à la différence de *peuple*, mais aussi de *dêmos* et *populus*, ne prend qu'exceptionnellement le sens péjoratif de « populace ». Ceci est lié à un autre de ses traits caractéristiques : le mot ne désigne guère, de façon exclusivement politique et juridique, un corps de citoyens, et il renvoie à la base naturelle du corps politique plutôt qu'à ce corps lui-même. Cette base peut alors être aussi bien présentée comme l'obstacle à la constitution rationnelle et politique de ce corps qu'exhibée, voire sacralisée, comme la principale raison de s'y opposer.

1. « Volk » : un obstacle à la République

De cet état de fait témoignent d'abord la complexité et la complémentarité des définitions qu'en donne Kant dans la *Doctrine du droit* et dans l'*Anthropologie du point de vue pragmatique*. De façon significative, c'est dans l'*Anthropologie* et non dans le traité de droit que se trouve, au sens rigoureux du terme, la définition du *Volk*.

> Par le mot peuple [*Volk*] (*populus*), on entend, pour autant qu'elle forme un tout, la masse d'hommes rassemblée dans une contrée [*die in einem Landstrich vereinigte Menge Menschen*]. Cette masse, ou aussi bien la part de celle-là qui se reconnaît unie par une origine commune [*gemeinschaftliche Abstammung*] pour former un tout civil [*einem bürgerlichen Ganzen*], s'appelle nation [*Nation*] (*gens*) ; la part qui s'exclut de ces lois (la masse sauvage de ce peuple [*die wilde Menge in diesem Volk*]) s'appelle la plèbe [*Pöbel*] (*vulgus*).
>
> *Anthropologie*, II C, trad. fr. P. Jalabert, *Œuvres philosophiques*, t. 3, p. 1123.

Kant renvoie *Volk* à *populus*, mais en lui donnant un sens à la fois plus restreint et plus vague que celui du terme latin. Il désigne, en quelque sorte, le premier degré de l'union, avant toute reconnaissance d'une origine commune, à plus forte raison d'un destin partagé. Pour retrouver un sens voisin de celui que Cicéron pouvait donner à *populus*, à savoir un sens politique, Kant doit donc introduire d'autres termes, cette fois dans la *Doctrine du droit* :

> Cet état où se trouvent les individus dans le peuple [*dieser Zustand der Einzelnen im Volke*] qui est de rapport mutuel s'appelle l'état civil [*bürgerlicher Zustand*] (*Status civilis*) et leur tout, dans le rapport qu'il entretient à ses propres membres, s'appelle l'État [*Staat*] (*civitas*), lequel, en raison de sa forme, autrement dit en tant qu'il a pour lien le commun intérêt qu'ils ont tous à être dans l'état juridique [*im rechtlichen Zustande*], s'appelle la République [*das gemeine Wesen*] (*res publica latius sic dicta*).
>
> § 43, trad. fr. J. et O. Masson, *Œuvres philosophiques*, t. 3, p. 575.

Mais c'est surtout la définition kantienne du contrat qui manifeste avec le plus d'évidence à quel point Kant réserve *Volk* pour désigner l'élément naturel du corps politique. À la différence de Rousseau, il ne dit pas que le contrat est « l'acte par lequel un peuple est un peuple », mais « l'acte par lequel le peuple se constitue lui-même en État, et à proprement parler la simple idée de cet acte » (*ibid.*, § 47, p. 581). Sans doute la définition du contrat permet de distinguer le « peuple conçu comme sujet » (la multitude des individus) et le « peuple unifié lui-même » (le peuple regardé comme État). On remarquera pourtant

---

2

Les malaises du langage ordinaire

Cette ambivalence se perpétue dans les différents usages de *race* que reproduit le langage ordinaire.

1) Dire de quelqu'un qu'« il a de la race », ou qu'il est racé, c'est d'abord reproduire un jugement de classe. L'expression n'a d'ailleurs pas un sens différent de celle qui attribue à tel ou tel « de la classe ». Mais c'est aussi revendiquer un fondement naturel aux distinctions sociales ; c'est chercher dans le *genos* une justification de l'inégalité.

2) À l'inverse, l'interdiction qui pèse sur le mot *race*, pris dans son sens ethnologique, témoigne de son ancrage dans l'histoire naturelle. Éviter *race*, c'est refuser de réduire la diversité humaine à une donnée de l'histoire naturelle. Les races, dira-t-on, c'est bon pour les espèces animales, pas pour les hommes. Et il est vrai que l'histoire du terme est en partie liée au brouillage de ces frontières et à la levée des interdits moraux qui leur sont attachés. Parler de races humaines, comme on parle de races animales, c'était justifier que les rapports entre les différentes espèces d'hommes (en l'occurrence colons et colonisés) puissent être aussi violents que ceux qui organisent le règne animal. Aussi préférera-t-on user d'*ethnie*, qui préserve ou restaure le partage entre l'humanité et l'animalité.

que, dès que *Volk* n'a plus le sens naturel que lui donne l'anthropologie, une périphrase est nécessaire ainsi qu'un recours au latin, comme si Kant n'avait pas confiance dans la langue allemande pour donner à entendre ces éléments du droit public.

Enfin, dernier signe de la réticence de Kant à donner à *Volk* un sens juridique, il faut rappeler les doutes qu'il émet sur la légitimité de l'expression *Völkerrecht* pour signifier le droit des gens, autrement dit son refus de faire des peuples (*Völker*) le sujet du droit international. Ce dont il est question dans ce droit, ce sont des relations non entre peuples, mais entre États : « C'est à présent le droit des États dans leurs rapports réciproques [qu'en allemand, d'une manière assez incorrecte, on appelle *Völkerrecht*, mais qu'on devrait bien plutôt appeler *Staatenrecht* (*jus publicum civitatum*)] que nous avons à examiner sous le nom de *Völkerrecht* » (*ibid.*, § 3, p. 615).

2. « Volk » : la nature et l'histoire contre la raison et le droit

Ce qui apparaît chez Kant comme une réticence d'ordre sémantique (le terme de *Volk* ne convient pas) devient chez d'autres, au contraire, le moyen d'une résistance à toute appréhension rationnelle et juridique du corps politique. La naturalité et l'historicité du *Volk* se trouvent érigées en principe contre toute tentative de réduire le peuple à des rapports de droit. C'est ainsi que Herder prend la défense du peuple contre l'État dans les *Idées sur la philosophie de l'histoire de l'humanité* : « La nature élève des familles ; l'État le plus naturel est donc aussi un seul peuple doué d'un même caractère national [*Ein Volk, mit Einem Nationalcharakter*] [...] un peuple est aussi bien une plante naturelle qu'une famille, simplement une plante à plusieurs rameaux » (éd. Suphan, 1877-1913, t. 13, p. 384). Le peuple (*Volk*) est alors conçu comme un organisme naturel dont les divisions ne peuvent être le fait que d'une politique de violence. Et le gouvernement n'a d'autre légitimité que d'appartenir à cet organisme. Mais cette naturalisation forte de la notion de peuple est tout aussi bien son historicisation. Il revient au peuple, en effet, de cultiver sa spécificité au cours d'une histoire qui, loin d'impliquer quelque arrachement que ce soit à sa naturalité (Kant), la préserve au contraire. C'est dans cette perspective que doit être comprise la fortune de plusieurs notions dérivées de *Volk* qui placent toutes l'unité du peuple tantôt sous le signe de son historicité, voire de son antiquité, tantôt sous celui de sa naturalité.

♦ Voir encadré 3.

3. L'effacement des inégalités sociales

Cette naturalisation et cette historicisation exclusives du *Volk* gomment la tension entre le corps juridique des citoyens et ceux que leur situation sociale et politique exclut de ce corps. Du même coup, l'objet de la compassion se trouve déplacé : ce n'est plus la partie la plus malheureuse (le peuple inculte et misérable) qui fait pitié, mais le peuple tout entier (le *Volk*), que cette compassion porte sur la langue insuffisamment reconnue, parlée et écrite, sur la culture insuffisamment développée, sur l'absence de reconnaissance internationale ou sur l'existence effective d'une domination culturelle ou politique. Le registre de l'autocompassion du peuple sur lui-même constitue sans aucun doute un élément non négligeable de la genèse du nationalisme.

Nietzsche rappelle qu'une telle perspective constitue une véritable rupture avec toute une tradition héritée de l'Antiquité :

> Distinguer entre le gouvernement et le peuple [*zwischen Regierung und Volk*] comme s'il s'agissait de deux sphères de puissance séparées négociant avant de se mettre d'accord, l'une forte et haute, l'autre faible et basse, voilà qui relève d'un sentiment politique hérité d'autrefois et

---

3

L'idéologie du « Volk » : le « Volkstum »

Sur *Volk* ont été forgés *Urvolk* (« peuple originaire »), *Volksgeist* (« esprit du peuple »), *Volkslied* (« chant du peuple ») et *Volkstum* (« peupléité »), qui ne renvoient jamais à une détermination juridique du peuple, mais pas plus au peuple des misérables et des exclus. C'est pourquoi les expressions « esprit populaire », « chant populaire » ou « élément populaire » ne conviennent pas pour traduire ces vocables allemands. De tous ceux-ci, *Volkstum* est le plus intraduisible. Forgé par Ludwig Jahn en 1810 (dans un ouvrage intitulé précisément *Das deutsche Volkstum*), il désigne la force qui donne au peuple son unité organique et fait de celle-ci la source de sa souveraineté. *Volkstum* joue, en effet, avec *Königtum* (la « royauté »). Ajoutons que cette substance (ou élément) de chaque peuple est aussi le principe de son opposition à tous les autres et que sa plus ou moins grande importance détermine sa capacité à dominer les autres : « Qu'est-ce qui fait de l'Angleterre et de la France les premières puissances mondiales ? Rien d'autre que le *Volkstum* qui ne cesse de renaître au cœur des plus grands bouleversements » (trad. fr. P. Caussat, *in* P. Caussat, D. Adamski et M. Crépon, *La Langue source de la nation*, p. 137). Mais *Volkstum* n'est qu'un exemple parmi d'autres des différents termes qu'une idéologie nationaliste peut forger à partir de *Volk* — comme l'a montré V. Klemperer, en analysant, jour après jour, la rhétorique du *Volk* et de ses dérivés dans le discours nazi.

BIBLIOGRAPHIE

CAUSSAT Pierre, ADAMSKI Dariusz et CRÉPON Marc, *La Langue source de la nation*, Mardaga, 1996.

FAYE Jean-Pierre, *Langages totalitaires*, Hermann, 1972.

KLEMPERER Victor, *LTI, la langue du troisième Reich*, trad. fr. E. Guillot, Albin Michel, 1996.

> qui de nos jours, dans la plupart des États, correspond encore exactement à la réalité historique des rapports de puissance. [...] À l'opposé, on veut maintenant nous enseigner — conformément à un principe sorti tel quel du cerveau et censé faire l'histoire à lui seul — que le gouvernement n'est rien qu'un organe du peuple [*ein Organ des Volkes*] — et non pas un « haut » prévoyant et vénérable par rapport à un « bas » accoutumé à la modestie.
>
> *Humain, trop humain*, § 450.

De fait, dans la pensée de Nietzsche, la définition unitaire du peuple est remise en question et, pour les besoins d'une critique répétée de la démocratie comme vengeance et domination des faibles, *Volk* retrouve le plus souvent le sens de *vulgus* ou *plebs* dans leur acception péjorative.

B. « Nation »

Il reste qu'en allemand *Volk* ne recouvre pas à lui seul toute la naturalité du corps politique. S'il désigne le rassemblement sur un même sol, un autre terme est nécessaire pour désigner la communauté de naissance. C'est, comme on l'a vu plus haut, le sens précis que donne Kant au terme de *Nation* dans l'*Anthropologie in pragmatischer Hinsicht* [*Anthropologie du point de vue pragmatique*]. Sauf que, dans la *Rechtslehre* [*Doctrine du droit*], lorsqu'il s'agit d'évoquer, dans un sens plus politique, cette communauté de naissance, ce lien de parenté qu'évoquent les termes latins *gens* ou *natio*, Kant utilise toute une périphrase pour éviter *Nation* :

> [...] les hommes qui constituent un peuple [*Volk*] peuvent être envisagés comme des indigènes, suivant l'analogie de la procréation [*nach der Analogie der Erzeugung*] par une souche parentale commune [*von einem gemeinschaftlichen Elternstamm*] (*cogeniti*), même si ce n'est pas le cas ; nonobstant, en un sens intellectuel et juridique, ils constituent, en tant qu'ils sont nés d'une mère commune (la république) [*von einer gemeinschaftlichen Mutter* (*die Republik*)], comme une famille (*gens, natio*) dont les membres (citoyens) sont tous égaux de naissance.
>
> § 53, p. 615.

À nouveau, le latin s'impose pour désigner le caractère politique du lien de naissance, comme s'il ne pouvait être fait confiance au terme allemand.

C'est qu'en réalité l'usage de *Nation* s'inscrit, déjà à cette époque, dans une stratégie à laquelle Kant ne peut pas souscrire. Pour des auteurs comme Herder, la nation est certes une communauté de naissance, mais elle est en même temps beaucoup plus que cela. Elle est un tout organique, une unité à la fois naturelle et historique dont les mœurs, les traditions, la langue, la religion, mais aussi les sentiments et l'imagination sont indissociablement soumis au même processus de développement. À ce titre, elle fait l'objet d'une véritable sacralisation qui n'a rien à voir avec l'attachement à des règles de droit communes. Les nations constituent le partage de l'humanité voulu par la Providence divine : « Le Créateur est le seul qui puisse penser toute l'unité d'une nation et de toutes les nations [*die ganze Einheit einer, aller Nationen*] dans toute leur diversité sans que cela fasse disparaître à ses yeux l'unité » (*Une autre philosophie de l'histoire*, trad. fr. M. Rouché, Aubier, 1944, p. 175).

On conçoit alors dans quel système complexe d'illusions on se trouve égaré quand Herder utilise, en allemand, ce même terme *Nation* pour évoquer la violence exercée par l'Empire romain contre les communautés qu'il assujettit : « Le mur fut brisé, qui séparait les nations [*die Nation von Nation schied*], le premier pas fut fait pour détruire les caractères nationaux de tous [*die Nationalcharaktere*], pour tous les couler dans un même moule qui s'appelait le peuple romain [*die Römervolk*] » (*ibid.*, p. 165). Herder donne à la forme *Nation* une dimension intemporelle qui la pérennise.

III. « DÊMOS », « ETHNOS », « GENOS » ET LEURS TRADUCTIONS

On trouve dans le *Dictionnaire* de Bailly la même séquence « race, peuple, nation » (ainsi que « tribu », mais aussi « classe », « caste », « sexe » et d'étranges complexes comme « race de peuples » ou « famille de peuples ») pour rendre tant *ethnos* que *genos* ; et « peuple » est en tout cas l'une des traductions proposées pour chacun des trois termes *dêmos, ethnos, genos*. La tripartition « race, peuple, nation » ne constitue donc pas comme telle en grec un système de différences significatif : les mots grecs considérés appellent en effet de tout autres séries, qui les font se distinguer ou se compliquer autrement.

A. « Genos » : du biologique au politique (« genos » et « polis », « race » et « cité ») et au logique (« genos » et « eidos », « genre » et « espèce »)

Genos, sur *gignesthai* [γίγνεσθαι], « naître », puis « devenir, se produire », a d'abord le sens biologique de « naissance, origine, descendance ». Il signifie « race, souche », celle des dieux (la *Théogonie* d'Hésiode) comme celle des mulets, et, au sein du « genre » humain (*genos anthrôpôn* [γένος ἀνθρώπων]), il prend le sens plus étroit de « lignée, parenté ». C'est par son *genos* qu'on se présente chez Homère (« Mon *genos* est d'Ithaque et mon père est Ulysse », dit Télémaque, *Odyssée*, XV, 267) ; c'est autour du *genos*, de la « famille » des Atrides par exemple, que se nouent les tragédies. Si bien que *genos* fonctionne comme équivalent aux deux mots latins *genus* et *gens* (*gennaios* [γενναῖος] : « noble, bien né »). *Genos* lie ainsi le biologique à deux types de séries : 1) socio-politiques ; 2) logico-ontologiques.

1) Les premières montrent que la naissance est au fondement de l'organisation sociale. Benveniste décrit comment les « trois divisions concentriques de la Grèce ancienne » (*Origines de la formation des noms en indo-européen*, Maisonneuve, 1935, rééd. 1984, t. 1, p. 257, cf. p. 316), *genos, phratria* [φρατρία], *phulê* [φυλή], analogues à *gens, curia, tribus* — avec la quantification stipulée dans la constitution solonienne : trente « clans » font une « phratrie », et trois phratries une « tribu » —, élargissent la fraternité de sang en solidarité guerrière, dès Homère (*Iliade*, II, 362 *sq.*), puis institutionnelle. Les divisions

généalogiques sont alors réaménagées en « nomenclature de divisions territoriales » (É. Benveniste, *Le Vocabulaire des institutions indo-européennes*, t. 1, p. 310) et immergées dans des séquences comme *oikos* [οἶκος], *kômê* [κώμη], *polis* [πόλις] (maison, village, cité).

Le problème essentiel devient ici pour longtemps : quelle est la place du généalogique ou du « génique » dans le politique ? Deux structurations s'opposent. Celle qui fait du *genos* le fondement de la *polis*, Platon la place, non sans ironie, dans la bouche d'Aspasie, une femme et une hétaïre, chère au grand Périclès et qui lui aurait soufflé sa célèbre oraison funèbre : l'excellence d'Athènes vient de l'« eugénie » des Athéniens, représentée par le mythe de leur « autochtonie » (leurs ancêtres sont, disent-ils, nés de la terre elle-même, de leur « mère patrie » : « Cette bonne naissance [*eugeneia* (εὐγένεια)] a pour premier fondement l'origine [*genesis* (γένεσις)] de leurs ancêtres [*progonôn* (προγόνων)] qui, au lieu d'être des immigrants et de faire de leurs descendants [*ekgonous* (ἐκγόνους)] des métèques, [...] étaient des autochtones », *Ménéxène*, 237b ; cf. 245d) ; c'est l'*isogonia* [ἰσογονία], l'« égalité quant à la naissance » de tous ces « frères », qui fonde en nature l'*isonomia* [ἰσονομία], l'« égalité quant à la loi » que la loi instaure entre les citoyens d'Athènes (239a).

Au contraire, l'opération aristotélicienne consiste à distinguer les ordres. Le *genos*, lignée biologique, prend en politique la figure de l'*oikos*, la « maison », et de l'*oikia* [οἰκία], la « famille » ou le « foyer », homme, femme, enfants, animaux, serviteurs. La *polis* est pensée comme le point d'aboutissement de regroupements locaux successifs, plusieurs maisons formant un village (le « village », *kômê*, est une « colonie », *apoikia* [ἀποικία], extension-extériorisation, de la « famille », *oikia*), et plusieurs villages une cité (*Politiques*, I, 2, en particulier 1252b 16 *sq.*) : la terre de la géographie se substitue à celle du mythe patriotique. En même temps, le « politique » institue dès l'origine un ordre radicalement distinct de l'ordre « domestique » ou « économique », dont la finalité n'est plus le « vivre », mais le « bien vivre [*eu zên* (εὖ ζῆν)] » (1252b 30) : ce n'est ni l'unité du lieu (*topos* [τόπος], « territoire », que matérialise le rempart, *teikhos* [τεῖχος]), ni le *genos* des habitants, leur commune origine, qui peut garantir l'identité d'une *polis*, mais seulement la *politeia* [πολιτεία], la « constitution politique » elle-même (III, 3).

♦ Voir encadré 4.

2) Le *genos*, ainsi libéré de sa charge mythique, épique et tragique, ouvre sur un autre type de série, proprement philosophique, qui fait passer de la généalogie à la logique et à l'ontologie. La terminologie, élaborée en histoire naturelle (« classe » d'animaux), se prête à des emplois catégoriaux. Fixée par Aristote au moyen de la différence *genos/eidê* [εἴδη], genre/espèces, elle est réinterrogée par Plotin et par Porphyre, qui tentent d'élaborer ce passage.

♦ Voir encadré 5.

B. « Ethnos » et « dêmos » : géographie et politique

Ethnos désigne un groupe plus ou moins stable d'individus, de soldats, d'animaux que caractérise un *ethos* [ἔθος] commun (des « habitudes », des « coutumes », sur le même thème **swedh-*) et qui, par rapport au *genos*, se distingue comme « étranger » (*othneios* [ὀθνεῖος]) — ainsi, *ta ethnê* [τὰ ἔθνη], à Rome, renvoie aux peuples des provinces, et, dans le Nouveau Testament, aux Gentils par rapport aux Hébreux. *Dêmos*, généralement rapproché de *daiomai* [δαίομαι] (« partager, diviser »), signifie chez Homère « pays, territoire » (par ex., *Iliade*, V, 710 : « les Béotiens qui occupent une terre (*dêmon* [δῆμον]) très fertile ») — les « dèmes », divisions des tribus, relèvent à Athènes de la topographie administrative —, puis les habitants de ce pays (« pour le malheur de ton père, de ta cité et de tout ton peuple (*dêmôi* [δήμῳ]) », *ibid.*, III, 50), enfin déjà, peut-être parce qu'ils vivent à la campagne, les « gens du peuple » par opposition aux puissants (quand Ulysse voit un « roi ou un héros de marque », *ibid.*, II, 188 ; « quand il voit un homme du peuple (*dêmou andra* [δήμου ἄνδρα]) », *ibid.*, II, 198). Si *genos* implique une communauté d'origine, *ethnos* implique une communauté de mœurs et *dêmos* une communauté de territoire,

---

4

« Γένος » et « genos » : la prudence des historiens contemporains

« Afin qu'il n'y ait pas d'ambiguïté dans l'usage des termes, nous écrirons le mot *génos* en français lorsqu'il s'agira de la notion de *génos*, réalité sociale telle qu'elle est conçue par les historiens modernes » (F. Bourriot, p. 204). Par cette précaution, un historien contemporain entend signifier que le terme grec γένος (*genos*) n'a en aucun cas le sens que les historiens du XIXe siècle ont entendu lui donner, qu'il s'agisse d'un « clan » à l'anglaise (Grote, Morgan), ou d'un « lignage » à l'allemande (*Geschlecht*, Meyer). L'opinion commune, depuis Fustel de Coulanges et Glotz, selon laquelle l'histoire archaïque se ramène à un affrontement entre deux puissances, les *genê* [γένη] et l'État, mériterait donc un sérieux réexamen : « On a créé au XIXe une structure toute-puissante dans tous les domaines, le *génos*. [...] C'est ce protagoniste mythique qu'il faut chasser de la scène » (p. 232). Au milieu du IVe siècle à Athènes, en tout cas, faire partie du γένος (*en genei einai* [ἐν γένει εἶναι]), c'est, sans aucune ambiguïté possible, non pas faire partie de la *gens* ou du clan, mais faire partie des trois générations issues d'un même ancêtre.

BIBLIOGRAPHIE

BOURRIOT Félix, *Recherches sur la nature du génos. Étude d'histoire sociale athénienne. Périodes archaïque et classique*, Université de Lille III, Honoré Champion, 1976.

qui trouve son accomplissement dans une structuration politique.

C'est dans *Les Politiques* d'Aristote qu'on trouve, de façon répétitive, l'expression la plus rigoureuse de la différence entre *ethnos* et *dêmos*. *Ethnos* est d'abord opposé, dans presque toutes ses occurrences, à *polis* (cité, État). Au sens technique, les *ethnê* désignent les « peuples » (trad. fr. J. Aubonnet, 5 vol., Les Belles Lettres, 1960-1989), les « peuplades » (trad. fr. P. Pellegrin, Flammarion, « GF », 1990), les « nations » (trad. fr. J. Tricot, Vrin, 1970), qui n'ont pas atteint le stade de la cité accomplie, et ce de manière provisoire ou définitive — la question, grosse d'idéologie, est précisément sujette à controverse, selon l'interprétation qu'on a de l'historicité naturelle de la cité, et qu'on privilégie la rupture ou la continuité avec la famille et le village : « Les cités ont d'abord été gouvernées par des rois, comme sont aujourd'hui encore les *ethnê* » (1252b 19 *sq.*).

C'est pourquoi le terme est surtout utilisé pour désigner les populations barbares dont l'unité d'indifférence est despotiquement hiérarchisable, et qui ignorent cette forme d'égalité politique par réciprocité (être tour à tour gouvernant et gouverné), seule capable de préserver les différences de toute uniformisation :

> Une alliance militaire (*summakhia* [συμμαχία]) et une cité sont deux choses différentes. L'intérêt de celle-là tient à la quantité, alors même qu'il y a identité d'espèce (*to auto tôi eidei* [τὸ αὐτὸ τῷ εἴδει]) — car une alliance militaire, de par sa nature, a comme fin l'assistance mutuelle —, tout comme un poids plus gros pèse plus

5

Les genres de l'être : généalogie ou logique
Porphyre et sa traduction

► ANALOGIE, *ÊTRE*, HOMONYME, PRÉDICABLE, PRINCIPE

Le problème de fond, qui détermine toute la doctrine de l'analogie de l'être, peut se formuler en termes de sémantique du *genos* : quel est le poids du sens généalogique, platonicien et néoplatonicien, dans le sens logique, qu'Aristote a fixé dans l'*Organon* ? En doctrine aristotélicienne, chaque science est science d'un genre unique, mais l'être n'est pas un genre, si bien que le problème récurrent suscité par l'aristotélisme peut se formuler ainsi : les catégories sont-elles des genres de l'être ou bien des significations multiples signalant des domaines hétérogènes ?

C'est dans l'*Isagôgê* de Porphyre que l'enjeu sémantique est le plus clair. Porphyre s'oppose à Plotin. Plotin, au livre VI des *Ennéades*, a « généalogisé » les catégories d'Aristote pour mieux le platoniser. Porphyre le réaristotélise : l'arbre de Porphyre n'a pas de sommet unique, il n'y a pas de genre suprême comme le *ti* des Stoïciens, ni de radicelles ; aucun processus d'engendrement, aucune procession hiérarchique ne permet de passer logiquement à l'individu, même si l'arbre est souvent dessiné pour mener du *genus generalissimum* à la *species specialissima* (A. de Libera, *La Querelle des universaux*, p. 46). Cependant, Porphyre tient compte de la prégnance du sens généalogique lorsqu'il distingue les sens de *genos* : « "genre" se dit donc de trois façons, et c'est de la troisième qu'il est question chez les philosophes » ; trois façons, à savoir : a) « [...] la multiplicité de ceux qui tirent leur origine d'un principe unique » (exemple : « le genre des Héraclides » désigne ceux qui ont Héraclès pour parent) ; b) « le principe de la naissance de chacun », qu'il s'agisse du père (Héraclès pour Hyllos) ou de la patrie (Athènes pour Platon) ; c) « "genre" se dit encore d'une autre façon : c'est ce sous quoi l'espèce est rangée, peut-être ainsi nommée à l'imitation des significations précédentes ; de fait, le genre dont nous parlons est une sorte de principe (*arkhê* [ἀρχή]) pour ce qui est sous lui, et il semble embrasser toute la multiplicité (*plêthos*) qui est sous lui ». Le sens (c) retrouve la définition littérale des *Topiques* : « Le genre, c'est ce qui est prédicable (*katêgoroumenon* [κατηγορούμενον]) de plusieurs différant par l'espèce (*tôi eidei* [τῷ εἴδει]) relativement à la question "qu'est-ce que c'est ? (*en tôi ti esti* [ἐν τῷ τί ἔστι])" » (*Isagôgê*, I, 5, trad. fr. A. de Libera et P. Segonds), soit : « Est genre un attribut qui appartient en leur essence à plusieurs choses spécifiquement différentes » (*Topiques*, I, 5, 102a 31 *sq.*, trad. fr. J. Brunschwig), avec l'exemple de l'« animal » (ou du « vivant », *zôion* [ζῷον]) comme genre pour l'« homme ». On soulignera les notes de A. de Libera : « Il y a ici une difficulté de traduction incontournable en français : Porphyre prétendant illustrer les sens divers de "genre", on est contraint d'employer le terme, même si les mots "race" ou "lignée" seraient sans doute préférables » (*Isagôgê*, n. 11, p. 38), pour les sens (a) et (b). Et, surtout, le rapport au sens « proprement philosophique » : « Tout se passe ici comme si Porphyre soulignait la ressemblance entre [...] l'acception philosophique proprement aristotélicienne — la relation du genre aux espèces — [et] les significations "ordinaires", ou au moins non techniques, du terme pour surmonter l'opposition faite par Aristote lui-même entre signification généalogique et relation genre-espèces » (*ibid.*, n. 19, p. 39).

Contre la réfutation plotinienne, Porphyre esquisse ainsi une plotinisation d'Aristote en regénéalogisant le sens de *genos*. Mais c'est pour mieux opérer le mouvement final, qui est celui de la disjonction : en optant pour l'homonymie radicale de l'être (*Isagôgê*, II, 10), Porphyre refuse de « suturer la doctrine aristotélicienne des catégories au moyen d'une notion généalogique du genre, entendue comme unité "analogique", *aph'henos* [ἀφ' ἑνός] » (*ibid.*, p. 39). La disjonction des sens de *genos* et l'homonymie de l'être sont liées ; promouvoir le sens généalogique, c'est militer pour la procession analogique qui engendre à partir d'un principe unique, contre le sens logique et catégoriel nécessaire à la disjonction homonymique. D'une certaine manière, ce sont les difficultés de la traduction de Porphyre en français qui corroborent pour nous aujourd'hui la force de l'homonymie.

BIBLIOGRAPHIE

ARISTOTE, *Topiques*, I, livres 1-4, éd. et trad. fr. J. Brunschwig, Les Belles Lettres, 1967.

LIBERA Alain de, *La Querelle des universaux. De Platon à la fin du Moyen Âge*, Seuil, 1996.

PORPHYRE, *Isagôgê*, gr./lat., trad. fr. A. de Libera et P. Segonds, intr. et notes A. de Libera, Vrin, 1998.

> lourd. Et c'est ainsi qu'une cité diffère elle aussi d'une peuplade (*ethnos*), même lorsque la masse de la peuplade (*to plêthos* [τὸ πλῆθος]) n'est pas dispersée en villages mais rassemblée comme celle des Arcadiens. La cité doit être une unité composée d'éléments qui diffèrent spécifiquement. Voilà pourquoi l'égalité par réciprocité (*to ison to antipeponthos* [τὸ ἴσον τὸ ἀντιπεπονθός]) assure le salut des cités.
>
> *Ibid.*, II, 1261a 24-31.

Ethnos, terme de géographie mais non de politique, relève en particulier d'une théorie des climats. C'est le mot qu'utilise Hippocrate lorsqu'il interroge, dans le *Traité des airs, des eaux et des lieux*, les effets du climat sur le tempérament et sur les mœurs de toutes les espèces d'hommes : « Je veux exposer maintenant, au sujet de l'Asie et de l'Europe, à quel point elles diffèrent l'une de l'autre à tous égards, et en particulier, à propos de l'aspect physique des peuples (*peri tôn ethneôn tês morphês* [περὶ τῶν ἔθνεων τῆς μορφῆς]), en quoi ils se distinguent et ne se ressemblent point entre eux » (XII, 1). C'est naturellement le terme que reprend Aristote (*Les Politiques*, VII, 7) pour distinguer les *ethnê* des régions froides comme l'Europe, pleines de cœur (*thumos* [θυμός]) mais sans intelligence (*dianoia* [διάνοια]) ni habileté (*tekhnê* [τέχνη]), donc libres mais qui ne s'organisent pas en cités (*apoliteuta* [ἀπολίτευτα], 1327b 26), de celles d'Asie inversement douées (de la *dianoia* et de la *tekhnê* mais pas de *thumos*), donc soumises ou esclaves, avec, « au milieu », le *genos* des Grecs, « la race des Hellènes », douée à la fois de cœur et d'intelligence, qui vit librement et politiquement. Mais ce *genos* est lui-même constitué d'*ethnê* plus ou moins équilibrées et plus ou moins politiquement vertueuses — Pierre Pellegrin, quand il s'agit des Grecs, passe sans raison de « peuplades » à « peuples » (1327b 34), et propose comme titre à son étude « Le caractère national : qualités des peuples selon le climat », mais encore une fois la rigueur de termes ne saurait être que d'étymologie ou de convention. Quoi qu'il en soit, *ethnos* spécifie la composante géographique, et très exactement éthologique, de la diversité humaine, par différence tant d'avec la communauté d'origine (*genos*) que d'avec la structuration politique (*polis, politeia*).

♦ Voir encadré 6.

Dêmos, à la différence des mots qui serviront à le traduire (*populus*, *peuple*, *people*, *Volk*), est des trois termes celui qui, à l'Âge classique, appartient d'emblée et exclusivement au vocabulaire du politique. Il désigne tantôt le corps des citoyens qui compose la *polis* (et dont par définition sont exclus ceux qui n'ont pas de droits politiques, en particulier, quel que soit le régime, les femmes, les enfants et les esclaves), tantôt, exactement comme *peuple* et à la différence de *Volk*, les plus « dépourvus » d'entre eux (*aporoi* [ἄποροι]), qui se trouvent être aussi toujours, même si par accident, les plus nombreux. Dans ce second sens, il est relayé par d'autres mots plus négativement connotés : *plêthos* (sur *pimplêmi* [πίμπλημι], « remplir », comme *polus* [πολύς], « nombreux »), la multitude, la foule, voire la « populace » que Xénophon oppose au *dêmos* (*Constitution d'Athènes*, 2, 18), et au pluriel *ta plêthê* [τὰ πλήθη], « les masses », celles que, pour Platon, le sophiste démagogue ne saurait manquer de persuader (*Gorgias*, 452e) ; ou encore *okhlos* [ὄχλος] (*okhleô* [ὀχλέω] signifie à la fois « mouvoir » et « troubler, harceler », sans doute sur **wegh-*, comme le *véhicule* et la *vague*) : la masse en désordre, le tumulte de la foule (*Gorgias* encore, où Platon fait circuler le sens entre « les assemblées du peuple », par exemple, les tribunaux [454b], et la multitude ignorante [458-459]). Le latin, de même, jouera de *plebs* et *turba*.

Cette double polarité du *dêmos* est évidemment liée aux polémiques sur la démocratie : le moins mauvais de tous les gouvernements possibles, celui de tous pour tous, ou bien un régime dégénéré qui porte immanquablement au pouvoir les plus vils (*phauloi* [φαῦλοι], gens de peu, par opposition aux *spoudaioi* [σπουδαῖοι], gens de bien, sur *spoudê* [σπουδή], « zèle »). Aristote s'en fait l'historien et le critique, en s'appuyant sur la sophistique pour revaloriser le *dêmos* comme *plêthos*, le peuple comme multitude.

♦ Voir encadré 7.

IV. « POPULUS », « PLEBS », « GENS »

> Les anciens noms généalogiques se vident de leur sens institutionnel et social pour devenir une nomenclature de divisions territoriales. Chaque langue procède à un nouvel aménagement de sa terminologie. La manière même dont cette transformation s'opère dans les différentes langues est pleine d'enseignements, car les langues n'ont pas la même manière d'être indo-européennes. Le latin l'est par sa fidélité aux usages anciens, au vocabulaire des institutions, même quand ce vocabulaire recouvre des réalités nouvelles ; le grec,

6

« Dêmos »/« laos » : « peuple »/« peuple »

Beaucoup de mots grecs sans rapport entre eux se retrouvent traduits par *peuple*, ce qui somme toute nous renseigne sur le vague du terme moderne. Ainsi, *phulon* [φῦλον] (la « souche », la « race », sur *phuô* [φύω], « pousser »), à côté de *genos* ou d'*ethnos*. Surtout, comme le constate É. Benveniste (*Le Vocabulaire des institutions indo-européennes*, t. 2, p. 90), nous traduisons ainsi indistinctement deux mots qui n'ont absolument pas le même sens et renvoient, dès les poèmes homériques, à des réalités historiquement distinctes : *dêmos* et *laos* [λαός]. *Laos*, souvent au pluriel, sans correspondant hors du grec, est à rapporter à la période achéenne ; il désigne le peuple en tant qu'il porte les armes (donc ni les vieillards ni les enfants) et implique la relation personnelle d'un groupe à un chef qu'il suit : ainsi Ménélas est « pasteur de peuples ». *Dêmos*, à rapporter à l'invasion dorienne, donc à une date plus récente, implique au contraire, on l'a vu, le rapport fixe à un territoire et désigne, non plus une communauté guerrière, mais la stabilité d'un corps politisable ou politique.

d'une manière inverse, par la persistance du modèle primitif organisant une nouvelle série de désignations.

É. Benveniste, *Le Vocabulaire des institutions indo-européennes*, t. 1, p. 310 *sq*.

A. « Populus »

Que l'on rattache le mot *populus* à la racine indo-européenne **pel-/ple-* (gr. *plêthos*, lat. *plenus*) ou à une origine étrusque, on s'accorde à lui reconnaître un premier sens guerrier : *populus* désigne la masse des fantassins et, de ce sens, d'autres mots ont gardé la trace, tel le déponent latin *populari* qui signifie « saccager ». Avec la réforme de l'organisation militaire et comitiale, le terme *populus* perd cette signification pour s'appliquer à l'entière communauté des citoyens, toutes classes confondues, réunis dans l'assemblée centuriate. À *populus* s'est plus tard ajouté *civitas*, qui renforce l'idée de collectivité. Mais, dans l'œuvre philosophique de Cicéron, ces deux notions s'articulent de manière plus complexe.

> Un peuple [*populus*] n'est pas un rassemblement quelconque d'individus réunis n'importe comment [*non omnis hominum coetus quoquo modo congregatus*] ; mais le rassemblement d'une multitude, effectué en vertu d'un accord sur le droit et d'une communauté d'intérêts [*coetus multitudinis juris consensu et utilitati communione sociatus*].
>
> *De republica*, I, 25, 39.

7

« Dêmos » et « plêthos » : démocratie et pluralité des citoyens

► POLIS

Traçons, pour cadrer le problème, le tableau des différentes sortes de régimes ou de constitutions (*politeiai* [πολιτεῖαι]), c'est-à-dire des différents types de gouvernements (*politeumata* [πολιτεύματα]), déployé par Aristote au livre III des *Politiques*. Les régimes « droits », nommés d'après le nombre et la qualité des gouvernants, connaissent comme chez Platon des déviations de leur finalité, qui font passer du souci du *koinon* [κοινόν], « bien public, intérêt général », à l'égoïsme de l'*idion* [ἴδιον], « intérêt spécifique ou privé » : ils changent alors de nom.

Gouvernement	régime droit (bien public, *to koinon sumpheron* [τὸ κοινὸν συμφέρον])	déviation (*parekbasis* [παρέκβασις]) (bien privé, *to idion* [τὸ ἴδιον])
d'un seul	monarchie	tyrannie
d'un petit nombre	aristocratie	oligarchie
d'un grand nombre	*politeia*	démocratie (*hoi polloi* [οἱ πολλοί], *to plêthos* [τὸ πλῆθος])

L'énigme centrale, bien connue, tient à ce que la forme droite du gouvernement du grand nombre n'a pas vraiment de nom propre : elle est dite *politeia* tout court. La démocratie, gouvernement du peuple, en est et n'en est que la forme déviée, et se définit comme le régime « qui vise l'avantage des pauvres (*pros to sumpheron to tôn aporôn* [πρὸς τὸ συμφέρον τὸ τῶν ἀπόρων]) » (1279a 9). D'où la prudence de Solon, le législateur par excellence : « Solon semble n'avoir donné au peuple (*dêmos*) que cette faculté absolument indispensable de choisir les magistrats et d'en recevoir des comptes (car, si le peuple n'est pas souverain sur ce point, il est esclave et hostile) ; mais il réserva toutes les magistratures aux notables et aux gens aisés » (II, 12, 1274a 15-19, et III, 11, 1281b 31 *sq*.).

Cependant, le *dêmos*, précisément parce qu'il est *plêthos*, masse, nombre, a par là même une qualité intrinsèque, susceptible de conférer à la démocratie une vertu sans égale et de faire du gouvernement du grand nombre le régime par excellence. Cette valorisation a pour fondement la définition même de la cité qui, pour Aristote contrairement à Platon, n'est pas d'abord une et hiérarchisée comme le corps ou comme l'âme, mais multiple et synthétique comme un chœur ou une symphonie, telle que « le tous est une conséquence du chacun » (VII, 13, 1332a 38) :

> Puisque la cité est un mélange (*tôn sugkeimenôn* [τῶν συγκειμένων]), comme n'importe quelle totalité qui est d'abord composée de plusieurs parties (*sunestôtôn d'ek pollôn moriôn* [συνεστώτων δ' ἐκ πολλῶν μορίων]), c'est évidemment d'abord du citoyen qu'il doit s'agir. Car la cité est une pluralité de citoyens (*hê gar polis politôn ti plêthos estin* [ἡ γὰρ πόλις πολίτων τι πλῆθος ἐστὶν]).
>
> 1274b 38-41.

La quantité devient ainsi une qualité, et justifie qu'on donne à ce *plêthos* le pouvoir souverain :

> Une pluralité de gens (*tous pollous* [τοὺς πολλούς]), qui un par un sont des hommes sans valeur politique, est néanmoins capable quand elle est rassemblée (*sunelthontas* [συνελθόντας]) d'être meilleure qu'une élite, non pas quand on la prend un par un, mais tous ensemble (*oukh' hôs hekaston, all' hôs sumpantas* [οὐχ' ὡς ἕκαστον, ἀλλ' ὡς σύμπαντας]), comme les repas où chacun apporte son écot sont meilleurs que ceux où un seul régale. En effet, lorsqu'il y a pluralité (*pollôn gar ontôn* [πολλῶν γὰρ ὄντων]), chaque partie possède une partie de vertu et de sagesse pratique, et quand la pluralité se rassemble, exactement comme la foule (*to plêthos*) devient un seul homme plein de pieds, plein de mains et plein de sensibilités, il en va de même pour les dispositions morales et intellectuelles (*ta êthê kai tên dianoian* [τὰ ἤθη καὶ τὴν διάνοιαν]). C'est pourquoi la pluralité (*hoi polloi*) juge mieux les œuvres musicales et poétiques : chacun juge une partie et tous jugent le tout.
>
> 1281a 42-b 10.

Ainsi se trouve justifié le fait que « la masse des citoyens (*to plêthos tôn politôn* [τὸ πλῆθος τῶν πολίτων]) », c'est-à-dire « tous ceux qui n'ont ni richesse ni titre à la vertu », participe au délibératif et au judiciaire :

> Car tous ont quand ils sont rassemblés une sensibilité suffisante, et, mélangés avec les meilleurs, ils aident la cité, exactement comme un aliment qui n'a pas été purifié joint à une petite quantité d'aliment pur rend le tout plus nourrissant ; alors que chacun pris à part manque de maturité dans le jugement.
>
> 1281b 34-38.

On n'a sans doute jamais fait plus subtil éloge de la déviation démocratique.

BIBLIOGRAPHIE

CASSIN Barbara, « De l'organisme au pique-nique », in *Nos Grecs et leurs modernes*, Seuil, 1992, p. 114-148.

À l'origine, il n'y a donc pas des individus isolés, mais un groupement humain. C'est ensuite, selon Cicéron, l'accord sur le droit (*consensu juris*) — et non des intérêts particuliers, ni des affinités historiques — qui en quelque sorte « informe » l'association, tandis que l'application de cet accord réalise « l'utilité commune ». Loin de se confondre avec une réunion de volontés individuelles, et même indépendamment d'elles, le *populus* apparaît ainsi comme une collectivité structurée par ces deux liens objectifs et spécifiques. Une telle définition, qui permet de dépasser le dualisme morale-politique, met l'accent sur le fondement naturel du lien social ; elle impose aussi une idée abstraite du bien public ; elle donne enfin au *populus* la valeur juridique très forte d'organisme indépendant, que n'aura jamais le *dêmos* grec. Une valeur que l'on retrouve dans une autre définition du *populus* comme *corpus ex distantibus*, « un corps formé d'éléments disparates », reliés par le seul lien juridique (Sénèque, *Lettres à Lucilius*, 102, 6).

♦ Voir encadré 8.

Pour Cicéron, le *populus* précède conceptuellement la *civitas*, sa forme institutionnelle, et la *res publica*, sa dimension patrimoniale (Peppe, « La nozione di *populus* », p. 318) : « *Omnis populus qui est talis coetus, omnis civitas quae est constitutio populi, omnis respublica quae populi res est* [Un peuple, c'est-à-dire le rassemblement que j'ai décrit, une cité qui est l'organisation politique d'un peuple, un État qui est la chose du peuple] » (*De republica*, I, 26, 40). Alors que tous les citoyens participent à la chose publique en tant qu'ils forment un groupe, ils partagent inégalement le gouvernement comme *cives*, c'est-à-dire comme individus détenant la citoyenneté et donc formant une partie (*pars*) du peuple. Il revient en effet à la constitution mixte, *constitutio populi* historiquement déterminée, de fixer les règles d'attribution du pouvoir à l'intérieur de la *respublica*. Les inégalités émergent donc au niveau de la *civitas* — où *populus* désigne, de manière plus restrictive, l'ensemble des citoyens réunis en assemblée.

Loin d'être théorique, ce deuxième sens du mot *populus* traduit l'état de la société romaine depuis le IIIe siècle av. J.-C., une société qui reconnaît l'égalité juridique de tous les citoyens, patriciens et plébéiens, mais qui, sur des principes censitaires, fait du peuple un protagoniste constitutionnel au pouvoir limité et géré par les « gens de bien », c'est-à-dire le Sénat (et les magistrats) — ce que suggère la titulature de la cité : *Senatus populusque romanus*. Sans doute ne peut-on dans ce contexte parler de souveraineté populaire. Mais, outre l'apparition au IIe siècle av. J.-C. d'un courant démocratique, on ne peut nier la tendance d'une grande partie de la société romaine à faire de l'assemblée populaire l'unique sujet du pouvoir dont les magistrats sont en quelque sorte les délégués (Cicéron, *De officiis*, I, 34, 124). Ce sera d'ailleurs l'un des fondements idéologiques du principat et Sénèque définira le monarque comme un personnage « investi des pouvoirs du peuple pour les exercer sur le peuple [*potestas populi in populum data*] » (*Lettres à Lucilius*, 14, 7).

Dans la définition politique du peuple ne sont pris en compte que les citoyens mâles adultes. Est-ce à dire que femmes et enfants, pourtant citoyens, en sont exclus ? En réalité, *populus* désigne parfois aussi l'ensemble de la population citoyenne. Quelle différence y a-t-il entre les lois, reçues après le jugement du peuple (*judicio populi*) et « ce que le peuple a approuvé sans aucun texte [*ea quae sine ullo scripto populus probavit*] » ? se demande le juriste Julien (*Digeste*, I, 3.32.1). Cette équivalence *leges*/*mores* qui reflète l'ambivalence du mot *populus* caractérise toute la production du droit romain (F. Gallo).

B. « Populus », « plebs »

À travers ses trois définitions (organisme lié par le droit, assemblée des citoyens, totalité de la population citoyenne), *populus* se distingue clairement de *plebs*. D'un point de vue juridique, la plèbe regroupe les *proletarii*, ceux qui, à l'origine, sont hors du *populus* — c'est-à-dire en dehors des légions. D'où la formule archaïque : *populus plebsque*. Par la suite, la plèbe s'intègre peu à peu au *populus*, mais garde son sens exclusif de groupe extérieur aux familles patriciennes (Gaius, *Institutiones*, I, 3 ; Aulu-Gelle, *Nuits attiques*, X, 20, 5). À l'époque républicaine, le mot désigne plus généralement tous ceux qui n'appartiennent pas censitairement aux ordres supérieurs (sénateurs et chevaliers à Rome, décurions dans les provinces). *Plebs* finit donc par désigner « la masse populaire », « le bas peuple » et peut devenir synonyme

8

Cicéron et saint Augustin

La définition de Cicéron sera longuement critiquée par saint Augustin (*De civitate Dei*, II, 17-19 ; XIX, 21-24). « Quand l'homme ne sert pas Dieu, quelle justice peut être dans l'homme ? Il n'y a donc pas ce droit [*jus*] reconnu qui fait d'une multitude d'hommes un peuple. » Et, plus loin : « Quel peut être l'intérêt [*utilitas*] véritable de ceux qui vivent dans l'impiété, comme vit quiconque trahit le service de Dieu pour celui des démons ? » Augustin est ainsi amené à proposer une nouvelle définition (XIX, 24) : « *Populus est coetus multitudinis rationalis rerum quas diligit concordi communione sociatus* [un peuple est l'association d'une multitude raisonnable unie dans la paisible et commune possession de ce qu'elle aime]. » Le *populus* ainsi conçu n'est pas une unité légale mais culturelle, il ne se définit pas par une forme juridique, mais par un contenu éthique, l'amour pour les mêmes valeurs et pour Dieu. Sans doute Augustin reconnaît-il aux peuples historiques et même païens le droit de porter ce nom : tel est le cas du peuple de Rome en temps de paix. Mais, de son point de vue, la communauté chrétienne est le peuple authentique et la cité spirituelle la cité véritable. Dans cette réflexion, cependant, les présupposés de Cicéron consistent en ceci que le peuple est une communauté organisée, non une juxtaposition d'individus, et que l'articulation avec la *civitas* reste fondamentale.

9

« Populus » et « popularis »

Il se révèle difficile, à la différence du français, de distinguer une réciprocité absolue en latin entre *peuple* et *populaire*. Toutefois, dans le contexte conflictuel de la fin de la République, une évolution s'amorce : les *populares*, chefs du parti démocrate, se définissent comme les représentants du *populus* tout entier et souverain, tandis que leurs adversaires les réduisent au rang de démagogues, qui recherchent la faveur de la plèbe et des esclaves. Ce débat préfigure de toute évidence le rapprochement qui va s'opérer sous l'Empire entre *populus* et *plebs*, par où *populus* renouera avec son dérivé *popularis*.

de « pauvres » (Cicéron, *De republica*, II, 39 ; *De legibus*, II, 59). Dans cette acception, le mot a de nombreux équivalents : *multitudo*, *turba* ou encore *vulgus*, qui renvoie au groupe le plus bas de la *plebs*. Ces termes, accompagnés d'un adjectif dépréciatif, prennent souvent une connotation morale : « *multitudo indocta, vulgus imperitorum, plebs et infima multitudo* [masse inculte, multitude d'ignorants, plèbe et bas peuple] » (Cicéron, *Pro Murena*, 38 et 70 ; *Pro Milone*, 95). Par cette double coloration, morale et sociologique, *plebs* se rapproche du grec *plêthos*, tandis que *populus* traduit *dêmos*.

Cette distinction souffre cependant des exceptions à la fin de la République, notamment dans le vocabulaire politique où *populus* s'emploie pour évoquer la plèbe (par exemple chez Salluste ou Tite-Live). Sous l'Empire, la confusion ira croissant, en raison du délitement des pouvoirs du *populus*. Une confusion qu'on retrouve dans les textes grecs de l'époque, où *dêmos* finit par exprimer l'idée de foule ou de « populace » (Dion Cassius, 74, 13).

♦ Voir encadré 9.

C. « Populi », « nationes », « gentes »

En tant qu'ensemble de citoyens, *populus* possède aussi une dimension internationale. Le juriste Gaius (*Institutiones*, I, 1) définit le *jus gentium* comme le droit naturel qui régit « tous les peuples » de la terre (*omnes populi*). Par ce sens, *populi* se rapproche de *gentes* ou *nationes*, mais ces notions divergent en fait sur un plan essentiel.

Gens ne désigne ni une association politique ni l'œuvre d'un législateur, mais un groupement d'hommes – « une *multitudo* issue d'une même origine ou constituée après s'être séparée d'une autre nation [*natio*] [...] », selon Isidore de Séville (*Etymologiae*, IX, 2, 1). Si ses membres portent le plus souvent le même nom (Cicéron, *Topiques*, 29), le groupe n'est pas homogène génétiquement (DEL, *s.v.* « *Nomen* », p. 443), qu'il s'agisse de ces clans patriciens (gr. *genê*), dont l'ancêtre est parfois mythique, ou des différents peuples qui composent le genre humain. Quant à *natio*, de *nascor*, « naître », il suggère davantage l'idée d'une origine naturelle ou encore d'une communauté de territoire : « C'est un groupe d'hommes qui ne viennent pas d'ailleurs, mais sont nés au même endroit » (Festus, *s.v.* « *Natio* »). En tout cas, *natio* comme *gens* sont hors de la sphère civique.

De ces groupements non politiques, qui vivent le plus souvent sous la direction d'un chef, les Romains ont clairement distingué le *populus*, et sa forme institutionnelle, la *civitas*, où l'homme manifeste sa *libertas*. « Tous les peuples [*nationes*] peuvent supporter la servitude, pas notre cité [*civitas*] », écrit Cicéron (*Philippiques*, X, 10, 20). Et, pour lui, les *populi* sont ceux qui sont organisés en *civitates* ; c'est en ce sens qu'ils ont un droit propre, un *jus civile* (*De officiis*, III, 23) distinct du *jus gentium*. Rappelant les différents degrés (*gradus*) de la société romaine (*De officiis*, I, 53 ; III, 69), Cicéron énumère l'ensemble du genre humain ; puis les groupements non civiques — ceux qui ont en commun le *nomen* (*gentes*), la naissance ou le lieu (*nationes*), la langue (*linguae*) ; enfin la *civitas*. Ce faisant, il situe la cité moins dans une pensée généalogique que dans un univers juridiquement construit, étranger aux déterminations ethniques ou géographiques.

Les chrétiens employèrent *nationes* (gr. *ta ethnê*) pour désigner les païens. Ils ne faisaient en cela qu'imiter le modèle romain : de même que, pour le droit de l'Empire, les *nationes* sont en dehors d'une *civitas* et étrangères au *populus romanus* (Gaius, *Institutiones*, I, 79), de même, dans le vocabulaire chrétien, le terme désigne ceux qui sont à l'extérieur de la *civitas christiana*, du *populus Dei*.

Au terme de ce parcours, on conçoit mieux quel risque présente le fait de superposer *race* et *genos*, *nation* et *ethnos*, et avec eux tous les termes qui désignent, dans différentes langues, des communautés humaines. Il est celui de l'illusion rétrospective. Au-delà des négligences de traduction, il y va d'une philosophie de l'histoire implicite. Ainsi, l'usage systématique de *nation* pour traduire tel ou tel terme grec ou latin n'organise rien de moins que la « nationalisation » de toutes les communautés de l'Antiquité, c'est-à-dire la construction de cette forme particulière de communauté en objet de l'histoire universelle, comme l'usage de *race* ou *Rasse* arrache cette notion aux contextes historiques et idéologiques de son émergence et lui donne une validité anhistorique.

Marc CRÉPON, Barbara CASSIN,
Claudia MOATTI

BIBLIOGRAPHIE

GALLO Fancesco, « Produzione del diritto e sovranità popolare nel pensiero di Giuliano (a proposito di *D.* I, 3,32) », *IURA*, n° 36, 1985, p. 70-96.

GAUDEMET Jean, « Le peuple et le gouvernement de la république romaine », *Labeo*, n° 11, 1965, p. 147-192.

KANT Emmanuel, *Anthropologie du point de vue pragmatique* [*Anthropologie in pragmatischer Hinsicht*], trad. fr. P. Jalabert, et *Doctrine du droit* [*Rechtslehre*], trad. fr. J. et O. Masson, in *Œuvres philosophiques*, Gallimard, « La Pléiade », t. 3, 1986.

MOATTI Claudia, *La Raison de Rome. Naissance de l'esprit critique à la fin de la République (IIe-Ier siècle av. J.-C.)*, Seuil, 1997.

MOMIGLIANO Arnaldo, « The Rise of the Plebs », *in* K. RAAFLAUB (éd.), *Social Struggles in Archaic Rome. New Perspectives on the Conflict of the Orders*, University of California Press, 1986, p. 174-197.

PEPPE Leo, « La nozione di *populus* e le sue valenze. Con un indagine sulla terminologia pubblicistica nelle formule della *evocatio* e della *devotio* », *in* W. EDER (éd.), *Staat und Staatlichkeit in der frühen römischen Republik*, Stuttgart, Steiner, 1990, p. 312-343.

YAVETZ Zvi, *Plebs and Princeps*, Oxford, Clarendon Press, 1969 : *La Plèbe et le Prince*, trad. fr. M. Sissung, La Découverte, 1984.

OUTILS

ALEMBERT Jean Le Rond d' et DIDEROT Denis, *Encyclopédie ou Dictionnaire raisonné des sciences, des arts et des métiers*, Paris, Briasson, 1751-1780, nouv. éd. en fac-similé, Stuttgart-Bad Cannstatt, Frommann, 1966-1988.

BENVENISTE Émile, *Le Vocabulaire des institutions indo-européennes*, 2 vol., Minuit, 1969.

DEL : ERNOUT Alfred et MEILLET Antoine, *Dictionnaire étymologique de la langue latine. Histoire des mots* [1932], 4e éd. augm. J. André, Klincksieck, 1994.

FESTUS Sextus Pompeius, *De verborum significatu quae supersunt*, Stuttgart-Leipzig, Teubner, 1913, repr. 1997.

PHANTASIA [φαντασία] GREC – fr. *imagination, image, (re)présentation*

lat.	*visum, imago, imaginatio*
all.	*Phantasie, Einbildungskraft*
angl.	*imagination, fancy, appearing*

► *IMAGINATION* [FANCY], et *APPARENCE*, CONCETTO, DOXA, ERSCHEINUNG, *IMAGE* [BILD, EIDÔLON], INGENIUM, LUMIÈRE, MIMÊSIS, PERCEPTION, *PHÉNOMÈNE*, REPRÉSENTATION

La traduction standard du grec phantasia [φαντασία] *par* imagination *pose plus de problèmes qu'elle n'en résout, ne serait-ce que parce qu'elle recourt à un calque du latin impérial* imaginatio *qu'ignorait Cicéron, pour qui* imago *désignait encore avant toute chose un portrait* (De finibus, *V, 1, 3*). *La traduction moderne de* phantasia *par* représentation, *qui tend à s'imposer, est certes meilleure en ce qu'elle ne renvoie pas à une notion, l'imagination, qui pour nous autres modernes désigne tout autre chose que ce que les Grecs pouvaient vouloir signifier par* phantasia, *mais elle ne fait pas droit à ce qui se tient au cœur de la* phantasia *: l'apparaître.*

I. « PHANTASIA », APPARITION ET REPRÉSENTATION

Les difficultés de traduction reflètent celles, non moins grandes, à cerner ce que les Grecs pouvaient bien vouloir dire par *phantasia* : elles tiennent autant à la polysémie du terme grec, liée à l'évolution de la langue grecque elle-même, qu'à l'usage complexe et varié qu'en firent les philosophes grecs. Précisons en tout premier lieu que, si *phantasia* doit être apparenté à *phainô* [φαίνω], « faire paraître à la lumière » (*phôs* [φῶς]), – et, bien plus encore, au moyen *phainomai* [φαίνομαι], « venir à la lumière, apparaître », – il se rapporte aussi à *phantazomai* [φαντάζομαι], « devenir visible, apparaître, se montrer » (*phantazô* [φαντάζω], « rendre visible, présent à l'œil ou à l'esprit », n'existe pas à l'actif avant l'époque hellénistique et il n'acquiert le sens d'« imaginer » qu'à partir du Ier ou IIe siècle de notre ère, comme chez l'auteur du *Traité du sublime* ou chez Alexandre d'Aphrodise). Où l'on voit d'emblée que le terme a originellement bien peu affaire avec notre moderne imagination, reproductrice ou créatrice, et sans doute encore moins avec la « folle du logis » chère à Malebranche ou avec la « maîtresse d'erreur et de fausseté » de Pascal. Hérodote n'employait-il d'ailleurs pas le verbe *phantazomai* pour signifier tout simplement « se montrer » (*Histoire*, IV, 124, où il est dit que les Perses ne voient plus les Scythes car ils avaient disparu, *aphanisthentôn* [ἀφανισθέντων], et ne se montraient plus, *ouk eti ephantazonto* [οὐκ ἔτι ἐφαντάζοντο]) ?

On comprend ainsi le célèbre énoncé d'Aristote : « Puisque la vue [ὄψις] est le sens par excellence, [la *phantasia*] a tiré son nom de lumière [φάος], car sans lumière il est impossible de voir [ἰδεῖν] » (*De anima*, III, 3, 429a 2-4). Les Stoïciens, reprenant la même étymologie, ajouteront : « la *phantasia* tient son nom du mot lumière [φῶς], en effet tout comme la lumière fait voir à la fois elle-même et ce qu'elle enveloppe, de même la *phantasia* fait voir à la fois elle-même et ce qui l'a produite » (Aetius, IV, 12-15 ; Sextus Empiricus, *M.*, VII, 162). Le trait propre aux Stoïciens (la *phantasia* est *index sui*), tout comme d'ailleurs le fait que selon Aristote « jamais l'âme ne pense sans *phantasma* [φάντασμα] [« sans image » traduit Barbotin, et, mieux, Bodéüs : « sans représentation »] » (*De anima*, III, 7, 431a 16-17 ; 8, 432a 9-10), sont des marques de sa fiabilité : on ne saurait donc être qu'étonné par toute interprétation tendant à réduire la *phantasia* à ce qui gouverne les seules images visuelles intérieures en l'absence de tout objet, images (*phantasmata*) qui seraient de surcroît le plus souvent fausses (si bien qu'on rend alors *phantasmata* par « illusions », d'où notre moderne « phantasme »). Cette interprétation est en tout cas absolument contradictoire avec la définition aristotélicienne de la *phantasia* comme « mouvement produit par la sensation en acte [ὑπὸ τῆς αἰσθήσεως τῆς κατ' ἐνέργειαν] » (*De anima*, III, 3, 429a 1-2). En effet, si nous nous attachons à cette étymologie ainsi qu'au lien entre *phantasia* et *phainesthai*, ce n'est pas d'abord vers les images mentales visuelles, « pictoriales », que nous sommes renvoyés, mais bien plutôt vers ce qui relève de l'apparition, du devenir apparent, de la présentation d'une entité extérieure ainsi mise en lumière, voire de la simple présentation des choses réelles, qui peuvent d'ailleurs fort bien être des choses entendues.

♦ Voir encadré 1.

Si Hobbes était donc bien conscient des difficultés à passer du grec au latin, les Latins eurent à les connaître directement. En effet, le latin républicain, pratiqué par celui à qui nous devons nombre de nos traductions des notions grecques, à savoir Cicéron, ne connaissait guère que trois termes : (1) *imago*, qui désignait avant tout un portrait, d'où notre « image », mais qui pouvait aussi renvoyer aux images mentales, comme celles à l'œuvre dans les procédés mnémotechniques ; (2) *imitor*, qui signifiait avant toute chose imiter en cherchant à reproduire une image et qui « traduisait » le verbe grec *eikazô* [εἰκάζω], lequel signifiait faire un portrait, représenter par un dessin ou une peinture, d'où ressembler ; (3) *imaginosus*, qui désignait l'être en proie à des hallucinations.

On comprend dès lors l'embarras de Cicéron lorsqu'il eut à traduire le grec *phantasia*. D'un côté, sans doute pour bien faire sentir que la *phantasia* des Stoïciens renvoyait à la représentation qui « est gravée, frappée et imprimée à partir d'un objet existant conformément à cet objet, de façon telle qu'elle ne se produirait pas si l'objet n'existait pas » (*De legibus*, VII, 50), il recourut au latin *visum* (*Academica*, I, 40), qu'il est d'usage de traduire par « représentation », mais qui signifie en premier lieu la « chose vue ». Mais, d'un autre côté, il n'en recourut pas moins à *visio* et à *imago* pour rendre l'*eidôlon* des Épicuriens (*De divinatione*, II, 120 ; *De finibus*, I, 21), c'est-à-dire le « simulacre » pour calquer cette fois le latin de Lucrèce (voir *IMAGE* et SPECIES), qui est la réplique des corps émanant d'eux-mêmes et qui produit en nous une « image » (*phantasia*, qui prend ici un sens fort voisin de *phantasma* du fait que ce terme, nouvelle difficulté, ne désigne pas seulement une faculté, mais peut aussi désigner ce qui en résulte).

De fait, il faudra attendre le latin impérial pour voir apparaître *imaginor* et ses dérivés, à commencer par *imaginatio*. Mais *imaginor* et *imaginatio* rendent les sens tardifs de *phantazô* et *phantasia*. C'est ce dont témoigne cet énoncé de Quintilien (Ier siècle apr. J.-C.), donné comme en passant lorsqu'il en vient aux moyens de faire naître l'émotion :

> Les Grecs appellent φαντασία (nous pourrions bien l'appeler *visio*), la faculté de nous représenter les images des choses absentes au point que nous ayons l'impression de les voir de nos propres yeux et de les tenir devant nous [*per quas imagines rerum absentium ita repraesantur animo ut eas cernere oculisac praesentes habere videamur*].
>
> *Institution oratoire*, VI, 2, 29, trad. fr. J. Cousin, Les Belles Lettres, « CUF », 1977.

Quintilien propose encore de traduire *phantasia* par *visio* , mais la définition qu'il en donne est déjà bien plus « moderne » ; elle paraît se calquer, jusque dans l'appel à l'émotion, sur celle du *Traité du sublime*, XV, lorsque le Pseudo-Longin souligne qu'à son époque (sans doute ce même Ier siècle de notre ère) le terme *phantasia* est utilisé au sujet des passages où les écrivains, rhéteurs ou poètes, sous le coup de l'enthousiasme et de la passion, semblent avoir vu si fort ce qu'ils décrivent qu'ils parviennent à le mettre sous les yeux de leurs auditeurs. Ainsi *imaginatio*, qui ne renvoie pas non plus d'emblée à notre moderne conception de l'imagination, peut bien traduire *phantasia*, mais cette traduction ne renvoie proprement qu'à certaines occurrences pour le moins tardives de *phantasia*. C'est ce dont, plus tard encore, semble s'être avisé Guillaume de Moerbecke dans sa *translatio vetus* du *De anima* d'Aristote puisqu'il n'hésitait pas à y décliner *phantasia* et *phantasma* en latin, comme s'il s'agissait là d'intraduisibles, usage suivi par Thomas d'Aquin dans son commentaire, lequel usait cependant parfois aussi d'*imaginatio* (*In Aristotelis librum De anima*, 644-645, où l'on remarquera un merveilleux *phantasiantur*). Pourtant *phantasia*, un siècle plus tôt, avait essentiellement un sens péjoratif et désignait ce qui avait trait aux apparitions, aux fantômes, ce que pouvait aussi désigner *phantasma* en grec du fait de sa parenté avec *phasma* [φάσμα], « vision, spectre, fantôme » (voir, par ex., Eschyle, *Sept contre Thèbes*, v. 710 pour *phantasma* ; *Agamemnon*, v. 274 pour *phasma*).

II. L'APPARAÎTRE AU RISQUE DE L'APPARENCE

Bien que (ou parce que, serait-il sans doute plus juste de dire) la *phantasia* renvoie en tout premier lieu à ce qui apparaît, il n'en est pas moins vrai qu'elle peut aussi renvoyer à une image mentale qui a toutes les chances d'être fausse, à la pure apparence. Nous devons très certainement à Platon d'avoir imprimé à cette notion ce tournant, auquel on ne saurait toutefois la réduire. En effet, s'efforçant de comprendre la pensée, *dianoia* [διάνοια], comme dialogue intérieur et silencieux de l'âme avec elle-même (*Théétète*, 189e-190a ; *Philèbe*, 38b-40b), Platon distingue entre le pur phénomène de pensée, qu'il qualifie de *doxa*, et la pensée de ce qui se présente à l'âme par l'intermédiaire de la sensation (*aisthêsis* [αἴσθησις]). C'est cette deuxième forme de pensée, mixte d'opinion et de sensation, qu'il choisit de dénommer *phantasia* ou de désigner par *phainetai* (« j'imagine » traduit Diès, mais cela signifie proprement « il apparaît ») en soulignant qu'il

1

Hobbes, et les difficultés du passage du latin au grec

Nous sommes ainsi *a priori* bien loin de toute idée d'une représentation en l'absence d'objet et encore plus loin de toute assimilation de la *phantasia* au *decaying sense* de Hobbes, soit à une « sensation en voie de dégradation [*sensio deficiens, sive phantasma dilutum et evanidum*] » (*Léviathan*, I, 2). Quoi que nous autres modernes dussions à cette conception et quoi que nous puissions penser de cet éventuel rapprochement, il faut cependant remarquer que Hobbes avait fort bien perçu qu'*imaginatio* ne traduisait que fort imparfaitement *phantasia* :

> Après que l'objet a été ôté, ou l'œil fermé, nous gardons encore une image (*image, imaginem*) de la chose vue, moins distincte cependant que lorsque nous la voyons. Et c'est là ce que les Latins appellent *imagination* (*imaginatio*), à cause de l'image produite par la vision ; et ils appliquent le même mot aux autres sensations (*senses*) quoiqu'improprement. Mais les Grecs appellent cela *phantasme* (*fancy, phantasia*), ce qui signifie apparition, et convient également bien à toutes les sensations.
>
> *Léviathan*, I, 2, trad. fr. F. Tricaud, Sirey, 1971 ; les termes anglais ou latins placés entre parenthèses sont ceux de Hobbes lui-même dans ses éditions anglaises ou latines.

est inévitable qu'elle soit quelquefois fausse (*Sophiste*, 263e-264b).

♦ Voir encadré 2.

S'il est donc bien vrai que, chez Platon et Aristote ce qui apparaît en fonction de la *phantasia* peut être douteux, on ne saurait réduire la *phantasia* à cet aspect. C'est évident chez les Stoïciens, mais c'est aussi le cas chez Aristote, pour qui le spectre des *phantasmata* s'étend des véraces, nécessaires pour penser, aux faux ou illusoires, comme dans les rêves, les hallucinations et dans toutes les situations où les conditions de perception sont difficiles, en passant par les *phantasmata* à l'œuvre dans le mouvement local, où le rôle de la *phantasia* est de faire apparaître cet objet-ci comme désirable afin que je me meuve vers lui. En définitive, ce qui sépare radicalement Aristote de Platon au sujet de la fiabilité de la *phantasia*, c'est la volonté affichée par Aristote de la distinguer fermement du jugement : ce n'est pas parce que le soleil m'apparaît (*phainetai* [φαίνεται]) avoir un pied de grandeur que je vais croire qu'il est plus petit que la terre habitée (*De anima*, III, 3, 428a 24-b 10). D'où cette constante d'Aristote à relier fermement la *phantasia* à l'impersonnel *phainetai*, « il apparaît », tout en précisant qu'il faut prendre ces termes en leur sens propre et non dans leur sens dérivé (« métaphorique » dans le vocabulaire d'Aristote). *Phainetai* pouvait en effet être utilisé en grec pour signifier tout ce qui « apparaît », qu'il s'agisse de ce qui apparaît en fonction de la *phantasia* (sens propre selon Aristote) ou en vertu d'autre chose, comme la sensation ou la pensée (sens dérivés d'après Aristote). En d'autres termes, de même que nous pouvons dire en français « il apparaît » pour signifier ce qui ressort d'un raisonnement ou pour dire tout simplement « il semble », il en va de même en grec avec *phainetai* (et il est piquant de constater qu'Aristote lui-même ne se prive pas de le faire, comme en *De anima*, III, 10, 433a 9, où *phainetai* introduit la conclusion d'un raisonnement... qui va en appeler à la *phantasia* !). C'est en ce sens qu'on doit comprendre l'énoncé : « si la *phantasia* est ce en vertu de quoi nous disons qu'un *phantasma* se produit en nous et si cela n'est pas dit en un sens métaphorique [...] » (*De anima*, III, 3, 428a 1-2), où il est simplement précisé que seul ce qui apparaît en fonction de la *phantasia* mérite d'être appelé *phantasma*, et non pas, comme pour Platon ou dans la

2

L'équivoque de Platon, la précision d'Aristote et les redéfinitions des Stoïciens

► SUBLIME

Trois textes qui se font écho nous permettent de mieux mesurer les oscillations dans l'usage philosophique d'une même famille de mots et la difficulté à les rendre en traduction.

Platon écrit :

> SOCRATE — Un homme qui aperçoit de loin [πόρρωθεν] des objets sans les voir très nettement sera porté, tu en conviens, à vouloir distinguer [κρίνειν] ce qu'il aperçoit ?
>
> PROTARQUE — J'en conviens.
>
> SOCRATE — Ne se posera-t-il pas alors une question comme celle-ci ?
>
> PROTARQUE — Laquelle ?
>
> SOCRATE — « Que peut donc bien être, ce qui m'apparaît [φανταζόμενον] derrière ce roc, debout sous un arbre ? » N'est-ce pas ce que se demandera quelqu'un aux yeux de qui s'offrent éventuellement de telles apparences [φαντασθέντα] ?
>
> PROTARQUE — Sans aucun doute.
>
> SOCRATE — Après quoi, se répondant à lui-même, il pourra dire : « C'est un homme », et tombera juste ?
>
> *Philèbe*, 38 c-d , trad. fr. A. Diès, Les Belles Lettres, « CUF », 1941.

Aristote écrit :

> Nous ne disons pas [οὐδὲ λέγομεν], quand nous exerçons avec précision notre activité sensorielle sur l'objet sensible [ἐνεργῶμεν ἀκριβῶς περὶ τὸ αἰσθητόν], que « cela nous *paraît* être l'image d'un homme » [ὅτι φαίνεται τοῦτο ἡμῖν ἄνθρωπος] ; mais c'est bien plutôt quand nous ne sentons pas avec précision ; et c'est alors qu'elle est vraie ou qu'elle est fausse.
>
> *De l'âme*, III, 3, 428a 12-15, trad. fr. E. Barbotin, Les Belles Lettres, « CUF », 1966 ; Barbotin met des guillemets et souligne *paraît*.

Du Stoïcisme on lit :

> [Chrysippe dit qu'il faut distinguer *phantasia, phantaston, phantastikon* et *phantasma*]... Le *phantaston* [qu'on traduit d'ordinaire par « objet représenté »] c'est ce qui produit la *phantasia* [la « représentation »]... Le *phantastikon* [qu'on traduit d'ordinaire par « imagination » ou « imaginaire »] est un mouvement vain, une affection qui se produit dans l'âme sans qu'aucun *phantaston* ne l'ait engendré... Le *phantasma* [« objet imaginaire »] est ce vers quoi nous sommes attirés dans ce mouvement vain du *phantastikon*.
>
> Aetius, IV, 12, 1-5.

La situation décrite par Platon renvoie clairement à ce qui apparaît à X ou à Y comme ceci ou comme cela, et ce, en présence de l'objet. En conséquence, ce sont les conditions de la perception qui gouvernent la véracité ou fiabilité de ce qui nous apparaît et il est donc pour le moins trompeur de traduire *phainetai* par « j'imagine » ainsi que le faisait Diès dans sa traduction du *Sophiste* en 264a (Les Belles Lettres, « CUF », 1925).

De même, lorsque Aristote, tout en se préparant à critiquer la définition de la *phantasia* comme mixte de sensation et d'opinion donnée par Platon, cite quasiment le *Philèbe* quand il s'agit de distinguer la *phantasia* de la sensation, Barbotin sent bien la nécessité de rendre *phainetai* par *paraît*, mais il croit néanmoins devoir ajouter un « l'image » qui gâche tout. La phrase mise entre guillemets — manifeste allusion au passage du *Philèbe* précité — devrait bien plutôt se traduire par quelque chose comme : « cela nous paraît être un homme », car c'est l'objet lui-même qui paraît être tel ou tel et meilleures seront les conditions de la perception, meilleure sera l'apparition.

Enfin, les Stoïciens se livreront à une redistribution des termes en désolidarisant le *phantasma* de la *phantasia* et en le chargeant de tout ce qui est porteur d'illusion. Mais, par un singulier retournement de situation, on peut néanmoins estimer que ce geste fut porteur d'une nouvelle conception de l'« imagination », créatrice celle-là, et dont le Pseudo-Longin ou Philostrate sont les témoins : les visions d'Oreste, toujours associées chez les Stoïciens aux *phatasmata* du *phantastikon* (cf. Sextus Empiricus, *Adversus mathematicos*, VII, 170, 244, 249 ; VIII, 63, 67), deviendront le modèle même de la création littéraire, Euripide ayant vu les Érinyes et étant parvenu à nous faire voir ce qu'il avait « imaginé [ἐφαντάσθη] » (*Du sublime*, XV, 2).

3

La réapparition de « fantasme » à partir du vocabulaire de la psychanalyse

Introduit, ou réintroduit, dans le français contemporain par les traducteurs de Freud, le mot *fantasme* est censé rendre le terme allemand *Phantasie*, c'est-à-dire l'idée de productions de l'imagination par lesquelles le moi tente d'échapper à l'emprise de la réalité (tels les rêves diurnes) et qui souvent s'organisent dans un rapport étroit avec l'inconscient. Ce vocable (avec son adjectif *fantasmatique*), ainsi réapparu dans le vocabulaire de la psychanalyse, est aujourd'hui largement usité dans le langage courant. Bien que la médecine l'eût employé épisodiquement vers 1836 avec le sens d'hallucination visuelle et qu'il figure dans le *Nouveau Larousse illustré* de 1906 avec cette sobre définition : « Chimère qu'on se forme dans l'esprit », il était encore absent en 1926 dans la huitième édition du *Dictionnaire général de la langue française* par Adolphe Hatzfeld, Arsène Darmesteter et Antoine Thomas (Delagrave).

En refaisant surface dans la littérature psychanalytique française au cours du premier tiers du XXe siècle, *fantasme* renouait avec la persistance dans la langue populaire du latin *phantasma*, transcrit tardivement du mot grec doté de la même graphie, qui avait le sens d'image offerte à l'esprit par un phénomène extraordinaire et qui restait lié à *phantasia*, terme désignant d'abord l'opération mentale accompagnant une telle image et ensuite seulement « ombre » ou « fantôme ». Or le *phantasma* s'imposa, dans le parler de l'Empire, sous la forme de *fantauma*, issu du grec ionien *phantagma* et du grec massaliote *phantôma*. Ce *fantauma* méridional se retrouvera, dès le XIIe siècle, dans le français *fantosme*, avec le sens de « vision d'une personne de l'autre monde » ou de « fantôme », puis d'« illusion » et de « rêverie ». Dans les langues romanes, l'italien et l'espagnol *fantasma* gardèrent très clairement ce double sens d'abord de spectre puis d'image mentale, tandis qu'en français les deux termes médiévaux *fantosme* et *fantasie* se maintinrent longtemps pour désigner, le premier, une vision extraordinaire, le second, le pouvoir d'imaginer.

On retrouve ces deux derniers vocables dans la langue allemande sous la forme de *Phantom* (« fantôme » et, par extension, « image trompeuse, illusion ») et de *Phantasie* (« imagination »). C'est l'emploi privilégié par Freud de *Phantasie* qui a amené les premiers psychanalystes français à traduire un tel terme par le mot — nouveau ou nouvellement réhabilité dans leur langue — de *fantasme*. On notera cependant que *Phantasie* désigne moins le pouvoir d'imaginer (*Einbildungskraft*) que le monde imaginaire et l'ensemble de ses contenus, l'activité créatrice de rêves, d'images et de visions à laquelle l'esprit se livre et qui s'exprime par le verbe *fantasieren* (substantifié sous la forme *das Fantasieren*). Si bien que, comme le font remarquer Laplanche et Pontalis dans le *Vocabulaire de la psychanalyse*, le français *fantasme* « ne correspond pas exactement au terme allemand [*die Phantasie*] puisque son extension est plus étroite. Il désigne telle formation imaginaire particulière et non le monde des fantasmes, l'activité imaginaire en général ». Toutefois, si c'est la psychanalyse qui a donné véritablement droit de cité au français *fantasme* — mais en lui assignant alors un sens plus restreint que *Phantasie* —, le concept correspondant s'est étendu, à l'intérieur de la discipline, à de multiples niveaux ou modalités (fantasme originaire, fantasme de séduction, fantasme conscient, fantasme inconscient, « roman familial », etc.) — qu'ils nous viennent de Freud, de Jung, de Lacan ou de Melanie Klein. Mais l'usage de *fantasme* déborde aujourd'hui largement le champ de la psychanalyse au sein duquel il est né au début du XXe siècle.

Il reste qu'en français, mais surtout en anglais, *fantasme* ou *fantasy* s'écrivent parfois avec la graphie *phantasme* ou *phantasy*, l'école kleinienne y voyant — malencontreusement semble-t-il — un moyen de distinguer fantasme inconscient (*phantasy*) et fantasme conscient (*fantasy*). Indépendamment de cette interprétation, les éditeurs britanniques des œuvres complètes de Freud, qui ont opté d'une manière générale pour *phantasy*, justifient, en ces termes quelque peu embarrassés, la distinction entre les deux orthographes :

> *Phantasy* est adopté ici sur la base d'une discussion dans l'*Oxford Dictionary*, qui aboutit à cette conclusion : « Dans l'usage moderne, les termes *fantasy* et *phantasy*, en dépit de leur identité phonique et de leur étymologie, tendent à être appréhendés comme étant distincts, le sens prédominant du premier étant "caprice, lubie, comportement fantasque", tandis que le second est "imagination ou représentation hallucinée" ». En conséquence, *phantasy* sera entendu ici avec le sens technique de phénomène intéressant le psychisme. Mais *fantasy* peut être usitée aussi dans certaines occurrences appropriées.
>
> *Standard Edition*, I, p. XXIV.

Ainsi, à la différence de leurs collègues français (pour lesquels *phantasme* et *fantasme* ont des sens équivalents), mais aussi italiens (qui utilisent *fantasia* ou *fantasma*) et espagnols (avec *fantasia*), les psychanalystes anglo-saxons semblent tenir à poser une distinction réelle entre *fantasy* et *phantasy*, ce dernier terme étant jugé plus proche, par sa graphie, de l'allemand *Phantasie* et marquant, à leurs yeux, une dépendance spécifique, par rapport au vocabulaire freudien, du concept qui est censé lui correspondre.

Charles BALADIER

langue courante, tout ce qui apparaît ou semble être en fonction de la sensation, de l'opinion ou de la pensée.

III. APPARAÎTRE À... COMME...

« Il apparaît donc » que si la *phantasia* renvoie en tout premier lieu à ce qui apparaît, que ce qui apparaisse soit vrai ou faux (malgré leur redistribution des termes, les Stoïciens n'innoveront guère de ce point de vue), on ne saurait la confondre avec notre moderne imagination, notion ayant de surcroît le désavantage de mettre l'accent sur une activité du sujet, alors qu'il s'agit bien plutôt en grec d'une réception. « Représentation » est meilleur, mais présente à son tour le désavantage de mettre l'accent sur ce qui se présenterait « de nouveau », ce qui peut certes être le cas, mais qui ne l'est pas nécessairement, d'où la graphie employée dans plusieurs langues : « (re)présentation ». Mais cela n'est guère satisfaisant, car ce qu'il faudrait avant tout pouvoir préserver, c'est le lien avec *phainomai* et *phantazomai*, tout en trouvant une famille de termes de même racine pour traduire *phantasma, phantaston* et *phantastikon*, et renvoyer aussi bien aux images mentales (pictoriales ou non) qu'aux simples apparitions, aux images oniriques ou encore aux hallucinations et autres fantômes ou ombres — le moindre des paradoxes n'étant certes pas que ce qui provient du terme « lumière » puisse aussi signifier « ombre ».

« Apparaître » est sans nul doute le maître mot qui nous permet de cerner au plus près ce que les Grecs entendaient par *phantasia* (pourvu du moins qu'on ne l'identifie pas à l'apparence prise en un sens péjoratif, à la semblance). En effet, sans qu'il soit pour autant nécessaire de faire appel au *seeing as* de Wittgenstein puisque Platon nous en fournit déjà les moyens, nous devons comprendre la *phantasia*, à quelque *phantasma* qu'elle donne lieu d'apparaître, comme une structure à double complément gouvernant le fait que quelque chose, quel que soit ce quelque chose, apparaisse à X ou à Y comme ceci ou comme cela.

♦ Voir encadré 3.

Jean-Louis LABARRIÈRE

BIBLIOGRAPHIE

ARMISEN Mireille, « La notion d'imagination chez les Anciens », *Pallas*, n° 15, 1979, p. 11-51 ; n° 16, 1980, p. 3-37.

BUNDY Murray Wright, *The Theory of Imagination in Classical and Medieval Thought*, Urbana, University of Illinois, 1927.

COCKING John M., *Imagination: A Study in the History of Ideas*, Londres, Routledge, 1991.

FATTORI Marta et BIANCHI Massimo Luigi (éd.), *Phantasia~Imaginatio*, Rome, Edizioni dell'Ateneo, 1988.

FREUD Sigmund, *The Standard Edition of the Complete Psychological Works of Sigmund Freud*, 24 vol., Londres, Hogarth Press, 1953-1966.

HOBBES Thomas, *Léviathan*, trad. fr. F. Tricaud, Sirey, 1971.

IMBERT Claude, « Théorie de la représentation et doctrine logique dans le stoïcisme ancien », *in* J. BRUNSCHWIG, *Les Stoïciens et leur logique*, Vrin, 1978.

LABARRIÈRE Jean-Louis, « De la "nature phantastique" des animaux chez les Stoïciens », *in* J. BRUNSCHWIG et M. NUSSBAUM, *Passions & Perceptions*, Cambridge UP, 1993, p. 225-249.

— « Des deux introductions de la *phantasia* dans le *De anima*, III, 3 », *Kairos*, n° 9, 1977, p. 141-168.

— « Jamais l'âme ne pense sans phantasme », *in* P.-M. MOREL, *Aristote et la notion de nature*, PU de Bordeaux, 1997, p. 149-179.

LABARRIÈRE Jean-Louis (dir.), « Aristote — Sur l'imagination », *Les Études philosophiques*, 1, 1977.

LYCOS Kemon, « Aristotle and Plato on "Appearing" », *Mind*, n° 73, 1964, p. 496-514.

MANIERI Alessandra, *L'Immagine Poetica nella Teoria degli Antichi*, Pise-Rome, Istituti Editoriali e Poligrafici Internazionali, 1998.

MODRAK Deborah K. W., « Φαντασία Reconsidered », *Archiv für Geschichte der Philosophie*, n° 68, 1968, p. 47-69.

NUSSBAUM Martha C., *Aristotle's De motu animalium* (Essay 5 : « The Role of *Phantasia* in Aristotle's Explanation of Action », p. 221-269), Princeton UP, 1978.

SCHOFIELD Malcolm, « Aristotle on the Imagination », *in* G.E.R. LLOYD et G.E.L. OWEN (éd.), *Aristotle on Mind and the Senses* [*Proceedings of the Seventh Symposium Aristotelicum*, Cambridge, 27 août-4 sept.1975], Cambridge UP, 1978, p. 99-141, repris *in* J. BARNES, M. SCHOFIELD et R. SORABJI (éd.), *Articles on Aristotle 4, Psychology and Aesthetics*, Londres, Duckworth, 1979, p. 103-132.

VERNANT Jean-Pierre, « Image et Apparence dans la théorie platonicienne de la Mimêsis », *Journal de psychologie*, 1975/2, repris sous le titre « Naissance d'images », in *Religions, histoires, raisons*, Maspero, 1979, p. 105-137.

WATSON Gerard, *Phantasia in Classical Thought*, Typeset by Officina Typographica, POB 36, Galway-Clódóirí Lurgan-Indreabhán, Galway UP, 1988.

WEDIN Michael V., *Mind and Imagination in Aristotle*, New Haven, Yale UP, 1988.

OUTILS

LAPLANCHE Jean, PONTALIS Jean-Bertrand et LAGACHE Daniel (dir.), *Vocabulaire de la psychanalyse*, PUF, 1967, rééd. « Quadrige », 1998.

PHÉNOMÈNE

PHÉNOMÈNE Le mot, introduit en français par les astronomes de la Renaissance (les *phainomena* [φαινόμενα], en grec, désignent au premier chef les astres et constellations qui brillent si visiblement à nos yeux), a une acception philosophique au croisement de l'objet et du sujet, entre manifestation et conscience.

I. « PHAINOMENON », « PHÉNOMÈNE »

Le mot fr. *phénomène*, comme ses analogues dans les autres langues, y compris l'anglais et l'allemand, décalque le gr. *phainomenon* [φαινόμενον], participe du verbe moyen *phainesthai* [φαίνεσθαι], « montrer, briller, paraître, apparaître, se montrer comme ». On retrouve la même base indo-européenne **bh(e)ə₂-)*, « éclairer, briller », dans *phôs* [φῶς], « lumière », dans *phantasia* [φαντασία], « imagination, représentation », mais aussi dans *phêmi* [φημί], « dire ». Voir l'encadré 1, « *Phôs, phainô, phêmi* », dans LUMIÈRE, et PHANTASIA, *IMAGINATION*.

Le *phainomenon* garde une certaine ambiguïté, désignant tantôt ce qui « paraît », ou paraît tel, sans (l')être réellement ou véritablement (ainsi, un *phainomenos sullogismos* [φαινόμενος συλλογισμός] est un « raisonnement seulement apparent », Aristote, *Topiques*, 1, 100b 25), tantôt ce que nous appelons proprement les « phénomènes », c'est-à-dire des manifestations évidentes et contraignantes, comme les phénomènes naturels, parfois remarquables, et dont il faut rendre compte (« *apodounai ta phainomena* [ἀποδοῦναι τὰ φαινόμενα] », Aristote, *Métaphysique*, Λ, 1073a 36-37). On distinguera le phénomène bien fondé du phénomène imaginaire, et on parlera légitimement de la « réalité des phénomènes » (Leibniz, *De modo distinguendi phaenomena ab imaginariis*). Voir *APPARENCE*, *IMAGE*.

II. « PHÄNOMEN »/« ERSCHEINUNG »

À la différence de l'allemand, le français ne dispose que d'un seul terme, et il est difficile de rendre la nuance qui peut exister entre *Phänomen* et *Erscheinung*, sauf à solliciter pour le second le terme *apparition* (Leibniz écrit encore *phaenomena sive apparitiones*) ou à forger une improbable *parence* (jargon de quelques traducteurs de Heidegger).

Chez Kant, pour lequel est phénomène tout ce qui est objet d'une expérience possible, le *phénomène* s'oppose au *noumène*, mais aussi à la *chose en soi* (*Ding an sich*) et, comme *Erscheinung*, au *Schein* (apparence trompeuse, illusion).

Voir ERSCHEINUNG, GEGENSTAND ; cf. *CHOSE*, OBJET, RÉALITÉ, RES.

III. PHÉNOMÈNE, CONSCIENCE, PHÉNOMÉNOLOGIE

En français, le terme savant désigne tout ce qui apparaît à la conscience. En ce sens, les phénomènes sont d'abord à décrire, sans qu'on ait à en chercher les lois, les causes ou le principe caché. C'est selon cette acception du terme que Descartes écrivait dans les *Principes de la philosophie*, III, 4 : « Je ferai une brève description des phénomènes dont je prétends chercher les causes. » Voir CONSCIENCE ; cf. JE, REPRÉSENTATION, SUJET.

La « phénoménologie » (all. *Phaënomenologie*, introduit par Lambert ; voir encadré 1, « *Phôs...* », dans LUMIÈRE), en particulier husserlienne, construit un lexique qui permet de réinvestir le rapport entre phénomène et conscience. Voir EPOKHÊ, ES GIBT, INTENTION ; cf. ERLEBEN, PLASTICITÉ.

PHRONÊSIS [φρόνησις] GREC – fr. *prudence, sagesse, sagesse pratique, intelligence, intelligence pratique, sagacité*

lat.	*prudentia*
all.	*Klugheit, praktische Vernunft*
angl.	*prudence, wisdom, practical wisdom*
esp.	*prudencia*
it.	*prudenza, ragione pratica*

► *PRUDENCE, SAGESSE, VERTU*, et ÂME, ARGUTEZZA, FOLIE, INGENIUM, MÊTIS, PRAXIS, PRUDENTIAL, SORGE, VIRTÙ

Le faisceau des traductions possibles du terme grec phronêsis [φρόνησις] *montre aussi bien l'extension de son champ en grec ancien, l'évolution de cette notion et les redistributions auxquelles elle a pu donner lieu dans la philosophie grecque, que son advenir dans les philosophies de langue européenne à partir de sa traduction latine, due à Cicéron, par* prudentia. *Désignant à l'origine la pensée, sans qu'il faille nécessairement en exclure l'émotion ou le désir, la* phronêsis, *longtemps non distinguée de la* sophia [σοφία], *« sagesse, savoir, connaissance (scientifique) », comme en témoignent Platon et encore souvent Aristote, en est venue à désigner une vertu, une « excellence » (voir VIRTÙ, encadré 1) s'exerçant dans le domaine des choses pratiques. Traditionnellement incluse parmi les quatre vertus « cardinales » avec le courage, la justice et la tempérance (ou modération), la* phronêsis *n'en a pas moins un statut particulier. C'est une « vertu dianoétique » ou « intellectuelle » (Aristote), et même une « science » (Stoïciens) ; mais c'est aussi une attitude, un comportement, à l'œuvre tant dans les affaires privées que dans les affaires publiques — bref, c'est, comme on dit le plus souvent, un « savoir pratique ». Tout gestionnaire avisé est un « prudent »* (phronimos [φρόνιμος]) *; pour être « vertueusement » tel, ou, mieux, pour l'être de façon « virtuose », encore faut-il savoir anticiper l'avenir et ne pas se contenter d'une gestion frileuse. De ce point de vue, la « prudence » des Grecs n'a guère à voir avec la « prudence dans les affaires » à laquelle Descartes fait allusion dans sa* Lettre-préface *à la traduction française des* Principes, *lorsqu'il entend en distinguer la sagesse à laquelle doit conduire la philosophie. On tiendra pour un indice de cette complexité le fait que Cicéron lui-même, qui rend d'ordinaire* phronêsis *par* prudentia, *a cependant parfois traduit cette première des quatre vertus par le syntagme* sapientia et prudentia (Traité des devoirs [De officiis], *I, 15-16) quand il s'agit de la distinguer par son statut de vertu intellectuelle des trois autres vertus cardinales.*

I. LA « PHRONÊSIS » COMME PENSÉE

Le mot *phronêsis* est dérivé du verbe *phroneô* [φρονέω] qui, de façon large, signifie « être avisé, penser, avoir des sentiments » (cf. Chantraine). Chez Homère, la « pensée » (*phronêsis*) ou le « penser » (*phronein* [φρονεῖν]) se tient dans le *thumos* [θυμός], le « souffle », lui-même contenu dans les *phrenes* [φρένες], les « poumons » selon Onians (voir ÂME, encadré 3). Onians (*Les Origines de la pensée européenne*, p. 14-21) fait en conséquence remarquer que, si, chez Homère, *phronein* peut bien désigner l'aspect intellectuel de la pensée comme ce sera le cas dans le grec postérieur (ainsi Agamemnon « pensant (*phroneonta* [φρονέοντα]) dans son esprit (*thumos*) des choses qui ne se trouveront pas réalisées », *Iliade*, II, 36 *sq.*), ce verbe y a cependant un sens plus large qui comprend aussi les émotions et le désir. En témoigne encore, plus tardivement, ce vers de Sophocle (*Philoctète*, 1078) où Néoptolème espère que Philoctète changera de *phronêsis* à l'égard de ses compagnons : « Peut-être en profitera-t-il, lui, pour venir à de meilleurs sentiments (*phronêsin*) à notre égard » (trad. fr. V.-H. Debidour, LGF, « La Pochothèque », 1999, p. 657). Indépendamment du passage du singulier au pluriel, indice supplémentaire de la difficulté à traduire ici *phronêsis* (même solution chez P. Masqueray [Les Belles Lettres, « CUF », 2ᵉ éd., 1934] ; R. Pignarre [Flammarion, « GF », 1964] traduit quant à lui par « pensées »), on voit bien que *phronêsis* ne renvoie pas à un acte intellectuel pur, mais plutôt au sens du terme *pensée* que nous trouvons encore dans nos expressions « j'ai une pensée pour..., meilleures pensées de... ».

Platon lui-même, qui a nettement accentué la détermination intellectuelle de la *phronêsis*, n'en reste pas moins tributaire de cette polysémie. Ainsi, après avoir fortement soutenu que le corps et l'attachement aux plaisirs qui peut en résulter sont des entraves au développement de la *phronêsis*, « intelligence, pensée », dont, cherchant la vérité, nous devons être amoureux, car cela seul en vaut la peine et nous rendra réellement vertueux (*Phédon*, 65a, 66a-e, 68a-b, 69a-c), Platon, dans le même dialogue, la range pourtant aux côtés de la vue, de l'ouïe et des fonctions analogues dès lors qu'il s'agit des bienheureux (111b). De même lorsque, dans le *Théétète* (161c), il s'agit de dire que Protagoras, qu'on pouvait tenir pour un égal des dieux quant à la sagesse ou au savoir (*sophia*), n'a en réalité pas plus de *phronêsis*, « jugement, intelligence », qu'un têtard de grenouille. Il reste vrai, cependant, que Platon, plus qu'aucun autre avant lui, a très nettement séparé ce qui relève de la *phronêsis* de ce qui relève du corps et de ses « entrailles ». Ainsi, dans le *Timée* (71d *sq.*), la partie « appétitive » de l'âme (*to epithumêtikon* [τὸ ἐπιθυμητικόν]), celle qui a partie liée à la faim, à la soif et à tous les besoins du corps, est logée sous les *phrenes* afin d'être tenue le plus loin possible de la partie qui délibère, pense et réfléchit, logée dans la tête, elle-même séparée du reste du corps par le cou. Insistant sur le fait que cette partie appétitive de l'âme ne participe ni du *logos* [λόγος] ni de la *phronêsis* (71d), Platon soutient même que nos concepteurs ont fabriqué le foie afin qu'elle puisse être impressionnée par des « images » (*phantasmata* [φαντάσματα]), ce qui rend par ailleurs possibles les rêves et la divination. La *phronêsis* comme pensée, réflexion, force de l'esprit, se trouve par là nettement opposée à l'*aphrosunê* [ἀφροσύνη], la « démence », et la preuve en est, dit Platon, qu'aucun homme en possession de son *nous* [νοῦς ; voir encadré 1 dans ENTENDE-

MENT], de son « [bon] sens », n'est capable de divination. Seul celui dont la *phronêsis*, la « capacité de réflexion », est entravée d'une façon ou d'une autre peut y parvenir (71e). Le tournant intellectuel est donc bien net, attesté aussi par le fait que chez Platon *phronêsis* s'échange volontiers avec *sophia* : il s'agit du domaine de la pensée, de l'intelligence, du savoir, de la sagesse. Et c'est encore parfois le cas chez Aristote, non seulement dans ses « écrits de jeunesse » comme le *Protreptique*, mais aussi dans la *Métaphysique* (Γ, 5, 1009b 13, 18, 32 ; M, 4, 1078b 15), notamment quand il reproche aux « anciens » de n'avoir pas su distinguer entre la *phronêsis*, la « pensée », et la sensation (cf. aussi *De anima*, III, 3, 427a 17-22, où l'on retrouvera la même association que chez Platon entre le *noein* [νοεῖν], la « pensée », et le *phronein*, l'« intelligence »).

Toutefois, le geste de Platon, comme l'a bien montré P. Aubenque dans son livre magistral sur *La Prudence chez Aristote* (p. 23-26), ne doit pas masquer le sens « traditionnel » du terme *phronêsis*. En effet, si le mot *phronêsis* désignait couramment la pensée en un sens fort général, il désignait aussi, et peut-être surtout, la pensée ou l'intelligence en un sens plus spécifique, à savoir, pour employer une formule qu'Aristote ne renierait pas, « l'intelligence des choses humaines ». Il faut entendre par là autant un certain type de savoir, celui ayant précisément affaire aux choses humaines, lesquelles sont changeantes et variables, qu'un certain type de raisonnement et de comportement en ce qui concerne « les choses de la vie ». Cette posture, pourrions-nous dire, s'enracine dans une solide expérience qui rend « sage » celui qui la détient : celui qu'on appelle un *phronimos*, homme « prudent, avisé, sagace », saura mesurer les situations, les anticiper et y faire face grâce à son expérience et à la justesse de son coup d'œil. C'est ce qui explique qu'Aristote ait pu chercher à faire fond sur cette « sagesse populaire » pour chercher, contre Platon, à distinguer le « sage » au sens de « savant » du sage au sens de « prudent ».

♦ Voir encadré 1.

II. LA « PHRONÊSIS » COMME VERTU

Lorsque, dans la *République*, Platon reprend à son compte une quadripartition apparemment déjà en usage de son temps, il oscille encore, pour désigner ce que nous traduisons chez lui le plus souvent par « sagesse », entre les deux termes *sophia* et *phronêsis* (voir, par ex., *République*, IV, 427e *vs* 433b). D'autre part, *phronêsis* peut aussi bien y désigner l'intelligence comme capacité à réfléchir en un sens général (*ibid.*, IV, 432a) que l'intelligence comme capacité intellectuelle distincte des capacités corporelles (*ibid.*, V, 461a). Autrement dit, la terminologie est encore loin d'être stabilisée et, quelque tournant qu'ait pu vouloir donner Platon à cette notion, il n'en reste pas moins que chez lui la *phronêsis* part littéralement « dans tous les sens ».

A. Le travail d'Aristote

C'est avec Aristote, au livre VI de l'*Éthique à Nicomaque*, que la *phronêsis* se trouve pour la première fois fortement thématisée comme vertu, « excellence ». Non qu'Aristote ait été le premier à considérer la *phronêsis*

1

Et Thalès chut

Thalès, réputé le premier des Sept Sages de la Grèce à avoir porté le beau nom de *sophos* [σοφός], serait donc tombé dans un puits alors qu'il observait les cieux, ce qui lui valut d'être de surcroît raillé par sa servante. Rapportée par Platon dans le *Théétète* (174a) — Platon s'en sert alors pour se gausser de ces ignorants à l'âme d'esclave moquant les vrais sages, ces philosophes qui, s'il peut effectivement leur arriver de choir dans un puits et de paraître niais, possèdent en vérité le réel savoir des choses de ce monde, savoir qui rend authentiquement libre —, l'anecdote est également contée par Montaigne, qui lui donne une tout autre tournure, plus savoureuse :

> Je sais bon gré à la garce Milésienne qui, voyant le philosophe Thalès s'amuser continuellement à la contemplation de la voûte céleste et tenir toujours les yeux élevés contremont, lui mit en son passage quelque chose à le faire broncher, pour l'avertir qu'il serait temps d'amuser son pensement aux choses qui étaient dans les nues, quand il aurait pourvu à celles qui étaient à ses pieds.
>
> *Apologie de Raimond Sebond*, *Essais*, II, XII

N.B. Montaigne suit ici la version de l'anecdote donnée dans Diogène Laërce, *Vies...*, I, 34, où la servante conduit exprès Thalès devant un trou qu'elle a préalablement creusé.

Contrairement à Platon, Montaigne se situe donc, en la radicalisant d'ailleurs, dans la perspective de cette « opinion populaire » qu'Aristote évoque afin de faire comprendre la distinction qu'il s'efforce de mettre en œuvre entre la *sophia* et la *phronêsis* : la connaissance des choses d'ordre théorique n'est pas de même nature que celle des choses d'ordre pratique. Or, la possession de la première, ainsi que le montre aux yeux de tous la chute de Thalès dans un puits, n'entraîne nullement la seconde (*Éthique à Nicomaque*, VI, 7, 1141b 2 *sq.*). C'est bien pourquoi Thalès peut être considéré comme un *sophos*, mais non comme un *phronimos*.

Et même quand la *sophia* veut prendre sa revanche sur la servante, et prouver qu'elle est capable d'applications pratiques, cela ne lui garantit pas encore le statut de *phronêsis*. Car elle peut être pratiquement efficace sans être éthiquement vertueuse. C'est le sens de l'anecdote rapportée dans la *Politique* (I, 11, 1259a 6-23). Thalès fait une *epideixis* [ἐπίδειξις], une « démonstration », un étalage de *sophia* (a 19 ; voir ACTE DE LANGAGE) : « ayant prévu grâce à ses connaissances astronomiques » que la récolte d'olives serait abondante, il afferme à bas prix tous les pressoirs, pour les relouer le moment venu au prix qu'il veut, inventant le monopole et la chrématistique, et prouvant par là qu'« il est facile aux philosophes de s'enrichir quand ils le veulent, mais que ce n'est pas là l'objet de leur zèle ». La *phronêsis*, c'est bien autre chose que la *sophia*, même appliquée, et le sage aristotélicien, qu'il s'agisse du *phronimos* ou du *sophos*, le sait tout autrement que le *sophos* platonicien.

2

Les quatre vertus cardinales

Platon, sans qu'il doive nécessairement en être tenu pour l'inventeur, fait usage de la quadripartition « sagesse (*sophia* ou *phronêsis*), justice, courage, tempérance » ; les Stoïciens appellent effectivement « premières » ces quatre vertus (*tas prôtas* [τὰς πρώτας], Diogène Laërce, *Vies...*, VII, 92 ; le terme *phronêsis* s'était alors imposé pour désigner la plus importante d'entre elles) ; mais l'expression « vertus cardinales » est inconnue des philosophes grecs. Saint Ambroise entend désigner par là les vertus civiles que tout bon chrétien se doit de posséder en plus de ces trois vertus théologales que sont la foi, l'espérance et la charité. À vrai dire, il les appelle le plus souvent « principales » (*principales*), où nous pouvons voir une réminiscence stoïcienne, et en compte plutôt sept : l'Esprit de sagesse et d'intelligence, l'Esprit de conseil et de force, l'Esprit de connaissance et de piété, l'Esprit de la sainte crainte (*Des sacrements*, III, 2, 8-10 ; *Des mystères*, VII, 42). Enfin, définissant la *moderatio* comme la vertu qui tempère la justice, saint Ambroise la considère pour cela même comme la plus belle de toutes (*De la pénitence*, I, 1, 1-2).

comme une vertu, mais parce qu'il a donné à cette notion un sens particulier, faisant fond sur ses usages populaires tout en reformulant radicalement les choses. L'apport aristotélicien se caractérise par au moins trois traits :

a) une nette rupture avec le tournant intellectualiste de Platon ;

b) une distinction claire des domaines respectifs de la *sophia* et de la *phronêsis* ;

c) une nouvelle distribution des quatre vertus que, depuis Ambroise de Milan, il est d'usage d'appeler « les quatre vertus cardinales », à savoir la prudence (*phronêsis/prudentia*), le courage (*andreia* [ἀνδρεία]/ *fortitudo*), la justice (*dikaiosunê* [δικαιοσύνη]/*justitia*) et la tempérance ou modération (*sôphrosunê* [σωφροσύνη]/ *temperantia-moderatio* ; Cicéron traduit *sôphrosunê* aussi bien par *temperantia* que par *moderatio*, voire par *modestia* ou *frugalitas*, *Tusculanes*, III, 16-18).

♦ Voir encadré 2.

1. Nouvelle classification des vertus

Aristote reprend, dans l'*Éthique à Nicomaque*, I, 13, une distinction qui avait cours à l'Académie, mais qui était aussi traditionnelle, entre la partie irrationnelle de l'âme (qu'il borne pour l'enquête éthique qui l'intéresse alors à la partie désirante de l'âme, *to orektikon* [τὸ ὀρεκτικόν], parfois tout simplement nommée « partie éthique », *to êthikon* [τὸ ἠθικόν], *ibid.*, VI, 13, 1144b 15) et sa partie rationnelle, celle-ci possédant en propre le *logos*, tandis que la première ne fait (au mieux) que l'écouter et lui obéir. Il distingue alors en premier lieu les « vertus morales » — ou, pour leur donner leur vrai nom, les « vertus du caractère » (*êthikai aretai* [ἠθικαὶ ἀρεταί]) —, qui sont celles de la partie désirante, des « vertus intellectuelles » (*aretai dianoêtikai* [ἀρεταὶ διανοητικαί]), qui sont celles de la partie qui possède proprement le *logos*. Le courage, la justice et la tempérance se trouvent dès lors rangés parmi ces vertus morales ou vertus du caractère qu'on acquiert dès la plus tendre enfance, car le caractère ou le tempérament (*êthos* [ἦθος]) se forme et se fortifie grâce à l'habitude (*ethos* [ἔθος]) (*ibid.*, II, 1, 1103b 17-19 ; même jeu de mots déjà chez Platon, *Lois*, VII, 792e ; voir MORALE). En revanche, la *phronêsis* et la *sophia* se trouvent rangées au sein des vertus intellectuelles qu'on acquiert non seulement grâce à l'expérience (*empeiria* [ἐμπειρία]), évidemment indispensable en ce qui concerne la *phronêsis*, mais encore par l'enseignement (*didaskalia* [διδασκαλία]) (*ibid.*, II, 1, 1103b 14-17).

2. La distinction « sophia »/« phronêsis »

Lorsqu'il aborde l'étude des vertus intellectuelles (*Éthique à Nicomaque*, VI, 2), Aristote commence par subdiviser la partie proprement rationnelle en partie « scientifique » (*to epistêmonikon* [τὸ ἐπιστημονικόν]) et en partie « calculative » (*to logistikon* [τὸ λογιστικόν], encore appelée « opinative », *to doxastikon* [τὸ δοξαστικόν] en 1144b 14 ; il s'agit moins de calculer au sens propre du terme que de faire des conjectures). À la partie scientifique revient l'étude des choses théorétiques, c'est-à-dire de celles qui ne peuvent pas être autrement qu'elles sont ; autrement dit, des choses nécessaires, seules susceptibles d'une réelle étude scientifique précisément parce qu'elles sont nécessaires. L'excellence de cette partie est nommée *sophia*, « sagesse » selon la traduction la plus usuelle. À la partie calculative, en revanche, revient le domaine des choses qui peuvent être autrement qu'elles sont, c'est-à-dire des choses contingentes. Et, tout spécifiquement au sein de ce domaine, celui des « affaires humaines » (*ta anthrôpina pragmata* [τὰ ἀνθρώπινα πράγματα]), des « choses à faire » (*ta prakta* [τὰ πρακτά]). L'excellence de cette partie est nommée *phronêsis*. Soulignant la radicale hétérogénéité de ces deux domaines, Aristote rompt donc avec ce que Platon avait cherché à unir : la *sophia*, qui n'entend rien au domaine des choses à faire, ne gouverne pas la *phronêsis*, et la *phronêsis*, dans la mesure où l'homme n'est pas ce qu'il y a de plus excellent au monde, ne gouverne pas la *sophia*. Le « conflit des facultés » se trouve ainsi réglé.

De ce fait, contrairement aux vertus morales, les vertus « intellectuelles » ne forment pas un tout homogène. Ne nous leurrons donc pas sur le caractère intellectuel de la *phronêsis* aristotélicienne : la *phronêsis* et l'ensemble des vertus morales forment un tout, un domaine autonome, celui de la vie pratique (voir PRAXIS), qui n'est pas réductible à la connaissance scientifique proprement dite. La preuve en est qu'Aristote présuppose la *phronêsis* dès la célèbre définition de la vertu morale comme « habitude de décider préférentiellement (*hexis proairetikê* [ἕξις προαιρετική]), consistant en une médiété (*mesotês* [μεσότης]) relative à nous, laquelle est rationnellement déterminée » (*Éthique à Nicomaque*, II, 6, 1106b 36 *sq.*). En effet, cette définition se conclut par : « et comme la déterminerait le prudent (*phronimos*). » Aristote souligne ainsi le rôle essentiel du prudent dans la définition même de la vertu morale : c'est le prudent qui norme la médiété, le « juste milieu ». Incarnée dans le *phronimos*, le prudent, la *phronêsis* intervient donc bien avant d'avoir été définie en tant que telle au sein de l'étude des vertus intellectuelles (*ibid.*, VI, 5-9).

3. La « phronêsis » en son champ d'action

La *phronêsis* aristotélicienne occupe de ce fait une place assez singulière qui continue de beaucoup intéresser les Modernes (voir PRAXIS, PRUDENTIAL). C'est une vertu, mais c'est aussi un certain type de savoir, un certain type d'intelligence : l'intelligence des choses pratiques. Globalement, son domaine est celui du « faire ». C'est pourquoi, utilisant le terme *science* (*epistêmê* [ἐπιστήμη]) en un sens large, Aristote n'hésite pas à la ranger parmi les « sciences productives » (*poiêtika* [ποιητικά], *Éthique à Eudème*, I, 5, 1216b 18), bien qu'elle se distingue de la *poiêsis* [ποίησις] au sens de *tekhnê* [τέχνη] parce qu'elle ne « produit » rien d'extérieur à elle (*Éthique à Nicomaque*, VI, 4 ; voir PRAXIS). Mais, « productive », la *phronêsis* l'est pourtant bel et bien, car elle n'a pas pour fin la seule connaissance, contrairement aux sciences théorétiques. Seule la *phronêsis* gouverne l'action. Si Aristote se fonde sur le fait qu'on reconnaît comme « prudent » celui qui gère au mieux ses propres affaires, c'est aussitôt pour retravailler cette acception populaire en faisant remarquer que « nous estimons que Périclès et les gens comme lui sont des hommes prudents (*phronimous*) en ce qu'ils sont capables de voir (*dunantai theôrein* [δύνανται θεωρεῖν]) ce qui est bon pour eux et pour l'homme en général » (*ibid.*, VI, 5, 1140b 7-10). On ne saurait mieux rompre avec Platon, qui ne tenait pas les hommes d'État en haute estime, ce qu'Aristote souligne encore en disant que « la politique et la prudence sont une seule et même disposition » (*ibid.*, VI, 8, 1141b 23-24). Une fois posée que la *phronêsis* est l'art de bien délibérer sur les moyens en vue de la fin, Aristote précisera qu'elle est surtout connaissance des choses singulières et par là plus proche de la sensation que de la science au sens strict. Voilà pourquoi, dit-il en substance, un jeune homme peut fort bien être excellent mathématicien — ce n'est jamais, après tout, que du « discours » —, mais il ne saurait être bon politique, car cela demande de l'expérience, donc du temps (*ibid.*, VI, 9, 1142a 11-20).

B. La nouvelle donne stoïcienne

En raison de leur dogmatisme ou rationalisme absolu — pour eux, la science du Sage est un savoir inébranlable qui couvre tous les domaines, tous étroitement imbriqués les uns aux autres, et la grande majorité des hommes doit être considérée comme un ensemble de « vauriens » (*phauloi* [φαῦλοι]) —, les Stoïciens font de la *phronêsis* comme vertu la « science (*epistêmê*) des maux, des biens et de ce qui n'est ni bien ni mal » (Diogène Laërce, *Vies...*, VII, 92). Le fondateur de l'école, Zénon de Citium, encore marqué par le monisme socratique, revint par-delà Aristote à la conception socratique de l'unicité de la vertu-science. Dès lors, la *phronêsis*, dont on pouvait bien conserver le nom, n'était plus qu'une des multiples déclinaisons de cette vertu-science, même si, en se fondant sur Plutarque, on peut sans doute lui reconnaître une certaine prévalence : elle entre en effet dans la définition de chaque vertu, ce qui oblige à distinguer la *phronêsis* qui entre dans la définition de chacune des vertus et la *phronêsis* « au sens spécial ». En effet, le courage est « la prudence dans les domaines demandant de l'endurance, la modération la prudence dans les domaines demandant un choix, la prudence au sens spécial (*tên d'idiôs legomenên phronêsin* [τὴν δ' ἰδίως λεγομένην φρόνησιν]) la prudence dans les domaines touchant l'action, et la justice la prudence dans les domaines concernant la distribution » (Plutarque, *Des contradictions des Stoïciens*, 1034a, *in* A. Long et D. Sedley, *Les Philosophes hellénistiques*, trad. fr. J. Brunschwig et P. Pellegrin, Flammarion, « GF », 2001, t. 2, p. 461).

Si cette première conception n'a pas perduré dans l'école stoïcienne, il n'en reste pas moins que fut acquis le refus de la nette distinction des domaines mise en avant par Aristote, refus lui-même fondé sur une psychologie moniste : « Ils supposent que la partie passionnée et irrationnelle ne se distingue de la partie rationnelle par aucune distinction intrinsèque à la nature de l'âme, mais que la même partie de l'âme, qu'ils appellent pensée et partie directrice (*dianoian kai hêgemonikon* [διάνοιαν καὶ ἡγεμονικόν]), devient vertu et vice en ce qu'elle se renverse du tout au tout et se change dans les passions et les altérations de son habitus ou de son caractère, et qu'elle ne contient rien d'irrationnel en elle-même » (Plutarque, *De la vertu morale*, 441d, *ibid.*, p. 460). « Philosophie-bloc », le stoïcisme, même s'il a conservé le mot *phronêsis* et a continué d'en faire une vertu, ne pouvait tolérer l'existence d'un domaine autonome et hétérogène à la science, comme chez Aristote. C'est pourquoi, quand Chrysippe par exemple semble reprendre la classification traditionnelle des quatre vertus « cardinales », vertus « premières » chez les Stoïciens (voir encadré 2), il en assure du même mouvement la forte cohésion : « [Les Stoïciens] disent que les vertus sont en rapport d'implication réciproque (*antakolouthein allêlais* [ἀντακολουθεῖν ἀλλήλαις]), non seulement parce que celui qui en a une les a toutes, mais aussi parce que celui qui accomplit une action selon l'une le fait selon toutes » (Plutarque, *Des contradictions des Stoïciens*, 1046e, *ibid.*, p. 463). De même, Chrysippe continue de tenir que toute vertu est science, même si chaque vertu est une science différente.

C. « Phronêsis » et « prudentia »

En traduisant *phronêsis* par *prudentia*, Cicéron y entendait résonner la *providentia*, cet art de prévoir. *Pru-*

dentia est en effet issu de *providentia* (*pro-video*, « voir en avant, prévoir » ; cf. A. Ernout et A. Meillet). De ce point de vue, il n'eut certainement pas tort, puisqu'on peut lire chez Aristote que « c'est l'être qui a une vue nette des diverses choses qui l'intéressent personnellement qu'on désigne du nom de prudent (*phronimos*). [...] De là vient encore que certaines bêtes sont qualifiées de prudentes (*phronima*) : ce sont celles qui, en tout ce qui touche à leur propre vie, possèdent une capacité de prévoir (*dunamin pronoêtikên* [δύναμιν προνοητικήν]) » (*Éthique à Nicomaque*, VI, 7, 1141a 25-28, trad. fr. J. Tricot, Vrin, 1959). Mais si Aristote se fondait sur des croyances populaires pour étayer ses dires, c'est en revanche aux définitions stoïciennes strictes de la *sophia* et de la *phronêsis* que Cicéron se réfère quand il traduit *phronêsis* par *prudentia* : « par *prudentia*, en grec φρόνησις (*phronêsis*), nous entendons une vertu différente de la *sapientia* : la prudence est la science de ce qui est à vouloir et à éviter ; la sagesse, qui est, je l'ai dit, la vertu suprême, est la science (*scientia*) des choses divines et humaines, ce qui comporte des liens de communauté et de société entre les dieux et les hommes » (*De officiis*, I, 153, trad. fr. É. Bréhier, *Les Stoïciens*, Gallimard, 1962). Ainsi, même quand Cicéron, inscrivant ses pas dans ceux de Panetius et du moyen-stoïcisme, soutient que l'*honestum*, l'« honnêteté » qui fonde toute moralité, dérive de l'une des quatre vertus considérées comme premières par les Stoïciens, c'est en soulignant cependant que ces quatre vertus sont « liées entre elles et entrelacées » (*ibid.*, I, 15). De plus, comme c'est en ce passage que Cicéron rend en latin la première de ces vertus par *sapientia et prudentia*, la définissant alors comme « la recherche et la découverte du vrai », on voit clairement qu'il reste tributaire du rationalisme stoïcien.

Étant donné que cette définition de la *prudentia* devint usuelle dans le monde gréco-latin — elle est encore reprise par Augustin : « La prudence (*prudentia*) est le savoir (*scientia*) des choses qu'il faut désirer et des choses qu'il faut éviter » (*Le Libre Arbitre*, I, XIII, 27, trad. fr. G. Madec, Desclée de Brouwer, 1976, p. 243) —, on pourrait voir là une bonne raison de ne pas recourir à la traduction par « prudence » dès qu'il s'agit de la *phronêsis* aristotélicienne. Il faut cependant remarquer que Thomas d'Aquin, qui étudie longuement la *prudentia* dans sa *Somme théologique* (IIa, IIae, qu. 47-56) en s'y plaçant dans une perspective aristotélicienne, ne s'est pas embarrassé de cette difficulté et contourne l'obstacle représenté par l'autorité d'Augustin — la *prudentia* est une vertu et la science s'oppose à la vertu (qu. 47, art. 4) — en disant que ce dernier « comprenait alors la science au sens large d'un acte quelconque de droite raison [*ibi large accipit scientiam pro qualibet recta ratione*] » (*loc. cit.*). De même, lorsqu'il s'agira de réaffirmer à la suite d'Aristote que « la prudence intime l'action » (*Éthique à Nicomaque*, VI, 11, 1143b 8, où l'on peut lire que la *phronêsis* est « impérative », *epitaktikê* [ἐπιτακτική]), Thomas contournera de nouveau Augustin qui semblait la borner à « savoir se tenir en garde contre les embûches qui menacent l'action » (qu. 47, art. 8).

De nos jours, c'est un truisme de le faire remarquer, la prudence ne se définit bien souvent plus que de cette manière augustinienne, comme précaution, ainsi de la prudence routière. Mais la traduction de *phronêsis* par « sagesse » n'est pas meilleure — ne dit-on pas volontiers d'un enfant qu'il est « sage » ? Ne forme-t-on pas des « comités de sages », comme si l'on pouvait attendre de ceux-là qu'ils nous donnent un avis avisé parce qu'ils ne sont pas engagés dans l'action ? — et présente de surcroît le suprême inconvénient d'avoir alors à se demander comment traduire *sophia* et *sophos*. Tous ceux qui se refusent à traduire la *phronêsis* aristotélicienne par « prudence » (*prudence, prudencia, prudenza*...), que ce soit en raison de sa traduction « technique » chez Cicéron, du sens qu'a pris cette notion chez Kant (chez qui la « prudence » n'est plus qu'« habileté », *Klugheit*) ou des fâcheuses connotations modernes du terme, finissent par scinder la « sagesse » en deux : d'un côté, la « sagesse » tout court (*wisdom*), pour traduire *sophia*, et, de l'autre, la « sagesse pratique » (*practical wisdom*) ou « raison pratique » (*praktische Vernunft, ragione pratica*), pour traduire *phronêsis*. Les ressources ne manquant pas, on a même proposé de rendre *sophia* par « philosophie » et *phronêsis* par « sagesse » (R.-A. Gauthier et J.-Y. Jolif, *Aristote. L'Éthique à Nicomaque*, Nauwelaerts, 1970). Mais alors, comment rendre *philosophia* et *philosophos* ?

III. « PHRONÊSIS », « SOPHIA » ET « SÔPHROSUNÊ »

Les difficultés de traduction qui résultent de la double tradition grecque et latine autant que de l'évolution des termes *sagesse* et *prudence* dans nos langues ne sont évidemment pas de simples difficultés de traduction. La difficulté tient à ce que les « Modernes » aussi bien que les « Anciens » appellent « sagesse ». Un symptôme en est la définition du Sage que l'on trouve chez Furetière : « Philosophe qui, par l'étude de la nature et des événements passés, a appris à se connaître, et à bien conduire ses actions. Plutarque a fait un beau Traité du Banquet des Sept Sages. Le Sage a des passions et les modère. Les Stoïques, voulant faire un Sage, n'en ont fait que la statuë. » Or, comme pour la notion de sagesse, Furetière se réfère en premier lieu à la connaissance de Dieu, puis à celle que peuvent acquérir les hommes par l'étude de la physique et de la morale, il est remarquable qu'à travers même cette pique adressée aux Stoïciens, ce semble être un point de leur doctrine qui soit réaffirmé : la sagesse n'est pas seulement l'art de vivre supérieur de qui sait se mettre à l'abri de ce qui tourmente les autres hommes, le fameux « mol oreiller » de Montaigne, mais c'est avant tout une connaissance d'ordre théorique, qui, parce que théorique, fonde une connaissance de soi permettant de bien conduire ses actions (il suffirait d'ailleurs d'ajouter la dialectique à la physique et à la morale pour obtenir les trois indissociables parties du système stoïcien qui constituent les vertus du Sage stoïcien).

A. « Phronêsis », « aphrosunê », « sôphrosunê »

De cette difficulté témoignent aussi bien Aristote que les Stoïciens, à qui nous sommes redevables de notre héritage en ce qui concerne la *phronêsis*, héritage singulier en ce sens que, dans l'Antiquité, c'est l'héritage stoïcien qui a prévalu et qui a fini par permettre à la philosophie des Temps modernes de réduire à presque rien l'héritage aristotélicien, tandis qu'aux yeux de nos contemporains c'est bien plutôt l'héritage aristotélicien qui présente le plus d'intérêt (cf. P. Pellegrin). Mais c'est oublier que, dans un cas comme dans l'autre, il s'agit avant tout de « vertu » et de ce qu'on doit dénommer « sagesse ». En ce sens, si nous nous souvenons que ce que Platon opposait à la *phronêsis* comme « sagesse » ou « savoir », c'était l'*aphrosunê*, la « démence » (*Timée*, 71e), il ne sera pas inintéressant de noter que lorsque, aux vertus premières, les Stoïciens opposent des vices premiers, que, fort logiquement avec leurs conceptions, ils définissent comme « les ignorances (*agnoias* [ἀγνοίας]) des choses dont les vertus sont les sciences (*epistêmai*) » (Diogène Laërce, *Vies...*, VII, 93), c'est encore l'*aphrosunê* (« sottise » dans la traduction française de Diogène Laërce, parue sous la direction de M.-O. Goulet, LGF, « La Pochothèque », 1999) qui, en tant que vice « premier », se trouve être le contraire de cette vertu « première » qu'est la *phronêsis*. Certes, nous ne parlons pas mieux grec que les Grecs, mais nous aurions été en droit d'attendre que l'*aphrosunê* s'y oppose à la *sôphrosunê*, cette autre vertu « première » que, depuis Cicéron, nous traduisons par « tempérance » ou « modération » et qui a pour tâche de régler les plaisirs du corps, principalement ceux du toucher et du goût selon Aristote (*Éthique à Nicomaque*, III, 13-15 ; on opposera à cette modération des Anciens la « concupiscence » chrétienne qui a tant affaire à la vue).

Or, il n'en est rien, et, si les Grecs opposent volontiers l'*aphrosunê* à la *phronêsis*, sagesse, vertu ou savoir, c'est le plus souvent le terme *akolasia* [ἀκολασία], mot qui désigne littéralement le caractère de ce qui n'a pas été émondé et qui a poussé tout seul, qu'ils opposent à la *sôphrosunê* (cf. Platon, *République*, IV, 431b ; Aristote, *Éthique à Nicomaque*, III, 15 ; Diogène Laërce, *Vies...*, VII, 93). Tout est en effet, comme le disait déjà Platon et comme tous le répéteront après lui, « question d'éducation », la grande affaire se situant bien au commencement dès qu'il s'agit d'apprendre à maîtriser son corps (*République*, II, 377a-b). Voilà ce qui explique ce singulier jeu de mots d'Aristote : la *sôphrosunê*, tempérance ou modération, est telle parce qu'elle sauvegarde, assure la prudence (*hôs sôizousan tên phronêsin* [ὡς σῴζουσαν τὴν φρόνησιν], *Éthique à Nicomaque*, VI, 5, 1140b 12) : on peut fort bien être débauché et bon mathématicien, saoul et savoir toujours que 2 + 2 = 4, mais on ne saurait être débauché et prudent.

B. L'intelligence du cercle aristotélicien et les questions contemporaines

Aux yeux de certains de nos contemporains, bien prompts à chercher chez Aristote la solution à notre éventuel embarras face aux fortes critiques adressées par Hegel à Kant et au formalisme moral, Aristote n'en aurait pas moins développé un cercle redoutable entre la *phronêsis* et les trois autres principales vertus morales : on ne saurait être moralement vertueux sans prudence, dit en effet Aristote, ni prudent sans vertu morale (*Éthique à Nicomaque*, VI, 13, 1144b 30-32 ; X, 8, 1178a 14-19). Mais c'est oublier que, chez Aristote, la *phronêsis* est avant tout une vertu ou « excellence », et non une quelconque forme de « raison pratique », même si c'est une vertu « intellectuelle ». L'apparent paradoxe tient à ce que celui qui assure le choix du juste milieu définissant les vertus morales, à savoir le prudent, ne saurait exister sans posséder préalablement la vertu morale, et notamment celle qu'Aristote considère comme la plus importante d'entre elles, la *sôphrosunê*, tempérance ou modération. Or, c'est affaire d'éducation. Ce qui s'explique par ce qui n'a plus rien d'un paradoxe, même apparent : si la modération est nécessaire pour garantir la droiture des jugements pratiques, une telle garantie n'est nullement nécessaire pour assurer la droiture des jugements théoriques, mathématiques par exemple. Voilà pourquoi, suivant en cela l'adage de Platon, Aristote insiste tant sur la nécessité d'une bonne éducation dès le plus jeune âge : il faut habituer la partie désirante à obéir à la partie proprement rationnelle, ce qui prendra toute sa valeur quand, le moment venu, la raison gouvernera. La vertu de prudence ne s'installe donc que chez qui est modéré et, en retour, les vertus morales, modération comprise, deviendront authentiquement des vertus, et non de simples habitudes, effets d'un dressage préalable. Nullement pris dans un cercle, Aristote garantit par là que la *phronêsis* sera vertu et non terrible habileté ou rouerie (*deinotês* [δεινότης], *Éthique à Nicomaque*, VI, 13, 1144a 26-34). En effet, en tant qu'intelligence pratique visant à ajuster des moyens à des fins, la *phronêsis* peut être apparentée avec cette forme d'intelligence rusée, fourbe, qu'ont si bien décrite M. Détienne et J.-P. Vernant dans leur célèbre livre sur la *mêtis* [μῆτις] des Grecs (voir MÊTIS). Les ruses d'Ulysse, ou du poulpe, tracent ainsi le portrait d'un certain type de *phronimos* : le « roublard ». C'est pourquoi, selon Aristote, la « raison pratique » et les « procédures de la délibération » ne sont nullement des gages de la moralité de qui délibère. Sans les vertus morales, au premier rang desquelles se trouve la modération, la *phronêsis* n'est plus une vertu et ne garde de son statut de vertu intellectuelle que le pire : l'art d'ajuster des moyens à des fins. Autrement dit, « la fin ne justifie pas les moyens », mais il ne revient pas à la raison, voire à ce que certains de nos contemporains voudraient nommer « raison pratique » en y entendant la *phronêsis* aristotélicienne et non plus la raison pratique kantienne, d'assurer la rectitude des fins : c'est l'affaire du désir, mais d'un désir « modéré ».

Jean-Louis LABARRIÈRE

BIBLIOGRAPHIE

AUBENQUE Pierre, *La Prudence chez Aristote*, PUF, 1963.

DÉTIENNE Marcel et VERNANT Jean-Pierre, *Les Ruses de l'intelligence. La mêtis des Grecs*, Flammarion, 1974.

LABARRIÈRE Jean-Louis, « La servante de Thalès riait-elle à bon droit ? », *Autrement*, « Morales », n° 20, *La Prudence : une morale du possible*, oct. 1996.

— « La philosophie morale d'Aristote », *in* M. CANTO-SPERBER (dir.), *Dictionnaire d'éthique et de philosophie morale*, PUF, 1996.

— « Sagesse et tempérance », *in* M. CANTO-SPERBER (dir.), *Dictionnaire d'éthique et de philosophie morale*, PUF, 1996.

PELLEGRIN Pierre, « Prudence », *in* M. CANTO-SPERBER (dir.), *Dictionnaire d'éthique et de philosophie morale*, PUF, 1996.

OUTILS

CHANTRAINE Pierre, *Dictionnaire étymologique de la langue grecque*, nouv. éd. mise à jour avec un « Supplément au dictionnaire », Klincksieck, 1999.

ERNOUT Alfred et MEILLET Antoine, *Dictionnaire étymologique de la langue latine. Histoire des mots* [1932], 4e éd. augm. J. André, Klincksieck, 1994.

FURETIÈRE Antoine, *Dictionnaire universel, contenant généralement tous les mots françois tant vieux que modernes, & les termes de toutes les sciences et des arts*, La Haye, Arnout & Renier Leers, 1690, rééd. 1694, 1737, repr. 3 vol., Genève, Slatkine, 1970, et Le Robert, 1978.

ONIANS Richard Broxton, *The Origins of European Thought about the Body, the Mind, the Soul, the World, Time and Fate*, Cambridge UP, 1951 ; *Les Origines de la pensée européenne*, trad. fr. B. Cassin, A. Debru et M. Narcy, Seuil, 1999.

PIETAS LATIN – fr. *piété, pitié, piété filiale*

gr.	*eusebeia* [εὐσέβεια]
all.	*Frömmigkeit, Mitleid*
angl.	*piety, pity, filial piety*
esp.	*piedad*
it.	*pietà, pietà filiale*

► *PIÉTÉ, PITIÉ*, et AIMER, DEVOIR, DIEU, *JUSTICE*, MENSCHHEIT, MORALE, PARDONNER, RELIGIO, *VERTU*

Les langues romanes, mais aussi l'anglais, disposent de mots, tels que piété *(français),* pietà *(italien),* piedad *(espagnol) ou* piety *(anglais), qui paraissent traduire d'une façon transparente le latin* pietas, *mais ne reprennent pas en compte le sens qu'avait ce dernier vocable dans le monde romain. C'est que ce référent sémantique de* piété *en est venu à se rapporter exclusivement au domaine religieux tel qu'il a été marqué par le christianisme. Un tel décalage se découvre aujourd'hui dans le fait qu'ont été constitués, à partir d'un unique étymon,* pietas, *le doublet français* piété/pitié *et, parallèlement, celui de l'anglais,* piety/pity, *où les formes ainsi apparentées ont pris, depuis le* XVIIe *siècle, des valeurs sémantiques nettement distinctes. Il en va toutefois autrement en espagnol et en italien, où un seul signifiant pour ces deux signifiés fait de* piedad *ou de* pietà *des vocables plus polysémiques. L'allemand, de son côté, ne dérive pas de la même étymologie, ni même d'une seule, et, par conséquent, aucun voisinage formel ne rapproche* Frömmigkeit *de* Mitleid. *Le premier de ces deux termes, formé sur l'adjectif* fromm, *signifie « pieux » au sens où l'on est « pénétré de conscience religieuse, soumis à la volonté divine », à quoi est liée l'idée de profit, de bénéfice qu'on trouve par ailleurs dans le haut-allemand* vrum, vrom. *Le second, qui désigne la « pitié », est composé sur le même mode que « compassion » (lat.* compassio, *gr.* sumpatheia *[συμπάθεια]) et signifie le fait de « souffrir avec », de « partager la souffrance d'autrui ». Le latin* pietas, *quant à lui, est formé sur l'adjectif* pius, *ce qui l'apparente étymologiquement aux langues italiques et probablement à* purus *(pur), le sens originel de* pius *étant peut-être « au cœur pur », en relation avec le verbe* pio *(purifier ; cf. A. Ernout et A. Meillet). Mais, indépendamment des questions étymologiques, il convient ici de restituer à* pietas *son propre référent sémantique, qui fut d'abord païen, puis progressivement chrétien, avant de considérer le devenir de cette notion dans les langues modernes.*

I. LA « PIETAS », VERTU ROMAINE

Les Romains ont pensé qu'ils se distinguaient eux-mêmes dans le monde principalement par cette vertu : « [...] *sed pietate ac religione atque hac una sapientia quod deorum numine omnia regi gubernarique perspeximus, omnis gentis nationesque superavimus* [mais par la piété et la religion et cette sagesse unique par laquelle nous avons compris que le monde est dirigé et gouverné par la puissance des dieux, nous l'avons emporté sur tous les peuples et toutes les nations] » (Cicéron, *De haruspicium responsis*, IX, 19). La *pietas* entre ainsi dans la philosophie politico-religieuse de Cicéron, puis dans l'idéologie du principat, dont les débuts voient émerger la figure du *pius Aeneas*, et, à ce titre, « elle seule [pouvant] marquer le bon accord entre les dieux et les hommes parce qu'elle signifie d'abord la concorde entre les fils et leur père, entre les citoyens et le prince [...], dans la mesure où le destin de Rome va, pour cinq siècles, se confondre avec celui de l'empereur, *pietas* va devenir la vertu fondamentale de l'histoire romaine » (M. Meslin, *L'Homme romain*, p. 119).

Ainsi, *pietas* peut se définir comme le « sentiment du devoir » ou, plus exactement, comme la « disposition à remplir son devoir envers qui l'on en a », c'est-à-dire trois entités constituées qui sont les trois sphères d'origine et d'appartenance au monde de l'homme romain : la parenté, la patrie (cf. Cicéron, *De inventione*, II, 66 : « [...] *pietatem, quae erga patriam aut parentes aut alios sanguine conjunctos officium servare moveat* [la *pietas* qui force à remplir son devoir envers la patrie, les parents ou tous ceux qui nous sont liés par le sang] ») et, enfin, les dieux (cf. Cicéron, *De natura deorum*, I, 41 : « *Est enim pietas justitia adversus deos* [la piété, c'est en effet la justice envers les dieux] »). À la *pietas* républicaine succédera celle qui est vouée à l'empereur, notamment dans le culte impérial, et qui est relayée elle-même par la *pietas* de l'empereur envers les dieux, sa parenté et les citoyens de l'empire (T. Ulrich, *Pietas (pius) als politischer Begriff im römischen Staate*). Les différentes formes de *pietas* se rapportent donc à ces trois domaines d'application. Le plus généralement, c'est le caractère moral de cette notion qui l'emporte dans les différentes acceptions du mot, mais son caractère affectif est aussi perceptible dans le genre du théâtre, les comédies de Plaute et Térence en l'occurrence, et dans le genre épistolaire. Il reste alors quelque chose de codé dans ce terme qui se distingue par l'emploi même qui en est fait, mais « codé » ne veut pas dire forcément froid ou raidi par la morale, comme on se représente souvent le Romain, car il s'agit bien alors d'exprimer l'amour d'un père, d'une mère, d'une fille, d'un frère...

Le champ sémantique de *pietas* regroupe essentiellement les termes d'*honestas*, de *dignitas*, de *conscientia*, en tant que disposition intérieure (H. Fugier, *L'Expression du sacré dans la langue latine*), et aussi d'*officium*, de *religio*, en tant que disposition à une pratique et exercice de cette pratique elle-même. D'autres termes contribuent à déterminer la signification de *pietas*. Ainsi, *fides*, comme « *dictorum conventorum constantia et veritas* [fidélité et sincérité dans les paroles et les engagements pris] » (Cicéron, *De officiis*, I, 7), fait ressortir la pertinence du critère de l'appartenance et de l'origine dans la notion de *pietas*. *Voluntas* (cf. Cicéron, *Pro Plancio*, 80 : « *quid est pietas nisi voluntas grata in parentes ?* [qu'est-ce que la piété si ce n'est une volonté reconnaissante envers ses parents ?] ») montre qu'il s'agit d'une disposition intérieure relative (ici *grata*) à autrui. Enfin, *justitia* — qui entre dans la définition de *pietas* (cf. Cicéron, *De natura deorum*, I, 41, selon une formule qui remonte sans doute à Posidonios), comme *dikaiosunê* [δικαιοσύνη] dans celle d'*eusebeia* [εὐσέβεια] (cf. Platon, *Euthyphron*, 12e) — explique qu'il soit question avec cette vertu d'exercer un devoir.

Le terme grec *eusebeia*, auquel correspond *pietas*, présente une forte similitude avec le terme latin, puisque l'exercice de cette vertu ne s'applique pas exclusivement aux dieux, mais aussi aux parents et à la patrie. Cependant, une première différence tient au fait que *pius* a probablement signifié d'abord « au cœur pur », alors qu'*eusebês* [εὐσεβής], « qui respecte les dieux et leurs lois », est formé sur *sebomai* [σέβομαι], « éprouver une crainte respectueuse » (Chantraine). L'autre différence, surtout, vient de ce que *pietas* fait l'objet d'une réflexion propre aux auteurs latins. Que Rome ait répandu si universellement son empire, en le considérant comme une application de la justice dans le monde d'alors où réalités humaines (*res humanae*) et divines (*res divinae*) se conditionnaient mutuellement, cela ne pouvait en effet s'expliquer aux yeux des Romains que par leur pratique toujours fidèle, traditionnelle, rituelle, de toutes les formes de devoirs. La philosophie de Cicéron (cf. notamment *De republica*, I, 46, 70 et II, 2, 4 ; *De natura deorum*, III, 2, 5 ; *De officiis*, I, 17, 53-57) rend compte ainsi du fait qu'à Rome les domaines familial, civique et religieux se rejoignent dans la représentation du caractère sacré de la lignée romaine. Car les différentes entités auxquelles s'applique la *pietas* dessinent entre elles un continuum qu'un certain jeu étymologique met en valeur. Ainsi, la *pietas* s'exerce envers les *parentes*, puis envers la *patria* qui a été reçue de ces mêmes *parentes*, et elle remonte à celle des *patres*, puis, tout près des origines, jusqu'à celle des *majores*. Or les *parentes* englobent le *pater*, c'est-à-dire le *paterfamilias*, un des représentants de la suite des générations, par qui se fait l'héritage. Le vocable *patres* s'entend aussi politiquement, la *patria* représentant une Rome peuplée et défendue par les premiers chefs de famille, ces *patres*. Enfin, les *majores* sont ceux qui ont donné à celle-ci ses dieux et ses cultes ; ils ont donc eu part au « miracle » de l'origine de Rome qui s'est manifesté ensuite dans sa conquête du monde, et ils ont transmis ce *mos majorum* que l'exercice de la *pietas*, précisément, de génération en génération, est chargé de pérenniser. Après Cicéron, c'est dans la succession des souverains de l'Empire, et de ces lignées qui « remontaient » jusqu'aux héros et aux dieux (Mars et Vénus, Apollon, Hercule et Jupiter), que le caractère miraculeux et sacré de la lignée romaine s'est ensuite transmis.

II. « PIETAS », « PIÉTÉ » ET « PITIÉ »

Sous l'empereur Constantin, lors de la reconnaissance officielle du christianisme (313), l'auteur chrétien Lactance s'engage dans une réflexion dialectique contre Cicéron, dont il convoque le propos pour combattre ses contemporains païens. Notons d'abord qu'il reconsidère l'étymologie de *religio* qui avait été proposée par Cicéron, et qu'il le fait par référence à *pietas*, en *Divinae institutiones*, IV, 28 (voir RELIGIO). Mais, surtout, en s'employant à invalider la *pietas* païenne selon une conception qu'il consigne dans un nouveau sémantisme du mot, Lactance fait réapparaître comme en négatif cette unité conceptuelle, à la fois familiale, socio-politique et religieuse, propre à la *pietas* païenne. Il définit *pietas*, en effet, dans le livre de ses *Institutions divines* qui s'intitule *De justitia* : « *si ergo pietas est cognoscere deum, cujus cognitionis haec summa est ut colas, ignorat utique justitiam qui religionem non tenet* [la piété consiste à apprendre à connaître Dieu, et si cette connaissance se résume à lui rendre un culte, celui qui n'observe pas le culte religieux de Dieu ignore sûrement la justice] » (*ibid.*, V, 14, 12). Lactance, contre la religion romaine héritée des *majores*, défend alors celle de la famille humaine issue du même Dieu et Père (*ibid.*, III, 9, 19 : « *pietas autem nihil aliut quam Dei parentis agnitio* [or la piété n'est rien d'autre que la connaissance de Dieu (en tant que) Père] »), créateur du premier couple parent d'une seule lignée, d'une seule généalogie universelle (*ibid.*, VI, 10, 4 : « *Nam si ab uno homine quem deus finxit omnes origimur, certe consanguinei sumus* [Si, en effet, nous sommes nés de cet unique homme que Dieu a façonné, assurément, nous sommes consanguins] »), et partageant dès lors une seule et même *pietas* chrétienne (cf. aussi *ibid.*, II, 11, 19 ; V, 6, 12 ; VI, 9, 21, etc.). Lactance délimite, ce faisant, de nouveaux contours et introduit de nouveaux traits dans le sens de *pietas* qui intègrent l'*affectus*, la *misericordia*, l'*humanitas*.

Un siècle après Lactance, Augustin reconsidère le sémantisme de *pietas* et détermine, cette fois, le sens désormais chrétien du mot. Devenue don (don de l'Esprit : Isaïe 11, 2 ; 1 Corinthiens 12, 1, comme le relève

Tertullien, *Adversus Marcionem*, III, 17, 3, et *Adversus Judaeos*, 9, 26) et vertu de la religion chrétienne, la *pietas* devient aussi la *vera pietas* qu'il s'emploie à définir, en fixant ainsi durablement, sur le plan de l'histoire et de l'histoire de la langue, la marque du dogme chrétien sur cet élément du lexique latin. À côté des usages courants de *pietas* appliqués par ses contemporains (« *dicitur* [...] *more vulgi* ») à l'accomplissement des devoirs envers les parents ou envers les nécessiteux, Augustin distingue, en effet, la *pietas* comme désignant « au sens propre [*proprie*] » le *cultus Dei*, le « culte de Dieu » (*Civitas Dei*, X, 1), qui repose sur la base des trois vertus théologales : « *qui autem vera pietate in Deum, quem diligit, credit et sperat* [celui qui, avec une vraie piété, croit en Dieu, espère en lui et l'aime] » (*ibid.*, V, 20). C'est cette définition chrétienne de *pietas* que l'on retrouve de manière récurrente au Moyen Âge (B. Bon et A. Guerreau-Jalabert, « *Pietas...* », p. 78) : « *pietas est cultus Dei qui constat ex tribus : fide, spe et caritate* », écrit par exemple saint Bernard (*Sententie*, III, 21). Certes, les définitions de *pietas* proposées par Cicéron sont encore souvent citées à l'époque médiévale, mais la logique d'ensemble de la notion de *pietas* et la signification qu'elle avait dans le latin des païens ont de fait disparu. La traduction de la Bible par Jérôme, d'autre part, montre que l'on cherche à distinguer à cette époque (fin IVe-Ve siècle) une *pietas*-culte qui comprend en soi le domaine de la religion chrétienne et une autre *pietas* qui ne serait qu'un simple *affectus*, trop humaine en somme, ou trop « païenne ». C'est cette distinction qui est à l'origine du doublet *piété/pitié* en français et *piety/pity* en anglais, même si sa différenciation sémantique ne s'est fixée qu'au XVIIe siècle, sous l'influence, sans doute, du latin des théologiens et de l'Église.

L'ancien français comme langue vernaculaire connaît, en effet, dès le XIe siècle, les deux vocables issus de *pietas* que sont *pitié* et, par emprunt, *piété*. Mais, si donc le doublet existe formellement, il n'a pas encore des significations nettement distinctes : ces deux termes « apparaissent comme des synonymes et ont tous les deux le sens de l'actuel *pitié* » (B. Bon et A. Guerreau-Jalabert, *loc. cit.*), et c'est au milieu du XVIe siècle seulement qu'apparaît entre eux une distinction sémantique, qui sera entérinée au siècle suivant. Or, en même temps que *piété* est défini comme « affection et respect envers Dieu et les choses saintes », ce terme s'est étendu à « l'affection respectueuse envers les parents et les morts » (Furetière, *Dictionnaire universel*), et l'expression *piété filiale* ou *filial piety* (un latinisme, précisent aujourd'hui les dictionnaires) entre dans l'usage. Le français contemporain — où *piété* s'entend d'abord comme « attachement fervent à Dieu : respect des croyances et des devoirs de la religion », ou comme son avatar dans le domaine païen, polythéiste : « sentiment de respect pour les dieux, pour les pratiques du culte » (en se distinguant de la « pitié » comme « sympathie qui naît au spectacle des souffrances d'autrui et fait souhaiter qu'elles soient soulagées ») — est donc, au moins en partie, l'héritier de cette structuration sémantique (B. Bon et A. Guerreau-Jalabert, *ibid.*, p. 82). Et c'est aussi cette dernière qui se retrouve dans l'existence des deux termes allemands *Frömmigkeit* et *Mitleid* — et qui rend quelquefois le latin *pietas* bien difficile à traduire aujourd'hui.

Aussi, dans les langues contemporaines, est-ce la *pietà* de l'italien, notamment, qui peut poser des difficultés de traduction. Dans le récit de Curzio Malaparte intitulé *La Pelle* [*La Peau*], la polysémie de *pietà* joue de manière significative. Ce roman est traversé par l'idée que le christianisme moderne (*moderno*) des libérateurs américains, plein de solidarité mais exempt de pitié, contraste avec la piété des Napolitains, dans laquelle entre leur pitié atavique envers les autres hommes comme envers eux-mêmes : c'est une pitié chrétienne (*pietà cristiana* — trad. fr. R. Novella, Gallimard, « Folio », p. 87). Ainsi le récit donne-t-il lieu à la description (*ibid.*, p. 100-101) de la « pitié folle » (*pazza pietà*), de la « pitié féroce » (*feroce pietà*) d'hommes et de femmes désespérés s'arrachant les misérables restes de cadavres que la « pitié et l'amour » (*pietà e affetto*) donnent l'illusion de reconnaître, mais qui devient « piété et amour » (*pietà e affetto*) au moment où ces hommes et ces femmes se trouvent réunis pour pratiquer les rites funéraires autour des cadavres démembrés. Mais il y a un jeu du double sens de *pietà* que l'on peut sans doute retrouver dans le terme d'art — chrétien — *pietà*, emprunté par le français à l'italien, et qui a fini par évincer, au XIXe siècle, la désignation synonyme *Vierge de pitié* ou *Pitié*. Et il reste en français une trace de la « pitié » dite autrefois également *piété* dans l'ancienne appellation de *mont-de-piété*.

Blandine COLOT

BIBLIOGRAPHIE

BON Bruno et GUERREAU-JALABERT Anita, « *Pietas* : réflexions sur l'analyse sémantique et le traitement lexicographique d'un vocable médiéval », *Médiévales*, n° 42, printemps 2002, p. 73-88.

COLOT Blandine, « "Latin chrétien" ou "latin des chrétiens". Essai de synthèse sur une terminologie discutée », *in* B. BUREAU et C. NICOLAS (éd.), *Moussyllanea. Mélanges de linguistique et de littérature anciennes offerts à Claude Moussy*, Louvain, Peeters, 1998, p. 411-419.

— « *Pietas*, argument et expression d'un nouveau lien socio-religieux dans le christianisme romain de Lactance », *in* M.F. WILES et E.J. YARNOLD (éd.), *Studia patristica*, XXXIV, Louvain, Peeters, 2001, p. 23-32.

FUGIER Huguette, *L'Expression du sacré dans la langue latine*, Publications de la Faculté des lettres de Strasbourg, n° 146, 1963, chap. 8, p. 331-369, et chap. 9, p. 371-415.

MESLIN Michel, *L'Homme romain*, Hachette, 1978 ; rééd. version poche, Complexe, 1985, chap. 5, p. 118-120.

SALLER Richard P., « *Pietas*, Obligation and Authority in the Roman Family », *in* P. KNEISSEL et V. LOSEMAN (éd.), *Festschrift K. Christ zum 65 Geburstag*, Darmstadt, 1988, p. 393-471.

ULRICH Theodor, *Pietas (pius) als politischer Begriff im römischen Staate bis zum Tode des Kaisers Commodus*, Breslau, M. & H. Marcus, 1930.

WAGENVOORT Henry, *Pietas. Selected Studies in Roman Religion*, Leyde, 1980, chap. 1, « Pietas », p. 1-20.

OUTILS

CHANTRAINE Pierre, *Dictionnaire étymologique de la langue grecque*, nouv. éd. mise à jour avec un « Supplément au dictionnaire », Klincksieck, 1999.

ERNOUT Alfred et MEILLET Antoine, *Dictionnaire étymologique de la langue latine. Histoire des mots* [1932], 4e éd. augm. J. André, Klincksieck, 1994.

FURETIÈRE Antoine, *Dictionnaire universel, contenant généralement tous les mots françois tant vieux que modernes, & les termes de toutes les sciences et des arts*, La Haye, Arnout & Renier Leers, 1690, rééd. 1694, 1737, repr. 3 vol., Genève, Slatkine, 1970, et Le Robert, 1978.

PITIÉ Le doublet *pitié/piété* rend compte en français du sens de la vertu latine par excellence, la *pietas*, qui désigne le sentiment du devoir envers les dieux, les parents, la patrie, avant de renvoyer à la bienveillance de l'empereur. Voir aussi PARDONNER, RELIGIO.
Sur le rapport homme-dieu, on se reportera à *ALLIANCE* ; voir en particulier *DESTIN*, DIEU, *HUMANITÉ*, SÉCULARISATION.
Sur le vocabulaire du devoir, on se reportera à *OBLIGATION* ; voir en particulier DEVOIR-DETTE, MORALE, SOLLEN/PFLICHT, *VALEUR*, WILLKÜR.
► AIMER

PLAISIR

gr.	***hêdonê*** [ἡδονή], ***khara*** [χαρά], ***khairein*** [χαίρειν], ***terpsis*** [τέρψις], ***euphrosunê*** [εὐφροσύνη]	all.	***Lust, Wohlgefallen, Vergnügen***
lat.	***suavitas, voluptas, delectatio, fruitio***	angl.	***pleasure, enjoyment, delight***
		esp.	***goce, gozo***
		it.	***piacere, diletto, gusto, godimento***

► AIMER, BEAUTÉ, GLÜCK, GOÛT, ***MALAISE***, PATHOS, PHRONÊSIS, PRAXIS, PULSION, SENS, ***SOUFFRANCE***, SUBLIME, UTILITY

Le vocabulaire du plaisir est, dans les principales langues européennes, déterminé par l'opération platonicienne. Le grec archaïque distingue en effet entre le plaisir d'être (khairein [χαίρειν] *« se réjouir »* ; euphrainô [εὐφραίνω] *« charmer ») et le plaisir d'objet* (terpein [τέρπειν] *« rassasier, jouir de » ;* hêdesthai [ἥδεσθαι], *« trouver de l'agrément à », avec l'adj.* hêdus [ἡδύς] *« agréable » pour qualifier l'objet). Mais la philosophie choisit de confondre tous ces termes sous un générique :* hêdonê [ἡδονή] — voluptas, plaisir (pleasure, piacere, *etc.*), Lust — *déterminé comme « le » plaisir d'objet par excellence, celui que prend le corps à la nourriture ou à l'amour. C'est à cette aune dès lors que tout plaisir, enserré dans les deux réseaux dominants « plaisir/douleur » et « désir, manque/plaisir », est en droit ramené pour être dévalorisé.*
Cette opération a plusieurs effets déterminants pour l'usage des mots dans l'histoire de la philosophie. Elle induit, d'une part, des inventions et des remaniements sémantiques. Tantôt, en effet, l'on établit, ou l'on rétablit, des distinctions pour faire émerger un plaisir noble ou sublimé, de par son sujet (le dieu aristotélicien dont l'acte est hêdonê *; l'âme kantienne susceptible de* Lust *désintéressé, par différence d'avec le* Vergnügen *des sens) ou de par son objet (la gradation spinoziste* titillatio, laetitia, gaudium). *Tantôt, on revalorise des plaisirs bas pour faire évoluer le rapport désir-plaisir* (delectatio morosa), *plaisir-douleur* (Lust/Unlust) *et la séparation sensible-intelligible, corps-âme* (delight, jouissance). *Elle produit, d'autre part, un effet « moral », concernant le bon usage des plaisirs : c'est le réseau de la métrétique, de la modération, d'Aristote à Foucault.*

I. DU PLAISIR D'ÊTRE AU PLAISIR D'OBJET

A. Le réseau grec : « kharis », « euphrosunê », « terpsis »/« hêdonê »

Chez Homère, le plaisir par excellence est le plaisir d'être, la satisfaction d'exister pleinement, qui s'exprime à la fois comme harmonie avec le dehors (*khairein* [χαίρειν], *kharis* [χάρις]) et comme harmonie endogène (*euphrainô* [εὐφραίνω], *euphrosunê* [εὐφροσύνη]). Ainsi quand Ulysse en larmes, au festin d'Alkinoos, explique ce qu'il y a pour lui « de plus beau », en des vers qu'on ne peut que sous- ou sur-traduire : « Moi je dis qu'il n'est pas de fin plus pleine de grâce (*telos khariesteron* [τέλος χαριέστερον]) que lorsque le bien-être (*euphrosunê*) tient tout un peuple » (*Odyssée*, IX, 5-6), Bérard traduit : « Le plus cher objet de tous mes vœux, je te jure, est cette vie de tout un peuple en bon accord », et

Jaccottet : « Croyez-moi en effet, il n'est pas de meilleure vie que lorsque la gaieté règne dans tout le peuple ».

Le verbe *khairein* veut dire « se réjouir, être joyeux » (« dans son cœur », « dans son esprit »), et le substantif qui lui correspond, *khara* [χαρά], fréquent chez les Tragiques par exemple, signifie pleinement la joie. *Kharis*, déverbatif de *khairein*, présente deux grands types de significations. C'est d'abord la force de vie dans sa plénitude et sa surabondance (ce que Hegel nommera *Lebendigkeit*, « vie de la vie ») : la « grâce » au sens de « charme » de la femme, « splendeur virile » du guerrier, « majesté » et « gloire » des rois, bref cet « éclat » quel qu'il soit qui fait rayonner la personne (ainsi, avant qu'Ulysse n'apparaisse devant Nausicaa ou devant Pénélope, « Athéna sur sa tête et ses épaules versait l'éclat », *Odyssée*, VI, 235, XXIII, 162, par ex.) et couronne l'adolescent à la fleur de l'âge (*khariestatê hêbê* [χαριεστάτη ἥϐη], *ibid.*, X, 279). C'est aussi la « grâce » au sens de « faveur » (y compris ces « faveurs » que les dames accordent : « Les Anciens appelèrent *kharis* le consentement spontané de la femme au mâle », Plutarque, *De l'amour*, 751e) et de « gratitude », qui règne dans la fête et préside à l'échange ; le verbe *kharizesthai* [χαρίζεσθαι] signifie « être agréable à quelqu'un, gratifier » (cf. le tour prépositionnel courant génitif + *kharin* [χάριν] : « pour le plaisir de, pour » [par ex., *legein logou kharin*, « parler pour le plaisir de parler », Aristote, *Métaphysique*, IV, 5, 1009a 21], comme le lat. *gratia* + ablatif [voir É. Benveniste, *Le Vocabulaire des institutions indo-européennes*, vol. 1, p. 201]. Avec *kharis* donc, il s'agit à chaque fois d'un plaisir qui s'attache à la personne même, non à des objets ou des activités.

Le mythe le dit à sa façon : la « belle *Kharis* » est l'épouse accueillante d'Héphaistos (*Iliade*, XVIII, 382), et les Charites, c'est-à-dire les trois Grâces, nées de Zeus et de la fille d'Océan, demeurent avec les Muses sur l'Olympe (Hésiode, *Théogonie*, 64, 907-911) et « accompagnent tous les dieux » (*Hymne homérique à Aphrodite*, v. 95). Leur nom les désigne comme divinités de la beauté et de la séduction, de l'abondance, de la puissance de la nature : Thalia (litt. « Jeune Pousse, Abondance, Festin »), Aglaé (litt. « Brillante, Éclatante ») ; quant à la troisième, Euphrosyne, *Euphrosunê* (sur *eu* [εὖ], « bien », et *phrên* [φρήν], « l'esprit »), son nom exprime directement le plaisir d'être et, par excellence, l'allégresse de la fête et du banquet, cette « belle humeur », bien-être et joie de vivre, qui, on l'a vu, tiennent tout un peuple « lorsque dans les manoirs on voit en longues files les convives siéger pour écouter l'aède, quand, aux tables, le pain et les viandes abondent et que, allant au cratère, l'échanson vient offrir et verser dans les coupes » (*Odyssée*, IX, 7-10, trad. fr. V. Bérard).

♦ Voir encadré 1.

Dans l'*euphrosunê* du banquet, le plaisir d'être se lie déjà à la jouissance d'objet. Le verbe *terpein* [τέρπειν] (plus souvent au médio-passif *terpesthai* [τέρπεσθαι]) désigne lui aussi la joie du festin, le plaisir à la fois physique, social et esthétique que l'on goûte avec la nourriture, la musique et les chants (*Odyssée*, VIII, 45, par ex.). Il exprime essentiellement l'idée d'une pleine satisfaction (« trouver une pleine satisfaction de son désir » : Chantraine à la suite de Latacz ; le terme grec est à rapprocher du sanskrit *tarpayati*, « se satisfaire »), ce qui explique l'étendue de son champ d'application, des relations sexuelles au savoir. Cette idée de plénitude aide à comprendre pourquoi *terpesthai* exprime de façon privilégiée le plaisir que l'on prend à des choses non matérielles, à des activités qui relèvent de l'être-ensemble, ludiques, productrices d'harmonie. Ainsi, les Muses, en chantant pour Zeus, « réjouissent son grand esprit » (*humneusai terpousi megan noon* [ὑμνεῦσαι τέρπουσι μέγαν νόον], Hésiode, *Théogonie*, 37), et *terpsis* dit l'irrésistible charme du chant mortellement dangereux des Sirènes (*Odyssée*, XII, 52 ; 186-188 : « Nul n'a jamais doublé ce lieu sur un vaisseau noir avant d'entendre la voix douce comme le miel qui sort de nos bouches, mais l'enchanté (*ho terpsamenos* [ὅ τερψάμενος]) s'en retourne en en sachant davantage »). Une formule de Démocrite va dans le sens de cette force particulière du *terpein* : « *tôn hedeôn ta spaniôtata ginomena malista terpei* [τῶν ἡδέων τὰ σπανιώτατα γινόμενα μάλιστα τέρπει] [parmi les choses plaisantes, on jouit le plus de celles qui arrivent le plus rarement] (B 232 DK) ». *Terpsis* se caractérise ainsi comme un plaisir pris à l'exercice de ses facultés et à la saisie d'objets non matériels, sans la contrainte du besoin — plus qu'un plaisir : une jouissance.

Le substantif *hêdonê* [ἡδονή] ne se rencontre pas chez Homère, mais l'adjectif *hêdus* [ἡδύς], « agréable », y désigne régulièrement les objets plaisants, et d'abord, derechef, ceux de la table, boire et manger. De fait, étymologiquement, est *hêdus* ce qui a bon goût : Chantraine rapproche *hêdomai* [ἥδομαι] du sanskrit *svadate*, « prendre bon goût » (d'où le latin *suavitas*), et le grec possède le verbe *hêdunô* [ἡδύνω], qui signifie « assaisonner », d'où « charmer ». Ce plaisir, en quelque sorte incoercible puisque d'abord lié à la satisfaction de besoins naturels, peut aussi se révéler néfaste, par les contreparties négatives de l'objet de plaisir (comme pour le Cyclope, qui « éprouva un intense plaisir à boire le plaisant breuvage [*hêsato d'ainôs hêdu poton pinôn* (ἥσατο δ' αἰνῶς ἡδὺ ποτὸν πίνων)] », *Odyssée*, IX, 353-354, seule occurrence du verbe *hêdesthai* dans Homère). Dans l'ensemble, les usages archaïques de *hêdesthai* et de *hêdus* renvoient au plaisir physique et mettent en jeu un contact, qu'il s'agisse de toucher ou de goût (cf. LSJ *s.v.* « ἡδονή » II), reliant le sentiment éprouvé à un objet, qui en est la cause, et qui se trouve ainsi qualifié de *hêdus*.

Prodicos, d'après Platon (*Protagoras*, 337c, 358a ; cf. Aristote, *Topiques*, II, 112b 22-24), distingue encore soigneusement la *kharis* et la *terpsis* de l'*hêdonê*. Trop soigneusement, car cette minutie lexicale va contre l'opération platonicienne, qui consiste à confondre tous les plaisirs sous le générique *hêdonê* qui s'impose à partir du IVe siècle, afin de mieux les dévaloriser ontologiquement. C'est dans le *Philèbe, ou Du plaisir* (*Peri hêdonês*), que Platon met délibérément sur le même plan *khairein* ou *khara*, *terpsis* et *hêdonê* (11b 4-5 et 19c 7), concluant sur la dévalorisation du *khairein* (« Tous les bœufs, les chevaux et toutes les bêtes vont à la chasse au *khairein* », 67b 1-2). L'unification des plaisirs sous l'*hêdonê* s'assortit d'une hiérarchisation ontologique des vrais plaisirs, purs, et des plaisirs impurs. Dans tous les cas, Platon analyse l'*hêdonê* sur le modèle de la satisfaction des besoins physiques : c'est le plaisir-replétion (*plêrôsis* [πλήρωσις] ; cf. *Gorgias*, 493d-494e), le plaisir impur étant un plaisir associé à la douleur, tandis que le plaisir pur, pris par exemple aux choses toujours belles en elles-mêmes, se présente comme un plaisir sublimé, étant un remplissement sans besoin, non mêlé de souffrance (*Philèbe*, 50a 1-51b 7). En bonne conséquence, la vie heureuse n'est plus liée au plaisir, à l'*hêdonê*, mais à la sagesse, à la *phronêsis* [φρόνησις ; voir PHRONÊSIS] (12b).

Les grandes conceptualisations ultérieures tentent, chacune à sa manière, d'excéder ou de déjouer le cadre ainsi tracé par Platon ; en cela elles suivent néanmoins Platon, dont il est juste de souligner que, comme toujours, il s'excède lui-même. Chez Aristote et Épicure, le terme d'*hêdonê* règne, mais il est réinvesti, au moins en partie, comme plaisir d'être. Aristote dégage l'*hêdonê* de son modèle corporel (voir déjà Platon, *République*, IX, 584c) : le plaisir, éprouvé par l'âme seule, même si la source de l'affection est corporelle (cf. *Éthique à Nicomaque*, X, 2), est avant tout lié à la vie (*zôê* [ζωή]) et à l'*energeia* [ἐνέργεια], l'activité, l'actualité qui la définit (X, 4, 1175a 12) : il s'ensuit qu'aucun plaisir n'est mouvement ou devenir, car le plaisir est « parfait, achevé, en sa forme (*teleion to eidos* [τέλειον τὸ εἶδος]) à tout moment » (X, 4, 1174b 5-6) ; l'*hêdonê* achève l'acte comme une fin donnée de surcroît (il s'ajoute « comme la fleur de l'âge à ceux qui sont à la pointe de leur force » (*hoion tois akmaiois hê hôra* [οἷον τοῖς ἀκμαίοις ἡ ὥρα] », X, 4, 1174b 10) et tient sa valeur de l'acte lui-même auquel il est joint. C'est pourquoi la vie heureuse qu'est la vie de sagesse est aussi la plus plaisante (X, 7, 1177a 4 : « il faut que du plaisir soit mélangé au bonheur ») ; le plus grand plaisir est celui de la pensée en acte, et le prototype en est le plaisir du dieu, acte pur (« son acte est aussi jouissance », *Métaphysique*, Λ, 7, 1072b 15).

Mais le renversement le plus complet est accompli par Épicure, qui procède à une re-différenciation positive de l'*hêdonê*, le plaisir physique n'étant ni dévalué ni sublimé, puisqu'il est au contraire reconnu comme bien premier (« le plaisir du ventre, *tês gastros hêdonê* [τῆς γαστρὸς ἡδονή] est le principe et la racine de tout bien », *Athénée* 546 F, Long-Sedley, trad. fr., vol. 1, p. 239). Le premier plaisir est le plaisir en mouvement (*kata kinêsin* [κατὰ κίνησιν]), qui vient apaiser une souffrance. Son

1

« Khaire », ou comment saluer

Lourde de sens est la comparaison entre les grandes formules traditionnelles de salut, qui connotent à chaque fois une priorité différente dans la perception partagée du monde.

Le grec dit *Khaire* [Χαῖρε], « Réjouis-toi ! », « Sois joyeux [de vivre] ». C'est, nous dit Lucien, une formule qu'Homère utilise toujours, non seulement quand on se voit pour la première fois, mais même lorsqu'on se sépare et qu'on se hait. Le sens classique dit évidemment la joie, en particulier celle de la victoire (*kharma* [χάρμα] est le « désir du combat » et, avec valeur concrète, le mot désigne la « pointe de la lance » [Stésichore, fr. 267 Page ; cf. Chantraine, *ad loc.*]), et les premiers à l'utiliser ainsi auraient été Philippidès, le messager de Marathon, expirant le mot avec son dernier souffle, ou Cléon, s'adressant, après Sphactérie (en 424) au peuple athénien. Plaisir et jouissance de vivre s'y entendent à coup sûr, comme en témoigne la critique de la formule épistolaire courante, faite au début de la Lettre III attribuée à Platon : « Platon à Denys II, *khaire* [« réjouis-toi ! »], ai-je bien dans cette lettre trouvé la meilleure formule de salutation ? Ou vaut-il mieux que j'écrive suivant mon habitude *eu pratte* [εὖ πράττε] [« agis bien », « réussis », que Bailly rend du côté du succès par « Bonne chance ! », et Brisson, plus justement, du côté de la condition morale du bonheur, par le jeu de mots « [com]porte-toi bien » (ici même, *Lettres*), ou « ComPorte-toi bien » (Diogène Laërce, III, 61)], formule que j'ai coutume d'utiliser dans mes lettres pour saluer mes amis. Toi [...], tu voulus flatter le Dieu de Delphes en utilisant cette formule que tu fis graver : "*Khaire* et sauvegarde pour un tyran une vie de plaisir" » (315a-b, trad. fr. Brisson). Flatterie malséante car, comme en témoigne le *Charmide*, le dieu de Delphes quant à lui adresse aux hommes un « salut bien supérieur » avec son « Connais-toi toi-même » en lieu et place du *Khaire*, pour les exhorter « non à se réjouir, mais à être sages » (ou « modérés » : *sôphrônein* [σωφρωνεῖν], *Charmide*, 164e). Enfin, Pythagore, entre autres, aurait choisi de dire *Hugiaine* [Ὑγίανε], « Santé », comme impliquant à la fois le bien-agir et la joie. Cette formule, généralement réservée à l'adieu, est déjà toute romaine.

De fait, le latin, qui propose *aue* ou *haue* quand on arrive (c'est peut-être, selon A. Ernout et A. Meillet qui rapportent que « les formules de salutation sont souvent empruntées », l'adaptation d'un mot punique), prend congé avec *vale* : « Porte-toi bien », « Bonne santé », sur *valere*, « être fort », « être puissant », physiquement d'abord, mais aussi socialement. À quoi l'on comparera le beau vœu de paix qu'on formule quotidiennement en hébreu comme en arabe ; et le plus banal souhait de « bon » laps de temps (bonjour, bonsoir, *good morning* ou *buenos dias*), voire de « bonne continuation », qui fait le plus souvent office de salut — ou d'« adieu » — dans nos modernes langues d'Europe.

BIBLIOGRAPHIE

DIOGÈNE LAËRCE, *Vies et Doctrines des philosophes illustres*, trad. fr. M.-O. Goulet-Cazé (dir.), librairie générale Française, 1999.

LUCIEN, *Pro lapsu inter salutandum*, in *Lucian*, éd. E.H. Warmington, trad. angl. K. Kilburn, vol. 6, Londres-Cambridge (Mass.), Loeb Classical Library, 1959.

PLATON, *Lettres*, trad. fr. L. Brisson, Flammarion, « GF », 1987.

résultat est un deuxième type de plaisir, plaisir stable, *katastêmatikê* [καταστηματική], qui correspond à l'apaisement lui-même, absence de douleur du corps (*aponia* [ἀπονία]) et de trouble de l'âme (*ataraxia* [ἀταραξία]). Ce plaisir stable est le véritable principe du bonheur, en tant que plaisir d'état, plaisir d'exister. L'usage (*khreia* [χρεία]) des plaisirs doit permettre d'accueillir les différents plaisirs dans l'unité stable de la vie. La stabilité du corps rend ainsi possibles les purs plaisirs de l'âme, consistant en un mouvement autonome de l'âme seule, qui s'expriment selon le vocabulaire de la *khara* et de l'*euphrosunê* et le réinvestissent. « Épicure, dans le traité *Sur les choix*, s'exprime ainsi : "L'absence de trouble et l'absence de douleur sont des plaisirs statiques, alors que la joie et la gaieté sont perçues en acte dans un mouvement [ἡ μὲν γὰρ ἀταραξία καὶ ἀπονία εἰσιν ἡδοναί· ἡ δὲ χαρὰ καὶ ἡ εὐφροσυνὴ κατὰ κίνησιν ἐνέργει βλέπονται]" » (Diogène Laërce, X, 136).

B. La « voluptas »

En latin, l'adjectif *hêdus* et le substantif *hêdonê* sont traduits, conformément à l'étymologie, par *suavis* et *suavitas.* Mais Cicéron lui préfère *voluptas,* qui, selon A. Ernout et A. Meillet, dérive peut-être de *volo* (avec *-p-* élargissant, du grec *elpomai*, qui veut dire « espérer, attendre qqch. ») : « Il est impossible de trouver aucun terme qui, mieux que *voluptas*, dise en latin ce que dit le grec *hêdonê* » (*De finibus*, 2, 13).

Le vocabulaire du plaisir est entièrement déterminé, dans la langue philosophique latine, par le rôle qu'a joué l'Épicurisme à Rome. Celui-ci s'y est diffusé grâce aux vers de Lucrèce, qui ouvre son poème en célébrant Vénus par cette formule « *Aeneadum genetrix, hominum divomque voluptas* » (« Mère des Ennéades, plaisir des hommes et des dieux »). Le terme *voluptas* est employé dans la majorité des occurrences comme l'exact équivalent de l'*hêdonê* épicurienne et le contexte est celui de la doxographie éthique (cf. en particulier, Cicéron, *De finibus* et *Tusculanae disputationes*, et Sénèque, *De vita beata* et *De beneficiis*).

La *voluptas*, principe et fin dans la doctrine épicurienne, est opposée au *labor* et au *dolor*, qui sont les choix de la *virtus*. Les images topiques où la *voluptas* « pâle et fardée » fait ressortir la *virtus* hâlée, couverte de poussière et qui veille sur les institutions (Sénèque, *De vita beata*, 8) sont autant de variations sur l'apologue de Prodicos montrant Héraklès à la croisée du vice et de la vertu (Cicéron, *De officiis*, I, 118). Sur ce plan, la condamnation de la *voluptas* épicurienne se nourrit des éléments que la morale civique romaine a empruntés au Cynisme et au Stoïcisme et réduit la signification du terme aux plaisirs physiques. Mais ni Cicéron ni Sénèque ne se limitent à ce sens : ils savent que *voluptas* permet aussi d'exprimer le plaisir de la recherche ou le plaisir esthétique ; or, s'ils emploient le mot dans ces acceptions, ils ne se distinguent pas des Épicuriens, pour qui *voluptas* est le plaisir le plus physique (celui du nouveau-né et du débauché) et le plus moralisé (celui du sage qui fait disparaître les souffrances d'une maladie mortelle par le plaisir que lui donne le souvenir des conversations amicales). Sénèque assume l'ambiguïté en employant, pour évoquer les joies que procure l'acquisition de l'amitié, les mots *delectatio*, *jucunditas* et *oblectamentum* (*Epistulae*, 9). Il va même jusqu'à refuser le sens restrictif donné à *voluptas* par les Stoïciens pour recourir à l'usage commun (*ibid.*, 59 : plaisir à la lecture de la lettre d'un ami). Cet usage est déjà attesté chez Cicéron, qui évoque la *voluptas* du paysan à voir la croissance naturelle des plantes et la *voluptas animi* des écrivains vieillissants qui contemplent leur œuvre (*De senectute*, 50). De même, le vocabulaire du plaisir esthétique employé dans la partie du *De oratore* consacrée au *movere* (comment émouvoir l'auditoire, *ibid.*, 3, 173-178 ; 195-198) fait passer du plaisir sensoriel au plaisir du jugement avec les termes de *venustas*, *suavitas*, *lepos*.

Mais la réfutation de la doctrine du plaisir, chez Cicéron, passe par une série de distinctions : il s'agit d'abord de ne pas confondre la tendance première de l'être à se conserver et le « plaisir constitutif » que les Épicuriens donnent en partage au nourrisson et au sage ; il s'agit aussi de distinguer un état neutre du corps, l'absence de souffrance (*indolentia*), des mouvements suscités par la *voluptas* (là où les Épicuriens définissent le plaisir par la cessation de la souffrance) ; il s'agit enfin de caractériser la *voluptas* par un potentiel d'excès, quand les Épicuriens postulent que le corps fixe des limites naturelles au plaisir. Pour empêcher cette moralisation du corps — et pour empêcher aussi que ses concitoyens ne préfèrent la *voluptas* de la contemplation au *labor* politique —, Cicéron tente de fixer dans la langue une distinction qui n'est pas nettement tranchée entre les plaisirs du corps et les plaisirs de l'esprit. Cet effort de distinction — dont les enjeux sont philosophiques et politiques — passe par une réorganisation du vocabulaire du plaisir qui prétend s'autoriser du sens des mots attestés chez les fondateurs de la littérature latine. C'est ce que montre assez nettement ce passage du *De finibus* (2, 13-14) :

> Il est impossible de trouver un terme qui mieux que *voluptas* signifie exactement en latin ce que signifie le grec *hêdonê*. Sous ce terme, tous les hommes qui dans le monde savent le latin placent deux choses : la joie dans l'esprit (*laetitia in animo*), le doux mouvement que procure une sensation agréable dans le corps (*commotionem suavem jucunditatis in corpore*). Ainsi, chez Trabéa, le personnage évoquant « le plaisir extrême que ressent son esprit » (*voluptatem animi nimiam*) désigne la même joie que le personnage de Cécilius qui raconte qu'il est « joyeux de toutes les joies » (*omnibus laetitiis laetum*). Il y a cependant cette différence : on parle aussi de *voluptas* pour l'esprit (c'est un vice selon les Stoïciens, qui la définissent ainsi : exaltation de l'esprit qui juge, sans l'exercice de la raison, qu'elle jouit d'un grand bien), tandis qu'on ne dit pas *laetitia* ni *gaudium* pour le corps. C'est dans le corps en tout cas qu'on place la *voluptas*, d'après l'usage de tous ceux qui parlent latin, lorsqu'on éprouve une sensation agréable qui met en mouvement l'un de nos sens (*cum percipitur ea, quae sensum aliquem moveat, jucunditas*). Cette sensation agréable (*jucunditas*), transpose-la, si tu veux, dans l'esprit ; on emploie, en effet, à propos de l'esprit et du corps le verbe

> « agréer » (*juvare*), d'où vient l'adjectif « agréable » (*jucundus*) ; il faut en tout cas bien comprendre qu'entre celui qui dit : « je reçois un tel excédent de joie (*laetitia*) que rien en moi ne reste en équilibre » et celui qui dit : « c'est maintenant que mon esprit est en feu » — l'un est transporté de joie, l'autre torturé par la souffrance —, il y a un personnage qui dit : « bien que notre connaissance soit encore toute récente » et qui n'est ni dans la joie ni dans l'angoisse. De même, entre celui qui jouit de tous les plaisirs corporels qu'il a recherchés et celui que les plus extrêmes souffrances torturent, il y a celui qui est privé des plaisirs et des souffrances.
>
> trad. fr. J. Martha modifiée.

Si les distinctions proposées par ce texte sont durcies pour les besoins de la polémique, elles ont en tout cas contribué à influencer tous les emplois du vocabulaire du plaisir chez les lecteurs de Cicéron, de Sénèque à Augustin.

II. DU DÉSIR AU PLAISIR : « DELECTATIO », « DELIGHT », « LUST »

A. « Delectatio » ou les pièges du plaisir intériorisé

Platon avait déjà pensé l'*hêdonê* dite impure selon un modèle physiologique, comme réplétion ou satisfaction d'un manque par lui-même douloureux : que la souffrance précède ou accompagne le plaisir, cela suffisait, à ses yeux, à débouter celui-ci de toute prétention à constituer un bien. Mais, d'une part, l'*hêdonê* « pure » subsistait ; d'autre part, la recherche de la modération était toujours possible. Si les plaisirs de la nourriture ou du sexe tendent, en effet, à asservir le désir (*epithumia* [ἐπιθυμία]) qu'ils relancent et déçoivent dans une spirale sans fin, la tempérance permet d'échapper à l'affolement d'un désir en quête de volupté. L'*hêdonê* ne cesse donc ici d'avoir une valeur péjorative que lorsqu'elle est soit réprimée, soit transposée dans la recherche de la vérité. Or, avec le christianisme, le statut du plaisir par rapport au désir se modifie de façon significative : bien loin d'y voir un pur *appetitus* qui ne trouverait le plaisir que lorsqu'il atteint son objet, les moralistes considèrent alors le désir comme étant déjà pénétré par le plaisir. Tel est l'enjeu des débats médiévaux consacrés au problème de la *delectatio morosa*.

♦ Voir encadré 2.

Le développement de cette problématique répond alors aussi à une inflexion du concept de *delectatio*, qui respecte d'ailleurs l'étymologie du terme. La *delectatio*

2

La « delectatio morosa »

Le rapport étroit qui lie le plaisir au désir a fait s'ouvrir, dans le champ de la philosophie morale, une problématique que les théologiens chrétiens ont désignée, dès la seconde moitié du XIIe siècle, par l'expression de *delectatio morosa*. Or, cette expression, quand on la traduit en français par « délectation morose », conduit à une sorte de contresens. Car l'épithète *morosa* dont il est question ici désigne non une complaisance dans une quelconque pensée attristante, mais le plaisir que l'imagination savoure délicieusement tandis qu'elle s'attarde (*moratur* en latin) dans le désir d'un objet qui demeure absent, parce que inaccessible ou interdit.

Or, la conception d'une telle *delectatio* inhérente au désir même représente un tournant important par rapport à celle que se faisait de ce dernier l'Antiquité grecque. Pour Platon, en particulier, les appétits du corps et de la sensualité sont irrémédiablement insatiables, qu'il s'agisse — selon la triade mentionnée dans *La République* (580e) et appelée à devenir traditionnelle — de la nourriture, de la boisson ou des voluptés érotiques, à quoi il faut ajouter l'argent comme moyen de se procurer de tels plaisirs. Par rapport à chacun de ces objets, l'âme désirante, semblable à la jarre percée des Danaïdes, voit indéfiniment s'échapper ce qu'elle vient d'atteindre : plus elle cherche à se remplir, plus elle se vide. Le désir, hormis chez celui qui se donne pour objet la sagesse, est donc condamné à renaître toujours dans l'insatisfaction et l'insatiabilité.

Or, s'appuyant sur la parole évangélique selon laquelle « quiconque regarde une femme pour la désirer a déjà commis dans son cœur l'adultère avec elle » (Matthieu 5, 28), les auteurs chrétiens problématisent de manière toute différente ce rapport entre le plaisir et le désir. Ils s'attachent à considérer — et à dénoncer, puisqu'il s'agit, à leurs yeux, de convoitises interdites — moins l'insatiabilité de ce dernier que la présence en lui du plaisir même, comme si la simple représentation imaginaire de l'objet désiré procurait une jouissance analogue à celle de la possession effective. C'est dans le cadre d'un débat sur le degré de culpabilité qui pourrait grever le mouvement spontané de la sensualité (*primus motus sensualitatis*) avant le consentement explicite de la volonté que les moralistes développent à ce sujet, au Moyen Âge surtout, le *topos* de la *delectatio morosa*, c'est-à-dire une véritable psychologie du plaisir qu'apporterait le fait de savourer avec complaisance la représentation imaginaire d'un acte prohibé.

Mais, comme on l'a dit, cette expression de *delectatio morosa*, qui, par elle-même, n'évoquait l'idée assombrissante de culpabilité que pour la morale chrétienne (qui plus tard taxera cette attitude psychique de « péché par pensée »), pose un problème de traduction dans les langues où l'épithète « morose » (comme en français et en anglais) sert généralement à qualifier un état morbide, empreint de tristesse ou de rumination chagrine. Le latin *morosus*, en effet, a une double étymologie : dans un cas, écrit avec la première syllabe longue, il dérive de *mos, moris* (« trait de caractère », avec la nuance péjorative d'humeur difficile, sombre et acrimonieuse) ; dans l'autre, avec la première syllabe brève, il vient du verbe *moror, -aris* (« s'attarder ») et du substantif *mora* (« retard, arrêt, pause »). Comme le français (sauf dans l'actuel vocable *moratoire*) et l'anglais n'ont retenu que le sens correspondant à la première étymologie, il leur est très difficile de comprendre l'épithète médiévale *morosa* qui se réfère au second sens et qui qualifie la jouissance que, dans son propre cœur, on peut tirer du désir lui-même. En revanche, pour l'italien, où *morosità* veut dire « retard (en particulier, dans l'acquittement d'une dette ou d'une obligation) » et où l'on traduit la « morosité » française ou anglaise par *malinconia* ou *tristezza*, et pour l'espagnol, où *morosidad* signifie également « retard » et *moroso* « paresseux » (« morose » pouvant alors se traduire par *taciturno*), le sens véritable de la *delectatio morosa* scolastique est plus facilement accessible, à savoir celui d'une complaisance que l'âme prend à entretenir à longueur de temps le fantasme de l'objet désiré.

latine, dont dérivent notamment l'ancien français *delit* (« plaisir »), l'actuel *délice* et l'anglais *delight*, provient, en effet, de *lax* (*lacio*) qui désigne le piège, les lacs – d'où *deliciere*, « prendre quelqu'un dans ses rets ». Ces rets peuvent demeurer de nature sensible, la *delectatio* comme telle ne convenant alors nullement au sage. Néanmoins, *delectare vel conciliare* (« plaire ou concilier ») est la deuxième des fins que s'assignent la rhétorique antique selon Cicéron, puis l'éloquence ecclésiastique avec saint Augustin, la première consistant à *docere* (« instruire ») et la troisième à *movere* (« émouvoir ») ou *flectere*. Augustin distingue deux aspects dans la *delectatio* : d'une part, l'attraction exercée sur l'âme par un objet (pour cela, il s'appuie à plusieurs reprises sur cette citation de Virgile dans les *Bucoliques*, II, 65 : *« Trahit sua quemque voluptas »*) ; d'autre part, la jouissance dans laquelle la volonté se complaît quand elle est en possession de l'objet désiré. Augustin, qui joue souvent comme les auteurs chrétiens postérieurs sur le rapport, par le biais de l'allitération, entre *dilectio* et *delectatio*, relève que celle-ci est précisément ce que celle-là recherche dans son objet et qu'il ne peut donc y avoir d'amour sans délectation : « *Non enim amatur nisi quod delectat* » (*Sermon*, 159, *P.L.*, 38, col. 869). Au sujet de cette allitération fameuse, on notera qu'aujourd'hui en italien le même vocable *diletto* signifie « aimé, chéri » quand il est épithète et « charme, attrait, plaisir » quand il est substantif : c'est qu'il dérive de *dilectus* dans le premier cas et de *delectatio* dans le second, tandis que *dilettante* participe des deux significations et de cette double étymologie.

Par ailleurs, Augustin admet une délectation spirituelle (*delectatio mentis*), sainte et céleste, qu'il oppose à la délectation terrestre ou physique (*delectatio carnis*), l'une et l'autre relevant de l'*appetitus*. Ainsi, pour les théologiens scolastiques, ce dernier oscille entre deux types extrêmes de délectables : le *delectabile sensibile* et le *summum delectabile*. Quand ces auteurs mettent en relief, à propos de la *delectatio morosa*, les pièges liés à la stase du désir qui s'attarde (*moratur*) sur l'image de l'objet, on comprend comment la *delectatio* se trouvait en quelque sorte prédestinée à qualifier la jouissance esthétique : celle qu'on prend à l'objet dans une relative indifférence à l'égard de son existence ou de sa possession. Ainsi Poussin, dans sa définition de la peinture, déclare-t-il que cet art a pour fin la délectation, une délectation entendue, à la suite des critiques de la fin du XVIe siècle, comme étant celle de l'âme et non celle des sens.

B. « Delight » et la mise à distance du réel de la souffrance

L'idée d'attardement se combine avec celle de distanciation par rapport à la douleur dans l'anglais *delight*, qui caractérise, selon Edmund Burke, le sentiment esthétique et transesthétique du sublime. Burke est sans doute le premier à distinguer aussi nettement, au-delà de l'indifférence et des formes pures de douleur ou de plaisir, un « déplaisir relatif », qui naît de l'éloignement du plaisir et se nomme suivant les cas « chagrin » (*grief*) ou « déception » (*disappointment*), et un « plaisir relatif », qui accompagne la lente disparition de la souffrance. Faute de vocable à sa disposition, Burke baptise ce dernier *delight*, expliquant l'intensité qui lui est inhérente par l'idée sous-jacente d'une victoire sur la peine. Il résume en ces termes la manière, étrangère à l'usage commun, dont il oppose *delight* et *pleasure* :

> Chaque fois que j'aurai l'occasion de parler de cette espèce de plaisir relatif, je l'appellerai « délice » (*delight*) ; et j'aurai soin de ne jamais utiliser ce mot en aucun autre sens. Je suis bien convaincu qu'il n'est pas reçu communément dans l'acception que j'ai adoptée ; mais je pense qu'il vaut mieux emprunter un terme déjà connu et en limiter la signification qu'en introduire un nouveau, qui pourrait ne pas s'incorporer aussi bien à notre langue. Je ne me serais jamais permis la moindre altération de notre vocabulaire, si je n'y avais pas été en quelque sorte contraint et par la nature du langage, créé à des fins de commerce plus que de philosophie, et par la nature de mon sujet qui me conduit hors de la route commune du discours. J'userai de cette liberté avec toutes les précautions possibles. J'emploierai le terme « délice » (*delight*) pour exprimer la sensation qui accompagne l'éloignement de la douleur ou du danger et, de même, quand je parlerai du plaisir positif, je le nommerai le plus souvent simplement « plaisir » (*pleasure*).
>
> *Recherche philosophique sur l'origine de nos idées du sublime et du beau*, p. 78.

C. « Lust » et le couple « Lust »-« Unlust »

Le sens premier de l'allemand *Lust* ne semble pas avoir été celui de plaisir. Tout comme l'anglais *lust*, il dériverait de l'indo-européen **lutan*, qui signifie « se soumettre, s'incliner », et n'aurait d'abord désigné qu'un penchant plus ou moins résistible. Mais, alors que l'anglais *lust* a gardé le sens restreint de désir effréné, de convoitise ou de luxure, la gamme sémantique de l'allemand s'est étendue de l'appétit, du désir sexuel (« *Ich habe Lust von dir* » signifie toujours « J'ai envie de toi ») ou de la fantaisie à toutes les formes d'assouvissement. Bref, le champ sémantique de *Lust* déborde l'affect sensible de plaisir pour désigner le désir qui en est l'origine et l'effet.

Dans son emploi philosophique, *Lust* est fréquemment suivi d'*Unlust*, sans qu'on sache très bien si *Lust* naît de son propre chef ou bien de la suppression d'*Unlust*. *Unlust* pose un problème de traduction encore plus complexe que *Lust* : la négation *Un* porte-t-elle sur le désir ou sur le plaisir ? Et cette négation est-elle d'ordre logique ou d'ordre réel ? Absence de désir (indifférence), désir à l'envers (répulsion), déplaisir relatif (chagrin), déplaisir positif (douleur) ? Le registre d'*Unlust* est fort vaste.

1. « Lust » et « Unlust » chez Kant

Kant fait de *Lust* un genre dont il distingue deux espèces – sensible et intellectuelle –, elles-mêmes subdivisées en espèces sensuelle et esthétique pour la première et en espèces théorique et pratique pour la seconde. De là plusieurs sources d'ambiguïté dans les traductions. Quand on lit, dans les versions françaises de la troisième *Critique*, que le sentiment du respect pour les Idées morales « n'est pas un plaisir », il faut savoir que Kant n'utilise pas *Lust*, mais *Vergnügen*, terme qu'on pourrait rendre par « contentement » pour tenir compte de la racine de l'adverbe *genug*, qui veut dire « assez, suffisamment ».

Un plaisir purement physique constitue le noyau de *Lust*. Mais, dès lors qu'on prétend le relier à des concepts ou à des Idées, ne perd-on pas de vue l'aspect de confort organique ? Comment l'affect sensible le plus individuellement subjectif pourrait-il s'unir à une représentation universelle ? Kant infléchit de façon décisive le sens de *Lust* en lui donnant une universalité de droit dans le domaine esthétique. Refusant d'y voir la cause ou l'effet de la représentation, il la promeut au rang de « prédicat d'une représentation » : l'exclamation « c'est beau » peut alors être un jugement, en l'absence de tout concept. Maintenant, il faut bien comprendre que, à côté de *Lust* esthétique, on trouve ce que Kant appelle *Lust* téléologique. Le premier type de *Lust* s'attache au mode de présentation de l'objet ; le second considère sa fin ou son concept, qui, sans déterminer l'objet, permet néanmoins de réfléchir sur sa matière.

Si, dans ces deux cas, la traduction par « plaisir » est insuffisante, cela vient de la tendance de *Lust* à maintenir ou à reproduire l'état représentatif qu'elle procure. *Lust* est à la fois plaisir et désir de plaisir ; le plaisir reçu s'y imbrique au plaisir désiré. Tel n'est plus le cas dans le domaine pratique, où *Lust* se traduit correctement par *plaisir*, puisque ce terme allemand est lié à la réalisation d'une intention et non au désir d'un état subjectif. Soulignons, dans cette perspective, la portée historique du partage linguistique qui conduit Kant à choisir le désir-plaisir, *Lust*, pour désigner la faculté de juger esthétique, en réservant *Begierde* (terme composé à partir de *Gier*, « avidité ») pour signifier le désir-volonté, sous la législation de la raison pratique.

On remarquera que l'antagonisme de *Lust-Unlust* dans le registre physiologique conduit Kant, dans une perspective issue de Stahl, de Hoffman, de Haller et de Burke, à distinguer entre le sentiment de promotion de la vie et le sentiment d'entrave à la vie : ce dernier constitue une stimulation indispensable, puisqu'une mort rapide nous menacerait sous l'effet d'une joie ininterrompue. Dans l'ordre esthétique, un plaisir tempéré, direct et positif, s'opposera au plaisir violent, indirect et négatif. Le beau aura alors pour vocation de produire *Lust*, telle une faveur, cependant que le sublime assurera la naissance de *Lust* à partir d'*Unlust*, octroyant de la sorte au témoin du sublime une sorte de privilège forcé (voir SUBLIME). Le sujet se trouve en quelque sorte *acculé* au plaisir intense du sublime, alors que, dans le goût pris au beau, il jouit librement de l'harmonie de l'état représentatif et de la communicabilité d'un sentiment lié à une représentation. Force est de constater que, lorsqu'il s'agit du sublime, la traduction de *Lust* par *plaisir* devient source particulière de malentendu : l'idée de plaisir est disjointe en français de celle de désir, où elle reste liée à la faveur et s'accommode mal de la présence d'une contrainte.

2. « Lust » et « Unlust » chez Freud

Sous l'effet des spéculations kantiennes sur le plaisir sensuel et le plaisir esthétique, *Lust* et *Unlust* tendent désormais à s'associer en un couple d'oppositions, non plus pour que soit stigmatisée à la manière platonicienne l'impureté de leur alliance, mais pour que soient au contraire reconnus les effets de leur rivalité : *Lust* et *Unlust* sont moins des causes finales, déterminant consciemment l'action, que des causes efficientes, mettant en œuvre des mécanismes d'appropriation ou d'évitement. Ainsi Freud reconnaît-il dans *Lust* et *Unlust* les principes de la vie psychique qui balisent les voies à suivre ou à exclure et régulent le fonctionnement de l'appareil psychique.

Mieux, présupposant une forme de continuité entre les fonctions initiales et les fonctions supérieures de l'esprit, Freud considère le jugement comme l'« évolution appropriée » de l'absorption dans le moi et de l'expulsion hors du moi. « L'affirmation — comme substitut de l'union — appartient à l'Éros ; la négation — suite du rejet — appartient à la pulsion de destruction. » La répulsion instinctive préfigure déjà le refus concerté ; et *Unlust* a beau risquer de faire verser dans la forme de méconnaissance ravageuse dont est issu le refoulement, elle constitue cependant le germe du symbole de la négation. *Lust* et *Unlust* sont ainsi les deux sources opposées du jugement : celles du jugement d'attribution, qui concernent la propriété (bonne ou mauvaise) attribuée à une chose, et celles du jugement d'existence, qui posent l'existence ou la non-existence d'une réalité propre à ma représentation (voir VERNEINUNG).

Mais, comme le processus affectif est contraint de s'actualiser davantage dans la répulsion que dans l'assimilation, Freud tend à créditer *Unlust* d'un rôle plus important que *Lust*. Pensant la négation en termes non plus seulement dynamiques, mais économiques, il cherche à saisir les moments de transformation du désir et met en évidence les capacités de métamorphose ou les « possibilités sublimatoires » de *Lust* et surtout d'*Unlust*, marquant tout particulièrement la relation entre le plaisir préliminaire et l'activité de pensée. Les problèmes auxquels se heurte Freud dans sa théorie de la sublimation ont ainsi une grande affinité avec ceux rencontrés à propos du sublime : ils tiennent aux rapports complexes qu'entretiennent les processus de pensée avec des flux de *Lüste* et d'*Unlüste*, sans cesse remaniés sous des influences diverses, mais éventuellement dotés d'une intensité dont il ne reste plus au sujet qu'à s'accommoder.

Autant les motifs de la volupté peuvent faire l'objet d'un recensement, autant le désir de plaisir et la répulsion, incitant au mouvement l'appareil psychique, se dérobent à l'observation ponctuelle et obligent à ressaisir la cohérence secrète des actions, pensées sous la catégorie du destin. Ainsi pourrait-on opposer *Lust* à *hêdonê*, comme un affect plus ou moins évanescent, supposant la mise en œuvre de mécanismes complexes et partiellement inconscients, à la jouissance de biens relevant de hiérarchies déterminées et incitant à des conduites d'appropriation.

III. PLAISIR, JOUISSANCE, FRUITION

A. Les sens juridique et affectif de « jouissance »

Le français *jouissance* apparaît au XVe siècle (1466) comme dérivé du verbe *jouir*. Il a d'abord le sens juridique d'usage d'un bien dont on tire tous les profits qu'il est censé procurer. Ce premier sens s'appliquera, au XVIIe siècle (1671), à la notion d'usufruit comprise comme le droit d'user d'un bien appartenant à quelqu'un d'autre. Mais, entre-temps, au début du XVIe siècle (1503), *jouissance* acquiert aussi le sens de plaisir intense des sens et spécialement de volupté sexuelle. En français, comme dans les autres langues romanes, la conjonction des deux significations se fait alors sous la primauté de la lignée lexicale *gaudium*/*gaudere*. Aussi peut-il paraître étonnant que le vocable *jouissance* (comme *godimento* en italien ou *goce* et *gozo* en espagnol) se soit d'abord imposé avec son sens juridique et ensuite seulement avec son sens hédoniste : ce fait linguistique marque, en réalité, une sorte de rupture avec le vocabulaire latin, qui séparait assez nettement le registre de la jouissance-plaisir, avec *voluptas*, *gaudium*, *suavitas*, *delectatio*, *dulcedo*, et celui de la jouissance-droit, avec *possessio*, *usus* et *fructus* (ce dernier terme ayant aussi, il est vrai, le premier sens).

L'allemand, de manière analogue, apprécie au moyen de deux séries lexicales distinctes la différence entre, d'une part, la jouissance pourvoyeuse de plaisir (avec *Genuss*, *Behagen*, *Wohlgefühl*, *Lust*, *Freude* — et, plus particulièrement, pour « jouissance sensuelle », *Sinnengenuss* et *Wollust*) et, d'autre part, la jouissance en propre d'un bien, laquelle s'exprime notamment par *Besitz* (« possession »), *Benutzungsrecht* (« droit de jouissance ») ou *Nutzung* (« utilisation, jouissance »). Cependant, il existe entre les deux registres une espèce de mot charnière : il s'agit de *Genuss*, qui couvre, comme *jouissance* en français, les deux significations. Mais on peut noter qu'il n'a acquis que par extension et avec plus de difficulté le sens de jouissance-plaisir, car, ayant la même étymologie que *Nutzen* (« utilité, profit, fruit, bénéfice »), il est originairement marqué par le sens juridique d'« usage (comme *Gebrauch*) », de « possession » et d'« usufruit ».

En anglais, la distinction entre les deux significations semble moins nette qu'en allemand : la jouissance au sens juridique s'y exprime par *use* ou *possession*, mais aussi par *fruition* (qui rappelle la dualité sémantique du latin *fructus*) et finalement, peut-être sous une influence étrangère, par *enjoyment* (*to enjoy certain rights*, « avoir la jouissance de certains droits »), qui nous ramène ainsi dans la ligne de *gaudere*.

Quoi qu'il en soit, qu'une langue parte, pour dire la jouissance-droit, d'un terme relevant originairement du vocabulaire juridique (comme *Genuss* en allemand) ou d'un terme appartenant au vocabulaire de l'affectivité (comme *jouissance* en français), il s'agit, en l'occurrence, du fait d'*avoir* ou de *posséder* une chose, en tant que cela s'oppose au fait de *ressentir* du plaisir de quelque chose. Ainsi, quand le *Diccionario* de l'Académie royale espagnole attribue au verbe *gozar* (jouir) les sens suivants : « 1. Avoir et posséder quelque chose, comme la dignité, le droit d'aînesse ou une rente ; 2. Tirer plaisir, agrément et joie de quelque chose ; 3. Connaître physiquement une femme ; 4. Éprouver un vif plaisir, de douces et agréables émotions », le sens objectif de la première acception est censé l'emporter sur le sens subjectif de la deuxième et de la quatrième.

Il apparaît donc que, dans les langues qu'on vient d'évoquer, le même mot, qu'il vienne du lexique juridique ou du lexique hédoniste, finit par désigner la jouissance selon ses deux significations objective et subjective. Il y a, en effet, assez de proximité entre elles pour que l'on passe aisément — et indifféremment — de la jouissance comme droit de possession situé au-delà du principe du plaisir-déplaisir à la jouissance comme expérience où l'on tire un plaisir intense de la chose possédée, où l'on fait d'autrui (ou de soi-même) l'objet de sa propre *fruitio*. Cependant, l'étymologie du vocable n'est pas sans importance, car ce ne sont pas ici de simples substantifs isolés qui s'opposent, mais des constellations sémantiques différentes. Ainsi, *Genuss* renvoie directement au vocabulaire de l'usage ou de la possession (*Nutzung*, *Benutzung*, etc.), tandis que *jouissance* évoque spontanément celui du plaisir et de la joie (*gaudium*) avec le verbe *jouir* (et notamment l'impératif : « Jouis ! », considéré par Lacan comme « surmoïque »), le substantif *jouisseur*, l'adjectif *jouissif*, etc. On peut noter, en effet, qu'en français le verbe *jouir* pris au sens intransitif conduit au substantif *jouisseur*, qui désigne celui qui recherche les plaisirs de la vie, notamment ceux des sens. L'allemand lui donne le nom de *Geniesser* (de *Genuss*) ou de *Lebemann* (« le viveur », toujours au masculin !), tandis que l'italien l'appelle un *gaudente*, en réservant *fruente (di)* pour celui qui jouit d'un bien. L'anglais fait du jouisseur un *sensualist* et garde souvent, pour le désigner, ce terme français tel quel.

Le rapport entre la jouissance-plaisir et la jouissance-droit se trouve remanié dans la pensée contemporaine, notamment sous l'influence du marxisme et de la psychanalyse, d'une manière qui cherche à faire se conjoindre ces deux acceptions classiques à l'intérieur d'une notion de jouissance dotée d'une extension jusque-là inédite et permettant de réhabiliter, dans le même mouvement, la liberté de l'inclination à jouir et le droit d'avoir le plein usage de soi-même. Cette tentative constitue, en particulier, le motif central de l'« économie paradoxale » exposée par Georges Bataille dans *La Part maudite* (1949). Ainsi, pour ce dernier, « prendre conscience du sens décisif d'un instant où la croissance (l'acquisition de *quelque chose*) se résoudra en dépense est exactement *la conscience de soi*, c'est-à-dire une conscience qui n'a plus *rien pour objet* » et dans laquelle est rendue à l'homme la libre jouissance de lui-même. Thèse qui semble être la reprise spéculative d'une « extase » que l'auteur évoquait dans *L'Expérience intérieure* (1943) : « À ce moment, je pensai que cette jouissance rêveuse ne cesserait pas de m'appartenir, que je vivrais désormais nanti du pouvoir de jouir mélancoliquement des choses et d'en aspirer les délices. »

Parmi les remaniements du concept de jouissance auxquels se livre ainsi la réflexion contemporaine, il faut faire une place particulière à celui que Jacques Lacan a introduit dans le champ de la psychanalyse et qui pose problème à tout traducteur. Il semble même que, si le français *jouissance* est entré en 1988 dans le *Shorter Oxford English Dictionary*, ce soit tout simplement parce que le mot, en ce sens inédit, a paru intraduisible en anglais. Non seulement, en effet, le concept lacanien de jouissance rompt totalement avec le registre du plaisir, mais encore, quoique élaboré à partir du vocabulaire juridique, il se détache de tous les sens conventionnellement admis dans quelque domaine que ce soit de la langue.

♦ Voir encadré 3.

B. Jouissance et « fruition »

Entendu au sens subjectif de satisfaction plénière, le français *jouissance* est la traduction exacte de la *fruitio* de saint Augustin. Ce dernier emprunte à l'eudémonisme stoïcien l'opposition entre ce registre du *frui* (« jouir de ») ou de la fin et celui de l'*uti* ou du moyen (« se servir de »), avec l'idée qu'il n'y a de vraie jouissance que du bien suprême. Pour Jansénius, la simple *delectatio* représente un *affectus* du premier degré, notamment quand elle accompagne l'amour ; mais la fin véritable de cet *affectus* est la *fruitio*, qui est conjonction avec l'objet aimé pour lui-même et qui constitue ainsi le fruit dernier (*fructus*) de l'amour en même temps que son repos (*quies*) ; d'où l'intérêt que prendra cette notion pour le quiétisme et les mystiques en général, lesquels parlent d'« union fruitive ». En ce sens, le terme vieilli de « fruition » se rencontre encore parfois dans la langue littéraire : « Ô fruition paradisiaque de tout instant ! » (A. Gide, *Journal*, cité par le *Trésor de la langue française*, *s.v.* « Jouissance »).

Fruition subsiste en anglais, mais infléchi dans le sens de « réalisation, concrétisation » en vertu d'un rapprochement avec *fruit* et *fruitfull* qui rappelle la proximité du latin *frui* avec *fructus*. L'italien reste fidèle à cette étymologie avec *fruire di* et *fruizione* (« jouissance », notamment d'un droit ou d'un bénéfice), mais recourt plutôt, pour

3

La « jouissance » selon Lacan

Bien que Freud ait lui-même évoqué la jouissance (*Genuss*) à propos aussi bien de la satisfaction (*Befriedigung*) des besoins vitaux que de l'accomplissement d'un désir (*Wunscherfüllung*), c'est Lacan qui a fait de cette notion, couramment référée soit aux plaisirs sexuels soit à l'usage d'un droit, un concept considéré désormais comme important dans le champ de la psychanalyse. En un premier temps, la séparant nettement du plaisir, il place la jouissance au fondement de sa théorie de la perversion, entendue non plus au sens classique et péjoratif de « perversion sexuelle », mais comme une des trois composantes majeures du fonctionnement psychique, à côté de la névrose et de la psychose. La structure perverse se caractérise par l'obéissance du sujet à une injonction de la loi qu'il tourne en dérision en s'anéantissant lui-même dans cette soumission. En un second temps, Lacan introduit le concept de jouissance à l'intérieur de sa théorie de la différence des sexes, en distinguant alors jouissance phallique et jouissance féminine et en présupposant, d'une part, que le désir, chez l'être humain, est constitué par sa relation avec les mots, d'autre part, qu'« il n'y a pas de rapport sexuel », c'est-à-dire que le sujet, dans l'acte sexuel, ne rencontre ni l'objet de son désir que l'autre lui paraît représenter, ni la complétude qu'il escompte d'une telle expérience.

Ainsi le traducteur étranger qui tente de trouver dans son propre lexique du plaisir le terme correspondant à la *jouissance* telle que l'entend Lacan constate-t-il qu'on a toujours affaire, chez celui-ci, à une forme toute particulière de satisfaction ou, au moins, à une satisfaction autre que pleinement satisfaisante. Tout partirait de cette jouissance d'exception qu'est celle du Père symbolique, le chef de la horde primitive auquel on attribue la possession de toutes les femmes et dont le souvenir engendre, chez tous les autres hommes, le fantasme d'un lieu de « jouissance absolue », inaccessible et interdite. Ces derniers, quant à eux, ne connaîtront d'autre jouissance que la « jouissance phallique », qui se trouve soumise à la faille de la castration et qui, de ce fait, est marquée irréductiblement par le manque et non par la plénitude que connote habituellement ce terme.

Cette jouissance masculine suscite la hantise d'une « autre jouissance », différente de la jouissance absolue comme de la jouissance phallique et dont Lacan suggère qu'elle serait donnée à la femme. La position de celle-ci dans le champ de la sexualité consiste dans le fait qu'elle n'est « pas-toute » assujettie à la logique phallique du complexe de castration et qu'elle excède, dans cette mesure, une telle détermination. Cet excès, qui n'est pas simplement complémentaire de la jouissance masculine, constitue, en regard de celle-ci, un « supplément », mais en entraînant, chez la femme, une forme particulière de division (entre la « jouissance phallique » et l'« autre jouissance », « cette jouissance qu'elle n'est pas toute, c'est-à-dire qui la fait quelque peu absente d'elle-même, absente en tant que sujet »). Ainsi l'hiatus entre les sexes peut-il être défini de la façon suivante : « Comme telle, [la jouissance] est vouée à ces différentes formes d'échec que constituent la castration pour la jouissance masculine, la division pour ce qu'il en est de la jouissance féminine » (*Le Savoir du psychanalyste*, inédit, 4 nov. 1971). Mais la jouissance supplémentaire propre aux femmes (dont elles ne peuvent ni ne savent rien dire et qu'éprouvent particulièrement celles d'entre elles qui sont des mystiques) se vit aussi comme jouissance de l'Autre et, précisément, du manque dans l'Autre (*Le Séminaire*, Livre XX, *Encore*, chap. 6, « Dieu et la jouissance de la femme »).

Cette diversité des formes de jouissance et les deux principaux traits qui leur sont communs — à savoir la relation de chacune d'elles avec l'impossible et leur radicale distinction d'avec les aléas du registre du plaisir (sentiments, émotions, affects) — font que les différentes langues éprouvent de grandes difficultés à traduire le terme lacanien de *jouissance*. L'italien recourt généralement à *godimento*. L'espagnol oscille entre *goce* (« jouissance ») et *gozo* (« plaisir »), certains traducteurs préférant ce dernier mot, qui leur paraît plus restrictif que le premier par rapport à l'imaginaire d'une satisfaction plénière. D'autres langues, tel l'anglais, se contentent de reprendre le mot français *jouissance* entre guillemets ou en italique.

désigner un plaisir intense, au verbe *godire* et au substantif *godimento*, qui ont la même origine que le français *jouissance*, à savoir le verbe du latin classique *gaudere*, par l'intermédiaire du latin populaire **gaudire*. L'ancien français *joïr* (*jauzir* en provençal) — d'où dériva au XVIe siècle le substantif *jouissance* — avait les sens d'« accueillir chaleureusement » et de « gratifier [quelqu'un] de son amour », puis, déjà au XIIe siècle, sous la forme transitive indirecte, celui de « posséder un bien » et de « tirer pleine satisfaction d'une possession quelconque ». On peut relever que, lorsque le mot *jouissance* apparut avec sa double signification de possession d'un bien ou d'un droit et de joie ou de plaisir intense, il correspondait, par la seconde, à *gaudere*, tandis que la première le rapprochait paradoxalement du signifié de *frui*. Le même phénomène qui autorise à passer sans hiatus du sens de plaisir ou de joie d'amour (cf. le *joi* des troubadours) à celui d'un droit qu'on s'approprie (autrui s'en trouvant exproprié) et dont on peut se réclamer — ou *vice versa* — se retrouve dans plusieurs autres langues européennes, notamment les langues romanes, telles que l'italien avec *godimento* et l'espagnol avec *goce* ou *gozo*.

IV. LES PLAISIRS : NOMENCLATURES, USAGES, ÉCHELLES

A. L'héritage de « placeo » et de « placo »

En regard du double sens (*plaisir/désir*) de l'allemand *Lust*, comme, d'une certaine manière, de l'anglais *pleasure*, on ne peut pas dire que le français *plaisir* soit lui-même d'une parfaite simplicité sémantique. Car il garde, lui aussi, un sens qui est proche de désir et de volonté, plus précisément de « ce qu'il plaît à quelqu'un de faire ou d'ordonner ». C'est même ce sens-là qui s'est imposé le premier dans l'ancien français, notamment avec des locutions telles qu'« à son plaisir » (« à son gré », du latin *gratum*) et « bon plaisir » ou « à plaisir » (« comme il plaît, autant qu'on veut »), qui ont survécu jusqu'à nous et auxquelles correspond l'adjectif allemand *beliebig*. Celui-ci, qui signifie, comme adjectif ou pronom, « un quelconque, n'importe lequel » et, comme adverbe, « à volonté, à discrétion, autant qu'on voudra », provient du verbe *belieben* (« trouver bon, désirer, aimer ») et du substantif *Liebe*, mots dérivés de la racine indo-européenne qui a donné en latin *libet*, puis *libido*. Cette voie de signification semble être celle-là même que Freud emprunte quand il en vient à considérer la libido comme l'équivalent de la faim dans le registre de la sexualité et à la définir comme l'appétit d'un objet dont la jouissance satisfait au but de la pulsion sexuelle. Jung lui-même, tout en la désexualisant, fait de la libido un appétit ou un « intérêt » tendu vers l'avant (voir encadré 2, « Libido », dans PULSION).

Au verbe latin *placere*, qui a sans doute commencé par être un impersonnel avec le sens de « il semble bon, il plaît, il a été décidé » (*placitum est*), correspondait le causatif *placo* (« je tâche de plaire à »), d'où « j'apaise, je concilie ». Sur cette voie, le substantif *placitio* (« l'action de plaire ») a été marqué par la proximité graphique et phonique de *pax*, de sorte que *placidus* cessera d'avoir le sens d'« agréable » pour prendre celui d'« apaisé » ou « paisible ». On constate déjà ce glissement chez saint Jérôme. Cependant, même au XIIIe siècle, le sens ancien subsiste : ainsi Albert le Grand traduit-il la notion augustinienne de connaissance amoureuse (*notitia cum amore*) par l'expression de *notitia placida* (*In I Sentent.*, dist. 27, art. 8). Ce mouvement sémantique associant l'idée de plaisir à celle de quiescence ou d'apaisement se retrouve en allemand avec *Befriedigung*, qui signifie « contentement, satisfaction » et qui dérive de *Friede* (paix). On peut même y voir une concordance lexicographique avec le fait que Freud conçoive le plaisir comme l'apaisement d'une tension, c'est-à-dire comme un « plaisir négatif » par opposition à la douleur.

On notera aussi que, outre la signification de sentiment agréable, le mot français *plaisir* possède par dérivation métonymique — et depuis le XVe siècle seulement — le sens concret de ce qui procure un tel état affectif. Ainsi parle-t-on d'« usage des plaisirs ».

♦ Voir encadré 4.

Cependant, par-delà leurs différentes catégories ou leurs possibles nomenclatures, la réflexion concernant les plaisirs s'ouvre, dès l'Antiquité grecque, sur l'usage qu'on peut ou doit en faire et sur leur « problématisation morale », telle que Michel Foucault l'a étudiée dans le tome 2 de son *Histoire de la sexualité*. Comme il le souligne, la place que le sujet fait au plaisir et aux plaisirs est essentiellement une affaire d'éthique, c'est-à-dire du rapport à soi ou du « souci de soi ». Chez les Grecs, en effet, les *aphrodisia* [ἀφροδίσια] ne sont pas des actes répertoriés dans des catalogues où l'on évalue leur légitimité ou, au contraire, leur degré de déviance, de gravité et de culpabilité, comme s'y emploieront plus tard les manuels de confession dans le christianisme. On peut dire alors que « l'enjeu de la morale des *aphrodisia* est le contrôle de l'ensemble dynamique constitué par le désir et le plaisir liés à l'acte » :

> Ce qui, dans l'ordre de la conduite sexuelle, semble bien constituer pour les Grecs l'objet de la réflexion morale, ce n'est donc exactement ni l'acte lui-même (envisagé sous ses différentes modalités), ni le désir [...], ni même le plaisir (jaugé d'après les différents objets ou pratiques qui peuvent le provoquer) ; c'est plutôt la dynamique qui les unit tous trois de façon circulaire : le désir qui porte à l'acte, l'acte qui est lié au plaisir et le plaisir qui suscite le désir.
>
> *L'Usage des plaisirs*, p. 52-53.

Il s'ensuit que la morale des *aphrodisia* est œuvre de mesure, de modération et de contrôle des pratiques sexuelles, des désirs qui nous y entraînent et des plaisirs qu'elles nous procurent. L'immoralité en la matière est l'excès, l'intempérance, le dérèglement. Mais l'objectif n'est pas non plus d'annuler plaisirs et désirs. Il faut, au contraire, soutenir par le désir la sensation de plaisir et s'appuyer sur le besoin pour raviver le désir (un peu comme lorsque Freud dit que le lien affectif de l'amour est ce qui, dans les « intervalles libres de désir », confère à ce désir la possibilité de renaître). Il reste néanmoins que, contrairement à ce que semble penser Foucault, ce lien entre le désir et le plaisir n'est pas totalement ignoré des moralistes chrétiens, lesquels notamment au Moyen Âge ont développé, comme on l'a vu, le *topos* de la *delectatio morosa*.

B. De la « jucunditas » à la jubilation

Si des termes latins comme *suavitas*, *voluptas*, *delectatio*, *placere* ont subsisté presque tels quels dans les langues romanes, plusieurs autres se sont perdus, notamment en français. C'est le cas de *jucundus*, dont la postérité intéresse, en particulier, l'italien. Cet adjectif qui, employé d'abord et surtout par Cicéron et Sénèque, signifie « plaisant, agréable » et qui provient de *juvo* (« faire plaisir à ») a donné plus tard le substantif *jucunditas* (« joie »). Dans le latin chrétien, une étymologie populaire a rapproché *jucunditas* de *jocus* (« jeu ») et, dès lors, a fait transformer ce mot en *jocunditas*. Or le sens composite de jeu et de joie ou de plaisir par lequel le français pourrait le traduire se trouve rendu beaucoup plus clairement, et sans que soit nécessaire une périphrase, par le mot italien *giocondità* : celui-ci bénéficie, en l'occurrence, de la parenté phonique qui s'y exprime entre *gioia* (« joie ») et *gioco* (« jeu »). Néanmoins, les dictionnaires italiens actuels lui donnent généralement le sens d'« enjouement », c'est-à-dire plutôt de jeu que de plaisir.

Quelle qu'ait été sa richesse passée, le champ du plaisir et de la joie est couvert, dans les langues actuelles, par une pluralité de termes sémantiquement assez proches les uns des autres. Ainsi, en français, outre *plaisir* et *délectation*, on trouve *satisfaction*, *volupté*, *contentement*, *agrément*, *plaisance* (vx), *complaisance*, *joie*, *allégresse*, *jubilation*. En allemand, les mots les plus courants sont : *Lust*, *Vergnügen*, *Freude*, *Gefallen*, *Behagen*, *Genuss*. Kant y ajoute *Wohlgefallen* (*Critique de la faculté de juger*, § 3), qui a le sens de satisfaction, mais il reprend aussi *Vergnügen*, que les traducteurs de l'édition de la Pléiade rendent par « plaisir », alors que ce terme, qui vient de *genug* (« assez ») et de *Genügen* (« suffisance, satiété »), correspond plutôt à « contentement ».

L'anglais dispose d'une distribution de termes très comparable, dont Bentham rend compte lorsqu'il distingue dans sa *Table of the Springs of Action* 54 synonymes de *plaisir*. Parmi ceux-ci figurent particulièrement *gratification*, *enjoyment* (« jouissance »), *fruition* (« l'usage, le fruit »), *joy*, *delight* (« délice »), *delectation*, *merriment* (« réjouissance »), *mirth* (« allégresse »), *gaiety*, *content* (« contentement »), *comfort* (« confort »), *satisfaction* (« satisfaction »).

Certains de ces vocables français, allemands ou anglais se rapportent plus spécialement à l'expression ou à la manifestation du plaisir et de la joie. Il en est ainsi, par exemple, avec *jubilation*, notion dont la chaîne des signifiés peut aller de la vocifération belliqueuse ou du son de la trompette guerrière à l'extase mystique comme à la jouissance narcissique. Sa graphie latine *jubilatio* est empruntée au terme hébreu désignant la corne du bélier (*yôbhei*), cette trompette qui retentit pour de grandes solennités et dont le son qu'elle émet est, dans la Bible des Septante, traduit par le grec *alalagmos* [ἀλαλαγμός] (verbe *alalazein* [ἀλαλάζειν]), qui a le sens de « cri de guerre ». Dans le monde chrétien, la *jubilatio* en vient à

4

Le plaisir et les plaisirs (« aphrodisia » et « venerea »)

En français, la grammaire marque d'une manière particulière le passage du plaisir comme état affectif agréable au plaisir entendu comme ce dont on tire une satisfaction, généralement sensuelle. Cet usage métonymique de *plaisir* peut s'exprimer par une locution adjective qualifiant un endroit (« un lieu de plaisir »), un moment (« une soirée de plaisir ») ou une personne (« un homme de plaisir »). Il se rencontre aussi quand le substantif a pour déterminant un article défini et reste au singulier (par ex., « rechercher le plaisir » ou dans le partitif « se donner du plaisir »), mais, plus souvent encore, quand le vocable est au pluriel. Il peut alors garder un sens générique ou se construire avec un complément spécifiant tantôt un lieu ou un moment (« les plaisirs de Capoue »), tantôt un champ d'activité ou un type de plaisir (« les plaisirs de la chasse, du sport, de l'amour »).

À propos de ces plaisirs amoureux, qui ne se limitent pas à l'acte sexuel comme tel et qui sont qualifiés par la pastorale chrétienne de « plaisirs de la chair » ou de « plaisirs défendus », on peut constater que le français, comme sans doute bien d'autres langues modernes, est obligé d'emprunter habituellement la tournure périphrastique, alors que les langues anciennes telles que le sanscrit, le grec et le latin disposent, pour cela, d'un vocable spécifique. Ainsi, dans la littérature védique, le mot *kama* désigne le plaisir des sens ou de l'activité sexuelle, même s'il en vient à couvrir, à partir de là, l'ensemble du champ sémantique de l'amour. Plus clairement encore, dans l'Antiquité gréco-latine, il existe un mot particulier pour désigner l'amour physique : en grec, le verbe *aphrodisiazein* [ἀφροδισιάζειν] (« se livrer aux plaisirs sexuels », dans le cas de l'homme ; à la voix passive, quand il s'agit de la femme) ; en latin, le substantif neutre *venus*, *-eris* (« désir et jouissance sexuels »), qui a un correspondant exact en sanscrit avec *uanah* (« désir »). Chacun de ces deux termes grec et latin s'est fixé dans cette acception spécifique du fait qu'il en est venu à personnifier la divinité — Aphrodite ou Vénus — présidant à de tels plaisirs (*ta aphrodisia* [τὰ ἀφροδίσια], chez les Grecs ; *venerea*, chez les Latins).

Or, à la différence de ces langues anciennes, nos parlers contemporains ne disposent pas de vocable particulier stable pour désigner les plaisirs sexuels, à moins de recourir au langage de la trivialité : ainsi, en français, la « bagatelle », la « gaudriole », la « baise » (ou — en plus obscène, du fait notamment qu'il désigne l'acte sexuel lui-même — le verbe « foutre » [du latin *futuere*], particulièrement en faveur chez Sade). Pour sa part, l'italien recourt à l'adjonction d'un qualificatif, par exemple dans *godimento venereo* (« plaisir sexuel [littéralement, vénérien] »). Quant au terme d'érotisme, inventé par Restif de la Bretonne (1794), il désigne une tendance, un intérêt ou des modalités relatifs à l'amour physique plutôt que les plaisirs mêmes propres à celui-ci.

désigner une joie intérieure (proche de l'« ivresse spirituelle ») ou extériorisée dans des chants ou des cris (*jubilus* est le nom donné aux vocalises portant sur la dernière syllabe de l'*alleluia* ou sur l'ensemble du mot). Augustin y voit l'expression d'une délectation spirituelle qui ne peut se dire, tandis que Cassiodore fait de *jubilare* un synonyme de *juvare* et de *delectare* en soulignant que cette *copiosa mentis exultatio* est la manifestation extérieure d'un plaisir ineffable de l'âme. Ce terme se retrouve dans les langues romanes et même en allemand avec *jubilieren*, qui est cependant doublé par *frohlocken* (« pousser des cris d'allégresse »).

C. Les taxinomies à l'intérieur du champ sémantique du plaisir

On a vu plus haut comment Cicéron tentait de préciser le sens du latin *voluptas* par d'autres mots qui désignent des sensations ou sentiments concernant respectivement soit le corps soit l'âme (*laetitia*, *gaudium*, *jucunditas*). Il reste, en effet, que la distinction entre le *plaisir* et la *joie*, par exemple, semble assez mal déterminée. Comme cette labilité à l'intérieur d'un champ sémantique aussi étendu que celui du plaisir intéresse toutes les langues, la traduction d'un terme à partir de l'une d'entre elles dans une autre pose souvent des problèmes. On peut le constater notamment dans le vocabulaire philosophique par la manière assez fluctuante dont on traduit en français la hiérarchisation ternaire adoptée par Spinoza.

♦ Voir encadré 5.

La grande diversité du champ sémantique du plaisir paraît si universelle que Bentham, ayant eu à la repérer particulièrement en anglais, en est venu à forger le concept de *fruitfulness* pour désigner la capacité d'un plaisir à en engendrer d'autres : la *fruitfulness* est alors la jouissance entendue dans le sens technique d'une propriété structurale de l'affectivité. Cela met en évidence la possibilité propre à la langue anglaise de conférer aux entités fictives, à partir des entités réelles, un degré de réflexivité supplémentaire en les dotant du suffixe *-ness*. Une entité est dite réelle lorsque, à l'occasion ou dans le discours, on entend lui attribuer l'existence, tandis qu'est entité fictive celle à laquelle on ne confère pas une existence véritable. Ainsi, pour Bentham, le plaisir et la douleur sont des entités réelles en tant que sensations qui ne sont précédées par aucune autre. La douleur prime cependant le plaisir en ce qu'elle est ordinairement ressentie plus fortement que lui. Il s'ensuit que le plaisir possède un caractère plus « réflexif » que la douleur et que, par exemple, *lust*, qu'on tient pour entité réelle, peut se dédoubler en *lustfulness*, *luxury* en *luxuriousness*, etc.

De ce fait, la propension qu'a l'anglais, par son gérondif par exemple (*well-being*), à créer des substantifs à partir des verbes est aussi la voie qui mène au calcul des plaisirs. Substantiver les verbes, c'est se donner, en effet, la possibilité de les classer, comme le fait Bentham, lorsque dans sa *Table of the Springs of Action*, il énumère 54 synonymes du terme *pleasure*, dont un certain nombre de néologismes :

> 1. *Gratification* (récompense) ; 2. *Enjoyment* (jouissance) ; 3. *Fruition* (assouvissement) ; 4. *Indulgence* (complaisance) ; 5. *Joy* (joie) ; 6. *Delight* (délices) ; 7. *Delectation* (délectation) ; 8. *Merriment* (réjouissance) ; 9. *Mirth* (allégresse) ; 10. *Gaiety* (gaieté) ; 11. *Airiness* (légèreté) ; 12. *Comfort* (confort) ; 13. *Solace* (consolation) ; 14. *Content* (contentement) ; 15. *Satisfaction* (satisfaction) ; 16. *Rapture* (ravissement) ; 17. *Transport* (transport) ; 18. *Ecstasy* (extase) ; 19. *Bliss* (béatitude) ; 20. *Joyfulness* (jubilation) ; 21. *Gladness* (satisfaction) ; 22. *Gladfulness* (le fait d'être comblé) ; 23. *Gladsomeness* (contentement extrême) ; 24. *Cheerfulness* (enjouement) ; 25. *Comfortableness* (douceurs) ; 26. *Contentedness* (assouvissement) ; 27. *Happiness* (bonheur) ; 28. *Blissfulness* (volupté) ; 29. *Felicity* (félicité) ; 30. *Well-being* (bien-être) ; 31. *Prosperity* (prospérité) ; 32. *Success* (succès) ; 33. *Exultation* (exultation) ; 34. *Triumph* (triomphe) : 35. *Amusement* (amusement) ; 36. *Entertainment* (divertissement) ; 37. *Diversion* (distraction) ; 38. *Festivity* (festivité) ; 39. *Pastime* (passe-temps) ; 40. *Sport* (exercice sportif) ; 41. *Play* (jeu) ; 42. *Frolic* (fredaines) ; 43. *Recreation* (récréation) ; 44. *Refreshment* (rafraîchissement) ; 45. *Ease* (aise) ; 46. *Repose* (calme) ; 47. *Rest* (délassement) ; 48. *Tranquillity* (tranquillité) ; 49. *Quiet* (quiétude) ; 50. *Peace* (paix) ; 51. *Relief* (soulagement) ; 52. *Relaxation* (relaxation) ; 53. *Alleviation* (allègement) ; 54. *Mitigation* (adoucissement).
>
> *ibid.*, p. 87.

Par une nomenclature de ce genre (il en établit bien d'autres, notamment pour *desire*), Bentham n'entend nullement classer les plaisirs de manière à les hiérarchiser, pour les besoins de l'action ou de la politique, d'après le

5

Le registre du plaisir et de la joie chez les traducteurs de Spinoza

On trouve dans le texte latin de l'*Éthique* (part. III, prop. 11, sc. 1, et prop. 18, sc. 2) la gradation descendante suivante : *gaudium*, *laetitia* et *titillatio*. Ce dernier vocable, que Spinoza assimile à l'*hilaritas* (avec le sens d'allégresse), correspond chez Descartes au « chatouillement des sens », dont il dit qu'il « est suivi de si près par la joie [...] que la plupart des hommes ne les distinguent point » (*Passions de l'âme*, § 94). Or, les Allemands, pour lesquels, selon le *Wörterbuch* de Ritter, *die Lust* désigne non le simple sentiment de plaisir, mais plutôt celui de joie, traduisent aussi par ce mot de *Lust* la *laetitia* spinoziste, tandis qu'ils rendent le mot, plus fort, de *gaudium* par *Freude*.

De leur côté, les Français traduisent généralement *laetitia* par le mot cartésien de « joie » et *titillatio* par « plaisir » et, plus précisément, « plaisir local » ou « chatouillement ». Mais il leur est alors plus difficile de rendre *gaudium* : C. Appuhn opte pour « épanouissement » et R. Misrahi pour « contentement », de même que R. Caillois et B. Pautrat, tandis que P. Macherey, qui y voit une « passion joyeuse », préfère « satisfaction ». Le problème pour les traducteurs allemands, qui ont pu rendre de façon satisfaisante *laetitia/gaudium* par *Lust/Freude* est donc de traduire le terme inférieur de la gradation, *titillatio*, tandis qu'en français, si l'on estime avoir traduit correctement *titillatio* par « plaisir » et *laetitia* par « joie », on semble manquer de ressources pour *gaudium*.

degré de vérité ou de valeur qu'on attribuerait à tel ou tel d'entre eux. À ses yeux, il est difficile de soutenir que certains plaisirs seraient plus vrais que d'autres. Le plaisir et, plus encore, la douleur ne sont que des principes ayant « autorité » sur nos comportements et jouant, au sein de notre action, le rôle de forces de motivation. Ils peuvent être des guides, faillibles d'ailleurs, pour nous aider à bâtir un monde, celui des objets physiques ou celui des relations entre les hommes. Ils sont donc au fondement de l'ensemble des ressorts de l'action (*springs of action*). Ainsi le caractère « fictif » ou « réflexif » des plaisirs ne nous empêche pas de les considérer comme n'étant ni bons, ni mauvais, ni vrais, ni faux. Le principe d'utilité, qui postule la recherche du plus grand bonheur pour le plus grand nombre, nous conduit à les consigner dans une mise en forme logique et quantitative, à les soumettre, moyennant de multiples règles, à un calcul (voir UTILITY). Ainsi, dès qu'on les traite comme des noms, les divers plaisirs constitués en entités peuvent avoir une quantité, une intensité, une durée, une probabilité, un éloignement ou une proximité, une fécondité et une pureté qui les rendent quantifiables, « associables », susceptibles d'être soumis à des lois et d'entrer dans de tels calculs.

Charles BALADIER, Clara AUVRAY-ASSAYAS,
Jean-François BALAUDÉ, Barbara CASSIN,
Jean-Pierre CLÉRO, Baldine SAINT GIRONS

BIBLIOGRAPHIE

AUGUSTIN saint, *De doctrina christiana*, in *Œuvres de saint Augustin*, nouv. éd., texte crit. établie par J. Martin, rev. et corr., intr. et trad. fr. M. Moreau, annot. et notes compl. I. Bochet et G. Madec, Études augustiniennes, 1997.

BENTHAM Jeremy, *Deontology* [1834], together with *A Table of the Springs of Action* [1817], and *Article on Utilitarism* [1829], éd. A. Goldworth, Oxford, Clarendon Press, 1984 ; *De l'ontologie et autres textes sur les fictions*, trad. fr. et comm. J.-P. Cléro et C. Laval, Seuil, 1997.

BOCHET Isabelle, *Saint Augustin et le désir de Dieu*, Études augustiniennes, 1982.

BRUNSCHWIG Jacques, « L'argument des berceaux chez les Épicuriens et les Stoïciens », repris in *Études sur les philosophies hellénistiques*, PUF, 1995, p. 69-112.

BRUNSCHWIG Jacques et NUSSBAUM Martha C. (éd.), *Passions and Perceptions. Studies in Hellenistic Philosophy of Mind*, Cambridge UP, 1993.

BURKE Edmund, *A Philosophical Enquiry into the Origin of our Ideas of the Sublime and Beautiful*, J.T. Boulton (éd.), Oxford, Basic Blackwell, 1987 ; *Recherche philosophique sur l'origine de nos idées du sublime et du beau*, Avant-propos, traduction et notes par Baldine Saint Girons, Librairie philosophique J. Vrin, 1990-1998.

CICÉRON, *De finibus*, trad. fr. J. Martha, Les Belles Lettres, « CUF », 1928.

— *Tusculanae disputationes*, trad. fr. J. Humbert, Les Belles Lettres, « CUF », 1931.

DESCARTES, *Les Passions de l'âme*, in *Œuvres*, vol. 11, éd. C. Adam et P. Tannery, Vrin, 1967.

FESTUGIÈRE André Jean, « La doctrine du plaisir des premiers sages à Épicure », in *Études de philosophie grecque*, Vrin, 1971, p. 81-116 .

FOUCAULT Michel, *Histoire de la sexualité*, t. 2, *L'Usage des plaisirs*, Gallimard, 1984.

FREUD Sigmund, « État amoureux et hypnose », in *Essais de psychanalyse*, trad. fr. A. Bourguignon *et al.*, Payot, 1981.

— « Contributions à la psychologie de la vie amoureuse », in *La Vie sexuelle*, trad. fr. D. Berger, J. Laplanche *et al.*, PUF, 1969.

GOSLING Justin Cyril Bertrand et TAYLOR Christopher Charles Whiston, *The Greeks on Pleasure*, Oxford-New York, Clarendon Press-Oxford UP, 1982.

KANT Emmanuel, *Critique de la faculté de juger*, trad. fr. A. Philonenko, Vrin, 1974.

LACAN Jacques, *Le Séminaire*, Livre XX, *Encore*, Seuil, 1975, chap. 6, « Dieu et la jouissance de la femme », p. 61-71.

LATACZ Joachim, *Zum Wortfeld « Freude » in der Sprache Homers*, Heidelberg, Winter, 1966.

MACLACHLAN Bonnie, *The Age of Grace*, Princeton UP, 1993.

POUSSIN Nicolas, *Lettres et propos*, Anthony Blunt (éd.), Hermann, 1964.

SÉNÈQUE, *De vita beata*, trad. fr. A. Bourgery, Les Belles Lettres, « CUF », 1923.

— *De beneficiis*, trad. fr. F. Préchac, Les Belles Lettres, « CUF », 1926.

SISSA Giulia, *Le Plaisir et le Mal. Philosophie de la drogue*, Odile Jacob, 1997.

SPINOZA, *Éthique, démontrée suivant l'ordre géométrique et divisée en cinq parties*, trad. fr. nouv. avec notice et notes C. Appuhn, 2 vol., Garnier frères, « Classiques Garnier », 1953.

OUTILS

BENVENISTE Émile, *Le Vocabulaire des institutions indo-européennes*, 2 vol., Minuit, 1969.

ERNOUT Alfred et MEILLET Antoine, *Dictionnaire étymologique de la langue latine. Histoire des mots* [1932], 4e éd. augm. J. André, Klincksieck, 1994.

LONG Anthony A. et SEDLEY David N., *The Hellenistic Philosophers*, 2 vol., Cambridge UP, 1987 ; *Les Philosophes hellénistiques*, 3 vol., trad. fr. J. Brunschwig et P. Pellegrin, Flammarion, « GF », 2001.

PLASTICITÉ

gr.	cf. *plassein* [πλάσσειν]
all.	*Plastizität*
angl.	*plasticity*

► ACTE DE LANGAGE, ALLEMAND, ART, AUFHEBEN, BEAUTÉ, JE, *FICTION*, *FORME*, SUJET

C'est entre la fin du XVIIIe et le début du XIXe siècle que le néologisme « plasticité » (Plastizität, plasticity...) *fait son entrée officielle dans la langue. Il s'ajoute à deux mots préexistants formés sur le même radical (le grec* plassein *[πλάσσειν], « modeler ») : en premier lieu, le substantif « plastique »* (die Plastik, Plastics) *désignant l'art de l'élaboration des formes, plus particulièrement la sculpture ; en second lieu, l'adjectif « plastique »* (plastisch, plastic) *qui signifie d'une part « susceptible de changer de forme » (comme la cire, la terre glaise ou l'argile), d'autre part « capable de donner la forme » (comme les arts ou la chirurgie plastiques ; voir encadré 2, « Plastique », dans* ART). *La* plasticité *qualifie précisément la double aptitude à recevoir et à* produire *la forme.*

Hegel, le premier, a remarqué l'usage fréquent mais indéterminé que ses contemporains faisaient du terme et a entrepris de lui conférer valeur conceptuelle. Les deux significations contradictoires de la réception et de la donation de forme autorisent le philosophe à inscrire Plastizität *au registre des mots « spéculatifs », à deux significations opposées, pleins d'avenir pour la pensée qui se voit en quelque sorte contrainte d'en inventer le référent. Dans le cas de la plasticité, cette invention consiste en une exportation. Hegel l'arrache en effet à son pays natal, l'art, pour lui assigner son véritable domaine de validité, le développement de la subjectivité. Incombe alors à la plasticité cette tâche essentielle : traduire le sujet.*

I. ENTRE SURGISSEMENT ET ANÉANTISSEMENT DE LA FORME : LES SIGNIFICATIONS DE LA PLASTICITÉ

Plasticité articule une pluralité de significations, et peut donc se décomposer en une série d'équivalents qui n'en gardent jamais qu'un seul trait. « Malléabilité », *Bildsamkeit* qualifient le simple registre de la réceptivité de forme. « Formation, information », *Einbildung, Durchbildung*, n'insistent quant à eux que sur la donation de forme. Certes, par l'un de ses aspects essentiels, la plasticité est bien réception à l'empreinte : elle désigne l'aptitude au façonnement et au modelage, y compris par la culture ou l'éducation (plasticité de l'enfant) ou encore la faculté d'adaptation ou d'évolution (plasticité du cerveau, « vertu plastique » du vivant). Toutefois, si l'adjectif « plastique » s'oppose à « rigide », « fixe », il ne signifie pas pour autant « polymorphe ». Est plastique ce qui garde la forme, comme le marbre qui, une fois configuré, ne peut retrouver sa forme initiale. Cette aptitude à conserver l'impression distingue précisément la plasticité de l'élasticité et sépare le malléable du protéiforme.

On comprend alors pourquoi une certaine matière de synthèse apparue au début du XXe siècle a reçu le nom de « matière plastique » : susceptible de prendre formes et propriétés diverses suivant les usages auxquels elle est destinée, elle n'en suspend pas moins, une fois moulée, la virtualité de ses métamorphoses.

Cette fidélité à la forme, où se confondent réceptivité et activité, permet de comprendre deux autres significations récentes et apparemment contradictoires là encore de la plasticité : la signification cicatricielle et la signification explosive. En histologie en effet, la plasticité désigne la capacité des tissus à se reformer après avoir été lésés (cicatrisation). Le *plastic* quant à lui est une puissante substance explosive. Tout se passe comme si la plasticité inscrivait la violence au cœur même de la régénérescence : la capacité à accueillir la forme, voire à reformer le tissu ou la matière après blessure, en passe par la nécessité de supporter l'explosion d'un état initial : l'informe, la forme inadéquate ou la forme vieillie.

II. HEGEL ET LA PLASTICITÉ DU SUJET

Hegel décèle dans la plasticité une instance à la fois synthétique et disruptive susceptible de qualifier de manière parfaitement adéquate le développement de la subjectivité, c'est-à-dire le processus de l'autodétermination (*Selbstbestimmung*).

Dans la Préface à la *Phénoménologie de l'esprit*, il affirme : « [...] La seule exposition philosophique qui parviendrait à être plastique (*plastisch*) serait celle qui exclurait rigoureusement le type de relation ordinaire qui régit les parties d'une proposition » (trad. fr. J.-P. Lefebvre, Aubier, 1991, p. 70). Les « parties d'une proposition » désignent ici bien sûr le sujet, la copule et le prédicat. Si la philosophie a jusqu'à présent, selon Hegel, manqué de plasticité, c'est parce qu'elle a toujours considéré le sujet comme une instance elle-même non plastique, c'est-à-dire purement et simplement passive, recevant ses accidents ou prédicats du dehors, sans les produire elle-même. Inversement, elle a pensé l'acte même de la prédication comme une pure et simple imposition de forme, un mouvement arbitraire, un passage (*Übergehen*) entre termes juxtaposés consistant à rapporter le prédicat à un sujet qui, fondamentalement, lui demeure étranger. « D'ordinaire » en effet, « c'est d'abord le sujet en tant qu'il est le Soi-même fixe *objectal* qui est posé comme principe de départ ; puis, c'est de lui que part le mouvement nécessaire vers la multiplicité des déterminations ou des prédicats » (*ibid.*, p. 68). C'est ainsi que la subjectivité et, par voie de conséquence, la philosophie, n'ont pas encore trouvé leur véritable forme.

Exclure le type de relation ordinaire entre les parties d'une proposition exige de rompre avec une compréhension trop étroite de la prédication qui manque l'essentiel, à savoir la détermination mutuelle des termes mêmes qui la rendent possible. L'énoncé philosophique rend pourtant cette détermination manifeste dans la mesure où, en lui, sujet, copule et prédicat apparaissent comme immédiatement identiques. Hegel en prend pour exemple la proposition « Dieu est l'être », paradigmatique de toute assertion philosophique. Quel en est le sujet, quel en est le prédicat ? Et comment pourrait-on procéder linéairement de l'un à l'autre ? Veut-on le faire, dit Hegel, que l'on se sent « freiné (*gehemmt*) », que l'on subit un « contrecoup (*Gegenstoß*) » : « La pensée, au lieu de continuer à avancer dans le passage du sujet au prédicat, et étant donné que le sujet se perd, se sent au contraire freinée (*gehemmt*) et rejetée vers la pensée du sujet, puisqu'elle en déplore l'absence [...] » (*ibid.*, p. 69). Cette épreuve tient au fait que le concept — ou contenu spéculatif de la proposition — entre immédiatement en contradiction avec sa propre forme dans la mesure où il résiste à son élongation prédicative. Il la déserte alors pour « revenir en soi-même ».

C'est ce retrait qui est pour Hegel la cause réelle de la difficulté des textes philosophiques. Celle-ci n'est pas due à un trop haut niveau de technicité du discours, mais au caractère étrange d'énoncés qui apparaissent, au premier abord, à la fois tautologiques (les termes de la proposition semblent s'équivaloir) et hétérologiques (ils semblent dire autre chose que ce qu'ils disent puisque leur propre contenu les fuit). Ce retrait du concept en lui-même est pourtant un moment essentiel, qui prépare le passage de la compréhension simplement prédicative de la proposition à sa compréhension authentiquement spéculative.

À ce point de régression, le sujet perd sa forme d'instance fixe. Premier temps de sa plastique : il se rend malléable jusqu'à l'absence de forme. Toutefois, dit Hegel, ce mouvement rétrograde n'a qu'un temps, « il faut [...] que ce retour du concept en soi soit *exposé* (*dargestellt*) » (*ibid.*, p. 170). Revenu au point originaire où il se défait de toutes les formes, le sujet se trouve projeté en avant pour donner la forme, c'est-à-dire s'incarner en une détermination particulière. Par là, il s'affirme à la fois comme sujet *et* prédicat de lui-même : telle est la signification de l'autodétermination. La plasticité du sujet caractérise sa capacité à recevoir comme à former son propre contenu, en un mot à s'auto-différencier.

♦ Voir encadré 1.

L'opération plastique originaire qu'est l'autodétermination suppose, on le voit, une malléabilité du sujet : il doit être susceptible de se défaire de sa forme initiale ; elle comporte également un moment de formation : le sujet forme son accident en s'auto-particularisant. La synthèse de ces deux instances, précisément opérée par la plasticité, entre-deux du surgissement et de l'anéantissement de la forme, est à la fois virtualité d'explosion (dans son article sur le *Droit naturel*, Hegel compare précisément le procès de l'autodétermination spirituelle au mouvement d'une bombe) et promesse de réparation : le sens, lésé par le conflit initial entre contenu et forme de la proposition, se restaure et l'énoncé philosophique, pour finir, cicatrise.

S'il fallait, en dernière instance, traduire la plasticité, traduire sa force de traduction, c'est peut-être au mot « ton » qu'il faudrait recourir (ainsi qu'à ses dérivés « tonique », « tonicité »). Étymologiquement et proprement, « ton » (gr. *tonos* [τόνος]) signifie « tension », plus exactement « bonne tension, milieu entre mollesse et dureté ». D'où son double champ d'application, médical (le « ton » désigne en médecine la consistance des tissus en état de santé) et musical. Toniquement traduite, la plasticité apparaît comme le pouvoir de se transformer, comme le dit Hegel dans la *Science de la logique* (*Encyclopédie*, trad. fr. B. Bourgeois, Vrin, 1970, § 189, p. 427-428) « à même la forme (*an der Form*) », en un mot de sculpter son devenir.

III. NIETZSCHE ET LA VALEUR ÉTHIQUE DE LA PLASTICITÉ

Une rencontre inattendue se produit, au lieu de la plasticité, entre Hegel et Nietzsche. Ce dernier prolonge

1

Les « individualités plastiques »

Le déplacement du concept de plasticité opéré par Hegel, qui l'exporte de l'esthétique (voir encadré 2, « Plastique », dans ART) vers la philosophie, requiert une médiation. Celle-ci est assurée par la pensée des « individualités plastiques (*plastische Individuellen*) » grecques. Par cette formule, Hegel désigne les grandes figures historiques que sont « Périclès, Phidias, Platon et tout spécialement Sophocle, mais aussi Thucydide, Xénophon, Socrate [...] » qui accomplissent dans l'existence ce que les statues réalisent à même la matière : l'incarnation du spirituel. Sculptures vivantes, ces figures « exemplaires (*exemplarische*) » ou « substantielles (*substantielle*) » possèdent « ce caractère plastique, universel et pourtant individuel (*allgemein und doch individuell*), identique à l'extérieur et à l'intérieur » (Hegel, *Cours d'esthétique*, trad. fr. J.-P. Lefebvre et V. von Schenck, Aubier, 1996, vol. 2, p. 61). Comme les statues, les « individualités plastiques » donnent à l'esprit son corps tout en se laissant pénétrer par la Chose même. Réceptrices et donatrices de sens, elles sont dites *selbstdeutende*, auto-interprétatives.

C'est en se référant à cette opération auto-exégétique qui caractérise l'art classique et le mode d'être grec en général que Hegel en vient à élaborer le concept d'une plasticité proprement philosophique susceptible de dire, de manière privilégiée, le mode d'être de la subjectivité. Plasticité du sujet philosophant d'abord. Dans la Préface à la *Science de la logique* de 1831, Hegel en appelle directement à la plasticité de son lecteur : « Un exposé plastique (*plastischer Vortrag*) exige un sens lui aussi plastique d'accueil et de compréhension (*einen plastischen Sinn des Aufnehmens und Verstehens*) » (trad. fr. C. Malabou, *Philosophie*, n° 29, Minuit, 1991, p. 24). Ce sens plastique de compréhension exige du sujet qu'il se laisse dessaisir de sa forme initiale pour devenir lui-même puissance formatrice, c'est-à-dire *interprète*. Plasticité du sujet universel (*Selbt*, Soi) ensuite : l'empreinte spécifique de la subjectivité, qui la distingue de tout autre type de support, est bien sa capacité à s'auto-informer, c'est-à-dire à tenir le milieu, dans la perpétuelle tension d'une inquiétude dialectique, entre évanescence et pétrification.

étrangement le geste de l'idéalisme spéculatif en radicalisant la définition hégélienne de la plasticité – rapport du sujet à l'accident, c'est-à-dire aussi à l'événement. Nietzsche voit en effet dans la plasticité l'affirmation même du devenir. Dans la seconde *Considération inactuelle*, il déclare :

> [...] Il y a un degré d'insomnie, de rumination, de sens historique, au-delà duquel l'être vivant se trouve ébranlé et finalement détruit, qu'il s'agisse d'un individu, d'un peuple ou d'une civilisation. Pour déterminer ce degré, et, par là, la limite à partir de laquelle le passé doit être oublié, si l'on ne veut pas qu'il devienne le fossoyeur du présent, il faudrait savoir précisément quelle est la *force plastique* (*plastische Kraft*) de l'individu, du peuple, de la civilisation en question, je veux parler de cette force qui permet de se développer (*wachsen*) de manière originale et indépendante, de transformer (*umzubilden*) et d'assimiler (*einzuverleiben*) les choses passées ou étrangères, de guérir ses blessures, de réparer ses pertes, de reconstituer sur son propre fonds les formes brisées.
>
> *Considérations inactuelles*, trad. fr. P. Rusch, in *Œuvres philosophiques complètes*, t. 2, 1990, p. 97.

Plus tard, la plasticité, force de vie et de régénérescence, milieu entre excès de susceptibilité et indifférence absolue, va même jusqu'à apparaître comme antidote au ressentiment :

> [...] Même le ressentiment (*das Ressentiment*), affirme Nietzsche dans la *Généalogie de la morale*, quand il se rencontre chez l'homme noble, se manifeste et s'épuise en une réaction instantanée si bien qu'il n'*empoisonne* pas : de plus, en d'innombrables circonstances où il serait inévitable chez les hommes faibles et impuissants, il n'apparaît même pas. Ne pouvoir prendre longtemps au sérieux ni ses ennemis ni ses échecs, ni même ses propres *méfaits*, – voilà le signe des natures fortes et accomplies auxquelles une surabondance de force plastique permet de se régénérer, de guérir et même d'oublier [...]
>
> *Première Dissertation*, trad. fr. C. Heim, I. Hildenbrand et J. Gratien, *Œuvres philosophiques complètes*, t. 7, p. 236.

Il est clair que la plasticité constitue pour Nietzsche une réserve de sens fondamentale pour une pensée nouvelle de la subjectivité qui la libère de la forme – trop floue et trop stricte à la fois – du cogito pour en révéler la part explosive et créatrice.

Catherine MALABOU

BIBLIOGRAPHIE

HEGEL Georg Wilhelm Friedrich, *Sämtliche Werke*, Jubiläumsausgabe, éd. H. Glockner, Stuttgart, Frommann, 1929.

— *Des manières de traiter philosophiquement du droit naturel ; de sa place dans la philosophie pratique et de son rapport aux sciences positives du droit*, trad. fr. B. Bourgeois, Vrin, 1972.

— *Encyclopédie des sciences philosophiques, t. 1, La Science de la logique*, trad. fr. B. Bourgeois, Vrin, 1970.

— *Phénoménologie de l'esprit*, trad. fr. J.-P. Lefebvre, Aubier, 1991.

— *Science de la Logique* [1831], Préface, trad. fr. C. Malabou, *Philosophie*, n° 29, Minuit, 1991, p. 3-26.

— *Cours d'esthétique*, vol. 2, trad. fr. J.-P. Lefebvre et V. von Schenck, Aubier, 1996.

LYOTARD Jean-François, *Le Différend*, Minuit, 1983.

MALABOU Catherine, *L'Avenir de Hegel. Plasticité, Temporalité, Dialectique*, Vrin, 1996.

NANCY Jean-Luc, *La Remarque spéculative*, Galilée, 1973.

NIETZSCHE Friedrich, *Sämtliche Werke, Kritische Studienausgabe in 15 Einzelbänden* (*KSA*), éd. G. Colli et M. Montinari, Munich-Berlin-New York, De Gruyter-Deutscher Taschenbuch Verlag, 1980.

— *Zur Genealogie der Moral*, in *KSA*, t. 6, vol. 2 ; *Considérations inactuelles*, trad. fr. P. Rusch, in *Œuvres philosophiques complètes*, Gallimard, « NRF », t. 2, 1990.

— *Unzeitgemässe Betrachtungen*, I-II, in *KSA*, t. 3, vol. 2 ; *La Généalogie de la morale*, trad. fr. C. Heim, I. Hildenbrand et J. Gratien, in *Œuvres philosophiques complètes*, Gallimard, « NRF », t. 7, 1971.

PLUDSELIGHED / DESULTORISK DANOIS

– fr. *soudaineté / sans suite, décousu*

all. *Plötzlichkeit / desultorisch*

► *INSTANT*, et CONTINUITET, DAIMÔN, DASEIN, DIABLE, *ÉVÉNEMENT*, EVIGHED, JE, JETZTZEIT, MOMENT, *TEMPS*

Les termes Pludselighed *et* Desultorisk *interviennent chez Kierkegaard conjointement à* Evighed *et* Continuitet. *L'absence de continuité* (Desultorisk) *revêt un caractère spécial quand elle se produit soudainement* (Pludselighed). *C'est le cas de l'irruption du mal* (Œuvres complètes, *t. 4, p. 37*), *comme le suggère la description du démoniaque.*

« Si la réflexion se porte sur le contenu, le démoniaque se détermine comme fermeture sur soi, si elle considère le temps il se détermine comme le soudain » (*ibid.*, t. 7, p. 226). Sans loi, étranger à la continuité des phénomènes de la nature, le démoniaque n'est pas d'ordre somatique, mais psychique. Il apparaît et disparaît subitement, au rythme d'une soudaineté (*Pludselighed*) faite de la « continuité-abracadabra de celui qui ne communique qu'avec soi » (t. 7, p. 227). Tel Méphistophélès, il surgit brusquement, n'étant que lui-même, sans contenu, telle une ombre morte d'ennui, livrée à la « continuité dans le rien » (t. 7, p. 229).

L'approche kierkegaardienne du temps (comme d'autres catégories instrumentalisées dans l'expérience, tel l'intervalle ou l'entre-deux au sens d'*inter-esse*) est marquée par le balancement, l'oscillation jamais en repos entre deux mouvements ou deux termes antagonistes, entre humour et ironie, entre tragédie et comédie, entre le doute et la confiance, entre le sérieux et la plaisanterie. Concernant la temporalité, ce « mouvement pendulaire » (*Pendulbevaegelse*, *Journal*, vol. 1, p. 83) rythme la valorisation et la dépréciation du permanent comme du soudain. « La continuité dans l'alternance [*det Continuerlige i Alternationen*] » (*Œuvres complètes*, t. 10, p. 76) régit le privilège de « la première fois », de la sémelfactivité de « ce qui n'a lieu qu'une fois », comme « le premier amour » (t. 4, p. 36-38) ou l'Incarnation. Cela n'exclut pas la suprématie de « la seconde fois » (*Journal*, vol. 2, p. 226 ; *Œuvres complètes*, t. 15, p. 301-302 ; t. 17, p. 171), qui n'est pas sans analogie avec la seconde cristallisation selon Stendhal, mais dont le ressort est biblique : « Vois : Tout est nouveau » (Apocalypse 21, 5).

Dans son ambiguïté même, l'oscillation exprime ce qu'a de paradoxal la discontinuité, comme fait, qui donne au temps tout son poids, sa continuité concrète. Où l'on peut voir comme un écho à l'*atopon* platonicien : le non-temporel suprêmement actif dans le temps, c'est l'*exaiphnês* [ἐξαίφνης], le soudain, qui interrompt la médiation, non sans avoir valeur de *metaxu* [μεταξύ], d'articulation, de liaison qui, toutefois, n'annihile ni la teneur de différence, ni la violence du heurt.

Chez Kierkegaard, les termes à résonance temporelle sont fréquemment à l'origine de thématiques qui se déploient dans des registres très divers. Ainsi le fait d'être discontinu est souvent dénoté par l'adjectif *desultorisk* (« sans suite, décousu »). Sont *desultorisk*, le jaillissement de la pensée par sauts (*Hamann, Œuvres complètes*, t. 7, p. 236), l'incompréhensibilité face à Abraham (t. 3, p. 176), la fragmentation des écrits posthumes (t. 1, p. 150), le jeu du séducteur (t. 3, p. 353), les moments d'aridité qui, dans l'âme lasse du mystique, alternent avec les moments lumineux (t. 4, p. 217 *sq.*, 224 et 242), l'irruption du mal (t. 4, p. 358). La continuité au contraire est due à l'instant éthique (t. 2, p. 223, 231 et 235) de la décision, au ressouvenir qui maintient une continuité éternelle (t. 9, p. 10). L'esthéticien mène des conquêtes, mais il est « incapable de posséder » (t. 4, p. 116), il ne peut que « ployer de manière fantastique l'éternité dans le temps » (t. 7, p. 248). Dans la continuité, l'éthicien a l'ardeur du conquérant, mais aussi l'humble patience d'acquérir sans relâche la possession.

Le caractère soudain (*Pludselighed*) de l'*exaiphnês*, de l'éclair (*Blitz*) se retrouve dans le brusque surgissement de l'obscurité, de la folie, de la mort, des ténèbres sur le Golgotha (t. 15, p. 261), du démoniaque. Soudain aussi l'étrange passage de l'existant singulier au Ich fantastique de la spéculation. Mais la soudaineté ne provoque pas seulement l'épouvante ou l'étonnement. Le surgissement d'une qualité nouvelle (le péché ou la grâce, t. 16, p. 260), l'instant du recueillement ou du repentir (t. 13, p. 20 et 145), la survenue légère et glissante de l'instant favorable (*kairos* [καίρος], t. 16, p. 302) se produisent aussi avec soudaineté (voir MOMENT).

Jacques COLETTE

BIBLIOGRAPHIE

BOHRER Karl H., *Plötzlichkeit. Zum Augenblick des ästhetischen Scheins*, Francfort, Suhrkamp, 1981.

KIERKEGAARD Søren, *Œuvres complètes*, trad. fr. P.H. Tisseau et E.M. Jacquet-Tisseau, L'Orante, 1966-1986, 20 vol.

— *Journal* (extraits), trad. fr. K. Ferlov et J.-J. Gateau, Gallimard, 1942-1961, 5 vol. ; éd. rev. et augm. du vol. 1, 1963.

POÉSIE

I. « POIÊSIS » ET « PRAXIS »

Le fr. *poésie* dérive, *via* le latin, du gr. *poiêsis* [ποίησις], sur *poiein* [ποιεῖν], « faire, produire », renvoyant à une fabrication productrice d'objet (comme *to make*), par différence avec *praxis* [πρᾶξις], sur *prattein* [πράττειν], « faire, agir » (comme *to do*), renvoyant à une action qui est à elle-même sa propre fin. Sur cette différence fondamentale entre *poiêsis* et *praxis*, on se reportera à PRAXIS ; voir aussi *ACTE* [AGENCY, ATTUALITÀ, ACTE DE LANGAGE], ACTEUR, MORALE, *ŒUVRE*.

II. POÉSIE ET LITTÉRATURE

1. On trouvera étudiée sous l'all. DICHTUNG (sur *dichten*, « inventer » et « composer un poème »), qu'on rend ausssi bien par *littérature* que par *poésie*, la différence des démarcations entre les domaines de discours. Voir aussi ERZÄHLEN, HISTOIRE, *FICTION*, LOGOS.

2. Sur le rapport entre poésie et prose, le lien avec les figures, voir SUBLIME, et COMPARAISON, LIEU COMMUN, TROPE ; cf. MIMÊSIS, *STYLE*.

► CATHARSIS

POLIS [πόλις], POLITEIA [πολιτεία] GREC – fr. *cité, État, société, nation*

► *ÉTAT* [STATE, STATO], et CIVIL RIGHTS, ÉCONOMIE, *GOUVERNEMENT*, OIKEIÔSIS, OIKONOMIA, PEUPLE, POLITIQUE, SOCIÉTÉ CIVILE

Le mot polis [πόλις] *passe pour intraduisible : cité, État, société, nation ? Mais est-ce le mot qui est intraduisible dans nos langues, ou la réalité qu'il désigne qui est sans équivalent dans notre civilisation ?* Polis *désigne en effet la « communauté politique » propre à un moment de la civilisation grecque. Mais le fait qu'on ne puisse, aujourd'hui encore, désigner la réalité anthropologique générale sans faire appel au mot* polis *montre qu'il n'est pas si facile de distinguer entre traduire des mots et faire correspondre des choses ou de trancher entre particularité grecque et universalité humaine.*

Politeia [πολιτεία] *pose apparemment des problèmes différents : le* politês [πολίτης] *étant le membre de la* polis *(donc le citoyen), la* politeia *désigne soit distributivement la participation des citoyens au tout de la Cité, donc la « citoyenneté », soit collectivement l'organisation des citoyens en un tout, donc la « constitution » ou le « régime ». Mais là encore, il est difficile de séparer les réalités historiques des concepts forgés sur elles par la philosophie, puisque c'est ainsi que Platon intitule son principal ouvrage politique — la* République *— et qu'Aristote désigne une* politeia *particulière parmi toutes celles qui lui semblent possibles.*

I. « POLIS » ET PHILOSOPHIE POLITIQUE

La *polis* [πόλις], c'est d'abord une entité politique propre à la civilisation grecque archaïque et classique entre le VIIIe siècle (au moins) et le IVe siècle avant J.-C., liant une communauté humaine à un territoire déterminé. Alors que d'autres peuples vivaient dans des empires ayant une identité « ethnique » (par ex., les Perses), l'originalité des Grecs de l'époque classique était de vivre dans des petites communautés libres (les Athéniens, les Lacédémoniens, les Corinthiens, etc.) n'ayant d'autre unité que politique. Ainsi, toute Cité jouissait de sa souveraineté territoriale, faisait ses propres lois (selon sa *politeia* [πολιτεία]) et se trouvait protégée par ses dieux particuliers. Trois institutions gouvernementales étaient communes à toutes les cités : une Assemblée nombreuse, réunissant tout ou partie des *polites* [πολίτες] (« citoyens », qui ne s'identifient jamais avec les habitants, puisqu'en sont exclus les mineurs, les étrangers, les « métèques », les femmes et les esclaves), un ou des conseils restreints, généralement chargés de préparer et d'exécuter les décisions de l'Assemblée, et un certain nombre de charges publiques (les *arkhai* [ἀρχαί], « magistratures »), exercées à tour de rôle par certains. La *politeia* propre à chaque *polis* définissait le mode de recrutement et les pouvoirs de ces différents corps. Néanmoins, à l'époque classique, on distinguait les *poleis* selon qu'elles avaient adopté une *politeia* démocratique ou oligarchique. Dans les premières, comme Athènes, l'Assemblée rassemblait tous les citoyens et les décisions étaient prises à la majorité après un débat au cours duquel tous avaient eu un droit égal à la parole ; en outre, tous les volontaires avaient une possibilité égale d'accéder aux conseils et à la plupart des tribunaux et des magistratures (sauf les militaires et les financières) par simple tirage au sort. Dans les cités oligarchiques, seule une partie des membres de la *polis* pouvait accéder aux organes gouvernementaux et le choix des magistrats se faisait par élection.

Cette réalité historique singulière qu'était la *polis*, rien n'interdit de la désigner du terme de « cité », dès lors qu'on ne confond pas la *polis* avec sa ville (en grec : *astu* [ἄστυ]) qui n'en est qu'une partie. Mais le problème n'est pas seulement linguistique, il est d'emblée philosophique, puisque la *philosophie politique* est née dans la *polis* comme une « réflexion » sur la *polis* elle-même, à la fois communauté des Grecs et mode de vie des hommes, et comme une interrogation critique sur les *politeiai*, les différents modes réels ou possibles pour les citoyens de vivre ensemble. C'est de cet entrelacs du singulier et de l'universel, de l'historique et du conceptuel, du réel et du possible, que viennent la difficulté de traduction et la fécondité philosophique de ces notions de *polis* et de *politeia*.

II. « POLIS » : ÉTAT, SOCIÉTÉ, NATION ?

La difficulté de traduction de *polis* est moins un fait de langue que d'histoire. Aucune entité politique moderne n'est identique à la *polis* ancienne. Nous vivons le plus souvent dans des États, qui ont chacun une souveraineté juridique sur une communauté d'individus, de familles et de classes appelée « société », et dont les membres se sentent unis par une similitude de langue, de culture et d'histoire appelée « nation ». Or, quoique la *polis* grecque fasse appel à ces trois éléments que sont la structure juridique, l'interdépendance sociale et l'identité historique, elle se distingue néanmoins de ce que nous appelons « État », « société » ou « nation ».

Chaque Grec se sent lié à sa *polis* par un attachement si vif qu'il est souvent prêt à sacrifier son temps pour son administration et sa vie pour sa défense, et qu'il redoute par-dessus tout le châtiment de l'exil. Néanmoins, ce sentiment n'est ni exactement national, si l'on entend par « nation » une communauté de langue et de culture — ce que les Grecs appelaient *ethnos* [ἔθνος] et qu'ils distinguaient justement de *polis* —, ni exactement patriotique, car il est moins un rapport à une « terre natale », à un territoire, que les Grecs appelaient *khôra* [χώρα], qu'une conscience d'appartenance à une communauté humaine liée par un passé partagé et un avenir à construire de concert.

Cette communauté est soudée par des institutions qui ont sur l'ensemble de ses membres et de ses groupes constituant un pouvoir souverain. Cela apparente la *polis* à l'État moderne, si l'on entend par là cette instance qui « revendique avec succès le monopole de la violence légitime » (Max Weber, *Le Savant et le politique*, trad. fr. UGE, « 10/18 », 1963, p. 101). Pourtant, une *polis* n'est pas exactement un « État », dont le concept est corrélatif de celui d'individu et de celui de « société ». L'État apparaît comme une institution juridique omnipotente, anonyme et distante contre laquelle il faut — toujours et encore — défendre les libertés individuelles : l'État, c'est « eux » contre « nous » — et nous, ce sont les individus, ou la société. Il n'en va pas de même dans la *polis* : la pression de la *polis*, c'est celle du « nous » comme tel, de la communauté dans son ensemble. À ce titre, la liberté de l'individu se mesure non pas à son indépendance par rapport à l'État mais à la dépendance de la collectivité à son égard, c'est-à-dire à sa participation à la *polis*.

La *polis*, c'est donc d'abord une communauté ayant une permanence transgénérationnelle et une identité transfamiliale, et dont les membres se sentent solidaires au-delà de tous les liens du sang. En ce sens, elle s'apparente à une « société ». Mais ce n'est pas une « société » au sens moderne, pour deux raisons complémentaires. D'abord, négativement, parce que les rapports sociaux et économiques appartiennent pour les Grecs à la sphère de l'*oikos* [οἶκος] et non à celle de la *polis* — c'est-à-dire qu'ils relèvent des affaires privées et non du domaine public. Ensuite parce que la *polis* n'est pas un milieu neutre d'échanges ou de circulation des biens, mais le foyer d'une expérience historique, passée et à venir, réelle ou imaginaire ; autrement dit, l'unité de cette communauté ne vient pas de l'interdépendance de ses membres, mais de l'action en vue de son administration et de sa défense : c'est une unité politique.

La *polis* n'est donc ni la nation, ni l'État, ni la société. Ce n'est pas par inadéquation négative, c'est positivement par définition. Ce qui constitue la *polis*, c'est l'identité de la sphère du pouvoir (qui pour nous relève de « l'État ») et de la sphère de la communauté (qui pour nous s'organise en « société »), et c'est à cette unité que chacun se sent affectivement lié (et non à la « nation »). On comprend donc pourquoi et comment les premiers penseurs du politique ont pu la prendre à la fois pour objet et pour modèle : tout en mesurant la singularité de la *polis*, ils y voyaient le concept de « communauté politique » en général. Ainsi Protagoras — selon Platon dans le *Protagoras* (320c-322d) — explique que les hommes doivent vivre dans des *poleis* parce qu'ils manquent des qualités biologiques dont disposent les autres espèces animales dans la lutte pour la vie, et doivent donc s'unir en faisant preuve des vertus nécessaires à la vie commune. Platon fait dériver la *polis* de la nécessité pour les hommes de coopérer et de se spécialiser (*République*, II, 369b-371e). Aristote voit en l'homme un « animal politique » par définition (*Politique*, I, 1253a 1-38), c'est-à-dire « vivant dans une *polis* », et par là il faut entendre non seulement un « animal social », mais un être qui ne peut être heureux que s'il peut librement décider avec ses semblables de ce qui est juste pour leur vie commune. Tout se passe comme si la particularité de la *polis*, dans laquelle la sphère de la communauté se confond avec celle du pouvoir, avait rendu possible la pensée du politique comme tel. C'est pourquoi la *polis*, ce n'est ni l'État ni la société, mais la « communauté politique ».

III. LA « POLITEIA » : CITOYENNETÉ ET RÉGIME

Cette particularité explique aussi la dichotomie des sens de *politeia*. Si le *politês*, c'est celui qui participe à la *polis*, la *politeia*, ce peut être soit le lien subjectif du *politês* [πολίτης] à la *polis*, c'est-à-dire la manière dont la *polis* comme communauté se distribue entre ceux qu'elle reconnaît comme ses participants (la « citoyenneté »), soit l'organisation objective des fonctions de gouvernement et d'administration, c'est-à-dire la manière dont le pouvoir de la *polis* est assuré collectivement (le « régime », la « constitution »). Le premier sens est antérieur et correspond à l'unique emploi du mot chez Hérodote (*Histoires*, IX, 34) qui nous propose par ailleurs, sans employer le terme de *politeia*, la plus ancienne classification des « régimes » (III, 80-83), selon le nombre de ceux qui gouvernent : un seul (« tyrannie »), plusieurs (« oligarchie »), tous (« isonomie »). C'est pourtant ce deuxième sens qui va s'imposer dans la réflexion politique, par exemple avec *La* politeia *des Lacédémoniens* ou *La* politeia *des Athéniens*, deux textes transmis dans le corpus des œuvres de Xénophon, ou la « Collection des *politeiai* » rassemblée par Aristote et dont seule nous est parvenue celle d'Athènes. Étant donné que, dans tous ces cas, il s'agit d'une sorte de codification *a posteriori*, le terme de « constitution » paraît s'imposer, à condition de retirer à ce terme toute idée de loi fondamentale écrite *a priori*. En revanche, lorsque Platon (*République*, VIII), puis Aristote, (*Politique*, III, 6-7) classent et comparent les *politeiai*, il s'agit avant tout de dégager dans chaque cas le principe fondamental sur lequel repose l'organisation du pouvoir dans la *polis* : le terme de « régime » semble plus adéquat.

Pourtant, ces deux traductions se révèlent insuffisantes, parce qu'une des *politeiai* d'Aristote, celle où le pouvoir est assumé par tous les citoyens en vue du bien commun, s'appelle justement *politeia* (« république » ?, « régime constitutionnel » ?), comme si elle incarnait en quelque sorte l'essence de toute *politeia*, en réunissant les deux sens du mot : selon cette *politeia*, en effet, ont droit de participer à l'administration de la *polis*, donc à la *politeia*, tous ceux qui ont part à la citoyenneté, donc à la *politeia*.

> Puisque constitution (*politeia* [πολιτεία]) et gouvernement (*politeuma* [πολίτευμα]) signifient la même chose, et qu'un gouvernement c'est ce qui est souverain dans les cités (*to kurion tôn poleôn* [τὸ κύριον τῶν πολέων]), il est nécessaire que soit souverain soit un seul individu, soit un petit nombre, soit un grand nombre < de gens > (*ê hena ê oligous ê tous pollous* [ἢ ἕνα ἢ ὀλίγους ἢ τοὺς πολλούς]). Quand cet individu, ce petit ou ce grand nombre gouvernent en vue de l'avantage commun, nécessairement ces constitutions (*politeias* [πολιτείας]) sont droites, mais quand c'est en vue de l'avantage propre (*to idion* [τὸ ἴδιον]) de cet individu, de ce petit ou de ce grand nombre, ce sont des déviations. Car ou bien il ne faut pas appeler citoyens (*politas* [πολίτας]) ceux qui participent < à la vie de la cité > (*tous metekhontas* [τοὺς μετέχοντας]), ou bien il faut qu'ils en partagent les avantages (*koinônein tous sumpherontas* [κοινωνεῖν τοὺς συμφέροντας]). Nous appelons d'ordinaire royauté celle des monarchies qui a en vue l'avantage commun ; parmi les < constitutions donnant le pouvoir > à un nombre < de gens > petit mais supérieur à un, < nous en appelons une > l'aristocratie soit parce que les meilleurs y ont le pouvoir, soit parce qu'< on y gouverne > pour le plus grand bien de la cité (*polei* [πόλει]) et de ceux qui en sont membres (*tois koinônousin autês* [τοῖς κοινωνοῦσιν αὐτῆς]). Quand c'est la multitude qui détient le gouvernement en vue de < l'avantage > commun, < la constitution > est appelée du nom commun à toutes les constitutions, un gouvernement constitutionnel [ὅταν δὲ τὸ πλῆθος πρὸς τὸ κοινὸν πολιτεύηται συμφέρον, καλεῖται τὸ κοινὸν ὄνομα πασῶν τῶν πολιτειῶν (*politeiôn*), πολιτεία (*politeia*)]. Et c'est rationnel [...]
>
> Aristote, *Politique*, III, 7, 1279a 25-39,
> trad. fr. P. Pellegrin.

Mais là où les traductions de *politeia* par « constitution » ou « régime » se révèlent clairement inadéquates, c'est lorsqu'il s'agit de traduire les titres de l'œuvre politique de nombreux penseurs grecs, au premier rang desquels Platon. Or ces « *République* » ne se contentent pas de nous présenter le fonctionnement d'un régime, mais fondent un projet global de vie commune, incluant programmes d'éducation, organisation du travail et des loisirs, règles morales, etc. : nouvelle preuve, s'il en était besoin, que la *polis*, c'est bien l'unité de la communauté et du pouvoir, deux instances qui sont pour nous partagées entre l'État et la société.

Francis WOLFF

BIBLIOGRAPHIE

ARISTOTE, *Politique*, trad. fr. J. Aubonnet, Les Belles Lettres, « CUF », 1960-1989, 5 vol. ; *Les Politiques*, trad. fr. P. Pellegrin, Flammarion, « GF », 1990.

— *Constitution d'Athènes*, trad. fr. G. Mathieu et B. Haussoulier, Les Belles Lettres, « CUF », 1930.

BENVÉNISTE Émile, « Deux modèles linguistiques de la cité », in *Problèmes de linguistique générale*, Gallimard, 1974, t. 2, p. 272-280.

BORDES Jacqueline, *Politeia dans la pensée grecque jusqu'à Aristote*, Les Belles Lettres, 1982.

HÉRODOTE, *Histoires*, trad. fr. P.-E. Legrand, Les Belles Lettres, « CUF », 1932-1954, 11 vol.

PLATON, *Protagoras*, trad. fr. A. Croiset, Les Belles Lettres, « CUF », 1923.

— *La République*, trad. fr. E. Chambry, Les Belles Lettres, « CUF », 1970, 3 vol.

XÉNOPHON, *La République des Lacédémoniens*, et PSEUDO-XÉNOPHON, *La République des Athéniens*, *in* XÉNOPHON, *Œuvres complètes*, t. 2, trad. fr. P. Chambry, Flammarion, « GF », 1967.

POLITIQUE (LE), POLITIQUE (LA)

angl. *policy, politics*

► ÉCONOMIE, *ÉTAT*, GEISTESWISSENSCHAFTEN, *GOUVERNEMENT*, POLIS, SOCIÉTÉ CIVILE, STATE

En français, le substantif politique *renvoie indifféremment à deux ordres de réalité que l'anglais désigne par deux mots différents,* policy *et* politics. *Dans un premier sens, qui est celui de* policy, *on parlera en français de « politique » pour désigner « une conception, un programme d'action ou une action elle-même d'un individu, d'un groupe ou d'un gouvernement » (R. Aron,* Démocratie et Totalitarisme, *p. 21) : c'est en ce sens que l'on parle des politiques de la santé ou de l'éducation ou encore de la politique étrangère de Richelieu ou de Bismarck. Dans un autre sens, que traduit* politics, politique *désigne tout ce qui concerne le débat public, la compétition pour l'accès au pouvoir et, donc, le « domaine dans lequel rivalisent ou s'opposent les politiques diverses [au sens de* policy*] » (ibid., p. 22). Ce léger décalage entre le français et l'anglais ne pose en général pas de problèmes insurmontables, car le contexte suffit le plus souvent à indiquer quel sens de* politique *doit être retenu, mais il reste que, dans certains cas, il est difficile de rendre en français toutes les nuances dont la langue anglaise est porteuse ou, au contraire, d'éviter la contamination entre les deux notions qu'elle distingue si nettement. À partir d'un examen des usages des deux mots dans la littérature politique de langue anglaise, on fera ici l'hypothèse que leurs champs sémantiques respectifs ne sont pas sans rapport avec la façon dont les théories savantes (et les institutions universitaires) se représentent ce que nous appelons « la politique ».*

I. « POLITICS » ET « POLICY » DANS LA PHILOSOPHIE ET DANS LA SCIENCE POLITIQUE

Dans le monde universitaire d'aujourd'hui, le domaine des *politics* désigne d'abord une partie essentielle de ce dont s'occupe la « science politique » : l'étude savante des formes de la compétition politique, selon des méthodes nées de l'analyse des régimes pluralistes, mais qui peuvent être transposées à celle de régimes autoritaires, dès lors qu'on peut y mettre en lumière des conflits entre différents groupes d'opinion ou d'intérêt, porteurs de projets opposés qui se traduisent par des politiques (au sens de *policy*) distinctes. Relèvent de ce domaine les études de sociologie électorale (ainsi que l'analyse des autres formes de participation politique : manifestations, pétitions, militantisme, etc.), mais aussi toutes les études sur les partis politiques, sur le recrutement des élites gouvernantes et, plus généralement, sur la dimension compétitive et/ou agonistique des régimes ou des systèmes politiques étudiés (voir, par ex., A. Campbell *et al.*, *The American Voter*). Mais il existe aussi des approches scientifiques de la politique entendue comme *policy* qui s'efforcent de mettre en lumière les conditions auxquelles une politique particulière peut être mise en œuvre par un État, par une administration ou, par extension, par une organisation quelconque (une entreprise peut avoir une politique d'investissement, de formation, etc.) ; de manière significative (pour autant du moins qu'il s'agisse d'organisations publiques), cette étude de la *policy* est généralement appelée en français « analyse des politiques publiques », pour pallier l'indétermination du mot *politique* (pour une présentation générale, voir P. Müller et Y. Surel, *L'Analyse des politiques publiques*). Comme toujours dans les sciences sociales, on trouve ici une grande diversité d'approches et des oppositions doctrinales auxquelles il n'est pas interdit de donner un sens politique, voire partisan, mais il y a néanmoins une certaine unité de la science politique, au moins dans les pays de langue anglaise, qui tient aux rapports entre le discours savant et les représentations communes. Tout d'abord, la distinction entre *politics* et *policy* est tenue pour naturelle, même et surtout lorsqu'on s'interroge sur leurs relations : le choix d'*une* politique dans tel ou tel secteur dépend évidemment de *la* politique, mais il n'en est que plus utile de bien distinguer les deux notions. Plus profondément, on remarquera que la plupart des travaux classiques de la science politique ont en commun de combiner une certaine confiance dans les notions issues de la conscience commune avec un effort de critique et de désenchantement de ses représentations les plus naïves ou les plus courantes. Du côté de l'analyse de la vie politique, la sociologie n'a pas cessé, avec un bonheur inégal, de mettre en lumière le décalage entre les principes démocratiques classiques (la souveraineté populaire, expression du citoyen éclairé) et le fonctionnement réel des régimes représentatifs, qui sont à bien des égards oligarchiques et qui s'accommodent fort bien d'une certaine passivité politique ; on pourrait d'ailleurs montrer que bien des analyses classiques, comme celle de l'« identification partisane » chez les auteurs de *The American Voter* tirent leur force de séduction du fait qu'elles tendent à dissiper les préjugés démocratiques dont vivent les régimes démocratiques (si l'identification à un parti est un élément décisif dans les choix électoraux, ce n'est pas parce qu'elle augmente la conscience politique, mais, au contraire, parce qu'elle permet une participation politique à moindres frais, en dispensant les électeurs de se forger une opinion propre sur toutes les questions). Quant à l'analyse des politiques publiques, qui s'est développée dans le sillage des études sur la décision, elle a elle-même pour préoccupation première l'explication de tous les décalages qui séparent les intentions des décideurs et les résultats de leur action, ainsi que celle de l'opacité générale des processus de décision eux-mêmes (J. Leca, *in* M. Grawitz et J. Leca, *Traité de science politique*, I, p. 97-98). Les courants dominants de la science politique s'appuient donc sur ce qu'on pourrait appeler une épistémologie non bachelardienne, qui insiste sur la continuité entre la conscience commune et le savoir scientifique, et qui traduit sans doute une adhésion plus ou moins consciente aux valeurs de la démocratie pluraliste : c'est d'ailleurs sans doute, *a contrario*, ce qui explique les réserves dont ce type de science politique est l'objet en France, chez ceux qui se refusent à une telle naïveté et qui insistent sur la discontinuité entre la science et le sens commun pour mieux mettre en lumière la dimension oligarchique des régimes pluralistes (voir, par ex., B. Lacroix, « Ordre politique et ordre social », *in* M. Grawitz et J. Leca, *ibid.*, I, p. 469-565). Quoi qu'il en soit de ces débats, on s'accordera sans doute à reconnaître que l'existence d'une sphère politique dans laquelle le conflit, la discussion et la délibération publiques sont eux-mêmes des conditions de l'action publique légitime, n'est nullement une donnée éternelle de l'existence humaine : c'est en ce sens que le grand helléniste Moses I. Finley a pu dire que « la politique [*politics*] est une des activités les moins répandues dans le monde prémoderne » et qu'elle fut « une invention grecque, ou, pour être plus précis peut-être, une invention que firent séparément les Grecs et les Étrusques et/ou les Romains » (*L'Invention de la politique*, p. 89).

La dualité entre *policy* et *politics* a aussi un sens pour la philosophie politique, dans la mesure où celle-ci peut difficilement ne pas prendre en compte la distinction entre la logique du commandement et celle de la délibération. La plupart des philosophies politiques contemporaines, qui acceptent implicitement les postulats du monde libéral (fût-ce, comme chez J. Habermas, pour en appeler à ses idéaux contre son fonctionnement réel) tendent généralement à privilégier la politique au sens de *politics*, tout en intégrant la dimension de la *policy* dans le cadre général d'une théorie de l'action stratégique qui emprunte souvent à l'analyse économique. Chez d'autres philosophes plus classiques, la politique (*politics*) peut être pensée, de manière assez aristotélicienne, en référence à sa fonction architectonique, mais aussi à la part qu'y jouent la délibération publique et le lien civique, ce qui suppose aussi que son domaine est irréductible aux buts particuliers qui orientent la *policy* des communautés particulières (voir, par ex., M. Oakeshott, *De la conduite humaine*, p. 160-185).

II. LE POLITIQUE ET LA POLITIQUE

L'oscillation de la philosophie pratique contemporaine entre la célébration des idéaux civiques de la communication libérée et de l'espace public et le prestige général des théories du choix rationnel montre sans doute que la distinction faite par la langue anglaise entre les deux dimensions de la politique ne relève pas que d'un simple usage linguistique. Elle ne suffit pas pour autant à épuiser l'étude du fait politique, ce qui a conduit certains auteurs à parler *du* politique comme d'un concept irréductible à la politique. Chez Carl Schmitt, qui introduit « le politique » dans son ouvrage de 1932, *Der Begriff des Politischen* [« le concept du politique »], cette distinction s'inscrit dans le cadre d'une polémique contre le libéralisme, qui tendait selon lui à réduire la spécificité « du politique » au profit de la polarité éthique-économie, en faisant de « la politique » le moyen d'une limitation de la contrainte étatique au profit de la liberté des individus. Les thèses de Schmitt sont indissolublement scientifiques et normatives (voire polémiques) ; du point de vue scientifique, le problème est de trouver un critère qui permette de déterminer la distinction fondamentale qui serait au politique ce que sont, « dans l'ordre moral, le bien et le mal ; dans l'ordre esthétique, le beau et le laid ; dans l'économie, l'utile et le nuisible ou, par exemple, le rentable et le non-rentable » (Schmitt, *ibid.*, p. 65-66). Mais cette recherche est elle-même le moyen de discréditer la civilisation libérale, qui méconnaît le rôle majeur du conflit dans la constitution des unités politiques : « La distinction spécifique du politique, à laquelle peuvent se ramener les actes et les mobiles politiques, c'est la discrimination de l'ami et de l'ennemi » (*loc. cit.*). Le politique est donc irréductible à la culture, à l'économie et à l'éthique, parce qu'il n'apparaît vraiment que lorsque des questions décisives sont en jeu dont le règlement peut requérir l'affrontement violent. Cette conception, sous-tendue par l'hostilité de l'auteur au traité de Versailles et à l'idéologie de la Société des Nations, impliquait une critique radicale des idéaux cosmopolites et humanitaires hérités du libéralisme, et elle présentait des aspects dangereux que Schmitt a lui-même illustrés en soutenant pendant un temps le régime nazi. Mais il serait injuste d'y voir un appel à une soumission générale de l'existence humaine aux exigences du politique, lui-même réduit à l'affrontement violent : le politique n'est qu'une des sphères de l'action humaine, dans laquelle le conflit n'est d'ailleurs qu'une possibilité qui définit les limites de la rationalisation et non pas les formes ordinaires de la vie. En toute rigueur, la théorie de Schmitt n'implique pas la guerre générale ou la conquête, même si elle exclut par principe la réalisation de la paix perpétuelle (qui marquerait la fin de toute existence politique proprement dite et qui, dans le monde politique réel, est en fait le thème qui permet d'opérer la criminalisation de certains acteurs politiques, présentés comme des ennemis de la paix et de l'humanité, *ibid.*, p. 97-103).

En elle-même, l'idée d'une distinction entre *le politique* et *la politique*, qui permettrait de penser de manière transhistorique la dimension politique de l'existence humaine, n'implique pas nécessairement la reprise intégrale ou littérale des thèmes de Schmitt, mais elle suggère toujours que le politique est doté d'une dignité supérieure à la politique, soit parce qu'il se distingue de la politique quotidienne, soit parce qu'il est l'objet propre de la philosophie et de la grande théorie, là où la plupart des sciences sociales ne peuvent guère s'élever au-dessus de l'étude empirique de la vie politique. En ce sens, le concept du politique fait sans doute partie du fond commun de la philosophie contemporaine (pour une recherche assez proche de l'inspiration de Schmitt, voir J. Freund, *L'Essence du politique* ; pour une approche fidèle à la tradition aristotélicienne, voir J.-L. Vullierme, *Le Concept de système politique*, p. 121-158).

Philippe RAYNAUD

BIBLIOGRAPHIE

ARON Raymond, *Démocratie et Totalitarisme*, Gallimard, 1965.

CAMPBELL Angus *et al.*, *The American Voter* [1960], rééd. University of Chicago, 1976.

FINLEY Moses I., *L'Invention de la politique* [1983], trad. fr. J. Carlier, Flammarion, 1985.

FREUND Julien, *L'Essence du politique*, Sirey, 1965.

GRAWITZ Madeleine et LECA Jean (éd.), *Traité de science politique*, I. *La science politique, science sociale. L'ordre politique*, PUF, 1985.

MÜLLER Pierre et SUREL Yves, *L'Analyse des politiques publiques*, Monchrestien, 1998.

OAKESCHOTT Michaël, *De la conduite humaine* [1975], trad. fr. O. Seyden, PUF, 1995.

SCHMITT Carl, *Der Begriff des Politischen*, Munich-Leipzig, Duncker und Humblot, 1932 ; *La Notion de politique*, trad. fr. M.L. Steinhauser, Calmann-Lévy, 1972.

VULLIERME Jean-Louis, *Le Concept de système politique*, PUF, 1989.

PORTUGAIS

UNE LANGUE BAROQUE

► BAROQUE, DASEIN, ***DESTIN***, ESPAGNOL, FICAR, HÁ, ***MALAISE*** [SAUDADE], MANIÈRE, ***POÉSIE***

La langue portugaise, par sa syntaxe flexible, les renversements de sa ponctuation, son engouement pour l'excès et pour les figures rhétoriques, est une langue baroque. Les traits marquants de ses philosophies — penchant pour les questions esthétiques, métaphysiques existentielles et « sensationnistes » — et l'entrecroisement de sa pensée avec la littérature dérivent de cette marque originelle. Si sa littérature est arrivée à maturité, sa philosophie, retenue par l'influence latine, ne se dégage que depuis les siècles derniers. Nul ne sait donc si le baroque tiendra ou si la langue philosophique des classiques, que le portugais absorbe avec la voracité de sa « raison anthropophagique », le conduira vers de nouvelles directions. Avec ses tournures très concrètes, son vitalisme quant aux questions fondamentales, son aura d'occultisme, c'est une langue qui bouleverse les traditions de la pensée occidentale.

I. L'IDÉE DU BAROQUE

« La mer finie peut bien être grecque ou romaine, / Portugaise est la mer infinie » (Fernando Pessoa, *Message*, 1988, p. 130). Les liens qui rattachent la langue portugaise à l'idée du baroque sont circulaires et même en quelque sorte ombilicaux. Baroque est un mot de l'orfèvrerie portugaise. *Barroco* est le nom qu'on donne aux perles irrégulières, plus rares, qui reçoivent de leur impureté manifeste une plus haute valeur, un surcroît de mystère qui ne peut être saisi par la raison et qui invite à la dépasser. *Barroca* est aussi une falaise qui se penche en abîme, un escarpement produit par l'érosion marine, instable parce que fait d'argile, le *barro*, matière informe qui pourtant garde le symbolisme artisanal, biblique, de la transcendance, telle la chair lubrique qui peut être animée par le souffle divin. Le style baroque, avant de gagner l'Italie et toute l'Europe aux temps de la Contre-Réforme aux XVIIe et XVIIIe siècles, s'esquisse déjà dans les symboles du style manuélin à la fin du XVe et au XVIe siècle, ce dernier souffle du gothique au Portugal. Il aurait pour emblème la sphère armillaire, un globe plein d'ellipses représentant les révolutions célestes, symbole des navigations qui découvrent de nouveaux mondes en Orient et en Occident. Avec l'exubérance ornementale des motifs maritimes dans les monastères et les palais à Lisbonne qui débordent déjà leurs squelettes gothiques et coulent la verte lumière mélancolique de la *saudade*, « le Portugal nous offre l'archétype du Baroque » (E. d'Ors, *Du baroque* [*Lo Barroco*], 2000, p. 139) et, avec lui, la moitié du sens secret de notre histoire spirituelle.

L'écriture portugaise, selon António Quadros (*O Espírito da Cultura portuguesa*, p. 178), « est viscéralement baroque, exprimant le sinueux, spiralé, spontané, dynamique, imprévisible et créationniste procédé de la nature ». Cette conception naturelle de l'écriture — écrire naturellement comme la nature crée — qui considère le mystère d'un ordre insinuant et voilé, António Vieira, le prince des prosateurs baroques, la décrit ainsi :

> Quelles sont ces tournures et ces paroles du ciel ? Les paroles sont les étoiles, les tournures sont leur composition, leur ordre, leur harmonie et leur cours. Observez comment la manière de prêcher dans le ciel concorde avec le style que le Christ a enseigné sur terre. L'un et l'autre, c'est semer : la terre semée de blé, le ciel semé d'étoiles. Prêcher, cela doit être comme si on semait, non pas comme si on dallait ou on carrelait. Ordonné, mais comme les étoiles : *Stellae manentes in ordine suo*. Toutes les étoiles sont en ordre, mais il s'agit d'un ordre qui inspire, non pas d'un ordre laborieux. Dieu n'a pas fait le ciel en damier d'étoiles comme les prédicateurs le sermon en damier de mots.
>
> *Le Ciel en damier d'étoiles* [« Sermão da sexagésima », 1655], 1989, p. 34.

Le baroque originel de Vieira s'oppose au maniérisme affecté de certains dominicains du XVIIe siècle qui voulaient imiter Gongora ou suivaient à la lettre les manuels figés de rhétorique. Mais il s'oppose évidemment d'abord à cet ordre droit et antithétique imposé, dont le damier est l'image par excellence, et à la linéarité cartésienne de la raison classique. Il n'est donc pas étonnant que, dans une culture aussi rationaliste et mesurée que la française, le terme « baroque » ait reçu tant de connotations péjoratives : « irrégulier, bizarre, inégal » selon l'Académie ; « le superlatif du bizarre » pour Quatremère de Quincy dans l'*Encyclopédie méthodique* ; « d'une bizarrerie choquante » pour Littré ; « qui est d'une irrégularité bizarre, inattendue » pour le dictionnaire *Le Petit Robert*, lequel d'ailleurs le confirme par les synonymes proposés : « biscornu, choquant, étrange, excentrique, irrégulier ». B. Pellegrin en ébauche ensuite une explication : ce serait là un « réflexe défensif » contre « le dangereux impérialisme et la Contre-Réforme, véhicules privilégiés du baroque, d'origine romaine et jésuitique » (« Visages, virages, rivages du baroque », p. 20).

L'idée du baroque définit la pensée en langue portugaise. Ce nœud baroque, nous le croisons plusieurs fois. D'abord, dans l'entrelacs de la philosophie et de l'art, puisque c'est dans l'art que nous puisons l'idée même du baroque. Puis dans l'intersection entre la diachronie de la langue et les problèmes philosophiques qui se veulent éternels : qu'est-ce que caractériser toute une langue par une époque privilégiée, le baroque ? Y a-t-il un moment décisif qui détermine désormais en portugais une structure d'écriture et sa philosophie ? Ce qui nous mène à un ultime nœud : comment des faits de langue particuliers, propres au portugais, font-ils accéder à une perspective philosophique, c'est-à-dire à des questions universelles ?

II. ENTRE L'ART ET LA PHILOSOPHIE

A. Une métaphysique des sensations

La pensée en langue portugaise se penche davantage sur les questions qui relèvent de l'art, de l'esthétique, des sentiments. Cela vaut aussi pour l'espagnol et même pour l'italien, qu'on y voie l'influence hédoniste de la mer ou celle du soleil, dirait Camus, sur les populations méridionales... Mais la pensée en langue portugaise penche vers l'art et les sentiments même quand elle se décide à spéculer métaphysiquement. Elle produit « une métaphysique des sensations » selon l'expression puisée dans les *Manifestes sensationnistes* de Fernando Pessoa et reprise par José Gil. Cette spéculation est d'ailleurs souvent traitée physiologiquement comme un cas particulier de malaise : « La métaphysique est la conséquence d'une indisposition » (F. Pessoa, *Poesia de Álvaro de Campos*, Lisbonne, Ática, 1944, p. 259, notre traduction).

La métaphysique est abordée le plus souvent dans une perspective existentielle et retombe sur des problèmes d'anthropologie philosophique tels que les sentiments fondateurs de nostalgie et de mélancolie (la *saudade*, le *fado*) ou l'ambiguïté morale de la volupté et de l'extase.

♦ Voir encadré 1.

C'est encore une perspective existentielle qui marque l'ontologie de la différence entre *ser* et *estar*, là où la plupart des langues n'ont que le verbe *être*. Question mise au jour par certains traducteurs ibériques de Heidegger, qui veulent lui faire dire en espagnol ce que l'allemand ne permet pas ; ou par ceux qui veulent fonder l'histoire de la métaphysique sur des faits de langue et culture, comme António Quadros :

> [...] la philosophie de l'existence, précédée d'ailleurs par l'œuvre de Kierkegaard et par celle des penseurs ibériques Unamuno et Leonardo Coimbra, surgit systématiquement en Allemagne avec la pensée de Heidegger et de Karl Jaspers comme une réaction contre l'absolutisation idéaliste d'un Être sans qualités et aveugle aux conditions concrètes de l'existence. Laborieusement, ces philosophes se sont efforcés de distinguer l'être en soi de l'être dans le monde, ce que la langue portugaise rend immédiatement dans la distinction entre *ser* et *estar*.
>
> *O Espírito da Cultura portuguesa*, p. 56.

L'immédiateté de la problématique existentielle véhiculée par l'usage courant, en portugais comme en espagnol, est beaucoup plus explorée par la médiation de la littérature que par la spéculation strictement philosophique.

B. Une philosophie inscrite dans la littérature

« S'il te vient une idée géniale,/ il vaut mieux faire une chanson./ Il est prouvé qu'il n'est possible/ de philosopher qu'en allemand » (Caetano Veloso, *Língua*, chanson du disque *Velô*). La pensée portugaise, essentiellement baroque, préfère souvent s'exprimer au moyen de l'art du sermon, du roman, de la poésie, comme si la forme carrée du traité philosophique ne réussissait pas à dompter sa verve débordante. Bernardo Soares, un des hétéronymes de Fernando Pessoa, impute cela à la sonorité de la langue, et surtout à ses voyelles :

> Cette progression hiératique dans notre langue claire et majestueuse, cette expression de l'idée par les mots inévitables, ce cours naturel de l'eau qui suit sa pente, cet émerveillement des sonorités [*assombro vocálico*] qui deviennent des couleurs idéales — tout cela me grisa d'instinct comme une grande émotion politique. Et, je l'ai dit, je pleurai ; aujourd'hui, m'en ressouvenant, je pleure encore. Non par nostalgie [*saudade*] de l'enfance — nostalgie que je n'éprouve nullement ; mais bien par nostalgie de l'émotion ressentie en cet instant, le chagrin de ne plus pouvoir lire pour la première fois cette construction solide, d'une ampleur symphonique.

1

Le « fado »

► *DESTIN*

Le mot *fado*, du latin *fatum*, dit d'abord le destin, l'irruption du temps qui envoie l'événement au sein de la présence. Cela était sans doute compris comme le résultat de la parole (lat. *fari, fabula*, port. *fala*) des dieux qui prononcent directement ce qui est et ce qui aura lieu sans l'intermédiaire symbolique du langage humain. C'est, pour les hommes, la condition irréversible dans laquelle ils se trouvent dès leur naissance, le lot de possibilités indépassables qui aboutissent inexorablement à la mort. C'est donc aussi la puissance réelle qui marque la finitude humaine. De là un second sens tout propre au portugais : *fado* est le sentiment mélancolique de la conscience de cette finitude et, surtout, de son inexorabilité. C'est donc un sentiment, ou plutôt une disposition, qui s'origine dans une compréhension métaphysique spéciale, puisée sans doute dans quelque réverbération stoïcienne et dans la tradition prophétique arabe. On peut y trouver une analogie avec la fin de l'Empire romain : une maturité spirituelle survenue au moment de la déchéance économique et politique. Pour le Portugal, c'est l'empire d'outre-mer qui échoue ; reste vivante la langue portugaise pluralisée dans ses idiomes à travers les cinq continents.

Le *fado* rend sensible une condition existentielle qui se déploie dans une sensation de lassitude et de dérive. C'est une mélancolie souvent discrète par laquelle on se laisse porter dans les lieux fréquentés spécialement pour le subir en l'écoutant : le genre de chanson le plus traditionnel au Portugal y puise à la fois l'inspiration et le nom ; F. Pessoa le décrit ainsi :

> Toute poésie — et la chanson est une poésie assistée — reflète ce que l'âme n'a pas. Aussi la chanson des peuples tristes est-elle gaie, et la chanson des peuples gais est triste.
>
> Mais le *fado* n'est ni gai ni triste. C'est un épisode d'intervalle. L'âme portugaise l'a conçu quand elle n'existait pas, et désirait tout sans avoir la force de le désirer.
>
> Les âmes fortes attribuent tout au Destin ; seuls les faibles font confiance à la volonté personnelle, parce qu'elle n'existe pas.
>
> Le *fado* est la lassitude de l'âme forte, le regard de mépris du Portugal au Dieu en qui il a cru et qui l'a aussi abandonné. Dans le *fado*, les Dieux reviennent, légitimes et lointains.
>
> *Proses*, p. 391.

> Nulle trace en moi de sentiment politique ou social. Je possède en revanche, en un certain sens, un sentiment patriotique élevé. Ma patrie c'est la langue portugaise.
>
> F. Pessoa, *Le Livre de l'intranquillité de Bernardo Soares*, p. 270.

Un Italien le remarque aussi : « Il n'existe aucun système harmonique comparable à la complexité vocalique de la langue portugaise qui, parmi les voyelles pures, les voyelles nasales et les diphtongues, en possède 43, quarante-trois voix – dis-je ! » (V. Spinelli, *A Língua portuguesa nos seus aspectos melódico e rítmico*, 1940, *apud* António Quadros [p. 49]). Le nombre est correct, mais il exagère la singularité : la langue grecque, qui a d'ailleurs inventé les voyelles que l'alphabet phénicien n'avait pas, en possède autant ; le grec n'a pas les diphtongues nasales (*ão, ães, ões*), mais le portugais ne fait pas la distinction de quantité entre voyelles longues et voyelles brèves (ε/η, ο/ω). Si on y ajoute encore toute la richesse tonique, explorée par le grec dans le mètre et par le portugais dans la rime, on comprend que leurs premiers philosophes aient été d'abord des poètes. Une rime peut d'ailleurs en portugais se présenter de la dernière à l'avant-dernière syllabe d'un mot : rime *aguda* (aiguë), pour les mots dont la syllabe tonique est la dernière comme *parangolé* ; rime *grave*, pour les mots dont la syllabe tonique est la pénultième, partagés entre masculins comme *fado* et féminins comme *fada* ; et rime *esdrúxula* (litt. « bizarre »), pour les mots où elle est l'antépénultième comme *âmago*. En français, au contraire, les rimes sont plus des soutiens mnémoniques que des notations musicales, puisqu'elles sont essentiellement portées par la dernière syllabe phonétique.

Mais ce penchant esthétique ne tient pas seulement à la prosodie. Si un philosophe positiviste comme Euclydes da Cunha, ayant décidé d'écrire un essai sur le messianisme de l'homme du désert, finit par écrire, en dépit de ses prétentions philosophiques et scientifiques, un roman emblématique : *Os Sertões*, c'est que le thème, déployant des idées antithétiques, aussi bien que le vocabulaire et les tournures de la langue l'ont emporté.

Les philosophes les plus marquants de la langue portugaise se trouvent donc dans sa littérature, comme si c'était la première prise sur la connaissance et l'existence :

> La prépondérance de l'improvisé sur le fonctionnel, la prédominance de la verve sur l'argumentation, la prévalence de la fête sur le travail, la préséance du rituel sur la planification, la prévention du tabou contre l'efficacité, le choix de la superstition par préférence à la rationalité, de la pensée par préférence à la connaissance, sont des primats qui questionnent les paramètres rigides d'évaluation, qui résistent aux règles constantes de l'ordre, qui rejettent les principes généraux du progrès.
>
> E. Carneiro Leão, « Tiers Monde », p. 3.

Ces grands philosophes de la littérature portugaise ou, comme on voudra, les écrivains de sa philosophie sont bien plus fréquents que les philosophes qui s'assument comme tels. António Vieira, par exemple, est réduit à n'être qu'un prêcheur jésuite du XVIIe siècle ; d'ailleurs, en tant que tel, « miroir fidèle de la mentalité baroque, Vieira est considéré comme le plus grand représentant de la prose portugaise classique » (Laffont et Bompiani, 1994, vol. 3, p. 3319) – « classique », parce que modèle du style baroque, bien entendu.

Mais l'homme qui se battait du haut de la chaire contre l'expulsion des juifs dans le Vieux Monde, contre l'esclavage des nègres et des Indiens dans le Nouveau, celui qui savait qu'une bonne idée pour entrer dans l'intelligence têtue des hommes a besoin beaucoup plus de vraie rhétorique que de bons arguments n'est que rarement tenu pour un philosophe :

> *Não está a coisa no levantar, está no cair : Cecidit. Notai uma alegoria própria da nossa língua. O trigo do semeador, ainda que caiu quatro vezes, só de três nasceu ; para o sermão vir nascendo, há-de ter três modos de cair. Há-de cair com queda, há-de cair com cadência, há-de cair com caso. A queda é para as coisas, a cadência para as palavras, o caso para a disposição. A queda é para as coisas, porque hão-de vir bem trazidas e em seu lugar; hão-de ter queda : a cadência é para as palavras, porque não hão-de ser escabrosas, nem dissonantes, hão de ter cadência : o caso é para a disposição, porque há-de ser tão natural e tão desafetada que pareça caso e não estudo : Cecidit, cecidit, cecidit.*
>
> [Or il ne s'agit pas de lever mais de tomber : *Cecidit*. Remarquez une allégorie propre à notre langue. Le blé du semeur, bien qu'étant tombé quatre fois, ne leva que trois fois : pour que le sermon lève, il devra tomber en trois sens : il devra tomber dans les chutes, il devra tomber dans les cadences, il devra tomber dans les coïncidences. La chute est pour les choses ; la cadence pour les mots ; la coïncidence pour la disposition. La chute est pour les choses, car elles devront être bien amenées et à leur place ; elles auront une « chute ». La cadence est pour les mots, car ils ne devront être ni scabreux ni dissonants ; ils devront avoir une « cadence ». La coïncidence est pour la disposition, car elle devra être si naturelle, si libre d'affectation, qu'elle ressemblera à une « coïncidence », plutôt qu'à une étude : *Cecidit, cecidit, cecidit.*]
>
> A. Vieira, « Sermão da sexagésima » [1655], vol. 1, 1951, p. 16-17 ; *Le Ciel en damier d'étoiles*, p. 32-33 [trad. fr. modifiée].

C. La rhétorique et les tournures concrètes du langage ordinaire

La répétition, l'excès, l'ostentation, les jeux de miroirs, la mise en abyme, les figures rhétoriques sont fréquents aussi bien dans la langue commune que dans les registres plus soutenus.

La négation, à l'emplacement relativement libre, peut se répéter pour donner de l'emphase, sans renverser la polarité de la phrase. Deux négations ne valent pas une affirmation, ainsi : *Não sei não* (« Je ne sais pas du tout ») est un renforcement de *Não sei* ou *Sei não* (« Je ne sais pas »). Dans les phrases à négations composées, on peut aussi ajouter une négation simple sans changer le sens : *Eu nunca disse nada a ninguém* (« Je n'ai jamais rien dit à personne ») équivaut à *Eu não disse nunca nada a ninguém* et même à *Eu nunca não disse nada a ninguém.* La polarité n'est inversée que si la négation simple est placée juste avant la négation composée : *Eu não nunca disse...* (« Il n'est pas vrai que je n'ai jamais dit... »).

Les renversements syntactiques sont fréquents, et l'ambiguïté est toujours sentie comme plus proche du réel que le raisonnable, comme dans les expressions qui tordent la logique du sens commun, chères à l'écrivain réaliste Nelson Rodrigues. Il opère sur une syntaxe extrêmement flexible, qu'il tord en plusieurs sens. Le titre d'une de ses tragédies : *Perdoa-me por me traíres*, fidèlement traduit : « Pardonne-moi le fait que tu me trahis », renversement de l'attendu *Perdoa-me por te trair* (« Pardonne-moi de te trahir »), perd en français la moitié du jeu de miroirs et de l'ambiguïté de l'original qui se sert, pour accomplir ses torsions, de l'ellipse du sujet et de l'infinitif personnel conjugué à la deuxième personne du singulier.

♦ Voir encadré 2.

Les modes infinis — l'infinitif, le gérondif et les participes — ordinairement les plus abstraits dans les langues modernes sont plus concrets dans le portugais. Outre l'infinitif qui se conjugue selon les personnes grammaticales, le gérondif est très utilisé dans plusieurs locutions verbales qui signifient alors « être en train de » avec un certain nombre de nuances : avec *estar*, « être » (*estou cantando*, « je suis en train de chanter »), *andar*, « marcher » (*ando comendo*, « il y a quelque temps que je mange »), et *vir*, « venir » (*venho acreditando*, « depuis le temps que je crois »). Comme dans les *continuous tenses* de l'anglais, langue très concrète elle aussi, le gérondif détermine l'aspect processuel des actions. Le portugais du

Brésil, plus proche de l'usage latin, l'emploie beaucoup dans les compléments circonstanciels de manière : *O garoto ouvia a história sorrindo* (« le garçon écoutait l'histoire en souriant »), alors qu'au Portugal on préfère souvent la forme prépositionnelle de l'infinitif, plus moderne : *A sorrir, o garoto ouvia a história*. Son usage rappelle beaucoup celui du participe en grec, si important pour les rapports temporels mondains que Platon en fera justement le nom de ce rapport : la participation. Cet autre passage de Vieira, choisi par R. Cantel, montre que « l'infinitif personnel permet une présentation plus concrète » et, avec l'abondance des gérondifs, fait « ressentir mieux le prix et la difficulté » de l'action :

> [...] *tem o Holandês rebelde de se perturbar, vendo as nossas tropas de quatro Portugueses, e quatro negros* marcharem *tantas léguas de dificultosíssimos caminhos, sem camelos, nem elefantes, que lhes levem as bagagens, e* andarem *livres, e intrepidamente em suas campanhas, talando, e abrasando tudo apesar de seus presídios...*
>
> [(...) le rebelle Hollandais se trouble nécessairement de voir nos troupes de quatre Portugais et quatre nègres qui marchent (*marcharem*) autant de lieues sur des chemins si difficiles, sans chameaux ni éléphants qui puissent leur porter les bagages, et qui marchent (*andarem*) libres et intrépides en leurs campagnes, en rasant et ravageant tout malgré leurs *grillons* (*presídios*, « prisons », terme qui signifie dans ce texte et à l'époque « grillons »)...]
>
> R. Cantel, *Les Sermons de Vieira*, p. 242.

Le portugais occulte des mots et même des syntagmes entiers par des ellipses, suprêmes figures du baroque, marquées souvent par des virgules. Il occulte d'ailleurs encore plus : quelquefois, toute la conclusion d'une idée est laissée à la guise du lecteur par l'usage abondant des points de suspension. Scepticisme ? Insinuation ? Ésotérisme ? C'est au lecteur de répondre. Ainsi pour ce titre bilingue, dont la ponctuation cache et annonce les secrets du sujet, de l'œuvre bilingue aussi de André Coyné *Portugal é um ente... De l'être du Portugal* (mais la traduction littérale serait : « Le Portugal est un étant... »).

Réceptive aux mystères, parfois mystique et messianique, la culture portugaise délire dans ses nombreuses reprises du « Sébastianisme » : la croyance en l'avènement d'un cinquième empire universel (selon l'interprétation donnée par Daniel du songe de Nabuchodonosor), de valeur plus spirituelle et idéale, quand se produira le renversement du ciel et de la terre, ou de la terre et de la mer, avec le retour mythique du jeune roi fou D. Sébastien de Portugal, celui qui disparut

2

L'infinitif personnel

L'infinitif personnel est un mode verbal nominalisable, comme tout infinitif, et indéterminé temporellement, mais qui se conjugue aux trois personnes du singulier et du pluriel. Il peut avoir ou non un sujet grammatical mais le sujet réel qui soutient l'action verbale est indiqué par la terminaison du verbe. Il est utilisé quand on veut exprimer ce sujet.

Cantar (mon chanter) ;
Cantares (ton chanter) ;
Cantar (son chanter) ;
Cantarmos (notre chanter) ;
Cantardes (votre chanter) ;
Cantarem (leur chanter).

Pour la traduction française, comme l'infinitif adopte généralement la fonction syntactique d'un nom, nous pouvons l'attacher à une personne grammaticale en ajoutant un adjectif possessif. Cela alourdit le style, mais évite les ambiguïtés.

Voyons cet extrait, d'un style baroque vraiment intraduisible :

O quereres e o estares sempre a fim
do que em mim é de mim tão desigual
faz-me querer-te bem, querer-te mal
bem a ti, mal ao quereres assim
infinitivamente pessoal
e eu querendo querer-te sem ter fim
[...]

[Ton vouloir et désirer ce qu'en moi est
de moi si différent
me fait te vouloir du bien, te vouloir du
mal
du bien à toi, du mal à ton vouloir ainsi
infinitivement personnel
et je veux te vouloir infiniment
(...)]

Caetano Veloso, *O Quereres*,
chanson du disque *Velô*.

BIBLIOGRAPHIE

TOGEBY Knud, « L'énigmatique infinitif personnel en portugais », *Studia Neophilologica*, n° 27, 1955, p. 211-218.

mystérieusement lors d'une défaite contre les Maures (Alcaçar-Quivir, en 1578). Il devint ainsi le « Roi caché », emblème du pouvoir spirituel mystique, dans les prophéties (comme dans *L'Histoire du futur* qui fit accuser A. Vieira de prophétisme et pour laquelle il fut emprisonné de 1665 à 1667) et dans de nombreuses sociétés secrètes : templiers, rose-croix, etc. (voir SAUDADE).

D. Les masques de la philosophie

S'ils ne spéculent pas directement, les écrivains, romanciers et poètes aiment pourtant, un peu à la platonicienne ou à la manière de Diderot, faire philosopher leurs personnages. Le philosophe cynique Quincas Borba, personnage créé par l'écrivain du XIXe siècle Machado de Assis, ressemble au Panglosse de Voltaire, avec son système de l' « Humanitisme » qui décrit toute action humaine comme faisant partie d'un même organisme vital :

> *Humanitas*, disait-il, principe des choses, n'est autre que le même homme, réparti entre tous les hommes. [...] Par exemple, le bourreau qui exécute un condamné peut exciter le vain plaidoyer des poètes ; mais substantiellement c'est *Humanitas* qui corrige dans *Humanitas* une infraction de la loi d'*Humanitas*.
>
> *Mémoires posthumes de Bras Cubas*, 1989, p. 211-213 (trad. fr. modifiée).

Cela recoupe le phénomène hétéroclite des diverses philosophies soutenues par les hétéronymes de Fernando Pessoa : personnalités ou personnages, *personae* d'un auteur qui s'amuse à décrire des écrivains quand cet auteur écrit des textes — l'art déplaçant complètement le statut moniste de la vérité et faisant éclater l'idée d'une identité à soi de la subjectivité. Dans cette même veine, le Riobaldo de Guimarães Rosa spécule sur les problèmes les plus élevés de métaphysique et de morale dans son langage semi-analphabète mais plein d'expérience vécue :

> Au début, je faisais et je me démenais, et penser je ne pensais pas, je n'avais pas le loisir. J'ai vécu à la dure de dure, poisson vivant sur le gril : qui s'esquinte à la dure ne se monte pas la tête. Mais, désormais, vu le temps qui me vient, et sans petits soucis, je farniente. Et je me suis inventé ce goût, de spéculer sur des idées. Le diable existe ou n'existe pas ?
>
> J. Guimarães Rosa, *Grande Sertão : Veredas*, 1986, p. 9 ; *Diadorim*, 1991, p. 25.

Belle glose en langage populaire, mais d'un vocabulaire puisé dans les plus anciennes traditions occidentales, de la thèse aristotélicienne du loisir de l'activité théorétique.

III. STRUCTURE ET DIACHRONIE DU BAROQUE DANS LE PORTUGAIS

Il est difficile de décider si le baroque est un style qui détermine structurellement le portugais, ou bien si ce n'est qu'une étape dans son histoire, étape très longue sans doute puisque ses effets dépassent quatre siècles. Les arguments poussent des deux côtés. De toute façon, ce fut, c'est ou ç'aura été un style ou une époque décisifs pour le constituer, comme la Renaissance pour l'italien, le classicisme pour le français, le romantisme pour l'allemand.

A. Le portugais parmi les langues romanes

Le portugais est la plus jeune des langues néolatines — selon le poète brésilien Olavo Bilac (1865-1918) : « la dernière fleur du Latium, inculte et belle » — retardée dans sa constitution comme langue nationale par l'occupation arabe jusqu'au XIIe siècle. À l'origine, dialecte de la région de la ville de Porto, elle n'est reconnue officiellement qu'en 1256, par le roi Denys Ier. C'est pourquoi sans doute elle est l'une des langues modernes les plus proches du latin. Ce qui n'est pas sans conséquence en philosophie. Le latin est resté obligatoire dans les lycées brésiliens et portugais jusqu'aux années 1970 ; tous les écrivains de langue portugaise, sauf les très jeunes, le connaissent suffisamment bien ; toute la scolastique jésuite en profite. Vieira, un des premiers écrivains philosophiques de la langue portugaise, cite la Vulgate dans ses sermons, comme on l'a vu, sans aucun pédantisme. C'est seulement avec l'expulsion des Jésuites par le despotisme éclairé du Premier ministre Pombal, à la fin du XVIIIe siècle, que le portugais remplacera le latin à l'université et dans le monde académique. Les réformes du marquis iront très loin pour imposer la langue portugaise : depuis l'interdiction d'autres langues dans les colonies (tel le tupi, encore très répandu au Brésil à ce moment-là) jusqu'à l'adoption d'une réforme de l'enseignement inspirée par les œuvres du philosophe et linguiste Luis António Vernay, disciple à sa façon des théories de la connaissance de John Locke.

B. Un effet structurel

La proximité historique du latin marque structurellement la langue portugaise, non seulement dans son vocabulaire mais aussi dans la syntaxe, qui reste à mi-chemin entre la langue ancienne à flexions et les langues modernes sans déclinaisons. Le portugais, sauf pour les pronoms personnels, ne décline plus, mais les positions syntagmatiques de la phrase ne sont pourtant pas figées. La mobilité de la syntaxe est très grande, d'où résultent des problèmes d'ambiguïté — laquelle est ou explorée ou résolue par un usage abondant des virgules. Tous ces éléments de position et de coordination livrent la langue portugaise aux figures rhétoriques du baroque : inversions, ellipses, syllepses, chiasmes, réitérations, etc. Si le point est le roi absolu de la phrase classique, la virgule, tordue, sinueuse, douteuse, concessive, renversante, domine l'ensemble du discours baroque. La *Nova Gramática do português contemporâneo* [Nouvelle grammaire du portugais contemporain] de Cunha et Cintra en compte une vingtaine d'usages différents.

La ponctuation de la langue portugaise dépend de sa façon générale de construire les phrases. La phrase longue, pleine de propositions subordonnées est très utilisée. Il y a même des romans composés d'une seule phrase, tels que *Um copo de cólera* (« Un verre de colère/choléra ») de Raduan Nassar, un monologue où la ponctuation est abolie et les pauses laissées au souffle du lecteur. Est dotée de la même verve orale *Galáxias* (« Galaxies ») de Haroldo de Campos, poème dont la lecture à haute voix réclame le rythme des *repentistas*, jongleurs qui se défient par la parole jusqu'à ce que l'inspiration improvisée de leurs vers (leur vie) soit finie. Mais, dans la plupart des cas, la phrase longue n'abolit pas la ponctuation ; au contraire, elle multiplie les virgules, les points-virgules, les deux points, les tirets, comme chez Proust, qui, lui, constitue une exception en français.

Il suffira d'un exemple. Cette phrase et la libre traduction qu'en a faite l'auteur lui-même, choisissant d'abandonner les figures baroques de l'original en portugais :

> *Todo passo é uma aventura de originalidade : passeando pela essência do real, nossos passos caminham pela originariedade do caminho, caminhar e caminhada.*
>
> [Car chaque pas est une aventure. En se promenant à travers l'essence de la réalité, nos pas cheminent dans l'originalité du chemin.]
>
> Emmanuel Carneiro Leão, « Tiers Monde », p. 4.

Les termes différents : *originalidade*, *originariedade*, sont traduits tous deux par *originalité* ; *caminho, caminhar e caminhada* devient tout simplement « chemin » ;

la paronymie intraduisible *passo, passear* est perdue. La phrase est divisée en deux.

C. Une saison de la langue

Que le portugais soit une langue jeune, cela peut signifier qu'il doit sa syntaxe flexible non pas à une structure définitive mais qu'il est encore ouvert à des changements inattendus. Ces changements auront-ils lieu, fixant la langue dans une structure plus rigide, ou conservera-t-elle les traits marquants du baroque ? Les langues modernes ont généralement vécu une expérience de maturation qui passait par la traduction des textes classiques grecs et latins. Pendant et après ces grandes vagues traductrices, ont surgi quelques-uns des écrivains et des philosophes les plus déterminants de chaque langue, parce qu'ils ont voulu rivaliser avec les modèles anciens ou s'en détacher. La querelle des Anciens et des Modernes en France, l'illuminisme et le romantisme allemands en sont des exemples. Le portugais n'a pas encore accompli cette tâche de traduction des Anciens, il en est au début. Si Platon et les présocratiques ont fait l'objet de plusieurs traductions, il n'en est pas de même d'Aristote par exemple, souvent simplement calqué sur des traductions anglaises ou françaises.

L'acquisition des classiques est-elle un travail de préparation pour l'avènement d'une langue elle-même plus classique ? Le Brésil développe une « raison anthropophagique », propagée dans la littérature par le mouvement concrétiste d'Augusto de Campos, Haroldo de Campos et Décio Pignatari, sémiologues et poètes brésiliens qui exercent leur influence néo-baroque depuis la fondation en 1952 du groupe *Noigandres* (« la fleur qui égare l'ennui »). I. Oséki-Dépré commente ainsi le texte *De la raison anthropophagique. Dialogue et différence dans la culture brésilienne* de Haroldo de Campos :

> [...] en total accord avec la « raison anthropophagique » d'Oswald de Andrade, qu'il conceptualise comme étant « la pensée de la dévoration critique du legs culturel universel, élaboré non pas à partir de la perspective soumise et réconciliée du "bon sauvage", mais selon le point de vue désabusé du "mauvais sauvage", dévoreur de Blancs, anthropophage », Haroldo de Campos précise et confirme l'idée de l'attitude « anthologiste » de la transcréation, « traduction qui se propose comme opération radicale », traduction de la forme, du « mode d'intentionnalité », de la « visée » d'une œuvre, pour parler en termes benjaminiens. [...]
>
> Que ce soit à travers la transcréation, ou à travers l'intertextualité, la « raison anthropophagique » se réalise dans la même perspective : découvrir, propager le texte nouveau, dilater l'espace poétique de la langue portugaise, accroître la littérature, en langue rénovée, par l'information poétique virtuelle et organiquement neuve.
>
> *Le Concret baroque, in* H. Campos, *Galaxies*, 1998.

Rien n'empêche, après tout, que de la langue bien sillonnée par l'appropriation des classiques ne sortent encore des pages tout aussi rampantes, tordues, courbées, sensuelles, baroques.

Le portugais, peut-être par son penchant existentiel et sentimental, peut-être par sa syntaxe hétéroclite, bouleverse le statut abstrait de certaines notions philosophiques universelles. L'importance de l'information des détails aspectuels des verbes, qui arrive même à multiplier les verbes copulatifs (voir ESPAGNOL et FICAR) et qui donne au temps un caractère très humanisé, vécu, charnel, ébranle l'architecture rigide d'une raison toute droite. Dans cette langue, les concepts ne sont jamais des colonnes de marbre froid, blanc, éternel ; ce sont plutôt des courbes qui s'inscrivent sensuellement dans les pierres à savon, comme celles où sculptait l'Aleijadinho, et qui ne se donnent pas la peine de cacher leur détérioration par le temps.

Le portugais exprime le passage du temps et la présence de la mort, surtout parce qu'il les ressent, et en souffre, ordinairement même. La tristesse, la nostalgie, la lassitude sont le sol mouvant et marécageux où il plante ses fondements. Que la volupté et la sensualité y prennent essor, ce n'est que la conséquence de cette conscience de la brièveté de l'existence. Il n'est donc pas surprenant que la philosophie en langue portugaise se tourne vers une métaphysique des sensations, plus esthétisante et existentielle, plus penchée vers des problèmes mondains et humains, et que l'abstraction plus logique ou mathématique n'ait pas tant de succès. Le récent élan de la philosophie analytique, encore plus fort au Brésil qu'au Portugal, pourra peut-être la détourner vers une syntaxe plus simple et rigide, d'inspiration anglo-saxonne, mais cet élan n'a pas produit un langage autonome, très lié qu'il est aux sources anglophones et restreint aux universités. Les académies et les institutions philosophiques, tant que l'esprit de la langue restera envoûté par la mélancolie et la volupté des temps, semblent à jamais supplantées par cette région plus sensible aux faits humains qu'est celle des arts et de la littérature. À moins que, par une inversion qui puise la pensée dans les sensations de l'existence, l'abstraction philosophique puisse être perçue comme le produit d'une extrême nostalgie sans objet. Alors la pensée reconnaîtra comme sienne cette région qui n'était gardée que par les muses et par les heures :

Vi que não há Natureza,	[J'ai vu qu'il n'y a pas de Nature,
Que Natureza não existe,	Que Nature n'existe pas,
Que há montes, vales, planícies,	Qu'il y a des collines, des vallées, des plaines,
Que há árvores, flores, ervas,	Qu'il y a des arbres, des fleurs, des herbages,
Que há rios e pedras,	Qu'il y a des rivières et des pierres,
Mas que não há um todo a que isso pertença,	Mais qu'il n'y a pas un tout à quoi tout ça appartiendrait,
Que um conjunto real e verdadeiro	Qu'un ensemble réel et véritable
É uma doença das nossas idéias.	Est une maladie de nos idées.] »

Fernando Pessoa, *Poemas de Alberto Caeiro*, p. 70 ;
Poèmes païens, in *Œuvres*, vol. 5, p. 65 (trad. fr. modifiée).

Fernando SANTORO

BIBLIOGRAPHIE

CAMPOS Haroldo, *Galaxies*, trad. fr. I. Oséki-Dépré et l'auteur, La Main courante, 1998.

CANTEL Raymond, *Les Sermons de Vieira*, Éd. Hispano-Americanas, 1959.

CARNEIRO LEÃO Emmanuel, « Tiers Monde », *Sociétés*, févr. 1986, vol. 2, n° 2, p. 3-4.

CUNHA Celso et CINTRA Lindley, *Nova Gramática do português contemporâneo*, Lisbonne , J.S. da Costa, 15e éd., 1999.

GUIMARÃES ROSA João, *Grande Sertão : Veredas*, Rio de Janeiro, Nova Fronteira, 20e éd., 1986 ; *Diadorim*, trad. fr. M. Lapouge-Pettorelli, Albin Michel, 1991.

MACHADO DE ASSIS, *Memórias Póstumas de Brás Cubas*, Rio de Janeiro, Tecnoprint ; *Mémoires posthumes de Bras Cubas*, trad. fr. R.C. de Lavalade, Métailié, 1989.

MULLER Claude, *La Négation en français*, Genève, Droz, 1991.

ORS Eugenio d', *Du baroque* [*Lo Barroco*, 1931], trad. fr. R. Valéry, Gallimard, 1935 ; rééd. 2000.

PELLEGRIN Benito, « Visages, virages, rivages du baroque », *in* J.-M. BENOIST (dir.), *Figures du baroque*, PUF, 1983.

PESSOA Fernando, *Poemas de Alberto Caeiro*, Lisbonne, Ática, 10e éd., 1993 ; *Poèmes païens*, in *Œuvres*, vol. 5, trad. fr. M. Chandeigne, P. Quillier et M.A. Câmara Manuel, Bourgois, 1989.

— *Message* [*Mensagem*, 1934], in *Œuvres*, trad. fr. M. Chandeigne, M.A.C. Manuel et P. Quillier, Bourgois, 1988.

— *Poesias de Álvaro de Campos*, Lisbonne, Ática, *Poesies de Álvaro de Campos*, in *Œuvres complètes*, vol. 3, trad. fr. S. Biberfeld et D. Touati, La Différence, 1989.

— *Le Chemin du serpent*, in *Œuvres*, vol. 7, trad. fr. M. Chandeigne et J.F. Viegas, Bourgois, 1991.

— *Proses*, in *Œuvres complètes*, trad. fr. S. Biberfeld, D. Touati et J. Vital, La Différence, 1988.

— *O Livro do desassossego de Bernardo Soares*, Lisbonne, Assírio e Alvim, 1998 ; *Le Livre de l'intranquillité de Bernardo Soares*, trad. fr. F. Laye, Bourgois, 1999.

QUADROS António, *O Espírito da Cultura portuguesa*, Lisbonne, Soc. Expansão Cultural, 1967.

— *A idéia de Portugal na literatura portuguesa dos últimos 100 anos*, Lisbonne, Fund. Lusíada, 1989.

SPINELLI Vicenzo, *A Língua portuguesa nos seus aspectos melódico e rítmico*, Lisbonne, Quadrante, 1940.

VIEIRA António, « Sermão da sexagésima », in *Obras completas*, vol. 1, Porto, Lello, 1951 ; *Le Ciel en damier d'étoiles*, trad. fr. I. Oséki-Dépré, Grenoble, Éd. Cent Pages, 1989, rééd. 2003.

OUTILS

LAFFONT Robert et BOMPIANI Valentino, *Le Nouveau Dictionnaire des auteurs*, 3 vol., Laffont, « Bouquins », 1994 ; rééd. 1998.

Le Petit Robert, dictionnaire alphabétique et analogique de la langue française, nouv. éd. du *Petit Robert* de Paul Robert, éd. J. Rey-Debove et A. Rey, Le Robert, 2002.

LITTRÉ Émile, *Dictionnaire de la langue française*, 4 vol., Hachette, 1873.

QUATREMÈRE DE QUINCY Antoine, *Encyclopédie méthodique. Architecture*, 3 vol., Paris-Liège, Panckoucke-Plomteux, 1788-1825.

POSTUPOK [поступок] RUSSE – fr. *action, acte libre, engagement*

► *ACTE*, et DASEIN, DEVOIR, DRUGOJ, *ÊTRE*, ISTINA, *LIBERTÉ*, *PERSONNE*, PRAVDA, PRAXIS, RUSSE, SAMOST', SVOBODA

Le mot russe postupok [поступок] *a été rendu en français par* action *et par* acte. *Cependant,* action *correspond au russe* dejstvie [действие], *et* acte *correspond au russe* akt [акт]. *Les deux traductions sont donc insuffisantes. Le* postupok *est l'action singulière et personnelle qui présume une responsabilité, non pas nécessairement l'acte moralement bon, mais l'« acte éthique ». Selon la philosophie de l'acte de Mikhaïl Bakhtine, le* postupok *s'effectue depuis la place propre à chacun — ce que Sartre nommera « engagement ».*

I. L'ACTION : DE « DEJSTVIE » À « POSTUPOK »

Le terme russe *dejstvie* [действие], la « manifestation volontaire d'une activité », est l'équivalent du français *action*. Par différence avec *dejstvie*, *akt* [акт] renvoie à une action plus technique que volontaire, et connote l'accomplissement, l'achèvement de l'action (Dal' [Dahl], *Tolkovyj slovar' živogo velikorusskago jazyka* [Dictionnaire raisonné de la langue grand-russe vivante], t. 1, p. 9). *Dejstvie* est la forme neutre moderne de l'ancien mot haut *dejanie* [деяние], dérivé du verbe *dejati* [деяти], « agir » (voir RUSSE, « L'opposition diglossique en russe »). *Dejanie* correspond au grec *pragma* [πρᾶγμα], *praxis* [πρᾶξις] et au latin *actus*, *actio* (Sreznevskij, *Materialy dlja slovarja drevnerusskogo jazyka* [Matériaux pour un dictionnaire du vieux-russe], t. 1, p. 800). En russe ancien, *dejati* a aussi signifié « toucher » et « parler » (Sreznevskij, t. 1, p. 800-802), mais ces significations ont aujourd'hui disparu. Jusqu'au début du XXe siècle, le terme *postupok* [поступок] a été considéré dans les dictionnaires comme l'équivalent de *dejanie* (Dal', t. 3, p. 348 ; Preobrazhenskij, *Ètimologičeskij slovar' russkogo jazyka* [Dictionnaire étymologique de la langue russe], p. 409).

Le mot *postupok* vient de l'ancien substantif russe *postup* [поступ], « mouvement, action, acte » (Sreznevskij, *ibid.*, t. 2, p. 1270), et, finalement, du verbe *stupat'* [ступать], « marcher, faire des pas ». Étymologiquement, *postupok* désigne ainsi « le pas qu'on a fait ». Dans le langage ordinaire contemporain, le terme signifie « action intentionnelle », « conduite d'un individu » (Dictionnaire de la langue russe, 1983, t. 3, p. 326). Ainsi même dans son utilisation pré-philosophique, *postupok* est l'action singulière et personnelle ; c'est donc la meilleure traduction pour le grec *praxis*, au sens de l'acte d'un individu (par ex. chez Aristote).

II. LES TROIS NIVEAUX DU « POSTUPOK » CHEZ BAKHTINE

L'acception philosophique contemporaine du mot *postupok* est déterminée par l'existentialisme éthique de Mikhaïl Bakhtine. Dans son travail inachevé, « À propos de la philosophie de l'acte », il lie la crise de la philosophie contemporaine (il écrit au début des années 1920), à l'incapacité de celle-ci à dépasser les limites du monde théorique. Selon Bakhtine, seule la philosophie de l'acte éthique (*postupok*) peut constituer une philosophie première capable de surmonter la scission entre culture et vie.

La conceptualisation du terme *postupok* chez Bakhtine s'élabore à trois niveaux.

1° Le niveau absolu conjugue singularité (*edinstvennost'* [единственность]) et participation (*pričastnost'* [причастность]). Le point de départ de Bakhtine est le fait exprimé par l'assertion « je suis ». Ce fait a deux aspects : la singularité de l'existence individuelle — c'est moi qui suis —, et sa participation — je suis à l'être.

> Et je - suis (*I ja - esm'* [И я - есмь]) [...], et je suis réellement (*dejstvitel'no* [действительно]) [...], je participe de l'être d'une manière singulière et non reproductible, j'occupe dans l'être singulier une place singulière, non reproductible, exceptionnelle, irremplaçable et impénétrable pour un autre.
>
> Bakhtine, « K filosofii postupka [À propos de la philosophie de l'acte] », p. 112.

On doit donc comprendre la singularité d'une personne comme sa non-coïncidence avec tout ce qui n'est pas elle-même.

Le mot *esm'* dans l'expression *ja esm'* (« je suis ») est la forme archaïque slavonne (et donc haute) du verbe *est'* [есть] dont l'infinitif *byt'* [быть] est la racine du terme *bytie* [бытие] (« être »). Par ailleurs, *bytie* est le terme haut de l'opposition *bytie/suščestvovanie* [существование] (« existence ») (voir ISTINA). Pour souligner le caractère absolu du fait de la « participation singulière » d'une personne à l'être, Bakhtine introduit la métaphore du « non-alibi à l'être [*ne-alibi v bytii* (не-алиби в бытии)] ». L'homme n'a pas d'alibi moral : il ne peut se soustraire ni à sa propre singularité, ni à sa place unique. C'est sur ce non-alibi à l'être que le devoir d'agir est fondé :

> Ce qui peut être accompli par moi ne peut l'être par personne d'autre, jamais. La singularité de l'être présent s'impose rigoureusement.
>
> *loc. cit.*

2° Le niveau du choix existentiel se situe entre responsabilité (*otvetstvennost'* [ответственность]) et devoir (*dolšenstvovanie* [долженствование]). Cependant, le devoir ne possède pas de caractère absolu. On peut en effet choisir d'assumer la responsabilité de sa propre existence, ou de l'ignorer et de devenir un imposteur (*samozvanets* [самозванец]). Seule l'acceptation de la responsabilité de sa propre singularité crée le devoir.

> Le devoir est possible seulement là où il y a reconnaissance de l'existence [*bytie*] d'une personne singulière de l'intérieur d'elle-même [...] L'acte [*postupok*] responsable est l'acte [*postupok*] fondé dans la reconnaissance de sa singularité contraignante.
>
> *ibid.*, p. 113.

3° Le niveau ontologique concerne l'acte (*postupok*) et l'événement (*sobytie* [событие]). La singularité d'une personne n'est réalisée définitivement que dans un acte responsable :

> L'acte [*postupok*] constitue une fois pour toutes l'actualisation du possible dans le singulier.
>
> *ibid.*, p. 103.

Cependant, selon Bakhtine, l'être auquel je participe ne se réduit pas au seul monde de mon acte. Le sujet ultime de la philosophie morale est « l'être-événement [*bytie-sobytie* (бытие-событие)] », le monde de l'événement intersubjectif. Le préfixe russe *so-*, l'équivalent du latin *co-*, désigne un caractère commun de l'être. Par son étymologie, *sobytie* est « l'être commun, l'existence commune, la co-existence ». Bakhtine actualise métaphoriquement le terme *bytie-sobytie* :

> L'être-événement [*bytie-sobytie*] réel [...] est déterminé non en lui et par lui-même, mais précisément par rapport à ma propre singularité contraignante : la véritable « face » contraignante d'un événement est déterminée par la singularité de ma propre place. Mais s'il en est ainsi, il s'ensuit qu'il y a autant d'univers d'événements que de pôles individuels de responsabilité subjective.
>
> *ibid.*, p. 116.

L'ensemble des mondes personnels crée un événement unique.

Le mot *sobytie* vient du verbe *sbyvat'sja* ([сбываться], « se réaliser »). Une autre signification présente clairement dans *sobytie* est ainsi celle de la réalisation de l'existence singulière du Soi (voir SAMOST'). Ce n'est que dans le monde partagé avec les autres qu'a lieu cette réalisation : dans le *so-bytie* l'individu fait de sa place singulière un pas (*postupok*) responsable, vers les autres (voir SVOBODA et DRUGOJ).

Ainsi le *postupok* est l'acte responsable par lequel la personne participe à l'être. Le *postupok*, du point de vue des valeurs, ne peut être subordonné aux buts, désirs ou besoins dont il est la réalisation. À la différence de l'action que considère la philosophie analytique, le *postupok* est une valeur en soi-même, c'est-à-dire une valeur ultime : « L'acte (*postupok*) est un bilan dernier, une conclusion ultime et approfondie [...] » (*ibid.*, p. 103). C'est pourquoi, selon Bakhtine, seul le *postupok* unit le monde de la culture et celui de la vie.

Andriy VASYLCHENKO

BIBLIOGRAPHIE

BAKHTINE Mikhaïl, « K filosofii postupka [À propos de la philosophie de l'acte] », *Filosofija i sociologija nauki i tekhniki* [Philosophie et sociologie de la science et de la technique], annuaire, Moscou, Nauka, 1986.

OUTILS

DAL' [ou DAHL] Vladimir, *Tolkovyj slovar' živogo velikorusskago jazyka* [Dictionnaire raisonné de la langue grand-russe vivante], 3e éd., Moscou, M.O. Vol'f, 1903-1909 ; repr. 4 vol., Les Cinq Continents, 1954.

PREOBRAZHENSKIJ Aleksandr Grigorevič, *Ètimologičeskij slovar' russkogo jazyka* [Dictionnaire étymologique de la langue russe], 2 vol., Moscou, G. Lissnera i D. Sovko, 1910-1914.

Slovar' russkogo jazyka [Dictionnaire de la langue russe], Moscou, Russkij jazyk, 1981.

SREZNEVSKIJ Ismaïl I., *Materialy dlja slovarja drevnerusskogo jazyka* [Matériaux pour un dictionnaire du vieux-russe], Saint-Pétersbourg, 1893 ; repr. 3 vol., Moscou, 1958.

POUVOIR, POSSIBILITÉ *Pouvoir*, verbe et substantif, dérive du lat. *posse*, renvoyant lui-même à l'adjectif *potis*, « puissant, maître de » (sur le thème indo-européen **poti-*, qui sert à désigner le chef d'un groupe, famille, clan ou tribu ; cf. gr. *posis* [πόσις], « époux », *despotês* [δεσπότης], « maître de maison », *potnia* [πότνια], « maîtresse »). Cependant, le verbe latin, et en particulier l'impersonnel *potest*, d'où dérivent à l'époque de Quintilien les adjectifs savants *possibilis*, *impossibilis*, créés pour traduire le gr. *dunatos* [δυνατός] et *adunatos* [ἀδύνατος] (sur *dunamis* [δύναμις], « force » ; voir DYNAMIQUE), exprime, comme l'impersonnel gr. *dunatai* [δύναται], la « possibilité » (*fieri potest ut*, « il peut arriver que »). Le pouvoir joue ainsi entre la possibilité comme catégorie logique de la modalité (*possibilitas*) distincte de l'impossible, du contingent et du nécessaire, liée à la potentialité comme catégorie ontologique (*potentia*) qui détermine le réel ou l'actuel, et la puissance (*potestas*), au sens moral et politique, à mettre en rapport avec le devoir et l'autorité. Les interférences entre ces deux grandes acceptions, logico-ontologique et éthico-politique, au sein des divers réseaux linguistiques sont particulièrement sensibles dans les entrées DEVOIR-DETTE et WILLKÜR (I, C).

I. POUVOIR, POSSIBILITÉ, POTENTIALITÉ

1. Modalité logique

Sur l'expression de la possibilité comme catégorie de la modalité, dans son rapport à la négation et au temps, voir par exemple ASPECT, INTENTION, *NÉGATION*, PRÉDICABLE, PRÉSENT, PRINCIPE, RIEN, VERNEINUNG, WUNSCH. CF. *PROBABILITÉ* [CHANCE], et *DESTIN*.

2. Modalité ontologique

Le « possible » se prend d'abord au sens de ce qui est « en puissance » par opposition à ce qui est en acte : voir *ACTE*, I (en part. PRAXIS et FORCE, sur la différence matricielle *dunamis/energeia* [ἐνέργεια]).
Est « physiquement » possible ce qui satisfait aux conditions générales de l'expérience : voir EXPÉRIENCE, *IL Y A*, *PHÉNOMÈNE* [ERSCHEINUNG], NATURE ; cf. ÉPISTÉMOLOGIE.
Dans une certaine perspective ontologique, la possibilité se confond avec la réalité (*realitas*) : voir en particulier ATTUALITÀ, RÉALITÉ, RES ; cf. ESSENCE, SPECIES.

II. POUVOIR ET PUISSANCE POLITIQUE

Le pouvoir n'est rien d'autre que la capacité à agir et, plus précisément, à agir de façon efficace en poursuivant des buts : voir *ACTE*, II [PRAXIS].
Le pouvoir politique désigne la faculté de faire agir autrui dans un sens déterminé, fût-ce en recourant à la contrainte ; il se distingue ainsi de l'autorité : voir HERRSCHAFT, et *AUTORITÉ*.
Sur le rapport entre *potentia* et *potestas*, pouvoir et violence, on se reportera à MACHT-GEWALT ; cf. PIETAS, RELIGIO, LEX/JUS.
D'une manière générale, l'importance du pouvoir est considérable dans la philosophie morale et politique moderne, qui met l'accent sur la liberté plus que sur les vertus et sur la capacité à contraindre plus que sur l'autorité : voir *LIBERTÉ* [ELEUTHERIA, POSTUPOK, SVOBODA], *OBLIGATION* [SOLLEN/PFLICHT], *VERTU* [VIRTÙ], VOLONTÉ, WILLKÜR ; cf. *DROIT*, *LOI*, MORALE, *ÉTAT*.

► DIEU, SÉCULARISATION

PRAVDA [правда] RUSSE – fr. *justice, équité, vérité*

gr.	*dikaiosunê* [δικαιοσύνη]
lat.	*justitia*
angl.	*righteousness, justice, truth*

► VÉRITÉ, *JUSTICE* [THEMIS], et *DROIT*, ISTINA, *LOI*, MIR, POSTUPOK, PRAXIS, SOBORNOST', SVET

Le mot pravda [правда], *en dépit du caractère univoque des équivalents dont on se sert pour le traduire —* vérité, truth, Wahrheit *—, désigne non seulement la vérité, mais aussi la justice. C'est avant tout sur la deuxième signification que porte l'accent lorsqu'on examine les mots qui ont la même racine :* pravo [право] *(le droit),* spravedlivost' [справедливость] *(la justice, l'équité),* pravosudie [правосудие] *(la justice, le jugement juste). Mais* pravda *n'est pas un homonyme : son sens résiste à une séparation complète des notions d'*istina [истина] *(vérité) et de* spravedlivost' *(justice), de la théorie et de la pratique.* Pravda *n'est jamais utilisé pour désigner la vérité scientifique. On peut mesurer les effets de l'intraduisibilité par le fait que* pravda *est rendue la plupart du temps par le terme de vérité, négligeant son domaine sémantique initial : justice, légitimité, loi, équité.*

I. LA « PRAVDA » SLAVE ET LA « JUSTICE » DES INDO-EUROPÉENS

Le mot slave *pravda* [правда] correspond au grec *dikaiosunê* [δικαιοσύνη] et au latin *justitia*. Il est formé sur la racine slave *prav*, « droit, juste » (M. Vasmer, *Ètimologičeskij slovar' russkogo jazyka* [Dictionnaire étymologique de la langue russe], p. 352). La version étymologique la plus vraisemblable fait remonter *prav* à l'indo-européen **prô-vos*, apparenté au latin *probus*, « bon, honnête » (probhus), au sanskrit *prabhús*, « exceptionnel, supérieur », à l'anglo-saxon *fram*, « fort, actif, courageux ». En vieux-slave, en bulgare, en ukrainien et en russe, le premier sens de *pravda* est « justice », le second « vérité » ; le serbo-croate, *prâvda* signifie « poursuite en justice, procès » ; en slovène, *pravdâ* veut dire « règlement, loi, action en justice » ; *pravda* en tchèque et slovaque, *prawda* en polonais ont des connotations analogues. En russe contemporain, le mot *pravednik* [праведник], « homme juste », remonte au vieux-slave et correspond au grec *dikaios* [δίκαιος] (« juste »), *hagios* [ἅγιος] (« saint »), *martus Khristou* [μάρτυς Χριστοῦ] (« martyr du Christ »). À l'antonyme *nepravda* [неправда] correspondent *adikia* [ἀδικία], *anomia* [ἀνομία], « injustice ».

En bonne logique, le mot *pravda* doit occuper une place centrale dans un dictionnaire philosophique de la langue à laquelle il appartient. Mais si l'on essaie de trouver l'article « Pravda » dans l'*Encyclopédie philosophique* en cinq volumes publiée en URSS, on est forcé de constater son absence. Pour quelle raison ? Ce silence, qui est prise de distance par rapport au titre du journal, la *Pravda*, voix officielle du régime autoritaire, conduit bien au-delà des considérations idéologiques, des circonstances de lieu, de temps ou de censure, et permet une autre approche des problèmes théologico-politiques classiques.

L'historien et philosophe Georges Fedotov, émigré aux États-Unis après la Seconde Guerre mondiale, donnait les précisions suivantes : « Le mot russe *pravda* a un sens particulièrement riche ; le terme peut vouloir dire “justice” (*justice*), “droiture” (*righteousness*), et même “vérité” (*truth*). Et on le rencontre à coup sûr à travers son contraire *nepravda* (*injustice*) à chaque pas dans les annales des relations entre puissances » (*The Russian Religious Mind*, t. 2, p. 171).

Les traductions ne trahissent pas, lorsque *pravda* rend le grec *dikaiosunê* des Septante ou la *dikê* [δίκη] d'Héraclite et de Sophocle (la *dikê* d'Antigone est *pravda*). Des expressions classiques comme « le soleil de la *pravda* » — « *sol justitiae* » — reflètent une analogie éthico-cosmologique traditionnelle dont l'essence est révélée par le principe selon lequel « le monde tient grâce aux justes ». L'inverse est présupposé vrai : les justes eux-mêmes s'appuient sur l'analogie entre l'ordre du monde (*mir* [мир]) et l'ordre de la cité, tant que celle-ci persiste.

Une fois ce lien traditionnel brisé par la physique moderne, la stabilité sémantique de la *pravda* s'en trouve affectée. Et en premier lieu, son proverbial caractère pratique. Dans le dictionnaire de Dahl (le Littré russe), la *pravda* est définie comme « la vérité en action, la vérité manifestée, le bien ; la justice rendue, l'équité ». Dans les exemples donnés par Dahl, l'accent est nettement mis sur la participation active et l'acte en tant que tel : « Exercez la justice et la *pravda* », « Se battre pour la *pravda* », « Vivre selon la *pravda* » ; et la *pravdivost'* [правдивость] (substantif dérivé de *pravda*, signifiant la conformité à la *pravda*, traduit habituellement par « véracité, sincérité ») est explicitée « comme adéquation complète de la parole et de l'action ». De nombreuses expressions de ce genre restent vivantes dans la langue russe d'aujourd'hui, renvoyant à des locutions qui témoignent de l'influence durable des premières traductions en langue slave, au IXe siècle, de la liturgie, des Psaumes et de l'Écriture par Cyrille et Méthode, plusieurs siècles avant le passage du latin de la Vulgate aux autres langues vernaculaires. L'instrument principal de l'alphabétisation étant le Livre des Psaumes, l'apprentissage de la lecture véhiculait cette analogie entre l'ordre du monde créé et celui de la cité.

♦ Voir encadré 1.

II. LA « PRAVDA » ET L'HIATUS ENTRE « LÉGALITÉ » ET « LÉGITIMITÉ »

L'évolution sémantique de *pravda* ne subit pas l'influence systématique et directe du droit romain. Les limites du mot ne sont pas fixées à l'intérieur d'un réseau de notions codifiées, de sorte qu'est levée une série d'obstacles à un questionnement radical sur ses relations avec la jurisprudence au sens strict du terme. Mais qu'à l'origine ces relations aient eu toute leur signification, l'histoire en apporte un témoignage indiscutable : la *pravda* est une notion clé dans le droit vernaculaire, elle donne son nom au plus ancien recueil de lois fixées par écrit des Slaves de l'Est, *La Pravda russe* (XIe siècle). La modernisation de la terminologie juridique modifie la sémantique de la *pravda* sans pour autant supprimer son sens juridique, mais plutôt pour en fixer le statut supérieur. En même temps qu'il demande à Leibniz d'élaborer un système de classification sociale de son empire, Pierre le Grand ordonne à Théophane Prokopovitch de déterminer juridiquement le pouvoir absolu de l'empereur dans un document intitulé *La Pravda de la volonté du monarque* (1722 ; on perçoit dans ce texte l'influence directe de Hobbes et Pufendorf). Peut-on dans ce titre rendre *pravda* par « légitimité » ? Cette traduction sera contestée plus d'une fois. En réponse à la version absolutiste d'une rationalisation radicale du droit, suivra une réaction non moins radicale des jacobins russes, avec à leur tête le colonel Pestel (pendu en 1825) qui intitulera sa constitution *La Pravda russe*. Mais peut-on ici traduire *pravda* par « constitution » ? À cette question historique, les tentatives malheureuses de limiter constitutionnellement la *pravda* du monarque — et ce jusqu'à la révolution de 1905 — ont répondu par la négative.

Des questions de ce genre ne réduisent pas les problèmes philosophico-philologiques de la traduction à des enjeux historico-politiques. En relativisant le représentation que l'on se fait de l'essence immuable du mot *pravda*, nous découvrons ses dimensions sémantiques désormais cachées, restées à l'état de possibilités inaccomplies. Intraduisibles aujourd'hui, elles représentaient des potentialités de traduction dans le réseau des idiomes européens ; mais le cours des révolutions en a décidé autrement. Quoi qu'il en soit, face à cet oubli massif, il est important de souligner que le sens juridique originel du mot *pravda* traverse toutes sortes de péripéties, y compris la destruction et l'abolition systématiques par la révolution d'octobre 1917 des institutions juridiques de l'Ancien Régime et des représentations linguistiques traditionnelles de la justice.

III. LA BIPOLARITÉ « PRAVDA »/« ISTINA »

Le droit et l'éthique désignent la philosophie pratique comme domaine d'application positive de la notion de *pravda* ; la définition négative de la limite d'utilisation de cette notion est donnée par la gnoséologie et les sciences de la nature : celles-ci opèrent avec l'*istina* [истина] et non la *pravda*.

Les sciences modernes tantôt rejettent le mot *pravda*, tantôt éliminent son contexte sémantique immédiat, à savoir « la promesse, le serment, l'injonction, le commandement, le décret, le règlement, les lois, le contrat, le jugement, le témoin » (B. Ouspenski, *La Situation linguistique de la Russie kiévienne*). La philosophie antique élargissait les domaines d'application du mot *loi* (*nomos* [νομός]) en le transférant par analogie de la *polis* [πόλις] au *kosmos* [κόσμος], du monde des hommes au monde de la nature. À partir du XVIIe siècle, sous l'influence des progrès de la mécanique, l'analogie se retourne : le concept de loi « physique », après la démonstration de son efficacité sans précédent dans la description des objets matériels, commence à déterminer la conception de la justice et la « physique sociale ». Le naturalisme est érigé en projet social. Des différents aspects de l'action — « qui ? », « où ? », « quoi ? », « comment ? » —, le naturalisme absolutise le plus éloigné des personnes et des circonstances : « Que (faire) ? ». Le nivellement des dimensions constitutives de la *pravda* — des références à la personne et à la situation (l'« opportunité » [καιρός], voir MOMENT, II ; l'« équité » [ἐπιεικής] aristotélicienne, voir THEMIS, IV) — place la *pravda* sous l'entière dépendance d'une *istina* interprétée de façon instrumentale. Mais cela ne lève pas la bipolarité entre l'*istina* qui répond

1

La langue liturgique slave

Au XXe siècle, R. Jakobson et N. Troubetskoï ont démontré le rôle linguistique et liturgique fondateur de Cyrille et Méthode dans la constitution du dictionnaire des principales notions slaves. Leur herméneutique fut explicitement développée lors de la controverse, à Venise, en 867, sur « l'hérésie des trois langues », où l'on accusa la traduction en langue slave d'enfreindre le privilège du caractère sacré des trois langues liturgiques « intraduisibles » : l'hébreu, le grec, le latin. L'innovation de Cyrille et Méthode sera reprise dans les traductions des hussites (XIVe siècle), elle aura des répercussions sur les traductions vernaculaires au temps de la Réforme dans toute l'Europe et débouchera, enfin, sur la réforme liturgique adoptée par Rome au XXe siècle ainsi que sur la proclamation de Cyrille et Méthode patrons de l'Europe unie (1980).

Mais ce qui est paradoxal aujourd'hui, c'est la situation de la langue liturgique slave elle-même (dans laquelle un rôle important est attribué au mot *pravda*) : tout comme à propos du latin jusqu'à un passé récent, on assiste à une discussion sur son caractère intraduisible (voir RUSSE). Dans le cas précis du mot *pravda*, son emploi liturgique a conservé pour la langue de Dostoïevski et de Pasternak des strates sémantiques traditionnelles qui disparaissent dans la traduction par les mots « séculiers » de *justice* et *vérité*.

BIBLIOGRAPHIE

JAKOBSON Roman, *Selected Writings*, t. VI, *Early Slavic Paths and Crossroads*, Berlin-New York-Amsterdam, Mouton, 1985.

TROUBETSKOÏ Nikolaï Sergueïevitch, *Obščeslovianskiy element v russkoj kulture* [L'Élément pan-slave dans la culture russe], in *Histoire. Culture. Langue*, Moscou, Éd. Progress, 1995, p. 162-211.

— *Travaux du Cercle linguistique de Prague*, n° 8, Prague, 1939.

à la question de « l'être » et la *pravda* qui répond à la question du « devoir être ». L'*istina* constate, par exemple, la « physiologie » d'une maladie affectant un individu ou une société ; la *pravda* passe à la question de ce qui doit être, en s'opposant à ce qui ne doit pas être. L'impératif de réaliser activement la *pravda* revêt un caractère particulièrement comminatoire, dès lors que celle-ci se réduit à l'application pratique d'une *istina* déjà connue. Séparer la *pravda* du « qui » concret (fondamentalement inaccessible) et du « où » concret (qui localise la connaissance) permet de la rendre plus abstraite et plus manipulable. Au tournant du XIXe et du XXe siècle, le « conflit des facultés » s'achève par la domination belliqueuse des sciences de la nature et par l'idée des nihilistes russes, convaincus, qu'il est possible d'appliquer à la société des schémas aussi rigides que la table de Mendeleïev. Cette grille refoule la pluralité sémantique du terme *pravda* illustrée par le proverbe : « À chacun sa *pravda*. »

IV. COURT-CIRCUIT ENTRE LA « PRAVDA » ET LA VIOLENCE

La revanche de la *pravda* dans un espace géométrisé par la science revêt un caractère moral et universel. La protestation de Tolstoï contre la violence ne se limite pas à une critique dévastatrice de l'État policier, de la guerre, de l'armée, mais s'en prend également à l'appareil judiciaire dont la fonction de limiter la violence n'est pas réalisable sans le recours à celle-ci. Ce qui est exigé, c'est la mise en œuvre d'une séparation radicale entre la *pravda*-pardon de l'Évangile et la *pravda*-vengeance des païens. La requête de Soloviev et de Tolstoï adressée à Alexandre III en 1881 en faveur des terroristes-régicides en fournit un exemple historique : « Employer la violence pour rendre la justice signifie admettre que la *pravda* elle-même est impuissante. La révolution contemporaine montre dans les actes qu'elle admet l'impuissance de la *pravda*. Mais en vérité, la *pravda* est forte, bien que la violence de la révolution contemporaine trahisse son impuissance » (V. Soloviev, « *Smysl sovremennyx sobytij* » [« Le sens des événements actuels »], p. 38).

L'abolition de l'esclavage en Amérique et en Europe (y compris en Russie en 1861) explique en partie le niveau élevé des espérances placées en la justice et la bienveillance pendant cette période. Soloviev résume dans le syllogisme suivant et de façon ironique ce saut irrationnel dans l'argumentation naturaliste : « L'homme descend du singe, *donc* aimons-nous les uns les autres. » La crainte d'une faillite ou d'une insolvabilité des « sources du moi » (pour reprendre le titre de C. Taylor) est liée au fossé qui se creuse entre, d'une part, la maxime morale et celui qui la formule dans un sermon sur la montagne et, d'autre part, l'espace dans lequel on s'efforce de la mettre en pratique. Le facteur capital de l'espace — de la Baltique à l'océan Pacifique — exerce une influence considérable sur le topos de la *pravda*, le soumettant à une logique linéaire et à ce nivellement que l'on retrouve dans la table rase révolutionnaire. Les géographes ont calculé que les dimensions du dernier empire pouvaient être évaluées à un sixième de la superficie de la terre. La globalisation d'une justice égalitariste dans ce monde sans limites et sans frontières éclaire la logique implacable décrite dans les *Démons* de Dostoïevski et mise en acte par le bolchevisme. Le volontarisme qu'ils expriment, prétendant effacer le mal en tant que tel sur le continent, n'aboutit pas à l'apparition de « l'homme nouveau », mais se transforme en vengeance à l'encontre de ce qui résiste. Sur la route de la revanche, la justice se dégrade jusqu'à la vengeance. La *pravda* ainsi détournée ne tranche pas le nœud de la violence, mais se trouve plus étroitement ligotée encore, perdant son alliée naturelle, la liberté.

Tout ou rien, *thesaurus* ou *tabula rasa*, voilà les deux pôles de la controverse entre Soloviev et le nihilisme.

L'argument du traité de Vladimir Soloviev, *La Justification du bien* (*Opravdanie dobra*, 1896), est dirigé vers la mise en évidence dans la *pravda* de la conjugaison de la liberté civile (le droit) et de la liberté de conscience (la morale). S'opposant au nihilisme juridique de Tolstoï, Soloviev affirme, concernant la *pravda* :

> Voilà un terme qui manifeste à lui seul l'essence unique des principes juridique et moral. Dans toutes les langues, les notions morales et juridiques sont exprimées par des mots identiques ou dérivés de la même racine [...] *dikê* et *dikaiosunê*, *jus* et *justitia*, comme en russe *pravo* [право] (le droit) et *pravda*, en allemand *Recht* et *Gerechtigkeit*, en anglais *right* et *righteousness* ; ces deux mots se distinguent par des affixes ; voir également l'hébreu *ṣèdèq* [צֶדֶק] et *ṣedāqāh* [צְדָקָה].
>
> V. Soloviev, *La Justification du bien. Essai de philosophie morale*, p. 369.

Soloviev définit la *pravda* comme « l'attitude que l'on doit adopter vis-à-vis de tout » (*ibid.*, p. 205), c'est le principe universel de son système philosophique.

Pour son ouvrage *L'Idée russe*, écrit en français, Soloviev cite et traduit le jugement du slavophile Axakov sur la transformation des structures dirigeantes de l'Église en département de l'appareil d'État : « À l'idéal d'un gouvernement (*pravlenie* [правление], *pravda* intérieure) vraiment spirituel, on substitue celui d'un ordre (*pravda*) purement formel et extérieur » (p. 191). Pourquoi Soloviev traduit-il *pravda* par « ordre » ? La difficulté de la traduction provient, entre autres choses, de la non-correspondance entre deux éléments non superposables : d'un côté, la *pravda* extérieure et la *pravda* intérieure en russe, de l'autre, la justice-institution et la justice-vertu en français. Siméon Frank, le plus grand continuateur de la pensée de Soloviev, soulignera dans un article rédigé en allemand, « La vision du monde russe » (1925), que :

> La langue russe possède un mot très caractéristique qui joue un rôle extrêmement important dans toute la structure de la pensée russe — du mode de pensée populaire jusqu'au génie créateur. Ce mot intraduisible, c'est *pravda*, qui désigne simultanément l'*istina* et le *droit moral et naturel*, tout comme en allemand le mot *richtig* désigne quelque chose d'approprié ou d'adéquat aussi bien sur le plan théorique que pratique.

L'unité de *pravda* et *pravo*, brisée et présentée comme archaïque par le point de vue nihiliste, est reconstituée par Soloviev et Frank. Pour relever le défi de l'archaïsme, ils se livrent à une archéologie de la *pravda*.

V. PROJETS VISANT À DÉPASSER LA COUPURE THÉORIE/PRATIQUE À L'AIDE DE LA « PRAVDA »

À l'époque moderne, l'intraduisibilité du mot *pravda* est liée à la séparation entre *vita activa* et *vita contemplativa* (Hannah Arendt). L'invention de la « technologie » (du concept et du phénomène, comme le montre l'école d'Alexandre Koyré) est conditionnée par le fait que le paradigme de la divergence entre *tekhnê* [τέχνη] et *epistêmê* [ἐπιστήμη] chez Platon et Aristote est remplacé par celui de leur convergence chez Descartes et Bacon. L'axiomatique de la « philosophie pratique » et des concepts de base est transformée par le « practicisme » technologique comme critère déterminant des théories scientifiques et des doctrines idéologiques. Le fait de s'appuyer sur une invention technologique comme la presse ouvre la voie à une intrumentalisation politique de la *pravda*.

Après les deux *Critiques* de Kant dans lesquelles la « raison théorique » et la « raison pratique » sont rigoureusement délimitées, trois voies conduisant vers leur synthèse se dégagent dans la philosophie européenne : la voie esthético-anthropologique (Schiller), la voie politico-spéculative (Hegel), la voie socio-historique (Marx).

a) La synthèse esthétique des schillériens russes tend à unifier le Bien pratique et l'*Istina* théorique au sein du concept de *Pravda* : telle est la spécificité du « message » du roman russe et tel est le leitmotiv de la critique littéraire et sociale (par-delà les clivages entre conservateurs et révolutionnaires). La manière dont N.K. Mikhaïlovski a formulé cette idée est entrée dans les annales de l'intelligentsia radicale :

> Chaque fois que le mot *pravda* me vient à l'esprit, je ne peux pas ne pas être émerveillé par l'extraordinaire beauté qu'il recèle. Ce mot n'existe, semble-t-il, dans aucune langue européenne. Seule la langue russe, semble-t-il, désigne par un même mot la vérité et la justice qui paraissent se fondre en une grandiose unité [...]
>
> N.K. Mikhaïlovski, *Écrits*, t. 1, p. V.

b) La synthèse politique des hégéliens slaves tend à unifier la vérité et la justice dans le concept d'État. Mais si en Allemagne on définit l'État par la philosophie du droit (*Recht*), en Russie on le définit par la philosophie de la *pravda* (légitimité-justice). Le court-circuit des concepts d'« État » et de *pravda* caractérise l'utopie des hégéliens de droite. Ainsi les idéologues de l'Eurasisme théorisent-ils l'étatisation de la *pravda*. L'historien eurasien M. Chakhmatov achève en 1921 son étude « L'État de *pravda* (essai sur l'histoire des idéaux étatiques en Russie) » (in *Evrazijskij Vremennik* [Annales eurasiatiques], vol. 4, Berlin, 1925, p. 304) par le diagnostic suivant : « L'Europe contemporaine s'est éloignée de "l'État de pravda". Certains de ses éléments n'ont été conservés qu'en Angleterre où ne sont pas encore complètement séparés la religion et le droit, le droit et l'éthique. »

Un diagnostic de ce type confond deux ordres d'« intraduisibilité ». La rationalisation de la jurisprudence des différentes traditions européennes n'a pas rendu identiques les concepts *pravda*/*Recht*/*law* (d'où la référence à une Angleterre « traditionnelle » ; voir *LOI*, LAW). Par ailleurs, dans les limites de l'idiome russe, on ne parvient pas à traduire la *pravda* en termes juridiques, lesquels sont déterminés en Europe par la séparation entre religion, morale et droit, et surtout entre force et droit.

c) « L'unité de la théorie et de la pratique » proclamée par le marxisme-léninisme est la cause principale de son succès en Europe, celle-ci cherchant vainement l'unité sus-désignée. Marx ramène au centre de la philosophie le concept aristotélien de *praxis*, en le réorientant vers une « technologie de l'histoire ». Le marxisme promet à l'humanité de rendre intelligibles l'action politique dans le présent et la théorie historique dans le passé et l'avenir, et remplace la Bible dans la bibliothèque de l'intelligentsia. Mais dans le même temps, la notion biblique de *pravda*, chargée de promesses eschatologiques oubliées, conserve pour l'intelligentsia russe sa valeur de symbole d'une synthèse nouvelle. Après la révolution de 1905, elle est soumise à la critique de penseurs ayant rompu avec le marxisme comme N. Berdiaev, P. Struve, S. Boulgakov, S. Frank, etc. À la « *pravda* de l'intelligentsia », Berdiaev oppose l'« *istina* philosophique » et appelle à la recherche d'une synthèse différente, « une synthèse qui réponde au besoin légitime et positif de l'intelligentsia, d'une unification organique de la théorie et de la pratique, de la "*pravda-istina*" avec la "*pravda*-justice" » (N. Berdiaev, « *Intelligentskaja pravda i filosofskaja istina* », p. 29).

Mais, conformément à l'analyse pessimiste de Léon Chestov, la *pravda* est désarmée devant l'expansion de l'Utopie, c'est-à-dire d'un système de réponses hyper-théoriques à des questions hyper-pratiques.

VI. LES DIFFICULTÉS DE LA RÉTROVERSION : JUSTICE - « PRAVDA » - VÉRITÉ

Introduite par Saint-Simon et Fourier, l'expression « justice sociale » est rendue en russe par *pravda*. Un siècle de développement des idées révolutionnaires va conférer aussi bien à l'idée sociale qu'à sa forme lexicale une charge sémantique absente dans les sources occidentales. Le mot *pravda*, même sans l'adjectif « social », se charge au XIXe siècle d'une connotation explosive. C'est un défi à l'ordre sémantique ancien. Cette connotation est aisément repérable dans les textes écrits par Dostoïevski au temps de sa jeunesse fouriériste ; elle se modifie de façon substantielle, sans pour autant disparaître complètement, dans ses dernières œuvres où il met en garde contre l'obsession révolutionnaire. C'est autour du mot *pravda* qu'est tissée la toile des procès (méta-)juridiques de *Crime et Châtiment* et des *Frères Karamazov*. La *pravda* constitue l'axe du « Discours sur Pouchkine » (1880), considéré comme le testament intellectuel de Dostoïevski (« Le nihilisme européen » de Heidegger, par exemple, s'ouvre avec une citation de ce texte). Si l'on tenait compte de l'important enrichissement sémantique de la notion, retraduire en français *pravda* en recourant au concept initial de « justice sociale » constituerait une démarche réductrice et inacceptable. Mais traduire *pravda* par « vérité » constitue un exemple d'« intraduisibilité » qui prive le lecteur des références croisées dans la recherche de la « justice » en France et en Russie (les intellectuels russes francophones métissent les idées françaises et le vieux slavon d'Église). Dostoïevski écrit :

> Ce n'est pas hors de toi qu'est la vérité [*pravda*], mais en toi-même ; trouve-toi en toi-même, soumets-toi à toi-même, domine-toi toi-même, et tu verras la vérité [*pravda*]. Elle n'est pas dans les choses, cette vérité [*pravda*], elle n'est pas hors de toi ni on ne sait où par-delà les mers, elle est avant tout dans ton propre travail sur toi-même. Vaincs-toi, réprime-toi — et tu seras libre comme tu ne l'as jamais rêvé, et tu entreprendras une grande œuvre, et tu rendras les autres libres, et tu découvriras le bonheur, car ta vie sera comblée et tu comprendras enfin ton peuple et sa sainte vérité [*pravda*].
>
> *Journal d'un écrivain*, p. 1356.

VII. « PRAVDA » : UN MOT QUI A FORCE DE LOI ET QUI DÉPASSE LA LOI

Toujours en quête de la *pravda*, la littérature en tant que laboratoire universel contribue puissamment à la formation de l'idée : la parole (*slovo* [слово]) supplante le juge et la loi suprême (on notera que *slovo* fait partie des « intraduisibles » : il signifie à la fois « mot », « parole », mais aussi « discours », « allocution », « dit », et renvoie au *logos*).

« À partir de Gogol, la littérature russe se met en quête de la *pravda* et enseigne la manière de réaliser celle-ci » (N. Berdiaev, *Les Sources et le Sens du communisme russe*, p. 63). Vladimir Soloviev dira que *Les Âmes mortes* de Gogol sont devenues pour la Russie le « Jugement dernier » avant la défaite de Sébastopol. La notion de *pravda* s'associe alors au personnage du Révizor de l'Ancien Régime. La *pravda*, comme le Révizor, pénètre toutes les cellules et affaires de la capitale et des provinces de l'empire, révélant sa puissance analytique et imposant ses critères fondamentaux. *Pravda* et Révizor voyagent incognito. « On ne doit pas tricher avec la parole » — cette maxime gogolienne sera placée par Soloviev en épigraphe de l'article écrit à la fin de sa vie sur la question de la liberté de conscience dans l'Empire russe. L'imbroglio de mensonges qui caractérise les rapports entre l'État, l'Église, la société, la police secrète, la littérature, la censure, les universités, le système éducatif, devient particulièrement insupportable à la lumière de la parole-jugement de Gogol, de Dostoïevski, de Leskov, de Saltykov-Chtchedrine, de Tolstoï, de Tchekhov. La paralysie du système du droit et la tendance du pouvoir impérial à écorner la loi à tous les niveaux de la hiérarchie administrative d'une façon beaucoup plus radicale que dans les autres cultures européennes provoquent la méfiance envers l'institution judiciaire, tandis que s'accroît la confiance dans le jugement de la parole. La parole qui rend justice — la *pravda* — se présente non plus comme commentaire ou complément de la loi existante, ni même comme son concurrent, mais comme tribunal en l'absence de loi, comme législateur d'une justice alternative. Investie de cette charge, la parole se trouve dotée de potentialités nouvelles révélées par les défis et épreuves de l'histoire russe et soviétique ; pour les mêmes raisons, elle est moins développée dans les pays n'ayant pas connu l'expérience totalitaire. C'est là une cause historique de la difficulté à traduire *pravda* comme droiture de la parole qui juge, de la parole investie du pouvoir de trancher en dernière instance.

Soloviev s'attache à examiner sous l'angle de la philosophie le thème de la responsabilité décisive que constitue la (non-)correspondance de la parole et de l'action dans l'histoire des grands empires. Selon Soloviev, la Deuxième Rome, la millénaire Byzance, doit sa chute à la contradiction entre une conception païenne de l'État, héritée de la Première Rome, et les commandements du Christ, affirmés en paroles mais lettre morte dans les actes. C'est cette même contradiction qui prive de légitimité la « Troisième Rome » moscovite d'Ivan le Terrible. Toujours selon Soloviev, la révolution de Pierre le Grand détruit moins l'unité organique de la Russie ancienne qu'elle n'arrache le masque de l'hypocrisie dissimulant la contradiction entre paroles pieuses et actions impies. Le concept de contra-diction (*protivo-rečie* [противоречие]) retrouve ainsi sa signification pratique première (plus concrète que dans la logique hégélienne). *Mutatis mutandis*, on peut affirmer que le « critère de contradiction dans la philosophie pratique » établi par Soloviev est, pour la *pravda*, tout aussi fondamental que le principe de non-contradiction aristotélicien pour l'*istina* dans la philosophie théorique.

On peut dire que Soloviev, par-dessus l'idéalisme allemand, réintroduit l'initiative d'opérer la mutation de la philosophie pratique européenne ; selon lui, cette initiative remonte à la patristique, d'Origène à saint Augustin, et Maxime le Confesseur — dans de nombreuses traductions slavonnes du Pseudo-Aréopagite, la « *Pravda-Dikaiosunê* » est l'un des noms de Dieu. Par ailleurs, il faut souligner la différence radicale entre cette démarche et les projets de Kierkegaard et de Nietzsche, analogues sous d'autres rapports, visant la mutation de la métaphysique occidentale. Le point de départ de Soloviev et de Dostoïevski n'est pas l'individu isolé dont la liberté brise les liens unissant les hommes entre eux et apparaît comme « irrationnelle » au regard de la raison universelle, mais la parole-*relation* entre des êtres libres, la parole-*lien* qui mise sur la liberté partagée et sur une vie ouverte au paradoxe de la *pravda*.

VIII. « NEPRAVDA » : PRINCIPE ET EFFET DE LA NOVLANGUE

La *nepravda* est le mot clé qui permet de caractériser un régime idéologique qui falsifie systématiquement son discours. George Orwell, dans son roman *1984*, donne une description précise de la relation fondamentale qui unit *nepravda* — *lawlessness* — à la terreur orientée contre les « intraduisibilités » traditionnelles et contre la logique formelle (sur le fronton du « Ministère de la *Pravda* » on peut lire le slogan : « La guerre, c'est la paix »). La voie qui mène à l'arbitraire social passe par la mutation sémantique du vocabulaire. La rupture entre deux mots issus de la même racine, *pravo* (le droit) et *pravda*, est le résultat de la mise en œuvre du *new speak* soviétique. Au XXe siècle disparaissent des dictionnaires les indications concernant le sens originel de *nepravda* (« crime, infraction à la loi ») que l'on trouve encore dans les dictionnaires de la fin du XIXe siècle. Le dictionnaire de Dahl (1881) dit ceci à propos de la *nepravda* : « toute action illégitime, violente, contraire à la conscience ; vexation, jugement injuste, iniquité [...]. Équivalents latins : *injuria, injustum, improbitas, inaequitas.* » Mais le lexicologue précise la mutation — contemporaine pour lui — de *nepravda* et *pravda* :

> Le sens de ces mots a été déformé presque sous nos yeux, puisque désormais ils sont devenus synonymes de « mensonge » (*lož'* [ложь]) et « vérité » (*istina*) [...] Mais originellement *istina* se réfère uniquement à des notions intellectuelles et *pravda* à des qualités morales, c'est pourquoi notre premier recueil de lois s'appelait *La Pravda russe*.
>
> Dahl, t. 2, p. 529.

Ce qui est souligné ici est une étape historique déterminée de la rationalisation de la *pravda*, la rupture de ses liens avec les sphères juridique et morale ; cette attache est sensiblement relâchée, mais perceptible encore dans les emplois de son *antonyme*. Le dictionnaire encyclopédique de Brockhaus et Efron (t. 25, 1898), dans l'article « Acte criminel », considère comme équivalents le crime et la *nepravda*, spécifiant les formes de *nepravda juridique* : la *nepravda* pénale et la *nepravda* civile. Les dictionnaires soviétiques vont complètement rejeter le sens juridique de *nepravda* et réduiront au minimum sa charge morale. On pourrait dire qu'au rétrécissement extrême du sens de ce mot correspond l'élargissement extrême de la réalité de la *nepravda* dans un État criminel. Aux dictionnaires soviétiques, Georges Fedotov répond :

> Le mot *pravda* peut répondre à ceux qui n'ont pas totalement oublié le sens de ce mot. La *pravda* sur le chemin de l'exil s'oppose à la participation dans la *nepravda* générale, dans l'affaire injuste, dans l'édification, dans le travail, dans l'exploit, au fond desquels repose la *nepravda* fondamentale.
>
> *Tiažba o Rossii* [Litige à propos de la Russie], p. 200-201.

IX. EXIL POUR LA « PRAVDA », PHILO-DICÉE, PHILO-XÉNIE

Le refus de participer à une « *nepravda* collective », organisée de façon systématique par l'implication de tous dans un crime et une responsabilité collectives, est le geste initial de la philosophie de l'exil de Georges Fedotov. Il ajoute un accent topologique particulier au thème antique et moderne de la sortie de la « caverne » totalitaire, celui de l'« exil pour la *pravda* » :

> Il est facile d'être exilé pour la *pravda* ; mais il est difficile de vivre pour la *pravda* en exil. *Pravda*, ce ne sont pas des statues de dieux que l'on peut emporter avec soi en fuyant Troie livrée aux flammes. Elle doit être vivifiée en permanence, toujours re-sentie dans le cœur et l'esprit. Sinon elle dépérit, ne laissant que des pelures de mots desséchés.
>
> *ibid.*, p. 203.

Quelle réponse apporter quand des mots comme liberté, démocratie, égalité, justice, ont été tant discrédités entre les deux guerres ? Difficile réponse : l'exil comme acte et comme objet de réflexion, comme phénomène historique propre au XXe siècle, celui des « personnes déplacées ». Hannah Arendt exprimera sa haute estime pour la pensée de Fedotov dans *Les Origines du totalitarisme* ; sa philosophie libérale ainsi que sa critique de la *pseudo-pravda* soviétique sont développées en Amérique par M. Karpovitch et M. Malia. Dans la tradition libérale, le rétablissement du lien entre liberté et *pravda* (après leur divorce dans le marxisme-léninisme) revêt une importance décisive, fût-ce au prix de l'exil.

Fedotov analyse l'actualité historique de l'encouragement prodigué par l'Évangile à « ceux qui sont persécutés au nom de la justice (*pravda*) ». « Exilés (*izgnannye* [изгнанные]) » et « persécutés (*gonimye* [гонимые]) » sont des mots qui, en russe, ont la même racine. De même nature sont également les deux émigrations, celle qui va « vers l'extérieur » et celle qui va « vers l'intérieur ». La topologie de l'exil manifesté extérieurement, visible pour tous, découvre et offre une chance de révéler au monde le vaste archipel soustrait aux regards de l'« exil intérieur ». Sa réalité est niée par les idéologues du Nouveau Régime et passée par pertes et profits par les adversaires occidentaux du communisme. Dans les deux cas, la table rase de la révolution est acceptée au pied de la lettre comme une donnée reconnue par tous. Fedotov déconstruit cet *a priori* qui sert de base à tout débat sur le communisme. Au lieu de discuter les thèses projetées sur cette « table rase » que constitue la superficie de l'URSS, soit un sixième de la planète, ce philosophe l'examine comme un palimpseste et y déchiffre les lignes et le sens effacés. Les hégéliens, de droite comme de gauche (A. Kojève, G. Lukács), suivent le cheminement de l'Absolu dans l'histoire en lisant les lettres collectives publiées dans la *Pravda*, le journal ; Fedotov, quant à lui, scrute le destin « effacé » et silencieux de ceux qui, en dépit des injonctions du parti, n'ont *pas* apposé leur signature au bas de ces lettres, qui ont rayé leur nom des listes de la « nomenklatura » historique, qui ont privé leur famille de toute place au soleil de l'Humanité. La distinction rigoureuse des concepts de « sens de l'histoire » et de *pravda* offre un droit d'asile à ceux effacés par l'histoire des vainqueurs. La « Pravda des vaincus » est le titre d'un article-programme de 1933 dans lequel Fedotov oppose deux philosophies alternatives de l'histoire : l'hégélienne et l'augustinienne. Le réexamen de la seconde est guidé par un axiome : les plus petits mouvements en direction du bien ou du mal sont impossibles à effacer. L'hospitalité accordée à ceux qui n'ont de place ni dans le système politique ni dans le système idéaliste s'inscrit dans une herméneutique du palimpseste : « Sur ceux qui, aujourd'hui, sont sans force, qui se cachent dans "les grottes et les terriers" de la vie soviétique, sur ceux dont la voix ne parvient pas jusqu'à nous, mais dont, en vérité, ni la Russie ni le "monde entier ne sont dignes", sur ces inconnus, en toute conscience du risque que nous prenons, osons parier : c'est le pari de Pascal, le pari de la foi, le pari sans lequel la vie de personne ne mérite d'être vécue » (*Tiažba o Rossii* [Litige à propos de la Russie], p. 313).

Émigré de l'intérieur, Ossip Mandelstam va établir le lien entre l'exil au nom de la *pravda* et l'analyse topologique de *L'Enfer* de Dante. Le mot *pravdo-ljubie* [правдолюбие] (« philo-dicée ») nous renvoie à une matrice sémantique analogue à celle qu'Émile Benveniste a décrite dans la combinaison entre *philos* et *xenos* (voir AIMER). L'exemple paradigmatique de la philo-dicée sera donné par l'hospitalité radicale accordée par la famille Glagolev en 1941, à Kiev, à une famille juive menacée d'être fusillée par les nazis : les Glagolev donnèrent à leurs hôtes leur maison, leurs passeports, leur nom. Sur ce sujet, un document important a été publié : Père Alexis Glagolev, *Au nom de ses amis* (*Novy Mir*, n° 10, 1991). Ici l'hospitalité devient synonyme de solidarité dans l'exil. Paul Celan placera en épigraphe la formulation de la philo-dicée par Marina Tsvetaïeva : « Les poètes sont des youpins. » Ici la philo-xénie et la philo-dicée ne sont qu'une même chose. Une telle topologie de la *pravda* se situe aux antipodes de l'utopie de l'« État de *pravda* ».

X. LE PARADOXE DE LA « PRAVDA »

Dans la traduction américaine de la *Grande Encyclopédie soviétique* en trente-cinq volumes — qui figure parmi les grands dictionnaires, à la fois outil de travail et témoignage unique sur l'époque de la « guerre froide » — le terme *pravda* est traduit par *truth*. Aucune référence à *justice*, *right* ou *righteousness*. Cette traduction partielle d'un article partial consacré au journal ayant le plus gros tirage de la planète représente le sommet de l'iceberg ; les Britanniques ont d'ailleurs caractérisé ainsi cette encyclopédie : « du mensonge par ordre alphabétique ».

À l'opposé de ce pôle de falsification lexicographique, se trouve l'absence pure et simple de l'entrée *pravda* dans l'*Encyclopédie philosophique* en cinq volumes. La figure du non-dit est un geste expressif, le signe révélant la situation du concept-otage dans le vocabulaire post-stalinien. Le vide au lieu et place de l'article *pravda* dans l'*Encyclopédie philosophique* se comprend non comme lacune du texte investi de l'autorité idéologique, mais comme déchirure et manifestation de ce palimpseste de la *pravda* sur lequel G. Fedotov, depuis son exil parisien, osait son pari pascalien.

La catastrophe de Tchernobyl en 1986 et le mensonge officiel à son propos ont révélé à des millions de gens le talon d'Achille du système soviétique : « la peur de la *pravda* », la « pravdophobie » (N. Struve, *Pravdobojazn'* [Pravdophobie], 1986, p. 101-103). Qui a peur de la *pravda* ? — c'est le mot d'ordre du discours libérateur de la *glasnost'* [гласность] (un autre intraduisible, rendu d'ordinaire par « voix publique » ou « transparence »). On assiste à l'effondrement de l'expérience de l'« éclipse artificielle » du soleil de la *pravda*. La justice-vérité sur le communisme ne met pas seulement en évidence la contradiction fondamentale entre les paroles et les actes ; il y a, plus profondément, la contradiction entre le mot et son double dans la novlangue. L'effondrement du mot-idole entraîne celui du mot-usurpateur qui excluait la procédure de la vérification par le jeu question-réponse. Élaborées par les travaux de M. Bakhtine et S. Averintsev, la critique du discours monologique — de refus de l'autre — et la philosophie du dialogue entrent dans le discours civique.

Les empires du XXe siècle n'ont pas définitivement effacé le dialogue et la tension entre les deux pôles constitutifs de l'Europe : l'*istina* d'Athènes et la *pravda* de Jérusalem. Lors de son procès, la possibilité pour Socrate de tenir un discours sur la vérité (*istina*) suppose un cadre juridique effectif interdisant de l'interrompre par des coups ou la torture. À Jérusalem, l'*istina* suppose la *pravda* dans un sens sensiblement différent. Le mot hébreu *'Èmèṯ* comme *pravda* cumule le sens de « véridicité » (*istinnost'* [истинность]) et celui de « justesse » et « justice » (S. Averintsev, *Sophia-logos. Vocabulaire*, p. 396). On voit là l'empreinte durable de la traduction des Psaumes. La langue française laisse ouverte la possibilité de cette identité sémantique, par exemple dans l'expression : « c'est juste », au sens de « c'est vrai ». Mais le contraste entre ce performatif marginal en français et une notion fondamentale dans les langues slaves donne la mesure de la tâche proprement philosophique qui revient au traducteur.

Le paradoxe de la *pravda* ne se limite pas à la déclinaison de la justice et de la vérité en un seul mot. Le sens de la *pravda* est antérieur à la distinction entre le pratique et le théorique. Mais la bipolarisation qui caractérise ces notions aujourd'hui entraîne la formation d'un discours incapable d'accueillir la traduction du mot *pravda*. La résistance à la traduction dénote la nature irréductible de la *pravda* aux concepts et renvoie à la tradition philosophique de la « docte ignorance ». Dans son traité *L'Inattingible*, Simeon Frank met en évidence le lien qui unit la *pravda* à cette tradition qui remonte à Nicolas de Cuse et aux écrits de Denys l'Aréopagite. L'horizon apophatique de la *pravda* rencontre ici la conscience socratique de son ignorance. La *pravda* est décrite par la formule classique : « *inattingibile inattingibiliter attinguntur* » (compréhension par la prise de conscience du caractère incompréhensible). La critique des limites de la traduction se transforme en mode de compréhension de l'intraduisible. Frank affirme :

> *Nous* ne pouvons parler de *pravda* supérieure, l'exprimer telle qu'elle est avec nos concepts, et cela seulement parce qu'*elle-même* parle silencieusement d'*elle-même*, s'exprime et se révèle ; et nous n'avons ni le droit ni la

> possibilité d'exprimer pleinement cette auto-révélation au moyen de *notre* pensée ; nous devons rester silencieux devant la grandeur de la *pravda* même.
>
> *L'Inattingible*, p. 313.

Hegel décrivait le monde moderne comme un mode de vie dans lequel à la prière du matin s'était substituée la lecture du journal ; au XXe siècle, le journal la *Pravda* s'est efforcé de mettre en pratique les conséquences ultimes de cette substitution ou « révolution de la communication ». Le problème de l'intraduisibilité de ce concept clé suggère à ceux qui tentent d'interpréter le monde post-communiste et post-athée l'hypothèse de travail suivante : ne pas donner une interprétation totale du « système totalitaire », ne pas déduire le sens du mot *pravda* du concept de « totalitarisme », mais renverser la perspective — questionner les idéologies prétendant englober théorie et pratique, passé et présent, *vita contemplativa* et *vita activa*, en s'ouvrant aux paradoxes de la *pravda*.

Constantin SIGOV
(traduit par Georges PHILIPPENKO)

BIBLIOGRAPHIE

ARENDT Hannah, *Condition de l'homme moderne*, Calmann-Lévy, 1994.

AVERINTSEV Sergueï, *Sophia-logos. Vocabulaire*, Kiev, Dukh i Litera, 2001.

BAKHTINE Mikhail, *Toward a Philosophy of the Act*, éd. M. Holquist, University of Texas Press Slavic Series, 1993.

BERDIAEV Nicolas, « Intelligenstkaïa pravda i filosofskaïa istina », in *Vekhi. Iz Glubiny*, Moscou, Pravda, 1991.

— *Les Sources et le Sens du communisme russe*, trad. fr. A. Nerville, Gallimard, 1938.

BONNEFOY Yves, « L'obstination de Chestov », préface *in* L. CHESTOV, *Athènes et Jérusalem*, Aubier, 1993.

CHESTOV Léon, *Dostoievski i Nietzsche. Filosofija tragedii* [Dostoïevski et Nietzsche : la philosophie de la tragédie], Saint-Pétersbourg, M.M. Stasûlevic, 1903 ; repr. Ymca-Press, 1971.

DOSTOÏEVSKI Fédor M., *Journal d'un écrivain*, Gallimard, « La Pléiade », 1972.

FEDOTOV Georges, *The Russian Religious Mind,* II, *The Middle Ages, The 13th and the 15th*, éd. Gerters, préface J. Meyendorff, Harvard UP, 1966.

— *Tiažba o Rossii* [Litige à propos de la Russie], Paris, Ymca-Press, 1982.

FRANK Siméon, *The Unknowable* [L'Inattingible], Londres, Ohio UP, 1983.

MALIA Martin, *Russia under Western Eyes. From the Bronze Horseman to the Lenin Mausoleum*, Cambridge (Mass.)-Londres, Belknap Press of Harvard UP, 1999.

OUSPENSKI Boris, *Jazykovaja situacija Kievskoj Rusi i eë znacenie dlja istorii russkogo literaturnogo jazyka* [La Situation linguistique de la Russie kiévienne et son influence dans l'histoire de la langue littéraire russe], Moscou, MGU, 1983.

SIGOV Constantin, « Au-delà de l'opposition *Tabula rasa*/ *Thesaurus* », *Cahiers du monde russe*, EHESS, 1994.

SOLOVIEV Vladimir, *La Justification du bien. Essai de philosophie morale*, Genève, Slatkine, 1997.

— *La Sophia et les autres écrits français,* Lausanne, L'Âge d'homme, 1981.

— « Smysl sovremennyx sobytij » [Le sens des événements actuels], in *Écrits en deux volumes*, Moscou, Pravda, 1989, p. 34-38.

STRUVE Nikita, *Pravdobojasn'* [Pravdophobie], Le Messager, 1986, t. II, p. 147.

TCHYJEWSKYI Dmitri, *Hegel in Russland,* Halle, Reichenberg in Bohmen, Stiepel, 1934.

WALICKI Andrzej, *Legal Philosophies of Russian Liberalism*, Oxford, Clarendon Press, 1987.

OUTILS

Bol'šaja Sovetskaja Èntsiklopedija [Grande Encyclopédie soviétique], Moscou, Sovetskaja Èntsiklopedija, 3e éd., 1976 ; *Great Soviet Encyclopedia*, 20 vol., New York-Londres, MacMillan, 1979.

DAL' Vladimir [ou DAHL], *Tolkovyj slovar' živogo velikorusskago jazyka* [Dictionnaire raisonné de la langue grand-russe vivante], 3e éd., Moscou, M.O. Vol'f, 1903-1909, repr. 4 vol., Les Cinq Continents, 1954.

Entciklopedičeskij Slovar', 35 vol., Saint-Pétersbourg, Brockhaus-Efron, 1890-1902.

VASMER Max, *Ètimologičeskij slovar' russkogo jazyka* [Dictionnaire étymologique de la langue russe], 4 vol., Moscou, Progress, 1986.

PRAXIS [πρᾶξις] GREC – fr. *praxis, pratique, action*

all.	*Praxis*	it.	*prassi*
angl.	*praxis, practice, action, agency*		

► *ACTE* [TATSACHE, ATTUALITÀ], AGENCY, ART, ***CHOSE*** [RES], EXPERIMENT, JE, LOGOS, PATHOS, PLAISIR, ***POÉSIE*** [DICHTUNG], ***PRUDENCE***, SUJET, TATSACHE, TRAVAIL, VIRTÙ, VORHANDEN

Le terme praxis [πρᾶξις] *— toujours perçu dans les langues modernes comme une importation du grec, même si l'allemand et, dans une certaine mesure, l'italien l'ont naturalisé :* die Praxis *(avec un pluriel domestique :* die Praxen), la prassi *— est central dans la philosophie contemporaine, où il désigne selon les cas une alternative aux points de vue et aux valeurs de l'être, du* logos [λόγος] *ou du langage, de la conscience, de la théorie ou de la spéculation, de la forme ou de la structure… Il renvoie alors soit à une élaboration aristotélicienne* (Éthique à Nicomaque) *qui l'oppose à la* poiêsis [ποίησις] *et le met en relation avec une éthique et une politique de la « prudence »* (phronêsis [φρόνησις]), *soit à une élaboration marxienne* (Thèses sur Feuerbach) *qui l'identifie au mouvement de transformation du monde existant enraciné dans le travail et la lutte des classes* (umwälzende *ou* revolutionäre Praxis). *Entre les deux, se situe une élaboration kantienne de l'élément pratique de l'action* (das Praktische) *et du « primat de la raison pratique » qui, par l'inscription en philosophie d'une tâche infinie de moralisation de la nature humaine (dite « pragmatique »* [pragmatisch]), *consomme la rupture avec le naturalisme et préfigure les dilemmes de l'action historique collective. Si tous ces points de vue continuent de fournir des références indispensables à la philosophie, c'est qu'ils correspondent à des modes de pensée, à des choix politiques et métaphysiques irréductibles, qui ne cessent pourtant de se recouper et de s'affronter : s'est ainsi constituée, de façon trans-historique, une « équivocité de la praxis » qui constitue sans doute, pour la philosophie, un problème aussi incontournable que celui de l'« équivocité de l'être ».*

Le terme *praxis* [πρᾶξις] pose deux problèmes : premièrement, faut-il le « traduire » ? deuxièmement, à quelle langue appartient-il (en particulier pour un locuteur français) : le grec, ou l'allemand ? Ces deux problèmes ne sont pas vraiment séparables : ils définissent un processus d'appropriation exemplaire, qui se ramène pour l'essentiel à une transformation de la catégorie aristotélicienne par le marxisme, mais au travers d'une certaine problématique kantienne et post-kantienne. La majorité des connotations qui s'attachent à l'usage de *praxis* proviennent aujourd'hui non pas directement de la source grecque, mais d'usages en allemand, avant tout post-marxistes, suffisamment naturalisés pour constituer une référence autonome, concurrente du grec ou surdéterminant son héritage, au point de rendre parfois paradoxalement difficile un « hellénisme » qui semblerait aller de soi, comme dans le cas d'Arendt.

On étudiera d'abord la constitution dans l'œuvre d'Aristote de la triade *praxis-poiêsis-épistêmê* [πρᾶξις-ποίησις-ἐπιστήμη] et sa transformation en *praxis-poiêsis-theôria* [πρᾶξις-ποίησις-θεωρία], pour en déterminer la signification anthropologique. Puis on montrera comment la thèse marxienne de la *Praxis,* critère de vérité ou d'effectivité pour la pensée et puissance sociale d'émancipation, condense et déplace les tensions d'une « philosophie de la pratique » développée par l'idéalisme allemand à la suite de Kant, non sans retenir certaines indications de l'autre façon classique d'articuler « théorie » et « pratique », qui va de Bacon au positivisme (Comte) en passant par les Encyclopédistes français. Enfin on comparera quelques grandes reprises du thème de la *praxis* (voire projets de constitution d'une « philosophie de la praxis ») au XXe siècle, qui ou bien tentent d'accomplir les promesses du marxisme (Lukács, Gramsci, Sartre, et par antithèse Althusser), ou bien tentent de proposer une alternative à sa conception de la politique (Habermas, Arendt), ou encore modifient la valeur sémantique du terme pour l'installer, après la nature, la moralité et l'histoire, dans l'élément de l'institution et de l'usage (Wittgenstein).

I. LA CONCEPTUALISATION ARISTOTÉLICIENNE ET SON AMBIVALENCE

Le substantif grec *praxis* est l'un des noms d'action correspondant au verbe *prassô* [πράσσω] (« aller jusqu'au bout de, traverser », puis « achever, accomplir », et plus généralement « faire » ou « agir »), à côté de *pragma* [πρᾶγμα], plus concret : on rend généralement *praxis* par « action » (« exécution, entreprise, conduite ») et *pragma* par « chose, affaire » (au pluriel *ta pragmata* [τὰ πράγματα] : « les faits », mais aussi « les affaires », « les choses de la vie »). Voir encadré 1 dans RES.

Tous les usages du terme *praxis* en philosophie (et par conséquent ses « traductions » aussi bien que ses non-traductions) sont commandés par la puissante conceptualisation aristotélicienne, exposée dans l'*Éthique à Nicomaque* dont elle constitue l'un des fils conducteurs. C'est en vertu de ce privilège que l'ouvrage en est venu à former le modèle des « philosophies pratiques » qui sont centrées sur la préoccupation éthique de la finalité (*telos* [τέλος]), du bien (*agathon* [ἀγαθόν], et tous les composés en *eu* [εὖ]) et de la « valeur » ou « excellence » individuelle et collective (*aretê* [ἀρετή], traditionnellement traduit par « vertu »). À un certain moment, la « philosophie pratique » se transformera en « philosophie de la pratique » : cette promotion moderne est préparée par la consistance propre au terme classique de *praxis*.

A. Le réseau de la « praxis » aristotélicienne

Praxis n'est pas séparable de l'ensemble très dense des usages du verbe *prattein* [πράττειν] et de ses dérivés ou qualifications, qui se met en place dès les premières lignes de l'ouvrage : *ta prakta* [τὰ πρακτά], les actes (I, 1, 1094a 1), *to d'eu zên kai to eu prattein* [τὸ δ'εὖ ζῆν καὶ τὸ εὖ πράττειν], le bien vivre et le bien agir (I, 1, 1095a 19), *hoi de kharientes kai praktikoi* [οἱ δὲ χαρίεντες καὶ πρακτικοί], les hommes de culture et les hommes d'action — pratiquement synonyme d'action politique : *hoi politikoi* [οἱ πολιτικοί] (I, 3, 1095b 22), *to dikaiopragein* [τὸ δικαιοπραγεῖν], l'agir selon la justice (I, 8, 1099a 19), etc. Or ces usages ont au fond deux types d'extension et d'intensité.

D'un côté, de façon « large » et qu'on dirait aujourd'hui formelle, ils connotent tout ce qui est de l'ordre de l'agir et de l'opération (en anglais philosophique contemporain, on userait ici du terme *agency*) et qui, de ce fait, s'oppose aux dispositions et au genre de vie spéculatif (I, 1, 1095a 5-6 : « *epeidê to telos estin ou gnôsis alla praxis* [ἐπειδὴ τὸ τέλος ἐστὶν οὐ γνῶσις ἀλλὰ πρᾶξις] [puisque la fin n'est pas la connaissance mais l'action] »). Ce qui unit tous ces usages, c'est qu'ils mettent l'accent sur la forme de l'« exercice », dont la durée, la répétition, l'assiduité assurent l'amélioration des résultats de l'action et le perfectionnement des capacités de l'agent. C'est pourquoi, alors même que le registre de la *praxis* s'oppose à ceux de la connaissance ou du discours, il revient les connoter dès lors qu'eux-mêmes requièrent un exercice répété, en particulier un apprentissage (II, 3). En bien des passages, *praxis* ou *prattein* ne saurait mieux se traduire que par « application », « exercice » (II, 3, 1105b 4-5 : « *haper ek tou pollakis prattein ta dikaia kai sôphrona periginetai* [ἅπερ ἐκ τοῦ πολλάκις πράττειν τὰ δίκαια καὶ σώφρονα περιγίνεται], développement qui ne peut venir que de l'exercice assidu de la justice et de la sagesse » ; *Éthique à* [*de*] *Nicomaque*, texte grec et trad. fr. J. Voilquin, Classiques Garnier, Librairie Garnier Frères, 1950).

De l'autre côté, les usages de *praxis* et tout le registre « pratique » sont clairement liés — de façon qu'on pourrait dire substantielle — à un domaine déterminé qui est celui des conduites valorisées. Celles-ci, à leur tour, s'organisent selon deux pôles : l'un proprement éthique, qui concerne la qualité ou la valeur des individus et de leur comportement, l'autre politique (la politique étant, nous dit Aristote, la discipline « organisatrice » ou « fondamentale », *arkhitektonikê*, et l'objet du traité des vertus éthiques étant « en quelque sorte politique » : *politikê tis ousa*, I, 1, 1094b 11), c'est-à-dire relative à la cité, à la façon dont les hommes y agissent les uns avec les autres et les uns sur les autres. Les deux faces du terme se rejoignent ainsi dans l'idée de « se faire soi-même » en agissant pour le bien commun, selon la vertu de *phronêsis* [φρόνησις], « prudence » ou « intelligence pratique ». Tel est l'idéal d'autosuffisance ou *autarkeia* qui convient, non pas à un « animal solitaire », mais à un homme « politique par nature » (I, 5, 1097b 8-11) — autarcie qu'on va voir cependant, dans un instant, susceptible d'être tout autrement réinvestie.

♦ Voir encadré 1.

1

Métaphysique de la « praxis »

La relation du concept de *praxis* avec la doctrine de la puissance et de l'acte (dont les principes sont exposés au livre *Thêta* de la *Métaphysique*) est complexe. On en retiendra deux thèmes importants, corrélatifs aux faits de terminologie récurrents dans l'*Éthique à Nicomaque*.

Le premier concerne la relation entre *praxis* et *energeia* [ἐνέργεια], terme désignant « l'être en acte » ou la pleine réalisation d'une essence, d'une forme ayant trouvé sa matière propre, et qui, dans l'*Éthique à Nicomaque*, désigne l'être de l'homme dont la *praxis* elle-même fait partie. L'*energeia* est en soi « pratique » dans sa relation phénoménologique avec l'exercice, la continuité (cf. II, 1, 1103a 31-32 : « quant aux excellences, nous les possédons parce que nous n'avons cessé auparavant de les mettre en œuvre, comme pour les autres arts [τὰς δ' ἀρετὰς λαμβάνομεν ἐνεργήσαντες πρότερον, ὥσπερ καὶ ἐπὶ τῶν ἄλλων τεχνῶν] »), et la disposition (*hexis* [ἕξις]) qui résulte de l'activité pratique en devient en retour la condition de possibilité, selon un cercle « vertueux » (II, 2, 1103b 29-30 : « il faut examiner les circonstances des actions, comment il faut les accomplir : ce sont en effet les actions qui commandent aussi le développement de telles ou telles dispositions à agir [ἀναγκαῖον ἐπισκέψασθαι τὰ περὶ τὰς πράξεις, πῶς πρακτέον αὐτάς· αὗται γάρ εἰσι κύριαι καὶ τοῦ ποιὰς γενέσθαι τὰς ἕξεις] »).

Elle est « pratique » aussi dans sa relation ontologique avec la vie (*zôê* [ζωή]), comprise comme réalisation non biologique de l'humain ; d'où les collusions de formulation qui réunissent *energeia* et *praxis* (I, 6, 1098a 12-14 : « nous posons que l'œuvre de l'homme est une certaine vie, laquelle est mise en œuvre de l'âme et actions accompagnées de raison (ou "activité", "mise en acte" de l'âme, mais on perd alors le rapport inscrit dans le grec entre *ergon* [ἔργον] et *energeia* pour en fabriquer un autre dans le français entre "acte" et "actions", *energeia* et *praxeis*) [ἀνθρώπου δὲ τίθεμεν ἔργον ζωήν τινα, ταύτην δὲ ψυχῆς ἐνέργειαν καὶ πράξεις μετὰ λόγου] » ; X, 6, 1176b 5-7 : « Sont souhaitables pour elles-mêmes les [activités] qui ne visent rien d'autre que leur mise en œuvre. Telles sont, semble-t-il, les actions conformes à l'excellence [καθ' αὑτὰς δ' εἰσὶν αἱρεταὶ ἀφ' ὧν μηδὲν ἐπιζητεῖται παρὰ τὴν ἐνέργειαν. τοιαῦται δ' εἶναι δοκοῦσιν αἱ κατ' ἀρετὴν πράξεις] »). Ainsi l'*energeia*, qui est pour Aristote la modalité suprême de l'être, est en un sens pensée sur le modèle de la pratique (*praxis*) et de son « excellence » propre. Mais cette proposition est très ambivalente, car elle peut aussi s'entendre comme signifiant qu'il faut rechercher « au-delà de la *praxis* proprement dite », à un plus grand niveau de généralité, la perfection « active » que le concept de *praxis* permet simplement d'approcher.

B. La tripartition « praxis », « poiêsis » et « epistêmê »/« theôria »

Aristote commence par construire l'opposition entre *praxis*, *tekhnê* en tant que *poiêsis*, et *epistêmê*, pour valoriser le champ de la *praxis* et la vertu ou excellence qui lui est propre (la *phronêsis* étudiée au livre VI de l'*Éthique à Nicomaque*), puis il déplace l'opposition en substituant au terme d'*epistêmê* celui de *theôria* qui en sublime la signification, et renverse l'évaluation correspondante. Il installe alors la *theôria* aux limites mêmes de l'humain, comme marque de son contact avec la divinité, dans le livre X consacré à la question du plaisir et des plaisirs. La postérité aura tendance, d'une part, à annuler la différence de point de vue entre les deux triades, c'est-à-dire à faire de la *theôria* (progressivement déchue de ses connotations théologiques) un simple équivalent de l'*epistêmê*, d'autre part, à ramener — non sans exceptions et résistances au sein même des grands systèmes — le point de vue ternaire à un point de vue dualiste, une opposition simple de « théorie » et de « pratique ».

La première triade (*praxis-poiêsis-epistêmê*) se construit dès les premières lignes de l'*Éthique à Nicomaque* (I, 1, 1094a 1 : πᾶσα τέχνη καὶ πᾶσα μέθοδος, ὁμοίως δὲ πρᾶξίς τε καὶ προαίρεσις, « tout art et toute recherche méthodique, de même que toute action, c'est-à-dire tout choix engagé », repris en 7 πράξεων καὶ τεχνῶν καὶ ἐπιστημῶν « actions, arts et sciences », où la *tekhnê* [τέχνη] est définitionnelle de la *poiêsis*). Dans cette triade, il y a en réalité deux fois deux couples. D'une part, *poiêsis* et *praxis*, faculté d'œuvrer et faculté d'agir, diffèrent toutes deux de l'*epistêmê* en ce qu'elles relèvent toutes deux du domaine de la *genesis* [γένεσις] (« devenir, engendrement ») et de la contingence [τι τῶν ἐνδεχομένων καὶ εἶναι καὶ μὴ εἶναι, le propre des choses auxquelles il appartient aussi bien d'être que de ne pas être », VI, 4, 1140a 12-13] ; même si toutes deux sont « rationnelles » (elles se définissent comme une « disposition avec règle » [VI, 4, 1140a 3-5] et « avec règle vraie » [ἕξις μετὰ λόγου ἀληθοῦς, 1140a 10, 20], l'une de produire et l'autre d'agir), la contingence et le cas par cas font leur commune différence d'avec l'*epistêmê* qui, en tant que science, traite du nécessaire ou du général.

Mais, d'autre part, la *praxis* fait couple avec l'*epistêmê* par différence avec la *poiêsis* : en effet, c'est seulement dans le faire (*poien ti* [ποιεῖν τί], « faire quelque chose ») qu'il y a une œuvre (*ergon*), pour venir s'ajouter, ensuite et au-dehors, à l'*energeia*, à la mise en œuvre, à l'activité elle-même, de telle sorte que l'œuvre compte plus que l'activité : « lorsqu'il y a des fins en dehors des actions [παρὰ τὰς πράξεις], alors il est naturel que les œuvres soient meilleures que les mises-en-œuvre [βελτίω πέφυκε τῶν ἐνεργειῶν τὰ ἔργα] » (I, 1, 1094a 5-6). Autrement dit : « la fin de la *poiêsis* est distincte (*telos* ... *heteron* [τέλος ... ἕτερον]), alors que la fin de la *praxis* ne l'est pas, c'est l'*eupraxia* le *telos* » — « la bonne pratique étant elle-même sa propre fin », traduit Tricot, pour signifier qu'il s'agit avec l'eupraxie à la fois de succès (mener à bien l'action) et d'action bonne (bien agir) (VI, 5, 1140b 6-7). Il faut donc convenir qu'« autre est la *poiêsis*, autre est la *praxis* » (VI, 4, 1140a 2). La *praxis* concerne la « formation de l'homme par l'homme » (et pour l'homme), elle est l'ensemble des activités guidées par la vertu de « prudence » (*phronêsis*, 1140b 1) par lesquelles les individus humains construisent le monde de leurs relations sociales : « et nous estimons que c'est à de tels hommes < comme Périclès > de diriger et la maison et la cité [εἶναι δὲ τοιούτους ἡγούμεθα τοὺς οἰκονομικοὺς καὶ τοὺς πολιτικούς] » (1140b 10).

En tant qu'essentiellement *energeia*, ne tendant à rien d'autre qu'à son propre perfectionnement, la *praxis* se rapproche de l'*epistêmê* ; mais par son orientation en fonction du singulier, agissant au « cas par cas » selon le *kairos* (voir MOMENT), elle s'en distingue et dans une certaine mesure la dépasse (1141b 14-15 : « la prudence ou sagesse pratique ne porte pas seulement sur les généralités, mais doit acquérir la connaissance des cas singuliers : elle est donc une vertu pratique, puisque la *praxis* concerne les singularités prises une à une [οὐδ' ἐστὶν ἡ φρόνησις τῶν καθόλου μόνον, ἀλλὰ δεῖ καὶ τὰ καθ' ἕκαστα γνωρίζειν· πρακτικὴ γάρ, ἡ δὲ πρᾶξις περὶ τὰ καθ' ἕκαστα] »), très précisément politique en cela (« politique et prudence sont une seule et même disposition », 1141b 23). C'est cette *praxis* politique qui approche le mieux, à ce stade, l'idéal de l'*autarkeia* [αὐτάρχεια] : « par auto-suffisant (*autarkes* [αὔταρχες]), nous ne voulons pas dire qui suffit à soi seul, vivant d'une existence solitaire [...] car l'homme est politique par nature » (I, 5, 1097b 8-11).

C. De l'autarcie pratico-politique à l'autarcie théorique

Mais cette présentation dont la fortune sera immense (jusqu'à Machiavel, aux doctrines classiques de la *prudentia* et de l'art ou habileté propre au politique : *Staatsklugheit*, voire *raison d'État*, etc.) est remise en question par le livre X, qui thématise le rapport entre plaisir et acte (4, 1174b 23 : « *teleioi de tên energeian hê hedonê* [τελειοῖ δὲ τὴν ἐνέργειαν ἡ ἡδονή], le plaisir achève — « finalise » dirait-on peut-être aujourd'hui — la mise en acte »). Aristote est alors conduit à remettre en chantier la question de l'*autarkeia*, de façon à la délier de son modèle politique (le « bien vivre » indissociable du « bien agir ») et à l'identifier à la contemplation intellectuelle, à la « vie de l'esprit » : « ce qu'on appelle autarcie doit surtout se trouver au voisinage du genre de vie contemplatif [λεγομένη αὐτάρκεια περὶ τὴν θεωρητικὴν < *sc.* διαγωγὴν > μάλιστ' ἂν εἴη] » (X, 7, 1177a 27). Sans doute la *praxis* n'est-elle pas soumise à la contrainte des matières auxquelles le fabricant doit imposer une forme, ni subordonnée aux besoins de l'utilisateur qui « commande » un produit technique, mais elle reste grevée de dépendances externes : avant tout, les relations sociales elles-mêmes, c'est-à-dire la structure constitutive du champ politique. Le politique dans la poursuite de ses buts dépend de ses concitoyens (*politai* [πολίται]), de ses amis (*philoi* [φίλοι]), de ses égaux ou semblables (*homoioi* [ὅμοιοι]).

Il est assez surprenant de voir ici Aristote renverser ses jugements antérieurs : ce qui apparaissait comme un accomplissement devient un défaut ; car la *praxis* éthico-politique tient encore de la *poiêsis*, parce qu'elle produit, non des objets certes, mais des effets extérieurs à elle. Du coup, seule la *theôria* est une véritable *praxis* : « rien ne provient d'elle (de l'excellence théorétique) à part le théoriser, alors qu'à partir des (excellences, *aretai* [ἀρεταί]) pratiques, nous fabriquons autour (*peripoioumetha* [περιποιούμεθα], sur *poiein*) tantôt plus tantôt moins à côté des actions » (Tricot traduit : « nous retirons un avantage plus ou moins considérable à part de l'action elle-même », X, 7, 1177b 1-4). C'est au fond en se conformant au paradigme de la *praxis* que la *theôria* vient prendre sa place.

Mais c'est qu'en réalité la définition même de l'homme a changé. Nous ne sommes plus dans une immanence de la formation de l'homme par l'homme, mais dans une échappée qui met l'humain (c'est-à-dire, en fait, certains hommes, certains individus d'exception) en relation immédiate avec le divin – ce que, selon l'intellectualisme typiquement aristotélicien, peut seulement la *theôria*, la « science » en tant que contemplation des premiers principes et des premières causes, et le genre de vie qui lui correspond, entièrement voué à la pensée et détaché de toute utilité comme de toute efficacité. Évidemment, dans cette perspective (ou n'est-ce qu'une réaction typiquement « moderne » ?), la notion d'*autarkeia* ou autosuffisance se trouve contradictoirement associée à une représentation de l'au-delà dont dépendrait le bonheur de l'être humain. Mais l'idée d'Aristote est que l'activité spéculative introduit l'individu humain dans le monde divin de l'autosuffisance parfaite, qui réalise aussi un dépassement de l'activité, par-delà les oppositions de l'agir et de la disposition, ou de l'action et de la passion (X, 7, 1177b 27-28 : « ce n'est pas en tant qu'homme que l'homme vivra ainsi, mais en tant qu'il comporte quelque chose de divin » [οὐ γὰρ ᾗ ἄνθρωπός ἐστιν οὕτω βιώσεται, ἀλλ᾽ ᾗ θεῖόν τι ἐν αὐτῷ ὑπάρχει]). Et pourtant ce dépassement ou cette aptitude à transcender le « purement humain » est justement le « proprement humain » (1178a 5-7 : « car le propre de chacun est par nature ce qui est pour lui le plus fort et le plus plaisant. Pour l'homme, c'est donc la vie selon l'esprit, puisque l'homme est surtout esprit [τὸ γὰρ οἰκεῖον ἑκάστῳ τῇ φύσει κράτιστον καὶ ἥδιστόν ἐστιν ἑκάστῳ· καὶ τῷ ἀνθρώπῳ δὴ ὁ κατὰ τὸν νοῦν βίος, εἴπερ τοῦτο μάλιστα ἄνθρωπος] »). La *theôria* est *energeia* par excellence, pure de toute passivité mieux que la *praxis* même, qui restait affectée de son contraire, en conflit avec lui.

II. LE RETOURNEMENT MARXIEN : PRÉALABLES, ALTERNATIVES, IRRÉVERSIBILITÉ

L'autre conceptualisation de la *praxis*, exprimée dans une langue moderne où le grec est translittéré et reliée à une tout autre façon de penser les relations entre politique et métaphysique, est celle qu'introduisent les formulations des *Thèses sur Feuerbach* de Marx.

◆ Voir encadré 2.

Il n'est certes pas impossible d'entendre ici plusieurs échos de la « philosophie pratique » aristotélicienne, et singulièrement de l'*Éthique à Nicomaque*, dont Marx fut sa vie durant un lecteur admiratif et un commentateur averti : quelque chose, peut-être, comme un renversement de la doctrine de l'excellence de la *theôria* (perçue comme « mystique ») et un retour au primat de la *praxis*, qui serait définitivement installée dans l'élément politique de l'immanence, au prix d'une transformation de l'idéal d'*autarkeia* ou autosuffisance en principe de transformation historique de soi de l'humanité (*Selbstveränderung*). Cependant cette formulation même, avec les résonances hégéliennes et kantiennes qu'elle comporte,

2

Karl Marx : les « Thèses sur Feuerbach »

La *première thèse* énonce que :

le défaut principal, jusqu'ici, de tous les matérialismes [...] est que l'objet, la réalité effective, la sensibilité, n'est saisi que sous la forme de *l'objet ou de l'intuition* ; mais non pas comme *activité sensiblement humaine* (*sinnlich menschliche Tätigkeit*), comme *pratique* (*Praxis*), non pas de façon subjective. C'est pourquoi le côté *actif* (*die tätige Seite*) fut développé de façon abstraite, en opposition au matérialisme, par l'idéalisme — qui naturellement ne connaît pas l'activité réelle effective, sensible (*die wirkliche, sinnliche Tätigkeit*), comme telle [...] C'est pourquoi [Feuerbach] ne considère [...] que l'attitude théorique comme vraiment humaine, tandis que la pratique (*die Praxis*) n'est saisie et fixée que dans sa manifestation sordidement juive (*in ihrer schmutzig jüdischen Erscheinungsform*). C'est pourquoi il ne comprend pas la signification de l'activité « révolutionnaire », de l'activité « pratique-critique » (*der « praktisch-kritischen » Tätigkeit*) ».

La *deuxième thèse* énonce que :

la question de savoir s'il faut accorder à la pensée humaine une vérité objective (*gegenständliche Wahrheit*) n'est pas une question de théorie, mais une question *pratique* (*eine praktische Frage*). C'est dans la pratique (*in der Praxis*) que l'homme doit prouver la vérité, *i.e.* la réalité effective et la puissance, le caractère terrestre (*Wirklichkeit und Macht, Diesseitigkeit*) de sa pensée [...]

La *troisième thèse* énonce que :

la coïncidence du changement des circonstances (*Ändern der Umstände*) et de l'activité humaine ou autochangement (*der menschlichen Tätigkeit oder Selbstveränderung*) ne peut être saisie et rationnellement comprise que comme *pratique révolutionnaire* (*revolutionäre Praxis*).

La *huitième thèse* énonce que :

Toute vie sociale est essentiellement *pratique*. Tous les mystères qui orientent la théorie vers le mysticisme trouvent leur solution rationnelle dans la pratique humaine et dans la compréhension de cette pratique (*in der menschlichen Praxis und in dem Begreifen dieser Praxis*).

Enfin la *onzième thèse* énonce que :

Les philosophes ont seulement interprété différemment (*verschieden interpretiert*) le monde, ce qui importe, c'est de le changer (*verändern*).

traduction de G. Labica.

indique qu'une ou plusieurs révolutions de pensée ont été traversées, qu'il nous faut indiquer.

Très schématiquement, les préalables à l'intelligence de cette énonciation de la *praxis* sont au nombre de quatre. Le premier, purement négatif, c'est le fait que le terme grec de *praxis* n'ait trouvé au long des siècles qui vont de la « *translatio philosophiae* » d'Athènes à Rome jusqu'à l'établissement définitif des philosophies européennes en langues vernaculaires aucune véritable traduction *latine*, ce qui fait que la réactivation de tel ou tel aspect de la problématique d'Aristote s'accompagne toujours de la reprise du mot grec, ou d'une transcription (telle que « pratique » et, *a fortiori, prassi*). *Actio*, notamment, n'est pas une telle traduction, mais un terme qui a son propre champ d'application (en particulier dans le domaine physique et dans le domaine oratoire ; voir ACTEUR). Il en va de même, bien entendu, pour « théorie ». Le second préalable, visé à travers la catégorie de l'« idéalisme », auquel Marx assigne le développement du « côté actif » de la philosophie, c'est l'importance cruciale que le kantisme et le post-kantisme accordent à l'opposition entre un point de vue pratique et un point de vue spéculatif, ce qui conduit à un usage significatif, mais paradoxal et évanescent, du mot *Praxis* (comme mot quasi allemand). On a ici la trace de cette « fin de la philosophie classique allemande » qu'Engels, au moment de la publication posthume des *Thèses sur Feuerbach*, identifiera à la révolution marxienne. Le troisième, c'est l'opposition tendancielle entre les conceptualisations de l'opposition théorie-pratique dans l'idéalisme allemand et celles, à peu près contemporaines, de la tradition française qui culmine dans le positivisme. On retrouvera les traces de cette opposition au sein du marxisme lui-même, jusqu'à l'époque contemporaine. Le quatrième, enfin, c'est la consistance de la problématique marxienne du renversement de l'idéalisme dans ce moment proprement « philosophique » auquel appartiennent les *Thèses*, qui ne sera jamais purement et simplement renié, mais mis de côté dans le procès de constitution du « matérialisme historique », avant de resurgir comme objet de débats contradictoires dans les lectures contemporaines de Marx.

A. La « praxis » dans l'idéalisme allemand

Ce qui peut faire penser qu'elle occupe une place centrale, c'est la conjonction d'un titre de Kant (celui de l'opuscule de 1793 *Sur le lieu commun : il se peut que ce soit juste en théorie, mais en pratique* [in der Praxis], *cela ne vaut rien*, souvent abrégé en *Théorie et pratique*) et du rôle qu'il assigne (et ses successeurs après lui) à la « philosophie pratique », en tant que doctrine des fins suprêmes de la raison, qui sont les fins morales. Mais le paradoxe commence aussitôt. Si Kant fait un usage systématique de l'adjectif *praktisch* (et d'abord dans la désignation de la « raison pratique » ou « raison pure pratique »), il n'emploie justement le substantif *Praxis* que dans l'opuscule cité ci-dessus. Comme l'expliquent les traducteurs et les commentateurs (A. Philonenko) de ce texte au demeurant important — puisque Kant y expose sa conception du rôle du jugement dans le champ moral et politique, en réponse aux adversaires de la Révolution française inspirés par Burke, qui font de la tradition institutionnelle le guide nécessaire à la sagesse politique, *Staatsklugheit* —, cela veut dire que l'auteur des trois *Critiques* a repris le mot *Praxis* et le « lieu commun » qui lui est attaché de ceux-là mêmes qu'il critique (les philosophes « populaires » et les juristes ou théoriciens de l'administration de l'*Aufklärung*), et à travers eux d'un héritage universitaire du XVIIIe siècle, mais ne l'a pas chargé de ses propres intentions.

Kant substantive *das Praktische*, « le pratique » ou « l'élément pratique ». Il s'agit pour lui de montrer que cet élément ne réside pas dans la prudence ou l'habileté (*Klugheit*, *phronêsis*), car celle-ci, concernant l'agencement intelligent des moyens et des fins, renvoie à une « technique » et aux conditions de son efficacité, mais uniquement dans la moralité, que commande le « concept de la liberté », principe « supra-sensible » indissociable de l'impératif catégorique. L'élément pratique proprement dit n'est donc pas *technisch-praktisch* mais *moralisch-praktisch*. Dans un autre contexte Kant appelle « pragmatique » la recherche anthropologique qui étudie le passage des lois de la raison pratique à l'expérience, de façon à y maîtriser l'élément « pathologique » induit par notre nature sensible, et qui commande ainsi des disciplines telles que la pédagogie, la morale appliquée et la politique, à certains égards aussi la philosophie de l'histoire (sur tout ceci, voir R. Eisler, *Kant-Lexicon*, article « Pratique », p. 829 *sq.*). La philosophie de Kant forge donc bien un concept nouveau du pratique, et lui accorde une place centrale dans la philosophie (un « primat », comme dit Kant), en relation avec une « tâche » (voir SOLLEN) pragmatique de moralisation des rapports humains ou un impératif de transformation du monde (dont on retrouvera littéralement l'énoncé chez Marx, même s'il en pense tout autrement la réalisation). Elle fait de l'espèce humaine à la fois le « sujet » (transcendantal) et « l'objet » (empirique) de cette auto-transformation et l'en rend « responsable » (comme l'humanité est dite, dans l'opuscule *Was ist Aufklärung ?* de 1784, responsable de son propre état de sujétion). Mais elle assure au sein même de ce primat une persistance de la déduction et du principe spéculatif, identifié à la Raison.

Quel est, à cet égard, le changement qu'introduisent les systèmes « post-kantiens » ? Ni Fichte ni Hegel ne thématisent une opposition *Theorie-Praxis* ou ne font un usage conceptuel du terme *Praxis*, mais ils vont contribuer après coup à son enrichissement en mettant l'accent respectivement sur la dimension de *l'acte* et de *l'activité* (*Tat, Tätigkeit, Handlung, Tathandlung* ; voir TATSACHE) et sur celle de *l'efficacité* et de *l'effectivité* (*Wirkung, Wirklichkeit* ; voir RÉALITÉ), dont il ne faut pas se cacher que, même si elles relèvent l'une et l'autre de ce que Marx appelle « idéalisme », c'est-à-dire la problématique de la volonté, elles la tirent en sens diamétralement opposé.

Il n'en reste pas moins que la jonction va se faire, de Kant aux essayistes radicaux de la période précédant les

Révolutions de 48 (ce qu'on appelle en Allemagne le *Vormärz*), entre la thématique de « l'émancipation de l'humanité » indissociable des « fins de la raison pratique » telles que les dégageait la philosophie critique, et l'idée d'une « transformation des conditions historiques » de l'existence humaine (incluant aussi bien la connaissance que la production ou l'action). Le mot *Praxis* se chargera de ces différentes significations, à la fois « subjectives » et « objectives », et exprimera leur fusion dans un nouveau concept « critique et révolutionnaire » de l'expérience (selon l'expression utilisée plus tard par Marx pour caractériser sa dialectique). De ce point de vue, les textes de Marx (en particulier dans la période 1843-1847) n'apparaissent pas tant comme une « sortie » (*Ausgang*) que comme un accomplissement du mouvement de la « philosophie classique allemande » (Engels, *Ludwig Feuerbach und der Ausgang der klassischen deutschen Philosophie*).

B. « Théorie » et « pratique » de Bacon au positivisme français

Parallèlement à la constitution allemande, kantienne et post-kantienne, de la « philosophie de la pratique », une tout autre formation prend place dans l'espace intellectuel français : celle qui culmine dans la conception positiviste des rapports entre la « théorie » et la « pratique », telle que la systématisera Auguste Comte (et dont toute une partie de l'épistémologie contemporaine, aussi bien sur son versant empiriste logique que sur son versant historique, est aujourd'hui l'héritière).

Pour en comprendre l'importance et la liaison intrinsèque au « statut social de la science moderne » (G. Canguilhem, *Le Statut social de la science moderne*, cours inédit, Sorbonne, 1961-1962), il faut sans doute remonter à l'*Encyclopédie*, et, par-delà, aux inspirations qu'elle puise dans l'œuvre de Bacon. Celui-ci avait parlé de *scientia activa* ou *operativa* pour désigner une méthode venant de l'expérience et y retournant pour accroître indéfiniment les pouvoirs de l'humanité, libérée des « fictions » ou des « idoles » et des formes spéculatives de la scolastique (mais non pas radicalement anti-aristotélicienne pour autant : au contraire, il y avait là en germe une première grande convergence de la nature et de l'artifice, du *poiein* et du *prattein*). Et dans un contexte latin il avait effectivement employé le grec *praxis* en quelques occurrences du *Novum Organum* (éd. Ellis et Spedding, t. 1, p. 180, 268, 270, etc.) pour marquer que le recours aux expériences ne détourne pas l'étude de son objet, mais constitue le seul moyen de l'« augmenter » ou de lui apporter du « nouveau ». Les Encyclopédistes, qui ont par rapport à Bacon l'avantage de venir après le développement d'une physique mathématique (galiléo-newtonienne) et en particulier d'une mécanique à laquelle certains d'entre eux apportent des contributions fondamentales, fondent sur cette base une nouvelle épistémologie, dont on trouve l'exposé dans le *Discours préliminaire* de d'Alembert et dans les articles « Application » (d'Alembert) et « Art » (Diderot) de l'*Encyclopédie*. Ils y réfléchissent pour la première fois le lien technologique (sans le mot, inventé au début du XIXe siècle) entre la science des physiciens ou des chimistes et l'art des ingénieurs. La technique militaire aussi bien que civile perd de ce fait le statut d'une « entreprise » (c'est-à-dire d'une aventure ; voir ENTREPRENEUR) et acquiert celui d'une « pratique raisonnée » dont les principes sont énoncés par la science, mais qui leur apporte le complément indispensable d'une expérience de terrain.

Dans la Préface des *Principes métaphysiques de la science de la nature* (1784) (in *Œuvres*, « La Pléiade », 1984, t. 2), Kant introduit cette dimension nouvelle du savoir appliqué dans sa classification des sciences sous le nom d'« art raisonné ». Mais il continue de la reléguer dans un domaine empirique dont se détache une fois pour toutes l'*a priori* des sciences pures, c'est-à-dire mathématiques. C'est à Auguste Comte, dans la 2e leçon du *Cours de philosophie positive* de 1830, et dans le *Discours sur l'esprit positif* de 1844, qu'il appartiendra de conceptualiser le lien à la fois réciproque et dissymétrique que la mathématisation, la méthode expérimentale et la technologie instituent désormais entre la « théorie » et la « pratique ». Ce lien pensé comme rapport de l'abstrait au concret est à la fois interne à la classification des sciences positives, selon une progression qui va du simple au complexe (des mathématiques à la sociologie), et externe à leur objectif proprement spéculatif (terme qui, chez Comte, double celui de « théorique ») dans la mesure où la connaissance des lois des phénomènes autorise la prévision (voire, pour les plus simples, le calcul) des résultats techniques dans le champ des « opérations productives ». D'où la formule synthétique, qui selon Comte exprime la relation générale de la science et de l'art (ou de l'industrie, terme repris des saint-simoniens) : « science, d'où prévoyance ; prévoyance, d'où action ». Comte note que les « deux systèmes » formés par « l'ensemble de nos connaissances sur la nature » et par « celui des procédés que nous en déduisons pour la modifier » sont à la fois « essentiellement distincts par eux-mêmes » et inséparables. Et il remarque que, si du point de vue « dogmatique » le simple précède nécessairement le complexe et l'abstrait précède le concret, selon une relation déductive, il n'en va pas de même du point de vue historique. Les problèmes dont la solution ne peut être fournie que par la théorie doivent d'abord être identifiés dans la pratique, même lorsque celle-ci, aux commencements de l'humanité, n'est accessible que sous le voile d'une pensée « théologique » ou magique (et plus le domaine de phénomènes considéré est complexe, plus ces commencements sont longs à dépasser, jusqu'à rejoindre l'époque contemporaine pour le domaine des phénomènes sociologiques auxquels s'adresse la pratique politique).

Il y eut notoirement une incompatibilité absolue de méthode et d'objectifs entre le marxisme et le positivisme (même s'ils avaient une source commune dans le saint-simonisme et, par là, dans la tradition des Encyclopédistes). C'est dire que *praxis* et *pratique* devaient dès lors, en particulier en langue française, commander des paradigmes philosophiques distincts. De telles situations cependant, dans l'histoire réelle des idées, n'excluent jamais les rencontres : et elles devaient bel et bien se produire, aussi bien du côté du positivisme (on pense aux ferments dialectiques que, de son propre aveu, un Karl Popper avait tirés de sa fréquentation intensive de l'ouvrage de Lénine, *Matérialisme et Empiriocriticisme*, 1908) que, surtout, du côté du marxisme (on pense à la conception althussérienne de la « coupure épistémologique », où l'influence des notions comtiennes se fait sentir à travers la refonte que leur a imprimée Bachelard).

C. La « praxis » marxienne

Les « jeunes hégéliens » qui réintroduisent le terme *Praxis* en philosophie, ou plutôt à la jonction de la philosophie et de la politique, sont par définition formés dans l'horizon du système hégélien : mais ils essaient immédiatement de le transgresser ou de le briser, pour réaffirmer le primat de la subjectivité (révolutionnaire, créatrice) sur ce qu'ils perçoivent comme un objectivisme de la « fin de l'histoire » et une légitimation des institutions étatiques (seraient-elles imprégnées, comme chez Hegel, de libéralisme). Ils accordent également une importance fondamentale au thème de la critique, qui pour eux n'est pas seulement déconstruction de l'onto-théologie, mais remise en question des valeurs de l'ordre établi. C'est pourquoi ils se tournent vers l'héritage kantien radicalisé par Fichte et Schelling. Dans ses *Prolegomena zur Historiosophie* (1838), August von Cieszkowski invente l'expression de « philosophie de la *praxis* » à laquelle il donne la signification d'une « auto-activité » (*Selbsttätigkeit*) ou libération de l'action qui ouvre l'espace historique de la transformation et de la conscience de soi. Dans son opuscule de 1841 *La Triarchie européenne* et son article de 1843 *Philosophie der Tat* (*Philosophie de l'action*), Moses Hess (qui sera pendant quelques années le plus proche interlocuteur de Marx et Engels) systématise cette idée d'une libre *praxis* collective, porteuse de l'« avenir » humain, et l'associe à une profession de foi socialiste. Mais il l'oppose aussi à une autre *praxis*, « matérialiste » et « judaïque » (au sens que le protestantisme allemand donnait à ce terme, c'est-à-dire orientée vers l'intérêt égoïste par opposition à l'émancipation universelle ; cf. son opuscule sur *L'Argent*). La scission éthique et politique passe donc au sein même de l'élément de la *praxis*, elle oppose deux mouvements d'appropriation et de transformation du monde. De son côté Arnold Ruge (cofondateur avec Marx des *Annales franco-allemandes* dont l'unique numéro paraît à Paris en 1844) emploie *praxis* dans une perspective de « philosophie du travail ». Toutes ces références ne sont pas seulement décisives pour comprendre les allusions sous-jacentes aux formulations des *Thèses sur Feuerbach* (qu'il faut lire à cet égard comme un formulaire cryptique). Elles éclairent la formidable tension qui ne cesse de travailler la pensée de Marx et que recouvre justement son usage du mot *praxis* : lui aussi cherche à ouvrir par la pensée une brèche pour l'avenir dans la clôture de l'esprit objectif et des institutions de la société bourgeoise, et en ce sens il est à la recherche d'une forme et d'un sujet pour l'« action » révolutionnaire (qu'il croira trouver dans le prolétariat et le socialisme ouvrier) ; mais il ne peut se résigner pour autant à abandonner la perspective de l'effectivité. Il veut que l'auto-activité émancipatrice ou la réalisation de la liberté sorte de l'élément de la volonté pure et de son activisme, et soit « matériellement » une transformation du monde. Pour cela il faut qu'elle s'insère dans le processus même du devenir des rapports et des conflits sociaux, et en dernière analyse de la vie matérielle (les « modes de production »), qu'elle en constitue un développement. L'usage marxien du terme *praxis* est donc à la fois un héritage et une critique du point de vue des jeunes hégéliens. Ce qui permet de comprendre jusqu'à un certain point la fragilité de son statut chez Marx lui-même et les marxistes ultérieurs.

Le concept est central dans les *Thèses sur Feuerbach* (rédigées en 1845, en même temps que *L'Idéologie allemande*, et publiées de façon posthume en 1888), dont il constitue à l'évidence la clé de voûte ; en retour elles en déploient systématiquement les différents aspects. Mais précédemment Marx avait déjà eu recours au même terme, ou à l'adjectif « pratique » (*praktisch*), en particulier dans la série des essais rédigés au cours des années 1843-1844 : la *Question juive*, la *Correspondance avec Ruge*, l'*Introduction à la critique de la philosophie du droit de Hegel* (tous parus dans les *Annales franco-allemandes*), la *Sainte Famille* (en collaboration avec Engels). On constate que le « règlement de comptes » avec les représentants de la philosophie libérale post-hégélienne (Bauer), puis du communisme anthropologique (Feuerbach), détermine un retournement de l'idée de *praxis*. Celle-ci — encore porteuse au départ de connotations négatives, jusque dans les allusions chargées de stéréotypes antisémites de la *Question juive* à « l'esprit pratique », c'est-à-dire intéressé, du judaïsme, par opposition à l'idéalisme chrétien, dont on retrouve une trace dans la *1re Thèse* — devient l'expression même de l'action transformatrice, émancipatrice de l'humanité, irréductible à toute représentation, mais à la condition d'inclure comme sa détermination intrinsèque ce qui apparaissait comme son contraire, et qu'elle devait dépasser : le « sensible », l'être réel ou matériel des « rapports sociaux » qui sont « l'essence effective » de l'homme (*6e Thèse*) et dont Marx va immédiatement poser que le développement historique coïncide avec celui des activités et des puissances productives du travail (la conscience en étant une fonction ou une expression plus ou moins autonomisée). Ce qui se dit d'un côté en termes de « prolétariat » classe « universelle », agent de la « révolution humaine » par-delà la révolution bourgeoise simplement « politique », se dit de l'autre, de façon équivalente, en termes de *praxis* historique et de remplacement des « armes de la critique » par la « critique des armes ».

Force est de constater que cette équivalence qu'on dirait aujourd'hui performative, fondatrice d'un « nouveau matérialisme » irréductible au sensualisme des Lumières, se révèle fragile dans sa construction d'origine puisque, passé ce moment spécifiquement critique, Marx en délaisse la terminologie (et notamment la référence à la *praxis*). Force est aussi d'enregistrer, après coup, que le changement de terrain qu'elle indique n'a plus quitté l'ordre du jour : il ne commande pas seulement la quête incessante, constitutive du point de vue marxiste en philosophie, d'une « rencontre » de la science des conditions matérielles de l'histoire et de la puissance insurrectionnelle des mouvements d'émancipation, mais il forme l'horizon d'un grand nombre de recherches philosophiques contemporaines désireuses d'affronter la question des limites de la représentation, et par conséquent du genre philosophique lui-même. En ce sens il apparaît irréversible. Nous apercevons trois raisons, lisibles chez Marx lui-même, à cette rupture induite dans la philosophie. La première tient au fait que « l'activité pratique », ainsi pensée comme la véritable « différentielle de l'histoire » (en lieu et place de la conscience, ou de la moralité), abolit en elle-même les distinctions classiques de la *praxis* et de la *poiêsis* qui commandaient la possibilité d'autonomiser la *theôria*. De ce fait, évidemment, l'assignation des porteurs de ces instances, *agencies* ou « puissances d'agir » proprement humaines, à des classes ou à des types sociaux isolés, définis une fois pour toutes (hommes d'action, producteurs, intellectuels ou contemplatifs), se trouve remise en question. La seconde, à laquelle la 2e *Thèse* a donné une formulation d'une vigueur sans égale, tient à ce que, désormais, la problématique de la vérité se trouve arrachée, non certes à l'élément de la pensée, mais à la transcendance de la pensée par rapport à ses conditions, constituée sur le modèle du dualisme théologique, pour être ramenée dans l'élément de ce que Marx, d'un terme difficilement traduisible en français (mais parfaitement intelligible dans sa provenance théologique : c'est l'ici-bas par opposition à l'au-delà), appelle la *Diesseitigkeit*, et que les philosophes peuvent aussi appeler « le monde », « l'expérience », « les choses mêmes », « le travail », « le quotidien ». Pour inscrire cette orientation à la fois immanente et productive dans la tradition philosophique (une tradition, il est vrai, souterraine plutôt que dominante) il est arrivé à Marx de se référer dans le même esprit à la formule de Vico : « *verum ipsum factum* [le vrai n'est rien d'autre que ce qui se fait] ». La troisième, enfin, c'est que l'activité pratique ou *praxis* (indissociablement productrice ou *poiétique*, et subsumant le moment de la théorie) est originellement sociale, ou mieux, « transindividuelle ». Cela veut dire que l'élément de l'action réciproque ou de la relation (voire de la communication) ne lui survient pas après coup, mais forme toujours déjà sa condition de possibilité. Ce qui ouvre, en principe au moins, le programme d'un dépassement des oppositions métaphysiques entre le singulier et l'universel, ou entre le sujet et l'objet (initialement rapportés par Marx à l'homme et à la nature : la *praxis* est « humanisation de la nature et naturalisation de l'homme », c'est-à-dire qu'elle est histoire réelle de la société — thème de *l'Idéologie allemande*, écrite avec Engels en 1845).

III. APRÈS ARISTOTE ET MARX : DILEMMES DE LA PHILOSOPHIE CONTEMPORAINE DE L'AGIR

L'histoire de la philosophie ne comporte pas de modes de pensée ou de langages qui soient jamais périmés. Toute consistance conceptuelle qui a été une fois constituée est susceptible d'être réactivée, ce qui ne veut pas dire qu'elle puisse l'être à l'identique. Une des causes de cette dérive réside dans l'effet d'irréversibilité des traductions ou des recréations dont certains mots porteurs d'une interrogation fondamentale ont fait l'objet. Telle est précisément la situation dans laquelle nous nous trouvons au regard de la *praxis*. Pour conclure cette esquisse généalogique, on indiquera deux types de difficultés terminologiques. Les unes concernent, au sein même de la tradition marxiste ou en rapport étroit avec elle, les résurgences de l'idée de « philosophie de la praxis » au XXe siècle. Les autres concernent les obstacles qui s'opposent, dans d'autres courants philosophiques contemporains, à l'usage du terme de *praxis* (y compris sous la forme de « retours à Aristote » ou de « retours à Kant »), en raison de l'appropriation dont il a fait l'objet de la part de Marx (et qui témoignent par là même de la puissance de cette appropriation). Les exceptions apparaîtront d'autant plus significatives.

A. Antonio Gramsci et la « philosophie de la praxis »

L'expression constitue l'un des fils conducteurs des « Cahiers de la prison » (*Quaderni del carcere*), rédigés entre 1926 et 1937 dans les prisons fascistes et publiés selon différents classements après 1945, œuvre fragmentaire dans laquelle beaucoup voient une « refondation » de la philosophie marxiste. On doit savoir qu'il s'agissait à certains égards d'un terme codé, destiné à déjouer la censure. Mais ce terme, inventé en italien sous une forme naturalisée (« *filosofia della prassi* », ce qui n'est ni la *pratica* plus usuelle ni la citation d'un mot étranger), résume bien l'orientation de l'entreprise de pensée tentée par le dirigeant communiste martyrisé, et conçue par lui comme une radicalisation de l'historicisme (« *storicismo assoluto* »). Pour en comprendre l'importance, il faut l'inscrire dans un double contexte : celui des refontes « critiques » du marxisme, et celui de l'hégélianisme italien caractérisé par une orientation « actualiste » (Gentile).

Le plus influent des textes du « marxisme critique » du XXe siècle est paradoxalement un livre qui a été renié par son auteur après la condamnation dont il avait fait l'objet de la part de la IIIe Internationale, et qui aurait donc dû rester sans lendemain. Au contraire il a inspiré tout le développement de l'école de Francfort depuis Adorno et Horkheimer jusqu'à Habermas inclus, et différents courants philosophiquement contestataires au sein des pays du « socialisme réel » (Agnes Heller et « l'école de Budapest », auteurs en 1975 d'un ouvrage collectif sur *Individu et praxis* [cité in *Dictionnaire critique du marxisme*, art.

« Praxis », 2e éd., p. 912] ; Gajo Petrovic et le groupe yougoslave « Praxis », éditeurs de la revue du même nom à partir de 1965), sans compter d'autres philosophies non marxistes (Heidegger). Il s'agit du recueil *Geschichte und Klassenbewusstsein* de Georg Lukács (1923). Comme l'œuvre de Gramsci bien que selon de tout autres voies, il témoigne de la résurgence d'un point de vue antinaturaliste (opposé à l'interprétation du matérialisme historique comme déterminisme économique) dans le marxisme, contemporain de la crise de l'impérialisme (la guerre de 1914-1918), des révolutions de type soviétique ou « conseilliste » (non seulement en Russie, mais en Allemagne, en Hongrie, en Italie) et de la recherche de nouvelles formes d'alliance entre les intellectuels et les masses ouvrières, mais destiné à perdre rapidement la partie au sein du mouvement communiste officiel. Toute l'entreprise de Lukács dans *Histoire et Conscience de classe* est dirigée contre le processus de « réification » (*Verdinglichung*) de la pensée et de l'action dans les formes de la rationalité marchande, étendues par le capitalisme à toutes les sphères de l'existence, et de l'objectivisme juridique, technologique et scientifique qui, selon l'auteur, en constituent la contrepartie idéologique. Face à cette aliénation généralisée, qu'il s'agit d'abord de penser dans son essence, les possibilités de la critique, de la résistance et du renversement révolutionnaire ne résident pas cependant dans un pur volontarisme, mais dans la constitution au sein même de la société (et comme son négatif immanent, sa « dissolution » avait dit Marx) d'un « sujet-objet identique » de l'histoire (expression d'origine hégélienne et schellingienne) qui est le prolétariat lui-même. La « conscience de classe » du prolétariat, dite aussi « conscience pratique » (c'est-à-dire passant immédiatement de l'être à l'action, sans s'arrêter au stade de la représentation abstraite), figure ainsi l'envers et le produit nécessaire de la réification capitaliste. Le recours à cette catégorie socio-politique de la conscience de classe, ignorée de Marx, montre cependant que, dans l'unité de contraires du « sujet-objet », c'est le premier terme qui l'emporte (ce qui correspond aussi à une rupture de la symétrie postulée par Marx dans les *Thèses sur Feuerbach* entre le dépassement du pur naturalisme et celui du pur humanisme, au profit de ce dernier). C'est pourquoi Lukács parle toujours de la *praxis* comme d'une « *praxis* du prolétariat », où celui-ci forme la référence empirique ultime, mais aussi à beaucoup d'égards le mythe de l'incarnation du mouvement de l'histoire universelle et de sa fin dans un « acteur » messianique, à la fois singulier et omniprésent.

La reprise par Gramsci de l'expression « *filosofia della prassi* » a une généalogie très différente, qui s'étend sur une plus longue période. Comme le rappelle A. Tosel (qui en a étudié l'histoire de façon complète et subtile), elle fut d'abord forgée par Antonio Labriola, dans le cadre d'une variante historiciste du marxisme de la IIe Internationale, qui se réclamait de la filiation de Vico et mettait l'accent sur la « morphogenèse » des sociétés qui résulte de leur conflictualité interne. Mais l'intervention décisive aura été celle de Gentile.

♦ Voir encadré 3.

L'influence très profonde de l'actualisme gentilien sur la conception gramscienne de la philosophie de la *praxis* est de mieux en mieux reconnue aujourd'hui, même si ses modalités et son étendue font l'objet (surtout en Italie) de controverses passionnées. Elle constitue en effet l'une des figures typiques de la *coincidentia oppositorum* qui marque d'un sceau tragique les rapports de la philosophie et de la politique dans la grande « guerre civile européenne » du XXe siècle. Gramsci lui-même a commencé par pratiquer (à l'époque de la révolution des conseils turinois) un marxisme vitaliste, activiste et spontanéiste, influencé par les conceptions soréliennes de la « violence prolétarienne » et de la grève générale comme forme spécifique de l'intervention des masses dans l'histoire. Dans la notion de *praxis* à laquelle travaillent les *Quaderni*, profondément renouvelée par la lecture de Machiavel qui suggère de penser l'action du parti révolutionnaire comme celle d'un « Prince nouveau » cherchant à transformer les « révolutions passives » de la société contemporaine en « volonté national-populaire », et par une relecture (à laquelle contribue aussi une réception très attentive du « pragmatisme » américain) de la conception organique hégélienne de l'État en termes d'hégémonie culturelle et de démocratisation de la culture, le moment de la violence et celui de l'éducation sont intégrés à l'idée d'un procès dialectique, par définition inachevé et inégal. Ce procès vise à faire naître les conditions d'une *praxis* collective, ou d'une initiative historique des masses, autant qu'il en manifeste la possibilité latente dans les rapports de force de la structure sociale. Il a essentiellement la figure d'une transition tendancielle entre la passivité que la domination de classe impose aux groupes sociaux « subalternes » (ce que Gramsci appelle le « stade économico-corporatif ») et la « réforme intellectuelle et morale » qui doit leur permettre de devenir les acteurs de leur propre histoire (et en ce sens il semble retrouver formellement la définition aristotélicienne du mouvement : « l'acte de la puissance en tant qu'elle est en puissance »). Mais plutôt que d'un « acte pur », il s'agit, selon la correction apportée par Gramsci lui-même, d'un « acte impur », « réel au sens le plus profane et mondain du mot », c'est-à-dire inséparable d'une matière qui lui impose ses contraintes (*Quaderni del carcere*, p. 1492, cité *in* A. Tosel, « Le Marx actualiste de Gentile et son destin », *Archives de philosophie*, 56/4, oct.-déc. 1993, p. 571). L'« optimisme de la volonté » et le « pessimisme de l'intelligence » — composantes éthiques d'une *phronêsis* actualisée et dialectisée — caractérisent également le point de vue de la *praxis* et interdisent de confondre l'historicisme absolu avec un subjectivisme ou un totalitarisme.

B. Les problématiques phénoménologiques

Cependant les mutations contemporaines, post-marxistes, de la *praxis* ne se limitent aucunement à la tradition hégélienne. Au contraire, parmi les plus intéres-

santes figurent celles que suscite sa rencontre avec les problématiques phénoménologiques inspirées de Husserl et de Heidegger, et cherchant à en critiquer l'orientation exclusive vers la conscience ou vers une conception spéculative de l'existence. Le nom le plus important est ici évidemment celui de Sartre.

Dans les deux volumes de la *Critique de la raison dialectique*, dont seul le premier (*Théorie des ensembles pratiques*) a été achevé et publié de son vivant (1960), Sartre a combiné de très nombreuses sources d'inspiration philosophique : non seulement Husserl, Heidegger et Marx, mais aussi Hegel, Kierkegaard, et d'autres moins apparentes (le fichtéisme, le bergsonisme de Sartre sont très profonds), sans oublier d'abondantes références à l'historiographie et aux sciences humaines. La notion centrale qu'il élabore est celle de *praxis* : d'abord en tant que « *praxis* individuelle », ensuite en tant que « *praxis* historique », en passant par la médiation essentielle du « groupe » (selon différentes modalités institutionnelles ou spontanées, éphémères — ainsi le mouvement des foules révolutionnaires liées par un « serment » comme celui du Jeu de paume, ou durables — ainsi la classe, avec ses organisations représentatives). Sartre étudie programmatiquement deux mouvements ou transitions : « de la praxis individuelle au pratico-inerte », « du groupe à l'histoire ». On retrouve ici, même si c'est sous d'autres noms, des problématiques déjà rencontrées (en particulier celle de la réification, que Sartre rattache à la figure originelle de la « sérialité » des actions et des groupes). Mais on a aussi affaire, incontestablement, à une élaboration originale.

Pour une part essentielle, celle-ci procède de ce qui, dès ses premiers textes, avait préoccupé Sartre : la nécessité de décaler l'une par rapport à l'autre, *contre* la tradition transcendantale dans laquelle s'inscrivait originellement la phénoménologie, la structure de la conscience en

3

« Marx en italiques » : Labriola, Gentile et la « filosofia della prassi »

► ATTUALITÀ

Chez Antonio Labriola, la *prassi* désigne spécifiquement l'appartenance du « travail de la pensée » (dont font partie la science et la philosophie) au « travail de l'histoire » (lui-même enraciné dans l'histoire de l'organisation du travail). Cette insistance sur le travail et cet effort pour en généraliser la notion portent incontestablement la trace de Marx, mais des accents aristotéliciens ne sont pas absents des formulations de Labriola lorsqu'il cherche à en exprimer la signification politique et anthropologique : « Pour le matérialisme historique, le devenir [...] est la réalité même ; comme est réel le *prodursi* [la « production de soi »] de l'homme, qui s'élève de l'immédiateté du vivre (animal) à la liberté parfaite (qui est le communisme) » (*La Concezione materialistica della storia*, 1896, cité *in* A. Tosel, *Marx en italiques*, p. 33).

Les textes de Labriola font l'objet d'une discussion prolongée de la part des deux grands représentants de l'idéalisme italien formé par la lecture de Hegel. Alors que Benedetto Croce, dans un esprit au fond plus kantien qu'hégélien, privilégie *pratica*, Giovanni Gentile, maître du néo-hégélianisme (et futur philosophe officiel du fascisme), reprend à son compte l'expression de « *filosofia della prassi* ». Il exhume les *Thèses sur Feuerbach* et en démontre l'importance, se faisant ainsi le défenseur d'une interprétation révolutionnaire du marxisme à la fois contre ses porte-parole social-démocrates (Labriola) et contre ses critiques libéraux (Croce). Jusque dans ses développements économiques spécialisés, le marxisme est pour lui une « grande » philosophie, non pas tant de l'histoire que précisément de la *praxis*, c'est-à-dire de l'action transformatrice, qui exprime l'intervention dans l'histoire d'une subjectivité constituante, à la fois immanente au devenir et destructrice de la continuité du temps. C'est à cette théorisation de la *praxis* en termes de révolution permanente, qu'il perçoit comme un « idéalisme inversé », que Gentile entend opposer sa propre conception spiritualiste à laquelle il donnera le nom d'« actualisme » (cf. *Teoria generale dello spirito come atto puro*, réplique à la *Logica come scienza del concetto puro* de Croce).

L'hégélianisme dont se réclame Gentile ne peut être ni conçu ni construit sans comprendre et dépasser la leçon de Marx, c'est-à-dire l'identité ontologique du penser et de l'agir, et à vrai dire dans cette combinaison se font une fois de plus entendre des accents « activistes » (critique radicale de l'idée de « passivité » et par conséquent de toute détermination de l'action par ses conditions et circonstances « données ») qui viennent plutôt de la tradition fichtéenne (dont Gentile est proche également par sa formalisation du principe en termes d'affirmation du « Je », « *Io assoluto* », sujet de « l'acte pur »). Mais au bout du compte l'objectif de l'actualisme (que Gentile croira pouvoir mettre en œuvre dans le cadre de « l'État total » fondé par Mussolini) réside dans l'institution d'un processus « d'auto-éducation permanente de la société », qui serait la forme même du devenir concret de l'esprit, et en ce sens la *praxis* par excellence.

BIBLIOGRAPHIE

CROCE Benedetto, *Logica come scienza del concetto puro* (1905), rééd. C. Farinetti (éd.), Naples, Bibliopolis, 1996.
— *Filosofia della Pratica. Economia ed Etica* [1907], rééd. Bari, Laterza, 1973.
GENTILE Giovanni, « La filosofia della prassi », in *La Filosofia di Marx*, Pise, 1894 ; nouv. éd. Firenze, Sansoni editore, 1974 ; *La Philosophie de Marx*, trad. fr. G. Granel et A. Tosel, Mauvezin, TER, 1995.
— *L'atto del pensare come atto puro* (1911), Florence, Sansoni, 1937 ; *Teoria generale dello spirito come atto puro* (1916), rééd. Florence, Sansoni, 1959 ; *L'Esprit, acte pur*, trad. fr. A. Lion, Félix Alcan, 1925.
LABRIOLA Antonio, *Saggi sulla concezione materialistica della storia*, nouv. éd. E. Garin, Laterza, Bari, 1965.
TOSEL André, *Marx en italiques. Aux origines de la philosophie italienne contemporaine*, Mauvezin, TER, 1991.

tant que champ de « visées » orientées vers des objets (structure essentiellement « immanente » que, dans son article de 1937 sur *La Transcendance de l'ego*, Sartre allait jusqu'à comparer à la substance spinoziste, en tant que production de ses propres modes) et celle de l'*ego* ou du sujet, essentiellement « transcendante », donc seconde et représentée à la conscience elle-même. La *praxis* dont il s'occupera plus tard, après avoir déclaré le marxisme « horizon indépassable pour la philosophie de notre temps », n'est-elle pas d'abord un approfondissement de cette thématique des décalages : une intentionnalité préalable à toute conscience, et par là même l'excédant ? C'est pourquoi le mouvement de totalisation qui, selon Sartre, constitue la structure d'intelligibilité de l'histoire et qui doit à la fois traverser le conflit (les luttes de classes) et conduire à son dépassement, ne peut que s'enraciner dans la *praxis*. Mais il ne le fait, au bout du compte, que de façon négative ou aporétique. C'est l'autre grande originalité de la conception sartrienne de la *praxis* : celle-ci, en tant qu'elle doit toujours procéder des individus tout en visant leur réunion (voire leur fusion) dans une communauté, est fondamentalement perdue, ou comme dit Sartre « volée » à ses propres sujets. Dans les conditions de la rareté qui sont celles de l'histoire humaine et que Sartre pense sur un modèle radicalement conflictuel (au fond très hobbesien), la *praxis* ne peut se réaliser qu'en s'aliénant. Elle vise l'impossible : « faire l'histoire » dans les formes mêmes de l'institution, de la passivité, de la dépendance. Cependant, comme le disait Marx dans une phrase du *18 Brumaire de Louis Bonaparte* que Sartre ne se lasse jamais d'interpréter, « les hommes font leur propre histoire, mais ils ne la font pas arbitrairement, dans des conditions choisies par eux ». Les conditions de la *praxis* (c'est-à-dire la rareté matérielle et, sur cette base, l'adversité des autres *praxeis*) les en dessaisissent et la retournent immédiatement contre eux. Cette impossible « libération » de l'inertie ou de l'adversité qui lui est inhérente, pourtant, la *praxis* ne renoncera jamais à la poursuivre. La *praxis* est le « malgré tout » de la condition humaine.

♦ Voir encadré 4.

C. Les déterminations du marxisme sans son « horizon »

Il ne suffit pas de délaisser l'horizon du marxisme pour échapper à ces déterminations. On peut même supposer que, pour une part plus ou moins déterminante, c'est leur voisinage encombrant qui rend compte de la réticence d'un certain nombre de courants philosophiques contemporains à reprendre à leur compte la terminologie de la *praxis*, alors même qu'elle semblerait naturelle, et notamment lorsqu'ils comportent un élément central de « retour à Aristote », soit sous l'angle d'une éthique de la prudence et du jugement, soit sous celui d'une régulation des discours et de leur usage public. On

4

Althusser : les « pratiques » contre la « praxis »

L'influence des théorisations de Lukács et de Gramsci, mais surtout la prégnance de la conception sartrienne de la *praxis* font mieux comprendre les raisons qui devaient conduire l'autre grand représentant du marxisme philosophique français dans les années 1960, Althusser, à en rejeter radicalement le concept. Sans doute, la conception althussérienne de la philosophie marxiste procède-t-elle, elle aussi, d'une lecture critique de Hegel dont les *Thèses sur Feuerbach* ont formulé le programme sous le nom de « nouveau matérialisme ». Sans doute doit-elle à Gramsci et, à travers lui, à Machiavel, une conception radicale de l'équivalence entre théorie et politique. Mais, partie prenante de l'aventure structuraliste et décidé à débusquer jusque dans leurs derniers retranchements les germes du subjectivisme et de l'historicisme qui interdisent la constitution d'une science de la révolution, le philosophe de la rue d'Ulm ne veut voir dans la *praxis*, et singulièrement dans la « dialectique » de l'œuvre humaine et de l'inertie matérielle ou institutionnelle qu'un nouveau vêtement des dualismes spiritualistes. D'ailleurs Althusser ne parle pas tant de « la pratique » que « des pratiques » (y compris la « pratique théorique », opérant sur la généralité des concepts). Il cherche, semble-t-il, à théoriser leur analogie (au sens même où la métaphysique parlait de l'analogie de l'être) sur le modèle d'une « production généralisée », en rabattant par conséquent le *prattein* sur le *poiein* (et une certaine tradition positiviste-productiviste française n'est pas étrangère, nous l'avons vu, à cette possibilité). À y regarder de plus près, il le fait cependant de façon très étrange, ce qui conduit à une théorisation aussi originale, dans son genre, que celle de Sartre à qui elle s'oppose terme à terme. La théorie est une pratique parmi les autres. Toute pratique est intérieurement « surdéterminée » par toutes les autres, qu'elle présuppose en les refoulant, dans une « totalité à dominante » exposée à d'incessantes variations. Une pratique est « productrice », non pas tant « d'objets » ou de résultats extériorisés, que « d'effets » qui font corps avec elle (thèse typiquement structuraliste, mais dans *Le Capital* Marx avait parlé du « double caractère du travail », et il avait montré que celui-ci n'a pas seulement pour effet de produire des marchandises, mais aussi de reproduire les rapports sociaux) : « effets de connaissance », « effets de société », « effets de subjectivité », voire « effets de transfert » (dans le champ de l'inconscient), etc. Une pratique est essentiellement une « lutte », sur le modèle de la lutte des classes (et aux yeux d'Althusser, dans son horizon), ou une unité de tendances contraires : connaissance et méconnaissance, production et exploitation, identification et distanciation (au sens de Brecht)... On peut soutenir qu'avec ces caractéristiques paradoxales, le *poiein* s'est mué pour l'essentiel en une forme complexe de *prattein*. En tant, il est vrai, que « procès sans sujet », sinon sans agent (ou « agence »).

BIBLIOGRAPHIE

ALTHUSSER Louis, *Pour Marx*, François Maspero, 1965.
LECOURT Dominique, *La Philosophie sans feinte*, J.E. Hallier/Albin Michel, 1982.

évoquera quelques cas significatifs d'autant plus intéressants qu'ils posent aussi des problèmes de traduction et de singularité idiomatique.

1. Le pragmatisme sans la pratique

On pourrait se demander pourquoi le terme de *practice* n'est guère théorisé par le « pragmatisme » américain, philosophie fondée sur le recours à l'expérience, l'action et la pratique. La dénomination *pragmatism* fut inventée par Charles Sanders Peirce, reprise par William James et John Dewey, et modifiée ensuite par Peirce, qui, conséquemment à sa banalisation, l'a rejetée au profit de *pragmaticism* - comme l'indique le passage suivant des *Collected Papers* :

> *His* [the writer's] *word « pragmatism » has gained general recognition in a generalized sense that seems to argue power of growth and vitality. The famed psychologist, James, first took it up, seeing that his « radical empiricism » substantially answered to the writer's definition of pragmatism, albeit with a certain difference in the point of view.* [...] *But at present, the word begins to be met with occasionally in the literary journals, where it gets abused in the merciless way that words have to expect when they fall into literary clutches* [...] *So then, the writer feels that it is time to kiss his child good-by and relinquish it to its higher destiny; while to serve the precise purpose of expressing the original definition, he begs to announce the birth of the word « pragmaticism », which is ugly enough to be safe from kidnappers.*
>
> [Le mot inventé par l'auteur, « pragmatisme », a été l'objet d'une reconnaissance générale sous un sens général qui semble affirmer le pouvoir de la croissance et de la vitalité. Le célèbre psychologue James fut le premier à s'en emparer, voyant que son « empirisme radical » répondait de façon substantielle à la définition du pragmatisme par l'auteur, quoiqu'avec une certaine différence de point de vue. Mais à présent, on commence à rencontrer le mot dans des revues littéraires, où il est l'objet d'abus à la manière impitoyable à laquelle il faut s'attendre quand les mots tombent dans les griffes de la littérature [...] Donc l'auteur sent qu'il est temps de dire adieu à son enfant et de l'abandonner à ses hautes destinées, et, d'annoncer, dans le but précis d'exprimer la définition d'origine, la naissance du mot « pragmaticisme », terme suffisamment laid pour être à l'abri des kidnappeurs.]
>
> Peirce, *The Collected Papers of Charles Sanders Peirce*, C. Hartshorne et P. Weiss (éd.), Cambridge (Mass.), Harvard UP, 1931-1935 (vol. 1-6), vol. 5, p. 414.

Le mot *praxis* n'apparaît jamais chez Peirce, et *practice* n'est guère interrogé même s'il est utilisé assez couramment dans des expressions constituées (« *in practice* », « *the practice of* »). Le langage du pragmatisme est plutôt celui des *facts* (« faits », y compris les « faits de conscience »), de l'*experience* (y compris « l'expérience pure »), du *behavior* (« comportement », notamment chez Dewey et Mead). La *practice* n'est pas définie autrement que par le recours aux faits, et par le passage à la pratique auquel les théories sont confrontées, comme le montreraient les expressions typiques « *practical application* », « *application to practice* » (Peirce, *ibid.*, 2.7). D'un point de vue « aristotélicien » on a là une sorte de renversement entre la *praxis* et les *pragmata*. Par exemple :

> *The value of Facts to it* [science], *lies only in this, that they belong to Nature; and Nature is something great, and beautiful, and sacred, and eternal, and real. It therein takes an entirely different attitude toward facts from that which Practice takes. For Practice, facts are the arbitrary forces with which it has to reckon and to wrestle. Science* [...] *regards facts as merely the vehicle of eternal truth, while for Practice they remain the obstacles which it has to turn, the enemy of which it is determined to get the better. Science feeling that there is an arbitrary element in its theories, still continues its studies,* [...]*; but practice requires something to go upon, and it will be no consolation to it to know that it is on the path to objective truth — the actual truth it must have.*
>
> [La seule valeur des faits pour la science est dans leur appartenance à la nature ; et la nature est quelque chose de grand, beau, sacré, éternel, et réel. La science a donc par rapport aux faits une attitude entièrement différente de celle de la pratique. Pour la pratique, les faits sont les forces arbitraires avec lesquelles elle doit lutter. La science voit les faits comme un simple véhicule de la vérité éternelle alors que pour la pratique ils demeurent les obstacles à contourner, l'ennemi sur lequel il faut prendre le dessus. La science, sentant qu'il y a un élément arbitraire dans ses théories, continue cependant son étude ; mais la pratique exige quelque chose sur quoi s'appuyer, et ne trouve pas de consolation dans le fait de savoir qu'elle est sur le chemin de la vérité objective — elle doit avoir la vérité réelle.]
>
> Peirce, *ibid.*, vol 5., p. 589.

Le recours emphatique à *Practice* dissimule mal ici l'absence de problématisation du concept, voire sa dévalorisation par rapport à la science véritable : paradoxe d'une philosophie qui s'intitule « pragmatisme » mais préfère penser en termes de faits et de vérité, et non de « pratique ».

2. Habermas : de la « praxis » à l'agir communicationnel

Formé au sein de l'école de Francfort dont il apparaît d'abord comme le continuateur, mais aussi influencé par le fonctionnalisme américain et par le « *linguistic turn* » des années 1960, rallié en politique à un constitutionnalisme et à un cosmopolitisme d'inspiration kantienne, Jürgen Habermas commence par reprendre à son compte une opposition « critique » de la *technique* (à laquelle, de façon très lukácsienne, il rattache aussi l'*épistêmê* ou science « objective ») et de la *pratique* (*Praxis*, dans l'acception « allemande » du terme) : ensemble des mouvements d'affirmation du droit naturel mais aussi de lutte contre l'aliénation, le fétichisme de la marchandise, la réification, « projetés dans la sphère de l'opinion publique » (*Öffentlichkeit*) où ils font l'objet de débats et de déclarations, de façon à induire l'idéal d'une communauté. Il retraduit alors dans ce langage marxisant la distinction wébérienne de l'action déterminée par rapport à une fin (« *zweckrationales Handeln* ») et de l'action raisonnable en fonction de valeurs (« *wertrationales Handeln* »), en valorisant fortement la seconde. Mais lorsque Habermas trouve enfin le concept spécifique de sa philosophie, qui exprime la connexion des formes discursives et des normes juridiques dans le développement de la « société civile », tout en l'articulant au vécu du « monde de la vie »

(*Lebenswelt*, concept d'origine husserlienne) — celui de « l'agir (ou action) communicationnel(le) » (*Theorie des kommunikativen Handelns*, 1981) — il renonce à l'utilisation du terme *Praxis*. Celui-ci, sans doute, conserve à ses yeux à la fois une connotation trop décisionniste et un lien trop exclusif avec la représentation de l'histoire de la société civile comme développement de la division capitaliste du travail et du marché, le tout culminant dans une redoutable valorisation de l'antagonisme social, au détriment de la production du consensus politique sur les valeurs fondamentales de la démocratie.

3. Arendt et l'« action »

Le plus significatif pour notre propos est sans doute le cas de Hannah Arendt, parce qu'elle affronte directement le problème anthropologique d'une refonte des conceptions issues d'Aristote et de Marx. Arendt a une connaissance intime de l'œuvre de Marx, avec laquelle elle n'a cessé d'entretenir un dialogue critique, et elle prend place d'une façon originale dans un courant « néoclassique » de pensée de la politique qui cherche à reformuler l'idéal de la *phronêsis* (ce qu'elle nomme aussi, en référence à Kant autant qu'à Aristote, « jugement »), de façon à défendre l'autonomie des fins politiques, contre les totalitarismes idéologiques aussi bien que les réductionnismes socio-économiques (et *a fortiori* contre leur collusion). Le concept central de la pensée d'Arendt, provisoirement systématisée dans *The Human Condition* (1958 ; intr. M. Canovan, University of Chicago Press, 2e éd., 1988 ; *La Condition de l'homme moderne*, trad. fr. G. Fradier, préf. P. Ricœur, Calmann-Lévy, 1963) est « l'action ».

La conception arendtienne de l'action, qui sous-tend sa construction des rapports entre les différentes « sphères » de l'existence humaine (l'intimité, la sphère privée, la sphère publique, la sphère du savoir), mais aussi sa critique d'une modernité qui aurait vu le triomphe des valeurs utilitaires (celles de l'*animal laborans*, en quête de bonheur matériel) sur la *vita contemplativa* et la *vita activa* elle-même, s'expose à son tour selon une « triade » dont l'agir constitue le fragile couronnement : *labor, work, action*. Quel est son rapport aux triades aristotéliciennes que nous avons examinées pour commencer ? et à la conceptualisation marxienne de la pratique sociale ?

Les deux questions sont difficilement dissociables. Apparemment, Arendt a expulsé la *theôria* de sa topique, et procédé à un dédoublement du concept de la *poiêsis* (ou à une séparation de la *tekhnê* et de la *poiêsis*, correspondant respectivement au *labor*, le « travail » matériel chargé de reproduire les conditions de la vie animale ou du « bien-être », qui triomphe dans l'idéal de la société de consommation, et au *work*, « l'œuvre » chargée d'inscrire la marque de l'humanité dans la durée du monde, ou d'assurer le primat de l'artifice sur la nature, par la technologie et surtout par l'art). Cette nouvelle division (qui n'est pas sans évoquer la terminologie des Lumières : *Dictionnaire raisonné des* [...] *arts et des métiers*, sous-titre de l'*Encyclopédie* — à ceci près qu'il s'agissait alors de les valoriser) permet d'inscrire la conception marxiste de la pratique sociale, non seulement en dehors du champ de l'« action » ou de la *praxis,* mais en deçà même de l'instance de l'« œuvre » et de l'« art », dans la pure immédiateté du « faire » ou « fabriquer » (*making*) donc du « métier », avec toute la tradition venue de Locke qui fait du travail humain la mesure des valeurs.

Cependant Arendt n'emploie pas le terme de *praxis*, sauf comme « mot grec » intraduisible, pour désigner la conception du monde propre aux Anciens, et notamment à Platon et Aristote. Elle ne prétend pas non plus restaurer purement le point de vue aristotélicien. Cela ne tient pas seulement à son souci d'écrire dans une langue commune. Mais au fait que, dans le concept de l'« action », il s'agit pour elle d'introduire un élément radicalement ignoré des Anciens : l'historicité, sous les différentes espèces de l'incertitude des affaires humaines, de la fonction constituante des représentations ou apparences dans l'intervention politique (qui affecte le mouvement ouvrier lui-même), de la fonction créatrice des actes de langage (le pardon, la promesse, la déclaration), de la perte des traditions qui oblige les hommes à recommencer périodiquement leur histoire politique, et pour finir du développement des institutions en tant que conditions de possibilité de la *theôria* (ou *vita contemplativa*). Ces caractéristiques de l'historicité sont à coup sûr totalement différentes de celles qu'avait retenues Marx, elles en prennent même exactement le contre-pied. Mais précisément pour cette raison nous sommes là dans le champ de la véritable (et interminable) confrontation avec Marx (dont sa présentation explicite très simplifiée ressemble plutôt à une caricature) : une *praxis* contre une autre, à ceci près que le mot est, pour des raisons contextuelles autant que symboliques, « barré ».

4. L'originalité de la « Praxis » de Wittgenstein

Finalement, le seul des grands protagonistes de l'aventure philosophique du XXe siècle chez qui le terme de *Praxis*, même s'il n'est pas à proprement parler thématisé, remplisse une fonction significative et originale, est Wittgenstein. Il s'agit pour lui, bien entendu, d'un mot allemand, apparemment banalisé. C'est pour les lecteurs que nous sommes, pétris d'histoire de la philosophie et engagés dans diverses confrontations idéologiques, que se pose le problème de sa relation avec les significations aristotélicienne, kantienne, post-kantienne, marxiste.

Pour Wittgenstein, le mot renvoie d'abord à l'usage du langage, qu'il oppose dans sa seconde philosophie à sa logicisation de la langue opérée dans le *Tractatus logico-philosophicus* : « *Dies ist leicht zu sehen, wenn Du ansiehst, welche Rolle das Wort im Gebrauche der Sprache spielt, ich meine, in der ganzen Praxis der Sprache* (Il est aisé de s'en apercevoir, quand on voit le rôle que joue le mot dans l'usage du langage, je veux dire, dans la pratique du langage prise comme un tout) » (*Eine philosophische Betrachtung*, p. 157). Wittgenstein parle aussi constamment de « pratique du jeu de langage » : « *die Praxis des Sprachspiels* ». La seconde philosophie constitue donc pour Wittgenstein un passage de la théorie à la pratique (le terme *praktisch* revient constamment), par l'attention portée au jeu de langage (« *in der täglichen Praxis des Spielens* [dans la pratique quotidienne du jeu] », *Bemerkungen über die Grundlagen der Mathematik*, p. 88) et aux usages effectifs, « quotidiens ». Il est intéressant que dans le *Brown Book*, quasiment une version anglaise de *Eine philosophische Betrachtung*, Wittgenstein emploie systématiquement *practice* comme équivalent de *Praxis*.

La *Praxis* se définit aussi comme le contexte qui donne sens aux mots : « *Nur in der Praxis einer Sprache kann ein Wort Bedeutung haben* [Ce n'est que dans la pratique du langage qu'un mot peut avoir une signification] » (*Bemerkungen...*, p. 344) ; « *Die Praxis gibt den Worten ihren Sinn* [La pratique donne aux mots leur sens] » (*Remarques sur les couleurs*, IIIe partie, p. 317). La nature de ce contexte est ce qui est constamment en discussion chez les wittgensteiniens et postwittgensteiniens : contexte langagier ou social, institutionnel (cf. Searle, Barwise) ? Les sociologues des sciences (D. Bloor) et ethnométhodologistes font ainsi un grand usage de Wittgenstein dans leurs argumentations qui visent à inscrire la connaissance dans des pratiques sociales.

Mais c'est dans sa réflexion sur la règle que la notion intervient de façon la plus spécifique. L'idée de *praxis* indique en effet la répétition inhérente à la règle, comme à tout usage : il n'y a pas pour Wittgenstein de règle qui ne serait appliquée qu'une seule fois : « *Ist, was wir "einer Regel folgen" nennen, etwas, was nur ein Mensch, nur einmal im Leben, tun könnte ?* [Est-ce que ce que nous appelons "suivre une règle" est quelque chose que pourrait faire un seul homme, une seule fois dans sa vie ?] » (*Philosophische Untersuchungen*, § 199) ; « *Um das Phänomen der Sprache zu beschreiben, muß man eine Praxis beschreiben, nicht einen einmaligen Vorgang* [Pour décrire le phénomène du langage, on doit décrire une pratique, et pas un processus qui aurait lieu une seule fois] » (*Bemerkungen...*, p. 335). Au § 202 des *Philosophische Untersuchungen* (*Recherches philosophiques*), Wittgenstein énonce que « suivre la règle est une pratique (*eine Praxis*) » et non pas une « interprétation » (*Deutung*). Et un peu avant, au § 199, il avait indiqué qu'il y a toutes sortes de pratiques, dont « suivre une règle » fait partie. Cela veut dire non pas que toute pratique est gouvernée par des règles, mais inversement que la signification des systèmes de règles (ou d'instructions, de « consignes » : *Regel*, traduit en anglais par *rule*) ne peut être complètement décrite sans faire référence aux connexions qui s'établissent entre différentes « pratiques » auxquelles elles appartiennent ainsi qu'entre ces pratiques et des « formes de vie » (*Lebensformen*) déterminés, bien qu'indéfiniment variés, attribuables soit à des individus soit à des groupes.

À vrai dire le mot « pratique » (*practice*) ne suffit pas à rendre la plasticité de cet horizon de réalité et d'exercice quotidien auquel Wittgenstein renvoie ici les apories philosophiques de la signification et de la modalité (comment penser la contingence de la nécessité des règles ?). Il faut aussi ceux d'action ou activité (all. *Tätigkeit*, angl. *activity*) et surtout d'usage (*use, Gebrauch* : « *In der Praxis des Gebrauchs der Sprache* [Dans la pratique de l'usage du langage] », *Philosophische Untersuchungen*, § 140), à la fois au sens où on use d'un instrument et au sens où on se conforme à une tradition (à moins qu'on ne la transgresse). On « ne comprend pas » d'abord le sens d'une règle pour, ensuite, éventuellement, « l'appliquer » : mais on en « use ». « *The use of the word* in practice *is its meaning* [L'usage du mot *en pratique* est sa signification] » (*The Brown Book*, p. 68). La *praxis* alors n'est pas seulement descendue dans « l'ici-bas », elle s'est disséminée dans la multiplicité des expériences communes qui enveloppent l'activité discursive. Dès le *Tractatus logico-philosophicus*, la philosophie est définie comme activité et non comme théorie : « *Die Philosophie ist keine Lehre, sondern eine Tätigkeit. Ein philosophisches Werk besteht wesentlich aus Erläuterungen* [La philosophie n'est pas une doctrine, mais une activité. Une œuvre philosophique consiste essentiellement en élucidations] » (4. 112). Le travail d'élucidation définit l'activité de philosopher, et définit par là la valeur éthique du *Tractatus* — ou comme on le dit souvent de Wittgenstein, sa « thérapeutique » de la pensée, qui se poursuit ainsi d'une autre façon dans la seconde philosophie par l'émergence de *Praxis*. Le terme de *Praxis* est plus présent chez Wittgenstein que celui de thérapie, lequel n'apparaît qu'une fois dans l'ensemble de l'œuvre, et même que celui d'activité : *Tätigkeit*, qu'on trouve encore dans les textes de la période intermédiaire (« *Das Denken heißt eine Tätigkeit* [Penser est une activité] », *Philosophische Grammatik*, p. 172) mais qui est ensuite supplanté par *Praxis*.

Deux remarques enfin. D'abord, replacée dans la dépendance de la *Praxis* qui la met en œuvre, la « règle » ne tombe plus exactement sous le coup de la grande opposition métaphysique entre *proposition* descriptive, assertion, et *impératif*, prescription. La distinction du théorique et du normatif est relativisée, ce qui facilite la rencontre avec des problématiques de la « pratique discursive », du *speech act* ou de l'effet de vérité. Ensuite, et par voie de conséquence, la confrontation la plus pertinente, au bout du compte, est celle qui s'établit non avec Aristote ou avec Marx, mais avec Kant. Celui-ci avait écrit dans la *Critique de la raison pratique* : « La règle pratique est en tout temps un produit de la raison parce qu'elle *prescrit l'action* (*vorschreibt die Handlung*) comme moyen d'arriver à l'effet qui est un but » (trad. fr. F. Picavet, PUF, 1943 ; 3e éd., 1960, p. 18 ; in *AK*, t. 5, p. 20). Chez Wittgenstein, la « règle », avant de prescrire une action ou son but, doit être énoncée dans le contexte d'une action, c'est-à-dire d'un usage, d'une pratique ou *praxis*. Sinon elle n'aura aucune effectivité, et par conséquent aucun « sens ». C'est ici sans doute que, malgré toutes les différences, des rapprochements pourraient être tentés avec d'autres problématiques de l'usage (comme celle de Foucault : « usage des plaisirs ») ou de l'activité (comme celle des « ergologues » dont parle Yves Schwartz). Mais Wittgenstein est le seul à parler de *praxis*, dans une superbe ignorance de l'équivocité historiquement acquise de la notion.

Étienne BALIBAR, Barbara CASSIN,
Sandra LAUGIER

BIBLIOGRAPHIE

BACON Francis, *The Philosophical Works of Francis Bacon, baron of Verulam* [...], *reprinted from the texts and translations, with the notes and prefaces of Ellis and Spedding*, éd. et intr. J.M. Robertson, Londres, Routledge, 1905.

BENSUSSAN Gérard, *Moses Hess, la philosophie, le socialisme (1836-1845)*, PUF, 1985.

CIESZKOWSKI August von, *Prolegomena zur Historiosophie* [1838] ; trad. fr. M. Jacob, Champ Libre, 1973.

COMTE Auguste, *Œuvres choisies*, avec une intr. de H. Gouhier, Aubier-Montaigne, 1943.

DE GIOVANNI Biagio, *Marx e la costituzione della Praxis*, Bologna, Capelli, 1984.

ENGELS Friedrich, *Ludwig Feuerbach und der Ausgang der klassischen deutschen Philosophie* [1888] ; trad. fr., Éd. Sociales, 1980.

GRAMSCI Antonio, *Quaderni del carcere*, a cura di Valentino Gerratana, Einaudi, Turin, 1975 (pagination continue), 4 vol.

HABERMAS Jürgen, *Theorie und Praxis. Sozialphilosophische Studien*, Neuwied, Hermann Luchterhand, 1963 ; trad. fr. et intr. G. Raulet, Payot, 1963.

— *Theorie des kommunikativen Handelns*, Francfort, Suhrkamp Verlag, 1981 ; trad. fr. J.-M. Ferry, Fayard, 1997, 2002.

HESS Moses, *Berlin, Paris, Londres (La Triarchie européenne)*, trad. fr. et prés. par M. Espagne, Tusson, Éd. du Lérot, 1988.

— *L'Argent*, précédé de *Les Figures juives de Marx*, par E. de Fontenay, Galilée, 1973.

HÖFFE Otfried, *Praktische Philosophie. Das Modell des Aritoteles*, Munich-Salzbourg, Pustet, 1971.

JAMES William, *Pragmatism, a New Name for Some Old Ways of Thinking: Popular Lectures on Philosophy*, New York, 1907 ; Londres, Longmans-Green, 1925.

LABICA Georges, *Karl Marx. Les Thèses sur Feuerbach*, PUF, « Philosophies », 1987.

LUKÁCS Georg, *Histoire et Conscience de classe* (1823), trad. fr. J. Bois, préf. K. Axelos, Minuit, 1960 ; nouv. éd. 1974.

MACHEREY Pierre, *Comte. La Philosophie et les Sciences*, PUF, 1989.

MARX Karl, *Œuvres philosophiques*, prés. M. Rubel, Gallimard, « La Pléiade », 1982.

SARTRE Jean-Paul, *Critique de la raison dialectique*, précédé de *Questions de méthode*, t. 1 et 2, Gallimard, 1960 et 1985.

SCHWARTZ Yves, « Philosophie et ergologie », *Bulletin de la Société française de philosophie*, Séance du 22 janvier 2000, 94e année, 2, avril-juin 2000.

TOSEL André, *Praxis. Vers une refondation en philosophie marxiste*, Éd. sociales, 1984.

VÉRIN Hélène, *Entrepreneurs, Entreprise. Histoire d'une idée*, PUF, 1982.

WEIL Éric, « Pratique et praxis », *Encyclopædia Universalis*, 1973.

WITTGENSTEIN Ludwig, *Tractatus Logico-Philosophicus*, Londres, Routledge & Kegan Paul, 1961 ; trad. fr. P. Klossowski, Gallimard, 1961 ; trad. fr. G.G. Granger, Gallimard, 1993.

— *Philosophische Untersuchungen / Philosophical Investigations*, éd. bilingue all./angl., éd. et trad. angl. G.E.M. Anscombe, Oxford, Basil Blackwell, 1953, rééd. 2000 ; trad. fr. P. Klossowski, Gallimard, 1961.

— *Eine philosophische Betrachtung*, Rush Rhees, in *Werkausgabe*, Francfort, Suhrkamp, 1970, vol. 5, p. 117-237 ; copyright Basil Blackwell, Oxford, 1969.

— *The Blue and Brown Books*, Oxford, Basil Blackwell, 1958 ; trad. fr. M. Goldberg et J. Sackur, Gallimard, 1996.

— *Bemerkungen über die Grundlagen der Mathematik*, rev. et augm. G.E.M. Anscombe, R. Rhees et G.H. von Wright (éd)., in *Werkausgabe*, vol. 6, Francfort, Suhrkamp, 1974 ; copyright Basil Blackwell, Oxford, 1956.

OUTILS

ALEMBERT Jean Le Rond d' et DIDEROT Denis, *Encyclopédie ou Dictionnaire raisonné des sciences, des arts et des métiers*, Paris, Briasson, 1751-1780, nouv. éd. en fac-similé, Stuttgart-Bad Cannstatt, Frommann, 1966-1988.

EISLER Rudolf, *Kant-lexikon* [1926-1930], repr. Hildesheim, Olms, 1961; trad. fr. augm. A.-D. Balmès et P. Osmo, Gallimard, 1994.

LABICA Georges et BENSUSSAN Gérard (dir.), *Dictionnaire critique du marxisme*, PUF, 1982, 2e éd., 1985, *s.v.* « Pratique » (A. Tosel) et « Praxis » (G. Bensussan et S. Mercier-Josa).

PRÉDICABLE

gr. ***katêgoroumenon*** [κατηγορούμενον]
lat. ***praedicabile***

► *CATÉGORIE, CHOSE, ÊTRE,* ESSENCE, LOGOS, PARONYME, PRÉDICATION, PROPRIÉTÉ, SUJET, SUPPOSITION, SYNCATÉGORÈME, TO TI ÊN EINAI, UNIVERSAUX

Une certaine confusion règne chez les traducteurs d'Aristote, s'agissant des termes fondamentaux de l'onto-logique : katêgoroumenon [κατηγορούμενον], katêgorêma [κατηγόρημα] *et* katêgoria [κατηγορία]. *Si, se fondant sur quelques flottements réels du texte aristotélicien, J. Tricot les considère comme pratiquement synonymes, il semble, cependant, préférable de les distinguer en principe de manière stricte, conformément à un certain usage médiéval, en réservant « prédicable », lat.* praedicabile, *à* katêgoroumenon, *« catégorème », lat.* categorema *(vs « syncatégorème ») à katêgorêma (voir* SYNCATÉGORÈME*), et « catégorie » ou « prédicament », lat.* categoria, praedicamentum *(voir* CATÉGORIES*) à* katêgoria. *Cette clarification fait en un sens violence aux textes, car il est clair que le grec* katêgoroumenon *signifie aussi bien « prédicat » que « prédicable ». Cependant, la logique et l'ontologie modernes parlent plus le latin (c'est-à-dire le franco-latin, l'anglo-latin, le germano-latin, etc.) que le grec, et l'on ne peut tenir pour négligeables les décisions prises depuis le VI*e *siècle par la « romanité » pour « enrégimenter » l'idiome technique aristotélico-porphyrien. Le terme* praedicabile *a été introduit par Boèce dans sa traduction de l'*Isagoge *de Porphyre, pour rendre* katêgoroumenon *rendu auparavant par* appellativus *chez Marius Victorinus, premier traducteur de l'ouvrage. S'il n'est pas toujours facile de reconnaître chez Aristote la distinction marquée par Porphyre entre « prédicat » et « prédicable » (on verra que certains médiévaux ne la considèrent pas comme pertinente), cette distinction existe chez le Stagirite et elle est parfaitement thématisée dès les* Catégories. *Il faut s'y rendre attentif pour prendre la mesure exacte de l'horizon, des fondements et des enjeux du débat entre nominalisme et réalisme du Moyen Âge à nos jours : celui-ci, supposant, aujourd'hui comme hier, la réification des relations entre « prédicables » (c'est-à-dire la « réalisation » de l'Arbre de Porphyre), celui-là, la neutralisation de la différence entre* praedicamentum *et* praedicabile.

I. PRÉDICAT ET PRÉDICABLE

Dans les *Catégories* (1b 10-12), une fois posée la classification des quatre sortes d'étants — substances secondes, substances premières, accidents universels, accidents particuliers — tirée par combinatoire des relations *kath' hupokeimenou legesthai* [καθ' ὑποκειμένου λέγεσθαι] (« être dit d'un sujet ») et *en hupokeimenôi einai* [ἐν ὑποκειμένῳ εἶναι] (« être dans un sujet »), qui constitue l'inventaire complet des « choses qu'il y a », Aristote formule une règle générale selon laquelle « lorsque quelque chose est prédiqué (*katêgoreitai* [κατηγορεῖται]) d'autre chose *comme d'un sujet* (*hôs kath' hupokeimenou* [ὡς καθ' ὑποκειμένου]), tout ce qui est dit (*legetai* [λέγεται]) du prédicable (*katêgoroumenou* [κατηγορουμένου]) sera dit (ῥηθήσεται) aussi de [ce] sujet (*hupokeimenou* [ὑποκειμένου]) ». L'expression « être prédiqué d'une chose comme d'un sujet » ne signifie pas « être attribué à un sujet » au sens où l'on dit que, dans une proposition, le prédicat est attribué au sujet logique par le biais d'une copule (« *S est P* »), mais la relation existant entre un « prédicable » et ce qui lui est « sub-jecté » dans l'ordre sériel que constitue un genre — le type même de relation qui sera articulé dans ce que l'on appelle l'« Arbre de Porphyre ». Pour illustrer cette loi générale, Aristote prend deux exemples (1b 12-15) : celui d'« homme », prédiqué de « cet homme-ci » (un homme), et celui d'« animal » qui, en fonction de la règle, se prédique lui aussi de l'homme individuel, puisque l'homme individuel est à la fois homme et animal. Le sens de la règle est que, quand une chose — l'homme (une espèce) — se prédique d'une autre — l'homme individuel (une substance première) — « comme d'un sujet », ce qui se prédique d'elle — l'animal (un genre) — se prédique et d'elle et de son sujet. Pour présenter cette règle, Aristote n'emploie pas les termes « genre » et « espèce », mais c'est bien cela qu'il vise, comme en témoigne la formulation définitive du chapitre 5 des *Catégories* (3b 2-7), fondée sur la formule générale de 1b 10-12 : « Le genre se prédique de l'espèce et de tout ce dont l'espèce se prédique. »

Dans son *Commentaire* « par questions et réponses » sur les *Catégories*, Porphyre explique le sens de l'expression « être prédiqué d'une chose comme d'un sujet ». « Être prédiqué d'une chose comme d'un sujet » signifie « en être énoncé comme faisant partie de son essence » ou comme « constituant son essence » (A. Busse, p. 80, 5 *sq.*). Il y a donc une distinction claire entre le « prédicat » au sens logique du terme, la partie prédicative d'une proposition, et « ce qui se prédique » au sens du « prédicable ». Dans une proposition comme « Socrate marche », le terme « marche » est prédiqué du terme « Socrate » (qui est le sujet logico-grammatical de la phrase), mais il n'en est pas « prédiqué comme d'un sujet », car il n'exprime pas un constituant de son essence. En revanche, comme le souligne Porphyre, dans « Socrate est [un] homme », « homme » est prédiqué de « Socrate » *comme d'un sujet*, car, si l'on pose la question : « Qu'est-ce que Socrate ? », la réponse correcte (c'est-à-dire le *logos* [λόγος] exprimant son être) est : « C'est un homme. » Dans « Socrate est un homme », « homme » est donc à la fois prédicat et prédicable. Ce que vise Aristote en 1b 10-15 est donc une relation de « prédicabilité » fondée sur une autre relation, la « subordination », qui veut que ce qui est prédiqué d'un prédicable Y comme d'un sujet se prédique aussi de ce dont Y se prédique comme d'un sujet individuel X. Le schéma complet de la relation de prédicabilité, correspondant aux relations verticales fixées sur l'Arbre de Porphyre, est donc :

Z ⇨Y
Y ⇨X
Z ⇨X

(où 'Z' désigne un genre, 'Y' : une espèce, 'X' : un individu, et '⇨' : la relation « se prédiquer de ... comme d'un sujet »). Ce dispositif articule, à l'intérieur d'un même genre, des entités ontologiquement subordonnées les unes aux autres (X est subordonné à Y, qui est subordonné à Z). La même thèse est exprimée dans l'*Isagoge* II, § 14 : « [...] de tout ce dont l'espèce se prédique, de cela, de toute nécessité, sera prédiqué aussi le genre de l'espèce, etc. »

Dans le même Commentaire, Porphyre définit ensuite les trois « prédicables » impliqués dans la relation de subordination :

> df Genre : Genre signifie *ce qui est prédicable de plusieurs différant par l'espèce, relativement à la question : « qu'est-ce que c'est ? »*
> [(...) τὸ κατὰ πλειόνων καὶ διαφερόντων τῷ εἴδει ἐν τῷ τί ἐστι κατηγορούμενον]
>
> Busse, p. 82, 6-7.

> df Espèce : Espèce signifie *ce qui est prédicable de plusieurs différant par le nombre, relativement à la question : « qu'est-ce que c'est ? »*
> [(...) τὸ κατὰ πλειόνων καὶ διαφερόντων τῷ ἀριθμῷ ἐν τῷ τί ἐστι κατηγορούμενον]
>
> *ibid.*, p. 82, 10-1.

> df Différence : Une différence est ce qui est prédiqué de plusieurs différant par l'espèce, relativement à la question : « comment est la chose ?»
> [(...) τὸ κατὰ πλειόνων καὶ διαφερόντων τῷ εἴδει ἐν τῷ ποῖόν τί ἐστι κατηγορούμενον]
>
> *ibid.*, p. 82, 19-20.

Sur cette base, il analyse la relation existant entre *essence*, *animal* et *homme* — l'essence n'est subordonnée à rien, car elle est « tout en haut » (il n'y a rien d'antérieur à elle) ; l'animal est espèce par rapport à l'essence et genre par rapport à l'homme ; l'homme est espèce par rapport à l'animal et à l'essence —, puis il précise que la relation entre les trois est déterminée par la règle qui stipule que ce qui est « plus haut » se prédique de ce qui est « plus bas » « synonymiquement » (*sunônumôs* [συνωνύμως]), terme clé de la théorie aristotélicienne de la prédication. Puis, il introduit une distinction entre différences « constitutives » (*sustatikai* [συστατικαί]) et différences « diviseuses » (*diairetikai* [διαιρετικαί]). Cet ensemble constitue le fondement de ce que l'« arbre de Porphyre » présente pour l'analyse du genre « substance » ou « essence ».

II. LES CINQ PRÉDICABLES

En dehors des éléments transmis par les *Catégories*, la théorie des prédicables est exposée par Aristote dans les *Topiques* : I, 4, donne leur « division » ; I, 5, leur « définition » ; I, 8, la justification de cette division ; I, 6, VI, 1 et VII, 5, l'analyse de leurs relations. La liste aritotélicienne des prédicables comprend quatre entrées : définition, propre, genre, accident (ὁρισμός, ἴδιος, γένος, συμβεβηκός). Celle de Porphyre en comprend, en revanche, cinq : genre, espèce, différence, propre et accident (γένος, εἶδος, διαφορά, ἴδιος, συμβεβηκός). Les « prédicables » ainsi entendus n'ont donc rien de commun avec ce que Kant appelle *Prädicabilien des reinen Verstandes* (« Prédicables de l'entendement pur ») : concepts *a priori* dérivés des prédicaments ou catégories, comme l'action ou la passion, tirés de la causalité, ou le changement, tiré de la modalité.

Si l'on juxtapose les listes d'Aristote et de Porphyre, on voit que l'*Isagoge* remanie doublement la division d'Aristote : (1) en substituant la différence à la définition ; (2) en ajoutant l'espèce à la liste initiale.

Les commentateurs médiévaux n'ont pas manqué de souligner cette élimination de la définition. Dans sa *Somme de logique*, Guillaume d'Ockham rétablit pour elle un chapitre spécial, à la fin de l'analyse des « cinq prédicables de Porphyre ». Il ajoute même trois chapitres sur la description, la définition descriptive et les termes « défini » et « décrit », fondés sur la *Dialectica* de Jean Damascène. Par là, il renoue, à distance, avec une pièce centrale de l'exégèse néoplatonicienne, où la distinction entre *orismos* [ὁρισμός] (« définition »), *logos* [λόγος] (« énoncé, formule ») et *hupographê* [ὑπογραφή] (« description »), non explicitée dans l'*Isagoge* (tout en y étant employée), est l'objet d'une soigneuse élaboration (cf. Guillaume d'Ockham, *Summa logicae*, I, 26-29, trad. fr. J. Biard, p. 88-95).

Aristote lui-même tire sa liste d'une première liste remaniée par ses soins : la liste finale des *Topiques* est l'élaboration d'une première grille à quatre termes comprenant genre, propre, accident, différence, qu'Aristote, modifie (1) en réduisant la différence au genre : « Ne parlons pas de la différence, car étant de nature générique, elle doit être rangée sous la même rubrique que le genre » (*Topiques*, I, 4, 101b 18-19) ; (2) en décomposant le propre en deux parties, l'une qui, signifiant « l'essentiel de l'essence » (*to ti ên einai* [τὸ τί ἦν εἶναι]), est la définition, l'autre qui, ne le signifiant pas, est seule appelée « propre » (*to idion* [τὸ ἴδιον]).

En rétablissant la « différence » dans sa liste, l'*Isagoge* combine les deux listes d'Aristote, en analysant la définition, éliminée de la nouvelle liste, en ses deux constituants : le genre et la différence. L'introduction de l'espèce à côté du genre, de la différence, du propre et de l'accident est un changement de perspective par rapport aux *Topiques*, critiqué par certains interprètes. Dans son livre sur Aristote, David Ross critique sévèrement l'initiative de Porphyre : « [...] Porphyre a introduit une confusion irrémédiable dans la classification aristotélicienne en attribuant à l'espèce le statut de cinquième prédicable » (W.D. Ross, *Aristotle*, Londres, Methuen, 2e éd., 1930, p. 57). Cette modification s'explique, cependant, aisément : l'*Isagoge* est une *Introduction aux Catégories*, qui a pour fonction d'expliciter, dans les limites du *skopos* [σκοπός] (« sujet ») des *Catégories*, les éléments d'ontologie qu'elles recèlent. Or, on l'a vu, la relation genre-espèce-différence-individu en est l'épine dorsale. En faisant le choix de l'espèce, Porphyre se conforme à son travail d'exégète : il troque la perspective des *Topiques* contre celle des *Catégories*. Dans les *Topiques*, Aristote n'examine que les propositions (prémisses ou problèmes) ayant pour sujet un terme général : l'espèce ne figure donc pas dans sa liste ; dans l'*Isagoge*, en revanche, Porphyre ajoute les propositions ayant pour sujet un terme individuel : l'espèce figure donc nécessairement dans sa liste. Cet élargissement de la typologie des propositions résulte d'une décision ontologique : Porphyre opère une platonisation de la théorie aristotélicienne des prédicables telle qu'elle est exprimée dans les *Topiques*. Cette platonisation est cependant conforme au contenu théorique des *Catégories*. Porphyre ne platonise Aristote que là où il est encore platonicien ou, à tout le moins, « platonisable ».

Ayant déjà mentionné les définitions du genre, de l'espèce et de la différence, proposées dans le *Commentaire* des *Catégories* (Busse, p. 82) nous ne citerons ici, de l'*Isagoge*, que celles du propre et de l'accident.

> df Propre : [Le propre est] *ce qui appartient à une espèce seulement* [...] ce sont justement ces [traits] qui, selon [les philosophes] sont appelés propres au sens strict, parce qu'ils peuvent être convertis.
>
> Grec : [...] καὶ γὰρ ὃ μόνῳ τινὶ εἴδει [...] ταῦτα δὲ καὶ κυρίως ἴδιά φασιν, ὅτι καὶ ἀντιστρέφει.
>
> Boèce : [...] *et id quod soli alicui speciei* [...] *Haec autem proprie propria perhibent esse, quoniam etiam convertuntur.*
>
> df1 Accident : L'accident est ce qui peut appartenir ou ne pas appartenir à la même chose.
>
> df2 Accident : ou bien ce qui n'est ni genre, ni différence, ni espèce, ni propre, mais qui est toujours subsistant dans un sujet.
>
> Grec : συμβεβηκός ἐστιν ὃ ἐνδέχεται τῷ αὐτῷ ὑπάρχειν ἢ μὴ ὑπάρχειν, ἢ ὃ οὔτε γένος ἐστὶν οὔτε διαφορὰ οὔτε εἶδος οὔτε ἴδιον, ἀεὶ δέ ἐστιν ἐν ὑποκειμένῳ ὑφιστάμενον.
>
> Boèce : *Definitur autem sic quoque : accidens est quod contingit eidem esse et non esse, vel quod neque genus neque differentia neque species neque proprium, semper autem est in subiecto subsistens.*

La définition df2 Accident chez Porphyre correspond à df1 Accident chez Aristote, qui, dans les *Topiques*, donne lui aussi deux définitions :

> df1 Accident : Est accident ce qui, sans rien être de tout cela, ni définition, ni propre, ni genre, appartient pourtant à la chose.
>
> *Topiques*, I, 5, 102b 4-5.
>
> df2 Accident : Et aussi : ce qui peut appartenir et ne pas appartenir à la même chose, quelle qu'elle soit
>
> *Topiques*, I, 5, 102b 6-7.

1

« Inhaerere »/« inesse » : les ambiguïtés de l'expression de l'inhérence

► PRÉDICATION (encadré 4, « Copule [*copula*]) »), TERME

Le français « inhérer » est utilisé pour rendre deux verbes latins *inhaerere* et *inesse* sans qu'on prête attention au fait qu'ils peuvent recouvrir des significations différentes. Dans les textes médiévaux *inesse* est utilisé pour indiquer le fait pour un accident d'être dans un substrat, *inhaerere* étant généralement employé dans le contexte logique de la prédication, pour indiquer la qualité signifiée par le prédicat en tant qu'elle est attribuée au sujet, qu'elle est signifiée comme étant dans le sujet.

La distinction semble remonter à Boèce, et aux développements qu'en propose Abélard. Boèce utilise de manière générale le verbe *inesse* pour décrire l'inhérence d'un accident, d'une qualité par exemple, dans un sujet. Le verbe peut donc signifier un accident qui inhère (*inest*) dans un sujet. Voir par exemple :

> *Dicit autem esse verbum semper eorum quae de altero praedicantur notam, quod huiusmodi est ac si diceret nihil aliud nisi accidentia verba significare. Omne enim verbum aliquod accidens designat. Cum enim dico: « cursus », ipsum quidem est accidens sed non ita dicitur ut id alicui inesse vel non inesse dicatur. Si autem dixero: « currit », tunc ipsum accidens in alicuius actione proponens alicui inesse significo.*
>
> [Il dit que le verbe est toujours la marque de ce qui est prédiqué de l'autre terme, et c'est comme s'il disait que les verbes ne peuvent signifier que des accidents. Tout verbe signifie en effet un accident. En effet, quand je dis : « course », c'est un accident, mais il n'est pas tel qu'on le dit être dans (*inesse*) ou ne pas être dans. Mais si je dis « il court », alors je signifie comme étant en quelqu'un l'accident que je pose en [considérant] son action.]
>
> Boèce, *Commentarii in librum Aristotelis Peri Hermeneias*, éd. C. Meiser, secunda editio, p. 67.

Mais il utilise le verbe *inhaerere*, à plusieurs reprises, dans son *De differentiis topicis*, pour décrire les relations existant entre des termes, entre le « terme sujet » et le « terme prédicat » :

> *In praedicativa quaestione dubitatur an subiecto termino praedicatus in inhaereat.*
>
> [Dans une question prédicative, on se demande si le prédicat inhère au terme sujet.]
>
> 1177B.

La question consiste ici à déterminer, dans une proposition donnée, quel est celui des quatre « modes d'inhérence » selon lequel le terme prédicat est prédiqué du terme sujet (*quisnam modus sit quattuor inhaerendi*, 1186C), c'est-à-dire si le prédicat est prédiqué du sujet en tant que genre, définition, propre ou différence (1178A-B). Bien qu'il utilise bien *inhaerere* pour les relations entre termes, cette relation semble dépendre d'une relation réelle, qu'il indique par le verbe *inesse* :

> On ne se demande rien d'autre, dans les questions prédicatives, que si le sujet inhère (*inhaereat*) au prédicat. Et s'il est-dans (*inesse*), on doit se demander s'il est-dans en tant que genre, accident, propre ou définition. Et s'il n'est-pas-dans, la question disparaît. En effet, ce qui n'est-pas-dans, ne le fait ni comme accident, ni comme définition, ni comme genre, ni comme propre. Mais s'il s'avère qu'il est-dans, la question reste entière, de déterminer lequel des quatres modes d'inhérence (*modus inhaerendi*) est en jeu.
>
> 1186C.

Abélard va s'attacher à clarifier cette confusion terminologique, dans son commentaire sur ces passages. En tant que nominaliste, il distingue très clairement les relations réelles entre choses, et les relations entre termes, qui

> Grec : Συμβεβηκὸς δέ ἐστιν ὃ μηδὲν μὲν τούτων ἐστί, μήτε ὅρος μήτε ἴδιον μήτε γένος, ὑπάρχει δὲ τῷ πράγματι· καὶ ὃ ἐνδέχεται ὑπάρχειν ὁτῳοῦν ἑνὶ καὶ τῷ αὐτῷ καὶ μὴ ὑπάρχειν.
>
> Boèce : *Accidens autem est quod nichil horum est, neque diffinitio neque proprium neque genus, inest autem rei et contingit inesse cuilibet uni et eidem et non inesse.*
>
> *transl. Boethii*, in *Aristoteles Latinus*, V, 1-3, Topica, éd. Minio-Paluello, Bruxelles-Paris, Desclée de Brouwer, 1969, p. 11, 1-2.

Elle s'en distingue par l'adjonction de *aei de estin en hupokeimenôi huphistamnenon* [ἀεὶ δέ ἐστιν ἐν ὑποκειμένῳ ὑφιστάμενον] (« mais qui est toujours subsistant dans un sujet »), qui posera de nombreux problèmes aux médiévaux.

III. PRÉDICABLE ET UNIVERSEL

La distinction entre « prédicable » et « universel » est délicate à formuler. En un sens, il n'y a aucune différence entre ces termes, puisque tous deux désignent les cinq entités, qui ont également reçu, dans la tradition, le titre de « cinq voix » : πέντε φωναί, extrapolé d'une des têtes de chapitres de l'*Isagoge* sur les « propriétés communes des cinq voix » (*Peri tês koinônias tôn pente phônôn* [Περὶ τῆς κοινωνίας τῶν πέντε φωνῶν]). Ces cinq entités — Apulée (Thomas, p. 182, 4-14) parle de cinq *significationes*, Marius Victorinus de *partes* ou de *res*, Boèce, dans la première édition de son commentaire sur l'*Isagoge* parle également de *res* — étant universellement prédicables, il peut sembler oiseux de distinguer à leur sujet entre « prédicable » et « universel ». Les logiciens terministes du XIIIe siècle posent, toutefois, une série de définitions, qui justifient pleinement, du point de vue réaliste qui est le leur, une distinction entre les deux vocables. « Prédicable » a, selon eux, deux sens : au sens propre est un « prédicable » ce qui « se prédique de plusieurs [choses] » ; au sens large, est un « prédicable » ce qui « se prédique d'une chose ou de plusieurs [choses] ». « Prédicable » et « universel » sont donc synonymes, au sens propre de « prédicable ». Ils se distinguent, cependant, l'un de l'autre, en ce que le prédicable est défini par l'« être-dit », tandis que l'universel l'est par l'« être [dans] » : « *differunt in hoc quod praedicabile definitur per* dici, *universale autem per* esse » (Pierre d'Espagne, *Tractatus*, II, § 1 ; éd. De Rijk, p. 17). Dans cette analyse, le prédicable est donc « ce qui est apte à être dit de plusieurs » (« *quod aptum natum est dici de pluribus* »), l'universel, « ce qui est apte à être en plusieurs » (« *quod aptum natum est esse in pluribus* »). Le premier est un terme; le second, une chose ou une propriété.

♦ Voir encadré 1.

1

constituent l'objet propre de la dialectique. Il va de ce fait distinguer entre une « inhérence des choses » (*inhaerentia rerum*) et une « inhérence des mots, des noms » (*inhaerentia vocum*), distinguant donc deux questions dans la question originale de Boèce, consistant à se demander « si le terme prédicat inhère au terme sujet ». L'« inhérence des choses » concerne les relations réelles entre choses : toute prédication indiquant un « couplage » des choses ou des essences (voir encadré 4, « Copule [*copula*] », dans PRÉDICATION), elle indique que ce qui est dénoté par le terme sujet est identique à ce qui est dénoté par le terme prédicat. Ces relations réelles ne sont donc pas marquées par l'être-dans » (*inesse*) mais par l'identité, puisque « dans toute affirmation prédicative on affirme que quelque chose *est* quelque chose » (*ibid.*, p. 276) :

> Dans les questions « Est-ce que Socrate est un homme » ou « Est-ce que Socrate est blanc » on se demande si le prédicat inhère (*inhaereat*) au sujet, c'est-à-dire si la chose du terme sujet est la chose du terme sujet, ou si elle est affectée par elle.
>
> *ibid.*, p. 275.

Ailleurs, il parlera de « cohérence » de deux matières (*cohaerentia*) dans le premier cas, et d'« adjacence » ou d'« adhérence » d'une forme à une matière dans le second (*Dialectica*, éd. De Rijk, p. 329). L'« inhérence des noms » concerne par contre les différents modes indiquant les relations entre les termes sujet et prédicat, par exemple des relations d'identité pour le propre ou la définition, de supériorité pour le genre, etc. En ce sens se demander si le prédicat inhère (*inhaereat*) au sujet, revient à s'interroger sur le mode dont il convient (*conveniat*) à celui-ci. Lorsque Boèce explique par exemple que « lorsque quelque chose est posé comme étant dans (*inesse*) quelque chose, il peut être supérieur [...] », il est clair, dit Abélard, que la question n'est pas de savoir si la chose *animal* est supérieure à la chose *homme*, puisqu'elles sont réellement identiques, mais de voir si, en disant « *homo est animal* », le terme « animal » est supérieur au terme « homme », ce qui détermine que le premier est genre par rapport au second, et il en va de même *mutatis mutandis* pour les trois autres prédicables. En fait, conclut-il, en posant cette question sur les modes d'inhérence, « Boèce a bien voulu parler des termes dont la proposition se compose, plutôt que des choses qu'elles signifient » (*Super Topica Glossae*, éd. Dal Pra, p. 270 ; cf. *Dialectica*, p. 165-166, *Super Porphyrium*, p. 58-59). La vérité de la proposition « la neige est blanche », dépend de relations réelles entre des choses ; pour déterminer si l'accident est-dans (*inest*) le sujet, on doit se demander si cette chose-ci (la neige) est identique à cette chose-là (ce blanc) et non pas à cette essence (la blancheur) ; mais les relations topiques dépendent de relations entre termes — et Abélard s'oppose ici ouvertement à son maître réaliste Guillaume de Champeaux, qui considérait qu'elles concernaient des relations réelles entre choses.

La distinction entre ces deux acceptions de la notion d'*inhaerere* est invoquée à propos d'autres questions. Par exemple en traitant des adverbes de modalité, Abélard explique qu'ils ne peuvent qualifier l'inhérence réelle (modalité *de sensu*, qu'on nommera ensuite *de re*), mais seulement l'inhérence vocale : en disant « *Socrates possibiliter est episcopus* » (Socrate peut être évêque), on ne peut parler de l'inhérence (ou « cohérence ») réelle de (l')évêque en Socrate (puisque Socrate est, au moment où on parle, un laïc), ce qui est encore plus manifeste avec l'exemple « *Socratem impossibile est esse lapidem* [il est impossible que Socrate soit une pierre] ». Contre Guillaume de Champeaux, partisan d'une interprétation des modalités *de dicto*, Abélard soutient que la modalité agit au plan de l'*enuntiatio*, et dit la manière dont le terme prédicat est joint au terme sujet (*Dialectica*, p. 191-198, *Super Peri hermeneias*, p. 484).

Irène ROSIER-CATACH

Le couple *dici de* vs *esse in* ne se superpose pas aux deux relations utilisées dans les *Catégories* pour engendrer les quatre classes de choses : substances premières et secondes, accidents particuliers et universels. Dans les *Catégories*, la relation *kath' hupokeimenou legesthai* [καθ' ὑποκειμένου λέγεσθαι] est la marque de l'universalité, *en hupokeimenôi einai* [ἐν ὑποκειμένῳ εἶναι], celle de l'accidentalité. Le sens des mots *dici* et *esse* dans la définition terministe est donc soit différent du sens aristotélicien, soit inadapté à la situation. Les nominalistes rejetteront, d'ailleurs, comme une erreur catégorielle l'emploi de la notion « être dans » à propos de l'universel.

Au XIVe siècle, la thèse terministe est redéfinie sur la base de la théorie de la supposition (voir SUPPOSITION). « Prédicable » et « universel » sont tous deux des termes métalogiques ou métalinguistiques désignant des termes, c'est-à-dire aussi des concepts ou des signes. Dans ses *Summulae* (en fait un commentaire des *Tractatus* de Pierre d'Espagne), Jean Buridan explique que « selon le sens littéral des mots », la thèse de Pierre est fausse. On ne peut dire que l'universel et le prédicable sont la même chose, mais seulement que les termes « universel » et « prédicable » sont convertibles. Ils se distinguent cependant « *secundum rationem* ». Dans l'explication qu'il donne de cette différence, Buridan, nominaliste, efface la distinction initialement marquée chez Aristote et Porphyre entre prédicat et prédicable. « Prédicat » (*praedicatum*) et « sujet » (*subjectum*) sont des termes relatifs. Il en va de même de « prédicable » (*praedicabile*) et de « subjectable » (*subicibile*). Un terme est dit « prédicable » en fonction (*ea ratione*) de ce qu'il est « apte de nature à être prédiqué d'un sujet » ; « subjectable », en fonction (*ea ratione*) de ce qu'il est « apte de nature à servir de sujet à un prédicat dans une proposition » ; « universel », en fonction (*ea ratione*) de ce qu'il « signifie indifféremment plusieurs choses et est apte à supposer pour plusieurs choses, sans égard au fait qu'il fonctionne comme sujet ou comme prédicat ». Pour Buridan, un terme universel ne se définit donc pas en tant que tel par l'*esse in*. Un universel n'« est en rien ». L'expression *esse in* doit être interprétée au sens d'« être prédiqué avec vérité et affirmativement ».

La même redéfinition métalinguistique de l'*esse in* en *praedicari vere et affirmative* figure chez Ockham. Dans son commentaire sur l'*Isagoge*, il n'est pas jusqu'au passage sur la « subsistance » de l'accident dans un sujet qui ne soit ainsi redéfini : selon lui, df2 Accident ne fait qu'expliciter df1Accident, car dans l'expression « *semper autem est in subjecto subsistens* », *subsistere* a le sens de *praedicari*. La signification de df2 Accident chez Porphyre est donc pour Ockham purement « logique », c'est-à-dire :

> df2 Accident : *omne praedicabile de multis, quod neque est genus neque species neque differentia neque proprium, et non praedicatur de omnibus sed de aliquibus praedicatur et de aliquibus non, est accidens, hoc est contingenter praedicabile.*
>
> [Tout ce qui est prédicable de plusieurs sujets qui n'est ni un genre ni une espèce ni une différence ni un propre, et qui n'est pas prédicable de tous les sujets mais est prédicable de certains et ne l'est pas d'autres, est prédicable de façon contingente.]
>
> *Expositio*, éd. Moody, p. 99, 30-34.

La neutralisation de la distinction entre prédicable et universel, au bénéfice du sens de « prédicable » (= un terme est universel quand il « signifie plusieurs choses »), est une caractéristique du nominalisme, qu'il soit médiéval ou moderne.

Alain de LIBERA

BIBLIOGRAPHIE

AMMONIUS, *Ammonii in Porphyrii Isagogen sive V voces*, éd. A. Busse, Berlin, G. Reimer, « CAG » IV, 3, 1891.

APULÉE, *Peri hermeneias*, éd. P. Thomas, Leipzig, Teubner, 1908.

ARISTOTE, *Catégories*, prés., trad. fr. et comm. F. Ildefonse et J. Lallot, Seuil, « Points Essais », 2002.

BARNES Jonathan, « Property in Aristotle's Topics », *Archiv für Geschichte der Philosophie*, 52, 1970, p. 136-155.

BRUNSCHWIG Jacques, « Introduction » à Aristote, *Topiques*, t. I, livres I-IV, Les Belles Lettres, « CUF », 1967, p. VII-CXLVIII.

— « Sur le système des "prédicables" dans les *Topiques* d'Aristote », in *Energeia*. Études aristotéliciennes offertes à Mgr Antonio Jannone (Centre international d'études platoniciennes et aristotéliciennes. Publications — Série « Recherches », 1), Vrin, 1986, p. 145-157.

BURIDANUS Johannes, *Summulae de praedicabilibus*, éd. L.M. De Rijk (Artistarium, 10-2), Nijmegen, Ingenium publishers, 1995.

CODE Alan, « Aristotle : Essence and Accident », *in* R. GRANDY et R. WARNER (éd.), *Philosophical Grounds of Rationality: Intentions, Categories, Ends*, Oxford, 1986, p. 411-439.

EBBESEN Sten, « Boethius as an Aristotelian Scholar », *in* J. WIESNER (éd.), *Aristoteles, Werk und Wirkung*, Berlin-New York, W. de Gruyter, 1987, t. 2, p. 286-311.

ELIAS, Eliae (olim David) in *Porphyrii Isagogen et Aristotelis Categorias Commentaria*, éd. A. Busse, Berlin, G. Reimer, « CAG », XVIII, 1, 1900.

GUILLAUME D'OCKHAM, *Expositionis in libros artis logicae proemium et expositio in librum Porphyrii de praedicabilibus*, éd. E.A. Moody, in *Opera philosophica*, II, St. Bonaventure (NY), The Franciscan Institute, 1978.

— *Somme de logique, Première partie*, trad. fr. J. Biard, Mauvezin, TER, 1988, 2e éd., 1993.

JEAN BURIDAN, *Summulae de praedicabilibus*, éd. L.M. De Rijk (Artistarium, 10-2), Nijmegen, Ingenium publishers, 1995.

PIERRE D'ESPAGNE, *Tractatus called afterwards « Summulae logicales »* , éd. L.M. De Rijk, Assen, Van Gorcum, 1972.

Porphyre. Isagoge, trad. fr. A. de Libera et A.-Ph. Segonds, intr. et notes A. de Libera, Vrin, « Sic et non », 1998.

— *Isagoges Fragmenta M. Victorino interprete*, éd. L. Minio-Paluello, ad. B.G. Dod, Bruges-Paris, Desclée de Brouwer, « *Aristoteles Latinus* » I, 6-7, 1966.

— *Isagoge, Translatio Boethii*, éd. L. Minio-Paluello, ad. B.G. Dod, Bruges-Paris, Desclée de Brouwer, « *Aristoteles Latinus* » I, 6-7, 1966.

— *Isagoge*, trad. angl. E.W. Warren, Toronto, The Pontifical Institute of Mediaeval Studies, « *Mediaeval Sources in Translation*, 16 », 1975.

SIMPLICIUS, *Commentaire sur les Catégories*, éd. K. Kalbfleisch, Berlin, G. Reimer, « CAG », VIII, 1907.

— *Commentaire sur les Catégories*, trad. comm. I. Hadot (dir.), Fasc. III, *Préambule aux Catégories*, trad. fr. Ph. Hoffmann, comm. C. Luna, Leiden-New York-Kobenhavn-Köln, Brill, « Philosophia Antiqua », LI/III, 1990.

PRÉDICATION, PRÉDIQUER, ATTRIBUER

gr.	*katêgoria* [κατηγορία], *katêgorô* [κατηγορῶ]
lat.	*praedicatio, praedicare*
all.	*Aussage, aussagen*
it.	*attribuzione, attribuire*

► ANALOGIE, *CATÉGORIE*, *CONCEPT* [BEGRIFF, CONCEPTUS], ESSENCE, ESTI, *ÊTRE*, HOMONYME, LOGOS, PARONYME, PRÉDICABLE, PROPOSITION, SUJET, SYNCATÉGORÈME, TERME, UNIVERSAUX

Prédication *désigne la forme logique par excellence : l'attribution d'un prédicat à un sujet effectuée dans une proposition — l'unité de base de la logique classique. La forme prédicative canonique définissant l'assemblage de deux concepts, sujet et prédicat, se présente traditionnellement comme la liaison de deux termes (ou « extrêmes ») au moyen d'une copule, lexicalisée par le verbe* être, *ce que l'on exprime par la formule « S est P ». Cette analyse est généralement référée à Aristote, partiellement à tort cependant. De fait, les trois expressions qui figurent chez lui pour désigner la prédication sont* huparkhein [ὑπάρχειν] *(« appartenir à »),* legesthai [λέγεσθαι] *(« être dit de »),* katêgoreisthai [κατηγορεῖσθαι] *(« se prédiquer de »), si bien que la copule* est *a en charge de mettre en œuvre l'équivalence imposée/supposée de* huparkhein, legesthai *et* katêgoreisthai. *Cette assimilation est consommée dans toutes les* Sommes de logique *médiévales, et la prédominance de l'analyse tripartite de la forme logique en « S est P » donne l'impression d'une universalité de la distinction « sujet »-« prédicat », issue du couple* hupokeimenon [ὑποκείμενον]-katêgorêma [κατηγόρημα].
C'est donc avec la conception « aristotélicienne » de la prédication et son analyse tripartite de la forme propositionnelle, telle que l'a fixée le Moyen Âge, sur les pas des traductions latines de Boèce, que la tradition a développé, puis, à partir de Frege, mis en crise, au profit de la « fonction », la théorie logique de la prédication. Les problèmes que rencontre un traducteur des textes de la logique ancienne et médiévale, simplement prolongés dans la logique préfrégéenne, se concentrent donc tous sur les avatars de katêgoreisthai/legesthai. *On se limitera ici aux difficultés principales —* praedicatio in quid *vs* praedicatio in quale *;* praedicatio ut de subjecto *vs* praedicatio ut in subjecto *;* praedicatio univoca *vs* praedicatio denominativa *—, avant de revenir au problème de la copule.*

I. LA CONCEPTION « ARISTOTÉLICIENNE »

Les trois manières de désigner la prédication qu'utilise Aristote, *huparkhein* [ὑπάρχειν] (« appartenir à », all. *kommen zu*), *legesthai* [λέγεσθαι] (« être dit de », all. *ausgesagt werden*), *katêgoreisthai* [κατηγορεῖσθαι] (« se prédiquer de », all. *behauptet werden*), doivent toutes trois s'entendre à partir de *huparkhein*, du moins pour ce qui est de la prédication proprement dite, intervenant dans le cadre du raisonnement syllogistique, donc dans celui où l'unité de base est la proposition entendue comme « prémisse ». De fait, s'il est courant depuis le Moyen Âge d'analyser toute proposition sous la forme dite « aristotélicienne » A est B, celle-ci n'intervient pas chez Aristote lui-même, qui n'écrit jamais A *estin* B (A est B) (sauf pour présenter des raisonnements défectueux ou faire droit à des expressions issues du langage ordinaire), mais bien seulement : *to* A *huparkhei tôi* B (le A appartient au B), dans des enchaînements comme : « Si [le] A appartient à tout B, et si [le] B appartient à tout C, alors [le] A appartient à tout C » [all. « *Wenn A allen B zukommt und B allen C zukommt, dann muß A allen C zukommen* »]. Naturellement, comme on peut exprimer la même thèse à l'aide de *legesthai* [all. « *Wenn A von jedem B und B von jedem C ausgesagt wird, muß A von jedem C ausgesagt werden* »], ce que fait Aristote lui-même en *Premiers Analytiques*, I, 4, 25b 35 *sq.*, s'appuyant sur la définition du *dictum de omni* (I, 24b 28 *sq.* : « dire qu'un terme est contenu dans la totalité d'un autre terme (*en holôi* [ἐν ὅλῳ]) ou dire qu'un terme est attribué à un autre terme pris universellement, c'est la même chose ; et nous disons qu'un terme est affirmé universellement quand on ne peut trouver dans le sujet aucune partie dont on ne puisse affirmer l'autre terme », trad. fr. J. Tricot, p. 5), l'entente de la conception aristotélicienne de la prédication à partir de *huparkhein* se laisse aisément résorber dans la forme plus simple, plus facile à manier « en langues » : la copule *est* a en charge de mettre en œuvre la soi-disant équivalence de *huparkhein*, *legesthai* et *katêgoreisthai*.

Cette assimilation, effective dans toutes les *Sommes de logique* médiévales, est prolongée par une autre affirmation des *Premiers Analytiques*, I, 37, 49a *sq.* : « Les expressions *ceci appartient à cela* [angl. « *this belongs to that* »] et *il est vrai de dire ceci de cela* [angl. « *this holds true of that* »] doivent être prises d'autant de façons qu'il y a de différentes catégories » (trad. fr. J. Tricot, p. 177), interprétée comme signifiant pour Aristote que, dans les diverses propositions, la copule a autant de significations qu'il y a de catégories (« *has as many meanings as there are categories* », J.M. Bochenski, *A History of Formal Logic*, trad. angl. I. Thomas, New York, Chelsea, 1961, p. 54). La prédominance de l'analyse tripartite de la forme logique en « S est P » donne l'impression d'une universalité de la distinction « sujet » - « prédicat », issue du couple *hupokeimenon* [ὑποκείμενον]-*katêgorêma* [κατηγόρημα] (voir SUJET, et PRÉDICABLE). C'est ainsi, notamment, qu'est comprise la distinction stoïcienne entre *ptôsis* [πτῶσις] et *katêgorêma* : les « flexions », autrement dit les termes, noms propres (*onomata* [ὀνόματα]) et termes généraux (*prosêgoriai* [προσηγορίαι]), qui, dans un énoncé, ont pour fonction de désigner un objet, sont transcrits comme « sujets », les *katêgorêmata*, c'est-à-dire les termes qui ont pour fonction d'attribuer une propriété à ces sujets, étant transcrits comme « prédicats » (cf. M. Pohlenz, *Die Stoa*, p. 55). G. Schenk, commentant Diogène Laërce, VII, 70, écrit en ce sens que, chez les Stoïciens, « la forme normale de l'énoncé/proposition est le cas où le sujet se présente sous sa forme fondamentale, c'est-à-dire celui où la liaison s'effectue au moyen d'un nominatif [*Als normale Form der Aussage betrachten sie den Fall, wo das*

Subjekt sich in seiner Grundform aufrecht erhält, d.h. die Verbindung in einem Nominativ vollzogen wird] » (*Zur Geschichte der logischen Form*, t. 1, *Einige Entwicklungstendenzen von der Antike bis zum Ausgang des Mittelalters*, Berlin, VEB Deutscher Verlag der Wissenschaften, 1973, p. 216 ; voir *infra*, V, « Le problème de la copule »).

Dans ses traductions d'Aristote, Boèce (*c.* 480-524/525) utilise *praedico* pour *katêgorô* [κατηγορῶ], et *praedicatio* pour *katêgoria* [κατηγορία], rendu également par *praedicamentum*. Le mot *praedicatio* apparaît, cela va de soi, dans une grande diversité de contextes. Il ne pose là aucun problème particulier : ce sont les distinctions qu'il porte qui, le cas échéant, demandent un éclaircissement. Dans le lexique scolastique, *praedicatio* figure dans des couples comme *praedicatio essentialis* vs *praedicatio accidentalis*, *praedicatio per essentiam* vs *praedicatio per accidens*, *praedicatio per se* vs *praedicatio per aliud*, qui sont autant de calques non problématiques de la langue technique d'Aristote. D'autres usages de *praedicare* se laissent facilement expliquer : *in abstracto* vs *concretive*, *in plurali* (ou *pluraliter*) vs *in singulari* (ou *singulariter*), *negative* (ou *privative* ou *remotive*) vs *positive*, *per prius* vs *per posterius*, *simpliciter* vs *secundum quid*. Certains emplois de *praedicatio/praedicare*, bien qu'également d'origine aristotélicienne, posent, en revanche, de véritables problèmes. C'est le cas de *in quid* (ou *in eo quod quid*, ou *in eo quod quid est*) vs *in quale* (ou *in quale quid*, ou *in eo quod quale*) ou de *ut de subjecto* vs *ut in subjecto* et de *univoce* vs *denominative*. Pour le premier ensemble, la difficulté regarde juste la traduction, car le contenu conceptuel est clairement accessible ; pour le second, c'est la notion elle-même qui pose un problème, la difficulté de traduction disparaissant dès que le contenu est identifié.

II. PRÉDICATION « IN QUID » / PRÉDICATION « IN QUALE »

L'expression « *praedicatio in eo quod quid est* » (ou « *in eo quod quid sit praedicari* ») apparaît pour la première fois chez Marius Victorinus (*c.* 280-365), traducteur de l'*Isagoge* de Porphyre (*c.* 232/233-301), avant d'être popularisée par les traductions boéciennes de l'*Organon* et de la *Logica vetus*. C'est le cas, par exemple, de la définition du genre dans les *Topiques* (I, 5, 102a 31-32) : « *Genos esti to kata pleionôn kai diapherontôn tôi eidei en tôi ti esti katêgoroumenon* [Γένος ἐστὶ τὸ κατὰ πλειόνων καὶ διαφερόντων τῷ εἴδει ἐν τῷ τί ἐστι κατηγορούμενον] », rendue par : « *Genus autem est quod de pluribus et differentibus specie* in eo quod quid est praedicatur ». La traduction française de J. Brunschwig (p. 7 : « Est genre un attribut qui appartient en leur essence à plusieurs choses spécifiquement différentes ») comme celle de J. Tricot (p. 12 : « Est genre l'attribut essentiel applicable à une pluralité de choses différant entre elles spécifiquement »), bien que très claires, laissent deviner un certain embarras face à la formule de base : « *en tôi ti esti katêgoreisthai* [ἐν τῷ τί ἐστι κατηγορεῖσθαι] ». C'est cette expression qui, de fait, pose le plus de problèmes au traducteur. La formule « se prédiquer *en tôi ti esti* [ἐν τῷ τί ἐστι] », lancée par Aristote puis reprise et fixée par Porphyre, contient une référence à l'idée de question. Ce qui se prédique *en tôi ti esti*, c'est ce qui se prédique pour répondre à la question « Qu'est-ce que cela le... ? ». Ce qui répond à la question est le *ti esti* qui, en tant qu'exprimé dans une définition, est le *to ti ên einai* [τὸ τί ἦν εἶναι] (voir TO TI ÊN EINAI). Le latin « *praedicari in eo quod quid est* » comme le grec *en tôi ti esti katêgoreisthai* signifie donc « se prédiquer quant au *ce que c'est* », « se prédiquer en indiquant le *ce que c'est* » — c'est-à-dire : « se prédiquer dans le chef, la rubrique *Qu'est-ce que ?* » ou encore : « se prédiquer sous le rapport du *ti esti* », bref : « se prédiquer relativement à la question "Qu'est-ce que c'est ?" ». Au Moyen Âge, l'expression boécienne est souvent raccourcie en « *praedicari in eo quod quid* », puis en « *praedicari in quid* ». Le sens est clair : il s'agit de la prédication essentielle.

Si l'on veut garder l'aspect technique de la langue scolastique, on éprouve cependant quelque peine. Une première solution est celle des médiévaux, relayés par J. Biard dans sa traduction de la *Summa logicae* d'Ockham, I, chap. 20, Mauvezin, TER, 1988, p. 70 : « Le genre est ce qui se prédique de plusieurs choses différentes par l'espèce, en en indiquant la quiddité. » Elle permet d'éviter *essence*, qu'il vaut mieux, de fait, réserver à *ousia* [οὐσία], mais introduit *quiddité*, qu'il faudrait pouvoir garder pour *to ti ên einai* — ce pour quoi J. Biard utilise aussi le mixte franco-latin « se prédiquer *in quid* ». Une autre solution médiévale, retenue par O. Boulnois dans sa traduction de Duns Scot (*Sur la connaissance de Dieu et l'univocité de l'étant*, PUF, 1988), est « se prédiquer *dans-le-quoi* ». La même difficulté revient, plus vive encore, pour l'expression *in eo quod quale sit praedicari*. La formule figure, notamment, dans l'*Isagoge*, VIII, § 5, quand Porphyre explique la manière dont la différence se prédique : « *eti to men genos en tôi ti estin, hê de diaphora en tôi poion ti estin, hôs eirêtai, katêgoreitai* [ἔτι τὸ μὲν γένος ἐν τῷ τί ἐστιν, ἡ δὲ διαφορὰ ἐν τῷ ποῖόν τί ἐστιν, ὡς εἴρηται, κατηγορεῖται] », ce que Boèce traduit par : « *amplius genus quidem in eo quod quid est, differentia vero* in eo quod quale quiddam est, *quemadmodum dictum est, praedicatur* ». Les traductions les plus naturelles de « *en tôi poion ti estin* » (« *in eo quod quale sit* ») et de « *en tôi ti estin* » étant « se prédiquer relativement à la question "Comment est-ce ?" » et « se prédiquer relativement à la question "Qu'est-ce que c'est ?" », on peut rendre le passage par : « En outre, le genre se prédique relativement à la question "Qu'est-ce que c'est ?" et la différence, relativement à "Comment est-ce ?", comme on l'a dit. » Traduire par « se prédiquer *in quale* » est une autre possibilité. Dans sa traduction du passage, J. Tricot propose : « le genre est inhérent à l'essence, tandis que la différence rentre dans la qualité ». La traduction anglaise de Warren (p. 51) donne : « *Further, as has been said, genus is predicated essentially, but difference qualitatively.* » Pour la définition de la différence (« La différence est ce qui est prédiqué de plusieurs différant par l'espèce, relativement à la question "Comment est la chose ?" »), J. Tricot rend, de nouveau, *en tôi poion* par « dans la catégorie de la qualité ». Cette solution paraît médiocre, même si, sur le fond, elle n'est pas erronée. L'important reste de marquer autant que possible dans le vocabulaire la distinction entre les questions « Qu'est-ce que X ? » (« *quid est ?* », qui porte sur l'essence ou l'essentiel) et « Comment est X ? » (« *qualis est ?* », qui porte sur le *poion ti*) incorporées par Aristote et Porphyre à la définition des deux types de prédication, matrice de la distinction entre prédication essentielle et prédication accidentelle, monnayée sous une autre forme dans les distinctions suivantes : « prédication comme d'un sujet » *vs* « comme dans un sujet » et « prédication univoque » *vs* « dénominative ».

III. « PRÉDICATION COMME D'UN SUJET » *VS* « PRÉDICATION COMME DANS UN SUJET »

La distinction entre « *praedicatio ut de subjecto* » et « *praedicatio ut in subjecto* » ne pose pas de problème de traduction. Le sens des notions est, en revanche, plus difficile à saisir, surtout lorsque la « *praedicatio ut in subjecto* » se voit remplacée dans la langue scolastique par « *praedicatio denominativa* » (voir PARONYME). On peut décrire ainsi le phénomène : la théorie aristotélicienne de la prédication, telle qu'elle est exposée dans les *Catégories*, repose sur une distinction entre « êtres qui sont dits d'un sujet » et « êtres qui sont dans un sujet ». Cette distinction est souvent obscurcie par les traductions modernes. La raison en est double : d'une part, la confusion entre PS « être dit d'un sujet » et Pp « être prédicat dans une proposition », et, d'autre part, l'homonymie relative (ou la synonymie seulement partielle) de PS « être dit d'un sujet » et P*S « être prédiqué d'une chose comme d'un sujet ».

L'expression « être dit d'un sujet » apparaît pour la première fois dans les *Catégories* (1a 20-21) : « Parmi les étants, les uns sont dits d'un sujet, mais ne sont en aucun sujet [τῶν ὄντων τὰ μὲν καθ' ὑποκειμένου τινὸς λέγεται, ἐν ὑποκειμένῳ δὲ οὐδενί ἐστιν] ». Elle désigne une propriété (*kath' hupokeimenou legetai*) qui, combinée à l'autre (*en hupokeimenôi einai*), permet de répartir les étants en quatre classes. Contrairement à ce que suggère l'intuition, « être dit d'un sujet » ne signifie pas « fonctionner comme prédicat dans une proposition », mais « s'appliquer à une pluralité », c'est-à-dire « être universel », et donc, par là même, « être *susceptible* de fonctionner comme prédicat dans une proposition » (de fait, un particulier ne se prédique pas). Interpréter « se dire d'un sujet » dans le sens d'« être prédicat », c'est prendre l'effet pour la cause : c'est parce qu'il s'applique à une pluralité que ce qui est dit d'un sujet est susceptible de figurer ensuite comme prédicat dans une proposition. L'expression « *kath' hupokeimenou legetai* » désigne la propriété qui permet de distinguer les universels et les particuliers – « *en hupokeimenôi einai* » désignant, de son côté, celle qui permet de distinguer des substances et des non-substances.

Dans le chapitre 2 des *Catégories*, Aristote fonde donc sur ces deux relations la classification qui lui permet, par combinaison, de classer, comme le diront les commentateurs (introduisant au passage une distinction entre substance et accident que jusque-là Aristote n'a pas mentionnée), les « quatre sortes d'étants » : substances universelles, non-substances particulières, non-substances universelles, substances particulières — ce qui caractérise toute substance étant de n'être pas dans un sujet, toute non-substance, d'être dans un sujet, tout universel, d'être dit d'un sujet, tout particulier, de n'être pas dit d'un sujet. Cette théorie des « quatre combinaisons » a été précisée par Porphyre, puis, chez les Latins, par Boèce (sous le titre de « *quatuor complexiones* »), avec une distinction entre substance universelle, substance particulière, accident universel et accident particulier (cf. *PL*, t. 64, col. 169-171), que l'on peut représenter ainsi :

dit d'un sujet	dans un sujet	
+	+	accident universel
-	+	accident particulier
+	-	substance universelle
-	-	substance particulière

Si la distinction entre PS « être dit d'un sujet » et Pp « être prédicat dans une proposition » n'est pas toujours reconnue ni correctement rendue par les traductions modernes, ce qui distingue et unit à la fois PS « être dit d'un sujet » et P*S « être prédiqué d'une chose comme d'un sujet » est encore moins clair. La raison en est que cette distinction n'est d'emblée ni compréhensible ni tranchée, ni d'ailleurs toujours maintenue uniformément chez Aristote ou ses commentateurs. Pour en saisir la nature et la portée, il faut d'abord voir qu'elle intervient dans l'horizon d'une distinction entre prédication intra-catégoriale et prédication trans-catégoriale. Il faut ensuite saisir que, bien que la théorie de la prédication visée par Aristote dans les *Catégories* ait pour but principal d'explorer la première de ces deux formes de prédication, c'est-à-dire P*S, le sens de P*S apparaît à partir de deux règles mentionnées dans l'ordre inverse de leur ordre de présupposition : la première selon l'ordre logique (notée ici R1), qui définit la « synonymie » de la prédication au sein d'une même catégorie, étant formulée en 2a 19-21, tandis que la seconde (R2), qui définit sa « transitivité », est formulée dès 1b 10-11. Le sens de P*S n'apparaît donc qu'en combinant les stipulations de R1 et de R2 — c'est-à-dire une fois les formules d'Aristote replacées dans leur ordre logique véritable.

R1 dit : φανερὸν δὲ ἐκ τῶν εἰρημένων ὅτι τῶν καθ' ὑποκειμένου λεγομένων ἀναγκαῖον καὶ τοὔνομα καὶ τὸν λόγον κατηγορεῖσθαι τοῦ ὑποκειμένου. J. Tricot traduit : « Il est clair, d'après ce que nous avons dit, que le prédicat doit être affirmé du sujet aussi bien pour le nom que pour la définition » (p. 7). Cette traduction, qui laisse de côté *tôn kath' hupokeimenou legomenôn*, ne permet pas de saisir la fonction de R1. En donnant R1, Aristote formule, sans le dire, la première caractéristique de la prédication intra-catégoriale : l'attribution *sunônumôs* [συνωνύμως]. Ce que signifie, en effet, R1, c'est que, dans le cas où deux entités *x* et *y* appartiennent à une même catégorie et que *y* se prédique de *x*, la définition de *y* et « y » (c'est-à-dire le nom qui désigne *y*) se prédiquent tous deux de *x*. Le problème posé au traducteur et au lecteur de 2a 19-21 est qu'Aristote ne précise pas que R1 vaut pour les entités relevant d'une même catégorie. Il n'en demeure pas moins que ce que R1 définit, à savoir ce que 3a 33-34 appelle la « prédication par synonymie » est, dans l'esprit d'Aristote, le trait fondamental de la prédication intra-catégorielle valant pour les choses « synonymes », celles qui, précisément, selon le chapitre premier des *Catégories*, ont, tels le bœuf et l'homme, même nom (« animal ») et même *logos* [λόγος]. La difficulté de 2a 19-21 est donc que, dans R1, « être dit d'un sujet » n'a pas le même sens qu'en PS : « *tôn kath' hupokeimenou legomenôn* » ne désigne pas toutes les choses applicables à plusieurs (c'est-à-dire tous les universels, substances ou accidents), mais un sous-ensemble de ces choses, celles qui s'appliquent à d'autres « selon le nom et la définition » (autrement dit les seules substances secondes et les différences). Même si cela n'est pas directement formulable dans une traduction, pour bien comprendre R1, il faut dès lors voir que son expression porteuse — les « choses dites d'un sujet » — ne renvoie ni à Pp ni à PS, ce qui, malheureusement, n'est possible qu'une fois introduite P*S.

♦ Voir encadré 1.

C'est en R2 que P*S est introduite. Cela explique peut-être pourquoi cette règle logiquement postérieure à R1 est présentée avant elle par Aristote. R2 porte sur la transitivité de la prédication intra-catégorielle. Là encore, Aristote ne le spécifie pas. En revanche, il utilise l'expression P*S, qui porte toute sa théorie de la prédication. L'intervention de P*S en 1b 10-11 est neutralisée par la traduction de Tricot. Le texte dit : ὅταν ἕτερον καθ' ἑτέρου κατηγορῆται ὡς καθ' ὑποκειμένου, ὅσα κατὰ τοῦ κατηγορουμένου λέγεται, πάντα καὶ κατὰ τοῦ ὑποκειμένου ῥηθήσεται. J. Tricot traduit : « Quand une chose est *attribuée* à une autre comme à son sujet, tout ce qui est *affirmé du prédicat* devra être aussi *affirmé du sujet* » (p. 4). La fonction de R2 est d'expliquer que, dans le cas où trois entités, *x*, *y*, *z*, « appartiennent à une même catégorie », que *x* se prédique de *y* par synonymie et que *y* se prédique de *z* par synonymie, *x* se prédique de *z* par synonymie. Le problème posé par cette règle est d'interpréter correctement l'expression « être prédiqué comme d'un sujet », ce qui suppose d'y introduire ce qui a été dit dans R1. Cette nécessité est plus ou moins bien soulignée dans les principales traductions.

♦ Voir encadré 2.

Le problème de R2 n'est pas, en effet, la variété d'expressions retenues pour rendre la séquence *kathêgorêtai/legetai/rhêthêsetai* — à savoir, pour *kathêgorêtai* : *est attribué, praedicatur, è predicata, is predicated, ausgesagt wird* ; pour *legetai* : *est affirmé, dicitur, son dette, is predicable, is said, gilt* ; pour *rhêthêsetai* : *devra être affirmé, dicetur, saranno dette, will be predicable, will be said, gelten* (*muß*), *gelten* (*wird*) —, mais la thèse implicite qu'elle véhicule, c'est-à-dire qu'elle ne vaut que pour les réalités appartenant à une même catégorie. La transitivité de la prédication soulignée par R2 n'a de validité qu'intra-catégoriale : elle ne vaut que dans le cadre de la prédication synonymique (défini par R1).

Le sens du système formé par R1 et R2 ne se découvre donc bien que si l'on comprend la portée de la différence entre PS et P*S. Même si, en effet, les expressions « être dit de *x* » et « être prédiqué de *x* comme d'un sujet » sont souvent traitées comme interchangeables, il n'en demeure pas moins que, dans les *Catégories*, la principale fonction de P*S est d'expliciter la relation prédicative des substances secondes ou des différences à leurs sujets. Cette explicitation se fait en trois thèses, énoncées en *Catégories* 5.

♦ Voir encadré 3.

Il semble que le premier philosophe qui ait pris la mesure de la différence PS / P*S soit Porphyre. Dans son *Commentaire* des *Catégories* « par questions et réponses », il explique en effet clairement le sens de P*S : « être prédiqué d'une chose "comme d'un sujet" signifie "être énoncé d'une chose comme faisant partie de son essence" ou comme "constituant son essence" »

1

Les traductions de la première règle (Aristote, « Catégories », 2a 19-21)

« φανερὸν δὲ ἐκ τῶν εἰρημένων ὅτι τῶν καθ' ὑποκειμένου λεγομένων ἀναγκαῖον καὶ τοὔνομα καὶ τὸν λόγον κατηγορεῖσθαι τοῦ ὑποκειμένου. »

« Manifestum est autem ex his quae dicta sunt quoniam eorum quae de subjecto dicuntur necesse est et nomen et rationem de subjecto praedicari » (Boèce, p. 7, 17-18).

« È chiaro da quello che si è detto che anche il nome e la definizione delle cose che son dette di un soggetto è necessario che siano predicati del soggetto » (M. Zanatta, p. 307).

« It is plain from what has been said that both the name and the definition of the predicate must be predicable of the subject » (E.M. Edghill).

« It is clear from what has been said that if something is said of a subject both its name and its definition are necessarily predicated of the subject » (J.L. Ackrill, p. 6).

« Aus dem Gesagten erhellt, daß bei solchem, was von einem Subjekt ausgesagt wird, der Name und der Begriff gleichmäßig von dem Subjekt ausgesagt werden müssen » (E. Rolfes, p. 46).

« Aufgrund des Gesagten ist klar, daß bei dem, was von einem Zugrundeliegenden ausgesagt wird, sowohl der Name als auch die Definition von dem Zugrundeliegenden prädiziert werden müssen » (K. Oehler, p. 11).

(A. Busse, p. 80, 5 *sq.* ; *On Aristotle Categories*, trad. angl. S.K. Strange, p. 63). Lecteur de Porphyre, Boèce a transmis cette interprétation aux Latins. C'est ce qui explique que, chez lui, la prédication essentielle, intra-catégoriale, porte la plupart du temps le nom de « *praedicatio ut de subjecto* », par opposition à la prédication accidentelle, trans-catégoriale, désignée par « *praedicatio ut in subjecto* ». L'origine de cette expression semble être porphyrienne plus qu'aristotélicienne. Ce sont, en tout cas, ces deux variétés de prédication que l'on retrouve exprimées au Moyen Âge par les couples *prédication univoque/dénominative* (Avicenne) et *essentielle/accidentelle* :

> Il y a deux sortes de prédications : l'une est univoque, comme lorsque nous disons que *Socrate est homme*, car homme est prédiqué de Socrate véridiquement et univoquement (*vere et univoce*) ; l'autre est dénominative, comme la blancheur est prédiquée de l'homme, en effet, l'homme est dit blanc et ayant-la-blancheur, mais il n'est pas dit être blancheur (*dicitur enim homo albus et habens albedinem nec dicitur esse albedo*). De même, si l'on dit *un corps blanc* et *la couleur blanc*, la définition du prédicat n'est pas prédiquée à égalité des deux sujets.
>
> Avicenne, *Logica*, Venise, 1508, f° 3vb.

IV. « PRÉDICATION UNIVOQUE » *VS* « PRÉDICATION DÉNOMINATIVE »

La reformulation de la prédication « comme d'un sujet » en prédication « univoque » prolonge l'interprétation porphyrienne de la prédication *kath' hupokeimenou* en prédication « essentielle ». La notion de prédication « dénominative » accentue, en revanche, la dimension aristotélicienne originelle de l'attribution accidentelle. La source de la terminologie d'Avicenne est claire : il s'agit du passage des *Topiques* (II, 2, 109b 4-8) où, à propos de l'attribution du genre à l'espèce, Aristote distingue lui-même la prédication « par synonymie » et la prédication sous une forme « paronymique » — distinction que J. Brunschwig rend au moyen du couple « univoque »/« dérivée » et J. Tricot par « d'une façon synonyme »/« dans sa forme dérivée » :

> [...] l'attribution d'un genre à son espèce ne se fait jamais sous une forme dérivée : les genres se prédiquent toujours de manière univoque à leurs espèces, puisque les espèces admettent à la fois le nom et la définition de leur genre.
>
> J. Brunschwig, p. 36.

> [...] le prédicat tiré du genre n'est jamais, dans sa forme dérivée, affirmé de l'espèce, mais c'est toujours d'une façon synonyme que les genres sont affirmés de leurs espèces.
>
> J. Tricot, p. 55.

La distinction de ces deux sortes de prédication, qui développe l'intuition de base de *Catégories*, 5, 3b 7-9, permet à Aristote de définir l'attribution de l'accident comme « paronymique » (ou, comme le traduit Brunschwig, fondée sur l'« utilisation d'une expression dérivée ») :

> [...] en disant que le blanc est coloré, on ne présente pas l'attribut comme un genre, puisqu'on utilise une expression dérivée (*parônumôs legetai* [παρωνύμως λέγεται]) ; on ne le présente pas non plus comme un propre ou comme une définition, puisque définition et propre n'appartiennent à aucun autre sujet, alors qu'il existe bien d'autres choses colorées que le blanc, par exemple un morceau de bois, une pierre, un homme, un cheval ; il est donc clair qu'on le présente comme un accident.
>
> Aristote, *Topiques*, II, 2, 109b 8-12 ; trad. fr. J. Brunschwig, *ibid.*

L'expression « *parônumôs legetai* » figure en *Catégories*, 8, 10a 27-31, à propos de la distinction entre les *poiotêtes* [ποιότητες] et les *poia* [ποιά], les qualités et les *qualia* : Aristote y explique qu'est un *quale* « ce dont on parle paronymiquement » — c'est-à-dire ce dont on parle « au moyen d'un paronyme » — (quand la qualité de départ a un nom), ou « d'une quelque autre façon » (quand la qualité de départ n'en a pas). Un aspect important du vocabulaire aristotélicien est que l'attribution paronymique, caractéristique de la prédication accidentelle, et la désignation par dérivation, caractéristique de la formation d'un nom concret, sont couverts par la même expression « *parônumôs legetai* ». Ce recouvrement n'est pas perceptible dans la traduction de Tricot (cf. Aristote, *Catégories*, 8, 10a 27-31, p. 49) :

> Sont donc des qualités les déterminations que nous avons énoncées ; quant aux choses qualifiées, ce sont celles qui sont *dénommées* d'après ces qualités, ou qui en dépendent de quelque autre façon. — Ainsi dans la plupart des cas, et même presque toujours, le nom de la

2

Les traductions de la seconde règle (Aristote, « Catégories », 1b 10-11)

« ὅταν ἕτερον καθ' ἑτέρου κατηγορῆται ὡς καθ' ὑποκειμένου, ὅσα κατὰ τοῦ κατηγορουμένου λέγεται, πάντα καὶ κατὰ τοῦ ὑποκειμένου ῥηθήσεται. »

« Quando alterum de altero praedicatur ut de subjecto, quaecumque de eo quod praedicatur dicuntur, omnia etiam de subjecto dicentur » (Boèce, p. 6, 14-16).

« Quando una cosa è predicata di un'altra come di un soggetto, tutte quelle cose che son dette del predicato saranno dette anche del sogetto » (M. Zanatta, p. 303).

« When one thing is predicated of another, all that which is predicable of the predicate will be predicable also of the subject » (E.M. Edghill).

« Whenever one thing is predicated of another as of a subject, all things said of what is predicated will be said of the subject also » (J.L. Ackrill, p. 4).

« Wenn etwas von Etwas als seinem Subjekt ausgesagt wird, so muß alles, was von dem Ausgesagten gilt, auch von dem Subjekt gelten » (E. Rolfes, p. 44).

« Wenn das eine von dem anderen als von einem Zugrundeliegenden ausgesagt wird, wird alles, was von dem Ausgesagten gilt, auch von dem Zugrundeliegenden gelten » (K. Oehler, p. 10).

> chose qualifiée est *dérivé* < de la qualité > : par exemple, blancheur a donné son nom à blanc, grammaire à grammairien, et justice à juste.

En *Catégories*, 8, les exemples de dérivation morphologique fournis par Aristote sont *blancheur/blanc*, *grammaire/grammairien*, *justice/juste*. Le premier figurait déjà en *Catégories*, 5, le second en *Catégories*, 1, dans la définition des « paronymes » (*parônuma*) [παρώνυμα], le troisième remplaçant le couple *courage/courageux* également introduit en *Catégories*, 1. En *Catégories*, 5, l'exemple du blanc sert à distinguer substance première, substance seconde et accident « du point de vue de la signification ». La substance première signifie un *tode ti* [τόδε τι]. La substance ou plutôt l'essence seconde semble signifier un *tode ti* à cause de la « forme de son appellation », en réalité elle signifie un *poion ti* [ποιόν τι], car le sujet auquel elle s'attribue est multiple et non pas unique comme dans le cas de la substance première. En cela, elle est comparable à l'accident qui, lui aussi, signifie un *poion ti*. Il y a toutefois une différence entre eux : l'accident signifie le *poion* absolument (*haplôs* [ἁπλῶς]) ; l'espèce (*eidos* [εἶδος]) et le genre (*genos* [γένος]) ne le signifient pas absolument, « ils délimitent le *poion* quant à l'*ousia* », c'est-à-dire signifient une *ousia* de telle ou telle sorte. De nouveau, le jeu d'Aristote sur *poion* n'est pas rendu par Tricot, qui, entendant le texte à partir de la traduction latine de Boèce, utilise l'abstrait « qualité » et le terme « qualification » (cf. *Catégories*, 5, 3b 13-21 ; trad. fr. J. Tricot, p. 15).

> Pour les substances secondes, aussi, on pourrait croire, en raison de la forme même de leur appellation, qu'elles signifient un être déterminé, quand nous disons, par exemple, *homme* ou *animal*. Et pourtant ce n'est pas exact : de telles expressions signifient plutôt une qualification, car le sujet n'est pas un comme dans le cas de la substance première ; en réalité, *homme* est attribué à une multiplicité, et *animal* également. — Cependant ce n'est pas d'une façon absolue que l'espèce et le genre signifient la qualité, comme le ferait, par exemple, le blanc (car le blanc ne signifie rien d'autre que la qualité), mais ils déterminent la qualité par rapport à la substance : ce qu'ils signifient, c'est une substance de telle qualité.

La convergence, sous un même réseau de vocables, du plan de l'attribution, de celui la dérivation et de celui la signification en *Catégories*, 1, 5 et 8 est un phénomène notable. On remarquera, cependant, que noms dérivés et paronymes ne doivent pas être purement et simplement identifiés. Tous les paronymes sont dérivés, tous les dérivés ne sont pas, en revanche, des paronymes — depuis Boèce, le latin distingue d'ailleurs bien terminologiquement *sumpta* et *denominativa* (voir PARONYME).

V. LE PROBLÈME DE LA COPULE

Le primat de l'analyse « aristotélicienne » de la forme logique suggère qu'il est naturel d'interpréter la structure de la proposition en faisant appel au verbe *être*. Cette pseudo-naturalité a été vigoureusement dénoncée à l'époque moderne, dans des termes devenus aujourd'hui quasi scolaires : confusion entre le sens existentiel et le sens prédicatif ; illusion verbale consistant à croire que le verbe *être*, détaché des termes qui le suivent, a la même fonction dans les jugements de relation que dans les jugements prédicatifs, entraînant la réduction fatale des premiers aux seconds. Certains ont attribué à « l'aristotélisation de la mentalité des pays riverains de la Méditerranée » (cf. L. Rougier, *La Métaphysique et le Langage*, Denoël, 1973², p. 105) la responsabilité de cette « corruption » majeure de la logique (cf. P.T. Geach, « History of the Corruptions of Logic », in *Logic Matters*, UCLA, University of California Press, 1972, p. 44-61). Deux modèles se sont pourtant affrontés dans la tradition jusqu'à la remise en cause frégéenne du formulaire « S est P » : celui d'Aristote, fondé sur la phrase attributive, et un autre modèle ou, plutôt, divers autres modèles ayant en commun de privilégier au contraire la phrase verbale. On attribue généralement aux Stoïciens la contestation la plus radicale du modèle attributif de la prédication. Même recouverte par le langage du « sujet » et du « prédicat », la théorie stoïcienne se présente en effet comme un complet renversement du schéma dit « naturel ». Pour les Stoïciens, le « sujet » n'a de valeur que complétive, à la fois flexion du verbe et cas du nom, il est ce qui « complète » le *katêgorêma*, « *lekton* [exprimable] incomplet [*ellipês lekton* (ἐλλιπὴς λεκτόν)] » en attente de complétude (cf. P. Aubenque, « Herméneutique et ontologie », p. 103 : « il [le sujet stoïcien] est une *ptôsis*, en quelque sorte une flexion du verbe, alors que, chez Aristote, la forme-sujet c'est l'*onoma* lui-même, et non un cas du nom »). Cette dévaluation de la phrase attributive va de pair avec un choix ontologique : « L'ontologie stoïcienne est une "ontologie" sans être, elle perçoit le monde comme une succession d'événements en quête de sujets,

---

3

Synonymie et transitivité
« Catégories », 5, 3a 33-b9, trad. fr. J. Tricot, p. 14

(1) 3a 33-b2 : « Le caractère des substances secondes aussi bien que des différences [...], c'est que toutes leurs prédications ont pour sujets soit des individus, soit des espèces. Il est vrai que de la substance première ne découle aucune catégorie, puisqu'elle n'est elle-même affirmée d'aucun sujet. Mais, parmi les substances secondes, l'espèce est affirmée de l'individu, et le genre, à la fois de l'espèce et de l'individu. Il en est de même pour les différences [...] »

(2) 3b 2-7 : « De plus, la définition des espèces et celle des genres s'appliquent aux substances premières, et celle du genre à l'espèce, car tout ce qui est dit du prédicat sera dit aussi du sujet. De la même façon, la définition des différences s'applique aux espèces et aux individus. »

(3) 3b 7-9 : « Mais sont synonymes les choses dont le nom est commun et la notion identique. Il en résulte que dans tous les cas où, soit les substances, soit les différences sont prédicats, l'attribution se fait dans un sens synonyme. »

et non comme une juxtaposition d'étants stables en attente d'attributs » (cf. P. Aubenque, *ibid.*, et P. Hadot, « La notion de cas dans la logique stoïcienne », *Actes du XIe Congrès des sociétés de philosophie de langue française*, Neuchâtel, La Baconnière, 1966, p. 109-112 ; voir encadré 2, « Ptôsis », dans PARONYME, et SIGNIFIANT).

Le choix opéré par les médiévaux de l'analyse aristotélicienne, assurant le triomphe de la proposition attributive, est lourd de conséquences :

> En introduisant le verbe *être* comme copule, c'est-à-dire comme opérateur explicite de synthèse (alors que tout verbe, indique lui-même Aristote, a le pouvoir d'exercer cette fonction synthétique), Aristote fait basculer le poids de la proposition vers le sujet. Le verbe *être*, n'ayant qu'un sens faible, ne peut porter le poids de la phrase, qui se déplace alors vers l'*hupokheimenon*, lequel est déclaré être l'*ousia*, c'est-à-dire l'étantité proprement dite, que son identification avec le *sub-jectum*, le substrat, fera traduire en latin sans contresens par *sub-stantia*, c'est-à-dire fonds subsistant et permanent perdurant sous la variabilité des attributs. Parallèlement, le prédicat qui, dans la phrase verbale, est l'action ou l'événement exprimé par le verbe, se trouve dégradé en attribut, c'est-à-dire en accident du sujet, seul "essentiel" parce que substantiel.
>
> P. Aubenque, *ibid.*, p. 102-103.

♦ Voir encadré 4.

Bien qu'elle n'ait pas eu lieu, et pour cause, dans le cadre d'une langue européenne, la réflexion arabophone sur le schéma logique aristotélicien mérite d'être notée. Averroès, par exemple, souligne fortement que « l'on peut former en arabe un énoncé apophantique sur la base de deux noms sans verbe de liaison, un énoncé nominal n'étant pas moins prédicatif qu'un énoncé contenant un

4

Copule (« copula ») en logique médiévale

► PRÉDICABLE (encadré 1, « Inhaerere » / « inesse »)

C'est au Moyen Âge qu'a été proprement élaborée la notion de copule, au sein d'un réseau où se trouvent problématiquement liés la distinction entre sens existentiel et sens prédicatif du verbe *être*, sous la forme de la distinction entre *secundum* et *tertium adjacens* ; le conflit entre phrase prédicative et phrase verbale ; la distinction entre deux types de prédication : identité et inhérence. Pour saisir tous les éléments de ce réseau et la manière dont ils se composent, il faut remonter à un passage précis du *Peri hermêneias* où Boèce et à sa suite les grammairiens et logiciens du XIe siècle lisent lesdits problèmes, introduisant une terminologie nouvelle.

Si le verbe *copulare* est utilisé ordinairement par Boèce comme synonyme de *conjungere* ou *componere*, au sens de « conjoindre », de « lier », avec comme objet des termes ou des choses, on le voit prendre dans les textes logiques et grammaticaux, à partir de la fin du XIe siècle, une acception très particulière dans l'analyse de la prédication. Les grammairiens commentateurs des *Institutiones grammaticae* de Priscien, suivis par Abélard quelques décennies plus tard, introduisent l'idée que le verbe se caractérise par une « valeur de couplage » (*vis copulandi*), propriété lui permettant de lier le sujet et le prédicat ; cette propriété est clairement inspirée par la définition du verbe donnée par Aristote dans le *Peri hermeneias*, et conduit à l'introduction des termes *copula* et *verbum copulativum*. On lit par exemple dans un commentaire anonyme du début du XIIe siècle :

> *Praedicativa propositio est illa quae alia praedicatum et subjectum, ut « homo est animal », subjectum ut « homo », praedicatum ut « animal », et « est » copula quae copulat ista duo.*
>
> [Une proposition prédicative est une proposition où il y a un prédicat et un sujet, comme « l'homme est un animal », un sujet « homme », un prédicat « animal », et « est » qui est la copule couplant les deux.]
>
> *Introductiones dialecticae artis secundum magistrum G. Paganellum*, éd. Iwakuma, *Cahiers de l'Institut du Moyen Âge grec et latin*, 63, 1993, p. 90.

De même chez Abélard :

> *Haec est autem proprietas, quod verbum semper est nota, id est copula praedicatorum de altero, id est copulativum est praedicatorum, quae praedicata de altero quam de ipsis verbis copulantibus necesse est praedicari. Nunquam enim verbum copulativum praedicati subici potest, ut « lego » vel « legis » vel « legit » nunquam alicui potest in propositione subici, sed praedicari, quando scilicet gemina vi fungitur <copulantis> scilicet et praedicati.*
>
> [Il s'agit d'une propriété, que le verbe est toujours la marque, c'est-à-dire le terme qui couple les prédicats à autre chose (à l'autre terme, au sujet), c'est-à-dire qu'il a la propriété de coupler les prédicats ; et ces prédicats doivent être prédiqués d'autre chose que des verbes qui couplent eux-mêmes. En effet, le verbe couplant ne peut jamais être sujet du prédicat, par exemple, « je lis », ou « tu lis », ou « il lit », ne peuvent jamais être sujet dans une proposition, mais toujours prédicat, quand ils ont une double valeur, à la fois de couplage et de prédicat.]
>
> *Super Peri hermeneias*, éd. Geyer, 1927, p. 351.

Ce passage d'Abélard est repris aux grammairiens qui l'ont précédé : ils introduisent l'idée que tout verbe a une double valeur, une valeur de couplage (*vis copulandi*) et une valeur de prédicat, ou valeur verbale (*vis praedicati, vis verbi*), qui correspond à son sens particulier. Il en va de même pour le verbe *être* qui a cette valeur de couplage, ou valeur substantive (d'où son appellation de *verbum substantivum*, « verbe substantif »), et sa valeur propre qui est, selon les auteurs, une valeur existentielle ou une valeur sémantique propre (*Glosulae in Priscianum*, éd. R.W. Hunt, *in* G.L. Bursill-Hall [éd.], *Collected Papers on the History of Grammar in the Middle Ages*, Amsterdam, Benjamins, p. 32-35).

Cette double valeur va intervenir dans l'analyse de la prédication. Lorsque le verbe *être* est en *secundum adjacens*, les deux valeurs sont actives, une valeur de copule et une valeur de prédicat (il couple la chose qu'il signifie). Mais le cas où il est en *tertium adjacens*, lorsqu'il y a prédication d'un accident comme dans « *Socrates est albus* » (Socrate est blanc), est plus difficile, la question étant de savoir s'il peut avoir une pure fonction de liaison, à l'exclusion de sa valeur existentielle. Cela va susciter des interprétations divergentes. Les grammairiens et Abélard considèrent que ce type de proposition est susceptible de deux analyses, bien qu'ils divergent sur la priorité à attribuer à chacune, et Abélard lui-même va modifier sa position sur ce point : (1) il y a « couplage des essences » (*copulatio essentiae*) signifiées par les termes *sujet* et *prédicat* : le verbe *être* « signifiant toutes les essences en tant qu'essences, il a la propriété de coupler toutes les essences » ; il « couple » l'essence ou « la chose » *Socrate* avec « cette chose blanche », avec le sens « cette chose *Socrate* est cette chose blanche » — cette pre-

4

mière analyse a pour origine la « valeur substantive » du verbe *être* (*ex vi substantivi*) ; (2) la qualité signifiée par le prédicat *albus*, à savoir la blancheur, *albedo*, est signifiée comme inhérant dans le sujet *Socrate* — cette seconde analyse a pour cause la nature du prédicat (*ex vi praedicationis*). Ces deux analyses, que l'on fait ici coexister, seront à l'origine des deux analyses majeures, et disjointes, de la prédication au Moyen Âge : la théorie de l'identité, selon laquelle le prédicat est pris en extension, la prédication revenant à poser l'identité entre ce que dénote le sujet et ce que dénote le prédicat ; la théorie de l'inhérence, selon laquelle le prédicat est pris intensionnellement, la prédication revenant à poser l'inhérence de la qualité dans le sujet.

Il est à noter que cet usage particulier du terme *copulare*, pour désigner la liaison des « choses » dénotées par le sujet et le prédicat, a pour origine l'interprétation d'un passage extrêmement problématique du *Peri hermêneias*, 3, que Boèce traduit ainsi :

> *Ipsa quidem secundum se dicta verba nomina sunt, et significant aliquid — constituit enim qui dicit intellectum, et qui audit quiescit — sed si est vel non est, nondum significat. Neque enim « esse » signum est rei vel « non esse », nec si hoc ipsum « est » purum dixeris. Ipsum quidem nihil est, consignificat autem quandam compositionem, quam sine compositis non est intelligere.*
>
> [En eux-mêmes, les verbes sont en réalité des noms, et ils signifient quelque chose — celui qui parle constitue en effet une intellection, et celui qui écoute peut se reposer (car la signification est achevée, il n'attend rien de plus) —, mais ils ne signifient pas encore que quelque chose est ou n'est pas. Ni « être » ni « n'être pas » n'est signe de chose, si on dit « est » tout court. Il n'est en effet rien, mais il consignifie une composition, qui ne peut être comprise sans les termes composés.]
>
> *Peri hermeneias* 3, 16b 20-25, éd. Minio-Paluello, p. 7, 14-19.

Ce passage est capital pour les développements sur le verbe substantif (signifie-t-il quelque chose ou non) et sur la notion de « consignification » (voir CONNOTATION, SYNCATÉGORÈME). Boèce, contre Porphyre, pense qu'Aristote veut ici dire, non pas que le verbe *être* n'a pas de signification, mais qu'il ne signifie pas encore le vrai et le faux. Pour expliquer pourquoi il ne réalise sa signification qu'en jonction avec les termes qu'il sert à lier, Boèce introduit une distinction entre deux usages, selon qu'il est employé seul, ou en composition avec un prédicat. C'est dans ce contexte que, dans le premier commentaire sur le *Peri hermêneias*, Boèce utilise le terme *copulare* pour marquer la liaison des choses signifiées par le sujet et le prédicat (*duas res copulat atque componit*). Dans le second commentaire, on trouve l'analyse de ce qui sera ensuite appelé « couplage des essences », à la fois pour les prédications *de secundo adjacente*, comme « *Socrates est* », qui peut se gloser par « Socrate est un parmi ceux qui existent » (*Socrates aliquid eorum est quae sunt*), et dans les prédications *de tertio adjacente*, comme « *Socrates philosophus est* », qui est interprété comme permettant de conjoindre Socrate et la philosophie, mais signifie en outre que Socrate participe à la philosophie, cette seconde valeur se voyant ensuite transformée en signification d'une inhérence de la qualité dans le sujet. C'est en raison de cette valeur de « couplage » ou de « conjonction » que l'affirmation d'Aristote se justifie, même quand il est en *secundum adjacens*, explique Boèce : le verbe *être* « a une valeur de conjonction, non de chose [*vim conjunctionis cujusdam obtinet, non rei*] » ; il reprend là une formulation de Porphyre : « il ne désigne aucune substance [*nullam substantia monstrat*] » (cf. Boèce, *Commentarii in librum Aristotelis Peri hermeneias*, éd. K. Meiser, *prima editio*, p. 65-66, et *secunda editio*, p. 77-78).

À partir de ce passage, et des commentaires des grammairiens, Abélard posera une distinction claire entre *copulare* et *praedicare*, qui est cohérente avec sa position sur les universaux : puisqu'il n'y a pas de blancheur en tant qu'essence, mais seulement des blancheurs individuelles et des choses blanches, on ne peut, en disant « *Socrates est albus* », que « prédiquer la blancheur en adjacence, et le blanc, ou, en d'autres termes, ce qui est affecté par la blancheur, de manière essentielle » ; la blancheur est donc *prédiquée*, au sens où l'on veut dire que la blancheur inhère en le sujet, mais *Socrate* est *couplé* à cette chose blanche ou à cette chose qui est affectée par la blancheur. Chaque terme ici utilisé a un sens précis : l'adjectif *albus* est « conjoint » au verbe, il « prédique » une forme adjacente, et « couple » le « fondement de la blancheur qu'il dénote [*fundamentum quod nominat*] » ; la forme accidentelle est prédiquée, mais c'est le substrat en lequel elle se trouve et que le terme d'accident dénote ou « nomme » qui est couplé (d'où la glose: Socrate est ce qui est affecté par la blancheur). C'est en raison de la nature imparfaite du verbe *être*, et parce qu'il ne peut jamais être une « pure copule », qu'est toujours présente cette valeur essentielle ou existentielle, et ce « couplage des essences », conduisant à poser une identité ou une identification entre deux choses singulières existantes, dénotées par le sujet et le prédicat (Abélard, *Super Peri hermeneias*, éd. Geyer, p. 360-361).

Irène ROSIER-CATACH

verbe ». Pour faire droit à l'analyse aristotélicienne, il recourt donc à la notion de « puissance » interprétée dans le sens d'« implicite », et présente le rendu tripartite de la phrase nominale comme une explicitation/actuation. Sur les trois notions importées dans une prédication (ar. *ḥaml* [الحمل]) – le sujet (ar. *mawḍū'* [موضوع]), le prédicat (ar. *maḥmūl* [محمول]) et la relation (ar. *nisba* [نسبة]) qui lie le sujet et le prédicat – deux sont explicites (le sujet et le prédicat), l'autre, implicite (la relation). Pour expliciter la relation, on peut recourir indifféremment aux mots *huwa* [هو] (lui) ou *mawǧūd* [موجود] (existant). On dira en ce sens : « Zayd lui juste », ou « Zayd existant juste », au lieu de : « Zayd *est* juste ». La copule n'est donc pas une « partie nécessaire » de la prémisse (qu'on obtiendrait par l'analyse), elle n'y est qu'en puissance et ne sert qu'à expliciter/lexicaliser le lien du sujet et du prédicat, « en suppléant une défaillance linguistique » (car « il n'existe pas dans la langue arabe de mot qui désigne ce genre de liaison, alors qu'il existe dans les autres langues », *Commentaire moyen sur le « De interpretatione »*, § 19, p. 94). Le « troisième élément » n'est donc qu'un « ajout ».

Dans la logique moderne, essentiellement à partir de Frege, la copule n'est plus seulement considérée comme un ajout non nécessaire, mais comme un ajout inutile et trompeur. L'analyse de la proposition en deux termes, sujet et prédicat, composés (ou divisés) par une copule a été dénoncée par nombre de modernes comme le résultat d'une projection de l'asymétrie linguistique du sujet et du prédicat (grammaticaux) dans l'ontologie ou la logique tout court (je puis dire aristotéliquement « Socrate est homme », non « l'/un homme est Socrate »). On considère généralement que ce déficit est comblé à partir de Frege (cf. M. Dummett, *Frege's Philosophy of Language*, p. 63-64). Pour Frege, une proposition comme « Deux est un nombre premier » est entachée par « l'inexactitude de son expression linguistique », l'utilisation de la copule « donnant l'apparence que quelque chose s'ajoute à l'objet et au concept, comme si la relation de subsomption était un troisième élément ». Sans revenir au schéma stoïcien de l'incomplétude et de la complétion (le verbe-prédicat « complété » par une *ptôsis*), Frege, grâce aux notions d'insaturation et de saturation, opère la même réduction du « tiers » inutile : « l'insaturation du concept a pour effet que l'objet qui effectue la saturation adhère immédiatement au concept, sans avoir besoin d'un lien particulier » (cf. G. Frege, *Über Schoenlies : Die logischen Paradoxien der Mengenlehre*, *in* H. Hermes, F. Kambartel, F. Kaulbach [éd.], *Kleine Schriften*, Hambourg, Meiner, 1969, p. 193).

Alain de LIBERA

BIBLIOGRAPHIE

ARISTOTE, *Catégories*, prés., trad. fr. et comm. F. Ildefonse et J. Lallot, Seuil, « Points Essais », 2002.

— *Aristoteles. Kategorien*, übers. und erl. von Klaus Oehler, Berlin, Akad. Verlag, 1984.

— *Aristotele, Le Categorie*, introduzione, traduzione e commento di Marcello Zanatta, Milano, BUR, 1989.

— *Categories and De interpretatione*, translated with notes and glossary by J.L. Ackrill, Oxford, Clarendon-Press, 1963.

— *Categories and De interpretatione*, ed. and transl. by E.M. Edghill, in *The Works of Aristotle Translated into English*, Londres, Oxford U.P., 1928, t. 1.

— *Topiques, transl. Boethii*, in *Aristoteles Latinus*, V, 1-3, *Topica*, éd. L. Minio-Paluello, Desclée de Brouwer, 1969.

— *Topiques*, livres I-IV, texte établi et traduit par Jacques Brunschwig, Les Belles Lettres, « CUF », 1967.

— *Organon*, nouvelle traduction et notes par J. Tricot, Vrin, 1946-1950.

AUBENQUE Pierre, « Herméneutique et ontologie. Remarques sur le *Peri hermêneias* d'Aristote », *in* A. Sinaceur (éd.), *Penser avec Aristote*, Toulouse, Érès, 1991, p. 93-105.

AVERROÈS, *Commentaire moyen sur le « De interpretatione »*, intr., trad. fr. et notes A. Benmakhlouf et S. Diebler, Vrin, « Sic et non », 2000.

DUMMETT Michael, *Frege Philosophy of Language*, Londres, Duck-worth, 1973.

DE RIJK Lambertus Maria, *Logica Modernorum II 1: The Origin and Early Development of the Theory of Supposition*, Assen, Van Gorcum, 1967.

EBBESEN Sten, "Boethius as an Aristotelian Scholar", *in* J. WIESNER (éd.), *Aristoteles, Werk und Wirkung*, Berlin-New York, W. de Gruyter, 1987, t. 2, p. 286-311.

GOCHET Paul, *Esquisse d'une théorie nominaliste de la proposition*, Armand Colin, « Philosophies pour l'âge de la science », 1972.

GUILLAUME D'OCKHAM, *Somme de logique, Première partie*, trad. fr. J. Biard, Mauvezin, TER, 1988, 2e éd., 1993.

NUCHELMANS Gabriel, *Theories of the Proposition. Ancient and Mediaeval Conceptions of the Bearers of Truth and Falsity*, Amsterdam-Londres, North-Holland, 1973.

PIERRE D'ESPAGNE, *Tractatus called afterwards "Summulae logicales"*, éd. L.M. De Rijk, Assen, Van Gorcum, 1972.

POHLENZ Max, *Die Stoa*, Göttingen, Vandenhoeck und Ruprecht, 1948.

— *Die Begründung der abendländischen Sprachlehre durch die Stoa*, in *Kleine Schriften*, t. 1, Hildesheim, Olms, 1965.

PORPHYRE, *Isagoge*, trad. fr. A. de Libera et A.-P. Segonds, intr. et notes A. de Libera, Vrin, « Sic et non », 1998.

— *Isagoges Fragmenta M. Victorino interprete*, éd. L. Minio-Paluello, ad. B.G. Dod (*Aristoteles Latinus*, I, 6-7), Desclée de Brouwer, 1966.

— *Isagoge, Translatio Boethii*, éd. L. Minio-Paluello, ad. B.G. Dod (*Aristoteles Latinus*, I, 6-7), Desclée de Brouwer, 1966.

— *Isagoge et in Aristotelis Categorias commentarium*, éd., intr. et notes A. Busse, Berlin, 1887, rééd. 1995.

— *Isagoge*, trad. it. B. Maioli, Padoue, 1969 (avec intr. et comm.).

— *Isagoge*, trad. angl. E.W. Warren, Toronto, The Pontifical Institute of Mediaeval Studies, "Mediaeval Sources in Translation", 16, 1975.

— *Isagoge*, trad. it. G. Girgenti, Milan, Rusconi, « Testi a Fronte », 1995 (éd. trilingue, avec intr., comm. et bibl.).

— *Einleitung in die Kategorien*, trad. all. E. Rolfes, Hambourg, Meiner, « Philosophische Bibliothek », 8/9, 1958 [repr. de l'éd. de 1925].

— *On Aristotle Categories* (*Ancient Commentators on Aristotle*), trad. S.K. Strange, Londres, Duckworth, 1992.

STRAWSON Peter, *Subject and Predicate in Logic and Grammar*, Londres, Methuen, 1973.

PRÉSENT, PASSÉ, FUTUR

gr.	*paron* [παρόν], *parelthon* [παρελθόν], *mellon* [μέλλον]
lat.	*praesens, praeteritum, futurum*
all.	*gegenwärtig, anwesend, Gegenwart/Anwesenheit ; vergangen/gewesen ; zukünftig*
angl.	*present, past, future*
dan.	*præsentisk, nuværende, tilkommende*

► *TEMPS*, et ANGLAIS, ASPECT, COMBINATOIRE ET CONCEPTUALISATION, ESSENCE, ESTI, *ÊTRE*, HISTOIRE, MÉMOIRE, MOMENT, TO TI ÊN EINAI

Notre manière de diviser le temps en passé, présent et futur est-elle commandée par les découpages opérés dans les langues, c'est-à-dire par les différents systèmes de temps grammaticaux ? Dérivée de Benveniste, la question ne trouve de réponse complète que dans l'examen attentif de ces systèmes et, en particulier, des différentes expressions de l'aspect. Plusieurs pistes, cependant, s'ouvrent dans les mots mêmes qui disent, dans différentes langues, les parties du temps et/ou les temps grammaticaux : une archéologie de la tripartition grecque du temps, rien moins qu'évidente au premier abord, doit introduire aux différenciations internes aux langues modernes, passé et présent dédoublés de l'allemand (vergangen/gewesen, Gegenwart/Anwesenheit), *futur dédoublé du français (futur/avenir).*

I. LE TEMPS ET LES TEMPS GRAMMATICAUX

« Passé », « présent » et « futur » désignent à la fois en français des temps grammaticaux et des plages temporelles, ou temps (lat. *tempora*, angl. *tenses*) au sein du temps (*tempus*, *time*), ce qui est loin d'être le cas dans toute langue. La tripartition du temps en passé, présent, futur, que l'on ne peut faire remonter à Homère qu'avec bien des réserves, se trouve dans les systèmes verbaux des langues indo-européennes, même si le futur, issu d'un ancien présent désidératif, y est de formation tardive (gr. *opsomai* [ὄψομαι] = « je veux voir », « je vais voir », d'où « je verrai » ; et encore l'indo-européen exprime-t-il surtout une valeur d'aspect). La constitution d'un futur signale le développement, dans le verbe grec, de l'expression du temps, devenue dans cette langue plus importante qu'en indo-européen (cf. A. Meillet, *Aperçu d'une histoire de la langue grecque*, 1975, p. 38). Les linguistes ont souvent relevé le cas « aberrant » de l'allemand à cet égard, où une locution telle que « je deviendrai » se rend par *Ich werde werden* (sur la « lourdeur » peu naturelle de l'expression du futur en allemand, cf. J. Vendryès, *Le Langage*, p. 120, qui note encore : « C'est une tendance générale du langage que d'employer le présent en fonction du futur : un ancien présent sert de futur en russe, en gallois, en gaélique d'Écosse, ailleurs encore »).

On touche ici aux questions relatives à la nature du lien qui unit la spéculation philosophique et l'établissement des catégories grammaticales. Aristote s'est-il laissé guider à son insu par les « catégories » de la langue grecque, selon la thèse aussi célèbre que contestable soutenue par Benveniste (« Catégories de pensée et catégories de langue », dans *Problèmes de linguistique générale*), ou a-t-il retrouvé ce dont sa langue était dépositaire, laquelle ne ferait au fond que confirmer la justesse de ses analyses, comme l'avaient soutenu antérieurement Trendelenburg (*Geschichte der Kategorienlehre*, p. 33) puis Brentano (*De la diversité des acceptions de l'être d'après Aristote*, p. 172, 177 et 180) ? Il est intéressant de voir que des conclusions diamétralement opposées ont pu être tirées d'une même et heureuse coïncidence. Ce problème, qu'il nous faut nous contenter de signaler au passage, trouve cependant une expression dans la diversité des noms donnés aux parties — grammaticales et physiques, ou vécues — du temps.

Des problèmes liés à la thématisation du temps, grammaticalement et philosophiquement détriplé, il faut distinguer ceux que soulèvent les diverses appellations relatives notamment au passé et au futur. Qu'est-ce qui différencie les termes allemands de *vergangen* et de *gewesen*, de *Gegenwart* et de *Anwesenheit* ? Pourquoi le français a-t-il deux mots pour dire le futur et l'avenir ?

II. LA TRIPARTITION DU TEMPS

Au § 168 de sa *Syntaxe grecque*, J. Humbert introduit de la manière suivante au système des temps dans la langue grecque :

> Les grammairiens nous ont habitués à diviser mentalement la durée en trois zones : *passé, présent, futur*. Nous avons dans l'esprit une représentation toute *spatiale* du temps : on le figurerait comme une *ligne* sans limites, dirigée de gauche à droite : la ligne qui, à gauche, constitue le *passé*, est segmentée sur une certaine longueur qui est notre *présent*, pour continuer à droite en se prolongeant indéfiniment dans le *futur*. Cette conception abstraite, qui fait du temps quelque chose de réalisé, serait encore plus inexacte en grec que dans une autre langue.

Si elle n'est pas essentiellement *linéaire*, malgré toutefois l'analogie aristotélicienne de la ligne, la tripartition du temps apparaît très tôt dans le monde grec antique. Du devin Calchas, Homère dit dans l'*Iliade* (I, v. 70) qu'il connaît « le présent, le futur, le passé [τά τ' ἐόντα τά τ' ἐσσόμενα πρό τ' ἐόντα] » (trad. fr. P. Mazon, Les Belles Lettres, 7e éd., 1972, t. I, p. 6). On notera que l'ordre de l'énumération n'est pas successif, et, d'autre part, qu'il s'agit moins ici des temps que de ce dont ils sont porteurs, ce qui se trouve par eux véhiculé. À vrai dire, ce vers ne distingue pas à proprement parler des temps mais des étants (intratemporels), et il recourt, fait remarquable, au même participe présent substantivé en neutre pluriel (*eonta*) pour caractériser ce que la traduction de P. Mazon rend respectivement par « le présent » et « le passé », là où Homère évoque, plus littéralement, « ce qui est, ce qui sera et ce qui est d'autrefois », tout comme chez Hésiode, où les mêmes expressions se retrouvent dans le même ordre (*Théogonie*, 38). Dans le *Poème* de Parménide (VIII, 5), le « est » est caractérisé ainsi : « jamais il n'était ni ne sera, car il est au présent [...] » [οὐδέ ποτ' ἦν οὐδ' ἔσται, ἐπεὶ νῦν ἔστιν (...)]. Il suffira d'identifier l'être à l'être-présent, quitte à scinder celui-ci entre ce qui était et ce qui sera, pour que le temps lui-même soit pensé, dira Montaigne, comme « necessairement desparty en deux », entre « ce qui n'est pas encore en estre » et « ce qui desja a cessé d'estre » :

> Et quant à ces mots : present, instant, maintenant, par lesquels il semble que principalement nous soustenons et fondons l'intelligence du temps, la raison le descouvrant le destruit tout sur le champ : car elle le fend incontinent et le part en futur et en passé, comme le voulant voir necessairement desparty en deux.
>
> *Essais*, II, 12, éd. P. Villey, Alcan, 1922, t. II, p. 370.

♦ Voir encadré 1.

À l'époque archaïque, coexistent diverses racines verbales qui ne relèvent pas de « ce système cohérent et complet qu'on appelle une conjugaison », à savoir « un ensemble de thèmes exprimant chacun un "temps" ou un mode du procès et qui se déduisent les uns des autres par des procédés morphologiques simples » (Chantraine, *Morphologie historique du grec*, § 175). La valeur *aspectuelle* du verbe grec à l'aoriste ressortit à une autre considération que le simple souci de situer l'action sur un axe temporel, comme passée, présente ou future. Virgile semble faire écho à Homère dans les *Géorgiques* (IV, 393), à propos du devin Protée embrassant les choses « *quae sint, quae fuerint, quae mox ventura trahantur* (qui sont, qui ont été, et qui bientôt surviennent dans l'avenir) ». Le traitement classique de ce que le *Timée* de Platon appelle des « parties » ou « divisions » du temps — *merê khronou* [μέρη χρόνου] — en disant de la « substance éternelle » « qu'elle était, qu'elle est et qu'elle sera [ἦν ἔστιν τε καὶ ἔσται] » (37e 3-6) est donné par la *Physique* d'Aristote (IV, chap. 10), où il revient à l'instant (*to nun* [τὸ νῦν]) de discriminer le *parelthon* [παρελθόν]/passé et le *mellon* [μέλλον]/futur. À la fin de l'Antiquité, enfin, Augustin prendra acte de la tripartition usuelle, quitte à n'y voir que fâcheuse habitude dont on n'a que trop usé et abusé : « *Dicatur etiam : tempora sunt tria, praeteritum, praesens et futurum, sicut abutitur consuetudo ; dicatur etiam* [Admettons que l'on dise : il y a trois temps, le passé, le présent et le futur : c'est là une habitude invétérée, mais admettons !] » (*Confessions*, l. XI, 20, 26).

L'Antiquité aura donc à la fois ignoré, puis thématisé et interrogé la tripartition du temps en passé, présent, futur qui nous est familière. Penser la genèse de cette tripartition, c'est toutefois revenir à l'inévidence première à partir de laquelle elle a été forgée, quitte à tenir pour assez fâcheux, avec Augustin, l'effet d'évidence dont elle semble jouir depuis la fin de l'Antiquité.

III. LES DEUX PASSÉS : « VERGANGEN » ET « GEWESEN »

« *The past is never dead, it is not even past* [le passé n'est jamais mort, il n'est même pas passé] » : cette formule de Faulkner, citée par H. Arendt (*Between Past and Future*, p. 10), souligne avec bonheur ce que le passé a d'irréductible à ce qui n'est que « passé, dépassé, trépassé » (selon l'expression d'Apollinaire). Là où Descartes pouvait affirmer que « lorsqu'on est trop curieux des choses qui se pratiquaient aux siècles passés, on demeure ordinairement fort ignorant de celles qui se pratiquent en celui-ci » (*Discours de la méthode*, Première Partie, éd. A.-T., VI, p. 6), un historien insisterait, plutôt que sur une telle coupure passé/présent, sur leur trait d'union ; ainsi, par exemple, Marc Bloch : « Le passé a beau ne pas commander le présent tout entier, sans lui, le présent demeure inintelligible » (*L'Étrange Défaite*, p. 187), ou sur leur interpénétration (*Apologie pour l'histoire*, p. 95).

Le passé en tant qu'il n'est plus correspond à l'allemand *vergangen*, « passé » au sens de « révolu ». *Vergangen* est le participe passé du verbe *vergehen*, « passer », avec une idée de corruption contenue dans le préfixe *ver-*, « passer » au sens où l'on dit précisément que le temps passe (*vergeht*). Mais le passé au sens où il n'a pas cessé d'être répond à l'allemand *gewesen*. Le préfixe *ge-*, qui sert à la formation du participe passé de certains verbes, indique ici le rassemblement, la récollection dans la présence récapitulatrice. La formule de Hegel : *Wesen ist, was gewesen ist*, ne signifie pas que « l'essence » serait « ce qui a été ». Cette traduction littéralement exacte du propos hégélien ne fait pas sens, vu que les derniers mots de la « Doctrine de l'Être », dans la *Science de la Logique*, déterminent l'essence comme « l'*être* en tant qu'il est le fait de ne pas être ce qu'il est, et d'être ce qu'il n'est pas » : est essence ce en quoi l'être se rassemble, mais recueilli, intériorisé, ce qui, tout en n'étant plus, n'a pas cessé d'être, ou encore, en termes hégéliens : « la vérité de l'être ». L'essence (*Wesen*) n'est pas « l'être [entendu] comme cet être purement-et-simplement intériorisé » qu'est l'être « rassemblé avec soi dans sa négation », selon la traduction donnée par P.-J. Labarrière et G. Jarczyk de la dernière page de la « Doctrine de l'être » (Hegel, *Science de la Logique*, t. I, Premier Livre, L'Être, éd. de 1812, trad. fr. P.-J. Labarrière et G. Jarczyk, Aubier, 1972, p. 362). L'essentiel se joue ici dans l'interprétation donnée entre crochets, qui bloque le mouvement même du « logique » tel qu'il anime, de l'intérieur, le propos hégélien : non pas l'être *entendu* autrement qu'il l'était auparavant, comme s'il ne s'agissait que de varier les acceptions d'un même terme, mais bien plutôt l'être *se promouvant* en essence en vertu de son propre mouvement.

À la différence du français, l'allemand retrouve dans sa conjugaison du verbe *être* à la fois l'être (*sein*) et l'essence (*Wesen* dans *ge-wesen*). Hegel ne manque pas d'y insister à plusieurs reprises dans la *Science de la Logique*, notamment au tout début de la « Doctrine de l'essence » : « la langue [allemande] a conservé dans le verbe *sein* le *Wesen* [essence] dans le participe passé *gewesen* ; car l'essence est l'être passé, *mais intemporellement passé* » (éd. de 1812 ; nous soulignons). Hegel éloigne à ce point *gewesen* de *vergangen*, à savoir de ce qui est purement et simplement révolu, et le rapproche à ce point du *Wesen* qui s'entend en lui, que le passé se trouve par là arraché à sa dimension temporelle, pour se dire en quelque sorte *sub specie aeternitatis*.

Méditant à sa façon le rapport *gewesen/Wesen*, Schelling regrettera quant à lui que « dans la langue allemande le verbe ancien *wesen* [soit] sorti de l'usage (il ne se trouve qu'au temps passé — sous la forme *gewesen*) »

1

Le sens du temps

Voici ce qu'on peut lire dans le Theil N. et Hallez-D'Arros Hipp. *Dictionnaire complet d'Homère et des Homérides*, Hachette, 1841 :

ὀπίσω [opisô] : *adv.* 1°) *en parlant du lieu* : en arrière, par-derrière [...] 2°) *en parlant du temps* : en arrière de, après, ensuite, à l'avenir, *proprement ce qui est encore en arrière, ce qu'on ne peut voir* [...] ἅμα πρόσσω καὶ ὀπίσσω ὁρᾶν, voir à la fois le présent et l'avenir, *littéralement* les choses qui sont derrière, *c.-à-d.* qui ne nous ont pas encore atteints et qui viendront, *c.-à-d.* l'avenir ; *c'est toujours dans ce sens qu'Homère prend* ὀπίσσως, *le passé, il l'appelle* τὸ ἔμπροθεν, *ce qui nous a déjà dépassés ; quant à* πρόσω, *ce sont les choses qui sont devant nous, que nous avons pour ainsi dire sous la main,* τὰ ὑπὸ χεῖρα [...]

πρόσω [prosô] : *adv.* 1°) *en parlant de l'espace :* devant, par-devant, en avant [...] 2°) *en parlant du temps :* devant, en avant, *c.-à-d.* le passé *et non* l'avenir, *selon une erreur que je vois partagée par des hommes cependant fort habiles ; cela tient à ce que les Grecs ne se représentaient pas le temps comme un fleuve dont ils auraient remonté le courant ; pour eux, le temps coulait en sens inverse ; les flots qu'ils avaient devant eux étaient ceux qui les avaient dépassés, par conséquent le passé ; ceux qu'ils avaient derrière eux étaient l'avenir ; une foule d'exemples d'Homère viennent à l'appui de ce que j'avance* [...]

(*Schellings Werke*, t. 13, p. 212). Heidegger y reviendra aussi :

> J'entends ce qui a été et n'a pas cessé d'être [*das Gewesene*] au sens suivant : de même que le massif montagneux [*das Gebirge*] est l'ensemble des montagnes, de même l'être-été est ce qui rassemble l'être en son déploiement.
>
> Précision donnée par M. Heidegger au deuxième séminaire sur Kant à Cerisy en 1955, cf. *Qu'appelle-t-on penser ?*, trad. fr. A. Becker et G. Granel, PUF, 1973, p. 30, et *Être et Temps*, trad. fr. F. Vezin, Gallimard, 1986, p. 574, note à la p. 326.

À cette réflexion sur les propriétés de l'allemand se joint, chez beaucoup, une méditation de l'héritage grec. À quel point la temporalité est une dimension constitutive du savoir grec comme essentiellement rétrospectif, à quel point le passé est loin de s'évanouir purement et simplement en basculant dans le non-être de ce qui a été et n'est plus, c'est ce que montrent non seulement l'anamnèse platonicienne, ou encore l'accent mis sur un passé mythique, mais jusqu'au nom du savoir, οἶδα (*Ϝοῖδα), comme « avoir-vu », de même racine que le latin *video*, l'allemand *wissen* — comme le rappellera Schelling (*SW* XII 454 = *Philosophie de la mythologie*, trad. fr., p. 301) avant Heidegger (*Chemins...*, trad. fr., p. 178) : « Le parfait de l'avoir-vu est le présent du savoir » (cf. aussi E. Boisacq, *Dictionnaire étymologique de la langue grecque*, *s.v.*, p. 688). L'énigme de la constitution temporelle du savoir, que retrace d'une certaine façon la généalogie de la philosophie à partir de la sensation proposée au début du livre A de la *Métaphysique* d'Aristote, va culminer dans l'expression forgée par Aristote *to ti ên einai* [τὸ τί ἦν εἶναι], latin *quod quid erat esse*, *quidditas*, « l'être-ce-qu'il-était ». Pour une discussion de ce qu'Aristote désigne sous ce « titre étrange », et de sa préhistoire alléguée (Antisthène, Solon), on se reportera à P. Aubenque, *Le Problème de l'être chez Aristote*, p. 457-472, et sa thèse, p. 469 : « C'est [...] cette idée, si profondément grecque, selon laquelle tout coup d'œil essentiel est rétrospectif, qui nous paraît justifier le *ên* [ἦν] [« était »] du *to ti ên einai* [τὸ τί ἦν εἶναι]. Le vocabulaire de l'ontologie aristotélicienne se trouve ainsi éclairé par une source *tragique* ; mais on peut penser aussi à l'*imparfait de découverte* des grammairiens (J. Humbert, *ibid.*, § 180, Rem.), auquel renvoie également P. Aubenque (voir TO TI ÊN EINAI).

IV. LES DEUX PRÉSENTS : « GEGENWART » ET « ANWESENHEIT »

Grammaticalement parlant, le présent n'est pas une catégorie univoque dans les différentes langues européennes. Il existe en anglais une forme appelée *présent progressif*, qui envisage le procès dans son déroulement même (« être en train de »). Le *cogito, ergo sum* de Descartes, généralement traduit en anglais par *I* think, *and therefore I am,* devrait sans doute plutôt se traduire par *I* am thinking, *and therefore I am*, qui présente l'avantage de faire ressortir que l'existence, loin d'être une déduction inférée de la pensée comme conclusion, est déjà présente dans l'acte même de la *cogitatio* : *cogito* = sum *cogitans*. Tant il est vrai que la forme du présent progressif réinjecte le *participe présent* dans l'indicatif.

La notion de « présent » jouit en français d'une richesse polysémique aussi grande qu'est énigmatique celle, en allemand, de *Gegenwart*. Le *présent* désigne en effet aussi bien (a) le temps où les choses adviennent, (b) ce *en présence de quoi* nous nous trouvons (all. *Anwesenheit*), (c) ce à quoi il nous est *donné* d'assister, voire ce qui nous est donné en présent, ou ce qu'il nous est donné de recevoir, au sens où la sensibilité est foncièrement déterminée, chez Kant, comme réceptivité à un donné, comme au sens où le phénomène de la phénoménologie est ce qui se donne à voir en son être-donné (*Gegebenheit*, Husserl).

Quant au terme allemand *Gegenwart*, qui semble désigner à première vue l'attitude qui consiste à faire face (*gegen*) dans l'attente (*-wart*), à attendre de pied ferme ce qui vient à l'encontre, le *Dictionnaire* des frères Grimm y voyait pour cette raison une « inconcevable contradiction », celle d'une présence qui ne se dit que par anticipation, tension vers ce qu'elle appelle ; à moins qu'il ne faille y entendre une futurition immanente à tout présent. Il faut noter en outre que le terme même de *Gegenwart* suppose entre passé et présent un rapport qui n'est pas de stricte *continuité*, mais bien plutôt d'*adversité*. Le présent est moins ce qui fait suite au passé, dans la paisible continuité d'un flux, que ce qui a la force de s'y opposer et arracher, dans la prometteuse discontinuité inaugurée par cette rupture. Dans la « généalogie du temps » que proposent ses *Âges du monde*, Schelling entend à l'évidence *Gegenwart*, dans toute sa dimension antithétique, à partir de *Gegensatz, Entgegensetzung* (« opposé, opposition ») : « *Der Mensch, der sich seiner Vergangenheit nicht entgegenzusetzen fähig ist, hat keine, oder vielmehr er kommt nie aus ihr heraus, lebt beständig in ihr* [L'homme qui n'est pas capable de s'opposer à son passé n'en a pas, ou bien plutôt il n'en sort jamais mais vit constamment en lui] » (*Weltalter*, p. 11). Le présent ne se conquiert donc que par un rapport vivant et conflictuel d'antagonisme au passé, hors de tout passéisme qui ne permet pas non plus au passé de se constituer comme tel. Au présent ainsi compris, l'avenir est à-venir, « avenant ».

Mais au présent et à sa présence correspond encore l'allemand *Anwesenheit*, porteur de l'harmonie inapparente de l'être et du temps. Comment ce terme est-il composé ? Selon Jean Beaufret, Heidegger s'avisa « un jour » :

> qu'au nom platonicien et aristotélicien de l'être, *ousia*, qui dit aussi, dans la langue courante, le bien d'un paysan, répond directement de ce point de vue l'allemand *Anwesen*, mais que, d'autre part, rien n'est plus proche du neutre *Anwesen* que le féminin *Anwesenheit* où la désinence *heit* porte au langage, en le faisant pour ainsi dire briller, ce qui, dans *Anwesen*, reste encore opaque. *Anwesenheit* dit ainsi : la pure brillance de l'*Anwesen*. Mais d'autre part *Anwesenheit* est synonyme de *Gegenwart*, et par là dit aussi que ce qui brille, quand retentit le nom grec de l'être (*ousia*, comme *aphérèse* de *parousia*), est essentiellement du présent.
>
> *Dialogue avec Heidegger*, IV, p. 90.

L'interférence, donnée dans le mot même, entre d'une part le présent défini par opposition au passé ou au futur, et d'autre part le présent en sa présence par opposition à l'absence, va donner lieu, chez Heidegger, et notamment dans *Être et Temps*, à la mise en évidence d'une concordance des temps au cœur du présent, telle qu'elle subvertit la relation de subordination traditionnelle du temps (et du *nunc fluens* [maintenant qui s'écoule]) à l'éternité (comme *nunc stans* [maintenant qui demeure]). En sorte que « passé et futur se rejoignent ou plutôt se répondent d'une tout autre manière que ne le dit l'adverbe *successivement* ». Et J. Beaufret poursuit (*ibid.*, IV, p. 91) : « Présent, passé et avenir, loin de se faire suite, sont bien plutôt *ek-statiquement* contemporains à l'intérieur d'un monde dont le présent n'est pas l'instant qui passe, mais s'étend aussi loin qu'un avenir répond à un passé [...]. »

L'allemand *Gegenwart*, pour désigner le présent, montre une futurition immanente au présent. Le présent est ainsi tiré vers l'avenir, qui l'éclaire en retour. L'être de l'être humain ne peut se dire au présent que parce qu'il s'éclaire à partir de l'être-mortel de celui qui dit « je suis ». « Je suis », *ich bin* qui n'est plus toutefois la traduction allemande du *ego sum* cartésien (= *ich bin vorhanden*, je suis ci-devant un étant, comme l'est aussi ce morceau de cire que vous voyez là), mais correspondrait plutôt au latin *sum moribundus* (*GA* 20, p. 437-438). Ainsi, chez Heidegger, c'est à partir de l'avenir que le temps est, ou plutôt mûrit, se tempore.

♦ Voir encadré 2.

V. FUTUR ET AVENIR

Étymologiquement, le français *futur*, du latin *futurus* (« destiné à être »), est apparenté à *fus* (« [je] fus »), latin *fui*, et par là à la racine indo-européenne **bhû* (« croître »), d'où le grec *phuô* [φύω], « faire naître, faire pousser » (d'où *phusis* [φύσις] ; voir NATURE ; cf. Aristote, *Métaphysique*, Δ, 4, 1014b 16-17), l'allemand *bin*, l'anglais *be* (cf. J. Picoche, *Dictionnaire étymologique du français*, p. 314). Comme catégorie grammaticale autonome, le futur est, on l'a vu, de formation assez tardive. Dans certaines langues (allemand, russe), le futur s'exprime plus volontiers par un futur proche à valeur désidérative : plutôt que « j'irai », « je vais aller » ou « je veux aller ». En grec moderne, le futur est obtenu en ajoutant θὰ devant l'indicatif présent, abréviation de θέλω νὰ « je

2

« Præsentisk » / « nuværende » : la présence dans le danois de Kierkegaard

Præsentisk est en danois un néologisme apparemment forgé par Kierkegaard, les termes habituels étant *nuværende* (étant maintenant) ou *nærværende* (étant proche, là-devant, actuel). Il s'agit de la présence (*Nærværelse*) à soi : « *sig selv præsentisk* » (*L'Alternative*, vol. 3, p. 209), opposée à l'absence (*Fraværelse*). La totale présence à soi est définie comme « l'être aujourd'hui », comme l'exclusion du malheur : le « Dieu bienheureux qui éternellement dit : aujourd'hui [*idag*] » (*Le Lis des champs et l'Oiseau du ciel*, vol. 16, p. 325). Là où l'absence de passé et d'avenir signifie perfection, la présence (*praesentes dii*) est celle d'un « puissant soutien [*kraftige Bistand*] » (*Le Concept d'angoisse*, vol. 7, p. 186).

Dans *Le Plus Malheureux* [*Den Ulykkeligste*, 1843, vol. 3, p. 203-215], l'auteur pseudonyme propose un conte (proche du *Chasseur Gracchus* de Kafka), qui prolonge, sous le signe de la temporalité vécue, l'analyse hégélienne de la conscience malheureuse. La *Phénoménologie de l'esprit* décrit le malheur de la conscience divisée (*entzweit*), absente de soi parce que vivant la séparation sans l'horizon de l'union, marquée par un doublement (*Verdoppelung*) sans possibilité d'unification. C'est la conscience animée par la ferveur pieuse (*Andacht*), par la nostalgie (*Sehnsucht*), par un espoir jamais comblé, sans présence (*ohne Erfüllung und Gegenwart*). Pour explorer concrètement les formes de l'absence à soi (*sig selv fraværende*), Kierkegaard analyse en termes de temporalité cette conscience qui, selon Hegel, a son essence, le contenu de sa vie propre en dehors d'elle-même. C'est ce qui conduit à opposer au présent du passé et au présent de l'avenir, le plus-que-parfait (*plus quam perfectum*) et le futur antérieur (*futurum exactum*), en lesquels il n'y a rien de présent. D'où le portrait des individualités que le souvenir ou l'espoir rendent malheureuses. Toutefois l'absence à soi de l'homme de l'espoir comporte « une plus heureuse déception » (vol. 3, p. 210) que celle de l'homme que déçoivent les souvenirs. Pour le premier, l'avenir, l'infini du possible subsiste, alors que le second se tourne vers un passé qui n'a été présence de rien. Mais « le plus malheureux » est celui qui vit les deux infortunes. Les deux passions se contrariant l'une l'autre, il est le théâtre de l'impuissance qui consiste à « n'avoir pas de temps du tout [*slet ingen Tid*] » (p. 212).

À cela s'opposera « la répétition, le sérieux de la réalité et de l'existence », répétition qui « est l'intérêt de la métaphysique, et en même temps l'intérêt sur lequel la métaphysique échoue » (*La Répétition*, vol. 5, p. 5 et 21).

Le privilège du présent signifie que la vraie vie est dans l'instant et non dans l'état. Quelles que soient les formes de vie, les étapes existentielles, c'est à chaque instant qu'en est donné le sens, dans l'événement même par lequel on le contracte (*pådrage*). Cela vaut de la joie comme du désespoir, de l'angoisse comme de la sérénité, « chaque instant [*ethvert Øjeblik*] » n'étant « effectif [*virkelig*] », que dans le « temps présent [*nærværende Tid*] » du « rapport à soi-même [*Forholdet til sig selv*] » (*La Maladie à la mort*, vol. 16, p. 175). Comme l'indique un texte du *Journal* de 1847-1848 (*Papirer*, VIII A 305), ce moment *præsentisk* est affaire de liberté, et donc tendu vers l'avenir (voir EVIGHED).

Jacques COLETTE

BIBLIOGRAPHIE

KIERKEGAARD Søren, *Samlede Værker*, éd. A.B. Drachmann, J.L.Heiberg og H.O.Lange, Anden Udg., 15 vol., Copenhague, 1920-1936.

— *Papirer*, éd. P.A. Heiberg et V. Kuhr, 20 vol., Copenhague, 1909-1948.

— *Œuvres complètes*, trad. fr. P.H. Tisseau et E.M. Jacquet-Tisseau (parfois modifiée), 20 vol., Éd. de l'Orante, 1966-1986.

veux que » (A. Meillet, *Aperçu d'une histoire de la langue grecque*, p. 339). En anglais, qui ne possède pas de paradigme de futur dans sa morphologie verbale, une nuance d'ordre modal subsiste dans l'expression du futur entre les deux auxiliaires *shall* et *will*. En français, les morphèmes personnels du futur sont dérivés du présent de l'indicatif du verbe *avoir* : *chanterai* vient de *cantaraio* et de *cantare habeo*, « j'ai la perspective de chanter » (G. Moignet, *Grammaire de l'ancien français*, p. 67). Selon D. Maingueneau (*Précis de grammaire*, p. 144), il existe « dans la langue une dissymétrie fondamentale entre le passé et le futur : le futur est une projection à partir du présent, il est radicalement modal [...], tandis que le passé, qui est du révolu, privilégie la dimension aspectuelle. Il n'y a de futur que soutenu par la volonté, l'espoir, les craintes, etc. de sujets ». À tel point qu'il arrive en ancien français que le verbe *voloir* (« vouloir ») soit parfois au futur au lieu du présent, ce qui surexpose sa valeur modale, en raison de sa sémantèse perspective, comme dans *Tristan en prose*, 216, 15 : « *Et li rois [...], quant il entent ceste parole, il descent et s'en vet a la fosse, car il* voudra *veoir qui cil est qui dedenz gist* [qui donc est celui qui repose là-dedans] » (cf. G. Moignet, *ibid.*, p. 260). Ajoutons que le futur est aujourd'hui envisagé par les grammairiens comme incluant la forme antérieurement appelée *conditionnel*, à titre de « futur II », relevant du même « tiroir ». Au fond, le futur n'existe pas comme temps grammatical originel.

Le français *avenir* et l'allemand *Zukunft*, comme le danois *tilkommende* se répondent : l'avenir est *à venir* (*Zu- kunft* vient de *kommen*). Mais le français dispose des deux termes *futur/avenir*, tandis que *Futurum* ne renvoie en allemand qu'à la catégorie grammaticale du temps des verbes. *Futur* et *avenir* ne sont pas synonymes, mais en un sens aux antipodes l'un de l'autre, en termes de modalité : le futur désigne strictement ce qui sera, l'avenir ce qui pourrait être. Le futur est donc bien en ce sens la privation d'avenir, vu qu'il ne conçoit celui-ci que comme ce qui vient anticipativement *du* présent et non comme ce qui vient, inanticipable, *au* présent. L'avenir se distingue donc du futur comme le possible du réel.

Au fond, il se pourrait que la compréhension du système verbal à partir de la tripartion passé-présent-futur fût périmée, les grammairiens ayant aujourd'hui tendance à considérer comme *aspectuelles* des valeurs naguère considérées abusivement comme strictement *temporelles*.

De ce bref examen ressort une certaine homogénéité dans le système verbal des langues indo-européennes (même si l'infinitif futur, par exemple, ne se retrouve guère en dehors du grec ancien), mais aussi une remarquable hétérogénéité entre les diverses expressions des temps (all. *Zeiten* et *Tempora*) dans le cas des quelques langues examinées ici. Il est procédé chaque fois à un certain découpage de la réalité, mais ce découpage (auquel s'apparente du reste, étymologiquement, le terme même de « temps », ainsi que l'allemand *Zeit* [voir TEMPS]) est rarement le même.

Il semble que l'effort de la phénoménologie contemporaine ait consisté à ressaisir le foyer unitaire qui se situe en deçà de la tripartition examinée, tout en prenant acte de celle-ci, voire en tentant de la fonder rigoureusement : soit, avec Husserl, dans le pôle égoïque irradiant à partir de son « présent vivant », en ses rétentions et protentions, soit, avec Heidegger, dans la contemporanéité des extases. C'est là, semble-t-il, ce qui amènera l'auteur d'*Être et Temps* à retrouver la tripartition passé-présent-avenir, comme triple profusion ou triple arrachement, même là où elle ne se donne pas comme telle, que ce soit dans la triple synthèse de la « Déduction transcendantale » de la *Critique de la raison pure* (appréhension, reproduction, recognition), ou dans la tripartition nietzschéenne de l'histoire en antiquaire, monumentale et critique.

Pascal DAVID

BIBLIOGRAPHIE

ARENDT Hannah, *Between Past and Future*, New York, Penguin Books, 1961 ; *La Crise de la culture*, trad. fr. P. Lévy (dir.), Gallimard, 1972.

AUBENQUE Pierre, *Le Problème de l'être chez Aristote*, PUF, 1962.

BEAUFRET Jean, *Dialogue avec Heidegger*, t. 4, Minuit, 1985.

BENVENISTE Émile, *Problèmes de linguistique générale*, t. 1, Gallimard, 1966.

BLOCH Marc, *L'Étrange Défaite*, Gallimard, 1990.

— *Apologie pour l'histoire*, 1949, rééd. Armand Colin, 1993.

BRENTANO Franz, *De la diversité des acceptions de l'être d'après Aristote*, trad. fr. P. David, Vrin, 1992.

HEGEL Georg Wilhelm Friedrich, *Science de la Logique* [édition de 1812], trad. fr. P.-J. Labarrière et G. Jarczyk, 3 tomes, Aubier, respectivement 1972, 1976, 1981.

HEIDEGGER Martin, *Être et Temps*, trad. fr. F. Vezin, Gallimard, 1986.

— *Chemins qui ne mènent nulle part*, 1962, rééd. Gallimard, 1980.

SCHELLING Friedrich Wilhelm Joseph von, *Les Âges du monde*, trad. fr. P. David, PUF, 1992.

— *Philosophie de la mythologie*, trad. fr. A. Pernet, Grenoble, Jérôme Millon, 1994.

TREDELENBURG Adolf, *Geschichte der Kategorienlehre*, Berlin, Verlag von Bethke, 1846, rééd. Olms, Hildsheim-New York, 1979.

VENDRYÈS Joseph, *Le Langage*, Renaissance du livre - Albin Michel, 1968.

OUTILS

BOISACQ Émile, *Dictionnaire étymologique de la langue grecque*, Heidelberg-Paris, Winter-Klincksieck, 1938.

CHANTRAINE Pierre, *Dictionnaire étymologique de la langue grecque*, nouv. éd. mise à jour avec un « Supplément au dictionnaire », Klincksieck, 1999.

GRIMM Jacob et Wilhelm, *Deutsches Wörterbuch*, Leipzig, Hirzel, 1854, repr., Munich, Deutscher Taschenbuch, 1984.

HUMBERT Jean, *Syntaxe grecque*, Klincksieck, 1945.

MEILLET Antoine, *Aperçu d'une histoire de la langue grecque*, Klincksieck, 1965, 8e éd., 1975.

MAINGUENEAU Dominique, *Précis de grammaire*, Dunod, 1981, 2e éd., 1994.

MOIGNET Gérard, *Grammaire de l'ancien français*, Klincksieck, 1979.

PICOCHE Jacqueline, *Dictionnaire étymologique du français*, Le Robert, « Les Usuels du Robert », 1983, rééd. 2002.

PRINCIPE

gr.	*arkhê* [ἀρχή], *aitia* [αἰτία]
lat.	*principium*
all.	*Satz, Grundsatz, Prinzip, Principium, Anfangsgrund, Grund*
angl.	*source, foundation, principle*

► *CHOSE, LOI*, MACHT, *MONDE*, NATURE, PROPOSITION, *RAISON*, SACHVERHALT, SENS, SOLLEN

Le principe, arkhê [ἀρχή], principium, *est ce qui commence et ce qui commande, les deux sens étant noués en grec comme en latin. C'est un élément générateur de l'être ou/et un point de départ de la connaissance. Les distinctions aristotéliciennes sont déterminantes : principes et causes* (arkhai kai aitiai [ἀρχαὶ καὶ αἰτίαι]), *principes et axiomes ou hypothèses* (axiômata [ἀξιώματα], hupotheseis [ὑποθέσεις]) *; mais elles ne posent pas de problème de traduction. En allemand, cependant, le paradigme du commencement* (Prinzip) *se double de celui du fondement* (Grund). *Les distinctions kantiennes bouleversent la nomenclature aristotélicienne en introduisant la séparation tranchée du domaine logique et analytique d'un côté et du transcendantal de l'autre. Le sens logique, issu des* Seconds Analytiques, *sera sollicité par les différentes axiomatiques qui voient le jour entre la fin du XIX*e *siècle et le début du XX*e *:* Grundsatz *est alors utilisé au sens de lois primitives d'un système formel à partir desquels on peut dériver un certain nombre de théorèmes, de propositions,* Sätze.

I. « ARKHAI » ET « ARKHÊ »

A. L'ambiguïté de « arkhê » et « telos », « principium » et « finis »

Arkhê [ἀρχή] dérive du verbe *arkhô* [ἄρχω], qui signifie dès Homère à la fois « commencer » (aller en tête, prendre l'initiative de : *êrkhe hodon* [ἦρχε ὁδόν], « il montrait le chemin », *Odyssée*, VIII, 107 ; *arkhein polemoio* [ἄρχειν πολέμοιο], « engager le combat », *Iliade*, IV, 335), et « commander » (*ibid.*, XVI, 65 ; puis surtout au moyen, *arkhesthai* [ἄρχεσθαι]) ; on comprend bien comment le second sens peut être issu du premier, soit que le chef fasse le premier geste (cf. emplois religieux, musique et danse), soit qu'il marche en tête (Chantraine). *Arkhê* dit donc indissolublement le commencement (principe, point de départ, par ex. *euthus ex arkhês* [εὐθὺς ἐξ ἀρχῆς], « dès le début ») et le commandement (charge, autorité, pouvoir, magistrature, par ex. *arkhên arkhein* [ἀρχὴν ἄρχειν], « exercer une charge ») ; de l'« archaïsme » à l'« archétype » ou à l'« architecture », les nombreux composés font entendre l'un ou/et l'autre des deux sens. Une philosophie de l'origine peut ainsi faire fonds sur la manière dont en grec le commencement décide.

Le latin *principium*, sur *princeps* (composé de *primum* et *capio*, litt. « qui prend le premier », « qui occupe la première place »), maintient exactement l'ambiguïté (ainsi, le *principium*, comme l'*arkhê*, d'un discours est son exorde ; cf. Lausberg, 262-263) ; le pluriel, *principia*, qui désigne les premières lignes d'une armée, se dit, comme le grec *arkhai*, des éléments dont tout est formé (*principia rerum*), mais aussi des impulsions naturelles (*principia naturae*, Cicéron, *De officiis*, 1, 50) ou des fondements du droit (Cicéron, *De legibus*, 1, 18 ; cf. Gaffiot, *s.v.*).

Les antonymes ne sont pas moins riches d'ambiguïté. Le grec *telos* [τέλος] dit l'achèvement, au sens de but (la fin qu'on vise, la finalité) et de perfection (la fin atteinte, l'accomplissement) ; il est relayé par *teleutê* [τελευτή], de même famille, pour dire la fin au seul sens de cessation, terme (en particulier la mort). Le latin *finis* couvre à lui seul l'ensemble du champ, ce qu'on entend encore dans le français *fin* : il signifie d'abord la limite, la borne, la frontière, comme le *horos* [ὅρος] grec (que Chantraine rapproche du *ouron* [οὖρον] homérique, le « sillon »), qui, dans son sens abstrait ou logique, sera rendu précisément par *dé-finition* ; puis la cessation, le terme (« *res finem invenit* [l'affaire est terminée] »), non moins que le but (« *domus finis est usus* [la fin d'une maison, c'est qu'on s'en serve] », Cicéron, *De officiis*, 1, 138, rend exactement la cause finale, le *hou heneka* [οὗ ἕνεκα], « ce en vue de quoi », d'Aristote) et le comble (« *fines bonorum et malorum* [le degré suprême des biens et des maux] », Cicéron, *De finibus*, 1, 55). Cicéron, dans le *De finibus* justement, commente ainsi la richesse du latin :

> *Sentis me, quod* τέλος *Graeci dicunt, id dicere tum extremum, tum ultimum, tum summum ; licebit etiam finem pro extremo aut ultimo dicere.*
>
> [Tu le remarques, ce que Grecs appellent *telos*, je l'appelle tantôt extrémité, tantôt ultime degré, tantôt sommet ; je pourrais cependant dire *fin* au lieu d'extrémité et d'ultime degré.]
>
> *De finibus*, 3, 26.

B. « Arkhai » et « aitia » (principes et causes) /« arkhê » et « protasis », « thesis », « hupothesis », « axiôma », « aitêma », « horismos » (principe et prémisse, thèse, hypothèse, axiome, postulat, définition)

> Le point commun à tous les principes, c'est d'être ce quelque chose de premier à partir d'où il y a être, devenir ou connaissance.
>
> (*to prôton einai hothen ê estin ê gignetai ê gignôsketai* [τὸ πρῶτον εἶναι ὅθεν ἢ ἔστιν ἢ γίγνεται ἢ γιγνώσκεται.])
>
> Aristote, *Métaphysique*, Δ, 1, 1013a 17-19.

La tradition distingue entre principes de l'être (*principia essendi, principia realia*) et principes de la connaissance (*principia cognoscendi*) : Bonitz (*s.v.* « *Arkhê* »), par exemple, mettant à part les sens univoques d'*initium* (essentiellement dans le corpus météorologique et biologique) et d'*imperium* (essentiellement rhétorique et politique), dispose les occurrences aristotéliciennes sous ces deux chefs.

Principia realia sont les *arkhai* des Présocratiques, qu'Aristote classe au livre A de sa *Métaphysique*, fournissant ainsi la matrice des doxographies ultérieures, voire même d'une première histoire de la philosophie. L'*arkhêgos* [ἀρχηγός], le « fondateur », de ce genre de théorie est Thalès, pour qui l'eau est l'unique *arkhê* de toutes choses (A, 3, 983b 19-22) : ce type d'*arkhê*, un ou multiple, est de l'ordre du *stoikheion* [στοιχεῖον], de l'« élément » (b 11), c'est-à-dire de la cause matérielle. Aristote réinterprète ces principes pour montrer comment ils préfigurent et confortent sa propre systématique des causes : le *Nous* [Νοῦς] d'Anaxagore, l'Amour et la Haine d'Empédocle en causes motrices (*arkhê kinêseôs* [ἀρχὴ κινήσεως], 7, 988a 33), les Idées platoniciennes en embryons de causes formelles, l'Un et le Bien en causes finales. Ces *arkhai* sont des *aitiai*, il n'y a pas en l'occurrence de différence entre les principes et les causes (988b 16-21), ou, plus exactement, comme le précise *Delta*, « toutes les causes sont des principes » (1, 1013a 17).

Principia cognoscendi, les « principes de la connaissance », sont l'un des trois éléments constitutifs de toute science démonstrative, à savoir : « ce au sujet de quoi il y a démonstration » (*peri ho te deiknusi* [περὶ ὅ τε δείκνυσι], le genre sur lequel porte la science, par ex. le nombre), « ce qui est démontré » (*ha deiknusi* [ἃ δείκνυσι], les *pathê kath' hauta* [πάθη καθ' αὑτά], les propriétés essentielles, comme le pair et l'impair), et « ce à partir de quoi on démontre » (*to ex hôn* [τὸ ἐξ ὧν], à savoir les principes, tels que : « quand de deux quantités égales on soustrait des quantités égales, les restes sont égaux ») (*Seconds Analytiques*, I, 10, 76b 22). Principe et cause sont évidemment liés dans la connaissance scientifique, puisque connaître quelque chose, c'est en connaître la cause :

> Nous pensons connaître scientifiquement telle ou telle chose [ἐπίστασθαι ἕκαστο]) [...] quand nous pensons connaître la cause par laquelle la chose en question est [τήν δ' αἰτίαν (...) δι' ἣν τὸ πρᾶγμά ἐστιν]), que c'est bien la cause de cette chose ὅτι ἐκείνου αἰτία ἐστί], et qu'il ne peut en aller autrement [καὶ μὴ ἐνδέχεσθαι τοῦτ' ἄλλως ἔχειν].
>
> *Seconds Analytiques*, I, 2, 71b 9-12.

Les causes de l'objet sont ainsi les prémisses (*protaseis* [προτάσεις], sur *pro-teinô* [προ-τείνω], « tendre vers ») de la démonstration, c'est-à-dire les causes de la conclusion, et constituent les « principes propres » (« *hai arkhai oikeiai* [αἱ ἀρχαὶ οἰκεῖαι] », 71b 23) de la science de l'objet : « *l'arkhê* d'une démonstration est une prémisse immédiate (*protasis amesos* [πρότασις ἄμεσος]) » (72a 7-8), c'est-à-dire une proposition (*apophansis* [ἀπόφανσις], affirmative, *apophasis* [ἀπόφασις], ou négative, *kataphasis* [κατάφασις] ; voir PROPOSITION) qui n'est précédée d'aucune autre.

Cependant, les *Seconds Analytiques* opèrent des distinctions très précises entre différentes sortes de principes (livre I, chap. 2 et 10) : la protase est une « thèse » (*thesis* [θέσις], sur *tithêmi* [τίθημι], « poser ») quand il n'est pas nécessaire de l'avoir pour apprendre quelque chose ; dans le cas contraire, c'est un « axiome » (*axiôma* [ἀξίωμα], sur *axioô* [ἀξιόω], « évaluer, croire juste ou vrai »). La thèse a donc une validité restreinte, et l'axiome une validité générale. Quand une thèse statue sur l'existence de son objet, c'est une « hypothèse » (*hupothesis* [ὑπόθεσις], sur *hupo-tithêmi* [ὑπο-τίθημι], « poser par-dessous, supposer » ; voir SUJET), et si l'hypothèse est contraire à ce que pense l'élève (ou si l'élève n'en pense rien), alors c'est un « postulat » (*aitêma* [αἴτημα], sur *aiteô* [αἰτέω], « demander, réclamer ») (10, 77a 30-31) ; quand elle ne le fait pas, c'est une simple « définition » (*horismos* [ὁρισμός], sur *horizô* [ὁρίζω], « limiter ») (2, 72a 15-24).

Cependant, le point commun entre toutes ces sortes de principes demeure : « des principes (*arkhôn* [ἀρχῶν]), il n'y aura pas de science » (*Seconds Analytiques*, II, 19, 100b 10-11) ; les principes sont des vérités premières indémontrables : « Tandis que le reste se démontre par les principes, les principes ne peuvent se démontrer par autre chose » (*Topiques*, VIII, 3, 158b 2-4). En ce sens, il y a deux types de vérités : les vérités secondes, établies par voie syllogistique — ce sont les conclusions obtenues grâce à la présence d'un moyen terme (*to meson* [τὸ μέσον]) dans deux prémisses, moyen terme qui fait la proportion entre elles et permet ainsi de produire une troisième proposition —, et les vérités premières, qui seules ont le nom de principes.

C. La question du premier principe

Mais, pour comprendre ce qu'est proprement une *arkhê*, au singulier, il faut cerner ce qui résiste à ce classement commode qui permet de loger d'un côté la physique (principes de l'être), de l'autre l'*organon* (principes du connaître), mais laisse entre les deux la métaphysique dans son rapport avec la scientificité de la science (P. Aubenque, *Le Problème de l'Être chez Aristote*, p. 214-222). Toute la complexité, ou l'hésitation, constitutive de l'onto-théologie aristotélicienne peut se dire en terme d'*arkhê* : la science recherchée, celle qui traite de la *prôtê arkhê* [πρώτη ἀρχή], est-elle la théologie de *Lambda* selon laquelle « c'est d'une telle *arkhê* [à savoir le dieu] que dépend le ciel [*ek toiautês (...) arkhês êrtêtai ho ouranos* (ἐκ τοιαυτῆς [...] ἀρχῆς ἤρτηται ὁ οὐρανὸς)] » (*Métaphysique*, Λ, 7, 1072b 14) ? ou bien la science de l'être en tant qu'être de *Gamma*, selon laquelle le principe « le plus ferme de tous » (*bebaiotatê* [...] *pasôn* [βεβαιοτάτη (...) πασῶν] ; c'est aussi le plus connu, *gnôrimôtatê* [γνωριμωτάτη], et il est *anupotheton* [ἀνυπόθετον], ne dépend d'aucune position préalable) est celui, passé à la postérité sous le nom de principe de non-contradiction, qui s'énonce : « il est impossible que le même simultanément appartienne et n'appartienne pas au même et selon le même » (Γ, 3, 1005b 19-20) ? Science, universelle parce que première, qui traite de l'*ousia prôtê*, la substance première, en tant qu'elle est principe premier, ou science, première parce que générale, qui traite de l'ensemble de l'être et des premiers principes ?

Le dieu et la non-contradiction sont en tout cas, l'un comme l'autre, à la fois principe d'être et principe d'intelligibilité, onto-logiques. La non-contradiction est évidemment une loi logique, parce qu'elle définit la condition de vérité d'un assemblage démonstratif (raisonnements, syllogismes) et d'un assemblage terminologique (propositions), et, plus décisivement encore, parce qu'elle exige qu'on signifie quelque chose quand on parle (univocité et définition ; voir HOMONYME) ; c'est non moins, comme le souligne Heidegger, une loi de l'être, qui affirme « rien de moindre que ceci : *l'essence de l'étant consiste en la constante absence de contradiction* » (*Nietzsche*, t. 1, trad. fr. P. Klossowski, p. 468). Le principe de raison leibnizien s'énoncera de même, très explicitement, dans la *Monadologie* par exemple, comme principe de l'être et comme principe du discours (« aucun fait ne saurait se trouver vrai, ou existant, aucune énonciation véritable, sans qu'il y ait une raison suffisante pour qu'il en soit ainsi plutôt qu'autrement », § 32).

Le principe est à la fois cause et raison des vérités premières comme le moyen terme est à la fois cause (le *principium essendi* des Scolastiques, le *Realgrund* de Kant) et raison (le *principium cognoscendi* des Scolastiques, l'*Idealgrund* de Kant) du syllogisme (« et la *cause* dans les choses répond à la *raison* dans les vérités », Leibniz, *Nouveaux Essais*, l. IV, 17).

♦ Voir encadré 1.

II. « PRINCIPIA », LOIS, NOTIONS COMMUNES

Tout en reconnaissant que la notion de principe se dit en plusieurs sens, Descartes refuse de donner un privilège exclusif au principe de non-contradiction ; il veut justifier le pluriel de *Principia* :

> C'est autre chose de chercher une notion commune, qui soit si claire et si générale qu'elle puisse servir de principe pour prouver l'existence de tous les Êtres, les *Entia*, qu'on connaîtra par après ; et autre chose de chercher un Être, l'existence duquel nous soit plus connue que celle d'aucun autre, en sorte qu'elle puisse servir de principe pour les connaître.
>
> *Lettre à Clerselier*, juin ou juillet 1646.

« Au premier sens », Descartes donne l'exemple du principe de non-contradiction, qu'il formule de cette façon : « *impossibile est idem simul esse et non esse* [il est impossible que la même chose, en même temps, soit et ne soit pas] ». Mais il refuse d'y réduire toute forme de principe, car ce principe n'engendre pas de connaissance vraie, il n'est qu'une simple confirmation des vérités que nous possédons déjà : « Car il se peut faire qu'il n'y ait point au monde aucun principe auquel seul toutes les choses se puissent réduire ; et la façon dont on réduit les autres propositions à celle-ci : *impossibile est idem simul esse et non esse*, est superflue et de nul usage » (*loc. cit.*). C'est pourquoi il faut se tourner vers d'autres principes pour connaître : « en l'autre sens, le premier principe est que notre âme existe, à cause qu'il n'y a rien dont l'existence nous soit plus notoire ».

Les *Principia philosophiae* sont de 1644 ; ils nous donnent les principes utiles, non superflus ; ce sont les « premières causes » et ils comprennent à la fois « les principes de la connaissance humaine » (première partie) et « les principes des choses matérielles » (trois autres parties) ; ces deux types de principe partagent l'évidence et la clarté, mais les premiers se rapportent à la métaphysique ou première philosophie et sont à proprement parler appelés « principes » ; les seconds se rapportent à « tout ce qu'il y a de plus général en la physique » (*Œuvres*, éd. C. Adam et P. Tannery, t. 9-2, p. 16) et sont appelés « lois de la nature » ou « règles » selon lesquelles se font les changements dans la nature, parmi lesquelles on compte « le principe d'inertie », ainsi que les autres lois de la nature formulées dans les articles 37-40 de la deuxième partie des *Principia*. Ces lois « établies dans la nature » sont « imprimées en nos âmes » sous forme de « notions communes » (Descartes, *Discours*, V, *ibid.*, t. 6, p. 43).

Ce qui est demandé au principe, ce n'est pas de favoriser une entreprise de réduction des vérités à une première notion. En vérité, il y a plusieurs notions communes (les *koinai ennoai* [κοιναὶ ἔννοιαι] d'Euclide) innées,

---

1

La pétition de principe

« Faire une pétition de principe » se dit en grec *aiteisthai to en arkhêi* [αἰτεῖσθαι τὸ ἐν ἀρχῇ] (Aristote, *Métaphysique*, Γ, 4, 1006a 15-16), « demander ce qui est dans le principe ». Tout premier principe en tant que tel est nécessairement indémontrable. En réclamer (*aitein* [αἰτεῖν]) une démonstration est de la mauvaise éducation, *apaideusia* [ἀπαιδευσία], caractéristique des Sophistes — « car c'est manquer de formation (*esti gar apaideusia* [ἔστι γὰρ ἀπαιδευσία]) que de ne pas distinguer ce dont il faut et ce dont il ne faut pas chercher démonstration » (4, 1006a 6-8). Aussi Aristote ne propose-t-il pas une « démonstration » (*apodeixis* [ἀπόδειξις]) du principe de non-contradiction, mais une « réfutation » (*elegkhos* [ἔλεγχος], 1006a 18), telle que l'adversaire du principe porte toute la responsabilité de la pétition : c'est lui qu'on laissera parler le premier pour que, énonçant son refus, il signifie quelque chose pour lui-même et pour autrui et obéisse ainsi toujours déjà au principe qu'il prétend nier (a 18-27) (cf. B. Cassin et M. Narcy, p. 16-27 ; voir HOMONYME).

Principe et pétition de principe renvoient au problème de la fondation ultime. La nécessité de l'arrêt (*anagkê stênai* [ἀνάγκη στῆναι]) a la force d'une position. C'est pourquoi Heidegger peut lire dans la pétition de principe, non pas une faute logique, mais un acte fondateur.

> Le *petere principium*, autrement dit tendre vers le fondement et sa fondation, c'est là le seul et unique pas de la philosophie, le pas qui passe outre, en avant, et qui ouvre le domaine à l'intérieur duquel seulement une science est en mesure de s'établir.
>
> M. Heidegger, « Ce qu'est et comment se détermine la *phusis* », trad. fr. F. Fédier, in *Questions II*, Gallimard, 1968, p. 187.

BIBLIOGRAPHIE

CASSIN Barbara et NARCY Michel, *La Décision du sens*, Vrin, 1989.

dont l'usage est si constant qu'il n'obéit plus de notre part à un discernement systématique ; les principes au sens de notions communes-axiomes sont alors comme virtuellement ou implicitement dans notre esprit, à la manière « des propositions supprimées dans les enthymèmes, qu'on laisse à l'écart non seulement au-dehors, mais encore dans notre pensée » (Leibniz, *Nouveaux Essais*, Livre I, § 4, p. 61). Le principe remplit sa fonction quand, d'une part, son évidence l'impose et quand, d'autre part, il permet de reconnaître les déductions qui en dépendent, autrement dit les lois. Soulignons que l'usage du vocabulaire n'est pas fixe : il arrive à Descartes d'appeler « principes » les trois lois du mouvement (*Principia*, II, § 36) ; de même, Leibniz plus tard donne le nom de « loi » au principe de la conservation de la force (*Discours de métaphysique*, § 17). Avec les *Principia* de Newton, nous avons un effort de systématisation de la philosophie naturelle ; les principes désignent dans cet ouvrage tout ce qui permet de rendre compte des « premières et dernières raisons des quantités qui naissent et s'évanouissent » (*Principes mathématiques de la philosophie naturelle*, trad. fr. de la marquise du Châtelet), ce qui comprend non seulement les « définitions » et les « axiomes ou lois du mouvement » que Newton place avant le premier livre, mais aussi les lemmes et les théorèmes des trois livres des *Principia*.

III. « PRINCIPLE », « FOUNDATION », « SOURCE », « ORIGINAL » : PRINCIPES ET CONNEXION DES IDÉES

Locke reprend dans une intention polémique, contre l'innéisme, la notion de *principle*. Dans le début de l'*Essai sur l'entendement humain*, il note : « Il y a des gens qui tiennent pour une vérité incontestable qu'il y a certains principes innés (*innate principles*), certaines notions primitives (*primary notions*), autrement appelées notions communes (*common notions*) » (I, chap. 2, sect. 1). La réfutation porte aussi bien sur les principes spéculatifs que sur les principes pratiques et prend la forme ironique d'une critique de l'argument d'autorité : les maîtres et docteurs tenants de la thèse innéiste posent pour « principe de tous les principes que les principes ne doivent pas être mis en question » (*ibid.*, I, chap. 4, sect. 24). L'évidence de certaines propositions générales et le consentement universel auquel elles donnent lieu ne transforment pas pour autant ces propositions générales en propositions innées. De plus, les propositions les plus générales telles que « ce qui est est » ou « il est impossible qu'une chose soit et ne soit pas en même temps » ne font pas par elles-mêmes avancer la connaissance ; d'une part, les idées dont elles se composent — celles d'identité et d'impossibilité — sont loin d'être claires pour tous ; d'autre part, dans le meilleur des cas, elles n'ont qu'une valeur disputative et servent à réduire un chicaneur au silence. Locke repère dans la transformation des maximes générales en principe une survivance de la méthode dialectique, qui consiste à partir d'*endoxa* [ἔνδοξα], de propositions généralement admises, dans la *disputatio*. Mais admettre de telles maximes n'implique pas que la connaissance doive les reconnaître comme principes :

> *And then these* Maxims, *getting the name of* Principles, *beyond which men in dispute could not retreat, were by mistake taken to be the* Originals *and the* Sources, *from whence all knowledge began, and the* Foundations *whereon the sciences were built.*
>
> [Ainsi, ces Maximes ayant reçu le nom de *Principes* qu'on ne pouvait nier dans la dispute, ils les prirent par erreur pour l'origine et la source d'où toute la connaissance avait commencé à s'introduire dans l'esprit, et pour les fondements sur lesquels les sciences étaient bâties.]
>
> *Essai sur l'entendement humain*, IV, chap. 7, sect. 11.

Locke préfère les termes de *source* ou *fondations* lorsqu'il décrit ce qui lui semble être les points de départ de la connaissance humaine : « nous pourrions faire plus de chemin à la découverte de la connaissance rationnelle et contemplative si nous la cherchions *à sa source* (*in the Fountain*), dans la considération des choses elles-mêmes » (*ibid.*, I, chap. 4, sect. 23). Cette source consiste en des idées simples : la sensation et la réflexion. Le progrès de la connaissance se mesure alors par la convenance ou disconvenance de nos idées, et non par la position principielle que nous conférons aux propositions générales du type « ce qui est est ».

Hume, après avoir reconnu la difficulté de la recherche des principes, souligne qu'il faut substituer aux conjectures imposées à la nature ou à l'esprit la connaissance des principes qui permettent de relier de façon réglée les phénomènes entre eux : un tel projet passe par l'analyse de l'*origine* de nos idées (*Enquête sur l'entendement humain*, seconde section) et la connaissance de leur dérivation. L'analyse de Hume ne se contente pas d'une morphologie de nos idées qui les classerait en idées de réflexion et idées de sensation. Il radicalise Locke sur la question des principes en interrogeant non seulement la source des connaissances mais aussi leur origine. Son analyse est plus génétique, donc, et donne à la notion d'origine, et à son corollaire celle de dérivation, une importance telle que cette maxime générale (*general maxim*) puisse être énoncée :

> *That all our simple ideas, in their first appearance, are derived from simple impressions, which are correspondant to them, and which they exactly represent.*
>
> [À leur première apparition, toutes nos idées simples dérivent d'impressions simples qui leur correspondent et qu'elles représentent exactement.]
>
> *Traité de la nature humaine*, première section.

IV. « PRINCIPIUM », « GRUNDSATZ », « PRINZIP », « SATZ », « GRUNDGESETZ »

A. Autour du kantisme et du post-kantisme

« Principe » dans la traduction française de Kant peut renvoyer à six mots allemands fréquemment utilisés et ponctuellement distingués par le philosophe : *Satz*, *Grundsatz*, *Prinzip*, *Principium*, *Anfangsgrund*, *Grund*. Cette traduction est en certaines occurrences parfaitement légitime : il serait inutile, pédant et faux de rendre « *Satz des Widerspruchs* » par « proposition de contradiction ». Mais l'appauvrissement du vocabulaire kantien a parfois correspondu à une absence de distinctions conceptuelles qui eut comme corrélat d'importantes lacunes, voire des confusions interprétatives.

Au sein du kantisme, la terminologie dont on vient de dresser la liste est utilisée dans les contextes suivants :

1. Le « *principium* » conserve le sens de principe comme commencement et commandement. Il est une spécification du « principe » (*Prinzip*) auquel Kant dénie, en sa généralité, toute valeur fondatrice de connaissance : « le mot principe (*Prinzip*) est équivoque et ne signifie d'ordinaire qu'une connaissance qui peut être employée comme principe (*als Prinzip*) sans être un principe (*principium*) par elle-même et d'après sa propre origine » (*Critique de la raison pure*, « Dialectique transcendantale », Introduction, II, B 356). Le *principium* a en revanche sa validité dans l'ordre législatif (*Gesetzgebung*), car dans ce cas, nous sommes bien les auteurs, la source même (*die Ursache*) des lois, qui sont « tout à fait notre ouvrage » (*ibid.*, B. 358).

2. Les principes au sens de *Grundsätze* (sg. *Grundsatz*) trouvent chez Kant deux usages.

a) Ce sont d'abord les « propositions fondamentales (*Grundsätze*) formelles du monde sensible » (*Dissertation de 1770*, § 14 et 15), soit l'espace et le temps : elles indiquent l'impossibilité de la réduction leibnizienne des principes au principe d'identité et au « grand principe » (réciproque de celui-ci) selon lequel le prédicat est dans un sujet (« *praedicatum inest subjecto* », Lettre de Leibniz à Arnaud du 14 juillet 1686).

b) En second lieu, les propositions fondamentales (*Grundsätze*) *a priori* de l'entendement fondent la possibilité de la connaissance et sont en ce sens les « règles de l'usage objectif des catégories » (*Critique de la raison pure*, « Analytique des principes [*Analytik der Grundsätze*] », A 161/B 200). Ils sont fondateurs et prennent la forme d'« axiomes de l'intuition », d'« anticipations de la perception », d'« analogies de l'expérience » et de « postulats de la pensée empirique en général » (*ibid.*). Ils sont démontrables et leur énoncé est suivi d'une preuve. Leur rôle théorique est de fonder la possibilité de la connaissance, leur rôle critique est de rompre avec l'assimilation des « premiers principes » aux « premières causes » : on ne peut arriver à la notion de cause par simple concept, « aussi, si l'on veut bien se reporter à notre preuve du principe de la causalité, remarquera-t-on que nous n'avons pu le prouver que par rapport à des objets d'expérience possible » (*ibid.*, B. 213).

La tradition post-kantienne et anti-kantienne à la fois, en logique notamment, radicalisera ce point de vue ; non seulement les premiers principes ne sont plus premières causes, mais ils ne sont plus nécessairement articulés à l'intuition pour fonder la connaissance. La question est en effet : comment un principe subjectif comme l'intuition peut-il être fondateur de l'objectivité, comment peut-il réaliser la nécessité que seul un jugement peut contenir ? B. Bolzano indique que la nécessité se rapporte d'abord au jugement où se réalise une liaison entre concepts et, par voie dérivée, à nos intuitions et représentations. Dans les *Beyträge zur einer begründeteren Darstellung der Mathematik* (trad. fr. partielle *in* J. Laz, *Bolzano critique de Kant*, p. 173), Bolzano note ses réserves à l'égard de la fondation kantienne des jugements synthétiques sur des intuitions, fussent-elles *a priori* :

> « Il est bien connu que plusieurs se sont scandalisés de ces intuitions *a priori* de la philosophie critique. Pour ma part, j'irai volontiers jusqu'à concéder qu'il doit y avoir une certaine raison (*Grund*), tout à fait différente du principe de contradiction, pour laquelle l'entendement joint, dans un jugement synthétique, le prédicat au concept de sujet. Mais que cette raison puisse être, et être appelée, une intuition et, qui plus est, une intuition pure dans le cas de jugements *a priori*, cela, je ne le trouve pas clair. »

3. Les principes (*Prinzipien*) de la raison ont une valeur régulatrice par laquelle la raison est « intéressée » à l'usage constitutif des propositions fondamentales (*Grundsätze*) de l'entendement. Cet intérêt leur donne un caractère subjectif qui pousse Kant à les considérer plutôt comme des « maximes [*Maximen*] ». Leur rôle est de donner une « unité systématique ou rationnelle » à la connaissance, et en ce sens ils ont un caractère « *logique* ». Kant en distingue trois : « le principe (*Prinzip*) de l'homogénéité du divers sous des genres plus élevés » ; « le principe (*Grundsatz*) de la variété de l'homogène sous des espèces inférieures » ; « la loi (*Gesetz*) de l'affinité de tous les concepts, c'est-à-dire une loi qui ordonne de passer continuellement de chaque espèce à chaque autre par l'accroissement graduel de la diversité » (*Critique de la raison pure*, « Appendice à la dialectique transcendantale », A 657/B 685).

On voit ici que la nomenclature kantienne, qui se récapitule en termes de « principes [*Prinzipien*] » de l'homogénéité, de la spécification et de la continuité, brouille pour le traducteur et l'interprète francophone la distinction initiale entre *Grundsatz* et *Prinzip (Principium)*. C'est que les concepts de « proposition fondamentale [*Grundsatz*] » et de « principe [*Prinzip*] » reçoivent des sens différents selon que leur site de référence est la logique formelle ou la logique transcendantale. Dans le registre transcendantal, seul l'entendement a des propositions fondamentales (dont, comme « faculté des règles », il est l'origine) tandis que seule la raison possède ces principes (inconditionnés) dont elle est la source. En logique formelle, le *Grundsatz* désigne une proposition à laquelle on est remonté et qui donc, *a parte ante*, n'est pas fondée sur une proposition antérieure, tandis que le *Prinzip* désigne la capacité de dériver, *a parte post*, d'autres propositions. Pour des principes logiques traditionnels tels le principe d'identité et le principe de contradiction, Kant peut parler de *Sätze (Satz*, « proposition »), pour indiquer que ces principes n'ont pas de valeur fondatrice, et qu'ils ne sont que des « critères » de vérité : « nous devons donc laisser au *principe de contradiction* (*Satz des Widerspruchs*) la valeur universelle et complètement suffisante de principe (*Principium*) de *toute connaissance analytique* ; mais son crédit et son utilité ne dépassent pas ceux d'un *criterium* suffisant de la vérité » (*Critique de la raison pure*, « Analytique des principes », A 151/B 191). Des philosophes mathématiciens du XIXe siècle comme Bolzano gardent la même terminologie pour parler des principes d'identité et de contradiction — « *Satz der Einerleiheit* » et « *Satz des Widerspruches* » —, mais, loin d'être de simples critères de vérité, ces principes-propositions seront considérés comme source universelle de tous les jugements analytiques. En revanche, le principe de raison (*Satz vom Grunde*) est pour Kant une proposition synthétique qui rend raison des jugements. Ce principe suppose l'intuition du temps et cependant, comme le fait à nouveau remarquer Bolzano, « vaut aussi là où il n'y a aucun temps » (*op. cit.*, § 8, p. 179), à savoir dans le cas où il faut justifier l'existence de noumènes.

Tant du point de vue logique que du point de vue transcendantal, la distinction entre *Satz, Grunsatz* et *Prinzip* n'est donc pas que de raison : d'une part, si la proposition peut jouer le rôle de principe, un principe, en ce qu'il peut être fondé sur une proposition supérieure, n'est pas nécessairement une proposition fondamentale, d'autre part, les propositions fondamentales transcendantales trouvent leur source dans l'entendement, les principes dans la raison. On aperçoit alors la racine d'une confusion possible. En un sens logique, l'entendement a des principes et la raison des propositions fondamentales, ce qui en un sens transcendantal serait contradictoire ; dès lors, si l'on prend le sens logique pour le sens transcendantal, on va troubler la nomenclature critique et l'architectonique qui la sous-tend : dans l'« Analytique de l'entendement », il serait déjà question de la raison, mais cela ruinerait l'entreprise de la *Critique*, s'il est vrai que, selon un leitmotiv kantien, sa systématicité est fondement de sa scientificité.

Dans le domaine strictement pratique (moral), le vocabulaire mis en œuvre dans la *Critique de la raison pratique* est explicitement mathématique : « définition », « théorème », « axiome », « postulat », « loi [*Gesetz*] », ce qui ne laisse pas de surprendre, venant du pourfendeur de la méthode mathématique en philosophie. D'autant que cet usage mathématique est revendiqué pour un terme essentiel du vocabulaire kantien, celui de « formule [*Formel*] », qui s'agissant de la moralité se substitue à celui de principe :

> « Un critique qui voulait trouver quelque chose à redire dans cet écrit [la *Fondation de la métaphysique des mœurs*] a touché plus juste qu'il ne l'a peut-être pensé lui-même en disant qu'on n'y établissait aucun nouveau principe, mais seulement une *nouvelle formule* de la moralité (*kein neues Prinzip der Moralität, sondern nur eine* neue Formel) [...] celui qui sait ce que signifie pour le mathématicien une *formule* qui détermine, d'une manière tout à fait exacte et sans laisser de place à l'erreur, ce qu'il faut faire pour traiter un problème, ne regardera pas comme quelque chose d'insignifiant et d'inutile une formule qui fait de même pour tout devoir en général »
>
> (*Critique de la raison pratique*, in AK, t. 5, p. 8n).

Il est possible de saisir les raisons de ce changement : d'une part, il ne s'agit que de l'exposition de la doctrine, exposition qui doit être dogmatique ; ainsi, les formules qui expriment les principes objectifs de la connaissance constituent les propositions fondamentales de la philosophie transcendantale. Celle-ci produit donc une représentation formulaire des principes de la connaissance : un système d'énoncés qui, par transformation successive, doit retrouver les énoncés de départ, ceux des sites doctrinaux empiriques (Lettre à Markus Hertz du 26 mai 1789, *in* AK, t. 11 [2], p. 54). D'autre part, Kant maintient au niveau même de ce lexique une distinction entre les mathématiques et la philosophie, puisqu'il réserve aux premières les *Definitionen* et à la seconde les *Erklärungen*.

Ainsi Kant, cherchant à penser une révolution proprement philosophique qui ne soit semblable à la physique que selon l'analogie, se trouve-t-il cependant reconduit à une dangereuse proximité avec les mathématiques. On peut voir dans ce mouvement de retour, dont témoignent les termes *principe* et *formule* le signe des difficultés qu'il y a à concevoir un type de démonstration proprement philosophique. Cette difficulté est le nœud constitutif que cherche à délier la réflexion philosophique moderne lorsqu'elle s'interroge sur son statut de vérité.

♦ Voir encadré 2.

B. Frege : « Grundgesetz », « Grundsatz », « Axiom », « Definition »

Le terme *Grundgesetz*, couramment utilisé par Frege, peut être traduit par « loi fondamentale ». Cette traduction ne retient malheureusement qu'un seul aspect du terme allemand *Grund*, qui signifie à la fois « fondement » et « raison ». Dans la préface de sa *Begriffsschrift* (« Idéographie », ou plus littéralement « Écriture conceptuelle », 1879), Frege divise toutes les vérités qui exigent un fondement (*Begründung*) en deux sortes : celles dont la preuve est entièrement logique et celles qui reposent sur des faits d'expérience. La notion de fondement est donc intimement liée, en allemand, à celles de raison et de justification : les lois fondamentales sont « les raisons dernières (*die tiefsten Gründe*) qui constituent la justification (*Berechtigung*) de notre assentiment » (*Les Fondements de l'arithmétique*, § 3). Dans le domaine de la logique, les lois fondamentales sont générales (*allgemein*), et « ne se prêtent pas à une preuve (*Beweis*) ni n'en requièrent » (*loc. cit.*). Frege reprend ici directement une formule de Leibniz, sans toutefois le citer (*Nouveaux Essais*, livre IV, chap. 9, § 3). Le fait que les *Grundgesetze* ne peuvent pas être prouvées est lié à leur caractère « évident [*selbstverständlich*] » (*Grundgesetze der Arithmetik*, t. 2, § 60 ; Frege utilise apparemment dans le même sens l'adjectif *einleuchtend* : cf. *Les Fondements de l'arithmétique*, § 90). Enfin, les lois fondamentales sont souvent décrites comme des *Urwahrheiten* (« vérités premières ») : cf. *ibid.*, § 3.

La notion de loi fondamentale s'oppose chez Frege à celles de définition (*Definition*), d'axiome (*Axiom*) et de théorème (*Lehrsatz*). Dans « La logique dans les mathématiques » (1914, traduit dans les *Écrits posthumes*), Frege considère que les définitions, bien qu'importantes d'un point de vue psychologique, ne sont pas essentielles à la logique : ce sont de simples abréviations. Une loi fondamentale n'est donc pas une définition, qui porte sur les *signes* utilisés. En dépit du fait que Frege les assimile souvent à des propositions (*Sätze*), les lois fondamentales, les axiomes et les théorèmes ne sont pas de nature linguistique. Dans ses écrits de maturité, Frege indique clairement que ce sont des pensées (*Gedanken*) indépendantes de l'esprit et du langage. La notion de loi fondamentale se démarque également de celle d'axiome, d'une manière plus subtile. Tout axiome est une loi fondamentale, et donc une vérité première, mais la réciproque n'est pas vraie. Une loi est un axiome lorsqu'elle est utilisée comme point de départ d'un système d'inférences. À partir d'axiomes et de règles d'inférences, on peut dériver un ensemble de théorèmes (*Lehrsätze*). Une vérité première considérée comme un axiome dans un système peut être tenue pour un théorème dans un autre, et *vice versa* (« La logique dans les mathématiques », p. 244).

L'originalité frégéenne de la notion de loi fondamentale, par rapport à la tradition kantienne, est double. Premièrement, Frege considère que la compréhension des axiomes ne repose pas sur l'intuition mais sur l'inférence, c'est-à-dire sur la capacité de dériver des théorèmes à partir des axiomes selon l'ordre de la justification et sur celle, corrélative, de remonter des théorèmes aux axiomes. Aucune source de connaissance intuitive, spatiotemporelle ou autre, n'est requise pour saisir le caractère évident des axiomes. En second lieu, si Frege considère que les lois logiques sont purement générales, il croit pouvoir en dériver l'existence des nombres considérés comme des « objets », alors que Kant considère que seule l'intuition sensible peut présenter des objets à l'entendement (*Critique de la raison pure*, A 51/B 75).

Dans son introduction aux *Fondements de l'arithmétique* (*Die Grundlagen der Arithmetik*, 1884 ; cf. trad. fr., p. 122), Frege énonce trois principes (*Grundsätze*) qui guident son enquête. Le premier principe préconise de « séparer le psychologique du logique, le subjectif de l'objectif ». Le deuxième principe est que l'« on doit rechercher ce que les mots veulent dire (*bedeuten*) non pas isolément mais pris dans leur contexte ». C'est ce que l'on appelle aujourd'hui le principe frégéen de contextualité. Enfin, le troisième principe prescrit de « ne jamais perdre de vue la différence entre concept et objet ». Ces principes méthodologiques ne doivent pas être confondus avec les lois de l'idéographie frégéenne. Par exemple, la distinction entre objet et concept ne peut pas se formu-

2

Principe de raison, « Satz vom Grund »

Sous le titre *Der Satz vom Grund*, Heidegger donne en 1955-1956 un cours à l'université de Fribourg, qui prend pour fil conducteur le « grand » principe leibnizien, *principium magnum, grande et nobilissimum* : le *principium (sufficientis) rationis*, celui qui répond à la question fondamentale (*Grundfrage*) formulée notamment dans *Les Principes de la nature et de la grâce fondés en raison* (§ 7) : « *Pourquoi il y a plutôt quelque chose que rien ?* [...] supposé que des choses doivent exister, il faut qu'on puisse rendre raison *pourquoi elles doivent exister ainsi*, et non autrement. »

Parti de la formulation standard du principe : « *nihil est sine ratione* », Heidegger met en relief l'énoncé plus rigoureux du *principium rationis* comme *principium reddendae rationis* : qu'est-ce qui demande que raison soit rendue ? rendue à qui ? par qui ? (p. 57).

L'ensemble du cours se présente ainsi comme une longue variation sur un thème : celui précisément de la traduction *principium rationis — Satz vom Grund* ; variation avec reprise, transposition, changement d'accentuation, « alternance des tons » (p. 102), afin d'entendre (p. 75) selon tous ses accords, échos ou résonances (*Anklänge*) ce que dit le « principe » : *Grundsatz*, proposition fondamentale ou mieux proposition-de-fond, puisque aussi bien cette proposition-de-fond — thèse ou position du fond — est l'ultime présupposé de l'interprétation propositionnelle de la langue et de la vérité comprise comme propriété du jugement. Le *principium rationis — Satz vom Grund*, entendu comme *Grundsatz* — est donc aussi ce qui fait le fond de toute proposition : « *der Satz vom Grund als Grund des Satzes* ». Toute la démarche du cours est alors, en jouant sur l'accent (*Tonart*), de retraduire ou de réinterpréter (p. 163 *sq.*), selon d'autres possibilités de la langue, le *Satz* comme « saut » (*Sprung*, p. 96) et comme « mouvement » au sens musical du terme (p. 102-103), et la *ratio*, raison/*Grund*, en *Grund*, fond, fond abyssal (*Grund — Abgrund*). Le puissant motif du jeu (*Spiel*) court comme un fil rouge d'un bout à l'autre du cours, qui s'achève par cette surprenante transposition du fragment 52 d'Héraclite (voir aussi AIÔN, I, A) :

> αἰὼν παῖς ἐστι παίζων [...]
>
> [*Seinsgeschick, ein Kind ist es, spielend* (...)]
>
> [l'envoi destinal de l'être est un enfant qui joue (...)]
>
> *Der Satz...*, p. 188.

Le texte peut donc se présenter explicitement comme un jeu de mots (*Wortspielerei*) laborieusement filé et destiné à réinvestir le principe dans une ultime reformulation paratаxique (p. 94, p. 184-185) :

> *Sein und Grund : das Selbe./ Sein : der Ab-grund.*
>
> [Être et fond : le Même./Être : l'abîme.]

Jouer le jeu, ou accompagner les mouvements de ce jeu (*Sätze dieses Spiels*), c'est aussi, en rétrocédant de l'allemand au grec, entendre comme *logos* [λόγος] l'être/fond (*Sein/Grund*), ou souligner l'abîme entre le *rationem reddere* caractéristique du *principium* et le *logon didonai* [λόγον διδόναι] qui s'entend, « d'une oreille grecque » (!) :

> *etwas Anwesendes in seinem so und so Anwesen und Vorliegen darbieten, nämlich dem versammelnden Vernehmen.*
>
> [offrir ce qui entre en présence dans son déploiement en présence tel ou tel — et l'offrir à la saisie qui recueille.]

Jean-François COURTINE

BIBLIOGRAPHIE

HEIDEGGER Martin, *Der Satz vom Grund*, Pfullingen, Neske, 1957.

ler à l'intérieur du système logique ; elle ne fait que « se montrer » dans l'usage correct du symbolisme, qui ne permet pas la dénotation d'un concept au moyen d'une expression convenant à un objet.

Dans un essai intitulé « Der Gedanke » (« La pensée », 1918, traduit dans le recueil de 1971), Frege affirme que la logique doit s'attacher à découvrir les lois de l'être vrai (*Gesetze des Wahrseins*). Il précise toutefois que le mot « loi » est ambigu. On parle de lois morales ou politiques en un sens normatif ou prescriptif, alors que les lois de la nature sont descriptives. Selon Frege, les lois de l'être vrai sont d'abord descriptives ; elles renvoient à un domaine ontologique indépendant des processus naturels et des représentations psychologiques. On peut néanmoins en tirer des « prescriptions (*Vorschriften*) pour l'opinion, la pensée, le jugement, le raisonnement » (*ibid.*, trad. fr., p. 170). En ce sens, les lois de la logique, ou de l'être vrai, sont également des lois de la pensée (*Denkgesetze*).

Ali BENMAKHLOUF, Fabien CAPEILLÈRES, Barbara CASSIN, Jérôme DOKIC

BIBLIOGRAPHIE

AK : KANT Emmanuel, *Gesammelte Schriften*, éd. Akademia Verlag des Kant's Schriften, Berlin, Reimer, 1902-1913.

AUBENQUE Pierre, *Le Problème de l'Être chez Aristote*, 2e éd. revue, PUF, 1966.

BOLZANO Bernard, *Beyträge zur einer begründeteren Darstellung der Mathematik*, Prague, Caspar Widtmann, 1810 ; trad. partielle *in* Jacques LAZ, *Bolzano critique de Kant*, Vrin, 1993.

DESCARTES René, *Principia philosophiae*, Amsterdam, L. Elzevier, 1644 ; *Œuvres de Descartes*, éd. C. Adam et P. Tannery, t. VIII, 1, Vrin, 1964.

FREGE Gottlob, *Begriffsschrift, eine des arithmetischen nachgebildete Formelsprache des reinen Denkens*, Halle, Nébert, 1879 ; *Idéographie*, trad. fr. C. Besson, Vrin, 1999.

— *Die Grundlagen der Arithmetik* [1884], Stuttgart, Reclam, 1987 ; *Les Fondements de l'arithmétique*, trad. fr. C. Imbert, Seuil, 1969.

— *Écrits logiques et philosophiques*, trad. fr. C. Imbert, Seuil, 1971.

— *Grundgesetze der Arithmetik* [t. 1, 1893 ; t. 2, 1903], repr. Hildesheim, Olms, 1962.

— *Nachgelassene Schriften*, éd. H. Hermes, F. Kambartel et F. Kaulbach, Hambourg, Felix Meiner, 1969 ; *Écrits posthumes*, trad. fr. P. de Rouilhan et C. Tiercelin (dir.), Nîmes, Jacqueline Chambon, 1994.

HEIDEGGER Martin, *Nietzsche*, Pfullingen, Neske, 1961 ; trad. fr. P. Klossowski, 2 vol., Gallimard, 1971.

HUME David, *An Enquiry Concerning Human Understanding*, Londres, 2e éd., 1777 ; éd. L.A. Selby-Bigge et P.H. Nidditch, Oxford UP, 3e éd., 1975 ; *Enquête sur l'entendement humain*, trad. fr. A. Leroy, Aubier, 1947.

— *A Treatise of Human Nature*, éd. D.F. Norton et M.J. Norton, Oxford UP, 2000 ; *L'Entendement. Traité de la nature humaine*, trad. fr. P. Baranger et P. Saltel, Flammarion, « GF », 1995.

KANT Emmanuel, *Critique de la raison pure*, trad. fr. et prés. A. Renaut, Aubier, 1997.

LEIBNIZ Gottfried Wilhelm, *La Monadologie*, éd. précédée d'une *Exposition du système de Leibniz*, annotée par É. Boutroux, Librairie Delagrave, 1966.

— *Nouveaux Essais sur l'entendement humain*, éd. J. Brunschwig, Flammarion, « GF », 1990.

— *Discours de métaphysique et correspondance avec Arnauld*, intr., texte et comm. G. Le Roy, Vrin, 1957.

LOCKE John, *An Essay Concerning Human Understanding*, Londres, Eliz. Holt, 1690 ; *Essai philosophique concernant l'entendement humain*, trad. fr. P. Coste, éd. É. Naert, Vrin, 1989 ; *Essai sur l'entendement humain*, trad. fr. (livres I et II) J.-M. Vienne, Librairie philosophique J. Vrin, 2001.

NEWTON Isaac, *Philosophiae Naturalis principia mathematica*, Londres, 1687 ; *Principes mathématiques de la philosophie naturelle*, trad. fr. de la marquise du Châtelet, Desaint et Saillant, 1759.

OUTILS

BONITZ Hermann, *Index aristotelicus*, Berlin, Reimer, 1870 ; rééd., Berlin, Akademie-Verlag, 1955.

CHANTRAINE Pierre, *Dictionnaire étymologique de la langue grecque*, nouv. éd. mise à jour avec un « Supplément au dictionnaire », Klincksieck, 1999.

GAFFIOT Félix, *Dictionnaire latin-français*, nouv. éd. rev. et augm. P. Flobert (dir.), Hachette, 2000.

LAUSBERG Heinrich, *Handbuch der literarischen Rhetorik*, Munich, Max Hueber, 2e éd., 1973.

PROBABILITÉ

PROBABILITÉ *Probable* renvoie à la preuve (*probare*, « faire l'essai de, prouver ») et à l'approbation (*probus*, « de bon aloi, probe, intègre »). Il joue ainsi sur plusieurs registres, épistémologique, logique, rhétorique, et ouvre sur l'ontologie comme sur l'esthétique et l'éthique.

I. PREUVE ET PROBABILITÉ

1. Le vocabulaire de la preuve et de la démonstration est examiné sous ÉPISTÉMOLOGIE, IMPLICATION et PRINCIPE. Voir aussi VÉRITÉ.

2. Plus précisément, la probabilité et son calcul sont traités à partir de l'angl. *chance*, par différence avec *probability* ; voir CHANCE.

3. L'expression du probable, liée au possible et au contingent, comme modalité distincte du nécessaire, est attachée à l'un des sens de « doit » : voir DEVOIR, DETTE ; cf. SOLLEN, WILLKÜR. Voir aussi, à propos de l'expression linguistique, ASPECT.

4. Le probable rejoint alors ontologiquement le possible, par différence avec l'actuel : voir *ACTE*, *POUVOIR*.

5. Enfin, le probable relève des démonstrations dialectiques, voir DOXA, en particulier II, C.

II. PROBABILITÉ ET VRAISEMBLANCE

1. En rhétorique, le probable (gr. *eikos* [εἴκος]) est lié à ce qui paraît, et relève d'abord du vocabulaire de l'image, et de l'imagination : voir encadré 1, « *To eikos*, ou comment le vraisemblable est la mesure du vrai », dans EIDÔLON ; cf. *APPARENCE* [DOXA], *IMAGE*, *IMAGINATION* [FANCY, PHANTASIA], VÉRITÉ.

2. Il s'attache de manière privilégiée aux lieux communs, voir LIEU COMMUN ; cf. COMPARAISON et ci-dessus, I, 4.

3. Il est lié à l'imitation esthétique : on se reportera à MIMÊSIS en ce qui concerne le rapport entre vrai et vraisemblable dans les théories de l'art ; cf. ART, PLASTICITÉ.

Sur les modalités discursives mises alors en jeu, voir DICHTUNG, ERZÄHLEN, *FICTION*, HISTOIRE.

4. Il implique la foi et la croyance, voir *CROYANCE* [BELIEF, GLAUBE].

Sur l'effet produit, cf. CATHARSIS.

► *DIALECTIQUE, FAUX, MENSONGE*

PROGRÈS Sur le lat. *progressus*, la « marche en avant », le progrès désigne une amélioration liée au temps, et peut renvoyer à l'individu ou/et à l'histoire.

I. PROGRÈS ET AMÉLIORATION DE SOI

On trouvera sous PERFECTIBILITÉ l'étude du passage dans les différentes traditions entre « perfectionnement » (*improvement*, *Nervollkommnung*) et progrès.
Voir aussi BILDUNG, *CULTURE*, MENSCHHEIT, VIRTÙ.

II. PROGRÈS ET HISTOIRE

Sur l'interprétation que l'on peut donner d'une histoire orientée vers une fin ou déterminée dans son cours par une origine qui en commande l'évolution, voir HISTOIRE UNIVERSELLE ; voir aussi *CIVILISATION*, CORSO, NEUZEIT, SÉCULARISATION.

III. ENTRE ÉTHIQUE, ÉCONOMIE ET POLITIQUE

À la frontière entre l'individuel et le collectif, voir BERUF, ENTREPRENEUR et OIKONOMIA.

Voir aussi, dans le domaine esthétique, WORK IN PROGRESS.

► *DESTIN*, GEISTESWISSENSCHAFTEN, HISTOIRE, *TEMPS*

PROPOSITION / PHRASE / ÉNONCÉ

gr.	*protasis* [πρότασις], *logos* [λόγος], *phasis* [φάσις], *apophasis* [ἀπόφασις], *apophansis* [ἀπόφανσις], *logos apophantikos* [λόγος ἀποφαντικός], *thesis* [θέσις], *axiôma* [ἀξίωμα]	lat.	*propositio, praemissa, oratio, oratio enuntiativa, sententia, elocutio, enuntiatio, sermo*
		all.	*Satz, Rede, Aussage*
		angl.	*proposition, sentence, statement, utterance*

► ACTE DE LANGAGE, DICTUM, *ÉNONCÉ*, INTENTION, LOGOS, MOT, PRÉDICATION, PRINCIPE, SACHVERHALT, SENS, SIGNE, SIGNIFIANT, SUPPOSITION, TERME, TROPE, TRUTH-MAKER, VÉRITÉ

Proposition *désigne une unité complexe intermédiaire dans l'analyse du langage entre le « mot », unité minimale douée de sens dont l'assemblage constitue la phrase ou l'énoncé (voir MOT, lui-même pouvant s'analyser comme* SIGNIFIANT-SIGNIFIÉ, *voir aussi* HOMONYME*), ou le « terme », qui est plus précisément le produit de la décomposition de la proposition (voir TERME), et le discours, ou totalité signifiante constituée notamment des propositions (voir* LOGOS *et* LANGUE*).*

Unité de base de la syntaxe logique, la proposition *est aussi la plaque tournante de la sémantique philosophique. L'analyse de ses constituants, sujet et prédicat (ou, plus classiquement, sujet, copule, attribut ; voir* PRÉDICATION*), commande la sémantique des termes, la signification et la référence étant originairement approchées comme des expressions de la fonction « sujet » (voir* SUPPOSITION *et* SUJET*). La question du sens ou du signifié de la proposition ouvre à son tour, à partir de la notion de « dit propositionnel » (voir* DICTUM*), sur tous les problèmes de la référence (voir* SENS*), du rapport entre intention (voir* INTENTION*), objectivité ou état de choses (voir* GEGENSTAND *et* SACHVERHALT*) et valeur de vérité (voir* VÉRITÉ *et* TRUTH-MAKER*).*

Cependant, la « proposition » reste une entité énigmatique, voire contestée. Question de chose ou question de mot ? C'est tout le problème. Ceux qui rejettent l'existence des propositions et ceux qui les admettent ne parlent sans doute pas de la même chose, les premiers visant des entités signifiées et les seconds des formes signifiantes. La définition sémantique de la proposition *comme sujet (« porteur ») des prédicats « vrai » et « faux » est rejetée par tous ceux qui considèrent que ce sont les* phrases (sentences, utterances) *d'une langue donnée qui sont vraies ou fausses. S'attacher au sens du mot « proposition » dans les textes philosophiques modernes revient à affronter un réseau formé par la triade mouvante « proposition », « énoncé », « phrase », dans ses rapports avec les notions de « fait » ou d'« état de choses ». Si tel est le cas, c'est le statut même de l'ensemble de ces distinctions tel qu'il est livré par la tradition en langues qui demande à être clarifié.*

Deux sortes d'ambiguïté s'attachent en effet à la « proposition ». La première tient à ce que, dans certaines langues, par exemple le français, l'allemand et l'anglais, les champs sémantiques respectifs de fr. proposition*, all.* Satz*, angl.* proposition *ne sont pas directement superposables et renvoient à des complexes terminologiques distincts. D'où certaines disparités qui déroutent obstinément le lecteur de textes de logique, comme la double signification de l'allemand* Satz *— « proposition » (*Satz *vient de* setzen*, « poser ») et « principe » —, dont témoignent, entre autres, la formule «* Der Satz vom Grund *» pour rendre le « principe de raison [*principium reddendae rationis*] » ou la traduction du titre aristotélicien* Peri hermêneias [Περὶ ἑρμηνείας] *par «* Lehre vom Satz *» (« théorie de la proposition » ; voir* PRINCIPE *et* TRADUIRE*). La confusion est à son comble quand, par exemple, le français* proposition *sert à traduire le* Satz *frégéen par différence avec son « contenu »,* Sinn *ou* Gedanke*, que rend cette fois l'anglais* proposition.

La seconde ambiguïté est liée aux difficultés propres des langues philosophiques grecque et latine : propositio *est en effet un terme latin d'emblée ambigu, puisqu'il a la double définition d'énoncé (*oratio*) signifiant le vrai et le faux et d'énoncé servant de prémisse à la démonstration. Les logiciens latinophones font dériver* propositio *de «* pro alio positio *», étymologie au terme de laquelle la proposition apparaît naturellement comme un énoncé en appelant un autre — la conclusion à tirer («* pro alio, id est *pro conclusione* habenda *»). Ils exploitent ainsi la possibilité que donne le latin d'exprimer ce que contient déjà le grec* protasis [πρότασις]*, dont le sens technique aristotélicien (à la fois prémisse majeure d'un argument et proposition) reste imprégné de l'idée de question proposée (donc à établir, à vérifier), mais aussi des sens courants, non philosophiques, correspondant à une gamme allant de « fixer d'avance » (un délai) à « placer quelqu'un au premier rang » (pour parler au nom d'un groupe ou pour protéger une personne). Surtout, ils opèrent une conflagration sous le syllogisme de ce qu'Aristote désigne par ailleurs, dans le* De interpretatione*, comme* logos apophantikos [λόγος ἀποφαντικός]*, dire déclaratif, ou révélant, énonciation, proposition,* Aussage, statement*, comme on voudra traduire.*

Les deux sortes d'ambiguïté sont difficiles à distinguer, et l'on a tendance à imputer au « génie de la langue » ce qui relève en fait de l'histoire des idiolectes : il faut en tout cas tenir compte à la fois des

effets produits sur les terminologies antiques par leurs traductions en langues modernes et des effets induits par les terminologies antiques sur les langages techniques de la logique et de la philosophie moderne du langage. Deux clés dans cette exploration : a) *faire l'inventaire, dès le grec et le latin, des mots concurrents relevant d'autres registres d'analyse (grammaire, rhétorique, dialectique) et véhiculant d'autres couples d'opposition théorique et doctrinale ;* b) *instruire l'interrogation récurrente — exprimée dans la philosophie moderne mais très tôt pertinente, comme en témoignent les débats du XIV*e *siècle sur les « propositions composées de choses » ou « propositions réelles » — portant sur un problème archétypique : savoir si ce sont les propositions, les énoncés (angl.* statements*) ou les phrases (angl.* sentences*) qui sont, à titre premier, les porteurs du vrai et du faux — « l'un des sujets les plus importants que la philosophie du langage de l'avenir aura à discuter » (J. Bar-Hillel, « Universal Semantics and Philosophy of Language », p. 17).*

I. QU'EST-CE QU'UNE « PROPOSITIO » ?

A. Rétroversions grecques : l'ambiguïté de la « protasis » d'Aristote, et l'« axiôma » des Stoïciens

De nombreux termes grecs se trouvent au détour d'une traduction rendus par *proposition*. Ainsi d'un premier groupe de mots, autour de *phasis* [φάσις], sur *phêmi* [φημί] (« dire »), qui signifie « parole, déclaration » — mais quand *phasis*, ni tout à fait le même ni tout à fait un autre, est entendu comme lié à *phainô* [φαίνω] (« rendre lumineux, mettre au jour » et, au moyen, « être lumineux, se montrer [comme] »), il signifie alors « dénonciation, accusation », ou « apparition d'un astre, lever d'une étoile, phase de la lune ». *Apophasis* [ἀπόφασις], quand le préfixe devant *phainô* indique la provenance, signifie « déclaration, explication, réponse, rapport, décision judiciaire, inventaire » (pour se cantonner au Bailly) — mais, quand *apo* dénote l'éloignement, *apophasis*, censé dès lors provenir d'*apophêmi* [ἀπόφημι], signifie « négation ». *Apophansis* [ἀπόφανσις], clairement sur *phainô*, signifie « explication, déclaration » et désigne par exemple un « inventaire des biens ». Un autre candidat est *protasis* [πρότασις], sur *proteinô* [προτείνω] (« jeter en avant »), qui dit la question proposée, la proposition, la prémisse. Un autre est *thesis* [θέσις], sur *tithêmi* [τιθήμι] (« poser »), qui dit l'action d'instituer, la convention, l'affirmation, la position. Un autre encore est *axiôma* [ἀξίωμα], sur *axioô* [ἀξιόω] (« évaluer, apprécier, croire juste ou vrai »), qui signifie le prix, la considération, la résolution, le principe, la proposition. À l'ensemble de ces mots, il faut toujours ajouter *logos* [λόγος], l'un des meilleurs candidats à n'importe quelle traduction dans le domaine du discursif et du logique, qui fonde ce que la logique moderne ne peut appréhender que comme la matrice des plus grandes confusions (voir LOGOS).

Mais le fait majeur, déterminant pour la compréhension de l'histoire et de la sémantique de la « proposition », est la conjonction *a parte post*, c'est-à-dire à partir des traductions latines d'Aristote, entre *protasis*, au sens technique de « prémisse » du syllogisme, et *apophansis* (ou son expression développée, *logos apophantikos* [λόγος ἀποφαντικός]), « énoncé déclaratif », qui détermine le sens de *propositio* et fonde l'ambiguïté de la proposition. On peut supposer que cette conflagration latine est rendue possible, ou favorisée, par l'amplitude de l'usage aristotélicien de *protasis* : *protasis* à lui seul, tel qu'il est explicité dans les *Analytiques*, est au plus près du double sens de *propositio*. Le terme se trouve en effet défini dès les premières lignes (*Premiers Analytiques*, I, 1, 24a 16-17) comme un « *logos kataphatikos ê apophatikos tinos kata tinos* [λόγος καταφατικὸς ἢ ἀποφατικός τινος κατά τινος] (un discours qui affirme ou qui nie quelque chose de quelque chose) ». Simultanément, toutes les espèces de protases (universelle, particulière ou indéfinie, dialectique ou démonstrative) sont qualifiées de « syllogistiques » (24a 28) : les « protases » ou « prémisses » sont « ce à partir de quoi il y a syllogisme », « ce dont il est fait » (cf. I, 25, 42a 32 : tout syllogisme est « fait de [*ek*] deux protases et pas plus ») — les commentateurs glosent l'étymologie de *protase*, « ce qu'on tend et propose d'abord » (cf. Bonitz, citant Ammonius, *s.v.*), d'où surgit l'*apodose*, « donnée », déduite, à partir d'elles. Et la prémisse syllogistique sera « démonstrative » (*apodeiktikê* [ἀποδεικτική], l'objet des *Analytiques*) « si elle est vraie » (*ean alêthês êi* [ἐὰν ἀληθὴς ᾖ], 24a 30) : puisque le vrai et le faux sont dans le *De interpretatione* caractéristiques du *logos apophantikos* comme liaison affirmative ou négative entre un nom et un verbe (17a 2-3 et 8-10), on comprend que la superposition s'opère sans faire autrement question.

On se contentera ici de repérer quelques nœuds de problèmes.

a) le complexe *phasis-apophasis-apophansis* induit à lui seul certaines difficultés de la terminologie aristotélicienne que les interprètes ne savent pas toujours contrôler.

♦ Voir encadré 1.

b) l'évolution du vocabulaire de Platon et Aristote aux Stoïciens finit par fixer *axiôma* comme le meilleur candidat à la traduction par *proposition* dans le corpus des grammairiens et des logiciens. L'*axiôma* aristotélicien est un « principe à partir duquel on conduit une démonstration », donc qu'on demande à l'autre d'accepter (c'est la définition du Bonitz, qui renvoie aux *Seconds Analytiques*, 2, 72a 17 ; voir PRINCIPE, I, B), et il se laisse précisément rendre par *axiome* au sens moderne. En revanche, l'*axiôma* des Stoïciens est défini, au plus près du *logos apophantikos* du *De interpretatione*, comme « ce qui est vrai ou faux » (« *axiôma de estin ho estin alêthes ê pseudos* [ἀξίωμα δέ ἐστιν ὅ ἐστιν ἀληθὲς ἢ ψεῦδος] », Diogène Laërce, VII, 65 ; cf. LS, 34 A, t. 1, p. 202, et t. 2, p. 204 ; trad. fr. BP, t. 2, p. 102). « Dicible complet (*lekton autoteles*

1

« Phasis », « apophasis », « apophansis », « kataphasis » : problèmes de terminologie aristotélicienne

► LUMIÈRE (encadré 1)

Aristote fixe dans son *Organon* le vocabulaire technique de la logique classique relativement aux mots et aux termes, aux phrases et aux propositions, aux raisonnements et aux syllogismes (voir MOT, TERME, LOGOS, SENS). Cette contribution, décisivement précise, comporte néammoins un certain nombre d'ambiguïtés, dues notamment à la subsistance d'usages non terminologiques. Deux difficultés principales concernent le niveau intermédiaire.

1. Apophasis / apophansis, et apophasis / kataphasis

Une première difficulté tient à la confusion possible entre deux signifiés d'un même signifiant, dangereusement voisins parce que appartenant au même champ sémantique : *apophasis* peut vouloir dire soit « déclaration » soit « énoncé négatif ». Qu'il existe originellement un seul radical (ce que croit plutôt Chantraine, *s.v. « phainô »*) ou bien deux radicaux distincts phonétiquement proches et sémantiquement convergents (φα-/φη-, qui désigne par excellence l'expression de la pensée, l'affirmation d'une opinion par la parole ; et φαν qui signifie, selon la diathèse, « être lumineux » ou « rendre lumineux », cette dernière valeur se spécifiant avec certains composés dans le sens de « manifester par le langage, déclarer »), on y cherche en tout cas la source de la confusion. Rapproché de *apophainein*, *apophasis* signifie, chez Démosthène par exemple (47-45), la « sentence énoncée » et, chez Aristote, l'« assertion », la « déclaration » (*Rhétorique*, I, 8, 1365 b27 : *kuria estin ê tou kuriou apophasis* « souveraine est la déclaration du corps souverain » , qui varie selon le régime ; et, au plus près de *gnômê* ou *doxa* [voir DOXA], *Métaphysique*, Δ, 8, 1073a 16 : « *memnêsthai dei tas tôn allôn apophaseis*, Nous devons rappeler les déclarations des autres »). Rapproché de *apophaskô* (Sophocle, *Œdipe roi*, 485) et de *apophêmi* (*Œdipe à Colonne*, 317), *apophasis* prend le sens d'« énoncé négatif », par différence avec *kataphasis*, l'« énoncé affirmatif », avec lequel il est déjà couplé dans le *Sophiste* de Platon (263e).

Les deux sens coexistent bel et bien chez Aristote, mais le danger est moins grave qu'il n'y paraît. De fait, Aristote, conformément à sa politique langagière de « déshomonymisation » (voir HOMONYME), y pare en grande partie en instituant *apophansis* (avec son dérivé *apophantikos*) comme désignation technique stable de l'« assertion », au sens d'« énoncé prédicatif » en général, et en réservant *apophasis* à la négation ou énoncé négatif, opposé de la *kataphasis*, affirmation, énoncé affirmatif, tous deux constituant une *antiphasis*, ou « contradiction ». On trouve ainsi au chap. 6 (17a 23-26) du *Peri hermêneias* la mise en place suivante :

> *Esti d'hê men haplê* apophansis *phônê sêmantikê peri tou ei huparkhei ti ê mê huparkhei, hôs hoi khronoi diêirêntai*. Kataphasis *de estin* apophansi*s tinos kata tinos,* apophasis *de estin* apophansis *tinos apo tinos.*

Pour être parfaitement claire, cette mise au point n'en est pas moins redoutable à traduire, comme en témoigne la version de Tricot, dont il est facile de souligner les discordances internes (Vrin, 1966, p. 86) :

> La *proposition* (*apophansis*) simple est une émission de voix possédant une signification concernant la présence ou l'absence d'un attribut dans un sujet, suivant les divisions du temps. Une *affirmation* (*apophasis*) est la *déclaration* (*apophansis*) qu'une chose se rapporte à une autre chose ; une négation (*kataphasis*) est la *déclaration* (*apophansis*) qu'une chose est séparée d'une autre chose.

Il est sans doute plus judicieux de rendre toujours *apophansis* par « énoncé » (« *statement* », Ackrill, 1963, p. 46-47), mais on renonce toujours à faire entendre le lien explicite chez Aristote et largement souligné par Heidegger entre *apophansis* et *apophainesthai*, « montrer à partir de » (« *epei de esti kai to huparkhon apophainesthai hôs mê huparkhon* [mais puisqu'il est possible aussi de faire apparaître ce qui appartient comme n'appartenant pas] »), poursuit en effet le texte du *Peri hermêneias* [a 26-28], qui explicite la définition du vrai et du faux caractéristiques du registre apophantique, voir ci-dessous, et VÉRITÉ).

2. Les sens de « phasis »

Le sens astronomique de *phasis* (cf. *phainesthai*) apparaît une fois dans les *Météorologiques* (I, 6, 342b 34). Dans toutes les autres occurrences, plus d'une cinquantaine (très majoritairement dans l'*Organon* et la *Métaphysique*), *phasis* (cf. *phanai*) y fonctionne avec les valeurs suivantes, par ordre de fréquence décroissante :

a) comme synonyme de *kataphasis* opposé à *apophasis* ; ainsi dans *Métaphysique*, IV, 4, 1008a 9-10 : « *peri tas allas phaseis kai apophaseis homoiotropôs* [et il en va de même pour les autres affirmations et négations] » (la suite du texte présente trois fois de suite le couple verbal *phêsai kai apophêsai*, « affirmer et nier » ; voir de même *Premiers Analytiques*, 37a 12, 51b 20, 33, etc. ; *Réfutations sophistiques*, 180a 26, b 30 ; *De anima*, 430b 26 ; *Topiques*, 136a 5 *sq.* [avec un jeu très singulier sur *phasis* et *tês phaseôs idion*], 163a 15, etc.) ;

b) comme générique, synonyme de *apophansis*, à ceci près qu'il s'agit plus de logique propositionnelle que d'apophantique ; ainsi dans l'expression récurrente *hai antikeimenai phaseis*, par exemple *Métaphysique*, IV, 6, 1011b 13-14 : « *bebeiotatê doxa pasôn to mê alêteis hama tas antikeimenai phaseis* (l'opinion la plus ferme de toutes, c'est que les énoncés opposés ne sont pas vrais simultanément) » ; voir de même *Peri hermêneias*, 12, 21b 17-18 ;

c) enfin, *phasis* est employé deux fois dans le *Peri hermêneias* pour désigner le statut sémiotique d'une « partie séparée de *logos* », nom ou verbe, « isolée » (*kekhôrismenon*) de son contexte phrastique. « Le discours est un son vocal doué de sens, dont certaines parties sont elles-mêmes douées de sens quand on les isole, mais en tant qu'énonciation (*hôs phasis*, Ackrill traduit : *expression*) et non en tant qu'affirmation (*all oukh'hôs kataphasis*) : "homme" par exemple signifie quelque chose, mais non pas qu'il est ou qu'il n'est pas (alors qu'il y aura affirmation ou négation [*kataphasis ê apophasis*] si on ajoute quelque chose) » (4, 16b 27-30) ; Aristote propose donc d'appeler le nom et le verbe « tout simplement *phasis* » (*to men oun onoma kai to rhêma phasis estô monon*, 5, 17a 17-18). Au lieu de voir ici avec Bonitz l'emploi *princeps* mais auquel Aristote ne se tient pas (*s.v.* « *phasis* »), le plus simple est sans doute de dire que, ayant à caractériser le type de signification d'un constituant phrastique qui, arraché à un ensemble susceptible d'être soit une *kata-phasis* soit une *apo-phasis*, perd de ce fait toute capacité assertive, Aristote se rabat, pour désigner ce qui reste de signification, sur ce qui reste de *kataphasis-apophasis* quand on en a retiré les préverbes qui font d'eux des espèces de l'énoncé assertif, à savoir : *phasis*. Signifier *hôs phasis par* exemple quand je dis « [l']homme » ou « est en bonne santé », c'est donc présenter à l'auditeur un signifiant porteur d'un signifié lexical qu'il reconnaît, mais qui ne lui délivre aucune information sur ce qui est ou n'est pas. On pourrait rendre ici *phasis* par « mention », mais en abandonnant le rapport à la famille de termes.

[λεκτὸν αὐτοτελής]) » (Sextus Empiricus, *Adversus mathematicos*, VIII, 74 = 34 B [LS], voir SIGNIFIANT, II), c'est, comme le disent Long et Sedley, le « matériau de base de la logique stoïcienne » (BP, t. 2, p. 108 ; sur la différence entre la logique d'Aristote et celle des Stoïciens, voir en particulier SIGNE). Le sens de « jugement », « demande », voire « exigence » ou « réclamation » (très proche de *claim*, voir CLAIM), sensible dans le verbe *axioô*, est souligné par Diogène Laërce, mais les traductions anglaise et française choisissent de jouer sur *proposer* et *proposition* : « Quelqu'un qui dit "Il fait jour" semble proposer qu'il fait jour (*axioun dokei to hêmeran einai* [ἀξιοῦν δοκεῖ τὸ ἡμέραν εἶναι]). Dès lors, s'il fait jour, la proposition avancée (*to prokeimenon axiôma* [τὸ προκειμένον ἀξίωμα]) se révèle vraie, et sinon, elle se révèle fausse » (VII, 75 = 34 E [LS], trad. BP, t. 2, p. 103). Les traducteurs latins proposent *effatum* (Sénèque, *Lettres à Lucilius*, 117, 13 [= 33 E (LS)], Cicéron, *Académiques*, II, 96 [= 37 H (LS)] ; Cicéron propose aussi *enuntiatum*, et *enuntiatio*, voir BP sous 33 E, t. 2, p. 88, n. 1), mais la traduction par « "proposition" est de loin la moins insatisfaisante », affirment Long et Sedley (BP, p. 109). De fait, selon eux, une fois gommés de l'*axiôma* les traits qui appartiennent à l'acte linguistique, « aucune confusion sérieuse n'est à redouter si l'on attribue aux Stoïciens une théorie des propositions », théorie qui dès lors anticipe les traits marquants des théories contemporaines, en particulier les paradoxes de la référence selon Bertrand Russell (BP, p. 108-112, voir ci-dessous, III ; voir ACTE DE LANGAGE, SENS et IMPLICATION). Où l'on peut voir à l'œuvre l'intrication réciproque des effets de traduction.

B. « Propositio », ou l'arraisonnement de l'apophantique par le syllogisme

Dans les « Sommes » de logique terministe du XIIIe siècle, la définition de *propositio* contient toujours deux formules : 1. « *propositio est oratio verum vel falsum significans* [une proposition est un énoncé signifiant le vrai ou le faux] » ; 2. « *propositio est oratio secundum quod ponitur in praemissis ad aliquid probandum* [une proposition est un énoncé en tant qu'il est posé en prémisses pour prouver quelque chose] ». Les logiciens summulistes bloquent donc sous le même terme ce que Boèce appelait *oratio enuntiativa* ou *enuntiatio*, à savoir le *logos apophantikos* d'Aristote, et d'autre part ce qu'Aristote appelle en général *protasis* dans les *Premiers Analytiques*.

1. « Propositio »-« praemissa »

Prenons d'abord la seconde acception, elle est étayée en latin comme en grec par une étymologie : « proposition » se dit au sens de « position pour/en vue de la conclusion à tirer » (« *dicitur propositio quasi pro alio positio, idest pro conclusione habenda* » ; cf. Nicolas de Paris, *Summe Metenses*, éd. De Rijk, *Logica Modernorum* II/1, p. 452). On notera que dans certains textes, comme *Seconds Analytiques*, I, 2, 71b 20-22, Aristote définit la démonstration scientifique sans mentionner la *protasis*. Ce mutisme est préservé dans la traduction latine de Jacques de Venise (*Aristoteles Latinus*, IV, 1-4, éd. L. Minio-Paluello, B.G Dod, Bruges-Paris, Desclée de Brouwer, 1968, p. 7, 16-18), qui donne, en effet : « *Si igitur est scire ut posuimus, necesse est et demonstrativam scientiam ex verisque esse et primis et inmediatis et notorioribus et prioribus et causis conclusionis* [*anagkê kai tên apodeiktikên espistêmên ex alêthôn t' einai kai prôtôn kai amesôn kai gnôrimôterôn kai proterôn kai aitiôn tou sumperasmatos* (ἀνάγκη καὶ τὴν ἀποδεικτικὴν ἐπιστήμην ἐξ ἀληθῶν τ' εἶναι καὶ πρώτων καὶ ἀμέσων καὶ γνωριμωτέρων καὶ προτέρων καὶ αἰτίων τοῦ συμπεράσματος)] » ; il est en revanche levé dans les traductions modernes. J. Tricot, Vrin, 1970, p. 8, traduit : « Si donc la connaissance scientifique consiste bien en ce que nous avons posé, il est nécessaire aussi que la science démonstrative parte de *prémisses* qui soient vraies, premières, immédiates, plus connues que la conclusion, antérieures à elle, et dont elles sont les causes. » H. Seidl (*Aristoteles : Zweite Analytiken*, Amsterdam, Rodopi, 1984) propose : « *Wenn nun das wissenschaftliche Verstehen solcherart ist, wie wir ansetzen, dann erfolgt notwendig die beweisende Wissenschaft aus* [*Prämissen*], *die wahre, erste, unmittelbare, bekanntere, frühere und ursächliche sind in Bezug auf die Konklusion.* » D'autres, plus rigoureux, recourent au terme de « choses [*things*] ». C'est le cas de Barnes (*Aristotle's Posterior Analytics*, Oxford, Clarendon Press, « Clarendon Aristotle Series », 1975), p. 3 : « *If, then, understanding is as we posited, it is necessary for demonstrative understanding in particular to depend on* things *which are true and primitive and immediate and more familiar than and prior to and explanatory of the conclusion.* » « Prémisses » ? Ou « choses » ? Ou, pourquoi pas, « principes » ? Le mot figure en effet dans la suite immédiate du texte (71b 22-23) : « *sic enim erunt et* principia *propria ei quod demonstratur* » (Jacques de Venise) ; « c'est à ces conditions, en effet, que les principes de ce qui est démontré seront aussi appropriés à la conclusion » (Tricot) ; « *for in this way the principles will also be appropriate to what is being proved* » (Barnes). Le choix n'a guère d'importance. Il suffit de voir ici que, suppléant l'original, le français et l'allemand recourent à *prémisse*, *Prämisse*, plutôt qu'à *proposition* et *Satz*. C'est alors *prémisse*, calque du latin scolastique *praemissa* (neutre pluriel considéré comme un féminin singulier, sur *praemitto*, « envoyer en avant »), qui ôte son ambiguïté à *propositio*.

2. « Propositio »-« oratio enuntiativa »

Quant à la première acception, elle trouve son point de départ dans un tout autre corpus, celui du *Peri hermêneias*, 4, 16b 33-17a 4 :

> *Esti de logos hapas men sêmantikos* [...] *apophantikos de ou pas, all' en hôi to alêtheuein hê pseudesthai huparkhein. Ouk en hapasi de huparkhei, hoion hê eukhê logos men, all' out' alêthês oute pseudês.*
>
> ["Εστι δὲ λόγος ἅπας μὲν σημαντικός (...) ἀποφαντικὸς δέ οὐ πᾶς, ἀλλ' ἐν ᾧ τὸ ἀληθεύειν ἢ ψεύδεσθαι ὑπάρχειν. Οὐκ ἐν ἅπασι δὲ ὑπάρχει, οἷον ἡ εὐχὴ λόγος μέν, ἀλλ' οὔτ' ἀληθὴς οὔτε ψευδής.]

Ce passage, quand on le lit en français dans la traduction de Tricot, donne de fait la définition que tout lecteur tiendra pour cardinale de la proposition :

> Tout discours n'est pas une proposition, mais seulement le discours dans lequel réside le vrai ou le faux, ce qui n'arrive pas dans tous les cas : ainsi la prière est un discours, mais elle n'est ni vraie ni fausse.
>
> Vrin, 1959, p. 84.

Quand il le traduit, Boèce a recours à *oratio enuntiativa* : « [...] *enuntiativa vero non omnis* [*oratio*], *sed in qua verum vel falsum inest ; non autem in omnibus, ut deprecatio oratio quidem est, sed neque vera neque falsa* » (*Aristoteles latinus*, II, 1-2, éd. L. Minio-Paluello, Bruges-Paris, Desclée de Brouwer, 1965, p. 8, 8-10). Le lexique de la propositionalité comprend donc non seulement ce qui a trait aux éléments du syllogisme, à la « protase » syllogistique, mais encore ce qui a trait à la possibilité de dire le vrai ou le faux. Ce double registre renvoie selon les auteurs à une simple « distinction de raison » : une même *oratio* est appelée *enuntiatio* quand elle est considérée « seule et absolument » (« *quando per se sumitur et absolute* »), et *propositio* « quand elle est rapportée à la conclusion à prouver ou à inférer [*quando ordinatur ad aliquam conclusionem probandam vel inferendam*] » (Guillaume de Sherwood, *Introductiones*, éd. Lohr, p. 222). Pour certains, c'est tout le dispositif qui repose sur une telle distinction de raison. Comme l'écrit Lambert d'Auxerre, *Logica*, éd. Alessio, p. 12 :

> *Ista nomina : enunciatio, dictio,* [*as*]*sumptio, quaestio, conclusio, propositio, idem sunt realiter, nam una et eadem oratio secundum rem et secundum substantiam potest nominari hiis nominibus realiter, unde solum differunt secundum rationem.*
>
> [Ces noms — « énonciation », « mot », « [hypo]thèse », « question », « conclusion », « proposition » — sont la même chose réellement, car c'est une seule et même chose, selon la substance, à savoir le discours (ou : l'énoncé), qui peut réellement recevoir tous ces noms. Tout cela ne diffère donc qu'en raison.]

Le *logos apophantikos* est sollicité de diverses manières par les traductions modernes. Participant de la « réduction de l'apophantique au prédicatif » soulignée par Heidegger (*Sein und Zeit*, § 44 ; voir TERME), J. Tricot traduit, on l'a vu, en dupliquant le substantif : « Tout discours n'est pas une proposition, mais seulement le discours dans lequel réside le vrai ou le faux. » E. Rolfes, qui part de *Rede* (« discours »), propose, sur un mode elliptique, une formation verbale *aussagen* (« énoncer ») correspondant à *Aussage* (fr. *énonciation*, it. *enunciazione*) :

> *Dagegegen sagt nicht jede* [*Rede*] *etwas aus, sondern nur die, in der es Wahrheit oder Irrtum gibt. Das ist aber nicht überall der Fall. So ist die Bitte zwar eine Rede, aber weder wahr noch falsch.*
>
> [En revanche tout (discours) n'énonce pas quelque chose, mais seulement celui qui comporte en lui vérité ou fausseté. Or ce n'est pas toujours le cas. La prière, par exemple, est bien un discours, mais ni vrai ni faux.]
>
> Cf. *Aristoteles, Kategorien. Lehre vom Satz*, trad. all. E. Rolfes, Hambourg, Felix Meiner, « Philosophische Bibliothek 8/9 », 1re éd. 1925, 2e éd. 1958, p. 97-98.

De même M. Zanatta : « *ma non ogni [discorso] è enunciativo, bensì quello nel quale sussiste il dire il vero o il dire il falso. E non in tutti quanti i discorsi sussiste : per esempio, la preghiera è sì un discorso, ma non è né vera né falsa* » (cf. *Aristotele, Della Interpretazione*, Milan, Biblioteca Universale Rizzoli, « I Classici della BUR », 1992, p. 85). Ackrill, en revanche, oppose *sentence* et *statement-making sentence* : « [*Every sentence is significant* (...)], *but not every sentence is a statement-making sentence, but only those in which there is truth or falsity. There is not truth or falsity in all sentences: a prayer is a sentence but is neither true or false.* [*The present investigation deals with the statement-making sentence*] » (Aristotle's *Categories and De interpretatione*, trad. angl., notes et glossaire J.L. Ackrill, Oxford UP, « Clarendon Aristotle's Series », 1963[1], 1978[6], p. 45-46).

En faisant le choix de deux substantifs (*discours, proposition*), Tricot enlève donc au *logos apophantikos* la dimension apophantique préservée (en apparence, si l'on suit Heidegger) au titre de l'énonciation par les autres traductions (on notera qu'il traduit même directement *apophansis* par *proposition* aux premières lignes du *De interpretatione*, 16a 22, ce qu'Ackrill rend par *statement*).

Logos	*Apophansis*	*Logos apophantikos*
Oratio	*Enuntiatio*	*Oratio enuntiativa*
Discours	*Énonciation*	*Proposition*
Sentence	*Statement*	*Statement-making sentence*
Rede	*Aussage*	*Satz, indikative Rede*
Discorso	*Enunciazione*	*Discorso enunciativo*

Les controverses contemporaines sur le *truth-value bearer* sont, jusqu'à un certain point, programmées dans la suite d'équivalences notées dans le tableau précédent. La polysémie du terme *logos*, qui inclut les notions de « phrase » et d'« énoncé » — cruciales dans le débat moderne — parmi ses nombreuses significations, n'est pas seule en cause, mais, plus profondément, l'« arraisonnement » logique du *logos*, qui veut que l'*enuntiatio*, autrement dit l'*oratio* [= *logos*] en tant que « porteuse de valeurs de vérité », soit fondamentalement « ordonnée au syllogisme [*ordinata ad sillogizandum*] » et non pas seulement « susceptible d'être ordonnée dans un raisonnement syllogistique [*ordinata in sillogizando*] » — un thème qui découle de la « mise en ordre » du *corpus* logique d'Aristote, et résulte de la lecture récursive de l'*Organon*, du syllogisme « scientifique » (*Seconds Analytiques*), le plus complexe, au plus simple, l'*oratio* et ses ingrédients, le nom et le verbe (*De interpretatione*).

Les difficultés du lexique logique européen relèvent cependant aussi des idiolectes propres à chaque tradition philosophique (« continentale » ou « analytique »), voire à chaque philosophie. La récente traduction anglaise d'un important ouvrage du XIVe siècle, le *De significato propositionis* du philosophe d'Oxford Richard Brinkley, par *Theory of Sentential Reference* exprime le point de vue philosophique du traducteur, M.J. Fitzgerald, réservant, pour des raisons théoriques, l'anglais *proposition* à ce qui est « exprimé » par une *sentence*. Dans ce cas, c'est tout l'apparat théorique stipulant que « *two sentences that express the same proposition have the same truth-value* [deux phrases exprimant la même proposition ont la même valeur de vérité] » ou que « *sentences have their truth-values in virtue of the proposition they express* [les phrases acquièrent leurs valeurs de vérité en fonction de la proposition qu'elles expriment] », présent à l'arrière-plan, qui pose un problème — un problème philosophique, non un problème de compréhension ou de traduction. Dans le cas du *De significato propositionis*, le choix du traducteur reviendrait, une fois entièrement explicité, à réserver le mot *proposition* pour... le signifié de ce que le latin exprime par *propositio*, et lui, par *sentence*. Il en va de même de principes comme « *non-synonymous sentences express distinct propositions* [des phrases non synonymes expriment des propositions différentes] » : la difficulté est de savoir ce qui est visé par le mot *proposition* — par exemple une entité abstraite, un « sens » frégéen (*Sinn*) — et de déterminer sur cette base la nature de la différence supposée par tout utilisateur de ce principe entre « phrase » et « proposition ». Utiliser de tels principes dans le commentaire philosophique d'une œuvre médiévale, comme le font nombre d'interprètes anglophones de Brinkley et de ses contemporains, suppose qu'on attribue aux Anciens des distinctions qui sont elles-mêmes loin d'être unanimement acceptées en philosophie moderne.

II. COMMENT DÉFINIR LES UNITÉS LINGUISTIQUES DE RÉFÉRENCE ?

A. La « phrase » dans l'Antiquité latine

Propositio n'est pas en latin la seule manière de désigner une unité complexe douée de sens. Le terme relève d'ailleurs en latin classique, conformément à l'emprise syllogistique, des registres rhétorique et dialectique plutôt que du registre grammatical. Dans les textes non techniques, il existe de nombreux termes susceptibles de s'appliquer à une unité linguistique de type phrastique : *sententia* notamment, ou *oratio*. Mais, si l'on considère dans leur ensemble les emplois de ces termes, il est évident que le sens de « phrase » ne peut être qu'accidentel. *Sententia*, dérivé de *sentire*, « sentir, éprouver une sensation ou un sentiment », désigne en général l'opinion, la manière de voir, l'avis qu'on exprime, l'idée, et par extension la forme que prend cette idée, ce qui fait que la *sententia* peut correspondre contextuellement à ce qu'on appelle une phrase (mais signifie souvent, plus particulièrement, la « sentence », la « maxime », et de là le « trait » qui termine la phrase, la « pointe » ; voir SENS et ARGUTEZZA). Quant à *oratio*, dérivé de *orare*, « prononcer une formule rituelle, une prière, un plaidoyer », il s'applique au langage, et plus spécialement au langage préparé, à l'éloquence, au style, plus particulièrement à la prose, mais aussi à des réalisations plus limitées — discours, exposé oral —, et de là, mais très rarement dans ces textes non techniques, à des ensembles encore plus limités, coïncidant éventuellement avec des unités de type phrastique. Il n'y a là que des effets de coïncidence.

À côté de ces emplois généraux, les textes techniques où la langue se trouve analysée présentent des unités linguistiques dont le découpage relève de choix théoriques précis. Trois domaines sont concernés : la rhétorique, la dialectique, la grammaire (la métrique, que l'on peut considérer dans le domaine latin comme un sous-ensemble de la grammaire, relève de préoccupations trop particulières pour être ici prise en compte).

1. La « période » rhétorique

L'unité linguistique de référence est la « période », *periodos* [περίοδος] en grec, litt. un « chemin qui fait le tour » (mur d'enceinte, révolution des astres, etc.), qu'Aristote définit dans sa *Rhétorique* comme une « phrase (*lexis* [λέξις] ; voir MOT et SIGNIFIANT) qui a un commencement et une fin par elle-même et une étendue qui se laisse embrasser d'un seul regard (*megethos eusunopton* [μέγεθος εὐσύνοπτον]) » (III, 9, 1409a 36-38 ; trad. fr. M. Dufour et A. Wartelle, Les Belles Lettres, 1980). Les Latins le rendent par l'emprunt *periodus* ou par les calques *ambitus* et *circuitus*, ou encore par différentes adaptations, *circumscriptio*, *comprehensio*, *continuatio*, qui marquent l'unité de l'ensemble ainsi « circonscrit » ou « embrassé », ou la continuité de l'ensemble formé. Cette période est éventuellement constituée de sous-ensembles : le membre (*membrum*) et l'incise (*incisum* ou *incisio*), qui n'ont pas de définition absolue, mais seulement relative à l'ensemble dont ils sont les constituants. Une période forme en général une phrase (mais pas nécessairement : une succession d'interrogations et de réponses peut former une période). Quoi qu'il en soit, les critères de détermination de la période la distinguent nettement de la phrase :

— d'abord en raison de son contexte d'apparition, celui du discours oratoire : la période n'a aucune application en dehors de ce contexte et en est absolument indissociable ;

— ensuite en raison de sa dimension, nécessairement développée. La simple combinaison des éléments indispensables, mais suffisants, pour constituer une phrase ne saurait suffire pour former une période (« *habet periodus membra minimum duo* [une période a au minimum deux membres] », dit Quintilien) ;

— enfin en raison de la référence au rythme, à la fois dans la considération du volume relatif des différents membres de la période (d'où un rythme ascendant ou descendant, haché, etc.), et dans l'importance fondamentale attribuée à la combinaison des quantités syllabiques à la fin de la période, c'est-à-dire la clausule : la présence d'une clausule fait partie de la définition même de la période.

Une autre unité apparaît dans le cadre de la rhétorique, la *propositio*, mais dans des emplois qui sont communs avec la dialectique, et qu'on a donc intérêt à examiner dans le cadre de cette autre discipline.

2. La terminologie dialectique

L'unité linguistique de référence est ce que les Grecs, en particulier la tradition stoïcienne (cf. *supra*, I, 1), appellent *axiôma*, l'assertion, unité linguistique susceptible d'être vraie ou fausse. Les Latins ont eu recours à différentes traductions pour rendre cette unité : Varron, au Ier siècle avant notre ère, cite *profatum*, tentative sans suite, et *proloquium* (déjà utilisé à la génération d'avant, par Aelius Stilon, et connu de Cicéron, mais sans postérité). Cicéron de son côté cite *pronuntiatum* (abandonné ensuite), *enuntiatum* (que l'on retrouve au Ier s. de notre ère chez Sénèque et au IIe siècle chez Apulée) et *enuntiatio* (encore présent au IVe et au VIe s. chez Donat et Boèce). Varron (cf. Aulu-Gelle, *Nuits attiques*, XVI, 8) définit le *proloquium* comme « *sententia in qua nihil desideratur* (phrase [?] dans laquelle rien ne fait défaut) », mais ce critère de la complétude est isolé : le critère de détermination cité est généralement l'aptitude à être vrai ou faux (même si le point est discuté à propos d'assertions au futur). Par opposition à l'assertion, Martianus Capella (IVe s.), dans le livre qu'il consacre à la dialectique, crée *eloquium*, en face de *proloquium*, pour désigner les énoncés ni vrais ni faux (ordres, interrogations, etc.). En général, ces autres types d'énoncés relèvent du terme *oratio* (*oratio imperativa*, *interrogativa*, etc.), dont la généralité se prête à toutes les spécifications.

Quant au terme *propositio*, il représente ce qu'on « pose », ce qu'on « avance », la « thèse ». Dans le syllogisme, où l'on distingue trois éléments structurels (majeure, mineure, conclusion), la *propositio* est donc la majeure (qui est à proprement parler ce qu'on « pose »). Le critère de détermination est l'unité de contenu. La *propositio* est une proposition au sens où c'est un énoncé qui expose une idée unique (« *x* a tué *y* »). Du coup, lorsqu'un même énoncé comporte que « *x* a tué *y* et blessé *z* », Quintilien parle, au pluriel, de *propositiones*. Ce pluriel montre qu'il ne peut y avoir confusion avec la phrase.

3. L'analyse grammaticale

L'analyse grammaticale se construit à partir d'une hiérarchie d'unités : *littera*, *syllaba*, *dictio* ou *pars orationis*, *oratio* (ou sa variante, rare, *elocutio*). Chaque niveau résulte de la combinaison des unités du niveau inférieur et constitue lui-même un élément de l'unité du niveau supérieur. Dans cette perspective, les catégories de mots sont des *partes orationis*, des « parties du discours » selon le calque français. Cela signifie seulement que les mots sont l'unité inférieure par rapport à l'*oratio*, laquelle résulte, sauf exception, d'une combinaison de mots. L'*oratio* a pour seule spécificité par rapport au mot son aptitude à être « complète » : conformément à la problématique stoïcienne, l'*oratio* est complète ou incomplète. Cela étant, la nature de cette complétude, syntaxique ou sémantique, voire pragmatique, reste ouverte, et n'est pas analysée, sauf dans une certaine mesure par Priscien à l'extrême fin de l'Antiquité. L'*oratio plena* est donc un ensemble qui coïncide incontestablement avec la phrase (ou à la rigueur, quand il s'agit seulement d'une réponse, avec une expression phrasoïde), mais en fait rien n'est dit avant Priscien de la nature de cet ensemble, hormis qu'il est complet. En somme, tandis que la phrase s'oppose à la proposition, l'une formant un ensemble indépendant, l'autre un ensemble virtuellement dépendant, la complétude de l'*oratio* s'oppose à son « incomplétude ». Qu'est-ce qu'un énoncé incomplet ? À l'origine, chez les Stoïciens, il s'agit du prédicat lorsqu'il est seul, sans point d'application (c'est-à-dire sans sujet), mais par la suite il s'agit plus généralement de tout énoncé auquel il manque quelque chose. Certains grammairiens rajoutent même des niveaux intermédiaires. Servius parle ainsi, à propos d'un énoncé comportant un pronom (sujet) et un verbe, d'un énoncé « semi-plein » : il y manque quelque chose, qui est en l'occurrence de l'ordre de la référence. En fait, conformément au schéma progressif dans lequel elle s'inscrit, l'*oratio* s'entend dans une problématique de la partie et du tout : il y a des « parties de l'*oratio* » (des catégories de mots), et l'*oratio* elle-même, composée de ces parties, est incomplète ou complète. Tandis que la phrase s'entend dans une problématique de l'indépendance par rapport à la dépendance, l'*oratio* s'entend dans une problématique de l'achevé par rapport à l'inachevé (la postérité médiévale s'efforcera de spécifier la nature et les modalités de cette complétude, cf. *infra*).

Plus vague qu'*oratio*, *sermo* désigne parfois chez les grammairiens (par ex. Diomède ou Charisius) une séquence linguistique susceptible de constituer ce qu'on appelle une phrase, mais il s'agit ou bien d'emplois en fait généraux, avec le sens de « propos », ou au contraire de sens très spécialisés, sans doute dans la perspective stoïcienne du prédicat comme noyau propositionnel, *sermo* finissant par équivaloir au seul verbe. On retrouve ici la différence de perspective qui oppose les Anciens aux Modernes sur ce point : tandis que la grammaire classique, avec la notion de phrase, cherche à savoir où s'arrête l'ensemble examiné (et donc quel est le cadre et quelles sont les conditions de son indépendance), les Anciens cherchent à savoir où commence cet ensemble (d'où la problématique de l'inachèvement, c'est-à-dire du « pas encore », par rapport à l'énoncé complet).

B. Les critères médiévaux pour définir l'« oratio » : « congruitas »/« perfectio »

La définition de la phrase, *oratio* (mais « phrase » n'est, on l'a vu, qu'un des équivalents possibles d'*oratio* ; voir aussi LOGOS, III, A), se fait au Moyen Âge à partir de critères différents, hérités à la fois d'Aristote et de Priscien, mais profondément repensés pour tenir compte des aspects formels, sémantiques et pragmatiques de l'énonciation, qui ne sont pas toujours compatibles entre eux.

1. Principe de composition

Soit la définition d'Aristote-Boèce (*De interpretatione*, 4, 16b 26) : « Oratio *est vox significativa, cujus partium aliquid significativum est separatum* (*ut* dictio, *non ut* adfirmatio*)* » ; « Logos *esti phônê semantikê hês tôn merôn ti* *sêmantikon esti kekhôrismenon, hôs* phasis *all oukh hôs* kataphasis [Λόγος ἐστὶ φωνὴ σημαντικὴ ἧς τῶν μερῶν τι σημαντικόν ἐστι κεχωρισμένον, ὡς φάσις ἀλλ' οὐχ ὡς κατάφασις] » ; « *A* sentence *is a significant spoken sound some part of which is significant in separation, as an* expression *not as an* affirmation » (Ackrill) ; « Le *discours* est un son vocal [possédant une signification conventionnelle] et dont chaque partie prise séparément présente une signification comme *énonciation* et non pas comme *affirmation* [ou négation] » (Tricot) — la distorsion des équivalences témoigne assez de la labilité généralisée du vocabulaire linguistique. Le critère essentiel est celui de la composition. Différents problèmes se posent : 1) Comment distinguer la phrase du nom composé (*respublica*) ? On oppose généralement le nom simple (*domus*), composé de parties qui en elles-mêmes peuvent être signifiantes (*do* = je donne ; *mus* = souris), mais dont la signification ne contribue pas à celle du tout ; le nom composé, composé de parties qui contribuent à la signification du tout, mais en perdant, dans le tout, leur signification, de sorte que la signification est simple — Boèce dit que dans le composé les parties « consignifient » ; l'*oratio*, composée de parties qui gardent, dans le composé, leur signification pleine. 2) On associe souvent cette définition à un *principe de compositionalité*, qui pose que le sens du tout doit être construit à partir de celui de ses parties ; mais cela fait difficulté dans le cas des énoncés figurés ou comportant des usages métaphoriques : en fait, dans ce cas, par exemple « *prata rident* [les prairies sont florissantes] », c'est à l'inverse à partir du sens du tout qu'on peut comprendre que *ridere* n'a pas son sens ordinaire de « rire », mais le sens transféré de « *florere* ». Certains auteurs soutiennent que, dans de tels cas, on doit comprendre le sens de manière globale, sans qu'intervienne le principe de compositionalité. Ils vont jusqu'à conclure que les énoncés figurés font l'objet d'une « institution », alors que l'institution était généralement réservée aux seules unités simples (position soutenue par Abélard notamment).

2. Critère de complétude sémantique (engendrement d'une intellection)

Le critère de complétude sémantique est forgé à partir de *Peri hermeneias*, 3, 16b 19-22 : « *Ipsa quidem secundum se dicta uerba nomina sunt et significant aliquid — constituit enim qui dicit intellectum, et qui audit quiescit — sed si est vel non est nondum significat* » ; « *auta men oun kath' hauta legomena ta rhêmata onomata esti kai sêmainei ti, histêsi gar ho legôn tên dianoian, kai ho akousas êremêsen, all' ei esti ê mê oupô sêmainei* [αὐτὰ μὲν οὖν καθ' αὑτὰ λεγόμενα τὰ ῥήματα ὀνόματά ἐστι καὶ σημαίνει τι, ἵστησι γὰρ ὁ λέγων τὴν διάνοιαν, καὶ ὁ ἀκούσας ἠρέμησεν, ἀλλ' εἰ ἔστιν ἢ μὴ οὔπω σημαίνει] » ; « En eux-mêmes et par eux-mêmes ce qu'on appelle les verbes sont donc en réalité des noms, et ils possèdent une signification déterminée (car en les prononçant on fixe la pensée de l'auditeur, lequel aussitôt la tient en repos), mais ils ne signifient pas encore qu'une chose est ou n'est pas », Tricot ; voir encadré 1, « Signifier-constituer une intellection », dans TERME. Boèce et les Médiévaux en tirent l'idée que c'est la « constitution d'une intellection » qui est le critère de l'énoncé — ou de l'énoncé complet. Cela peut être interprété comme une complétude sémantique : si l'énoncé engendre une intellection, alors il est « achevé » (*perfectus* ; on verra plus loin les conséquences de cette interprétation, qui permet de transgresser le critère de complétude formelle). Par ailleurs, on construit simultanément un principe de compositionalité : comme le dit Boèce, si l'on entend un nom, au moment où il est proféré, une intellection est constituée, mais notre esprit est encore en suspens ; si ensuite on entend le verbe, au moment où la dernière syllabe est prononcée, alors notre intellect peut s'apaiser. Le principe de la constitution du sens est parallèle sur le plan de la phrase et sur le plan du mot : c'est seulement lorsque est prononcée la dernière syllabe d'*imperritus* (« qui est sans effroi ») que l'esprit peut se mettre au repos, pour ce qui est de l'intellection simple. L'esprit de l'auditeur progresse de manière linéaire au fur et à mesure que les syllabes sont prononcées (cf. Boèce, *In Perihermenias, 2,* p. 72-73). Certains auteurs du XIIe siècle s'interrogent pour déterminer le moment exact où se produit la signification de l'énoncé, avec le paradoxe que, si c'est lorsque toutes les parties sont prononcées, il signifie alors qu'il n'existe plus. D'autres soutiennent que l'énoncé signifie durant sa profération, la signification se réalisant au dernier instant de la prononciation (*in ultimo puncto illius prolationis*), qui est le premier instant où elle produit une intellection complète. On trouve une position comparable dans les discussions des théologiens quant au moment où s'effectue la signification de l'énoncé de la conversion eucharistique, donc où se produit la conversion elle-même (voir ACTE DE LANGAGE). Une fois prononcées, les parties n'existent plus en tant que forme vocale, mais seulement dans leur genre, qui est la quantité. Abélard propose une solution assez analogue à celle que l'on trouvera ultérieurement chez Duns Scot : nous constituons l'intellection de l'énoncé en rappelant à la mémoire celle de ses parties. Dire qu'une phrase signifie veut donc simplement dire que l'esprit de quelqu'un s'en forme une intellection par un processus de rassemblement des intellections partielles (*recollectio*) (voir A. de Libera et I. Rosier, « Les enjeux logico-linguistiques de l'analyse de la formule de la consécration eucharistique »).

♦ Voir encadré 2.

Les textes médiévaux hésitent à privilégier l'un ou l'autre de ces deux critères, complétude formelle ou complétude sémantique. Une approche formaliste, comme celle des Modistes au XIIIe siècle, privilégie le premier : la complétude formelle entraîne la complétude sémantique ou, en d'autres termes, la grammaticalité entraîne automatiquement la sémanticité. La *congruitas* indique le niveau de correction des constructions, la *perfectio* le niveau de complétude de l'énoncé (requérant la présence d'un suppôt et d'un appôt) ; les Modistes excluent la *proprietas*, ou compatibilité sémantique : la compatibilité (*convenientia*) ou non-compatibilité (*repugnantia*) des signifiés n'a pas à être prise en compte par la grammaire. En repoussant hors de leur domaine le non-sens, illustré par des exemples comme « *capa categorica* [un chapeau catégorique – ou affirmatif] » (association incongrue d'un adjectif métalinguistique avec un substantif non métalinguistique), à la manière dont le Chomsky première manière négligeait l'incorrection des « *idées vertes dormant furieusement* », les Modistes tentent ainsi, comme lui, de fonder une syntaxe qui se passe de toute référence au sens lexical des unités. Mais d'autres tentatives sont faites pour articuler les critères formels et sémantiques, ce qui a pour conséquence leur dépassement par la prise en compte de la dimension pragmatique du langage. C'est ce que proposent les grammairiens intentionnalistes du XIIIe siècle, qui s'inspirent à la fois de Priscien (« toute construction doit être rapportée à l'intellection de l'expression », *Institutiones*, XVII, 187) et d'Aristote (principe de « constitution d'intellection » qui satisfait l'auditeur, cf. *supra*) : un énoncé doit être jugé acceptable s'il correspond à l'intention profonde du locuteur, et s'il peut être interprété et reconnu comme tel par l'auditeur, qu'il soit grammatical ou non. Ainsi, un substantif comme *aqua* (« de l'eau »), prononcé seul, n'est pas une *oratio perfecta* ; mais s'il faut aller chercher de l'eau lorsqu'il y a un incendie (il faudrait une intonation particulière), alors il prend le statut d'*oratio perfecta* correspondant adéquatement à l'état de panique du locuteur par sa forme elliptique même. Inversement, un énoncé grammaticalement correct qui ne correspond pas à l'intention du locuteur sera de ce fait rejeté (voir « *actus exercitus* » dans ACTE DE LANGAGE).

C. Correction/complétude/vérité

L'articulation de ces différents critères avec la notion de vérité s'effectue principalement dans le cadre de la logique. Plusieurs cas de mauvaise formation se trouvent décrits et expliqués, le problème étant de savoir s'ils ôtent le statut de proposition (*propositio*) aux énoncés (*orationes*), c'est-à-dire si une séquence mal formée est automatiquement dénuée de valeur de vérité : l'incorrection grammaticale (par ex. « *homo est alba* [l'homme est blanche] »), la redondance sémantique, l'incompatibilité sémantique des constituants composant les groupes sujet ou prédicat (cf. *infra*), l'impossibilité d'assigner une référence (par ex. « *omnis Socrates* », qui viole la règle selon laquelle un signe distributif ne peut s'appliquer qu'à un terme commun dont l'extension est supérieure à deux ; ou encore « *omnis phoenix* [tout phénix] » — le phénix n'existant, par définition, que comme exemplaire unique à un moment du temps —, « *omnis sol* [tout soleil] »), les cas de référence vide, par exemple « *asinus rationalis currit* [un âne rationnel court] » (cf. S. Ebbesen, « The present king of France... » ; A. de Libera, *La Référence vide*). Ce dernier cas est susceptible d'analyses différentes : une proposition comme « *asinus est rationalis* [l'âne est rationnel] » est généralement considérée comme fausse ; mais « *asinus rationalis currit* » peut être analysée soit comme incorrecte (*incongrua*), soit comme correcte mais asémantique ou *impropria* (incapable d'engendrer une intellection), soit comme aréférentielle (*rationalis* ne pouvant assurer sa fonction de détermination du substantif, et empêchant ainsi le groupe de « supposer » pour quelque chose), soit, parfois, comme fausse. On distingue l'« implication d'un faux possible » (« *homo qui est albus currit* [l'homme qui est blanc court] », s'il n'existe pas d'homme blanc : le fait qu'il y ait des hommes blancs, impliqué ici, est possible, même si ce n'est pas le cas), de l'« implication d'un faux impossible » (« *asinus qui est rationalis* [l'âne qui est rationnel] »), la distinction ayant des conséquences diversement analysées, en termes de correction ou de vérité (voir IMPLICATION). La question de la réfé-

2

La définition de l'« oratio » selon Priscien

Priscien donne la définition suivante de l'énoncé : « *Oratio est ordinatio dictionum congrua, sententiam perfectam demonstrans* [L'énoncé est une combinaison correcte de mots, indiquant un sens complet] » (*Institutiones Grammaticae*, éd. Keil, *Grammatici Latini*, II, p. 53, 28-29). Ainsi libellée, cette définition décrit l'*oratio* d'abord comme une combinaison correcte, ce qui, pour Priscien, implique qu'elle comporte un nom et un verbe et que, d'autre part, les règles d'accord y soient respectées. La caractéristique sémantique vient seulement en second lieu : l'énoncé doit manifester un sens complet. La difficulté viendra de la juxtaposition des deux critères, formel et sémantique. Mais, selon une autre lecture, la définition se lit ainsi : « *ordinatio, congruam perfectamque sententiam demonstrans* ». La combinaison qui caractérise l'énoncé n'est pas qualifiée, alors que l'est le sens dont il est porteur : il doit être complet et achevé. C'est une variante moins fréquente, mais qui s'appuie néanmoins sur le texte grec des scolies de la *Tecknê grammatike*, et qui remonte peut-être à Apollonius (*Grammatici graeci*, éd. Hilgard, t. 1, fasc. 3, p. 214, 5). Le problème est donc de savoir si l'adjectif *congrua* se rapporte à la combinaison des mots (lecture appuyée par d'autres passages de Priscien : *ibid.*, III, p. 201, 1, ou p. 208, 25 : « *est enim oratio comprehensio dictionum aptissime ordinatarum* [l'énoncé est en effet un ensemble de mots ordonnés de manière tout à fait convenable] »), ou au sens. Dans le second cas, c'est le critère de complétude sémantique formelle qui prime. Selon Priscien, cela implique qu'on doive trouver au plan formel des principes qui rendent compte de cette complétude, même si ce ne sont pas les règles ordinaires, comme dans le cas des énoncés figurés ou elliptiques. Ainsi, même un simple mot comme *honestas* peut être considéré comme complet, donc acceptable, en tant que réponse à la question « *Quid est summum bonum in vita ?* [Quel est le bien suprême dans la vie ?]. » C'est ainsi l'intelligibilité qui gouverne la grammaticalité (M. Baratin, *La Naissance de la syntaxe à Rome*, 1989). L'hésitation des copistes dans le choix de la variante *congrua* ou *congruam* atteste ici de la difficulté à choisir entre le critère formel et le critère sémantique, dans la définition de l'*oratio*.

rence vide constitue un vif débat au XIIIe siècle : peut-on dire que « *homo est animal, nullo homine existente* [tout homme est un animal, aucun homme n'existant] » ? Cette phrase est-elle fausse, ou mal formée, car ne pouvant pas engendrer une intellection, le sujet ne pouvant pas lui-même engendrer une intellection et/ou avoir une dénotation ? (Cf. A. de Libera, « Roger Bacon et la référence vide», et *La Référence vide*.) Ce cas, où il est impossible, en raison de l'état du monde et du moment de la prédication, d'assigner une référence à l'un des termes, est souvent rapproché des cas décrits précédemment, où le même phénomène se produit parce qu'il y a incompatibilité de ses constituants (*asinus rationalis*). La notion de *congruitas*/*incongruitas* est toujours bien distinguée de celle de *veritas/falsitas* : si on considère qu'une proposition ne peut être vraie que si elle est bien formée, il est clair qu'il existe des propositions bien formées qui ne sont pas vraies, et qu'on ne peut dire de toutes les propositions mal formées qu'elles sont fausses (puisque certaines ne peuvent pas avoir une valeur de vérité).

♦ Voir encadré 3.

Les réflexions des Médiévaux sur la construction, la correction, la complétude, la bonne formation des énoncés (*orationes*) mettent ainsi en jeu les grandes options possibles dans l'analyse du langage, puisqu'on peut s'intéresser soit à l'énoncé pris en lui-même (avec ses propriétés formelles ou sémantiques), soit à sa production (prise en compte de l'intention du locuteur), soit à son interprétation (considérations sur la liberté de l'interprète), la question étant toujours de déterminer ensuite si un énoncé mal construit ou ininterprétable est encore un énoncé, et si seuls les énoncés bien formés sont susceptibles de vérité et de fausseté.

III. DE « PROPOSITION » À « UTTERANCE » : LA CONCURRENCE DES IDIOLECTES

Frege a joué un rôle essentiel dans la constitution de ce que l'on pourrait appeler le réseau moderne de la *proposition*. Ce réseau est décrit en ces termes par P. Engel, au début de *La Norme du vrai*. 1) La proposition est ce qui est susceptible d'être vrai ou faux, et porte une valeur de vérité : *truth-bearer*. 2) La proposition est la signification (*meaning*) d'une phrase (*sentence*), et se distingue alors nettement de cette dernière. Une phrase (*sentence*) est une suite de signes, une proposition est ce qu'une phrase exprime. 3) La proposition est le contenu de ce qui est dit ou véhiculé par un certain *acte de langage*, ce que « fait » la phrase. 4) La proposition est le contenu d'un certain état *psychologique*. Comment tant de sens différents du mot *proposition* peuvent-ils coexister ?

A. Frege et ses traductions — « Satz/Gedanke » : « proposition/pensée » (fr.) ou « sentence/proposition » (angl .) ?

Dans ses articles *Sinn und Bedeutung* [« Sens et dénotation »] et *Der Gedanke* [« La pensée »], après avoir défini le sens et la dénotation des noms propres, Frege s'interroge « sur le sens et la dénotation d'une phrase prise comme un tout (*Behauptungsatz*). Une telle phrase, dit-il, a pour *contenu* une pensée » :

> *Wir fragen nun nach Sinn und Bedeutung eines ganzen Behauptungsatzes. Ein solcher Satz enthält einen Gedanken.*
>
> « Sens et dénotation », p. 47.

Frege distingue clairement ici le *Satz*, la « phrase », du contenu ou de la pensée (*Gedanke*) exprimée par ce *Satz* (voir SENS, BELIEF). Le contenu ou *Gedanke* s'avère, dans la suite du texte, être le sens (*Sinn*) de la phrase. Frege insiste sur l'objectivité de la pensée et donc du sens, qui,

---

3

La « congruitas »

► VÉRITÉ

Le mot *congruitas* peut assez bien être rendu par *correction, congruence, bonne formation* — *congruus* par *correct, congruent* ; on trouve aussi le latin *(in)competens*. En grammaire, l'*incongruitas* renvoie essentiellement aux règles de bonne formation qui impliquent les marques formelles (accord) ou les traits syntaxiques (modes de signifier) ; en logique, la notion renvoie, exclusivement ou en plus des premières, aux règles de bonne formation qui mettent en jeu les traits sémantiques des constituants. Les termes *bonne-formation* et *bien (mal) formé* (angl. *well-* [*ill*] *formed*) rendent assez bien les deux acceptions. Notons que *constructio congrua* peut signifier soit le processus correct de construction, soit le résultat de ce processus (et, dans ce cas, *constructio* peut être équivalent à *oratio*). On parle de la conformité (*conformitas*) ou non-conformité (*discrepantia*) des accidents et des modes de signifier ; de la compatibilité (*convenientia*) ou non-compatibilité (*repugnantia*) des traits sémantiques ; la *proprietas* se situe de manière privilégiée au plan sémantique : une expression est dite *impropria*, si, par exemple, elle comporte un terme pris en un sens figuré ou inadéquat (elle n'est pas prise « au sens propre »). La *nugatio* (terme qui n'a pas d'équivalent moderne ?) est une mauvaise formation sur le plan sémantique, et recouvre, en un sens strict, les redondances sémantiques inutiles (ex. « *homo animal* [homme animal] », « *homo rationalis* [homme doué de raison] », « *corvus niger* [corbeau noir] », « *homo homo* [homme homme] »), et, en un sens plus large, les incompatibilités des traits sémantiques des constituants (ex. « *spero dolorem* [j'espère la douleur] » ; « *homo irrationalis* [homme non doué de raison] »). Le terme *perfectus* est difficile à traduire ; la notion de *perfectio*, définie au XIIIe siècle à partir d'Aristote, *Métaphysique*, V, 16, 1021b 21-25, dans la lecture d'Averroès, est bien résumée dans l'adage : « *perfectum est cui nihil deest quod ei sit necessarium* [le parfait est à ce à quoi rien ne fait défaut de ce qui lui est nécessaire] » ; elle recouvre à la fois la complétude et la « perfection » (cf. le *perfectif* en grammaire), au sens de l'adjectif anglais *achieved* (« parachevé » ; voir ASPECT) ; le terme *complétude* peut rendre cette double acception, mais non l'adjectif *complet* correspondant.

dit-il dans une note fameuse, peuvent être propriétés communes de plusieurs sujets et se distinguent donc clairement du contenu psychologique, comme les « propositions en soi » [*Satz an sich*] de Bolzano *Wissenschaftslehre*, I, § 19.

> *Ich verstehe unter Gedanken nicht das subjektive Tun des Denkens, sondern dessen objektiven Inhalt, der fähig ist, gemeinsames Eigentum von vielen zu sein.*
>
> [J'entends par pensée non pas l'acte subjectif de penser, mais son contenu objectif, qui peut être la propriété commune de plusieurs sujets.]
>
> En note, p. 46 ; trad. fr., p. 108.

C. Imbert choisit, conformément à la tradition philosophique, de traduire *Satz* par *proposition*. Si l'on confronte cette traduction aux traductions anglaises, on voit apparaître un problème intéressant. Chez Frege, le sens, en tant que contenu objectif de la phrase, se distingue clairement de la phrase elle-même. Or, dans les premières traductions et reprises en anglais de la distinction frégéenne, c'est le contenu objectif de la phrase, *Gedanke* ou *Sinn*, non la phrase (*Satz*) elle-même mais ce qui est signifié par la phrase, qui est rendu par *proposition*. Traduire d'emblée en français *Satz* par *proposition* peut créer une difficulté, mais traduire en anglais *Gedanke* par *proposition*, comme c'est le cas, suscite d'autres problèmes encore plus graves. Les choix de traduction effectués à partir de la première moitié du XXe siècle, à partir de la diffusion de la philosophie du langage dont Frege est le père fondateur, ont plusieurs conséquences sur le statut des propositions :

1) Les propositions sont « détachées » des phrases, à cause de la double traduction de *Satz* : *Satz* comme *phrase*, *sentence* (par exemple de manière systématique chez Carnap, d'abord dans la traduction anglaise de la *Syntaxe logique du langage*, puis dans *Signification et Nécessité*), et *Satz* comme *proposition*, entendue comme sens de la phrase ou comme exprimée par la phrase.

2) Les propositions sont intimement liées aux significations (*Sinn*) et aux pensées (*Gedanken*), et deviennent des entités abstraites et objectives. Ces entités sont ensuite considérées non seulement comme « ce qui est signifié » mais aussi comme « ce qui est nommé » (*named*) par les phrases.

La traduction anglaise du passage de Frege précédemment cité donne ainsi :

> *We are now going to inquire into the sense and the nominatum of a whole declarative sentence. Such a sentence* [Satz] *contains a proposition* [Gedanke].
>
> Feigl et Sellars, p. 89 ; all., p. 47.

Le couple *Satz/Gedanke*, devenu en français *proposition/pensée*, est ici traduit par *sentence/proposition*, non sans incohérence et difficulté puisqu'on trouve dès la phrase suivante :

> *Is this thought* [Gedanke] *to be regarded as the sense* [Sinn] *or the nominatum* [Bedeutung] *of the sentence ?*

Tandis que la note concernant l'objectivité de la pensée est, avec un certain manque d'à-propos, traduite :

> *By proposition* [Gedanke] *I do not refer to the subjective activity of thinking* [Tun des Denkens] *but rather to its objective content.*

Il est clair que ce qui retient l'attention des traducteurs et des philosophes qui introduisent dans les années 1940 la pensée de Frege aux États-Unis est le caractère objectif et désubjectivé du *Gedanke* frégéen ; d'où leur répugnance à le traduire par *thought* qui apparemment ne peut supporter une telle objectivation. C'est peut-être là méconnaître le coup de force théorique qu'accomplit Frege, notamment dans la note, en affirmant l'existence d'une pensée indépendante de son porteur et non psychologique. La traduction anglaise de *Gedanke* par *proposition* peut d'abord sembler aller trop vite (*jump to conclusions*) ; or, loin d'être audacieuse, elle recule devant l'idée d'une pensée qui ne serait pas « pensée par quelqu'un ». La forme commune du nom *thought* (« pensée ») et du participe (*it is thought*), plus évidente en anglais que dans les autres langues, y est peut-être pour quelque chose — il s'agit peut-être aussi d'une difficulté spécifique de la philosophie de langue anglaise à intégrer une pensée antipsychologiste.

B. « Gedanke », « proposition » (angl.), « phrase » (fr.)

La transposition de *Gedanke* en *proposition* (angl.) permet de différencier clairement la proposition à la fois 1) de l'acte mental ou psychologique de penser, 2) de la phrase, dont la proposition devient le contenu ou la signification objective, commune non seulement aux différents sujets mais aux différentes langues. On trouve un exposé très clair de cette double visée chez Church : la *proposition*

— n'est pas une phrase particulière (*not the particular declarative sentence*), mais le contenu de signification (*content of meaning*) qui est commun à la phrase (*sentence*) et à sa traduction dans une autre langue ;

— n'est pas le jugement particulier, mais le contenu objectif du jugement, qui peut être la propriété commune de plusieurs.

La *proposition* s'avère donc être une proposition abstraite (*abstract*), l'objet désigné par la *sentence*. On remarquera que Bolzano arrivait à un résultat théorique similaire en utilisant un seul terme, distinguant proposition (*Satz*) et proposition en soi (*Satz an sich*), ce qui semble bien recouvrir le passage des phrases particulières aux propositions. Le rapport *sentence/proposition* ressortit également, dans une telle perspective, à la distinction *type/token*, la *proposition* étant un type dont les différentes phrases qui l'expriment seraient des occurrences ou *tokens*. C'est ce que semble indiquer l'exemple, fréquemment utilisé dans ce contexte, d'une phrase et de sa traduction (*Time flies/Tempus fugit*) comme expression d'une même *proposition*.

♦ Voir encadré 4.

On imagine comment la notion de proposition, établie dans un tel contexte, sera exposée ensuite à toutes les critiques suscitées par l'idée de traduction. Le passage à la langue étrangère est en effet crucial dans un argument de Church sur les attitudes propositionnelles (*Introduction to Mathematical Logic*) : si l'objet, par exemple, d'une croyance était une phrase, l'énoncé d'attitude propositionnelle « *I believe he is here* » équivaudrait à « *I believe the sentence "he is here"* », autrement dit, en allemand : « *Ich glaube den Satz "he is here"* ». Pour traduire correctement les énoncés de ce genre, il faut considérer que c'est la proposition en tant qu'objet abstrait, et non la phrase, qui est l'objet de la croyance ou de toute autre attitude ou acte propositionnel ; donc qu'il y a une différence radicale entre la phrase *token* et la proposition abstraite.

Dans la philosophie analytique « standard », à partir des années 1940, on a donc une unité d'expression de base, la phrase (*sentence*), qui lorsqu'elle est pourvue de sens exprime une pensée complète, et se définit alors comme phrase déclarative — où l'on retrouve la problématique aristotélicienne et médiévale du *logos apophantikos* et de la complétude. Les phrases sont conçues (dans une reprise de la théorie de Frege) comme des noms. Cela peut paraître peu naturel, dit Church, dans la mesure où l'usage des phrases n'est pas en principe de nommer (*name something*), mais d'affirmer quelque chose (*make an assertion*) (*ibid.*, p. 24). Il faut donc distinguer un usage assertif et un usage non assertif des phrases. On peut, en considérant les phrases comme des noms, s'interroger sur leur dénotation et leur sens. Leur dénotation est un objet abstrait, à savoir leur valeur de vérité (le vrai ou le faux), leur sens est « ce qui est saisi lorsqu'on comprend la phrase, ou ce que deux phrases de deux langages doivent avoir en commun pour être des traductions correctes l'une de l'autre » (*ibid.*, p. 25). On peut saisir le sens d'une phrase sans en connaître la dénotation (*truth-value*), mais en sachant (grâce à son sens) qu'elle a une valeur de vérité. On a alors cette nouvelle version de Frege :

> À tout concept d'une valeur de vérité (*any concept of a truth-value*), dès lors qu'être une valeur de vérité en fait partie (*being a truth-value is contained in the concept*), et qu'il soit ou non le sens d'une phrase réelle (*some actually available sentence*) dans un langage donné, nous donnerons le nom de *proposition*, traduisant ainsi le *Gedanke* de Frege.
>
> *Ibid.*, p. 26.

On aboutit à une théorie radicale de la proposition comme abstraction, entièrement détachée de l'entité linguistique *sentence*. Church reconnaît, non sans lucidité,

4

« Type/token » (angl.), « type/occurrence » (fr.)

► SIGNE, SPECIES

La distinction *type/token*, inventée par le philosophe américain C.S. Peirce, joue un rôle essentiel en linguistique et en philosophie du langage. Un *token* d'un signe désigne une occurrence particulière, physique, de ce signe, alors que son *type* désigne, suivant les points de vue, la classe de ces occurrences, ou une entité abstraite construite à partir des occurrences effectives ou possibles de ce signe. Le *token* sera une *utterance* spécifique d'une expression linguistique donnée, elle-même considérée comme *type*. Les expressions elles-mêmes peuvent être considérées comme des *tokens* d'une proposition ou d'une signification *type*, du moins selon une certaine approche de la signification.

Le texte fondamental se trouve dans les *Collected Papers* : Peirce note que dans une page imprimée en anglais, on peut trouver vingt « *the* » (« *about twenty the's on a page* »). Il y a en un sens vingt « *the* », en un autre sens un seul mot, « *the* » : « *There is but one word "the" in the English language; and it is impossible that this word should lie visibly on a page, for the reason that it is not a Single thing or Single event* [Il n'y a qu'un mot "the" dans la langue anglaise, et il lui est impossble d'apparaître visiblement sur une page car il n'est pas un objet ou un événement individuel]. » C'est ce genre de forme signifiante (*such a definitely significant Form*) que Peirce définit comme un *Type*. L'objet ou l'événement individuel (tel mot, telle ligne dans la page) sera un *Token*.

En découle une définition du signe. Pour qu'on puisse faire usage d'un *Type*, il doit être incarné (*embodied*) dans un *Token*. Le *Token* sera alors un « Signe du Type », et « par là de l'objet que le Type signifie ». Le *Token* est alors une « occurrence (*instance*) » du Type. Il y a ainsi vingt occurrences (*instances*) du Type « the » sur une page (voir C.S. Peirce, *Collected Papers*, 4. 537 [article pour le *Monist*, 1906]).

La distinction peircéenne a connu une remarquable postérité. Dans un compte rendu du *Tractatus logico-philosophicus* de Wittgenstein, P.F. Ramsey note que l'usage de *Satz* dans le *Tractatus* a une ambiguïté dont le concept russellien par exemple est dépourvu, et qui aurait été évitable par un recours à la distinction *type/token* (Review of *Tractatus Logico-Philosophicus*. *Mind* 32, 1924, 464-478). La distinction est également reprise de façon féconde dans le livre influent d'Ogden et Richards, *The Meaning of Meaning* (1923) (voir ACTE DE LANGAGE, en particulier IV B).

Au plan linguistique, on peut noter que les *types* et *tokens* linguistiques ont des statuts différents : les *types* relèvent de la langue (ou de la compétence), et les *tokens*, de la performance (voir « Perform », sous ACTE DE LANGAGE).

Un des prolongements les plus intéressants de la distinction se trouve en sémantique. La phrase elle-même (au-delà du débat sur la proposition) peut être considérée comme *type* ou comme *token* : à chaque fois que quelqu'un énonce la phrase *Le chat est sur le tapis*, on a une occurrence nouvelle de cette phrase type.

La distinction peircéenne a aussi des usages féconds en philosophie de l'esprit (voir « Mind », sous ÂME). On distingue en effet les types et occurrences d'états mentaux, et la distinction fonde le *token physicalism* — traduit par Récanati et Rastier « physicalisme occasionnel » —, théorie matérialiste selon laquelle l'identité états mentaux-états cérébraux ne peut être établie qu'au niveau des occurrences. « Toute occurrence d'un état mental est une occurrence d'un état cérébral, mais (selon le physicalisme occasionnel) on ne peut pas pour autant réduire un type d'état mental à un type d'état cérébral » (F. Recanati, entrée « Type/token », *in* F. Recanati et Rastier, *Vocabulaire des sciences cognitives*, dir. O. Houdé, PUF, « Psychologie et Sciences de la pensée », 1998).

que c'est là une caractéristique de l'anglais, qui dans son usage commun a depuis longtemps utilisé *proposition* pour désigner le sens, et non la phrase :

> C'est là l'heureux résultat d'un processus qui, historiquement, doit être dû en partie à une simple confusion entre la phrase elle-même (*sentence in itself*) et sa signification. Elle permet en anglais de disposer d'une distinction qui n'est pas aisément exprimée dans d'autres langages, et rend possible une traduction du *Gedanke* de Frege qui soit moins fourvoyante que le mot « pensée (*thought*) ».
>
> *Loc. cit.*

C. « Proposition-statement (Satz) » *vs* « Tatsache », « propositions » *vs* « faits »

Russell utilise le mot *proposition* en une tout autre acception, bien éloignée de cette traduction du *Gedanke* frégéen, pour désigner la description d'un état de choses (*state of things*, voir SACHVERHALT). Une phrase (*sentence*) n'est pas seulement associée à un sens, mais à un fait : elle n'est pas seulement expressive, mais *indicative*. La dénotation de la proposition sera en effet un état de choses, et non une valeur de vérité : sa valeur de vérité sera déterminée par sa relation à un état de choses. Dans *On Denoting* (1905), Russell rejette la conception frégéenne du sens pour affirmer que la seule dimension importante d'une proposition est sa « dénotation » (*denotation* ; voir SENS). Il distingue les termes anglais *phrase* (expression) et *proposition* (comme unité logiquement structurée, composée d'éléments). Une *proposition,* tout comme une *phrase*, n'a pas de *meaning*, seulement (dans certains cas) une dénotation, qui dépend de ses éléments dénotants (*denoting phrases*) et de sa structure logique.

♦ Voir encadré 5.

Dans le *Tractatus logico-philosophicus* de Wittgenstein, émerge un nouveau concept de *Satz*, traduit générale-

5

Propositions réelles et états de choses : actualité du débat médiéval

Certains logiciens réalistes du XIVe siècle admettent l'existence de « propositions de choses » ou de « propositions réelles » (« *propositio in* re »). Cette théorie déplace dans la réalité même la question du rapport entre proposition et réalité. Elle anticipe ce faisant certaines des réflexions modernes sur l'état de choses comme dénotation de la proposition. Dès le XIIIe siècle, le texte de *Catégories*, 14b 21-22 est paraphrasé par « *res est causa veritatis orationis* » (voir TRUTH-MAKER), ce qui pose le problème de l'interprétation de *res* : chose individuelle ou état de choses (voir SACHVERHALT) ? La notion d'une « proposition composée de choses » semble avoir été forgée par Gauthier Burley, principal adversaire de Guillaume d'Ockham. Pour l'auteur du *De puritate artis logicae*, le « signifié ultime » des propositions mentales doit être quelque chose de réel. Comme ce ne peut être ni la chose individuelle supposée par le sujet et le prédicat, ni — sous peine de régression à l'infini — un « complexe de concepts », ce ne peut être qu'un « complexe de choses » — c'est ce composé qu'il appelle « proposition réelle » : « *Ergo in rebus est aliquod compositum cuius subiectum est res et praedicatum similiter, quod dicitur propositio in re.* » Contrairement aux Nominalistes et à la quasi-totalité de ses contemporains, Burley distingue donc non pas trois, mais quatre sortes de propositions : la proposition écrite (*in scripto*), la proposition orale (*in voce*), la proposition mentale (*in mente*), également dite « conceptuelle » (*in conceptu*), et la proposition réelle (*in re*). Le point de départ de la théorie de la proposition réelle est aristotélicien : il s'agit de déterminer « ce qui correspond » dans la réalité à la « vérité complexe », c'est-à-dire à la composition et à la division « intellectuelles », dont parle Aristote quand il définit le vrai au sens logique du terme, en posant que « dire vrai, c'est dire uni ce qui est uni et séparé ce qui est séparé » (*Métaphysique*, Θ 10, 1051b 3-4) ou quand, dans les *Catégories*, 14b 21-22, traduites par Boèce, il pose que « *ex eo quod* res est vel non est *oratio dicitur esse vera vel falsa* ». L'originalité de Burley est, sur cette base, de partir en quête d'un *truth-maker* dans une « réalité » arraisonnée comme « proposition réelle composée de choses ». L'argumentation en faveur de la proposition réelle repose sur un principe commun à nombre de théories médiévales de la vérité-correspondance : pour qu'une proposition *in mente*, *in prolatione* ou *in scripto* soit vraie, « il faut qu'il en soit réellement ainsi que la proposition le signifie [*oportet quod sit in re sicut propositio significat*] ». Cette affirmation en présuppose une autre : qu'*il y ait quelque chose*, dans la réalité, qui soit ainsi que la proposition le signifie. Ce « quelque chose » est la proposition réelle, encore appelée « chose complexe » (*res complexa*), « étant couplé » (*ens copulatum*) ou, plus simplement, « composé » (*compositum*). La principale justification théorique de Burley est donnée dans son *Commentaire moyen* de 1310 (ca) sur le *De interpretatione* : « *Res significata per istam "homo est animal" non dependet ab intellectu nec etiam veritas istius rei ; immo ista esset vera etsi nullus intellectus consideraret. Et ista similiter "Chimaera est Chimaera" esset vera, etsi numquam aliquis intellectus consideraret.* » Si ni le signifié ni la vérité d'une proposition ne dépendent de l'intellect, c'est que ce qui est signifié par la proposition est le *truth-maker* de la proposition et que ce signifié est une réalité complexe, indépendante de notre activité de pensée : un état de choses, un fait ou un objet complexe.

BIBLIOGRAPHIE

BURLEY Gauthier, *Commentarius in librum Perihermeneias* Aristotelis, éd. S. Brown, « Walter Burley's Middle Commentary on Aristotle's Perihermeneias », *Franciscan Studies*, 33, 1973, p. 45-134.

CESALLI Laurent, « Le réalisme propositionnel de Walter Burley », *Archives d'histoire littéraire et doctrinale du Moyen Âge*, vol. 68, 2001.

MIVERLEY Guillaume, *Compendium de quinque universalibus*, éd. A.D. Conti, *in* Johannes SHARPE, *Quaestio super universalia*, Florence, Olschki, « Unione Accademica Nazionale, Corpus Philosophorum Medii Aevi, Testi e studi IX », 1990.

PINBORG Jan, « Walter Burleigh on the Meaning of Propositions », in *Medieval Semantics. Selected Studies on Medieval Logic and Grammar*, S. Ebbesen (éd.), Londres, Variorum Reprints, 1984, XII.

ment en anglais (et en français) par *proposition* : le *Satz* est indissolublement expression-monstration d'un sens (et, par là, frégéen) et dépiction (*Abbildung*, voir BILD et « Depiction » sous DESCRIPTION) d'un état de choses (et, par là, russellien). Il est défini comme « expression sensible de la pensée » :

> 3.1. *Im Satz drückt sich der Gedanke sinnlich wahrnehmbar aus.*
>
> [Dans la proposition, la pensée s'exprime de façon perceptible aux sens.]

On voit que Wittgenstein rejette l'interprétation de la proposition comme entité abstraite, et fait du *Satz* un signe propositionnel « perceptible de façon sensible [*sinnlich wahrnehmbahr*]. Il rejette également l'idée selon laquelle la dénotation de la proposition est une valeur de vérité, sans pour autant renoncer au lien établi par Frege entre *Gedanke* et *Satz*. La notion de *sens* de la proposition s'avère en effet centrale dans le *Tractatus*. Comme chez Russell, la proposition y est fonction de composants, c'est-à-dire d'expressions (*Ausdrücke*, équivalent de l'angl. *phrases*). Mais, pour Wittgenstein (à la différence de Russell), la proposition ne réfère pas à un objet complexe, elle *a un sens* (les noms ont seulement une dénotation), qui est ce que l'on connaît quand on comprend la proposition, donc l'état de choses figuré. Ce sont en effet les états de choses (*Sachverhalt*), et non les objets, qui ont ici l'indépendance absolue qui définit l'atomisme logique (Russell). La proposition acquiert ainsi une priorité logique et ontologique. Le *Tractatus* noue de manière nouvelle le lien établi par Frege entre sens (*Sinn*) et dénotation (*Bedeutung*), en définissant la proposition (*Satz*) à la fois par la pensée (*Gedanke*) et le fait (*Tatsache*).

> 4.021. *Der Satz ist ein Bild der Wirklichkeit : denn ich kenne die von ihm dargestellte Sachlage, wenn ich den Satz verstehe* [...]
>
> [La proposition est une image de la réalité, car je connais l'état de choses représenté par elle, si je la comprends (...)]
>
> 4.022. *Der Satz* zeigt *seinen Sinn. Der Satz* zeigt, *wie es sich verhält,* wenn *er wahr ist.*
>
> [La proposition montre son sens. Elle montre comment sont les choses si elle est vraie.]
>
> 4. 024. *Einen Satz verstehen, heisst, wissen was der Fall ist, wenn er wahr ist.*
>
> [Comprendre une proposition, c'est savoir ce qui est le cas, si elle est vraie.]

D. « Proposition »/« statement »/« sentence »

La proposition (*Satz*) ainsi entendue pose de façon nouvelle la question du rapport aux faits, comme le montrent les hésitations de la traduction en anglais de *Satz* entre *proposition*, *sentence* et *statement*. Le déploiement des différentes traductions de *Satz* trace un tableau complexe des « sens » que peut prendre le mot *proposition*, en français ou en anglais. La proposition (*Satz*) entendue comme dépiction d'état de choses, ou dire que (*saying that*), ne nomme pas un fait, elle l'énonce : *states*. La proposition devrait alors se dire *statement*. Ce mot est rendu à son tour en français par *assertion*, notamment dans le texte d'Austin, commodément rédigé en français pour un colloque à Royaumont, « Performatif/constatif », dans le recueil *La Philosophie analytique*. Une proposition exprime un sens, elle asserte (*states*)... quoi ? Un fait. C'est cette idée de fait comme ce qui est asserté, *stated*, qui peut déterminer de façon minimaliste la vérité comme correspondance, comme le montre l'expression « *it is a fact that* ». Un fait, de ce point de vue, se définirait comme un *statement* vrai (comme l'indique selon Austin le parallèle « *to be at truth/to be a fact* »). Le *statement* est alors, dans le prolongement de *Satz*, une notion problématique, entre la phrase (*sentence*) et le fait (*fact*).

Une telle théorisation des *statements/facts* se trouve, sous diverses formes, chez Russell et Moore. On peut cependant s'interroger sur le statut de ces faits qui ne sont pas de simples situations, mais sont également « objectifs », et demander s'ils ne tombent pas sous le coup de certaines critiques formulées à l'encontre des propositions/pensées entendues au sens de Frege. Asserter un fait, c'est faire une assertion. Énoncer une proposition, c'est faire une assertion. Ramsey fut un des premiers à critiquer, dans "Facts and propositions", ce qu'il appelait la « *linguistic muddle* » (embrouille linguistique) liée à l'idée de vérité, mais qui est aussi bien associée à l'idée de proposition et à celle de fait. Dire qu'une proposition est vraie, ou qu'elle correspond aux faits, c'est simplement asserter (*state*) cette proposition, faire cette assertion. On n'a donc besoin ni des faits, ni des propositions, ni de la vérité. Cette théorie dite « redondante » (*redundancy theory*) de Ramsey (voir VÉRITÉ, V, B) a subi un certain nombre de critiques, mais sa radicalité en a pérennisé l'intérêt.

C'est sans doute Quine qui a porté le coup fatal aux propositions, et donc aux faits. La thèse d'indétermination de la traduction (voir encadré 4 dans TRADUIRE) constitue déjà une mise en cause du *Gedanke* frégéen et, au-delà, de la notion même de signification (*meaning*) : il n'y a pas d'entité intermédiaire entre deux expressions linguistiques traduites l'une de l'autre, dont l'une et l'autre soient l'*expression*. Il y a toujours plusieurs traductions possibles, et indétermination. Or cette critique peut se formuler chez Quine, comme chez Ramsey, à partir de la question de la vérité, dans un passage de *Philosophie de la logique* qui met en évidence une nouvelle configuration des termes *statement*, *sentence*, *utterance*, *proposition* :

> *When someone speaks truly, what makes his statement true? We tend to think that there are two factors: meaning and fact.*
>
> [Quand quelqu'un dit vrai, qu'est-ce qui fait que son assertion est vraie ? Nous avons tendance à croire que deux facteurs sont en jeu : la signification et le fait.]
>
> *Philosophie de la logique*, p. 1 ; trad. fr., p. 9.

C'est cette tendance que Quine critique. Si un Allemand énonce (*utters*) la phrase (*sentence*) déclarative « *Der Schnee ist weiss* », on est tenté de dire que sa phrase est vraie par la signification (la signification de la phrase allemande est que la neige est blanche) et le fait (le fait est que la neige est blanche, « *the fact of the matter is that snow is white* »). Mais il y a là comme une redondance, ou, selon Quine, une « extravagance philosophique » : pourquoi avoir recours à deux éléments non seulement identiques (ils se formulent l'un et l'autre *that snow is white*) mais inutiles ? On a la phrase déclarative, et la neige blanche : pourquoi faire appel à des éléments intermédiaires (*intangible intervening elements*) ? C'est se moquer du monde (*hollow mockery*). L'objection violente de Quine contre les propositions (une tendance qui, selon lui, *cannot be excused*) est motivée par le statut indéterminé des significations et l'impossibilité d'établir et de définir une relation de synonymie entre phrases.

> *Meaning of sentences are exalted as abstract entities in their own right, under the names of propositions. These, not the sentences themselves, are seen as the things that are true or false. These are the things that are known or believed...*
>
> [Sous le nom de proposition, on élève la signification des phrases au rang d'entité abstraite douée d'une existence indépendante. On considère que ces propositions, et non les phrases elles-mêmes, sont ce qui est vrai ou faux. Ce sont elles qui sont objet du savoir, de la croyance, etc.]
>
> *Ibid.*, p. 2 ; trad. fr., p. 10.

La critique de Quine contre les propositions et les faits s'accompagne d'une analyse linguistique et d'une justification de son choix constant de parler de *sentences*, et non de *propositions*. Or les traducteurs français de Quine traduisent souvent *sentence* (phrase) par *énoncé*, suivant un usage bien établi dans la traduction en français de textes contemporains de philosophie de la logique.

> La tolérance des philosophes à l'égard des propositions (*propositions*) a été favorisée en partie par l'ambiguïté du terme *proposition*. Ce terme s'emploie souvent pour désigner simplement les énoncés (*sentences*) eux-mêmes. [...] Certains philosophes se sont réfugiés dans l'emploi du mot *assertion* (*statement*).
>
> *Ibid.*, trad. fr., p. 10.

Ou, encore plus systématiquement, dans une traduction récente d'un passage qui résume toute la problématique ici :

> Ce qui est vrai ou faux, on en convient largement, ce sont les propositions. On n'en conviendrait néanmoins pas aussi largement sans l'ambiguïté de *proposition*. Pour les uns, le mot a pour référence des énoncés (*sentences*) répondant à certaines spécifications. Pour les autres, il a plutôt pour référence les significations (*meanings*) de tels énoncés. Ce qui apparaissait comme un large accord se résout ainsi en deux écoles de pensée : pour la première, les véhicules de la vérité sont les énoncés (*sentences*), pour la seconde ce sont les significations des énoncés [...]. Il semble mal venu (*perverse*) de contourner les énoncés visibles et audibles et de se fixer sur les significations d'énoncés (*sentence meanings*).
>
> *Pursuit of Truth*, p. 77 ; trad. fr., p. 113.

Il est amusant de constater que la traduction française, en choisissant *énoncé* pour *sentence*, fait, pour le même motif de recherche de consensus, la même erreur que celle qui est relevée par Quine dans le passage même, à propos du choix consensuel de *proposition*. *Énoncé* en français introduit aussi une ambiguïté, étant une sorte d'intermédiaire entre *sentence* et *statement* (cf. *énoncer que*...). Or l'emploi de *statement*, comme l'a bien vu Quine, est une échappatoire (*evasive use*) : *statement* veut dire autre chose que *sentence*, et désigne, depuis sa mise en œuvre chez les philosophes d'Oxford, un acte.

> *I gave up the word* [statement] *in the face of the growing tendency at Oxford to use the word for acts that we perform in uttering declarative sentences. Now by appealing to statements in such a sense, instead of to propositions, certainly no clarity is gained.*
>
> [J'ai renoncé au mot [*assertion*] en voyant la tendance croissante des Oxfordiens à l'utiliser pour des actes que nous effectuons en émettant des phrases déclaratives. Car faire appel à des assertions comprises en ce sens-là, au lieu de propositions, n'est certainement pas gagner en clarté.]
>
> *Ibid.*, p. 2 ; trad. fr., p. 11, modifiée.

E. « Statements » et « utterances »

Il faut donc examiner le nouveau vocabulaire ici visé par Quine et qui, selon lui, pérennise la mythologie des propositions. En réalité, on pourrait aussi bien considérer que l'introduction des nouveaux termes *statement* et *utterance* accomplit un pas de plus dans la tâche critique (amorcée chez Ramsey et Quine) d'abandon des propositions en faveur des phrases. En effet, la relation de la proposition *type* aux phrases *tokens* qui, selon la doctrine traditionnelle, l'expriment pourrait être mise en parallèle avec la relation de la phrase (*sentence*) à ses occurrences réelles (*utterances*). L'objection première des philosophes du langage ordinaire contre les propositions est qu'une phrase type peut avoir des valeurs de vérité différentes, et bien sûr des significations différentes dans ses différentes occurrences concrètes. Il est clair que la théorie des performatifs et des actes de langage, développée par Austin puis généralisée par Searle, met en cause de manière radicale ces concepts de vérité et de signification (voir ACTE DE LANGAGE, SENS, « *Truth* » dans VÉRITÉ). Nous nous contenterons de quelques remarques sur le vocabulaire désignant les unités linguistiques, qui devient ici plus complexe. Le couple, développement du *Satz* allemand, *proposition/phrase* (*proposition/sentence*) devient un système, phrase assertion émission (*sentence statement utterance*), dont les termes vont être diversement combinés. Il faut reconnaître (cf. la critique de Quine) que la notion de *statement* (comme celle d'*utterance*), au départ proposée comme terme minimal (comme *énoncé*), s'est rapidement chargée, de par la théorie des actes de langage qui l'a mise en œuvre, d'un poids théorique inévitable. Les deux termes ont en effet été utilisés pour indiquer la dimension de faire, d'abord de certains énoncés (les performatifs), puis de tous. Bien sûr, on peut entendre cela, non comme une dimension performative de tous les énoncés, mais, trivialement, comme l'action impliquée dans le fait même d'émettre un énoncé : la difficulté, on le remarque, reste ici de trouver le terme le plus neutre et minimal possible, ce que visent, du moins à l'origine, *statement*, *utterance* ou *énoncé*. On peut voir une partie de ces difficultés au début de *How to Do Things with Words*. Austin part de *statement* pour critiquer l'idée que les assertions sont toujours descriptives, donc l'équivalence *sentence (statement)/proposition* :

> Les philosophes ont longtemps tenu pour acquis que l'affaire d'une « assertion » (*statement*) était seulement de « décrire » un état de choses, ou d'« asserter un fait » (*state some fact*). [...] Toutes les « phrases » ne sont pas (utilisées pour faire) des assertions (*Not all « sentences » are [used in making] statements*).
>
> *Ibid.*, p. 1 ; trad. fr., p. 37 modifiée.

Statement est difficile à traduire en français. La traduction donne « affirmation », ce qui fait problème, tout comme d'ailleurs « assertion », car l'expression *state a fact* est plus naturelle qu'« affirmer un fait », et à plus forte raison qu'« asserter un fait ». On peut remarquer aussi l'équivalence *state a fact = make a statement*, qui institue le lien du *statement* au fait, mais définit aussi le *statement* comme action (à la différence de *sentence* et *proposition*). Austin ajoute en note :

> *It is of course not really correct that a sentence ever* is *a statement: rather, it is* used *in* making a statement, *and the statement itself is a « logical construction » out of the makings of statements.*
>
> [Il n'est bien sûr pas vraiment correct de dire qu'une phrase soit jamais une assertion : il faut plutôt dire qu'on l'*utilise* pour faire une assertion, et l'assertion elle-même est une construction logique à partir des productions d'assertions.]
>
> *Loc. cit.*

La difficulté à traduire *the makings of statements* indique bien le problème : l'assertion, comme la proposition, serait une abstraction élaborée à partir des *tokens* que seraient les *makings*. De plus, il y a des *utterances* (qu'on traduira couramment par *énoncés* ; la trad. fr. donne « énonciations », ce qui rend mieux compte du caractère oral de l'*utterance* ; l'all. traduit par *Äusserung*) qui ne sont pas des *statements*, tout en en ayant l'apparence (*many utterances look like statements*), car ils ne décrivent rien (*do not state a fact*). Ces *pseudo-statements* renvoient et sont comparables aux *Scheinsätze* définis par Carnap. L'unité de base, qui inclut les autres, sera donc l'*utterance*.

> *We shall take, then, for our first examples some utterances which fall into no hitherto recognized grammatical category save that of statement.*
>
> [Nous prendrons pour premiers exemples des énoncés qui ne peuvent tomber sous aucune catégorie grammaticale, sauf celle de l'assertion.]
>
> *Ibid.*, p. 4 ; trad. fr., p. 40.

Les *utterances* auxquelles s'intéresse Austin sont telles qu'émettre la phrase (*utter the sentence*), ce n'est pas décrire ou asserter (*state*) : c'est faire (voir ACTE DE LANGAGE, IV). C'est ce qui définit le performatif, diminutif pour *performative (performatory) utterance (sentence)*. Ici s'institue le rapport, assez étroit chez Austin, entre *utterance* et *sentence*. Les *utterances* incluent les *sentences*, sans que la différence soit bien marquée, ce qui en atténue le caractère immédiatement *parlé* (*speech act*) : « *What are we to call a sentence or an utterance of this type ?* » (p. 6 ; trad. fr., p. 41). *Utter a sentence* et *make (issue) an utterance* ne sont pas très éloignés. *Utterance* permet de jouer du verbe *to utter* et de constructions comme *uttering* et *utterer* (cf. Grice, *Utterer's Meaning*). C'est avec la définition austinienne de l'*utterance* que disparaît l'idée de proposition comme entité. Il n'y a plus, pour ainsi dire, d'*objet* séparé de l'*utterance*, de *type* dont il serait le *token* : le dit (*what is said*) s'absorbe dans le dire (*saying*), ce qui est dit n'existe pas indépendamment de son occurrence et de son *utterance*.

On a la chance de disposer d'une terminologie française de base pour ce vocabulaire, fixé par Austin lui-même lors de sa communication à Royaumont en 1958, « Performatif-constatif », qu'il avait écrite lui-même en français (la version anglaise, publiée après sa mort, fut traduite par Warnock et elle est plus plate que l'original). Austin utilise, pour *utterance*, « énoncé », pour *statement*, « assertion », pour *perform*, « effectuer ». On pourrait s'inspirer de ces choix, même si « assertion » manque une partie de la dimension factuelle de *statement*, et si « énoncé » manque la dimension physique d'*utter*. De même, Austin traduit lui-même en français *speech act* par « acte de discours », ce qui semble en effet plus adéquat qu'« acte de langage », généralement adopté depuis.

Nombreuses sont les acceptions philosophiques du terme *proposition* qui se sont sédimentées dans les divers usages contemporains. Définie sémantiquement en termes de vrai/faux, une proposition n'a plus de rapport apparent avec le complexe *logos, apophansis, logos apophantikos*, hérité d'Aristote. C'est une entité extralinguistique ou translinguistique : une phrase est française ou turque ; une proposition ne l'est pas ni ne peut l'être. Un énoncé, comme une phrase, est toujours dans une langue. La proposition (all. *Satz*, angl. *proposition*) vise alors à transcender cette différence linguistique, à définir un *contenu* du langage, ou une pensée indépendante. Cette définition sémantique de la *proposition* est rejetée par tous ceux qui considèrent que ce sont les *phrases* d'une langue donnée qui sont vraies ou fausses — « c'est ce que les hommes *disent* qui est vrai et faux » (Wittgenstein, *Recherches philosophiques*, § 241). D'autres rejettent purement et simplement les « propositions », considérées comme des êtres mythiques subsistant indépendamment des pensées et des phrases (comme le dit Russell, « une proposition n'est qu'un symbole », « les propositions ne sont que des phrases à l'indicatif », « les propositions sont des ombres, elles ne sont rien »). S'attacher au sens du mot « proposition » (angl. *proposition*, all. *Satz*) dans les textes philosophiques modernes revient, on le voit, à se confronter d'abord à des théories plutôt qu'à des fluctuations linguistiques, et parfois à un éloignement de l'usage. Mais le passage constant d'une langue à l'autre permet de mettre en lumière les polysémies, d'ôter leur ambiguïté aux mots en langues, comme quand *protasis* se fait *praemissa* et *propositio*, ou *Satz* à la fois *statement, utterance* et *sentence*.

Marc BARATIN, Barbara CASSIN,
Sandra LAUGIER, Alain de LIBERA,
Irène ROSIER-CATACH

BIBLIOGRAPHIE

ARISTOTE, *Catégories*, prés., trad. fr. et comm. F. Ildefonse et J. Lallot, Seuil, « Points Essais », 2002.

AUSTIN John L., *Philosophical Papers*, Oxford-New York, Clarendon Press, 1962 ; *Écrits philosophiques*, trad. fr. L. Aubert et A.L. Hacker, Seuil, 1994 ; trad. all. J. Schulte, Stuttgart, Reclam, 1986.

— *How to Do Things with Words*, Oxford-New York, Clarendon Press, 1962 ; *Quand dire c'est faire*, trad. fr. G. Lane, Seuil, 1970, rééd. « Points », postface de F. Recanati, 1991.

— « Performatif-constatif », in *La Philosophie analytique*, Minuit, 1962.

AYER Alfred J., *Language, Truth, and Logic*, Londres, Gollancz, 1936.

BARATIN Marc, *La Naissance de la syntaxe à Rome*, Minuit, 1989.

BAR-HILLEL Yehoshua, « Universal semantics and philosophy of language » [1969], *in* J. PUHVEL (éd.), *Substance and Structure of Language*, Berkeley-Los Angeles, University of California Press.

BENMAKHLOUF Ali, *Bertrand Russell. L'atomisme logique*, PUF, « Philosophies », 1996.

BOLZANO Bernard, *Wissenschaftslehre*, Sulzbach, 1837.

BRINKLEY Richard, *Summa Nova de Logica*, chap. 1, éd. M.J. Fitzgerald, *Richard Brinkley's Theory of Sentential Reference*, Leyde-New York-Copenhague-Cologne, Brill, « Studien und Texte zur Geistesgeschichte des Mittelalters, XVIII », 1987.

BURLEY Gauthier, *Commentarius in librum Perihermeneias Aristoteles*, éd. S. Brown, « Walter Burley's middle commentary on Aristotle's *Perihermeneias* », *Franciscan Studies*, vol. 33, 1973, p. 45-134.

CARNAP Rudolf, « Le dépassement de la métaphysique par l'analyse logique du langage », trad. fr. *in* A. Soulez (éd.), *Manifeste du Cercle de Vienne*, PUF, 1985.

— *Meaning and Necessity*, Chicago UP, 1947, 2ᵉ éd., 1956 ; *Signification et Nécessité*, trad. fr. F. Rivenc et P. de Rouilhan, Gallimard, 1997.

CHURCH Alonzo, *Introduction to Mathematical Logic*, t. 1, Princeton UP, 1956.

DE RIJK Lambertus Maria, *Logica Modernorum*, II, 1, *The Origin and Early Development of the Theory of Supposition*, Assen, Van Gorcum, 1967.

DUMMETT Michael, *Frege Philosophy of Language*, Londres, Duckworth, 1973.

EBBESEN Sten, « The present king of France wears hypothetical shoes with categorical laces. Twelfth-century writers on well-formedness », *Medioevo*, 1982, p. 91-113.

ÉLIE Hubert, *Le Signifiable par complexe. La proposition et son objet : Grégoire de Rimini, Meinong, Russell* (1936), Vrin, 2000.

ENGEL Pascal, *La Norme du vrai*, Gallimard, 1989.

FEIGL Herbert et SELLARS Wilfrid, *Readings in Philosophical Analysis*, New York, Appleton Century-Crofts, 1949.

FREGE Gottlob, *Funktion, Begriff, Bedeutung*, Göttingen, Vandenhoeck & Ruprecht, 1994.

— *On sense and nominatum*, trad. angl. de « Ueber Sinn und Bedeutung » ; trad. fr. C. Imbert, in *Écrits logiques et philosophiques*, Seuil, 1971.

— *Écrits posthumes*, trad. fr. P. de Rouilhan et C. Tiercelin (dir.), Nîmes, Jacqueline Chambon, 1994.

GOCHET Paul, *Esquisse d'une théorie nominaliste de la proposition*, Armand Colin, « Philosophies pour l'âge de la science », 1972.

GUILLAUME DE SHERWOOD, *Introductiones in Logicam*, éd. C.H. Lohr, P. Kunze et B. Mussler, *Traditio*, 39, 1983, p. 222-299.

KNEEPKENS, C.H., « On medieval syntactic thought with special reference to the notion of construction », *Histoire Épistémologie Langage*, vol. 12, nº 2, 1990, p. 139-176.

La philosophie analytique, « Cahiers de Royaumont », Minuit, 1962.

LAMBERT D'AUXERRE, *Logica*, éd. F. Alessio, Florence, La Nuova Italia, 1971.

LAUGIER Sandra, *L'Anthropologie logique de Quine*, Vrin, 1992.

— « Frege et le mythe de la signification », *in* J.-F. Courtine (éd.), *Phénoménologie et Logique*, PENS, 1996.

LIBERA Alain de, « Roger Bacon et la référence vide. Sur quelques antécédents médiévaux du paradoxe de Meinong », *in* J. Jolivet *et al.* (éd.), *Lectionum varietates, Hommage à Paul Vignaux*, Vrin, 1991, p. 85-120.

— *La Référence vide. Théories de la proposition*, PUF, 2002.

LIBERA Alain de et ROSIER Irène, « Les enjeux logico-linguistiques de l'analyse de la formule de la consécration eucharistique », CIMAGL, 67, 1997, p. 33-77.

NUCHELMANS Gabriel, *Theories of the Proposition. Ancient and Mediaeval Conceptions of the Bearers of Truth and Falsity*, Amsterdam-Londres, North-Holland Publishing Company, 1973.

PERLER Dominik, *Der Propositionale Wahrheitsbegriff im 14. Jahrhundert*, Berlin-New York, Walter de Gruyter, « Quellen und Studien zur Philosophie », t. 33, 1992.

PITCHER George (éd.), *Truth*, Englewood Cliffs, Prentice-Hall, 1964.

QUINE W.V., *From a Logical Point of View*, Cambridge (Mass.), Harvard UP, 1953, rééd. 1980.

— *Word and Object*, Cambridge (Mass.), MIT Press, 1960 ; trad. fr. J. Dopp et P. Gochet, Flammarion, 1977.

— *Philosophy of Logic*, Englewood Cliffs, Prentice-Hall, 1970 ; *Philosophie de la logique*, trad. fr. J. Largeault, Aubier, 1975.

— *Pursuit of Truth*, Cambridge (Mass.), Harvard UP, 1990 ; trad. fr. M. Clavelin, Seuil, 1993.

— « Russell's ontological development », *in* E.D. Klemke (éd.), *Essays on Bertrand Russell*, University of Illinois Press, 1971.

RAMSEY Frank P., *The Foundations of Mathematics*, Londres, Routledge & Kegan Paul, 1931.

RECANATI François, *La Transparence et l'Énonciation*, Seuil, 1978.

ROSIER Irène, « La définition de Priscien de l'énoncé. Les enjeux théoriques d'une variante, selon les commentateurs médiévaux », *in* C.B. BENVÉNISTE, A. CHERVEL et M. GROSS (éd.), *Mélanges à la mémoire de Jean Stefanini*, 1989, p. 353-373.

— *La Parole comme acte*, Vrin, 1994.

RUSSELL Bertrand, *My Philosophical Development*, Londres-New York, Routledge, 1995 ; trad. fr. G. Auclair, Gallimard, « Les Essais », 1961.

SEARLE John R., *Speech Acts*, Cambridge (Mass.), Cambridge UP, 1969 ; *Les Actes de langage*, trad. fr. H. Pauchard, Hermann, 1972.

WITTGENSTEIN Ludwig, *Tractatus logico-philosophicus*, Londres, Routledge & Kegan Paul, 1922 ; trad. fr. G.-G. Granger, Gallimard, 1993.

OUTILS

HOUDÉ Olivier (dir.), *Vocabulaire des sciences cognitives*, PUF, « Psychologie et sciences de la pensée », 1998.

LS (trad. BP) = LONG Anthony A. et SEDLEY David N., *The Hellenistic Philosophers*, Cambridge UP, 1987, 2 vol. ; trad. fr., J. Brunschwig et P. Pellegrin, Flammarion, « GF », 2001, 3 vol.

PROPRIÉTÉ, PROPRE

gr.	*idiotês* [ἰδιότης], *to idion* [τὸ ἴδιον], *idios* [ἴδιος]
lat.	*proprietas, proprius*
all.	*Eigenschaft, Eigentum, eigen*
angl.	*property, proper*

► COMPARAISON, EREIGNIS, JE, OIKEIÔSIS, PRÉDICABLE, PRÉDICATION, *SOI*, UNIVERSAUX, VÉRITÉ

Le terme propriété, *au sens abstrait de manière d'être d'une chose, a une double origine, théologique et juridique, que l'on perçoit encore dans les expressions* amour-propre *ou* biens propres, propriété privée.
Cette double origine renvoie au sens général du « propre » comme le non-souillé, l'intime. Cette généalogie latine (décalquée par le français et l'anglais proper, *« correct, propre sur soi ») se double d'une généalogie germanique qui dérive l'*Eigenschaft, *la « propriété », de l'*eigen, *le « propre », de l'*Eigentum, *la « propriété » (au sens de ce que l'on détient). La connexion du propre et de la propriété semble donc plus qu'un accident individuel d'une langue : une constante.*

L'étymologie latine fait remonter *proprius* à *pro privo* (« à titre particulier », DEL, p. 540). Le *proprius* est équivalent au *perpetuus* (*ibid.*, p. 539) : ce qui est propre à un individu est une caractéristique permanente de cet individu. *Proprietas* est un dérivé relativement tardif de *proprius*, avec le double sens de possession et de caractéristique : c'est un « calque de *idiotês* » qu'on trouve sous la plume de Cicéron (DEL, p. 540). Le gr. *idios* [ἴδιος] se rapporte à ce qui est privé, propre à quelqu'un, qu'il s'agisse d'un bien ou d'une manière d'être, par opposition à ce qui est public (*koinos* [κοινός]). *Idiotês* [ἰδιότης] désigne la propriété, le caractère propre de ou à quelque chose, et *idiôtês* [ἰδιώτης], pour lequel n'existe pas de calque latin, désigne à la fois le particulier, le simple citoyen opposé à l'homme public et le non-technicien, l'« idiot », par différence avec le spécialiste (cf. É. Benveniste, *Le Vocabulaire des institutions européennes*, t. 1, p. 328 ; voir ART, et LANGUE, II, B, 1). *Idios* est fondé sur le thème indo-européen **swe-d*, d'où est dérivé *suus* (sien) ; **swe* (qui apparaît, outre dans **swe-d*, dans *swe-t* lié à *étes* [fr. allié] et dans **swe-dh* lié à *ethos* [ἔθος]), d'une part, « implique l'appartenance à un groupe de “siens propres”, de l'autre il spécialise le “soi” comme individualité » (Benveniste, *ibid.*, t. 1, p. 332). Le sens logique de *idion* [ἴδιον], « le propre », est strictement déterminé chez Aristote : « Est un propre (*idion*) ce qui, sans exprimer l'essentiel de l'essence de son sujet (*to ti ên einai* [τὸ τί ἦν εἶναι]) n'appartient pourtant qu'à lui et peut s'échanger avec lui en position d'un sujet concret (*monôi d'huparkhei kai antikatêgoreitai tou pragmatos* [μόνῳ δ' ὑπάρχει καὶ ἀντικατηγορεῖται τοῦ πράγματος]) » (*Topiques*, I, 5, 102a 18-19). Le propre fait partie, avec le genre, la définition, l'accident, des prédicables (*ibid.*, I, 5 ; voir PRÉDICABLE et TO TI ÊN EINAI). J. Brunschwig commente : « Lorsqu'on assigne un propre à un sujet, le nom (du sujet) s'attribue à tout ce à quoi s'attribue la formule (du propre) et la formule (du propre) s'attribue à tout ce à quoi s'attribue le nom (du sujet) » (*ibid.*, p. 122).

En anglais, *property* est dérivé de *proper*. Le *proper name*, c'est celui qui est propre à l'individu (*nom propre* apparaît en 1549, modernisation de l'anc. fr. *propre nuns* vers 1155 [DHLF, p. 2977]). Le nom propre, c'est celui qui est approprié à l'individu. En ce sens, *Dieu* est un nom propre archétype : il est parfaitement approprié. En français, *propre* a deux sens, le second, tardif (1842, DHLF, *op. cit.*), s'appliquant à une personne qui se lave souvent, et comporte deux dérivés de sens distinct : A, *propriété*, et B, *propreté* (d'où en fr. de Wallonie *appropriation* pour *nettoyage*). Le sens A est présent dans la tournure *le propre de x* pour désigner « l'essence de x » — par exemple, « le propre de la puissance est de protéger » (Pascal). Le sens B est à l'origine un sens général de « bon ordre » et ne désigne l'hygiène que tardivement — à l'Âge classique, un dîner, un parc peuvent être dits « propres » au sens d'approprié à une situation ou à un usage, convenable : « Personne ne l'embarrasse, tout le monde lui convient, tout lui est propre » (La Bruyère). Ce qui est commun aux sens A et B est l'idée de convenance (gr. *prepon* [πρέπον] ; voir encadré 6, « Decorum », dans MIMÊSIS).

L'allemand distingue l'*Eigenschaft*, l'*Eigentum* et l'*Eigenheit* (« particularité ») : l'*Eigenschaft* est possédée par plusieurs individus (par ex. « être rouge ») tandis que l'*Eigenheit* est possédée par un seul individu (par ex. « être moi »). C'est au XVIe siècle que *Eigenschaft* apparaît pour traduire *qualitas et attributum* et fait partie du vocabulaire philosophique technique fixé par Wolff en particulier : « Ce qui est uniquement et seulement fondé dans l'essence d'une chose, sera appelé une propriété (*Eigenschaft*). » La mystique rhéno-flamande médiévale et tardive a fait grand usage de l'affinité sémantique des dérivés de *eigen* : il s'agit tout autant de renoncer aux possessions que de dépasser à la fois les propriétés générales et individuelles (l'homme noble de Suso est littéralement un « homme sans qualités (*Eigenschaften*) ». En ce sens *der Mann ohne Eigenschaften* de Musil descend de « l'homme noble » de Maître Eckhart et Suso. Le terme juridique *Aneignung* (trad. all. de *appropriatio*) désigne dans ce contexte beaucoup plus que la prise de possession matérielle, l'acquisition d'une égoïté, voire d'une ipséité et la voie ascétique puis mystique est identifiée à la désappropriation (syn. : *détachement*, *abnégation*, *dépouillement*), qui signifie renoncer à ce que nous avons en propre, que ce soit des propriétés ou des possessions : « Le moine ne doit pas seulement renoncer à la propriété des choses matérielles, mais aussi à la propriété de la volonté propre (*proprietati propriae voluntatis*) » (cité *in* HWP, p. 335-336), mais aussi : « la doctrine des philosophes cyniques qui était l'esprit de désappropriation » (Voltaire). À l'époque contemporaine, Heidegger s'est réapproprié le propre, l'*Eigentlichkeit* (« propriété »,

« authenticité ») et l'*Ereignis* (« appropriement », « événement » ; voir EREIGNIS).

Les termes philosophiques abstraits *Eigenschaft, property, propriété* ont donc non seulement une origine juridique, mais également une origine ascétique.

Frédéric NEF

BIBLIOGRAPHIE

ARISTOTE, *Topiques*, livres I-IV, éd. et trad. fr. J. Brunschwig, Les Belles Lettres, 1967.

OUTILS

BENVENISTE Émile, *Le Vocabulaire des institutions indo-européennes*, 2 vol., Minuit, 1969, t. 1.

DEL : ERNOUT Alfred et MEILLET Antoine, *Dictionnaire étymologique de la langue latine. Histoire des mots* [1932], 4e éd. augm. J. André, Klincksieck, 1994, *s.v.* « *Proprius* ».

DHLF : REY Alain (dir.), *Dictionnaire historique de la langue française*, 3 vol., Le Robert, 1992, *s.v.* « Propre ».

Dictionnaire de spiritualité, fondé par M. Viller et F. Cavallera, J. de Guibert et A. Rayez, continué par A. Derville, P. Lamarche et A. Solignac, Beauchesne, 1991, *s.v.* « Désappropriation ».

HWP : RITTER Joachim et GRÜNDER Karlfried, *Historisches Wörterbuch der Philosophie. Unter Mitwirkung von mehr als 700 Fachgelehrten*, nouv. éd., Bâle, Schwabe, Darmstadt, Wissenschaftliche Buchgesellschaft, 1971-, *s.v.* « *Eigenschaft* ».

PRUDENCE *Prudence* dérive du lat. *prudentia*, où Cicéron entendait encore *providentia*, cette « prévoyance » qui caractérise la « providence ». Le mot latin, lié à une civilisation qui repose sur le droit (*jurisprudentia* ; voir LEX, II, B), cherche à rendre le grec *phronêsis* [φρόνησις], qui désigne la sagesse pratique, à la fois intellectuelle (*phronein* [φρονεῖν], « penser », *phrenes* [φρένες], « les poumons » ; cf. encadré 3 dans ÂME, « Les Grecs d'Onians... », et cf. *CŒUR*) et morale : on se reportera à PHRONÊSIS pour l'exploration des interprétations et des traductions de ce terme clé dans les différents réseaux linguistiques (en part. l'all. *Klugheit*). Voir MORALE, *SAGESSE*, VERTU. On comparera avec LOGOS, MÊTIS ; cf. ENTENDEMENT.
Le terme est réinvesti dans l'anglais contemporain, avec l'éthique prudentielle liée à l'économie : voir PRUDENTIAL ; cf. MORAL SENSE, RIGHT, UTILITY, WELFARE.

► DEVOIR, ÉCONOMIE, GLÜCK, INGENIUM, *SENS COMMUN*, *VALEUR*

PRUDENTIAL, PRUDENCE ANGLAIS

– fr. *prudentiel, prudence*

gr.	*phronêsis* [φρόνησις]
lat.	*prudentia*
all.	*Klugheit*

► *PRUDENCE* [PHRONÊSIS], *SAGESSE*, et ÉCONOMIE, FAIR, OIKONOMIA, PLAISIR, PRAXIS, UTILITY, VIRTÙ, WELFARE, WUNSCH

L'adjectif anglais prudential *ne présente pas de véritable difficulté de traduction. Mais, à l'occasion de l'introduction dans la langue philosophique contemporaine d'un tel terme technique, emprunté à l'économie, il est intéressant de se demander quel est le lien entre ce terme et ses ancêtres philosophiques. Ce que les théoriciens contemporains (essentiellement anglophones) du choix rationnel entendent par* prudential *suppose qu'aient été trop aisément résolus les dilemmes sur la nature de la raison pratique, au sens où cherchaient à la comprendre les grandes conceptions classiques de la* phronêsis *ou de la* prudentia*, d'Aristote et Cicéron à Kant et à Sidgwick. Ces dilemmes sont toujours l'objet de discussions entre des auteurs qui, même lorsqu'ils puisent aux deux traditions, essaient, comme James Griffin, de réévaluer les rapports entre les vertus prudentielles et l'éthique, ou de faire dériver toute l'éthique de la raison prudentielle, comme David Gauthier ou le premier Rawls.*

I. DE LA RAISON D'AGIR À L'INTÉRÊT PROPRE ET À L'ANTICIPATION

Les philosophes classiques entendaient la notion de prudence selon trois dimensions. En premier lieu, elle était comprise comme nous fournissant des raisons d'agir qui, tout en n'étant pas nécessairement morales au sens de l'impératif catégorique du devoir, n'en sont pas moins de bonnes raisons. « Bon » ici veut dire ce qui permet de réaliser au mieux notre essence (Kant) ou notre bonheur (utilitaristes). La prudence, écrit Kant, est « l'habileté dans le choix des moyens qui conduisent à notre bonheur » (*Fondements de la métaphysique des mœurs*, section 2, p. 278). En raison de ce rapport au bonheur, la raison prudentielle se distingue de la raison instrumentale ou technique dont la fin, dans le vocabulaire kantien, n'est pas réelle mais seulement possible (l'impératif de la prudence, *Klugheit*, est hypothétique assertorique et non pas problématique). En un deuxième sens, le domaine propre à la prudence se limite à l'intérêt personnel. Toute la difficulté vient de l'interprétation que l'on fera de cette limite : est-ce de l'égoïsme ou un amour de soi qui prend autrui également en considération ? Les impératifs de la prudence sont-ils compatibles avec la maxime utilitariste de la bienveillance rationnelle ou avec l'axiome de la justice ou de l'équité, se demande Sidgwick, ce qui indique bien que la question est loin d'être résolue (*The Methods of Ethics*, p. 168-169 et 194). La troisième caractéristique de la notion réside dans son rapport à la temporalité. La prudence est le contraire du raisonnement à court terme et irrationnel, de ce que Mill appelle *expediency* (*L'Utilitarisme*, p. 61 et 100). Elle suppose une capacité d'anticipation rationnelle, des modes de raisonnement complexes pour évaluer une décision par rapport à une autre, un avantage immédiat par rapport à un avantage plus grand, mais plus lointain, par exemple. Il ne faut pas oublier que la *prudentia* latine vient de la *providentia*, c'est-à-dire *foresight*, la prévoyance.

II. LES INTÉRÊTS DE L'AGENT RATIONNEL

Dans le sens technique véhiculé par *prudential*, nous voyons des glissements s'opérer selon les trois directions qu'on vient d'évoquer. En premier lieu, l'agent rationnel idéal sur lequel raisonnent les théories économiques est uniquement intéressé par la maximisation de son utilité, c'est-à-dire de ses préférences exprimées, et non par son bonheur, lequel représente une notion qui a disparu parce que trop « normative ». L'économie du *welfare* remplace la conception de la fin de l'action rationnelle comme accroissement d'un état de conscience agréable, plaisir ou bonheur, par la satisfaction des désirs, des préférences, même si nous savons bien que nous ne désirons pas toujours ce qui nous rend heureux. Ensuite, conformément à l'individualisme méthodologique, l'agent rationnel n'est intéressé que par sa propre satisfaction ; la prise en compte de l'autre ne se fait que par l'estimation des chances de succès de la négociation ou de la menace. Nous sommes dans un modèle individualiste et conflictuel où la coopération ne se décide que parce qu'elle va maximiser nos chances (dilemme du prisonnier). Les apories de l'amour de soi et de l'amour-propre sont éliminées. Enfin, comme le fait justement remarquer Jean-Pierre Dupuy (*in* P. Raynaud et S. Rials, *Une prudence moderne ?*, p. 100), la temporalité telle que se la représente le modèle économique renverse la flèche du temps en ce sens que les raisonnements s'effectuent sur la base de ce qui se serait passé si antérieurement une décision x avait été prise entraînant un résultat y qui ne se produira jamais, puisque, entre-temps, nous aurons pris soin de choisir une autre décision plus avantageuse.

Catherine AUDARD

BIBLIOGRAPHIE

ARISTOTE, *Éthique à Nicomaque*, trad. fr. J. Tricot, Vrin, 1983.

DUPUY Jean-Pierre, « Prudence et rationalité », *in* P. RAYNAUD et S. RIALS (éd.), *Une prudence moderne ?*, PUF, 1992.

GAUTHIER David, *Morals by Agreement*, Oxford, Clarendon Press, 1986.

GRIFFIN James, *Well-Being*, Oxford, Clarendon Press, 1986, chap. 8.

KANT Emmanuel, *Fondements de la métaphysique des mœurs* [1785], trad. fr. V. Delbos, Gallimard, 1985.

MILL John Stuart, *Utilitarianism*, Londres, 1863 ; *L'Utilitarisme*, trad. fr. C. Audard, PUF, « Quadrige », 1998.

RAWLS John, *A Theory of Justice*, Cambridge (Mass.), Harvard UP, 1971 ; *Théorie de la justice*, trad. fr. C. Audard, Seuil, 1987.

SIDGWICK Henry, *The Methods of Ethics* [1874], Londres, Macmillan, 6e éd., 1901, 7e éd., préface J. Rawls, Londres, Hackett Publishing Co., 1981 ; *Les Méthodes de l'éthique*, trad. fr. F. Robert, *in* C. AUDARD (éd.), *Anthologie historique et critique de l'utilitarisme*, t. 2, PUF, 1999.

PULSION

lat. *pulsio*
all. *Trieb*
angl. *drive, instinct, impulse*

► AIMER, ÂME, ANGOISSE, ENTSTELLUNG, ES, FORCE, GENDER, GESCHLECHT, INCONSCIENT, LEIB, PATHOS, PLAISIR, VERNEINUNG, WUNSCH

C'est la nécessité de traduire le concept psychanalytique allemand Trieb *qui a redonné vie au vieux mot français* pulsion, *formé sur le latin* pulsus *ou* pulsio *et jusqu'alors réservé au domaine physique, comme équivalent de* poussée. *Puisant dans la tradition romantique (la force vitale) mais aussi dans la psychophysiologie (la force mesurable) et dans la biologie (où* Trieb *désigne l'instinct), Freud construit, avec le* Trieb, *un modèle énergétique permettant de comprendre la transcription psychique des grandes forces somatiques. Si la traduction de* Trieb *par « instinct » s'est longtemps imposée en France, c'est notamment faute d'avoir dégagé clairement la spécificité de la notion freudienne : l'objet du* Trieb *n'est pas prédéterminé. La traduction par « pulsion » s'est imposée pour bien marquer cette spécificité. En revanche, les diverses traductions anglaises* (instinct, drive *et* instinctual drive) *restent indépendantes d'un choix théorique précis : le choix de* drive, *terme de même origine que* Trieb, *peut fort bien s'accompagner d'une lecture biologisante de la théorie freudienne.*

I. L'USAGE ANCIEN DU FRANÇAIS « PULSION »

Malgré une période de fluctuations et d'hésitations dues à la complexité de la notion, c'est le terme « pulsion », de préférence à « instinct », qui s'est imposé en français pour traduire le mot allemand *Trieb* présent dans les textes de Freud. Ce terme a donc ceci de particulier qu'il doit sa vie effective dans la langue française à un choix de traduction.

En effet, c'est avant tout comme terme technique du vocabulaire freudien que l'on emploie ce mot, dont s'est emparé le langage courant, ce qui peut s'expliquer par la vulgarisation de la psychanalyse. Il n'a cependant pas été nécessaire de forger un néologisme pour traduire *Trieb*, puisque « pulsion » était présent dans la langue, mais d'un usage quasi nul. Ce terme n'est d'ailleurs presque pas attesté avant le XXe siècle. Il est notamment absent du *Dictionnaire* de Féraud (Marseille, 1788) et du *Dictionnaire général de la langue française du commencement du dix-septième siècle jusqu'à nos jours* (Delagrave, 1899). On le trouve toutefois dans le *Grand Dictionnaire français-latin* de Jacob Stoer (Genève, 1625) dans le sens d'« action de pousser ». On en rencontre une occurrence chez Voltaire avec cette même signification : « La substance du feu, en entrant dans l'intérieur d'un corps quelconque le dilate en poussant en tout sens ses parties ; or cette "pulsion" [...] » (Voltaire, *Essai sur la nature du feu et sur sa propagation*, in *Œuvres complètes*, vol. 22. Mélanges, I, Garnier Frères, 1879). *Pulsion* est donc utilisé comme un doublet scientifique de *poussée*, sans doute à cause de sa proximité avec le latin. On retrouve en effet directement dans *pulsion* le latin *pulsum*, supin de *pellere*, qui signifie « mettre en mouvement, pousser, repousser ». À noter que le substantif de *pellere* est *pulsus*. *Pulsio*, qui signifie précisément « action de repousser », est en effet d'un usage rare et tardif (IVe s. apr. J.-C.). D'ailleurs, d'après le *Französisches Etymologisches Wörterbuch* (1959) de W. von Wartburg, *pulsion* ne viendrait pas de *pulsio*, mais d'« une dérivation savante du radical de *pulsare* », *pul-*

sare étant la forme intensive de *pellere* et signifiant « frapper, pousser violemment ».

II. LE SENS DE « TRIEB »

Nous retrouvons ce sens de « pousser » dans la signification de l'allemand *Trieb*, dérivé du verbe *treiben*, dont le sens général est « mettre en mouvement ». Mais pourquoi les besoins de la traduction des textes de Freud ont-ils conduit à (re)donner vie à un terme inemployé ? Comme souvent en allemand, nous avons affaire à un doublet germano-latin : *Trieb* est un mot de racine germanique qui forme doublet avec le mot d'origine latine *Instinkt*, dont l'emploi n'est répandu dans la littérature scientifique qu'à partir du XIXe siècle (en 1760, H. S. Reimarus intitule son livre sur les instincts des animaux *Triebe der Thiere*). Mais, comme souvent aussi, les deux termes ne sont pas équivalents. *Trieb* est un mot ancien et d'usage courant, alors qu'*Instinkt* est un mot savant, qui renvoie à la signification précise de l'instinct en biologie, à savoir « [la] tendance innée à des actes déterminés (selon les espèces), exécutés parfaitement sans expérience préalable et subordonnés à des conditions de milieu » (*Le Petit Robert*). *Trieb* a une plus grande quantité de sens qui offrent des variations sur un thème commun, l'action de pousser : 1/ une mise en mouvement mécanique ; 2/ à partir de la fin du XVIIIe siècle, une poussée intérieure, soit à l'organisme (notamment la force qui fait « pousser » la plante), soit à l'âme, au psychisme. Selon le dictionnaire de Grimm (1984), le sens essentiel de *Trieb* est celui d'une « force interne qui pousse, qui met en mouvement [*innere treibende Kraft*] ». De façon assez grossière, on peut donc déjà dire que l'allemand *Instinkt* contient l'idée d'un objet ou d'une action déterminés, alors que *Trieb* insiste davantage sur la force motrice qui met en branle l'organisme ou le psychisme.

♦ Voir encadré 1.

III. « TRIEB » CHEZ FREUD

Dans les traductions qu'il donne, en 1888 et 1892, de quelques textes d'Hippolyte Bernheim, Freud utilise les deux termes *Instinct* (ou *Instinkt*) et *Trieb* de façon interchangeable. Il s'approchera cependant de son propre concept ultérieur de *Trieb*, d'une part, à propos des grands besoins de l'activité psychique, dans l'*Esquisse d'une psychologie scientifique* (*Entwurf einer wissenschaftlicher Psychologie*), étude datant de 1895 et publiée après sa mort, d'autre part, dans l'*Interprétation des rêves* (*Traumdeutung*, 1900), où il mentionne le désir comme étant une « force pulsionnelle [*Triebkraft*] » nécessaire à la formation du rêve. Il faut attendre 1915 pour trouver, chez lui, des définitions précises du *Trieb* : dans l'article métapsychologique « Pulsions et destins des pulsions [*Triebe und Triebschicksale*] » et dans un paragraphe remanié alors des *Trois Essais sur la théorie sexuelle* (*Drei Abhandlungen zur Sexualtheorie*), dont la première édition remonte à 1905. Il écrit dans cette dernière version :

> Par une *pulsion*, nous ne pouvons tout d'abord rien entendre d'autre que la représentation psychique d'une source de stimulations endosomatiques s'écoulant de façon continue, contrairement à la *stimulation*, produite

1

« Trieb » chez Kant et Goethe

► ANIMAL, BILDUNG

On trouve une trace de la distinction entre *Trieb* et *Instinkt* chez Kant, dans la *Critique de la faculté de juger*. Au paragraphe 83, *Trieb* sert à désigner le désir animal en l'*homme* : « [...] le despotisme des désirs [*Begierden*] par lesquels, attachés à certains objets naturels, nous sommes rendus incapables de choisir, en nous laissant enchaînés aux pulsions [*Triebe*] que la nature nous a données comme fils directeurs, pour que nous ne négligions ni n'offensions pas en nous la détermination de l'animalité ». Dans une note du paragraphe 90, *Instinkt* signifie l'activité déterminée de l'animal : « [...] et nous voulons indiquer en même temps par là que le fondement de la faculté technique des animaux [*des tierischen Kunstvermögens*], que nous appelons instinct [*Instinkt*], bien que spécifiquement distinct de la raison, a cependant un rapport semblable à son effet (si l'on compare les constructions du castor et celles de l'homme) ».

Mais la distinction n'est en fait pas aussi tranchée : au XIXe siècle, *Trieb* peut être utilisé dans le sens précis de l'instinct comme « tendance innée à des actes déterminés » et *Instinkt* peut prendre le sens plus général de « force interne naturelle » (Goethe à Schiller : « La semaine dernière, j'ai été le jouet d'une étrange force interne [*Vorige Woche bin ich von einem sonderbaren Instincte befallen worden*]. » Mais les significations demeurent distinctes, et *Trieb* n'est donc pas le simple doublet d'*Instinkt*.

Outre l'usage courant, *Trieb* est aussi utilisé au XVIIIe siècle pour germaniser une expression latine, *nisus formativus* (« la poussée formante »), qui désigne le principe d'organisation de la matière vivante, ou plus précisément l'activité de la matière organisée dans son opération de formation. Au paragraphe 81 de la *Critique de la faculté de juger*, consacré à l'épigenèse et à la préformation, Kant cite l'œuvre de l'épigénétiste Johann Friedrich Blumenbach, *Über den Bildungstrieb* (1781). Il indique que celui-ci distingue cette « pulsion de formation » comme « pouvoir de la matière [*Vermögen der Materie*] » de la « simple force de formation mécanique [*bloß mechanische Bildungskraft*] ». *Bildungstrieb* est traduit par « tendance formatrice » par A. Philonenko (Vrin, 1986), et par « pulsion de formation » par A.J.-L. Delamarre (Gallimard, 1985). Dans son ouvrage *Sur la morphologie*, Goethe reprend cette distinction : « Le mot force [*Kraft*] décrit d'abord quelque chose de purement physique, voire mécanique, et ce qui doit s'organiser à partir de cette matière reste pour nous un point obscur et incompréhensible. C'est Blumenbach qui trouva l'expression définitive et parfaite en donnant une tournure anthropomorphique au mot de l'énigme et nomma ce dont on débattait un *nisus formativus*, une pulsion [*Trieb*], une activité intense qui devait être au principe effectif de la formation » (J.W. von Goethe, *Zur Morphologie*, in *Sämtliche Werke*, Munich, Hanser, vol. 12, 1989, p. 101).

> par des excitations ponctuelles et provenant de l'extérieur. La pulsion est donc un des concepts de la délimitation entre le psychique et le corporel. L'hypothèse la plus simple qui se présente à l'esprit concernant la nature des pulsions serait qu'elles ne possèdent aucune qualité en elles-mêmes, mais qu'elles soient seulement considérées comme une mesure de l'exigence de travail à laquelle la vie psychique est soumise. Ce qui distingue les pulsions les unes des autres, et ce qui leur confère des propriétés spécifiques, est leur lien avec leurs *sources* somatiques et avec leurs *buts*. La source de la pulsion est un processus d'excitation au sein d'un organe, et le but prochain de la pulsion est la suppression de cette stimulation organique.
>
> I, 5, *GW*, vol. 5, p. 67-68.

À la source et au but, l'article « Pulsions et destins des pulsions » ajoute deux éléments. D'une part, il donne un nom à l'élément quantitatif de la pulsion, à son « facteur moteur, la somme de force ou la mesure d'exigence de travail qu'elle représente » : c'est *der Drang*, rendu dès la première traduction française par « poussée ». On a là en somme l'action de pousser sous sa forme quantitative que Voltaire rendait par « pulsion ». Freud précise que « ce caractère de poussée est [...] l'essence même de la pulsion ». Le caractère redondant de la formule est propre à la traduction. En allemand, *Trieb* est une extension du *Drang* à l'ensemble âme-corps : en français, *pulsion* est d'abord ressenti comme une forme savante et technique de *poussée*. D'autre part, le même article indique que la pulsion a un objet. Et c'est en grande partie la définition du rapport entre la pulsion et son objet qui a contribué à faire choisir un autre terme qu'instinct pour la traduction de *Trieb* : « L'*objet* de la pulsion est ce dans quoi ou par quoi la pulsion peut atteindre son but. C'est ce qu'il y a de plus variable dans la pulsion, il ne lui est pas rattaché à l'origine, mais il s'ordonne à elle seulement en vertu de sa faculté à rendre la satisfaction possible » (Freud, *Métapsychologie, Pulsions et destins des pulsions*, « Folio/essais », 1968, p. 18-19, trad. modifiée).

Le *Trieb* freudien rassemble donc plusieurs dimensions :

1° La dimension biologique : la référence aux grands besoins du corps, qui renvoie à une nature biologique de la pulsion, reste constamment présente. En attestent les premières phrases, jamais modifiées, de la première édition des *Trois Essais* : « On exprime en biologie l'existence de besoins sexuels chez l'homme et l'animal par l'hypothèse d'une "pulsion sexuelle (*Geschlechtstriebes*)". On s'appuie alors sur l'analogie avec la pulsion de se nourrir (*Trieb nach Nahrungsaufnahme*), la faim » (*Drei Abhandlungen zur Sexualtheorie* [*Trois Essais sur la théorie sexuelle*], *GW*, vol. 5, p. 33). La traduction par « instinct sexuel » n'aurait ici rien de surprenant. Dans sa préface à la quatrième édition (1920, *GW*, vol. 5, 31), Freud parle d'une « partie de la théorie qui est à la frontière de la biologie ». On peut supposer qu'il fait allusion à la pulsion.

2° La dimension romantique : dès la fin du XVIIIe siècle, quand *Trieb* prend son sens de « force interne naturelle agissant sur l'âme et le corps », ce terme devient un concept clé du romantisme allemand. Le rapport à un objet déterminé est moins important que l'idée d'activités multiples. Chez Goethe, qui multiplie les *Triebe* (Cotta, vol. 47, p. 299) : *Äußerungstrieb* (pulsion d'extériorisation), *Lusttrieb* (pulsion de plaisir), *Nachahmungstrieb* (pulsion d'imitation), *Bildungstrieb* (pulsion de formation).

H. Vermorel insiste sur l'importance du terme chez les poètes et naturalistes (Goethe au premier chef), les philosophes (par ex., Fichte), les psychiatres romantiques allemands (J.C.A. Heinroth notamment) : « En fondant une psychologie incorporant le concept d'inconscient, les romantiques utilisèrent le mot *Trieb* dans le sens d'une force psychique vitale » (« La pulsion de Goethe à Freud », *Bulletin du groupe lyonnais*, n° 16, 1989, p. 13-27).

3° La dimension psycho-physique : l'*Esquisse* atteste de l'importance d'un schéma énergétique d'origine physique appliqué au fonctionnement psychique. Freud, par son maître E.W. von Brücke, se rattache au courant psycho-physique de la deuxième moitié du XIXe siècle, et notamment à H. von Helmholtz qui utilise le terme *Triebkraft* pour désigner la force mécanique (H. Vermorel). On peut noter toutefois que l'école de Helmholtz, sous ses apparences strictement positivistes, reste étroitement dépendante de la *Naturphilosophie* issue en particulier de Schelling : l'inspiration romantique paraît donc centrale, et permet notamment de comprendre les spéculations de Freud sur la pulsion de mort et ses références constantes au *Faust* de Goethe.

C'est le sens précis que *Trieb* prend chez Freud à partir de 1915 qui va permettre de suivre en particulier les avatars de la « pulsion » sexuelle, plus précisément sous la forme de « pulsions partielles (*Partialtriebe*) ». Toute référence à la biologie n'est certes pas éliminée, mais il n'est pas question de relation déterminée avec un objet. Et le lien avec la biologie apparaît encore plus problématique quand Freud fait l'hypothèse d'une « pulsion de mort » dans *Par-delà le principe de plaisir* (1920).

IV. LES TRADUCTIONS FRANÇAISES DU « TRIEB » DE FREUD

Cette complexité de la notion freudienne permet d'expliquer les flottements de la traduction française. On peut reprendre au sujet de Freud ce que Charles Du Bos écrivait à propos de Goethe : « Pour rendre toutes les connotations essentielles du mot *Trieb* chez Goethe, nous aurions besoin de nos trois mots instinct, besoin et propulsion, sans parler aussi d'impulsion » (cité *in* H. Vermorel, 1989, p. 19). Il s'agit en effet à la fois de rendre l'idée de force motrice et de tendance, sans pouvoir préjuger de la nature innée ou acquise du processus (pour Freud, si les pulsions partielles sexuelles sont innées, leur destin est en grande partie lié à l'histoire de l'individu : en partie seulement, puisque les *Trois Essais* insistent sur le caractère héréditaire des digues psychiques — dégoût, honte, etc. — érigées contre les pulsions partielles lors de la période dite de latence). « Besoin » est réservé à *Bedürf-*

nisse, « impulsion » à *Impuls*. Mais comment le terme *Trieb* a-t-il lui-même été traduit ?

Si les traductions de Freud en français ont commencé fort tardivement (à une exception près, à partir de 1920), les problèmes d'unification de leur vocabulaire ont été soulevés très tôt. Peu après la création de la Société psychanalytique de Paris (1926), est mise en place une Commission linguistique pour l'unification du vocabulaire psychanalytique français. Dans le compte rendu de la séance du 31 mai 1927, on peut lire : « Sur la proposition de M. Hesnard, le vocable *pulsion* est adopté à l'unanimité pour traduire *Trieb* » (*Revue française de psychanalyse*, 1927, n° 1, p. 406). Mais, avant 1967, date de la parution du *Vocabulaire de la psychanalyse* (J. Laplanche et J.-B. Pontalis, PUF, 1967) qui a fixé ce choix terminologique, cette décision de la commission eut peu d'effet. Nous nous en tiendrons ici à la traduction de deux textes majeurs.

Dans l'édition de 1934 des *Trois Essais* traduits par B. Reverchon (Gallimard, 1re éd., 1923), aucun compte n'est tenu de la décision de la commission. *Trieb* y est traduit par « instinct » (dans les expressions les plus « biologiques ») ou « tendance » (notamment quand Freud définit rigoureusement le concept) ; parfois même le mot n'est pas traduit du tout (ainsi, *sexuelle Triebkräfte* est rendu par « forces sexuelles »). C'est en 1936 que paraît la traduction de *Triebe und Triebschicksale* par M. Bonaparte et A. Berman (*Revue française de psychanalyse*, 1936, IX, 1, p. 29-47), sous le titre *Les Pulsions et leurs destins*. Mais le titre est trompeur. On trouve quelques hésitations surprenantes : « Comment l'instinct se comporte-t-il par rapport à l'excitation ? Rien ne nous empêche d'intégrer le concept de la pulsion dans celui de l'excitation, ni de dire que l'instinct est une excitation au sens psychique » (p. 30). Mais c'est le terme d'instinct qui est ensuite utilisé presque exclusivement.

On peut trancher sur l'interprétation dominante de la notion de *Trieb* en France en suivant un exposé théorique de M. Bonaparte, paru dans la *Revue française de psychanalyse* en 1934 et intitulé *Introduction à la théorie des instincts*. Tout en paraphrasant le texte des *Trois Essais*, elle en fournit une interprétation dans un sens nettement biologique : « Voici longtemps déjà qu'on le disait : les deux grands instincts qui animent les vivants sont la faim et l'amour. Mais, tandis que le terme de faim implique en soi déjà la notion dynamique de pulsion biologique, la pulsion biologique qui est à la source des tendances amoureuses ne possède pas de dénomination équivalente dans le langage populaire. Une semblable pulsion est cependant à postuler, et c'est pourquoi la science psychanalytique créée par Freud a donné à la force biologique qui se révèle à la source de tous les phénomènes de la sexualité le nom générique de libido. » L'originalité de Freud semble se réduire à avoir accordé une place prépondérante à la « pulsion sexuelle », et non à avoir donné du concept de *Trieb* un sens irréductible à sa signification biologique courante. On comprend que, le terme de *pulsion* étant interprété dans un sens biologique, « instinct » puisse être utilisé sans difficulté dans la suite de ce texte, et particulièrement dans le titre.

C'est donc le *Vocabulaire de la psychanalyse* qui a fixé l'usage de *pulsion* pour traduire *Trieb*, usage réaffirmé

2

La « libido » comme force pulsionnelle de la vie sexuelle

Alors que l'adjectif *libidineux* (du latin *libidinosus*, fréquent chez Cicéron et Sénèque) était apparu en français au XIIIe siècle (dans le *Roman des sept sages*), avant d'être adopté par l'Académie en 1762, le substantif *libido* n'y fit son entrée, comme dans d'autres langues européennes, qu'au XIXe siècle, en tant que terme du vocabulaire de la psychologie médicale et de la sexologie surtout allemandes. Il allait s'imposer ensuite, au début du XXe siècle, parmi les intraduisibles de la psychanalyse avec le sens de « force pulsionnelle de la vie sexuelle » que Freud, par exemple, lui donne en 1933 dans ses *Nouvelles Conférences d'introduction à la psychanalyse* (Gallimard, 1984, p. 176). C'est autour de cette notion que ce dernier développera les étapes de ses théories des pulsions et du rôle de la sexualité dans le psychisme. Il explique en 1905, dans le premier de ses *Trois Essais sur la théorie sexuelle* (Gallimard, 1987, p. 37), le choix de ce vocable par l'analogie entre la pulsion d'alimentation, qu'on appelle la faim, et la pulsion sexuelle : comme « il manque [à cette dernière] une désignation équivalente au mot *faim*, la science emploie à cet effet le terme de *libido* ». Dans une note ajoutée en 1910 à cette étude, Freud fait la remarque suivante : « Le seul terme approprié de la langue allemande, *Lust*, est malheureusement équivoque et désigne aussi bien le besoin éprouvé que la satisfaction ressentie » (voir PLAISIR).

Le latin *libido* (ou *lubido*), qui dérive de l'impersonnel *libet* (ou *lubet*) avec le sens de « il plaît » et qui signifie « désir, envie, et particulièrement désir sensuel et érotique » (Ernout et Meillet, *s.v.* « *lubet* »), provient d'« une racine indo-européenne de caractère sans doute populaire », notamment du sanscrit *lubh* (*lúbhyati*, « il désire ») et, par là, se retrouve dans l'allemand *Liebe* et dans l'anglais *love*. Présent notamment chez Cicéron, qui le préfère à *cupiditas* pour traduire le grec *epithumia* [ἐπιθυμία] (« désir »), le terme *libido* semble suggérer chez Ovide l'idée qu'une telle forme de désir serait en quelque sorte un apanage de la sexualité féminine. C'est là une idée qui reparaît dans la *Sexualwissenschaft* germanique quand elle fait du clitoris la *sedes libidinis* (cf. P. Kaufmann, *Encyclopædia Universalis*, 1990, *s.v. Libido*), tandis que Freud la combattra de son côté en affirmant qu'« il n'y a qu'une seule libido qui est mise au service de la fonction sexuelle masculine aussi bien que féminine » et que, si le lien établi conventionnellement entre virilité et activité nous porte à la qualifier de virile, elle n'en est pas pour autant dénuée totalement de buts passifs (*Nouvelles Conférences*, p. 176).

Avec le christianisme, la *libido* occupe une place importante dans la théologie morale, notamment chez saint Augustin, qui marquera profondément sur ce point les âges ultérieurs. Parmi ces trois termes que sont, pour lui, *cupiditas*, *concupiscentia* et *libido*, lesquels ne sont d'ailleurs pas univoques, Augustin fait de ce dernier le synonyme de *concupiscentia carnis*, c'est-à-dire de désir sexuel, sauf lorsqu'il est précisé que la *libido* vise un

dans les *Œuvres complètes de Freud/Psychanalyse* (PUF). Ses auteurs insistent sur la différence du concept freudien avec l'usage d'*Instinkt* qui désigne « un comportement héréditairement fixé et apparaissant sous une forme presque identique chez tous les individus d'une même espèce » (art. « Pulsion », p. 360). Traduire *Trieb* par « instinct » ou « tendance » reviendrait selon eux à « estomper l'originalité de la conception freudienne, notamment la thèse du caractère relativement indéterminé de la poussée motivante, les notions de contingence de l'objet et de la variabilité des buts » (art. « Instinct », p. 203).

♦ Voir encadré 2.

V. LES TRADUCTIONS ANGLAISES : « INSTINCT », « DRIVE »

En ce qui concerne les traductions de *Trieb* en anglais, il faut là aussi distinguer plusieurs questions. D'un point de vue strictement terminologique, *drive* est l'équivalent de *Trieb* : les deux mots proviennent tous les deux du gotique *dreiban*. Si *drive* évoque bien l'idée de mouvement (*to drive* retient essentiellement le premier sens, physique, de *treiben* : mettre en mouvement), le sens de « force interne naturelle », qui s'est imposé dans le romantisme allemand, est en revanche extrêmement tardif en anglais ; il est encore absent de l'édition de 1933 de l'*Oxford English Dictionary*. Celle de 1989 mentionne un sens psychologique qui revient en réalité à faire de *drive* un synonyme d'*instinct*, mot d'usage ancien pour désigner une tendance innée des êtres vivants à accomplir certains actes : « *What instinct hadst thou for it ?* [Quel instinct as-tu pour cela ?] » (Shakespeare, *Henry IV*, 1re partie, II, 4, 299). *Instinct* est la version adoptée par J. Strachey, le principal traducteur des œuvres complètes de Freud en anglais (*Standard Edition*, 1953-1966). Il s'en explique dans ses « Notes portant sur quelques termes techniques dont la traduction nécessite un commentaire » (*Standard Edition*, vol. 1, 1953, p. XXIV-XXV). Sa justification, là encore, est en elle-même une interprétation : « Il ne fait pas de doute que, du point de vue de la biologie moderne, Freud a utilisé le terme *Trieb* pour désigner des concepts différents » (*loc. cit.*). Mais ce point de vue est-il seul pertinent ? Et Freud ne donne-t-il pas une définition précise de ce qu'il entend par *Trieb* ?

Il faut noter que, à la différence du français *pulsion*, *drive* est un mot très courant (surtout en anglo-américain), mais dont l'usage psycho-biologique est récent. Il ne se distingue pas de façon rigoureuse d'instinct. On peut observer un curieux effet de croisement : la note de J. Strachey est contemporaine du *Vocabulaire de la psychanalyse*, mais son sens et son effet furent inverses. Le *Vocabulaire* a définitivement assis le choix d'un mot inusité pour traduire un concept complexe, à la frontière entre le biologique, le psychologique et le physique. Toutes les traductions françaises ont depuis lors suivi cette option. Le choix de J. Strachey a été immédiatement critiqué. Avant la *Standard Edition*, les traductions anglaises traduisent *Trieb* par *drive*, *instinct* ou *impulse* (E. Jones, A.A. Brill, H.W. Chase, J. Riviere).

Si l'on parcourt sur une large période (depuis les années 1940 jusqu'aux années 1980), le *Psychoanalytic Quarterly*, organe officiel du New York Psychoanalytic

2

objet autre que sexuel (comme la boisson, l'argent, le pouvoir). Mais cette *libido* augustinienne a pour caractéristique principale d'être un désir moralement déréglé par une véhémence qui pervertit la volonté. Elle devient un plaisir du mal qui procède de la première jouissance dont l'humanité a fait l'expérience dans le péché originel et qui suscite l'appétit de nouveaux péchés, les péchés personnels de tout descendant d'Adam par lesquels « sont excitées les zones obscènes du corps ».

En dépit de son insistance sur le désordre moral de la volonté que représente à ses yeux la *libido*, Augustin paraît néanmoins, en la référant essentiellement à la pulsion sexuelle dotée d'un dynamisme propre, plus proche de Freud que ne le sont les sexologues de la fin du XIXe siècle, et surtout que Jung. Ceux-là, en effet, tels Albert Moll, Henry Havelock Ellis et Richard von Krafft-Ebing, utilisent l'expression latine, censée être par là plus « scientifique », de *libido sexualis* pour désigner l'objet d'une nouvelle discipline attachée à décrire les caractères, classés soit comme normaux, soit comme pathologiques, d'un « instinct » relevant de la biologie ou de la culture en général. Quant à Jung, alors que la libido freudienne est désir d'un objet dont la jouissance constitue le but de la pulsion sexuelle, il en fait, dans ses *Wandlungen und Symbole der Libido* (1912), une tendance totalement désexualisée, tournée vers le monde et non vers un objet de satisfaction érotique, ouverte sur l'avenir plutôt que déterminée par le passé du sujet, assimilée à une sorte d'élan vital et réduite à un simple « intérêt » de nature existentielle.

Chez Freud, la *libido*, identifiée à l'énergie de la pulsion sexuelle, se fixe sur des objets dans l'investissement desquels elle peut changer à volonté, de même qu'elle peut aussi changer de but, comme dans la sublimation. En réalité, c'est par cette *libido* entendue au sens d'appétit d'objet au long d'une série dont le moment initial remonte à la « première présence secourable », celle de la mère nourricière, que Freud, nonobstant l'importance — secondaire en fait — qu'il accorde à la « *libido* du moi », s'oppose le plus radicalement à la théorisation de Jung, qui repose sur l'« introversion », à savoir le retrait de la *libido* sur le monde intérieur du sujet. Et, même lorsqu'il pose un nouveau dualisme entre la pulsion de vie et la pulsion de mort et qu'il assimile la *libido* à l'*Érôs* des poètes et des philosophes, l'auteur de l'*Au-delà du principe de plaisir* garde toute sa prégnance à celle-là sous sa graphie latine, laquelle traduit l'universalité du concept de sexualité et ne nécessite donc pas une transcription dans d'autres langues. À cet égard, en conservant ce terme latin, Freud a subverti le vieux jargon des spécialistes. Il fait de la *libido* l'enjeu d'un scandale qui apparaîtra à partir de 1910 dans les multiples résistances opposées dans chaque pays à la psychanalyse, toujours et partout qualifiée de doctrine pansexualiste : « trop "germanique" aux yeux des Français, [...] trop "juive" pour le nazisme, trop "bourgeoise" enfin pour le communisme, c'est-à-dire, comme pour Jung, toujours trop "sexuelle" » (E. Roudinesco et M. Plon, *Dictionnaire de la psychanalyse*, Fayard, 1997, p. 626).

Charles BALADIER

Institute, on rencontre trois termes pour traduire (ou refuser de traduire) le *Trieb* freudien : *instinct*, *instinctual drive* et *drive*. Il ne faudrait pas en conclure que la définition freudienne n'est pas prise en compte, ni la distinction entre *Instinkt* et *Trieb*, comme le montre le texte suivant :

> Toute tentative d'appliquer l'idée d'instinct [*instinct*] aux êtres humains était rendue difficile par le fait que, depuis l'Antiquité, on pensait que les animaux en particulier étaient guidés dans leurs actions par des instincts. Si bien qu'au XIXe siècle on concevait en général l'instinct non seulement dans sa dimension physiologique et héréditaire, mais aussi comme plus spécifiquement animal qu'humain. En anglais, le terme était ambigu. Mais les scientifiques de langue allemande, comme Freud, étaient en mesure de distinguer l'*Instinkt*, l'instinct des animaux, du *Trieb*, la pulsion chez les êtres humains [*drive in humans*], ce dernier terme renvoyant à l'idée d'impulsion [*impulse*] et impliquant, jusqu'à un certain point, des processus mentaux [*thought processes*]: sa nature n'est donc pas purement automatique ou réflexe.
>
> J.C. Burnham, "The Medical Origins and Cultural Use of Freud's Instinctual Drive Theory", *The Psychoanalytic Quarterly*, vol. 43, 1974, n° 2, p. 193-213.

La reconnaissance théorique du *Trieb* freudien n'affecte donc pas nécessairement la langue (par ex., ce titre d'un ouvrage paru en 1970 : *Basic Psychoanalytic Concepts of the Theory of Instincts*). La situation est comparable à celle adoptée en France avant que J. Laplanche et J.-B. Pontalis, sous l'influence de J. Lacan, n'insistent sur la spécificité du concept freudien et sur la nécessité d'une traduction qui lui rende justice. Il est frappant que, dans les textes du *Psychoanalytic Quarterly*, le flottement terminologique s'accompagne d'une interprétation du *Trieb* dans les sens les plus divers : *ego-psychology*, behaviorisme, voire conditionnement pavlovien.

Alexandre ABENSOUR

BIBLIOGRAPHIE

FREUD Sigmund, *Gesammelte Werke* [*GW*], 18 vol., Londres et Francfort, Imago et Fischer, 1940-1952 et vol. suppl. *Nachtragsband (1885-1938)*, Francfort, Fischer, 1987 ; *The Standard Edition of the Complete Psychological Works of Sigmund Freud*, éd. J. Strachey, 24 vol., Londres, Hogarth Press, 1953-1966 ; *Les Œuvres complètes de Freud/Psychanalyse*, trad. fr. A. Bourguignon, P. Cotet et J. Laplanche (dir.), PUF, 1988, vol. 1.

— *Selected Papers on Hysteria and Other Psychoneuroses*, trad. angl. A.A. Brill, New York, The Journal of Nervous and Mental Disease Publishing Company, 1909.

— *Three Contributions to the Sexual Theory*, trad. angl. A.A. Brill, New York, The Journal of Nervous and Mental Disease Publishing Company, 1910.

— "The Origin and Development of Psychoanalysis", trad. angl. H.W. Chase, *American Journal of Psychology*, 1910, n° 21, p. 180-225.

— *The Interpretation of Dreams*, trad. angl. A.A. Brill, Londres, Allen & Co, 1913.

— *Papers on Psychoanalysis*, trad. angl. E. Jones, Londres, Balliere Tindall & Co, 1913.

— *Collected Papers by Sigmund Freud* [*Sammlung kleiner Schriften zur Neurosenlehre*, Leipzig, Deutickel, 5 vol., 1906-1922], trad. angl. J. Riviere (dir.), Londres, The International Psycho-Analytical Press, 1924-1950.

ORNSTON Jr D.G., « Freud, "l'école de Helmholtz" et la médecine romantique », in *Freud. Judéité, Lumières et Romantismes*, Lausanne-Paris, Delachaux-Niestlé, 1995, p. 85-100.

STEINER Riccardo, « Une marque internationale d'authenticité ? Quelques observations sur l'histoire de la traduction anglaise de l'œuvre de Sigmund Freud, en particulier sur ses termes techniques », trad. fr. P.E. Dauzat, *Revue internationale d'histoire de la psychanalyse*, n° 4, PUF, 1991, p. 71-188.

VERMOREL Henri, « La pulsion de Goethe à Freud », *Bulletin du groupe lyonnais*, n° 16, 1989, p. 13-27.

— (dir.), « Dossier : Freud traduit et traducteur » [avec des articles de M. Pollak-Cornillot, D.G. Ornston, I. Barande, R. Staewen-Hass, G. Hummel, R. Harnisch], *Revue française de psychanalyse*, juill.-août 1986, n° 50, p. 1231-1296.

OUTILS

Dictionnaire général de la langue française du commencement du dix-septième siècle jusqu'à nos jours, Delagrave, 1890.

FÉRAUD Jean-François, *Dictionnaire critique de la langue française*, 1761, rééd. Marseille, 1788.

GRIMM Jacob et Wilhelm, *Deutsches Wörterbuch*, Leipzig, Hirzel, 1854, repr., Munich, Deutscher Taschenbuch, 1984.

LAPLANCHE Jean, PONTALIS Jean-Bertrand et LAGACHE Daniel (dir.), *Vocabulaire de la psychanalyse*, PUF, 1967 ; rééd. « Quadrige », 1998.

Le Petit Robert, dictionnaire alphabétique et analogique de la langue française, nouv. éd. du *Petit Robert* de Paul Robert, éd. J. Rey-Debove et A. Rey, Le Robert, 2002.

STOER Jacob, *Grand Dictionnaire français-latin*, Genève, 1625.

WARTBURG Walther von, *Französisches etymologisches Wörterbuch*, Bâle, Zbinden und Co, 1959.

Q

QUALE, QUALIA

lat.	*quale, qualia*
all.	*quale, qualia*
angl.	*quale, qualia*

► ÂME, CONSCIENCE, ERLEBEN, PERCEPTION, PROPRIÉTÉ, REPRÉSENTATION, SUJET

Le terme de quale *(plur :* qualia*) renvoie aux propriétés qualitatives de l'expérience en tant qu'elles suscitent chez le sujet de l'expérience une impression distinctive. Ce bleu que je perçois, cette douleur ressentie, cette odeur de café, sont des* qualia.

Plusieurs mots ont été et sont encore en compétition depuis le milieu du siècle dernier pour désigner ces propriétés : on les nomme parfois qualités subjectives (« subjective qualities ») *ou* sensuelles (« sensuous qualities »), propriétés phénoménales (« phenomenal properties ») *ou* phénoménologiques (« phenomenological properties »), *voire* impressions immédiates (« raw feels »). *Le mot latin l'a emporté en philosophie de langue anglaise, et a été adopté dans les traductions allemandes et françaises, sans doute en vertu de la symétrie avec le couple* quantum/quanta *; l'un représentant un différentiel qualitatif, l'autre, un différentiel quantitatif.*

Dans beaucoup d'usages du terme, les *qualia* renvoient à des événements singuliers, comme la manifestation d'une douleur à un moment donné (R. Casati, « Qualia »), ou à des propriétés singulières instanciées, c'est-à-dire non répétables (*cette* façon de souffrir ici et maintenant étant nécessairement différente de toute autre). D'autres usages voient dans les *qualia* des propriétés générales de tels événements (comme l'intensité ou le type de la douleur). Dans cet emploi, le concept de *quale* ne coïncide pas avec la notion de qualité seconde : le terme s'applique aussi bien aux qualités premières comme les formes qu'aux qualités secondes comme les couleurs, parce qu'on peut faire l'expérience subjective (par exemple) de « voir » une forme carrée (différente de l'expérience de « toucher » une surface carrée).

Le mot de *quale* ne fait pas non plus double emploi avec le terme de « sensation », dans la mesure où le *quale* ne peut, à la différence de la sensation, être traité de manière quantitative ou relationnelle. En outre, il peut s'appliquer à des données non strictement sensorielles, comme l'impression de savoir ou celle d'imaginer : certains philosophes soutiennent que les états mentaux de type propositionnel (comme croire que P ou désirer que Q) donnent également lieu à des *qualia*, qui sont à l'origine de la compréhension par le sujet de ce qu'est l'état mental en question.

Il paraît indiscutable, à première vue du moins, que certains de nos états mentaux possèdent des *qualia* en ce sens qu'ils donnent lieu à une impression qualitative distinctive. On estime souvent que concéder cela revient à reconnaître qu'il y a des faits auxquels les sujets ont un accès épistémique privilégié, qu'ils peuvent connaître de manière infaillible, ou du moins avec une autorité exclusive. Mais comment expliquer le statut privilégié de l'accès aux *qualia* par le sujet de l'expérience, relativement à la connaissance de propriétés objectives correspondantes, telles que la température, la forme, la longueur, éminemment sujettes à erreur ?

L'une des façons de répondre à cette difficulté consiste à traiter les *qualia* comme un domaine irréductible à toute approche physicaliste (D. Chalmers, *The Conscious Mind*). Le *quale* devient alors une arme dans un dispositif d'argumentation dualiste. L'autre consiste à soutenir à l'inverse que l'existence des *qualia* ne menace pas la conception moniste matérialiste du monde, tout en reconnaissant qu'ils ne peuvent pas recevoir d'explication fonctionnaliste (soit une analyse qui s'appuie sur les relations causales entre un objet suscitant des *qualia* et les dispositions à croire et à agir du sujet). On fait en effet valoir qu'ils sont par nature des propriétés « intrinsèques », qui ne peuvent être explicitées par une approche différentielle et relationnelle. L'une des façons de le montrer consiste à imaginer qu'un sujet ait une expérience déviante de la couleur dans laquelle les couleurs du spectre sont inversées. Étant donné que l'apprentissage langagier est insensible aux caractéristiques intrinsèques de l'expérience, l'anomalie de ses *qualia* ne pourra être décelée par autrui, ni être détectée par une analyse relationnelle de type fonctionnaliste (N. Block et J. Fodor, « What Psychological States are not »). De même, personne ne pourrait déceler l'anomalie d'un sujet totalement dépourvu de *qualia*, mais qui donnerait les mêmes réponses verbales et comportementales qu'un sujet capable d'expérience qualitative.

Un dernier argument tire de la découverte des *qualia* la preuve de l'incomplétude du fonctionnalisme comme théorie du mental. Imaginons qu'un sujet, nommé Mary, a vécu dans un monde noir et blanc mais a étudié tout ce qu'il est possible de connaître sur la perception des couleurs. Supposons en outre qu'un jour Mary sorte de ce monde sans couleur et voie un objet rouge : il paraît indiscutable que Mary découvre alors un fait nouveau. Il convient donc de conclure que l'analyse fonctionnaliste n'offre pas une explication complète des faits mentaux (F. Jackson, « What Mary did not Know »).

Ces arguments ont donné lieu de la part des adversaires du dualisme à de nombreuses tentatives visant à montrer soit qu'une explication non fonctionnaliste des *qualia* est possible (par exemple, en étudiant les propriétés des neurones qui les implémentent) ; soit que les *qualia* font l'objet d'une connaissance pratique et non d'une connaissance conceptuelle ; soit enfin que les *qualia* sont un mythe dont la science doit se débarrasser (D. Dennett, « Quining Qualia » ; M. Tye, *The Imagery Debate*).

Joëlle PROUST

BIBLIOGRAPHIE

BLOCK Ned et FODOR Jerry, « What Psychological States are not », *Philosophical Review*, 1972, p. 159-181.

CHALMERS David, *The Conscious Mind*, Oxford, Oxford UP, 1996.

CLÉMENTZ François, « Qualia et contenus perceptifs », *in* J. PROUST (dir.), *Perception et Intermodalité. Approches actuelles de la question de Molyneux*, PUF, 1997, p. 21-56.

DENNETT Daniel, « Quining Qualia », *in* A. MARCEL et E. BISIACH, *Consciousness and Contemporary Science*, Oxford, Oxford UP, 1988, p. 42-77.

JACKSON Frank, « What Mary did not know », *Journal of Philosophy*, 83, 1986, p. 291-295.

TYE Michael, *The Imagery Debate*, Cambridge (Mass.), MIT Press, 1991.

OUTILS

CRAIG Edward (dir.), *Routledge Encyclopedia of Philosophy*, Londres-New York, Routledge, 1998.

CASATI Roberto, « Qualia », *in* O. HOUDÉ, D. KAYSER, O. KOENIG, J. PROUST et F. RASTIER (dir.), *Vocabulaire de sciences cognitives*, PUF, 1998.

QUIDDITÉ

Quiddité est un terme technique, calqué sur le latin scolastique *quidditas* (*quiditas*) traduisant le *to ti ên einai* [τὸ τί ἦν εἶναι] aristotélicien (on trouve aussi un calque latin, purement signalétique et grammaticalement mal formé : *quod quid erat esse*) : voir TO TI ÊN EINAI, et ESTI, *ÊTRE, SEIN*.

Le terme *quidditas* a été introduit par les traductions latines de la *Métaphysique* d'Avicenne. La *quidditas* a été ensuite surdéterminée comme réponse à la question *quid sit* (« qu'est-ce que c'est ? »), par opposition à la question *an sit* (« est-ce que c'est ? »), qui aura donné un fugitif *anitas*. Si la quiddité renvoie à l'essence telle qu'elle est articulée dans la définition, l'*anitas* renvoie à l'existence, ou mieux au *quod est*, « que c'est ». Voir ESSENCE, OMNITUDO REALITATIS, et cf. PRÉDICATION, RÉALITÉ, RES.

► *ACTE*, DE SUYO, *IL Y A*, SPECIES

R

RAISON Le français *raison* est issu du latin *ratio*, formé sur *reor*, « compter, calculer », d'où « penser, croire ». Le verbe latin traduit le grec *legein* [λέγειν], dont il retient deux grandes acceptions, mais deux seulement, « compter » et « penser ». La troisième grande acception du grec, « parler, discourir », qui désigne un troisième type de mise en relation et de proportion, est rendue par d'autres séries latines (*dicere*, *loquor*, *orationem* ou *sermonem habere*), si bien que, finalement, le mot grec *logos* [λόγος] est approché par les philosophes latins au moyen d'un syntagme, *ratio et oratio*, « raison et discours ». Chaque vernaculaire fragmente ainsi le sens de *logos* en une plus ou moins grande pluralité d'acceptions, représentées chacune par un ou plusieurs mots spécifiques. La première question dans la perspective de la différence des langues est donc celle de l'amplitude du sens de *raison* ou de ses « équivalents », et des réseaux diffractant le sens de *logos* puis de *ratio*. On la trouvera présentée sous LOGOS (voir aussi LANGUE, MOT, PROPOSITION).

Mais un autre complexe de problèmes surgit aussitôt. Le latin *ratio* recueille en effet le sens d'autres termes grecs, tels *nous* [νοῦς], « esprit », ou *dianoia* [διάνοια], « intelligence », qui font par ailleurs l'objet de traductions autrement techniques, comme *intellectus* ; si bien que le français *raison*, au sens de « rationalité », est un terme englobant, alors que *raison*, au sens d'« intellect » ou d'« entendement », est une faculté singulière et différenciée. Or, aucun des termes englobants ni aucun des systèmes d'opposition ne vient à recouvrement avec ceux d'une autre langue, d'ailleurs eux-mêmes en transformation. On trouvera sous INTELLECTUS le moyen de penser ces divergences à partir de la polysémie d'*intellectus* et du couple latin *intellectus-ratio* (cf. encadré 2, « *Intellectus* vs *intelligentia*, *ratio* vs *rationalitas* »), rapporté au grec *nous-dianoia*, et qui ouvre sur d'autres réseaux doctrinalement marqués, comme le couple kantien *Verstand/Vernunft*. À compléter par ENTENDEMENT et INTELLECT.

I. RAISON ET RATIONALITÉ

A. L'homme, l'animal, le dieu

Depuis la définition aristotélicienne de l'homme comme « animal doué de *logos* », que les Latins rendent par « *animal rationale* » en omettant la dimension discursive, la *raison*, ou le *logos*, est un propre qui définit l'homme par différence avec les autres vivants et/ou par participation à une nature divine ou cosmique : voir LOGOS et ACTE DE LANGAGE, ANIMAL, *DISCOURS* ; cf. DIEU, *HUMANITÉ*, *MONDE*, NATURE. Sur la dimension discursive proprement dite, voir également *ÉNONCÉ*, INTENTION, LANGUE, MOT, SENS, SIGNE, SIGNIFIANT, TRADUIRE.

Voir aussi POLIS, et BILDUNG, *CONSENSUS*, POLITIQUE, en ce qui concerne l'autre définition aristotélicienne de l'homme, comme « animal politique ».

B. Raison et déraisons

La *raison* s'oppose à la folie comprise comme « déraison », « démence ». Sur ce vocabulaire privatif qui est l'une des manières possibles de décrire la folie, voir FOLIE-DÉMENCE ; cf. *MALAISE*.

Plus largement, la raison est pensée par différence avec ce qui ne relève pas de son domaine et tombe hors de sa législation directe, mais que l'homme peut, selon certaines modalités, avoir en partage avec les autres animaux, comme la sensation, la passion, l'imagination, éventuellement la mémoire : voir PERCEPTION, IMAGINATION [BILD, FANCY, PHANTASIA], MÉMOIRE, PATHOS, *SENTIR* [FEELING, GEFÜHL/EMPFINDUNG].

Voir aussi, sur la manière dont la psychanalyse pense et nomme ces relations : ENTSTELLUNG, ES, INCONSCIENT, *MOT D'ESPRIT*, PULSION, VERNEINUNG, WUNSCH.

C. Rationalité et principe d'intelligibilité

La rationalité, définie par le *logos*, est liée à la logique comme art de parler et de penser, et à ses principes fondateurs. On trouvera sous PRINCIPE l'exploration du principe de non-contradiction (voir aussi HOMONYME) et celle du principe de raison (« *principium reddendae rationis* », « *Satz vom Grund* »). Voir plus largement *ÊTRE*, PRÉDICATION, SUJET, VÉRITÉ ; cf. ABSTRACTION, *ABSURDE*, *CHOSE*, UNIVERSAUX.

Enfin, la rationalité fonctionne comme principe d'intelligibilité du monde et de l'histoire, en particulier chez Hegel : voir ALLEMAND, ATTUALITÀ, AUFHEBEN, CLAIM, HISTOIRE UNIVERSELLE, LUMIÈRE, PERFECTIBILITÉ, PLASTICITÉ, *RUSE*, SÉCULARISATION, et cf. ci-dessous, II, C.

II. LES PARTITIONS DE LA RAISON

A. Diffractions sémantiques

S'il n'est pas de langue qui maintienne sous un seul mot l'ensemble des sens de *logos* (sauf à intégrer *logos* dans la langue en question), la répartition est plus ou moins proche du latin. Face au français classique, qui maintient sous *raison* la presque totalité des sens latins (y compris le sens mathématique de proportion « raison d'une série », « raison inverse »), un dictionnaire courant propose en allemand les termes suivants : *Vernunft, Verstand* (« faculté rationnelle » ; voir ENTENDEMENT et ci-dessous, B), *Billigkeit* (« acceptabilité » ; cf. CLAIM), *Recht* (« droit », *Recht haben,* « avoir raison » ; voir ÉTAT DE DROIT, LEX ; cf. DEVOIR, MACHT), *Grund* (« fondement », *Satz vom Grund,* « principe de raison » ; voir PRINCIPE), *Ursache* (« cause » ; cf. *CHOSE,* DASEIN, GEGENSTAND, RES), *Anlass* (« motif »), *Erklärung* (« explication » ; voir ALLEMAND, ENTENDEMENT, TRADUIRE), *Rechenschaft* (« calcul, compte rendu »), *Genugtuung* (« satisfaction » ; voir PLAISIR), *Firma* (« raison sociale » ; cf. ENTREPRENEUR), *Proportion, Verhältnis* (« relation, proportion ») [*Hand-Wörterbuch, F-D, D-F,* Weis-Mattutat, Klett-Bordas, 1968]. On voit à travers cet exemple que c'est l'ensemble du vocabulaire qui se trouve ainsi mobilisé.

B. Raison et facultés

On peut distinguer entre deux réseaux en interférence : le premier désigne la raison, identifiée à la pensée en général, dans son rapport à une instance corporelle et/ou spirituelle ; le second inscrit la raison dans une hiérarchie de facultés dont elle commande l'organisation.

Sur le premier réseau tel qu'il s'exprime dans les différentes langues, voir ÂME/ESPRIT (où l'on trouvera étudiées les principales distorsions, en particulier autour de l'anglais *mind,* l'allemand *Geist,* le français *esprit,* et les principales métaphores servant à exprimer le spirituel, depuis le grec, le latin et l'hébreu), *CŒUR,* CONSCIENCE. On soulignera les manières de désigner la raison et l'esprit qui paraissent les plus irréductibles d'une langue à l'autre : ainsi le grec LOGOS, MÊTIS, le latin INGENIUM, le basque GOGO et l'allemand GEMÜT ; cf. l'italien CONCETTO, et GÉNIE ; voir aussi ALLEMAND et FRANÇAIS.

Sur le second réseau, et les partitions qui ne se recouvrent pas, voir ENTENDEMENT (sous lequel est explicité le vocabulaire kantien, et en part. la distinction *Verstand/Vernunft*), INTELLECT, INTELLECTUS, *INTUITION,* REPRÉSENTATION, SENSUS COMMUNIS.

C. Raison spéculative, raison pratique

On distingue, de Platon et Aristote à Kant et au-delà, deux grands domaines de rationalité, la théorie ou raison spéculative et la pratique.

Sur le premier, voir ci-dessus (en part. II, B) ; cf. ÉPISTÉMOLOGIE, ESTHÉTIQUE, GEISTESWISSENSCHAFTEN.

Sur le second, on se reportera à ART, DEVOIR, GLÜCK, *LIBERTÉ,* MORALE, PHRONÊSIS, PRAXIS, *SAGESSE,* VOLONTÉ ; cf. *ACTE,* et ci-dessus, I, C.

► *CROYANCE, UTILE*

RÉALITÉ

lat.	*realitas, actualitas, forma, formalitas, entitas, entitas quidditativa*
all.	*Realität, Wirklichkeit, Wesenheit, Sachheit*
angl.	*reality, actuality, actualness*
esp.	*realidad, efectividad*
it.	*realtà, realtà effettiva, effettualità*

► *ACTE,* ATTUALITÀ, *CHOSE* [RES], ERSCHEINUNG, ESSENCE, *ÊTRE, FICTION,* GEGENSTAND, OBJET, SACHVERHALT, TATSACHE, TO TI ÊN EINAI, VÉRITÉ.

Le terme de realitas, *néologisme dû à Duns Scot, ne pose pas, en tant que tel, de problèmes de traduction, et il trouvera facilement sa transcription dans les langues européennes. En revanche l'identité conceptuelle qu'il pose entre « réalité », « formalité », « quiddité », « possibilité interne » induit une complète redistribution, sur la longue durée, et jusque dans l'après-Kant, du vocabulaire ontologique : on trouvera donc, selon des traditions parfois superposées chez un même auteur, l'équivalence de la réalité et de la teneur quidditative* (la Sachheit), *mais aussi le rapprochement de la réalité et de la factualité, voire de la réalité et de l'actualité ; c'est ainsi que la métaphysique scolaire allemande, fidèle à l'instauration scotiste et suarézienne, retraduira le vocabulaire de l'actualité* (actualitas, esse in actu) *dans le registre de l'effectivité* (wirklichkeit), *jusqu'à créer ce pseudo-doublet :* Realität / Wirklichkeit, *réalité / réalité effective.*
Si dans la plupart des langues européennes, encore qu'à des degrés très divers (cf. l'anglais reality), *le terme* réalité *est frappé d'une ambiguïté qui semble irréductible entre l'essence et l'existence, les quelques séquences du parcours historique ici proposé permettent d'en éclairer certaines inflexions et d'éviter quelques contre-sens induits par une lecture rétrospective.*

I. L'INVENTION SCOTISTE DE LA « REALITAS »

Dans sa première acception, scolastique, le terme *realitas* ne renvoie pas à l'adjectif *realis* ou à l'expression *esse reale*, au sens de ce qui existe comme posé hors de ses causes, mais bien à *res*, ce dernier terme étant pris dans son acception la plus large. Il s'agit donc d'un terme technique et d'une notion abstraite qui désigne précisément l'essence ou mieux l'essentialité de la *res* comme telle, abstraction faite de l'existence. C'est, semble-t-il, à partir d'Henri de Gand († 1293) et surtout de Duns Scot (1266-1308) qu'apparaît dans la tradition scotiste le terme de *realitas* dont le sens est d'emblée défini dans le contexte de la doctrine des « formalités », *i.e.* des traits ou des « notes » constitutives d'une essence déterminée. Si la *formalitas* n'est pas en effet elle-même une *res*, elle correspond pourtant à une réalité, c'est-à-dire à une détermination unitaire et consistante, susceptible d'être appréhendée objectivement par l'esprit (l'*entitas quidditativa* que la philosophie allemande classique rendra par

Wesenheit, essence ou mieux essentialité), contribuant ainsi à l'explicitation d'une essence ou d'une quiddité (Duns Scot, *Ordinatio* III, dist. 22, n. 5 ; voir TO TI ÊN EINAI). Sans doute les *realitates* ou les *formalitates* sont-elles dépourvues de toute existence à part et n'ont pas, comme telles, de statut ontologique défini ; elles ne subsistent que dans et par la *res* (ainsi les *realitates* sont-elles toujours *realitates rei*), dont elles se distinguent pourtant formellement *a parte rei*. Elles fondent ainsi la possibilité d'une distinction « réelle » (*i.e.* comme d'une chose par rapport à une autre), autrement dit d'une distinction qui n'est ni actuelle ni potentielle, mais seulement virtuelle ou justement *formelle*.

♦ Voir encadré 1.

Dans la tradition scotiste, la *realitas* désigne donc un terme plus large que la *res*, et qui possède un statut ontologique in-différent par rapport à l'effectivité. En effet la « réalité » ou la « formalité » sont indépendantes de l'intellect :

> *Et ideo potest concedi quod ante omnem actum intellectus est realitas essentiae qua est communicabilis, et realitas suppositi qua suppositum est incommunicabile ; et ante actum intellectus haec realitas formaliter non est illa.*
>
> [Et l'on pourra donc accorder qu'antérieurement à tout acte de l'intellect il y a la réalité de l'essence, par laquelle elle est communicable, et la réalité du sujet par laquelle le sujet est non-communicable ; et qu'antérieurement à l'acte de l'intellect, cette réalité-ci n'est pas formellement celle-là.]
>
> Duns Scot, *Ordinatio* I, dist. 2, pars 2, qu. 1-4, n. 403 ; éd. Vat., II, 357.

Ainsi entendue, la *réalité* se sépare radicalement du *fictum* ou de l'être de raison, et loin de se confondre purement et simplement avec la *res*, elle est composée des notes formelles (*formalitates*) ou des raisons (*rationes*) qui constituent distinctement l'essence complète de la « res », envisagée comme telle, dans la multiplicité de ses aspects ou de ses déterminations intelligibles :

> *Quodlibet commune et tamen determinabile, adhuc potest distingui, quantumcumque sit una res, in plures realitates formaliter distinctas, quarum haec non est illa.*
>
> [Tout ce qui est commun et pourtant déterminable, peut cependant être distingué, pour autant qu'il s'agit d'une chose une, en plusieurs réalités formellement distinctes, dont l'une n'est pas l'autre.]
>
> Duns Scot, *Ordinatio* II, dist. 3, qu. 6, n. 15.

1

« Res essentialis » vs « realitas actualis ». La reformulation de la distinction de l'essence et de l'existence chez Pierre d'Auriole

L'acception de *realitas* comme synonyme d'*entitas* ou de *formalitas* est beaucoup plus doctrinale (conformément à l'hyperréalisme scotiste) que lexicale, ce dont témoigne notamment un auteur comme Pierre d'Auriole (1280-1322), souvent proche de Duns Scot, même s'il ne se prive pas, par ailleurs, de le critiquer sévèrement. Quand il aborde, dans son *Commentaire des Sentences* (*Sent.* I., dist. 8, qu. 21), la question de la distinction réelle ou non de l'essence ou de l'existence — question dont la formulation classique a été fixée par Gilles de Rome —, Pierre d'Auriole peut bien poser la thèse, apparemment scotiste : « *nulla res differt realiter a sua realitate. Si enim differt, jam est alia realitas, et per consequens non sua* [aucune chose ne diffère réellement de sa réalité. Si en effet elle en différait, ce serait déjà une autre réalité, et donc pas la sienne] » (dist. 8, qu. 21, n. 60 ; éd. E.M. Buytaert, p. 900), le terme de *realitas* ici, qui peut s'entendre au sens de la *realitas essentiae* ou de la *res essentialis*, reçoit en vérité une tout autre acception, bien proche de ce que nous nommons aujourd'hui « réalité effective » (*realitas actualis*). Dans une longue et complexe argumentation, destinée d'abord à montrer négativement qu'il n'est pas possible de distinguer l'être et l'essence, Pierre d'Auriole illustre sa thèse (*esse lapidis est sua realitas* [l'être de la pierre est sa réalité]) en faisant appel à une démonstration par l'absurde d'où ressort clairement l'ambiguïté inhérente au néologisme *realitas* : d'un côté la formalité constitutive d'une essence ou d'une nature, susceptible d'être saisie dans son indifférence vis-à-vis de l'existence, ou mieux vis-à-vis de l'heccéité (*Ordinatio* II, dist. 3, p. 1, qu. 5-6, n° 187 ; éd. Vat., VII, 483), de l'autre l'existence effective d'une « réalité » actuelle :

> *Et si dicatur quod res sumitur dupliciter, uno modo pro re essentiali, — et sic non est verum quod esse lapidis sit sua realitas —, vel pro realitate actuali, et sic est verum ; unde in lapide actualiter existente sunt duae realitates, una quidem essentialis puta lapiditas, et alia accidentalis puta actualitas ; siquidem hoc non valet, quoniam realitas essentialis lapidis aut habet quod sit realitas ex ipso esse, aut habet seipsa et sine esse. Si habet sine esse quod sit realitas extra nihil et in rerum natura, ergo res sine esse potest esse extra nihil et in rerum natura ; quod est contradictio. Si vero habet quod sit realitas non a se sed per esse, aut esse imprimit suam realitatem et ita erit efficiens et imprimens, quod est impossibile ; aut non imprimit suam realitatem sed eandem communicat, et tunc habetur propositum quod esse est realitas essentiae, indifferens ab ea.*
>
> [Et si l'on dit que le terme « chose » se prend en deux acceptions : d'une part au sens d'une chose essentielle, — et alors il n'est pas vrai que l'être de la pierre soit sa réalité —, d'autre part au sens de la réalité actuelle, et alors cela est vrai ; il en résulte que dans la pierre existant effectivement, il y a deux réalités, l'une essentielle, à savoir la pierréité, et l'autre accidentelle, à savoir l'actualité ; pourtant la conséquence n'est pas bonne parce que, de deux choses l'une, ou bien la réalité essentielle de la pierre est telle qu'elle est réalité à partir de l'être lui-même, ou bien qu'elle est réalité par soi et indépendamment de l'être. S'il est possible que, indépendamment de l'être, elle soit réalité, hors du néant et <posée> dans la nature des choses, alors la chose pourra être hors du néant et dans la nature des choses, indépendamment de l'être, ce qui implique contradiction. Mais si elle est telle qu'elle est réalité non par soi, mais grâce à l'être, ou bien l'être imprime sa réalité et il sera <cause> efficiente et imprimante, ce qui est impossible ; ou bien il n'imprime pas sa réalité, mais la communique, et dans ce cas on aboutit à la thèse visée, à savoir que l'être est la réalité de l'essence, indifférent à celle-ci.]
>
> *Sent.* I, dist. 3, sect. 14, n. 31-32, éd. Buytaert, The Franciscan Institute Saint Bonaventure, New York, 1965, p. 696 *sq.*

On mesure aisément, devant la difficulté d'un tel passage et de sa traduction, l'importance de la réélaboration conceptuelle qui affecte ici les termes de « réalité », « être », « actualité », susceptibles de basculer du côté de l'essence ou de l'existence qu'on qualifiera justement d'*effective*.

La *res positiva* n'est donc pas d'abord la réalité individuelle et singulière posée *extra intellectum* [hors de l'intellect, dans la « nature des choses »], mais bien plutôt ce qui s'offre à l'esprit comme une *realitas*, c'est-à-dire comme un contenu de pensée (*Sachbestand*) dont la teneur propre et la rigueur interne suffisent à le distinguer essentiellement de la *res ficta* ou de la chimère. Cette élaboration de la doctrine scotiste de la *realitas* passe sans aucun doute par la discussion de l'analyse qu'Henri de Gand proposait s'agissant de *l'ens ratum* (*Quodlibet* IX, qu. 3, *in* corp.), et qui aboutit à une nouvelle détermination de la *ratitudo* (*Ordinatio* I, dist. 36, qu. 1, n. 48 ; éd. Vat., VI, 290). [Voir encadré 3, « *Res rata...* », sous RES.]

La *res* entendue *a ratitudine* désigne donc une réalité quidditative (*realitas quidditativa*), héritière de l'essence ou nature commune avicennienne (*equinitas est equinitas tantum* [l'équinité n'est rien d'autre qu'équinité]), et distincte à la fois de la fiction et de la réalité effective ou actuelle (*realitas actualis existentiae*) — celle qui est déjà, avant Kant, définie comme position. Ainsi Duns Scot, en appréhendant la réalité comme formalité, entend-il dépasser la détermination négative, trop large, qu'en donnait Henri de Gand, en l'opposant simplement au *purum nihil* :

> *Sciendum quod omnium communissimum omnia continens in quodam ambitu analogo est res sive aliquid sic consideratum ut nihil sit ei oppositum, nisi purum nihil, quod nec est, nec natum est esse in re extra intellectum, neque etiam in conceptu alicujus intellectus, quia nihil est natum movere intellectum nisi habens rationem alicujus realitatis.*
>
> [Il faut savoir que ce qu'il y a de plus commun, comprenant tout en soi, selon un cercle analogue, est la chose ou le quelque chose, envisagé de telle sorte que rien ne lui est opposé sinon le rien pur et simple, qui n'est pas et n'est pas susceptible d'être hors de l'intellect, dans la nature des choses, et qui n'est pas non plus dans le concept de quelque entendement, puisque rien n'est susceptible de mettre en mouvement l'entendement sinon ce qui a la raison de quelque réalité.]
>
> Duns Scot, *Quodlibet* VII, 1.

Selon cette même logique scotiste, sera ultimement définie comme *realitas*, et même comme *ultima realitas entis*, l'*entitas individuans* ou encore la *proprietas individui*, qui constitue l'*haecceitas* de tout être singulier.

II. LA POSTÉRITÉ DE DUNS SCOT À L'ÂGE CLASSIQUE

La portée de cet usage scotiste est considérable, jusqu'à Bolzano ou Peirce : on en trouve un témoignage très clair au XVIIe siècle, dans le *Lexicon philosophicum terminorum philosophis usitatorum* de Micraelius :

> *Realitas est aliquid in re. Ideoque in unaquaque re possunt multas realitates poni* [...]. *Realitates interim distinguendae sunt a re, in qua sunt. Sic in homine est realitas rationalitatis, animalitatis, substantialitatis.*
>
> [La réalité est quelque chose dans la chose. En sorte que en chaque chose peuvent être posées plusieurs réalités (...). Les réalités doivent être distinguées de la chose en laquelle elles sont. C'est ainsi que dans l'homme est présente la réalité de la rationalité, de l'animalité, de la substantialité.]
>
> Micraelius, Stetting, 1662[2], col. 1203-1205.

Ainsi, dans une tradition encore bien vivante au XVIIe siècle, mais que notre surévaluation rétrospective de la « rupture » cartésienne occulte trop souvent, *realitas*, *aliquitas*, *essentia* et *quidditas* demeurent des notions quasi synonymes (*Ordinatio* I, dist. 3, p. 2, qu. 1, n. 302 ; éd. Vat., III, 184). En dehors de la tradition scotiste, Godefroid de Fontaines par exemple (maître en théologie en 1285 à Paris où il enseigne jusqu'en 1304), cherchant à définir à son tour le mode d'être éternel de la créature dans l'entendement divin, parlera de *realitas*, celle-ci étant déterminée à présent comme *realitas objectiva* [réalité objective], *i.e.* susceptible d'être envisagée, avant toute position existentielle, dans son *esse objective* [être objectif], *i.e.* à titre de vis-à-vis susceptible de s'objecter à l'intellect :

> *Realitas et essentia vel quidditas creaturae ab aeterno est in actu secundum esse essentiae reale vel quidditativum. Oportet eas importare aliquam realitatem, quae esset objectum verum et reale.*
>
> [La réalité et l'essence ou la quiddité de la créature est de toute éternité en acte selon l'être réel ou quidditatif de l'essence. Il est nécessaire que celles-ci (réalité, essence et quiddité) impliquent une certaine réalité qui est un objet vrai et réel.]
>
> Duns Scot, *Quodlibet*, qu. 2 ; éd. Hoffmann, p. 190.

Autant de propositions qui demeurent rigoureusement inintelligibles si l'on comprend, dans leur sens aujourd'hui obvie, les termes « réalité », « réel », « objet ».

Avec la notion scotiste de *réalité*, on est en effet non seulement très loin, mais même aux antipodes de la notion moderne de l'existence ou de la réalité effective (*Wirklichkeit*). Dans cette perspective, même l'*ultima realitas*, c'est-à-dire le dernier trait caractéristique qui fait d'une *entitas quidditativa* [entité quidditative] une *entitas ut haec* [cette entité-ci distincte de toute autre et caractérisée ultimement par son *haecceitas*], et qui donc contribue à l'individuation, est encore de nature conceptuelle et ne comporte pas en elle l'*esse existere* [l'être de l'exister ou qu'est l'exister]. Étienne Chauvin, dans son *Lexicon rationale seu thesaurus philosophicus* (1692), résumera parfaitement l'usage scotiste du terme — encore défendu par des disciples tardifs (J. Poncius [J. Punch] (1603-1673), B. Mastrius (1602-1673), B. Bellutius (1600-1670), mais également transmis à la métaphysique scolaire par Suárez notamment —, en le définissant en ces termes :

> *Realitas est diminutivum dictum a re. Et a Scotistis, qui primi vocis hujus inventores fuere, distinguitur a re : quod res sit id quod per se potest existere et non sit pars rei : realitas autem sit aliquid minus re. Et ideo ponunt in unaquaque re plures realitates, quas alio nomine appellant formalitates : in homine v.g. plures realitates ex Scotistarum sententia, puta esse substantiae, esse viventis, animalitas, et ultima denique realitas, per quam constituitur esse hominis, tanquam per differentiam ultimam, et ea est rationalitas.*
>
> [Réalité est un terme dérivé de *res* (chose). La réalité est distinguée par les Scotistes, qui les premiers inventèrent

ce terme, de la *res*, parce que la *res* est ce qui peut exister par soi et qui n'est pas partie de quelque chose ; tandis que la réalité est quelque chose de moins que la chose. C'est pourquoi ils posèrent en chaque chose plusieurs réalités qu'ils appellent aussi d'un autre nom : formalités. Dans l'homme par exemple, selon la doctrine des Scotistes, il y a plusieurs réalités, à savoir par exemple l'être de la substance, l'être du vivant, l'animalité et enfin l'ultime réalité par laquelle est constituée l'être de l'homme, comme par une différence ultime, et c'est la rationalité.]

É. Chauvin, *Lexicon rationale seu thesaurus philosophicus*.

III. DESCARTES ET LA « RÉALITÉ OBJECTIVE » DE L'IDÉE

Si l'on veut comprendre et mesurer les décisions, à la fois doctrinales et terminologiques, des grands auteurs de l'Âge classique (Descartes, Spinoza, Leibniz, Malebranche...), on devra toujours garder présente à l'esprit cette toile de fond que constitue l'usage scotiste alors dominant, puisque c'est par rapport à lui que se définissent des écarts devenus pour nous invisibles. Chez Descartes, le terme *realitas* est toujours associé à un adjectif déterminant (réalité *formelle*, réalité *objective*, réalité *subjective*) et lié à la problématique de l'idée. La première occurrence cartésienne de la formule *realitas objectiva*, à propos de l'idée, figure dans la *Troisième Méditation* (AT, t. 7, p. 40, 15 et 41, 4) et elle appelle aussitôt des explications qui seront réitérées dans la Correspondance et les *Réponses* ; pourtant la formule elle-même n'a rien de neuf, mais c'est l'acception cartésienne qui fait difficulté, ou plutôt le contexte cartésien où l'expression apparaît.

Résumons ici de manière drastique une démarche archi-connue : *Sum res cogitans*, je suis une chose qui pense, et les *modi cogitandi* sont en moi comme en un sujet. J'ai renoncé, doute hyperbolique oblige, à l'hypothèse, c'est-à-dire ici à la position des *res extra me*, dont procéderaient les idées et auxquelles elles seraient semblables. La route qu'essaye alors de frayer Descartes est très étroite : « [...] *alia via mihi occurit* (p. 40, 5). — Mais il se présente encore une autre voie pour rechercher si, entre les choses dont j'ai en moi les idées, il y a en quelques-unes qui existent hors de moi. »

Les idées à titre de *cogitandi modi* sont toutes de même niveau ou dignité ontologiques, elles sont indifférenciables par soi, mais ces mêmes idées en tant qu'elles sont *tanquam rerum imagines* (AT, t. 7, p. 37, 3-4) [pour ainsi dire des images des choses], c'est-à-dire pour autant qu'elles *représentent* les unes une chose, les autres une autre, doivent pouvoir être distinguées. Comment opérer cette distinction ? Il faut ici trouver un nouveau principe, interne, de diversification ou d'in-égalisation entre les idées, ce qui implique d'envisager l'idée comme forme représentative, essentiellement référée à un contenu immanent. Ainsi l'idée pour Descartes est toujours d'étoffe mentale, mais elle ne s'en donne pas moins d'emblée pour représentative, ce qui revient à dire aussi, dans l'hypothèse du doute hyperbolique, qu'elle est alors ou d'abord représentative de rien (*nihil*, *nulla res*, en tout cas au sens de la *res extra animam*). Un tel emploi du terme *idée* pour désigner le contenu de la pensée humaine était tout à fait inédit et devait donc susciter de nombreux malentendus. La scolastique thomiste réservait en effet habituellement ce terme pour désigner les archétypes éternels dans lesquels Dieu pense les choses. Selon la doctrine la plus commune de l'École en effet, Dieu connaît les choses en pensant sa propre essence comme imitable ; il en a ainsi une connaissance *représentative* et purement intelligible.

Pour Descartes en revanche, l'idée est une chose pensée (*res cogitata*) qui comporte comme telle une double réalité : à titre de *modus cogitandi* d'une part (et en ce sens toutes les idées sont à mettre sur le même plan), et à titre de forme représentative, d'autre part, qui appréhende un contenu déterminé et une réalité intelligible *sui generis* :

> *Per realitatem objectivam ideae intelligo entitatem rei repraesentae per ideam, quatenus est in idea.*
>
> [Par réalité objective de l'idée, j'entends l'entité de la chose qui est représentée par une idée, pour autant qu'elle est dans l'idée.]
>
> AT, t. 7, p. 161, 4-6.

La réalité de l'idée, c'est précisément cette entité qui est à son tour une « chose » positive, fût-ce un *ens deminitum* [un être diminué ou déficient], ce n'est en tout cas pas rien, mais bien quelque chose à laquelle peut encore s'appliquer le principe de causalité, pris dans toute son universalité (*Deuxièmes Réponses*, *Axioma* III, AT, t. 7, p. 165, 7-9). Et s'il est vrai aussi (*Axioma* IV) que tout ce qui se rencontre de réalité ou de perfection en quelque chose (*realitas sive perfectio in aliqua re*), doit être présent dans sa cause, ou bien *formaliter* ou bien *eminenter*, il apparaît alors que la *realitas objectiva* de nos idées ne saurait échapper à ce principe général, jusqu'à découvrir l'« idée d'un être souverainement parfait » qui renferme en elle objectivement (*objective*) « tant de réalité objective, c'est-à-dire participe par représentation à tant de degrés d'être et de perfection », qu'elle requiert nécessairement une cause absolument parfaite (AT, t. 7, p. 41, 24-29 ; trad. fr. AT, t. 9, p. 11). Ainsi, à la faveur de la transposition cartésienne de la doctrine scotiste de la production des choses en Dieu selon leur *esse intelligibile*, l'idée envisagée dans sa réalité objective n'est ni *fictum quid*, ni *ens rationis*, mais bien *reale aliquid, quod distincte concipitur* (ni quoi que ce soit de fictif, ni un être de raison, mais bien quelque chose de réel et qui est conçu distinctement ; AT, t. 7, p. 103, 10-13).

IV. SPINOZA, LEIBNIZ : PERFECTION ET EXIGENCE D'EXISTENCE

Dans les *Principia philosophiae cartesianae*, où il expose fidèlement la doctrine cartésienne de la *realitas ideae*, Spinoza souligne la différenciation hiérarchisée du contenu objectivement représenté de l'idée, dès lors que celle-ci est envisagée dans sa *realitas objectiva* : « *illam scilicet* [*ideam*], *quae objective continet esse et perfectio-*

nem substantiae, longe perfectiorem esse, quam illam, quae tantum objectivam perfectionem alicujus accidentis continet » (cette idée qui contient objectivement l'être et la perfection de la substance est de loin plus parfaite que celle qui contient seulement la perfection objective d'un quelconque accident ; Gebhardt, t. I, p. 153, 29 - 154, 2). Ainsi, Spinoza, comme Descartes, et après Duns Scot, explicite lui aussi la *realitas* comme *entitas* (Gebhardt, t. I, p. 154, 27-31), et jusque dans l'*Éthique*, la *realitas* reste toujours associée à la *perfectio* (*Éthique* II, Def. VI).

Pour Leibniz également, l'acception ancienne de *realitas*, conforme à la tradition scotiste au sens large, demeure directrice et déterminante : la réalité ne caractérise pas prioritairement l'objet mondain extérieur à la conscience, mais le contenu ou la teneur de ce qu'elle appréhende à titre de quiddité ou d'essence, ou de ce qui est présente en elle *objective*. Comme on le voit notamment dans les définitions leibniziennes de la perfection qui font intervenir à chaque fois le concept même de *realitas* :

> *Ego definire malim perfectionem esse gradum seu quantitatem realitatis seu essentiae.*
>
> [Je préfère, quant à moi, définir la perfection comme le degré ou la quantité de réalité ou d'essence.]
>
> *Die philosophische Schriften*, éd. G. I. Gerhardt, t. 1, p. 366.

> *Perfectio est essentiae gradus seu quod quid plus habet essentiae vel realitatis, eo est perfectius.*
>
> [La perfection est le degré de l'essence, soit à dire aussi que ce qui a le plus d'essence ou de réalité est par là même plus parfait.]
>
> *in* E. Bodemann, *Die Leibniz-Handschriften der Königlichen Oeffentlichen Bibliothek zu Hannover*, Hanovre-Leipzig, 1895, p. 124.

> *Perfectio est gradus <seu quantitas> realitatis.*
>
> [La perfection est le degré <ou la quantité> de réalité.]
>
> G. Grua, Leibniz, *Textes inédits*, I, 11.

Ainsi la réalité définit bien quelque chose de positif (*aliquid positivum et absolutum*), à la mesure de l'essence, même si cette réalité, pour autant précisément qu'elle prétend ou aspire à l'existence selon son degré de perfection, requiert un fondement réellement ou mieux actuellement existant : « car il faut bien que s'il y a une réalité dans les essences ou possibilités, ou bien dans les vérités éternelles, cette réalité soit fondée en quelque chose d'existant et d'actuel, et par conséquent dans l'existence et l'être nécessaire » (*Monadologie*, § 44 ; cf. aussi *Théodicée*, § 184).

Mais que signifie « réalité » dans un passage si remarquable ? La réalité ne s'y oppose pas au possible, comme l'actuel au virtuel : il s'agit bien plutôt de la *réalité du possible* dans l'entendement divin, c'est-à-dire de sa consistance, de sa teneur ou déterminité propres. La réalité est d'emblée comprise comme *essentia* ou *realitas possibilis*, et c'est en tant que telle qu'elle apparaît comme *exigentia existentiae*. Ainsi la réalité, loin de s'opposer au possible à titre de catégorie de la modalité, en constitue l'être même ou le « moindre être » :

> *Omnia possibilia, seu essentiam vel realitatem possibilem exprimentia, pari jure ad existentiam tendere pro quantitate essentiae seu realitatis, vel pro gradu perfectionis quam involvunt.*
>
> [Tous les possibles, autrement dit tout ce qui exprime une essence ou une réalité possible, tendent d'un même droit à l'existence en fonction de la quantité d'essence ou de réalité, ou du degré de perfection qu'ils enveloppent.]
>
> *De rerum originatione radicali*, in *Die philosophische Schriften*, t. 7, p. 10.

Quand donc il arrive à Leibniz d'identifier la *realitas* et la *cogitabilitas*, ou même de réduire la première à la seconde (« *nihil aliud realitas quam cogitabilitas* [la réalité n'est rien d'autre que la cogitabilité] », in *Die philosophische Schriften*, t. 1, p. 271), il ne fait que tirer les ultimes conséquences du mouvement qui conduit par étapes de l'essence ou perfection réelle, à travers l'*essentia realis* suarézienne, au possible défini comme non contradictoire, pensable (*cogitabile in universum quatenus tale est* ; *Opuscules et Fragments inédits*, éd. Couturat, p. 511).

V. « REALITAS » — « REALITY »

Pourtant, on trouve aussi chez Leibniz certains emplois du terme *realitas*, ou plus nettement encore de l'adjectif *realis*, qui font signe en direction de l'acception post-kantienne du mot. Distinguant les phénomènes réels des imaginaires, Leibniz s'interroge par exemple, dans sa correspondance avec Clarke, sur la *réalité* de l'espace et du temps : espace et temps peuvent en effet être réduits à l'*ordo possibilium existentiarum*, puisque ni l'un ni l'autre ne comportent aucune *realitas*, abstraction faite de l'immensité divine ou de l'éternité :

> *Spatium, quemadmodum et tempus, nihil aliud sunt quam ordo possibilium existentiarum, in spatio simul, in tempore successive, realitasque eorum per se nulla est, extra divinam immensitatem atque aeternitatem.*
>
> [L'espace et d'une certaine façon aussi le temps ne sont rien d'autre que l'ordre des existences possibles, simultanément dans l'espace, successivement dans le temps, et leur réalité par soi est nulle, hors de l'immensité et de l'éternité divine.]
>
> *Die mathematische Schriften*, éd. G.I. Gerhardt, t. 7, p. 242.

> *Sciendum est ante omnia, Vim quidem esse quiddam prorsus reale, in substantiis etiam creatis ; at spatium, tempus et motum habere aliquid de ente rationis, nec per se, sed quatenus divina attributa, immensitatem, aeternitatem, operationem aut substantiarum creatarum vim involvunt, vera et realia esse.*
>
> [Il faut savoir avant tout que la force est quelque chose de tout à fait réel, même dans les substances créées ; tandis que l'espace, le temps et le mouvement ont quelque chose de l'être de raison, et ne sont pas par soi des choses réelles et vraies, mais seulement pour autant qu'ils enveloppent des attributs divins, l'immensité, l'éternité, l'opération ou la force des substances créées.]
>
> *Specimen dynamicum*, in *Die mathematische Schriften*, t. 6, p. 247.

La réalité en vient ainsi à désigner, par opposition à l'être de raison ou à l'être purement apparent et phénoménal, ce qui existe véritablement ou actuellement, indépendamment de la connaissance que peut en prendre un sujet conscient. Il est peut-être permis de voir là comme un écho lointain de cette nouvelle acception du terme *realitas* qui s'imposera progressivement dans la philosophie anglaise des XVIIe et XVIIIe siècles, quand le terme de *reality* devient synonyme d'« existence », même si l'on rencontre encore fréquemment, chez Berkeley notamment, la tournure classique *reality of ideas, reality of notions* — qui peut s'interpréter dans le droit fil de la tradition scolastique — pour souligner la vérité ou la validité des idées ; mais celle-ci renvoie déjà à la *reality of things* qui correspond cette fois à l'usage moderne du terme, pris comme synonyme d'« effectivité » (*Principles of Human Knowledge*, § 33-36 ; Locke, *Essay*, livre II, chap. 22, 30-32 ; livre IV, chap. 4).

Tandis que David Hume, dans le *Traité de la nature humaine* (livre I, 2e partie, « Des idées de l'espace et du temps »), oppose clairement « réalité » et « possibilité » : « [...] *the reality, or at least possibility, of the idea of a vacuum, may be proved by the following reasoning* [...] ». Ici la réalité (*reality*) se distingue, à titre de modalité, de la possibilité, tandis que dans la tradition scolaire allemande (ladite *Schulmetaphysik*) la *Realität* (*realitas*) est toujours du côté de la *possibilité*. Notons encore que chez Hume, pour nous en tenir à lui, le terme de *reality* apparaît le plus souvent dans la tournure adverbiale *in reality* pour indiquer ce qu'il en est en fait ou effectivement (*in fact and reality*), de même que l'adjectif *real* se trouve associé au « positif » ou à l'« existent » (*thing real and positive ; something real and existent*).

VI. L'HÉRITAGE KANTIEN : RÉALITÉ / RÉALITÉ OBJECTIVE, RÉALITÉ / EFFECTIVITÉ

Kant parvient à tenir ensemble deux acceptions tout à fait hétérogènes de la « réalité », l'une renvoyant, à titre de catégorie de la qualité, à l'usage scolastique, et ultimement scotiste, du terme, l'autre faisant signe, au titre de l'*objektive Realität* ou de l'*objektive Gültigkeit* (réalité objective, validité objective) non point, en amont, vers un usage cartésien tout à fait atypique, mais bien plutôt vers l'idée, pour nous obvie aujourd'hui, d'objectivité. Pourtant les premiers auteurs de l'après-Kant auront tôt fait de mettre fin à cette tension difficile : soit, avec Fichte et Schelling, en un premier temps, en faisant porter au terme de « réalité » (*Realität*) tout le poids de la positivité et de la position, jusqu'à lui prêter le sens tout à fait inattendu lexicalement de l'inconditionnalité (*Unbedingtheit* vs *Ding*) ou de l'activité/actuosité ; soit, avec Hegel, en lui subsistant, dans cette référence à l'actualité ou à l'« énergie » le terme de *Wirklichkeit*, « réalité effective », dont il faudra alors justifier l'usage emphatique, peu conforme à la langue usuelle.

A. La pluralité des acceptions kantiennes

L'œuvre de Kant constitue certainement un tournant décisif dans l'histoire des acceptions du terme de « réalité » (*Realität*), car si elle porte encore témoignage de l'acception scolastique, d'empreinte essentiellement scotiste, du terme latin *realitas*, sur lequel est calqué le *Fremdwort* « Realität », elle introduit en même temps à travers la notion de « réalité objective » et de réalisation (*Realisierung*) l'acception moderne du terme, telle qu'elle s'est imposée ensuite presque sans réserve. Pour Kant la réalité est une catégorie de la qualité (*Kritik der reinen Vernunft*, A 80/B 106) et non de la modalité, selon un usage qui se rattache, par-delà Wolff, à Suárez et ultimement à Duns Scot, puisqu'il désigne la détermination ou la déterminité qualitative d'une *res*, sa teneur-de-chose (*Sachgehalt*). Le terme latin qui figure encore dans la *Critique de la raison pure* (B 602 *sq.*) a pour équivalent strict *Sachheit*, qu'on se gardera de traduire par « choséité », au sens d'une chose extérieure physique (*Ding*).

Mais Kant est aussi celui qui, à la faveur de déterminations adjectives complémentaires (réalité *objective*, réalité *empirique*, réalité *subjective*, etc.), est à l'origine de l'acception aujourd'hui la plus commune : est réel au sens prégnant du terme de « réalité » ce qui est autonome, indépendant des conditions subjectives et du processus de connaissance, en un mot extérieur au sujet connaissant et donc doté d'un être extra-mental. Kant est enfin celui qui inaugure, indirectement sans doute, une distinction essentielle, propre aux langues germaniques entre *Realität* et *Wirklichkeit*.

Après Kant, le problème de la réalité porte le plus souvent sur l'être en soi des choses, abstraction faite du connaître, dans la tradition du doute cartésien relatif à la réalité du monde extérieur. En vérité, Descartes parlait d'existence et jamais de réalité au sens de l'effectivité (*Meditationes*, Méditation VI : « *De rerum materialium existentia et reali mentis a corpore distinctione* »), alors que dans l'essai kantien d'une « démonstration de la réalité du monde extérieur » (*Kritik der reinen Vernunft*, B 274 *sq.*), il s'agit toujours, à travers la réfutation de l'idéalisme, de démontrer la *Wirklichkeit*, la « réalité effective » de choses hors de moi et indépendantes du sens interne. C'est avec l'expression *objektive Realität* que l'on retrouve la problématique commune de ce qui est effectivement donné dans l'expérience sensible :

> *Wenn eine Erkenntnis objektive Realität haben, d.i. sich auf einen Gegenstand beziehen, und in demselben Bedeutung und Sinn haben soll, so muß der Gegenstand auf irgend eine Art gegeben werden können.*
>
> [Si une connaissance doit se rapporter à une réalité objective, c'est-à-dire se rapporter à un objet et avoir en lui signification et sens, il faut que l'objet puisse être donné de quelque façon.]
>
> E. Kant, *Kritik der reinen Vernunft*, A 155/B 194.

Seule la perception (*Wahrnehmung*) est donc susceptible de fournir la matière (*Stoff*) à nos concepts, et c'est elle aussi qui est l'unique « caractère de la réalité effective » (*Wirklichkeit*) (A 225/B 273). La connaissance ne peut donc avoir de réalité effective, c'est-à-dire rapporter ses concepts à des objets, que pour autant qu'un objet est donné de manière sensible. Si l'objet est donné, alors « l'expérience possible est ce qui [...] procure à toutes nos connaissances de la réalité (*Realität*) a priori » (A 156/B

195). Il n'y a donc réalité objective (*objektive Realität*) que pour autant que se trouve assurée ou attestée la relation de nos concepts à un objet (*Gegenstand, Objekt*). Ce qui fait la réalité *objective* d'un concept, c'est assurément son rapport à l'objet donné dans une expérience possible, mais, comme le soulignait notamment Heidegger, le concept lui-même, envisagé dans sa teneur réelle (*Sachgehalt*), renferme en lui, de manière latente ou implicite, cette référence à l'effectivité et à l'existence (*Interprétations phénoménologiques de la Critique de la raison pure de Kant*, in *GA*, t. 25, p. 310). S'agissant de l'espace ou du temps, la réalité empirique s'oppose à la « réalité absolue » (A 35/B 52) et définit leur « validité objective (*objektive Gültigkeit*) eu égard à tous les objets qui peuvent jamais être donnés à nos sens » (*loc. cit.*). Dire du temps, par exemple, que sa réalité est subjective, cela signifie donc que, si l'on fait abstraction des conditions subjectives de l'intuition empirique, il n'est plus rien : sa réalité est subjective, *i.e.* directement en rapport à l'expérience interne. Si en règle générale, et en particulier quand il associe réalité, substantialité, causalité, Kant refuse à ces concepts toute signification susceptible de déterminer un objet en dehors de leur usage dans l'expérience possible (A 677/B 705 ; A 679/B 707), il lui arrive aussi de définir la réalité de concepts idéaux en les distinguant des êtres de raison ou des pures chimères.

B. Fichte et Schelling : les distinctions ontologiques fondamentales de la langue allemande

Dans la *Grundlage* de 1794 (*Assise fondamentale de la doctrine de la science*), in *GA*, t. 1, 2, p. 288, Fichte note, en un sens peu kantien :

> Le Moi ne peut se déterminer que comme réalité (*Realität*), car il est posé comme réalité purement et simplement [...] et aucune négation n'est posée en lui [...] toute réalité (*Realität*) est posée dans le Moi, mais le non-Moi est opposé au Moi [...] Tout non-Moi est négation (*Negation*), et il n'a donc aucune réalité en soi (*es hat mithin gar keine Realität in sich*).

Et c'est sans doute en écho à Fichte que Schelling, dans le *Vom Ich*, emploie le terme de *Realität* : la réalité désigne ici non pas la « chose » (*Ding*), mais l'inconditionné (*das Unbedingte*) :

> La formation philosophique des langues, dont les grands traits demeurent surtout perceptibles dans les langues originelles, est une véritable merveille produite par le mécanisme de l'esprit humain. C'est ainsi que notre mot allemand *bedingen* (conditionner) ainsi que ses dérivés [...] est en fait un terme excellent, dont on peut presque dire qu'il renferme tout le trésor de la vérité philosophique. *Bedingen* (conditionner) désigne l'action par laquelle quoi que ce soit devient *Ding* (chose, choséifié), d'où il ressort du même coup que *par soi-même* rien ne peut être posé comme *Ding* (chose), autrement dit qu'une chose inconditionnée (*ein unbedingtes Ding*) est une contradiction dans les termes. *Inconditionné* est en effet ce qui ne peut être *transformé* en chose, ce qui ne saurait jamais devenir une chose (*zum Ding machen, zum Ding werden*).
>
> *Vom Ich*, § III, p. 89.

Le sous-titre du *Vom Ich* était en effet : *De l'inconditionné dans le savoir humain*, et son premier propos se définissait en ces termes : « *etwas zu finden, das schlechterdings nicht als Ding gedacht werden kann* [trouver quelque chose qui ne puisse absolument pas être pensé comme une chose] », c'est-à-dire aussi bien ce qui assure au savoir humain sa « réalité » (*Realität*). Dans le même ouvrage, Schelling revient un peu plus loin sur le privilège de la langue, allemande quand il s'agit de distinctions ontologiques aussi fondamentales que celles qui concernent l'être, l'exister, la réalité, l'effectivité :

> Il est frappant de constater que la plupart des langues ont cet avantage de pouvoir distinguer l'être absolu (*das absolute Sein*) de tout exister conditionné (*bedingtes Existiren*). Une telle différenciation, présente dans toutes les langues primitives, renvoie à un fondement originaire qui, dès la première élaboration de la langue, a déjà déterminé cette différenciation, sans même qu'on en prenne conscience. Mais il est non moins frappant de noter que la plus grande partie des philosophes n'a pas su cependant tirer parti de cet atout qu'offrait la langue. Presque tous employent les mots « être », « être-là », « existence », « effectivité » (*Sein, Dasein, Existenz, Wirklichkeit*), comme s'il s'agissait de termes quasi synonymes. Pourtant le mot *être* exprime manifestement l'être-posé pur et absolu (*das reine, absolute Gesetzsein*), tandis qu'*être-là (Dasein)* désigne déjà étymologiquement un être posé conditionné, limité (*ein bedingtes, eingeschränktes Gesetzsein*). Et pourtant on parle communément par exemple de l'*être-là* de Dieu (*Dasein Gottes*), comme si Dieu pouvait effectivement être-là, c'est-à-dire de manière conditionnée et empirique [...]. Celui qui peut dire du Moi absolu qu'il est *effectif* ne sait rien de lui. *Être* exprime l'être posé *absolu*, tandis que *être-là* exprime un être posé *conditionné en général, effectivité* un être posé conditionné *de manière déterminée*, par une condition *déterminée*.
>
> *Vom Ich*, AA I, 2, p. 137-138 ; § XV, Anmerkung 3, trad. fr. J.-F. Courtine, p. 144.

Considération lexicale qui se prolonge dans les *Lettres sur le dogmatisme et le criticisme* (6e Lettre, note 1 — A I, 3, 77-78) :

> Il est pourtant frappant de constater que la langue allemande marque déjà une distinction si précise entre l'*effectif* (*das Wirklicheit*) (ce qui est donné dans la sensation ou ce qui *opère* sur moi un *effet* (*auf mich wirkt und worauf ich zurückwirke*), et sur quoi j'ai un effet rétroactif), l'*étant-là* (*das Daseiende*), (ce qui est là *en général*, c'est-à-dire dans l'espace et le temps), et l'*étant* (ce qui est purement et simplement par soi, indépendamnent de toute condition temporelle).
>
> trad. fr. J.-F. Courtine, p. 180.

C. La réalité comme catégorie ontologique positive

Après Kant, c'est la distribution elle-même de la *Realität* et de la *Wirklichkeit*, respectivement dans le cadre des catégories de la qualité et de la modalité, qui tend progressivement à se brouiller. Dans ce processus, la critique kantienne de l'argument ontologique et la détermination kantienne de l'être comme position (*Setzung, Position*) auront sûrement joué un rôle déterminant : si Fichte, par exemple, dans l'*Assise fondamentale de la doctrine de la science* de 1794, continue d'opposer directement réalité et négation, en associant réalité, identité, possibilité et essentialité, il a tôt fait de souligner aussi que la réalité, qui trouve sa source ultime dans le Moi, doit être déterminée comme lui en termes d'activité et de position :

> Si l'on fait abstraction de tout juger à titre d'agir déterminé et si l'on ne considère que le mode d'action de l'esprit humain donné à travers cette forme, on obtient alors la *catégorie de réalité* (*die Kategorie der Realität*). Tout ce à quoi peut s'appliquer la proposition A = A a de la réalité (*Realität hat*) dans la mesure même où cette forme s'applique. Ce qui est posé par le simple poser d'une chose quelconque (posée dans le Moi) est en lui réalité (*Realität*), est son essence (*Wesen*).
>
> *GA*, t. 1, 2, p. 261.

À travers ces témoignages fichtéen et schellingien, on voit comment d'un côté l'usage kantien (réalité *vs* négation) se maintient fidèlement, et de l'autre comment s'instaure une nouvelle proximité doctrinale et conceptuelle, celle de la réalité et de l'activité — « actuosité », aurait dit Leibniz —, qui constitue sans doute ici une indispensable médiation historique. Ainsi, note Fichte : « *Aller Realität Quelle ist das Ich. Erst durch und mit dem Ich ist der Begriff der Realität gegeben.* [La source de toute réalité est le moi. C'est seulement par et avec le Moi qu'est donné le concept de réalité] ». Si le Moi est entendu comme activité (*Thätigkeit*), auto-position (*Sich-setzen*), la conclusion s'impose : « *Alle Realität ist thätig ; und alles thätige ist Realität. Thätigkeit ist* positive *Realität* [Toute réalité est active ; et tout ce qui est actif est réalité. L'activité est la réalité *positive*] ».

Dans le *Système de l'idéalisme transcendantal*, Schelling associe également réalité, égoïté, activité auto-positionnelle : « *Das Ich ist Prinzip der Realität, das Objekt hat abgeleitete Realität* [...] *es gibt einen höheren Begriff als den des Dinges, nämlich den des Handelns, der Tätigkeit* [le Moi est principe de la réalité, l'objet a une réalité dérivée [...] il y a un concept supérieur à celui de chose, à savoir celui de l'agir, de l'activité] » (in *Schellingswerke*, t. 3, p. 375). Hegel à son tour dans la *Science de la Logique* ne reprend la distinction kantienne que pour la subvertir, en réintroduisant le moment de la négation jusqu'au cœur même de la réalité comme catégorie de la qualité, dès lors que celle-ci est déterminée.

D. La réalité effective, « Wirklichkeit », prise emphatiquement

La célèbre formule de la *Préface* aux *Principes de la philosophie du droit* : « ce qui est effectif (*wirklich*) est rationnel (*vernünftig*) et ce qui est rationnel (*vernünftig*) est effectif (*wirklich*) » est aussi peu obvie en allemand que dans sa traduction française, comme en témoignent amplement les critiques dont elle a bientôt fait l'objet (Von Thaden, Haym...) et surtout les mises au point répétées auxquelles devra procéder Hegel. Ce qui signifie clairement que l'acception hégélienne du terme, même si elle fait fonds sur les ressources de la langue allemande et la série paronymique (*Werk, wirken, Wirkung, wirklich, Wirklichkeit, Verwirklichung*...), est d'abord doctrinalement construite. Dans l'addition au § 142 de l'*Encyclopédie* (1827-1830), Hegel dénonce l'opposition triviale entre idée, justesse, vérité et effectivité, prise au sens d'« existence extérieure sensible » :

> Les Idées ne sont pas simplement logées dans nos têtes et l'Idée en général n'est pas quelque chose de si impuissant que sa réalisation (*Realisierung*) ne devrait qu'à notre bon vouloir d'être opérée (*bewerkstelligen*) ou bien de ne pas être opérée, mais elle est bien plutôt ce qui est en même temps absolument efficient et aussi effectif (*das schlechthin Wirkende zugleich und auch Wirkliche*).
>
> trad. fr. B. Bourgeois, p. 575.

Ainsi l'effectivité ne sera pas confondue avec la réalité, ni l'effectif avec le réel, d'abord parce qu'il faut distinguer l'effectif et la simple apparition, *Erscheinung* (*Science de la Logique*), ensuite parce que, selon le bon usage de la langue, « on hésitera à reconnaître un poète ou un homme d'État qui ne peuvent rien accomplir de solide et de rationnel comme un poète véritable <*i.e.* effectif> (*wirklicher Dichter*) ou un homme d'État véritable <*i.e.* effectif> (*wirklicher Staatsmann*) » (*Encyclopédie*, addition au § 142). La philosophie, à l'inverse du sens commun, n'opposera donc pas l'idée ou l'idéalité à la réalité effective, mais reconnaîtra dans l'Idée cela seul qui est « le vrai » et la considérera comme *energeia* [ἐνέργεια], comme « l'intérieur qui est absolument au dehors (*das Innere, welches schlechthin heraus ist*) et par suite comme l'unité de l'intérieur et de l'extérieur, ou comme l'effectivité, dans le sens emphatique de ce mot, celui dont on parle ici » (*loc. cit.*). Revenant une nouvelle fois sur la formule de la *Préface* des *Principes*, Hegel précise encore dans l'Introduction de la seconde version de l'*Encyclopédie* (§ 6) qu'il importe de distinguer dans l'être-là (*Dasein*) ce qui est simple apparition (*Erscheinung*) et ce qui n'est que pour une part *Wirklichkeit*. Là encore, on distinguera le « côté des choses qui ne mérite pas le nom emphatique d'*effectivité* », le contingent, le possible, l'être-là, l'existence de l'*effectivité* (trad. fr. B. Bourgeois, p. 169). S'agissant du sens emphatique de l'*effectivité*, on s'en tiendra à l'exposé économique de l'*Encyclopédie* :

> L'effectivité est l'unité devenue immédiate de l'essence et de l'existence, ou de l'intérieur et l'extérieur. L'extériorisation de l'effectif est l'effectif lui-même (*die Äußerung des Wirklichen ist das Wirkliche selbst*), de telle sorte qu'en elle il reste aussi bien un essentiel (*ebenso Wesentliches bleibt*), et qu'il n'est un essentiel que pour autant qu'il est dans une existence extérieure immédiate (*in einer unmittelbarer äußerlicher Existenz*).
>
> *Encyclopédie*..., 1817, § 91.

Voilà bien, pour Hegel, la vraie réconciliation ou mieux le dépassement de l'opposition Platon-Aristote : l'Idée (*idea, eidos* [ἰδέα, εἶδος]) devenue effective (*energeia* [ἐνέργεια]). Et Hegel d'élucider la thèse, reprise de la *Science de la Logique* :

> Précédemment se sont présentées comme formes de l'immédiat l'être (*Sein*) et l'existence (*Existenz*) ; *l'être* est d'une façon générale immédiateté non réfléchie, et *passage* (Übergang) dans l'Autre. L'*existence* est unité immédiate de l'être et de la réflexion ; c'est pourquoi elle est *apparition* (Erscheinung), vient du fondement et s'y abîme (*kommt aus dem Grunde und geht zu Grunde*). L'effectif est *l'être-posé* de cette unité, le Rapport (*Verhältnis*) devenu identique avec soi ; il est par suite soustrait

au passage <dans l'Autre>, et son *extériorité* (*Äußerlichkeit*) est son énergie (*Energie*) ; il est en elle réfléchi en lui-même ; son être-là est seulement la *manifestation de lui-même* (die Manifestation seiner selbst), non d'un Autre.

trad. fr. B. Bourgeois mod., p. 393.

Ce commentaire, assez dense, donne les indications essentielles qui permettent de comprendre en quoi la thématisation « emphatique » hégélienne de la *Wirklichkeit* ne fait en un sens que prolonger l'usage terminologique fixé par Ch. Wolff et ladite métaphysique scolaire allemande, en quoi elle renoue aussi avec un des motifs classiques de l'existence entendue comme *ex sistere, poni extra causas*, mais aussi et surtout en quoi consiste proprement la nouveauté hégélienne. C'est celle d'une outre-phénoménologie qui ne s'en tient pas à l'apparition (*Erscheinung*) dans son mouvement indéfini de naître et de périr, mais s'efforce d'appréhender l'*extériorité elle-même* comme « énergie » (*Wirksamkeit*) : l'effectivité est manifeste et manifestation, manifestation de rien d'autre que de soi-même, et manifestation en soi-même, c'est-à-dire aussi bien « réflexion ». La *Science de la logique* précisait de son côté :

Ce qui est effectif peut agir (*was wirklich ist, kann wirken*) ; son effectivité fait connaître quelque chose par ce qu'il produit au jour (*seine Wirklichkeit gibt etwas kund durch das, was es hervorbringt*) ; son être-en-relation à l'autre est la manifestation de soi (*die Manifestation seiner*).

Wissenschaft der Logik, éd. G. Lasson, t. 2, p. 176 ; trad. fr. G. Jarczyk et P.-J. Labarrière, p. 256.

On aura reconnu là la plus haute figure hégélienne de l'esprit, celle-là même qui permet de conclure la « philosophie de l'esprit » de l'*Encyclopédie*, en son dernier chapitre (« l'esprit absolu ») par une longue citation d'Aristote, *Métaphysique*, Λ, 7, 1072b 18-30.

Jean-François COURTINE

BIBLIOGRAPHIE

BERKELEY George, *The Works of George Berkeley*, éd. A.A. Luce et T.E. Jessop, Londres-Édimbourg, T. Nelson, 1948-1955.

CHAUVIN Étienne, *Lexicon rationale sive thesaurus philosophicus : ordine alphabetico digestus, in quo vocabula omnia philosophica, variasque illorum acceptiones juxta cum veterum tum recentiorum placita explicare et universe quae lumine naturali fieri possunt — recludere conatus Stephanus Chauvinus. In fine operis exhibentur Figurae, quae variis machinis, variisque etiam naturae phaenomenis explicandis inserviunt*, Rotterdam, 1692.

DESCARTES René, *Œuvres*, éd. C. Adam et P. Tannery, Vrin, 1969.

DUNS SCOT, *Quaestiones super libros Metaphysicorum Aristotelis*, 2 vol., éd. R. Andrews, G. Etzkorn, G. Gál *et al.*, New York, The Franciscan Institute Saint Bonaventure, 1997.

— *Opera omnia*, éd. C. Balic, Cité du Vatican, 1950.

FICHTE Johann Gottlieb, *Grundlage der gesammten Wissenschaftslehre* [1794-1795], in *Gesamtausgabe*, t. 1 et 2, éd. R. Lauth et H. Jabob, Stuttgart, Fromman, 1969.

— *Nouvelle Présentation de la doctrine de la science* [1797-1798], trad. fr. et ann. I. Thomas-Fogiel, Vrin, 1999.

GODEFROID DE FONTAINES, *Quodlibeta V-VIII*, éd. M. de Wulf, J. Hoffmans, Louvain, « Les Philosophes belges », 1914-1924, t. 3-4.

HEGEL Georg Wilhelm Friedrich, *Werke*, nouv. éd. E. Moldenhauer et K.M. Michel, Francfort, Suhrkamp, 1970.

— *Wissenschaft der Logik*, éd. G. Lasson, Hambourg, Meiner, 1934 ; *La Science de la Logique*, 3 vol., trad. fr. P.-J. Labarrière et G. Jarczyk, Aubier-Montaigne, 1972-1981 ; *Encyclopédie des sciences philosophiques*, I, *La Science de la logique*, trad. fr. et ann. B. Bourgeois, Vrin, 1970.

HEIDEGGER Martin, *Interprétations phénoménologiques de la Critique de la raison pure de Kant* (*GA*, t. 25), trad. fr. E. Martineau, Gallimard, 1977.

HUME David, *A Treatise of Human Nature*, éd. P.H. Nidditch, Oxford UP, 3e éd. 1978.

KANT Emmanuel, *Kritik der reinen Vernunft*, éd. J. Timmermann, Hambourg, Meiner, 1998.

— *Kritik der praktischen Vernunft*, éd. K. Vorländer, Hambourg, Meiner, 2e éd., 1967.

LEIBNIZ Gottfried Wilhelm, *Die philosophische Schriften*, éd. C.J. Gerhardt, Berlin, 1875, repr. Hildesheim, Olms, 1960.

— *Opuscules et Fragments inédits*, éd. L. Couturat, 1903, repr. Hildesheim, Olms, 1966.

— *Textes inédits*, 2 vol., éd. G. Grua, PUF, 1948.

LOCKE John, *An Essay Concerning Human Understanding*, éd. A.C. Fraser, New York, Dover Publications, 1959.

MICRAELIUS Johannes, *Lexicon philosophicum terminorum philosophis usitatorum*, Stetting, 3e éd., 1662.

PAULUS Jean, *Henri de Gand. Essai sur les tendances de sa métaphysique*, Vrin, 1938.

PIERRE D'AURIOLE, *Peter Aureoli Scriptum super primum Sententiarum*, éd. E.M. Buytaert, New York, The Franciscan Institute Saint Bonaventure, 1952.

SCHELLING Friedrich Wilhelm Joseph, *Werke, Historische-Kritische Ausgabe*, éd. H.M. Baumgartner et W.G. Jabobs, Stuttgart, Frommann, 1976.

— *Sämtliche Werke*, éd. K.F.A. Schelling, Stuttgart, Cotta, 1856-1861.

— *Du Moi. Lettres philosophiques sur le dogmatisme et le criticisme*, in *Premiers Écrits* [1794-1795], trad. fr. J.-F. Courtine, PUF, 1987.

SPINOZA Baruch, *Opera*, éd. C. Gebhardt, Heidelberg, Carl Winter, 1925 ; 2e éd. Heidelberg, Carl Winter, 1972 ; vol. 5, *Supplementa*, Heidelberg, Carl Winter, 1987.

RÉCIT

RÉCIT *Récit*, sur le latin *recitare*, « lire à haute voix (une loi, un acte, une lettre), faire une lecture publique » (*citare* signifie d'abord « mettre en mouvement », d'où « pousser un chant »), est l'une des manières de désigner la narration. On trouvera sous ERZÄHLEN/BESCHREIBEN une comparaison entre les réseaux terminologiques français et allemands. Voir aussi ROMANTIQUE.

Récit est par ailleurs l'une des traductions possibles d'un certain nombre de mots grecs, en particulier de *muthos* [μῦθος], qu'on peut rendre aussi par « mythe » dans sa différence avec *logos* [λόγος] (« langage rationnel »), par « parole » dans sa différence avec *ergon* [ἔργον] (« acte »), par « récit dialogué » dans sa différence avec *diêgêsis* [διήγησις] (« simple narration »), par « fable » dans sa différence avec *êthos* [ἦθος] (« caractère »), par « fiction » dans sa différence avec *historia* [ἱστορία] (« récit des faits ») : voir HISTOIRE, LOGOS, MIMÊSIS. Voir aussi DESCRIPTION/DEPICTION (sur les différentes manières de « faire voir » et le vocabulaire de l'*ekphrasis* [ἔκφρασις], encadré 1), DICHTUNG, *FICTION* [et le vocabulaire de la « plastique », *PLASTICITÉ, ART*], *STYLE*.

► ACTE DE LANGAGE, *CHOSE, PHÉNOMÈNE*, RÉALITÉ, VÉRITÉ

RÉFÉRENCE *Référence* (sur le latin *referre*, « reporter, rapporter », *via* l'anglais *reference*, qui désigne le « renvoi à un livre » dans lequel on trouve certaines informations) est, avec *dénotation*, l'une des traductions reçues pour l'allemand *Bedeutung*, dans sa différence avec *Sinn* : voir SENS (en particulier V). Sur le rapport au référent, avec en particulier la sémantique médiévale de la *suppositio*, voir SENS (III, B), et SUPPOSITION ; cf. SACHVERHALT, INTENTION, SIGNE.

► *AUTORITÉ*, MOT, OBJET, RÉALITÉ, *RÉCIT*, SIGNIFIANT

RÈGLE *Règle* dérive du latin *regula*. Sur la *regula*, règle servant à mettre d'équerre, liée au « droit » (*directum*) et au pouvoir de « régir » (*rex*), on se reportera à LEX/JUS (cf. *DROIT*), avec l'encadré 1 sur le réseau grec d'équivalences « *Gnômôn, metron, kanôn* », qui ouvre non sur la problématique du droit mais sur celle de la juste mesure (voir PHRONÊSIS, et encadré 1, « Vrai/meilleur... », dans VÉRITÉ).

Règle est, avec *critère*, l'une des traductions reçues de l'anglais *standard*, désignant ce qui sert à évaluer puis à réguler l'expérience de manière plus régionale que la loi : voir STANDARD, et cf. la constellation de même famille autour de STAND. Le terme s'applique dans tous les domaines : comme règle du goût, de la morale ou de la production, le *standard* est une norme d'appréciation ou d'usage déterminée par la conformité (« standardisation »), voir ÉCONOMIE, GOÛT, UTILITY ; cf. ART, DEVOIR, *LOI*, MORALE, *OBLIGATION*, *VALEUR*.

Sur le rapport entre « régulier » et « séculier », voir SÉCULARISATION ; cf. BERUF, OIKONOMIA.

► *CULTURE*, *EXPÉRIENCE*

RELIGIO [LATIN] – fr. *religion, culte, crainte*

► ***RELIGION***, ET ***FOI***, ***CROYANCE*** [BELIEF, GLAUBE], DESTIN, DIEU, ***DROIT***, LEX, ***MONDE***, PIETAS, SIGNE, THÊMIS

C'est à partir de l'usage du terme religio *chez les philosophes latins que l'on peut comprendre l'extension donnée au mot dans l'occident chrétien. En latin de l'époque classique,* religio *ne recouvre jamais exactement les sens attestés pour le terme français* religion, *qui désigne en même temps un ensemble de pratiques cultuelles et les croyances sur lesquelles celles-ci se fondent. Or le culte romain ne s'articule pas sur des croyances. C'est le christianisme qui va unifier des usages distincts du mot* religio *et le définir en rapport avec un objet de croyance, comme l'exprime l'emploi du génitif objectif* « religio veri Dei [*la religion du Dieu véritable*] ». *Mais si l'apport original du christianisme consiste à donner un contenu doctrinal au terme, ce sont les philosophes romains du Ier siècle avant notre ère (Cicéron et Lucrèce) qui ont modifié les sphères d'utilisation du mot, et ce sont leurs polémiques qui ont fixé dans la langue les oppositions qu'ont reprises leurs lecteurs chrétiens, Lactance, Arnobe et Augustin.*

I. DE LA LECTURE DES SIGNES AU CULTE DES DIEUX

Dans ses emplois les plus fréquents, *religio* désigne l'attention scrupuleuse portée à des signes, qu'il s'agisse de manifestations extérieures à l'individu ou au contraire de modifications sur le plan psychologique, comme la peur, le doute, l'appréhension, qui prescrivent ou empêchent de prendre une décision. Ainsi utilisé, le terme *religio* ne s'applique pas exclusivement à la sphère des relations avec les dieux ; d'autre part, il ne se confond pas avec le respect porté à des codes ou à des prescriptions. Ces codes, en effet, ne sont pas rigoureusement fixés et les possibilités d'erreur sont grandes, à en juger par les nombreuses anecdotes consignées par les historiens romains (voir J. Scheid, *Religion et Piété à Rome*). L'évaluation de ce qu'il convient de faire reste donc subjective, découle d'une appréciation qui peut être fautive, et n'exclut jamais la peur.

Quand *religio* recouvre l'ensemble des pratiques cultuelles, comme le rappelle la définition de Cicéron, « *religio, id est cultus deorum* [la religion, c'est-à-dire les cultes rendus aux dieux] » (*La Nature des dieux*, II, 8), on peut affirmer que cet usage synthétique du terme résulte d'une prise de position philosophique. C'est ce qui ressort clairement de l'ensemble du texte d'où est tirée la définition. C'est un stoïcien qui parle, et qui veut prouver – contre ses interlocuteurs épicurien et néo-académicien – que la doctrine stoïcienne est la seule capable de coïncider avec les pratiques romaines, mieux, de leur conférer l'intelligibilité : dans cette perspective, il veut faire saisir l'unification des sens de *religio* en employant le terme dans six applications distinctes :

> Célius écrit que C. Flaminius, parce qu'il avait négligé les signes (*religione neglecta*), mourut à Trasimène et causa un grand préjudice à l'État [...] Ceux qui ont obéi aux injonctions qui leur étaient signifiées (*qui religionibus paruissent*) ont accru l'État. Si nous voulons comparer nos institutions avec celles de peuples étrangers, nous découvririons que nous sommes égaux ou même inférieurs pour tout le reste mais que pour la religion, c'est-à-dire le culte des dieux, nous sommes amplement supérieurs. Et en vérité, le respect des rites exerçait une telle contrainte (*tanta religionis vis*) chez nos ancêtres que certains généraux se sont acquittés des vœux qu'ils avaient faits aux dieux pour l'État – la tête voilée et prononçant les mots fixés – en s'immolant eux-mêmes. [...] Gracchus, qui n'en avait pas moins tenu les comices et qui se rendait compte que l'affaire allait causer des craintes à l'ensemble des citoyens (*in religionem populo venisse*) en fit le rapport au Sénat. Ainsi cet homme qui l'emportait sur tous par sa sagesse a préféré avouer l'erreur qu'il pouvait cacher plutôt que d'attacher à l'État une faute (*haerere in re publica religionem*) ; les consuls renoncèrent immédiatement à leurs pleins pouvoirs plutôt que de les garder un instant de plus en bravant les prescriptions religieuses (*contra religionem*).
>
> Cicéron, *La Nature des dieux*, II, 8-11.

II. L'OPPOSITION « RELIGIO »/« SUPERSTITIO »

Cette unification des divers emplois de *religio* – qu'autorise l'unicité du terme – se réalise aussi au moyen de l'opposition *religio/superstitio*. La distinction entre les deux termes, qui résulte des efforts de définition des philosophes et non pas des gardiens des rites, a permis de donner un contenu positif à *religio* au moment où

Lucrèce, au contraire, utilise *religio* exclusivement pour désigner l'observation craintive de rites incompris que l'on traduit généralement par « superstition » : « *turpis religio* » (II, 660), « *antiquae religiones* » (VI, 62). C'est contre ce sens donné à *religio* par Lucrèce qu'on doit évaluer la définition proposée par Cicéron dans le *De divinatione* :

> Il n'est pas vrai qu'on supprime la religion si l'on supprime la superstition. D'une part, on agit en sage quand on maintient les institutions des ancêtres en conservant les rites et les fêtes, d'autre part, la beauté du monde et l'ordre des phénomènes célestes contraint à reconnaître qu'il existe une nature supérieure et éternelle que le genre humain doit honorer de sa vénération.
>
> [*Nec vero superstitione tollenda religio tollitur. Nam et majorum instituta tueri sacris caerimoniisque retinendis sapientis est, et esse praestantem aliquam aeternamque naturam, et eam suspiciendam admirandamque hominum generi pulchritudo mundi ordoque rerum caelestium cogit confiteri.*]
>
> *De divinatione*, II, 148.

Le contenu donné à *religio* associe le maintien respectueux des rites – parce qu'ils ont été institués par les ancêtres – et la cause principale, selon la tradition philosophique grecque, de la formation de la croyance au divin, l'admiration pour l'ordre et la beauté du monde.

C'est à partir de cette définition qu'on peut comprendre l'évolution donnée au mot *religio* par les chrétiens bien qu'ils n'utilisent pas le même critère pour distinguer la religion de la superstition : ce n'est pas la manière d'honorer les dieux mais les dieux qu'on honore qui est discriminant : « La religion est le culte du vrai, la superstition du faux (*religio veri cultus est, superstitio falsi*). Ce qui importe, c'est ce à quoi on adresse un culte (*quid colas*), et non pas la manière de le faire (*quemadmodum colas*) » (Lactance, *Institutions divines*, IV, 28).

C'est également à partir du moment où on cherche à fonder par l'étymologie comment *religio* peut désigner à la fois une pratique et ce qui la qualifie, par opposition à la superstition, que la transformation du mot latin se joue. Dans le dialogue sur *La Nature des dieux*, le stoïcien proposait en effet cette double étymologie : « [...] ceux qui, pendant des journées entières, faisaient des prières et des sacrifices pour que leurs enfants leur survécussent (*superstites essent*), on les a appelés superstitieux (*superstitiosi*) [...] mais ceux qui examinaient avec soin et pour ainsi dire recueillaient (*tamquam relegerent*) tout ce qui se rapporte au culte des dieux ont été appelés religieux (*religiosi*) du mot *relegere*. » Par cette étymologie se trouve accentué ce qui, dans *religio*, renvoie à l'observation scrupuleuse et associe la pratique du rituel et la connaissance de ses fondements : *relegere*, c'est rassembler et relire pour comprendre, comme le fait à la même époque Varron dans les *Antiquités divines*.

III. « RELIGIO », « PIETAS », « SANCTITAS », « FIDES »

Une autre étymologie a été proposée par Lactance, qui fait au contraire ressortir le « lien » :

> *Hoc* vinculo pietatis *obstricti Deo et* religati *sumus : unde ipsa religio nomen accepit, non, ut Cicero interpretatus est, a relegendo.* [...] *Diximus nomen religionis a vinculo pietatis esse deductum quod hominem sibi Deus religaverit et pietate constrinxerit, quia servire nos ei ut domino et obsequi ut patri necesse est.*
>
> [C'est par ce lien de piété que nous sommes rattachés et reliés à Dieu. C'est de là que la religion a reçu son nom, et non pas, comme Cicéron l'a expliqué, du mot *relegere*. (...) Nous avons dit que le mot religion était déduit du lien de piété, parce que Dieu relie l'homme à lui et l'attache par la piété, puisque nous devons nécessairement le servir comme un maître et lui obéir comme à un père.]
>
> *Institutions divines*, IV, 28, 3-12.

Si l'étymologie de Lactance paraît moins fondée que celle des Stoïciens (voir É. Benveniste, *Le Vocabulaire des institutions indo-européennes*, vol. 2, p. 267-273), elle permet de comprendre en tout cas le moment critique où le terme *religio* va englober l'ensemble des relations aux dieux, en une synthèse des liens juridiques et moraux qui entrent dans la définition du mot à l'époque classique.

Lactance souligne en effet, avec le vocabulaire du lien *vinculum-religare-constringere*, l'importance de la *pietas*. Or le terme désigne, en latin classique, un type de relation qui suppose qu'on observe les devoirs liés à la reconnaissance d'un lien juridique (et non pas naturel), celui d'un fils pour son père en particulier. De là procède la définition « *pietas est justitia adversus deos* [la piété est la justice à l'égard des dieux] » (*La Nature des dieux*, I, 116). C'est également le rapport de droit qui prévaut dans *sanctitas*, recouvrant tout ce qui est protégé par la sanction des lois (*sancire*). Outre *pietas* et *sanctitas*, *fides* définit clairement la sphère juridique où se définissent les rapports de *religio* : *fides* désigne, à partir de la protection que le vainqueur doit au vaincu, la garantie assurée par l'État ou par les dieux qu'on implore « *pro fidem deum* ». Ce sont ces trois termes, associés dans des configurations sémantiques fluides, qui ont permis d'élaborer la définition proposée par Lactance.

L'infléchissement qu'ont subi ces trois termes s'est fait à partir d'un transfert des relations humaines aux relations avec les dieux. Dans le cas particulier de *fides*, l'infléchissement consiste à exploiter un autre champ, celui de la persuasion rhétorique : susciter la confiance (*fides*) de l'auditoire, obtenir son assentiment (*fides*). De la persuasion à la croyance, le passage se fait par le vocabulaire de la connaissance : « *fides est firma opinio* » (Cicéron, *Partitiones oratoriae*, 9). Ainsi *opiniones* peut désigner l'ensemble des connaissances que les ancêtres ont transmises sur les dieux qui, en tant que telles, sont aussi immuables que les rites institués : « je défendrai les croyances que nos ancêtres nous ont transmises sur les dieux immortels, les rites et les pratiques du culte [*opiniones quas a majoribus accepimus de dis immortalibus, sacra, caerimonias religionesque*] » (*De natura deorum*, III, 5).

En revanche on ne trouve pas d'équivalent, dans les emplois classiques, d'une « croyance en quelque chose ». Que les dieux existent ou non est une proposition rattachée à un verbe déclaratif, ou qui indique la décision (*placet* [*De natura deorum*, I, 62]) ou enfin qui développe, chez les Épicuriens et les Stoïciens, le contenu d'une

« prénotion » (voir *ibid.*, I, 44-45 ; II, 13). Objet d'affirmation ou de négation, la proposition « les dieux existent » ne peut pas être régie par *credere*, dont la valeur épistémologique est trop faible en latin classique. La meilleure approximation pour rendre compte d'un élément de croyance est le verbe *suspicari* (soupçonner, conjecturer) : « Tu blâmais ceux qui [...], voyant le monde, [...] ont soupçonné l'existence d'une nature excellente et éminente [...] (*suspicati essent aliquam excellentem esse praestantem naturam*). Mais toi, quel chef-d'œuvre peux-tu nous présenter [...] qui te fasse conjecturer l'existence des dieux (*ex quo esse deos suspicere*) ? » (*ibid.*, I, 100).

Clara AUVRAY-ASSAYAS

BIBLIOGRAPHIE

CICÉRON, *De natura deorum*, éd. Ax et Plasberg, Leipzig, Teubner, 1917 ; *La Nature des dieux*, trad. fr. et comm. C. Auvray-Assayas, La Roue à livres, 2002.

— *De la divination*, trad. fr. et comm. G. Freyburger et J. Scheid, La Roue à livres, 1992.

LACTANCE, *Institutions divines* IV, éd. et trad. fr. P. Monat, Cerf, « Sources chrétiennes », 1992.

SCHEID John, *Religion et Piété à Rome*, La Découverte, 1985.

OUTILS

BENVENISTE Émile, *Le Vocabulaire des institutions indo-européennes*, t. 2, Minuit, 1969.

RELIGION *Religion* est emprunté au latin *religio*, « attention scrupuleuse », qu'on rattache tantôt à la notion de « lien » (*religare*, « relier »), tantôt à celle de « recueil, collecte » (*religere*, « recollecter »), et qui englobe un ensemble de relations ritualisées avec les dieux, mais aussi des relations d'ordre juridique et moral. Sur le vocable latin et sa décisive inflexion chrétienne, voir RELIGIO et PIETAS ; cf. LEX.

Plus généralement :

1. Sur le rapport entre l'homme et le ou les dieux, sur la représentation du sacré, voir ALLIANCE, BOGOČELOVEČESTVO, DÉMON [DAIMÔN, DUENDE], DIABLE, DIEU ; cf. *DESTIN, HUMANITÉ*.

2. Sur le rapport entre l'homme, le ou les dieux et le monde, sur la médiation de l'Église, voir aussi BERUF, SÉCULARISATION, SOBORNOST' (et, sur la religion orthodoxe, *CONCILIARITÉ*) ; cf. *MONDE* [SVET, WELT].

3. Sur le vocabulaire de la croyance, le rapport entre foi et raison, voir CROYANCE [BELIEF, GLAUBE].

REPRÉSENTATION

lat.	*repraesentatio*
all.	*Vorstellung, Repräsentierung, Vertretung*
angl.	*representation, idea*

► ÂME, BEGRIFF, CONSCIENCE, ERSCHEINUNG, INTENTION, MIMÊSIS, PERCEPTION, PHANTASIA, PULSION, *RAISON*, SACHVERHALT, SENS, VÉRITÉ, VOLONTÉ

Le terme représentation *peut désigner une relation, une action ou un véhicule de représentation. Les termes allemands* Repräsentierung *et* Vertretung *sont surtout utilisés pour désigner l'action ou la relation de représentation. Chez Kant, la* Vorstellung *implique une relation de représentation, mais présente également les caractéristiques d'un véhicule. Selon Frege, la* Vorstellung *est un véhicule secondaire qui n'a aucune valeur intrinsèque de représentation. Frege utilise par ailleurs le terme* Vertretung *dans un sens différent, pour désigner la relation logique entre un concept et l'objet qui en « tient lieu ». Le terme anglais* representation, *comme le terme français correspondant, a été souvent opposé à* presentation *(présentation). On parle également de* représentations mentales *ou* internes *(mental or internal representations), par opposition aux* représentations linguistiques *et aux* représentations iconiques.

I. LA TEXTURE OUVERTE DU TERME DE « REPRÉSENTATION »

Le problème principal que pose le choix du terme *représentation* pour traduire un philosophème d'une langue étrangère est dû à sa texture ouverte : le concept qu'il exprime n'est que partiellement déterminé, et présente des marques (au sens de Frege, *Merkmale*, c'est-à-dire des caractéristiques que doit présenter tout objet qui tombe sous le concept ; voir MERKMAL) facultatives, parfois incompatibles entre elles. L'usage de ce terme soulève donc des questions auxquelles le philosophe et le traducteur doivent répondre s'ils comptent l'utiliser de manière cohérente. Il est utile de distinguer deux familles de questions pertinentes, bien que cette liste ne soit pas exhaustive.

A. « Représentation » : une relation, une action, un véhicule ?

La première question concerne le statut ontologique de la représentation. Le terme « représentation » peut être considéré comme la nominalisation du verbe « représenter », ou du verbe pronominal « se représenter ». Il désigne alors, soit une simple relation, soit l'action (relationnelle) de se représenter. Une représentation est en général la représentation *de* quelque chose. La notion de représentation enveloppe donc typiquement l'idée d'une relation. Depuis Brentano, cette notion est associée à celle d'intentionnalité, comprise ici comme la propriété qu'a une représentation de renvoyer à autre chose qu'elle-même (ou simplement à elle-même, dans le cas limite d'une représentation réflexive, telle que « La présente phrase est fausse »). La forme logique la plus simple d'une représentation est celle d'une relation dyadique : « x représente y » ou « x se représente y ». Dans le premier cas, x est le véhicule de la représentation (qui peut être une proposition, un état mental, une image, un tableau), et y est ce qui est représenté (une chose ou un état de choses). Dans le second cas, x est le sujet de la représentation, et aucun véhicule indépendant n'est mentionné. On peut combiner ces deux schémas en une forme unique, qui fait apparaître la représentation comme une relation triadique : « *x* représente *y* pour *z* », où *x* est le véhicule de la représentation, *y* ce qui est représenté, et *z* un interprète ou, dans la théorie de Peirce, un « interprétant » (*interpretant*), c'est-à-dire un signe additionnel produit dans l'esprit de l'interprète (cf. Peirce, *Elements of Logic*, § 208 ; voir SIGNE-SYMBOLE, IV, A).

Le terme « représentation » peut aussi être utilisé pour désigner, non pas la relation de représentation, mais l'un des termes possibles de cette relation, à savoir son véhicule. On parle alors d'une représentation comme d'une entité (proposition, état mental, tableau, etc.) qui représente quelque chose, éventuellement pour quelqu'un. En ce sens, un portrait, par exemple, n'implique pas seulement une relation de représentation à son modèle ; il « est » lui-même une représentation. Cet emploi, très courant, peut engendrer des confusions. En général, le véhicule d'une représentation est une entité extérieure à la relation de représentation, au sens où l'on peut caractériser le véhicule indépendamment du fait qu'il entre dans une relation de représentation. C'est ainsi que l'on peut identifier un tableau, par exemple, par ses propriétés matérielles (taille, forme, couleurs), indépendamment du fait qu'il représente quoi que ce soit. Dans d'autres cas, cette condition d'extériorité n'est pas remplie, ce qui conduit à réifier abusivement la représentation : celle-ci devient le terme postulé d'une relation de représentation sans qu'il soit possible de la caractériser autrement.

B. Le sens du « re- »

Une autre famille de questions concerne le caractère indirect ou médiat de la représentation. Le terme *représentation* laisse entendre, à cause du préfixe *re-*, que ce qui est représenté est également susceptible d'être simplement « présenté », c'est-à-dire que la représentation de quelque chose repose sur la présentation au moins possible de cette chose. La distinction entre présentation et représentation peut être entendue en un sens temporel, si par exemple on insiste sur le fait qu'une représentation doit être causée par une présentation. Mais la reprise peut aussi être entendue en un sens logique. Par exemple, on considère parfois que la représentation engage une articulation prédicative ou quasi prédicative : on représente *x* comme un F (comme un homme, comme une table), où F est un prédicat qui caractérise ou « typifie » ce qui est représenté. La présentation, quant à elle, serait « anté-prédicative », c'est-à-dire antérieure à la distinction entre ce qui est représenté et la manière dont on le représente.

II. LE PARADIGME KANTIEN : « VORSTELLUNG », « REPRÄSENTIERUNG », « VERTRETUNG »

Les termes allemands *Vorstellung*, *Vertretung* et *Repräsentierung* sont souvent traduits indifféremment par *représentation*. La traduction du corpus kantien a, sinon inauguré, du moins consacré la traduction de *Vorstellung* (de *vor-stellen*, littéralement « placer devant ») par *représentation*. De fait, Kant définit le concept technique de *Vorstellung* au moyen du verbe ordinaire *vertreten* (qui évoque *vor etwas treten*, « se mettre devant quelque chose »), dont *Vertretung* est la nominalisation : la *Vorstellung* est une « détermination (*Bestimmung*) en nous que nous rapportons à quelque chose d'autre (dont elle tient pour ainsi dire lieu [*vertritt*] en nous) » (Lettre à Beck du 4 décembre 1792, *AK*, t. 11, p. 395 ; trad. fr., p. 555 ; cf. Freuler, *Kant et la métaphysique spéculative*, p. 46). Par ailleurs, Kant utilise fréquemment comme synonyme de *Vorstellung* le terme latin *repraesentatio*, dont est directement issu *Repräsentierung*. Kant distinguera deux types principaux de représentation consciente : la représentation singulière ou intuition (*repraesentatio singularis*, *Anschauung*), et la représentation générale ou concept (*repraesentatio generalis*, *Begriff*) (voir ANSCHAULICHKEIT, BEGRIFF).

L'usage kantien du terme *Vorstellung* est non seulement compatible avec le profil sémantique du terme français « représentation », mais il répond explicitement aux principales questions laissées ouvertes par celui-ci. Premièrement, toute représentation est intrinsèquement dirigée vers un objet : « Toutes nos représentations ont, en tant que représentations, leur objet » (*Critique de la raison pure*, A108 ; trad. fr., p. 184). La *Vorstellung* est le terme d'une relation intentionnelle de représentation. En second lieu, la *Vorstellung* est « en nous », c'est-à-dire qu'elle est intrinsèquement subjective ou psychologique. Enfin, elle suppose une certaine distinction entre l'objet représenté et la manière de le représenter, que Kant appelle le « contenu » (*Materie* ou *Inhalt*) de la représentation.

Toutefois, l'association des deux premières marques du concept kantien de représentation peut engendrer une certaine tension intellectuelle. Alors que les termes *Vertretung* et *Repräsentierung* sont surtout utilisés pour désigner l'action ou la relation de représentation, le terme *Vorstellung* est employé par Kant pour désigner un état mental, une détermination en nous qui a valeur de représentation. Or, comment quelque chose peut-il être à la fois « en nous » et impliquer une relation à un objet représenté « hors de nous » ? Soit la *Vorstellung* kantienne a valeur intrinsèque de représentation, mais dans ce cas on aurait tort de la réifier, soit elle n'est qu'un véhicule de la représentation, et on peut en donner une caractérisation indépendante, mais apparemment Kant ne le fait pas. Quelque deux cents ans plus tard, Frege va résoudre cette tension de manière admirablement rigoureuse.

III. LE DÉTOURNEMENT FRÉGÉEN DE LA « VORSTELLUNG »

Frege reprend souvent le vocabulaire kantien en le détournant. Dans une note des *Fondements de l'arithmétique* (1884 ; cf. § 26, note 2), il reproche à Kant d'avoir associé au terme *Vorstellung* deux significations bien distinctes. Au sens subjectif, la représentation est de nature sensible, et s'apparente à une image mentale. Au sens objectif, elle n'a rien à voir avec le sensible, et est de nature logique. Pour éviter toute confusion, Frege réserve *Vorstellung* pour la désignation de la représentation subjective.

Ultérieurement, dans « La Pensée » (« Der Gedanke »[1918]), Frege donne au terme *Vorstellung* une acception plus générale. Frege reconnaît dans cet essai trois domaines ontologiques — trois « mondes » ou « règnes » (*Reiche*) d'entités ayant différents modes d'existence. Le premier monde est le monde extérieur (*Aussenwelt*), qui contient entre autres toutes les entités naturelles et donc objectives. Le deuxième monde, intérieur (*Innenwelt*), est celui des entités psychologiques, que Frege divise en *Vorstellungen* et *Entschlüsse* (volitions). Les représentations incluent les impressions sensibles, les créations de l'imagination, les sensations, les émotions, les sentiments, les états d'âmes, les inclinations et les désirs. Enfin, le troisième monde est celui des pensées (*Gedanken*), dont les constituants sont les « sens » (*Sinne*) des expressions linguistiques. Frege précise que les *Vorstellungen*, comme les pensées, ne sont pas accessibles à la perception sensible, mais que, contrairement aux pensées, elles appartiennent au contenu de la conscience et ont nécessairement un « porteur » (*Träger*, c'est-à-dire le sujet des représentations).

Sans doute, la traduction de *Vorstellung* par *représentation* est-elle ici inévitable, mais elle présente une difficulté : les *Vorstellungen* frégéennes n'ont pas la propriété d'intentionnalité, qui semble être une marque obligatoire de notre terme de « représentation ». Les impressions sensibles, par exemple, sont incapables de nous ouvrir au monde extérieur. La sensation de rougeur n'est une représentation de la rougeur qu'au sens où l'on parle de la danse d'une valse : de même que danser une valse ne consiste pas à se mettre en relation avec l'objet « valse », avoir une impression de rougeur ne met pas le sujet en relation avec la qualité « rougeur ». Seules les pensées (*Gedanken*), qui n'appartiennent pas au contenu de la conscience, sont capables de briser le cercle de nos représentations internes. Or la pensée n'a pas besoin de *Vorstellungen* pour être véhiculée : le véhicule principal de la pensée est le langage public — les représentations linguistiques. Les traducteurs anglo-saxons ont préféré traduire *Vorstellung* par *idea* plutôt que par *representation*, mais la difficulté qui vient d'être mentionnée ne disparaît pas pour autant : une idée est toujours l'idée « de » quelque chose, en principe distinct de l'idée elle-même.

Une réponse possible à cette difficulté consiste à interpréter la *Vorstellung* frégéenne comme un véhicule secondaire de la pensée, et donc comme un terme indépendant de certaines relations de représentation conceptuelle. La *Vorstellung* remplit la condition que nous avons énoncée pour qu'une entité soit considérée comme un véhicule : on peut la caractériser indépendamment de sa valeur de représentation, c'est-à-dire comme un élément de la conscience accessible à l'introspection. Par suite, une impression sensible, ou une image mentale, peut représenter un objet seulement en s'adossant à un arrière-plan conceptuel approprié :

> Le prédicat *vrai* ne peut être proprement attribué à la représentation elle-même, mais à la pensée que cette représentation dépeint un certain objet.
>
> [*Daraus ist zu entnehmen, dass eigentlich nicht der Vorstellung selbst das Prädikat* wahr *zuerkannt wird, sondern dem Gedanken, dass sie einen gewissen Gegenstand abbilde.*]
>
> *Écrits posthumes*, p. 155 ; *Nachgelassene Schriften*, p. 142.

Cette interprétation, qui a été mise en évidence par Dummett (*Les Origines de la philosophie analytique*), n'enlève certes rien aux différences essentielles qui opposent les notions kantienne et frégéenne de *Vorstellung*, mais elle justifie dans une certaine mesure la traduction, dans le corpus frégéen, de *Vorstellung* par *représentation*.

IV. FREGE ET LES PARADOXES DE LA « VERTRETUNG »

Frege utilise le verbe *vertreten* dans un sens très différent de celui de *vorstellen*. Dans « Concept et Objet » (« Über Begriff und Gegenstand »[1892]), Frege énonce le paradoxe célèbre suivant : bien que la ville de Berlin soit une ville et que le volcan Vésuve soit un volcan, le concept *cheval* n'est pas un concept. Aux yeux de Frege, l'expression « le concept *cheval* » ne peut désigner qu'un objet, car elle occupe la position grammaticale d'un sujet. Un objet est une entité complète, fermée sur elle-même, alors qu'un concept est de nature essentiellement incomplète ou prédicative. Il s'ensuit qu'il est impossible de désigner un concept directement, c'est-à-dire par le moyen d'une expression singulière, car celle-ci manquerait nécessairement le caractère incomplet du concept. Frege suggère alors que l'expression singulière « Le concept *cheval* » désigne un objet spécial, qui « représente » ou « tient lieu » (*vertretet*) du concept que l'on cherchait en vain à désigner directement. Dans les *Grundgesetze der Arithmetik* (1893-1903), Frege précise que cet objet n'est autre que l'extension du concept, ou plus précisément ce que Frege appelle son « parcours de valeurs de vérité » (*Wertverlauf*). Comme le fait observer Philippe de Rouilhan (*Frege et les Paradoxes de la représentation*, p. 60), l'extension est le « représentant » (*Vertreter*) du concept dans la catégorie des objets. (Notons la connotation juridique encore plus marquée de l'anglais, où *vertreten* est traduit par « *to go proxy for* », c'est-à-dire littéralement « agir en vertu d'une procuration ».)

Même si *vertreten* a été traduit ici par *représenter* (de Rouilhan lui-même parle des « paradoxes de la représentation »), il faut garder à l'esprit la distinction rigoureuse que Frege établit entre *vertreten* et *vorstellen*. Frege utilise principalement le verbe *vertreten* qui désigne une relation purement logique, ne devant rien au monde psychologique. Le substantif *Vertretung* doit donc être entendu comme la seule nominalisation du verbe *vertreten*. En revanche, l'expression *(sich) vorstellen* signifie « avoir des représentations », où celles-ci sont (comme nous l'avons vu) des entités essentiellement psychologiques.

V. PRÉSENTATION, REPRÉSENTATION ET REPRÉSENTATION MENTALE

Il est indéniable que le terme français *représentation*, de même que les termes anglais et allemand *representation* et *Repräsentierung*, ont parfois une connotation d'absence d'immédiateté. C'est ainsi que l'on peut comprendre le contraste sur lequel Husserl attire notre attention dans *Ding und Raum* (1907, p. 14-15 ; trad. fr. p. 36) entre l'objet de la perception, qui est là au présent et comme en personne (*als leibhafter*), et l'objet de l'imagination ou de la croyance, qui n'est que « représenté » (*vorgestellt*). Jacques Bouveresse (*Langage, Perception et Réalité*, t. 1, p. 54) s'est justement demandé (mais cf. É. Pacherie, « Théories représentationnelles... ») si un modèle de la perception comme construisant des « représentations internes » de l'environnement pouvait réellement rendre justice à cette observation de Husserl. La perception a bien un objet intentionnel, mais celui-ci semble être visé directement, sans l'intermédiaire d'une représentation interne.

La critique de la notion de représentation interne n'est pas propre à la phénoménologie. Dans les sciences cognitives, un courant important s'est opposé, surtout depuis les années 1980, au paradigme « cognitiviste » alors dominant, incarné par la « théorie représentationnelle de l'esprit » (*Representational Theory of Mind*) de Fodor. Selon cette théorie, notre accès cognitif à la réalité est médiatisé par des « représentations mentales » (*mental representations*), que Fodor lui-même conçoit comme essentiellement symboliques — c'est l'hypothèse du « langage de la pensée » (*language of thought*). Les détracteurs de Fodor dénoncent le caractère « intellectualiste » de la théorie représentationnelle de l'esprit, qui multiplie les représentations mentales là où des capacités essentiellement pratiques, ou « non représentationnelles (*nonrepresentational*) », rendent mieux compte de l'interaction intelligente d'un organisme avec son environnement (cf. B. Cantwell Smith, « Situatedness/Embeddedness » ; B. Van Eckardt, « Mental Representations »).

Sur le plan purement lexical, toutefois, les termes « présentation » et « représentation » ne sont pas toujours considérés comme contraires. Par exemple, John Searle tient les présentations (*presentations*) pour des *espèces* de représentations (*representations*). Selon Searle, la plupart, sinon tous les états intentionnels (*intentional states*) sont des représentations d'états de choses. Les présentations sont alors des représentations qui se caractérisent par leur caractère « direct », « immédiat » et « involontaire ». L'expérience visuelle, par exemple, est mieux décrite comme une présentation que comme une représentation, bien qu'elle soit en réalité les deux à la fois :

> L'expérience visuelle [...] ne se borne pas à représenter l'état de choses perçu, mais quand elle est satisfaite, elle nous y donne directement accès. En ce sens elle est présentation de cet état de choses.
>
> [*The visual experience (...) does not just represent the state of affairs perceived; rather, when satisfied, it gives us direct access to it, and in that sense it is a presentation of that state of affairs.*]
>
> *L'Intentionalité*, p. 65 ; *Intentionality*, p. 46.

Selon la taxinomie de Searle, le souvenir et les attitudes propositionnelles telles que la croyance, le désir et l'intention préalable ne sont que de simples représentations, alors que l'expérience perceptive et l'intention en action sont en plus des présentations.

Searle observe qu'il n'est pas « naturel » de décrire l'expérience perceptive comme une représentation, car « employer ce langage conduit presque fatalement à la théorie représentative de la perception (*representative theory of perception*) ». Selon cette théorie, le sujet percevant ne perçoit pas directement un objet physique, mais indirectement, par l'entremise de sa perception immédiate d'une « donnée sensorielle (*sense-datum*) », qui ne fait que représenter l'objet.

De manière générale, la critique de la représentation interne (ou mentale) peut prendre plusieurs formes. Par exemple, on peut se demander quel est le statut cognitif des représentations internes, et notamment si l'accès cognitif du sujet à ce qui est représenté doit passer par un accès cognitif à la représentation elle-même. Si notre seul accès cognitif à la réalité est de type représentationnel, une réponse affirmative à cette question semble conduire à une régression à l'infini (cf. B. Judge, *Thinking about Things*).

Une critique très différente, et indépendante de la précédente, concerne la thèse selon laquelle ce que l'on appelle « représentation » engage nécessairement une articulation propositionnelle, alors que la perception serait « anté-prédicative » (Husserl, *Erfahrung und Urteil*). À nouveau, cette thèse suppose une décision sémantique facultative. D'un point de vue strictement lexical, il n'y a aucune objection à considérer la perception, aussi immédiate soit-elle, comme une « représentation » (*representation*, *Repräsentierung*) de son objet.

Jérôme DOKIC

BIBLIOGRAPHIE

BOUVERESSE Jacques, *Langage, Perception et Réalité*, t. 1, *La Perception et le Jugement*, Nîmes, Jacqueline Chambon, 1995.

CANTWELL SMITH Brian, « Situatedness / Embeddedness », *in* R.A. WILSON et F.C. KEIL (dir.), *The MIT Encyclopedia of Cognitive Science*, Cambridge (Mass.), MIT Press, 1999, p. 769-770.

DUMMETT Michael, « Ursprünge der analytischen Philosophie », Francfort, Suhrkamp, 1988 ; *Les Origines de la philosophie analytique*, trad. fr. M.-A. Lescourret, Minuit, 1991.

FODOR Jerry, *The Language of Thought*, New York, Crowell, 1975.

— *Representations*, Cambridge (Mass.), MIT Press, 1981.

FREGE Gottlob, *Die Grundlagen der Arithmetik*, Stuttgart, Reclam, 1987 ; *Les Fondements de l'arithmétique*, trad. fr. C. Imbert, Seuil, 1969.

— « Über Begriff und Gegenstand » [1892], in *Funktion, Begriff, Bedeutung*, éd. G. Patzig, Göttingen, Vandenhoeck & Ruprecht, 1994 ; *Écrits logiques et philosophiques*, trad. fr. C. Imbert, Seuil, 1971.

— « Logik » [1897], in *Nachgelassene Schriften*, éd. H. Hermes, F. Kambartel et F. Kaulbach, Hambourg, Meiner, 1969 ; *Écrits posthumes*, trad. fr. J. Dubucs, trad. sous la dir. P. de Rouilhan et C. Tiercelin, Nîmes, Jacqueline Chambon, 1994.

— « Der Gedanke » [1918], in *Logische Untersuchungen*, éd. G. Patzig, Göttingen, Vandenhoeck & Ruprecht, 1993 ; trad. fr. C. Imbert, *Écrits logiques et philosophiques*, Seuil, 1971.

FREULER Léo, *Kant et la métaphysique spéculative*, Vrin, 1992.

HUSSERL Edmund, *Erfahrung und Urteil. Untersuchungen zur Genealogie der Logik*, éd. L. Landgrebe, Hambourg, Claassen & Goverts, 1954 ; *Expérience et Jugement. Recherches en vue d'une généalogie de la logique*, trad. fr. D. Souche-Dagues, PUF, 1970.

— *Ding und Raum, Vorlesungen 1907*, éd. U. Claesges, La Haye, M. Nijhoff, 1973 ; *Chose et Espace. Leçons de 1907*, trad. fr. J.-F. Lavigne, PUF, 1989.

JUDGE Brenda, *Thinking about Things : A Philosophical Study of Representation*, Édimbourg, Scottish Academic Press, 1985.

KANT Emmanuel, *Critique de la raison pure*, trad. fr. et prés. A. Renaut, Aubier, 1997.

— *Correspondance*, trad. fr. M.-C. Challiol, M. Halimi, V. Séroussi, N. Aumonier, M.B. de Launay et M. Marcuzzi, Gallimard, 1991.

— *Kant's gesammelte Schriften*, 23 vol., éd. Académie des sciences de Prusse et Académie allemande des sciences, Berlin, De Gruyter, 1902-1955 ; 9 vol., 1966-1979.

PACHERIE Élisabeth, « Théories représentationnelles de l'intentionnalité perceptive et *Leibhaftigkeit* de l'objet dans la perception », *Archives de philosophie*, t. 58, cahier 4, 1995, p. 577-588.

PEIRCE Charles Sanders, *Elements of Logic*, t. 2 des *Collected Papers*, éd. C. Hartshorne et P. Weiss, Cambridge (Mass.), Harvard UP, 1965.

ROUILHAN Philippe de, *Frege et les Paradoxes de la représentation*, Minuit, 1988.

SEARLE John, *Intentionality. An essay in the Philosophy of Mind*, Cambridge UP, 1983 ; *L'Intentionalité*, trad. fr. C. Pichevin, Minuit, 1985.

VON ECKARDT Barbara, « Mental Representation », *in* R.A. WILSON et F.C. KEIL (éd.), *The MIT Encyclopedia of Cognitive Science*, Cambridge (Mass.), MIT Press, 1999, p. 527-529.

OUTILS

GUTTENPLAN Samuel (dir.), *A Companion to the Philosophy of Mind*, Oxford, Blackwell, 1994.

HOUDÉ Olivier, KEYSER Daniel, KOENIG Olivier, PROUST Joëlle et RASTIER François (dir.), *Vocabulaire des sciences cognitives*, PUF, 1998.

WILSON Robert A. et KEIL Frank C. (dir.), *The MIT Encyclopedia of Cognitive Science*, Cambridge (Mass.), MIT Press, 1999.

RES, ENS LATIN – fr. *chose, quelque chose*

ar.	*šay'* [شيء], *ma'nā* [المعنى]	all.	*Ding, Sache, etwas*
gr.	*khrêma* [χρῆμα], *pragma* [πρᾶγμα], *ti* [τι], *ousia* [οὐσία], *on* [ὄν], *onta* [ὄντα]	angl.	*thing, something*
		esp.	*cosa, algo*
		it.	*cosa, qualcosa*

► *CHOSE*, et ESSENCE, ÊTRE, GEGENSTAND, HOMONYME, INTENTION, LOGOS, MOT, *NÉGATION*, OBJET, RÉALITÉ, *RIEN*, SACHVERHALT, SEIN, SENS, SIGNE, SIGNIFIANT

Rien ne destinait sans doute le mot latin res *à une si longue carrière philosophique, de Cicéron au « réisme » de Brentano, à travers la scolastique latine et la métaphysique scolaire allemande des XVIIe et XVIIIe siècles, sinon sa remarquable indétermination initiale. Cette carrière lui aura permis, en passant par la rhétorique, le champ économique, juridique, logique et enfin métaphysique, de se poser non seulement en possible équivalent du terme tenu pour le plus commun :* to on [τὸ ὄν], l'être ou l'étant, *mais encore de le déborder pour ainsi dire en direction du* quelque chose *ou* rien : aliquid/nihil, *jusqu'à s'ériger en terme absolument premier ou surtranscendantal. Tandis que, sur un autre versant sémantique, les dérivés* realis, realitas *ouvraient le champ de la formalité et de la possibilité.*

I. LES STOÏCIENS ET LA SÉMANTIQUE ARISTOTÉLICIENNE : « PRAGMA », DE LA CHOSE MÊME À L'INCORPOREL

L'histoire philosophique du mot *res* est sans doute assez étroitement parallèle à celle du terme grec *pragma* [πρᾶγμα] dont le sens est d'abord juridique et rhétorique (*Topiques*, I, 18, 108a 21 ; *Rhétorique*, III, 14, 1415b 4). Le *pragma* désigne le fait ou l'affaire qui doit être discuté, débattu et jugé dans un procès (*die Streitsache, um die es vor Gericht geht* ; W. Wieland, *Die aristotelische Physik*, p. 170) et pas seulement la réalité matérielle et individuelle donnée ou présente immédiatement. C'est pourquoi ce même terme peut aussi caractériser ce qui est visé par un mot ou une proposition, le sens ou l'état de choses dont il est question. Tel est certainement l'usage platonicien du terme dans la lettre VII, 341c : *to pragma auto* [τὸ πρᾶγμα αὐτό] ne signifie pas la chose en soi, mais bien plutôt l'affaire en question, « les problèmes » débattus ou la « matière » disputée, traduisait J. Souilhé. Et il est permis de voir dans ce passage de Platon l'ultime point d'ancrage de la maxime phénoménologique, aussi bien husserlienne que heideggérienne : « *Zu den Sachen selbst* », « *Zur Sache selbst* ». Les traducteurs latins, de Boèce à Guillaume de Moerbecke, n'auront aucun mal à restituer ces différentes acceptions par l'expression *res ipsa*.

L'opposition *logos-pragma* [λόγος/πρᾶγμα] ou *onoma-pragma* [ὄνομα/πρᾶγμα] passera tout aussi naturellement en latin, à la faveur notamment des traductions du *Peri hermeneias* par Boèce, sans que le terme *res* ne désigne exclusivement une réalité matérielle singulière, extérieure et transcendante au discours. Rappelons aussi que dans la célèbre ouverture du *Peri hermeneias* où Aristote distingue des *pragmata* [πράγματα] les *pathêmata tês psukhês* [παθήματα τῆς ψυχῆς], les affections de l'âme qui les reflètent et dont les formes vocales (*phônai* [φωναί]) sont les symboles ou les signes, *pragmata* répond davantage aux états de choses qu'aux choses matérielles et singulières (voir SIGNE) — cf. Aristote, *Métaphysique*, Δ, 29 : le fait « que la diagonale soit commensurable aux côtés du carré (*to tên diametron einai summetron* [τὸ τὴν διάμετρον εἶναι σύμμετρον]) », ou cet autre : « que tu es assis (*to se kathêstai* [τὸ σὲ καθῆσθαι]) » (1024b 19-20) sont ici proposés comme exemple d'énoncé d'un état-de-choses (*pragma*), d'un « being such-and-such », toujours faux ou tantôt vrai, tantôt faux (voir L.M. De Rijk, « Logos and Pragma in Plato and Aristotle », *in* L.M. De Rijk et H.A.G. Baakhuis (éd.), *Logos and Pragma. Essays on the Philosophy of Language in honour of Professor Gabriel Nuchelmanns*, Aristarium Supplementa III, Nijmegen, Ingenium publ., 1987).

Indication qui permet accessoirement de corriger heureusement l'interprétation trop souvent proposée du célèbre passage d'Aristote, dans les *Réfutations sophistiques* (165a 6-16), où le Stagirite fait remarquer qu'on ne saurait dans la discussion apporter « les choses mêmes dont on discute » et qu'il faut à la place « utiliser les mots comme symboles » [ἐπεὶ γὰρ οὐκ ἔστιν αὐτὰ τὰ πράγματα διαλέγεσθαι φέροντας, ἀλλὰ τοῖς ὀνόμασιν ἀντὶ τῶν πραγμάτων χρώμεθα ὡς συμβόλοις (...)]. Les « choses mêmes » ne renvoient pas d'abord à une réalité extramentale et asémantique, la pierre, le bœuf ou l'âne — qu'on aurait souvent bien du mal en effet à introduire dans la discussion —, mais à l'affaire dont il est question (« *die Sache, um die es in der Aussage geht ;* [...] *etwas, worum es in der Rede geht* », W. Wieland, *ibid.*, p. 159-160) [*contra*, voir HOMONYME, B, 3, et ci-dessous, encadré 1].

Les Stoïciens, d'après Sextus Empiricus (*Adversus mathematicos*, VIII, 11-12 ; SVF II, 166 ; A.A. Long-D.N. Sedley, *The Hellenistic Philosophers*, vol. 2, 33 B, p. 191), distinguaient de leur côté le signifiant (*to sêmainon* [τὸ σημαῖνον], *the signifier*, Long-Sedley), à savoir la forme vocale ou voix (*phônê* [φωνή], *utterance*, Long-Sedley), le signifié (*to sêmainomenon* [τὸ σημαινόμενον], *the signification*, Long-Sedley) qui est le *pragma*, le contenu conceptuel ou l'objet intentionnel indiqué par la voix (αὐτὸ τὸ πρᾶγμα τὸ ὑπ' αὐτῆς <φωνῆς> δηλούμενον, « *the actual state of affairs revealed by an utterance* », l'*intension*, De Rijk), et son corrélat extralinguistique : le substrat extérieur, *to ektos hupokeimenon* [τὸ ἐκτὸς ὑποκείμενον], à savoir l'événement, *to tugkhanon* [τὸ τυγχάνον] (*the referent*, De Rijk ; *the name-bearer*, Long et Sedley, vol. 1, p. 197 ; voir SIGNIFIANT). Max Pohlenz faisait remarquer que selon l'usage hellénistique τὰ τυνχάνοντα devait s'entendre comme une abréviation de *ha tugkhanei onta* [ἃ τυγχάνει ὄντα], ce qui est, ce qui se rencontre, se trouve être (*Die Stoa*, vol. 2, p. 22) (voir Pierre Hadot, « Sur les divers sens du mot *pragma* dans la tradition philosophique grecque », in *Études de philosophie ancienne*, Les Belles Lettres, 1998, p. 61-76).

♦ Voir encadré 1.

II. L'HÉRITAGE JURIDICO-ÉCONOMIQUE LATIN : « RES/BONA », « RES/CAUSA », « RES/VERBA »

S'il y a une histoire spécifiquement latine et préphilosophique du terme *res*, elle concerne vraisemblablement la sphère des biens (*bona*), de l'avoir, de la richesse ou de l'intérêt, comme il apparaît dans la comédie latine (Plaute, *Pseudologus*, 338 : « il n'est pas dans ton intérêt... [*ex tua re non est...*] », ou dans les expressions usuelles comme *rem augere* [accroître sa fortune] ou *in rem esse alicui* [être dans l'intérêt de quelqu'un]). Cette dernière acception est sans doute conforme à l'étymologie, s'il est vrai que le terme est apparenté au sanskrit *revan* (« richesse »), d'après A. Ernout et A. Meillet (*Dictionnaire étymologique...*, *s.v.*). Cette acception juridico-économique est présupposée par de nombreuses expressions composées : *res sua, aliena, privata, publica, venalis, extra commercium, mobilis, immobilis, in patrimonio, extra patrimonium*, jusqu'à *res corporalis*, pour désigner une chose matérielle, sensible et tangible par opposition aux *res incorporales*, tel le droit de propriété (Gaius, *Institutiones*, II, 12-14). Dans le domaine juridique, on distinguera la *res* : l'affaire en général, le ou les faits, et la *causa* : le chef d'accusation, la mise en cause sur laquelle prononcer ou non la culpabilité de l'accusé (« *de re et causa judicare* », Cicéron, *Partitiones oratoriae*, IX, 30 ; *De finibus*, I, 5, 15 ; II, 2, 5 ; II, 2, 6).

Dans le contexte général de la rhétorique latine, le terme *res* désigne de manière indéterminée la matière dont traite un discours, son objet (*res de qua agitur*), de sorte qu'il appartient en propre à l'orateur d'exposer une question ou une affaire (*rem exponere, rem narrare*). Faute de cette compréhension de l'affaire ou du *status quaestionis* (les *res subjectae*, Quintilien, *De institutione oratoria*, II, 21, 4), la rhétorique risque de s'effondrer en bavardage à propos de tout et de rien (Cicéron, *De oratore*, I, 6, 20 : « *Oratio* [...] *nisi subest res ab oratore percepta et cognita, inanem quandam habet elocutionem et paene puerilem* », ce qu'E. Courbaud traduisait assez librement : « [...] le discours s'il n'est pas soutenu par un fond de connaissances précises ne sera plus qu'un vain et frivole étalage de mots » (CUF).

Mais le mot *res* (tout comme le grec *pragma*) peut aussi renvoyer à des *pensées* comme dans cette description de l'*oratio* proposée par Quintilien : « *Orationem* [...] *omnem constare rebus et verbis* », auxquelles correspondent respectivement l'*inventio* quand il s'agit des *res* = pensées, et la *dispositio* quand il s'agit du discours proprement dit. Ainsi la rhétorique judiciaire distingue classiquement l'« affaire » dont il est jugé et les *circumstantiae rei* — l'étude des *circumstantiae* s'explicitant à son tour à travers les questions suivantes qui renvoient aux catégories aristotéliciennes : *quid, quale, quantum, ad aliquid ?* — tandis que la tradition rhétorique classe également les lieux (*loci*) en fonction de l'opposition *res-persona* (Quintilien, *ibid.*, V, 10, 23 ; Cicéron, *De inventione*, I, 24, 34).

III. « RES »/« CORPUS »

Il ne semble pas, en dépit de quelques passages de Tertullien qui rapproche choséité et corporéité, que la *res* ait été d'emblée comprise comme *solida* ou associée au *corpus*. À vrai dire l'usage même du mot *substantia* chez Tertullien (*substantia corporis*) ou la définition qu'il en donne : « *ipsa substantia est corpus rei cujusque* », militerait plutôt en faveur de l'essentielle indétermination de la *res*, après qu'elle a occulté sa connotation économique originelle (cf. J. Moingt, *Théologie trinitaire de Tertullien*, Paris, 1966-1969, 4 volumes dont un précieux volume d'index et de répertoire lexicographique). C'est sans doute encore cette indétermination du terme qui aura permis telle tentative réfléchie de transposition ou d'explicitation du grec *ousia* [οὐσία] : « *Quomodo dicetur* οὐσία — res *necessaria, natura continens fundamentum omnium ?* [comment sera rendue l'*ousia*, la *chose* nécessaire, la nature où réside le fondement de tout ?] », demandait Sénèque, dans la célèbre Lettre 58, qui commence par déplorer la pauvreté du vocabulaire latin quand il s'agit d'exposer la philosophie de Platon : « *Quanta verborum nobis paupertas, immo egestas sit, num quam magis quam hodierno die intellexi* [Que notre vocabulaire est pauvre, pour tout dire, indigent. Jamais je ne l'ai compris comme aujourd'hui] », trad. fr. H. Noblot).

Et Cicéron, dans ses *Topiques* joue encore de cette généralité d'un terme susceptible de désigner aussi bien des choses qui sont (« *earum rerum quae sunt* »), comme *fundus, penus, aedes, parietes, pecus*..., que des choses intelligibles (« *earum quae intelliguntur* »), privées de toute *substantia corporis*, comme par exemple *ususcapio, tutela, agnatio*...

> [...] *unum earum rerum quae sunt, alterum earum quae intelliguntur. Esse ea dico quae cerni tangive possunt, ut fundus, aedes, parietatem, stillicidium, mancipium, pecudem, suppellectilem, penus et cetera ; quo ex genere quaedam interdum vobis definienda sunt. Non esse rursus ea dico quae tangi demonstrarive non possunt, cerni tamen animo atque intellegi possunt, ut si ususcapionem, si tutelam, si gentem, si agnationem definias, quarum rerum nullum subest corpus...*

> [(...) un groupe comprend les choses qui sont, l'autre celles qui sont intelligées. Je dis que sont celles qui peuvent être vues ou touchées, tel le bien fonds, la maison, mur, gouttière, esclave et gros bétail, menu bétail, meubles meublants, provisions, etc. ; de ce groupe certains éléments sont parfois à définir. Par contre je dis que ne sont pas ces réalités qui ne peuvent être touchées ni montrées du doigt, mais qui peuvent cependant être vues et intelligées par l'esprit, comme si je devais définir l'usucapion, la tutelle, la gens, l'agnation, toutes choses qui n'ont aucun substratum corporel...]
>
> Cicéron, *Topiques*, VI, 27 ; trad. fr. H. Bornecque mod.

J. Lohmann soulignait de son côté que pour traduire la doctrine stoïcienne, qu'il expose comme allant de soi, et qui fait du *ti* le concept le plus général, Cicéron recourt naturellement au terme *res* : la *res* se laisserait diviser sans difficulté entre les choses qui sont (*quae sunt*) et celles qui sont intelligées (*quae intelliguntur*) ; de ces dernières il est permis de dire qu'elles ne sont pas (« Vom ursprünglichen Sinn der aristotelischen Syllogistik », in *Lexis, Studien zur Sprachphilosophie, Sprachgeschichte und Begriffsforschung*, I, 1951, p. 205-236). Pourtant, l'opposition de langue à langue, sur laquelle J. Lohmann prétendait faire fonds, doit être pour le moins relativisée, si l'on songe seulement à tel passage de l'*Ars Grammatica* de Denys le Thrace (*Grammatici Graeci*, I, 1, éd. G. Uhlig, 1883, p. 24, 3) : « [...] le nom est une partie du discours susceptible de déclinaison, signifiant un corps (*sôma*) ou un incorporel (*pragma*) : un corps comme "pierre" ou un incorporel, comme "éducation"... » (cit. et traduit par P. Hadot, *Études de philosophie ancienne*). « On peut regretter d'être obligé de traduire *pragma* par "incorporel", terme évidemment sans rapport avec l'étymologie de *pragma*, mais tout autre traduction semble impossible », concluait P. Hadot. Pas tout à fait impossible, si l'on songe à la traduction latine de Donat (*Grammatici Latini*, t. 4, p. 355, 5, éd. Keil) que Pierre Hadot citait d'ailleurs lui-même en note : « *Pars orationis cum casu corpus aut rem proprie communiterve significans*... [la partie du dis-

1

Les manières de dire « chose » en grec

► LEX (encadré 1, « *GNÔMON, METRON*... »), PRAXIS, SEXE (encadré 1, « MASCULIN... »), VORHANDEN

Si l'on part des vernaculaires, par exemple du français *chose*, la rétroversion grecque la plus courante est évidemment le neutre ; tout particulièrement le neutre des participes substantivés, qu'on rend comme on peut en ajoutant « chose » ou « objet » (voir par exemple « *Aisthêton* », encadré 1 dans SENS ; cf., sur l'article, « *To* », « *auto* », encadré 2 dans JE), ou encore le neutre des pronoms relatifs et des démonstratifs (F. Ildefonse et J. Lallot innovent en proposant pour les relatifs du début des *Catégories* d'Aristote : « On dit homonymes les *items* (*hôn* [ὧν]) qui n'ont de commun qu'un nom »). Mais ce ne sont là que des « choses » explétives, par défaut et par projection (voir OBJET). De même pour l'indéfini *ti* [τι], qui accentué fonctionne comme interrogatif (« quoi ? », « quel ? ») : il n'a d'autre équivalent que « quelque chose » (*kalon ti* [καλόν τι], « quelque chose de beau »), même quand il désigne dans la doctrine stoïcienne cet étrange et remarquable genre suprême, « le quelque chose » précisément (*to ti* [τὸ τι], *quid* : Sénèque, Lettre 58, 24 ; *res*, dit aussi Cicéron : voir ci-dessus, III), qui englobe à la fois les corps et les incorporels et qu'un Plotin juge « incompréhensible » (*Ennéades*, VI, 1, 25, 6-10).

Il existe cependant en grec des manières directes et « sémantisées » de désigner ce que nous entendons nous-mêmes par *chose* au sens plein, *via* les acceptions latines de *res* et de *causa*, même s'il n'y a, on va le voir, aucune équivalence. Deux mots se trouvent alors en concurrence, chacun marqué par son étymologie, *pragma* et *khrêma* [χρῆμα].

Pragma dérive de *prassô* [πράσσω], intransitif seulement chez Homère au sens d'« aller jusqu'au bout, parcourir », mais régulièrement transitif : « achever, accomplir, travailler à, traiter une affaire, pratiquer » (Chantraine, *s.v.*). Plus concret que *praxis* [πρᾶξις] qui désigne proprement l'activité (voir PRAXIS), *pragma* désigne le motif ou le résultat de cette activité : la chose comme rapportée à une action, la tâche, l'affaire, la réalité concrète, l'objet. Au singulier, s'entendent ensemble ce dont il s'agit, ce qui est en cause (dans le procès par exemple), et ce qui est effectif et réel, ce qui est le cas — d'une manière comme de l'autre, il y va, peut-on dire très justement, de la chose même (*auto to pragma* [αὐτὸ τὸ πρᾶγμα]), au plus près de ce que dira *res* dans ses premières acceptions, du juridico-économique à l'objet de la pensée. Mais le pluriel, *ta pragmata*, est décidément plus concret : il désigne « les réalités » du monde extérieur dans lequel on agit, à savoir les choses qui se sont produites, « les faits », et les choses dont on traite, « les affaires », publiques ou privées ; c'est le terme philosophique le plus courant pour désigner les objets du monde, y compris les réalités naturelles, en tant que l'homme vivant et connaissant s'y implique (« si les choses extérieures [*ta pragmata*] sont nombreuses et en mouvement les unes vers les autres », Mélissus, 30 A 5 DK, I, p. 260, 974a 25, par ex.) ; c'est d'ailleurs pourquoi je ne saurais souscrire à l'interprétation de Pierre Hadot retenue ci-dessus pour le début des *Réfutations sophistiques* : si l'homonymie est pour Aristote dans ce passage le mal radical du langage, c'est qu'il y a bel et bien plus de « choses » que de mots, plus de réalités concrètes dont on a à traiter que de mots à disposition dans la langue naturelle (cf. B. Cassin, *L'Effet sophistique*, p. 344-347, et n. 8, p. 386 *sq.*). On peut comparer cette « réalité » liée à la pratique et la *Wirklichkeit*, qui s'attache aussi à un *Wirken*, à l'effectivité d'une mise en œuvre (voir RÉALITÉ, VI), au moins sur un point : *pragmata* et *Wirklichkeit* se distinguent tous deux d'un pur et simple « donné » ontologique immédiat, celui des *phainomena* [φαινόμενα], des *onta* [ὄντα], « phénomènes », « étants », les « choses » donc dans leur présence, qui adviennent de leur propre fonds, apparaissent et restent là, sans référence à une quelconque opération (voir ERSCHEINUNG, ESTI, et encadré 1, « *Phôs, phainô*... », dans LUMIÈRE).

L'autre terme, *khrêma*, implique l'homme plus strictement encore. Il est lié à une très vaste famille issue de *khrê* [χρή], « il faut » au sens de « il est besoin », et centrée sur *khraomai* [χράομαι], « rechercher l'utilisation de quelque chose », « avoir recours pour son usage propre ». Souvent entendu comme lié à *kheir* [χείρ], « la main » (et rapproché, par Heidegger lui-même, de *vorhanden* ; voir

cours qui, déclinée, signifie proprement ou de manière générale le corps ou l'incorporel (*res*)...]. »

C'est cette généralité et cette indétermination qui expliquent aussi que le terme *res* ait pu traduire assez naturellement au pluriel le grec *onta* [ὄντα], et qu'il ait acquis un sens nettement différencié seulement, en fonction des déterminants qui l'accompagnent ou des oppositions secondaires qui n'interviennent que sur le fond d'une première acception neutre. On pourra alors parler de *res gestae* pour désigner les événements que relate l'historien, on pourra préciser une acception plus définie à l'aide d'un adjectif qui assume toute la charge sémantique (*res publica*, *res divina*, *res familiaris*, *res militaris*, *res navalis*, *res rustica*, *res naturalis*, *res adversae*, *res secundae*...), ou encore distinguer, par opposition, *res* et *sermo*, *res* et *verbum* (sur cette opposition canonique, voir notamment Cicéron, *De natura deorum*, I, 16, éd. A.S. Pease, Cambridge UP, 1965, t. 1, p. 168 et la note). La version augustinienne (*De doctrina christiana*, II, 1-4) de cette dernière opposition restera classique pour tout le Moyen Âge, mais on la rencontrait déjà chez Cicéron, Quintilien, Boèce.

IV. D'AUGUSTIN À ABÉLARD : « RES » / « SIGNA » ET « RES » /« VERBA »

La distinction augustinienne a ceci de remarquable qu'elle fait fonds sur une première acception générale de la *res* : l'ensemble des choses appréhendé de manière encore tout à fait indéterminée, sans aucune distinction de régions, de statuts ou de modes d'être. Il s'agit donc du terme le plus pauvre et le plus étendu qu'on ne peut saisir d'abord que négativement : « *Proprie autem nunc* res *appelavi, quae non sunt ad significandum aliquid adhibentur, sicuti est lignum,* [...] *pecus, atque hujusmodi caetera* [Je viens d'appeler *choses* ce qui n'est pas employé pour signifier quelque chose, comme par exemple le bois, la

1

VORHANDEN), mais souvent aussi rapporté à *khairô* [χαίρω], « se réjouir » (Chantraine, *s.v.* « *Khraomai* », p . 1275), *khraomai* signifie « se servir de », qu'il s'agisse d'emprunter au voisin ou d'interroger le dieu en consultant un oracle (*khrêsmos* [χρησμός] désigne la réponse), avec en amont le sens de « manquer de, désirer » et en aval celui d'« avoir une relation avec quelqu'un, s'adonner à, subir ». Notons, comme témoins de l'ampleur du thème, l'adverbe *parakhrêma* [παραχρῆμα], « immédiatement » (litt. « prêt pour l'usage »), et, à côté du nom d'action *khrêsis* [χρῆσις], l'« utilisation », le substantif *khreia* [χρεία], l'« emploi », qui désigne aussi bien la fonction (le « service » militaire) que l'usage grammatical et rhétorique (la « chrie » est l'exploitation de lieux communs dans un exercice oratoire). On comprend que *khrêma* nomme la chose en tant qu'on l'utilise et qu'elle compte (le poète, peut-on lire dans Platon, *Ion*, 534b, est « chose (*khrêma*) légère, ailée et sacrée » : c'est qu'il rentre dans une chaîne qui va du dieu et de la muse au rhapsode et à l'auditeur, dont il constitue un maillon fonctionnel particulièrement remarquable) ; au pluriel, *ta khrêmata* [τὰ χρήματα], signifie régulièrement « les richesses, les ressources » (en grec moderne, *khrêma* veut dire « monnaie ») : *khrêma* est, note Gernet, « la notion économique type » (p. 11 et n. 32). Cette détermination de la « chose » par l'usage et la fonction, comme celle de la richesse par la dépense, est très insistante dans les textes, d'Antiphon (l'avare dont on vole les *khrêmata*, richesses, enterrées sous un arbre, doit se consoler ainsi : « quand c'était à toi, tu ne t'en servais pas non plus (*oud'* [...] *ekhrô* [οὐδ' (...) ἐχρῶ]) », 87 B 54 DK ; cf. B. Cassin, *L'Effet sophistique*, p. 325-326) à Aristote (« l'usage des richesses [*khrêsis* (...) *khrêmatôn* (χρῆσις [...] χρημάτων)] semble bien être leur dépense et leur don (*dapanê kai dosis* [δαπάνη καὶ δόσις]) », *Éthique à Nicomaque*, III, 4, 1120a 4-9).

Khrêmata, tel est donc le mot qui, dans le célèbre fragment d'Anaxagore (« *homou panta khrêmata ên* [ὁμοῦ πάντα χρήματα ἦν] [toutes choses étaient ensemble] », 59 B 1 DK, t. II, p. 32, 11) comme dans celui de Protagoras (« *pantôn khrêmatôn metron estin anthrôpos* [πάντων χρημάτων μέτρον ἐστὶν ἄνθρωπος], l'homme est mesure de toutes choses », 80 B 1 DK, t. II, p. 263, 3-4), est toujours rendu par « choses » (*alle Dinge*, Diels-Kranz). On comprend que certaine précaution s'impose. Il ne va pas de soi en particulier qu'il s'agisse là des phénomènes et des étants, selon les équivalences que propose Sextus (*Hypotyposes pyrrhoniennes*, I, 216) et qu'entérine Heidegger, pour mieux faire d'Anaxagore et de Protagoras des présocratiques parménidéens, Protagoras imprimant simplement une belle modération au dévoilement de l'*alêtheia* [ἀλήθεια] (cf. B. Cassin, *L'Effet sophistique*, p. 108-110 et 225-236). Il semble plus juste de dire que l'homme des *khrêmata*, pris dans une économie générale du flux et de la dépense, s'attache à déterminer des *pragmata*, à les découper par son activité, à les arrêter en monde. C'est là en tout cas prendre au sérieux les indications que s'obstinent à donner les mots et leur usage dans les textes.

Au singulier, de *pragma* à *res*, la conséquence est bonne, même si la suite inventive de l'histoire n'appartient qu'à *res*. Mais, au pluriel, il faut distinguer, sans compter les « items », au moins deux séries de « choses » en grec : celles qui sont données, et relèvent du phénomène et de la phénoménologie ; et celles qui sont agies, et relèvent de l'implication de l'homme, comme praticien et comme usager. Ces choses-là, qui se disent *pragmata* et *khrêmata*, échappent à l'histoire de l'ontologie.

Barbara CASSIN

BIBLIOGRAPHIE

ARISTOTE, *Catégories*, prés., trad. et comm. F. Ildefonse et J. Lallot, Seuil, « Points-bilingues », 2002.

CASSIN Barbara, *L'Effet sophistique*, Gallimard, 1995.

GERNET Louis, *Droit et Institutions en Grèce antique*, Flammarion, « Champs », 1982.

OUTILS

CHANTRAINE Pierre, *Dictionnaire étymologique de la langue grecque*, nouv. éd. mise à jour avec un « Supplément au dictionnaire », Klincksieck, 1999.

pierre, le bétail et autres réalités du même genre] » (*De doctrina christiana*, I, 2, 2).

Autrement dit, il s'agit ici d'appréhender les choses qui ne sont que des choses, et pas en plus des « signes », comme « ce bois que Moïse jeta dans les eaux amères ».

Tout ce qui est matière possible d'enseignement se laisse à son tour répartir en fonction de cette opposition principielle *res/signa* ou *res/verba*, puisque le verbe est d'abord défini par sa fonction transitive de signification (*De magistro*, 4, 7), et qu'il appartient à la nature du signe de renvoyer à quelque chose d'autre que lui-même, c'est-à-dire en dernière analyse à une réalité extérieure : « *res autem ipsa, quae jam verbum non est, neque in mente conceptio* [la chose elle-même qui n'est pas déjà verbe ni conception dans l'esprit] », d'après les *Principia dialecticae* (pseudoaugustiniens) (chap. 5).

Certes, le signe est lui-même toujours déjà une chose-signe (« *ita res sunt, ut aliarum etiam signa sint rerum* »), il doit posséder une certaine réalité concrète (*vox, dictio, intellectus*) précisément pour remplir sa fonction signifiante et transitive : renvoyer à autre chose, en fonction d'une polarité qui aura sans doute joué un rôle déterminant : celle du dedans et du dehors, en suivant le fil conducteur de la relation langagière entre la chose (signifiée) — *res* — et le signe linguistique. Assurément le signe, dans la perspective augustinienne ne se réduit pas au signe linguistique, dans sa réalité phonique ou mentale, il comprend les signes naturels et aussi le *signum sacrum* qu'est le *sacramentum*, dans son opposition secondaire et surdéterminée à la *res*.

Au pluriel et lorsqu'il est associé à *natura*, *ordo*, *proprietas*, le mot désigne l'ensemble des choses ou la totalité du créé (hommes, animaux, réalités matérielles), comme c'est le cas chez Jean Scot Erigène à travers l'expression *universitas rerum*. Mais l'acception du terme peut encore s'élargir jusqu'à désigner le quelque chose en général (*aliquid*) — « *solemus enim usu dicere rem, quidquid aliquo modo dicimus esse aliquid* [nous avons en effet coutume, par l'usage, de dire chose tout ce que nous disons en quelque façon être quelque chose] » (Anselme, *Epistula de Incarnatione Verbi*, II, p. 12, 5-6, éd. F.S. Schmitt ; trad. fr., in *L'Œuvre de saint Anselme*, t. 3, p. 214) — ou une « réalité » abstraite.

Chez Anselme encore, la distinction entre *enuntiatio* et *res enuntiata* témoigne également de cette acception générale de *res* pour désigner un état de choses. Dans le *De veritate* notamment, Anselme examine ce qui fait la vérité d'un énoncé, alors même que l'énonciation nie que quelque chose soit ; mais dans ce cas, l'énoncé peut encore être qualifié de vrai, puisque « *etiam quando negat esse quod non est* [...], *sic enuntiat quemadmodum* res *est* [même quand elle nie que soit ce qui n'est pas [...] elle énonce alors selon que la chose est] » (éd. Schmitt, chap. II, 177, 17 ; *Œuvres*, II, 132).

Quand Pierre Abélard s'interroge, notamment dans sa *Dialectica*, sur la signification de la proposition (son *dictum* ; voir DICTUM), il détermine comme une « quasi res » le contenu objectif de l'acte de penser qui à travers des intellections diverses et des *dictiones* correspondantes (par exemple, *cursus, currit*) peut se référer à la même « chose », sans que celle-ci ne soit une *res* extérieure singulière. J. Jolivet, dans de précieuses *Notes de lexicographie abélardienne*, a examiné en détail plusieurs passages de la *Logica ingredientibus* où l'on voit comment le mot *res* change de sens et se trouve ainsi affecté d'une ambiguïté remarquable puisqu'il peut désigner, outre la « chose » singulière subsistante, de manière non « réaliste », le signifié d'une proposition ou de termes universels : il est possible en effet qu'à la *res propositionis* ne corresponde aucune *res subjecta* (J. Jolivet, « Éléments pour une étude des rapports entre la grammaire et l'ontologie au Moyen Âge », in *Aspects de la pensée médiévale*, p. 203-232).

V. AVICENNE ET LES TRADUCTIONS D'AVICENNE : « WUǦŪD »

Mais par-delà les analyses d'Augustin, d'Anselme ou d'Abélard, un des événements majeurs dans l'histoire du mot *res* dans l'Occident latin est sans aucun doute les traductions directes ou indirectes de la Métaphysique du *Šifā'* [الشفاء] d'Ibn Sina. Au chapitre 5 du livre I et au chapitre 1 du livre V, Avicenne s'est donné pour tâche d'indiquer ce que sont l'existant (*al-Wuǧūd* [وجود], *ens* ; voir encadré 1, « *Wuǧūd* », dans VORHANDEN) et la chose (*al-šay'* [الشيء], *res*), ainsi que leurs premières divisions (Ibn Sina, Al-Shifa, éd. Al-Ilaiyyat, G.C. Anawati et Sa'id Zayed, Le Caire, 1960 ; Avicenna latinus, *Liber de philosophia prima sive scientia divina*, éd. S. Van Riet, avec une introduction doctrinale de G. Verbeke, Louvain-Leyde, 1977-1983, dont un volume de lexique arabo-latin et latino-arabe). Ce sont là « les idées qui s'inscrivent dans l'âme d'une impression première », « les choses les plus aptes à être représentées par elles-mêmes ». L'existant et la chose (*ens et res*) sont au principe de toute représentation et on peut donc attirer l'attention sur eux, les mettre en évidence, mais non les connaître au sens propre, puisque les noms ou les signes qu'on emploierait pour ce faire seraient seconds et plus obscurs qu'eux. S'agissant plus particulièrement de la « chose », on peut la décrire comme « ce sur quoi porte un énoncé » (« *res est de quo potest aliquid vere enuntiari* ») (Avicenna latinus, *ibid.*, I, 33, 37-38).

Or une telle chose ne doit pas nécessairement exister parmi les sujets concrets, il suffit qu'elle soit visée ou posée dans l'âme (« *potest res habere esse in intellectu, et non in exterioribus* »). Ce qui la définit en effet, c'est d'abord la *certitudo qua est id quod est*, la certitude (*ḥaqīqa* [حقيقة]), qui lui assure un *esse proprium* (*ibid.*, 34, 55-56 ; 35, 58). Ainsi le concept de chose diffère de celui d'existant (*ens*) ou d'effectif : la chose (*res*) est en effet définie à chaque fois par sa *certitudo* propre : la *quidditas* (*māhiyya* [ماهية]), par laquelle la chose est ce qu'elle est. Le chapitre 1 du livre V, qui porte sur « les choses générales et leur manière d'être (*de rebus communibus et quomodo est esse earum*) », confirmera cette analyse en mettant en lumière le statut original du signifié comme tel (par exemple, la fameuse *equinitas tantum*) qui n'est ni universel, ni singulier, mais indifférent à l'égard des spécifications ultérieures, c'est-à-dire sans condition d'être général, particulier, etc.

> *Definitio enim equinitatis est praeter definitionem universalitatis nec universalitas continetur in definitione equinitatis. Equinitas etenim habet definitionem quae eget universalitate, sed est cui accidit universalitas. Unde ipsa equinitas non est aliud nisi equinitas tantum; ipsa enim in se nec est multa nec unum, nec est existens in his sensibilibus nec in anima, nec est aliquid horum potentia vel effectu, ita ut hoc contineatur intra essentiam equinitatis, sed ex hoc quod est equinitas tantum.*
>
> [Car la définition de l'équinité n'est pas la définition de l'universalité et l'universalité n'entre pas dans la définition de l'équinité. En effet l'équinité a une définition qui n'a pas besoin de la définition de l'universalité, mais l'universalité lui advient. En elle-même, elle n'est ni une ni plusieurs, ni existant dans la réalité, ni dans l'âme, ni dans une de ces choses en puissance ni en acte, en ce sens que cela entrerait dans l'équinité, mais en tant qu'elle est équinité seulement.]
>
> Avicenna latinus, *Liber de philosophia prima*, éd. S. Van Riet, p. 228, 29-36 ; trad. Anawati, t. 1, p. 234, sur l'édition arabe du Caire.

N.B. Sur tout ceci, voir Alain de Libera, *La Querelle des universaux*, Seuil, 1996, en particulier p. 201-202 ; voir aussi à propos de la doctrine reçue au Moyen Âge latin comme celle de l'indifférence de l'essence, Alain de Libera, *L'Art des généralités*, Aubier, 1999, p. 576 *sq*.

Avicenne pose (I, 5, 34-35) que « pour toute chose il y a une nature par laquelle elle est ce qu'elle est. » C'est ainsi que le triangle par exemple a une « certitude par laquelle il est triangle, tout comme la blancheur en a une par laquelle elle est blancheur. » L'essence comporterait ainsi un être propre distinct de l'existence telle qu'elle est affirmée dans un jugement. La thèse d'Avicenne pose ainsi l'équivalence : certitude propre (*ḥaqīqa*), être propre, quiddité (*māhiyya*), à laquelle s'oppose l'être ou mieux l'existence (*al-wuǧūd*) au sens de l'affirmation (*intentio esse affirmativi*) (cf. A.-M. Goichon, *La Distinction de l'essence et de l'existence d'après Ibn Sina*, Desclée de Brouwer, 1937, p. 31-35). En latin, la série devient : *certitudo propria — esse proprium — quidditas*, et c'est elle qui rend possible la doctrine d'un *esse essentiae*, un être propre de l'essence susceptible d'être appréhendé par-delà l'être ou le non-être (« hors d'être » : *außerseiend*, pour reprendre le vocabulaire de Meinong ; voir SEIN). Ainsi est-il possible de considérer l'animal en lui-même, d'envisager son essence *per se*, abstraction faite de tout ce qui lui est accidentel : prise en elle-même l'essence n'est, comme nous l'avons vu, ni générale, ni universelle, ni particulière ou singulière, et elle n'est également (et c'est là sans doute le point essentiel) ni dans l'âme ni hors de l'âme. Par l'être qui est sien, l'animal n'est « ni individu, ni un, ni multiple », mais seulement animal (« *ex hoc esse animal tantum* » — « *equinitas est tantum equinitas* »). Thèse dont la fortune — fût-elle fondée sur un contresens, comme le suggère Alain de Libera (*L'Art des généralités*, p. 588) — est tout à fait remarquable à partir de la seconde moitié du XIIIe siècle où chacun discutera du bien-fondé et de la portée de la différence entre *esse essentiae* (*esse essentiale, habituale, quidditativum*) et *esse existentiae* ou *esse actuale* (Thomas d'Aquin, Henri de Gand, Duns Scot...).

♦ Voir encadré 2.

VI. LES DISTINCTIONS SCOLASTIQUES : « RES A REOR », « RES RATA »

Mais revenons au XIIIe siècle latin : les médiévaux ont cherché à réduire cette dangereuse polysémie du terme *res* en proposant une tripartition qui fera tradition dans une histoire qui court encore au XVIIe siècle chez les représentants de ce que l'on nomme à tort la scolastique « tardive », si ce n'est « attardée », par une puissante illusion rétrospective qui tient à ce que l'on adopte sans

2

« Šay' », chose, et « šay'iyya », réalité

J. Jolivet a montré, de manière très convaincante (« Aux origines de l'ontologie d'Ibn Sina », *in* J. Jolivet et R. Rashed (éd.), *Études sur Avicenne*, Les Belles Lettres, 1984, p. 11-28 et *Annuaire de l'École pratique des hautes études* [Ve Section, Sciences religieuses], t. 84, p. 389-394 ; t. 85, p. 381-386 ; t. 86, p. 373-379 ; t. 88, p. 401-405) que les termes arabes *šay'* (« chose ») et *šay'iyya* [الشيئية] (« choséité » ou mieux « réalité ») avaient une histoire propre, tout à fait indépendante du *pragma* [πρᾶγμα] aristotélicien, et liée aux débats de la théologie islamique sur l'inexistant dont on trouve encore un écho, après Avicenne, chez Sahrastani (« L'inexistant est-il une chose ou non ? », *in* A. Guillaume (éd.), *Nihaya*, 1934, chap. 7, cité par J. Jolivet, « Aux origines... », p. 17), mais dont l'arrière-plan plus lointain renvoie à al-Kindi et al-Farabi et aux positions du *kalam* mu'tazilite pour lequel la chose est ce qui est connu et pour qui tout inexistant est une chose.

C'est également à partir de cette *ontologie formelle*, centrée sur la chose, telle qu'elle s'élabore à partir d'al-Farabi et d'Ibn Sina, que se développe, hors des cadres épistémologiques aristotéliciens, l'algèbre comme science commune à l'arithmétique et à la géométrie, faisant intervenir à titre d'inconnu la « chose », *res* (*al-šay'*) qui peut désigner indifféremment un nombre ou une grandeur géométrique (R. Rashed, « Mathématiques et Philosophie chez Avicenne », in *Études sur Avicenne, op. cit.*, p. 29-35). Se dessinent ainsi les linéaments d'une nouvelle ontologie où l'on peut parler d'un objet sans caractères déterminés, le connaître même, mais non le représenter exactement. Dans les traductions latines de l'algèbre arabe qui commencent au début du XIIIe siècle, le terme qui sera finalement retenu pour désigner l'inconnu est donc *res* (*res ignota*), tandis que dans la mathématique italienne en langue vulgaire apparaît aux siècles suivants le mot *cosa* (cf. G. Crapulli, « Res e cosa (cossa) nelle terminologia algebrica del sec. XVI » ; P. Costable-Pietro Redondi, « Sémantèse de res/cosa/cossa », *in* M. Fattori et M. Bianchi (éd.), *Res, IIIe Colloquio Internazionale del Lessico Intelletuale Europeo*, Rome, Edizioni dell'Ateneo, 1982, p. 179-196).

aucun recul critique la thèse de la rupture cartésienne et de la nouvelle *Instauratio magna*, en oubliant par là que le XVIIe siècle a pu légitimement être caractérisé comme le siècle d'or du scotisme.

(a) Bonaventure, dans son *Commentaire des Sentences* (1250-1252), propose donc une tripartition des acceptions de *res* qui restera classique pour toute la scolastique :

> *Dicendum quod* res *accipitur communiter et proprie et magis proprie.* — Res, *secundum quod communiter dicitur, dicitur a* reor, reris *; et sic comprehendit omne illud, quod cadit in cognitione, sive* res *exterius, sive in sola opinione.* — *Proprie vero dicitur* res *a* ratus, rata, ratum, *secundum quod* ratum *dicitur esse illud quod non tantummodo est in cognitione, immo est in rerum natura, sive sit ens in se, sive in alio ; et hoc modo* res *convertitur cum ente.* — *Tertio modo dicitur* res *magis proprie, secundum quod dicitur a* ratus, rata, ratum, *prout* ratum *dicitur illud quod est ens per se et fixum ; et sic res dicitur solum de creaturis et substantiis per se entibus.*
>
> [On dira que le terme *res* peut s'entendre au sens général, au sens propre et au sens le plus propre : — Le terme *Res* dit en général est dit à partir de *reor, reris* (compter, calculer, penser, croire), et ainsi il englobe tout ce qui vient à la connaissance, qu'il s'agisse d'une *chose* extérieure ou d'une chose présente seulement dans la pensée (l'équivalent du *doxaston* [δοξαστόν] aristotélicien contredistingué de l'*epistêton* [ἐπιστητόν], *Seconds Analytiques*, II, 33, 88b 30 *ss*). — Mais au sens propre la chose est dite *a ratus, rata, ratum*, à partir de ce qui est confirmé et ratifié, puisqu'on dit *ratum* (ratifié), ce qui n'est pas seulement dans la connaissance, mais dans la nature des choses réelles, qu'il s'agisse de l'étant en soi ou dans un autre ; et en ce sens le terme « res » est convertible avec celui d'étant (*ens*). — Troisièmement et au sens le plus propre, *res* est dit à partir de *ratus, rata, ratum*, selon qu'est dit *ratum* ce qui est étant par soi et fixe ; et ainsi *res* n'est dit que des seules créatures et des étants subsistant par soi.]
>
> *Opera omnia*, éd. Collegii a S. Bonaventura, II, dist. 37, dub. I, p. 876 a.

Passage remarquable mais qui propose aussi un défi à la traduction par ses étymologies de fantaisie et par la reprise du même terme différemment accentué : *ratum/ratum*. Le plus surprenant dans l'affaire, c'est que si le mot *res* a une étymologie plus ou moins claire qui renvoie à l'indo-iranien, le verbe *reor, reris, ratus sum, reri*, n'a pas d'étymologie connue et n'est en tout cas pas apparenté à *res*. Du « *pro rata parte* », courant en latin classique, les légistes ont tiré une *ratahabitio*, la ratification qui intervient dans le partage d'une succession par exemple, et l'expression « *ratum facere aliquid* » s'est imposée au sens de « ratifier », « approuver » (A. Ernout et A. Meillet, *s.v.*, p. 570). On comprend donc parfaitement que *ratum* ait pu se prendre au sens de ce qui est confirmé ou ratifié par l'esprit. Le glissement s'imposait même sans doute si l'on songe qu'en revanche la *ratio*, au sens de « compte » et de « calcul », se rattache à *reor, reris*, jusque dans les expressions courantes *rationem reddere, rationem habere*. Mais c'est évidemment autre chose de compter ses richesses (*res*) et de ratifier par la pensée ! Le sens *magis proprie*, celui du *ratum* accentué, peut s'entendre alors comme

3

« Res rata », « res a reor », « ratitudo », « Ding a denken »

La pensée médiévale comprend la *res* comme un transcendantal supplémentaire, un autre nom de l'être.

Thomas d'Aquin explique le doublet *ens* (étant) et *res* (chose) à partir des deux concepts d'essence et d'existence : « le nom de *res* se tire de la quiddité », mais puisque l'essence peut avoir un être singulier hors de l'âme ou un être appréhendé dans l'âme, le nom de « *res* se rapporte à l'un et à l'autre : à ce qui est dans l'âme, dans la mesure où la *res* est dite à partir de *reor, reris* , et à ce qui est hors de l'âme, dans la mesure où la *res* signifie un être consistant (*ratum*) et ferme dans la nature » (*Sentences*, I, d. 25, q. 1, a. 4, éd. Mandonnet, Paris, 1929, t. 3, p. 612). Ainsi, l'étant renvoie directement à ce qui a l'acte d'être (*esse*), mais la *res* renvoie à la fois à la quiddité en tant qu'elle est pensée (*a reor, reris*) et en tant qu'elle existe (*res rata*). La *res* est indifféremment la chose pensée et la chose existante, mais ce n'est pas elle qui porte toute la charge de la métaphysique thomiste, orientée vers l'acte d'être de l'étant.

Avec Henri de Gand, c'est au contraire la *res* qui passe au premier plan. Pour Henri, la définition de la *res* recouvre la double détermination du possible : ce qui est simplement pensable, c'est-à-dire logiquement non contradictoire, ou ce qui a une certaine consistance dans sa possibilité, c'est-à-dire ce qui est réel en tant qu'il a une essence. Le premier sens recouvre tout ce qui n'est pas pur néant, tout objet d'opinion, y compris les chimères, les fictions, les mondes possibles qui ne se réaliseront jamais. Le second sens désigne ce qui a une essence, c'est-à-dire ce qui a une idée, un modèle positif dans la pensée divine. Il faut opposer deux sens de la *res* : la *res a reor, reris* (« penser, croire, estimer, se représenter »), à savoir la *res* au sens étymologique, qui désigne tout objet d'opinion, doué d'une essence ou non, et la *res a ratitudine* (*ratitudo* est un néologisme médiéval désignant la solidité), à savoir la *res* pourvue d'une certaine consistance et désignant l'essence pourvue d'un exemplaire en Dieu.

> Autre est l'intention de toute chose (*res*) créée en tant qu'elle est dite à partir de « je pense, tu penses » (*reor, reris*), autre l'être d'essence, qui lui convient en tant qu'elle est une nature et une essence, et une chose (*res*) dite à partir de la consistance (*a ratitudine*).
>
> Henri de Gand, *Summa quaestionum ordinariarum*, art. 21, q. 4 réponse ; I, 127 O.

Cette ambiguïté de la *res* recouvre une hésitation sur l'interprétation de la nature de la métaphysique : l'être doit-il être pensé simplement comme le corrélat de notre représentation la plus primordiale parce que la plus universelle, ou bien comme possible parce qu'il imite un modèle divin et y participe dans son essence ? Est-il simplement la représentation du possible logique (non contradictoire), incluant la fiction, les chimères, les intentions secondes, etc., ou la représentation du possible réel (fondé dans une relation à la nature divine) ? Cette hésitation fondamentale entre une logique de la représentation et une métaphysique de la participation, qu'on retrouve aussi dans la théorie de l'analogie propre à Henri de Gand, sera tranchée par Duns Scot.

Pour Scot, la *res* douée d'une possibilité réelle ne tire pas celle-ci d'une relation à Dieu, mais de la consistance propre de la quiddité, à

caractéristique de ce qui est fixe, ferme (*ratum et firmum*), ratifié effectivement ou « réellement ».

La tripartition ici indiquée aura un destin d'autant plus remarquable que Bonaventure est sans doute également celui qui introduit ou forge le terme de *ratitudo*, pour élucider la troisième acception :

> Res *dicitur a* reor, reris, *quod dicit actum a parte animae ; et alio modo* res *venit ad hoc quod est* ratus, *quod dicit stabilitatem a parte naturae ; et sic* res *dicit stabilitatem sive ratitudinem ex parte entitatis.*
>
> [*Res* est dit *a reor, reris,* quand elle renvoie à un acte à partir de l'âme ; et d'un autre côté, *res* vient de cela qui est *ratus* (ratifié), qui renvoie à la stabilité du côté de la nature ; et ainsi *res* renvoie à la stabilité ou à la ratification du côté de l'entité.]
>
> *Opera omnia*, I, dist. 25, dub. III, p. 446 b.

♦ Voir encadré 3.

(b) Henri de Gand († 1293) distingue à son tour la *res secundum opinionem* qui est purement mentale, et la *res secundum veritatem*, caractérisée par sa certitude interne et qui nous fait passer du contingent au nécessaire, du psychologique au métaphysique. C'est là encore une *res a ratitudine* qui correspond à une réalité extramentale (« *aliquid extra intellectum* ») qui possède la certitude par laquelle elle est une certaine chose (cf. J. Paulus, *Henri de Gand*, Vrin, 1938, p. 23-25).

La distinction majeure établie par Henri de Gand peut alors s'énoncer en ces termes :

> 1) Res *primo modo est* res *secundum opinionem tantum, et dicitur* a reor, reris, *quod idem est quod* opinor, opinaris, *quae tantum* res *est secundum opinionem, ad modum quo ab intellectu concipitur, scilicet in ratione totius, ut est mons aureus, vel hircocervus, habens medietatem cervi et medietatem hirci ;* 2) *Aliquid autem sive res quae nata est esse vel quae est aliquid extra intellectum dicitur res a ratitudine...* (res, *aliquid secundum veritatem).*
>
> La *res* au premier sens n'est *res* que selon l'opinion, et elle est dite *a reor, reris*, qui est la même chose que *opinor, opinaris*, et c'est seulement une *res* selon l'opinion, selon le mode par lequel elle est conçue par l'intellect, à savoir selon la raison d'un tout (composé), comme la montagne d'or ou le bouc-cerf qui est à moitié bouc et à moitié cerf [...]
>
> Henri de Gand, *Quodlibet*, 5, 2, fol. 154 D ; 7, 1, fol. 258 B ; éd. Badius, Paris [1518], repr. Louvain, Bibliothèque S.J., 1961, 2 vol.

Duns Scot (1265-1308), soucieux lui aussi de réduire l'équivocité du terme *res* présente d'abord une division tripartie dans les *Quodlibets* (q. III, n. 2), mais il distinguera, contre Henri de Gand, une double figure de la *ratitudo*, qui prend ainsi le relais de la *certitudo* attribuée par Avicenne aux quiddités : « *Unaquaeque enim* res *habet certitudinem qua est id quod est* » (*Ordinatio*, I, 3, 2, éd. Vat., t. 3, p. 184, 14-17). Le néologisme *ratitudo* connaîtra ainsi une prodigieuse fortune jusqu'aux *Disputationes metaphysicae* de Suárez (IV, s. 2, n. 2).

Certains, comme Pierre d'Auriole († 1322), tenteront de ramener la série des distinctions à une polarité fondamentale, celle de l'essence et de l'existence :

3

laquelle l'essence ou l'existence ne répugnent pas. Qu'est-ce qui fonde l'intelligibilité du réel ? Quel être revient à l'intelligible ? Non pas la pure fiction, forgée par l'imagination ou l'opinion, mais la possibilité véritable, ce qui a un être *ratum*, consistant (*res a ratitudo*), et non purement pensé (*res a reor*). C'est un « être d'emblée distinct des fictions, c'est-à-dire à qui ne répugnent pas l'être d'essence ou l'être d'existence » (Duns Scot, *Ordinatio*, I, d. 36, § 48, Rome, Editio Vaticana, t. 6, 1963, p. 290). L'être n'est vraiment *ratum* que par sa consistance propre — parce que celui-ci est tel et celui-là autrement : c'est la cohérence formelle qui fonde la non-contradiction, et non l'inverse ; relayée par la toute-puissance divine, elle débouche sur une production dans l'existence.

Suárez suppose cette analyse des deux sens de la *res* lorsqu'il écrit :

> La *res* est prédiquée quidditativement, parce qu'elle signifie une quiddité véritable et solide (*rata*) prise absolument, et qui n'est pas ordonnée à l'existence (*esse*).
>
> *Disputationes metaphysicae*, II, 4, 2 ; *Opera omnia*, éd. C. Berton, t. 25, Vivès, 1866, p. 88.

Le nom le plus propre de l'être est justement celui de *res*, c'est-à-dire l'ordre des quiddités, ce qui ne répugne pas à être. « La *res* indique seulement la quiddité de la chose prise formellement, et l'essence solide (*rata*) ou réelle de l'étant » (*Disputationes metaphysicae*, III, 2, 1, p. 107). La réalité désigne ici, non l'existence effective, mais une perfection formelle de l'essence.

Plus audacieux encore, Clauberg, dans son *Ontosophia* (§ 7-8), combine les étymologies en harmonisant le grec, le latin et l'allemand, au point d'identifier la *res* avec le pur représentable :

> Aio *omne ens posse dici*, hoc est, nominari, voce viva vel scripta enuntiari. Hinc, *Sache* — res — a sagen, dicere [...] Ipsum : res, si non a reor, est a ῥέω, loquor [...] Praetera, *omne ens potest cogitari* seu intelligi, ideoque *cogitabile et intelligibile* appellatur [...] *Ding*, — res — et *denken* — cogitare — ejusdem sunt originis
>
> *Metaphysica de ente, quae rectius ontosophia*, Amsterdam, 3ᵉéd. 1664, cité par J.F. Courtine, *Suárez et le Système de la métaphysique*, PUF, 1990, p. 261.

Cette étude fantaisiste d'étymologie comparée est évidemment intraduisible...

Olivier BOULNOIS

BIBLIOGRAPHIE

COURTINE Jean-François, « Realitas », *in* JOACHIM Ritter et Karlfried GRÜNDER (éd.), *Historisches Wörterbuch der Philosophie. Unter Mitwirkung von mehr als 700 Fachgelehrten*, nouv. éd., Bâle, Schwabe, 1971, Darmstadt, Wissenschaftliche Buchgesellschaft, 1971, t. 8, p. 177-188.

HONNEFELDER Ludger, « Die Lehre von der doppelten ratitudo entis und ihre Bedeutung für die Metaphysik des Johannes Duns Scotus », in Deus et homo ad mentem J. Duns Scoti, *Studia scholastico-scotistica 5*, Rome, 1972, p. 661-671.

> Res *sumitur dupliciter, uno modo pro re essentiali — et sic non est verum quod esse lapidis sit sua realitas —, vel pro realitate actuali, et sic est verum ; unde in lapide actualiter existente sunt duae realitates, una quidem essentialis, puta lapiditas, et alia accidentalis, puta actualitas.*
>
> [*Res* se prend en deux sens, d'une part pour la *res* essentielle <synonyme d'*essentia*>, — et alors il n'est pas vrai que l'être de la pierre soit sa réalité — ; d'autre part pour la réalité actuelle, et dans ce cas, c'est vrai ; par conséquent dans la pierre qui existe actuellement, il y a deux réalités, une essentielle, à savoir la pierréité, et une autre accidentelle, à savoir l'actualité.]
>
> Pierre d'Auriole, *Peter Aureoli Scriptum super Primum Sententiarum*, I, dist. I, q. 21, n. 60 ; éd. E.M. Burnyaert, New York, Saint Bonaventure, 1952.

D'autres auteurs au contraire multiplieront les subdivisions pour faire droit à l'être de raison ou à la chimère.

(c) On en retrouve l'écho jusque chez un « cartésien » hollandais, J. Clauberg (1622-1660), dans *ses Exercitationes et Epistolae varii Argumenti* :

> *Mens quando rem eandem considerat, ut extra notionem in seipsa, et ut est in notione repraesentata, videt hoc aliquid esse fundamentale, notionem autem suam aliquid umbratile et intentionale. Unde res etiam seu ens absolutum rectissime dividitur, quod sit vel fundamentale, quod specialiter et kat' exokhên* [κατ' ἐξοχήν] *reale dici solet, quod primo et propriissime est et producit aliquid, etc., vel intentionale, quod non est nec facit aliquid solide et proprie sicut reale (fundamentale) et est tamen quasi umbra et similitudo ejus, quae nos illud facit cognoscere, unde communiter notio rei vel idea appellatur.*
>
> [L'esprit quand il considère une même chose, soit telle qu'elle est en elle-même et hors de la notion, soit telle qu'elle est représentée dans la notion, voit bien que dans le premier cas ce quelque chose est fondamental, tandis que sa notion est quelque chose d'ombreux et d'intentionnel. C'est pourquoi la chose ou si l'on préfère l'étant pris absolument se divise au plus juste de la manière suivante : ou bien il est fondamental, et il est dit d'habitude réel au sens spécifique et par excellence, c'est ce qui est premièrement et le plus proprement, ce qui produit quelque chose, etc. ; ou bien il est dit intentionnel, en ce qu'il n'est pas ni ne fait quelque chose de solide et de propre, à la manière de ce qui est réel (fondamental), et pourtant il est comme une ombre et une ressemblance de ce dernier, ce qui nous permet de le connaître, et c'est pour cette raison qu'on l'appelle communément notion ou idée de la chose.]
>
> J. Clauberg, *Exercitationes*, XVI, p. 621, in *Opera omnia philosophica*, Amsterdam, 1691.

Pourtant le même Clauberg proposait encore, dans le même ouvrage, une division quadripartite cette fois :

> Res *primo sumitur latissime pro omni cogitabili, nam quicquid sub cogitationem nostram cadit, sive verum sive fictum, sive possibile sive impossibile, sive actuale sit, interdum rei nomine appellatur. Nec dubitatur, quin accidens hoc significatu latissimo res dici queat. — Secundo res accipitur minus late pro omni eo quod est aliquid, non nihil, et sic reale ens opponitur enti rationis, nempe ubi Authores sub illa (reali) modalem quoque distinctionem complectuntur. Secundum hanc significationem Accidens etiam est res, quoniam aliquid est, non nihil, non ens rationis, non figmentum. — Tertio stricte sumitur res pro substantia, atque ita res opponitur modo, distinctio realis opponitur modali proprie dictae.* [...] *— Quarto strictius adhuc reale opponitur intentionali, quo sensu etiam res et signa rerum distinguuntur, nec interim negatur intentionale ens esse aliquid, prout signa etiam non sunt nihil. Hanc vocis illius acceptionem si respiciamus, dicere possumus, dari nonnulla accidentia, quae non sint realia, sed intentionalia, dari alia plurima, quae realia sunt.*
>
> [La *res* est prise d'abord au sens le plus large pour tout ce qui est pensable, car tout ce qui tombe sous notre pensée, qu'il s'agisse de vrai ou de fictif, de possible ou d'impossible, ou d'actuel, reçoit pourtant le nom de *chose*. Il ne fait aucun doute que dans ce signifié le plus large possible l'accident peut également être dit « chose ». — En un second sens, *res* s'entend de manière moins large pour tout ce qui est quelque chose, non pas rien, et ainsi l'étant réal est opposé à l'être de raison, comme c'est encore le cas chez les auteurs qui subsument la distinction modale sous la première (réelle) [...] — En un troisième sens, la *res* est prise pour la substance, et ainsi elle est opposée au mode, tandis que la distinction réelle l'est à la distinction modale proprement dite. [...] — En un quatrième sens, et de manière encore plus stricte, le « real » est opposé à l'intentionnel, et en ce sens les choses et les signes des choses sont distingués, sans nier pour autant que l'étant intentionnel soit quelque chose, dans la mesure où les signes eux aussi ne sont pas rien. En considérant cette dernière acception du terme, nous pouvons dire qu'il y a quelques accidents qui ne sont pas réels, mais intentionnels, et qu'il y en a beaucoup d'autres qui sont réels.]
>
> J. Clauberg, *Exercitationes*, XLIII, p. 665.

♦ Voir encadré 4.

Nombreux sont pourtant ceux qui, en dépit ou à cause des distinctions qui se multiplient, maintiennent comme acception fondamentale de la *res* proprement dite l'objet concret existant hors de l'âme à titre d'individu singulier. Tel est la *res secundum esse* : la *res posita*, c'est-à-dire la *res singularis* (Ockham, *Sent.*, I, dist. 2, q. 7) : « Toute réalité positive <existant> hors de l'âme est par là même singulière [*Omnis res positiva extra animam eo ipso est singularis*]. »

VII. « RES » COMME TERME TRANSCENDANTAL ET SURTRANSCENDANTAL

L'élargissement du terme *res* et son extension au-delà même de l'*ens* défini comme *ens ratum* (ferme, stable et ontologiquement ratifié) tendent à en faire un terme transcendant, voire même le premier d'entre eux : en tout cas, *res* est compté au nombre des termes transcendantaux, à partir de Gérard de Crémone. Il arrive d'ailleurs à Thomas d'Aquin d'assimiler *res* et *ens* (*Somme théologique*, I^a, q. 48, a. 2), même si dans son exposition thématique des transcendantaux il distingue soigneusement les deux termes (*De veritate*, q. 1, a. 1). L. Valla dans ses *Disputationes dialecticae* cherche à reconduire les six transcendantaux à la *res* comme le premier et le principal d'entre tous : « *Ex his sex, quae nunc quasi de regno contendunt non aliter res erit rex, quam Darius* [...] ». En effet, *aliquid* se laisse décomposer ou expliciter comme « alia *res* », *unum* comme « una *res* », etc. À la *res*, en cette acception transcendantale et qui surplombe toutes les autres propriétés convertibles, rien ne s'opposeplus, sauf précisément le rien ou le néant : « *nihil habet repugnans nisi ipsum nihil.* »

(Livre I, p. 646-648, in *Opera*, Bâle, 1540, réédité avec une préface d'E. Garin, Turin, Bottega d'Erasmo, 1962).

Même s'ils critiquent explicitement la thèse anti-aristotélicienne de L. Valla, nombreux sont ceux qui, tels Fonseca (1528-1599) ou Suárez, font sans hésiter de *res* un terme transcendantal au même titre que l'*ens* voire un parfait synonyme de ce dernier : « *Sex porro transcendentia esse dicuntur, Ens, Unum, Verum, Bonum, Aliquid, Res* » (Fonseca, *Institutionum dialecticarum libri octo*, Livre I, chap. 28, p. 62 ; éd. J. Ferreira Gomes, Universitade de Coimbra, Instituto de estudios filosoficos, 1964, p. 81-82). Suárez, après avoir rappelé la thèse commune des cinq transcendentaux ou passions convertibles avec l'être, note cependant : « Nombreux ceux qui pensent que *res* est un prédicat plus essentiel (*magis essentiale praedicatum*) que l'étant lui-même » (*Disputationes metaphysicae*, III, 2, 1), sans d'ailleurs marquer un désaccord profond avec cette thèse, puisque, comme lui-même le soutient, « la *res* dit seulement et formellement la quiddité de la chose, c'est-à-dire son essence réale et ratifiée (*solum dicit de formali rei quidditatem, et ratam seu realem essentiam entis*) ».

En revanche, Chrysostome Javelli, dans son *Tractatus de transcendentibus*, partie d'un *Totius philosophiae compendium*, publié à Lyon en 1563 (t. 1, p. 460, col. 1), maintenait une distinction d'inspiration plus fidèlement thomiste : « *Ens sumitur ab esse*, Res *autem a essentia* » (« Le participe *étant* se prend du verbe *être*, la *chose* de *l'essence* »). D'où il concluait assez curieusement que l'*ens* se dit aussi bien *de ente reali et de ente rationis*, tandis qu'en revanche, la *Res* ne se dit que des seuls *entia realia*, c'est-à-dire de ceux qui « ont essence ou quiddité ». Ainsi la *res* ne se laisse identifier à l'être (*ens*) que si celui-ci est compris (ce sera justement le fond de la thèse suarézienne, contre Cajetan) au sens nominal, au sens de l'« *ens nominaliter sumptum* ». Dans les *Disputationes*, Suárez tirera toutes les conséquences de la distinction entre les deux acceptions de l'être : l'*ens* pris comme

4

« Res » dans le *Lexicon* de Goclenius

Le célèbre *Lexicon philosophicum* de R. Goclenius (1547-1628) rassemblait encore en 1613 les principales distinctions anciennes :

> *In philosophia* res *sumitur communissime, communiter et strictissime seu appropriate.*
> *— Communissime ut includat etiam modum rei, pro omni eo quod non est nihil. Hoc autem potest intelligi dupliciter :*
> *a) Primum enim illud est nihil quod includit contradictionem et excludit omne esse et extra intellectum et in intellectu. Quod enim sic includit contradictionem, sicut non potest esse extra intellectum seu animam ; ita non potest esse aliquid intelligibile, id est aliquid ens in intellectu seu anima, quia nunquam contradictorium cum contradictorio constituit unum intelligibile, neque ut objectum cum objecto, neque ut modus cum objecto.*
> *b) Secundo dicitur nihil quia nec est, nec esse potest aliquod ens extra animam. Id est primo modo* Res *accipitur omnino communissime, ut extendat se ad quodcunque non includens contradictionem, sive sit ens rationis (quod praecise habet esse in intellectu considerante) sive sit ens reale (quod praecise habet aliquam entitatem extra intellectus considerationem).*
> *— Altero modo minus communiter pro ente, quod habet vel habere potest aliquam entitatem citra considerationem intellectus. Primo modo dicimus intentiones logicales esse* res *rationis. Relationes rationis esse* res *rationis et tamen ista non possunt esse extra intellectum : Non igitur nomen rei ex usu loquendi astringuitur seu contrahitur ad rem extra animam. Ac in hoc intellectu communissimo (ut* res *dicitur quodlibet conceptibile non includens contradictionem) sive ista communitas sit analogiae, sive univocationis, posset* res *poni primum objectum intellectus, quia nihil potest esse intelligibile, quod non eo modo rationem entis includat, quomodo etiam quaecunque scienctia, sive sit realis, sive rationis, est de Re.*
> *In secundo membro primi istius membri dicitur* res, *quae habet vel habere potest entitatem extra animam : hoc modo accipit Avicenna in Metaph. c.5.*
> — Res *strictissime per synecdochen accipitur pro ente potissimo, id est, cui per se et primo convenit esse, quod est substantia sola. Ita igitur accidentia excluduntur. Sic virtus non est* res *seu ens, nisi quia est rei seu entis* (Aristote, *Metaphysique*, VII, 1, 1028a 15-25).

[En philosophie, le terme *res* se prend de la manière la plus commune, de manière commune, et de la manière la plus stricte ou appropriée.
— De la manière la plus commune en sorte qu'il inclut aussi le mode au titre de tout ce qui n'est pas rien. Ce qui peut encore s'entendre de deux façons :
a) en premier lieu, cela n'est « rien » qui implique une contradiction et qui exclut tout être aussi bien hors de l'intellect que dans l'intellect. En effet ce qui implique une contradiction et qui ne peut pas être hors de l'intellect ou de l'âme, ne peut donc pas être quelque chose d'intelligible, c'est-à-dire un quelconque étant dans l'intellect ou l'âme, parce que jamais le contradictoire ne constitue avec le contradictoire un intelligible, ni à titre d'objet avec un objet, ni à titre de mode avec un objet ;
b) en second lieu, cela n'est « rien » parce que ce n'est pas ni ne peut être hors de l'âme. Ainsi, de manière absolument commune, *res* s'étend à tout ce qui n'implique pas contradiction, qu'il s'agisse d'un être de raison (qui a précisément [*praecise*] de l'être dans l'intellect qui considère), ou qu'il s'agisse d'un étant réal (qui possède précisément quelque entité en dehors de la considération de l'intellect).
— *Res* se prend selon une autre manière, moins communément, pour l'étant qui a ou qui peut avoir quelque entité indépendamment de la considération de l'intellect. Au premier sens, nous disons que les intentions logiques sont des *res* rationis, des « choses de raison ». Les relations de raison sont des choses de raison et pourtant elles ne peuvent être en dehors de l'intellect : le mot *res* n'est donc pas restreint, selon l'usage de la langue, à la réalité hors de l'âme. Et selon cette compréhension la plus commune (telle que *res* se dise pour tout ce qui est concevable sans impliquer contradiction) — et peu importe que cette communauté soit analogique ou univoque —, la *res* peut être comme objet premier de l'intellect, car rien ne peut être intelligible sans inclure par là même la raison d'être, de même que toute science, qu'elle soit réelle ou rationnelle, porte sur une chose.
Dans la seconde division de cette première partie, est dit *res*, ce qui a ou peut avoir entité hors de l'âme : telle est l'acception retenue par Avicenne dans sa Métaphysique, c. 5 [*Liber de philosophia prima, sive scientia divina, Tractatus primus*, cap. 5, éd. S. Van Riet, I, p. 34-35].
— *Res*, au sens le plus strict, par synecdoque, se prend pour l'étant principal, c'est-à-dire auquel par soi et premièrement l'être convient, à savoir la seule substance. Et en ce sens les accidents sont donc exclus. Ainsi la qualité n'est pas *res* ni étant, sinon parce qu'elle est de la chose ou de l'étant].

participe et l'*ens* pris comme nom — distinction, remarquons-le, qui ne s'entend pas plus en latin, qu'en français ou en anglais (s'agissant du moins du participe présent du verbe être, tandis qu'on distingue le participe comme forme verbale invariable, au moins depuis Vaugelas, et comme adjectif qualificatif ou verbal : différant/différent, excellant/excellent, divaguant/divagant...).

L'étant (*ens*) pour autant qu'il dérive directement du verbe *sum* s'entend comme un participe qui nomme l'*actus essendi* ou l'exister : être et exister sont le même, comme nous l'indique la signification du terme *ens* (« étant ») ; il dérive en effet du verbe *sum* (« je suis ») dont il forme le participe : mais le verbe *sum* (je suis), pris absolument signifie l'acte d'être ou d'exister (« *Quae opinio fundata est in significatione vocis* entis *; derivatur enim a verbo* sum, *estque participium ejus ; verbum autem* sum, *absolute dictum, significat actum essendi, seu existendi : esse enim et existere idem est* [...] », Suárez, *ibid.*, II, 4, 1). Assurément le même terme (*ens*) peut se laisser également expliciter en *ens nominaliter suptum* (*ens ut nomen*), si l'on note cette fois qu'il signifie proprement et adéquatement *id quod est*, « cela qui est ». Mais l'*id quod est* peut s'entendre à son tour comme ce qui a ou, mieux, exerce l'acte d'être ou d'exister, autrement dit ce qui est étant au sens d'existant : ce qui est *actu* (en acte) ou bien ce qui est *potentia* (potentiellement), ce qui est étant parce qu'il peut être, parce qu'il est déjà le sujet possible d'une prédication véritable, comme quand on dit de l'homme en général qu'il est animal, en laissant de côté la question de savoir s'il est ou non *actu*, s'il *existe*, s'il est *étant* (« [...] *significat ergo adaequate "ens", id quod est* [...], *id est, quod habet actum essendi seu existendi, ut idem sit ens, quod existens ; dicit ergo ens de formali esse seu existentiam, quae est extra rerum quidditatem* »). Pourtant Suárez rejette la thèse (ici référée à Dominique Soto) selon laquelle l'étant ne peut se prédiquer *in quid* (quidditativement ou essentiellement) de toutes choses, parce qu'il implique toujours une référence à l'être (« *habitudo ad esse* »), compris cette fois comme *actus essendi*, lequel peut bien être participé par l'étant créé, mais demeure pourtant toujours extérieur à son essence :

> L'étant est, d'après lui, toujours dit comme participe du verbe *je suis*, comme existant l'est du verbe *j'existe*, et formellement il signifie être, mais matériellement il signifie ce qui a l'être ; ensuite il explicite sa thèse en disant que l'étant ne signifie pas seulement ce qui est actuellement, au sens d'existant, mais ce qui est en acte ou en puissance, car d'un homme qui n'existe pas, on peut affirmer en vérité qu'il est un étant, de même qu'il est animal ou substance, et néanmoins il conclut que l'étant ne se dit pas quidditativement des choses et notamment de celles qui sont créées, puisqu'il signifie une relation à l'être qui est extérieure à l'essence de la créature.
>
> [*dicit ens semper esse participium verbi* sum *sicut existens, verbi* existo, *et de formali significare esse, de materiali vero, quod habet esse postea vero declarat, ens non solum significare quod actu est, sicut existens, sed quod est actu vel potentia, quia de homine non existente vere dicitur esse ens, sicut esse animal vel substantiam, et nihilominus concludit ens non dici quidditative de rebus, praesertim creatis, quia dicit habitudinem ad esse, quod est extra essentiam creaturae.*]
>
> Suárez, *Disputationes metaphysicae*, II, 4.

Réaffirmer en effet l'*habitudo ad esse* au sein même du sens nominal de l'étant aboutit nécessairement à opposer *ens* et *res* : la *res*, à la différence de l'*ens*, peut se prédiquer *in quid* de tout ce qui est (*i.e.* aussi bien de ce qui n'est pas *actu*), parce qu'elle ne signifie rien d'autre que la quiddité elle-même, dans sa vérité absolue ratifiée par l'entendement, sans qu'intervienne encore aucune ordination à l'être ou à l'exister. Il n'en va pas de même de l'« étant » qui ne signifie jamais la quiddité prise absolument, mais toujours *sub ratione essendi*, c'est-à-dire en tant qu'elle peut être (« *id quod est potentia* »), au sens de ce qui *peut recevoir l'esse* (« *et in hoc consistit differentia inter* ens *et* res, *quod* res *quidditative praedicatur, quia significat quidditatem veram et ratam absolute, et sine ordine ad esse ; ens autem non praedicatur quidditative, quia non significat absolute quidditatem, sed sub ratione essendi, seu quatenus potest habere esse* », *Disputationes metaphysicae*, II, 4, 2). Sans suivre ici jusqu'au bout la logique de son argumentation, qui le conduirait à faire de la *res* une instance (on n'ose pas dire une « entité ») plus vaste que l'existence, puisqu'elle englobe aussi bien l'existence et la quiddité — l'*esse essentiae* de la tradition (pseudo-)avicennienne —, et à rompre la convertibilité des transcendentaux, pour faire de la « chose » un terme surtranscendant, Suárez se borne ici à identifier purement et simplement *ens* et *res* : les deux termes ne diffèrent que nominalement, de par leur origine linguistique (*in etymologia nominum*) :

> D'où je conclus aussi que l'étant pris comme nom et la chose (*res*) sont absolument identiques ou signifient le même, et que la seule différence est dans l'étymologie des deux termes. Car la *res* est dite à partir de la quiddité, en tant qu'elle est quelque chose de ferme et de ratifié, c'est-à-dire non-fictif, ce pourquoi elle est appelée quiddité réale; tandis que l'étant (*ens*) nomme, dans la signification envisagée, ce qui a une essence réale ; ils renvoyent donc à la même *res* ou à la même raison réale.
>
> [*Unde obiter colligo, ens in vi nominis sumptum, et* rem, *idem omnino esse seu significare, solumque differe in etymologia nominum; nam* res *dicitur a quidditate, quatenus est aliquid firmum et ratum, id est non fictum, qua ratione dicitur quidditas realis ;* ens *vero in praedicata significatione dicit id, quod habet essentiam realem ; eamdem ergo omnino rem seu rationem realem important.*]
>
> Suárez, *Disputationes metaphysicae*, II, 4, 2.

Le véritable arrière-plan de cette tendance continue — qu'on a pu dire « essentialiste » (E. Gilson) — à faire de l'*ens* un terme transcendantal, c'est encore l'analyse d'Henri de Gand qui le constitue, analyse déjà évoquée qui tend à faire de la *res* un terme absolument général, identique à l'*etwas*, au *quelque chose*, à l'*aliquid* au sens du *non-nihil*. Ce que Clauberg notamment avait parfaitement aperçu quand il interprétait la *res in latissima acceptione* comme *Intelligibile seu Cogitabile* (*Exercitationes*, XLV, p. 668), c'est-à-dire comme terme surtranscendant ou comme « surtranscendantal », sans qu'il y ait lieu de distinguer ici entre les deux adjectifs (cf. J.P. Doyle, « Super-transcendental Nothing... »).

Ainsi l'histoire philosophique du mot *res* aboutit clairement, comme l'a bien montré Th. Kobusch (« Das Seinde als transzendentaler... ») à faire de *l'ens rationis* le concept le plus général qui définit la sphère du pensable (*cogitabile*) à l'intérieur de laquelle se découpe secondairement le domaine de l'*ens reale* qui lui-même se confond avec le possible entendu comme non-contradictoire (*potentiale objectivum*). Si philosophiquement le latin *res* a commencé par traduire le grec *pragma*, il s'entend majoritairement, à l'époque de la scolastique tardive et de la *Schulmetaphysik*, comme transposition de l'indéterminé *ti*. C'est pourquoi quelques auteurs non contents de ranger *res* au nombre des transcendantaux ou d'en faire le premier d'entre eux, ont imaginé une nouvelle catégorie, encore plus générale, celle des termes surtranscendantaux qu'illustre exemplairement le français chose, le latin *aliquid* ou l'allemand *etwas*.

Jean-François COURTINE

BIBLIOGRAPHIE

ANSELME, *L'Œuvre de saint Anselme de Cantorbery*, éd. M. Corbin et A. Galonnier, Cerf, 1986-.

AUGUSTIN, *De doctrina christiana*, in *Œuvres de saint Augustin*, Institut d'études augustiniennes, Bibliothèque augustinienne, t. 11, 1949.

— *Le Magistère chrétien*, Desclée de Brouwer, 1949.

— *De magistro*, Institut d'études augustiniennes, Bibliothèque augustinienne, t. 6, 1941.

— *Dialogues philosophiques*, Desclée de Brouwer, 1941.

AVICENNA LATINUS, *Liber de philosophia prima, sive scientia divina*, 3 vol., éd. S. Van Riet, intr. doctrinale G. Verbeke, Louvain-Leyde, Peeters-Brill, 1977-1983.

AVICENNE, *La Métaphysique du Shifā'*, 2 vol., intr., trad. fr. et notes G.G. Anawati, Vrin, 1978.

BONAVENTURE, *Opera omnia*, 10 vol., éd. Quaracchi, 1882-1902.

CICÉRON, *De natura deorum*, éd. A.S. Pease, Cambridge (Mass.), Harvard UP, 1955.

CLAUBERG Johannes, *Opera omnia philosophica*, Amsterdam, 1691, repr. Hildesheim, Olms, 1968.

DOYLE James Patrick, « Supertranscendental Nothing : A Philosophical Finisterre », *Medioevo, rivista di storia della filosofia medievale*, Padoue, 24, 1998, p. 1-30.

DUNS SCOTT, *Opera omnia, studio et cura commissionis Scotistae ad fidem codicum edita*, Cité du Vatican, 1950-.

FATTORI Marta et BIANCHIA Massimo (éd.), *Res, IIIe Colloquio Internazionale del Lessico Intellettuale Europeo*, Rome, Edizioni dell' Ateneo, 1982.

FONSECA Pedro da, *Institutionum dialecticarum libri octo*, intr., éd., trad. et notes J. Ferreira Gomes, Publicações do Instituto de estudios filosóficos, Université de Coimbra, 1964.

GOICHON Amélie-Marie, *La Distinction de l'essence et de l'existence d'après Ibn Sina (Avicenne)*, Desclée de Brouwer, 1937.

HENRI DE GAND (HENRICUS DE GANDAVO), *Opera omnia*, Leyde, Brill, Louvain, Presses de l'Université, 1979-.

— *Quodlibeta*, Paris, 1518 ; *Quodlibeta*, *in* R. MACKEN, OFM, et R. WIELOCKX (éd.), Henri de Gandavo, *Opera omnia*, Leyde, Brill, Louvain, Presses de l'Université, 1977-.

HADOT Pierre, *Études de philosophie ancienne*, Les Belles Lettres, 1999.

JAVELLI Chrysostome, *Totius philosophiae compendium*, Lyon, 1563.

JOLIVET Jean, *Aspects de la pensée médiévale : Abélard, doctrine du langage*, Vrin, 1987.

JOLIVET Jean et RASHED Roshdi (éd.), *Études sur Avicenne*, Les Belles Lettres, 1984.

KOBUSCH Theo, « Das Seinde als transzendentaler oder supertranszendtaler Begriff. Deutungen der Univozität des Begriffs bei Scotus und den Scotisten », *in* L. HONNEFELDER, R. WOOD et M. DREYER (éd.), *John Duns Scotus, Metaphysics and Ethics*, Leyde-New York-Cologne, Brill, 1996, p. 345-366.

LIBERA Alain de, *L'Art des généralités. Théories de l'abstraction*, Flammarion, 1999.

— *La Querelle des universaux. De Platon à la fin du Moyen Âge*, Seuil, 1996.

LOHMANN Johannes, *Lexis, Studien zur Sprachphilosophie, Sprachgeschichte und Sprachbestimmung*, II, 1, Schauenburg, Verlag von Moritz, 1951.

LONG Anthony A. et SEDLEY David N., *The Hellenistic Philosophers*, t. 1, *Translations of the Principal Sources, with Philosophical Commentary* ; t. 2, *Greek and Latin Textes with Notes and Bibliography*, Cambridge UP, 1986-1987 ; *Les Philosophes hellénistiques*, trad. fr. J. Brunschwig et P. Pellegrin, Flammarion, « GF », 2001.

MEINONG Alexius, *Théorie de l'objet et présentation personnelle*, trad. fr. J.-F. Courtine et M. de Launay, Vrin, 1999.

MOINGT Joseph, *Théologie trinitaire de Tertullien*, 4 vol., Cerf, 1966-1969.

PAULUS Jean, *Henri de Gand. Essai sur les tendances de sa métaphysique*, Vrin, 1938.

PIERRE D'AURIOLE, *Peter Aureoli Scriptum super Primum Sententiarum*, éd. E.M. Burnayert, New York, The Franciscan Institute Saint Bonaventure, 1956.

POLENZ Max, *Die Stoa. Geschichte einer geistigen Bewegung*, 2 vol., Göttingen, Vandenhoeck et Ruprecht, 1959.

RIJK Lambert-Marie De et BAARKHUIS Henk. A.G., *Logos and Pragma. Essays on the Philosophy of Language in honour of Professor Gabriel Nuchelmans*, Leyde-Nimègue, Ingenium publ., 1987.

SUÁREZ Francisco, *Disputationes metaphysicae*, in *Opera omnia*, éd. M. André et C. Berton, t. 25-26, Paris, 1856-1878.

VALLA Lorenzo, *Opera omnia*, Bâle, 1540.

WIELAND Wolfgang, *Die aristotelische Physik. Untersuchungen über die Grundlegung der Naturwissenschaft und die sprachlichen Bedingungen der Prinzipienfoschung bei Aristoteles*, Göttingen, Vandenhoeck et Ruprecht, 1970.

OUTILS

ARNIM Johannes von, *Stoicorum Veterum Fragmenta*, Leipzig, 1903-1905, rééd., 4 vol., Stuttgart, Teubner, 1964 ; *Stoici antichi : tutti i frammenti*, trad. it. et éd. bilingue R. Radice, Milan, Rusconi, 1998.

ERNOUT Alfred et MEILLET Antoine, *Dictionnaire étymologique de la langue latine. Histoire des mots* [1932], 4e éd. augm. J. André, Klincksieck, 1994.

GOCLENIUS Rudolf, *Lexicon philosophicum, quo tanquam clave philosophiae fores aperiuntur*, Francfort [1613], repr. Hildesheim, Olms, 1964.

RÉVOLUTION Une *révolution*, sur le latin *revolvere*, « retourner en arrière », est un retour qui désigne en particulier le cycle par lequel un astre revient au point de départ sur son orbite : c'est la base de la conception du temps cyclique, de Platon à l'« éternel retour » nietzschéen, par contraste avec le temps linéaire. Voir AIÔN, *CONTINUITÉ*, *ÉTERNITÉ*, MÉMOIRE, MOMENT, PRÉSENT, *TEMPS*, WELT ; cf. ÉPISTÉMOLOGIE, FORCE.

En histoire politique et sous l'influence de l'anglais *revolution*, le mot désigne un changement brutal (cf. l'allemand *Umwälzung*, « bouleversement »), mais cette fois sans retour au point de départ. Une *révolution* contraste cependant toujours avec l'*évolution*, qui relève du continu et de la ligne. On a hésité entre *révolution* et *évolution* pour traduire le type de changement qu'exprime l'italien *mutazione*, notamment chez Machiavel : voir MUTAZIONE ; cf. VIRTÙ.

Plus généralement, sur la manière d'exprimer le progrès, linéaire ou cyclique, on se reportera à CORSO-RICORSO, HISTOIRE UNIVERSELLE, NEUZEIT, PERFECTIBILITÉ ; cf. GLÜCK, HISTOIRE, *PROGRÈS*. Sur le rapport entre les deux conceptions du temps et la pratique humaine, voir PRAXIS ; cf. AUFHEBEN, PLASTICITÉ.
Enfin, sur les révolutions qui ont marqué l'histoire européenne et leur singularité, voir ÉTAT DE DROIT, WHIG, LIBERAL, PRAVDA. En un sens plus métaphorique ou plus philosophique, voir par exemple SUJET, LUMIÈRE-LUMIÈRES ; cf. LANGUES ET TRADITIONS, TRADUIRE.

► *DROIT*, POLITIQUE, *SOCIÉTÉ*

RIEN, NÉANT Les mots qui servent à nommer ce qui n'existe pas sont fabriqués de manière différente, et sont susceptibles de se composer de façon différente, tant au sein d'une même langue que selon les langues. Le français, par exemple, met d'emblée en concurrence un terme positif, *rien*, issu du latin *rem*, accusatif de *res, rei*, qui désigne originellement le bien, la propriété, l'affaire (voir CHOSE), et un terme négatif, *néant*, provenant lui aussi du latin, mais composé cette fois d'une particule négative (*nec, ne*) appliquée, selon les hypothèses, au positif *entem* (l'accusatif de *ens* : « pas un étant ») ou au positif *gentem* (l'accusatif de *gens* : « pas un être vivant »).

I. NOMS POSITIFS / NOMS NÉGATIFS

1. Les principaux noms positifs qui servent à désigner ce qui n'existe pas sont, outre l'ibérique *nada*, sur le latin *[res] nata*, participe passé de *nasci*, « naître » (voir PORTUGAIS, et cf. ESPAGNOL), les deux mots français *rien* et *personne*. L'emploi positif du substantif féminin, *une rien*, est progressivement éliminé au profit de la substantivation du pronom et de l'adverbe qui servent couramment d'auxiliaires négatifs, *rien, un rien* : « Le mot offre un raccourci de l'évolution du sens étymologique de “chose” renversé en “néant” (v. 1530) » (DHLF) ce qui ne va pas sans retentissement philosophique : voir RES ; cf. *ÊTRE*, RÉALITÉ, VORHANDEN. De manière analogue, *personne*, formé à partir du positif *persona*, le masque de l'acteur (qui n'est certes pas une entité anodine), désigne un être humain quelconque, une « personne » et, en corrélation avec *ne*, prend la valeur négative de « nul, aucune personne » : voir *PERSONNE*.
On se reportera à l'encadré 1 « Ulysse : mon nom est personne » dans MÊTIS, pour un exemple de jeu de mots sur la « personne » qui implique à la fois la différence, fondamentale en grec, entre négation et privation (*ou /mê*), et la connexion en français entre l'expression de la négation et le *ne* dit « explétif » ; sur le *ne* explétif, voir encadré 4 dans ESTI.
2. La majorité des termes qui servent à désigner ce qui n'existe pas sont composés d'une négation portant sur un terme positif qui ne désigne d'ailleurs pas la même chose suivant les langues (gr. *ouden/mêden*, lat. *nihil*, fr. *néant*, all. *Nichts*, angl. *nothing* ; cf. gr. *outis/mêtis*, pas quelqu'un, lat. *nemo*, pas un homme, angl. *nobody,* pas un corps...). Ainsi, en grec, c'est l'« un », *hen*, qui est nié (voir encadré 1 dans MÊTIS) ; en latin, c'est, dit-on, le *hilum*, minuscule petit point noir au bout de la fève (DEL, citant Festus) ; en allemand, c'est, peut-être, un *Wiht*, ou petit démon, à moins qu'il ne s'agisse de *Wicht*, sur *Wesen*, l'essence (cf. ESSENCE), en anglais, c'est la « chose ». Voir ESTI.
3. Une réflexion plus poussée prend alors en considération le degré de liberté de certaines langues qui construisent, par une opération de fausse coupe, un positif nouveau à partir du composé négatif : c'est le cas du grec de Démocrite (68 B 56 DK), qui propose *den* (fausse coupe par rapport à *ouden*, qui se décompose normalement en *oude-hen*, « pas même un »), amalgame de la dernière lettre de la particule négative et du positif nié. L'allemand peut le rendre au moyen de la même opération, en réactivant un terme de la mystique rhénane, *das Ichts* (« *Das Ichts eistiert um nicht mehr als das Nichts* », traduction D.K. du fragment de Démocrite, dont l'équivalent littéral fr. serait : « Le *éant* n'existe pas plus que le néant »). Voir ESTI, IV, B.

II. DÉRIVATIONS ET COMBINATOIRE

On trouvera exploité *passim* un certain nombre de disparités remarquables, qui génèrent d'importants problèmes de traduction.
1. Dans certaines langues et dans certains cas, un terme (substantif, adjectif ou verbe) est susceptible de plusieurs négations, qui stipulent des modes différents de non-existence et renvoient à des paraphrases différentes : c'est en particulier le cas pour la différence entre négation et privation, fondamentale en grec par exemple (*ouden, mêden* ; voir ESTI, II, IV A, et encadré 1 dans MÊTIS), et les différentes manières d'indiquer la présence et la possession impliquée par la privation (absence *de*, par manque [« *a*-logique »], défaut [« *il*-logique »], extériorité [« *dé*-mence »], exténuation, etc.). Sur la manière dont on construit régulièrement un terme négatif ou privatif au moyen d'une particule ou d'un préfixe, voir, outre ESTI, ALLEMAND, COMBINATOIRE ET CONCEPTUALISATION et, par exemple, l'étude du couple *Lust-Unlust* sous PLAISIR (II, C). Voir aussi INCONSCIENT, VÉRITÉ (en particulier pour le grec *alêtheia*, que Heidegger rend par *Unverborgenheit*), et cf. FOLIE-DÉMENCE.
2. Les règles de dérivation, de combinaison et de syntaxe ayant trait aux termes négatifs produisent des textes caractéristiques de certaines langues et particulièrement difficiles à traduire dans d'autres ; il en va ainsi par exemple de la dérivation allemande qui fait passer de l'adverbe *nichts* au substantif *das Nichts*. Sur ce faisceau de problèmes, on trouvera des exemples particulièrement éclairants dans ESTI. Voir aussi PORTUGAIS, et cf. ANGOISSE, AUFHEBUNG, PRINCIPE.
Voir également *NÉGATION* et, en particulier, VERNEINUNG.

► *FAUX*, NONSENSE

RIGHT, JUST, GOOD [ANGLAIS] – fr. *bien, juste, bon*

all. *gut, wohl, recht*

► ***BIEN*** [GUT], ***DROIT***, et FAIR, ***JUSTICE***, LAW, PRUDENTIAL, UTILITY, VÉRITÉ

Le français ne distingue pas nettement le bien et le bon, l'impératif et l'attractif, alors que l'anglais a deux séries distinctes, right *et* good, *qui correspondent assez clairement aux deux aspects du bien. Par contre, le français distingue clairement le bon et le juste, au sens de l'intérêt particulier, individuel ou collectif, et de la loi morale universelle, alors que l'anglais est moins net sur la distinction entre* right *et* just *puisque* rightness *peut vouloir dire aussi bien* rectitudo *que* justicia. *Ainsi, le traducteur risquera toujours d'être confronté à des cas où l'opposition du* right *au* good *semblera être celle du bien au bien.*

I. LES TROIS SENS DE « JUST »

Tout d'abord, *just* a un sens cognitif, celui de « juste » au sens de correct, exact ou vrai. Toutefois, le substantif correspondant au français *justesse* n'est pas *justice*, mais *rightness*, d'où l'intervention du lexique anglo-saxon (*recht/right*, « droit ») qui va compliquer la situation. *Right* et *just* sont alors à peu près interchangeables entre eux, ainsi que, à quelques nuances près, avec *good*, qui a également un sens cognitif, comme en français : *a good, right or just answer*, une bonne réponse est correcte ou juste. Dans les trois cas, l'antonyme est *wrong* au sens d'erroné.

Le deuxième sens de *just* est le sens moral et, là encore, la distinction avec *right*, « droit » ou « juste », et *good*, « moralement bon », est imperceptible. La vertu de justice, la *rectitudo* latine, correspond bien à l'anglais *rightness*, la rectitude morale. On utilisera *right* plutôt pour les actions « bonnes » et *good* comme *just* plutôt pour le caractère de l'agent vertueux. Mais cette ressemblance est trompeuse. *Right* a un champ sémantique beaucoup plus large et en vient à désigner non seulement la conduite de l'homme vertueux, mais le bien, le critère moral d'une manière générale par contraste avec le mal moral, *wrong*. Quant à *good*, il a également un sens non moral, le « bon » au sens de ce qui satisfait des appétits et des désirs naturels, du bonheur et du bien-être ; et le passage des propriétés naturelles aux propriétés morales est, on le sait, un des débats les plus épineux de la philosophie morale depuis Hume. C'est à ce moment-là que les problèmes les plus sérieux se posent puisqu'il n'y a plus d'équivalent français pour *right* (et surtout pas de substantif correspondant à *rightness*) avec ce sens prescriptif. Pourtant, la signification de cette distinction exprimée ici par Henry Sidgwick, disciple à la fois de Kant et de Mill, est tout à fait claire :

> *We have regarded this term « rightness » as implying the existence of a dictate or imperative of reason which prescribes certain actions either unconditionally or with reference to some ulterior end.* [...] *It is however possible to take a view of virtuous action in which* [...] *the moral ideal is presented as attractive rather than imperative* [...] *and the idea of « goodness » is substituted for that of « rightness ».*
>
> [Nous avons considéré que ce terme « bien » implique l'existence d'un commandement ou d'un impératif de la raison qui prescrit certaines actions de manière inconditionnelle ou par référence à une fin ultime. (...) Il est cependant possible d'avoir une conception de l'action vertueuse dans laquelle (...) l'idéal moral est présenté comme attractif plutôt qu'impératif (...) et l'idée de « bon » est substituée à celle de « bien ».]
>
> Henry Sidgwick, *Methods of Ethics*, 1874, livre I, 9, 1.

Enfin, les champs sémantiques de *right* et *just* se différencient complètement l'un de l'autre puisque *just* a pour troisième sens « juste », au sens non plus d'une vertu morale, mais d'une distribution équitable, ce qui est absent des sens de *right*. *Right*, par contre, possède le sens de « droit » (à ne pas confondre avec *law*, l'étude de la loi, le « droit » ; voir LAW), c'est-à-dire prenant en compte les demandes légitimes des individus vis-à-vis de la société par contraste avec leurs devoirs. Or l'un des débats les plus importants de la philosophie morale et politique anglophone est celui des rapports entre *right* et *good*, le « juste » et le « bien » ou, autre traduction possible, le « bien » et le « bon », d'où les difficultés exemplaires que pose la traduction de cette citation de Michael Sandel :

> *The priority of the right means, first, that individual rights cannot be sacrificed for the sake of the general good (in this it opposes utilitarianism), and, second, that the principles of justice that specify these rights cannot be premissed on any particular vision of the good life.*
>
> [La priorité du juste veut dire, tout d'abord, que les droits individuels ne peuvent être sacrifiés au bien général (en ce sens elle s'oppose à l'utilitarisme) et, ensuite, que les principes de justice qui spécifient ces droits ne peuvent être déduits d'aucune vision particulière de la vie bonne.]
>
> Michael Sandel, *Liberalism and the Limits of Justice*, p. 12.

II. LES RAPPORTS ENTRE « RIGHT » ET « GOOD »

L'opposition que fait Sidgwick, dans le passage cité plus haut, entre *rightness* et *goodness* est celle qui existe entre le sens attractif et le sens impératif du critère moral, du bien. Elle semble tout à fait claire. Si *right* doit se traduire par « bien » — par exemple, dans l'expression « critère du bien et du mal » — et non par « juste » ou « droit » ou « correct », et s'il a clairement comme antonyme *wrong* (« mal »), c'est parce qu'il désigne ce qui *doit* être fait : il véhicule l'aspect impératif, coercitif, de la morale, le sens du devoir et de l'obligation. Par contraste, *good* désigne l'aspect attractif de la moralité, le désirable ou le souhaitable, le bon. Il est tout à fait insuffisant d'ajouter simplement, comme on serait tenté de le faire en français, que *right* désigne le bien « moral » et non le « bon », parce que, pour Sidgwick comme pour la majorité des philosophes anglais, « bon » est aussi moral que « bien », mais différemment. En revanche, une telle distinction à l'intérieur de la moralité est irrecevable si, comme Kant, on pense que « bon » au sens de désirable ne fait pas partie de la morale (voir GUT) :

> Le bien et le mal désignés par les mots *Wohl* et *Übel* n'indiquent toujours qu'un rapport à ce qu'il peut y avoir d'agréable ou de désagréable dans notre état [...]. Mais le bien et le mal désignés par les mots *Gute* et *Böse* indiquent toujours un rapport à la *volonté*, en tant que celle-ci est déterminée par la *loi de la raison*.
>
> *Critique de la raison pratique*, trad. fr. L. Ferry et H. Wismann, Gallimard, « La Pléiade », 1989, p. 680.

C'est parce que la tradition anglaise s'est toujours refusé à pratiquer cette exclusion qu'elle fait passer la ligne de démarcation non pas entre le bien et le bon, mais entre le juste et le bon. L'anglais *right* serait alors paradoxalement plus proche de l'allemand *Gut* pour exprimer cette opposition et devrait être traduit par « bien » dans le texte de Sidgwick. On en conclura qu'on ne peut traduire *goodness* et *rightness* que par « le bien » dans les deux cas, ce qui semble être un bon exemple d'intraduisible.

Une autre manière de poser le problème est de dire non pas que *good* désigne l'attractif, le désirable, mais qu'il doit être distingué de *right* parce qu'il renvoie à une série de questions d'un autre ordre, tout aussi constitutives de la moralité, celles qui portent sur les fins en soi, sur ce qui a intrinsèquement de la valeur, indépendamment des actions et des désirs du sujet humain. La confusion entre ces deux sens de *good* est évitable si l'on distingue entre le prédicat *good*, qui aurait ce sens de valeur intrinsèque et le substantif *good*, qui garde le sens ordinaire de bon. Une telle confusion est responsable, pour G.E. Moore, du « sophisme naturaliste » imputable aux philosophes utilitaristes, qui font dépendre les fins morales des appétits et des désirs humains. Et sur ce point Kant serait d'accord avec Moore. Voici comment ce dernier propose d'articuler *right* et *good*, lesquels, ici, ne peuvent être traduits respectivement que par *bon* et *bien*, contrairement à ce que préconise l'utilitarisme :

> *The word « right » is very commonly appropriated to actions which lead to the attainment of what is « good »* [...]. *But Bentham's fundamental principle is that the greatest happiness of all concerned is the right and proper end of human action. He applies the word « right » to the end, not only to the means* [...] *which is a naturalistic fallacy.*
>
> [Le terme « bien » est de manière fort générale appliqué à des actions qui permettent d'atteindre ce qui est « bon » [...]. Mais le principe fondamental de Bentham est que le plus grand bonheur de tous (ceux qui sont) concernés est la fin bonne et appropriée de toute action humaine. Il applique le terme « bien » à la fin, et pas seulement aux moyens [...], ce qui est un sophisme naturaliste.]
>
> *Principia ethica*, § 14, trad. fr. M. Gouverneur, PUF, 1998, p. 18.

III. « PRIORITY OF THE RIGHT OVER THE GOOD »

Le cas le plus troublant est celui de l'expression *priority of the right over the good*, laquelle est intraduisible, et non seulement parce qu'on manque en français d'un équivalent pour *right*, mais aussi en raison du peu de rigueur de l'anglais. Elle a pris deux sens reliés l'un à l'autre, mais distincts, et qui n'ont jamais été clairement explicités en raison des glissements que nous avons évoqués plus haut entre *right* et *just*. Le premier concerne la critique libérale des utilitaristes par Rawls et le refus de dériver le *right* du *good*. Il marque le contraste entre « doctrines téléologiques et doctrines déontologiques », entre kantisme et utilitarisme (voir encadré 1). L'autre sens renvoie à la critique du libéralisme par les « communautariens », à la question de l'indépendance des normes de justice par rapport aux valeurs communes, au « bien commun », pour reprendre le vocabulaire de J. Habermas. L'expression *priority of the right over the good* (priorité du bien sur le bon) en vient alors à vouloir dire *priority of justice over the good* (priorité du juste sur le bien), comme dans la citation de Michael Sandel mentionnée plus haut.

Un premier sens est, comme nous l'avons indiqué, celui de la priorité du devoir, de ce qui doit être fait, sur le bon ou le bonheur. Il marque surtout la priorité de la question de la liberté et de l'autonomie morale sur la soumission à la réalisation d'un *summum bonum* donné d'avance par la nature humaine. En ce sens, la priorité du bien sur le bon est la thèse fondatrice d'une morale individualiste pour laquelle la capacité de justification individuelle par un contrat social est le seul critère de validité des normes. Il s'agit d'une position parallèle à la définition du vrai par le consensus et non plus par la correspondance avec un état de choses extérieur au jugement. Mais en quoi consiste cette priorité ? S'agit-il d'une priorité logique : a-t-on besoin du concept de *right* pour constituer celui de *good* ? Cela supposerait qu'il existe des conduites, des organisations, etc. qui soient « bonnes » sans être moralement justes si cette priorité n'était pas respectée — ce qui est absurde, alors que ce qu'on veut dire, c'est que le sens impératif du bien est prioritaire par rapport à son sens attractif.

IV. LES RAPPORTS ENTRE « RIGHT » ET « JUST »

L'autre source de confusion vient de ce que l'anglais semble glisser du *right* vers le *just*, de la *rectitudo* vers la

1

Doctrines téléologiques et doctrines déontologiques

Les doctrines morales se distinguent en fonction de la manière dont elles articulent *right* et *good*. Pour les doctrines téléologiques comme les morales antiques du bonheur (épicurisme, stoïcisme, etc.) ou l'utilitarisme, le juste, le bien au sens de ce qu'il faut faire, est dérivé du bon qui serait une fin, un *telos* donné d'avance et indépendant de la conscience, comme le plaisir ou le bonheur, qu'il faudrait chercher à maximiser. Pour les doctrines déontologiques, comme celles de Kant ou de Rawls, au contraire, le juste, *right*, est posé indépendamment du bon, de *good*, les impératifs du devoir ne pouvant être sacrifiés à ceux du bien-être individuel ou général, et l'autonomie du juste reflétant l'autonomie de l'individu. Il faut cependant nuancer cette analyse. L'existence d'un *telos*, d'un Souverain Bien, devrait nécessairement, d'après les doctrines déontologiques, menacer la liberté individuelle, d'où cette rupture entre *good* et *right*. Or ce n'est certainement pas le cas. Pour Mill, par exemple, il est clair que le *right* est une norme collective compatible avec la liberté et le bonheur humains et que cette indépendance de l'un par rapport à l'autre est absurde. Le *telos*, le bien que l'on doit maximiser, est lui-même dépendant d'un impératif : « le devoir de considérer impartialement le bien total de tous les individus concernés ». La distinction entre doctrines téléologiques et déontologiques ne se trouve donc pas dans la priorité, ou non, du juste par rapport au bien, comme on le dit souvent, mais plutôt dans la rupture entre les impératifs moraux et les maximes hypothétiques de la prudence et du bonheur, dans l'indépendance du juste, c'est-à-dire d'une certaine idée de la personne, de sa liberté, par rapport à l'ordre naturel.

justicia, sans beaucoup de rigueur. De nouvelles ambiguïtés sont alors créées, qui sont des sources de confusions, mais aussi d'enrichissements. Un tel glissement va permettre de sortir du contexte de l'analyse morale du critère du bien et du mal et de jouer ainsi sur un champ conceptuel plus large, celui de la justice distributive, qui englobe le politique et l'économique. C'est le sens du débat bien connu entre libéraux et communautariens, c'est-à-dire entre John Rawls, d'une part, et Taylor, Sandel, MacIntyre, de l'autre. La doctrine libérale contemporaine affirme avec Rawls l'indépendance des principes de la justice distributive par rapport aux conceptions du bien d'une société. C'est le sens du texte de Michael Sandel cité plus haut.

Ce qui est revendiqué, dans la critique communautarienne de la priorité du juste sur le bien et de l'éthique procédurale, aussi bien dans l'utilitarisme que dans la théorie rawlsienne, c'est un certain retour à Aristote contre Kant, la possibilité de redonner un contenu substantiel, historique et social au *right*, en le faisant dériver des traditions, des conceptions du bon, du *good*, d'une communauté, et non plus de la seule raison de l'individu. Et le lecteur français risque de ne pas voir véritablement les enjeux en raison de ce glissement de *righ*t vers *just*. L'essentiel du débat concerne une critique culturaliste et historiciste du libéralisme procédural. La différence entre les deux sens de *bien* que l'on a vue plus haut — sens confondus en français, mais bien distingués en anglais —, c'est que *good* renvoie aux conceptions particulières du bien d'un individu ou d'une communauté. Mais sont-elles bonnes de manière universelle, c'est-à-dire *right* pour l'humanité dans son ensemble ? C'est pourquoi, en réalité, le débat est celui de la justice universaliste et de la justice locale, de ce qui est bon, *good*, pour moi et mon groupe, ou qui peut constituer un « droit de l'homme » (*human right*). C'est exactement ce que veut dire Rousseau, quand il dit que « la volonté générale est toujours "droite" alors qu'elle n'est pas toujours bonne » (*Contrat social*, II, 3). Il oppose le droit et le bon, ce qui serait la meilleure traduction pour prendre en compte le conflit entre la particularité de l'intérêt, de l'individu ou du groupe, et l'universalité de la règle ou du critère moral.

Catherine AUDARD

BIBLIOGRAPHIE

HARE Richard, « Ethical Theory and Utilitarianism », *in* A. SEN et B. WILLIAMS (éd.), *Utilitarianism and beyond*, Cambridge UP, 1982 ; « Théorie éthique et utilitarisme », trad. fr. C. Bouchindhomme, *in* C. AUDARD (éd.), *Anthologie historique et critique de l'utilitarisme*, t. 3, PUF, 1999.

LARMORE Charles, *Modernité et Morale*, PUF, 1993, chap. 2.

MOORE George Edward, *Principia ethica* [1903], trad. fr. M. Gouverneur, PUF, 1998.

RAWLS John, *Théorie de la justice* [1971], trad. fr. C. Audard, Seuil, 1987, § 68.

— *Libéralisme politique* [1993], trad. fr. C. Audard, PUF, 1995, chap. 5.

SANDEL Michael, *Liberalism and the Limits of Justice*, Cambridge UP, 1982.

SIDGWICK Henry, *Methods of Ethics* [1874], 7e éd., préface J. Rawls, Londres, Hackett Publishing Co., 1981.

TAYLOR Charles, « Le juste et le bien », *Revue de métaphysique et de morale*, n° 1, 1988, p. 33-56.

ROMANTIQUE

all.	*romantisch*
angl.	*romantic*

► AIMER, BAROQUE, CLASSIQUE, DESCRIPTION, DICHTUNG, ERZÄHLEN, *IMAGINATION*, MANIÈRE, MIMÊSIS, NEUZEIT, PERFECTIBILITÉ

Apparu pour la première fois en Angleterre sous la forme romantic *en 1650, le terme s'implante sous la forme* romantisch *vers 1700 dans le vocabulaire allemand, où il connaît à partir de 1760 une très large vogue.* Romantique *fait son entrée dans la langue française en 1776, adopté bientôt par Rousseau. Le mot doit cette homogénéité morphologique à une commune racine latine. Les termes* romantic / romantisch / *romantique proviennent en effet tous de l'ancien français « roman » (ou « romanz ») qui désigne tout à la fois un genre littéraire et un mode linguistique singuliers : un récit versifié en langue romane, c'est-à-dire en langue vulgaire, par opposition au latin. Mais cette homogénéité s'arrête au plan formel. Chaque passage dans une nouvelle langue a donné lieu à d'importants déplacements de sens. Dans sa forme anglaise première, le terme est essentiellement doté d'une signification esthétique.* Romantic *est proche de* romanesque *ou de* pittoresque, *et engage par là une interprétation particulière du principe de* mimêsis. *Lors de sa seconde vague de diffusion en Allemagne à la fin du XVIIIe siècle, il s'adjoint un nouveau sens, historique et critique.* Romantisch *renvoie non seulement à* romanhaft *et à* mahlerisch, *mais désigne également une ère culturelle, le Moyen Âge et la Renaissance, un exercice intellectuel spécifique* (romantisieren) *et bientôt une école littéraire* (Romantik). *Le mot sort curieusement insaisissable de ces multiples pérégrinations européennes, ce qui explique peut-être les réticences de la France à l'adopter au début du XIXe siècle.*

I. COMME DANS UN ROMAN

Depuis sa forme médiévale, nourrie de légende arthurienne (roman courtois, roman de chevalerie) jusqu'au XVIIe siècle (*L'Astrée* d'Honoré d'Urfé), le français « roman » désigne un genre merveilleux, proche de la fable. De cette matrice sémantique, le mot anglais *romantic*, apparu vers 1650, a hérité son sens premier : romanesque, c'est-à-dire inventé, imaginaire, fictif. S'il perd assez vite en Angleterre son lien explicite avec l'univers romanesque, le terme allemand *romantisch* le conserve au contraire très longtemps.

Présent dès les années 1700-1740 dans la première vague d'introduction du mot, notamment opérée depuis la Suisse par J.J. Bodmer et J.J. Breitinger, le doublet synonymique *romantisch*/*romanhaft* se maintient jusqu'à la fin du siècle. C.M. Wieland, qui a joué un rôle central dans la diffusion du terme, emploie régulièrement l'un pour l'autre terme. Lié, donc, au genre fabuleux du roman, le mot en reflète aussi l'aléatoire popularité. À la fin du XVIIe et au début du XVIIIe siècle, au moment où le roman est attaqué pour son excessive invraisemblance, les termes *romantic/romantisch* signifient majoritairement « chimérique, faux, controuvé », connotation négative qui disparaît au cours du XVIIIe siècle avec la réhabilitation des romans médiévaux et l'apparition de nouvelles formes romanesques.

Issu donc d'une sphère strictement littéraire, le mot *romantic* n'a cependant pas tardé à être appliqué métaphoriquement à d'autres conditions d'expérience : la perception d'un paysage donné pour réel, l'expression d'un sentiment intime (contrée romantique, amour romantique), autant d'emplois qui, par leur déconcertante variété, semblent décourager tout effort de détermination précise. Cette étonnante diversité impose en vérité un déplacement de la définition depuis la sphère de l'objet vers celle du sujet. Est romantique ce qui est perçu par le sujet comme semblable à un roman. Au cœur de la notion figure donc moins une qualité intrinsèque de l'objet qu'une qualité du regard porté sur cet objet. C'est ce qu'exprime C. Brentano dans *Godwi* (1800-1802) : « Le romantique est donc une lunette [*Das Romantische ist also ein Perspectiv*] » (vol. 2, p. 258). Si *romantic/romantisch* implique un rapport au sujet, il suppose en outre un rapport spécifique à l'art et à la nature, plus exactement, un renversement strict du principe traditionnel de *mimêsis*. Dans l'expérience romantique, la nature est perçue à travers le prisme de l'art (littérature ou peinture). Autrement dit, pour le regard romantique, ce n'est plus l'art qui imite la nature, mais la nature qui imite l'art.

C'est ce mécanisme qui explique l'application précoce du terme à un domaine privilégié : le paysage. Dès son apparition en Angleterre dans la seconde moitié du XVIIe siècle, *romantic* sert fréquemment à définir des paysages qui rappellent tantôt un roman, tantôt un tableau. Très répandu chez les théoriciens anglais de l'esthétique (J. Addison, Shaftesbury) ainsi que dans les récits de voyage du XVIIIe siècle, cet emploi gagne bientôt l'Allemagne, où il reste vivace très longtemps. K.P. Moritz, F. Schiller, W. von Humboldt, J.W. Goethe y recourent de façon consciente. On peut lire par exemple dans *Les Souffrances du jeune Werther* :

> Quelle joie lorsqu'au début de notre relation, nous découvrîmes notre inclination commune pour ce site, l'un des plus romantiques véritablement que l'art ait jamais produit à mes yeux.
>
> [*Wie freuten wir uns als wir im Anfang unserer Bekanntschaft die wechselseitige Neigung zu diesem Plätzchen entdeckten, das wahrhaftig eins von den romantischsten ist, die ich von der Kunst hervorgebracht gesehen habe.*]
>
> Livre I, lettre du 10 septembre.

De ce lien avec l'art, l'adjectif a tiré un rapport privilégié avec la peinture. Plus encore qu'à des réminiscences littéraires, c'est à des tableaux que se réfère l'expérience romantique. *Romantic/romantisch* signifie très souvent *picturesque/mahlerisch*. Le Lorrain, Nicolas Poussin, G. Dughet et surtout S. Rosa sont couramment cités comme modèles sous-jacents à la perception d'un paysage réel. Ainsi une contrée escarpée de Nouvelle-Zélande rappelle-t-elle à G. Forster une toile de Rosa, tout comme H. Walpole retrouve ce peintre dans quelque paysage tourmenté des Alpes. Rien d'étonnant, donc, à ce que la fortune du mot, qui ne cesse de croître tout au long du XVIIIe siècle, coïncide avec la mode du jardin anglais. Tout comme le terme *romantic/romantisch*, le jardin anglais repose en effet sur un renversement du concept traditionnel de *mimêsis* : il s'agit d'organiser la nature comme un tableau, pictural ou littéraire, tout en cachant le plus possible les traces de cette intervention. Les grands théoriciens du jardin anglais (U. Price, H. Walpole, T. Whately) ont d'ailleurs fait un large usage du terme *romantic*. À leur suite, C.C.L. Hirschfeld recommande, pour rendre un jardin « romantique », d'y placer des rochers en référence aux toiles de S. Rosa ou encore des inscriptions poétiques et des tableaux dans les grottes qui l'ornent (*Theorie der Gartenkunst*, 1779-1785). L'expérience du paysage romantique ne se comprend pas sans ce substrat, explicite ou implicite, de références littéraires et picturales.

II. UNE NOTION D'HISTOIRE CULTURELLE

De sa relation matricielle au roman, *romantic/romantisch* n'a pas seulement tiré une signification esthétique, mais aussi une acception historique et culturelle. Le roman désignant un genre littéraire ancien, l'adjectif qui en dérive désigne la période chronologique qui l'a vu naître et s'épanouir : le Moyen Âge et la Renaissance.

C'est à T. Warton que l'on doit l'apparition de cette signification dans les années 1760, notamment formulée à travers la notion de *romantic poetry*, poésie médiévale liée à des composantes culturelles singulières (tradition chrétienne, univers gothique, etc.). Si cette acception historique apparaît pour la première fois en Angleterre, c'est en réalité en Allemagne qu'elle s'implante et se développe durablement. Tout se passe comme si, lors de la grande vague de diffusion du mot *romantisch* dans le dernier tiers du XVIIIe siècle, l'Allemagne avait tiré vers l'histoire culturelle une notion jusqu'alors majoritairement réservée au domaine littéraire et esthétique en Angleterre. Dans cette mutation, J.G. Herder a joué, à côté de C.M. Wieland, un rôle central. Dès les années 1760, il recourt fréquemment aux expressions *romantischer Taten* (actes romantiques), *romantischer Charakter* (caractère romantique) ou encore *romantischer Fabelgeist* (esprit romantique de la fable) pour définir la quintessence de l'époque romantique. Une chose frappe cependant dans cet usage du mot : sa grande imprécision. Sous la catégorie *romantisch*, Herder range indistinctement le Moyen Âge et la Renaissance, ou encore les Écossais, les Normands, les Arabes et les Provençaux. Si l'ère romantique possède ainsi des limites chronologiques et géographiques très fluctuantes, elle présente néanmoins une constante : son opposition à l'Antiquité et au classicisme moderne. Lointain avatar de la Querelle des Anciens et des Modernes, l'antithèse *antik/romantisch* ou *klassisch/romantisch* devient structurante dans l'Allemagne de la fin du XVIIIe siècle. Dans son essai *Der Ähnlichkeit der mittlern englischen und deutschen Dichtkunst* (1777) [Sur la similitude de la poésie médiévale anglaise et allemande], Herder oppose ainsi la liberté des ballades et des romances médiévales, ces formes romantiques injustement tombées dans l'oubli, à la régularité du mètre antique, caricaturée à l'époque moderne dans le vers classique français (éd. B. Suphan, vol. 9, p. 522 *sq.*).

III. DISCIPLINE CRITIQUE

Utilisé par Herder dans un sens essentiellement esthétique et historique, le terme *romantisch* se dote avec Novalis d'une autre dimension encore. Il devient pour lui, et pour toute une génération d'écrivains, un concept général désignant un mode particulier d'appréhension du monde, un exercice intellectuel.

En plus des emplois traditionnels, très présents dans ses textes, Novalis forge en 1797-1798 une série de mots qui confèrent à leur racine, *romantisch*, un sens nouveau. Le premier d'entre eux, *romantisieren*, désigne un processus de poétisation du monde :

> Le monde doit être romantisé. [...] Cette opération est encore totalement inconnue. En conférant aux choses secrètes une haute signification, au quotidien un mystérieux prestige, au connu la dignité de l'inconnu, au fini l'apparence de l'infini, je les romantise.
>
> [*Die Welt muß romantisiert werden. (...) Diese Operation ist noch ganz unbekannt. Indem ich dem Geheimen einen hohen Sinn, dem Gewöhnlichen ein geheimnisvolles Ansehn, dem Bekannten die Würde des Unbekannten, dem Endlichen einen unendlichen Schein gebe, so romantisiere ich es.*]
>
> Novalis, *Fragmente und Studien*, 1797-1798, vol. 2, sect. 4, n° 105.

Ainsi investi d'une dimension critique très générale, le mot *romantisch* désigne bientôt une discipline ou une science, qualifiée de *Romantik* par analogie avec d'autres champs du savoir (*Physik*, *Mathematik*, *Grammatik*, etc.). De même qu'il existe un *Physiker* ou un *Grammatiker*, il existe un *Romantiker*. L'objet de cette nouvelle discipline est la vie, ou encore, ce qui revient au même, le roman car « nous vivons dans un colossal roman [*Wir leben in einem kolossalen Roman*] » :

> La vie ressemble aux couleurs, aux sons, aux forces. Le romantique étudie la vie comme le peintre, le musicien et le spécialiste de mécanique étudient la couleur, le son, les forces.
>
> [*Das Leben ist etwas, wie Farben, Töne und Kraft. Der Romantiker studiert das Leben, wie der Maler, Musiker und Mechaniker Farbe, Ton und Kraft.*]
>
> Novalis, *Aus dem Allgemeinen Brouillon*, 1798-1799, vol. 3, sect. 9, n° 853 et n° 1073.

Le *Romantiker* est pour Novalis celui qui parvient à vivre sa vie comme un roman, c'est-à-dire poétiquement (*Fragmente und Studien*, 1797-1798, n° 188). Diffusés grâce à l'édition des œuvres de Novalis par F. Schlegel et L. Tieck (1802), ces néologismes n'ont pas tardé à entrer dans l'usage de nombreux écrivains.

IV. SUPERPOSITION DES SENS

Loin de s'exclure, ces diverses acceptions historique et critique n'ont cessé de s'entrecroiser, conférant au mot *romantisch* une densité singulière autour de 1800. Au confluent de ces traditions sémantiques figure F. Schlegel. Parti de Herder, mais grand lecteur de Novalis, il a apporté à la définition du mot une contribution centrale. Dans son essai *Über das Studium der griechischen Poesie* [De l'étude de la poésie grecque], rédigé en 1795, il oppose comme Herder, mais dans un sens très favorable aux Anciens, la poésie antique, belle, objective, naturelle, cyclique et finie, à la poésie romantique, infinie, subjective, artificielle, progressive et parfois mêlée de laideur. Encore très critique envers l'ère romantique, c'est-à-dire moderne, son jugement s'inverse cependant dans les textes ultérieurs. Dans les fragments de l'*Athenäum* (1798), l'infinie progressivité de la poésie romantique est désormais présentée comme un privilège de la modernité, supérieure en cela à l'Antiquité, qui reste inéluctablement prisonnière d'un cycle d'apothéose et de déclin. Dans la tradition herdérienne, donc, Schlegel fait de ce terme une notion clé d'histoire culturelle (*romantisch* désigne la culture du Moyen Âge et de la Renaissance) en même temps qu'une composante du couple antinomique Antiquité/modernité. Mais il n'a pas tardé à lui conférer une acception beaucoup plus vaste. Lié, certes, à la littérature des XIIe-XVIe siècles, le concept de poésie romantique inclut bientôt chez lui des œuvres contemporaines (*Les Années d'apprentissage de Wilhelm Meister* de Goethe, *Franz Sternbalds Wanderungen* [Les Pérégrinations de Franz Sternbald] de L. Tieck), s'étend aux auteurs anciens (Homère, Eschyle, Platon, Horace et Virgile), pour regrouper même tous les genres littéraires existants. À la fin de ce parcours, *romantisch* désigne ni plus ni moins l'essence même de toute activité poétique. Le terme se dote d'une signification véritablement universelle, dans laquelle s'abolissent toutes les antinomies antérieures : celle, herdérienne, de l'Antiquité et de la modernité, celle de la prose et du vers, celle du roman et de la poésie. C'est ce qu'exprime le fragment 116 de l'*Athenäum* :

> La poésie romantique est une poésie universelle progressive [*progressive Universalpoesie*]. Elle n'est pas seulement destinée à réunir tous les genres séparés de la poésie et à faire se toucher poésie, philosophie et rhétorique. Elle veut et doit aussi tantôt mêler et tantôt fondre ensemble poésie et prose, génialité et critique, poésie d'art [*Kunstpoesie*] et poésie naturelle [*Naturpoesie*], rendre la poésie vivante et sociale, la société et la vie poétiques, poétiser le *Witz* [...]. Elle embrasse tout ce qui est poétique, depuis le plus grand système de l'art qui en contient à son tour plusieurs autres, jusqu'au soupir, au baiser que l'enfant poète exhale dans un chant sans art. [...] Elle seule, pareille à l'épopée, peut devenir miroir du monde environnant, image de l'époque. [...] Le genre poétique romantique est le seul qui soit plus qu'un genre,

et soit en quelque sorte l'art même de la poésie : car en un certain sens toute poésie est ou doit être romantique.

F. Schlegel, *Athenäum*, fragment 116, trad. fr. P. Lacoue-Labarthe et J.-L. Nancy, in *L'Absolu littéraire*, p. 112.

C'est dans cette acception schlegélienne, saturée de significations diverses, que le mot *romantisch* se répand à partir de 1800. De cette superposition de sens, le *Cours préparatoire d'esthétique* de Jean Paul (*Vorschule der Ästhetik*, 1804, § 22) fournit un surprenant exemple. Dans la tradition herdérienne, *romantisch* s'applique de préférence selon Jean Paul à l'ère médiévale et chrétienne par opposition à l'Antiquité, mais n'exclut nullement la grécité de son champ. Il désigne en outre, dans la tradition anglaise, un paysage aux qualités romanesques ou picturales, mais définit aussi un mode d'appréhension du monde, selon l'acception de Novalis. Enfin, *romantisch* renvoie conjointement, dans la tradition schlegélienne, à l'essence même de la poésie.

À ces multiples significations vient s'en ajouter une autre dans les premières décennies du XIXe siècle. Devenu un terme d'usage courant pour toute une génération d'écrivains (les frères Schlegel, Tieck, Novalis, Brentano, Eichendorff, etc.), *romantisch* a fini par désigner leur groupe. Il faut souligner ici que l'emploi de l'adjectif, appliqué à cette école encore toute récente, est en réalité fort polémique. Il émane le plus souvent du camp adverse, c'est-à-dire des « classiques » regroupés autour de Goethe, ou encore de F. Bouterwek et de J.H. Voss, qui entament à partir de 1800 une campagne très virulente contre le groupe des Schlegel. En termes d'histoire littéraire, le mot *romantisch* sort donc singulièrement équivoque de ces multiples mutations. Au début du XIXe siècle, il désigne en Allemagne tantôt, dans un sens très large, toute la production poétique de l'humanité depuis l'Antiquité, tantôt la littérature du Moyen Âge et de la Renaissance, tantôt la littérature de l'époque moderne jusqu'au XIXe siècle, ou encore, enfin, une école contemporaine, née à l'extrême fin du XVIIIe siècle.

V. L'IMPORTATION EN FRANCE

Ce sont sans doute ces multiples ambiguïtés qui expliquent les réticences de la France à adopter le mot. « Romantique » n'apparaît qu'en 1776 dans l'introduction de P. Letourneur à une traduction de Shakespeare, puis dans l'essai du marquis de Girardin *De la composition de paysage*, daté de 1777.

Dans les deux cas, c'est en référence directe à l'acception anglaise que l'adjectif est adopté. Rousseau entérine cet emprunt dans la cinquième promenade des *Rêveries du promeneur solitaire* (1782) en évoquant les rives du lac de Bienne « plus sauvages et romantiques que celles du lac de Genève ». Malgré les assurances de Letourneur, qui cherchait à justifier l'invention du mot par sa différence radicale d'avec *romanesque*, l'adjectif « romantique » a beaucoup de mal à s'imposer contre son rival. Dans l'*Encyclopédie méthodique* de 1791 ou encore dans le *Dictionnaire de l'Académie française* de 1798, il ne figure que comme doublet anglicisé de *romanesque*, employé notamment en rapport avec le paysage, dans le sens de « semblable à un roman » ou, par extension, de « pittoresque ». Rousseau lui-même, quelques pages après l'avoir employé, parle de « romanesques rivages ». Si le mot *romantique* trouve certes des adeptes (Senancour, Stendhal, L.S. Mercier), il semble qu'il ne soit guère perçu comme réellement français jusque dans les premières années du XIXe siècle.

La première vague anglaise de diffusion s'étant heurtée à quelque résistance, la seconde vague allemande sera, elle, beaucoup plus déterminante, à la fois par son ampleur et par le déplacement de sens qu'elle opère : le mot *romantique* passe d'une signification essentiellement esthétique et littéraire au domaine de l'histoire culturelle. C'est dans la définition d'A.W. Schlegel qu'il s'implante ainsi en France, comme d'ailleurs dans toute l'Europe, notamment à la suite des leçons de Vienne sur l'art dramatique, traduites en français en 1814. Dans une paraphrase quelque peu simplifiée des réflexions de son frère, A.W. Schlegel rattache le concept de romantique à l'ère culturelle moderne, inaugurée au Moyen Âge, marquée par la tradition chrétienne et caractérisée par une littérature infiniment progressive, ouverte au mélange des genres. L'ère romantique ne se comprend que comme antithèse de l'ère antique. Relayée par Madame de Staël, cette acception historico-culturelle a en outre été complétée par Charles de Villers, grand artisan de la médiation franco-allemande, qui relie doublement l'ère romantique à la langue romane et à la période médiévale. En l'absence d'adjectif usuel se rapportant au Moyen Âge, *romantique* signifie souvent « médiéval », au début du XIXe siècle. En 1810, Villers tente même d'importer une traduction directe du substantif allemand *Romantik*, sous forme de « la romantique », pour désigner la poésie médiévale et ses principaux caractères. Mais cette tentative échoue et l'adjectif reste longtemps sans forme substantive. Le terme « romanticisme », proposé par Stendhal dans un décalque de l'italien (voir notamment *Racine et Shakespeare*, vol. 2, p. 113-121), ne rencontre guère d'écho : il disparaît de son lexique à partir de 1824. Paradoxalement, ce sont les adversaires de ce courant, et notamment les membres de l'Académie française, qui, dans leur volonté de discréditer cette esthétique, popularisent le mot « romantisme » dans les années 1820. *Romantisme* signifie d'abord un genre, fondé sur le modèle médiéval, puis, par extension, le mouvement contemporain qui s'en fait le défenseur (définition qui sera reprise par les historiens de la littérature). Dans la préface de *Cromwell*, Hugo peut utiliser le substantif sans peur d'être mal compris.

En Angleterre, en Allemagne et en France, l'usage actuellement dominant du mot *romantique* ne porte guère de trace des trois sens originaux, esthétique, historique et critique. Cette foisonnante multitude s'est réduite à deux acceptions principales. *Romantique* renvoie majoritairement à un ensemble de thèmes assez vagues (mélancolie, mystère, imagination, etc.), ainsi que, dans une acception plus précise venue essentiellement des historiens de la littérature, au groupe des écrivains qui ont illustré ces thèmes entre la fin du XVIIIe et le début du XIXe siècle. Mais, là encore, les difficultés de traduction subsistent. Goethe, considéré par les historiens de la littérature allemande comme un adversaire virulent du romantisme, est communément rangé en France sous la bannière des romantiques allemands.

Élisabeth DÉCULTOT

BIBLIOGRAPHIE

BALDENSPERGER Fernand, « Romantique, ses analogues et ses équivalents. Tableau synoptique de 1650 à 1810 », *Harvard Studies and Notes in Philology and Literature*, n° 19, 1937, p. 13-105.

BRENTANO Clemens, *Godwi oder das steinerne Bild der Mutter. Ein verwilderter Roman von Maria*, in *Werke*, éd. F. Kemp, W. Frühwald et B. Gajek, t. 2, Munich, Hanser, 1963.

EICHNER Hans (éd.), *« Romantic » and its Cognates. The European History of a Word*, Toronto, Buffal, University of Toronto Press, 1972.

GOTTHARD Helene et ULLMANN Richard, *Geschichte des Begriffes « Romantisch » in Deutschland*, Berlin, Ebering, 1927.

HERDER Johann Gottfried von, *Der Ähnlichkeit der mittlern englischen und deutschen Dichtkunst*, in *Sämtliche Werke*, éd. B. Suphan, Berlin, Weidmann, 1877-1913, t. 9, p. 522-535.

IMMERWAHR Raymond, *Romantisch. Genese und Tradition einer Denkform*, Francfort, Athenäum,1972.

JAUSS Hans Robert, *Literarische Tradition und gegenwärtiges Bewußtsein der Modernität* [1965], in *Literaturgeschichte als Provokation*, Francfort, Suhrkamp, 1970, p. 11-66.

JEAN PAUL, *Vorschule der Ästhetik*, in *Werke*, éd. N. Miller, Munich, Hanser, 1959-1985, t. 5, p. 7-456 ; *Cours préparatoire d'esthétique*, trad. fr. A.-M. Lang et J.-L. Nancy, Lausanne, L'Âge d'Homme, 1979.

LACOUE-LABARTHE Philippe et NANCY Jean-Luc, *L'Absolu littéraire. Théorie de la littérature du romantisme allemand*, Seuil, 1978.

LOVEJOY Arthur O., « The Meaning of "Romantic" in Early German Romanticism », *Modern Language Notes*, n° 31, 1916, p. 385-396, et n° 32, 1917, p. 65-77.

NOVALIS, *Schriften*, 5 vol., éd. P. Kluckhohn et R. Samuel, Stuttgart, Kohlhammer, 1960-1988 ; *Œuvres complètes*, 2 vol., éd. et trad. fr. A. Guerne, Gallimard, 1975.

SCHLEGEL August Wilhelm, *Cours de littérature dramatique*, trad. fr. A.-A. Necker de Saussure, Paris, Genève, Paschoud, 1814.

SCHLEGEL Friedrich, *Über das Studium der griechischen Poesie*, in *Kritische Friedrich-Schlegel-Ausgabe*, 35 vol., éd. E. Behler, Paderborn, Schöningh, 1958-, sect. 1, vol. 1, p. 217-367.

— *Athenäums-Fragmente*, in *Kritische Friedrich-Schlegel-Ausgabe*, sect. 1, vol. 2, p. 165-255 (fr. 116, p. 182-183), trad. fr. *in* Lacoue-Labarthe P. et Nancy J.-L., *L'Absolu littéraire*, cf. *supra*.

STENDHAL, *Racine et Shakespeare* [1re éd. 1819], éd. P. Martino, Champion, 1925, t. 2.

RUSE

RUSE *Ruse*, du latin *recusare*, « repousser, refuser, protester contre », est d'abord en français un terme de vénerie qui désigne le détour, les reculs du gibier pour mettre les chiens et les chasseurs en défaut (DHLF). Différents éléments entrent en jeu :

I. RUSE HUMAINE, RUSE DIVINE

La *mêtis* [μῆτις] grecque, stratégie du poulpe, d'Ulysse, du sophiste et de Zeus, est liée à l'intelligence pratique, en un réseau complexe qui comprend la mesure (*metron* [μέτρον] ; voir encadré 1 dans LEX) et le projet médité (cf. *medomai* [μέδομαι]), voir MÊTIS.

TALAṬṬUF [تلطّف] désigne la ruse d'Allah, dont la subtilité allie grâce et machination (voir *GRÂCE*), et qui se sert du mal pour faire le bien, comme l'Esprit dans l'histoire, la ruse de la raison hégélienne (*List der Vernunft*), voir TALAṬṬUF. Cf. AUFHEBEN, *DESTIN*, HISTOIRE, OIKONOMIA, PLASTICITÉ.

II. RUSE, HABILETÉ, SAGESSE

Plus largement, la ruse implique une inventivité dans le rapport moyens-fin caractéristique de l'habileté artiste et de l'art mécanique, voir ART (I, « *Tekhnê* »), INGENIUM (et l'encadré 1, « Intuition », sur ar. *hads* [الحدس], gr. *agkhinoia* [ἀγχίνοια]), ITALIEN (en particulier VI, « La *mêkhanê* et les machines ») ; cf. ARGUTEZZA, CONCETTO, GÉNIE, MIMÊSIS.

Un tel savoir-faire est lié à la sagesse pratique, voir *PRUDENCE* [PHRONÊSIS, PRUDENTIA], VIRTÙ, *SAGESSE* ; cf. MORALE.

► *DÉCEPTION, RAISON, SOPHISME*

RUSSE : L'OPPOSITION DIGLOSSIQUE EN RUSSE

► ASPECT, AUFHEBEN, *BIEN*, BOGOČELOVEČESTVO, GREC, MIR, POSTUPOK, PRAVDA, SVOBODA

L'opposition diglossique caractérise le discours philosophique russe. La diglossie est la coexistence dans une même société de deux langues qui ont des valeurs différentes, par opposition au bilinguisme où les deux langues sont de même niveau. Le bien, la vérité, le savoir, l'action, le temps par exemple se présentent sous forme d'oppositions organisées selon le modèle linguistique de la diglossie. La sémantique de cette opposition se fonde sur la représentation de deux « mondes », l'un « bas », et l'autre « haut », si bien que les concepts concernés sont rendus par deux vocables, l'un qui renvoie au monde bas et l'autre au monde haut. La relation entre les deux mondes est un processus dynamique de réalisation et de relève d'un monde dans l'autre. Dans la mesure où c'est la « personne » (ličnost' [личность]) *qui opère l'effectuation de ce processus, on qualifie souvent la philosophie russe de personnaliste. Le schéma conceptuel des deux mondes est la base sur laquelle la philosophie russe développe une ontologie qui ne saurait se séparer ni de l'anthropologie ni de l'éthique.*

I. DIGLOSSIE ET LANGUE RUSSE : ÉLÉMENTS LINGUISTIQUES ET HISTORIQUES

Le russe moderne n'est pas une langue homogène. Il comprend aujourd'hui deux types d'éléments différents, slavons et russes. Dès le temps de la christianisation des Slaves de l'Est, à la fin du Xe siècle, deux langues ont coexisté dans cette communauté linguistique. La première était le vieux slave, langue d'Église fondée sur un dialecte macédonien qui était la langue des traductions des textes grecs des Évangiles. Elle a été importée avec le christianisme dans l'État kiévien des Slaves de l'Est. Cette langue, comme il était normal au Moyen Âge, en plus de sa fonction initiale de langue d'Église, avait assumé, dès le début, le rôle de langue de la théologie, de la littérature et de la science, bref de langue de civilisation. On a coutume de donner à cette langue le nom de slavon russe ou de slavon tout court (B.O. Unbegaun, « Le russe littéraire est-il d'origine russe ? », *Revue des études slaves*, 44, 1965, p. 20-21).

La deuxième langue, qui s'opposait manifestement au slavon, était le russe populaire et quotidien. C'était, en premier lieu, la langue parlée de tous les jours. Mais elle était plus que cela. Dès le début, il y avait en effet, deux domaines où, à l'exclusion du slavon, le russe seul était admis comme langue écrite : les actes administratifs et juridiques, et la correspondance privée. La langue parlée était donc celle, non seulement de la législation et de la procédure, mais aussi de tous les textes qui, de près ou de loin, touchaient à l'aspect légal ou juridique des choses, si bien que la langue des lois était devenue une langue de chancellerie au sens large du mot.

Les Slaves de l'Est, et les Russes en particulier, se servaient donc de deux langues écrites différentes : une langue dite de chancellerie, autochtone, et une langue littéraire, le slavon. Ce dualisme, cette distinction de principe entre langue de chancellerie et langue littéraire, est un trait caractéristique de l'histoire et de la langue russes (B.O. Unbegaun, *ibid.*, p. 22).

En russe moderne, langue mixte, fonctionne une opposition sémantique et stylistique entre éléments slavons et éléments russes. La théorie de référence, celle d'Uspenski-Hüttl-Folter, explique ce caractère mixte du russe moderne en renvoyant à la diglossie qui caractérisait la situation linguistique de l'État kiévien. C'est à partir de cette situation de diglossie qu'on peut tenter de comprendre le schéma des « deux mondes » qui constitue un thème important de toute une partie de la philosophie russe. Les deux langues de valeurs différentes sont en l'occurrence, d'une part, la langue de la conversation quotidienne ; et, d'autre part, une langue considérablement codifiée, acquise par un apprentissage formel, et véhicule d'un corpus de textes écrits qui sont objets de respect ; cette dernière est par excellence la langue de l'écrit, et elle est considérée comme supérieure par le locuteur lui-même. On l'appelle langue haute (H), par opposition à la langue quotidienne, basse (B).

Selon C. Fergusson, à qui l'on doit ce concept, les conditions de la diglossie sont les suivantes :

(1) il existe un important corpus littéraire proche de la langue de communication ordinaire, et ce corpus incorpore les valeurs fondamentales de la communauté ;

(2) seule une petite élite de la communauté reçoit une instruction formelle et accède à ce corpus ;

(3) un laps de temps important (d'un à plusieurs siècles) sépare le moment où les conditions (1) et (2) se mettent en place de la situation de diglossie.

Dans la théorie d'Uspenski-Hüttl-Folter, le slavon, langue d'Église, est bien évidemment la langue haute, et le russe, langue quotidienne et aussi langue de chancellerie, est la langue basse.

L'interpénétration du slavon et du russe de cette première période a produit une troisième langue, le slavon russe, langue intermédiaire d'où le russe moderne est issu.

C. Fergusson souligne que :

> Un trait frappant de la diglossie est l'existence d'un grand nombre de paires lexicales, composées d'un item H et d'un item B, et qui se réfèrent à des concepts courants d'usage fréquent aussi bien dans la langue H que dans la langue B ; le champ sémantique de l'un et de l'autre terme est à peu près le même, mais l'utilisation de l'un ou de l'autre marque immédiatement l'énoncé oral ou écrit comme H ou comme B.
>
> « Diglossia », p. 334.

Selon Uspenski-Hüttl-Folter, la diglossie de la langue russe, en son état initial, explique les oppositions sémantiques et stylistiques en russe moderne entre éléments slavons et russes.

À titre d'exemple, prenons le concept de visage. Le mot qui lui correspond en slavon est *litse* et, en russe, *litso* [лицо]. Pendant la première période (XIe-XIVe siècles), les formes du slavon et du russe, bien que morphologiquement différentes, étaient sémantiquement équivalentes. Toutes deux désignaient aussi bien le visage de Dieu que celui de l'homme. Puis, et c'est le moment d'apparition de la diglossie comme telle, le mot russe devient une forme « marquée », désignant le visage de l'homme seulement, cependant que le mot slavon conserve son sémantisme large (visage de Dieu et de l'homme), si bien que, pour caractériser un discours comme haut, il suffit de remplacer le russe *litso* qui ne signifie que « visage de l'homme », par son équivalent slavon qui signifie à la fois « visage de Dieu » et « visage de l'homme ».

C'est après la « deuxième influence bulgare » en Russie (fin du XIVe et début du XVe siècle) que les formes du slavon et du russe cessent d'être équivalentes. Le slavon est désormais en tant que tel une langue distincte du russe, car le locuteur n'utilise pas les formes du russe pour créer les formes du slavon, mais il apprend le slavon comme un système indépendant. Cependant les mots slavons, avec leur physionomie propre, deviennent des mots de la langue russe, au sein de laquelle ils sont valorisés comme hauts. Le russe moderne est issu de ce slavon russe, qui a mélangé les formes du slavon et du russe ancien.

Les textes nous montrent qu'il y avait un rapport étroit entre le sujet traité et la clé linguistique utilisée pour le décrire. À la différence linguistique entre mot slavon et mot russe correspond la différence entre vraie réalité (haute) et réalité empirique (basse), entre savoir objectif et savoir subjectif. On en trouve l'analogue dans les oppositions *gnôstês*/*histôr* [γνώστης / ἵστωρ] du grec, ou *kennen*/*wissen* de l'allemand. En russe, cela correspond aux deux manières de dire « savoir » : *znati* [знати] (slavon)/*vedat'* [ведать] (russe). Ainsi, on parle de l'ange avec des termes slavons, et de l'homme avec des termes russes, mais c'est avec des termes slavons encore que l'on parle de l'homme comme image de Dieu. Cette corrélation entre thème et clé verbale fournit le modèle linguistique du schéma conceptuel des « deux mondes » dans la pensée philosophique russe.

On constate en Russie, à la fin du XVIIe siècle, une certaine autonomisation des mots du slavon, qui développent des significations nouvelles sous l'influence des autres langues européennes, et notamment du français. Ces nouvelles significations sont plutôt abstraites, métaphoriques, poétiques et sublimes. C'est ainsi que les formes slavonnes se différencient des formes russes et deviennent à leur tour marquées : *litse* ne signifie plus « visage de l'homme » et « visage de Dieu », mais, par opposition directe au russe *litso* (« visage de l'homme »), *litse* se restreint à son tour à « visage de Dieu ». Le russe moderne exprimera donc par des formes slavonnes les termes abstraits et poétiques.

Grâce à ce jeu diglossique, quand le russe cherche à développer son vocabulaire, en particulier intellectuel, il peut avoir recours à deux procédés. S'il s'enrichit en s'européanisant, il affirme par là même son autonomie par rapport au slavon. Mais s'il s'enrichit en puisant dans le slavon, lui-même enrichi et modernisé, alors il présente le slavon comme autochtone, et affirme son identité face aux autres langues européennes. D'une manière générale, la diglossie et le tour particulier qu'elle donne aux relations entre le russe et les langues européennes est l'une des racines des intraduisibles russes.

II. LA DIALECTIQUE REVUE PAR LA PENSÉE DIGLOSSIQUE : LE SCHÉMA CONCEPTUEL DE « DEUX MONDES »

En raison de l'opposition sémantique et stylistique des éléments slavons et russes, la langue donne lieu au schéma conceptuel de « deux mondes », le monde « bas » et le monde « haut ». La situation objective de diglossie engendre une pensée diglossique, qui se déploie désormais indépendamment de l'origine slavonne ou russe des termes qu'elle utilise. Pour analyser le discours philosophique russe, il est opportun d'utiliser ce schéma. On appellera diglossique une pensée qui se fonde sur ce type d'opposition : elle transpose au niveau conceptuel le modèle linguistique de la diglossie.

La langue philosophique russe se constitue dans les années trente et quarante du XIXe siècle, en même temps que le russe littéraire moderne. À la différence de la langue des belles lettres et de celle du journalisme, qui se sont développées selon le modèle français, la langue philosophique russe s'est formée sous l'influence de l'idéalisme allemand (Schelling, Hegel). Notre hypothèse est que la philosophie russe se constitue à cette époque à partir de la dialectique allemande interprétée dans le cadre de la pensée diglossique.

La diffusion de la philosophie hégélienne en Russie n'a pas commencé avec la *Phénoménologie* ou la *Logique*. On a d'abord traduit la *Philosophie de l'histoire*, l'*Esthétique* et la *Philosophie de la religion*, thèmes plus directement liés aux problèmes traditionnels russes (A. Koyré, « Hegel en Russie », in *Études sur l'histoire de la pensée philosophique en Russie*, p. 113). La pensée russe retient essentiellement deux choses de la philosophie hégélienne : premièrement, la contradiction dialectique et, deuxièmement, l'idée de réalité rationnelle.

(1) Voici par exemple comment la pensée diglossique interprète le concept de contradiction dialectique pour le conformer au schéma des « deux mondes ».

Soit la traduction du mot allemand *aufheben*. Deux mots sont utilisés : *snimat'* [снимать] et *primirjat'* [примирять] (A. Herzen, *Œuvres complètes*, 30 vol., Moscou, 1954-1965, vol. 9, p. 41). *Snimat'* est un néologisme, dont le sens littéral est « ôter », « prélever », et même « décrocher » (une acception courante dans la langue contemporaine est « prendre une photographie »). *Primirjat'* correspond au mot *versöhnen*, « réconcilier ». La « réconciliation » est le passage du « conflit » à la « paix » : la racine du mot *pri-mir-jat'* est le mot *mir* [мир] qui signifie « paix ». Chacun des termes russes est un aspect de la polysémie de *aufheben* : le premier est un mot forgé *ad hoc*, le second est un mot du langage quotidien et pratique. Hegel, lui-même, a justifié par avance cette double traduction en utilisant *versöhnen* comme synonyme de *aufheben*, mais seulement à propos de l'action humaine (par exemple, dans sa *Philosophie de la religion*). En russe, l'expression : « la réconciliation [*primirjat'*] des contradictoires dans l'unité » (A. Herzen, *ibid.*, vol. 3, p. 117), coexiste donc avec cette autre expression : « le décrochement [*snimat'*] des contradictoires dans l'unité » (*ibid.*, vol. 3, p. 137). Or ces deux expressions se distribuent effectivement selon le schéma diglossique du monde haut et du monde bas. Exemple : « le concret de la chose est l'unité de tous ses côtés et la réconciliation de toutes ses oppositions » (V. Bélinski, *Œuvres complètes*, vol. 11, p. 274) : cette phrase renvoie au monde haut ; en effet, la notion de paix (*mir*), inséparable de celle de *kosmos* [κόσμος], a des connotations religieuses. On observe ainsi que c'est à un terme de la langue courante qu'il revient d'exprimer le monde haut.

(2) La pensée diglossique est également à l'œuvre dans la hiérarchie d'évaluation des termes constitutifs de toute contradiction, par exemple l'opposition homme-société, qui joue un rôle central chez Bélinski. C'est en grande partie à cause du critique et journaliste V. Bélinski (1810-1847) que l'hégélianisme cesse d'être une affaire de salon et de chapelle, et devient un événement de première importance dans l'histoire intellectuelle de la Russie (fait remarquable : Bélinski, lui-même, ne savait pas l'allemand). Appliquant ce que la *Philosophie du droit* dit de la réalité rationnelle (« *Was wirklich ist, das ist vernünftig* [Tout ce qui est réel est rationnel] », Hegel, *Grundlinien der Philosophie des Rechts*, Hambourg, Meiner Verlag, 1955, p. 14), il présente la dialectique homme-société comme un processus de réconciliation avec la réalité (« *Versöhnung mit der Wirklichkeit* », Hegel, *Vorlesungen über die Philosophie der Religion*, Hambourg, Meiner Verlag, vol. 2, p. 216).

La personnalité (*ličnost'* [личность]) est particulière et contingente. Son mode d'existence est le mirage et le néant. La société est la réalité la plus haute. En face de l'universel, seul réel, l'individu n'est rien. La personnalité est la négation de la société, car la société en tant que réalité constitue le positif ; sa négation est une anomalie, une « maladie » qui s'oppose à l'état sain. Mais en tant qu'être rationnel, l'homme est universel et nécessaire. C'est pourquoi il faut se réconcilier avec la réalité rationnelle. L'homme qui ne s'est pas réconcilié devient un mirage et un « néant apparaissant » (V. Bélinski, *Œuvres complètes*, vol. 3, p. 341) : « La réalité [...] exige que l'homme fasse une paix entière avec elle, [...] ou alors elle l'écrase » (*loc. cit.*).

Bélinski ajoute toujours une signification positive aux mots comme « réel », « universel », « rationnel », qui possèdent chez lui « une teinte presque sacrée » (D. Tchizevskij, *Hegel en Russie*, p. 128). Ainsi il oppose « le domaine de la raison pure » et « la raison commune vulgaire », ce qui correspond à l'opposition hégélienne entre réalité et existence. Il explique que plus on possède d'universalité, plus on est vivant, et que celui qui n'en possède pas est « un cadavre vivant ». Pour Hegel, la réalité est plus haute que l'existence (« *die Wirklichkeit steht auch höher als die Existenz* », *Wissenschaft der Logik*, Hambourg, Meiner Verlag, 1966, vol. 2, p. 169). Mais, chez Bélinski, ce « plus haut » appartient au monde haut, et reçoit nécessairement la valeur de « meilleur », au point que l'inégalité des termes de l'opposition en vient à bloquer le processus dialectique lui-même. Le fait que *ličnost'* appartienne au monde bas explique peut-être l'exploitation politique qui en a été faite dans l'expression « culte de la personnalité ». Khrouchtchev peut attaquer Staline comme promoteur de sa « personnalité », parce que *ličnost'*/« personnalité », loin d'être un terme positif comme dans la langue française par exemple, possède toutes les valeurs négatives de l'individu à « sursumer ». La critique du culte de la personnalité est ainsi encore de l'orthodoxie hégéliano-marxiste, ancrée dans la pensée diglossique.

(3) Mais la pensée diglossique n'implique pas qu'on en reste au dualisme. Le troisième trait spécifiquement russe est le développement de la contradiction dialectique en une « (ré)conciliation de *toutes* les oppositions », par exemple chez Alexandre Herzen (1812-1860).

Selon Herzen, le mérite de Kant est d'avoir montré l'existence d'antinomies dans la raison. Or l'héritage dualiste kantien a pénétré l'esprit de l'homme moderne sous la forme d'un combat permanent entre conscience et habitude, logique et récit, pensée et action, philosophie et histoire (A. Herzen, *Œuvres en deux volumes*, Moscou, Mysl, 1985, vol. 1, p. 186). La dialectique hégélienne relève « toutes » ces oppositions en achevant l'unité des choses, en un mouvement dont le lexique russe, dans son organisation, fournit le modèle.

Cependant, ce type d'opposition entre pensée et réalité n'est qu'un type parmi d'autres : le type théorique. Reste encore le dualisme, plus profond, entre théorie et pratique. Ce dernier ne trouve sa réconciliation définitive que dans l'« action » personnelle de l'homme. Le concept d'action chez Herzen diffère de celui qui a cours à l'époque chez les hégéliens de gauche. Ce n'est pas une action directement politique ou sociale ; ce n'est pas non plus la « pratique ». L'action personnelle est l'élément d'un « langage », car elle possède un sens symbolique, et renvoie à autre chose qu'elle-même. Qu'est-ce que ce langage ?

Le modèle de Herzen n'est autre que le schéma de « deux mondes ». Le monde « bas » est le monde représenté par la science, en tant que langue d'abstraction et de généralisation. Le monde « haut » est celui d'une science qui pénètre « dans le cerveau et dans le sang » (*ibid.*, vol. 1, p. 189) et se présente seulement dans l'« action » (slavon : *dejanie* [деяние]) libre et rationnelle (*ibid.*, vol. 1, p. 137) ; c'est le monde de la vie ou de la « vérité vivante ». Ces actions constitutives de la *ličnost'*, de la « personne », sont le langage de l'histoire. La volonté du peuple comme sujet historique se fonde sur la liberté personnelle de la *ličnost'*. La personne crée (slavon : *tvorit'*) ses actions aussi bien que sa morale (« L'homme vraiment libre crée sa morale », A. Herzen, *Œuvres en sept volumes*, Saint-Pétersbourg, éd. F. Pavlenkov, 1905, vol. 5, p. 260). Dans le cadre de l'histoire, l'action libre, parole de la science, est l'*odejstvotvorenie* [одействотворение] de la science, c'est-à-dire son « effectuation-création », néologisme inventé par Herzen, probablement à partir de l'allemand *verwirklichen*, qui n'existe pas dans le russe moderne (il s'agit d'un néologisme comme *entelekheia* [ἐντελέχεια] chez Aristote).

Les oppositions qui existent dans le monde bas se « résolvent-décrochent » au sens hégélien, mais l'opposition entre monde bas et monde haut ne peut pas être « décrochée ». Elle se « réconcilie » (*primirjat'*) bien plutôt, car la réconciliation est le décrochement haut et vers le haut, et cette réconciliation se fait dans l'action libre et rationnelle ou *odejstvotvorenie*.

Quelques précisions quant à l'emploi de ce terme : « Dans le cadre de l'action (slavon *dejanie*), la raison et le cœur sont intégrés dans *odejstvotvorenie* » (A. Herzen, *Œuvres en deux volumes*, vol. 1, p. 137).

Le verbe *odejstvotvorjat'* [одействотворять] est un mot composé de *dejstvie* [действие] (« action ») et de *tvorit'* [творить] (« créer »). Le verbe *tvorit'*, « créer à la façon du dieu créateur », renvoie au monde haut. Le verbe *dejstvovat'* [действовать] (« agir ») est un équivalent savant du verbe proprement russe *delat'* [делать] (« faire »), qui renvoie au monde bas. En slavon, on trouve le verbe *dejati* [деяати] (« agir »), dont un dérivé est le mot *dejanie* (« action »). Ainsi le *dejanie* signifie l'action qui vise le monde haut, ou l'action haute.

Le verbe slave a deux aspects : le perfectif (qui envisage l'action du point de vue du résultat) et l'imperfectif (qui rend compte du processus). *O-dejstvovat'* (« animer par l'action ou pour l'action », « rendre effectif ou efficace », « réaliser ») est le perfectif qui correspond au verbe imperfectif *dejstvovat'* (« agir », « passer à l'action », et « être en état de marche », « fonctionner »). *O-dejstvo-tvorjat'* « animer par l'action de façon créative », est l'imperfectif du perfectif *odejstvovat'*. La structure morphologique de ce verbe reflète donc la transformation de l'imperfectif en perfectif, et puis la transformation de cette base perfective en nouvel imperfectif au moyen de l'adjonction de la forme **tvorjat'*, du verbe *tvorit'*, « créer » (selon le schéma *o-dejstvovat'* [pf] > *o-dejstvotvorit'* [pf] > *o-dejstvo-tvorjat'* [impf]).

L'imperfectif ainsi obtenu dégage le processus à partir de ce qui est déjà le résultat d'un processus antérieur. Le moyen lexical pour obtenir cette « imperfectivation » consiste à recourir à un verbe du registre haut : « créer », qui s'ajoute au « faire » du premier processus. Le processus total englobe donc à la fois le processus premier et son achèvement (autrement dit, c'est une « création » qui englobe à la fois « le faire » et l'œuvre) : cette forme verbale est à elle seule une effectuation éminemment hégélienne.

Ainsi, la traduction de la phrase considérée selon le schéma de « deux mondes » se présente de la façon suivante : dans l'action personnelle de la *ličnost'*, qui est l'action « haute », par opposition aux actions de la raison et du cœur, actions « basses », la raison et le cœur sont intégrés dans le processus qui les a dégagés du monde bas, pour les entraîner de façon créative vers le monde haut.

Cet exemple illustre bien le cas général. La réconciliation entre les deux mondes est le processus qui dégage ce qui se trouve déjà achevé dans le monde bas et le porte vers le monde haut. En règle générale, l'action humaine, qui est en même temps langage, effectue cette réconciliation, laquelle constitue la réalité du monde haut. Sur ce seul fondement, toutes les oppositions se réconcilient dans le cadre d'une unité synthétique. Le schéma des deux mondes fournit la base sur laquelle la philosophie russe développe une ontologie qui ne se sépare ni de l'anthropologie ni de l'éthique. Voilà comment la pensée diglossique transforme la dialectique hégélienne, le rapport entre perfectif et imperfectif étant lui-même soumis à cette « relève » au profit de l'imperfectif.

III. LE « BIEN » DANS LES DEUX MONDES : L'OPPOSITION DIGLOSSIQUE « DOBRO » /« BLAGO »

L'équivalent français approximatif de l'opposition *dobro*/*blago* est bonté (qualité de ce qui est moralement bon)/bonheur. Les dictionnaires donnent pour ces deux mots la traduction de « bien ». Le grec *eu* [εὖ] a été rendu par *blago* [благо] (slavon) ou par *dobro* [добро] (russe), tandis que *agathos* [ἀγαθός] et *kalos* [καλός] ont toujours été traduits par *dobro* (*Leksikologija i slovoobrazovanije drevnerusskogo jazyka* [La Lexicographie et la Composition des mots de la langue russe ancienne], p. 174).

L'opposition *dobro*/*blago* a été appliquée pour la première fois en philosophie russe par Vladimir Soloviev (1853-1900) dans son ouvrage fondamental *Opravdanie dobra* (1897). *La Justification du bien* est la traduction standard de ce titre en français. Le point de départ pour Soloviev est l'héritage du dualisme de l'éthique kantienne, à savoir l'opposition entre les motifs des actions humaines et la loi morale, entre le monde réel et le monde du devoir. L'action humaine a donc deux registres, celui de l'actuel et de l'empirique, et celui du normatif. Comment, dans ce double registre, s'opère la répartition entre le terme slavon, *blago*, et le terme russe, *dobro* ?

Dans notre monde sublunaire, *dobro* qualifie la norme idéale de la volonté, alors que *blago* désigne l'objet source de la félicité. On vise à acquérir cette bonté qu'est le *dobro*, tandis que le *blago* est une grâce dont on jouit ou qu'on espère. En tant qu'il relève de l'action humaine, de l'accomplissement effectif du devoir, *dobro* appartient au monde bas, bien que l'idéal à atteindre (le devoir) relève du monde haut. À l'inverse, *blago*, en tant que bonheur vécu comme grâce par les hommes, émane du monde haut. Ainsi le processus dialectique vise la réalisation du *dobro* et l'unité du *blago* et du *dobro*. Pour ce faire, dit Soloviev, il faut montrer le *dobro* comme *pravda* (Soloviev, *ibid.*, p. 122) : c'est en cela que consiste l'*opravdanie dobra* [оправдание добра], la « justification » ou « réalisation du bien ». Qu'est-ce à dire ?

Le mot *pravda*, sur lequel est construit *opravdanie*, est commun au slavon et au russe. Son champ sémantique inclut la promesse, le serment, la règle, le commandement, le contrat, la loi. Au point de départ, l'idée d'un « ordre divin », contrat entre Dieu et l'homme. Ainsi, *pravda* correspond à la réalité haute, à la réalité spirituelle (B. Uspenskij, *Kratkij očerk istorii russkogo literaturnogo jazyka* [Esquisse d'une histoire de la langue littéraire russe], p. 191-192). Le terme possède en russe deux significations : « justice » et « vérité ». Or la justice, pour Soloviev qui en appelle à l'intuition linguistique russe (Uspenskij, *ibid.*, p. 122-129), n'est autre que la vraie réalité.

Le verbe *opravdyvat'* [оправдывать] (« justifier ») est un imperfectif du perfectif *opravdat'* [оправдать]. *O-pravd-at'*, quant à lui, est la forme perfective de la locution imperfective *pravdu dat'* [правду дать] (litt. « donner la justice »). Le terme *opravdanie* est le nom d'action tiré de ce dernier verbe. La formule *opravdanie dobra*, « justification du bien », est susceptible de deux interprétations, selon que le génitif complément de nom est entendu comme objectif ou subjectif. Objectif : le *dobro* est l'objet d'une justification, d'une réalisation humaine dans le monde bas, sublunaire. Subjectif : le bien est le sujet de la justification et participe de façon active au processus qui se déroule entre les deux mondes, le monde où le *dobro* est distinct du *blago* et, d'autre part, le monde où ils se confondent.

Selon Soloviev, l'expression « montrer le *dobro* comme *pravda* », sens littéral de *opravdanie dobra*, ne signifie pas « montrer le *dobro* comme *justice* », mais « montrer le *dobro* comme *réalité véritable* ». Le *dobro* en ce sens est le *dobro* actif (génitif subjectif), qui unifie *dobro* et *blago*. En tant que tel, c'est l'état du Dieu, la béatitude (*blaženstvo* [блаженство], mot russe dérivé de *blago*).

L'*opravdanie dobra*, autrement dit l'accomplissement et la réalisation du *dobro*, n'a lieu que dans la mesure où l'Esprit divin apparaît réellement dans l'humanité ; et cette réalisation se confond avec le *blaženstvo* (la « béatitude »). L'humanité comme « personne » (*ličnost'*) se réalise dans l'histoire en tant que véritable porteur de l'ordre éthique réel, organisation mondiale parfaite, Église universelle propre à accueillir l'Esprit divin. Les actions de cette personne générale deviennent donc une sorte de langage, car elles acquièrent un sens symbolique. L'humanité, en tant qu'elle réalise cette tâche, devient la « divino-humanité » (*bogočelovečestvo* [богочеловечество]).

Chez Soloviev, le monde bas est le monde historique, le monde haut est celui de la béatitude et de la divino-humanité. Le processus d'*opravdanie* accomplit la transition du premier au second. Le véhicule de la transition, l'agent bas, est l'humanité ; mais son véritable moteur est le *dobro* même. Le *dobro*, qui d'abord dans le monde bas constitue la sphère normative, devient effectivement réel dans le monde haut, via l'*opravdanie*. Ce processus transforme l'agent bas (humanité) en agent haut (divino-humanité), et réunit *dobro* et *blago* sous les espèces du *blaženstvo* (béatitude). Il faut donc traduire l'expression *opravdanie dobra* par « la (vraie) réalisation du bien », en entendant « réalisation » en un double sens : 1) passage à l'état de réalité concrète, et 2) perception juste (au sens de l'anglais *to realize*). L'« accomplissement du bien », la béatitude, est le bien réalisé.

Cette conception duelle du bien manifeste avec le plus de force l'irrésistible propension de la pensée russe à formuler ses notions en termes religieux ou, plus exactement, en dualités hiérarchisées, tirant ainsi parti de la diglossie qui caractérise l'histoire de la langue russe.

Charles MALAMOUD, Valentin OMELYANTCHIK

BIBLIOGRAPHIE

BÉLINSKI Vissarion, *Œuvres complètes*, 13 vol., Académie des sciences de l'URSS, 1956.

FERGUSSON Charles, « Diglossia », *Word*, t. 15, n° 2, 1959, p. 325-340.

HÜTTL-FOLTER Gerta, « Diglossia v Drevnei Russi [La diglossie dans la Russie ancienne] », *Wiener Slavistisches Jahrbuch*, 24, 1978, p. 108-123.

KOYRÉ Alexandre, *Études sur l'histoire de la pensée philosophique en Russie*, Vrin, 1950.

TCHIZEVSKIJ Dimitri Ivanovitch, *Gegel v Rossii* [Hegel en Russie], Maison du livre étranger, 1939.

USPENSKI Boris, « K voprosu o sistemetičeskikh vzaimootnošenijakh sistemno protivipostavlenykh tserkovno-slovianskikh i russkikh form v istorii russkogo jazyka [Sur la question des oppositions des formes du slavon et du russe dans l'histoire de la langue russe] », *Wiener Slavistisches Jahrbuch*, 22, 1976, p. 92-100.

— *Kratkij otcherk istorii russkogo literaturnogo jazyka* [Esquisse d'une histoire de la langue littéraire russe], Moscou, Nauka, 1994.

ZENKOVSKI Basile, *Histoire de la philosophie russe*, 2 vol., trad. fr. C. Andronikof, Gallimard, 1953.

OUTILS

Leksikologija i slovoobrazovanie drevnerusskogo jazyka [La Lexicographie et la Composition des mots de la langue russe ancienne], Moscou, Nauka, 1966.

S

SACHVERHALT, SACHLAGE, OBJEKTIV

ALLEMAND – fr. *état de chose, état-de-chose, contenu propositionnel*

gr.	*pragma* [πρᾶγμα]
lat.	*status rerum, status quaestionis, dispositio rei, complexe significabile*
angl.	*state of things, state of affairs, positive fact*

► *CONTENU PROPOSITIONNEL, ÉTAT DE CHOSE,* et CHOSE [RES], DICTUM, ERBELEN, FAIT, GEGENSTAND, INTENTION, MATTER OF FACT, OBJET, PROPOSITION, SEIN, SENS, TATSACHE

Si Sache *est un terme générique désignant en allemand la chose (la chose au sens physique ou bien la chose dont il est question lors d'une dispute ou d'un procès), la langue philosophique a étendu ce concept qui, depuis Husserl, désigne aussi bien les choses physiques que les valeurs, les objets d'usage, les idéalités mathématiques et les corrélats de formes propositionnelles complexes. Il en va de même pour les dérivés* Sachlage *et* Sachverhalt *qui désignent dans la langue courante les circonstances, mais dans la langue philosophique la manière dont les choses se comportent* (wie die Sachen sich verhalten), *ce que l'on rend par* état de chose *ou, plus terminologiquement,* état-de-chose. *Cette traduction masque la difficulté de compréhension ; car ces termes semblent dénoter des propriétés ou relations propres aux* objets d'expérience, *alors qu'ils renvoient en fait à l'*objet du jugement *ou de la saisie propositionnelle. De même, le concept d'*Objektiv *introduit par Meinong désigne non le corrélat d'une expérience, mais celui d'un acte de jugement. Le problème vient donc de ce que tous ces termes ne relèvent pas de la problématique générale de l'objectivité, mais de la question spécifique de l'objet intentionnel du jugement.*

I. L'ORIGINE JURIDIQUE DU « SACHVERHALT » : LE « STATUS RERUM »

Le concept de *Sachverhalt* a son origine dans le lexique juridique : il est dérivé du concept juridique *status*, compris dans l'expression *status rerum* comme l'état des choses en question, par opposition au *status homini*, qui désigne la condition d'un homme (libre ou esclave). L'expression de *status rerum* se trouve plus exactement dans la rhétorique judiciaire, où elle se définit comme l'*objet de litige* (*Streitfrage*), ce qui est d'ailleurs l'un des sens originels de *Sache* en allemand ; ainsi lit-on dans le *Lexicon totius latinitatis* (art. « Status », p. 478) : « *status dicitur quaestio, quae ex prima causarum conflictione dicitur* [on appelle *status* la question litigieuse provenant du premier conflit des causes juridiques] » ; par exemple, si le conflit des causes se définit par les affirmations contradictoires « A a tué B » et « A n'a pas tué B », le *status* se définit alors comme la question de savoir « si A a tué B ». Cette origine juridique du terme *Sachverhalt* depuis le *status* entendu comme *quaestio* explique sans doute la formation du mot allemand : en effet, le substantif *Verhalt* n'est pas usuel en allemand (on emploie l'infinitif substantivé *das Verhalten*, le comportement), et *Sachverhalt* est probablement le raccourci d'une question, celle de savoir « comment la chose se comporte » (*wie die Sache sich verhält*).

Dans ce contexte s'opère déjà un glissement du sens de *status*, des choses réelles à propos desquelles on juge vers l'objet même du jugement, puisque le *status* est corrélatif à la narration et à l'argumentation : l'objet de litige ne se laisse en effet déterminer que par l'établissement des faits (*Sacherzählung*), et le jugement judiciaire est la conclusion d'une suite d'arguments portant sur les faits (*sachliche Argumentation*). C'est le sens dans lequel l'emploie Quintilien :

> *Quod nos* statum, *id quidam constitutionem vocant, alii quaestionem, alii quod ex quaestione appareat.*

> [Ce que nous appelons *status*, certains le nomment établissement (de l'objet de litige), d'autres la question (de l'objet de litige), d'autres enfin ce qui ressort de la question.]
>
> *Institutio oratoria*, III, 6, 2.

En se dégageant du champ spécifiquement juridique, le terme de *status* subit une extension qui anticipe l'acception moderne de *Sachverhalt* comme état-de-chose ; initialement réservé à l'objet de litige auquel s'articulent les discours de l'accusation et de la défense, il en vient alors à désigner l'ensemble des propriétés d'une chose :

> *translate ponitur frequentissime pro modo, quo quaeque res stat, condicione, qualitate fortunae, loco, ordine.*
>
> [(l'expression de *status*) est fréquemment employée pour traduire le mode dans lequel se trouve une chose, la condition, les circonstances extérieures, le lieu, l'ordre.]
>
> *Lexicon totius latinitatis*, p. 478.

Dans le lexique juridique allemand, les termes correspondants constituent une série de concepts apparentés (*Rechtverhältnis, Sachstand, -lage, -verhalt, -verhältnis, Streitstand, Tatbestand*, c'est-à-dire l'état des choses, les circonstances propres à une affaire, une cause, un procès), où *Sachverhalt*, au départ proche de *Tatbestand* (équivalent initial de *corpus delicti*, qui voit ensuite sa définition réduite à la première partie du statut juridique, qui énonce les conditions d'application du droit), se dégage progressivement de cette acception purement formelle pour désigner l'ensemble des faits concrets qui viennent remplir le *Tatbestand* : « *der konkrete Lebensfall, der juristisch beurteilt werden soll* [le cas de vie concret qui doit être juridiquement jugé] » (E. Beling, *Grundzüge des Strafrechts* [*Fondements du droit pénal*], 1930) — sur tout cela, cf. B. Smith, art. « Sachverhalt », *in* J. Kitter et K. Gründer (dir.), *Historisches Wörterbuch der Philosophie*.

II. L'ORIGINE LOGIQUE DU « SACHVERHALT » : LE « COMPLEXE SIGNIFICABILE »

La seconde origine des concepts de *Sachverhalt* et d'*Objektiv* se trouve dans les analyses aristotélicienne, puis médiévale, du rapport entre la proposition et son objet, et surtout dans la doctrine du *complexe significabile* de Grégoire de Rimini. L'enjeu général réside dans la détermination de l'objet de la proposition : est-il dans les choses mêmes et leurs propriétés, ou dans les significations qui désignent les états-de-chose ? Dans cette perspective, deux étapes sont à distinguer : la première identifie l'objet du jugement, non plus à la chose dénotée, mais au rapport *complexe* de la chose à ses propriétés ; la seconde fait de ce complexe non plus un état réel résidant dans les choses, mais une *signification* complexe.

(a) Dans les *Catégories* d'Aristote, *pragma* [πρᾶγμα] désigne non simplement la chose, mais l'état de chose décrit par un jugement, qui confirme celui-ci et lui donne la statut de vérité (*Catégories*, 4b 5-10, 12b 5-15 et 14b 19-23). Cette distinction se prolonge dans certaines doctrines médiévales de la vérité, qui font de l'objet de la proposition non les choses elles-mêmes qui sont la dénotation des noms, mais la *dispositio rerum*, c'est-à-dire le rapport des choses (substances, propriétés, accidents) entre elles, bref un état des choses, une manière d'être, un « mode de comportement » : le jugement « A est B » n'a pas pour objet « A », mais l'« être-B de A ». Ainsi lit-on chez saint Thomas d'Aquin que « *dispositio rei est causa veritatis in opinione et oratione* [l'état-de-chose est la cause de la vérité dans l'opinion et le discours] » (*In duodecim libros Metaphysicorum Aristotelis expositio*, IX, 11), et dans la *Dialectica* d'Abélard que :

> *non itaque propositiones res aliquas designant simpliciter, quemadmodum nomina, immo qualiter sese ad invicem habent, utrum scilicet sibi conveniant annon, proponunt* [...]. *Unde quasi quidam rerum modus habendi se per propositiones exprimitur, non res aliquae designantur.*
>
> [les propositions ne désignent pas simplement des choses quelconques, comme les noms, mais exposent la manière dont elles se comportent les unes par rapport aux autres, dont elles conviennent ou non entre elles (...). Et donc ce qui est exprimé par les propositions, c'est en quelque sorte le mode de comportement des choses, les choses mêmes ne sont pas désignées.]

(b) La doctrine de Grégoire de Rimini, exposée dans son *Commentaire des Sentences*, confère au complexe le statut de *signifié complexe*, et non plus de complexe réel : la connaissance porte, non sur la proposition énoncée, ni simplement sur l'objet réel auquel elle renvoie, mais sur le signifié adéquat de la proposition (*significatum*) ; ce n'est pas seulement la proposition (*veritas in dicto*) ni la chose avec sa manière d'être (*veritas in re*) qui est vraie, mais le signifié de la proposition (*veritas in essendo*) : non l'énoncé « A est B » (« l'homme est blanc »), ni la chose dénotée « A » dans son « être-B » (« homme », « blancheur »), mais l'énonçable complexe ou le signifié par complexe « A être B » (« l'homme être blanc »). Ainsi l'objet d'une démonstration n'est-il ni la conclusion énoncée, ni la chose extérieure qu'elle concerne, mais le signifié total et adéquat de la conclusion.

De la sorte, la relation entre une chose et une propriété, qui sera traduite en allemand par *Sachverhalt*, acquiert le statut de « sens objectif complexe » : ce n'est pas simplement un acte subjectif de l'esprit liant la chose et ses prédicats, mais bien un objet, et un objet d'un autre type que la dénotation simple (l'étant, la chose extérieure) ou complexe (l'état-de-chose réel). La conséquence essentielle en est l'extension des concepts de chose, étant ou « quelque chose » (*res, ens, aliquid*), c'est-à-dire l'extension du concept d'« objet en général » au-delà de celui de « chose extérieure » : car le signifié par complexe est bien un « objet » d'une certaine sorte, mais irréductible à une chose extérieure, à savoir un *objet idéal* distinct de tout objet réel. « L'homme être animal » n'est pas quelque chose comme l'animal lui-même, mais il n'est pas rien ; ce n'est pas un étant, mais néanmoins un objet.

III. UNE SÉRIE D'ÉQUIVALENTS : « SATZ AN SICH » (BOLZANO), « SACHVERHALT » (STUMPF-HUSSERL), « OBJEKTIV » (MEINONG)

Le terme d'*Objektiv* a été introduit par Alexius Meinong dans son ouvrage de 1909 *Sur les assomptions* (*Über Annahmen*) pour désigner le corrélat visé par un jugement ; au § 14, il examine la généalogie de ce concept telle qu'elle avait été retracée par A. Marty, et reconnaît comme antécédents de l'*Objektiv* la « proposition en soi » de Bolzano, l'« état-de-chose » de Carl Stumpf et le « contenu de jugement » (*Urteilsinhalt*) de Brentano et Marty. Cette généalogie permet de clarifier le double ancrage de l'*Objektiv* dans l'analyse des significations comme objets idéaux et dans l'analyse intentionnelle du jugement et de son corrélat, et de le situer dans le sillage du *complexe significabile* médiéval.

A. « Objektiv » et « Satz an sich » : Meinong et Bolzano

Le concept de « proposition en soi » ou de « proposition objective », chez Bolzano, conjoint les propriétés de l'objectivité, de la complexité et de la complétude : d'une part, elle est distincte de toute énonciation réelle comme de toute pensée subjective, et, à la différence des choses extérieures, elle n'a aucune existence réelle, aucune individuation spatio-temporelle, mais seulement une objectivité idéale, omnitemporelle ; d'autre part, à la différence des « concepts en soi » (*Vorstellungen an sich*) qui sont à la fois ses parties simples et des signifiés élémentaires, elle possède la propriété de bivalence, c'est-à-dire de vérité ou de fausseté ; c'est un signifié idéal, bivalent et complexe, corrélat objectif de la proposition énoncée ou de la pensée subjective. « Un carré est rond » désigne une proposition objective, bien qu'aucun objet réel ni non contradictoire ne lui corresponde (cf. *Wissenschaftslehre* [*Doctrine de la science*] (1837), § 19, et Introduction à la *Größenlehre* [*Théorie des grandeurs*] de 1833, II, § 2, trad. fr. *in* F. Rivenc et P. de Rouilhan [éd.], *Logique et Fondements des mathématiques*, p. 17-19). Le concept de *Satz an sich* fixe donc l'une des dimensions de l'*Objektiv*, celle de l'idéalité de la signification.

B. « Sachverhalt » et « Objektiv » : Stumpf, Brentano, Meinong

L'autre dimension, celle de la corrélation entre le jugement et son « objet », se situe du côté de Stumpf et Brentano. Dans le traité *Erscheinungen und psychische Funktionen* [*Phénomènes et Fonctions psychiques*] de 1906, Stumpf, ayant défini les « fonctions » comme les vécus autres que les contenus de sensation (actes de l'attention, de la saisie unitaire, du jugement, mais aussi désir, volonté, etc.), s'attache à définir les corrélats produits par ces actes ; ainsi l'acte de saisie unitaire a-t-il pour corrélat une qualité-de-forme, l'acte de saisie synthétique un ensemble, et l'acte de jugement un contenu-de-jugement auquel Stumpf donne le nom de *Sachverhalt* : Brentano, dit-il, a reconnu :

> [...] *daß dem Urteil ein spezifischer Urteilsinhalt entspreche, der vom Vorstellungsinhalte* (*der Materie*) *zu scheiden sei und sprachlich in « Daß-Sätzen » oder in substantivierten Infinitiven ausgedrückt wird* [...] *Ich brauche für diesen spezifischen Urteilsinhalt den Ausdruck* Sachverhalt.
>
> [(...) qu'au jugement correspond un contenu-de-jugement spécifique qui doit être distingué du contenu-de-représentation (matière) et s'exprime dans la langue par des propositions subordonnées en « que... » ou des infinitifs substantivés. (...) J'emploie, pour désigner ce contenu spécifique du jugement, l'expression d'*état-de-chose*.]
>
> *Phénomènes...*, p. 29-30.

Meinong a nié l'équivalence entre le *Sachverhalt* de Stumpf et la *Satz an sich* de Bolzano d'une part, et son concept d'*Objektiv* d'autre part : une telle assimilation réduirait en effet l'*Objektiv* à des « formations psychiques » (*psychische Gebilde*, in *Über Annahmen* [*Sur les assomptions*], § 14), et se situerait donc du côté subjectif ou psychologique ; en effet, si l'état-de-chose est une formation produite par la synthèse créatrice (*einer « schöpferischen Synthese »*) de fonctions psychiques, il n'est cependant pas un contenu inclus dans la conscience, et ne s'identifie pas à ces fonctions subjectives ; c'est au contraire un *nouvel objet*, nécessitant une saisie qui est une sortie hors de la conscience (*ein Hinausgreifen*). Simplement, ce nouvel objet est strictement corrélatif à la fonction judicative et n'existe pas en soi, indépendamment de cette dernière ; en termes husserliens, c'est le corrélat intentionnel de l'acte de jugement :

> *Aber der Sachverhalt kann nicht für sich allein, unabhängig von irgendeiner Funktion unmittelbar gegeben und damit auch real sein.* [...] *die Gebilde aber sind Tatsachen überhaupt nur als Inhalte von Funktionen.*
>
> [Mais l'état-de-chose ne peut être immédiatement donné isolément, indépendamment de toute fonction, et être par là réel. (...) les formations ne sont des faits qu'en tant que contenus de fonctions.]
>
> *Ibid.*, p. 32.

C. « Objektiv » et « Gegenstand » : Meinong

C'est dans le traité d'Alexius Meinong *Über Annahmen* [*Sur les assomptions*] que l'état-de-chose, désigné par le terme d'*objectif* (*Objektiv*), trouve son expression doctrinale la plus systématique et son emploi le plus rigoureux, dans le cadre d'une doctrine généralisée des objets (*Gegenstandstheorie*) incluant les significations comme objets idéaux :

> *in unserem Beispiele finden wir neben einem Gegenstande, über den geurteilt oder der beurteilt wird, noch einen anderen, der « geurteilt wird »* [...] *Objekt fällt also hier mit dem zusammen, was beurteilt, Objektiv mit dem, was geurteilt wird. Insofern hat das Urteil also nicht einen Gegenstand, sondern deren zwei, von denen sonach jeder Anspruch hätte, « Urteilsgegenstand » zu heißen.*
>
> [dans notre exemple nous trouvons, à côté de l'objet sur lequel on porte un jugement, encore un autre objet, qui « est proprement jugé » (...) L'objet se confond donc ici avec ce sur quoi l'on porte un jugement, l'objectif, avec ce qui est jugé. Dans cette mesure, le jugement n'a pas un seul corrélat objectif mais deux, qui pourraient tous deux avoir la prétention de s'appeler objet-du-jugement.]
>
> § 8, p. 14.

Gegenstand est ici le genre désignant le corrélat d'un acte ou d'un vécu, dont *Vorstellungsgegenstand* et *Urteilsgegenstand* sont les espèces, respectivement les corrélats de la représentation et du jugement. Le but de Meinong est de mettre en évidence la spécificité du second par rapport au premier, et il le fait en appelant le premier *Objekt* (dénotation, référence ou objet réel représenté) et le second *Objektiv* (sens ou signification complexe visée par le jugement). Ainsi, dans l'énoncé « il y a de la neige dehors », l'objet est « la neige », et l'objectif « qu'il y a de la neige ».

Clarifions la question terminologique. Si Meinong écarte le concept employé par Stumpf, Brentano et Marty de « contenu du jugement » (*Urteilsinhalt*), c'est parce que le terme d'*Inhalt* fait métaphoriquement de l'*Objektiv* quelque chose de *contenu* dans le vécu subjectif du jugement, alors qu'il est un objet *saisi* par le jugement :

> *Ganz unnatürlich schiene mir aber, dabei so weit zu gehen, daß man* [*das Objektiv*] *in einem Erlebnis deshalb wollte « enthalten » sein lassen, weil es durch dieses erfaßt wird. Das Erfaßte ist vielmehr der Gegenstand des erfassenden Erlebnisses* [...] *Objektive können nicht Urteilsinhalte heißen, weil sie nicht Inhalte heißen können.*
>
> [Il me semble très artificiel d'aller jusqu'à vouloir que (l'objectif) soit « contenu » dans un vécu pour la raison qu'il est saisi par son moyen. Ce qui est saisi est plutôt l'objet du vécu de saisie (...) Les objectifs ne peuvent pas s'appeler contenus-du-jugement parce qu'ils ne peuvent pas s'appeler contenus.]
>
> *Ibid.*, § 14.

L'objectif est donc bien un objet, mais loin d'être un objet de représentation existant (*wirklich*, *daseiend*), c'est un objet idéal, d'ordre supérieur, caractérisé non par l'existence, mais par la pseudo-existence, l'atemporalité ou la persistance non temporelle (*Persistenz*). Meinong l'exprime par le concept de *Bestand*, qui joue sur un double registre : d'un côté, il signifie en allemand l'état des choses, comme *Sachverhalt*, de l'autre, il provient du verbe *bestehen* (subsister) et désigne ce qui subsiste hors du temps, s'opposant au *Gegenstand*, c'est-à-dire à l'objet qui subsiste dans la durée ; si les deux traductions possibles par « état-de-chose » et « subsistant » laissent de côté l'un de ces deux caractères, on choisira plutôt la dernière, d'abord parce que le contexte insiste sur l'*atemporalité* commune à l'objectif et à tous les objets idéaux (*ideale Gegenstände*), ensuite pour éviter la redondance avec *Sachverhalt*.

> *Bestände unterscheiden sich von Existenzen* [...] *darin, daß sie an keine Zeitbestimmung gebunden, in diesem Sinne ewig oder zeitlos sind. Das gilt natürlich auch vom Objektiv.*
>
> [Les subsistants se distinguent des existants en ce qu'ils ne sont liés par aucune détermination de temps, et en ce sens sont éternels ou atemporels. Cela vaut naturellement aussi pour l'objectif.]
>
> *Ibid.*, § 11.

Ainsi « 3 > 2 » est un subsistant, un objet omnitemporel, et paradoxalement les jugements portant sur l'existence temporelle (« cette table existe maintenant ») visent des objectifs atemporels, car le temps appartient seulement au jugement et non à son corrélat.

Enfin, les propriétés attribuées par la logique classique aux énoncés appartiennent aux objectifs : les deux paradigmes formels des objectifs sont l'être (« A est ») et l'être-tel (*Sosein*, « A est B »), les objectifs sont positifs ou négatifs (*ibid.*, § 12), et ils admettent les modalités (*ibid.*, § 13). Mais l'identité nominale de ces propriétés ne doit pas masquer la différence entre celles de l'objectif et celles du jugement subjectif : la vérité du jugement (*Wahrheit*) est saisie de l'effectivité de l'objectif (*Tatsächlichkeit*), sa possibilité, celle de la vraisemblance de l'objectif (*Wahrscheinlichkeit*).

D. De « Sachverhalt » à « Wertverhalt », « Wertsachverhalt », etc. : Husserl

Le concept de *Sachverhalt* est de nouveau utilisé par Husserl et Adolf Reinach, dans une prolongation de la problématique de Meinong. Chez Husserl, il s'intègre à une théorie universelle des corrélats objectifs du jugement (ontologie formelle) en tant qu'espèce des objets catégoriaux, distincts à la fois des actes de jugement et des choses de l'expérience (*Dinge*) :

> *Das Objektive des urteilenden Vermeinens nennen wir den beurteilten Sachverhalt ; wir unterscheiden ihn in der reflektierten Erkenntnis vom Urteilen selbst, als dem Akte, in dem uns dies oder jenes so oder anders zu sein erscheint.*
>
> [L'objectif de la visée judicative, nous l'appelons l'état-de-chose jugé ; nous le distinguons dans la connaissance réflexive du jugement lui-même entendu comme l'acte dans lequel ceci ou cela apparaît comme étant ainsi ou autrement.]
>
> *Logische Untersuchungen*, V, § 28, *Hua* XIX/1, p. 462.

Dans cette perspective, la catégorie d'état-de-chose subit une extension de sens, car il peut être le corrélat d'autres types d'actes (de nominalisation en tant que « l'être-P de S », de souhait, de questionnement, etc.), et désigne l'ensemble des objets autres que ceux de la simple représentation, donc l'objet universel de l'ontologie formelle comme doctrine des modes du « quelque chose ».

C'est à partir de là que peuvent se poser et se résoudre les problèmes de traduction : à savoir à la fois le caractère complexe du *Sachverhalt* (en tant qu'il est corrélat d'une visée intentionnelle complexe, impliquant un jugement ou une structure prédicative éventuellement ramifiée), et son extension quasi universelle à l'ensemble des corrélats objectifs de jugements (en tant qu'il est corrélat de types d'actes divers, jugement axiologique, esthétique, eidétique, etc.). Ainsi le terme de *Sachverhalt* a-t-il été traduit en anglais, par référence aux locutions latines *status rerum sive quaestionis* et *dispositio rei*, par les expressions *state of things* et *state of affairs*, et cette dernière s'est imposée depuis sa première occurrence dans la traduction anglaise des *Recherches logiques* de Husserl en 1905 — réapparaissant ensuite dans les traductions de Wittgenstein (*Tractatus logico-philosophicus*, 1922) et les travaux de Russell sur les *objectives*, *facts* et *propositions* (*The Philosophy of Logical Atomism*, 1918, *Analysis of*

Mind, 1921), puis de G. Bergmann (*Logic and Reality*, 1964) et de R.M. Chisholm sur l'ontologie des états-de-chose (*Person and Object*, 1976). Cependant l'expression « state of affairs » est équivoque, en ce qu'elle peut désigner aussi bien un simple état de fait positif que le corrélat objectif complexe d'un jugement, alors que le sens de *Sachverhalt* renvoie exclusivement à ce dernier. Ainsi Boyce Gibson a-t-il adopté, dans sa traduction bien postérieure des *Ideen*... I (1931), la traduction *positive fact* qui, renvoyant au premier sens, est irrecevable : car en ôtant au *Sachverhalt* son caractère de formation prédicative complexe (qui en fait un « *predicatively formed affair-complex* »), elle le replie sur le *Sachgehalt* (qui désigne tout ce qui a une teneur concrète) ou le *Zustand* (c'est-à-dire l'état momentané d'une chose ou d'un moi en général), et rend impossible son extension à toutes les sortes de jugements possibles.

Or le lexique husserlien comporte plusieurs concepts qui témoignent à la fois de l'origine prédicative et de l'extensibilité du *Sachverhalt* aux différentes espèces du jugement : ainsi (cf. *Ideen*... I, § 95, *Hua* III/1, p. 220-221 ; trad. fr. *Idées directrices*..., p. 330-331) un jugement axiologique a-t-il pour objet un *Wertsachverhalt* ou *Wertverhalt*, c'est-à-dire non le simple état-de-chose présent dans l'acte d'évaluation comme ayant une valeur (*der werte Sachverhalt*, par ex. la trahison de Jésus par Judas considérée comme mauvaise), mais la valeur de l'état-de-chose (le caractère mauvais de cette trahison) en tant que corrélat spécifique d'un jugement axiologique fondé sur la conscience d'un état-de-chose (la trahison de Jésus par Judas) ; ainsi encore (*Ideen*... I, § 6, *Hua* III/1, p. 19 ; trad. fr., p. 28) l'acte de jugement visant une corrélation entre des essences (et non entre des faits) a-t-il pour corrélat propre l'état-de-chose eidétique (*eidetischer Sachverhalt*) désignant ou bien la relation idéale entre essences comme objet subsistant (*das Bestehende*) du jugement, ou bien la vérité de cette relation, ce qui suffit à montrer que le sens du *Sachverhalt* ne se limite pas au *positive fact* ; enfin, l'activité de prédication pouvant être complexe (puisqu'elle peut qualifier des objets qui sont eux-mêmes déjà des états-de-chose nominalisés, par ex. « la trahison de Jésus par Judas est une action mauvaise »), son objet propre est alors un *Sachverhalt* de degré supérieur, car résultant d'une stratification d'actes de saisie, de prédication et de nominalisation, et ce *Sachverhalt* porte alors le nom de *Sachlage*, lequel, traduit en français par « situation » (qui présente le même inconvénient que *positive fact* dans le cas de *Sachverhalt*, à savoir d'éluder l'origine prédicative de l'objet en question), correspond à l'*affair-complex*, c'est-à-dire à l'état-de-chose complexe.

E. « Sachverhalt » et « Tatbestand » : Adolf Reinach

Reinach affine la caractérisation du *Sachverhalt*, qu'il oppose clairement à la relation entre objets qui en fournit le matériau factuel (*der sachliche Tatbestand*, *der Dingtatbestand*, où *Bestand* a un sens inverse de celui qu'il avait chez Meinong dans la mesure où il désigne ici un substrat objectif singulier et concret, et non un subsistant idéal), et qui désigne le sens idéal visé par le jugement. Il précise l'ensemble des caractères qui le distinguent des choses ou objets mondains : l'état-de-chose est « appréhendé » par une saisie d'idéalité (et non intuitionné de manière perceptive, comme le sont les choses singulières) ; il se situe dans une relation « logique et idéale » d'antécédent à conséquent (et non dans une relation réelle et prédiscursive de cause à effet, comme les réalités mondaines), admet des modalités comme le possible, le nécessaire, le contingent, etc. (ce qui n'est pas le cas des choses elles-mêmes), et enfin peut être positif ou négatif (alors que les choses concrètes sont simplement existantes et n'admettent pas de négativité) (« *Zur Theorie des negativen Urteils* », § 9).

Cette réaffirmation du statut d'idéalité du *Sachverhalt* invite à la plus grande prudence vis-à-vis de l'équivalent français « état-de-chose » ou « état de choses » qui, s'il souligne son caractère relationnel, n'en affirme pour autant ni l'origine prédicative (car un état de chose, par ex. la couleur d'une rose, peut être perçu, alors que l'état-de-chose « l'être-coloré de la rose » est corrélat exclusif du jugement) ni le statut non mondain (puisque la chose tout aussi bien que l'état peuvent être des réalités mondaines, tandis que l'état-de-chose est une idéalité). Pour autant, il n'y a guère de traduction plus adéquate.

Dominique PRADELLE

BIBLIOGRAPHIE

ABÉLARD, *Dialectica*, éd. De Rijk, Assen, 1956.

ARISTOTE, *Les Catégories*, trad. fr. J. Tricot, Vrin, 1946.

BOLZANO Bernard, *Wissenschaftslehre* I/II, éd. F. Kambartel, Hambourg, Meiner, 1978.

— *Einleitung zur Größenlehre und erste Begriffe der allgemeinen Größenlehre* [Introduction à la théorie des grandeurs et premiers concepts de la théorie générale des grandeurs] (1833), in *Gesamtausgabe*, II A 7, Stuttgart-Bad Cannstatt, Fromann Verlag, 1975 ; trad. fr. du § 2 *in* F. RIVENC et Ph. de ROUILHAN (éd.), *Logique et fondements des mathématiques*, Payot, 1992.

CAIRNS Dorion, *Guide for Translating Husserl*, La Haye, Nijhoff, 1973.

ÉLIE Hubert, *Le Signifiable par complexe. La proposition et son objet ; Grégoire de Rimini, Meinong, Russell*, chap. 2 et Conclusion « Questions de terminologie », Vrin, 1re éd. 1936, 2000.

HUSSERL Edmund, *Logische Untersuchungen, Vte Untersuchung*, § 28-36, *Husserliana* XIX/1, La Haye, Nijhoff, 1984 ; *Recherches logiques*, II, 2, trad. fr. H. Élie, A. Kelkel et R. Schérer, PUF, 1972.

— *Ideen zu einer reinen Phänomenologie und phänomenologischen Philosophie*, t. 1, § 6, 10, 93, 95, 119 et 148, *Husserliana* III, La Haye, Nijhoff, 1950 (cité *Ideen*... I) ; *Idées directrices pour une phénoménologie*, trad. fr. P. Ricœur, Gallimard, 1950.

— *Formale und transzendentale Logik, Husserliana* XVII, La Haye, Nijhoff, 1974 ; *Logique formelle et Logique transcendantale*, trad. fr. S. Bachelard, PUF, 1957.

MEINONG Alexius, *Über Annahmen* [Sur les assomptions], in *Gesamtausgabe*, t. 4, Graz, Ak. Druck- und Verlagsanstalt, 1977.

— *Gegenstandstheorie*, in *Gesamtausgabe*, t. 2 ; *Théorie de l'objet et Présentation personnelle*, trad. fr. J.-F. Courtine et M. de Launay, Vrin, 1999.

QUINTILIEN, *Institution oratoire*, éd. J. Cousin, Les Belles Lettres, 1975-1980.

REINACH Adolf, « Zur Theorie des negativen Urteils », *in* A. PFÄNDER (éd.), *Münchener Philosophische Abhandlungen*, Munich, 1911 ; trad. angl. B. Smith, *in* B. SMITH (éd.), *Parts and Moments. Studies in Logic and Formal Ontology*, Munich-Vienne, Philosophia Verlag, 1982, p. 315-378.

SMITH Barry, "Introduction to Adolf Reinach On the Theory of the Negative Judgment", *in* B. SMITH (éd.), *Parts and Moments. Studies in Logic and Formal Ontology*, Munich-Vienne, Philosophia Verlag, 1982, p. 289-314.

STUMPF Carl, « Erscheinungen und psychische Funktionen », in *Abhandlungen der königlich preussischen Akademie der Wissenschaften*, t. 4, Berlin, G. Reimer, 1906, p. 1-40.

THOMAS D'AQUIN, *In duodecim libros Metaphysicorum Aristotelis expositio* [*Exposé de la Métaphysique d'Aristote*], in *Opera omnia* [Editio Taurinensis manualis], vol. 8, Turin, Marietti, 1964.

OUTILS

FORCELLINI Egidio, *Lexicon totius latinitatis*, Padoue, 1940.

GOCLENIUS Rudolf, *Lexicon philosophicum, quo tanquam clave philosophiae fores aperiuntur*, Francfort, 1613, repr. Hildesheim, Olms, 1964.

SMITH Barry, art. « Sachverhalt », *in* Joachim RITTER et Karlfried GRÜNDER (éd.), *Historisches Wörterbuch der Philosophie. Unter Mitwirkung von mehr als 700 Fachgelehrten*, nouv. éd., Bâle, Schwabe, 1971-, Darmstadt, Wissenschaftliche Buchgesellschaft, 1971-, t. 9, 1992.

SAGESSE

I. SAGESSE ET GOÛT

Sage est l'aboutissement du lat. classique *sapidus*, « qui a du goût, savoureux », formé sur le verbe *sapere*, qui signifie « avoir du goût, sentir » mais aussi « avoir de l'intelligence, du jugement, apprécier » et, finalement, « se connaître en quelque chose, connaître, comprendre, savoir ». La sagesse, *sapientia*, est ainsi d'abord liée au goût, à la capacité d'apprécier, au discernement — et Thomas d'Aquin est encore sensible à l'étymologie : « *Doctrina per studium acquiritur, sapientia autem per infusionem habetur* [la doctrine, on l'acquiert par l'étude, mais la sagesse, on l'a par infusion] » (*Somme théologique*, I, q. 1, a 6, cité par Lalande) : voir GOÛT, et cf. SENS.

II. LE DOUBLE SENS DE « SAGESSE » : SAVOIR / PRUDENCE

1. *Sapientia* traduit le gr. *sophia* [σοφία], dont il conserve la double orientation pratique et théorique : le *sophos* [σοφός] est d'abord un homme habile, un expert, avant d'être un savant. C'est un modèle de vie avant d'être un maître ès sciences : voir ART, MÊTIS.

Cette heureuse conjonction qui caractérise la *sophia* grecque comme la *sapientia* latine est susceptible de dysfonctionner : la coupure instaurée par Platon et bien repérée par Cicéron entre le *sophistês* [σοφιστής], le « sophiste » qui veut tout savoir, et le *philosophos* [φιλόσοφος], le « philosophe » amant de la sagesse, fait aussi ligne de partage entre la théorie et la pratique, *scientia* et *sapientia* : voir PRAXIS ; cf. *SOPHISME*. Sur le rapport entre *sagesse* et *philosophie* dans les différentes traditions, on se reportera à LANGUES ET TRADITIONS ; cf. GREC.

La caractéristique du sage, liée au rôle clef du stoïcisme (cf. LOGOS et GLÜCK), demeure néanmoins la conjonction d'un maximum de sagesse au sens épistémologique (science, savoir) et de sagesse au sens pratico-éthique (prudence et/ou détachement). Mais la disjonction entre la sagesse théorique et la sagesse pratique est généralement opérée dans les langues modernes, qui distinguent entre la science et la sagesse, et retiennent pour *sagesse* le seul sens pratico-éthique : voir, outre GLÜCK et LOGOS, PHRONÊSIS, PRUDENTIAL, *SOUCI*, VERGÜENZA.

2. Plus largement, sur la sagesse pratico-éthique, on se reportera à CONSCIENCE, DEVOIR, MORALE, *VERTU* [VIRTÙ, WERT].

Sur le savoir et la science, à ÉPISTÉMOLOGIE, GEISTESWISSENSCHAFTEN, *RAISON* [en part. ALLEMAND, ENTENDEMENT, INTELLECT, INTELLECTUS].

Sur le rapport entre sagesse et vie ordinaire, voir ANGLAIS, CLAIM, *SENS COMMUN*.

Sur le rapport entre sagesse humaine et sagesse divine, voir *ALLIANCE*, DIABLE, *INTUITION*, LOGOS, LUMIÈRE, SVET.

► *CROYANCE*, *CULTURE*, *EXPÉRIENCE*, folie, Menschheit, pathos, vérité

SAMOST' [самость] RUSSE – fr. *soi, ipséité*

gr.	*ousia* [οὐσία]
all.	*Selbst, Selbstheit*
angl.	*self, selfhood*

► *SOI* [SELBST], et ACTEUR, ÂME, BOGOČELOVEČESTVO, CONSCIENCE, DRUGOJ, ES, ESSENCE, INCONSCIENT, ISTINA, JE, LËV, *PERSONNE*, POSTUPOK, RUSSE, STAND, SUJET, SVOBODA

Le russe samost' [самость], *nominalisation du pronom réfléxif* sam [сам], *« moi (toi, soi)-même », est l'équivalent littéral du français* ipséité. *Au XV*^e^ *siècle, le terme a toutefois été employé au sens d'« essence »* (ousia [οὐσία]). *En russe moderne,* samost' *peut signifier « la base, le centre de l'individu » et servir comme la traduction du français* Soi, *l'anglais* self *ou l'allemand* Selbst. *Cependant, il y a une tension diglossique entre une acception ascétique de* samost', *obstacle à la déification de l'homme, et une acception issue de la psychanalyse jungienne de* samost' *comme « vrai Soi », but du développement personnel. La tendance actuelle à neutraliser l'opposition entre les deux acceptions renvoie à une vision unifiée, « ontopratique », de l'ipséité personnelle.*

I. « SAMOST' » COMME « OUSIA » ET COMME « MONADE »

Le russe *samost'* [самость] (ukrainien *samist'* [самість]) est la substantivation du pronom réfléxif *sam*, « moi (toi, soi)-même ». La première occurrence connue du mot comme vocable philosophique renvoie au traité logique anonyme du XVe siècle connu sous le titre *Logika iudejstvujuščix* [La logique de ceux qui pratiquent le judaïsme]. Le manuscrit est une traduction de l'hébreu et passe pour un exposé des idées logiques d'al-Fārābī (Neverov, *Logika iudejstvujuščix*, p. 6), mais l'original n'a pas été retrouvé. L'exposé suit en gros le contenu du *De interpretatione* d'Aristote. La distinction aristotélicienne entre l'essence (*ousia* [οὐσία]) et l'accident (*sumbebêkos* [συμβεβηκός]) est rendue en slavon par celle entre *samost'* et *priključenie* [приключение], qui signifie « occurrence, accident » : « Quand on dit "l'homme est vivant et blanc", il y a une différence entre le rapport (*prikosanie* [прикосание]) du vivant à l'homme et de la blancheur à l'homme : la blancheur [se rapporte à l'homme] par accident (*po priključeniju* [по приключению]) et le vivant par essence (*po samosti* [по самости]). »

En russe moderne, le terme qui rend *ousia* est *suščnost'* [сущность] (l'ukrainien *sutnist'* [сутність]), la nominalisation de *suščee* [сущее], « ce qui est » (gr. *to ontôs on* [τὸ ὄντως ὄν]) (voir aussi ISTINA). Bien qu'aujourd'hui *samost'* ne soit plus employé en ce sens-là, le terme garde néanmoins les connotations ontologiques de l'*ousia*. Ainsi, Siméon Frank (1877-1950), dans son œuvre *Nepostižimoe* [L'Inconcevable] publiée en 1939, pour introduire le terme *samost'*, quitte le champ de la subjectivité : « Par *samost'*, on n'entend pas ici le sujet (*subjekt*) ou le "Moi" (*ja*) [...] ; et, encore moins, la personne (*ličnost'*) [...] [Под "самостью" мы разумеем здесь не "субъект" или "я" (...), и тем более не "личность" (...)] » (*Nepostižimoe*, p. 332). Pour Frank, *samost'* est tout d'abord l'« être singulier » ou « séparé » : « Le Soi (*samost'*) est *certaine* uni-totalité (*vseedinstvo*), *une* uni-totalité parmi d'autres (*odno iz vseedinstv*), mais ce n'est pas l'uni-totalité en général — l'uni-totalité comme telle (*kak takovoe*) — et il se trouve justement hors de celle-ci ["Самость" есть некое всеединство, одно из всеединств, которое, однако, не есть всеединство вообще — всеединство как таковое — и имеет себя именно вне последнего] » (*ibid.*, p. 333-334). Cette référence à *vseedinstvo* [всеединство], l'« uni-totalité », donne à *samost'* le caractère d'une monade : chaque être singulier est séparé et *eo ipso* réfléchit la totalité de l'Absolu (Frank parle de « la forme monadique de l'être », *ibid.*, p. 334-335). Frank ne rapproche d'ailleurs pas *samost'* de l'allemand *Selbst*, mais bien de *das Eigene*, « le propre » (*ibid.*, p. 333, 338 ; voir PROPRIÉTÉ). On notera que le terme slave *sobstvo* [собство], « la personne », un synonyme ancien de *samost'* qui désigne à la fois l'individualité et l'appartenance (voir SVOBODA), est en fait la substantification abstraite de l'adjectif *sobstvennyj* [собственный], « propre » (all. *eigen*). D'autre part, *sobstvo* a été employé à partir du XIe siècle comme équivalent du grec *hupostasis* [ὑπόστασις], qui signifie « l'essence » en même temps que « la personne » (Knežević ; voir ESSENCE). Tout cela renforce encore les connotations ontologiques de *samost'*.

II. « SAMOST' » COMME IPSÉITÉ

Samost', équivalent littéral du français *ipséité*, est aussi la traduction exacte de l'anglais *selfhood* et de l'allemand *Selbstheit*. Ainsi, la préface de *Soi-même comme un autre* de Paul Ricœur, intitulée « La question de l'*ipséité* », est rendue dans la traduction ukrainienne par « Pytannia pro *samist'* » (trad. ukrainienne, p. 7 ; cf. *Soi-même comme un autre*, p. 11). *Samist'* figure aussi dans la traduction ukrainienne d'*Entre nous* d'Emmanuel Levinas : « Tout savoir de l'*ici* est déjà savoir pour moi qui suis ici. Le savoir se fonde sur l'ipséité [...] » (*Entre nous*, p. 39) devient « *Bud'-jake znannia "tut" je vzhe znanniam dlia mene, perebuvajučogo tut. Znannia gruntujet'sia na samosti* [...] [Будь-яке знання "тут" Є вже знанням для мене, перебуваючого тут. Знання грунту Ється на самості (...)] » (trad. ukrainienne, p. 31-32). De même, *samist'* traduit *selfhood* chez John Crosby : *The Selfhood of the Human Person* devient *Samist' liuds'koji osoby* en ukrainien (cf. trad. ukrainienne, p. 29 *sq.*).

III. « SAMOST' » COMME « SOI »

Cependant, à partir du XIXe siècle, le terme *samost'* a réapparu pour rendre *Selbst* dans les traductions russes de la philosophie allemande classique. Cette acception s'est conservée jusqu'à aujourd'hui. Ainsi, dans la *Naturphilosophie* de Hegel, on trouve (pour prendre un exemple hors de la subjectivité humaine) le terme *das Selbst des Organismus*, « le Soi de l'organisme » (Hegel, *Vorlesungen über die Naturphilosophie*... [1842], p. 597), qui est traduit en russe par *samost' organizma* [самость организма] (trad. russe, p. 499). La même traduction de *Selbst* apparaît dans l'acception plus abstraite : « *Das Selbst ist in seinem Dasein, in seiner Gestalt in sich reflektiert* » (*Vorlesungen*..., p. 597) devient « *Samost' v svoëm naličnom bytii, v svoëm obraze reflektirovana v samoe sebja* [Самость в своём наличном бытии, в своём образе рефлектирована в самое себя] » (trad. russe, p. 441). De même, on trouve *samost'* dans les traductions de Feuerbach (par ex., Feuerbach, *Istorija filosofii* [L'histoire de la philosophie], t. 1, p. 293, 318-320 ; t. 2, p. 31, 60, 68) et souvent chez Heidegger (*Filosofskij*, p. 403-404 ; Heidegger, *Vremia i bytie* [*Le Temps et l'Être*], p. 442). En ce qui concerne les termes dérivés chez Heidegger, *Ich-selbst* est rendu par *ličnaja samost'* [личная самость], « la *samost'* de la personne », et *Man-selbst* par *bezličnaja samost'* [безличная самость], où le préfixe *bez-* désigne la négation. Cependant, *Selbstsein* est rendu par *bytie Ja* [бытие Я] ou bien *samobytie* [самобытие], mais jamais par *bytie samosti* (*Filosofskij*, p. 403-404).

En revanche, hors du contexte de la philosophie allemande, le français *Soi* et l'anglais *self* sont le plus souvent traduits en russe moderne par *Ja* [я] (pronom *je*, en tant que terme philosophique, écrit souvent avec une majuscule, en italique ou entre guillemets). Le russe (comme l'ukrainien) évite chaque fois que possible, à cause de son caractère abstrait, d'employer *samost'* pour dire le *Soi* (*self*, *Selbst*). Dans l'édition russe récente d'*After Virtue* de MacIntyre, on trouve *Ja* comme équivalent de *self* (*èmotivistskoe Ja* [эмотивисцкое Я] : *the emotivist self* ; *geroičeskoe Ja* [героическое Я] : *the heroic self*, etc., MacIntyre, *Posle dobrodeteli*, par ex. p. 48, 173). La *samist'* manque dans la liste des équivalents de *self* proposée par le *Vocabulaire philosophique anglo-ukrainien* (Polichtchuk, *Lisovyj*, p. 219). En revanche, la liste contient *Ja* (« je »), *ja sam* [я сам] (« je moi-même »), *sutnist'* (« l'essence »), *osoba* [особа] (« la personne », le terme de même racine que *svoboda* [свобода] ; voir SVOBODA), *istota* [істота] (« l'être vivant », de même racine que *istina* [истина] ; voir ISTINA). Le *Soi* chez Ricœur dans *Soi-même comme un autre* est rendu en ukrainien par le pronom réflexif *sam* [сам], « moi (toi, soi)-même » ; comme « soi » et « soi-même » sont tous deux rendus par *sam*, les traducteurs sont parfois forcés de préciser entre parenthèses de quel terme français il s'agit : « *sam* (soi) » ou « *sam* (soi-même) » (par ex. Ricœur, trad. ukrainienne, *op. cit.*, p. 10-11). [Notons que les grammaires ukrainienne et russe, qui ont trop de cas indirects, ne sont pas adaptées à l'expression de la distinction entre « je » et « moi », si bien que la traduction de Ricœur exige parfois qu'on donne les termes français : « *ja* (moi) » ou « *ja* (je) », ou encore « *ja* (moi-même) » – par ex. Ricœur, *ibid.*, trad. ukrainienne, p. 10, 17 ; voir JE.]

IV. LA TRADUCTION DE JUNG : « SAMOST' » COMME CENTRE DE LA PERSONNE

Cependant – et cela constitue une véritable difficulté de traduction – dans certains contextes, on ne peut rendre *self* (*Selbst, Soi*) que par *samost'* (ou *samist'* en ukrainien). Ainsi, *self* est toujours rendu par *samost'* dans le contexte de la psychologie analytique de Carl Jung. Dans deux encyclopédies de psychologie traduites récemment de l'anglais, *samost'* rend seul le *self* de Jung (Frager et Fadiman, *Ličnost'...*, p. 97-98 ; Hall et Lindzey, *Teorii ličnost*, p. 88-89), alors que chez les autres auteurs – en particulier, chez William James, Alfred Adler, Ludwig Binswanger, George Kelly, Carl Rogers, Abraham Maslow – *self* est traduit par *Ja* (Frager et Fadiman, *op. cit.*, p. 316-318, 416, 137, 446-447, 506 ; Hall et Lindzey, *op. cit.*, p. 124-125, 235-237, 267). Bien que *self-actualisation* soit rendu en russe par *samoaktualizatsija* [самоактуализация] (Frager et Fadiman, *ibid.*, p. 447-448, 491-495), l'équivalent d'*ideal self* est *ja-ideal'noe* [я-идеальное] ou bien *ideal'noe ja* [идеальное я] (*ibid.*, p. 446-447 ; Hall et Lindzey, *op. cit.*, p. 236), celui de *self-schema* est *Ja-sxema* [Я-схема] (Ross et Nisbett, *Čelovek i situatsija*, p. 274), etc.

Mais chez Jung, tout comme chez Adler, Binswanger, Rogers et Maslow, *self* renvoie à l'intégrité de la personne et signifie « la base, le centre de l'individu ». Pourquoi alors cette disparité dans les traductions ? La raison est peut-être liée aux connotations ontologiques du *Soi* comme terme de la psychologie jungienne : tel l'*ousia* de Platon, le *Soi* de Jung signifie souvent « l'essence » de l'être humain alors que, chez d'autres psychologues ou psychanalystes modernes, il désigne plutôt l'image, l'idée, l'idéalisation qu'un concept ontologique. D'autre part, si l'on comprend la thérapie et l'analyse comme la participation à la création d'un Soi authentique au niveau le plus profond (celui du thérapeute en même temps que celui du client) – c'est-à-dire, comme « pratique ontologique » ou « ontopratique », russe *ontopraktika* [онтопрактика], un néologisme introduit par Igor Vinov dans le recueil *La Psychologie pratique* (*Praktyčna psyxologija*, p. 77 *sq.*), – toute théorie psychologique deviendra une ontologie de la personne. D'où peut-être cette tendance nouvelle à l'utilisation systématique de *samost'*, au sens de « cœur de la personne et centre de sa nature individuelle », au-delà des limites du contexte uniquement jungien (*Psixologija ličnosti*, 2001, p. 42, 67, 81, 82, 88, 150, 163), en particulier dans les théories de l'actualisation du Soi chez Maslow et Rogers (*ibid.*, p. 108, 160, 206).

V. LE DISCOURS ASCÉTIQUE : « SAMOST' » COMME SOI « BAS » / « SERDTSE » COMME SOI « HAUT »

Cependant, dans la pensée contemporaine russe, il existe un discours qui, niant l'importance de la réalisation du Soi, utilise *samost'* pour signifier le Soi « bas ». L'ascétisme orthodoxe, byzantin et russe, soutient la nécessité d'une « élimination de soi-même » (russe « *preodolenie samogo sebja* [преодоление самого себя] », gr. « *kinêsis huper phusis* [κίνησις ὑπὲρ φύσις] ») comme condition de la transfiguration de la personne dans l'acte de « déification » (russe *oboženie* [обожение], gr. *theôsis* [θέωσις]) de l'homme (Florovsky, *Izbrannye bogoslovskie stat'i* [Des articles théologiques], p. 60 ; voir BOGOČELOVEČESTVO). Dans le discours ascétique, *samost'* renvoie au Soi à éliminer. Ainsi, Sergei Averintsev, un représentant contemporain du discours ascétique, désapprouve *samoljubie* [самолюбие], l'« amour-propre » : « Le mauvais vouloir (*zlaja volja*) du "Soi" (*samosti*) s'efforce de subjuguer le prochain, d'engloutir sa personne (*ličnost'*) [...] C'est bizarre et épouvantable... [Злая воля "самости" стремится поработить ближнего, поглотить его личность. (...) Это странно и страшно...] » (*My prizvany v obščenie* [Nous sommes appelés à la communication], p. 406-407). De même, dans l'ouvrage monumental de Sergei Zarin, *L'Ascétisme selon la doctrine orthodoxe chrétienne* (1907), on ne rencontre pas les termes courants de la psychothérapie analytique – *samorealizatsija* [самореализация] (« réalisation du Soi ») ou *samoosuščestvlenie* [самоосуществление] (« actualisation du Soi ») ; en revanche, on trouve *samootverženie* [самоотвержение], « répudiation du Soi », *samootrečenie* [самоотречение], « renoncement au Soi », *samoprotivlenie* [самопротивление], « résistance au Soi », *samoprinuždenie* [самопринуждение], « contrainte vers le Soi » et ainsi de suite (p. 691).

Pour désigner le centre de la vie spirituelle de l'homme, le discours ascétique se sert du terme *serdtse* [сердце] (genre neutre), « le cœur », équivalent de l'hébreu *lēv* [לֵב] (voir LĒV) et du grec *kardia* [καρδία]. Par ailleurs, l'influence néoplatonicienne et surtout la pratique de l'ascétisme hésychiaste donnent au terme des connotations mystiques et spitituelles. Le terme grec *hêsukhia* [ἡσυχία], qui a initialement signifié « la quiétude », prend dans la littérature byzantine orthodoxe le sens de « recueillement ascétique, dans la retraite et le renoncement » (Averintsev, *Poetika rannevizantijskoj literatury* [La poétique de la première littérature byzantine], p. 258). L'essentiel de l'hésychiasme comme pratique spirituelle est la transformation de l'âme vers un état « ouvert et prêt pour la grâce » (Khoruzhy, *K fenomenologii askezy* [Sur la phénoménologie de l'ascèse], p. 105). L'ascétisme hésychiaste comprend le cœur, *kardia*, comme « le centre existentiel et énergique de l'être humain, le foyer dans lequel toutes les énergies de l'homme se réunissent : forces, aspirations, sentiments, desseins » (*ibid.*, p. 105). Mais pour obtenir l'intégrité du *kardia* (le Soi « haut »), il faut d'abord renoncer à soi-même (à la *samost'*, au Soi « bas »).

Ce discours ascétique orthodoxe a été repris à l'Âge moderne par la « philosophie du cœur » (russe *filosofija serdtsa* [философия сердца]). Du point de vue étymologique, le mot russe *serdtse* (tchèque *srdce*, polonais *serce*, ukrainien *sertse* [серце]) possède les connotations de son équivalent grec biblique *kardia* : la racine *serd/sred* renvoie à la position au dedans ou au centre d'un espace. La liste de termes de même racine comprend le russe *seredina* [середина], « le milieu, l'intérieur », *sreda* [среда], « le milieu, l'environnement », et *sreda* [среда], « le mercredi » (le jour au centre de la semaine), *sredotočie* [средоточие], « le centre, le point crucial », l'adjectif *srednij* [средний], « moyen », l'adverbe *posredi* [посреди], « parmi, au centre », etc. (Florensky, *op. cit.*, p. 269).

Grégoire Skovoroda (1741-1796), le fondateur de la « philosophie du cœur », a trouvé son *hêsukhia* dans la vie du « philosophe errant » (ukrainien « *mandrovanyj filosof* » [мандрований фiлософ]). Pamfil Jurkevytch (1826-1874) et Paul Florensky (1882-1937) ont réarticulé en russe moderne les conceptions théologiques des Pères quant au rôle central de *serdtse* dans la vie spirituelle de l'homme (voir en particulier Jurkevytch, *Filosofskie proizvedenija* [*Œuvres philosophiques*], p. 69-103 ; Florensky, *op. cit.*, p. 267-271). Enfin, chez Boris Vycheslavtsev (1895-1967), la « philosophie du cœur » trouve son interprétation psychanalytique.

VI. BORIS VYCHESLAVTSEV : « SAMOST' » COMME « LE VRAI SOI »

Vycheslavtsev se sert de la notion de *samost'* pour dépasser le dualisme de l'*homo noumenon* et de l'*homo phenomenon* (Vycheslavtsev, *Serdce v xristianskoj i indijskoj mistike* [*Le Cœur dans la mystique chrétienne et indienne*], p. 81). Il cite les *Pensées* de Pascal : « Où est donc ce moi, s'il n'est ni dans le corps ni dans l'âme ? » (Vycheslavtsev, *Ètika preobražënnogo èrosa* [*L'Éthique de l'Éros transfiguré*], p. 259 ; cf. Pascal, *Pensées*, p. 141). Selon Vycheslavtsev, « ce moi » de Pascal n'est que *Ja sam* (« je moi-même ») ou *samost'* (Vycheslavtsev, *ibid.*, p. 119, 259).

> La *samost'* n'est pas le corps (*telo* [тело]), n'est pas l'âme (*duša* [душа]), ni la conscience (*soznanie* [сознание]), ni l'inconscient (*bessoznatel'noe* [бессознательное]), ni la personne (*ličnost'*) et même pas l'esprit (*dux* [дух]). Qu'est-elle alors ? Elle n'est pas « quelque chose », pas « la chose » (*predmet* [предмет]), pas l'objet (*ob'ekt* [объект]) ou l'idée. Elle est le passage infini au-delà d'elle-même (*za predely samoj sebja* [за пределы самой себя]), la transcendance (*transtsenzus* [трансцензус]) et la liberté (*svoboda*) [...]
>
> *ibid.*, p. 258.

Tant la connaissance que l'action sont attribuées à la *samost'* ; c'est le porteur de l'intégrité et le centre de la liberté personnelle :

> La liberté (*svoboda*) est une création du rien, la création qui surgit par elle-même [...] C'est dans ce « par elle-même » qu'est l'essentiel (*suščnost'*) du Soi (*samost'*) et du Moi (*Ja*).
>
> [Свобода есть творчество из ничего, оно возникает само собой (αὐτὸ κινοῦν) (...) В этом « само собой » и заключается сущность самости, сущность Я.]
>
> Vycheslavtsev, *Serdce v khristianskoj i indijskoj mistike* [*Le Cœur*...], p. 83.

Quand Vycheslavtsev rapporte *samost'* à *svoboda*, « liberté », il faut se souvenir que *sobstvo*, le synonyme de *samost'* qui exprime l'individualité et l'appartenance, est de même racine que *svoboda* : tous deux sont dérivés de *svoj* [свой], « mon (ton, son, notre, votre, leur) propre » (voir SVOBODA). On peut articuler l'intuition linguistique qui rend possible la synthèse de Vycheslavtsev : « je moi-même » (*ja sam*, le Soi propre) est « mon propre » (*svoj*), et c'est par là que je suis libre (*svoboden* [свободен]).

VII. LE PARADOXE DE LA PERSONNE : UN DIALOGUE ENTRE L'ASCÉTISME ET LA PSYCHOTHÉRAPIE ?

Vycheslavtsev a été le passeur de la psychanalyse de Freud comme de l'œuvre de Jung (c'est le premier éditeur de Jung en russe) ; dans son ouvrage principal, *Ètika preobražënnogo èrosa* [*L'Éthique de l'Éros transfiguré*], il critique le « naturalisme » de Freud et propose une interprétation platonicienne de la sublimation (grec *anagôgê* [ἀναγωγή]) de l'*Eros* comme ascension vers « le sublime » ontologique — aux « niveaux supérieurs de l'être » (p. 109-114 ; voir encadré 3, « La sublimation selon Freud », dans SUBLIME). En introduisant le concept de *samost'*, Vycheslavtsev fait une référence directe au *Selbst* de Jung (*ibid.*, p. 263-264). La *samost'* de Vycheslavtsev, qui « transgresse l'opposition entre le conscient et l'inconscient » (*ibid.*, p. 264), renvoie clairement au discours de la thérapie analytique. Vycheslavtsev introduit une distinction entre la *samost'* « détachée » (*otrešënnaja* [отрешённая]) et la *samost'* « incarnée » (*voploščënnaja* [воплощённая]). La *samost'* peut ainsi être entendue de deux manières. Premièrement, elle peut être prise en soi, dans son « essence » (Vycheslavtsev donne le grec *ousia* et l'allemand *Wesen* comme synonymes) ; en tant que telle, elle n'agit jamais et, par conséquent, n'est pas capable de pécher (Vycheslavtsev, *Serdce v xristianskoj i indijskoj mistike* [*Le Cœur*...], p. 79). Mais elle peut aussi être considérée « dans le monde réel, celui où chacun de nous agit [...], renvoyant à une manière singulière de vivre et de se conduire » (*ibid.*, p. 79) ; dans cette seconde acception, la *samost' est serdtse*, « le cœur » de l'homme vivant :

> Le Soi (*samost'*) chrétien, ou le cœur (*serdtse*), n'est pas le Soi détaché (*otrešënnaja samost'*), irresponsable ; au contraire, c'est le Soi incarné (*voploščënnaja samost'*) présent partout, qui pénètre tout, aussi est-il responsable (*otvetstvennaja* ; voir POSTUPOK) de tout.
>
> [Христианская самость (сердце) ни есть отрешённая самость, ни за что не ответственная; нет, это воплощённая самость, всюду присутствующая, и потому за всё ответственная.]
>
> *Ibid.*, p. 77.

Cette dernière phrase est un véritable programme : en identifiant la « *samost'* incarnée » au *serdtse*, Vycheslavtsev s'efforce de réunir le discours de la psychotérapie et celui de l'ascèse. En même temps, par la distinction entre *samost'* incarnée et *samost'* comme essence, *ousia* et *Wesen*, il oppose les deux pratiques — la psychothérapie et l'ascétisme — au discours métaphysique abstrait. C'est alors le *serdtse* des Pères et non le *Selbst* des philosophes qui est « le vrai Soi ».

Berdiaev, dans le premier chapitre de *Sur l'esclavage et la liberté de l'homme*, parle du « paradoxe fondamental de l'existence de la personne » :

> La personne (*ličnost'*) doit se créer elle-même, s'enrichir elle-même, acquérir un contenu universel, achever son unité et son intégrité dans le tout de sa vie. Mais, pour ce faire, il lui faut d'abord exister (*byt'*). [...] La personne (*ličnost'*) est au début du chemin, et elle n'est cependant qu'à la fin du chemin.
>
> [Личность должна себя созидать, обогащать, наполнять универсальным содержанием, достигать единства в цельности на протяжении всей своей жизни. Но для этого она должна уже быть. (...) Личность в начале пути, и она лишь в конце пути.]
>
> *Sur l'esclavage et la liberté de l'homme*, chap. I, p. 13.

Si Berdiaev est dans le vrai, l'opposition entre *samost'* « bas » et *samost'* « haut » n'est pas tant diglossique qu'ontologique, elle renvoie à la tension réelle entre le Soi actuel et le Soi possible (voir la distinction analogue entre « *human nature as it is* » et « *human nature as it could be* » chez MacIntyre, trad. russe citée, p. 75). Le discours psychothérapeutique comme le discours ascétique acceptent l'existence de cette dimension « verticale ». Mais l'ascétisme insiste sur le caractère radical de la transformation et sur l'incapacité de l'homme à réaliser celle-ci sans la participation de Dieu, alors que l'actualisation du Soi dans la thérapie analytique est un processus naturel (*estestvennyj* [естественный]) et terrestre.

Dans le contexte de l'actualisation du Soi, la *samost'* peut ainsi devenir le terme « haut ». Au contraire, dans le discours ascétique orthodoxe, qui insiste d'une manière maximaliste sur la rupture ontologique entre « le Soi » et « le vrai Soi » et rend cette opposition par *samost'/serdtse*, *samost'* joue le rôle du terme « bas ». La question de l'acception unifiée, moderne, de *samost'* reste pour le moment en suspens. Peut-on surmonter la tension diglossique sans réduire la dimension « verticale » et tomber dans la suffisance (*samodovol'stvo* [самодовольство]) et l'admiration du Soi (*samoljubovanie* [самолюбование]) ? On peut penser que la tendance actuelle à neutraliser la tension diglossique n'implique pas qu'on renonce à la dimension « verticale » de l'être humain, mais plutôt qu'on crée, *via* le dialogue entre ascétisme et thérapie analytique, une vision unie, « ontopratique », de l'ipséité personnelle.

Andriy VASYLCHENKO

BIBLIOGRAPHIE

AVERINTSEV Sergei, *Poetika rannevizantijskoj literatury* [La poétique de la littérature byzantine première], Moscou, Nauka, 1977.

— *My prizvany v obščenie* [Nous sommes appelés à la communication], *Sofija — Logos. Slovnyk* [Sophia — Logos. Le vocabulaire], Kiev, Dukh i Litera, 1999.

BERDIAEV Nicolas, *O rabstve i svobodečeloveka. Opyt personalističeskoj filosofii* [Sur l'esclavage et la liberté de l'homme. L'expérience de la philosophie personnaliste] (1939), in *Tsarstvo duxa i tsarstvo kesaria* [Le Royaume de l'esprit et le royaume de César], Moscou, Respublika, 1995.

CROSBY John F., *The Selfhood of the Human Person*, Washington, DC, The Catholic University of America Press, 1996 ; trad. ukrainienne d'un fragment *Samist' liuds'koji osoby, jak vona rozkryvaet'sia u moral'nij svidomosti* [L'ipséité de la personne humaine révélée dans la conscience morale], in *Dosvid liuds'koji osoby* [L'expérience de l'être humain], Lviv, Svičado, 2000.

FEUERBACH Ludwig, *Istorija filosofii. Sobranie sočinenij v trëx tomax* [L'histoire de la philosophie. Œuvres], trad. russe M.M. Grigor'ian, Moscou, Mysl', 1974, 3 vol.

FLORENSKY Paul, *Stolp i utverždenie Istiny* (1914), Moscou, Pravda, 1990, t. I (1) ; *La Colonne et le Fondement de la vérité*, trad. fr. par C. Andronnikof, Lausanne, L'Âge d'Homme, 1975.

FLOROVSKY Georgij, *Izbrannye bogoslovskie stat'i* [Articles théologiques], Moscou, Probel, 2000.

FRAGER Robert et FADIMAN James, *Personality and Personal Growth*, New York, Longman, 4e éd. 1998 ; *Ličnost' : teorii, èksperimenty, upražnenija*, trad. russe M. Vasil'eva *et al.*, Saint-Petersbourg, Prajm-Evroznak, 2001.

FRANK Siméon, *Nepostižimoe* [L'Inconcevable] (1939), in *Sočinenija* [Œuvres], Moscou, Pravda, 1990.

HALL Calvin S. et LINDZEY Gardner, *Theories of Personality*, New York, John Wiley & Sons, 2e éd. 1970 ; *Teorii lič nosti*, trad. russe I. B. Grinchpun, Moscou, Aprel-Press, 1999.

HEGEL Georg Wilhelm Friedrich, *Vorlesungen über die Naturphilosophie als der philosophichen Wissenschaften in Grundriffe* (1817), 2e partie, éd. D. C. L. Michelet, Berlin, Dunder und Humblot, 1842 ; trad. russe *Èntsiklopedija filosofskikh nauk. Filosofija prirody*, éd. E. P. Sitkovsky, Moscou, Mysl', 1975, t. 2.

HEIDEGGER Martin, *Vremia i bytie. Stat'i I vystuplenija* [Le Temps et l'Être. Articles et discours], trad. russe V. Bibikhin, Moscou, Respublika, 1993.

JURKEVYTCH Pamfil, *Filosofskie proizvedenija* [Œuvres philosophiques], Moscou, Pravda, 1990.

KHORUZHY Sergei, *K fenomenologii askezy* [Sur la phénoménologie de l'ascèse], Moscou, Izdatel'stvo gumanitarnoj literatury, 1998.

— *O starom i novom* [Sur l'ancien et le nouveau], Saint-Pétersbourg, Aleteja, 2000.

LEVINAS Emmanuel, *Entre nous. Essais sur le penser-à-l'autre*, Grasset, 1991 ; *Miž namy. Doslidžennia dumky-pro-inšogo*, trad. ukrainienne V. Kurynsky, Kiev, Dukh I Litera, 1999.

MACINTYRE Alasdair, *After Virtue. A study of Moral Theory*, Notre Dame (Indiana), Notre Dame UP, 1981 ; *Posle dobrodeteli*, trad. russe V. Tselitchchev, Moscou, Akademičeskij Proekt, 2000.

MEAD George Herbert, *Mind, Self and Society*, Chicago UP, 1934 ; trad. russe d'un fragment *Internalizovannye drugie i samost'* [Les autres internalisés et le Soi], in *Amerikanskaja sotsiologič eskaja mysl' : Teksty* [La Pensée sociologique américaine. Textes], Moscou, Izdatel'stvo MGU, 1994 ; *Dukh, Samist' i suspil'stvo*, trad. ukrainienne T. Korpalo, Kiev, Ukrajins'kyj Tsentr Dukhovnoji Kul'tury.

NEVEROV S., *Logika iudejstvujuščix* [La Logique de ceux qui pratiquent le judaïsme], Universitetskije Izvestija, Kiev, Tipografija Imperatorskogo Universiteta Sviatogo Vladimira, n° 8, 1909, p. 1-62.

PASCAL Blaise, *Pensées*, éd. L. Brunschvicg [1897], Flammarion, « GF », 1976.

RICŒUR Paul, *Soi-même comme un autre*, Seuil, 1990 ; *Sam jak inšyj*, trad. ukrainienne V. Andruschko et O. Syrtsova, Kiev, Dukh I Litera, 2000.

ROSS Lee et NISBETT Richard E., *The Person and the Situation. Perspectives of Social Psychology*, New York, McGraw-Hill, 1991 ; *Č elovek i situatsija*, trad. russe V. V. Rumynsky, Moscou, Aspekt Press, 2000.

VYCHESLAVTSEV Boris, *Serdce v xristianskoj i indijskoj mistike* [Le Cœur dans la mystique chrétienne et indienne], Voprosy Filosofii, Moscou, n° 4,1990, p. 62-87.

— *Ètika preobražënnogo èrosa* [L'Éthique de l'Éros transfiguré] (1931), Moscou, Respublika, 1994.

— *Večnoe v russkoj filosofii* [L'Éternel dans la philosophie russe], Moscou, Respublika, 1994.

ZARIN Sergei, *Asketizm po pravoslavno-xristianskomu učeniju* [L'Ascétisme selon la doctrine orthodoxe chrétienne] (1907), Moscou, Palomnik, 1996.

OUTILS

GUBSKY E.F. *et al.*, *Filosofskij èntsiklopedičeskij slovar'* [Le Vocabulaire encyclopédique de philosophie], Moscou, Infra-M, 1997.

KNEZEVIC Anto, *Najstarije Slavensko filosofsko nazivlje*, Zagreb, Hrvatsko filozofsko društvo, 1991.

LÉON-DUFOUR Xavier *et al.* (éd.), *Le Vocabulaire de théologie biblique*, Cerf, 2e éd. rév. et augm., 1970 ; *Slovar' biblejskogo bogoslovija*, trad. russe, Bruxelles, Žizn's Bogom, 1990.

POLICHTCHUK Nina et LISOVYJ Vasyl, *Anglo-Ukrajins'kyj filosofs'kyj slovnyk* [Vocabulaire philosophique anglo-ukrainien], Kiev, Lybid', 1996.

Praktyčna psyxologija v konteksti kul'tur [Psychologie pratique dans le contexte des cultures], Kiev, Nika-Tsentr, 1998.

Psixologija ličnosti [Psychologie de la personne], vocabulaire rév. Pavel Gornostaj et Tatiana Titarenko, Kiev, Ruta, 2001.

SAUDADE PORTUGAIS – fr. *nostalgie*

lat.	*desiderium*
all.	*Sehnsucht*
cat.	*anyoransa*
esp.	*soledad*

► *MALAISE, NOSTALGIE*, et ACEDIA, AIMER, DASEIN, DESENGAÑO, DOR, ERLEBEN, INTENTION, MÉLANCOLIE, PORTUGAIS, SEHNSUCHT, SPLEEN

La saudade *se présente comme le sentiment clef de l'âme portugaise. Le mot provient du pluriel latin* solitates, *« solitudes » ; mais sa dérivation est influencée par l'idée et la sonorité du latin* saluus, *« bien portant, sauf ». Une longue tradition, depuis les origines de la lusophonie, avec les « chansons d'ami » au XIIIe siècle, a exploré de façon réitérée, dans la littérature et dans la philosophie, le sentiment très singulier d'un peuple toujours penché vers l'au-delà de ses horizons atlantiques. Puisée dans une souffrance réelle de l'âme, la* saudade *devient, pour la spéculation philosophique, une expérience de la condition humaine particulièrement apte à exprimer son rapport à la temporalité, la finitude et l'infini.*

I. UNE « EXPRESSION MÈRE »

> Il y a en vérité des expressions mères en suspension dans toutes les langues, des mots qui occultent et en même temps révèlent une longue et mystérieuse expérience sur-individuelle et trans-temporelle [...] La *saudade*, mot intraduisible, d'origine galico-portugaise [...], est précisément l'une de ces expressions mères auxquelles se référait Goethe [...]. Parti de l'expérience vécue originelle de la *soledade* ou de la *soidade*, le peuple [portugais] arrive à l'expérience vécue de la *saudade*. La solitude s'y découvre alors potentiellement transcendable par l'amour. Sous un autre angle, le présent s'y découvre comme éternité, attaché au passé par le souvenir, attaché au futur par le désir.
>
> A. Quadros, 1989, p. 97-98.

La *saudade* provient d'un souvenir désireux de renouveler le présent par le passé, dans une âme amoureuse et gênée par les limites de sa condition, quelle qu'elle soit. Une définition concise de la *saudade* apparaît dans le traité sur l'*Origem da língua portuguesa* [*Origine de la langue portugaise*] de Duarte Nunes de Leão : « Souvenir d'une chose avec le désir de cette même chose » (Lisbonne, 1606, *in* Botelho et Braz Teixeira, p. 18). Doté d'une ambiguïté structurale, ce sentiment est à la jonction de deux affections qui présentent l'absence : le souvenir d'un passé chéri qui n'est plus, le désir de ce bonheur qui manque. Jouissance et angoisse : il en résulte un état mélancolique, déplacé, aspirant à dépasser la finitude de l'instant et l'égarement de la distance. « C'est un mal qu'on aime, et un bien que l'on souffre [...] » (D. Francisco Manoel de Melo, *Epanáforas de vária história portuguesa*, III. « Epanáfora amorosa », Lisbonne, 1660).

Mais la *saudade* n'est pas tant une aspiration complexe vers l'au-delà, vers le lointain objet d'amour, que le tendre malaise d'un corps étiré par l'esprit, l'extase corporelle elle-même. D'où l'expression courante « mourir de *saudades* », dont la chanson « *Samba do avião* » de Tom Jobim explore la tendresse : « Mon âme chante/ je vois le Rio de Janeiro/ je me meurs de *saudade.* » La chanson exprime l'émotion du retour dans laquelle se mélangent l'angoisse et le bonheur qui précèdent le moment de l'arrivée. La *saudade* en effet n'est pas seulement subie à distance de l'être aimé, donc mélancolique et solitaire, elle est aussi ressentie à sa rencontre, comme si toute la douleur accumulée se libérait cathartiquement dans un instant d'extase, instant de salut. Cela peut expliquer la voie toute particulière que les mots latins *solitas*/*solitates* empruntent en portugais.

II. ÉTYMOLOGIE, MYTHE ET HISTOIRE

Dans sa version archaïque *soidade*, le mot se trouve dans les « chansons d'ami » des troubadours du XIIIe siècle, premiers textes de la littérature portugaise : ce sont des plaintes d'abord féminines déplorant l'absence de l'amoureux parti pour les guerres et les croisades, ou vers les découvertes et les conquêtes d'outre-mer. L'origine de *soidades*, aussi bien que du mot espagnol *soledades*, est le pluriel latin *solitates* (solitudes), dont le signifié originel s'est mieux conservé en portugais dans le singulier *solidão* (lat. *solitas*) et dans la forme poétique *solitude* (lat. *solitudo*), identique au français ; le pluriel abstrait s'utilise comme le singulier : on dit encore indifféremment *saudade* ou *saudades*.

On trouve une fois la forme *saudade* dans un codex du XIVe siècle, mais elle ne se répand, selon Carolina de Vasconcelos, qu'au XVIe siècle, dans les années qui suivirent la défaite légendaire des Portugais à Alcazar-Quivir. C'est là qu'ils perdirent leur roi Sébastien le fou, disparu dans la mêlée et, faute de lui trouver un successeur, se soumirent à la couronne espagnole. Cette bataille produisit un sentiment collectif de deuil et d'espérance qui caractérisera à jamais l'âme portugaise. Les légendes messianiques se multiplièrent, prophétisant le retour du roi et la rédemption de la nation portugaise par la *saudade*. *L'Histoire du futur* du père jésuite António Vieira, qui raconte l'avènement d'un 5e empire universel sous la couronne du roi Sébastien enfin revenu, en est le meilleur exemple. La figure de l'*Encoberto* (le Voilé, le Roi Caché), comme hypostase du sentiment de la *saudade*, sera maintes fois reprise, notamment par le philosophe existentialiste Leonardo Coimbra (1883-1936).

Le passage de *soidade* au mot plus mélodieux *saudade* est expliqué, hypothétiquement, par une influence populaire du verbe *saudar* (saluer), des mots *salvo* (sauf) et *saúde* (santé) venus du latin *salvus/salutate*, comme en témoigne l'usage, toujours courant, de faire ses salutations en envoyant des *saudades*. Une lettre, arbitrairement attribuée à Camoens mais qui date sans doute de son époque (XVIe siècle), explore l'ambiguïté :

Por usar costume antigo	Par une ancienne habitude
Saúde mandar quisera	J'aurais voulu envoyer mon salut
E mandara se tivera...	Et je l'aurais envoyé si je l'avais eu...
Mas... amor dela é inimigo	Mais... l'amour est son ennemi
Pois me deu em lugar dela	Car à sa place il m'a donné
Saudade em que ando,	*Saudade* que je subis,
Saudades cem mil mando...	*Saudades*, cent mille que j'envoie...
E não ficando sem ela.	Et j'en garde encore avec moi.

In C.M. de Vasconcelos, 1922, p. 57.

L'idée religieuse de salut ne sera pourtant pas impliquée dans la *saudade* avant les poètes et les philosophes existentialistes et mystiques de la Renaissance portugaise, ce mouvement culturel nationaliste et messianique du début du XXe siècle, qui accompagne l'avènement de la république au Portugal. Leonardo Coimbra et Teixeira de Pascoaes, fondateur de la revue *A Águia*, feront de ce sentiment un fondement existentiel, voire une déesse, avec une religion et un culte particuliers.

La *saudade* est ainsi associée aux événements les plus importants de l'histoire portugaise et à la plupart de ses mythes d'origine. Déjà Ulysse est présenté comme le fondateur mythique de Lisbonne (*Olisipolis* — la ville d'Ulysse) : il l'aurait fondée en rêve, sans jamais y aller. Héros marqué par la nostalgie, la souffrance du retour, il serait aussi l'aïeul mythique des sentiments de *saudade* des navigateurs errants et de leurs femmes qui les attendent toujours. Tous les départs pour la Reconquête, la quête du Graal des Templiers, les croisades, les grandes découvertes maritimes et les récentes migrations au XXe siècle s'accumulent pour produire une diaspora qui éloigne les individus de leurs amours, de leurs familles, de leurs villages, de leur patrie. Ce désir de l'au-delà qui pousse les Portugais à partir dépasse les limites de l'histoire au point d'être vécu comme l'effet de la *saudade* et le produit d'une réminiscence et d'un désir archétypiques.

III. UNIVERSALITÉ ET APPROCHE EXISTENTIELLE

Dès qu'il s'agit de singulariser la nation portugaise, le thème revient. Ainsi, quand il faut affirmer sa différence contre l'Espagne et garantir l'autonomie du territoire, quand Rome dépasse, avec la Compagnie de Jésus et l'Inquisition, les bornes d'un pouvoir proprement spirituel, lorsque le mouvement français des Lumières attire les intellectuels de Coimbra, quand les Anglais font sentir leur expansion capitaliste industrielle ou, récemment, pour intégrer l'Union européenne ; que ce soit pour affirmer un caractère national ou pour justifier une position plus cosmopolite, la *saudade* est à chaque fois centrale. Des discussions philologiques les plus scientifiques aux messianismes nationalistes les plus chauvins, les courants, les positions et les opinions se diversifient et s'affrontent : « L'âme lusitanienne s'est concentrée dans un seul mot, où elle existe et vit, comme dans la petite goutte de rosée l'image du soleil immense » (Teixeira de Pascoaes, *O Espírito lusitano ou o saudosismo*, 1912, *in* Botelho et Braz Teixeira, p. 30). L'intraduisibilité de la *saudade*, du mot comme du sentiment, accompagne l'histoire portugaise, depuis la première réflexion sur le thème chez D. Duarte : « Et pourtant ce nom de *suidade* me paraît si approprié que le latin ni aucune autre langue que je sache pour un tel sens n'a rien de semblable » (*Leal conselheiro*, chap. 25, écrit en 1438, 1re éd. Lisbonne, 1842). On évoque en français la « nostalgie », le « désir », le « manque » ou la « mélancolie » ; en catalan l'*anyoransa* ; le latin a *desiderium*, analysé par saint Augustin et Spinoza, et l'allemand *Sehnsucht* — mais même l'espagnol *soledad* dont l'origine est identique n'a vraiment pas le même sens.

Cette singularité renvoie néanmoins à une approche existentielle de la condition humaine, elle donne lieu à une analyse phénoménologique et devient par là susceptible d'universalité. La *saudade*, comme l'angoisse, met en évidence le rapport de l'homme au monde. La notion médiévale d'*intentio* (voir INTENTION) se trouve alors réinvestie par la phénoménologie de la *saudade* :

> [...] dans l'acte de *saudade* [*saudoso*] s'offrent [*dão-se*] l'existence de l'être pour le sujet et l'existence du sujet pour l'être ou, pour le dire avec le vocabulaire scolastique, ce dont il y a *saudade* est, sous un certain point de vue, *esse in*, c'est-à-dire événement qui se produit [*se dá*] dans une conscience individualisée et, sous un autre point de vue, *esse ad*, c'est-à-dire relation intentionnelle avec l'objet absent et désiré. Donc, si l'entrer-en-soi-même [*ensimesmar-se*] de la *saudade* implique la détermination catégorielle de l'existence en *saudade* [*vivência saudosa*] dans l'ensemble de la vie psychologique, son sortir-de-soi-même [*exsimesmar-se*] implique le problème complexe des formes, de la nature et de la place ontologique des objets que celui qui sent la *saudade* [*o saudoso*] désirerait voir actualisés.
>
> Joaquim de Carvalho, « Problemática da saudade », conf. prononcée à Lisbonne, 1950, *in* Botelho et Braz Teixeira, p. 225.

Avec l'idée d'intention se déplie toute la condition de l'homme dans le temps et la manière dont il se rapporte à sa propre finitude. Sílvio Lima décrit cette tension, ce repli tendu dans les dimensions de la présence, qui se penche vers le passé dans la mémoire et vers le futur par le désir :

> La conscience en *saudade* [*saudosa*] souffre dans le présent de la privation de quelque chose de passé, mais elle souffre parce qu'elle aspire au retour [*regresso*], à jouir à nouveau [*refruição*] du « paradis perdu » et qu'elle le préfère donc à la suppression des obstacles qui font *saudade* [*saudozantes*]. Sans cette flamme permanente d'aspiration, la *saudade-saudade* n'aura pas lieu [*não se dará*] ; il faut que dans la dimension du présent soit opéré le *complexus* simultané des trois dimensions : le présent respire le passé et, dans la futurition, l'aspire.
>
> « Reflexões sobre a consciência saudosa », *Revista Filosófica*, n° 44, 1955, *in* Botelho et Braz Teixeira, p. 235.

L'objet qui produit la *saudade* détermine à chaque fois une position existentielle, culturelle, esthétique, religieuse, métaphysique (*saudades* d'un amant, du pays, d'un temps, de telle ou telle idée...) ; inversement, tout, de la littérature à la religion et à la politique, est susceptible d'une interprétation modulée par la *saudade*. C'est le cas des diverses philosophies, dans leurs différences d'époque et de langue : depuis la théorie platonicienne du désir du Beau par la réminiscence de son idée, jusqu'au dépassement de la métaphysique par retour aux origines présocratiques de la pensée, toute l'histoire de la philosophie peut être tissée et déconstruite à l'ombre de cette délectable passion mélancolique.

Fernando SANTORO

BIBLIOGRAPHIE

BOTELHO Afonso & BRAZ TEIXEIRA António (org.), *Filosofia da saudade*, Lisbonne, Imprensa Nacional, 1986.

COYNÉ André, *Portugal é um ente* [De l'être du Portugal], Lisbonne, Fund. Lusíada, 1999.

LOURENÇO Eduardo, *Mythologie de la saudade*, trad. fr. A. de Faria, Chandeigne, 1997.

QUADROS António, *A idéia de Portugal na literatura portuguesa dos últimos 100 anos*, Lisbonne, Fund. Lusíada, 1989.

VASCONCELOS Carolina Michaëlis de, *A saudade portuguesa*, Porto, Renascença Portuguesa, 1922, rééd. Aveiro, Estante, 1990.

SCHICKSAL / VERHÄNGNIS / BESTIMMUNG

ALLEMAND – fr. *destin, fatalité, destination*

néerl. *schicksel*

► *DESTIN* [KÊR], et BERUF, DIEU, ES GIBT, GESCHICHTLICH, HISTOIRE, *LIBERTÉ*, PROPRIÉTÉ, STIMMUNG

Schicksal *et* Verhängnis *disent un « envoi » ou une « destinée » sur lesquels l'être humain, au fond, n'a pas prise, même s'ils ne se confondent pas avec une stricte fatalité. Leur destinataire assume toutefois la manière dont il lui revient d'en accuser réception dans ce qui, de Kant à Fichte notamment, s'est joué avec le concept essentiel de* Bestimmung *— destination ou vocation qui est aussi détermination propre.*

Le concept usurpé (Kant, *Critique de la raison pure*, A 84-B 117) de *Schicksal*, dans le vocabulaire allemand du destin, doit son nom, emprunté au néerlandais *schicksel*, au verbe *schicken*, « envoyer », « destiner », d'où dérivent également *Schickung*, « dispensation » comme action de dispenser, et *Geschick*, résultat de cette action. Par une transgression de l'interdit kantien, le terme *Schicksal* sera toutefois réhabilité par l'idéalisme allemand, dans l'horizon de la tragédie grecque (Hölderlin, Schelling) ou du christianisme (Hegel), où il se trouve défini comme « la conscience de soi-même, mais comme d'un ennemi » (Nohl, p. 283).

> *Destiner*, c'est d'abord attacher solidement, comme quand le matelot fixe ou assujettit (*destinat*) au mât les vergues qui portent la voilure. C'est ensuite assigner ou attribuer en partage. Le destin est ainsi ce qui revient en partage à son destinataire, celui-ci n'y étant pour rien et ne pouvant même pas revenir sur le partage à lui assigné.
>
> J. Beaufret, *Dialogue avec Heidegger*, t. 3, p. 11.

La différence avec les termes de *destin* et de *destinée* en français tient à ce que le verbe *schicken* est apparenté à *geschehen*, « arriver », « se passer », d'où dérive *Geschichte*, « histoire », ce que Luther appelait encore (au neutre) « *das Geschicht* ». On y entend encore *das Geschick*, l'envoi de ce qui nous est destiné, voire une *Schickung*, ou dispensation dont l'homme n'est pas l'acteur mais le destinataire. C'est en ce sens que Schelling distinguera, dans une lettre du 8 avril 1850 à Maximilien II de Bavière, entre *la métaphysique*, conscience que l'homme peut acquérir par ses propres lumières, et *le métaphysique* (*das Metaphysische*), qui échoit à l'homme en vertu d'une « divine dispensation (*göttliche Schickung*), qui seule demeure » (cité *in* P. David, *Schelling*..., p. 9).

De *Schicksal*, il faut distinguer *Verhängnis* et *Bestimmung*. *Verhängnis*, « fatalité », s'entend comme désignant « ce à quoi est suspendue (*hängen*, suspendre) une humaine destinée ». Entendu au sens de *göttliche Fügung*, « arrêt de la Providence », à l'époque de la Réforme, *Verhängnis* est usité comme synonyme de *Schicksal* à l'époque des Lumières, mais a pris depuis lors un sens essentiellement négatif, parfois synonyme de « désastre ». Schelling semble jouer sur la proximité et la différence entre les deux termes lorsqu'il écrit au début de la Dixième des *Lettres philosophiques sur le dogmatisme et le criticisme* dans un passage à la traduction délicate :

> *Man hat oft gefragt, wie die griechische Vernunft die Widersprüche ihrer Tragödie ertragen konnte. Ein Sterblicher — vom Verhängniß zum Verbrecher bestimmt, selbst gegen* das *Verhängniß kämpfend, und doch fürchterlich bestraft für das Verbrechen, das ein Werk des Schicksals war* !
>
> [On s'est souvent demandé comment la raison grecque avait pu soutenir les contradictions de sa tragédie. Un mortel — destiné par la fatalité à devenir un criminel, luttant même *contre* un tel fatum, et pourtant effroyablement puni pour un crime qui était l'œuvre du destin !]
>
> *Schellings Werke*, vol. 1, p. 336 ; trad. fr. p. 208.

Ici semblent converger les trois concepts de *Schicksal*, *Verhängnis* et, enfin, *Bestimmung*, « destination », terme essentiellement kantien et fichtéen. Pourtant la *Bestimmung* échappe doublement à l'idée de destin ; en un sens, parce qu'elle dit la « détermination » de toute chose, ce qui la détermine à être ce qu'elle est et, partant, son « déterminisme », l'action qui s'exerce sur elle de l'extérieur et la relie ainsi à tout l'univers ; en un autre sens, parce qu'elle qualifie la « destination » de l'homme, soit par excellence sa liberté comme action qu'il exerce sur lui-même dans le champ éthico-pratique, en réponse à l'appel d'une « voix » — l'allemand entend ici *Stimme* dans *Bestimmung*, ce que Kant appelle « la voix d'airain de l'impératif catégorique ». Dans l'un de ces sens, *Bestimmung* se dit de toute chose et se rapproche de *Bestimmtheit*, la « déterminité » qui, dans l'allemand de Hegel, qualifie une propriété, un caractère de l'étant qu'on considère ; dans l'autre, elle se dit de l'homme comme être rationnel. Toujours obligé de choisir, le français n'aide pas à comprendre que le passage d'un sens à l'autre constitue, par exemple, tout l'itinéraire du texte « populaire » de Fichte *La Destination de l'homme* (*Die Bestimmung des Menschen*), une « destination » qui est aussi bien, dans la première partie « spinoziste » du texte, une « détermination » — même si, comme on l'a noté, « l'originalité de Fichte par rapport à la tradition tient au fait que pour lui la détermination complète n'est pas une donnée théorique mais un impératif pratique (en français aussi, *être bien déterminé* est synonyme de *vouloir*) » (J.-F. Marquet, « Fichte et le problème de la *Bestimmung* », in *Restitutions*, p. 19). La difficulté redouble quand, en français toujours, on rapporte la *Bestimmung* comme « destination » au *Schicksal* comme « destin » : face à lui, elle dit toujours ou trop (le déterminisme universel) ou trop peu (la liberté individuelle). Ici, la parenté lexicale, à partir de « destiner », dissimule un abîme de sens, et peut-être même un changement de paradigme dans la philosophie allemande des années 1800-1810, entre criticisme et idéalisme. Cette transformation est celle qui, de la *Bestimmung* kanto-fichtéenne, et peut-être pour se débarrasser de son ambiguïté, mène au *Schicksal* hégélien. On comprend alors mieux l'émergence, à ce moment, d'objets nouveaux pour la spéculation, que Kant n'aurait jamais intégrés dans l'idée qu'il se faisait de la philosophie : l'« esprit » du christianisme et la tragédie grecque.

Pascal DAVID

BIBLIOGRAPHIE

BEAUFRET Jean, *Dialogue avec Heidegger*, Minuit, t. 3, 1987.

DAVID Pascal, *Schelling. De l'Absolu à l'histoire*, PUF, 1998.

KANT Emmanuel, *Kritik der reinen Vernunft*, Hambourg, Meiner, 1976.

MARQUET Jean-François, *Restitutions*, Vrin, 2001.

NOHL Herman, *Hegels theologische Jugendschriften*, Tübingen, Mohr, 1907.

SCHELLING Friedrich Wilhelm Joseph von, *Philosophische Briefe über Dogmatismus und Kriticismus* [*Lettres philosophiques sur le dogmatisme et le criticisme*], éd. et trad. fr. J.-F. Courtine, collab. M. Kauffmann, in *Premiers Écrits* [1794-1795], PUF, 1987.

SCIENCES HUMAINES Le syntagme *sciences humaines* ou *sciences de l'homme* est une particularité française, inscrite dans le discours philosophique (où l'on se propose de faire une « épistémologie des sciences de l'homme ») et dans les dispositifs institutionnels (« Département des sciences de l'homme et de la société » au CNRS, Maison des sciences de l'homme). Son origine est dans le renversement d'une opposition théologique : après avoir opposé « science de l'homme » et « science de Dieu » (ce qui veut dire que la capacité humaine finie est comparée à une capacité divine infinie de connaissance du monde), on opposera « science de l'homme » et « science de la nature ». Les origines de ce renversement peuvent être trouvées notamment chez Malebranche (Préface de la *Recherche de la Vérité*, 1674). Son enjeu fondamental est l'articulation des dimensions biologiques, psychologiques et sociologiques du « phénomène humain ». Le terme *anthropologie* (jusqu'à une date récente toujours accompagné en français d'un adjectif : anthropologie physique, culturelle, sociale, philosophique...) n'acquiert pour cette raison une fonction architectonique que dans les titres d'ouvrages singuliers, en tant que prise de position doctrinale et non pas comme norme institutionnelle. Voir HISTOIRE UNIVERSELLE ; cf. *CULTURE, HUMANITÉ*.
Il en va différemment en allemand, où le terme de *Geisteswissenschaften* traduit la prégnance d'une conception philosophique de « l'esprit objectif », avec ou sans opposition méthodologique entre « compréhension [*Verstehen*] » et « explication [*Erklären*] ». Il en va également autrement en anglo-américain, où *anthropology* est courant et universel, *social science* orienté vers les applications pratiques du savoir sociologique et économique, et *human sciences* (par opposition à *humanities*, ensemble des disciplines « littéraires ») nettement orienté vers la considération du vivant humain dans ses aspects médicaux et environnementaux ; ou en italien, où les *scienze umane*se distinguent des *scienze morali*. On trouvera l'ensemble de ces réseaux exploré à partir de l'all. GEISTESWISSENSCHAFTEN. Voir aussi SÉCULARISATION.

► BEHAVIOUR, ÉPISTÉMOLOGIE, LUMIÈRE, MORALE, MULTICULTURALISM, PRAXIS, STRUCTURE

SÉCULARISATION / PROFANATION

all. *Säkularisation, Säkularisierung ; Verweltlichung*
it. *secolarizzazione*

► BERUF, BILDUNG, BOGOČELOVEČESTVO, DESENGAÑO, DIEU, NEUZEIT, PIETAS, PRAXIS, RELIGIO, ROMANTIQUE, SOBORNOST', STATO, WELT

Dérivé du latin ecclésiastique sæcularis, *épithète qui vient de* sæculum *au sens de « monde » ou « vie mondaine », et attesté en français en 1567, le terme de* sécularisation *appartient au lexique du droit canon. Sur la base de l'opposition entre séculier et régulier et par dérivation, la sécularisation est l'expression d'une antinomie entre monde religieux et monde profane ; elle est peu à peu comprise comme un processus général auquel obéirait l'ensemble de la culture au fur et à mesure qu'elle se modernise. Cette « rationalisation » va de pair avec un « désenchantement du monde »* (Entzauberung der Welt), *non sans susciter plusieurs réactions dont certaines, à leur tour, proposent des solutions (laïcité, sécularisme, « désécularisation ») dont l'expression terminologique modifie et enrichit le sens de l'opposition initiale.*

I. SÉCULARISATION SELON LE DROIT CANON ET « VERWELTLICHUNG »

Le Code de Justinien, qui date de 533 environ, mentionne l'opposition entre*saeculum* (*a saeculari conversatione recedere* ou *saeculo renuntiare*) et la *vita sanctimonialis* (I, 3, 54). Cette distinction générale entre ceux qui vivent « dans le siècle » et ceux qui vivent « dans le clergé » est précisée par une autre, intérieure au monde ecclésiastique, entre le statut de ceux qui appartiennent au clergé ordinaire et celui des moines et autres religieux. C'est celle que retient, pour l'essentiel, le droit canon lorsqu'il distingue le clergé *régulier* (les religieux soumis à une « règle » conventuelle) et le clergé *séculier*. D'un autre point de vue, à l'intérieur de la sphère ecclésiastique régie par le droit canon, d'une part, le fait de transférer en toute propriété à une instance séculière des biens monastiques, par exemple, d'autre part, le retour d'un moine ou d'un autre religieux au clergé séculier se distinguent de l'acte par lequel des biens d'Église en général sont transférés à la sphère strictement laïque, transfert qui est alors désigné par le terme de *profanatio*. Le fait de « profaniser » une réalité sacrée s'applique d'abord à l'hostie dans le cas où l'on en fait l'objet d'une transaction commerciale, laquelle, parce qu'elle est indue et confond les registres du sacré et du profane, revient à sa « profanation ».

Le *Codex juris canonici* tel qu'il a été promulgué en 1917 désigne par sécularisation, d'une part, le passage d'un membre du clergé régulier au clergé séculier — il s'agit alors d'une exclaustration simple, qui ne rompt pas les vœux prononcés par le religieux —, d'autre part, le retour d'un clerc, religieux ou séculier, à la vie laïque — il s'agit, dans ce cas, d'une sécularisation totale, qui le délivre de ses vœux, parce qu'il quitte le clergé pour revenir à la vie laïque. Dans la sphère du droit canon, la sécularisation n'implique nullement que le statut des personnes, des privilèges ou des biens serait modifié au point qu'ils changent de nature en devenant strictement profanes. Une telle *transformation de nature* implique l'intervention du pape qui seul en possède la capacité en tant que vicaire du Christ, *sicut Deus in terra*.

L'origine de l'emploi dérivé du terme de « sécularisation » est le traité de Westphalie (1646). Au terme de la guerre de Trente Ans, il s'agissait de régler la question du transfert de biens de l'Église à certains Länder protestants. Dans ses *Négociations secrètes touchant la paix de Münster et d'Osnabrück* (t. 1, La Haye, 1725), Jean Le Clerc résume la situation en ces termes : « Il faut se servir des biens d'Église pour récompenser ceux qui perdront quelque chose pour l'amour de la paix, on ne saurait les aliéner plus à propos... » L'émissaire français, le duc de Longueville, a choisi, dans un souci diplomatique, d'utiliser le terme de « sécularisation » pour qualifier ce transfert de propriété ; il obéissait, ce faisant, à plusieurs contraintes simultanées : d'une part, ne pas froisser les catholiques en employant une expression du droit canon qui créait l'illusion que les biens dont ils seraient privés ne changeraient pas de nature, alors que c'était pourtant le cas — on n'avait donc pas à solliciter une intervention du pape ; d'autre part, faire comprendre aux protestants que ces biens étaient non seulement sécularisés, mais, de fait, « profanisés », l'emploi d'un tel terme, qui n'impliquait pas une transformation de nature, laissant entendre aux luthériens qu'ils représentaient bien, eux aussi, une Église, ce que, par ailleurs, le duc ne reconnaissait nullement, au contraire de ce qu'eussent désiré les Länder évangéliques, qui comprenaient bien que « sécularisation » ne voulait dire, en l'occurrence, que « profanisation ».

Les termes allemands de *Säkularisation* (ou *Säkularisierung*) et *Verweltlichung* (littéralement : « mondanisation ») ont pour origine l'ambiguïté terminologique propre à ces négociations de 1646, ainsi que les multiples commentaires auxquels elles ont par la suite donné lieu. Le terme *Säkularisation* est devenu, en Allemagne, synonyme de mesures anticatholiques impliquant, notamment, l'aliénation de biens ecclésiastiques au profit de la sphère laïque. Cet usage s'est encore renforcé, sous le règne de Frédéric II, qui souhaitait « séculariser », c'est-à-dire « profaniser », certains couvents (Lettre à Voltaire du 24 mars 1767, et réponse de Voltaire, datée du 5 avril 1767), en 1786, après la paix de Lunéville et la cession de la rive gauche du Rhin à la France, mais, surtout, en 1803, lorsque eurent lieu les grandes « sécularisations » qui, de fait, mirent fin au Saint Empire romain germanique. C'est à cet événement et aux réactions qu'il a suscitées auprès des premiers romantiques que le terme doit son extension nouvelle et, en quelque sorte, son entrée dans la terminologie philosophique : séculariser signifie lutter contre la conception chrétienne du monde, contre l'ordre chrétien réglant la vie terrestre, étant bien entendu que le christianisme est identifié au catholicisme, tandis que le luthéranisme est perçu comme l'un des plus perfides agents de cette sécularisation. Le terme devient ainsi une notion essentielle de la philosophie de l'histoire romantique.

II. DE LA RÉACTION ROMANTIQUE À HEGEL ET MARX : « VERWELTLICHUNG » ET « SÄKULARISATION »

L'ouvrage de Eichendorff, *Sur les conséquences de la suppression de l'autorité territoriale des évêques et des couvents en Allemagne*, publié en 1818, est, avec l'essai de Novalis, *Europe ou la christianité*, l'un des tout premiers témoignages d'une réaction très vive aux conséquences de ce que son auteur impute aux Lumières : la critique de l'entendement a ruiné l'autorité de la foi, laquelle devait s'appuyer sur une base temporelle (propriété foncière et pouvoir politique) pour jouer, par le biais des institutions ecclésiastiques, un rôle pacificateur et charitable, réalisant sur terre une réconciliation anticipatrice de la Rédemption : « La sécularisation des États et des biens d'Église est un malheur qui frappe l'Allemagne. » La réaction romantique ne conçoit toutefois pas la sécularisation comme un processus dont le terme serait une déchristianisation achevée ; au contraire, ceux qui, comme Schlegel et Novalis, croient à l'action bénéfique des sociétés secrètes catholiques auxquelles ils adhèrent envisagent l'avenir de l'Europe dans la perspective d'une montée vers une ère spirituelle nouvelle, synthèse finale de l'histoire scandée par les âges du Père (la Révélation), du Fils (la Réforme) et du Saint-Esprit (la Rédemption). La sécularisation n'est donc pas entendue comme une *Verweltlichung* radicale.

Dans ses *Vorlesungen über die Geschichte der Philosophie* [*Leçons sur l'histoire de la philosophie*] (in *Sämtliche Werke*, éd. G. Lasson, Hambourg, Meiner, vol. 19, 1928, p. 190 et p. 207), Hegel introduit la notion de *Verweltlichung* comme qualification du mouvement historique qui va de la fin du Moyen Âge à la Révolution française en passant par la scolastique et la Réforme : l'Église (catholique) a été mise en situation critique par le travail de la scolastique qui appliquait des notions rationnelles et finies à un contenu absolu ; la crise prenait la forme d'une dissociation toujours plus nette entre la sphère spirituelle et la sphère temporelle (ou « mondaine »). Et, par le biais critique de la Réforme privant de son autorité spirituelle la papauté — après que les rois eurent affirmé contre elle leur *postestas* sous la forme de la souveraineté politique (en Angleterre tout spécialement) —, l'ère moderne qui s'inaugure avec la forme rationnelle de l'État constitue la réconciliation du spirituel et du temporel dans le concept de liberté : ce concept réalise le contenu spirituel du christianisme et le rend consubstantiel de la réalité effective. La vérité du christianisme se réalise dans l'État moderne, lequel incarne le principe de la liberté chrétienne (*Vorlesungen über die Philosophie der Geschichte* [*Leçons sur la philosophie de l'histoire*] [1837], in *Sämtliche Werke*, vol. 11). La réalisation de l'Esprit dans l'histoire va de pair avec la *Verweltlichung* totale de l'Église.

Dans sa lettre à Hegel du 22 novembre 1828, Feuerbach entend poursuivre plus avant « la réalisation et la *Verweltlichung* de l'idéal », jusqu'à la dissolution totale de toute dimension théologique dans l'anthropologie (*Principes d'une philosophie de l'avenir*, 1843). Et, à la même époque, c'est à une surenchère du même type par rapport à Hegel que procède Marx dans son « Introduction à la critique de la philosophie hégélienne du droit » (1843), ainsi que dans les fameuses « Thèses sur Feuerbach » (1844, thèses IV, VI, VII et VIII). Dans une lettre de septembre 1843 à Ruge, Marx décrit ainsi la réforme en cours de la philosophie : « La philosophie s'est sécularisée (*verweltlicht*), et la preuve la plus frappante en est que la conscience philosophique elle-même est entrée dans les douleurs de la lutte, non pas vis-à-vis de l'extérieur, mais en son propre sein » (*Marx-Engels Werke*, Berlin, Dietz, vol. 1, 1956, p. 344). Cependant, il faut remarquer que l'« Introduction à la critique de la philosophie hégélienne du droit » se conclut sur une première définition du prolétariat qui ne s'appuie pas sur une analyse sociologique ou sur une économie politique, mais uniquement sur une construction « messianique » de l'histoire à venir où le prolétariat est appelé à jouer un rôle christologique et sotériologique : il est le rédempteur de l'humanité au terme de l'histoire telle que nous l'avons jusqu'ici connue, c'est-à-dire que le prolétariat est le biais historique par lequel l'homme sort de son aliénation et peut se réconcilier, ici-bas, avec sa vraie nature.

Richard Rothe est le premier, en Allemagne, à identifier la *Verweltlichung* hégélienne et le terme de *Säkularisation*. Dans son *Theologische Ethik* [*Éthique théologique*] (Wittenberg, Zimmermann, 1845-1848), il conçoit bien la notion dans le cadre d'une histoire universelle du salut, et, comme Hegel, il considère que la « sécularisation » du christianisme est également ce à quoi la Réforme a contribué ; mais, en s'affranchissant de l'Église (catholique), la vie chrétienne ne cesse pas pour autant d'être chrétienne en entrant dans une ère politique et morale (protestante), car le mouvement de l'histoire obéit en fait à une sorte de rééquilibrage constant : au fur et à mesure que l'Église est sécularisée, elle christianise l'État et le « désécularise » dans la même proportion. L'Église était une forme provisoire de l'esprit chrétien ; l'État l'est également, de sorte qu'est préservée la validité d'une théodicée chrétienne, conçue comme sous-jacente à l'histoire universelle (*Vorlesung über die Geschichte der Kirche und des christlichen Lebens* [*Cours sur l'histoire de l'Église et l'histoire de la vie chrétienne*], Heidelberg, 1875).

Le terme de *Säkularisation* acquiert alors une extension assez vaste pour autoriser qu'on l'identifie, dans la perspective du positivisme progressiste de la fin du XIXe siècle, tout simplement, au progrès (c'est, par ex., le cas de J.-M. Guyau, dans *L'Irréligion de l'avenir*, Alcan, 1887). La séparation de l'Église et de l'État obéit à l'idée que le terme naturel du développement historique, dont la sécularisation est le corollaire, est la laïcisation de la vie publique, tandis que la religion est cantonnée au domaine privé régi et contrôlé par le principe de la liberté d'opinion et de croyance.

Or c'est précisément au XXe siècle que la problématique de la sécularisation est le plus vive, sans qu'on puisse simplement attribuer à une motion réactive son considérable développement. Certes, c'est en Allemagne — où la séparation de l'Église et de l'État n'est pas totalement accomplie, puisque subsiste une obligation générale d'acquitter un impôt cultuel — que cette problématique a été et reste l'objet de discussions permanentes. Quoi qu'il en soit, cette problématique prend en compte, comme une des caractéristiques patentes de la « modernité », l'effacement progressif de l'encadrement religieux de la vie, du rôle des Églises, de la culture religieuse en général.

III. SÉCULARISATION ET DÉSENCHANTEMENT DU MONDE SELON WEBER

Bien qu'il se garde d'étendre ses analyses à l'ensemble de l'histoire mondiale, Max Weber caractérise l'évolution de la culture occidentale par la notion de rationalisation (*Rationalisierung*) couplée avec celle de généralisation. La rationalisation qui a commencé, notamment, dans la forme monothéiste de la religion a pour corollaire un désenchantement du monde (*Entzauberung*) qui signifie d'abord l'abandon des croyances magiques réglant les conduites. Mais, d'une part, rationalisation et religion ne sont pas considérées par Weber comme étant systématiquement antinomiques, bien au contraire ; d'autre part, le désenchantement n'est pas synonyme de rationalisation ni de sécularisation :

> Il existe essentiellement deux critères complémentaires qui permettent d'évaluer le degré de rationalisation atteint par une religion : premièrement, dans quelle mesure elle s'est débarrassée de la magie, deuxièmement, quel degré d'unité systématique elle a atteint dans les relations entre Dieu et le monde, et, corrélativement, dans ses propres relations éthiques avec le monde.
>
> *Gesammelte Aufsätze zur Religionssoziologie* [1920], I, Tübingen, Siebeck, 1988, p. 512.

Désenchantement et rationalisation peuvent même se trouver en opposition :

> L'action commandée par des représentations magiques a souvent un caractère subjectivement bien plus rationnel dans sa finalité que toute conduite « religieuse » non magique, dans la mesure où, avec le désenchantement croissant du monde, la religiosité est justement contrainte d'admettre des significations (par exemple, émotionnelles ou mystiques) qui sont (subjectivement) plus irrationnelles dans leur finalité.
>
> « Über einige Kategorien der verstehenden Soziologie », in *Gesammelte Aufsätze zur Wissenschaftslehre* [1913], Tübingen, Siebeck, 1951 p. 433.

C'est pourquoi l'identification de *Entzauberung* et de *Rationalization* à laquelle procède Talcott Parsons dans sa traduction anglaise de *L'Éthique protestante* est erronée. Weber emploie rarement le terme de « sécularisation », et c'est plutôt la réception wébérienne qui a procédé à des amalgames, alors que Weber reste toujours très prudent dans le maniement du terme, qui ne saurait être identifié avec un moteur de l'histoire universelle comprise d'un point de vue téléologique. Son examen des tendances de la modernité le pousse à constater qu'en dépit de sécularisations partielles, en dépit d'une rationalisation et d'une généralisation croissantes, d'un désenchantement qui en est souvent corollaire, la religion (ou les religions) n'est pas vouée à une disparition nécessaire. Tout au plus constate-t-on une indifférence profonde aux contenus essentiels de la sphère culturelle religieuse, mais non un crépuscule des dieux.

IV. LE CORRECTIF DE TROELTSCH ET LA THÉOLOGIE MODERNE

Ernst Troeltsch, qui constate que le fait le plus décisif de l'histoire moderne est la sécularisation de l'État (dont le moteur est la sécularisation de l'individualisme religieux, et les fondements philosophiques l'utilitarisme et le scepticisme anglais) et qui admet que la croyance dans le progrès propre à la conception moderne de l'histoire est une sécularisation de l'eschatologie chrétienne, est néanmoins le premier à s'opposer à une extension trop vaste de l'identification de la modernité à la sécularisation. Il insiste, au contraire, sur le fait que les contenus religieux sont rebelles à toute sécularisation et que la religion n'est pas un idéal économique. Il ne peut y avoir de sécularisation *lato sensu* que si le contenu ainsi « sécularisé » obéit lui-même à un mouvement propre de refus de la religion, parallèle au refus religieux du monde. Troeltsch ne part pas, comme Weber, de considérations sociologiques et statistiques sur le fait que le capitalisme est plus répandu dans les régions où le calvinisme a régné, mais du contenu des doctrines religieuses qui déterminent les formes institutionnelles (Église, secte, mystique) selon lesquelles la religion entre en relation directe avec le monde. C'est même à l'intérieur de la religion catholique qu'a débuté une sécularisation interne en quelque sorte, lorsque la scolastique a pris pour fondement la théorie stoïcienne du droit naturel pour déboucher sur une tentative de synthèse entre éthique naturelle et Révélation, suggérant qu'il y aurait une identification possible entre le décalogue et la *lex naturae*. Troeltsch est néanmoins partisan d'une vision antagoniste des relations entre religion et histoire du monde, dans le dessein de préserver le potentiel critique que contiennent les formes institutionnelles religieuses qui se sont le moins compromises avec la sphère temporelle.

On retrouve chez Karl Barth la même prudence à l'égard de la conception généralisée de la sécularisation : « Où sont les fenêtres du monde divin qui s'ouvriraient sur notre vie sociale ? » (« Der Christ in der Gesellschaft », in *Gesammelte Vorträge*, Munich, 1929, p. 36), mais surtout chez Friedrich Gogarten, qui inverse en quelque sorte la perspective : la condition de la foi, c'est précisément que le monde soit séculier. Son souci est de dégager la foi de sa justification prosélyte qui risque toujours de basculer dans l'idéologie. La radicalité du désenchantement ne triomphe pas de la foi qui reste, pour employer une expression de Rudolf Bultmann, un paradoxe, mais en souligne la pureté : elle ne provient pas du monde, même si elle doit s'interdire d'être une fuite hors du monde, elle est irréductible à une conception anthropologique de l'opposition entre sacré et profane. La sécularisation reste un élément nécessaire de la foi ; mais Gogarten introduit la notion de *sécularisme* (*Säkularismus*) pour désigner une perversion immanentiste, l'idéologisation abusive des puissances temporelles censées procurer le salut sur terre (cette notion est néanmoins très voisine de ce qu'on entend par gnose).

V. LES COUPLES ALLEMAND « VERWELTLICHUNG » — « SÄKULARISATION » ET FRANÇAIS « SÉCULARISATION » — « LAÏCITÉ »

La discussion plus récente, c'est-à-dire la critique de la position de Karl Löwith par Hans Blumenberg, n'apporte pas de développement nouveau quant à la définition du terme, mais plutôt quant à la justesse de ce qu'on lui fait désigner. Löwith a certainement raison de montrer comment Voltaire, par exemple, a « sécularisé » la conception qu'avait Bossuet de la Providence en cherchant à substituer une vision du progrès strictement immanente ; ce faisant, il transfère dans la sphère séculière des contenus de pensée tous empruntés à la sphère spirituelle chrétienne ; mais on ne saurait directement en conclure que l'histoire moderne est celle d'une sécularisation dont l'origine théologique peut finalement sortir épurée, après que les croyances dans le progrès ont révélé l'ambiguïté de leur origine et l'équivoque de leurs applications idéologiques. Blumenberg cherche à dégager une autre généalogie du progrès, plus empirique : dans l'extension de la réalité que la théorie scientifique permet de maîtriser et dans celle de la méthode scientifique effective. Renoncer à expliquer la totalité de l'histoire universelle permet d'éviter une formation conceptuelle qui reste métaphorique.

L'usage allemand conserve le couple *Verweltlichung-Säkularisation* qui s'est, pour l'instant, stabilisé, mais doit être sans cesse précisé selon qu'on entend le terme dans la perspective d'une philosophie de l'histoire ou dans le cadre plus limité d'une sociologie ou d'une analyse historique précise ; en français, le problème surgit dès qu'on identifie sécularisation et laïcisation : en effet, la laïcité peut être comprise comme une conséquence de la sécularisation *lato sensu*, c'est-à-dire comme l'aboutissement normal d'un processus historique qui débute avec les Lumières et se réalise dans la formation de l'État libéral moderne, ou comme une solution imparfaite de la question de la sécularisation, puisque la laïcité, si elle reste « neutre », n'affecte qu'un aspect de la vie sociale, mais admet, donc, l'existence d'une tension culturelle permanente, puisque aucune religion ne peut supporter d'être ravalée au rang de simple opinion privée. En revanche, si cette laïcité est comprise comme « interventionniste », c'est-à-dire si l'État entend se solidariser avec ce qu'il croit être une tendance juste de l'histoire, elle risquera d'empiéter sur les libertés fondamentales dont jouit la sphère privée, modifiant ainsi la nature d'un principe constitutionnel essentiel à toute république. C'est ce dilemme et cette contradiction qui sont le moteur profond d'une relance constante de la discussion moderne.

Marc de LAUNAY

BIBLIOGRAPHIE

ALEMBERT Jean d' et DIDEROT Denis, *Encyclopédie*, art. « Sécularisation », 1765, t. 14, p. 883 *sq.*

BLUMENBERG Hans, *La Légitimité de l'époque moderne* [*Die Legitimität der Neuzeit*], Francfort, Suhrkamp, 1966 ; trad. fr. M. Sagnol, J.-L. Schlegel et D. Trierweiler, Gallimard, 1999.

GAUCHET Marcel, *Le Désenchantement du monde*, Gallimard, 1985.

GOGARTEN Friedrich, *Verhängnis und Hoffnung der Neuzeit, die Säkularisierung als theologisches Problem*, Stuttgart, 1953 ; *Destin et Espoir du monde moderne. La sécularisation comme problème théologique*, trad. fr. J.-M. Hayaux, Casterman, 1970.

LÖWITH Karl, *Meaning in History*, University of Chicago Press, 1949 ; *Weltgeschichte und Heilsgeschehen*, in *Sämtliche Schriften*, vol. 2, Stuttgart, Metzler, 1983.

LÜBBE Hermann, *Säkularisierung. Geschichte eines Ideenpolitischen Begriffs*, Fribourg-Munich, Alber, 1975.

TROELTSCH Ernst, *L'Historicisme et ses problèmes* [1921], trad. fr. M. de Launay, Paris - Genève, Cerf - Labor et fides, 2005.

— *Protestantisme et Modernité* [*Die Bedeutung des Protestantismus für die Entstehung der modernen Welt*], Munich - Berlin, Oldenbourg, 1911, éd. et trad. fr. M. de Launay, Gallimard, 1992.

WEBER Max, *L'Éthique protestante et l'Esprit du capitalisme* [*Die protestantische Ethik und der Geist des Kapitalismus*], Tübingen, 1905, trad. fr. J. Chavy, Plon, 1964.

OUTILS

BLOCH Oscar et WARTBURG Walther von, *Dictionnaire étymologique de la langue française*, PUF, 1932, 6e éd. 1975.

Dictionnaire de Trévoux. Dictionnaire universel français et latin, 3 vol. et 1 suppl., Trévoux, Estienne Ganeau, 1704.

FURETIÈRE Antoine, *Dictionnaire universel, contenant généralement tous les mots françois tant vieux que modernes, & les termes de toutes les sciences et des arts*, La Haye, Arnout & Renier Leers, 1690, rééd. 1694, 1737, repr. 3 vol., Genève, Slatkine, 1970, et Le Robert, 1978.

Grand Vocabulaire français contenant : 1°. L'explication de chaque mot. 2°. Les lois de l'orthographe et celles de la prosodie. 3°. La Géographie ancienne et moderne. 4°. Des détails raisonnés sur l'économie, le Commerce, la Marine, la Politique, la Jurisprudence civile..., par une Société de gens de lettres, 30 vol., Paris, C. Pankouke, 2e éd., 1767-1774, t. 26, 1773, p. 153 *sq.*

Nouveau Dictionnaire du voyageur, français-allemand-latin, 1708, rééd. Genève, Perachon, 1732.

WARTBURG Walther von, *Französisches etymologisches Wörterbuch*, Bâle, Zbinden und Co, 1959.

SEHNSUCHT, SEHNEN ALLEMAND – fr. *nostalgie, aspiration*

► *NOSTALGIE, MALAISE*, et ÂME, DOR, GEFÜHL, HEIMAT, JE, PATHOS, PULSION, ROMANTIQUE, SAUDADE, WUNSCH

Les lexicographes allemands se plaisent à souligner que le verbe sich sehnen *et le substantif correspondant* Sehnsucht *sont des mots sans équivalent dans les autres langues européennes. Comme ces mots — d'un usage fréquent dans la langue courante, et presque trop banal dans la poésie d'après 1750 — ne font pas partie, à première vue, des termes techniques de la philosophie, personne ne s'offusque de ce qu'ils puissent susciter, en français, des traductions fort diverses (nostalgie, aspiration, désir ardent, etc.). À y regarder de plus près, ces termes véhiculent cependant une charge philosophique à laquelle il convient d'être attentif.* Das Sehnen *(s'agit-il de l'aspiration ou de la nostalgie ?) est l'un des termes centraux de la première* Wissenschaftslehre *de Fichte. La* Sehnsucht *est de même au cœur de la recherche de Friedrich von Schlegel, qui note dans sa* Philosophie de la vie *(1827) que l'on pourrait définir la philosophie comme « doctrine ou science de la nostalgie »* (« Lehre von der Sehnsucht, oder Wissenschaft der Sehnsucht », *in* Kritische Friedrich von Schlegel Ausgabe, *t. X, p. 33).*

I. L'ORIGINE « SENTIMENTALE » DE « SEHNSUCHT »

Le verbe *sich sehnen*, dont l'étymologie est obscure, n'apparaît en moyen haut allemand qu'après le XIe siècle et signifie « languir, se tourmenter, avoir le désir de, soupirer après quelque chose ». Au milieu du XVIIe siècle, le lexicographe Justus Georg Schottel donne comme équivalent latin *cupidine ardere* (J. et W. Grimm, *Deutsches Wörterbuch*, art. « *Sehnen* »). Il s'agit d'un mot employé de façon extensive par les poètes courtois, notamment pour désigner les tourments de l'amour. Cette origine « sentimentale » a profondément marqué le verbe *sich sehnen* et le substantif *die Sehnsucht*(composé avec le suffixe *sucht*, qui désigne un état maladif) : il s'agirait donc de la souffrance de celui qui se consume de désir.

A. L'indétermination de l'objet du désir

Les termes *sehnen* et *Sehnsucht* sont centrés sur le sujet qui désire et sur la douleur qu'il éprouve (*ardere*), non pas sur l'objet de son désir, qui reste relativement indéfini. *Sehnen*, *Sehnsucht* désignent une tension, une aspiration du sujet vers un changement d'état. Lorsque l'objet du désir est précisé, il s'agit en règle générale d'un terme abstrait et *immatériel* (*Sehnsucht nach Ruhe, nach der Heimat, nach Geborgenheit* : le désir de paix, de la patrie, de réconfort). Dans la *Sehnsucht*, l'aspect brut pour ne pas dire brutal que peut prendre la convoitise (*das Begehren*, le désir de posséder) se trouve en quelque sorte aboli, ou sublimé. On pourrait dire dans cette perspective qu'il s'agit d'une forme anoblie (spiritualisée) du désir, ce qui explique sans doute aussi l'inflation de la *Sehnsucht* dans la poésie allemande des années 1750-1850.

B. La différence d'avec la nostalgie

Ces caractéristiques de la *Sehnsucht* permettent un rapprochement avec la nostalgie — c'est d'ailleurs l'un des termes les plus fréquemment proposés par les traducteurs lorsqu'ils cherchent à rendre le mot allemand. L'accent mis sur la souffrance du sujet, l'aspect vague et immatériel de ce à quoi il aspire semblent rapprocher nostalgie et *Sehnsucht*. Mais la nostalgie est au sens propre le mal du retour, la souffrance liée au désir de retrouver ce que l'on a connu (voir encadré 1, « *Nostos* et nostalgie »). *Sehnsucht* n'est pas un mot du retour ; l'idée qui lui est associée en premier lieu est celle du départ (« Ah ! pouvoir partir comme eux / Dans cette merveilleuse nuit d'été ! », écrit Eichendorff dans son poème *Sehnsucht*, v. 7-8). Alors que la *Sehnsucht* est tournée vers le lointain et vise souvent l'avenir plutôt que le passé, la nostalgie, sentiment élégiaque, se manifeste sous la forme du regret. Littré ne connaît pas de nostalgie qui ne soit tournée vers le temps passé : voilà pourquoi « nostalgie » n'est en français qu'un équivalent très imparfait de *Sehnsucht*. De fait, un usage temporellement plus ouvert du mot « nostalgie » n'apparaît en français qu'à partir du milieu du XIXe siècle. Dans l'un de ses poèmes en prose, Baudelaire évoque par exemple des cigares qui « donnaient à l'âme la nostalgie de pays et de bonheurs inconnus » (Baudelaire, « Le Joueur généreux » [1864], in *Petits Poëmes en prose* [*Le Spleen de Paris*], éd. Robert Kopp, Gallimard, « Poésie/Gallimard », 1973, p. 99). En français, cet usage reste cependant marginal : l'idée d'une tension vers le passé demeure étroitement attachée au mot *nostalgie*, fidèle à son étymologie.

♦ Voir encadré 1.

II. LA CHARGE PHILOSOPHIQUE DU TERME

A. Fichte : « das Sehnen », l'aspiration du Moi

C'est dans ce paysage lexical que se développe en Allemagne la réflexion de Fichte et des penseurs romantiques sur la *Sehnsucht*, ainsi que la critique serrée de Hegel. *Das Sehnen* joue un rôle important dans la première version de la *Doctrine de la science* (1794/1795) de Fichte. Le mot est habituellement traduit en français par « aspiration » : mais il s'agit d'une aspiration qui est un sentiment, ou bien d'une nostalgie qui est aspiration. Pour Fichte, les contraintes et limitations qui s'imposent au Moi conduisent celui-ci à réfléchir à ce qui le pousse irrésistiblement vers des objets extérieurs au Moi.

> On nomme une telle détermination dans le Moi une *aspiration* (*Sehnen*) ; une tendance (*Trieb*) vers quelque chose d'absolument inconnu, qui ne se manifeste que par un *besoin* (*Bedürfnis*), par une *gêne* (*Unbehagen*), par un *vide* (*Leere*) qui cherche à se combler et qui n'indique pas à partir de quoi.
> Le Moi ressent une aspiration ; il ressent en lui un manque.
>
> Johann Gottlieb Fichte, *Gesamtausgabe der bayerischen Akademie der Wissenschaften* [*GA*], éd. R. Reinhard, Stuttgart-Bad Cannstadt, Frommann-Holzboog, 1962 t. I/2, p. 430 *sq.* ; cf. J.G. Fichte, *Œuvres choisies de philosophie première. Doctrine de la science (1794-1797)*, trad. fr. A. Philonenko modifiée, Vrin, 3e éd. 1990, p. 161 *sq.*

Dans le *Système de l'éthique* (1798), Fichte définit l'aspiration (*das Sehnen*) pareillement comme « sensation (*Empfindung*) indéterminée d'un besoin (c'est-à-dire qui n'est déterminée par aucun concept d'objet) » ou encore comme « sentiment (*Gefühl*) d'un besoin que l'on ne connaît pas soi-même. Il nous manque nous ne savons quoi » (Fichte, *GA*, t. I/5, p. 106, 120 ; *Système de l'éthique d'après les principes de la doctrine de la science*, présentation, traduction et postface par Paul Naulin, p. 103, 120). L'aspiration, nostalgie tendue vers l'avenir, est précisément ce qui permet au Moi de sentir à l'intérieur de lui-même l'existence d'un extérieur. C'est seulement par l'aspiration, écrit Fichte, que « le Moi en soi-même est poussé en dehors de soi ; c'est par celle-ci uniquement qu'un monde extérieur se dévoile dans le Moi » (*GA*, t. I/2, p. 431). Là où le sentiment de la contrainte oblige le Moi à se percevoir uniquement comme figure passive (il *subit* la limitation), « dans le sentiment d'aspiration, il est aussi perçu comme actif » (*ibid.*). Dans cette constellation, *das Sehnen* est de surcroît un puissant ressort qui pousse le

Moi à transformer le monde extérieur : « L'objet de l'aspiration est quelque chose d'autre, quelque chose d'opposé à l'existant. Dans l'aspiration, idéalité et tendance vers la réalité sont intimement liées » (*GA*, t. I/2, p. 444 ; trad. fr. A. Philonenko, *op. cit.*, 1990, p. 174). Il convient de souligner que c'est le choix du verbe substantivé (*das Sehnen*) qui permet à Fichte de conférer une valeur dynamique et active à un champ lexical qui, à l'origine, insistait sur la souffrance du sujet.

B. L'infinité de la « Sehnsucht » romantique

L'idée d'une véritable force créatrice de l'aspiration est reprise par les auteurs du premier romantisme. La valorisation que *das Sehnen* a acquise dans la théorie fichtéenne de la connaissance est transférée vers le terme plus psychologique ou anthropologique de *Sehnsucht*. Dans l'un de ses derniers textes, Friedrich von Schlegel fait du sentiment d'aspiration la source de presque « tout ce qui est grand et beau dans le domaine de l'esprit » (*KFSA*, t. X, p. 33 ; à côté des textes que nous citons ici, cf. surtout *KFSA*, t. XI, p. 123 ; t. XII, p. 392, 430 *sq.*). Dans son *Initiation à la vie bienheureuse*, Fichte lui-même avait fait de la « nostalgie (*Sehnsucht*) de l'éternel » une espèce de principe vital, « la racine la plus profonde de toute existence finie » (Fichte, *GA*, t. I/9, p. 59 *sq.* ; cf. Fichte, *Initiation à la vie bienheureuse*, p. 105). Rien ne saurait étancher dans l'homme cette soif intérieure : la « véritable aspiration ne saurait avoir d'objet qu'inaccessible », écrit Goethe (Goethe, *Dichtung und Wahrheit*, 12. Buch, in *HA*, t. X, p. 54 ; cf. également *HA*, t. VII, 240 et le poème *Selige Sehnsucht, Nostalgie bienheureuse*, in *HA*, t. II, p. 19, 1re strophe : « Ne le dites à personne, sauf aux sages / Car la foule est prompte à railler : / Je veux louer le Vivant / Qui aspire à mourir dans la flamme » — il faut souligner cependant que tous ces éloges de l'aspiration nostalgique sont mis à distance par Goethe).

À ce principe, Fichte lui-même, puis Schleiermacher et Friedrich von Schlegel confèrent une forte dimension métaphysique et religieuse : la *Sehnsucht* est pour Schlegel « le sentiment indéfini du désir le plus aigu (*ein unbestimmtes Gefühl des tiefsten Verlangens*) qu'aucun objet réellement terrestre, et même qu'aucun idéal ne saurait combler, puisqu'il tend vers l'éternel et plus généralement vers le divin » (*KFSA*, t. X, p. 32). Dans le célèbre *Entretien sur la poésie*, le jeune Schlegel avait déjà souligné que la *Sehnsucht* se réengendre sans cesse (*KFSA*, t. II, p. 284 ; Philippe Lacoue-Labarthe et Jean-Luc Nancy, *L'Absolu littéraire*, Seuil, 1978, p. 290). La véritable *Sehnsucht* ne connaît pas de limites, mais, « gravissant marche après marche, ne cesse de s'élever toujours davantage » (*Philosophie du langage et du verbe*, 1828/29, in *KFSA*, t. X, p. 398). On ne sera pas étonné d'apprendre que, par un mouvement circulaire tout à fait caractéristique de la pensée de Schlegel, ce moteur qui nous pousse vers le divin est lui-même d'origine divine (in *KFSA*, t. X, p. 33).

C. Hegel : « Sehnsucht » et conscience malheureuse

En soulignant l'aspect dynamique de l'aspiration, la réflexion romantique a donc tendance à gommer quelque

1

« Nostos » et nostalgie

Nostalgie est « emprunté par les médecins (1759) au latin scientifique moderne *nostalgia* créé en 1678 par le médecin suisse J.J. Harder ». Et *nostalgia*a été inventé pour traduire « le mot suisse alémanique *Heimweh*, "mal du pays" [voir HEIMAT], appliqué aux Suisses à l'étranger, surtout aux mercenaires » (DHLF, *s.v.*). Le fr. *nostalgie* dérive donc du latin suisse, forgé à partir du grec — même si le terme composé n'est pas lui-même grec — *nostos* [νόστος], « retour », et *algos* [ἄλγος], « souffrance, douleur », sur le modèle des termes médicaux servant à décrire les maladies au moyen de l'organe lésé, comme *lombalgie* ou *névralgie*.

Nostos dérive de *neomai* [νέομαι], « revenir, retourner », et dépend d'une racine dont le sens actif serait « sauver » : en témoigne en particulier le nom de *Nestor*, « celui qui rentre heureusement, qui ramène heureusement son armée » (voir les rapprochements opérés par Chantraine avec le germanique, le vieux haut allemand et l'anglo-saxon, et avec le sanscrit *násate*, « s'approcher, s'unir »).

C'est évidemment l'*Odyssée* d'Homère qu'évoque le *nostos*. *Nostimos* [νόστιμος] est « celui qui peut revenir », le « revenable » : il s'agit de savoir si Ulysse — puis Télémaque qui part à sa recherche — est *nostimos* (IV, 806 ; XIX, 85), ou bien si « le jour du retour [*nostimon êmar* (νόστιμον ἦμαρ)] » lui a été ôté (*apheileto* [ἀφείλετο], I, 9), s'il l'a perdu (*ôileto* [ὤλετο], *apôlese* [ἀπώλεσε], I, 168, 354). Aux premières lignes du chant I, le motif est ainsi donné : « Tous les autres, alors, qui avaient échappé à la mort escarpée, étaient à la maison (*oikoi* [οἴκοι]), réchappés de la guerre et de la mer. Mais, lui, il avait besoin du retour et de sa femme (*nostou kekhrêmenon êde gunaikos* [νόστου κεχρημένον ἠδὲ γυναικός]) : une maîtresse nymphe, Calypso, le tenait captif » (11-14). Calypso, « l'enveloppante, la couvrante », aime et nourrit Ulysse, lui promet qu'il sera « immortel et jeune à jamais » ; mais, comme Ulysse le dit à Alkinoos, « jamais elle n'a persuadé mon souffle dans ma poitrine, je suis resté là fixé au sol sept ans, et je trempais toujours de larmes les vêtements divins qu'elle m'avait donnés » (VII, 255-260).

Où l'on voit le motif complexe qui lie la nostalgie, non seulement au désir du retour et à l'ennui loin des siens, mais à l'empêchement, au désir de l'autre et au désir d'immortalité.

Barbara CASSIN

OUTILS

CHANTRAINE Pierre, *Dictionnaire étymologique de la langue grecque*, nouv. éd. mise à jour avec un « Supplément au dictionnaire », Klincksieck, 1999.

DHLF : REY Alain (dir.), *Dictionnaire historique de la langue française*, Le Robert, 3 vol., 1992.

peu ce qui, dans le mot *Sehnsucht*, relève de la souffrance et de la passivité. Pour Hegel, cette aspiration est au contraire l'une des principales manifestations de la conscience malheureuse. Dans la *Phénoménologie de l'esprit*, la dévalorisation de la *Sehnsucht* participe de la critique de Fichte et des penseurs romantiques. Lorsque l'on considère la conscience malheureuse comme pure conscience,

> elle ne se *rapporte* pas *à son objet* de manière pensante, mais, dès lors qu'elle est elle-même, certes *en soi*, pure singularité pensante et que son objet est précisément *cette pure pensée*, tandis que leur *relation réciproque* elle-même ne l'est pas, elle ne fait, pour ainsi dire, qu'aller *au* penser (*an das Denken hingehen*), que se diriger vers lui : elle est ferveur (*Andacht*). Sa pensée, en tant qu'elle est cette ferveur, demeure le bourdonnement vague des cloches, une espèce de brouillard envahissant et chaud, une pensée musicale qui ne parvient pas au concept qui serait l'unique modalité objectale immanente. Elle devient certes bien l'objet de cet infini et pur sentir intime ; mais en intervenant de telle manière qu'elle n'intervient pas comme objet conçu, mais donc, au contraire, comme quelque chose d'étranger. On a ainsi affaire ici au mouvement intérieur du *pur* sentiment intime qui se *sent* certes lui-même, mais douloureusement en sa division ; le mouvement d'un infini désir de voir, d'une infinie *nostalgie* (*die Bewegung einer unendlichen Sehnsucht*), qui a la certitude que son essence est un pur sentiment intime de ce genre, pur penser qui *se pense comme singularité* ; la certitude que, étant donné que cet objet qui est le *sien se pense comme singularité*, celle-ci est connue et reconnue par lui. Mais dans le même temps cette essence est l'inaccessible *au-delà* qui s'échappe, ou plutôt s'est déjà échappé quand on l'attrape.
>
> Hegel, *Phänomenologie des Geistes*, éd. Wolfgang Bonsiepen et Reinhard Heede, Hambourg, Meiner, 1980, p. 125 ; *Phénoménologie de l'esprit*, trad. fr. J.-P. Lefebvre, Aubier, 1991, p. 169.

On retrouve la même perspective et la même critique implicite de Fichte, Schleiermacher, Schlegel et Schelling dans l'analyse hégélienne de la belle âme qui « fuit le contact de l'effectivité » et dont la seule activité est « le languir » (*das Sehnen*) (*ibid.*, p. 354 ; trad. J.-P. Lefebvre, p. 434), mais aussi dans les *Cours d'esthétique*, où Hegel critique la valorisation moderne du lointain :

> Le juste sens divin des Grecs n'a pas considéré la dérive vers le lointain et l'indéterminé (*das Hinausgehen ins Weite und Unbestimmte*) à la manière du sentiment moderne de nostalgie (*Sehnsucht*), comme le *nec plus ultra* pour l'homme, mais comme une damnation, et l'a reléguée dans le Tartare.
>
> Hegel, *Sämtliche Werke*, éd. Glockner, t. XIII, p. 55 ; *Cours d'esthétique*, trad. fr. mod. de J.-P. Lefebvre et V. von Schenck, Aubier, 1996, t. II, p. 59.

Dans les *Cours d'esthétique*, Hegel condamne également la « nostalgie langoureuse » (*Sehnsüchtigkeit*, dérivé dépréciatif forgé par Hegel) des auteurs romantiques désireux de retrouver la naïveté de la poésie populaire (éd. Glockner, t. XIV, p. 202) et celle de Novalis, une nostalgie « qui ne consent pas à s'abaisser à la véritable action et la véritable production, parce qu'elle craint de se souiller au contact avec la finitude » (éd. Glockner, t. XII, p. 221).

Christian HELMREICH

BIBLIOGRAPHIE

CORBINEAU-HOFFMANN A., « Sehnsucht », *in* J. Ritter (éd.), *Historisches Wörterbuch der Philosophie*, Darmstadt, Wissenschaftliche Buchgesellschaft, 1971 *sq.*, t. 9, p. 166-168.

FICHTE Johann Gottlieb, *Initiation à la vie bienheureuse*, trad. fr. M. Rouché, Aubier, 1944.

— *Œuvres choisies de philosophie première. Doctrine de la science (1794-1797)*, trad. fr. A. Philonenko, Vrin 3ᵉ éd., 1990.

— *Système de l'éthique d'après les principes de la doctrine de la science*, prés., trad. fr. et postface P. Naulin, PUF, 1986.

GOETHE Johann Wolfgang von, *Dichtung und Wahrheit*, 12. Buch, in *Werke, Hamburger Ausgabe* [= *HA*], éd. Erich Trunz, Munich, Beck, 1981.

HEGEL, *Sämtliche Werke*, Jubiläumausgabe, éd. Glockner, Stuttgart, F. Fromman, 1627-1957, 26 vol.

— *Cours d'esthétique*, trad. fr. J.-P. Lefebvre et V. von Schenck, Aubier, 1996.

HOGREBE Wolfram, « Sehnsucht und Erkenntnis », *in* W. HOGREBE (éd.), *Fichtes Wissenschaftslehre 1794. Philosophische Resonanzen*, Francfort-sur-le-Main, Suhrkamp, 1995, p. 50-67.

JACOBS Wilhelm G., *Trieb als sittliches Phänomen. Eine Untersuchung zur Grundlegung der Philosophie nach Kant und Fichte*, Bonn, Bouvier, 1967.

PÖGGELER Otto, *Hegels Kritik der Romantik*, Munich, Wilhelm Fink Verlag, 1999.

SCHLEGEL Friedrich von, *Philosophie de la vie*, in *Kritische Friedrich von Schlegel Ausgabe* [= *KFSA*], éd. E. Behler, Paderborn, Schöningh, *ab* 1958.

SEIN / SOSEIN / AUSSERSEIN

ALLEMAND – fr. *être / être-tel (talité) / hors-être, au-delà de l'être et du non-être, extra-ontologique*

angl. *being / being so / beyond being*

► *ÊTRE*, et DASEIN, ES GIBT, *FICTION*, GEGENSTAND, INTENTION, OBJET, RÉALITÉ, REPRÉSENTATION, RES, *RIEN*, SACHVERHALT, WERT

Dans l'après-Kant, le vocabulaire de l'être se redistribue dans l'horizon de l'objet, conformément à l'injonction kantienne de substituer au « nom prétentieux d'ontologie » l'« analytique de l'entendement pur » (voir OBJET, GEGENSTAND). *Le phénomène, déjà présent dans le néokantisme, chez Lotze et chez Natorp, connaît un développement particulier riche en distinctions nouvelles dans l'École de Franz Brentano où l'élucidation de la doctrine de l'intentionnalité* (voir INTENTION) *rencontre la problématique bolzanienne des « représentations sans objet »* (gegenstandlose Vorstellungen). *Par là, une partie significative de la philosophie allemande et austro-hongroise revient sur le partage hégélien de la* Realität *et de la* Wirklichkeit, *de la réalité et de l'effectivité* (voir RÉALITÉ) *et introduit ou redéfinit un nouveau lexique qui, s'il se laisse reconduire à une tradition ancienne (Porphyre, Boèce, la scolastique latine du XIIIᵉ siècle), imposera aux différentes langues européennes une difficile invention terminologique qu'exemplifie chez*

Alexius Meinong la distinction entre Sein, Sosein *et* Aussersein.

I. ÊTRE ET ÊTRE-OBJET : DE L'ONTOLOGIE (SCIENCE DE L'*ON HÊ ON*) À LA THÉORIE DE L'OBJET (« GEGENSTANDSLEHRE »)

En *Métaphysique* Γ 1, Aristote distinguait, par généralisation et universalisation, la science qui prend en vue universellement (grec *katholou* [καθόλου]) l'être en tant qu'être, ou mieux l'étant par où il est étant (*on hê on* [ὄν ᾗ ὄν]), de toutes les autres sciences régionales ou spéciales qui n'envisagent les étants que *en merei* [ἐν μέρει], selon une optique déterminée et en en prélevant une « partie ». Paul Natorp avait déjà en 1888, dans un horizon explicitement néokantien, retranscrit en termes d'objet l'enquête ontologique aristotélicienne :

> Cet objet suprême, parce que le plus général et le plus abstrait, est, comme nous l'apprenons en Γ 1, le concept fondamental de l'« objet en général » (*Gegenstand überhaupt*), car c'est ainsi que nous pouvons pour ainsi dire, en termes kantiens, restituer l'*on hê on* aristotélicien.
>
> « Thema und Gegenstand der aristote lischen Metaphysik », *Philosophische Monatshefte*, 2, 1888, p. 39.

K. Twardowski, dans son célèbre opuscule de 1894 (*Zur Lehre vom Inhalt und Gegendstand der Vorstellungen*, Vienne, 1894), répétait lui aussi le geste aristotélicien en le retraduisant dans le lexique de l'objet ou de l'objectité qu'ouvrait alors la considération de la représentation (*Vorstellung*) dans sa structure intentionnelle complexe, car doublement orientée sur un contenu (*Inhalt*) et sur un objet (*Gegenstand*) :

> Ce dont s'occupent les sciences particulières, ce n'est certes rien d'autre que des objets de nos représentations (*die Gegenstände unserer Vorstellungen*) [...]. En revanche, une science qui attire dans le cercle de ses considérations tous les objets, aussi bien ceux qui sont physiques, organiques et inorganiques, que ceux qui sont psychiques, ceux qui sont réels (*realen*) aussi bien que ceux qui sont non réels (*nicht realen*), ceux qui existent aussi bien que ceux qui n'existent pas, et qui recherche les lois auxquelles obéissent les objets en général — et pas seulement un groupe déterminé d'entre eux —, voilà ce qu'est la métaphysique. [...] Tel est le sens de la vénérable définition selon laquelle la métaphysique est la science de l'étant en tant que tel (*Wissenschaft vom Seienden als solchen*) [...]
>
> *Zur Lehre vom Inhalt und Gegenstand der Vorstellungen*, p. 39.

La théorie de l'objet prendrait ainsi la relève de la métaphysique ou plus précisément de l'ontologie, même si la relève ici évoquée par Twardowski est assurément encore rudimentaire par rapport au déploiement complexe et subtil de la *Gegenstandstheorie* (1904) où Meinong s'attachera beaucoup plus judicieusement à distinguer « théorie de l'objet » et « ontologie », et à situer l'ontologie elle-même, de tradition aristotélicienne, comme un secteur délimité d'une considération beaucoup plus compréhensive du *Gegenstand* et de ses modes.

A. Traduire l'être dans le lexique de l'objectité

Si Twardowski ne franchit pas résolument le pas qui conduit la théorie de l'objet hors de la métaphysique, pour la constituer en doctrine extra-ontologique, c'est sans doute qu'il en reste à l'identification classique depuis Thomas d'Aquin (*Question Disputée, De la vérité*, 1, 1) de l'*ens* et de l'*aliquid* :

> *Der Gegenstand ist etwas anderes als das Existierende ; manchen Gegenständen kommt neben ihrer Gegenständlichkeit, neben Beschaffenheit, vorgestellt zu werden (was der eigentliche Sinne des Wortes « essentia » ist), auch noch die Existenz zu, anderen nicht. Sowohl was existiert, ist ein Gegenstand* (ens habens actualem existentiam) *als auch, was nur existieren könnte* (ens possibile), *ja selbst was niemals existieren, sondern nur vorgestellt werden kann* (ens rationis), *ist ein Gegenstand, kurz, alles was nicht nichts, sondern in irgend einem Sinne « etwas » ist, ist ein Gegenstand. Thatsächlich erklärt die Mehrzahl der Scholastike* « aliquid » *für gleichbedeutend mit* « ens », *und zwar im Gegensatz zu denjenigen, welche ersteres als ein Attribut des letzteren auffassen.*
>
> [L'objet est quelque chose d'autre que l'existant ; à de nombreux objets, en plus de leur objectité, en plus de leur capacité intrinsèque à devenir représentés (ce qui est le sens propre du mot « essentia »), revient encore aussi l'existence, à d'autres, non. Est aussi bien un objet, ce qui existe (*ens habens actualem existentiam*), que ce qui pourrait exister (*ens possibile*), et même ce qui ne peut jamais exister, mais seulement devenir représenté (*ens rationis*), est un objet ; en bref, tout ce qui n'est pas rien, mais en un sens quelconque est « quelque chose », est un objet. De fait, la plupart des scolastiques tiennent « aliquid » pour synonyme de « ens », et cela par opposition à ceux qui concoivent le premier comme un attribut du second.]
>
> *Zur Lehre...*, p. 37-38.

B. Objet et existence

Bertrand Russell — le point mérite d'être souligné — écrivait de son côté, en 1903, dans les *Principles of Mathematics* :

> *Being ist that which belongs to every conceivable term, to every possible object of thought — in short to everything that can possibly occur in any proposition true or false, and to all such propositions themselves.* [...] *« A is not » implies that there is a term A whose being is denied, and hence that A is.* [...] *Numbers, the Homeric gods, relations, chimeras and four-dimensional spaces, all have being, for if they were not entities of a kind, we could make no propositions about them. Thus being is a general attribute of everything, and to mention anything is to show that it is. Existence, on the contrary, is the prerogative of some only among beings.*
>
> [L'être appartient à chaque terme concevable, à chaque objet possible de pensée — en un mot à tout ce qui peut intervenir dans une proposition, vraie ou fausse, et à toutes les propositions de ce genre comme telles. [...] « A n'est pas » implique qu'il y a un terme A dont l'être est nié, et par conséquence que A est. [...] Les nombres, les dieux d'Homère, les relations, les chimères, les espaces à quatre dimensions, tous ont l'être, car s'ils n'étaient absolument pas des entités, nous ne pourrions former aucune proposition à leur endroit. Ainsi l'être est un attribut général qui s'applique à tout, et mentionner quel-

que chose, c'est montrer que cela est. L'*existence* est à l'inverse une prérogative qui n'appartient qu'à certains êtres.]

George Allen & Unwin, 1937, 2e éd., p. 136.

Il renoue ici avec cette longue tradition qui, de Thomas d'Aquin à Kant, distingue dans la critique de l'argument ontologique l'être ou l'entité (l'*aliquid*, le τι) et l'existence, qui ne saurait être comptée au nombre des prédicats réels (voir DASEIN).

II. L'OBJET ET LE QUELQUE CHOSE (« GEGENSTAND », « ETWAS », « BESTAND »)

La référence aux doctrines scolastiques et à la métaphysique aristotélicienne était d'abord destinée, dans l'économie de l'essai de Kasimir Twardowski (*Zur Lehre vom Inhalt und Gegenstand der Vorstellungen*), à préciser le sens du terme *objet* (*Gegenstand*), or voilà qu'elle débouche sur le quelque chose (*etwas*), dont on ne sait quel est le satut, ni s'il dépend d'un sujet intentionnel et constituant :

> L'objet pourrait se décrire à peu près de la manière suivante : tout ce qui est représenté par une représentation, reconnu ou rejeté par un jugement, désiré ou détesté par une activité affective, nous le nommons objet (*Gegenstand*). Les objets sont réels ou non réels (*real oder nicht real*) ; ils sont possibles ou impossibles ; ils existent ou n'existent pas. Ils ont tous en commun le fait de pouvoir être ou d'être objet (*Objekt*) (mais *pas* objet intentionnel), d'actes psychiques et sont désignés dans la langue par un nom [...] ; considérés comme famille (*Gattung*), ils forment le *summum genus* qui trouve dans le langage son expression usuelle avec le « quelque chose » (*etwas*). Tout ce qui est « quelque chose », au sens le plus large, s'appelle d'abord, par relation à un sujet qui se représente, mais aussi ensuite indépendamment de cette relation, « objet » (*Gegenstand*).
>
> *Ibid.*, p. 40.

Alexius Meinong, plus résolument encore que Twardowski dans son opuscule de 1894, reprend à son compte le projet d'un traitement théorique de l'objet comme tel, selon un geste de généralisation et d'extension au-delà de la sphère de l'ontologie, trop étroite parce que trop liée à l'effectivité (*Wirklichkeit*) (voir RÉALITÉ).

Pour Meinong, si l'on doit s'engager dans une science générale de l'objet, il importe donc de la contredistinguer de la métaphysique qui n'est pas assez universelle pour englober le traitement complet du *reiner Gegenstand* (« l'objet pur ») (*Über Gegenstandstheorie*, in *GA*, t. 2, p. 486 ; trad. fr. p. 68). Traditionnellement, la métaphysique a sans aucun doute affaire avec tout ce qui est, mais cette totalité se confond avec l'ensemble de ce qui existe, en y incluant ce qui a existé et ce qui existera ; or cet ensemble est infinement petit comparé à la totalité des *Erkenntnisgegenstände* (« des objets du connaître »). Limitée au réel, à ce qui existe, a existé ou existera, la métaphysique est fondamentalement toujours *Daseinsmetaphysik* (« métaphysique de l'être-là, de l'existence »). Il est dès lors légitime de distinguer une *daseinsfreie Metaphysik* (une métaphysique délivrée de l'existence), qu'on fera bien de rebaptiser, pour éviter tout malentendu, *théorie de l'objet*. La théorie de l'objet devra en particulier intégrer les objets idéaux qui ont une certaine consistance (*Bestand*) et dont on peut dire qu'ils subsistent (*bestehen*, *subsist*), mais qui pourtant n'existent pas (*existieren*), qui ne sont rien d'effectif (*wirklich*, *actual*), tels le nombre, l'égalité, la différence, etc. Meinong évite ainsi la maladresse de Twardowski qui cherchait à déterminer le *Gegenstand* comme *summun genus* : vouloir définir formellement l'objet n'a pas de sens, remarque-t-il, car il y manque aussi bien le *genus* que la *differentia*, s'il est vrai que tout est objet (*alles ist Gegenstand*).

Il importe donc de procéder à un élargissement de la sphère de l'objet au-delà même de l'être et du non-être, élargissement qui entend rompre avec l'ontologie de tradition aristotélicienne, en se réglant sur la formule provocante et paradoxale : « *es gibt Gegenstände, von denen gilt, daß es dergleichen Gegenstände nicht gibt* » (*op. cit.*, p. 490).

Avant de proposer une traduction, essayons de démêler le paradoxe de cette formule dont l'arrière-plan est constitué par la distinction, au sein du vocabulaire de l'être, entre :

— l'*existieren* qui s'applique aux objets dits réels, actuels ou effectifs ;

— le *bestehen* qui s'applique aux « objectifs » (*Objektive*, *Sachverhalt* [voir SACHVERHALT]) ;

— le *Sosein* [« être-tel », « talité »] qui s'applique aux entités non réelles, mais possibles, du type « montagne d'or », à propos dequelles il est toujours permis de déterminer l'être-tel, indépendamment de l'être (*Sein*) ;

— l'*Außersein* [« hors-être »] qui s'applique aux entités contradictoires du type « cercle carré », ces entités qui ne sont pas purement et simplement rien, mais conservent en elles un ultime reste de position.

Si la métaphysique s'est bornée à ce qui existe effectivement, il appartient à la théorie de l'objet de mettre en pleine lumière l'indépendance du *Sosein* (*so-being*) par rapport au *Sein* et de pousser jusqu'à l'*Außersein* de l'objet pur (objet en tant que tel), dans son indifférence par rapport à l'être, *au-delà de l'être et du non-être*.

Le néologisme *Außersein* est donc destiné d'abord à résoudre le paradoxe de la formule directrice, comme l'explique Meinong dans *Über Annahmen* :

> [...] notre saisie (*Ergreifen*) trouve dans les objets quelque chose de pré-donné (*etwas vorgegeben*), sans qu'il faille prendre en compte le point de savoir comment est décidée la question de leur être ou non-être. En ce sens, « il y a » aussi des objets qui ne sont pas, ce que j'ai essayé de désigner par l'expression — sans doute, un peu barbare, mais je n'ai pas trouvé mieux — de « hors-être » (*Außersein*) de l'objet pur. — Ce terme répond à l'effort pour interpréter cet étrange « *es gibt* », qui ne peut pas, semble-t-il, être refusé aux objets même les plus étrangers à l'être (*seinsfremdeste Gegenstände*), sans qu'il faille recourir à un troisième type d'être, en plus de l'existence (*Existenz*) et de la subsistance (*Bestand*). Mais j'ai, depuis lors, eu plus d'une fois le sentiment très net que cet effort ne pouvait pas venir à bout de la positivité spécifique (*eigentümliche Positivität*) qui tient, semble-t-il, au caractère pré-donné (*Vorgegebenheit*) de tout objet

> susceptible en principe d'être saisi et conçu. C'est en considérant ce point, qu'il me faut envisager expressément l'éventualité qu'il puisse encore y avoir, en dehors de l'exister et du subsister, un tiers, que personne ne nommera plus être, et qui, finalement, devrait uniquement être caractérisé comme quelque chose d'apparenté à l'être (*etwas Seinsartiges*) au sens le plus large du terme. Ce qui reste alors à décider, c'est précisément la question de savoir si l'*Außersein* (hors-être) lui-même est une détermination ontologique ou s'il indique seulement qu'une telle détermination fait défaut.
>
> 2e éd., in *GA*, t. 4, p. 79-80.

Le principe de l'indépendance de l'être-tel (*Sosein*, « talité ») s'entend d'abord en ce sens : le fait qu'un objet comporte des propriétés n'implique nullement que cet objet lui-même *soit*, c'est-à-dire existe *extra mentem* ou *extra causas*. Mais cette version faible du principe de l'indépendance ne suffit pas à caractériser la position défendue par Meinong puisque aussi bien elle nous reconduit simplement à la conception scolastique, pré-kantienne, de la *realitas*. Selon la version forte de la thèse, l'indépendance est propre à l'objet par rapport à l'esprit et à sa visée ; l'objet, envisagé dans ce qu'il ne faut plus nommer son « être », sinon en un sens trop large et impropre, est bel et bien « appréhendé », mais justement pas « constitué » : n'étant pas constitué, l'objet n'a pas non plus le statut classique de l'être objectif, toujours ultimement tourné sur la *res* extramentale et distingué de l'*ens rationis*. S'il n'est pas possible de donner, dans les formes, une définition de l'objet, l'étymologie peut cependant nous aider : en effet le *Gegenstehen* (se-tenir-en-face, *estar-frente-a, ofrecerse-a*) du *Gegen-Stand*renvoie au vécu qui appréhende l'objet (faut-il dire ici l'*ob-stant* ?), vécu qui ne saurait être envisagé comme *constitutif* de quelque manière que ce soit. Meinong insiste sur cette antériorité de l'objet comme tel (*objeto*, *entity*, Grossmann) indépendamment de la question de savoir si l'on a affaire à un objet, qu'on dirait trivialement réel, à une idéalité, ou à un être de raison, dans son statut de *fictum*, *figmentum* (voir FICTION) :

> Face à l'appréhension (*dem Erfassen gegenüber*), l'*objet* (*Gegenstand*) de celle-ci est chaque fois ce qui est *logiquement antérieur*, même lorsque cet objet suit chronologiquement l'appréhension. C'est pourquoi l'appréhension ne peut jamais créer son objet ou ne serait-ce que le modifier, mais simplement le sélectionner en quelque sorte, en l'extrayant de la multiplicité de ce qui est préalablement donné (du moins comme étranger à l'être).
>
> Meinong, *Présentation personnelle*, trad. fr. J.-F. Courtine et M. de Launay, p. 167.

Ainsi le principe de l'indépendance de l'être-tel ne trouve-t-il sa véritable portée que s'il s'applique non seulement aux objets possibles, mais encore aux *impossibilia*, dès lors en effet que l'être-tel d'un objet n'est pas affecté par son non-être (*Nichtsein*) ; le non-étant (*Nichtseiendes*) suffit à procurer au jugement qui l'appréhende son « non-être ».

> Si je dis « le bleu n'existe pas », je ne pense qu'au bleu et non pas à un exemplaire de bleu ou aux qualités et possibilités qu'il pourrait présenter. C'est comme si le bleu devait avoir l'être *en premier lieu* (*erst einmal*), avant que l'on puisse soulever la question de son être ou de son non-être. [...] Le bleu ou n'importe quel autre objet est en quelque sorte donné *préalablement* à notre décision sur son être, et il est donné d'une façon qui ne préjuge pas de son non-être. [...] Pour être en mesure d'affirmer qu'un certain objet donné n'est pas, il semble qu'il faille comprendre l'objet, en quelque sorte *préalablement* (*den Gegenstand* [...] *erst einmal ergreifen*) pour parler de son non-être ou, plus précisément, pour soutenir ou nier l'attribution du non-être à cet objet.
>
> *Théorie de l'objet*, trad. fr. mod. J.-F. Courtine et M. de Launay, p. 74.

En effet, si je dois, à propos de n'importe quel objet (« donné »), juger qu'il n'est pas, il est nécessaire que je puisse appréhender une première fois l'objet pour pouvoir en prédiquer le non-être, ou plus exactement le lui imputer ou lui refuser. Il est donc nécessaire d'introduire encore un niveau ou une acception de l'« être », en plus de l'existence et de la subsistance ; celle qui a été d'abord nommée par Meinong « quasi-être » (*Quasisein*), puis ensuite « par-delà être et non-être » (*Jenseits von Sein und Nichtsein*) (ce qui convient à l'objet pur) ou encore extérieur à l'être, hors-d'être (*Außersein*). L'être est extérieur à l'objet pur, à la différence de l'être-tel : « Ce qui n'est d'aucune manière extérieur à l'objet et en constitue au contraire la véritable essence, réside dans son être-tel qui adhère à l'objet, qu'il soit ou ne soit pas [*Dasjenige, was dem Gegenstand in keiner Weise äußerlich ist, vielmehr sein eigentliches Wesen ausmacht, besteht in seinem Sosein, das dem Gegenstande anhaftet, mag er sein oder nicht sein*]. »

III. « ES GIBT », « ES GILT »

Il faut garder présente à l'esprit cette irréductible dimension de donation ou d'être donné, voire pré-donné, si l'on veut interpréter rigoureusement ledit paradoxe de Meinong : « *Es gibt Gegengstände, von denen gilt, daß es dergleichen Gegenstände nicht gibt.* »

Paradoxe dont la traduction n'est qu'apparemment obvie. On dira : « Il y a des objets dont il est vrai de dire qu'il n'y a pas de tels objets [*there are objects concerning which it is the case that there are no such objects*] » (Findlay), en perdant ainsi complètement de vue le jeu subtil entre le premier *geben*, le *gelten* et le second *geben*. Commençons par le *gelten*, en rappelant, dans le présent contexte, les distinctions de H. Lotze :

> Nous appelons effective (*wirklich*) une chose qui *est*, par opposition à une autre qui *n'*est *pas* ; effectif aussi un événement qui *a lieu* (*ein Ereigniß welches geschieht*) ou qui a eu lieu, par opposition à un autre qui n'arrive pas ; effectif un rapport qui *subsiste* (*besteht*), par opposition à celui qui ne subsiste pas ; enfin nous nommons effectivement vraie (*wirklich wahr*) une proposition, qui *vaut* (*ein Satz, welcher gilt*) par opposition à celle dont la validité (*Geltung*) est encore douteuse [...]
>
> *Logik, Vom Erkennen*, p. 511.

Le *gelten* ici, entendu comme une espèce de l'effectivité, correspond à l'acception de l'être (ὄν, εἶναι) qu'on dit véritative, mais qui convient ici aux propositions (« [...] *Wahrheiten* sind *nicht, sondern* gelten *nur* [les vérités ne *sont* pas, mais elles *valent* seulement] », *Logik*, p. 578). On voit clairement dans quel horizon problématique se situe la décision terminologique et doctrinale de Meinong : le *gelten* correspond à l'acception véritative de l'être : « il est vrai que... » ; « c'est le cas » ; « c'est ainsi ». Le dernier *es gibt*, dans l'énoncé du paradoxe, peut s'entendre selon l'acception la plus large et la plus commune de l'être : « il y a des objets pour lesquels, c'est le cas : de tels objets ne sont pas, n'existent pas ». Ainsi, l'élément vraiment problématique dans la formulation du paradoxe de Meinong est-il le premier *es gibt* que restitue très mal le français « il y a » ou l'anglais *there is*. En effet avec ce *es gibt* nous sommes en présence d'une figure certes élémentaire, exténuée autant que l'on voudra, et réduite à presque rien (mais justement pas rien de rien), de la donation ou de l'être donné.

♦ Voir encadré 1.

IV. L'EXTRA-ONTOLOGIQUE

Reste que, dans le cadre strict de la théorie de l'objet, la règle ultime — ce qui s'impose *a priori* comme l'instance dernière —, c'est bien ce « donné » singulier : des objets pour lesquels *vaut* qu'ils ne sont pas, et que ces objets ainsi composés, dans leur être-tel, *il n'y en a pas* ; de tels objets ne sauraient *être*, ou mieux l'être (*das Sein*) ne saurait leur être attribué dans un jugement, ni à titre de propriété, ni à titre d'accident. Pourtant ce donné irréductible ou ce pré-donné — il « résiste », et ce trait pourrait bien être le fin mot de l'*Außersein* — doit être pris dans son sens fort : il s'impose à nous, il s'offre *a priori* à toute appréhension, il est ce dont, de manière quasi empirique, il nous faut nécessairement partir. C'est pourquoi Meinong peut reprendre à son compte l'idée d'une philosophie qui commencerait par le bas, c'est-à-dire par ce qui est irréductiblement donné, celui-ci fût-il étranger à l'être (*außerseiend*). Est donc donné, mais hors-être, ceci qui vaut et qui est vrai : certains objets ne sont pas, et cela de telle sorte que leur « au-delà de l'être-et-du-non-être » est lui-même susceptible d'être donné. Meinong se sera justement efforcé de donner de son « paradoxe » une formulation plus facilement acceptable, en introduisant le concept singulier de l'*Außersein*, précisément destiné à réduire le paradoxe : « Qui aime les paradoxes pourra fort bien dire : il y a des objets à propos desquels on peut affirmer qu'il n'y en a pas. »

La solution obvie pour neutraliser le paradoxe — celle contre laquelle s'élabore précisément la théorie de l'objet — consisterait à interpréter le premier *es gibt* (*il y a des objets*), au sens trivial d'une existence dans la représentation ou d'une pseudo-existence : certains objets sont ou sont possibles, par exemple dans l'intellect divin, d'autres, qui ne sont pas, n'ont d'être que dans et par la représentation, à titre d'*entia rationis* ou d'*intentionalia*,

1

Le « es gibt » heideggérien

► *IL Y A*, ES GIBT

Loin de nous naturellement l'idée saugrenue de rapprocher du *es gibt* meinongien le *es gibt* heideggérien, tel qu'il apparaît, bien avant les ultimes variations de *Zeit und Sein*, dans *Sein und Zeit*, pour indiquer, d'ailleurs entre des guillements qu'il faudrait interpréter, que l'être n'« est » pas, mais qu'« il y a » être.

Ce n'est pas Meinong, mais Emil Lask qui engage le jeune Heidegger dans la question du *es gibt* ; le premier cours de Fribourg (1919, in *GA*, t. 56-57, *Zur Bestimmung der Philosophie*) propose en effet une longue analyse du *es gibt* qui commence par une variation sur le *gelten* (p. 50 *sq.*), avant de s'ouvrir à la question : « Gibt es das "es gibt" ? [Y a-t-il le "il y a" ?]. » Emil Lask envisageait la catégorie du *Es-geben* (« y avoir ») comme celle de la réflexion (*reflexive Gegenständlichkeit*), ouvrant sur la pure objectualité antérieure à toute détermination d'objet (*Logik der Philosophie*, 3e éd., Mohr, Tübingen 1993, p. 130, 142, 162), c'est-à-dire comme la catégorie élémentaire du « quelque chose » (*etwas*) qui constitue le minimum requis pour tout ce qui est susceptible ensuite de s'offrir comme un objet catégorialement défini ; ainsi le *il y a* de la pure objectualité s'oppose, s'ob-jecte, à la réflexion pour que celle-ci puisse s'exercer. Le « quelque chose » (*etwas*), le ça (*es*) du *es gibt* fournit donc comme le matériau encore « logiquement nu », « a-logique » et préalable à toute possibilité d'application des catégories formelles.

Mais on pourra aussi se demander dans quelle mesure la question élaborée par Heidegger dans le cours de 1919 : « *Gibt es das "es gibt"* ? », fait écho à la critique formulée par Paul Natorp, dans sa recension, connue de Heidegger, des *Ideen* I de Husserl (*Logos*, t. 7, 1917-1918, p. 224-246) ? Au donné originaire ou à la donation ultime, qui fournissait à Husserl son « principe des principes » (*Ideen* I, § 24) :

> [...] daß *jede originär gebende Anschauung eine Rechtsquelle der Erkenntnis* sei, daß alles, was sich in der « *Intuition* » *originär* [...] *darbietet, einfach hinzunehmen sei*, als was es sich gibt, aber auch nur in den Schranken, in denen es sich da *gibt* [...]
>
> [< Le principe des principes énonce > que toute vision originairement donatrice est une source de droit pour la connaissance, que tout ce qui s'offre originairement dans l'« intuition » doit être reçu comme tel qu'il se donne, mais aussi seulement dans les limites dans lesquelles il se donne là (...)]

Natorp opposait le procès même qu'est la pensée dans sa discursivité :

> *Der Prozeß selbst ist das « Gebende »* für die [...] « Prinzipien » ; nur so « gibt » es, « gibt » sich (wie andere Sprachen sagen) Gegebenes [...]
>
> [*le procès lui-même est ce qui « donne »* (...) par rapport aux principes ; c'est ainsi seulement qu'il y a, que se « donne » (comme on dit dans d'autres langues), le donné (...)].
>
> *In* Husserl, *Wege der Forschung*, éd. H. Noack, Darmstadt, Wissenschaftliche Buchgesellschaft, 1973, p. 43.

Il ne saurait donc pas y avoir de « donation achevée (*fertige Gegebenheit*) », qui soit comme l'étoile Polaire de la pensée ; de telles étoiles fixes, comme le souligne Natorp, ne sont jamais que les planètes d'un ordre supérieur : « *So* ist *nichts, sondern* wird *nur etwas "gegeben"* [ainsi rien n'est "donné", mais tout ce qui est donné n'est tel que parce qu'il le *devient*] » (*ibid.*, p. 42).

leur « être » se réduit à l'*esse objective*, à la pseudo-existence.

Mais, pour Meinong, la thèse de la non-existence ne renvoie jamais seulement à la représentation ou à l'être-représenté, mais bien à un objet, disons *x*, sur l'être ou le non-être duquel on s'interroge : « si je dois pouvoir, à propos d'un objet, juger qu'il n'est pas, il semble que je sois dans la nécessité d'appréhender une première fois l'objet pour pouvoir en prédiquer le non-être ». Soit à dire encore, en d'autres termes, et de manière plus rigoureuse : à l'objectif (ou à l'état-de-choses : *das Objektive*) que « A n'est pas » ou au non-être de A, il faut encore attribuer un être, fût-ce en faisant appel à l'analogie du rapport entre le tout et la partie (les médiévaux, faisant fonds sur les ressources de la proposition infinitive, pouvaient paraphraser, économiquement : « *objectum hujus "Deus est Deus" est "Deum esse Deus" ; et hujus "homo est albus"* [...] *significatum est "hominem esse album"* [...] *Hujus "homo non est asinus" objectum est "hominem non esse asinum"*. » (Adam Wodeham, *in* D. Perler, *Satztheorien*, p. 296-298). Traduisons, en explicitant : « l'objet de ceci, *i.e.* l'état-de-choses que décrit cette proposition "Dieu est Dieu" est : "Dieu-être-Dieu" ; et le signifié complexe de cette proposition "l'homme est blanc" est : "homme-être-blanc" ; l'objet ou l'état-de-choses de cette proposition : "l'homme n'est pas un âne" est : "homme-non-être-âne". »

Tenant l'objectif (*das Objective*) pour le tout, s'il est, il faut bien que la partie, l'objectité ou l'*objectum* (*Gegenstand*), soient eux aussi d'une certaine manière. De l'objectif du non-être, s'il est, découle en effet l'être de l'objectité. C'est là, on en conviendra, non pas résoudre, mais creuser le paradoxe, ce qui conduit à poser sinon un troisième genre du moins un troisième niveau de l'être, par-delà l'existence et la subsistance, celui-là même que Meinong lui-même avait nommé un temps « quasi-être », à cette difficulté près qu'à un tel être (le « quasi-être ») ne pourrait plus s'opposer un non-être de même type.

« Pourra-t-on encore, demande Meinong, nommer être un être auquel, par principe, aucun non-être ne s'opposerait ? » (*Théorie de l'objet*, trad. fr. p. 75). Ne faut-il pas plutôt renoncer à l'analogie entre tout/partie ou encore complexe/élément constitutif et objectif/objectité, en posant que si l'objectif d'un non-être — entendez : l'être de cet objectif — n'est pas « assigné à l'être de son objet », c'est que l'être et le non-être ne sont pas sur le plan de l'objet. Soit à dire encore, de manière plus appropriée, que l'objet pur est au-delà de l'être et du non-être, ou qu'il est étranger à l'être (*außerseiend*). Il s'agit naturellement ici de l'objet pur ou de l'objet comme tel — dans le minimalisme de son *gegenstehen* —, ce qui ne contredit en rien le fait que tel objet absurde (le carré rond ou le bouc-cerf) comporte en soi l'attestation de son non-être, tout comme l'idéalité celle de sa non-existence. Reportant ainsi toute la difficulté doctrinale sur le terme même d'*Außersein* — dont on vient de voir qu'il ne saurait, sans plus, être transcrit en « au-delà de l'être et du non-être » —, Meinong entend réduire le paradoxe auquel son nom est associé :

> Ce que l'on pourrait de manière pertinente appeler le principe de l'hors-être de l'objet pur (*Außersein des reinen Gegenstandes*) dissipe définitivement l'apparence de paradoxe qui a fourni le premier motif à l'établissement de ce principe ‹ le principe de l'indépendance du *Sosein* par rapport au *Sein* ›.
>
> *Théorie de l'objet*, trad. fr. p. 76.

Du principe d'indifférence ressort donc que l'être ou le non-être n'appartiennent pas à la nature de l'objet : celui-ci est au-delà de l'être et du non-être, il est *außerseiend*, étranger à l'être, hors-être. À vrai dire, si l'on prend l'expression à la lettre, il faut comprendre que c'est moins l'objet qui est hors de la sphère de l'être, sphère que l'on incline naturellement à privilégier en la tenant pour première, que le couple être/non-être qui est extérieur à l'objet : « *Sein wie Nichtsein dem Gegenstand gleich äußerlich ist.* »

Tel est le prix à payer pour une complète désontologisation de l'objet comme tel.

> Si quelqu'un juge par exemple qu'un *perpetuum mobile* n'existe pas, il est pourtant tout à fait clair que l'objet (*Gegenstand*) auquel l'existence est ici refusée, doit nécessairement avoir des propriétés et même des propriétés caractéristiques, sans lesquelles la conviction de la non-existence ne pourrait avoir ni sens ni justification.
>
> *Über Annahmen*, § 12, in *GA*, t. 4, p. 79.

Il importe alors de ne pas reculer devant cette conclusion directement contraire à la tradition de la métaphysique avicennienne, thomiste aussi bien que scotiste :

> L'être n'est justement pas la seule condition qui permettrait au processus de connaissance de trouver en quelque sorte un premier angle d'attaque, il est au contraire lui-même un tel angle d'attaque. Mais le non-être en est, lui aussi, un tout aussi bon.
>
> *Théorie de l'objet*, p. 77.

Jean-François COURTINE

BIBLIOGRAPHIE

FINDLAY John Niemeyer, *Meinong's Theory of Objects and Values*, Oxford, Clarendon Press, 1963.

GROSSMANN Reinhardt, *Meinong*, Londres-Boston, Routledge & Kegan Paul, 1974.

LASK Emil, *Die Logik der Philosophie und die Kategorienlehre*, 3e éd., avec une Postface de Friedrich Kaulbach, Tübingen, Mohr (Paul Siebeck), 1993.

LOTZE Rudolf Hermann, *Logik*, G. Gabriel (éd.), Hambourg, Meiner, 1989.

MEINONG Alexius, *Über Gegenstandstheorie ; Selbstdarstellung*, Hambourg, Meiner ; *Sur la théorie de l'objet ; Présentation personnelle*, trad. fr. J.-F. Courtine et M. de Launay, avec une présentation de J.-F. Courtine, Librairie philosophique J. Vrin, 1999.

— *Über Annahmen*, *in* R. Haller (éd.), *Gesamtausgabe*, t. 4, Graz, Akademische Druck- u. Verlagsanstalt, 1977.

NATORP Paul, « Thema und Disposition der aristotelischen Metaphysik », *Philosophische Monatshefte*, 24, 1888, p. 37-65, 540-574.

— « Husserls "Ideen zu einer reinen Phänomenologie" », *Logos, Internationale Zeitschrift für Philosophie der Kultur*, VII, 1917-1918, p. 224-246 ; réédité *in* H. Noack (éd.), *Husserl, Wege der Forschung*, Darmstadt, Wissenschaftliche Buchgesellschaft, 1973, p. 36-60.

PEÑA Lorenzo, *El ente y su ser*, Universidad de Leon, Secretariado de Publicaciones, 1985.

PERLER Dominik, *Satztheorien. Texte zur Sprachphilosophie und Wissenschaftstheorie im 14. Jahrhundert, Lateinisch-Deutsch, Herausgegeben, übersetzt und kommentiert von D.P.*, Darmstadt, Wissenschaftliche Buchgesellschaft, 1990.

RUSSELL Bertrand, *The Principles of Mathematics*, Londres, Allen & Unwin, 1903, 2e éd. 1937.
TWARDOSWSKI Kasimir, *Zur Lehre vom Inhalt und Gegenstand*, Vienne 1894, Munich, Philosophia Verlag, 1982 ; trad. fr. J. English, in *Husserl-Twardowski, Sur les objets intentionnels [1893-1901]*, Vrin, 1993.

SELBST ALLEMAND – fr. *soi, soi-même*

► *SOI*, et ALLEMAND, COMBINATOIRE ET CONCEPTUALISATION, CONSCIENCE, JE, *PERSONNE*, SAMOST', SUJET

Le radical Selbst *intervient dans la composition d'un grand nombre de concepts philosophiques, en particulier dans la philosophie hégélienne, où le* Selbstbewusstsein *(conscience de soi) occupe une position centrale et décisive. Son statut de préfixe, le plus fréquent, laisse indécidée la relation entre les différents composants de ces concepts : s'agit-il, par exemple, d'une conscience qui fonctionnerait dans une modalité de quant-à-soi, « en toute autonomie », ou tout simplement d'une conscience qui a pour objet elle-même ? La traduction de* selbst *a souvent « flotté » entre ces pôles, et il peut difficilement en être autrement.*

L'étymologie allemande éclaire, si besoin était, les hésitations des traducteurs. *Selb-* est un adjectif décliné (qui donne *derselbe*, *dieselbe*, *dasselbe* : le *même* au sens de l'identité), issu d'un radical qui était sans doute un pronom réfléchi (de la famille de *se*), dont la forme adverbiale *selbs* devient *selbst* chez Luther, tandis que la substantivation de cet adverbe (*das Selbst*) intervient au tout début du XVIIIe siècle, sur le modèle de l'anglais *the self*.

Il semble que l'usage du concept (substantif) ait d'abord été religieux : il désigne le « moi haïssable », l'ego pécheur, l'instance corruptible... On retrouve aussitôt cet écho négatif dans *selbstisch*, construit sur le modèle de *selfish*, qui signifie « égoïste ».

Avec *selbst* en position de préfixe, les composés sont nombreux, et courants : dans le domaine philosophique on trouve notamment *selbstständig*, *Selbstständigkeit* (autonome, autonomie), *Selbstbestimmung* (autodétermination), *Selbstbetrug* (illusion, mensonge à soi-même), *Selbstbewegung* (mouvement spontané), *Selbsterhaltung* (conservation de soi), *Selbsterkenntnis* (connaissance de soi), *Selbstgefühl* (sentiment de soi-même), *Selbstkritik* (autocritique), *Selbstmord* (suicide), *Selbstsucht* (égoïsme), *selbsttätig* (automatique), *Selbstzweck* (fin en soi). Selon la deuxième partie du composé, *selbst* désigne le caractère autonome de l'opération (*selbstständig*, *selbsttätig*), ou son objet réfléchi (*Selbstsucht*), ou encore les deux sens à la fois (*Selbstmord*), ce qui est le cas le plus fréquent.

Bon nombre de ces emplois pourraient se retrouver dans les composés français commençant par auto-, sauf sans doute dans les cas où le deuxième composant porte suffisamment en soi la dimension active ou opératoire autonome, pour que *selbst* au premier sens soit manifestement redondant et que soit immédiatement impliqué pour *selbst* un statut d'objet. C'est le cas dans *Selbstgefühl* et *Selbstbewusstsein*. Chez Hegel en particulier, dans la *Phénoménologie*, le passage de la conscience simple à la conscience de soi se fait dans la notion même d'objet de la conscience, qui fonctionnait comme sujet depuis le début, mais le découvre enfin dans le chapitre ainsi intitulé.

La traduction conventionnelle de *das Selbst* est *le Soi*. Pour être tout à fait rigoureux, il faut signaler cependant que, d'une part, cette traduction fait double emploi avec celle des formes réfléchies du pronom personnel (qui correspond à *sich*, accusatif ou datif), dont le traducteur a constamment besoin pour traduire *sich, an sich, für sich, in sich*, etc., et que par ailleurs ce « soi » est susceptible de variation (*mein Selbst* : mon Moi, *dein Selbst* : ton Toi...). Enfin, comme adjectif et comme adverbe, le radical *selb* connote fortement l'identité, ou si l'on veut l'idémité de ce qui est « même » (*die Sache selbst* : la chose même, *dieselbe Sache* : la même chose), ou encore ne se distingue pas de son essence : le « proprement dit »). On peut donc envisager de restaurer ces connexions de l'ipséité et de l'identité en renforçant le Soi par l'adverbe « même », ce qui présente l'intérêt de laisser les formes réflexives nues disponibles pour la traduction de *sich*. *Das Selbst* serait ainsi « le Soi-même » avec une majuscule (car il faut garder un « soi-même » pour *sich selbst*, très fréquent !).

Ce dispositif est soutenu en allemand par la possibilité d'utiliser comme substantif la forme nominative du pronom personnel (*das Ich* : le Je, traduit ainsi depuis Rimbaud, mais rendu par Moi antérieurement), alors que le français — il est vrai peu gêné par la déclinaison — a spécialisé la forme : « moi », « toi », « soi » pour ces usages. Par contraste, *das Selbst* devient ainsi une sorte de synonyme du concept de sujet : c'est le sujet impersonnel (mais pas le « ça »), et donc aussi l'essence. Le concept est surtout réservé, du coup, à la phénoménologie. On notera que Kant l'utilise peu et préfère notamment à *Selbstständigkeit* le paradigme classique dérivé du grec : *die Autonomie*. L'allemand courant a aujourd'hui spécialisé le substantif *das Selbst* dans la description comportementale : c'est le « Je conscient de soi-même ».

Jean-Pierre LEFEBVRE

BIBLIOGRAPHIE
HEGEL Georg Wilhelm Friedrich, *La Phénoménologie de l'esprit*, trad. fr. J.-P. Lefebvre, Aubier, 1991.

SÉMIOTIQUE / SÉMIOLOGIE

gr.	*sêmeiôsis* [σημείωσις]
all.	*Semiotik*
angl.	*semiotics, semeiotics, semeiotic, semiotic*

► ACTE DE LANGAGE, CHOSE, LANGUE, SENS, SIGNE, SIGNIFIANT

L'existence du doublet s'explique par la différence des traditions dont chaque terme est issu. Sémiotique *(*semiotic, Semiotik, *cf. J. H. Lambert, « Semiotik ») renvoie*

à une tradition stoïcienne et médiévale, à laquelle C.S. Peirce (1839-1914) a puisé, influençant toute la tradition pragmatiste (Peirce préfère « pragmaticiste » pour se distinguer du pragmatisme de James) dont se réclame C. Morris ; tandis que sémiologie *renvoie au* Cours de linguistique générale *(1916) de F. de Saussure. Il n'existe pas de convention unifiée d'emploi de ces termes ; elles varient suivant les écoles. Les hjelmsleviens par exemple utilisent* sémiologie *pour ce qui relève de la langue et* sémiotique *pour ce qui concerne l'étude générale des signes, tandis que des saussuriens comme J.-L. Prieto réservent au terme* sémiologie *l'extension la plus grande. Cependant l'Association internationale de sémiotique a recommandé en 1969 d'utiliser dans le cas d'une extension large le terme* sémiotique.

Pour Saussure, la sémiologie est « une science qui étudie la vie des signes au sein de la vie sociale ; elle formerait une partie de la psychologie sociale et par conséquent de la psychologie générale [...] Elle nous apprendrait en quoi consistent les signes, quelles lois les régissent [...] La linguistique n'est qu'une partie de cette science générale » (*Cours de linguistique générale*, p. 33).

Le terme *Semiotics* provient de Locke qui divise la science en « physique », « pratique » et « connaissance générale des signes » (*Essai sur l'entendement humain*, IV, 21, § 1-4). Il identifie partiellement la sémiotique et la logique : « Elle [la *sêmeiotikê*] est aussi assez proprement nommée logique : son emploi consiste à considérer la nature des signes dont l'esprit se sert pour entendre les choses ou pour communiquer la connaissance aux autres » (trad. fr. Coste, p. 602). J.H. Lambert dans sa « Semiotik » (1764) reprend le terme de Locke, mais donne à la sémiotique une extension plus grande : elle décrit tous les types de signes, même si l'orientation reste fondamentalement cognitive. Peirce utilise les trois termes *semeiotics, semeiotic, semiotic*. La sémiotique est une extension de la logique ; elle est « souvent identifiée à la logique » (*The Essential Peirce Selected Philosophical Writings*, p. 327, écrit en 1904) ; « la logique est l'étude de la nature essentielle des signes » (*ibid.*, p. 311, écrit en 1904). La définition de la sémiotique est la plus large possible : « Ce que j'appelle sémiotique, c'est-à-dire la doctrine de la nature essentielle et des variétés fondamentales de sémiosis possible » (*Collected Papers*, vol. 5, § 488, p. 335, écrit en 1907). La sêmiosis (terme qu'il déclare emprunter « au grec de la période romaine ») est selon lui « l'action de pratiquement toute sorte de signe » (*The Essential Peirce...*, p. 411, écrit en 1907). Selon Peirce, la logique comprend trois branches : la grammaire spéculative (terme emprunté aux Modistes), la logique critique et la *methodeutic* (mot préféré par Peirce à « méthodologie »). C'est la grammaire spéculative qui comprend la théorie générale des signes. C. Morris ("Foundations of the Theory of Signs" ; *Signs, Language and Behavior*) définit la sémiotique (*semiotic*) comme une théorie générale des signes regroupant la syntaxe (relations signes/signes, étude des conditions formelles de sens des combinaisons de signes), la sémantique (relations signes/objets, étude des conditions d'interprétation) et la pragmatique (relation signes/utilisateurs). R. Carnap (*Meaning and Necessity*) a repris cette trichotomie. Chez Peirce, la sémiotique tend à s'identifier à une grammaire générale des signes, tandis que Morris distingue à l'intérieur de la sémiotique différentes composantes, dont la composante grammaticale.

É. Benveniste (« Séméiologie de la langue ») a interprété l'opposition entre sémiologie saussurienne et sémiotique peircienne comme un paradigme reflétant la division à l'intérieur de la langue elle-même d'un « mode sémiotique » et d'un « mode sémantique ». Le terme « sémiotique » est alors redéfini : « Le sémiotique désigne le mode de signifiance qui est propre au SIGNE linguistique et qui le constitue comme unité » (p. 64).

Frédéric NEF

BIBLIOGRAPHIE

BENVENISTE Émile, « Séméiologie de la langue », in *Problèmes de linguistique générale*, Gallimard, 1974, t. 2, p. 43-66.

CARNAP Rudolph, *Meaning and Necessity*, Chicago, University of Chicago Press,1947 ; *Signification et Nécessité*, trad. fr. F. Rivenc, Gallimard, 1997.

LAMBERT Johann Heinrich, « Semiotik », IIIe partie du *Neues Organon*, Leipzig, 1764.

LOCKE John, *Essai sur l'entendement humain* [1694], trad. fr. P. Coste [1715], Vrin, 1972.

MORRIS Charles, "Foundations of the Theory of Signs", in *International Encyclopedia of Uified Science*, vol. 1, n° 2, The University Press of Chicago, 1938.

— *Signs, Language and Behavior*, Upper Saddle River, Prentice Hall, 1946.

PEIRCE Charles Sander, *Collected Papers*, C. Hartshrone et P. Weiss (éd.), Cambridge, Harvard UP, 1931-1958, 8 vol.

PRIETO Luis-José, *Pertinence et Pratique. Essais de séméiologie*, Minuit, 1975.

SAUSSURE Ferdinand de, *Cours de linguistique générale*, éd. crit. T. de Mauro, Payot, 1978.

SENS

gr.	*aisthêsis* [αἴσθησις], *nous* [νοῦς], *dianoia* [διάνοια], *sêma* [σῆμα]	angl.	*sense, sentiment, feeling, meaning, import, signification*
lat.	*sensus, sententia, vis, intellectus, significatio*	esp.	*sentido*
all.	*Sinn, Bedeutung, Gefühl, Empfindung*	it.	*senso*

► ACTE DE LANGAGE, CONNOTATION, ENTENDEMENT, FEELING, GEFÜHL, HOMONYME, INGENIUM, INTELLECT, INTELLECTUS, INTENTION, LOGOS, MORAL SENSE, NONSENSE, PATHOS, PERCEPTION, ***RAISON, SENS COMMUN*** [COMMON SENSE, SENSUS COMMUNIS], ***SENTIR***, SIGNIFIANT.

« Le temps est le sens de la vie — sens comme on dit le sens d'un cours d'eau, d'une phrase, d'une étoffe, le sens de l'odorat. » Cette phrase de Claudel (citée par Armand Cuvillier, Vocabulaire philosophique, *Armand Colin, 1956,* s.v. *« Sens ») suggère que la polysémie de* sens *n'est pas de l'ordre du hasard.*

La polysémie du latin sensus *est à l'origine de celles qu'on trouve dans les langues romanes et anglo-saxonnes (fr.* sens, *it.* senso, *esp.* sentido, *angl.* sense, *all.* Sinn*). Le champ sémantique de* sensus *articule en effet à la fin de l'âge classique trois grandes acceptions :* (1) *la sensation, la perception sensible ;* (2) *la compréhension, la perception intellectuelle ;* (3) *la signification. Cette articulation n'existe pas en amont : en grec, le registre de l'*aisthanesthai [αἰσθάνεσθαι], *« sentir, percevoir, s'apercevoir » (1), est absolument distinct de celui du* sêmainein [σημαίνειν], *« faire signe, signifier, vouloir dire » (3). C'est cependant sous le chef d'un terme grec, le* nous [νοῦς], *qui relève du second registre, celui de la perception intellectuelle, que les Pères de l'Église, qui le rendent par* sensus, *unifieront l'ensemble.*

Par ailleurs, cette polysémie n'évolue pas nécessairement de la même manière en aval. On assiste à deux types de phénomènes. D'une part, il y a des phénomènes de contamination entre divers sens de sens, *quelque chose comme un flux sémantique potentiellement unitaire ; c'est d'autant plus sensible en français (et, plus tardivement, en italien et en allemand) qu'on trouve pour* sens *l'acception supplémentaire de « direction », si bien que le « bon sens » dénote à la fois la bonne direction et le sens commun, qui se connotent du coup l'un l'autre* (voir SENS COMMUN)*. D'autre part, il y a souvent dans une langue donnée une ou plusieurs autres manières de dire l'un des sens de* sens, *qui produit une distinction philosophiquement appropriable, comme entre* Sinn *et* Bedeutung, sense *et* meaning*. Enfin, l'articulation entre sensation et intellect produit tout un complexe intermédiaire, qui va du* sens interne *au* sens moral *en passant par la* sensibilité *et le* sentiment*, et qui se trouve à chaque fois autrement pris dans le réseau constitué de la langue* (sense, sentiment, feeling [voir FEELING], *ou* Gefühl, Empfindung [voir GEFÜHL/EMPFINDUNG]).

I. LE GREC : HÉTÉROGÉNÉITÉ ET AMPLITUDE

Quand on part de la polysémie du fr. *sens*, et déjà du lat. *sensus*, ce qui frappe rétrospectivement en grec est au contraire l'hétérogénéité, sans passage apparent ni dans la langue ni dans les doctrines classiques, entre, d'une part, le registre de la perception, sensible ou intellectuelle (*aisthêsis* [αἴσθησις], *dianoia* [διάνοια], *nous* [νοῦς], voir ENTENDEMENT et INTELLECTUS), comme de la connaissance externe ou interne qu'elle peut apporter, et, d'autre part, le registre du signe et de la signification (*sêmainein* [σημαίνειν], voir SIGNE, HOMONYME et LOGOS). L'unité qui s'opérera sous le chef du *nous* entre sens externe, sens intérieur et sens littéral est en particulier inenvisagée, sinon inenvisageable, en termes aristotéliciens, au moment de la théorisation du sémantique comme tel.

A. L'amplitude de l'« aisthêsis »

En revanche, le terme *aisthêsis* a, à lui seul, une très grande amplitude, qui rend difficile sa traduction par un terme unique. C'est un dérivé d'*aisthanomai* [αἰσθάνομαι], et la construction de ce verbe est déjà révélatrice : avec le génitif, comme les verbes qui marquent une opération des sens, sauf celle de la vision, il signifie régulièrement « percevoir » quelque chose ; avec l'accusatif d'objet, il signifie « comprendre » (Thucydide, III, 36, 5), et, avec le génitif d'origine de la personne dont on tient l'information, « apprendre quelque chose de quelqu'un » ; dans tous les cas, il implique qu'on « s'aperçoit de » ou « que », qu'on « se rend compte » (Thucydide, V, 26, 5 : « étant d'un âge à me rendre bien compte », pour parler de son vécu propre de la guerre ; voir CONSCIENCE, encadré 1) ; si bien que, quand on l'emploie absolument, il finit par signifier qu'on est en possession de ses facultés, dans son bon sens (Thucydide, I, 71, 5 : *hoi aisthanomenoi* [οἱ αἰσθανόμενοι], « les gens de bon sens », conseille Bailly, là où la traduction de J. de Romilly [Les Belles Lettres, 1958] donne, non moins raisonnablement, « les hommes qui sauront »).

1. « Entendre » et « sentir »

Selon Chantraine, *aisthanomai* provient de *aïô* [ἀΐω] (attesté surtout au participe chez Homère), sur le sanscrit *avih*, comme le latin *audio*, qui veut dire « entendre, percevoir » (plus rarement : « écouter, obéir »). On touche là au privilège « linguistique » de tel ou tel modèle de sensation. Ainsi, l'ouïe est au départ, plus que la vision, un sens déterminant pour l'*aisthêsis* grecque (Bailly prend l'exemple de Thucydide, VI, 17, 6 : *akoêi aisthanomai* [ἀκοῇ αἰσθάνομαι], « je perçois par l'ouïe, j'entends dire »). En revanche, notre *sentir*, sur le lat. *sentire*, se spécialise en « percevoir par l'odorat » et « exhaler une odeur » (le DHLF cite « senteur » et, en vénerie, « sentement », qui désigne l'odorat des chiens de chasse et l'odeur qu'ils perçoivent). Ces exemples rendent d'abord manifeste le lien fusionnel entre, pour faire vite, le sujet et l'objet dans la sensation, lien que thématise Aristote dans l'*aisthêsis* (voir ci-dessous, 3). Mais la différence de paradigme entre l'*aisthanomai*, d'emblée « auditif », et le *sentir*, au devenir « olfactif », peut aussi éclairer le déplacement qui s'effectue d'*aisthêsis* à *nous* quand on passe au *sensus* latin : en effet, le *nous*, que Bailly propose de traduire notamment par « intelligence, esprit, pensée, sagacité, sagesse, sens commun, intention, âme, cœur, sentiment, volonté, désir » (j'omets la traduction pourtant très fréquente par « intuition », qui nous renvoie cette fois au paradigme de la vision — lat. *intueri*, « voir » — dont relèvent en grec la *théorie* ou l'*idée* [voir SPECIES]), est essentiellement lié au « flair », à la faculté qu'ont les chiens de « sentir » (voir ENTENDEMENT, en particulier encadré 1) ; or c'est précisément cet « olfactif » *nous* que rendra *sensus*.

2. Le système des hiérarchies

Cette différence de modèle — l'oreille ou le nez ? — se complique d'une hiérarchie gnoséologique. La systématique aristotélicienne dessine durablement le cadre dans lequel se différencient *aisthêsis* et *nous*, à savoir une hiérarchie des vivants et de leurs facultés, déployée dans le *De anima*. Aristote distingue trois genres de vivants : les végétaux (*phuta* [φυτά], voir NATURE, encadré 1), qui ne possèdent que la faculté de se nourrir (*to threptikon* [τὸ θρεπτικόν]), les animaux (*zôia* [ζῷα], voir ANIMAL), qui possèdent en outre celle de « sentir » (*to aisthêtikon* [τὸ αἰσθητικόν], qui ouvre à celle de désirer, *to orektikon* [τὸ ὀρεκτικόν], voir VOLONTÉ et PHANTASIA), les hommes (« et — dit-il — tout autre être semblable ou supérieur »), qui possèdent de plus celle de penser (*to dianoêtikon te kai nous* [τὸ διανοητικόν τε καὶ νοῦς]) (*De anima*, II, 3, 414a 29-b 19). La distinction entre « dianoétique », intelligence discursive (« qui parcourt », *dia* [διά], en flairant), et « noétique », intelligence intuitive (« qui flaire »), n'est pas pertinente à ce degré de généralité dans la description, mais le *nous* est évidemment le terme d'amplitude et de complexité maximales, à la fois instance ultime, récupérant toutes les autres, et instance à part, souveraine, liée au divin dans l'homme (« le *nous* qui devient toutes choses, et le *nous* qui les produit toutes », *ibid.*, III, 5, 430a 14-15, voir INTELLECTUS). C'est pourquoi *aisthêsis* et *nous* sont structurellement liés : « l'âme est comme la main ; en effet la main est un instrument d'instruments (*organon* [...] *organôn* [ὄργανον (...) ὀργάνων], un instrument capable d'instrumenter d'autres instruments), or l'intelligence est une forme de formes (*ho nous* [...] *eidos eidôn* [ὁ νοῦς (...) εἶδος εἰδῶν]) et la sensibilité une forme de sensibles (*kai hê aisthêsis eidos aisthêtôn* [καὶ ἡ αἴσθησις εἶδος αἰσθητῶν]) » (*ibid.*, III, 432a 1-3). Mais on touche ici à un point limite quant à la traduction, qui met en jeu l'amplitude, non seulement des notions de *nous* et d'*eidos* [εἶδος], mais, plus directement, celle des notions d'*aisthêsis* et d'*aisthêton* [αἰσθητόν].

3. L'« aisthêsis » comme acte commun du sentant et du senti

L'amplitude de l'*aisthêsis* se trouve déployée et thématisée dans le *De anima*. Elle provient pour nous de ce que l'alternative subjectif/objectif s'y trouve toujours déjà dépassée. En effet, l'*aisthêsis* désigne à la fois : (*a*) la faculté de sentir, ou « sensibilité », qui caractérise certains vivants ; (*b*) l'exercice de cette faculté, ou « perception » ; (*c*) sa distribution, liée et non liée aux organes des sens (chacun des cinq « sens » donc, qui, en tant que localisé dans un organe, se dit *aisthêtêrion* [αἰσθητήριον], mais aussi le fameux « sens commun ») ; (*d*) enfin, les affections, les pathèmes, produits par les objets des sens, les « sensations ». La synchronie de ces acceptions — sensibilité, perception, sens, sensation —, avec cette remarquable conjonction de l'actif et du passif, est l'un des effets de la définition de l'*aisthêsis* comme « acte unique (*mia* [...] *energeia* [μία (...) ἐνέργεια]) du sensitif-sentant (*tou aisthêtikou* [τοῦ αἰσθητικοῦ]) et du sensible-senti (*aisthêton*, cf. le "double sens" pour nous de l'adjectif verbal en *-tos*) » (*De anima*, III, 2, 426a 16-17), et comme coïncidence en acte entre l'organe du sens (*aisthêtêrion*) et le senti (*aisthêton*), chacun de ces deux éléments, comme l'ouïe et le son, qui deviendront le sujet et l'objet, étant identique à l'autre « à l'être près » (*ibid.*, et 425b 26-28 ; cf. B. Cassin, *Aristote et le logos*, p. 6, 112, 144 ; voir SUJET, OBJET et PATHOS), dans un « recroisement » dont se souviendra un Merleau-Ponty.

♦ Voir encadré 1.

B. « Koinê aisthêsis » et sens commun

La *koinê aisthêsis* [κοινὴ αἴσθησις], qu'on rend par « sens commun », désigne chez Aristote, non pas un sixième sens, mais le fait de sentir en même temps au moins deux sensations (*aisthêseis* [αἰσθήσεις]) venues de deux canaux sensoriels distincts (*aisthêseis* [αἰσθήσεις]). Cela produit deux conséquences extrêmement importantes :

(*a*) D'une part, une transversalisation des sensations propres à chaque sens (« sentis propres [*idia aisthêta* (ἴδια αἰσθητά)] », à savoir la couleur, et cette couleur-ci, pour la vue, l'odeur, et cette odeur-ci, pour l'odorat). On parvient ainsi à une perception des « sentis communs [*koina aisthêta* (κοινὰ αἰσθητά)] », que chacun des sens fait percevoir à lui tout seul simplement par accident : tels sont le mouvement, le repos, la figure, la grandeur, le nombre, l'unité (III, 1, 425a 14-16 ; cf. II, 6, 418a 17-18). On parvient surtout à une reconnaissance d'objet, par une synthèse des sentis propres isolés, quant à eux toujours vrais : elle rend possible la nomination, mais aussi l'erreur — jaune, amer : est-ce de la « bile » ? (III, 1, 425b 1-4 ; voir encadré 7, « *Apatê* », dans VÉRITÉ, et B. Cassin, *op. cit.*, p. 121-147.) D'où le double sens latin de *sentire*, « sentir » (*percipere*) et « juger » (*judicare*), compréhensible par exemple à travers le commentaire que fait Albert le Grand du *De anima* (« *odorare est sentire et judicare odorem* », G. Spinosa, « Sensazione e percezione... », p. 64).

(*b*) D'autre part, une sensation de sensation (on se « rend compte » — où l'on retrouve le sens homérique d'*aisthanesthai* [αἰσθάνεσθαι] — que l'on sent, on sent qu'on sent), une auto-affection ou « conscience de (sentir) », qu'on pourra nommer « aperception » (voir, outre le *De anima*, III, 2, 425b 12 [« puisque nous sentons que nous voyons et que nous entendons... »], le *De somno*, 255a 15 ; cf. *sunaisthêsis* [συναίσθησις] chez Alexandre d'Aphrodise, G. Spinosa, art. cité, p. 63 ; voir PERCEPTION, APERCEPTION et CONSCIENCE). C'est dans la mesure où le sentir est un juger que le sens commun sera conçu, chez Albert le Grand par exemple, comme le premier des « sens internes » (G. Spinosa, art. cité, p. 65).

Chez Aristote, les « sentis communs » constituent une liste définie, voire close, et sont l'effet d'une perception qui s'exerce par l'intermédiaire d'au moins deux sens simultanés, dès lors susceptible d'erreur. Chez Platon, où le terme de « sens commun » n'apparaît pas, la possibilité de comparer et de « saisir ce que les sentis propres ont de commun (*to koinon lambanein peri autôn* [τὸ κοινὸν λαμβάνειν περὶ αὐτῶν]) » (*Théétète*, 185b) est rapportée directement à l'âme, sans l'intermédiaire d'aucun organe des sens, en tant que « faculté qui s'exerce au moyen de la langue [*hê dia tês glôttês dunamis* (ἡ διὰ τῆς γλώττης δύναμις)] » (*ibid.*, 185c). Dans tous les cas, il n'existe pas de « sens commun » isolable des autres sens et lié à un organe propre (*sensorium commune*). Mais on peut sans doute comprendre à partir de là le *sensus communis* comme manière commune de sentir et d'apprécier (Cicéron, *De oratore*, 1, 12 ; 2, 68), vulgaire et erronée, ou pleine de « bon sens » et de « sens des convenances » (Sénèque, *De beneficiis*, I, 12, 3), et liée au langage ordinaire comme expression du *consensus* (voir SENSUS COMMUNIS, et *SENS COMMUN*).

C. Croise-t-on le « sêmainein » ?

N'y a-t-il dans ce parcours aucun point de contact entre registre de la sensibilité et registre de la signification ?

(*a*) On effleure le sémantique avec la description de la sensation comme rapport, *logos* [λόγος], à chaque fois déterminé entre des qualités contraires. C'est alors l'amplitude du terme *logos* qui est à interroger (voir LOGOS). En effet l'*aisthêsis*-sensation *legei* [λέγει], « parle », au sens de « chiffre », « évalue », dans la mesure où elle n'est autre qu'une proportion singulière, une pondération, entre des contraires : tel gris que je sens actuellement n'est rien d'autre qu'un *logos* de noir et de blanc (II, 12, 424a 17-b 3, et III, 2, 426a 27-b 29 ; voir B. Cassin, *op. cit.*, p. 114-119). Grâce à l'*aisthêsis koinê*, on peut recon-

1

« Aisthêton »

► OBJET, « ***LEKTON*** » (dans SIGNIFIANT / SIGNIFIÉ)

Il n'est pas facile de rendre les textes philosophiques grecs portant sur la sensation, malgré des équivalences terminologiques qui semblent s'imposer : tel est le cas de *sensible* pour *aisthêton*, [αἰσθητόν] de *visible* pour *oraton* [ὁρατόν], etc. La raison est en fait moins lexicale que grammaticale. Le grec ancien substantifie avec une grande facilité les adjectifs verbaux ou les participes, et dispose du neutre singulier ou pluriel pour désigner sans plus de précision ce dont il parle. De plus, l'adjectif verbal en *-tos* marque généralement la possibilité, comme l'adjectif latin en *-bilis*, mais il a parfois conservé de son origine le sens d'un participe passé passif (cf. le latin *audi-tus*).

Cela donne des formules particulièrement concises, qui amènent le traducteur à gloser pour être clair, au risque d'anachronismes philosophiques. Il est souvent tenté de restituer à *sensible* son statut d'adjectif en lui faisant qualifier le mot *chose* ou, pis encore, *objet*, et d'introduire ainsi subrepticement dans la pensée antique une opposition entre sujet et objet qui n'apparaîtra qu'à notre époque classique. Chez Aristote — et il sera largement suivi —, c'est le sensible qui agit sur le sens et l'actualise à sa ressemblance. Le sensible se définit ainsi par la sensation qu'il donne et le sens par le sensible qui se donne proprement en lui (la vue par le visible, l'ouïe par le son...), selon une circularité conceptuelle qui dispense d'opposer le sujet à l'objet.

Le français se tire de cette concision simplement par un style un peu rugueux et un ou deux ajouts. Dans le *De sensu et sensibilibus*, en 440a 18-19, R. Mugnier rend « ὥστ' εὐθὺς κρεῖττον φάναι τῷ κινεῖσθαι τὸ μεταξὺ τῆς αἰσθήσεως ὑπὸ τοῦ αἰσθητοῦ γίνεσθαι τὴν αἴσθησιν » par « par suite, il vaut mieux déclarer sur-le-champ que c'est l'intermédiaire indispensable à la sensation qui, par le mouvement reçu du sensible, produit la sensation » (Les Belles Lettres). En anglais, le rendu semble plus difficile. J.E. Beare se sent obligé d'abandonner le terme *sensible* et de recourir à la paraphrase : « *So that it were better to say at once that visual perception is due to a process set up by the perceived object in the medium betweeen this object and the sensory organ* » (Oxford).

Il semble que la difficulté en anglais soit accrue par le sens courant de *sensible*, qui ne renvoie pas d'ordinaire à une acception immédiatement sensorielle. *Sensible* désigne soit une personne raisonnable, nous dirions sensée, soit encore, s'agissant de vêtements ou de chaussures, des choses pratiques, dans lesquelles on se sent bien. Il faut forcer la langue pour reprendre le mot à mot grec, ou bien se résigner à la périphrase. Et cela vaut aussi pour le *sensible* français au sens de « ce qui se donne à sentir », qui passe malaisément en anglais.

Gérard SIMON

naître et nommer (*legein* [λέγειν]) en risquant l'erreur un « objet » senti (ce jaune et cet amer, c'est « de la bile »). On obtient ainsi un énoncé descriptif (*logos*), proche d'une définition (*logos*) de l'objet perçu. Mais, pour suivre l'exemple, on ne sait pas pour autant ce que *bile* « veut dire » (*sêmainei* [σημαίνει]). En revanche, on est dans une « signalisation » au sens homérique et pré-aristotélicien : le jaune signale la bile, au risque d'une mésinterprétation.

(*b*) D'un autre point de vue, le rapport entre « esthétique », au sens de sensibilité, et sémantique discursive est construit à l'intérieur de cette boîte noire qu'est l'âme dans le *De interpretatione*, qui rapporte les uns aux autres sons de la voix, états de l'âme et choses du monde (voir SIGNE, encadré 1). Place est faite à l'intention et au vouloir-dire du *nous* comme *sensus*, à comprendre à la fois comme accueil, visée intentionnelle de l'objet, et comme émission, intention de se prêter à la convention du sens telle qu'elle est mise en place à partir du principe de non-contradiction au livre *Gamma* de la *Métaphysique* (parler, c'est dire quelque chose qui a un sens et un seul, pour soi-même et pour autrui, voir PRINCIPE, I, C, et HOMONYME, II, B, 3 ; voir aussi INTENTION).

Mais l'ensemble n'est à coup sûr pas construit autour d'un terme unique que nous pourrions traduire par *sens*, avec l'amplitude présente pour nous dans ce mot.

II. LA POLYSÉMIE UNITAIRE DE « SENSUS » : TRIPLE ACCEPTION ET FLUX SÉMANTIQUE

La polysémie de *sensus* est liée aux termes grecs *aisthêsis*, *dianoia*, *nous*, et le flux sémantique tendanciellement unitaire qui la caractérise est l'expression du débat philosophique autour des rapports entre sensation et connaissance.

Les trois registres qui déterminent les acceptions de *sensus* s'organisent selon quatre niveaux d'analyse qui sont demeurés longtemps implicites : le niveau physiologique, le niveau psychologique, le niveau gnoséologique, le niveau logico-linguistique. *Sensus*, comme sensation, perception sensible, comprend ainsi : au niveau physiologique, l'acception de « sensation » en tant que fonctionnement biologique de l'organe des sens, mouvement passif de l'organe sous l'impulsion des objets extérieurs, et l'acception d'« organe des sens ». Au niveau psychologique, *sensus* comprend ensuite l'acception de « faculté sensible » (sens de la vue, de l'ouïe, etc.) (*aisthêsis*, voir ci-dessus, I, A ; voir aussi *PATHOS*). *Sensus*, comme compréhension, perception intellectuelle, relève du niveau gnoséologique et comprend les acceptions de « conscience » (voir CONSCIENCE), d'« intention » (voir INTENTION), de « sentiment », d'« avis » (lat. *sententia*, également dérivé de *sentire*), de « pensée, opinion, jugement, esprit, intellect », impliquant une phase seconde d'élaboration mentale des données fournies par la sensation. *Sensus*, comme signifié, signification, se situe au niveau logico-linguistique, et comprend les acceptions d'« idée », de « concept », « contenu mental », dans la mesure où toute perception sensible et intellectuelle comporte une interprétation des données sensibles ainsi que l'attribution de signifiés mentaux aux données fournies par la sensation et exprimées par l'intermédiaire des signes linguistiques.

A. Les lieux de la polysémie

Les traductions et les commentaires des textes grecs de l'Antiquité tardive et du Moyen Âge sont les lieux révélateurs de la polysémie de *sensus*. Dans les *Lettres* de Paul de Tarse (Nouveau Testament, traduction latine, IVe-Ve siècle) et dans l'*Asclepius* latin (ca IVe siècle), la correspondance entre *sensus* et *nous*, comme intention, pensée, esprit, intellect, conduit à reconnaître une similitude sémantique d'ensemble dans le couple gréco-latin. C'est ainsi que Paul de Tarse, se référant aux « pensées répréhensibles auxquelles Dieu a livré les païens », dit : « *tradidit eos Deus in reprobum sensum* (*paredôken autous ho theos eis adokimon noun* [παρέδωκεν αὐτοὺς ὁ θεὸς εἰς ἀδόκιμον νοῦν]) » (Romains 1, 28) ; puis, renvoyant à « la paix de Dieu qui dépasse toute intelligence » : « *et pax Dei quae exsuperat omnem sensum* (*kai hê eirênê tou theou hê huperekhousa panta noun* [καὶ ἡ εἰρήνη τοῦ θεοῦ ἡ ὑπερέχουσα πάντα νοῦν]) » (Philippiens 4, 7) ; ou encore, pour parler de la pensée de Dieu et de son conseil : « *Quis enim cognovit sensum Domini aut consiliarius eius fuit ?* (*Tis gar egnô noun Kuriou ? hê tis sumboulos autou egeneto ?* [Τίς γὰρ ἔγνω νοῦν Κυρίου ; ἢ τίς σύμβουλος αὐτοῦ ἐγένετο ;] Qui a connu la pensée de Dieu ou qui a été son conseiller ?) » (Romains 11, 34 ; cette citation d'Isaïe 40, 13 revient aussi dans la première Lettre aux Corinthiens, 1 Corinthiens 2, 16a : « *Quis enim cognovit sensum Domini qui instruat eum* ? (*Tis gar egnô noun Kuriou, hos sumbibasei auton ?* [Τίς γὰρ ἔγνω νοῦν Κυρίου, ὃς συνβιβάσει αὐτόν ;] Qui a connu la pensée du Seigneur pour pouvoir le conseiller ? »).

Dans *Asclepius* l'hermétique, en revanche, le *sensus-nous* désigne l'intellect, la faculté supérieure de l'homme qui le fait participer au divin :

> *sed de animalibus cunctis humanos tantum sensus* (*nous*) *ad divinae rationis intelligentiam exornat, erigit atque sustollit.*
>
> [mais de tous les êtres qui ont vie, c'est l'homme seul que l'intellect équipe, élève, exalte en sorte qu'il puisse atteindre à la connaissance du plan divin.]
>
> *Asclepius*, 6, 8-10, éd. Nock et Festugière, Les Belles Lettres, 1983, t. 2, p. 303.

Le texte poursuit :

> *unde efficitur ut, quoniam [homo] est ipsius una compago, parte, qua ex anima et sensu* (*nous*)*, spiritu* (*pneuma*) *atque ratione divinus est, velut ex elementis superioribus, inscendere posse videatur in caelum, parte vero mundana, quae constat ex igne* ‹ *et terra* ›*, aqua et aere, mortalis resistat in terra.*
>
> [D'où il résulte que, puisque l'homme ne constitue qu'un seul et même assemblage, par cette partie de lui selon laquelle, étant fait, comme d'éléments supérieurs, d'âme et d'intellect, d'esprit et de raison, il est divin, il paraît avoir le moyen de monter jusqu'au ciel, tandis que par la

partie matérielle, composée de feu < et de terre >, d'eau et d'air, il est mortel et demeure attaché à la terre.]

Ibid., 10, 22-26, p. 308-309.

On comparera de même :

> *Gratias tibi summe, exsuperantissime* [...] *condonans nos sensu* (nous), *ratione, intelligentia : sensu, ut te cognoverimus ; ratione, ut te suspicionibus indagemus ; cognitione, ut te cognoscentes gaudeamus.*
>
> *<kh>arin soi oidamen* [...] *kharisamenos hêmin noun <log>on gnôsin ; noun me<n>, hina se noêsômen, logon <de hin>a se epikalêsômen, gnôsin hina epignôsômen* [<χ>άριν σοὶ οἴδαμεν (...) χαρισάμενος ἡμῖν νοῦν <λόγ>ον γνῶσιν νοῦν μὲ<ν>, ἵνα σὲ νοήσωμεν, λόγον <δὲ ἵν>α σὲ ἐπικαλήσωμεν, γνῶσιν ἵνα ἐπιγνώσωμεν.]
>
> Nous te rendons grâces, Très-Haut, Toi qui surpasses infiniment toutes choses (...) en nous faisant cadeau de l'intellect, de la raison, de la connaissance : de l'intellect, pour que nous puissions te connaître ; de la raison, pour que, par nos intuitions, nous t'atteignions au terme de la chasse ; de la connaissance pour que, te connaissant, nous soyons en joie.]
>
> *Ibid.*, 41, p. 353-354, voir aussi LOGOS, pour les précautions significatives de la présente traduction.

Cette acception se répand ensuite chez les Pères grecs et latins : Irénée (Sancti Irenaei *Libros quinque adversos Haereses*, 2, 13, 3, éd. W.W. Harvey, t. 1, Cambridge, 1857, p. 282 ; Irénée de Lyon, *Contre les hérésies*, 3, 25, 2, éd. crit. A. Rousseau et L. Doutreleau, t. 2, texte et trad. fr., 1974, p. 481), Tertullien (*Adversus Praxean*, 6) ou Jerôme (Sanctus Hieronymus, *Commentarii in prophetas minores*, *In Naum*, chap. 3, l. 549, Turnhout, 1970).

À partir de la correspondance *sensus-nous-intellect*, on peut relever l'affinité d'ensemble entre les champs sémantiques de *sensus* et de *nous*. Les deux termes s'articulent, en effet, selon les trois acceptions de (1) perception sensible, (2) perception intellectuelle, (3) signification, dans la mesure où ils expriment en général l'attitude complexe et articulée de l'homme vis-à-vis du monde, un homme pourvu de corps et d'esprit face à un monde sensible et intelligible. *Sensus* et *nous* se répartissent ensuite selon une issue sémantique polarisée, *sensus* en venant à signifier principalement la perception sensible et la signification, *nous* la perception intellectuelle et la signification. Le caractère perceptif et, par conséquent, « immédiat » de la compréhension cognitive obtenue à travers la perception tant sensible qu'intellectuelle (qui se distingue donc de la connaissance abstraite et discursive, non intuitive) demeure la connotation commune aux deux termes. La polysémie tripartite de *sensus* est signalée dans la première scolastique : dans un commentaire anonyme de l'*Asclepius*, daté du XIIe siècle (Vat. Ott. lat. 811) (*sensus corporei, intellectus, significatio*), et dans le dictionnaire alphabétique de la Bible d'Alain de Lille (XIIe siècle) (*Distinctiones dictionum theologicarum*, PL, t. 210, col. 941B) (*intellectus, significatio*).

B. La continuité sémantique, via la valeur cognitive des sens

Cette triple acception de *sensus*, (1) sensation, (2) compréhension, (3) signification, s'articule selon une continuité sémantique essentielle qui est l'expression même de doctrines fondamentales, antiques et médiévales, sur la valeur cognitive des sens, à leur tour conditionnées par des conceptions différentes de la nature de l'âme humaine.

Sensus, comme sensation corporelle passive (1a), renvoie à la réduction de la connaissance à la sensation caractéristique des courants sensualistes et matérialistes anciens (l'atomisme de Démocrite, les Épicuriens, les Stoïciens, en partie les Sophistes), pour qui la nature corporelle de l'âme, quelle que soit sa subtilité, reconduit le processus cognitif dans son ensemble à un contact entre corps. *Sensus* comme perception sensible (1b) mais aussi comme perception intellectuelle (2) nomme des manières différentes de réduire la sensation à un acte de l'âme, réduction différemment connotée chez Aristote et dans l'aristotélisme, chez Platon et pour les Néoplatoniciens, selon le statut de l'âme humaine, tantôt forme du corps, tantôt substance spirituelle.

Les commentaires, les traductions et les textes du Moyen Âge mettent clairement en évidence cette différenciation d'ordre sémantique qui, du point de vue de la terminologie, s'articule en deux phases : (a) l'explicitation de la polysémie de l'*aisthêsis* aristotélicienne et platonicienne ainsi que du *sensus communis* ; (b) la notion néoplatonicienne de *dianoia* (chez Jean Scot, IXe siècle) et de *sensus interior*, ouvrant sur le *sensus litteralis* et la troisième acception de *sens*.

1. « Aisthêsis » et « sensus communis »

Le commentaire au *De anima* d'Aristote, rédigé par Albert le Grand (XIIIe siècle), souligne la nature simultanément passive et active de l'*aisthêsis* aristotélicienne : altération passive, mais aussi acquisition de potentialité, conscience de sentir, jugement sensible (surtout dans la *koinê aisthêsis*, voir *supra*, et SENSUS COMMUNIS) :

> *Et ad hoc dicimus, quod odorare non est absolute pati a sensibili percepto, sed potius odorare est sentire et judicare odorem, quod est secunda sensus perfectio, et non est tantum pati, sed etiam operari aliquid.*
>
> [Nous disons à cela que saisir une odeur, ce n'est pas absolument pâtir du sensible perçu, mais, plus exactement, que saisir une odeur, c'est sentir et juger de l'odeur, ce qui constitue la seconde perfection du sens, et que ce n'est pas seulement pâtir, mais également effectuer quelque chose.]
>
> *Alberti Magni De anima*, éd. C. Stroick, Münster, 1968, p. 150, 78-151, 1 ; cf. Aristote, *De anima*, II, 12, 424b 18-20.

L'âme forme du corps est ce qui garantit l'apport sensible à la connaissance, selon l'empirisme modéré d'Aristote, à l'intérieur duquel Albert le Grand explicite la notion de *sensus* comme perception sensible (1b), qui restait implicite dans l'*aisthêsis* aristotélicienne.

Dans la version médiévale du *Phédon* de Platon, Henri Aristippe de Catane (XIIe siècle) traduit *aisthanomai* non seulement par *sentire*, mais aussi par *sensu percipere* et *sensu concipere* (percevoir/concevoir par le[s] sens), entendant souligner par là le rôle purement instrumental de la sphère corporelle dans la sensation. Le traducteur contribue ainsi à rendre manifeste la réduction platonicienne de la sensation à une perception sensible qui, ici et à la différence d'Aristote, est l'apanage d'une âme purement spirituelle, temporairement liée à un corps radicalement hétérogène et inférieur par l'entremise duquel elle ne peut subir aucune modification. Conformément au statut platonicien de la sensation, en effet, l'âme, d'une part, se sert des organes corporels comme d'instruments pour conserver le corps et percevoir le monde sensible ; mais, d'autre part, la sensation n'est jamais qu'un stimulus qui réveille dans l'âme la mémoire des réalités intelligibles qu'elle a précédemment connues :

> *Possibile enim hoc eciam apparuit, sensu percipientem quid (aisthomenon ti) vel videntem vel audientem vel aliquem alium sensum sumentem, diversum quid ab hoc animo concepisse, quod oblivione deletum erat, cui hoc assimilatum est simile existens vel cui dissimile.*
>
> [Voici en effet la possibilité qui nous est clairement apparue : quand quelqu'un perçoit par le(s) sens, voit, entend, saisit par quelque autre sens une chose, il conçoit, à partir d'elle, en son esprit, une autre chose qui avait été effacée par l'oubli, et dont la première est rapprochée, qu'elle lui soit semblable ou non.]
>
> *Plato latinus, Phaedo*, interprete Henrico Aristippo, éd. L. Minio Paluello, coll. H.J. Drossaart Lulofs, Londres, 1950, 76a 1-4, p. 31 ; voir aussi *ibid.*, 75b 4, p. 29, et *Théétète*, 184c-d.

2. « *Dianoia* », « *sensus interior* » et « *sensus litteralis* »

Dans la tripartition des facultés de l'âme humaine à l'image de la Trinité divine, Jean Scot distingue deux facultés dans le *motus compositus* du sens (*aisthêsis*) chez Maxime le Confesseur. La première, le *sensus exterior*, *aisthêsis*, sensation et perception sensible (soit *sensus* 1), est étrangère à l'image divine en l'homme, car elle est intermédiaire entre l'âme et le corps. La seconde, le *sensus interior*, *dianoia*, perception intellectuelle (soit *sensus* 2) n'est autre que la raison et l'intellect ; c'est l'organe de la « division de la nature », car, de manière aristotélicienne, elle divise et relie, voire distingue et réorganise, les images des objets naturels singuliers, effets et signes des causes universelles, pour les reconduire à l'unité des causes à travers la raison et l'intellect :

> Et si quis intentius Graecae linguae proprietatem perspexerit duorum sensuum in nomine proprietatem reperiet. In ea enim NOUS intellectus dicitur, LOGOS ratio, DIANOIA sensus non ille exterior, sed interior, et in his tribus essentialis trinitas animae ad imaginem dei constitutae subsistit. Est enim intellectus et ratio et sensus qui dicitur interior et essentialis, exterior vero quem corpori et animae copulam dicimus AISTHÊSIS [vocatur].
>
> [Mais, si on examine de plus près la sémantique de la langue grecque, on découvrira que ce mot n'est pas univoque et qu'il recouvre deux acceptions distinctes. Car en langue grecque l'intellect est appelé *nous*, la raison *logos*, et le sens *dianoia*, et ce mot ne désigne point le sens extérieur, mais le sens intérieur ; et c'est dans ces trois composantes que subsiste la trinité essentielle de l'âme, créée à l'image de Dieu. La trinité de l'âme se compose donc de l'intellect, de la raison et du sens qu'on appelle sens intérieur et essentiel, alors que le sens extérieur que nous avons défini comme lien conjonctif entre le corps et l'âme est appelé *aisthesis*.]
>
> Iohannis Scotti Erigenae *Periphyseon* [*De divisione naturae*], livre II, éd. I.P. Sheldon-Williams, coll. L. Bieler, Dublin, 1972, p. 98, 20-26 [PL, t. 122, col. 569B], cf. aussi *ibid.*, p. 106-108 [PL, t. 122, col. 577D] ; trad. fr. P. Bertin, PUF, 1995, p. 345.

Chez Jean Scot, le *sensus interior* se situe donc entièrement dans la sphère supérieure de l'âme, purement spirituelle, et il est *dianoia* aussi en vertu de l'affinité sémantique avec le *nous* comme « signification » (*sensus* 3). Dans l'herméneutique biblique des Pères grecs, la *dianoia* est en effet le *sensus litteralis*, le sens des Écritures. C'est ainsi que, chez Origène (185-ca 253), le sens (*sensus*) des Écritures est le *nous tôn graphôn* [νοῦς τῶν γραφῶν], selon la doctrine chrétienne des quatre sens de l'Écriture (cf. Origène, *De principiis*, 3, *sub indice*).

♦ Voir encadré 2.

III. L'EXUBÉRANCE DU VOCABULAIRE LATIN DE LA SIGNIFICATION

Sur fond de ce flux unitaire, le vocabulaire latin du troisième sens de *sens* connaît une diversification exceptionnelle. Lorsque la question du sens ou de la signification devient objet d'étude spécialisée, les Médiévaux s'efforcent de préciser chacun de ses aspects (sens premier, second, sens lexical, grammatical, etc.), et les termes traditionnels sont redéfinis par la place qu'ils occupent dans un réseau où de nouveaux termes sont forgés (par ex. *significatio* vs *suppositio* ou vs *consignificatio*). Cette spécialisation est liée à des problématiques qui feront largement retour dans la modernité analytique.

A. « Sensus », « sententia », « vis », « significatio », « intellectus »

Le terme *sensus* se trouve pris dans un ensemble de substantifs qui portent l'idée de signification (*sententia*, *vis*, *significatio*, *intellectus*), apparentés comme lui à des verbes (*sentire*, *valere*, *significare*, *intellegere*), souvent difficiles à distinguer. Cet ensemble subit des réorganisations constantes, avec des interférences prévisibles entre les troisième et quatrième niveaux, gnoséologique et logico-linguistique. C'est seulement quand se constituent des réseaux que les valeurs oppositives se précisent.

L'évolution des deux dérivés de *sentire* est sensible. Le terme *sensus* s'est peu à peu substitué à *sententia*, à l'époque romaine, au sens de « disposition d'esprit », prenant une valeur générique, tandis que la spécialisation de *sententia* dans le vocabulaire juridique (la « sentence ») et politique (l'« avis » donné au Sénat) explique son utilisation comme « signification autorisée, profonde, véritable » (voir encadré 2). Dans la tradition grammaticale, *sententia* a été choisi pour traduire le grec *dianoia*, parfois aussi *lekton* [λεκτόν], pour signifier une pensée en tant qu'elle est exprimable par une séquence linguistique composée, d'où l'extension de ce terme à la séquence elle-même. Ce choix a contribué à la disparition de la

2

Les différents « sens » des textes

Le vocabulaire latin de l'exégèse se met en place progressivement dans la patristique chrétienne, puis dans la scolastique médiévale, en empruntant aux exégèses hellénistiques et juives (la bibliographie est abondante, voir Dahan, *L'Exégèse chrétienne de la Bible en Occident médiéval*). Si l'opposition entre la lettre et l'esprit fonde une distinction entre deux moments dans la lecture du texte, le contenu de la distinction, et les termes qui l'expriment, sont loin d'être univoques. Dès l'époque patristique, la *littera* peut, par exemple, tantôt renvoyer au contenu explicite ou manifeste de l'expression (qui peut d'ailleurs ne pas en comporter), tantôt inclure le sens figuré ou métaphorique, la *figura* (qui peut ailleurs faire partie de l'exégèse spirituelle ; cf. B. Bureau, « Littera »). *Litterae* désigne ainsi, pour Augustin, tout autant les lettres de l'aphabet que « les lettres », c'est-à-dire le texte à lire (*divinas litteras*), d'où l'analogie entre les deux apprentissages de la lecture : « celui qui enseigne comment comprendre les Écritures est semblable à celui qui enseigne les lettres (*similis est tradenti litteras*), c'est-à-dire au maître qui apprend à lire » (*De doctrina christiana*, proemium 8).

Au début du XIIe siècle, Hugues de Saint-Victor (*ca* 1096-1141) présente de manière précise et durable la distinction entre *littera*, qui correspond, au sens strict, à l'analyse du texte, *sensus*, qui prend en compte le contexte historique, et *sententia*, qui dégage l'enseignement théologique du passage ; il explique que tout texte doit avoir au moins deux de ces trois « sens », certains ayant les trois :

> *Illa narratio litteram et sensum tantum habet, ubi per ipsam prolationem sic aperte aliquid significatur, ut nihil aliud relinquatur subintelligendum. Illa vera litteram et sententiam tantum habet, ubi per ipsam prolationem nihil concipere potest auditor nisi addatur expositio. Illa sensum et sententiam habet, ubi et aperte aliquid significatur, et aliquid aliud subintelligendum relinquitur quod expositione aperitur.*
>
> [Ne possède que la lettre et le sens le récit où, par la simple énonciation, quelque chose est signifié assez clairement pour qu'aucun sous-entendu ne subsiste. Le récit qui a seulement la lettre et la signification, c'est celui dont on ne peut rien comprendre quand on l'entend simplement articulé, à moins qu'une explication ne vienne s'y ajouter. Enfin, possède sens et signification le récit où une chose est signifiée clairement, et une autre laissée sous-entendue pour être révélée par une explication.]
>
> *Didascalicon*, VI, 8, éd. Charles Buttimer, Washington, 1939, trad. fr. par Michel Lemoine, 1991.

Le travail de l'exégète se situe aux trois niveaux, travail de compréhension, d'exposition mais aussi de « critique », puisque, en même temps qu'il explicite le texte qu'il a sous les yeux, il doit le juger, l'évaluer, en termes de « correction [*congruitas*] », décidant éventuellement d'en compléter la lettre, d'en rectifier le sens obvie, pour finalement en déclarer l'intelligence véritable. En effet, la *littera* n'est pas nécessairement « achevée, parfaite [*perfecta*] », elle peut être surabondante ou elliptique, voire même parfois incompréhensible, incorrecte (*incongrua*) « si on ne la résout pas en une autre lettre » (*Didascalicon*, VI, 9). À son tour, même si la signification des mots est claire (*significatio aperta*), le *sensus* peut être correct ou incorrect (*congruus*, *incongruus*), se révéler « incroyable, impossible, absurde, faux », par exemple dans le Psaume 79, 7 : « Ils mangèrent Jacob. » En revanche, la *sententia divina* « n'est jamais absurde, jamais fausse, et contrairement au *sensus* qui comporte beaucoup de contradictions, elle n'admet aucune incompatibilité (*repugnantia*), elle est toujours correcte/cohérente (*congrua*), toujours vraie ».

La *littera*, ou « *sensus litteralis* », au sens large, comprend ces trois niveaux de sens (*littera*, *sensus*, *sententia*), et s'oppose en bloc à l'interprétation « spirituelle » (appelée aussi mystique, ou allégorique au sens large). En effet, dit Thomas d'Aquin (1221-1274), alors que les textes scientifiques dépendent des hommes, qui ont à leur seule disposition des mots, Dieu a le pouvoir d'user d'un double mode de signification, il peut accommoder à la fois les mots et les réalités (*duplex significatio, una per voces, alia per res quas voces significant*) et, pour cette raison, l'Écriture aura plusieurs sens (*plures sensus*) : « La signification (*significatio*) par laquelle les mots signifient concerne le sens littéral ou historique (*sensus litteralis seu historicus*) ; la signification par laquelle les réalités désignées par les mots désignent encore d'autres réalités concerne le sens mystique (*sensus mysticus*) » (*In Epistolam ad Galatas*, in *Opera omnia*, XXI, p. 230). Les exégètes reconnaissent généralement sous ce dernier trois niveaux de sens : le sens moral ou anthropologique, qui transmet les enseignements moraux, le sens allégorique (le terme étant pris ici en un sens étroit) qui renvoie à des vérités de foi relatives à l'Église, et le sens anagogique ou mystique, qui renvoie à la vie future. Ces trois niveaux de sens, qui déterminent le sens spirituel, constituent donc avec le sens littéral ce qu'on appelle les quatre sens de l'Écriture.

Le texte sacré est ainsi caractérisé par cet empilement, cette stratification des niveaux de sens, l'opposition essentielle étant l'opposition entre sens littéral et sens spirituel, traduite par de nombreuses images (par ex. la noix et le cerneau) : les controverses entre exégètes portent sur les domaines couverts par chacun, la primauté à accorder à l'un ou à l'autre, les rapports qu'ils entretiennent l'un avec l'autre (continuité ou discontinuité), la nature du « saut herméneutique » permettant de passer du premier au second, de dépasser ce qui dit le texte pour atteindre une vérité qui se trouve au-delà des mots.

BIBLIOGRAPHIE

BUREAU Bruno, « *Littera* : "sens" et "signification" chez Ambroise, Augustin et Cassiodore », *in* Marc BARATIN et Claude MOUSSY (éd.), *Conceptions latines du sens et de la signification*, Presses de l'Université Paris-Sorbonne, 1999, p. 213-237.

DAHAN Gilbert, *L'Exégèse chrétienne de la Bible en Occident médiéval, XIIe-XIIIe siècle*, Cerf, 1999.

LUBAC Henri de, *Exégèse médiévale. Les Quatre Sens de l'Écriture*, Aubier, 1959-1964.

VALENTE Luisa, « Une sémantique particulière : la pluralité des sens dans les Saintes Écritures (XIIe siècle) », *in* Sten Ebbesen (éd.), *Sprachtheorien in Spätantike und Mittelalter*, Tübingen, Gunter Narr, 1995, p. 12-32.

différence entre les terminologies stoïcienne et aristotélicienne (G. Nuchelmans, *Theories of the Proposition*, p. 106). Le terme a été systématiquement utilisé lorsqu'il s'agit de l'expression d'un sens complet (*sententia perfecta, plena*), que ce soit pour définir la proposition logique (cf. Varron : « *proloquium est sententia, in qua nihil desideratur* », cité par Aulu-Gelle, *Nuits attiques*, XVI, 8 ; M. Baratin et F. Desbordes, dans *L'Analyse linguistique dans l'Antiquité classique*, Klincksieck, 1981, p. 209, traduisent ici *sententia* par *énoncé*) ou la phrase grammaticale (cf. la définition de Priscien : « *oratio est ordinatio dictionum congrua, sententiam perfectam demonstrans* [la phrase est une séquence correcte de mots, manifestant un sens complet] », *Grammatici latini*, t. II, p. 53, 28 ; voir *lekton (II)* dans SIGNIFIANT/SIGNIFIÉ, et PROPOSITION, encadré 2). En rhétorique, *sententia* est appliqué plus largement aux idées qui constituent le discours, à l'opinion exprimée (il traduit ici le gr. *doxa* [δόξα]), à ce qui constitue la substance, le sens profond d'un texte (ou d'une phrase, d'un mot — bien que ce dernier emploi soit moins fréquent dès l'époque impériale, et rare au Moyen Âge), celui aussi qu'il convient de lui donner, de rétablir contre celui que prétend lui assigner l'adversaire (cf. Cicéron, *Rhétorique à Herennius*, 2, 13). C'est en ce sens qu'il peut être opposé à la lettre du texte (*scriptum*, *littera*), mais aussi au *sensus* qui lui est immédiatement associé. La *sententia* étant ainsi la leçon à retenir d'un passage ou d'un texte — Boèce parle par exemple de la *sententia Aristotelis* ou Bérenger de la *sententia catholice ecclesie* —, le terme désigne par extension le texte faisant autorité, donnant lieu à ces collections d'extraits organisés de manière systématique, recueils de *Sententiae* comme celles de Pierre Lombard en théologie, qui seront commentées tout au long du Moyen Âge.

Les différentes acceptions de *significatio*, « action d'indiquer », « indication, marque (d'approbation surtout) », « signification, sens », sont parallèles à celles du verbe *significare* dont il est issu (composé de *signum* et de *facere*), « indiquer (par signes) », « faire connaître », « annoncer, présager », et « vouloir dire ». À partir d'un usage d'abord intransitif, chez Plaute par exemple (« faire des signes »), le verbe est devenu transitif, prenant comme objet le contenu visé par les signes (« être signe de »). Si le latin disposait du verbe *signare* au premier sens (« faire une marque »), il a créé un verbe qui ne calquait aucun terme grec pour le second sens, *significare* ayant cependant certainement bénéficié des acceptions de *sêmainein*, « faire un signe », « révéler », « manifester », « dénoter », acceptions qu'on retrouve dans le latin philosophique, particulièrement lorsqu'il est question de divination. Dans cette perspective, le « vouloir-dire » peut aussi bien être celui du signe, auquel on prête une intentionnalité, une prédisposition à indiquer, à pointer vers quelque chose, que celui d'un individu qui cherche à la manifester au moyen d'un signe (cf. J.-P. Brachet, « Réflexions sur l'évolution sémantique de *significare* »). En latin médiéval, cette double valeur, que ne porte pas le français *signifier*, se conserve, y compris dans les traités de sémantique, ce qu'exprime bien un traité de logique anonyme de la fin du XIIe siècle :

> « Signifier » dit d'une expression et de celui qui l'utilise (*utens*) n'est pas la même chose, comme on le dit habituellement. Lorsqu'on dit « telle personne exprime une chose au moyen d'une expression » (*significat rem per vocem*), ceci veut dire « utilise un signe et une marque de la chose avec l'intention de produire un signe à propos de la chose » (*utitur signo et nota rei cum intentione faciendi signum de re*). Et *significare* prédiqué en ce sens est d'une certaine manière agir, considéré par rapport à celui qui forme des expressions. Mais, quand on le dit des expressions, ce mot ne prédique pas une action, mais plutôt une relation ou une similitude et une convenance du signe, en tant que signe, par rapport à son signifié (*relatio* [...] *signi ad signatum*) [...] Dire d'une expression qu'elle signifie la chose (*vocem significare rem*) n'est rien d'autre que dire que l'expression fait un signe de la chose (*vocem facere signum de re*) : ici « faire » ne veut pas dire « agir » (*agere*), mais « faire un signe » (*signum facere*), c'est-à-dire « être marque » (*notam esse*). Par conséquent, « signifier » n'est pas la même chose pour l'utilisateur et pour l'expression. « Signifier », en effet, dit du locuteur, prédique l'action, dit de l'expression, prédique la relation ou la convenance du signe au signifié.
>
> *Tractatus de proprietatibus sermonum*, éd. De Rijk, *Logica Modernorum*, Assen, Van Gorcum, 1967, t. II/2, p. 710-711.

Significatio est le terme qui semble être employé de manière technique dès qu'on veut parler des propriétés sémantiques intrinsèques d'un mot ou d'une expression, plus rarement d'une phrase ou d'un discours (où l'on utilise de préférence *sententia* ou *sensus*), par exemple de sa polysémie (*significatio duplex*), ou de l'évolution de sens qu'il a subie.

Vis sert à traduire le grec *dunamis* [δύναμις], pour parler de la vertu d'une plante, de l'efficacité d'un remède, de la valeur d'une monnaie, et, de là, du sens d'un mot ou d'une phrase — il est le pendant nominal du verbe *valeo*, rendant le grec *dunamai* [δύναμαι]. Cicéron utilise fréquemment les expressions *vis verborum* ou *vis verbi*, pour la valeur ou le sens des mots, qui vont faire l'objet d'un développement très précis dans le *Dialectica* d'Augustin : le mot a été institué en fonction d'une certaine relation (immédiate ou médiate) à la chose, sa prononciation provoquera donc une impression sensible chez l'auditeur, laquelle suscitera une impression intellectuelle dépendant soit de la nature du mot (la « douceur » ou la « rugosité » des sons, par ex.), soit de la chose qu'il signifie, soit des deux. C'est ainsi, pour Augustin, que se constitue la « valeur » propre des mots (*vis*) (*De dialectica*, chap. VII [14], éd. B. Darrell-Jackson et Pinborg, 1975), valeur qui peut être empêchée en raison de phénomènes d'obscurité ou d'ambiguïté, dont Augustin fera une description minutieuse. La *vis* d'un mot ne se comprend qu'en tant que le mot est signe, signe de quelque chose et pour quelqu'un, elle est donc fonction de sa capacité à mouvoir l'auditeur : la *vis* garde ainsi sa connotation « dynamique », puisque ce n'est pas la *significatio* associée au mot qui importe, mais « ce qu'il vaut » et donc ce qu'il produit comme sens chez l'auditeur : « *Vis verbi est qua cognoscitur quantum valeat, valeat autem tantum quantum movere audientem potest* [La *valeur* du mot, c'est l'efficacité qu'on lui reconnaît, et cette efficacité est proportionnelle à l'effet produit par le mot sur l'auditeur ; *The* force *of a word is that whereby the extent of its efficacy is learned. It has efficacy to the extent to which it is able to affect a hearer*] » (*De dialectica*, chap. VII [12] ; trad. fr. M. Baratin et F. Desbordes, *L'Analyse linguistique dans l'Antiquité classique*, Klincksieck, 1981, p. 220 ; trad. angl. B. Darell-Jackson et Pinborg, *op. cit.*, p. 101). Henri de Gand, à la fin du XIIIe siècle, accentuera encore, en lisant ce passage, cette connotation : « *Vis verbi est qua agitur quantum valet.* » Cette nuance d'efficacité sera bien marquée dans les textes médiévaux lorsque, dans le contexte de la théologie sacramentelle notamment, *vis* et *virtus* seront parfois interchangeables, lorsqu'on rapprochera la *vis* ou *virtus significandi* d'un mot (la valeur ou force signifiante) de la *vis* ou *virtus sanctificandi* du signe sacrement (la valeur ou force sanctifiante), défini comme « faisant ce qu'il dit » (voir SIGNE et ACTE DE LANGAGE). Chez les grammairiens, la *vis* est la force sémantique d'un mot — qu'il soit signifiant ou « consignifiant » (voir SYNCATÉGORÈME) comme les conjonctions —, qui explique ses potentialités de construction, avec différents cas par exemple (voir encadré 4, « Copula », dans PRÉDICATION).

Intellegere, signifiant à l'origine « comprendre », est fréquent chez Cicéron, glisse ensuite, sous sa forme passive (*intellegitur*), à « entendre, vouloir dire ». Ce qui est « entendu » par un terme peut être son sens obvie, mais aussi quelque chose qui est connoté, impliqué ou sous-entendu (voir encadré 1, « Signifier-constituer une intellection », dans TERME). C'est toujours le sens qu'on reçoit — ou qu'on doit recevoir si l'on suit l'interprète autorisé. Le passif « *innuitur* » est un pas de plus vers le sous-entendu, le verbe étant souvent au Moyen Âge utilisé en contexte théologique, lorsqu'un mot, appliqué à une réalité divine, est analysé comme porteur d'une valeur supplémentaire par rapport à son acception ordinaire (voir aussi CONNOTATION). Le substantif *intellectus* ne prend l'acception de « sens, signification » qu'avec Sénèque (*Naturales quaestiones*, II, 50, 1). Boèce utilise *intellectus* comme équivalent de *passiones animae*, les *pathêmata tês psukhês* [παθήματα τῆς ψυχῆς] du premier chapitre du *Peri hermeneias* (voir *In Peri hermeneias*, 1re éd., Meiser, p. 38 : « *voces quidem significant intellectum, ipsas autem voces litterae significant. Sunt autem intellectus passiones...* [les sons vocaux signifient des intellections, mais les lettres signifient ces sons vocaux mêmes. Et les intellections sont des passions de l'âme] »), d'où la triade : *voces, intellectus, res.* Le terme *intellectus* va ainsi désigner à la fois l'intellection d'un mot et le concept (sans aucune connotation linguistique) jusqu'à l'introduction du terme *conceptus* (voir INTELLECTUS et CONCEPTUS), mais également la faculté intellectuelle, l'intellect. La polysémie du terme est bien perçue par les médiévaux. Les intellections ne sont jamais mécaniquement produites par les mots, elles impliquent une activité, qui est indiquée par le terme *intellegere*.

B. La technicité du vocabulaire sémantique médiéval

Les développements de la sémantique médiévale donnent lieu à tout un éventail de termes techniques, aux acceptions précises, dans trois directions différentes.

1. Sens / référence

Se met d'abord en place une distinction entre sens et référence, absente comme telle dans l'Antiquité, comme le montre l'emploi indifférencié de *significare, ostendere* ou *designare*, ou l'imprécision du terme *res* comme objet de ces verbes, à la fois « signifié » et « référent » (cf. S. Roesch, « *Res* et *verbum* dans le *De lingua latina* », pour Varron, par ex. ; voir RES). Elle s'articule, dès la fin du XIe siècle, à une réflexion sur les paronymes, menée à partir des *Catégories* d'Aristote, et sur le *nomen appellativum*, désignation du « nom commun » par les grammairiens, qui aboutit chez les grammairiens et chez Anselme, dans le *De grammatico*, à la distinction entre *significare* et *appellare* :

> *Grammaticus non significat hominem et grammaticam ut unum, sed grammaticam per se et hominem per aliud significat. Et hoc nomen quamvis sit appellativum hominis, non tamen proprie dicitur ejus significativum ; et licet sit significativum grammaticae non tamen est ejus appellativum.*
>
> [« Grammairien » ne signifie pas « homme » et « grammaire » comme en un seul tout, mais il signifie « grammaire » par soi et « homme » par autre chose. Et ce nom, bien qu'il soit appellatif de l'homme, il n'est pourtant pas proprement dit significatif de celui-ci ; et, quoiqu'il soit significatif de la grammaire, il n'est pourtant pas appellatif de celle-ci.]
>
> *De grammatico*, XII, 4.231-4.241, in *Opera omnia*, éd. F.S. Schmitt, t. 1 ; trad. fr. A. Galonnier mod., *L'Œuvre de S. Anselme de Cantorbery*, t. 2, 1986.

L'objet propre des *Catégories*, conclut Anselme, est de montrer ce que « signifient » les termes (c'est en ce sens qu'Aristote peut dire que *grammaticus* est une qualité), et non ce qu'ils « appellent » (*ibid.*, 4.5122, 4.5144, 4.604). Les grammairiens et les logiciens utiliseront le couple *significatio* vs *nominatio* : le nom *homme* « nomme » la substance et « signifie » la qualité, alors que le pronom n'a que cette fonction de « nomination », puisqu'il peut s'appliquer « à tous les référents » (*ad omne suppositum pertinet*). Il nomme une substance en tant qu'elle est déterminée par la qualité de rationalité et de mortalité. De même, *album* « nomme » le corps en signifiant la blancheur, signifie principalement la blancheur et secondairement le corps. Ces analyses varient selon qu'on est réaliste ou nominaliste : selon qu'on admet ou non l'existence de l'universel « blancheur », on acceptera de dire que le nom « nomme » la blancheur ou qu'il la signifie seulement (cf. L.M. De Rijk, *Logica Modernorum*, et K.M. Fredborg, "Speculative Grammar in the 12th Century"). Vers la seconde moitié du XIIe siècle, la logique terministe stabilisera la distinction avec le couple *significatio* vs *suppositio*, à partir d'une réflexion sur la polysémie : la *signification* est stable, fixée par l'imposition, la *suppositio* est variable, dépendant des éléments du contexte ; *canis* (« chien de mer »/« constellation ») est un terme *équivoque* puisque les différents sens relèvent d'impositions différentes, alors que *homo* (dans les énoncés « *homo est species* [l'homme est une espèce] », « *homo est nomen* [homme est un nom] », « *homo currit* [un homme court] ») est *univoque*, les variations sémantiques étant contextuellement déterminées, à signification constante (voir PARONYME, SUPPOSITION, encadré 4 ; « *Vocales et nominales* », dans MOT, encadré 4 ; « *Copule...* », dans PRÉDICATION, HOMONYME).

2. Sens premier, propre, vs sens second

En second lieu, un réseau de termes est introduit pour penser la distinction entre ce qu'un terme signifie à titre premier et ce qu'il donne à entendre, ce qu'il implique, ce qu'il connote, ce qu'il prédique à titre second (voir *translatio* sous TRADUIRE, IV, CONNOTATION).

3. Signification vs mode de signifier

L'opposition entre signification et mode de signifier se développe en grammaire spéculative et en théologie ; elle permet de penser de manière nouvelle les relations entre être, pensée et langage, ainsi que les différentes questions qu'elles suscitent, notamment celle du caractère arbitraire, conventionnel ou naturel du langage.

Dans la sémantique du XIIIe siècle, une unité linguistique *homo* est analysée comme étant constituée (1) d'un signifié lexical (*significatum speciale*), (2) d'un signifié général (*significatum generale*) ou mode de signifier essentiel général, qui rend compte de sa catégorisation comme partie du discours (nom), (3) de modes de signifier essentiels spécifiques, qui rendent compte de sa sous-catégorisation comme espèce (substantif, nom commun), (4) de modes de signifier accidentels, qui établissent ses accidents (masculin, nominatif, etc.).

♦ Voir encadré 3.

L'opposition entre modes de signifier et signifiés se déploie, dans la grammaire spéculative, sur quatre plans : (1) au plan ontologique : le mode de signifier renvoie à la propriété ou mode d'être de la chose, le signifié à la chose ; (2) au plan sémantique : les modes de signifier fondent les propriétés grammaticales, les signifiés les propriétés lexicales – d'où l'idée d'une double articulation ou institution du langage, une première par laquelle la *vox* devient un mot (*dictio*) signifiant (voir MOT), une seconde par laquelle elle devient une partie du discours consignifiante, dotée d'un mode de signifier ; (3) au plan épistémologique : la grammaire ne traite que des modes de signifier, la logique s'occupe des signifiés ; (4) enfin, c'est l'ordre linguistique qui justifie (3) : les propriétés grammaticales expliquent la construction et la congruence des énoncés, objet de la grammaire, les signifiés sont le fondement de la vérité, objet de la logique.

Les Modistes cherchent à justifier philosophiquement la notion de *modus significandi* : chaque *modus significandi* correspond à une propriété des choses, ou *modus essendi*, et à une propriété conçue, ou *modus intelligendi*. La triade aristotélicienne *voces-passiones-res* se voit ici redoublée par ce système des trois *modi* : *significandi*, *intelligendi*, *essendi*. Cela ne vaut que pour certains auteurs, qui jugent que les modes de signifier sont signes des *modi intelligendi* qui sont signes des *modi essendi*. Mais d'autres, inspirés par Avicenne, soutiennent l'identité des modes : la même nature commune (par ex. la propriété de mouvement) peut exister sous trois formes différentes, en tant qu'existante, en tant que conçue, et en tant que signifiée. Dans tous les cas, les modes de signifier, correspondant aux modes d'être, sont bien distincts des signifiés, correspondant aux choses mêmes. Une même « chose » (douleur) peut exister réellement, être conçue, et être signifiée, comme associée soit à la propriété de mouvement (verbe : *doleo*) soit à la propriété de repos (nom : *dolor*). La question de l'arbitraire est ainsi repensée : il n'y a pas de rapport de motivation ou de dépendance entre la catégorie grammaticale d'un mot (ou tel de ses accidents) et son signifié lexical, puisque, en principe, toute chose peut être signifiée sur n'importe quel mode. La question de l'arbitraire se voit en outre

3

Les sources de la notion de « mode de signifier »

La notion de « mode de signifier » a des sources distinctes qui, avant de converger, se mêlent en créant quelques confusions terminologiques.

(A) Le *modus significandi* est d'abord la caractéristique générale d'une partie du discours : cette acception a pour origine les *Institutiones grammaticae*, où Priscien explique que les parties du discours se distinguent non par des propriétés formelles (comme le cas), mais par des « propriétés de signification », c'est-à-dire des caractéristiques sémantiques générales (par ex., le nom signifie la substance et la qualité).

(B) On appelle ensuite *connotata*, puis *modi significandi*, ce qu'on désignera plus précisément ensuite comme *modus significandi accidentalis* : à partir de l'idée aristotélicienne selon laquelle le verbe « consignifie » le temps, les grammairiens ont très tôt l'idée de définir la plupart des accidents comme des significations secondaires, qui s'ajoutent à la signification principale (par ex. la personne, le mode, etc.) (voir CONNOTATION, SYNCATÉGORÈME).

(C) Dans un registre différent, le *modus significandi* — qui serait mieux rendu ici par *manière de signifier* — est ce qui distingue deux termes de même racine sémantique et de terminaison différente, et notamment les paronymes (voir PARONYME) : ainsi *blanc* et *blancheur* signifient la même « chose » (quelle que soit l'ontologie retenue), mais diffèrent par leurs modes de signifier, puisqu'ils les signifient sur un mode concret ou abstrait.

Dans tous les cas, et comme c'est le cas pour la notion de consignification, le mode de signifier renvoie à une signification qui n'est pas la signification principale ou lexicale, mais soit une signification additionnelle (*significare cum* : *homo* signifie « homme » et en même temps telle ou telle propriété), soit une manière de signifier (*significare sic* : *blanc* signifie la blancheur en tant qu'elle est dans un particulier). On notera qu'il s'agit, dans les cas (A) et (B), de propriétés de second ordre, ou métalinguistiques, mais, dans le cas (C), de propriétés de premier ordre, sémantiques.

démultipliée : on doit penser à la fois la relation entre les différents constituants formels d'une unité linguistique (les modes de signifier), celle de ces constituants aux propriétés des choses qui les fondent, celle des constituants grammaticaux aux constituants sémantiques, etc. Alors que, dans la tradition aristotélicienne, les *voces* représentaient le lieu du conventionnel et de la variation, les *intellectus* et les *res* celui de ce qui est « identique chez tous », les Modistes font le coup de force de poser, au sein du langage, ces *modi significandi* qui sont substantiellement « identiques chez tous », la différence se situant au simple plan « accidentel » de l'expression « vocale », affirmant ainsi qu'il peut exister une véritable « science du langage », dotée d'un sujet universel. Les Nominalistes au XIVe siècle leur reprocheront cette prétention.

En théologie, la notion de *modus significandi* est utilisée, à partir du XIIe siècle, pour qualifier à la fois le comportement sémantique d'un nom et l'opération mentale qui correspond à l'utilisation d'un nom. Utilisée pour l'analyse du discours sur Dieu, la notion de mode de signifier permet de penser la disparité entre l'être et le langage, entre ce qu'est Dieu et ce qu'on peut en dire, distinction déjà remarquablement exprimée, à la fin du XIIe siècle, par Alain de Lille, lorsqu'il distingue entre *proprietas essendi* et *proprietas dicendi* : « *Deus vere est, sed non vere esse dicitur* [Dieu est véritablement, mais il ne peut être dit être véritablement/véridiquement]. » Le principe de la correspondance entre pensée et langage (*sicut intelligitur, sic significatur*) peut être retourné en une non-correspondance qui fonde une théologie négative : de même que nous ne pouvons penser Dieu, nous ne pouvons le dire (*sicut non intelligitur, ita nec significatur*). La non-correspondance, d'abord analysée en termes de connotations distinctes (par exemple, *juste* dit de Dieu connote la cause, dit de l'homme connote l'effet [voir CONNOTATION]), se voit ensuite théorisée en terme de modes de signifier : nous signifions Dieu, dit par exemple Bonaventure, non pas tel qu'il est, mais tel que nous le concevons, les modes de signifier correspondant à ces modes d'intelliger et de connaître. À partir de la lecture du Pseudo-Denys, et de l'idée que les perfections, précontenues en Dieu, existent en lui sur un certain mode, et sont reçues par chaque créature à la mesure de ce qu'elle est, selon son degré de « réceptivité intellective », la notion va s'infléchir : Albert le Grand puis Thomas d'Aquin peuvent ainsi distinguer, dans le nom qui désigne la perfection (par ex. *bonitas*), entre la « chose signifiée » (*res significata*), qui est la perfection elle-même, et son mode de réception, dont dépend le « mode de signification » du nom. Les noms de perfection sont donc impropres sur le plan du mode de signifier (*quantum ad modum significandi*), puisque, inventés par les hommes, ils correspondent à leur mode de pensée et aux choses telles qu'ils peuvent les concevoir ; sur le plan de la chose signifiée (*quantum ad rem significatam*), ils conviennent proprement à Dieu, puisque la justice est d'abord, *per prius*, en Dieu avant d'exister, *per posterius*, en l'homme (voir *translatio* dans TRADUIRE, ANALOGIE). Chez Thomas comme chez d'autres théologiens, ces « modes de signifier » propres aux créatures sont marqués, inscrits dans les noms eux-mêmes : les verbes et participes, par exemple, impliquent une temporalité, intrinsèque à leur mode de signifier, mais cette temporalité ne concerne nullement la chose signifiée comme telle.

IV. CONVERGENCES MODERNES ENTRE LES TROIS SENS DE « SENS »

Entre le XVIIe et le XVIIIe siècle, trois témoins privilégiés permettent de comprendre comment s'articulent à l'époque moderne les trois sens de *sens*.

A. Descartes et les degrés du « sens »

Au milieu du XVIIe siècle, Descartes, dans ses *Réponses aux sixièmes objections* aux *Méditations*, art. 9, ressentait encore la nécessité de distinguer trois degrés, trois acceptions du « sens », pour pouvoir en évaluer précisément la certitude. Pour ce faire, il limitait la notion vraie et propre de sens, et, par conséquent, son caractère infaillible, aux deux premiers degrés, à savoir : le premier, le mouvement de l'organe corporel du sens sous l'impulsion des objets extérieurs ; et le second, la perception des sons, des odeurs, des couleurs, le plaisir et la douleur, qui provient dans l'esprit de l'union de l'âme et du corps. Descartes, en revanche, réservait au seul intellect le troisième degré, communément lui aussi attribué aux sens, qui inclut une évaluation, un jugement cognitif sur les objets sensibles exprimé lors des impressions sensibles, jugement qui peut être vrai ou faux.

La distinction cartésienne renvoie implicitement à trois des quatre niveaux différents d'analyse (cf. ci-dessus, II) qui s'étaient depuis longtemps superposés et entrecroisés dans le débat historique autour de la nature et de la validité de la sensation. Par rapport à ces trois niveaux, Descartes sentait encore le besoin d'une clarification, et il les fait relever respectivement de la physiologie de la sensation, de la psychologie de la sensation et, enfin, de l'aspect gnoséologique de la question.

B. Vico et le lien « sensus » - « sententia »

Émerge des textes un flux sémantique qui révèle une continuité, par certains aspects inattendue, liant les principales acceptions de *sensus*, sensation et perception sensible, perception intellectuelle, signification. L'analyse linguistique le met en lumière à travers le nexus *sensus-sententia* : *sensus* est successivement organe de sens, faculté, acte de sentir, conscience de sentir et donc *sententia*, opinion, jugement cognitif portant sur ce qui a été senti.

À l'époque moderne, au début du XVIIIe siècle, Vico comprend toute la portée historique et philosophique de l'analyse philologico-linguistique. Tout en attribuant de façon radicale à tous les Anciens, y compris les Platoniciens, une attitude dans l'ensemble empiriste, Vico reconnaît à juste titre dans la dérivation *sensus-sententia* l'expression linguistique d'un courant de pensée bien précis estampillé sensualiste, par opposition à l'occasionalisme de Malebranche, dérivant du platonico-augustinisme auquel Vico adhérait. Les Latins, observait Vico en se référant implicitement aux degrés du « sens » distingués par Descartes, « comprennent sous le terme *sensus* non seulement les sens extérieurs, comme la vue, et les sens internes, à savoir ceux de l'âme, comme le plaisir, la douleur, l'ennui ; mais ils nomment aussi *sensus* les jugements, les délibérations et les désirs ». La preuve en est donnée par certaines expressions linguistiques dans lesquelles *sententia* est mis pour *jugement, opinion* :

> *Latini sensus appellatione non solum externos, ut sensus videndi, ex. gr., et internum, qui* animi sensus *dicebatur, ut dolorem, voluptatem, molestiam, sed judicia, deliberationes et vota quoque accipiebant :* ita sentio, *ita judico ;* stat sententia, *certum est ;* ex sententia evenit, *uti desiderabam ; et in formulis illud :* ex animi tui sententia.
>
> *De antiquissima Italorum sapientia*, 1710, in *Opere filosofiche*, éd. P. Cristofolini, p. 115.
>
> [Les Latins englobaient sous le terme *sens*, non seulement les sens externes, comme celui de la vue par exemple, et le sens interne, qu'ils appelaient « sens de l'âme », comme la douleur, le plaisir, la peine, mais aussi les jugements, les délibérations et les souhaits : « *ita sentio* », « je juge ainsi » ; « *stat sententia* », « il est certain » ; « *ex sententia evenit* », « le résultat fut conforme aux vœux » ; et, parmi d'autres formules, celle-ci : « *ex animi tui sententia* », « en ton âme et conscience ».]
>
> *De la très ancienne philosophie des peuples italiques*, trad. fr. G. Mailhos et G. Granel, Mauvezin, TER, 1987, p. 48.

Et il rapprochait les Platoniciens des Stoïciens quant à la conception de la raison comme sens éthéré et très pur, tout en rappelant le matérialisme des Épicuriens, pour qui penser est sentir, et la psychologie empiriste des Aristotéliciens qui considèrent que l'esprit humain ne perçoit qu'à travers les sens :

> *An igitur, quia antiqui Italiae philosophi opinati sint mentem humanam nihil percipere nisi per sensus, ut Aristotelaei ; vel eam non nisi sensum esse, ut Epicuri asseclae ; vel rationem sensum quendam aethereum ac purissimum, ut Platonici Stoicique existimarunt ? Et vero Ethnicarum sectarum nulla, quae mentem humanam omni corpulentia puram agnorunt. Et ideo omne mentis opus sensum esse putarint ; hoc est quicquid mens agat vel patiatur, corporum tactus sit.*
>
> [Est-ce donc que les anciens philosophes italiques auraient partagé l'opinion des Aristotéliciens, que l'esprit humain ne perçoit rien qu'à travers les sens ; ou même celle des tenants d'Épicure, qu'il n'est rien que sens ; ou auraient-ils jugé, comme les Platoniciens et les Stoïciens, que la raison est une sorte de sens éthéré et très pur ? Et, de fait, il n'y eut aucune secte païenne qui ait reconnu l'esprit humain pur de toute corporéité. Ce qui les conduisit à penser que toute activité de l'esprit était un sens, c'est-à-dire que toute action et toute passion de l'esprit étaient une action du sens.]
>
> *Ibid.*

À cette métaphysique païenne et sensible, Vico opposait sa propre métaphysique chrétienne :

> *Sed nostra religio eam prorsus incorpoream esse docet : et nostri metaphysici confirmant, dum a corporibus corporea sensus organa moventur, per eam occasionem moveri a deo.*
>
> [Mais notre religion enseigne que l'esprit est absolument incorporel, et nos métaphysiciens démontrent que, lorsque les sens corporels sont mus par des corps, ils sont à cette occasion mus par Dieu.]
>
> *Ibid.*

C. Clauberg et la relecture du rapport « aisthêsis » - « dianoia »

C'est encore à l'époque moderne que le caractère central du rapport entre *aisthêsis* et *dianoia* se trouve confirmé, et ce, nullement par hasard, en milieu cartésien. En effet, le XVIIe siècle se caractérise aussi par un intérêt renouvelé pour les recherches en psychophysiologie et pour le débat sur les limites et les conditions de la connaissance humaine à travers l'examen des facultés de l'âme. Mais la reprise d'*aisthêsis* et de *dianoia* s'opère ici à travers une intéressante relecture.

Dans le commentaire systématique de la doctrine cartésienne sur les trois degrés du sens (voir, pour Descartes, ci-dessus, IV, A), Johannes Clauberg précise qu'avec le terme *sensus*, il faut entendre le deuxième des trois degrés indiqués, c'est-à-dire la perception de l'âme unie au corps :

> *Atque ego tibi assentior et addo, hanc mentis perceptionem, quae toto genere differt a corporis motu praecedente, proprie stricteque* sensum *nuncupari.*
>
> [Je suis d'accord avec toi et j'ajoute que cette perception de l'esprit, qui diffère absolument du mouvement du corps qui la précède, est appelée proprement et strictement *sens*.]
>
> *De cognitione Dei et nostri*, in *Opera omnia philosophica*, Amsterdam, 1691, p. 744.

Sentir est donc, proprement, percevoir (« *sensum proprie esse ac dici quam diximus perceptionem* [le sens proprement est et est dit ce que nous avons appelé "perception"] », *ibid.*), penser (« *clarissime intelligo, quomodo recte philosophantibus sentire sit cogitare* [j'entends le plus clairement qui soit que, pour ceux qui philosophent correctement, sentir c'est penser] », *ibid.*) ; et, pour soutenir cette thèse cartésienne, il affirme que, selon le « *physicus* » Straton de Lampsaque, *aisthêsis* et *dianoia* coïncident. Clauberg écrit : « *Idem esse dixerit* [*Strato Lampsacenus*] aisthêsin kai dianoian, *id est, sensum et cogitationem mentis* [Straton de Lampsaque a dit que c'était une seule et même chose l'*aisthêsis* et la *dianoia*, c'est-à-dire le sens et la pensée de l'esprit]. » Straton, le successeur de Théophraste à la tête du Lycée, interprétait dans un sens empirique et naturaliste la pensée aristotélicienne et se faisait le théoricien d'une « démonstration sensible [*apodeixis aisthêtikê* (ἀπόδειξις αἰσθητική)] », développant une psychologie de la dépendance réciproque entre sensation et intellect (cf. F.F. Repellini, « Il Liceo e la cultura alessandrina », *in* P. Rossi et C.A. Viano, *Storia della filosofia*, t. 1, Rome-Bari, Laterza, 1993, p. 262-263).

Clauberg, pour sa part, incline à lire l'affirmation de Straton de manière cartésienne, comme une réduction du sens à la pensée. La question des Cartésiens est : voir, sentir sont-ils le propre de l'œil ou bien de l'esprit ?

(« *sitne mens quae videt, an oculus, an aliud quid ?* [est-ce l'esprit qui voit, ou l'œil, ou quelque chose d'autre ?] », *ibid.*, p. 738) ; et la réponse est la suivante : le fait de sentir est le propre de l'esprit uni au corps, car sentir, c'est percevoir, et la perception, c'est l'attention, l'apprentissage, de la part de l'esprit, des mouvements qui sont provoqués dans le cerveau par l'action des corps extérieurs sur les organes du sens. Où l'on note l'ascendance platonico-augustinienne de la doctrine : « *Et maxime illud Aristotelis Probl. 33 sect. 11* [...] *unde dictum Mens videt, mens audit* [c'est surtout ce que dit Aristote dans les *Problèmes* (...) où il est dit que l'esprit voit, l'esprit entend] » (*ibid.*, p. 744) ; ou encore : « *Hunc* [*secundum gradum sensus*] *dico esse apprehensionem atque attentionem mentis, in ea cerebri parte, ad quam omnes externorum sensuum motus tandem deveniunt, immediate residentis atque operantis* [je dis que ceci (le deuxième degré du sens) est l'appréhension ou l'attention de l'esprit, qui réside et opère de façon immédiate dans cette partie du cerveau où arrivent finalement tous les mouvements des sens externes] » (*ibid.*).

V. « SINN » / « BEDEUTUNG », « MEANING », « SENS »

La suite de l'histoire développe de manière autonome le vocabulaire du troisième sens de *sens* — une histoire complexe qui implique aussi bien la phénoménologie et l'herméneutique que la philosophie analytique. La rupture contemporaine est due à Frege, et à l'« invention » de la différence *Sinn/Bedeutung*, où les enjeux se nouent entre allemand et anglais.

On peut en effet dater de Frege et de son article fondamental, *Über Sinn und Bedeutung* (1892), l'émergence du concept de sens, *Sinn*, distingué dès sa constitution de la référence, *Bedeutung* (« dénotation » si l'on reprend la traduction de Claude Imbert, 1971). Le *Sinn* d'une phrase ou d'un mot est une entité, distincte et publique, appartenant ou associée à l'énoncé, alors que la *Bedeutung* est la réalité désignée par la phrase ou le mot.

Si le couple frégéen structure toute la réflexion sur la signification au XXe siècle, il ne se laisse pas aisément traduire. Il n'est pas indifférent que la philosophie analytique soit partie, dès le début du siècle, d'une traduction en langue anglaise d'une distinction formulée en langue allemande. Le mot anglais *meaning*, comme le mot français *signification*, est ambigu, voulant dire parfois *Sinn*, parfois *Bedeutung*, et la prégnance du sens ordinaire est telle que le mot ne cesse d'annuler la distinction. Le transfert massif effectué dans les années 1930-1940, pour des raisons historiques, de la philosophie du langage et des théories de la signification de langue allemande à la philosophie dite anglo-saxonne fait porter sur ce fameux terme *meaning* toutes les dimensions et discussions du sens et de la référence, et transforme ainsi la question linguistique de la signification, dans sa double acception (sens et référence), en problème philosophique central et unifié de la philosophie analytique.

A. De l'empirisme à « Sinn » / « Bedeutung »

1. Le sens vague du « meaning » préfrégéen

Le problème d'une distinction entre sens et référence ne se pose pas dans un cadre où le langage renvoie à des objets mentaux ou à des idées : *meaning* est une relation entre les mots et des objets, qui peuvent être aussi bien extérieurs qu'intérieurs. Peu importe alors de savoir si quelqu'un comme Hobbes a une théorie référentielle ou idéationniste de la signification puisque, en un sens, il n'en a aucune, la relation signitive qu'il évoque étant une relation non linguistique (le discours mental produit le langage verbal, « *put into words* », *Leviathan*, I, 7). *Meaning* est un terme vague, plutôt mental, qui désigne aussi bien la relation entre les mots et les objets ou idées désignés que ces objets et idées mêmes, comme chez Locke où les « significations » sont des idées (*Essai concernant l'entendement humain*, IV, II, § 4, § 7). Il n'est pas surprenant que toute la philosophie du langage du XXe siècle, après ce qu'on appelle le *linguistic turn*, se soit proposée de critiquer cette notion de *meaning* définie par l'idée, pour la repenser en termes de langage. Plus douteuses sont les lectures qui transposent chez ces penseurs classiques une théorie de la signification (sens, référence) selon l'acception contemporaine ou, pis encore, qui y découvrent des arguments pour une rementalisation du sens (cf. la critique justifiée de I. Hacking, *Why does Language Matter to Philosophy?*).

On ne saurait cependant négliger le fait qu'apparaît, au cœur même de l'empirisme anglais, un sens de *meaning* qui n'est pas si éloigné de l'usage contemporain, sens proprement linguistique, mais aussi critique. Hume envisage ainsi dans l'*Enquête sur l'entendement humain* (section 2) un moyen de « démarquer » l'*usage* pourvu de sens d'un terme philosophique. Le terme qui en est dépourvu serait impossible à dériver d'une impression. Le lien entre les deux sens de *sense*, *sensation* et *meaning*, pourrait bien se nouer ici, non pas entre idée (mentale) et signification, mais entre impression (sensation) et signification (sens). Il semble ainsi que seule une critique, centrale chez Hume, de ce que Quine dénommera l'idée d'idée (« *the idea idea* », dans *From a Logical Point of View*, p. 48) puisse ouvrir la voie à un concept clair de signification. On trouve dans ce passage de Hume l'esquisse de la critique des énoncés et termes de la métaphysique par le critère de signification (être pourvu/dépourvu de sens) qui sera parachevée chez Carnap. De même, mais en fonction d'une autre approche, Berkeley, dans son introduction aux *Principes de la connaissance humaine*, critique les idées générales abstraites en avançant l'argument :

> *There is no such thing as one precise and definite signification annexed to any general name, they all* signifying *indifferently a great number of particular ideas.*
>
> [Il n'y a pas de signification précise et définie qui soit associée à un nom général, car ces derniers *signifient* indifféremment un grand nombre d'idées particulières.]
>
> *Principes*, introduction, § 18.

Émerge ici la critique de ce que Quine appellera « mythe de la signification », le problème n'étant pas seulement de définir la signification, mais de l'isoler et de la déterminer.

♦ Voir encadré 4.

2. L'invention frégéenne

La distinction opérée par Frege crée une rupture objectiviste à l'intérieur d'un champ sémantique confus. En effet, ni *Bedeutung* (dénotation ou référence, l'objet désigné), ni même *Sinn* (le sens de la proposition, la pensée qu'elle exprime) ne sont définis chez Frege en termes d'idées ou de contenu mental (cf. le texte *Der Gedanke* [*La pensée*], 1919). Frege ne se contente pas de transformer ou de perfectionner le concept de sens : il l'invente, en rompant avec toute une tradition philosophique de détermination du sens en termes mentaux ou, en tout cas, prélinguistiques ; il objective le *Sinn* (tout comme la pensée, *Gedanke*, à la définition de laquelle il est associé) comme absolument indépendant du sujet pensant ou parlant. L'introduction de *Sinn*, autant que celle de *Bedeutung*, opère ainsi une dépsychologisation des questions de langage – peut-être atténuée ensuite à cause des traductions de *Sinn* par *meaning*, *sense* ou *sens*, *signification*.

Une difficulté nouvelle, dont Frege fut conscient, est alors suscitée par la question de l'universalité du sens et son indépendance vis-à-vis des langues particulières. Le *Sinn* (*Original Sinn*, pour reprendre un jeu de mots très apprécié des philosophes de langue anglaise dans les années 1960) est d'emblée défini comme fonds commun des langues et invariant culturel, et porte en lui-même le germe de sa critique, notamment par les problématiques de la traduction et, plus généralement, de la différence ou relativité linguistiques.

3. Les nouvelles distinctions de Wittgenstein et la confusion des traductions anglaises

Dans la lignée frégéenne, la critique de la signification au sens mental ou psychologique se poursuit. Wittgenstein, dans le *Tractatus logico-philosophicus*, reprend et modifie la distinction *Sinn/Bedeutung*. Selon le *Tractatus* (3.3), seule la proposition (*Satz*) a un sens (*Sinn*), un nom ou un signe primitif a une dénotation (*Bedeutung*) et représente (*vertritt*) l'objet. La traduction anglaise du *Tractatus* (1922) par C.K. Ogden emploie ici *meaning* pour *Bedeutung*, créant une ambiguïté durable. Russell, dans son introduction, appelle ainsi *meaning* aussi bien le sens de la proposition (*Satz-Sinn*, 3.11) que la dénotation du signe composant. Toutes ces traductions contribueront à la mise en place d'une interprétation standard du *Tractatus* dont on n'a commencé que tout récemment à se défaire afin de rééablir le lien entre la première et la seconde philosophie de Wittgenstein.

Une autre source de confusion et de glissement est la distinction wittgensteinienne de *unsinnig* et *sinnlos* (4.461, 4.4611) (traduits respectivement *nonsensical*, *without sense*). Tautologie et contradiction sont dépourvues de sens, elles sont *sinnlos* mais ne sont pas du non-sens, *unsinnig* ; elles ne représentent pas d'état de choses, mais font cependant partie du langage. Le *sinnlos* devient ensuite, dans certaines interprétations de Wittgenstein par le cercle de Vienne, ce qui est radicalement dépourvu de sens et donc à exclure du langage (voir NONSENSE). Dans *Le Dépassement de la métaphysique*, Carnap passe ainsi de l'absence de *Bedeutung* du terme (pas de contenu empirique) à l'absence de sens de l'énoncé (structure langagière impossible). En réduisant la distinction entre sens et dénotation, pensée et contenu empirique, on obtient une sorte d'hybride auquel le terme de *meaning*, devenu en français philosophique *signification*, convient assez. *Meaning* devient ainsi le critère de distinction entre énoncés acceptables ou non dans le cadre d'une philosophie scientifique. Tout problème de connaissance est traduisible en problème de signification.

Le fondement d'un tel critère de démarcation entre énoncés pourvus ou non de sens réside dans ce qu'on a appelé la théorie vérificationniste de la signification, qui définit la signification d'un énoncé, avec Schlick, comme méthode de sa vérification. Or, ce concept de signification est à son tour une (curieuse) retraduction d'une proposition du *Tractatus* :

> *Einen Satz verstehen, heisst, wissen was der Fall ist, wenn er wahr ist.*
>
> [Comprendre une proposition, c'est savoir ce qui est le cas, quand elle est vraie.]
>
> 4.024.

En réalité, Wittgenstein, loin de suggérer une méthode de vérification, affirme le lien effectif du sens à la vérité, par exemple :

> *Der Satz zeigt seinen Sinn. Der Satz zeigt, wie es sich verhält, wenn er wahr ist.*
>
> [La proposition montre son sens. La proposition montre comment c'est, quand elle est vraie.]
>
> 4.022.

Il est remarquable que cette superposition du *sens* au *vrai* (au pouvoir être vrai ou faux) devienne ensuite une détermination du sens en terme d'expériences premières, plutôt éloignée de la perspective du *Tractatus*.

B. L'indétermination des traductions

1. Les ambiguïtés de « meaning » et de « sens »

Le contraste est grand entre la distinction proposée par Frege et devenue classique, voire structurelle, dans la philosophie analytique, et l'anglais courant, qui se caractérise par la souplesse d'usage de *meaning*. *Sinn*, comme *Bedeutung*, a d'emblée été frappé d'une indétermination de la traduction, étant parfois rendu par *sense*, parfois par *meaning*, *Bedeutung* étant de son côté traduit par *indication* ou par *meaning*, ou encore par *denotation* ou par *significatum*. Il peut paraître très curieux que *meaning* soit utilisé indifféremment pour traduire *Sinn* et *Bedeutung* chez des philosophes (Russell en est l'exemple le plus

4

« Import »/« sense », « meaning », « signification »

L'anglais dispose de beaucoup plus de mots que le français pour dire le sens et la signification : *sense*, *signification*, *meaning*, *appellation*, et *import*. Toute phrase, toute proposition ont un *sense* ou un *meaning*, lesquels peuvent varier d'un individu à un autre ou d'une communauté à une autre ; le *sense* est dépendant de l'*import*, mais il ne se confond pas avec lui, car l'*import* est plus « objectif » que lui. « *Import, not discourse* », dit laconiquement Bentham (*Essay on Language*, p. 321). Comme l'importation d'une marchandise ou d'un service dans un système économique, l'*import* est à la fois l'entrée d'un signe dans un système linguistique et la dérive qui commence, en son sein, dès cet événement inaugural et qu'il est possible de retracer avec une relative objectivité. Entrée et dérive peuvent être ignorées par le *meaning* et le *sense*, entièrement tournés vers la synchronie ; en revanche, on ne peut parler d'*import* sans impliquer une conscience de la diachronie du sens. Ce que l'étymologie cherche à réactiver, c'est évidemment l'*import*, terme à peu près intraduisible en français, sinon par l'expression « sens étymologique » qui surtraduit.

I. ACCEPTION ÉCONOMIQUE ET DYNAMIQUE D'« IMPORT »

Si original soit-il, l'anglais est, comme toutes les langues, fait d'emprunts aux autres langues :

> *In the stock of words of which the english language is composed, a very considerable, not to say the largest, portion, are borrowed from some one or other of several foreign languages; in some instances at a very early date, in others at different points of time from the remotest down to the most recent.*
>
> [Dans le capital de mots dont se compose la langue anglaise, une partie très considérable, pour ne pas dire la plus grande part, est empruntée à l'une ou à l'autre des diverses langues étrangères ; très tôt pour quelques occurrences et, pour d'autres, à différents moments du temps, des plus reculés aux plus récents.]
>
> *Essay on Language*, p. 319.

La dynamique de l'*import* consiste à entrer plus ou moins par effraction dans un système et à y provoquer perturbation et incessante nécessité de rééquilibrages ; l'*import* est aussi la transmission de ce choc initial, si tant est qu'il puisse se conserver. L'*import* est ce qui est *conveyed* (convoyé) au sein de la langue ; il est, dans une traduction, ce qu'on cherche à transférer d'une langue dans une autre, sans qu'on puisse toutefois espérer garantir absolument l'identité de ce qu'on transfère.

II. DIMENSION DIACHRONIQUE DE L'« IMPORT »

On voit désormais la différence qui existe entre l'*import*, d'une part, le *sense* ou le *meaning*, d'autre part : le philosophe, qui parle dans la langue qu'il étudie et dans laquelle il conduit ses analyses, s'efforce de prendre conscience de l'*import*, radicalement oublié de ceux qui, abusés et hypnotisés par l'objet, imaginent s'emparer d'un *meaning* qu'ils forgent sans le savoir ni le maîtriser. L'*import* est ce que le philosophe s'efforce de retrouver par son travail d'étymologie, lequel inverse l'ordre historique, puisque, partant de la fiction, qui a toujours *sense* et *meaning*, il vise l'entité réelle d'où elle a dérivé. *Import* et *original* sont constamment rapprochés par Bentham ; quoi qu'il en soit de l'originalité, l'*import* ne se saisit indirectement qu'en dénonçant le *meaning* immédiat.

> *In every language, words are found in clusters growing out of the same root. Whatsoever be the cluster to which the word in question belongs, the comprehension a man has of its import is comparatively imperfect, if it includes not a more or less general acquaintance with the whole cluster to which it belongs.*
>
> [Dans toutes les langues, on remarque que les mots croissent en ramifiant à partir de la même racine. Quelle que soit la ramification à laquelle appartient le mot qui nous intéresse, la compréhension que l'on a de sa signification est relativement imparfaite si elle n'inclut pas une familiarité plus ou moins globale avec l'ensemble des ramifications auxquelles il appartient.]
>
> *Essay on Language*, p. 319.

C'est ce parcours, à la fois logique et historique, que le philosophe doit savoir retracer s'il veut remplir la tâche que Stuart Mill assignait à l'intellectuel, connaître les sources des mots avec lesquels il parle :

> La masse, dans chaque génération, ne prend de la signification primitive que ce qui correspond à l'expérience actuelle. Mais les mots et les propositions sont toujours là, prêts à suggérer le reste du sens à tout esprit convenablement préparé. Il se rencontre presque toujours de ces esprits d'élite, et le sens perdu, ressuscité par eux, entre de nouveau par degrés dans la pensée de tous.
>
> *Système de logique*, t. 2, p. 282
> *A System Logic*, v. 2, p. 682.

Bentham distingue très finement ce qu'il appelle la *logical history*, qui reconstruit idéalement l'ordre du temps ainsi que la logique des *removes*, c'est-à-dire des ordres des entités fictives dans leurs degrés d'éloignement à l'égard des entités réelles, et la *chronological history*, qui désigne plutôt le cours du temps, beaucoup plus chaotique, mais que le philosophe doit également comprendre s'il entend saisir la réalité de l'*import* plutôt que subir ce qui en apparaît fallacieusement dans le *meaning* :

> *Language has its logical and its chronological history: its logical history shows what must have been the order of formation among the elements of language — shows it from the nature of man, shows it from the circumstances in which all men are placed, shows it from circumstantial evidence. The chronological history of language shows what has actually been.*
>
> [La langue a son histoire logique et son histoire chronologique ; son histoire logique montre ce que doit avoir été l'ordre de sa formation au moyen de ses éléments, en partant de la nature de l'homme, des circonstances dans lesquelles les hommes sont placés, de preuves circonstancielles. L'histoire chronologique de la langue montre ce qui s'est réellement passé.]
>
> *Essay on Language*, p. 323.

On dira que cette notion d'*import*, telle qu'elle se trouve développée ici, est plus issue du « benthamien » que de la langue anglaise et qu'elle ne prend son sens que dans une thématique qui est celle de Bentham. En réalité, Stuart Mill en parle aussi (par ex., dans le *Système de logique*, Livre I, chap. 5, pour traiter du sens des propositions), connaît cette problématique, quoiqu'il ne l'exprime pas toujours par une distinction de vocables aussi réglée et aussi systématique que chez Bentham. Curieusement, comme Hume, il l'utilise plutôt dans sa fonction de verbe, dans le sens logique, un peu différent de celui de Bentham, de « comporter » ou d'« impliquer ». Il faut malheureusement ajouter que, lorsque Stuart Mill retient particulièrement le substantif, le traducteur du *Système de logique*, L. Peisse, n'en tient aucun compte et traite *import* comme s'il avait affaire à *meaning* ; il lui arrive même parfois de ne pas voir le terme et de le laisser complètement de côté — mais il n'est pas facile de faire autrement.

Jean-Pierre CLÉRO

BIBLIOGRAPHIE

BENTHAM Jeremy, *Essay on Language*, in *The Works of Jeremy Bentham*, 11 vol., Édimbourg, Bowring, 1838-1843, t. 8, p. 295-338.

MILL John Stuart, *Essays on Ethics, Religion and Society* [1863], in *Collected Works*, Londres, Routledge & Kegan Paul, Toronto, University of Toronto Press, 1969, t. 10, p. 75-115.

— *A System of Logic Ratiocinative and Inductive* [1863], Londres, Toronto, Routledge & Kegan Paul, t. 1 (livres I-III), 1973 ; t. 2 (livres IV-VI et appendices), 1973.

— *Système de logique*, trad. fr. L. Peisse, Bruxelles, Mardaga, 1988.

frappant) qui par ailleurs prennent à leur compte, ou, du moins, connaissent, la distinction frégéenne. Ce n'est qu'à partir du moment où *reference* ou *denotation* s'imposeront comme traduction de *Bedeutung* qu'on aura une première clarification du statut de *meaning* : *meaning* relèvera alors plutôt du domaine du *Sinn* (ainsi chez Quine, voir ci-dessous, C, 2).

C. Imbert a traduit *Bedeutung*par *dénotation* afin de mettre en évidence le coup de force frégéen. L'usage n'a pas vraiment pris en français qui, suivant en cela la majorité des usages anglais, utilise plutôt *référence* (*reference*), d'autant que certains vont distinguer entre *denoting* et *referring* (Russell, Strawson). D'autres traducteurs ont récemment, dans une édition du *Nachlass* de Frege, décidé de traduire *Bedeutung* par *signification* (et non par *référence*, qui serait plus proche de l'usage anglais standard). Comme le remarque P. de Rouilhan :

> Certes, ce que Frege désignait à l'époque par « *Bedeutung* », c'est ce que nous, logiciens-philosophes francophones d'aujourd'hui, désignons par « référence ». Mais ce que l'allemand logico-philosophique désignait à l'époque de Frege par « *Bedeutung* », c'est ce que nous désignons aujourd'hui par « signification ». Nous n'avons pas à corriger les déviances de Frege (dont se plaignait Husserl) par rapport à sa propre langue (nous voulons dire non un certain idiolecte, mais la langue d'une certaine communauté), nous avions à les transposer dans la nôtre, et c'est ce que nous pouvions faire le plus simplement du monde, en traduisant *Bedeutung* par « signification ».
>
> Frege, *Écrits posthumes*, Introduction à la traduction française, IV.

Un tel choix introduit cependant un couple *sens/signification* qui paraît insuffisamment clair et guère différentiel.

C'est sur la traduction de *Sinn* par *sense* (angl.) et *sens* (fr.) que l'accord se fait le plus aisément : il est vrai que le terme est lui-même soumis à une ambiguïté, cette fois commune à l'anglais et à l'allemand, ainsi qu'au français, à savoir le sens « sémantique » et le sens « sensoriel » de sens (on trouve peut-être là, dans le champ analytique, l'origine des définitions vérificationnistes de la signification, notamment dans l'interprétation du *Tractatus* par le cercle de Vienne). En témoigne *The Bounds of Sense* de Strawson, ouvrage influent consacré à la première *Critique* de Kant : Strawson introduit un « *principle of significance* », qui transforme le problème des limites de la connaissance et de la sensibilité en une question sémantique, celle des limites du sens (du domaine où nos questions ont un sens). Sa position, extrêmement influente dans la philosophie analytique, est exprimée de manière claire et radicale dans la dernière phrase de l'ouvrage, où il affirme l'impossibilité de donner sens à un questionnement qui serait hors des limites de notre langage :

> *We lack the words to say how it would be without them.*
>
> [Nous manquons de mots pour dire comment ce serait sans eux.]
>
> *The Bounds of Sense*, p. 273.

The Bounds of Sense représente ainsi un tournant, la question empiriste des limites de notre sensibilité devenant celle, logico-linguistique, des limites de notre langage et donc du sens, ce que Strawson puis Quine appellent notre schème conceptuel (*conceptual scheme*). Cette histoire se trouve résumée dans un texte récent de Putnam, qui décrit le passage opéré par la philosophie analytique de l'empirisme radical aux théories sémantiques, puis son retour plus récent à des théories de la perception et des sens : « Sense, Nonsense, and the Senses » (1995). En réalité, le double sens de *sense* reflète le double héritage de la philosophie analytique et toute l'ambiguïté de sa constitution : elle revendique l'héritage de l'empirisme anglais (pour lequel, pour reprendre le jeu de mots de Quine, « *only sense makes sense* », Quine, *Theories and Things*, p. 68), tout en étant la continuation anglo-saxonne de ce que A. Coffa a défini comme la « tradition sémantique » issue de Frege et Carnap, qui a concentré le questionnement sur la phrase ou l'énoncé comme unités sémantiques. Le travail d'histoire qui s'accomplit aujourd'hui aux États-Unis sur les origines de la philosophie analytique et de l'empirisme logique permettra, peut-être, de comprendre comment ce double héritage empiriste et sémantique, ajouté à celui, plus spécifiquement américain, du pragmatisme, a pu produire la multiplicité des théories contemporaines de la signification, et maintenir, dans la plupart des cas, leur double dimension.

S'y superpose enfin le « sens » au sens de « bon sens », rationalité : une illustration se trouve dans le titre d'Austin *Sense and Sensibilia*, qui renvoie au titre de Jane Austen *Sense and Sensibility* (traduit en français *Raison et Sentiments*).

2. Ogden et Richards et le « sens du sens »

Cette réflexion sur « le sens du sens » parcourt toute la philosophie analytique. En témoigne le célèbre livre d'Ogden et Richards, publié en 1923 et rédigé par étapes à partir de 1910, *The Meaning of Meaning*, un peu oublié aujourd'hui (du moins jusqu'à sa réédition récente avec une préface d'Umberto Eco), mais qui a eu en son temps une influence considérable. Putnam reprendra par exemple le titre d'Ogden et Richards dans son fameux article « The meaning of "meaning" » (avec les guillemets qui font ici toute la différence), où il esquisse, en critique du *Sinn* frégéen, la théorie causale de la référence.

Or le livre d'Ogden et Richards, tout en s'inscrivant dans la lignée frégéo-wittgensteinienne, joue sur la diversité des sens de *meaning*. *Meaning* désigne, chez eux, aussi bien le *Sinn* frégéen que la *Bedeutung*. La traduction anglaise du *Tractatus logico-philosophicus* (1922), par Ogden justement, emploie *meaning* pour *Bedeutung*, *sense* pour *Sinn*. *The Meaning of Meaning* se veut à la fois une présentation des différents « sens du sens » et une critique ; mais le livre n'échappe pas toujours aux objections qu'il énonce contre les théories philosophiques du sens, notamment dans son élaboration d'une théorie « émotive » de la signification, inspirée de Wittgenstein, qui deviendra dominante dans les années 1940-1950 dans la philosophie analytique (morale notamment).

Ogden et Richards s'en prennent, au chapitre VIII de leur livre, à l'inflation dans la pensée anglo-saxonne des différents sens de *meaning*, dont ils répertorient au moins seize usages : pour eux, cette omniprésence de *meaning* est signe d'une insuffisance de la réflexion sur les fonctions du symbole, qu'il s'agira de clarifier, conformément à leur volonté de fonder une nouvelle sémiotique (elle inspirera notamment Charles Morris, un des introducteurs du cercle de Vienne en Amérique, voir SÉMIOTIQUE/SÉMIOLOGIE). Parmi ces usages classifiés et critiqués dans *The Meaning of Meaning*, il en est deux, outre l'usage bien connu au sens d'« importance », qui méritent de retenir particulièrement l'attention. D'une part, un usage « intentionnel », facilité par le gérondif anglais (*mean-ing*) qui en fait une substantivation du verbe *to mean* ; « *What I meant was* » (analysé p. 192) désigne à la fois la signification et l'intention de l'énoncé ; cette double dimension de *meaning* permet une assimilation plus aisée des théories de l'intentionnalité par la philosophie du langage. D'autre part, un usage « perceptuel », critiqué par Ogden et Richards pour son caractère imprécis, notamment chez Sellars (cité dans un article de *Mind* et dans *Critical Realism*), pour qui le sens (*meaning* toujours) s'ajoute au contenu de la perception, ou le structure. C'est à ce propos qu'ils notent :

> La source inévitable du malentendu et du désaccord, l'omniprésence du terme *meaning*, n'y est jamais mise en question. Il semble avoir été accepté sans la moindre question dans le vocabulaire de la philosophie américaine, pour servir dans toutes les occasions d'incertitude.
>
> *The Meaning of Meaning*, p. 169.

C'est naturellement dans la psychologie qu'Ogden et Richards trouvent les formes les plus fourvoyantes de cet usage, et de l'association sens-perception (voir p. 176-179), mais ils s'en prennent également à des philosophes plus proches du courant analytique, comme Moore ou Dewey, qui « ont leurs propres usages du terme, obvies et cependant non définis ».

Enfin, ils font apparaître pour la première fois une dimension du sens qu'on pourrait appeler anthropologique : le terme *meaning* est omniprésent chez Malinowski, dont des textes sur la signification en anthropologie sont produits en annexe dans *The Meaning of meaning*. *Meanings*au pluriel renvoie à la diversité culturelle (pluralité des significations, des expressions et des langages). Tout devient ainsi recherche de sens (en sociologie et ethnologie, Weber et Malinowski reprennent de manière développée le concept de *Sinn*) : « Les problèmes de signification (*meaning*) conduisent de la simple linguistique à l'étude de la culture et de la psychologie sociale » (*in* Ogden et Richards, supplément 1, p. 451). Cette dimension anthropologique de la signification sera mise en œuvre par exemple dans les thèses de Quine, fondées sur une situation de traduction radicale (voir TRADUIRE, encadré 3).

Ogden et Richards proposent ainsi une refonte de la notion de *meaning*, qu'on peut associer dans leur ouvrage à l'émergence de la pragmatique. On remarquera que leurs références principales pour un tel renouvellement, énumérées et décrites successivement dans l'Appendice D de *The Meaning of Meaning*, sont, dans l'ordre, Husserl, Russell, Frege, Gomperz et enfin Peirce. Les conférences de Londres (1922) données par Husserl et notamment leur abstract en anglais sont cités pour mettre en lumière sa théorie du *meaning*. C'est évidemment ainsi qu'Ogden et Richards traduisent *Bedeutung* quand ils présentent quelques extraits des *Recherches logiques* (p. 270-271), ce qui n'est pas sans pertinence dans la mesure où il s'agit de passages où Husserl utilise assez indifféremment les deux termes *Sinn* et *Bedeutung*. On voit, là encore, comment l'usage de *meaning* permet d'associer comme naturellement les deux dimensions distinguées par Frege, que la langue anglaise peine à différencier clairement.

C. La traversée de l'Atlantique

1. L'adaptation du vocabulaire de l'empirisme viennois, ou comment « meaning » passe de « Sinn » à « Bedeutung »

Un moment capital dans cette histoire du *meaning* au XXe siècle est l'introduction vers les années 1930-1940, aux États-Unis, lors du mouvement d'immigration des philosophes du cercle de Vienne chassés par le nazisme, de tout le vocabulaire issu de l'empirisme viennois. C'est par Carnap, amené par Quine qui le rencontre en 1933 en Europe, qu'est introduite la distinction frégéenne, sous la forme transformée que nous venons de décrire. Il faut insister sur le rôle capital de Quine, qui a fait traduire la *Syntaxe logique du langage* en anglais. Dans la *Logical Syntax*, *Bedeutung* et *Sinn* sont tous deux rendus par *meaning* (« *sense (or meaning)* », § 14, théorème 14-4). Quine, en présentant le travail de Carnap et son projet de « philosophie comme syntaxe », appelle *meaning* la *Bedeutung* et, dès 1934, émet l'idée d'une description du langage qui n'ait recours ni au sens ni à la dénotation (qu'il suggère ensuite avec Carnap d'appeler « intension » et « extension », mais qu'ils continuent à rejeter ensemble). Ainsi, *meaning*, de « sens », devient en quelque sorte, par le passage outre-Atlantique et les débuts de la critique de la notion de signification, « référence » !

2. Quine et le « mythe de la signification »

Dans une série de thèses qui seront au centre des débats de la philosophie américaine pour des décennies (1950-1980), Quine s'attaque au « mythe de la signification ». Il ne vise pas seulement, dans la lignée d'Ogden et Richards, un certain usage confus de *meaning*, mais propose une critique plus radicale de la signification, qui vise d'abord la signification des linguistes (« The Problem of Meaning in Linguistics », dans *From a Logical Point of View*). Or, en dépit de la fidélité affichée de Quine à Frege, elle remet en cause le père fondateur de la philosophie analytique en s'attaquant à ce qui était l'acquis de la sémantique frégéenne, l'idéalité du sens.

La célèbre thèse d'indétermination de la traduction (un *gavagai* est-il un lapin ? cf. *Word and Object*, chap. II ;

voir aussi TRADUIRE, encadré 3) est au départ une attaque contre les « *meanings* » des linguistes, les significations mentalistes, la sémantique de Carnap, et jusqu'au *Sinn* frégéen : il n'y a pas plus de signification empirique que d'analyticité, pas plus de signification mentale que de point fixe commun entre langues. Mais — conséquence que Quine lui-même dit « inattendue » — elle met en cause non moins la référence, la question de savoir *de quoi* je parle, avec la thèse de la relativité ontologique et de l'inscrutabilité ou, pour reprendre l'expression la plus récente de Quine, l'indétermination de la référence. Une telle radicalité dans la critique n'a pas toujours été bien acceptée chez les postquiniens, qui ont tenté de restaurer de diverses manières la signification (Davidson, qui tente de la reconstruire à partir du concept de vérité tel qu'il est défini chez Tarski) ou de montrer que la thèse de Quine revient à rendre impossible tout langage (Putnam).

Ainsi la confusion dans *meaning* des dualités intension/extension, sens/référence, est-elle paradoxalement et *a posteriori* justifiée ou, du moins, expliquée dans la critique commune de ces entités qu'opère la philosophie du langage à partir des années 1960. On sait à quel point ces thèses sceptiques sont discutées maintenant en Amérique ; le point curieux est que c'est en France, et en français, que Quine a pour la première fois présenté sa thèse d'indétermination de la traduction (1958, au colloque de Royaumont), sous le titre « Le mythe de la signification », le mot *signification* pouvant en effet supporter tous les sens, et aussi toutes les apories, de *meaning*. Reste une difficulté de taille : le rapport *mean-mean*ing.

D. « Must we mean what we say? »

L'absence de traduction classique ou standard de *meaning* en français, et plus généralement la double qualité de substantif et de verbe de *meaning*, sont mises en exergue dans la phrase suivante de Quine :

> *One can perhaps talk of meaning without talking of meanings. An expression means ;* meaning *is what it does.*
>
> [On peut parler de signification sans parler de significations. Une expression signifie ; signifier/la signification, voilà ce qu'elle fait.]
>
> *Theories and Things*, p. 45.

Quine renvoie alors au français, qu'il juge meilleur : « cela veut dire ». Mais il est clair que la qualité verbale ou active de *meaning* confère une dimension supplémentaire à l'anglais (de même pour l'expression intraduisible *make sense* : avoir un sens ? être raisonnable ?). D'ailleurs le verbe *mean* est intraduisible en français : *signifier* est trop technique ; *vouloir dire*, souvent adéquat, introduit dans certains contextes un aspect intentionnel. Or, toute la réflexion sur le langage ordinaire, qui émerge dans la philosophie du langage de langue anglaise après Wittgenstein, est centrée sur ce double usage de *mean* et le rapport immédiat *mean* > *meaning*, absent du français et de l'allemand. Signifier, c'est vouloir dire (*mean*ing/ mean*ing*), mais toute signification est-elle intention ? Et vouloir dire, est-ce toujours *vouloir* dire *quelque chose*, exprimer une intention ? Le problème de ce vouloir-dire (*mean*, *meinen*) était déjà posé dans le *Tractatus* à propos du solipsisme :

> *Was der Solipsismus nämlich* meint *ist ganz richtig, nur lässt es sich nicht sagen.*
>
> [Ce que le solipsisme *veut dire* est tout à fait exact, seulement cela ne peut se dire.]
>
> *Tractatus*, 5.62.

Traduit par Ogden : « *what solipsism* means ». C'est là un *meinen* qui n'est de l'ordre ni de*Sinn* ni de *Bedeutung*, et qui se rend bien ici par le fr. *veut dire*. Le « vouloir dire » de Wittgenstein n'est pas une tentative de dire autrement que dans le langage quelque chose qui ne peut être dit clairement : pour Wittgenstein, si une expression n'a pas de sens, elle n'en a « nulle part ». Comme l'a dit C. Diamond, « il n'y a pas une pensée dépourvue de sens qui serait exprimée par un énoncé dépourvu de sens » (voir NONSENSE). Point que Wittgenstein exprimera dans les *Investigations philosophiques* : « Quand on dit qu'une phrase n'a pas de sens, ce n'est pas, pour ainsi dire, que son sens n'a pas de sens » (§ 500). Cela le conduit à déterminer le sens de nos énoncés ordinaires, et c'est la question qui ouvre le *Blue Book* : « *What is the meaning of a word?* »

C'est là toute la question de la philosophie du langage ordinaire, commencée avec le second Wittgenstein, qui demande de ne plus chercher les significations ailleurs, hors langage ; mais de les voir à nos pieds, dans notre usage quotidien. Cette émergence chez le second Wittgenstein d'un nouveau concept de *mean* a guidé les choix de traduction de la dernière édition du *Blue Book*, où, pour *meaning*, les traducteurs ont proposé *sens*, et, pour *mean*, *vouloir dire* au lieu de *signifier*. Ainsi se dessine toute une ligne de traduction pour *meaning*, entièrement différente de la tradition sémantique précédente, qui suivrait l'indication célèbre de Wittgenstein : « *meaning* = *use* ». *Meaning*, le vouloir-dire, serait déterminé par ce que je *fais* du langage. Toute la méthode de J.L. Austin, qui fut un critique radical de la notion traditionnelle et analytique de signification (d'abord dans son article « The meaning of a word » [1940], puis dans sa théorie du performatif), est fondée sur un questionnement nouveau sur le vouloir-dire : savoir ce que nous voulons dire, c'est savoir « ce que nous disons quand » (« *what we say when* »), quel est notre rapport à l'énoncé « dans la situation totale de discours ».

Stanley Cavell, dans *Must we mean what we say?* (1969), pousse le plus loin l'interrogation sur le vouloir (ou ne pas vouloir) dire. Il s'interroge sur la prétention des philosophes du langage ordinaire, Wittgenstein et Austin, à dire et à savoir « ce que nous disons », et ce que nous voulons dire. Cavell montre que ce vouloir-dire ne peut être déterminé que dans une réflexion sur la communauté du langage et de ses jugements. « Nous » sommes ceux qui disons ce que nous voulons dire, mais qui est ce *nous*, et qu'est-ce qui fonde *mon* rapport à ce nous ? La conclusion de Cavell est radicale : *je* suis la seule source possible de la signification, qui émerge de notre accord (signifier, vouloir dire, c'est *übereinstimmen*, s'accorder et résonner ensemble) et circulairement le fonde et ne se fonde que sur lui. Accepter de signifier, de vouloir dire, c'est accepter cet accord et y être accepté. La question du sens est alors transformée : elle n'est plus celle de la frontière du sens et du non-sens, de la capacité du langage à vouloir dire quelque chose, mais, à l'inverse, celle du refus de l'expression et du vouloir-dire, qui est exactement celle du scepticisme. « Pourquoi attribuons-nous une signification à quelque mot ou à quelque acte que ce soit, qu'il vienne des autres ou de nous-mêmes ? [...] Pourquoi quoi que ce soit que nous disons ou faisons peut-il être tenu pour du gribouillage, être une forme de non-sens ; et pourquoi tout le reste serait-il condamné à avoir une signification ? » (Cavell, Must we mean what we say? p. 508 ; voir SENS COMMUN, mais aussi, pour l'arrière-plan aristotélicien souvent inaperçu, HOMONYME, II, B, 3, et *supra*, I, A, 3). Pour Cavell, c'est le refoulement de cette dimension du vouloir-dire qui pourrait bien avoir été accompli par toute la réflexion contemporaine sur le sens, les diverses définitions et critiques de la signification n'étant que des masques revêtus par notre refus de l'expression. « La chimère d'une inexpressivité nécessaire résoudrait simultanément toute une série de questions métaphysiques » (*ibid.*). Ce qui est ainsi refoulé, pour Cavell, ce n'est certainement pas l'idée d'intention ou d'intentionnalité, dont on connaît la fortune philosophique passée et présente (voir INTENTION), mais le pouvoir *du langage même* de vouloir dire, me faisant, en quelque sorte, le porteur (*bearer*) de sa signification. De ce point de vue, Cavell poursuit à sa manière le travail de dépsychologisation du sens, inauguré par Frege et Wittgenstein, continué avec Austin, et parfois évacué dans les déterminations contemporaines, voire jusque dans les critiques, de la signification.

Barbara CASSIN, Sandra LAUGIER
Alain de LIBERA, Irène ROSIER-CATACH,
Giacinta SPINOSA

BIBLIOGRAPHIE

AUSTIN John Langshaw, *Philosophical Papers*, Oxford UP, 1962 ; *Écrits philosophiques*, trad. fr. L. Aubert et A.L. Hacker, Seuil, 1993.

— *Sense and Sensibilia*, Oxford UP, 1962 ; *Le Langage de la perception*, trad. fr. P. Gochet, Armand Colin, 1971.

BOUVERESSE Jacques, *Dire et ne rien dire*, Nîmes, J. Chambon, 1997.

BRACHET Jean-Paul, « Réflexions sur l'évolution sémantique de *significare* », *in* Marc BARATIN et Claude MOUSSY, *Conceptions latines du sens et de la signification*, Presses de l'Université Paris-Sorbonne, 1999, p. 29-39.

CARNAP Rudolf, *The Logical Syntax of Language*, Londres, Routledge & Kegan Paul, 1937.

CASSIN Barbara, *Aristote et le logos*, PUF, 1997.

CAVELL Stanley, *Must we mean what we say?*, Cambridge UP, 1969.

— *The Claim of Reason*, Oxford UP, 1979 ; *Les Voix de la raison*, trad. fr. S. Laugier et N. Balso, Seuil, 1996.

CLAUBERG Johannes, *De Cognitione Dei et nostri*, in *Opera omnia philosophica*, Amsterdam, 1691, réimpr. anast., Hildesheim, 1968.

COFFA Alberto, *The Semantic Tradition from Kant to Carnap*, Cambridge UP, 1991.

DE RIJK Lambertus Maria, *Logica Modernorum*, II, 1, *The Origin and Early Development of the Theory of Supposition*, Assen, Van Gorcum, 1967.

DIAMOND Cora, *The Realistic Spirit*, Cambridge (Mass.), MIT Press, 1991.

FATTORI Marta et BIANCHI Massimo Luigi (éd.), *Sensus-sensatio, VIII Colloquio Internazionale del Lessico Intelletuale Europeo, Roma, 6-8 Gennaio 1995*, Florence, Leo S. Olschki, 1996.

FREDBORG Karin Margareta, « Speculative Grammar in the 12th Century », *in* Peter Dronke (éd.), *The Cambridge History of Twelfth Century Philosophy*, Cambridge UP, 1988.

FREGE Gottlob, *Écrits logiques et philosophiques*, trad. fr. C. Imbert, Seuil, 1971.

— *Écrits posthumes*, trad. fr. sous la dir. P. de Rouilhan et C. Tiercelin, Nîmes, J. Chambon, 1999.

GARCEA Alessandro, « Gellio e la dialettica », *Memorie dell'Academia delle Scienze di Torino*, 24, 2000, p. 53-204.

HACKING Ian, *Why Does Language Matter to Philosophy?*, Cambridge UP, 1975.

HAMLYN David Walter, *Sensation and Perception. A History of the Philosophy of Perception*, Londres, Routledge & Kegan Paul, New York, The Humanities Press, 1961.

LIBERA Alain de et ROSIER Irène, « La pensée linguistique médiévale », *in* Sylvain AUROUX (éd.), *Histoire des idées linguistiques*, t. 2, Mardaga, 1992, p. 115-186.

MARMO Costantino, *Semiotica e linguaggio nella scolastica : Parigi, Bologna, Erfurt, 1270-1330, la semiotica dei Modisti*, Rome, Istituto Palazzo Borromini, 1994.

MERLEAU-PONTY Maurice, *L'Œil et l'Esprit*, Gallimard, 1964.

MOUSSY Claude, « Les vocables latins servant à désigner le sens et la signification », *in* Marc BARATIN et Claude MOUSSY, *Conceptions latines du sens et de la signification*, Presses de l'Université Paris-Sorbonne, 1999, p. 13-27.

NUCHELMANS Gabriel, *Theories of the Proposition. Ancient and Mediaeval Conceptions of the Bearers of Truth and Falsity*, Amsterdam-Londres, North-Holland, 1973.

OGDEN Charles Kay et RICHARDS Ivor Amstrong, *The Meaning of Meaning*, Londres, Routledge & Kegan Paul, 1923.

PINBORG Jan, *Die Entwicklung der Sprachtheorie im Mittelalter*, BGPTMA, 42, 2, Münster, Aschendorff, Copenhague, A. Frost-Hansen, 1967.

PUTNAM Hilary, *Philosophical Papers*, II, Cambridge UP, 1975.

— *Words and Life*, Harvard UP, 1994.

— « Sense, nonsense, and the senses », *The Journal of Philosophy*, 1994.

QUINE Willard Van Orman, *From a Logical Point of View*, Cambridge (Mass.), Harvard UP, 1953.

— *Word and Object*, Cambridge (Mass.), MIT Press, 1960 ; *Le Mot et la Chose*, trad. fr. J. Dopp et P. Gochet, Flammarion, coll. « Champs », 2000.

— *Theories and Things*, Cambridge (Mass.), Harvard UP, 1981.

ROESCH Sophie, « *Res* et *verbum* dans le *De lingua latina* », *in* Marc BARATIN et Claude MOUSSY, *Conceptions latines du sens et de la signification*, Presses de l'Université Paris-Sorbonne, 1999, p. 65-80.

ROSIER Irène, « *Res significata* et *modus significandi*. Les enjeux linguistiques et théologiques d'une distinction médiévale », *in* Sten EBBESEN (éd.), *Sprachtheorien in Spätantike und Mittelalter*, Tübingen, Gunter Narr, 1995, p. 135-168.

RUELLO Francis, *Les Noms divins et leurs Raisons selon saint Albert le Grand, commentateur du « De divinis nominibus »*, Paris, Vrin, 1963.

SOULEZ Antonia (éd.), *Manifeste du cercle de Vienne et autres écrits*, PUF, 1985.

SPINOSA Giacinta, « Sensazione e percezione tra platonismo e aristotelismo : semantica greca del *sensus* medievale », *in* Marta FATTORI et Massimo Luigi BIANCHI (éd.), *Sensus-sensatio, VIII Colloquio Internazionale del Lessico Intelletuale Europeo, Roma, 6-8 Gennaio 1995*, Florence, Leo S. Olschki, 1996, p. 37-65.

STRAWSON Peter F., *The Bounds of Sense*, Londres, Methuen, 1973.

VALENTE Luisa, « "*Cum non sit intelligibilis, nec ergo significabilis*". Modi significandi, intelligendi e essendi nella teologia del XII secolo », *Documenti e studi sulla tradizione filosofica medievale*, XI, 2000, p. 133-194.

VICO Giovanni Battista, *De antiquissima Italorum sapientia* [1710], in *Opere filosofiche*, éd. P. Cristofolini, Florence, Sansoni, 1971.

WITTGENSTEIN Ludwig, *Tractatus logico-philosophicus*, trad. angl. C.K. Ogden et F.P. Ramsey, Londres, Routledge & Kegan Paul, 1922 ; 2e trad. angl. D.F. Pears et B.F. McGuinness, Londres, Routledge & Kegan Paul, 1961 ; trad. fr. P. Klossowski, Gallimard, 1961, rééd. 1993.

— *The Blue and Brown Books*, Oxford, Blackwell, 1958 ; *Le Cahier bleu et le Cahier brun*, trad. fr. M. Goldberg et J. Sackur, Gallimard, 1996.

— *Philosophische Untersuchungen*, éd. G.E.M. Anscombe, G.H. von Wright et R. Rhees, Oxford, Blackwell, 1953 ; *Philosophical Investigations*, trad. angl. G.E.M. Anscombe, Oxford, Blackwell, 1953 ; trad. fr. P. Klossowski, in *Tractatus logico-philosophicus suivi de Investigations philosophiques*, Gallimard, 1961.

WOLFSON Harry A., "The internal senses in Latin, Arabic, and Hebrew philosophical texts", *Harvard Theological Review*, 28, 1935, p. 69-133.

OUTILS

CHANTRAINE Pierre, *Dictionnaire étymologique de la langue grecque*, nouv. éd. mise à jour avec un « Supplément au dictionnaire », Klincksieck, 1999.

DHLF : REY Alain (dir.), *Dictionnaire historique de la langue française*, 3 vol., Le Robert, 1992.

SENS COMMUN

I. L'ÉQUIVOQUE DU SENS COMMUN

Sens commun est une notion équivoque, entre un sens technique de provenance aristotélicienne, qui renvoie à la sensibilité et à la convergence des sensations, et un sens plus populaire, qui renvoie au « bon sens » et à la communauté des hommes. De fait, l'expression est susceptible d'au moins deux rétroversions en latin :

1. *Sensus communis,* qui traduit la *koinê aisthêsis*[κοινὴ αἴσθησις] (« perception commune » entre ou à plusieurs sens) d'Aristote, et renvoie, d'une part, à la manière dont les différents sens communiquent entre eux, d'autre part, à la manière dont on sent qu'on sent (*sunaisthêsis* [συναίσθησις]) : voir SENS (I, B), CONSCIENCE (I). *Sensorium commune* est une autre traduction de la *koinê aisthêsis* d'Aristote, l'interprétant comme liée à un organe propre, contrairement à ce qu'affirme Aristote. Sur la notion scolastique et le passage par l'arabe, voir SENSUS COMMUNIS ; cf. *IMAGINATION* [PHANTASIA], INTENTION, PERCEPTION.
2. *Bona mens,* qu'on trouve par exemple chez Sénèque, et qui désigne la justesse du jugement, et même la sagesse que chaque membre de la communauté des humains est susceptible d'avoir en partage. On est ainsi renvoyé à l'aspect positif de la *doxa* [δόξα] grecque, et, au sein d'un sujet, au « bon sens » (donnant lieu à un véritable chassé-croisé entre gallicisme et latinisme) et à la « lumière naturelle » dont parle Descartes ou au *gesunder Menschverstand,* à l'« entendement sain » : voir DOXA, ENTENDEMENT, LUMIÈRE, PHRONÊSIS, *SAGESSE.*

Sur l'aspect plus directement politique de cette communauté, voir *COMMUNAUTÉ, CONSENSUS, SOCIÉTÉ* et cf. LOGOS, MENSCHHEIT, MORALE.

II. « SENS COMMUN » ET « ORDINARY LIFE »

On s'est attaché ici plus particulièrement à la tradition anglo-écossaise à partir de Shaftesbury et Reid, qui s'établit par prédilection dans l'élément d'une « philosophie du sens commun » dont elle développe les aspects moraux et épistémologiques, convergeant dans une analyse originale de la sociabilité : voir MORAL SENSE et COMMON SENSE ; cf. UTILITY. Sur le lien entre cette sociabilité et « l'esprit », au sens de *wit, joke* et *humour* : voir NONSENSE et INGENIUM (encadré 2, « *Wit and/or humour* ») ; cf. *MOT D'ESPRIT.* La philosophie du sens commun débouche sur une valorisation de l'« ordinaire », langage ordinaire et vie ordinaire : voir ANGLAIS, CLAIM ; cf. SENS (V), ACTE DE LANGAGE (IV) et MATTER OF FACT.

► ESTHÉTIQUE, GOÛT, LIEU COMMUN, PERCEPTION

SENSUS COMMUNIS LATIN – fr. *sens commun*

► *SENS COMMUN,* et ÂME, COMMON SENSE, ENTENDEMENT, *IMAGINATION* [PHANTASIA], INTELLECT, INTELLECTUS, INTENTION, JE, MÉMOIRE, PERCEPTION, SENS, VÉRITÉ

La notion scolastique de « sens commun » est fixée dans ses grandes lignes avec la traduction latine médiévale de la section du Livre de la guérison *consacrée par Avicenne au traité* De anima. *Elle suppose ainsi la classification avicennienne des sens internes en cinq instances, toutes pourvues d'une localisation cérébrale, et respectivement désignées par les termes (a) sens commun, (b) imagination, (c) imaginative (chez l'animal) ou cogitative (chez l'homme), (d) estimative, (e) mémoire.*

L'inscription du sens commun, ou de la fonction qui lui est dévolue, dans une classification des sens internes n'est pas une innovation absolue d'Avicenne (contrairement à ce que soutient H.A. Wolfson, « The Internal Senses in Latin, Arabic and Hebrew Philosophic Texts », *Harvard Theological Review*, 28, 1935). De fait, dans le *Traité des opinions des habitants de la cité idéale*, al-Fārābī distingue déjà une *puissance principale sensitive*, « celle où s'assemblent les perceptions des cinq sens, comme si les cinq sens étaient des avertisseurs pour elle, comme si les cinq sens étaient des informateurs, chacun chargé d'un genre d'information d'une des régions du royaume », et une *puissance imaginative*, « gardant les sensations après leur disparition des sens, jugeant les sensations, ayant tout pouvoir sur elles, les séparant les unes des autres et les combinant » (cf. Al-Fārābī, *Traité des opinions des habitants de la cité idéale*, trad. fr. T. Sabri, Paris, Vrin, « Études musulmanes », XXXI, 1990, p. 82). Le *Traité des opinions des habitants de la cité idéale* n'étant pas connu en Occident, c'est toutefois Avicenne, et lui seul, qui a introduit la division dite « péripatéticienne » des facultés cognitives chez les Latins.

La distinction des cinq facultés cognitives internes ou *sens internes* est commandée par une distinction plus fondamentale, opposant *forma sensibilis* et *intentio sensibilium* (cf. Avicenne, *Liber de anima seu Sextus de naturalibus*, I, 5, éd. crit. de la trad. latine médiévale S. Van Riet, *Livres I-III*, p. 85). Les sens, externes ou internes, ont, en effet, deux objets de perception : (1) les formes, par exemple la longueur d'une chose, qui est d'abord saisie par les sens externes puis transmise au sens interne ; (2) ce qu'Avicenne appelle « l'intention d'un sensible », qui est un contenu directement saisi par le sens interne, sans que le sens externe l'ait lui-même perçu — c'est là ce qui se produit quand, par exemple, un agneau perçoit la menace que représente pour lui le loup. Ce caractère menaçant, qui n'est pas perçu par les sens externes, est l'*intentio* (*ma'nā* [المعنى]) du loup, distincte de sa forme, qui, normalement, provoque une conduite spontanée de fuite ou d'évitement.

Le sens commun est le premier des sens internes. Dans le livre I, chapitre 4, Avicenne l'appelle incidemment « la faculté de *banṭāsiā* [بنطاسيا], c'est-à-dire le sens commun », mais il ne parle plus que de « sens commun » lorsqu'il en traite *ex professo* au chapitre 1 du livre IV. *Banṭāsiā* traduit le grec *phantasia* [φαντασία]. Ce terme peut déconcerter, si tant est que le sens commun d'Avicenne est essentiellement une instance réceptive, « de centralisation des données des différentes sensations », selon l'heureuse expression de G. Verbeke (« Introduction sur la doctrine psychologique d'Avicenne », in *Liber de anima...*, *op. cit.*, p. 49*-59*). De fait, telle que la définit originairement Avicenne, la fonction du sens commun est, *prima facie*, de « recevoir toutes les formes que lui impriment et lui transmettent les cinq sens ». Mais ce n'est pas son unique fonction. Le sens commun avicennien n'est pas seulement la faculté capable de « saisir simultanément les objets des différentes puissances sensitives » (énoncé qui, notons-le au passage, transpose sur le terrain des facultés la remarque d'Aristote en *De anima* III, 1, 425b 1 *sq.* sur la « sensation commune » qui se produit lorsqu'il y a *simultanéité de sensation relativement au même objet*), c'est aussi le « principe d'où émanent lesdites facultés sensitives » (III, 8), et « auquel elles reviennent ensuite avec leur butin » (V, 8). Surtout, le sens commun joue un rôle dans ce que, faute d'un meilleur terme, on appellera la « transformation » de la sensation en perception — un rôle bien distinct de celui de la faculté qui lui fait suite, l'imagination (lat. *imaginatio*, ar. *khayāl* [الخيال]), qui est de « retenir ce que le sens commun reçoit en permanence des cinq sens, après la disparition même des sensibles en question (*post remotionem sensibilium*) ». La « forme » de la droite dessinée par la chute d'une goutte de pluie, tel est le produit de l'imagination, c'est l'effet d'une rétention de ce qui est saisi par le sens commun et le sens externe, l'effet d'une « mise en forme » ou « formation » des deux données, l'imaginaire, au sens de la *banṭāsiā*, et la réelle. C'est pourquoi l'imagination rétensive est aussi appelée *formans*, *vis formans* et *virtus formalis* (*al-muṣawwira* [المصوّرة]). Sens commun et imagination « rétensive » et « formative » sont distinctes anatomiquement : le sens commun est localisé dans la première cavité du cerveau, l'imagination à l'extrémité du ventricule antérieur.

L'imagination ne doit pas être confondue avec l'imaginative (*al-mutakhayyila* [المتخيّلة]), troisième sens interne, appelé (*vis*) *cogitativa* (*al-quwwat al-mufakkira* [القوة المفكّرة]) chez l'homme. Le rôle de cette cogitative (voir encadré 2, « Cogitative », dans INTENTION) ou imaginative est de séparer ou de combiner les images retenues par l'imagination, de diviser et de composer des images : elle est elle-même localisée dans la cavité centrale du cerveau, « *ubi est vermis* [là où est le ver] ». Vient ensuite l'estimative, située dans l'extrémité de la cavité centrale du cerveau et qui a pour objet les *intentiones* non perçues par l'intermédiaire des sens externes. La mémoire, située dans la cavité postérieure du cerveau, remplit la même fonction de rétention vis-à-vis de l'estimative que l'imagination vis-à-vis du sens commun. On notera que le système des fonctions cognitives ou sens internes ne rend pas compte des processus de connaissance *intellectuelle*.

♦ Voir encadré 1.

Alain de LIBERA

BIBLIOGRAPHIE

AVICENNE, *Liber de anima seu Sextus de naturalibus*, 2 vol., éd. crit. de la trad. latine médiévale S. Van Riet : *Livres I-III*, avec une

1

« Sens commun », « sensation », « perception » selon Avicenne

Dans le *Liber de anima*, I, 5, éd. S. Van Riet, *Livres I-III*, p. 88, 34-89, 40, Avicenne explique le rôle du sens commun dans la transformation de la sensation en perception. Soit une goutte d'eau qui *tombe en dessinant une ligne droite*. Le sens externe (la vue) ne laisse s'imprimer en lui que la « forme de ce qui est en face » (litt. : de ce qui est ob-stant, de ce qui s'ob-jecte), mais ce qui est en face de lui apparaît « comme un point, non comme une ligne ». Le sens externe ne perçoit donc pas la droite « dessinée » par la goutte qui tombe. À l'instant *t*, il ne saisit que la position occupée par la goutte en *t* : « Il ne peut la voir deux fois en même temps, mais il ne la voit que là où elle est [*non videt eam bis, sed videt eam ubi est*]. » C'est là qu'intervient le sens commun :

> Au moment précis [= *t*] où la forme de la goutte (transmise par la vue) s'imprime dans le sens commun et s'en retire, mais avant que la forme (déposée dans le sens commun) ait entièrement disparu, deux puissances s'exercent simultanément : le sens extérieur saisit la goutte d'eau là où elle est (*ubi est*), le sens commun la perçoit comme si elle se trouvait (encore) là où elle était (*quasi esset ubi fuit*) et comme si elle était (uniquement) là où elle est (*quasi esset ubi est*). Ce qu'il perçoit, c'est donc une *distensio recta*, un tracé en ligne droite.

« Deux remarques : le sens commun ne perçoit pas la chose là où elle est, c'est l'affaire du sens externe ; ce qu'il saisit n'est pas réel, c'est de l'ordre de la *banṭāsiā*. Il saisit un mouvement, c'est-à-dire qu'il se rapporte à la chose *comme si* elle était en deux emplacements distincts — celui qu'elle occupait et celui qu'elle occupe. Étant donné que les formes du sens externe se succèdent dans le sens commun et que les formes du sens commun à leur tour se succèdent, il faut une instance pour appréhender les deux, les retenir et les conserver, « quand la chose (*res*) a passé (*abiit*) » : c'est le rôle de l'imagination, *imaginatio*.

« Introduction sur la doctrine psychologique d'Avicenne » de G. Verbeke, Louvain-Leyde, E. Peeters-E.J. Brill, 1972 ; *Livres IV-V*, Louvain-Leyde, Éd. orientalistes-E.J. Brill, 1968.

DAVIDSON Herbert Alan, *Alfarabi, Avicenna, and Averroes, on Intellect. Their Cosmologies, Theories of the Active Intellect, and Theories of Human Intellect*, New York-Oxford, Oxford UP, 1992.

SENTIR

I. « SENTIR », « SENTIO », « SENSUS »

La signification du verbe lat. *sentio, sentire*, d'où procède le *sentir* français, est analysée par les dictionnaires classiques selon deux grands registres :

(a) percevoir par les sens ou éprouver ;

(b) penser, s'apercevoir, émettre une opinion, d'où lat. *sententia*, correspondant partiellement au grec *doxa* [δόξα], voir PROPOSITION, SENS (III) et DOXA.

Il est plus rigoureux cependant de poser une tripartition au niveau de *sensus* : *a)* perception ; *b)* intelligence ; *c)* signification.

On trouvera sous SENS les origines et les variations de cette tripartition.

Pour le sens de « signification », on se reportera, outre SENS, à HOMONYME, LANGUE, LOGOS, MOT, SIGNIFIANT / SIGNIFIÉ, TERME, TRADUIRE ; cf. INTELLECTUS, INTENTION.

II. SENSATION, SENTIMENT, SENSIBILITÉ

1. S'agissant du verbe *sentir*, le français ne conserve apparemment que la première série, mais il y développe une amphibologie typique de deux modalités du sens :

(a) celle qui renvoie à la *sensation*, gr. *aisthêsis* [αἴσθησις], voir CONSCIENCE (en part. encadré 1, « Le grec pour "conscience"... »), et SENS (I), PERCEPTION-APERCEPTION ;

(b) et celle qui renvoie au *sentiment*.

La différence ne tient pas au fait qu'il s'agirait d'un sens « externe » et d'un sens « interne », mais au fait que la seconde modalité affecte l'âme et communique avec l'univers des passions, voir GEMÜT, *PASSION* [PATHOS, STRADANIE].

2. Le doublet allemand *Gefühl / Empfindung* ne recoupe pas la distinction française entre sensation et sentiment, mais implique d'autres partages et d'autres liens, en particulier avec le sentiment moral, voir GEFÜHL ; cf. STIMMUNG.

3. Voir, pour la terminologie anglaise, en ce qui concerne la « sensibilité » : FEELING-PASSION-EMOTION-SENTIMENT-SENSATION-AFFECTION-SENSE... ; en ce qui concerne la moralité : MORAL SENSE ; cf. COMMON SENSE.

On notera la répartition des usages de l'adjectif fr. *sensible* entre l'objectivité et la subjectivité (une qualité *sensible*, une personne *sensible*), cependant que l'anglais a privilégié le rapport à l'idée de signification (*sensible*, « sensé », s'éclaire bien par son rapport à l'expression *to make sense*, avoir ou conférer du sens) : voir SENS (et l'encadré 1 sur « *aisthêton...* »), *SENS COMMUN*, et cf. AIMER (en part. encadré 2, « Tendre, tendresse, sentimental »).

4. La philosophie française cultive sa particularité en développant une phénoménologie de la sensibilité qui est la contrepartie de son intérêt précoce pour la question du « corps propre », dans une lignée qui va de Descartes (sixième *Méditation métaphysique, Les Passions de l'âme*) et Malebranche à Maine de Biran, Bergson et Merleau-Ponty, et qui privilégie les affections « unissant » l'âme et le corps, par exemple la douleur : voir ÂME / ESPRIT, *CHAIR* ERLEBEN, LEIB, PATHOS ; cf. *MALAISE*.

La relative intraduisibilité du discours ainsi tenu est bien illustrée par la réaction de Locke, dans ses annotations personnelles sur la *Recherche de la Vérité* de Malebranche, déclarant ne pas comprendre ce que ce dernier entendait par *sentiment intérieur*, alors que, inversement, les lecteurs français y voient l'équivalent de sa propre *consciousness* : voir CONSCIENCE, GEFÜHL.

► *CŒUR*, GOGO, *RAISON*

SÉRÉNITÉ

SÉRÉNITÉ *Serein*, du lat. *serenus*, « calme, sans nuage » (avec sans doute le sens premier de « sec », comme *xeros* [ξερός] gr.), se dit d'un ciel comme d'un visage.

Sérénité est la traduction française généralement retenue pour l'all. *Gelassenheit*, qui appartient au vocabulaire de la mystique (où il signifie une sorte d'abandon spécial, voire extatique, à la proximité de Dieu), et renvoie à l'attitude à l'égard de l'« histoire » de l'être dans l'idiome heideggérien : voir GESCHICHTLICH et HEIMAT ; cf. *DISPOSITION* (II), SORGE.

Plus généralement, la *sérénité* est voisine de l'idée de félicité (voir GLÜCK ; cf. *BONHEUR*) et elle peut être un état corollaire de la sagesse (voir SAGESSE).

► STILL

SEXE / GENRE, DIFFÉRENCE DES SEXES, DIFFÉRENCE SEXUELLE

gr.	*genos* [γένος]
lat.	*genus*
all.	*Geschlecht, Gender, Geschlechterdifferenz, Differenz der Geschlechter*
angl.	*sex, gender, sexual difference*
suéd.	*Kön, Genus*

► GENDER, *GENRE*, GESCHLECHT, MENSCHHEIT, MULTICULTURALISM, PULSION

Gender *devient un concept philosophique dans la pensée anglo-saxonne autour des années 1970. Malgré l'analogie, la traduction par* genre *(fr.) ou* genero *(esp.) se révèle ambiguë, cependant que la langue allemande adopte la forme anglaise* Gender *qu'elle laisse coexister avec* Geschlecht, *qui peut se rendre aussi bien par* sexe *que par* genre. *Suscitant autant de questions qu'il tente d'en résoudre, le concept de* genre *est mis en balance avec les expressions classiques* différence des sexes *et* différence sexuelle. *La première s'emploie aisément en français, en allemand et en italien, mais elle n'existe pas dans la langue anglaise, qui n'a à sa disposition que* sexual difference *et* sex.

I. L'INVENTION DU CONCEPT DE « GENRE »

Gender : le mot est ancien, mais le concept est neuf. La parution en 1968 du livre de Richard Stoller, *Sex and*

Gender, marque l'origine d'un débat terminologique et philosophique qui est loin d'être achevé. « Le sexe et le genre », tout semble dit avec ce titre qui distingue, comme s'il s'agissait d'une évidence, le sexe biologique et le genre social. Ce schéma heuristique, l'opposition entre le biologique et le social, permet des interprétations multiples et contradictoires mais suppose un cadre épistémologique qu'il ne faut pas oublier. Nature et culture dessinent une opposition, ou plutôt une tension dans l'analyse du rapport entre les sexes — de la différence des sexes, comme on dit par exemple en français. Trois termes se trouvent ainsi en présence : *sexe*, *genre* et *différence des sexes*. Dans un contexte à la fois philosophique et politique, la fin du XXe siècle prend acte du fait que la physique des sexes, dont la réalité elle-même est problématique, n'est que le support d'une identification, individuelle et collective, pour les hommes et pour les femmes ; et que, par conséquent, la critique des assignations sexuelles impose une terminologie nouvelle. Les années 1900 avaient su dissocier les êtres sexués, les « hommes » et les « femmes », de leurs qualités supposées, le masculin et le féminin, au profit d'une souplesse de jeu dans les identifications. Un siècle plus tard, la pensée féministe conceptualise la critique de la dualité sexuelle. *Genre* ou *gender* est le mot porteur de la chose : il faut l'entendre comme une proposition philosophique. Il est décidé de symboliser, par le concept de *genre*, la nécessité de penser la différence des sexes. Ainsi la mise en relief de cette notion de *genre* est-elle un événement philosophique contemporain.

Cet événement est d'abord un défi, un défi né d'une difficulté qui est épistémologique parce que terminologique. Le mot *sexe* est, malgré son caractère apparemment transnational (on le rapproche du latin *secare*, couper), un terme dont l'interprétation va du plus concret au plus abstrait. La langue anglaise dénote d'abord le biologique et le physique dans le mot *sex* ; le français, en revanche, entend ce mot aussi bien du côté de la vie sexuelle que du caractère sexué de l'humanité. En bref, *sexual difference* renvoie à la réalité matérielle de l'humain, alors que *différence des sexes* inclut une partition abstraite et conceptuelle de l'espèce. *Différence sexuelle* coexiste en français avec *différence des sexes* et permet ainsi de comprendre en quoi ils se distinguent : la *différence sexuelle* suppose une différence entre les sexes, elle donne donc une définition de la différence, que ce soit en biologie (ce que disent les sciences naturelles) ou en philosophie (ce que recherche la pensée du féminin) ; la *différence des sexes*, en revanche, implique la reconnaissance empirique des sexes sans en induire aucune définition de contenu. La langue allemande offre d'autres perspectives avec le terme générique *Geschlecht*, terme qui couvre le champ de la représentation empirique tout comme l'usage conceptuel du mot *sexe*. Mais, à la différence de ce qui se passe en français, le sexe et le genre se trouvent désignés en allemand par ce seul mot de *Geschlecht* (voir GESCHLECHT).

La pensée féministe américaine a ainsi « inventé » le concept de *gender* faute d'avoir l'outil adéquat pour dire la pensée sur les sexes, la pensée du deux en un, par manque d'une pensée formalisante sur les sexes. Le réalisme du mot *sexe* n'était porteur ni d'élaboration théorique ni de vision subversive. Or, si *gender* fut ainsi promu au rang de concept théorique, le mot (issu du grec *genos* [γένος], lat. *genus*, sur *gignere*, engendrer) n'était pas nouveau dans la langue. D'où la question de savoir comment d'autres langues ont reçu cette proposition terminologique et conceptuelle (voir *genos*, sous PEUPLE, III).

II. « GENDER », GENRE HUMAIN ET GENRES GRAMMATICAUX

La langue française s'est trouvée confrontée à une multiplicité de termes et d'expressions. Contrairement à ce qui se passe dans l'anglais classique, le « genre », en français, n'est pas seulement le genre grammatical ; il sert aussi à nommer le genre humain, l'espèce, *mankind*. Le genre désigne donc aussi bien l'ensemble des êtres humains que la sexuation de l'espèce en deux catégories (notons au passage que « genre humain » et « espèce humaine » sont des expressions distinctes mais parfois superposables, même si, comme *Geschlecht* et *Gattung* en allemand, la première est plus politique et l'autre plus zoologique).

Face à cette polysémie entre « genre » humain et « genres » grammaticaux, on comprend que l'importation du *gender* ait été opacifiée. Très vite, il est apparu que *gender* donnait lieu à une traduction au pluriel, « les genres », comme par un retour à l'origine de l'emprunt, le champ grammatical. Cette situation appelle alors deux remarques : le glissement vers le genre grammatical réintroduit, au plus loin d'une représentation abstraite et neutre, une dualité sexuée stricte ; en même temps, la grammaire, avec ses deux, voire ses trois, genres — masculin, féminin et neutre —, pourrait être le lieu idéal d'une construction en mouvement de la pensée des sexes. Ainsi, la tentative d'abstraction entreprise avec *gender* au singulier trouverait sa légitimité en revenant au pluriel. La grammaire serait une bonne façon de se tenir en équilibre entre les sexes biologiques et le sexe social, entre le naturel et le culturel. Rien ne serait privilégié, ni le fait de deux sexes différents ni l'arbitraire des attributions individuelles. Mais le sexe comme sexualité semble disparaître. Le genre serait donc un cache-sexe ?

♦ Voir encadré 1.

III. LES USAGES DU GENRE

Tout cela ne suffit pas à imposer l'usage d'un nouveau concept. Il est vraisemblable que la nécessité de doubler le mot *sexe* ait été plus ou moins urgente suivant les langues. Si désormais *genre* s'impose dans un langage commun, les termes dont il se distingue n'ont pas d'équivalent d'une langue à une autre. La langue anglaise dispose uniquement de *sexual difference* quand le français peut utiliser, en y apportant des nuances, *différence sexuelle*, *différence des sexes* voire *différence de sexe*. La langue allemande, elle aussi, emploie le terme *Geschlechterdifferenz* ou *Differenz der Geschlechter*. Cependant, dans la mesure où *Geschlecht* signifie à la fois « sexe » et « genre », l'allemand s'est vu obligé de doubler *Geschlecht* en recourant aussi à *Gender*. Le suédois fait de même avec *Kön* et *Genus*, le mot latin étant ici convoqué, comme en allemand depuis longtemps, pour servir de concept. La question n'est plus, alors, de traduire *genre* qui devient un mot transnational, mais de ne pas pouvoir traduire correctement en anglais *différence des sexes* ou *Geschlechterdifferenz*. *Sexual difference* implique la référence à des caractères, des qualités, des définitions de la différence qui excèdent largement un usage conceptuel précédant tout parti pris de contenu.

On ajoutera l'importance donnée, en dehors des recherches abstraites, à l'usage de *genre*, notamment lors de la conférence de Pékin qui s'est tenue en 1995 sous l'égide de l'ONU et qui a permis qu'à l'expression, internationalement consacrée, des « droits de la femme » soit substituée la notion de *genre*. En Afrique désormais, y compris dans la langue francophone, on parle de « genre

1

Masculin, féminin, neutre

L'existence de la catégorie de genre grammatical est à l'origine d'un certain nombre de difficultés de traduction qui se font sentir lorsque l'on cherche à traduire un texte d'une langue, telle la langue anglaise, où la plupart des mots n'entrent pas dans les catégories masculin/féminin, dans une autre, telle la langue française, où, au contraire, tous les mots du vocabulaire relèvent de l'un ou l'autre de ces deux genres. Il est des cas où traduire un mot « neutre » (autre manière de dire qu'il ne relève d'aucun genre) par un mot qui, lui, en a nécessairement un ajoute au texte une connotation absente du texte original. Cette difficulté est particulièrement sensible lorsque, pour une raison ou une autre, on introduit des mots anglais non traduits au sein d'un discours en français. Si, par exemple, on veut expliciter la différence de signification entre les mots *soul* et *mind* (voir MIND), c'est tout « naturellement » qu'on est amené à écrire : la *soul* et le *mind*, attribuant ainsi aux mots anglais le genre grammatical de ceux qui les traduisent (couramment) en français (« âme » et « esprit », en l'occurrence). Mais, ce faisant, on ajoute à l'explicitation de leurs différences de sens une différence de genre qui n'existe pas en anglais et que, spontanément, on interprète comme une différence de sens supplémentaire. Car cet ajout est tout sauf anodin, puisque, en français, les catégories de genre grammatical sont, de façon implicite, sexuellement connotées. De là un certain nombre de plaintes concernant le « sexisme » de telle ou telle langue (de toutes, en réalité). Plaintes auxquelles les linguistes opposent une fin de non-recevoir catégorique, arguant que les langues n'obéissent pas à des critères sémantiques.

Cette difficulté, liée à une sexualisation inconsciente des mots dans les langues qui possèdent les genres grammaticaux masculin et féminin, est à rapprocher de cette remarque d'Aristote (*Réfutations sophistiques*, I, 14, 173b 17-22) selon laquelle, dans la mesure où le sentiment de colère est l'apanage des héros, donc éminemment viril, on commet peut-être un solécisme lorsqu'on en parle au féminin (le mot *hê mênis* [ἡ μῆνις] qui signifie « colère » est féminin). L'*Iliade*, en conséquence, aurait bien dû s'ouvrir sur « le colère d'Achille ». Aristote renvoie ici à la distinction proposée par Protagoras (Aristote, *Rhétorique*, III, 5, 1407b 6) entre les genres des noms (*ta genê tôn onomatôn* [τὰ γένη τῶν ὀνομάτων] ; sur *genos* [γένος], voir PEUPLE, III, A) qui peuvent être soit « mâles » (*arrena* [ἄρρενα], que nous traduisons moins littéralement par *masculins*), soit « femelles » (*thêlea* [θήλεα], « féminins »), soit, enfin, ni mâles ni femelles, comme le sont les « choses, objets d'équipement » (*skeuê* [σκεύη], qu'on désigne aussi en grec par *ta metaxu onomata* [τὰ μεταξὺ ὀνόματα], « Les noms entre les deux », ce qui a donné « neutres », du latin *ne-uter*, ni l'un ni l'autre).

La détermination des genres proposée par Protagoras est explicitement sexuée (les mots « mâles » et « femelles » en témoignent). Elle repose sur l'idée que la division mâle/femelle opère dans le champ des mots de la même façon que dans celui des êtres (les « choses » animées et inanimées). « De la même façon » doit être entendu en un double sens. Tout d'abord, au sens que cette opération de partition en deux classes n'épuise pas plus l'ensemble des mots qu'elle n'épuise celui des « choses » : elle laisse toujours un résidu, un reste de mots et de « choses » qui n'entrent dans aucune des deux catégories. Ensuite, au sens que la répartition des mots dans les trois catégories de genre (dont l'une se définit comme reste des deux autres) reproduit à l'identique celle des « choses » : les mots femelles désignent des choses femelles, les mots mâles des choses mâles. Trouver étrange, voire scandaleux, que *colère* soit féminin ne se conçoit que dans le cadre de cette hypothèse, où les mots, s'ils ne ressemblent pas aux choses qu'ils désignent, sont cependant marqués en genre par la nature, mâle ou femelle, virile ou féminine, de ces choses : il suffit (en principe) de connaître le sens d'un mot pour en déterminer le genre grammatical, soit directement (s'il s'agit du masculin ou du féminin), soit par défaut (pour les noms neutres).

Il suffit d'énoncer cette thèse pour voir qu'elle n'a pas de portée universelle. Même la langue anglaise, qui possède elle aussi trois déterminations de genre, s'écarte du modèle de Protagoras. L'opposition masculin/féminin y joue un rôle secondaire puisqu'elle n'intervient qu'une fois effectuée, au sein des « choses » elles-mêmes, la partition en humains / non-humains, et ne s'applique, dans le domaine des mots, qu'à ceux qui désignent des humains, au sens le plus strict : des personnes, auxquelles il est possible d'attribuer un genre biologique — auquel cas, le genre grammatical se confond (en principe) avec le genre biologique. Il est donc impensable que le mot qui désigne en anglais la colère des héros, toute virile qu'elle soit, puisse être du genre masculin : on ne peut pas définir le genre biologique de la colère avec lequel se confondrait son genre grammatical. Le sens d'un mot n'aide à la détermination de son genre grammatical que si la signification du mot fait apparaître qu'il s'agit d'une personne : *queen*, qui désigne une personne, est nécessairement féminin. Il faut remarquer que les effets du genre, masculin ou féminin, sont en anglais d'une discrétion extrême : le genre du nom désignant une personne n'affecte ni les adjectifs ni les articles, définis (*the*, *these*) ou indéfinis (*a*, *some*, *many*), qui lui sont associés ; seuls les pronoms, au singulier seulement (*he* ou *she*), indiquent le genre (biologique) de la personne désignée. On peut dire que la langue anglaise ignore (presque) le genre grammatical : tous les mots, sauf quelques exceptions (*man*, *woman*, *king*,

et développement ». Le transfert linguistique se fait donc aussi de « femme » à *genre* (et non plus seulement de *sexe* à *genre*). Le recours à *genre* permet que le substantif « femme » ne tienne plus lieu de catégorie générale pour qualifier les recherches et travaux en la matière ou pour définir un engagement. Dans l'Afrique francophone, le terme est offensif en ce qu'il signifie aussi bien que la question des femmes est un rapport entre les sexes, hommes et femmes, que l'expression d'une demande d'égalité, fût-ce comme horizon très lointain.

L'Europe est aussi, comme telle, un laboratoire. L'usage de *genre* se généralise mais ne s'uniformise pas. Le mot anglais se superpose aux idiomes propres à chaque langue aussi bien dans l'expression *gender equality* (synonyme d'« égalité des sexes ») que dans celle de *gender perspective* (traduit par « dimension de genre »). *Gender* subsiste donc en anglais à l'intérieur des autres langues, ce qui est paradoxal dans la volonté européenne de traduction exhaustive. Cependant, *genre* continue à désigner l'aspect social opposé au biologique. Ainsi une discrimination visant une femme enceinte ne saurait être qualifiée comme une discrimination de genre : c'est une discrimination de sexe. Les mots « homme » et « femme » sont alors utilisés pour dire *sexe*.

1

queen — et, évidemment, *ship*, « navire »), sont neutres, sans genre. De là à dire qu'elle ignore la différence des sexes, il y a loin. Mais on conçoit que ceux (ou celles) qui s'expriment dans une langue où presque tous les noms sont sans genre, et où la différence des sexes (mâle/femelle) ne « déteint » jamais sur d'autres mots que ceux qui désignent les personnes, aient éprouvé le besoin de ne pas manquer la moindre occasion de souligner cette différence — fût-ce au prix d'un artifice, comme c'est le cas dans l'emploi de plus en plus général du « *he or she* » pour désigner un être humain. On comprend aussi que c'est au sein de la langue anglo-saxonne — langue où, pour les humains, le genre biologique et le genre grammatical se superposent — qu'a émergé le concept de *gender* (voir GENDER). On peut se demander si *gender*, en tant que construction sociale des identités sexuelles, n'est pas destiné à combler l'absence de genre grammatical. En effet, les individus qui parlent une langue possédant de véritables genres grammaticaux vivent dans un monde où la distinction féminin/masculin, même si elle n'est pas sémantiquement déterminée (on va voir qu'en général ce n'est pas le cas), est cependant omniprésente et contribue en partie à la formation, largement sociale, des identités masculine et féminine. Que cela plaise ou non, le fait que le mot *fleur* soit du genre féminin en français influe sur la représentation du genre féminin (tout court, non grammatical) que se font ceux qui s'expriment dans cette langue. En somme, la langue établit entre genre et genre grammatical des renvois impensables en anglais.

À ces considérations imprécises, qui reviennent à dire que les conceptions du monde que se forgent les individus ne peuvent être les mêmes selon que la langue qu'ils parlent et écrivent dispose ou non de véritables genres grammaticaux, la linguistique oppose la thèse rigoureuse selon laquelle les langues sont des systèmes formels dont la construction ne fait pas intervenir le sens des mots, et qui donc n'obéissent à aucune détermination sémantique — le genre grammatical ne faisant évidemment pas exception à cette règle, qui se présente comme une version du fameux « arbitraire du signe ». Le français et l'allemand sont généralement cités à l'appui de cette thèse. En allemand, langue de la combinaison par excellence, il existe toute une série de règles permettant de connaître le genre d'un nom à partir de sa morphologie : les suffixes *-lein* et *-chen* sont (en général) des marqueurs du neutre ; le préfixe *Ge-* rend neutre le nom dans lequel il entre en combinaison — du moins quand il s'agit bien d'un mot produit par combinaison ; les noms dont la terminaison est en *-ung*, *-heit*, *-keit*, *-schaft* et *-erei* sont féminins, etc. De façon semblable, en français, une étude entreprise par des professionnels de l'apprentissage du français par les anglophones (Tucker, Lambert et Rigault, 1977) a révélé que l'attribution du genre se fait à 85 % sur des critères formels, plus précisément phonologiques. C'est le dernier phonème d'un nom qui, dans ce cas, lui confère son genre grammatical (réduit à deux possibilités : masculin/féminin). Si les corrélations mises en évidence sont indiscutables, il n'en reste pas moins qu'il s'agit là de règles empiriques, vraies dans 85 % des cas seulement, relevant plus de constatations statistiques que d'une véritable analyse (comme c'est le cas en allemand), qui seule permettrait de comprendre comment les jeunes enfants qui ne savent pas où se situe la fin d'un mot peuvent arriver à déterminer le genre des noms avec une grande sûreté. En revanche, on comprend très bien ce qui a pu séduire les linguistes dans ce type de résultat. Il apparaît comme une confirmation de la thèse selon laquelle les langues sont des systèmes purement formels et comme une machine de guerre à opposer à ceux qui se plaignent, évidemment à tort, de ce que les langues ne sont pas construites de façon rationnelle. La science analyse cette plainte comme l'effet d'une blessure narcissique (la langue, parce qu'elle est un système purement formel, ignore la différence des sexes pourtant tellement importante pour l'espèce), venant s'ajouter à celles produites par la révolution copernicienne, la théorie de l'évolution et la psychanalyse.

Cela étant, la question posée en préambule (comment un individu s'exprimant en français fait-il pour ne pas attribuer le genre grammatical féminin au mot *soul* et par là même une nature féminine à ce qu'il désigne ?) n'en reste pas moins vive. Il se peut en effet que le genre grammatical soit déterminé par des considérations formelles ; il n'en reste pas moins que, une fois construit, il produit des effets. Comment ne pas induire, fût-ce inconsciemment, que ce que désigne le mot *mind* est de nature masculine, puisqu'il est traduit en français par un mot masculin ? On pourrait encore poser la question de la façon suivante : quelles conceptions se fait un anglophone de ce que désignent les mots *soul* et *mind* ? Perçoit-il sous le mot *soul* les caractéristiques traditionnellement féminines qu'à son corps défendant y sent un francophone ? Comment peut-on traduire d'une langue à une autre sans tenir compte des connotations quasi muettes qu'induit l'existence ou l'absence de genre grammatical ?

Françoise BALIBAR

BIBLIOGRAPHIE

CORBETT Greville G., *Gender*, Cambridge UP, 1991.

TUCKER Richard G., LAMBERT Wallace Earl et RIGAULT André, *The French Speaker's Skill with Grammatical Gender*, La Haye, Mouton, 1977.

IV. ÉPISTÉMOLOGIE ET HISTORICITÉ

Avec le choix du vocabulaire, le questionnement féministe s'est affiné. Il fallait d'abord marquer une rupture avec la tradition dominante que résumerait l'aphorisme repris par Freud à Napoléon : « L'anatomie, c'est le destin », et montrer ce qui, dans le rapport entre les sexes, distinguerait le fait biologique « naturel » de la construction sociale « culturelle ». Dans un second temps, il fut possible de dissocier complètement les deux réalités et d'affirmer que le genre n'avait plus rien à voir avec le sexe, que l'un et l'autre étaient produits et non pas donnés et que maintenir le lien, même contradictoire, entre le biologique et le social impliquait encore un essentialisme préjudiciable. L'objectif était de libérer les identités individuelles et collectives de toute norme. Mais si *sexe* renvoie à *sexualité*, *genre* peut-il comprendre la dimension de la vie sexuelle ? Les uns diront que *genre* escamote la provocation qui fait que le sexe est toujours là, lorsque d'autres, au contraire, y verront le support d'une pensée et d'une libération possibles. Faire disparaître le vocable *sexe* n'est, certes, pas anodin.

Il est vrai que la distinction hiérarchisée entre *sexe* et *genre* ressemble à l'alliance entre le fait et le concept plus encore qu'au dualisme opposant nature et culture. Le problème politique se double d'un problème épistémologique : le schéma heuristique entre deux termes qui s'opposent ou se contredisent est-il pertinent ? La critique qui use de ce schéma n'en est-elle pas prisonnière puisqu'elle le valide ? L'opposition entre nature et culture est un cadre conceptuel propre à l'époque moderne ; la redoubler par la tension entre le réel et le concept change-t-il quelque chose ? La pensée nourrie de l'interrogation et de l'action féministes ne devrait-elle pas inventer un cadre nouveau, une problématique nouvelle pour la question de la différence des sexes ? À l'opposition du biologique et du social (comme celles de *sexe* face à *genre* autant que de *genre* contre *sexe*), ne faut-il pas répondre autrement que par un dualisme même malmené ? La difficulté du débat sur sexe et genre tient à ce qu'il reste prisonnier de la problématique de l'identité : la recherche ou la critique de l'identité semblent être la question fondamentale. Or une autre question pourrait modifier la perspective, celle de l'altérité. Car, à trop débattre de l'identité des êtres sexués, trop peu est dit de leur rapport, du rapport à l'autre et aux autres. Or le rapport, rapport sexuel, rapports sociaux, rapports de domination ou d'émancipation, fait histoire. L'historicité de la différence des sexes pourrait être un fil conducteur — une historicité comme critique des représentations atemporelles des sexes autant que comme repérage des sexes dans la fabrique de l'Histoire.

Pour conclure, on en reviendra à la distinction entre différence sexuelle et différence des sexes, ces deux formulations dont jouit la langue française et avec lesquelles la philosophie ne se prive pas de jouer. Avec l'expression « différence sexuelle », la dualité des sexes se trouve dotée d'un contenu, de représentations multiples, mais toujours claires, du masculin et du féminin. Avec « différence des sexes », cette dualité n'implique ni affirmation de sens, ni proposition de valeur : c'est un outil conceptuel, c'est une dénomination vide. Là est sa pertinence essentielle.

Geneviève FRAISSE

BIBLIOGRAPHIE

BUSSMANN Hadumod et HOF Renate (éd.), *Genus. Zur Geschlechterdifferenz in den Kultur wissenschaften*, Stuttgart, Kröner Verlag, 1995.

BUTLER Judith, *Gender Trouble: Feminism and the Subversion of Identity*, New York, Routledge, 1990.

DERRIDA Jacques, « *Geschlecht*, différence sexuelle, différence ontologique », in *Psyché*, Galilée, 1987.

DIOTIMA (collectif), *Il pensiero della differenza sessuale*, Milan, La Tartaruga, 1987.

FRAISSE Geneviève, *La Différence des sexes*, PUF, 1996.

IRIGARAY Luce, *Éthique de la différence sexuelle*, Minuit, 1984.

LAQUEUR Thomas, *Making Sex, Body and Gender from the Greeks to Freud*, Harvard UP, 1990 ; *La Fabrique du sexe, Essai sur le corps et le genre en Occident*, trad. fr. M. Gautier, Gallimard, 1992.

MATHIEU Nicole-Claude, *L'Anatomie politique*, Éditions Côté-femmes, 1991.

MOI Toril, *What is a Woman? And others Essays*, Oxford UP, 1999.

RUBIN Gayle, « The Traffic in Women: Notes on the "Political Economy" of Sex », *in* R.R. REITER (éd.), *Toward an Anthropology of Women*, New York, Monthly Review Press, 1975.

SCOTT Joan W., *Gender and the Politics of History*, New York, Columbia University Press, 1988.

STOLLER Robert, *Sex and Gender. On the Development of Masculinity and Feminity*, New York, Science House, 1968 ; *Recherches sur l'identité sexuelle à partir du transsexualisme*, trad. fr. M. Novodorsqui, Gallimard, 1978.

SIGNE, SYMBOLE

gr.	*sêma* [σῆμα], *sêmeion* [σημεῖον], *sumbolon* [σύμϐολον]	all.	*Zeichen, Zeigen, Sinnbild, Symbol*
lat.	*signum, nota, symbolum*	angl.	*sign, symbol, index*

► ACTE DE LANGAGE, ANALOGIE, COMPARAISON, *IMAGE*, IMPLICATION, LOGOS, MERKMAL, MIMÊSIS, MOT, NON-SENSE, SÉMIOTIQUE, SENS, SIGNIFIANT, SYNCATÉGORÈME, TERME, UNIVERSAUX

Signe, comme étant ou chose, *englobe une grande diversité de champs. Si, dans la perspective augustinienne, tout signe est d'abord une chose, une chose n'est pas nécessairement un signe, bien qu'elle puisse toujours, à un degré quelconque, le devenir* (De doctrina christiana, *I, 2, 2) ; c'est ainsi, par exemple, que les événements rapportés dans l'Ancien Testament,* res gestae, *sont, pour les chrétiens, « signes » du Nouveau Testament* (De doctrina christiana, *III, 22-23).* Signe *relève donc d'un dispositif vaste, qui le met en réseau avec ce qui, d'une certaine manière, procède de lui : la* signi-fication, *diversement interprétée, fondée ou motivée au cours de l'histoire. La délimitation des champs respectifs du « signe » et du « symbole » est l'un des éléments les plus problématiques des réseaux tendus dans les diverses langues, depuis la distinction inaugurale du* sêmeion [σημεῖον] *et du* sumbolon [σύμβολον] *dans la langue grecque, jusqu'à la formation allemande* Sinnbild *(litt. « image* [Bild]*-sens* [Sinn] *», où* Sinn *laisse percer, en outre, la dimension du « sensible »), utilisée par exemple par E. Cassirer pour désigner le « symbole » comme ce qui assure un passage de l'image au sens. Ces divers réseaux ne sont, cependant, identifiables qu'à relever certaines mutations du latin, voire du néolatin,* signum, *qui font communiquer le « signe » avec le « terme », selon, par exemple, l'axe « catégorème »* vs *« syncatégorème », et voient le mot* signum *désigner — à un certain stade d'évolution de la logique médiévale — ce qu'on appelle aujourd'hui « quantificateurs ». Du « signe [de quantité] » médiéval au « symbole quantificationnel » moderne, les passerelles existent, qui comptent moins cependant que le repérage des ensembles qu'elles relient. On en donnera ici l'essentiel, en partant du coup d'envoi aristotélicien, pour rejoindre, à travers le moment stoïcien et la distorsion qu'il induit, les grandes oppositions construites au Moyen Âge autour de plusieurs polarités, qu'il s'agisse des sources — Aristote* vs *Augustin — ou des structures conceptuelles qu'elles véhiculent ou proposent à une refonte d'ensemble, comme la distinction entre signes naturels et signes conventionnels, et celle, plus discrète, travaillant le « signe » lui-même, entre « signe de » et « signe pour » , où la « dimension intersubjective » du signe est explicitement thématisée.*

I. LE VOCABULAIRE GREC DU SIGNE : QUELQUES NŒUDS DE PROBLÈMES

A. « Sêma » et « sumbolon »

Homère et Hésiode n'utilisent pas *sêmeion*, mais deux mots, *sêma* [σῆμα] et *sumbolon* [σύμϐολον], qu'on peut aussi traduire par « signe », mais dont le sens concret et l'usage social sont très appuyés.

Sêma, à partir duquel se développeront *sêmeion* [σημεῖον], « signe », et *sêmainein* [σημαίνειν], « signifier, vouloir dire » (voir SENS), dit le signe au sens de « signal » (pour commencer une bataille, *Odyssée*, XXI, 231 ; comme présage envoyé par les dieux, *ibid.*, XX, 111 par ex.), de « point de repère » (signe de piste pour retrouver son chemin, *Iliade*, X, 466 ; marques et bornages, *Odyssée* VIII, 192), et plus généralement de « signe de reconnaissance », qui garantit la fiabilité d'une identité ou d'un message (ainsi la marque que fait chaque guerrier sur un sort pour le tirage [*Iliade*, VII, 189], ce que porte la tablette de Bellérophon – premières traces d'écriture ? [*ibid.*, VI, 176 *sq.*] –, et surtout ce secret, partagé par les seuls époux, du lit conjugal taillé à même un olivier encore enraciné [*Odyssée*, XXIII, 202]). C'est éminemment le signe auquel on reconnaît une sépulture : la « tombe » (*ibid.*, II, 222 ou XI, 75), et tel est le sens avec le jeu de mots *sôma* [σῶμα] / *sêma*, « corps/tombeau », qu'on trouve d'Orphée (B 3 DK) à Philolaos (B 14 DK). C'est sans doute dans le *Poème* de Parménide qu'apparaît le rapport entre signal et signification, au moment de la constitution de l'identité de l'étant, avec la description des *sêmata* [σήματα] (VIII, 2) qui, « points de repère » sur la route du « Est », ne sont autres que les prédicats de l'étant qui s'y découvre, sémantèmes autant que sèmes (inengendré, impérissable, entier, un, continu, etc.) (voir ESTI). Le *sêma* renvoie à autre chose que lui-même, qu'il signale d'une manière plus ou moins constante ou naturelle, laissant ainsi place à l'interprétation.

Sumbolon, de *sum-ballô* [συμ-ϐάλλω], « jeter ensemble » (c'est « ensemble » qu'il faut souligner), a un sens beaucoup plus précis. C'est lui aussi un « signe de reconnaissance », mais il désigne à l'origine très matériellement les parties d'un astragale ou de tout objet coupé en deux, dont l'ajustement témoigne d'une ancienne relation, entre des hôtes (Euripide, *Médée*, 613), entre un enfant exposé et ses parents (Euripide, *Ion*, 1386), puis entre toutes sortes de contractants. *Sumbolon* se dira aussi bien d'un jeton (les tessères du citoyen qui vote et reçoit une rémunération, les places de théâtre), d'un passeport, d'un reçu, d'une garantie, d'un contrat ou d'un traité. Le rapport entre le tout et les parties matérielles d'un *sumbolon* est ainsi le signe visible d'une convention entre des parties contractantes.

B. « Sêmeion »

1. Le coup d'envoi aristotélicien

On peut repérer dans le corpus de la philosophie grecque deux nœuds de problèmes concernant la notion de signe et la relation de signification, qui expliquent tant les variations dans la traduction des terminologies que la complexité et les incompatibilités des définitions ultérieures.

Le premier tient au sens à donner aux premières phrases du chapitre 1 du *De interpretatione* d'Aristote, texte canonique qui structure pour toute la tradition le rapport entre langage (écrits, paroles), affections de l'âme et choses, et implique en particulier qu'on décide du statut de la variation *sêmeion / sumbolon*. Le second tient à l'incompatibilité concertée de la terminologie introduite par les Stoïciens, dont la théorie du signe, extrêmement élaborée, ne cesse dès les premiers commentaires de contaminer celle d'Aristote, en ouvrant sur des concepts, au moins en apparence, d'une plus immédiate modernité (*sêmeion* « signe », mais aussi *sêmainon* [σημαίνον] « signifiant », *sêmainomenon* [σημαινόμενον] « signifié », *lekton* [λεκτόν] « exprimable », *tugkhanon* [τυγχάνον] « référent ») (voir SIGNIFICANT, II, « *Lekton* »).

♦ Voir encadré 1.

On doit noter une caractéristique du *sêmeion* : c'est son caractère de « géométrie variable ». Un *sêmeion* est aussi bien une chose, empiriquement constatable, « symptôme » dans une maladie (ainsi dans le corpus hippocratique), « indice » dans une enquête ou une recherche, qu'une proposition, une prémisse, susceptible d'entrer dans une démonstration. Dans les deux cas, le *sêmeion* permet de passer à, de déduire, avec plus ou moins de certitude, autre chose (phénomène ou proposition) que lui-même.

C'est ainsi qu'on peut comprendre la définition du *sêmeion* dans les *Premiers Analytiques*, II, 27, 70a 7 *sq.* : « Le signe veut être une prémisse nécessaire ou probable : quand une chose étant, une autre est, quand une chose devenant, une autre devient antérieurement ou postérieurement, ces dernières sont les signes du devenir ou de l'être », à rapprocher de la différence rhétorique *sêmeion* (probable) / *tekmêrion* [τεκμήριον] (démonstratif), et de l'usage de *sêmeion* (« en voici un indice ») dans la suite du chapitre 1 du *De interpretatione* (en 16a 16). C'est une corroboration de la « naturalité » possible, mais non nécessaire, du *sêmeion*.

La chose est particulièrement manifeste dans le stoïcisme, liée à la transformation du « sujet » de la signification, qui n'est plus le mot comme chez Aristote, mais seulement le *logos* complet (voir MOT). Le lait comme « signe » de l'enfantement est ainsi à la fois le liquide nourricier effectivement présent dans le sein de la mère (c'est un exemple d'Aristote) et la proposition « cette femme a du lait », prémisse de la conclusion valide dans le *sunêmmenon* [συνημμένον] : « cette femme a enfanté » (c'est la reprise de l'exemple aristotélicien par Sextus).

2. Définition stoïcienne du « sêmeion », et taxinomie des signes selon la « montrabilité » de l'objet

> Le signe se dit de deux manières (*legetai dikhôs* [λέγεται διχῶς]), au sens général et au sens particulier (*koinôs te kai idiôs* [κοινῶς τε καὶ ἰδίως]) ; au sens général : c'est ce qui semble montrer quelque chose (*ti dêloun* [τι δηλοῦν]), dans la mesure où nous avons l'habitude de nommer signe ce qui sert à renouveler l'objet qui a été observé en conjonction avec lui (*pros ananeôsin tou sumparatêrêthentos autôi pragmatos* [πρὸς ἀνανέωσιν τοῦ συμπαρατηρηθέντος αὐτῷ πράγματος]) ; au sens particulier : c'est ce qui est indicatif (*endeiktikon* [ἐνδεικτικόν]) d'un objet non évident (= inmontré, *tou adêloumenou pragmatos* [τοῦ ἀδηλουμένου πράγματος]).
>
> Sextus Empiricus, *Adversus mathematicos*, VIII, chap. 3 [= *Pros Logikou*, 143-144].

De cette définition découle la distinction fondamentale entre deux sortes de signes, qui structure l'exposé et la critique sceptiques de la sémiologie dogmatico-stoïcienne, proposés au chapitre 3 du livre VIII des *Adversus mathematicos*. Laissons de côté les choses manifestes (*enargê* [ἐναργῆ]), qui n'ont besoin que de leur propre évidence, et ne relèvent donc pas du domaine du signe. Il ne peut y avoir signe que de choses non évidentes (*adêla* [ἄδηλα]), à condition toutefois qu'elles ne soient pas « absolument non évidentes » (*kathapax adêla* [καθάπαξ ἄδηλα], par exemple le nombre de grains de sable dans le désert de Libye) puisque alors elles échappent par définition à toute appréhension quelle qu'elle soit. Il y aura donc signe de choses ou bien « occasionnellement non évidentes » (*pros kairon adêla* [πρὸς καιρὸν ἄδηλα], par exemple Athènes quand je suis en Libye), ou bien « naturellement non évidentes » (*phusêi adêla* [φύσει ἄδηλα], par exemple l'idée de pores intelligibles, ou d'un vide infini extérieur au cosmos).

Dans le premier cas, le signe est dit « commémoratif », *hupomnêstikon* [ὑπομνηστικόν], car il ne fait que relier deux items perçus dont on a déjà souvent observé la connexion (*sumparatêrêsis* [συμπαρατήρησις]), et dont l'une, qu'on se remémore alors, est temporairement absente, selon d'ailleurs n'importe quelle modalité du temps : la cicatrice, signe d'un passé, rappelle la blessure ; la fumée, signe d'un présent, évoque le feu ; le coup au cœur, signe d'un futur, annonce la mort. On comprend que l'étude du signe puisse concerner à la fois ce que nous appelons signe, la chose qui sert de signe (la fumée par rapport au feu) et le *sunêmmenon*, le raisonnement en « si ... alors », caractéristique de la logique stoïcienne (« s'il y a de la fumée, il y a du feu », voir IMPLICATION). Dans le second cas, le signe est dit « indicatif », *endeiktikon* : il contient en lui toute la monstration, puisque ce qui est signifié est par nature non observable en soi, si bien que « c'est directement à partir de sa nature et de sa constitution propres, presque en émettant un son de voix (*monon oukhi phônên aphien* [μόνον οὐχὶ φωνὴν ἀφιέν]),

1

Signe / symbole / image — Les grandes options de traduction pour le « De interpretatione », 1, 16a 3-8

« Ἔστι μὲν οὖν τὰ ἐν τῇ φωνῇ τῶν ἐν τῇ ψυχῇ παθημάτων σύμβολα, καὶ τὰ γραφόμενα τῶν ἐν τῇ φωνῇ. Καὶ ὥσπερ οὐδὲ γράμματα πᾶσι τὰ αὐτά, οὐδὲ φωναὶ αἱ αὐταί· ὧν μέντοι ταῦτα σημεῖα πρώτων [πρώτων : Minio-Paluello, généralement suivi / πρώτως : tous les mss sauf un ; Ammonius], ταὐτὰ πᾶσι παθήματα τῆς ψυχῆς, καὶ ὧν ταῦτα ὁμοιώματα πράγματα ἤδη ταὐτά » (Aristote, *De interpretatione*, 16a 3-8).

Les traductions ont à gérer deux séries de différences : celle entre *ta en têi phônêi* (litt. : « ce qu'il y a dans la voix »), *ta graphomena* (« ce qui est écrit »), d'une part, et *phônai* (« les sons de la voix »), *grammata* (« les lettres »), d'autre part ; celle, surtout, entre *sumbolon* (« symbole »), *sêmeion* (« signe »), *homoiôma* (« image », « représentation »). On peut distinguer deux grandes options de compréhension, qui dépendent de la portée de *prôtôn* ou *prôtôs*. Selon la première option, partagée de manière quasi unanime par les traducteurs et commentateurs grecs, latins, arabes et modernes, les mots, écrits et parlés, sont signes « en premier lieu » (*hôn, protôn*, ou *prôtôs*) des affections de l'âme, et en second lieu des choses elles-mêmes que ces affections représentent. Les traductions courantes, Tricot comme Ackrill, l'adoptent :

> Les sons émis par la voix sont les symboles des états de l'âme, et les mots écrits les symboles des mots émis par la voix. Et de même que l'écriture n'est pas la même chez tous les hommes, les mots parlés ne sont pas non plus les mêmes, bien que les états de l'âme dont ces expressions sont les signes immédiats (*hôn* [...] *prôtôn*, Ackrill maintient la leçon mais traduit plutôt l'adverbe *prôtôs* : « *but what these are in the first place signs of — affections of the soul* » — on peut retrouver ce sens quel que soit le choix éditorial) soient identiques chez tous, comme sont identiques aussi les choses dont ces états sont les images.

Les mots sont les signes directs des affects et les signes indirects, *via* les affects justement, des choses. La différence significative, comme le souligne Ammonius, passe entre, d'une part, les choses et les affects, qui sont les mêmes pour tous, puisqu'ils sont liés par une relation naturelle de ressemblance qu'il n'est pas en notre pouvoir de changer, et, d'autre part, les sons et les lettres, qui ne sont pas les mêmes pour tous comme le prouve la différence des langues, et qui sont liés entre eux, comme avec les affects et les choses, par une relation conventionnelle de signification. Du coup, il ne saurait y avoir de différence fondamentale entre *sêmeion* et *sumbolon* (les sons vocaux, dit Ammonius en 19, 34, sont *sumbola kai sêmeia*, « symboles et [ou : c'est-à-dire] signes » des pensées) : on comprend que la tradition s'engouffre derrière la traduction de Boèce qui propose *notae* à chaque fois, et que Pierre Aubenque puisse déplorer le manque de fermeté de la terminologie aristotélicienne (*Le Problème de l'être chez Aristote*, PUF, 2e éd. 1966, p. 109).

La seconde option, très récemment instruite même si elle peut s'appuyer sur certains commentaires d'Ammonius et de Boèce (voir Kretzmann et Pépin), comprend qu'il s'agit dans ces phrases de deux descriptions emboîtées du langage : les sons de la voix (*tauta*, 6), humaine mais aussi animale, sont *d'abord* des signes naturels (l'adverbe *prôtôs* porte sur *sêmeia*) des affections de l'âme et, ensuite seulement, deviennent, dans le cas du langage articulé propre aux hommes et donc dans le cadre de la différence des langues, les symboles conventionnels (*sumbola*) de ces affections, comme les lettres sont les symboles conventionnels des sons articulés. La traduction devient alors quelque chose comme :

> Mais il faut savoir que les sons émis par la voix sont des symboles des affections qui sont dans l'âme, et les traces que l'on en écrit sont des symboles des sons émis par la voix. Et tout comme les lettres de l'écriture ne sont pas les mêmes pour tous les hommes, les émissions de voix ne sont pas non plus les mêmes ; en revanche, ce dont ces sons émis par la voix sont en premier lieu des signes, c'est-à-dire les affections de l'âme, sont les mêmes chez tous, comme sont les mêmes déjà les choses à quoi ces affections ressemblent.
>
> trad. fr. Pépin mod., p. 30.

Cette seconde option présente manifestement l'intérêt de travailler les différences terminologiques au lieu de les écraser.

Quel que soit cependant le texte retenu, le mouvement d'ensemble qui fait passer du *logos* à l'âme, et de l'âme aux choses, demeure, dans tous les cas, inaltérable et paradigmatique : le *De interpretatione* déploie, dans ses toutes premières lignes, la structure classique qui informe la phénoménologie, et demeure la grande charte du langage :

choses	phénoméno
âme	—
mots	logie

La médiation de l'âme fait passer des choses aux mots ; la phénoménologie apparaît bel et bien comme une question de transitivité : le phénomène se montre dans le langage, il se laisse dire et écrire, à une double condition : qu'il « passe » dans l'âme, et que l'âme « passe » dans le *logos*.

Il est vrai que cette double condition constitue aussi bien un double problème : est-on sûr que la médiation de l'âme n'occulte rien des choses, et qu'à son tour celle du *logos* ne biaise rien des affections de l'âme ? Afin de rendre sensible « la méthode phénoménologique » de sa recherche, Heidegger propose, au paragraphe 7 de *Sein und Zeit*, une exploration du concept de phénomène, puis du concept de *logos*, aboutissant à un « concept provisoire de phénoménologie » tel que le lecteur se dépouille progressivement de ses préjugés classiques et parvienne à une entente plus grecque et plus aristotélicienne du terme. Mais un tel fil conducteur se laisse non moins suivre à rebours (voir VÉRITÉ, SENS) : force est de constater que cette structure phénoménologique est, toujours déjà et déjà chez Aristote, recouverte et feuilletée en constitution de l'objectivité. Autrement dit, la transitivité n'est finalement garantie qu'à faire du montrer un signe, du *logos* un jugement, du dévoilement une adéquation, et du phénomène un objet. Une phénoménologie grecque, pourtant paradigme de la phénoménologie, serait-elle introuvable ?

BIBLIOGRAPHIE

AMMONIUS, *In Aristotelis De Interpretatione Commentarius*, éd. A. Busse, Berlin, G. Reimer « CAG », IV, 5, 1897 ; trad. fr. chap. 1-5, J. Lallot et F. Ildefonse, « Archives et documents de la Société d'Histoire et d'Épistémologie des Sciences du langage », sec. série 7, 1992, p. 1-91 ; trad. angl. D. Blank, Londres, Duckworth, 1996.

ARISTOTE, *De interpretatione*, éd. A.Minio Palvello, Oxford, Clarendon Press, 1949 ; trad. angl. et comm. J.L. Ackrill, Oxford, Clarendon Press, 1963 ; trad. fr. et notes J. Tricot, Vrin, 1989.

CASSIN Barbara, *Aristote et le logos. Contes de la phénoménologie ordinaire*, PUF, 1997, chap. 4.

KRETZMANN Norman, « Aristotle on Spoken Sound Significant by Convention », dans J. CORCORAN (éd.), *Ancient Logic and its Modern Interpretations*, Dordrecht-Boston, Reidel, 1974, p. 4-21.

PÉPIN Jean, « *Sumbola, Sêmeia, Homoiômata*. À Propos de *De interpretatione* 1, 16a 3-8 et *Politique* VIII, 5, 1340a 6-39 », *in* P. MORAUX (éd.), *Aristoteles Werk und Wirkung*, t. 1, J. WIESNER (éd.), *Aristoteles und seine Schule*, Berlin-New York, De Gruyter, 1985, p. 22-43.

WHITAKER Charles W. A., *Aristotle's* De Interpretatione. *Contradiction and Dialectic*, Oxford, Clarendon Press, 1996.

qu'il est dit signifier ce dont il est indicatif » (154). Ainsi les mouvements du corps sont-ils des signes indicatifs de l'existence de l'âme, qui par nature quant à elle ne tombe pas sous nos sens. Une partie du travail antidogmatique de Sextus consiste à désolidariser radicalement les deux sortes de signes, à maintenir le signe commémoratif dont nous vivons et expérimentons tous les jours la fiabilité, mais à débouter de ses prétentions le signe indicatif, en exposant les apories de son concept. Ce faisant, le Sceptique fait d'abord connaître la systématique stoïcienne, et transmet un corpus d'exemples ou de cas qui ne cesseront d'être commentés et réinvestis par une sémantique aristotélicienne contre laquelle ils se sont pourtant élaborés.

C. La distorsion Aristote / Stoïciens et sa lecture par Heidegger

> À la grande époque des Grecs, le signe (*das Zeichen*) est expérimenté à partir du « se montrer » (*aus dem Zeigen*) ; il est signé par lui et en vue de lui. Depuis le temps hellénistique (Stoa), le signe procède d'une fixation, il est décrété comme instrument d'une désignation (*für ein Bezeichen*) ; par là la représentation est aiguillée et ajustée d'un objet sur un autre objet. Désigner, ce n'est plus montrer au sens de laisser-apparaître (*im Sinne der Erscheinenlassen*). L'altération du signe — passer de ce qui montre à ce qui désigne (*die Änderung des Zeichens vom Zeigenden zum Bezeichnenden*) — repose dans la mutation du déploiement de la vérité.
>
> « Le chemin vers la parole », trad. fr. F. Fédier, in *Acheminement vers la parole*, Gallimard, 1976, p. 231-232 ; *Unterwegs*, p. 245.

Le jugement de Heidegger est intéressant ici à plus d'un titre. (1) Il détermine deux époques du signe : Aristote, à la grande époque des Grecs, comprend le *Zeichen* comme un *Zeigen* ; comme un se-montrer et un laisser-apparaître sur fonds d'*alêtheia* [ἀλήθεια]. Les Stoïciens comprennent le signe comme une désignation (*Bezeichen*) selon une structure de renvoi. D'un côté, la phénoménologie, de l'autre la linguistique. (2) Dans le *De interpretatione*, *sumbola*, *sêmeia* et *homoiômata* sont à considérer, provisoirement mais essentiellement, comme synonymes, puisqu'ils sont avant tout trois modes du « se-montrer », disant comment le phénomène « se désabrite » dans l'âme, l'âme dans la voix et la voix dans les lettres.

Mais il faut sans doute résister à cette forte interprétation. En effet, la différence entre *dêloun*, « montrer » et *sêmainein*, « signifier », thématisée par Aristote, implique déjà une mutation de la notion de signe : « Rien n'est par nature un mot, mais seulement quand cela devient symbole (*sumbolon*) : de fait, les sons inarticulés (*agrammatoi psophoi* [ἀγράμματοι ψόφοι], “qui ne s'écrivent pas”) comme ceux des bêtes montrent bien quelque chose (*dêlousi ge ti* [δηλοῦσί γέ τι]), mais aucun n'est un mot » (*De interpretatione*, 16a 26-29). On passe avec Aristote de *sêmainein* [σημαίνειν], verbe d'action à transitivité ontologique (Héraclite, B 93 : l'oracle de Delphes « ne dit ni ne cache, mais fait signe [*oute legei oute kruptei alla sêmainei* (οὔτε λέγει οὔτε κρύπτει ἀλλὰ σημαίνει)] »), à *sêmainein* ayant pour sujet le mot : « le mot signifie le fait d'être ou de n'être pas cela (*to einai ê mê einai todi* [τὸ εἶναι ἢ μὴ εἶναι τοδί]) » (*Métaphysique*, IV, 1006a 28-30). Tant que la signification est un montrer naturel renvoyant aux impressions de l'âme, elle ne peut départager l'homme de l'animal (*Politique*, I, 1253a 1-18). Mais elle le peut dès qu'elle est *kata sunthêkên* [κατὰ συνθήκην], par convention, constituée en *logos* humain. Dès lors, ce n'est plus l'homme, mais « homme », le mot *homme*, qui signifie quelque chose, à savoir le *logos* [λόγος] qui l'explicite, sa définition (cf. B. Cassin, *La Décision du sens*, p. 30-33).

On voit comment tout se tient — la différence *sêmeion/sumbolon*, la différence *dêloun/sêmainein*, le passage aux mots comme sujets du signifier : il y a du « linguistique » dans Aristote autant que chez les Stoïciens. Ce n'est donc pas tant dans l'ouverture ou la fermeture phénoménologique qu'on situera la différence entre Aristote et les Stoïciens, que dans la définition même de ce qui est phénomène et de ce qui signifie. D'une part, côté Aristote, l'analyse, aimantée par la substance-sujet (voir SUJET, I, *Hupokeimenon*), en unités-mots (*onomata* [ὄνοματα]) porteurs de sens et la combinaison des « avec » (*sun* [σύν] de la syntaxe et du syllogisme), d'autre part, côté stoïque, l'analyse en unités d'action plutôt qu'en substances, en énoncés complets plutôt qu'en mots, et en raisonnements hypothétiques plutôt qu'en syllogismes (le *sun* du *sunêmmenon*, qui joint un *si* avec un *alors*) : ce n'est plus l'*onoma* mais le *logos* qui constitue l'unité signifiante. Deux types de phénomènes et deux types de linguistiques, mais l'une n'est pas moins linguistique que l'autre. Encore une fois, le *sêmeion* est à géométrie variable.

II. « SIGNUM » ET LA DIMENSION INTERSUBJECTIVE

A. Tradition grecque et innovation romaine

En dehors de la reprise du couple *sêmeion-sumbolon*, et de ses multiples avatars jusqu'à la traduction boécienne du *De interpretatione*, la romanité a lesté le *signum* de charges sémantiques parfois directement adaptées du grec, parfois propres aux ressources de la langue latine. Parmi les nombreuses acceptions de *signum* qui, dans la tradition latine classique, interfèrent, en philosophie, avec l'acception logico-linguistique dans le champ plus large du « sémiotique », jusqu'à revenir comme exemples de « signes » dans les typologies médiévales, plus ou moins directement inspirées d'Augustin (voir ici même Roger Bacon), on trouve celle d'« enseigne » (insigne) et celle d'« image » (peinte ou sculptée). *Signa* désigne, en effet, les enseignes « qui distinguent les divisions d'une armée » (d'où *signifer*, que l'on retrouve dans la notion astrologique médiévale de « cieux signifères » — « porteurs de signes », prolongeant l'équivalence de *signa* et de *sidera*, typique de la romanité, qu'atteste, entre autres, le *De lingua latina*, 7, 14 de Varron : « *Signa dicuntur eadem et sidera*. Signa *quod aliquid significent* [les astres sont également appelés signes — *signes* parce qu'ils signifient quelque chose] »). Cette acception, proprement militaire, préside — aux confins du « miracle », du « présage », du « signe annonciateur » —, à la présentation de la Croix comme « signe », dans l'histoire de l'empereur Constantin (« *in hoc signo vinces* »). Mais l'on retrouve également *signum* au principe de *sigillum* (« petite image, statuette ; sceau, seing »), dans un registre où se combinent des propriétés de rangs divers, allant du niveau matériel du marquage (la « marque » imposée au troupeau en signe de possession — *pecora signis notare*) à celui, idéel, de l'itérabilité (le *sigillum* et l'opération qu'il autorise, la *sigillatio*, représentant par excellence l'itérabilité du signe). Ce n'est pas par hasard si la « sigillation » (empruntée sans doute au *Timée*, 50c-d, prolongé par l'exposé aristotélicien des doctrines de Platon, en *Métaphysique*, I, 6, 987b-988a, où le terme *ekmageion* [ἐκμαγεῖον] est passé directement en latin sous la forme *etymagium*, *echmagium*) joue, chez Ammonius, le rôle de paradigme ou de modèle explicatif de la production des divers types de « formes », impliquée dans la théorie des « universaux » :

> Imaginons un anneau, avec une empreinte (*tis ektupôma* [τις ἐκτύπωμα]) [représentant] par exemple Achille, ainsi qu'une multitude de pains de cire ; supposons que l'anneau marque de son sceau tous les pains de cire ; supposons maintenant que quelqu'un vienne plus tard et qu'il regarde les pains de cire, en constatant que toutes [les marques] viennent d'une unique empreinte : il aura en lui-même la marque, c'est-à-dire l'empreinte dans sa faculté discursive [ἐχέτω παρ᾽ αὐτῷ τὸν τύπον ὅ ἐστι τὸ ἐκτύπωμα ἐν τῇ διανοίᾳ]) ; on peut donc dire que le sceau sur l'anneau est « antérieur aux multiples » [ἡ τοίνυν σφραγὶς ἡ ἐν τῷ δακτυλιδίῳ λέγεται πρὸ τῶν πολλῶν εἶναι]) ; que la marque dans les pains de cire est « dans les multiples » [ἡ δὲ ἐν τοῖς κηρίοις ἐν τοῖς πολλοῖς]), tandis que celle qui est dans la faculté discursive de celui qui l'a imprimée est « postérieure aux multiples » et « postérieure dans l'ordre de l'être » [ἡ δὲ ἐν τῇ διανοίᾳ τοῦ ἀπομαξαμένου ἐπὶ τοῖς πολλοῖς καὶ ὑστερογενής]). Eh bien, c'est cela qu'il faut comprendre dans le cas des genres et des espèces.
>
> Ammonius, *In Porphyrium Isagoge*, éd. Busse, Berlin, G. Reimer, « CAG », IV, 3, 1891, p. 41, 10-42, 26 ; voir UNIVERSAUX.

De ce complexe, tout est repris sous une forme quelconque dans la tradition médiévale, en se combinant aux réseaux profonds, porteurs, de la sémantique aristotélico-boécienne. Ce sont ces réseaux qu'il faut analyser pour prendre la mesure des phénomènes induits par la polysémie, y compris dans ses aspects transdisciplinaires (théologique, médicale, astrologique), du couple gréco-latin *sêmeion-signum*, sur les langues de la philosophie.

B. L'enjeu du « signum » dans la tradition médiévale

L'enjeu de l'introduction du terme *signum* dans la sémantique médiévale est de taille puisqu'il s'agit, sous l'influence d'Augustin, d'introduire la dimension intersubjective du rapport à autrui, alors que la tradition aristotélicienne s'intéressait de manière privilégiée au rapport des mots, des choses et des intellections, qu'exprimait bien le terme de *nota* « marque », utilisé par Boèce dans sa traduction et son commentaire d'Aristote, *De interpretatione* 1, 16a 3-8.

Signum, dans la sémantique médiévale, a trois domaines d'acception. Premièrement, il garde le sens ancien de « proposition » jouant une fonction particulière dans une argumentation. Dans son second sens, le plus courant, de « signe », il doit être mis en relation avec le terme *nota*. Le troisième sens est celui de « signe logique ».

L'interférence entre la tradition augustinienne du *signum*, dominante dans les textes théologiques, notamment en théologie sacramentelle, et la tradition péripatéticienne du *nota* se manifeste à plusieurs reprises, notamment chez Albert le Grand. Reprenant divers développements menés dans le cadre de la théologie sacramentelle, Roger Bacon tente une intégration des deux traditions, dont résulte un système sémiologique général, unifié par la notion de *signum*, visant à intégrer tous les types de signes, linguistiques et non linguistiques, inférentiels, iconiques, conventionnels ou naturels, et ajoutant au pan des réflexions sur la relation au signifié, d'inspiration aristotélicienne, le pan de celles sur la relation au locuteur/interprète, d'inspiration augustinienne.

1. « Signum » et inférence

La première acception de *signum* n'a pas de connotation linguistique, et renvoie à ce qui sert de fondement à une inférence. Les médiévaux se réfèrent ici d'abord aux *Premiers Analytiques* (II, 27), puis au premier livre de la *Rhétorique* d'Aristote. Pierre d'Espagne définit ainsi le *signum* comme « *propositio inferens* », c'est-à-dire comme l'antécédent d'une conditionnelle. Le *signum* vaut ainsi pour une inférence nécessaire entre l'antécédent et le conséquent, par opposition au vraisemblable ou « *ycos* » (c'est l'*eikos*, εἰκός grec, calqué, mais non traduit en latin, voir EIDÔLON]) qui renvoie au caractère probable de la proposition prise en elle-même (*Tractatus* V, 3, éd. De Rijk, p. 57-58). Albert le Grand, dans son commentaire aux *Premiers Analytiques*, reprend la définition augustinienne classique du signe (voir *infra*), et y intègre l'idée d'inférence qu'elle ne contenait pas : le *signum* est ce qui, à partir de l'image qu'il offre au sens par lui-même, fait venir autre chose que lui-même à la connaissance, c'est-à-dire propose quelque chose d'autre qui peut en être inféré (*Liber Priorum Analyticorum* II. 7. 8, éd. Borgnet, 1890, vol. II, 803a). Un *signum* est donc une proposition démonstrative dont on peut inférer une conclusion nécessaire ou probable (voir C. Marmo, « Bacon, Aristote... »).

2. « Signum » et « nota » : la traduction du « Peri hermêneias »

Boèce, traduisant le chapitre 1 du *Peri hermêneias* d'Aristote, utilise le terme *nota* :

> *Sunt ergo ea quae sunt in voce earum quae sunt in anima passionum* notae *et ea quae scribuntur eorum quae sunt in voce. Et quemadmodum nec litterae omnibus eaedem, sic nec voces ; quorum autem hae primorum* notae, *eaedem omnibus passiones animae sunt, et quorum hae similitudines, res etiam eaedem.*
>
> 16a 2-7 ; *Aristoteles latinus* 1-2, p. 5 : 4-9. Pour la traduction en français des traductions latines, voir encadré 1.

Il y a donc une relation de *nota* à la fois entre les expressions vocales (ou plutôt « *ea quae sunt in voce* », ce qui est dans l'expression vocale) et les « *passiones animae* » (les marques, les impressions que laissent les choses dans l'esprit), et entre les expressions écrites et les expressions vocales ; et une relation de *similitudo* entre les « *passiones animae* » et les choses. On remarquera qu'à la fin de ce premier chapitre la traduction latine utilise le terme *signum*, en un sens argumentatif souvent présent chez Boèce : une affirmation peut être appuyée sur un exemple ou un fait qui constitue un signe (supplémentaire) de son acceptabilité, un « indice » (cf. Aristote, *De interpretatione*, 16a 16, cité *supra* en I, B, 1).

Guillaume de Moerbeke restitue l'opposition aristotélicienne originelle en opposant *symbola* et *signa*, laissant donc de côté le terme *nota*. Il le fait à la fois dans sa traduction du *Peri hermêneias* : « *Sunt quidem igitur que in voce earum que in anima passionum* » symbola *et que scribuntur eorum que in voce. Et sicut neque littere omnibus eedem, sic neque voces eedem ; quorum tamen hec* signa *primum, eedem omnibus passiones anime, et quarum hee similitudines, res iam eedem* » (*Aristote Latinus* II, 1-2, p. 41 : 2-8), et dans celle du commentaire d'Ammonius sur ce texte, réalisée en 1268. Thomas d'Aquin va utiliser abondamment ce dernier texte dans son propre commentaire, mais continue à commenter la traduction de Boèce, tout en utilisant de préférence le terme *signa* (*Expositio libri* Peryermeneias, éd. Leonina, t. I*-1, p. 11 : 139-140 ; 11 : 157-159), qui sert à gloser *nota* dans ses deux acceptions : « *sunt note, id est signa* » (p. 12 : 189-190 ; p. 12 : 197). Cette glose, que l'on trouve déjà chez d'autres auteurs parisiens du milieu du XIIIe siècle, comme Nicolas de Paris, ne va pas de soi.

L'opposition entre la perspective augustinienne et la perspective aristotélicienne apparaît bien dans le commentaire proposé par Robert Kilwardby, et repris par Albert le Grand, sur le premier chapitre du *Peri hermêneias*, avec la distinction entre *signum* et *nota* :

> *Postea queritur propter quia dicitur ea que sunt in voce sunt NOTE et non signa, et hoc ut iuxta hoc pateat differentia inter notam et signum. Et dicendum quod differunt nota et signum, quia nota est in quantum est in ore proferentis, set signum est in quantum est in aure audientis : quod patet per hoc quod signum est quod se offert sensui, aliud derelinquens intellectui. Quia igitur species intelligibilis in anima in quantum significanda est alteri dicitur « passio » in anima eius qui loquitur, melius dicit, sunt note quam signa.*
>
> [Ensuite on se demandera pourquoi il a dit que ce qui est dans l'expression est une *marque* (*nota*) et non un *signe* (*signum*), et à partir de là quelle est la différence entre *nota* et *signum*. On répondra que *nota* et *signum* diffèrent, parce que *nota* s'emploie pour ce qui est dans la bouche du locuteur, mais *signum* pour ce qui est dans l'oreille de l'auditeur : ceci apparaît bien quand on dit que le signe est ce qui s'offre aux sens, en déposant quelque chose pour l'intellect [version modifiée de la définition du *De doctrina christiana*, voir ci-dessous]. Puisque donc l'espèce intelligible dans l'âme, en tant qu'elle doit être signifiée à autrui, est dite « passion » dans l'âme de celui qui parle, l'auteur a mieux fait de dire que se sont des *marques* plutôt que des *signes*.]
>
> Robert Kilwardby, *Super Peri hermeneias* [ca 1240] cité par I. Rosier, *La Parole comme acte*, n. 25, p. 97.

La distinction est importante : *nota* se place du côté du locuteur, et prend en compte la production des signes à partir des espèces intelligibles qu'il se forme dans l'esprit, et qui en constituent les « marques », ce qui correspond selon l'auteur au sens du passage. C'est d'ailleurs ainsi que le comprend également Thomas d'Aquin, quand il insiste, en s'appuyant sur Ammonius et la *Politique*, sur le fait que les *voces* sont faites pour que l'homme, « animal politique et social », puisse exprimer à autrui la connaissance (*notita*) qu'il s'est formée des choses (*op. cit.*, p. 9). En revanche, *signum* exprime la réception de l'expression par l'auditeur. L'introduction d'une dimension intersubjective apparaît bien ici influencée par Augustin, et s'appuie explicitement sur sa définition du signe. Alors que *nota* se place dans la série qui comprend les verbes *notare, connotare*, d'où son sens de « marque », *signum* se range parmi les termes marquant la signification.

Les définitions augustiniennes du signe sont au Moyen Âge largement connues et commentées dans les chapitres consacrés à la théologie sacramentelle. La plus connue est certainement celle du *Doctrina christiana* (II, I, 1 : « *signum est res praeter speciem quam ingerit sensibus, aliud aliquid ex se faciens in cogitationem venire* [le signe est une chose qui, en plus de l'impression qu'elle laisse aux sens, fait venir, à partir d'elle, quelque chose d'autre à la pensée] »), reprise dans les *Sentences* du théologien Pierre Lombard au milieu du XIIe siècle, avec la division entre *signa data* et *signa naturalia* (*Sententiae* IV, I, 5-6, voir *infra*). Si l'on trouve ici et là, au XIIIe siècle, cette définition, ou celle du *De dialectica* (V : « *signum est quod et se ipsum sensui et praeter se aliquid animo ostendit* [le signe est ce qui à la fois se présente lui-même aux sens et présente quelque chose d'autre que lui-même à l'esprit] »), citée dans les textes artiens, elle l'est de manière déformée, attribuée à divers auteurs.

3. « Signe de » et « signe pour »

C'est avec Roger Bacon que vont s'articuler de manière nouvelle les traditions aristotélicienne et augustinienne. Roger Bacon s'appuie en effet sur les réflexions de théologiens comme Richard Fishacre ou Bonaventure, tout en intégrant les apports des commentaires sur le *Peri hermêneias*, mais aussi des exemples empruntés aux *Analytiques*.

À partir de la définition du *De doctrina christiana*, le dominicain Richard Fishacre (ca 1240), suivi par Bonaventure, puis par Roger Bacon dans son étonnant traité *Sur les signes* (1268), va introduire l'idée que le signe (ou plus exactement le terme *signe*) se caractérise par une double relation, relation à ce qu'il signifie (dite relation à l'accusatif), relation à ce pour qui il signifie (dite relation au datif). Pour les théologiens, la première est essentielle : dans le contexte de la théologie sacramentelle, il importait de dire que la relation du signe sacramentel à son signifié (la grâce) était inscrite dès l'institution du signe par le Christ, et ne pouvait être modifiée, quelle qu'en soit la réception. Bacon considérera, à l'inverse, que c'est la relation au datif qui est première : même si le signe possède une signification donnée au moment de l'institution, s'il n'est pas reçu comme signe, le signe ne reste signe que par sa substance, mais n'est pas signe en acte. Cela implique que la relation au signifié est entièrement dépendante de la volonté du locuteur et de l'interprète, qui la définit et la redéfinit librement, à chaque prise de parole.

♦ Voir encadré 2.

4. Signes naturels et signes « ordinata »

Bacon propose alors une typologie générale des signes intégrant les signes linguistiques et non linguistiques. Il distingue les signes naturels (dont il existe trois types : par inférence, par similitude, par relation de cause

2

Fishacre / Bacon : la nature doublement relationnelle du signe

Richard Fishacre élabore, à partir d'Augustin, l'idée que le signe est par nature un être relatif, et que deux relations sont impliquées, la relation au signifié et la relation à l'interprète ; Roger Bacon va reprendre cette idée. L'opposition entre les deux auteurs porte sur la primauté des deux relations, Roger Bacon posant comme essentielle la relation à l'interprète (producteur/récepteur) du signe, puisque c'est lui qui a la liberté de déterminer quel est le signifié du signe.

Richard Fishacre, *Commentaire sur la première distinction du 4*[e] *livre des Sentences, in* I. Rosier, *La Parole comme acte*, chap. 3.4 :

> On dira que ce nom *signe* est un relatif. Parmi les noms des relatifs, certains signifient une relation unique, d'autres une relation double. Unique, comme *est mis*, double comme *donné*, puisque ce mot dit à la fois une relation à celui qui donne et à celui qui reçoit. De la même façon *luire* signifie une relation unique, à ce qui luit, et *illuminer* une relation double. Par conséquent, selon moi, *signe* — si l'on entend ce terme au sens propre —, signifie une première relation au signifié (*ad significatum*), et une seconde relation à celui pour qui il signifie (*ad eum cui significat*), et cette double relation est contenue dans la définition qui a été posée [celle du *De doctrina christiana*] : la relation au signifié par la clause *autre chose* (*aliud*), à savoir le signifié, et la relation à quelqu'un pour qui il signifie (*ad aliquem cui significat*), par la clause *venir à la connaissance* (*in cognitionem venire*). De même en effet que *donné* signifie ce qui est par quelqu'un et pour quelqu'un (*ab aliquo et alicui*), de même le signe est signe de quelque chose et pour quelqu'un (*alicujus et alicui*). La relation au signifié est celle qui est la plus essentielle au signe. Donc, puisque celle-ci dépend d'un principe qui est soit la nature, soit la volonté, le signe se divise en signe naturel, comme la fumée qui est signe du feu, et en signe donné ou institué, comme le nom *homme* qui est signe de telle chose. La relation à celui pour qui le signe signifie est parfois permanente, ce qui est manifeste pour les signes institués : il est de la volonté de celui qui réalise l'institution que ce mot *homme* signifie toujours cette chose. Parfois cette relation n'est pas permanente : c'est le cas pour la fumée qui peut être considérée comme chose en elle-même et non en tant que le feu en est la cause, et elle n'est alors nullement un signe, puisqu'une des deux relations lui fait défaut ; mais si elle est considérée en tant que le feu en est la cause, alors de ce point de vue elle est tout à fait signe. Or il faut bien voir que les deux relations sont perpétuelles pour les signes institués, et ce par institution, mais qu'aucune de ces relations n'est essentielle au signe. Par contre, pour les signes naturels, la relation au signifié est essentielle, et donc perpétuelle, puisqu'il est de l'essence de toute créature d'être causée par Dieu, et donc d'en être le signe [...] Mais la relation des signes naturels à celui pour qui ils signifient n'est pas essentielle ni perpétuelle, mais accidentelle. Les choses créées ne sont en effet pas seulement faites pour signifier le Créateur. Par conséquent, quand un mot est entendu ou appréhendé, il est immédiatement appréhendé comme signe pour celui qui l'appréhende, puisque les mots ne sont faits que pour signifier, alors que lorsque j'appréhende une chose créée elle n'est pas immédiatement appréhendée en tant que signe pour celui qui l'appréhende, mais l'est fréquemment en tant que chose.

Roger Bacon, *De signis* [1268], éd. Fredborg *et al.*, 1978, trad. fr. in I. Rosier, *op. cit.* (texte 7, remanié légèrement) :

> (1) *Signe* est dans la catégorie de la relation, et on le dit essentiellement par rapport à ce pour quoi il signifie (*ad illud cui significat*), puisqu'il pose cela en acte, lorsque le signe lui-même est en acte, et en puissance, lorsqu'il est lui-même en puissance. Car s'il n'y avait pas quelqu'un pour concevoir [quelque chose] au moyen d'un signe, celui-ci serait inutile et vain, ou plus exactement ce ne serait pas un signe : il demeurerait signe seulement selon sa substance de signe mais n'aurait pas sa raison de signe, de même que la substance du père demeure lorsque le fils est mort, mais non la relation de paternité. Et même si un son vocal, une enseigne circulaire, ou quoi que ce soit d'autre, se trouve imposé en acte à une chose avec laquelle il est en relation, et institué de sorte qu'il peut la représenter et la signifier pour autrui, cependant, s'il n'y a pas en acte ce pour quoi il signifie, ce n'est pas un signe en acte mais un signe en puissance seulement. Il est en effet différent d'être imposé en acte, ce qui permet de signifier pour qui que ce soit, et d'être signe en acte. Ce verbe *je signifie* se rapporte essentiellement et principalement à ce qui acquiert quelque chose, à savoir à une chose signifiée par un datif, plutôt qu'à une chose signifiée par un accusatif. Et pour cette raison, il ne renvoie que par accident à la chose qui doit être signifiée, c'est-à-dire comme l'objet de connaissance à la connaissance. On ne peut en effet conclure : « Le signe est en acte, donc la chose signifiée existe », car les non-êtres peuvent être signifiés par des mots comme les êtres, à moins que nous ne voulions dire que l'être qui est nécessairement requis pour le signifié n'est que dans l'intellect et l'imagination.
> (2) Le signe est ce qui, offert aux sens ou à l'intellect, désigne quelque chose pour cet intellect, puisqu'il n'est pas vrai que tout signe s'offre aux sens, comme le suppose une description répandue du signe : certains s'offrent à l'intellect seulement, si l'on suit Aristote, qui a dit que les passions de l'âme sont les signes des choses (*signa rerum*), lesquelles passions sont ses propres manières d'être et les images des choses (*species rerum*) existant dans l'intellect. Elles s'offrent donc seulement à l'intellect, de sorte qu'elles représentent pour l'intellect les choses extérieures elles-mêmes.

BIBLIOGRAPHIE

FREDBORG Karen Margareta, NIELSEN Lauge et PINBORG Jon, « An unedited Part of Roger Bacon's "*Opus Majus*": "*De signis*" », *Traditio*, 34, 1978, p. 76-136.

ROSIER Irène, *La Parole comme acte*, Vrin, 1984.

ROSIER-CATACH Irène, *La Parole efficace :* signe, rituel, sacré, Seuil, 2004.

à effet) et les signes *ordinata* ou *data*, en suivant Augustin ; puis divise ces derniers, en suivant alors Aristote, en signes institués et relevant d'une délibération (signifiant sur le mode du concept), qu'ils soient linguistiques ou non linguistiques, et signes signifiant naturellement (signifiant sur le mode de l'affect). L'expression « signe naturel » est équivoque, et recouvre des relations de signification fort différente. Dans un premier sens, il s'agit de caractériser « un type de relation » du signe au signifié qui repose sur un rapport naturel, de type causal, mimétique, iconique. Dans un second sens, on caractérise « un type de production » du signe, production qui est « naturelle » lorsqu'elle est faite de manière non délibérée, par instinct, comme c'est le cas des cris, des gémissements, des manifestations des animaux, qui échappent au contrôle de la raison. La confusion entre les deux usages est facilitée par le fait que, dans les deux cas, le signe signifie sans qu'intervienne la volonté première d'un « instituteur du langage » ou l'intention d'un locuteur particulier. Roger Bacon, dans le *De signis*, explicite la distinction en marquant les deux usages par l'appellation différente de « signes naturels » dans le premier cas et de « signes signifiant naturellement » dans le second.

♦ Voir encadré 3.

Bacon réinterprète ainsi de manière très personnelle le premier chapitre du *Peri hermêneias*, en critiquant les interprétations traditionnelles qu'il juge réductrices (*De signis*, § 166) : les intellections sont les « signes » (*signa*) naturels des choses et les sons vocaux sont les signes conventionnels des intellections comme les mots écrits sont les signes conventionnels des sons vocaux. En outre, les sons vocaux sont aussi des signes naturels de leurs propres images dans l'esprit du locuteur, à la fois par inférence (on voit le signe, on en infère qu'il existe une image du signe dans l'esprit), par similitude (le mot oral est conformé comme son image mentale), par relation de cause à effet (le son vocal est l'effet de son image mentale). Les sons vocaux sont dans une relation de signe naturel à l'image de la chose (de l'existence du signe vocal on infère qu'il y a eu connaissance de la chose, et donc image de celle-ci), et non pas, comme semblent le soutenir Aristote ou Boèce, dans une relation de signe conventionnel, car le signe vocal ne signifie par convention que la chose — Bacon prend ici parti contre ceux qui pensent que le mot signifie d'abord le concept et secondairement la chose dans la « grande controverse » (selon l'expression ultérieure de Duns Scot) qui a divisé les médiévaux. Enfin, il existe une relation de signe naturel de l'image de la chose à la chose. Cette dernière relation peut être à l'origine de l'idée que développera Ockham, que les concepts sont les signes naturels des choses.

5. « Signum » et fonction logique

Signum en une troisième acception désigne les termes qui ont une fonction logique, notamment les quantificateurs. Boèce, commentant le *Peri hermêneias* (chap. 7), parle des déterminations (*determinationes*) ou des ajouts marquant la particularité ou l'universalité (*adjectiones particularitatis/universalitatis*), qui déterminent la quantité de la proposition, c'est-à-dire font que la chose universelle signifiée par le nom déterminé soit prise dans son universalité, avec *omnis* [tout], ou au contraire de manière partielle (*in partem*), avec *quidam* [un certain, indéfini] (*ibid.*, p. 142). Pour ce qui concerne la qualité de la proposition, Boèce utilise l'expression « particule de négation » (« *particula negationis* ») (*ibid.*, p. 144, 331). Au début du XIIe siècle, Abélard ou Garlandus Compotista parlent couramment de *signa* tant pour la quantité (*signa universalitatis, particularitatis, quantitatis*) que pour la qualité (*signa negationis*) (Abélard, *Super Perihermeneias*, éd. Geyer, p. 463 : « Les signes de quantité, c'est-à-dire d'universalité ou de particularité, comme les signes de qualité, c'est-à-dire d'affirmation et de négation comme “est” et “non est” sont tels qu'ils permettent de connaître et de manifester respectivement l'universalité et la particularité des propositions, et la propriété d'affirmation ou de négation, puisque ces signes rendent la proposition universelle et particulière, et pour les seconds affirmative ou négative [...] »). Abélard parle également de *signum consecutionis* pour la conjonction. Il discute pour savoir si ces *signa*, qui sont pour Boèce des « déterminations », méritent le nom de « parties du discours » (*partes orationis*), bien qu'ils ne puissent être appelés des *termini*, expression qui convient aux seuls sujet et prédicat (*Dialectica*, éd. De Rijk, 1970, p. 164-165 ; 188-189).

À la même époque, le grammairien Guillaume de Conches distingue quatre types de noms, et range dans la dernière catégorie ces noms qui signifient les « modes de parler des choses » (*modi loquendi de rebus*), comme *omnis, quidam, aliquis, nullus* (tout, un certain, quelque, aucun) que les dialecticiens, dit-il, appellent *signa propositionum* (texte in De Rijk, *Logica modernorum*, vol. II/1, p. 223). Dans la logique terministe cet usage de *signum* se maintiendra, les *signa* constituant ainsi un sous-ensemble des syncatégorèmes (voir SYNCATÉGORÈME). L'auteur des *Summe metenses* (milieu du XIIIe siècle) justifie cette appellation en disant que les *signa* sont ainsi appelés parce qu'ils signifient le mode de signifier ou de supposer qu'a le *terminus* auquel ils sont adjoints, en appuyant cette affirmation sur la définition augustinienne du signe. Bien que tout mot soit un signe, selon Aristote qui dit que les mots sont les signes des intellections (« *voces sunt signa intellectuum* »), de tels mots peuvent être appelés signes par antonomase, parce qu'ils sont des « signes de signes » (*signa signorum*). L'auteur souligne par là le caractère particulier de ces mots qui ne renvoient pas aux choses mais à d'autres mots (voir INTENTION). Il distingue ainsi les signes qui signifient les choses, substance ou accident, de ceux qui signifient d'autres signes, en signifiant soit un mode de supposer des termes de substance, soit un mode de supposer des termes d'accidents (De Rijk, *Logica Modernorum*, vol. II/1, p. 482 ; 456).

3

Signes naturels / conventionnels et volontaires

On utilise cette distinction pour traduire deux couples qui en fait ne se superposent pas. Le premier est tiré du *De doctrina christiana* d'Augustin (II, 1, 2) : « *signorum alia sunt naturalia, alia data* [parmi les signes, les uns sont naturels, les autres sont "donnés"] ». Le second est construit à partir du *De interpretatione* d'Aristote, ainsi interprété au Moyen Âge, par exemple par Pierre d'Espagne (*Tractatus*, éd. De Rijk, p. 2) : « *vocum significativarum alia significativa ad placitum, alia naturaliter* [parmi les expressions vocales, certaines sont significatives à plaisir, les autres le sont de manière naturelle] ». Chez Augustin, il s'agit d'une opposition entre d'une part les signes « qui sans intention ni désir de signifier, font connaître, d'eux-mêmes, quelque chose d'autre en plus de ce qu'ils sont eux-mêmes », et, d'autre part, ceux que « tous les êtres vivants se font les uns les autres pour montrer, autant qu'ils le peuvent, les mouvements de leur âme, c'est-à-dire tout ce qu'ils sentent et tout ce qu'ils pensent ». Augustin donne comme exemples, pour les premiers, la fumée signalant le feu, la trace de pas indiquant le passage de l'animal, ou encore le visage irrité d'un homme qui traduit ses sentiments intérieurs : chacun de ces signes fait connaître ce qu'il signifie « sans le vouloir », et parce que nous sommes habitués, dit Augustin, à associer « par expérience » les deux choses en relation. Roger Bacon précisera que dans ce premier cas la relation de signe est fondée sur une relation naturelle entre les deux choses, relation qui peut être pour lui d'inférence, de similitude, ou d'effet à cause. Les *signa data* d'Augustin ont été produits *pour* engendrer une intellection, « pour transfuser dans l'esprit d'un autre ce que porte dans l'esprit celui qui fait le signe », ainsi les Écritures qui ont été révélées pour être interprétées, ou le bruit qu'émet le coq pour signaler à ses poussins qu'il a trouvé de la nourriture. Ce sont des signes qui ne sont pas nécessairement conventionnels, mais qui ont été produits intentionnellement, du moins pour être reconnus ; ils sont le résultat, dira Roger Bacon, d'une délibération et d'un choix. En revanche, l'opposition entre les mots signifiant *naturaliter* et *ad placitum* repose essentiellement sur le critère de l'*institution*, et Boèce, et les médiévaux à sa suite, utilisent, pour *ad placitum*, les expressions *positione* ou *secundum positionem* (par [im]position) ou encore *voluntaria, ex institutione* ; ces expressions signifient en raison d'une institution, et donc ne sont pas « les mêmes chez tous » (*eaedem apud omnes*) à la différence des signes signifiant naturellement. Cette distinction permet d'une part de distinguer les noms, verbes, phrases, qui signifient en raison d'un tel processus d'institution, d'autres expressions (*voces*) qui signifient « par nature » (*natura*), sans institution, tels les gémissements des malades ou l'aboiement du chien. Mais elle est aussi utilisée pour distinguer les expressions écrites et orales, des intellections et des choses, et ici il ne s'agit pas uniquement de signification. Les expressions écrites et orales sont « *secundum positionem* », parce qu'elles dépendent de l'institution (« *secundum hominum positionem* »), et de ce fait elles ne sont pas identiques chez les différents peuples et sont susceptibles de variation. À l'inverse les intellections et les choses sont par nature, puisqu'elles sont identiques chez tous et ne peuvent être modifiées. C'est parce que les choses sont identiques pour tous, et que les intellections sont des similitudes des choses, que ces dernières sont également identiques pour tous. L'on voit que l'expression « par nature » s'applique en fait chez Boèce à deux types de choses très différentes, les gémissements ou aboiements d'un côté, les intellections et les choses de l'autre. À ces deux ensembles convient la caractéristique négative de n'être pas le fait d'une institution. Mais le premier recouvre des productions vocales qui, pour Augustin, pourraient relever des *signa data* (par ex. les aboiements, en tant qu'intentionnels), la seconde des réalités qui en tant que telles ne seraient pas des signes ; si l'on considérait la relation de similitude des intellections aux choses, les intellections seraient alors classées parmi les *signa naturalia*.

Roger Bacon articule ensemble les deux distinctions, et propose un tableau d'ensemble où il apparaît clairement que la distinction augustinienne coiffe la distinction aristotélicienne :

1. *signa naturalia* (par ex. fumée-feu ; intellections-choses, etc.) (= naturel 1)

2. *signa data*
   - 2. 1 *significativa ad placitum* (par ex. mots, enseignes, etc.)
   - 2. 2 *significativa naturaliter* (par ex. gémissement, aboiement du chien) (= naturel 2).

Un signe étant un être relationnel, ce n'est pas sa substance qui permet de le faire rentrer dans l'une ou l'autre des catégories, mais le type de relation qu'il entretient avec la chose qu'il signifie, étant entendu qu'il peut en entretenir plusieurs. Un signe identique selon sa substance peut donc être considéré de deux manières différentes, selon la nature de sa relation à la chose qu'il signifie. Par exemple l'aboiement du chien : il peut être considéré soit comme naturel 1 : j'entends un chien, j'en infère qu'il y a un animal qui aboie (la signification se produit parce qu'on a l'habitude d'associer un effet à une cause, ou de reconnaître une relation de « concomitance » entre les deux évenements ; mais l'aboiement n'a pas été produit pour engendrer une telle intellection) ; soit comme naturel 2 : l'aboiement est un signe que produit un chien pour manifester sa colère (comme le dit Abélard, c'est pour ainsi dire le signe qu'a donné Dieu aux chiens pour ce faire, comme il a donné à l'homme le langage conventionnel). C'est exactement ce que dit Augustin à propos de l'expression du visage, qui peut involontairement traduire le mouvement de l'âme, ou être produit « vraiment pour être un signe », donc intentionnellement (*ibid.*, l. II, 2, 3). C'est ainsi aussi que l'on peut distinguer, avec Roger Bacon, le fait que le coq chante (*gallum cantare*), signe naturel (au sens 1) de l'aube, et le chant du coq (*cantus galli*), utilisé pour signaler que de la nourriture a été trouvée.

La confusion entre les deux sens de « naturel » est manifeste dans de nombreuses discussions, et obscurcit certaines classifications.

Le terme « conventionnel » est utilisé de façon erronée pour rendre le latin *signa data* (Roger Bacon utilise aussi *ordinata*) : ce sont les signes que les êtres vivants se donnent (ou qu'on leur donne) et dont ils usent intentionnellement. Augustin utilise d'ailleurs d'autres termes pour désigner l'acte volontaire qui permet aux hommes de s'accorder sur la signification des signes (*consensio, placitum*, cf. *De doctrina christiana*, l. II, 34, 37 ; 35, 38). *Ad placitum* ne peut se traduire par *conventionnel* que pour certains auteurs ; si l'expression renvoie toujours à une décision volontaire et délibérée d'attribuer une valeur à des mots ou des signes, cette décision peut être vue comme un processus originaire d'institution (*institutio, impositio*), fait une fois pour toutes, et « valant comme une loi » pour une communauté linguistique donnée, mais aussi comme un acte tacite, quotidien et donc perpétuellement renouvelé, dépendant du « bon plaisir » de chaque locuteur, acte qui, pour Roger Bacon, revient à effectuer une nouvelle imposition du signe, permettant notamment une rénovation de sa signification.

III. LA PLACE DU SYMBOLE : DU « SYMBOLUM » AU « SINNBILD »

Le « symbole », par définition, implique à la fois une différence — il y a deux partenaires distincts dans une convention —, et une liaison — les deux éléments du symbole doivent pouvoir s'assembler. La liaison, à son tour, peut être arbitraire (symbole mathématique) ou motivée selon des modalités diverses (similitude, analogie, relation « naturelle », l'eau symbole de la pureté), et son interprétation peut être conventionnelle et codée (la balance symbole de la justice) ou plus ouverte à la liberté de chacun (T. Todorov, *Théories du symbole*). Cette complexité initiale, dont témoigne par exemple la discussion autour de sa définition dans le *Lalande*, confuse et sans conclusion, donnant ainsi à penser, selon l'expression d'Umberto Eco (*Sémiotique et Philosophie du langage*, p. 192), que « le symbole est à la fois tout et rien », ne cesse de rejaillir sur la manière de décrire son opposition au signe. Mais de la théologie négative aux théories de l'art dans le premier romantisme allemand, il s'agit toujours à travers le symbole d'articuler le fini et l'infini.

A. L'héritage néo-platonicien

1. Dissemblable et théologie négative

Le *symbolum* est senti au Moyen Âge latin comme relevant de la tradition dionysienne : il est effectivement transmis par l'intermédiaire des premiers chapitres de la *Hiérarchie céleste* du Pseudo-Denys, et des commentaires sur ce texte, dont ceux d'abord de Jean Scot et d'Hugues de Saint-Victor.

Les symboles sont à titre premier les sensibles du monde matériel qui constituent, pour l'homme, des intermédiaires lui permettant de s'élever vers les réalités surnaturelles (cf. Hugues de Saint-Victor : « *symbolum est collatio formarum visibilium ad invisibilium demonstrationem* [le symbole est le rassemblement de formes de réalités visibles pour démontrer des réalités invisibles] », *PL*, t. 175, col. 941B). C'est parce que les sensibles matériels sont des ressemblances, des copies de ces réalités (cf. Jean Scot : « *per symbola, hoc est per signa sensibilibus rebus similia* [par l'intermédiaire de symboles, c'est-à-dire de signes sensibles semblables aux choses] », où l'on notera la glose *signa* pour *symbola*) qu'elles peuvent conduire l'homme vers les *mysteria* cachés, comme « en le prenant par la main », selon une *materialis manuductio*. Les symboles sont des voiles (*velamina*) qui cachent les mystères qu'ils signifient et, de ce fait, précise Jean Scot, constituent des « exercices » pour l'âme humaine qui cherche à les atteindre à travers eux. Sont donc « symboles » aussi bien les images fournies par la Bible que les types de l'Ancien Testament ou les sacrements du Nouveau, mais en outre, pour Jean Scot, toutes les réalités du monde créé, réalités naturelles ou même produits de l'art.

On ne dit plus alors que les symboles sont à la fois semblables, en tant que copies, et dissemblables, en tant que de niveau inférieur, à la chose signifiée : il y a bien plutôt deux types de symboles, semblables et dissemblables, dont les seconds sont moins trompeurs que les premiers, puis deux types d'énoncés, affirmatifs et négatifs, dont les seconds sont moins faux que les premiers (cf. Jean Scot, *Expos.*, II, 3, 156BC : « de même que la négation est antérieure à l'affirmation dans la signification, de même les images dissemblables et absurdes sont antérieures aux images et manifestations des choses divines »). Sont ici privilégiés dans un même mouvement symbolisme dissemblable et théologie négative. La réflexion ultérieure sur les noms divins distinguera clairement, à partir du Pseudo-Denys (*Hierarchie céleste*, II, 3, 140C *sq.*), les noms « symboliques », comme *leo*, *lapis* (lion, pierre) des noms « mystiques » comme *sapientia*, *bonitas*, *essentia* (sagesse, bonté, essence).

Les premiers, désignant des réalités du monde sensible, ne conviennent jamais « proprement » à Dieu, et ne peuvent lui être appliqués que selon un usage métaphorique, selon le processus de la *translatio*, s'établissant à partir d'un moyen terme (c'est à cause de la force qui appartient au lion et que l'on reconnaît à Dieu, qu'on l'appelle *lion* ; voir *translatio*, sous TRADUIRE, IV). C'est à propos des seconds seuls, qui ont pour finalité l'expression de propriétés essentielles, que se posera la question de savoir s'ils sont équivoques, univoques ou analogues avec ces mêmes noms dits des créatures. Si donc les seconds semblent par leur contenu sémantique s'approcher davantage de la vérité divine, les premiers néanmoins sont plus vrais *en tant que signes*, se posant d'emblée, de par la dissemblance qui les caractérise, comme de purs signes, ne risquant pas de passer pour des expressions véridiques et adéquates. Albert le Grand ou Thomas d'Aquin opposeront clairement ces deux types de noms, en expliquant que la chose signifiée convient, pour les premiers, *per prius* aux créatures, et, pour les seconds, *per prius* à Dieu, les premiers étant dits *metaphorice*, les seconds *proprie* du fait de l'analogie, bien que, sur le plan de leurs modes de signifier, tous ces noms soient également impropres, puisque institués au départ pour signifier les réalités du monde créé (voir ANALOGIE, HOMONYME).

2. « Signe » ou « symbole » chez Augustin : l'arbitraire des traductions

Cet usage dyonisien de *symbolum* peut être mis en relation avec certaines affirmations d'Augustin, quand par exemple il considère les réalités créées comme des *vestigia trinitatis*, comme un ensemble de signes « renvoyant à l'unique *res* ne pouvant devenir ultérieurement *signum* qui est Dieu » (*De Trinitate*, VI, 10, 12 ; cf. A. Maierù, « *Signum* dans la culture médiévale », citation p. 57). Mais il faut insister sur le fait qu'Augustin utilise massivement le terme *signum* : de nombreuses études sur le « symbolisme universel médiéval » emploient en effet de manière absolument inconséquente le terme *symbole* pour lire Augustin, traduisant *signum*, selon l'humeur, par *signe* ou par *symbole*, et le verbe *significare* par *signifier* ou *symboliser*, introduisant des partitions arbitraires au sein des différents types de *signa* pour en distinguer un sous-ensemble qui correspondrait aux *sym-*

boles. Ainsi Chydenius, dans un article souvent cité, déclare sans le justifier que peuvent être appelés *symboles* les signes intentionnels donnés par les hommes et par Dieu, mais non les signes naturels ou les signes intentionnels produits par les animaux. De même, il introduit la distinction entre *interpretative* et *descriptive symbols*, distinction qui ne recoupe, malgré les efforts de l'auteur pour les faire se superposer, aucune des distinctions augustiniennes comme celles entre *signa naturalia* et *data* ou entre *signa propria* et *translata*. La définition du *signum* d'Augustin, si souvent citée et expliquée au Moyen Âge, est donnée par certains commentateurs comme celle du *symbole*, ou même, du *signe-symbole*. Si l'on dit souvent que le *signum* d'Augustin « a absorbé les valeurs du symbole » (G. Ladner, "Medieval and modern understanding of symbolism", p. 225), jamais on ne s'interroge sur les conséquences philosophiques ou théologiques du fait qu'il s'agisse là dans le texte d'Augustin d'un seul et même terme, à savoir *signum*.

Signum est le signifiant auquel est associé, de façon naturelle ou conventionnelle, un signifié précis, déterminable, identifiable, même s'il est invisible ou inaccessible, comme Dieu ou la grâce, et même si ce signifié peut être polymorphe ou équivoque. Il y a un ordre du monde qui est voulu, avec des choses qui se renvoient les unes aux autres, selon un « plan » préétabli, les choses sont faites pour être interprétées afin que l'homme y retrouve le sens auquel elles ont été associées, ou qu'il leur a lui-même associé dans le cas des signes institués volontaires, comme le baiser échangé pour sceller la paix, ou l'enseigne circulaire (*circulus vini*) pour indiquer le vin dans la taverne. C'est le cas pour tous les signes, qu'il s'agisse de mots ou de choses qui renvoient à d'autres choses (ainsi *bœuf* signifie l'animal, qui lui-même signifie le Christ). Les critères par lesquels on cherche à définir le *symbole* fonctionnent en réalité, sous la plume des auteurs médiévaux, comme autant de critères permettant de distinguer entre différents types de signes – par exemple, le critère de la similitude pour les signes naturels ; de même pour les fonctions jugées caractéristiques du *symbole*, ainsi la « reconnaissance au sein d'une communauté », qui est une fonction du *signe*.

Dans le contexte des sacrements, contrairement donc aux habitudes de traduction des modernes, le terme *symbolum* n'est jamais utilisé, et l'on utilise exclusivement le latin *signum*, à partir des définitions d'Augustin, alors qu'on emploiera à partir du XVIe siècle le terme *symbole* pour la forme extérieure du sacrement. Les commentateurs modernes des textes médiévaux rendent cependant fréquemment le lat. *signum* par *symbole*, ce qui infléchit notablement la pensée de l'époque : alors que le *signum* augustinien, développé et étendu dans les définitions médiévales, situait le sacrement dans sa double fonction de connaissance (donner accès à des réalités invisibles) et d'opérativité (produire ce qu'il donne à connaître, la grâce, voir ACTE DE LANGAGE, III) en même temps que d'intersubjectivité (signe produit par quelqu'un pour quelqu'un), l'usage du terme *symbole*, en ce contexte, met l'accent sur le sacrement comme « mot de passe », instrument de reconnaissance et d'identification (cf. en ce sens L.M. Chauvet, *Symbole et Sacrement*).

♦ Voir encadré 4.

B. « Symbol », « Sinnbild », « Allegorie » dans l'idéalisme et le premier romantisme allemands

De Kant à Hegel, c'est la philosophie de l'art qui apparaît comme le lieu majeur de la réflexion sur le symbole. Le concept de symbole apparaît à cette époque comme une solution métaphysique au problème de la réunion du fini et de l'infini, de la réalité temporelle particulière et de Dieu ou de l'Idée universelle – forme pour nous connaissable de l'absolu. De manière générale, cette réunion est comprise, contre l'idée de convention ou d'arbitraire, comme manifestant une affinité secrète entre l'essence du fini et celle de l'infini – le premier se montrant capable d'héberger, dans sa finitude même, le divin, le second ne pouvant révéler pleinement la vie qui l'anime qu'en prenant corps dans la réalité finie.

1. Une « Versinnlichung » (passage dans le sensible) de l'Idée

Les conditions de la compréhension idéaliste et romantique du symbole sont posées par Kant au § 59 de la *Critique de la faculté de juger* (1790). D'une part, en effet, il y présente le symbole (*Symbol*) comme *une forme de l'intuition* : de la même façon que le schématisme est une « hypotypose » ou présentation (*Darstellung*) de concepts de l'entendement, le symbolisme « met sous le regard », bien que de façon seulement *analogique*, les concepts de la raison ou Idées – et à ce titre il permet, bien qu'indirectement, un « passage dans le sensible » (*Versinnlichung*) de l'Idée. Par là, Kant se démarque consciemment de l'usage leibnizien de la notion de symbole, pour autant que ce dernier assimile la *cognitio symbolica* à la connaissance par signes et l'oppose à la connaissance intuitive (cf. Leibniz, *Meditationes de cognitione, veritate et ideis*, 1684). Mais, d'autre part, l'intuition que nous avons de l'Idée dans le symbole est, selon Kant, *seulement* indirecte et analogique (au sens strict d'une identité de rapports) : un organisme peut symboliser un État libre, dans la mesure où je juge le type de rapport entre les parties d'un organisme identique au type de rapport entre les citoyens d'un État libre. Mais il n'y a pas de ressemblance, de communauté d'être entre la liberté de l'État et l'organicité : la seconde me permet de *penser* la première, non de *connaître* son essence. Le symbolisme relève donc de l'activité de jugement d'un sujet sur une Idée qui, par définition chez Kant, reste un horizon régulateur, non une force constitutive de la réalité.

À partir de la définition kantienne, deux tendances émergent dans l'utilisation de la notion : l'une qui met en valeur la *présence* de l'Idée dans son incarnation symbolique, ou encore la fusion de l'universel et du particulier dans le symbole, l'autre qui insiste davantage sur l'*inadéquation* du symbole à l'Idée qu'il présente, le rapprochant ainsi du simple signe. Ces deux tendances, émergeant toutes deux à partir du problème de la « présentation » (*Darstellung*) de l'absolu dans le fini, s'opposent mais peuvent aussi çà ou là s'unir de manière paradoxale.

2. « Sinnbild » et « Andeutung »

C'est dans la correspondance entre Schiller et Goethe que s'élabore, entre 1794 et 1797, une interprétation du*Symbol* non plus seulement comme intuition analogiquede l'idée, mais bien comme moyen de connaître l'idée, en tant qu'elle est présente de manière vivante dans la réalité sensible qu'elle organise. Selon Goethe, le symbole manifeste par lui-même l'idée, mais indirectement : les objets symboliques « paraissent être là simplement pour eux-mêmes (*bloß für sich*) et sont cependant

4

« Symbolum » : une relecture de « Métaphysique Γ » à partir d'Augustin et Averroès

L'utilisation exceptionnelle de *symbolum* pour parler du langage dans ses dimensions à la fois intersubjective et conventionnelle au Moyen Âge est liée à la convergence tout à fait remarquable de trois sources différentes, pour aboutir à l'affirmation : *sermo omnis symbolum est* (tout discours est symbole). La première de ces sources est un passage du *De sensu et sensato* d'Aristote (I, 437a 12-15), utilisé notamment par Albert le Grand, dans la question *De voce* de la *Summa de creaturis*, écrite à Paris vers 1246 (éd. Borgnet, p. 245 ; trad. fr. in I. Rosier, *La Parole comme acte*, texte 5). Albert s'interroge ici pour savoir si la forme intelligible est nécessairement dans le mot, et s'appuie sur notre passage pour argumenter positivement : ce qui passe (*transit*) du maître à l'élève-auditeur, ce ne sont pas des mots sans signification, mais bien des mots signifiants, puisque, comme le dit Aristote, « l'audition joue bien un rôle, de manière accidentelle, pour le savoir : le discours (*sermo*) signifiant est la cause du savoir, non par lui-même, mais de manière accidentelle, du fait qu'il se compose de mots : or chaque nom est un symbole (*nominum unumquodque symbolum est*) ».

Henri de Gand s'interroge dans plusieurs articles de sa *Summa quaestionum ordinarium*, écrite en 1292-1293, sur la possibilité de connaître, de signifier et de nommer Dieu. Cette interrogation n'est plus seulement celle de la vérité ou de la propriété de la signification ou de la nomination, mais beaucoup plus celle de la possibilité de *transmettre à autrui* une telle connaissance, au cas où elle serait possible, de signifier à autrui quelque chose au moyen de signes qui la manifesteraient, ce qui est une question tout à fait nouvelle, clairement inspirée par la perspective augustinienne dans laquelle se situe l'auteur. Les signes, explique Henri de Gand, sont instaurés de manière conventionnelle pour signifier quelque chose, et ne peuvent transmettre que ce à quoi ils ont été imposés. Mais, pour fonctionner comme « symboles » entre le locuteur et l'auditeur, il faut de ce fait que la chose signifiée soit connue des deux, et qu'ils aient quelque intelligible en commun, ce qui est problématique dans le cas du discours sur Dieu. Toute l'argumentation se résume en l'affirmation que tout nom (ou verbe vocal ; ou discours [*sermo*]) est un symbole. Henri s'appuie d'une part sur le passage du *De sensu et sensato*, déjà mentionné. Il l'associe explicitement d'une part au *De doctrina christiana* (II, 24, 37 ; 25, 38), passages où Augustin insiste sur le fait que les signes signifient « *non natura, sed placito et consentione significandi* », d'autre part à un passage fameux de la *Métaphysique* d'Aristote (IV, 1006a 28 *sq.*), sur le principe de contradiction (voir HOMONYME et PRINCIPE). La référence à ce passage ne se comprend pas si l'on lit les premières traductions latines (cf. *translatio anonyma, Aristotes latinus*, XXV, 2, p. 67), mais seulement si l'on se reporte à la version arabo-latine :

> *Primum igitur omnium istorum est concedere quod sermo aut negat aliquid, aut affirmat aliquid, et dignum est existimare quod hoc primum solum manifestum.* Et necesse est ut sermo loquentis fit signum de aliquo apud ipsum, et apud alium, si aliquid dicit. *Quoniam, si hoc non fuerit, non poterit disputare neque secum, neque cum alio.*
>
> [En premier lieu, il faut d'abord considérer, parmi toutes ces choses, que le discours soit nie quelque chose, soit affirme quelque chose, et on doit estimer que seule est manifeste cette première opinion. *Et il est nécessaire que le discours de celui qui parle devienne signe de quelque chose, à la fois pour lui et pour autrui, s'il veut dire quelque chose.* En effet, si ce n'était pas le cas, il ne pourrait discuter ni avec lui, ni avec autrui.]
>
> Éd. Venetiis, 1560, f. 102r.

Averroès commente ce passage en expliquant que le discours du locuteur doit signifier quelque chose qui est à la fois dans son esprit et dans celui de l'auditeur, et qui doit être intelligible pour les deux interlocuteurs, sans quoi il ne peut y avoir proprement discussion :

> *Dicamus igitur quod necesse est homini concedere quod sermo dicentis, idest quod sua loquela, significat illud, quod est in ejus anima apud ipsum, et apud ipsum cum quo loquitur, sed ille qui loquitur dicit aliquod intelligibile, quod si illud, quod dicit, non fuerit intelligibile apud ipsum et apud audientem, non fit disputatio, neque ad ipsum, neque ad alterum.*
>
> [Nous dirons donc qu'il est nécessaire de concéder que le discours du locuteur, c'est-à-dire ce qu'il dit, signifie cela même qui est dans son âme pour lui, et pour celui avec qui il parle, et que celui qui parle prononce quelque chose qui est (un) intelligible, parce que, si ce qu'il dit n'était pas intelligible à la fois pour lui et pour l'auditeur, il ne pourrait y avoir discussion, ni avec lui-même, ni avec autrui.]
>
> *Ibid.*

Henri de Gand paraphrase le passage de la *Métaphysique* en glosant *signum* par *symbolum*, en reprenant la formule du *De sensu et sensato*, et en insistant sur le fait que, pour qu'il y ait transmission de sens, il importe que la chose signifiée soit connue à la fois du locuteur et de l'auditeur, afin que l'audition du signe puisse provoquer en l'auditeur la remémoration de la chose que le nom signifiait pour le locuteur et à laquelle il avait été associé par imposition :

> *Quia nomen sive verbum vocis universaliter debet esse symbolum inter duo, scilicet (inter* add. *I) loquentem et illum cui loquitur, sic ut res significata modo quo imponuntur nomina ad significandum, sit in se nota utrique, et quod nomen ad significandum ipsam rem ut talis est, sit institutum.*
>
> [Parce que le nom ou le verbe vocal doit universellement être symbole entre deux personnes, à savoir entre celui qui parle et celui à qui il parle, de sorte que la chose signifiée, sur le mode selon lequel les noms ont été imposés pour signifier, soit connue des deux, et que le nom soit institué pour signifier la chose telle qu'elle est.]
>
> *Summa quaestionum ordinarium*, art. 73, q. 9, l. 34-35, éd. Rosier, 1995 ; cf. aussi art. 20, q. 1, éd. Josse Bade Ascensius, Bade, 1520, repr. saint Bonaventure, 1953.

Duns Scot se souviendra de cette opinion en réfléchissant lui-même sur les noms divins (*Reportata Parisiensia*, I, d. 22, éd. Wadding, Paris, 1639, repr. par Vivès, t. XI, Paris, 1891-1895, p. 121b).

signifiants (*bedeutend*) au plus profond d'eux-mêmes » (*Sur les objets des arts plastiques*, 1797). À l'opposé, l'allégorie renvoie à l'idée comme à quelque chose d'extérieur à elle, détruisant l'intérêt pris à la présentation sensible en elle-même, qui n'est plus qu'un simple intermédiaire permettant la compréhension directe de l'idée (*ibid.*). L'allégorie n'est que la traduction imagée de concepts de l'entendement, alors que le symbole a l'Idéal pour règle organique interne. La proximité intellectuelle entre Goethe et Schelling est sans aucun doute un facteur essentiel de la formation du concept schellingien de symbole (cf. lettre de Goethe à Schelling du 29 novembre 1803), défini dans les *Leçons sur la philosophie de l'art* (1802). Schelling y insiste, dans un esprit assez goethéen, sur l'identification de l'être et du signifier dans le symbole : « le fini [y] est en même temps l'infini même, et ne le signifie pas seulement (*nicht bloß es bedeutend*) » (*Sämmtliche Werke*, V, 453). Dès lors, le terme allemand *Sinnbild* lui semble particulièrement approprié pour désigner la compénétration, l'identité de l'Idée et de sa présentation dans le symbole, puisque ce dernier, qui présente l'absolu dans l'art, doit être aussi concret que l'image (*Bild*), et pourtant aussi universel et plein de sens (*Sinn*) que le concept (*ibid.*, V, 412). Dans l'allégorie, en revanche, le particulier ne fait que *signifier* (*bedeuten*) le général. De manière générale, l'esthétique dite classique de Goethe et Schelling a donc tendance à rapprocher l'allégorie du signe (*Zeichen*).

Parallèlement à cette compréhension organique du symbole, qui tend à assimiler la présentation de l'Idée à une présence réelle, se développe une conception dans laquelle l'unité symbolique du fini et de l'infini apparaît comme un but situé à l'infini, plutôt que comme une incarnation effectivement réalisée. Elle apparaît notamment dans ce que Friedrich von Schlegel appelle aussi bien *symbole* (*Symbol*) qu'*allégorie de l'infini* (*Allegorie des Unendlichen*). Toute beauté est allégorique, et l'allégorie est pour Schlegel la tendance à l'absolu, dans le fini lui-même : « Toute allégorie signifie Dieu (*bedeutet Gott*), et on ne peut parler de Dieu autrement que de manière allégorique » (*Kritische Friedrich von Schlegel Ausgabe*, XVIII, 347, n° 315). Au-delà de ce qu'il présente effectivement, et qui est toujours insuffisant au regard de l'infini, l'art fait signe (*andeutet*) vers l'absolu qu'il ne saurait rendre véritablement présent : le symbole est ici compris comme indication (*Andeutung*) ou allusion. Creuzer, dans sa *Symbolique et mythologie des peuples anciens* (1810-1812), insiste également sur l'inadéquation de la forme symbolique finie à l'essence de l'idée qui s'y manifeste, sur « l'incongruence de l'essence avec la forme [*Incongruenz des Wesens mit der Form*] » (*op. cit.*, t. 1, p. 68). Il précise en outre de manière originale la distinction entre symbole et allégorie à l'aide de la catégorie du temps : le premier nous donne instantanément l'intuition de l'idée, tandis que la seconde nous découvre son sens au cours d'une démarche intellectuelle progressive. Hegel enfin, en dépit de son opposition au romantisme et à Friedrich von Schlegel sur de nombreux points, caractérise cependant lui aussi dans ses *Cours d'esthétique* (1820) la présentation symbolique par son inadéquation (*Unangemessenheit*) à l'essence même de l'Idée. Le symbolique est bien la première forme de la manifestation artistique de l'absolu, c'est-à-dire que l'Idée s'y donne d'ores et déjà sous une forme sensible ; mais, parce que le contenu de l'idée elle-même est encore indéterminé, les figures symboliques, par exemple dans l'art égyptien, nous font pressentir ou deviner l'absolu, au lieu de nous le rendre vraiment présent : « le symbole (*Symbol*), quoique ne devant pas, comme le signe simplement extérieur et formel *wie das bloß äußerliche und formelle Zeichen*, être tout à fait inadéquat à sa signification, doit néanmoins, inversement, pour demeurer symbole, ne pas se rendre non plus complètement approprié *angemessen* à elle » (*Werke*, t. 13, p. 395-396 ; trad. fr. J.-P. Lefebvre, t. 1, p. 408). La plénitude de la présence sensible est l'apanage de l'art grec classique (c'est-à-dire de ce que Schelling appelait... art symbolique). Mais, en dernière analyse, la présentation de l'Idée dans l'art, donc dans l'immédiateté d'une figure sensible, ne peut jamais être pleinement adéquate à son essence, qui ne se révèle parfaitement que dans le concept explicité par la philosophie.

Karl Wilhelm Ferdinand Solger (1780-1819), philosophe proche du premier romantisme, dont la pensée, inspirée pour beaucoup de celle de Schelling, présente en même temps une certaine proximité avec celle de Hegel, développe dans le dialogue *Erwin* (1815) une conception du symbole où se rejoignent les deux tendances évoquées. D'une part, le symbole est bien la présence (*Gegenwart*) pleine et entière de l'idée en une réalité finie ; d'autre part, le lien intime du symbole avec l'*ironie* manifeste, tout autant, la persistance d'une infinie distance ou inadéquation entre l'idée et son incarnation symbolique. L'ironie est en effet l'état d'esprit du spectateur de l'œuvre d'art (mais aussi le moment de la vie de l'idée elle-même) dans lequel il reconnaît que la réalisation de l'idée dans une figure finie, seul moyen de son incarnation, ne peut en même temps coïncider qu'avec sa dénaturation.

IV. NÉOLOGISMES ET REDÉFINITIONS

En sémiotique, on retient généralement le sens donné par Peirce au *symbol*, celui d'une relation purement conventionnelle, ne dépendant ni d'un rapport de contiguïté (par différence avec l'indice), ni d'un rapport de ressemblance (par différence avec l'icône), alors que Saussure utilise à l'inverse le terme « signe » pour marquer une relation conventionnelle, arbitraire et nécessaire entre le signifiant et le signifié qui, dans le symbole, sont pour lui au contraire reliés par un « rudiment de lien naturel ». Pour Wittgenstein, enfin, l'accent mis sur le symbole, « usage pourvu de sens », au détriment du signe qui en est seulement la face perceptible, constitue un élément essentiel de sa critique de la métaphysique, ouvrant vers une philosophie du langage ordinaire.

A. Les taxinomies de Peirce

Dans le *Dictionary of Philosophy and Psychology* de Baldwin, C.S. Peirce, aux entrées « *sign* », « *index* », « *symbol* », fournit des définitions commodes. Un *signe* est « tout ce qui détermine quelque chose d'autre (son interprétant) à référer à un objet auquel il réfère lui-même (son objet) de la même façon, l'interprétant devenant à son tour un signe, et ainsi de suite à l'infini » (IV, 169). *Index* et *symbole* sont des types de signes. Un *index* est un signe qui ne réfère pas tant à l'objet en fonction d'une analogie ou similarité que « d'une connexion dynamique (notamment spatiale) avec l'objet individuel, d'une part, et les sens ou la mémoire de la personne pour laquelle il sert de signe, d'autre part » (IV, 170). Un *symbole* est « un signe qui est constitué comme signe purement par le fait qu'il est utilisé et compris en tant que tel, que l'habitude soit naturelle ou conventionnelle, sans considération pour les motifs qui ont gouverné son choix » (IV, 172). Dans le manuscrit sur les trichotomies de signes (ca 1903, IV, 243-270), Peirce situe cette distinction des trois types de signes à l'intérieur d'une classification plus générale. Si toute situation symbolique a une structure triadique, en vertu du principe ontologique de différenciation de la Priméité, de la Secondarité et de la Tercéité, on doit distinguer de manière ternaire non seulement les signes, mais aussi les divisions de signes elles-mêmes. Peirce distingue ainsi les divisions suivantes : (1) à partir du signe en lui-même (*qualisigne, sinsigne, legisigne*) ; (2) à partir du signe et de son objet (*icône, index, symbole*) ; (3) à partir de la relation du signe à son interprétant (*rhème, dicisigne, dicent signe*). Par exemple, le *qualisigne* est déterminé comme type de signe manifestant une priméité (dont la qualité est le paradigme). Dans cette optique, qui est la seule correcte et qui consiste à dériver la sémiotique de Peirce de sa métaphysique et non le contraire (cf. C. Tiercelin, *La Pensée-signe*), l'icône est une catégorie duelle (elle considère le rapport signe-objet) de la Priméité. Une icône est un signe qui renvoie à son objet en vertu d'une similarité à cet objet. L'index est une catégorie duelle de la Secondarité et le symbole une catégorie duelle de la Tercéité.

Dans ce manuscrit, Peirce définit plus précisément le symbole :

> Un symbole est un signe qui réfère à l'objet qu'il dénote en vertu d'une loi, habituellement en association avec des idées générales, loi qui agit causalement pour que le symbole soit interprété comme référant à cet objet.
>
> 2, 249.

Le symbole, dans la mesure où la loi est humaine, est conventionnel. Le symbole, de par la causalité légale de sa dénotation, est un légisigne, c'est-à-dire un signe qui est une loi (cf. « Tout signe conventionnel est un légisigne », IV, 246). Le symbole connaît à la fois une extension et une limitation si on le compare aux icônes et indices. L'extension est la capacité du symbole à spécifier des qualités des objets dénotés (l'icône ressemble à l'objet en vertu d'une communauté de qualité, mais sans la spécifier, et l'index ne comporte pas d'élément descriptif nécessaire à cette spécification — exemple : une trace de pas dénote une présence, mais ne spécifie pas ses qualités ; pour le faire, il faut recourir au langage naturel, qui est un assemblage de symboles, à l'exception peut-être des déictiques qui peuvent être considérés comme des indices et des métaphores qui tiennent lieu d'icônes). Le symbole joue un rôle indispensable dans les opérations majeures de la pensée : abduction, déduction, démonstration. En ce sens, le symbole est la vie même de la réalité et de la science :

> Un symbole est une réalité embryonnaire dotée du pouvoir de croissance vers la vérité elle-même, l'entéléchie véritable de la réalité.
>
> *New Elements*, ca 1904, EP, t. 2, p. 324.

La limitation est que le symbole ne peut dénoter que des types d'objets et pas des occurrences. Une trace de pas dénote un événement individuel, mais le symbole « âne » dénote l'âne en général et non Balthazar ou Fanchon, « rouge » dénote la propriété « rouge » en général. Dans sa sémiotique, Peirce a donc soigneusement distingué le *signe*, concept général de toute relation signifiante, déclinée suivant les catégories ontologiques du monde réel, du *symbole*, qui est une sorte de signe dénotant, en vertu de son caractère légal, l'universel et le général (voir SÉMIOTIQUE).

Pour Saussure, à l'inverse, c'est le terme *signe* qui assume cette relation conventionnelle et arbitraire en même temps que nécessaire, alors que le symbole présente un « rudiment de lien naturel » entre un signifiant et un signifié qui existent par ailleurs de manière indépendante (voir SIGNIFIANT) et participe donc à la fois de l'icône et de l'indice au sens de Peirce (par ex. la balance, symbole de la justice). Cette opposition tranchée a été repensée, pour faire une place, d'une part, à l'aspect non arbitraire des signes linguistiques, y compris dans leur dimension phonétique telle qu'elle est exploitée en poésie, et, d'autre part, à l'existence, au sein même du langage, d'éléments de nature indicielle, comme les déictiques, et de nature iconique, comme les onomatopées. En poétique ou en théorie littéraire, c'est plutôt le sens de « signe motivé » que retient le terme *symbole*, par opposition aux signes arbitraires du langage ordinaire.

B. Wittgenstein : du symbole comme usage pourvu de sens

Il est d'autant plus remarquable de découvrir une distinction parallèle à celle introduite par Peirce, mais indépendante, chez Wittgenstein. Wittgenstein nous met en garde (*Tractatus*, 3.324) contre « les confusions dont est pleine la philosophie ». Souvent le philosophe se laisse hypnotiser par l'existence, pour deux objets, d'un même signe (*Zeichen*). Or, la communauté de signe ne saurait être tenue pour caractéristique des objets eux-mêmes (3.322), et, l'important, ce n'est pas le signe lui-même, mais ce dont il est la face perceptible (3.32), à savoir le symbole (*Symbol*). Un symbole est alors toute partie de la proposition qui caractérise et détermine son sens (3.31).

Comment concevoir la possibilité d'un accès au symbole ? La réponse de Wittgenstein est déterminante pour toute sa philosophie ultérieure :

> Pour reconnaître le symbole sur le signe, il faut considérer l'usage pourvu de sens.
>
> 3.326.

C'est l'« usage pourvu de sens » qui constitue le symbole. L'erreur de la philosophie et de la métaphysique, se laissant prendre au jeu des signes, est de croire souvent que, là où il y a un même signe, il y a un même symbole, négligeant ainsi des distinctions essentielles qui sont inscrites dans l'usage du langage, et la réalité « perceptible » du symbole. Ainsi, dès le *Tractatus*, la limite du sens et du non-sens n'est déterminée ni par le « contenu empirique », ni par une sorte d'instance transcendante qui tracerait la limite de la pensée, ni par une réalité à laquelle notre langage devrait se conformer par sa structure. Elle est déterminée par l'usage.

> Dans le langage courant, il arrive d'une façon incroyablement fréquente que le même mot désigne de façon différenciée — et relève donc de symboles différents —, ou bien que deux mots qui désignent de façon différenciée soient extérieurement appliqués de la même façon dans la proposition.
>
> Ainsi le mot « est » apparaît comme copule, comme signe d'égalité et comme expression de l'existence ; « exister » comme verbe intransitif, comme « aller » ; « identique » comme adjectif qualificatif ; nous parlons de quelque chose, mais aussi du fait que quelque chose arrive.
>
> Dans la proposition : « Vert est vert » — où le premier mot est un nom de personne, le dernier un qualificatif —, ces mots n'ont pas simplement une signification différente, ce sont des symboles différents.
>
> 3.323.

Loin de la « métaphysique réaliste » couramment attribuée au premier Wittgenstein, ce serait la négligence par rapport à la distinction signe/symbole qui constituerait la raison fondamentale des erreurs métaphysiques.

♦ Voir encadré 5.

Barbara CASSIN,
Mildred GALLAND-SZYMKOWIAK,
Sandra LAUGIER,
Alain de LIBERA, Frédéric NEF,
Irène ROSIER-CATACH

BIBLIOGRAPHIE

ARISTOTELES LATINUS, II, 1-2 *De interpretatione vel Periermenias*, Bruges-Paris, Desclée de Brouwer, 1995.

ARNAULD Antoine et LANCELOT Claude, *La Grammaire générale et raisonnée* [1660], éd. H.E. Brekle, Stuttgart, Frommann, 1966.

ARNAULD Antoine et NICOLE Pierre, *La Logique ou l'art de penser* [1re éd. 1662 ; 5e éd. 1683], éd. P. Clair et F. Girbal, PUF, 1965.

AUGUSTIN, *De doctrina christiana*, *in* PL, t. 34, p. 16-121 ; éd. J. Martin, Turnhout, Brepols, « CCL », 32, 1967.

AX Wolfram, *Laut, Stimme und Sprache*, Göttingen, Vanderhoeck & Ruprecht, « Studien zu drei Grundbegriffen der antike Sprachtheorie », 1986.

BARATIN Marc et DESBORDES Françoise, *L'Analyse linguistique dans l'Antiquité classique*, t. 1, *Les Théories*, Klinscksieck, 1981.

BOÈCE, *Opera omnia*, *in* PL, t. 63-64.

— *Commentarii in librum Aristotelis Peri Hermeneias*, éd. K. Meiser, Leipzig, Teubner, 1880.

BOULNOIS Olivier, « Représentation et noms divins selon Duns Scot », *Documenti e studi sulla tradizione filosofica medievale* VI, 1995, p. 255-280.

CASSIN Barbara, « Parle si tu es un homme », in *La Décision du sens*, coll. M. Narcy, Vrin, 1989.

— *L'Effet sophistique*, Gallimard, 1996.

CASSIRER Ernst, *Philosophie des formes symboliques*, t. 2, *La Pensée mythique*, chap. 29, « La dialectique de la conscience mythique », Gallimard, 1972, p. 278 *sq.*

CHAUVET Louis-Marie, *Symbole et Sacrement*, Seuil, 1987.

CHYDENIUS Johan, *The Theory of Medieval Symbolism*, Helsinki, Helsingfors, 1960 ; « La théorie du symbolisme médiéval », trad. fr., in *Poétique, revue de théorie et d'analyse littéraire*, 33, 1975, p. 322-341.

COFFA J. Alberto, *The Semantic Tradition from Kant to Carnap*, Cambridge UP, 1991.

DAHAN Gilbert, *L'Exégèse de la Bible en Occident médiéval*, 1999.

DIAMOND Cora, *The Realistic Spirit*, Cambridge (Mass.), The MIT Press, 1991.

ECO Umberto, *Semiotica e filosofia del linguaggio*, Turin, Einaudi, 1988 ; *Sémiotique et Philosophie du langage*, trad. fr. M. Bouzaher, PUF, 1988.

ECO Umberto *et al.*, "On animal language in the medieval classification of signs", *in* Umberto ECO et Costantino MARMO (éd.), *On the Medieval Theories of Signs*, Amsterdam, Benjamins, 1989, p. 3-41.

FÉDIER François, *Interprétations*, PUF, 1985.

GALLAND-SZYMKOWIAK Mildred, « Le symbole chez Solger, ou l'existence de l'idée », in *L'Esthétique de Karl Solger. Symbole, tragique et ironie*, éd. A. Baillot, Tusson, Du Lérot, 2002, p. 67-97.

HAMESSE Jacqueline, « *Signum* dans les lexiques médiévaux ainsi que dans les textes philosophiques et théologiques antérieurs à Thomas d'Aquin », *in* Massimo Luigi BIANCHI (éd.), *SIGNUM*, Florence, Leo Olschki [*Lessico intelletuale europeo*, vol. 77], 1999, p. 79-93.

HEIDEGGER Martin, « Der Weg zur Sprache », in *Unterwegs zur Sprache*, Pfullingen, Neske, 5e éd. 1975 ; « Le chemin vers la parole », in *Acheminement vers la parole*, trad. fr. F. Fédier, Gallimard, 1976.

HOBBES Thomas, *Elementorum philosophiae sectio prima de corpore* [1655], Londres ; éd. crit., intr., notes, app. et ind. K. Schuhmann, coll. M. Pécharman, Vrin, 1999.

IMBERT Claude, *Phénoménologie et Langues formulaires*, PUF, 1992.

JANKE Wolfgang, « Das Symbol », in *Philosophisches Jahrbuch*, 76, 1968, p. 164-180.

JUNGIUS Joachim, *Logica Hamburgensis*, Hambourg, [1638], éd. R.W. Meyer, *in aedibus* J.J. Augustin, Hambourg 1957.

— *Logicae Hamburgensis Additamenta*, éd. W. Risse, Göttingen, Vandenhoeck & Ruprecht, 1977.

LADNER Gerhart B., "Medieval and modern understanding of symbolism: a comparison", *Speculum*, 54, 2, 1979, p. 223-256.

LAUGIER Sandra, *Wittgenstein. Métaphysique et jeu de langage*, PUF, 2001.

LEIBNIZ, *Recherches générales sur l'analyse des notions et des vérités. 24 thèses métaphysiques et autres textes logiques et métaphysiques*, intr. et notes J.-B. Rauzy, trad. fr. E. Cattin, L. Clauzade, F. de Buzon *et al.*, PUF, 1998.

MAIERÙ Alfonso, « *Signum* dans la culture médiévale » [1977], *in* J.P. BEECKMANN *et al.* (éd.), *Sprache und Erkenntnis im Mittelalter*, 2 vol., Berlin-New York, de Gruyter, « Miscellanea Mediaevalia 13/1 », 1983, p. 51-72.

— « *Signum* negli scritti filosofici e teologici fra XIII e XIV secolo », *in* Massimo Luigi BIANCHI (éd.), *SIGNUM*, Florence, Leo Olschki [*Lessico intelletuale europeo*, vol. 77], 1999, p. 120-141.

MARACHE Maurice, *Le Symbole dans la pensée et l'œuvre de Goethe*, Nizet, 1960.

MARMO Costantino, "Bacon, Aristotle (and others) on Natural Inferential Signs", *Vivarium*, vol. 35, n° 2, 1997, p. 135-154.

— *Semiotica e linguaggio nella scolastica : Parigi, Bologna, Erfurt 1270-1330, La semiotica dei Modisti*, Rome, Istituto Palazzo Borromini, 1994.

5

Le symbolique en psychanalyse

► DEVOIR, encadré 1, « LA DETTE SYMBOLIQUE CHEZ LACAN », INCONSCIENT, SIGNIFIANT, VERNEINUNG

1. « SYMBOL », « SYMBOLIK » ET « SYMBOLBILDUNGEN » CHEZ FREUD

L'emploi des notions de *symbole*/ *symbolique* en psychanalyse remonte à la création freudienne. Dans le texte *Esquisse d'une psychologie scientifique* [*Entwurf einer Psychologie*, 1895], Freud utilise déjà le terme *Symbole* [*das Symbol*] pour décrire le phénomène, normal ou pathologique, dans lequel un élément prend la place d'un autre, l'association des deux n'étant pas toujours manifeste. Parmi les exemples donnés par Freud, on trouve celui du soldat qui « se sacrifie pour un morceau d'étoffe multicolore attaché à une hampe, parce que cette étoffe est le symbole de son pays natal », ou celui « du chevalier qui se bat pour le gant de sa Dame » (*Entwurf einer Psychologie*, in *Gesammelte Werke*, suppléments, p. 440-441 ; trad. fr. A. Berman, in *La Naissance de la psychanalyse*, PUF, 1956, p. 361). Il s'agit, dans ces cas, des « formations de symbole [*Symbolbildungen*] » qui appartiennent à la vie normale. Dans le symbole hystérique, dit Freud, ce phénomène s'effectue d'une autre manière : « L'hystérique que A fait pleurer ignore qu'il ne s'agit que d'une association entre A et B où lui-même ne joue aucun rôle dans sa vie psychique. Le symbole s'est, en pareil cas, complètement substitué à l'objet » (*ibid.*).

Dans le chap. VI de *L'Interprétation du rêve* [*Die Traumdeutung*, 1900], dans la section intitulée « Présentation au moyen des symboles [*Die Darstellung durch Symbole im Traume*] », Freud développe l'idée selon laquelle le rêve utilise « la symbolique [*die Symbolik*] » pour dissimuler des représentations de pensées latentes du rêve, le plus souvent d'origine sexuelle. Il y ajoute que :

> Cette symbolique (*diese Symbolik*) n'appartient pas en propre au rêve, mais à l'activité de représentation inconsciente — spécialement celle du peuple —, et on la retrouve dans le folklore, dans les mythes, légendes, locutions courantes, dans la sagesse des sentences et dans les traits d'esprit circulant dans un peuple, plus complètement que dans le rêve.
>
> *Die Traumdeutung*, in *GW*, t. II / III, p. 356 ; trad. fr. p. 396.

Freud s'est ainsi servi du terme *symbole* pour désigner une sorte de signification constante qui apparaît dans des formations de l'inconscient, notamment dans le rêve : par exemple, « le chapeau comme symbole de l'homme (de l'organe génital masculin) [*Der Hut als Symbol des Mannes* (*des männliches Genitales*)] », ou la « présentation de l'organe génital par le moyen de bâtiments, d'escaliers, de puits (*Darstellung des Genitales durch Gebäude, Stiegen, Schachte*) », etc. (*ibid.*, p. 365, 368 ; trad. fr. p. 406, 410 ; voir l'« Index des symboles », présenté à la fin de l'ouvrage). Freud ajoute :

> Nous qualifions une relation constante de ce type entre un élément de rêve et sa traduction de *symbolique*, l'élément de rêve lui-même de *symbole* de la pensée inconsciente du rêve.
>
> « La symbolique dans le rêve [*Die Symbolik im Traum*] », dans *Conférences d'introduction à la psychanalyse* [*Vorlesungen zur Einführung in die Psychoanalyse*, 1917], in *GW*, t. XI, p. 152 ; trad. fr. p. 193.

Cependant, l'emploi freudien des notions de *symbole* et de *symbolique* n'est pas fixé aussi précisément. Dans le texte cité ci-dessus, Freud affirme :

> On doit aussi accorder que le concept de symbole est actuellement difficile à cerner avec netteté, du côté de la substitution, de la représentation, etc., les limites sont floues, il se rapproche même de l'allusion [...] Vous voyez donc qu'une relation symbolique est un rapprochement comparatif d'une espèce très particulière, dont nous n'appréhendons pas encore clairement le fondement. Peut-être qu'ultérieurement, nous trouverons des indices de cet inconnu.
>
> *Ibid.*, p. 153-154 ; trad. fr. p. 195-196.

En son essence, le symbole est donc une chose mise à la place d'une autre. Qu'il y ait un lien caché entre le symbole en tant que tel et la chose signifiée implique que ce rapport peut être aussi déchiffré, comme ce qui se passe dans les formations de l'inconscient (rêves, symptômes, actes manqués et mots d'esprit). Il faut remarquer, pourtant, que Freud lui-même a des réserves à l'égard de cette symbolique « de traductions invariantes » : « L'interprétation qui repose sur la connaissance des symboles n'est pas une technique qui peut remplacer la technique associative ou se mesurer avec elle » (*ibid.*, p. 152 ; trad. fr. p. 194). Jacques Lacan souligne qu'il s'agit là d'une rupture avec Jung et l'idée d'un archétype fixé depuis l'origine :

> Cette extériorité du symbolique par rapport à l'homme est la notion même de l'inconscient. Et Freud a constamment prouvé qu'il y tenait comme au principe même de son expérience. Témoin le point où il rompt net avec Jung, c'est-à-dire quand celui-ci publie ses « Métamorphoses de la libido ». Car l'archétype, c'est faire du symbole le fleurissement de l'âme, et tout est là [...]. Mais ce qu'il faut dire, ce conformément à Aristote, c'est que ce n'est pas l'âme qui parle, mais l'homme qui parle avec son âme.
>
> « Situation de la psychanalyse en 1956 », *Écrits*, p. 469.

2. LE SYMBOLIQUE DANS L'ENSEIGNEMENT DE JACQUES LACAN

Chez Jacques Lacan, la forme substantivée « le symbolique » prend des contours plus définis, en empruntant à la linguistique (l'arbitraire du signe et l'articulation signifiant-signifié chez Saussure, la métaphore et la métonymie chez Jakobson) et, au point de départ, à l'anthropologie structurale (Lévi-Strauss). De l'anthropologie structurale, Lacan retient notamment la notion de « système symbolique » :

> Toute culture peut être considérée comme un ensemble de systèmes symboliques au premier rang desquels se placent le langage, les règles matrimoniales, les rapports économiques, l'art, la science, la religion.
>
> Claude Lévi-Strauss, « Introduction à l'œuvre de Marcel Mauss », *in* Marcel Mauss, *Sociologie et Anthropologie*, PUF, 5e éd., 1993, p. IX-LII.

C'est avec cette grille structurale que Jacques Lacan entreprend le retour aux sources freudiennes de la psychanalyse, en formulant l'axiome qu'il soutiendra jusqu'à la fin de son enseignement : « L'inconscient est structuré comme un langage. » Cet axiome est à la base de son élaboration du registre « symbolique », avec l'équivalence entre symptôme et métaphore, désir et métonymie.

Dès le début de son enseignement, Lacan construit la notion de symbolique en relation avec deux autres « registres » indissociables, l'imaginaire et le réel. Bien qu'il ait déjà employé le terme de *symbolique* dans son texte « Le stade du miroir... », de 1949 (*Écrits*, p. 93-100), ce n'est qu'en 1953, dans la conférence « Le symbolique, l'imaginaire et le réel » (*Bulletin de l'Association freudienne internationale*, n° 1, 1982, p. 4-13) et dans « Fonction et champ de la parole et du langage en psychanalyse », qu'il l'élabore dans toute sa complexité (*ibid.*, p. 242-322). Dans « Le symbolique... », Lacan écrit :

> C'est bien ainsi qu'il faut entendre le symbolique dont il s'agit dans l'échange analytique, à savoir que ce que nous trouvons, et ce dont nous parlons, est ce que nous trouvons et retrouvons sans cesse, et que Freud a manifesté comme étant sa réalité essentielle, soit qu'il s'agisse de symptômes réels, actes manqués, et quoi que ce soit qui s'inscrive ; il s'agit encore et toujours de symboles et de symboles même très spécifiquement organisés dans le langage, donc fonctionnant à partir de cet équivalent du signifiant et du signifié : la structure même du langage. (p.7)

5

Le « symbolique » est alors le centre de l'expérience analytique, indissociable d'autres élaborations, comme celles de « Nom-du-Père », « signification phallique », « métaphore paternelle », « forclusion ». Le complexe d'Œdipe constitue l'opération fondamentale qui décide de l'insertion du sujet dans l'ordre symbolique.

Lacan réinterprète l'œdipe freudien, en le divisant en trois temps logiques : au premier temps, « le sujet s'identifie en miroir à ce qui est l'objet du désir de la mère » ; au deuxième temps, « le père intervient bel et bien comme privateur de la mère » ; et, au troisième temps, « le père peut donner à la mère ce qu'elle désire [le phallus], et peut le lui donner parce qu'il l'a » (*Le Séminaire*, Livre V, *Les Formations de l'inconscient*, texte établi par J.-A. Miller, Seuil, 1998, p. 192-194). « Quelle est la voie symbolique ? C'est la voie métaphorique », dit Lacan. C'est l'opération de la « métaphore paternelle », résultant de l'œdipe, qui instaure pour le sujet toute possibilité de signification (« signification phallique ») : dans la métaphore paternelle, il s'agit de « la substitution du père en tant que symbole, ou signifiant, à la place de la mère » (*ibid.*, p. 180).

Le phallus est donc le symbole psychanalytique par excellence — « le pivot de toute la dialectique subjective » (*ibid.*, p. 199). C'est le « signifiant du manque », qui règle pour le sujet le champ de la dialectique de la demande et du désir. En tant que symbole, il ne peut pas être confondu avec l'organe biologique.

La non-inscription du « Nom-du-Père » (forclusion, *Verwerfung*) caractérise la psychose : « Ce qui est refusé dans l'ordre symbolique, au sens de la *Verwerfung*, reparaît dans le réel » (*Le Séminaire*, Livre III, *Les Psychoses*, texte établi par J.-A. Miller, Seuil, 1981, p. 21).

Au long de son enseignement, Lacan donne une importance différente aux trois registres. Au début, il se consacre à l'élaboration du registre de l'imaginaire. À partir de 1953, il met en relief le symbolique, jusqu'au début des années 1970, lorsqu'il commence à approfondir l'élaboration du registre du réel qui, contrairement au symbolique, « se dessine comme excluant le sens » (« Vers un signifiant nouveau » [1977], in *Autres Écrits*, Seuil, 2001, p. 9).

Bien que Lacan ait modifié sa théorisation du symbolique au fur et à mesure qu'il développait celle du « réel » et les notions liées à ce registre — comme celle de jouissance (*jouis-sens*), il n'a jamais abandonné la conception tripartite de la structure psychique. Dans le séminaire « R. S. I. » [1974-1975], il présente les trois registres à partir de la figure topologique du nœud borroméen : « La définition du nœud borroméen part de trois, vous rompez un des anneaux, ils sont libres, tous les trois, c'est-à-dire que les deux autres anneaux sont libérés » (séminaire inédit, séance du 10 décembre 1974).

Elisabete THAMER

BIBLIOGRAPHIE

FREUD Sigmund, *Gesammelte Werke*, Francfort, Fischer Taschenbuch Verlag, 1999.

— *Conférences d'introduction à la psychanalyse*, trad. fr. Fernand Cambon, préface J.-B. Pontalis, Gallimard, « Connaissance de l'Inconscient », 1999.

— *La Naissance de la psychanalyse. Lettres à Wilhelm Fliess, notes et plans* [1887-1902], éd. Marie Bonaparte, Anna Freud et Ernst Kris, trad. fr. A. Berman, PUF, 1956.

— « L'interprétation du rêve », in *Œuvres complètes*, trad. fr. Janine Altounian, Pierre Cotet, René Lainé, Alain Rauzy et François Robert, PUF, 2003.

LACAN Jacques, *Écrits*, Seuil, 1966.

MEIER-OESER Stephen, *Die Spur des Zeichens. Das Zeichen und seine Funktion in der Philosophie des Mittelalters und der frühen Neuzeit*, Berlin-New York, De Gruyter, « Quellen und Studien zur Philosophie, 44 », 1997.

NUCHELMANS Gabriel, *Theories of the Propositions. Ancient and Medieval Conceptions of the Bearers of Truth and Falsity*, Amsterdam, North-Holland, 1973.

— *Late-scholastic and Humanist Theories of the Proposition*, Amsterdam, North-Holland, 1980.

— *Judgement and Proposition from Descartes to Kant*, Amsterdam, North-Holland, 1983.

PEIRCE Charles Sanders, *Collected Papers*, 8 tomes en 4 vol., Harvard UP (IV, 43 par ex. signifie t. IV, § 43).

— *The Essential Peirce. Selected Philosophical Writings* [EP], 2 vol., Indiana UP, 1993-1998.

PÉPIN Jean, « Aspects théoriques du symbolisme dans la tradition dionysienne. Antécédents et nouveautés », in *Simboli e simbologia nell'alto medioevo*, Spolète, 1976, p. 33-66.

ROSIER Irène, *La Parole comme acte*, Vrin, 1994.

— « *Res significata* et *modus significandi*. Les enjeux linguistiques et théologiques d'une distinction médiévale », *in* Sten EBBESEN (éd.), *Sprachtheorien in Spätantike und Mittelalter*, Tübingen, Gunter Narr, 1995, p. 135-168.

— « HENRI de Gand, le *De dialectica* d'Augustin, et l'imposition des noms divins [avec édition d'extraits de la *Summa quaestionum ordinariarum*, art. 73] », *Documenti e studi sulla tradizione filosofica medievale*, VI, 1995, p. 145-253.

— *La Parole efficace* : signe, rituel, sacré, Seuil, 2004.

SCHLESINGER Max, *Geschichte des Symbols. Ein Versuch*, Hildesheim, Olms, 1967.

SOERENSEN Bengt Algot, *Symbol und Symbolismus in den ästhetischen Theorien des 18. Jahrhunderts und der deutschen Romantik*, Copenhague, Munksgaard, 1963.

SPADE Paul Vincent, "Some Epistemological Implications of the Burley-Ockham Dispute", *Franciscan Studies*, 35, 1975, p. 212-222.

THOMAS D'AQUIN, *In Aristotelis libros Peri hermeneias et posteriorum analyticorum expositio, cum textu et recensione leonina*, Turin, Marietti, 1964.

THOMASIUS Christian, *Einleitung zu der Vernunft-Lehre*, Halle, 1re éd. 1691, 2e éd. 1699 ; repr. Hildesheim, Olms, 1968.

TIERCELIN Claudine, *La Pensée-signe. Étude sur C.S. Peirce*, Nîmes, J. Chambon, 1993.

TODOROV Tzvetan, *Théories du symbole*, Seuil, 1977.

WITTGENSTEIN Ludwig, *Tractatus logico-philosophicus*, Londres, Routledge & Kegan Paul, 1922 ; trad. angl. C.K. Ogden et F.P. Ramsey ; seconde traduction D.F. Pears et B.F. McGuinness, Routledge & Kegan Paul, 1961 ; trad. fr. G.-G. Granger, Gallimard, 1993.

WOLFF Christian, *Vernünftige Gedanken* (*Deutsche Logik*) [1713], in *Gesammelte Werke*, partie I, *Deutsche Schriften*, t. 1, Hildesheim, Olms, 1965.

OUTILS

CCL : Coll « Corpus christianorum, series latina » (Turnhout, Brepols, à partir de 1953).

PL : MIGNE Jacques-Paul (éd.), *Patrologiae cursus completus, series latina* [*Patrologie latine*], 1844-.

WALCH Johann Georg, *Philosophisches Lexicon*, Leipzig, 1726, repr. Hildesheim, Olms, 1968.

WILLE Dagmar von, *Lessico filosofico della Frühaufklärung* [*Lessico intelletuale europeo*, vol. 54], Rome, Edizioni dell'Ateneo, 1991.

SIGNIFIANT/ SIGNIFIÉ

gr.	*sêmainon* [σημαῖνον] / *sêmainomenon* [σημαινόμενον], *lekton* [λεκτόν]	angl.	*signifier / signified, signal / signification*
lat.	*signans / signatum, effatum, enuntiatum, dictum*	esp.	*significante / significado*
all.	*Bezeichnendes, Bezeichnung / Bezeichnetes*	it.	*significante / significato*
		suéd.	*uttryck/innehåll*

► DICTUM, HOMONYME, INGENIUM, IV [WITZ, WIT], LANGUE, LOGOS, MOT, *MOT D'ESPRIT*, NONSENSE, SACHVERHALT, SENS, SIGNE, TRUTH-MAKER

Qu'un signe se compose d'un signifiant *et d'un* signifié*, c'est ce que nous, modernes, croyons devoir à Saussure, mais qu'un Jakobson par exemple reverse au compte des Stoïciens. Cependant, les Stoïciens adossent leur couplage à une invention terminologique et doctrinale, celle du* lekton [λεκτόν] *(exprimable, énonçable), qui n'apparaît plus comme tel dans la modernité. L'usage du terme de* signifiant*, comme du couple* signifiant/signifié*, éminemment anti-aristotélicien* (voir SENS et MOT) *jusque dans sa reprise lacanienne, est tributaire de présupposés ontologiques et de conceptions du langage si hétérogènes qu'il ne cesse de produire des glissements et d'engendrer des contresens.*
Quel est le sens, quelles sont les réinterprétations majeures du couple signifiant/signifié (signifiant *et* signifié *sont-ils dissociables ou non, de même nature ou non, impliquant ou non un troisième terme et selon quelle relation), et comment cela se lit-il dans la manière de les dire et les définitions qu'on en donne ?*

I. UNE HISTOIRE DU COUPLE ? LES PRÉCURSEURS MYTHIQUES

Le couple présente une telle évidence qu'on le projette à l'identique de manière récurrente sous l'autorité de divers précurseurs : Aristote/les Stoïciens, Augustin, Port-Royal. L'idée que le couple *signifiant/signifié* vient de Port-Royal a pour origine l'exposé que fait Michel Foucault de la théorie classique du signe (*Les Mots et les Choses*, p. 57-81). C'est alors que, selon l'auteur, se substitue « une disposition binaire du signe [...] à une organisation qui, sur des modes différents, avait toujours été ternaire depuis les Stoïciens et même depuis les premiers grammairiens grecs » (p. 79), selon des modalités différentes, tout d'abord la tripartition stoïcienne « signifiant, signifié, "conjoncture" (*tugkhanon* [τυγχάνον]) » (voir ci-dessous), puis celle mise en place à la Renaissance, et fondée sur la notion de similitude : « domaine formel des marques, contenu [...] signalé par elles, [...] similitudes qui lient les marques aux choses désignées » (p. 57). Pourtant, dans son exposé de la doctrine classique du signe, il ne sera question que de représentation, et non de remaniement du couple stoïcien allégué, comme le confirment les citations de Port-Royal, et notamment la définition du signe comme enfermant « deux idées, l'une de la chose qui représente, l'autre de la chose représentée » (1re partie, chap. 4, cité p. 78). Foucault reprend en conclusion l'idée que « la théorie binaire du signe » se fonde sur la « liaison d'un signifiant et d'un signifié », tout en remarquant que celle-ci « ne peut être établie que dans l'élément général de la représentation ». Cette disposition binaire suppose « que le signe est une représentation dédoublée et redoublée sur elle-même », puisque « le signifiant n'a pour tout contenu, toute fonction et toute détermination que ce qu'il représente [...] [et que] ce contenu n'est indiqué que dans une représentation qui se donne comme telle », ce qu'illustre bien l'exemple du tableau. Est ainsi mise en lumière la nature homogène du signe et du signifié, excluant « la possibilité d'une théorie de la signification ». Le lien entre théorie des signes et théorie des idées, déterminant chez Saussure, est également évoqué par Foucault à propos du débat entre Destutt de Tracy et Gerando (p. 79). Le rapport à Saussure n'est finalement explicité dans la conclusion qu'en raison de la définition « psychologiste » qu'il donne du signe, et de la « redécouverte » de sa nature binaire.

On trouve les mêmes précurseurs chez Lacan, qui les tient de Jakobson (voir ci-dessous). Et la nouveauté de Lacan lui-même est ainsi mise en série et en exceptionnalité par Jean-Claude Milner :

> D'un strict point de vue morphologique, Saussure pouvait s'inspirer du couple *sêmainonta/sêmainomena*, qu'on trouve chez Aristote et chez les Stoïciens, ou du couple *signans/signatum*, qu'on trouve chez saint Augustin. Mais, en français, il semble bien n'avoir eu aucun prédécesseur. Le fait que le signifiant soit du côté de l'actif et le signifié du côté du passif ne semble pas avoir été thématisé avant Lacan.
> J.-C. Milner, *Le Périple structural*, p. 42 *sq.*, n. 13.

Les précurseurs mythiques sont bel et bien et précurseurs et mythiques : on analysera la terminologie grecque des Stoïciens, dans son innovation par rapport à celle d'Aristote, puis le couple latin, qu'on trouve chez Augustin non pas en tant que tel, puisque ce couple est étranger à ses théories de la signification, mais dans la postérité fondée sur ses théories, la sémiologie des sacrements.

II. « SIGNIFIANT »/« SIGNIFIÉ » CHEZ LES STOÏCIENS : L'INVENTION DU « LEKTON »

Les Stoïciens, à la différence d'Aristote, inventent un usage terminologique du couple de participes *sêmainon* [σημαῖνον] / *sêmainomenon* [σημαινόμενον], « signifiant/signifié ». C'est pourquoi ils sont très souvent perçus comme les premiers précurseurs de la linguistique saussurienne. Du point de vue de la théorie du langage, la différence entre Aristote et les Stoïciens est ciblée au plus juste par Ammonius, qui commente Aristote au Ve siècle après J.-C.

> Les noms et les verbes signifient les pensées, et par leur intermédiaire les choses — dit Ammonius, corroborant l'interprétation traditionnelle du début du *De interpretatione* [voir SIGNE] —, et il ne faut rien inventer d'autre entre la pensée et la chose, comme ce que posent les gens du Portique et qu'ils jugent bon d'appeler « dicible » (ou « exprimable », *lekton* [λεκτόν]).
>
> 17, 25-28.

A. Le rapport constitutif de la signification : « signifiant » (« sêmainon ») /« signifié » (« sêmainomenon », « lekton ») /« référent » (« tugkhanon »)

« Les Stoïciens [disaient] qu'il y a trois choses liées ensemble (*tria suzugein allêlois* [τρία συζυγεῖν ἀλλήλοις]) : le signifié, le signifiant et le référent (*to te sêmainomenon kai to sêmainon kai to tugkhanon* [τό τε σημαινόμενον καὶ τὸ σημαῖνον καὶ τὸ τυγχάνον]) » (Sextus Empiricus, *Adversus mathematicos*, VIII, 11-12 = SVF, 2, 166).

C'est d'abord du mot même de *sêmainon*, « signifiant », que les Stoïciens font les premiers un usage terminologique : « Le signifiant, c'est le son vocal, par exemple *Dion* (*tên phônên, hoion tên Diôn* [τὴν φωνήν, οἷον τὴν Δίων]) » (nous choisissons ici la traduction de M. Baratin et F. Desbordes [notée désormais BD], p. 128 ; A.A. Long et D.N. Sedley [LS] proposent « *utterance* », 33 B, t. 2, p. 197, que J. Brunschwig et P. Pellegrin [BP] rendent par « l'émission vocale », t. 2, p. 85-86 ; sur le sens de *phônê* [φωνή], voir MOT). Le signifiant, cette *phônê* qu'on émet et qu'on entend, dans sa matérialité de corps, montre ou manifeste (*dêloô* [δηλόω]) un signifié.

> Le signifié (*sêmainomenon*), c'est *auto to pragma* [αὐτὸ τὸ πρᾶγμα], la chose en question manifestée par le son vocal, et que nous comprenons, nous, quand elle se présente à notre pensée avec le son vocal, alors que les gens qui ne parlent pas notre langue ne la comprennent pas bien qu'ils entendent le son vocal.
>
> [σημαινόμενον δὲ αὐτὸ τὸ πρᾶγμα τὸ ὑπ' αὐτῆς δηλούμενον καὶ οὗ ἡμεῖς μὲν ἀντιλαμβανόμεθα τῇ ἡμετέρᾳ παρυφισταμένου διανοίᾳ, οἱ δὲ βάρβαροι οὐκ ἐπαΐουσι καίπερ τῆς φωνῆς ἀκούοντες.]

Auto to pragma, « la chose en question » (voir RES), est rendu par M. Baratin et F. Desbordes par « contenu de pensée », A.A. Long et D.N. Sedley choisissent « *the actual state of affairs* » (trad. BP : « c'est l'état de choses réel qui est révélé par l'émission vocale ») : l'important, quelle que soit la tension entre subjectivation et objectivation, est d'éviter la confusion avec les objets du monde et le niveau du référent, *tugkhanon* (voir SACHVERHALT). « Quant au *tugkhanon*, c'est l'objet extérieur correspondant — Dion lui-même en l'occurrence (*tugkhanon de to ektos hupokeimenon, hôsper ho Diôn* [τυγχάνον δὲ τὸ ἐκτὸς ὑποκείμενον, ὥσπερ ὁ Δίων]) ». *To tugkhanon*, litt. « ce qui se trouve là » (d'où la traduction de Foucault par « conjoncture » [*Les Mots et les Choses*, p. 57]), est lui aussi enjeu de nuances interprétatives : « référent » (BD), « *name-bearer* » (avec un *onomatos*, complément d'objet, en ellipse, LS, t. 2, p. 197, cf. t. 1, p. 201 ; BP : « porteur du nom »). Le rapprochement avec la *Bedeutung* frégéenne vient de Benson Mates, puis A.A. Long, cités par J.-B. Gourinat, *La Dialectique des Stoïciens*, p. 114 (voir SENS) ; le *tugkhanon* désigne en tout cas le substrat extérieur (*hupokeimenon*, étendu dessous, qu'on traduit correctement par « objet », mais qui désigne non moins évidemment le substrat sujet, voir OBJET, SUJET), corporel, physique, qui correspond à l'émission vocale : *Dion*/Dion.

De ces trois composants, poursuit Sextus, « deux sont des corps, le son vocal et le référent (*toutôn de duo men einai sômata, kathaper tên phônên kai to tugkhanon* [τούτων δὲ δύο μὲν εἶναι σώματα, καθάπερ τὴν φωνὴν καὶ τὸ τυγχάνον]), mais le troisième est un incorporel, le contenu de pensée signifié, ou « énonçable » (*hen de asômaton, hôsper to semainomenon pragma, kai lekton* [ἓν δὲ ἀσώματον, ὥσπερ τὸ σημαινόμενον πρᾶγμα, καὶ λεκτόν]) » (je reprends ici la trad. BD ; cf. BP : « l'état de choses signifié et dicible »).

L'invention stoïcienne du couple signifiant/signifié présente donc deux caractéristiques : (a) le couple ne fonctionne pas sans troisième terme, de l'ordre du référent ; (b) le signifié ne s'appelle pas seulement *sêmainomenon*, « signifié », car les Stoïciens inventent pour lui aussi un autre nom, *lekton*, comme pour signer leur invention. Le *lekton*, « incorporel » (cela aussi le désigne comme nouveauté stoïcienne), manifeste l'anti-aristotélisme de la théorie stoïcienne du langage, qui, sinon, entre signifiant et référent assimilés à mot et chose, pourrait passer pour aristotélicienne.

B. « Logos » et « lekton »

Le néologisme *lekton* est une nominalisation de l'adjectif verbal du verbe *legô* [λέγω], dire. L'impossibilité de traduire *logos* [λόγος] de manière univoque rencontre, dans la logique stoïcienne, la difficulté à comprendre et à traduire *lekton* (voir LOGOS). Le *lekton* est défini comme « ce qui subsiste d'après », ou « en conformité avec une représentation logique (*to kata phantasian logikên huphistamenon* [τὸ κατὰ φαντασίαν λογικὴν ὑφιστάμενον]) » (Diogène Laërce, *Vies et Opinions des philosophes*, VII, 63). Cette définition est précisée par Sextus (*Adversus mathematicos*, VIII, 70), et l'on comprend, à lire les traductions courantes qui ne peuvent faire entendre les termes de même radical *leg-* (ici, celle de J.-B. Gourinat, *La Dialectique des Stoïciens*, p. 116), pourquoi l'on a du mal à comprendre : les Stoïciens « disent que se trouve être exprimable [*lekton*, mettons : "discursible"] ce qui a une réalité dans une représentation rationnelle [*logikên*, "représentation discursive"] ; et qu'une représentation rationnelle est celle dans laquelle ce qui est représenté peut être manifesté par le langage [*logôi parastêsai* [λόγῳ παραστῆσαι], "manifesté par le discours"] ».

Que désigne ce concept, pour lequel nous disposons d'une très grande variété de traductions, antiques et modernes ? La difficulté des traducteurs récents de *lekton* repose moins sur le choix du verbe – on s'accorde d'ordinaire, avec M. Baratin et F. Desbordes, qui rendent *lekton* par « énonçable » (cf. p. 72-73), sur le verbe « énoncer » pour *legein* [λέγειν] – que sur la question de savoir si ce concept enveloppe ou non une nuance de virtualité. S'agit-il de « dicible », d'« exprimable », d'« énonçable » (BD) – A.A. Long et D.N. Sedley traduisent « *sayable* », et J. Brunschwig et P. Pellegrin, « dicible » –, ou de « dit » (A.A. Long, "*Language and Thought in Stoicism*", p. 77 ; C. Imbert, « Théorie de la représentation et doctrine logique dans le stoïcisme ancien », p. 247) ?

Le *lekton* apparaît comme le corrélat du verbe *legein*, au sens où Aristote parle de corrélat (*antikeimenon* [ἀντικείμενον]) pour un relatif : ainsi l'esclave est-il esclave du maître et le maître maître de l'esclave, la connaissance connaissance du connaissable et le connaissable connaissable par la connaissance, la sensation sensation du sensible et le sensible sensible pour la sensation. De fait, comme l'indique Claude Imbert (*ibid.*), il faut entendre le *lekton* dans la série relative à l'acte d'énoncer, *legein, lexis* [λέξις] / *lekton*, parallèlement aux séries de la représentation, *phainomai* [φαίνομαι], *phantasia* [φαντασία]/*phantaston* [φανταστόν], de l'intellection, *noein* [νοεῖν] (*noeisthai* [νοεῖσθαι]), *noêsis* [νόησις] / *noêton* [νοητόν], de la sensation, *aisthanesthai* [αἰσθάνεσθαι], *aisthêsis* [αἴσθησις] / *aisthêton* [αἰσθητόν]. De telles séries permettent d'indiquer le rôle de l'objet de connaissance dans le mouvement même de la connaissance. Pour tous ces actes cognitifs et pour toutes les activités sensorielles, on notera en effet le même partage entre l'action eu égard à l'acteur et eu égard au résultat de l'action, à son accomplissement dans l'objet.

Lekton s'entend alors comme *aisthêton* (voir SENS, I et encadré 1), *noêton*, *phantaston*. Reste à comprendre la différence entre *lekton*, *lexis* et *logos*. Or il semble que *logos* se distribue en couple de deux manières :

– une fois par rapport à *lexis*, au sein de la partie de la dialectique consacrée à la *phônê*, pris dans la répartition du signifiant : la *lexis* est *phônê eggrammatos* [φωνὴ ἐγγράμματος], « voix articulée en lettres », sans être pour autant nécessairement pourvue de sens, alors que le *logos*, lui, énoncé ou discours, est tout à la fois voix, articulé et porteur de sens (voir MOT, II, B 2, « La tripartition stoïcienne *phônê*, *lexis*, *logos*, et le changement de perspective par rapport à Aristote ») ;

– une seconde fois par rapport à *lekton*, engageant le rapport entre l'étude sur la *phônê* et l'étude des signifiés. Dans ce second couple, la distinction entre *logos* et *lekton* ne passe ni par l'articulation, ni par le rapport à la *phônê*, ni par la répartition du signifiant. Si le *logos*, à la différence de la *lexis*, est nécessairement porteur de signification, c'est à cause du *lekton*. Alors que la *lexis* concerne l'articulation du signifiant, le *lekton* conceptualise la situation de parole productrice de sens dans le cadre de l'énoncé : les Stoïciens distingueraient entre le sens pensé d'une situation donnée (le *nooumenon pragma* [νοούμενον πρᾶγμα]) et le sens de l'énoncé qui l'expose discursivement, son *lekton*, qui existe dans l'actualité de la profération.

Comme le propose Gilles Deleuze dans *Logique du sens* (cf. p. 41-49), le *lekton* n'est autre en effet que le sens. Cependant, il ne s'agit pas alors de sens en général, ou du sens d'un terme, mais toujours du sens d'un énoncé ou d'une phrase (ce ne peut être le sens d'un terme que dans la mesure où le sens d'un terme est toujours compris par les Stoïciens comme celui d'une phrase incomplète). Qu'il s'agisse du sens d'une phrase, c'est bien ce qu'atteste la distinction, propre au champ des signifiés (cf. Diogène Laërce, VII, 63), entre « énonçable » ou « dit complet » (*lekton autoteles* [λεκτὸν αὐτοτελές]) – par exemple « Socrate écrit » – et « énonçable » ou « dit incomplet » (*lekton ellipes* [λεκτὸν ἐλλιπές]) – par exemple « écrit », pour lequel nous demandons : « Qui ? » C'est en effet la référence au sens de la phrase complète (*lekton autoteles*) qui décide de la complétude ou de l'incomplétude d'une séquence linguistique. La distinction entre cette complétude ou cette incomplétude relève de la seconde partie du lieu logique, de l'étude des signifiés. L'analyse logique en termes de *lekta* comme la distinction entre énonçables (s'il faut traduire ainsi) complets (*lekta autotelê* [λεκτὰ αὐτοτελῆ]) et énonçables incomplets (*lekta ellipê* [λεκτὰ ἐλλιπῆ]) dégagent la dimension de la phrase en explicitant la constructibilité de la phrase complète, détachant alors la considération syntaxique proprement dite de l'analyse des valeurs de vérité (vrai ou faux).

La distinction entre vérité et fausseté croise toutefois la distinction entre *lekta* complets et *lekta* incomplets de la manière suivante : c'est « l'énonçable qui est vrai ou faux, mais pas n'importe quel énonçable, car il en existe un complet et un incomplet » (Sextus Empiricus, M, VII, 12). Ce qui est appelé assertion (*axiôma* [ἀξίωμα], voir PROPOSITION) relève de l'énonçable complet, et c'est de l'assertion, précisément, que Sextus donne le signalement en ces termes : « Est une assertion ce qui est vrai ou faux (*axiôma estin ho estin alêthês hê pseudos* [ἀξίωμά ἐστιν ὅ ἐστιν ἀληθὴς ἢ ψεῦδος]) » (*ibid.*). Un énonçable incomplet, en revanche, n'est ni vrai ni faux. Les règles syntaxiques de construction de la phrase permettent de lui ajouter ce qui lui manque pour accéder à la complétude et, si parmi les différents types d'énonçables complets c'est une assertion qui est produite, de le situer du même geste dans la vérité ou la fausseté.

Ainsi, la différence entre *logos* et *lekton* se justifie de la séparation entre les deux parties de la dialectique stoïcienne : étude des signifiants, d'une part, étude des signifiés, d'autre part. Le *logos*, pour être langage, n'en est pas moins corps. Le *lekton*, en revanche, est un incorporel : sans le *logos* déterminé dont il est l'« effet de sens », le *lekton* n'existe pas, il « subsiste ». Comment comprendre la production d'un effet de sens au moment de la parole ? Comment ne pas exister avant d'exister, sans être puissance ou virtualité ? Voici précisément ce que les Stoïciens appellent « subsister » (*huphistanai* [ὑφιστάναι]) pour le *lekton* qui n'existe (*huparkhein* [ὑπάρχειν]) que dans le moment de la profération de la phrase. Le *lekton* serait donc à comprendre comme l'énonçable/énoncé.

♦ Voir encadré 1.

C. Les (non-)traductions latines de « lekton »

Un passage de la lettre 117 de Sénèque (117, 13, Hülser 892) recense les différentes traductions latines qui ont pu être proposées pour désigner le « ce dont je parle » correspondant à la phrase « Caton marche », qui n'est pas un corps, mais qui est « énoncé d'un corps » : *effatum, enuntiatum, dictum*. Lorsqu'il explique que « ce qui est dit (*quod nunc loquor*) n'est pas un corps », Sénèque pense très certainement au *lekton*, dont il considère ici une espèce particulière, celui qui est *enuntiativum*, l'*axiôma* ; ceci correspond bien à d'autres usages latins, où *effatum* et *enuntiatum* rendaient explicitement le grec *axiôma* (voir PROPOSITION) ; cf. G. Nuchelmans :

> *« Sunt », inquit, « naturae corporum, tamquam hic homo est, hic equus ; has deinde sequuntur motus animorum enuntiativi corporum. Hi habent proprium quiddam et a corporibus seductum, tamquam video Catonem ambulantem : hoc sensus ostendit, animus credidit. Corpus est quod video, cui et oculos intendi et animum. Dico deinde : Cato ambulat. Non corpus », inquit, « est quod nunc loquor, sed enuntiativum quiddam de corpore, quod alii effatum vocant, alii enuntiatum alii dictum ».*
>
> [Il y a différentes natures de corps ; voici par exemple un homme, voici un cheval. Ensuite s'attachent à ces natures des mouvements de l'âme déclaratifs au sujet du corps. Ces mouvements ont quelque chose qui leur est propre respectivement, est distinct des corps. Par exemple je vois Caton marcher. Les sens me le montrent, ma pensée y croit. C'est un corps que je vois, qui occupe mes yeux, ma pensée. Ensuite je dis « Caton marche ». Ce que je dis là n'exprime pas un corps, mais c'est l'expression déclarative d'un état corporel appelé par les uns un « prononcé », par les autres un « énoncé », par d'autres un « parlé ».]
>
> *Theories of the Proposition*, p. 108 *sq*.

Ces termes ne peuvent traduire exactement le grec *lekton*, les termes *effatum, enuntiatum, dictum* visant exclusivement le contenu d'une séquence linguistique *complexe*. La perspective, en effet, a changé. Le centrage stoïcien sur la notion de prédicat, et la distinction entre *lekton* complet (*autoteles*) et incomplet (*ellipes*), a disparu pour faire place à une opposition entre simple et complexe : ainsi Augustin oppose-t-il, dans le *De dialectica*, les *verba simplicia* aux *verba conjuncta*, en distinguant parmi ces derniers ceux qui ont un sens complet. Alors que chez les Stoïciens le *lekton* incomplet était un prédicat, pour Augustin on obtient une séquence incomplète de mots (*verba conjuncta*) en retranchant, par exemple, de la séquence complète « *homo festinans in montem ambulat* [un homme qui se hâte marche vers la montagne] » le verbe *ambulat* (M. Baratin, *La Naissance de la syntaxe à Rome*, p. 408-413).

À cause de cette opposition entre le simple et le complexe, il semble que le *dicibile*, que l'on ne trouve que dans le *De dialectica* d'Augustin, ne peut être considéré comme une traduction de *lekton* ; il est en effet introduit comme pendant de la *dictio* dans la série remarquable

1

L' incorporel stoïcien

Selon le témoignage de Diogène Laërce (VII, 140), est incorporel « ce qui est susceptible d'être occupé par des corps, sans l'être actuellement ». Les Stoïciens reconnaissent quatre incorporels : le temps, le lieu, le vide, le *lekton*.

La distinction entre corps et incorporel (*asômaton* [ἀσώματον]) participe de la théorie stoïcienne de la causalité et de sa nouveauté. Alors que le corps, conformément à la définition platonicienne de l'être comme puissance (*dunamis* [δύναμις], Platon, *Sophiste*, 247e), se définit comme ce qui est susceptible d'agir ou de pâtir, l'incorporel se définit par l'inactivité et l'impassibilité : « L'incorporel selon eux par nature n'agit ni ne subit quelque chose » (Sextus Empiricus, *Adversus Mathematicos*, VIII, 263). Plus précisément : « Aucun incorporel n'interagit avec un corps, ni un corps avec un incorporel, mais un corps interagit avec un autre corps » (Némésius, SVF, 1, 117 ; LS 45 C). Or un corps est cause pour un autre corps d'un effet incorporel : « Toute cause est corps et est cause pour un corps d'un [effet] incorporel, par exemple : le scalpel qui est un corps est cause pour le corps qu'est le bois d'un [effet] incorporel, le prédicat "être brûlé" » (Sextus Empiricus, *Adversus Mathematicos*, IX, 211). On retiendra pour ce passage l'analyse d'Émile Bréhier.

> Lorsque le scalpel tranche la chair, le premier corps produit sur le second non pas une propriété nouvelle, mais un attribut nouveau, celui d'être coupé. L'attribut ne désigne aucune qualité réelle [...], [il] est toujours au contraire exprimé par un verbe, ce qui veut dire qu'il est, non un être, mais une manière d'être. [...] Cette manière d'être se trouve en quelque sorte à la limite, à la superficie de l'être, et elle ne peut en changer la nature : elle n'est à vrai dire ni active ni passive, car la passivité supposerait une nature corporelle qui subit une action. Elle est purement et simplement un résultat, un effet qui n'est pas à classer parmi les êtres [...]
>
> [Les Stoïciens distinguent] radicalement, ce que personne n'avait fait avant eux, deux plans d'être : d'une part l'être profond et réel, la force ; d'autre part le plan des faits, qui se jouent à la surface de l'être, et qui constituent une multiplicité sans fin d'êtres incorporels.
>
> *La Théorie des incorporels dans l'ancien stoïcisme*, p. 1-2.

La nouveauté de la théorie stoïcienne de la causalité réside dans cette « rupture de la relation causale » (Gilles Deleuze, *Logique du sens*, p. 15), qui relie les causes entre elles et les effets entre eux ; elle réside aussi dans le fait que le principe et la cause ne sont pas incorporels : ils sont actifs et productifs, donc corporels. L'incorporel n'est pas le degré supérieur de la réalité, et la réalité corporelle n'en est aucunement une dégradation.

verbum, dicibile, dictio, res (voir encadré 3 dans MOT) ; il correspond donc au contenu mental d'un mot simple, qu'Augustin dit parfois être antérieur à l'énonciation du mot (*dictio*), parfois simplement contenu dans le mot, et parfois encore donné à entendre par lui à l'esprit de l'auditeur. Ici encore, la perspective a changé : le sens n'est plus, comme chez les Stoïciens, réalisé seulement dans le *lekton autoteles*, il peut y avoir du sens, et donc une jonction entre forme et contenu, au niveau du mot simple. Le *dicibile*, malgré le suffixe *-ibile* qui indique normalement la potentialité, est donc susceptible d'être en puissance ou en acte. C'est peut-être à partir de ce terme que sera forgé le terme *enuntiabile* qu'utiliseront les médiévaux, avec *dictum*, pour désigner ce contenu, mais en tant qu'il appartient à l'*enuntiatio*, ou à la *propositio* (voir DICTUM).

Le terme *sententia*, en revanche, désigne le contenu exprimé d'une séquence linguistique qui peut être soit simple, soit complexe ; dans la plupart des cas, il rend le grec *dianoia* [διάνοια], notamment chez les grammairiens, mais il est manifeste qu'il peut aussi rendre le grec *lekton* — cette dimension de pensée en tant qu'exprimée par des mots étant si forte pour les Romains qu'ils emploient parfois le terme pour l'expression elle-même. En témoignage de toutes ces difficultés, on citera pour conclure Aulu-Gelle qui, donnant la définition grecque de l'*axiôma* — « λεκτὸν αὐτοτελὲς ἀπόφαντον ὅσον ἐφ' αὑτῷ [*lekton autoteles apophanton hoson eph' hautôi*, énonçable complet intrinsèquement déclaratif] » —, précise : « J'ai renoncé à la traduire, car j'aurais dû utiliser des mots nouveaux et inconnus, qui auraient choqué nos oreilles. » Et il poursuit en donnant l'« excellente définition » de Varron : « *proloquium est sententia in qua nihil desideratur* [l'assertion est un énoncé auquel il ne manque rien] » (trad. fr. M. Baratin et F. Desbordes, *L'Analyse linguistique dans l'Antiquité classique*, p. 209), où *sententia* a pris la place de *lekton* (*Nuits attiques*, XVI, 8 ; cf. G. Nuchelmans, *Theories of the Proposition*, chap. 7, et A. Garcea, « Gellio e la dialettica », p. 125-135).

III. « SIGNANS » / « SIGNATUM »

En latin médiéval, le terme *signum* est souvent équivoque et désigne soit le signe dans son ensemble, soit seulement le signifiant, pour lequel on trouve également *signans*, par opposition au signifié *signatum*. L'élaboration du *De dialectica* d'Augustin, qui distingue *dictio* et *dicibile*, mais au sein d'un système à quatre termes comprenant en outre *res* et *verbum* (voir encadré 3 dans MOT), restera quasiment ignorée par la suite. Pour ce qui concerne les entités complexes, la terminologie est parfois fluctuante : bien que, au moment de la création de la terminologie au XIIe siècle, on distingue bien le *dictum* (« ce que dit la proposition »), de son « nom », l'*appellatio dicti* (par ex. « *Socratem currere* » est le nom du *dictum* correspondant), les termes *dictum* ou *enuntiabile* désignent parfois le signifiant, parfois le signifié de la proposition, cette imprécision doublant celle, souvent constatée, du terme *propositio* lui-même (voir DICTUM et SACHVERHALT).

♦ Voir encadré 2.

IV. LE MÉTALANGAGE SAUSSURIEN ET SES TRADUCTIONS

A. L'élaboration des termes saussuriens

Le *Cours de linguistique générale* (dans sa forme abrégée CLG) (1916) de Ferdinand de Saussure (1857-1913) est une publication posthume à partir des notes prises par les étudiants qui assistèrent aux cours que ce linguiste donna entre 1907 et 1911 à l'université de Genève. Le métalangage saussurien est fondé sur des définitions stipulatives. Dans certains cas, Saussure donne une nouvelle définition technique à un terme ou à une expression consacrés par l'usage — voire même « reprend un mot traditionnel et le fait servir à des fins inversées » (J.-C. Milner, *Le Périple structural*, p. 31) —, et, dans d'autres cas, il forge des innovations terminologiques pour éviter les ambiguïtés liées aux termes en usage dans la langue ordinaire.

Tout d'abord, « le signe linguistique unit non une chose et un nom, mais un concept et une image acoustique » (*Cours de linguistique générale*, publié par C. Bally et A. Sechehaye, Payot, 1966, p. 98) : la relation de désignation entre le langage et le monde, ou, pour affiner, entre le signe et son référent, ne se confond pas avec la relation de signification, interne au signe. Ce refus du principe de nomenclature, qui suppose une réserve préalable de choses désignées par une étiquette et implique que le sens d'un mot correspond à un fragment du réel, est parfaitement compatible, contrairement à ce qu'on affirme souvent, tant avec Aristote qu'avec les Stoïciens : chacun d'eux a en effet soigneusement distingué la monstration du dehors, ou référentialité, et la signification requise par le fonctionnement interne du signe comme tel (voir SIGNE). Il y a sur ce point une lignée d'Aristote aux Stoïciens et à Saussure, même si l'articulation entre ces deux relations n'est pas identique.

Ce n'est qu'à la fin de son troisième cours, en 1911, que Saussure forge les termes de *signifié* et de *signifiant* pour remplacer, respectivement, ceux de *concept* et d'*image acoustique*. Ce choix terminologique est heureux, car il met en évidence la dépendance de ce couple vis-à-vis de la totalité du signe.

> Nous proposons de [...] remplacer *concept* et *image acoustique* respectivement par *signifié* et *signifiant* ; ces derniers termes ont l'avantage de marquer l'opposition qui les sépare soit entre eux, soit du total dont ils font partie.
>
> *Ibid.*, p. 99.

Cette fois, on quitte la lignée aristotélicienne. Pour Aristote, en effet, signifier, c'est signifier quelque chose, et le signe pris comme un tout ne s'analyse que dans son rapport à ce qu'il signifie, non comme une dualité interne que signalerait un couple de participes qui est d'ailleurs chez lui, sinon introuvable, du moins non terminologique (*sêmainonta* [σημαίνοντα] / *sêmainomena* [σημαινόμενα]) (voir *De interpretatione*, 1, commenté sous SIGNE encadré 1). En revanche, le couple de termes *sêmainon / sêmainomenon* est bel et bien stoïcien, et c'est pourquoi on tient si souvent le stoïcisme, dans son anti-aristotélisme même, pour précurseur de la linguistique saussurienne. À dire vrai, le couple de termes est stoïcien, mais le couplage l'est déjà moins. Car le premier constat stoïcien est qu'il peut y avoir du signifiant sans signifié (pour ceux qui n'« entendent » pas la langue), alors que l'entité linguistique considérée par Saussure existe seulement comme deux-en-un (« composé chimique » du signifiant et du signifié, à la ressemblance de l'eau faite d'oxygène et d'hydrogène [*Cours de linguistique générale*, p. 145], recto de la pensée-verso du son à découper dans la feuille de papier qu'est la langue [*ibid.*, p. 157]). Ce qui renvoie à cette autre différence : le signifiant et le signifié saussuriens sont homogènes, tous deux « psychiques » — Saussure précise avec soin qu'il ne s'agit pas avec le signifiant du « son matériel, chose purement physique », mais de « l'empreinte psychique de ce son », présente aussi dans le discours intérieur que nous nous tenons « sans remuer les lèvres ni la langue » (*ibid.*, p. 98) ; si bien d'ailleurs que Saussure pourra caractériser le signifiant (compris, il est vrai, comme valeur et comme différence, ouvrant dès lors sur une systématique comparative étrangère à la simple signification) comme un incorporel : « Dans son essence, le signifiant linguistique n'est nullement phonique, il est incorporel, constitué, non par sa substance matérielle, mais uniquement par les différences qui séparent son image acoustique de toutes les autres » (*ibid.*, p. 164). Au contraire, le signifiant et le signifié stoïciens sont hétérogènes ; le premier, contrairement au signifiant de Saussure, est un corps, alors que le second est un contenu de pensée, selon le point de vue, plus ou moins incorporel ou incorporé (le *sêmainomenon* proprement dit désigne le contenu de pensée incorporé dans un signifiant, mais c'est un *lekton* incorporel en tant qu'il est seulement virtuellement énoncé, et un *pragma* indépendamment de toute incorporation [M. Baratin, *La Naissance de la syntaxe à Rome*, p. 31]). La liaison

2

Le couple « signans »/« signatum » et la théorie du sacrement

Le couple *signans / signatum*, *signifiant/ signifié* apparaît dans le contexte très précis de la définition du sacrement, au XIIe siècle. Pierre Lombard, dont les *Sentences* resteront la base de l'enseignement de la théologie à partir de la seconde moitié du XIIe siècle, commence ainsi son traité des sacrements :

> Qu'est-ce que le sacrement ? Augustin, dans le livre X de *La Cité de Dieu* [cf. CCL 47, 277] : « Le sacrement est un signe de la chose sacrée (*sacrae rei signum*). » On dit aussi que le sacrement est un « secret sacré » [...] de sorte que le sacrement est signifiant sacré et signifié sacré (*sacrum signans et sacrum signatum*). Mais à présent nous traiterons du sacrement en tant qu'il est signe.
>
> Livre IV, dist. 1, c.2, p. 232.

La définition du sacrement comme « signe », entendu ici comme « signifiant [*signans*] » est l'aboutissement d'une longue histoire. Les premiers rites chrétiens, telles l'imposition des mains, l'onction des malades, étaient au départ perçus comme des rites distincts, qu'on appela d'abord des *mustêria* [μυστήρια], comme toutes les pratiques d'initiation, ce terme désignant également les mystères ou desseins cachés de Dieu. Jusqu'à Augustin, les termes *mysterium* et *sacramentum* seront utilisés dans les deux acceptions. Sous l'influence des Grecs et d'Origène, la valeur symbolique du rite est mise au premier plan, mais cela s'ouvre davantage vers une lecture « symbolique » de l'exégèse que vers une redéfinition du sacrement. C'est en développant cette lecture allégorique qu'Augustin fait de *sacramentum* un synonyme de *signum*. Les faits ou épisodes de l'Ancien Testament ne sont pas simplement à connaître, mais à interpréter dans leur valeur de signe, c'est-à-dire comme donnant à connaître *autre chose* que ce qu'ils sont eux-mêmes. Les sacrements chrétiens sont des signes, renvoyant à un signifié, la *res sacramenti*, qui est, pour Augustin, essentiellement la commémoration du Christ, et ils sont en outre porteurs de valeurs symboliques multiples, telle la purification associée à l'immersion du baptême. Pour lui, l'effet du sacrement, la grâce, est la *virtus* ou *vis sacramenti*, mais n'est pas son signifié, alors qu'ultérieurement, lorsque le sacrement sera défini comme « effectuant ce qu'il signifie », signifié et effet coïncideront (voir ACTE DE LANGAGE). La distinction entre *signum* et *res* est au cœur de l'analyse augustinienne : tout enseignement porte soit sur des signes, soit sur des choses, et les choses ne peuvent être dites que par des signes. Certaines choses ne sont que choses, d'autres sont à la fois choses et signes, les signes ne peuvent être tels que s'ils sont utilisés pour signifier autre chose qu'eux-mêmes (voir SIGNE). Les sacrements chrétiens sont donc bien des signes, et des « signes sacrés », formes visibles ou sensibles donnant accès à des réalités invisibles ; et comme tout signe ils renvoient à une *res*, qui est ici *res sacra*, avec laquelle ils entretiennent, ce qui leur est particulier, une relation de « similitude » (sur la distinction entre *dicibile* et *res*, voir encadré 3 dans MOT).

Malgré Augustin, c'est la définition du sacrement comme « mystère » qui va perdurer plusieurs siècles. L'enjeu de la redéfinition du sacrement comme « signe » est associé à une discussion très précise sur la nature de la conversion eucharistique. Bérenger de Tours, au XIe siècle, soutient que le pain et le vin se maintiennent après la consécration, mais se transforment de pures choses (*res*) en signes, signes du corps et du sang du Christ. Le pain et le vin changent de statut mais ne sont pas annihilés. Alors que, quand le bâton de Moïse se changea en serpent, il y eut présence nouvelle du serpent qui n'existait pas auparavant, il n'y a pas ici, argumente Bérenger, de nouvelle chose qui commence à être, puisque le Christ existe de toute éternité. Il met en avant la nature relationnelle du signe : ce qui est signe est nécessairement *ad aliquid*, donc en relation avec un signifié. On ne peut donc m'accuser, proteste Bérenger, de dire que le pain et le vin ne seraient *que* des sacrements ; en effet, puisque je pose qu'ils deviennent signes, c'est que je pose nécessairement en même temps la présence de la *res sacramenti*. Le corps du Christ ne pourrait être cette *res* si le signe était totalement annihilé. Le signe (*signum*) et le signifié (*signatum*, *res*) doivent être distincts, et on ne peut donc dire que le sacrement *est* le corps du Christ. Malgré la condamnation de Bérenger, cette discussion va avoir une influence majeure. C'est en référence à elle que les théologiens de la génération suivante vont s'interroger pour savoir si le sacrement est « signifiant » (*signum, signans,*

stoïcienne entre signifiant et signifié est ainsi de part en part dynamique, liée non pas à « une conception abstraite de la langue » (C. Imbert, « Théorie de la représentation et doctrine logique dans le stoïcisme ancien », p. 33), mais à l'événement des actes de parole qui incorporent les énonçables, si bien que chacune des deux séries, signifiants comme signifiés, a ses degrés et son autonomie.

« Ceux qui ont été formés par Saussure ne comprennent littéralement plus les textes antérieurs à Saussure. Saussure a opacifié les Stoïciens [...] il a opacifié saint Augustin [...] il a opacifié Arnauld et Nicole et, avec eux, si Foucault a raison, toute la philosophie classique en instituant un modèle symétrique et réciproque du signe » (J.-C. Milner, *Le Périple structural*, p. 28). Chez Saussure, en effet, on ne part pas de deux entités séparées (chose/signe ; signifiant/signifié) arbitrairement reliées, mais d'une seule, le signe, qui se divise par analyse en « deux faces ». C'est l'absence de toute relation entre ces deux faces (« supposons qu'on dessine une figure au recto, il est clair que celle-ci n'entretient aucune "relation" avec la figure qu'on dessinerait éventuellement au verso », *ibid.*, p. 31) que résume le mot « arbitraire » : comme le fait remarquer Jean-Claude Milner, « il ne faut pas confondre l'arbitraire qui caractérise un certain type de relation et l'arbitraire qui caractérise l'absence de toute relation » (*ibid.*, p. 32).

C'est pourquoi le concept de *valeur* apparaît comme central dans l'édifice théorique saussurien. Étant donné que les signes ne sont pas délimités d'avance, comment aboutir à l'association du signifiant et du signifié ? Il faut partir d'un tout solidaire, du système, pour saisir les unités linguistiques. Cette association ne peut se faire qu'à partir de la *parole* qui est en quelque sorte le document extérieur de la langue (CLG/E, p. 236, III C 1714). La segmentation des éléments en signes implique une comparaison de différentes manifestations de l'élément supposé dans divers entourages. Par exemple, les séquences phoniques « donne-moi ton *porte-plume* » et « cet animal *porte plume* et bec » constituent des unités différentes en raison

2

significans) ou « signifié » (*res significata, si gnatum, significatum*), et, pour l'eucharistie, « figure » (*figura*) ou « vérité » (*veritas*). C'est dans ce contexte qu'apparaît, en tant que couple, *signans-signatum* ou *significans-significatum*. La différence entre ces deux couples est impossible à déterminer avec précision : dans les manuscrits, en effet, et selon les époques, une même abrévation peut être utilisée de manière équivoque, et interprétée, en fonction des habitudes de l'éditeur, comme *sign-* ou *signific-*. Les deux possibilités existent très certainement, mais la pertinence de leur différence n'est pas nécessairement reflétée par l'état fort inégal des éditions dont on dispose. On insistera sur le fait que ce ou ces couples terminologiques ne sont quasiment pas appliqués au signe linguistique : si l'on parle très fréquemment de *significatum* ou *res significata* pour le signifié, il s'agit le plus souvent du signifié d'un mot (*dictio, vox*), plus rarement d'un signe (*nota, signum*). On comprend que le couple soit apparu en un contexte où il s'agissait de trancher sur un point essentiel : le sacrement était-il *signans*, *signatum*, ou les deux à la fois ? Tout en plaçant de manière durable, à partir de Pierre Lombard, le sacrement dans le genre des signes, on continuera à poser la question, certains auteurs acceptant, contre Augustin, l'idée qu'un signe peut être signe ou forme de lui-même, et qu'il n'y a pas nécessairement différence de nature entre signe et signifié (cf. par ex. Innocent III, *De sacramento altaris*, PL, t. 217, col. 881D : « *Sacramentum autem actem active et passive dicitur, quasi sacrum signans et sacrum signatum* [...] *Corpus Domini, cum utroque modo dicitur sacramentum, est sacrum signum et sacrum signatum* [Le sacrement se dit de façon active et passive, en tant que signifiant sacré et signifié sacré (...) Le corps du Seigneur, puisque le sacrement se dit ainsi selon ces deux modes, est signifiant sacré et signifié sacré] »). La terminologie augustinienne donnera lieu à une distinction nouvelle, permettant d'opposer ce qui est *sacramentum tantum* (par ex. le pain et le vin, ou l'eau du baptême), *sacramentum et res* (le corps du Christ, *res* par rapport au signe, *sacramentum* par rapport au corps mystique qu'il signifie, ou le caractère imprimé par le baptême), et *res tantum* (le corps mystique).

Irène ROSIER-CATACH

BIBLIOGRAPHIE

FÉRET Henri-Marie, « "*Sacramentum. Res*" dans la langue théologique de saint Augustin », *Revue des sciences philosophiques et théologiques*, vol. 29, 1940, p. 218-243.

MONTCLOS Jean de, *Lanfranc et Bérenger. La controverse eucharistique du XIe siècle*, Louvain, « Spicilegium sacrum lovaniense », études et documents, fasc. 37, 1971.

ROSIER Irène, « Langage et signe dans la discussion eucharistique », *in* Sylvain AUROUX, Simone DELESALLE et Henri MESCHONNIC (éd.), *Histoire et Grammaire du sens. Hommage à Jean-Claude Chevalier*, Armand Colin, 1996, p. 42-58.

ROSIER-CATACH Irène, *La Parole efficace* : signe, rituel, sacré, Seuil, 2004.

VAN DEN EYNDE Damien, « Les définitions des sacrements pendant la première période de la théologie scolastique », *Antonionanum*, vol. 24, 1949, n° 1, p. 182-228, et n° 4, p. 439-488 ; vol. 25, 1950, n° 1, p. 3-78.

OUTILS

CCL : Coll « Corpus christianorum, series latina » (Turnhout, Brepols, à partir de 1953).

PL : MIGNE Jacques-Paul (éd.), *Patrologiae cursus completus, series latina [Patrologie latine]*, 1844-.

de leur différence de valeur. Avec cette méthode, on aboutit autant aux signes plus petits que le mot, par exemple aux suffixes et aux désinences, qu'aux signes plus grands que le mot, à savoir aux syntagmes. C'est la valeur qui opère la délimitation des signes et l'association du signifiant et du signifié. La valeur est qualifiée de relative, différentielle et négative : une unité linguistique n'existe que par rapport aux autres unités, et en vertu de ce qu'il y a autour d'elle (cf. CLG/E, p. 257, DM, 1851). Il importe de ne pas confondre l'aspect conceptuel de la valeur avec la *signification* qui est la contrepartie de l'image auditive et qui, par conséquent, équivaut au concept ou au signifié (cf. CLG/E, p. 258, DM, 1859). Dans le cas contraire, on retombe dans le principe de nomenclature qui prend le « mot comme un ensemble isolé et absolu » (CLG/E, p. 258, DM, 1860). La valeur est surtout déterminée par des signes qui appartiennent simultanément à un système.

B. Comment traduire Saussure ?

Le traducteur doit-il chercher à calquer la terminologie française sur une terminologie préexistante dans la langue cible, ou bien doit-il essayer de forger un vocabulaire tout en obéissant au système linguistique de la langue concernée ? Pour traduire les mots *signifiant* et *signifié*, il pourra suivre la logique saussurienne et partir du verbe *signifier* dans la langue cible, dont il dérivera les signifiants des termes *signifiant* et *signifié*. Ceci s'explique par le principe de l'arbitraire motivé : en l'occurrence, il y a accord partiel des séries associatives concernant le signifiant et le signifié, ce qui relève de la solidarité systémique.

Voici diverses traductions du vocabulaire saussurien, ainsi que les éventuels commentaires qu'ont pu faire les traducteurs à ce propos. Soit le tableau suivant :

Cours de linguistique générale	*Grundfragen der allgemeinen Sprachwissenschaft* H. Lommel (1931)	*Course in General Linguistics* W. Baskin (1959)	*Course in General Linguistics* R. Harris (1983)	*Curso de lingüística general* A. Alonso (1945)	*Corso di linguistica generale* T. De Mauro (1967)	*Kurs i allmän lingvistik* A. Löfqvist (1970)
Français	Allemand	Anglais I	Anglais II	Espagnol	Italien	Suédois
Signe	Zeichen	Sign	Sign	Signo	Segno	Tecken
Concept	Vorstellung	Concept	Concept	Concepto	Concetto	Begrepp
Image acoustique	Lautbild	Sound image	Sound pattern	Imagen acústica	Immagine acoustica	Ljudföreställning
Signifié	Bezeichnetes	Signified	Signification	Significado	Significato	Innehåll
Signifiant	Bezeichnendes/ Bezeichnung	Signifier	Signal	Significante	Significante	Uttryck
Arbitraire	Beliebigkeit	Arbitrary	Arbitrary	Arbitrario	Arbitrarietà	Godtycklighet
Valeur	Wert	Value	Value	Valor	Valore	Värde
Signification	Bedeutung	Signification	Meaning	Significación	Significazione	Betydelse

Les mots clés autour du signe linguistique saussurien avec leurs principales traductions européennes.

À l'heure actuelle, il n'existe qu'une traduction du *Cours de linguistique générale* en allemand, datée de 1931. Herman Lommel a été le premier à avoir restitué la terminologie saussurienne dans une langue européenne. Dans la tradition linguistique allemande, les notions établies de *Lautbild* et de *Vorstellung* préexistaient aux notions saussuriennes d'*image acoustique* et de *concept*, ce qui était propre à favoriser la traduction de ces dernières (cf. par ex. Hermann Paul, *Prinzipien der Sprachgeschichte*, 1880). Les équivalents des termes *signifiant* et *signifié* ont été façonnés à partir du verbe *bezeichnen* sur le modèle français. On a ainsi abouti, d'une part, à *Bezeichnetes*, forme neutre du participe passé, et, d'autre part, à *Bezeichnendes*, forme neutre du participe présent, ou bien à *Bezeichnung*, par substantivation d'une forme verbale, ces deux derniers termes étant utilisés avec un certain flottement en ce qui concerne la désignation du signifiant. Dans la postface de la deuxième édition de la version de Lommel (1967, p. 291), Peter von Pohlenz estime nécessaire une nouvelle traduction du *Cours* qui prenne en considération l'évolution de la terminologie linguistique. Celui-ci emploie alternativement les formes francisées de *Signifikant* et *Signifikat* pour désigner le signifiant et le signifié. On peut également rencontrer les termes*Zeichenausdruck*, « l'expression du signe », et *Zeicheninhalt*, « le contenu du signe ».

W. Baskin (*Course in General Linguistics*, 1959), premier traducteur du *Cours de linguistique générale* en anglais, ne semble pas avoir rencontré de problèmes quant à la terminologie concernant le signe. Il est vrai qu'à son époque les traductions des termes saussuriens étaient déjà consacrées dans la linguistique anglophone.

Pourtant, dans sa traduction du *Cours* en 1983, R. Harris renouvelle considérablement la terminologie saussurienne : il prétend que les traducteurs et les commentateurs ont rendu un mauvais service à la pensée de Saussure en raison de leurs mauvaises traductions (*Course in General Linguistics*, 1983, p. XIII). Selon Harris (*ibid.*, p. XV), le terme de *sound image* que propose Baskin pour rendre celui d'*image acoustique* suggère la combinaison d'un mot écrit et d'un mot parlé, comme si les mots étaient emmagasinés dans le cerveau sous une forme quasi graphique. À la place, Harris préfère parler de *sound pattern*, expression qui, selon lui, traduit mieux l'impression auditive construite par l'esprit. En ce qui concerne la traduction du *signifié* et du *signifiant*, Harris renonce aux termes *signified* et *signifier* et opte respectivement pour *signification* et *signal*. Le terme *signification* peut facilement être confondu avec le terme *meaning*, qui à son tour équivaut au terme français *signification*. Quant à l'utilisation du terme *signal* pour désigner le signifiant, elle n'est pas très réussie, parce que, en suggérant que le son est porteur d'un message, ce mot omet le caractère psychique du signifiant. Ces choix idiosyncratiques ne semblent pas avoir trouvé un écho favorable auprès des linguistes, ce qui fait que, dans sa traduction du troisième cours de Saussure à partir des sources manuscrites, Harris (*Saussure's Third Course*, 1993) reformule ces termes sous les appellations *signified element* et *signifying element*. Le traducteur justifie ce flottement terminologique par la différence des publics auxquels les deux traductions sont destinées : celle du *Cours de linguistique générale* publié est destinée aux étudiants désireux de faire connaissance avec un texte classique de la linguistique, alors que celle des sources manuscrites s'adresse à des spécialistes censés comprendre un métalangage plus élaboré (*ibid.*, p. XVII). Les éventuelles infidélités de la traduction de Harris par rapport à celle de Baskin doivent être attribuées à l'idée que Harris se fait de la traduction. En effet, selon ce dernier, la traduction est une analyse et une interprétation plutôt qu'un rendu (*ibid.*, p. XX).

En tant que langue germanique, le suédois fonctionne de la même façon que l'allemand. Or, dans la littérature linguistique suédophone, il semble y avoir une tendance pédagogique à substituer les termes ordinaires aux termes techniques. Pour traduire les termes *signifié* et *signifiant*, A. Löfqvist, traducteur du *Cours de linguistique générale* en suédois, a opté pour une traduction qui est d'un accès fallacieusement facile pour le lecteur. Dans le langage ordinaire, le terme *uttryck* utilisé pour désigner le signifiant a le sens d'« expression, forme ». Le dictionnaire définit *uttryck*, entre autres, comme « signe audible » : ce mot a donc le même défaut que le terme *signal* en anglais. On traduit le *signifié* par un terme aussi équivoque que sa contrepartie, à savoir le mot *innehåll*, qui en français donnerait « contenu ». Cependant, cet usage, qui suit le modèle des termes allemands *Zeichenausdruck* et *Zeicheninhalt*, est désormais consacré en suédois. Dans la préface de la traduction suédoise, Bertil Malmberg désapprouve implicitement cette terminologie en lui substituant les termes *betecknat* (signifié) et *betecknande* (signifiant) dérivés du verbe *beteckna*, ce qui obéit mieux à la logique saussurienne. Dans la littérature, on rencontre également le couple *signalerade* et *signalerande*.

Les langues romanes s'accommodent aisément de la terminologie française. Le traducteur du *Cours de linguistique générale* en espagnol, Amado Alonso, ne nous informe pas sur les éventuelles difficultés que pourrait poser la traduction relative à la théorie du signe. En revanche, le traducteur italien est plus confus sur ce sujet. Dans la préface de sa traduction italienne, Tullio De Mauro affirme avoir respecté la structure des phrases et le vocabulaire de l'œuvre originale (cf. *Corso di linguistica generale*, p. XXI). L'usage des mots *signifiant* et *signifié* comme participes substantivés n'avait pas de précédent en français avant Saussure. C'est surtout avec la traduction du terme *signifié* à partir du verbe *significare* que le traducteur italien a rencontré des difficultés. La notion de *significato* existe déjà dans la langue, mais équivaut au français *signification*, terme que le traducteur italien n'a pas hésité à rendre par *significazione* ; mot qui est d'un usage rare et qui réfère plutôt à l'acte ou à l'effet du verbe *significare*. Dans son commentaire du *Cours*, De Mauro estime d'ailleurs qu'« il n'est pas certain que l'italien, possédant un mot courant comme *significato* pour rendre sans difficulté le *signifié* saussurien, en soit avantagé ». Le traducteur espagnol est lui aussi confronté à ce problème terminologique, le mot *significado* étant synonyme de *significación*. Cela permet à De Mauro de conclure qu'avec « la facile équation linguistique, se déverse sur la notion saussurienne [de signifié] tout le "vague et indéfinissable" [...] que connote le mot courant *significato* et, dans d'autres langues, des mots comme *Sinn*, *Bedeutung*, *meaning*, *signification*, etc. » (CLG/DM, p. 442, n. 134).

V. LA TERMINOLOGIE PSYCHANALYTIQUE

A. « Qu'est-ce que le signifiant ? »

> Qu'est-ce que le signifiant ?
> Le signifiant — tel que le promeuvent les rites d'une tradition linguistique qui n'est pas spécifiquement saussurienne, mais remonte jusqu'aux Stoïciens d'où elle se reflète chez saint Augustin — est à structurer en termes topologiques. En effet, le signifiant est d'abord ce qui a effet de signifié, et il importe de ne pas élider qu'entre les deux, il y a quelque chose de barré à franchir.
>
> J. Lacan, *Le Séminaire*, livre XX, *Encore*, « À Jakobson », p. 22.

Lacan, qui hérite des précurseurs découverts par Jakobson, repense le signifiant hors linguistique, en « linguisterie » psychanalytique : il inverse le schéma saussurien signifié/signifiant (Saussure : signifié/signifiant [*Cours de linguistique générale*, p. 99, 159] ; Lacan : S/*s*, « qui se lit : signifiant sur signifié » [« L'instance de la lettre dans l'inconscient », in *Écrits*, p. 497]). Plaçant ainsi le Signifiant au-dessus de la barre, il promeut l'autonomie du signifiant qu'il entend « au sens actif » (J.-C. Milner, *Le Périple structural*, p. 42 *sq.*, n. 13) comme « signifiance » et non comme signification (« ce qui a effet de signifié » ne saurait être lié à un signifié qu'il exprimerait). Il peut alors insister sur la barre : si « l'inconscient est structuré comme un langage » (par ex. *Encore*, p. 20), c'est au sens où la barre frappe le sujet parlant qui ne sait pas ce qu'il dit (« le *S* et le *s* de l'algorithme saussurien ne sont pas dans le même plan, et l'homme se leurrait à se croire placé dans leur commun axe qui n'est nulle part » [« L'instance de la lettre dans l'inconscient », in *Écrits*, p. 518]). La relecture lacanienne de Freud s'opère ainsi comme un recentrage sur le signifiant, lié au rêve (« dès le premier chapitre de la *Traumdeutung*, [Freud] met au premier plan que *le rêve est un rébus*, et personne ne s'en aperçoit » [*Le Séminaire*, livre IV, *La Relation d'objet*, p. 294]), au mot d'esprit (« on ne semble pas s'être aperçu que l'analyse du trait d'esprit commence par le tableau de l'analyse d'un phénomène de condensation, le mot *famillionnaire*, fabrication fondée sur le signifiant, par superposition de *familier* et de *millionnaire* » [*ibid.*]). Le signifiant ou, plus exactement, du signifiant, qui insiste dans le symptôme, caractérise un sujet à la manière d'une nominalisation symbolique (« détermine les actes, la parole et la destinée d'un sujet à son insu », dit même radicalement le *Dictionnaire de psychanalyse* de É. Roudinesco et M. Plon, *s.v.* « Signifiant », p. 983). « Notre définition du signifiant (il n'y en a pas d'autre) est : un signifiant, c'est ce qui représente le sujet pour un autre signifiant. Ce signifiant sera donc le signifiant pour quoi tous les autres signifiants représentent le sujet : c'est dire que faute de ce signifiant, tous les autres ne représenteraient rien. Puisque rien n'est représenté que pour » (« Subversion du sujet et dialectique du désir dans l'inconscient freudien » [1960], in *Écrits*, p. 819) : cette définition rend perceptible la manière dont actif et passif, sujet et signifiant, ont échangé leurs places traditionnelles.

B. Le jeu du signifiant et l'existence du réel

La place qu'occupe alors le signifiant en psychanalyse ouvre à une perception du langage tout autre que celle de la philosophie, classiquement aristotélicienne. « Le géant du langage reprend sa stature d'être soudain délivré des liens gullivériens de la signification » (« Situation de la psychanalyse en 1956 », in *Écrits*, p. 470). Cela même est lié à l'écoute de l'analyste et à la ponctuation de la cure : « Nous le répétons à nos élèves : “Gardez-vous de comprendre !” [...]. Qu'une de vos oreilles s'assourdisse, autant que l'autre doit être aiguë. Et c'est celle que vous devez tendre à l'écoute des sons ou phonèmes, des mots, des locutions, des sentences, sans y omettre pauses, scansions, coupes, périodes et parallélismes, car c'est là que se prépare le mot à mot de la version, faute de quoi l'intuition analytique est sans support et sans objet » (*ibid.*, p. 471).

Il n'est pas si facile, cependant, de se déprendre d'Aristote. Ainsi, dans le séminaire sur la relation d'objet (*Le Séminaire*, livre IV, tenu en 1956-1957), Lacan hésite, comme Freud lui-même dans *Le Mot d'esprit*, entre privilégier le rapport du signifiant au sens ou au non-sens. Le signifiant est lié au sens en tant qu'il est susceptible d'homonymie, c'est-à-dire de sens multiples (voir HOMONYME) : comme le souligne Lacan à propos du petit Hans et de son cheval, « le signifiant symptomatique est constitué de telle sorte qu'il est de nature à recouvrir au cours du développement et de l'évolution de multiples signifiés, et les plus différents. Non seulement il est de sa nature de le faire, mais c'est sa fonction » (*ibid.*, p. 288). Ainsi analysé, le signifiant promeut l'invention, la création de sens : « L'homme, parce qu'il est homme, est mis en présence de problèmes qui sont comme tels des problèmes de signifiants. Le signifiant, en effet, est introduit dans le réel par son existence même de signifiant, parce qu'il y a des mots qui se disent, parce qu'il y a des phrases qui s'articulent et s'enchaînent, liées par un médium, une copule de l'ordre du *pourquoi* ou du *parce que*. C'est ainsi que l'existence du signifiant introduit dans le monde de l'homme un sens nouveau » (*ibid.*, p. 293).

Mais il arrive à Lacan d'insister plutôt sur la manière dont le signifiant, loin de fabriquer du sens, anéantit le sens :

> Tout ce que Freud développe par la suite consiste à montrer l'effet d'anéantissement, le caractère véritablement détruisant, disrompant, du jeu du signifiant par rapport à ce qu'on peut appeler l'existence du réel. À jouer avec le signifiant, l'homme met en cause à tout instant son monde, jusqu'à sa racine. La valeur du trait d'esprit, et qui le distingue du comique, c'est sa possibilité de jouer sur le foncier non-sens de tout usage du sens. Il est, à tout instant, possible à mettre en cause tout sens, en tant qu'il est fondé sur un usage du signifiant. En effet, cet usage est en soi-même profondément paradoxal par rapport à toute signification possible, puisque c'est cet usage même qui crée ce qu'il est destiné à soutenir.
>
> *Le Séminaire*, livre IV, p. 294.

Du *Witz* comme nouveau *Traité du non-être*, « détruisant, disrompant ce qu'on peut appeler l'existence du réel ». Et pour les mêmes raisons que chez Gorgias. Il faut et il suffit de montrer que le sens, ou la sphère de l'être, l'ontologie, etc., repose sur un *husteron proteron* [ὕστερον πρότερον] qu'on peut nommer « paradoxal » : seul l'usage du signifiant crée la signification, ou encore l'être est un effet de dire. « C'est cet usage même qui crée ce qu'il est destiné à soutenir » et c'est pour cela que tout peut s'effondrer : bref, « cela devient très drôle, avec ce que ce mot, *drôle*, peut comporter de résonances étranges » (*ibid.*, p. 295 ; voir NONSENSE, ACTE DE LANGAGE, et INGENIUM).

♦ Voir encadré 3.

Barbara CASSIN, Frédérique ILDEFONSE,
Carita KLIPPI, Irène ROSIER-CATACH

BIBLIOGRAPHIE

AX Wolfram, *Laut, Stimme und Sprache*. « Studien zu drei Grundbegriffen der antike Sprachtheorie », Göttingen, Vanderhoeck & Ruprecht, 1986.

BARATIN Marc, *La Naissance de la syntaxe à Rome*, Minuit, 1989.

BARATIN Marc et DESBORDES Françoise, *L'Analyse linguistique dans l'Antiquité classique*, t. 1, *Les Théories*, Klincksieck, 1981.

BRÉHIER Émile, *La Théorie des incorporels dans l'ancien stoïcisme*, Vrin, 1928 ; 3e éd., 1962.

— *Chrysippe et l'ancien stoïcisme*, Paris, PUF, Londres - New York, Gordon & Breach, 1971.

3

« Signifiant », « lekton », et point de capiton

> On doit s'habituer au maniement des schèmes, scientifiquement repris d'une éthique (la stoïcienne en l'occasion), du signifiant et du *lekton*. Et aussitôt on s'aperçoit que ce *lekton* ne se traduit pas bien. On le met en réserve, et on joue un temps du signifié, plus accessible et plus douillet à ceux qui s'y retrouvent, dans l'illusion qu'ils pensent quoi que ce soit qui vaille plus que tripette.
> [...] Je dis à qui veut l'entendre, car une telle articulation suppose un discours ayant déjà porté des effets, effets de *lekton* précisément. Car c'est d'une pratique de l'enseignement où se démontre que l'insistance de ce qui est énoncé n'est pas à tenir pour seconde dans l'essence du discours, que prend corps [...] mon terme du : point de capiton. Par quoi se trouve *lekton* traduit à mon gré, sans que je m'en targue, étant plutôt que stoïcologue, stoïque d'avance à l'endroit de ce qui pourra s'en redire.
>
> Lacan, « Préface à l'édition des *Écrits* en livre de poche » [1969], in *Autres Écrits*, p. 390.

Le signifiant stoïcien, en tant que *lekton*, serait traduit par « point de capiton ». C'est, en effet, que le *lekton* sert à faire pièce au « glissement incessant du signifié sous le signifiant » qui caractérise la linguistique de Saussure :

> Toute l'expérience va là-contre, qui m'a fait parler, à un moment donné de mon séminaire sur les psychoses, des « points de capiton » requis par ce schéma pour rendre compte de la dominance de la lettre dans la transformation dramatique que le dialogue peut opérer dans le sujet.
>
> « L'instance de la lettre dans l'inconscient » [1957], in *Écrits*, p. 502-503.

Cette compréhension du signifiant comme *lekton* fait en particulier la différence entre le sens de la métaphore et de la métonymie pour Jakobson et pour Lacan. Jakobson situe métaphore et métonymie « de la chaîne signifiante » comme, précise Lacan, « substitution d'un signifiant à un autre pour l'une, sélection d'un signifiant dans sa suite pour l'autre. D'où résulte (et seulement là chez Jakobson : pour moi le résultat est autre) : que la substitution se fait de similarités, la sélection de contigus » (*Radiophonie*, question III, in *Autres Écrits*, p. 415-416). Pour Lacan, ce qui compte est plutôt la manière dont, dans la chaîne, un signifiant se noue, ou se coud, au signifié pour faire signification : c'est là le *lekton*, « ce qui rend lisible un signifié [...] ; c'est ce que j'ai dénommé du point de capiton, pour illustrer ce que j'appellerai l'effet Saussure de disruption du signifié par le signifiant, et préciser ici qu'il répondait tout juste à mon estime de l'audience-matelas qui m'était réservée, bien entendu d'être à Sainte-Anne, quoique composée d'analystes » (*ibid.*).

Le reste de l'opération signifiante deviendra plus tard l'objet *a*, cause inassignable du désir, qui démet la relation causale au moment même où elle la met en jeu. Défini à partir de l'objet non biologique de la pulsion freudienne, lequel trouve sa contingence corporelle dans les zones érogènes (coupures qui trouvent « faveur du trait anatomique d'une marge ou d'un bord » [« Subversion du sujet et dialectique du désir dans l'inconscient freudien », in *Écrits*, p. 817]), il est hors langage mais lui donne consistance d'ensemble. Cet objet *a*, condition de l'inconscient, se caractérise d'être « incorporel », terme que Lacan attribue explicitement aux Stoïciens : « Rendons justice aux Stoïciens d'avoir su de ce terme : l'incorporel, signer en quoi le symbolique tient au corps » (« Radiophonie », in *Autres Écrits*, p. 409). Ou encore, plus clairement, et exactement à la même époque : « Où le situer cet objet *a*, l'incorporel majeur des Stoïciens ? Dans l'inconscient ou bien ailleurs ? Qui s'en avise ? » (« Préface au livre d'Anika Rifflet-Lemaire *Jacques Lacan* [Bruxelles, Charles Dessart, 1970, p. 9-20] », in *Autres Écrits*, p. 402).

Le point de capiton est un opérateur, et *a* est ce qui reste après, à l'instar d'un catalyseur. Il semble que le modèle topologique du cross cap, qui a permis à Lacan de transcrire ce que la clinique lui indiquait, l'autorise après coup à lire chez les Stoïciens, sans doute grâce aux discussions avec Jakobson, ce que le *lekton* incorporel anticipait de sa propre théorie.

Jean-Jacques GOROG

BRUNSCHWIG Jacques, « En quel sens le sens commun est-il commun ? », *in* G. ROMEYER DHERBEY (dir.), *Corps et Âme — Sur le* De anima *d'Aristote*, 1996, p. 189-218.

BURNYEAT Myles, *Introduction au* Théétète *de Platon*, trad. fr. M. Narcy, PUF, 1998.

CASSIN Barbara, *L'Effet sophistique*, Gallimard, 1996.

DELEUZE Gilles, *Logique du sens*, Minuit, « Critique », 1969.

FOUCAULT Michel, *Les Mots et les Choses*, Gallimard, 1966.

FREDE Michael, "The Stoic Notion of a *Lekton*", *in* Stephen EVERSON (éd.), *Companions to Ancient Thought 3: Language*, Cambridge UP, 1994, p. 109-128.

GARCEA Alessandro, « Gellio e la dialettica », *Memorie dell'Accademia delle Scienze di Torino*, 2000, p. 53-204.

GOLDSCHMIDT Victor, *Le Système stoïcien et l'Idée de temps*, Vrin, 1953.

GOURINAT Jean-Baptiste, *La Dialectique des Stoïciens*, Vrin, 2000.

ILDEFONSE Frédérique, *Les Stoïciens*, t. 1, *Zénon, Cléanthe, Chrysippe*, Les Belles Lettres, 2000.

IMBERT Claude, « Théorie de la représentation et doctrine logique dans l'ancien stoïcisme », *in* Jacques BRUNSCHWIG (éd.), *Les Stoïciens et leur logique*, Vrin, 1978, p. 223-249.

— *Phénoménologie et Langues formulaires*, PUF, 1992.

JAKOBSON Roman, « À la recherche de l'essence du langage », *in* Émile BENVENISTE, Noam CHOMSKY *et al.*, *Problèmes du langage*, n° 51 de *Diogène*, Gallimard, 1966, p. 22-38.

LACAN Jacques, *Écrits*, Seuil, 1966.

— *Le Séminaire*, livre XX, *Encore*, texte établi par Jacques-Alain Miller, Seuil, 1975.

— *Le Séminaire*, livre IV, *La Relation d'objet*, texte établi par Jacques-Alain Miller, Seuil, 1994.

— *Autres Écrits*, Seuil, 2001.

LOHMANN Johannes, *Mousikè et logos — Contributions à la philosophie et à la théorie musicales grecques*, trad. fr. P. David, Mauvezin, TER, 1989.

LONG Anthony A., "Language and Thought in Stoicism", *in* Anthony A. LONG (éd.), *Problems in Stoicism*, Londres, Athlone Press, 1971, p. 75-113.

LONG Anthony A. et SEDLEY David N., *The Hellenistic Philosophers*, 2 vol., Cambridge UP, 1987 ; *Les Philosophes hellénistiques*, t. 2, *Les Stoïciens*, trad. fr. J. Brunschwig et P. Pellegrin, Flammarion, « GF », 2001.

MILNER Jean-Claude, *Le Périple structural. Figures et Paradigme*, Seuil, 2002.

NUCHELMANS Gabriel, *Theories of the Proposition. Ancient and Mediaeval Conceptions of the Bearers of Truth and Falsity*, Amsterdam - Londres, North-Holland, 1973.

PAUL Hermann, *Prinzipien der Sprachgeschichte* [1880], Tübingen, Niemeyer, 1920.

SAUSSURE Ferdinand de, *Cours de linguistique générale*, éd. critique Rudolf Engler, Wiesbaden, Otto Harrassowitz, 1968 (= CLG/E).

— *Cours de linguistique générale* [1922], éd. critique Tullio De Mauro, Payot, 1972 (= CLG/DM).

— *Grundfragen der allgemeinen Sprachwissenschaft*, trad. all. Herman Lommel, Berlin, Gruyter & Co, 1931 ; 2e éd. avec nouv. index et postface Peter von Pohlenz, 1967.

— *Curso de lingüística general*, trad. esp., intr. et notes Amado Alonso, Buenos Aires, Losada, 1945.

— *Course in General Linguistics*, trad. angl., intr. et notes Wade Baskin, New York, McGraw-Hill, 1959 ; rééd. 1966.
— *Corso di linguistica generale*, trad. it., intr. et notes Tullio De Mauro, Bari, Laterza, 1967.
— *Kurs i allmän lingvistik*, trad. suéd. Anders Löfqvist, Staffanstorp, Cavefors, 1970.
— *Course in General Linguistics*, trad. angl., intr. et notes Roy Harris, La Salle (Ill.), Open Court, 1983 ; rééd. 1988.
— *Troisième cours de linguistique générale (1910-1911) d'après les cahiers d'Émile Constantin ; Saussure's Third Course of Lectures on General Linguistics (1910-1911), from the Notebooks of Émile Constantin*, éd. texte fr. Eisuke Komatsu, trad. angl. Roy Harris - Oxford - New York - Séoul, Tokyo, Pergamon Press, 1993.
SEXTUS EMPIRICUS, éd. et trad. angl. R.G. Bury, 4 vol., t. 2, *Against the Logicians* (= *Adversus mathematicos*, VII, VIII), Cambridge (Mass.), Harvard UP, Londres, Heinemann, "Loeb Classical Library", 1935.
— éd. H. Mutschmann, revue par J. Mau, Leipzig, Teubner, 1958-1962.

OUTILS

Dictionnaire de psychanalyse, É. ROUDINESCO et M. PLON (éd.), Fayard, 1997.
HÜLSER Karlheinz, *Die Fragmente zur Dialektik der Stoiker*, 4 vol., nouv. éd. avec trad. all. et comm., Stuttgart-Bad Cannstadt, Frommann-Holzboog, 1987-1988 (t. 3, fragm. 773-1074).
SVF : ARNIM Johannes von, *Stoicorum Veterum Fragmenta*, Leipzig, 1903-1905, rééd., 4 vol., Stuttgart, Teubner, 1964 ; *Stoici antichi : tutti i frammenti*, trad. it. et éd. bilingue R. Radice, Milan, Rusconi, 1998.

SILENCIEUX *Silencieux* est, avec *immobile*, l'une des traductions possibles de l'all. *still*, topos de l'esthétique classique : voir STILL, et CLASSIQUE, ESTHÉTIQUE, SUBLIME. Cf. *SAGESSE, SÉRÉNITÉ*.

► MOT (I, B, 1), RIEN

SOBORNOST' [соборность] RUSSE – fr. *conciliarité, collégialité, communauté, solidarité*

► *CONCILIARITÉ*, et BOGOČELOVEČESTVO, MIR, NAROD, OIKONOMIA, PRAVDA, RELIGIO, RUSSE, SAMOST, SÉCULARISATION

Sobornost' [соборность] *désigne depuis Khomiakov la nature conciliaire de l'Église, sa capacité à surmonter l'individuel tout en respectant la liberté de chaque personne. Concept slavophile par excellence, il a rapidement dépassé les limites de la théologie, et il fait aujourd'hui référence à une qualité fondamentale de la vie russe, de la pensée russe, et même de la culture russe.*

I. L'ÉGLISE : LIEU DE RASSEMBLEMENT ET NON DE DOGME

La traduction du mot pourrait être « conciliarité » ou encore « synodalité », dans la mesure où les conciles de l'Église s'intitulent en russe *sobor* [собор], de la racine *bor-* qui veut dire « prendre », et du préverbe *so-* qui veut dire « avec ». Le *sobor* est le rassemblement de toute l'Église. Il a aussi désigné en russe le rassemblement de la Terre russe en la personne de ses représentants élus par les différents états d'Ancien régime, boyards, marchands, clercs, paysans, et ce rassemblement s'appelait *Zemskij Sobor* [земский собор]. Les conciles œcuméniques s'appellent, eux, des *vselenskie sobory* [вселенские соборы]. Enfin, comme la cathédrale où officie l'évêque n'est pas d'abord considérée dans l'orthodoxie comme le siège d'un lieu d'enseignement, une *cathedra*, mais comme le lieu de rassemblement du peuple des croyants, c'est également le mot *sobor* qui la désigne, que l'on pourrait en l'occurrence traduire par « collégiale ». Mais à *sobor* on peut aussi ajouter en russe *kafedral'nyj* [кафедральный], qui vient de *cathedra*, et se réfère à la notion de lieu de proclamation du dogme.

II. UN THÉOLOGIEN LAÏC, POÈTE ET MILITAIRE, ALEXIS KHOMIAKOV

Le terme *sobornost'* [соборность], appelé à une grande extension, a été utilisé pour la première fois afin de définir le caractère de l'orthodoxie par un théologien laïc du XIXe siècle, Alexis Khomiakov (1804-1860), également officier, poète et dramaturge. Ce terme appartient donc au vocabulaire religieux élargi. Il est rapidement devenu un mot clé de la pensée slavophile russe, avant de s'élargir à la pensée politique, philosophique ou littéraire. On peut le traduire par « collégialité unanime et libre ». En 1989, un des théoriciens actuels de la sémiologie, Viatcheslav Vsevolodovitch Ivanov, député au dernier soviet suprême de l'URSS, lançait un appel à l'esprit de la *sobornost'* pour que la Russie puisse harmonieusement passer d'un régime politique à l'autre. Des ouvrages sur la *sobornost'* dans la littérature, la pensée russe paraissent tous les jours.

Sobornost', avec *pravda* [правда] (justice-vérité) ou avec *narodnost'* [народность], est donc un des grands concepts par lesquels la Russie entend se différencier de l'Occident, toujours accusé d'excès de rationalisme et d'individualisme. La *narodnost'* désigne l'esprit national et populaire, tandis que la *sobornost'* est l'esprit unitaire dans la liberté des personnes.

♦ Voir encadré 1.

En allemand la distinction entre *Gesellschaft* et *Gemeinschaft* qui fut faite par Tönnies en 1887 relève de la même typologie qui distingue essentiellement entre les catégories abstraites de la science sociale et les catégories concrètes, vivantes, bref entre le contrat écrit et l'union vivante qui n'a nul besoin de contrat (Youri Lotman s'étonne que même un saint occidental aussi mystique que François d'Assise ait besoin de conclure un contrat avec son loup [« "Dogovor" i "vručenie sebja" kak arxetipičeskie modeli kult'tury », in *Izbrannye stat'i*, t. 3, p. 345]). Entre l'État occidental et la famille, à quoi ressemble le mode de vie collectif de la communauté slave selon les slavophiles, il y a toute la différence entre *Gesellschaft* et *Gemeinschaft* (voir SOCIÉTÉ CIVILE, encadré 1).

III. « SOBORNOST' » ET CATHOLICITÉ

C'est donc dans un texte en français de Khomiakov que l'on trouve le premier exposé plus ou moins complet de la notion de *sobornost'* au sens élargi et abstrait de « collégialité unanime et libre dans l'esprit ». Il s'agit de *Quelques mots par un chrétien orthodoxe sur les communions occidentales à l'occasion d'une brochure de M. Laurentie* (Paris, 1853). L'auteur signe du nom d'Ignotus. Il annonce qu'il prend la plume pour défendre contre des accusations injustes « l'Église catholique orthodoxe », *catholique* étant ici la traduction française du mot *sobornyj* [соборный]. Dans un autre article, une Lettre au rédacteur de *L'Union chrétienne* « sur le sens des mots *catholique* et *sobornyj* à propos d'un discours du père Gagarine, jésuite », Khomiakov revient sur la définition du mot. Gagarine avait reproché aux orthodoxes de traduire le mot *katholikos* [καθολικός] dans le Symbole de Nicée par un terme fade, sans force, *sobornyj*, qui a bien d'autres acceptions, signifiant aussi bien ce qui relève de la « kathédra », du synode, ou même du social. Dans le Symbole de Nicée, le mot est *katholikos* ; les Russes le traduisent par *sobornyj*, le terme de *catholique* s'étant réduit à désigner l'Église romaine et restreignant donc le concept à une sorte d'espace, de territorialité. Khomiakov reprend donc le terme, l'arrache à l'Église romaine et crée cette appellation, « catholique orthodoxe », tout exprès. Un peu plus tard, Khomiakov reprend la plume en français pour écrire au rédacteur de *L'Union chrétienne*, en polémiquant avec un de ses compatriotes devenu jésuite, le père Gagarine. Celui-ci avait critiqué le terme russe *sobornyj* pour son obscurité et son imprécision. Gagarine faisait remarquer que le terme russe désigne une réalité tout à la fois synodale, « cathédrale », et même sociale. Le catholicisme n'est qu'une universalité géographique, rétorque Khomiakov, la *sobornost'* est une universalité de l'esprit, dit-il en recourant à un argument habituellement adressé aux protestants.

Ainsi dans la polémique avec un transfuge de l'orthodoxie, se développe l'élargissement du sens du mot : la pensée occidentale individualiste ne peut parvenir à la saisie complète de l'être, seule la *sobornost'* y parvient, car elle n'est pas la simple addition des composants de ce synode, mais « elle surmonte organiquement leur exclusion et leur enfermement dans une limitation gnoséologique » (Skobtsova, *Khomiakov*, p. 41). Même le *yourodstvo* [юродство], ou « folie en Christ » — forme d'ascétisme très caractéristique de la piété russe : le fol en Christ simule la folie, renonce aux biens, à l'hygiène et dénonce l'hypocrisie des puissants (le plus connu est Vassili le Bienheureux, au XVIe siècle, enterré sur la place Rouge à Moscou) —, participe dans l'Orient au processus gnoséologique. En Occident, la participation de la folie et du désordre à la création de l'ordre est rigoureusement impossible et interdite. Car l'amour y participe en Orient slave et orthodoxe, il possède une force et un don, alors qu'en Occident il se ramène à une loi... Le principe contraignant de la loi, du dogme fait partie de la pensée religieuse et philosophique occidentale, alors que la liberté est intégrée à la *sobornost'*. Il s'agit d'une « unité-liberté » qui n'est pas imposée, mais vécue par tous dans l'acte de *sobornost'*.

IV. LA DIVINO-HUMANITÉ DE SOLOVIEV

Vladimir Soloviev, fils d'un grand historien de la Russie et disciple de Khomiakov mais appelé à devenir un plus éminent philosophe, a développé cette notion dans celle de « panhumanité » ou d'« humano-divinité ». Par ce concept, Soloviev voulait réintégrer l'harmonie dans l'humanité totale. Il s'agissait selon lui d'établir une « interpénétration complète des principes individuel et collectif, la coïncidence intérieure entre le développement maximum de la personnalité et l'unité sociale la plus complète » (*Leçons sur la divino-humanité*). Ainsi naîtrait une collectivité libre dont la pensée serait une mais non contrainte.

Soloviev parlait du principe de *obščinnost'* [общинность] qui est le principe social de la vie du *mir* [мир] en solidarité économique, sans que le collectivisme y soit imposé. On sait que le *mir*, ou collectivité villageoise, qui était solidaire devant l'impôt ou devant la conscription tout autant que face au seigneur terrien a été l'objet d'une intense polémique en Russie, certains y voyant le gage d'un communisme futur, relié au communisme primitif, et organiquement lié à la vie rurale russe, d'autres y voyant la dictature du plus fort sur le plus faible au sein d'une assemblée villageoise tenue par les koulaks.

♦ Voir encadré 2.

V. VERS UNE « ECCLÉSIALISATION » DU MONDE

Le théologien Sergueï Boulgakov rappelle que du point de vue étymologique paysan en russe ne veut pas

---

1

« Narodnost' »

Narodnost' est l'un des trois composants de la fameuse définition de la Russie par le comte Ouvarov, ministre de Nicolas Ier, « Autocratie, orthodoxie, *narodnost'* ». Impossible de traduire par un seul mot ce qui désigne le lien entre le pouvoir et le peuple, par-dessus tous les intermédiaires, et définit le caractère à la fois populaire et national de la monarchie russe.

Ce mythe de la *narodnost'* a pour complément celui de l'exclusion de l'intelligentsia russe, qui fuit comme Aleko dans le poème de Pouchkine *Le Prisonnier du Caucase* — un thème développé par les slavophiles, et surtout par Dostoïevski dans son discours sur Pouchkine (1881).

BIBLIOGRAPHIE

DOSTOÏEVSKI Fedor M., *Journal d'un écrivain* [août 1880], Gallimard, « La Pléiade », p. 1345.

dire païen comme en français, mais au contraire chrétien (*krest'janin* [крестьянин]). Ce n'est pas un hasard. La nouvelle pensée religieuse russe de l'Âge d'Argent au début du XXe siècle, marquée par la pensée de marxistes convertis à l'idéalisme, puis au christianisme, comme le père Serge Boulgakov lui-même, a insisté sur le caractère cosmique de l'homme, sur la nécessité de promouvoir un christianisme social, une réconciliation de l'homme et de la nature par l'épanouissement de l'énergie économique de l'homme dans le christianisme et même dans l'Église, le monde étant appelé à s'écclésialiser (traduction du néologisme boulgakovien *otserkovlenie* [оцерковление]), même dans la sphère de l'économie. L'orthodoxie, dépourvue du principe monarchique et même de tout esprit étroitement ecclésial, est appelée à promouvoir une démocratie économique. La *sobornost'*, ou esprit collégial (telle est la traduction que donne du mot C. Andronnikof dans le livre de Boulgakov *Orthodoxie*), n'est pas une démocratie, mais elle intègre un esprit démocratique, et en particulier dans le domaine économique. Boulgakov était influencé à l'évidence par Dostoïevski, qui disait que l'orthodoxie était « notre socialisme russe ». Longtemps avant le mouvement Esprit, les penseurs de l'Âge d'Argent indiquaient donc la voie d'un christianisme économique intégrant le communisme et le mariant à la liberté de la personne. Le levain de l'Église de la *sobornost'* rassemblant les fidèles dans la libre unité de l'Église était appelé à agir dans le monde entier. Nicolas Berdiaev fut l'interprète de cette idée auprès des chrétiens catholiques français des Rencontres franco-russes, puis du mouvement Esprit d'Emmanuel Mounier.

Un autre penseur orthodoxe, le père Paul Florensky, qui périt au goulag, énonce dans son livre si singulier, intitulé *La Colonne et le Fondement de la vérité*, que l'orthodoxie a inventé un sacrement de fraternisation qui a donné lieu à un rite particulier, l'office de l'« adelphopoïèse », rite mi-ecclésial, mi-populaire qui consiste en l'échange des croix et la prestation de serment d'amour amical. Rite qui confirme qu'il ne peut y avoir dans l'Église orthodoxe rien qui ne soit général, ni rien qui ne soit particulier. Ni *Privatsache*, ni droit impersonnel, ce qui correspond au concept de *sobornost'*.

VI. NICOLAS BERDIAEV, ENTRE « SOBORNOST' » ET SOCIALISME PERSONNALISTE

Berdiaev, dans son livre sur la pensée de Khomiakov, insiste sur la gnoséologie du fondateur de la pensée slavophile : « L'être n'est donné qu'à la conscience ecclésiale de la communion universelle. La conscience individuelle est inapte à saisir la Vérité » (N. Berdiaev, *Aleksej Stepanovič Xomjakhov*, 11.1912, p. 127). Mais Berdiaev fait reproche au théologien de ne pas avoir su relier cette « grande idée de la communion universelle [*sobornost'*] » à la cosmologie, et à « l'âme du monde » (*ibid.*), comme l'a fait Soloviev. Philosophie de l'esprit intégral, recherche de l'être concret, ces voies originales, selon Berdiaev, de la philosophie russe dérivent du concept théologique de *sobornost'*.

Berdiaev lui-même est passé par des étapes très contradictoires dans sa pensée, allant d'un aristocratisme prônant l'inégalité à une conception khomiakovienne de la communion familiale, d'une société avant tout terrienne c'est-à-dire liée à la *zemščina* [земщина], que l'on pourrait traduire par « voix de la terre », qui est un concept bien différent de celui de voix du peuple : « la *zemščina* russe est organique, elle n'est pas divisée en classes qui luttent en volontés antagonistes » (*ibid.*, p. 201). La terre doit être la conseillère du tsar, et faire remonter jusqu'à lui le consensus de la terre ; la *zemskaja duma* [земская дума] est la représentante de la Terre, et non des classes sociales en lutte. On vit étrangement reparaître pour un instant cette conception dans le dernier soviet suprême, celui de la perestroïka, où avaient été élus un certain nombre de penseurs slavophiles ou épris de slavophilie (Sergueï Averintsev, ou Viatcheslav S. Ivanov). Pour eux les décisions politiques devenaient le fruit d'un consensus. Berdiaev écrit que toute l'histoire de la Russie dépend du rapport de la terre (*Zemlja* [Земля]), au pouvoir. L'intermède pétersbourgeois (deux cents ans), qui interposa entre le tsar et la terre la bureaucratie tsariste, fut une catastrophe. Pierre le Grand ordonna que l'on devait écrire avec sa porte ouverte : l'écriture n'avait pas à être un acte isolé et séditieux, mais un acte devant tous, familial, transparent, public.

VII. ÉLARGISSEMENT DU CONCEPT AUJOURD'HUI

Incontestablement la *sobornost'* est de ces concepts imprécis où gît l'originalité, l'attrait et pour d'autres la répulsion de la pensée russe. Intraduisible, le mot l'est de par ses usages très polysémiques, en théologie, en politique, dans l'histoire russe, où il est toujours utilisé comme une marque de l'originalité de l'« être-ensemble » russe, ou orthodoxe.

2

« Obščinnost' »

► MIR

Obščinnost' marque la prédestination de la Russie au communisme primitif, fondé sur l'entraide et le refus de la propriété, qui se marque dans la vieille institution sociale du *mir* ou collectivité paysanne qui gère les terres, les répartit, et représente la communauté face au pouvoir politique. Cette vieille institution slave est considérée comme ce qui différencie la société russe collectiviste de l'occidentale, individualiste. Le *mir* proprement dit subsista encore quelques années au début de l'ère soviétique, puis fut supplanté par le kolkhoze et son principe contraignant.

On le trouve aujourd'hui appliqué même à des domaines comme la littérature, par exemple dans le livre d'un chercheur moscovite, Ivan Esaoulov, sur « La catégorie de la *sobornost'* dans la littérature russe ». L'auteur analyse le principe de *sobornost'* dans l'œuvre de Pouchkine, et en particulier à travers le thème de la solidarité paradoxale entre les hommes, par exemple entre le brigand et futur insurgé et le jeune noble dans *La Fille du capitaine*. Depuis longtemps le critère a été appliqué à l'œuvre de Tolstoï. La rencontre entre Pierre Bezoukhov et le simple moujik Platon Karataev est un exemple de *sobornost'* (Tolstoï, *Guerre et Paix*, Gallimard, « La Pléiade », p. 1265 *sq.*). Le monde que perçoit alors Pierre est un monde rond, cosmique, où tout est lié par un lien organique paradoxal qui ne relève pas de la raison. Petia Rostov ressent dans le tréfonds de son être la *sobornost'* qui unit tous les soldats, même les plus grossiers, et qui se manifeste lors de la venue de l'empereur à Moscou, quand Petia se jette en avant en criant « hourra », tandis que se déroule dans la cathédrale un service d'action de grâces. Le sacristain qui sauve alors Petia de la bousculade, et le juche sur le Canon-Roi, qu'on voit encore aujourd'hui au Kremlin, décrit ce qui se passe dans la cathédrale et emploie à plusieurs reprises le terme *soborne* [соборне] qui signifie « solennellement, tous ensemble, pontificalement », mais dont « le sens resta obscur pour Petia ». Petia ne comprend pas le sens du mot, mais il le vit intensément puisqu'il se jette dans la foule bigarrée, en partage toutes les émotions, et que son enthousiasme va être plus grand encore quand il rejoint ensuite l'armée, cette grande famille où déjà son frère Nicolas se sent aussi bien que dans la maison du père. La mort de Pétia – un des moments les plus forts de toute l'œuvre de Tolstoï – est elle aussi un sommet d'intense liaison de tout avec tout, de *sobornost'* vécue. Mais l'épisode est traité sur un mode musical, comme si l'on entendait une fugue, où chaque instrument jouait son motif propre, « et sans l'achever, se confondait avec un autre qui commençait presque le même motif, puis avec un troisième, avec un quatrième ; puis tous se fondaient en un seul, se séparaient de nouveau pour se confondre encore tantôt en un grave chant d'église, tantôt en un chant de victoire d'une clarté éblouissante » (*ibid.*, p. 1381).

VIII. IMMERSION DANS LE VIVANT

Cette fugue tolstoïenne qui accompagne la mort du plus jeune des héros de *Guerre et paix*, c'est la transposition en un morceau séculier d'un vieux choral d'église orthodoxe et russe : la *sobornost'*.

> Ce n'est qu'en nous immergeant en nous-mêmes, en allant chercher nos propres racines mystiques dans l'organisme intégral, que nous ressentons notre propre *sobornost'*, que nous connaissons notre moi en tant que non-moi. Dans l'atmosphère de l'amour ecclésial, dans l'expérience des mystères sacramentaux, notre singularité est surmontée et le collectivisme ne recouvre plus la *sobornost'*.
>
> Boulgakov, *La Lumière sans déclin*, p. 367.

Georges NIVAT

BIBLIOGRAPHIE

BERDIAEV Nicolas, *Khomiakov*, trad. fr. V. Marcadé et J.-C. Marcadé, Lausanne, L'Âge d'Homme, 1988.

BOULGAKOV Serge, *Orthodoxie*, trad. fr. C. Andronnikof, Lausanne, L'Âge d'Homme, 1980.

— *La Lumière sans déclin*, trad. fr. C. Andronnikof, Lausanne, L'Âge d'Homme, 1990.

ESAULOV Ivan E., *Kategorija sobornost'i v russkoj literature* [La catégorie de la *sobornost'* dans la littérature russe], Petrozavodsk, 1995.

FLORENSKY Paul, *La Colonne et le Fondement de la vérité*, trad. fr. C. Andronnikof, Lausanne, L'Âge d'Homme, 1975.

KHOMIAKOV Alexis S. [pseudo. IGNOTUS], *Quelques mots par un chrétien orthodoxe sur les communions occidentales à l'occasion d'une brochure de M. Laurentie*, A. Franck, 1853.

LOTMAN Youri, « "Dogovor" i "vručcenie sebja" kak arxetipičeskie modeli kult'tury », in *Izbrannye stat'i*, Tallin, 1993, t. 3.

SKOBTSOVA Ekaterina, *Khomiakov*, Paris, Ymca Press, 1929.

SOLOVIEV Vladimir, *Leçons sur la divino-humanité*, trad. fr. B. Marchadier, Cerf, 1991.

OUTILS

LAZARI Andrej de, *Idee w Rosji. Leksykon Rosyjsko-Polsko-Angielski* [Idées en Russie], Varsovie, Semper, 1999.

SOCIÉTÉ

SOCIÉTÉ *Société* est emprunté au lat. *societas*, « association, réunion, communauté, société », qui peut désigner la participation à une entreprise commerciale tout comme une alliance ou une union politique ; le *socius* est un compagnon, et sans doute, d'après l'étymologie, un compagnon de guerre. Le lat. *societas* a été utilisé pour rendre le gr. *koinônia* [κοινωνία], sur *koinos* [κοινός], « commun, public » ; sur le rapport entre « communauté » et « société », voir POLIS, COMMUNAUTÉ, II.

Le terme *société* n'a acquis qu'assez tardivement un sens précis, à travers une série d'oppositions dont le développement scande l'histoire de la pensée politique et sociale depuis la fin du XVIIIe siècle et qui tendent, en général, à relativiser la position que la philosophie conférait à la politique dans l'ordre humain : la « société civile » se forme de façon spontanée et se distingue de l'État, les relations sociales se distinguent des liens politiques et, pour la sociologie, elles en sont la cause plus que l'effet, l'« individu » est à la fois la cause et l'effet de la société, le « social » ou le « sociétal » ne se réduit pas à l'« économique » : on a exploré sous société civile l'ensemble des réseaux en jeu, antiques (*koinônia politikê* [κοινωνία πολιτική], *societas civilis*) et modernes (en particulier la différence *Gemeinschaft / Gesellschaft*, dans l'encadré 1). Voir aussi CIVIL RIGHTS, ÉCONOMIE, ÉTAT, OIKONOMIA, PEUPLE, POLITIQUE, SOBORNOST'.

Sur le rapport entre société et sociabilité, voir CIVILTÀ, et CIVILITÉ, CIVILISATION, CULTURE, MOT D'ESPRIT ; cf. FRANÇAIS et ITALIEN.

► ENTREPRENEUR, GEISTESWISSENSCHAFTEN, *HUMANITÉ*, *POUVOIR*

SOCIÉTÉ CIVILE

gr. *koinônia politikê* [κοινωνία πολιτική]
lat. *societas civilis*
all. *bürgerliche Gesellschaft*
angl. *civil society, political society*

► BILDUNG, CIVIL RIGHTS, CIVILTÀ, *DROIT*, ÉCONOMIE, *ÉTAT*, ÉTAT DE DROIT, HISTOIRE UNIVERSELLE, LAW, OIKONOMIA, PEUPLE, POLIS, POLITIQUE, SÉCULARISATION

Loin de désigner simplement une notion récente introduite par Hegel ou Marx à la suite des économistes anglo-écossais, l'expression société civile (societas civilis, civil society, bürgerliche Gesellschaft) appartient au vocabulaire le plus classique de la philosophie politique. Elle correspond, à l'origine, à la traduction latine, puis française, de la koinônia politikê [κοινωνία πολιτική] (communauté politique) d'Aristote. Elle désigne donc initialement la forme d'existence humaine qui prévaut lorsque les hommes vivent sous des liens politiques ou civils. Il en va encore de même avec les théories modernes contractualistes, dans lesquelles la « société civile » s'oppose à l'État de nature (Hobbes) et se confond avec la société politique, political society (Locke) ou encore chez des auteurs comme Kant, pour qui la société civile est un autre nom de l'État. La distinction ou l'opposition entre société civile et État, qui nous paraît évidente depuis Hegel et Marx, doit donc être comprise comme le fruit d'une histoire complexe et paradoxale. Et l'histoire des concepts est ici inséparable de celle de leur traduction.

I. « KOINÔNIA POLITIKÊ » ET « SOCIETAS CIVILIS »

Pour comprendre l'histoire du concept de société civile, il convient d'abord de se garder de confondre le vocabulaire aristotélicien de la communauté politique avec celui de la société, en identifiant par exemple le caractère d'« animal politique » de l'homme avec une simple sociabilité naturelle. La communauté politique décrite dans le livre I des *Politiques* n'est pas le simple produit de la sympathie ou de l'incapacité de chaque individu à se suffire à lui-même, car elle se distingue essentiellement des autres formes de communauté que sont le couple, la famille ou le village. La communauté domestique est caractérisée par une relation d'autorité inégale où le chef de famille commande à ceux qui par nature sont destinés à lui obéir, alors que, dans la cité ou « communauté politique » (*hê polis kai hê koinônia hê politikê* [ἡ πόλις καὶ ἡ κοινωνία ἡ πολιτική]), l'autorité s'exerce sur des hommes libres et égaux qui, sous des formes diverses, participent aux affaires publiques. Ainsi comprise, la cité est première en nature parce que c'est elle qui rend possible le « bien vivre » et qui permet à l'homme de réaliser pleinement sa nature, mais elle ne se rencontre que sous certaines conditions, qui ne se retrouvent pas, par exemple, dans les régimes despotiques ou dans les empires. La réflexion d'Aristote sur la communauté politique est donc étroitement tributaire de l'expérience politique de la cité grecque. Et l'on comprend ainsi aisément que la traduction des concepts aristotéliciens ait posé quelques difficultés dans les monde romain, puis chrétien. Conventionnellement, selon un usage que l'on retrouve chez les traducteurs médiévaux d'Aristote, on traduit *polis* [πόλις] par *civitas* et *politikê koinônia* [πολιτική κοινωνία] par *societas civilis* tout en maintenant la synonymie de la cité, de la communauté politique devenue ainsi société civile, et de la république (*civitas sive societas civilis sive republica*), mais le latin a évidemment d'autres connotations que le grec. La *societas* désigne un lien juridique qui n'est pas nécessairement politique et qui se définit surtout par le consensus et par la poursuite de buts communs. Les auteurs latins comme Cicéron évoquent aussi l'idée stoïcienne d'une société du genre humain (*societas generis humani*) qui ne pouvait certainement pas constituer une communauté politique au sens d'Aristote. *Civis*, *civilis* et *civitas* acquièrent ainsi une dimension universaliste, qui est liée à la capacité de Rome et du droit romain à diffuser très largement la citoyenneté, d'une manière qui restait inconnue dans la Grèce classique des cités-États (Moatti, *La Raison de Rome*, p. 257-297). La notion proprement française de société civile contemporaine, qui évoque davantage l'universalité du lien juridique entre des individus que la commune appartenance à un corps civique particulier, porte aujourd'hui encore la trace de cette transformation décisive.

♦ Voir encadré 1.

II. CITÉ DE DIEU ET SOCIÉTÉ CIVILE

Le destin de la société civile est également tributaire d'une autre révolution intellectuelle et morale favorisée par l'expérience romaine, la diffusion du christianisme et, singulièrement, de la théorie des deux cités défendue par saint Augustin dans *La Cité de Dieu*.

Pour ce dernier, la société civile est certes une réalité naturelle, qui participe de la bonté du monde créé, mais la corruption de la nature humaine qui a suivi la chute interdit de lui reconnaître une pleine autosuffisance et elle fragilise d'avance tous les efforts pour atteindre sur terre le bonheur, qui est pourtant l'objet de la cité terrestre. Dans l'attente du Jugement dernier, les deux cités coexistent dans l'humanité (comme les élus et les réprouvés), et leur relation ne peut pas être réglée par la pure abstention politique des justes. D'un côté, en effet, le chrétien doit obéir au pouvoir civil et accomplir ses devoirs civiques, mais, de l'autre, il ne peut pas et ne doit pas oublier que la *societas* naturelle est liée au péché originel et qu'elle a pour fondement l'amour de soi poussé jusqu'au mépris de Dieu, la cité céleste pouvant seule établir entre les hommes une communication véritable. Même si l'Église visible ne coïncide pas avec la cité céleste (elle comprend des pécheurs et des réprouvés), cette relation complexe entre les deux ordres de la nature et de la grâce se traduit par une attitude ambivalente de l'Église par rapport à l'État : l'Église doit reconnaître la consistance propre de la société civile, mais elle doit aussi agir dans la cité terrestre pour aider les hommes à atteindre leurs fins naturelles et surnaturelles. La postérité médiévale de saint Augustin explorera les solutions possibles de ce problème théologico-politique, qui vont de la théocratie pontificale à la doctrine luthérienne des deux règnes en passant par les théories favorables au primat de l'empereur ou du roi (Quillet, *Les Clefs du pouvoir au Moyen Âge*). Dans le développement de la pensée moderne, on peut, schématiquement, distinguer cinq solutions au problème des rapports entre société civile et cité de Dieu. La première est celle de l'Église catholique, qui est remarquablement stable et qui consiste à poser à la fois la consistance propre de la société civile et son incomplétude essentielle, ce qui implique l'acceptation du pouvoir civil, mais aussi l'affirmation d'une compétence politique minimale (et éminemment variable) de l'Église. C'est pour cela que, aujourd'hui encore, l'expression société civile est, chez les théologiens catholiques, synonyme d'ordre politique. Cette position se distingue à la fois de celle de Luther (qui insiste sur le rôle essentiellement répressif du pouvoir politique tout en affirmant le principe de la liberté intérieure) et des doctrines de la Contre-Révolution catholique (Bonald, Maistre), qui conduisent à la négation de toute autonomie de la société civile au profit de l'Église. Les tendances millénaristes du type de celles de Thomas Münzer (violemment combattu par Luther) peuvent quant à elles être considérées comme des tentatives pour réaliser la cité de Dieu sur terre, au détriment de toutes les institutions de la société civile, comme le mariage ou la propriété. La fascination exercée par Thomas Münzer sur les penseurs marxistes, de F. Engels à E. Bloch, les rattache ainsi à ces courants fanatiques hostiles à la société civile (Colas, *Le Glaive et le fléau*). Enfin, les philosophies de l'histoire issues de l'idéalisme allemand sont le fruit d'un effort pour penser la continuité entre la société civile (ou l'État) et la cité céleste : c'est ainsi que, pour Hegel, le véritable État chrétien est celui qui assure pleinement l'autonomie de l'ordre politique — sous la condition, il est vrai, de sa distinction d'avec la société civile.

III. ÉTAT ET SOCIÉTÉ CIVILE

Si l'invention romaine de la *societas* a permis une certaine affirmation de l'universalité du droit, elle n'a pu le faire qu'en insistant sur la capacité instituante de celui-ci, ce qui ne va pas, à Rome (dont la tradition est sur ce point très différente de celle qui prévaudra dans le droit canon), sans un certain artificialisme (voir par ex.

1

« Gemeinschaft » et « Gesellschaft », communauté et société

Même si l'opposition entre *Gemeinschaft* et *Gesellschaft*, qui a été introduite dans la théorie sociologique par Ferdinand Tönnies (1887), n'a pas vraiment d'équivalent dans l'histoire antérieure de la philosophie politique (Pasquino, 1996), on peut la rapprocher de certains thèmes majeurs introduits en Allemagne par le romantisme politique et par l'École historique du droit : là où les juristes allemands distinguent deux modes de formation du droit (« naturelle » et spontanée ou au contraire « artificielle » et délibérée), Tönnies oppose deux types de collectivité humaine. La communauté (*Gemeinschaft*), où prédominent l'économie familiale et l'agriculture, repose sur l'adhésion unanime et non réfléchie à des valeurs substantielles, alors que la société (*Gesellschaft*), commerciale et industrielle, est fondée sur l'individualisation des intérêts, la recherche du compromis et l'association volontaire. La *Gemeinschaft* évoque les thèmes romantiques, et le modèle de la *Gesellschaft* est fourni par l'anthropologie de Hobbes. Ce ne sont pas seulement des types, mais aussi des ères du développement culturel qui se succèdent selon une logique qui va de l'inconscient au délibéré : « L'ère de la société suit celle de la communauté. Celle-ci est caractérisée par la volonté sociale comme concorde, coutume et religion ; celle-là par la volonté sociale comme convention politique et opinion publique » (Tönnies, *Communauté et société*, p. 80). Tönnies n'est pas pour autant un simple conservateur nostalgique : il est plutôt en quête d'un dépassement de l'opposition entre *Gemeinschaft* et *Gesellschaft*, ce qui explique son intérêt pour le socialisme moderne, qui, tout en exprimant les conflits de la société, montre la nécessité d'une reconstruction de l'unité perdue.

La distinction entre *Gemeinschaft* et *Gesellschaft* peut être rapprochée d'autres couples de concepts similaires dans la tradition sociologique comme les époques organiques et les époques critiques chez Auguste Comte, les deux formes mécanique et organique de solidarité chez Durkheim, ou encore, plus près de nous, les sociétés holistes et individualistes chez Louis Dumont. Max Weber en a donné une reconstruction dans des termes individualistes, à travers la distinction entre *Vergemeinschaftung* et *Vergesellschaftung* qui met l'accent sur le type d'activité (affective et traditionnelle ou, au contraire, rationnelle) qui prédomine dans les relations sociales (Raynaud, *Dictionnaire de philosophie politique*) ; mais la majorité des représentants contemporains de l'individualisme méthodologique tendent à récuser les conceptions de Tönnies, pour mettre en valeur la dimension conflictuelle ou calculatrice des liens communautaires (voir, par ex., Boudon et Bourricaud, art. « Communauté », in *Dictionnaire critique de la sociologie*).

BIBLIOGRAPHIE

TÖNNIES Ferdinand, *Communauté et Société* [1887], trad. fr. J. Leif, Retz-CEPL, 1977.

OUTILS

BOUDON Raymond et BOURRICAUD François, *Dictionnaire critique de la sociologie*, PUF, 1983, rééd. « Quadrige », 2000, *s.v.* « Communauté ».

RAYNAUD Philippe et RIALS Stéphane (éd.), *Dictionnaire de philosophie politique*, PUF, 1996.

l'importance de la *fictio* dans le droit romain — I. Thomas, « *Fictio legis*. L'empire de la fiction romaine et ses limites médiévales »). Elle a eu aussi pour effet de défaire le lien affirmé par Aristote entre la communauté politique et la liberté politique, selon une logique amplifiée par la transformation chrétienne de l'ordre politique : l'universalité de l'humanité est affirmée très haut par le christianisme, mais les monarchies chrétiennes (où le pouvoir ne s'exerce certes pas sur des hommes libres et égaux) sont des formes pleinement accomplies de la société civile. Quoi qu'il en soit, malgré la distance qui sépare la communauté politique d'Aristote de la société civile des chrétiens, les deux notions ont en commun de désigner une réalité naturelle qui, même si elle peut connaître une hiérarchie interne, se confond pleinement avec l'ordre politique humain ; or, c'est précisément sur ces deux points que vont porter les transformations ultérieures du concept de société civile.

Les théories contractualistes du droit naturel moderne maintiennent pleinement la synonymie entre la société civile et la condition politique ou la République, et ce trait sera maintenu dans la tradition continentale, jusqu'à la *Doctrine du droit* de Kant incluse. Mais le courant dominant de la philosophie politique moderne, incarné par Hobbes, est aussi très clairement artificialiste, en ce qu'il s'oppose à l'idée aristotélicienne de la naturalité du lien politique, ce qui n'est pas sans conséquences sur le statut de la société civile. La logique qui est à l'œuvre ici conduit en effet, d'une part, à faire de la préservation de la liberté subjective l'objet de l'association politique, et donc à affirmer la valeur éminente de ce qu'on appelle aujourd'hui la sphère privée, tout en confiant au pouvoir politique le soin de protéger et même de définir les droits des membres de l'association civile. C'est pour cela que, d'un côté, des penseurs aussi étatistes que Hobbes ou Rousseau sont aussi des individualistes et que, de l'autre, un philosophe comme Kant affirme la primauté nécessaire du droit public tout en considérant comme rationnelle et irréductible la distinction entre le droit privé et le droit public. On comprend ainsi comment il deviendra possible, à partir de la distinction entre le droit privé et le droit public qui le garantit, de penser quelque chose comme une opposition entre la société civile et l'État, même si, par exemple, Kant appelle société naturelle la sphère des relations privées pour réserver au droit public et à l'État le titre de société civile (*societas civilis*) (Ferry, « L'émergence du couple État/société »).

La genèse du concept contemporain d'une société civile essentiellement distincte de l'État passe donc par l'invention de schèmes nouveaux, qui naissent dans la philosophie de langue anglaise, à partir d'une expérience originale et de catégories juridiques très différentes de celles du droit et de la philosophie du continent. L'aspect le plus connu de cette invention est la formation de l'économie politique qui accompagne l'extension des relations marchandes ; l'économie moderne amène en effet à voir dans la société le fruit de l'interaction d'une multitude indéfinie de comportements politiques, ce qui conduit à une « conception nouvelle de la société, aussi opposée à l'idée d'une nature politique de l'homme (Aristote) qu'à celle d'une socialité construite contre la nature (théories contractualistes) » (Colliot-Thélène, « État et société civile »). Or, cette expérience est d'autant plus aisée à penser dans les cadres de la pensée anglaise que celle-ci dispose (avec le *common Law*) de catégories juridiques qui permettent de distinguer assez aisément le droit (*Law*) de la loi posée par le législateur (*Statute Law*) et de reconnaître la nécessité d'un pouvoir de contrainte pour faire respecter le droit sans pour autant lui accorder un rôle prééminent dans la formation du droit. La *civil society* inclut ainsi des institutions déjà politiques comme les tribunaux, parce que son « autre » est moins l'État que le *Government*, qui n'est pas la source unique du droit.

La réflexion anglo-écossaise sur la société civile présente aussi un autre aspect très important, qui sera développé particulièrement par Ferguson (*An Essay on the History of Civil Society*, 1759), par Millar et par Hume : la société civile a une histoire, qui passe par l'affirmation de la *civilité* et qui conduit à un progrès général de la *civilisation*. Cette histoire montre comment, dans l'Europe moderne, la croissance des échanges marchands a permis d'enrichir l'expérience des hommes, tout en réduisant l'importance de la contrainte et de la force militaire dans le gouvernement des sociétés. Elle est inséparable de la grande discussion moderne sur les mérites respectifs du « commerce » (moderne) et de la vertu civique (antique), dans laquelle du reste Ferguson et même Smith ont des positions plus nuancées qu'on ne croit (Gautier, *L'Invention de la société civile* ; Pocock, *Vertu, commerce et histoire*). Elle rencontre, enfin, la réflexion de Montesquieu, chez qui l'apologie du régime anglais est inséparable de l'idée que le civisme antique appartient à un passé révolu. C'est d'ailleurs par là que la problématique « anglaise » de la société civile devait avoir un écho dans toute la philosophie européenne, y compris chez des auteurs attachés à l'identification traditionnelle entre société civile et État (voir, par ex., Kant, *Idée d'une histoire universelle d'un point de vue cosmopolitique* [1784]).

On perçoit mieux maintenant ce qui fait l'extraordinaire puissance de la reconstruction opérée par Hegel dans *Les Principes de la philosophie du droit*, car on va y retrouver à la fois l'héritage de l'Antiquité et celui du christianisme, l'apport du droit naturel moderne et celui des penseurs anglo-saxons ou de Montesquieu (y compris l'opposition vertu/commerce). Nous avons déjà vu comment la philosophie hégélienne peut être considérée comme une légitimation du processus de sécularisation des sociétés modernes, comme une vérité de l'État chrétien ; on peut dire de la même manière que la distinction de la société civile et de l'État permet de surmonter l'antinomie de la vertu antique et du commerce moderne, tout en faisant de l'existence civile et politique le garant et la vérité du « droit à la liberté subjective » qui est au principe du monde moderne. La société civile proprement dite, qui succède à la famille, permet à l'individu de dépasser la naturalité immédiate des relations familiales et elle comprend trois moments : le système des besoins (qui correspond au monde de l'économie politique), la protection de la liberté et de la propriété par l'administration du droit, et enfin la police et la corporation (entendus comme organes de régulation économique et non pas seulement de maintien de l'ordre politique), qui sont nécessaires pour corriger les effets spontanés de l'économie marchande. La société civile appelle donc d'elle-même une unité supérieure et celle-ci sera donnée dans l'État, qui permet seul à l'homme de mener une vie universelle. Ainsi, tout en étant le point où s'accomplit la plus grande scission entre le particulier et l'individuel, la société civile est aussi ce qui permet une unité supérieure de l'individu et du tout qui fait tout le sens de la modernité. D'une manière significative, Hegel signale d'ailleurs que la société civile est le terrain privilégié du développement de la culture (*Bildung*), ce qui marque à la fois sa dette à l'égard de la problématique anglaise de la civilisation et sa volonté de s'en distinguer (la *Bildung* est supposée être plus intérieure que la civilisation).

À partir de Hegel, le sens de la notion de société civile semble à peu près fixé, ce qui n'empêche nullement qu'elle soit encore l'objet de réflexions profondes. Ce n'est pas le lieu ici, par exemple, de montrer tout ce qui fait l'originalité de Marx, sur lequel on ne fera que quelques brèves remarques terminologiques. La première concerne le jeu perpétuel entre deux notions que Marx distingue fort bien mais se plaît souvent à mêler : la société civile (*bürgerliche Gesellschaft*) ne se réduit pas à la société bourgeoise, même si c'est l'émancipation de la propriété qui a permis à l'État d'acquérir « une existence particulière à côté de la société civile et hors d'elle ». Ces jeux montrent l'ambivalence de Marx à l'égard de la notion de société civile : du concept anglais originel, il ne retient guère que l'aspect économique (« les conditions d'existence matérielles ») puisqu'il fait des rapports juridiques des éléments de la superstructure. D'un autre côté, Marx a toujours été, de la *Critique du droit politique hégélien* (1843) à *La Guerre civile en France* (1871), un adversaire déterminé de l'État, dont il souhaitait la résorption finale dans une société civile régénérée. Le matérialisme historique apparaît ainsi comme une radicalisation du point de vue de l'économie politique anglaise, mise au service d'une critique radicale des divisions de la cité humaine. Au lecteur de voir s'il s'agit là d'un renversement fécond de l'idéalisme juridique, ou d'une négation radicale des conditions juridiques et politiques de la société civile.

Philippe RAYNAUD

BIBLIOGRAPHIE

COLAS Dominique, *Le Glaive et le Fléau. Généalogie du fanatisme et de la société civile*, Grasset, 1992.

COLLIOT-THÉLÈNE Catherine, « État et société civile », *in* P. RAYNAUD et S. RIALS (éd.), *Dictionnaire de philosophie politique*, PUF, 1996.

FERRY Luc, « L'émergence du couple État/société », *in* A. RENAUT (éd.), *Histoire de la philosophie politique. IV. Les critiques de la modernité politique*, Calmann-Lévy, 1999, p. 40-51.

GAUTIER Claude, *L'Invention de la société civile*, PUF, 1993.

MOATTI Claudia, *La Raison de Rome. Naissance de l'esprit critique à la fin de la République*, Seuil, 1997.

PASQUINO Pasquale, « Communauté et société », *in* P. RAYNAUD et S. RIALS (éd.), *Dictionnaire de philosophie politique*, PUF, 1996.

POCOCK Greville Agard, *Vertu, Commerce et Histoire* [1985], trad. fr. H. Aji, PUF, 1998.

QUILLET Jeanine, *Les Clefs du pouvoir au Moyen Âge*, Flammarion, 1971.

— « Augustin. Saint Augustin et l'augustinisme médiéval », *in* P. RAYNAUD et S. RIALS (éd.), *Dictionnaire de philosophie politique*, PUF, 1996.

RAYNAUD Philippe, *Max Weber et les dilemmes de la raison moderne*, 2ᵉ éd., PUF, 1996.

THOMAS Yan, « *Fictio legis*. L'empire de la fiction romaine et ses limites médiévales », *Droits*, n° 21, *La fiction*, PUF, 1995.

SOI *Soi* en français philosophique est une innovation du traducteur de l'*Essai sur l'entendement humain* de Locke, Pierre Coste (1700), qui veut insister sur la dimension réflexive contenue dans l'angl. *self* et se démarquer, à la suite de Locke lui-même, du *moi* introduit par Descartes et Pascal : voir CONSCIENCE. Coste emploie également *soi-même*. Cette innovation anglo-française, caractéristique du tournant vers la subjectivité de la métaphysique classique, pose aujourd'hui quatre ordres de problèmes :

1. Celui du rapport avec la syntaxe et la sémantique des pronoms personnels dans les langues européennes : voir JE ; cf. *IL Y A*.
2. Celui des associations entre « mêmeté » et « ipséité » (pour reprendre la terminologie de Paul Ricœur) dans l'histoire de la problématique de l'identité depuis les formulations grecques : voir en particulier l'encadré 2 dans JE (« *To, auto...* ») ; cf. *IDENTITÉ*.
3. Celui des élaborations spéculatives de la « substance sujet », en particulier en allemand et en russe : voir SELBST, SAMOST' ; cf. SUJET, SUPPOSITION.
4. Celui des fluctuations de la topique des instances de la personnalité psychique, renouvelée par la psychanalyse : voir Es ; cf. INCONSCIENT, PULSION.

► *IDENTITÉ*, *PERSONNE*, stand

SOLLEN, PFLICHT ALLEMAND – fr. *devoir, obligation*

► ***OBLIGATION***, et BERUF, ***DESTIN***, DEVOIR, ***ÊTRE***, ***LIBERTÉ***, ***LOI***, MORALE, PIETAS, TATSACHE, ***VALEUR*** [WERT], WILLKÜR

L'étymologie renvoie l'« auxiliaire de mode » sollen *au substantif* Schuld *(dette, faute) et au latin* debere, solvere *; en revanche,* Pflicht *— substantif formé à partir du verbe* pflegen, *« avoir soin de quelque chose », et, par extension, « avoir pour habitude de » — renvoie à l'idée contenue dans le latin* colere, *prendre soin de, cultiver. Tandis que* Pflicht *traduit* officium *ou* obligatio, *en se référant toujours à un contenu de ce qui doit être accompli,* sollen *renvoie d'emblée, et à un niveau fondamental, à la fois au devoir-être et au devoir-faire, en posant le problème de son rapport à l'être, de sorte qu'on insiste soit sur sa fonction éthique, soit sur son statut plus logique, voire ontologique. Cette ambiguïté a été relevée sous l'expression « paralogisme naturaliste » (« De l'être on ne saurait déduire aucun devoir-être »), qu'on affirme pouvoir fonder sur Hume* (Traité de la nature humaine, *III, I, 1, conclusion). Mais c'est plutôt à partir de Kant* *et jusqu'à sa critique par Lask et Rickert, ainsi que par Scheler, que se déploie, dans toute son acuité, cette acception double.*

Traduisant Exode 20, 13, Luther rend l'hébreu *lo' tireṣāḥ* [לֹא תִּרְצָח] par « *Du sollst nicht töten* » (Tu ne tueras point) ; le commandement ne se formule pas selon l'ordre de la nécessité objective qui serait exprimée par l'auxiliaire de mode *müssen*, mais bien selon le registre de ce qui est censé être, de la conduite qu'on est censé observer sans nécessairement y parvenir. De même, dans Galates 3, 19, le *ti oun ho nomos* [τί οὖν ὁ νόμος ;]est rendu par « *Was soll nun das Gesetz ?* » (Qu'est censée être la loi ?). La nuance introduite par *sollen* est à mi-chemin entre la nécessité et la recommandation, entre l'ordre impératif et le conseil.

I. « SOLLEN » AVANT « PFLICHT » : DEVOIR ET DEVOIR-ÊTRE CHEZ KANT ET FICHTE

C'est dans cette tradition sémantique que s'inscrit l'emploi par Kant du verbe substantivé *das Sollen* : la philosophie pratique est une discipline où « il ne s'agit pas pour nous de procéder à la subsomption des principes de ce qui a lieu effectivement, mais des lois de ce qui est censé (*soll*) arriver, même si cela ne se produit jamais » (*Fondements de la métaphysique des mœurs*, *AK*, t. 4, p. 427). L'entendement s'attache exclusivement aux principes de la structure de l'être *sive natura*, de l'être tel qu'il est, comme il est selon la nécessité ; or le *Sollen* dépend « d'un ordre propre qui n'obéit qu'à des idées », de sorte que ce qui doit arriver n'a alors aucune cause empirique (cf. *Prolégomènes à toute métaphysique future*, § 53, *AK*, t. 4, p. 344 *sq.*). La *Critique de la raison pure* (B 576) l'explique sans ambiguïté : « [La Raison] se crée avec une entière spontanéité un ordre propre suivant des idées auxquelles elle adapte les conditions empiriques et d'après lesquelles elle va jusqu'à proclamer nécessaires des actions qui pourtant ne sont pas arrivées », car les conditions naturelles (y compris la sensibilité) « ne peuvent produire le devoir (*Sollen*), mais seulement un vouloir qui est loin d'être nécessaire, qui est toujours conditionné, et auquel, au contraire, le devoir (*Sollen*) qu'énonce la Raison oppose une règle et une mesure, même une défense et une autorité ». On ne s'étonnera pas que l'intérêt pratique et spéculatif de la raison se résume en trois questions (*Critique de la raison pure*, B 833) : « Que puis-je savoir ? Que dois-je faire ? [*Was soll ich tun ?*, Que suis-je censé faire ?] et Que suis-je en droit d'espérer ? » La présence du *Sollen* est à la fois le signe de la finitude humaine et celui de la conscience de cette finitude, conscience qui cherche à y remédier : « Pour un être chez qui la Raison n'est pas le seul principe déterminant la volonté, la règle [pratique] constitue un impératif, c'est-à-dire une règle définie par un devoir (*Sollen*) exprimant la contrainte objective qui dicte l'action, et elle signifie que si la Raison déterminait entièrement la volonté, l'action aurait lieu infailliblement d'après cette règle » (*Critique de la raison pratique*, *AK*, t. 5, p. 20). Dans la sphère intelligible, *Sollen* et *Tun* ne seraient pas distincts, pas plus que la volonté n'aurait besoin de se déterminer en fonction d'impératifs catégoriques ni l'habileté en fonction d'impératifs hypothétiques. Le *Sollen* n'a donc de sens que pour des êtres également déterminés par la sensibilité, et les limites de nos capacités ne nous dispenseront pas de l'obéissance à ce *Sollen*, car « nous sommes censés (*sollen*) devenir meilleurs [...] » (*La Religion dans les limites de la seule raison*, *AK*, t. 6, p. 45).

La critique transcendantale débouche donc sur une primauté du devoir-être, qu'elle présupposait en quelque sorte puisque la critique n'a de sens que sur le fond d'une finitude qu'elle explore systématiquement ; en outre, c'est ce devoir-être comme devoir-faire qui fixe le régime général de l'action et sous-tend la conception du devoir (*Pflicht*) comme *officium* ou *obligatio*, tâche ou obligation concrète. Puisque le devoir (*Pflicht*) accompli par inclination, compassion, etc. n'a aucune valeur morale, et que seul est digne d'une telle valeur le devoir qui nous force à « devenir meilleurs » — c'est-à-dire à agir à rebours de nos penchants, au contraire de toute recherche de bénéfice, d'intérêt, sans prendre le moins du monde en considération le bonheur ou les effets produits par notre action —, le devoir-faire (*Sollen*) est bien l'axe recteur au sein duquel s'inscrit le devoir (*Pflicht*) tout en lui étant subordonné. Dans la mesure où Kant refuse qu'il puisse y avoir véritablement un « conflit des devoirs » (*Métaphysique des mœurs*, *AK*, t. 6, p. 222 : « Une collision des devoirs et des obligations n'est nullement pensable »), le détail des prescriptions pratiques qui constituent le contenu d'une obligation est, du point de vue logique, tout autant soumis que l'action nécessaire à l'accomplir au registre très général du *Sollen* (devoir-être et devoir-faire tout à la fois). La différence entre les devoirs de vertu (*Tugendpflichten*) — dans lesquels coïncident une fin et un devoir — et les devoirs juridiques (*Rechtspflichten*) — qui doivent rester soumis à la maxime selon laquelle ni moi ni autrui ne sauraient être l'un pour l'autre des moyens —, ainsi que la distinction entre moralité et légalité (par conséquent aussi la distinction entre obligation interne et obligation externe) restent sous l'égide de la promulgation par la Raison pure de fins relevant exclusivement du devoir-être.

Fichte reprend pour l'essentiel cet usage et cette valeur du *Sollen* kantien en en radicalisant l'importance quant au moi pur et à la liberté : « L'être libre doit (-être / -faire) (*soll*) ; car le devoir (*Sollen*) est précisément l'expression de la détermination de la liberté » (*System der Sittenlehre* [1798], in *Werke*, éd. de Gruyter, vol. 4, p. 60). Comme chez Kant, le *Sollen* est la caractéristique du Je comme Raison finie, mais le fait que l'homme soit également un moi pur implique « qu'il doit (*soll*) être ce qu'il est simplement parce qu'il est [...] il doit être ce qu'il est parce qu'il est un moi pur » (*Quelques conférences sur la destination du savant* [1794], éd. de Gruyter, vol. 6, p. 296). Fichte insiste donc sur le caractère processuel du *Sollen*, « un "doit" (*soll*) est lui-même dans son être le plus profond une genèse, et il exige une genèse [...] il est postulat absolu d'une genèse » (*Wissenschaftslehre* [1804], 22e conférence, éd. de Gruyter, vol. 10, p. 256), même s'il ne s'agit pas exclusivement de l'approximation morale du bien dans l'ordre pratique ; le sens du *Sollen* est élargi à l'ensemble de l'action quelle qu'elle soit :

> Je dois [faire] (*ich soll etwas*) quelque chose signifie que je dois le produire à partir de moi ou — puisqu'il m'impose un but sans doute infini dans la mesure où il n'*est* jamais et, au contraire, ne peut jamais que *devoir être* — si je ne pouvais le réaliser complètement, je devrais cependant toujours faire en sorte de me trouver dans l'approximation de ce but.
>
> *System der Sittenlehre*, éd. de Gruyter, vol. 4, p. 66.

II. « PFLICHT » ET « SOLLEN » : CONTRADICTIONS ET RETOURNEMENTS DE HEGEL À NIETZSCHE

Outre la critique de Schelling qui, bien évidemment, s'oppose à l'idée qu'il y aurait un passage possible entre le moi fini et l'infini (le moi absolu), c'est surtout Hegel qui refuse cette conception du *Sollen* : « Ce qui est universellement valable est aussi universellement valide ; ce qui doit être *est* en fait aussi, et ce qui est seulement censé être sans être n'a aucune vérité » (*Phénoménologie de l'Esprit*, éd. de l'Académie, vol. 9, 1980, p. 142). Plus encore, « l'inadéquation de l'être au devoir-être » est l'origine du mal (*Encyclopédie* [1830], § 472), et « la substance qui se sait libre, au sein de laquelle le devoir-être absolu est tout autant être, trouve sa réalité sous la forme de l'esprit d'un peuple » (*ibid.*, § 514).

Schopenhauer rompt avec la dignité de sens conféré au *Sollen* et, à ses yeux, *Pflicht* et *Sollen* sont presque synonymes en partageant un statut de *notions relatives* : la seule différence entre ces deux termes est fonction du statut juridique de chaque individu (cf. *Über die Grundlage der Moral*, § 4). Ainsi, l'esclave ne connaît que le *Sollen* dans la mesure où, privé de droits, il ne lui incombe aucun devoir (*Pflicht*). Nietzsche reprendra ce rapprochement entre *Sollen* et *Pflicht*, mais en introduisant une inflexion stylistique décisive : le premier chapitre du premier livre d'*Ainsi parla Zarathoustra* s'ouvre sur le texte bien connu des « Trois métamorphoses » où le dragon baptisé « Tu-dois » (*Du-sollst*), barrant la route au Lion qui dit « Je veux », s'oppose à la création de nouvelles valeurs ; il incarne ainsi les valeurs du passé qui revendiquent la pérennité, alors que le lion incarne la force nécessaire pour « conquérir sa propre liberté et le droit sacré de dire non même au devoir (*Pflicht*) ». Le lion n'a de force que dans la négation et le refus, et il faut l'innocence et l'absence de mémoire de l'enfant pour affirmer un commencement nouveau. Le refus du « Tu-dois » tend à l'affirmation de nouvelles valeurs, à la conversion de toutes les valeurs ; or cette dernière implique à nouveau toute la série des « *du sollst* », dont le texte du *Zarathoustra* est par la suite constamment scandé. Nietzsche reprend, bien évidemment, la rhétorique luthérienne de la traduction du Décalogue pour l'appliquer à une nouvelle table des valeurs, de sorte que ce qui était de l'ordre du devoir (*Pflicht*) appartient résolument au passé, tandis que ce que recèle de devoir-être le *Sollen* lui permet d'échapper à ce passé pour s'ouvrir à l'avenir des valeurs converties, tout aussi et, de fait, bien plus exigeantes.

III. « SEIN », « SOLLEN », « GELTEN » : PROBLÈMES D'ONTOLOGIE DU DEVOIR DE FRANZ BRENTANO À HEINRICH RICKERT

Mais cet usage exclusivement éthique du *Sollen* ne fait en réalité qu'accentuer l'ambiguïté que recèle son sens dès le départ, puisqu'il signifie aussi bien devoir-être que devoir-faire. C'est à peu de chose près à la même époque que Brentano s'efforce d'installer l'idée d'une connaissance morale, et réfléchit, plutôt dans une perspective logique, aux valeurs régissant l'action ; c'est ainsi que le commandement « Tu ne tueras point » peut fort bien être interprété comme, d'une part, une interdiction du meurtre, c'est-à-dire comme relevant d'un jugement qui disqualifie en général et universellement le meurtre, et, d'autre part, comme une interdiction corollaire, mais non plus universelle, de tuer. Le jugement qui disqualifie le meurtre en général, disqualifie également le fait de tuer sans toutefois l'interdire dans certaines circonstances. Au jugement « tuer est mal » s'en ajoute un autre, « tout meurtre est interdit », qui ne relève plus exactement du devoir-faire ni du devoir-être, mais d'un jugement sur la valeur absolue de la vie (cf. F. Brentano, « Zur Lehre von der Relativität der abgeleiteten Sittengesetze » [2 septembre 1893], in *Vom Ursprung sittlicher Erkenntnis*, Hambourg, Meiner, 1969, p. 116). Cette même ambiguïté se retrouve dans l'*Ethik des reinen Willens* (1904) de Hermann Cohen dans la mesure où, soucieux de souligner la différence entre être et devoir-être, et fondant l'éthique sur le *Sollen*, il ne peut éviter d'accorder une valeur d'être au devoir-faire : « C'est dans le devoir-être (*Sollen*) que réside la valeur d'être de l'éthique [...]. Sans *Sollen*, il n'y aurait pas de volonté, mais seulement des désirs. De par le *Sollen*, la volonté réalise et conquiert un être véritable » (*Ethik des reinen Willens*, in *Werke*, vol. 7, Hildesheim, Olms, 1981, p. 27).

C'est précisément contre l'insistance à distinguer devoir-être et être qu'Emil Lask entreprend de redéfinir les rapports du *Sollen* et de la valeur : « Il semble que ce soit une explication simple du concept de valeur que d'affirmer : la valeur est ce qui *doit être* absolument quoiqu'elle ne *soit* pas toujours (« Hegel in seinem Verhältnis zur Weltanschauung der Aufklärung » [1905], in *Gesammelte Schriften*, vol. 1, Tübingen, Mohr, 1923/1924). La caractéristique *Sollen* ou caractéristique normative est un prédicat de la valeur ; elle n'en désigne qu'un aspect et ne saurait lui être identique. Le *Sollen*, en effet (ou la norme), ne désigne pas seulement l'essence de la valeur, mais aussi son rapport à la réalité, sa réalisation. Lask entend établir une distinction comme une relation plus subtiles entre le devoir-être et l'être : l'être est identique au *contenu logique* de la validité, « l'être est un “valoir” (*Gelten*) » (*La Logique de la philosophie et la doc-*

trine des catégories, in *Gesammelte Schriften*, *op. cit.*, II, p. 118 *sq.*). Plus précisément, « la forme logique n'est identique qu'à l'être de l'étant, de même que coïncide avec lui un contenu théorique valant (*geltend*), relevant de la valeur et du devoir-être » (*ibid.*, p. 273). La distance est donc moins entre être (de l'étant) et devoir-être qu'entre devoir-être pur et devoir-être impur, c'est-à-dire entre un valoir (*Gelten*) relevant du devoir-être et la catégorie « être », tout à fait déterminée et relevant également du devoir-être. L'objectivité de l'être coïncide avec le *Sollen* comme *catégorie*, elle aussi tout à fait déterminée. Lask refuse que le valoir (*Gelten*) soit référé à un sujet animé d'une volonté de connaître, car, « du point de vue de son adhérence à une valeur, *toute* subjectivité apparaîtrait comme un comportement "pratique", "autonome", comme une volonté vouée à la valeur pour la valeur, comme subordination à un *Sollen* au nom du *Sollen* même » (*System der Logik*, in *Gesammelte Schriften*, *op. cit.*, vol. 3, p. 95).

Dans son intervention au colloque international de philosophie de 1908 (« Y a-t-il un primat de la Raison pratique en logique ? », in *Gesammelte Schriften*, *op. cit.*, vol. 1, p. 347-356), Lask avait tout naturellement critiqué la thèse défendue jusqu'alors par Rickert et qui voulait qu'un devoir-être précédât l'être en maintenant une division kantienne entre Raison pure et Raison pratique. Cette critique entraînera Heinrich Rickert à procéder à une profonde révision de son ouvrage *Der Gegenstand der Erkenntnis* (comme il le reconnaît dans l'avant-propos à la 3e édition de 1915). Il n'hésite pas à qualifier de révolution copernicienne au sein de la conception du jugement (*Der Gegenstand der Erkenntnis*, *op. cit.* [6e éd., 1927], p. 205) le fait que, désormais, ce n'est plus le réel effectif qui est le point archimédique d'un jugement sur la réalité, mais le devoir-être que recèle la nécessité de porter un jugement. Dans un jugement de type « cela est (bien) réel », le cela, le contenu, est le sujet du jugement auquel on doit (*soll*) accorder à titre de prédicat la forme réalité :

> Ce n'est pas autour de la *réalité* que « gravite » le sujet-ego connaissant [...], mais c'est autour de la *valeur* théorique qu'il doit graviter s'il veut reconnaître cette *réalité*. Ainsi le concept de réel effectif entre, quant à la forme « réalité », dans une relation nécessaire avec le concept de devoir-être et de sujet évaluant [...] car « réel » signifie à juste titre ou *est* simplement le contenu qui *doit* (*soll*) effectivement être affirmé ou admis.
>
> *Ibid.*

IV. « WERTURTEIL » ET « PFLICHTURTEIL », « SOLLEN » ET « PFLICHTSOLLEN » : MAX SCHELER ET L'ÉTHIQUE MATÉRIALE DES VALEURS

Dans son « Éthique matériale des valeurs », Scheler refuse l'idée que les jugements de valeur exprimeraient « au lieu d'un lien d'être un lien de devoir-être [...] ou que, plus généralement, tout jugement de valeur devrait nécessairement se fonder sur l'expérience vécue d'un "devoir-faire" (*Sollen*) quel qu'il soit. En réalité, le sens moral de propositions comme : "Cette image est belle", "Cet homme est bon", n'est aucunement que cette image ou cet homme *doivent* (*sollen*) être quelque chose » (*Le Formalisme en éthique et l'Éthique matériale des valeurs* [1916-1926], Gallimard, 1955, p. 201). Autrement dit, les jugements de valeur de ce type décrivent simplement un état de choses qui, dans certains cas seulement, se présente avec l'adjuvant d'une obligation (« Cet homme doit [*soll*] être bon »), ce qui signifie alors qu'une « idéalisation » a précédé le jugement. Le jugement de valeur n'est pas réductible à un « jugement d'obligation » (*Sollurteil*) pour la simple raison que le domaine des premiers est bien plus vaste que celui des seconds. On ne saurait par conséquent réduire l'être à un devoir-être, encore moins à un devoir-faire. D'autant que Scheler pose comme un principe que tout devoir-faire (*Sollen*) doit être fondé sur des valeurs qui seules doivent être (*sollen*) mais aussi *doivent ne pas être* (*ibid.*, p. 103).

> Puisqu'il n'existe pas de devoir-être dont la matière serait simplement l'existence, au « devoir-être » s'oppose toujours un « ne pas devoir-être » qu'il faut qualifier comme une qualité différente de l'obligation elle-même et distinguer fortement du « devoir-être d'un "non-être" » [...] Le devoir-être s'applique aux valeurs positives, le non-devoir-être aux valeurs négatives.
>
> *Ibid.*, p. 224.

Par lui-même, le *Sollen* ne peut déterminer ce que sont des valeurs positives ; il les affirme en les opposant à des valeurs négatives : « Tout *Sollen* [...] est orienté vers l'exclusion de non-valeurs, et non pas vers la position de valeurs positives » (*ibid.*, p. 225). Scheler en déduit que toute proposition, qui exprime un *Sollen*,

> repose sur une valeur positive, mais ne contient pas elle-même cette valeur. Ce qui « doit-être », ce n'est jamais primitivement l'existence du bien, mais simplement la non-existence du mal. Il est donc impossible qu'un devoir-être quelconque puisse contredire le jugement de ce qui est positivement bon ou puisse dépendre de ce jugement. Si je sais, par exemple, ce qu'il est bon que je fasse, peu me chaut ce que « je dois faire ». Pour que je doive, il faut d'abord que je sache ce qui est bon. Mais si je sais immédiatement et pleinement ce qui est bon, ce savoir effectif détermine également et de façon immédiate mon vouloir sans que j'aie besoin de passer par l'entremise d'un « je dois ».
>
> *Ibid.*, p. 225.

C'est sur ce point de vue que Scheler s'appuie pour reprendre la critique adressée par Hegel à la conception kantienne et fichtéenne du *Sollen* :

> L'attitude d'une éthique de ce genre est telle qu'elle ne peut jamais atteindre à des valeurs positives que *par référence* à des valeurs négatives [...] Mais si on y ajoute une tendance à confondre le devoir-être idéal avec le devoir-être de l'obligation (*Pflichtsollen*), ou à tirer le devoir-être idéal lui-même du devoir-être de l'obligation, on aboutit alors à une espèce particulière de négativisme, et, en même temps, à une peur de voir toutes les valeurs morales existantes entrer en contact avec la réalité, à une peur de toute réalisation effective du bien dans l'action et dans l'histoire.
>
> *Ibid.*, p. 225 *sq.*

Marc de LAUNAY

BIBLIOGRAPHIE

BRENTANO Franz, *L'Origine de la connaissance morale* [1889], Hambourg, Meiner, 1969 ; trad. fr. M. de Launay, *Revue de Métaphysique et de morale*, n° 1, 1990.

COHEN Hermann, *Ethik des reinen Willens*, Hildesheim, Olms, 1981.

COHEN, NATORP, CASSIRER, RICKERT, WINDELBAND, LASK, COHN, *Néokantismes et Théorie de la connaissance*, trad. fr. M. de Launay (dir.), Vrin, 2000.

LASK Emil, *Gesammelte Schriften*, Tübingen, Mohr, 1923/1924, 3 vol.

RICKERT Heinrich, *Der Gegenstand der Erkenntnis*, Tübingen, Mohr, 1927.

SCHELER Max, *Gesammelte Werke*, vol. 2, Berne-Munich, A. Francke, 1954.

— *Le Formalisme en éthique et l'Éthique matériale des valeurs* [1916-1926], trad. fr. M. de Gandillac, Gallimard, 1955.

SOPHISME, SOPHISTE

SOPHISME, SOPHISTE *Sophisme* est un emprunt au lat. *sophisma* qui translittère lui-même le gr. *sophisma* [σόφισμα]. Le terme grec désigne d'abord une invention ingénieuse, un expédient habile comme celui de Prométhée voleur de feu pour aider les hommes, d'Ulysse jouant sur les mots pour échapper au Cyclope (encadré 1, « Ulysse... », dans MÊTIS), ou même de Thalès qui truste les pressoirs (encadré 1, « Et Thalès... », dans PHRONÊSIS) ; il est ainsi lié au savoir-faire (*tekhnê* [τέχνη]) et à la ruse : voir ART (en part. I), MÊTIS, et il renvoie à des qualités d'invention que dénote le lat. *ingenium* et que la Renaissance, en particulier italienne, retrouve sous la forme de la subtilité ingénieuse (voir ARGUTEZZA, CONCETTO). On comprend que les connotations du terme puissent varier de la sagesse (*sophisma* et *sophistês* [σοφιστής], « sophiste », ont même racine que *sophia* [σοφία], « sagesse, savoir », et *sophos* [σοφός], « sage ») à la tromperie (voir encadré 7, « *Apatê* », dans VÉRITÉ, qui spécifie le type de « déception » que produit un sophisme) et à la prétention insolente (*hubris* [ὕβρις], « insolence, excès », voir VERGÜENZA, II ; *apaideusia* [ἀπαιδευσία], « mauvaise éducation », voir encadré 1, « La pétition de principe », dans PRINCIPE).

I. SOPHISME ET LOGIQUE : « SOPHISME », « SOPHISMA », « FALLACY »

Le discours sophistique implique une valorisation des pouvoirs du langage, une conscience de son efficacité et de sa performativité, liée à ce qui constituera la rhétorique : voir ACTE DE LANGAGE (I), LOGOS (II, A). Cette conscience implique une critique des prétentions de l'ontologie à dire le vrai en se conformant à ce qui est : voir VÉRITÉ (I) ; cf. ESTI, *IL Y A*.

Mais, à partir de Platon et avec Aristote, la sophistique est vouée au sophisme, au sens de raisonnement fallacieux, c'est-à-dire non seulement faux mais intentionnellement trompeur : voir HOMONYME ; et, plus généralement, elle est liée, sur tous les plans, à l'apparence trompeuse : voir DOXA, EIDÔLON, MIMÊSIS (cf. *APPARENCE, IMAGE*).

Au Moyen Âge, un *sophisma* est une proposition destinée à tester la validité d'une règle ou d'une distinction, et les *sophismata* [σοφίσματα] sont des disputes organisées autour d'une proposition, investissant au niveau de la forme littéraire et de la pratique scolaire certains acquis des *Réfutations sophistiques* d'Aristote : outre HOMONYME, voir TROPE, et cf. CONNOTATION, SUPPOSITION, SYNCATÉGORÈME.

On notera la distinction opérée par l'anglais entre *fallacy*, qui désigne une erreur de raisonnement qui a toutes les apparences de la vérité, et *sophism*, qui dénote en outre l'intention de tromper, avec cette difficulté que *fallacy* est la traduction reçue pour le *sophisma* des médiévistes, plus ambigu (cf. le fr. *fallacieux* et le lat. *fallax*, VÉRITÉ, IV, B, 2) : voir par ex. RIGHT pour l'usage du syntagme *naturalistic fallacy*, rendu en français par *sophisme naturaliste*, mais la bibliographie de TROPE pour l'usage de *fallacy* dans les titres d'ouvrages des médiévistes ; voir aussi SOLLEN.

II. SOPHISME ET POLITIQUE

Hegel dit des sophistes qu'ils sont « les maîtres de la Grèce », au sens de pédagogues et professeurs, mais aussi au sens de politiquement puissants, dominant par le pouvoir du langage et l'instauration du politique : voir, outre LOGOS (II, A) et ACTE DE LANGAGE (I), VÉRITÉ (encadré 2, « Vrai/meilleur... »), RES (encadré 1, « Les manières... ») et cf. *CONSENSUS*, PRAXIS, VIRTÙ.

► *DIALECTIQUE, DISCOURS*, doxa, *SAGESSE*, sens, signe, signifiant

SORGE ALLEMAND – fr. *souci*

gr.	*phrontis* [φροντίς], *merisma* [μέρισμα]
lat.	*sollicitudo*
angl.	*sorrow*

► ***SOUCI***, et ***AUTRUI***, CARE, DASEIN, ***ÊTRE***, ***IL Y A***, ***MALAISE***, PATHOS, PHRONÊSIS

S'il y a bien, avant Heidegger, toute une « préhistoire », à vrai dire assez problématique, du concept de souci (Platon, Aristote, Sénèque, saint Paul, Hygin, saint Augustin), l'identification des sources ne suffit pas toutefois à éclairer la structure ontologique dégagée sous ce terme par Heidegger. La question de l'ancrage de ce concept dans la tradition — mais quelle tradition au juste ? — demeure aujourd'hui controversée.

Terme clef de la pensée de Heidegger, au sein de laquelle il désigne rien de moins que l'être du *Dasein* (selon le titre du § 41 d'*Être et Temps*), voire son « archi-structure » (*Urstruktur*, in *Gesamtausgabe* [*GA*], t. 20, p. 406), *Sorge* dit l'être du *Dasein* pour autant qu'« il y va » (« *es geht um* ») pour lui de son être en son être même (*GA*, t. 21, p. 234-235). Le « souci » dont il est question ici doit donc être détaché de sa compréhension ordinaire, comme dans les expressions françaises « se faire du souci », « avoir des soucis » (on notera d'ailleurs que souci vient du latin *sollicitare*, « agiter fortement, troubler », tandis que *Sorge* est lié au lat. *servare*, « préserver, garder », comme l'angl. *sorrow*, du vieil angl. *sorg*, moyen angl. *sorge*, mais qui a pris le sens de « chagrin », « affliction »). L'insouciance *(Sorglosigkeit)* est elle-même un mode déficient du souci, bien plutôt que son contraire. Elle ne relève pas moins du souci entendu comme structure ontologique que l'anxiété soucieuse.

L'interprétation existentiale-ontologique du *Dasein* comme souci trouve son attestation « pré-ontologique » dans la *Fable* CCXX d'Hygin, sur laquelle Goethe a fait fond, par l'intermédiaire de Herder, pour l'élaboration de la deuxième partie de son *Faust* (cf. *Être et Temps*, § 42, p. 197, note). Soulignant (p. 199, note) que l'orientation de son analyse du souci est liée à une étude de l'anthropologie augustinienne sur une base elle-même fournie par l'ontologie aristotélicienne, Heidegger précise : « Déjà dans le stoïcisme, *merisma* [μέρισμα] était un terme fixé, qui se retrouve dans le Nouveau Testament, et que la Vulgate traduit par *sollicitudo*. »

Selon Rémi Brague, toutefois :

> C'est une erreur : Bultmann remarque (art. « Merimnaô », etc. du *TWNT*, IV, 594) qu'« il est remarquable que le terme est absent du stoïcisme, où il est remplacé, entre autres, par *phrontis* ». Ce dernier terme se rencontre en effet dans la doctrine des passions (cf. *SVF*, III, p. 100 sq.). Mais ce n'est guère que dans les deux passages de Sénèque [*Lettres à Lucilius*, 121, 17 et 124, 14] qu'il devient concept. Pour plus de détails sur l'origine historique du concept de *Sorge*, cf. Heidegger, *Prolegomena zur Geschichte des Zeitbegriffs* (*GA*, 20), 418-420. L'erreur de Heidegger semble venir de l'article de K. Burdach qu'il cite en note, et où elle se lit p. 47.
>
> R. Brague, *Aristote et la question du monde*, p. 150-151, n. 32.

La question de savoir si « Heidegger a cherché, avec le concept de souci, à mettre au jour une racine cachée de la pensée d'Aristote » (R. Brague, *op. cit.*, p. 150), à savoir à approfondir la *phronêsis* [φρόνησις] en direction de la *phrontis* [φροντίς], ou bien, au contraire, si *Être et Temps* se rattache à cet égard à « la tradition philosophique du souci de soi, tradition dont l'origine est platonicienne » (A. Larivée et A. Leduc, « Saint Paul... », p. 30) reste aujourd'hui une question disputée, même si la première hypothèse nous semble nettement plus probante. Sans doute faudrait-il aussi verser au dossier une phrase de la *Rhétorique* d'Aristote (où *Être et Temps*, § 29, p. 138 voit « la première herméneutique systématique de la quotidienneté de l'être-avec-autrui ») qui articule le *phrontizein* [φροντίζειν] (« se soucier de ») et la manière propre à la « quotidienneté » de se rapporter à la mort :

> ἴσασι γὰρ πάντες ὅτι ἀποθανοῦνται, ἀλλ' ὅτι οὐκ ἐγγύς, οὐδὲν φροντίζουσιν.
>
> [Tous les hommes savent qu'ils vont mourir, mais comme ce n'est pas imminent, ils n'en ont cure.]
>
> *Rhétorique*, II, 5, 1382a 26-27, trad. mod.

Pascal DAVID

BIBLIOGRAPHIE

ARISTOTE, *Rhétorique*, texte établi et traduit par M. Dufour, Les Belles Lettres, « CUF », 1967.

BRAGUE Rémi, *Aristote et la question du monde*, PUF, 1988.

HEIDEGGER Martin, *Sein und Zeit*, in *Gesamtausgabe*, t. 2, Francfort, Klostermann, 1977 ; *Être et Temps*, trad. fr. F. Vezin, Gallimard, 1987.

— *Prolegomena zur Geschichte des Zeitbegriffs*, in *Gesamtausgabe*, t. 20, 1979.

— *Logik — Die Frage nach der Wahrheit*, in *Gesamtausgabe*, t. 21, 1976.

HYGIN, *Fables*, trad. fr. J.-Y. Boriaud, Les Belles Lettres, « CUF », 1967.

LARIVÉE Anne et LEDUC Alexandra, « Saint Paul, Augustin et Aristote comme sources gréco-chrétiennes du souci chez Heidegger — Élucidation d'un passage d'*Être et Temps* (§ 42 note 1) », *Philosophie*, n° 69, 2001, p. 30-50.

OUTILS

SVF : ARNIM Johannes von, *Stoicorum Veterum Fragmenta*, Leipzig, 1903-1905, rééd., 4 vol., Stuttgart, Teubner, 1964 ; *Stoici antichi : tutti i frammenti*, trad. it. et éd. bilingue R. Radice, Milan, Rusconi, 1998.

TWNT : KITTEL Gerhard, puis FRIEDRICH Gerhard (éd.), *Theologisches Wörterbuch zum neuen Testament*, 9 vol., Stuttgart, Kohlhammer, 1933-1973.

SOUCI *Souci* vient du lat. *sollicitare*, « agiter fortement » (composé de *sollus*, « entier », et *citus*, sur *cieo*, « mettre en mouvement ») ; après avoir désigné surtout la « préoccupation amoureuse », le terme est devenu dans son acception toute contemporaine un quasi-synonyme de « problème ». En philosophie, il ne renvoie pas simplement à la préoccupation passagère, à l'embarras, mais à ce que Heidegger considère comme la caractéristique même du *Dasein*, de l'être-là humain : voir DASEIN, ANGOISSE, et cf. *MALAISE*.
1. Dans la mesure où le *Dasein* est cet être pour qui son être même est d'être en jeu, cette préoccupation de son être même, qui n'est pas le « souci de soi » platonicien, devient une structure ontologique fondamentale, qu'on a rendue par *souci* : voir SORGE ; cf. *ÊTRE, IL Y A*.
2. La traduction en anglais de *Sorge* par *care* (sur goth. *Kara*, « chagrin », d'où *sorrow*, et non sur lat. *cura*, « soin », en particulier administration des affaires publiques), outre qu'elle est aussi insatisfaisante que la version française, souligne la difficulté, pour le lecteur francophone, de saisir la nuance présente en anglais dans le doublet *care-solicitude* : voir CARE, où l'on trouvera une réflexion sur l'*ethics of care*, déconstruction « féminine » d'une morale de la justice (cf. *JUSTICE, MORALE*, WELFARE).

► *AUTRUI*, phronêsis, pietas, *SAGESSE*, vergüenza

SOUFFRANCE *Souffrance*, issu du lat. *suffere*, « placer sous, supporter », est devenu le synonyme de douleur physique ou morale. C'est la traduction reçue pour le russe *stradanie* [страдание], dérivé de *strada* [страда], « travail », qui attribue à la souffrance une valeur rédemptrice : voir STRADANIE.
Voir aussi BERUF, *MALAISE, PASSION* [PATHOS] et TRAVAIL.

► BOGOČELOVEČESTVO, ERLEBEN, PLAISIR, *SOUCI*, svet

SPECIES / FORMA / EXEMPLAR / EXEMPLUM

LATIN – fr. *aspect, apparence, exemple, forme, idée, modèle*

gr. *eidos* [εἶδος], *idea* [ἰδέα]

► ***IDÉE, FORME***, et ÂME, ART, ESSENCE, ***ÊTRE, IMAGE***, MIMÊSIS, REPRÉSENTATION

Les traductions latines des termes eidos [εἶδος] *et* idea [ἰδέα] *— tels qu'ils sont employés dans le contexte spécifique de l'œuvre de Platon — doivent s'apprécier en*

fonction de tous les choix que peuvent faire les interprètes dès lors que, dans le transfert d'une langue à l'autre, on ne recherche pas la traduction littérale, unanimement méprisée dans la Rome classique, mais une restitution globale du sens. Dans le cas précis de ces deux mots, les choix de traduction signalent d'abord différentes étapes de la réception de la doctrine platonicienne, et témoignent en particulier d'un net infléchissement « artificialiste » de la doctrine platonicienne des Idées, sous l'influence déterminante du Timée. *Mais il ne s'agit pas d'une histoire linéaire qui procéderait par ajouts et corrections successifs : la traduction proposée par Cicéron, qui privilégie le latin* species, *n'a été maintenue ni par Sénèque ni par Apulée. Inversement, si l'on part du latin, on aura la surprise de constater que* species, *dont le premier sens est « vue » ou « vision » (cf. Lucrèce, IV, 236, 242), loin de se situer toujours du côté de l'*eidos *et du modèle, renvoie non moins couramment à l'image, au spectre et au simulacre, à l'*eidôlon [εἴδωλον], *l'épicurisme obligeant d'ailleurs à réinterpréter le clivage (Ernout et Meillet, s.v., 2 ; cf. Lucrèce, I, 125 ; voir* EIDÔLON). *Les choix de traduction illustrent ainsi, par-delà la contamination de différents vocabulaires (platonicien, aristotélicien, stoïcien, épicurien...), un trait caractéristique des traductions philosophiques latines classiques : la superposition des termes et le recours au vieux fonds latin, d'autant plus « intraduisible », dans l'orbite de la* Romania, *qu'il aura largement disséminé (voir* ESSENCE).

I. « EIDOS », « SPECIES » : L'ESSENTIEL ET L'APPARENT

Dans l'usage classique, préphilosophique, *eidos* [εἶδος] et *idea* [ἰδέα] sont des termes polysémiques (« forme », « apparence », « structure », « catégorie », « classe »), dont Platon privilégie certaines acceptions mises au service de sa démarche philosophique ; c'est ainsi que se précisent dans leurs divers rapports les fonctions des formes intelligibles, plus aisément saisissables grâce à la richesse sémantique des termes εἶδος-ἰδέα — structure et forme : ce qui permet de former des catégories et ce qui se donne à voir, c'est-à-dire à la fois l'essentiel et le plus apparent, le plus profond et le plus superficiel (*République*, V, 479-480, et X, 596a-597e ; *Phédon*, 78e ; *Phèdre*, 249b-c ; *Parménide*, 132-135).

♦ Voir encadré 1.

Le latin *species* offre ces mêmes possibilités d'articulation de plans distincts et exploite également la racine de la vision (le mot racine *spex* est usité comme second terme dans des composés conservés par la langue religieuse [*auspex-haruspex-exstipex*]) ; pourtant, seul Cicéron impose *species* avec cohérence pour traduire *eidos* — du moins dans toutes ses œuvres rédigées à partir de 46 av. J.-C. Ni le Stoïcien Sénèque, ni, ce qui est plus frappant, le platonicien Apulée ne retiendront cet emploi de *species*, qui a principalement pour eux le sens d'« espèce », et ils utilisent plutôt *forma* et *exemplar*. Calcidius, enfin, restreint les applications de *species* et utilise plus largement *exemplum*. C'est ce qu'on peut observer à partir du corpus limité dans lequel est exposée la doctrine des formes intelligibles : l'*Orator* de Cicéron, les *Lettres à Lucilius* 58 et 65 de Sénèque, le *Platon et sa doctrine* d'Apulée, la *Question 46 (Des idées)* d'Augustin. On se fonde également sur les deux traductions latines du *Timée*, celle de Cicéron et celle de Calcidius.

Pour rendre compte de la diversité de ces traductions, on ne peut négliger l'histoire de la philosophie, ici déterminante sur deux plans : celui de l'interprétation même de la doctrine platonicienne et celui de la diffusion donnée au vocabulaire aristotélicien par les Stoïciens. Toutefois, une étude plus attentive des procédures de traduction, et des configurations sémantiques qu'elles mettent en œuvre, permet d'affiner les constats qu'on peut faire en se fiant seulement à l'évolution des doctrines philosophiques et à l'histoire de la langue.

II. CICÉRON : LA DISTINCTION ENTRE « FORMA » ET « SPECIES »

Il convient d'examiner, tout d'abord, comment Cicéron construit l'équivalence *eidos-species* ; ensuite de préciser quelles configurations ont été exploitées par ses successeurs. On évaluera mieux ainsi la cohérence des emplois de *species* dans la traduction cicéronienne du *Timée* ; on verra aussi que le choix de *species* entraîne une polysémie tellement chargée de problématiques philosophiques et s'inscrit tellement à contre-courant de certains usages déterminés par l'histoire de la philosophie que, malgré l'autorité cicéronienne, il n'a pas été retenu par ceux qui, après Cicéron, ont utilisé et enrichi le lexique philosophique latin.

A. Traduire Platon : « species », modèle et référent intelligible

C'est dans le texte de l'*Orator* (II, 8-III, 10) qu'on trouve le premier témoignage de l'usage de *species* pour évoquer les formes intelligibles. *Species* (de même famille que le gr. *skeptomai* [σκέπτομαι], « regarder ») est employé avec la signification précise de « modèle », de « vision » perceptible seulement par la pensée, *cogitata species*, que nous voyons par l'esprit, *speciem animo videmus*. C'est le contexte qui lui donne son sens : *species* est la Forme du beau qui habite Phidias. Avec *species*, répété trois fois, Cicéron prépare sans doute, au moyen d'un terme latin plus parlant, la traduction technique de l'*idea* platonicienne par *forma*. Associé à *forma*, le mot *species* désigne pour finir ce qui permet de garantir la procédure dialectique, le référent intelligible. Deux des principales fonctions de la forme intelligible sont ainsi exprimées par un même mot latin qui sera ensuite, dans les *Académiques* (1, 30) et les *Tusculanes* (1, 58), employé seul, sans *forma* :

> Je pose comme principe qu'il n'y a rien, dans aucun genre, qui soit si beau qu'il ne soit surpassé en beauté par ce dont il provient, comme le visage à partir duquel est fait le portrait (*ut ex ore aliquo quasi imago exprimatur*). Cela ne peut être perçu ni par les yeux ni par les oreilles ni par aucun sens, seulement par l'imagination et par la pensée (*cogitatione et mente*). C'est pourquoi même dans le cas des statues de Phidias, dont la perfection est, nous le voyons, insurpassée, ainsi que des pein-

1

L'« eidos » d'Homère à Aristote

► CONCETTO (encadré 1), EIDÔLON, FORCE, PRAXIS, PRINCIPE

Eidos se rattache à la racine **weid-* qui exprime l'idée de « voir » (*idein* [ἰδεῖν]), et au parfait celle de « savoir » (*oida* [οἶδα] ; cf. le sanscrit - *védas*, « possession, acquisition » [Chantraine, *s.v.*]). On le trouve chez Homère avec le sens d'« aspect, forme » (*Iliade*, II, 58 ; *Odyssée*, XVII, 308 ; 454, où il renvoie déjà à la conformité du dehors et du dedans, voir « *kalos kagathos* », encadré 1 dans BEAUTÉ), Empédocle ou Démocrite. Il désigne couramment, dans la prose des historiens par exemple, la « caractéristique » de quelque chose, son « genre » (par ex. Hérodote, I, 203 ; Thucydide, II, 50), dans le vocabulaire médical, la « constitution » (Hippocrate, *De natura hominis*, 9), en géométrie, la « figure » (cf. Euclide, *Data*, 53, « *duo eidê tôi eidei dedomena* [δύο εἴδη τῷ εἴδει δεδομένα] », rendu dans LSJ par « *two* figures *given in* species »).

C'est Platon, puis Aristote dans un décalage concerté, qui donnent au mot sa configuration philosophique. Le sens terminologique d'*eidos* qui émerge et domine avec Platon — l'« idée », l'« Idée » — se comprend d'abord en contraposition avec *eidôlon* [εἴδωλον] (image, fantôme), en suivant la problématique de la *mimêsis* [μίμησις], avec la mise en place des « trois *eidê* de lits » effectuée en *République*, X (*trisin eidesi klinôn* [τρισὶν εἴδεσι κλινῶν], 597b 14 ; voir MIMÊSIS). Le dieu fabrique, de ce qu'il faut bien appeler les trois « espèces » de lits, celle qui mérite seule de porter en idiome platonicien le nom d'*eidos*, d'« idée » : il fait « ce qu'est le lit [*ho esti klinê* (ὃ ἔστι κλίνη)] », l'essence-lit, unique et par nature (597c-d), un lit étantiquement lit (*ontôs* [ὄντως], 597d 1, voir ESTI, III). Le menuisier fabrique, quant à lui, non pas « le lit », mais « un lit » parmi d'autres (*klinên tina* [κλίνην τινά], 597a 2), qui est seulement « comme » l'*eidos* (*toiouton hoion* [τοιοῦτον οἷον], 597a 6). Le peintre enfin, « imitateur » du menuisier, peint un lit de menuisier tel qu'il apparaît, un lit « troisième » (597e 3) par rapport à la vérité de l'*eidos* : « c'est cela, l'*eidôlon* » (598b 8). De manière générale, les mots sont du côté de l'*eidôlon* — le nomothète ne travaille jamais que comme un menuisier, les yeux fixés sur l'*eidos* (*Cratyle*, 389a, 390e) ; mais c'est l'*eidos* qu'on connaît : la dialectique, qui s'élève jusqu'à l'idée du bien (« *tên tou agathou idean* [τὴν τοῦ ἀγαθοῦ ἰδέαν] », *République*, VI, 508e), passe d'idée en idée pour aboutir à une idée (« *eidesin autois di' autôn eis auta kai teleutai eis eidê* [εἴδεσιν αὐτοῖς δι' αὐτῶν εἰς αὐτά, καὶ τελευτᾷ εἰς εἴδη] », *ibid.*, 511c).

L'*eidos* platonicien n'a cessé de régir l'idée, mais remodelée (c'est cela qui rend évidemment l'« idée » si complexe) par sa réappropriation aristotélicienne, qu'on peut rendre sensible en explicitant les nouvelles contrapositions et les nouvelles traductions qu'elle induit. La critique aristotélicienne porte sur la « séparation » introduite par Platon : « Socrate ne produisait pas comme séparés les universaux ni les définitions [*ta katholou ou khôrista epoiei oude tous horismous* (τὰ καθόλου οὐ χωριστὰ ἐποίει οὐδὲ τοὺς ὁρισμούς)], mais eux [« *hoi de* [οἱ δέ] », *i.e.* les philosophes après Socrate], ils les ont séparés [*ekhôrisan* (ἐχώρισαν)], et ils ont appelé *idées* [*ideas* (ἰδέας)] ce genre d'entités » (*Métaphysique*, M, 4, 1078b 30-32, voir HOMONYME , encadré 1, et UNIVERSAUX). Pour remettre l'*eidos* en place, il faut le rendre co-opérant selon différents plans d'intelligibilité.

Physiquement, il devient l'une des quatre causes : c'est couplé à la matière (*to ex hou* [τό ἐξ οὗ], « ce dont une chose est faite », par ex. l'airain pour la statue) qu'intervient l'*eidos* (« cause en un autre sens est la forme et le modèle [*allon de to eidos kai to paradeigma* (ἄλλον δὲ τὸ εἶδος καὶ τὸ παράδειγμα)] », *Physique*, II, 3, 194b 26) ; à ces deux premières causes viennent s'articuler la cause motrice, principe premier du mouvement et du repos (« *hê arkhê tês metabolês hê prôtê ê tês êremêseôs* [ἡ ἀρχὴ τῆς μεταβολῆς ἡ πρώτη ἢ τῆς ἠρεμήσεως] », le père pour l'enfant, Polyclète pour la statue — ce que nous modernes désignons habituellement comme « cause »), et la cause finale (« *to telos* [τὸ τέλος] », « *to hou heneka* [τὸ οὗ ἕνεκα] », la raison de la sculpture, voir PRINCIPE). On passe ainsi d'*eidos*/*eidôlon* (« idée » intelligible/copie sensible) à *eidos* / *hulê* [ὕλη], (« forme » / matière) comme causes nécessaires à la description et à l'existence d'une seule et même entité physique. *Eidos* et *hulê* sont en effet analysables comme des composants : le *suntheton* [σύνθετον] (composé), ou *sunolon* [σύνολον] composé individué et unique, par exemple une sphère d'airain, est un composé d'*eidos*, qu'on désigne alors comme *morphê* [μορφή], « figure, configuration », à savoir une sphère, et de *hulê*, d'airain (*Métaphysique* Z, 3, 1029a 1-7 ; cf. 8, 1033b 5-10) ; l'*eidos* est alors plus essentiel ou substantiel que la matière, car il est acte, activité, entéléchie, *energeia* [ἐνέργεια] et *entelekheia* [ἐντελέχεια], alors qu'elle est puissance, *dunamis* [δύναμις] (cf. Θ, 8, 1050b 2 : « l'essence, c'est-à-dire la forme, est acte [*hê ousia kai to eidos energeia estin* (ἡ οὐσία καὶ τὸ εἶδος ἐνέργεια ἐστιν)] »).

L'*eidos*, précise Aristote dans le même passage de la *Physique*, est identique à l'« énoncé qui est celui de la quiddité et à ses genres [*ho logos ho tou ti ên einai kai ta toutou genê* (ὁ λόγος ὁ τοῦ τί ἦν εἶναι καὶ τὰ τούτου γένη)] » (194b 27, voir LOGOS, TO TI ÊN EINAI) : on est, comme dans Platon, au cœur de l'ontologie, mais le couplage s'est doublement déplacé, non seulement physiquement mais aussi logiquement. En effet, en même temps qu'il joue physiquement le rôle de « forme », l'*eidos* joue logiquement le rôle d'« espèce », en se différenciant cette fois non pas de la « matière » mais du « genre », *genos* [γένος]. L'*eidos* énonce l'essentiel de l'essence, il permet d'approcher le singulier de beaucoup plus près que ne le fait le *genos* ; cette sphère-ci est plus une sphère qu'une figure, Socrate est plus un homme qu'un vivant : en d'autres termes, en vertu de la différence bien nommée « spécifique », le *toionde* [τοιόνδε], le « tel », est plus près du *tode ti* [τόδε τι], du « ceci », plus près de l'essence ou de la substance première qu'il contribue à définir (1033b 21-26, cf. *Catégories*, 5, 2b 22 : « l'espèce est plus essence que le genre [*to eidos tou genous mallon ousia* (τὸ εἶδος τοῦ γένους μᾶλλον οὐσία)] », voir ESSENCE). C'est ainsi qu'en idiome aristotélicien, l'*eidos* peut fonctionner comme un *must* ontologique, plus essentiel et substantiel que la matière ou le genre, sans avoir d'existence séparée.

Barbara CASSIN

OUTILS

CHANTRAINE Pierre, *Dictionnaire étymologique de la langue grecque*, nouv. éd. mise à jour avec un « Supplément au dictionnaire », Klincksieck, 1999.

LSJ : LIDDELL Henry G., SCOTT Robert et JONES Henry S., *A Greek-English Lexicon*, 9e éd., Oxford, Clarendon Press, 1925-1940 ; *A Supplement*, éd. E.A. Berber, 1968.

> tures que j'ai citées, nous pouvons imaginer (*cogitare*) des œuvres plus belles. Et ce grand artiste, lorsqu'il façonnait la forme de Jupiter (*Jovis formam*) ou de Minerve, n'avait personne sous les yeux pour lui fournir un élément de ressemblance, mais dans son esprit résidait une *sorte* de vision extraordinaire de la beauté (*ipsius in mente insidebat* species *pulchritudinis eximia quaedam*) : c'est en la contemplant, les yeux fixés sur elle, qu'il réglait sur la ressemblance avec elle le travail de sa main (*quam intuens in eaque defixus ad illius similitudinem artem et manum dirigebat*). Ainsi, tout comme il y a, dans le cas des formes et des figures (*in formis et figuris*), une perfection suprême dont la vision est saisie par la pensée et à laquelle se rapportent, par l'imitation, celles qui tombent sous les yeux (*aliquid perfectum et excellens, cujus ad cogitatam* speciem *imitando referuntur ea quae sub oculos ipsa cadunt*), de même nous voyons dans notre esprit une vision de l'éloquence parfaite (*sic perfectae eloquentiae* speciem *animo uidemus*) dont nos oreilles cherchent la représentation concrète (*effigiem*). Ces *formes* des choses, Platon les appelle « idées » (*has rerum* formas *appellat ideas ille*), lui le maître et l'autorité la plus sérieuse en matière de connaissance mais aussi d'expression. Il dit que ces idées ne sont pas engendrées mais sont éternelles et résident dans notre raison et notre intelligence tandis que tout le reste naît, meurt, s'écoule, glisse sans se maintenir longtemps dans un seul et même état. C'est pourquoi il faut rapporter tout ce qui est objet de discussion méthodique à sa *forme* ultime (*quicquid est igitur de quo ratione et via disputetur, id est ad ultimam sui generis* formam speciemque *redigendum*) suivant le genre qui est le sien.
>
> *Orator*, II, 8-III, 10 ; nous traduisons et soulignons.

La même liaison *forma-species* se retrouvera bien plus tard chez Augustin, sous forme d'une équivalence stricte : « *Ideas igitur latine possumus vel formas vel species dicere, ut verbum e verbo transferre videamur* [Nous pouvons donc rendre *idées* en latin soit par *formes* soit par *visions*, pour traduire littéralement]. » Augustin poursuit, dans ce passage très célèbre, en proposant une définition de l'idée, inscrite dans l'intellect divin, qui restera classique au moins jusqu'à Malebranche :

> Les idées sont en effet des formes principales ou des raisons essentielles (*sunt namque ideae principales formae quaedam vel rationes rerum*), fixes et immuables, non pas informées elles-mêmes, et par là éternelles et permanentes dans leur mode d'être, subjectivées qu'elles sont dans l'intelligence divine (*stabiles atque incommutabiles, quae ipsae formatae non sunt, ac per hoc aeternae ac semper eodem modo sese habentes, quae in divina intelligentia continentur*). Et n'admettant elles-mêmes ni origine ni extinction, on définit toutefois comme formé d'après elles tout ce qui admet origine et extinction, et tout ce qui naît et s'éteint (*secundum eas tamen formari dicitur omne quod oriri et interire potest, et omne quod oritur et interit*).
>
> *Quaestio 46*, 2, trad. fr. Bardy, Beckaert et Boutet, mod.

B. Traduire Aristote et les Stoïciens : « forma »

La difficulté de distinguer entre *forma* et *species* à l'œuvre dans ce texte de l'*Orateur* se lit en écho d'un passage des *Topiques* (datées de 44 av. J.-C.), qui fait en même temps comprendre ce qui est en jeu dans le choix de *species*. Cicéron, en effet, prend prétexte de ce que la flexion de *species* aux cas obliques — et au pluriel — est peu commode pour refuser de traduire par ce mot les *eidê* [εἴδη], qui désignent, dans les *Topiques*, les éléments de l'analyse des définitions : ce sens est celui que retiennent Aristote et les Stoïciens. Cicéron propose d'employer pour ce sens non pas *species* mais *forma* :

> Dans la définition par analyse, il y a des espèces, que les Grecs appellent εἴδη et les nôtres *species* (*formae sunt, quas Graeci* εἴδη *vocant, nostri, si qui haec forte tractant,* species *appellant*), ceux du moins qui traitent de ces sujets ; le mot n'est pas mal choisi, mais on ne peut s'en servir à tous les cas. En effet, même si les formes *specierum* et *speciebus* étaient latines, je ne voudrais pas m'en servir ; or il faut souvent utiliser ces cas. Mais j'accepte volontiers d'utiliser *formis* et *formarum*. Puisque les deux mots expriment la même chose, on ne doit pas négliger, à mon avis, la commodité (*Cum autem utroque verbo idemque significetur, commoditatem in dicendo non arbitror neglegendam*).
>
> *Topiques*, 30.

L'argument de l'euphonie ou de l'usage n'est peut-être pas sans poids ; mais il est remarquable que Cicéron refuse l'emploi de *species* dans un contexte marqué par la dialectique aristotélicienne et stoïcienne : en d'autres termes, Cicéron récuse l'évolution des emplois d'*eidos* pour imposer le sens que lui a donné Platon. Ce mouvement de retour en arrière, qui engage Cicéron à restituer toutes les possibilités sémantiques offertes par *species*, est particulièrement sensible dans la traduction du *Timée* ; on en prendra mieux la mesure, toutefois, si l'on examine auparavant quel système lexical est mis en place par Sénèque dans un contexte analogue.

III. SÉNÈQUE : « EXEMPLAR », LE MODÈLE DANS L'ART

Dans la *Lettre* 58, consacrée à l'ontologie platonicienne, Sénèque rappelle au préalable la définition de *genus* et de *species* en invoquant Aristote (58, 9 ; sur *genos*, voir PEUPLE, en particulier III, A) ; il n'est donc pas étonnant qu'il n'utilise pas *species* pour traduire *idea*. Sénèque refuse ainsi le rapprochement opéré par Cicéron entre *forma* et *species* pour expliciter l'*eidos*, alors qu'il s'appuie sur l'autorité de Cicéron, au début de cette même lettre (§ 6), pour employer *essentia* comme traduction d'*ousia* [οὐσία]. Or, le terme qu'il choisit engage toute l'interprétation de la pensée. Tandis que chez Cicéron, en effet, le rôle des Formes est présenté à partir de l'exemple de l'artiste mais ne se réduit pas à celui de modèle, chez Sénèque, au contraire, l'emploi d'*exemplar* pour rendre la Forme privilégie cette seule fonction de modèle. Ainsi, la traduction d'*idea* par *exemplar* est immédiatement illustrée par l'exemple du peintre :

> Ce qu'est l'idée, c'est-à-dire ce qu'elle est pour Platon, écoute bien : l'idée est le modèle éternel des productions de la nature (*idea est eorum quae natura fiunt exemplar aeternum*). J'ajouterai à cette définition mon interprétation pour t'éclaircir la chose. Je veux faire ton portrait (*imaginem tuam*). C'est toi que j'ai comme modèle de ma peinture (*exemplar picturae te habeo*), d'où mon esprit tire une allure générale pour la faire passer dans son œuvre. Cette physionomie d'ensemble qui m'apprend et

> m'instruit, d'où je vais chercher mon imitation, c'est l'idée (*ita illa quae me docet et instruit facies, a qua petitur imitatio, idea est*).
>
> *Lettre* 58, §6.

On peut constater que, dans l'explicitation par l'exemple qui est donnée ici, Sénèque emploie *exemplar* pour le modèle sensible, tandis que *facies* et *habitus* rendent ce vers quoi tend l'imitation, c'est-à-dire la forme intelligible. D'autre part, quand il distingue un quatrième degré ontologique, celui de la forme de l'œuvre réalisée par l'artiste, Sénèque réserve *exemplar* pour le modèle et *forma* pour sa copie :

> L'idée, *idea*, c'était la physionomie de Virgile, modèle de l'œuvre à venir ; ce que l'artiste tire d'elle et fait passer dans son œuvre, c'est l'*eidos*. Quelle différence, demandes-tu ? La première est le modèle, le second la forme prise au modèle et passée dans l'œuvre ; la première est imitée par l'artiste, le second est réalisé par lui.
>
> [*Idea erat Vergilii facies, futuri operis exemplar : ex hac quod artifex trahit et operi suo imposuit, idos est. Quid intersit, quaeris ? Alterum* exemplar *est, alterum* forma ab exemplari *sumpta et operi inposita : alteram artifex imitatur, alteram* facit.]
>
> *Lettre* 58, 20-21.

Non sans difficulté, puisque la glose est toujours nécessaire, *exemplar* doit donc désigner à la fois le modèle intelligible, l'*eidos*, et le modèle sensible, l'*idea* : l'exemplarité au niveau de l'intelligible est illustrée au niveau du sensible par un redoublement mimétique, chez Sénèque comme chez Platon (cf. en particulier l'exemple des « lits » développé au début du livre X de *La République*, 596b-597e ; voir encadré 1). Il est frappant que Sénèque soit contraint de préciser *exemplar* par *facies*, réintroduisant ainsi massivement le visible : « La statue présente une certaine physionomie : c'est l'*eidos*. Mais le modèle lui-même, que contemple l'artiste en façonnant la statue, présente aussi une certaine physionomie : c'est l'idée [*Habet aliquam faciem statua : haec est idos. Habet aliquam faciem exemplar ipsum, quod intuens opifex statuam figuravit : haec idea est*]. » Si bien que *facies* a, à son tour, une double, voire une triple, fonction, s'appliquant aussi bien à l'*exemplar* sensible (la *facies* de Virgile), à l'œuvre réalisée, la statue, qu'au modèle intelligible : l'*idos* a son aspect, sa « physionomie » ou son « visage », et l'*idea* a son aspect, sa visibilité. En utilisant ainsi *facies*, non pour traduire, mais pour expliquer, Sénèque renforce le schème artificialiste qui sous-tend la doctrine des idées : il mobilise comme terme le plus général un mot qui renvoie au *facere*, au faire de l'artiste, entendu comme un *imponere faciem*, donner forme ou figure (cf. Varron : « *proprio nomine dicitur facere a facie, qui rei quam facit imponit faciem. Ut fictor cum dicit "fingo", figuram imponit* [...], *sic cum dicit "facio" faciem imponit* [On dit, à proprement parler, faire (*facere*) de *facies* (façon), pour celui qui impose une forme à la chose qu'il fait. De même que le modeleur, quand il dit : "je modèle", impose une figure, (...) de même quand il dit : "je fais", il impose une façon] » [*De lingua latina*, VI, 78, éd. et trad. fr. P. Flobert]).

Si *exemplar* est peu propre à désigner à lui seul une forme intelligible, en revanche le terme met en valeur l'imitation dans la création démiurgique, et sans doute au prix d'une lecture abusive du mythe présenté dans le *Timée*. C'est bien ce qui ressort de la *Lettre* 65, où la Forme est présentée comme cinquième type de cause : « [Aux quatre causes d'Aristote,] Platon ajoute une cinquième, le modèle qu'il appelle idée : c'est ce sur quoi le démiurge avait les yeux tournés quand il a réalisé son dessein [*His quintam Plato adicit exemplar, quam ipse idean vocat : hoc est enim, ad quod respiciens artifex id, quod destinabat, effecit*] » (§ 7).

En mettant sur le même plan le dieu et l'artiste, Sénèque privilégie une conception « instrumentale » de la Forme, qui est définie dans le processus d'une imitation active suivant la comparaison topique de la création d'une statue (§ 8). C'est cette perspective d'interprétation qui donne au choix que fait Sénèque d'*exemplar* toute sa pertinence :

> Le modèle non plus n'est pas une cause, mais l'instrument nécessaire de la cause : le modèle est aussi nécessaire à l'artiste que le sont le ciseau et la lime : sans eux, l'art ne peut se réaliser.
>
> [*exemplar quoque non est causa, sed instrumentum causae necessarium. Sic necessarium est exemplar artifici, quomodo scalprum, quomodo lima : sine his procedere ars non potest.*]
>
> *Lettre* 65, § 13.

À partir de l'usage d'*exemplar*, se dessine alors une configuration sémantique déterminée par le modèle de l'activité artistique.

♦ Voir encadré 2.

IV. CICÉRON ET LA TRADUCTION DU « TIMÉE » : LA DISTINCTION « SPECIES » / « EXEMPLAR »

C'est cet écueil qu'a su éviter Cicéron dans sa traduction du *Timée* : pour cela, il emploie *species* dans tous les cas où il faut rendre ce qui est saisissable par la seule intellection. Cet effort cohérent est sensible sur trois plans : d'une part, les occurrences de *species* ne sont pas mécaniquement dictées par celles d'*eidos-idea* ; d'autre part, les syntagmes dans lesquels figure *species* concourent à produire une substantivation renforcée qui fait ressortir le mode d'intellection mis en œuvre ; enfin, la distinction entre *species* et *exemplar* favorise la précision du sens de *species*.

Que *species* n'est pas un équivalent « terme à terme » est évident dès la première occurrence du mot : le texte de Platon (28a) distingue deux phases, le temps du regard que porte le démiurge sur ce qui se conserve identique et le temps où il en réalise la forme (*idea*) dans son œuvre ; dans sa traduction, Cicéron condense le temps du regard et l'appréhension de la forme grâce à l'emploi de *species* et anticipe ainsi le rôle des Formes dans l'intellection.

> ὅτου μὲν οὖν ἂν ὁ δημιουργὸς πρὸς τὸ κατὰ ταὐτὰ ἔχον βλέπων ἀεί, τοιούτῳ τινὶ προσχρώμενος παραδείγματι, τὴν ἰδέαν καὶ δύναμιν αὐτοῦ ἀπεργάζηται, καλὸν ἐξ ἀνάγκης οὕτως ἀποτελεῖσθαι πᾶν.

> [Aussi chaque fois qu'un démiurge fabrique quelque chose en posant les yeux sur ce qui reste toujours identique et en prenant pour modèle un objet de ce genre pour en reproduire la forme et les propriétés, tout ce qu'il réalise en procédant ainsi est nécessairement beau.]
>
> Trad. fr. L. Brisson.

> *Quo circa si is, qui aliquod munus efficere molitur, eam speciem, quae semper eadem est, intuebitur atque id sibi proponet exemplar, praeclarum opus efficiat necesse est.*
>
> [Quand celui qui entreprend de réaliser une œuvre contemple la forme qui reste toujours la même et la prend comme modèle, il accomplit nécessairement un chef-d'œuvre.]

En 39e-40a, on peut observer un même type de déplacement : les Formes comprises dans le Vivant, « *enousas ideas tôi ho estin zôion* [ἐνούσας ἰδέας τῷ ὃ ἔστιν ζῷον] », deviennent des *formae*, tandis que le Vivant est nettement rendu dans sa fonction de modèle par le groupe *species rerum*. Il est également remarquable que l'emploi de *formae*, avec un sens voisin de *genera*, anticipe la description des Formes que contient ce monde-ci, c'est-à-dire les quatre espèces.

> ἧπερ οὖν νοῦς ἐνούσας ἰδέας τῷ ὃ ἔστιν ζῷον, οἷαί τε ἔνεισι καὶ ὅσαι, καθορᾷ, τοιαύτας καὶ τοσαύτας διενοήθη δεῖν καὶ τόδε σχεῖν. εἰσὶν δὴ τέτταρες, μία μὲν οὐράνιον θεῶν γένος, ἄλλη δὲ πτηνὸν καὶ ἀεροπόρον, τρίτη δὲ ἔνυδρον εἶδος, πεζὸν δὲ καὶ χερσαῖον τέταρτον.
>
> [Conformément à la nature et au nombre des espèces dont l'intellect discerne la présence dans ce qui est le Vivant, le dieu considéra que ce monde aussi devait avoir les mêmes en nature et en nombre (...)]

> *Quot igitur et quales animâlium formas mens in speciem rerum intuens poterat cernere, totidem et tales in hoc mundo secum cogitavit effingere. Erant autem animantium genera quattuor* [...]
>
> [Le nombre et la nature des formes que l'esprit pouvait discerner en contemplant la Forme (de tout ce qui existe), il décida de le reproduire dans ce monde. Il y avait quatre espèces de vivants (...)]

Si l'on s'intéresse à présent aux syntagmes comportant *species*, on constate que l'emploi d'un déterminant (génitif) précise le rôle de *species*, ce qui fait voir mentalement l'objet précisé par le déterminant. En 29a, le démiurge fixe son regard sur le modèle éternel, « *to aidion (paradeigma)* [τὸ ἀίδιον (παράδειγμα)] » ; Cicéron rend par « *speciem aeternitatis imitari* » :

> εἰ μὲν δὴ καλός ἐστιν ὅδε ὁ κόσμος ὅ τε δημιουργὸς ἀγαθός, δῆλον ὡς πρὸς τὸ ἀίδιον ἔβλεπεν.
>
> [Si notre monde est beau et si son démiurge est bon, il est évident que le démiurge a fixé ses regards sur ce qui est éternel.]
>
> [*Atqui si pulcher est hic mundus et si probus ejus artifex, profecto* speciem aeternitatis *imitari maluit.*]

C'est ce que confirme le fait qu'*aeternitas* seul suffise, dans la phrase suivante, à rendre le « modèle éternel », une fois que le processus d'intellection a été mis en place par *species* : « Il est évident pour tout le monde que le démiurge a fixé les yeux sur ce qui est éternel [παντὶ δὴ σαφὲς ὅτι πρὸς τὸ ἀίδιον. *Non igitur dubium quin aeternitatem maluerit exsequi*]. »

Ces emplois paraissent plus caractéristiques encore si on les met en parallèle avec « *speciem optimi* », qui traduit, avec substantivation de l'adjectif, « *tou aristou idean* [τοῦ ἀρίστου ἰδέαν] » en 46c (ce qu'il y a de mieux), et avec « *speciem rerum* » qui traduit « *tôi ho estin zôion* [τῷ ὃ ἔστιν ζῷον] (le Vivant) » en 39e.

Le mouvement qui tend à privilégier le substantif de détermination est un choix de traduction que Calcidius n'a pas retenu, comme on le constate aisément en comparant le texte de Cicéron et le sien dans les quatre passages suivants, cités et traduits précédemment :

> 28 : *quocirca si is, qui aliquod munus efficere molitur, eam speciem quae semper eadem est, intuebitur atque id sibi proponet exemplar, praeclarum opus efficiat necesse est ; quippe ad immortalis quidem et in statu genuino persistentis exempli similitudinem atque aemulationem formans operis effigiem honestum efficiat simulacrum necesse est.*
>
> [en façonnant une représentation de l'œuvre à la ressemblance et à l'imitation d'un modèle immortel et conservant son état d'origine, il réalise nécessairement une belle œuvre.]
>
> 29 : *Atqui si pulcher est hic mundus et si probus ejus artifex, profecto speciem aeternitatis imitari maluit. Nam si est — ut quidem est — pulchritudine incomparabili mundus, opifexque et fabricator ejus optimus perspicuum est, quod*

2

Apulée : « forma »/« exemplum »/« exemplar »

Le modèle artistique infléchit également l'emploi du vocabulaire chez un platonicien comme Apulée, dans la succincte présentation de l'opuscule *Platon et sa doctrine* :

> Les idées, c'est-à-dire les formes de toutes choses, sont simples et éternelles, sans être corporelles cependant ; c'est parmi elles que se trouvent les modèles des choses présentes et futures que dieu a choisis ; on ne peut trouver dans ces modèles plus d'une seule image de chaque espèce et tout ce qui naît a, comme la cire, sa forme et sa figure tracées d'après l'empreinte des modèles.
>
> [*Ideas vero, id est formas omnium, simplices et aeternas esse nec corporales tamen ; esse autem ex his, quae deus sumpserit, exempla rerum quae sunt eruntve ; nec posse amplius quam singularum specierum singulas imagines in exemplaribus inveniri gignentiumque omnium, ad instar cerae, formas et figurationes ex illa exemplorum inpressione signari.*]
>
> 1, 6.

Comme chez Sénèque, *species* est utilisé dans son sens courant d'« espèce », tandis que *forma-exemplum-exemplar* désignent la Forme suivant une progression ici déterminée par l'image très concrète de la cire, sur laquelle s'imprime le modèle. Cette convergence pourrait suggérer que l'interprétation de la doctrine platonicienne, qui n'était certainement pas la même pour le stoïcien Sénèque — fût-il influencé par le moyen-platonisme — que pour Apulée, subit l'infléchissement que dessinent les choix de traduction : les traductions de Sénèque et d'Apulée privilégient un vocabulaire susceptible d'expliciter, mais l'explicitation d'*eidos* [εἶδος] par *exemplum* infléchit le sens, ou plus exactement le réduit. En voulant transmettre on fige, en privilégiant l'exemple on appauvrit la pensée.

juxta sincerae atque immutabilis proprietatis exemplum mundi sit instituta molitio [la construction du monde s'est faite d'après le modèle de ce qui est proprement inaltéré et immuable].

39 : *Quot igitur et quale animalium formas mens in speciem rerum intuens poterat cernere, totidem et tales in hoc mundo secum cogitavit effingere atque ut mens, cujus visus contemplatioque intellectus est, idearum genera contemplatur in intelligibili mundo, quae ideae sunt illic animalia, sic deus in hoc opere suo sensibili diversa animalium genera statuit esse debere constituitque quattuor* [quand l'esprit (...) contemple les genres des idées dans le monde intelligible...].

46 : *deus, cum optimi speciem, quoad fieri potest, efficit* [...] *dei* summam optimam*que* et primariam speciem *molientis* [dieu mettant en œuvre la Forme première].

Là où Cicéron resserre par des substantifs les articulations qui font jouer le mode spécifique de l'intellection propre au démiurge, Calcidius explicite par les adjectifs et les groupes de qualification ce qu'est le modèle : il n'est peut-être pas indifférent que, dans ces passages, le terme retenu trois fois sur quatre est *exemplum*, tandis que le terme *species* n'apparaît qu'une fois, précisé par l'adjectif *primaria* : l'étude systématique des occurrences dans la traduction et le commentaire de Calcidius fait ressortir que l'emploi de *species* est réservé à ce qui est appréhendé par l'intellect, tandis qu'*exemplum* apparaît quand, dans la forme intelligible, c'est la fonction de modèle qui est mise en avant. Cependant, si cette distinction reprend grossièrement celle qu'avait établie Cicéron, elle n'est pas maintenue avec la même fermeté. Or c'est dans la distinction des emplois d'*exemplum* et de *species* que réside, semble-t-il, la précision de la lecture platonicienne du mythe du Démiurge.

Ainsi, dans la traduction précédemment citée de 28, Cicéron désigne par *species* ce vers quoi tend le regard du Démiurge tandis qu'il emploie *exemplar* pour évoquer le rôle que jouera la *species* dans le processus d'imitation ; dans le même sens, au paragraphe suivant :

> *Rursus igitur videndum ille fabricator hujus tanti operis utrum sit imitatus exemplar, idne, quod semper unum idem et sui simile, an id, quod generatum ortumque dicimus. Atqui si pulcher est hic mundus et si probus ejus artifex, profecto speciem aeternitatis imitari maluit.*
>
> [Mais il faut encore se demander si le fabricant d'une telle œuvre l'a réalisée en imitant un modèle, à savoir d'après ce qui est toujours identique et semblable à soi-même, ou d'après ce que nous nommons devenu et engendré. Et, si notre monde est beau et si son démiurge est bon, il est évident qu'il a préféré imiter la forme éternelle.]
>
> 29a.

L'*exemplar* est ce qu'imite le « *fabricator* (*tektainomenos* [τεκταινόμενος]) », tandis que « *species aeternitatis* est ce qu'imite l'*artifex probus* (*dêmiourgos* [δημιουργός]) ». Enfin, « *species aeternitatis* » est opposé à « *generatum exemplum* ».

Cette distinction rigoureusement maintenue permet de conserver ainsi sur deux plans différents la description de l'intelligible et l'explicitation de son rôle dans le monde sensible : Calcidius s'est partiellement aidé de cette distinction, mais Sénèque et Apulée l'ont ignorée. Or, plutôt que d'invoquer dans leur cas incompréhension ou infléchissement doctrinal, on pourrait s'intéresser aux difficultés qu'entraîne le choix de *species*. Il suffit pour cela de considérer quels sont les autres emplois de *species* dans la langue philosophique à l'époque de Cicéron. Cicéron lui-même a aussi utilisé ce terme pour désigner tout ce qui ne peut être objet de certitude, apparence qui contraint à se contenter du probable quand les Stoïciens voudraient fonder leur théorie de la connaissance sur des représentations vraies qui portent leur marque distinctive. Mais il l'a aussi employé pour désigner l'image des dieux, dont la vision mentale, selon les Épicuriens, nous livre avec certitude la preuve que les dieux sont bienheureux et éternels. Si la « *species dei* » est un aspect très peu exploré de la théologie épicurienne, il n'est pas contestable, en revanche, que l'emploi de *species* dans un contexte épicurien est très pertinent. On le constate d'après les occurrences du terme chez Lucrèce, où *species* est employé surtout pour désigner l'apparence en tant qu'elle donne à voir, c'est-à-dire, conformément à la théorie de la connaissance des Épicuriens, en tant qu'elle est la condition nécessaire de la connaissance : le syntagme « *naturae species ratioque* », utilisé à plusieurs reprises par Lucrèce (*De rerum natura*, I, 148 : « la vue et l'explication de la nature »), en donne un raccourci saisissant.

Le fait que *species* soit utilisé, dans le corpus cicéronien, pour récuser les certitudes des Stoïciens mais aussi pour évoquer les conditions mêmes de l'intellection — et cela, non seulement dans un contexte platonicien mais également dans un contexte épicurien — incite à formuler l'hypothèse suivante en guise de conclusion : si *species* renvoie bien, dans ses emplois épicuriens et antistoïciens, aux débats hérités de la philosophie hellénistique sur les conditions de possibilité de la connaissance, l'exploitation qu'en fait Cicéron pour traduire la Forme platonicienne peut s'expliquer par la volonté maintes fois affirmée de redonner sa véritable place à la démarche de Platon, qui suppose qu'on laisse inscrit dans la langue un questionnement toujours ouvert. Comme Platon, Cicéron a exploité avec *species* tout le potentiel heuristique contenu dans le terme *eidos*. Ce faisant, il récuse l'évolution des emplois du mot grec qu'a fixée l'histoire de la philosophie. Ses successeurs ont préféré tenir compte de cette évolution dans leur choix de traduction, qui n'est pas déterminé par l'autorité cicéronienne.

Clara AUVRAY-ASSAYAS

BIBLIOGRAPHIE

APULÉE, *Opuscules philosophiques. Fragments*, trad. fr. J. Beaujeu, Les Belles Lettres, « CUF », 1973.

AUGUSTIN, *Quaestiones 83*, *in* G. Bardi *et al.* (éd.), *Mélanges doctrinaux*, Institut d'études augustiniennes, « Bibliothèque augustinienne », t. 10, 1952.

CICÉRON, *L'Orateur*, éd. et trad. fr. A. Yon, Les Belles Lettres, « CUF », 1964.

DONINI Pier Luigi, « L'eclettismo impossibile. Seneca e il platonismo medio », *in* P.L. DONINI et G.F. GIANOTTI (éd.), *Modelli filosofici e letterari. Lucrezio, Orazio, Seneca*, Bologne, Pitagora editrice, 1979, p. 151-300.

GIOMINI Remo, *Ricerche sul testo del « Timaeo » Ciceroniano*, Rome, A. Signorelli, 1967.
LAMBARDI Noemi, *Il « Timaeus » Ciceroniano. Arte e tecnica del vertere*, Florence, Le Monnier, 1982.
MORESCHINI Claudio, « Osservazioni sul lessico filosofico di Cicerone », *A.S.N.P.*, 1979, p. 99-178.
— *Apuleius « De philosophia libri »*, Stuttgart, Teubner, 1991.
PLATON, *Timée-Critias*, trad. fr. A. Rivaud, Les Belles Lettres, « CUF », 1925.
— *Timée*, trad. fr., intr. et notes L. Brisson, Flammarion, « GF », 1992.
PONCELET Roland, *Cicéron traducteur de Platon. L'expression de la pensée complexe en latin classique*, De Boccard, 1957.
REYNOLDS Lighton Durham, *L. Annaei Senecae « Ad Lucilium Epistulae morales »*, Oxford, Clarendon Press, 1965.
VARRON, *De lingua latina*, livre VI, éd., trad. fr. et comm. P. Flobert, Les Belles Lettres, « CUF », 1985.
WASZINK Jan Hendrik, *« Timaeus » a Calcidio translatus commentarioque instructus, Plato latinus*, éd. R. Klibansky, t. 4, Londres et Leyde, Brill, 1962.

OUTILS

ERNOUT Alfred et MEILLET Antoine, *Dictionnaire étymologique de la langue latine. Histoire des mots* [1932], 4e éd. augm. J. André, Klincksieck, 1994.

SPLEEN [ANGLAIS] – fr. *spleen*

gr.	*splên* [σπλήν] (pl. *splênes* [σπλῆνες])
all.	*Überspanntheit*
esp.	*esplín*

► *MALAISE*, et ACEDIA, ANGOISSE, DOR, FEELING, FOLIE, GEFÜHL, GÉNIE, INGENIUM, MÉLANCOLIE, *NOSTALGIE*, PATHOS, SAUDADE, SEHNSUCHT

Parmi les termes qui, dans les langues européennes, ont pour origine le grec splên [σπλήν], *la rate, le* spleen *anglais désigne un sentiment moral et comme un style, enfant moderne de l'acédie et de la tristesse. Son histoire mène du plan strictement physique à une sémiologie psychologique et morale, pour déboucher sur un « malaise », véritable symptôme de la maladie de la culture, le* spleen *qui accompagne la modernisation.*

Splên [σπλήν] désigne en grec l'organe de la rate en tant que siège des humeurs nécessaires à l'équilibre de l'ensemble du corps et, au pluriel (*splênes* [σπλῆνες]), les douleurs de rate, l'hypocondrie (Bailly, *s.v.* ; cf. le verbe *splêniaô* [σπληνιάω]). Son voisin lexical *splagkhna* [σπλάγχνα] désigne les entrailles (celles des victimes, qu'on mange et qu'on examine pour prophétiser), les viscères essentiels à la survie humaine (cœur, foie, reins, poumons), donc aussi le cœur ou l'âme comme siège des affections et du caractère, et même le sein maternel (Bailly, *s.v.*). Dans le grec néotestamentaire, *splagkhna*, « cœur », a donné naissance à *splagkhna* (exceptionnellement *splagkhnon* [σπλάγχνον]), « pitié » (Chantraine, *s.v.* « *splên* »). En espagnol, l'Académie de la langue fait droit à la forme *esplín*, rareté qui permet de rejoindre le terme anglais *spleen* et, surtout, de souligner l'origine grécolatine de ce champ lexical : ainsi en viendra-t-on vers 1740 (selon le dictionnaire des *Autoridades*) au terme *splénico*, ce qui, avec l'emploi d'*esplenètic* en catalan et d'*esplenético* en castillan, permet de relier cet usage à l'*esplén* du Moyen Âge.

L'humeur des Anciens, celle qui est produite par le *splên*, fait partie des « liqueurs qui se nourrissent, se maintiennent et appartiennent à la condition physique, telles que, chez l'homme, le sang, la colère, le flegme [ou pituite] et la bile, ainsi que les éléments excrémentiels comme l'urine, la sueur, etc. » (*Autoridades*). Ces humeurs sont le produit de la transformation initiale du repas (« selon Avicenne, [elles sont] un corps humide et liquide, dans lequel se convertissent en premier les mets », *ibid.*). L'abondance de l'une de ces humeurs règle les manifestations extérieures de ce qui devient *génie*, *condition* ou « *naturel* », c'est-à-dire le tempérament fondamental de chacun que l'on ne peut et ne doit que contrôler : « *Buen humor por vida mía / se purga todos los años* [une bonne humeur, ma foi, se purge chaque année] » (A. Moreto, *El lego del Carmen*, première journée).

I. « SPLEEN » SHAKESPEARIEN ET POUVOIR SUR AUTRUI

Le sens proprement psychologique de *spleen* apparaît dans le baroque anglais où, moyennant le génie de Shakespeare, cette notion reçoit son statut de signal de l'âme en même temps que celui de vertu ou de qualité liée à l'homme de la noblesse et au guerrier. Shakespeare prend manifestement en compte le sens physique qui découle de la théorie antique des humeurs : le *spleen* désigne, en effet, non seulement l'écoulement des larmes ou autres humeurs externes qu'on a évoquées plus haut, mais aussi le siège corporel des sentiments qui tournent autour du *spleen*. Le *spleen* est une qualité des corps jeunes (« *Quicken'd with youthful spleen and warlike rage* [vivifiée par une ardeur juvénile, et une rage belliqueuse] », *Henry VI, première partie*, acte IV, sc. 6, trad. fr. F.-V. Hugo, t. 1, p. 214) qui se heurtent à la noblesse des sages (« *You charge not in your spleen a noble person* [Prenez garde d'accuser par rancune une noble personne] », *Henry VIII*, acte I, sc. 2, trad. fr. F.-V. Hugo, t. 1, p. 843). Sa dépendance par rapport au royaume de la nature (qu'on peut dire extérieure, mais qui métaphorise la découverte d'une dangereuse nature intérieure) fait de ce sentiment qu'est le *spleen* quelque chose de non humain, de primitif et de légendaire qui domine l'âme et sa force (« *Inspire us with the spleen of fiery dragons!* [Que notre ancien cri de vaillance (...) nous inspire la rage des dragons de flamme] », *Richard III*, acte V, sc. 3, trad. fr. F.-V. Hugo, t. 1, p. 471).

Shakespeare s'appuie sur la base physique et pathologique des humeurs (« *unto a mad-brain rudesby full of spleen* [à un fou, à un malotru plein de bile] », *La Sauvage apprivoisée*, acte III, sc. 2, trad. fr. F.-V. Hugo mod., t. 1, p. 988), mais il est surtout le témoin d'une psychopathologie de l'époque, celle qui perçoit dans le miroir des classiques ses propres luttes pour le pouvoir, comme chez Jules César qui périt victime du jeu des « sécrétions politiques » (« *You shall digest the venom of your spleen* [Vous digérerez le venin de votre bile] », *Jules César*, acte IV, sc. 3, trad. fr. E. Fleg, t. 2, p. 596). La connexion entre le physique et le moral est représentée par le difficile équilibre de la figure mythique d'Éros (« *conceived of spleen, and born of madness; that blind rascally boy that abuses every one's eyes because his own are out, let him be judge how deep I am in love* [conçu de l'ennui, né de la folie ; ce petit vaurien d'aveugle qui trompe tous les yeux parce qu'il a perdu les siens, qu'il juge à quelle profondeur je me débats dans mon amour] », *Comme il vous plaira*, acte IV, sc. 1, trad. fr. J. Supervielle, t. 2, p. 148). Ses effets sont eux aussi abhorrés (« *That in this spleen ridiculous, appears, / To check their folly, passion's solemn tears* [Qu'au milieu de leur humeur joyeuse ont apparu, pour réprimer leur folie, les larmes solennelles de la douleur] », *Peines d'amour perdues*, acte V, sc. 2, trad. fr. F.-V. Hugo, t. 1, p. 1128).

Mais le propre de Shakespeare tient surtout au sens de statut social et moral qu'il donne au *spleen* : c'est une source de pouvoir sur les autres. Le cardinal Wolsey (*Henry VIII*, acte II, sc. 4, trad. fr. F.-V. Hugo, t. 1, p. 862) déclare à sa dame : « *Madam, you do me wrong: / I have no spleen against you; / nor injustice for you or any* [Madame, vous me faites injure : je n'ai pas de rancune contre vous ; je ne suis injuste ni pour vous ni pour personne] », afin de souligner que le respect de la loi est la limite logique du *spleen*, dont l'injustice peut être inévitable (« *the unruly spleen* [la colère désordonnée] », *Roméo et Juliette*, acte III, sc. 1, trad. fr. P.-J. Jouve et G. Pitoëff, t. 2, p. 502). D'autant que le *spleen* se trouve aller de compagnie avec l'arrogance et l'orgueil : « *You sign your place and calling, in full seeming, / With meekness and humility; but your heart / Is cramm'd with arrogancy, spleen, and pride* [Vous exercez votre ministère avec tous les dehors de la douceur et de l'humilité ; mais votre cœur est gonflé d'arrogance, de rancune et d'orgueil] » (*Henry VIII*, acte II, sc. 4, trad. fr. F.-V. Hugo, t. 1, p. 863).

Le *spleen* est l'atout du conquérant : « *spleen and fury* » composent l'autoportrait d'Alcibiade (*Timon d'Athènes*, acte III, sc. 5). Et c'est la guerre moderne — telles les guerres de Religion évoquées par Montaigne dans son *Journal du voyage en Italie* — qui amplifie l'excès de la colère : « *with swifter spleen than powder can enforce* [bien plus vite que devant la violence de la poudre] » (*Le Roi Jean*, acte II, sc. 1, trad. fr. F.-V. Hugo, t. 1, p. 493). Ce type d'offense qui déchaîne fatalement la vengeance apparaît, dans *Henry VI*, comme une redoutable qualité des soldats (« *That robb'd my soldiers of their heated spleen* [qui enlevait à mes soldats leur hostile ardeur] », *Henry VI, troisième partie*, acte II, sc. 1, trad. fr. F.-V. Hugo, t. 1, p. 326), mais aussi, dans *Henry IV*, comme une inclination fatale (« *A weasel hath not such a deal of spleen / As you are tossed with* [Une belette est agitée de moins de lubies que vous] », *Henry IV, première partie*, acte II, sc. 3, trad. fr. F.-V. Hugo, t. 1, p. 625), dangereuse parce qu'elle peut gouverner « *a hair-brain'd Hotspur* [Hotspur l'écervelé, que gouverne le caprice] » (*ibid.*, acte V, sc. 2, trad. fr. F.-V. Hugo, t. 1, p. 665). Cette force devient maudite dans *Richard III* (acte II, sc. 4, trad. fr. F.-V. Hugo, t. 1, p. 420) : « *and frantic outrage, end thy damned spleen* [Ô dénaturée et frénétique haine, arrête là ta fureur damnée] ». Mais elle est toujours douée de cette ambivalence que perçoivent ceux que le *spleen* possède (ainsi le *spleen* du valeureux Achille boudant sous sa tente se tord de rire quand Patrocle imite le vieux Nestor : « *Give me ribs of steel! I shall split all / In pleasure of my spleen* [Donne-moi des côtes d'acier, car ma rate désopilée va rompre les miennes] », *Troïlus et Cressida*, acte I, sc. 3, trad. fr. F.-V. Hugo, t. 2, p. 719). C'est pourquoi le *spleen* peut être finalement un objet de désir (*La Nuit des rois*, acte III, sc. 2) et d'exploration (*Troïlus et Cressida*, acte II, sc. 2).

II. « SPLEEN » BAUDELAIRIEN ET SENTIMENT MODERNE

Le *spleen* fait retour dans un sens qui, comme *esplín* en espagnol, est qualifié par l'Academia d'« humour tragique » (Bretón de Los Herreros), et qui caractérise le cœur de la sensibilité métropolitaine proto-consumériste. L'acception du *spleen* en tant que sentiment moderne, c'est-à-dire comme rapport avec la société et avec l'époque, sentiment fait de distance et de douleur indéfinies, est l'œuvre de Baudelaire. *Les Fleurs du Mal* et *Le Spleen de Paris* constituent, en effet, des points de repère obligés pour comprendre cette maladie du siècle. Fureur et colère s'orientent désormais vers un ordre non logique, étrange par rapport aux sentiments et aux projets des individus, qui constitue en même temps — ce qui en souligne l'ambivalence — l'occasion de toutes les nouvelles expériences d'une époque qui se définit par l'instant, par l'éphémère. Le *spleen* est alors un style de vie plutôt qu'une sensation morale ou esthétique. Il se manifeste par une extravagance (*Verschrobenheit*), et l'activité moderne, le *spleening* — activité qu'on cultive et non fatalité subie —, a la valeur d'une légère folie (*leicht Verrückt*). Il ne s'agit donc ni d'un événement isolé (ou nocturne), ni d'un « état extraordinaire », mais d'un style de vie vrai et généralisé, dans lequel domine la surexcitation (dans l'allemand courant : *Überspanntheit*).

C'est justement cette irritation ou cette plainte sans objet qui colore le *spleen* baudelairien (*Les Fleurs du Mal*, LXXV, « Spleen ») et qui apparaît sur la scène comme « Pluviôse, irrité contre la ville entière » (v. 1), où se substantifie la mélancolie de la pure perte. Cet état n'est pas en effet élaboré dans la joie — comme chez Bataille, où le rire débordera le *spleen* dans la dérive maniaque —, mais subi dans la chute et le vertige du temps nouveau dont l'instantanéité bouleverse les catégories et les carrières. Le *spleen* de la période des passages du nouveau commerce (*Das Passagen-Werk* de Benjamin) et de la Commune est un dialogue dans lequel l'Ancien Régime se plaint de sa perte à jamais (« Le beau valet de cœur et la dame de pique / Causent sinistrement de leurs amours défunts », *ibid.*, v. 13-14).

L'internalisation de la crise de la culture débouche sur une représentation de l'intimité comme espace désolé et impossible à contempler, sauf dans la détresse ou une complaisance cliniquement désignée sous le nom de masochisme : « Je suis un cimetière abhorré de la lune / [...] Je suis un vieux boudoir plein de roses fanées » (*Les Fleurs du Mal*, LXXVI, « Spleen », v. 8 et 11). De cette topologie dérive la connaissance d'un nouveau temps suspendu – l'éternel présent qui ne fournit pas de possibilités de vie créative : « L'ennui, fruit de la morne incuriosité / Prend les proportions de l'immortalité » (*ibid.*, v. 17-18). Tel est le profil du nouveau flâneur dans les villes-étalages, qui cherche sans cesse des signes afin de remplir la conscience qu'il a de son vide intérieur et d'atteindre quelque motif d'enthousiasme. Ce roi qui se promène à l'insu de tout le monde, ce nouveau citoyen consommateur porte dans son intériorité les paradoxes du changement de style de production et de vie : « Je suis comme le roi d'un pays pluvieux, / Riche, mais impuissant, jeune et pourtant très vieux » (*Les Fleurs du Mal*, LXXVII, « Spleen », v. 1-2). La nouvelle fantasmagorie dont nous parle le Marx du fétichisme de la marchandise permet l'accès aux présences cachées, refoulées. Le sujet du *spleening* se voit envahi de ces signes qu'il doit apprendre à déchiffrer.

José Miguel MARINAS

BIBLIOGRAPHIE

BAUDELAIRE Charles, *Les Fleurs du Mal*, in *Œuvres complètes*, Gallimard, « La Pléiade », 1980. Cf. aussi la version *on-line* de Pierre Perroud, ATHENA, 1998.

BENJAMIN Walter, *Das Passagen-Werk*, in *Gesammelte Schriften*, t. 5, éd. R. Tiedemann, Francfort, Suhrkamp, 1982 ; *Paris, capitale du XIXe siècle*, trad. fr. J. Lacoste, Cerf, 1992.

HUME David, *A Treatise of Human Nature* [1739-1740], éd. Selby-Bigge, Oxford, 1978 ; *Traité de la nature humaine*, t. 1, *L'Entendement*, trad. fr. P. Baranger et P. Saltel, Flammarion, « GF », 1993.

MORETO Agustín, *El lego del Carmen*, Salamanque, Anaya, 1970.

SHAKESPEARE William, *Œuvres complètes*, 2 vol., Gallimard, « La Pléiade », 1959.

OUTILS

BAILLY Anatole, *Dictionnaire grec-français*, coll. E. Egger, éd. rev. L. Séchan et P. Chantraine, Hachette, 1950.

CHANTRAINE Pierre, *Dictionnaire étymologique de la langue grecque*, nouv. éd. mise à jour avec un « Supplément au dictionnaire », Klincksieck, 1999.

COROMINAS Joan et PASCUAL José A., *Diccionario crítico etimológico castellano e hispánico*, 6 vol., Madrid, Gredos, 1961, nouv. éd., 1984-1991.

REAL ACADEMIA ESPAÑOLA, *Diccionario de Autoridades*, Madrid, 1726, repr. en fac-similé, 3 vol., Madrid, Gredos, 1990.

SPRECHGESANG ALLEMAND – fr. *mélodie parlée, parler-chanter*

► *VOIX*, et DICHTUNG, ESTHÉTIQUE, LOGOS, STIMMUNG, TRADUIRE

Arnold Schoenberg crée dès 1912 le néologisme Sprechgesang *à des fins compositionnelles et esthétiques, pour signifier une nouvelle manière d'écrire pour la voix.* Sprechgesang *appose deux verbes :* sprechen, *« parler », et* singen, *« chanter », et désigne une technique vocale autant qu'une façon de penser la vocalité au XXe siècle. C'est dans* Pierrot lunaire *(1912), mélodrame pour ensemble instrumental et voix, que l'on trouve inscrit pour la première fois ce binôme terminologique qui posera une difficulté considérable tant aux interprètes qu'aux théoriciens et compositeurs. Il faut noter que, si* Sprechgesang *n'est usité que dans le domaine musical, il a contaminé l'ensemble des études et recherches dans le domaine esthétique, en particulier littéraire et poétique.*

Les quelques tentatives avortées de transposition montrent que le *Sprechgesang*, inventé par Schoenberg pour endiguer une fois pour toutes l'esthétique vocale du *bel canto* en vigueur entre le XVIIIe et la fin du XIXe siècle, constitue un intraduisible type, dans la mesure où la conjonction du parler/chanter en allemand a pour corollaire celle du vocaliser et de la vocalité. Le souci de Schoenberg n'est pas tant de réunir deux catégories de la *phônê* [φωνή], mais de faire que cette union soit représentative des opérations transverses entre questions vocales et formes variables de textualité et de prosodie. Pour Schoenberg, l'opération qui consiste à faire chanter un texte n'est pas nécessairement dépendante d'une structure musicale mélodique. La voix appelle le chant, comme si elle l'apostrophait, mais elle n'en est pas pour autant tributaire. Schoenberg considère comme trivial le reproche fait au compositeur de ne pas rendre justice à un texte, de le « trahir » vocalement.

> Il est aisé de comprendre aussi que les relations apparentes entre musique et texte, telles qu'on les marque dans la déclamation, le tempo, les nuances dynamiques, n'ont pas grand-chose à voir avec leurs correspondances profondes et ne vont pas plus loin que, par exemple, cette imitation primitive de la nature qui consiste à copier un modèle. Il faut parfois accepter certaines divergences superficielles parce qu'elles respectent cette nécessité interne : la traduction à un niveau supérieur. En sorte que, lorsqu'on juge une musique à partir d'un texte, on ne fait guère mieux que lorsqu'on juge l'albumine à partir des propriétés du carbone.
>
> A. Schoenberg, *Le Style et l'Idée*, trad. fr. C. de Lisle, p. 121.

Schoenberg nourrit un idéal atectonique des relations ambivalentes entre voix, chant et ce qu'il appelle dans son *Journal de Berlin*, le 22 janvier 1912, le « récitatif obligé » (*Journal de Berlin*, trad. fr. G. Babin-Gugenheim, p. 14). C'est pourquoi *Pierrot lunaire* est le lieu d'expérimentation d'un « indicible » qui, dans l'esprit du compositeur, doit être si possible noté et interprété par des diseuses et non par des chanteuses. L'union des inflexions de la voix parlée et de celles de la voix chantée a pour préalable théorique l'idée que la voix n'est pas une entité timbrique aux contours définis et clairs. Dans le *Sprechgesang*, Schoenberg entend avant tout l'irrégularité du phénomène vocal, le dérapage d'une catégorie sur une autre, et, par conséquent, une étrangeté esthétique abrupte, base d'une nouvelle harmonie où le son de la voix est sens. Au départ, note Schoenberg dans la préface au *Pierrot lunaire*, le rythme devait être « observé strictement, comme s'il s'agissait de chant, mais, alors que la voix chantée maintient la hauteur du son, la mélodie parlée ne fait que l'indiquer pour la quitter aussitôt de façon ascendante ou descendante ».

L'expression *Sprechgesang* est devenue un concept à part entière, qui affecte les questions de déclamation et de textualité, au-delà des vocalités mises en œuvre pour déclamer, dire, parler et chanter la musique des mots. Cette matrice de l'écriture musicale qui rend intelligible, non pas les mots, censés subir vocalement des mutations de diction, mais la musique elle-même, disloque l'homogénéité de la voix qui chante et pulvérise son enveloppe lyrique pour mieux souligner les zones intermédiaires et les limites de la vocalité. Le projet de Schoenberg appartient à une herméneutique de la traduction : il a lui-même, en 1949, dans un texte intitulé « C'est moi le coupable » (*op. cit.*, p. 121), introduit cette notion de traduction pour évoquer l'aventure du *Sprechgesang* au moment de *Pierrot lunaire*. « Alors que j'avais demandé qu'on n'ajoutât rien en matière d'expression et de traduction, ils [les interprètes] en conclurent que c'en était désormais fini des modes d'expression et de traduction : il ne devait plus rien subsister qui eût un lien quelconque avec le texte. »

C'est dans l'opposition entre ce que Schoenberg désignait par, d'un côté, l'esthétique et, de l'autre, le métier qu'il faut entendre la question de traduction inhérente à la voix parlée et chantée.

Danielle COHEN-LEVINAS

BIBLIOGRAPHIE

SCHOENBERG Arnold, *Le Style et l'Idée*, écrits réunis par Leonard Stein, trad. fr. C. de Lisle, Buchet-Chastel, 1977, rééd. 2002.

— *Journal de Berlin*, trad. fr. G. Babin-Gugenheim, Bourgois, 1990.

SPREZZATURA ITALIEN – fr. *désinvolture*

lat. *negligentia*

► ***DÉSINVOLTURE***, et ART, BEAUTÉ, CIVILTÀ, GOÛT, ***GRÂCE***, INGENIUM, LEGGIADRIA

Le mot italien sprezzatura, *que Baldassar Castiglione emploie dans son* Livre du courtisan *(1528) en le considérant comme « nouveau », caractérise une certaine qualité du comportement exigé du « courtisan », c'est-à-dire de l'homme parfait selon les canons définis par Castiglione, et relève de la catégorie du « je ne sais quoi ». Il n'a pas été vraiment adopté par le vocabulaire courant, et renvoie toujours à son origine littéraire première.*

> Mais j'ai souvent réfléchi sur l'origine de cette grâce (*grazia*), et, si l'on laisse de côté ceux qui la tiennent de la faveur du ciel, je trouve qu'il y a une règle très universelle, qui me semble valoir plus que toute autre sur ce point pour toutes les choses humaines que l'on fait ou que l'on dit, c'est qu'il faut fuir, autant qu'il est possible, comme un écueil très acéré et dangereux, l'affectation (*affettazione*), et pour employer peut-être un mot nouveau, faire preuve en toute chose d'une certaine *sprezzatura*, qui cache l'art et qui montre que ce que l'on a fait et dit est venu sans peine et presque sans y penser (*usar in ogni cosa una certa sprezzatura, che nasconda l'arte e dimostri ciò che si fa e dice venir fatto senza fatica e quasi senza pensarvi*).
>
> Éd. it. A. Quondam, 1981, p. 59-60 ; trad. fr. A. Pons, 1987, p. 54.

Cette phrase, que l'on peut lire au chapitre 26 du *Livre du Courtisan* de Baldassar Castiglione, a introduit dans la littérature mondiale un mot intraduisible par excellence. Pour comprendre les raisons de cette impossibilité, il faut analyser la richesse des significations incluses dans ce terme, et la valeur qu'il prend dans l'ouvrage. Le sujet du livre est la recherche en commun, par un certain nombre de membres de la cour d'Urbino, au début du XVIe siècle, d'une définition du « courtisan parfait », le personnage du courtisan étant considéré comme le type même de l'homme idéal. Or avant même de parler dans le détail des qualités dont le courtisan doit savoir faire preuve dans les différentes activités de son existence, Castiglione pose d'emblée une exigence qui peut paraître formelle, mais qui n'en détermine pas moins, de façon absolue, la valeur de toutes les conduites courtisanes, celle de la « grâce » (*grazia*) :

> Le Courtisan doit accompagner ses actions, ses gestes, ses manières, en somme tous ses mouvements, de grâce. Et il me semble que vous considérez cela comme l'assaisonnement de toute chose, sans lequel toutes les autres qualités n'ont que peu de valeur.
>
> Livre I, chap. 24.

Le domaine d'exercice de la grâce est immense, et il relève de la théologie, de la métaphysique, de l'esthétique. Castiglione l'étend à celui des manières. Après avoir reconnu la « gratuité » de la grâce quand elle est un don de la nature, il s'attache à définir l'art par lequel elle peut s'acquérir, la « règle très universelle » qu'il faut suivre pour donner à « ce que l'on fait ou ce que l'on dit » l'« assaisonnement de la grâce » (*condimento della grazia*). Cette tentative est paradoxale : elle consiste à essayer d'obtenir par l'art, par l'obéissance à des règles, ce qui est donné par la nature. La grâce résulte ainsi d'un travail difficile, d'une « peine », d'un souci constant, qui ne doit jamais apparaître comme tel, mais qui s'efface lui-même, qui « cache l'art et qui montre que ce que l'on a fait et dit est venu sans peine et presque sans y penser » (*loc. cit.*) : c'est là faire preuve de ce que Castiglione appelle « une certaine *sprezzatura* ». À l'opposé, quand l'art, en tant qu'activité réfléchie et volontaire, se laisse trop voir, le résultat n'est pas atteint, la grâce est manquée et on a affaire à l'« affectation », l'affectation étant à la fois le contraire de la *sprezzatura* et en même temps ce qui en est le plus près, ce dans quoi elle risque à chaque instant de tomber.

La rhétorique ancienne avait ici ouvert la voie à Castiglione, et il n'y a pas lieu de s'en étonner dans la mesure où l'on peut considérer le *Livre du courtisan* comme un traité de rhétorique s'étendant du domaine du discours à celui du comportement social en général. Cicéron, dans l'*Orator*, parlant du « style simple » ou « attique », caractérisé par *quaedam neglegentia diligens*, « une certaine négligence diligente », le compare à l'élégance de certaines femmes « sans apprêt », et il ajoute : l'« on fait quelque chose dans les deux cas pour avoir plus de grâce (*gratia*), mais sans que cela paraisse » (*Orator*, XXIII, 76-78).

Le mot *neglegentia* nous met sur la voie de la signification de la *sprezzatura*, un terme que, remarquons-le, Castiglione présente, dans la version définitive, comme « peut-être un mot nouveau », alors que, dans une version antérieure, il disait qu'il était « déjà pourtant accepté chez nous dans cette signification ». Quoi qu'il en soit, la formation du mot et son sens littéral sont clairs. Ce substantif vient du verbe *sprezzare* (en latin *expretiare*, de *pretium*, avec le *ex* négatif), et désigne l'attitude de celui qui « méprise », c'est-à-dire qui donne « peu de prix », ou même « aucun prix » à quelqu'un ou à quelque chose. Le bon courtisan est donc celui qui semble ne donner aucun prix, aucune importance à ce qu'il fait et dit, et ne trahit jamais le moindre effort. Il simule la facilité naturelle, la spontanéité, et il dissimule le travail, la peine donnée, l'art. L'art doit cacher l'art. « *Ars est celare artem.* »

Quel est le mot français qui peut rendre toutes les nuances de *sprezzatura* (la difficulté est d'ailleurs la même pour les autres langues) ? Chappuis, un des premiers traducteurs, à la fin du XVIe siècle, parle de « mépris » ou de « nonchalance », mais ces termes ont pris, dans le français moderne, une portée qui rend leur emploi insatisfaisant. Le premier a un sens trop fort, et le second (à rapprocher de « nonchaloir », « tenir peu de compte de ») est trop marqué maintenant par une nuance péjorative qui implique le manque d'énergie et la mollesse. Il en va de même de « négligence », du latin *neglegere*, « ne pas s'occuper de », trop connoté par son sens premier en français d'« oubli de ses devoirs, manquement, faute, spécialement dans le domaine religieux » (cf. *Dictionnaire historique de la langue française*). On peut proposer, dans le français actuel, « désinvolture » (A. Pons). Castiglione parle en effet à un certain moment de *sprezzata desinvoltura*, mais il faut reconnaître que ce mot ne rend pas la nuance « dépréciative » de l'étymologie, et renvoie plutôt au « désenveloppement » des manières, à leur caractère « dégagé ».

Le terme *sprezzatura* a servi parfois, après Castiglione, à qualifier, à l'intérieur du champ esthétique du maniérisme, et en particulier dans le chant, une certaine manière de prendre ses distances par rapport aux règles gouvernant la mélodie (« *una certa nobile sprezzatura di canto* »). Mais s'il continue de nos jours à être employé, c'est toujours en référence explicite ou implicite au livre de Castiglione, si bien que l'échec linguistique du néologisme est largement compensé par l'hommage littéraire rendu à son « inventeur ».

Alain PONS

BIBLIOGRAPHIE

CASTIGLIONE Baldassar, *Il Libro del Cortegiano*, Venise, Aldo et Andrea d'Asolo, 1528 ; Florence, Giunta, 1528 ; éd. A. Quondam, Milan, Garzanti, 1981 ; Le *Livre du courtisan*, trad. fr. et prés. A. Pons, Gérard Lebovici / Ivrea, 1987 ; Garnier-Flammarion, 1991.

D'ANGELO P., « "Celare l'arte." Per una storia del precetto "ars est celare artem" », *Intersezioni*, VI, 2, 1986.

FERRONI Giulio, « "Sprezzatura" e "simulazione" », *in* Carlo OSSOLA (dir.), *La Corte e il « Cortegiano »*, vol. 1, *La scena del testo*, Rome, Bulzoni, 1980.

JAM Jean-Louis, « Sprezzatura », *in* A. MONTANDON (dir.), *Dictionnaire raisonné de la politesse et du savoir-vivre du Moyen Âge à nos jours*, Seuil, 1995.

OUTILS

DHLF : REY Alain (dir.), *Dictionnaire historique de la langue française*, 3 vol., Le Robert, 1992.

STAND (TO), STANCE, STANDING [ANGLAIS] – fr. *se tenir, position, standing*

all.	*stehen*

► *IDENTITÉ*, et ACTEUR, ANGLAIS, BERUF, CONSCIENCE, JE, MULTICULTURALISM, *PERSONNE*, STANDARD

L'anglais distingue clairement entre l'identité qualitative ou de ressemblance, sameness*, qui choisit d'identifier plusieurs entités distinctes comme* one and the same *selon une description donnée, et l'identité d'identification numérique,* identity*, qui s'appuie sur un* mapping*, un réseau, une carte de questions. Ce discours de l'identification voit se développer aujourd'hui, autour de l'ouvrage fondamental de Charles Taylor* The Sources of the Self *(1989), un réseau de termes puissant et valorisé lié à la responsabilité de la personne : avec* to stand, stance, standing*, on assiste à un repositionnement de l'ipséité et, simultanément, à l'élaboration d'une famille de termes que le jeu en anglais des adverbes, des prépositions, des locutions et des métaphores rend particulièrement difficile à traduire.*

I. UN INTRADUISIBLE À L'ÉTAT NAISSANT

Au début des *Sources du moi*, Charles Taylor écrit :

> *To know who I am is a species of knowing where I stand. My identity is defined by the commitments and identifications which provide the frame or horizon within which I can try to determine from case to case what is good or valuable, or what ought to be done, or what I endorse or oppose. In other words it is the horizon within which I am capable of taking a stand.*
>
> [Savoir qui je suis implique que je sache où je me situe. Mon identité se définit par les engagements et les identifications qui déterminent le cadre ou l'horizon à l'intérieur duquel je peux essayer de juger cas par cas ce qui est bien ou valable, ce qu'il convient de faire ou ce à quoi

> je m'oppose. En d'autres mots, mon identité est l'horizon à l'intérieur duquel je peux prendre position.]
>
> *Les Sources du moi*, p. 27, trad. fr. p. 46.

Dans cette problématique de la *self-identity*, la question cruciale est de savoir si *the ground where I stand* relève d'une découverte ou d'une décision. Au premier abord, il n'y a guère de difficulté à traduire ces passages, par exemple en français. *To take a stand* peut se rendre par « prendre position » ; *to know where I stand*, par « savoir où je me tiens », « où je me situe » ; et, dans le contexte, le sens de l'expression « *the ground where I stand* » se retrouve dans « le terrain sur lequel je me trouve » ou « le terrain que j'occupe ». Mais on ne peut qu'être frappé par la manière dont l'unité de l'anglais, où *standing* et *stance* fournissent la matrice de ces différentes expressions, se trouve dispersée et redistribuée en français, d'ailleurs caractéristique en cela des langues latines modernes (à la différence des langues germaniques et slaves, qui s'organisent plus ou moins comme l'anglais, ainsi l'allemand autour de *stehen*).

L'émergence de ce vocabulaire renvoie, d'une part, aux possibilités de mobilité sociale et d'échange des rôles que recèle le monde moderne, et sur lesquelles Taylor insiste fortement : ce sont elles qui dessinent la place de la *self-determination* de l'individu. Elle renvoie d'autre part, et c'est sans aucun doute lié, à l'insistance croissante depuis la Réforme sur le rôle de l'individu, sur sa responsabilité à l'égard de ses actions et des valeurs qu'il représente (*stand for*). Ce souci de la responsabilité individuelle ou « personnelle » propre à un agent auteur de ses actions (et liée à la continuité de la conscience) est au cœur de la tentative de John Locke, dans son *Essay on Human Understanding* (livre II, chap. XXVII, *Of Identity and Diversity*) pour distinguer systématiquement entre l'identité d'un homme comme animal humain, et l'identité de la personne. *Person* (« personne ») est pour Locke *a forensic term*, un terme judiciaire : c'est aux agents humains comme personnes que l'on impute une responsabilité. Avant Locke, c'est bien sûr Martin Luther qui proclama en ces termes sa propre responsabilité quant à ses thèses sur les Indulgences et la justification de l'homme : « *Hier stehe ich, ich kann nicht anders [Here I stand*, C'est là que je me tiens, je ne peux faire autrement] » (*Verhandlungen mit D. Martin Luther auf dem Reichstage zu Worms* [1521], *WA*, vol. 7, p. 838, l. 2-9, voir CONSCIENCE, encadré 3). Luther n'aurait pas utilisé le langage de l'identité qu'étudie Taylor — et qui n'est devenu courant, comme le note justement Taylor, qu'au cours de ces cinquante dernières années (au point même de courir le risque d'être fortement dévalué). Mais il n'est pas difficile d'imaginer des contextes où Luther aurait répondu : « *I am he who stands here and can do no other* [Je suis celui qui se tient là et ne peut faire autrement]. »

II. EXPRESSIONS IDIOMATIQUES ET RÉSEAUX DE MÉTAPHORES

Il n'est pas impossible que la métaphore du *standing* (en soi déjà difficile à rendre en français ; ainsi, le *Robert et Collins* donne pour le substantif : « importance, rang, standing, réputation ») ait une saveur typiquement protestante. *To stand*, « se tenir », n'est pas s'appuyer ou être maintenu, c'est être droit, *upright*, de façon indépendante ou autonome — le terme *upright* lui-même juxtaposant au fait d'être debout, érigé, la notion de probité morale, droiture : *an upright man* est un « homme droit » —, ce qui devient tout naturellement en anglais : *straight* ; mais dire de quelqu'un ou de quelque chose qu'il est *straight* n'implique pas qu'il se tienne, littéralement ou métaphoriquement, sur ses propres pieds, *on one's own feet*. Cependant, celui qui, comme on dit, *stands foursquare*, qui se tient d'aplomb (litt. « sur les quatre côtés du carré ») et sur ses propres pieds, ne se tient pas nécessairement tout seul (*stand alone*) ; il se peut au contraire qu'il *stand firm with*, qu'il tienne bon avec tous ceux qui sont prêts à *stand up*, se dresser, pour défendre les valeurs qu'ils représentent (*stand for*), prêts à prendre fait et cause pour elles (*stand up for*) et à prendre position (*take their stand*) contre les attaques. Bref, l'anglais *stand* peut, à l'aide de toute une armée de prépositions et d'adverbes, unifier un réseau d'images qui se renforcent mutuellement, sur l'auto-détermination, l'autonomie, la résistance, la droiture, la solidarité potentielle, etc.

Taylor, retravaillant une thématique développée par Harry Frankfurt pour « rendre compte hiérarchiquement de l'identité », distingue entre les évaluations ordinaires qui sont les nôtres dans le cours de l'action, et les évaluations radicales ou profondes qui mettent en jeu un choix existentiel et permettent de déterminer ou de re-déterminer sa propre identité ; il présente par là l'identité comme constitutive du respect de soi-même et de l'autre. Il n'est pas question de dire qu'un tel projet ne pourrait s'exposer en français. Mais lorsque Taylor, lui-même bilingue, a tenté de le faire, il a été conduit à remplacer les métaphores du *standing* par des métaphores en termes de points de repère et d'horizon, parfois présentes il est vrai, mais bien moins acclimatées, dans la version anglaise — l'horizon, qui à soi seul connote un horizon phénoménologique, est à peine naturalisé dans l'anglais non technique. Et sans doute les deux registres sont-ils nécessaires ensemble à la définition du nouveau concept d'identité que Taylor tente d'articuler dans la première citation. Demeure qu'il est difficile de ne pas perdre le réseau idiomatique constitué comme porteur de ce nouveau concept.

Alan MONTEFIORE

(traduit par Barbara CASSIN)

BIBLIOGRAPHIE

BRANSEN Jan, "Identification and the idea of an Alternative of Oneself", *European Journal of Philosophy*, vol 4, n° 1, avril 1996, p. 1-16.

FRANKFURT Harry, "Freedom of the Will and the Concept of a Person", *Journal of Philosophy*, vol. 68, 1971.

— "Identification and Wholeheartedness", *in* F. SCHOEMAN (éd.), *Responsibility, Character and the Emotions*, Cambridge UP, 1987, p. 159-176.

TAYLOR Charles, *Sources of the Self*, Cambridge (Mass.), Harvard UP, 1989 ; *Les Sources du moi*, trad. fr. C. Melançon, Seuil, 1998.

OUTILS

Le Robert et Collins, Dictionnaire français-anglais, English-French, Le Robert, 2e éd. 1987.

STANDARD [ANGLAIS] – fr. *règle, norme*

esp.	*norma*

► *RÈGLE, VALEUR*, et ART, BEAUTÉ, GOÛT, CIVILTÀ, *LOI* [LEX, THÊMIS], PRINCIPE, SPREZZATURA, STAND, UTILITY, *VERTU*, WERT

Jusqu'au XVIIIe siècle, standard *permet surtout de rendre compte du bien vivre en société ou du bon goût. Sa traduction est alors : règle ou critère. Mais, le sens du concept se déplace de plus en plus pour désigner une norme ou un principe qui permet de corriger l'expérience.* Standard *sert à définir une expérience réglée à partir d'une excellence ou à mesurer les écarts par rapport à cette excellence. L'évaluation se fait dans des domaines de la vie sociale comme la multiplicité des conduites humaines, la variété des goûts.* Standard *renvoie à une régulation possible mais tacite de l'expérience, beaucoup moins rigoureuse et plus régionale que la prescription de la loi.*

Standard est d'abord lié à l'apprentissage de la vie civile. Il permet de définir des comportements réglés par la politesse et d'admettre une sociabilité faite d'habitudes, d'usages et de sollicitations sociales. Shaftesbury s'intéresse dans les *Characteristics of Men, Manners, Opinions, Times* (t. 3, p. 179) à l'acquisition par la jeunesse d'un « *standard of manners, breeding, gentility* [la règle des mœurs, de l'éducation, du bon ton] ». Cet usage de *standard* pour améliorer le goût des hommes dans les affaires de la vie courante retrouve l'esprit du terme de *norma* chez Baltazar Gracián, généralement traduit en français par règle : le goût propre suppose la connaissance de « la règle pour connaître ce qui est digne d'estime [*la norma de la verdadera satisfacion*] » (*Oraculo Manual y arte de Prudencia*, Madrid, Catedra, 1997, p. 157).

Standard of taste chez Hume prolonge la réflexion sur la règle ou le critère des conduites humaines dans le domaine des beaux-arts dont l'évaluation est toujours confrontée à la diversité radicale des sentiments alors même qu'il faut bien établir une règle du goût (*Selected Essays*, p. 136, trad. fr. p. 267). Un goût réglé suppose la délicatesse des critiques ou des connaisseurs qui est discernement des qualités réelles de l'objet par un esprit attentif, sans préjugé, exercé. *Standard* exprime la possibilité d'une expérience de l'art bien lue.

Lorsque *standard* désigne la possibilité d'une expérience réglée dans des domaines aussi soumis à l'instabilité des comportements humains que le savoir-vivre ou les beaux-arts, des termes comme *rule* ou *canon* peuvent aider à affiner les dispositions les plus locales du *standard* : l'énoncé de règles de politesse, de canons esthétiques. Mais le *standard* pose aussi une unité de mesure. *Standard* est proche de *measure* et peut être traduit par *norme*. Dans *The Theory of Moral Sentiments* (p. 25-26 et 247-249 et trad. fr. p. 52-53 et 341-344), Adam Smith développe un parallèle entre l'art et la morale à propos de *standard*. On peut définir deux types de normes différentes du comportement humain. Une norme idéale, une idée de la perfection de l'objet ou du comportement incite à construire toute évaluation sur ses imperfections. Une norme d'usage, degré commun d'excellence auquel on peut habituellement parvenir dans l'art ou la morale, permet de considérer réellement le rang d'une œuvre ou d'une action parmi d'autres du même genre. *Standard* sert à évaluer un degré de proximité ou de distance, un plus ou moins grand écart par rapport à la norme posée.

L'emploi de *standard* sert à corriger l'expérience et, pour être efficace, il doit être le plus percutant et le plus lisible possible. L'utilisation de *standard* chez John Stuart Mill dans *Utilitarism* s'avère conforme à cette exigence : pour améliorer les conduites, la philosophie utilitariste prend acte de ce qui a constitué le défaut majeur de toute expérience morale : « l'absence d'un principe suprême expressément reconnu [*the absence of any distinct recognition of an ultimate standard*] » (*Utilitarism*, p. 3, trad. fr. p. 41). Le *standard* se déploie dans l'horizon du fondement que définit la doctrine utilitariste. Il se rapproche de *principle*.

Fabienne BRUGÈRE

BIBLIOGRAPHIE

HUME David, *Essays Moral, Political, and Literary* [1777] ; "Of the Standard of Taste", in *Selected Essays*, Oxford UP, 1993 ; *Essais moraux, politiques et littéraires*, trad. fr. M. Malherbe, Vrin, 1999.

MILL John Stuart, *Utilitarisme* [1861], Londres-Melbourne, Everyman's library, 1984 ; *L'Utilitarisme*, trad. fr. G. Tarresse, Flammarion, 1988.

SHAFTESBURY Anthony Ashley Cooper, *Characteristics of Men, Manners, Opinions, Times* [1711], Hildesheim, Olms, 1978.

SMITH Adam, *The Theory of Moral Sentiments* [1759], Oxford UP, 1976 ; *Théorie des sentiments moraux*, trad. fr. M. Biziou, C. Gautier et J.-F. Pradeau, PUF, 1999.

STATE, GOVERNMENT [ANGLAIS] – fr. *État ; gouvernement*

all.	*Staat*
it.	*Stato*

► *ÉTAT, GOUVERNEMENT*, et ÉTAT DE DROIT, LAW, POLIS, POLITIQUE, STATO

Si l'anglais State *est bien l'équivalent de* État *en français, de* Staat *en allemand ou de* Stato *en italien, le terme de* government *est, en anglais, d'un usage plus large que ne l'est* gouvernement *en français.* Government *renvoie à la fois : 1) au niveau où l'État est dirigé ; 2) au système politique en vigueur dans un État ; 3) à l'ensemble constitué par les pouvoirs législatif, exécutif, judiciaire, et par l'administration ; 4) à l'ensemble des agents qui concourent à l'action des pouvoirs publics. En ces deux derniers sens, on le rendra plutôt par « État ».*

1

« Corporation »

En anglais, *corporation* a des connotations différentes de celles de la « corporation » française, qui tiennent à la façon dont s'articulent le « droit public » et le « droit privé » dans la culture juridique anglaise. Une *corporation* est une personne artificielle ou une entité juridique distincte des individus qui la composent, et qui peut évidemment leur survivre. La distinction entre des *corporations* publiques ou « privées » ne vient pas de l'identité des propriétaires (une « entreprise publique » au sens français n'est pas une *corporation*) mais de la nature des fins pour lesquelles elle est constituée : une *corporation* sera publique si elle a des missions politiques, qui concernent le *government*, mais inversement une *corporation* privée peut avoir un certain pouvoir normatif de création de droit. En ce sens, les « États » fédérés dans une fédération peuvent être vus comme des *corporations* publiques sans qu'ils soient pour autant des « États » souverains. L'importance de la *corporation* vient donc de ce qu'elle permet de relativiser le rôle de l'État dans la production du droit.

Les deux premiers sens de *government* sont proches de l'usage français, où *gouvernement* désigne à la fois les dirigeants du pouvoir exécutif et le régime, c'est-à-dire le mode particulier d'organisation sous lequel vit une communauté (gouvernement républicain, démocratique, ou monarchique). Les deux autres sens, en revanche, se rapprochent beaucoup plus de la notion d'État au sens européen : l'*american government* serait pour nous sans doute l'État américain, et si l'on cherche à traduire en français ce que veulent dire les conservateurs américains lorsqu'ils dénoncent le *big government*, on dira sans doute qu'il y a pour eux « trop d'État ». La préférence donnée dans la langue anglaise à *government* pour désigner certains aspects de ce que nous appelons *État* tire sa source dans les traditions du droit anglais, qui, malgré Hobbes, n'a jamais donné à l'État souverain la majesté que lui reconnaissent les grands auteurs dits continentaux ; en outre, l'usage américain se comprend d'autant mieux que, dans le système fédéral de la République américaine, l'État (*State*), c'est en fait l'État fédéré : les *États-Unis* ont bien un gouvernement, mais il n'est pas certain qu'ils soient *un* État. Ces nuances sont cependant moins nettes aujourd'hui qu'autrefois, dans la mesure où l'évolution politique impose d'elle-même un vocabulaire uniforme pour désigner les différents États qui coexistent dans le système international.

♦ Voir encadré 1.

Philippe RAYNAUD

STATO, RAGION DI STATO ITALIEN – fr. *État, raison d'État*

lat.	*status*
all.	*Staat*
angl.	*State*
esp.	*Estado*

► *ÉTAT*, et MACHT, PEUPLE, POLIS, POLITIQUE, *POUVOIR*, STATE, VIRTÙ

Le vocabulaire politique est révélateur de l'émergence historique de l'État moderne, dit aussi État-nation. Le mot qui désigne cette réalité politique nouvelle dans les principales langues européennes (Stato, État, Estado, State, Staat)*, terme général et vague, prend en effet peu à peu, à partir du XVI*e *siècle, une signification elle-même nouvelle, en supplantant d'autres termes concurrents. Machiavel a-t-il été le premier à employer le mot italien* Stato *dans le sens politico-juridique qu'il a conservé depuis, et est-il le premier théoricien de l'État moderne ? On peut en discuter, mais on ne peut nier l'intérêt non seulement linguistique, mais aussi politique et philosophique de l'étude de l'évolution du mot* Stato *dans les ouvrages politiques de la Renaissance italienne, et de son passage de la polysémie à une relative unicité de sens, avec tous les problèmes de traduction qui en découlent.*

I. « STATO » : POUVOIR ET TERRITOIRE

Dans le latin classique, le mot *status* exprime le fait de « se tenir », la posture, et est employé métaphoriquement pour signifier la situation, l'état de quelque chose ou de quelqu'un, et en particulier l'« état des affaires publiques » à un moment donné, d'où la formule *status rei publicae*, le mot *res publica* désignant, chez les Romains, leurs institutions politiques particulières. Mais Cicéron utilise aussi la formule dans un sens plus général, celui de « forme de gouvernement », *res publica* pouvant alors désigner aussi bien un *regnum* qu'une *res publica* proprement dite.

Le latin médiéval hérite pour une bonne part de cet emploi. *Status* veut dire bon état, bon ordre, prospérité d'une communauté spécifiée. En ce sens, il n'est jamais employé seul, il est *status Ecclesiae, status regni*, ou encore *status rei publicae*, même s'il s'agit d'un *regnum*.

Au XVe siècle, en Italie, les mots *status* et *stato* passent de ce sens vague de situation politique à celui, plus précis, de possession exclusive d'un territoire avec le pouvoir de commander à ses habitants. Ils renvoient alors au détenteur ou aux détenteurs de cette possession et de ce pouvoir, mais commencent aussi à être employés absolument, pour désigner la possession et le pouvoir en eux-mêmes, sans référence explicite à celui ou à ceux qui les détiennent. Ce noyau de sens se colore de toutes sortes de nuances, comme en témoigne la littérature politique, à Florence en particulier, au XVe siècle et au début du

XVIe siècle. Cette flexibilité de sens, cette variété d'emploi sont particulièrement visibles chez Machiavel.

Pour apporter un peu de clarté dans l'analyse de ces nuances, on peut dire que, chez Machiavel comme chez ses contemporains (Guichardin par exemple), le mot *stato* oscille entre deux pôles de signification, avec des glissements de l'un à l'autre. D'un côté il désigne le pouvoir politique exercé par un homme seul, ou par un groupe, sur un ensemble déterminé d'hommes. Il est alors synonyme de position dominante, et inséparable d'un sujet actif de commandement nettement séparé de son objet, qui est passif. Le mot renvoie ainsi à l'intérêt propre de celui ou de ceux qui gouvernent : le *stato de' Medici* est le pouvoir exercé sur la cité de Florence par des membres de la famille des Médicis, et *stato* a alors un sens proche de *governo*. Ainsi entendu, le *stato* relève de l'*ars dominandi*, un art dont le *Prince* de Machiavel est par excellence le traité, puisque la question qu'il pose est de savoir comment il est possible de conquérir le pouvoir quand on ne le possède pas héréditairement, et comment on peut le conserver. On lit, par exemple, au chapitre 2 du *Prince* : « [...] *se tale principe è di ordinaria industria, sempre si manterrà nel suo stato, se non è una estraordinaria et eccessiva forza che ne lo privi* [si un tel prince est d'une habileté ordinaire, il se maintiendra toujours dans son *stato* à moins qu'une force extraordinaire et excessive ne l'en prive]. » Ou encore, au chapitre 24 : « *E se si considerrà quelli signori che in Italia hanno perduto lo stato a'nostri tempi...* [et si l'on considère les souverains qui ont perdu leur *stato* à notre époque...]. » Dans ces deux exemples, *stato* signifie clairement « pouvoir ».

Stato peut aussi avoir un sens objectif, et signifie alors le domaine, le territoire et la population sur lesquels s'exerce le pouvoir : « *Ma quando si acquista stati in una provincia* [...] [Mais quand on acquiert des *stati* dans une province (...)]« (*ibid.*, chap. 3). Au chapitre 4, on lit que les *baroni*, les seigneurs féodaux, « *hanno stati e sudditi proprii* [ont leurs *stati* et leurs sujets propres] ». Ces *stati* sont des territoires. Il en va de même au chapitre 7, quand Machiavel parle du pape Alexandre VI qui, voulant satisfaire les ambitions de son fils César Borgia, « *non vedeva via di poterlo fare signore di alcuno stato che non fussi stato di Chiesa* [ne voyait pas le moyen de le rendre maître d'un *stato* qui ne fût pas un *stato* appartenant à l'Église] ». Quand on parle en français des « États de l'Église », le mot « État » conserve ce sens ancien.

Cependant ces deux pôles de signification se rejoignent. Dans les exemples donnés plus haut, le prince « *si manterrà nel suo stato* » : « conservera son pouvoir », mais aussi « se maintiendra dans ses terres ». Les souverains qui ont perdu le pouvoir ont en même temps perdu leur royaume. L'un ne va pas sans l'autre, mais un traducteur est obligé de choisir, à moins qu'il ne s'en tire en employant indistinctement le mot *état*. Mais on trouve d'autres ambiguïtés sémantiques quand il s'agit de spécifier le sens, énoncé plus haut, du mot *stato*, à savoir celui de pouvoir politique exercé sur une communauté humaine. Car *stato* peut aussi vouloir dire « régime politique », dans le sens de « type d'organisation du pouvoir » : ainsi le *stato popolare* est celui dans lequel le peuple, ou une partie du peuple, participe au gouvernement de la cité par les différents conseils où il est représenté, et le *stato libero* est celui dans lequel l'autorité n'est pas confisquée par un individu ou par une oligarchie, auquel cas on parle d'un *stato stretto*, c'est-à-dire « resserré ».

II. MACHIAVEL ET LA NOTION D'« ÉTAT »

La question la plus épineuse est de savoir si, de ce sens de « pouvoir politique » ou de « domaine concret sur lequel s'exerce ce pouvoir », on passe, chez Machiavel, à celui de structure politique et juridique abstraite et impersonnelle, dans le sens moderne du mot *État*. Dans ce sens, en effet, les différents pouvoirs qui constituent la structure étatique sont clairement distingués de la personne de ceux qui les exercent. En d'autres termes, l'État ne s'identifie pas au gouvernement et à ses différents modes d'exercice, il subsiste alors même que changent les régimes, qu'ils soient monarchiques, aristocratiques ou républicains, il a sa substance et ses exigences propres, indépendamment de la manière dont ces exigences sont satisfaites. À cet égard, on cite très souvent la première phrase du *Prince* comme marquant la naissance, dans le vocabulaire, de l'État moderne :

> *Tutti li stati, tutti e'dominii che hanno avuto et hanno imperio sopra gli uomini, sono stati e sono o republiche o principati.*
>
> [Tous les *stati*, tous les pouvoirs qui ont eu et ont autorité sur les hommes, ont été et sont ou des républiques ou des monarchies.]
>
> Chap. 1.

Ici Machiavel semble bien distinguer la notion d'« État », au sens général de structure politique de pouvoir, de celle de régime ou de type de constitution (république ou monarchie). Mais ne peut-on soutenir que pour Machiavel, ici, les *stati*, identifiés à des *dominii*, sont de simples « faits », des faits de pouvoir exercé sur des hommes dans un territoire donné, et ne répondent pas à une « idée » qui serait celle de l'*État* écrit avec une majuscule ? On retrouve la même ambiguïté, la même occasion d'interrogation, dans de très nombreuses occurrences du mot *stato* dans *Le Prince* et dans le *Discours sur la première décade de Tite-Live*. Deux exemples suffiront. Quand, au chapitre 3 du *Prince*, Machiavel écrit que les Français « *non si intendevano dello stato* », veut-il dire qu'ils n'avaient pas le sens de l'État, ou bien, plus simplement, qu'ils ne connaissaient pas l'art de conserver ce qui a été conquis, puisque cette remarque concerne le roi Louis XII qui « a perdu la Lombardie parce qu'il n'a observé aucun des préceptes observés par d'autres qui se sont emparés de provinces et ont voulu les conserver » ? De même, quand il dit, dans une lettre à Francesco Vettori du 10 décembre 1513, à propos du *Prince*, que les « *quindici anni, che io sono stato a studio all'arte dello stato, non gl'ho dormiti ne'giuocati* [les quinze années que j'ai consacrées à l'étude de l'art du *stato*, je ne les ai pas passées à dormir ou à m'amuser] », s'agit-il de l'art ou de la science de l'État, ou bien plutôt de l'art de gagner et de maintenir une domination personnelle ?

Toutes ces incertitudes lexicales ont été abondamment commentées (cf. Bibliographie), et l'on peut en conclure que Machiavel, dans son emploi du mot *stato*, ne se singularise pas véritablement de ses contemporains, et qu'on peut tout au plus lui accorder le pressentiment, mais non la claire vision de ce que va être l'État moderne. Il ne le définit nulle part et n'en analyse pas les éléments constitutifs, comme le feront plus tard Bodin et Hobbes. Il s'intéresse au phénomène du pouvoir politique pur, à ses conditions d'acquisition, d'exercice et de maintien, et non à la question de sa délimitation et de sa légitimation, qu'elle soit religieuse, morale ou juridique. D'où son indifférence (au moins dans *Le Prince*), pour la structure institutionnelle et juridique de la communauté soumise au pouvoir politique, avec ses attributions et ses limitations.

On peut cependant essayer de comprendre pourquoi on fait de lui sinon le fondateur, du moins l'annonciateur de la conception de l'État-nation. Ce n'est pas par hasard en effet que les républicains aussi bien que les partisans de la monarchie absolue se sont réclamés de lui. Le peuple, qui, dans *Le Prince*, semble ne pas avoir d'existence autonome et être un simple objet soumis au pouvoir, fait son apparition en tant que nation au dernier chapitre, qui est un vibrant appel à l'unité italienne. D'autre part, quand Machiavel insiste sur la nécessité de posséder une armée nationale et qu'il dénonce la tutelle exercée par l'Église romaine, il révèle qu'il possède un sentiment vif de certaines des exigences fondamentales de l'État moderne : unité du territoire, indépendance de la nation par rapport à l'étranger assurée par une armée nationale, refus de soumettre le pouvoir politique à des pouvoirs qui lui seraient extérieurs ou transcendants, d'ordre religieux en l'occurrence. Mais s'il a incontestablement le sens de l'intérêt général de la communauté politique, il ne dissocie pas vraiment cet intérêt de l'intérêt personnel de celui ou de ceux qui exercent le pouvoir : en dernière analyse, ce qui doit être fait pour que le Prince conserve son pouvoir s'identifie à ce qui doit être fait pour que soit préservé le pouvoir en lui-même, sous sa forme impersonnelle, « impartiale », ce que nous appelons l'État. C'est avec la notion de *ragion di stato*, de « raison d'État », que ce sens nouveau de *stato* va se dégager clairement.

III. LA « RAGION DI STATO »

Si, dans les écrits politiques italiens du XVIe siècle, *stato* continue longtemps à être employé dans les divers sens rencontrés chez Machiavel, une distinction nette commence à s'opérer entre *stato* pris au sens de *governo* et *stato* pris de façon plus abstraite, désignant alors tout ce qui concerne les rapports entre les individus et les groupes sociaux à l'intérieur d'une communauté politiquement organisée, et l'on parle ainsi d'une « *subversione di tutto lo stato* » qui ne se réduit pas à celle du *governo*. Quand apparaît en 1547, sous la plume de Giovanni Della Casa, l'expression *ragion di stato* (déjà, dans le *Dialogo del reggimento di Firenze*, en 1526, Francesco Guicciardini avait parlé de la « *ragione e uso degli stati* »), on peut se demander si ce n'est pas encore l'intérêt du *governo*, des gouvernants, qui est en jeu dans le « raisonnement » politique. Avec Giovanni Botero et son livre *Della ragion di Stato* (1589), l'œuvre la plus représentative de l'abondante littérature de la « raison d'État » qui prolifère en Italie, puis dans le reste de l'Europe, à la fin du XVIe siècle et au début du XVIIe, les choses s'éclaircissent. Pour Botero, en effet, le *stato* est « *un dominio fermo sopra popoli, e ragion di stato è notizia di mezzi atti a fondare, conservare ed ampliare un dominio cosi fatto* [le *stato* est un pouvoir stable établi sur des peuples, et la raison d'État est la connaissance des moyens aptes à fonder, conserver et augmenter un tel pouvoir] », et il ajoute que la *ragion di stato* « *suppone il prencipe e lo stato (quello quasi come artefice, questo come materia)* [(la raison d'État) suppose le prince et le *stato* (le premier étant en quelque sorte l'artisan et le second la matière)] » (livre I, chap. 1). Le *stato* en tant que *dominio* en général s'autonomise par rapport au *governo* du prince, et c'est dans son intérêt propre que la raison politique des gouvernants doit s'exercer. Ce qui devient objet d'intérêt, ce n'est plus le *stato* de tel ou tel prince, c'est le *stato* en lui-même, c'est l'*État*, comme nous pouvons maintenant l'écrire, l'État, ses conditions d'existence, son bon fonctionnement, son salut. Le concept de l'État impersonnel, abstrait, absolu, c'est-à-dire délié des lois autres que celles qu'il se donne est en train de naître. Le paradoxe, c'est que les deux auteurs qui dégageront définitivement les fondements politiques, juridiques et philosophiques de l'État moderne, Bodin et Hobbes, n'utiliseront pas, ou utiliseront peu, dans leur vocabulaire, les mots de la même famille que *stato*. L'ouvrage de Bodin est intitulé *Les Six Livres de la République*, et Hobbes, dans l'introduction du *Léviathan*, parle de « *that great LEVIATHAN called a COMMON-WEALTH, or STATE (in latine CIVITAS)* » et emploie de préférence le mot *Common-Wealth*, qui est la traduction anglaise du latin *res publica*, et que Locke utilisera lui aussi. Il faudra attendre encore un peu pour qu'*État* et *State* s'imposent.

Alain PONS

BIBLIOGRAPHIE

BOTERO Giovanni, *Della ragion di Stato*, 1589 ; Turin, UTET, 1948.

CHABOD Federico, « Alcune questioni di terminologia : Stato, nazione, patria nel linguaggio del Cinquecento », in *L'idea di nazione*, Bari, Laterza, 1967.

DELLA CASA Giovanni, *Orazione per esortare la Repubblica Veneta a entrare in lega co 'l Papa e co 'l Re di francia contro l'imperator Carlo Quinto* (1547-1548) ; *Orazione a Carlo V imperatore per la restituzione della città di Piacenza* (1549-1550), in *Opere volgari di Monsignor della Casa*, Pavie, Pio Andrea Viani, 1592.

GILBERT Félix, *Machiavel et Guichardin. Politique et histoire à Florence au XVIe siècle*, Seuil, 1996.

GUICCIARDINI Francesco, *Dialogo e discorsi del reggimento di Firenze*, Bari, Laterza, 1932 ; *Dialogue sur la façon de régir Florence*, trad. fr. J.-L. Fournel et J.-C. Zancarini, in *Écrits politiques*, PUF, 1997.

HEXTER J.H., « Il Principe e "lo stato" », *Studies in the Renaissance*, 4, 1957.
MACHIAVEL Nicolas, *Il Principe*, Rome, Blado, 1532 ; *Le Prince*, trad. fr. Y. Lévy, Garnier-Flammarion, 1980 ; trad. fr. T. Ménissier, Hatier, 1999 ; trad. fr. M. Gaille-Nikodimov, Librairie générale française, Le Livre de Poche, 2000 ; trad. fr. J.-L. Fournel et J.-C. Zancarini, avec le texte italien et un commentaire, PUF, 2000.
— *Discorsi sopra la Prima Deca di Tito Livio*, Rome, Blado, 1531 ; Florence, Giunta, 1531 ; *Discours sur la première décade de Tite-Live*, trad. fr. in *Œuvres complètes*, prés. et annot. E. Barincou, Gallimard, « La Pléiade », 1958 ; *Œuvres*, trad. fr. C. Bec, Robert Laffont, « Bouquins », 1996.
— *Istorie fiorentine*, Florence, Giunta, 1532 ; Rome, Blado, 1532 ; *Histoires florentines*, trad. fr. in *Œuvres complètes*, *op. cit.*, 1958 ; trad. fr. *Histoire de Florence*, in *Œuvres*, *op. cit.*, 1996.
MANSFIELD Harvey C., « Machiavelli's *Stato* and the Modern State », in *Machiavelli's Virtue*, Chicago, University of Chicago Press, 1995.
PASSERIN D'ENTRÈVES Alexandre, *La Notion de l'État*, Sirey, 1969.
RUBINSTEIN Nicolas, « Notes on the word *stato* in Florence before Machiavelli », *in* J.G. ROWE et W.H. STOCKDALE (éd.), *Florilegium Historiale*, University of Toronto Press, 1971.
SENELLART Michel, *Machiavélisme et Raison d'État*, PUF, 1987.
— *Les Arts de gouverner. Du* regimen *médiéval au concept de gouvernement*, Seuil, 1995.
VRIES H. de, *Essai sur la terminologie constitutionnelle chez Machiavel* (« Il Principe »), La Haye, 1957.

STILL, STILLE [ALLEMAND] – fr. *calme, serein, silencieux ; immobilité, sérénité, calme, silence*

► *IMMOBILITÉ*, *SILENCIEUX*, et CLASSIQUE, ESTHÉTIQUE, LEGGIADRIA, SÉCULARISATION, *SÉRÉNITÉ*, SUBLIME

Parce qu'il allie trois registres sémantiques différents (l'immobilité spatiale, le silence et le mystère), l'allemand still *est un terrain privilégié d'intraduisibilité. Johann J. Winckelmann, qui en fait le fondement d'un* topos *central de l'esthétique classique quand il parle de* « edle Einfalt und stille Größe [*noble simplicité et grandeur sereine*] », *a consciemment joué de cette ambiguïté. En traduisant par* Stille *la notion de calme et de sérénité empruntée au classicisme français, il a créé en allemand un concept esthétique qui est en retour intraduisible. La* Stille, *caractéristique centrale de la beauté grecque, renvoie en effet chez lui non seulement à l'immobilité physique du corps, mais aussi au silence : Laocoon ne crie pas. Cette polysémie engage toute une théorie du sublime en art.*

I. POLYSÉMIE INITIALE

L'adjectif *still* ainsi que la forme substantive *Stille* existent depuis le vieux-haut allemand. Dès ce stade, leur signification est tripartite. Ils renvoient tantôt au domaine de l'immobilité physique (*still* signifie « sans mouvement »), tantôt au registre du silence (sans bruit, sans parole), ou enfin, par extension métaphorique, à celui du secret et du mystère (caché, contenu, dissimulé). De ces trois acceptions, il semble que la seconde soit la plus fréquente. À ces diverses significations s'est ajouté dès la période médiévale un sens mystique. *Still* désigne un état de sérénité confiante dans la présence divine, une sorte d'*unio mystica*. Popularisé par Luther à travers l'expression : « *die Stillen im Lande* [les gens calmes du pays] » (Psaumes 35, 20), le mot *still* devient un thème traditionnel du discours religieux, plus spécifiquement utilisé, au début du XVIIIe siècle, dans les cercles piétistes et dans le milieu des Frères moraves. Ludwig von Zinzendorf y recourt fréquemment. Néanmoins, la frontière entre ces diverses significations reste floue, ce qui fait de *still* et de ses dérivés des termes difficiles à rendre.

II. UN CONCEPT CENTRAL DE L'ESTHÉTIQUE CLASSIQUE ALLEMANDE

Winckelmann marque dans l'histoire du mot une étape majeure. En jouant de cette superposition de sens, de cette fondamentale intraduisibilité, il a fait de *still* un concept esthétique central.

> La caractéristique générale et privilégiée des chefs-d'œuvre grecs réside dans leur noble simplicité et dans leur grandeur sereine (*eine edle Einfalt und eine stille Größe*), en ce qui concerne tant la posture que l'expression. De même que les fonds marins restent invariablement calmes (*ruhig*), quelle que soit la tempête à la surface, de même l'expression des figures grecques traduit toujours une âme grande et paisible, quel que soit le déchaînement des passions (*eine große und gesetzte Seele*).
>
> « Gedanken über die Nachahmung der griechischen Werke [Réflexions sur l'imitation des œuvres grecques] », p. 43.

La *Stille* devient un attribut majeur de la beauté. Son siège est l'art grec antique, mais elle se rencontre aussi chez quelques rares artistes modernes, tel Raphaël. Dans son utilisation du mot, Winckelmann recourt à deux stratégies complémentaires. Il joue tout d'abord des ambiguïtés de la langue allemande, en opérant un léger déplacement de sens depuis le registre religieux de la *Stille* piétiste vers l'espace païen de la beauté antique. Même dans la plus grande douleur physique, Laocoon reste *still*, c'est-à-dire à la fois serein, silencieux et immobile, oscillant entre sainteté et sublime. Par là, Winckelmann opère une sécularisation de la notion piétiste de *Stille* en même temps qu'il investit la beauté grecque d'une forte dimension spirituelle. Cet usage a été repris par une longue tradition d'écrivains : pour Herder, Hölderlin, Goethe, *Stille* est devenu l'attribut par excellence de l'homme classique, la quintessence de la grécité — et cela jusqu'à une époque récente, puisque le philologue allemand W. Rehm l'a fait figurer dans le titre même de son grand ouvrage sur le classicisme, *Götterstille und Göttertrauer* (1951).

Mais *Stille* s'alimente aussi chez Winckelmann à une source linguistique étrangère. Grand lecteur de traités d'esthétique du XVIIe et du XVIIIe siècle, Winckelmann a entrepris de forger avec méthode une langue allemande du classicisme à partir de sa bibliothèque européenne, et notamment française. Sa célèbre expression « *edle Einfalt, stille Größe* » n'est en fait que la transcription d'un lieu commun de la littérature esthétique, amplement développé avant lui par C.A. Dufresnoy, R. de Piles, J.-B. Dubos, etc. Dans sa bibliothèque manuscrite, par exemple, il consigne telle quelle l'expression « noble simplicité » dans la traduction française d'un ouvrage du fils de Samuel Richardson. Mais Winckelmann ne s'est pas contenté de transcrire fidèlement ses sources. En traduisant l'expression « grandeur sereine » par *stille Größe*, il lui confère une densité nouvelle. En allemand, *still* signifie, en effet, non seulement « calme », « serein », « immobile », dans l'ordre spatial, mais aussi « silencieux », « muet », le registre vocal. Le calme winckelmannien investit alors aussi le champ de la parole. Il désigne tout à la fois la fixité des muscles et la suspension de la voix. Alors que le français doit choisir entre *serein* et *silencieux*, Winckelmann joue sciemment des ambiguïtés de l'allemand, qui allie intimement les deux registres. En rendant *sérénité* par *Stille*, il démultiplie les potentialités sémantiques du calme et ouvre par là une voie très féconde à la théorie du sublime. C'est sur l'intrinsèque ambiguïté du mot *Stille* que se fonde en effet son interprétation du *Laocoon* : non seulement Laocoon reste statique dans l'effort, mais il ne crie pas (« Gedanken über die Nachahmung der griechischen Werke », p. 43). Cette interprétation du sublime est à l'origine d'un long débat sur le rôle du cri dans l'art (Lessing, Hirt, etc.).

Ce choix hautement réfléchi de traduction constitue en fait un acte linguistique fondateur. En faisant converger dans le concept de *Stille* des potentialités sémantiques séparées en français, Winckelmann a véritablement et délibérément créé un intraduisible. Il suffit pour s'en convaincre de lire les traductions françaises qui, dès 1756, ont cherché à retranscrire *Stille*. Les unes choisissent l'immobilité, d'autres le silence, d'autres encore la sérénité. Aucune ne rend les trois. Winckelmann a emprunté au français un concept que cette langue est incapable de traduire en retour. Le rejeton dépasse la matrice ; la copie, l'original. Il faut voir dans cette irréversibilité de la traduction le résultat d'un projet théorique fort : il s'agit pour Winckelmann de verrouiller la langue allemande, d'en faire le dépôt d'un lexique original du classicisme et, au-delà, d'une pensée esthétique inaliénable. À y regarder de plus près, le *topos* « *edle Einfalt, stille Größe* » tient peut-être sa fortune d'une conjoncture plus profonde qu'il n'y paraît : l'invention, à partir d'un thème traditionnel du classicisme européen, d'un concept autonome, qui résiste à toute traduction.

Élisabeth DÉCULTOT

BIBLIOGRAPHIE

REHM Walther, *Götterstille und Göttertrauer*, Berne, A. Francke, 1951.

STAMMLER Wolfgang, « "Edle Einfalt". Zur Geschichte eines kunsttheoretischen Topos », *in* G. ERDMANN et A. EICHSTAEDT (éd.), *Worte und Werte. Bruno Markwardt zum 60. Geburtstag*, Berlin, Gruyter und Co, 1961, p. 359-382 ; rééd. *in* W. STAMMLER, *Wort und Bild*, Berlin, E. Schmidt, 1962, p. 161-190.

WINCKELMANN Johann Joachim, « Gedanken über die Nachahmung der griechischen Werke in der Malerei und Bildhauerkunst » [1re éd. 1755, 2e éd. augm. 1756], in *Kleine Schriften*, éd. W. Rehm, Berlin, Gruyter, 1968, p. 27-59 ; « Pensées sur l'imitation des Grecs dans les ouvrages de peinture et de sculpture », *Nouvelle Bibliothèque germanique*, trad. fr. vraisemblablement J.G. Sulzer, Amsterdam, vol. 17, juill.-sept. 1755, p. 302-329 ; vol. 18, janv-mars 1756, p. 72-100 ; « Réflexions sur l'imitation des ouvrages des Grecs, en fait de peinture et de sculpture », trad. fr. J.E. Wächtler, *Journal étranger*, janvier 1756, p. 104-163 ; « Réflexions sur l'imitation », trad. fr. J.B.A. Suard, *Gazette littéraire de l'Europe*, 1765, vol. 4, p. 114-121, 209-231, 365-379 ; vol. 5, p. 105-121 ; « Réflexions sur l'imitation des artistes grecs dans la peinture et la sculpture », *in* J.J. WINCKELMANN, *Recueil de différentes pièces sur les arts*, trad. fr. M. Huber ou H. Jansen, 1786.

STIMMUNG ALLEMAND – fr. *accord, ambiance, atmosphère, humeur, disposition, tonalité affective*

dan.	*stemning*

► ***DISPOSITION***, et CLAIM, DASEIN, GEFÜHL, GEMÜT, PATHOS, SUBLIME, ***VOIX***

La multitude des traductions françaises possibles pour Stimmung *atteste à elle seule la résistance qu'oppose à la traduction ce terme tenu à bon droit pour une croix des traducteurs. La principale difficulté tient au fait que le terme allemand (ou danois* stemning *chez Kierkegaard), dans l'acception qui est la sienne depuis le XVIIIe siècle, repose sur une analogie entre le musical (l'accord des instruments) et le psychologique (la manière qu'a l'homme d'être accordé, les états de l'âme), pour laquelle le français ne possède guère d'équivalent.*

Stimmung est un déverbal de *stimmen*, « exprimer à haute voix », « avoir voix au chapitre » (d'où *Stimme*, « voix » au sens aussi de suffrage ; *vox populi*/*Stimme des Volks*), « accorder », « tomber juste », « être juste ». Appliqué à partir du XVIe siècle aux instruments de musique,*Stimmung* s'est dit aussi des hommes à partir du XVIIIe siècle.

C'est bien en effet l'accord (action d'accorder) de l'instrument qui détermine son accord (résultat de cette action), c'est de *stimmen* que vient *Stimmung*, pour les instruments de musique en général, le violon et l'orgue plus particulièrement :

> *das stimmen oder die stimmung der instrumente betrifft* [...] *hauptsächlich die geigen* [...]
>
> [l'accord (« l'accorder ») ou l'accord (« l'être-accordé ») des instruments concerne (...) principalement les violons [...]
>
> J. Mattheson, *Der Volkommen Capellmeister*, Hambourg, Herold, 1739, p. 483.

> *Nichts ist schwerer, als die reine stimmung einer orgel.*
>
> [Rien n'est aussi difficile que le pur accord d'un orgue.]
>
> C.F.D. Schubart, *Ideen zur einer Ästhetik der Tonkunst*, Vienne, Degen, 1806, p. 278.

De là *Stimmung* a été transposé à l'homme, à la *Stimmung des Nervensystems* (Goethe), le « ton du système nerveux » (*ton* au sens de Diderot – *Le Rêve de D'Alembert*, in *Œuvres philosophiques*, Garnier, 1964, p. 335 –

signifie « tension », « tonus », du grec *tonos* [τόνος]). On voit par ailleurs chez Herder que le sens métaphorique de *Stimmung* ne va pas encore de soi, dans la reprise de l'idée stoïcienne d'idiosyncrasie :

> *Jeder Mensch hat ein eigenes Maas, gleichsam eine eigene Stimmung aller sinnlichen Gefühle zueinander.*
>
> [Tout homme a une mesure qui lui est propre, pour ainsi dire une certaine harmonie, qui lui est propre, de tous les sentiments sensibles (par opposition à ce qui est intellectuel).]
>
> *Apud* Grimm.

Ce passage est précieux en ceci qu'il permet d'assister comme sur le vif à la transposition du sens musical au sens esthésiologique, voire affectif. Il n'est pas sans intérêt de noter en outre que c'est dans le cadre d'une analytique du sublime que le terme *Stimmung* semble faire véritablement son entrée dans le vocabulaire de la philosophie allemande, dans la *Critique de la faculté de juger* (§ 29) de Kant :

> *Die Stimmung des Gemüts zum Gefühl des Erhabenen erfordert eine Empfänglichkeit desselben für Ideen.*
>
> [La disposition de l'esprit supposée par (requise pour) le sentiment du sublime exige une ouverture (réceptivité) de celui-ci aux Idées.]
>
> Trad. fr. A. Philonenko, p. 102.

Comme antérieurement J. Gibelin, A. Philonenko traduit ici *Stimmung* par « disposition » : traduction possible, mais contestable, qui ne permet pas de faire la différence entre *Stimmung* et *Anlage*.

Il arrive que l'arrière-plan musical, la plupart du temps implicite, soit explicitement souligné, comme chez Ernst Jünger :

> *Es gibt ganz unvergleichliche Stunden, in denen der Mensch* [...] *sein Wesen wie ein Instrument in Stimmung bringt.*
>
> [Il est des heures tout à fait incomparables, au cours desquelles l'homme (...) met son être en accord comme un instrument.]
>
> *Das abenteuerliche Herz*, in *Sämtliche Werke*, Stuttgart, Klett-Cotta, vol. 9, 1979, p. 173 ; *Le Cœur aventureux*, trad. fr. H.-J.-M. Thomas, 1942.

Mais c'est seulement avec les analyses de Heidegger (précédées par celles de Max Scheler sur la sympathie) que le terme *Stimmung* va devenir, notamment dans *Être et Temps* (§ 29), un terme clef de la pensée philosophique. On se reportera sur cette question à la note de F. Vezin dans sa traduction de *Sein und Zeit* (p. 558 *sq.*) « Aussitôt introduit, le mot *Befindlichkeit* [« sentiment de la situation » (R. Boehm et A. de Waelhens), « affection » (E. Martineau), « disposibilité » (F. Vezin)] est associé à *Stimmung* (la disposition, l'humeur) et à tout le registre des mots de la famille de *Stimmung* » (*Sein und Zeit*, § 29).

♦ Voir encadré 1.

Dans sa conférence de Cerisy, « *Was ist das — die Philosophie ?* » (« Qu'est-ce que la philosophie ? »), Heidegger rapproche *Stimmung* du grec *pathos* [πάθος] qu'il rend en français par « disposition » :

> *Nur wenn wir pathos* [πάθος] *als Stimmung (dis-position) verstehen, können wir auch das* thaumazein, *das Erstau-*

1

Les mots de la famille de « Stimmung » selon M. Heidegger

Au paragraphe 29 de *Sein und Zeit*, Heidegger écrit :

> *War wir ontologisch mit dem Titel Befindlichkeit anzeigen, ist ontisch das Bekannteste und Alltäglichste : die Stimmung, das Gestimmtsein.* [...] *Dass Stimmungen verdorben werden und umschlagen können, sagt nur, dass das Dasein je schon immer gestimmt ist. Die oft anhaltende, ebenmässige und fahle Ungestimmtheit, die nicht mit Verstimmung verwechselt werden darf, ist so wenig nichts, dass gerade in ihr das Dasein ihm selbst überdrüssig wird.* [...] *Die Stimmung macht offenbar, « wie einem ist und wird ». In diesem « wie einem ist » bringt das Gesimmtsein das Sein in sein « Da ».*
>
> Ce que nous indiquons ontologiquement sous le titre d'affection est la chose du monde la mieux connue et la plus quotidienne ontiquement : c'est la tonalité, le fait d'être disposé. [...] Que des tonalités puissent s'altérer et virer du tout au tout, cela indique simplement que le Dasein est chaque fois toujours déjà intoné. L'atonie, c'est-à-dire l'indifférence persistante, plate et terne, que rien n'autorise à confondre avec de l'aigreur, est si peu insignifiante que c'est en elle justement que le Dasein devient à charge pour lui-même. [...] La tonalité manifeste « où l'on en est et où l'on en viendra ». Dans cet « où », l'être-intoné transporte l'être en son « Là ».
>
> Trad. fr. E. Martineau, Authentica, 1985, p. 113.
>
> Ce que nous dénotons ontologiquement sous le terme technique de disponibilité est du point de vue ontique on ne peut plus connu et on ne peut plus quotidien : la disposition, l'état d'humeur. [...] Or que veut dire que des dispositions de l'humeur puissent s'altérer et connaître des revirements, sinon qu'on chercherait en vain un cas où le Dasein ne soit déjà disposé ? La morosité souvent persistante dans sa monotonie et sa grisaille, mais qui ne saurait se confondre avec la mauvaise humeur, est si peu rune que c'est justement en elle que le Dasein en arrive à n'en plus pouvoir de lui-même. [...] La disposition révèle « comment on se sent », « comment on va ». En ce « comment on va » l'être disposé place l'être en son « là ».
>
> Trad. fr. F. Vezin, p. 178.

Apparaît bien ici « tout le registre des mots de la famille de *Stimmung* » : *Gestimmtsein, stimmen, Ungestimmtheit, Verstimmung*, rendus respectivement par : « tonalité », « fait d'être disposé », « (être) intoné », « atonie », « aigreur »/« disposition », « état d'humeur », « (être) disposé », « morosité », « mauvaise humeur ». Qu'aucune des deux traductions citées ne parvienne à restituer la paronomase du texte allemand, cela montre assez quelles résistances la polyphonie du terme *Stimmung* oppose à toute tentative de traduction.

La phrase lapidaire du paragraphe 31 de *Sein und Zeit* (p. 142) : « *Verstehen ist immer gestimmtes* », a été traduite, soit de manière inintelligible en sa platitude par « Le comprendre est toujours déjà in-toné » (E. Martineau), soit de façon plus parlante par « Entendre est inséparable de vibrer » (F. Vezin), traduction dont on ne peut que saluer la réussite. Si insurmontables que puissent paraître les difficultés propres à la traduction de *Stimmung* et des termes apparentés, les ressources du français permettent toutefois d'échapper à la langue de bois.

nen näher kennzeichnen.

[C'est seulement si nous comprenons le *pathos* comme *Stimmung* (dis-position) que nous pouvons aussi caractériser d'une manière plus précise le *thaumazein* [θαυμάζειν], l'étonnement.]

éd. all. p. 26 ; trad. fr. p. 34.

Il s'agit toutefois, dans ce contexte précis, d'entendre le *pathos* dont ont parlé Platon et Aristote, à propos de l'étonnement, autrement que comme « passion », et non d'édicter une règle pour la traduction française de *Stimmung* par « dis-position », car ainsi se trouverait sacrifiée la résonance musicale du terme allemand. L'expression « tonalité affective », à laquelle recourent parfois les traducteurs français de Nietzsche et de Heidegger, tente de concilier les deux dimensions que rapproche le terme *Stimmung.*

♦ Voir encadré 2.

Pascal DAVID

BIBLIOGRAPHIE

HEIDEGGER Martin, « Was ist das — die Philosophie ? », Neske, Pfulligen, 1956 ; « Qu'est-ce que la philosophie ? », in *Questions II*, trad. fr. K. Axelos et J. Beaufret, Gallimard, 1968.

— *Sein und Zeit*, in *Gesamtausgabe*, t. 2, Francfort, Klostermann, 1976 ; *Être et Temps*, trad. fr. F. Vezin, Gallimard, 1986.

KANT Emmanuel, *Kritik der Urteilskraft* [1790], *Critique de la faculté de juger*, trad. fr. A. Philonenko, Vrin, 1965.

OUTILS

GRIMM Jacob et Wilhelm, *Deutsches Wörterbuch*, Leipzig, Hirzel, 1854, repr. Munich, Deutscher Taschenbuch, 1984.

2

Stockhausen et la « Stimmung » en musique

En musique, le mot *Stimmung* revêt une double signification : à usage pratique, et comme analogie lointaine au dispositif philosophique qui sous-tend la question de la *Stimmung*. Historiquement, Stockhausen est le premier compositeur à avoir traité la voix selon un environnement qui ne relève plus d'une unique technique vocale ou conception esthétique, mais d'un état que le compositeur qualifie d'atmosphérique, en vertu de l'ambiguïté terminologique de la *Stimmung*. En 1968, il compose une œuvre qu'il intitule précisément *Stimmung* pour six chanteurs, œuvre qui deviendra une sorte de manifeste philosophique de la production musicale en vigueur dans la seconde moitié du XXe siècle.

Pour évoquer le climat complexe dans lequel évolue une œuvre musicale écrite pour une ou plusieurs voix, les compositeurs utilisent le mot allemand *Stimmung*. L'utilisation de *Stimmung* comme expression susceptible de représenter une notion qui excède le cadre de la répartition des voix par registre est récente. On la doit au compositeur Karlheinz Stockhausen (né à Cologne en 1928) qui, en 1968, se détourna volontairement des appellations traditionnelles en vigueur pour désigner l'ensemble des activités et phénomènes sonores. Stockhausen indique explicitement que *Stimmung* ne doit rien à *Stimme*, la voix. La *Stimmung*, à l'instar de la *Stimme*, est très éloignée d'une logique des hauteurs. Elle occupe une place que l'on peut qualifier de spectrale, en raison de sa fonction irradiante et moléculaire dans le champ du musical — la musique spectrale surgie à la fin des années 1970 a particulièrement exploré les dimensions vibratoires et acoustiques du phénomène sonore. Elle doit à ce titre être comprise comme le paradigme même du musical au sens où elle figure simultanément l'errance de la composition, ses notations duelles, et l'injonction du sujet qu'elle fait résonner au-delà des procédures d'élaborations préalables.

Les voies de la musique sont pour Stockhausen consignées dans la voix, en tant qu'elle est une pulsion amphigourique, à savoir un lieu capable de représenter simultanément des catégories transverses du musical. Mettre en forme la voix reviendrait à la traiter comme un matériau. En modifiant les contours d'un son, ou d'une note, ou d'un spectre, on modifie ainsi l'enveloppe vocale et, par conséquent, le timbre et la perception. C'est la raison pour laquelle Stockhausen parle de « composition de timbres » (cf. Karlheinz Stockhausen, *Entretiens avec Jonathan Cott*, traduit et présenté par Jacques Drillon, éd. Jean-Claude Lattès, 1979, p. 42). Chaque son est doté d'une vie intérieure propre, *a fortiori* les timbres des voix conçues comme des agencements de textures spatiales et temporelles. C'est pourquoi le compositeur se plaît à préciser que le mot *Stimmung* draine une ambivalence significative, et sans doute contradictoire. Il signifie en effet accord, résonance, forme de la voix, et, *a fortiori*, forme du sens de toutes les vocalités. En aucun cas, il ne peut être ramené à la voix que l'on désigne suivant le baromètre des registres et des tessitures. Au départ, le compositeur avait souhaité « expérimenter sur moi-même certains ensembles de sons ; je verrais ce qui se passe chaque fois que je me concentre sur une partie différente de mon corps » (*ibid.*, p. 91). Stockhausen a voulu pulvériser le concept de *Stimme*, trop réducteur au regard du déploiement timbrique et spatial du phénomène vocal dans son intériorité. La pièce est écrite pour une durée d'une heure. Elle est entièrement articulée sur le principe fondateur d'un seul accord. Ce dernier, pensé et composé comme un spectre harmonique d'un son (le *si* bémol fondamental) jamais chanté et jamais entendu, est censé « timbrifier » le verticalisme harmonique, lui donnant ainsi une expansion hors cadre, hors voix, hors attaque reconnaissable des hauteurs et des rythmes. Le procédé en vigueur consiste en une accumulation d'analogies compositionnelles et formelles. Les chanteurs *s'accordent* sur cet accord inaugural et en quête d'un ordre symbolique. En allemand, le verbe accorder se dit *stimmen*. Pour Stockhausen, *Stimmung* deviendra « l'action de s'accorder ». Comme si la résonance naturelle du *si* bémol se trouvait en situation de susciter la forme du morceau, selon une maïeutique propre à la voix et à sa capacité à outrepasser la question de l'intelligibilité. La *Stimmung* n'est pas l'art du signifiant, ni de la signification. Chaque timbre vocal (deux sopranos, un ténor, un baryton, une basse) est redevable d'une polyphonie d'attaques et de durées qui oblige le matériau-voix à organiser un discours sans narrativité reconnaissable, juste le substrat syllabique qu'il convient pour main-

2

tenir un tuilage des voix individué. Il y a deux *Stimmungen*, l'une de nature acoustique, pour faire vibrer le *Klang* (son) et porter une série d'onomatopées, soumises à leur tour à la souveraineté du déploiement harmonique ; l'autre de nature temporelle, pour donner à cette chaîne d'onomatopées non signifiantes une valeur de pétrification de la chronologie d'événements. La *Stimmung* pétrifie le lieu d'où elle surgit. Elle le met en situation d'entropie. La voix disparaît derrière ce phénomène de suspension atmosphérique, moléculaire, transmutant la matéralité aérienne de la voix en texture quasi aquatique, voire plasmatique. D'où la recherche, la quête de Stockhausen d'une *Stimmung* originelle et originaire, antérieure à la voix qui parle et qui chante. Chaque accord s'arrime à un autre, comme s'il était la trame sur laquelle se déploie le temps de l'œuvre, autrement dit, sa forme. Stockhausen insiste sur le fait que toute *Stimmung* s'organise autour d'un seul accord (ou spectre). Techniquement, les chanteurs déclinent les premier, second, troisième, quatrième, sixième et huitième harmoniques d'un son fondamental qui lui-même est traité de façon spectrale puisqu'il est absent. Chaque accord en timbre un autre, tout en conservant une singularité architectonique. Le mot *Stimmung* est intradusible, de par la prolixité des paramètres qu'il met en œuvre pour désigner un ensemble de processus perceptibles mais non reconnaissables. Stockhausen cherche ce qu'il appelle « une expérience sans finalité », un passage de ce que l'on peut désigner à ce qui agit à notre insu. En ce sens, on pourrait dire que la *Stimmung* musicale est une composition de pures voix, qui ne s'adresse pas au sens, qui tente plutôt de le suspendre, voire de l'interrompre. La *Stimmung* délie la voix. En étant à l'écoute de son origine, en l'occurrence, le son fondamental (*si* bémol), elle résiste à la tentation discursive. « Si vous écoutez *Stimmung*, écrit Stockhausen, vous verrez qu'il n'y a rien d'autre qu'un accord, et un seul, pendant les soixante-quinze minutes que dure l'œuvre » (J. Cott, *Conversation avec Stockhausen*, p. 41). En revanche, et comme s'il souhaitait conjurer le risque de la fusion des voix ou du magma, Stockhausen prend soin d'interpréter la notion de *Stimmung* dans ses configurations d'écriture les plus précises, voire obsessionnelles. Les timbres, figures rhétoriques de la mise en accord, comme on dirait de la mise en voix, sont scrupuleusement décryptés : « Je les ai notés très précisément, en utilisant les signes de la phonétique internationale et en les numérotant » (*ibid.*). On assiste à un retournement de fonctions. *Stimmung* glisse ostensiblement du protéiforme à une cartographie codée, une grammaire des timbres et de leurs temporalités spécifiques applicables à tous les instruments, mais dont le modèle initial demeure la voix.

Danielle COHEN-LEVINAS

BIBLIOGRAPHIE

COTT Jonathan, *Conversation avec Stockhausen*, traduit et présenté par Jacques Drillon, Jean-Claude Lattès, 1979.

RIGONI Michel, *Stockhausen... un vaisseau lancé vers le ciel*, Millénaire III éditions, 1998.

STOCKHAUSEN Karlheinz, *Stimmung*, Partition für 6 Vokaslisken, Vienne, Universal Edition, 1969.

STRADANIE [страдание] RUSSE – fr. *souffrance*

gr. *pathos* [πάθος]
lat. *passio*
angl. *suffering*

► *SOUFFRANCE*, et *LIBERTÉ*, *MALAISE*, PATHOS, RUSSE, SAMOST', SOBORNOST', SVOBODA, TRAVAIL

Le substantif russe stradanie [страдание] *dérive de la racine commune slave* strad-, *qui signifie principalement la souffrance et lie souffrance et passion ; pourtant* strada [страда], *d'où dérive le slavon* stradati [страдати] *(souffrir), signifie d'abord l'effort, le travail pénible. L'activité et l'intensité sont ainsi liées à la passion dans* stradanie. *D'où peut-être la prégnance très singulière de la notion de souffrance, sa valeur morale et cognitive, dans la spiritualité russe.*

I. « STRADANIE » : UNE PASSION ACTIVE

La racine *strad-*, d'où provient *stradanie* [страдание], établit un lien entre souffrance et passion : en russe, en serbe et en croate, *strast'* [страсть] signifie « passion », tandis qu'en tchèque ce mot a gardé le sens initial de souffrance et d'affliction (Herman, *A Dictionary of Slavic Word Families*, p. 493-494 ; Vasmer, *Ètimologičeskij slovar' russkogo jazyka*, p. 770-771). L'idée que la passion est essentiellement une forme de souffrance est présente à la fois dans le grec *pathos* [πάθος] et dans le latin *passio* (Herman, *op. cit.*, p. 494). Cependant, *strast'* n'a pas de lien étymologique avec la soumission, notion qui, en revanche, est importante dans *passio*. A. Kenny estime que ce mot latin, dérivé du verbe *pati* (subir, souffrir), a initialement désigné la souffrance comme soumission (à une action ou une influence), et que c'est seulement par la suite que cette notion de soumission à une sorte particulière d'influence – entendue au sens d'affect intense – a acquis la signification moderne de *passion* (Kenny, *Aristotle's Theory of the Will*, p. 28). La connotation de passivité est ainsi restée très présente dans les mots français *passif*, *patient*, *patience*, etc.

De même, le verbe latin *sufferre* possède, pour sa part, le sens passif de subir, qui s'est largement conservé dans les verbes modernes français *souffrir* et anglais *to suffer*, ainsi que dans les substantifs *souffrance* et *suffering*. En revanche, le slavon *stradati* [страдати] (souffrir) est dérivé de *strada* qui a d'abord signifié effort, puis travail pénible, avant de revêtir l'acception de tourment (Tsyganenko, *Ètimologičeskij slovar' russkogo jazyka*, p. 456). En slavon, *stradati* a aussi le sens de « travailler péniblement » et de « chercher à obtenir » (Vasmer, *op. cit.*, p. 770). En russe moderne, *strada* [страда] signifie encore « travail pénible pendant la récolte ». Ainsi, *stradati* correspond en latin plutôt à *actio* (action) qu'à *passio* (soumission) ; il en va de même pour le terme moderne *stradat'* [страдать], qui signifie « souffrir » dans le russe contemporain. C'est pourquoi les termes *stradanie* et *strast'* ont des sens assez différents de leurs équivalents français « souffrir » et « passion » : *stradanie*, ainsi que *strast'*, revêtent un sens d'activité et d'intensité.

II. LA VALEUR DE « STRADANIE » DANS LA TRADITION RUSSE

Une autre caractéristique notable de *stradanie* réside dans la valeur morale élevée que la tradition spirituelle russe attribue à la souffrance. Comme Fedotov le rappelle, les premiers saints canonisés par l'Église orthodoxe russe, Boris et Gleb, ont péri victimes d'un conflit politique dans le contexte féodal et, en cela précisément, ils sont considérés comme les plus grands parmi les saints orthodoxes russes (Fedotov, *The Russian Religious Mind*, p. 95-96) ; ils ont ainsi acquis le statut d'une sorte particulière de saints marqués par cet état d'abaissement et de dépouillement que Paul appelle la kénose. De tels saints sont des souffrants (*stradal'tsy* [страдальцы]) : ils ne sont pas des martyrs de la foi, mais « seulement des hommes », des martyrs tout court. Néanmoins, par leur souffrance même, ils ont mérité d'être canonisés.

> Il est remarquable, écrit Fedotov, que l'Église russe, qui aime tant les martyrs (angl. *sufferers*), ne confère aucune place exceptionnelle, parmi ses saints nationaux, aux martyrs de la foi (angl. *martyrs*), lesquels, dans l'Église grecque, ainsi que dans le catholicisme, ont toujours la première place au sein du culte liturgique et de la dévotion populaire.
>
> *The Russian...*, p. 105.

En d'autres termes, la tradition spirituelle russe suggère que la souffrance « tout court », prise sous sa forme la plus extrême — comme non-résistance à la mort —, est par elle-même digne d'une vénération particulière.

Le caractère actif de *stradanie* et sa valeur morale revêtent une grande importance dans les romans de Dostoïevski :

> Peut-être n'est-ce pas seulement la prospérité ou le bien-être que l'homme aime. Peut-être, autant que la prospérité, aime-t-il passionnément (*do strasti* [до страсти]) la souffrance (*stradanie*). Je suis sûr que l'homme ne refuse jamais la vraie souffrance (*stradanie*), c'est-à-dire la destruction et le chaos.
>
> Dostoïevski, *Le Journal de l'écrivain*, cité in Berdiaev, 1968, p. 51.

La prégnance du motif de la souffrance dans les œuvres de Dostoïevski tient à ce que, pour lui, l'homme, avec ses passions, contradictoires et pénibles, avec ses conflits internes, avec toute la richesse de sa vie intime, cet homme qui a le désir passionné de résoudre les « questions ultimes » de sa vie est le sujet principal de l'intérêt artistique de l'auteur. C'est par la souffrance, affirme-t-il, que nous sommes capables de devenir meilleurs que nous ne sommes.

Dans son livre *Le Monde de Dostoïevski*, Berdiaev évoque la conception que se fait de *stradanie* le romancier du sens moral et cognitif :

> Dostoïevski a confiance dans la force expiatrice et rénovante de la souffrance (*stradanie*). Pour lui, la vie est essentiellement une rédemption, une expiation des erreurs de l'individu par la souffrance.
>
> Berdiaev, *Mirosozertsanie Dostoevskogo*, p. 94.

De ce point de vue, *stradanie* représente un aspect nécessaire de la *svoboda* [свобода] (liberté) de la personne (*ličnost'* [личность]) :

> L'homme est une créature responsable. Sa souffrance n'est pas innocente. [...] Le chemin de la liberté [*svoboda*] est celui de la souffrance. Il y a toujours une tentation de libérer l'homme de la souffrance en le privant de sa liberté. Dostoïevski est un apologiste de la liberté. C'est pourquoi il propose que l'homme accepte la souffrance [*stradanie*] comme une conséquence inévitable de sa liberté.
>
> *Ibid.*, p. 109.

Ainsi les difficultés qu'on éprouve pour traduire le terme russe *stradanie* sont-elles liées, d'une part, à sa signification d'intensité active, d'autre part, à l'idée de la valeur morale et cognitive élevée que représente la souffrance dans la tradition de la spiritualité russe.

Zulfia KARIMOVA
et Andriy VASYLCHENKO

BIBLIOGRAPHIE

BERDIAEV Nicolas, *Mirosozertsanie Dostoevskogo* [*Le Monde de Dostoïevski*], YMCA-Press, 1968.

FEDOTOV Georgij, *The Russian Religious Mind*, Cambridge (Mass.), Harvard UP, vol. 1, 1966.

KENNY Antony John, *Aristotle's Theory of the Will*, Londres, Duckworth, 1979.

OUTILS

HERMAN Louis Jay, *A Dictionary of Slavic Word Families*, New York, Columbia UP, 1975.

Larousse de la langue française, Librairie Larousse, 1977.

TSYGANENKO Galina, *Ètimologičeskij slovar' russkogo jazyka* [Dictionnaire étymologique de la langue russe], Kiev, Radians'ka škola, 1970.

VASMER Max, *Ètimologičeskij slovar' russkogo jazyka* [Dictionnaire étymologique de la langue russe], 4 vol., Moscou, Progress, 1986.

STRENGTH / FORCE ANGLAIS – fr. *force*

► ***DYNAMIQUE***, FORCE, et ***ACTE***, AGENCY, ÂME, MOMENT, PATHOS

Strength, force, *mais aussi* vivacity *et* vividness *prennent leur sens dans un projet déjà largement mis en œuvre par Hobbes et Hume, et que Bentham a qualifié de « dynamique psychologique ».* Strength *et* force *désignent un processus mental ou physique en mouvement : tous deux nomment la différence entre l'état d'un système psychique (ou physique) à un moment donné et un autre état de ce qu'on veut repérer comme le « même » système, affecté totalement ou partiellement par cette différence. Pas plus que chez Hume, une force n'est, chez Stuart Mill, un fait réellement existant* (« a force is not an existing fact »), *mais elle est* « a name for our conviction that in appropriate circumstances a fact would take place [*un nom pour notre conviction qu'un fait ait lieu dans des circonstances appropriées*] » (A System of Logic, p. 353). Il aurait pu dire la même chose d'une strength. Cependant, strength demeure très proche de l'adjectif strong et du verbe strengthen : ses connotations vitalistes ne favorisent pas l'objectivité requise pour le calcul.

I. LA DISTINCTION ENTRE « STRENGTH » ET « FORCE »

A. Aspects mathématiques des deux notions

Strength et *force* sont d'autant plus difficiles à distinguer en traduction française que les faux-fuyants qu'on tente pour se sortir d'affaire comme « vigueur » ou « violence » ont leur correspondant en anglais (*vigour, violence*) et qu'ils accompagnent très régulièrement *force* ou *strength*, sans en être pour autant les synonymes (« *force and vigour* » [Hume, *A Treatise of Human Nature*, p. 86, 99, 107, 183] ; « *force and violence* » [*ibid.*, p. 148, 394, 407]). Le français est contraint de parler uniformément de *force* là où l'anglais peut user concurremment de deux termes pour décrire les processus mentaux. Hume peut même utiliser l'expression « *strength and force of a body* » (*ibid.*, p. 300), sans avoir l'impression de dire deux fois la même chose. Sans doute parle-t-on tout aussi facilement de « *force of mind* » que de « *strength of mind* » (*ibid.*, p. 418 ; Bentham, *Chrestomathia*, p. 5), de « *force of the passion* » (*A Treatise*..., p. 427) ou de « *force of imagination* » (*ibid.*, p. 319, 364, 385) que de leur *strength* ; et pourtant les intentions sont différentes.

On choisit *strength* pour désigner une tendance à l'accroissement ou à la diminution, sans entrer dans le détail des degrés. *Strength* est toujours ressenti comme très proche du verbe *strengthen*, « (se) renforcer ». *Force* renvoie à plus de précision quantitative et au discours des degrés. Hume parle volontiers de « *degrees of force* » (*A Treatise*..., p. 2, 5, 97, 103, 116, 119, 133, 138, 143, avec toutes sortes de variantes de forces supérieures, égales ou inférieures à d'autres [p. 150, 187, 194]) plutôt que de « *degrees of strength* », et d'« *additional force* » (p. 100, 184, 391, 420, 422, 426) plutôt que d'« *additional strength* ». Pour constituer sa dynamique psychique, Hume emprunte le mot *force* à la philosophie naturelle et à la physique de son temps, et *force*, et non *strength*, signale cet emprunt.

Cependant, malgré son indétermination arithmétique, *strength* paraît, plus facilement que *force*, exprimer un sens géométrique, lorsque les forces se composent « en oblique » ou selon la loi du parallélogramme, conformément à une logique qui relève de ce que l'on appellera bientôt « calcul vectoriel ». Remarquable de ce point de vue est le changement de termes, lorsqu'on passe du Ier livre du *Traité de la nature humaine* au second, qui traite des passions ; celui-ci, qui cherche à ouvrir un espace psychique aux passions et tente de développer à leur propos une conception géométrique, a massivement recours au terme de *strength* et à des expressions dérivées comme « *as far as its strength goes* » (*A Treatise*..., p. 130, 278) ; en revanche, le Ier livre emploie seulement *force* pour les processus mentaux, envisagés de façon probabiliste (dans les sommes d'*instances* ou de *cases* [*ibid.*, p. 130, 147, 163]), algébrique ou arithmétique (quand il s'agit d'*addition of the forces* [p. 130]).

Les essais de Bentham en matière de « dynamique psychique » confirment ce point. *Force* est presque exclusivement préféré à *strength* parce qu'il s'agit, sinon d'effectuer un calcul, du moins d'en atteindre les conditions (*Chrestomathia*, p. 66, 68, 73, 283, 297, 303). Bentham est peu enclin à latiniser son anglais ; mais si *strength* est de connotation géométrique, et si la tendance de la géométrie est, comme il est noté dans *Chrestomathia*, de s'absorber dans un discours de plus en plus symbolique et algébrique, on comprend que *force* prenne décidément le relais.

B. L'acception biologique de « strength »

Strength intègre en outre des aspects biologiques, voire vitalistes. On parle de la *strength* d'un corps ou d'un esprit pour en souligner la prestance vitale (*A Treatise*..., p. 279, 299, 326, 365), quitte à apprécier comme une ambition inférieure ce désir d'exceller en *strength* (*ibid.*, p. 300). Alors que la *force* est impliquée par l'étude dynamique de manière purement descriptive, dans l'ordre du constat objectif et qu'elle s'inscrit dans un système artificiel d'observation ou de mesure (*ibid.*, p. 631), en revanche, la *strength* collabore avec le processus, elle en participe, le tient pour un effort (*strain*) et se pose en manière de le sentir (Hume parle volontiers de *strength of conception* [*ibid.*, p. 627]).

La *force* est liée fondamentalement à un mouvement de transfert : on peut la « transporter » (*ibid.*, p. 176) la « convoyer » (p. 142) ou la « transfuser » (p. 386), elle « circule » et « s'échange » (p. 109). La *strength* est plus difficile à transporter ; elle participe d'un autre type de mouvement, croissance et décroissance, plutôt *sui generis*. Ainsi, *strengthen* a presque toujours le sens de « raffermir » plutôt que de « renforcer » de l'extérieur. Hume parle de la ressemblance qui *strengthens* une relation (*ibid.*, p. 112, 308, 349) ; dans le même sens, il parle de « *strengthen the connection* » (p. 238). Mais c'est toujours, chez Hume, un apport de *force* que l'on qualifie de *new* (p. 131, 391, 421) et non quelque renfort de *strength*.

II. NOTIONS CONNEXES : « VIVACITY », « VIVIDNESS », « LIVELINESS »

Il est intéressant de remarquer de quelles notions *strength* et *force* sont le plus souvent rapprochés dans une philosophie qui, comme celle de Hume, emploie souvent les concepts par deux, sans que l'un soit strictement équivalent à l'autre, mais plutôt le complétant, le précisant, le déplaçant ou le réorientant. C'est ainsi qu'on trouve « *force and evidence* » (*A Treatise*..., p. 31, 156, 197), expression signifiant, non pas que l'évidence ou la preuve soit la même chose que la force, mais que l'évidence ou la preuve d'une argumentation constitue un certain type de force non physique, qui relève plutôt de l'*authority*, laquelle est souvent couplée avec *weight* (*ibid.*, p. 324). Hume parle indifféremment de « force » des principes (*ibid.*, p. 143, 198) ou de leur « autorité » (p. 31). *Forced* est apparié avec *unnatural* et dénote l'artifice (p. 185).

Parmi ces couples, loin devant par le nombre considérable d'occurrences, on trouve la liaison « *force and vivacity* » (*ibid.*, p. 2, 85, 86, 96, 97, 98, 99, 119, 120, 122, 134, 138, 142, 143, 144, 148, 153, 184, 199, 215, 317, 354, 362, 365). Si la *force* doit être entendue en un sens conceptuel qui implique un lien entre la masse et la vitesse (qu'elle soit ou non élevée au carré), *vivacity* signifie évidemment la vitesse requise par la dynamique. *Liveliness*, souvent rapproché de *vivacity*, s'en distingue nettement, renvoyant à une qualité descriptive ou phénoménologique, alors que *vivacity*, comme *force*, rentre dans la perspective du calcul : on peut, à l'une comme à l'autre, ajouter ou retrancher des degrés (*ibid.*, p. 19, 100, 112, 135, 137, 141, 354, 424). La vivacité peut, comme la force, se diviser, se multiplier (p. 98), se laisser convoyer (p. 112, 142, 145, 208, 290). Quant à la *vividness*, elle est très exactement ce qui peut être « *quickened by some new impulse* », « accéléré par quelque impulsion nouvelle » (p. 396).

Le français est tenté de traduire de la même façon par « rapidité » les vocables de *vivacity*, *vividness* et *liveliness*, mais il gomme alors la différence entre ces termes qui s'orientent, pour les deux premiers, du côté de la vitesse, pour l'autre, du côté de la vie.

Jean-Pierre CLÉRO

BIBLIOGRAPHIE

BENTHAM Jeremy, *Chrestomathia*, M.J. Smith et W.H. Burston (éd.), Oxford, Clarendon Press, 1983.

HUME David, *A Treatise of Human Nature*, éd. Selby-Bigge, Oxford, Clarendon Press, 1978 ; *Traité de la nature humaine*, Flammarion, « GF », 3 vol. : vol. 1, Livre I, trad. fr. P. Baranger et P. Saltel, 1995 ; vol. 2, Livre II, trad. fr. J. Cléro, 1991 ; vol. 3, Livre III, trad. fr. P. Saltel, 1993.

MILL John Stuart, *A System of Logic*, in *Collected Works of John Stuart Mill*, vol. 7, University of Toronto Press, Routledge & Kegan Paul, 1973 ; trad. fr. L. Peisse, Bruxelles, Mardaga, 1998.

STRUCTURE FRANÇAIS, PATTERN ANGLAIS, GESTALT ALLEMAND

lat. *structura*
all. *Struktur, Gestalt*
angl. *structure, pattern*

► AGENCY, ANALOGIE, BEHAVIOUR, CONCETTO, DISEGNO, *FORME*, GEISTESWISSENSCHAFTEN, LOGOS, *MONDE* [WELT, encadré « KOSMOS »]

Structure, concept d'origine architecturale, désigne l'ossature ou l'armature, par opposition à la forme ou à l'apparence extérieure. Au XXe siècle, l'emploi de structure *s'étend de la linguistique et de l'anthropologie à l'ensemble des sciences humaines. Le structuralisme tend à concevoir la* structure *comme un réseau de relations invariant mais abstrait ou latent. L'hégémonie de* structure *est concurrencée par l'anglais* pattern *(patron, modèle) que diffusent les psychologues et les biologistes.* Pattern *récuse l'opposition surface-structure et désigne une configuration moins abstraite, moins rigide, moins permanente que* structure. *L'allemand* Gestalt *(forme) met l'accent, à l'instar de* structure, *sur la forme conçue comme ensemble de relations, mais partage avec* pattern *un sens du visuel dû à son enracinement dans la psychologie de la perception.*

I. « STRUCTURA », STRUCTURE ARCHITECTURALE

Au XIXe siècle, Viollet-le-Duc oppose la structure architecturale (fonctionnelle) à la forme extérieure et au style. Le latin *structura* (de *struere*, disposer par couches, disposer avec ordre, construire) désigne : (1) le matériau, la maçonnerie dont on fait les murs (Vitruve, *De generibus structurae* [Des genres de maçonnerie], livre II, chap. 8) ; (2) le bâtiment lui-même, l'édifice ; (3) au figuré, l'arrangement, la disposition, par exemple celle des mots dans la phrase pour produire un rythme (« *verborum quasi structura* [pour ainsi dire la maçonnerie de la phrase] », Cicéron, *Brutus*, 33). *Structura* désigne donc l'armature, l'ossature, ce qui fait tenir (un bâtiment, le corps humain) par opposition à l'apparence, à la « forme » extérieure. Viollet-le-Duc (*Entretiens sur l'architecture*, 1863-1876) définit l'architecture gothique non par son style, mais par le jeu des pesées et des poussées, par sa structure fonctionnelle. C'est pourquoi Hubert Damisch voit en lui le précurseur du « structuralisme » au sens moderne. La subordination de la forme à la fonction par Viollet-le-Duc (« Tout est fonction de structure ») est reprise par l'architecte américain L.H. Sullivan (*Form follows function* [La forme suit la fonction]). Elle s'oppose à la démarche formelle/stylistique privilégiée par l'Allemagne de H. Wölfflin et A. Riegl et se distingue évidemment de la « nature » du gothique telle que la définit J. Ruskin qui, sans ignorer la structure architecturale, met davantage l'accent sur les « éléments moraux » du *Gothic design*, notamment sur sa capacité d'infinie variété, ses analogies musicales, son naturalisme (« The Nature of Gothic », dans *The Stones of Venice*, 1853).

L'anglais continue à utiliser couramment *structure* au sens de bâtiment. Tel est notamment le cas dans *Gothic Architecture and Scholasticism* d'E. Panofsky ; seule la quatrième de couverture emploie *architectural style and structure* dans le sens abstrait de Viollet-le-Duc. De même, *the social structure* (avec l'article défini *the*) désigne en anglais « l'édifice social », non la « structure sociale » au sens de Claude Lévi-Strauss.

II. STRUCTURE, SYSTÈME, MODÈLE

Au XXe siècle, *structure* désigne, chez les linguistes et les anthropologues, puis dans l'ensemble des sciences humaines, un modèle abstrait, invariant, « le système relationnel latent dans l'objet ». La fortune de *structure* dans les sciences humaines au XXe siècle (d'où « structuralisme ») vient de son emploi par les linguistes et les anthropologues. Saussure n'utilise pas le mot dans son *Cours de linguistique générale* ; c'est C. Lévi-Strauss qui le popularise (*Structures élémentaires de la parenté*, 1949 ; *Anthropologie structurale*, 1958, 1973) en se réclamant du modèle et des méthodes de la phonologie de Troubetskoï (« La Phonologie actuelle », 1933). Pour Lévi-Strauss, la phonologie a su délaisser l'étude des phénomènes linguistiques conscients pour s'attacher à leur structure inconsciente sous-jacente ; elle s'intéresse non aux éléments isolés, mais aux relations entre les éléments ; elle introduit la notion de système, montre des systèmes phonologiques concrets et en expose la structure ; elle vise à établir, par induction ou déduction, des lois générales (voir notamment « La structure des mythes », *Anthropologie structurale*, p. 227-255). Si le structuralisme souligne surtout le caractère « relationnel » de la structure, on note aussi que la structure lévi-straussienne poursuit l'opposition entre structure (profonde) et forme (apparente) ; si la structure est un système « inconscient » ou « latent », on comprend mieux la formule de Lacan, « L'inconscient est structuré comme un langage ». Ce qui pose davantage problème, c'est le lien exact entre structure, système, modèle : y a-t-il une structure sous-jacente à chaque système, ou la structure est-elle l'invariant commun à tous les systèmes dont la variété n'est qu'apparente ou relative ? Sur ce point, Lévi-Strauss donne des réponses qui semblent contradictoires. Après avoir affirmé que « le principe fondamental est que la notion de structure sociale ne se rapporte pas à la réalité empirique mais aux modèles construits d'après celle-ci » (*Anthropologie structurale*, p. 295), il prend néanmoins ses distances à l'égard du formalisme de V. Propp (1928) :

> [...] à l'inverse du formalisme, le structuralisme refuse d'opposer le concret à l'abstrait, et de reconnaître au second une valeur privilégiée. La *forme* se définit par opposition à une matière qui lui est étrangère. Mais la structure n'a pas de contenu distinct : elle est le contenu même, appréhendé dans une organisation logique conçue comme propriété du réel.
>
> « La structure et la forme... », p. 3.

L'emploi de *structure* par T. Todorov s'apparente davantage au formalisme proppien :

> Toute œuvre n'est alors considérée [par la poétique] que comme la manifestation d'une structure abstraite et générale, dont elle n'est qu'une des réalisations possibles. C'est en cela que cette science se préoccupe non plus de la littérature réelle, mais de la littérature possible, en d'autres mots : de cette propriété abstraite qui fait la singularité du fait littéraire, la *littérarité*. Le but de cette étude [est] de proposer une théorie de la structure et du fonctionnement du discours littéraire, une théorie qui présente un tableau des possibles littéraires, tel que les œuvres littéraires existantes apparaissent comme des cas particuliers réalisés.
>
> « Qu'est-ce que le structuralisme ? », p. 19-20.

R. Barthes s'en prend précisément au caractère abstrait et totalisant et à la scientificité de la structure qui fait perdre de vue la texture concrète et individuelle du texte : la séquence découpée dans le texte balzacien a « un fondement plus empirique que logique, et il est inutile de la faire rentrer de force dans un ordre légal de relations ; elle n'a d'autre logique que celle du déjà fait ou du déjà lu ; d'où la diversité des séquences (parfois triviales, parfois romanesques) et celle des termes (nombreux ou non) ; ici encore, on ne cherchera pas à les structurer : leur relevé (externe et interne) suffira à manifester le sens pluriel de leur texture, qui est l'entrelacs » (*S/Z*, p. 26-27). Texte pluriel, étoilement du texte, instabilité des particules d'une poussière, miroitement du sens, entrelacs : on est dans un champ sémantique plus proche du *pattern* que de la *structure*.

> Il s'agit, en effet, non de manifester une structure, mais autant que possible de produire une structuration. Les blancs et les flous de l'analyse seront comme les traces qui signalent la fuite du texte ; car si le texte est soumis à une forme, cette forme n'est pas unitaire, architecturée, finie : c'est la bribe, le tronçon, le réseau coupé ou effacé, ce sont tous les mouvements, toutes les inflexions d'un *fading* immense, qui assure à la fois le chevauchement et la perte des messages.
>
> *S/Z*, p. 27.

III. « GESTALT », FORME, CONFIGURATION

Le gestaltisme ou théorie de la forme met l'accent sur la « totalité », mais reste principalement cantonné à la psychologie, de même que le mot allemand *Gestalt* reste cantonné dans le lexique spécialisé.

Issu d'un participe passé de *stellen*, mettre (ensemble), composer, créer, *Gestalt* (forme, configuration) appartient à la langue allemande courante mais a été utilisé par les psychologues, à partir de *Gestaltqualität*, la « qualité de forme » de C. von Ehrenfels (1890), pour désigner la forme globale perçue en tant que telle, le tout ou la « totalité » (*Ganzheit*) qui est davantage que la somme des parties. Les exemples toujours cités sont ceux de la mélodie (qui est plus que la « somme » des notes qui la composent) et des illusions d'optique, où la perception « globale » l'emporte sur la perception analytique. En ce sens, diffusé par la *Gestalttheorie*, *Gestalt* paraît à peu près synonyme de structure. Voici la définition de cette théorie proposée par E. Claparède en 1926 :

> Elle consiste à considérer les phénomènes non plus comme une somme d'éléments qu'il s'agit avant tout d'isoler, d'analyser, de disséquer, mais comme des ensembles (*Zusammenhänge*) constituant des unités autonomes, manifestant une solidarité interne, et ayant des lois propres. Il s'ensuit que la manière d'être de chaque élément dépend de la structure de l'ensemble et des lois qui le régissent.
>
> Lalande, *Vocabulaire*, art. « Forme », 3e éd.

Néanmoins, *Gestalt* insiste davantage sur la totalité, *structure* sur le réseau relationnel ; surtout, la *Gestalt* se distingue de la *structure* en ce sens qu'elle est d'emblée perçue comme telle. Elle renvoie non aux modèles mathématiques, mais aux figures géométriques. Ce lien avec la perception, principalement visuelle, explique son cantonnement dans le champ de la psychologie et de l'esthétique.

Dès les années 1930, la théorie et le vocabulaire de la *Gestalt* ont été diffusés dans les pays anglophones par des intellectuels d'origine germanique comme W. Koehler, l'un des fondateurs de la théorie, K. Koffka, R. Arnheim. Panofsky cite Arnheim et l'analogie qu'il esquisse entre la cathédrale gothique et la philosophie scolastique s'appuie sur le concept gestaltiste de « totalité », assimilé au concept thomiste de somme (*Summa*). Pour Panofsky, en effet, la psychologie de la *Gestalt* rompt avec le XIXe siècle, qui méprise la perception sensorielle, et renoue avec saint Thomas, qui jugeait les sens dotés d'« une sorte de raison [*sensus ratio quaedam est*] ». À l'instar de la *Somme théologique*, la cathédrale gothique vise à la « totalité » et sa structure (*structural design*) offre la synthèse simplifiée et épurée de tous les principaux « motifs » architecturaux élaborés par la tradition antérieure (*Gothic Architecture and Scholasticism*, p. 37-38 et p. 44-45). E. Gombrich cite fréquemment la psychologie de la *Gestalt*, notamment celle de Koehler et de Arnheim, tout en proposant de la corriger et de la compléter à l'aide de Popper et de la théorie de l'information, en mettant l'accent non sur la simplicité de la forme ou de la configuration, mais sur un sens inné de l'ordre qui nous fait rechercher puis identifier les *patterns* symétriques dans notre environnement et nous rend particulièrement attentifs à tout écart par rapport à cette symétrie (*The Sense of Order*, Préface de la 2e éd., p. XI-XII, et Introd., p. 1-16).

Les tentatives de traduction de *Gestalt* n'ont pas supplanté l'original. À côté de « théorie de la forme » (Paul Guillaume, 1925), « psychologie de la forme » (Guillaume, 1937), on trouve aussi « psychologie de la Gestalt », « théorie de la Gestalt », « gestaltisme ». En anglais, *configurationism* proposé par Titchener dans les années 1920 a eu encore moins de succès face à *Gestalt Psychology*, *Gestalt Theory*, *Gestaltism*, *Psychology of « Gestalt »*, *Gestalt School of Psychology*...

IV. « PATTERN », « DESIGN », « STRUCTURE »

Pattern (patron, modèle) reste d'un usage courant en anglais, notamment chez les biologistes et les cognitivistes, pour désigner des arrangements ou configurations empiriques, naturels ou artificiels, plus concrets et plus variés que les structures.

L'anglais *pattern* est le même mot que *patron*, dérivé du latin *pater*, « père », d'où *patronus*, « patron, protecteur, guide », puis « modèle, patron de brodeuse, tapissier, tailleur », etc. Le concept reste, pour l'essentiel, lié aux arts décoratifs, ce qui limite sa capacité d'abstraction. Un *patterned material* est un tissu à motifs, un *pattern book*, un livre de modèles (pour l'architecte), une liasse d'échantillons (pour le tapissier ou le tailleur). Comme l'a bien montré R. Escarpit, le *pattern* est ce qui se reconnaît, ce qui émerge du chaos (*random*) ambiant, et le concept est lié à celui de *design*, à la fois le dessin, mais aussi la faculté de dessiner, de concevoir des *patterns* (« Du pattern à la structure », p. 17-18).

Cinq caractéristiques distinguent le pattern de la structure : (1) Le pattern est associé au concret, à l'expérience quotidienne (Escarpit : « Le pattern n'est pas l'élaboration d'une expérience, il est expérience »). (2) Le pattern appartient à la surface de l'objet, il se confond avec elle. Dans le cas de la dentelle, le pattern se confond avec le matériau lui-même (E. Gombrich, *The Sense of Order*, p. 82). Le dessein du pattern peut n'être pas immédiatement apparent (comme dans les patterns islamiques où le nom d'Allah n'est d'abord ni lisible ni même visible pour l'Occidental qui n'y voit dans l'immédiat que « purs » arrangements géométriques, Gombrich, illustration p. 293), mais il est difficile, voire impossible, de parler de patterns profonds comme on parle de « structure profonde » (R. Barthes, *S/Z*, p. 21). (3) Le pattern se prête à la variation. Cela peut sembler paradoxal puisqu'un pattern est à l'origine ce qui est susceptible d'être reproduit, mais le domaine décoratif privilégie, à côté de la répétition à l'identique, la variation (chromatique ou autre) par rapport au modèle. Certains patterns, comme le moiré, paraissent mouvants. L'anglais parle volontiers de *changing, shifting, flexible patterns* (E. Gombrich, p. 123). (4) Corollairement, le pattern peut intégrer la dimension temporelle, il est séquence, rythme, mélodie ou danse (*ibid.*) ; il n'a donc pas ce caractère anhistorique qui s'attache à la structure, malgré les efforts de Viollet-le-Duc ou de Lucien Goldmann pour la dynamiser. (5) Si le *pattern* s'oppose au *random*, au chaos aléatoire, il peut néanmoins intégrer celui-ci : il n'y a aucune difficulté à parler de *random patterns*, de patterns aléatoires. Une œuvre sur papier de Jackson Pollock intitulée *Pattern* (vers 1945, musée Hirshhorn, Washington), les *crazy pavements* (dallages dont les dalles sont de forme irrégulière) et les *crazy quilts* (en français... patchwork), autant de patterns artificiels qui font pour ainsi dire la part du chaos et de l'aléatoire et qui s'apparentent en ce sens aux mouvements browniens, à l'« éternel combat » des atomes chez Lucrèce ou à la disposition des taches du léopard : patterns et non structures. Reparaît ici l'ambiguïté du *design*, à la fois dessin et dessein (et aussi design...), qui laisse en fait indécise la question de l'intentionnalité (voir DISEGNO). Qu'il y ait des patterns dans le monde du vivant est moins l'indication d'un grand « dessein » (divin) que celle de la variété infinie du « dessin » (darwinien) émergeant du chaos ; une sensibilité ruskinienne ne verra d'ailleurs nulle contradiction entre ces deux acceptions de *design*.

L'emploi de *pattern* par les scientifiques s'est lui-même diversifié et assoupli. Les behavioristes parlaient, de façon assez schématique, de *behavior patterns* (type de comportement), de *pattern reactions* (réactions types). Il en allait de même des sociologues. *Pattern* évoque ici schéma. Les anthropologues/linguistes « structuralistes » américains, comme E. Sapir ou T.A. Sebeok, utilisent *pattern* et *structure* de manière pratiquement interchangeable (*Language in Culture and Society*, p. 106, 359). Le concept a repris du service dans les années 1970, grâce à l'informatique et à la psychologie, qui parlent l'une et l'autre de *pattern recognition* (reconnaissance des formes) ; on note qu'une fois de plus les formes ou patterns en question peuvent être soit naturels soit artificiels. Aujourd'hui, certains biologistes jouent sur les deux termes de *structure* et *pattern*, par lesquels ils tendent à désigner respectivement un cadre déterminé par les lois intangibles de la physique et de la chimie, et l'apparente et chatoyante variété que prennent les formes dans le monde du vivant (par ex. les *Turing patterns*, taches du léopard ou ailes du papillon, dont le dessin (*design*) est expliqué par la théorie du mathématicien Alan Turing). La part du chaos est ici sensiblement réduite, et l'on revient, dans le domaine de la biologie, à une conception proche de celle de Lévi-Strauss dans les sciences humaines, avec l'invariant de la structure qu'on devine ou qu'on dévoile derrière l'apparence du changement du kaléidoscope ou du pattern (P. Ball, *The Self-Made Tapestry*).

On conclura en observant que les littéraires ont fait la fortune de *structure*, qui appartient « à l'espéranto scientifique » (R. Escarpit, « Du pattern à la structure », p. 17), car ils ont cru y voir un concept « dur », scientifique, un modèle mathématique, tandis que biologistes et cognitivistes continuent à utiliser *pattern*, issu de la langue courante, parce que le concept leur permet, de façon à la fois familière et presque poétique, de désigner l'ordre relatif, la symétrie contingente, imparfaite et séduisante, de la réalité sensible, du vivant et du vécu.

Jean-Loup BOURGET

BIBLIOGRAPHIE

BALL Philip, *The Self-Made Tapestry: Pattern Formation in Nature*, Oxford UP, 1999.

BARTHES Roland, *S/Z*, Seuil, 1970.

ESCARPIT Robert, « Du pattern à la structure », *Le Discours social. Cahiers de l'Institut de littérature et de techniques artistiques de masse*, Bordeaux, Ducos, n° 1, 1970, p. 16-22.

GOMBRICH Ernst, *The Sense of Order. A Study in the Psychology of Decorative Art*, Londres, Phaidon Press, 1979, 2e éd. 1984.

LÉVI-STRAUSS Claude, *Anthropologie structurale*, Plon, 1958.

— « La Structure et la forme, réflexions sur un ouvrage de Vladimir Propp », *Cahiers de l'Institut de science économique appliquée*, n° 99, mars 1960, série M, n° 7, p. 3-36, repris in *Anthropologie structurale*, II, Plon, 1973, p. 139-173.

PANOFSKY Erwin, *Gothic Architecture and Scholasticism*, 1951, Cleveland, Meridian Books, 1957.

RUSKIN John, « The Nature of Gothic », chap. 6, in *The Stones of Venice*, Londres, Library Edition, vol. 2, 1853, vol. 10, 1904, p. 184-217, Londres, Faber, 1981, New York, Da Capo, 1985 ; *La Nature du gothique*, trad. fr. M.P. Crémieux, Aillaud, 1907.

SAPIR Edward et SWADESH Morris, « American Indian Grammatical Categories », *Word — Journal of the Linguistic Circle of New York*, New York, Columbia University, 1946, n° 2, p. 103-112, repris *in* D. HYMES (éd.), *Language in Culture and Society: A Reader in Linguistics and Anthropology*, New York, Harper & Row, 1964, p. 101-111.

SEBEOK Thomas A., « Structure and Content of Cheremis Charms », I. *Anthropos*, The Anthropos Institut, 1953, n° 48, p. 369-388, repris *in* D. HYMES (éd.), *Language in Culture and Society: A Reader in Linguistics and Anthropology*, New York, Harper & Row, 1964, p. 356-371.

TODOROV Tzvetan, *Qu'est-ce que le structuralisme ?*, II. *Poétique*, Seuil, 1968.

OUTILS

LALANDE André, *Vocabulaire technique et critique de la philosophie*, PUF, 3e éd., 1926.

STYLE

STYLE Le *style*, du lat. *stilus* qui désigne à l'origine le *poinçon* pour écrire et sa pointe, et relève d'abord des arts du langage, renvoie aujourd'hui plus généralement à la manière caractéristique d'un individu, d'un genre ou d'une époque : la différence *manière/faire/style*, selon les époques, les aires culturelles et les langues, est traitée sous MANIÈRE. Voir aussi FAKTURA (et *FACTURE*).

Le *style* est au croisement d'un certain nombre de problématiques :

I. STYLE ET RHÉTORIQUE

Style est l'une des traductions courantes du gr. *lexis* [λέξις] (sur *legô* [λέγω], « dire-penser », voir LOGOS), qui désigne aussi le mot (voir MOT, en part. II, B) et l'expression signifiante (voir SIGNIFIANT / SIGNIFIÉ, en part. II). Cf. HOMONYME et PARONYME.

Les « styles » des traités de rhétorique des XVIe et XVIIe siècles rendent les trois *genera dicendi* latins, relevé, moyen et bas. On trouvera sous SUBLIME une réflexion comparative sur le « grand style » ; voir aussi STILL.

Sur les règles du style, et en particulier la convenance (gr. *prepon* [πρέπον]), voir MIMÊSIS, et encadré 6, « Le décorum » ; cf. LIEU COMMUN.

Sur les figures de style, voir COMPARAISON, LIEU COMMUN, TROPE ; cf. ANALOGIE, HOMONYME.

II. STYLE ET HISTOIRE DE L'ART

Les catégories qui servent à définir et à délimiter les « styles » dans le temps en histoire de l'art et en esthétique ne sont pas superposables dans les différentes traditions, lors même que les mots le sont dans les différentes langues. Voir BAROQUE, CLASSIQUE, MODERNISME, NEUZEIT, ROMANTIQUE.

III. STYLE ET MARQUE DU SUJET

« Le style est l'homme même », disait Buffon — « l'homme à qui l'on s'adresse », ajoutait Lacan (« Ouverture », *Écrits*). Sur la marque du sujet, liée à l'invention d'un style propre ou convenant à son rôle, voir MANIÈRE, mais aussi ARGUTEZZA, CONCETTO, GÉNIE, INGENIUM, *MOT D'ESPRIT*, SPREZZATURA.

Cf. ACTE DE LANGAGE, LIEU COMMUN.

► ART, *ŒUVRE*

SUBLIME (subst.), SUBLIME (adj.).

gr.	*hupsos* [ὕψος], *hupsêlos* [ὑψηλός]
lat.	*sublimis*
all.	*Erhabene, erhaben*
angl.	*sublime*
esp.	*sublime*

► BEAUTÉ, COMPARAISON, ESTHÉTIQUE, GÉNIE, GOÛT, ***IMAGINATION*** [PHANTASIA], PATHOS, PLAISIR, ***SENTIR***

Une profonde dualité d'origine se cache sous l'uniformité actuelle du vocabulaire du sublime *: si, en anglais, français, italien et espagnol, on utilise le même terme d'origine latine, diversement prononcé, à titre d'adjectif simple ou substantivé, la réflexion sur le* sublime *s'est historiquement développée à partir de termes grecs et latins, de statut grammatical et d'étymologie dissemblables. Entre la tradition rhétorique, issue du latin, et la tradition philosophique, issue du grec, se marque une solution de continuité. Dans la première,* sublime *apparaît comme un adjectif, synonyme de grave et d'élevé, mais aussi de véhément et de terrible : double sens dont Cicéron créditait déjà le grand style que Quintilien nommera «* genus sublime dicendi *». Dans la seconde, en revanche, le* sublime, *loin de qualifier le seul « style sublime », est un substantif qui désigne chez Ps.-Longin « une certaine cime et éminence des discours »* (akrotês kai exokhê tis logôn [ἀκρότης καὶ ἐξοχή τις λόγων]). *« Le sublime » est le terme choisi par Boileau pour traduire l'*hupsos *de Ps.-Longin et il devient grâce à Burke, au milieu du XVIIIe siècle, un principe systématiquement opposé au beau : principe dont la théorisation accompagne au XVIIIe siècle la naissance de l'esthétique.*

I. HÉTÉROGÉNÉITÉ DE LA TRADITION ANTIQUE

A. « Sublimis »

Sublimis est un adjectif du latin classique et dont le sens demeure problématique. Son étymologie doit être reconstruite : on le dérive de *sub* qui marque le déplacement vers le haut et de *limis*, « oblique, de travers », ou bien, au contraire, de *limen*, « limite, seuil ». *Sub* ne désigne pas seulement en latin un rapport d'infériorité, de voisinage ou de soumission : il marque un déplacement vers le haut et est rattaché à *super*, comme en grec *hupo* [ὑπό] à *huper* [ὑπέρ]. *Limis* (ou *limus*) est un adjectif qui qualifie le regard, lorsqu'il est indirect et porté à la dérobée (tel celui de l'Athéna qui louche), ou bien un mouvement d'élévation complexe et en tout cas non orthogonal au sol. *Limen* est le substantif que Festus privilégie au IVe siècle apr. J.-C. pour expliquer l'étymologie de « sublime » : celui-ci « vient du seuil supérieur, parce qu'il est au-dessus de nous » (P.F. 401,5). Bien qu'Ernout et Meillet estiment qu'il s'agisse là d'un simple calembour, on ne saurait négliger l'association qui s'établit à pareille faveur entre le sublime et l'idée de seuil. Si le sublime constitue un dépassement, voire une transgression, il conviendrait alors d'évoquer ce qu'on pourrait appeler le « surliminal » plutôt que le subliminal, contrairement à ce que suggère l'association, toute fortuite et matérielle, entre sublime et subliminal. Ce terme désigne, en effet, ce qui reste en deçà d'un seuil, et fut introduit par J.A. Ward en anglais à la fin du XIXe siècle pour traduire le titre d'un ouvrage de J.F. Herbart, *Unter der Schwelle*.

La signification première de *sublimis* est « qui va en s'élevant » ou « qui se tient en l'air ». Ainsi Ovide distingue-t-il l'homme des autres animaux en évoquant sa « face sublime » (*os sublime, Métamorphoses*, I, 85), qui se dresse vers le ciel et lui permet de regarder les astres. Et *sublimem aliquem rapere* signifie enlever quelqu'un dans l'air, à l'instar de Zeus ravissant Ganymède. On ne saurait donc assez insister sur le sens dynamique comme d'ailleurs sur l'obliquité, l'un et l'autre absents du registre sémantique d'*hupsos* [ὕψος].

L'adjectif *sublimis* ne vient que tardivement à caractériser un style rhétorique : on ne le rencontre ni dans la *Rhétorique à Herennius*, ni dans le *De oratore* de Cicéron. Aussi bien l'expression *genus sublime dicendi* ne reçoit-elle ses lettres de noblesse qu'avec Quintilien, à partir duquel le style sublime renvoie au grand style, c'est-à-dire au style grave mais aussi véhément de la tradition rhétorique (*Institution oratoire*, XII, 10). La tradition rhétorique, issue pour sa source latine de la *Rhétorique à Herennius* (entre 86 et 83 av. J.-C.), distingue en effet généralement trois styles qui ont pour fonction, le premier d'enseigner (*docere*), le deuxième de plaire (*delectare*) ou de concilier (*conciliare*), le troisième d'ébranler et de mettre en mouvement (*movere*), plutôt que d'émouvoir au sens pathétique du terme. C'est à ce troisième style que Cicéron et Quintilien donnent la palme, du moins lorsqu'il est employé à bon escient.

B. « Hupsos » et le traité « Du sublime »

Hupsos [῞Υψος] est un substantif, appartenant à une famille ancienne, riche et bien construite, de termes tous dérivés de l'adverbe *hupsi* [ὕψι], en haut, vers le haut : il désigne couramment la hauteur, conçue comme dimension de l'espace opposée à la largeur et à la longueur et prend ensuite le sens de sommet, cime ou comble.

Son emploi se fixe chez Ps.-Longin dans une relation privilégiée à la simplicité du discours, à la force de conception et à la grandeur d'esprit. Mais *hupsos* n'est pas le seul terme qu'on puisse rendre par « sublime » dans le *Peri hupsous* [Περὶ ὕψους].

(1) Ps.-Longin se sert de *megaloprepês* [μεγαλοπρεπής] (qui a grand air) lorsqu'il évoque l'ampleur et la majesté du style, plutôt que sa sobriété.

(2) Il utilise aussi *megethos* [μέγεθος] « la grandeur » et toutes sortes de composés formés à partir de l'adjectif *mega* [μέγα] : *megalêgoria* [μεγαληγορία] « grandeur dans la parole », *megalophrosunê* [μεγαλοφροσύνη] « grandeur d'esprit, conception élevée », *megalophuês* [μεγαλοφυής] « grande nature », *megalophuia* [μεγαλοφυία] « génie, noblesse », *megalopsukia* [μεγαλοψυχία] « grande âme ».

(3) L'adjectif *hadros* [ἁδρός], que Quintilien donne pour équivalent de *sublimis*, entre, quant à lui, dans l'expression composée qui désigne la première source du sublime, *to peri tas noêseis adrepêbolon* [τὸ περὶ τὰς νοήσεις ἁδρεπήβολον] (VIII, 1) et signifie littéralement « ce qui atteint son but avec force dans les pensées ».

(4) Mieux : Ps.-Longin utilise l'adjectif *deinos* [δεινός] dans le sens premier, attesté chez Homère, de « terrible, redoutable », cependant que les substantifs *deinotês* [δεινότης] ou *deinôsis* [δείνωσις] « véhémence, énergie » lui servent à désigner la puissance oratoire de Démosthène, c'est-à-dire le modèle même du sublime concentré et fulgurant.

Par ailleurs, si l'on passe de l'étude de la terminologie à celle du registre thématique, le réseau de citations qui sous-tend et parfois surdétermine le texte théorique ne cesse de faire apparaître la mort menaçante, la rivalité parricide, la passion ravageuse, l'horreur des corps morcelés ou la terreur des obstacles à vaincre : de ce point de vue, on pourrait soutenir à titre d'hypothèse que le sens d'*hupsos* se trouverait infléchi ou même remanié dans le sens que lui donnera Burke.

♦ Voir encadré 1.

Quand la liaison s'est-elle établie entre *sublimis* et *hupsos* ?

On ne la trouve pas chez Quintilien, lequel donne pour équivalent de *sublimis* l'adjectif *hadros* [ἁδρός], jusque-là rendu par *uber* (« fécond, riche » : *uber, -ris*, désigne la mamelle) chez Varron ou par *gravis* (« qui a du poids », celui de la femme enceinte ou celui de l'autorité) dans la *Rhétorique à Herennius* ou chez Cicéron. Il aurait pu, certes, utiliser les adjectifs dérivés d'*hupsi* disponibles en grec : *hupsagorês* [ὑψαγόρης] (qui parle haut) dont on trouve quatre occurrences dans l'*Odyssée* (Quadlbauer 1958) et *hupsêlos* [ὑψηλός], « élevé », utilisé par Ps.-Longin. Mais le vrai problème est celui du décalage entre une forme exclusivement adjectivale et une forme nominale. De fait, le substantif *sublimitas*, chez Quintilien ou Pline, ne saurait rendre correctement *hupsos*, puisqu'il ne désigne pas l'ensemble de ce qui est sublime, mais le simple fait d'être sublime. Le qualificatif tend à servir à la description et à l'évaluation, alors que le substantif renvoie à une essence. Autant le grec s'attache à l'idée du sublime et s'efforce d'en élucider la genèse et le statut en surprenant le sublime à l'état naissant, autant le latin, langue de l'efficacité juridique et pratique, conduit à déterminer un ou plusieurs caractères sublimes, de manière à définir des niveaux du discours et à perfectionner ce prodigieux outil rhétorique qu'est la théorie des styles.

De cette hétérogénéité de la tradition antique, nous sommes les héritiers : l'unité du sublime est-elle compatible avec la diversité de ses incarnations sensibles ? Deux risques symétriques se présentent : ou bien on pousse l'abstraction jusqu'à rendre le sublime indépendant de tout support et à le priver de toute aptitude à une présentation, fût-elle négative ; ou bien on définit *a priori* le caractère du sublime et on tend alors à confondre son principe non seulement avec un de ses aspects particuliers, mais avec un modèle qui pourrait être reproduit suivant un protocole déterminé. Aussi bien a-t-on tenté de

1

L'« ekstasis » sublime

Le traité *Du sublime* garde aujourd'hui encore une bonne partie de son mystère. On ne connaît ni son auteur (il fut longtemps attribué à Denys Ps.-Longin, ministre de Zénobie puis à Denys d'Halicarnasse) ni sa date avec certitude (on le situe à présent, non plus au IIIe siècle apr. J.-C., mais au Ier, vers l'époque de Tibère). L'étonnement qu'il suscite vient aussi des sources qu'il réunit : outre l'ensemble de la tradition grecque (Homère, Démosthène et Platon, mais, non moins, les lyriques, les tragiques ou les historiens), et la tradition latine (Cicéron et les débats du Ier siècle), le traité cite — fait presque unique dans la littérature païenne — « le législateur des Juifs » et la Genèse, sous l'influence présumée de Philon d'Alexandrie. « Que la lumière soit, et elle fut ; que la terre soit, et elle fut », est l'exemple, entre deux passages d'Homère, d'une présentation du divin dans toute sa puissance et sa dignité (I, 3-9, cité en IX, 9).

Le « livre dor », pour reprendre l'expression de Casaubon, n'a été véritablement connu qu'à l'âge moderne. Il fut publié et traduit sous la seconde Renaissance ; mais c'est à Boileau qu'il revint de faire connaître Ps.-Longin auprès d'un vaste public européen. La vogue de Ps.-Longin dans le dernier quart du XVIIe et les deux premiers tiers du XVIIIe siècle fut alors telle que l'histoire de ses interprétations tend à se confondre avec les vicissitudes du concept de sublime.

La définition du sublime par Ps.-Longin met l'accent, comme dans la tradition rhétorique, sur l'effet qu'il produit. Mais elle insiste en même temps sur ce qui distingue cet effet des effets du discours persuasif qui, selon la définition cicéronienne, vise à la fois à éduquer (*docere*), à plaire (*delectare*) et à émouvoir (*movere*). L'effet que vise le sublime correspond essentiellement au *movere*, que Cicéron considérait d'ailleurs comme l'effet le plus déterminant du discours rhétorique, celui qui emporte l'adhésion de l'auditoire.

> Ce n'est pas à la persuasion (*eis peithô* [εἰς πειθώ]) que les passages sublimes (*ta huperphua* [τὰ ὑπερφυᾶ], littéralement : « ce qui pousse en dépassant » ; Lebègue : « le sublime » ; Pigeaud : « la sublime nature ») mènent l'auditeur mais au ravissement (*eis ekstasis* [εἰς ἔκστασιν]). Toujours et partout, quand il s'accompagne d'un choc, l'étonnant l'emporte sur ce qui ne vise qu'à nous persuader et à nous plaire. L'action de la persuasion le plus souvent dépend de nous. Le sublime au contraire, comportant un pouvoir et une force invincibles, s'installe complètement au-dessus de l'auditeur (*epanô* [...] *kathistatai* [ἐπάνω (...) καθίσταται]) [...] Quand le sublime vient à éclater où il faut (*kairiôs* [καιρίως], voir *kairos* sous MOMENT), c'est comme la foudre : il disperse tout sur son passage et montre sur-le-champ, concentrée, la puissance de l'orateur.
>
> I, 4.

Cette force irrésistible du Sublime entraîne une autre caractéristique qui le distingue également du discours persuasif : son universalité. Contrairement à l'effet rhétorique qui, selon la définition aristotélicienne, agit le plus souvent et s'adresse à la plupart des hommes, le sublime agit sur tous et toujours : « Une chose est véritablement sublime qui plaît toujours et à tous les hommes (*dia pantos* [...] *kai pasin* [διὰ παντὸς (...) καὶ πᾶσιν]) » (VII, 4). Il ouvre ainsi à une autre tradition déterminante pour la philosophie du sublime.

Barbara CASSIN et
Jacqueline LICHTENSTEIN

BIBLIOGRAPHIE

Du sublime, trad. fr. et texte établi par H. Lebègue, Les Belles Lettres, 2e éd. 1952.
PS.-LONGIN, *Du sublime*, trad. fr., prés. et notes J. Pigeaud, Rivages, 1991.

se débarrasser du sublime d'au moins trois manières différentes : en le réduisant à une modalité du beau (voire à son simple superlatif), en l'assimilant purement et simplement au terrifiant, ou, enfin, en le dissolvant dans la sphère d'un absolu dont il devait apparaître comme un mode de révélation seulement provisoire.

II. JONCTION ENTRE LES TRADITIONS GRECQUE ET LATINE. L'EXCEPTION ALLEMANDE

L'invention du substantif « le sublime » n'est peut-être pas due à Boileau. Mais Boileau est incontestablement le premier à rendre *hupsos* par « le sublime » — substantif qu'il dote même d'une majuscule — dans le titre de sa traduction de Ps.-Longin, *Traité du Sublime ou Du merveilleux dans le discours* (1674). Et c'est le premier à définir le sublime en l'opposant au « style sublime ».

> Il faut donc savoir que par Sublime, Longin n'entend pas ce que les Orateurs appellent le style sublime : mais cet extraordinaire et ce merveilleux qui frappe dans le discours, et qui fait qu'un ouvrage enlève, ravit, transporte. Le style sublime veut toujours de grands mots ; mais le Sublime se peut trouver dans une seule pensée, dans une seule figure, dans un seul tour de paroles. Une chose peut être dans le style sublime, et n'être pourtant pas Sublime, c'est-à-dire n'avoir rien d'extraordinaire ni de surprenant. Par exemple, *Le Souverain Arbitre de la nature d'une seule parole forma la lumière*. Voilà qui est dans le style sublime : cela n'est pas néanmoins Sublime ; parce qu'il n'y a rien là de fort merveilleux, et qu'on ne pût aisément trouver. Mais, *Dieu dit : Que la lumière se fasse ; et la lumière se fit*. Ce tour extraordinaire d'expression qui marque si bien l'obéissance de la Créature aux ordres du Créateur, est véritablement sublime, et a quelque chose de divin. Il faut donc entendre par Sublime dans Longin, l'Extraordinaire, le Surprenant, et comme je l'ai traduit, le Merveilleux dans le discours.
>
> *Traité du sublime*, p. 70.

De France, le sublime passe dans toute l'Europe et notamment en Angleterre où Johnson déclare qu'il « est un gallicisme qui vient seulement d'être naturalisé » (*A Dictionary of the English Language*, 1755). Mais la traduction d'*hupsos* par le sublime, qui semble aller de soi dans les langues romanes, continue à poser des problèmes en anglais. Grube rendra au milieu du XXe siècle *Peri hupsous* par *Of Great Writing* (1957), se rappelant que W. Rhys Roberts, dont la version anglaise fait toujours autorité, avouait regretter d'avoir été conduit par la tradition à maintenir ce titre (*Longinus on the Sublime*, 1899) : il en était résulté à ses yeux une « mécompréhension, aggravée par l'existence du traité homonyme de Burke ». Plus récemment, G. Morpurgo Tagliabue (*Demetrio : dello stile*, 1980) a soutenu que le sublime-terrible de Burke serait plus proche du *deinos* [δεινός] (véhément, terrible) de Démétrios que de l'*hupsos* longinien.

♦ Voir encadré 2.

En allemand, *erhaben* l'emporte dans la seconde moitié du XVIIIe siècle sur *sublim*, dont l'emploi persiste néanmoins et revivra notamment chez Nietzsche. *Sublim* s'inscrit dans la grande tradition de la *Sublimierung* poétique et alchimique qui sera réactualisée par la *Sublimierung* freudienne de manière à entrer en intéressante concurrence avec l'*Aufhebung* hégélienne.

♦ Voir encadré 3.

Mais *erhaben* est le terme choisi par Winckelmann qui le substantive et en marque en 1764 le caractère exclusivement apollinien : « *Apollo hat das Erhabene, welches im Laocoon nicht stattfand* [Apollon possède le sublime qui ne se trouvait pas dans Laocoon] » (*Geschichte der Kunst des Altertums*, Darmstadt, 1972, p. 155). De Winckelmann, *das Erhabene* est passé à Kant, chez lequel il se trouve sensiblement remanié sous l'influence du sublime burkien et dans l'éclairage du transcendantal. Critiquant l'assimilation kantienne du sublime à la grandeur absolue, Herder souligne le caractère relatif du sublime et rapproche *erhaben* de *erhoben*, c'est-à-dire de « ce qui

---

2

Sublime, privation et délice (« delight »)

S'opposant à Locke, Burke propose de faire le départ entre le plaisir qui naît de l'éloignement de la douleur et le plaisir positif, de même, inversement, qu'entre la douleur produite par la disparition du plaisir et la douleur positive. Comment qualifier le plaisir relatif qui naît d'une relation à une douleur, par mise à distance et métamorphose de celle-ci ? : Burke choisit un terme, déjà existant, *delight*, et lui assigne un champ sémantique plus restreint. *Delight*, tel est le nom du sentiment qui accompagne selon lui la formation de l'idée du sublime. Point donc, en l'occurrence, de plaisir simple, ni, non plus, de douleur simple ou relative.

> Il est hors de doute que toute espèce de satisfaction ou de plaisir, quelle que soit la manière dont elle nous affecte, est de nature positive dans l'esprit de celui qui l'éprouve. Mais une sorte de privation peut en être la cause [...]
> Chaque fois que j'aurai l'occasion de parler de cette espèce de plaisir relatif, je l'appellerai *délice* (*delight*) ; et j'aurai soin de ne jamais utiliser ce mot en aucun autre sens. Je suis bien convaincu qu'il n'est pas reçu communément dans l'acception que j'ai adoptée ; mais je pense qu'il vaut mieux emprunter un terme déjà connu et en limiter la signification qu'en introduire un nouveau, qui pourrait ne pas s'incorporer aussi bien à notre langue. [...]
> Tout ce qui est propre à susciter d'une manière quelconque les idées de douleur (*pain*) et de danger, c'est-à-dire tout ce qui est d'une certaine manière terrible, tout ce qui traite d'objets terribles ou agit de façon analogue à la terreur, est source du *sublime*, c'est-à-dire capable de produire la plus forte émotion que l'esprit soit capable de ressentir.
> Je dis la plus forte des émotions, parce que je suis convaincu que les idées de douleur sont beaucoup plus puissantes que celles qui viennent du plaisir. [...]
> Lorsque le danger ou la douleur serrent de trop près, ils ne peuvent donner aucun délice et sont simplement terribles ; mais, à distance, et avec certaines modifications, ils peuvent être délicieux et ils le sont, comme nous en faisons journellement l'expérience.
>
> *Recherche philosophique sur l'origine de nos idées du sublime et du beau*, Avant-propos, trad. et notes par Baldine Saint Girons, Librairie philosophique J. Vrin, 1990-1998, p. 81 et 84.

s'élève par ses propres forces ou par des forces étrangères ». *Das Erhabene* marquerait ainsi moins la grandeur absolue que l'élévation (*Kalligone*, partie III : « Vom Erhabenen und Ideal », p. 227-281) et son caractère serait d'emblée ressenti comme « sublimatoire » ; l'aspect négatif du sublime (le dessaisissement qu'il instaure sous l'effet d'un choc, d'un vertige et d'une terreur qu'il lui faut pourtant mettre à distance) tendrait de la sorte à se trouver minoré. On pourrait alors soutenir que, de la tradition latine du *genus sublime dicendi*, *das Erhabene* retiendrait l'idée d'élévation, mais rejetterait celle de véhémence.

III. LE SUBLIME ET LA CRITIQUE DU BEAU

Aussi bien est-il nécessaire de retrouver le fil directeur qui a permis à Burke et, par suite, à Kant, de donner son statut et sa portée au sublime : tout le sérieux du sublime réside dans la critique systématique qu'il parvient à ins-

3

La sublimation selon Freud

Plutôt que de reprendre pour cela l'expression hégélienne de *Aufhebung* qui, d'une certaine façon, conviendrait peut-être aussi bien, Freud choisit *Sublimierung* pour désigner la « capacité d'échanger [un] but qui est à l'origine sexuel contre un autre qui n'est plus sexuel mais qui est psychiquement apparenté avec le premier » (« La Morale sexuelle civilisée et la maladie nerveuse des temps modernes [1908] », in *La Vie sexuelle*, trad. fr. D. Berger, PUF, 1969 ; *G.W.*, VII, p. 150 ; *S.E.*, IX, p. 187). Il postule que, pour ce processus, la pulsion sexuelle « met à la disposition du travail culturel une quantité extraordinaire de forces et cela, sans doute, par suite de la propriété particulièrement prononcée qui est sienne de déplacer son but sans perdre essentiellement en intensité ». Plus tard, en 1932 notamment, il précisera que cette modification de but de la libido s'accompagne alors d'un changement d'objet (*Nouvelles Conférences d'introduction à la psychanalyse*, trad. fr. R. M. Zeitlin, Gallimard, 1984, p. 131 ; *G.W.*, XV, p. 103 ; *S.E.*, XXII, p. 97).

Or, ce terme de *Sublimierung*, qui provient de l'adjectif *sublim*, avant d'entrer dans le vocabulaire des beaux-arts, avait appartenu antérieurement à celui de l'alchimie (par emprunt au latin *sublimatio*), puis à celui de la chimie, où le mot désignait le processus consistant à « soumettre à la chaleur dans un vase clos des corps solides de façon que les éléments volatils s'élèvent à la partie supérieure du vase, où ils redeviennent solides et se fixent » (O. Bloch et W. von Wartburg, *Dictionnaire étymologique de la langue française*, PUF, 1975). C'est par la reprise au sens figuré de l'idée d'une telle transmutation que *Sublimierung* réapparaît notamment chez Nietzsche. Dans *Humain, trop humain* [1876] (G. Colli et M. Montinari [éd.], Gallimard, 1968, p. 23), ce dernier se pose la question suivante : « Comment quelque chose peut-il naître de son contraire, par exemple la raison de l'irrationnel, le sensible de l'inerte, la logique de l'illogisme, la contemplation désintéressée du vouloir avide, l'altruisme de l'égoïsme, la vérité des erreurs ? » Il y répond en opposant les démarches respectives de la vieille philosophie métaphysique et de la plus récente philosophie historique. La première « esquivait jusqu'à présent ces difficultés en niant que l'un pût engendrer l'autre et en admettant, pour les choses estimées supérieures, une origine miraculeuse, immédiatement issue du vif et de l'existence de la "chose en soi" ». Quant à la seconde, elle est arrivée, en s'inspirant des sciences de la nature, en particulier de la chimie.

> [...] à trouver que ce ne sont point là des contraires [...] et qu'il y a à la base de cette opposition une erreur de la raison : suivant son explication, il n'y a en toute rigueur ni conduite non égoïste, ni contemplation parfaitement désintéressée, l'une et l'autre n'étant que des sublimations (*Sublimierungen*) dans lesquelles l'élément fondamental semble presque volatilisé et ne trahit plus son existence qu'à l'observation la plus fine.
>
> I, 1.

Nietzsche reprend dans *Aurore* (§ 35) la même argumentation, qu'il a évoquée ici sous la rubrique intitulée « Chimie des idées et des sentiments ».

L'utilisation que Freud fait, pour sa part, de la catégorie de sublimation se déploie dans un vaste réseau de références qui souffre cependant d'ambiguïtés et de carences telles que les auteurs du *Vocabulaire de la psychanalyse* n'hésitent pas à conclure leur notice sur la question par ces mots : « L'absence d'une théorie cohérente de la sublimation reste une des lacunes de la pensée psychanalytique. » Par rapport à ces références, d'ailleurs, la sublimation se trouve souvent définie négativement. Ainsi se distingue-t-elle nettement de la catégorie du sublime dans la philosophie esthétique, de l'idéalisation, de l'idéal du moi, de l'*aphanisis* (ou extinction de la capacité d'éprouver un plaisir sexuel selon Jones), etc. En revanche, d'autres notions sont plus directement en congruence avec elle. En effet, on peut considérer la sublimation comme un type de satisfaction qui passe par la voie d'une désexualisation, qui, tout en continuant d'avoir sa source dans la libido, a cessé d'être sexuelle pour devenir sociale ou culturelle et qui, pour autant, ne connaît nullement le destin d'un symptôme. Pour Freud, cette désexualisation, dans le droit-fil de sa réflexion tardive sur le narcissisme, consiste dans le fait que le moi retire son pouvoir d'attraction à l'objet sexuel investi pour se réinvestir dans un nouvel objet et un nouveau but désormais non sexuels. Ainsi la sublimation, que Freud ramène à un processus de dérivation (*Ablenkung*, littéralement « déviation ») et non de répression ou, encore moins, de refoulement, a pour condition une telle désexualisation (*Desexualisierung*), qui exige elle-même l'intervention du moi ou sa médiation, dans le cadre de la puissance unifiante de l'Éros de la seconde topique.

Il reste qu'aux yeux de beaucoup la théorisation de Freud n'apporte pas une description probante de ce saut qualitatif par lequel la sublimation passe du sexuel au non-sexuel. C'est ce qui permet, par exemple, à Melanie Klein d'en faire une tendance à restaurer le « bon objet » détruit par les pulsions agressives ou à François Roustang (« Sublimation nécessaire et impossible », *Philosophie*, 55, 1er sept. 1997) d'en voir la source dans l'antériorité et l'autonomie du fantasme par rapport au destin de la pulsion sexuelle.

Charles BALADIER

BIBLIOGRAPHIE

LAPLANCHE Jean et PONTALIS Jean-Bertrand, *Vocabulaire de la psychanalyse*, PUF, 1967, p. 465-467.

SAINT GIRONS Baldine, *Dictionnaire de la psychanalyse*, Encylopædia Universalis - Albin Michel, 1997, p. 812-822.

taurer du beau ou, plus exactement, dans la suspension radicale de ses valeurs. Alors que le beau engendre une satisfaction calme et fait l'objet d'un goût qui suppose l'application spontanée et immédiate de certaines règles dont l'énoncé est possible du moins dans l'après-coup, le sublime engendre un trouble et un ébranlement de tout l'être. Le beau « subsiste » indépendamment de toute reconnaissance ; mais le sublime, lui, ne fait qu'exister, dans la fragilité de ce qui doit se perpétuer ailleurs qu'en lui-même pour survivre : il m'exige et m'entame, il naît dans l'expérience qui le découvre. D'un côté, la mise en jeu de passions sociales qui nous attachent à des objets plus ou moins contingents de sympathie ou d'amour ; de l'autre, l'ébranlement de passions fondamentales qui touchent à l'amour de soi ou à ce que nous appellerions aujourd'hui le narcissisme, dans sa triple dimension, physique, psychologique et morale. Autant alors le beau apparaîtra comme doté de « moyens » et, dans cette mesure, apte à se reproduire et à faire l'objet d'un enseignement académique ; autant le sublime, lui, ne semblera disposer que de « véhicules » privilégiés, dont l'emploi restera aléatoire et dangereux.

Quels sont ces véhicules ? Tantôt nous appréhendons le sublime dans un monde déstabilisé sous l'effet de la grandeur, de la laideur, de l'obscurité ou de la simplicité. Le beau s'y trouve menacé quant à sa forme, son agrément, sa visibilité et sa diversité. Tantôt, au contraire, son effondrement engendre un radical dessaisissement et nous éprouvons plus directement le sublime en notre for intérieur comme principe d'une suspension du moi. Sans doute sommes-nous alors plus ou moins pénétrés d'enthousiasme (*enthousiastikon pathos* [ἐνθουσιαστικὸν πάθος], Ps.-Longin, VII, 2, 7), d'étonnement (*astonishment*, Burke) ou de respect (*Achtung*, Kant). Mais l'essentiel est que la raison de l'effet passionnel apparaisse comme liée à la structure du sujet, qui ne cesse de se transcender lui-même.

♦ Voir encadré 4.

Cette victoire tout au moins critique du sublime sur le beau, nous pouvons en trouver l'illustration dans le mouvement de l'abstraction. Ainsi Worringer, qui en pressent en 1908 les développements futurs, a beau ne pas utiliser le terme de sublime, il ne cesse d'en convoquer la présence dans une perspective voisine de celle de Kant, chez lequel les deux exemples égyptiens du sublime (Pyramides et inscription du temple d'Isis) jouent un rôle cardinal.

> À quiconque vient de contempler l'art monumental égyptien et de ressentir combien son grandiose excède notre pouvoir d'appréhension [...], les œuvres admirables de la sculpture classique de l'Antiquité [...] ne manqueront pas d'apparaître comme les produits d'une humanité plus enfantine, plus inoffensive, d'une humanité demeurée insensible aux frissons les plus puissants. Le terme de « beauté » lui-même lui semblera parfaitement mesquin et indigent.
>
> *Abstraction et Einfühlung*, p. 78.

Plus près de nous, les plus illustres représentants de l'expressionnisme abstrait, tels Barnett Newman ou Mark Rothko, pratiquent la même critique du beau, tout en se réclamant du sublime et, singulièrement, du sublime burkien :

> Sans les monstres et les dieux, l'art ne peut représenter notre drame. Les moments les plus profonds de l'art expriment cette frustration. Quand ils furent relégués au rang de superstitions insoutenables, l'art sombra dans la mélancolie. Il se prit d'affection pour l'obscur.
>
> M. Rothko, « The Romantics Were Prompted », in *Possibilities*, p. 83.

Il semble qu'on en arrive ainsi paradoxalement à une unification de la catégorie du sublime. La difficulté reste, cependant, de penser son avènement comme problématique, de ne pas l'hypostasier et de ne lui accorder que la dimension d'un principe — principe de dessaisissement et de débordement — tout en se rappelant la valeur de stimulation qui lui est inhérente : le sublime oblige à un remaniement de la vie psychique et lance un défi à toutes les facultés productives de l'homme (pouvoir, savoir et vouloir). L'essentiel devient donc d'analyser sa portée dans chacun de ces registres. Et, dans cette perspective, on ne le réduira pas au seul irreprésentable : le sublime s'identifiera avec ce qui semblait, jusque à l'instant de son avènement, impensable, ininventable et « injouissible ».

Baldine SAINT GIRONS

4

De la présentation du sublime chez Kant

Kant soustrait le sublime à son lieu originaire d'élection qui était depuis l'Antiquité la rhétorique. Et il ne cite même plus Ps.-Longin. En revanche, il entérine la grande découverte de la fin du XVIIe et du XVIIIe siècle : celle du sublime naturel propre aux paysages vastes ou accidentés, marins et montagneux. Mais il hésite entre deux conceptions de la présentation du sublime : la première qui est devenue fort célèbre fait état d'une stimulation sensible purement négative ; la seconde, peu aperçue mais plus originale, vise à développer un véritable ascétisme de la sensibilité, laquelle s'interdit toute projection de savoir sur le spectacle qu'elle contemple.

> (1) [...] le sublime authentique (*das eigentlich Erhabene*) ne peut être contenu en aucune forme sensible ; il ne concerne que les Idées de la raison qui, bien qu'aucune présentation adéquate n'en soit possible, sont néanmoins rappelées et ravivées de par cette inadéquation même, dont une présentation sensible est possible. Ainsi le vaste océan, soulevé par la tempête, ne peut être dit sublime *(erhaben)*. Son aspect est hideux.
>
> (2) [...] Le spectacle de l'océan ne doit pas être vu comme nous le pensons, l'enrichissant de toute sorte de connaissances [...] ; mais il faut parvenir à voir l'océan seulement, comme le font les poètes, selon le spectacle qu'il donne à l'œil, soit, lorsqu'il est contemplé au repos, tel un clair miroir d'eau qui n'est limité que par le ciel, soit, lorsqu'il est agité, comme un abîme menaçant de tout engloutir, qu'il nous est quand même possible de trouver sublime (*erhaben*).
>
> Kant, *Critique de la faculté de juger*, § 23 et Remarque générale.

BIBLIOGRAPHIE

BOILEAU Nicolas, Préface au *Traité du sublime* de Longin, repr. *in* Longin, *Traité du sublime*, trad. fr. N. Boileau, introd. et notes F. Goyet, Librairie générale française, Le Livre de Poche, 1995.

BURKE Edmund, *A philosophical Enquiry into the Origin of our Ideas of the Sublime and Beautiful* [1757 et 1759] ; *Recherche philosophique sur l'origine de nos idées du sublime et du beau*, Avant-propos, trad. et notes par Baldine Saint Girons, Librairie philosophique J. Vrin, 1990-1998.

CICÉRON, *L'Orateur*, texte établi et trad. fr. A. Yon, Les Belles Lettres, « CUF », 1964.

DÉMÉTRIOS, *Du Style*, texte établi et traduit P. Chiron, Les Belles Lettres, « CUF », 1993.

GRUBE George Maximilian Anthony, *Longinus, of Great Writing* [1957], Indianapolis, Hackett Pub. Co., 1991.

HERDER Johann Gottfried, *Kalligone* [1800], in *Sämtliche Werke*, éd. B. Suphan, Berlin, 1880, tome XXIII.

KANT Emmanuel, *Beobachtungen über das Gefühl des Schönen und Erhabenen* [1764] ; *Observations sur le sentiment du beau et du sublime*, trad. fr. R. Kempf, Vrin, 1969.

— *Kritik der Urteilskraft* [1790] ; *Critique de la faculté de juger*, trad. fr. A. Philonenko, Vrin, 1965.

LOMBARDO Giovanni, *Hypsegoria, Studi sulla retorica del sublime*, Modène, Mucchi, 1988.

LONGIN, *Du sublime*, prés. et notes J. Pigeaud, Rivages, 1991.

MATTIOLI Emilio, *Interpretazioni dello Pseudo-Longino*, Modène, Mucchi, 1988.

MONK Samuel H., *The Sublime*, Modern Language Association of America [1935], Ann Arbor Paperbacks, 1980.

MORPURGO TAGLIABUE Guido, *Demetrio : dello Stile*, Rome, Edizioni dell'Ateneo 1980.

QUADLBAUER Franz, « Die genera dicendi bis auf Plinius », *Wiener Studien*, 1958, LXXI, p. 55-111.

QUINTILIEN, *De l'institution oratoire*, trad. fr. M.C.V. Ouizille, rev. M. Charpentier, Garnier, 1921.

ROTHKO Mark, « The Romantics Were Prompted », *Possibilities*, 1947-48, in *Mark Rothko* [1903-1970], Tate Gallery Publishing, 1987 et 1999, p. 83-84.

RUSSO Luigi (dir.), *Da Longino a Longino, I luoghi del sublime*, Palerme, Æsthetica edizioni, 1987.

SAINT GIRONS Baldine, *Fiat lux. Une philosophie du sublime*, Quai Voltaire, diff. Vrin, 1993.

— *Le Paysage et la Question du sublime* (dir. et contributions), RMN, diff. Seuil, 1997.

WORRINGER Wilhelm, *Abstraction et Einfühlung*, trad. fr. E. Martineau, prés. D. Vallier, Klincksieck, 1986.

ZELLE Karsten, *Die doppelte Ästhetik der Moderne*, Stuttgart et Weimar, Metzler, 1995.

OUTILS

ERNOUT Alfred et MEILLET Antoine, *Dictionnaire étymologique de la langue latine. Histoire des mots* [1932], 4e éd. augm. J. André, Klincksieck, 1994.

SUJET

gr.	*hupokeimenon* [ὑποκείμενον], *hupostasis* [ὑπόστασις]	angl.	*subject*
lat.	*subjectum, suppositum, subjectus, subditus*	esp.	*sujeto, subdito, sugeto*
all.	*Subjekt, Untertan*	gr. mod.	*hypokeimeno* [ὑποκείμενο]
		it.	*soggetto*

► ÂME, ***CATÉGORIE***, CONSCIENCE, ESSENCE, ***ÊTRE***, GEMÜT, GOGO, JE, ***LIBERTÉ***, MATTER OF FACT, OBJET, PRÉDICABLE, PRÉDICATION, RES, ***SOI***, SUPPOSITION, TO TI ÊN EINAI

Le mot français sujet *comporte une diversité d'acceptions qui, de prime abord, paraît difficile à articuler philosophiquement. On peut, cependant, y distinguer trois groupes principaux, où dominent l'idée de subjectité, celle de subjectivité et celle de sujétion. Ces trois notions ne sont, cependant, pas entièrement séparables et il est clair qu'on les retrouve plus ou moins à l'œuvre, diversement recombinées, dans la plupart des emplois philosophiques du terme.*

La notion de subjectité est la plus riche (le mot lui-même est la traduction du néologisme Subjektheit, *probablement forgé par Heidegger), qui condense plusieurs possibilités d'emploi. Provenant plus ou moins directement de l'*hupokeimenon [ὑποκειμένον] *aristotélicien, elle conjoint essentiellement le sujet logique (« ce dont » les prédicats sont dits) et le sujet physique (« ce dans quoi » sont les accidents). Elle possède aussi un sens beaucoup plus extensif, lié à l'étymologie de* hupokeisthai [ὑποκεισθαι] *(« être couché ou placé dessous », servir de base, de fondement, être proposé, admis), qui recoupe le réseau de la chose,* pragma [πρᾶγμα] *ou* res *et* causa, *lui-même intervenant non moins fréquemment que* sujet *au sens de matière, d'objet ou de thème, et qu'on retrouve dans les usages modernes. Ainsi le sens de cause, raison ou motif, attesté chez Descartes en traduction française* (Discours de la méthode, *4, AT VI, p. 37-38, à propos de l'existence des corps : « Lorsqu'il est question de certitude métaphysique, on ne peut nier que ce ne soit assez de* sujet *pour n'en être pas entièrement assuré que d'avoir pris garde qu'on peut s'imaginer, étant endormi, qu'on a un autre corps »), se prolonge-t-il dans la langue courante (« quel* sujet *vous amène ? », « avoir* sujet *de se plaindre »). Un autre sens, celui de matière d'un discours ou d'un écrit, se voit exprimé en anglais par une expression redoublée comme* subject-matter, *signe d'une coappartenance qui mérite l'attention (l'expression, également attestée sous la forme* matter subject, *XIV*e *siècle, est, en effet la traduction d'une formule de Boèce,* subiecta materia, *qui reproduit elle-même l'*hupokeimenê hulê [ὑποκειμένη ὕλη] *d'Aristote). Un troisième sens fait de* sujet *un synonyme d'objet lorsqu'on évoque, notamment, le sujet d'un livre ou d'une science.*

La notion de subjectivité, en revanche, fait de sujet *l'antonyme d'objet quand il y va, plus spécialement, de délimiter la sphère du psychique ou du mental par rapport à celle de l'objectivité (= le sens de l'anglais* thinking subject, *bien attesté au XVIII*e *siècle).*

Les acceptions de sujet *relevant de la sujétion se retrouvent dans tout ce qui comporte une idée de dépendance ou d'assujettissement, de domination qui subjugue, astreint ou oblige : c'est, par exemple, le premier sens de* subject *en anglais (XIV*e *siècle :* [*subst.*] one who is under the dominion [= *lat.* dominium] of a sovereign *ou* [*adj.*] that is under the rule of a power). *L'articulation de ce troisième ensemble aux deux premiers reste problématique, en dépit des suggestions du langage ordinaire. Tout ce qui est « sous-mis »,* subjectum, *n'est pas « assujetti »,* subjectus, *ni tout ce qui est « soumis », « sub-jectif ». Plus clairement : il ne faut pas confondre « être placé dessous » et « être assujetti ». La subjectivité n'est pas le produit relatif de la subjectité et de la sujétion, même si le rapport de sup-position se retrouve dans l'un et l'autre registre. Le destin du français « suppost » (XIV*e *siècle), puis « suppôt » (1611), illustre bien ces ambiguïtés. Le terme est issu du latin* suppositum *utilisé tant en grammaire et en logique que dans les sciences de la nature (physique, métaphysique, psychologie, selon la classification médiévale des sciences) dans le sens du grec* to hupokeimenon *; cependant, dans son usage proprement français, « suppost » s'emploie, de la fin du XIII*e *à la fin du XV*e *siècle, au sens de vassal, c'est-à-dire de « sujet de quelqu'un », voire au sens de subalterne. La métaphore spatiale commune aux deux champs de la sub-jectité et de la su-jétion ne doit cependant pas conduire à tracer la généalogie de la subjectivité sur la base d'une identification du* subjectum *au* subjectus. *Ce que suggère le français ou l'anglais est beaucoup moins net en allemand où le* Subjekt *« aristotélicien » ne se confond pas avec l'*Untertan *et ses dérivés :* untertänig *(humble, soumis) et* Untertänigkeit *(soumission, sujétion, humble obéissance), même si l'on peut traduire et* Subjekt *et* Untertan *par le même mot français de* sujet. *Réciproquement, la notion de « sujet de droit » ou de « sujet politique » est difficile à accommoder directement dans un contexte où la place du sujet est marquée d'avance au registre de la « soumission » — il n'est ici que de songer aux harmoniques du terme* islam, *qui, selon les traductions, évoquera la sujétion radicale (les « musulmans » comme « soumis ») ou* *l'abandon confiant de soi en Dieu. L'entrée du* sujet *en philosophie a doublement trait aux avatars du* subjectum *et du* subjectus.

On tentera d'éclairer cet ensemble de problèmes qui a déterminé toute l'histoire de la philosophie occidentale en adoptant alternativement deux points de vue opposés : partant de l'usage latin du subjectum *pour identifier les origines médiévales de la « certitude subjective » des Modernes, écartelée entre les héritages aristotélicien et augustinien, puis de la critique contemporaine de l'unité ou univocité du sujet, inaugurée par Nietzsche, pour identifier la racine des conflits d'expression auxquels elle donne lieu aujourd'hui, dans le cadre d'une problématique d'« internationalisation » de la langue philosophique. Dans les deux cas, on sera amené à faire jouer un rôle central à la reconstruction historique et herméneutique proposée par Heidegger, dont on montrera l'intérêt et les limites.*

I. « HUPOKEIMENON », LE DEGRÉ ZÉRO DU SUJET

Sujet est franco-latin. Aucun vocable grec n'est simultanément porteur de la triple idée de subjectité, de subjectivité (voir CONSCIENCE) et de sujétion : il n'y a pas plus de mot en grec pour dire *sujet* que pour dire « objet », même si ces termes se rencontrent, et ne peuvent pas ne pas se rencontrer, partout dans les traductions (voir OBJET).

De fait, le latin *subjectum* est d'abord une traduction du grec *to hupokeimenon* [τὸ ὑποκείμενον], en particulier dans le corpus aristotélicien, même s'il n'est évidemment pas que cela et même si d'autres termes, comme *suppositum*, rendent sous certaines conditions certains aspects de l'*hupokeimenon* aristotélicien (voir « Suppositum »/« subjectum », dans SUPPOSITION).

To hupokeimenon n'exprime jamais la subjectivité. Il n'exprime pas non plus l'assujettissement, sauf par les connotations quasi sexuelles qui s'attachent à l'idée de « matière », *hulê* [ὕλη], en tant qu'unie à l'*eidos* [εἶδος] ou à la *morphê* [μορφή], « forme » qu'elle reçoit, à quoi elle est sujette, et avec laquelle elle compose une substance complète, un *sunolon* (on comparera *Métaphysique*, VII, 1029a 2-4 : « Le sujet premier, *hupokeimenon prôton*, c'est d'une certaine façon la matière, d'une autre la forme et, d'une troisième, le composé des deux, *to ek toutôn* », avec *De la Génération des animaux*, I, 20, 729a 8-11 : « Tout se passe en bonne logique, puisque le mâle fournit la forme et le principe du mouvement (*to t'eidos kai tên arkhên tês kinêseôs*), la femelle, le corps et la matière (*to sôma kai tên hulên*), de même que, dans la coagulation du lait, le lait est le corps et le suc de figuier ou la présure le principe coagulant »). Sylviane Agacinski souligne que la hiérarchie des sexes « s'applique, analogiquement, aux concepts fondamentaux de la métaphysique, comme lorsque le philosophe énonce que "la matière aspire à la forme, comme la femelle désire le mâle" » (Sylviane Agacinski, *Politiques des sexes*, Seuil, 1998, p. 44).

En revanche, le terme recouvre et unifie deux types de sujets dont la composition se révèle nécessaire à l'idée même de subjectité : le sujet physique, substrat des accidents dans le changement, et le sujet logique, support des prédicats dans la proposition. Cette suture, au sens strict onto-logique puisqu'elle permet à l'être et au dire de l'être de coïncider comme naturellement, est définitionelle de l'*ousia* [οὐσία] aristotélicienne.

♦ Voir encadré 1.

Repartons, avec Bonitz (*Index s.v.* « *hupokeisthai* »), de l'ensemble des acceptions aristotéliciennes de *hupokeimenon* et de *hupokeisthai* [ὑποκεῖσθαι]. On peut mettre à part le sens local, non terminologique, de « se trouver », ainsi que l'ensemble des sens courants qu'Aristote ne fait que fixer, en particulier quand il pose quelque chose comme base de réflexion, fondement, principe ou prémisse (*positum, datum*). Reste un complexe de trois usages que Bonitz décrit ainsi :

1

La définition de l'« ousia prôtê »

Οὐσία δέ ἐστιν ἡ κυριώτατά τε καὶ πρώτως καὶ μάλιστα λεγομένη, ἣ μήτε καθ' ὑποκειμένου τινὸς λέγεται μήτε ἐν ὑποκειμένῳ τινί ἐστιν, οἷον ὁ τὶς ἄνθρωπος ἢ ὁ τὶς ἵππος.

[Est essence, quand on le dit au sens le plus propre, premier et principal, celle [ou ce] qu'on ne dit pas d'un sujet et qui n'est pas non plus dans un sujet, comme l'homme en question ou le cheval en question.]

Aristote, *Catégories*, 5, 2a 11-13.

Remarque sur la présente traduction :

On traduit *ousia*, contrairement à l'usage reçu, par « essence », pour indiquer qu'il s'agit ici de déterminer ce qui est, et non par « substance » qui biaiserait en faveur de la physique — substance/accidents — la conjonction de la logique et de la physique.

Cette définition, présentée comme la définition par excellence de l'essence et la définition de l'essence par excellence, est, stylistiquement déjà, très remarquable. Au lieu d'affirmer directement que l'essence est *hupokeimenon* [ὑποκειμένον], elle juxtapose deux négations portant sur l'*hupokeimenon* : ni dire d'un sujet ni être dans un sujet ; l'essence est deux fois *hupokeimenon* en tant qu'elle n'est ni prédicat (ou, plus exactement : ni prédicable, voir PRÉDICABLE et PRÉDICATION) ni accident. On est bel et bien devant le nouage grossier d'une juxtaposition, effectué à la faveur du mot *hupokeimenon* qui assied doublement et simultanément la prééminence de l'essence dans la physique et dans la logique :

> Tout le reste ou bien se dit de ces sujets (*êtoi kath' hupokeimenôn toutôn legetai* [ἤτοι καθ' ὑποκειμένων τούτων λέγεται]) ou bien est dans ces sujets eux-mêmes (*ê en hupokeimenais autais estin* [ἢ ἐν ὑποκειμέναις αὐταῖς ἐστίν]) ; de sorte que si ces essences premières n'étaient pas, impossible que quoi que ce soit d'autre soit.
>
> *Ibid.*, 2b 6-6c.

> Dans cet usage aristotélicien des mots *hupokeisthai, hupokeimenon*, on peut distinguer principalement trois genres, pour autant que *to hupokeimenon* est ou bien la matière (*hê hulê*) qui est déterminée par la forme, ou bien l'*ousia* dans laquelle sont inhérents les passions, les accidents (*pathê, sumbebêkota*), ou bien le sujet logique auquel sont attribués les prédicats ; mais puisque la matière elle-même est aussi rapportée à la notion d'*ousia*, le premier et le second genre ne se distinguent pas au moyen de limites partout certaines, et puisque *einai* (*huparkhein*) [être au sens d'appartenir à] et *legesthai* (*katêgoreisthai*) [être dit au sens d'être prédiqué de] sont étroitement liés l'un à l'autre, le second genre ne se distingue pas mieux du troisième.
>
> *Index...*, p. 798, col. 1.

Autrement dit, la pluralité des sens de *hupokeimenon* n'est pas fixée ou thématisée, comme celle des sens de l'être par exemple (voir tout au plus *Métaph.*; Z 13, 1038b 5 : περὶ τοῦ ὑποκειμένου, ὅτι διχῶς ὑπόκειται, ἢ τόδε τι ὄν, ὥσπερ τὸ ζῷον τοῖς πάθεσιν, ἢ ὡς ἡ ὕλη τῇ ἐντελεχείᾳ [« Quant au sujet, il est sujet (litt. subjeté) de deux manières : ou bien parce qu'il est un ceci déterminé, comme l'animal pour ses affections, ou bien en tant que matière pour l'entéléchie »]), mais elle est bien plutôt utilisée pour décrire trois types de relations : (1) celle de la matière par rapport à la forme, en tant qu'elles composent ensemble le *sunolon*, l'individu comme tout sans parties ; (2) celle de l'individu, substance-sujet de la physique, par rapport à ce qui lui arrive, à ses affects et accidents (l'animal est sujet à bouger, à être blanc, grand ou malade) ; (3) celle, enfin, du sujet de la proposition par rapport à ses prédicats (« animal », comme « blanc », « grand« ou « malade »). Pour chacun des deux premiers usages, on peut désigner le sujet autrement : c'est la matière (*hulê*), c'est l'individu, la substance ou l'essence première (*tode ti* [τόδε τι] ou *ousia prôtê* [οὐσία πρώτη]) ; mais dans le troisième cas, *to hupokeimenon* est non substituable, il n'y a pas d'autre mot pour désigner le sujet de la proposition en tant que tel : l'acception irréductible est aussi celle qui unifie l'ensemble (de même que la *kinêsis* [κίνησις] désigne à la fois le mouvement local et le mouvement en général, donc toutes les espèces de mouvement, l'accroissement par ex.) dans une structure conceptuelle radicalement non dialectique, typique de la pensée classificatoire d'Aristote, où l'espèce clé donne son nom au genre entier.

Il faut cependant rectifier cette présentation : si la subjectité conjoint dans l'*ousia* le sens de substance et celui de sujet, c'est aussi que l'*ousia* est, de son propre fonds, apte à les unir. De même que l'essence première est *malista* [μάλιστα], au plus haut point, essence, de même ce qui, au plus haut point, est propre à l'essence (*malista idion tês ousias* [μάλιστα ἴδιον τῆς οὐσίας]), « c'est qu'elle soit apte à recevoir les contraires tout en étant la même et numériquement une (*to tauton kai hen arithmôi on tôn enantiôn einai dektikon* [τὸ ταὐτὸν καὶ ἓν ἀριθμῷ ὂν τῶν ἐναντίων εἶναι δεκτικόν]) » (*Cat.*, 6, 4a 10-11) : la couleur ne peut pas être en même temps blanche et noire en restant une et la même, mais l'essence si ; par exemple, *ho tis anthrôpos* [ὁ τὶς ἄνθρωπος], tel homme singulier, un et le même, devient tantôt blanc et tantôt noir (*hote men leukos hote de melas ginetai* [ὁτὲ μὲν λευκὸς ὁτὲ δὲ μέλας γίγνεται], 4a 19-20) ; et ce n'est pas à la manière d'un énoncé : « Untel est assis », qui devient faux quand Untel se lève, mais « par un changement qui lui appartient en propre (*kata tên hautês metabolên* [κατὰ τὴν αὑτῆς μεταβολὴν]) » (4b 3). C'est donc du propre fonds de l'*ousia* que naissent les accidents qui sont prédiqués d'elle : sa subjectité de substance matérielle ne fait qu'un avec sa subjectité de sujet logique, et c'est en cela même qu'elle est *hupokeimenon*.

Les différentes tentatives aristotéliciennes de définition de l'*ousia* relèvent d'une tension constante entre singulier et universel : ainsi, c'est l'*eidos*, l'essence, et le *to ti ên einai* [τὸ τί ἦν εἶναι], l'essentiel de l'essence, qui, au livre Z de la *Métaphysique* (Z 7, 1032b 1s), sont désignés comme *ousia prôtê* au lieu et place du *tode ti* des *Catégories* (voir TO TI ÊN EINAI). Or c'est la définition des *Catégories*, pour laquelle l'essence est d'abord le singulier concret, qui détermine la conflagration entre subjectité logique et subjectité physique. On pourait en déduire que l'individu, deux fois sujet donc, est une condition nécessaire (certes non suffisante) pour l'élaboration ultérieure menant à la subjectivité et à la sujétion.

♦ Voir encadré 2.

II. « SUBJECTUM », DE L'« HUPOKEIMENON » À LA CERTITUDE SUBJECTIVE

A. De la subjectité à la subjectivité

Si le terme *subjectivité* semble avoir été emprunté à l'allemand *Subjektivität*, dans le prolongement de la diffusion du sens kantien de l'adjectif *subjektiv*, l'acception psychologique du terme, prédominant dans le langage ordinaire, est le fruit d'une série de transformations engagées dès le Moyen Âge. Selon Martin Heidegger, la plus décisive de toutes est la mutation de l'*hupokeimenon* aristotélicien en *subjectum*. C'est, en effet, la promotion du *subjectum*, du *substans* scolastique, au sens de « ce qui est constant » (subsistant) et « réel », comme fondement de toute psychologie du sujet, autrement dit, le passage du latin *subjectum* à l'acception moderne de sujet, ou si l'on préfère de *subjectum* à *ego*, de subjectivité à égoïté, qui, pour l'auteur de *Sein und Zeit*, constitue le trait porteur de l'initiative cartésienne, décrite dans le tome II du *Nietzsche* comme le moment où « la *mens humana* revendique exclusivement pour elle le nom de sujet de telle sorte que *subjectum* et *ego*, subjectivité et égoïté, acquièrent une signification identique » (trad. P. Klossowski). L'explication heideggerienne de ce phénomène, qui repose sur la structure de « pré-jacence » découverte au cœur de la notion cartésienne de représentation, attribue à Descartes un rôle central — avoir achevé la transformation de l'ὑποκειμένον en *subjectum* en lestant son « actualité » d'une dimension nouvelle, l'activité perceptive :

> Selon la tradition initiale de la métaphysique depuis Aristote, chaque étant proprement dit est ὑποκειμένον, lequel ὑποκειμένον dans la période postérieure se déter-

> mine en tant que *subjectum*. La pensée cartésienne distingue le *subjectum*, en tant que quoi l'homme est, en ce sens que l'*actualitas* de ce *subjectum* a son essence dans l'*actus* du *cogitare* (*percipere*).
>
> M. Heidegger, « La Métaphysique en tant qu'histoire de l'être », dans *Nietzsche*, II, trad. fr. P. Klossowski, Gallimard, 1971, p. 349.

La thèse de Heidegger est discutable. Elle attribue, en effet, à Descartes l'initiative d'un déplacement qui lui est, soit bien antérieur, soit bien postérieur, et qui, de toute façon, ne passe pas directement chez lui par une mise en équation explicite de *subjectum* et d'*ego*. De plus, la notion heideggerienne de « subjectivité » est trop étroitement liée à la notion luthérienne de certitude du salut, expérience supposée fondatrice de la certitude propre à la « subjectivité moderne », pour valoir comme terme d'une véritable généalogie du sujet.

♦ Voir encadré 3.

D'autres expériences demandent à être considérées, qui montrent que le moment où « la *mens humana* revendique exclusivement pour elle le nom de sujet » appartient à une histoire antérieure à l'âge d'or, « cartésien », de la « représentation ». L'analyse de Heidegger a cependant un mérite : poser la nécessité d'une distinction entre subjectité et subjectivité. Elle impose, du même coup, une tâche, dont le texte sur « La métaphysique en tant qu'histoire de l'être » ne s'acquitte pas : penser historialement ce qui conduit de l'une à l'autre – ce qui veut dire prendre en compte la contribution médiévale.

2

« Hupokeimeno » [ὑποκείμενο] en grec moderne

► GREC

Aristote définit la matière comme « le premier *hupokeimenon* (ὑποκείμενον) de chaque chose, d'où elle advient, et qui lui appartient de façon immanente et non par accident » (*Physique*, I, 9, 192a 31-34). Mais si le terme , « sujet » convient pour exprimer l'*ousia* comme sujet ultime de toute prédication, il est inapte à rendre ce texte convenablement. Aussi traduit-on souvent ici *hupokeimenon* par « substrat », s'accordant à la tradition scolastique, qui utilise *substratum*.

Or, en grec moderne, ὑποκείμενο signifie, à l'instar du *sujet* en français, tantôt sujet grammatical ou logique, et tantôt, subjectivité. Aucun terme ne conviendrait pour traduire « substrat ». Ch. Théodoridis observe que « dans la mesure où dans notre langue "sujet" est un terme usé et polysémique, nous sommes souvent obligés de recourir à *substratum* pour traduire, en utilisant le terme *soubassement* (ὑπόστρωμα) » (*Introduction*..., p. 229). C'est pourquoi plusieurs traductions sont proposées en grec moderne. Dans sa traduction de la *Physique*, N. Kyrgiopoulos donne l'impression de rester près du texte en traduisant « sujet (ὑποκείμενον) premier en chaque chose » ; C. Georgoulis propose une périphrase : « ce qui se tient comme gisant en dessous (ὡς ὑποκείμενο) de chaque chose » ; dans sa traduction de Plotin, I. Tzavaras, tantôt utilise le terme antique, tantôt, reprenant l'idée de Georgoulis, traduit par « ce qui se tient en dessous » (κειμένη-απο-κάτω), et tantôt la prolonge en parlant de « soubassement » (ὑπόστρωμα). Si le verbe signifie bien, en grec moderne, « se tenir sous quelque chose », y compris « sous l'autorité de quelqu'un », le substantif ne recouvre plus le sens antique. La première traduction se limite à reprendre le terme antique ; la seconde recourt à une forme verbale, en utilisant le participe passé d'ὑπόκειμαι, ce qui oblitère l'usage antique du substantif ; enfin, celle par « soubassement » force le sens, même si elle a le mérite de constituer une véritable traduction. Ce désaccord révèle suffisamment la difficulté de traduire, du grec au grec, un terme aussi important qu'*hupokeimenon*.

Lambros COULOUBARITSIS

BIBLIOGRAPHIE

ARISTOTE, *Œuvres complètes*, plusieurs traducteurs, Athènes, Ellinikos ekdotikos organismos.
— *Philosophie première (Métaphysique)*, trad. gr. mod. C.D. Georgoulis, Athènes, Éd. Papadimas, 1935, 2ᵉ éd. 1973.
— *Métaphysique*, trad. gr. mod. A. Daleziou, Athènes, Papyros, 1953, 2 vol.
— *Physique*, trad. gr. mod. C.D. Georgoulis, Athènes, Papadimas, 1972.
THÉODORIDIS Ch., *Introduction à la philosophie* (en grec), Athènes, Éditions du Jardin, 1945, 2ᵉ éd. 1955.

3

Heidegger : certitude de soi et certitude du salut à l'aube des Temps modernes

Le scénario bâti par Heidegger pour expliquer la genèse de la certitude qui va « mener l'humanité à sa souveraineté à l'intérieur du réel » ne fait aucune place au Moyen Âge. Tout, à l'évidence, commence avec la nouvelle conception luthérienne de l'*Er-lösung* et la problématique de l'« assurance » du salut (problématisée d'un autre point de vue par Max Weber dans *L'Esprit du capitalisme et l'Éthique protestante*).

> Auparavant [*i.e.* dans la période médiévale], le Dieu créateur et avec lui l'institution qui offre et administre les dons de sa grâce [l'Église], ont l'exclusive possession de l'unique et éternelle vérité. Dieu est en tant qu'*actus purus*, la pure réalité et ainsi la causalité de tout réel, c'est-à-dire la source et le lieu du salut qui garantit une éternelle consistance en tant que béatitude. De lui-même, l'homme ne peut jamais devenir ni être absolument certain de ce salut. Par contre, pour en obtenir la certitude, l'homme se voit essentiellement déterminé par la foi autant que par l'incroyance, ou poussé à renoncer au salut et à la certitude de celui-ci. De la sorte, il règne une nécessité occultée dans son origine, qui veut que l'homme s'assure d'une manière ou d'une autre de son salut dans le sens chrétien ou dans un sens différent (salut : *sôtêria* [σωτηρία] ; délivrance, rédemption).
>
> M. Heidegger, « La métaphysique en tant que histoire de l'être », in *Nietzsche II*, trad. fr. P. Klossowski, p. 339.

B. « Subjectum » dans la psychologie médiévale

Au Moyen Âge, l'espace où se situent les théories philosophiques du sujet est, originairement, celui de la subjectité. La notion médiévale de *subjectum* est toujours, au moins problématiquement, celle d'Aristote, celle de l'*hupokeimenon*, du *sujet* entendu comme support ou substrat de propriétés essentielles ou accidentelles. Dans la généalogie du sujet et de la subjectivité, la situation de la pensée médiévale se caractérise toutefois longtemps par un chiasme remarquable, que l'on peut décrire ainsi : le Moyen Âge dispose d'une théorie du moi et de l'égoïté, d'une théorie du *sujet* au sens obvie, psychologique, du terme *mens*, mais cette théorie ne réclame pas la mise en œuvre de la notion de *subjectum* ; réciproquement, il propose une théorie complète de la subjectité, en grammaire, en logique, en physique, en métaphysique, qu'il répugne à exporter en psychologie dans une théorie de la *mens humana*. En d'autres mots, la théorie de la *mens* n'a pas besoin d'importer la notion d'*hupokeimenon* ; réciproquement, celle de *subjectum* ne réclame pas d'elle-même à régler celle de la *mens*. Pourtant les deux finissent par se rencontrer et s'articuler, quelques centaines d'années avant la théorie cartésienne de l'*ego cogito cogitatum*. Il est impossible de restituer ici chaque étape du processus. On peut, en revanche, indiquer les deux pôles entre lesquels se décide l'idée même de subjectivité : d'un côté, un modèle trinitaire, augustinien, de l'âme humaine, fondé en partie sur l'idée de circumincession (immanence mutuelle) des Personnes, en partie sur une notion non aristotélicienne d'hypostase (*hupostasis* [ὑπόστασις]) ; de l'autre, un modèle non trinitaire, averroïste, de la subjectité, fondé, lui, explicitement, sur la notion aristotélicienne d'*hupokeimenon*. Ces deux modèles ne visent pas à rendre compte du même problème : le premier a pour objectif principal le problème de la conscience et de la connaissance de *soi*, le second, celui du *sujet* de la pensée.

1. L'averroïsme et la question du « sujet de la pensée »

C'est avec la traduction du *Grand commentaire* sur le livre III du *De anima* que la notion de subjectité entre véritablement dans le champ de la psychologie, en l'espèce d'une question précise : quel est le sujet de la pensée ? Cette question suppose la validité d'un modèle, l'analyse aristotélicienne de la sensation et des notions qui la rendent possible, celle d'acte (*energeia* [ἐνέργεια]) et d'actualisation ou de passage à l'acte (*energein* [ἐνεργεῖν]). La théorie aristotélicienne de la sensation n'est pas fondée sur l'idée d'un « sujet sentant » qui serait affecté par une modification sensible, mais sur la sensation elle-même définie comme l'« acte commun d'un sensible et d'un sentant » (voir SENS, I, A, B). C'est cette structure de l'acte commun qui, chez Averroès, préside à la question du sujet de la pensée. De même que la sensation a deux sujets, de même, la pensée, ici appelée *intentio intellecta* (voir INTENTION), à savoir l'intelligible en acte second, a aussi deux sujets : (1) les images (« *intentiones imaginatae* »), (2) l'intellect dit « matériel », séparé du corps et non nombré par lui. Le sujet de la pensée est donc double et de ces deux sujets, un seul, le premier, a à voir avec l'homme, l'*ego* ou le moi.

> Puisque concevoir par l'intellect, comme le dit Aristote, c'est comme percevoir par le sens, et que percevoir par le sens s'accomplit par l'intermédiaire de deux sujets, dont l'un est le sujet [*subjectum*] par lequel le sens devient vrai (et c'est le sensible extérieur à l'âme) et l'autre, le sujet par lequel le sens est une forme existante (et c'est la perfection première de la faculté sensorielle), il est aussi nécessaire que les intelligibles en acte aient deux sujets, dont l'un est le sujet par lequel ils sont vrais, à savoir les formes qui sont des images vraies, et le second, celui qui fait de chaque intelligible un étant du monde [réel], et c'est l'intellect matériel. En effet, il n'y a en cela aucune différence entre le sens et l'intellect, si ce n'est que le sujet du sens, par lequel il est vrai, est extérieur à l'âme, alors que le sujet de l'intellect, par lequel il est vrai, est à l'intérieur de l'âme.
>
> Averroès, *Grand Commentaire sur le livre De l'âme*, III, comm. 5 [à propos de *De an.* III, 4, 429a 21-24] ; (trad. fr. A. de Libera, in *Averroès. L'intelligence et la Pensée*, 1998.

Pour Averroès, en effet, l'homme n'est pas son intellect : il a seulement part à l'intellection en tant que, grâce à sa faculté cogitative (ar. *al-quwwat al-mufakkira* [القوة المفكّرة], lat. *vis cogitativa, vis distinctiva*), il offre des images ou, plutôt, des « intentions » particulières (voir encadré 2, « *Cogitative* », dans INTENTION) à l'intellect matériel, substance unique, séparée de l'âme humaine. L'homme n'est donc pas le sujet de la pensée au sens précis où l'œil est le sujet de la vision. D'une certaine manière, sa place sub-jective serait plutôt du côté de ce qui est vu. C'est, d'ailleurs, le fond de la critique adressée par Thomas d'Aquin à la noétique d'Averroès, dans le *De unitate intellectus contra averroistas*. La théorie des deux sujets de l'intellection ne permet pas de dire que l'homme — ou plutôt l'homme individuel (« cet homme-ci ») — pense, mais seulement que ses images sont pensées par l'intellect séparé.

> Supposé qu'une seule espèce numériquement identique soit et forme de l'intellect possible et simultanément contenue dans les images, ce type de couplage ne suffirait pas pour que cet homme-ci pense. Il est en effet clair que, par l'espèce intelligible, quelque chose est *pensé*, alors que, par la puissance intellective, quelque chose *pense*, de même que, par l'espèce sensible, quelque chose est *senti*, alors que, par la puissance sensitive, quelque chose *sent*. C'est pourquoi le mur dans lequel se trouve la couleur, dont l'espèce sensible en acte est dans la vue, est quelque chose de vu, non quelque chose qui voit ; ce qui voit, c'est l'animal doté de la faculté de vision où se trouve l'espèce sensible. Or le couplage de l'intellect possible et de l'homme en qui sont les images dont les espèces sont dans l'intellect possible est comme le couplage du mur, dans lequel est la couleur, et de la vue, dans laquelle est l'espèce de sa couleur. ‹ Si donc il y avait ce couplage ›, de même que le mur ne voit pas, mais que sa couleur est vue, il en résulterait que *l'homme ne penserait pas, mais que ses images seraient pensées par l'intellect possible*. Il est donc impossible de sauver la thèse que cet homme-ci pense si l'on adopte la position d'Averroès.
>
> *De unitate intellectus contra averroistas*, chap. 3, § 66.

Loin de céder au contre-argument de Thomas, certains averroïstes latins du XIIIe siècle radicalisent la thèse selon laquelle le sujet, qu'il faut bien dire alors « pensant » par opposition aux « intentions imaginées », sujet « pensé », n'est pas l'homme individuel. En rigueur des termes, la pensée n'a pas l'homme pour sujet, car « la pensée n'est pas une perfection de l'homme », mais la « perfection de l'intellect » matériel séparé. Introduisant pour la première fois, en ce contexte, la dualité sujet/objet, les averroïstes (cf. Siger de Brabant, *In III De anima*, q. 9 ; éd. Bazán, p. 28, 79-82) vont jusqu'à soutenir que la pensée n'a pas besoin de l'homme pour, au sens propre, « s'y sub-jecter ». Si elle a besoin de l'homme, ou plutôt des phantasmes, c'est-à-dire en dernière analyse d'un corps matériel, c'est à titre d'objet, non de sujet. Comme l'écrit un maître anonyme : « La pensée n'étant pas une perfection de l'homme, elle a besoin de l'homme comme objet [...] elle a besoin du corps matériel comme son objet, non comme son sujet » (cf. *Anonyme de Giele*, *Quaestiones De anima* II, q. 4 ; *in* M. Giele, *Trois Commentaires anonymes sur le traité de l'âme d'Aristote*, p. 76, 91-96).

La position du corps comme objet de l'intellect a eu une exceptionnelle postérité : on la retrouve encore au XVIe siècle, retournée *contre* Averroès dans le *De immortalitate animae* de Pomponazzi (1516). Disciple du « matérialisme » d'Alexandre d'Aphrodise, Pomponazzi accepte l'idée, doublement inadmissible pour l'averroïsme, que le corps peut être et l'objet *et le sujet* de la pensée :

> Selon sa définition générale, l'âme est l'acte d'un corps naturel organisé, etc. Donc l'âme intellective est l'acte d'un corps naturel organisé. Donc puisque, selon l'être, l'intellect est l'acte d'un corps naturel organisé, il dépend aussi dans toutes ses opérations d'un organe *soit comme sujet soit comme objet*. Il n'est donc jamais totalement séparé de tout organe.
>
> P. Pomponazzi, *De immortalite animae*, éd. Mojsisch, « Philosophische Bibliothek », 434, Hambourg, Meiner, 1990, chap. 4, p. 18.

Pour les averroïstes du XIIIe siècle, en tout cas, il est clair que l'existence du moi et du « fait de conscience » ne coïncide d'aucune manière avec l'assomption de l'homme comme *subjectum*. L'homme ne s'éprouve pas comme sujet de la pensée, le moi ou l'*ego* ne s'éprouve pas comme cela même qui pense ou éprouve la pensée. Comme l'écrit le même *Anonyme de Giele* :

> Tu diras : moi [et nul autre] j'éprouve et je perçois que c'est moi qui pense. Je réponds : c'est faux. Au contraire, l'intellect, qui t'est naturellement uni en tant que (principe) moteur et régulateur de ton corps, est celui qui éprouve cela, lui *ipse*, [et nul autre], exactement comme l'intellect séparé éprouve qu'il a en lui des intelligibles. Tu diras (encore) : moi, l'agrégat d'un corps et d'un intellect, j'éprouve que c'est moi qui pense. Je dis : c'est faux. Au contraire, c'est l'intellect ayant besoin de ton corps comme objet (*intellectus egens tuo corpore ut obiecto*) qui éprouve cela et qui le communique à l'agrégat.

L'hétéronomie du *sujet* averroïste est illustrée de manière très significative par un épisode de traduction, qui mérite d'être rappelé. On sait que le *Grand commentaire* du *De anima* d'Averroès n'est, dans l'état actuel des corpus, entièrement accessible qu'en latin, dans l'épineuse traduction de Michel Scot (l'original arabe étant perdu). Un des énoncés les plus célèbres où Averroès semble faire intervenir la notion de sujet est le passage sur l'éternité et la corruptibilité de l'intellect théorique — perfection dernière de l'homme — affirmant : « Peut-être la philosophie existe-t-elle en tout temps dans la majeure partie du sujet comme l'homme existe grâce à l'homme, et le cheval grâce au cheval. » Que veut dire cette expression ? L'averroïste Jean de Jandun comprend, contre les principes mêmes de la noétique d'Averroès, que « la philosophie est parfaite dans la majeure partie de son sujet » (*sui subiecti*), c'est-à-dire « dans la majeure partie des hommes » (*in maiori parte hominum*). Cette interprétation est sans fondement. Elle s'explique cependant si l'on considère que le traducteur latin d'Averroès a confondu les termes arabes *mawḍū'* [موضوع] (le sujet, le substrat au sens de l'*hupokeimenon*) et *mawḍi'* [موضع] (le lieu). Là où Averroès indiquait simplement que la philosophie a toujours existé, « dans la majeure partie du lieu, c'est-à-dire presque partout » (sans quoi elle n'existerait pas aujourd'hui), Jean comprend qu'elle a pour sujet la majeure partie des hommes, chacun (ou presque) contribuant à sa parfaite (complète) réalisation à mesure de son savoir et de ses aptitudes. Le « subjectivité » s'insinue donc ici dans l'averroïsme, mais par un contresens massif, lié à une traduction erronée, donc contre Averroès.

Malgré les apparences, rien donc, on le voit, n'est plus étranger à la « revendication exclusive par la *mens humana* du nom de sujet » (« de telle sorte que *subjectum* et *ego*, subjectivité et égoïté acquerraient une signification identique ») que le moment où, par la théorie averroïste des « deux sujets » de la pensée, l'*hupokeimenon* d'Aristote recyclé en *subjectum* entre dans le champ de la psychologie. On va voir que, réciproquement, l'attestation, dans une expérience originaire, du « fait de conscience », n'a pas originairement, pour ceux qui s'en réclament, partie liée avec la notion aristotélicienne de subjectité.

2. L'invention de la certitude subjective

Face à la théorie averroïste des deux sujets de la pensée, plusieurs doctrines médiévales font valoir que le moi ou le je (*ego*) se saisit, s'éprouve et se connaît d'emblée par une sorte d'intuition directe. Aucune de ces doctrines, cependant, ne lie initialement cette aperception à l'idée d'une appréhension de soi comme *sujet*. Leur premier point commun est bien plutôt le rejet augustinien de toute spécularité dans la relation de soi à soi. « L'âme, écrit en effet Augustin, ne peut se connaître comme en un miroir » (*De Trinitate*, X, 3, 5, BA 16, p. 128). De ce théorème, nombre de philosophes médiévaux tirent que, contrairement à ce que soutiennent Aristote et les péripatéticiens, l'âme ne se connaît pas comme elle connaît les autres choses, à savoir : par représentation ou par abstraction, et que, de ce fait, elle ne se connaît pas non plus comme une autre chose ni comme un autre. Elle se connaît comme présence à soi, dans, par et comme cette présence. Le défaut de la connaissance par représentation est d'être commune à la fois au présent et à l'absent, voire d'être plus particulièrement adaptée à re-présenter l'absent en son absence comme s'il était présent. Or la présence à soi est inamissible. L'âme, dit encore Augustin, peut donc bien se forger d'elle-même une image, elle peut « aimer cette fiction » : ce n'est pas ainsi qu'elle se connaîtra. Au contraire, poursuit, sur la même ligne, Pierre Jean Olieu (*Impugnatio quorundam articulorum*, art. 19, f° 47ra), elle se connaît « par la certitude infaillible de son être [*certitudo infallibilis sui esse*] » : l'homme sait d'emblée « si infailliblement qu'il est et qu'il vit, qu'il ne peut d'aucune façon mettre cela en doute [*scit enim homo se esse et vivere sic infallibiliter quod de hoc dubitare non potest*] ». Plus encore que le rejet de la spécularité, ce qui domine dans le modèle médiéval augustinien de l'égoïté est la notion proprement trinitaire de circumincession. C'est ce primat de la circumincession qui explique que, dans la sphère augustinienne, la notion d'*hupokeimenon-subjectum* ne joue pas de rôle particulier dans l'élucidation philosophique du rapport de soi à soi, mais plutôt les évolutions latines du grec *ousia* et *hupostasis*.

– La circumincession des Personnes comme modèle de la théorie de l'esprit

La théorie augustinienne de l'esprit, *mens*, et de ses actes ne dépend pas seulement des notions d'essence et de substance. Elle est entièrement fondée sur une notion de théologie trinitaire, destinée à penser comment, selon les termes mêmes d'Augustin, une substance peut être à la fois simple et multiple. Cette notion est ce que l'on appelle généralement la circumincession des Personnes ou périchorèse. La périchorèse est l'immanence mutelle des Personnes de la Trinité. Pareille immanence mutuelle – qui a deux aspects, l'un, statique, de manence (exprimé dans le latin scolastique par le terme *circumsessio*), l'autre, dynamique, d'immanence incessante (exprimé par le terme *circumincessio*) – exclut d'emblée le recours à une conception standard du sujet-substantiel comme support d'accidents. Au sens propre, Dieu ne saurait être dit subsister au sens ou une *substantia* subsiste. Ce qui, proprement, subsiste, c'est ce qui est subjecté à ce qui est dit « être dans un sujet » (« ea quae *in aliquo subiectoesse* dicuntur », *De Trinitate*, VII, 4, 10, BA 15, p. 536). Ce qui est *in substantia* n'est pas substance, c'est un accident, par exemple : la couleur, qui est « *in subsistente atque subjecto corpore* » et qui, cessant d'être, « ne prive pas le corps d'être corps ». Le rapport de Dieu à ses attributs ne saurait être tel : Dieu n'est pas le sujet de sa bonté (« *nefas est dicere ut subsistat et subsit Deus bonitati suae* »), celle-ci « n'est pas en lui comme dans un sujet » (« *tanquam in subiecto* »). Il vaut donc mieux dire de Dieu, qui est lui-même sa bonté, qu'il est essence plutôt que substance, et donc que la Trinité est, au sens propre, « une seule essence » – Père, Fils et Esprit étant considérés comme trois « hypostases » ou, mieux, comme trois Personnes mutuellement immanentes. Le rejet du couple « *substantia/id quod est in subiecto* » en théologie trinitaire est d'une importance capitale dans l'histoire de la psychologie. De fait, la doctrine de l'image trinitaire, qui gouverne la théorie augustinienne de l'âme, veut que la même structure d'immanence mutuelle se retrouve dans l'homme intérieur. Mais, si tel est le cas, la notion de *substantia* au sens de *subjectum* doit être bannie du champ de la psychologie, sous peine de réduire les actes mentaux à de simples accidents de l'esprit. Telle est la raison pour laquelle Augustin, qui connaît parfaitement la notion aristotélicienne d'*hupokeimenon*, élimine le *subjectum* dans son analyse des triades de l'homme intérieur. L'*hupokeimenon* est incompatible avec le transfert de la notion théologique d'immanence mutuelle en psychologie.

– Application du modèle périchorétique dans la théorie de la « mens »

Le modèle que nous disons périchorétique (bien qu'Augustin lui-même n'emploie évidemment pas le terme) de l'âme est à l'œuvre dans la description des deux triades par lesquelles l'auteur du *De Trinitate* aborde la distinction entre connaissance et conscience de soi, c'est-à-dire (*a*) *mens-notitia-amor* et (*b*) *memoria (sui), intelligentia, voluntas*. La première analogie de la Trinité dans l'homme intérieur, *mens-notitia-amor*, subordonne la conscience de soi à la connaissance de soi. Les notions d'*ousia* et *d'hupostasis* jouent dès ce niveau un rôle évident. Trois thèses articulent le dispositif périchorétique : le concept de *mens* entraîne nécessairement ses corrélatifs « connaître » et « vouloir » ; tous trois désignent des substances, *mens*, au sens propre, « connaître » et « vouloir » au sens large, en tant que, comme actes, ils se distinguent de simples accidents ; ces trois « substances », qui sont les unes dans les autres, ne sont qu'« une seule substance ou essence ».

♦ Voir encadré 4.

Cette structure permet de penser le passage de la connaissance à la conscience de soi : (1) l'esprit se connaît lui-même de manière discursive et réflexive dans son acte de connaissance ; (2) de cette connaissance découle, de manière directe et nécessaire, l'amour de soi ; (3) dans l'amour et la connaissance de soi, l'esprit prend conscience de lui-même de manière immédiate (*De Trinitate*, IX, 2, 2-5, 8). Dans cette analogie encore imparfaite de l'homme intérieur avec la Trinité divine, la *mens* représente la déité tout entière, tandis que les actes correspondent aux deux Personnes du Fils et du Saint-Esprit.

Dans la seconde analogie, *memoria (sui), intelligentia, voluntas*, où le modèle périchorétique s'applique plus adéquatement, une conscience de soi immédiate et intuitive précède et fonde la connaissance réflexive. Les termes de la triade, réellement distincts, formant une unité en raison de l'unité de l'esprit, on peut dire que la *mens*, substance ou essence de l'âme, représente la déité entière, tandis que *memoria* correspond à la Personne du Père, *intelligentia* à celle du Fils, *amor* à l'Esprit – chacun des Trois étant égal aux autres, pris séparément ou pris ensemble ; chacun des Trois appelant nécessairement les deux autres ; tous Trois étant corrélatifs aux autres. Dans ce dispositif trinitaire complet, les « actes » de la *mens* sont présentés comme « procédant » de la mémoire, exactement comme, en Dieu, le Fils et l'Esprit « procèdent » du Père (*De Trinitate*, X, 11, 18).

Le langage de l'*ousia* et de l'*hupostasis* a une fonction précise : argumenter un type d'unité des actes de la *mens*, réellement distincts entre eux, avec la *mens* elle-même, une corrélativité intime, irréductible au rapport des accidents à la substance. C'est donc, par définition, un modèle non aristotélicien, un modèle destiné à éluder les notions de substance-sujet et d'accidents, incompatibles avec la structure périchorétique de l'âme. L'invention de la « subjectivité » dont parle Heidegger réclame donc une véritable intrusion du *subjectum* dans le dispositif augustinien, une rencontre, de prime abord contre-nature, entre la *certitudo infallibilis sui esse* et la notion aristotélicienne de sujet, rencontre qui va permettre la reformulation de la certitude de soi en certitude « subjective ». Cette rencontre suppose à son tour une maturation de la distinction entre sujet et objet. On peut suivre ici deux pistes.

– Rencontre du modèle périchorétique augustinien et du « subjectum » aristotélicien

La première, qui paraît aller de soi, est l'opposition entre le mode d'être ou de présence subjective(ment) et le mode d'être ou de présence objective(ment), l'*esse subjective* et l'*esse objective*, d'une *intentio* ou d'un *conceptus*. Cette opposition cependant ne conduit pas directement de la subjectité à la subjectivité. Au contraire, l'idée d'existence « subjective » d'une intention ou d'un affect ne dit rien d'autre que l'assimilation des états mentaux à des qualités ou des accidents de l'âme, caractérisés par la relation d'inhérence à un substrat. Elle viole donc le principe de circumincession. Elle peut être appliquée à des actes (comme chez Guillaume d'Ockham) ou mise en équation avec la théorie averroïste des deux sujets (comme chez Pierre d'Auriole), elle demeure plus proche de la subjectité aristotélicienne que de la « *certitudo sui esse* ». Même si l'opposition entre ob-jectité et sub-jectité est indispensable à l'apparition d'une notion sub-jective du moi, elle ne suffit pas pour l'assurer. Il faut donc se tourner vers une seconde piste.

Bien qu'il soit toujours risqué de dater une nouvelle théorie au Moyen Âge, on peut faire l'hypothèse que l'un des tout premiers témoins de la mutation « subjective » de la sub-jectité est, précisément, l'auteur de la formule « *certitudo infallibilis sui esse* » : Pierre Jean Olieu.

Le Franciscain fait face à une situation précise : la reformulation, standard depuis la fin du XIIIe siècle, à l'aide des notions d'« acte » et d'« objet », de la doctrine péripatéticienne selon laquelle l'intellect se connaît (1) comme il connaît les autres choses, (2) à partir de la connaissance de ces autres choses. Dans cette formulation, dite « péripatéticienne », la transgression du principe augustinien selon lequel la *mens* ne saurait être considérée comme le sujet d'actes assimilés à des accidents mentaux est déjà, en un sens, consommée. L'homme est censé parvenir à la connaissance de son esprit (*mens*) et de la nature de sa faculté de penser (« *naturae potentiae intellectivae* ») à partir de ses actes (« *per actus eius* ») et des objets de ces actes (« *per cognitionem objectorum* ») — connaissance conjecturale, fruit d'un raisonnement qui, partant des objets, remonte aux actes, en posant (*a*) que ces actes ne subsistent (*manant*) qu'en vertu d'une puissance qui leur sert de sub-strat (« *ab aliqua potentia et substantia* »), (*b*) qu'ainsi ils « existent dans un sujet » (« *sunt in aliquo subjecto* »), ce qui (*c*) permet de conclure que « nous avons une faculté qui assure la subsistance » de ces actes. C'est, contre Augustin, pour « assurer un sujet aux actes de connaissance orientés vers des objets » que le péripatétisme conjecture l'existence d'une « *potentia sub-jectiva* ». Cette conjecture, qui paraît à un moderne faire un pas décisif en direction de la « subjectivité », perd, en réalité, l'essentiel de ce qu'assurait le modèle augustinien : la certitude de soi. Elle ne dit rien, en effet, du moi ou de l'*ego* : elle permet de poser qu'il y a un sujet de mes actes, elle n'établit pas que « je suis » ce sujet. Rien dans la voie péripatéticienne ne permet d'« être certain que je suis, que je vis et que je pense » : au contraire, tout ce qu'elle pose c'est que mes actes « subsistent grâce à une certaine puissance et qu'ils sont inhérents à un certain sujet ».

> Si l'on examine soigneusement cette manière de penser, on verra que non seulement elle ne saurait être exempte de doute, mais encore que nul ne saurait, par son canal,

4

La trinité psychique : je suis, je connais, je veux

L'utilisation du modèle périchorétique dans la description de ce qu'on pourrait appeler la « vie psychique » est esquissée par Augustin dans les *Confessions*, en l'espèce de la triade *esse*, *nosse*, *velle*. Dans ce modèle, les relations trinitaires permettent de délimiter formellement le jeu d'égalités qui définit l'unité incompréhensible de l'*ego* :

> Je suis, je connais, je veux. Je suis celui qui connaît et qui veut. Je connais que je suis et que je veux. Et je veux être et connaître. À quel point notre vie est inséparable dans ces trois phénomènes — vie une, intelligence une, essence une — sans qu'il soit possible d'opérer une distinction qui est pourtant réelle, le comprenne qui peut.
>
> *Confessions*, XIII, 11, 12.

Dans la description de la triade *mens-notitia-amor*, la doctrine de la circumincession des Personnes, exposée à l'aide des notions d'essence et de substance, est encore plus clairement mobilisée pour penser l'immanence mutuelle de la *mens* et de ses actes :

> Chacune de ces réalités est en soi et cependant elles sont mutuellement chacune tout entière dans les autres tout entières, chacune dans les deux autres, ou les deux autres en chacune d'elles. Et ainsi, toutes en toutes [...]. Ainsi ces trois réalités sont étrangement inséparables ; et pourtant, chacune prise à part est substance, et toutes ensemble ne sont qu'une *substance ou essence*, quand on parle de leurs relations réciproques.
>
> *De Trinitate*, IX, 5, 8.

arriver à la certitude d'être lui-même celui qui est, qui vit et qui pense, même si l'on peut, par là, être certain que ces actes subsistent en vertu d'une certaine puissance et résident dans un certain sujet.

[*Si quis autem bene inspexerit istum modum, reperiet quod non solum potest in eo contingere aliqua dubietas, sed etiam quod nunquam per hanc viam possemus esse certi nos esse et nos vivere et intelligere, licet enim certi simus quod illi actus manant ab aliqua potentia, et sunt in aliquo subiecto.*]

Impugnatio quorundam articulorum, art. 19, f° 47ra.

Pour arriver à la certitude subjective des Modernes, il faut donc un pas de plus : poser que j'ai l'intuition d'être moi-même le sujet de mes actes. Bref, il faut revenir à la conception périchorétique de l'âme selon Augustin, et y adapter le langage « péripatéticien » de la subjectité. Ce double mouvement constitue une synthèse forcée et une double infidélité. La thèse qui en résulte n'est plus, au fond, ni augustinienne ni aristotélicienne. Mais c'est précisément là que réside le coup d'envoi de la « subjectivité » ou, au moins, la condition de possibilité d'un tel envoi. C'est ce qu'accomplit Pierre Jean Olieu en ordonnant la perception de mes actes à « celle que j'ai préalablement de moi-même comme sujet de ces actes », ce qui l'amène à formuler comme un théorème que « dans la perception de mes actes, la perception du sujet lui-même (= moi) est première selon l'ordre naturel ». Des expressions comme « *certitudo qua sumus certi de supposito omnis actus scientialis* » ou « *in hac apprehensione videtur naturali ordine praeire apprehensio ipsius suppositi* » signent la rencontre de la certitude et de la subjectité d'où procèdent les notions modernes de subjectivité et de certitude subjective. S'y ajoute un autre trait fondamental : l'assimilation des actes à des attributs ou des prédicats du sujet-*ego*. Olieu est sur ce point très clair : « Nos actes ne sont perçus par nous que comme des prédicats ou des attributs [*actus nostri non apprehenduntur a nobis nisi tamquam praedicata vel attributa*] ». Le sujet est perçu en premier, car « selon l'ordre naturel le sujet est perçu

5

Sujet, chose, personne

► ACTEUR, ***DROIT***, ESSENCE, LEX

La tendance à l'assimilation des notions de sujet et de personne dans le langage courant paraît opposée à l'interprétation de la subjectité en termes de sujétion ou de domination. *Persona*, dont Tite Live, *Histoire romaine*, VII, 2, fait remonter l'apparition au IV^{e}siècle, a, cependant, fondamentalement trait au politique, à la « représentation » assignée à travers la notion de « rôle » ; ce, grâce à la double métonymie qui fait passer du masque porte-voix de l'acteur au « rôle » qu'il interprète, puis de là à la définition cicéronienne du magistrat comme « porte-voix » (*per-sona*) de la *civitas*, « tenant le rôle » de la cité (« *est proprium munus magistratus intelligere se gerere personam civitatis* [la charge propre du magistrat, c'est de comprendre qu'il représente la cité] », Cicéron, *De Officiis* [*Des devoirs*], I, 34, trad. fr. Ch. Appuhn, p. 157 : « Le premier point pour un magistrat est de savoir qu'il représente la cité »), selon une autre formule de Cicéron (*De legibus*, III, 2) assurant que le magistrat n'est rien d'autre que la loi parlante (et, réciproquement, la loi , un « magistrat muet »). La *persona* est fondamentalement juridique : son premier détenteur est l'assemblée du peuple romain, qui en ce qu'elle a, littéralement, « droit à la parole », constitue une « personne » de fait et de droit. Nul n'étant censé ignorer la loi, le citoyen romain est *persona*, la cité personne suprême ou suprêmement personne (*persona civitatis*), le magistrat « personne de la personne » (*persona personae*). Par là, la personne apparaît comme secrètement liée à la dimension de sujétion travaillant la notion de sujet, là où, précisément, *persona* fournit l'horizon de la distinction entre homme libre, *caput*, et esclave, *servus*, et permet de distinguer autonomie et hétéronomie juridique. Comme l'écrit le jurisconsulte Gaius (vers 135), *Institutiones*, 1, 48 : « *Quaedam personae sui iuris sunt, quaedam alieno iuris subiectae sunt* [certaines personnes relèvent d'un droit qui est le leur, d'autres sont soumises de droit à un autre (= à un autre que le leur, mais aussi à un autre, de droit)] ». Le destin de « personne » relève partiellement, à travers la généalogie, du « rôle » (politique, juridique, social, voire éthique [cf. l'injonction de Cicéron, *meilleure*]) — des mêmes harmoniques que l'émergence de la « subjectivité »-assujettissement. Mais « personne » est aussi philosophiquement liée en profondeur aux phénomènes de traduction et de transposition qui ont accompagné la mutation de l'*hupokeimenon* [ὑποκειμένον] aristotélicien en *subjectum*.

La première apparition d'une définition philosophique de la personne a lieu dans le contexte des controverses tardo-antiques sur la théologie trinitaire : dans le chapitre 3 du *Contra Eutychen et Nestorium* de Boèce. La définition boécienne de la personne, « substance individuelle d'une nature dotée de raison [*naturae rationabilis individua substantia*] » (éd. Stewart-Rand, in *Boethius, The Theological, Tractates...*, p. 84, 4-5), est l'horizon inaugural de la rencontre philosophique entre subjectité et personnalité. Cependant, ce n'est pas le terme *hupokeimenon* qui est ici en cause, mais celui, plus ambigu encore et d'élucidation plus difficile, d'*hupostasis*. Pour rendre l'étrange notion trinitaire de personne compréhensible à des *Latini*, le traducteur d'Aristote pose qu'il faut d'abord expliquer « ce que les Grecs appellent *hupostasis* ». Le mot latin *persona* — qu'il considère comme un équivalent du grec *prosôpon* [πρόσωπον], bien que ce terme renvoie à un modèle optique, à une représentation visible, au visage de la loi ou de la cité, plus qu'à une voix ou à une parole — n'exprime pas, en effet, pour lui ce qui est en jeu dans la notion qu'il s'efforce de construire. De fait, comment un latinophone des années 520 pourrait-il saisir quelque chose du mystère trinitaire grâce à un terme évoquant « celui qui est masqué » au théâtre, le « rôle » intervenant dans la formulation éthique du « choix de vie » (au sens où Cicéron, *op. cit.*, p. 154, écrit : « *Ipsi autem* gerere *quam* personam *velimus a nostra voluntate proficiscitur* [c'est par une décision volontaire que nous adoptons le *rôle* que nous prétendons jouer] »), ou le masque mortuaire conjurant les démons ? Les Grecs ont un terme « bien plus expressif » (*longe signatus*, en fait : « plus indiqué ») — *hupostasis* — qui leur donne la possibilité d'exprimer le trait fondamental : la « subsistance individuelle d'une nature [*naturae individuam subsistentiam*] » (Stewart-Rand, p. 86, 24-25). Marquée par une indécision initiale entre substance et subsistance, la définition boécienne de la personne laisse apparaître l'ensemble des traits constitutifs du réseau déployé au Moyen Âge dans les divers systèmes où se combinent les vocables de *sujet*, de « suppôt », de « chose » et de « personne ».

5

Le point capital est ici la clarification de la distinction entre subsistance et substance. Étant entendu que Boèce traduit *ousia* par *essentia*, *ousiôsis* [οὐσίωσις] par *subsistentia*, et *hupostasis* par *substantia*, un premier geste consiste à distinguer systématiquement les trois. C'est ce que l'on fait en montrant qu'une entité, par exemple l'homme, a *ousia* ou « essence », parce qu'il est ; *ousiôsis* ou « subsistance », parce qu'il n'est en aucun sujet (c'est-à-dire n'est pas un accident) ; *hupostasis* ou « substance », parce qu'il « est subjecté à d'autres, qui ne sont pas des subsistances » (c'est-à-dire les « accidents »). Le second geste consiste à poser que ce qui n'est pas un accident, mais sert de substrat à des accidents, autrement dit une subsistance, « est » au niveau de l'universel, mais « prend substance », c'est-à-dire fonctionne comme substance (*i.e.* comme substrat pour des accidents) dans les particuliers (« *ipsae subsistentiae in universalibus quidem sint, in particularibus vero capiant substantiam* »). Pour les Grecs, les « subsistances subsistant particulièrement » sont donc ce qui mérite à proprement parler d'être appelé « substances » (« *iure subsistentias particulariter substantes* ὑπόστασις *appellaverunt* », 86, 35-88, 39). Ce que Boèce appelle « hypostase » ou substance, c'est donc ce qui fonde l'existence particulière d'une nature, ce qui rend possible à la fois sa particularisation et son existence, l'une n'allant pas sans l'autre.

Outre la mutation de l'*hupokeimenon* aristotélicien en *subjectum*, il faut ainsi, pour comprendre l'émergence de la subjectivité dans sa dimension personnelle, faire également place à celle de l'*hupostasis* en *substantia* dans le domaine de la théologie trinitaire. L'histoire de la réception latine de la formule grecque — « une essence en trois hypostases » — est le cadre d'une suite d'élaborations capitales pour le système de la subjectité/subjectivité. L'intrusion, au XIe siècle, du mot *res*, « chose », à la place de l'obscur vocable de *substantia*, est l'un des ressorts cachés du débat philosophique entre réalistes et nominalistes. C'est également dans ce cadre que se situent originairement les réflexions médiévales sur la notion de *suppositum*, aux confins de la grammaire, de la logique et de la théologie. Si l'on songe, en outre, que la formule « avoir hypostase (en) », rendue en latin par Boèce sous la forme *habere substantiam (in)* est la manière préscolastique d'exprimer la notion de l'exister, on voit que c'est aussi le thème porteur de l'ontologie (la différence entre essence et existence) qui est initialement impliqué dans le réseau conceptuel de la théologique trinitaire.

Dans cette perspective le subjectif ne s'oppose pas à l'objectif comme le percevant s'oppose au perçu, le monde intérieur au monde extérieur. Lorsqu'on rencontre les termes *subjectum* ou *subjectivum* dans des textes de psychologie médiévaux, il faut donc se garder de les interpréter dans le sens du sujet « subjectif » ou de l'égoïté. Le propos des médiévaux est ici tout autre, qui consiste simplement à se demander quel est le substrat, le *sub-jectum* ou le suppôt de la pensée. C'est cet emploi de *subjectum* dans la sphère de la subjectité qui explique, par exemple, qu'un auteur comme Averroès attribue deux sujets à la pensée humaine. Se demander quel est le sujet de la pensée, c'est s'interroger sur ce qui fonde l'*intentio intellecta* entendue comme un acte commun. La réponse d'Averroès — l'imagination, faculté située dans le corps et nombrée par lui, l'intellect dit « matériel », séparé du corps et non nombré par lui — inscrite dans le cadre d'une psychologie que l'on dirait aujourd'hui « modulaire » ne présente donc pas d'assimilation du *subjectum* à l'*ego*.

BIBLIOGRAPHIE

BOETHIUS, *The Theological Tractates with an English Translation*, éd. Stewart-Rand, trad. par H.F. Stewart, E.K. Rand et S.J. Tester, Cambridge (Mass.), The Loeb Classical Library, 1973.

CICERON, *De officiis, Des devoirs*, trad. fr. Ch. Appuhn, Flammarion, « GF », 1967, p. 157 et 153.

KANTOROWICZ Ernst, *L'Empereur Frédéric II*, trad. fr. A. Kohn, Gallimard, 1988.

ULLMANN Walter, *The Individual and Society in the Middle Ages*, Baltimore, Johns Hopkins Press, 1966.

avant que le prédicat ne lui soit attribué en tant que tel ». La « subjectivation » de l'âme est bien ici accomplie dans toutes ses dimensions – y compris par par l'assomption de la forme linguistique ou logique de la prédication, redoublée par la prise en considération du mot *ego* dans la communication langagière. Bien que le terme ne soit pas nécessaire en latin, Olieu souligne, en effet, que lorsque nous voulons signaler à d'autres l'existence en nous de tel ou tel état mental, nous mettons d'abord le sujet, en disant : *je* pense cela ou *je* vois cela [*quando volumus hoc aliis annunciare praemittimus ipsum suppositum dicentes : ego hoc cogito, vel ego hoc video*]. On pourrait parler à la fois de « substantialisme » et d'« attributivisme » à propos de cette première théorisation médiévale de la subjectivité. De fait, elle comporte l'idée d'une intuition de moi-même comme « substance », c'est-à-dire comme sujet et comme principe (« *subjectum et principium* »), sensation « expérimentale et quasi tactile » (« *sensus experimentalis et quasi tactualis* ») de moi-même comme sujet permanent, que vient compléter une autre intuition, par le même « sens interne » de mes actes comme autant d'« attributs », distincts de cette substance, qui lui doivent de subsister et qui existent en elle sur le mode du devenir :

> Quand nous appréhendons certains de nos actes par une sensation interne, nous distinguons de manière quasi expérimentale entre la substance dont ils tirent leur subsistance et en laquelle ils existent et les sens, sensations elles-mêmes, ce qui fait que nous percevons de manière sensible qu'ils subsistent en vertu d'elle et dépendent d'elle, et non pas elle en vertu d'eux, et qu'elle est elle et elle seule quelque chose de stable subsistant en soi-même, tandis que ses actes sont en état continu de devenir.
>
> [*Quando apprehendimus nostros actus quosdam interno sensu et quasi experimentaliter distinguimus inter substantiam a qua manant et in qua existunt et inter ipsos sensus, unde et sensibiliter percipimus quod ipsi manant et dependent ab ea, non ipsa ab eis, et quod ipsa est quiddam fixum et in se manens, ipsi vero actus in quodam continuo fierii.*]

La description kantienne de l'âme selon la psychologie rationnelle constitue, en tout cas, le déploiement complet du système esquissé au Moyen Âge par la synthèse violente des deux modèles qui se sont disputés jusqu'au XIVe siècle la théorie de l'âme : le modèle aristotélicien de la sub-jectité, auquel s'est limitée l'analyse de Heidegger, et le modèle augustinien de la circumincession des Personnes (ou hypostases) qui, dans ce contexte, a été négligé par la quasi-totalité des historiens du *sujet*.

♦ Voir encadré 5.

III. SUJET : SUBJECTIVITÉ ET ASSUJETTISSEMENT

A. Un « intraduisible » de Nietzsche

Au cœur des problèmes posés aujourd'hui par l'utilisation de la catégorie de sujet — plus que jamais centrale en philosophie, mais selon des orientations que le XXe siècle aura profondément renouvelées — se situe un « jeu de mots » explicite ou implicite portant sur la double étymologie latine : à partir du neutre *subjectum* (considéré par les philosophes depuis la scolastique, à l'instar de *suppositum*, comme la traduction du grec *hupokeimenon*) ou à partir du masculin *subjectus* (mis en équation au Moyen Âge avec *subditus*). De l'une dérive une lignée de significations logico-grammaticales et ontologico-transcendantales, de l'autre une lignée de significations juridiques, politiques et théologiques. Bien loin de demeurer indépendantes l'une de l'autre dans la réflexion philosophique, elles n'ont cessé au contraire de se surdéterminer, autour de l'articulation problématique de la « subjectivité » et de « l'assujettissement », depuis qu'avec Kant la philosophie s'est définie comme théorie du sujet constituant. Mais de façon ouverte ou latente, voire refoulée, selon que l'idiome en favorisait ou non la mise au jour et le travail.

Pour introduire à ces problèmes dans la philosophie moderne, le mieux est peut-être de relire en traduction française un étonnant texte de Nietzsche, dans *Par-delà bien et mal*. Nous citons l'édition la plus autorisée, en indiquant les expressions du texte allemand :

> Les philosophes ont coutume de parler de la volonté comme si c'était la chose la mieux connue au monde [...] Un homme qui *veut* commande en lui-même à quelque chose qui obéit ou dont il se croit obéi (*befiehlt einem Etwas in sich, das gehorcht oder von dem er glaubt, dass es gehorcht*). Mais considérons maintenant l'aspect le plus singulier de la volonté, de cette chose si complexe (*vielfachen Dinge*) pour laquelle le peuple n'a qu'un mot : si, dans le cas envisagé, nous sommes à la fois celui qui commande *et* celui qui obéit (*zugleich die Befehlenden und Gehorchenden*), et si nous connaissons, en tant que sujet obéissant (*als Gehorchende*), la contrainte, l'oppression, la résistance, le trouble, sentiments qui accompagnent immédiatement l'acte de volonté ; si, d'autre part, nous avons l'habitude de nous duper nous-mêmes en escamotant cette dualité grâce au concept synthétique du « moi » (*uns über diese Zweiheit vermöge des synthetischen Begriffs « ich » hinwegzusetzen, hinwegzutäuschen*), on voit que toute une chaîne de conclusions erronées, et donc de jugements faux sur la volonté elle-même, viennent encore s'agréger au vouloir [...] Comme dans la très grande majorité des cas, la volonté n'entre en jeu que là où elle *s'attend* à être obéie, donc à susciter un acte, on en est venu à croire, *fallacieusement*, qu'une telle conséquence était *nécessaire* (*so hat sich der Anschein in das Gefühl übersetzt, als ob es da eine Notwendigkeit von Wirkung gäbe*). Bref, celui qui veut est passablement convaincu que la volonté et l'acte ne sont qu'un en quelque manière (*dass Wille und Aktion irgendwie Eins seien*) [...] « Libre arbitre », tel est le mot qui désigne ce complexe état d'euphorie du sujet voulant, qui commande et s'identifie à la fois avec l'exécuteur de l'action (*das Wort für jenen vielfachen Lust-Zustand des Wollenden, der befiehlt und sich zugleich mit dem Ausführenden als Eins setzt*), qui goûte au plaisir de triompher des résistances, tout en estimant que c'est sa volonté qui les surmonte. À son plaisir d'individu qui ordonne, le sujet voulant ajoute ainsi les sentiments de plaisir issus des instruments d'exécution (*Der Wollende nimmt dergestalt die Lustgefühle der ausführenden, erfolgreichen Werkzeuge*) qui sont les diligentes « sous-volontés » ou sous-âmes (« *Unterwillen* » *oder Unterseelen*), car notre corps n'est pas autre chose qu'un édifice d'âmes multiples (*ein Gesellschaftsbau vieler Seelen*). *L'effet c'est moi* [en français dans le texte] : ce qui se produit ici ne diffère pas de ce qui se passe dans toute collectivité heureuse et bien organisée : la classe dirigeante s'identifie au succès de la collectivité (*dass die regierende Klasse sich mit den Erfolgen des Gemeinwesens identificiert*) [...]
>
> § 19.

Il ne s'agit pas ici de contester des choix de traduction (ce qui supposerait l'intention d'en proposer d'autres), mais de faire observer les problèmes qu'ils révèlent. On attachera une importance particulière au fait que le texte de Nietzsche comporte lui-même une réflexion sur la « traduction » en tant que processus de travestissement auquel il faut conférer une signification anthropologique fondamentale. Non moins remarquable : le fait que, face aux illusions d'unité inhérentes à la volonté, l'invocation de la métaphore politique (si c'en est une...) s'accompagne de la construction d'une phrase « française » (donc « intraduisible »), détournement parodique d'une célèbre allégorie de la monarchie absolue, attribuée à Louis XIV (« *L'État c'est moi* »).

Dans cet horizon, on notera deux aspects frappants de la traduction française. Elle introduit systématiquement le mot *sujet* (« sujet obéissant », « sujet voulant ») pour supposer métaphysiquement un *Etwas* qui soit « le même » de part et d'autre des actions de commandement et des effets d'obéissance, contournant ainsi la critique que, au même moment, le texte de Nietzsche fait porter sur l'illusion du *Ich*. Mais d'un autre côté, elle se donne ainsi les moyens — jouant d'une connotation du mot français *sujet* ignorée du strict équivalent allemand dans la langue philosophique (*das Subjekt*) — d'exprimer par un terme générique l'ambivalence des rapports réels ou imaginaires de subordination (*arkhein* [ἄρχειν] et *arkhesthai* [ἄρχεσθαι]) entre « parties de l'âme » (à moins que ce ne soit du corps) qui constituent pour Nietzsche l'essence du phénomène de la « volonté » : « sujet obéissant » apparaît comme une tautologie, « sujet voulant » quasiment comme une contradiction. Ou serait-ce l'inverse ?

Bien loin de constituer une curiosité, un tel texte nous jette en plein cœur des tensions linguistiques propres à la construction et à l'usage de la notion de *sujet*. Elles ont pour caractéristique essentielle, sur le fond de notions grecques et latines, d'avoir conduit tendanciellement à deux paradigmes séparés d'interprétation du sujet, l'un propre aux langues néo-latines (en particulier le français), l'autre propre à l'allemand. Dans un cas — favorisée par une sorte de « jeu de mots historial » entre les significations du *subjectum* et du *subjectus* — la connotation à la fois logico-ontologique et juridico-politique du *sujet* est exploitée dans une investigation systématique des modalités de « l'assujettissement du sujet ». Dans l'autre, la dimension politique étant immédiatement occultée par la langue, ou plutôt renvoyée par elle au système latent des traductions, la relation entre le mode d'être du sujet et le registre de la loi ou du pouvoir peut être exclusivement cherchée du côté d'une ontologie de la liberté qui l'oppose à la nature. Bien entendu, ces deux paradigmes ne se sont pas développés indépendamment l'un de l'autre, puisque toutes leurs références classiques sont communes et que la traduction plus ou moins simultanée des œuvres de la métaphysique européenne est l'un des ressorts principaux de son histoire. Il est frappant, à cet égard, que les lectures divergentes de l'œuvre de Nietzsche y aient joué le rôle de révélateur.

B. Souveraineté du sujet : Bataille ou Heidegger ?

Le premier cas peut être illustré par l'exemple de Bataille qui, le premier sans doute chez les auteurs de langue française contemporains, exploite consciemment la possibilité d'inscrire une antinomie dialectique (ou mystique) au cœur de l'anthropologie, en définissant le sujet par sa « souveraineté », c'est-à-dire son non-assujettissement. Pour lui il s'agit encore d'un « jeu de mots mal venu » — bien qu'à l'évidence ce soit le ressort de sa construction :

> Si j'ai parlé de souveraineté objective, jamais je ne perdais de vue que la souveraineté n'est jamais objective vraiment, qu'elle désigne au contraire la subjectivité profonde [...] [dans le monde des choses et de leurs interdépendances] nous apercevons des rapports de forces et, sans doute, l'élément isolé subit l'influence de la masse, mais la masse ne saurait le *subordonner*. La subordination suppose un autre rapport, celui de l'objet au sujet [note de bas de page : L'usage des souverains disant : « mes sujets » introduit une équivoque qu'il m'est impossible d'éviter : le *sujet*, c'est pour moi le *souverain*. Le sujet dont je parle n'a rien d'*assujetti*]. Le sujet est l'être *comme il apparaît à lui-même de l'intérieur* [...] *Le souverain différent des autres en diffère comme le sujet diffère de l'action objective du travail*. Ce jeu de mots inévitable est mal venu. Je veux dire que l'individu de la masse, qui, pendant une partie de son temps, travaille au bénéfice du souverain, le *reconnaît* ; je veux dire qu'il *se reconnaît* en lui. L'individu de la masse ne voit plus dans le souverain l'objet qu'il doit d'abord être à ses yeux, mais le *sujet* [...] le souverain, résumant l'essence du *sujet*, est celui par lequel et pour lequel l'instant, l'instant *miraculeux*, est la mer où se perdent les ruisseaux du travail [...]
>
> G. Bataille, *La Part maudite* III, *La Souveraineté*, IV, « L'identité du "souverain" et du "sujet", en conséquence de la connaissance de la souveraineté et de la connaissance de soi », in *Œuvres complètes*, vol. 8, p. 283-286.

L'obstacle sur lequel Bataille croit ici buter a peut-être déterminé pour une part l'interruption de son livre. Mais c'est de là aussi que, renversant l'impasse en ouverture, partiront Lacan, Althusser, Foucault.

Le deuxième cas est celui de Heidegger, lorsqu'il se propose de situer la doctrine nietzschéenne de la « volonté de puissance » dans le cours de « l'histoire de l'être » caractéristique de la métaphysique occidentale. Nietzsche (en particulier dans les fragments de 1887-1889 publiés sous le titre « Volonté de puissance ») caractérisait comme une fiction grammaticale le *sujet* qui se désigne comme « Je » (*Ich*) ou « ego ». Cependant Heidegger entreprend de montrer qu'il « se tient sur le fond de la métaphysique établi par Descartes », dans la mesure où, tout en substituant le « corps » à « l'âme » et à la « conscience » comme substance de la pensée, il identifierait plus que jamais celle-ci à la subjectivité, ou ferait de la définition de l'homme comme sujet le critère de la vérité (cf. Heidegger, *Nietzsche*, II, trad. fr. p. 140 *sq.*). La question qui se pose alors à Heidegger est de déterminer, par une enquête généalogique sur la « métaphysique en tant qu'histoire de l'être » (*ibid.*, p. 319 *sq.*), les conditions et le moment de la conversion ontologique (étroitement liée à la mutation même de l'idée de vérité) qui a fait du *subjectum*, considéré par les Latins comme « traduction » de l'*hupokeimenon* aristotélicien, non pas le simple présupposé de l'actualisation d'une substance individuelle selon sa forme d'être propre, mais « la » puissance même de penser, d'où procèdent toutes les représentations et qui se « réfléchit » elle-même en première personne (« *cogito me cogitare* », phrase clé attribuée par Heidegger à Descartes). Cette instauration de la « souveraineté du sujet » (« *Herrschaft des Subjekts* ») dont nous serions encore dépendants, ce serait fondamentalement l'œuvre de Descartes dans les *Méditations métaphysiques* et les *Principes de la philosophie*.

Pour commencer à débrouiller cet embarras (et, du même coup, à élucider une part au moins du « non-dit » des débats philosophiques de la fin du XXe siècle à propos de la « philosophie du sujet » et de ses diverses critiques), il faut, d'une part, ramener la construction heideggérienne de l'histoire de l'Être comme histoire des généralisations successives de la « subjectité » (*Subjektheit* « Je pense ») comme autoréférence (ou autonymie) du sujet transcendantal et son attribution rétrospective à Descartes, pour en faire le point de départ de l'attitude spécifiquement moderne en philosophie ; d'autre part restituer derrière la gêne de Bataille à propos de ce qu'il nomme un « jeu de mots » une sémantique de longue durée dont les effets n'ont cessé de se préciser et de devenir plus conscients dans sa propre postérité, qu'elle contribue à unifier par-delà d'évidentes divergences de doctrine. Commençons par le premier point.

C. Une invention kantienne : le sujet « cartésien »

Les expressions « sujet cartésien » et « subjectivité cartésienne » sont si courantes, elles servent si souvent à situer le cartésianisme dans des séries historiques ou comparatives (soit au sein d'un discours français, soit entre le français et d'autres idiomes philosophiques), qu'il vaut la peine d'exposer en détail les conditions de cette invention qui est en même temps un quiproquo de traduction. Mais ce quiproquo témoigne d'un extraordinaire travail du concept au sein de la langue elle-même (à partir des écarts syntaxiques du latin, du français et de l'allemand). Il est suffisamment puissant et suggestif pour induire rétroactivement une compréhension du texte de Descartes et des enjeux de sa philosophie, dont il ne nous est plus vraiment possible de faire abstraction. Venant après la lecture kantienne de Descartes, nous pouvons tout au plus lire en lui une résistance anticipée à la problématique transcendantale, non l'arracher au langage de la « subjectivité ». De ce point de vue, Kant a commis l'irréversible...

Subjektivität, désignant le champ et la qualité des phénomènes qui, dans l'individu pensant, percevant et sentant, ne sont pas l'effet des objets extérieurs qui l'affectent, mais de ses propres dispositions (ce que Locke ou Malebranche appelaient « qualités secondes »), est déjà un terme important dans l'*Esthétique* de Baumgarten. J. Ritter le rappelle judicieusement. Mais contrairement à ce qu'il suggère, l'usage de *subjectum* ou plutôt, en allemand, de *Subjekt*, ne précède pas cette formation conceptuelle abstraite : il la suit. En réalité, ce n'est pas avant la *Critique de la raison pure* que *das Subjekt* (selon ses différentes qualifications : le sujet logique, le sujet empirique, le sujet rationnel, le sujet transcendantal, le sujet moral) devient le concept clé d'une philosophie de la subjectivité. C'est donc d'un seul et même mouvement que la philosophie de Kant « invente » la problématique d'une pensée dont les conditions d'accès à l'objectivité des lois de la nature, comme à l'universalité des valeurs éthiques et esthétiques, résideraient dans sa propre constitution (ce qu'on a appelé la « révolution copernicienne ») et qu'elle « nomme » *sujet* (c'est-à-dire autre de l'objet) l'individualité générique immanente au jeu des facultés de connaissance qui, pour tous les esprits finis, constitue « le monde » et donne un sens au fait d'y agir. Même si l'on prend en compte les anticipations remarquables (comme celle que A. de Libera a identifié ci-dessus chez le « spirituel » franciscain du XIIᵉ siècle, Pierre Jean Olieu), qui ne pouvaient selon toute probabilité être connues de Kant, le seul rapport intrinsèque entre cette création kantienne du *Subjekt* et la notion scolastique du *subjectum* ou *suppositum* est justement celle qu'indique l'idée de « révolution copernicienne » : désormais les catégories, c'est-à-dire les modalités les plus générales selon lesquelles sont « attribués » les prédicats des choses par l'activité du jugement, ne seront plus des genres de l'être mais des règles internes à la pensée, non des catégories de l'être mais des catégories du sujet, constitutives de l'objet (et en ce sens, de l'expérience en général : « transcendantales »).

Pourquoi faut-il que, dans ces conditions, Kant ait voulu projeter rétrospectivement cette découverte sur un « précurseur », Descartes, accréditant pour plus de deux siècles l'idée d'une invention cartésienne du sujet, et incitant ainsi les plus grands à rechercher chez le philosophe des *Méditations* les traces d'une mutation sémantique de termes dont il ne se sert pratiquement jamais ? La réponse, comme souvent, réside dans la lettre du texte. On rapprochera trois passages de la *Critique de la raison pure* (« Déduction transcendantale » et « Paralogismes de la raison pure ») qui, il faut le dire, ne sont pas toujours aisés à traduire :

> 1. *Das*: Ich denke, *muss alle meine Vorstellungen begleiten können ; denn sonst würde etwas in mir vorgestellt werden, was gar nicht gedacht werden könnte* [...] *Also hat alles Mannigfaltige der Anschauung eine notwendige Beziehung auf das*: Ich denke, *in demselben Subjekt, darin dieses Mannigfaltige angetroffen wird. Diese Vorstellung aber ist ein Aktus der Spontaneität, sie kann nicht als zur Sinnlichkeit gehörig angesehen werden. Ich nenne sie die reine Apperzeption* [...] *weil sie dasjenige Selbstbewusstsein ist, was, indem es die Vorstellung* Ich denke *hervorbringt, die alle anderen muss begleiten können, und in allem Bewusstsein ein und dasselbe ist, von keiner weiter begleitet werden kann.*
>
> [Le *je pense* doit pouvoir accompagner toutes mes représentations, sinon il y aurait en moi quelque chose qui serait représenté, mais qui ne pourrait pas être pensé du tout (...) Tout divers de l'intuition a donc un rapport nécessaire au *je pense*, dans le même sujet où il se rencontre. Mais cette représentation est une action de la spontanéité, elle ne peut être regardée comme appartenant à la sensibilité. Je l'appelle l'aperception pure (...) parce qu'elle est cette conscience de soi qui, en produisant la représentation *je pense*, est identique à elle-même en toute conscience (...) et ne trouve aucune représentation ultérieure pour l'accompagner.]
>
> 2. Ich, *als denkend, bin ein Gegenstand des inneren Sinnes, und heisse Seele* [...] *Demnach bedeutet der Ausdruck : Ich, als ein denkend Wesen, schon den Gegenstand der Psychologie* [...] *Ich denke, ist also der alleinige Text der rationalen Psychologie, aus welchem sie ihre ganze Weisheit auswickeln soll. Man sieht leicht, dass dieser Gedanke, wenn er auf einen Gegenstand (mich selbst) bezogen werden soll, nichts anderes, als transzendentale Prädikate desselben, enthalten könne* [...] *Zum Grunde derselben können wir aber nichts anderes legen, als die einfache und für sich selbst an Inhalt gänzlich leere Vorstellung : Ich ; von der man nicht einmal sagen kann, dass sie ein Begriff sei, sondern ein blosses Bewusstsein, das alle Begriffe begleitet. Durch dieses Ich, oder Er, oder Es (das Ding), welches denkt, wird nun nichts weiter, als ein transzendentales Subjekt der Gedanken vorgestellt = x, welches nur durch die Gedanken, die seine Prädikate sind, erkannt wird* [...]
>
> [*Je* suis, en tant que pensant, un objet du sens interne, et je me nomme « âme » (...) En conséquence l'expression « Je », en tant qu'un être pensant, dénote déjà l'objet de la psychologie (...) Je pense, tel est donc l'unique texte de la psychologie rationnelle, d'où elle doit tirer toute sa science. On voit aisément que, si cette pensée doit être rapportée à un objet (moi-même), elle ne peut rien contenir d'autre que des prédicats transcendantaux (...) À son fondement nous ne pouvons cependant poser rien d'autre que la représentation simple et par elle-même entièrement vide de contenu « Je », dont on ne peut même pas dire qu'elle soit un concept, mais une simple conscience accompagnant tous les concepts. Par ce « Je », ou cet « Il » ou ce « Cela » (la chose) qui pense, rien d'autre n'est représenté qu'un sujet transcendantal des pensées = x, que nous connaissons seulement par les pensées qui sont ses prédicats (...)]

3. *Der Satz :* Ich denke, *wird aber hierbei nur problematisch genommen ; nicht sofern er eine Wahrnehmung von einem Dasein enthalten mag (das Cartesianische* cogito, ergo sum*), sondern seiner blossen Möglichkeit nach, um zu sehen, welche Eigenschaften aus diesem so einfachen Satze auf das Subjekt desselben (es mag dergleichen nun existieren oder nicht) fliessen mögen. Läge unserer reinen Vernunftserkenntnis von denkenden Wesen überhaupt mehr, als das* cogito *zum Grunde* [...] *so würde eine empirische Psychologie entspringen* [...]

[La proposition « je pense » n'est cependant prise ici que problématiquement, c'est-à-dire non en tant qu'elle peut impliquer la perception d'une existence (le *cogito, ergo sum* cartésien), mais d'après sa seule possibilité, pour voir quelles propriétés peuvent découler de cette proposition si simple quant à son sujet (qu'il existe ou non en ce sens). Si la connaissance rationnelle que nous avons d'êtres pensants en général avait d'autre fondement que le *cogito* (...) une psychologie empirique en résulterait (...)]

Laissant de côté la remarquable alternative des pronoms (*Ich, Er, Es*, voir JE), on voit que Kant a procédé ici à une opération sous le couvert d'une autre. Il a attribué à Descartes une nominalisation de l'énoncé *cogito* ou « je pense » pour en faire le nom de l'opération autoréférentielle par laquelle la pensée se prend elle-même pour objet, dont la formule complète serait « Je suis pensant que je pense ce que je pense ». Et il a désigné le « quelque chose » ou « l'être » qui se trouve ainsi à la fois visant et visé par la pensée comme un *sujet* (*subjectum*, qu'il transcrit *Subjekt*) au sens de la métaphysique classique, pôle ou support d'attribution de prédicats, quitte à suggérer par là à ses successeurs (Fichte, Hegel) que le seul sujet (*hupokeimenon*) pensable est celui qui se pense lui-même et dont les prédicats sont les pensées. D'un point de vue cartésien ces deux opérations sont contradictoires, comme on s'en convaincra en reprenant le texte des *Méditations*. En toute rigueur la nominalisation de la phrase simple *cogito/je pense* n'existe pas chez Descartes (on la voit apparaître chez Arnauld, *Des vraies et des fausses idées*), même si elle est préparée par la façon dont il réfléchit sur les propriétés de sa propre énonciation. En revanche, le passage au sujet métaphysique est incompatible avec le « cogito » proprement dit (réduit dans les *Méditations* à la proposition existentielle « *Je suis, j'existe* »). Le *cogito* est en effet strictement inséparable d'une énonciation en première personne (*ego*), à laquelle Descartes oppose le « Il » (*Ille*) de Dieu et le « ceci » (*hoc*) du corps propre [dans une problématique de l'identité ou du « moi » : « Ce moi, c'est-à-dire mon âme, par laquelle je suis ce que je suis », *Discours de la méthode, Sixième Méditation*]. « Je pense » équivaut à « Je suis », lequel se développe en « je suis qui je suis », c'est-à-dire mon âme (*mens*), non Lui (Dieu) ou ça (mon corps). Il s'agit donc bien d'un contresens — lourd de conséquences, puisque, lisant à travers les lunettes de Kant, toute la philosophie transcendantale jusqu'à Husserl et Heidegger inclus ne cessera de reprocher à Descartes d'avoir « substantialisé le sujet » dans le moment de sa découverte. C'est-à-dire — nous le savons maintenant — qu'elle le lira comme s'il était un médiéval (Olieu), tout en passant la philosophie du Moyen Âge sous silence...

Mais ce contresens est dû au fond à la difficulté que Kant éprouve pour situer dans l'histoire une idée philosophiquement révolutionnaire, où se concentre toute l'originalité de sa propre « dialectique transcendantale », et qui diffère aussi bien de la « subjectité » de la métaphysique aristotélicienne (*tode ti, hupokeimenon, ousia*) que de « l'ipséité » de la « chose qui pense » cartésienne (« *ego ipse a me percipior* ») : celle de la vérité de l'apparence perceptive inhérente à la pensée. Pour Kant, du fait que nous ne pouvons penser (former des concepts, leur subsumer des intuitions, etc.) sans que notre sens interne en soit affecté et sans que, de ce fait, surgisse l'illusion d'une réalité « intérieure », elle-même objet de pensée, le « soi » pensant se reconnaît dans sa fonction logique (unifier l'expérience) dans la mesure même où il ne cesse de se méconnaître, en se croyant connaissable (comme phénomène, littéralement « ce qui paraît » sur la scène de la représentation : *erscheint*) (voir ERSCHEINUNG) Or la « substance », chez Kant, n'est plus de l'ordre de l'être ou de la Chose « en soi ». Elle n'est que le concept de ce qui demeure permanent dans les phénomènes. Ainsi Kant nous explique-t-il que le *sujet*, qui par lui-même (en tant que puissance ou faculté logique) n'est rien de substantiel, puisqu'il n'est rien de phénoménal, ne cesse pourtant, à mesure qu'il (se) pense et puisqu'il (se) pense, de *s'apparaître* dans la modalité d'une substance. Dès la *Déduction transcendantale*, Kant écrivait (§ 25) : « Je n'ai donc nulle *connaissance* de moi tel que je *suis*, mais seulement tel que je *m'apparais* à moi-même (*wie ich mir selbst erscheine*). » Le « je », qui n'est donné que dans la forme inséparable d'un énoncé : « je pense », lequel fonctionne aussi comme son « nom » propre, c'est-à-dire générique, ne peut s'appréhender (en « s'affectant » lui-même) que de façon illusoire. Mais cette illusion ou apparence transcendantale (*Schein*) est la seule à délivrer une vérité originaire, elle est la seule forme possible du « fondement ». En un sens, c'est la vérité même. *Sujet* est le mot qui dénote désormais cette étonnante unité de contraires. Et Kant attribue à Descartes l'illusion métaphysique dont lui-même affirme se dégager. En se « trompant » comme il le fait, Descartes témoigne de ce que le faux est logé au cœur du vrai, l'apparence au cœur du paraître.

Dans tout ceci — où l'on aura remarqué que les formes syntaxiques de l'énonciation et les traductions ou transpositions jouent un rôle déterminant —, il semble bien que nous ayons affaire exclusivement à des propositions épistémologiques et à des expériences de pensée. Rien qui évoque ouvertement une dimension « pratique », *a fortiori* politique, de la question du sujet. Ce n'est pas certain cependant, si l'on prête attention à deux caractéristiques des raisonnements que nous venons de rapporter. La première, c'est que le *sujet* kantien (c'est-à-dire le *Ich* ou mieux *Ich denke*) est fondamentalement pris dans un rapport d'*imputation*. La réflexion lui impute, c'est-à-dire qu'il s'impute à lui-même une représentation qui est à la fois vérité et erreur, reconnaissance et méconnaissance. La seconde, c'est que ce cercle de l'aperception débouche sur une injonction qu'il est non seulement tentant mais requis de rapprocher de la forme même de l'impératif catégorique : celle de libérer sa propre représentation du « phénoménisme » (ou ce qui revient au même du substantialisme) pour la rattacher à l'idée d'une « pure » activité de penser. Or une telle idée n'a pas de sens dans l'horizon de la nature, elle ne peut en recevoir un que comme corrélat de la liberté. C'est ici que la façon dont s'achève l'étude des « Paralogismes de la raison pure », par l'identification du *sujet* transcendantal (ou de l'identité réflexive du « soi », *Selbst*) à la « personnalité » morale (*Persönlichkeit*), qui rend l'être humain « capable d'être le citoyen d'un monde meilleur dont il a l'idée », acquiert toute sa signification.

Historiquement, on souhaiterait pouvoir mettre ce substrat de la pensée kantienne en relation avec un « devenir sujet » du citoyen révolutionnaire et post-révolutionnaire, et notamment un mouvement de constitution de la catégorie de « sujet de droit » (*Rechtssubjekt*) dont nous n'avons pas encore une idée suffisamment précise. Dans une étude récente, Yves-Charles Zarka remarque chez Leibniz, en contrepoint d'une problématique de la justice et de l'équité exigeant de chacun qu'il « se mette à la place de tous », l'émergence de l'expression *subjectum juris* au sens d'une « qualité morale » universalisante du porteur. Mais l'on sait aussi que Kant (et Hegel à sa suite), alors même qu'il semble le plus proche d'en définir l'idée (comme dans la « Doctrine du droit » de 1795, où les divisions du droit sont déduites « selon le rapport subjectif des obligeants et des obligés »), n'a jamais employé l'expression *Rechtssubjekt*, pour laquelle il faudra, semble-t-il, attendre l'École historique du droit (Savigny, Hugo, Puchta). Ces sujets (*Subjekte*) par « rapport » auxquels on pense l'obligation (et qui la « rapportent » à eux-mêmes) n'ont formellement rien à voir avec les *sujets* politiques (*Untertan*, donné par Kant comme l'équivalent du latin *subditus*) obéissant à un *souverain* (qui peut être le peuple lui-même, constitué en État). La rencontre avec la thématique de la souveraineté et de la loi qu'appelle implicitement l'idée d'une libération du sujet, et du sujet en tant qu'il est « celui qui se libère », demeure donc refoulée.

♦ Voir encadré 6.

D. La subjectivité à la française

Par contraste, il devient possible d'interpréter la façon dont la philosophie contemporaine — particulièrement de langue française — comprend la question de la subjectivité : non pas comme une question d'essence, rapportant l'être à la vérité et à l'apparence, ou dans le cadre métaphysique d'une opposition entre la nature et la liberté, mais comme un enjeu politique, un devenir ou un rapport de forces, elles-mêmes « intérieures » à leur propre conflit.

Du point de vue de l'histoire des idées et des mots, il conviendrait évidemment de disposer un certain nombre de maillons intermédiaires, que nous ne ferons ici qu'évoquer. D'abord et avant tout Rousseau, dont les deux versants de l'œuvre et les tours d'écriture correspondants laissent une trace omniprésente. Pensons à la façon dont le *Contrat social* donne comme rigoureusement corrélatives les figures du « citoyen », membre du souverain (c'est-à-dire auteur de la loi), et du *sujet* qui trouve sa liberté dans l'obéissance absolue à cette même loi, en conséquence de « l'aliénation totale » des volontés individuelles d'où surgit la volonté générale, constitutive d'un « *moi* commun » reflété par toutes les consciences individuelles (Hegel dira, dans la *Phénoménologie de l'esprit*, en se référant implicitement à Rousseau : « un moi qui est un nous, un nous qui est un moi », « *Ich, das Wir, und Wir, das Ich ist* » : voir JE). Mais pensons aussi à la façon dont son œuvre autobiographique associe le thème de l'authenticité du moi avec celui de l'assujettissement :

> Il n'y a pas de jour où je ne me rappelle avec joie et attendrissement cet unique et court temps de ma vie où je fus moi pleinement sans mélange et sans obstacle et où je puis véritablement dire avoir vécu [...] je ne pouvais souffrir l'assujettissement, j'étais parfaitement libre, et mieux que libre, car assujetti par mes seuls attachements, je ne faisais que ce que je voulais faire [...]
>
> *Rêveries du promeneur solitaire*, Dixième promenade.

Ensuite, il faudrait prendre en considération la césure révolutionnaire, dont l'effet n'est pas seulement d'opérer la « relève » du sujet (*subjectus, subditus*) par le citoyen (titulaire des droits politiques), mais aussi d'engager un devenir sujet (*subjectum*) du citoyen, au sens d'une naturalisation de son humanité, qui inscrit toutes les différences anthropologiques (âge, sexe, culture, santé, capacités, moralité, etc.) dans un « caractère individuel » déterminant pour sa reconnaissance sociale, auquel il s'identifie (plus ou moins) au cours de l'éducation. Avec le théorème rousseauiste et ses critiques hégélienne ou nietzschéenne, elle forme la condition de possibilité historique et politique de la subversion du rapport entre souveraineté et subjectivité qui s'accomplit chez Bataille. Telle serait (c'est du moins notre hypothèse) la généalogie de l'identification entre le *problème de la subjectivité* et le *problème de la sujétion*, qui va renouveler complètement le sens de la question du sujet en philosophie (et du même coup notre perception de son histoire). Donnons pour finir quelques points de repère à ce sujet.

Gilles Deleuze y fait référence dès *Empirisme et Subjectivité* :

> Cette différence [entre le point de vue de l'origine des idées et celui de leur qualification], c'est celle que Hume rencontre encore sous la forme d'une antinomie de la connaissance ; elle définit le problème du moi. L'esprit n'a pas de sujet, il est assujetti. Et quand le sujet se constitue dans l'esprit sous l'effet de principes, l'esprit se saisit en même temps comme un Moi parce qu'il est qualifié. Mais justement, si le sujet se constitue seulement dans la collection des idées, comment la collection des idées peut-elle se saisir elle-même comme un moi, comment peut-elle dire « moi », sous l'effet des mêmes principes ?
>
> *Empirisme...*, 1re éd., 1953, p. 15.

Plus tard (avec Guattari), il travaille soigneusement la différence des paradigmes de la servitude ou de l'asservissement (*servus*) et de la sujétion ou assujettissement

6

« Subjectus »/« subjectum » : le jeu de mots historial

► *DROIT*, OIKONOMIA, POLIS, *POUVOIR*

Ce que le mot *Subjekt* ne peut évoquer en raison de sa différence avec l'*Untertan*, le français *su(b)jet*, l'anglais *subject*, l'espagnol *sujeto* et l'italien *soggetto* le mettent immédiatement en évidence, car ils renvoient à une double étymologie : *subjectum*, le « suppôt » des propriétés individuelles, mais aussi *subjectus*, « l'assujetti » à la loi ou au pouvoir. La présupposition et la sujétion. Le terme visé par la question « quoi » et celui visé par la question « qui ». Nous tenons que ce fait linguistique a joué un rôle déterminant dans le devenir de la philosophie occidentale, et nous avons parlé à ce sujet (en parodiant certaines traductions françaises de Heidegger) d'un jeu de mots historial, dont la trace est repérable de Hobbes à Foucault, en passant par Rousseau, Hegel, Nietzsche, Bataille.

Sujet n'était pas, à l'origine, un de ces « mots à sens opposés » qui fascinaient Freud. Mais il l'est devenu, en sorte que la liberté et la contrainte apparaissent comme les deux faces d'une même médaille. L'origine de cette surdétermination ne peut être en grec, même si l'analogie de construction des termes *hupokeimenon* (le substrat ou le support), *hupostasis* (le fondement, la substance, avant de devenir chez les Pères grecs le terme technique pour désigner les « personnes » de la Trinité), *hupêkoos* [ὑπήκοος] (« celui qui obéit à la parole » : le serviteur, le disciple, le vassal payant un tribut) peut faire travailler rétrospectivement notre imagination. Aucun « voisinage » théorique ne les a jamais réunis. C'est vers le latin, c'est-à-dire vers la Rome impériale et chrétienne, qu'il faut nous tourner, et à sa suite vers l'histoire du théologico-politique et d'une anthropologie morale centrée sur l'obéissance comme voie du salut.

Le *subjectus* est une figure juridique dont l'évolution s'étend sur dix-sept siècles, depuis le droit romain jusqu'à la monarchie absolue. Une première question se pose : comment passe-t-on d'une énumération des individus qui sont assujettis à la puissance d'un autre à la représentation du genre humain comme ensemble de *sujet* ? La distinction des personnes indépendantes et dépendantes était au fondement du droit romain. Un texte de Gaius suffira à le rappeler :

> Du droit des personnes dérive une autre division. Car certaines personnes ont droit sur elles-mêmes (*quaedam personae sui juris sunt*) et d'autres sont sous le droit d'autrui (*alieno juri sunt subjectae*). À nouveau cependant, parmi les personnes qui sont assujetties au droit d'autrui (*quae alieno juri subjectae sunt*), les unes sont en puissance (*in potestate*), les autres en main (*in manu*), d'autres encore en mainprise (*in mancipio sunt*). Voyons donc ce qu'il en est des personnes soumises au droit d'autrui : quand nous saurons quelles elles sont, nous comprendrons par là même lesquelles ont droit sur elles-mêmes.
>
> *Institutes*, I, 48-50.

C'est par la division dialectique des formes de l'assujettissement qu'on obtient, *a contrario*, la définition des hommes libres, des maîtres. Mais pour que cette division crée un lien *entre* les sujets, les notions de *potestas*, de *manus*, de *mancipium* ne suffisent pas. Ce qu'il faut, c'est un *imperium*. Une idée de la *sujétion* universelle est donc apparue avec l'empire (et en rapport avec la personne de l'empereur, auquel les citoyens et beaucoup de non-citoyens doivent « service », *officium*). Mais cette condition n'est pas encore suffisante : il a fallu que des Romains puissent être soumis à l'*imperium* de la *même façon* (s'ils l'ont jamais été) que des populations conquises, « sujettes du peuple romain » (confusion qui pointe, contradictoirement, à l'horizon de la citoyenneté romaine généralisée comme statut personnel dans l'Empire). Et surtout, il a fallu que l'*imperium* soit théologiquement fondé comme *imperium* chrétien, un pouvoir spirituel issu de Dieu et conservé par lui, régnant non sur les corps, mais sur (et dans) les âmes.

Le sujet ainsi compris (sujet *du droit*) est l'opposé absolu de ce qu'on appellera plus tard « sujet de droit » (*Rechtssubjekt*). Il a deux grandes caractéristiques : il est un *subditus*, mais non un *servus*. Dire que le sujet est un *subditus*, c'est dire qu'il entre dans un rapport d'obéissance. L'obéissance ne s'établit pas seulement entre un chef qui a le pouvoir de contraindre et ceux qui subissent ce pouvoir, mais entre un *sublimis*, « élu » pour commander, et des *subditi* ou *subjecti* qui se tournent vers lui pour entendre une loi. Le pouvoir de contraindre se distribue tout au long d'une hiérarchie de puissances. L'obéissance, elle, est le principe qui fait de tous les obéissants les membres d'un même corps. Car, concentrée au sommet, dans la figure d'un *principium/princeps*, elle vient pourtant fondamentalement d'en bas : en tant que *subditi*, les sujets « veulent » leur propre obéissance, qui s'inscrit dans l'économie de la création et du salut. Ainsi le « fidèle sujet » est-il nécessairement un « sujet fidèle », sachant que tout pouvoir vient de Dieu.

Une telle obéissance, dans son unité de principe et ses innombrables formes, implique donc la notion du commandant (*arkhôn* [ἄρχων]), mais être commandé (*arkhomenos* [ἀρχόμενος]) implique alors — au moins dans une *politeia* démocratique — qu'on puisse aussi soi-même commander (c'est la définition aristotélicienne du citoyen) ; ou bien elle est une dépendance naturelle de type domestique. Dans une telle perspective, l'idée même d'une « libre obéissance » est une contradiction dans les termes. Qu'un esclave puisse être « aussi » libre est une idée tardive (stoïcienne), qu'il faut entendre comme signifiant : sur un autre plan (dans une cité « cosmique », une cité « des esprits ») celui qui est ici esclave peut être aussi un « maître » (de soi, de ses passions), il peut être aussi un « citoyen lié à d'autres par un lien réciproque (*philia* [φιλία], voir AIMER). Rien qui approche de l'idée d'une liberté résidant dans l'obéissance elle-même, résultant de cette obéissance. Pour la concevoir il faut transférer l'obéissance du côté de l'âme et cesser de concevoir celle-ci comme naturelle : il faut nommer ainsi une part surnaturelle de l'individu qui entend la divinité de l'ordre.

Aussi le *subditus - subjectus* a-t-il constamment été distingué de l'esclave, de même que la souveraineté du prince, du *sublimis*, a été distinguée d'un despotisme (littéralement : l'autorité d'un maître d'esclaves). Mais cette distinction fondamentale a été élaborée de plusieurs façons. À l'intérieur du cadre théologique, le sujet est un fidèle, un chrétien ; cela peut aussi signifier : puisque c'est son âme qui obéit en dernière instance, il ne saurait jamais être la « chose » du souverain (dont on peut user et abuser) ; son obéissance a pour contrepartie une responsabilité (un devoir) du prince. Mais cette façon de penser la liberté du sujet est, en pratique, extraordinairement ambivalente : car elle peut se comprendre soit comme l'affirmation et la contribution active de sa volonté à l'obéissance (de même que le chrétien, par ses œuvres, « coopère au salut »), soit comme l'anéantissement de la volonté (c'est pourquoi les mystiques cherchent à s'anéantir dans la contemplation de Dieu, seul souverain absolu). L'autonomie voisine avec le néant, la « propriété » avec la « dépropriation ».

On comprend en tout cas que lorsque le « citoyen » commence à revenir sur scène, dans les villes médiévales et renaissantes, il ne pourra se réduire au *zôion politikon* [ζῷον πολιτικόν] : Thomas d'Aquin (qui traduit cette expression par « animal social ») distingue la *christianitas* (surnaturelle) de l'homme et son *humanitas* (naturelle), le « fidèle » et le « citoyen ». Que devient alors le *sujet* ? En un sens, il est plus autonome (car sa sujétion est l'effet d'un ordre politique qui intègre la « civilité », la « politie », et s'inscrit ainsi dans la nature). Mais il devient de plus en plus difficile de le penser comme *subditus* : le concept de son obéissance essentielle est menacé. La

6

contradiction éclate dans la monarchie absolue, qui porte au point de rupture l'unité mystérieuse des « deux corps » du souverain temporel et spirituel. Il en va de même pour la liberté du sujet. Il n'y a plus qu'un prince dont la loi est la volonté, « père de ses sujets », ayant sur eux une autorité absolue : « L'État, c'est moi », fera-t-on dire à Louis XIV. Mais la monarchie absolue est un pouvoir *d'État*, précisément, c'est-à-dire un pouvoir qui s'institue et s'exerce par le droit et l'administration : les sujets y sont, sinon des « sujets de droit », du moins des sujets « en droit », membres d'une « république » (Hobbes dira : *Commonwealth*). Tous ses théoriciens expliqueront que « les sujets sont des citoyens » (ou, comme Bodin dans la *République*, I, 6, que « tout citoyen est subject, estant quelque peu de sa liberté diminuée par la majesté de celuy auquel il doit obeïssance : mais tout subject n'est pas citoyen, comme nous avons dit de l'esclave »). Ils n'empêcheront pas — les circonstances aidant — que soit perçue comme intenable la condition de ce « franc subject tenant de la souveraineté d'autrui » (*ibid.*). La Boétie, par un renversement terme à terme, leur opposera la définition du pouvoir de l'Un comme une « servitude volontaire », à laquelle dans le même temps la raison d'État ne confère plus aucune signification de liberté surnaturelle. La controverse sur la différence (ou non) entre absolutisme et despotisme accompagne toute l'histoire de la monarchie absolue. Et la condition du sujet sera rétrospectivement identifiée à celle de l'esclave, la sujétion à un esclavage, du point de vue du nouveau citoyen et de sa révolution (ce qui sera aussi un ressort essentiel de sa propre idéalisation).

BIBLIOGRAPHIE

BALIBAR Étienne, « Citoyen Sujet, Réponse à la question de Jean Luc Nancy : *Qui vient après le sujet ?* », *Cahiers Confrontation*, n° 20, 1989, p. 23-47.

BODIN Jean, *Les Six Livres de la République* [1583], Fayard, 1987.

KANTOROWICZ Ernst, *L'Empereur Frédéric II*, trad. fr. A. Kohn, Gallimard, 1988.

ULLMANN Walter, *The Individual and Society in the Middle Ages*, Baltimore, Johns Hopkins Press, 1966.

(*subjectus*, *subditus*) pour rendre compte de la modernité propre au sujet capitaliste :

> Nous distinguons comme deux concepts *l'asservissement machinique* et *l'assujettissement social*. Il y a asservissement lorsque les hommes sont eux-mêmes pièces constituantes d'une machine [...] sous le contrôle et la direction d'une autorité supérieure. Mais il y a assujettissement lorsque l'unité supérieure constitue l'homme comme un sujet qui se rapporte à un objet devenu extérieur [...] Il semble en ce sens que, avec le développement technologique, l'État moderne ait substitué à l'asservissement machinique un assujettissement social de plus en plus fort [...] En effet, le capital agit comme point de subjectivation constituant tous les hommes en sujets, mais les uns, les « capitalistes », sont comme les sujets d'énonciation qui forment la subjectivité privée du capital, tandis que les autres, les « prolétaires », sont les sujets d'énoncé, assujettis aux machines techniques où s'effectue le capital constant [...]
>
> *Mille Plateaux*, p. 570-571.

Jacques Derrida découvre cette amphibologie constitutive à partir de Rousseau :

> L'écriture a dès lors pour fonction d'atteindre des *sujets* qui ne sont pas seulement éloignés mais hors de tout champ de vision et au-delà de toute portée de voix. Pourquoi des *sujets* ? Pourquoi l'écriture serait-elle un autre nom de la constitution des *sujets* et pourrait-on dire, de la *constitution* tout court d'un sujet, c'est-à-dire d'un individu tenu de répondre (de) soi devant une loi et du même coup soumis à cette loi ?
>
> *De la grammatologie*, p. 399.

Et il la retrouve à propos de Levinas :

> La subordination de la liberté signifie une sujétion du *subjectum*, certes, mais un assujettissement qui, au lieu de l'en priver, donne au sujet à la fois sa naissance et la liberté ainsi ordonnée. Il s'agit bien d'une subjectivation, sans doute, mais non pas au sens de l'intériorisation, plutôt d'une venue du sujet à soi dans le mouvement où il accueille le Tout-Autre comme Très-Haut. Cette subordination ordonne et donne la subjectivité du sujet...
>
> *Adieu à E. Levinas*, p. 101.

Mais il cherche aussi à la pousser hors d'elle-même, reprenant le néologisme d'Artaud : « forcener le subjectile ».

Louis Althusser, en même temps que Bataille, avait insisté sur le paradoxe de la souveraineté :

> Ce Dieu est un Roi-Sujet, c'est-à-dire un Roi-Esclave. La liberté hégélienne délivre précisément le sujet de son assujettissement et convertit sa servitude en royaume. Le concept est le royaume de la subjectivité, c'est-à-dire le domaine du sujet devenu roi [...] Telle est la circularité de la liberté dans le concept : elle est la conversion de la servitude, la conversion du sujet en son règne.
>
> « Du contenu dans la pensée de G.W.F. Hegel », p. 132.

Il en fait le mécanisme général de « l'interpellation des individus en sujets » par l'idéologie, dont le type est la conscience religieuse :

> Il apparaît alors que l'interpellation des individus en sujets suppose « l'existence » d'un Autre Sujet, Unique et central, au Nom duquel l'idéologie religieuse interpelle tous les individus en sujets [...] Dieu se définit donc lui-même comme le Sujet par excellence, celui qui est par soi et pour soi (« Je suis Celui qui suis »), et celui qui interpelle son sujet, l'individu qui lui est assujetti par son interpellation même, à savoir l'individu dénommé Moïse. Et Moïse, interpellé-appelé par son Nom, ayant reconnu que c'était « bien » lui qui était appelé par Dieu, reconnaît qu'il est sujet, sujet *de* Dieu, sujet assujetti à Dieu, *sujet par le Sujet et assujetti au Sujet*. La preuve : il lui obéit et fait obéir son peuple [...]
>
> « Idéologie et appareils idéologiques d'État », p. 309.

Lacan et Foucault déploient le plus systématiquement le spectre de la subjectivité comme procès de la sujétion. Mais en sens inverse l'un de l'autre.

Lacan recueille l'héritage lointain de deux phrases françaises paradoxales, mais absolument idiomatiques : « le moi est haïssable » (Pascal), « Je est un autre » (Rimbaud). Qu'est-ce pour lui que « le sujet » ? Rien d'autre que la succession des effets d'une aliénation de l'individu vivant à la « loi du signifiant » : s'il doit être tenu pour irréductible, le sujet n'est jamais originaire, mais toujours déjà « dépendant ». Il n'existe que comme effet en retour de la parole qui le constitue (et pour commencer le nomme), dans un univers symbolique de discours et d'institutions dont, par définition, il n'a pas la maîtrise. C'est en ces termes que Lacan interprète la « méconnaissance » constitutive de l'inconscient. Parce que « soumis au signifiant » qui le sépare irrémédiablement de lui-même, il faut au sujet osciller à l'infini entre l'illusion d'identité, les croyances narcissiques d'une « captation imaginaire », résumées dans la figure du *moi*, et l'inconnu du conflit, la reconnaissance d'une question venue de *l'autre* (à commencer par l'autre sexe) comme ce qu'il a pourtant de plus propre. Ce choix sans issue le constitue.

> Si le désir est en effet dans le sujet cette condition qui lui est imposée par l'existence du discours de faire passer son besoin par les défilés du signifiant [...], le sujet a à trouver la structure constituante de son désir dans la même béance ouverte par l'effet des signifiants chez ceux qui viennent pour lui à représenter l'Autre, en tant que sa demande leur est assujettie.
>
> *Écrits*, p. 628.

Au mieux l'analyse inverse le parcours de la constitution du désir, qui reconduit le sujet à l'énonciation de son « manque à être » (« le désir ne fait qu'assujettir ce que l'analyse subjective », *Écrits*, p. 623).

Foucault, de son côté, avait trouvé dans les méthodes d'obtention de l'aveu ou de la confession (qui transitent de la religion et de l'inquisition à la psychologie et à la psychiatrie) le modèle du rapport entre la subjectivité, l'apparence et la vérité (*Histoire de la folie*, *Histoire de la sexualité*), et dans le « panoptisme » de Bentham le diagramme idéal de toutes les « relations fictives » (mais matérialisées dans le jeu des institutions de normalisation sociale) d'où « naît mécaniquement un assujettissement réel » (*Surveiller et Punir*, p. 204). À partir de là, il a forgé le programme d'une investigation des « modes d'objectivation qui transforment les individus en sujet », et notamment des relations de pouvoir (« Le sujet et le pouvoir », 1982, rééd. in *Dits et Écrits*, vol. 4, p. 222). Mais il n'existe aucun pouvoir, que ce soit sur « soi » ou sur « les autres », qui ne passe par la constitution d'un savoir, et à son tour celui-ci n'est pas une activité simplement théorique, c'est une pratique sociale, une production d'objectivité. La question du sujet et celle de l'objet, ramenées à un double procès de subjectivation et d'objectivation, d'assujettissement de l'individu à des règles et de construction du « rapport de soi à soi » selon différentes modalités pratiques, ne sont donc pas opposées entre elles, mais deux faces d'une même réalité.

> Michel Foucault a maintenant entrepris, toujours à l'intérieur du même projet général, d'étudier la constitution du sujet comme objet pour lui-même : la formation des procédures par lesquelles le sujet est amené à s'observer lui-même, à s'analyser, à se déchiffrer, à se reconnaître comme domaine de savoir possible. Il s'agit en somme de l'histoire de la « subjectivité », si l'on entend par ce mot la manière dont le sujet fait l'expérience de lui-même dans un jeu de vérité où il a rapport à soi.
>
> Définition de Foucault par lui-même, cité in *Dits et Écrits*, vol. 4, p. 633.

Les mots mêmes de la *Dialectique transcendantale*, mais retournés contre leur signification d'origine ! On voit qu'il y a un cercle de présupposition : le *sujet* est l'ensemble des dispositifs d'assujettissement ou de subjectivation qui agissent objectivement sur la « subjectivité » de l'individu, c'est-à-dire qui présupposent sa « liberté », ou sa capacité de résistance, pour la retourner contre lui. En d'autres termes il s'agit d'une différentielle de puissance. Elle débouche à la fois sur une politique (essayer de libérer l'individu de certaines disciplines, de certains types d'individualité) et sur une éthique (inventer des « pratiques de liberté », de « nouveaux rapports de pouvoir », des modes d'ascèse, plutôt que de conscience de soi).

Ces propositions — dans leur dispersion conflictuelle — transforment notre lecture du passé philosophique européen. En conférant le jour de l'évidence aux associations et aux métaphores qui sous-tendent le texte de Nietzsche, elles rendent possible une autre utilisation de la subjectivité définie dans la *Critique de la raison pure*. Si le sujet (*subjectum*, *Subjekt*, mais aussi *subjectus*) n'avait pas été mis en relation interne avec la sujétion personnelle, et donc avec le pouvoir politique, juridique, théologique dont il est l'effet et l'image inversée, nous ne saurions pas reconnaître dans la conjonction paradoxale de la vérité et de l'apparence transcendantale dont parlent les « Paralogismes de la raison pure » le signe d'une différence (ou différance) originaire qui renvoie à l'éthique de l'obéissance intérieure et de l'ascèse autant et plus qu'à la métaphysique de l'esprit et à la psychologie de la « conscience de soi ». Pour finir, elles ouvrent à nouveau la question de la finitude active propre au sujet (ou non-sujet) cartésien : non pas tant, peut-être, « nature » ou « substance » pensante, c'est-à-dire « représentation », que « revendication » (comme dit Canguilhem) d'un pouvoir de dire « Je », « entre l'infini et le néant », ou entre Dieu et le corps.

E. Comment traduire les philosophes français ? Comment sortir la philosophie française de son idiome ?

En conclusion d'une histoire qui, plutôt que celle des seules traductions, est celle d'un véritable *clivage* de la langue philosophique travaillant chaque idiome à partir de son propre rapport au fond juridique, théologique et métaphysique de la culture européenne, on peut se poser une double question. En premier lieu, ce que nous avons désigné comme une refondation en langue française de la problématique du sujet est-il traductible dans d'autres idiomes ? En second lieu, la philosophie qui, au XXe siècle, a été le cadre de cette invention a-t-elle désormais un autre choix que d'en répéter indéfiniment les termes ou d'en sortir purement et simplement, par l'adoption d'autres paradigmes (par ex. celui de l'individualité analytique) et le cas échéant de leur langue plus ou moins « francisée » ?

Il faut ici se contenter d'indications sommaires. Le paradigme de la sujétion-subjectivation, à l'évidence, est traduisible dans les autres langues latines, à quelques nuances près dans l'usage courant de *soggetto* et *suddito*, *sujeto* ou *sugeto* et *subdito*, puisque l'italien et l'espagnol ont conservé le doublet (mais l'espagnol ajoute une variante orthographique significative).

♦ Voir encadré 7.

Le grec moderne, qui a repris *hypokeimeno* pour *sujet*, a forgé *hypokeimenotêta* pour « subjectivité », et peut rendre « sujétion » et « assujettissement » par des termes tels que *hypotagê, hypodoulôsê*, au prix d'une confusion possible avec la servitude, l'esclavage.

Mais pour l'allemand un tel discours demeure intraduisible à la rigueur. Car « sujétion » ne peut être rendu que par *Unterwerfung* (soumission), et « subjectivation » se transpose en *Subjektivierung*. Un exemple révélateur est fourni par Habermas dans son livre *Der philosophische Diskurs der Moderne* (1996), recueil de leçons dont une part essentielle discute la philosophie française contemporaine (Bataille, Derrida et Foucault). En voici deux échantillons :

> *Für Bataille öffnet sich mit dieser Idee der Entgrenzung eine ganz andere Perspektive als für Heidegger : die sich selbst überschreitende Subjektivität wird nicht zugunsten eines superfundamentalistischen Seinsgeschicks entthront und entmachtet, sondern der Spontaneität ihrer verfemten Antriebe zurückgegeben. Die Öffnung zum sakralen Bereich bedeutet nicht Unterwerfung unter die Autorität eines unbestimmten, in seiner Aura nur angedeuteten Schicksals ; die Grenzüberschreitung zum Sakralen bedeutet nicht die demütige Selbstaufgabe der Subjektivität, sondern ihre Befreiung zur wahren Subjektivität.*
>
> [La perspective qui s'ouvre à Bataille avec cette idée de l'Illimité est tout autre que celle de Heidegger : la subjectivité qui s'outrepasse ainsi elle-même n'est pas détrônée et privée de pouvoir au bénéfice d'un destin de l'être encore plus fondamentaliste, mais elle est rendue à la spontanéité des impulsions qui en avaient été bannies. L'ouverture vers le domaine du sacré n'a pas la signification d'un assujettissement à l'autorité d'un destin indéterminé, tout juste indiqué par l'aura qui l'entoure ; la transgression des limites qui nous séparaient du sacré ne signifie pas que la subjectivité renonce humblement à elle-même, mais qu'elle se libère pour accéder à la véritable subjectivité.]
>
> *Der philosophische Diskurs*..., p. 251.

Et plus loin :

> *In seinen späteren Untersuchungen wird Foucault diesen abstrakten Machtbegriff anschaulich ausgestalten ; er wird Macht als die Interaktion kriegführender Parteien* [...] *schliesslich als die produktive Durchdringung und subjektivierende Unterwerfung eines leibhaften Gegenübers verstehen.*
>
> [Dans ses recherches ultérieures, Foucault s'emploiera en apparence à donner forme à ce concept abstrait du pouvoir ; il comprendra le pouvoir comme l'interaction de partis qui se font la guerre (...) et pour finir comme ce qui pénètre un adversaire vivant de façon productive et l'assujettit en le subjectivant.]
>
> *Ibid.*, p. 300.

Cet obstacle d'expression, comme on peut l'imaginer, ne demeure pas sans effets sur la façon dont Habermas juge à la fois incompréhensibles et inacceptables l'objet, les divisions internes et les limites ou apories de la philosophie « française » du sujet.

En anglais, enfin, la situation est tout à fait singulière. Le jeu de mots historial y est parfaitement présent (*Subject/subject*). Le paradigme de la sujétion-subjectivation y est donc en droit transposable et assimilable, il pourrait s'y développer. N'en donnons pour preuve qu'une phrase de Hannah Arendt dans *The Human Condition* :

> *Somebody began it* [= *his own life story*] *and is its subject in the twofold sense of the word, namely its actor and sufferer, but nobody is its author.*
>
> [Quelqu'un a commencé (le récit de sa propre vie) et il en est le sujet, au double sens du terme, celui qui agit et celui qui pâtit, mais personne n'en est l'auteur.]
>
> *The Human Condition*, p. 184.

Ce qui fait obstacle, c'est plutôt le fait que l'anthropologie philosophique, depuis l'âge classique, s'organise autour de notions comme *person*, *self* et *agent* (voir JE et AGENCY), et non *subject* dont le sens est *d'abord* perçu comme politique, institutionnel (« *The idea of the servant makes us think of the master; that of the subject carries our view to the prince* [L'idée du serviteur nous fait penser au maître ; celle du sujet tourne notre regard vers le prince] », Hume, *A Treatise of Human Nature*, II, 2, 2 ; le célèbre ouvrage de John Stuart Mill sur l'inégalité civile et politique des sexes, paru en 1869, s'intitule *The Subjection of Women*). Mais la naturalisation des « idées françaises » est en train de changer cette situation (et d'en aviver les tensions). On en verra un remarquable exemple dans les travaux de Judith Butler qui s'inspirent à la fois de Freud, de Derrida, d'Althusser et de Foucault. Au début de son livre, *The Psychic Life of Power* (1997), sous-titré *Theories in Subjection* (belle syntaxe idiomatique, mais aussi, sans doute, allusion au titre du célèbre essai de John Stuart Mill), elle cite l'entrée *subjection* de l'*Oxford English Dictionary* :

> *The act or fact of being subjected, as under a monarch or other sovereign or superior power; the state of being subject to, or under the dominion of another* [...] *The condition of being subject, exposed, or liable to* [...] *The act of supplying a subject to a predicate.*
>
> [L'action ou le fait d'être assujetti, comme à un monarque, un souverain ou un autre pouvoir supérieur ; la situation de sujet, placé sous la domination d'un autre (...) la condition de sujet exposé, ou tenu pour responsable de quelque chose (...) l'action de fournir un sujet à un prédicat.]

Plus loin elle discute les correspondances, en renversant parfois les valeurs auxquelles nous sommes habitués :

> *No individual becomes a subject without first becoming subjected or undergoing « subjectivation » (a translation of the French* assujettissement) [...] *The term « subjectivation » carries the paradox in itself:* assujettissement *denotes both the becoming of the subject and the process of subjection — one inhabits the figure of autonomy only by becoming subjected to a power, a subjection which implies a radical dependency.*

7

« Sujeto », « subdito », « sugeto ». Le corps du sujet : Montaigne et sainte Thérèse

Dans le processus de formation du langage de la corporéité et de l'intimité en espagnol, il convient de repérer l'importance du mot *subjecto* ou *sujeto*, pris dans un sens très proche de certains usages philosophiques contemporains (Merleau-Ponty, Zubiri, Lacan), mais aussi du Montaigne du *Journal de voyage en Italie*, dont la traduction espagnole peut ici servir de révélateur. Ce sens conjoint la reconnaissance de l'intimité du soi avec l'expérience de la douleur, et plus généralement de la passion du corps propre. Il s'affirme à la fois dans le registre politique et dans le registre mystique.

Sujeto entre dans le lexique espagnol vers le milieu du XVe siècle (voir J. Corominas, *Diccionario critico*...). Le sens du *sujeto* espagnol — dérivé du latin *subjicere* — est alors double, désignant à la fois « cette chose qui est en dessous » et « celui qui est soumis à une autorité ». Mais les différences entre les deux langues surgissent dès lors que l'espagnol préfère former le mot du « soumis » à partir de la racine *subdere* qui donne *súbdito*, cependant que *sujeto* renvoie au *suppositum*, c'est-à-dire à la matérialité de la personne, et finalement au corps avec l'ensemble de ses forces ou potentialités. Cependant le moment décisif pour la pensée castillane est celui où ces deux termes en viennent à se recouper.

Montaigne est, en français, le témoin essentiel à la même époque d'un passage du politique à l'intimité :

> Nous y passasmes un chasteau de l'Archiduc qui couvre le chemin, comme nous avons trouvé ailleurs pareilles clostures qui tiennent les chemins sujects et fermés.
>
> [*Pasamos por un castillo del Archiduque que domina el camino, semejante a los que habíamos encontrado en otros lugares con murallas, muy parecidos, que mantienen los caminos sujetos y cerrados.*]
>
> *Diario del Viaje a Italia I, Journal de voyage en Italie*, p. 59.

Cette citation témoigne d'un usage transitif de *suject*, participe passé destiné à désigner l'opération de serrer et contenir de l'extérieur le passage, l'espace du chemin, afin qu'il ne déborde pas sur la campagne. Au-delà de cet usage technique, Montaigne présente d'autres situations dans lesquelles surgit la première signification du sujet, à savoir le sujet politique. Mais il suppose aussi (*suppositum*, c'est l'autre nom du sujet) la possibilité de connaître un intérieur qui ne serait pas métaphysiquement isolé du monde environnant, mais y trouverait les métaphores, les signifiants qui lui permettent de s'exprimer. Le voyage est le chemin de l'intimité. Dans son *Journal*, Montaigne tente de s'emparer de certains mots dont la signification vient d'être modifiée pour abriter une nouvelle répartition des pouvoirs. « *Cuius regio eius religio* »est désormais la règle d'un processus que Montaigne parcourt avec une attention à peine dissimulée par son air nonchalant. Le *suject* est un mot ancien pour une pratique moderne, une pratique étrange qui pour la première fois modifie ce qui semblait appartenir à la nature humaine, à l'ordre des choses immuables. Le *suject* st la plus grande découverte de Montaigne à son arrivée à Florence, aussi étrange pour lui que les animaux exotiques dont le Moscovite fait cadeau au pape (des zibelines ou renards noirs) (*Diario*..., p. 76). Dans son commentaire de la politique du duc de Florence envers ses *sujects* dont il doit « principalement se garder », Montaigne nous montre l'effort de naturalisation d'une situation de conflit. Et à Lucca les *sujects* sont comptés comme « âmes ». « Les seigneurs ont quelques chastelets, mais nulle ville en leur sujection » (*ibid*., p. 134).

Or la spécificité de l'espagnol permet le déplacement vers un sens directement lié à la disposition corporelle et spirituelle. Cervantès nous en donne un exemple : « *Es menester que me advirtáis si estais con sugeto de escucharme* [Il faut que vous m'avertissiez si vous êtes disposé à m'écouter] » (*Persiles*, Livre III, chap. 17). Ce champ sémantique inclut la référence directe à la dimension corporelle de l'être humain, surtout dans des situations de perte ou de maladie.

Le Dictionnaire d'Autoridades (1726) donne cette acception : « *se usa tambien por la actividad, vigor y fuerzas de la persona : y asi suelen decir del enfermo muy extenuado : No hai sugeto* [est aussi utilisé pour l'activité, vigueur et forces de la personne ; et c'est ainsi qu'on dit du malade très épuisé : Il n'y a pas de sujet] ». Ce dernier sens était donc d'usage commun à partir de la fin du XVIe siècle, comme le prouvent surtout les citations des écrivains dits mystiques ou « spirituels ».

Ainsi Thérèse d'Ávila nous donne dans le *Libro de su Vida* une vingtaine d'exemples du transitif *sujetarse* (s'assujettir, pour nous limiter à une translittération qui n'engage pas encore d'autres usages culturels ou psychanalytiques). La beauté du texte vient ici de ce qu'il donne clairement l'idée d'un sujet qui résulte d'un travail, d'un « devenir-sujet ». Tout comme pour les chemins de Montaigne « sujects » par les murs des châteaux, la fondatrice du couvent d'Ávila était consciente de l'effort qu'on lui demandait pour devenir suject. Suject de la loi, ou plutôt d'une parole encore inouïe et non écrite. C'est ici que la mystique, en tant qu'expérience d'écriture suivant des métriques populaires, intéresse le traducteur : elle essaie non pas tant de dire l'impossible, que de se tenir sur les limites du dire. Thérèse, cette femme savante « déguisée » (comme elle dit) en femme illettrée, nous offre un rapport très particulier au langage, proche de ce que Roland Barthes appelle « logothèse » : invention simultanée d'une parole et d'un espace de vie. Or cette invention (peut-être fruit de l'époque) juxtapose deux significations du sujet : le sens politique (qui se dira désormais *súbdito*) et le sens corporel (qui se dira *sugeto* avec un *g*).

D'où la surprise de la double inscription du sujet et du moi. Sainte Thérèse peut nommer ainsi le processus de sa maladie :

> *Padeciendo tan grandísimo tormento en las curas que me hicieron tan recias, que yo no sé cómo las pude sufrir ; y en fin, aunque las sufrí no las pudo sufrir mi sujeto.*
>
> [Tout en subissant un tourment tellement dur à cause des soins si rudes qu'on m'a donnés, que je ne sais comment j'ai pu les supporter ; et même si je les ai finalement supportés, mon sujet (c'est-à-dire mon corps) n'a pas été capable de le faire.]
>
> *Libro de la Vida*, p. 23.

Cette même dualité fait partie du langage de l'ascèse chez saint Ignace quand il parle des pénitences :

> *no es penitencia quitar lo superfluo de cosas delicadas o moles, ma es penitencia quando en el modo se quita de lo conveniente, y quanto más y más mejor, sólo que non se corrompa el subiecto, ni se siga enfermedad notable.*
>
> [ce n'est pas pénitence d'ôter ce qui est superflu des choses délicates et douces, mais c'est pénitence d'ôter dans les habitudes ce qui est convenable et, dans ce cas-là, le plus est le meilleur, à condition de ne pas s'abîmer le sujet (le corps) ni d'encourir une maladie grave.]
>
> *Ejercicios spirituales*, p. 216.

Ce sujet qui ne souffre qu'à peine des maladies, ce sujet qui peut aussi se corrompre, sont deux exemples d'un sujet nouveau. Quel genre de sujet est-ce, qui ne cesse de donner des signaux de soi, sans le savoir, ou relevant d'un autre type de savoir — le savoir des mystiques auquel Lacan a fait référence : « *un saber no sabiendo toda ciencia trascendiendo* [un savoir sans savoir, dépassant toute science] » (Jean de la Croix) ?

José Miguel MARINAS

7

BIBLIOGRAPHIE

CERVANTÈS Miguel de, *Les Épreuves et les Travaux de Persites et Sigismunda* [1616], Gallimard, « La Pléiade », 1963.

LOYOLA Ignace de, « Ejercicios Espirituales », in *Obras Completas*, Madrid, Biblioteca de Autores Cristianos, 1963.

MONTAIGNE Michel de, *Diario del Viaje a Italia* [*Journal du voyage en Italie*], éd. J.M. Marinas et C. Thiebaut, Madrid, Editorial Debate, 1994.

THÉRÈSE D'ÁVILA, *Libro de la Vida*, Madrid, Biblioteca de Autores Cristianos, 1962.

OUTILS

COROMINAS Joan et PASCUAL José A., *Diccionario crítico etimológico castellano e hispánico*, 6 vol., Madrid, Gredos, 1961, nouv. éd., 1984-1991.

[Aucun individu ne devient sujet sans commencer par être assujetti ou passer par un procès de « subjectivation » (au sens du français *assujettissement*) (...) Le terme « subjectivation » comporte en lui-même le paradoxe : il désigne à la fois le devenir-sujet et le procès de sujétion : on ne peut incarner la figure de l'autonomie qu'en se soumettant à un pouvoir, soumission qui implique une dépendance radicale.]

The Psychic Life of Power, p. 11, 83.

Mais ceci fait partie de son développement personnel de la question, dans lequel *subjection* apparaît comme le concept général (« tropologique ») du pouvoir « se retournant sur lui-même » (« *turning back upon oneself, or even turning on oneself* »).

Quant à la question réciproque : comment le français pourrait-il sortir de lui-même (philosophiquement, s'entend) ?, on peut avancer qu'elle ne saurait être résolue au moyen d'injonctions, qu'elles soient d'origine herméneutique ou analytique. Ce n'est pas à dire qu'elle puisse avoir lieu sans sortir des frontières hexagonales. Dans son *Mythe de l'intériorité*, Jacques Bouveresse suggère en somme : il faut passer par Wittgenstein, c'est-à-dire par un renversement de la critique nietzschéenne du « privilège grammatical » conféré au sujet, de façon à en faire un instrument d'analyse des modalités selon lesquelles, dans chaque « jeu de langage », un locuteur, qui peut être un philosophe, articule les expressions de l'autoréférence de ses énoncés avec des actes publics d'énonciation, de façon à se reconnaître l'auteur de certaines significations ou pensées (voir en particulier p. 356 *sq.*, 656 *sq.*). Disons que cela mérite réflexion.

Étienne BALIBAR, Barbara CASSIN,
Alain de LIBERA

BIBLIOGRAPHIE

AGAMBEN Giorgio, « Bataille e il paradosso della sovranità », *in* J. RISSET (éd.), *Georges Bataille, il politico e il sacro*, Naples, Liguori, 1987.

ALTHUSSER Louis, « Du contenu dans la pensée de G.W.F. Hegel » [1948], in *Écrits philosophiques et politiques*, vol. 1, Stock-IMEC, 1994.

— « Idéologie et appareils idéologiques d'État » [1971], in *Sur la reproduction*, PUF, 1995.

ARENDT Hannah, *The Human Condition*, Chicago, The University of Chicago Press, 1958.

ARISTOTE, *Catégories*, trad. fr. J. Tricot, Vrin, 1966.

ARNAULD Antoine, *Des vraies et des fausses idées* [1683], rééd. *Corpus des œuvres philosophiques en langue française*, Fayard, 1981.

AUGUSTIN, *La Trinité*, Desclée de Brouwer, « Bibliothèque augustinienne », t. 15 et 16, 1955.

— *Confessions*, Desclée de Brouwer, « Bibliothèque augustinienne », t. 13-14.

AVERROÈS, *Commentarium magnum in Aristotelis De anima libros*, éd. F. Stuart Crawford, Cambridge (Mass.), The Mediaeval Academy of America (Corpus Commentariorum Averrois in Aristotelem. Versionum Latinarum, vol. VI, 1), 1953 (trad. fr. : voir LIBERA Alain de).

BATAILLE Georges, *Œuvres complètes*, vol. 8, Gallimard, 1976.

BENOIST Jocelyn, « La subjectivité », *in* D. KAMBOUCHNER (dir.), *Notions de philosophie*, vol. 2, Gallimard 1995.

BOEHM Rudolph, *La Métaphysique d'Aristote, le Fondamental et l'Essential* [1965], trad. fr. E. Martineau, Gallimard, 1976.

BONITZ Hermannus, *Index Aristotelicus*, Berlin, De Gruyter (= *Aristotelis Opera ex recensione Immanuelis Bekkeri*, vol. 5), 1961.

BOULNOIS Olivier, *Être et Représentation. Une généalogie de la métaphysique moderne à l'époque de Duns Scot (XIII*e*-XIV*e *siècle)*, PUF, 1999.

BOUVERESSE Jacques, *Le Mythe de l'intériorité. Expérience, signification et langage privé chez Wittgenstein*, Minuit, nouv. éd., 1987.

BUTLER Judith, *The Psychic Life of Power. Theories in Subjection*, Stanford UP, 1997 ; *La Vie psychique du pouvoir*, trad. fr. B. Matthieussent, préface de C. Malabon, Éditions Leo Scheer, 2002.

CANGUILHEM Georges, « Le cerveau et la pensée » [1980], rééd. in *Georges Canguilhem, Philosophe, Historien des sciences*, Albin Michel, 1993.

DELEUZE Gilles, *Empirisme et Subjectivité. Essai sur la nature humaine selon Hume*, PUF, 1953.

DELEUZE Gilles et GUATTARI Félix, *Mille Plateaux (Capitalisme et schizophrénie, II)*, Minuit, 1980.

DERRIDA Jacques, *De la grammatologie*, Minuit, 1967.

— *Forcener le subjectile. Étude pour les Dessins et Portraits d'Antonin Artaud*, Gallimard, 1986.

— *Adieu à Emmanuel Lévinas*, Galilée, 1997.

DESCARTES René, *Œuvres*, éd. C. Adam et P. Tannery, 11 vol., rééd. Vrin, 1996.

FOUCAULT Michel, « Qu'est-ce qu'un auteur ? », *Conférence à la Société française de philosophie, 22 février 1969*, rééd. avec la discussion dans *Dits et Écrits*, vol. 1, p. 789-821 (intervention de J. Lacan, p. 820), Gallimard, 1994.

— *Surveiller et Punir. Naissance de la prison*, Gallimard, 1975.

— « Le sujet et le pouvoir » [1982], in *Dits et Écrits 1954-1988*, vol. 4, Gallimard, 1994.

— « Foucault », in *Dits et Écrits 1954-1988*, vol. 4, 1994.

GAIUS, *Institutes*, texte établi et tr. par J. Reinach, Les Belles Lettres, 1979.

GIELE Maurice, STEENBERGHEN Fernand Van et BAZÁN Bernardo, *Trois Commentaires anonymes sur le Traité de l'âme d'Aristote*,

Louvain-Paris, Publications universitaires-Béatrice-Nauwelaerts, « Philosophes médiévaux, XI », 1971.

HABERMAS Jürgen, *Der philosophische Diskurs der Moderne. Zwölf Vorlesungen*, Francfort, Suhrkamp, 1985 ; rééd. 1996.

HEIDEGGER Martin, *Nietzsche I et II*, 1961, trad. fr. P. Klossowski, Gallimard, 1971.

KANT Emmanuel, *Kritik der reinen Vernunft* [1781/1787], Hambuurg, Meiner, 1998.

LACAN Jacques, *Écrits*, Seuil, 1966.

LIBERA Alain de, « Existe-t-il une noétique averroïste ? Note sur la réception latine d'Averroès au XIIIe siècle », *in* F. NIEWÖHNER et L. STURLESE (éd.), *Averroismus im Mittelalter und in der Renaissance*, Zurich, Spur Verlag, 1994, p. 51-80.

— Commentaire du *De unitate intellectus* de Thomas d'Aquin, Vrin, 2004.

— *Averroès. L'intelligence et la pensée*. Grand Commentaire du *De anima*, III ; trad. fr., intr., bibl., chronologie, notes et index, Flammarion, « GF », 1998.

NANCY Jean-Luc, *L'Impératif catégorique*, Flammarion, 1983.

NIETZSCHE Friedrich, *Jenseits von Gut und Böse. Zur Genealogie der Moral*, G. Colli et M. Montinari (éd.), Munich, DTV - de Gruyter, 1993.

— *La Volonté de puissance. Essai d'une transmutation de toutes les valeurs* (Études et fragments), trad. fr. H. Albert, index M. Sautet, Librairie générale française, Le Livre de Poche, 1991.

— *Œuvres philosophiques complètes*, vol. 7, *Par-delà bien et mal. La généalogie de la morale*, textes et variantes établis par G. Colli et M. Montinari, trad. fr. C. Heim, I. Hildenbrandt et J. Gratien, Gallimard, 1971.

OGILVIE Bertrand, *Lacan. La formation du concept de sujet (1932-1949)*, PUF, 1987.

PUCHTA Georg Friedrich, *Cursus der Institutionen (I)* [1841], 10e éd. par les soins de P. Krüger, Leipzig, Breitkopf und Härtel, 1893.

RITTER Joachim, *Subjektivität*, Francfort, Suhrkamp, 1974.

ROUSSEAU Jean-Jacques, *Œuvres complètes*, Gallimard, « La Pléiade », 5 vol., 1959.

SIGER DE BRABANT, *Quaestiones in tertium De anima. De anima intellectiva. De aeternitate mundi*, éd. crit., éd. B. Bazán, Louvain-Paris, Publications universitaires-Béatrice-Nauwelaerts, « Philosophes médiévaux, XIII », 1972.

THOMAS D'AQUIN, *Contre Averroès. L'Unité de l'intellect contre les averroïstes*, trad. fr. A. de Libera, Flammarion, « GF, 1994.

TUGENDHAT Ernst, Ti kata tinos. *Eine Untersuchung zur Struktur und Ursprung aristotelischer Grundbegriffen*, Fribourg, Karl Abert Verlag, 1958.

ZARKA Yves-Charles, « L'invention du sujet de droit », Archives de philosophie, 60, 1997, p. 531-550 ; rééd. in *L'Autre Voie de la subjectivité. Six études sur le sujet et le droit naturel au XVIIe siècle*, Beauchesne, 2000.

ZIZEK Slavoj, *Subversions du sujet. Psychanalyse, philosophie, politique*, Presses Universitaires de Rennes, 1999.

SUPPOSITION

lat.	*suppositio*
all.	*Supposition, Denotierung*
angl.	*supposition, reference*
esp.	*suposición, referencia*
it.	*supposizione*
port.	*suposição*

► ANALOGIE, CONNOTATION, ESSENCE, INTENTION, ***NÉGATION***, PARONYME, PRÉDICATION, RÉALITÉ, ***RÉFÉRENCE***, SACHVERHALT, SENS, SUJET, TROPE

Par supposition, *les traducteurs francophones des traités de logique rédigés entre les XIIe et XVIe siècles rendent, sous la forme d'un calque, de soi peu intelligible, le latin* suppositio, *maître mot de la sémantique philosophique médiévale, assurément l'un des plus difficiles à comprendre, sinon à traduire du vocabulaire scolastique. Création des logiciens du XIIe siècle,* suppositio *s'inscrit au croisement de trois disciplines : grammaire, théologie, dialectique, qui, toutes trois, l'ont progressivement lesté de leurs intérêts théoriques et de leurs problématiques propres. Compris, sinon formé, à partir de* suppositum, *le substantif désigne originairement la fonction sémantique du terme sujet d'une proposition : renvoyer à, être mis pour un « suppôt » — le terme* suppositum *désignant le sujet sur lequel porte l'énoncé, le* subject-matter of discourse *anglais, le* Subjektgegenstand *allemand. Le* suppositum *ainsi compris étant spontanément associé au « référent » de la linguistique saussurienne, certains traducteurs proposent le terme de « référence » (angl.* reference) *comme équivalent technique de* suppositio. *Cette traduction, sans être inexacte, masque, cependant, la complexité du champ sémantique du terme et se heurte à des difficultés redoutables, dès qu'elle est mise à l'épreuve des textes. Il peut, en tout cas, sembler paradoxal, pour échapper aux ambiguïtés du latin, d'employer un terme français — ou anglais — lui-même équivoque et, pour le moins, saturé, dont les divers usages, saussurien, frégéen (en traduction), russellien, sont au minimum discordants. Ce paradoxe est, en fait, partie intégrante de la généalogie de la signification et de la référence.*

« Supposition » illustre à merveille, à partir du français, la difficulté à laquelle sont confrontés les divers lexiques des philosophies européennes. Difficultés de langue, tout d'abord, mais bientôt redoublées par celles des idiolectes philosophiques. L'allemand, qui dispose de *Bezeichnung* pour *significatio*, n'a pas de terme pour *suppositio* : il doit donc utiliser *Denotierung*, qui relève d'une opposition conceptuelle (*Denotierung/Konnotierung*), largement postérieure à la théorie de la *suppositio*, et différente d'elle – tout en procédant d'elle par des voies complexes et indirectes –, ou le néologisme franco-allemand *Supposition*, aussi opaque à un locuteur non spécialiste que le latin qu'il traduit. L'italien et l'anglais, qui n'ont pas besoin de néologisme – l'italien *supposizione* étant d'emploi courant, et l'anglais *supposition* attesté depuis le XVe siècle – ont, en revanche, affaire au même champ que le français : toute idée de référence y est absente. Il en va pareillement pour le portugais *suposição* ou l'espagnol *suposición*. Ici, c'est l'idée d'hypothèse (*suppositio* étant le double exact du grec *hupothesis* [ὑποθέσις]) ou de conjecture qui vient au premier plan, rendant imperceptible l'aspect « référentiel ». Mais il y a un dernier problème, au-delà des difficultés langagières : la tentation de neutraliser la question de la traduction en évacuant ce que la non-superposabilité de la « supposition » et de la « référence » explique ou éclaire de la non-superposabilité des usages saussurien, frégéen et russellien (signification, référence ; *Sinn*, *Bedeutung* ; *Meaning*, *Denotation*). Que l'on décide de rendre *supponere* par supposer, *supposit* (angl.) ou *supponieren* (all.), plutôt que par « être mis pour », *stand for* ou *denotieren* a son importance, mais plus important encore est la raison philosophique de l'embarras où se trouve l'interprète, laquelle n'est pas *purement* liée à la langue, mais à l'idée même que le latin scolastique est le seul à exprimer originairement, et qui a trait à un travail sémantique du concept syntaxique de sujet. En appelant *suppositio*, la fonction sémantique du terme sujet d'une proposition — être mis pour un « suppôt » —, les logiciens médiévaux philosophent « en langue », en l'occurrence en latin. C'est la nature originairement syntactico-sémantique du concept de *suppositio* que les langues européennes de la philosophie peinent à traduire et à préserver. C'est elle, aussi bien, qui fait le départ entre sémantique médiévale et sémantique contemporaine.

I. LA « SUPPOSITIO » COMME SUPPLÉANCE, SUBSTITUTION

Dans sa *Petite Logique*, où il mêle un lexique emprunté à la fois à la scolastique tardive (Jean de Saint-Thomas) et à la *Logique* de Port-Royal, Jacques Maritain propose de rendre le terme *suppositio* par « suppléance » et « valeur de suppléance », visant par là « la manière dont un terme tient dans le discours la place d'une chose », et ne craint pas de traduire « *terminus supponit pro re* » par « le terme *supplée* pour la chose ». Dans ce lexique, la *suppositio* se définit donc : « La *suppositio* d'un terme (sa “valeur de suppléance”, pourrait-on traduire) est la fonction qu'a celui-ci — sa signification restant la même — de tenir dans le discours la place d'une chose pour laquelle cette substitution est légitime eu égard à la copule. » Dans cette perspective, la dernière partie de la définition (« pour laquelle cette substitution est légitime eu égard à la copule«) ne signifie pas : pour laquelle la substitution du terme à la chose donne lieu à une proposition vraie, mais : « pour laquelle la sorte d'existence — actuelle (passée, présente ou future), possible ou “imaginaire” — signifiée par la copule admet cette substitution » (J. Maritain, *Éléments de philosophie*, II. *L'Ordre des concepts*, 1. *Petite Logique*, Téqui, 1966, p. 76-77). Même s'ils sont en partie adéquats à l'usage médiéval du terme *suppositio*, les mots « suppléance » et « substitution » ne se sont pas imposés dans les traductions modernes. *Suppositio* dit plus, en effet, que le français « substitution » (les termes étant uniquement synonymes dans l'expression juridique « supposition d'enfants », désignant la substitution frauduleuse

1

« Suppositum » / « subjectum »

► ORDRE DES MOTS, SUJET

Le terme *suppositum* correspond à une spécialisation d'un terme qui veut dire originellement « suppôt », et est surtout utilisé dans les textes grammaticaux pour désigner le référent du pronom : Priscien dit par exemple que l'on peut s'enquérir de la substance du suppôt, par la question « *Quis ambulat ?* », qui marche ? (*Institutiones*, XVII, 23). On dira ensuite que le pronom, du fait qu'il signifie une « pure substance » (*substantia mera*), c'est-à-dire ne détermine pas par lui-même les qualités propres ou communes de cette substance, peut « s'appliquer à tous les référents [*ad omne suppositum pertinent*] » (Pierre Hélie, ca 1140), puisque chacun peut dire *ego* de soi-même. De référent du pronom, on passera aisément au référent du discours, de la personne ou substance sur laquelle porte le discours (« *id de quo fit sermo* ») à la personne dont parle l'énoncé (« *suppositum locutioni* »). L'utilisation en théologie trinitaire du terme *suppositum*, équivalent de *persona*, pour les trois personnes de la Trinité, renforce naturellement le sens de référent. On s'interrogera, dans les textes théologiques, pour savoir, dans un énoncé donné (par ex. « *Pater genuit* »), à quelle personne renvoie le sujet, pour quelle personne il « suppose » (« *supponit pro* »). Cette utilisation du terme *suppositum* comme référent se maintiendra tout au long du Moyen Âge, non seulement en grammaire, mais aussi et surtout dans la logique terministe, qui se développe à partir de la seconde moitié du XIIe siècle, puisque la fonction référentielle d'un nom pris dans un contexte propositionnel sera précisément appelée *suppositio* (un nom « suppose pour » un individu, une forme, etc.). C'est naturellement le sens de référent du *suppositum*, qui motivera le substantif *suppositio* pour signifier une propriété référentielle du terme substantif.

À partir du milieu du XIIe siècle, les logiciens du groupe porrétain (autour de Gilbert de la Porrée) expliquent que le nom a deux fonctions, « (sup)poser la substance » et « apposer la qualité » (« *officium supponendi substantiam et apponendi qualitatem* »), fonction qu'il réalise lorsqu'il est respectivement *subiectum* et *praedicatum*. On glissera ainsi d'une fonction référentielle à une fonction syntaxique, d'où l'usage exclusif, chez les grammairiens, du terme *suppositum* pour cette dernière. L'expression « *supponere verbo* » (être sujet pour le verbe) abrège en fait l'expression originelle « *supponere personam verbo* » (poser, déterminer la personne à laquelle se rapporte le verbe). On distinguera « *supponere verbo* », qui renvoie à la personne déterminant l'accord grammatical, et « *supponere locutioni* », qui renvoie au sujet réel ou logique, qui peut en être distinct. Par exemple, dit le grammairien Robert de Paris (fin XIIe s.), dans « *Socrates legit et ipsum legere est bonum* » (Socrate lit, et le fait qu'il lise est bien), *ipsum legere* est suppôt pour le verbe, mais c'est le pronom *ipsum* qui est suppôt de l'énoncé, ce dont on parle.

Le terme *subjectum* (et les mots de même famille) remonte à un usage ancien en logique ; on notera que Boèce désigne le sujet comme « *subiectus terminus* » (*subjectus, subjectum*) par opposition au « *praedicatus terminus* » (*praedicatus, praedicatum*) et parle aussi des « *res subjectae* » (choses substrat) dans la triade *res, intellectus, voces*. Les grammairiens romains n'avaient ni le terme ni la notion correspondant au sujet, et usaient d'autres termes quand ils donnaient les conditions de bonne formation d'un énoncé canonique (nominatif, substance, etc.). L'introduction, sous l'influence manifeste de la logique, de cette notion en grammaire s'effectue au début du XIIe siècle : discutant de la fonction du participe (à partir de Priscien, *Institutiones* XVII, 18), un commentateur introduit le nom *subiectum* (et le verbe *subici*) en opposition avec *praedicatum* (et *praedicari*) dans le contexte d'une discussion sur la cause de l'invention du participe, qui permet que deux actes soient construits ensemble sans besoin de conjonction (*ego legens disputo*), et ainsi « soient prédiqués du même sujet ».

1

On trouve chez les logiciens d'intéressantes discussions sur la portée (*inclusio*) des quantificateurs, à partir de la distinction entre sujet grammatical et sujet logique (ou sujet réel). Les logiciens considèrent généralement que le sujet grammatical doit être au nominatif, mais le sujet logique peut être à un cas oblique. Cf. l'intéressant exemple : « *cuiuslibet hominis asinus currit* », qui peut être interprété soit comme (1) pour tout homme *x*, il existe un âne *y* tel que *x* possède *y* et *y* court :

$$[\forall x\ [\exists y\ ((x \text{ possède } y) \wedge (y \text{ court}))]$$

ou comme (2) il existe un âne *y* tel que tout homme le possède et qu'il court :

$$[\exists y\ [\forall x\ ((x \text{ possède } y) \wedge (y \text{ court}))].$$

Dans chaque interprétation, les deux substantifs sont affectés différemment par le quantificateur, et donc possèdent des quantités et des modes de référence (*suppositio*) distincts. La terminologie utilisée est loin d'être uniforme : on trouve « *subjectum attributionis* » *vs locutionis*, ou « *subjectum enuntiationis* » *vs praedicationis*. Les critères de définition de chacun des deux sujets sont variables, tant en grammaire qu'en logique. Le sujet grammatical n'est pas toujours au nominatif, puisque certains grammairiens considèrent comme *suppositum*, notamment, l'agent à l'ablatif d'un verbe passif, ou l'oblique construit avec un verbe impersonnel. Le sujet peut alors être défini, soit à partir du critère d'ordre des mots, comme ce qui est construit *a parte ante*, c'est-à-dire avant le verbe personnel, critère qui se fonde sur l'idée d'un (problématique) ordre naturel de la phrase S V O ; soit à partir du critère d'identité référentielle : ce à quoi réfère le sujet et ce à quoi se rapporte le verbe sont la même « personne » ; soit encore, à partir d'une terminologie empruntée à la *Physique* d'Aristote, ce qui est « ce dont procède le mouvement ou l'action exprimée par le verbe [*illud a quo egreditur actio*] ». En logique, les exemples du type de celui cité ci-dessus ont fait l'objet de vives discussions, selon que l'on considère que c'est l'ordre des mots, la manière de prononcer la phrase, l'intention du locuteur ou le jugement de l'auditeur qui détermine l'interprétation.

On trouve, sous les termes *suppositum* — *subiectum* toute l'ambiguïté que porte notre terme *sujet* en grammaire ou en linguistique : du sujet grammatical au thème, en passant par l'agent ou le sujet logique. En outre, la distinction entre le terme et ce à quoi il réfère n'est pas toujours faite, on envisage bien le premier lorsqu'on parle de son cas ou de son genre, mais c'est du second qu'il s'agit quand on le définit comme « *id de quo fit sermo* », « ce sur quoi porte le discours ».

Irène ROSIER-CATACH

BIBLIOGRAPHIE

BARATIN Marc, « Sur les notions de sujet et prédicat dans les textes latins », *Archives et Documents de la SHESL*, 2e série n° 10, 1994, p. 49-77.

DE RIJK Lambertus Maria, « Each Man's Ass is not Everybody's Ass. On an Important Item in 13th Century Semantics », *in* K. KOERNER *et al.* (éd.), *Studies in Medieval Linguistic Thought*, Amsterdam, Benjamins, 1980, p. 220-230.

KNEEPKENS C.H., « *Suppositio* and *Supponere* in 12th Century Grammar », *in* J. JOLIVET et A. de LIBERA (éd.), *Gilbert de Poitiers et ses contemporains*, Rome, 1987, p. 324-351.

LIBERA Alain de, « Référence et champ : genèse et structure des théories médiévales de l'ambiguïté (XIIe-XIIIe siècles) », *Medioevo*, 10, 1984, p. 155-208.

ROSIER Irène, « L'introduction des notions de sujet de prédicat dans la grammaire médiévale », *Archives et Documents de la SHESL*, 2e série n° 10, 1994, p. 81-119.

de deux nouveau-nés) ou que l'anglais *substitution* (qui présente aussi, avec l'adjectif *supposititious*, le sens de « *deceitfully substituted* »). C'est ce supplément de sens qu'il faut déterminer ici, aux confins de la grammaire et de la théologie médiévales.

II. « SIGNIFICATIO » / « SUPPOSITIO » / « APPELLATIO » : SIGNIFICATION / RÉFÉRENCE / DÉNOTATION ?

Si le sens de « référent » convient assez bien à l'acception grammairienne de *suppositum* sédimentée dans *suppositio*, il ne rend que partiellement les divers aspects impliqués par son acception théologienne. Le suppositum théologique n'est pas, en effet, l'*hupokeimenon* [ὑποκειμένον] de l'onto-logique aristotélicienne, le « sujet » entendu comme support ou substrat de propriétés essentielles ou accidentelles, mais l'*hupostasis* [ὑπόστασις] de la théologie trinitaire hellénophone, devenue *Persona* en Occident, qui entretient avec l'*ousia* [οὐσία] un rapport bien différent de celui qu'entretient la substance-sujet aristotélicienne avec l'essence. C'est en tout cas à la théologie, et aux problèmes spécifiques de la sémantique trinitaire, que le substantif doit d'avoir été complété par un verbe, de formation peu latine, *supponere pro*, chargé d'exprimer la valeur sémantique « essentielle » (« *supponere pro essentia* ») ou « personnelle« (« *supponere pro persona*«) des termes figurant dans les principaux énoncés de la dogmatique. De ces emplois, découle la distinction thématisée dans la logique terministe du XIIIe siècle par la distinction entre supposition « simple » (*suppositio simplex*) et supposition « personnelle » (« *suppositio personalis* »). Si l'anglais *to stand for*, le français « être mis pour » correspondent à peu près à cette première acception de *supponere pro*, aucune expression ne convient vraiment, en revanche, quand *suppositio* et *supponere* + accusatif se trouvent opposés à *appositio* et *apponere* + accusatif : il s'agit en effet, alors, d'exprimer deux sortes de propriétés, l'une sémantique, l'autre syntaxique, dans une même fonction syntactico-sémantique : le rapport d'un substantif-sujet à une substance, celui d'un adjectif-prédicat à une qualité.

Le champ de *suppositio*/*supponere* se complique encore lorsque apparaissent des tournures comme « *supponere verbo* », « *supponere personam verbo* » ou « *supponere locutioni* » (voir encadré 1, « *Suppositum* » / « *subjectum* »), qui rendent encore plus difficile l'identification de la *suppositio* avec la référence — sauf à considérer qu'un terme prédiqué ne « réfère » pas. Or, s'il est vrai que les logiciens médiévaux posent fréquemment la question de savoir si un terme prédiqué ou un adjectif « suppose », il est clair qu'ils n'entendent pas strictement par là ce que l'on entend couramment par « réfère ». Un terme qui « appose » (*apponit*) qui « couple » (*copulat*) ou qui « est couplé » (*copulatur*) ne « réfère » pas moins qu'un terme qui « suppose », comme en témoigne la définition standard de la *copulatio* au XIIIe siècle : « *Copulatio est termini adiectivi acceptio pro aliquo* [Le couplage est l'acception d'un terme adjectif pour une chose quelconque]. »

♦ Voir encadré 1.

Compte tenu de l'inélégance de l'expression « supposer pour » (angl. *to supposit for*), « référer » + complément d'objet direct (angl. *to refer, to refer to*) gagne, cependant, du terrain dans la littérature. Un argument souvent avancé en faveur de cette traduction est l'équivalence instaurée par nombre d'interprètes modernes entre le couple *significatio* vs *suppositio* et les diverses formations linguistiques plus ou moins exactement associées depuis Russell à la distinction frégéenne du *Sinn* et de la *Bedeutung*.

significatio	*suppositio*
Sinn	*Bedeutung*
sens/signification	référence
meaning	*denotation*
sens	dénotation

De ces traductions, la plus discutable est certainement « dénotation », *denotation*, qui outre qu'elle rend inintelligibles des expressions techniques de la logique du XIVe siècle comme « *denotatur supponere* » (voir encadré 2) brouille, pour ne pas dire efface, la distinction marquée au XIIIe siècle entre *suppositio* (déf. « *accceptio termini substantivi pro aliquo* ») et *appellatio* (déf. « *acceptio termini pro re existente* »).

♦ Voir encadré 2.

Afin de fixer un usage, on peut admettre comme la moins mauvaise solution, pour les textes du XIIIe siècle, le choix du ternaire :

significatio	*suppositio*	*appellatio*
signification	référence	dénotation

Le dispositif ne vaut plus, en revanche, pour nombre de textes du XIVe siècle, où *appellatio* ne signifie pas la dénotation de choses existantes, mais le renvoi d'un terme à ce qu'il signifie de manière secondaire ou connotative (voir CONNOTATION) et pour quoi il ne suppose pas. Chez Buridan, par exemple, le terme « blanc », dans la proposition « Pierre est blanc » est dit « supposer pour un homme » (Pierre) et « appeler », à savoir « connoter » la « qualité » ou « blancheur singulière (voir TROPE) qui est, présentement, en lui.

♦ Voir encadré 3.

2

La « dénotation de supposition »

Le caractère inapproprié de la traduction de *suppositio* par dénotation apparaît clairement si l'on remarque que les deux verbes « supposer » et « dénoter » sont associés dans une expression technique, *denotari supponere*, qui joue un rôle central dans la sémantique nominaliste des propositions. En toute rigueur, la « dénotation de supposition » est une propriété sémantique des propositions, en tant qu'affirmatives ou négatives, qui concerne les termes sujets de ces propositions en tant qu'ils sont « dénotés » par elles supposer ou ne pas supposer pour quelque chose. Cette notion, apparue, semble-t-il au XIVe siècle, est un des fondements de la théorie ockhamiste des conditions de vérité. Une proposition affirmative « dénote que le terme sujet d'une proposition suppose pour quelque chose ». Une proposition négative « dénote que le terme sujet ne suppose pas pour quelque chose, ou suppose pour quelque chose dont le prédicat est nié en vérité ». On peut illustrer ainsi la thèse. Une proposition négative a deux « causes de vérité » (voir encadré 1, « Causes de vérité », dans TRUTH-MAKER). La proposition « l'homme blanc n'est pas » est vraie soit parce que l'homme n'existe pas, et pour cette raison n'est pas blanc ; soit parce que l'homme existe, mais n'est pas blanc. Inversement, une proposition affirmative dénote toujours que le terme suppose pour quelque chose. S'il ne suppose pour rien, la proposition est fausse. Soit *P*, la proposition affirmative « l'homme blanc est un homme ». Si aucun homme n'est blanc, *P* est fausse. De fait, le sujet de *P* est pris significativement et personnellement, non parce qu'il suppose pour quelque chose, mais parce qu'il est « dénoté supposer pour quelque chose ». Or, il ne suppose pour rien, alors qu'il est « dénoté supposer pour quelque chose ». *P* est donc bien fausse. La notion de « dénotation de supposition » se lit donc : pour la proposition, à l'actif (*denotare*) — la proposition dénote (ou non) que son sujet suppose pour quelque chose ; pour le terme, au passif (*denotari*) — le sujet est dénoté (ou non) supposer pour quelque chose. De ce point de vue, l'inférence « le terme T suppose, donc il suppose pour quelque chose » admise par beaucoup de philosophes, sous la forme frégéenne de la « présupposition de référence », n'est pas valide. Grâce à la notion de *denotare*/ « *denotari supponere* » on peut, en revanche, formuler l'inférence valide : « Le terme T suppose, donc il est dénoté supposer pour quelque chose ou il est dénoté ne supposer pour rien. »

BIBLIOGRAPHIE

GUILLAUME D'OCKHAM, *Summa logicae*, éd. Ph. Boehner, G. Gál, S. Brown, in *Opera Philosophica*, vol. 1, St. Bonaventure (New York), The Franciscan Institute, 1974.

— *Somme de logique, Première partie*, trad. fr. J. Biard, Mauvezin, T.E.R., 1988, 2e éd. 1993.

Compte tenu de ces variations, il semble préférable de s'en tenir, en toutes circonstances, à des calques de l'original : le latin semi-artificiel d'un logicien du Moyen Âge n'était ni plus élégant ni moins étrange que l'idiolecte technique auquel doit se résoudre le traducteur moderne.

III. LES DIFFÉRENTS DISPOSITIFS DE LA SÉMANTIQUE MÉDIÉVALE

De plus, le lexique ne cesse, du XIIIe au XIVe siècle, de gagner en précision. Sans entrer dans le détail compliqué des divisions et subdivisions de la *suppositio*, ni retracer l'évolution des doctrines, on peut, sur un exemple limité – les sémantiques parisiennes et oxoniennes des années 1230-1260 –, montrer comment, dès le niveau de la distinction entre *significatio* et *suppositio*, s'élaborent des théories diamétralement opposées. Les maîtres parisiens des années 1230 admettent en général qu'un terme comme « homme » possède en lui-même deux propriétés sémantiques : la *significatio* définie comme « *repraesentatio rei per vocem secundum placitum* [représentation conventionnelle d'une chose par un son vocal] ». La signification ainsi comprise est une propriété intensionnelle. Le terme « homme » ne signifie pas une pluralité de choses singulières extra-mentales, mais une certaine nature commune ou intension participable (déf. « être vivant animé, mortel doué de sensation »). La *suppositio* est fondée sur la *significatio* : c'est une « *acceptio ipsius termini iam significantis rem pro aliquo* [acception du terme signifiant déjà une chose pour quelque chose] ». En termes saussuriens, *res* peut être considéré ici comme un « signifié », *aliquid* renvoyant à un ou plusieurs référents. Le propre de la tradition parisienne originaire est d'admettre, en sus, une *suppositio* dite « naturelle », ainsi définie par Pierre d'Espagne :

> La supposition naturelle est l'acception d'un terme commun pour tout ce par quoi il peut de nature être participé, comme « homme », pris par soi, suppose de par sa nature pour tous les hommes qui furent, qui sont et qui seront.
>
> [*Suppositio naturalis est acceptio termini communis pro omnibus a quibus aptus natus est participari, ut « homo »* per se sumptus de natura sua supponit pro omnibus hominibus qui fuerunt et qui sunt et qui erunt.]
>
> *Tractatus*, éd. De Rijk, p. 81.

3

« Appellatio » dans la logique médiévale

Le terme *appellatio* présente des significations bien différentes dans la logique médiévale. Derrière l'unité de façade du mot, se cachent plusieurs concepts, relevant de théories hétérogènes. Le premier sens attesté est celui qui, au XIIIe siècle, définit l'*appellatio* d'un terme commun, quel qu'il soit, comme supposition de ce terme pour des choses existantes (« *pro his qui sunt* », « *pro existente* », « *pro presentia supposita* », « *pro suppositis actu existentibus* », etc.). C'est le sens de dénotation. Un second sens attribue l'*appellatio* aux termes singuliers autant qu'aux termes communs « quand ils désignent quelque chose d'existant » (Pierre d'Espagne soutient à ce propos que le terme singulier « Petrus » signifie, suppose et appelle la même chose, « puisqu'il signifie une chose existante »). D'autres théories, en revanche, réservent la *suppositio* au terme sujet et l'*appellatio* au prédicat. L'introduction de ce critère syntaxique est caractéristique du XIVe siècle. Elle apparaît, notamment, chez Gauthier Burley, qui la définit ainsi :

> L'appellation est la propriété d'un terme commun prédicable de ce qui lui est subordonné. Ainsi donc, de même que la supposition prise au sens strict est la propriété du sujet en tant qu'il est rapporté au prédicat, de même l'appellation est la propriété du prédicat rapporté au sujet ou à ce qui lui est subordonné.
>
> *Est appellatio proprietas termini communis praedicabilis de suis inferioribus. Unde sicut suppositio stricte accepta est proprietas subiecti, prout comparatur ad praedicatum, ita appellatio est proprietas praedicati comparati ad subiectum sive ad inferius.*]
>
> *De puritate artis logicae*, II, p. 47.

Indépendamment de cette redéfinition syntaxique de l'appellation, le XIVe siècle accomplit aussi une révolution dont la lexicographie philosophique offre peu d'exemples. De fait, là où les logiciens du XIIIe désignaient par *appellatio* ce que *nous* appelons « dénotation », Jean Buridan réserve l'*appellatio*, repensée par ses soins, à ce qu'il appelle *lui* « connotatifs ». Par là, le couple dénotation/connotation se forme sous l'aspect paradoxal que nous signalions plus haut, celui d'une entité biface, dont les deux moitiés sont séparées par plusieurs siècles. Chez Buridan, en effet, « connotation » ne s'oppose pas à « dénotation ». Le terme est pris dans un autre réseau, avec pour seuls partenaires « supposition » et « appellation ». C'est ainsi que, dans sa *Somme de logique* IV, V, 1 (commentaire des *Tractatus* de Pierre d'Espagne), le logicien picard caractérise comme « appellatif » « tout terme qui connote autre chose que ce pour quoi il suppose », avant d'expliquer que seuls les termes connotatifs ont une appellation : eux seuls, en effet, « appellent ce qu'ils connotent [*appellant illud quod connotant*] ». Reste à clarifier le sens de l'expression « *appellare suam formam* ». L'analyse de Buridan est précise : par *materia termini*, « matière d'un terme », il faut entendre ce pour quoi ce terme suppose ; par *forma termini*, « forme d'un terme », il faut entendre « tout ce qu'il connote ». Si l'on prend, par exemple, le mot *dives* (riche), on voit que ce terme suppose pour un homme (*materia termini*), mais qu'il « appelle une maison, des champs, du bétail, et maintes autres choses possédées par ce dernier ». C'est cet ensemble de choses possédées qui constituent la *forma termini*. Dire que le terme *dives*, placé dans une proposition, « appelle sa forme » signifie qu'il « connote » ou « est appellatif » de « toutes les choses » possédées par l'individu pour lequel il suppose.

BIBLIOGRAPHIE

BURIDAN Jean, *Sophismata*, trad. fr. J. Biard, Vrin, « Sic et non », 1993.

GAUTHIER BURLEY, *De puritate artis logicae tractatus longior, with a revised edition of the Tractatus brevior*, éd. Ph. Boehne, St. Bonaventure, N. Y.r, Franciscan Institute, Franciscan Institute Publications. Text Series, 9, 1955.

Cette « référence », clairement prépropositionnelle, est modifiée dès que le terme est inscrit dans un contexte phrastique. Sa *suppositio* devient, en effet, dans ce cas, « accidentelle », c'est-à-dire déterminée par l'exigence du prédicat :

> La supposition accidentelle est l'acception d'un terme commun pour tout ce qui est exigé par ce qui lui est joint.
> [*Accidentalis suppositio est acceptio termini communis pro eis pro quibus exigit adiunctum.*]
>
> *Ibid.*

Dans une proposition dont la copule est au futur ou au passé, l'exigence du prédicat, *i.e.* celle du temps véhiculépar la copule, assure la « restriction » (*restrictio, coartatio*) de la supposition du sujet au temps indiqué par le verbe. Cette position est globalement refusée par plusieurs maîtres anglais. Dès les années 1245-1250, Roger Bacon rejette l'hypothèse d'une « *suppositio naturalis* », et lui oppose une sémantique où les termes supposent seulement en contexte propositionnel, et — de par leur nature, c'est-à-dire leur imposition (voir HOMONYME, IV, et encadré 2 dans CONNOTATION) — supposent seulement pour des présents (les termes linguistiques étant normalement imposés extensionnellement à des choses présentes). Dans cette sémantique que l'on peut dire oxonienne, la restriction ne joue donc pas de rôle : le seul problème est d'expliquer comment la supposition déterminée par l'imposition originaire d'un terme *ad praesentia* peut être étendue dans certains contextes à des passés, des futurs ou des possibles. C'est ce que fait Bacon en attribuant au temps verbal, passé, futur, et au mode (*potest*) une fonction dite d'« amplification » (*ampliatio*).

Si le même terme de *significatio* renvoie, dès le XIIIe siècle, à des modèles si distincts que la thèse intensionnelle parisienne et la thèse extensionnelle baconienne, on voit que le sens des termes techniques de la sémantique médiévale doit être abordé, traduit et interprété de manière holistique à l'intérieur de réseaux bien définis. À les méconnaître, le lecteur moderne risque de répéter sur les concepts fondamentaux *des* sémantiques médiévales le type de synthèse forcée opéré au début du XXe siècle par le Russell de *On Denoting* sur la distinction frégéenne du *Sinn* et de la *Bedeutung* (voir SENS).

IV. BURIDAN : LA SUPPOSITION DU LOGICIEN ET CELLE DU GRAMMAIRIEN

Au XIVe siècle, Buridan définit ainsi la *suppositio* :

> *Est autem suppositio prout hic accipitur acceptio termini in propositione pro aliquo vel pro aliquibus quo demonstrato vel quibus demonstratis per ista pronomina « hoc » vel « haec » vel equipollentia illis, terminus vere affirmatur de isto pronomine mediante copula illius propositionis.*
>
> Buridan, *Sophismata*, chap. 3, soph. 5.

J. Biard traduit ainsi :

> La supposition, telle qu'elle est prise ici, est l'acception d'un terme dans une proposition, pour quelque chose, ou pour quelques choses, telles que, si cette chose ou ces choses sont désignées par les pronoms « ce », « cet », « cette », ou des expressions équivalentes, le terme est affirmé véridiquement de ce pronom au moyen de la copule de cette proposition.
>
> trad. fr. p. 104.

Traduction que l'on peut comparer à la version allemande de D. Perler :

> *Die Supposition ist die Verwendung eines Terminus in einem Satz für einen oder für mehrere Gegenstände, auf die mit einem Demonstrativpronomen hingewiesen wird. Von diesem Pronomen wird der Terminus mittels der Kopula wahrhaft ausgesagt.*
>
> D. Perler, *Der Propositionale Wahrheitsbegriff*..., p. 136.

Dans cette analyse, la *suppositio* est dite du sujet et du prédicat et elle est profondément ancrée dans ce qu'on appellerait aujourd'hui la *deixis* [δεῖξις]. Ce que veut dire Buridan est, en effet, que, dans une proposition comme « *un cheval court* », le terme *cheval* « suppose pour tout cheval qui existe, puisque, quel que soit le cheval que l'on désigne, il sera (ou serait) vrai de dire : "*ceci est un cheval*" ». Cette clause permet de distinguer le point de vue du logicien de celui du grammairien. Pour le grammairien, « le nominatif est dit suppôt par rapport au verbe du fait qu'il lui confère sa personne ». « *Reddere personam verbo* », « supponere verbo » : ces expressions sont, selon Buridan, typiques du métalangage grammatical (voir encadré 1, « *Suppositum / subjectum* »). Elles permettent de comprendre que, pour le grammairien, il soit licite de dire que le terme « Chimère » *suppose* dans l'énoncé « une Chimère court » : c'est que, dans ce métalangage, « Chimère » *suppose au verbe* « court ». L'expression « une Chimère court » est congruente en ce qu'elle respecte les règles de l'accord grammatical. Pour le grammairien, un terme qui ne signifie rien qui puisse exister peut donc « supposer », mais *au verbe*, « *supponere verbo* ». En revanche, pour le logicien, « Chimère » ne *suppose* pas. Le terme a, certes, une signification, mais comme il ne peut être pris dans la proposition « une Chimère court » pour quelque chose dont on puisse dire, à l'aide d'un démonstratif (déictique), « ceci est une Chimère », il n'a pas de supposition. En rigueur des termes, on ne saurait donc dire que le terme « Chimère » ne « dénote » *rien*, mais bien seulement qu'il ne « suppose« *pas*. La thèse de Buridan est censée couper court à toute spéculation sur ce pour quoi suppose ou supposerait un terme vide : objet intentionnel, *fictum* ou objet « apatride » (*heimatlos*) de style meinongien (voir RÉALITÉ). Un terme vide est un terme qui ne suppose pas au sens logique du mot *supponere*.

Comme on le voit, l'évolution des doctrines de la « supposition » tend à redistribuer de manière toujours plus fine, jusqu'à les faire passer du langage-objet au métalangage, les éléments sémantiques et syntaxiques naïvement mêlés dans les premières formulations de la notion. C'est cet aspect qu'aucune traduction en termes de « référence » ne peut capturer.

Alain de LIBERA

BIBLIOGRAPHIE

BIARD Joël, *Logique et Théorie du signe au XIVe siècle*, Vrin, 1989.
DE RIJK Lambertus Maria, *Logica Modernorum. A Contribution to*

the History of Early Terministic Logic 1: On the XIIth Century Theories of Fallacy, Assen, Van Gorcum, 1962.
— *Logica Modernorum II 1: The Origin and Early Development of the Theory of Supposition*, Assen, Van Gorcum, 1967.
— *Logica Modernorum II 2: Texts and Indices*, Assen, Van Gorcum, 1967.
FEDRIGA Riccardo et FUMAGALLI BEONIO-BROCCHIERI Mariateresa (éd.), *Logica e Linguaggio nel Medioevo*, Milan, LED, 1993.
GUILLAUME DE SHERWOOD, *Introductiones in Logicam*, éd. Ch. H. Lohr, P. Kunze & B. Mussler, « William of Sherwood. *Introductiones in Logicam*. Critical Text, *Traditio*, 39 1983, p. 222-299.
LEWRY Peter Osmond, « Oxford Logic 1250-1275: Nicholas and Peter of Cornwall on Past and Future Realities [1985], *in* P. O. LEWRY O.P. (éd.), *The Rise of British Logic. Acts of the 6th European Symposium on Medieval Logic and Semantics, Balliol College, Oxford 19-24 juin 1983*, Toronto, Pontifical Institute of Mediaeval Studies, « Papers in Mediaeval Studies » 7, p. 19-62.
MICHON Cyrille, *Nominalisme. La théorie de la signification d'Occam*, Vrin, 1994.
PANACCIO Claude, *Les Mots, les Concepts et les Choses. La sémantique de Guillaume d'Occam et le nominalisme d'aujourd'hui*, Montréal-Paris, Bellarmin-Vrin, « Analytiques », 3, 1991.
— « La philosophie du langage de Guillaume d'Occam », *in* S. EBBESEN (éd.), *Sprachtheorien in Spätantike und Mittelalter*, Tübingen, Gunter Narr Verlag, « Geschichte der Sprachtheorie, 1995, p. 184-206.
PERLER Dominik, *Der Propositionale Wahrheitsbegriff im 14. Jahrhundert*, Berlin-New York, Walter de Gruyter, « Quellen und Studien zur Philosophie, 33, 1992.
PIERRE D'ESPAGNE, *Tractatus Called Afterwards « Summulae logicales*, éd. L.M. De Rijk, Assen, Van Gorcum, 1972.
READ Stephen (éd.), *Sophisms in Medieval Logic and Grammar*. Acts of the Ninth European Symposium for Medieval Logic and Semantics, St. Andrews, June 1990, Dordrecht, Kluwer Academic Publishers, 1993.

SVET [свет] RUSSE – fr. *lumière ; monde*

► LUMIÈRE, *MONDE*, et *ACTE*, BOGOČELOVEČESTVO, DIEU, DRUGOS, ESSENCE, *GRÂCE*, MIR, NAROD, PLAISIR, POSTUPOK

L'ambiguïté de la racine svet [свет], *« lumière/monde », vaut pour l'ensemble des langues slaves, et se fonde sur la cosmologie antique qui caractérise le monde comme un espace défini par la lumière. Les difficultés de traduction apparaissent quand les auteurs jouent consciemment de cette tension sémantique* svet-*lumière et* svet-*monde. Un autre trait distinctif du concept slave de lumière tient à la consonance quasi étymologique entre* svet *(lumière) et* svjatost [святость] *(sainteté), qui s'enracine dans la théologie orthodoxe de la lumière non créée* (phôs [φῶς]).

I. « SVET « COMME « LUMIÈRE « ET « SVET « COMME « MONDE »

Le substantif *svet* [свет] en russe moderne a conservé le sens slavon ancien de « lumière ». Mais un autre sens du même mot est « monde ». L'ambiguïté de la racine *svet*, « lumière/monde », est un phénomène commun aux langues slaves : le polonais *świat*, l'ukrainien *svit* [світ], le tchèque *svět*, le serbo-croate *svijet* signifient « monde », alors que le polonais *światlo*, l'ukrainien *svitlo* [світло], le tchèque *světlo*, le serbo-croate *svijetlo* veulent dire « lumière » (L.J. Herman, *A Dictionary of Slavic Word Families*, p. 509). On trouve une ambiguïté analogue en hongrois avec *világ* (lumière, monde), et en roumain avec *lumină* (lumière) et *lume* (monde habité, peuple) sur le latin *lumen*, « lumière ». Dans les deux cas, l'ambiguïté est attribuée à un emprunt sémantique au modèle de langues slaves (*ibid.*, p. 511), qui n'en est donc que plus particulièrement remarquable.

On admet toujours que « monde » est un sens second de *svet* (L.J. Herman, *op. cit.*, p. 511 ; V. Machek, *Etymologický slovnik jazyka českého a slovenskeho* [Dictionnaire étymologique des langues tchèque et slovaque], p. 488 ; A. Brückner, *Slownik etymologiczny j ęzyka polskiego* [Dictionnaire étymologique de la langue polonaise], p. 535 ; G. Tsyganenko, *Ètimologi českij slovar' russkogo jazyka* [Dictionnaire étymologique de la langue russe], p. 412). Selon V. Machek, ce sens second est dû à l'expression idiomatique *p řijiti na sv ět* (litt. « venir à la lumière »). Cette expression signifie « parvenir à un royaume de lumière » et, en même temps, « s'installer au milieu des gens et choses du lieu » (V. Machek, *op. cit.*, p. 488). En russe, *pojavit'sja na svet* [появиться на свет] (litt. « apparaître à la lumière ») signifie « naître ». Le concept de *svet* comme monde semble contenir une intuition visuelle selon laquelle être, pour quelque chose ou quelqu'un, c'est essentiellement être à la lumière, dans l'ouverture de l'espace (cf. le grec ancien *phôs* [φῶς — accent circonflexe], « lumière », et *phos* [φώς — accent aigu], « homme », et, en français, l'équivalence entre « venir au monde » et « voir le jour »). Ce concept de monde/lumière — *svet* — a pu supplanter celui plus ancien de *mir* [мир] (monde/paix) dans un certain nombre de langues slaves (par ex. en tchèque, slovaque, polonais, ukrainien, bulgare), mais non en russe (voir L.J. Herman, *op. cit.*, p. 291 ; V. Machek, *op. cit.*, p. 488).

II. « SVET » ET « SVJAT- »

L'autre trait distinctif de cette « lumière » slave est le lien de proximité sémantique entre les adjectifs *svetlyj* [светлый], « lumineux, brillant », et *svjatoj* [святой], « saint, sacré ». Le *Dictionnaire complet du slavon* de G. Diačenko en conclut que les formes *svet* and *svjat-* sont « philologiquement identiques » (p. 582). L'explicitation de cette identité a un caractère théologique :

> Selon la plus ancienne des croyances, le sacré (*svjatoj*) est lumineux (*svetlyj*) et blanc (*belyj* [белый]). C'est que l'élément même de la lumière est une divinité qui ne tolère aucune obscurité, impureté, ou, dans son acception plus tardive, aucun péché.
>
> *Ibid.*, p. 582.

Mais l'affirmation de G. Diačenko n'est pas autrement confirmée. Ainsi, selon A. Brückner, *svet* (pré-slav. *světъ*) provient de l'avestique *spaēta*, « blanc », tandis que *svjatoj* (pré-slav. *svętъ*) vient de l'avestique *spenta* (« sacré », l'équivalent du grec *hagios* [ἅγιος] et du latin *sanctus*). La connexion entre *spaēta* et *spenta* n'est donc pas évidente (A. Brückner, *op. cit.*, p. 535 et 537).

Plus vraisemblablement, l'idée d'une identité étymologique entre *svet* et *svjat-* n'est qu'une invention métaphysique, très appropriée au demeurant. La consonance de la lumière et de la sainteté est amplement corroborée par la théologie orthodoxe, et sa doctrine des puissances ou énergies de Dieu, qui remonte à Denys l'Aréopagite. Dans la pensée chrétienne orthodoxe, la puissance divine se manifeste avec l'acte de la grâce qui offre à chaque être humain la possibilité de la *theôsis* [θέωσις] (voir BOGOČELOVEČESTVO). Grégoire Palamas (ca 1296-1359) a développé, en suivant les Pères, la distinction entre l'essence de Dieu et les énergies divines. Cette distinction a été canonisée comme un dogme de l'Église orientale : les conciles dits « palamitains » ont reconnu la possibilité de voir Dieu — dans ses énergies ou dans sa grâce — avec les yeux du corps. Palamas caractérise les « énergies divines » (*dunameis theou* [δυνάμεις θεοῦ]) comme *phôs*, « lumière », ou *ellampsis* [ἔλλαμψις], « illumination ». Cette lumière divine, que l'être humain peut travailler à voir, n'est pas une création de Dieu, mais son mode d'exister et sa manifestation réelle.

> Transcendant par son essence [...], Dieu procède en dehors de l'essence, Il sort continuellement de cette retraite, et cette sortie, ces « processions » ou *dunameis* sont un mode d'exister dans lequel la Divinité peut se communiquer aux êtres créés.
>
> Vladimir Lossky, *À l'image et à la ressemblance de Dieu*, p. 34.

♦ Voir encadré 1.

III. « SVET » ET « BLAGODAT' [благодать] »

Ainsi, la lumière divine n'est en aucun cas une métaphore, c'est la manifestation réelle de Dieu et un moyen de Son existence :

> C'est le caractère visible de la divinité, des énergies dans lesquelles Dieu se communique et se révèle à ceux qui ont purifié leurs cœurs. [...] Cette lumière incréée, éternelle, divine et déifiante est la grâce, car le nom de la grâce (*kharis* [χάρις]) convient aussi aux énergies divines, en tant que données à nous et opérant l'œuvre de notre déification.
>
> V. Lossky, *op. cit.*, p. 52-53.

La Lumière divine est la substance même de la Transfiguration : c'est la qualité réelle de « ceux qui ont purifié leur cœur » — les saints.

On ne s'étonnera pas que l'intuition linguistique tende à rapprocher « lumière » (russe *svet*) et sainteté (russe *svjatost'* [святость]). Être saint, c'est être plein de grâce, de lumière divine. La représentation de la sainteté au moyen de l'auréole est caractéristique de l'iconographie orientale et tout particulièrement, si l'on peut dire, de celle d'expression slave. Paul Florenski, au chapitre 5 de *La Colonne et le Fondement de la vérité*, cite de nombreux témoignages pour confirmer le caractère visible et visuel de la lumière qu'irradient les saints.

> La notion de la lumière de grâce (*sveta blagodatnogo* [света благодатного], est l'une des idées fondamentales, peu nombreuses, de toute la liturgie, car celle-ci a été composée par des hommes spirituels, pneumatophores, qui avaient fait l'expérience de la connaissance bienheureuse (*blagodatnoe vedenie* [благодатное ведение]).
>
> *La Colonne et le Fondement de la vérité*, p. 69 ; cf. éd. russe, *Stolp i utverždenie Istiny*, 1990, p. 97.

Il faut rappeler que le sens premier de *spenta*, « sacré » est « exubérant, débordant de pouvoir surnaturel », et que le sens premier de *sujat-* (pré-slave *svętъ*) renvoie à l'idée païenne de dons surnaturels (É. Benveniste, *Le Vocabulaire des institutions indo-européennes*, t. 2, p. 184). Le « baptême culturel » du paganisme l'a fait se transformer en « grâce » ; c'est ainsi que, sur fond slave, « saint » (*svjatoj*) est devenu « lumineux » (*svetlyj*) et « béni » (*blagodatnyj* [благодатный], « plein de grâce »). Ce genre de baptême culturel est un phénomène général du christianisme européen.

IV. TRADUIRE « SVET », LA GRÂCE QUI TRANSFIGURE

Les allusions à la connexion sémantique *svet/svjat-* font partie de l'héritage culturel, et n'impliquent, au moins dans la tradition russe, aucun renvoi direct à la théologie de la lumière. On trouve beaucoup de ces allusions dans Dostoïevski. Lumière et sainteté sont pour lui

1

La théologie de la lumière

► ABSTRACTION, DOXA, ESSENCE

Pour comprendre la théologie de la lumière de Palamas, il faut partir de la distinction faite par saint Jean Damascène entre l'essence ou la nature de Dieu (*ousia* [οὐσία], phusis [φύσις]), d'une part, et « ce qui est auprès de la nature [*ta peri tên phusin* (τὰ περὶ τὴν φύσιν)] », de l'autre. Pour désigner le second terme, Palamas se sert du terme *energeiai* [ἐνέργειαι], « énergies », emprunté aux Cappadociens, en même temps que du terme dionysien de *dunameis* [δυνάμεις]. Les « énergies » ne désignent pas des actes volontaires, comme la Création par exemple, mais sont un mode d'être de Dieu. Dieu se révèle dans son essence comme dans ses puissances ou énergies (*dunameis te kai energeai* [δυνάμεις τε καὶ ἐνέργειαι]) ; cependant, à la différence de l'essence de Dieu, ses puissances sont accessibles à la connaissance religieuse ou mystique. Insistant sur l'absolue inconnaissabilité de l'essence divine, Palamas considère que le terme d'*ousia* ne convient pas à Dieu : il lui préfère celui d'*huperousiotês* [ὑπερουσιότης], « superessence » ou « suressence » (cf. Y. de Andia, *L'Union à Dieu chez Denys l'Aréopagite*, Leiden, Brill, 1996, p. 155), dans la mesure où Dieu, à la différence des créatures, n'est pas limité par son essence. De même, considérant que les *dunameis* et *energeai* traditionnelles sont trop abstraites pour nommer le Dieu vivant, Palamas identifie l'être visible de Dieu et la lumière créée (*phôs* [φῶϝ]). Réarticulant ainsi les idées des Pères dans les termes de sa métaphysique de la lumière, Palamas développe l'édifice de la théologie orthodoxe traditionnelle (cf. V. Lossky, *À l'image et à la ressemblance de Dieu*, p. 39-65). La notion de lumière divine ou de grâce déifiante, associée à la lumière de la Transfiguration vue par les apôtres au mont Thabor, a été canonisée par l'Église orthodoxe au XIVe siècle.

par exemple les composantes du respect qu'on porte au *narod* [народ]: « Il y a dans le peuple (*v narode est'*) de véritables saints (*svjatye*) — et quels saints ! Lumineux eux-mêmes (*sami svetjat*), ils éclairent (*osveščajut*) notre chemin à tous [в народе есть (...) прямо святые, да еще какие: сами светят и всем нам путь освещают] » (Dostoïevski, *Dnevnik pisatelia za 1876 god* [*Le Journal de l'écrivain de l'année 1876*], in *Œuvres*, t. 22, p. 41). Dans la traduction, la consonance entre *svetjat* et *osveščajut* (dérivés de *svet*), d'une part, et *svjatye* (qui dérive de *svjat-*), de l'autre, est perdue. Mais, manifestement, l'idée d'une transformation créatrice, d'une transfiguration propre au *narod* et représentée par l'image de la lumière, est un aspect important de la pensée de Dostoïevski (voir NAROD). Il écrit ainsi, à propos de l'avenir du *narod* :

> Les circonstances vont changer, les choses iront mieux, peut-être que la débauche lâchera le peuple (*narod*) et qu'alors les principes lumineux (*svetlye načala*) en lui resteront plus inébranlables et plus saints (*svjatee*) que jamais.
>
> [А идеалы в нашем народе есть и сильные, а ведь это главное: поменяются обстоятельства, улучшится дело, и разврат, может быть, соскочит с народа, и светлые-то начала в нем останутся незыблемее и святее, чем когда-либо прежде.]
>
> *Ibid.*, p. 43.

La lumière, plus encore peut-être en russe que dans d'autres langues, renvoie au spirituel, à l'idéal, au noble, au sacré. Quoi qu'il en soit, l'appel à la transfiguration, *via* l'image de la lumière de la grâce divine qui soigne et divinise, « *blagodatnyj svet* [благодатный свет] », a été souvent associée à « l'idée russe ». Serge Troubetskoï écrit par exemple dans son article « La lumière de Thabor et la transfiguration de l'esprit » (1914) :

> Notre travail créateur, artistique et philosophique, a toujours eu besoin d'une vérité [voir ISTINA] non pas abstraite mais réelle, effective. [...] Intentionnellement ou non, les plus grands représentants du génie du peuple (*narodnyj* [народный]) russe ont toujours cherché cette lumière (*svet*) qui soigne et transfigure du dedans la vie du corps et celle de l'esprit.
>
> *In* M.A. Masline (éd.), *Russkaja Ideja*, p. 242.

V. STRATÉGIES DE L'AMBIGUÏTÉ

D'autres difficultés de traduction surgissent quand les auteurs jouent intentionnellement de la tension sémantique entre *svet*-lumière et *svet*-monde. Vladimir Propp, pour expliquer la complexité de l'idée d'« autre monde [*tot svet* (тот свет)] » dans les contes de fées, écrit :

> Le conte exprime les choses de façon très naïve, mais parfaitement exacte : « Là-bas, la lumière (*svet*) est comme chez nous. » Mais la lumière (*svet*) change, les formes d'organisation sociale changent et, en même temps qu'elles, change « l'autre monde (*svet*) ».
>
> V. Propp, *Les Racines historiques du conte merveilleux*, p. 380 ; éd. russe, p. 287-288.

Selon toute apparence, la première occurrence de *svet* dans ce passage peut aussi bien renvoyer à la lumière de l'autre monde qu'à cet autre monde lui-même, ce qui rend la phrase « Là-bas, le *svet* est comme chez nous » définitivement ambiguë.

Une configuration encore moins traduisible des sens de *svet* est fabriquée par Arsenij Tarkovski dans l'un de ses poèmes :

> Il n'y a pas de mort dans le monde (*na svete* [на свете]). Tous sont immortels, et tout est immortel ; il ne faut pas avoir peur de la mort, ni à dix-sept ans, ni à soixante-dix. Il y a seulement l'actualité (*jav'* [явь]) et la lumière (*svet*), les ténèbres et la mort n'existent pas dans ce monde (*na ètom svete* [на этом свете]).
>
> *Zemle — zemnoe* [À terre — la terrestre], p. 85.

La clef de ce passage est le maintien dans l'inexistence de toutes les entités incompatibles avec *svet* (lumière) dans *svet* (monde). L'affirmation de la réalité exclusive de *svet* est renforcée par l'image du monde plein de la grâce qui confère l'immortalité. Mais plus l'allusion théologique est voilée, mieux elle atteint son but.

Zulfia KARIMOVA
et Andriy VASYLCHENKO

BIBLIOGRAPHIE

DOSTOÏEVSKI Fédor, *Dnevnik pisatelia za 1876 god* [Le Journal de l'écrivain de l'année 1876], in *Œuvres*, t. 22, Leningrad, Nauka, 1981.

FLORENSKI Paul, *Stolp i utverždenie Istiny* [1914], t. 1, Moscou, Pravda, 1990 ; *La Colonne et le Fondement de la vérité*, trad. fr. C. Andronnikof, Lausanne, L'Âge d'Homme, 1975.

LOSSKY Vladimir, *À l'image et à la ressemblance de Dieu*, Aubier-Montaigne, 1967 ; trad. russe V.A. Reščikova, Moscou, Izdatel'stvo Sv.-Vladimirskogo Bratstva, 1995.

MASLINE M.A. (éd.), *Russkaja Ideja* [L'Idée russe], Moscou, Respublika, 1992.

PROPP Vladimir, *Istoričeskie korhi volšebnoj skazki*, Leningrad, Izdatel'stvo Lenuniversiteta, 1986 ; *Les Racines historiques du conte merveilleux*, trad. fr. L. Gruel-Apert, Gallimard, 1983.

TARKOVSKY Arsenij, *Zemle — zemnoe* [À terre — la terrestre], Moscou, Sovetskij Pisatel, 1966.

OUTILS

BENVENISTE Émile, *Le Vocabulaire des institutions indo-européennes*, 2 vol., Minuit, 1969.

BRÜCKNER Alexander, *Slownik etymologiczny języka polskiego* [Dictionnaire étymologique de la langue polonaise], Varsovie, Wiedza Powszechna, 1957.

DIAČENKO Grigorij, *Polnyj tserkovno-slavianskij slovar'* [Dictionnaire complet du slavon], Moscou, Tipografija Vilde, 1899.

HERMAN Louis Jay, *A Dictionary of Slavic Word Families*, New York, Columbia UP, 1975.

MACHEK Václav, *Etymologick ý slovnik jazyka č eského a slovenskeho* [Dictionnaire étymologique des langues tchèque et slovaque], Prague, Nakladatelství Československé Akademie Věd, 1957.

TSYGANENKO Galina, *Ètimologi č eskij slovar' russkogo jazyka* [Dictionnaire étymologique de la langue russe], Kiev, Radians'ka škola, 1970.

SVOBODA [свобода] / VOLJA [воля] RUSSE – fr. *liberté, volonté*

angl. *liberty, freedom*

► ***LIBERTÉ***, VOLONTÉ, et DRUGOJ, ISTINA, JE, NAROD, PLAISIR, RUSSE, VÉRITÉ, WILLKÜR

On traduit en français les deux termes russes svoboda [свобода] *et* volja [воля] *par* liberté, *alors que* volja *possède également le sens de* volonté. *De plus,* volja *désigne une vaste étendue sans limites, par exemple la steppe ; cette acception renforce la connotation d'arbitraire présente dans* volja *au sens de* liberté. *On interprète l'opposition* svoboda / volja *à l'aide de celles entre* culture / nature *et* forme/matière *: la* volja *est la matière de la personne* (li č nost' [личность]), *tandis que la* svoboda *est sa forme et sa structure. La* svoboda, *à la différence du* liberum arbitrium *— la structure du libre arbitre —, est toujours au-delà des normes et des règles. Dans son acception existentialiste (notamment chez Dostoïevski), elle est fondée sur la relation entre moi et mes prochains, objets d'amour et de haine. Pour les penseurs russes, la* svoboda, *comprise comme victoire sur la nécessité, a toujours été une valeur en soi, alors que la* volja, *manifestant la spontanéité de l'homme, a plutôt servi comme un idéal populaire, voire populiste.*

I. LES CHAMPS SÉMANTIQUES DE « VOLJA » ET « SVOBODA »

Volja [воля] vient du verbe russe ancien *voliti* [волити], sanscrit *varayati*, « il choisit lui-même, sollicite, cherche » (Preobrazhenski, *Dictionnaire étymologique de la langue russe*, p. 95). Le terme désigne une faculté psychologique d'intention et de désir, la « volonté ». Il peut signifier aussi « la possibilité de disposer, le pouvoir ». En même temps, il signifie « la liberté de manifester quelque chose, situation libre, la liberté, l'indépendance » (*Dictionnaire de la langue russe*, t. 1, p. 209). De plus, la *volja* désigne une vaste étendue sans limites (*ibid.*), dont la steppe est un exemple paradigmatique ; ce sens dernier est inhérent à la *volja* comprise comme « liberté ».

Les connotations de *volja* au sens de « volonté » jouent un rôle considérable dans le champ terminologique du *plaisir*. Ainsi, les mots *udovletvorenie* [удовлетворение] (satisfaction), et *udovol'stvie* [удовольствие] (plaisir), dérivent de *volja* par l'ancien léxème russe *dov(o)l'-*. Le sens initial se rattache à la satisfaction de la volonté (*volja*) jusqu'à satiété. Dans le russe contemporain, on trouve *dovlet'* [довлеть] (suffire, être suffisant), *dovol'nyj* [довольный] (qui ressent ou exprime le contentement, etc.) ; on trouve aussi l'adverbe ukrainien *dovoli* [доволi], « bien assez ». Ainsi *udovol'stvie* possède le sens de « joie des sensations, des émotions, des pensées agréables » (*Dictionnaire de la langue russe*, t. 4, p. 469). *Udovol'stvie* n'est pas lié directement à la satisfaction des désirs ou des besoins du sujet, à la différence de *udovletvorenie*. Cependant, le lien étymologique qui rattache *udovol'stvie* à *volja* donne à ce vocable la nuance d'abondance par rapport à la volonté.

Le terme russe *svoboda* [свобода] (liberté), vient du pronom possessif slave *svoj* [свой], qui signifie l'appartenance à la personne et qui est rendu, selon le contexte, par « (mon, ton, son, notre, votre, leur) propre » — comme en sanscrit *sva*, en latin *suus*, en grec *swos* (É. Benveniste, *Le Vocabulaire des institutions indo-européennes*, t. 1, p. 329-330). Outre cela, *svoj* désigne dans la langue contemporaine, comme en slavon et en russe ancien, le membre d'une famille, d'une tribu ou d'une communauté ; *svoj* dans ce sens-là est le contraire de *ču žoj* [чужой], « étranger ». Selon le *Dictionnaire étymologique* de Vasmer, le pré-slave *sveboda* signifie initialement « appartenance à une famille ou à une tribu », l'« état de l'homme libre » (p. 582). On trouve aussi ce sens d'identité dans les termes slaves de même racine *osoba* [особа] et *sobstvo* [собство] « la personne », ainsi que dans le mot contemporain *sobstvennost'* [собственность] « propriété ».

En russe ancien, *svoboda* comporte une connotation d'indépendance : il peut signifier une colonie libre. Dans le langage ordinaire, l'usage moderne de *svoboda* ne se distingue pas de celui de « liberté » en français. Mais au niveau de la conceptualisation philosophique, on retrouve les connotations originelles.

II. L'OPPOSITION DIGLOSSIQUE « SVOBODA » / « VOLJA »

La formation du concept moderne de *svoboda* en russe s'est accompagnée d'une tension sémantique entre les synonymes *svoboda* et *volja*. Selon Georgij Fedotov, à l'époque de l'État moscovite l'idée de *svoboda* (terme haut de l'opposition) avait une valeur positive uniquement chez les gens cultivés. L'esprit de la liberté (*svoboda*) se manifestait dans les tentatives des boyards de contraindre le pouvoir tsariste. Pour l'homme du commun, au contraire, *svoboda* avait une valeur purement négative, synonyme d'impunité et de relâchement. Cependant, l'idéal populaire de *volja* (terme bas) signifiait la possibilité de vivre en suivant uniquement sa propre volonté, en marge des limites imposées par les liens sociaux.

> La *volja* trouve son triomphe ou bien dans l'éloignement de la société, dans le vaste espace de la steppe, ou bien dans le pouvoir sur la société, dans la violence sur les hommes. [...] elle ne s'oppose pas à la tyrannie, car le tyran aussi possède la *volja*. Le brigand est l'idéal de la *volja* moscovite, tout comme Ivan le Terrible est l'idéal du tsar. Puisque la *volja*, ainsi que l'anarchie, est impossible dans la communauté culturelle, l'idéal russe de la *volja* trouve sa manifestation dans le culte du désert, de la nature sauvage, de la vie nomade et bohémienne, du vin, de la débauche, de l'oubli de soi-même dans les passions, — dans les brigandage, rébellion, tyrannie.
>
> Fedotov, *Rossija i svoboda* [La Russie et la Liberté], p. 183.

Ces remarques sociolinguistiques de Fedotov étaient écrites au début des années 1940, à l'époque de régimes fascistes et communistes qui donnaient à l'opposition diglossique *svoboda*/*volja* une actualité politique. Pour Fedotov, *svoboda* se réfère aux valeurs libérales et démocratiques ; en tant que terme haut, il est dégagé des connotations d'arbitraire et de tyrannie. « La liberté [*svoboda*] personnelle n'est pas possible sans respect de la liberté [*svoboda*] de l'autre » (*ibid.*, p. 183). On peut évoquer ici un passage du *Two Treatises on Government*, où Locke affirme que la situation originelle de l'homme est un état naturel, ou « *state of perfect freedom* » (*Two Trea-*

tises of Government, p. 287). Selon Locke, « *though this be a state of liberty, yet it is not a state of licence* » (p. 288), car *liberty* inclut des obligations devant Dieu comme devant les hommes. Les deux termes *freedom* et *liberty* sont d'ordinaire traduits tous deux également par *svoboda*, comme ils sont traduits par « liberté » en français, alors que « licence » dans l'édition russe de Locke est rendu par *svoevolie* [своеволие] (1988, p. 263), « la tendance à agir en suivant son caprice ou arbitraire » (*Dictionnaire de la langue russe*, t. 4, p. 54). *Svoevolie*, qui est valorisé négativement, vient de l'expression *svoja volja* [своя воля] (sa propre volonté) ; l'adjectif *svoevol'nyj* [своевольный] signifie « arbitraire, qui agit à sa guise » ; ainsi, la traduction russe du terme *licence* chez Locke possède un sens très proche de celui de la *volja* chez Fedotov. La *volja* — en tant que terme bas de la diglossie — désigne un abus de liberté.

III. « SVOBODA » COMME CULTURE ET COMME FORME, « VOLJA » COMME NATURE ET COMME MATIÈRE

On dit en russe : *svoboda slova* [свобода слова], « liberté de parole », *svoboda pe čati* [свобода печати], « liberté de presse », *svoboda sovesti* [свобода совести], « liberté de conscience », *svoboda ličnosti* [свобода личности], « liberté de l'individu ». *Volja ličnosti* [воля личности] possède le sens net de « volonté de l'individu » ; mais les expressions *volja slova, volja pečati, volja sovesti* n'existent pas : *volja* en tant que liberté n'admet pas de complément au génitif. En effet, la *volja* ne peut devenir partielle ou personnelle : c'est une réalité universelle et indivisible, comme la steppe, elle n'a pas de propriétaire. Bien plus, c'est une réalité homogène, opposée de toute exigence d'acte et de responsabilité. C'est l'informe pur, l'indéterminé où le caractère défini des choses disparaît — comme dans le carnaval bakhtinien.

Le désordre et l'universalisme de *volja* s'opposent au caractère structurel et particulier de *svoboda*. La *svoboda* est une acquisition de la culture ; elle « présuppose une discipline interne » (Pomerants, « Evropejskaja svoboda i russkaja volja [La *svoboda* européenne et la *volja* russe] », p. 139) ; c'est même « la forme interne de la personnalité [*ličnost'*] » (p. 140) qui rend possible l'acte libre. Ainsi, on interprète l'opposition *svoboda*/*volja* au moyen de l'opposition entre culture/nature, et, finalement, par l'opposition traditionnelle forme/matière. La *svoboda* est la forme de la *ličnost'* (la personne, la personnalité), tout comme, dans la philosophie classique, l'âme est la forme de l'être humain.

De ce point de vue, on ne saurait toujours identifier la *volja* avec la destruction. Chez Fedotov, en tant qu'idéal social, elle prend un sens destructeur, alors que la *svoboda* obtient une valeur positive, notamment celle de « liberté » démocratique. Mais au niveau de l'individu, la *volja* représente plutôt une origine spontanée, dionysiaque, de la personnalité humaine. Ainsi l'expression russe *davat' volju* [давать волю] signifie donner libre cours à (ses émotions, ses pensées, etc.), alors que *davat' svobodu* [давать свободу] veut dire donner la liberté (à un esclave, par ex.). L'équivalent idiomatique anglais rend bien la connotation de spontanéité : *davat' voliu* est traduit par « *to give free play* », par exemple « *to give free play to one's feelings* », à l'opposé de l'expression « *to curb one's feelings* ». La *volja* est le jeu libre de la personnalité humaine ; elle peut, évidemment, prendre une direction destructrice, mais elle peut aussi prendre une forme définie — grâce à la culture. « Un équilibre entre la liberté (*svoboda*) de la civilisation et la liberté (*volja*) naturelle prend une tournure différente dans chaque culture et en chaque époque » (Pomerants, *op. cit.*, p. 141).

IV. LA « SVOBODA » ET LE « DRUGOJ » (AUTRUI)

Les penseurs russes insistent souvent sur l'opposition fondamentale entre la *svoboda* et le *liberum arbitrium* d'un sujet isolé. « Notre liberté (*svoboda*) n'est pas le libre arbitre (*svoboda voli* [свобода воли]), c'est-à-dire la liberté de choix (*svoboda vybora* [свобода выбора]) » (Fedotov, *op. cit.*, p. 251). De même, Berdiaev refuse que la *svoboda* soit comprise comme « liberté de choix, comme possibilité de tourner à gauche ou à droite » (*Essai d'autobiographie spirituelle*, p. 72) : un tel libre arbitre ne fonctionne qu'en termes de responsabilité, de châtiment, « d'un point de vue judiciaire, de criminologie appliqué à la vie humaine ». Mais « la liberté [*svoboda*] a une portée tout autre » (*ibid.*, p. 72).

La *svoboda* révèle sa structure dans les romans de Dostoïevski, dont les personnages sont toujours en tête à tête avec Autrui (*drugoj* [другой], un dérivé de *drug* [друг], « ami ») qui représente l'intégralité de l'univers. Le personnage doit choisir entre la *caritas* de la responsabilité totale de soi et de l'univers, d'une part, et la destruction totale diabolique du « tout est permis » (*usedozvolennost'* [вседозволенность], un dérivé de *volja*), d'autre part. Le fond de la *svoboda* est ainsi la relation entre moi et les autres, mes prochains, c'est-à-dire ultimes objets d'amour et de haine. C'est sur cette structure-là que l'acte libre (*postupok* [поступок]) est finalement fondé. Mikhaïl Bakhtine a bien assimilé l'idée existentialiste du choix libre dans sa philosophie de l'acte :

> Ma singularité comme non-coïncidence contraignante avec tout ce qui n'est pas moi, m'offre toujours la possibilité d'un acte (*postupok*) singulier et irremplaçable par rapport à tout ce qui n'est pas moi.
>
> *K filosofii postupka* [À propos de la philosophie de l'acte], p. 42.

Selon Bakhtine, celui qui n'assume pas la responsabilité de soi et de sa position vers Autrui ne peut pas vraiment participer à l'Être et devient un imposteur. C'est uniquement dans l'acte responsable envers les autres que la liberté — la structure de la personne — se trouve réalisée. De même, grâce à l'amour et à l'amitié, la liberté est une structure interpersonnelle : « je ne suis pas libre si tu ne l'es pas » (I. Berlin, *Russian Thinkers*, p. 107).

V. « SVOBODA » ET « NEOBXODIMOST' » (NÉCESSITÉ)

Cependant, tout ce qui est imposé de l'extérieur à la personne — normes, règles, lois — devient relatif et conditionnel parce que restreignant la liberté. Paradoxalement, la *svoboda* comme structure est une structure anomique : elle n'est rien d'autre que l'élimination de la nécessité. Ainsi, selon Bakounine, la *svoboda* est l'indépendance par rapport à toutes les lois, « politiques, criminelles ou civiles », que d'autres hommes imposent à l'individu « contre ses convictions personnelles » (*ibid.*, p. 109-110). Mais, pour tous les penseurs politiques — pas seulement pour l'anarchiste Bakounine —, la *svoboda* en tant que victoire sur la nécessité a toujours été une valeur en soi, qu'elle soit comprise comme liberté individuelle (libéralisme), liberté communautaire (slavophilisme et *narodničestvo* [народничество]), ou bien liberté des travailleurs (marxisme).

Le sentiment de la *svoboda* a toujours été une valeur plus appréciée que les règles morales. « L'homme vraiment libre (*svobodnyj* [свободный]) crée sa propre morale », écrivait déjà Herzen en 1850 (Herzen, *Sobranie sočinenij v tridtsati tomax* [*Œuvres*], t. 6, p. 131). En élaborant l'idée de la *svoboda* comme victoire sur la nécessité (*neobxodimost'* [необходимость]), les penseurs religieux (Soloviev, Vyšeslavtsev, Losski, Frank) ont développé « l'éthique de l'amour (*ètika ljubvi* [этика любви]) », qui part de la liberté de l'acte humain et s'oppose au formalisme moral kantien. Berdiaev suit cette tradition éthique :

> La liberté est mon indépendance et la détermination intérieure de ma personne, elle est ma force créatrice, non pas le choix entre le mal et le bien placés devant moi, mais ma propre création du mal et du bien.
>
> Berdiaev, *Essai d'autobiographie spirituelle*, p. 72.

Pour Berdiaev, la *svoboda* comme source de la création est l'antipode de « l'ordre moral figé et statique » (Berdiaev, *De la destination de l'homme*, p. 11), et finalement, de l'être (*bytie* [бытие]), de la réalité donnée et objectivée. De plus, l'homme apprend la vérité (*istina* [истина]) uniquement s'il est libre :

> C'est dans la liberté et à travers la liberté qu'on reconnaît la vérité (*istina*). La vérité (*istina*) qu'on m'impose en me demandant de renoncer à la liberté (*svoboda*), n'est pas du tout vérité (*istina*), mais une tentation du diable (*čërtov soblazn* [чёртов соблазн]).
>
> Berdiaev, *op. cit.*, p. 73.

Cette doctrine existentialiste, selon laquelle toute science objective est une source de nécessité et donc d'asservissement de l'homme, prend chez Chestov un caractère tragique : « Ce qui est certain, c'est qu'ayant tendu la main vers l'arbre de la science, les hommes ont perdu à jamais la liberté » (Chestov, *Athènes et Jérusalem*, p. 135). Après la chute ils ont conservé « uniquement la liberté de choisir entre le "bien"et le "mal", tandis qu'autrefois « ils avaient la possibilité non pas de choisir entre le bien et le mal, mais de décider si le mal existerait ou n'existerait pas » (*ibid.*). Selon Chestov, la vraie liberté est « la liberté de l'ignorance (*svoboda neznanija* [свобода незнания]) » (p. 198).

En dépit de la diversité des acceptions philosophiques contemporaines de la *svoboda*, ce concept conserve son caractère anomique et anarchiste. L'expression *svoboda voli*, qui rend le latin *liberum arbitrium*, exprime une anomie encore plus violente que sa traduction littérale « liberté de la volonté ».

VI. LA « VOLJA » EN UKRAINIEN

La *volja* a dans d'autres langues slaves la même double acception. Ainsi, le mot ukrainien *volja* signifie « volonté » aussi bien que « liberté ». En ukrainien, *volja* et *svoboda* sont synonymes ; comme en russe, la *volja* n'est jamais utilisée avec un génitif. Cependant, elle n'a pas la connotation d'une vaste étendue sans limites. Dans un poème classique du début du XXe siècle, *Odno slovo* [Un seul mot], Lesia Ukraïnka met en scène un déporté de l'époque de l'Empire russe tsariste vivant dans une colonie au sein d'une tribu du Nord, au milieu du vaste espace de la Sibérie. En étudiant la langue locale, il tente d'expliquer le sens du mot « liberté » aux gens du pays, car leur langue ne contient pas ce terme. Le déporté souffre de la vanité de ses efforts. Obsédé par une souffrance morale constante, il tombe grièvement malade — sans aucune maladie visible. Étant près de la mort, il dit à un jeune homme du pays : « Je vais mourir de ce qui n'a pas de nom chez vous, bien qu'il y en ait *sans limites* dans votre pays. Ce qui pourrait me faire revivre n'a pas de nom non plus, mais en tout cas cela n'existe pas chez vous. Si le mot existait quand même, je pourrais vivre encore ; mais il n'existe pas » (Ukraïnka, *Tvory v dvokh tomakh* [Œuvres], t. 1, p. 327). En effet, si en russe la *volja* est illimitée, en ukrainien, le mot n'a pas du tout une connotation d'infini. Au contraire, c'est *nevolja* [неволя] (esclavage), l'antonyme de la *volja* qui existe « sans limites ». La liberté de l'individu est unique et inexprimable hors des limites de sa propre culture ; la vaste étendue illimitée d'un pays étranger écrase la liberté. Le sentiment de l'intraduisibilité est renforcé par l'effet de la prétérition : l'histoire est racontée par un jeune homme du pays, sans les mots *volja* ni *svoboda*. C'est à cause du caractère intraduisible de la *volja* que le déporté de Lesia Ukraïnka est mort : il se trouvait inutile hors de sa langue, de sa culture, de sa liberté, bien que plongé dans l'étendu illimitée de l'Empire.

L'union dans *volja* de la liberté et de l'étendue sans limites semble donc un phénomène propre à la seule langue russe, tout comme le caractère extrêmement anomique de la *svoboda* est un phénomène de la philosophie russe. En dehors du double sens de la *volja* comme « volonté » et comme « liberté », une autre difficulté de traduction du champ terminologique de *svoboda* tient au fait que la *volja* comme liberté fonctionne souvent comme un synonyme de *svoboda*, alors que dans les contextes diglossiques, au contraire, elle s'y oppose. Dans de tels contextes, la *volja*, qu'on peut traduire par

« arbitraire » ou au moyen de l'expression « agir à sa guise, est tout aussi subversive pour la *svoboda* que la contrainte. La *svoboda* est vraiment une substance fragile : elle craint, tout autant que la nécessité (*neobxodimost'*), la liberté illimitée (*volja*).

Andriy VASYLCHENKO

BIBLIOGRAPHIE

BAKHTINE Mikhaïl, *K filosofii postupka* [À propos de la philosophie de l'acte], in *Filosofija i sociologija nauki i tekhniki* [Philosophie et Sociologie de la science et de la technique], Moscou, Nauka, 1986.

BERDIAEV (BERDIAEFF) Nicolas, *De la destination de l'homme. Essai d'éthique paradoxale* [1931], trad. fr. I.P. et H.M., Éd. « Je sers », 1935.

— *Essai d'autobiographie spirituelle* [1949], trad. fr. E. Belenson *et al.*, Buchet-Chastel-Corrêa, 1958.

BERLIN Isaiah, *Russian Thinkers*, Londres, The Hogarth Press, 1978 ; *Les Penseurs russes*, trad. fr. D. Olivier, Albin Michel, 1984.

CHESTOV Léon, *Athènes et Jérusalem. Un essai de philosophie religieuse* [1951], trad. fr. B. de Schloezer, Flammarion, 1967.

FEDOTOV Georgij, *Rossija i svoboda* [La Russie et la Liberté], New York, Chalidze Publications, 1981.

HERZEN Alexander, *Sobranie sočinenij v tridtsati tomakh* [Œuvres], Moscou, Izdatel'stvo Akademii Nauk, t. 6, 1955.

LOCKE John, *Two Treatises of Government* [1689-1690], éd. et introd. P. Laslett, Cambridge UP, 1960 ; *Dva traktata o pravlenii*, in *Sočinenija v trëx tomakh* [Œuvres], trad. russe E.S. Lagutin et J.V. Semenov, Moscou, Mysl', t. 3, 1988.

POMERANTS Grigorij, « Evropejskaja svoboda i russkaja volja [La *svoboda* européenne et la *volja* russe] », *Druba narodov*, n° 4, 1994.

UKRAÏNKA Lesia, *Tvory v dvokh tomakh* [Œuvres], Kiev, Naukova Dumka, t. 1, 1986.

OUTILS

BENVENISTE Émile, *Le Vocabulaire des institutions indo-européennes*, 2 vol., Minuit, 1969.

PREOBRAZHENSKIJ Aleksandr Grigorevič, *Ètimologičeskij slovar' russkogo jazyka* [Dictionnaire étymologique de la langue russe], 2 vol., Moscou, G. Lissnera i D. Sovko, 1910-1914.

Slovar' russkogo jazyka [Dictionnaire de la langue russe], Moscou, Russkij jazyk, 1981-.

TSYGANENKO Galina, *Ètimologičeskij slovar' russkogo jazyka* [Dictionnaire étymologique de la langue russe], Kiev, Radians'ka škola, 1970.

VASMER Max, *Ètimologičeskij slovar' russkogo jazyka* [Dictionnaire étymologique de la langue russe], 4 vol., Moscou, Progress, 1986.

SYNCATÉGORÈME / CATÉGORÈME – fr.

consignifier, sursignifier, syncatégorématique, synsémantique

gr.	*prossêmainein* [προσσημαίνειν], *sussêmainen* [συσσημαίνειν]
lat.	*syncategorema* (pl. *syncategoremata*), *consignificare*, *consignificans* (pl. *consignificantia*), *consignificativus*
angl.	*syncategorematic, synsemantic*

► ACTE DE LANGAGE, *CATÉGORIE*, CONNOTATION, ESSENCE, ESTI, *ÊTRE*, MOT, PRÉDICABLE, PRÉDICATION, PROPOSITION, REPRÉSENTATION, SENS, SIGNE, TERME, TROPE

La distinction entre catégorème *et* syncatégorème *est centrale dans la logique médiévale. Elle tire cependant son origine de l'écrasement d'une distinction aristotélicienne entre* sus-sêmainein [συσσημαίνειν] *« consignifier » et* pros-sêmainen [προσσημαίνειν] *« sursignifier », due à l'intervention de Boèce qui retient le terme unique de* consignificare, *et à l'équivalence posée par Priscien entre* consignificantia *et* syncategoremata *pour désigner les parties du discours non essentielles à la phrase complète. De cet héritage résultent au Moyen Âge des critères multiples de distinction entre des ensembles de mots, qui ne se recouvrent pas, ce qui peut prêter à confusion. Ces critères sont essentiellement de trois ordres : un critère sémantique large (être ou non autonome sémantiquement), un critère sémantique strict (signifier ou non une chose relevant de l'une des catégories aristotéliciennes), un critère syntaxique (occuper ou non la fonction de sujet ou de prédicat). On notera que les deux termes* catégorème *et* syncatégorème *n'ont pas d'emblée formé un couple,* katêgorêma [κατηγόρημα] *étant apparu le premier. En logique moderne, l'opposition entre termes syncatégorématiques et catégorématiques correspond à la distinction usuelle entre termes descriptifs (ou variables) et termes logiques (ou constantes logiques). Elle a cependant aussi une postérité sous sa forme originelle chez Husserl et dans les diverses tentatives de constitution d'une grammaire dite « catégorielle ».*

I. « PROSSÊMAINEIN » ET « SUSSÊMAINEIN » : CRITÈRES LOGIQUES ET GRAMMATICAUX

En Grèce ancienne, la réflexion sur le langage, d'abord chez les philosophes (Aristote, les Stoïciens), puis chez les grammairiens, a mis en évidence que les mots de la langue, progressivement classés en parties du discours (*merê logou* [μέρη λόγου]), n'avaient pas tous la même consistance sémantique. Ainsi Aristote, répertoriant, au chapitre 20 de la *Poétique*, ce qu'il appelle les parties de l'expression (*merê lexeôs* [μέρη λέξεως]), fait-il passer une frontière sémantique majeure entre *sundesmoi* [σύνδεσμοι], « conjonctions », et *arthra* [ἄρθρα], « articulations », d'une part, déclarés « privés de signification » (*phônai asêmoi* [φωναὶ ἄσημοι]), et, d'autre part, *onoma* [ὄνομα], « nom », *rhêma* [ῥῆμα], « verbe », et *logos* [λόγος], « énoncé, phrase, texte », réputés, eux, « signifiants « (*phônai sêmantikai* [φωναὶ σημαντικαί]). Cette dichotomie pratiquée dans le matériau linguistique, avec la thèse de l'insignifiance de certaines classes de mots, devait avoir des retentissements prolongés dans l'histoire de la logique et de la grammaire. L'idée de base est que, tant du point de vue sémantique que syntaxique, nom et verbe sont les constituants les plus puissants (les grammairiens disaient « les plus animés », *empsukhotata* [ἐμψυχότατα]), à preuve que la combinaison d'un nom et d'un verbe, sans aucun autre ajout, donne naissance à un énoncé sémantiquement saturé : *Sôkratês badizei* [Σωκράτης βαδίζει], « Socrate marche ». À l'opposé, des mots-outils comme les articles, les prépositions, les conjonctions sont incapables de former à eux seuls des combinaisons saturées : c'est toujours *en association* avec les noms et les verbes qu'ils contribuent, selon un mode qui leur est propre, à la bonne formation, sémantique et syntaxique, d'un énoncé. Cette particularité de leur fonctionnement a été décrite, chez les grammairiens, par le verbe composé *sus-sêmainein* [συσσημαίνειν] (litt. « con-signifier »). Ainsi chez Apollonius Dyscole :

> [Il y a des mots qui, comme les consonnes qui ont besoin, pour être prononçables, de l'appui des voyelles,] ne peuvent pas être énoncés tout seuls — c'est le cas des prépositions, des articles, des conjonctions. En effet, les mots de ce genre ne font jamais que consignifier (*aei sussêmainei* [ἀεὶ συσσημαίνει]) : ainsi nous disons, au génitif, *di' Apollôniou* [δι' Ἀπολλωνίου] (par le truchement d'Apollonius), qui suppose qu'Apollonius est au courant, mais, à l'accusatif, *di' Apollôni on* [δι' Ἀπολλώνιον] (à cause d'Apollonius), qui veut dire qu'Apollonius est la cause.
>
> *Syntaxe*, I, § 12, p. 14, 1 *sq.*
>
> [La suite donne l'exemple du changement de sens de la conjonction *êtoi* (ἤτοι), qui peut, selon le contexte, être soit copulative, soit disjonctive].

Trois traits semblent caractéristiques du *sussêmainein* apollonien : (1) le terme s'emploie à propos de parties du discours, donc de mots (morphèmes libres) ; (2) ces mots ont pour propriété de se spécifier sémantiquement en fonction du contexte syntaxique dans lequel ils prennent place ; (3) leur signification est de nature grammaticale (relation causale, locative, disjonctive, etc.) et s'oppose à la signification lexicale (réputée) autonome et stable des noms et des verbes. Si l'on met en continuité la présentation des *merê lexeôs* par Aristote dans la *Poétique* et la doctrine d'Apollonius, on peut considérer que le grammairien élabore et nomme ce que l'opposition du philosophe entre *phônai asêmoi* et *phônai sêmantikai* ne faisait qu'esquisser et suggérer.

Dans le même chapitre 20 de la *Poétique*, Aristote introduit, lui-même cette fois, un autre composé de *sêmainein* [σημαίνειν], *pros-sêmainein* [προσσημαίνειν], appliqué à une autre variété de signification grammaticale, en l'espèce la temporalité comme accident propre du verbe, permettant de le définir : par opposition au nom, le verbe « signifie en plus le temps » (*prossêmainei khronon* [προσσημαίνει χρόνον]). Cette description de la spécificité verbale se retrouve, littéralement identique, à huit reprises dans le *De interpretatione* (16b 6, 8, 9, 12, 18 ; 19b 14). Les commentateurs anciens de ces textes ont parfaitement compris que la « sursignification » — s'il est permis de traduire ainsi *prossêmainein* — s'oppose à la signification comme signification grammaticale à signification lexicale : ils opposent le temps sursignifié par des formes verbales comme *badizei* [βαδίζει], « (il) marche », *bebadiken* [βεϐάδικεν], « (il) a marché », au temps signifié par des noms comme *sêmerinos* [σημερινός], « d'aujourd'hui » (cf. Ammonius, *In De interpretatione*, p. 32, 3 *sq.*).

Dans cette application certainement fondatrice, le sursignifié a pour signifiant un morphème lié, le morphème flexionnel ou dérivationnel indiquant le temps verbal. Il y a cependant, chez Aristote et ses commentateurs, d'autres applications du composé *prossêmainein* :

— le verbe copule *esti* [ἐστι] est dit (*De interpretatione*, 16b 24) « sursignifier un assemblage » (*prossêmainei sunthesin tina* [προσσημαίνει σύνθεσίν τινα]), c'est-à-dire qu'il exprime la relation prédicative qui assemble deux noms pour former un composé sémantico-syntaxique *sui generis* : *hippos esti leukos* [ἵππος ἐστὶ λευκός], « le cheval est blanc » (sur ce passage, voir encadré 4, « Copule... », dans PRÉDICATION) ;

— peuvent aussi être recensés sous le chef de la sursignification des signifiés modaux ou quantificateurs dont le signifiant est un morphème non lié, par exemple *ti* [τι], *pôs* [πως], « en quelque façon », *pas* [πᾶς], « tout », *mêdeis* [μηδείς], « aucun » (*Réfutations sophistiques*, 169b 11 ; *De interpretatione*, 20a 13).

Ces exemples nous montrent que sursignification n'implique pas nécessairement que le signifiant soit un morphème lié. Ils confirment en revanche que le sursignifié relève de la signification logico-grammaticale (relation prédicative, modalisateurs). Par là, *prossêmainein* se rapproche de *sussêmainein* : les deux composés, sans doute des néologismes aristotéliciens, visent à capter ce qui, dans la langue, échappant à la signification dénotative autonome des lexèmes nominaux et verbaux, n'est pas pour autant insignifiant, mais a une signification plus abstraite, modalisatrice ou organisatrice des énoncés dont noms et verbes sont les piliers dénotatifs.

À la différence de *sussêmainein*, *prossêmainein* ne sera pas adopté par les grammairiens. Chez Apollonius, ce sont les composés *paruphistasthai* [παρυφίστασθαι] et *paremphainein* [παρεμφαίνειν], tous deux d'origine stoïcienne, qui en prendront en quelque sorte le relais : si l'on se laisse guider par la fréquence d'application de chacun de ces deux verbes, on peut dire que les *paruphistamena* [παρυφιστάμενα] du grammairien — « signifiés conjoints » dans la traduction de J. Lallot — sont par excellence des signifiés grammaticaux portés par des morphèmes liés (typiquement la « personne » marquée par la désinence verbale), et que les objets de *paremphainein* sont massivement des accidents grammaticaux (genre, nombre, personne, temps verbal, modalité, etc.). Le grammairien alexandrin met donc bien le vocabulaire stoïcien au service d'idées dont le berceau n'est autre que l'atelier d'Aristote.

II. « SYNCATEGOREMATA » ET « CONSIGNIFICANTIA » : LA MULTIPLICITÉ DES CRITÈRES

Boèce, qui lègue à la postérité une logique en latin, n'emploie pas les termes *syncategorema* ou *categorema*, mais ceux de la famille de *consignificare*. Il parle notamment d'une opposition entre des « parties » qui signifient par elles-mêmes (*quae per se significant*) et des parties qui ne signifient que lorsqu'elles sont jointes à d'autres (*aliis juncta designant*), ces dernières ne méritant pas, pour cette raison, d'être rangées sous le genre des *interpretationes* (aucune traduction n'est vraiment possible, voir MOT). Ne sont *interpretationes* que le nom et le verbe, et, ajoute-t-il, les parties qui peuvent s'y rattacher (le pronom, l'adverbe, l'interjection). Les parties qui consignifient sont les prépositions et les conjonctions. Boèce utilise le verbe *consignificare* dans cinq contextes différents, dans ses commentaires sur le *Peri hermêneias* , dont les trois premiers dans sa traduction : (1) pour le verbe « être », dont on dit qu'il consignifie la composition (*Peri hermêneias* 3, 16b 20-25, voir l'encadré 4, « Copule... », dans PRÉDICATION) ; (2) pour « tout » et « aucun » ; (3) pour le temps dans le verbe, qui est consignifié et non signifié (pour cet usage, voir CONNOTATION). Ces trois usages sont difficiles à unifier sous une même définition, comme le noteront les commentateurs médiévaux. Boèce se sert du verbe dans deux acceptions supplémentaires : (4) d'une part pour les prépositions et conjonctions, par opposition aux autres parties du discours (cf. Apollonius, *supra*) ; (5) d'autre part pour les parties d'un nom composé (par ex. *ferus* ne signifie pas dans le composé *equiferus*, mais y consignifie). Les critères retenus par Boèce sont multiples, le verbe *consignificare* écrasant les différences entre les divers termes grecs qui ont été décrits plus hauts. Finalement, on aboutit à la constitution d'ensembles différents, à partir des trois critères qui s'appliquent à des mots, et non à des morphèmes, à savoir : (a) un critère sémantique général (= autonomie ou complétude sémantique) : constituer (ou non) une intellection par soi (et non *per adjuncta*) [voir TERME, encadré 1] ; (b) un critère sémantique strict : signifier (ou non) l'une des dix catégories aristotéliciennes ; (c) un critère fonctionnel : être (ou non) l'une des deux parties essentielles de l'*enuntiativa oratio*, soit sujet soit prédicat.

L'introduction du terme *syncategorema* dans le vocabulaire latin a pour origine un passage du grammairien Priscien, où il rapporte précisément que les dialecticiens considèrent deux parties du discours, le nom et le verbe, en appelant les autres « *syncategoremata hoc est consignificantia* ». Le critère est ici fonctionnel, de type (c) : les dialecticiens ne considèrent comme parties que le nom et le verbe « parce qu'elles seules constituent par elles-mêmes un énoncé complet quand elles sont conjointes [*quia hae solae etiam per se conjunctae plenam faciunt orationem*] » (*Institutiones grammaticae*, éd. Keil, *Grammatici Latini*, t. 2, p. 15). Cet usage dérive directement de *sussêmainein*, utilisé par Apollonius Dyscole, Priscien reprenant d'ailleurs quasi littéralement le parallèle établi par Apollonius avec les voyelles et les consonnes, qui sera souvent cité au Moyen Âge (*ibid.*, t. 3, p. 108).

Au début du XIIe siècle, on ne trouve encore que le verbe *consignificare* et l'adjectif *consignificativae*. Il y a un débat assez vif, dont Abélard est témoin, entre grammairiens et dialecticiens, pour savoir si les parties *consignificativae* ont bien une signification (ce qui leur revient en tant que « mots [*dictiones*] » et parties du discours), laquelle est « indéterminée [*incerta*] », se spécifiant par adjonction, ou si elles n'ont pas de signification du tout — mais se pose alors le problème de la compositionalité du sens, c'est-à-dire celui de savoir comment elles peuvent contribuer au sens de la proposition dont elles sont des parties. Abélard retient la seconde solution, en proposant une réponse nouvelle au problème de la compositionalité, qui vaut aussi bien pour la copule que pour les parties consignifiantes, à savoir qu'elles ne signifient rien, mais contribuent au sens du tout par le fait qu'elles correspondent à une « action de l'intellect [*mentis actio concepta*] », par exemple pour la copule de disjoindre ou conjoindre les intellections du sujet et du prédicat.

C'est dans les premières *Sommes* de logique terministe, datant de la fin du XIIe siècle, qu'est constitué pour la première fois le couple catégorème/syncatégorème, mis en parallèle avec celui de *partes significativae/consignificativae*. La *Dialectica monacencis* est certainement l'un des premiers traités à mettre clairement en parallèle la division, à propos des *dictiones*, entre *significativa* et *consignificativa*, et la division entre *categorematica* et *sincategorematica*, à partir du critère de complétude sémantique (éd. De Rijk, *Logica Modernorum*, t. 2/II, p. 605). On rencontre également dans un traité d'Oxford, la *Logica « cum sit nostra »*, la même distinction, mais appliquée aux termes (*ibid.*, p. 445). Dans ces textes, la partition entre différents types de mots se fonde soit sur le critère sémantique de complétude, soit sur le critère sémantique strict (redéfini comme signification d'une forme), soit encore sur le critère fonctionnel (*Ars emerana, ibid.*, p. 149-150). Les logiciens terministes, s'occupant des propriétés des termes, distinguent deux types de traités, ceux qui concernent les termes *catégorématiques* et ceux qui concernent les termes *syncatégorématiques* — on notera que ces derniers ne devraient pas mériter, au sens propre, d'être appelés *termes* (voir TERME). Ces termes correspondent à une opération logique affectant la référence des termes catégorématiques (exclusion, exception, conjonction, disjonction, etc.). Certains d'entre eux, notamment les quantificateurs (*omnis*, etc.), seront néanmoins étudiés dans les traités sur les termes catégorématiques, dans la mesure où leur fonction (ici, la *distributio*) constitue une propriété de ces derniers (cf. *Tractatus* de Pierre d'Espagne). Les discussions sur l'équivocité dans le cadre des premiers commentaires sur les *Réfutations sophistiques* ont certainement contribué à solidifier l'opposition : on y distingue toujours en effet les ambiguïtés selon qu'elles concernent les termes signifiants ou les termes consignifiants (ou syncatégorématiques). On notera que la division entre catégorèmes et syncatégorèmes n'est pas superposable avec une division des classes de mots (ou « parties du discours [*partes orationis*] », selon les grammairiens). Font partie aussi bien des *dictiones syncategorematice* des noms (*solus*), des verbes (*incipit, est*), des adverbes (*necesse, non, tantum*), des conjonctions (*et, vel, si*) ou des prépositions (*preter*) (par ex. Nicolas de Paris, éd. Braakhuis, t. 2, p. 6). Par ailleurs, cette division apparaît moins opposer des classes d'expressions que des types d'usage, puisqu'un même mot peut avoir un emploi catégorématique ou syncatégorématique : c'est le cas de *totus*, ou, ce qui suscite davantage de discussions, de la copule, selon qu'elle est prise en *secundum* ou en *tertium adjacens*.

Les syncatégorèmes jouent un rôle essentiel dans la logique médiévale, dans la mesure où la présence d'un syncatégorème rend la proposition où il se trouve « exponible », c'est-à-dire analysable en plusieurs propositions qui en restituent la structure logique. Différents genres littéraires sont consacrés à l'étude de ces propositions, dites « sophismes », et aux règles qui en explicitent le fonctionnement. Un des développements originaux de la distinction catégorème/syncatégorème est l'introduction de la distinction entre signifier *per modum conceptus* et *per modum affectus*. Il apparaît ici une opposition, dans l'interprétation de cette distinction, entre la tradition parisienne et la tradition oxonienne de la logique terministe. Pour le dire rapidement, les Parisiens tendent à garder aux syncatégorèmes une signification, en distinguant les catégorèmes, signes de choses, des syncatégorèmes, signes de signes, donc termes de niveau métalinguistique. Le terme *négation*, ou *nier*, signifie proprement la négation, donc sur le mode du concept, tandis que *non* « exerce » cette opération, et donc la signifie sur le mode de l'affect, dans la mesure, dit Nicolas de Paris, où *non* « affecte » le terme auquel il est apposé (éd. Braakhuis, t. 2). Les Oxoniens tendent à vouloir gommer cette signification, pour dire que les syncatégorèmes ne « signifient pas » l'opération, par exemple la conjonction ou la disjonction, ou encore la distribution, mais l'exercent. Ils sont à la fois des *signes* d'affects et donc d'actes mentaux (au sens où c'est en étant affecté par la disjonction de deux choses que l'on dit que l'une n'est pas l'autre) et des *instruments* qui permettent au locuteur d'effectuer ces actes (par ex. Roger/Robert Bacon : « C'est de manière différente que l'homme nie et que le mot *non* nie, car l'homme nie en tant qu'agent, le mot *non* en tant qu'instrument » [éd. Braakhuis, t. 1, p. 141]).

De tous ces éléments historiques résulte une situation passablement brouillée. Chez les grammairiens, on trouve une confusion entre parties syncatégorématiques et parties indéclinables, lesquelles s'opposent aux parties catégorématiques ou déclinables (nom et pronom d'un côté, verbe et participe de l'autre). Les Modistes, au XIIIe siècle, refusent le critère sémantique : il est faux de dire que les parties syncatégorématiques n'ont pas de signification, mais ont seulement une fonction, puisque toutes les parties du discours ou constructibles doivent avoir une signification *et* une consignification ou mode de signifier (voir encadré 3, « *Modus significandi* », dans SENS). Puisqu'une partie du discours ne peut être construite que si elle possède antérieurement des modes de signifier qui la rendent constructible, il est impossible de dire que certaines auraient leur signification déterminée *ex adjunctis*, par et dans la construction. De même, on ne peut dire que la fonction (*officium*) du syncatégorème est sa signification, puisque la fonction est l'« opération propre » de la signification et ne se confond pas avec elle. Ils admettent que, si les parties déclinables renvoient à une propriété des choses, les parties indéclinables ou syncatégorèmes renvoient pour leur part à un *modus rei*, une certaine modalité des choses — certains parlent de « circonstances des choses ». Ces débats constituent, chez les « docteurs en grammaire », « une difficulté importante et un objet de dissension », atteste Michel de Marbais (ca 1280).

Au XIVe siècle, les tenants d'un langage mental vont poser une distinction entre termes catégorématiques et syncatégorématiques, tant pour les termes vocaux que pour les termes mentaux. Buridan ou Ockham gardent l'idée que les syncatégorèmes ne signifient rien *per se*, mais que, adjoints à un autre terme, ils font que celui-ci signifie ou suppose selon un mode déterminé, tel *omnis* qui, ajouté à *homo*, « fait en sorte que ce terme tienne lieu effectivement de tous les hommes ou suppose pour eux « (Guillaume d'Ockham, *Somme de logique*, t. 1, éd. et trad. fr. J. Biard, Mauvezin, TER, 1988, chap. 4). Le fait que se maintiennent les deux critères de distinction, le critère sémantique (avoir ou non un sens déterminé) et le critère fonctionnel (être ou non sujet ou prédicat), critères qui ne coïncident pas toujours, conduit un auteur comme Pierre d'Ailly à redoubler la distinction en catégorématique/syncatégorématique par la signification et catégorématique/syncatégorématique par la fonction. Ainsi les adverbes et adjectifs sont catégorématiques par leur signification (ils ont une signification pleine), mais syncatégorématiques par leur fonction (ils ne sont ni sujets ni prédicats). La copule, à l'inverse, est purement syncatégorématique par sa signification, mais catégorématique par sa fonction. Un verbe comme *curro* est dit « mixte », puisque, simple sur le plan vocal, il est « mixte » dans l'esprit : en tant qu'équivalent à *est currens*, il comporte une partie syncatégorématique en signification (*est*) et une partie catégorématique en signification (*currens*) (cf. Pierre d'Ailly, *Conceptus*, éd. L. Kaczmarek, in *Modi significandi und ihre Destruktionen*, Münster, Münsteraner Arbeitskreis für Semiotik, 1980).

III. QUELQUES PROLONGEMENTS MODERNES

Dans l'usage moderne, la distinction entre *catégorème* et *syncatégorème* s'est maintenue, mais relativement modifiée (cf. J.-L. Gardies, *Esquisse d'une grammaire pure*), ou s'est vue plus simplement remplacée par le couple *variable nominale* d'une part, *constante logique* d'autre part. Dans ses *Recherches logiques*, Husserl, s'appuyant sur les analyses de Marty, appelle *syncatégorématiques* les signes « qui n'ont une signification complète (angl. *complete significance*) que conjointement avec d'autres parties du discours, soit qu'ils aident à évoquer un concept, étant ainsi simple partie d'un nom, soit qu'ils contribuent à l'expression d'un jugement (à un énoncé) ou à la manifestation d'un mouvement affectif ou volitif (à une formule pétitive, impérative, etc.) » (cf. Marty, cité dans *Recherches logiques*, II, 2e partie, IV, p. 94 *sq.*). Par *catégorèmes*, Husserl entend les signes ou expressions déjà doués d'un sens autonome, à savoir les

1

La redéfinition de la notion de catégorie dans les grammaires catégorielles

L'histoire conceptuelle de la grammaire catégorielle reste à écrire. Elle comporte au moins trois étapes distinctes : *(a)* l'esquisse de grammaire catégorielle chez le Husserl des *Recherches logiques* ; *(b)* le retour aux catégories aristotéliciennes opéré par Stanislav Lesniewski dans les années 1920 ; *(c)* la formalisation, datant de 1935, du logicien polonais Kazimierz Ajdukiewicz (1890-1963).

Husserl, dans la *IV*[e] *Recherche logique*, prône le retour de la grammaire générale et il donne à la distinction entre significations dépendantes (*unselbstständige Bedeutungen*) et significations indépendantes (*selbstständige Bedeutungen*) une place centrale. À propos du couple *selbstständig/unselbstständig*, le traducteur (Hubert Élie) remarque qu'en français c'est « dépendant » qui est marqué, « indépendant » étant dérivé. C'est le contraire en allemand : *selbstständig* est marqué et *unselbstständig* est dérivé ou non marqué. En ce sens, celui d'une reprise du thème de la dépendance, on peut faire de Husserl un précurseur des grammaires catégorielles d'Ajdukiewicz, centrées, elles, sur la notion d'application. Il utilise l'expression « *Bedeutungskategorie* » (*ibid.*, p. 112) pour les « catégories de signification », qui ne sont probablement au sens strict ni des catégories syntaxiques ni des catégories sémantiques, Husserl ne faisant pas une différence claire entre syntaxe et sémantique (cette distinction ne devient précise en logique et sémantique que dans les années 1920-1930).

Lesniewski déclare en 1929 :

> En 1922, j'ai esquissé un concept de catégorie sémantique [cf. les *Bedeutungskategorien* de Husserl] pour remplacer la hiérarchie des types [Russell], qui m'est pratiquement contre-intuitive. [...] D'un point de vue formel, mon concept de catégorie sémantique est étroitement lié aux théories bien connues des types, spécialement en ce qui concerne leurs conséquences théoriques. Intuitivement, cependant, le concept est plus facilement relié au fil de la tradition courant à travers les catégories d'Aristote, les parties du discours des grammaires traditionnelles et les catégories de signification de Husserl. Ce concept est utilisé largement en mathématiques et notamment dans la logique mathématique [...]
>
> *Grundzüge eines neuen Systems der Grundlagen der Mathematik* [1929], *in* S. Lesniewski, *Collected Works*, p. 421-422.

Ce concept de « catégorie sémantique », dérivant des *Bedeutungskategorien* (*Logische Untersuchungen*, p. 294) comprises comme des *Bedeutungsformen* par Husserl, a été repris par Ajdukiewicz, qui, dans « *Die Syntaktische Konnexität* » (1935), cite à la fois le texte de Lesniewski de 1929 — « un moyen particulièrement simple et élégant de saisir le concept de connexion syntaxique est offert par la théorie des catégories sémantiques développées par le professeur Stanislav Lesniewski » (K. Ajdukiewicz, *Polish Logic*, p. 207) — et la *IV*[e] *Recherche logique.*

Ajdukiewicz distingue catégories syntaxiques et catégories sémantiques, et, d'autre part, insiste sur la parenté étroite entre hiérarchie des types logiques et théorie des catégories — il considère que cette dernière fournit la contrepartie sémantique de la première. Son point de départ est l'analyse de la connexion syntaxique (*syntaktische Konnexität*) dans les langues naturelles. Sa stratégie consiste à rendre compte de l'existence de suites grammaticales à l'aide de ce concept. Deux voies s'ouvrent à lui : la théorie des types de Russell et la théorie des catégories sémantiques de Husserl-Lesniewski. C'est cette seconde voie qu'il choisit, en analysant formellement le concept central de connexité syntaxique. Husserl reconnaissait une séquence de mots bien formée, *i.e.* grammaticale, à sa « signification unitaire [*einheitliche Bedeutung*] » (*Logische Untersuchungen*, p. 121). On peut donc dire que l'idée de grammaire catégorielle s'appuie principalement sur le concept de *Bedeutungskategorie*, d'une part, et, de l'autre, sur l'analyse de la *syntaktische Konnexität*, elle-même dérivée de l'*einheitliche Bedeutung*. L'idée de départ est très simple : il existe des catégories primitives, nom et phrase ; une catégorie dérivée est définie par une application sur des catégories primitives ou dérivées. Par exemple, dans *Pierre lit vite*, *lit* est de la catégorie n/p, c'est-à-dire correspond à l'application qui d'un nom (n) donne une phrase (p), et *vite* est de la catégorie n/p//n/p, c'est-à-dire de la catégorie qui appliquée à un verbe de catégorie n/p, donne un verbe de catégorie n/p. Si les motivations de Lesniewski étaient clairement ontologiques (il ne souhaitait, en bon nominaliste, ni hiérarchie russellienne de types, ni hiérarchie frégéenne de fonctions), celles d'Ajdukiewicz étaient avant tout liées à son projet d'analyse logique du langage.

Montague (1930-1971), étudiant de Tarski, a repris ce projet dans le cadre d'une formalisation mathématique rigoureuse. La notion de catégorie, cependant, perd de l'ambiguïté qu'elle possédait chez Ajdukiewicz, entre sémantique et syntaxe, pour devenir purement syntaxique — le concept de type, transformé et modifié, jouant le rôle de contrepartie sémantique de la catégorie : il s'agit d'établir une correspondance entre les catégories d'une langue naturelle et les types d'une logique intensionnelle (R. Montague, *Formal Philosophy*, p. 260-261). On a pu remarquer que cet usage de Montague rendait la filiation problématique, car, là où Ajdukiewicz utilise *semantische Kategorie*, Montague se sert de l'expression *syntactic category!* (B. Godard-Wendling, « Montague et les catégories d'Ajdukiewicz », p. 159). Depuis une quinzaine d'années, on assiste à un fort développement de l'intérêt pour les grammaires catégorielles (cf. F. Nef, « Formal Grammar » ; P. Simons, « Categorial Grammar », 1991), sans qu'elles aient pour l'instant obtenu des philosophes l'attention qu'elles méritent.

Frédéric NEF

BIBLIOGRAPHIE

AJDUKIEWICZ Kazimierz, *Polish Logic*, Oxford, Clarendon Press, 1967.

GODARD-WENDLING Béatrice, « Montague et les catégories d'Ajdukiewicz », *Travaux de logique*, 13, Neuchâtel, 1999, p. 159-175.

HUSSERL Edmund, *Logische Untersuchungen* [1913], Tübingen, Niemeyer, 1928 ; *Recherches logiques*, 2 vol., trad. fr. H. Élie, PUF, 1959-1963.

LESNIEWSKI Stanislav, *Grundzüge eines neuen Systems der Grundlagen der Mathematik*, 1929, *in* LESNIEWSKI 1992, p. 410-605.

— *Collected Works*, 2 vol., La Haye, Nijhoff, 1992.

MONTAGUE Richard, *Formal Philosophy*, Yale UP, 1974.

NEF Frédéric, « Formal Grammar », *in* H. BURKHARDT et B. SMITH (éd.), *Handbook of Metaphysics and Ontology*, Munich, Philosophia, 1991.

— « La lecture par Brentano des catégories aristotéliciennes et l'ontologie formelle », *Travaux de logique*, 13, Neuchâtel, 1999, p. 63-92.

SIMONS Peter, « Categorial Grammar », *in* H. BURKHARDT et B. SMITH (éd.), *Handbook of Metaphysics and Ontology*, Munich, Philosophia, 1991, p. 127-128.

— « Logic in the Brentano School », *in* L. ALBERTAZZI, M. LIBARDI et R. POLI (éd.), *The School of Brentano*, La Haye, Nijhoff, 1996, p. 305-322.

noms, « expressions catégorématiques de représentations » (all. *Vorstellungen*, angl. *presentations*), et les énoncés (angl. *propositions*), « expressions catégorématiques de jugements ». Tout en reprenant le critère d'autonomie sémantique, Husserl s'écarte donc de l'usage ancien, en retenant comme catégorèmes non plus le nom et le verbe, mais le nom et la proposition. La rencontre entre les diverses traditions qui portent le geste de Husserl a été explicitement assumée par Lesniewski, qui explique lui-même que sa théorie des *semantische Kategorien* (catégories sémantiques) est fondée sur la notion aristotélicienne de « catégorie », celle de « partie du discours » des grammairiens, en dehors de celle de « catégorie de signification » (*Bedeutungskategorien*) propre à la grammaire pure projetée par Husserl lui-même (*Grundzüge eines neuen Systems der Grundlagen der Mathematik*, in *Fundamenta mathematicae*, t. 14, Varsovie-Paris, 1929, p. 14).

♦ Voir encadré 1.

Le privilège accordé au critère d'autonomie sémantique peut conduire à ne considérer comme catégorèmes que les propositions – par un glissement remarquable, le seul fait que des auteurs aussi variés que Platon, Arnauld ou Wittgenstein ne voient de sens que dans la proposition complète conduit ainsi à leur attribuer l'idée que le nom est un syncatégorème et que la proposition est seule à avoir un statut catégorématique. Parallèlement, aux divers critères ont été souvent associés des couples de termes : par exemple, en anglais, au critère syntaxique, l'opposition *syncategorematic/categorematic term* (cf. les définitions standard : *a term that cannot/can stand as the subject or the predicate of a proposition but must be used in conjunction with other terms* [terme qui ne peut pas constituer le sujet ou le prédicat d'une proposition, mais doit être utilisé en association avec d'autres termes / terme qui peut constituer le sujet ou le prédicat d'une proposition] au critère d'autonomie sémantique, l'opposition, également adjectivale, *synsemantic/autosemantic* (definition standard : *a word or phrase meaningful only when it occurs in the company of other words / meaningful in isolation, independent of context* [mot ou expression qui n'a de sens qu'accompagné d'autres mots / qui a un sens isolément, indépendamment de tout contexte]). Finalement, les définitions modernes font bien intervenir les trois critères que nous mentionnions en commençant (y compris le critère sémantique strict : *Not included among the categories of Aristotle and therefore incapable of serving as a categorical term* [Ne figurant pas parmi les catégories d'Aristote, donc ne pouvant fonctionner comme terme catégorématique]), qui sont associés de manière plus ou moins synthétique avec les notions techniques de *constante logique* et de *variable* (cf. par ex. *The Oxford Companion to Philosophy* : « *The word* syncategorematic *now has no technical utility, but is sometimes applied to logical constants or other topic-neutral expressions, such as "not", "every", "if", "was", "must", "be"* [Le mot *syncatégorématique* n'a aujourd'hui aucune utilité technique, mais on l'applique parfois aux constantes logiques ou à d'autres expressions indifférentes au contenu, telles que "non", "tout", "si", "était", "doit", "être"] »).

Alain de LIBERA, Jean LALLOT,
Irène ROSIER-CATACH

BIBLIOGRAPHIE

APOLLONIUS DYSCOLE, *De la construction*, 2 vol., t. 1, intr., texte et trad. fr. J. Lallot, t. 2, notes et index J. Lallot, Vrin, 1997.

BRAAKHUIS Henricus A.G., *De 13de eeuwse tractaten over syncategorematische termen : inleidende studie en uitgave van Nicolaas van Parijs' Sincategoreumata* [*dissertation Leyde*], 2 vol., Meppel, Krips Repro, 1979.

DE RIJK Lambertus Marie, *Logica Modernorum*, Assen, Van Gorcum, t. 1, 1962, t. 2, 1967.

GARDIES Jean-Louis, *Esquisse d'une grammaire pure*, Vrin, 1975.

HUSSERL Edmund, *Logische Untersuchungen* [1913], Tübingen, Niemeyer, 1928 ; *Recherches logiques*, 2 vol., trad. fr. H. Élie, PUF, 1959-1963.

KRETZMANN Norman, « Syncategoremata, exponibilia, sophismata », *in* N. KRETZMANN *et al.*, *The Cambridge History of Later Mediaeval Philosophy*, Cambridge UP, 1982, p. 211-245.

LIBERA Alain de, « La littérature des *Abstractiones* et la tradition logique », *in* P.O. LEWRY (dir.), *The Rise of British Logic*, Toronto, Pontifical Institute of Mediaeval Studies, 1985, p. 64-114.

MAIERÙ Alfonso, *Terminologia logica della tarde scolastica*, Rome, Ed. dell'Ateneo, 1972.

ROSIER Irène, *La Parole comme acte*, Vrin, 1994.

OUTILS

HONDERICH Ted (éd.), *The Oxford Companion of Philosophy*, Oxford UP, 1995.

T

TABLEAU

gr.	*zôgraphêma* [ζωγράφημα], *pinax* [πίναξ]
lat.	*tabula*
all.	*Malerei, Gemälde, Bild*
angl.	*picture, painting*
it.	*quadro*

► ART, BILD, COLORIS, DESCRIPTION, DISEGNO, ESTHÉTIQUE, HOMONYME, MIMÊSIS, PLASTICITÉ

Le ton est très exactement donné par Lord Shaftesbury lorsqu'il affirme que « nous donnons le nom de tableau *à quelque ouvrage de peinture, quand cet ouvrage est en effet une pièce unie et simple, comprise dans une telle vue et formée selon une certaine intelligence ou Dessein unique, qui fait qu'elle est en elle-même un véritable tout, par une relation mutuelle et nécessaire de toutes ses parties, semblables à celles des membres d'un corps »* (Idée ou Raisonnement du tableau historique du Jugement d'Hercule suivant Prodicus, *1712, in* Larthomas, *t. 2, p. 629). L'examen du vocabulaire dans les différentes langues atteste la plus ou moins grande conscience de cette autonomie à la fois matérielle et formelle.*

I. « ZÔGRAPHÊMA », « PINAX », « TABULA », « TABLEAU »

« Si d'autre part, nous comparons les premiers noms à des dessins (*grammasin* [γράμμασιν]), il est possible, comme dans le cas des tableaux (*zôgraphêmasin* [ζωγραφήμασιν]), de leur donner toutes les couleurs et les formes qui conviennent, ou bien de ne pas les donner toutes et de faire quelques omissions ou quelques ajouts, en nombre et en taille » : sans entrer dans la diversité du vocabulaire de ce riche passage du *Cratyle* (431c), on peut souligner l'occurrence de *zôgraphêma* [ζωγράφημα] qui désigne le tableau en tant qu'il porte une représentation — littéralement : l'écriture, la représentation de l'être vivant —, plutôt que l'objet-tableau. *Zôgraphia* [ζωγραφία] signifie à la fois l'art de peindre et le tableau, comme l'atteste un passage de *Phèdre* où Platon compare à nouveau l'écriture à la peinture (275c).

C'est le mot *pinax* qui, plus tardivement, désignera l'objet-tableau. Il ne renvoie plus au modèle vivant, mais au support. Le terme (qu'on rapproche du vieux slave *pĭnĭ*, tronc d'arbre, bûche) désigne d'abord une planche (*Odyssée*, XII, 67), une assiette ou un plat (à l'origine en bois), puis le plus souvent les tablettes pour tracer les signes (dès l'*Iliade*, VI, 169), la carte géographique où les astronomes ioniens commencèrent à dessiner « la figure du monde habité », pour reprendre une expression de J.-P. Vernant, puis les tablettes votives et les tableaux. Ex-voto et tableau, au premier abord, semblent pouvoir être confondus dans la mesure où la majeure partie des tableaux grecs dont il est question dans la littérature figure dans les salles de tableaux des temples, les pinacothèques, à commencer par celle décrite par Pausanias que contenait l'aile nord des Propylées de l'Acropole d'Athènes. Mais il est fait aussi allusion à la présence de tableaux dans des maisons particulières et à des visites d'atelier de peintres (Zeuxis, Protogène et Apelle). Les nombreux détails que l'on peut glaner dans l'ensemble de textes réunis dans le recueil Milliet (Adolphe Reinach, *La Peinture ancienne*, Macula, 1985) attestent les conditions institutionnelles naissantes du tableau, dont l'origine est certes religieuse, mais qui tend à prendre une relative autonomie, puisque, outre la rareté des sujets religieux et l'emprunt fréquent à la littérature (Homère au premier chef), les œuvres procèdent des commandes des cités, des rois, ou sont exécutées en vue d'un concours (ainsi la célèbre joute entre Zeuxis et Parrhasios ; cf. Pline l'Ancien, *Histoire naturelle*, XXXV, 64).

Les premiers tableaux semblent avoir été des fragments de murs prélevés sur des édifices (dès les Grecs, même s'il faut se contenter, pour cette conjecture, de la description par Pline de l'extraction à Rome d'une fresque de brique dont le fragment fut assorti d'un cadre de bois ; *Histoire naturelle*, XXXV, 49), ce qui engendra naturellement l'idée de peinture mobile, faite sur un support de pierre, de marbre, de terre cuite, d'ardoise et de bois. Les tableaux de bois sont attestés, semble-t-il, dès la Pinacothèque des Propylées. La toile, elle, semble d'abord avoir été utilisée dans les théâtres depuis Agatharchos (ainsi du faux rideau peint de Parrhasios qui trompa Zeuxis après qu'il eut présenté ses raisins, cf. Pline, XXXV, 64). On date l'émergence de la peinture sur toile de l'époque de Néron, en se fondant sur le récit de Pline selon lequel une peinture gigantesque de l'empereur fut détruite par la foudre (*Histoire naturelle*, XXXV, 51). Le support sur lequel est apposée la peinture devient un fragment autonome, transportable, exposable, fermé sur lui-même mais ouvert à la possibilité d'une composition unitaire, organique. La plupart des significations de *pinax* passent dans le latin *tabula* (planche, échiquier, *tabula votiva*, *tabula picta*, etc.) et son diminutif *tabella* (petite planche, tablette à écrire, *tabella picta*, etc.). Sur cette base,le français a construit une gamme importante d'unités lexicales : tablature (*tabulatura* en latin médiéval), table, tableau, tableautin, tablette, tablier des échecs, etc.

II. LA SPÉCIFICITÉ DU « TABLEAU »

Les subtilités lexicales qui distinguent le cadre et le tableau facilitent la pensée. Dans un cas, il s'agit de discerner la limite abstraite du tableau (comparable au contour des figures) en le différenciant de cet objet plus ou moins large, le cadre, qui représente, lorsqu'il existe, une sorte de *no man's land* entre le monde du tableau et l'environnement de l'accrochage. Dans l'autre, il s'agit de mettre en évidence les propriétés matérielles et formelles qui définissent les conditions spécifiques de la peinture, le mode de manifestation de ce médium dans le réel. Lorsque Lord Shaftesbury rédige son *Idée ou Raisonnement du tableau historique du Jugement d'Hercule suivant Prodicus* en 1712, c'est pour proposer au peintre Paolo de Matteis le « scénario » de l'exécution d'un tableau allégorique que celui-ci réalise la même année (*Hercule à la croisée des chemins*, Ashmoleon Museum). Le philosophe britannique en profite pour réfléchir sur le médium pictural : « Avant que d'entrer dans l'examen de notre Esquisse, ou *Tableau* projeté », il faut savoir ce que « par le mot de *Tableau* nous désignons conformément au mot latin de *Tabula* ». Or, s'il est en position de donner une définition précise de la chose (différence matérielle vis-à-vis de la fresque et caractère organique), c'est non seulement qu'il est en train de développer sa conception des arts plastiques, mais encore qu'il est aidé en cela par la nécessité où il se trouve de parler français pour communiquer avec son ami italien, chacun ignorant la langue de l'autre. On peut le constater *a contrario* dans la traduction en anglais, embarrassée, que le philosophe exécute ultérieurement : « *it may be proper to remark, that by the word Tablature (for which we have yet no name in English, besides the general one of picture), we denote, according to the original word Tabula*... [par le mot *Tablature* puisque nous n'avons pas encore de nom en anglais, hormis celui, général, de peinture]... ».

L'histoire ultérieure de la notion de tableau montre que la conscience de sa spécificité se développe à partir d'une réflexion sur les conditions d'apparition de la peinture (essentiellement la planéité), mais en appelant un resserrement supplémentaire sur le tableau comme détermination de ces propriétés. La plupart des définitions traditionnelles, classiques, de la peinture, celle de Raffaello Borghini (1584), de Nicolas Poussin (« une imitation faite avec des lignes et couleurs en quelque superficie de tout ce qui se voit dessous le soleil, sa fin est la délectation », *Lettre à Fréart de Chambray*, Rome, 1er mars 1665), ou de Roger de Piles (« l'imitation des objets visibles par le moyen de la forme et des couleurs », *Cours de peinture*, 1708, p. 8), etc. renvoient au « concept général » de tableau, comme le dit Shaftesbury. La définition de Shaftesbury introduit au contraire un concept spécifique. C'est ce même concept spécifique qu'on retrouve dans la définition de Taine : « Un tableau est une surface colorée, dans laquelle les divers tons et les divers degrés de lumière sont répartis avec un certain choix ; voilà son être intime [...] » (*Philosophie de l'art*, 1864-1869, p. 453). Celle-ci fera école, comme le montre son emprunt par Maurice Denis dont la fameuse injonction est aujourd'hui le précepte de maint plasticien :

> Se rappeler qu'un tableau — avant d'être un cheval de bataille, une femme nue, ou une quelconque anecdote — est essentiellement une surface plane recouverte de couleurs en un certain ordre assemblées.
>
> *Art et Critique*, 23 et 30 août 1890, *Le Ciel et l'Arcadie*, p. 4.

C'est sans doute dans ce que Denis dit de Cézanne que ce resserrement conceptuel atteint son point culminant. Après avoir rappelé la boutade de Gauguin : « Rien ne ressemble plus à une croûte qu'un chef-d'œuvre », il ajoute : « Bonne ou mauvaise, la toile de Cézanne est véritablement un tableau » (« Cézanne », *L'Occident*, septembre 1907, *Le Ciel et l'Arcadie*, p. 132).

III. LES ÉQUIVALENTS APPROXIMATIFS DE « TABLEAU » DANS LE VOCABULAIRE EUROPÉEN

L'anglais, qui a *table* et *tablet* (plaque commémorative), n'utilise *tableau* qu'au pluriel (*tableaux* ou *tableaus*) pour parler du tableau vivant. Quand on considère les potentialités sémantiques que recèlent les données lexicales des différentes langues européennes, on rencontre de grandes disparités. Seuls le français et l'italien (*quadro*, du latin *quadra*, carré) disposent d'un terme spécifique pour désigner l'objet-tableau — mais l'un insiste sur le support, l'autre sur sa limite (le *cadre* en français).

♦ Voir encadré 1.

La richesse en extension du vocabulaire n'implique pas nécessairement une plus grande souplesse en compréhension. L'allemand dispose d'une double gamme de termes, mais pas d'un terme spécifique : d'un côté, *Malerei* et *Gemälde*, qui, désignant à la fois la peinture comme art, le tableau et le portrait, se déclinent à partir de *Mal* (la tache, la marque, le signe) ; de l'autre, *Bild* qui signifie image, tableau et figure. À noter que le tableau (noir), la table ou la tablette se dit *Tafel* (qui s'emploie aussi en un sens figuré : *ein Tafel der Zeit*, « une chronologie »).

L'anglais n'a pas non plus de terme spécifique, mais utilise tantôt *painting*, qui a, comme peut l'avoir « peinture » en français, le sens technique du support de peinture (*painting in oils*), mais aussi le sens figuré de « description » ; tantôt *picture* qui désigne aussi bien l'« objet-tableau », (*Pictures from an Exhibition* [*Les Tableaux d'une exposition*], de Moussorgsky) que ce qu'il dénote, l'« image » (*The Picture of Dorian Gray* [*Le Portrait de Dorian Gray*], d'Oscar Wilde). C'est par la surdétermination contextuelle, particulièrement lorsqu'il s'agit d'un texte philosophique, que les nuances entre les deux termes s'affinent, comme l'atteste ce passage de *Langages de l'art* de Nelson Goodman :

> Un tableau (*painting*) du château de Malborough par Constable ressemble plus à n'importe quelle image (*picture*) qu'au château [de Marlborough], et cependant il représente le château [de Marlborough] et pas une autre image, pas même la copie la plus fidèle. [...] une image (*picture*) peut en représenter une autre et, de ce fait, chacune des peintures autrefois populaires (*popular paintings*) des galeries d'art en représente de nombreuses autres.
>
> *Langages de l'art*, p. 34-35.

Dominique CHATEAU

BIBLIOGRAPHIE

DENIS Maurice, *Le Ciel et L'Arcadie*, Hermann, « Savoir : sur l'art », 1993.

GOODMAN Nelson, *Langages de l'art*, trad. fr. J. Morizot, Nîmes, Jacqueline Chambon, « Rayon-art », 1990.

PLATON, *Cratyle*, texte établi et traduit par L. Méridier, Les Belles Lettres, « CUF », 1989.

PLINE, *Histoire naturelle*, XXXV, trad. fr. J.-M. Croisille, Les Belles Lettres, « CUF », 1985.

POUSSIN Nicolas, *Lettres et Propos sur l'art*, Hermann, « Savoir », 1989.

REINACH Adolphe, *La Peinture ancienne*, recueil Milliet, Macula, « Deucalion », 1985.

SHAFTESBURY Anthony Ashley Cooper, Lord of, *Idée ou Raisonnement du tableau historique du Jugement d'Hercule suivant Prodicus* (1712), *in* LARTHOMAS Jean-Paul, *De Shaftesbury à Kant*, Atelier national de reproduction des thèses, Diffusion Didier érudition, t. 2, 1985.

TAINE Hyppolite, *Philosophie de l'art* (1864-1869), Fayard, « Corpus des œuvres de philosophie en langue française », 1985.

VERNANT Jean-Pierre, *Les Origines de la pensée grecque*, PUF, 1962.

TALAṬṬUF

ARABE – fr. *habileté salutaire*

lat. *solertia, sapientia, sagacitas*

► *RUSE*, et DIEU, HISTOIRE UNIVERSELLE, INGENIUM, MÊTIS, PHRONÊSIS, *PRUDENCE*, *SAGESSE*

Dans le Coran, Allah est rusé et capable de manigancer plus astucieusement que ses adversaires (III, 54). Il est aussi laṭīf [اللطيف], *mot ambigu que l'on peut traduire,*

1

« Cadre », « encadrement », « corniche », « cornice »

Le mot *cadre* signifie à la fois la limite dans laquelle la scène du tableau est enclose et l'élément (traditionnellement) en bois entourant le châssis, ce dernier pouvant être également appelé *encadrement*. Au XVIIe siècle, on emploie le terme de *corniche* (ornement en saillie), comme l'atteste la célèbre lettre (28 avril 1639) où Poussin demande à Chantelou d'« orner d'un peu de corniche » un tableau qu'il lui a envoyé, « car il en a besoin, afin que, en le considérant en toutes ses parties, les rayons de l'œil soient retenus et non point épars au dehors, en recevant les espèces des autres objets voisins qui, venant pêle-mêle avec les choses dépeintes, confondent le jour ». L'italien appelle justement *cornice* le cadre et l'encadrement (qui peut se dire également *incorniciatura*), tandis que *quadro* n'est utilisé que pour *cadre* au sens figuré — par exemple, le cadre historique d'une œuvre. Poussin emploie incidemment l'italianisme *quadres* pour parler d'une fresque indépendamment des corniches en stuc qui l'encadrent. *Frame*, en anglais, désigne indifféremment le cadre et son encadrement ; ce mot, le plus souvent dans les textes théoriques (Arnheim, Schapiro, etc.), a pour synonymes *limit, boundary* ou *border*. Ce dernier, suivant le contexte, signifie aussi l'encadrement, comme dans ce texte de Gombrich : « Le cadre (*frame*), ou l'encadrement (*border*), délimite le champ de force [du tableau], dont le vecteur de significations augmente en direction du centre » (*The Sense of Order*, p. 157). À noter le distinguo grec, auquel Kant a recours au § 14 de la *Critique de la faculté de juger*, entre *ergon* (œuvre) et *parergon* (ornement, « c'est-à-dire ce qui ne fait pas partie intégrante de la représentation tout entière de l'objet »), cette dernière catégorie incluant les cadres des tableaux (*Einfassungen der Gemälde*).

BIBLIOGRAPHIE

ARNHEIM Rudolph, *The Power of the Center*, Berkeley - Los Angeles - Londres, University of California Press, 1982.

GOMBRICH Ernst, *The Sense of Order*, Ithaca, N.Y., Cornell UP, 1979.

KANT Emmanuel, *Kritik der Urteilskraft*, 1790 ; trad. fr. A. Philonenko, Vrin, 1974.

POUSSIN Nicolas, *Lettres et Propos sur l'art*, Hermann, « Savoir », 1989.

SCHAPIRO Meyer, « On some Problems in the Semiotic of Visual Arts, Field and Vehicle in Image-Signs », *Semiotica*, I, 3,1969.

entre autres, par « gracieux » (cf. D. Gimaret, Les Noms divins en islam, *p. 391-394). L'idée de « subtilité »* (luṭf [اللطف]) *associe les deux idées : il mène les choses là où il veut qu'elles aillent, mais opère en douceur. Les « Frères Sincères » (seconde moitié du X*e *siècle) appliquent l'idée à la succession des générations des vivants : la sagesse divine et la providence du Seigneur ont astucieusement arrangé* (talaṭṭafa [تلطّف]) *la permanence des espèces puisque l'individu ne pouvait subsister toujours* (Épîtres, *IV, 1 [42], t. 3, p. 475). Ils reprennent par là une idée venue d'Aristote* (De l'âme, *II, 4, 415a 29-b 7 ; trad. ar., éd. A. Badawi, p. 37* sq.), *mais ajoutent l'idée de ruse.*

Averroès (mort en 1196) utilise le verbe pour dire la façon astucieuse dont la providence divine a assuré une continuité entre la puissance pure et l'acte pur en plaçant entre les deux la puissance selon le lieu, la seule que possèdent les corps célestes (*Épitomé de la Métaphysique*, 3, éd. Jéhamy, p. 110). Le verbe figure également dans un passage capital du *Traité décisif*: Allah, « s'est arrangé » pour que ceux qui sont incapables d'accéder au savoir apodictique puissent avoir part aux vérités par l'entremise d'images (éd. L. Gauthier, p. 18, 4 ; éd. M. Geoffroy, § 38, p. 141 — l'expression échappe aux traducteurs, qui rendent « faire la grâce de... »). Maïmonide (mort en 1204) utilise le terme dans le cadre d'une théologie de l'histoire : Dieu n'a pas mené directement Israël à affronter les peuples de Canaan, mais a fait un détour par quarante ans au désert. La vie rude a durci le peuple amolli par sa captivité égyptienne et l'a entraîné aux vertus guerrières, le rendant ainsi capable de conquérir la Terre promise. De même, la Loi de Moïse n'impose pas de sauter directement d'une habitude invétérée à un culte purement spirituel, mais ménage des degrés (*Guide des égarés*, III, 32, éd. ar. Y. Joël, p. 383-386, trad. fr. S. Munk, p. 249-254 ; cf. S. Pinès, *La Liberté de philosopher. De Maimonide à Spinoza*, p. 115-120). L'idée de concessions pédagogiques de Dieu à la faiblesse des hommes se trouve chez plusieurs Pères de l'Église : l'adaptation chez Tertullien, puis Augustin, la condescendance (*sugkatabasis* [συγκατάϐασις]) chez Justin, Jean Chrysostome, etc. Il y a bien là basis, une grâce, mais l'idée d'une ruse n'est pas explicite. Les textes des « Frères Sincères » et d'Averroès n'ont pas été connus en Europe avant le XIXe siècle, mais Maimonide a été traduit en latin. Le mot-clé est rendu par des expressions qui associent *solertia*, *sapientia* et *sagacitas* (trad. lat. J. Buxtorf, p. 431). Hegel s'est peut-être souvenu des idées de Maïmonide lorsqu'il formula l'idée de « ruse de la raison (*List der Vernunft*) », en particulier en philosophie de l'histoire : la raison utilise à ses fins des passions qui n'ont nullement l'intention de la servir (*Leçons sur la philosophie de l'histoire*, Introduction, éd. Glockner, t. 11, p. 63 ; trad. fr. J. Gibelin, p. 32 *sq.*).

Rémi BRAGUE

BIBLIOGRAPHIE

ARISTOTE, *De l'âme*, trad. ar., éd. A. Badawi, Koweit, Wakâlat al-Matbû'ât, Beyrouth, Dâr al-Qalam, 1953.

AVERROÈS, *Épitomé de la Métaphysique*, éd. ar. G. Jéhamy, Beyrouth, Dâr al-fikr al-lubnânî, 1994.

— *L'Accord de la religion et de la philosophie. Traité décisif*, éd. et trad. fr. L. Gauthier, Alger, 1948 ; réimpr. Vrin, 1983 ; *Le Livre du discours décisif*, éd. et trad. fr. M. Geoffroy, Flammarion, « GF », 1996.

FRÈRES SINCÈRES, *Épîtres*, éd. ar. B. al-Bustani, Beyrouth, Dâr Beyrouth li-l-tabâ'a wa-l-nashr, 1983.

GIMARET Daniel, *Les Noms divins en islam*, Cerf, 1988.

HEGEL Georg Wilhelm Friedrich, *Vorlesungen über die Philosophie der Geschichte*, in *Sämtliche Werke*, éd. H. Glockner, 20 vol., Stuttgart, 1927-1930, t. XI ; *Leçons sur la philosophie de l'histoire*, trad. fr. J. Gibelin, Vrin, 1998.

MAIMONIDE, *Guide des égarés*, éd. ar. Y. Joël, Jérusalem, Junovitch, 1929 ; trad. fr. S. Munk, 3 vol., Maisonneuve et Larose, 2003 ; trad. lat. J. Buxtorf, Bâle, 1529.

PINÈS Shlomo, *La Liberté de philosopher. De Maïmonide à Spinoza*, éd. et trad. fr. R. Brague, Desclée de Brouwer, 1997.

TALENT

gr.	*talanton* [τάλαντον]
lat.	*talentum*
esp.	*talento, talante*
it.	*talento*

► *DÉSIR*, et AIMER, ART, GÉNIE, GOÛT, INGENIUM

Le mot latin talentum *appartint d'abord par le grec au vocabulaire des poids et des monnaies. L'ancien français* « talent » appartient à celui du désir et de la volonté, avant de prendre le sens de « capacité » et d'« aptitude ». Les trois langues romanes que sont l'espagnol, l'italien et le français ont aujourd'hui chacune sa référence propre à tel ou tel de ces différents lexiques. Dans le français contemporain, talent ne désigne plus autre chose que « don » ou « aptitude », tandis que l'italien talento a gardé, outre ce sens-là, celui de « goût » et d'« inclination ». L'espagnol, où talento désignait au XVIe siècle à la fois « désir » et « aptitude » s'est donné par la suite un doublet, talante, qui, plus proche de son étymon grec, signifie « désir » et « penchant ». Ainsi échappe-t-il à la déperdition sémantique qui affecte, à ce propos, le français.

I. L'ÉVOLUTION DU FRANÇAIS « TALENT »

Dans l'ancien français, *talent* (comme *talan* ou *talen* en provençal) avait le sens de « désir », de « penchant », d'« attrait érotique » : *avoir en talent*, c'est-à-dire « désirer, avoir envie de » ; *faire son talent d'une femme*, « connaître la jouissance avec elle » ; *atalenter*, « plaire, convenir à », puis « inspirer le désir » ; *atalentement*, « goût, amour, affection pour quelqu'un » ; *talentif ou talentos*, « pris d'un désir ardent » ; *maltalent*, « mauvais vouloir, désaffection », composé qu'on retrouve jusque chez Voltaire. Dans un des *Lais* de Marie de France, une reine, furieuse de voir un jeune chevalier repousser ses avances, lui déclare : « On m'a souvent répété que des femmes vous n'avez talent. » Ce sens, prédominant dans la littérature des trouvères comme des troubadours, a été perdu à partir de la Réforme et au début du XVIIe siècle au profit de celui de capacité, d'aptitude, de disposition naturelle ou acquise : « Soyez plutôt maçon, si c'est votre talent » (Boileau).

Ces deux significations, qui se sont succédé en français, alors qu'elles se sont maintenues l'une et l'autre en italien et en espagnol, représentent en quelque sorte la bifurcation d'une métaphore liée au même signifié originaire. Le mot *talent*, en effet, semble avoir été emprunté, à travers le parler hellénique de Marseille, au grec classique, qui désignait le plateau de la balance, puis le poids qui fait pencher celui-ci, et une somme d'or ou d'argent d'un certain poids (entre 20 et 27 kg). Ainsi en est-il arrivé à signifier la décision qui arrache la volonté à l'indifférence et lui fait exprimer un choix déterminé, puis l'attirance ou l'inclination pour un être ou un plaisir représentant l'objet d'un tel choix. À ce stade de son évolution sémantique et compte tenu de son étymologie, *talent* serait assez bien traduit en français moderne par « penchant », qui désigne « un sentiment d'amour ou de sympathie pour quelqu'un », si ce n'est que ce mot a aussi le sens vieilli de « déclin » (« être sur son penchant ») et qu'il prend souvent une connotation moralisatrice (« les mauvais penchants »).

Du sens premier du grec dérive celui que la rhétorique chrétienne exploitera en relation avec la parabole de l'évangile de Matthieu (XXV, 14 *sq.*), dans laquelle, de trois serviteurs à qui le maître a confié des talents (un certain poids d'or ou d'argent), deux font fructifier les leurs, tandis que le troisième se contente d'enfouir le sien en terre. Ce sens-là, qui s'était maintenu depuis les premiers siècles dans le latin ecclésiastique *talentum* (saint Jérôme lui fait désigner le « don de Dieu » ou la « grâce » et Calvin le « don du Saint-Esprit »), allait réapparaître à la Renaissance, éclipsant dans le français d'alors le sens jusque-là prégnant de désir et d'attrait amoureux.

II. LE DOUBLE SENS DANS L'ITALIEN ET L'ESPAGNOL MODERNES

L'italien actuel *talento* conserve, en même temps que celui d'« aptitude », le sens de « talent » propre à l'ancien français, mais surtout dans la langue littéraire. Le mot — qui s'applique alors plutôt à des activités artistiques — s'entend au sens ambigu et composite de « don » ou de « goût particulier », avec ce présupposé que la disposition suscite l'inclination.

Dans la langue castillane du XVIe siècle, le mot *talento* possède aussi tantôt le sens de « désir » ou d'« inclination », tantôt celui de « capacité » ou de « don naturel ». En effet, Thérèse d'Avila parle des « désirs et talents (*deseos y talentos*) » nécessaires aux postulants à la vie religieuse (*Fondations*, 27, 12), et Jean de la Croix évoque « *las inclinaciones y talentos de las personas* (les penchants et les talents des personnes) » (*Montée du Carmel*, 2, 26, 14). Ces rapprochements entre *talentos* et *deseos* ou *inclinaciones* indiquent bien l'appartenance du premier de ces termes au registre du désir. Cependant, le second sens de capacité et d'aptitude va apparaître à cette même époque. César Oudin, interprète du roi Henri IV et premier traducteur de *Don Quichotte*, donne, dans son célèbre dictionnaire bilingue, *Tesoro de las dos lenguas española y francesa* (1607 ; dernière édition, 1675), la définition suivante (avec l'orthographe de l'époque) : « Talent, m. *Talent qui valoit six cens escus*. Item, *Inclination, valeur*. »

Le dictionnaire étymologique de J. Corominas signale que *talento* revêt alors le double sens de « don naturel qu'il faut cultiver » et de « disposition, penchant » et « volonté ». Cette dernière acception se serait généralisée sous l'influence de « la tendance ecclésiastique à considérer comme plus importante la bonne volonté que l'intelligence », mais sous la forme lexicale de *talante*, « empruntée directement au grec par l'intermédiaire du latin vulgaire », tandis que le sens de « don naturel » passa dans les langues vulgaires à la Renaissance et sous l'influence de la prédication religieuse de la Réforme et de la Contre-Réforme, mais en prenant « la forme semi-savante de *talento*, empruntée au latin classique ». À propos de ce dernier terme, les dictionnaires, tels que ceux de R.J. Dominguez (1878) et de la Real Academia española (1991), ignoreront désormais le sens de « penchant, inclination » ou « désir ». *Talento* est donc réservé pour le sens d'« aptitude ». Et, pour celui de « désir » ou de « penchant », on utilise plutôt *talante* (acception qu'on peut rapprocher de l'expression moderne courante *de buen* [*o mal*] *talante*, c'est-à-dire « de bonne [ou de mauvaise] grâce »). Le dictionnaire de la Real Academia signale que *talento* a aussi un sens qui n'appartient pas au français *talent*, celui d'« entendement » (*entendimiento*) ou de « puissance de l'âme ».

Charles BALADIER et Bernard SÉSÉ

BIBLIOGRAPHIE

LAVIS Georges, *L'Expression de l'affectivité dans la poésie lyrique française du Moyen Âge (XIIe-XIIIe s.)*, Bibliothèque de la Faculté de philosophie et lettres de l'Université de Liège, 1972.

OUTILS

COROMINAS Joan et PASCUAL José A., *Diccionario crítico etimológico castellano e hispánico*, 6 vol., Madrid, Gredos, 1961, nouv. éd., 1984-1991.

REAL ACADEMIA ESPAÑOLA, *Diccionario de la lengua española*, 2 vol., Madrid, Espasa-Calpe, 21e éd., 1992.

TATSACHE / TATHANDLUNG ALLEMAND – fr. *fait*

lat. *factum*
all. *Faktum*
angl. *fact*

► *FAIT*, et *ACTE*, ACTE DE LANGAGE, CONSCIENCE, ES, EXPÉRIENCE, GEGENSTAND, JE, MATTER OF FACT, OBJET, PRAXIS, RÉALITÉ, VÉRITÉ

Tatsache *est originellement le terme proposé par les traducteurs allemands du XVIIIe siècle pour traduire* fact, *concept récurrent dans la philosophie empiriste anglaise : il renvoie alors à l'expérience réelle, à l'événement ou aux données factuelles dont toute connaissance véritable doit tirer sa légitimité. Par la suite, Kant, désireux de délester le terme de sa signification trop directement dépendante des thèses empiristes, en propose une définition inédite : le fait ou* Tatsache *devient l'objet dont on peut prouver la validité objective, soit, dans le contexte kantien, tout concept auquel peut correspondre une intuition dans une expérience possible. Ce changement de signification est évidemment fonction de la théorie de la connaissance que Kant entend opposer à l'empirisme. Il ne poserait pas de problème de traduction si Kant n'opposait à* Tatsache *le terme* Faktum, *deux mots que le français rend pareillement par* fait. *Fichte tentera de surmonter l'opposition entre* Faktum *et* Tatsache, *qui renvoie à une difficulté du jugement synthétique* a priori *(implique-t-il ou non une intuition ?), en recourant au néologisme* Tathandlung, *fondé pour les besoins de la* Doctrine de la science. *Cette expression de* Tathandlung, *sur la traduction duquel les traducteurs français ne s'accordent pas, engage toute la philosophie de Fichte, et par-delà celle-ci, produit une nouvelle définition du savoir qui influencera tous les penseurs de ce qu'il est convenu d'appeler l'idéalisme allemand.*

I. DE « MATTER OF FACT » À « TATSACHE » : L'INFLUENCE ANGLAISE ET L'INTERVENTION DE KANT

Le terme allemand *Tatsache* est initialement un décalque de l'expression anglaise *matter of fact*. Ce terme prit sa signification philosophique de « fait » (*fact*) au milieu du XVIIIe siècle, à la faveur de la rapide et forte propagation en Allemagne de l'empirisme anglais (cf. M. Puech, *Kant et la causalité*, Vrin, 1990, p. 13). *Tatsache*, dans ce contexte, renvoie à l'expérience réelle, à l'événement empiriquement constatable et, par suite, en raison même des thèses nodales de l'empirisme, désigne le fait dont on ne peut douter.

Kant, confronté à cette définition par trop dépendante du terreau empiriste au sein duquel elle s'était formée, étendra considérablement la signification du terme :

> Il me semble légitime d'étendre le concept de fait [*Tatsache*] au-delà de la signification habituelle de ce mot. Car il n'est pas nécessaire, il n'est même pas faisable de restreindre cette expression à la seule expérience réelle, quand il s'agit du rapport des choses à nos facultés de connaître, puisqu'une expérience seulement possible est déjà suffisante pour parler de celles-ci simplement comme objet d'un mode de connaissance déterminée.
>
> *Critique de la faculté de juger* [in *AK*, vol. 5, p. 468], « La Pléiade », vol. 2, 1985, p. 1279.

Pour Kant, *Tatsache* ne doit plus renvoyer aux seules réalités empiriques, aux données factuelles, mais doit désigner tout objet possédant une « validité objective », comme c'est le cas des propriétés de la géométrie. Dans ce contexte, devient « fait » tout concept auquel peut correspondre une intuition, soit encore :

> [...] Les objets pour des concepts dont la réalité objective peut être prouvée, soit par pure raison, soit par expérience, et dans le premier cas à partir des données théoriques ou pratiques de la raison, mais dans tous les cas au moyen d'une intuition qui leur corresponde sont des *faits* [*Tatsachen*].
>
> *ibid.*

Le fait devient donc synonyme de connaissance valide (c'est-à-dire, pour le criticisme, de connaissance liant un concept à une intuition) et se détermine par opposition aux « affaires d'opinion (*Meinen*) » et « de croyance (*Glaube*) ».

Ce déplacement sémantique que Kant fait subir à cette notion initialement empiriste de *Tatsache* est clairement conditionné par sa nouvelle détermination de la connaissance : est valide non pas la notion qui s'appuie sur des données factuelles, des événements empiriques, mais tout concept qui peut être construit dans une intuition pure. Parce que connaître ce n'est plus constater, observer ou ordonner des faits, mais rendre un concept figurable ou représentable par le biais de l'application du concept à une intuition, le terme *Tatsache* perd sa signification initialement empirique pour devenir le résultat d'une construction et la marque d'une connaissance valide.

II. « FAKTUM » ET « TATSACHE » : UNE EXCEPTION KANTIENNE

Une fois relevé le glissement de signification du terme, *Tatsache*, dans le contexte kantien, ne pose de problèmes de traduction que relativement à un autre terme : *Faktum*, que les traducteurs français sont contraints de rendre également par le mot *fait*. Si, avant Kant, le *factum* latin était un équivalent de *Tatsache* et donc de *fact*, son acception devient, avec Kant, quasi opposée à la définition de *Tatsache*. En effet, le *Faktum*, à l'inverse de *Tatsache*, « n'est fondé sur aucune intuition soit pure soit empirique » (*Critique de la raison pratique* [in *AK*, vol. 5, p. 31-32], « La Pléiade », vol. 2, p. 644-645). Ce *Faktum* n'apparaît que dans la *Critique de la raison pratique* (il était absent du *Fondement de la métaphysique des mœurs*) ; de surcroît, il doit être distingué du *fait* (*Faktum*) des jurisconsultes, thématisé dans la *Critique de la raison pure*, dans l'opposition entre *Quid facti* et *Quid juris* (in *AK*, vol. 3, p. 99-100 ; « La Pléiade », vol. 1, 1980, p. 842-843). Ce *Faktum* est la conscience de la loi morale en nous. Il « n'est pas un fait empirique (*Tatsache*), c'est le fait (*Faktum*) unique de la raison pure qui se proclame par là comme originairement législatrice » (*Critique de la raison pratique*, « La Pléiade », vol. 2, p. 644-645).

Parce qu'il semblait difficile, en français, de rendre *Tatsache* et *Faktum* par deux termes différents, la plupart des traducteurs indiquent entre parenthèses ou en note le terme *Faktum* pour permettre au lecteur français de le distinguer de *Tatsache*. Cette distinction est absolument nécessaire puisque le *Faktum*, bien que proposition synthétique, ne s'appuie sur aucune intuition, alors que, dans tous les cas, la *Tatsache* se définit comme ce à quoi doit correspondre une intuition. Par l'introduction de ce *Faktum*, Kant admet qu'il existe une proposition synthétique *a priori*, apodictiquement certaine, qui ne repose sur aucune intuition. Cette exception à la thèse nodale du criticisme, qui veut que toute proposition valide suppose l'intuition, posera un problème aux successeurs immédiats de Kant (Reinhold, Maïmon, puis Fichte). Quel est, demanderont-ils, le statut d'une proposition synthétique *a priori* qui ne repose sur aucune intuition sensible ? La théorie kantienne du savoir n'indique t-elle pas, par cette exception, ses limites, voire ses insuffisances ? Car ou bien la vérité, comme le veut la *Critique de la raison pure*, se définit par la liaison d'un concept et d'une intuition, et l'on ne peut alors admettre d'exception à cette thèse, ou bien la définition kantienne de la vérité, comme liaison d'un concept et d'une intuition, est insuffisante (voir, sur cet argument, Fichte, *Essai d'une nouvelle présentation de la doctrine de la science*, p. 132 *sq.*). C'est le second membre de l'alternative que choisiront les post-kantiens : contestant la détermination kantienne du connaître, ils tenteront de penser, autrement qu'à titre d'exception problématique, des propositions qui, bien qu'absolument vraies, ne nécessiteront aucune construction dans l'espace et le temps, ne reposeront sur aucune intuition sensible, en un mot n'exprimeront pas des *Tatsachen*.

III. « TATSACHE » ET « TATHANDLUNG » : L'INTERVENTION DE FICHTE

Parce qu'une connaissance valide ne saurait se réduire à établir des faits, à construire des concepts dans l'intuition, parce que, face aux mathématiques et à la physique (seules connaissances valides selon la lettre de la *Critique de la raison pure*), il est un autre type de connaissance, un autre mode de savoir qui doit être thématisé par le philosophe, Fichte, en opposition à la *Tatsache* kantienne, sera conduit à forger un néologisme qu'il présentera comme le seul véritable *Faktum* de la raison, l'unique fondement de tout savoir : la *Tathandlung*. Comment traduire cette expression, quelle est sa signification et quel est l'enjeu de cette opposition entre *Tatsache* et *Tathandlung* à laquelle, en dernière instance, l'œuvre de Fichte pourrait se réduire ?

A. La création de l'expression « Tathandlung » et le problème de sa traduction

Historiquement, la *Tathandlung* est utilisée pour la première fois par Fichte en 1793, dans la *Recension de l'Enésidème* ; elle a pour fonction d'assurer à la philosophie un fondement inébranlable : « Un tel principe [*i.e.* le principe de toute philosophie] ne doit pas nécessairement exprimer une *Tatsache* ; il peut aussi exprimer une *Tathandlung* » (trad. fr. P.-P. Druet, Vrin, 1985, p. 159). La *Grundlage* de 1794 thématisera la *Tathandlung* dès ses premières lignes (in *Œuvres choisies de philosophie première* [abrév. OCPP], p. 17), et l'*Essai d'une nouvelle présentation de la doctrine de la science* (1797-1798) reviendra sur l'opposition fondamentale entre *Tatsache* et *Tathandlung* : « Ce n'est nullement une question dénuée de sens, comme il peut le sembler à certains, que celle de savoir si la philosophie part d'un fait (*Tatsache*) ou d'une *Tathandlung* » (OCPP, p. 132).

Comment rendre ce terme ? Aucune des traductions françaises existantes ne propose la même équivalence. Alexis Philonenko dans sa traduction de la *Grundlage* (OCPP, p. 17) le rend tout simplement par « acte », mais cette traduction, pour légitime qu'elle soit, n'en présente pas moins deux inconvénients majeurs. D'une part, elle ne permet pas de faire ressortir la spécificité du terme *Tathandlung* par rapport à celui d'*Akt* (que Philonenko traduit également de cette manière), ni de clairement le dissocier du vocabulaire, très prégnant chez Fichte, de l'agir (*Handeln*, *Tun*, *Handlung*, termes que Philonenko rend assez souvent par *acte*, mais qui devraient plutôt se traduire respectivement par *agir*, *faire* et *action*). D'autre part et surtout, cette traduction de *Tathandlung* ne permet pas au lecteur français de pressentir qu'il s'agit d'un néologisme, entièrement façonné par Fichte. Certes, en allemand, la création d'une expression par la composition de deux termes existants est infiniment plus courante qu'en français ; néanmoins Fichte lui-même souligne le caractère inédit de ce terme, dont il entend faire le fondement absolu et inconditionné de toute la *Doctrine de la science*. Dans la mesure où Fichte invente ce mot qu'il ne trouve pas dans le lexique à sa disposition, il serait souhaitable que la traduction française attire l'attention sur la spécificité du terme.

Alain Renaut, dans sa traduction du *Fondement du droit naturel selon la doctrine de la science*, propose l'expression « fait-action ». Il s'agit de la transcription littérale de l'expression allemande, à cette seule réserve près que la position du déterminant et du déterminé n'est pas respectée par la traduction française. En effet, en allemand, c'est le dernier mot (ici *Handlung*) qui est le plus important et qui devrait donc, selon la règle française, être placé en premier. C'est l'action qui est *Tat* et non le *Tat* qui est action, ce que ne paraît pas suggérer l'expression française de « fait-action ».

Sans doute est-ce pour cette raison que Xavier Tilliette, dans *L'Intuition intellectuelle de Kant à Hegel*, propose de traduire *Tathandlung*, par « action efficace » ; *efficace* étant à comprendre ici, non au sens obvie de « ce qui marche », mais au sens ancien de « ce qui a une efficace ». Quoique très élégante, cette solution peut également susciter quelques réserves. Tout d'abord parce que le terme *efficace* renvoie moins immédiatement à la notion de « faire » qu'à celle d'« effet » (*efficax*, « qui produit l'effet attendu » ou encore : « dont les actes atteignent le but »). Or pareille connotation ne se trouve pas dans l'expression allemande. En outre, l'usage ancien du terme *efficace* est essentiellement religieux (voir, entre autres, Pascal et la théorie de la grâce efficace ou Calvin et l'efficace de la parole divine) et, là encore, cette signification seconde rattachée au terme français ne transparaît pas dans le texte de Fichte. Les mêmes réserves pourraient être faites si l'on se proposait de traduire par « action efficiente », ou même par « action actuelle » ; cette dernière traduction supposerait, en outre, qu'on fasse abstraction du sens temporel relativement récent (« ce qui a lieu en ce moment »), pour lui substituer le sens ancien d'« agissant », de ce qui, en latin scolastique, est effectif par opposition au virtuel. La traduction par « action effective », à laquelle on peut songer aussi, est rendue impossible par le fait que ce terme est, dans l'idéalisme allemand, traditionnellement réservé pour traduire *wirklich* (voir RÉALITÉ).

À ces exigences de traduction (créer sinon un mot nouveau, du moins une expression inhabituelle, ne pas introduire de connotations absentes en allemand, ne pas recourir à l'usage trop ancien d'un terme que risquent de parasiter des acceptions plus récentes, etc.) s'en ajoute une dernière, de loin la plus contraignante. Il importe, pour respecter la pensée de Fichte, de faire percevoir le redoublement de l'acte, l'action au carré que dit littéralement l'expression *Tathandlung*. En effet, les deux termes *Tat* et *Handlung* renvoient, chacun à sa manière, à la notion d'acte. Le premier est formé à partir du prétérit du verbe *Tun* (qui signifie « faire » ou encore « agir ») et la première traduction que donne tout dictionnaire allemand est « acte », au sens de l'acte qui est fait ; le deuxième terme signifie l'« action », au sens de l'action qui se fait. On pourrait donc traduire par « acte-agi » ou « action-agie », ou encore, si l'on veut respecter le fait que deux termes différents sont mobilisés en allemand, par « action faite » ou « acte fait », à condition toutefois de donner au terme *fait* non pas sa valeur de substantif (comme lorsqu'on parle « des faits »), mais sa valeur de produit de l'acte, soit sa valeur de verbe conjugué : ce qui est fait. Cette dernière traduction toutefois ne permet pas de rendre compte du caractère inhabituel de l'expression, puisque « l'action faite » est une expression qui ne saurait faire pressentir au lecteur français qu'il se trouve face à un concept créé de toutes pièces. C'est pourquoi l'expression d'« action-agie », bien qu'indéniablement imparfaite, est peut-être la plus capable de suggérer à la fois le caractère inhabituel de l'expression allemande et sa dimension d'acte au carré. C'est sur cette dimension que Fichte entend mettre l'accent lorsqu'il explicite la notion de *Tathandlung*. La *Tathandlung*, en effet, est :

> [...] une activité pure, qui ne présuppose aucun objet mais le produit, une action en laquelle l'agir devient immédiatement ce qui est fait.
>
> *Essai d'une nouvelle présentation de la doctrine de la science*, p. 132.

B. Signification de la « Tathandlung »

Cette notion de *Tathandlung* sert à caractériser l'agir déterminé qu'est le Moi. Rappelons que, pour Fichte, philosopher n'est plus s'intéresser aux choses, ni même au rapport de notre connaissance aux choses — celles-ci fussent-elles définies à la manière kantienne comme phénomènes —, mais c'est tenter de retracer les différents actes par lesquels l'esprit parvient à des connaissances. Il s'agit donc de restituer, par la réflexion philosophique, l'agir immanent à tout jugement. Or, pour Fichte, deux actes nodaux peuvent être thématisés : l'acte par lequel l'esprit pose quelque chose qui n'est pas lui (acte d'opposition ou Non-Moi, qui est le terme générique pour désigner l'ensemble des propositions dont le contenu est différent du sujet qui les pose), et l'acte de position ou « Moi = Moi » (cf. OCPP, p. 17-25). C'est cet acte de position que vise à expliciter la notion de *Tathandlung*. Ce que nous dit cette notion d'action-agie ou d'action-faite, c'est que la position du Moi est la seule proposition qui contienne à la fois la position d'une réalité et d'un acte, au sens où l'acte de dire « je » pose le « je » comme acte, et l'acte comme existant. Dans toute autre proposition, une distance s'introduit entre le sujet qui profère la proposition et l'objet de la proposition. Si, par exemple, je pense : « la table est » ou « le triangle a trois côtés », l'acte de poser et l'objet que je pose ne sont pas identiques. En revanche, le Moi est du fait même qu'il se pose ; parce qu'il n'est nulle différence entre le sujet de l'énonciation et le contenu de l'énoncé, le fait de l'énonciation suffit à réaliser l'énoncé.

L'analyse pragmatique contemporaine peut permettre, *mutatis mutandis*, d'éclairer cette difficile notion chez Fichte. En effet, la pragmatique analyse les énoncés non du point de vue du contenu propositionnel, de l'information délivrée, mais du point de vue de l'acte d'énonciation. Par là, n'importe quel énoncé peut être considéré comme acte de discours. Mais, à l'intérieur de cette classe très vaste des actes de discours, se trouve un nombre restreint d'énoncés qui ont une dignité plus grande en ce qu'ils sont immédiatement et absolument indéniables ; leur contraire ne peut être proféré sans contradiction, car le fait de l'énonciation invaliderait immédiatement le contenu de l'énoncé. Tel est le cas de la proposition « je parle ». Aucun locuteur ne saurait prononcer la phrase : « je ne parle pas » sans nier, par son acte même, le contenu de sa proposition ; alors qu'une proposition comme « tu parles » ou « il parle » est vraie ou fausse empiriquement mais ne se donne pas comme ce dont le contraire ne peut être proféré. Or le Moi comme *Tathandlung* fonctionne comme un énoncé performatif qui est du fait même qu'il se dit. Le terme *Tathandlung* vise donc à montrer comment, dans l'agir déterminé qu'est le Moi, l'affirmation d'un acte est l'affirmation de l'existence de cet acte. Parce qu'il s'agissait pour Fichte d'exprimer l'identité du posant et du posé, du faire et du fait, de l'énoncé et de l'énonciation, il lui fallait, en une seule expression, redoubler la notion d'acte. C'est cet acte de position, ou Moi = Moi, ou *Tathandlung*, qu'il donne comme fondement de sa philosophie.

C. L'enjeu de l'opposition « Tatsache » / « Tathandlung »

L'enjeu de cette création de terme est considérable puisqu'en définissant le premier principe non comme fait mais comme acte, Fichte vise à produire une nouvelle définition de la vérité. En effet, en liant ainsi la vérité à l'effectuation d'un acte, Fichte récuse tous les modèles de la vérité jusqu'alors proposés. La vérité n'est plus adéquation de la proposition à la chose, elle n'est plus donation, présence originaire de l'être, elle n'est pas non plus, comme le voulait Kant, l'application d'un concept à une

1

« Faktum », « Faktisch », « Faktizität »

► ANGOISSE, DASEIN, ERLEBEN, LEIB, PROPRIÉTÉ

Le néologisme fichtéen *Tathandlung* n'a pas survécu à son créateur. C'est le terme kantien de *Faktum*, qu'il entendait à la fois expliciter et remplacer, qui a connu par la suite les plus grandes transformations, d'abord par son passage de l'allemand à une autre langue germanique, le danois, puis par le développement donné à deux termes dérivés, *faktisch* et *Faktizität*. Ces transplantations et évolutions de vocabulaire ont élargi la signification *pratique* du « fait de la raison pure » à des horizons religieux et existentiels qu'elle n'incluait pas à l'origine.

I. « Faktum », de l'allemand au danois : Kierkegaard

Chez Fichte, la *Tathandlung*, indissociablement événement, produit et objet du savoir, renvoie à une forme d'histoire, celle de la constitution du sujet comme librement actif : c'est cette histoire, une fois prise en considération, qui faisait apparaître la simple *Tatsache* comme la *Tathandlung* du Moi originaire. S'interrogeant sur l'objet de la foi, Kierkegaard simplifie et conclut ce mouvement de pensée en distinguant deux types de fait :

> [Le] fait historique *(historik Faktum)* n'est qu'un fait relatif, et c'est pourquoi il est dans l'ordre que la puissance relative, le temps décide [...] ce n'est que par bêtise qu'on peut surestimer la décision jusqu'à en faire un absolu.
>
> *Les Miettes philosophiques*, trad. fr. P. Petit, p. 160.

« Le fait simplement historique » est relatif à ceux qui sont en même temps que lui, aux contemporains — pour l'établir, il faut avoir été soi-même contemporain ou bien faire confiance aux contemporains eux-mêmes. Le « fait absolu » (*absolut Faktum, ibid.*), en revanche, s'il se passe dans le temps, n'est pas relatif au temps dans la mesure où il est « déclinable dans tous les cas de la vie » (*ibid.*, p. 161) et reste le même malgré la multiplicité des relations dans le temps. Ces deux faits sont historiques mais peuvent être distingués :

> Si le fait dont nous parlons était un simple fait historique, alors l'exactitude de l'historien serait de grande importance [...] L'historique, que le dieu a existé dans une forme humaine, est l'essentiel, et le surplus de détails historiques n'est même pas aussi important que si, au lieu du dieu, il s'agissait d'un homme.
>
> *ibid.*, p. 165.

Ces deux types de fait s'opposent à un troisième, le « fait éternel » (*evigt Faktum*), à propos duquel Kierkegaard remarque ironiquement :

> *Er hiint Faktum et evigt Faktum, saa er enhver Tid det lige naer ; men vel at maerke ikke i Troen ;* [...] *det er derfor kun en Accommodation til en mindre correct Sprogbrug, at jag benytter det Ord : Faktum, der er hentet fra det Historiske.*
>
> [Si ce fait est un fait éternel, alors chaque temps en est aussi proche (...) je ne fais que me plier ici à une façon de parler médiocrement correcte quand je fais usage du mot « fait » tiré du vocabulaire historique.]
>
> *Filosofiske Smuler*, Gyldendal, p. 90, *Les Miettes philosophiques*, p. 160.

Si Kierkegaard ne peut utiliser que le mot *Faktum* et ne peut recourir à un autre mot, c'est que les langues scandinaves ne possèdent pas le doublet allemand *Tatsache / Faktum*. Mais cette pauvreté apparente du lexique scandinave est en fait une chance pour Kierkegaard : s'il n'y a qu'un seul mot pour désigner le fait historique et le fait absolu, c'est qu'ils ont en commun d'être historiques en tant que faits. Les nécessités de la langue bousculent donc les classifications d'abord établies. Pour rendre compte du fait absolu, il ne s'agit pas de faire un saut hors du temps dans l'éternité, de concevoir un fait éternel, comme Kant et tous les pères allemands de l'Église luthérienne après lui, mais il faut concevoir le paradoxe d'un fait historique *et* absolu, en restant fidèle à l'intelligence de la langue. Le *Faktum* de la raison, la *Tathandlung* de Fichte sont ironiquement renvoyés à des dépassements abusifs de l'historicité du fait vers l'*a priori*. Les faits historiques ne doivent pas être vus à la lumière de l'*a priori*, mais à celle du fait religieux, événement qui continue d'arriver. Il ne s'agit pas de remonter à des conditions formelles, mais de distinguer deux types de fait, deux sens du mot *histoire*.

II. « Faktisch » et « Faktizität » : Husserl et Heidegger

Influencé par Kierkegaard, le jeune Heidegger cherche à donner un statut philosophique à cet idée de fait absolu, en l'opposant au concept de fait positif — ce qui donne naissance au concept de *faktisches Lebenet* de *Fakitzität* :

> On conçoit le fait comme un particulier face au genre ou à l'espèce. Un fait est alors à côté d'un autre. Les faits sont projetés dans un schéma qui leur est imposé, placé dans une relation d'ordre. dans cette conception objectivante du factif, sa relation au sens devient un faux problème [...] On doit comprendre le factif lui-même comme *expression*. Une fois qu'on a considéré la vie factive de la sorte, il ne s'agit plus alors des vieux faux problèmes, auxquels celui de l'individuation appartient aussi. Les faits de la vie eux-mêmes ne sont pas les uns à côté des autres comme des pierres [...].
>
> Heidegger, in *G.A.*, t. 58, p. 256-257 [notre traduction].

À la manière de Fichte, et en renonçant à la positivité du fait, Heidegger entend dénouer les apories husserliennes du fait et de l'essence.

Dans les *Ideen I* (§2-3) en effet, Husserl définit le fait (*Faktum*) dans sa différence avec l'essence (*Wesen*). Le *fait* est ce qui peut être autrement, l'*essence* ce qui ne peut être autrement. Une religion vraie n'est dite vraie que par rapport à l'essence invariable de la religion : elle n'en reste pas moins relative, elle n'est pas la vérité de la religion, mais une religion vraie. La relativité historique des faits n'est donc pas en opposition à l'essence, qui lui prescrit son sens. Mais l'essence elle-même, comment est-elle découverte ? La réponse est surprenante : à partir du fait (*Faktum*) en tant qu'exemple. Le fait comme relatif ne reçoit son sens que de l'essence comme absolue, mais cet absolu qu'est l'essence est tiré du fait. En outre, que dire de l'essence ? Elle aussi est accessible dans son mode de donnée, comme un fait. Si l'essence ne contient rien du fait, comment peut-elle être donnée ?

Il est significatif que Heidegger transforme le couple *fait / essence* en un couple *factif / factivité*. Le passage d'une problématique gnoséologique à une problématique existentielle s'opère sur trois points essentiels :

1. La contestation de la logique formelle objective : Ce « quelque chose » de l'expérience factive [...] n'a pas la moindre chose à faire avec le quelque chose logique formel (*G.A.*, t. 58, p. 106-107) ; « Factif ne signifie pas réel-naturel, ni déterminé causalement, ni

1

réel-chosique. Le concept de "factif" ne doit pas être interprété à partir de présuppositions gnoséologiques ; il est à comprendre seulement à partir du concept d'historique » (*G.A.*, t. 60, p. 9). La vie factive, découverte à partir de la destruction du fait de la logique objective formelle, exige alors d'être pensée à l'aide d'une autre logique, que Heidegger appelle « indicative formelle ».

2. L'affirmation d'un lien direct entre fait et sens : « On doit comprendre le factif lui-même comme *expression* » (*G.A.*, t. 58, p. 257) ; « Ce qui concerne la vie se donne d'une certaine manière » (*G.A.*, t. 58, p. 49-50) ; « La vie [...] n'est ce qu'elle est que comme forme de sens concrète » (*G.A.*, t. 58, p. 148). La vie factive se donne comme une expression, cette expression est ce qu'on appelle plus couramment une « situation », et cette dernière contient des liens de sens, des contextes de sens, qui forment la dimension dans laquelle les faits de la vie doivent être pensés. Les « expressions » sont toujours à prendre comme des « pelotes » de liens, des contextes de sens (*G.A.*, t. 60, p. 134), et c'est pourquoi « la vie factive est émotionnelle, pas théorétique » (*G.A.*, t. 58, p. 220).

3. L'ambivalence ou la mobilité propre de la vie factive : le seul et le premier fait est que la vie est toujours à chaque instant en charge d'elle-même. Cette charge, elle cherche à s'en décharger dans une interprétation « toute faite », ou bien elle en accepte le poids dans l'inquiétude au sujet d'elle-même. Se référant explicitement à Pascal, Heidegger dit : « la mobilité de la vie factive est à interpréter, à décrire préalablement comme *inquiétude* » (*G.A.*, t. 60, p. 93). Mais saint Augustin sert aussi de référence : « *Molestia* — la mise en danger de l'avoir-soi-même » (*G.A.*, t. 60, p. 244). Ce poids spécifique de la vie factive, la vie l'a en tant qu'elle est factive, c'est-à-dire dans sa factivité : « Le *Dasein* propre est ce qu'il est précisément et seulement dans son "*là*" donné à chaque instant » (*G.A.*, t. 63, p. 29). D'où la tendance de la vie factive à l'« indifférence » ou à l'« auto-suffisance », qui s'oppose à la tendance de l'« inquiétude » à s'« avoir-soi-même ». C'est donc dans la factivité que s'enracine l'autre opposition entre propre et impropre, *eigentlich* et *uneigentlich*. On pourrait dire en jouant sur les mots qu'il s'agit de savoir si la vie est « en fait ».

La *Faktizität* de la vie est donc à la fois dimension de sens, mobilité induite par le poids propre de ce fait qu'est la vie, et exigence d'une autre logique que celle de l'objet formel. Dans le vocabulaire de *Être et Temps* (§ 29 et § 38), ces analyses du jeune Heidegger se retrouvent : l'existence n'est fondée sur rien (elle est jetée), elle n'a sa fin en rien (elle se comprend factivement, c'est-à-dire à chaque instant), et ce double mouvement décrit la mobilité propre de la vie factive, une dimension de sens qui ne met jamais de point final à la vie, et qui ne fait que s'enraciner dans le fait premier que la vie a d'abord affaire à elle-même avant d'avoir affaire à quelque chose d'autre. « La factivité, loin d'être le caractère de fait que revêt le factum brutum d'un étant là-devant, est un caractère d'être du Dasein inhérent à l'existence, même s'il commence par être repoussé » (*Être et Temps*, trad. fr. F. Vezin, p. 179).

Le sens très précis que leur donne Heidegger, leur imbrication dans des séries complexes d'oppositions (*Faktizität* vs *Tatsache*, vs *Faktum*, vs *Wesen*), tout cela rend *Faktizität* et *faktisch* difficiles à traduire de l'allemand en français. On peut choisir de traduire les deux expressions par « factice » et « facticité » : cette traduction a le mérite de la cohérence mais le désavantage de rappeler le mot *factice*, qui certes existe déjà en français mais renvoie à la problématique de l'« artificiel », et risque d'infléchir le propos heideggérien. On frôle alors l'inversion de valeur . On peut choisir de conserver *facticité*, et changer *factice* en « facticiel », comme dans l'expression « vie facticielle », qui rend *das faktische Leben*. Le seul problème de cette traduction, qui est celle qui « sonne » le mieux en français, est qu'elle ne semble pas respecter le rapport formel et grammatical, d'adjectif à substantif, entre *faktisch* et *Faktizität*, puisque sur *facticiel* on devrait former quelque chose comme « facticialité ». L'idéal serait de respecter ce rapport grammatical, de l'inscrire dans la traduction, sans risquer de télescopage avec une autre valeur du français, tout en faisant apparaître l'étrangeté conceptuelle de ces termes techniques qui demeurent en allemand des emprunts directs au latin, dessinant ainsi, du reste, ce qui ressemble à une histoire allemande du latin *factum*. Le doublet *factif / factivité*, pour *faktisch / Faktizität*, nous semble en définitive le mieux remplir ces trois conditions.

Philippe QUESNE

BIBLIOGRAPHIE

HEIDEGGER Martin, *Zur Bestimmung der Philosophie* [1919], in *Gesamtausgabe*, t. 56/57, Francfort, Klostermann, 1987.

— *Grundprobleme der Phänomenologie* (1919/1920), in *Gesamtausgabe*, t. 58, Francfort, Klostermann, 1993.

— *Phänomenologie des Religiösen Lebens* (1920/1921), in *Gesamtausgabe*, t. 60, Francfort, Klostermann, 1995.

— *Phänomenologische Interpretationen zu Aristoteles* (1921/1922), in *Gesamtausgabe*, Francfort, Klostermann, 1985.

—*Ontologie, Hermeneutik der Faktizität*, in *Gesamtausgabe*, t. 63, Francfort, Klostermann, 1988.

— *Interprétations phénoménologiques d'Aristote*, trad. fr. J.-F. Courtine, Mauvezin, TER, 1990.

— *Être et Temps*, trad. fr. F. Vezin, Gallimard, 1976.

HUSSERL Edmund, *Ideen zu einer reinen Phänomenologie und phänomenologischen Philosophie*, Max Niemeyer, Halle, 1913 ; trad. fr. P. Ricœur, Gallimard, « Tel », 1985.

KIERKEGAARD Sören, *Philosofiske smuler*, in *Samlede vaerker*, Copenhague, Gyldendal, vol. 6, 1963 ; *Les Miettes philosophiques*, trad. fr. P. Petit, Seuil, 1963.

intuition sensible, mais la vérité devient la signature de l'acte. Ainsi, le premier principe comme identité du posant et du posé, du faire et du fait (*Tat-Handlung*), servira, de matrice et de modèle pour toutes les propositions du système : sera fausse toute proposition, erroné tout système, contrevenant à l'adéquation nécessaire entre l'acte de dire quelque chose et ce qui est dit ; sera vraie toute proposition en laquelle l'acte de dire et le contenu du dire seront compatibles.

Cette notion de *Tathandlung* n'eut, en tant que telle, guère de postérité. Certes, on en trouve encore quelques occurrences chez Novalis ou Friedrich Schlegel, mais celles-ci ne servent qu'à se référer à Fichte ou à le commenter. Pourtant, par-delà l'abandon ponctuel du terme, sans doute faut-il retenir la tentative plus générale que ce néologisme cristallise : définir le savoir non à partir du contenu d'une proposition mais à partir du lien entre l'acte de l'énonciation et le contenu de l'énoncé. Dire quelque chose sans que le fait de le dire contredise ce qui est dit, telle est en dernière instance la définition de la vérité induite par l'expression de *Tathandlung*. Parce que cette définition est une remise en cause des conceptions traditionnelles de la vérité, parce que, de surcroît, elle récuse la détermination kantienne de la connaissance, elle donne incontestablement le coup d'envoi au projet qui sera commun à tout l'idéalisme allemand : penser une rationalité qui, pour n'être ni exclusivement représentationnelle ni uniquement logique, n'en est pas moins rationalité et savoir assumés comme tels, qui ne craint pas le nom de science et refuse de faire de la philosophie un discours qui n'a de sens qu'à dire sa propre impossibilité.

♦ Voir encadré 1.

Isabelle THOMAS-FOGIEL

BIBLIOGRAPHIE

EISLER Rudolf, *Kant-Lexicon*, éd. augm. A.D. Balmès et P. Osmo, Gallimard, 1994.

FICHTE Johann Gottlieb, *Œuvres choisies de philosophie première* [abrév. OCPP], trad. fr. A. Philonenko, Vrin, 1980.

— *Fondement du droit naturel selon les principes de la doctrine de la science*, trad. fr. A. Renaut, PUF, 1985.

— *Essai d'une nouvelle présentation de la doctrine de la science*, trad. fr. I. Thomas-Fogiel, Vrin, 1999.

KANT Emmanuel, *Critique de la raison pratique*, trad. fr. L. Ferry, H. Wismann, et *Critique de la faculté de juger*, trad. fr. J.-R. Ladmiral, M. de Launay et J.-M. Vaysse, in *Œuvres philosophiques*, Gallimard, « La Pléiade », vol. 2, 1985.

THOMAS-FOGIEL Isabelle, *Critique de la représentation. Étude sur Fichte*, Vrin, 2000.

TILLIETTE Xavier, *L'Intuition intellectuelle de Kant à Hegel*, Vrin, 1995.

TEMPS

On est frappé en français par la multiplicité des sens de *temps*, dont chacun a souvent pour équivalent un mot distinct dans telle ou telle langue : le temps qu'il fait (angl. *weather*, all. *Wetter*), le temps qui passe (angl. *time*, all. *Zeit*), le temps des verbes (angl. *tense*, all. *Tempus*). Mais le latin *tempus*, d'où provient le mot français, couvrait déjà la chronologie et la grammaire ; il était également lié à la météorologie comme en témoigne, à côté de *tempestus* — dont le premier sens est « opportun » et qui traduit le grec *kairos* [καιρός] — le mot *tempestas* qui désigne dès Ennius l'« état de l'atmosphère » et, par euphémisme, le « mauvais temps, la tempête » ; enfin, le pluriel *tempora* désignait les portions de temps, les « époques », les « saisons » : le latin couvrait ainsi tous les usages des vocables grecs *khronos* [χρόνος] « temps » et *kairos* « opportunité » et le français témoigne de cette amplitude. Voir *ÉTERNITÉ, INSTANT, MOMENT*.

I. TEMPS OBJECTIF ET TEMPS SUBJECTIF

1. On a coutume d'analyser le temps en différenciant un temps objectif, tantôt physique et mathématisable, tantôt historique et chronologique, d'un temps subjectif défini comme temps de la vie et comme durée, selon les deux modèles, en réalité très intriqués et d'ailleurs non exactement superposables, du *khronos* et de l'*aiôn* [αἰών] grecs, du *tempus* et de l'*aevum* latins : voir AIÔN/KHRONOS.

2. Sur le temps physique, objectif, mesure et mesuré, qu'Aristote définit comme « quelque chose du mouvement », voir FORCE, MOMENT ; cf. *MONDE*, NATURE.

Sur ses représentations, linéaires ou cycliques, voir aussi CORSO-RICORSO.

Sur la mesure du temps musical, voir MOMENTE.

3. Sur le temps subjectif, et sa perception propre à l'existence humaine, on se reportera à DASEIN, ERLEBEN ; cf. *DESTIN*, ESSENCE, *MALAISE*, *VIE*.

II. LE TEMPS DÉCOUPÉ : PRÉSENT, PASSÉ, FUTUR

1. L'étymologie de *tempus* est controversée. On l'a parfois rapproché (en liant alors *tempus*, « le temps », et *tempus*, « la tempe ») du gr. *temnô* [τέμνω], « couper », voir MOMENT, II.

D'où l'importance des trois instances qui définissent le temps en le découpant, présent, passé, futur, et les inflexions suggérées par les doublets dans certaines langues (all. *Gegenwart* et *Anwesenheit*, *vergangen* et *gewesen* ; fr. *futur* et *avenir*) : voir PRÉSENT. Sur la prééminence du présent, voir *aussi* ESTI, IL Y A.

2. L'objectivation de ces moments du temps, liée aux événements et au récit, est impliquée par l'histoire : voir HISTOIRE, HISTOIRE UNIVERSELLE, *PROGRÈS*. Et leur subjectivation parfois bouleversée est liée à la mémoire et à l'oubli : voir MÉMOIRE.

3. Cette découpe, objective (« un meuble d'époque ») et/ou subjective, caractérise la notion d'« époque » (composé du gr. *epi* [ἐπί], « sur », et *okhê* [ὀχή], « soutien, appui », sur *ekhein* [ἔχειν], « avoir, se tenir »), dont le réinvestissement, au sens grec de « suspens » et d'« arrêt », caractérise la méthode phénoménologique : voir EPOKHÊ.

La manière de découper renvoie aux grandes périodisations du temps, en esthétique par exemple — voir BAROQUE, CLASSIQUE, ROMANTIQUE (et *STYLE*) —, qui ne sont pas découpées à l'identique selon les cultures, et à la détermination du contemporain : voir NEUZEIT, MODERNISME (et *MODERNITÉ*).

III. DES INSTANCES REMARQUABLES DU TEMPS

On trouvera étudiée sous MOMENT l'expression de quelques singularités dans le cours du temps, en particulier le *kairos* grec qui désigne le moment opportun, dont la saisie et l'usage appartiennent en propre au GÉNIE, à l'INGENIUM (voir aussi *MOT D'ESPRIT*). Voir également, sous JETZTZEIT, l'irruption d'un présent messianique dans le cours de l'histoire et, sous MUTAZIONE, une étude de l'ambiguïté du changement (cf. *RÉVOLUTION*).

Sur l'instantané, le soudain, l'immédiat (gr. *exaiphnês* (ἐξαίφνης)), qu'on rapporte à la perception (voir PERCEPTION), à l'évidence (voir CONSCIENCE, JE-MOI-SOI, et cf. *CERTITUDE*), à l'intuition (ANSCHAULICHKEIT, encadré 1, « Aux origines du *nous*... », dans ENTENDEMENT, INTELLECTUS, et cf. *INTUITION*), et qui est soumis à la relève de la médiatisation (voir AUFHEBEN), on se reportera à *INSTANT* et *ÉTERNITÉ*.

IV. L'EXPRESSION DU TEMPS

1. Sur le temps dans le récit, voir ERZÄHLEN ; dans la chronique et l'histoire, voir GESCHICHTLICH, HISTOIRE, HISTOIRE UNIVERSELLE (cf. ci-dessus, II, 2).
Sur le temps tel qu'il s'énonce dans la grammaire et la syntaxe des langues, voir ASPECT, ESTI.
2. On a porté une attention particulière au danois philosophique de Kierkegaard, comme exemple d'une construction idiomatique du réseau temps au sein d'une langue : voir CONTINUITET, EVIGHED, MOMENT (encadré 3, « Øjeblik »), NEUZEIT (encadré 1, « Vor Tid »), PRÉSENT/PASSÉ/FUTUR (encadré 2, « Præsentisk »), PLUDSELIGHED ; cf. STIMMUNG.

► EREIGNIS, *ÊTRE*

TERME

gr.	***horos*** [ὅρος]
lat.	***terminus, nomen***
all.	***Begriff***

► CONCEPT [BEGRIFF, CONCEPTUS], *ÊTRE*, INTENTION, LOGOS, MERKMAL, MOT, PRÉDICABLE, PRÉDICATION, PROPOSITION, SIGNE, SUJET, SYNCATÉGORÈME, VÉRITÉ

Le latin terminus, *« terme », désigne dans le vocabulaire de l'*Organon *scolastique un élément de la* propositio, *« proposition » : c'est ce qui dé-limite une proposition, comme le point limite la ligne. Le rendu du grec* horos [ὅρος] *par* terminus *ne pose pas de problème de traduction insurmontable au lecteur d'un texte de logique médiévale : les avatars classiques/modernes du constituant élémentaire d'une proposition au sens originairement aristotélicien du terme marquent des changements d'épistémê, correspondant à des changements de compréhension de l'objet même de la logique. La caractéristique de la « forme aristotélicienne » de l'énoncé/proposition est la structure, parfois dite « binaire », où deux termes, respectivement désignés par le nom de « sujet » (gr.* hupokeimenon [ὑποκείμενον]*) et de « prédicat » (gr.* katêgorêma [κατηγόρημα]*), sont liés/séparés par une copule affirmative/négative lexicalisée par le verbe* être *(ce qui fait que l'on a trois termes —* sujet, copule, prédicat *— et une forme plus justement appelée* ternaire, *malgré ce qu'affirment Kant ou Hegel). À l'âge classique, cependant, divers concurrents apparaissent pour le terme* terme, *dans l'analyse de ce qui, progressivement, ne vaudra plus tant comme énoncé/proposition que comme jugement : en particulier* nom, *et* concept *(*Begriff*). Le devenir du* terminus/horos *est ainsi le révélateur d'un balancement, qui s'accélère à l'âge classique, entre deux conceptions de l'objet de la logique, engagées dès le Moyen Âge, l'une sémiotique, où les termes sont traités comme des signes, présentant la* logica *comme une* scientia sermocinalis *(science du discours/langage), l'autre intentionnaliste plus que thomiste (même si, on le verra, dans l'Allemagne de la* Frühaufklärung *comme dans l'Allemagne moderne, Thomas reste le « grand passeur » du langage scolastique), où les termes sont traités comme des concepts, faisant de la* logica *une « science portant sur les intentions secondes ajoutées aux intentions premières » (voir* INTENTION*), et, par là, sur les diverses « opérations de l'intellect » — appréhension des quiddités simples, composition/division des « termes » appréhendés dans un jugement (propositionnel), « raisonnement » (lat.* ratiocinatio remota*) compris comme enchaînement syllogistique des jugements produits par la « deuxième opération de l'intellect ». Le destin du* terme *aristotélicien apparaît donc, en première analyse, comme frappé d'un mouvement d'oscillation natif entre signe et concept, « nominalisme » et « conceptualisme ».*
Il ne s'y réduit pas. Font, en effet, partie intégrante de cette dérive, de traductions en traductions : la mise au jour hégélienne — sur les pas de Kant — de la structure formellement ternaire de la proposition « aristotélicienne » ; la critique moderne et contemporaine de la « copule », censée couvrir, de manière confuse, « tantôt des jugements d'existence, tantôt l'inhérence d'un prédicat à un sujet, tantôt l'appartenance d'un individu à une classe, tantôt l'inclusion d'une classe dans une classe d'ordre supérieur, tantôt une équivalence entre un nom et sa description ou un terme et sa définition » (L. Rougier, La Métaphysique et le Langage, *Denoël, 1973[2], p. 38). L'histoire du terme* terme *est aussi une histoire de la copule et, par là, des oppositions qui travaillent le* logos *apophantique aristotélicien.*

I. « TERMINUS » EN LOGIQUE MÉDIÉVALE

Les auteurs suivent en général les indications qui figurent dans Aristote, *Premiers analytiques* (24b 16-18) : « J'appelle terme ce en quoi se résout la prémisse [Ὅρον δὲ καλῶ εἰς ὃν διαλύεται ἡ πρότασις], savoir le prédicat et le sujet dont il est affirmé [οἷον τό τε κατηγορούμενον καὶ τὸ καθ' οὗ κατηγορεῖται] ; soit que l'être s'y ajoute, soit que le non-être en soit séparé [προστιθεμένου τοῦ εἶναι ἢ μὴ εἶναι] », ainsi traduites par Boèce : « *Terminus vero voco in quem resolvitur propositio, ut praedicatum et de quo praedicatur, vel appositio vel divisio esse et non esse* » (*Aristoteles latinus*, III, 1-4, p. 6). Le sens de *horos* [ὅρος] est obvie : c'est la limite, ce qui dé-limite une proposition (*protasis* [πρότασις] ou *diastêma* [διάστημα]), comme le point limite la ligne.

En dehors du sens obvie de « terme final », « fin » (*finis*), « extrémité », expliquant la présence de périphrases comme « *extra terminum* » pour désigner l'infini, le mot *terminus* a trois sens en logique médiévale. Deux sont usuels :

(1) l'unité syntactico-sémantique minimale en quoi se résout une proposition : « le terme est ce en quoi s'analyse une proposition, à savoir un sujet et un prédicat [*terminus est in quem resolvitur propositio ut subjectum et praedicatum*] » (Pierre d'Espagne, *Tractatus*, 5-6, éd. L.M. De Rijk, Assen, Van Gorcum, 1972, p. 43) ;

(2) l'unité sémantique logique de base, distinguée du nom ou du verbe en tant qu'unités grammaticales, et porteuse des divers couples de différences relevant de la compétence du logicien : universel / particulier, abstrait / concret, catégorématique / syncatégorématique, etc.

Enfin, une troisième acception, plus rare, fait de *terminus* un synonyme de *definitio* : « les [choses] dont les termes ou définitions sont différents sont elles-mêmes différentes [*quorum termini sive definitiones sunt differentes, ipsa quoque sunt differentia*] » (*ibid.*, 19-20, p. 24). Outre *terminus*, le lexique logique médiéval connaît aussi *extremum*. *Extremum* présente la même ambiguïté que *subjectum* : si, la plupart du temps, c'est bien l'élément, en lequel s'analyse la proposition, qui est visé par le vocable, parfois, cependant, c'est aussi, voire seulement, l'objet désigné par lui qui est en cause. C'est le cas, notamment, dans les diverses formulations des règles sur les conditions de vérité d'une proposition, stipulant que, « en matière naturelle », « l'existence des extrêmes n'est pas requise ». L'expression *existentia extremorum* est donc partiellement équivalente à celle de *constantia subjecti* (voir SUJET, II). La seule différence entre les deux est que la première étend au signifié/référent du sujet et du prédicat ce que la seconde réserve au seul signifié/référent du sujet. Un bon exemple de cette acception est donné dans ce passage d'un sophisma attribué à Robert Kilwardby (cf. « *Omnis homo de necessitate est animal* », ms. Erfurt, *Amplon.* Q 328, f. 8rb-10rb) : « Je dis que les propositions “tout homme de nécessité est animal [*omnis homo de necessitate est animal*]” et “[l']homme est < un > animal [*homo est animal*]” sont vraies, car en matière naturelle la vérité d'une proposition ne requiert pas l'existence de ses termes en acte [*quoniam ad veritatem propositionis in naturali materia non exigitur existentia extremorum actu*]. En effet, les concepts d'homme et d'animal sont naturellement cohérents [*naturaliter coherentes*] ; donc, qu'il y ait ou non un homme, aussi longtemps que la voix *homme* signifie absolument parlant “homme”, *animal* est conçu en elle [*dummodo hec vox “homo” hominem significet simpliciter in ipso intelligitur animal*]. »

Terminus intervient dans plusieurs réseaux thématiques. Le premier consiste dans la distinction *terme écrit/terme parlé/terme mental*, qui rencontre, à plusieurs reprises, la notion augustinienne de « verbe mental ». Conformément à la distinction entre trois sortes de propositions — écrites, parlées, mentales —, tirée du premier (16a 2-3 : « les sons émis par la voix sont les symboles des états de l'âme [τὰ ἐν τῇ φωνῇ τῶν ἐν τῇ ψυχῇ παθημάτων σύμβολα] ») et du dernier chapitres (24b 1-2 : « les affirmations et les négations proférées par la voix [αἱ ἐν τῇ φωνῇ καταφάσεις καὶ ἀποφάσεις] sont les symboles de celles qui sont dans l'esprit [σύμβολα τῶν ἐν τῇ ψυχῇ] ») du *De interpretatione*, certains logiciens médiévaux acceptent l'idée de « termes mentaux ». C'est le cas, exemplairement, de Boèce, qui dit hériter la notion de Porphyre. Dans son premier *Commentaire sur le Perihermeneias*, il présente l'ensemble comme une doctrine du *Peripatos*, insistant sur l'existence de « verbes et de noms » manipulés « dans le silence de l'esprit » (*In Aristotelis De interpretatione* [PL, t. LXIV, col. 407B]) :

> Les péripatéticiens soutiennent, on le dit, qu'il y a trois sortes de discours : l'un qui est écrit avec des lettres, l'autre qui est proféré par la voix, l'autre qui est articulé par l'esprit. S'il y a trois sortes de discours, il ne fait pas de doute qu'il y a aussi trois parties du discours. Donc, comme verbe et nom sont les parties principales du discours, autres seront les verbes et les noms écrits, autres ceux que l'on dit, autres ceux que l'on agite en silence dans l'esprit.
>
> [*Dictum est tres esse apud Peripateticos orationes, unam quae litteris scriberetur, aliam quae proferretur in voce, tertiam quae conjungeretur in animo. Quod si tres orationes sunt, partes quoque orationis esse triplices nulla dubitatio est. Quare quoniam verbum et nomen principaliter orationis partes sunt, erunt alia verba et nomina quae scribantur, alia quae dicantur, alia quae tacita mente tractentur.*]
>
> *Commentarii in librum Aristotelis Peri Hermeneias*, éd. K. Meiser, p. 30.

La notion de « noms mentaux » et de « verbes mentaux » est un premier pas en direction de celle de « langage mental », même si la thèse porphyro-boécienne ne correspond pas à tous les réquisits d'une théorie du « mentalais », telle que l'exprime le premier, semble-t-il, Guillaume d'Ockham (*cf.* Claude Panaccio, *Le Discours intérieur*, Seuil, 1999, p. 134-137).

Un second réseau porté par *terminus* est la distinction, élaborée à partir de données éparses de Priscien et de Boèce, entre catégorèmes et syncatégorèmes, couramment exprimée à Paris, sinon à Oxford (où le mot *dictio* et ses dérivés, comme *dictiones officiales*, « termes officieux », sont également attestés), comme une distinction entre « *termes* catégorématiques » et « *termes* syncatégorématiques » (voir SYNCATÉGORÈME). Dans cette approche, dite « terministe », les notions des termes catégorématiques et syncatégorématiques portent divers types d'analyse syntactico-sémantiques : modélisation du sens des phrases en vertu des rapports d'*inclusio* (en logique moderne : « champ », « portée », angl. *scope*) existant entre catégorèmes et syncatégorèmes ou entre syncatégorèmes ; théories de l'« engendrement du discours » (*generatio sermonis*), visant à rendre compte, plus que du passage de la pensée à l'expression orale ou écrite, de la formation de la pensée elle-même en tant que structurée comme un langage. Caractéristique de ce réseau est la tendance de certains auteurs à utiliser le terme *signes* (*signa*) pour désigner les seuls syncatégorèmes de quantité (voir SIGNE), forme médiévale des quantificateurs, ou celle, moins restrictive, qui étend *signa* à tous les syncatégorèmes. Ces usages et ces tensions se retrouveront chez Leibniz.

Un troisième réseau porté par la notion de *terme* est enfin, et naturellement, celui des propriétés syntactico-sémantiques des termes catégorématiques envisagés en contexte propositionnel : les *proprietates terminorum*, dont l'analyse constitue l'apport le plus notable de la logique médiévale à l'histoire de la logique. En tant qu'insérés dans un contexte, les termes dotés de signification acquièrent des propriétés sémantiques nouvelles : la *suppositio* (référence : voir SUPPOSITION), distinguée de l'*appellatio* (dénotation ou référence aux seuls existants), de la *copulatio* (propriété syntactico-sémantique des verbes et des adjectifs) et de la *relatio* (anaphore). Tel que le manipulent les logiciens médiévaux, le *terminus* se distingue radicalement du *nomen* et du *verbum*, réservés au grammairien — la théorie platonicienne de « l'entrelacement primordial des noms et des verbes », authentiquement binaire, est expulsée de la logique au bénéfice de la théorie faussement binaire d'Aristote, fondée sur le couple sujet-prédicat + copule. Même si la distinction entre substantif et adjectif, appréhendée ontologiquement, se retrouve dans l'analyse des divers types de *suppositiones*, le terme a davantage partie liée avec le signe qu'avec le *nomen*. Il est aussi, pour un temps (jusqu'à la redéfinition ockhamiste du concept comme signe naturel, terme d'un langage mental et acte référentiel), non superposable au concept. Ce primat du *terminus / signum* sur le *terminus / intentio / conceptus* se mesure au fait que les auteurs, principalement théologiens ou intentionnistes, qui mettent en avant les concepts comme unités de sens élémentaires dans le cadre d'une théorie du jugement, éprouvent des difficultés certaines à tirer entièrement parti des nouveautés de la *Logica moderna*. La montée en puissance de concept face au terme / signe et au *nomen* est l'horizon de départ des grands débats de l'Âge classique. Une ambiguïté fâcheuse pèse, cependant, d'un bout à l'autre sur le lexique : elle tient à l'existence, dès le Moyen Âge, d'un usage restreint du terme *signe* (= syncatégorème, foncteur, opérateur), faisant que, pour les tenants de l'interprétation binaire de la proposition, seuls le sujet et le prédicat sont des « termes », la copule n'étant qu'un « signe ».

II. « SIGNUM », « TERMINUS », « NOMEN » À L'ÂGE CLASSIQUE

Le voisinage du signe, du terme et du nom est partout attesté dans la pratique philosophique concrète de l'âge classique. Dans le passage suivant, par exemple, Leibniz établit la signification comme la relation du *nomen* au *terminus*, qui fait lui-même l'objet d'une identification à la *notio* :

> Par « terme » je n'entends pas un nom mais un concept, c'est-à-dire ce qui est signifié par un nom, pour quoi on pourrait aussi employer « notion » ou « idée ».
>
> [*Per* Terminus *non intelligo nomen sed conceptus seu id quod nomine significatur, possis et dicere notionem, ideam.*]
>
> TLM, p. 92 [C 243].

Cette version très conceptuelle du terminisme est propre à Leibniz. Il s'agit incontestablement de la synthèse, opérée de manière nouvelle, de plusieurs outils philosophiques hérités de traditions assez différentes, mais qui constituent aussi bien le fonds commun de positions logiques et linguistiques parfois antagonistes. Des différents critères médiévaux permettant de distinguer catégorèmes et syncatégorèmes, Leibniz retient le critère fonctionnel — être ou non sujet ou prédicat —, d'où cette autre définition du terme :

> J'appelle *TERME* tout ce qui est par soi, c'est-à-dire tout ce qui peut être sujet ou prédicat d'une proposition ; par exemple : *homme*, *chimère* [...]. Un terme est possible ou impossible. Est *POSSIBLE* ce qui peut être pensé distinctement sans contradiction.
>
> TLM, p. 100.

Ne parlant plus de « terme syncatégorématique », il désigne les syncatégorèmes par le terme médiéval *signum* (voir SIGNE). Le *signum* est alors considéré comme un préfixe du *terminus* ou de la *propositio* entière. On rencontre également *signum* dans le vocabulaire mathématique. Les algébristes français de l'école de Viète parlent du « signe d'affectation » « + » ou « - » (cf. J.-L. Vaulézard, *La Nouvelle Algèbre de M. Viète* [1630], rééd. Fayard, 1986, II, pr. 1). Lorsque cet usage est rendu impossible par la proximité de l'acception logique, les auteurs emploient en ce sens le latin *nota* ou le français *marque* (voir MERKMAL). Ces recouvrements et contaminations multiples sont, jusqu'à un certain point, liés à des phénomènes de traduction. De même qu'il a semblé parfois nécessaire d'introduire en français le mot *terme* entre crochets dans la traduction de certains passages de l'*Isagogè* de Porphyre, pour éviter de recourir aux mots *chose*, *nom* ou *concept*, absents de l'original grec, qui eussent irrémédiablement enrôlé les définitions porphyriennes des genres et des espèces sous la bannière du « réalisme », du « nominalisme » ou du « conceptualisme », le terme *terme* est souvent ajouté, pour l'Âge classique, dans une traduction vers le français, afin de rendre tant bien que mal la généralité et l'indétermination du pronom neutre ou de l'adjectif substantivé. Lorsque, par exemple, Descartes écrit dans les *Regulae* : « *Item quaedam interdum sunt vere magis absoluta quam alia, sed nondum tamen omnium maxime* » (*Œuvres complètes*, éd. C. Adam et P. Tannery, Vrin, 1996, X, 382.25), le traducteur le plus scrupuleux ne peut éviter : « Et aussi certains *termes* sont véritablement plus absolus que d'autres, mais pas encore les plus absolus de tous » (trad. fr. J.-L. Marion, *Règles utiles et claires pour la direction de l'esprit en la recherche de la vérité*, La Haye, Nijhoff, 1977, p. 18). On peut craindre que cette habitude ne confère subrepticement à certaines questions (comme ici au traitement cartésien de l'absolu et du relatif) un arrière-plan logique que l'auteur n'a pas toujours voulu leur donner. Mais, d'un autre côté, elle présente l'avantage de neutraliser autant que possible le terme *terme* français, relativement à ses interprétations cognitives. Ce n'est pas le cas dans les traités logiques allemands, inaugurés par Christian Thomasius et par Christian Wolff. Dans les traductions récentes du latin vers l'allemand, *terminus* est parfois rendu par *Begriff*, ce qui est en partie justifié par l'histoire (l'importation du vocabulaire de la logique en latin dans celui de la *Frühaufklärung*) mais ne va pas sans poser certains problèmes d'intelligibilité. Dans la phrase de Leibniz citée plus haut, l'identification lexicale du *Begriff* et du *terminus* est impossible, alors même qu'elle semble autorisée par le contenu d'information véhiculé par l'énoncé. On aurait en effet, compte tenu de cette identification et de l'équivalence *notio/Begriff* : « *Per* Terminum (Begriff) *non intelligo nomen sed conceptum* (Begriff), *seu id quod nomine significatur, possis et dicere notionem* (Begriff), *ideam.* »

On comprend cependant mal les conditions de la constitution de la langue logique allemande si on ne la resitue pas dans un glissement très général du terminisme vers le conceptualisme. Chez les logiciens allemands qui écrivent encore en latin, en particulier chez Jungius, la tripartition scolastique du *terminus* en termes mentaux, écrits et parlés a cédé la place à une distinction duale, selon que l'*oratio* est considérée comme une réalité interne ou externe par rapport à l'esprit. Sans doute parce qu'il hérite de cette distinction, Jungius a tendance à abandonner le *terminus* au profit de la *notio*. Il fait de l'analyse des notions (« De notionibus ») le premier chapitre de la *Logica*, réinterprétant le plan traditionnel qui s'est imposé, éminemment sinon exclusivement, depuis le commentaire de Thomas d'Aquin sur la base des trois opérations de l'esprit :

1° « *intelligentia indivisibilium sive incomplexorum* »,
2° « *compositio vel divisio intellectus* »,
3° « *discurrere ab uno in aliud* ».

In Aristotelis libros posteriorum analyticorum expositio, Proemium, 4.

Dans la *Logica Hamburgensis* de 1638, ces trois opérations deviennent « *notio, enuntiatio et dianoia sive discursus* » (*Prol.*, § 1-7), ce qui, surtout chez un auteur si soucieux de l'exactitude historique, atteste que l'intelligence des incomplexes (*termini*) doit s'interpréter désormais comme science des notions. Les *notiones* font également l'objet d'une étude séparée, intitulée *Disputationes noematicae*, car les Anciens, et Aristote lui-même, n'ont pas assez cultivé cette partie de l'*Organon*, qui ne saurait consister seulement dans l'étude des prédicaments. Or une des erreurs les plus courantes à propos des *notiones/noemata* (le texte de Jungius rappelle constamment son lecteur à cette identité) consiste à négliger la dimension cognitive des fondements de la logique, comme font ceux qui considèrent que les mots employés par le logicien ont une référence directe aux choses. Telle serait, selon le savant de Hambourg, l'erreur principale des logiciens (où l'on reconnaît une coutume de l'école d'Ockham). Car les noms qui figurent dans les phrases du calcul sont des noms de notions, et prétendre le contraire serait confondre l'objet primaire et l'objet secondaire de la logique.

Terminus, nom latin dans la langue allemande, est encore présent, quoique de manière beaucoup moins centrale que chez Leibniz, chez Thomasius (par ex. *Einleitung zu der Vernunfft-Lehre*, p. 134). Il semble réservé strictement au vocabulaire technique de la syllogistique dans le *Philosophisches Lexicon* de Johann Georg Walch : l'expression « *Ideen oder Termini* » intervient dans l'article « Syllogismus », lui-même complété par une courte entrée « Termini Syllogismi ». Dans la *Deutsche Logik* de Wolff, le terme a entièrement disparu au profit du concept des choses (*von den Begriffen der Dinge*) et de l'usage des mots (« *von dem Gebrauche der Worte* »), comme si l'élision du *terminus* venait scinder en deux chapitres différents (l'un plus cognitif, l'autre plus sémantique) le premier étage de la logique, dont la tradition avait posé l'unité.

Des transformations analogues ont eu lieu dans les passages correspondants du latin au français et du latin à l'anglais. Mais, qu'il s'agisse du traité de Hobbes sur la *computatio* ou de la *Logique* de Port-Royal, cela ne va pas sans quelques différences. Alors que chez Jungius la base de l'édifice était contaminée par les *notiones*, elle est chez les Messieurs consacrée, sinon à une doctrine complète de l'idée, tout au moins à une élucidation de la manière d'être de l'idée dans le langage. Or l'idée intervient dans la signification des mots, car « il y aurait de la contradiction entre dire que je sais ce que je dis en prononçant un mot, et que néanmoins je ne conçois rien en le prononçant que le son même du mot » (*Logique*, I, I, p. 41). Le « *constituit intellectum* » aristotélico-thomasien comme événement cognitif général, est élucidé par la relation du mot à l'idée. Et cette relation permet, dans son détail, de rendre raison de l'amphibologie de la signification, selon qu'elle est de un à un, de un à plusieurs ou de plusieurs à un.

◆ Voir encadré 1.

Si le terme est ainsi exclu de la première partie de la logique au profit du signe, il n'est pas pour autant réintroduit dans la seconde comme élément de la proposition. Car celle-ci est analysée dans des catégories grammaticales : noms, pronoms et verbes (cf. Hobbes qui définit la *propositio* comme « une phrase consistant en deux *noms* couplés [*oratio constans ex duobus* nominibus *copulatis*] », *Logica*, éd. Molesworth, Londres, 1839, chap. 3, § 2). On cherchera donc en vain le pendant du *terminus* comme point d'achèvement de l'analyse des phrases. La concurrence des deux axes traditionnels demeure (*vox significativa, oratio / terminus, propositio vera*), mais elle est désormais distribuée en deux fonctions séparées et largement asymétriques : d'un côté une sémantique dont la clôture est assurée métaphysiquement par l'idée, de l'autre une syntaxe largement ouverte, à laquelle il incombe de mettre au jour la structure profonde des énoncés. Le terme *terme* devient ainsi, dans le vocabulaire de la philosophie française du langage, une sorte d'électron libre utilisé tantôt ici tantôt là, selon une multiplicité d'occurrences qui attestent au moins négativement la diversité des voies que l'âge classique a empruntées dans la déconstruction du terminisme.

III. FORME BINAIRE / FORME TERNAIRE : KANT, HEGEL, HEIDEGGER

Ignorant tout du Moyen Âge, Kant ignore tout du terminisme. C'est contre la définition « moderne » du jugement/proposition comme « représentation d'un rapport entre deux *concepts* » qu'il fait porter son effort critique (« Je n'ai jamais pu me satisfaire de la définition que les logiciens donnent du jugement en général en disant que c'est la représentation d'un rapport entre deux *concepts* », *Critique de la raison pure*, Déduction, 2e éd., § 19). À ses propres yeux, l'auteur de la *Critique* innove par une théorie du jugement que l'on serait tenté de dire pour la première fois ternaire. Ce qu'il découvre, c'est en effet le *medium*, ignoré de ses prédécesseurs, autrement dit le rapport du rapport des concepts à « l'unité originairement synthétique de l'aperception ». Le terme *medium* a un long passé : c'est, de prime abord, le « moyen terme » de la syllogistique aristotélicienne. Le *medium* kantien du jugement n'est cependant pas ici le moyen terme du syllogisme : ce n'est précisément pas un terme permettant de passer de (deux) prémisses à une conclusion. Ce « tiers » (all. *Drittes*) n'est pas un « concept » de plus, un « ajout » (voir PRÉDICATION) : c'est la conscience de soi elle-même comme « principe de l'affinité » du sujet et du prédicat dans *un* jugement (*ibid.*, A 766, B 794, trad. fr. A. Tremesaygues et B. Pacaud, PUF, « Quadrige », 2001, p. 522). On retrouve évidemment, poussé au paroxysme, dans la même intention de rupture avec la logique « classique », un schéma ternaire chez Hegel. La différence entre les deux lectures tient à ce que, pour Hegel, la forme achevée de la proposition, ce qu'il appelle la « forme universelle de la raison » (*Wissenschaft der Logik*, Stuttgart, Frommann, 3e éd., 1959, t. 2, p. 344), ne réside pas dans le jugement simple, mais dans le syllogisme lui-même, il est vrai revisité. Par *syllogisme*, en effet, Hegel n'entend pas

1

Signifier / constituer une intellection : Aristote, Thomas d'Aquin, Port-Royal

► SENS

Dans le *De interpretatione*, 3, 16b 19-25, Aristote écrit :

> Quand on les énonce tout seuls, les verbes sont en réalité des noms et signifient quelque chose
> [αὐτὰ μὲν οὖν καθ' αὑτὰ λεγόμενα τὰ ῥήματα ὀνόματά ἐστι καὶ σημαίνει τι.]

Ces lignes ont été l'un des points de départ fondamentaux dans la constitution d'une philosophie de la signification. Le passage porte principalement sur les verbes : les *rhêmata* [ῥήματα] doivent être considérés comme des espèces du nom (*onoma* [ὄνομα]) dans la mesure où eux aussi signifient quelque chose. Or, poursuit Aristote dans une sorte de parenthèse, il y a production de signification lorsque celui qui parle peut arrêter son intellection :

> car, en les prononçant, on fixe la pensée de l'auditeur, lequel aussitôt la tient en repos.
> [ἵστησι γὰρ ὁ λέγων τὴν διάνοιαν, καὶ ὁ ἀκούσας ἠρέμησεν].
>
> trad. fr. J. Tricot.

La phrase grecque est ainsi rendue dans le latin de Boèce :

> *Ipsa quidem secundum se dicta verba nomina sunt et significant aliquid — constituit enim qui dicit intellectum, et qui audit quiescit.*
>
> *Aristoteles latinus*, II, 1-2, p. 7.

Contrairement à ce que pourrait laisser penser la traduction, le commentaire (*PL*, t. 64, col. 309-310) montre que Boèce a pris très au sérieux la métaphore dynamique du mouvement et du repos et qu'il entendait son propre *constituere* comme un « fixer » ou « arrêter » ; ce que rend assez bien la traduction anglaise d'Ackrill :

> *When uttered just by itself a verb is a name and signifies something — the speaker arrests his thought and the hearer pauses — but it does not yet signify whether it is or not.*

voir PROPOSITION.

Lorsque nous employons un nom, précise-t-il en effet par paraphrase, l'intellection de celui qui écoute se met en mouvement (*inchoat*) avec notre énonciation (*prolatio*). Lorsque je dis par exemple « *Hippocentaurus* », l'intellection de l'auditeur commence avec la première syllabe et est effective lorsque le mot est entièrement prononcé. Les verbes et les noms ont ainsi en commun ce pouvoir d'éveiller une sorte d'inquiétude qui ne s'achève qu'avec la saisie du sens. Mieux : la signification n'est pas autre chose que cette retombée, la possibilité de pouvoir se reposer sur (*conquiescere*) quelque chose d'achevé, d'induire ou d'opérer consécutivement l'inquiétude et le repos chez celui qui écoute. Selon Boèce, le « *constituit qui dicit intellectum* » du *De interpretatione* indique donc un procès d'analyse du sens qui est également valide lorsque ce qui est prononcé est un verbe, et qui l'est encore dans le cas d'une proposition, puisque c'est seulement lorsqu'il a perçu la proposition entière « *Socrates ambulat* » que celui qui écoute peut, d'une certaine manière, se reposer complètement sur une signification achevée.

Se fait jour ainsi, dans le commentaire de Boèce, une interprétation large du « *constituit intellectum* » qui ne va pas sans poser un certain nombre de problèmes. Tout se passe en effet comme si la position des parties du discours rendait possible une double analyse, ascendante et descendante, selon que l'on met l'accent sur le rapport des mots au sens ou sur celui des énoncés à la vérité. Selon la première relation, toute *oratio* ou partie d'*oratio* est signifiante lorsqu'elle répond au « *constituit intellectum* ». La partie ultime ou atomique est alors le *nomen*, dans la mesure où les divisions du nom ne sont pas significatives. L'horizon de la signification est en revanche largement ouvert grâce aux multiples possibilités offertes par l'infinie composition des noms. À la limite, c'est du discours tout entier qu'on pourra dire, une fois achevé, qu'il a produit une intellection. Selon une deuxième relation au contraire, on dira qu'est signifiant ce qui est susceptible de dire les choses comme elles sont, c'est-à-dire d'être vrai ou faux. L'élément atomique est alors la *propositio* définie comme la plus petite partie de l'*oratio* qui puisse porter le prédicat de vérité. Une analyse plus fine produit encore le *terminus* comme partie de la *propositio*. Mais, si l'on excepte sur ce point le cas particulier de Leibniz, le *terminus* n'est pas en général qualifié de vrai ou de faux, de sorte que l'analyse du discours en catégorèmes et syncatégorèmes demeure une proto-analyse, ou mieux, selon l'expression de Carnap, une quasi analyse.

La concurrence de ces deux axes (*vox significativa, oratio / terminus, propositio vera*) a déterminé un large débat sur la portée qu'il convenait d'attribuer au « *constituit intellectum* ». Thomas d'Aquin note par exemple qu'en toute rigueur, le *nomen* ne saurait être tenu lui-même pour significatif selon le critère du mouvement et du repos de l'âme. Si par

l'enchaînement de trois énoncés prédicatifs, mais le « jugement assorti de son fondement », un seul énoncé donc, qui est « indivisément dans la proposition l'universel », par exemple *mortel*, « rejoignant l'individuel », par exemple *Socrate*, « à travers la particularité qu'est à celui-ci d'être un homme » (*ibid.*, t. 2, p. 126). On peut ainsi parler, en tout syllogisme prédicatif, d'une « vie » de la « triplicité », qu'il convient de dé-celer, en saisissant le « mouvement » du moyen terme dans son « unification des extrêmes ». Le *est* de la proposition hégélienne n'est donc pas la « simple copule du jugement », le « *est* sans esprit [*geistloses Ist*] » de la logique classique (voir encadré 4, « Copule [...] », dans PRÉDICATION), mais « le mouvement dialectique même de la proposition » (*Phénoménologie de l'Esprit*, éd. J. Lasson complétée par J. Hoffmeister, Leipzig, Meiner, 4e éd., 1937, p. 53), d'un mot : *Aufhebung*, « suppression, élévation, conservation » (voir AUFHEBEN). On peut s'étonner que Kant et Hegel critiquent ou prétendent dépasser, à des degrés divers, un binarisme originairement aristotélicien dans l'analyse de la proposition. La notion d'« invention du moyen terme » (*inventio medii*), telle que l'ont élaborée Avicenne ou Albert le Grand dans le contexte de la réflexion sur la prophétie naturelle, présente quelques harmoniques avec l'idée d'un syllogisme conçu comme « jugement assorti de son fondement ». Mais surtout, l'interprétation aristotélicienne de la *propositio* est éminemment ternaire – c'est même le reproche que lui adressent les logiciens modernes depuis Frege.

♦ Voir encadré 2.

Dans un sens plus positif, Heidegger (*Sein und Zeit*, Halle, 1927, § 44) soutient que la proposition aristotélicienne ne se borne pas à unir deux concepts : les propositions aristotéliciennes ne seraient pas prédicatives, mais apophantiques, « le medium des propositions apophantiques n'étant pas tout uniment l'*alêtheia*, mais l'être lui-même comme *alêthês ê pseudos*, à partir de quoi de telles propositions sont aussi bien vraies que fausses »

1

exemple le locuteur dit « *homo* », l'âme de l'auditeur demeure pour ainsi dire en suspens tant qu'il ne sait pas ce qui est dit *de homine* ; de même lorsqu'on entend le verbe isolé « *currit* » et que le repos dépend cette fois de la réponse à la question : « De qui parle-t-on ? » (Thomas d'Aquin, *In Peri hermeneias*, L I, l. V, 68). Le critère retenu traditionnellement pour la signification semble ainsi paradoxalement interdire toute philosophie du signe au profit d'une hypothétique *oratio perfecta*, à moins qu'il soit lui-même soutenu par une distinction supplémentaire qui fixe les échelles du discours. C'est dans cette voie que s'engage Thomas. Rappelant la division de l'*intellectio* selon les trois opérations de l'esprit, il affirme que le « *constituit intellectum* » est pertinent seulement dans les limites d'une saisie de l'*intellectio* par le *concipere*, mais qu'il doit être abandonné dans l'ordre supérieur de la *divisio* et *compositio*, que l'Âge classique appellera « jugement ». De même que l'analyse des propositions en termes est nécessaire à l'élucidation du concept de vérité *bien que les termes ne soient pas eux-mêmes vrais ou faux*, de même la saisie du sens dans la phrase n'implique aucune généralisation dans l'usage du critère « *constituit intellectum* » qui ne s'applique qu'à leurs parties constitutives. On dira que le *nomen* admet une signification (et ceci est vrai de tous les mots significatifs) comme conception, puisque dans cet ordre il produit effectivement du repos, en même temps qu'un mouvement d'inquiétude est éveillé par lui dans l'ordre suivant de la composition (*In Peri hermeneias*, L I, l. V, 69). Signification et conception ont donc un lien historique profond, et Alberto Coffa semble avoir été bien inspiré lorsqu'il proposait de corriger l'aphorisme de Quine et écrivait : « Les significations sont ce que les concepts sont devenus une fois mariés aux mots [*Meanings are what concepts became when wedded to the word*] » (*The Semantic Tradition*, p. 8).

Ces quelques remarques éclairent également le traitement de la signification développé dans la logique de Port-Royal. On sait qu'Arnauld et Nicole reprennent très classiquement la tripartition thomiste par les trois opérations de l'esprit, mais qu'ils prétendent l'enrichir d'un quatrième chapitre d'inspiration cartésienne consacré à la méthode. Qu'un tel ajout soit possible *in extremis*, sans que les autres parties de l'édifice en souffrent, voilà qui était hautement improbable. Du côté de la tradition, cela revenait en effet à ôter à l'ensemble des trois opérations leur caractère structurant pour la rationalité en général. Du côté de la modernité, c'était encore faire comme si la méthode n'avait pas été introduite par son auteur lui-même en lieu et place de la logique, afin de corriger l'excès de ses préceptes et de ses distinctions. Mais de cette double infidélité devait naître un objet philosophique et scolastique inédit, dans lequel était donné l'usage régulier de *terme* et de *nom* dans la philosophie en français.

Jean-Baptiste RAUZY

BIBLIOGRAPHIE

ARISTOTE, *Organon I, Catégories et sur l'Interprétation*, trad. fr. et notes J. Tricot, Vrin, 1989 ; *Aristotle's « Categories » and « De interpretatione »*, trad. angl. et notes J.L. Ackrill, Oxford, Clarendon Press, 1963.

— *Aristoteles latinus*, II, 1-2, *De interpretatione vel Periermenias*, éd. L. Minio-Paluello, Desclée de Brouwer, 1995.

ARNAULD Antoine et NICOLE Pierre, *La Logique ou l'Art de penser* [16621-16835], éd. P. Clair et F. Girbal, PUF, 1965.

COFFA J. Alberto, *The Semantic Tradition from Kant to Carnap*, Cambridge UP, 1991.

THOMAS D'AQUIN, *In Aristotelis libros Peri hermeneias et posteriorum analyticorum expositio, cum textu et recensione leonina*, Turin, Marietti, 1964.

OUTILS

PL : MIGNE Jacques-Paul (éd.), *Patrologiae cursus completus, series latina* [Patrologie latine], 1844-.

2

Science, prophétie naturelle et « invention du moyen terme » selon Avicenne

► INGENIUM (encadré 1, « Intuition, ar. ḥads »)

Selon Avicenne, la pratique du syllogisme suppose l'aptitude à découvrir les moyens termes nécessaires à la déduction. Cette aptitude est la capacité de s'unir à l'Intelligence agente. Elle a elle-même des degrés. Certains hommes l'ont à un degré suffisant pour recevoir (quelque chose) de l'Intelligence agente sans grands efforts ni beaucoup d'exercices — ils ont en eux une disposition seconde, que l'*Avicenna Latinus* appelle d'abord *subtilitas* (p. 151, 79), puis *intellectus sanctus*, une disposition de l'intellect matériel (p. 151, 84) qui est aussi le plus haut degré de l'*intellectus in habitu* (« intellect en habitus », p. 151, 84-86 ; voir INTELLECT). Cette *subtilitas* rend l'arabe *ḥads*[الحدس] (Bakos traduit : « intuition intellectuelle » ; Van Riet : « éclair d'intuition intellectuelle »). C'est le même mot — *subtilitas* — qui figure dans la suite du texte (p. 152, 96) pour rendre l'arabe *ḏakā'* [الذكاء] ; le texte arabe dit : L'intuition intellectuelle (*ḥads*) est un acte par lequel l'esprit découvre de lui-même le moyen terme, et la sagacité (*ḏakā'*) est la faculté (*quwwa*[قوة], lat. *virtus*) de l'intuition intellectuelle. La version latine complique les choses en posant : « *ingenium autem est actus rationis, cujus propria vi invenitur medius terminus ; subtilitas autem est supra ingenium* » — alors que l'arabe a quelque chose comme : « *subtilitas est virtus ingenii* ». Le premier *ḥads* aurait dû être rendu par *ingenium* (« intuition intellectuelle »). É. Gilson, qui raisonne sur le latin, dit qu'au-dessus de l'*ingenium* il y a la *subtilitas*. Et, de fait, c'est ce que comprennent les Latins (comme le montre le tableau dressé par Gilson, « Les sources gréco-arabes de l'augustinisme avicennisant », p. 62). Étant entendu que ce qui est en cause dans la notion avicennienne de prophétie naturelle (nous dirions peut-être aujourd'hui « la science »), c'est l'aptitude à découvrir rapidement un grand nombre de moyens termes, on constate que les hommes se répartissent en fonction de cette aptitude quantitative (étendue de l'invention) et qualitative (vitesse d'invention) ; cette inégalité naturelle entre les hommes est bornée aux deux extrêmes par ceux qui n'ont aucun *ingenium* et ceux qui ont l'*ingenium* pour toutes les questions (ou la plupart d'entre elles) et qui ont cet *ingenium* rapidement. L'*Avicenna Latinus* décrit ainsi le déroulement du degré suprême : l'homme dont l'âme est suffisamment purifiée et unie aux principes intelligibles en est comme inspirée (*inspirata*) ; son esprit (*ingenium*) s'enflamme (*accendatur*) de telle sorte qu'il reçoit de l'Intelligence agente la réponse à toutes ses questions ; il sait tout instantanément (*subito*) ou presque (*pene subito*) ; ces réponses aux questions (le latin dit seulement *quaestiones*) sont fermement imprimées en lui (*firmiter impressas*), et non sur un mode de simple probabilité : il appréhende tous les moyens termes nécessaires dans l'ordre requis, non à titre de croyances aveuglément acceptées (*probata*) mais à titre de certitudes rationnelles (*intelligibilia* — le latin rend très mal l'arabe) ; en effet, « la croyance, quand elle porte sur les choses qui sont connues seulement si on connaît leurs causes, ne possède aucune certitude rationnelle ». Cet état est un des modes (conditions) de la prophétie, c'est une *virtus sancta*, la plus élevée de toutes les facultés humaines. La théorie d'Avicenne est reprise et développée par Albert le Grand, qui fait du « prophète » naturel avicennien le prototype de l'homme de science, capable de « prévision » dans le monde sublunaire.

BIBLIOGRAPHIE

AVICENNE, *Liber de anima seu Sextus de naturalibus*, 2 vol., éd. crit. de la trad. lat. méd. S. Van Riet : *Livres I-III*, avec une « Introduction sur la doctrine psychologique d'Avicenne » de G. Verbeke, Louvain-Leyde, E. Peeters-E.J. Brill, 1972.

BAKOS Jan, *Psychologie d'Ibn Sina (Avicenne) d'après son œuvre « Aš Šifā »*, Prague, Académie tchécoslovaque des sciences, 1956.

DAVIDSON Herbert Alan, *Alfarabi, Avicenna, and Averroes, on Intellect. Their Cosmologies, Theories of the Active Intellect, and Theories of Human Intellect*, New York-Oxford, Oxford UP, 1992, p. 116-123.

ELAMRANI-JAMAL Abdelali, « De la multiplicité des modes de la prophétie chez Ibn-Sina », *in* J. Jolivet, R. Rashed (éd.), *Études sur Avicenne*, Les Belles Lettres, 1984, p. 137-138.

GILSON Étienne, « Les sources gréco-arabes de l'augustinisme avicennisant », *Archives d'histoire doctrinale et littéraire du Moyen Âge*, vol. 4, 1929-1930, p. 74-92.

TORELL Jean-Pierre, « La question disputée. *De prophetia* de saint Albert le Grand. Édition critique et commentaire », in *Recherches sur la théorie de la prophétie au Moyen Âge, XIIe-XIVe siècle* (*Dokimion*, n° 13), Fribourg (Suisse), 1992, p. 119-204.

(J. Beaufret, « Hegel et la proposition spéculative », in *Dialogue avec Heidegger*, t. 2, *Philosophie moderne*, Minuit, 1973, p. 113).

Alain de LIBERA

BIBLIOGRAPHIE

Aristoteles latinus, II, 1-2, *De interpretatione vel Periermenias*, éd. L. Minio-Paluello, Desclée de Brouwer, 1995.

ARNAULD Antoine et LANCELOT Claude, *La Grammaire générale et raisonnée* [1660], éd. H.E. Brekle, Stuttgart, Frommann, 1966.

ARNAULD Antoine et NICOLE Pierre, *La Logique ou l'Art de penser* [16621-16835], éd. P. Clair et F. Girbal, PUF, 1965.

BOÈCE, *Commentarii in librum Aristotelis Peri Hermeneias*, éd. K. Meiser, Leipzig, Teubner, 1880.

HOBBES Thomas, *Elementorum philosophiae sectio prima de corpore*, Londres, 1655.

JUNGIUS Joachim, *Logica Hamburgensis*, Hambourg, 1638 ; éd. R.W. Meyer, Hambourg, 1957.

— *Logicae Hamburgensis Additamenta*, éd. W. Risse, Göttingen, 1977.

NUCHELMANS Gabriel, *Theories of the Propositions. Ancient and Medieval Conceptions of the Bearers of Truth and Falsity*, Amsterdam, North-Holland, 1973.

— *Late-Scholastic and Humanist Theories of the Proposition*, Amsterdam, North-Holland, 1980.

— *Judgment and Proposition from Descartes to Kant*, Amsterdam, North-Holland, 1983.

THOMAS D'AQUIN, *In Aristotelis libros Peri hermeneias et posteriorum analyticorum expositio, cum textu et recensione leonina*, Turin, Marietti, 1964.

THOMASIUS Christian, *Einleitung zu der Vernunfft-Lehre*, Halle, 16911, 16992 ; repr. Hildesheim, Olms, 1968.

TLM = LEIBNIZ Gottfried Wilhelm, *Recherches générales sur l'analyse des notions et des vérités. 24 textes logiques et autres textes logiques et métaphysiques*, éd. J.-B. Rauzy, PUF, 1998.

WALCH Johann Georg, *Philosophisches Lexicon*, Leipzig, 1726.

WILLE Dagmar von, *Lessico filosofico della Frühaufklärung*, Rome, Ed. dell'Ateneo, « Lessico Intelletuale Europeo », n° 54, 1991.

WOLFF Christian, *Vernünftige Gedanken* (*Deutsche Logik*) [1713], in *Gesammelte Werke*, I, I, Hildesheim, Olms, 1965.

THEMIS [θέμις] / DIKÊ [δίκη] / NOMOS [νόμος]

GREC – fr. *règle, prescription / jugement, justice / loi*

► JUSTICE, *LOI* [LEX], *DROIT*, *DESTIN* [KÊR], et DIEU, FAIR, *LIBERTÉ*, *OBLIGATION*, PARDONNER, POLIS, PRAVDA, VOLONTÉ, VIRTÙ

Le vocabulaire autour duquel s'organisent les théories et les pratiques de la justice en Grèce ancienne est très changeant d'Homère à Aristote, avec, pour dire la règle ou la loi, successivement les mots de themis [θέμις] *(ou, au pluriel,* themistes [θέμιστες]*), puis de* thesmos [θεσμός]*, tous deux tirés de la racine* *dhe-*, « poser », et qui indiquent l'origine extérieure (divine ou autoritaire) des prescriptions, et enfin, à partir du V*[e] *siècle* nomos [νόμος]*, le « partage », qui signale une conception spatiale de la cité. Ces termes entrent toujours en relation de complémentarité avec* dikê [δίκη] *et, à l'époque classique, avec ses dérivés* (to dikaion [τὸ δίκαιον]*, « le juste »,* dikaiosunê [δικαιοσύνη]*, la « justice »), qui renvoie clairement à la situation du jugement ; le sens premier est en effet « sentence ». Les autres valeurs du mot, comme « justice » (en tant que principe ou que vertu), sont construites à partir de cette signification institutionnelle : le droit est établi par la procédure et ne lui préexiste pas. Comme décision (divine ou humaine) chargée de mettre un terme à un conflit divisant la communauté,* dikê *ne désigne pas (avant les distinctions opérées par Aristote) une sphère du droit pensée comme autonome, mais renvoie aux normes politiques, morales, religieuses, juridiques mises à mal par ces conflits.*

I. « THEMIS », « DIKÊ » ET LES FORMULES TRADITIONNELLES

Les traductions de ces termes et de leurs dérivés, qui couvrent la notion de « justice » en grec, sont très souvent hésitantes et controversées pour des raisons qui ne tiennent pas seulement à la polysémie particulièrement ouverte de chacun d'entre eux ; la difficulté vient plutôt de ce que les auteurs anciens (avant Platon et Aristote) ne procèdent pas à un travail d'explicitation terminologique, et ne livrent leur interprétation des concepts du droit que par la manière dont ils réemploient des syntagmes formulaires traditionnels ; c'est le caractère figé de la diction poétique (seul *medium* d'une réflexion publique sur le droit) qui explique que les innovations juridiques réelles se soient traduites par un brusque changement de la terminologie (alors que le vocabulaire du droit est plutôt conservateur dans d'autres cultures).

Ainsi, tandis que chez les poètes épiques (Homère, Hésiode, VIIIe siècle av. J.-C.) le droit semble s'articuler à partir du couple *themis/dikê* [θέμις/δίκη], à savoir, *grosso modo*, « règle, prescription » / « jugement », ultérieurement, la *dikê* [δίκη] (ou plutôt l'adjectif substantivé dérivé de ce nom, « le juste », *to dikaion* [τὸ δίκαιον]) est définie en rapport avec d'autres termes : au VIIe siècle, la « règle codifiée » (par exemple les « lois » de Dracon, vers 621 av. J.-C.) porte le nom de *thesmos* [θεσμός], mot de la même famille que *themis* [θέμις] et absent, dans ce sens, de l'épopée ; comme *themis*, il renvoie à l'idée d'une règle imposée du dehors, mais il n'a pas la connotation de « tradition » ; au contraire, il s'agit souvent d'institutions nouvelles. À partir de la fin du VIe siècle, à Athènes (en relation avec les réformes démocratiques de Clisthène ?), *nomos* tend à se substituer à *thesmos*, qu'il évincera. Dans son usage politique, *nomos* [νόμος], à la différence de *thesmos*, semble renvoyer à l'idée d'un ordre accepté par ceux qui s'y soumettent (cf. M. Ostwald). Ces changements radicaux traduisent des différences de concepts et de pratiques.

Dans son *Vocabulaire des institutions indo-européennes*, É. Benveniste a dégagé, par l'examen des emplois homériques et par la comparaison avec les langues apparentées au grec, les noyaux sémantiques autour desquels s'organisent les sens de *themis* et de *dikê*. Rattaché à la racine indo-européenne **dhe-*, « poser, placer, établir » (cf. latin *facere* « faire », grec *tithenai* [τιθέναι] « poser, faire »), le dérivé féminin *themis* note l'institution, comme résultat d'un acte autoritaire venu du dehors. C'est la règle établie par les dieux, que Zeus, avec le sceptre, transmet aux rois (cf. *Iliade* II, 205 *sq.*, IX, 97). Ceux-ci ont la connaissance des *themistes* [θέμιστες], c'est-à-dire de l'ensemble des prescriptions fixant les droits et les devoirs des individus qui leur sont soumis (lois ou usages sanctionnés, dits traditionnels, arrêts oraculaires). L'application de ces règles par le roi n'est pas automatique ; elle requiert une décision, qui peut être bonne ou mauvaise, selon qu'elle est soumise ou non à la violence (*bia* [βία]) : « Zeus est en colère [...] contre ceux qui par violence dans l'assemblée décident des prescriptions (*themistes*) tordues (*skoliai* [σκολιαί]) » (*Iliade*, XVI, 387). Les nombreux emplois des formules « comme il est normal » (*hê themis estin* [ἣ θέμις ἐστίν]) ou « il n'est pas normal de... » (*ou themis esti* [οὐ θέμις ἐστί] avec l'infinitif) supposent ce sens premier de prescription divine dont le roi est le garant.

Dikê note une activité d'un autre ordre (même si une *dikê* peut aussi selon le formulaire, et plus fréquemment que des *themistes*, être dite « tordue »). Le mot a la même racine que le latin *dicere*, « dire », et que le grec *deiknunai* [δεικνύναι], « montrer » (la comparaison avec d'autres langues indo-européennes montre que ce sens est plus ancien). D'où deux interprétations possibles. Ou bien, si l'on part de « montrer », la *dikê*, souvent accompagnée de l'épithète « droite », consisterait à désigner une ligne droite, comme la limite entre deux propriétés ; cette scène de monstration d'une évidence visible serait la scène originelle du « jugement », sens que *dikê* prend le plus souvent dans l'épopée archaïque (cf. M. Gagarin) ; ou bien, si l'on veut rendre compte du passage au sens de « dire » en latin et d'un mot comme *iudex*, « qui dit le droit », on fera de la « monstration » supposée par la racine un acte de parole. Benveniste voit alors dans *dikê* une formule qui sert à « montrer ce qu'on doit faire », à « prescrire la norme ». D'où l'un des noms homériques du juge : *dikaspolos* [δικασπόλος], « celui qui veille sur les formules de droit ».

♦ Voir encadré 1.

II. L'AUTONOMISATION DE LA SPHÈRE DU DROIT

La question classique que se sont posée les interprètes est de savoir à partir de quand et dans quelles conditions des termes qui, comme *themis* et *dikê*, semblent d'abord désigner des formes traditionnelles, validées par la coutume, ont acquis un sens juridique plein, qui suppose une autonomisation même relative de la sphère du droit. Les interprétations ont insisté sur deux évolutions historiques générales qui auraient déterminé l'emploi juridique de ces mots.

Au début du XXe siècle, on reconnaissait dans *themis* et *dikê* deux formes de justice : l'une, notée par *themis*, s'appliquerait à la communauté archaïque qu'était la famille (ou la « tribu ») ; l'autre, avec *dikê*, vaudrait pour une justice interfamiliale sur le chemin de l'organisation politique. Non seulement « ce qui est *themis* » relève, dans son contenu (relations familiales, ou avec les étrangers), d'une « juridiction » interne à une tribu, mais *dikê*, comme « jugement » (et non pas comme simple arbitrage) requiert une autorité extérieure (cf. G. Glotz, L. Gernet, suivis par É. Benveniste). Mais cette distinction matérielle et historique ne correspond pas à ce qu'on lit chez Homère et Hésiode, où les deux termes sont complémentaires, avec des valeurs fonctionnelles distinctes. Ainsi, le texte de l'*Iliade* parlant de la colère de Zeus contre les rois, « qui décident des *themistes* tordues » (XVI, 387) est-il immédiatement suivi par : « et qui bannissent la justice (*dikê*), sans prendre en compte la vigilance des dieux » (XVI, 388). De même, la forme développée et la plus fréquente de la phrase « qui décident des *themistes* tordues » est-elle : « qui décident des *themistes* au moyen de jugements (*dikai* [δίκαι]) tordus » (ou « droits », selon les contextes). Tout le problème est dans la relation à établir entre ces deux emplois du même mot, *dikê* (« justice » / « jugements »), par rapport aux *themistes*.

Une autre tendance lourde de l'interprétation est d'expliquer le développement du droit archaïque par le passage de l'oralité à l'écriture. Il n'y aurait de droit au sens strict que si la règle peut être identifiée en tant que telle, avec sa valeur universelle (« quiconque fera *x* subira *y* »), et si elle est donc indépendante des contextes traditionnels de son énonciation, qui sont chaque fois particuliers. Cela ne serait possible qu'avec l'institution de l'écriture (apparue en Grèce sous sa forme alphabétique au premier quart du VIIIe siècle, mais généralisée plus tard, en même temps que se développe la prose face à la poésie orale). Dans un tel contexte, les *themistes* homériques et hésiodiques ne peuvent même pas désigner un « code » oral (dont l'existence ne semble pas attestée par d'autres sources) ; ce seraient des « normes de comportement » que le roi, par un jugement droit, décide de faire appliquer (M. Gagarin). Nous aurions affaire, à ce stade, à un moment « proto-légal », où les règles ne sont pas conçues comme règles juridiques, mais où il existe des procédures reconnues (*dikai*) de règlement des conflits. Sur le plan cognitif, cette reconstruction, qui insiste sur les procédures et les actes de langage, incite à repousser très tard (en fait pas avant Platon) le moment où un concept général comme celui de « justice » peut non seulement se dégager des situations chaque fois concrètes où une parole concernant le droit est énoncée, mais surtout être thématisé dans son universalité (E.A. Havelock).

1

« Dikê »

Le mot, de la même famille que *deiknunai*, « montrer », a d'abord le sens de « sentence » (comme « monstration » du juste, dans un acte de parole) ; d'où le dérivé *dikazein* [δικάζειν], « juger ». Par extension de cette opération à la procédure, il signifie « action en justice » (d'où « cause défendue, droit revendiqué », à savoir la sentence attendue), et, plus généralement, « procès ». Dans ces contextes institutionnels, toujours liés à l'idée temporelle d'une procédure devant aboutir par une décision, le mot, contrairement au latin *jus*, ne désigne pas un droit antérieur, qui devrait être reconnu ; les droits sont plutôt définis eux-mêmes par le jugement. Le sens de « châtiment », que l'on a au Ve siècle (par exemple dans l'expression *dikên didonai* [δίκην διδόναι], « céder ce qui est dû »), est dérivé de celui de « verdict ». Quand le mot désigne plus abstraitement le principe de l'action juste (la « justice », opposée à l'*hubris* [ὕβρις]), il est en fait encore lié à la procédure, dont il donne le critère de rectitude ; cette valeur est à l'époque classique plutôt représentée par *dikaiosunê* [δικαιοσύνη] ou *to dikaion* (*dikê* ayant le sens technique d'« action en justice »). Une autre gamme d'emplois, « usage », habitude, présente dans l'épopée archaïque et la prose tardive archaïsante (cf. *Odyssée*, XI, 218, pour une « *dikê* des mortels » qui fait qu'on ne peut saisir l'âme des morts), dérive de la notion de formule : il s'agit d'une règle impérative, qui décide des normes à suivre ; on arrive par là au sens de « comme » dans les comparaisons que prend, à l'époque classique l'accusatif *dikên* [δίκην] accompagné d'un génitif : *kunos dikên* [κυνὸς δίκην], « comme un chien ».

III. LES REFORMULATIONS ET LES DÉPLACEMENTS

A. Hésiode ou le dédoublement des normes

Toutefois, si les grandes lignes de ce cadre (avec une *dikê* avant tout procédurale à l'origine) peuvent être maintenues, il reste à prendre en considération le travail que les auteurs grecs cités ont eux-mêmes accompli sur les notions et les formules dont ils héritaient. Il y a là des mises en perspectives qui définissent des positions théoriques antithétiques quant au sens à donner aux termes traditionnels. Dans un dialogue implicite et contradictoire avec l'Homère de l'*Iliade*, Hésiode réfléchit sur l'usage formulaire du terme *dikê*, pour proposer une nouvelle définition de la norme fondamentale qui régit la légitimité des normes, ou procédures, employées. Selon le code poétique archaïque, *dikê* est d'abord employé au pluriel, au datif instrumental *dikais*, pour « les jugements » : « décidant (*diakrinonta* [διακρίνοντα]) des prescriptions (*themistas* [θέμιστας]) au moyen de jugements droits (*itheiêisi dikêisin* [ἰθείῃσι δίκῃσιν]) » (*Théogonie*, 85 *sq.*) — ou, à l'inverse, « au moyen de jugements tordus (*skoliêis dikêis* [σκολιῇς δίκῃς]) » (*Les Travaux et les Jours*, 221). Le problème que pose cette phrase formulaire est le critère de la rectitude qui permet au roi, dans un dire (*dikê*) adapté à une situation nouvelle, de faire appliquer une prescription traditionnelle en rencontrant l'assentiment de l'ensemble de sa communauté. Le but du jugement droit est en effet de rétablir la concorde là où s'était imposée une querelle (droit et politique ne sont pas différenciés). D'autres emplois de *dikê*, cette fois au singulier, désignent la valeur ou la norme qui est détruite quand les jugements (*dikai*) ne sont pas droits : les mauvais rois-juges « bannissent la justice (*dikê*) » (*Iliade*, XVI, 388, cf. ci-dessus).

Par un travail sur le code poétique Hésiode donne un contenu à cette norme. Tout d'abord, il invente, semble-t-il, une formule qui explicite ce dédoublement des normes. Les *Travaux* s'ouvrent par une demande adressée à Zeus, qui définit la relation du dieu souverain avec les rois-juges : « Par la justice (*dikêi* [δίκῃ], au datif singulier) redresse (*ithune* [ἴθυνε]), toi, les arrêts [des rois] (*themistas* [θέμιστας]). Moi, je vais dire à Persès des vérités confirmées » (v. 9 *sq.*). Une justice seconde, corrective, se superpose à la justice humaine en acte. Cette phrase suppose que les rois-juges ne disposent pas par eux-mêmes du critère de la rectitude de leurs jugements. Ils doivent s'en remettre à un savoir sur Zeus, et sur sa justice, que le poète est seul en mesure de leur délivrer. Cette norme est ou bien extérieure, quand on attend d'une action divine qu'elle la rétablisse (dans son autre poème, la *Théogonie*, Hésiode construit la validité de cette norme quand il fait de Dikê la fille de Zeus et d'une Titane, Thémis, cf. ci-dessous), ou bien intériorisée, comme critère du comportement juste (vis-à-vis des siens, des concitoyens et des étrangers) ; son contraire est alors l'*hubris* [ὕϐρις], à savoir la transgression comme « violence oppressive » (cf. J.L. Perpillou). Morale et droit ne sont pas distingués (encore qu'Hésiode demande instamment aux rois de se conformer à la « morale » dans leurs jugements), et Aristote analysera cette confusion dans les emplois de l'expression *to dikaion*, « le juste », au début du livre V de l'*Éthique à Nicomaque*, de manière à distinguer la justice proprement juridique de la disposition à accomplir le juste.

Le débat qui s'instaure entre les auteurs grecs archaïques concerne alors la définition de cette norme fondamentale des comportements et des procédures. Hésiode semble bien s'opposer à Homère pour qui, dans l'*Iliade*, la rectitude d'un jugement est affaire d'évidence (voir la scène du jugement représentée sur le bouclier d'Achille au chant XVIII) : le jugement droit est immédiatement acclamé par la communauté, qui se ressoude grâce à lui. Le droit, chez Homère, peut se régler lui-même, par le respect de ses propres procédures. Cette thèse, implicite a un effet énorme sur le récit du poème : l'injustice d'Agamemnon quand il décide de s'octroyer la captive d'Achille, Briséis, est manifeste pour tous les membres de l'assemblée des guerriers achéens ; mais cette décision, qui lance l'ensemble du récit de l'*Iliade*, est nécessaire d'un point de vue qui transcende le droit, et qui, pour Homère, définit la réalité, à savoir la volonté de Zeus d'imposer son sens à l'histoire : grâce à ce jugement tordu, il impose simultanément la ruine des Grecs et la prise de Troie (dans une perspective eschatologique, visant à la fin de « l'âge des héros »).

Hésiode, au contraire, construit une réalité où la justice joue le rôle d'un principe déterminant. Il lui faut pour cela déduire la nécessité de cette norme à partir d'une conception générale des choses. La personnification de Dikê (absente chez Homère) et la généalogie servent à donner sa place à ce principe dans la hiérarchie des êtres. En faisant de Dikê l'une des Heures (avec l'Eunomie, « l'ordre politique bien réglé », et la Paix), à savoir l'une des filles de la Titane Thémis et du dieu olympien Zeus (*Théogonie*, 901-902 ; de cette union naissent également les Moires, ou Parques), qui déterminent la qualité et la durée de l'existence des mortels, il indique deux choses : Dikê ne concerne que les hommes, et non les dieux, et sa naissance réalise la réconciliation de deux générations divines d'abord antagonistes : les Titans (Cronos, Thémis, Océan, Téthys, etc.) et les dieux olympiens (Zeus, Poséidon, Hadès, Héra, etc.) qui leur ont succédé au terme d'une guerre totale. Comme l'a souligné H. Wismann, ces deux qualités sont liées : l'ordre olympien se caractérise par une différenciation contraignante et figée des régions de la réalité de manière à assurer la paix au sein du monde divin (selon une représentation spatiale de la cité) ; il lui faut alors se réconcilier avec la vitalité et la fécondité du monde titanesque ; les hommes, qui sont par définition soumis à l'excès parce que leur survie est pour eux à tout moment à gagner sur le néant, par le travail, permettent cette réconciliation : l'ordre ne leur est pas donné, comme pour les dieux, mais doit s'imposer à leur activité, sous la forme de la justice.

B. Solon ou la violence du législateur

Le droit, comme procédure de décision garantissant une bonne répartition des ressources vitales, est donc chez Hésiode déduit d'un ordre naturel donné. Son critère de rectitude est en effet la prise en compte de la nécessité du travail, qui est la conséquence d'une théodicée générale — d'où l'ambiguïté, chez lui, de *dikê*, à la fois procédure et principe. La position antagoniste, déjà lisible chez Homère, d'un droit auto-légitimé, sera développée plus tard, dans un autre contexte conceptuel et social, quand aux *themistes* traditionnelles seront substitués les *thesmoi* [θεσμοί], c'est-à-dire des règles juridiques et politiques identifiables qui font l'objet d'une législation nouvelle, rompant avec le passé.

Solon (archonte d'Athènes en 594-593 av. J.-C. et auteur de nombreuses lois [*thesmoi*] nouvelles) ne fondera pas la légitimité des lois sur une autorité divine extérieure, mais (cf. F. Blaise), s'attribuant le rôle traditionnellement accordé à Zeus, dira avoir harmonisé entre eux les deux contraires que sont *dikê* (à prendre au sens institutionnel de « procédure ») et *biê* [βίη] (« la violence » ; fr. 36 West). C'est en tant que législateur qu'il est violent : la force ne vient pas aider ou compenser le droit, elle lui est interne, en raison de sa dimension contraignante. Quant au contenu des lois, il n'est pas déduit d'un donné préexistant, mais il résulte de l'activité législatrice elle-même. Solon transforme la phrase traditionnelle qui associe les *themistes*, les prescriptions, à la justice (au sens de sentence) droite (v. 18-20) et énonce un paradoxe : « Les lois (*thesmoi*), je les ai écrites également pour le vil et pour le bon en ajustant pour chacun un jugement droit (*eutheian*... *dikên* [εὐθεῖαν... δίκην]) ». La sentence décide de la loi écrite ; le cas fait la règle ; la prise en compte de la diversité crée les normes, qui sont rendues légitimes par leur application et non par un principe qui les transcende. Cette position s'étiolerait si on traduisait ici *dikê* par « justice », sans y reconnaître la procédure du jugement.

Même si entre Hésiode et Solon (qui est, en un sens, préfiguré par Homère) on reconnaît déjà les termes de la discussion qui opposera par la suite les tenants d'un droit déduit d'une réalité ontologique plus fondamentale et ceux qui posent une légitimité autonome du droit, le cadre de la discussion change quand le pôle de la « règle » (face à *dikê* ou à son dérivé *to dikaion*, « le juste ») est représenté, à partir du Ve siècle av. J.-C., non plus par un mot employé presque exclusivement au pluriel (les *themistes* ou les *thesmoi*), mais par un terme générique, qu'on trouve couramment au singulier, *nomos*.

♦ Voir encadré 2.

Son contraire est un autre singulier, *phusis* [φύσις], « la nature » : « La loi (*nomos*), qui est le tyran des hommes, fait sur beaucoup de choses violence (*biazetai* [βιάζεται]) à la nature » (Platon, *Protagoras*, 337 d, dans la bouche du sophiste Hippias). Par ce mot, la loi est, pour la première fois, posée dans son autonomie, comme loi positive, et, comme dans la phrase d'Hippias, devient susceptible d'être opposée à la norme qui la fonde, la justice (avec l'idée d'un *nomos* tyran, c'est-à-dire injuste). Platon dégagera le principe d'un *nomos* juste, et donc naturel, en le rattachant à la partie intelligible de l'âme (il fait, dans *Les Lois*, dériver *nomos* de *noos* [νόος], « l'esprit », IV, 714a) ; Aristote, détachant pour la première fois le juste politique (ou juridique) du juste absolu (ou moral), dépassera l'opposition de la loi et de la nature en en faisant deux aspects du juste politique, qui n'existe qu'en tant qu'il se réalise dans des lois particulières ; la variabilité des lois est donc naturelle : « Le juste politique (*to politikon dikaion* [τὸ πολιτικὸν δίκαιον]) est en partie naturel (*phusikon* [φυσικόν]) et en partie légal (*nomikon* [νομικόν]) » ; *Éthique à Nicomaque*, V, 10, 1134 b 18 *sq*.

IV. JUSTICE ET ÉQUITÉ : LES DISTINCTIONS ARISTOTÉLICIENNES

Le livre V de l'*Éthique à Nicomaque* est consacré au juste, *dikaion*, et à la justice, *dikaiosunê* [δικαιοσύνη]. Aristote en explore les significations multiples (*pleonakhôs legethai* [πλεοναχῶς λέγηται], 2, 1129a 26). Ces sens sont gros de la plupart de nos distinctions moder-

2

« Nomos »

Le mot, qui renvoie à la racine *nem-, « attribuer, répartir selon l'usage ou la convenance » (voir Chantraine), a un homonyme plus ancien (accentué sur la finale et non sur la première syllabe) qui signifie « pâturage », « nourriture » (cf. *nomeus* [νομεύς], « berger », *nomas* [νομάς], « qui pâture, nomade »). Accentué sur la première syllabe, il a la valeur de « partage » (cf. É. Benveniste, malgré M. Ostwald) : il ne s'agit, en effet, pas seulement d'un « mode habituel d'être » qui tendrait ensuite vers le sens de « règle » *(law and order)* ; l'idée de contrainte, dans un « partage imposé », est présente dès les premiers emplois (cf. Hésiode, *Travaux*, 276 : si les hommes, contrairement aux animaux, sont soumis à la justice [*dikê*], c'est en effet en vertu d'un partage réglé par Zeus, qui leur donne le travail comme moyen de subsistance et non la dévoration d'autres humains). L'idée d'arrangement se retrouve dans l'emploi de *nome* au sens musical (mélodie). Avec *nomos* prévaut la notion de règle admise (et non pas « posée », comme c'est le cas avec *thesmos*, que *nomos*a supplanté) : le mot, par lui-même, ne distingue pas l'usage, la coutume, de la loi. De *nomos* est dérivé le verbe *nomizein* [νομίζειν], « user habituellement de, reconnaître, croire, penser ».

BIBLIOGRAPHIE

CHANTRAINE Pierre, *Dictionnaire étymologique de la langue grecque*, nouv. éd. mise à jour avec un « Supplément au dictionnaire », Klincksieck, 1999.

nes, mais non sans distorsion et différence d'accent ; c'est pourquoi il importe de comprendre leur valeur exacte.

A. Justice globale et justice partielle, distributive et corrective : égalité et proportion

La justice est d'abord une vertu, *aretê* [ἀρετή], c'est-à-dire une disposition individuelle, *hexis* [ἕξις] (cf. chap. 13), d'autant plus achevée (*teleia* [τελεία], 1129b 30) qu'elle sert (*khrêsis* [χρῆσίς], b 31) non seulement dans le rapport entre soi et soi mais dans le rapport à l'autre (*pros heteron* [πρὸς ἕτερον], 1130a 4) : c'est *allotrion agathon* [ἀλλότριον ἀγαθὸν], un bien d'autrui, non pas « étranger » (trad. Tricot, a 3) mais altruiste, qui vise à produire et à conserver le bonheur de la communauté politique (*politikê koinônia* [πολιτικῆ κοινωνία]) ; elle a la même finalité que les lois, et se confond en un sens avec l'obéissance qu'on leur doit (1129b 12-19). Aristote ne fait ainsi que retrouver le nœud éthico-politique du vieux mythe de Protagoras, dans lequel Zeus, complétant les dons techniques de Prométhée, octroyait aux hommes pour qu'ils puissent vivre en paix ces excellences politiques que sont *aidôs* [αἰδώς], la pudeur, le respect comme conscience du regard de l'autre, et *dikê* (voir encadré 1, « Aretê : excellence et finalité », dans VIRTÙ). C'est là, dit Aristote, une justice totale, ou globale (*holê* [ὅλη]), qui dépend de la culture de la communauté, de l'éducation en vue du commun (*peri paideian tên pros to koinon* [περὶ παιδείαν τὴν πρὸς τὸ κοινόν], 1130b 26).

Les distinctions nouvelles et porteuses d'avenir concernent la justice *kata meros* [κατὰ μέρος], partielle (b 30) car partie de la justice globale. Aristote distingue entre la justice distributive, qui intervient « dans les distributions (*en tais dianomais* [ἐν ταῖς διανομαῖς]) d'honneurs, de richesses ou d'autres avantages à répartir entre les membres de la communauté » (b 31-32) et règle donc la participation publique ; et la justice dite corrective, « qui dirige ou redresse » (c'est le sens de *diorthôtikon* [διορθωτικόν], 1131a 1) les relations (*en tois sunallagmasi* [ἐν τοῖς συναλλάγμασι]) privées, qu'elles soient librement consenties (une vente et un achat) ou non (et clandestines : un faux témoignage, un vol ; ou violentes : une diffamation, un vol à main armée). Ces deux parties de la justice ont pour fin, non plus le légal, mais *to ison* [τὸ ἴσον], l'égal.

Ce qui ne va pas alors de soi, pour nous qui sommes accoutumés à l'universalité formelle de l'égalité républicaine (« tous les hommes naissent libres et égaux en droits »), ce sont les définitions aristotéliciennes de l'égal. En effet, distribuer également, ce n'est pas distribuer à chacun une part identique, mais, au contraire, proportionner l'estimation (*axia* [ἀξία], a 26) des personnes et celle des parts : « le juste est un analogue » (*to dikaion analogon ti* [τὸ δίκαιον ἀνάλογόν τι], 6, 1131a 29 ; voir LOGOS). Selon le régime politique, on peut définir la valeur par la liberté, par la richesse, la naissance, l'excellence, mais à chaque fois l'égalité est une proportion géométrique qui rapporte deux à deux les personnes aux choses : l'injustice consiste dès lors, non pas à distribuer différemment, mais à ne pas respecter la proportion.

En revanche, la justice corrective se conforme à la proportion arithmétique (1132a 1) : elle traite toutes les personnes comme si elles se valaient (*khrêtai hôs isois* [χρῆται ὡς ἴσοις], a 5). À y bien regarder pourtant, elle ne fait jamais par là que maintenir la proportion (lors d'une transaction) ou la rétablir (s'il y a dol), en faisant la moyenne entre la perte et le gain : le juge « égalise » (*ho de dikastês epanisoi* [ὁ δὲ δικαστὴς ἐπανισοῖ], a 24 ; c'est même, dit Aristote jouant avec l'étymologie, comme si le juge, *dikastês* [δικαστής] était un « coupeur en deux », *dikhastês* [διχαστής], a 32), c'est-à-dire qu'il fait revenir à la distribution première (« après comme avant », 1132b 20).

La proportionnalité pour toute égalité : le choix aristotélicien est politiquement fondamental en ceci qu'il considère, non pas d'abord l'identité d'atomes sociaux, mais d'abord la différence sans laquelle il n'y a pas de communauté ; il faut des compétences, des excellences bien distinctes, et une monnaie pour les rendre commensurables,

3

L'équité chez Nietzsche

Le statut de l'équité chez Nietzsche est évidemment inséparable de sa conception de la justice, élaborée pour l'essentiel au cours de la période qui va d'*Humain, trop humain* (1878-1879) à *Aurore* (1881). L'origine de la justice — ou de l'équité — ne se trouve pas dans un acte non égoïste ou désintéressé, mais plutôt dans un troc ou dans un échange entre des hommes de puissance comparables, que ceux-ci estiment préférables à une lutte mutuellement dommageable (*Humain, trop humain*, I, § 92 ; cf. *Généalogie de la morale*, II, § 8). L'équité proprement dite est :

> un développement de la justice qui naît parmi ceux qui ne pêchent pas contre l'égalité dans la communauté : on l'applique à des cas où la loi ne prescrit rien, où intervient le sens subtil de l'équilibre qui prend en considération le passé et qui a pour maxime ne fais pas aux autres ce que tu ne veux pas qu'on te fasse.
>
> *Humain, trop humain*, II, *Le voyageur et son ombre*, § 32.

L'équité se définit donc essentiellement à travers la figure de l'« homme équitable » dont la vertu consiste à savoir juger de la justice (c'est-à-dire de l'égalité et de l'inégalité) lorsque la loi est silencieuse ou que les rapports de droit sont instables (cf. *Aurore*, § 112). Reprenant les analyses d'Aristote (*Éthique à Nicomaque*, V, 14, 1137a 31-1138a 30), Nietzsche en donne donc une interprétation « aristocratique », qui ne va pas sans admettre une certaine indulgence réciproque des « égaux » :

> *Aequum* veut dire précisément : « c'est conforme à *notre égalité* » : l'équité aplanit nos petites différences pour rétablir l'apparence d'égalité, et veut que nous nous pardonnions bien des choses que nous ne nous devrions pas nous pardonner.
>
> *Le voyageur et son ombre*, § 32.

Philippe RAYNAUD

si l'on veut qu'il y ait des échanges, une organisation, une cité (cf. tout le chapitre 8 — c'est pourquoi d'ailleurs la monnaie relève de la *philia* [φιλία] ; voir AIMER, II, B, 2). On mesure ainsi la différence de principe entre l'égalité des Anciens et l'égalité des Modernes, et certains motifs possibles du retour à l'antique (voir LIBÉRAL).

B. L'« epieikeia » ou la règle molle

Aristote propose enfin une justice corrective de la justice elle-même : l'*epieikeia* [ἐπιείκεια] (terme formé sur **eikô*, « [res-]sembler, paraître conforme, convenir » ; voir encadré 1, « To eikos », dans EIDÔLON), que nous rendons par « équité », sur le latin *aequitas* « égalité », alors pourtant qu'on est au plus loin de l'égalité formelle. L'équité vient redresser la justice légale, non parce que la loi n'est pas droite et qu'elle se trompe, mais parce que, par structure et par définition, la loi est générale : « c'est la lacune qu'on corrige » (*epanorthoun to eilleiphthen* [ἐπανορθοῦν τὸ ἐλλειφθέν], 14, 1137b 22) en faisant « comme si le législateur lui-même était là », en légiférant « comme il aurait légiféré s'il avait connu le cas » (b 22-24 ; cf. aussi *Rhétorique*, I, 1374b 10). C'est en somme la rigidité qu'on redresse, en la tordant comme une règle molle : « De ce qui est indéterminé, le canon aussi est indéterminé (*tou gar aoristou aoristos kai ho kanôn* [τοῦ γὰρ ἀορίστου ἀόριστος καὶ ὁ κανών]), comme le canon de plomb des architectes de Lesbos », — qui bouge et s'adapte aux courbes des pierres comme un *psêphisma* [ψήφισμα], un arrêt, s'adapte à une affaire (b 28-31).

La considération inventive du singulier et du différentiel (on parlera de la « personnalité », des « circonstances ») est ainsi inscrite au cœur même de l'évaluation et du rétablissement de l'égalité.

♦ Voir encadré 3.

Pierre JUDET de la COMBE,
Barbara CASSIN (IV)

BIBLIOGRAPHIE

AUBENQUE Pierre, « La loi chez Aristote », *Archives de Philosophie du droit* 25, 1980, p. 147-157.

BLAISE Fabienne, « Solon. Fragment 36 W. Pratique et fondation des normes politiques », *Revue des Études Grecques* 108, 1995, p. 24-37.

GAGARIN Michael, *Early Greek Law*, Berkeley-Los Angeles-Londres, University of California Press, 1986.

GERNET Louis, *Recherches sur le développement de la pensée juridique et morale en Grèce (étude sémantique)*, E. Leroux, 1917 ; rééd. PUF, 2001.

— *Droit et Société dans la Grèce ancienne*, Sirey, 1964.

GLOTZ Gustave, *La Solidarité de la famille dans le droit criminel en Grèce*, A. Fontemoing, 1904.

HAVELOCK Eric Alfred, *The Greek Concept of Justice. From its Shadow in Homer to its Substance in Plato*, Cambridge, Harvard UP, 1978.

JUDET DE LA COMBE Pierre, « Les critères du jugement droit dans *Travaux et les Jours d'Hésiode* », Droit et culture, 29, 1995, p. 159-175.

LATTE Kurt, « Der Rechtsgedanke im archaischen Griechentum » (1946), *in* E. BENECKER (éd.), *Zur griechischen Rechtsgeschichte*, Darmstadt, Wissenschaftliche Buchgesellschaft, 1968, p. 77-98.

OSTWALD Martin, *Nomos and the Beginnings of the Athenian Democracy*, Oxford, Clarendon Press, 1969.

RENAUT Alain-SOSOE Lukas K., *Philosophie du droit*, PUF, 1991.

ROMILLY Jacqueline de, *La Loi dans la pensée grecque des origines à Aristote*, Les Belles Lettres, 1971.

RUDHARDT Jean, *Thémis et les Hôrai. Recherche sur les divinités grecques de la justice et de la paix*, Genève, Droz, 1999.

PERPILLOU Jean-Louis, *Recherches lexicales en grec ancien. Étymologie, analogie, représentations*, Louvain/Paris, Peeters, 1996.

WISMANN Heinz, « Propositions pour une lecture d'Hésiode », *in* F. BLAISE *et al.* (éd.), *Le Métier du mythe. Lectures d'Hésiode*, Lille, Presses universitaires du Septentrion, 1996, p. 15-24 (voir également dans ce volume les contributions relatives au droit archaïque, par D. Saintillan, A. Laks et P. Rousseau).

OUTILS

BENVENISTE Émile, *Le Vocabulaire des institutions indo-européennes*, 2 vol., Minuit, 1969.

TORAH [תּוֹרָה] HÉBREU , ŠARĪ'A [الشريعة] ARABE

– fr. *loi*

gr.	*nomos* [νόμος]	all.	*Gesetz*
lat.	*lex*	angl.	*law*

► *LOI* [LAW, LEX], et *DESTIN*, DEVOIR, DIEU, LANGUES ET TRADITIONS, SOLLEN, THEMIS, TRADUIRE, WILLKÜR

Dans la discussion philosophique européenne, le mot LOI, *tel que le pense la philosophie politique, ne vient pas seulement des philosophes grecs — Platon, Aristote, les Stoïciens, Cicéron — et des juristes romains. Il a également une source dans la Bible. Celle-ci est un objet de réflexion pour les théologiens comme saint Augustin ou saint Thomas. Elle l'est aussi pour les philosophes, depuis le projet de Machiavel de lire « sensément » la Bible* (Discorsi, *III, 30*), *Hobbes et Spinoza jusqu'à Kant. L'idée de « loi » vient à l'Europe moderne des traductions allemande de Luther* (Gesetz) *ou anglaise de la Version autorisée* (law). *Les deux se situent à l'intérieur d'un horizon déjà marqué par la traduction grecque des Septante* (nomos [νόμος]), *puis latine de la Vulgate* (lex), *le contexte d'ensemble étant le plus souvent la discussion de la valeur de la « loi » dans les Épîtres de saint Paul. On tentera d'explorer ici, à partir de l'hébreu et de l'arabe, les croisements entre les différents vocabulaires de la loi.*

I. LE VOCABULAIRE HÉBREU DE LA LOI

En hébreu, *torah* [תּוֹרָה] vient de la racine YRH [ירה], qui signifie « jeter » — en hébreu moderne, « tirer » avec une arme à feu. À l'origine, il s'agissait sans doute de tirer au sort et d'interpréter le résultat comme exprimant la volonté divine. Les prêtres sont nommés « détenteurs de la *torah* (*ṯōfesëy hat-tōrāh* [תּוֹפְשֵׂי הַתּוֹרָה]) » (Jérémie, 2, 8). Il ne s'agit pas d'un texte écrit, mais d'un enseignement oral portant sur le domaine de compétence sacerdotal : des questions rituelles, par exemple le pur et l'impur (Aggée, 2, 11-13), ou le genre de sacrifice qu'il convient d'offrir (Zacharie, 7, 2-3). Cet enseignement est censé être donné par YHWH lui-même. Il est ordonné d'obéir aux prêtres, de faire « selon la *torah* qu'ils t'enseigneront (*yōrūḥā* [יורוך]) et selon le jugement (*mišpāṭ* [מִשְׁפָּט]) qu'ils te diront » (Deutéronome, 17, 11). La Loi est ensuite replacée dans le cadre de l'exode, devenant ainsi la Loi de Moïse (Deutéronome, 1, 5, etc.), plus exactement la Loi de YHWH (Esdras, 7, 10, etc.) transmise par l'intermédiaire de Moïse. Le mot se généralise ensuite aux cinq livres du Pentateuque, voire vaut pour l'ensemble de la Bible, Prophètes et livres sapientiels compris (par ex. Jean, 10, 34). Il finit par englober les deux aspects de la Loi : la Loi écrite et la Loi orale, censée elle aussi avoir été donnée au Sinaï. Le sens d'« enseignement » est repris dans la traduction du Pentateuque par Martin Buber sous le titre *Buch der Weisung*. Franz Rosenzweig traduit : *Gesetzeslehre* (*Stern der Erlösung*, III, 1, § 321).

Miṣwāh [מִצְוָה] signifie « ordre, commandement ». Le mot, qui désigne initialement toute sorte d'injonction, s'est imposé pour désigner les préceptes positifs et négatifs contenus dans la Torah. On s'est efforcé de les distinguer avec précision et de les énumérer de façon exhaustive, non sans chercher à expliquer le nombre de 613 préceptes en tout – et surtout le nombre de 365 préceptes négatifs. Le mot peut désigner aussi, par extension, l'action qui accomplit un commandement, le fait méritoire – et, au sens populaire, il signifie presque une « B.A. ».

Mišpāṭ vient de la racine ŠPṬ [שפט] « juger, diriger ». Le jugement est prononcé avec autorité par un dirigeant, un *šōfēṭ* [שׁוֹפֵט] – le « juge » au sens du livre des Juges ou de « suffète », plus haut magistrat carthaginois. De l'idée de « sentence » est dérivé le sens en hébreu moderne de « phrase », comme pour l'anglais *sentence*.

Ḥoq [ח׳ק], pl. *ḥuqqim* [חֻקִּים], vient de la racine ḤQQ [חק], « graver », d'où « inscrire », puis « prescrire ». Le mot hébreu est apparenté à l'arabe *ḥaqq* [حقّ], « part qui revient », « vérité ». Il désigne tout ce qui est déterminé et fixé. La forme féminine *ḥuqqāh* [חֻקָּה] peut désigner aussi les régularités des processus de la nature (Jérémie, 5, 24). Ces deux derniers termes sont devenus techniques dans le Talmud. *Mišpāṭ* désigne les commandements d'allure plausible et facilement universalisables (interdiction de l'idolâtrie, du meurtre, de l'inceste, du vol) ; *ḥoq* désigne en revanche les commandements dont la signification n'apparaît pas (interdiction de manger du porc, de porter des tissus mélangés de fibres végétales et animales, etc.) (Talmud de Babylone, *Yoma* [VI], 67b). Justifier les seconds forme un genre littéraire auquel se sont exercés à peu près tous les penseurs juifs, et même des chrétiens, qui les appellent commandements « cérémoniels ». On y utilise les procédés les plus divers : allégorie, idée de la condescendance divine s'adaptant aux mœurs d'une époque donnée, d'une correspondance avec les réalités célestes, d'un souci de prendre le contre-pied de pratiques idolâtriques, etc.

La racine HLḴ [הלך], qui signifie « aller », est courante dès l'époque ancienne, mais le substantif *halāḵāh* [הֲלָכָה] (*halakhah*) n'est pas dans la Bible. Il désigne les règles à suivre, applicables ou seulement théoriques : d'abord des dispositions particulières, puis, en général, le comportement à adopter dans la vie juive.

II. LE VOCABULAIRE ARABE DE LA LOI

Le Coran contient peu de termes que l'on puisse traduire par « loi ». Quelques préceptes de valeur législative y sont appelés « commandements » ou « lois de Dieu » (II, 183/187 et 229-230 ; IV, 17/13 ; LVIII, 5/4 ; LXV, 1). Le mot employé, *ḥadd* [حدّ], pl. *ḥudūd* [حدود], suggère l'idée de découpage et de délimitation, si bien que les philosophes l'emploient pour traduire le grec *horos* [ὅρος], au sens de « définition ». En droit musulman, le mot s'est spécialisé au sens de « châtiments légaux » : lapidation, crucifixion, mutilation, décapitation, flagellation.

Šarī'a [الشريعة] vient d'une racine ŠR' [ش ر ع], qu'on a rapprochée de ŠRB [ش ر ب], « boire ». Le sens premier est probablement celui de « chemin menant à un point d'eau ». Pour le bédouin, le connaître est garantie de survie, et le chemin qui mène à l'eau est donc le bon chemin par excellence. Dans le Coran, le verbe *šara'a* [شرع] est employé pour parler d'une divinité qui impose une règle de conduite. Ainsi : « (Allah) a établi (*šara'a*) pour vous, en fait de religion, ce qu'il avait prescrit à Noé » (XLII, 13 ; cf. aussi 21).

Un substantif, *šir'a* [شرعة], peut-être emprunté à l'éthiopien, désigne la démarche à suivre. Ainsi : « Nous avons donné à chacun d'entre vous une règle (*šir'a*) et une coutume (*minhāǧ* [منهاج]) » (V, 48) – ce dernier mot est lui-même un emprunt à l'hébreu rabbinique. C'est en ce sens que le Coran fait dire à Allah : « Nous t'avons placé sur une voie procédant de l'Ordre (*'alā šarī'atin min al-'amri* [على شريعة من الأمر]) » (XLV, 18). La *šarī'a* est devenue le système d'obligations et d'interdictions tiré de la synthèse des sources du droit islamique, dosées différemment selon les grandes écoles juridiques (parfois appelées « rites ») : Coran, traditions sur le Prophète, coutume de Médine, analogie.

Le mot s'est spécialisé pour désigner une loi donnée par la divinité, non une loi humaine. Pour celles-ci, les philosophes ont simplement transcrit le grec *nomos* [νόμος], sous la forme *nāmūs* [ناموس], pl. *nawāmīs* [نواميس]. Le mot sert ainsi pour « traduire » le titre des *Lois* de Platon, ou pour désigner un apocryphe de même titre. Le judaïsme médiéval d'expression arabe n'hésite pas à reprendre le mot *šarī'a* pour désigner la loi juive.

Sunna [سنّة], pl. *sunan* [سنن], signifie d'abord « habitude ». Dans le Coran, il désigne le comportement habituel d'Allah, en particulier dans le châtiment des impies du passé (VIII, 38, etc.). Dès avant l'islam, le mot désigne la coutume normative, le précédent auquel se référer dans un jugement. Avec la constitution d'un droit islamique, il désigne le comportement du Prophète, considéré comme exemplaire, voire celui de ses compagnons. *Sunna* peut également désigner l'« habitude » d'Allah. Celle-ci tient lieu des « lois » de la nature, rendues impensables par la vision du monde du *Kalām* [كلام] en son courant dominant : pour celui-ci, les choses n'ont pas de nature stable, mais sont des faisceaux d'accidents maintenus ensemble à chaque instant par la seule volonté divine. Ce n'est que tardivement que *sunna* a pris le sens de la tradition dont se réclame la tendance devenue majoritaire en Islam, à savoir ceux qui s'appellent eux-mêmes gens de la *sunna*, « Sunnites ».

Il existe enfin une série de termes désignant les dispositions prises par les gouvernements sans s'appuyer sur la loi religieuse : *qānūn* [قانون], pl. *qawānīn* [قوانين], n'est autre que le grec *kanôn* [κανών] « règle » ; *niẓām* [نظام] signifie littéralement « ordonnance », et *marsūm* [مرسوم], « décret ».

Rémi BRAGUE

BIBLIOGRAPHIE

BUBER Martin et ROSENZWEIG Franz, *Die Fünf Bücher der Weisung*, Cologne, Olten, J. Hegner, 1954.

Le Coran, intr., trad. et notes D. Masson, Gallimard, « La Pléiade », 1967.

Die Bibel nach der Übersetzung Martin Luthers, Stuttgart, Deutsche Bibelgesellschaft, 1990.

MACHIAVEL Nicolas, *Discorsi sopra la Prima Deca di Tito Livio*, Rome, Blado, 1531 ; Florence, Giunta, 1531 ; Turin, Einaudi, 1983 ; *Discours sur la première décade de Tite-Live*, in *Œuvres complètes*, prés., annot. et trad. fr. E. Barincou, Gallimard, « La Pléiade », 1958 ; in *Œuvres*, trad. fr. C. Bec, Robert Laffont, « Bouquins », 1996.

ROSENZWEIG Franz, *Der Stern der Erlösung* [1921], rééd. Heidelberg, L. Schneider, 1954 ; *L'Étoile de la rédemption*, trad. fr. A. Derczanski et J.-L. Schlegel, Seuil, 1982.

TO TI ÊN EINAI [τὸ τί ἦν εἶναι] GREC

– fr. *la quiddité, l'essentiel de l'essence*

ar.	*ḥaqīqa* [حقيقة], *māhiyya* [ماهية]
lat.	*quidditas*

► ***QUIDDITÉ***, et ***ACTE***, ASPECT, ESSENCE, ESTI, ***ÊTRE***, LOGOS, RÉALITÉ, RES, SEIN, SPECIES

Il est sans doute peu d'expressions aristotéliciennes aussi déterminantes pour toute l'ontologie qui soulèvent tant de difficultés quant à leur compréhension littérale. La traduction la plus communément reçue, par quiddité *— terme parfaitement opaque et purement signalétique —, est déjà par elle-même symptomatique de cette difficulté. Notre* quiddité *n'est en effet rien d'autre que la version francisée de la* quidditas *scolastique, elle-même forme simplifiée du décalque* quod quid erat esse*, qu'on lit par exemple dans la traduction par Guillaume de Moerbecke de la* Métaphysique *(cf. Thomas d'Aquin,* In duodecim libros metaphysicorum Aristotelis expositio*, n° 1270, 1307-1310, et* passim*). Après les progrès incontestables de la philologie liés aux grandes éditions modernes d'Aristote au XIX*e *siècle, les essais de retraduction se sont multipliés, entre lesquels il est impossible de trancher si l'on ne commence pas : (1) par reconnaître la structure spécifique de la question, dans sa différence d'avec la question plus générale :* ti esti *?[τί ἐστι;], « Qu'est-ce que c'est ? Quelle est l'essence de... ? » ; (2) par élucider la syntaxe de la formule forgée par Aristote ; (3) par statuer sur le verbe* être *à l'imparfait (*ên *[ἦν]) qui en constitue le centre. — On a ajouté, à titre de témoignage significatif de toutes ces difficultés exégétiques, l'interprétation spéculative de Schelling.*

I. UNE EXPRESSION TROP TRADUITE

La *quidditas* apparaît dans la traduction latine d'Avicenne (Avicenna Latinus, *Liber de philosophia prima, sive Scientia divina*), où elle peut restituer les deux termes *ḥaqīqa* [حقيقة] et *māhiyya* [ماهية]. Ce dernier terme est composé :

> formé de *mā*, « ce que », et de *hiya*, pronom personnel de la troisième personne ayant le sens de « elle est ». Il a été choisi par [...] Al-Kindi pour traduire le grec τὸ τί dans la prétendue *Théologie* d'Aristote. Chez Avicenne, le terme répond à la question : *Mā huwa*, « qu'est-ce que c'est ? »
>
> A.-M. Goichon, *La Distinction de l'essence et de l'existence d'après Ibn Sina (Avicenne)*, p. 32 ; cf. aussi, du même auteur, *Lexique de la langue philosophique d'Ibn Sina*, n° 679.

Ḥaqīqa, forgée sur la racine *ḥqq*, qui exprime « l'idée générale de réalité, de vérité », est généralement rendue dans les traductions médiévales par *certitudo*.

♦ Voir encadré 1.

1

De quelques traductions

De la difficulté de l'expression aristotélicienne témoigne déjà la grande variété des traductions proposées. À titre de simple échantillon :

ALLEMAND

« *das, was war das Seyn, d. h. das gedachte Wesen, vor der Wirklichkeit der Sache* », « *der hervorbringende und vorangehende Grund* » (F.-A. Trendelenburg) ;
« *das Sosein* » (H. Seidl) ;
« *das Wesenswas* » (H. Bonitz) ;
« *das, was es war, sein* » (C. Arpe) ;
« *das jeweils zugehörige Sein* » (F. Bassenge) ;
« *das vorgängige und durchgängige Was des Seins von Seiendem* » (K.-H. Volkmann-Schluck) ;
« *das Wesen als wesentliches Wassein* » (W. Bröcker) ;
« *Was es heisst, dieses zu sein* » (M. Frede, G. Patzig).

ANGLAIS

« *the answer to the question, what was it to be so-and-so* » (D. Ross) ;
« *essence* » (D. Ross, H. Tredennick) ;
« *what it is to be something* » (D. Ross) ;
« *the what it was to be* », « *the what it was for each to be* » (E. Buchanan) ;
« *what it is to be a thing / something / it* » (J. Barnes, M. Furth) ;
« *the-what-has-been* » (P. Merlan).

FRANÇAIS

« quiddité » (P. Aubenque, J. Tricot) ;
« le fait pour un être de continuer à être ce qu'il était » (E. Bréhier) ;
« l'essentiel de l'essence » (J. Brunschwig).

II. LES DÉTERMINATIONS INTERNES AU CORPUS ARISTOTÉLICIEN

La première difficulté, quant à la simple compréhension de la formule, est d'abord de tenir ensemble la série des déterminations qui la caractérisent dans le *corpus aristotelicum*.

Si l'on demande en effet ce qu'est *to ti ên einai* [τὸ τί ἦν εἶναι], plusieurs traits se dégagent qui dessinent une figure complexe. Le *ti ên einai*, c'est d'abord ce qui définit une chose : « *esti d' horos men logos ho to ti ên einai sêmainôn* [ἔστι δ' ὅρος μὲν λόγος ὁ τὸ τί ἦν εἶναι σημαίνων] » (*Topiques*, 101b 38). Ou, de manière encore plus précise, en *Métaphysique*, Z, 4, 1029b 13 : « pour chaque être, le *ti ên einai*, c'est ce qu'il est dit être par soi (*esti to ti ên einai hekastôi ho legetai kath' hauto* [ἐστὶ τὸ τί ἦν εἶναι ἑκάστῳ ὃ λέγεται καθ' αὑτό]) ». Dans le « lexique philosophique » que constitue le livre Δ de la *Métaphysique*, en référence, semble-t-il, à Antisthène et à sa doctrine de la « définition propre (*oikeios logos* [οἰκεῖος λόγος]) », Aristote évoquera le *logos* « qui manifeste le *ti ên einai* (*ho dêlôn to ti ên einai* [ὁ δηλῶν τὸ τί ἦν εἶναι]) ». Antisthène, de son côté, à ce que rapporte Diogène Laërce, fut le premier à définir le « discours » comme « ce qui manifeste ce que c'était, c'est-à-dire ce que c'est (*Prôtos te hôrisato logon eipôn : logos estin ho to ti ên ê esti dêlôn* [Πρῶτος τε ὁρίσατο λόγον εἰπὼν· λόγος ἐστὶν ὁ τὸ τί ἦν ἢ ἔστι δηλῶν]) » (*Vies et Doctrines des philosophes*, VI, 3).

Il peut ici être éclairant de rapprocher l'expression — forgée, semble-t-il, par Aristote, mais jamais justifiée ni explicitée comme telle — de la formule platonicienne du *Phédon*, 78d : « *auto ho estin, auto hekaston ho estin* [αὐτὸ ὃ ἔστιν, αὐτὸ ἕκαστον ὃ ἔστιν] » — « cela même qu'est chaque chose en son être », dans son identité, sa permanence, sa stabilité.

Ainsi *to ti ên einai* apparaît-il comme une surdétermination de *to ti esti* [τὸ τί ἐστι] (1027b 28), c'est-à-dire comme une substantification de la question qui porte sur la « définition », sur le *kath' hauto* [καθ' αὑτό], « par soi », de l'*eidos* [εἶδος].

Pour comprendre le sens et la structure de *to ti ên einai*, il serait donc indispensable de partir de la question : *ti esti ?* [τί ἐστι;] (« qu'est-ce que c'est que... ? »), ou de sa version nominalisée : *to ti esti* [τὸ τί ἐστι] (le « qu'est-ce que c'est que... »).

C'est ce que peuvent suggérer en tout cas les variations aristotéliciennes sur la question (encore indéterminée) *ti esti* dans les *Topiques*, I, 9 :

> [...] il est clair [...] qu'en désignant une essence (*ho to ti esti sêmainôn* [ὁ τὸ τί ἐστι σημαίνων]), on désigne tantôt une substance, tantôt une qualité, tantôt encore l'une des autres prédications (*hote men ousian sêmainei, hote de poion, hote de tôn allôn tina katêgoriôn*).
>
> [ὁτὲ μὲν οὐσίαν σημαίνει, ὁτὲ δὲ ποιόν, ὁτὲ δὲ τῶν ἄλλων τινὰ κατηγοριῶν.]
>
> 103b 27-29, trad. fr. J. Brunschwig.

Tout se passe en effet comme si l'ambiguïté de la question « qu'est-ce que c'est ? » était telle qu'on puisse y répondre en « signifiant » soit l'essence ou la substance (*ousia* [οὐσία]), soit quelque autre des catégories. Un peu plus haut, dans le même chapitre, Aristote a énuméré les « genres » ou les « types » des prédications catégoriales possibles, au nombre de dix : *ti esti, poson, poion, pros ti, pou, pote, keisthai, ekhein, poiein, paskhein* [τί ἐστι, ποσόν, ποιόν, πρός τι, ποῦ, ποτέ, κεῖσθαι, ἔχειν, ποιεῖν, πάσχειν] (essence, quantité, qualité, relation, lieu, temps, position, état, action, passion) ; à la question « qu'est-ce que c'est ? » (*ti esti*), la réponse pertinente est celle qui indique l'*ousia*, première ou seconde. Ce qui confirme, à quelques lignes d'intervalle, cette polysémie de la question *ti esti*, polysémie qui n'est à son tour qu'un écho de la polysémie de l'être ou mieux du *esti* [ἐστι]. Il est assurément peu naturel en français de répondre à une question du type : « qu'est-ce que c'est que... ? » par « nombreux », « grand », « bleu », « froid », « à l'horizon »..., mais, quand, « à propos d'une couleur blanche qui est là-devant », on dit : « c'est du blanc et c'est une couleur (*to ekkeimenon leukon einai kai khrôma* [τὸ ἐκκείμενον λευκόν εἶναι καὶ χρῶμα]) », alors, on dit ce que c'est [on répond à la question : « c'est quoi ? »] et du même coup on désigne une qualité (*ti esti legei kai poion sêmainei* [τί ἐστι λέγει καὶ ποιὸν σημαίνει]) (103b 31-33).

Ainsi est-il permis de penser qu'un des premiers objectifs visés par la formule complexe *to ti ên einai* était de désambiguïser la question socratico-platonicienne *ti esti*, comme avait déjà tenté de le faire Platon, en soulignant que la « bonne » réponse à la question qui s'enquiert de l'essence de *x* est celle qui désigne *auto ho esti*, ce que c'est proprement et par soi (*kath' hauto*).

Soit à dire encore, et de manière plus rigoureusement aristotélicienne, que la bonne réponse à la question « qu'est-ce que c'est ? », précisée et reformulée au titre du *ti ên einai*, est celle qui propose une définition bien articulée et susceptible de serrer au plus près le *x* en question, au lieu de se borner à proférer à son sujet un nom, fût-ce le nom propre : ἔστι δ' ὅρος μὲν λόγος ὁ τὸ τί ἦν εἶναι σημαίνων (101b 38). Et il s'agit bien ici du *logos ant' onomatos* [λόγος ἀντ' ὀνόματος], d'un « discours », d'un « énoncé articulé » (une « formule », traduit Jacques Brunschwig), en lieu et place d'un pur et simple nom qui serait comme apposé sur l'objet en question.

Par où l'on pense ne pas être infidèle à J. Brunschwig, qui, dans une « note complémentaire » à son édition-traduction des *Topiques*, explicitait en ces termes sa traduction de *to ti ên einai*, « l'essentiel de l'essence » :

> Lorsqu'on demande *ce qu'est* (*ti esti*) telle chose ou tel être, un homme par exemple, on peut d'abord répondre en nommant son *genre*, en l'occurrence *animal*. La réponse est bonne (cf. 102a 32-36) ; mais elle a la propriété de convenir aussi bien à d'autres êtres qu'à celui dont il s'agit. S'il paraît souhaitable d'obtenir une réponse plus *ajustée*, il est nécessaire de serrer davantage la question, et c'est à ce besoin que répond la formulation *ti ên einai*. [...] Le redoublement du verbe *être* [*ên-einai*] a pour fonction, dans cette formule, d'écarter, parmi toutes les réponses possibles à une question posée, tout ce qui pourrait convenir à d'autres êtres qu'à celui dont il s'agit.
>
> n. 3, p. 119-120.

Autrement dit, le *logos* (*horos* [ὅρος], *horismos* [ὁρισμός]) qui exprime le *ti ên einai* est contredistingué de tout ce qui est énoncé *kata sumbebêkos* [κατὰ συμϐεϐηκός], « par accident », selon les déterminations annexes, et de tout ce qui relève de l'universel ou du générique (comme le soulignaient déjà clairement Bonitz, dans son *Commentarius*, et Trendelenburg, dans son article du *Rheinisches Museum*, 1828).

Et Jacques Brunschwig d'illustrer très finement la fonction de ce « redoublement » en référence à des tournures tout à fait usuelles en français :

> On n'a pas assez remarqué que le français possède des ressources d'un type tout à fait semblable, puisque, à côté de la formule simple « qu'est-ce qu'un homme ? » et de la formule déjà dédoublée « qu'est-ce que c'est qu'un homme ? », il présente des formules dédoublées (« qu'est-ce qu'être un homme ? ») et même détriplées (« qu'est-ce que c'est qu'être un homme ? »). Si l'on pouvait substantiver cette dernière expression, on obtiendrait à coup sûr le meilleur équivalent possible de *to ti ên einai*.

On n'est pas très loin de ce qu'indiquait Léon Robin dans sa thèse, *La Théorie platonicienne des idées et des nombres d'après Aristote* :

> On sait qu'Aristote distingue, pour son propre compte, *to ti esti* [τὸ τί ἐστι], qui, parmi les éléments de la définition, désigne le genre (*Topiques*, VI, 5, 142b 27 *sq.* : *to de genos bouletai to ti esti sêmainein* [τὸ δὲ γένος βούλεται τὸ τί ἐστι σημαίνειν] ; cf. aussi IV, 6, 128a 23-25) et *to ti ên einai* [τὸ τί ἦν εἶναι], qui est *le total unifié des éléments de la définition* [nous soulignons] ; tandis que le *ti esti* [τί ἐστι], en tant que signifiant le genre, a plus d'extension que le défini, le *ti ên einai* [τί ἦν εἶναι] est véritablement le propre du défini.
>
> p. 27 *sq.*, n. 24.

Mais il convient de rappeler aussi que le même Léon Robin aura proposé successivement des traductions très différentes, sans toujours s'en expliquer.

Dans *La Pensée grecque et les Origines de l'esprit scientifique* (p. 299), il rend *to ti ên einai hekastôi* [τὸ τί ἦν εἶναι ἑκάστῳ] par « ce qu'il a été donné à chaque chose d'être », et dans son *Aristote* (p. 88), par « ce qui lui appartient et lui a dans le passé toujours appartenu d'être ».

Une autre confirmation assez frappante de cette restriction ou de ce resserrement de la question *ti ên einai* par rapport à la question *ti esti* nous est fournie par ce passage du *De anima* où Aristote souligne que l'intellect, la saisie intellective directe, comme celle de l'*aisthêsis* [αἴσθησις] par rapport à son sensible propre, est toujours « vraie », c'est-à-dire découvrante : l'intellection est toujours vraie quand elle est « *tou ti esti kata to ti ên einai* [τοῦ τί ἐστι κατὰ τὸ τί ἦν εἶναι] » ; la traduction de R. Bodéüs (« GF », p. 234) est juste en gros, mais elle manque complètement la pointe du texte : « lorsqu'elle saisit une chose conformément à son essence » ; J. Tricot traduisait : « l'intellect, quand il a pour objet l'essence au point de vue de la quiddité, est toujours dans le vrai ».

III. LA STRUCTURE DE L'EXPRESSION GRECQUE

La seconde difficulté ressort quand il s'agit d'analyser dans sa structure morphologique et syntaxique l'expression elle-même.

On notera d'abord que le *ti ên einai* forme un véritable groupe nominal, comme il ressort du fait qu'il peut s'employer :

(a) au pluriel : *Seconds Analytiques*, 93a 13 ; *Métaphysique*, 1031b 28 ;

(b) prédicativement — sans *to* — après *einai* : par ex. *Métaphysique*, 1031b 31 : « *kaitoi ti kôluei kai nun einai enia euthus ti ên einai* [...] ? [καίτοι τί κωλύει καὶ νῦν εἶναι ἔνια εὐθὺς τί ἦν εἶναι (...) ;] » (mais alors qui empêche, dès maintenant, que des êtres soient immédiatement leur propre quiddité [...] ? [trad. fr. J. Tricot]) ;

(c) et comme membre d'un groupe coordonné : par ex. *Métaphysique*, 983a 26 *sq.* : « *tên ousian kai to ti ên einai* [τὴν οὐσίαν καὶ τὸ τί ἦν εἶναι] » (l'essence et la quiddité).

Les trois tournures ici mentionnées indiquent bien que c'est le groupe entier de *ti ên einai* qui est nominalisé par l'article neutre *to*, et non pas l'infinitif seul.

Un premier choix dans l'analyse de l'expression s'impose ici :

— ou bien il s'agit d'une question substantivée (parallèle à la substantification de la question *ti esti*) ;

— ou bien il s'agit d'une variation complexe sur les usages de l'infinitif substantivé *to* [...] *einai*, construit avec un datif.

Si l'on construit, comme le suggère Trendelenburg, *to* [...] *einai*, *ti ên* devrait alors être le complément prédicatif de *einai*, et telle est aussi, apparemment, l'interprétation de Arpe et de Bréhier : « le fait d'être... ». Une telle interprétation n'est cependant pas très vraisemblable, car on attendrait plutôt, dans cette hypothèse, une construction avec un relatif, et donc un ordre des mots différent, par ex. *to einai ho ên* [τὸ εἶναι ὃ ἦν] ou *to ho ti ên einai*[τὸ ὅ τι ἦν εἶναι] (cf. P. Aubenque, *Le Problème de l'être chez Aristote*, p. 465, n. 1). Comme il ressort de sa traduction, David Ross prend *ti ên einai* comme un seul et même syntagme, puisqu'il interprète en effet *to ti ên einai* comme « une généralisation à partir de phrases comme celles du *De partibus animalium*, 649b 22 : "[...] *hoion ti ên autôi* (sc. *tôi haimati*) *to haimati einai* [(...) οἷον τι ἦν αὐτῷ (sc. τῷ αἵματι) τὸ αἵματι εἶναι]" ("[...] le sang envisagé eu égard à ce que c'est pour lui que d'être sang") ».

C'est cette analyse qui nous paraît la bonne, confirmée encore par deux autres faits linguistiques :

(a) En *Métaphysique*, Z, 17, 1041b 6, on lit : « *oikia tadi dia ti ? hoti huparkhei ho ên oikiai einai* [(...) οἰκία ταδὶ διὰ τί; ὅτι ὑπάρχει ὃ ἦν οἰκίᾳ εἶναι] » (« ces matériaux sont une maison, pourquoi ? parce que la *quiddité* de la maison leur appartient comme attribut » [J. Tricot] — ou, plus littéralement : « parce qu'est présent ce que c'était pour eux [que] d'être une maison »). Ici, *ho ên* [...] *einai* peut être considéré comme un exemple susceptible d'éclairer la formule *ti ên* [...] *einai*. *Ho ên oikiai einai* est le sujet de *huparkhei* ; à l'intérieur de la relative, *ho* est le sujet de *ên* et de l'infinitif *einai*. Cet infinitif doit être pris comme un infinitif « final » (pour la construction de *eimi* [εἰμί] + infinitif, cf. R. Kühner et B. Gerth, *Ausführliche Grammatik der Griechischen Sprache*, t. 2, p. 10 : l'infinitif peut être complément de verbes comme *eimi*, *pareimi* [παρειμί], *pephukô* [πεφύκω], « lorsqu'ils signifient : je suis là pour cela, je suis naturellement apte à, propre à, j'ai, naturellement, la capacité ou la qualité de... » ; ces tournures, propres à la langue courante, sont tout à fait pertinentes pour notre formule). Quant à *oikiai* [οἰκίᾳ], ce datif doit être pris au sens d'un datif prédicatif avec un datif « possessif » — *autois* [αὐτοῖς], ici sous-entendu avec le verbe *huparkhei*, et renvoyant à *tadi* [ταδί]. Il est possible aussi que la syntaxe de *huparkhei ho ên oikiai einai* ait subi l'influence de la construction tout à fait courante d'un datif prédicatif avec un nom au datif (cf. par ex. Platon, *Phédon*, 81a : « *huparkhei autêi eudaimoni einai* [ὑπάρχει αὐτῇ εὐδαίμονι εἶναι] (il lui appartient d'être heureuse) », cité par R. Kühner et B. Gerth, *ibid.*, t. 2, p. 25).

(b) En *Métaphysique*, Γ, 4, 1007a 21, on lit :

> ὅλως δὲ ἀναιροῦσιν οἱ τοῦτο λέγοντες οὐσίαν καὶ τὸ τί ἦν εἶναι. Πάντα γὰρ ἀνάγκη συμβεβηκέναι φάσκειν αὐτοῖς, καὶ τὸ ὅπερ ἀνθρώπῳ εἶναι ἢ ζῴῳ εἶναι μὴ εἶναι.
>
> En général, ceux qui raisonnent de cette manière anéantissent la *substance* et la *quiddité*. Ils sont, en effet, dans la nécessité de dire que tout est accident, et de dire que tout ce qui constitue essentiellement la *quiddité* de l'homme, ou la *quiddité* de l'animal, n'existe pas.
>
> trad. fr. J. Tricot.
>
> Et de façon générale, ceux qui disent cela détruisent l'essence, à savoir que quelque chose soit ce qu'il est. Car ils doivent nécessairement affirmer que tout arrive ensemble, et que être, pour un homme ou pour un animal, cela même qu'il est, n'est pas.
>
> trad. fr. B. Cassin et M. Narcy.

Ici, l'expression généralisante caractéristique de *to ti ên einai* est illustrée par *to hoper anthrôpôi einai* (« c'est cela qu'est d'être pour un homme », trad. fr. B. Cassin et M. Narcy, p. 129). Cette dernière expression peut être analysée comme suit : « *to hoper autôi tini ên anthrôpôi einai* [τὸ ὅπερ αὐτῷ τινὶ ἦν ἀνθρώπῳ εἶναι] (c'est cela pour lui que d'être un homme) ». (Pour *to* comme article devant une relative, cf. Platon, *Phédon*, 74d 6 : « *auto to ho estin ison* [αὐτὸ τὸ ὃ ἔστιν ἴσον] [« cela précisément qui est égal » ; « la réalité de l'Égal en soi », comme traduit Léon Robin ; « cet égal dont tout l'être est l'égalité », comme traduit Monique Dixsaut] ; cf. aussi R. Kühner et B. Gerth, *op. cit.*, t. 1, p. 583.) La syntaxe de *to hoper anthrôpôi einai* peut donc être considérée comme une variante de celle de *to ti ên autôi einai* [τὸ τί ἦν αὐτῷ εἶναι].

À partir des observations qui précèdent, on peut analyser la formule *to ti ên einai* :

(a) À la base des diverses constructions de notre expression doit se trouver une formule interrogative (dont l'existence doit être postulée, car elle ne figure pas littéralement chez Aristote), du type « *ti ên einai hekastôi ?* [τί ἦν εἶναι ἑκάστῳ;] (qu'est-ce que c'était pour chaque entité d'être ?) ». La réponse (postulée, elle aussi) serait :

— « *ho ên oikiai einai* [ὃ ἦν οἰκίᾳ εἶναι] (ce que c'était [que] d'être [pour une] maison) » (cf. *Métaphysique*, 1041b 6) ;

— ou : « *to hoper anthrôpôi einai* [τὸ ὅπερ ἀνθρώπῳ εἶναι] (ce que c'était [que] d'être [pour un] homme) » (cf. *Métaphysique*, 1041b 6) ;

— ou : « *leukôi einai* [λεύκῳ εἶναι] ([pour] du blanc) » (cf. *Métaphysique*, 1031a 20-22) ;

— ou encore : « *Kalliai* [Καλλίᾳ] ([pour] Callias) » (cf. *Métaphysique*, 1022a 27), « *hippôi* [ἵππῳ] ([pour un] cheval) » (cf. *Métaphysique*, 1031b 30), « *sphairai ê kuklôi* [σφαίρᾳ ἢ κύκλῳ] ([pour une] sphère ou [un] cercle) » (cf. *De caelo*, 278a 3).

(b) La phrase interrogative a été transformée en une formule substantivée et généralisante, sans valeur interrogative, qui connaît elle-même plusieurs variantes :

— « *to ti ên einai autôi, ekeinôi einai* [τὸ τί ἦν εἶναι αὐτῷ, ἐκείνῳ εἶναι] (le ce que c'était pour lui/celui-ci d'être) » (cf. *Historia animalium*, 708a 12 ; *Métaphysique*, 1031b 6) ;

— « *to ti ên einai hekastôi* [τὸ τί ἦν εἶναι ἑκάστῳ] (le ce que c'était pour chaque entité d'être) » (cf. par ex. *Métaphysique*, 988b 4, 1022a 9, 1022a 26) ;

— « *to ti ên einai tôi toiôide sômati* [τὸ τί ἦν εἶναι τῷ τοιῷδε σώματι] (le ce que c'était pour un tel corps d'être) » (cf. *De anima*, 412b 11) ;

— « *to ti ên einai* [τὸ τί ἦν εἶναι] » (*passim*) ;

— « *ti ên einai* [τί ἦν εἶναι] » (forme prédicative, cf. *Métaphysique*, 1031b 31).

IV. LE PROBLÈME DE L'IMPARFAIT

L'imparfait *ên* [ἦν] a été interprété de façons très diverses depuis les commentateurs grecs, à commencer par Alexandre d'Aphrodise qui, à propos de *Topiques*, V, 3, 132a 1 (CAG, II, 2, 42, *In Topica*, I, 4), indiquait que l'imparfait n'avait ici aucune valeur temporelle. C'est cette interprétation que suivent aujourd'hui J. Brunschwig (*Topiques*, p. 120) ou H. Seidl.

On peut pourtant se demander si cet emploi de l'imparfait, au sens du présent, n'est pas directement lié au dialogue dramatique.

Quant à Ross, il accepte, semble-t-il, avec un peu d'hésitation, l'interprétation qui remonte, par Schwegler, au moins jusqu'à Trendelenburg, et qui voit dans l'imparfait une expression de « la doctrine aristotélicienne de l'existence de la forme, antérieurement à son incorporation dans une matière particulière » ou « désignée ». D'autres interprètes, en revanche, comme Arpe (*Das τί ἦν εἶναι bei Aristoteles*, p. 14 *sq.*), récuseront précisément cette lecture comme platonicienne.

Pour tenter de comprendre cet usage de l'imparfait dans la formule canonique, on peut sans doute partir de l'emploi de *ên* dans le passage cité ci-dessus : « *oikia tadi dia ti ? huparkhei ho ên oikiai einai* [οἰκία ταδὶ διὰ τί; ὑπάρχει ὃ ἦν οἰκίᾳ εἶναι] (ces matériaux sont une maison, pourquoi ? parce qu'est présent ce que c'était pour eux [que] d'être une maison) ». Ici, l'imparfait du verbe *être*, *ên*, est manifestement le prédicat d'une proposition relative, et donc un prédicat standard dans un énoncé standard. Comme chaque prédicat, *ên* a besoin d'un terme référentiel sur lequel s'orienter. Or, puisqu'on a affaire ici à une question qui porte sur le présent (cf. *tadí*) dans une espèce de mini-dialogue, c'est le présent actuel *huparkhei* qui fournit ce point de référence et cette orientation : les matériaux en question disposent *hic et nunc* de ce qui leur appartenait déjà avant cet *hic et nunc*, « avant toute incorporation dans une matière désignée », pour reprendre les termes de D. Ross. Ainsi l'imparfait conserve-t-il une référence temporelle précise. Mais, dans la formule généralisante, nominalisée par l'article au neutre *to*, et où *ên* est suivi de l'infinitif *einai*, *ên* n'a plus de point d'orientation fixe et ne se réfère donc plus à un passé précis, pas plus que ne le fait un nom quelconque. Le résultat en est que la formule tout entière a acquis une valeur omnitemporelle. On notera donc que ce n'est pas l'imparfait à lui seul, comme le pensent Seidl ou Brunschwig, mais la combinaison de *ên* avec *einai* qui fait que l'expression reçoit cette valeur atemporelle.

Mais dans ce cas, quelle est alors la différence avec cette autre formule ontologique, *to ti esti*, qui exprime, elle aussi, l'omnitemporalité ? Cette dernière expression est plus directement liée au *genos* [γένος] (cf. *Topiques*, 120b 29a : « *to genos en tôi ti esti katêgoreitai* [τὸ γένος ἐν τῷ τί ἐστι κατηγορεῖται] », littéralement « le genre est prédiqué dans le ce que c'est » ou « c'est une prédication essentielle » ; cf. aussi *Topiques*, 142b 27-28 : « *to genos bouletai to ti esti sêmainein* [τὸ γένος βούλεται τὸ τί ἐστι σημαίνειν], le genre vise à signifier l'essence »), comme le manifestent les usages aristotéliciens dans des contextes où il s'agit d'établir le genre d'un être quelconque. À côté de cette formulation à tonalité platonicienne, Aristote a forgé une autre expression destinée à désigner de manière exclusive l'*eidos*, au sens technique de *species*. Le modèle grammatical lui était fourni par la tournure substantivée *to ti esti*, qu'il a pris soin d'adapter à ses propres fins. Or, bien que *ên* dans cette nouvelle tournure ne se réfère pas au passé, l'imparfait évoque néanmoins le fait que l'*eidos* précède sa réalisation dans la matière ; donnée linguistique sur laquelle Aristote pouvait faire fond pour souligner cet aspect de l'*eidos*, et notamment pour indiquer sans équivoque qu'il ne s'intéressait à l'*eidos* qu'en un sens non platonicien. À l'inverse, on peut déduire du fait que le *to ti ên einai* n'est jamais employé à propos du *genos* que celui-ci ne précédait pas directement la réalisation dans la matière, mais seulement par l'intermédiaire de l'*eidos*.

2

L'interprétation de Schelling

Nous donnons ici, à titre d'exemple d'interprétation, voire d'interprétation exemplaire, la traduction française des principaux passages de la *Philosophie rationnelle pure* dans lesquels Schelling travaille le *to ti ên einai* (*Sämtliche Werke*, t. 11, p. 402-407). Nous avons ajouté, entre crochets obliques, les principales références aristotéliciennes :

Nous distinguons l'étant et ce qui *est* l'étant. Tout être-devenu n'est rien d'autre qu'une figure déterminée de l'étant, et plus il se rapproche, par son côté matériel, de l'étant en son entier, plus grande sera l'attraction qu'il exercera sur *ce qui est l'étant*, et celui-ci sera en lui comme ce qui l'*est*. Ce qui *est* ainsi au premier chef l'étant — peu importe qu'il s'agisse de l'étant comme tel ou de l'étant sous une figure déterminée —, Aristote le caractérise en disant : sa nature est *to ti ên einai*. Et Aristote emploie la même expression pour désigner la quatrième cause, la première de par son rang <*Métaphysique*, A, 3, 983a 27-28>, mais la dernière au point de vue de la connaissance, car il l'appelle limite de la connaissance <*Métaphysique*, Δ, 17, 1022a 8-9>. [...] Malgré les interprétations différentes auxquelles a donné lieu cette formule, propre à Aristote, le contexte auquel elle appartient montre que nous avons eu raison de soutenir qu'elle doit exprimer non plus seulement ce qui appartient à l'étant, mais ce dont la nature est d'*être* l'étant. Étant donné que toute la difficulté vient de la construction grammaticale de la formule et que l'analyse de cette construction grammaticale nous aidera à éclaircir plus complètement la chose elle-même, nous commencerons par examiner sa signification littérale. [...] En ce qui concerne en effet le *contenu* ou la signification réelle de la formule, aucun doute n'a été en général possible. On s'est toujours laissé guider à ce propos par le passage où il est noté : on pourrait dire, jusqu'à un certain point, que la maison naît de la maison, la maison matérielle, composée de poutres et de pierres, de l'immatérielle, qui n'est présente que dans le concept, celle qui était dans l'esprit de l'architecte avant la maison matérielle <*ek tês aneu hulês tên ekhousan* [ἐκ τῆς ἄνευ ὕλης τὴν ἔχουσαν], *Métaphysique*, Z, 17, 1032b 12>, et où Aristote ajoute qu'il nomme *ti ên einai*de la chose en question son *ousia* immatérielle dans l'esprit <*legô de ousian aneu hulês to ti ên einai* [λέγω δὲ οὐσίαν ἄνευ ὕλης τὸ τί ἦν εἶναι], *Métaphysique*, Z, 17, 1032b 14>. Mais on n'avait pas encore résolu par là la question de la forme grammaticale de l'expression, en particulier de l'imparfait. Aussi était-il tentant d'affirmer que l'imparfait *était* (*ên* [ἦν]) se réfère à l'avoir-été-présent de la forme (la forme était dans l'esprit du sculpteur avant la statue), tandis que l'« être » renvoie au fait que la forme *est* dans la statue ce qu'elle était déjà auparavant. [...] Ceux qui nous ont suivi jusqu'ici ne manqueront pas de se rendre compte combien il nous eût été facile, *à nous*, de fournir une explication de ce genre : il faut qu'il y ait eu une unité antérieurement à la séparation des trois puissances dont aucune n'était pour soi l'étant ; cette unité est ce qui *était* et ce qui, au fur et à mesure de la réunification des puissances, s'introduit dans ce qui résulte de cette union et en est l'âme. Il n'y a donc aucune impossibilité à accorder l'imparfait avec nos présuppositions, pour peu que nous nous expliquions. Ce qui pourtant d'emblée nous choque ici dans une certaine mesure, c'est que l'imparfait ἦν doive tomber, pour ainsi dire, du meilleur côté, et le présent *être* du moins bon. En effet, les chairs et les os par exemple, et tout ce dont se compose le côté matériel de l'homme, peuvent être broyés, détruits et anéantis, mais ce qui *est* ce côté matériel (qui pour soi est non étant) ne peut être atteint par aucune destruction. Il *est* en un sens différent de l'*était*, et, de par sa nature, il est éternel.

Mais l'imparfait ? Lui aussi, nous allons le maintenir, mais il ne peut être expliqué que par l'extraordinaire finesse du sens de la lan-

Terminons par quelques remarques relatives aux traductions :

– *essence* peut certainement être rejeté : le terme est trop vague, et il convient aussi bien pour la traduction de *to ti esti* ;

– *quiddité*, dont la seule fonction est de souligner la distinction, est un terme trop artificiel et non parlant ;

– *das, was es war, sein*, ainsi que *le fait pour un être de continuer à être ce qu'il était* doivent également être récusés, pour les raisons mentionnées ci-dessus.

On préférera de beaucoup la traduction *l'essentiel de l'essence*, qui marque bien la distinction d'avec le *ti esti*, même si elle s'éloigne sensiblement du texte grec ;

What it is to be something et *what it is to be it* restent plus proches du grec, sauf pour l'imparfait, et mettent à juste titre en lumière que *to ti ên einai* porte sur un être individuel.

♦ Voir encadré 2.

Jean-François COURTINE,
Albert RIJKSBARON

BIBLIOGRAPHIE

ALEXANDRE D'APHRODISE, *In Topica*, éd. M. Wallies, *Commentaria in Aristotelem graeca* [CAG], II, 2, 42, Berlin, Preussische Akademie der Wissenschaften, 1883.

ARISTOTE, *Topiques*, livres I-IV, éd. et trad. fr. J. Brunschwig, Les Belles Lettres, 1967 (en part. note complémentaire 3, p. 119-120).

— *De l'âme*, trad. fr., prés. et notes R. Bodéüs, Flammarion, « GF », 1993 ; *De l'âme*, trad. fr. et notes J. Tricot, Vrin, 1965.

— *Aristotelis De anima libri tres*, éd. F.A. Trendelenburg, Berlin, W. Weber, 2e éd., 1877, repr. Graz, Akademische Druck-u. Verlagsanstalt, 1957 (en part. p. 160-161, 271).

— *Du ciel*, éd. et trad. fr. P. Moraux, Les Belles Lettres, 1965.

— *La Métaphysique*, 2 vol., nouv. éd. entièrement refondue, avec comm. J. Tricot, Vrin, 1964.

— *Aristoteles, Metaphysik*, 4 vol., éd., trad. all. et comm. A. Schwegler, Tübingen, 1847-1848, repr. Francfort, Minerva (en part. t. 4, Excurs I, p. 369-379) ; *Aristoteles, Metaphysik*, trad. all. H. Bonitz, éd. H. Carvallo et E. Grassi, Munich, Rowohlt, 1966 ; *Aristoteles, Metaphysik*, trad. all. H. Bonitz remaniée, intr. et comm. éd. H. Seidl, éd. texte grec W. Christ, Hambourg, Meiner, 2e éd., 1989.

— *Aristotle's Metaphysics*, 2 vol., texte rév., intr. et comm. W.D. Ross, Oxford, Clarendon Press, 1966, repr. de la 3e éd. corr., 1953 (en part. t. 1, p. XCIV *sq.*, et t. 2, p. 166 *sq.*) ; *Aristotle's Metaphysics*, éd. et trad. angl. H. Tredennick, Cambridge (Mass.), Harvard UP, Londres, Heinemann, « Loeb Classical Library », 1933-1934 ; *Aristotle's Metaphysics, Books Zeta, Eta, Theta, Iota*, trad. angl. M. Furth, Indianapolis, Hackett Publishing Co, 1985 (en part. p. 105) ; *Aristotelis Metaphysica*, éd. W. Jaeger, Oxford, Oxford UP, 1957.

— *Les Parties des animaux*, éd. et trad. fr. P. Louis, Les Belles Lettres, 1956.

— *Aristotelis Politica*, éd. W.D. Ross, Oxford, Clarendon Press, 2e éd., 1962.

— *Aristotle's Prior and Posterior Analytics*, texte rév., intr. et comm. W.D. Ross, Oxford, Clarendon Press, 3e éd., 1965 ; *Aristotle's Posterior Analytics*, trad. angl. et notes J. Barnes, Oxford, Clarendon Press, 1975 (en part. p. 166-167).

ARPE Curt, *Das* τί ἦν εἶναι *bei Aristoteles*, Diss. Hambourg, 1937.

2

gue qui déterminait les Grecs à employer l'imparfait dans d'autres cas, identiques ou approchants. Là par exemple où nous dirions : « ce que tout le monde désire, c'est le bien », Aristote dit : « *hou pantes ephientai, touto agathon ên* [οὗ πάντες ἐφίενται, τοῦτο ἀγαθὸν ἦν] ([...] *c'était* le bien) » <*Rhétorique*, I, 24, 1363a 8-9>. C'était le bien avant même que quiconque le désirât ; ce n'est pas le bien parce que tous le désirent, mais il est désiré parce qu'il était le bien. Ce n'est qu'à travers et confronté à celui-ci que le bien resplendit en tant que ce qu'il était. De même, l'étant, le *ti esti* de chaque chose, ou *ce qu*'est chaque chose (son *quid*) devient, confronté à ce qui l'*est* (ce par quoi elle Est), *ti ên*. On répond par là même à la question, demeurée semble-t-il inélucidée, de la relation entre le *ti esti* et le *ti ên einai* [...]. Le peintre qui reproduit Callias voit tout d'abord *ce qu'*il est : brun ou blanc de couleur, de chevelure abondante ou bien chauve, etc., mais tout cela n'est pas encore Callias ; il n'y a rien dans tout cela qu'il n'ait en commun avec beaucoup d'autres, et tout cela pris ensemble ne produirait qu'une ressemblance seulement matérielle ; mais l'artiste poursuit sa recherche jusqu'à ce qui *est* tout cela, ce par rapport à quoi tout le reste n'était que présupposition, ce qui à proprement parler était seulement — et c'est uniquement ainsi qu'il présente Callias lui-même. Là où Aristote s'explique de la manière la plus simple, il dit : le *ti ên einai* est chaque chose d'après ce qu'elle est *Elle-même*, délivrée de tout accident, de tout ce qui relève de la *hulê* [ὕλη], de tout ce qui est autre. On rend tout à fait compte de l'expression aristotélicienne en disant qu'elle signifie : « *das, was das jedesmal Seyende* ist (ce qui *est* l'à chaque fois étant) ». [...] Pour Aristote, l'*eidos* est *actus*, et par conséquent non pas un simple *quid*, mais plutôt le *quod* (*dass*) du *quid* posé dans l'étant ; l'*eidos* est synonyme d'*ousia*, dans la mesure où elle est pour ce qui est à chaque fois étant cause de l'être — dans notre terminologie : « das es *seyende* », ce qui l'*est*. [...] À la question « Qu'est-ce que Callias ? », je peux répondre par un concept générique, en disant par exemple : c'est un être vivant ; mais ce qui est pour lui cause de l'être (en l'occurrence du vivre), ce n'est plus quelque chose de général, c'est l'*ousia*, non au second mais au premier et au sens le plus élevé du terme, la *prôtê ousia* [πρώτη οὐσία], et celle-ci est *propre* à chacun et n'appartient à *aucun autre*, tandis que le général est commun à plusieurs. [...] Elle est *un chacun* lui-même ; dans l'être animé, c'est ce que nous nommons l'*âme*, dont il est dit qu'elle est l'*ousia*, l'« énergie » d'un corps organique. En tant qu'énergie, l'âme est le *quod* de tel corps déterminé. [...] Être ce qui est [ce que c'est] ou encore — si on le pense comme antérieur —, ce qui était [ce que c'était], tel est le concept fondamental, la nature de la quatrième cause, ce par quoi elle s'élève loin au-dessus du simplement étant.

Schelling, *Introduction à la philosophie de la mythologie*, trad. coll. dir. J.-F. Courtine et J.-F. Marquet, Gallimard, 1998, p. 376-380 [trad. fr. mod.].

BIBLIOGRAPHIE

SCHELLING Friedrich Wilhelm Joseph, *Sämtliche Werke*, 14 vol., éd. K.F.A. Schelling, Stuttgart-Augsburg, Cotta, 1856-1861.
— *Introduction à la philosophie de la mythologie*, trad. coll. dir. J.-F. Courtine et J.-F. Marquet, Gallimard, 1998.

AVICENNA LATINUS, *Liber de philosophia prima, sive Scientia divina*, éd. crit. de la trad. latine médiévale S. Van Riet, 3 vol. dont un d'index, Louvain-Leyde, Peeters-Brill, 1977-1983.

AUBENQUE Pierre, *Le Problème de l'être chez Aristote*, PUF, 2e éd., 1966 (en part. p. 460-472).

BASSENGE Friedrich, « Das τὸ ἑνὶ εἶναι, τὸ ἀγαθῷ εἶναι etc. und das τὸ τί ἦν εἶναι bei Aristoteles », *Philologus*, vol. 104, 1960, p. 14-47.

BONITZ Hermann, *Aristotelis Metaphysica, Commentarius*, Bonn, 1849 ; repr. Hildesheim, Olms, 1960 (p. 302 *sq.*).

BRÖCKER Walter, *Aristoteles*, Francfort, Klostermann, 3e éd., 1964 (en part. p. 118-122).

BUCHANAN Emerson, « The Syntax and Meaning of τὸ τί ἦν εἶναι », *Greek, Roman and Byzantine Monographs*, n° 2, 1962, p. 30-39.

CASSIN Barbara et NARCY Michel, *La Décision du sens. Le livre* Gamma *de la* Métaphysique d'Aristote, intr., texte, trad. fr. et comm., Vrin, 1989.

FREDE Michael et PATZIG Günther, *Aristoteles « Metaphysik Z »*, Text, Übersetzung und Kommentar, 2 vol., Munich, Beck, 1988 (en part. t. 2, p. 57 *sq.*).

GOICHON Amélie-Marie, *La Distinction de l'essence et de l'existence d'après Ibn Sina (Avicenne)*, Desclée de Brouwer, 1937.

MERLAN Philip, « τὸ τί ἦν εἶναι », *Classical Philology*, vol. 61, n° 3, 1966, p. 188.

PLATON, *Phédon*, éd. et trad. fr. Léon Robin, Les Belles Lettres, « CUF », 1926, 8e éd., 1963 ; trad. fr. M. Dixsaut, Flammarion, « GF », 1991.

ROBIN Léon, *La Théorie platonicienne des idées et des nombres d'après Aristote. Étude historique et critique*, Alcan, 1908, repr. Hildesheim, Olms, 1963 (en part. p. 27-28, n. 24).

— *La Pensée grecque et les Origines de l'esprit scientifique*, Alcan, 1923 (p. 299).

— *Aristote*, PUF, 1944 (p. 88).

THOMAS D'AQUIN, *In duodecim libros metaphysicorum Aristotelis expositio*, éd. M.-R. Cathala et R.M. Spiazzi, Turin-Rome, Marietti, 1964.

TRENDELENBURG Friedrich-Adolf, « Das τὸ ἑνὶ εἶναι, τὸ ἀγαθῷ εἶναι etc. und das τὸ τί ἦν εἶναι bei Aristoteles. Ein Beitrag zur aristotelischen Begriffsbestimmung und zur grieschichen Syntax », *Rheinisches Museum*, 1828, p. 457 *sq.*

— *Geschichte der Kategorienlehre*, Berlin, Verlag von G. Bethge, 1846 ; repr. Hildesheim, Olms, 1979 (p. 37 *sq.*).

TUGENDHAT Ernst, TI ΚΑΤΑ ΤΙΝΟΣ, *Eine Untersuchung zu Struktur und Ursprung aristotelischer Grundbegriffe*, Fribourg-Munich, Karl Alber, 1958 (en part. p. 17-19).

VOLKMANN-SCHLUCK Karl-Heinz, *Die Metaphysik des Aristoteles*, Francfort, Klostermann, 1979.

OUTILS

GOICHON Amélie-Marie, *Lexique de la langue philosophique d'Ibn Sina*, Desclée de Brouwer, 1937.

KÜHNER Raphael et GERTH Bernhard, *Ausführliche Grammatik der Griechischen Sprache*, t. 2, *Satzlehre* [1898], Hanovre, Hannsche Buchhandlung, 1976.

TOUT, TOTALITÉ *Tout*, sur le lat. *totus*, se dit de l'objet que l'on considère dans son extension et son intégralité, au sens de « tout entier ». Il recouvre aussi, comme parfois *totus*, l'emploi distributif dans lequel le lat. *omnis* est spécialisé, au sens de « chaque ». Le grec possède également deux manières de dire le tout, *pas* [πᾶς] et *holos* [ὅλος], auxquels *omnis et totus* ne correspondent pas exactement. *To holon* [τὸ ὅλον] (cf. angl. *the whole*) désigne en effet le tout dans son intégralité, mais en tant qu'il est plus et autre chose que la somme de ses parties : voir encadré 2, « Tout et ensemble », dans WELT.

Le lat. médiéval *totalis* (Oresme) se dit de ce qui est complet, à quoi il ne manque rien, et ouvre à la traduction de *holon* par « totalité ». La totalité (all. *Ganzheit, Gesamtheit, Allheit, Totalität*), une des douze catégories kantiennes, fait la synthèse entre l'unité et la multiplicité : cf. *CATÉGORIE, JUSTICE-JUGEMENT*.

Sur le rapport entre monde, univers et totalité du réel, on se reportera à WELT et OMNITUDO REALITATIS ; voir aussi MIR, NATURE, RÉALITÉ, SVET ; cf. DIEU.

Sur les manières de penser et d'exprimer la totalité, voir AUFHEBEN, *CONCEPT*, COMBINATOIRE ET CONCEPTUALISATION, HISTOIRE UNIVERSELLE, MÉMOIRE, STRUCTURE, UNIVERSAUX.

► *COMMUNAUTÉ, HUMANITÉ, SOCIÉTÉ*

TRADUIRE

gr.	*hermêneuein* [ἑρμηνεύειν], *metaballein* [μεταϐάλλειν], *metaphrazein* [μεταφράζειν], *metapherein* [μεταφέρειν], *metagraphein* [μεταγράφειν], *metharmozein* [μεθαρμόζειν]	lat.	*vertere, convertere, exprimere, redderre, transferre, interpretari, imitari, traducere*
		all.	*dolmetschen, übersetzen, übertragen, überliefern*
		angl.	*to translate*

► ANALOGIE, COMPARAISON, CONNOTATION, HEIMAT, HOMONYME, INTENTION, ITALIEN, LANGUE, LANGUES ET TRADITIONS, LOGOS, LUMIÈRE, MIMÊSIS, MOT, SENS, SUPPOSITION, TROPE

Traduire, *au sens aujourd'hui courant de « faire passer d'une langue dans une autre », est une francisation relativement tardive (1520, DHLF) d'un verbe latin,* traducere, *littéralement « conduire au-delà », dont le sens est plus vague et plus vaste. On en retiendra le flou initial des verbes qu'on traduit, entre autres, par* traduire, *mais qui désignent à chaque fois plus ou autre chose que le passage d'une langue à l'autre ; et l'importance déterminante de la latinité qui s'approprie et adapte la culture grecque en fabriquant la langue latine : pour traduire, il faut au moins deux langues, or les Grecs, même parlant d'autres langues, ne connaissent ou ne veulent connaître que le* logos [λόγος], *leur* logos, *la langue grecque. Le lexique des opérations de traduction est cependant partiellement grec, redevable d'un autre moment fondateur, la commande à Alexandrie d'une traduction en grec de l'Ancien Testament, dite « Bible des Septante », qui lie, sous* hermêneuein [ἑρμηνεύειν] *et dans le geste herméneutique, interprétation et traduction.*

Ce lexique de la traduction est dans les différentes langues, en particulier le latin et l'allemand, travaillé de tensions récurrentes mais à valeur variable : entre l'exactitude du mot à mot (le verbum e verbo *de l'*interpres*) et l'illustration littéraire (le* sensum e sensu *de l'*orator*), dans une proximité pour nous troublante entre traduction, métaphore et équivocité (la* translatio *médiévale). La traduction est dès lors susceptible d'être appréciée comme une « trahison », suivant l'adage italien* traduttore-tradittore, *ou tout au contraire comme l'essence même de la tradition (depuis cette* translatio studii *qui désigne le déplacement du savoir, grec, puis latin, puis chrétien, jusqu'à l'*Überlieferung, *ou « transmission », que libère pour un Heidegger une authentique* Übersetzung, *« traduction »). Mais il y a au fond, comme l'explique Schleiermacher, deux manières de traduire et deux seulement : échanger des valeurs linguistiques supposées équivalentes en les faisant passer d'une langue à l'autre, selon une procédure d'interprétariat (*dolmetschen*) « qui laisse le lecteur le plus tranquille possible », ou bien « laisser l'écrivain le plus tranquille possible », et déplacer par la vertu de la traduction (*übersetzen*) le lecteur et sa langue maternelle qu'on rend ainsi comme étrangère à elle-même, ce qui est peut-être la meilleure manière de la rendre présente à elle-même (*De la traduction*, p. 49).*

I. LE MONOLINGUISME GREC : HELLÉNISME OU BARBARIE

A. « Hellênizein »

Pour traduire, il faut disposer d'au moins deux langues. Or les Grecs, pour reprendre une expression d'A. Momigliano, sont « fièrement monolingues ». Au lieu de parler leur langue, ils laissent leur langue parler pour eux. C'est ainsi que la polysémie du terme *logos* [λόγος] peut les dispenser de distinguer entre discursivité et rationalité, de faire la différence entre la langue qu'ils parlent et le langage comme propre de l'homme (voir LOGOS, LANGUE, et encadré 4 dans GREC).

De manière plus décidée, *hellênizein* [ἑλληνίζειν] (sur l'adjectif *hellên* [ἕλλην], « grec »), bloque sous un même mot le sens de « parler le grec » et de « parler correctement », voire, dans la mesure où corpus rhétorique et corpus historico-politique sont ici liés, de « se comporter en homme libre, civilisé et cultivé » — bref : en homme. Parler, bien parler, bien penser, bien vivre sont des finalités emboîtées. Deux occurrences platoniciennes permettent de mesurer l'intrication. Dans le *Ménon* (82b), la seule condition mise par Socrate pour faire accoucher le petit esclave de l'idée de racine de 2 est qu'il « hellénise » : « *Hellên men esti kai hellênizei ?* [Ἕλλην μέν ἐστι καὶ ἑλληνίζει;], Est-ce qu'il est grec et qu'il parle grec ? » Réponse : oui, il est « né à la maison (*oikogenês* [οἰκογενής]) ». Dans le *Protagoras*, l'apprentissage de l'hellénisme se confond avec l'apprentissage de la compétence politique et la pratique de l'*isêgoria* [ἰσηγορία], cette égalité de parole caractéristique de la démocratie athénienne (327e : dans la cité tous sont professeurs de vertu, comme dans la maison tous apprennent à l'enfant à parler grec : « C'est comme si tu cherchais qui enseigne à *hellênizein*, tu ne trouverais pas qu'un seul maître » ; voir encadré 1 dans VIRTÙ ; cf. B. Cassin, *L'Effet sophistique*, II, 2).

À partir d'Aristote, *hellênizein* ou *hellênismos* [ἑλληνισμός] constitue une tête de chapitre des traités rhétoriques (Aristote, *Rhétorique*, III, 5 : « De la correction ») ou grammaticaux (Sextus Empiricus, *Adversus Mathematicos*, I, 10 : « S'il existe un art de la grécité »). « *Esti d' arkhê tês lexeôs to hellênizein* [Ἔστι δ' ἀρχὴ τῆς λέξεως τὸ ἑλληνίζειν] » : on peut rendre au choix la première phrase du développement aristotélicien par « le fondement de l'expression, c'est de s'exprimer en grec », ou par « le principe du style, c'est de parler correctement » (*Rhétorique*, III, 5, 1407a 20-21 ; sur *lexis* [λέξις], voir MOT, II, B, et SIGNIFIANT).

Pour que ce qu'on écrit soit facile à lire et à dire, il faut respecter tout simplement l'« ordre naturel » (*pephukasi* [πεφύκασι], 22) de succession que marquent particules et conjonctions (qu'elles restent à portée de mémoire comme, dans une cité, on est à portée de voix), respecter la propriéte sémantique (les mots propres, *idia* [ἴδια], voir PROPRIÉTÉ), référentielle (éviter les ambiguïtés, les circonlocutions, voir HOMONYME, COMPARAISON) et grammaticale (la cohérence interne des genres et des nombres). Parler naturellement, en suivant l'usage ordinaire de clarté et d'exactitude, telle demeure la définition de l'hellénisme et du « style » classique : « celui qui hellénise (*ho* [...] *hellênizôn* [ὁ (...) ἑλληνίζων]) est capable de présenter les idées des choses de manière claire et distincte (*saphôs hama kai akribôs* [σαφῶς ἅμα καὶ ἀκριϐῶς]) », comme dans une « conversation [*homilia* (ὁμιλία), qui signifie à la fois troupe de guerriers, compagnie, société, commerce, relation, y compris sexuelle, leçon d'un maître, entretien et usage courant d'un mot] » (*Adversus Mathematicos*, I, 10, 176-179). Cette conception ne peut que soutenir une prétention à l'universelle légitimité.

♦ Voir encadré 1.

B. La sémantique des verbes qui effleurent l'opération de traduction

Si la traduction ne constitue pas un problème isolable, c'est que la différence des langues n'est pas prise en

1

Qu'est-ce qu'un « barbare » pour un Grec ?

► *AUTRUI*, COMPARAISON, GREC, PEUPLE

Hellên et *barbaros* [βάρϐαρος] sont, dit Koselleck, des « antonymes asymétriques » (*Le Futur passé*, 3e partie, chap. 1 : le premier est aussi un nom propre, alors que le second est seulement un nom commun. *Barbarizein* [βαρϐαρίζειν], onomatopée de même acabit que notre « blablater » (cf. lat. *balbus*, « bègue »), désigne une conjonction de traits linguistiques, anthropologiques et politiques qui font du « barbare » un *heteros* [ἕτερος], un tout autre que soi, inintelligible, et dont l'humanité même peut faire question.

Dans le corpus rhétorique et grammatical, le *barbarisme* désigne un effet d'inintelligibilité ; ainsi quand en poésie on s'écarte du sens propre et de l'usage courant (*to idiôtikon* [τὸ ἰδιωτικόν], *to kurion* [τὸ κύριον]) pour utiliser des expressions « étrangères » (*xenika* [ξενικά]) : trop de métaphores font *ainigma* [αἴνιγμα], « énigme », brouillage du signifié, et trop d'emprunts (*glôssai* [γλῶσσαι]) font *barbarismos* [βαρϐαρισμός], « charabia », brouillage du signifiant (Aristote, *Poétique*, 22, 1458a 18-31 ; voir LANGUE, II, A). Diogène Laërce spécifie même la différence, pertinente jusque dans nos exercices scolaires, entre le « solécisme » (*soloikismos* [σολοικισμός]), qui est une faute de syntaxe, et le « barbarisme », qui rend un mot morphologiquement non reconnaissable (VII, 44 ; 59).

Le problème de fond est évidemment pour les Grecs de déterminer si la barbarie (et donc l'hellénisme) est un fait de nature ou un fait de culture (voir BILDUNG, encadré 1). Antiphon utilise ainsi le verbe *barbarizein* pour désigner l'attitude de ceux qui font de la distinction grec / barbare une distinction de nature :

> Nous nous rendons barbares les uns à l'égard des autres (*barbarômetha* [βαρϐαρώμεθα]), alors que par nature en tout cas tous, en tout, nous nous trouvons naturellement faits pour être et barbares et grecs [ὁμοίως πεφύκαμεν καὶ βάρϐαροι καὶ Ἕλληνες εἶναι].
>
> P. Oxy, 1364 + 3647, fr. A, col. II, Bastianini-Decleva, cf. B. Cassin, *L'Effet sophistique*, p. 274.

De même, l'*Oreste* d'Euripide oppose une conception barbare de l'hellénisme, soutenue par Oreste qui croit au fondement naturel de la différence, à une conception grecque de l'hellénisme, fondée sur le respect de la légalité, de la loi, et soutenue par Tyndare (B. Cassin, *ibid.*, p. 175-191) ; et Isocrate félicite Athènes de cette évolution :

> Notre cité a fait qu'on emploie le nom des Grecs non plus comme celui de la race (*mêketi tou genous* [μηκέτι τοῦ γένους]) mais comme celui de l'esprit (*alla tês dianoias* [ἀλλὰ τῆς διανοίας]), et qu'on appelle grecs ceux qui participent de notre culture (*paideuseôs* [παιδεύσεως]) plutôt que ceux qui ont la même nature (*phuseôs* [φύσεως]) que nous.
>
> *Panégyrique*, IV, 50.

Mais, dans un cas comme dans l'autre, la question est finalement politique : barbares sont ceux qui supportent, voire qui appellent, le despotisme. Si, pour Aristote, « les barbares sont par nature plus esclaves (*doulikôteroi* [δουλικώτεροι]) que les Grecs » (*Politique*, III, 14, 1285a 20 ; cf. 1252b 9, 1255a 29), c'est que, comme l'esclave dans la maison du maître, le barbare est *de facto* gouverné despotiquement, *despotikôs* [δεσποτικῶς], sur le modèle perse (tout Perse, esclave du Grand Roi, est « l'homme d'un autre »), par différence avec le modèle grec hégémonique, *hêgemonikôs* [ἡγεμονικῶς], qui lie un chef (*hêgemôn* [ἡγεμών]) et un homme libre. C'est tout l'enjeu du livre VII, 7, de la *Politique*, qui propose une première théorie des climats, où les Grecs occupent le milieu entre une Europe froide, thymique, qui vit libre mais désorganisée, et une Asie chaude, dianoétique et technique, qui vit dans la soumission : la Grèce, elle, à la fois passionnée et pensante, « est capable de vivre libre sous les meilleures institutions politiques, et elle est capable de commander à tous ». Une domination interne, l'esclavage de l'esclave, est ainsi assise sur une domination externe, l'esclavage des barbares qui ont besoin d'un maître, dans un bouclage théorique dont l'époque moderne n'aura pas si facilement raison (cf. B. Cassin, *Aristote et le logos*, I, 3).

BIBLIOGRAPHIE

BASTIANINI Guido et DECLEVA-CAIZZI Fernanda, *Corpus dei papiri filosofici greci e latini*, I, 1, Florence, Olscki, 1989, p. 176-222.

considération comme telle. Elle occupe plutôt une place en creux. On ne s'étonnera donc pas qu'aucun verbe grec ne signifie purement et simplement « traduire », même si un certain nombre peuvent se rendre ainsi.

L'un des modèles les plus explicites et les plus généreux de la différence des langues est brossé par Platon dans le *Cratyle* ; elle y est présentée comme une simple différence de matière phonique. À condition qu'il y ait un bon nomothète, capable de bien fabriquer les noms en considérant l'*eidos* [εἶδος] (la forme qu'est le nom en soi, naturellement approprié à la chose), la matière importe peu, et c'est l'utilisateur qui jugera si l'outil (*organon* [ὄργανον]) est bon :

> Le législateur, qu'il soit d'ici ou qu'il vienne de chez les barbares, du moment qu'il traduit la forme du nom qui convient à chaque chose dans des syllabes quelles qu'elles soient, sera tout aussi bon législateur, ici comme partout ailleurs.
>
> 390a, trad. fr. C. Dalimier, GF, 1998.

Le verbe que Catherine Dalimier choisit de rendre par *traduire*, *apodidôi* [ἀποδιδῷ], signifie littéralement « donner à qui de droit, restituer, donner en échange, transmettre » (Méridier, CUF, dit *imprimer* la forme du nom) ; il est relayé par l'expression *tithenai eis ti* [τιθέναι εἴς τι] (389d, 390e), « transposer, imposer » (le nom en soi) « dans » (les syllabes), comme on impose la forme d'une navette à tel ou tel bois : les termes à coup sûr relèvent d'un autre modèle technique. Le plus souvent, d'ailleurs, c'est en creux et comme par inadvertance, au détour d'une phrase ou d'un concept, que la différence des langues est prise en compte dans les grands textes philosophiques, et il n'y a tout simplement aucun terme pour désigner l'opération de traduction ; ainsi dans le *De interpretatione* d'Aristote, qui mentionne simplement que « comme les lettres ne sont pas les mêmes chez tous, les sons vocaux ne sont pas non plus les mêmes » (1, 16a 5-6 ; voir encadré 1 dans SIGNE) ; ou à propos du « signifié » stoïcien, défini chez Sextus comme « ce que les barbares ne comprennent pas quand ils entendent le son » (VIII, 11 ; voir SIGNIFIANT, II, A).

C'est à partir de points de vue très divers que se trouve effleurée l'opération de traduction. Ainsi de notre verbe *hellênizein* : utilisé transitivement, il peut signifier « apprendre le grec » (Thucydide, II, 68), « helléniser » un barbare (Libanios, *Or.*, 11, 103), puis, mais tardivement, et essentiellement pour désigner la traduction de la Bible, « exprimer en grec », donc « traduire » des mots ou un texte (au IIe siècle ap. J.-C., chez Dion Cassius, 55, 3, à propos de ce que nous appellerions translittération de « Noé » ou « Jacob » ; chez Flavius Josèphe, *Antiquités judaïques*, I, 6, 1). Il en va de même pour un grand nombre de verbes composés en *meta-*, qui indique le trans-port et la trans-formation : *metapherein* [μεταφέρειν] (« transporter, transposer, employer métaphoriquement, rapporter »), *metaphrazein* [μεταφράζειν] (« paraphraser ») et surtout *metagraphein* [μεταγράφειν] (« changer le texte, falsifier », mais aussi « transcrire, copier »), désignent des opérations littéraires, de type poétique, rhétorique, philologique, et ne prennent en grec classique le sens de « traduire » qu'à la marge — pour *metaphrazein*, voir Flavius Josèphe, *ibid.*, IX, 14, 2 ; pour *metagraphein*, voir, au moyen, Thucydide (« se faire traduire », IV, 50, 2) et voir Lucien, *Comment écrire l'histoire*, 21, où un puriste soi-disant héritier de Thucydide prétend « transformer les noms romains (*metapoiêsai* [μεταποιῆσαι]) » et les « traduire en grec (*metagrapsai es to hellênikon* [μεταγράψαι ἐς τὸ ἑλληνικόν]), comme Khronion pour Saturne », ou bien plus ridicule encore.

Peri hermêneias : on rend le titre aristotélicien par *De interpretatione*, *Lehre von Satz*, mais jamais par « Sur la traduction » ; c'est pourtant le verbe *hermêneuein* [ἑρμηνεύειν], « interpréter, expliquer, exprimer », comme celui qui met en mots sa pensée (Platon, *Lois*, 966b) mais aussi comme celui qui sert d'interprète au dieu (le poète, le rhapsode, le devin ; Platon, *Ion*, 535a), qui est le candidat le plus sérieux à la rétroversion de « traduire » (dès Xénophon, *Anabase*, 5, 44) . C'est du moins celui que l'avenir retiendra (voir ci-dessous, II et III).

II. LA GRÈCE À ROME : TRADUIRE / ADAPTER

La traduction du grec en latin chez les auteurs latins classiques ne satisfait que très partiellement aux critères modernes et le processus même de traduction n'est pas rigoureusement fixé dans la langue latine : les verbes *vertere*, *convertere*, *exprimere*, *reddere*, *transferre*, *interpretari*, *imitari* peuvent tous désigner ce que nous appelons « traduction littérale » aussi bien que l'adaptation plus ou moins libre d'un modèle grec. Le fait qu'on ne puisse établir de claire distinction, dans les emplois de ces verbes, entre traduction littérale et adaptation littéraire indique assez bien que la question de la traduction se pose autrement, à la période classique, qu'elle ne se posera à partir de Jérôme et de la traduction des textes sacrés, quand la restitution fidèle « *verbum pro verbo* » devient le principe de traduction : pour un classique, traduire c'est s'attacher au sens (*vis*), non à la lettre (*verba*), mais surtout c'est l'occasion de réfléchir sur les modalités de création de la langue littéraire latine. Ce qui se joue autour de la « traduction », c'est toute la réception de la culture grecque à Rome.

A. Fluidité des sens et contradistinctions

Les emplois du verbe *interpretari* chez un même auteur font saisir la fluidité des sens, que seules des contradistinctions permettent de fixer ponctuellement. Ainsi, Cicéron fait dire à Varron (*Académiques*, 1, 8) qu'il a imité (*imitari*) et non pas traduit (*interpretari*) Ménippe. Cicéron lui-même précise qu'il a suivi (*sequi*) et non traduit (*interpretari*) Panétius dans son traité *Des devoirs* (2, 60). Mais le même verbe désigne aussi bien l'activité herméneutique des Stoïciens sur les récits mythologiques (*De la nature des dieux*, 3, 60) que l'interprétation d'une doctrine philosophique (*Des termes extrêmes*, 2, 34) ou que les adaptations d'œuvres grecques qu'ont faites les fondateurs de la littérature latine, comme Ennius pour l'*Histoire sacrée* d'Évhémère (*De la nature des dieux*, 1, 119).

Aucun des autres verbes cités ne permet de désigner spécifiquement l'activité de traduction : tous permettent, en revanche, aux écrivains latins de définir leur œuvre par rapport au « modèle » grec et, dans ces conditions propres à la littérature latine, le lexique de la traduction ne se comprend que par rapport aux tensions de la polémique littéraire.

Quand Plaute utilise le verbe *vertere* pour désigner sa traduction/adaptation d'une pièce grecque, son emploi n'est pas neutre mais souligne au contraire la difficulté à partir de laquelle la langue littéraire latine va s'élaborer (*La Comédie des ânes*, v. 11) : Cette pièce s'appelle, en grec, *L'Ânier*. Elle a été écrite par Démophile, Maccus [= Plaute] l'a traduite en langue barbare (*vortit Barbare*). « Traduire en langue barbare », c'est-à-dire en latin, suivant la formule provocatrice que Plaute emploie également dans *Les Trois Écus* (v. 19), doit s'entendre comme un manifeste littéraire : il ne s'agit pas de traduire en se soumettant à la langue d'origine, le grec, à partir duquel tout le reste est barbare. Au contraire, pour éviter la déperdition du sens et à l'arrivée une langue incompréhensible, il faut écrire dans sa langue, créer sa langue. C'est pourquoi Térence peut opposer, chez son rival comique, la capacité à bien traduire et l'inaptitude à bien écrire :

> En traduisant bien, mais en écrivant mal, il a fait, avec de bonnes comédies grecques, des comédies latines qui ne le sont pas.
>
> [*qui bene vertendo et easdem scribendo male/ex graecis bonis latinas fecit non bonas.*]
>
> *L'Eunuque*, v. 7-8.

B. Cicéron et l'éclat de la traduction philosophique

L'articulation traduire/adapter/créer, esquissée par les dramaturges latins, est explicitement reprise par Cicéron, qui définit sa conception de la traduction philosophique en référence à la pratique des fondateurs de la littérature latine :

> Et même si je me contentais de traduire (*vertere*) Platon ou Aristote, comme nos poètes ont traduit les pièces grecques, ce ne serait pas, à mon avis, un mauvais service à rendre à mes concitoyens que de leur rendre accessibles ces génies divins en les transportant (*transferre*) jusqu'à eux. [...] Il y a certains passages que je transporterai (*transferre*), à ma convenance, et surtout chez les philosophes que je viens de nommer, quand il sera possible de le faire harmonieusement, comme le faisaient Ennius avec Homère et Afranius avec Ménandre.
>
> *Des termes extrêmes*, 1, 7.

Ce qui est à l'œuvre dans ce « transfert » de la Grèce vers Rome ne se réduit pas à un transport de butin, même si cet arrière-plan est toujours présent (voir par exemple *Tusculanes*, 2, 5 : il faut arracher [*eripere*] à la Grèce sa prééminence en philosophie et la transférer à Rome) : le verbe *transferre* décrit également le déplacement du sens sur lequel la métaphore se déploie (*De l'orateur*, 3, 155-170). En utilisant le même verbe pour l'activité de traduction et la création de métaphores, Cicéron établit dans la langue le lien entre traduire et écrire ; il suffit d'appliquer à la traduction ce qu'il dit du développement de la métaphore, sans doute à partir de la réflexion aristotélicienne sur la métaphore comme processus d'enrichissement de la langue (*Rhétorique*, III, 2, 1405a 35-37), pour définir la traduction comme une véritable création :

> Le troisième genre d'ornements, l'usage métaphorique d'un mot, est né de la nécessité, sous la contrainte du besoin et de la gêne ; ensuite, il s'est généralisé en raison du plaisir et de l'agrément qu'on en tirait.
>
> *De l'orateur*, 3, 155.

Mais le rapprochement a une plus vaste portée parce qu'il est inscrit dans la langue même : les Grecs, qui n'ont pas besoin de « traduire », n'exploitent pas ce sens possible de *metapherein* (Platon l'utilise une fois pour désigner les transcriptions de noms propres : *Critias*, 113a) ; et quand Plutarque évoque les œuvres philosophiques de Cicéron (*Vie de Cicéron*, 40), il utilise les verbes *metaballein* [μεταϐάλλειν] et *metaphrazein* pour désigner sur un plan général ses « traductions », et réserve le terme de « métaphore » pour les traductions ponctuelles d'un terme que Cicéron n'a pas pu rendre avec un mot pris au sens propre. La polysémie travaillée par Cicéron avec *transferre* n'est pas perceptible du point de vue de la langue grecque parce que ce à quoi elle renvoie ne se pense qu'à Rome : traduire, c'est apporter de l'éclat, comme on en donne avec un usage de la langue qui n'est pas l'usage propre et familier mais qui repose sur des emprunts : « ces métaphores sont des espèces d'emprunts (*mutuationes*), grâce auxquels nous prenons ailleurs ce qui nous manque » (*De l'orateur*, 156). La langue de l'autre peut ainsi fournir ce qui manque, mais l'emprunt n'est acceptable, et n'offre un ornement adapté, que s'il est entièrement réapproprié. Aussi le bon emploi des métaphores (*verba translata*) qui, « loin de faire irruption dans un lieu qui n'était pas le leur (*alienum locum*), semblaient s'installer *immigrasse* dans le leur » (*Brutus*, 274), n'est-il pas autre chose qu'une intégration : ce qu'on a emprunté ne vient pas en étranger mais s'installe comme chez lui. Sénèque dira aussi que « les grammairiens latins ont donné droit de cité (*civitas*) au mot [grec] *analogia* » (*Lettres à Lucilius*, 120, 4) : une telle conception de la réception de la langue grecque, décrite comme une intégration au corps des citoyens, valide le lien établi par le verbe *transferre* entre traduire et utiliser les métaphores. Il n'y aurait pas alors de changement d'une langue à une autre, mais, au sein d'une seule et même « langue », résultat du transfert de la Grèce à Rome, des déplacements et des emprunts par lesquels se produit l'éclat : « les métaphores font remarquer le discours et l'éclairent comme autant d'étoiles » (*De l'orateur*, 3, 170). Ainsi peut s'entendre ce que Lucrèce dit de son poème, « traduction » de la doctrine d'Épicure : « rendre lumineuses les obscures découvertes des Grecs » (1, 136-137), et « sur des sujets obscurs, composer des vers éclatants » (1, 933), c'est apporter l'éclat en traduisant et conférer une intelligibilité lumineuse par le recours aux sens. Si « toutes les métaphores s'adressent directement aux sens, et particulièrement à la vue, le plus pénétrant de tous » (*De l'orateur*, 3, 160), on peut comprendre que l'enjeu du transfert, par la traduction, est précisément d'atteindre une forme d'immédiateté, celle de la langue « vivante », le latin.

III. LES TRADUCTIONS DE LA BIBLE : LE LEXIQUE DE LA TRADUCTION ET LE STATUT DE L'« HERMÊNEUS »

La traduction en grec de la Bible ne constitue pas un contre-exemple du monolinguisme des Grecs, mais bien plutôt une illustration. Cette traduction est en effet d'inspiration juive et non pas grecque, née de l'idée que le grec est *de facto* la langue de culture par excellence susceptible de rendre accessible le livre par excellence.

Le corps littéraire auquel, au XIIe siècle chrétien, on donnera le titre englobant de *Biblia* [Βιϐλία] fut traduit en grec, d'abord à Alexandrie et en partie seulement, dès le IIIe siècle av. J.-C. Il s'agissait d'une grande nouveauté dans le cosmos de la culture. Ces « Écritures » (*graphai* [γραφαί]) grecques, qui représentent aujourd'hui encore l'Ancien Testament de l'Église grecque orthodoxe, servirent d'emblée de matrice linguistique à la doctrine chrétienne, fournissant les concepts et les expressions qui innervèrent la phraséologie nouvelle. Leur texte servit ensuite de base à la majorité des versions anciennes de la Bible, jusqu'à celle de Cyrille et de Méthode (milieu du IXe siècle) en vieux slave. Au cours du IIe siècle, ce texte se trouva défié, entre autres, par celui d'une nouvelle version grecque, littérale parfois jusqu'à l'outrance, commandée par les rabbins au prosélyte Aquila. Cela n'empêcha pas son utilisation de fait exclusive pour les premières traductions latines. Jérôme (348-420) en proposa des révisions successives, scientifiques et littéraires, avant de s'attacher à traduire directement en latin le texte hébraïque des Écritures juives. La somme aménagée de son œuvre, de réviseur et de traducteur, donnera la Vulgate latine, Bible officielle du catholicisme romain jusqu'au milieu du XXe siècle. Jérôme demeure le champion de ce qu'il appelait lui-même l'*hebraica veritas*. Il fera même école auprès de Luther pour la Bible allemande. Mais c'est davantage le règne d'une *latina veritas* qu'à son insu il instaura. De longs siècles durant, la Vulgate latine sera le support textuel de la plupart des traductions en langues dites vernaculaires. Or, quoi qu'il en fût du destin propre de la Bible grecque, l'apparition de celle-ci dans l'Antiquité classique signifie l'avènement d'une étape marquante dans l'histoire même de la culture. Moïse, en effet, défie Homère ! Et surtout, les fondements objectifs du lexique et du discours de ce qu'on appelle depuis lors « traduction » se mettent irréversiblement en place.

A. La Bible grecque des Septante

Au IIIe siècle av. J.-C., donc, les ressortissants de *Iouda*, ou *Ioudaioi* ['Ιουδαῖοι], entreprirent la traduction de leurs *hagiai graphai* [ἅγιαι γραφαί] « écritures saintes », en grec, et tout d'abord la Loi de Moïse, *nomos* [νόμος], ou, disaient-ils volontiers, *nomothesia* [νομοθεσία], « constitution ». Le *politeuma* [πολίτευμα], « commune dans la Cité », qu'ils constituaient à Alexandrie garantissait ainsi sa différence nationale, tandis que lui allait être acquise sa reconnaissance politique. La version des autres livres suivit ; elle s'étala sur deux ou même trois siècles et fut probablement achevée par des lettrés chrétiens. Ce fut un événement sans précédent. L'idiome des Grecs, langue de l'esprit à vocation universelle, devint alors langue biblique. Vers la fin du IIe siècle av. J.-C., une légende bien répandue, attestée pour la première fois par la *Lettre d'Aristée*, présentait « le livre » (*hê biblos* [ἡ βίϐλος]), celui de ladite Loi devenue grecque, comme l'œuvre exceptionnelle de soixante-dix ou soixante-douze savants de *Iouda* mandatés par le grand prêtre de Jérusalem. La commande serait venue du bibliothécaire royal d'Alexandrie, en réponse au souhait du deuxième monarque de la dynastie lagide, Ptolémée Philadelphe (285-247 av. J.-C.). Ce dernier aurait voulu que les livres des *Ioudaioi* figurent eux-mêmes dans le célèbre établissement de sa somptueuse cité. Selon la même source, chacun des traducteurs traduisit le texte d'une façon rigoureusement identique à celles de tous les autres. Au milieu du IIe siècle, des auteurs chrétiens reprirent, sinon forgèrent eux-mêmes, puis instituèrent le mot latin *septuaginta*, « soixante-dix » : ils en firent le titre global du recueil des Écritures grecques dont ils étaient les héritiers et désormais les seuls usagers. Aujourd'hui — non sans ambiguïté, car le rôle légendaire des « Septante » se limite aux cinq livres de Moïse —, on appelle toujours ainsi la totalité de l'Ancien Testament grec.

B. Traduction, interprétation, inspiration, prophétie

Le fait inédit de la traduction de la Loi sollicita d'emblée les théoriciens de la communauté judaïque locale, entièrement hellénophone. C'est ainsi et alors que le champ conceptuel de la traduction se constitua vraiment, dans le lexique grec en un premier temps. Entre autres, le verbe *hermêneuein* et les substantifs *hermêneia* [ἑρμηνεία] et *hermêneus* [ἑρμηνεύς] virent leurs sens respectifs — « exprimer » ou « signifier », « expression », « signification » ou « interprétation », et « interprète » — se spécifier et se qualifier pour signifier précisément « traduire », « traduction » et « traducteur ». D'autres vocables étymologiquement proches et pratiquement synonymes, par exemple *diermêneuein* [διερμηνεύειν] et *diermêneusis* [διερμήνευσις], connurent pareil destin. Le mot *metagraphê* [μεταγραφή], « copie » ou « transcription », en vint à signifier lui-même « traduction », *metagraphein*, « transcrire » ou « copier », équivalant à « traduire ». Le verbe *metagein* [μετάγειν], « déporter », fut appliqué cette fois au texte, « transféré dans une autre langue », autrement dit « traduit » (*Prologue* du traducteur du *Siracide* vers 100 av. J.-C.). On eut recours également à *metharmozein* [μεθαρμόζειν], « arranger autrement ». Trois grands agents ou témoins judaïques de cette innovation sémantique se sont succédé du IIe siècle av. J.-C. au Ier siècle de l'ère courante, tous convaincus que la traduction de la Loi répondait à une volonté politique extérieure. Vers 180 av. J.-C., le philosophe Aristobule affirme que la « totalité de la traduction (*hermêneia*) de la Loi » fut réalisée sous Ptolémée Philadelphe. Mais il insiste sur des essais de traduction antérieurs, partiels ou malheureux, ce qui est d'ailleurs impossible à vérifier. Son intention est de rendre crédible la croyance qu'il fait sienne selon laquelle Moïse, père de la culture universelle, serait le maître des penseurs grecs, Platon et Pythagore en priorité, instruits directement aux sources grecques de « la Loi » (texte cité par Eusèbe de Césarée, *La Préparation évangélique*, XIII, 12.1). Aristobule est le premier à attester l'usage d'*hermêneia* dans le sens technique de « traduction ». Un demi-siècle plus tard, à Alexandrie toujours, paraissait un grand écrit de fiction intégralement transmis sous le titre de *Lettre d'Aristée*. Cette œuvre confirme l'emploi décisif d'*hermêneia* pour « traduction », terme qu'elle distingue d'abord de *metagraphê*, « transcription ». Y apparaissent également les formules *ta tês hermêneias* [τὰ τῆς ἑρμηνείας], et même *ta tês metagraphês* [τὰ τῆς μεταγραφῆς], « le travail ou l'œuvre de la traduction », que l'on « exécute » (*epitelein* [ἐπιτελεῖν]) ou que l'on « achève » (*telein* [τελεῖν]). Quant aux « traducteurs », ils ne sont désignés encore, semble-t-il, que par un participe du verbe *diermêneuein*.

La mise en place décisive du lexique complet de la traduction est à la fois attestée et commentée par l'exégète et philosophe d'Alexandrie, Philon, dans les premières décennies du Ier siècle. La pertinence, sinon la légitimité, de l'acte de traduire les *hierai bibloi* [ἱεραὶ βίβλοι] (livres sacrés) ou simplement *graphai* (Écritures), est démontrée dans le cadre d'une démarche théologique où la figure mythique de Moïse est centrale. Voici deux textes essentiels :

> (1) Toutes les fois que les Chaldéens sachant le grec ou les Grecs sachant le chaldéen [*i.e.* l'hébreu] se trouvent devant les deux versions (*graphai*) simultanément, la chaldéenne et la traduite (*hermêneutheisê* [ἑρμηνευθεῖσῃ]), ils les regardent avec admiration et respect comme deux sœurs, ou mieux, comme une seule et même œuvre, tant pour le fond que pour la forme, et ils appellent leurs auteurs non pas des traducteurs (*hermêneis*) mais des hiérophantes et des prophètes, eux à qui il a été accordé, grâce à la pureté de leur intelligence, d'aller du même pas que l'esprit (*pneuma* [πνεῦμα]) le plus pur de tous, celui de Moïse.
>
> *De vita Mosis*, II, 37.

> (2) Car le prophète ne publie absolument rien de son cru, mais il est l'interprète (*hermêneus*) d'un autre personnage, qui lui souffle toutes les paroles qu'il articule au moment même où l'inspiration (*enthousia* [ἐνθουσία]) le saisit.
>
> *De specialibus legibus*, IV, 49.

Pour Philon, la traduction grecque des Écritures est « inspirée » à l'égal de l'original hébraïque. Il en va de même à ses yeux pour l'interprétation du texte sacré, réservée à un petit nombre d'élus ou d'« initiés ». Pour donner force à son argumentation, il a recours au registre des mystères, à l'instar des lettrés d'Alexandrie quant à l'explication de l'œuvre d'Homère. Le schéma sous-jacent à son propos est ici celui du langage (*logos*) comme interprète (*hermêneus*) de la pensée ou de l'esprit (*nous* [νοῦς]) : d'où son expression *ho hermêneus logos* [ὁ ἑρμηνεὺς λόγος], « la parole qui traduit notre pensée » (*De somniis*, I, 33). Ce schéma, il le reprend à propos du fait ou processus de la révélation divine. La science ou parole (*logos*) de Dieu a pour interprète (*hermêneus*) Moïse. Et Philon désigne ce dernier comme *ho theologos* [ὁ θεολόγος] (*De proemiis et poenis*, 53 ; *De vita Mosis*, II, 115). Dans la mesure où le *logos* divin s'exprime dans les « saintes lois (*nomoi hieroi* [νόμοι ἱεροί]) », c'est de celles-ci que Moïse est *hermêneus*, mais plus exactement *prophêtês* [προφήτης]. Or, il a lui-même besoin d'interprètes, à son image et à sa mesure. D'où le constat fait par Philon d'une chaîne d'interprètes « prophètes » où prennent place, à rang égal, le traducteur et le commentateur, l'un et l'autre « inspirés » (on comparera avec l'*Ion* de Platon, où la chaîne de l'enthousiasme va de la Muse ou du dieu au poète, puis au rhapsode, interprète d'interprète, 533c-535a). Ainsi se trouvent *a priori* justifiés, et par avance homologués dans les authentiques *graphai*, tous les écarts quantitatifs et qualitatifs de la version grecque des livres saints. Pour certains de ceux-ci, les traducteurs sont allés très loin dans la réfection littéraire de l'œuvre, parfois jusqu'à l'écriture d'un véritable nouveau texte. Cela se vérifie en particulier pour le livre des Proverbes, rédigé à frais nouveaux par un auteur talentueux de sagesse grecque. Il s'agit bien d'un *hermêneus*, non pas alors « traducteur » mais « interprète », avec une connotation littéraire, voire musicale puisqu'il y a aussi poésie. Si néanmoins traduction il y a, c'est dans la mesure où le message biblique, dans sa teneur et dans ses articulations profondes, subsiste envers et contre tout. La plénitude sémantique du mot *hermêneus* est ainsi assurée.

C. Jérôme, traducteur (« interpres ») ou écrivain (« orator ») ?

C'est avec Jérôme (né en 347 près d'Emona, aujourd'hui Ljubljana en Slovénie, mort à Bethléem en 420), qui reçut à Rome la formation d'un humaniste de très haut niveau, que le destin occidental de la Bible chrétienne parvint à son seuil décisif. Très tôt, il entreprit de réviser le texte des Écritures latines, lesquelles sont attestées d'abord en Afrique, dès le début du IIIe siècle, puis en Espagne et en Gaule méridionale, enfin à Rome. L'ensemble de ces Écritures autres que la Vulgate dite de Jérôme est appelé *Vetus latina*, « Vieille latine », *Vetus editio*, *Antiqua translatio*, *Vulgata editio*, ou, par Augustin, *Itala*, « l'Italienne ». Jérôme considérait comme *Vulgata editio* ou « édition communément admise » toute traduction antérieure à la sienne, et d'abord la Septante (*Lettre LVII, À Pammachius*, § 6). Les variantes et, plus encore, les recensions de ladite *editio* semblent refléter un modèle grec très ancien, proche d'une famille hébraïque de textes que l'on a repérée parmi les rouleaux de Qumrân.

Cette Bible contribua largement à la constitution du latin chrétien comme distinct du latin classique. Le vocabulaire des langues occidentales dérivées du latin lui doit beaucoup. Choqué par la profusion de ses variantes et son indigence littéraire (on avait un temps préconisé le *sermo humilis*), Jérôme voulut qu'elle fût digne de la société romaine qui redécouvrait ses classiques. Un séjour prolongé en Orient lui donna de perfectionner sa connaissance du grec et d'apprendre correctement l'hébreu. Il s'exerça d'emblée avec les écrits encyclopédiques d'Eusèbe de Césarée. De retour à Rome, il s'attacha à la révision de la Bible latine d'après le texte de la Septante, se contentant de corriger le style. En 386, il se fixa définitivement à Bethléem et fit la découverte des *Hexaples* d'Origène. Devant cette exhaustive synopse en six colonnes, la grave question de la vérité du texte et de sa langue se posa à lui. C'est à cette tâche qu'il s'attaqua, se limitant au seul canon hébraïque des Écritures. Il s'ouvrit de plus en plus aux versions grecques autres que celles des Septante, d'Aquila, de Symmaque et de Théodotion, présentes dans les *Hexaples* : elles étaient bien plus proches du texte hébraïque déjà officiel chez les Juifs que la traduction d'Alexandrie, classique chez les chrétiens. Jérôme s'orientait ainsi vers l'adoption du texte hébraïque comme unique support de la vérité « révélée », *hebraica veritas*, dira-t-il. Ce sera la troisième et dernière étape de son œuvre de traducteur, qui durera de 390 à 405. Réalisant alors la traduction latine des livres du corpus hébraïque, il revenait *ad fontes*, « aux sources ». Il laissa de côté, mais pas entièrement, les autres livres qui figuraient dans les Bibles chrétiennes, que l'on appellera « deutérocanoniques » et qu'il désigna comme « apocryphes ». À partir du XIIIe siècle, la Bible latine née ou dérivée de l'œuvre de Jérôme fut appelée « Vulgate ». Ce qu'elle contient ne vient pas totalement de Jérôme. Pour la plupart des livres deutérocanoniques, elle s'en tient à la reprise des révisions anciennes du texte de la *Vetus latina*. Le succès de la longue entreprise d'édition qu'est la Vulgate tient au fait qu'elle répondait au besoin de disposer d'un texte standard qui s'imposât, de surcroît avec l'autorité d'un prestigieux signataire, pour partie un pseudonyme. Ainsi, elle sera la Bible officielle de l'Église catholique romaine jusqu'au milieu du XXe siècle.

Ferme tenant de la *hebraica* ou *hebraea veritas*, Jérôme voit dans la langue hébraïque la « matrice de toutes les langues [*matrix omnium linguarum*] » (*Livre des commentaires du prophète Sophonie*, III, 14-18), la première dont toute autre dérive, au risque, à chaque moment, d'une déperdition de la vérité. Car il demeure tributaire de la théorie pessimiste de l'histoire chère à Hésiode, concevant celle-ci comme la dégénérescence progressive de l'humanité, la vérité parfaite se trouvant forcément aux origines. La version grecque des Septante ne saurait être qu'un pâle reflet de celle-ci. Si Jérôme se croit néanmoins qualifié pour traduire les livres saints, c'est qu'il intervient après la venue du Christ, principe historique de toute vérité. Aux conditions techniques qu'il énonce, son savoir-faire est bien supérieur à celui des Septante, dont il concède que la version « a prévalu à bon droit dans les Églises parce qu'elle est la première [...] et que les apôtres en ont fait usage » (*Lettre LXVII*, 11). Mais il justifie sa règle de l'*hebraica veritas* par la philosophie du langage, influencé par Origène et le *Cratyle* de Platon. Faisant sienne la doctrine du lien indivisible de l'« être », en grec *on* [ὄν], et du « nom », *onoma* [ὄνομα], il montre que cette union est réalisée avec le maximum de force dans la langue hébraïque, idiome primordial apte plus que tout autre à exprimer et garantir la vérité. Et de commenter en ces termes :

> De même qu'il y a vingt-deux lettres grâce auxquelles on écrit en hébreu tout ce qu'on dit et que, par ces fonctions élémentaires des lettres, le langage humain est saisi, ainsi y a-t-il vingt-deux livres de la Bible par lesquels, comme au moyen des lettres et de rudiments, l'enfance encore tendre de l'homme juste est instruite dans la doctrine divine.
>
> *Prologue au livre de Samuel et aux livres des Rois.*

D'où la nécessité d'avoir recours au texte hébreu pour traduire la Bible et de limiter la traduction au corpus hébraïque, remédiant alors aux excès et aux déficiences de la Septante. La vérité « révélée », qui ne fait qu'un avec le « nom », autrement dit la formule, sera sauve. Les livres traduits par Jérôme ne sont pas « corrompus par le transfert dans un troisième vase [*in tertium vas transfusa*] ». « Remis à une cruche très propre dès la sortie du pressoir, ils y conservent leur saveur » (*Prologue aux livres de Salomon*).

Pour les œuvres profanes et dans sa jeunesse, Jérôme dit avoir appliqué la règle de Cicéron ou d'Horace, traduisant « non pas *verbum e verbo* mais *sensum e sensu* », non pas « comme simple traducteur, mais en écrivain [*nec* (...) *ut interpres sed ut orator*] ». Il précise : « Ce ne sont pas les mots mais les idées que j'ai traduites [*non verba sed sententias transtulisse*] » (*Lettre LVII*, 5 et 6). Et il évoque les auteurs qui, les Septante en tête, ont « traduit selon le sens [*ad sensum interpretati sunt*] » ; ou tel autre, comme Hilaire de Poitiers, qui a « capturé les idées dans sa propre langue par le droit du vainqueur [*victoris jure transposuit*] » (*ibid.*, p. 6). Pour les écrits sacrés, Jérôme préconise le *verbum e verbo*. Mais cela veut dire qu'il tient à ne pas laisser de côté le moindre mot, car chacun des vocables retenus contient une part du « mystère » (*mysterium* ou *sacramentum*) divin. Il est alors « traducteur » et non « prophète » : « C'est, dit-il, l'érudition et la richesse des mots qui traduit ce qu'on comprend [*eruditio et verborum copia ea quae intelligit transfert*] » (*Prologue au Pentateuque*). Même s'il se sert d'elle, il rejette la traduction grecque d'Aquila, « interprète méticuleux (*contentiosus interpres*) qui traduit non seulement les mots mais encore les étymologies » (*Lettre LVII*, 11) — autrement dit, Jérôme récuse la littéralité servile qui évacue le « mystère », porteur de vérité. D'ailleurs, il affirme que la version *ad verbum* ou littérale « rend un son absurde » (*ibid.*). La façon herméneutique de mettre en œuvre le *verbum e verbo* permet au talent, sinon au génie du traducteur, en l'occurrence Jérôme, de s'exercer, pour autant que le sens ou *mysterium* n'est pas touché. Parfois, il est même possible « de conserver l'euphonie et la propriété des termes [*euphonia et proprietas conservetur*] » (*Lettre CVI*, 55). Ainsi s'expliquent et se justifient la qualité littéraire et même les audaces de la traduction biblique de Jérôme, pour le moins exempte de toute servilité.

Contemporain et correspondant de Jérôme, Augustin rejette la règle de l'*hebraica veritas*. Pour lui, le texte grec des Septante est « inspiré par l'Esprit saint » : c'est la meilleure version qui soit. Ce qui signifie que, si vérité originelle il y a, c'est en elle qu'elle se trouve. Cette Bible grecque a vraiment annoncé le Christ (par exemple, en introduisant l'adjectif *parthenos* [παρθένος], « vierge », pour traduire le mot hébreu signifiant « jeune femme » à propos de la mère de l'Emmanuel, en Isaïe 7, 14), et l'Église a faite sienne cette traduction. Augustin croyait au progrès de l'humanité dans l'histoire, que le Christ, dernière étape, ne fait qu'« achever ». De plus, son propos est commandé par une conception du langage tributaire de la doctrine stoïcienne des « *res et signa* [les choses et les signes] » (*La Doctrine chrétienne*, I et II, *passim*). S'il y a fusion entre *on* et *onoma*, il y a séparation entre *res* et *signa*. Or, l'unique *res*, pour Augustin, c'est Dieu, et *veritas* n'est qu'une autre manière de dire Dieu. Le langage, lui, est de l'ordre des *signa*, et la parole écrite n'est qu'un « signe » de « signe » : elle ne saurait s'identifier à la vérité, qui est de l'ordre distinct de la *res* (voir SIGNE, et ci-dessous, IV).

IV. LA « TRANSLATIO » MÉDIÉVALE

Le terme *translatio* recouvre au Moyen Âge différents usages, qui se ramènent à l'idée commune d'un « déplacement » ou « transfert » :

(1) « transfert d'un sens à l'autre » pour un même mot, ou « d'un nom d'une chose à une autre », dans une langue donnée ;

(2) « transfert d'un terme d'une langue à un terme équivalent d'une autre », d'où « traduction » (voir la différence avec *etymologia* et *interpretatio*) ;

(3) « transfert de culture ou de gouvernement d'une époque à une autre », « d'un lieu à un autre » (*translatio studii, translatio imperii*).

A. Transfert de sens

La notion de *translatio* est véritablement au confluent des arts du langage (grammaire, logique, rhétorique) et de la théologie. Dans son acception la plus large, le terme *translatio* désigne un transfert de sens, un déplacement de signification, d'un usage propre à un usage impropre. En une acception plus étroite, que l'on trouve en grammaire ou en rhétorique (chez Quintilien ou Donat par exemple), *translatio* équivaut à *tropus*, défini comme un changement de signification, fait pour des raisons d'ornement ou de nécessité (cf. Quintilien, *Institution oratoire*, XII, 8-9). En un sens encore plus restreint, *translatio* équivaut à *metaphora*, qui est l'un des tropes ; il s'agit de l'utilisation d'un mot dans un sens particulier, soit du fait que ce sens n'a pas de nom en propre pour le désigner, soit parce que le nom qui le désigne est jugé indécent, soit encore parce que cet usage produit une intensification de la signification. L'utilisation nouvelle du terme est fondée sur la perception d'une relation de ressemblance entre la chose qu'il signifie proprement et la chose à laquelle il s'applique par transfert (par ex. quand on dit en parlant d'un homme : « c'est un lion », en raison de sa force). Les deux premiers sens s'appliquent aussi bien à un mot seul qu'à une séquence de mots, le troisième à un mot isolé. Les termes *translatio* et *transumptio*, distingués dans l'Antiquité (par ex. chez Quintilien), sont utilisés de manière indifférenciée au Moyen Âge.

1. « Translatio » : équivocité / ornement

Boèce, en un passage très influent, introduit, dans son commentaire sur le premier chapitre des *Catégories* d'Aristote, la notion de *translatio*. Il distingue deux cas : (1) le transfert de sens qui se produit lorsqu'on utilise le nom d'une chose pour en désigner une autre qui n'a pas de nom ; il se fait par nécessité, en raison de la « pénurie des noms », et entraîne l'équivocité, puisqu'un même nom se trouve désigner deux choses différentes ; (2) le transfert de sens qui se produit pour des raisons d'ornement, et qui n'entraîne pas d'équivocité (par ex. *auriga* [conducteur de char] utilisé pour désigner le conducteur de navire alors que cette chose a son nom propre : *gubernator*). « *Translatio nullius proprietatis est* [le transfert n'est propriété de rien] » dit Boèce, et cette formule doit être comprise à propos du type (2) : le transfert ne constitue une propriété ni d'une chose (puisqu'elle ne reçoit pas son nom propre par transfert), ni d'un nom (puisque l'usage transféré ne constitue pas une propriété stable du nom). Ce dernier point sera davantage encore souligné par Abélard : le transfert se produit pour un laps de temps donné, lors d'une énonciation particulière, et est explicable par le contexte. Il confirmera ainsi qu'il ne s'agit pas d'équivocité, puisqu'il n'y a pas de nouvelle imposition, mais d'un usage « impropre ». Il ajoutera que ce type de *translatio* relève de l'*univocatio*, puisqu'il n'y a qu'une seule imposition, même si le terme prend une acception différente de l'acception originelle. C'est à partir de l'analyse de plusieurs de ces variations d'acceptions contextuellement déterminées et de l'idée d'*univocatio* que s'élabore la théorie de la supposition : on parle ainsi de *translatio disciplinalis* pour les usages particuliers des termes que l'on trouve dans des énoncés de grammaire (par ex. *homo est nomen* [« homme » est un nom]), de logique (*homo est species* [« homme » est une espèce]), ou encore en poésie (*prata rident* [les prairies sont riantes]). Il s'agit de déterminer si le prédicat est la cause de l'acception particulière, ou s'il ne fait qu'actualiser des potentialités sémantiques contenues dans le terme. Dans le contexte des commentaires médiévaux sur les *Réfutations sophistiques*, la *translatio* est souvent analysée comme le second mode de l'équivocité ; entre l'équivocité qui se produit quand les deux signifiés sont présents dans le terme à titre égal (par ex. *canis*), et l'équivocité contextuellement déterminée (par ex. *monachus albus*, « moine blanc » [cistercien], où *albus* ne peut renvoyer au cistercien que dans ce contexte particulier), on trouve la *translatio*, où les deux acceptions d'un terme sont hiérarchisées « selon l'antérieur et le postérieur [*secundum prius et posterius*] ». On voit que les commentaires médiévaux sont plus précis que le texte original d'Aristote, difficile à interpréter en raison de l'absence d'exemple pour illustrer ce second mode ; il semblait être celui des variations sémantiques dues à l'usage, quand nous avons pris l'habitude d'utiliser un mot dans un sens qu'il n'avait pas originellement (166a-b 16-17 ; cf. la traduction de Dorion, Vrin, 1995 : « une autre façon, c'est quand nous sommes accoutumés à nous exprimer de la sorte »). C'est à l'intérieur de cette seconde catégorie que se forgera au XIIIe siècle la notion d'*analogia*, lorsqu'une acception est première, et que toutes les autres peuvent s'y ramener selon une relation déterminée (par ex. *sanum* dit d'abord de la santé de l'animal, puis, postérieurement et par rapport à celle-ci, de l'urine, de la potion, etc.).

2. Le contexte théologique

En contexte théologique, Augustin oppose *signa propria* et *signa translata* (*De doctrina christiana*, II, 10, 15) ; parmi ces derniers il mentionne le nom *bœuf*, qui proprement désigne l'animal, mais par *usurpatio* l'évangéliste : le nom renvoie proprement à une chose qui, elle-même, renvoie à une seconde chose, et il signifie donc la seconde par transfert. Dans une perspective différente, le *De trinitate*, IV, de Boèce, qui reprend en partie le *De trinitate*, V, d'Augustin, est le point de départ d'importantes réflexions. Dans ce texte, Boèce parle de la *mutatio* des catégories, lorsqu'elles s'appliquent à la divinité ; elles se modifient en fonction des sujets auxquels elles s'appliquent, d'où l'adage « *talia sunt praedicamenta qualia subjecta permiserint* [les catégories sont telles que leurs sujets leur permettent d'être] » : quand les prédicats portent sur autre chose que la réalité divine, ils peuvent être substance et accidents ; mais ils se modifient quand ils portent sur celle-ci (« *cum qui in divinam verterit predicationem cuncta mutantur que predicari possunt* [quand on se tourne vers la prédication divine, ce qui peut être prédiqué se voit totalement modifié] »). L'adage subit deux déformations dans le contexte de l'analyse des propositions en théologie trinitaire. La première, substituant *praedicata* à *praedicamenta* lui donne une portée sémantique : la valeur des prédicats, quand ils sont appliqués à la réalité divine, peut se modifier, jusqu'à rendre les énoncés faux, dit Jean de Salisbury, dans la première moitié du XIIe siècle, et Thierry de Chartres parlera précisément à cette occasion de « *verborum transsumptio* ». La seconde transformation consiste en une inversion des termes *subjecta* et *praedicata* (« *talia sunt subjecta qualia praedicata permittunt* ») : il ne s'agit plus alors de montrer le caractère « impropre », parce que « transféré », du discours sur Dieu, mais de poser un principe général faisant dépendre les propriétés sémantiques et référentielles du sujet de la nature du prédicat (par ex. le prédicat *engendre*, dans « Dieu engendre [*Deus generat*] », restreint le sujet *Dieu* à référer seulement au Père). C'est dans cette dernière acception que l'adage devient le principe même de la sémantique contextuelle développée par les logiciens terministes au XIIIe siècle.

La notion de transfert de sens est également marquée par la tradition dionysienne, à partir de Jean Scot, qui reprend l'enseignement du Pseudo-Denys. On utilise ici le terme « métonymie » (traduit par *transnominatio* chez Jean Scot ou par *denominatio* chez Jean le Sarrasin), le trope du même nom désignant précisément un transfert de sens basé sur des relations diverses, et notamment celle de cause à effet, ce qui le rend particulièrement adéquat en ce contexte. Jean Scot choisit le terme *translatio* (et ses dérivés) à la fois pour le transfert des catégories et pour le transfert des noms ; cet usage va se maintenir dans toute la littérature ultérieure consacrée aux noms divins. Il parle aussi de *metaphora* lorsqu'il envisage les types de relation, ressemblance, mais aussi dissemblance ou contrariété, qui légitiment les transferts de noms à Dieu. Ce sont les affirmations qui sont dites *per translationem*, donc improprement et faussement, alors que les négations le sont proprement et avec vérité.

L'idée que les noms sont attribués à Dieu par un processus de *translatio*, qui aboutit à un usage impropre parce que différent de celui qui revient au nom en vertu de l'imposition première, conduit à analyser les usages translatés comme relevant de l'équivocité, *aequivocatio* (Abélard, puis les commentateurs du *De trinitate*de Boèce : Gilbert de Poitiers ou Thierry de Chartres). On considère généralement à cette époque qu'il y a « équivocité » entre un nom appliqué à une réalité créée (à laquelle il convient proprement, parce que c'est à elle qu'il a été initialement imposé) et à Dieu. Vers la fin du XIIe siècle, plusieurs auteurs penseront, à l'inverse, qu'il y a ici « univocité », parce que, dans « Dieu est juste » et « l'homme est juste », le nom « juste » signifie la même chose (d'où l'*univocatio*), mais en *connotant* des propriétés différentes (respectivement la cause de toute justice et l'effet de la justice divine). Il n'y a plus alors incommensurabilité entre les deux types de discours, mais commensurabilité partielle, la notion de *connotatio* permettant de désigner précisément ce qui est écart (voir CONNOTATION). Un auteur comme Alain de Lille, à partir des différentes sources théologiques mentionnées et des données empruntées aux arts du langage, précise, à la fin du XIIe siècle, la notion de *translatio* en distinguant la *translatio nominis* (transfert du nom) et la *translatio rei* (transfert de la chose). Quand on dit « *linea est longa* (la ligne est longue) », il y a transfert aussi bien du mot que de la chose qu'il signifie ; dans *seges est leta* (la moisson est joyeuse), il y a transfert de la chose seulement (la joie est transférée d'un humain auquel elle convient proprement à une chose inanimée) ; dans *monachus albus*, transfert du nom seulement (ce n'est que le nom qui est transféré, puisqu'un « moine blanc » n'est pas blanc), et ce dernier mode seul joue dans les *translationes in divinis* (voir HOMONYME). Alain de Lille montre ainsi comment le langage subit, lorsqu'il s'applique à Dieu, un déplacement généralisé, une distorsion globale :

> [...] là les mots ne disent pas les réalités telles qu'elles sont, les termes s'éloignent de leurs significations propres [...] là, les noms deviennent pronoms, les adjectifs substantifs, le verbe n'indique pas ce qui est dit d'autre chose, le prédicat n'a pas de sujet, le sujet pas de matière, là l'affirmation est propre, la négation vraie, les mots ne doivent pas être jugés d'après le sens qu'ils donnent mais d'après le sens d'où ils proviennent, là la syntaxe ne se soumet pas aux lois de Donat, la métaphore *(translatio)* est étrangère aux règles de Cicéron...
>
> Introduction aux *Distinctiones*, *PL*, t. 210, col. 687, texte corrigé et traduit par G. Dahan, 1999, p. 53-54.

3. « Translatio » et analogie

L'introduction de la notion d'*analogie*, au XIIIe siècle, restreint la place de la *translatio* (voir ANALOGIE). Elle est introduite à partir du second mode de l'équivocité des *Réfutations sophistiques*, celui-là même que l'on avait antérieurement caractérisé comme mode de la *translatio*, et selon la même formule indiquant le passage du *prius* au *posterius* (« sain » se dit d'abord de la santé, puis de l'urine, de la promenade, etc.). En théologie, la question de l'ineffabilité se subdivise, à partir du Pseudo-Denys, en deux sous-ensembles distincts : le premier recouvre le cas des noms dits « mystiques », les noms essentiels ou noms de perfections (« justice », « vérité », etc.), le second celui des noms dits « symboliques » (par ex. quand on emploie le nom « lion »). Le véritable problème philosophique et théologique, comme le dit Duns Scot, est posé par les premiers, puisqu'il s'agit de déterminer le rapport entre la justice divine et la justice humaine, qui permettra d'analyser la relation entre les énoncés « Dieu est juste » et « L'homme est juste ». C'est à propos des noms « symboliques » seuls que l'on parlera de *translatio* ou de *metaphora* : question purement linguistique, puisque il n'est posé ni ressemblance ni similitude entre Dieu et l'homme (ce sont les « symboles dissemblables » ou « métaphores sans ressemblance » du Pseudo-Denys). Pour déterminer le type de « transfert », il importe de considérer où est localisé *per prius* ce qui est transféré. Ainsi, la justice, en tant que « chose » ou « chose signifiée », se trouve *per prius* en Dieu, et secondairement ou *per posterius* en l'homme (selon différents modes d'analyse, mais par exemple en vertu d'une relation de participation). Mais, sur le plan des noms, la relation est inversée, puisque le nom « justice » s'applique *per prius* à la créature (puisque les noms ont tous été d'abord imposés aux choses de ce monde, pour être ensuite, *per posterius*, « transférés » à Dieu). Sur le plan de la signification, un tel nom est donc dit « proprement » de Dieu, mais « improprement » sur le plan du mode de signification, puisque celui-ci est nécessairement adéquat à celui qui l'utilise, et donc inadapté pour parler de réalités impensables et ineffables (voir SENS, III, B, 3). Pour un nom symbolique comme *leo*, il n'y a aucune relation entre la chose qu'il signifie et la chose que signifie le sujet auquel il est appliqué ; le transfert, qui est purement de nom (*translatio nominis*), se réalise en vertu d'une propriété jugée similaire, et d'une relation de proportionnalité (on dit « Dieu est un lion », en posant Dieu/force : lion/force) ; pour cette raison, dit Bonaventure, seuls ces noms sont véritablement des « noms transférés » (*nomina translativa*) (*In IV Sententiarum*, dist. I, 22, a. un., q. 3, resp.). Notons qu'Albert le Grand considère à l'inverse qu'il y a « transfert de chose » du fait que c'est la propriété (la force) qui est transférée du lion à Dieu. Quoi qu'il en soit, ces noms symboliques sont absolument impropres, tant sur le plan de la signification que, comme c'est le cas de tous les noms, sur le plan des modes de signifier.

B. Transfert d'une langue à l'autre : « translatio » / traduction

Les grammairiens et lexicographes médiévaux cherchent à distinguer les différentes relations par lesquelles deux termes peuvent être mis en relation l'un avec l'autre, à la condition qu'il y ait entre eux quelque chose de commun. C'est la reconnaissance de ce quelque chose de commun qui permet de poser que l'un d'entre eux peut servir de glose (*expositio*) à l'autre. Les difficultés qu'ils rencontrent peuvent être perçues si l'on considère les couples suivants de termes, où le signe d'égalité note une équivalence qu'il s'agira précisément de spécifier :

(1) *deus* = *Dans Eternam Uitam Suis* (Dieu = Donnant l'Éternelle Vie aux Siens) : étymologie dite « par lettres » ;

(2) *episcopus* = *epi* + *skopos* [ἐπί + σκοπός] : analyse par composition ;

(3) *deus* = *theos* [θεός] ;

(4) *homo* = *anthropos* [ἄνθρωπος] ;

(5) *Iacob* = *Iacobus* ;

(6) *sapientia* (sagesse) = *amor philosophiae* (amour de la philosophie).

Le terme générique le plus commun pour ces équivalences est celui d'*expositio*. Il est utilisé également en logique, désignant les paraphrases qui servent à expliciter la structure logique d'un énoncé (par ex. *homo qui currit disputat*, « un homme qui court discute » = *homo currit et ille disputat*, « un homme court et il discute »). De la même manière, l'*expositio* permet de retrouver la multiplicité des sens ou des acceptions d'un terme, ce qui peut aussi expliquer sa forme matérielle : plus un mot est difficile à comprendre, plus on tente de le cerner par une multiplicité d'*expositiones* à partir d'expressions mieux connues, comme c'est le cas, dans le *Catholicon* de Jean de Gênes, pour le mot *deus* (on y trouve, entre autres, (1) et (3)).

Les auteurs du XIIe siècle distinguent deux sortes d'*expositiones* : l'*etymologia* et l'*interpretatio*. Quant à la première : « L'étymologie (*etymologia*) est l'*expositio* d'un vocable par un ou plusieurs vocables plus connus, à partir de la propriété de la chose signifiée et de similitudes des lettres, et se produit (le plus souvent) dans une même langue ». Elle recouvre des exemples du type (1), mais exclut (6) à cause de l'absence de similitude formelle. Elle peut inclure les processus de composition/dérivation, encore que, comme le montre l'exemple (2), assez représentatif de ce qu'on trouve dans les dictionnaires dits *Derivationes* (Hugutio de Pise, par exemple), le passage d'une langue à l'autre soit aussi autorisé, puisqu'on décompose un terme latin à partir de formants grecs. Quant à la seconde : « L'*interpretatio* est l'*expositio* ou la *translatio* d'un vocable dans une autre langue, qu'il y ait ou non similitude des sons ». L'*interpretatio* peut s'appliquer à (4). Selon les auteurs, le critère de distinction est soit : dans la même langue/dans une autre langue (les auteurs sont en désaccord sur ce point, au sujet de l'étymologie) ; soit : avec une similitude formelle/sans nécessairement de similitude formelle. Certains auteurs distinguent des deux premières notions la *translatio*, qui se produit lorsqu'un terme est « transféré » du grec au latin, par exemple *ego*, *tu*, *sui*, qui sont de ce fait, pour Jean de Gênes, « dérivés ». Il se demande alors s'il y a dérivation (*derivatio*) à chaque fois qu'il y a *translatio* et répond par la négative : dans les cas de traduction (3) ou (5), on ne peut dire qu'il y a dérivation, puisqu'il s'agit en fait du *même nom*, qui subit une simple modification de forme en passant d'une langue à l'autre (« *detorsio unius lingue in alteram* ») ; chacun des mots de ces couples est donc identique, à la fois par la signification et par le mode de signifier. Quand ce n'est pas le cas, on peut parler de dérivation, comme dans le couple (lat.) *olor* (cygne) « dérivé » de *olon* (tout ; gr. *holon* [ὅλον]), « parce que le cygne est TOUT blanc », ou *gigno* (engendrer) de *gê* [γῆ] (terre). On notera que cette problématique de l'« unité du nom », née en contexte théologique (il s'agissait de montrer que l'Évangile était un, même rédigé en diverses langues, voir MOT), est également invoquée à propos de l'exemple d'*interpretatio* (4).

On voit par ces remarques qu'il serait trompeur de partir d'une problématique de la *traduction*, alors que c'est celle de la mise en relation de deux mots (ou expressions) qui est au cœur des discussions. Ces *expositiones* ont toutes pour fonction de rendre compte de la signification des mots et/ou d'en justifier la formation, ce qui explique que l'*etymologia* comme *veriloquium* (parler vrai) devienne parfois le terme générique pour recouvrir les différents types que nous avons rencontrés. C'est seulement avec Roger Bacon que l'on trouve la notion d'*etymologia* définie par des critères précis, plus proches des critères modernes et excluant très fermement ce qu'on appelle étymologies fantaisistes (que C. Buridant, dans « Les paramètres de l'étymologie médiévale », nomme *ontologiques*, à cause du rapport entre choses sur lesquelles elles se fondent ; cf. I. Rosier, « Quelques textes sur l'étymologie au Moyen Âge »). On voit ainsi que certaines seulement de ces *expositiones* peuvent servir de traduction, *translatio*, au sens moderne, par ex. (3), (4), (5).

♦ Voir encadré 2.

2

« Translatio studii »

► LANGUES ET TRADITIONS CONSTITUTIVES DE LA PHILOSOPHIE EN EUROPE

Le thème de la « *translatio studii* » constitue un *topos* dans la pensée médiévale, destiné à montrer, à différents moments, comment le savoir s'est « déplacé » de la Grèce vers Rome, puis de Rome vers le monde chrétien. Développé d'abord par les défenseurs de Charlemagne et de l'Empire pour confirmer le pouvoir capétien, il réapparaît à diverses reprises et sous diverses formes à partir du XIIe siècle, notamment en milieu scolaire, puis surtout universitaire : l'Université de Paris se voit ainsi légitimée comme point d'arrivée d'un long voyage du savoir, depuis la Grèce et Rome, puis comme composante essentielle « de l'identité du Royaume de France ». Une difficulté de ce *topos* tient au terme même de *studium*, identifié au savoir ou à la sagesse (*sapientia*) : savoir profane ou savoir sacré ? Roger Bacon l'affronte de manière originale, en parlant de « *translatio philosophiae* » : « Il plut à Dieu de donner la sagesse à qui il voulait, puisque toute sagesse vient de Dieu ; il l'a donc révélée aux philosophes, tant fidèles qu'infidèles. » Ce voyage de la philosophie fut donc nécessairement un voyage à travers des langues, une « *translatio linguarum* » :

> Dieu révéla d'abord la philosophie à ses saints, à qui il donna la loi [...]. Elle fut donc donnée de manière principale et complète en langue hébraïque. Elle fut ensuite principalement rénovée par Aristote en langue grecque ; puis principalement par Avicenne en langue arabe ; mais elle ne fut jamais composée en latin, et fut seulement traduite/transférée (*translata*) à partir des langues étrangères, et les meilleurs [textes] ne sont pas traduits (*translata*).
>
> Roger Bacon, *Opus Tertium*, éd. J.S. Brewer, Londres, Longman, 1859, p. 32-33.

Le statut improbable de la langue latine apparaît bien ici, à la fois langue du savoir sacré, puisque l'une des trois langues de la croix, auprès de l'hébreu et du grec, mais non vraiment langue du savoir profane, puisque, selon Bacon, les « Latins » n'ont rien produit en ce domaine, à la différence des Grecs et des Arabes.

BIBLIOGRAPHIE

JONGKEES Adriaan G., « *Translatio studii* : les avatars d'un thème médiéval », *Miscellanea mediaevalia in memoriam Jan Frederick Niermeyeer*, Groningue, 1967, p. 41-51.

LUSIGNAN Serge, « L'université de Paris comme composante de l'identité du royaume de France : étude sur le thème de la *translatio studii* », in R. BABEL et J.-M. MOEGLIN (éd.), *Identité régionale et conscience nationale en France et en Allemagne du Moyen Âge à l'époque moderne*, Sigmaringen, Jan Thorbecke, 1997, p. 60-72.

V. LA TRADITION ALLEMANDE DE LA TRADUCTION : « DOLMETSCHEN » / « ÜBERSETZEN » / « ÜBERTRAGEN »

A. « Dolmetschen » : « rendre allemand » et « traduire »

On répète souvent que l'allemand moderne s'est principalement constitué par l'intermédiaire d'une traduction, celle que Luther fit de la Bible. Luther désigne l'activité de traduire, constitutive de la langue et de la culture, par *dolmetschen*, et l'explicite fréquemment en lui substituant le verbe *verdeutschen* (« rendre allemand », « germaniser », ou, comme traduit Philippe Büttgen, « mettre en allemand »). Expliquer *dolmetschen* par *verdeutschen* précise la méthode et la finalité de la traduction : rendre compréhensible pour le peuple, pour « la mère dans son foyer et l'homme ordinaire » (*Sendbrief vom Dolmetschen* [*Lettre ouverte sur la traduction*], 1530) et favoriser la médiation des cultures.

De nos jours, *dolmetschen* est resté proche d'« interprétariat », c'est-à-dire de la traduction orale et immédiate, celle du guide-interprète ou du traducteur-interprète : dans *Warheit und Methode* de Hans Georg Gadamer (p. 391), « *der Übersetzer als Dolmetsch* » désigne le traducteur-interprète, pris dans le dialogue vivant. On remarquera cependant que l'allemand ne possède pas, dans le domaine de la traduction, de terme renvoyant par lui-même à l'interprétation comme activité nécessaire à la compréhension du sens. Simplement, *dolmetschen* a progressivement été supplanté par *übersetzen*, et les deux termes, au départ synonymes, ont fini par s'opposer, jusqu'à l'exclusion de *dolmetschen* du vocabulaire philosophique. Schleiermacher les oppose ainsi radicalement (*Über die verschiedenen Methoden des Übersetzens* [*Des différentes méthodes du traduire*], 1813) : les deux verbes désignent deux manières distinctes de passer d'une langue dans une autre et donc deux perspectives sur l'activité de traduire. Schleiermacher distingue la traduction authentique, qui prend pour objet la pensée, son contenu significatif, et fait appel à la réflexion (*übersetzen*), et la traduction simultanée ou immédiate (*dolmetschen*), dont la transposition est un simple échange de valeurs linguistiques jugées équivalentes. Cette distinction entre *übersetzen* et *dolmetschen* est philosophiquement fondée sur l'affinité entre l'acte de traduire et l'acte de comprendre : traduire est conçu comme un cas particulier de la compréhension et de l'interprétation. C'est pourquoi *dolmetschen* n'est que rarement utilisé en philosophie : Fichte par exemple l'utilise occasionnellement pour désigner l'activité interprétative du prêtre, intermédiaire entre les hommes et les dieux (*Fichtes Werke, herausgegeben von I.H. Fichte*, Berlin, de Gruyter, 1971, t. 7, p. 600 ; t. 8, p. 254), mais jamais dans le cadre du discours théorique. Dans le langage philosophique contemporain, tant suivant la tradition herméneutique (Gadamer) que suivant la tradition analytique, *übersetzen* rend *traduire* ou *to translate* (Quine, Davidson).

B. « Übersetzen », « übertragen » : « traduire » et « transposer »

L'allemand dispose aussi, comme synonyme d'*übersetzen*, du verbe *übertragen*. Littéralement, *übersetzen* signifie « transposer », *übertragen* « transporter ». *Übertragen* est le terme plus général, qui désigne toute sorte de « transposition », de « transfert » ou de « transmission », alors que *übersetzen* est aujourd'hui réservé à la transposition écrite du discours. Aussi garde-t-on souvent « traduire » pour *übersetzen*, *übertragen* étant rendu par « transposer ». Comme « transposition », *Übertragung* peut aussi désigner le « transfert » ou même la « métaphore ». Chez Nietzsche, le verbe est traduit en français par « transposer » (*Über Wahrheit und Lüge im aussermoralischen Sinne*, p. 879, trad. fr. M. Haar et M. de Launay). Heidegger rapproche la métaphore (*die Metapher*) et la transposition (*Übertragung*) : comme transfert, la traduction est métaphore (*Der Satz vom Grund*, p. 72 ; trad. fr. p. 126). Si le plus souvent les deux termes sont strictement équivalents, ils paraissent distincts à la réflexion et les analyses de Heidegger et de Gadamer ont su en inscrire les nuances dans le discours philosophique.

C. « Übersetzen », « übertragen », « überliefern » : « traduire » et « transmettre »

En effet, comme « transmission » en général, *übertragen* peut accentuer le lien existant entre la traduction et la transmission. En ce sens, les deux termes sont, chez Kant par exemple, complémentaires. Il écrit, dans *La Religion dans les limites de la simple raison* :

> *Indessen* [...] *ist es nicht genug, es in Übersetzungen zu kennen und so auf die Nachkommenschaft zu übertragen.*
>
> [Il ne suffit pas de le connaître (ce livre = la Bible) dans des traductions et de le transmettre sous cette forme à la postérité.]
>
> *AK*, t. 6, p. 166.

Cette proximité est celle qui lie en français la « traduction » et la « tradition ».

C'est dans ce sens que Heidegger a repris le problème philosophique du traduire : *übersetzen*, c'est faire passer d'une rive à une autre, le traducteur étant un passeur. W. Brokmeier va jusqu'à rendre *übersetzen* par « traversée » (*Holzwege*, p. 325 ; *Chemins* p. 396). *Übersetzen* signifie « traduire » au sens du latin *traducere*, « faire passer ». Traduire, c'est donc faire passer un discours d'une langue dans une autre, c'est-à-dire l'insérer dans un milieu, dans une culture autre. La traduction ne se comprend pas alors comme simple « transfert » ou comme pure « version » linguistique, mais dans le devenir général de l'esprit. L'idée, présente dès Luther, sera reprise par Goethe, Herder ou Novalis, et d'une manière générale par les premiers romantiques qui regardaient cet échange des langues comme la condition de la *Bildung* (A. Berman, *L'Épreuve de l'étranger*). La théorie des méthodes du traduire de Schleiermacher, qui favorise la rencontre entre le lecteur et l'étranger, est de même entièrement fondée sur l'analyse de ce mouvement. La « traduction » est alors vue comme une « transplantation » : traduire, c'est « transplanter *(verpflanzen)* dans un sol étranger ce qu'une langue a produit dans le domaine des sciences et des arts du discours, pour élargir ainsi le cercle d'action de ces productions de l'esprit » *(Über die verschiedenen Methoden des Übersetzens*, p. 208). F. Schlegel use de formules voisines dès 1798 : « Chaque traduction (*Übersetzung*) est *transplantation* (*Verpflanzung*) ou *transformation* (*Verwandlung*), ou les deux à la fois » (*Kritische Friedrich-Schlegel Ausgabe*, éd. E. Behler, Zurich, Schöningh, 1963, t. 18, p. 204, fragment n° 87). La même métaphorique permet à Benjamin de parler d'une *Nachreife*, c'est-à-dire d'une maturation des mots qui dépasse leur usage (*Die Aufgabe des Übersetzers*, p. 12-13).

1. « Über-setzen » : « tra-duire »

Cette perspective classique est celle dont Heidegger hérite lorsqu'il affirme que la traduction transpose le travail de la pensée dans l'esprit d'une autre langue, et par là transforme la pensée de façon féconde : c'est pourquoi une traduction « sert à la compréhension réciproque dans un sens supérieur. Et chaque pas dans cette voie est une bénédiction pour les peuples » (M. Heidegger, « Prologue de l'auteur » à la traduction de *Qu'est-ce que la métaphysique ?* par Henry Corbin, Gallimard, 1938, p. 8). La « traduction » (*Über*-setzung, avec accent sur la pénultième) est alors « *tra*-duction » (Über-*setzung*), transposition d'une pensée dans un autre univers de pensée (*Holzwege*, p. 7 ; *Chemins*, p. 21). Le déplacement de l'accent tonique indique ici ce qu'il faut penser : conduire de l'autre côté, dans un autre contexte qui en révélera la vérité. Un tel passage se mesurera alors à ce sur quoi il passe, « un saut par-dessus un fossé », « *Sprung über einen Graben* » (*Holzwege*, p. 325 ; *Chemins*, p. 396), qui sera chez Gadamer un « abîme [*Kluft*] » (*Wahrheit und Methode*, p. 391, trad. fr., *Vérité et Méthode*, p. 409).

Traduire n'est plus ainsi simple transfert, mais inscription dans un autre rapport au monde, dans une autre interprétation ou compréhension globale du monde, suivant la structure générale du comprendre. *Übersetzen* n'est donc pas « remplacer » (*ersetzen*), mais « transposer » (*es setzt über*) : il y a donc véritable « transfert », « transport » (Heidegger, *Parmenides*, p. 17).

2. « Überliefern » : « tradition » et « dévoilement »

Si cette analyse du terme « traduction » comme « transmission » est classique, elle est néanmoins infléchie par Heidegger, qui y introduit la dimension de la vérité. Dans la traduction comme tradition (*tradieren*), Heidegger donne à l'idée de transmission (*Übertragung*) une forme particulière où « transmettre » se dit *überliefern*. Par l'intermédiaire de la « tradition » (comme A. Préau traduit *Überlieferung*, sans pouvoir en rendre tout le sens heideggérien), l'allemand ne contient pas le rapport entre la traduction et la trahison (*Verrat*) que l'italien imprime si fortement dans la formule *traduttore-traditore*. « Trahir » est une adaptation du latin *tradere*, qui signifie « transmettre, livrer ». C'est ainsi qu'en français « trahir » signifie aussi « révéler ». La connotation allemande est différente du sens courant en français ou dans les langues romanes. En français, donc, si la traduction est trahison, c'est parce qu'elle ne dit pas, même lorsqu'elle est belle, le texte original. Elle l'« abandonne ». En soulignant le lien avec la tradition, Heidegger présente à l'inverse l'*Übersetzung* des mots fondamentaux dans les langues historiques, c'est-à-dire la traduction à portée culturelle, où se joue l'essence de la langue, comme *Überlieferung* (*Der Satz vom Grund*, p. 153 ; *Le Principe de raison*, p. 222) : *übersetzen* comme *überliefern* assure une reprise (*Übernahme*) qui est une réception ou un « recueillir ». Dans l'*Übersetzung / Überlieferung*, la transposition est une réappropriation, qui est livraison, libération :

> [...] la tradition (*Ueberlieferung*) est proprement ce que dit son nom : une transmission, une remise, une livraison (*ein Liefern*) au sens du latin *liberare*, une libération. En tant que libération, la tradition dégage et met en lumière les trésors cachés de ce qui fut et n'a jamais cessé d'être, même si cette lumière n'est qu'une aube encore hésitante.
>
> Heidegger, *Le Principe de raison*, p. 222.

Il y a donc infléchissement malgré la parenté d'*überliefern* avec *tradere*, « trahir », « livrer », « révéler » (l'allemand a gardé *tradieren*, *Tradition*, synonymes d'*überliefern, Überlieferung*). Car les connotations sont différentes en français : si « livrer » peut être rapporté à son origine *liberare*, « libérer », par Heidegger, rapporter en français « traduire » à « trahir » le place sous l'empire de l'infidélité et du faux. À suivre l'allemand de Heidegger au contraire, la traduction, en ce qu'elle révèle, est tout au contraire « vérité », « dévoilement ». Le français semble ainsi moins porté à penser la tradition comme dévoilement, l'allemand en revanche moins enclin à penser la tradition comme trahison.

L'importance que la traduction prend dans la pensée allemande contemporaine, dans l'herméneutique de Gadamer en particulier (*Vérité et Méthode*, p. 405 *sq.*), est tributaire de cette approche. Gadamer voit en effet, dans les analyses qui reconduisent « au sens naturel des mots et à la sagesse qu'on peut déceler dans le langage », « le génie de Heidegger » (*La Philosophie herméneutique*, trad. fr. J. Grondin, p. 146). Dans ce contexte, la réhabilitation de la tradition est inséparable du concept de traduction ; c'est cette notion qui, dans *Vérité et Méthode*, ouvre la réflexion sur le « tournant ontologique pris par l'herméneutique sous la conduite du langage » : la tradition non seulement nous est le plus souvent transmise par l'intermédiaire de traductions (*Langage et Vérité*, trad. fr. J.-C. Gens, p. 113), mais elle est essentiellement « traduction ». La traduction-tradition transmet des interprétations, c'est-à-dire des compréhensions du monde qui forment le cadre dans lequel le monde se révèle à nous et où s'inscrit la dimension existentiale du comprendre (*Être et Temps*, § 31 *sq.*). Comprendre, c'est donc à la fois recevoir et traduire ce que nous avons reçu. Mais cette traduction est « *tra*-duction », forme de passage « au-delà » que Gadamer appelle « fusion des horizons » (*Vérité et Méthode*, p. 398). Dès lors, inscrite dans ce contexte d'une compréhension qui l'englobe, la traduction est porteuse d'une passivité qui renvoie à l'idée d'une compréhension toujours autre. En effet, si la traduction libère en se soumettant à la tradition, et que cette libération est trahison, alors on saisit que « *dès que l'on comprend, on comprend autrement* » (*Vérité et Méthode*, p. 318). Heidegger l'affirmait, de façon moins radicale : l'explication ne comprend pas mieux, mais autrement, « en rencontrant cependant le même » (*Holzwege* p. 209 ; *Chemins*, p. 258). Différence et identité font le fossé que la traduction enjambe, et qui chez Gadamer devient abîme. Ici, la traduction, dans son inévitable infidélité, est révélatrice de vérité.

Ainsi, la traduction-tradition-trahison perd la rigueur linguistique qui serait à son fondement et devient, chez Gadamer et à la suite de Heidegger, la révélation même de l'essence de la langue comme dimension d'accomplissement de l'homme (cf. E. Escoubas, « De la traduction comme "origine" des langues : Heidegger et Benjamin »). Traduire devient synonyme de « penser ». Dans ce contexte, c'est dans le terme même que se lit en allemand le passage de la traduction comme simple transfert à la traduction comme interprétation d'ensemble du monde (voir WELTANSCHAUUNG).

♦ Voir encadré 3.

Clara AUVRAY-ASSAYAS, Christian BERNER, Barbara CASSIN, André PAUL, Irène ROSIER-CATACH

BIBLIOGRAPHIE

ASHWORTH Jenny, « Signification and modes of signifying in thirteenth-century logic : a preface to Aquinas on analogy », *Medieval Philosophy and Theology*, 1, 1991, p. 39-67.

AUGUSTIN, *De doctrina christiana*, in *Œuvres de saint Augustin*, Institut d'études augustiniennes, Bibliothèque augustinienne, t. 11, 1949.

3

Duhem-Quine : de la sous-détermination de la théorie à l'indétermination de la traduction

1. LA SOUS-DÉTERMINATION DE LA TRADUCTION ÉPISTÉMOLOGIQUE

On trouve dans *La Théorie physique, son objet, sa structure* (1906), œuvre du philosophe des sciences Pierre Duhem, un usage du mot *traduction* en un sens épistémologique original. Il lui permet de formuler une conception du rapport entre expérience et théorie qui influencera profondément l'ensemble de l'épistémologie du XXe siècle (voir ÉPISTÉMOLOGIE). Partant d'une critique de la notion d'observation et de « méthode expérimentale », Duhem redéfinit le rapport de la théorie scientifique aux faits par la traduction :

> Le développement mathématique d'une théorie physique ne peut se souder aux faits observables que par une traduction. Pour introduire dans les calculs les circonstances d'une expérience, il faut faire une *version* qui remplace le langage de l'observation concrète par le langage des nombres ; pour rendre constatable le résultat que la théorie prédit à cette expérience, il faut qu'un *thème* transforme une valeur numérique en une indication formulée dans le langage de l'expérience.
>
> *La Théorie physique*, p. 199.

L'intérêt de la thèse de Duhem est qu'elle affirme la non-transparence et l'asymétrie inhérentes à ces deux traductions: chacune est soumise à indétermination. La première traduction (version) est une traduction mathématique des *choses* concrètes, liée à la mesure. « Les méthodes de mesure sont le vocabulaire qui rend possible ces deux traductions en sens inverse. » Duhem poursuit :

> Mais qui traduit, trahit ; *traduttore, traditore* ; il n'y a jamais adéquation complète entre les deux textes qu'une version fait correspondre l'un à l'autre.
>
> *ibid.*

La traduction est ce qui permet de définir la distance entre la théorie et l'expérience, qui aura pour conséquence, dans les théories contemporaines, la sous-détermination de la théorie par l'expérience (pluralité voire équivalence empirique des théories qui peuvent rendre compte d'un même fait) et le holisme (impossibilité d'assigner un contenu spécifique de l'expérience à un point théorique). Duhem en tire des conséquences méthodologiques importantes, qui ont fait la célébrité posthume de *La Théorie physique* sous le nom de « thèse Duhem-Quine » : une expérience ne peut porter contre une hypothèse isolée, puisque, entre le fait et sa traduction théorique, il y a tout le travail de symbolisation opéré par la théorisation : « un fait pratique ne se traduit pas par un fait théorique unique », et « une infinité de faits théoriques peuvent être pris pour traduction d'un même fait pratique » (p. 201). Le recours à l'idée de traduction permet de formuler l'idée d'une incommensurabilité entre le donné et la théorie qu'on en donne.

Duhem propose, bien avant Popper, une critique de la méthodologie inductiviste. Il prend l'exemple du passage des lois de Kepler à la théorie de la gravitation newtonienne. La théorie de Newton n'est pas une généralisation inductive des lois de Kepler : au contraire, elle est incompatible avec ces lois. Si Newton croit avoir effectué une généralisation à partir des lois de Kepler, c'est qu'il a *traduit* ces lois. « Pour qu'elles acquièrent cette fécondité, il faut qu'elles soient transformées, traduites symboliquement » (p. 295). Les lois de Kepler, une fois « traduites » dans le cadre conceptuel de Newton, ont une nouvelle signification : « La traduction des lois de Kepler en lois symboliques supposait l'adhésion préalable du physicien à tout un ensemble d'hypothèses ». On voit la modernité de l'approche de Duhem : l'avènement d'une nouvelle théorie revient à un changement dans l'usage et dans le sens, par la traduction des lois, des concepts et des faits antérieurs dans un nouveau paradigme.

L'usage du mot « traduction » par Duhem pour décrire le processus de constitution scientifique n'est donc ni métaphorique ni trivial : en affirmant la non-transparence et l'asymétrie de toute traduction, il lui permet de mettre en évidence de façon novatrice l'indétermination entre la théorie et l'expérience. La postérité de *La Théorie physique* est considérable, tant en épistémologie pour l'idée de paradigme et d'équivalence empirique (Kuhn, Feyerabend) que dans les débats autour de la thèse d'indétermination de la traduction de Quine, qui radicalise la sous-détermination de Duhem.

2. L'INDÉTERMINATION DE LA TRADUCTION RADICALE

La thèse de l'indétermination de la traduction radicale (*indeterminacy of radical translation*) proposée par le philosophe américain W.V. Quine en 1960 dans son ouvrage *Word and Object* [*Le Mot et la Chose*] a joué un rôle central dans l'élaboration de la philosophie du langage, mais aussi dans la philosophie de l'esprit et l'épistémologie au XXe siècle. Quine

BENJAMIN Walter, *Die Aufgabe des Übersetzers*, in *Gesammelte Schrifen*, t. 10, Francfort, Suhrkamp, 1980 ; trad. fr. M. de Gandillac revue in *Mythe et Violence*, Denoël, 1971.

BERMAN Antoine, *L'Épreuve de l'étranger. Culture et traduction dans l'Allemagne romantique*, Gallimard, 1984.

— *La Traduction et la Lettre ou l'Auberge du lointain*, Seuil, 1999.

BURIDANT Claude, « Les paramètres de l'étymologie médiévale », *Lexique*, 14, 1998, p. 11-56.

CASSIN Barbara, « Le statut théorique de l'intraduisible », *in* André Jacob (dir.), *Encyclopédie philosophique universelle*, t. 4 ; J.-F. Mattéi (dir.), *Le Discours philosophique*, PUF, 1998, p. 998-1013.

— *L'Effet sophistique*, Gallimard, 1995.

— *Aristote et le logos*, PUF, 1997.

CICÉRON, *De l'orateur*, 3 vol., trad. fr. E. Courbaud, Les Belles Lettres, « CUF », 1922, 1928 et 1930.

— *Brutus*, trad. fr. J. Martha, Les Belles Lettres, « CUF », 1973.

— *Académiques*, Livre II, trad. fr. É. Bréhier, *in* P.-M. Schuhl (éd.), *Les Stoïciens*, Gallimard, « La Pléiade », 1962.

— *La Nature des Dieux*, Livre II, trad. fr. É. Bréhier, *in* P.-M. Schuhl (éd.), *Les Stoïciens*, Gallimard, « La Pléiade », 1962.

— *Les Devoirs*, 2 vol., trad. fr. M. Testard, Les Belles Lettres, « CUF », 1965 et 1970.

— *Des termes extrêmes des Biens et des Maux*, 2 vol., trad. fr. J. Martha, Les Belles Lettres, « CUF », 1928 et 1930.

— *Tusculanes*, 2 vol., trad. fr. G. Fohlen et J. Humbert, Les Belles Lettres, « CUF », 1931.

DAHAN Gilbert, *L'Exégèse de la Bible en Occident médiéval*, Cerf, 1999, chap. 1 et 8.

— « Saint Thomas d'Aquin et la métaphore. Rhétorique et herméneutique », *Medioevo*, 18, 1992, p. 85-117.

DAHAN Gilbert, ROSIER Irène et VALENTE Luisa, « L'arabe, l'hébreu, le grec et les vernaculaires », *in* S. Ebbesen (éd.), *Sprachtheorien in Spätantike und Mittelalter*, Tübingen, Gunter Narr, 1995, p. 265-321.

EUSÈBE DE CÉSARÉE, *La Préparation évangélique*, livres XII-XIII, intr., texte grec, trad. et annot. É. des Places, Cerf, « Sources chrétiennes », n° 307, 1983.

— *Lettre d'Aristée à Philocrate*, intr., texte critique, trad. et notes A. Pelletier, Cerf, « Sources chrétiennes », n° 89, 1962.

3

détruit l'idée de significations communes à des langages différents, affirmant qu'un linguiste, dans une situation de traduction radicale (sans contact préalable, ni communauté, entre sa langue et la langue indigène), peut élaborer des manuels de traduction contradictoires et compatibles avec les données, donc qu'il n'y a *rien* sur quoi le traducteur puisse avoir tort ou raison. La radicalité de cette thèse a placé l'œuvre de Quine au cœur du débat sur le relativisme, par sa notion de « schème conceptuel »). Elle commence avec une « expérience de pensée » : un linguiste « de terrain » se rend dans la jungle pour y découvrir une langue radicalement inconnue. Comment, sans dictionnaire ni interprète, va-t-il produire un manuel de traduction qui fasse correspondre terme à terme la langue étrangère et sa langue ? Le linguiste va se promener avec un indigène et voit détaler un lapin devant lui. L'indigène s'écrie : « Gavagai ! » Que veut-il dire par cette expression ? La réponse de Quine est qu'il n'y a pas de sens à le demander, notamment si l'on s'interroge, non seulement sur la signification de l'énoncé, mais sur l'entité que désigne le mot *Gavagai* (un objet stable, un *sense-datum*, un segment spatio-temporel de lapinité, un événement — « il lapine » ; voir SENS).

La thèse d'indétermination, avec sa critique de la signification, est un « point de philosophie », dit Quine : dès lors qu'on dépasse les limites d'une communauté linguistique, la synonymie est opaque. Le point est aussi anthropologique parce que ce qui est visé dans la question de la synonymie, c'est l'idée même d'un noyau commun à plusieurs langages, telle qu'on la trouve classiquement chez Frege. Quine appelle ainsi *mythe de la signification* (*Meaning*) la croyance en un tel noyau commun dont chaque langue ne serait qu'une expression différente. On peut rapprocher sa thèse de l'idée de paradigme telle qu'elle est présentée par T.S. Kuhn dans son ouvrage contemporain de celui de Quine, *La Structure des révolutions scientifiques* (1962). La question de l'indétermination de la traduction est en effet celle d'une pensée, d'une signification ou d'une réalité qui puissent être communes aux hommes, ou aux langues, aux différents schèmes conceptuels. Dans un texte fameux, « L'idée même de schème conceptuel », D. Davidson fait porter sa critique du relativisme sur ce qu'il appelle le « relativisme conceptuel », à la fois contre Quine et Kuhn (voir ÉPISTÉMOLOGIE). L'idée de schème conceptuel étend le problème de la traduction entre des énoncés à celui de la commensurabilité des conceptions du monde ou schèmes conceptuels, ou du *sens commun* (voir *SENS COMMUN*).

La traduction est indéterminée, pas impossible ; indéterminée parce que possible. « L'indétermination signifie, non pas qu'il n'y a pas de traduction acceptable, mais qu'il y en a beaucoup. » L'indétermination est la possibilité d'un choix : « la liberté de conjecture, le champ laissé à la libre création sont énormes » (« The behavioral limits of meaning », conférence inédite de 1984). Ce choix s'effectue suivant des critères que le comportement et l'expérience ne peuvent fixer ou décider. C'est le cas de l'attribution de la logique, ou de la rationalité. En attribuant la logique bivalente à l'indigène, on ne la découvre pas dans sa langue, encore moins dans sa pensée : on l'y invente.

La thèse d'indétermination signifie qu'on traduit toujours *dans* sa propre langue, *at home*. Elle consiste à « se catapulter dans la langue étrangère » avec le moment de la langue d'origine. Comme dit Quine, dans la traduction, nous n'avons *rien* sur quoi avoir tort ou raison. Il n'y a pas de *fact of the matter* (voir MATTER OF FACT). Cette thèse sceptique radicale inscrit, paradoxalement, la question de la pluralité des langues au cœur même d'une philosophie analytique qui a toujours eu tendance à l'effacer.

Sandra LAUGIER

BIBLIOGRAPHIE

DUHEM Pierre, *La Théorie physique*, Rivière, 1906, rééd. Vrin, 1981.

QUINE W. Van, *Word and Object*, Cambridge (Mass.), MIT Press, 1960 ; *Le Mot et la Chose*, trad. fr. P. Gochet, Flammarion, 1977, rééd. « Champs », 1999.

— « Le mythe de la signification », in *La Philosophie analytique* [4e Colloque de Royaumont (1958)], Minuit, 1962, p. 139-187.

— « On empirically equivalent systems of the world », *Erkenntnis*, n° 9, 1975, p. 313-328.

ESCOUBAS Éliane, « De la traduction comme "origine" des langues : Heidegger et Benjamin », *Les Temps modernes*, n° 514-515, mai-juin 1989, p. 97-142.

GADAMER Hans-Georg, *Wahrheit und Methode*, Tübingen, Mohr, 1990 ; trad. fr. P. Fruchon, J. Grondin et G. Merlio, *Vérité et Méthode*, Seuil, 1996.

— *Langage et Vérité*, trad. fr. J.-C. Gens, Gallimard, 1995.

HARTOG François, *Mémoire d'Ulysse, récits sur la frontière en Grèce ancienne*, Gallimard, 1996.

HEIDEGGER Martin, *Der Satz vom Grund* [1955-1956], Francfort, Klostermann, 1997 ; trad. fr. A. Préau, *Le Principe de raison*, Gallimard, « Tel », 1983.

— *Parmenides* [Wintersemester 1942/1943], *G.A.*, t. 54, Francfort, Klostermann, 1982.

— *Holzwege*, Francfort, Klostermann, 1950 ; trad. fr. W. Brokmeier, *Chemins qui ne mènent nulle part*, Gallimard, 1980.

HUNT Richard William, « The 'Lost' Preface to the *Liber derivationum*of Osbern of Goucester », repr. *in* R. Hunt, *Collected papers on the History of Grammar in the Middle Ages*, éd. G.L. Bursill-Hall, Amsterdam, Benjamins, 1980, p. 145-150.

JÉRÔME, *Lettres*, t. 3, texte établi et traduit par J. Labourt, Les Belles Lettres, « CUF », 1953.

KLINCK Roswita, *Die Lateinische etymologie des Mittelalters*, Munich, Wilhelm Fink, 1970.

KOSELLECK Reinhardt, *Le Futur passé, contribution à une sémantique des temps historiques*, EHESS, 1990.

LIBERA Alain de, « Logique et théologie dans la *Summa »quoniam homines«* d'Alain de Lille », *in* J. Jolivet et A. de Libera, *Gilbert de Poitiers et ses contemporains*, Naples, Bibliopolis, 1987, p. 437-469.

LUSIGNAN Serge, *Parler vulgairement. Les intellectuels et la langue française aux XIII*[e] *et XIV*[e] *siècles*, Paris-Montréal, Vrin-Bellarmin, 1986.

LUTHER Martin, *Sendbrief vom Dolmetschen und Fürbitte der Heiligen*, in *Dr Martin Luthers Werke, kritische Gesamtausgabe*, t. 30/2, Weimar, Böhlaus, 1909.

— « Lettre ouverte sur la traduction », trad. fr. P. Büttgen, in *Rue Descartes*, n° 14, novembre 1995, *De l'intraduisible en philosophie*, Albin Michel, 1995, p. 31-39.

MOMIGLIANO Arnaldo, *Sagesses barbares*, Maspero, 1979 ; rééd. Gallimard, « Folio-histoire », 1991.

NIETZSCHE Friedrich, *Über Wahrheit und Lüge im aussermoralischen Sinne*, in *Kritische Studienausgabe*, Munich, DTV-de Gruyter, t. 1, p. 873-890 ; trad. fr. M. Haar et M. de Launay, in *Œuvres*, t. 1, Gallimard, « La Pléiade », 2000.

PHILON d'Alexandrie, *De Vita Mosis*, intr., trad. et notes R. Arnaldez, C. Mondésert, J. Pouilloux et P. Savinel, Cerf, « Les Œuvres de Philon d'Alexandrie », n° 22, 1967.

PLATON, *Critias*, trad. fr. A. Rivaud, Les Belles Lettres, « CUF », 1925.

PLAUTE, *La Comédie des ânes*, in Plaute-Térence, *Œuvres complètes*, trad. fr. P. Grimal, Gallimard, « La Pléiade », 1971.

— *Les Trois Écus*, in Plaute-Térence, *Œuvres complètes*, trad. fr. P. Grimal, Gallimard, « La Pléiade », 1971.

PLUTARQUE, *Vie de Cicéron*, trad. fr. R. Flacelière et É. Chambry, Les Belles Lettres, « CUF », 1976.

ROCHLITZ Rainer, « Le traduisible et l'intraduisible », *in* André Jacob (dir.), *Encyclopédie philosophique universelle*, t. 4 ; J.-F. Mattéi (dir.), *Le Discours philosophique*, PUF, 1998, p. 1013-1027.

ROSIER Irène, « La *grammatica practica* du ms. British Museum V A IV. Roger Bacon, les lexicographes et l'étymologie », *Lexique*, 14, 1998, p. 97-125.

— « Quelques textes sur l'étymologie au Moyen Âge », *Lexique*, 14, 1998, p. 221-229.

— « *Res significata* et *modus significandi*. Les enjeux linguistiques et théologiques d'une distinction médiévale », *in* S. Ebbesen (éd.), *Sprachtheorien in Spätantike und Mittelalter*, Tübingen, Gunter Narr, 1995, p. 135-168.

— « *Prata rident* », in A. de Libera, A. Elamrani-Jamal et A. Galonnier (éd.), *Langages et philosophie. Hommage à Jean Jolivet*, Vrin, 1997, p. 155-176.

SCHLEIERMACHER Friedrich, « Ueber die verschiedenen Methoden des Uebersetzens », in *Friedrich Schleiermachers sämmtliche Werke*, 3e partie, *Zur Philosophie*, t. 2, Berlin, Reimer, 1838, p. 207-245 ; trad. fr. A. Berman *in* F. Schleiermacher, *De la traduction*, Seuil, « Points-bilingues », 1999.

SÉNÈQUE, *Lettres à Lucilius*, 5 vol., trad. fr. F. Préchac, Les Belles Lettres, « CUF », 1945-1964.

TÉRENCE, *L'Eunuque*, in Plaute-Térence, *Œuvres complètes*, trad. fr. P. Grimal, Gallimard, « La Pléiade », 1971.

OUTILS

DHLF : REY Alain (dir.), *Dictionnaire historique de la langue française*, 3 vol., Le Robert, 1992.

TRAVAIL

gr.	*ponos* [πόνος], *ergon* [ἔργον]
lat.	*labor, opus*
all.	*Arbeit, Werk*
angl.	*labor, work*

► ART, BERUF, *CHOSE*, ÉCONOMIE, ENTREPRENEUR, ESSENCE, PLASTICITÉ, PRAXIS, RÉALITÉ, STRADANIE, WORK IN PROGRESS

L'activité humaine que recouvre, au moins selon certaines de ses acceptions, le travail *est liée à la fois à l'idée de peine (*travail *vient du nom latin d'un instrument de torture), de labeur (lat.* labor, *« la charge », angl.* labor) *et à celle d'accomplissement, de mise en œuvre (sur le grec* ergazomai [ἐργάζομαι], *lat.* opus, *angl.* work, *all.* Werk) *qui n'est pas nécessairement contraire au loisir, mais peut en être solidaire. C'est avec Hegel que le travail,* Arbeit, *devient un concept philosophique, mais il désigne alors la venue à soi-même (que sont le cours de l'histoire ou la vie de Dieu) plutôt qu'une réalité exclusivement et même prioritairement anthropologique.*

L'activité humaine et spécifiquement telle peut être désignée selon deux orientations bien différentes : en mettant l'accent sur le caractère pénible, « laborieux », voire douloureux qu'elle revêt, ou bien sur ce qu'elle institue et devant quoi elle s'efface. Dans le premier cas, qui correspond au « labeur », se trouve inscrit le statut ou la fonction indo-européenne de l'agriculteur (les *laboratores*), par opposition aux guerriers (*bellatores*) et aux prêtres (*oratores*), qui a elle-même son analogue structural dans la mythologie romaine, avec la triade capitoline Jupiter-Mars-Quirinus. Le caractère pénible du travail, sa « négativité » dans les analyses de philosophes tels que Hegel et Marx, ressort particulièrement dans le mot français *travail*, du bas-latin *tripalium* (attesté en 578 sous la forme *trepalium*) , « instrument de torture formé de trois pieux », qui vise à immobiliser les animaux récalcitrants (cf. le « travail » du maréchal-ferrant) ou à tourmenter les esclaves. « Travailler », c'est prendre de la peine (sur le grec *ponos* [πόνος], qui désigne tous les exercices fatigants, au pl., par exemple, les travaux d'Hercule) comme le souligne le vers de La Fontaine dans la fable *Le Laboureur et ses enfants* (« Travaillez, prenez de la peine... »), au point que le verbe *labourer* s'est spécialisé en français pour désigner l'activité pénible consistant à retourner la terre. Héritage biblique : travailler « à la sueur de son front », comme s'appellent aussi « travail », pour la femme, les douleurs de l'enfantement ; les deux sont liés dans la Bible (Genèse, 3, 16-19).

C'est seulement avec Hegel, dans la *Préface* à la *Phénoménologie de l'Esprit* (1807) que le travail devient un concept philosophique, qui n'est pas d'abord anthropologique (puisque appliqué à la « vie de Dieu ») dans la locution « travail du négatif » (*Arbeit des Negativen*), ramassant elle-même « le sérieux, la douleur, la patience » (éd. Meiner, p. 20 ; trad. fr. J.-P. Lefebvre, p. 38). Pourtant, l'allemand *Arbeit* oriente vers une tout autre région de sens, en rapport avec le grec *orphanos* [ὀρφανός], le latin *orbus*, « privé de », l'allemand *Erbe*, « héritage », et *Armut*, « pauvreté » : être orphelin, c'est être un enfant soumis à une dure activité physique en devant subvenir à ses propres besoins. D'où la réticence exprimée par Ernst Jünger, auteur de *Der Arbeiter* (1932), devant une traduction française de son ouvrage :

> Si je n'ai pas voulu pendant si longtemps que l'on traduise *Der Arbeiter, Le Travailleur*, c'est d'abord à cause d'un problème de pure étymologie. *Arbeiter* vient d'*arbeo*, un mot gothique, « l'héritage » ; travailleur, cela vient de *tripalium*, un « instrument de torture ». *Il y a dès l'origine un risque de contresens fondamental que la traduction ne pourrait qu'accroître.*
>
> *in* J. Hervier, *Entretiens avec Ernst Jünger*, p. 121-122 [nous soulignons].

L'activité humaine n'épuise pas toutefois son sens dans son caractère pénible, au moins sous certains de ses aspects, et elle peut être envisagée comme accomplissement, institution d'une œuvre (gr. *ergon* [ἔργον], lat. *opus*, angl. *work*, all. *Werk*). Locke distingue, dans son *Second Traité du gouvernement civil* (chap. V, 27), « *the labour* » *of his body and the* « *work* » *of his hands* [le *travail* de son corps et l'*ouvrage* de ses mains] comme étant, pour chaque homme, proprement siens, mais sans thématiser expressément cette distinction, et dans une analyse qui tend plutôt, paradoxalement, à l'effacer qu'à l'accentuer, dans la mesure où *labour* devient le terme générique qui absorbe la distinction.

C'est donc en sens contraire des analyses de Locke que Hannah Arendt reprend cette distinction dans son livre *The Human Condition* (p. 79 *sq.*), comme « n'étant pas sans évoquer [*somewhat reminiscent*] » l'antique distinction grecque entre *ponein* [πονεῖν], « se donner de la peine », « faire avec effort », et *ergazesthai* [ἐργάζεσθαι], « accomplir », « mettre en œuvre », qui est aussi ligne de démarcation entre les esclaves et les artisans. L'homme libre se définit au contraire par son loisir, gr. *skholê* [σχολή] (d'où notre *école*), lat. *otium* dont le *neg-otium* (cf. fr. *négoce*) est la privation. On se gardera de confondre le loisir (*otium*) avec l'oisiveté (lat. *otiositas*), et même avec le simple « temps libre » qui ressortit à ce « loisir chronométrique » que Valéry opposait au « loisir intérieur » (*Le Bilan de l'intelligence*, in *Œuvres*, t. 1, p. 1068).

♦ Voir encadré 1.

Pascal DAVID

BIBLIOGRAPHIE

ARENDT Hannah, *The Human Condition*, Chicago - Londres, The University of Chicago Press, 1958.

HEGEL Georg Wilhelm Friedrich, *Phänomenologie des Geistes*, éd. Meiner, Hambourg, 1952 ; *Phénoménologie de l'esprit*, trad. fr. J.-P. Lefebvre, Aubier, 1991.

HERVIER Julien, *Entretiens avec Ernst Jünger*, Gallimard, 1986.

JÜNGER Ernst, *Der Arbeiter*, 1932, rééd. Stuttgart, Klett-Cotta, 1982 ; *Le Travailleur*, trad. fr. Julien Hervier, Christian Bourgois, 1989.

LOCKE John, *Two Treatises of Government*, Londres, Everyman's Library, 1984 ; *Deux Traités du gouvernement*, trad. fr. B. Gilson, Vrin, 1997.

VALÉRY Paul, *Œuvres*, t. 1, Gallimard, « La Pléiade », 1957.

TROPE ANGLAIS – fr. *trope*

all. *Moment*

► ABSTRACTION, ANALOGIE, COMPARAISON, CONNOTATION, ESSENCE, IMPLICATION, MOMENT, PROPRIÉTÉ, SUPPOSITION, SYNCATÉGORÈME, UNIVERSAUX

1

« Labor », « work » / « Arbeit »

Labor et *work* sont l'une des nombreuses paires de mots anglais qui puisent leur origine dans la conquête normande. *Labor* dérive du français normand et renvoie à l'exercice des facultés mentales ou corporelles, surtout quand il est difficile ou douloureux. Plus humble, *work* dérive de l'anglo-saxon et désigne tout simplement ce qu'on fait ou l'acte de le faire. Parce qu'il connote la souffrance et la difficulté, *labor* a servi en anglais à rendre le discours marxiste ; en Amérique, les pragmatistes se sont approprié le mot plus heureux, *work*.

L'allemand, comme le français, ne fait pas cette distinction. *Arbeiten*, comme *travailler*, doit renvoyer soit à *labor* soit à *work*. Dans une conférence sur « L'héritage de Hegel » donnée à la Northwestern University en 1998, Jürgen Habermas a proposé une intervention publiée une première fois en anglais en 1973 sous le titre « *Labor and Interaction* ». Toutefois, comme les circonstances avaient changé en 1998, *Arbeit* était maintenant traduit par *work*, et c'est ainsi que le discours de Habermas, au lieu de s'entendre comme celui d'un marxiste venu du passé de l'Europe, pouvait sonner comme celui d'un pragmatiste issu du présent américain.

John Mc Cumber

Dans la langue classique, le mot trope *désigne une figure de rhétorique (lat.* tropus loquendi*) : c'est le sens où l'entend Condillac, dans son* Art d'écrire *ou Dumarsais, quand, dans son célèbre* Traité des tropes *(VII, 2), il écrit qu'il « ne faut pas croire que les tropes », autrement dit les « expressions figurées », « n'aient été inventés que par nécessité, à cause du défaut et de la disette des mots propres ». En logique, le mot grec* tropos [τρόπος] *désigne un* mode (modus) *au sens de la logique modale, c'est-à-dire une expression syncatégorématique* (voir SYNCATÉGORÈME)*, transformant un énoncé en énoncé modal, à savoir : « nécessaire », « possible », « impossible », « contingent » (les modes ou « modalités » aléthiques, « vrai » et « faux », ne donnant pas lieu à des énoncés modaux). Dans l'usage philosophique moderne, le mot* trope *a une tout autre signification, sans rapport avec les précédentes : il désigne l'*instance *(angl.* instance*, all.* Einzelfall*) particulière d'une propriété ou d'une relation. Introduit en 1953 par le philosophe américain D.C. Williams dans le sens d'« occurrence d'une essence » (contre un premier emploi du terme par Santayana dans le sens d'« essence d'une occurrence »),* trope *s'est aujourd'hui imposé dans le monde philosophique anglophone comme équivalent de l'expression «* abstract particular *» utilisée par Stout en 1921. En anglais,* trope *est donc synonyme de ce que l'on désigne par «* concrete properties *» (G. Küng,* Ontology and the Logistic Analysis of Language*), «* quality instances *»/«* relation instances *» (D.C. Long, « Particulars and their Qualities »), «* unit properties *»/«* unit relations *» (Matthews et Cohen, « The One and the Many »), «* quality bits *»/«* relation bits *», «* individualized forms *»,* cases *ou* aspects *(N. Wolterstorff,* On Universals*) et «* particularized qualities *» (J. Cook Wilson,* Statement and Inference *; P. Strawson,* Individuals. An Essay in Descriptive Metaphysicset Subject and Predicate in Logic and Grammar*). L'initiative de Williams, prolongée par K. Campbell, est, évidemment, malheureuse, et d'autant plus inexplicable qu'en anglais le mot* trope *désigne, comme en français, une* figure of speech. *Il est cependant impossible d'aller aujourd'hui contre cet usage, tant l'expression s'est imposée dans la littérature. Une seule exception est fournie par l'allemand, où le terme reste concurrencé par* Moment *introduit par Husserl dans l'analyse méréologique des notions de dépendance et d'indépendance ontologique* (Recherches logiques, *III*)*, au sens de « partie dépendante », et repris, en cette acception, par B. Smith ou K. Mulligan. L'équivoque du français* moment *s'ajoutant à celle de l'allemand, la substitution de cette expression saturée au franco-anglais* trope *ne présente pas d'avantages décisifs. Le lecteur de Husserl doit, cependant, garder à l'esprit que les moments husserliens correspondent aux tropes de Williams et Campbell.*

I. PARTICULIER CONCRET / PARTICULIER ABSTRAIT

Dans la théorie de Williams, les *tropes* sont les « constituants premiers du monde actuel ou de n'importe quel monde possible » : « l'alphabet même de l'être » (*the very alphabet of being*). Selon cette analyse, Socrate est un particulier concret ; la sagesse de Socrate — « composant (*component*) de Socrate » — un particulier abstrait ou « trope » ; la Sagesse totale dont toutes les sagesses particulières sont les composants ou les membres est un universel abstrait ; la « Socratéité » (*Socratesity*) totale dont toutes les créatures qui sont exactement semblables à Socrate sont les parties ou les membres est un universel concret. L'universel Humanité n'est pas la classe des hommes concrets ; mais celle des humanités abstraites, c'est-à-dire une classe dont les membres ne sont pas Socrate, Platon, et ainsi de suite, mais le trope humain (*human trope*) en Socrate, le trope humain en Platon, et ainsi de suite. Selon Williams, un individu est donc défini comme « une somme de tropes concurrents » ou « coprésents » ; la sagesse de Socrate, comme un trope membre de la « classe de ressemblance » Sagesse. La proposition « Socrate est sage » (« a est φ ») signifie alors que la somme de tropes "concurrents Socrate" inclut un trope qui est membre de la classe "ressemblance Sagesse". La relation de *concurrence* héritée de Whitehead et Keynes, correspondant à la *compresence* de Russell, la *coinherence* de Mill, la *concresence* de Stout et la *togetherness* de Goodman, est la « valeur limite » de la localisation, la relation de « ressemblance précise » ou « exacte », la « valeur limite » de la ressemblance traditionnellement appelée « identité ». La distinction entre universel abstrait et universel concret permet d'exprimer clairement la différence entre instantiation et exemplification : Socrate est une « instance » concrète de la Sagesse, son composant sagesse, une « instance » abstraite (= exemplification) de la Sagesse. Dans la version courante de la théorie des tropes, la *Trope-Bundle Theory*, les individus sont considérés comme des « faisceaux de tropes (*bundles of tropes*) », la « coprésence » et la « ressemblance exacte » comme des *bundling-relations* de second ordre, les notions d'« individu », de « particuliers » et d'« universaux » restant définies comme chez Willliams à l'aide des notions de « classe de coprésence (*compresence class of tropes*) », de « classes d'équivalence (*equivalent classes of tropes*) » et de « classes de ressemblance (*similarity classes of tropes*) ». La définition d'un individu comme « somme méréologique d'une classe de tropes coprésents », lancée en 1953 par Williams, a fait l'objet de diverses critiques. La plus répandue consiste à dire qu'une « classe de coprésence » ne peut rendre compte de l'individualité d'un objet, car, comme l'écrit Martin :

> *An object is not collectable out of its properties or qualities as a crowd is collectable out of its members.*
>
> [Un objet ne peut être constitué collectivement à partir des ses propriétés ou qualités comme une foule peut l'être à partir de ses membres.]
>
> « Substance Substantiated », p. 8.

Selon Armstrong, toute théorie des tropes réclame l'admission d'états de chose (voir SACHVERHALT) : « *States of affairs are required as part of the ontology of any trope theory* [Les états de choses font nécessairement partie de l'ontologie d'une théorie des tropes]. »

II. UNE GÉNÉALOGIE CHARGÉE

D.W. Mertz a proposé une généalogie de la notion de « tropes », renvoyant à Platon, Aristote, Boèce, Avicenne,

Averroès, Thomas d'Aquin, Duns Scot, Buridan, Suárez, Leibniz, Husserl, et Russell (dans ses premiers écrits). Ce survol peut être complété. En ce qui concerne Buridan (et Ockham), par certaine interprétation de la distinction entre termes absolus et termes connotatifs (voir CONNOTATION). Pour Buridan, en effet, un terme comme *album* (terme accidentel concret selon la terminologie usuelle) suppose pour un individu, un composé substance-qualité singulier, et connote la qualité singulière qui lui est « adjacente ». Une blancheur singulière, cette blancheur-ci, a toutes les caractéristiques que l'on attend d'un *trope*. Dans le sophisme premier du chapitre 4 de ses *Sophismata*, Buridan discute d'ailleurs expressément la proposition « Socrate et [ce] blanc sont la même chose », *sophisma* qu'il prouve ainsi : en montrant Socrate du doigt, il est vrai de dire « ceci est Socrate » et « ce même ceci (*hoc idem*) est [ce] blanc », donc « Socrate et [ce] blanc sont la même chose ». Cette phrase donne clairement à entendre que ce blanc et l'individu Socrate possédant telle blancheur singulière sont la même chose, en vertu de « l'identité de la référence » dans « ceci est Socrate » et « ce même ceci (*hoc idem*) est [ce] blanc » — ce que Buridan appelle *materia termini*. De l'identité de Socrate et de ce blanc, c'est-à-dire « une fois posé que Socrate *est* la même chose que [ce] blanc », il va même jusqu'à inférer, « en vertu de la matière » (= supposition, par opposition à la *forma termini* = connotation), que « Socrate et ce blanc sont », « et même qu'ils sont des êtres, puisque Socrate est constitué d'êtres — étant donné qu'il est fait de parties ». À ce traitement méréologique de l'individu (tout composé d'une substance et de tropes), on peut encore ajouter que la notion de « faisceau » est présente dans l'idée porphyrienne de « rassemblement de caractères propres » (*athroisma idiotêtôn* [ἄθροισμα ἰδιοτήτων]), utilisée dans l'*Isagoge* pour déterminer ce qui fait d'un individu un individu. Pour dire ce qui constitue la subsistance particulière (littéralement « la propriété de la subsistance ») d'un individu, le *Commentaire des Catégories* de Simplicius emploie l'expression : *sundromê sumbebêkotôn* [συνδρομή συμβεβηκότων], « syndrome d'accidents » — *concursus accidentium*, dans la traduction latine de Guillaume de Moerbeke. La théorie porphyrienne, qui intègre la « qualité individuelle » stoïcienne (*idiôs poion* [ἰδίως ποιόν]) au schéma ontologique sujet-prédicat d'Aristote, grâce aux notions de « concours » (*sundromê* [συνδρομή]) et de « description » (*hupographê* [ὑπογραφή]), est la source de celle de Simplicius. La théorie porphyrienne et simplicienne du « syndrome des qualités » (*sundromê poiotêtôn* [συνδρομή ποιοτήτων]) est une théorie mixte, qui combine ce que D.M. Armstrong appelle une « *Substance-attribute view* » avec une « *Bundle theory* » (selon lui, les deux grandes variétés de théories des tropes) : cependant, les propriétés entrant dans le « syndrome » ne sont pas des tropes, des particuliers abstraits, mais des propriétés « communes ». Dans une théorie de ce genre, c'est le rassemblement qui est particulier, non ce qui est rassemblé. L'individu est d'abord une substance première, au sens aristotélicien du terme, constituée par une forme essentielle, à laquelle s'ajoute un « faisceau de qualités individualisantes », objet d'une « description ».

Au XIIe siècle, Abélard soutient qu'il y a autant d'espèces déterminées au sein du genre animal par la différence « rationalité » qu'il y a de rationalités particulières. Il y a une variété infinie d'espèces « homme », une variété infinie d'humanités singulières. Réduisant les propriétés communes à des différences prédiquées universellement de l'espèce *de voce*, Abélard considère les différences spécifiques comme ce en quoi se fonde *de re* la singularité des individus auxquels s'attribue le nom de l'espèce. Si elle semble admettre des *bundled particulars*, son ontologie ne va pas, cependant, jusqu'à définir un individu comme un « ensemble de tropes comprésents ». Au contraire, elle rejette la thèse de « certains » affirmant que : (1) cet homme-ci n'est pas produit par des accidents, alors que Socrate l'est ; et (2) que Socrate est produit par l'ensemble de ses propriétés accidentelles non en tant qu'il est homme, mais en tant qu'il est Socrate. Abélard mentionne trois versions de cette théorie, selon que le nom « Socrate » est considéré comme désignant tous les accidents de Socrate, séparables ou inséparables, les seuls accidents inséparables de Socrate ou la « forme propre » des accidents de Socrate, appelée « socratité ». Certains soutiennent que tous les accidents de Socrate, séparables ou inséparables, sont compris dans le nom « Socrate », mais que ce nom a été « imposé » de telle façon que, à tout instant où il est proféré, « Socrate » signifie tous les accidents que Socrate possède à ce moment précis. La signification de « Socrate » « varie donc fréquemment », selon la variation des accidents de Socrate. Abélard indique que les tenants de cette variation appellent « socratité » la collection totale des accidents de Socrate. Pour eux donc, la socratité n'est pas une « chose une par nature », mais un « individu composé ». Cette doctrine de l'*individuum compositum* est sans doute la formulation médiévale la plus proche de la théorie tropique de l'individuation.

Alain de LIBERA

BIBLIOGRAPHIE

ABÉLARD Pierre, *Logica 'Ingredientibus'*, éd. B. Geyer, in *Peter Abaelards philosophische Schriften*, Münster, Aschendorff, « *BGPM*, XXI, 1-3 », 1919-1927.

ARMSTRONG David M., *Universals. An Opinionated Introduction*, Boulder, Westview Press, 1989.

BURIDAN Jean, *Sophismata*, trad. fr. J. Biard, Vrin, « Sic et non », 1993.

CAMPBELL Keith, *Abstract Particulars*, Oxford, Blackwell, 1990.

HUSSERL Edmund, *Logische Untersuchungen*, Halle, Niemeyer, 1913 ; *Recherches logiques*, trad. fr. H. Élie, A.L. Kelkel et R. Schérer, PUF, 3e éd. 1993-1994, 3 vol.

KÜNG Guido, *Ontology and the Logistic Analysis of Language*, Dordrecht, Reidel, 1967.

LONG D.C., « Particulars and their Qualities », *in* M.J. LOUX (éd.), *Universals and Particulars*, Notre Dame UP, 1976, p. 310-330.

MARTIN Christopher B., « Substance Substantiated », *Australasian Journal of Philosophy*, 58, 1980, p. 3-10.

MERTZ Donald W., *Moderate Realism and its Logic*, New Haven, Yale, 1996.

MULLIGAN Kevin, SIMONS Peter et SMITH Barry, « Truthmaker », *Philosophy and phenomenological research*, 44, 1984, p. 287-321.

SIMONS Peter, « Particulars in Particular Clothing : Three Trope Theories of Substance », *Philosophy and Phenomenological Research*, 54, 1994, p. 553-575.

SMITH Barry (éd.), *Parts and Moments. Studies in Logic and Formal Ontology*, Munich, Philosophia Verlag, 1982.

STOUT George Frederick, « The Nature of Universals and Propositions » (1921), *in* C. LANDESMAN (éd.), *The Problem of Universals*, New York, Basic Books, 1971, p. 154-166.

— « Are the Characteristics of Particular Things Universal or Particular ? » (1923), in *id.*, *ibid.*, p. 178-183.

STRAWSON Peter F., *Individuals. An Essay in Descriptive Metaphysics*, Londres, Methuen, 1959.

— *Subject and Predicate in Logic and Grammar*, Londres, Methuen, 1974.

WILLIAMS D.C., « The Elements of Being », *Review of Metaphysics*, 7, 1953, p. 3-18, 171-192.

— « Of Essence and Existence and Santayana », *Journal of Philosophy*, 51, 1953, p. 31-42.

WILSON John Cook, *Statement and Inference. With other Philosophical Papers*, Oxford, Clarendon Press, 1926, 2 vol.

WOLTERSTORFF N., *On Universals*, Chicago, University of Chicago Press, 1970.

TRUTH-MAKER ANGLAIS – fr. *vérifacteur*

all. *Wahrmacher*

► ***VÉRIFACTEUR***, VÉRITÉ, et ACTE DE LANGAGE, DICTUM, IMPLICATION, INTENTION, PROPOSITION, SACHVERHALT, SENS, SUPPOSITION, TROPE, ***VALEUR***

L'anglais truth-maker *s'est imposé dans la littérature depuis l'article publié sous ce titre en 1984 par Kevin Mulligan, Peter Simons et Barry Smith. Par* truth-maker *on entend, selon une formule suggestive de Russell, « the kind of things that makes a proposition true or false ». Dans* The Philosophy of Logical Atomism, *Russell pose que ce sont les « faits » particuliers ou généraux, qui sont « ce qui rend une proposition vraie ou fausse » (p. 182 ; trad. fr. p. 342). Un* vérifacteur *n'est pas pour autant nécessairement un fait — certaines théories ne reconnaissent comme* truth-makers *que les* tropes *(voir* TROPE*). Les* vérifacteurs *ne doivent pas non plus être confondus avec les « conditions de vérité » de la sémantique « véricondionnelle » de type tarskien. Soit la proposition « cette rose est rouge ». Dans une analyse tarskienne, on posera que : « Cette rose est rouge » est vraie si et seulement si cette rose est rouge. Dans une analyse « vérifactionnelle » on dira, en revanche, que : Si « cette rose est rouge » est vraie, alors cette proposition est vraie en vertu de l'« être-rouge » (la rougeur) de cette rose, et si une telle rougeur n'existe pas, alors « cette rose est rouge » est fausse [où « être-rouge » désigne un « moment », un* trope *(voir* TROPE*) ou un événement —* i.e. *un événement de rougeur, un rougeoiement]. Bien que formulée dans les années 1980, la notion de* truth-maker *paraît indispensable à la pleine intelligibilité des théories médiévales et humanistes de la vérité des propositions : la plupart des controverses entre nominalistes et réalistes sur la « signification des propositions »* (de significatione propositionum) *portent, en fait, sur la nature des* truth-makers (de significato propositionum) *; de même, l'essentiel des difficultés présentées par les théories du* dictum propositionis *(« ce que dit une proposition ») est lié, chez les interprètes modernes, à une confusion entre* truth-makers *et* truth-bearers *(voir* DICTUM*). Les* truth-makers *et le* truth-making *constituent donc à la fois un outil analytique nouveau pour la théorie de la signification et de la vérité et un instrument d'analyse irremplaçable en histoire de la logique et de la sémantique.*

I. QU'EST-CE QUI REND VRAIE LA VÉRITÉ ? LE « PRINCIPE DU TRUTH-MAKER »

Dans *My Philosophical Development*, Russell explique que ce qui véri-fie un énoncé (*statement*), son « vérificateur » (angl. *verifier* : véri-fieur), est le « fait » qui rend (*makes*) cet énoncé vrai.

> La vérité d'un énoncé [trad. Auclair : « jugement »] dépend d'un certain type de relation à un certain fait. J'appelle son « vérificateur » le fait qui rend vrai un énoncé (*I call the fact which makes the statement true its « verifier »*). Seuls les énoncés de l'espèce la plus simple ont un seul vérificateur. L'énoncé « tous les hommes sont mortels » a autant de vérificateurs qu'il y a d'hommes (*the statement 'all men are mortal' has as many verifiers as there are men*). Mais qu'il y ait un seul ou plusieurs vérificateurs, c'est toujours un fait, ou plusieurs faits, qui rendent selon les cas l'énoncé vrai ou faux (*whether there is one verifier or there are many, it is always a fact, or many facts, that make the statement true or false as the case may be*), et le ou les faits en question, à l'exception des énoncés purement linguistiques [trad. Auclair : « sauf dans un jugement linguistique »], sont indépendants du langage et potentiellement indépendants de toute expérience humaine.
>
> trad. Auclair modifiée, p. 232.

La notion de *verifier* intervient aussi dans le domaine de la théorie de la croyance (*ibid.*, p. 229 : « Nous pouvons dire d'une manière générale que l'état d'un organisme, qui croit à quelque chose d'autre qu'à sa situation actuelle, pourrait toujours, en théorie, être décrit sans qu'il soit fait mention du vérificateur de cette croyance »). *Verifier* n'ayant pas eu de succès, mais l'idée de *making true* présentant beaucoup d'avantages, *truth-maker* a éclipsé *verifier*. Ni « vérificateur » ou « vérifieur » (= *verifier*) ni « vérifacteur » (= *truth-maker*) ne s'étant acclimatés dans l'usage philosophique francophone, on conserve en général tel quel le mot *truth-maker* (on peut cependant risquer, comme nous le faisons ici, le terme « vérifacteur »). L'origine du terme est non-problématique : l'anglais *truth-bearer*, rendu habituellement par « porteur des valeurs de vérité » (l'usage le plus précis, recommandé par E. Morscher, oppose *true-or-false maker* à *true-or-false bearer*). *Make* et *maker*, pour lesquels le français n'offre que « rendre » et ses dérivés (« ce qui rend vrai » : contrairement à l'allemand, qui peut former les calques *Wahrmacher* et *wahrmachen*, le français ne peut surmonter l'écart existant entre « *make* true » et « *rendre* vrai »), renvoient, non à une causalité efficiente, mais à « *that in the world in virtue of which the truth is true* », « *something in the world that makes truths true* », autrement dit « *the ontological ground of truths* » (« le fondement ontologique des vérités », cf. E. Morscher, « *Judgment contents* », in K. Mulligan (éd.), *Mind, Meaning and Metaphysics : the Philosophy and Theory of Language of Anton Marty*, Dordrecht, Kluwer Academic Publishers, 1990, p. 181-196). Il y a autant de candidats à la fonction de *truth-maker* que d'entités postulées pour rendre compte des causes de vérité d'un énoncé, d'une phrase ou d'une proposition : les principaux sont les états de choses (voir SACHVERHALT, angl. *State of affairs*, ital. *Stato di cose*), les « tropes » (voir TROPE) et les individus. Certains philosophes (D.M. Armstrong) ont formulé un *Truth-maker Principle* (« Principe du *Truth-maker* ») dont la version standard est :

> *For every contingent truth at least (and perharps for all truths contingent or necessary) there must be something in the world that makes it true.*
>
> [Pour toute vérité contingente au moins, voire pour toute vérité, qu'elle soit nécessaire ou contingente, il doit y avoir dans le monde quelque chose qui la rend vraie.]
>
> D.M. Armstrong, *Universals. An Opinionated Introduction*, Boulder-San Francisco-London, Westview Press, « Focus Series », 1989, p. 88.

D'autres formulations utilisent la notion de *supervenience* (« sur-venance » ou « dépendance »). Partant de la thèse que « la vérité de toute phrase vraie survient sur la nature d'une chose quelconque (*every true sentence's truth supervenes on the nature of some thing*) », on pose que la « base de survenance » ou de « manifestation » ou de « dépendance » (*supervenience base*) de toute vérité propositionnelle est la nature d'une chose. On dira, en ce sens, que « pour chaque phrase vraie, il y a une chose quelconque telle que cette phrase ne peut devenir fausse sans un changement qualitatif (non Cambridgien) dans cette chose » — un « changement Cambridgien » (*Cam-*

1

Causes de vérité, « truth-maker » et conditions de vérité

► HOMONYME, RES, SENS

La notion médiévale de « causes de vérité » correspond plus ou moins exactement à deux notions modernes distinctes : celle de *truth-maker* et celle, plus courante, de « conditions de vérité » (angl. *truth-conditions*).

Un texte de *Catégories*, 12, 14b 20, ainsi rendu par Boèce : « *Ex eo quod res est vel non est oratio dicitur esse vera vel falsa* [du fait que la chose est ou n'est pas un énoncé est dit vrai ou faux] », sert de support autoritaire à la première acception de la « cause de vérité ». Selon Pierre d'Espagne, le sens de la thèse d'Aristote est en effet que : « *Res est causa veritatis orationis* [la chose est la cause de vérité de l'énoncé] ». Cette lecture laisse intact le problème principal : la signification du mot *res*. Embarrassée par le passage, la traduction anglaise de Pierre d'Espagne réintroduit le grec : « *A* pragma *is the cause of the truth of a proposition* ». La question de la *causa veritatis* rebondit donc sur celle de la signification du couple *pragma/res* : chose individuelle (*i.e.* substance et qualité individuelles) ou état de choses ?

Au XIVe siècle, on appelle « cause de vérité » « ce qui suffit à vérifier une proposition [*illud quod sufficit ad veritatem propositionis*] » (Albert de Saxe, *Perutilis logica*, III, 3, f° 18ra). Par exemple, pour que la proposition « *homo currit* » soit vraie, il suffit que Socrate coure (ou que Platon coure, etc.) : « *Socratem currere* » (le fait que Socrate court/coure) ou « *Platonem currere* », etc., est donc la cause de vérité de « *homo currit* ». Selon le même auteur, deux propositions ayant les mêmes causes de vérité sont équivalentes, et donc s'impliquent mutuellement (*mutuo se sequuntur*) :

Si *a* et *b* sont deux propositions et que toute cause de vérité de l'une est cause de vérité de l'autre, alors *a* et *b* s'impliquent mutuellement ; mais si rien n'est cause de vérité de *a* sans être cause de vérité de *b*, bien qu'il y ait une cause de vérité de *b* qui n'est pas cause de vérité de *a*, alors *a* suit de *b*, et *b* ne suit pas de *a*.

> *Si* a *et* b *sunt duae propositiones et omnis causa veritatis unius est causa veritatis alterius, tunc* a *et* b *mutuo se sequuntur ; et si nulla causa veritatis sit ipsius* a *quin sit causa veritatis ipsius* b, *quamvis sit aliqua causa veritatis ipsius* b *quae tamen non est causa veritatis ipsius* a, *tunc ad sequitur* b *et ad* b *non sequitur* a.
>
> Albert de Saxe, *Perutilis logica*, IV, 2, f° 25ra.

Une proposition peut avoir plusieurs causes de vérité (comme c'est le cas pour « *homo currit* »). D'où le fait que certains auteurs mettent en parallèle « causes de vérités » et « pluralité de sens occasionnant une équivoque [*causae veritatis vel sensus multiplicitatis*] » (Burley, *De puritate artis logicae*, p. 50). Lorsqu'une proposition a plusieurs causes de vérité, ces causes sont elles-mêmes des propositions (dans l'exemple précité : « *Sortes currit* », « *Plato currit* », etc.). On dit habituellement qu'« une proposition ayant plusieurs causes de vérité est équivalente (ou équipollente) à la proposition disjonctive formée à partir de ces causes [*propositio habens plures causas veritatis aequipollet disiunctivae factae ex illis causis*] » (Burley, *De puritate*, p. 166). Naturellement, l'inférence d'une proposition ayant plusieurs causes de vérité à l'une de ces causes est invalide (elle est entachée d'une *fallacia consequentis*).

On appelle « analyse par les causes de vérité » (*probatio per causas veritatis*), l'analyse d'une proposition par une disjonction de propositions suffisant chacune à la vérifier.

> Il faut considérer comme une règle que le contradictoire d'une proposition copulative équivaut à une disjonctive ayant pour parties les contradictoires des parties de la copulative. Par exemple, la contradictoire de cette proposition copulative « Socrate court et Platon court » équivaut à celle-ci : « Socrate ne court pas ou Platon ne court pas »
>
> [*Dicendum pro regula, quod contradictorium copulativae valet unam disiunctivam habentem partes contradicentes partibus copulativae. Verbi gratia, contradictoria huius copulativae : « Sortes currit et Plato currit », valet istam : « Sortes non currit vel Plato non currit ».*]
>
> Gauthier Burley, *De puritate artis logicae*, p. 213.

Ces analyses ne sont pas typiques de la logique du XIVe siècle ni, surtout, du nominalisme. Elles sont davantage liées à l'exploration d'un certain type de propositions : les propositions inceptives/désitives, exceptives, exclusives et réduplicatives, et sont fréquemment alléguées dans les discussions les plus techniques du paradoxe du Menteur (« *Ego dico falsum* »). Ce qui est typique du XIVe siècle, en revanche, est la distinction entre *expositio* et « *probatio per causas veritatis* ». Contrairement à la *probatio*, qui consiste en une analyse disjonctive, l'« exposition » d'une proposition consiste en une paraphrase formée par une conjonction de propositions. La *probatio per causas veritatis* suit la règle de la disjonction $p \supset p \vee q$, l'*expositio*, celle de la conjonction, $pq \supset p$.

1

Certains logiciens posent comme règle générale que « si une proposition s'analyse par exposition, sa contradictoire s'analyse par causes de vérité » (*cf.* Strode, *Logica*, f° 24rb : « *Hoc est generaliter notandum : cum aliqua propositio habet exponentes, eius contradictorium habet causas veritatis* »).

La notion de *causae veritatis* rencontre celle de « conditions de vérité » dès que les logiciens soulignent que les propositions négatives peuvent être vraies pour deux raisons : soit parce que ce qu'elle disent est le cas (*ita est in re*), soit parce que leur sujet est « vide » (ne « suppose pas »). Le point est acquis dès le XIIIe siècle (cf. Guillaume de Sherwood, *Syncategoremata*, p. 72 : « Il arrive souvent qu'une négative puisse avoir plusieurs causes de vérité. Dans ces conditions, si de l'une d'entre elles on infère une autre d'entre elles, il y a erreur du conséquent (« *Frequenter accidit quod negativa multas potest habere causas veritatis, et tunc si ex illa inferatur aliqua illarum, erit fallacia consequentis* »), mais c'est Ockham qui lui donne toute sa portée, quand il remarque que « *Homo non est albus* » a deux « *causae veritatis* » : « soit parce qu'il n'y a pas d'homme, et donc qu'il n'y en a pas de blanc, soit parce qu'il y a des hommes, mais qu'il n'y en a pas de blancs [*vel quia homo non est, et ideo non est albus ; vel quia homo est et tamen non est albus*] ». L'ensemble des remarques d'Ockham a pu être systématisé dans une « théorie ockhamiste des conditions de vérité », qui vaut pour tout le nominalisme médiéval standard. Selon cette théorie, exprimée dans le cadre de la sémantique des « mondes possibles », une proposition *universelle affirmative p* est vraie dans un monde possible M si, et seulement si, l'ensemble des *supposita* du sujet est inclus dans l'ensemble des *supposita* du prédicat et n'est pas vide ; une proposition *universelle négative p* est vraie dans un monde possible M si, et seulement si, il n'y a pas d'intersection non vide entre l'ensemble des *supposita* du sujet et l'ensemble des *supposita* du prédicat ; une proposition *particulière affirmative p* est vraie dans un monde possible M si, et seulement si, il y a une intersection non vide entre l'ensemble des *supposita* du sujet et l'ensemble des *supposita* du prédicat ; une proposition *particulière négative p* est vraie dans un monde possible M si, et seulement si, l'ensemble des *supposita* du sujet ou bien n'est pas inclus dans l'ensemble des *supposita* du prédicat ou bien est vide.

On se gardera de confondre cette acception de « cause de vérité » avec la première, plus proche de la notion de *truth-maker*. Dans une analyse nominaliste du type ici reconstruit, la proposition affirmative « l'homme blanc est un homme » est fausse si aucun homme n'est blanc, mais, naturellement, *il n'y a rien* dans le monde qui « fait » (*makes*) qu'elle soit fausse.

BIBLIOGRAPHIE

ALBERT DE SAXE, *Perutilis logica*, éd. Venise, 1522, repr. Hildesheim-New York, Olms, 1974.

GAUTHIER BURLEY, *De puritate artis logicae tractatus longior, with a revised edition of the Tractatus brevior*, éd. Ph. Boehner, St. Bonaventure (N. Y.), Franciscan Institute, « Franciscan Institute Publications. Text Series, 9 », 1955.

PETER OF SPAIN (PETRUS HISPANUS PORTUGALENSIS), *Syncategoreumata*, 1re éd. crit. avec une intr. de L.M. De Rijk, trad. angl. J. Spruyt, Leyde-New York-Londres, Brill, « Studien und Texte zur Geistesgeschichte des Mittelalters, XXX », 1992.

PANACCIO Claude, *Les Mots, les Concepts et les Choses. La sémantique de Guillaume d'Occam et le nominalisme d'aujourd'hui*, Montréal-Paris, Bellarmin-Vrin, « Analytiques, 3 », 1991.

O'DONNELL J.R., « The Syncategoremata of William of Sherwood », *Mediaeval Studies*, 3, 1941, p. 46-93.

bridge change) étant le changement par lequel « une entité acquiert la propriété d'être telle qu'une autre entité acquiert une certaine propriété ». Dans cette analyse, pour qu'une proposition « devienne fausse », la chose sur la nature de laquelle sa vérité « sur-vient » doit subir un changement authentique. Le « Principe du *Truth-maker* » ne doit pas être confondu avec le *Truth-maker essentialism*, c'est-à-dire la thèse forte affirmant que « toute vérité a un vérifacteur qui est essentiellement le vérifacteur de cette vérité » ou, plus simplement encore, celle affirmant que « quand quelque chose est vrai, il doit y avoir quelque chose qui entraîne (*entails*) que cela est vrai » (Armstrong, *Universals*, *op. cit.*, p. 88).

II. LES ANTÉCÉDENTS DE LA NOTION

La notion de *truth-making* n'est pas sans antécédents. Elle apparaît sous une forme voilée, dès le XIIIe siècle, dans la distinction entre « référer quelque chose » (*supponere pro aliquo*) et « rendre une locution vraie pour quelque chose » (*reddere locutionem veram pro aliquo*). Elle figure plus explicitement sous la forme *facere veram* (angl. *make true*, all. *wahr machen*, « rendre vraie ») dans divers contextes où des états de choses sont présentés comme vérifacteurs de propositions mentales et orales. C'est le cas dans le quatrième problème du sophisme *Omnis homo de necessitate est animal* de Boèce de Dacie († avant 1284), quand ce dernier définit la relation existant entre les trois sortes de compositions : réelle, mentale, phrastique :

> Il y a trois sortes de composition : celle qui est dans la réalité même, celle qui est dans l'intellect et celle qui est dans le discours, leur relation étant que la vérité résidant dans la composition ultérieure dépend de la vérité résidant dans l'antérieure comme de sa cause. *Qu'est-ce, en effet, qui peut rendre vraie la composition qui est dans le discours sinon la composition vraie qui existe dans l'intellect, dont découle celle qui est dans le discours ?* Et comment la composition qui est dans l'intellect pourrait-elle être vraie s'il n'y avait une composition exactement semblable dans la réalité ? Enfin, comment la composition de l'intellect serait-elle fausse s'il n'y avait composition dans l'intellect de ce qui dans la réalité est divisé ?

[*Triplex invenitur compositio, compositio scilicet quae est in re ipsa, compositio quae est apud intellectum, et compositio quae est apud sermonem, ita quod in istis veritas quae est in posteriori compositione est ex veritate prioris compositionis sicut ex sua causa. Quis enim potest* facere veram compositionem apud sermonem nisi vera compositio existens apud intellectum ex qua est compositio sermonis *? Et quomodo esset compositio vera apud intellectum nisi consimilis compositio sit in re ? Nisi enim in re sit divisio et apud intellectum compositio, falsa erit compositio intellectus.*]

Boèce de Dacie, *Omnis homo de necessitate est animal*, ms. Bruges 5099, f° 88vb.

Beaucoup de logiciens du XIIIe siècle reconnaissent donc l'existence d'une « série causale de véri-faction » entre compositions ordonnées les unes aux autres « selon l'antérieur et le postérieur » : composition réelle ⇨ composition mentale ⇨ composition phrastique (voir SIGNE).

La notion de *truth-maker* n'a pas partie liée avec le réalisme logique. Le nominalisme recourt fréquemment au *truth-making*. Au Moyen Âge, Buridan explique que « ce qui rend vrai » « Socrate est assis » n'est pas le fait exprimé par « que Socrate est assis », mais Socrate lui-même. Cette position est, à l'évidence, très proche de celle que D.M. Armstrong attribue à Quine :

Bien qu'ils soutiennent que les prédicats n'ont pas de signification ontologique, les partisans de Quine disposent d'un vérifacteur pour les vérités consistant dans l'attribution de propriétés à un particulier. Le vérifacteur est le particulier lui-même.

[*Quineans, although they maintain the ontological insignificance of the predicate, do have a truthmaker for truths that ascribe properties to a particular. The truthmaker is the particular itself.*]

D.M. Armstrong, *A World of States of Affairs*, p. 125.

Alain de LIBERA

♦ Voir encadré 1.

BIBLIOGRAPHIE

ARMSTRONG David M., *A World of States of Affairs*, Cambridge UP, 1997.

MULLIGAN Kevin, SIMONS Peter, SMITH Barry, « Truthmaker », *Philosophy and phenomenological research*, 44, 1984, p. 287-321.

PARSONS Josh, « There is no truthmaker argument agains nominalism », *Australasian Journal of Philosophy*, 77, 1999, p. 325-334.

RODRIGUEZ-PEREYRA Gonzalo, « What is the problem of universals ? », *Mind*, 109, 2000, p. 255-273.

RUSSELL Bertrand, *The Philosophy of Logical Atomism and Other Essays, 1914-19*, John G. SLATER (éd.), Londres-Boston, George Allen & Unwin, 1986 ; trad. fr. *La Philosophie de l'atomisme logique* [1918], dans B. Russell, *Écrits de logique philosophique*, trad. fr. J.-M. Roy, PUF, 1989, p. 335-442.

— *My philosophical development*, Londres-New York, Routledge, 1995 ; trad. fr. *Histoire de mes idées philosophiques*, trad. fr. G. Auclair, Gallimard, « Les essais », 1961.

U

UNIVERSAUX

gr.	*to katholou* [τὸ καθόλου] / *to koinon* [τὸ κοινόν]
lat.	*universale*

► ABSTRACTION, ANALOGIE, ESSENCE, *ÊTRE*, LOGOS, MIMÊSIS, PRÉDICABLE, PRÉDICATION, RES, TROPE

Le terme universaux *a une grande diversité d'emplois : on parle d'*universaux linguistiques, *d'*universaux logiques, *d'*universaux de pensée *(au sens de « catégories de pensée translinguistique »), d'*universaux sociaux. *Dans son acception philosophique contemporaine, le « problème des universaux » revient à se demander si l'on doit ou non admettre dans son ontologie des propriétés et des relations non particulières en dehors des substances individuelles. Lieu d'affrontement privilégié, mais non exclusif, du nominalisme et du réalisme, le problème des universaux a une longue histoire. Une approche correcte de la notion d'universaux, de ses difficultés et de son vocabulaire, implique plus que la description des théories aujourd'hui en présence : une remontée archéologique à la source même du débat à travers Porphyre et Alexandre. Le « problème de Porphyre » est en effet conceptuellement saturé, en amont, par une distinction d'Alexandre entre le commun* (to koinon [τὸ κοινόν]) *et l'universel* (to katholou [τὸ καθόλου]), *en aval, par une distinction d'Ammonius entre trois « états » de l'universel, popularisée par la scolastique dans la triade* ante rem, in re, post rem. *Dans son vocabulaire, le questionnaire porphyrien présente le même niveau de saturation : formulé dans le langage stoïcien des « incorporels »* (voir SIGNIFIANT, II, « Lekton »), *il véhicule une opposition entre platonisme et aristotélisme, elle-même recouverte par une grille de lecture initialement formulée par les commentateurs néoplatoniciens d'Aristote pour déterminer l'objet* (skopos [σκοπός]) *des* Catégories *: mots, choses ou concepts. L'histoire du problème des universaux se présente donc, jusque dans l'opposition moderne du nominalisme, du réalisme et du conceptualisme, comme la fusion progressive de deux questionnaires et de deux lexiques différents, l'un aristotélico-stoïcien, l'autre néoplatonicien, le second se substituant au premier jusqu'à effacer entièrement la dimension stoïcienne de l'horizon de problématisation.*

I. LE QUESTIONNAIRE DE PORPHYRE

On fait en général commencer l'histoire du « problème des universaux » au célèbre questionnaire de Porphyre, énoncé dès le deuxième paragraphe de l'*Isagoge* :

> Tout d'abord concernant les genres et les espèces, la question de savoir (1) s'ils existent ou bien s'ils ne consistent que dans de purs concepts, (2) ou, à supposer qu'ils existent, s'ils sont des corps ou des incorporels, et, (3) en ce dernier cas, s'ils sont séparés ou bien s'ils existent dans les sensibles et en rapport avec eux ([...] περὶ τῶν γενῶν τε καὶ εἰδῶν τὸ μὲν (1) εἴτε ὑφέστηκεν εἴτε καὶ ἐν μόναις ψιλαῖς ἐπινοίαις κεῖται (2) εἴτε καὶ ὑφεστηκότα σώματά ἐστιν ἢ ἀσώματα καὶ (3) πότερον χωριστὰ ἢ ἐν τοῖς αἰσθητοῖς καὶ περὶ ταῦτα ὑφεστῶτα) —, voilà des questions dont j'éviterai de parler, parce qu'elles représentent une recherche très profonde et qu'elles réclament un autre examen, beaucoup plus long ; en revanche, concernant genres et espèces et les autres [termes] en question, comment les Anciens, et tout particulièrement ceux du Péripatos, en ont traité d'une manière plus logique, c'est ce que je vais m'efforcer de te montrer.
>
> Porphyre, *Isagoge*, § 2, trad. fr. A. de Libera et A.Ph. Segonds, Vrin, « Sic et non », 1998, p. 1.

Ce questionnaire, auquel Porphyre s'abstient de répondre lui-même, a connu diverses transpositions et simplifications au cours des temps. Par une sorte de *feedback* de la discussion traditionnelle du sujet (*skopos* [σκοπός]) des *Catégories* sur l'*Isagoge*, les commentateurs grecs, relayés par les Médiévaux, en sont venus à se demander si les genres et les espèces étaient des mots ou voix (*phônai* [φωναί]), des concepts (*noêmata* [νοήματα]), ou des choses (*pragmata* [πράγματα]) ou étants (*onta* [ὄντα]), ouvrant par là la voie à des réponses — vocalisme ou nominalisme, conceptualisme, réalisme — qui n'ont cessé de s'affronter au cours des siècles. De nos jours, les principales thèses en présence opposent les partisans des « classes naturelles primitives » (A. Quinton), du « nominalisme de la ressemblance » (H.H. Price), des « universaux » au sens strict (thèse alléguée, mais non représentée), des « classes naturelles de tropes » (G.F. Stout) et des « classes de ressemblances de tropes » (D.C. Williams) — certains philosophes tentant de combiner théorie des tropes et admission d'universaux (J. Cook Wilson).

♦ Voir encadré 1.

Le débat médiéval sur les universaux est souvent présenté comme opposant Platonisme et Aristotélisme — les philosophes contemporains appellent d'ailleurs « Platonisme » le *Transcendent Realism*, c'est-à-dire toute théorie admettant l'existence de propriétés ou d'universaux « non instantiés » (« *uninstantiated properties* »), et renvoient à Aristote la tentative de « ramener les universaux sur la terre », en lui attribuant, comme Armstrong, une théorie des *universals in things*, « *whose Latin tag is* universalia in rebus » (*Universals, op. cit.*, p. 77). Plutôt que de mettre directement en présence la théorie platonicienne des Idées et sa critique aristotélicienne, il semble plus fécond de partir de la construction du problème chez l'auteur qui, plus que Porphyre, a modelé d'avance les questions, les concepts et les stratégies argumentatives : Alexandre d'Aphrodise et son recueil de *Quaestiones*. On suivra ensuite le parcours des thèses d'Alexandre dans la tradition néoplatonicienne et médiévale, en traçant la généalogie de la distinction entre universel *ante rem/post rem/in re*, à laquelle le lexique moderne est profondément redevable.

II. LA CONSTRUCTION D'ALEXANDRE : COMMUNAUTÉ ET UNIVERSALITÉ, « TO KOINON » ET « TO KATHOLOU »

La *Quaestio* 1.11 d'Alexandre est constituée par une « exégèse » d'Aristote (*De anima*, I, 1, 402b 7) ([...] *to de zôion to katholou êtoi outhen estin ê husteron* [(...) τὸ δὲ ζῷον τὸ καθόλου ἤτοι οὐθέν ἐστιν ἢ ὕστερον]). Si l'on suit la terminologie adoptée par Tricot pour les textes aristotéliciens, le titre de la question d'Alexandre peut être rendu par : « Que signifie la parole d'Aristote dans le premier livre de *L'Âme* : *L'animal pris universellement* (*to de zôion to katholou* [τὸ δὲ ζῷον τὸ καθόλου]) *ou bien n'est rien ou bien est postérieur* (*husteron* [ὕστερον]) ? » Sharples (p. 50) traduit : « What is meant by the saying in the first book *On the Soul* [that] "the living creature *that is* universal is either nothing or posterior" ? » Cette question est transmise en deux versions : l'une plus courte, la *Quaestio* 1.11a, qui propose une seule solution du problème (= S2), l'autre plus longue, la *Quaestio* 1.11b, qui en propose deux (S1 et S2) (402b 7). Les versions arabes du texte donnent des titres légèrement discordants qui attirent d'emblée l'attention sur le problème central de la théorie et du lexique alexandriniens de l'universel (la tradition arabe offre deux témoins de 1.11a. Dans l'inventaire des textes de l'Alexandre arabe proposé par A. Badawi, les deux versions apparaissent sous les titres : *Traité d'Alexandre d'Aphrodise : Des choses communes et universelles, qu'elles ne sont pas des essences existantes* — ce texte très bref a été édité et traduit en allemand par H.-J. Ruland, *in* « Zwei arabische Fassungen der Abhandlung des Alexander von Aphrodisias über die universalia [*Quaestio* 1.11a] », *Nachr. der Akademie der Wiss. in Göttingen*, phil.-hist. Kl., 10, 1979) —, et *Traité d'Alexandre d'Aphrodise : Que le vivant universel ou bien n'est rien, ou bien sa génération est postérieure* — ce texte a été édité deux fois : par A. Badawi, puis par H.-J. Ruland. Badawi en a donné une traduction française, in *La Transmission de la*

1

Les six réponses contemporaines au problème des universaux

Voici comment les formule D.M. Armstrong :

Théorie des classes naturelles primitives (*Primitive natural class view*) : La classe de toutes les choses blanches constitue une classe naturelle présentant un degré suffisant de naturalité (*a class with a reasonable degree of naturalness*). C'est tout ce que l'on peut dire à propos de ce qui fait qu'une chose blanche est blanche (*that is all that can be said about what makes a white thing white*).

Nominalisme fondé sur la ressemblance (*Resemblance Nominalism*) : Les choses blanches constituent une classe naturelle en vertu du fait objectif qu'elles se ressemblent toutes à un certain degré. La ressemblance est un fait objectif mais non analysable.

Admission d'universaux (*Universals*) : Toutes les choses blanches ont en commun une propriété identique (ou un ensemble de propriétés légèrement différentes correspondant aux diverses nuances du blanc).

Théorie des classes naturelles de tropes (*Natural classes of tropes*) : Chaque chose blanche a sa propre propriété de blancheur, entièrement distincte [des autres blancheurs] (*its own, entirely distinct, property of whiteness*). La classe des blancheurs constitue une classe naturelle primitive.

Théorie des classes de tropes fondées sur la ressemblance (*Resemblance classes of tropes*) : Chaque chose blanche a sa propre propriété de blancheur, mais les membres de la classe des blancheurs se ressemblent tous plus ou moins étroitement, la ressemblance étant un élément primitif (*inderivable*).

Admission de tropes et d'universaux (*Tropes plus universals*) : Chaque chose blanche a sa propre propriété de blancheur, mais ces propriétés particulières elles-mêmes ont chacune une propriété universelle de blancheur (*but these particular properties themselves each have a universal property of whiteness*).

D.M. Armstrong, *Universals. An Opinionated Introduction*, Boulder-San Francisco-Londres, Westview Press, « Focus Series », 1989, p. 18.

philosophie grecque au monde arabe [Vrin, 1968, p. 155, 27-156]).

Le problème posé par l'intitulé de la première version arabe de 1.11a est clair, sinon facile à résoudre : l'expression « choses communes » ajoutée à la formule originale de *De anima* (I, 1, 402b 7) (« l'animal *universel* ») en est-elle synonyme ? Si l'on préfère : faut-il, chez Alexandre, distinguer « universel » et « commun » ? Bref, faut-il distinguer *to katholou* [τὸ καθόλου] et *to koinon* [τὸ κοινόν ?]

Un premier élément de réponse est fourni par S2, que l'on peut paraphraser ainsi :

S2 (1.11a, Bruns, p. 21, 19-22, 20 = 1.11b, Bruns, p. 22, 23-23, 21) : Aristote a raison de dire que l'animal universel est « postérieur », car il parle de l'universel au sens de l'universel « générique », qui est un concept engendré à partir des individus. En revanche cette thèse ne vaut pas pour l'animal universel « au sens de l'animal commun ». En toute rigueur, il faut distinguer « communauté » (angl. *commonality*) et « universalité ». Celle-ci est un « accident » qui s'attache de l'extérieur à la « nature », du fait qu'elle se trouve réalisée en une pluralité d'invidus ; celle-là ne l'est pas. De fait, une nature est de soi commune. Donc, dès lors qu'un individu existe, cette nature, de soi commune, quand même elle ne serait instantiée ou réalisée qu'en lui, existe et, réciproquement, un individu n'existe que « parce que » cette nature est instantiée en lui.

La distinction entre *to katholou* et *to koinon*, exigée par S2, discutée par divers interprètes, est fondamentale pour comprendre la distinction entre universel *in re* et universel *post rem*, dont les historiens se plaisent à attribuer la paternité à Alexandre.

♦ Voir encadré 2.

III. L'UNIVERSEL « IN RE »

Bien que la formule même résulte d'une série de remaniements engagés à partir d'Alexandre par les commentateurs « grecs » d'Aristote, poursuivis par Avicenne et achevés par Albert le Grand et les scolastiques, la notion (non l'expression) d'« universel *in re* » peut être référée à Aristote lui-même. De fait, dans le *De anima*, celui-ci soutient que la notion étant la « forme » de la chose, elle est « nécessairement engagée dans une matière donnée, si elle est [réelle] » : Ὁ μὲν γὰρ λόγος εἶδος τοῦ πράγματος, ἀνάγκη δ' εἶναι τοῦτον ἐν ὕλῃ τοιδί, εἰ ἔσται (*De anima*, I, 1, 403b 2-3). Aucune notion, aucun *logos* [λόγος] — par exemple celui d'animal, c'est-à-dire une « essence animée dotée de sensation » — ne peut *être*, c'est-à-dire *être* l'*eidos* [εἶδος] de quoi que ce soit, si elle n'est pas réalisée dans une matière. Ce qu'Alexandre ajoute à Aristote, c'est l'idée que pareille notion, tout en devant être réalisée, reste distincte de l'universel qui lui correspond, c'est-à-dire d'elle-même en tant qu'universelle, par le fait que l'universalité lui est un accident. La thèse d'Alexandre est donc que l'animal — ou, comme dit Aristote, le *logos*-forme d'animal — n'existe qu'en tant que réalisé « dans un individu au moins », mais que l'universalité ne fait pas partie de son « essence ». Ainsi, il n'y a de soi rien d'« universel » dans la notion d'une *ousia empsukhos aisthêtikê* [οὐσία ἔμψυχος αἰσθητική], c'est-à-dire, dans la notion de l'animal (*to zôion* [τὸ ζῷον]) ; mais cette notion n'est réelle, elle n'« existe », bref elle n'est l'οὐσία qu'elle est, qu'en étant réalisée dans un corps.

Malgré quelques dissonances de surface, le lexique alexandrinien de l'universel est bien déterminé : le *logos*-forme pour une *ousia*, de soi commun, c'est-à-dire communicable à plusieurs, doit être (et est de fait) réalisé dans une matière (un individu) au moins. D'être réalisé en plusieurs lui confère par accident le statut d'universel. Pareil *logos*-forme pour une *ousia* est, en tant que réalisé en plusieurs, ce que les interprètes et beaucoup de philosophes modernes appellent un « universel *in re* ». Le concept tiré par « abstraction » des particuliers où ce *logos* est réalisé est ce qu'on appelle un « universel *post rem* ». C'est de ce concept qu'Aristote parle en *De anima* (I, 1, 402b 7), quand il le qualifie (problématiquement) de « *postérieur* » (*husteron* [ὕστερον]). Formulée dans la langue d'Alexandre, la différence entre « universel *post rem* » et « universel *in re* » se laisse définir par une thèse lourde, qui implique une certaine différence entre « être » et « exister » (au sens de « se subjecter », « avoir hypostase ») : « les universaux ont *être* (*einai* [εἶναι]) dans la pensée et *hupostasis* [ὑπόστασις] [*Quaestio*, p. 59, 7-8 ; *In Topicorum Aristotelis libros*, p. 335] / ὕπαρξις [*De anima*, p. 90] dans les particuliers ».

La distinction d'Alexandre entre *to katholou* et *to koinon* et sa formulation de la différence entre « être dans la

---

2

La saisie de l'universel selon Alexandre d'Aphrodise

Dans le *Peri psukhês* [Περὶ ψυχῆς], Alexandre présente ainsi la perception de l'universel (voir ABSTRACTION) :

> [L'intellect] qui perçoit (*labôn* [λαβών]) la forme de quelque chose (*to eidos tinos* [τὸ εἶδός τινος]) à part de la matière (*khôris tês hulês* [χωρὶς τῆς ὕλης]) possède le commun et l'universel (*ekhei to koinon te kai katholou* [ἔχει τὸ κοινόν τε καὶ καθόλου]), puisque ce qui saisit la forme de l'homme à part des circonstances matérielles (*khôris tôn hulikôn peristaseôn* [χωρὶς τῶν ὑλικῶν περιστάσεων]) possède l'homme commun (*ekhei ton koinon anthrôpon* [ἔχει τὸν κοινὸν ἄνθρωπον]). En effet, la différence des hommes singuliers les uns par rapport aux autres (*pros allêlous diaphora* [πρὸς ἀλλήλους διαφορὰ]) est engendrée du fait de la matière (*para tês hulês ginetai* [παρὰ τῆς ὕλης γίνεται]), puisque leurs formes, grâce auxquelles ils sont hommes, n'ont entre elles aucune différence. Mais, [l'intellect] qui saisit le commun relativement aux individus (*ho te to koinon to epi tois kath' hekasta sunidôn* [ὅ τε τὸ κοινὸν τὸ ἐπὶ τοῖς καθ' ἕκαστα συνιδών]), aussi bien, perçoit (*lambanei* [λαμβάνει]) la forme à part de la matière. En effet, c'est le commun et l'identique (*to koinon te kai tauton* [τὸ κοινόν τε καὶ ταὐτόν]) en eux.

Alexandre, *Peri psukhês*, éd. Bruns, p. 85, 14-20.

pensée » (*epinoia* [ἐπίνοια]), comme produit d'une « abstraction », et « avoir hypostase » dans les particuliers, sont le fondement historial de plusieurs théories importantes, dont on peut suivre la trace jusqu'à la fin du Moyen Âge et, pour certaines, au-delà. On se limitera ici aux deux principales. La première est la distinction de « trois sortes d'universaux » ; la deuxième, celle de l'« indifférence de l'essence ». Nous traiterons ici de la typologie des universaux.

IV. UNIVERSEL « ANTE REM »/« POST REM »/« IN RE »

Dans leur souci de lecture « harmonique » ou « concordataire » des deux « grandes philosophies », celle d'Aristote et celle de Platon, les commentateurs néoplatoniciens d'Aristote et de Porphyre ont formulé une division scolaire entre trois types d'universaux. En un sens cette division méconnaît la distinction alexandrinienne entre nature de soi commune et universelle par accident. Mais il est clair que, dans un certain sens aussi, elle la réclame, fût-ce tacitement, pour pouvoir penser comment une « même entité » peut, sans paradoxe ni contradiction, assumer divers états d'« être » dans divers substrats ou « hypostases ».

Le premier grand témoin de la doctrine des trois sortes d'universaux est Ammonius dans son commentaire de l'*Isagoge*. On y trouve, en effet, ses deux caractéristiques principales : la distinction entre universaux *pro tôn pollôn* [πρὸ τῶν πολλῶν] (antérieurs aux multiples), universaux *en tois pollois* [ἐν τοῖς πολλοῖς] (dans les multiples) et universaux *epi tois pollois* [ἐπὶ τοῖς πολλοῖς] (postérieurs aux multiples) ; la reprise d'une métaphore, celle du sceau, de la cire et de l'image imprimée, issue du *Timée*, 50c-d, éd. Waszink, p. 48, 6-7 (également mentionnée par Aristote dans son exposé critique des doctrines de Platon, en *Métaphysique*, I, 6, 987b-988a à l'aide du terme *ekmageoin* [ἐκμαγεῖον], « sceau », pour expliquer la multiplication de l'un dans le multiple). L'objectif poursuivi est clairement la conciliation de trois points de vue : théologique (avec Platon) ; physique (avec Platon et Aristote) ; logique et noétique (avec Aristote) ; une manière de synthèse, sur la base d'une certaine entente du moyen-terme, l'universel *en tois pollois* entre théorie platonicienne des Idées et théorie aristotélicienne de l'abstraction.

♦ Voir encadré 3.

La théorie d'Ammonius a eu une fortune considérable. On la retrouve, naturellement, chez les commentateurs David et Élias, mais aussi chez Simplicius — quand il dénonce « certains » qui, ne voyant que la « seconde sorte de genres », ne s'élèvent pas jusqu'à la contemplation des genres transcendants (« extrinsèques ») et croient que les « natures communes » subsistent seulement dans les singuliers ; et chez le chrétien syriaque Sergius de Reš'ainā († 22 avril 536) — qui situe clairement les genres et les espèces antérieurs aux multiples dans l'esprit d'un *Dieu* « créateur ». Mais c'est encore la source de la doctrine méréologique de l'universel et du tout du Byzantin Eustrate de Nicée, qui l'expose à travers le prisme de la théorie alexandrinienne des touts homéomères et anoméomères (cf. Alexandre, *Problème* 28) ; celle de la doctrine avicennienne des trois états de l'universel, et, à travers elle, de la distinction scolastique, imposée par Albert le Grand et ses contemporains, entre *universale ante rem*, *in re* et *post rem*.

Chaque sorte d'universel distingué dans ce dispositif a eu son propre complexe de problèmes, qui regarde directement l'histoire des doctrines, non celle des langues de la philosophie.

3

La théorie néoplatonicienne des trois états de l'universel

Ammonius expose ainsi le « trajet » de l'universel, de l'Idée platonicienne au concept abstrait :

> Pour éclaircir ce que le texte [de Porphyre] veut dire, présentons-le au moyen d'un exemple, car il n'est pas vrai que [les philosophes] désignent simplement et au hasard telles choses comme des corps, telles autres comme des incorporels, mais ils le font au terme d'un raisonnement, et ils ne se contredisent pas non plus les uns les autres, car chacun d'eux dit des choses raisonnables. Imaginons donc un anneau, avec une empreinte [représentant] par exemple Achille, ainsi qu'une multitude de pains de cire ; supposons que l'anneau marque de son sceau tous les pains de cire ; supposons maintenant que quelqu'un vienne plus tard et qu'il regarde les pains de cire, en constatant que toutes [les marques] viennent d'une unique empreinte : il aura en lui-même la marque, c'est-à-dire l'empreinte dans sa faculté discursive (*dianoia* [διάνοια]) ; on peut donc dire que le sceau sur l'anneau est « antérieur aux multiples » ; que la marque dans les pains de cire est « dans les multiples », tandis que celle qui est dans la faculté discursive de celui qui l'a imprimée, est « postérieure aux multiples » et « postérieure dans l'ordre de l'être ». Eh bien, c'est cela qu'il faut comprendre dans le cas des genres et des espèces.

Ammonius, *In Porphyrii Isagogen*, éd. Busse, p. 41, 10-42, 26.

Le commentateur chrétien syriaque Sergius de Reš'ainā, achève le processus entamé par Ammonius, en transposant l'universel antérieur au multiple en « Idée divine » :

> Les espèces et les genres des choses se divisent [ainsi]. Les uns sont auprès du Créateur, et ils sont dits simples et premiers. D'autres sont dans les matières, et ils sont appelés matériels et naturels. D'autres sont dans l'intellect, et ils sont dits derniers et intellectuels. C'est ce qu'enseignent sur les genres et les espèces Platon et les autres membres de l'Académie, en disant que toute chose quelle qu'elle soit, qui est naturellement dans le monde, a sa propre espèce et possède aussi une espèce propre auprès de son Créateur, qui a sa subsistance propre, par laquelle [la chose dans le monde] a été imprimée et est venue ici-bas à l'existence. Et lorsque quelqu'un la voit, il prend alors son espèce dans sa mémoire, et elle a sa subsistance dans sa pensée, si bien que cette espèce existe de trois façons, à savoir : auprès du Créateur, dans la chose même, et dans la mémoire de celui qui l'a vue, c'est-à-dire la connaît.

Sergius de Reš'ainā, *Traité sur les Catégories « à Philotheos »*, trad. fr. H. Hugonnard-Roche, § 5, p. 352.

La triade albertinienne a connu diverses adaptations. Si la majeure partie des auteurs la reproduisent telle quelle jusqu'à la fin du XVe siècle, certains se focalisent sur la distinction binaire des *logicalia* et des *intellectualia* d'Avicenne et se centrent sur une distinction entre universel « logique » abstrait (ou « universel de prédication ») et universel « théologique » séparé (ou « universel de production »), teintée d'éléments empruntés à la théorie proclienne de la « précontenance » (*praehabere, praehabitio, praecontinere, praecontinentia*) : c'est le cas des Allemands Dietrich de Freiberg (*De cognitione entium separatorum*, 10, 1-4 ; éd. H. Steffan, p. 176, 1-177, 33) et de Berthold de Moosburg (*Super Elementationem theologicam Procli*, prop. I A ; éd. L. Sturlese, p. 74, 99-102), mais aussi de certains réalistes oxoniens du XIVe siècle, tels que Wycliff (*Tractatus de universalibus*, II, 2 ; éd. I.J. Mueller, Oxford, Clarendon Press, 1985, p. 62-63), opposant universaux « logiques » et universaux « métaphysiques ». Au XVe siècle, les « albertistes » de Cologne et de Paris ajoutent une quatrième variété d'universaux, qui leur permet d'inscrire l'ensemble des écoles philosophiques « modernes » dans une quadripartition héritée de la doxographie philosophique albertinienne. Dans ce nouveau dispositif, les nominalistes, partisans de la réduction des universaux à l'universel *post rem*, figurent comme représentants d'un « Épicurisme » dit « littéral » (« *epicurei litterales* »).

Si la philosophie moderne et contemporaine a largement abandonné la thématique de l'universel *ante rem*, le nominalisme et le réalisme modernes ont contribué à pérenniser le débat Platon-Aristote orchestré dans le commentarisme antique et médiéval. Le lexique contemporain ne pose donc guère de problèmes au lecteur, en dehors des phénomènes propres à l'anglais, ses ellipses et ses raccourcis — telles les expressions « *Predicate Nominalism* », « *Concept Nominalism* » et « *Resemblance Nominalism* » (défini, *supra*, encadré 1), difficiles à rendre autrement que par des périphrases peu élégantes, souvent inadéquates (« Nominalisme réduisant les universaux à des prédicats », « Nominalisme fondé sur la ressemblance »). Directement transposé en français, le « nominalisme du prédicat » sera défini comme une doctrine soutenant que certains individus se laissent regrouper dans la mesure où ils ont le même rapport au *token* (signe ; cf. PROPOSITION, encadré 4) écrit ou vocal d'un même *type* linguistique (« some individuals, ordinary or relation instances, are *related to a shared entity — i.e. to a spoken or written token of a linguistic type* », cf. D.W. Mertz, *Moderate Realism and its Logic*, p. 12-13) ; le « nominalisme du concept », comme une doctrine qui remplace l'idée de « type linguistique » par celle de « construct mental » dans le rôle du type — les deux doctrines ayant en commun le rejet des universaux, entendus comme propriétés réellement communes à plusieurs individus, « instantiées » ou « exemplifiées » en plusieurs.

Alain de LIBERA

BIBLIOGRAPHIE

ABÉLARD, *Logica « Ingredientibus »*, éd. B. Geyer, in *Peter Abaelards philosophische Schriften*, Münster, Aschendorff, « *BGPM* XXI, 1-3 », 1919-1927.

— *Logica « Nostrorum petitioni sociorum »*, éd. B. Geyer, in *Peter Abaelards philosophische Schriften*, Münster, Aschendorff, « *BGPM* XXI, 4 », 1933.

AMMONIUS, *Ammonii in Porphyrii Isagogen sive V voces*, éd. A. Busse, Berlin, G. Reimer, « CAG » IV, 3, 1891.

ARMSTRONG David M., *Universals and Scientific Realism*, Cambridge UP, 2 vol. [vol. 1 : *Nominalism and Realism* ; vol. 2 : *A Theory of Universals*], 1978.

— *Universals. An Opinionated Introduction*, Boulder, Westview Press, 1989.

BERGMAN Gustav, *Realism*, University of Wisconsin Press, 1967.

BOÈCE, *Opera logica*, in *Patrologia latina*, t. 64.

— *In Porphyrii Isagogen commentarium editio duplex*, éd. G. Schepps-S. Brandt, Vienne, « Corpus Scriptorum Ecclesiasticorum Latinorum », XLVIII,1906.

EBBESEN Sten, « Philoponus, "Alexander" and the Origins of Medieval Logic », *in* R. SORABJI (éd.), *Aristotle Transformed. The Ancient Commentators and Their Influences*, Ithaca (N.Y.), 1990, p. 445-461.

KÜNG Guido, *Ontology and the Logistic Analysis of Language*, Dordrecht, Reidel, 1967.

LIBERA Alain de, *La Querelle des universaux. De Platon à la fin du Moyen Âge*, Seuil, « Des Travaux », 1996.

— *L'Art des généralités. Théories de l'abstraction*, Aubier, « Philosophie », 1999.

LLOYD A.C., *Form and Universal in Aristotle*, Liverpool, Francis Cairns, 1981.

MERTZ D.W., *Moderate Realism and its Logic*, New Haven et Londres, Yale UP, 1996.

PORPHYRE, *Isagoge*, trad. fr. A. de Libera et A.-Ph. Segonds, intr. et notes A. de Libera, Vrin, « Sic et non », 1998.

— *Isagoges Fragmenta M. Victorino interprete*, éd. L. Minio-Paluello, ad. B.G. Dod, Bruges-Paris, Desclée de Brouwer, « *Aristoteles Latinus* » I, 6-7, 1966.

— *Isagoge, Translatio Boethii*, éd. L. Minio-Paluello, ad. B.G. Dod, Bruges-Paris, Desclée de Brouwer, « *Aristoteles Latinus* » I, 6-7, 1966.

— *Isagoge*, trad. angl. E.W. Warren, Toronto, The Pontifical Institute of Mediaeval Studies, « *Mediaeval Sources in Translation* » 16, 1975.

Porphyry. Introduction, trad. angl. J. Barnes, Oxford, Clarendon Press, 2003.

PRICE H.H., *Thinking and Experience*, Hutchinson, Routledge and Kegan Paul, 1953.

QUINTON A., *The Nature of Things*, Londres, Routledge and Kegan Paul, 1973.

SERGIUS DE REŠ'AINA, *Traité sur les Catégories « à Philotheos »*, trad. fr. H. Hugonnard-Roche, *in* « Les *Catégories* d'Aristote comme introduction à la philosophie, dans un commentaire syriaque de Sergius de Reš'ainā († 536) », *Documenti e studi sulla tradizione filosofica medievale*, 8, 1997, p. 339-363.

STOUT G.F., « The Nature of Universals and Propositions » [1921], *in* C. LANDESMAN (éd.), *The Problem of Universals*, New York, Basic Books, 1971, p. 154-166.

WILLIAMS D.C., « The Elements of Being », *Review of Metaphysics*, 7, 1953, p. 3-18, 171-192.

WILSON John Cook, *Statement and Inference. With other Philosophical Papers*, Oxford, Clarendon Press, 1926, 2 vol.

WOLTERSTORFF N., *On Universals*, Chicago, University of Chicago Press, 1970.

UTILE *Utile* dérive du lat. *uti*, « se servir de ». C'est à partir de l'anglais, marqué par l'invention de *utilitarian* proposé par Bentham à côté de *useful*, qu'on trouvera l'étude de ce réseau : voir UTILITY ; cf. FAIR, RIGHT, WELFARE.
À comparer avec le réseau de la « disponibilité » récemment marqué par la *Vorhandenheit* heideggerienne : voir VORHANDEN/ZUHANDEN, et *DISPOSITION* (I).

► BEAUTÉ, ÉCONOMIE, ENTREPRENEUR, PRAXIS, TRAVAIL, *VALEUR*, *VERTU*

UTILITY, UTILITARIAN, UTILITARIANISM

ANGLAIS – fr. *utilité, utilitaire, utilitariste, utilitarianisme, utilitarisme*

► *UTILE*, et BEAUTÉ, ***BONHEUR***, ÉCONOMIE, FAIR, RIGHT, ***VALEUR***, VORHANDEN, WELFARE

L'une des origines de l'incompréhension des Français vis-à-vis de la philosophie utilitariste de Bentham, de Mill et de Sidgwick se trouve probablement dans un problème de traduction. Lorsque les premiers traducteurs français de Bentham et de ses amis voulurent rendre le néologisme anglais utilitarian *(1781), que ce dernier avait créé pour décrire sa nouvelle philosophie de l'intérêt général, ils inventèrent un autre néologisme, celui d'*utilitaire *(1831). Mais, dès 1802, Bentham, conscient du sens péjoratif que le terme avait pris en raison des réactions hostiles à sa doctrine, proposa* utilitairien *pour marquer une différence entre le terme savant et l'usage courant. Le nouveau mot n'eut aucun succès et, en 1922, « utilitaire » fut tardivement supplanté par « utilitariste » pour traduire* utilitarian, *terme qui conserve aujourd'hui en anglais sa connotation péjorative à côté de son sens philosophique et qui est bien distinct de* useful, *lequel a, lui, un sens positif.*
De même utilitarisme, *apparu en 1842, a fini par supplanter* utilitairianisme *(1845) ou* utilitarianisme *(1872) pour traduire* utilitarianism, *mais on trouvera longtemps encore l'expression de* philosophie utilitaire, *ce qui ne manquera pas de nourrir les préjugés et l'incompréhension vis-à-vis de celle-ci pendant le XIXe siècle. Ainsi, dans son livre de référence, longtemps célèbre,* La Morale anglaise contemporaine, morale de l'utilité et de l'évolution, *paru en 1885, Jean-Marie Guyau précise que « son mémoire avait pour objet l'histoire et la critique de la morale utilitaire ». De même, Élie Halévy écrit en 1901 : « À la philosophie spiritualiste des droits de l'homme (en France) correspondait (en Angleterre) la philosophie utilitaire de l'identité des intérêts » (1995, vol. 1, p. 6).*

I. « UTILITARIAN » ET « EXPEDIENT »

Il est fascinant de voir le néologisme *utilitarian* tomber si vite dans l'usage public et prendre un sens si négatif. Ainsi Dickens, dans *Les Temps difficiles*, en 1854, en a présenté une image caricaturale, faisant de la mentalité « utilitaire » une attitude imperméable aux sentiments moraux et préoccupée uniquement par les faits : le « *gradgrindisme* » du nom du héros du roman. Le problème qui se pose est de savoir si ce contresens vient d'une incompréhension liée à l'hostilité de l'esprit du temps — le rejet du capitalisme naissant par le romantisme, puis le marxisme — ou s'il vient plutôt d'une faiblesse interne à l'utilitarisme sur laquelle il conviendra de s'interroger. Le sens philosophique du terme, à savoir la reconnaissance, comme critère du bien et du mal, du « plus grand bonheur pour le plus grand nombre, chacun comptant de manière égale » (Bentham, 1789), demande à être explicité.

Comme le fait remarquer Mill au début de l'*Utilitarisme*, l'adjectif « utilitaire » en est venu à désigner ce qui est seulement instrumental ou avantageux, ce qui dispense de tout souci du plaisant, du beau et de « l'inutile » ; et l'utilitarisme a été assimilé à la philosophie du boutiquier, de l'intérêt à court terme. « Liberté, égalité, propriété et Bentham ! », s'exclame Marx (*Le Capital*, trad. fr. J. Roy, in *Œuvres*, Gallimard, « La Pléiade », 1979, p. 726). Pour clarifier ces confusions et soustraire l'utilitarisme à ces accusations d'immoralité, Mill propose de distinguer entre *utilitarian* et *expedient*. Ce dernier terme a bien le sens péjoratif d'un moyen utile à n'importe quelle fin, de ce qui est avantageux à court terme, d'un procédé commode ou efficace, sans aucune notion de moralité, comme dans « utilitaire ». Ce qui est simplement *expedient* sert une fin que nous n'approuvons pas nécessairement, mais la sert efficacement. Au contraire, l'utile n'est tel que par rapport à une fin bonne (Mill, *Utilitarisme*, p. 27). Mill s'en explique en ces termes :

> [...] la doctrine de l'Utilité est souvent stigmatisée de manière sommaire comme étant une doctrine immorale, que l'on baptise du nom de doctrine de l'Avantage [*expediency*] en se référant au sens ordinaire de ce terme qui l'oppose au terme de Principe. Mais l'Avantageux [*expedient*], au sens où on l'oppose au Bien [*right*], indique en général ce qui est immédiatement avantageux pour l'intérêt particulier de l'agent lui-même ; comme lorsqu'un ministre sacrifie les intérêts de son pays pour conserver sa position. Lorsque le terme veut dire quelque chose de plus que cela, il désigne ce qui est avantageux pour quelque objectif immédiat, quelque but temporaire, mais qui viole une règle dont le respect serait avantageux à un niveau beaucoup plus élevé. L'Avantageux, en ce sens, au lieu d'être un synonyme de l'utile, est une branche du nuisible.
>
> J. S. Mill, *Utilitarisme*, p. 61.

L'utilitarisme, au contraire, cherche un principe moral fondamental permettant de définir le bien et le mal moral : la quantité de bonheur qui résulte d'une action, d'une décision, d'un système politique, d'une redistribution de biens et d'avantages matériels et sociaux, etc. En bref, il nous propose un moyen d'évaluation objectif et impartial du juste et de l'injuste, du bien et du mal, à la place de critères fondés sur l'opinion, l'intérêt particulier ou le pouvoir. Il suit Socrate contre Calliclès.

II. « UTILITY » ET « USEFULNESS »

Pourquoi ce sens péjoratif ? Pourquoi ne pas rattacher l'*utility* au Bien et ne pas dire que l'utilitaire n'est un critère moral que s'il poursuit une fin bonne, s'il est *useful* ? C'est que l'on tomberait dans une circularité bien gênante, déjà notée par G.E. Moore (*Principia Ethica*,

1901), à savoir que, pour fonder la distinction proposée par Mill, nous avons besoin de savoir ce qu'est une fin bonne indépendamment de notre avantage immédiat, donc d'un critère indépendant du Bien. Or c'est ce que l'utilitarisme refuse puisqu'il définit le Bien par l'utilité ou le bonheur. Comme l'écrivait Hume avant Bentham :

> l'utilité [*utility*] consiste seulement en une tendance vers une certaine fin, et c'est une contradiction dans les termes que de dire qu'une chose nous plaît comme moyen de parvenir à une fin, alors que la fin elle-même ne nous affecte en rien.
>
> *Enquête sur les principes de la morale*, V, II, p. 128.

D'où l'insistance de Hume sur l'agrément et l'approbation pour définir l'utilité, et sa conclusion : « Toute chose qui contribue directement au bonheur de la société se recommande directement à notre approbation et à notre bienveillance » (*ibid.*, p. 125-126). Voilà le point crucial sur lequel Mill aurait dû insister s'il avait voulu réellement arracher l'*utilitarian* à l'instrumental et c'est à Hume, en réalité, que nous devons la solution de notre problème. Ce qui définit l'utile comme bien pour les utilitaristes et qui fait la différence entre l'avantageux et l'utile, c'est le consensus général ou l'approbation du suffrage universel comme dirait Kant et c'est là le point essentiel de la doctrine. L'utilité est collective ou elle n'est pas :

> L'utilité est agréable et engage notre approbation. Mais *utile* à quoi ? À l'intérêt de quelqu'un sans doute. L'intérêt de qui alors ? Pas seulement le nôtre, car notre approbation souvent le dépasse. Cela doit être par conséquent l'intérêt de ceux qui sont servis par le caractère ou l'action approuvés.
>
> *Ibid.*, p. 126.

L'utile ne peut être compris sans référence au plaisir et à la suppression de la peine pour tous, au bonheur humain en général. C'est pourquoi Bentham a fini par appeler le principe d'utilité le « principe du plus grand bonheur du plus grand nombre, chacun comptant de manière égale ». L'utilité dont nous parlent les philosophes britanniques ne doit donc être confondue ni avec ce qui est simplement *expedient* — car elle renvoie à une fin bonne, à ce qui a réellement de la valeur pour nous, à notre bonheur et à notre satisfaction —, ni avec l'intérêt personnel égoïste — elle ne peut être évaluée que par un consensus général, ce que Élie Halévy appelle une « identité des intérêts ». Pour les utilitaristes, il est impossible de séparer l'individu du tout. C'est par cette dimension d'universalité que l'utilitarisme échappe aux confusions présentes dans l'usage courant.

L'usage philosophique du terme « utilité » l'élargit donc à ce qui procure une satisfaction pour le plus grand nombre, perdant ainsi toute connotation d'instrumentalité ou de neutralité par rapport à la fin poursuivie. En tant que principe moral, il s'appuie comme la morale kantienne sur un principe d'impartialité. Le bonheur qu'il s'agit de maximiser est celui de tous, traités, les uns et les autres, de manière égale :

> Le bien d'un individu particulier, quel qu'il soit, n'a pas plus d'importance, du point de vue de l'univers, si je puis m'exprimer ainsi, que le bien de n'importe quel autre individu, à moins qu'il n'y ait des raisons spéciales de croire qu'un Bien plus grand est susceptible d'être atteint dans un cas plutôt que dans l'autre.
>
> H. Sidgwick, *The Methods of Ethics*, livre III, chap. 13.

Catherine AUDARD

BIBLIOGRAPHIE

AUDARD Catherine (éd.), *Anthologie historique et Critique de l'utilitarisme*, 3 vol., PUF, 1999.

BENTHAM Jeremy, *An Introduction to the Principles of Morals and Legislation* [1789], éd. Burns et Hart, Londres, Athlone Press, 1970.

HALÉVY Élie, *La Formation du radicalisme philosophique* [1901], 3 vol., rééd. PUF, 1995.

HUME David, *Enquête sur les principes de la morale* [1751], trad. fr. P. Baranger et P. Saltel, Flammarion, 1991.

MILL John Stuart, *L'Utilitarisme* [1881], trad. fr. C. Audard, PUF, 1998.

SIDGWICK Henry, *The Methods of Ethics* [1874], Londres, Macmillan, 6e éd., 1901, 7e éd., préface J. Rawls, Londres, Hackett Publishing Co., 1981 ; *Les Méthodes de l'éthique*, trad. fr. F. Robert, *in* C. AUDARD (éd.), *Anthologie historique et Critique de l'utilitarisme*, t. 2, PUF, 1999.

V

VALEUR

Valeur, comme l'anglais *value* ou l'allemand *Gewalt*, provient du latin *valere*, « être bien portant, fort, puissant, être en vigueur, valoir » (cf. la formule de salut, *Vale*, encadré 1, « *Khaire* ou comment saluer », dans PLAISIR), qui traduit le grec *dunasthai* [δύνασθαι] (voir *POUVOIR*). L'allemand possède une constellation sans équivalent, comprenant aussi *Wert*, « valeur », qui connote le devoir-être (*werden*, « devenir »), et *Geltung*, « valeur », ou *Gültigkeit*, « validité » (sur *gelten*, « payer tribut »). C'est dans la philosophie allemande du tournant du siècle que les différentes acceptions de *valeur* ont connu un traitement systématique, qui débouche sur une distinction rigoureuse des termes, en s'appuyant, pour l'essentiel, sur la distinction kantienne entre philosophie théorique et philosophie pratique (école de Bade), ou en cherchant à la contester (la « conversion » des valeurs de Nietzsche, *Umwertung der Werte*), voire à établir une phénoménologie des valeurs (Max Scheler) : on est donc parti du réseau allemand ; voir WERT ; cf. SOLLEN, WILLKÜR.

La difficulté du terme *valeur* tient à la diversité des domaines où il trouve sa signification. Outre WERT, qui articule l'ensemble de ces domaines, on se reportera aux entrées ou aux parties d'entrées suivantes :

I. VALEUR ET VERTU

Valeur relève du lexique des qualités physiques et morales personnelles (force, bravoure, courage) : voir VIRTÙ (en particulier pour gr. *aretê* [ἀρετή], lat. *virtus*, it. *virtù*) et cf. *VERTU*. Voir, plus généralement, sur l'éthique comme système de valeurs : DEVOIR, MORALE.

II. VALEUR ET VÉRITÉ

La question centrale est celle de l'articulation entre *vrai*, *valide* et *valable*, avec la notion de « valeur de vérité » : voir VÉRITÉ, et PROPOSITION, TRUTH-MAKER ; voir aussi *CROYANCE* [BELIEF, DOXA, GLAUBE]. Sur la séparation des sphères de l'éthique et de la connaissance, voir plus particulièrement WERT (IV).

III. VALEUR ET SENS

Sur le rapport entre le sens et la valeur d'un mot, voir SENS (en particulier III, et encadré 4, « Import... » ; cf. HOMONYME, MOT, *MOT D'ESPRIT*, SIGNIFIANT.

IV. VALEUR ET ÉCONOMIE

Voir ÉCONOMIE, ENTREPRENEUR, OIKONOMIA. Sur le rapport entre valeur morale et valeur économique, voir plus particulièrement BERUF, UTILITY, WELFARE ; cf. SÉCULARISATION, SOBORNOST'.

Sur la valeur d'une chose, voir RES (et l'encadré 1, « Les manières de dire *chose* en grec »), VORHANDEN.

Sur la question de la « plus-value », on se reportera à l'encadré 1, « *mehrwert* », dans WERT.

V. VALEUR ET ESTHÉTIQUE

Sur la question de la valeur d'une couleur ou d'un timbre de voix, voir COLORIS, STIMMUNG. Sur le jugement de valeur esthétique, voir GOÛT, STANDARD, et cf. notamment ART, BEAUTÉ, ESTHÉTIQUE, INGENIUM, SUBLIME.

VERBE

Verbe provient du latin *verbum*, qui signifie « mot, terme, expression », sur une racine indo-européenne qui a donné en grec *Fereô* [Ϝερέω] « je dirai », et l'anglais *word* ou l'allemand *Wort*. Ainsi la traduction *verbum e verbo* désigne-t-elle la traduction « mot à mot », voir TRADUIRE (III).

1. Sur les manières de désigner l'unité minimale de langage, sur les différenciations entre mot, nom et verbe et l'évolution du sens des termes qui les désignent, voir MOT ; cf. LANGUE, LOGOS, SENS, SIGNE.

2. Sur le verbe comme composante structurante de la proposition et catégorie grammaticale, voir ESTI, PROPOSITION, SYNCATÉGORÈME ; voir aussi *CATÉGORIE*, *ÊTRE*, *PRÉDICABLE*, *PRÉDICATION*, *SUJET*.

En particulier, sur la manière dont le verbe exprime le temps et l'aspect, voir ASPECT, PRÉSENT / PASSÉ / FUTUR, TO TI ÊN EINAI ; cf. MÉMOIRE. Voir aussi ESTI pour le participe présent, ANGLAIS pour le gérondif.

3. Sur l'éminence du verbe comme expression de l'action, liée à l'être et à l'existence, voir *ACTE*, et ACTE DE LANGAGE.

4. Sur le rapport entre *logos* [λόγος], *verbum*, *dāvār* [דָּבָר], verbe et Verbe divin, voir LOGOS, en particulier III, B ; cf. *ALLIANCE*, DIEU.

► *CHOSE*, DICHTUNG, *DISCOURS*

VERGÜENZA ESPAGNOL – fr. *vergogne, honte, fierté, honneur*

gr.	*aidôs* [αἰδώς]
lat.	*verecundia*
it.	*vergogna*

► *HONTE*, et ART, CIVILTÀ, DESENGAÑO, FAIR, GÉNIE, MIMÊSIS, MITMENSCH, PHRONÊSIS, POLIS, RELIGIO, THEMIS, SPREZZATURA, VIRTÙ

En français, vergogne *n'apparaît plus que dans la tournure négative « sans vergogne ». Sa signification garde des attaches avec la racine latine* (vereri, *« éprouver une crainte religieuse ou respectueuse pour »), mais avec l'acception privilégiée de « honte ». Cette honte fut ensuite restreinte essentiellement à la morale sexuelle (« parties vergogneuses », comme le latin* pudenda*), et* vergogne *se dit alors pour « décence, pudeur ».*
En espagnol et en italien, loin d'être tombés en désuétude, les termes vergüenza *et* vergogna *sont convoqués dans une multiplicité de circonstances. En espagnol, la* vergüenza *est polarisée vers l'estimation de sa propre dignité ; mais surtout, comme le souligne le psychologue Eduardo Crespo, elle ne peut se comprendre que comme un sentiment collectif, ainsi qu'en témoigne l'expression* vergüenza ajena *(litt. « la vergogne de l'autre »), qui désigne la honte qu'on éprouve soi-même devant le comportement d'autrui. On retrouve alors l'un des traits essentiels de l'*aidôs *[αἰδώς] grec.*

I. « VERGÜENZA »/« VERGOGNE »

Les termes *vergüenza* (esp.), *vergogne* (fr.) et *vergogna* (it.) tirent leur origine de la même racine latine *verecundia*, « retenue, réserve, modestie » ou « pudeur » — qui prendra, en latin impérial, le sens de « honte devant une chose blâmable ». *Verecundia* est lui-même dérivé de l'adjectif *verecundus*, « respectueux, réservé »/« que l'on respecte, vénérable ». Ce dernier vient du verbe *vereri*, « éprouver une crainte religieuse ou respectueuse pour, avoir scrupule à ». *Vereri* appartient à une famille rattachée à une racine indo-européenne °*swer*-, « faire attention », comme le grec *horan* [ὁρᾶν], « regarder, faire attention, voir » (cf. DHLF).

Le français courant n'utilise plus *vergogne* que sous la forme associée au marqueur de négativité : « sans ». L'obsolescence même du terme est mise à profit pour désigner une désapprobation bienveillante confinant à l'ironie. Mais de quoi manque celui dont on dit qu'il est ou agit « sans vergogne » ? Sous la forme adverbiale, on dira qu'il manque de scrupules et de retenue ; la forme attributive ajoute une connotation d'immoralité : « dévergondé ». La définition de la vergogne semble n'exister qu'en creux dans son opposé : « sans vergogne » est utilisé essentiellement selon les figures de l'accusation ou du jugement.

En espagnol, on doit suivre le chemin exactement inverse : avant d'être *sin vergüenza*, il faut d'abord être *con vergüenza*. Un *hombre con vergüenza* est un homme d'honneur, un homme de parole — non pas tant qui tient parole, mais qui est tenu par la parole donnée : celle par laquelle on s'engage à *cumplire* et à *ser cumplido*, « accomplir » (remplir ses devoirs vis-à-vis du collectif) et « s'accomplir ». Le serment, dans ce cadre, prévaut sur le jugement. Le motif de la honte, dès lors, relève du parjure, de la violation de l'engagement qui porte atteinte à la dignité. L'accomplissement de soi vient « complimenter » la collectivité : chaque dignité se porte au crédit du collectif, le fait valoir ; à l'inverse, manquer de *vergüenza*, c'est porter atteinte au collectif, lui faire injure.

Dans la culture française, le jugement négatif témoigne de la démesure, de l'outrance de la conduite stigmatisée ; ici, l'indignation traduit ou cherche à conjurer la rupture de l'engagement. Dans le premier cas, la transgression est jugée selon un système de normes, conventions, convenances (voir encadré 6, « Le décorum », dans MIMÊSIS) ; dans le second, elle implique, garantit et construit les relations elles-mêmes. Ce contraste est particulièrement lisible dans l'usage de l'expression *vergüenza ajena* (littéralement « vergogne d'autrui », de l'autre ou des autres). Selon le psychologue espagnol E. Crespo, la *vergüenza ajena* est le sentiment de honte éprouvé face à l'incompétence ou à l'inadéquation de la conduite d'une autre personne. Le sentiment de honte, dans ce cas, est complètement étranger à l'action du sujet puisque celui-ci n'a pas agi, et ne peut donc ni se sentir responsable ou coupable, ni être tenu pour tel. Précisément parce qu'il n'y a pas de relation directe avec celui pour qui l'on ressent de la honte, le sentiment de *vergüenza* exhibe et fabrique le lien. La *vergüenza* tisse une matrice de solidarité : c'est elle qui définit le collectif. Celui par lequel la *vergüenza* arrive ne se fait pas tant exclure de la collectivité qu'il ne s'en désolidarise. « *¿ No te da vergüenza ?* » : l'indignation n'est pas accusation mais rappel au devoir de dignité — « cela ne te fait donc pas honte ? ».

♦ Voir encadré 1.

II. « AIDÔS » ET LE REGARD DE L'AUTRE

Le rapport à la communauté, dont témoigne l'expression espagnole *vergüenza ajena*, est très sensible dans le grec *aidôs* [αἰδώς], pour lequel Bailly par exemple donne les sens principaux, dits passifs, de « sentiment de l'honneur », « honte, pudeur », « respect » (*reverence, awe, respect, shame, self-respect, sense of honour, regard, reverence* sont les traductions proposées par le LSJ), et le sens, dit actif, de « sujet de honte » (*shame, scandal*, LSJ), d'où, au pluriel, « parties honteuses » (Homère, *Iliade*, II, 262).

Tout d'abord, l'*aidôs* est à distinguer de l'*aiskhunê* [αἰσχύνη], terme pour lequel Bailly propose également « honte » et « sentiment de l'honneur » : cette seconde famille de mots renvoie en effet — au moins aussi — à la difformité et à la laideur par opposition à la beauté (*aiskhunô* [αἰσχύνω] a pour premier sens « souiller, défigurer » [Homère, *Iliade*, XVIII, 24], et Platon oppose *aiskhos* [αἶσχος] ou *aiskhros* [αἰσχρός] au beau, *kalos* [καλός], dans le *Banquet*, 201a 4-5, 206c 4-5 ; voir encadré 1, « Bel et bon : *kaloskagathos* », dans BEAUTÉ). L'*aiskhunê* est souvent liée au corps, et au corps féminin, à la « pudeur » au sens moderne du terme (*aiskhunô* prend le sens de « rougir de » et, en botanique, l'*aiskhunomenê* [αἰσχυνομένη] désigne la « sensitive », qu'elle soit *mimosa pudica* [Bailly] ou *asperata* [Chantraine, LSJ]), au point de pouvoir désigner spécifiquement le sentiment de honte qui s'attache au viol et, surtout au pluriel, le « viol » lui-même, les « derniers outrages » (par ex. Isocrate, 64d [= *Panégyrique*, IV, 114]).

On passe ainsi, pour *aidôs* comme pour *aiskhunê*, de la possibilité de ressentir la honte à cela même qui fait honte, si bien qu'on pourra évidemment traduire chez un même auteur *aiskhunê* ou *aidôs*, avec leur nuance, tantôt par « honneur » et tantôt par « déshonneur » (Thucydide, II, 51, 5 / I, 5, 1). Ce pli qui caractérise la structure de la honte est expliqué par Phèdre, qui ne sait de quel côté son amour pour Hippolyte fait pencher l'*aidôs* : « [...] l'*aidôs*. Elle est double, la première n'est pas mauvaise, l'autre est le fardeau des maisons ; si le moment (*kairos* [καιρός]) était clair, elles ne seraient pas deux à s'écrire pareil » (Euripide, *Hippolyte*, 385-387 ; pour une autre analyse, B. Williams, *La Honte et la Nécessité*, p. 229-234). Le latin *pudor*, sur *pudeo*, « avoir honte / causer de la honte », aura le même type d'extension (*ecqui pudor est ?*, « as-tu le sentiment de l'honneur ? » [Cicéron, *In Verrem actio*, 4, 18] / *vulgare alicujus pudorem*, « divulguer le déshonneur de quelqu'un » [Ovide, *Heroides*, 11, 79]). Mais, par différence avec *pudor* qui rend régulièrement *aidôs*, c'est le doublet *pudicitia* qui désigne sans ambiguïté la pudeur-chasteté : le syntagme *pudor et pudicitia* dit ainsi l'honneur et la chasteté, la moralité et les bonnes mœurs (Cicéron, *In Catilinam orationes*, 2, 25 ; sur la conjonction, spartiate, *aidôs-aiskhunê*, cf. Thucydide, I, 84, 3).

L'*aidôs*, pour sa part, définit le héros homérique : le mot désigne, dit Chantraine (*s.v.* « *aidomai* [αἴδομαι] »), « le sentiment de respect devant un dieu ou un supérieur, mais aussi [...] le sentiment de respect humain qui interdit à l'homme la lâcheté » : « Amis, soyez des hommes, mettez-vous au cœur le sens de la honte (*aidô thesth' eni thumôi* [αἰδῶ θέσθ' ἐνὶ θυμῷ]). Faites-vous mutuellement honte (*allêlous t' aideisthe* [ἀλλήλους τ' αἰδεῖσθε]) dans les mêlées brutales » (*Iliade*, XV, 561-562, trad. fr. P. Mazon, t. 3, p. 87 ; cf. 659-666, où Nestor ajoute à la même exhortation une supplication *huper tokeôn* [ὑπὲρ τοκέων], « au nom des parents »). P. Mazon rend le cou-

1

Le « sans vergogne » de Francis Ponge

Une bonne part des usages de *vergüenza* recoupe ceux de la *vergogna* italienne. Nombre d'invocations et d'exclamations se situent dans le champ lexical du français *honte* ; les expressions d'usage courant en italien et en espagnol trouvent ainsi leur traduction (« Quelle honte ! », « C'est une honte ! »), mais le sens en français est, le plus souvent, considérablement affaibli. En effet, tant en espagnol qu'en italien, convoquer la *vergüenza* ou la *vergogna*, c'est mobiliser la fierté. On aimerait pouvoir revenir à « vergogne », à condition de lui rendre sens. Un Francis Ponge a su tirer le mot de sa désuétude.

Trois occurrences suffisent à réactiver la force des significations :

> Quant à la syntaxe, aux formes prosodiques et d'une façon plus générale à la rhétorique, ici encore leur rénovation sera d'instinct, et sans vergogne (prudente pourtant, et tenant compte uniquement du résultat, de l'efficacité).
>
> Mais avant tout cela, il faut dire que l'expérience des récents succès (et déboires) en fait de gloire littéraire ou picturale nous a été fort enseignante (Mallarmé, Rimbaud).
>
> Nous avons constaté que la hardiesse en ces matières *payait*.
>
> Francis Ponge, *Méthodes*, « My creative method », p. 19.

> On nous reprochera d'un certain côté d'attendre nos idées de mots (du dictionnaire, des calembours, de la rime, que sais-je...) : mais oui, nous l'avouerons, il faut y employer ce procédé, respecter le matériau, prévoir sa façon de vieillir, etc. [...] Nous répondrons pourtant que cela n'est pas exclusif et que nous demandons aussi à une contemplation non prévenue et à un cynisme, une franchise de relations sans vergogne, de nous en fournir aussi.
>
> « My creative method », p. 19-20.

> [...] si vous voulez prendre la tangente, suivez-moi — cela a l'air prétentieux — mais c'est en même temps si simple. Vous n'aurez pas à me suivre bien loin. Seulement jusqu'à ce mégot, par exemple, n'importe quoi à condition de le considérer honnêtement, c'est-à-dire finalement (sans souci de tout ce qu'on nous chante sur l'esprit, sur l'homme) à le considérer sans vergogne.
>
> *Méthodes*, « Tentative orale », p. 254.

Cette recherche du « comble de la propriété dans les termes » (c'est une expression de Ponge), appliquée à la « vergogne », revitalise le mot. Certes, Ponge utilise l'expression négative *sans vergogne*, mais il la délie en l'inscrivant dans d'autres polarisations, selon un autre système d'échos et de résonances (ce qu'il appelle « tenir compte uniquement du résultat » — du latin *resulto*, dans l'usage poétique « retentir, revenir en écho »). Dans la première occurrence, *sans vergogne* s'articule au spontané de l'instinct et de l'invention, et renoue, en toute hardiesse et prudence, avec le *sans crainte — verecundia, verecundus, vereri*. Dans la seconde, *sans vergogne* renvoie à une mise à plat des relations, affranchies du poids des conventions littéraires, sociales, affranchies, en somme, d'une approche qui aurait pris le parti de l'humain ou des idées contre celui des choses. Dans la troisième citation, considérer « sans vergogne » n'importe quoi (même un mégot), c'est le poser « honnêtement » en face à face comme digne d'intérêt sans se soucier des hiérarchies ontologiques. La beauté du paradoxe — et le signe d'une invention à l'œuvre — tient sans doute à ceci : Ponge a besoin de *retirer* la vergogne pour faire exister le « digne d'honneur » de ce dont il a pris le parti — la chose —, là où les Espagnols et les Italiens, à l'inverse, la cultivent sur le mode de l'« avec » pour traduire l'exigence de dignité.

BIBLIOGRAPHIE

PONGE Francis, « My creative method » et « Tentative orale », *Méthodes*, Gallimard, « Folio essais », 1961, p. 9-36 et 189-215.

ple *Aidôs kai Nemesis* [Αἰδὼς καὶ Νέμεσις], chez Homère (*Iliade*, XIII, 122) et chez Hésiode (*Travaux*, 200), par « Honneur et Vergogne », et renvoie la première à la « conscience individuelle », la seconde à la « conscience publique » (Hésiode, *Travaux*, trad. fr. P. Mazon, p. 93, n. 2). On dira plus justement que c'est à chaque fois, dans la « honte-honneur-respect » comme dans la « justice-vengeance », le regard de l'autre qui est impliqué plutôt que la conscience de soi, que ce regard détermine et exige une conduite ou qu'il châtie une inconduite (voir encadré 1, « Le grec pour "conscience" », dans CONSCIENCE, et THEMIS). Parmi les hypothèses étymologiques, on aimerait privilégier celle de Van Windekens, pour qui *aideomai* [αἰδέομαι] viendrait d'un **a-Fidomai* [*ἀ-Fιδομαι], de même famille que *Fidein* [Fιδειν] grec, *videre* latin, « voir ». *Aidôs* nomme très exactement l'exigence constitutive du héros « eu égard » à ses *philoi* [φίλοι] et à son *genos* [γένος].

L'*aidôs*, l'« honneur comme sens du regard de l'autre », fait rechercher le *kleos* [κλέος], la « gloire », et la *timê* [τιμή], l'« honneur comme estime de l'autre », et, plus précisément chez Homère, cette part d'honneur que les hommes et les dieux accordent à la dignité royale, et que matérialise le *geras* [γέρας], la part de butin que les guerriers attribuent au roi (cf. Benveniste, t. 2, chap. 5, p. 43-55, « L'honneur et les honneurs »). Ce qui porte atteinte à l'*aidôs*, c'est l'*hubris* [ὕϐρις], « insolence, démesure, excès, outrage » (ce peut être, comme chez nous, un chef d'accusation, cf. LSJ, *s.v.*, II. 3), qu'on en soit l'acteur ou l'objet. Ainsi, l'intrigue de l'*Iliade* se noue autour de l'*hubris* d'Agamemnon gardant pour lui Chryséis sur la part d'Achille (*Iliade*, I, 203), et celle de l'*Odyssée* culmine avec l'*hubris* des prétendants (*Odyssée*, IV, 627 ; « leur morgue insolente », traduit V. Bérard, p. 119). L'*hubris*, qu'une étymologie populaire rattache à *huper* [ὑπέρ], « au-dessus de », consiste, dira Aristote, « à dire et faire des choses dont celui qui les subit éprouve de la honte (*aiskhunê*), sans aucune autre visée que cette honte même et pour le plaisir » (*Rhétorique*, II, 2, 1378b 23-25). L'*hubris* est l'indice d'une mauvaise ou d'une fausse supériorité, dont les hommes doivent se garder entre eux comme face aux dieux jaloux : elle insulte l'ordonnance cosmique et humaine.

C'est sur ce fonds de régulation du monde commun qu'on doit interpréter le mythe de Protagoras : au rassemblement des guerriers se substitue l'assemblée des citoyens. Bien que pourvus déjà des *tekhnai* [τέχναι] prométhéennes et du *logos* [λόγος], des arts et de la discursivité (voir ART, LOGOS), les hommes ne cessent ou bien d'être exterminés par les animaux ou, s'ils se rassemblent en cités, de s'entre-tuer. Zeus, inquiet pour l'espèce, « envoie alors Hermès porter aux hommes *aidôs* et *dikê* [δίκη] (A. Croiset traduit : « pudeur et justice », p. 37), afin qu'existent les structures des cités et les liens d'amitié qui font tenir ensemble » (Platon, *Protagoras*, 322c 2-3 ; cf. B. Cassin, *L'Effet sophistique*, p. 216-225 et 295-308). *Aidôs* et *dikê* constituent à elles deux l'*aretê politikê* [ἀρετὴ πολιτική], l'« excellence ou vertu politique », qu'il importe, à la différence des compétences techniques, de répartir également entre tous les hommes : « Établis en mon nom la loi de partage (*nomon* [νόμον] ; voir LEX) selon laquelle celui qui ne peut prendre part (*metekhein* [μετέχειν]) à *aidôs* et *dikê* est mis à mort comme maladie de la cité » (Platon, *ibid.*, 322d 3-4). L'*aidôs* est la tenue, bonne tenue et retenue (le terme est relayé par celui de *sôphrosunê* [σωφροσύνη], 323a 2 ; voir PHRONÊSIS), provoquée par le respect du regard et de l'attente d'autrui ; *dikê*, avant d'être la « justice », dit la règle, l'usage, la procédure, tout ce dont on peut « faire montre » (*deiknumi* [δείκνυμι] ; voir THEMIS), la norme publique de la conduite. L'*aidôs* n'est ainsi que la motivation à respecter la *dikê*, et la *dikê* n'a de force que pour autant que chacun éprouve l'*aidôs*. Il n'y a dans cette combinaison protagoréenne nulle matière à intention éthique, encore moins à autonomie du sujet moral, mais une définition du politique comme respect des règles du jeu public — de fait, conclut Protagoras sans crainte du scandale moral, celui qu'on sait injuste, s'il ne feint pas en public d'être juste, fait preuve, non de sagesse, de sincérité ou de modération (*sôphrosunê*), mais, tout simplement, de folie (*mania* [μανία], 323b-c).

Aristote relaie cette dimension politique de l'*aidôs*. Dans la mesure où la politique ne se confond pas avec l'éthique, mais en constitue l'architectonique (*Éthique à Nicomaque*, I, 1 ; voir PRAXIS), il est très conséquent que l'*aidôs* ne soit pas une vertu, une *aretê* : c'est un *pathos* [πάθος], une affection, qui d'ailleurs implique largement le corps, plutôt qu'une *hexis* [ἕξις], une disposition choisie par l'âme (IV, 15, 1128b 10-11 ; cf. II, 6, 1106b 36-1107a 1, pour la définition de la vertu comme *hexis proairetikê* [ἕξις προαιρετική]). La distinction d'avec l'*aiskhunê* en devient sans doute plus fragile (cf. *Rhétorique*, II, 6, et les protestations de J. Tricot, qui rend *aidôs* par « modestie », dans ses notes sur l'*Éthique à Nicomaque*, IV, 15, p. 210), mais il appert plus que jamais que l'*aidôs* tient au croisement des regards : « Dans les yeux, l'*aidôs* », comme dit le proverbe (*Rhétorique*, II, 6, 1384a 33-36). C'est pourquoi, dans la *Politique*, on recommande la « présence visible (*en ophthalmois parousia* [ἐν ὀφθαλμοῖς παρουσία]) » des magistrats dans les gymnases, celui des jeunes comme celui des vieux, car elle « induit le respect véritable qui est la peur propre aux hommes libres [ἐμποιεῖ τὴν ἀληθινὴν αἰδῶ καὶ τὸν τῶν ἐλευθέρων φόϐον] » (*Éthique à Nicomaque*, VII, 12, 1131a 40) ; *a contrario*, la multitude, *hoi polloi* [οἱ πολλοί], « n'est pas naturellement guidée par le respect mais par la peur, et évite de mal faire non à cause de la honte mais à cause des châtiments [οὐδ' (...) διὰ τὸ αἰσχρὸν ἀλλὰ διὰ τὰς τιμωρίας] » (*ibid.*, X, 10, 1179b 11-13).

D'*aidôs* qui renverrait au *videre* (voir) latin à *vergüenza* qui renverrait à *horan* (voir) grec, on ne quitte pas l'espace des regards. Mais la structure de cet espace diffère. L'évolution de la séparation entre public et privé recoupe la différence récemment promue entre *shame civilisation* et *guilt civilisation* (cf. B. Williams). Quand l'espace public est premier, l'*oikos* [οἶκος], la « maison » ou la « famille », relève du privé, à savoir du privé de public, du retranché dans la propriété de l'« idiotie » (voir VÉRITÉ, en particulier I, B, « *Alêtheia* », et PROPRIÉTÉ, PROPRE) : l'*aidôs* est alors structurant du rapport aux dieux comme du rapport entre les hommes — *shame civilisation*. Avec la montée de la subjectivation et le lien, individuel ou tout autrement médiatisé, entre un homme et son Dieu, c'est la conscience (*conscience* et *consciousness* ; voir CONSCIENCE), le regard sur soi et le regard de Dieu, non le regard de l'autre, qui structure un privé publiquement présentable — *guilt civilisation*. Il se pourrait cependant que le terme de « *shame* » *civilisation* ne soit pas le plus affine à signifier l'*aidôs* : *shame* angl., ou *Scham* all., vient d'un radical qui signifie « couvrir » (cf. par ex. Klein). Or sans doute faut-il la faute et la culpabilité pour que « leurs yeux à tous deux [s'ouvrent] et [qu']ils [voient] qu'ils étaient nus » (Genèse 3, 7) — la statuaire grecque ne cachait pas les *pudenda*. C'est pourquoi la vergogne à coup sûr et, dans une bien moindre mesure, la *vergüenza* ne sont jamais que des survivances en cours de mutation.

Barbara CASSIN, Vinciane DESPRET,
Marcos MATEOS DIAZ

BIBLIOGRAPHIE

ARISTOTE, *Éthique à Nicomaque*, nouv. trad. fr. avec intr., notes et index J. Tricot, Vrin, 1967 [2e éd.].

CAIRNS Douglas L., *Aidôs. The Psychology and Ethics of Honour and Shame in Ancient Greek Culture*, Oxford, Clarendon Press, 1995.

CASSIN Barbara, *L'Effet sophistique*, Gallimard, 1995.

CRESPO Eduardo, « Emotions in Spain », *in* R. HARRÉ (dir.), *The Social Construction of Emotions*, Oxford, Basil Blackwell, 1986, p. 209-217.

HÉSIODE, *Théogonie. Les Travaux et les Jours. Le Bouclier*, trad. fr. P. Mazon, Les Belles Lettres, « CUF », 1967.

HOMÈRE, *Iliade*, trad. fr. P. Mazon, Les Belles Lettres, « CUF », t. 3, 1961.

— *Odyssée*, trad. fr. V. Bérard, Les Belles Lettres, « CUF », 1924.

PLATON, *Protagoras. Œuvres complètes*, t. 3, 1re partie, texte établi et traduit par A. Croiset avec la coll. de L. Bodin, Les Belles Lettres, « CUF », 7e éd. 1966.

WILLIAMS Bernard, *La Honte et la Nécessité* [*Shame and Necessity*, 1993], trad. fr. J. Lelaidier, PUF, 1997.

OUTILS

BAILLY Anatole, *Dictionnaire grec-français*, coll. E. Egger, éd. rev. L. Séchan et P. Chantraine, Hachette, 1950.

BENVENISTE Émile, *Le Vocabulaire des institutions indo-européennes*, 2 vol., Minuit, 1969.

CHANTRAINE Pierre, *Dictionnaire étymologique de la langue grecque*, nouv. éd. mise à jour avec un « Supplément au dictionnaire », Klincksieck, 1999.

DHLF : REY Alain (dir.), *Dictionnaire historique de la langue française*, 3 vol., Le Robert, 1992.

KLEIN Ernest, *Klein's Comprehensive Etymological Dictionary of the English Language*, Amsterdam-Oxford-New York, Elsevier, 1971.

LSJ : LIDDELL Henry G., SCOTT Robert et JONES Henry S., *A Greek-English Lexicon*, 9e éd., Oxford, Clarendon Press, 1925-1940 ; *A Supplement*, éd. E.A. Berber, 1968.

VAN WINDEKENS Albert J., *Dictionnaire étymologique complémentaire de la langue grecque*, Louvain, Peeters, 1986.

VÉRIFACTEUR

C'est la traduction devenue habituelle de l'anglais *truthmaker*, qui désigne « ce qui rend un énoncé vrai ou faux », sans se confondre avec les conditions de vérité : voir TRUTH-MAKER.

► *CONTENU PROPOSITIONNEL*, DICTUM, *ÉTAT DE CHOSES*, PROPOSITION, TROPE, VÉRITÉ

VÉRITÉ

gr.	*alêtheia* [ἀλήθεια], *orthotês* [ὀρθότης]	all.	*Wahrheit*
hébr.	*'èmèṯ* [אֱמֶת], *'èmūnāh* [אֱמוּנָה]	angl.	*truth*
lat.	*veritas, adaequatio, aequalitas, concordia, convenientia*	russe	*istina* [истина], *pravda* [правда]

► ISTINA, PRAVDA, et ***APPARENCE, CROYANCE***, DEVOIR, DOXA, EREIGNIS, ***ÊTRE, ÉVIDENCE, FAUX, FICTION***, HISTOIRE, ***IMAGE***, IMPLICATION, ***INTUITION***, LOGOS, MÉMOIRE, ***MENSONGE***, MIMÈSIS, OBJET, PRÉDICATION, PROPOSITION, PROPRIÉTÉ, SACHVERHALT, SENS, SUJET, TRUTH-MAKER

Les langues européennes n'ont en général qu'un mot pour dire vérité, à l'exception notable du russe qui distingue istina [истина], *pour désigner la vérité dans son rapport ontologique et épistémologique à l'être, et* pravda [правда] *(qu'on traduit aussi par « vérité », mais qui inclut la notion de « justice ») pour désigner la vérité comme devoir-être. Ces différents termes* (Truth, Wahrheit, etc.) *ne posent pas de problème majeur de traduction, dans la mesure où leur champ sémantique est également large : ils sont toujours chargés de significations à la fois ontologiques, gnoséologiques, logiques et morales. Les différentes langues ont en effet intégré, de manière sensiblement égale, une évolution qui a dégagé la notion de vérité de son contexte initial, poétique, religieux et juridique, l'a constituée en concept de la philosophie, puis l'a introduite dans le champ de la science. Cette histoire commune s'est accordée pendant plusieurs siècles sur une définition de la vérité comme « correspondance » entre la chose et l'esprit, ou* adaequatio rei et intellectus.

Pourtant, notre tradition est en l'occurrence particulièrement composite et hétérogène : trois paradigmes principaux, repérables par l'étymologie et la sémantique, y coexistent. Le paradigme hébraïque, 'èmèṯ [אֱמֶת], *est théologico-juridique; il signifie « solide, durable, stable » et nomme la fidélité de l'alliance homme-Dieu et la confiance en la promesse, ce qui le fait sémantiquement analogue au* truth *anglais. Le paradigme grec,* alêtheia [ἀλήθεια], *construit la vérité comme un rapport de privation au caché, à l'oublié* (alpha *privatif, puis* lanthanô [λανθάνω], *qui signifie « être caché », et, au moyen, « oublier » — ce pourquoi Martin Heidegger rend constamment* alêtheia *par* Unverborgenheit, *« dévoilement, décèlement »). Le paradigme latin,* veritas, *déterminant pour la majorité des vernaculaires modernes, est normatif : il désigne la correction et le bien-fondé de la règle ; c'est la vérité juridique que « verrouille » (le rapprochement étymologique est parfois proposé), que « garde » et « conserve »* (comme Wahrheit, *sur* wahren, *en allemand) une institution légitime. Ces trois paradigmes ne subsistent pas nécessairement à l'état isolé : c'est ainsi que la tradition néo-testamentaire, adossée aux traductions de la Bible, noue les sens de* 'èmèṯ, alêtheia *et* veritas *dans la Vérité entendue comme autorévélation divine, l'avènement du Fils réalisant la promesse du Père dans l'institution de l'Église. La différence entre les trois paradigmes, forgés dans des domaines anté-philosophiques mais dont le traitement philosophique de la vérité est héritier, donne cependant à la « vérité » un caractère analogique souvent sous-estimé, qui permet d'en éclairer certaines antinomies ou instabilités.*

I. LA DIFFÉRENCE DES PARADIGMES

Selon Paul Florensky, qui, l'un des premiers, met en œuvre la comparaison des paradigmes de la vérité, *'èmèṯ* [אֱמֶת] est la promesse imprescriptible de Dieu, c'est une notion « historique », qui relève de la théocratie ; la « vérité » de l'orthodoxie (*istina* [истина]) est, quant à elle, ontologique, *alêtheia* [ἀλήθεια] étant gnoséologique, et *veritas*, juridique. Néanmoins, selon le théologien orthodoxe, ces notions se conjuguent par paires :

> l'*istina* russe et l'hébreu *'èmèṯ* se rapportent au contenu divin de la vérité, tandis que le grec *alêtheia* et le latin *veritas* se rapportent à sa forme humaine ; les termes russe et grec sont d'ordre philosophique, le latin et l'hébreu d'ordre sociologique [...] ; pour le Russe et le Grec, la vérité est en rapport immédiat avec chaque personne, tandis que, pour le Latin et le Juif, il y a médiation sociale.
>
> *La Colonne et le Fondement de la vérité*, p. 22.

Ces remarques, à la formulation parfois cavalière, appellent des compléments.

A. « 'Èmèṯ » et « 'èmūnāh »

La racine hébraïque 'MN [אמנ], d'où vient directement l'exclamation *Amen !*, passée telle quelle dans toutes les liturgies de l'Occident, donne deux mots voisins : *'èmūnāh* [אֱמוּנָה] et *'èmèṯ* (de **am(i)nt*). C'est ce dernier mot que les Septante rendent le plus souvent par *alêtheia*, « vérité ». Le sens premier de la racine hébraïque semble être celui de « solide », moins au sens concret de « dur » ou « résistant » qu'à celui de « durable, stable » — avec la dimension temporelle de ce sur quoi on peut compter et se reposer pour l'avenir, comme l'allemand *zuverlässig*. Si l'on « plante un piquet dans un endroit *nè'èmān* [נֶאֱמָן] » (Isaïe 22, 23), on peut compter qu'il ne sera pas arraché quand on reviendra. À qui « habite les hauteurs, dont le séjour est une forteresse rocheuse, son pain est donné, son eau est *nè'èmānīm* [נֶאֱמָנִים] » (Isaïe 33, 16) : le gîte et le couvert lui sont assurés, il n'a pas à s'inquiéter pour l'avenir, son eau ne se tarira pas (cf. Jérémie 15, 18b). Une maladie *nè'èmān* est persistante, chronique (Deutéronome 28, 59).

'Èmèṯ qualifie ce qui ne saurait manquer de s'avérer dans le futur : un signe sûr (Josué 2, 12), une semence sûre de lever (Jérémie 2, 21), une récompense assurée (Proverbes 11, 18). L'itinéraire du serviteur qu'Abraham a chargé d'aller chercher une femme pour son fils Isaac se révèle, à la fin, avoir été « une voie de *'èmèṯ* » (Genèse 24, 48) parce que Dieu l'a fait aboutir avec succès (*ibid.* 24, 21.40.56). La « vérité » dont il s'agit est donc moins l'adéquation à une représentation que la satisfaction d'une attente. Elle est moins la permanence de ce qui est au-dessus du temps que la garantie d'une continuité par-delà la distance introduite par celui-ci. C'est à partir de ce sens fondamental que l'on peut comprendre les autres, comme « sécurité », associé avec « paix », ou plutôt « intégrité » (*šalōm* [שָׁלוֹם]) (Isaïe 39, 8 ; Jérémie 33, 6, etc.). Le mot peut même avoir le sens, prétendument plus « grec », de correspondance d'un récit à la réalité (Genèse 42, 16 ; Deutéronome 13, 15, etc.).

Le Dieu d'Israël est un dieu historique : d'abord, peut-être, un dieu nomade habitant une tente amovible, puis le dieu qui marche à la tête de son peuple, par exemple pour le faire sortir de la captivité égyptienne, et qui promet de l'assister en faisant alliance avec lui. Il se manifeste comme celui sur lequel on peut faire fond à chaque moment — c'est peut-être le sens de la fameuse autodéfinition : « je suis/serai qui je suis/serai » (Exode 3, 14 ; voir JE). Il tient ses promesses et est de la sorte un « Dieu de vérité » (Psaumes 31, 6). YHWH se présente lui-même comme riche en *'èmèṯ* (Exode 34, 6).

Un autre mot de la même racine, *'èmūnāh*, a des sens voisins de *'èmèṯ*, jusqu'au sens concret de « fermeté », dit par exemple des mains de Moïse en prière (Exode, 17, 12). Il désigne avant tout l'attitude qui rend digne de confiance : le sérieux de celui sur qui on peut compter, l'attitude consciencieuse, l'honnêteté. La fidélité est avant tout celle de Dieu qui tient ses promesses. Le mot est normalement traduit en grec par *pistis* [πίστις], sauf dans les Psaumes. Dans la Bible, le mot n'a que rarement le sens de « foi de l'homme en Dieu », non comme un tenir pour vrai, mais comme le fait de se reposer avec confiance, de considérer comme digne de foi. C'est à vrai dire le cas dans un unique verset. Mais quel verset ! C'est en effet « le juste vivra par sa fidélité (*bè-'èmūnāṯō* [בֶּאֱמוּנָתוֹ]) » (Habaquq, 2, 4), qui fut placé au centre par saint Paul — *ho dikaios ek pisteôs zêsetai* [ὁ δίκαιος ἐκ πίστεως ζήσεται] — pour l'opposer à la loi (Galates 3, 11, et cf. Romains 1, 17), et infléchi par Luther qui en tira le *sola fide*.

C'est en jouant sur les sens de la racine 'MN qu'Isaïe peut écrire : « Si vous n'avez pas confiance (*ṯa'amīnū* [תַאֲמִינוּ]), vous ne tiendrez pas (*ṯë'āmënū* [תֵאָמֵנוּ]) » (7, 9), ce qui est d'abord une invitation à « garder le moral ». La Vulgate (*credideritis* [...] *permanebitis*), Luther (*gläubet* [...] *bleibet*), l'Authorized Version (*believe* [...] *be established*) restent littéraux. Mais les Septante (*pisteusête* [...] *sunête* [πιστεύσητε (...) συνῆτε]), suivis par la *vetus latina* (*credideritis* [...] *intelligetis*), rendent possible le lien entre « croire » et « comprendre ». Ce qui donne un fondement scripturaire à la dialectique *fides* et *intellectus* — croire pour comprendre, comprendre pour croire —, à partir de saint Anselme (*Cur Deus homo*, Dédicace ; *De l'incarnation du Verbe*, 1 ; PL, t. 158, col. 263d-264c) jusqu'à Hegel et au-delà.

B. « Alêtheia »

1. Étymologies et synonymes : une position de stratégie énonciative

L'adjectif *alêthês* [ἀληθής] apparaît avant le substantif ; il est constitué de la particule négative *a-* et de *lêthos* [λῆθος], *lathos* [λᾶθος], tardivement attesté (en grec moderne : « erreur »), ou de *lêthê* [λήθη], « oubli ». Quand on cherche *alêthês*, « vrai », dans le Chantraine, on est ainsi renvoyé à *lanthanô* [λανθάνω], qui signifie « demeurer caché » et, au moyen, « oublier », — on cite toujours *Odyssée*, VIII, 93 : quand Ulysse chez Alkinoos entend l'aède chanter l'*Iliade*, « à toute l'assistance, il sut cacher ses larmes (*enth' allous men pantas elanthane dakrua leibôn* [ἔνθ' ἄλλους μὲν πάντας ἐλάνθανε δάκρυα λείϐων]) » ; voir MÉMOIRE). *Lêthê*, entre Peine, Faim et Souffrances, aux côtés des Paroles Fausses (*Pseudeas Logous* [Ψευδέας Λόγους]) et du Serment (*Horkos* [Ὅρκος]) qu'on trahit, est fille de la Querelle (*Eris* [Ἔρις]), et appartient au catalogue des « enfants de la Nuit » (Hésiode, *Théogonie*, v. 227, cf. 210-232). *Alêthês*, « vrai, véridique », se dit « de choses, d'événements que l'on ne cache pas », par opposition à « faux » (*pseudês* [ψευδής]) (Chantraine, *s.v.*) ; donc aussi de ce qui est « loyal, juste, équitable » (*Iliade*, XII, 433, avec l'image de la *khernêtis alêthês* [χερνῆτις ἀληθής], la « soigneuse ouvrière » [trad. fr. P. Mazon, Les Belles Lettres, « CUF », 1972] qui cherche à bien équilibrer la balance), et, après Homère, de personnes qui ne trompent pas, qui ne mentent pas, d'oracles et de songes véridiques, enfin de tout ce qui est « véritable, réel », par opposition à « apparent » (*philos alêthês* [φίλος ἀληθής], « un sûr ami » [Euripide, *Oreste*, 424, trad. fr. L. Méridier, Les Belles Lettres, « CUF », 1968]).

L'alpha privatif implique un geste de « dé-cèlement » (*Unverborgenheit* est la traduction à laquelle s'arrête Heidegger ; « hors de l'oubli », disait Mallarmé dans *Crise de vers*) sensible hors de tout contexte philosophique. *Alêtheia* apparaît en effet dans le récit épique et poétique, d'Homère à Hésiode et Pindare, comme liée à la problématique de sa construction : *alêthês* renvoie, non à l'exactitude de la représentation, mais à une position de stratégie énonciative, dans le jeu du héros avec sa gloire (*doxa* [δόξα]) ou celui du poète avec la Muse. *Alêthês*, au neutre pluriel, accompagne ainsi, chez Homère, des verbes déclaratifs (*alêthea muthêsasthai, agoreuein, eipein* [ἀληθέα μυθήσασθαι, ἀγορεύειν, εἶπειν], *Iliade*, VI, 382 ; *Odyssée*, III, 254 ; XIII, 254), pour indiquer que la demande d'information d'un interlocuteur est satisfaite par un récit bien composé. C'est le récit, le faire poétique, qui donne existence au héros, et la gloire du héros coïncide avec la puissance du discours, qui fait échec à l'oubli : telle est, dit Hannah Arendt, la « solution des Grecs » à « la fragilité des affaires humaines » (*Condition de l'homme moderne*, chap. 5, p. 211-224). On notera que l'étymologie privative d'*alêtheia* reste toujours disponible, apte à servir l'argumentation. Dans le *Peri alêtheias* d'Antiphon, sophiste et orateur du Ve siècle av. J.-C. (vers 480-411), par exemple, la nature, par différence avec les lois de la cité, qui sont affaire de convention (voir *nomos* sous THEMIS et LEX), est très exactement « ce à quoi l'on n'échappe pas » et, par là même, fondée « en vérité » — c'est pourquoi on a intérêt à lui obéir, même quand on est seul et sans témoins :

> Si on transgresse les prescriptions de sa cité, dans la mesure où l'on échappe (*eian lathêi* [εἰὰν λάθῃ]) à ceux qui se sont mis d'accord, on est libre de honte comme de châtiment ; mais si l'on n'échappe pas (*mê lathôn* [μὴ λάθων]), non. Alors que, s'il est fait violence à l'une des prescriptions naturelles, quand bien même cela échapperait (*lathêi* [λάθῃ]) à tous les hommes, le mal n'est en rien moindre ; et quand tous le verraient, en rien plus grand ; car ce n'est pas du fait de l'opinion qu'on subit un dommage, mais du fait de la vérité (*ou gar dia doxan* [...] *alla di' alêtheian* [οὐ γὰρ διὰ δόξαν [...] ἀλλὰ δι' ἀλήθειαν]).
>
> POxy 1364 + 3647, fr. B, col. II ; cf. B. Cassin, *L'Effet sophistique*, en part. p. 168-171 et 273-278.

Par différence avec notre usage de *vrai* et de *vérité*, il importe de voir que l'usage d'*alêthês* et d'*alêtheia* n'implique pas d'abord la référence à un réel constatable correspondant. C'est ce que montre en particulier la ternarité *alêthês*, *pseudos* [ψεῦδος] et *etumos* [ἔτυμος] mise en œuvre dans la *Théogonie* d'Hésiode. Car ce n'est pas *alêthês* mais *etumos* qui fait couple avec *pseudos* : le *pseudos* est construit mimétiquement sur le « réel » (*etumos*), comme s'il en présentait et dupliquait l'opacité, mais non sur le « vrai » (*alêthês*). Reprenant les mots qu'Homère utilise pour décrire la manière dont Ulysse, de retour à Ithaque, parle à Pénélope dont il ne veut pas encore être reconnu — *Odyssée*, XIX, 203 : « *iske pseudea polla legôn etumoisin homoia* [ἴσκε ψεύδεα πολλὰ λέγων ἐτύμοισιν ὁμοῖα] (à tant de menteries, comme il savait donner l'apparence du vrai) » (trad. fr. V. Bérard, Les Belles Lettres, « CUF », 1963) —, les Muses s'adressent à Hésiode :

> ἴδμεν ψεύδεα πολλὰ λέγειν ἐτύμοισιν ὁμοῖα·
> ἴδμεν δ', εὖτ' ἐθέλωμεν, ἀληθέα γηρύσασθαι.
>
> [Nous savons dire beaucoup de faussetés semblables aux authentiques réalités, mais nous savons, dès que nous le voulons, entonner des vérités.]
>
> Hésiode, *Théogonie*, v. 27-28.

Etumos, *etêtumos* [ἐτήτυμος], *eteos* [ἐτεός] sont de la même famille que le verbe *etazô* [ἐτάζω], « examiner, mettre à l'épreuve » (à quoi se rattache aussi *hetoimos* [ἕτοιμος], « prêt, disponible, imminent »). *Etumos*, qui dans « étymologie » dit le cœur du mot, son éponymie, indique, dès Homère, le registre du réel effectif. Chez Parménide, *etêtumos*, allongement expressif d'*etumos* (la voie « qui est et qui est réelle [*tên d' hôste pelein kai etêtumon einai* (τὴν δ' ὥστε πέλειν καὶ ἐτήτυμον εἶναι)] », VIII, 18), désigne l'authenticité-effectivité de la voie de la vérité garantie par la déesse, à laquelle est attachée la persuasion (*eupeitheos* [εὐπειθέος], I, 29 ; cf. II, 4) ; et *eteêi* [ἐτεῇ] deviendra terminologique chez Démocrite, distinguant la réalité effective des atomes et du vide par opposition aux qualités sensibles, simplement de convention, *nomôi* [νόμῳ] (68B 6-10 ; 9, 117 et 125 DK). On comprend que l'*alêtheia* n'est pas définie par disjonction exclusive d'avec le « faux », mais inclut en elle, comme sa condition, une relation à certains types de fausseté : « la négativité n'est donc pas isolée, mise à part de l'Être ; elle ourle la vérité, elle en est l'ombre inséparable » (Marcel Detienne, *Les Maîtres de vérité dans la Grèce archaïque*, p. 72). L'art des Muses « aux mots bien adaptés (*artiepeiai* [ἀρτιέπειαι]) » (Hésiode, *Théogonie*, v. 29) est un art du bon ajustement des mots entre eux, art de la structure même du chant, et la « vérité », liée à l'idée de rythme ordonné (Hésiode, *Travaux*, v. 768, où *alêtheia* désigne la bonne répartition des travaux et des jours), se définit comme vérité d'harmonie.

Cependant, *alêtheia* entre dans une grande diversité de configurations, qui perdurent les unes dans les autres, dans des pratiques d'exégèse et de palimpseste. Les relations et les polarités sont vacillantes, entre contradictions, oppositions externes et clivages internes, selon le contexte, récit poétique ou élaboration catégoriale.

2. Une histoire plausible de la vérité grecque : de l'« alêtheia » à l'« orthotês » et à l'analyse des propositions

La vérité grecque est encore aujourd'hui un enjeu très caricatural : ou bien Parménide, Platon et Aristote sont d'intemporels collègues d'Oxford, et l'on mesure la vérité de leur vérité à l'aune de la nôtre ; ou bien il s'agit d'abord et avant tout d'histoire, c'est-à-dire de dépaysement, d'appropriation, d'interprétation, et leur vérité nous étonne autant qu'elle nous construit.

a. Parménide et la voie de la co-appartenance : l'« Ouvert sans retrait »

Le *Poème* de Parménide, écrit au Ve siècle avant notre ère, donne le coup d'envoi de ce que sera la philosophie en mettant en scène ensemble l'être et la vérité (fr. II). Dans le prologue, écrit à la manière des grandes épopées d'Homère et Hésiode, un jeune héros divinement guidé parvient, par une voie (*hodos* [ὁδός]) à l'écart des sentiers battus, aux portes du Jour et de la Nuit. La déesse Justice (« *Dikê* » ; voir THEMIS) l'accueille ainsi :

> χρεὼ δέ σε πάντα πυθέσθαι
> ἠμὲν ἀληθείης εὐπειθέος [εὐκυκλέος Simplicius]
> ἀτρεμὲς ἦτορ
> ἠδὲ βροτῶν δόξας, ταῖς οὐκ ἔνι πίστις ἀληθής.
>
> I, 28-30.

Soit, avec ces mots heideggeriens :

> Mais il te faut, toi, tout apprendre
> Tant de l'Ouvert-sans-retrait, rondeur parfaite
> [Heidegger choisit la leçon de Simplicius : *eukukleos*]
> le cœur qui point ne tremble.

> Que de l'avis des mortels où rien n'a fonds en l'Ouvert-sans-retrait.
>
> M. Heidegger, « La fin de la philosophie et la tâche de la pensée », trad. fr., p. 131.

À moins que ce ne soit, avec ces mots plus traditionnellement exacts :

> Il faut que tu sois instruit de tout
> Et du cœur sans tremblement de la vérité bien persuasive,
> Et de ce qui paraît aux mortels, où n'est pas de croyance vraie.
>
> B. Cassin, *Parménide*, p. 73.

La traduction de Heidegger veut faire entendre la manière dont l'être et la pensée s'entre-appartiennent dans l'ouverture, la « clairière » (*Lichtung* ; voir LUMIÈRE, encadré 2), qu'est l'*alêtheia* : « Si je traduis obstinément le mot *Alêtheia* par état de non-retrait [*Unverborgenheit*], ce n'est pas par amour de l'étymologie, mais par souci de ce à quoi il faut avoir affaire pour lui demeurer fidèle en méditant ce qui est nommé : être et pensée. Le non-retrait est pour ainsi dire l'élément au sein duquel aussi bien l'être que la pensée sont l'un pour l'autre et sont le Même » (« La fin de la philosophie... », p. 132 *sq.*). Le pas en arrière vers l'origine offre ainsi les caractéristiques d'une méditation de l'immanence, qui démet de ses prétentions toute « visée de la vérité ». Car on ne vise pas l'*alêtheia*, on suit son chemin, où se nouent les trois dimensions de l'être, du penser et du dire. Cette triple unité au sein de l'*alêtheia* s'exprime au fr. II (v. 2 *sq.*) pour le rapport entre vérité et être : « La voie que est (*esti* [ἔστι]) et que n'est pas ne pas être, / C'est le chemin de la persuasion car il suit la vérité » ; au fr. III pour l'identité entre penser et être : « Un même est à la fois penser (*noein* [νοεῖν], « sentir ») et être » ; au fr. VI pour l'identité entre dire, penser et être : « Voici ce qu'il est besoin de dire et penser (*to legein to noein te* [τὸ λέγειν τὸ νοεῖν τε]) : est en étant, car est être » (ces fragments énigmatiques sont par excellence susceptibles d'être établis, interprétés et traduits de manière divergente).

Mais on peut constater que c'est la langue grecque elle-même qui se déploie dans et par le *Poème* : on y entend, fragment après fragment, surgir du verbe impersonnel « est », *esti*, un sujet, « l'étant », *to eon* [τὸ ἐόν] (fr. VIII, v. 32), *via* un certain nombre de formes marquées, comme l'infinitif et le participe. En d'autres termes, avec l'*alêtheia*, c'est une langue qui manifeste et exploite sa structure, et c'est à l'autodéploiement de la langue, dans le récit qui raconte la voie et le voyage, qu'est confié l'acte de l'ontologie (voir ESTI).

Pourtant, et c'est plus lisible dans la seconde traduction du prologue,

> il nous faut reconnaître que l'*Alêtheia* au sens du non-retrait de la présence, c'est dès le départ, c'est exclusivement comme exactitude de la représentation et justesse de l'énonciation qu'elle a été éprouvée.
>
> [*die Alêtheia, die Unverborgenheit im Sinne der Lichtung von Anwesenheit sogleich und nur als* orthotês, *als die Richtigkeit des Vorstellens und Aussagens erfahren wurde*].
>
> « Das Ende der Philosophie und die Angabe des denkens », p. 78 ; trad. fr., « La fin de la philosophie et la tâche de la pensée », p. 135.

Non moins originairement, en effet, se trouve comme « toujours-déjà » mis en place le système d'opposition qui conditionne la mutation de l'*alêtheia*-ouverture en *veritas*-adéquation, à savoir la différence entre la voie de la vérité et la voie des opinions (*brotôn doxai* [βροτῶν δόξαι], « l'avis des mortels », « ce qui paraît aux mortels » ; voir DOXA).

b. Platon et l'« orthotês », la rectitude du regard

Quelle que soit la valeur du monde des mortels, beauté manifeste ou trompeuse confusion, c'est tout Platon, et avec lui toute la suite de la philosophie, qui est structuré par le découplage parménidéen entre *alêtheia* et *doxa*. Car l'homme peut ou doit à présent se déprendre d'un monde pour en viser un autre : dans l'allégorie platonicienne de la caverne, il doit se détourner des apparences et des opinions de ce monde-ci que représentent les ombres projetées (« *tas skias* [τὰς σκιάς] », *République*, VII, 515a), tourner son regard vers les objets plus « vrais » (« *ta tote orômena alêthestera / tôn nun legomenôn alêthôn* [τὰ τότε ὁρώμενα ἀληθέστερα / τῶν νῦν λεγομένων ἀληθῶν] », *ibid.*, VII, 515d 7/516a 2) qui projettent ces ombres, et même, quittant la caverne, émerger au plein soleil des « formes » ou « idées » pour contempler cette nouvelle et seule authentique « vérité », au sens d'intelligibilité, que dispense l'Idée du Bien (« *autê kuria alêtheian kai noun paraskhomenê* [αὐτὴ κυρία ἀλήθειαν καὶ νοῦν παρασχομένη] », *ibid.*, VII, 517c 3 ; cf. VI, 508e 1-3). À cause de cette duplication des mondes en « monde des apparences » et « monde vrai » (« *die wahre Welt* » — expression de Nietzsche dans *Le Crépuscule des idoles*, « Comment le monde-vérité devint enfin une fable »), l'homme doit maintenant s'efforcer de devenir « philosophe », chercher à atteindre l'idée, l'être même de l'étant qui apparaît : « hors de la caverne, la *sophia* est *philosophia* » (« La doctrine de Platon... », trad. fr. p. 159, puis p. 153-154). Heidegger commente :

> Tout est subordonné à l'*orthotês*, à l'exactitude du regard. De cette prééminence conférée à l'*idea* et à l'*idein* sur l'*alêtheia* résulte un changement dans l'essence de la vérité. La vérité devient l'*orthotês*, l'exactitude de la perception et du langage. [...] Comme exactitude du « regard », elle devient la caractéristique d'un certain comportement de l'homme envers les choses qui sont.

♦ Voir encadré 1.

c. Aristote et l'adéquation

Il n'est pas besoin de supposer la duplication platonicienne des mondes pour que la vérité devienne une visée et une tâche. Il faut et il suffit que l'*alêtheia*, à elle seule, ne soit plus appréhendée comme le paradis ouvert de la co-appartenance, ou de l'immanence comme on voudra l'appeler.

Si Platon est le nom propre de la vérité comme transcendance, Aristote est celui de la vérité au sens moderne d'adéquation des énoncés. Le texte clé est le début de son traité *Sur l'interprétation*. Il y distingue les « choses » (*pragmata* [πράγματα]), les « affections de l'âme » (*pathêmata tês psukhês* [παθήματα τῆς ψυχῆς]) qui ressemblent aux choses, et les « sons vocaux » (*ta en têi phônêi* [τὰ ἐν τῇ φωνῇ]), qui sont à la fois les signes naturels de ces affections, dans le cas de l'animal, et leurs symboles conventionnels, dans le cas de l'homme et de la différence des langues. Trois strates, ou trois lieux, donc : les choses, l'âme, le langage. Du coup, rien ne garantit la transitivité, le passage intégral d'une strate dans l'autre (voir SIGNE). De fait, il arrive qu'on se trompe (*pseudein* [ψεύδειν], *pseudesthai*) : on perçoit mal, on dit faux ; et même qu'on veuille tromper, en mentant par exemple (*pseudein* encore). La vérité est comme une cible, qu'on vise et qu'on peut rater (*hamartanein* [ἁμαρτάνειν]), volontairement ou non.

La grande trouvaille aristotélicienne, qui fonde cette nouvelle doctrine de la vérité, et sur laquelle l'Occident classique est bâti au moins jusqu'à Hegel, c'est de proposer une structure analogue pour l'être qui se donne, objectivement, et pour le discours qu'on tient, subjectivement. L'être est analysé en termes de « substance » (*ousia*, qui vient relayer l'*eidos* [εἶδος] platonicien, et qu'on traduit non moins justement par « essence ») et d'« accidents » (*sumbebêkota* [συμβεβηκότα]), exactement comme la proposition est décomposée en « sujet » (*hupokeimenon* [ὑποκείμενον]) et « prédicats » (*katêgoroumena* [κατηγορούμενα]). La substance est sujet, c'est-à-dire qu'elle se définit de supposer, de sous-tendre, de recevoir (c'est le même verbe : *hupokeisthai* [ὑποκεῖσθαι], « se tenir dessous ») les accidents comme les prédicats, et de n'être elle-même ni supportée par rien ni prédiquée de rien (voir ESSENCE et SUJET).

Cette trouvaille structurelle, qui comme toujours se présente sous la forme d'un constat et d'une évidence, garantit la possibilité de la correspondance entre l'être tel qu'il apparaît et le discours tel qu'on le profère, et c'est cela qu'on nommera désormais « vérité ». La vérité se caractérise dans les mêmes termes, du métaphysicien antique, Aristote, au logicien moderne, Tarski. Il existe une filiation évidente entre la manière dont la déesse de Parménide énonce les voies de recherche à penser (« L'une que est et que n'est pas ne pas être, c'est le chemin de la persuasion car il suit la vérité ; l'autre que n'est pas et qu'est besoin de ne pas être », fr. II, 3-5), la définition aristotélicienne de la vérité (« Le fait de dire "l'étant n'est pas" ou "le non-étant est" est faux, par contre le fait de dire "l'étant est", "le non-étant n'est pas" est vrai », Aristote, *Métaphysique*, Γ, 7, 1011b 26-27 *sq.* ; cf. *Métaphysique*, Θ, 10, 1051b 3-9 : ce n'est pas parce que nous disons que la neige est blanche que la neige est

---

1

Justesse des noms « orthotês onomatôn » et vérité

► EIDÔLON, MIMÊSIS

Le *Cratyle* occupe une position charnière pour la définition de la vérité comme rectitude. L'*orthotês* [ὀρθότης] n'y désigne pas l'exactitude du regard, mais la justesse des noms (*orthotês onomatôn* [ὀρθότης ὀνομάτων]) : comment, de nommer, on passe au connaître. Il s'agit d'esquiver l'équivalence parménidienne du dire et de l'être, et ce qui s'en déduit, la thèse sophistique de l'impossibilité de dire des faussetés (*Cratyle*, 429d).

Le jeu de l'étymologie fantastique sur *alêtheia* désarticule la co-appartenance : « c'est le mouvement divin de l'être (*hê gar theia tou ontos phora* [ἡ γὰρ θεία τοῦ ὄντος φορὰ]) qui semble désigné par cette locution, *alêtheia*, entendue comme une *course divine* (*alê theia* [ἄλη θεία]) » (*ibid.*, 421b, trad. fr. L. Méridier, Les Belles Lettres, 1961) ; *alê*, la course sur l'erre, est pur mouvement de la déesse, et Socrate se retrouve héraclitéen : « *On* [ὄν], être, et *ousia* [οὐσία], essence, disent la même chose que *alêthes* [τῷ ἀληθεῖ], vrai, en prenant l'*i* ; être signifie en effet *ion* [ἰόν], allant » (*ibid.*, 421b-c, trad. fr. L. Méridier mod.).

Le dialogue formule donc l'interrogation en termes de « justesse » ou *orthotês* des noms, que ce soit, comme le croit d'abord Hermogène, une justesse « d'accord et de convention [*xunthêkê kai homologia* (ξυνθήκη καὶ ὁμολογία)] » (*ibid.*, 384d), d'« usage et de coutume [*nomôi kai ethei* (νόμῳ καὶ ἔθει)] » (*ibid.*, 384d) ; ou bien plutôt une justesse « naturelle [*phusei* (φύσει)] », donc approximativement la même dans toutes les langues, chez les Grecs comme chez les Barbares (*ibid.*, 383a-b), qui consiste à « faire voir comment est la chose » (« *onomatos* [...] *orthotês estin hautê hêtis endeixetai hoion esti to pragma* [ὀνόματος (...) ὀρθότης ἐστὶν αὕτη ἥτις ἐνδείξεται οἷόν ἐστι τὸ πρᾶγμα] », *ibid.*, 428e ; cf. 433d : « le nom est *dêlôma* [δήλωμα], monstration [« représentation », trad. fr. citée] de la chose »), si bien que, très logiquement pour Cratyle, tous les noms sont justes, « tous ceux du moins qui sont des noms » (*ibid.*, 429b). Socrate examine plusieurs hypothèses : mimétique phonique (*ibid.*, 423a-b), mimétique picturale et déficience ontologique de l'image (à partir de 430b). En 430d, Socrate disjoint le cas de la nomination, le « voici ton nom », de celui du portrait : à celui-ci convient seule l'*orthotês*. La nomination demande une autre forme de division, *dianomê* [διανομή], que Socrate compare à celle entre « homme » et « femme » (*ibid.*, 431a) : Socrate peut introduire alors le verbe, la possibilité du « dire vrai [*alêtheuein* (ἀληθεύειν)] » et du « dire faux [*pseudesthai* (ψεύδεσθαι)] » (*ibid.*, 431b), et par conséquent la phrase, les *logoi* [λόγοι], définis comme assemblage de noms et de verbes (« *xunthesis* [ξύνθεσις] », *ibid.*, 431c). Il s'agit, sans passer par la problématique d'une orthologie, de connaître les choses à partir de leurs relations et parenté (*di' allêlôn ge, ei pêi xuggenê estin* [δι' ἀλλήλων γε, εἴ πῃ ξυγγενῆ ἐστιν]), et de faire voir « la vérité de ce qui est [*tên alêtheian tôn ontôn* (τὴν ἀλήθειαν τῶν ὄντων)] » (*ibid.*, 438d-e). Si bien qu'en fin de compte, conclut Socrate, quelle que soit la justesse des noms, ce n'est pas des noms mais des choses qu'il faut partir (« *ouk ex onomatôn, alla polu mallon auta ex hautôn* [οὐκ ἐξ ὀνομάτων ἀλλὰ πολὺ μᾶλλον αὐτὰ ἐξ αὑτῶν] », *ibid.*, 439b).

La justesse des noms, à la différence de la rectitude du regard et en dépit de la jouissance étymologique, ne donnerait donc pas accès à la vérité.

blanche, mais c'est parce que la neige est blanche que, lorsque nous le disons, nous disons la vérité) et la reprise « sémantique » de Tarski : « La proposition "la neige est blanche" est vraie si et seulement si la neige est blanche », pour les propositions analytiques qui mettent en jeu une identité, et « "Il neige" est une proposition vraie si et seulement si il neige », pour les propositions synthétiques qui mettent en jeu un fait (« La conception sémantique de la vérité », dans *Logique, Sémantique, Métamathématique* [trad. fr. sous la direction de G.G. Granger, t. 2, p. 271], puis « Le concept de vérité dans les langages formalisés » [*ibid.*, t. 1, p. 163]). Mais le terme même de « correspondance » ne se trouve pas chez Aristote, ni d'ailleurs chez les « correspondantistes » du XXe siècle (l'équivalent le plus plausible — *homoiôsis* [ὁμοίωσις], *homoiotês* [ὁμοιότης], « comparaison, similitude, ressemblance » — n'est jamais définitionnel de la vérité ; cf. Bonitz). Quoi qu'il en soit, c'est à Aristote que la tradition rapporte la plus pérenne des définitions de la vérité, qui s'énonce dans le latin du Moyen Âge : *veritas est adaequatio rei et intellectus*, « la vérité est adéquation de la chose et de l'intellect » — à entendre à la fois, ainsi que le souligne Heidegger, comme « adéquation de l'intellect à la chose » et, dans une réciprocité antérieure ou première, comme « adéquation de la chose à l'intellect » (voir encadré 4, « Vérité logique et vérité antéprédicative »).

De fait, nous pensons le vrai, aujourd'hui encore, d'abord en aristotéliciens. Nous continuons à nous définir comme des « animaux doués de *logos* [λόγος] », langage-raison. Tout l'appareil logique de l'*Organon* (à la fois « instrument » et « organe », seconde nature donc) vient toujours à la rescousse de ce *logos* pour l'aider à dire le monde comme il est. D'abord, quand nous parlons, nous *signifions* quelque chose, c'est-à-dire que nous disons quelque chose qui a un seul et même sens, pour nous-même et pour autrui : le principe de non-contradiction est un principe de l'être (« il est impossible que le même simultanément appartienne et n'appartienne pas au même et selon le même ») qui se démontre et s'instancie d'abord comme principe du discours (il est impossible que le même <mot> simultanément ait et n'ait pas le même <sens>) ; il fonde l'identité de l'être en commençant par fonder l'identité du sens et par interdire toute homonymie non maîtrisée (voir PRINCIPE et HOMONYME). Ensuite, nos phrases sont structurées en propositions, de type « S est P », sujet-copule-prédicat — donc aussi bien substance-accident (voir SUJET). Enfin, nos raisonnements sont « logiques » et, en particulier, syllogistiques. Si bien que nous tenons, sur ce monde devenu lisible, un « discours » qui est aussi un « calcul » (*logos* ; voir LOGOS), d'où surgit sa prétention à l'universel et à l'universelle vérité, que Leibniz, avec sa « caractéristique universelle » (*mathesis universalis*), a si clairement mise en lumière.

♦ Voir encadré 2.

C. « Verus », « veritas »

1. Étymologies

À rebours d'*alêtheia/alêthês*, le substantif *veritas* est postérieur à l'adjectif *verus*. L'adjectif *verus*, et sa forme adverbiale, *vero*, existent anciennement ; le substantif *veritas* n'existe longtemps que dans des formes à l'ablatif. *Verus, —a, —um* renvoie à la série « vrai », « véritable », « véridique » et, par extension, « usité de tout temps », tandis que des verbes comme *verifico*, attesté chez Boèce, signifient « présenter comme vrai ».

La plupart des hypothèses actuelles font dériver *verus*, et les mots signifiant « vrai » qui s'y rattachent — *vérité, wahr, Wahrheit* —, d'une racine indo-européenne **wer* qui retiendrait les significations de « plaire, faire plaisir, manifester de la bienveillance, cadeaux, services rendus, protection, fidélité, pacte ». Chantraine rattache à cette racine l'expression homérique *êra pherein* [ἦρα φέρειν], « plaire », ainsi que *epiêra* [ἐπίηρα], *epiêros* [ἐπίηρος] et *epiêranos* [ἐπιήρανος], « agréable » (*Odyssée*, 19, 343), tout comme le latin *verus* (cf. *se-vere* : « sans bienveillance »), le germanique *war*, et le russe *vera*, « croyance », ou *verit'* [верить], « croire ». Pokorny lie à ce même thème le grec *heortê* [ἑορτή], « fête religieuse, culte ». De cette même base sont issus les termes signifiant « garantir, protéger » : *garir* puis *garant, gewähren, warrant, to grant*.

Cette racine **wer* doit être distinguée, selon Chantraine, d'une autre racine *ver-*, d'où *eirô* [εἴρω] en grec, en latin *verbum* (en anglais *word*, etc.), et les mots de la famille de *vereor, revereor*, « craindre, respecter », *verecundia*, « crainte respectueuse ». La séparation n'est pas retenue par Ernout. Rappelons que les jeux étymologiques rapprochant *verum* et *verbum* étaient ordinaires, comme le mentionne Augustin (*verbum = verum boare*, « clamer le vrai », *Dialectique*, 1, 1 ; voir MOT). Paul Florensky, suivant les indications de Georg Curtius (*Grundzüge der griechischen Etymologie*, 1873), retient également une racine unique pour l'ensemble de ces dérivations, y compris le sanscrit *vratam*, « action sacrée, vœu, promesse », le grec *bretas* [βρέτας], « objet de culte, idole de bois » (Eschyle, *Euménides*, v. 258), et le latin *verbum*. Pour Florensky, la signification de *verus* doit être appréhendée comme appartenant d'abord à un champ de ritualité religieuse, puis de juridicité formulaire : « *verus* signifie proprement protégé, établi au sens de ce qui fait l'objet d'un tabou, d'une consécration » (*La Colonne et le Fondement de la vérité*, p. 20).

2. Du juridique au philosophique

Verus implique la rectification par rapport à une allégation adverse, représentée comme frauduleuse, comme l'indique l'opposition originelle *verax/fallax-mendax*. Il signifie donc le fondé (dans le fait, ou la règle) : « *crimen verissimum* [une accusation tout à fait fondée] » (Cicéron, *In Verrem*, 5, 158). Dans les textes de grammaire et de rhétorique, mais aussi dans les textes juridiques, *verus* et *veritas* signifient la vérité de la règle, en tant qu'elle se distingue de l'usage : « *Quid verum sit intellego ; sed alias ita loquor ut concessum est* [Je sais ce qui est vrai ; mais parfois je m'exprime selon l'usage] » (Cicéron, *De oratore*, 15 ; trad. angl. « Loeb Classical Library » : « *I know what is correct, but sometimes I avail myself of the variation in usage* »), « *Consule veritatem : reprehendet ; refer ad auris : probabunt* [Consulte la vérité : elle dénoncera cette pratique ; consulte les oreilles : elles l'approuveront] » (*ibid.*, 158, 159 ; trad. angl. « Loeb Classical Library » : « *If you consult the strict rule of analogy, it will say this practice is wrong, but if you consult the ear, it will approve* »). La connotation juridique du mot *verus* (donc aussi de *veritas*) est conservée et renforcée ultérieurement. Chez les glossateurs du Moyen Âge, *verus* signifie « légitime », au sens du mot latin : « authentifié légalement », ou « conforme à la règle instituée ». On trouve ordinairement dans les textes juridiques *verum est* pour certifier la conformité de la nouvelle règle aux règles préexistantes (*Digeste*, 8, 4, 15).

C'est cette dimension juridique qui produit le sens de *verus* comme « authentifié, authentique » (par opposition à *faux, imité, mensonger*), et par là, « réel », comme ensuite dans le français *vrai* (*une vraie Rolex*) et l'anglais *real* (« *real cream* »). Le juridique fonde ici non seulement le moral (« *Verum et simplex bonum quod non possit ab honestate sejungi* [Le bien véritable et simple, qu'on ne peut séparer de l'honnêteté] », Cicéron, *Academica*, I, 2), mais l'ontologique (qu'on retrouve jusque dans la traduction cicéronienne [*Topica*, 35] d'*etumologia* [ἐτυμολογία] par *veriloquium*). L'association *vera ratio* est particulièrement polysémique (voir *ratio* sous LOGOS), avec l'équivoque de *ratio* (explication, cause, doctrine). Ainsi Lucrèce introduit l'exposé nouveau de la physique épicurienne par : « *animum nobis adhibe veram ad rationem* » (*De rerum natura*, II, 1023) ; *vera ratio* est à la fois la véritable raison, la cause vraie et l'ostension d'un nouvel aspect des choses (« *nova se species ostendere rerum* », *ibid.*, II, 1025), en rapport avec une théorie de la cause (« *semina rerum* », *ibid.*, II, 1059).

À son tour, *veritas* désigne d'abord la qualité des témoins, qui ne se réduit pas à leur sincérité, mais est leur capacité à dire le vrai : « *in tuam fidem, veritatem confugit* [il cherche un refuge dans ta bonne foi, ta droiture] » (Cicéron, *Pro Quinctio*, 10), « *veri testes* [des témoins fiables] » (Cicéron, *In Verrem*, 5, 165). C'est une dimension qu'on retrouve dans l'anglais *truthfulness*, mais qui n'a pas d'équivalent en français autre que la *fiabilité*, qui joue d'un autre registre (voir GLAUBE, BELIEF).

2

« Vrai »/« meilleur » ou : qu'est-ce que le relativisme ?

Le *logos* de l'ontologie est cadré dans l'ouverture de l'*alêtheia* comme dire de l'être, si bien que l'homme, celui de Parménide, de Platon comme d'Aristote, se trouve commis à ce dire — il est, en idiome heideggérien, le « berger de l'être ». Or cette tradition entre en tension avec une autre, de type sophistique, pour laquelle le discours n'est pas mimétique du réel, visant à la vérité, mais producteur de réel, performatif et performant, et comme tel véracе : « tout discours avère » (c'est l'une des interprétations possibles de la citation d'Antisthène « *pas logos alêtheuei* [πᾶς λόγος ἀληθεύει] », *Proclus in Platonis Cratylum Commentaria*, éd. Pasquali, Teubner, chap. XXXVII, scholie à 385d). Le sophiste Gorgias, dans son *Traité du non-être*, analyse d'ailleurs le *Poème* de Parménide comme une performance de ce genre, particulièrement efficace puisqu'elle réussit à profiter de la langue pour produire cet être dont toute l'ontologie va traiter. Au lieu de penser l'en-deçà de la visée de la vérité, avec les phénoménologues d'aujourd'hui, comme une sagesse de donation, on peut donc le penser comme un art de production (voir ACTE DE LANGAGE).

Ce changement de perspective se traduit par un changement de vocabulaire, que Platon met impartialement en scène dans l'apologie de Protagoras, expliquant en quel sens « l'homme est mesure de toutes choses » (« Car moi — dit Protagoras [*Théétète*, 166d] —, j'affirme que la *Vérité* [c'est le titre conservé du traité de Protagoras] se comporte comme j'ai écrit : mesure est chacun de nous de ce qui est et de ce qui n'est pas » ; voir encadré 1, « *Gnômôn, metron, kanôn* », dans LEX). Il n'est plus dès lors question de « la vérité » (*alêtheia*), mais du « vrai » (*alêthes*), et même du « plus ou moins vrai » : on passe du substantif à l'adjectif avec ses degrés de comparaison. Et ce plus ou moins vrai se révèle être un « plus ou moins bon », impliquant le passage d'un état moins bon à un état meilleur : « il faut produire le changement des états, car l'un vaut mieux que l'autre (*ameinôn gar hê hetera hexis* [ἀμείνων γὰρ ἡ ἑτέρα ἕξις]) [...] or le médecin produit ce changement par ses drogues, le sophiste par ses discours » (*ibid.*, 167a). Voici le texte clé :

> D'une opinion fausse en effet [ψευδῆ δοξάζοντά τις]), on n'a jamais fait passer personne à une opinion vraie [ἀληθῆ ἐποίησε δοξάζειν]) ; car il est impossible d'opiner ce qui n'est pas [τὰ μὴ ὄντα (...) δοξάσαι], ni autre chose que ce qu'on éprouve [οὔτε ἄλλα παρ' ἃ ἂν πάσχῃ], et ce qu'on éprouve est toujours vrai [ἀεὶ ἀληθῆ]. Mais, je crois, quelqu'un qui avait l'âme mal disposée [πονηρᾶς ψυχῆς ἕξει], donc des opinions de même nature que son âme, on l'aura fait passer à une disposition utile (*khrêstê* [χρηστῇ]), et à d'autres opinions affines à cette disposition, représentations que d'aucuns, par inexpérience, appellent vraies [τινες τὰ φαντάσματα ὑπὸ ἀπειρίας ἀληθῆ καλοῦσιν] ; pour moi, elles sont meilleures [βελτίω] les unes que les autres, mais plus vraies, pas du tout [ἀληθέστερα δὲ οὐδέν].
>
> Platon, *Théétète*, 167a-b.

Cette position, stigmatisée comme relativiste, pour laquelle *doxa* et *alêtheia*, être et paraître, se confondent de plein droit (comme le dit très bien Aristote : « parce qu'ils soutiennent que c'est la sensation [*aisthêsin* (αἴσθησιν)] qui est la pensée [*phronêsin* (φρόνησιν)], elle qui est par ailleurs altération [*alloiôsin* (ἀλλοίωσιν)], ils peuvent affirmer que ce qui apparaît dans la sensation [*to phainomenon kata tên aisthêsin* (τὸ φαινόμενον κατὰ τὴν αἴσθησιν)] est nécessairement vrai », *Métaphysique*, Γ, 5, 1009b 12-15), n'a en tout cas rien de subjectiviste. Le plus vrai est un meilleur, un plus utile, pour l'individu comme pour la cité (Platon, *Théétète*, 167c). C'est pourquoi Protagoras, l'expert en discours, accepte sans fausse honte de se dire « sage », ou, mieux, au comparatif, « plus sage » (*ibid.*, 166e).

La vérité est ainsi instituée, et non pas dévoilée. *Veritas* qualifie une fonction d'accréditation, celle d'exercer le pouvoir du dernier mot, selon la maxime de droit romain : « la chose jugée est tenue pour la vérité [*res judicata pro veritate accipitur*] » (*Digeste*, 50, 17, 207). La *veritas* est alors d'ordre performatif : elle ne désigne pas l'adéquation entre l'énoncé et la réalité, mais l'autorité de la chose jugée, le bien-fondé de l'énoncé juridique.

II. POSTÉRITÉ DES PARADIGMES

A. « 'Èmè*t* » / « alêtheia » / « veritas » : la « vérité-révélation » chrétienne

Alêtheia, chez Paul, se charge d'abord des sens de *'èmè*t̠ : le « Dieu de vérité » ne renvoie pas à l'idée de réalité suprême, mais à la véracité « dans l'accomplissement de ses promesses [*eis to bebaiôsai tas epaggelias* (εἰς τὸ βεϐαιῶσαι τὰς ἐπαγγελίας)] » (Romains 15, 8) ; et si Paul parle de la « vérité du Christ » et de sa « parole de vérité » (2 Corinthiens 11, 10 et 6, 6), c'est pour désigner sa véracité. Réciproquement, la « vérité » demandée aux chrétiens signifie la sincérité (2 Corinthiens 7, 14), la droiture, en rapport avec l'attente ou l'exigence divine (cf. « ceux qui se rebellent contre la vérité », Romains 2, 8). À la vérité sont liées les idées de constance (1 Pierre 5, 12), de solidité (1 Timothée 3, 15), de plénitude (Colossiens 2, 9), mais toujours en relation avec l'impératif de la Genèse, le *fiat* générateur. On trouve dans 2 Thessaloniciens 2, 11-12, une opposition révélatrice entre « croire en la vérité » et « croire au mensonge ».

Ce n'est qu'à partir de l'Épître aux Galates que les registres de *'èmè*t̠ et d'*alêtheia* se mêlent, et que l'Évangile est identifié à la vérité et à sa révélation : Paul transforme la notion biblique de « vérité de la Loi » en « vérité de l'Évangile » (Galates 2, 5 et 14), et se réfère à la correspondance entre la Révélation et son interprétation : il s'agit d'accentuer le contraste entre l'Évangile qui est « puissance divine en vue du salut » (Romains 1, 16) et l'inefficacité de la Loi. L'*alêtheia* johannique est entièrement définie par son contenu christologique : ainsi, l'expression « dire la vérité », qui, chez Paul, est exclusivement une affirmation de véracité (cf. Romains 9, 1), signifie, chez Jean, la proclamation de l'authentique Révélation (voir LOGOS). Le Christ est vérité comme accomplissement de la Révélation et comme parole du Père. L'*alêtheia* est définie selon deux axes, celui de la Révélation et celui de l'Incarnation. Deux textes sont fondamentaux de ce point de vue : le prologue qui décrit l'Incarnation — le Christ est « *plêrês kharitos kai alêtheias* [πλήρης χάριτος καὶ ἀληθείας] (plein de grâce et de vérité) » (Jean 1, 14) ; le texte de la Cène — la parole du Christ : « *Egô eimi hê hodos kai hê alêtheia kai hê zôê ; oudeis erkhetai pros ton patera ei mê di' emou* ['Εγώ εἰμι ἡ ὁδος καὶ ἡ ἀλήθεια καὶ ἡ ζωή· οὐδεὶς ἔρχεται πρὸς τὸν πατέρα εἰ μὴ δι' ἐμοῦ] (Je suis le Chemin, la Vérité et la Vie. Nul ne va au Père sinon par moi) » (Jean 14, 6).

Deux expressions, reprises de l'Ancien Testament, prennent un sens proprement johannique, et indiquent la subjectivation de la vérité, « en nous ». L'expression « *poiein tên alêtheian* [ποιεῖν τὴν ἀλήθειαν] (faire la vérité) » (2 Chroniques 31, 20), qui signifie « observer les obligations », « être fidèle à la loi », est ainsi réinterprétée par Jean au sens de la foi subjective : « *ho de poiôn tên alêtheian erkhetai pros to phôs* [ὁ δὲ ποιῶν τὴν ἀλήθειαν ἔρχεται πρὸς τὸ φῶς] (celui qui fait la vérité vient à la lumière) » (Jean 3, 21). La formule « dans la vérité [*en alêtheiai* (ἐν ἀληθείᾳ)] », qui se trouve dans l'Ancien Testament (par ex. « marcher dans la vérité », 1 Rois 2, 4) et chez Paul, est chez Jean constitutive d'une dialectique de l'intériorité : nous sommes dans la vérité, et nous provenons « de la vérité » (Jean 3, 18-19), et la vérité est « en nous » (2 Jean 1-2). L'œuvre de la foi suppose l'inhabitation de la vérité.

C'est saint Augustin qui donne à la vérité néotestamentaire ses déterminations proprement ontologiques, dans son élaboration trinitaire. Il introduit une modification notable par rapport à la vérité johannique, en appliquant à Dieu lui-même, et non seulement au Christ, le terme de vérité. Il utilise ainsi toutes les ressources de *verus*, « vrai Dieu », Dieu vérace : « *Deus unus, solus, magnus, verus, verax, veritas* [Dieu un, seul, grand, vrai, véridique, vérité] » (*De Trinitate*, VIII, 2, 3). La *vérité* augustinienne se prolonge, en l'homme, dans la conception du « Maître » intérieur, et de l'intimité du « verbe mental » dans le *De Trinitate*. Selon le *De magistro* :

> Ce n'est pas une parole qui résonne au-dehors, c'est la Vérité qui préside intérieurement à l'esprit lui-même que nous consultons [...]. Or, celui que nous consultons ainsi, celui qui enseigne, celui dont il est dit qu'il habite dans l'homme intérieur, c'est le Christ (*qui in interiore homine habitare dictus est Christus*).
>
> XI, 38.

♦ Voir encadré 3.

B. De « 'èmè*t̠* » à « true » et de « verus » à « wahr »

1. De « 'èmèt̠ » à « true »

L'histoire de *truth* est distincte de celle de *veritas/verum*, et suit un schéma semblable à celui de *'èmè*t̠. Étymologiquement, *true* proviendrait de *tree* (*firm as a tree*, « solide comme un arbre »). *True* (cf. all. *treu*), qui a donné *truth*, est proche à l'origine de *faithful* (loyal, constant) et est apparenté à *trust*, indiquant une idée de fidélité, ou de solidité (*firmness*), comme le montre l'expression *being true to a person* (« être fidèle à quelqu'un »), *truth* signifie d'abord « confiance, fiabilité » (« *They had been friends in youth, but whispering tongues can poison truth* [Ils furent amis dans leur jeunesse, mais langues qui chuchotent peuvent empoisonner la confiance] », Coleridge, *Christabel*, II) ; il peut donc, comme *belief*, être assimilé à *faith* (le suffixe *-th* indique la parenté des deux termes d'après le *Middle English Dictionary*) [voir FAITH, BELIEF]. L'idée de confiance, de loyauté (*trustworthiness*), inhérente à *trust/truth*, induit deux nouveaux usages : d'une part, la conformité à un accord, à une promesse (cf. *faith*), qui peut avoir un sens politique — associant la vérité à la normativité et à la socialité, *truth* désigne alors l'accord avec une norme ou règle (*agreement with a standard*) ; d'autre part, la sincérité, *disposition* à dire le vrai (*veracity*) — le menteur, à la différence de celui qui est dans l'erreur, connaît le vrai. Il ne suffit pas d'être dans le vrai ou de le connaître, il faut, pour l'harmonie sociale, être disposé à le dire ou à y assentir.

Mais le problème central est la dualité de *truth* : « sincérité » et « véridicité ». Ainsi *truthful* et *truthfulness*, dits d'une personne, impliquent que la « fiabilité » n'est pas du seul registre de la foi, dans la mesure où cette foi est fondée sur une disposition effective à dire le vrai, sur une *véridicité*. De même, *truly* passe d'un sens moral (« fidèlement, sincèrement » — cf. l'expression standard *Yours truly*) à un sens véritatif. On en a un exemple amusant chez Austin, dans son essai « Truth » :

> *Yet between stating, however truly, that I am feeling sick and feeling sick there is a great gulf fixed.*
>
> [Entre l'affirmation, si vraie qu'elle soit, que j'ai la nausée et avoir la nausée, il y a un gouffre.]
>
> *Philosophical Papers*, p. 123-124.

On retrouve alors, jusque dans les usages contemporains de *truth*, une ambiguïté propre à *verum*, dans lequel la dimension de sincérité/fiabilité est première par rapport à celle de véridicité.

2. De « veritas » à « wahr »

Le paradigme *verus-veritas*, en effet, n'est pas aisé à séparer de toute dimension épistémique, comme le montre le sort diversifié de la racine indo-européenne **wer*, à laquelle on rattache, outre *vera* (en russe, « croyance »), l'ancien français *garir*, au sens de « certifier vrai, désigner comme vrai », d'où le participe verbal *garant*. L'évolution des mots dérivés inscrit *wahr* et *Wahrheit* dans un réseau sémantique où émergent deux directions, la croyance et la sauvegarde.

a. La croyance

Wahr est souvent rattaché, dans des mots composés, à l'idée de croyance, au sens de croire vrai, recevoir ce qui se donne comme vrai : *wahrsagen*, « prédire », *wahr haben*, « convenir, admettre », *für wahr halten*, « tenir pour vrai, croire ». C'est le terme utilisé par Kant, dans la *Critique de la raison pure*, « Théorie transcendantale de la méthode », chap. II, 3 (« De l'opinion, de la science et de la foi ») : « *das Fürwahrhalten* » est la croyance, comme modalité subjective, qui se divise en conviction (*Überzeugung*), ou persuasion (*Überredung*), et qui est susceptible de trois degrés, opinion (*Meinung*), foi (*Glaube*), science (*Wissenschaft*).

b. La sauvegarde, la conservation

Ainsi de *wahren*, *bewahren* (garder, conserver), ou de *Wahrung* (défense des intérêts, sauvegarde). On renverra

3

Vérité du texte et allégorie

► ANALOGIE, COMPARAISON, OIKONOMIA, SENS

Le paradigme chrétien de la vérité implique une vérité du texte : c'est le registre de l'*oikonomia* [οἰκονομία], comme « économie du salut » ; Tertullien traduit *oikonomia* par *dispensatio* et Augustin la nomme *dispensatio temporalis*. La Révélation n'est telle que par l'annonce à l'avance, cachée sous le voile des faits, d'un autre événement d'ordre supérieur ; le nouveau accomplit alors l'ancien et « complète les préludes » (« *per adimpletionem* », Tertullien, *Adversus Marcionem*, IV, 11). Tertullien invoque « la conspiration du sens des Écritures avec l'échéance des événements et l'ordre des temps » (*ibid.*, III, 23). Il utilise un terme juridique romain, la *praescriptio* (le fait d'être écrit par avance), pour caractériser le mode de vérité du texte, lequel se prouve dans cette continuité temporelle de la réalisation des annonces (*ibid.*, V, 11). Et Hilaire de Poitiers écrit : « *Signata sunt omnia, et per spiritalem doctrinam resignanda* [Toutes choses sont signifiées et doivent être descellées au profit de la doctrine spirituelle] » (*Commentaire sur le Psaume 118*, 17).

Cette conception de l'*oikonomia* est en conformité avec l'herméneutique allégorisante et avec la « typologie » de Paul qui, dans 1 Corinthiens 10, 11, déclare que tout ce qui advient dans le Nouveau Testament était déjà *in figura* dans l'ensemble de la Loi ancienne, le Christ étant alors le « type [*tupikôs* (τυπικῶς)] » annoncé par les figures antérieures qu'étaient notamment Moïse et les Prophètes : « *Haec autem omnia in figura contingebant illis / Tauta de tupikôs sunebainen ekeinois* [ταῦτα δὲ τυπικῶς συνέβαινεν ἐκείνοις] / *Solches alles widerfuhr ienen zum Vorbilde* [trad. all. de Luther]. » Tout était arrivé en figure : les événements, les actes et les personnes de l'histoire biblique étaient ainsi les « figures », « antétypes » ou « préfigures » de l'événement christique — Adam lui-même étant « le type de celui qui devait venir [*tupos tou mellontos* (τύπος τοῦ μέλλοντος)] » (Romains 5, 14). L'allégorie a ici non un simple sens sémantique, mais un sens ontologique, elle repose sur ce qui est. L'*orthotês* n'y désigne pas l'exactitude du regard, mais la justesse des noms, un rapport, non entre des mots, mais entre des faits, et elle implique l'introduction d'une temporalité : les *tupoi* [τύποι] ne sont identifiables que dans un double mouvement de rétrospection-prospection qui prend en compte la Révélation accomplie.

Cette nouvelle architecture exégétique ou articulation entre le sens d'un texte et l'événement, entre l'idée de « corps » et celle de « lettre », donne naissance à la théologie des quatre sens de l'Écriture et, au-delà, elle fournit le paradigme même de l'herméneutique.

BIBLIOGRAPHIE

AUERBACH Erich, « Figura », *Gesammelte Aufsätze zur romanischen Philologie*, Berne-Munich, Francke Verlag, 1967, p. 55-92 ; *Figura*, trad. fr. M.A. Bernier, Belin, « L'extrême contemporain », 1993.

LUBAC Henri de, *Exégèse médiévale. Les Quatre Sens de l'Écriture*, 4 vol., Aubier, 1959-1964.

à l'usage que fait Heidegger de ce rapport étymologique et sémantique à propos de Nietzsche :

> Nietzsche garde (*bewährt*) les termes le vrai (*das Wahre*) et la vérité (*Wahrheit*) pour ce que Platon nomme le véritablement étant. [...] Le fait de tenir (*wahren*) la vérité est le tenir-pour-vrai (*Fürwahrhalten*) dans la représentation. [...] La vérité est la condition de la conservation (*Bewahrung*) de la Volonté de puissance. Désormais, la mise en sécurité (*Wahrung*) ne saurait être accomplie qu'à partir de l'homme même[...]
>
> *Nietzsche*, t. 2, *La Métaphysique de Nietzsche*, trad. fr. P. Klossowski, p. 250.

Au sens de sauvegarde, *wahr* ne fait nullement allusion à une quelconque matérialité : lui fait donc face soit *real*, « véritable, concret » (*real Wert*, « valeur réelle », *real Ich*, « moi réel, concret »), soit *wirklich*, « effectif », *Wirkung*, « effet, résultat », *Wirklichkeit* (traduction hégélienne d'*energeia* [ἐνέργεια]) ; *wirklich* appartient au paradigme des œuvres, du travail. On retrouve ici la dimension ontologique de *verus*, comme dans l'usage, anglais cette fois, de *real* (vrai au sens de réel ; voir RÉALITÉ).

3. « *Real* » et « *true* » (angl.) / « *wahr* » (all.) / « *vrai* », et le statut de la vérité ontologique

Dans l'héritage des paradigmes *alêtheia* / « *'èmèt* » / *veritas* se dessinent ainsi deux rapports à l'ontologie et à *l'ontôs on* fondamentalement différents : le vrai comme réel (effectif), ou le vrai comme non imité, authentique, non faux, étant tel qu'il se dit. Il en résulte deux approches, qui deviendront incompatibles, de la vérité, comme se disant prioritairement des choses ou des énoncés.

Il n'est pas évident, comme l'a bien dit Austin, que le sens ordinaire de *real* ou de *true*, qui ont alors partie liée, renvoie à un questionnement ontologique sur la réalité :

> « *Real* » *is an absolutely normal word, with nothing new-fangled or technical* [...]. *For instance, if we are going to talk about* « *real* », *we must not dismiss as beneath contempt such humble but familiar expressions as* « *not real cream* ».
>
> [« Vrai » est un mot absolument normal, qui n'a rien de sophistiqué ou de technique. Par ex., si nous voulons parler de « vrai », il ne faudra pas écarter comme indignes de nous des expressions aussi humbles et familières que « pas de la vraie crème ».]
>
> Austin, *Sense and Sensibilia*, p. 63-64.

Pour connaître ce qu'Austin appelle *the Nature of Reality*, il faut examiner le sens de *real*, « véritable », « authentique », analogue à celui de *true* dans son usage non véridictif. Il y a là un jeu spécifique entre le français et l'anglais, et un rapport complexe entre *vrai* et *real*, *real* se traduisant fréquemment en français par *vrai* (en allemand par *wahr*) et non par *réel*. *Real* (angl.) est ainsi plus courant et moins théorique que *réel* ou *real* (all.). C'est précisément pourquoi Austin, dans *Sense and Sensibilia*, revendique le caractère « absolument normal » de *real* et refuse qu'il soit ontologiquement surinvesti. *Real cream* se rendrait par de la « vraie crème », et *real color* (à propos de la couleur d'une chevelure) se rendrait par « couleur naturelle » ou véritable — quand on a affaire à *not real cream*, c'est qu'il s'agit d'un succédané, dans le cas de *not real colour*, c'est qu'il s'agit d'une teinture, et *not real* n'implique jamais une illusion généralisée. *Real* ne pose pas plus le problème de la « réalité » que le français *vrai* dans l'expression « un vrai Vuitton » ou « un vrai crétin ». Mais le problème ne peut être soulevé dans ces termes par Austin que grâce à la souplesse de l'usage de *real* (dont *réel* est dépourvu), qui le rapproche fortement de *true* et de tout un champ lexical comprenant *proper*, *genuine*, *live*, *true*, *authentic*, *natural* (*ibid.*, p. 71). Cet usage de *real* / *true* détache la question de la vérité de celle de la véridicité, et fait de l'authenticité la question première.

Il y a là une différence significative entre l'usage anglais d'une part, français et allemand de l'autre. *Wahr* peut, comme *vrai*, être employé au sens de « réel, authentique ». Mais Bolzano qualifie ce sens d'inauthentique (*uneigentlich*), et le dit valable seulement pour l'adjectif, pas pour le substantif : « *das Adjectiv "wahr" werde auch im Sinne von "wirklich", "echt" gebraucht* [l'adjectif « vrai » est aussi employé au sens de « véritable », « authentique »] » (*Wissenschaftslehre*, § 24). Le traducteur anglais de Bolzano donne, pour équivalent de *wahr*, non pas *true*, mais *real*, *genuine*. Bolzano spécifie, en héritier de la tradition aristotélicienne, le caractère *dérivé* de ce sens du vrai, qui est toujours une manière de traduire ou d'abréger un des sens « premiers » de *wahr* et *Wahrheit*, c'est-à-dire celui qui concerne la proposition. Même dans ce que Bolzano appelle « l'usage commun », « vrai » se dit prioritairement des énoncés, non des choses.

Un problème supplémentaire tient à ce que l'allemand établit dans l'idée même de perception une référence au vrai. Le verbe *wahrnehmen*, « percevoir », est en effet construit sur *wahr* et veut littéralement dire « prendre comme vrai », *Wahrnehmung* étant ainsi la « saisie du vrai » (voir PERCEPTION, encadré 3, « *Wahrnehmung* »). Ainsi, chez Husserl :

> Il est évident qu'il appartient à l'essence de la perception qu'elle perçoive (*wahrnimmt*) quelque chose, un objet, et je peux alors demander en tant que quoi elle prend l'objet comme vrai (*als was nimmt sie den Gegenstand für wahr*).
>
> *Introduction à la logique et à la théorie de la connaissance* [1906-1907], trad. fr. p. 274.

Husserl propose, plus loin, une construction curieuse, à propos de la représentation fausse 2 x 2 = 5 : « la représentation ne concorde pas avec une perception correspondante, le représenté ne parvient pas à la perception (*Wahrnehmung*) mais à la prise du faux (*Falschnehmung*) ». Une fausse perception serait ainsi une *Falschnehmung*, une prise directe du faux. Une partie de la philosophie de langue allemande insiste en effet sur le « vrai » de la perception à partir d'un prétendu « sens propre » de la *Wahrnehmung*. Brentano, en particulier, parle de la perception intérieure comme la seule perception « au sens propre », les phénomènes de la perception extérieure ne pouvant être démontrés comme « vrais et réels » ; « la perception extérieure n'est donc pas, au sens rigoureux du mot, une perception ». Gandillac précise, dans une note, que c'est la signification étymologique de *Wahrnehmung* « qui justifie l'argumentation de l'auteur » (*Psychologie du point de vue empirique*, p. 105). *Wahrnehmen* pose donc un problème de traduction en français ou en anglais dès lors qu'on joue sur sa construction à partir de *wahr*.

L'allemand et le français ont donc un usage de *wahr/vrai* plus étendu que celui de *true*, compensé en anglais par un usage plus étendu et « ordinaire » de *real*. Tout cela est compliqué de problèmes liés aux redéfinitions successives des rapports de la réalité à la vérité depuis Aristote : en témoignent les ambiguïtés du terme de *réalisme*, pourtant transférable sans difficulté d'une langue à l'autre, mais dont l'histoire et les sens parfois incompatibles se sont constitués parallèlement à ceux des termes *true/vrai/wahr*. Les débats récents sur le réalisme dans le champ américain se sont ainsi focalisés sur la notion de vérité (notamment la vérité définie à la manière de Tarski), sans que les deux questions aient toujours été clairement distinguées et rapportées l'une à l'autre.

Il n'en reste pas moins que beaucoup d'expressions courantes, voire familières, en français comme en anglais, jouent sur les glissements possibles du sens ontologique au sens langagier de *vrai* et *real*. Ainsi, en français, *c'est pas vrai !* ne veut pas dire *c'est faux*, mais plutôt *ce n'est pas la réalité* ; en anglais, c'est exactement l'inverse : *get real !* signifie « reviens sur terre », « accepte la vérité ».

III. DES ACCEPTIONS MÉDIÉVALES À LA VÉRITÉ CLASSIQUE : VÉRITÉ DE LA CHOSE, RECTITUDE, ADÉQUATION, ÉVIDENCE, CERTITUDE

Les médiévaux distinguent trois acceptions standard du terme *veritas*. La première, dite « augustinienne », est la « vérité de la chose [*veritas rei*] » ; la deuxième, dite « anselmienne », est la vérité comme « rectitude perçue seulement par la pensée [*rectitudo sola mente perceptibilis*] » ; la troisième, généralement référée à « Isaac » et Avicenne, est la vérité comme « adéquation de la pensée à la chose [*adaequatio rei et intellectus*] ». Toutes trois viennent investir ou, le cas échéant, rectifier, limiter ou relativiser la conception « logique », prédicative, attribuée à Aristote. Dans ce réseau, toutefois, intervient une reformulation, dite « aristotélicienne », de la première acception : la vérité comme « disposition ontologique [*dispositio rei in esse*] » fondant la vérité logique ou « prédicative ». Le *De veritate* de Thomas d'Aquin, qui contient un inventaire quasi exhaustif des élaborations médiévales, peut servir ici de guide.

A. La vérité de la chose : prédicatif et antéprédicatif

Telle que la présente Thomas, la notion de « vérité de la chose » est solidaire d'une interprétation de la vérité aristotélicienne comme antéprédicative avant d'être logique. Les trois acceptions standard — augustinienne, anselmienne, avicennienne — figurent bien comme référentiel obligé dès la première question du *De veritate* thomasien. Mais, dans ce dispositif, la première définition est censée regarder « ce qui concerne la notion de vérité et en quoi celle du vrai lui-même est fondée » (*illud quo praecedit rationem veritatis et in quo verum fundatur*), cette vérité qu'on dit aujourd'hui « antéprédicative » ou « ontique ». Le lien établi entre vérité et existence, ou plutôt étantité, est placé sous le patronage d'Aristote, (*Métaphysique*, B, 1, 993b 30), pour affirmer la totale synonymie de « vrai » et d'« étant » (« le vrai et l'étant sont entièrement la même chose [*verum et ens sunt omnino idem*] »). Il est souvent allégué aujourd'hui par les tenants de la théorie du « *making true* » (voir TRUTH-MAKER), compte tenu de l'interprétation dominante du texte, bien reflétée par Tricot (« autant une chose a d'être, autant elle a de vérité ») ou Reale (« *ogni cosa possiede tanto di verità quanto possiede di esse* »).

♦ Voir encadré 4.

B. Vérité et rectitude : Anselme, ou les deux manières de « faire la vérité »

Dans son dialogue intitulé *De veritate* (vers 1080-1085), notamment au chapitre II, Anselme s'attache à distinguer deux types de vérité et à définir la vérité par rapport à la rectitude ou droiture (*rectitudo*). Anselme n'admet pas l'usage commun selon lequel est dit vrai un discours qui signifie qu'est ce qui est. La vérité se trouverait hors de l'énonciation, dans les choses, alors qu'il importe qu'elle se situe dans ce en quoi elle est, à savoir le discours lui-même. Cependant, la vérité ne peut pas non plus être immédiatement dans le discours seul, puisque, comme le dit Aristote, un énoncé identique, composé des mêmes constituants, peut être soit vrai soit faux, et même successivement l'un et l'autre, en fonction de l'état de choses auquel il renvoie. Anselme dépasse cette difficulté en s'interrogeant sur ce « en vue de quoi (*ad quid*) » l'affirmation a été faite. La parole a été faite en vue de signifier qu'est ce qui est (ou que n'est pas ce qui n'est pas). Mais elle a aussi reçu de signifier qu'est ce qui n'est pas, car si ce n'était pas le cas, un énoncé ne pourrait signifier le faux. Un énoncé qui fait ce qu'il doit (*facit quod debet*), en signifiant ce qu'il lui a été donné de signifier (*significat quod accepit significare*), signifie donc « droitement (*recte*) » à un premier niveau, de même que la vérité ou droiture d'une créature consiste à faire ce qu'il lui a été donné par Dieu de faire, ce qu'elle doit faire. Cette première rectitude ou vérité est indépendante de la conformité avec les choses.

Cependant, quand l'énoncé signifie effectivement qu'est ce qui est, il fait doublement ce qu'il doit, puisqu'il signifie non seulement ce qu'il a reçu de signifier mais en outre ce en vue de quoi il a été fait (*significat et quod accepit significare et ad quod facta est*). C'est cette seconde droiture et vérité qu'ordinairement on appelle un discours vrai. L'énoncé *il fait jour* « fait la vérité » à un premier niveau, quand il signifie qu'il fait jour (qu'il fasse jour ou non), puisque c'est ce que naturellement il a reçu de faire ; il est vrai à un second niveau, quand il fait effectivement jour. Dans les énoncés que nous qualifierions d'analytiques, comme *l'homme est un animal*, ou *l'homme n'est pas une pierre*, les deux vérités du discours sont inséparables, puisque ces énoncés signifient toujours de manière indissociable ce qu'ils doivent signifier et le vrai qu'ils sont faits pour signifier. La première rectitude est immuable, l'énoncé la possède naturellement, et de manière permanente. La seconde rectitude est variable, accidentelle (puisqu'elle n'arrive que si l'état de choses est bien conforme à ce que l'énoncé signifie, l'état de choses étant en lui-même sujet à changement) et en fonction de l'usage, de manière non permanente.

> *Alia igitur est rectitudo et veritas enuntiationis, quia significat ad quod significandum facta est ; alia vero, quia significat quod accepit significare. Quippe ista immutabilis est ipsi orationi, illa vero mutabilis. Hanc namque semper habet, illam vero non semper. Istam enim naturaliter habet, illam vero accidentaliter et secundum usum. Nam cum dico : dies est, ad significandum esse quod est, recte utor hujus orationis significatione, quia ad hoc facta est ; et ideo tunc recte dicitur significare. Cum vero eadem oratione significo esse quod non est, non ea recte utor, quia non ad hoc facta est ; et idcirco non recta tunc ejus significatio dicitur.*
>
> [Autre est donc la droiture et vérité de l'énonciation quand elle signifie ce en vue de quoi elle a été faite pour signifier, et quand elle signifie ce qu'elle a reçu de signifier. Pour l'énoncé, la première est changeante, la seconde au contraire immuable. Il possède toujours la seconde, mais pas toujours la première. Il a en effet la seconde naturellement, mais la première accidentellement et selon l'usage. En effet, quand je dis : il fait jour, en vue de signifier qu'est ce qui est, j'use droitement de la signification de cet énoncé, puisque c'est en vue de cela qu'il a été fait ; et pour cette raison on dit alors qu'il signifie droitement. Mais quand je signifie par le même énoncé qu'est ce qui n'est pas, je n'en use pas droitement, puisque ce n'est pas en vue de cela qu'il a été fait ; pour cette raison on dit alors que sa signification n'est pas droite.]
>
> Anselme, *De veritate*, éd., trad. fr. et intr. in *L'Œuvre de S. Anselme de Cantorbery*, t. 2, Cerf, 1986, chap. II.

Sur le plan moral, la distinction entre les deux rectitudes ne vaut que pour les êtres rationnels, qui sont libres, et donc peuvent en même temps reconnaître ce qu'ils

---

4

Vérité logique et vérité antéprédicative : sur la lecture heideggérienne de Thêta 10

► INTELLECTUS, *INTUITION*

Au Moyen Âge, devenue *auctoritas*, la thèse aristotélicienne canonique, telle qu'elle est exprimée dans *Métaphysique*, Θ, 10, 1051b 4-5 (trad. fr. J. Tricot, Vrin, 1966, p. 522 : « [...] être dans le vrai, c'est penser que ce qui est séparé est séparé, et que ce qui est uni est uni, et être dans le faux, c'est penser contrairement à la nature de ces objets »), circulera sous une forme voisine de : « Dire vrai, c'est dire uni ce qui est uni et séparé ce qui est séparé. » La version médiévale accentue l'aspect « logique » de la définition.

Mais, pour les interprètes modernes, la primauté de la vérité ontique (vérité de la chose) peut engager une tout autre lecture. Le grec « *epseustai de ho enantiôs ekhôn ê ta pragmata* [ἔψευσται δὲ ὁ ἐναντίως ἔχων ἢ τὰ πράγματα] », rendu en italien par G. Reale sous la forme de « *sarà, invece, nel falso, colui che ritiene che le cose stiano in modo contrario a come effetivamente stanno* » (Aristotele, *Metafisica*, trad. it. G. Reale, Milan, Rusconi, « Testi a Fronte », 1993, p. 429), plus proche d'une forme naissante de considération de l'« état de choses » (*Sachverhalt, state of affairs*), se veut, dans cette lecture, plus près de l'inspiration aristotélicienne authentique que l'anachronique « nature des objets » alléguée en français par Tricot. Les deux traductions n'en expriment pas moins le même supposé « caractère primordial de la vérité dans les choses », fondement de la théorie aujourd'hui dite « correspondantiste » (*correspondence theory of truth*), relevé chez Aristote par Tricot sur les pas de Thomas d'Aquin : « [...] *compositio et divisio* rei *est causa veritatis et falsitatis in* opinione *et* oratione » (in *Metaph.*, n° 1899, p. 549). De cette vérité « antéprédicative » et de son primat, il est encore question dans le cours de 1926, tenu à Marburg, sur les *Grundbegriffe der Antiken Philosophie*, où Heidegger oppose la conception aristotélicienne de la vérité en Θ 10 à celle de E 4 (la vérité comme « vérité de la proposition »), la seconde étant fondée par la première. De la vérité de Θ 10, Heidegger pose qu'elle est connue par « un simple dé-couvrir (ou dévoilement) par un regard [lui-même] simple ». Dans les *Grundfragen der Philosophie. Ausgewählte « Probleme der Logik »*, de 1937-1938 (cours donné à Fribourg, au semestre d'hiver), Heidegger attribue à Aristote un concept de vérité comme « correspondance », « correction » (exactitude) ou « adéquation » entre pensée et être, tout en rappelant que ce concept se fonde sur celui de vérité comme dé-voilement ou non-latence de l'étant de Θ 10, « ultime résonance de l'essence originaire de la vérité » dans l'histoire de la philosophie (cf. Heidegger, *Gesamtausgabe*, t. 45, p. 15, 97, 139 et 205). En *Métaphysique* Θ, 10, 1051a 35 *sq.*, Aristote explique, dans la traduction Tricot (p. 521-522), que « l'Être et le Non-Être se disent d'abord selon les différents types de catégories », qu'ils « se disent ensuite selon la puissance ou l'acte de ces catégories, ou selon leurs contraires », puis, « enfin, selon le vrai et le faux, selon le sens le plus propre de ces termes ». Ce passage, qui prélude à la thèse de 1051b 4-5, a fait l'objet d'interprétations divergentes. Ross place les mots *kuriôtata on* [κυριώτατα ὄν] entre crochets dans l'expression « *to de kuriôtata on alêthes ê pseudos* [τὸ δὲ κυριώτατα ὄν ἀληθὲς ἢ ψεῦδος] ». Tricot (p. 522) commente : « [...] si on conserve ces mots, on ne peut les rattacher qu'à ἀληθὲς ἢ ψεῦδος, et non à τὸ δὲ, car Aristote n'a pu vouloir dire que l'Être par excellence est le vrai et le faux, alors que, dans sa doctrine (affirmée notamment en E 4, 1027b 34), l'Être en tant que vrai n'est qu'une affection de la pensée. » Tout autre est l'interprétation de Heidegger. Selon lui, en effet, l'adverbe *kuriôtata* refusé par Schwegler et éliminé par Ross doit être maintenu : la thèse d'Aristote est à cet endroit, contrairement aux affirmations de E 4, que l'être comme vrai existe dans les choses sous deux formes, l'une relative aux « réalités composées » (= « complexes »), exprimée dans le jugement, l'autre aux « réalités non composées » (= « incomplexes »), exprimées par la pensée (*noein*), laquelle n'est pas un jugement. La véritable thèse d'Aristote sur la vérité est donc que l'être au sens de vrai est, de tous les sens de l'« être », le plus propre, qu'il est le vrai des choses et dans les choses, à savoir la « présence constante » sur laquelle se fonde le vrai de (la) pensée, *i.e.* du jugement.

sont faits pour faire, ce qu'ils se doivent d'être, et décider de faire ou non ce qu'ils sont faits pour faire. La différence entre l'homme et Dieu devient alors une différence entre l'être qui est ce qu'il doit d'être et l'être qui est parce qu'il est. Le devoir qui définit l'homme est une dette, puisqu'en l'accomplissant l'homme se plie à une vérité dont Dieu est ultimement la cause. De manière parallèle, le discours qui est vrai et conforme à ce qu'il signifie s'acquitte de sa dette initiale, puisqu'il a été fait pour signifier le vrai, et que dans ce cas il le signifie effectivement, en se conformant à sa destination première.

C. Vérité et adéquation

La plus célèbre définition de la vérité est « *adaequatio rei et intellectus* ». Elle est l'expression canonique de la théorie de la vérité comme correspondance. On la trouve pour la première fois, semble-t-il, chez Guillaume d'Auxerre (*Summa aurea*, I, éd. J. Ribaillier, 1980, t. 1, p. 195, 228). On l'attribue souvent au philosophe juif Isaac Israeli (850-950), comme le font Thomas (*De veritate*, q. 1, a 1, c) et jusqu'à Heidegger (*Sein und Zeit*, § 44a, p. 214). Son *Livre des définitions*, écrit en arabe, a été traduit en latin par Gérard de Crémone (éd. J.T. Muckle, *AHDLMA*, n° 12-13, 1937-1938, p. 299-340) et en hébreu par Nissim b. Shelomo (éd. H. Hirschfeld, *Festschrift* [...] *Steinschneider*, Leipzig, 1896, hébreu p. 131-141). Un fragment de l'original a été retrouvé (éd. H. Hirschfeld, *JQR*, n° 15, 1903, p. 689-693 [= latin, p. 318, 1-326, 32]). En fait, non seulement la définition ne s'y trouve pas, mais on y lit une autre formule, présentée très explicitement comme définissant la vérité : « *ḥadd al-ḥaqq : huwa mā huwa aš-šay'* » (p. 691, 6-8) ; « *veritas est quod est res* » (p. 322, 10, et cf. p. 307 ; hébreu p. 139, 14 *sq.*, et cf. p. 134, 9). La définition n'est pas non plus chez al-Kindī (m. 870), qui définit la vérité, ou plutôt la véracité (*ṣidq* [صدق]) comme le fait de dire que ce qui est est et que ce qui n'est pas n'est pas (*Définitions*, éd. Abu Rida, Le Caire, 1950, p. 117). Le vrai contexte d'origine de l'idée d'adéquation est à chercher chez Avicenne (m. 1037). Une de ses définitions de la vérité est : « l'état du discours ou de l'intellect qui désigne l'état de la chose extérieure, quand celui-ci <est> correspondant (*muṭābiq* [مطابق]) à celui-là » (Shifā', *Métaphysique*, I, 8 ; éd. G.C. Anawati, Le Caire, 1960, p. 48, 6 *sq.* ; trad. fr. G.C. Anawati, Louvain, 1978, p. 123). Le participe arabe suggère l'image de deux couches se recouvrant exactement, comme deux figures géométriques sont superposables. Le latin est plus vague : « *Veritas autem quae adaequatur rei* » (*Avicenna latinus, Metaphysica*, éd. S. Van Riet, Louvain, 1977, p. 55). C'est cette idée de « correspondance » entre le discours et la chose que tentera d'exprimer Guillaume d'Auvergne à l'aide de différents synonymes : *convenientia*, *concordia*, *adaequatio*, *aequalitas* (*De universo*, I, 3, XXVI, 795a). Le terme *adaequatio* s'imposera dans la tradition médiévale postérieure, donnant lieu à des distinctions nouvelles, notamment entre l'*adaequatio* du discours à la chose qui définit le discours vrai (*verus*) ou faux (*falsus*), et *l'adaequatio* du discours à l'intention qui définit le locuteur sincère (*verax*) ou non sincère (*fallax*) — voir le texte de Bonaventure cité *infra*, en IV, A, 2. Averroès suppose une définition déjà classique : « le véridique (*ṣādiq* [صادق]), comme on le dit dans sa définition, est <le fait> que ce qui se trouve dans l'âme <soit> selon ce qu'il en est en dehors de l'âme » (*Tahafot*, I, 188 ; éd. M. Bouyges, p. 103, 5 *sq.*). La traduction anglaise de S. Van den Bergh (Londres, 1954, p. 60 et 179), introduit les termes *agreement* ou *conformity*, qui ne sont pas explicites dans l'arabe. La définition est restée classique. Le substantif « correspondance » (*muṭābaqa* [المطابقة]) se trouve dans le *Livre des définitions* de Ǧurǧānī (m. 1413, *s.v.* « *ḥaqq* [حقّ] », éd. Flügel, Leipzig, 1845, p. 94).

♦ Voir encadré 5.

D. Vérité, évidence et certitude

Pour des raisons évidentes, tenant, entre autres, à la nécessité d'harmoniser les *auctoritates* (autorités), les médiévaux ont d'emblée cherché des recoupements entre les acceptions standard de *veritas*. Trois voies principales ont été explorées au Moyen Âge puis au-delà :

(1) les médiévaux ont surtout cherché à expliciter et justifier le contenu de la définition augustinienne en inversant le sens de la vérité dite « d'adéquation » — le sens obvie de l'*adaequatio rei et intellectus*, adéquation, conformité ou conformation de la pensée humaine aux choses créées, *adaequatio intellectus ad rem*, se renversant en *adaequatio rei ad intellectum*, adéquation ou conformité du créé à sa cause exemplaire, la Pensée divine créatrice. L'adéquation du créé à son exemplaire est définie comme « certitude ». Vérité et certitude se rencontrent donc dans l'idée de détermination que l'on dira par la suite objective, alors qu'elle est ici plutôt, originairement, idéale-réelle. Ce retournement permet d'harmoniser deux usages du mot *veritas* souvent opposés dans les *sophismata* et les *disputationes* — la question de savoir si la vérité est dans les choses ou dans la pensée, ou encore d'abord dans les choses et ensuite seulement dans la pensée, étant un lieu commun de la philosophie et de la théologie des XIIIe et XIVe siècles, hérité du *De veritate* d'Anselme.

♦ Voir encadré 6.

(2) À l'Âge classique, la thèse de l'adéquation est relayée de diverses manières. Chez Spinoza, la notion de *convenance* permet de formuler comme un axiome qu'« une idée vraie doit s'accorder [se rencontrer avec, convenir] avec l'objet dont elle est l'idée », ou plus littéralement avec son « idéat » (cf. Spinoza, *Éthique*, I, *De Deo*, *Axiomata*, VI : « *Idea vera debet cum suo ideato convenire* », éd. et trad. fr. Charles Appuhn, Vrin, 1977, p. 22-23). Chez Locke, la matrice joindre/séparer (des signes) // convenir/disconvenir (pour les choses) sert à rapatrier la vérité dans les seules propositions : la vérité est « *nothing but the joining or separating of signs, as the things signified by them do agree or disagree one with another* [n'est rien que le fait de joindre ou de séparer des signes, selon que les choses (signifiées par le sujet et le prédicat) s'accordent ou ne s'accordent pas les unes avec les autres] » — d'où : « *the joining or separating of signs here meant is what*

5

« Hoc est corpus meum », ou comment l'adéquation est mise en crise par le performatif

► ACTE DE LANGAGE (II), ANALOGIE, *ÊTRE*, SIGNE, SYMBOLE

La définition de la vérité logique comme *adaequatio rei et intellectus*, et non comme rectitude, convient-elle pour définir la vérité de tous les énoncés, ou seulement des énoncés assertifs ? Qu'en est-il alors de la vérité des autres énoncés, et particulièrement des énoncés que nous qualifierions de performatifs ? L'analyse de la formule de la consécration eucharistique *Hoc est corpus meum* est, au Moyen Âge, un lieu privilégié pour de telles discussions.

La vérité de la formule de la conversion eucharistique dépend de manière cruciale de la référence que l'on assigne au pronom *hoc*, sujet de l'énoncé. En effet, les deux solutions qui se présentent sont *a priori* tout autant problématiques : si le démonstratif réfère au pain, la phrase est fausse, puisque *ce pain est mon corps* est faux ; s'il réfère au corps du Christ, la proposition est vraie, mais elle n'a pas alors de valeur conversive, puisque dès le début de l'énoncé le Christ est déjà présent. Thomas d'Aquin arrive néanmoins à trouver une solution, qui repose sur la distinction entre deux types d'énoncés, les énoncés assertifs et les énoncés opératifs, distinction qu'il fonde sur l'opposition aristotélicienne entre intellect spéculatif et intellect pratique. Thomas fait un usage original de l'adage emprunté au chapitre 1 du *Peri hermeneias* selon lequel les mots sont les signes des intellections (*voces sunt signa intellectuum*), en expliquant que les intellections ou concepts sont de deux types. Les concepts qui relèvent de l'intellect spéculatif sont tirés des choses, ils en procèdent, puisque la spéculation est une contemplation de choses existantes. Parallèlement, la vérité d'un énoncé assertif dépend de son adéquation à un état de choses qui lui préexiste : s'il est conforme, l'énoncé est vrai, sinon, il est faux. En revanche, les concepts qui relèvent de l'intellect pratique précèdent la chose, puisqu'il faut que l'artisan ait déjà en tête un modèle, un concept de l'objet, pour qu'ensuite ce dernier soit fabriqué à son image. Et, parallèlement, la vérité d'un énoncé factif ou opératif ne peut être déterminée qu'en rapportant celui-ci à la chose qu'il crée. Dans le cas qui nous occupe, le *hoc*, du fait de la spécificité de l'énoncé où il figure, ne peut donc référer à la chose qui préexiste à son énonciation (le pain), mais à la chose que la formule va contribuer à créer, au dernier instant de sa prononciation, au moment donc où s'effectuera la conversion. Il s'avère donc tout à fait optimal d'utiliser un pronom, qui possède en lui-même une référence indéterminée, et dénote que ce qui est contenu sous les espèces du pain et du vin deviendra le corps du Christ. Thomas d'Aquin dégage ainsi les propriétés particulières des énoncés performatifs, pour ce qui est de la détermination de leur vérité ou de la manière d'assigner la référence des termes déictiques qu'ils comportent.

Selon Duns Scot, la vérité de l'énoncé eucharistique n'est pas une condition de son opérativité. L'énoncé est prononcé, il engendre une signification qui lui permet de réaliser ce que par convention (pacte originel instauré au moment de l'imposition) il est imposé pour réaliser. Il est à ce moment « neutre » et non porteur d'une valeur de vérité. Une fois cela réalisé, *hoc est corpus meum* est vrai dans la mesure où le *hoc* réfère au corps du Christ présent du fait de la conversion. Ce n'est donc pas en tant que vrai mais en tant que neutre que l'énoncé est opératif. C'est là un renversement majeur par rapport aux analyses antérieures, qui cherchaient toujours à trouver pour le *hoc* une valeur permettant de déclarer la formule vraie, dans l'idée qu'il fallait prouver qu'elle était vraie pour expliquer qu'elle puisse être opérative.

Dans le chapitre XV de *La Logique ou l'Art de penser*, « Des Idées que l'esprit ajoute à celles qui sont précisément signifiées par les mots », Arnauld et Nicole reprennent le problème de la signification du mot *hoc* dans la formule. Il s'agit là, disent-ils, d'une « chicane importante, que les Ministres ont rendu célèbre, et sur laquelle ils fondent leur principal argument pour établir leur sens de figure dans l'Eucharistie ». Or, cet argument relève plus, selon eux, de la Logique que de la Théologie. Le mystère de cette proposition, disent-ils, « ne naît pas de l'obscurité des termes, mais du changement opéré par Jésus-Christ, qui fit que ce sujet *hoc* a eu deux différentes déterminations au commencement et à la fin de la proposition » (p. 139). *Hoc* ne signifie en effet que l'idée confuse de chose présente. À cette idée confuse de chose présente, les apôtres ont ajouté l'idée distincte de pain que le Christ tenait dans ses mains, idée « qui était seulement excitée et non précisément signifiée par ce terme. [...] Ainsi, quand Jésus-Christ prononça de ceci que c'était son corps, les Apôtres n'eurent qu'à retrancher l'addition qu'ils y avaient faite par les idées distinctes de Pain, et retenant la même idée de chose présente, ils conçurent après la proposition de Jésus-Christ achevée que cette chose présente était maintenant le corps du Christ » (*ibid.*). La distinction entre après et maintenant indique le mouvement de transformation que le verbe *être* opère pendant l'acte d'énonciation. Comme les auteurs l'écrivent un peu plus loin, au chapitre XII : « Ceci qui est du pain dans ce moment ici, est mon corps dans cet autre moment » (p. 196). Si l'on retrouve chez Arnauld et Nicole l'argumentation médiévale, celle-ci s'inscrit dans de nouveaux enjeux. Pour les logiciens de Port-Royal, il s'agit de répondre à ceux qui rejettent l'idée de transsubstantiation réelle au nom d'une interprétation purement symbolique de la proposition (*i.e.* les protestants) en inscrivant la distinction entre le propre et la figure dans un mouvement temporel.

BIBLIOGRAPHIE

ARNAULD Antoine et NICOLE Pierre, *La Logique ou l'Art de penser* [1662], Flammarion, « Champs », 1970.

LIBERA Alain de et ROSIER-CATACH Irène, « L'analyse scotiste de la formule de la consécration eucharistique », *in* Costantino MARMO (éd.), *Vestigia, Imagines, Verba : Semiotics and Logic in Medieval Theological Texts (1150-1450). Acts of the XIth Symposium on Medieval Logic and Semantics*, Turnhout, Brepols, 1997, p. 171-201.

— « Les enjeux logico-linguistiques de l'analyse de la formule de la consécration eucharistique », *Cahiers de l'Institut du Moyen Âge grec et latin*, 67, 1997, p. 33-77.

ROSIER-CATACH Irène, « Éléments de pragmatique dans la grammaire, la logique et la théologie médiévales », *Histoire Épistémologie Langage*, vol. XX, n° 1, 1988, p. 117-132.

by another name we call proposition. So that truth properly belongs only to propositions [le fait de joindre ou de séparer des signes signifie ici ce que nous appelons, d'un autre nom, proposition. Par conséquent, la vérité appartient proprement uniquement aux propositions] » (*An Essay Concerning Human Understanding*, IV, chap. V, § 2, éd. J.W. Yolton, Londres, Dent, New York, Dutton, 1974[4], p. 176-177). Cette redéfinition purement prédicative de la vérité constitue, jusqu'à un certain point, une lecture nominaliste de la thèse d'Aristote en *Métaphysique*, Θ, 10, 1051b 4-5 (cf. Tricot, p. 522 : « [...] être dans le vrai, c'est penser que ce qui est séparé est séparé, et que ce qui est uni est uni, etc. »). C'est comme telle d'ailleurs que Leibniz la rejette : si l'on cherche la vérité dans les signes, on aboutit à une réduction des vérités non seulement à des vérités « ou mentales ou nominales », « selon les espèces de signes », mais encore à des « vérités littérales, qu'on pourra distinguer en vérités de papier ou de parchemin, de noir d'encre ordinaire ou d'encre d'imprimerie ». Par la voix de Philalèthe, Leibniz, dans les *Nouveaux Essais*, reprend/traduit ainsi la thèse de Locke : la vérité serait « la conjonction ou la séparation des signes suivant que les choses mêmes conviennent ou disconviennent entre elles » (*Nouveaux Essais sur l'entendement humain*, IV, V, § 1, Garnier, 1966, p. 348), à quoi, par la bouche de Théophile, il objecte qu'il « vaut mieux placer les vérités dans le rapport entre les objets des idées, qui fait que l'une est comprise ou non comprise dans l'autre ». Cet accent mis sur les objets peut être considéré comme l'amorce de la notion commune de vérité « objective », indépendante de nos expressions et du « bon plaisir des hommes » : en effet, ledit « rapport » ne « dépend point des langues, et nous est commun avec Dieu et les anges ; et lorsque Dieu nous manifeste une vérité, nous acquérons celle qui est dans son entendement, car quoiqu'il y ait une différence infinie entre ses idées et les nôtres quant à la perfection et à l'étendue, il est toujours vrai qu'on convient dans le même rapport ». Et d'ajouter : « C'est donc dans ce rapport qu'on doit placer la vérité, et nous pouvons distinguer entre les *vérités*, qui sont indépendantes de notre bon plaisir, et entre les *expressions*, que nous inventons comme bon nous semble » (IV, V, § 2, p. 349).

(3) À l'époque moderne, on tente de fusionner le thème de la *rectitudo* avec celui de l'*adaequatio*. C'est ce que fait Anton Marty (1847-1914) quand il définit — en latin — la vérité comme *adaequatio cogitantis et cogitati* (adéquation du [sujet] jugeant à l'[objet] de jugement) — formule où *cogitare* a le sens d'*urteilen* (juger) et *cogitatum* celui d'*Urteilsinhalt* (contenu de jugement). Selon cette définition, un jugement est correct si et seulement si « le contenu jugeable conforme à ce jugement existe », ce qui veut dire si et seulement si « une corrélation entre le jugement et le contenu est effectivement donnée (*wirklich gegeben* ist) » (*Untersuchungen*..., p. 426). L'*Urteilsinhalt* est ce qui « fonde objectivement la rectitude de notre juger [*was die Richtigkeit unseres Urteilens objektiv begründet*] ». L'*Urteilsinhalt* étant indépendant de l'*Urteilsakt* (l'acte de jugement) et de l'*urteilende Person* (la personne qui juge), l'*Urteil* doit « s'orienter vers ce contenu » pour être vrai (*ibid.*, p. 404). Dans la termino-

6

Certitude et raison d'être

► PRINCIPE, RES

Conformément à la distinction des deux sens du mot *res* (voir RES) — « *res a reor reris* », « *res a ratitudine* » —, certains théologiens médiévaux réservent la « certitude » ou « détermination » (all. *Bestimmung*) aux seules choses dites *a ratitudine*, qui possèdent un « être d'essence » (*esse essentiae*) en tant qu'elles ont un paradigme (*ratio exemplaris*) en Dieu, qui les rend naturellement aptes à être produites dans l'être actuel. La *ratitudo* désigne ainsi, en quelque sorte, la « certification » d'une chose, gage de son « authenticité ». Pour Henri de Gand, la *ratification* ou *certification* d'une chose détermine à la fois son étantité et sa vérité (« *quanto aliquid in se plus habet ratitudinis sive firmitatis, tanto plus habet entitatis, quare et veritatis* [plus une chose a de ratification ou de certification, plus elle a d'étantité, et par conséquent de vérité] », Henri de Gand, *Summa*, art. 34, q. 2, f° 212rS), par opposition à l'inconstance et à l'inconsistance de la fiction, en tant que dépourvue d'exemplaire en Dieu (*ibid.*, art. 21, q. 4, f° 127rO). La ratification ou « certitude » de la chose est raison suffisante de sa création : ce qui n'a pas d'exemplaire en Dieu est néant « en essence et en nature » ; pareille « chose » n'est pas « chose prédicamentale » (elle n'appartient pas à l'être catégorial) et ne « saurait devenir effectivement réelle », car Dieu ne peut rendre effectif, « produire », « ce qui n'a pas *de raison* exemplaire *d'être* en une créature quelconque ». *La raison exemplaire est raison d'être* : une chose « authentique » est « une nature ou essence absolue, dotée d'une raison exemplaire en Dieu, *destinée à exister dans l'existence* par l'opération divine ». L'acception de la vérité comme « conformité des choses à leur essence, telle qu'elle est pensée par Dieu » a été ainsi mise en lumière dans une page célèbre de Heidegger :

> Selon le concept traditionnel, la vérité (*veritas*) est l'*adaequatio intellectus et rei*, l'adéquation de la pensée et de la chose (*die Angleichung von Denken und Ding*) ; au lieu d'*adaequatio*, on dit aussi *commensuratio* ou *convenientia*, conformité ou convenance (*Anmessung oder Übereinkunft*). Cette définition de l'essence de la vérité est ambiguë, ambiguïté qui gouvernait déjà la question de la vérité au Moyen Âge. [...] En tant qu'adéquation, la vérité est d'une part une détermination (*Bestimmung*) de la *ratio*, de l'énoncé (*der Aussage*), de la proposition (*des Satzes*). Vraie est une proposition dans la mesure où elle s'égalise aux choses (*Wahr ist ein Satz, sofern er sich an die Dinge angleicht*). Mais la définition de la vérité comme adéquation ne vaut pas seulement pour la proposition dans son rapport aux choses, elle vaut aussi pour les choses dans la mesure où, en tant que créées, elles sont référées au projet d'un esprit créateur, sont conformes à ce projet. Ainsi envisagée, la vérité est la conformité des choses à leur essence telle qu'elle est pensée par Dieu (*die Angemessenheit der Dinge an ihr von Gott erdachtes Wesen*).
>
> M. Heidegger, *Die Frage nach dem Ding*, Tübingen, Max Niemeyer, 1962, p. 91 ; *Qu'est-ce qu'une chose ?*, trad. fr. J. Reboul et J. Taminiaux, Gallimard, 1971, p. 127.

logie récente, la thèse de Marty pourrait donc être reformulée en posant que, chez lui, le contenu de jugement est le vérifacteur (*truth-maker*) du jugement.

IV. VÉRITÉ, SINCÉRITÉ, AUTHENTICITÉ : L'ÉVOLUTION DES ANTONYMES

On comprend que le processus de subjectivation de la vérité soit tenu pour l'une des caractéristiques marquantes de l'époque moderne. C'est particulièrement sensible dans l'évolution du sens des antonymes. La subjectivation s'accompagne d'une redéfinition de la responsabilité, et de l'implication de la personne. Au lieu de l'indistinction grecque entre faux, erreur et mensonge impliquée sous le terme de *pseudos*, le latin propose une double terminologie : *fallax* est celui qui tombe dans l'erreur, et *mendax* celui qui ment. La terminologie contemporaine promeut la confusion entre valeur de vérité et valeur morale, comme en témoigne la dérive sémantique de quelques termes clés. En français, par exemple, le mot *sincère*, apparu en 1475 et qui dérive du latin *sincerus*, « d'un seul jet, d'une seule venue » (formé comme *crescere*, « croître », sur une racine indoeuropéenne exprimant les idées de « semence » et de « croissance »), « s'emploie (1763) pour ce qui exprime un contenu de conscience effectivement ressenti » (DHLF, *s.v.* « Sincère »). Plus sincère encore que la sincérité est l'« authenticité » ; d'un sens d'abord juridique (*authentês* [αὐθέντης] désigne celui qui agit de lui-même, *autos* [αὐτός], qu'il s'agisse d'un maître absolu [Euripide, *Suppliantes*, v. 442] ou d'un meurtrier [Euripide, *Rhésus*, v. 117] ; et *authenticum* désigne un « acte juridique qui peut faire foi », cf. DHLF, *s.v.* « Authentique »), on passe à un sens résolument moral qui implique la sincérité à l'égard de soi-même : l'« authenticité » définirait en somme le troisième âge de l'éthique, après celui de l'excellence et celui du mérite (Luc Ferry, *Homo Æstheticus*, Grasset, 1990, « Les trois âges de l'éthique », p. 329-346 ; voir VIRTÙ).

A. De « pseudos » à « mendax »

1. « Pseudos » : mensonge, erreur, fiction

La première caractéristique pour nous modernes de *to pseudos* (adj. plus tardif *pseudês*) est de confondre sous un seul et même terme ce que nous distinguons, d'une part, sous le chef du mensonge, de la tromperie, de la feinte, par différence avec la sincérité et l'authenticité, et, d'autre part, sous le chef de l'erreur et du faux, par différence avec la vérité et le vrai. Le substantif est issu du verbe *pseudô* [ψεύδω], « tromper », qu'on trouve d'abord et surtout au moyen, *pseudomai* [ψεύδομαι], « tromper, mentir, manquer à, trahir » ; mais on notera le sens et les contructions du passif : « être trompé, se tromper », avec le génitif (« *epseusthai tês alêtheias* [ἐψεῦσθαι τῆς ἀληθείας] [s'être trompé sur la vérité] », Platon, *République*, 413a), l'accusatif (« *pseusma pseudesthai* [ψεῦσμα ψεύδεσθαι] [commettre une méprise] », Platon, *Ménon*, 71d), le datif (« *pseusthênai gnômêi* [ψευσθῆναι γνώμῃ] [s'être trompé dans son dessein] », Hérodote, 7, 9), ou diverses prépositions (*en tini* [ἔν τινι], *peri tinos* [περί τινος], « se tromper en quelque chose », « sur quelque chose », voir Bailly et LSJ, *s.v.* « ψεύδω »). Les dictionnaires retiennent pour *pseudos* « mensonge » et « mentir » comme premier sens, et Chantraine propose comme étymologie un radical **pseu-/psu*, forme élargie d'une racine **bhes-*, « souffler », impliquant le sémantisme « souffler, souffler du vent, mentir », sur lequel sont d'ailleurs formés *phêmi* [φημί] grec ou *fari* latin, « dire ».

C'est peut-être ce que nous appelons « fiction » qui permet de tenir les deux bouts de la chaîne. D'emblée, on l'a vu, le *pseudos* renvoie à une stratégie énonciative, comme l'*alêtheia* mais par différence avec elle (cf. *supra*, I, B, 1). On en saisit la positivité à travers les plaintes du porcher Eumée à Ulysse, mendiant méconnaissable (*Odyssée*, XIV, 124-125) :

> ἀλλ' ἄλλως κομιδῆς κεχρημένοι ἄνδρες ἀλῆται
> ψεύδοντ', οὐδ' ἐθέλουσιν ἀληθέα μυθήσασθαι
> [*all' allôs komidês kekhrêmenoi andres alêtai*
> *pseudont', oud' ethelousin alêthea muthêsasthai*]
> [Pour obtenir nos soins, tous les gens d'aventure
> inventent des mensonges, chacun à sa façon ;
> la vérité est le dernier de leur souci]
> *Odyssée*, XIV, 124-125 ; trad. fr. V. Bérard, Les Belles Lettres, 1933.

Le *pseudos* est bien ici à la fois faux, erreur, fabulation mensongère, fiction ; c'est une construction, surajoutée, décalée, non pas une contre-vérité : les mendiants ne mentent pas sur Ulysse, dont ils ne savent rien, mais, sur fond de ce non-savoir, ils inventent des fables qui permettent de cacher ce qu'eux-mêmes sont réellement, la vérité sur eux (cf., sur ces « deux moments du mensonge », Jean-Pierre Levet, *Le Vrai et le Faux dans la pensée grecque archaïque : étude de vocabulaire*, Les Belles Lettres, 1976, p. 82-83).

Le faux, dans son acception traditionnellement plus philosophique, n'est à son tour rien d'autre qu'une mauvaise construction. *Pseudos* ou *pseudês* devient l'antonyme pur et simple d'*alêthês* et d'*alêtheia*, dans la mesure où il implique qu'on mette ensemble des éléments qui ne vont pas ensemble. C'est ainsi que Platon le définit dans le *Théétète* : il y a *pseudos* quand on « permute » en pensée deux entités et qu'on énonce l'une au lieu de l'autre (« *antallaxamenos têi dianoiai phêi einai* [ἀνταλλαξάμενος τῇ διανοίᾳ φῇ εἶναι] », *Théétète*, 189c), quand on opère un mauvais « ajustement » entre une sensation et une pensée (« *têi sunapsei* [τῇ συνάψει] », *ibid.*, 195d ; voir DOXA), quand on « loupe », qu'on « rate » (c'est le premier sens de *hamartanein*, « faire erreur ») en prenant une science pour une autre, un ramier pour une colombe (« *anth' heteras heteran hamartôn labêi* [ἀνθ' ἑτέρας ἑτέραν ἁμαρτὼν λάβῃ] », *ibid.*, 199b). Le faux par excellence tient au mauvais ajustement des êtres et des mots. C'est la définition du *Cratyle* (« *hos an ta onta legêi hôs estin, alêthês ; hos d' an hôs ouk estin, pseudês* [ὃς ἂν τὰ ὄντα λέγῃ ὡς ἔστιν, ἀληθής· ὃς δ' ἂν ὡς οὐκ ἔστιν, ψευδής] [le discours qui dit les étants comme ils sont est vrai, celui qui les dit comme ils ne sont pas, faux] », *Cratyle*, 385b ; cf. *Sophiste*, 241b), comme du *Sophiste*, qui précise l'idée d'une mauvaise « synthèse », d'une mauvaise « composition » de noms et de verbes (263d) : « quand on dit à ton propos des choses autres comme si c'étaient les mêmes, des choses qui ne sont pas comme si elles étaient (*thatera hôs ta auta kai mê onta hôs onta* [θάτερα ὡς τὰ αὐτὰ καὶ μὴ ὄντα ὡς ὄντα]), c'est bien, je crois, cette composition faite de verbes et de noms (*hê toiautê sunthesis ek te rhêmatôn gignomenê kai onomatôn* [ἡ τοιαύτη σύνθεσις ἔκ τε ῥημάτων γιγνομένη καὶ ὀνομάτων]) qui fait, en être et en vérité, le discours faux ». C'est enfin, tout compte fait, la définition logique classique depuis Aristote de la vérité-correspondance (cf. *supra*, I, B, 2, c).

On retiendra que l'intention subjective de tromper ne fait pas en grec différence terminologique : le *pseudos* fait système avec l'amplitude indissolublement objective et subjective de l'*alêtheia* (réalité des étants, vérité des propositions) et de la *doxa* (apparition-apparence, opinion) ; mais nous répugnons davantage à cette indifférence-là — qu'on entend peut-être cependant dans le français *fausseté* ou l'anglais *falsehood*.

♦ Voir encadré 7.

2. « Falsus-fallax », puis « fallax-mendax »

Les réflexions sur le mensonge se fondent, au Moyen Âge, sur Augustin (*De mendacio*, *Contra mendacium*). La définition le plus souvent retenue est celle du *Contra mendacium* (XII, 26) : « *falsa vocis significatio cum intentione fallendi* [signification fausse des paroles avec intention de tromper] ». Elle n'exprime cependant pas toute la pensée d'Augustin, puisque pour lui le mensonge réside dans la non-conformité entre la « bouche du cœur » et la « bouche du corps ». Ment celui qui dit autre chose que ce qu'il a dans son âme, avec la volonté de tromper. Que ce

7

« Apatê »

► ART [encadré 2], *FICTION*, PLASTICITÉ, PROPRIÉTÉ

Il existe toutefois en grec un mot, non moins difficile à traduire que *pseudos*, qui connote l'intention de tromper en la distinguant du faux, du non-vrai comme tel. C'est *apatê* [ἀπάτη], qu'on pourrait rendre à travers une série, d'ailleurs chronologiquement orientée, d'Homère au grec plus tardif, par « déception, illusion, tromperie, ruse, artifice, illusion, passe-temps, plaisir ». L'étymologie est inconnue, même si Eschyle fait le rapprochement avec *atê* [ἄτη], « la folie, la faute, le crime, la déesse du malheur », pour décrire l'insolence (*hubris* [ὕβρις]) humaine (*Suppliantes*, v. 111). Les verbes prolifèrent : *apataô* [ἀπατάω], « faire illusion » ; *exapataô* [ἐξαπατάω], « faire complètement illusion » ; *proexapataô* [προεξαπατάω], « faire complètement illusion en un premier temps ». Une phrase de Gorgias permet de comprendre la valeur singulière de l'*apatê* : « Celui qui illusionne (*ho* [...] *apatêsas* [ὁ (...) ἀπατήσας]) est plus juste que celui qui n'illusionne pas, et celui qui est illusionné (*ho* [...] *apatêtheis* [ὁ (...) ἀπατηθείς]) plus sage que celui qui n'est pas illusionné » (82 B 23 DK). « Celui qui illusionne est plus juste (*dikaioteros* [δικαιότερος]) », est-il dit, « parce qu'il accomplit ce qu'il a promis, et celui qui est illusionné plus sage (*sophôteros* [σοφώτερος]), car être facilement ravi par le plaisir des discours (*huph' hêdonês logôn* [ὑφ' ἡδονῆς λόγων]), c'est n'être pas privé de sensibilité (*anaisthêton* [ἀναίσθητον]) ». Ce fragment nous est transmis par Plutarque comme s'appliquant à la tragédie (*De gloria Atheniensium*, 5, p. 348). Justice, fondement de la cité, sagesse, fondement de la *paideia* [παιδεία], dans leur lien à la tragédie : intrication entre littérature, pédagogie et politique, voilà où l'*apatê* nous conduit. On peut ainsi mesurer la distance qui sépare le *pseudos* tout négatif que la philosophie impute à la sophistique (elle dont Platon et Aristote ne cessent de dire qu'elle trompe en disant le faux, en faisant passer le faux pour du vrai, et en imitant la sagesse et la philosophie) de cette *apatê* qui est le produit de l'activité discursive.

Avec la sophistique, l'*apatê*, l'illusion, se trouve liée non seulement à la justice et à la sagesse, mais, plus radicalement encore, *via* le théâtre et l'invention esthétique, à l'*aisthêsis* [αἴσθησις], à cette « sensibilité » même qui caractérise notre rapport au monde. L'*apatê* est le nom du lien entre celui qui parle et celui qui écoute, elle implique qu'on reconnaît le *pseudos* comme *plasma* [πλάσμα], comme « fiction », et qu'on se rend attentif au pouvoir démiurgique du *logos* (voir ACTE DE LANGAGE et LOGOS). Mais une telle remarque ne prend sens que par confrontation avec l'usage ontologique du langage, impliqué depuis Aristote dans ce qui sera la tradition phénoménologique. C'est dans le *Traité de l'âme* que se trouve thématisé et tissé le passage des choses aux mots, des phénomènes au *logos*, l'âme faisant office de garant de l'adéquation. En effet, quant à la sensation des sentis propres, *idia* [ἴδια], par exemple le visible-vu pour la vue (voir SENS, I et encadré), sorte de degré zéro de la sensation, l'âme ne peut se tromper. Ou, plus exactement, il y a impossibilité, au sens d'« inconvénient » radical (*mê endekhetai* [μὴ ἐνδέχεται], *non decet*), de l'*apatê*, et cette impossibilité caractérise l'immédiateté de l'accueil esthétique comme de l'accueil noétique : *peri ho mê endekhetai apathênai* [περὶ ὃ μὴ ἐνδέχεται ἀπαθῆναι] (*De anima*, II, 418a 12), *peri tauta ouk estin apathênai* [περὶ ταῦτα οὐκ ἔστιν ἀπαθῆναι] (*Métaphysique*, Θ, 10, 1051b 31), « là-dessus, il est impossible de s'illusionner » (cf. B. Cassin, *Aristote et le logos*, p. 140-147). Ce que Heidegger ne manque pas de commenter, jouant l'antéprédicatif contre le *logos* et le *De anima* contre le *De interpretatione* : « Est "vrai", au sens grec du mot, l'*aisthêsis*, la pure appréhension sensible de quelque chose [...]. Pour autant que l'*aisthêsis* se réfère à des *idia*, à l'étant qui essentiellement n'est accessible que *par* elle et *pour* elle [...], toute appréhension est toujours vraie » (trad. fr., § 7, p. 51).

BIBLIOGRAPHIE

CASSIN Barbara, *L'Effet sophistique*, Gallimard, 1995.
— *Aristote et le logos*, PUF, 1997.
HEIDEGGER Martin, *L'Être et le Temps* [*Sein und Zeit*, 1927], trad. fr. R. Bœhm et A. de Waelhens, Gallimard, 1964.

qu'il dise soit ou non conforme aux choses importe peu : celui qui jurerait qu'il pleut, en le pensant réellement, ne serait pas un menteur, même s'il ne pleut pas. Alors que celui qui dit le vrai en pensant autre chose ment, bien que ce qu'il dise ne soit pas un mensonge. C'est donc pour Augustin la *sincérité* du locuteur, plus que la *vérité* des paroles, qui importe. Le fait que le langage autorise des discordances entre ce qui est pensé et ce qui est signifié constitue alors un argument contre le fait qu'il puisse être un instrument adéquat pour l'accès à la connaissance : « Car je ne discute nullement le fait que les paroles des gens véridiques (*veracium*) s'efforcent et en quelque sorte font profession de manifester l'esprit de celui qui parle ; et elles y parviendraient, tout le monde l'admet, s'il était interdit aux menteurs (*mentientibus*) de parler » (*De magistro*, XIII, 42).

Alexandre de Hales distingue une *duplex veritas*, pendant d'une *duplex falsitas*, la *falsitas dicti*, la fausseté de ce qui est dit, et la *falsitas dicentis*, la « fausseté » du locuteur. Le discours extérieur peut de ce fait, selon Bonaventure, être considéré selon deux modes : par comparaison à la chose, le discours (*sermo*) est dit *verus* (opp. à *falsus*), lorsqu'il y a adéquation entre la chose et le discours (*adaequatio rei et sermonis*) ; par comparaison à l'intention du locuteur, le discours est dit *verax* (opp. à *fallax*, *mendax*), lorsqu'il y a adéquation entre le discours et l'intention (*adaequatio sermonis et intentionis*) — on notera que ces formules sont calquées sur la définition de la vérité comme *adaequatio rei et intellectus*. Les termes *verax* ou *mendax* peuvent déterminer aussi bien un discours qu'un locuteur. Chez Thomas d'Aquin, cependant, il semble que *verax* ne puisse qualifier que le locuteur (la traduction par « sincère » n'est pas tout à fait exacte, puisque c'est plutôt simplement « [celui] qui dit la vérité sans détour »). Il distingue alors très clairement, dans la ligne de ce qui vient d'être décrit, entre la vérité logique, en fonction de laquelle quelque chose est dit vrai (*adaequatio intellectus vel signi ad rem intellectam et significatam*), et la vérité morale, en fonction de laquelle quelqu'un est dit *verax*, et c'est cette seconde qui constitue une vertu, et dont l'infraction correspond au mensonge (*Summa theologica*, 11, 11, q. 109, a. 1).

Les réflexions sur le mensonge laissent apparaître des développements qui modifient en profondeur la pensée augustinienne. Les premiers vont dans le sens d'une responsabilité du locuteur par rapport à son utilisation du langage, les autres dans le sens d'une responsabilité du locuteur par rapport à autrui. La définition augustinienne parle d'*intentio fallendi* (intention de tromper), alors qu'en réalité il s'agit de « volonté de dire le faux », comme le souligne Alexandre de Hales qui la reformule ainsi : « *falsa vocis significatio cum voluntate falsum enuntiandi* [signification fausse de l'expression avec volonté d'énoncer le faux] » (*Summa theologica*, p. 402, § 399). Le locuteur est censé connaître les règles du langage, fixées par convention ; s'il prononce des paroles qui ne reflètent pas son intention, ou des paroles équivoques, ou encore des formules dont il sait qu'elles ne seront pas interprétées par l'auditeur avec le sens qu'il leur a attribué, il est coupable. Thomas d'Aquin intègre cette reformulation pour proposer une analyse du mensonge en trois éléments : (1) la fausseté selon la matière, réalisée lorsque ce qui est énoncé est faux ; (2) la fausseté selon la forme, ou volonté d'énoncer le faux (*voluntas falsum enuntiandi*) ; (3) la fausseté selon l'effet, ou intention de tromper (*intentio fallendi*). Puisqu'il n'est pas au pouvoir de l'homme de dire ou connaître la vérité, le mensonge ne peut être défini que comme déviation *volontaire* par rapport à la vérité (*Summa theologica*, d. 39). Par ailleurs, la vision augustinienne du mensonge comme discordance entre l'intention et les paroles est source de difficulté, dans la mesure où l'intention n'est accessible qu'à Dieu. Or les paroles, et surtout les paroles investies d'une valeur d'engagement, comme le serment, qui prend explicitement Dieu pour garant, sont faites pour être reçues par un auditeur qui n'a pas accès à l'intention du locuteur, mais à ses seules paroles. Est-ce alors l'intention du locuteur (*intentio dicentis*) ou l'intention du récepteur (*intentio recipientis*) qui crée l'obligation ? Ce problème devient encore plus complexe lorsque les paroles prononcées sont équivoques : l'une des solutions pose une distinction entre le jugement de l'Église, qui considère l'obligation du serment en fonction des paroles, et le jugement de Dieu, qui se fonde sur l'intention profonde et « le secret des consciences » (Bonaventure, *Sent. III*, d. 39, a. III, q. 2).

3. L'authenticité et le propre

L'époque contemporaine valorise l'authentique (all. *echt* ; angl. *genuine*, sur lat. *genus* et gr. *gignesthai* [γίγνεσθαι], « naître, devenir » ; voir GÉNIE, INGENIUM), et l'authenticité comme tâche du sujet, méta-sincérité existentielle de soi par rapport à soi. C'est là en quelque sorte l'impact du « décentrement du sujet », qu'il soit effectué par Marx (voir PRAXIS), par Freud (voir ES, INCONSCIENT), par le structuralisme (voir STRUCTURE) ou par l'existentialisme (voir DASEIN), sur les exigences croisées de la logique et de la morale.

On se reportera aux articles PROPRIÉTÉ et EREIGNIS, et au déploiement du vocabulaire de l'allemand *eigen* (de l'*eigen* à l'*Eigentlichkeit* et à l'*Ereignis*, du « propre » à l'« authenticité » et à l'« événement appropriant »), pour l'analyse de l'un des nœuds terminologiques les plus prégnants.

♦ Voir encadré 8.

V. QUELQUES SINGULARITÉS COMPARÉES DE L'ANGLAIS ET DE L'ALLEMAND DANS LES THÉORIES CONTEMPORAINES

Dès lors que l'on veut exprimer, en philosophie du langage, l'adéquation du langage au réel (traduction contemporaine de l'*adaequatio* classique), trois voies sont possibles : celle de la dépiction (théorie de l'image/*Bild*), celle de l'immanence (redondance, décitation), celle enfin de l'adéquation revisitée en langage ordinaire (*fitting*).

A. Théorie de l'image : Wittgenstein

L'un des paradigmes les plus forts de la théorie représentationnaliste se trouve dans le *Tractatus logico-philosophicus* de Wittgenstein. Les propositions (*Sätze*) représentent (*abbilden*) des états de choses (*Tatsache*). Ce qui est difficile à expliciter est ce rapport de représentation, dès lors qu'il est conçu en terme d'image, *Bild* (voir BILD et REPRÉSENTATION). Nous nous faisons une image du monde (2.0212 : « *ein Bild der Welt* ») et, plus précisément, des images des faits (2.1 : « *Wir machen uns Bilder der Tatsachen* »). *Bild* est à la fois de l'ordre de la représentation (*Darstellung, Abbildung*) et de la modélisation (2.12 : *Modell*). C'est en effet précisément ce lien du *Bild* à la réalité — l'*Abbildung* — et sa manière d'atteindre le réel qui ne peut être dit dans le langage (2.1511 : « *Das Bild ist so mit der Wirklichkeit verknüpft ; es reicht bis zu ihr* [L'image est liée à la réalité ; elle l'atteint] »).

L'énigme de la vérité, dans le *Tractatus*, se trouve dans la définition de la *forme logique*, commune au *Bild* et à la réalité (*Wirklichkeit*), qui ne peut, en toute rigueur, être conçue comme un « rapport » définissable ou exprimable : le lien du *Bild* et de l'*Abgebildet* ne peut être dit, mais seulement montré. Ce montrer n'est pas extérieur au langage, mais inhérent à la forme même du langage et de la réalité (la forme logique qui leur est commune, *gemein* ; cf. 2.2 : « *Das Bild hat mit dem Abgebildeten die logische Form der Abbildung gemein* [L'image a en commun avec le représenté la forme logique de la représentation] »).

La vérité s'avère intimement dépendante de la notion d'*Abbildung*. Pour qu'une proposition puisse être dite vraie ou fausse, il faut qu'elle soit *Bild*. La vérité (*Wahrheit*) et la fausseté (*Falschheit*) se définissent par l'accord ou le désaccord (*Übereinstimmung, Nichtübereinstimmung*) de son *sens* (*Sinn*) avec la réalité. On retrouve ici la division rectitude/vérité, que la théorie de l'image permet d'effacer.

> 2.21 *Das Bild stimmt mit der Wirklichkeit überein, oder nicht ; es ist richtig oder unrichtig, wahr oder falsch.*
>
> [L'image s'accorde ou non avec la réalité ; elle est juste ou incorrecte, vraie ou fausse.]
>
> 2.222 *In der Übereinstimmung oder Nichtübereinstimmung seines Sinnes mit der Wirklichkeit, besteht seine Wahrheit oder Falschheit.*
>
> [C'est dans l'accord ou le désaccord de son sens avec la réalité que consiste sa vérité ou sa fausseté.]

Wittgenstein, à qui l'on attribue souvent une théorie de la vérité-correspondance à partir de cette idée d'*Übereinstimmung*, dédouble la correspondance en deux questions bien distinctes, celle de l'*Abbildung* (la forme logique de la représentation dans le langage) et celle de l'*Übereinstimmung*, accord de la représentation au fait (que l'on peut constater par comparaison, *vergleichen*). Wittgenstein constitue ainsi le paradigme dominant de la philosophie analytique (également issu de Frege, et de sa définition du sens comme pensée) en associant sens et vérité. Est vraie (*wahr*) la proposition (*Satz*) qui dit ce qui est le cas, et être pourvue de sens, pour la proposition, c'est précisément pouvoir être vraie ou fausse.

> 4.024 *Einen Satz verstehen, heisst, wissen was der Fall ist, wenn er wahr ist.*
>
> [Comprendre une proposition, c'est savoir ce qui est le cas, si elle est vraie.]

Cette phrase a été interprétée, notamment par Moritz Schlick et d'autres membres du cercle de Vienne, comme une définition vérificationniste de la vérité et de la signification, en termes de vérification empirique et concrète de la proposition. En réalité, le propos de Wittgenstein est

8

La « mauvaise foi », un mal français

► CONSCIENCE, DASEIN, *FOI* [BELIEF, GLAUBE], MALAISE, RIEN

L'une des transpositions les plus marquantes du malaise généré par l'impératif d'authenticité est la « mauvaise foi » sartrienne, une francisation de l'idiome heideggérien, qui se laisse ensuite difficilement transposer en d'autres langues. La mauvaise foi est, pour Jean-Paul Sartre, structurelle, définitionnelle de l'être de l'homme en tant qu'il n'est pas ce qu'il est, et non conjoncturelle : « Comment peut-on être ce qu'on est, lorsqu'on est comme conscience d'être ? » (*L'Être et le Néant*, Gallimard, 1943, p. 98). Soit, comme on sait, le garçon de café : « Du dedans le garçon de café ne peut être immédiatement garçon de café, au sens où cet encrier *est* encrier, où le verre est verre » (*ibid.*, p. 99) ; de mon côté, « si je me le représente, je ne le suis point, j'en suis séparé, comme l'objet du sujet, séparé par *rien*, mais ce rien m'isole de lui, je ne puis l'être, je ne puis que *jouer à l'être*, c'est-à-dire m'imaginer que je le suis. Et par là même, je l'affecte de néant » (*ibid.*, p. 99-100).

C'est pourquoi l'idéal de sincérité est « une tâche impossible à remplir et dont le sens même est en contradiction avec la structure de ma conscience » (*ibid.*, p. 102). De fait, c'est l'impossibilité d'être ce qu'on est qui constitue « l'étoffe même de la conscience ». Si bien que « le but de la sincérité et celui de la mauvaise foi ne sont pas si différents » (*ibid.*, p. 106). En effet, la sincérité se vise elle-même dans l'immanence présente, si bien que « la mauvaise foi n'est possible que parce que la sincérité est consciente de manquer son but par nature » (*ibid.*, p. 107). La mauvaise foi se distingue du mensonge en ce que « la mauvaise foi est *foi* » (*ibid.*, p. 108). La mauvaise foi décide de ne pas trop demander, elle est au fond « une décision de mauvaise foi sur la nature de la foi » (*ibid.*, p. 109). En termes plus sartriens encore : « La bonne foi cherche à fuir la désagrégation de mon être vers l'en-soi qu'elle devrait être et n'est point. La mauvaise foi cherche à fuir l'en-soi dans la désagrégation intime de mon être. Mais cette désagrégation même, elle la nie comme elle nie d'elle-même qu'elle soit mauvaise foi » (*ibid.*, p. 111).

La conscience contemporaine s'est en tout cas reconnue dans ce type d'analyse, qui loge dans le *Da-Sein* l'impossibilité structurelle de la sincérité.

autre : il s'agit de montrer le lien du sens à la vérité, en expliquant que seul le *Satz* qui dit quelque chose (véridiquement ou faussement) de la réalité est *sinnvoll*. Le vrai, ou la possibilité d'être vrai ou faux, définit ainsi le sens et le langage, mais aussi la pensée et l'esprit. Dernière conséquence pour la vérité : la bipolarité de la proposition. Tout en ayant des *sens* opposés, « p » et « non-p » correspondent à une seule réalité, donc la négation ne correspond à rien dans la réalité (4.021). La proposition « p » est ainsi vue comme entité non assertive, ni affirmative ni négative (voir BELIEF).

Tout cela contribue à redéfinir la vérité et la correspondance dans les termes logico-linguistiques d'un réalisme fort, faisant dépendre le sens et la pensée de la *possibilité* d'être vrai. Une telle redéfinition s'avère liée à l'impossibilité de dire *dans* le langage (et aussi bien de montrer de l'extérieur) l'adéquation du langage au réel ; loin d'être un nouvel avatar de la correspondance, ou de la métaphysique de l'adéquation, la théorie de l'image du *Tractatus* en montre définitivement l'aporie.

À noter, aussi, le renversement du vérificationnisme viennois par Popper dans *Logik der Forschung* (1934, « Logique de la recherche », curieusement traduit *Logic of Scientific Discovery* en 1959) : les théories scientifiques ne peuvent pas être vérifiées (*verifizieren*), mais corroborées (*bewähren*) : « *Theorien sind nicht verifizierbar ; aber sie können sich bewähren* » (*Logik der Forschung*, p. 198). Popper, contre l'avis de Carnap, préfère traduire *bewähren* par *corroborer* plutôt que par *confirmer* (voir la note, *loc. cit.*), *bewähren* étant pour lui un processus de mise à l'épreuve par des tentatives de falsification (*Falsifizierung*), qui n'a rien à voir avec les processus « positifs », impossibles selon lui, de la confirmation ou de la vérification empiriques, ni non plus avec la probabilité (*Wahrscheinlichkeit*). Cette traduction de *Bewährung* par *corroboration* résume la manière dont Popper entend, au moment du passage de la philosophie analytique à la langue anglaise, de lier l'idée de preuve empirique à sa méthode falsificationniste de mise à l'épreuve (*bewähren* signifiant à la fois confirmer et éprouver, comme dans le français *un joueur confirmé* : la meilleure traduction serait *avérer*), et la séparer du vérificationnisme. Cela a donné lieu à de nombreux débats. Mais disparaît dans *corroboration* le *wahr* de *bewähren* ; ce que Popper compense dans *Conjectures and Refutations* par une réélaboration des concepts de vérité et de vérisimilitude (*verisimilitude*, *truthlikeness*), toujours en les différenciant de la probabilité (*Wahrscheinlichkeit*). Toutes ces redéfinitions et discussions n'ont été possibles que par le passage, problématique mais fécond, de l'épistémologie viennoise de l'allemand à l'anglais lors de l'émigration massive des intellectuels allemands et autrichiens (dont Popper et Carnap) dans les années 1930.

B. Redondance, décitation, immanence : Ramsey, Quine

Une autre option, devant les apories de la correspondance, serait de se débarrasser du prédicat de vérité. Ramsey, à la suite du *Tractatus*, a voulu poursuivre la clarification de la question de la vérité (et l'idée wittgensteinienne de l'impossibilité à exprimer *dans le langage* l'adéquation au réel) en proposant sa *redundancy theory of truth*. Cette théorie constitue l'une des premières moutures du « déflationnisme ». Les points communs entre les différentes variantes des théories déflationnistes de la vérité — *disappearance theory of truth, no-truth theory of truth, minimalist theory of truth* — sont suffisamment forts pour qu'on puisse les regrouper sous l'appellation de « redondance », comme autant de théories soutenant que les mots « vrai » et « faux » n'ont d'autre fonction dans une phrase que celle d'un signe d'assertion ou de négation. Ici, la traduction va de soi : « théorie de la redondance de la vérité » ou « théorie de la vérité-redondance », *redundancy* ayant le sens du latin *nugatio* (« répétition inutile »). Ce n'est pas elle, pourtant, qui s'est imposée, mais l'étrange expression : « théorie *redondante* de la vérité », selon un glissement propre aux traductions de l'anglais, mais qui, ici, n'est qu'un contresens. De fait, le fondement de la *redundancy theory*, proposée en 1927 par Ramsey (puis par Ayer en 1935), est que « il est vrai que César a été assassiné » ne dit rien de plus que *ce que* dit « César a été assassiné » (« It is true that Caesar was murdered *means no more than that Caesar was murdered* »). Le « déflationnisme » semble être trop vague pour qualifier exactement la thèse selon laquelle affirmer qu'un énoncé est vrai n'est rien de plus qu'affirmer cet énoncé. On jouera alors sur le néologisme « décitation », calqué sur l'anglais *disquotation*, littéralement l'effacement des guillemets. D'où une autre appellation : « théorie décitationnelle de la vérité » (*disquotational theory of truth*), expression qui rend mal ce simple fait d'ôter les guillemets. Soit l'énoncé de Tarski, paradigmatique de la théorie de la vérité-correspondance : « la neige est blanche ». Selon la théorie tarskienne, « la neige est blanche » est vrai si et seulement si la neige est blanche. Dans l'analyse de Quine, puisque la citation (l'expression entre guillemets) est le nom d'une phrase qui contient un nom (*neige*, qui est le nom de la neige), en disant que la phrase est vraie, nous ne faisons que dire la neige blanche : « *By calling the sentence true, we call the snow white* ». Quine conclut : « *The truth predicate is a device for disquotation* [Le prédicat de vérité est un instrument de la décitation] ». Les guillemets sont faits pour être ôtés : « *The truth predicate is a reminder that, despite a technical ascent to talk of sentences, our eye is on the world.* [Le prédicat de vérité est un rappel du fait que, même si notre discours, transféré sur un plan supérieur pour des raisons techniques, porte sur les phrases, nous avons l'œil sur le monde.] » (*Philosophy of Logic*, p. 97). Cette prétention au dehors de la langue fait ainsi retrouver quelque chose du sens véritatif de *esti* et de *être* (voir ESTI, *ÊTRE*). C'est pourquoi, écrit Quine :

> *Along with this seriocomic blend of triviality and paradox, truth is felt to harbor something of the sublime.*
>
> [En même temps que ce mélange tragi-comique de trivialité et de paradoxe, la vérité semble receler quelque chose de sublime.]
>
> *From Stimulus to Science*, p. 67.

C. L'adéquation revisitée

1. *Austin et « true »*

Une troisième option serait de repenser l'adéquation, en la faisant descendre dans le langage ordinaire. Austin critique aussi bien les doctrines métaphysiques de la vérité que ses versions épistémologiques et vérificationnistes, et s'en prend à l'idée de correspondance, n'épargnant pas le *Tractatus*. Il propose de s'attaquer, plutôt qu'à la Vérité (*Truth*), au vrai (*true*), donc aux *usages* du mot *true*.

> *We ask ourselves whether Truth is a substance (the Truth, the Body of Knowledge) or a quality inhering to truths, or a relation (« correspondence »).* [...] *What needs discussing rather is the use, or certain uses, of the word « true ».*
>
> [Nous nous demandons si la Vérité est une substance (la Vérité, le Corps de la Connaissance), ou une qualité inhérente aux vérités, ou une relation (la « correspondance »). [...] Mais ce qu'il faudrait discuter, ce sont plutôt les usages du mot « vrai ».]
>
> Austin, *Philosophical Papers*, p. 117.

Plutôt que de s'intéresser à la Vérité, les philosophes, estime-t-il, devraient se préoccuper de ce qui est « à leur taille » (cf. sa formule *Be your size*, litt. « sois à ta propre taille ») : les usages. Austin ajoute, dans une phrase célèbre, qu'il place (suivant l'ordre historiquement attesté, cf. *supra*) *verum* avant *veritas* :

> *« In vino », possibly, « veritas », but in a sober symposium « verum ».*
>
> [« In vino », peut-être, « veritas », mais dans un banquet sobre, « verum ».]
>
> *loc. cit.*

Si l'on s'en tient à nos usages de *true*, on observe qu'on ne peut ni les ramener à une correspondance avec le réel, ni les éliminer ; cela revient à constater que les deux paradigmes analytiques de la vérité — correspondance et redondance — ne suffisent pas à rendre compte de *true*. L'idée d'une correspondance entre chaque énoncé et un fait déterminé est illusoire, et conduit à s'imaginer que pour chaque énoncé vrai il existe « son » fait correspondant : « *for every cap the head it fits* [à chaque chapeau sa tête] » (*ibid.*, p. 123). Austin remarque aussi qu'il est difficile d'établir un critère purement interne et langagier de vérité : la vérité engage deux éléments. « *It takes two to make a truth* [Il faut être deux pour faire une vérité] » (*ibid.*, p. 124). On ne peut éliminer la qualification *is true*, ni envisager *true* sans une famille de qualificatifs apparentés, dont on ne saurait dire qu'ils sont « logiquement superflus » : exagéré, simpliste, vague, imprécis, général, concis (*ibid.*, p. 129).

2. *Après la correspondance : « fitting »/« es stimmt »*

Mais, pour Austin, *true* ne désigne qu'une des façons possibles de dire le rapport du langage et du monde (jeu de mot *words/world*), de « *fit the facts* ». *Fitting* désigne ainsi un concept de l'adéquation qui n'est plus la correspondance, au sens d'exactitude ou de correction, mais désigne le caractère approprié de l'énoncé pour l'occasion (*appropriate, proper*), retrouvant ainsi l'une des dimensions de la rhétorique antique (gr. *prepon* [πρέπον] ; voir encadré 6, « Le décorum », dans MIMÊSIS).

> *There are various degrees and dimensions of success in making statements : the statement fits the facts always more or less loosely, in different ways on different occasions.*
>
> [Il y a divers degrés et dimensions de succès de l'énoncé : l'énoncé s'ajuste aux faits de manière plus ou moins relâchée, de différentes manières à des occasions différentes.]
>
> Austin, *Philosophical Papers*, p. 130.

Cette analyse de *true* se prolonge dans *How to Do Things with Words* (*Quand dire, c'est faire*), où Austin s'intéresse au vrai dans le cadre de la définition des performatifs, pour généraliser sa conception aux énoncés dits « constatifs », qui décrivent une réalité. *Vrai* désigne une dimension générale de convenance, de ce qui est approprié dans telles circonstances. *Vrai* peut alors se dire aussi du performatif, l'ensemble du langage étant vu sous cet aspect de la convenance.

> *It is essential to realize that « true » and « false », like « free » and « unfree », do not stand for anything simple at all ; but only for a general dimension of being a right or proper thing to say as opposed to a wrong thing, in these circumstances.*
>
> [Il est essentiel de comprendre que « vrai » et « faux », comme « libre » et « non libre », ne désignent pas du tout quelque chose de simple, mais le caractère général d'être une chose bonne ou adéquate à dire, et non une chose à ne pas dire, dans ces circonstances.]
>
> *How to Do Things with Words*, p. 145.

Une telle conception du vrai comme *fitting*, « ce qui va » ou « est approprié », est également envisagée chez le second Wittgenstein, à propos de certains rapports d'adéquation des mots aux choses, situations, expériences, qui ne peuvent être pensés en termes de correspondance (logique ou mentale). C'est ce que nous entendons par des énoncés comme « c'est l'expression juste », le mot qui convient (*treffend, passend*) — qu'on cherche et qu'on ne trouve pas forcément, mais dont on sait avec certitude qu'on l'a trouvé : « ça y est », « *got it* » — pour décrire telle chose ou situation.

> *Denke nur an den Ausdruck und die Bedeutung des Audrucks « das treffende Wort ».*
>
> [Pense simplement à l'expression et à la signification de l'expression « le mot juste ».]
>
> *Investigations philosophiques*, II, 215.

Il s'agit là d'un sentiment d'adéquation dont ne peut pas rendre compte la notion logiciste de sens (voir SENS, III), mais qui est essentiel pour Wittgenstein à la compréhension de la signification — comme lorsqu'on sent qu'un nom propre convient, *va* pour telle personne ou chose.

> *Mir ist, als passte der Name Schubert zu Schuberts Werken und seinem Gesicht.*
>
> [C'est comme si le nom de Schubert allait à l'œuvre de Schubert et à son visage.]
>
> *loc. cit.*

Pour décrire ce sentiment, Wittgenstein utilise tout un vocabulaire : « *Es stimmt* [Ça va] », « *Dies Wort passt, dies nicht* [Ce mot convient, l'autre non] » (*ibid.*, p. 218-219). Tout son effort, dans la deuxième partie des *Investigations*, porte sur la définition de ce « vécu » spécifique de la signification qui est la condition de l'usage du langage et de sa vérité.

Pour comprendre l'enjeu de cette redéfinition du vrai, on peut la rapprocher de certaines réflexions de Brentano et de Husserl sur la vérité, conçue non plus comme correspondance entre pensée et objet, mais comme un accord, une adéquation revisités : être adéquat (*übereinstimmen*), dit Brentano dans *Wahrheit und Evidenz*, ce n'est pas être égal ou semblable, mais s'accorder, convenir : *entsprechend sein, passend sein, dazu stimmen*. Husserl prolonge cette mise en cause du modèle de la correspondance en différenciant (ce qui pose un problème de traduction) *Übereinstimmung* et *Adäquation* (*Recherches logiques*, VI, § 66). Il s'agit, dans ces réinterprétations du schème de l'adéquation, d'un élargissement et non d'une élimination de la notion de vérité. Les formulations de Wittgenstein et d'Austin n'ont rien à voir avec une conception « pragmatiste », encore moins relativiste, de la vérité. Austin précise aussi qu'il y a une forte différence entre sa conception de la vérité et les doctrines pragmatistes : « Cette doctrine est très différente de presque tout ce que les pragmatistes disent, à savoir que le vrai est ce qui marche (*what works*), etc. » Le caractère approprié que la doctrine d'Austin comme les réflexions de Wittgenstein veulent saisir est déterminé par des critères précis et énumérables qui ne se résument pas à la réussite ou à l'effet du discours, à ce qui « marche ». C'est toute la différence, en anglais, entre les verbes *work* et *fit*, le flou de ce qui « marche » ou fonctionne et la rigueur de l'ajustement. On ne peut qu'être frappé de la pauvreté du vocabulaire français lorsqu'il s'agit de marquer ou de traduire ces différences.

Rémi BRAGUE, Barbara CASSIN,
Sandra LAUGIER, Alain de LIBERA,
Irène ROSIER-CATACH,
Michèle SINAPI

BIBLIOGRAPHIE

ARENDT Hannah, *The Human Condition*, Chicago, University of Chicago Press, 1958 ; *Condition de l'homme moderne*, trad. fr. G. Fradier, Calmann-Lévy, 1961 et 1983.

AUSTIN John, *Philosophical Papers*, Oxford, Clarendon Press, 1962 ; *Écrits philosophiques*, trad. fr. L. Aubert et A.L. Hacker, Seuil, 1994 ; *Gesammelte philosophische Aufsätze*, trad. all. J. Schulte, Stuttgart, Reclam, 1986.

— *How to Do Things with Words*, Oxford, Clarendon Press, 1962 ; *Quand dire c'est faire*, trad. fr. G. Lane, Seuil, 1970, rééd. « Points », postface F. Recanati, 1991.

— *Sense and Sensibilia*, Oxford, Clarendon Press, 1962 ; *Le Langage de la perception*, trad. fr. P. Gochet, Armand Colin, 1971.

AYER Alfred J., « The Criterion of Truth », *Analysis*, 3, 1935.

BOLZANO Bernard, *Wissenschaftslehre*, 4 vol., Sulzbach, J.E. von Seidel, 1837, repr. Stuttgart, F. Frommann, Bad Cannstatt, G. Holzboog, 1987-1989.

CASSIN Barbara, *L'Effet sophistique*, Gallimard, 1995.

— *Parménide, « Sur la nature ou sur l'étant ». La langue de l'être ?*, Seuil, « Points-Bilingues », 1998.

COLISH Marcia L., « The Stoic Theory of Verbal Signification and the Problem of Lies and False Statements from Antiquity to St. Anselm », *in* L. BRIND'AMOUR et E. VANCE (éd.), *Archéologie du Signe*, Toronto, Pontifical Institute of Mediaeval Studies, 1983, p. 17-43.

DETIENNE Marcel, *Les Maîtres de vérité dans la Grèce archaïque*, Maspero, 3e éd., 1979.

ENGEL Pascal, *La Norme du vrai*, Gallimard, 1989.

FLORENSKY Paul, *Stolp i utverždenie Istiny* (1914), Moscou, Pravda, 1990, t. 1 ; *La Colonne et le Fondement de la vérité*, trad. fr. C. Andronnikof, Lausanne, L'Âge d'Homme, 1975.

FREGE Gottlob, *Écrits logiques et philosophiques*, trad. fr. C. Imbert, Seuil, 1971.

HEIDEGGER Martin, « Das Ende der Philosophie und die Angabe des denkens », *Zur Sache des Denkens*, Tübingen, Max Niemeyer, 1969 ; « La fin de la philosophie et la tâche de la pensée » [1968], trad. fr. J. Beaufret et F. Fédier, in *Questions IV*, Gallimard, 1976.

— *Nietzsche II* [1961], trad. fr. P. Klossowski, Gallimard, 1971, p. 379 *sq*.

— « De l'essence de la vérité » [1948], trad. fr. A. de Waelhens et W. Biemel, Louvain, Neuwelaerts, Paris, Vrin, reprise in *Questions I*, Gallimard, 1968.

— « La doctrine de Platon sur la vérité » [1947], trad. fr. A. Préau, in *Questions II*, Gallimard, 1968.

— « Logos », « Moira », « Alêtheia », in *Essais et Conférences* [1954], trad. fr. A. Préau, Gallimard, 1958.

— *Introduction à la métaphysique* [1952], trad. fr. G. Kahn, Gallimard, 1967, chap. 4, « La limitation de l'être ».

MARTY Anton, *Untersuchungen zur Grundlegung der Allgemeinen Grammatik und Sprachphilosophie*, I, Halle, Niemeyer, 1908.

NIETZSCHE Friedrich, *Le Crépuscule des idoles* [1888-89], éd. Colli et Montinari, trad. fr. J.C. Hemery, Gallimard, « NRF », 1974.

PIERRE D'ESPAGNE (Petrus Hispanus Portugalensis, Peter of Spain), *Syncategoreumata*, 1re éd. crit., intr. L.M. De Rijk, trad. angl. J. Spruyt, Leyde-New York-Londres, E.J. Brill, « Studien und Texte zur Geistesgeschichte des Mittelalters », XXX, 1992.

QUINE Willard van Orman, *Word and Object*, Cambridge (Mass.), MIT Press, 1960 ; *Le Mot et la Chose*, trad. fr. J. Dopp et P. Gochet, Flammarion, 1977.

— *Philosophy of Logic*, Englewood Cliffs, Prentice-Hall, 1970 ; *Philosophie de la logique*, trad. fr. J. Largeault, Aubier, 1975.

— *Pursuit of Truth*, Cambridge (Mass.), Harvard UP, 1990 ; *La Poursuite de la vérité*, trad. fr. M. Clavelin, Seuil, « L'Ordre philosophique », 1993.

— *From Stimulus to Science*, Cambridge (Mass.), Harvard UP, 1995.

RAMSEY Frank P., *The Foundations of Mathematics*, Londres, Routledge & Kegan Paul, 1931.

ROSIER Irène, « Les développements médiévaux de la théorie augustinienne du mensonge », *Hermès*, 15-16, p. 87-99.

— « Le serment et les théories linguistiques médiévales », *Memini. Travaux et documents publiés par la Société des études médiévales du Québec*, 2, 1998, p. 3-28.

SMITH Barry, *Austrian Philosophy. The Legacy of Franz Brentano*, chap. 4 (« Anton Marty : On Being and Truth »), § 9 (« On Value-Contents, Fictions, and Linguistic Form »), Chicago et LaSalle (Illinois), Open Court Publishing Company, 1994.

THOMAS Yan, « Les artifices de la vérité. Note sur l'interprétation médiévale du droit romain », *L'Inactuel*, 6, automne 1996, Calmann-Lévy, p. 81-99.

VECCHIO S., « Mensonge, simulation, dissimulation. Primauté de l'intention et ambiguïté du langage dans la théologie morale du bas Moyen Âge », *in* Costantino MARMO (éd.), *Vestigia, Imagines, Verba : Semiotics and Logic in Medieval Theological Texts (1150-1450). Acts of the XIth Symposium on Medieval Logic and Semantics*, Turnhout, Brepols, 1997, p. 117-132.

WITTGENSTEIN Ludwig, *Tractatus logico-philosophicus*, Londres, Routledge & Kegan Paul, 1922 ; trad. fr. G.G. Granger, Gallimard, 1993.

— *Investigations philosophiques* : cf. *Philosophische Untersuchungen/Philosophical Investigations*, éd. G.E.M. Anscombe, New York, MacMillan, Oxford, Blackwell, 1953.

OUTILS

AHDLMA : *Archives d'histoire doctrinale et littéraire du Moyen Âge*, Vrin, 1926-.

BAILLY Anatole, *Dictionnaire grec-français*, coll. E. Egger, éd. rev. L. Séchan et P. Chantraine, Hachette, 1950.

CHANTRAINE Pierre, *Dictionnaire étymologique de la langue grecque*, nouv. éd. mise à jour avec un « Supplément au dictionnaire », Klincksieck, 1999.

DHLF : REY Alain (dir.), *Dictionnaire historique de la langue française*, 3 vol., Le Robert, 1992.

DK : DIELS Hermann et KRANZ Walther, *Die Fragmente der Vorsokratiker*, 3 vol., Berlin, Weidmann, 5e éd. 1934-1937.

JQR : *Jewish Quarterly Review*, Philadelphie, 1910-.

KITTEL Gerhard, puis FRIEDRICH Gerhard (éd.), *Theologisches Wörterbuch zum neuen Testament*, 9 vol., Stuttgart, Kohlhammer, 1933-1973, t. 1, p. 233-251.

LSJ : LIDDELL Henry G., SCOTT Robert et JONES Henry S., *A Greek-English Lexicon*, 9e éd., Oxford, Clarendon Press, 1925-1940 ; *A Supplement*, éd. E.A. Berber, 1968.

PL : MIGNE Jacques-Paul (éd.), *Patrologiae cursus completus, series latina* [*Patrologie latine*], 1844-.

QUELL Gottfried, KITTEL Gerhard et BULTMANN Rudolf, *Vérité. Dictionnaire biblique*, trad. fr. A. Bindit, Genève, Labor et Fides, 1969.

VERNEINUNG ALLEMAND – fr. *négation, dénégation*

► *NÉGATION*, et ANGOISSE, AUFHEBEN, CONSCIENCE, ENTSTELLUNG, ES, *ÊTRE*, INCONSCIENT, PULSION, SUJET

Formé sur le verbe verneinen *(« dire non, répondre par la négative [à une question posée] » et, par extension, « nier, refuser »), le substantif* Verneinung *en est venu à désigner, en psychanalyse, une tournure de phrase par laquelle un analysant prend conscience d'un contenu de pensée qui le concerne, tout en se désolidarisant de ce qu'il énonce. Pour cela, il emploie une négation grammaticale et logique portant sur le jugement qu'il profère et il attribue à un autre, l'analyste, cette pensée dont il ne veut pas pour lui-même. L'exemple freudien devenu classique se formule ainsi : « Vous allez penser que cette personne de mon rêve est ma mère. Mais non, ce n'est pas elle » (« Die Verneinung », in « La Négation », trad. fr. J. Laplanche, p. 135). On a d'abord proposé de traduire ce terme par « dénégation » ou par « déjugement » (comme le fait Jean Hyppolite), ce qui effaçait le lien langagier entre l'opérateur logique de la négation et la relation conflictuelle du sujet par rapport à ses propres contenus de pensée. Mais, après de nombreuses discussions qui mettaient en jeu le rapport de la psychanalyse à la philosophie de langue allemande, kantienne et post-kantienne, on a rétabli la traduction de* Verneinung *par « négation ». Comme le rappelle J. Laplanche dans les* Œuvres complètes *de Freud, il y eut alors plus de dix traductions de ce terme par des psychanalystes français. La première date de 1934 (H. Hoesli,* Revue française de psychanalyse*, PUF, t. VII, n° 2, p. 174-177), tandis que la revue* Le Coq Héron *en publia, en 1975 (et 1976), plusieurs autres pour les comparer.*

I. LE NON ET LA NÉGATION EN PSYCHANALYSE

L'histoire de la traduction de *Verneinung* tient à ce que, du côté de la psychanalyse, il s'agit de comprendre avec ce terme ce qui se passe de pulsionnel dans l'emploi, par un sujet, des catégories logiques. Et, du côté de la philosophie, de tenir compte du fait que ce même terme est aussi employé, le plus souvent, comme synonyme de *Negation*, mot qui, lui, reprend le vocable latin. En troisième lieu, la métaphysique moderne aborde parfois la question de la certitude du sujet dans ses affirmations sur le statut du réel pour la pensée, en utilisant le même vocabulaire que celui par lequel Freud caractérise, d'une part, les divers compromis qui instaurent le sujet comme divisé par la reconnaissance de la castration, d'autre part, le refus de cette dernière. Pour Freud, en effet, le sujet se forme par les manières dont il transige avec ce qui nuit à la toute-puissance de ses désirs. Selon qu'il s'établit dans la méconnaissance (*Verneinung*) de la castration, dans son désaveu (*Verleugnung*) ou dans sa forclusion (*Verwerfung*), il se constitue respectivement comme névrosé, pervers ou psychotique.

Ainsi la manière de nier la castration est-elle constitutive des divers modes de structuration du sujet. À première vue, donc, quant à la *Verneinung*, la philosophie et la psychanalyse ne se rencontrent pas. La première, en effet, parle des inférences logiques et des énoncés portant sur le monde. La psychanalyse, au contraire, aborde la négation comme un certain mode d'instauration d'une division subjective qui vaut pour un sujet de désir confronté au manque à être qu'introduit dans la réalité humaine la différence des sexes. Mais, pour un regard plus fin, la question des croyances est le terrain de rencontres multiples entre psychanalyse et philosophie à propos de la négation.

Pour Freud, *Negation* et *Verneinung* sont synonymes. Il aborde l'emploi de l'expression « ne ... pas » (*nicht*) en faisant se recouvrir la linéarité du discours et la dissymétrie du dispositif de la cure ; en parlant, l'analysé s'adresse à un Autre. Dans un premier temps, la négation permet un aménagement, une répartition, entre soi et cet Autre supposé, de ce qui constitue le sujet. Grâce à l'attribution à un autre qui s'opère par la négation, un patient peut connaître un contenu de pensée qui le constitue en refusant qu'il le constitue. Dans un deuxième temps, la connaissance en tant que telle, même lorsqu'elle s'énonce affirmativement, est peut-être prise dans le même dispositif d'altérité que celui que met en œuvre la négation : connaître quelque chose, de soi-même ou d'un élément extérieur à soi, c'est toujours tenir en respect ce qui, dans cette chose, nous menace. Nier, c'est tenir à distance, à condition qu'un Autre puisse être chargé de ce qu'on ne peut reconnaître tout en l'exprimant. La théorie de la négation fait corps avec la théorie de la connaissance, envisagée comme étant portée par des pulsions. Comme on le voit, c'est précisément parce que la linéarité du discours est porteuse des coordonnées d'une situation de langage liée au travail des désirs que la *Verneinung*, chez Freud, se sépare d'une ontologie de la négation.

Cependant, dans un troisième temps de son approche de la négation, Freud, en 1925, fait une incursion dans la logique du jugement en se référant à la logique aristotélicienne, qui articule, quant à elle, ontologie et logique. En distinguant la copule « être » comme reliant ou disjoignant sujet et prédicat, du sens absolu d'« être », on peut déterminer deux fonctions de la négation concernant le sujet impliqué dans des jugements. Défaire les liens entre sujet et prédicat dans un jugement d'attribution négatif, c'est cracher, rejeter (*ausstossen*) quelque chose dans un dehors constitué comme mauvais et comme extérieur par cette expulsion même. La négation du jugement d'existence, celle qui refuse en connaissant, est une façon de revenir sur cette première exclusion d'un dehors. Ce point est important : la *Verneinung*, qui est un refus, est un refus moins radical que l'expulsion qui constitue l'exclu. Elle est une conquête par rapport à l'expulsion radicale d'un contenu qui ferait trop mal si on le reconnaissait en soi. Mais c'est une conquête qui se paie cher : la reconnaissance intellectuelle d'un contenu l'éloigne de soi ; elle maintient le refoulement, dit Freud. On pourrait même affirmer qu'elle l'instaure en laissant l'affect hors des prises de la connaissance. La négation n'instaure pas n'importe quel refoulement : le refoulement par la connaissance se forme au plus près des figures d'altérité les plus menaçantes, au plus près de ce qu'un sujet a été tenté d'expulser radicalement de soi. C'est par rapport à l'imminence du mauvais — et par rapport à une première défense qui consiste à le détruire en l'expulsant — que la négation, lorsqu'elle peut s'instaurer, est un recours second, mais qui suppose une destruction préalable d'un affect dans le sujet. Freud s'exprime ici « à l'envers » : il dit que la négation montre comment « l'intellectuel se sépare de l'affectif ». Mais, en insistant sur la négation comme destin second d'une expulsion qui voulait abolir un contenu en l'expulsant, il établit en fait l'inverse : la négation restitue ce qui a été aboli, mais sans rétablir l'affect ou le contenu pulsionnel de ce qui est, grâce à elle, connu. L'usage de la négation ne montre donc pas comment l'intellectuel se sépare de l'affectif ; mais plutôt que la négation représente la tentative par laquelle le sujet tente de limiter la première exclusion d'un contenu. Tentative qui instaure la pensée connaissante elle-même sans parvenir à réconcilier le sujet avec ce qu'il éprouve. La négation ne suffit pas à résumer tout refoulement, mais elle caractérise celui qui est lié à l'instauration, dans la pensée, de la logique. Freud repère donc la négation dans le fil du discours et dans le jugement, mais il la rapporte à un dispositif expérimental, un peu comme fait Kant lorsqu'il sort du formalisme de l'onto-logique en réfléchissant sur les grandeurs négatives ou, plus généralement, sur les situations transcendantales auxquelles renvoient nos énoncés et nos jugements. La négation, chez Freud, ne renvoie pas au non-être.

En quatrième lieu, on peut noter que, dans le texte de 1925, reste tout de même non explicitée la question des rapports entre manque inhérent aux désirs et négation. Dans la forme affirmative des jugements d'existence, il s'agit, selon Freud, non pas de trouver, dans la réalité, l'objet correspondant à un désir, mais de le retrouver, ce qui suppose que se soit inscrite, dans l'appareil de l'âme, la possibilité de « ne pas » le retrouver. Admettre l'absence (de l'objet bon à retrouver), telle serait une autre fonction possible de la négation, sur laquelle Freud ne s'explique pas dans le présent texte, mais que ce dernier présuppose néanmoins. C'est sur ce point que Lacan, faisant appel à Hyppolite, reprend la question.

II. LECTURE PHILOSOPHIQUE ET LECTURE PSYCHANALYTIQUE DE LA NÉGATION

Lorsque Lacan se tourne vers Hyppolite pour lui demander si la *Verneinung* freudienne a quelque chose à voir avec la négativité hégélienne, c'est précisément sur ce rapport éventuel entre la négation et le non-être qu'il revient : dans la première fonction du jugement, qui délie sujet et prédicat de telle façon que le mauvais soit rejeté radicalement à l'extérieur, Lacan insiste sur l'efficace de la pulsion de mort et s'interroge sur son lien avec la négativité hégélienne. Il demande à Hyppolite si l'usage de la négation dans le langage doit quelque chose à la réalité de la mort. Non pas seulement s'il y a une relation entre la négation et le manque interne au désir, mais s'il y a une relation entre la destructivité interne au désir et la négation qui agit dans l'expulsion (*Ausstossung*). Il met l'accent sur la pulsion de mort, qui était déjà une notion présente chez Freud, certes, mais que celui-ci ne mettait pas directement en rapport avec une ontologie de la négation. Freud s'en tenait à considérer la compulsion à tout nier, chez les psychotiques, comme étant un affolement de la négation, qui ne joue plus alors son rôle de *Verneinung*, c'est-à-dire de compromis entre l'exclusion radicale et l'acceptation d'un contenu de pensée menaçant. Lacan, en revanche, demande au philosophe spécialiste de Hegel de l'éclairer sur une telle possibilité, ce qui suppose que soient rétablis des ponts entre psychanalyse et philosophie.

La lecture d'Hyppolite est subtile : en traduisant *Verneinung* par « dénégation » ou « déjugement », celui-ci sépare psychanalyse et philosophie, puisque la négation hégélienne a, elle, une portée ontologique : elle est la mort active dans le réel, pas seulement lorsqu'il s'agit du sujet qui désire et qui pense, mais en fait dans le réel pris universellement. Freud s'appuie sur la distinction entre le jugement affirmatif (*Bejahung*) et le jugement négatif (*Verneinung*), c'est pourquoi il a recours en général au terme de *Verneinung*, corrélat opposé à l'affirmation.

Curieusement, Hyppolite ne répond pas directement à la question de Lacan sur le manque à être du désir confronté à la négativité hégélienne. Ce qui le retient chez Freud est le privilège de la négation par rapport à l'affirmation : dans la mise en rapport des deux fonctions du jugement, l'affirmation est le simple substitut de l'unification entre le sujet et le prédicat logiques, c'est-à-dire entre le sujet et un contenu de pensée en psychanalyse. La négation, au contraire, c'est plus que vouloir délier le sujet du prédicat, c'est-à-dire plus qu'expulser de soi un contenu. La *Verneinung* est une *suite* (*Nachfolge*) de l'*Ausstossung*. Il y a quelque chose de créateur dans la négation, quelque chose qui produit, sur la base d'une destruction préalable, « une marge de la pensée, l'apparition de l'être sous la forme de ne l'être pas » (p. 886). Hyppolite repère bien que l'incursion dans la théorie du jugement sert à Freud, non pas à revenir à Aristote, mais à caractériser la fonction de la négation comme lien sublimatoire entre les deux fonctions du verbe *être*. Affirmer, c'est remplacer l'unification. Nier, c'est plus que détruire. En se fondant sur cette formule d'Hyppolite, on pourrait dire que, pour la psychanalyse, l'apparition de l'être, l'ontologie, est portée par un processus pulsionnel dont la négation est l'opérateur. L'être et le langage ne sont jamais seuls avec eux-mêmes.

Il n'en est que plus étonnant de constater qu'Hyppolite rapproche néanmoins cette fonction pulsionnelle de la négation de la négation hégélienne qui est, quant à elle, un opérateur onto-logique ; elle se produit, en effet, dans l'être et dans l'expérience plutôt que dans le jugement. L'exemple est emprunté par Hyppolite à la *Phénoménologie de l'esprit* : la lutte à mort pour la reconnaissance invente une négation qui modifie la négation absolue du désir animal. Cette première négation détruisait son objet. La seconde négation, en revanche, invente l'avenir en soutirant au risque de la destruction absolue une situation de domination et d'esclavage. Hyppolite, empruntant à Freud le terme « sublimation », parle alors de « négation idéale », qui éviterait une destruction réelle, et dont la *Verneinung* freudienne donnerait l'idée au philosophe. Les rapports entre la psychanalyse et la philosophie se révèlent donc complexes à propos de la négation : Hyppolite part de l'idée de déjugement, qui distingue psychanalyse et philosophie et qui limite la portée de la *Verneinung* à l'aménagement d'un conflit interne au sujet. Mais, finalement, il s'appuie sur l'idée que cette dernière serait une sublimation de la destruction pour réinterpréter la négativité hégélienne.

Hyppolite distingue d'abord la négativité de la dénégation. Pourtant, il rapproche Freud de Hegel sur deux points : d'abord, — et c'est peut-être superficiel —, il désigne l'exemple freudien où le patient revient sur une première négation d'un contenu de pensée par l'expression de négation de la négation. Or, dans cet exemple freudien, il ne s'agit pas de la négativité, de ce séjour mystérieux qui convertit le néant en être. Il s'agit de montrer comment l'acceptation intellectuelle d'un contenu d'abord nié peut maintenir la non-acceptation de ce contenu. Mais ce rapprochement est fait pour introduire une autre remarque : Hyppolite rapproche le caractère inventif de la *Verneinung* freudienne, qui parvient à limiter une première exclusion, du caractère inventif de la négativité, qui parvient à limiter la destruction en jeu dans le travail du négatif. L'exemple qu'il prend est ici le passage de la destruction absolue de son objet par le désir animal selon Hegel, à la ressource qui, dans la « dialectique du maître et de l'esclave », substitue à la mort sans phrase des adversaires une situation de domination et d'esclavage ménageant la possibilité d'une invention ultérieure de l'existence humaine. La négation de la négation serait une négation idéale, comme la *Verneinung* est un destin de l'expulsion qui atténue la destructivité de la pulsion de mort freudienne.

Le rapprochement entre la négativité philosophique et la négation en psychanalyse a enfin pour résultat de souligner unilatéralement l'aspect inventif de la négation en psychanalyse : certes, cette négation diffère de la *Verwerfung* entendue au sens de l'abolition d'un contenu que rien ne vient rattraper ultérieurement. Mais elle n'abolit pas le refoulement ; elle l'instaure sur un mode particulièrement difficile à transformer dans la clinique du transfert : la destruction d'une part de soi-même se nourrit de l'activité de connaissance et du développement de la pensée logique.

III. « NEGATION », « VERNEINUNG », « VERLEUGNUNG » DANS LES PROBLÉMATIQUES PHILOSOPHIQUES DE LA CROYANCE

Verneinung est le terme qui désigne en allemand la négation portant sur le jugement attributif dans sa forme (chez Kant, par exemple), ou sur la proposition (par exemple, chez Frege). On comprend donc que, en 1921, Frege intitule un texte *Die Verneinung*, comme le fera Freud en 1925, bien que leurs problématiques soient disjointes. Frege ne s'intéresse qu'aux « pensées sans porteur » et la seule négation qu'il retienne est celle qui porte sur la proposition entière : « C'est le fait que/ce n'est pas le fait que... ». Freud, au contraire, s'intéresse à la manière dont un sujet porte ses pensées, pourrait-on dire, mais il saisit cette manière dans le contrepoint des jugements affirmatifs et négatifs — ce qui l'amène à parler, lui aussi, de *Verneinung*.

Kant fait reposer sa redéfinition de la logique formelle en logique transcendantale sur une étude du jugement : il lui importe de discriminer dans quel cas un jugement — positif ou négatif — a un corrélat objectif, et dans quel cas la raison confond un rien avec un quelque chose. Il recourt donc, pour sa part, au terme *Verneinung*, dans sa fonction transcendantale, constitutive d'un objet réel pour la connaissance. Ainsi apparaît à ses yeux dès 1763 l'importance de la notion des grandeurs négatives : l'algorithme algébrique du conflit de forces peut être mis en correspondance avec des jugements opposés, dont l'un est positif et l'autre négatif. Mais comme l'attention au jugement n'est, chez Kant, qu'un relais en direction du propos transcendantal et critique, on comprend que *Verneinung* soit, dans sa langue, synonyme de *Negation* et que les deux mots puissent porter soit sur la proposition entière soit sur l'un de ses termes. C'est le cas, par exemple, lorsqu'il confronte deux paires de jugements antinomiques sur le monde : le monde est infini ou il n'est pas infini/le monde est ou fini ou infini. Ce qui lui importe, c'est de comprendre dans quel cas la négation partage les deux termes de l'alternative de façon exclusive parce que le jugement est transcendantalement bien formé, qu'il a un corrélat réel, et dans quel cas la négation — qu'elle porte sur un terme ou sur la proposition entière — ne distingue pas les deux termes de l'alternative, pour la bonne raison qu'il n'y a pas de « cas » du tout, même si l'apparence formelle des jugements semble peindre un « quelque chose » dans cette opposition de propositions mal formées. Kant emploie donc le plus souvent *Verneinung*, mais il recourt aussi à *Negation* ; et il accepte la différence entre une négation portant sur un terme et la négation portant sur un jugement (en particulier lorsqu'il réfléchit sur la question de savoir s'il y a des négations compatibles avec l'idée de Dieu), mais il la reconnaît comme étant d'importance seconde par rapport au souci transcendantal.

♦ Voir encadré 1.

Quand les auteurs que nous avons évoqués emploient, à propos de la négation, différents verbes allemands tels que *leugnen*, *ableugnen*, *bezweifeln* et *verneinen*, nous pouvons voir dans leurs choix respectifs un souci de distinguer diverses positions de la conscience métaphysique lorsqu'elle élabore discursivement ses doutes par rapport à la réalité du monde extérieur. Kant recourt à la différence entre « mettre en doute » (*bezweifeln*) et « dénier » (*leugnen*) pour distinguer Descartes et Berkeley, c'est-à-dire l'idéalisme problématique et l'idéalisme dogmatique. Schelling établit la même distinction entre *bezweifeln* et *leugnen* de manière à opposer Descartes à Berkeley et Malebranche réunis (*Einleitung*..., p. 76-77 ; trad. fr. p. 99-100).

Il est intéressant de voir que Kant ne maintient pas ces distinctions dans la seconde édition de la *Critique de la raison pure*, qui prétend « réfuter l'idéalisme », au lieu d'inscrire, comme le faisait la première édition, les thèses sur le réel dans des discours de la raison qui constituaient autant de croyances. Dans ce texte, en effet, il affirmait que l'existence de la réalité extérieure ne fait pas l'objet d'une démonstration, mais qu'elle peut être mise « hors de doute » (*ausser Zweifel*). On comprend, *a contrario*, que, lorsque la psychanalyse distingue des positions de croyance par lesquelles un sujet humain élabore son rapport au réel de la différence des sexes — et par là indirectement à ce que les philosophes appellent la réalité —, elle définit de façon beaucoup plus précise et explicite le travail de la négation dans le discours en distinguant « nier » (*verneinen*), « désavouer » (*verleugnen*) et « forclore » (*verwerfen*).

Monique DAVID-MÉNARD

BIBLIOGRAPHIE

FREUD Sigmund, « Die Verneinung » [1925], in *Gesammte Werke*, vol. 14, Francfort sur le Main, Fischer Verlag, 1948, p. 11-15 ; « La Négation », in *Résultats, Idées, Problèmes*, t. 2, trad. fr. J. Laplanche, PUF, 2e éd., 1987, p. 135-139.

HEGEL Georg Wilhelm Friedrich, *Phänomenologie des Geistes* [1807], Hambourg, Meiner Verlag [1937] ; trad. fr. J. Hyppolite, Aubier, 1941 ; trad. fr. J.-P. Lefebvre, Aubier, 1991.

1

L'alternative entre « Verneinung » (Kant) et « Negativität » (Hegel)

► ALLEMAND, PLASTICITÉ

À la différence de Kant, Hegel n'emploie jamais le terme *Verneinung*, auquel il substitue *Negation*. Et cela est cohérent avec son propos philosophique : il montre que la forme de la proposition, justement parce qu'elle distingue les termes du sujet et du prédicat — pour les séparer ou les unifier —, est inapte à saisir l'élément spéculatif de la pensée. En effet, ce dernier consiste dans la destruction et dans la critique interne de la forme propositionnelle de la pensée qui se produit lorsque la négation affecte successivement tous les termes de la proposition, l'hypothèse abstraite de leur séparation se trouvant par là critiquée. Hegel, semble-t-il, ne s'explique jamais sur les raisons qui le font renoncer à *Verneinung*, mais cet abandon est radical et fait corps avec la critique de la proposition attributive.

Un tel abandon est d'autant plus remarquable qu'il est vérifié lorsque l'auteur traite aussi bien de la conscience et de toutes les positions de son rapport à elle-même que des concepts logiques purs. On s'attendrait, en effet, à ce que — par exemple lorsqu'il décrit, dans la critique de la vision morale du monde, les déplacements tortueux de la conscience morale par rapport à elle-même, ou encore son « travestissement » (*die Verstellung*), selon la traduction de Jean-Pierre Lefebvre — les termes de *méconnaissance* ou de *déjugement* puissent venir sous sa plume. Or il n'en est rien. Seuls les termes *Negation*, *Negativität* et *Aufhebung* sont invoqués : la conscience morale « abolit » sa propre conviction. Elle ne la dénie, ni ne la méconnaît, ni ne la récuse. Même si les positions empiriques de la conscience peuvent ressembler à des expériences dans lesquelles la conscience se déjuge, selon le terme employé par Hyppolite, jamais Hegel ne revient à *Verneinung*, car ce qui l'intéresse, c'est d'abord de briser la séparation du sujet et du prédicat dans le jugement (alors que Kant s'appuyait sur elle pour évaluer, selon les cas, la capacité de la liaison, c'est-à-dire de la synthèse transcendantale, à établir une position d'existence). Pour cela, il travaille sur ce qui se met en mouvement dans l'être lorsque la *Negation*, dans le *logos*, affecte tour à tour le sujet, le verbe, le prédicat, l'adverbe (ce passage de la forme adverbiale *nichts*, « en rien », au substantif *das Nichts*, « le rien », constitue par exemple le levier de l'enchaînement des premières catégories dans la *Science de la logique* [*Wissenschaft der Logik*, p. 66-67 ; trad. fr. p. 72-73]). Même lorsqu'il décrit les arcanes de la conscience de soi, Hegel a une visée onto-logique. C'est pourquoi il abandonne résolument le verbe *verneinen*. C'est d'autant plus net que parfois (*Phänomenologie des Geistes*, p. 565 ; trad. fr. J. Hyppolite, t. II, p. 156 ; trad. fr. J.-P. Lefebvre, p. 409), il se réfère à des expressions kantiennes précises (« toute une nichée » de contradictions privées de pensée). Or, dans ce contexte, Kant employait *Verneinung* (*Œuvres philosophiques*, p. 1197-1198 ; *Kritik der reinen Vernunft*, A 573-575, B 601-603, in *Werkausgabe*, Band IV, p. 516-517). Citant Kant, Hegel remplace alors sans explication *Verneinung* par *Aufhebung*. Par exemple, en décrivant le travestissement permanent de la conscience morale, il reprend l'expression que Kant réservait aux raisonnements illusoires et tortueux de la raison concernant Dieu, l'Idéal de la raison pure. Mais, dans le même temps, il remplace sans s'en expliquer *Verneinung*, que Kant employait dans ce texte précis, par *Negation*. N'en déplaise à Jean Hyppolite, la négation de la négation n'est donc pas une *Verneinung*.

— *Wissenschaft der Logik*, première partie, Hambourg, Meiner Verlag, 1975 ; trad. fr. S. Jankélévitch, Aubier, 1975.

HYPPOLITE Jean, « Commentaire parlé sur la *Verneinung* de Freud », *in* LACAN Jacques, *Écrits*, Seuil, 1966, p. 879-887.

KANT Emmanuel, *Kritik der reinen Vernunft*, A 573-575, B 601-603, in *Werkausgabe*, Band IV, Francfort sur le Main, Surkamp Taschenbuch Wissenschaft ; *Critique de la raison pure*, trad. fr. A. J.-L. Delamarre et F. Marty, in *Œuvres philosophiques*, vol. 1, Gallimard, « La Pléiade », 1980.

SCHELLING Friedrich Wilhelm Joseph von, *Einleitung in die Philosophie* [1830], Leçon XX, Stuttgart-Bad Cannstatt, Friedrich Frommann-Günther Holzboog, 1989 ; trad. fr. P. David, *Introduction à la philosophie* [1830], Vrin, 1996.

THIS Bernard et THÈVES Pierre, *Die Verneinung. Nouvelle traduction. Étude comparée de quelques traductions disponibles. Commentaires sur la traduction en général*, Le Coq Héron, Revue du groupe d'étude du Centre Étienne Marcel, n° 52, 1975.

— *Die Verneinung II. Essai de remise en place du concept de dénégation*, Correspondance avec J. Laplanche et R. Lew : « *Die Verneinung* dans la théorie freudienne », Le Coq Héron, n° 55, 1976.

— *Die Verneinung III*. J. Rozenberg : « Kant avec Freud, la négation », et R. Schutzwalder-Lochard : « De la réalité psychique », Le Coq Héron, n° 60, 1977.

VERTU Dans ses « Éclaircissements sur *L'Esprit des Lois* », Montesquieu écrit : « Le mot de vertu, comme la plupart des mots de toutes les langues, est pris dans diverses acceptions : tantôt, il signifie les vertus chrétiennes, tantôt les vertus païennes, souvent une certaine vertu chrétienne, ou bien une certaine vertu païenne ; quelque fois la force ; quelque fois, dans quelques langues, une certaine capacité pour un art ou de certains arts. C'est ce qui précède ou ce qui suit ce mot qui en fixe la signification » (*Œuvres complètes*, Gallimard, « La Pléiade », t. 2, p. 1169). Le mot français est issu du latin *virtus*, qui désigne les qualités physiques et morales qui font la valeur de l'homme (*vir*). Mais la polysémie de *vertu* fait droit à l'histoire complexe du terme où se superposent diverses strates de temps et de langues. En particulier :

1. L'*aretê* [ἀρετή] grecque, l'« excellence » : voir l'encadré 1, « Aretê : excellence et finalité », dans VIRTÙ, où l'on comprend que cette excellence est pensée ontologiquement comme une *energeia* [ἐνέργεια], l'actualisation d'un pouvoir ; voir aussi ART (I) et PRAXIS ; cf. *ACTE* (I), *POUVOIR* (I, 2), et INGENIUM. Sur le rapport entre physique et moral, voir l'encadré 1, « Bel et bon : *kalos kagathos* », dans BEAUTÉ ; sur le lien avec la juste mesure, voir encadré 2, « Vrai/meilleur... », dans VÉRITÉ, et encadré 1, « *Gnômôn, metron, kanôn* », dans LEX. Enfin, sur la *phronêsis* [φρόνησις], comme sagesse pratique, et le rapport entre vertu et sagesse, voir PHRONÊSIS, et GLÜCK.

2. La *virtus* latine, le « courage » : voir VIRTÙ, en particulier encadré 2, « *Virtus* et *virtù* » ; cf. PIETAS, RELIGIO.

3. Les vertus chrétiennes : voir AIMER ; cf. BERUF, *SÉRÉNITÉ*.

Mais si le sens que Montesquieu donne au terme (« l'amour des lois et de la patrie » qui va de pair avec un renoncement à soi-même) ne relève d'aucun de ceux-là, c'est qu'il provient d'un autre moment de cette histoire : l'élaboration par Machiavel de la *virtù*. La notion prend à partir de là un sens plus directement politique qui est celui dont discuteront Montesquieu, mais aussi Hegel et Nietzsche : voir VIRTÙ. Cf. *ÉTAT, PATRIE, LOI*, POLIS, POLITIQUE.

► *BIEN, BIEN-ÊTRE*, DEVOIR, MORALE, SÉCULARISATION, SOBORNOST', *VALEUR*

VIE

Vie, sur le latin *vita*, désigne à la fois la vie, l'existence, le genre de vie (manière de vivre et moyens d'existence), et le récit de vie, la biographie ou le modèle.

1. On trouvera sous l'allemand ERLEBEN, ERLEBNIS, dans sa différence avec *Leben*, une réflexion sur la manière de désigner l'écart entre vie naturelle — en grec *zôê* [ζωή], qui s'applique aussi à tous les animaux (cf. « zoologie »), voir ANIMAL — et vie réflexive ouvrant sur l'expérience et l'existence humaines — en grec *bios* [βίος], au sens de « genre de vie », et *aiôn* [αἰών], « durée de vie ». Voir, outre ERLEBEN, AIÔN, DASEIN, *EXPÉRIENCE*, LEIB, cf. 'ŌLĀM.

2. Sur le rapport à la mort, comme liée à la conscience humaine, voir aussi CONSCIENCE, *DESTIN, MALAISE*.

3. Sur le rapport au genre de vie et aux moyens d'existence, voir BERUF, ÉCONOMIE, ENTREPRENEUR, OIKONOMIA, *SAGESSE*, WELFARE.

4. Sur le rapport au récit, à l'exemple et à l'histoire, voir HISTOIRE, *RÉCIT*, VIRTÙ ; cf. SPECIES.

► DIEU, GESCHLECHT, *HUMANITÉ*, PATHOS

VIRTÙ ITALIEN – fr. *vertu*

gr.	***aretê*** [ἀρετή]
lat.	***virtus***
all.	***Tugend***
angl.	***virtue***

► ***VERTU***, et ***DESTIN***, **FORCE, GÉNIE, GLÜCK, LEX, MORALE, PIETAS, PHRONÊSIS, SÉCULARISATION, TALENT**

Construit dans son rapport au champ sémantique de l'aretê (excellence) grecque comme à celui de la virtus *(courage) romaine ou des* virtutes *(vertus) chrétiennes, c'est avec Machiavel que le terme* virtù *prend en italien une complexité nouvelle et, en quelque sorte, accède au rang d'un concept. Pour Machiavel, en effet, la vertu doit être rapportée à deux paradigmes fondamentaux : celui de la vertu / fortune, comme principe de distinction entre les États nouveaux, et celui de la vertu comme décision et action résolutoire. La transition entre le premier et le second paradigme s'opère chez lui par une sorte de transvaluation des qualités traditionnellement associées à la vertu, qui aboutit à un dépassement de ces deux paradigmes dans la conception de la fortune entendue comme nécessité historique. Cette nécessité, à laquelle la vertu abstraite doit se plier, est ce que Hegel appellera, dans la* Phénoménologie de l'esprit, *le cours du monde* (Weltlauf). *Machiavel s'écarte, par cette référence de la vertu à la temporalité et à la nécessité historiques, de la vertu des philosophes anciens, de Platon aux Stoïciens et à Augustin, renouant ainsi avec la tradition de la* virtus *républicaine romaine, et annonce le rapport entre puissance et nécessité qu'on retrouvera chez Spinoza, Hegel et Nietzsche.*

I. LES DEUX PARADIGMES FONDAMENTAUX : « VIRTÙ »/« FORTUNA » ET « VIRTU-IMPETUS »

C'est seulement dans ses grands écrits d'après 1512, *Le Prince* et les *Discours*, que, en s'appuyant à la fois sur sa pratique passée de diplomate et sur sa fréquentation ininterrompue des historiens grecs et romains, Machiavel parle de la *virtù* et fait état des deux paradigmes fondamentaux par rapport auxquels elle s'ordonne. Mais, s'il n'en explicite qu'alors la problématique et si jusque-là le mot lui-même n'apparaît pas sous sa plume, ses missions auprès de César Borgia en 1502-1503 et de Jules II en 1506 avaient déjà orienté sa réflexion en cette matière.

Premier paradigme : César Borgia et le partage vertu/fortune. La vertu propre à ce modèle du « prince nouveau », c'est d'avoir donné lui-même de bons fondements à sa politique, mais le succès de cette dernière restait suspendu à la fortune, en l'occurrence, la vie du pape. Ainsi, dans *Le Prince* (chap. 6), Machiavel fera de César Borgia l'exemple même de l' « homme vertueux », frappé néanmoins par une « extraordinaire et extrême malignité de fortune ». Cependant, sa perte a été déterminée non seulement par la mort du pape, mais surtout par l'imprévoyance d'avoir laissé élire au pontificat un ennemi, Jules II. Le rapport entre la vertu et la fortune s'établit ici dans un équilibre instable, équilibre dont dépend la bonne ou la mauvaise réussite de l'entreprise.

Au cours de sa mission auprès de Jules II, Machiavel rencontre le second paradigme de la vertu, à savoir qu'elle est affaire de décision, de détermination, d'audace. Dans une importante lettre au neveu du gonfalonier de Florence, Giovan Battista Soderini, les *Ghiribizzi* (qu'on pourrait traduire par « Fantaisies »), il esquisse les principes de la décision politique. Il se demande comment, dans son conflit avec son ennemi Gianpaolo Baglioni, le pape a pu obtenir par hasard et sans armes ce qui, avec de l'ordre et des armes, n'aurait dû lui réussir que difficilement. C'est, dit Machiavel, que les hommes se gouvernent selon des fantaisies et des talents différents. Comme, d'autre part, les temps sont changeants, aura du succès celui qui, bon ou mauvais, saura adapter sa nature à l'ordre des choses (la part de la *virtù*), ou bien rencontrera des époques qui correspondent à cette nature (la part de la *fortuna*). Sur la première possibilité, Machiavel se montre très sceptique : la nature humaine étant pour lui quelque chose de rigide et d'immuable, l'existence d'hommes capables de changer leur nature en fonction de temps qui sont variables est aussi peu probable que celle de sages capables de gouverner les étoiles. Alors, que faire ? Les actions humaines, écrit Machiavel (*Le Prince*, chap. 25), dépendent pour moitié du libre arbitre, pour moitié de la fortune, qui démontre sa puissance là où il n'y a pas une vertu bien ordonnée pour lui résister. En ce sens, la vertu s'apparente à la *phronêsis* grecque, et à la *prudentia* romaine, qualités qui consistent à prendre des mesures de précaution, comme lorsqu'on érige des digues contre les débordements des fleuves. D'autre part, quant à la décision véritable, reprenant le théorème des *Ghiribizzi*, Machiavel conclut que, s'il n'y a pas de bonnes qualités en soi, « il vaut mieux être impétueux que précautionneux, car la fortune est femme ; et il est nécessaire, si l'on veut la maîtriser, de la battre et de la heurter » (*loc. cit.*). À côté de la vertu comme prudence, il y a la vertu comme *impetus*, acte décisif et résolutoire : c'est « l'impétuosité et la fureur » de Jules II (*Discours*, livre III, chap. 9) ; c'est le principe selon lequel « la fortune est plus amie de celui qui attaque que de celui qui se défend » (*Histoires florentines*, V, 6) ; c'est l'acte « extraordinaire » par lequel on obtient ce qui reste hors d'atteinte pour des actes ordinaires (*Discours*, livre III, chap. 36 et 44). La question revient dans les *Discours* (livre III, chap. 9) apportant de l'eau au moulin des partisans du républicanisme de Machiavel, selon qui les républiques auraient une meilleure « fortune » que les principats, « car elles savent mieux s'adapter à la diversité des temps ». On retrouve une dernière fois cette question dans les *Discours* (livre III, chap. 21), avec cette ultime réponse : il faut savoir mélanger, par un savant dosage de cruauté et de générosité, la vertu qu'on a avec la terreur qu'on doit inspirer, si l'on veut se faire respecter.

II. LA TRANSVALUATION DES VALEURS ANTIQUES

Le second paradigme semble donc qualifier les éléments constitutifs de la décision politique : la prudence préalable, d'un côté, l'*impetus* résolutoire, de l'autre. Quant à la fortune, elle fonctionne comme variable indépendante dans le premier paradigme et comme variable dépendante dans le second. Sur cette variabilité de la fortune en fonction de la vertu, Machiavel apporte de nombreuses précisions tout au long des *Discours*. Ainsi, la vertu est d'autant plus forte (et la fortune donc plus faible) là où les hommes agissent par nécessité et non par choix (livre I, chap. 1) ; ce sont les bonnes institutions qui font la bonne fortune (livre I, chap. 11) ; Rome a pu jouir de la « fortune-et-vertu » de ses consuls et, dans une république bien réglée, les successions ne peuvent être que très vertueuses (livre I, chap. 20). Machiavel affirme que les Romains ont obtenu la domination davantage par la vertu que par la fortune (livre II, chap. 1). D'autre part, il ne cessera de stigmatiser les princes italiens quand ils attribuent la ruine de l'Italie à la fortune plutôt qu'à leur manque de vertu. L'aboutissement de sa pensée se retrouve aux chapitres 29 et 30 du livre II des *Discours*, où il annonce une sorte de philosophie pré-hégélienne de l'histoire, où la fortune semble ne plus s'opposer à la vertu mais la traverser de part en part : ainsi elle aveugle les hommes quand ils s'opposent à ses désirs, ou bien, « quand elle veut accomplir de grandes entreprises, elle choisit un homme doué de tant d'esprit et de tant de vertu qu'il reconnaît les occasions qu'elle lui fournit ». En dernière instance, la vertu ne semble plus être que l'acceptation « virile » et confiante des desseins de la fortune. En effet, conclut Machiavel, les hommes peuvent seconder la fortune mais non s'opposer à elle ; « ils peuvent tisser ses fils ourdis mais non les briser. Ils ne doivent jamais s'abandonner, car, comme ils ignorent ses fins, et comme elle emprunte des chemins obliques et inconnus, ils doivent toujours espérer et, en espérant, ne jamais s'abandonner, quelles que soient les circonstances et les entreprises dans lesquelles ils se trouvent ».

Après avoir conclu dans le second paradigme à un pari qui rappelle l'adage romain *audaces fortuna juvat*, Machiavel aboutit donc, dans la qualification de la vertu, à l'autre adage *fata volontes ducunt, nolentes trahunt*. C'est là une sorte de nécessité à laquelle il est impératif, pour réussir, de se plier. Mais si la fortune aide les *volentes*, quelle est l'objet de cette volonté ? Que doit-elle « intentionner », et quelle est sa visée eidétique ? Or, depuis l'Antiquité, la vertu (qu'il s'agisse de l'*aretê* grecque [voir encadré 1], de la *virtus* romaine ou des *virtutes* chrétiennes) désigne la valeur de l'action humaine en fonction d'un principe téléologique qui peut être la sagesse socratique, le plaisir épicurien (*hêdonê*), le bonheur stoïcien (*eudaimonia, vita beata*) ou les conduites qui visent, depuis Augustin, l'accès à la Cité de Dieu. Chez Machiavel, au contraire, ce qui qualifie la valeur de la vertu, de la bonne conduite en politique, ce sont, tour à tour et ensemble, l'amour de la patrie, l'affection pour la liberté et la sécurité de l'État. Amour de la patrie : le sage fondateur d'un État doit « se donner comme but d'être utile non pas à soi-même mais au bien commun, non à sa propre succession mais à la commune patrie » (*Discours*, livre I, chap. 9) ; l' « exaltation et la défense de la patrie » est, dit Machiavel, quelque chose que recommande même la religion chrétienne, bien qu'elle ait placé le bien suprême dans « l'humilité, l'abjection et le mépris des choses humaines » (livre II, chap. 2). Quant à l'assassinat de ses fils par Brutus, c'est un crime loué par Machiavel (et donc un acte vertueux), car il a été perpétré « pour le salut de la patrie et non par ambition » (livre III, chap. 3). La vertu est donc cette « affection naturelle que tout homme doit avoir pour sa patrie » (Lettre du 16 octobre 1502) ou bien cette chose que, dans une autre lettre du 16 avril 1527, il dira aimer plus que son âme, comme l'ont aimée ces magistrats florentins qui ont osé s'opposer au pape Grégoire IX en 1357-1358 (*Histoires florentines*, livre III, chap. 7).

D'autre part, c'est au nom non pas de la sagesse, du plaisir ou de la félicité, mais de la sécurité de l'État que Machiavel accomplit cette transvaluation des valeurs antiques qui a fait la mauvaise réputation du *Prince*. C'est dans les chapitres 15 à 21 (résumés au chap. 41 du livre III des *Discours*) que l'amour de la patrie et la sécurité de l'État ont été condensés dans la formule « salut de la patrie » : « Là où il est tout à fait question du salut de la patrie (*salute della patria*), il ne doit y avoir aucune considération de ce qui est juste ou injuste, compatissant ou cruel, louable ou ignominieux ; au contraire, laissant de côté toute autre considération, il faut suivre entièrement ce parti qui lui sauve la vie et préserve sa liberté. » C'est en fonction du salut de la patrie que les « qualités » de l'éthique traditionnelle changent alors de sens, de même que le rapport vice/vertu. Ainsi, le prince ne doit pas craindre de pratiquer ces vices sans lesquels il pourrait difficilement sauver l'État ; suivre ce qui paraît être de la vertu entraînerait sa perte, tandis que suivre ce qui paraît être du vice lui assurerait sa sécurité (*securtà*) et son bien-être. Le prince doit donc fuir la libéralité et ne pas craindre l'infamie de la cruauté s'il veut tenir ses sujets « unis et fidèles » ; il ne doit pas respecter la parole donnée, si cela nuit ; il doit savoir utiliser selon les cas l'astuce du renard et la force du lion, et agir, s'il le faut, contre la foi, la charité, l'humanité et le respect religieux. Toutes ces conduites jouant sur l'être et le paraître, sur la simulation et la dissimulation, Machiavel semble les déplorer, car elles aboutiraient à une sorte de relativisme absolu de l'action politique (de type jésuitique) si elles n'étaient pas imposées par la nécessité : c'est donc à cause de cette nécessité que le prince doit avoir « un esprit prêt à se tourner selon que l'ordonnent les vents et les variations de la fortune ; ne pas s'écarter du bien s'il le peut, savoir emprunter le chemin du mal s'il y est contraint » (*Le Prince*, chap. 18).

♦ Voir encadré 1.

III. LA « VIRTÙ » ET LA SPHÈRE PUBLIQUE, ENTRE RIGORISME ET UTILITARISME

Ces chapitres du *Prince* assurent en réalité la transition entre le premier paradigme et le second, car ils qualifient la valeur de l'acte qui se rapporte invariablement à la fortune dans la prise du pouvoir et se définit de façon variable, à cause du choix, comme *impetus* et fureur. Mais, d'une part, il ne s'agit pas, comme chez Kant, d'une valeur universelle valable en toute circonstance. En effet, si le succès en politique dépend de la rencontre de temps conformes à la nature de l'homme (du côté de la fortune), ou bien de la capacité d'adapter cette nature aux temps (du côté de la vertu), il n'y aura plus de qualités bonnes ou mauvaises en soi, ni un bien ou un mal absolus, et la cruauté d'Hannibal peut être une vertu aussi bien que l'humanité de Scipion. Il ne s'agit pas là, d'autre part, d'un relativisme absolu, comme chez Sade, car l'acte vertueux doit se rapporter au bien commun, à la sécurité de l'État, à des fins patriotiques (*Le Prince*, chap. 26).

La référence à la sphère publique situe donc la vertu machiavélienne dans une sorte de généralité conditionnelle, à égale distance du rigorisme kantien (qui s'adresse à un sujet face à l'universalité de la loi) et de l'utilitarisme sadien (qui ne concerne qu'un individu mené par ses intérêts particuliers). Ce sont tous ces paramètres qui définissent ce qu'on pourrait appeler le « système » de Machiavel, système qui toutefois est loin d'être cohérent, stable, linéaire, car il est affecté par toutes sortes de fluctuations, de changements, souvent de contradictions, en fonction de deux variables : d'une part, ce partage, dans sa pensée, entre l'espoir (ce qui serait souhaitable) et la nécessité (ce qu'on ne peut pas éviter) ; d'autre part, l'inscription de cette pensée non pas dans une logique de temps de paix (meilleur gouvernement, théorie de la justice, États imaginaires, etc.), mais plutôt dans une logique de temps de guerre, lors d'époques traversées par cette vérité de fait (*verità effettuale*) qui est constituée de variations, de circonstances et d'accidents. C'est ce qu'il appelle la « qualité des temps (*qualità dei tempi*) » et qui est ce qui désigne, déjà, l'histoire en train de se faire et l'historicité radicale du monde. C'est donc en fonction de

1

« Aretê » : excellence et finalité

► ART, GLÜCK, MORALE, PLAISIR, PRAXIS

Aretê [ἀρετή] : excellence, valeur, vertu, mérite, considération... En grec ancien, un seul et unique mot, construit sur *aristos* [ἄριστος], le superlatif de *agathos* [ἀγαθός] « bon » (voir aussi encadré 1, « Bel et bon : *kaloskagathos* », dans BEAUTÉ), désigne toutes les sortes d'excellences, qui se trouvent ainsi liées : celles du corps (la « valeur », au sens d'abord de « bravoure », de « courage », liée à la force, à la beauté, à la santé — mais ce sont inséparablement les qualités du corps, du cœur et de l'intelligence qui font déjà chez Homère l'excellence du héros [*Iliade*, XV, 642 *sq.*], des dieux [*ibid.*, IX, 498], voire même des femmes [*Odyssée*, II, 206]) comme celles de l'âme (la « vertu », définie par le contrôle de soi [*sôphronein aretê megistê* (σωφρονεῖν ἀρετὴ μεγίστη), Héraclite, 112], par le respect [*to aideisthai* (τὸ αἰδεῖσθαι), Démocrite, 179], les vertus politiques et publiques comme les vertus éthiques et privées [Platon, *République*, VI, 500d ; IX, 576c 16]), ainsi que leur récompense, à savoir la considération et le bonheur qui s'y attachent (*Odyssée*, XIII, 45 ; Hésiode, *Les Travaux et les Jours*, 313). Beaucoup plus largement encore, le mot désigne la « compétence » de l'homme de métier aussi bien que la « performance » d'un organe bien adapté, qui fonctionne correctement. L'*aretê*, c'est en effet, pour tout être, d'accomplir, de réaliser, d'activer sa finalité quelle qu'elle soit. L'*aretê*, même lorsqu'elle est, sous sa traduction par « vertu », définitionnelle de la morale, implique toujours l'ontologie. Et si la valeur de l'action humaine peut se définir effectivement selon les systèmes moraux en fonction d'un principe téléologique à chaque fois déterminé (sagesse, *sophia* [σοφία] ; plaisir, *hêdonê* [ἡδονή]...), c'est d'abord que toute valeur est, comme telle, essentiellement, mise en acte du *telos* [τέλος], de la fin, de la visée propres : *hê aretê teleiôsis tis* [ἡ ἀρετὴ τελείωσίς τις], Aristote, *Métaphysique*, Δ, 16, 1021b 20), « l'excellence est un accomplissement quelqu'il soit » — si bien qu'on parle, souligne Aristote, aussi bien d'un « médecin accompli » que d'un « voleur accompli ».

Pour rendre manifestes les difficultés de traduction dans l'idiome moral moderne, examinons deux textes classiques qui visent à définir ce que nous appelons la vertu, si elle s'enseigne, comment la pratiquer, mais où l'amplitude des exemples oblige à élargir démesurément nos cadres d'intelligibilité.

Dans le *Protagoras* de Platon, Protagoras prétend enseigner la *tekhnê politikê* [τέχνη πολιτική] (319a) et Socrate doute que ce soit possible parce qu'il doute que la vertu s'enseigne (320 b). Les deux registres des arts et de l'éthique sont indissolublement liés, exprimés tous deux sous le chef de l'*aretê*. Tout tourne autour de la comparaison entre la compétence dans le domaine des *tekhnai* [τέχναι] (l'*aretê tektonikê* [ἀρετή τεκτονική], par exemple, que Croiset rend par « le mérite en architecture », 322 d) et l'excellence en politique (*aretê politikê* [ἀρετή πολιτική], 323a 1, Croiset : « la vertu politique »), ouvrant sur la question de la « vertu de l'homme » (325a 2) et de la « vertu » tout court (328e 9). Aucune traduction n'est satisfaisante, même si « excellence » constitue le moins mauvais dénominateur, parce qu'aucune ne fait sens dans toutes les occurrences. Ainsi quand il s'agit d'interpréter la pratique de l'assemblée à Athènes : alors qu'en matière de compétence technique, on n'y écoute que les hommes de l'art — des architectes pour construire des remparts — au contraire, quand il s'agit du gouvernement de la cité, on écoute tout le monde, le forgeron et le marin, le riche et le pauvre, le noble et l'homme du peuple. C'est la preuve, pour Socrate, que les Athéniens n'estiment pas qu'il y ait là matière à enseignement, parce qu'ils n'estiment pas que la vertu puisse s'enseigner (319b-d). Mais c'est la preuve, pour Protagoras, que — comme en témoigne dans le célèbre mythe la distribution par Zeus d'*aidôs* [αἰδώς] et *dikê* [δική], respect et justice [voir *aidôs* sous VERGÜENZA, et *dikê* sous THEMIS] à tous les hommes, 322c-d — la vertu politique, à la différence de la compétence technique, est tout simplement partagée également par tous ceux qui composent la cité :

> Les Athéniens comme les autres , à chaque fois que la question porte sur l'excellence en architecture (*peri aretês tektonikês* [περὶ ἀρετῆς τεκτονικῆς]) ou en quelque autre métier (*ê allês tinos dêmiourgikês* [ἢ ἄλλης τινὸς δημιουργικῆς]), croient que c'est à un petit nombre de contribuer au conseil, et si quelqu'un d'extérieur à ce petit nombre donne son conseil, ils ne le supportent pas, comme tu dis. C'est très normal , comme je dis. Mais quand ils en viennent à un conseil d'excellence politique (*politikês aretês* [πολιτικῆς ἀρετῆς]), qui tout entier doit passer par le sens de la justice et le bon sens (*dia dikaiosunês* [...] *kai sôphrosunês* [διὰ δικαιοσύνης [...] καὶ σωφροσύνης]), il est très normal qu'ils supportent n'importe qui, dans l'idée qu'il convient à tout un chacun d'avoir en partage cette excellence-là (*tautês ge metekhein tês aretês* [ταύτης γε μετέχειν τῆς ἀρετῆς]), sans quoi pas de cités.
>
> *Protagoras*, 322d-323a ; voir B. Cassin, *L'Effet sophistique*, Gallimard, 1995, p. 295-308.

L'amplitude du sens est rendue non moins visible par Aristote quand, au livre II de l'*Éthique à Nicomaque*, il définit la vertu éthique et l'acte moral qui lui correspond. Pour faire comprendre en quelle sorte de disposition, d'*habitus* (*poia hexis* [ποία ἕξις]), consiste l'*aretê ethikê* [ἀρετή ἐθική], et avant de la singulariser comme médiété (*mesotês* [μεσότης]), il la définit en tant que vertu — « excellence » est à nouveau l'équivalent le moins trompeur :

> Il faut dire que toute excellence (*pasa aretê* [πᾶσα ἀρετή]), par rapport à ce dont elle est excellence, à la fois accomplit sa bonne disposition (*auto te eu ekhon apotelei* [αὐτό τε εὖ ἔχον ἀποτελεῖ]) et lui donne de bien faire son travail propre (*to ergon autou eu apodidôsin* [τὸ ἔργον αὐτοῦ εὖ ἀποδίδωσιν]) : par exemple, l'excellence de l'œil (*hê tou ophtalmou aretê* [ἡ τοῦ ὀφθαλμοῦ ἀρετή]) rend l'œil et son travail empressés (*spoudaion* [σπουδαῖον]) ; car c'est par l'excellence de l'œil que nous voyons bien (*têi gar tou ophthalmou aretêi eu horômen* [τῇ γὰρ τοῦ ὀφθαλμοῦ ἀρετῇ εὖ ὁρῶμεν]). De même, l'excellence d'un cheval rend le cheval empressé et fait qu'il est bon (*agathon* [ἀγαθόν]) pour courir, porter son cavalier et faire face à l'ennemi.
>
> *Éthique à Nicomaque*, II, 5, 1106a 15-21.

Spoudaios [σπουδαῖος] (sur *spoudê* [σπουδή], la hâte, l'effort, le zèle, l'ardeur, le soin, l'attachement) s'oppose à *phaulos* [φαῦλος] (laid, méchant, mauvais, défectueux, inférieur, vil), et distingue terminologiquement, dans la *Politique* par exemple, les bons citoyens des mauvais. Ainsi, une seule et même phrase grecque dit « physiologiquement » : « l'excellence de l'œil, c'est de rendre l'œil efficace, lui et sa fonction », et « moralement » : « la vertu de l'œil, c'est de rendre l'œil zélé, lui et son œuvre ». On comprend dès lors, puisque la « vertu » n'est jamais que l'optimum de l'*ergon* [ἔργον] propre à chaque chose, qu'en droit et si rien n'y fait obstacle, le bonheur d'Aristote aille d'emblée de concert avec la vertu, loin du précautionneux espoir kantien de souverain bien.

Barbara CASSIN

ce système et de son instabilité qu'il faudrait dans chaque cas évaluer la signification générale de *vertu* dans toute la dissémination de ses occurrences ; mais, cette signification se réfracte et se déploie dans une multiplicité d'acceptions particulières et locales, en fonction du contexte et des besoins de l'argumentation.

♦ Voir encadré 2.

Sur un plan plus général, la vertu machiavélienne s'écarte donc radicalement de la tradition éthico-philosophique gréco-romaine et chrétienne : ce n'est pas quelque chose qui s'acquiert par l'exercice (*askêsis* [ἄσκησις]) ou par un lent et assidu travail de soi sur soi (*cura sui*) ; ce n'est pas quelque chose qui s'apprend comme un art (*tekhnê* [τέχνη]) — ce qui a nourri un débat inlassable dans l'Antiquité, depuis Socrate jusqu'aux Stoïciens et à Plutarque — ; ce n'est pas la mesure moyenne (*metron* [μέτρον] ; voir encadré 1, « *Gnômon, metron, kanôn* », dans LEX) entre deux excès comme pour Aristote, ni une simple règle de vie (*tekhnê tou biou* [τέχνη τοῦ βίου]). C'est quelque chose que l'on a ou que l'on n'a pas ; la *virtù* n'existe pas en dehors d'un acte, d'une conduite, qui s'inscrivent dans la temporalité et tentent d'en infléchir le cours. Elle n'est donc pas la pratique stoïcienne de subjectivation des individus, dans un rapport solitaire de soi à soi, aux autres et à la société, mais une modification du monde, chez l'homme public, par la prise du pouvoir et le maintien ou l'agrandissement des États. Elle n'est jamais liée à un quelconque universalisme naturel ou cosmopolite, mais elle s'inscrit plutôt, comme acte efficace, dans un contexte historico-politique, se légitimant par des finalités civiques et patriotiques, ou de simple sauvegarde de l'État : dans *Le Prince*, elle est surtout l'acte de fondation d'un État nouveau, et dans les *Discours* le retour aux bons fondements des origines. Les précédents de la vertu machiavélienne, il faut donc les chercher non pas du côté des philosophes, mais du côté des historiens (Thucydide, Tite-Live, Salluste, Plutarque, Tacite surtout), avec comme modèle la Sparte de Lycurgue et la Rome républicaine avant l'éclatement des guerres civiles et l'instauration de l'Empire où, selon les historiens romains eux-mêmes, l'antique vertu s'est perdue. C'est à partir de ce modèle, réactivé par les républicains anglais du XVIIe siècle, que l'école anglo-saxonne (Pocock et Skinner), soulignant l'équation « vertu = république » de Montesquieu, Rousseau et Robespierre, a quelque peu escamoté le second paradigme, celui de la vertu comme *impetus*, qui peut connoter, par exemple, la conduite de quelqu'un comme Septime Sévère, empereur scélérat en tant qu'individu, mais doué, comme Servius Tullius, « d'une très grande fortune et vertu » (*Discours*, livre I, chap. 10) ; ou bien celles de Cléomène à Sparte (*Discours*, livre I, chap. 9) et d'Agatocle à Syracuse (*Le Prince*, chap. 8), princes qui n'hésitent pas à recourir aux moyens extraordinaires et à la violence pour s'assurer des ennemis et rétablir la puissance de l'État.

IV. LA « VIRTÙ » ET LE COURS DU MONDE : « EXEMPLUM » ET « WELTLAUF »

Sur le plan stylistique, l'utilisation du mot *virtù* par Machiavel marque un écart avec l'écriture de sa corres-

2

« Virtù » et « virtus »

À propos de la multiplicité de ces acceptions, on peut dire qu'elles correspondent aux significations du mot dans le champ sémantique romain où la *virtus* — comme l'a bien montré J.M. Hellegouarc'h — est tour à tour associée à la grandeur d'âme (*magnitudo animi*), au jugement (*consilium*), à la sagesse (*sapientia*), à la prudence (*prudentia*), au courage (*fortitudo, animus*) : qualités de caractère, d'un côté, capacité de gouvernement, de l'autre. Chez Machiavel, la vertu est associée diversement à la discipline et au bon ordre militaire, au courage et à l'exploit d'une armée ou d'un chef, à la force (*dunamis*) et à la bonne disposition des choses (la vertu d'une ville, d'un peuple, d'une institution), à l'excellence des grands hommes et des fondateurs des États, à la puissance politique et militaire, à la bonté et à la prudence comme capacité de prévoir, de « voir de loin » (*Discours*, livre I, chap. 18 et livre III, chap. 28). Elle s'oppose au désordre, à la lâcheté, à l'imprévoyance, à l'hésitation, aux voies moyennes et aux demi-mesures, qualités qui peuvent accompagner l'« humanité et la patience », mais auxquelles il faut préférer, tant qu'elles s'accordent avec les temps, l'impétuosité et la fureur de Jules II (*Discours*, livre III, chap. 9).

Le modèle de cette vertu est la vertu antique (*antiqua virtù*), la vertu spartiate et la vertu romaine surtout, qui sont opposées non pas tellement, comme chez les philosophes anciens, à la richesse et aux vices qu'elle entraîne, mais à la corruption et à ses effets politiques, comme l'affaiblissement, la menace, l'insécurité et la ruine des États. La vertu machiavélienne n'est jamais un principe abstrait : d'une part, en effet, elle correspond toujours chez les hommes à une conduite réelle, exemplaire et historiquement déterminée ; d'autre part, elle est elle-même soumise, portée et traversée par l'histoire. C'est la théorie de la *translatio imperii* : la vertu, dit Machiavel (avant-propos du livre II des *Discours*), a été placée par le « monde » chez les Assyriens, puis chez les Mèdes, les Perses, les Romains, et ensuite chez les peuples (du Nord surtout) qui « vivent vertueusement ». Dans tous les cas, il n'y a de vertu, comme le dit Cicéron, que « dans l'usage [*in usu*] » (*Respublica*, I, 2) et « dans l'action [*in actione*] » (*De officiis*, I, 19). Face à cette multiplicité de sens, la traduction du mot *virtù* chez Machiavel doit donc tenir compte de ces deux coordonnées, sa position dans le système et sa situation dans le contexte, même si certains décident de traduire toujours la *virtù* selon Machiavel par *vertu* en français, par *virtue* en anglais, par *Tugend* en allemand.

BIBLIOGRAPHIE

HELLEGOUARC'H Joseph Marie, *Le Vocabulaire latin des relations et des partis politiques sous la République*, Les Belles Lettres, 1963.

pondance diplomatique — où ce terme n'apparaît presque jamais. Quand il y recourt dans ses grands écrits, il semble vouloir porter le discours politique au niveau du registre « élevé » de la tradition littéraire, comme s'il avait moins « inventé » la politique qu'il ne l'avait ramenée, en Italie, au grand style de l'historiographie antique. L'analyse politique, en effet, jusque-là limitée, dans les dépêches diplomatiques, au déchiffrage du présent et aux conjectures sur l'avenir, s'ancre, par la *virtù*, dans l'*exemplum*, qui n'est pas de l'ordre de l'enseignable ni ne relève de l'avertissement, du conseil, du précepte. L'exemple, c'est la leçon de l'histoire que les princes modernes, à une époque de corruption des mœurs et des institutions politiques, ne peuvent plus comprendre et ne savent donc pas imiter.

La vertu machiavélienne traduit en définitive l'irruption de l'histoire et de l'historicité dans le discours politique : l'histoire ancienne comme *exemplum*, l'histoire présente comme ensemble d'occasions, de circonstances et d'accidents, l'histoire à faire comme dessein et volonté politiques. La nouveauté radicale de Machiavel est alors d'avoir fait passer la vertu souveraine des philosophes dans ce que Hegel, critiquant les « chevaliers de la vertu [*Ritter der Tugend*] » depuis les Stoïciens jusqu'à *Don Quichotte* et à Kant, appelle le « cours du monde [*Weltlauf*] ». À travers ce passage, l'opposition auparavant inconciliable entre la vertu abstraite et le cours du monde s'annule, et, du coup, est rendu vain le « discours pompeux » concernant le bien suprême, le sacrifice pour le bien et le mauvais usage des dons. Dans ce discours, l'individu, à suivre Hegel, « se gonfle et gonfle sa tête vide et celle des autres » ; il est alors pris dans la boursouflure et le verbiage du discours de la vertu comme valeur en soi, comme « essence abstraite de la réalité vide », à l'écart du cours du monde et en lutte contre lui. Cette vertu inscrite dans le *Weltlauf*, c'est la vertu des historiens antiques, c'est la pratique des républiques d'autrefois, c'est aussi la vertu de Machiavel.

> La vertu antique — écrit Hegel dans *La Phénoménologie de l'esprit* — avait une définition précise et sûre, car elle avait son *contenu solide* dans la *substance du peuple*, et elle se proposait comme but un *bien effectivement réel, un bien déjà existant* ; elle ne se révoltait donc pas contre la réalité effective entendue comme *perversion universelle* et *contre un cours du monde*.
>
> trad. fr. J. Hyppolite, Aubier, 1947, vol. 1, p. 319.

En ce sens, ce que Machiavel, dans son premier paradigme, appelle la fortune n'est que le représentant de ce que Hegel appelle le *Weltlauf*, la temporalité immédiate dans l'immanence d'un temps sécularisé et dans cette loi d'airain finale de la nécessité selon laquelle l'homme vertueux, le grand homme, « est ce qu'il fait ; et on doit dire qu'il a voulu ce qu'il a fait comme il a fait ce qu'il a voulu » (vol. 1, p. 283). Prise dans le cours du monde, la vertu n'est plus la sagesse, le plaisir, le bonheur, la maîtrise de soi, principes qui mesurent la valeur des actes dans l'éthique traditionnelle. Elle est irruption dans la temporalité, la rencontre abrupte de la nature humaine et de l'histoire, la volonté d'action résolutoire. Ainsi — second paradigme — elle n'est que puissance, pure puissance et puissance à l'état pur, au sens spinoziste du terme :

> La vertu est la puissance même de l'homme [*virtus est ipsa humana potentia*] qui se définit par la seule essence de l'homme, [...] c'est-à-dire [...] qui se définit par le seul effort que fait l'homme pour persévérer dans son être. Plus donc chacun s'efforce de conserver son être et en a le pouvoir, plus il est doté de vertu, et par conséquent [...], en tant que quelqu'un néglige de conserver son être, en cela, il est impuissant.
>
> Spinoza, *Éthique*, IVe partie, prop. 20, démonstr., éd. bilingue lat./fr., trad. fr. B. Pautrat, Seuil, 1999, p. 373.

C'est avec Socrate que, pour Nietzsche, l'*aretê* s'inscrit dans le cadre d'une morale et dans un système de « valeurs », au sens heideggerien du terme. Elle n'est plus alors manifestation d'une puissance originaire, mais évaluation du mérite en fonction de valeurs (la connaissance, la rectitude, la conviction) qui lui sont nécessairement extérieures. La conception que Nietzsche a de la vertu est celle-là même que Calliclès énonce dans le *Gorgias* de Platon (491d-492a) et que Socrate s'empresse de réfuter, au nom justement des « valeurs » (la modération et la maîtrise des désirs, surtout). Or la vertu de Calliclès (la force de l'énergie et de l'intelligence au service des passions), c'est, dira Nietzsche dans les *Fragments posthumes* de 1887-1888, « la vertu dans le style de la Renaissance, *virtù*, vertu non aigrie par la morale » (fr. 356). Et dans le *Tractatus politicus* qu'il méditait d'écrire à la même époque, il parle de la « politique de la vertu, de ses moyens et de ses voies pour atteindre la puissance » (fr. 320). Cette politique de la vertu n'était rien d'autre que le machiavélisme, mais, dit-il, « le machiavélisme, *pur, sans mélange, cru, vert, dans toute sa force, dans toute son âpreté* [en fr. dans le texte] est surhumain, divin, transcendant, il ne sera jamais atteint par les hommes mais, tout au plus, effleuré » (*loc. cit.*). C'est la vertu des historiens antiques revue par les philosophes gréco-romains et chrétiens. Comme il le dit dans le *Crépuscule des Idoles*, en 1888, c'est bien Thucydide et « sans doute » *Le Prince* de Machiavel qui l'ont guéri du platonisme, lui apprenant à voir « la raison dans la *réalité* » — non pas dans la « raison » et encore moins dans la « morale » (*Ce que je dois aux Anciens*, 2).

La *virtù* de Machiavel renoue avec une tradition qui remonte à la *theia moira* (la part divine non enseignable, non transmissible, d'Aristide, Thémistocle et Périclès) selon la définition que Socrate donne à la vertu dans le *Ménon* (100a) ; elle renoue avec l'*aretê* spartiate de Tyrtée (valeur militaire et non signe d'appartenance à une caste, comme chez Homère) et l'*aretê* des Athéniens dans le discours que Thucydide fait prononcer à Périclès dans l'éloge des morts (*La Guerre du Péloponnèse*, II, 35 *sq.*) ; elle renoue enfin avec la vertu républicaine de l'histoire romaine à la fin de la République et sous l'Empire. Mais la vraie postérité de cette vertu se trouve surtout chez Spinoza, Hegel, Nietzsche, bien plus que chez les « sceptiques » avec leur relativisme (de Hume à La Rochefoucauld et Sade) et chez les politiques avec leur réalisme (de Montesquieu à Rousseau et Robespierre). En définitive, la vertu machiavélienne n'est que de la puissance, de la volonté de puissance, aux prises avec le temps, avec la « qualité des temps [*qualità dei tempi*] » et avec cette fortune qui n'est donc qu'un autre nom du *Weltlauf* hégélien.

Le concept machiavelien de vertu ne s'apparente donc pas à la liberté de la philosophie morale antique (le devenir-libre par la pratique de la prudence, de la juste mesure, du gouvernement et du souci de soi), mais bien plutôt à la nécessité historique, avec ses contraintes et ses servitudes. La *virtù* ne surgit, pour Machiavel, que là où il y a nécessité ; le libre vouloir, en revanche, anime les ambitions et attise les désirs qui sont la cause de la ruine des États (cf. *Discours*, livre I, chap. 5 et 37). Face à la nécessité, la vertu est alors cet ensemble d'actes et de décisions qui augmente la puissance d'un individu ou d'un État. Et cette nécessité historique, on n'a pas attendu les révolutions modernes pour la mettre à jour, comme semble le penser H. Arendt dans son livre *Sur la Révolution*. En effet Machiavel, Guichardin et leurs contemporains en ont fait très tôt l'expérience face à l'instabilité du monde, au changement des temps, à la multiplicité des occasions et des accidents, et face à l'insécurité des États provoquée par les guerres d'Italie après 1494. Au fond, la vertu machiavélienne, confrontée à la logique de l'état de guerre moderne, ressemble étrangement à l'attitude des réformés face à l'élection par la grâce. À cela près que la *foi* de Luther et de Calvin s'appelle chez Machiavel *virtù*, et que la grâce prend le nom, dans le siècle (*saeculum*), de *fortuna*, fortune-nécessité : la force invincible des temps, la loi d'airain du cours du monde, les raisons et les ruses insondables de l'histoire.

Alessandro FONTANA

BIBLIOGRAPHIE

ARENDT Hannah, *Essai sur la Révolution* [*On Revolution*, New York, Viking Press, 1963], trad. fr. M. Chrestien, Gallimard, 1985.

DUMÉZIL Georges, *Servius et la Fortune*, Gallimard, 1943.

FONTANA Alessandro, « Fortune et décision chez Machiavel », *Archives de philosophie*, n° 62, 1999.

HYPPOLITE Jean, *Genèse et Structure de la* Phénoménologie de l'esprit *de Hegel*, Aubier, 1946.

MACHIAVEL Nicolas, *Le Prince*, éd. et trad. fr. J.-L. Fournel et J.-C. Zancarini, PUF, 2000.

NIETZSCHE Friedrich, *Fragments posthumes*, in *Œuvres philosophiques complètes*, éd. G. Colli et M. Montinari, trad. fr. P. Klossowski et H.-A. Baatsch, Gallimard, vol. 13, 1976.

POCOCK John J.A., *The Machiavellian Moment*, Princeton UP, 1975.

— *Virtue, Commerce and History*, Cambridge UP, 1985.

SKINNER Quentin, *Machiavelli*, Oxford UP, 1981.

WALKER Leslie J., *The Discourses of Machiavelli*, Londres, Routledge & Kegan Paul, 1950.

VOCATION

VOCATION La « vocation » (sur le lat. *vocare*, « appeler ») n'est pas simplement une forme atténuée du destin, au sens où l'on aurait affaire à un destin décidé par la personne (voir DESTIN). Il s'agit, plus spécifiquement, de la notion luthérienne de *Beruf*, reprise et discutée par Max Weber, et dont la traduction en français par « vocation » ou « profession » n'est jamais satisfaisante : voir BERUF et *VOIX*.

► *ALLIANCE*, ÉCONOMIE, ENTREPRENEUR, SÉCULARISATION, TRAVAIL

VOIX

Voix provient du latin *vox*, « voix, sons émis par la voix, mot », lui-même, comme le grec *epos* [ἔπος], « parole, mot, discours, chant », formé sur la racine **wek*^{w}- qui indique en indo-européen l'émission de la voix et les forces religieuses et juridiques qui en résultent.

I. LA VOIX HUMAINE

1. La « voix », en tout cas la *vox* latine, peut caractériser l'homme par différence avec l'animal — pour la *phônê* [φωνή] grecque, qui renvoie à la force et à l'éclat de l'émission sonore et peut se dire des animaux, il faut préciser qu'elle est articulée et porteuse de sens : voir ANIMAL, LOGOS (en particulier II, B), MOT (en particulier II, B, 2), SIGNE, SIGNIFIANT, et cf. HOMONYME.
2. Elle est liée au chant et à la musique : voir SPRECHGESANG, STIMMUNG ; voir aussi ACTEUR, DICHTUNG ; cf. ERZÄHLEN.
Sur l'*epos* (cf. « épopée »), par différence avec le *muthos* [μῦθος], « parole, discours, récit, mythe », et le *logos* [λόγος], « parole, discours, raison, proportion », voir LOGOS, MIMÊSIS ; cf. MÊTIS, *RÉCIT*.
3. Elle est liée aussi au destin (*fatum*, sur *fari*, « dire »), voir DAIMÔN (encadré 1, « Le démon de Socrate »), *DESTIN*, KÊR, SCHICKSAL, STIMMUNG ; cf. BERUF, *VOCATION*.
4. Elle sert enfin à dire et à réclamer le droit : voir CLAIM et *DROIT*.

II. LA VOIX EN GRAMMAIRE

1. *Vox* est l'une des manières les plus courantes de désigner le « mot » en latin, voir MOT ; cf. LANGUE et PROPOSITION.
2. C'est aussi l'une des caractéristiques grammaticales du verbe, avec le temps, le mode, l'aspect ; voir ASPECT (en particulier quant au sens de la voix moyenne en grec).

► *HUMANITÉ*, *RELIGION*

VOLONTÉ

gr. *thelêsis* [θέλησις], *orexis* [ὄρεξις], *boulêsis* [βούλησις]
lat. *appetitus*, *voluntas*

► AGENCY, ***DÉSIR***, HERRSCHAFT, INTENTION, INTELLECTUS, JE, ***LIBERTÉ***, LOGOS, ***LOI***, OBJET, PATHOS, PHRONÊSIS, RAISON, SUJET, SVOBODA, WILLKÜR

« Les philosophes, écrit Nietzsche, ont coutume de parler de la volonté (Willen) *comme si c'était la chose la mieux connue du monde »* (Par-delà bien et mal, § 19). *Mais « l'historien, lui, ne peut oublier qu'il a fallu aux hommes, après Aristote, quelque onze siècles de réflexions pour inventer la "volonté" » (R.-A. Gauthier). Comment cette invention à la fois lexicale et philosophique, dont les implications pour la pensée médiévale et moderne sont considérables, a-t-elle eu lieu ?*

I. L'INVENTION MÉDIÉVALE D'UNE TROISIÈME FACULTÉ : « THELÊSIS SIVE VOLUNTAS »

Pour tenter de répondre à cette question, il faut partir du concept achevé de volonté, pour en interroger la provenance. Dans le *De fide orthodoxa*, Jean Damascène donne une définition de la *thelêsis* [θέλησις] qui, traduite en latin par *voluntas* dans la version de Burgundio de Pise, sera déterminante pour toute la pensée médiévale de la volonté : « Θέλημά ἐστιν ὄρεξις λογική τε καὶ ζωτικὴ μόνων ἠρτημένη τῶν φυσικῶν [le *thelêma*, c'est le désir à la fois rationnel et vital, tendant vers les seuls biens qui appartiennent à la nature »] (*De fide orthodoxa*, II, 22). Burgundio va faire un choix de traduction qui se révèlera essentiel et rendre *thelêsis* par *voluntas* : « *thelêsis, sive voluntas, est naturalis et vitalis et rationalis appetitus* [la *thelêsis*, ou volonté, est un appétit naturel, vital et rationnel]. » C'est cette définition qui est reprise par les auteurs médiévaux et finit par s'imposer définitivement dans la scolastique : Jean de la Rochelle, saint Bonaventure, Thomas d'Aquin détermineront à leur tour la *voluntas* comme un appétit rationnel par essence et tendant naturellement au Bien. La volonté diffère, en ce sens, à la fois du désir (*orexis* [ὄρεξις]) et de la raison (*logos* [λόγος]), elle désigne une troisième faculté, intermédiaire entre les deux précédentes. Une telle faculté faisait entièrement défaut aux Grecs, comme le souligne le philologue allemand Bruno Snell :

> Une volonté qui dure est chose étrangère aux Grecs — le mot correspondant à notre verbe « vouloir » n'existe pas — *thelein* signifie « être prêt à, disposé à... », *boulesthai* signifie : « avoir en vue quelque chose de (plus) souhaitable ». Le premier mot désigne une disponibilité, un empressement subjectifs ; l'autre, le désir dirigé vers un objet ou un projet (*boulê*) précis, donc quelque chose qui n'est pas loin de la compréhension d'un bénéfice à retirer. Mais aucun des deux mots ne signifie l'accomplissement de la volonté, l'aspiration active du sujet vers l'objet...
>
> Bruno Snell, *La Découverte de l'esprit*, p. 249-250.

À cette liste, il faudrait ajouter le mot *orexis*, qui désigne simplement le désir dans sa plus grande extension, et le terme forgé par Aristote pour désigner l'état de l'âme qui précède immédiatement l'action : *proairesis* [προαίρεσις], la décision. Aucune de ces notions n'est directement interprétable à partir du concept médiéval et moderne de *voluntas*.

Mais comment apparaît ce concept ? Qu'est-ce qui justifie son adoption ? Dans quelle problématique philosophique ou théologique son invention s'inscrit-elle ?

II. L'ABSENCE D'UNE PROBLÉMATIQUE DE LA VOLONTÉ CHEZ ARISTOTE ET DANS LE STOÏCISME ANTIQUE

L'absence d'équivalent du concept de volonté dans la pensée grecque ancienne peut être établie par quelques exemples. L'acte de la décision (*proairesis*) chez Aristote ne relève pas d'un pouvoir de se déterminer soi-même analogue à la volonté, mais désigne un jugement de l'intellect pratique qui, à partir d'un souhait (*boulêsis* [βούλησις]) portant sur une fin à atteindre, met un terme à un processus de délibération (*bouleusis* [βούλευσις]), c'est-à-dire à un calcul raisonné portant sur les moyens d'atteindre cette fin. La décision est, par conséquent, un acte du *nous* [νοῦς], portant sur la sélection de moyens en vue d'une fin, suivant une démarche rationnelle qui donne lieu à un syllogisme pratique (*Du mouvement des animaux*, 6, 700b 23). Bien des incompréhensions seront issues de la traduction de cette doctrine en termes de volonté ; ainsi, Thomas d'Aquin, qui croit suivre Aristote, fera de l'*electio* qui choisit les moyens une modalité de la *voluntas*, qui a pour objet la fin. Il en va de même du point de départ de toute décision, la *boulêsis*, le souhait. Aristote la définit comme un désir pénétré de raison (*logistikê orexis* [λογιστικὴ ὄρεξις]) (*Rhétorique*, I, 10, 1369a 2) : avons-nous donc ici un précurseur du désir rationnel par essence, de la *voluntas* ? Il n'en est rien. Car la *boulêsis* désigne une modalité du désir, mais soumise « par accident » à la raison, et qui, pour cette raison même, peut aussi s'en écarter : on peut toujours souhaiter l'impossible, affirme Aristote (*Éthique à Nicomaque* III, 2, 1111b 22 : *boulêsis d' esti <kai> tôn adunatôn* [βούλησις δ' ἐστὶ <καὶ> τῶν ἀδυνάτων]). Nous sommes ici au plus loin du concept médiéval et moderne de volonté.

Des problèmes analogues se posent à propos de la compréhension et de la traduction d'un des concepts centraux du stoïcisme antique, l'assentiment (*sugkatathesis* [συγκατάθεσις]). L'assentiment est un acte de la raison (*logos*), et c'est pourquoi il permet d'établir une différence radicale entre l'homme et l'animal. Tandis que chez l'animal, dès que la représentation (*phantasia* [φαντασία]) a lieu, la tendance (*hormê* [ὁρμή]) suit immédiatement, chez l'homme, au contraire, la raison (*logos*) doit donner son assentiment à la représentation pour que la tendance suive, et c'est dans l'assentiment comme fonction privilégiée de la raison, c'est-à-dire dans le jugement porté sur la représentation, que réside la liberté. Celle-ci n'est donc aucunement une propriété de la volonté, mais du jugement et de lui seul. On aperçoit, dès lors, la distorsion qu'introduit la surimposition du vocabulaire de la *voluntas* à la doctrine de la *sugkatathesis* : « À ces représentations qui sont, pour ainsi dire reçues par les sens, il [Zénon] ajoute l'assentiment de l'âme qu'il considère comme dépendant de nous et volontaire (*in nobis positam et voluntariam*) » (Cicéron, *Academica posteriora*, I, 11, 40-42). De même, l'idée centrale dans le stoïcisme antique de « ce qui dépend de nous » (*eph' hêmin* [ἐφ' ἡμῖν]), l'idée même de responsabilité morale, s'énonce à partir de Sénèque en termes de volonté : la colère dépend de nous, c'est-à-dire est volontaire, dans la mesure où nous lui donnons notre assentiment : c'est de plein gré que nous nous laissons aller à elle, et nous en sommes donc responsables (« *est enim voluntarium animi vitium* ») (*De ira*, II, 2, 2).

Certes, on pourrait s'interroger encore sur la notion de *logikê hormê* [λογικὴ ὁρμή] dans l'ancien stoïcisme : cette tendance rationnelle en l'homme, déclenchée par l'assentiment, ne représente-t-elle pas une préfiguration de la volonté comme « *appetitus rationalis* » ? En d'autres termes, en faisant de la raison elle-même une faculté essentiellement « active », « dynamique », les anciens Stoïciens n'ont-ils pas approché de très près la notion ultérieure de *voluntas* ? Toutefois, pour que l'on puisse parler véritablement de volonté, il faut supposer une faculté de l'âme « distincte » de la pensée (*dianoia* [διάνοια]), de l'intellect (*nous*) ou de la raison (*logos*), une faculté indépendante, autonome, qui peut, à l'occasion, s'opposer à la raison et choisir contre celle-ci : c'est ce qu'exclut justement le monisme psychologique de Chrysippe : l'âme humaine, affirme-t-il, ne possède pas de parties, elle est tout entière *logos*. Rien, par conséquent, en elle, ne peut tenir lieu d'une « volonté » comme faculté indépendante.

Les choses se modifient quelque peu avec le moyen stoïcisme qui abandonne la thèse de l'unité de l'âme. L'innovation principale de Panétius consiste, en effet, à dissocier de la partie rationnelle (*logikê* [λογική]) de l'âme, la tendance (*hormê*) qui, chez l'homme comme chez l'animal, devient un élan irrationnel. Cette *hormê* ne diffère plus fondamentalement du désir (*orexis*) d'Aristote, et c'est ce terme que traduira l'*appetitus* latin. Le principe immédiat de l'action, pour Panétius, ce n'est donc plus l'assentiment, en tant qu'il détermine la tendance rationnelle (*logikê hormê*), mais cette tendance irrationnelle, qui suit simplement l'assentiment. Cette tendance a ceci de particulier qu'elle est indépendante de la raison, comme la *voluntas* ; cependant, dans la mesure où elle suit l'assentiment, elle tire sa liberté du jugement de la raison, et n'est donc pas libre par elle-même ni rationnelle par essence. Il resterait encore à s'interroger sur la notion de *thelêsis* [θέλησις] chez Épictète : le mot revient très fréquemment dans son œuvre, ainsi que le verbe *thelein* [θέλειν] synonyme ici de *boulesthai* [βούλεσθαι], au point que l'on peut affirmer avec Voelke qu'« aucun autre Stoïcien d'expression grecque ne fait un usage aussi abondant de ces verbes » (*L'Idée de volonté dans l'ancien stoïcisme*, p. 131-132). Épictète, par exemple, affirme que tout le critère de la sagesse tient en ceci : « Veux de façon à être satisfait, toi, de toi-même (*thelêson aresai autos pote seautôi* [θέλησον ἀρέσαι αὐτός ποτε σεαυτῷ]) », ce qui revient à dire : « Aie la volonté de paraître beau au regard du dieu (*thelêson kalos phanêtai tôi theôi* [θέλησον καλὸς φανῆται τῷ θεῷ]) » (*Entretiens*, II, 18). Pourtant Voelke doit reconnaître que « le vouloir n'est pas chez Épictète une fonction nettement spécifiée » (*op. cit.*, p. 132). En outre, pour Épictète comme pour l'ancien stoïcisme, la notion de liberté de la volonté est entièrement absente, la liberté étant plutôt une détermination du jugement, par conséquent de part en part intellectuelle. Épictète va même jusqu'à affirmer que « l'âme d'un homme n'est rien d'autre que ses jugements [ἀνθρώπου ψυχὴν οὐδὲν ἄλλο ἢ δόγματα] » (*Entretiens*, IV, 5, 26).

III. LA PROBLÉMATIQUE CHRÉTIENNE DE LA VOLONTÉ : SAINT AUGUSTIN

Faut-il rechercher, dès lors, dans la tradition chrétienne des Pères de l'Église, la première apparition du concept de « volonté » dans son acception moderne ? Ne faut-il pas voir en saint Augustin, à l'instar d'Hannah Arendt, « le premier philosophe de la volonté » (*La Vie de l'esprit*, t. 2, p. 103) ? Rien n'est moins sûr.

De même que l'on a pu parler d'un « volontarisme romain » (Pohlenz, *Die Stoa*, I, p. 274, 319), on pourrait être enclin à parler d'un « volontarisme » de saint Augustin, du fait que, pour lui, toutes les activités, y compris la perception et l'activité cognitive en général, sont pénétrées de volonté. Pour voir, en effet, soutient-il, il faut vouloir voir, c'est-à-dire il faut que par l'attention l'organe sensoriel de la vision se fixe à l'objet visible. C'est le cas également pour la connaissance rationnelle : à cet égard, il n'y a pas un seul mouvement de l'âme qui ne soit engendré en elle par la volonté : « *voluntas est animi motus* » (*De duabus animabus*, X, 14). Peut-on pour autant parler d'un « primat de la volonté » chez saint Augustin, comme c'est le cas par exemple chez Duns Scot ou Descartes ? Sans doute que non, dans la mesure où la volonté n'est pas, pour Augustin, une faculté distincte et indépendante du désir en général et de l'amour en particulier : « *voluntatem nostram, vel amorem seu dilectionem quae valentior est volunta* [la volonté, ou encore l'amour ou dilection qui n'est que la volonté avec toute sa véhémence] » (*De trinitate*, XV, 21, 41). L'amour, ou dilection par laquelle l'âme jouit ou se réjouit de Dieu (jouissance = *fruitio*) n'est que la volonté avec toute sa force, ce qui veut dire, inversement, que la volonté est un amour ou un désir plus faible. C'est pourquoi, Augustin peut comparer l'amour au poids qui grève la volonté et l'entraîne vers son objet, comme la pesanteur entraîne les corps vers le centre de la terre : « *pondus meus amor meus ; eo feror quocumque feror* (mon poids, c'est mon amour ; c'est lui qui m'emporte où qu'il m'emporte)* » (*Confessions*, XIII, 9, 10). L'amour n'est qu'une volonté intense, la volonté un faible amour ; et puisque la notion de délectation est indissociable de celle d'amour, on pourra dire aussi que « *delectatio quasi pondus est animae* » (*De musica*, VI, 11, 29) ; une telle délectation est l'union du cœur avec son objet, selon la citation de l'Évangile selon Matthieu qu'Augustin aime à citer : « *ubi enim erit thesaurus tuus ibi erit et cor tuum* » (VI, 21 ; cf. Gilson, *Introduction à l'étude de saint Augustin*, p. 174, n. 1). Ainsi, la volonté n'est pas une faculté abstraite, indéterminée quand à son objet, elle est déterminée essentiellement comme amour par sa *dilectio Dei*, elle est l'amour même tendant vers Dieu pour en jouir, et tendant vers les biens créés uniquement pour en user en vue de

Dieu lui-même. Le péché ne provient pas, en ce sens, de ce que la volonté voudrait le mal, puisque le mal est un néant, mais de ce qu'elle inverse la hiérarchie des biens en « jouissant » de biens créés au lieu d'en *user* simplement en vue du Bien suprême et incréé, Dieu lui-même. Ainsi, la volonté n'est pour Augustin que cette capacité de s'ouvrir à Dieu et d'en jouir, c'est-à-dire d'accéder, par l'amour à la béatitude, à ce point où Dieu emplit l'âme tout entière et ne laisse aucune place pour quoi que ce soit d'autre. C'est pourquoi tous les préceptes, tous les commandements se ramènent à un seul : vouloir Dieu, se joindre à lui avec véhémence, c'est-à-dire l'aimer ; tout acte qui s'inspire de cet amour de Dieu est nécessairement et infailliblement bon. Tout se ramène en définitive à l'amour : « *Dilige, et quod vis fac* (aimez, et faites ce que vous voulez) » (*In Epistulam Johannis ad Parthos*, VII, 8).

Certes, la volonté est, pour Augustin, des trois facultés humaines, la plus profonde, ce qui fait fonctionner la Mémoire et l'Intellect et, finalement « les unit l'un à l'autre », puisque grâce à elle « ces trois éléments sont réunis (*coguntur*) en un seul tout, cette réunion (*coactus*) fait donner à ce tout le nom de pensée (*cogitatio*) » (*De trinitate*, X, 2, 6). Mais si la volonté est la faculté la plus profonde de l'âme, et, puisqu'elle réunit les deux autres, ce qui lui donne son vrai nom (Augustin fait dériver *cogitatio* de *cogere*, unir de force), c'est seulement parce qu'en vérité, c'est l'amour qui les lie, puisque c'est lui qui est le liant universel : ceux que l'amour unit, écrit Augustin, sont « étrangement agglutinés par le liant de l'amour (*cohaerunt enim mirabiliter glutino amoris*) » (*ibid.*, X, 8, 20), et ainsi l'amour, le véritable lien, est de la volonté le nom le plus propre.

Il est bien difficile de trouver dans cette doctrine augustinienne de la volonté une préfiguration du concept achevé de volonté comme appétit rationnel par essence. En ce sens la problématique augustinienne de la volonté se tient au plus loin de la problématique thomiste, par exemple. Toutefois, les choses peuvent apparaître plus complexes dans la mesure où Augustin est aussi l'« inventeur » de la problématique du libre arbitre : « *nihil tam in nostra potestate quam ipsa voluntas est* [rien n'est davantage à la disposition de la volonté que la volonté même] », écrit-il, et ainsi il peut conclure : « parce qu'elle est en notre pouvoir, elle est libre pour nous » (*De libero arbitrio*, III, 3, 27). C'est cette doctrine du libre arbitre qui aura la plus grande postérité philosophique, ainsi que le problème de la conciliation du libre arbitre avec la grâce. Pourtant, ici encore, il faut souligner l'originalité d'Augustin par rapport aux formulations scolastiques du problème. Car le libre arbitre n'est rien sans la liberté, c'est-à-dire sans la restauration de l'unité de la volonté divisée contre elle-même par le péché (*Confessions*, VIII, 9, 21), restauration de son intégrité qui est le fait de la grâce. Or cette unité de la volonté avec elle-même qui fait qu'elle ne se contente pas de vouloir le bien mais peut effectivement l'accomplir, n'est rien d'autre, de nouveau, que l'amour. Seul l'amour libère, c'est-à-dire confère à la volonté rendue impuissante par le péché son intégrité et sa force, sa permanence et son « repos » (*De Trinitate*, XI, 5, 9) : et par conséquent, la liberté véritable n'est rien d'autre que l'amour même.

IV. L'ÉMERGENCE DU CONCEPT « ACHEVÉ » DE VOLONTÉ ET LA CONTROVERSE DU MONOTHÉLISME

Si le concept de volonté chez saint Augustin reste encore en grande partie indéterminé (la volonté « mérite le nom d'amour, de convoitise, de passion » : *De Trinitate*, XI, 2, 5) ou sous-déterminé par rapport à sa version « achevée » dans la scolastique — on pourrait dire, aussi bien, surdéterminé, puisque la volonté n'est pour Augustin qu'une modalité de l'amour —, la question que nous formulions reste entière : où la détermination canonique de la volonté comme « *appetitio rationalis sive intellectualis* » apparaît-t-elle pour la première fois ? À l'occasion de quel débat philosophique ou théologique, à l'intérieur de quel contexte intellectuel le concept devenu pour nous classique de volonté comme faculté autonome, indépendante aussi bien du désir que de l'intellect, et instrument de la liberté, surgit-il et se constitue-t-il ?

Pour tenter de répondre à cette question, il faut revenir au point de départ. Nous avions trouvé chez Jean Damascène la première occurrence du concept de volonté qui deviendra classique à partir des XIIe et XIIIe siècles, c'est-à-dire conditionnera les débats scolastiques autour du problème du libre arbitre et parviendra, pratiquement inchangé, jusqu'à Descartes, Malebranche ou Leibniz. D'ailleurs, en même temps que cette définition canonique de la volonté, apparaît avec Jean Damascène une définition du libre arbitre (*autexousion* [αὐτεξούσιον]) promise à une longue postérité :

> Chez les êtres sans raison, s'éveille-t-il un désir (*orexis* [ὄρεξις]) de quelque chose, immédiatement se produit aussi l'impulsion (*hormê* [ὁρμή]) vers l'action, car irrationnelle est la tendance des êtres sans raison, et ces êtres sont dirigés (passivement) par l'appétit naturel (*phusikê orexis* [φυσικὴ ὄρεξις]) ; c'est pourquoi la tendance des êtres naturels ne s'appelle ni *thelêsis* ni *boulêsis*. Car la *thelêsis* est l'appétit naturel, rationnel, et dont on a en soi-même le pouvoir (*autexousiôs* [αὐτεξουσίως]).
>
> Jean Damascène, *De fide orthodoxa*, 945 b-f.

Le traducteur latin, Burgundio de Pise, traduit d'ailleurs *autexousiôs* par « *liberi arbitrio* ».

Mais, pour comprendre la provenance de ce concept de « volonté », il faut faire un pas de plus, philologique et historique, et voir si Jean Damascène n'a pas lui-même reçu d'ailleurs sa définition. Une hypothèse de R.-A. Gauthier servira ici de guide : dans un article décisif pour notre problème (« saint Maxime Confesseur et la psychologie de l'acte humain », *Recherches de théologie ancienne et médiévale*, 21, 1954, p. 51-100), il montre, en effet, comment Jean Damascène s'inspire directement et littéralement pour ses définitions d'un auteur du VIIe siècle, Maxime le Confesseur, et plus particulièrement de ses deux textes : *Dispute avec Pyrrus* (645) et première *Lettre à Marin* (645-646). Cette découverte philologique n'a pas simplement un intérêt historique, puisqu'elle permet de cerner le contexte intellectuel dans lequel la notion de volonté a peut-être vu le jour.

Ce contexte, c'est celui de l'hérésie du monothélisme. Cette dernière réside dans l'affirmation selon laquelle le Christ n'aurait qu'une seule volonté, celle du Père, et que, par conséquent, lors de sa prière à Gethsémani, par exemple, quand il s'exclame : « Père, s'il est possible, fait que s'éloigne de moi cette coupe », il ne s'exprimerait que du point de vue des hommes, et non du sien. Cette thèse est condamnée par l'Église dans la mesure où elle méconnaît l'humanité du Christ indissociable de sa divinité. Maxime le Confesseur s'efforce donc d'établir, à l'encontre de l'hérésie monothéliste deux vérités complémentaires : (1) le Christ, en tant qu'homme, possède une volonté humaine, et c'est elle qui s'exprime dans la prière citée ; (2) cette volonté, néanmoins n'est pas peccable, elle est toujours en accord avec la volonté du Père. D'où la distinction, par Maxime, de deux types de vouloir : le vouloir naturel (*thelêma phusikon* [θέλημα φυσικόν]) correspondant à la volonté humaine que le Christ doit posséder, et le vouloir gnomique (*thelêma gnômikon* [θέλημα γνωμικόν]) correspondant à cette volonté peccable qu'il faut lui refuser.

Ce qu'« invente » ainsi Maxime le Confesseur, c'est, à côté d'une volonté peccable, erratique, qui peut désirer le bien ou au contraire se détourner, c'est-à-dire choisir le bien ou le mal, une volonté naturellement droite, c'est-à-dire naturellement et rationnellement ordonnée au seul bien : « La *thelêsis*, commente Gauthier, ce n'est plus un désir raisonnable par accident, c'est un désir rationnel par nature, c'est une faculté (*dunamis*) emportée par son

1

L'émergence d'un nouveau vocabulaire pour décrire la volonté

La philosophie contemporaine de l'action a remis en chantier plusieurs problèmes laissés sans solution par les Modernes ; la question reste ouverte de savoir si une explication unifiée de l'action humaine et animale est désirable ou si doivent être privilégiées les raisons d'agir qui forment le sens de l'action ou les causes qui en expliquent l'apparition. L'usage des termes est largement gouverné par les positions doctrinales ; on ne peut se dispenser d'en esquisser les grandes articulations. L'approche « herméneutique » *(hermeneutic, hermeneutisch)* conçoit l'action comme l'expression directe de la volonté d'un agent capable de raisonnement pratique (Ricœur, *Philosophie de la volonté* ; Taylor, « What is human agency »). L'approche « causale » *(causal, kausal)* quant à elle définit l'action comme une relation causale entre des états mentaux — des croyances et des désirs — et le comportement (Davidson, *Essays on Action and Events* ; Searle, *Intentionality*). Les enjeux définitionnels du vocabulaire de l'action que mettent en évidence les débats actuels entre ces deux courants rappellent ceux des débats médiévaux, avec substitution du registre de la raison pratique au registre religieux. C'est en particulier le cas du concept de désir : faut-il distinguer le désir compris comme « appétit non motivé » *(« non-motivated appetite »)* de la « pro-attitude motivée » *(« motivated pro attitude »)* à laquelle le sujet parvient par décision et après délibération (Nagel, *The possibility of Altruism* ; Schueler, *Desire...* ; Dancy, *Practical Reality*) ? (On appelle « pro-attitude » toute forme de pensée conative, illustrée entre autres par le désir, l'intention, l'impulsion, et le vouloir, mais aussi par les principes moraux et esthétiques en tant qu'ils guident l'action [Davidson, *ibid.*].) Vaut-il mieux introduire une catégorie indépendante de désir de second ordre *(« second order desire »)* qui permet au sujet de faire valoir ses préférences entre désirs de premier ordre (Frankfurt, « Freedom of the Will... ») ?

La notion de volonté est au cœur de ce débat. Ce terme relève-t-il du domaine du jugement ou d'une faculté autonome de formation et de mise en œuvre des intentions ? Certains philosophes, en cela proches de la tradition aristotélicienne, n'y voient pas une faculté à part entière, mais la conçoivent comme le résultat d'un raisonnement fondé sur un ensemble de pro-attitudes (avec tiret en français ; sans, en anglais) et de croyances, soit des attitudes propositionnelles. Ainsi Donald Davidson (*ibid.*) articule-t-il une conception « rationnelle et interprétative » de l'action en tant que justifiée par des raisons et une conception « causale » dans laquelle un événement cérébral donné produit le mouvement correspondant et son cortège d'effets sur le monde. La raison d'agir *(« reason to act »)* formée à partir des désirs et croyances de l'agent est dans le cas normal une représentation qui tend à produire le comportement qui la réalise. La difficulté principale de cette perspective est liée à la possibilité de l'*akrasia* [ἀκράσια] déjà étudiée par Aristote, c'est-à-dire à l'incontinence ou faiblesse de la volonté *(« weakness of the will »)* ; dans ce cas, le sujet agit à l'encontre de ce qu'il juge être le meilleur. Si dans l'analyse proposée l'intention du sujet coïncide avec sa raison d'agir, comment peut-il *de facto* former une intention incompatible avec son jugement rationnel ? Davidson aborde la difficulté en distinguant deux types de jugement à l'œuvre dans l'action : le jugement *« prima facie » (« prima facie judgement »)* est relatif à un ensemble de fins ; l'autre, dit jugement « inconditionnel » *(« unconditional judgement »)*, pose les préférences du sujet de manière absolue et non plus circonstanciée. L'irrationalité du sujet tient alors à ce que ses raisons d'agir ne coïncident pas avec les attitudes qui causent en fait son comportement.

Un deuxième type d'approche défend l'indépendance de la volonté relativement aux croyances et aux désirs, et fait des intentions une attitude propositionnelle irréductible (Bratman, *Intentions, Plans, and Practical Reason*). Cette analyse vise à souligner la différence entre l'existence de simples préférences (qui déterminent les désirs) et le fait de décider d'agir d'une manière donnée, ou de former une intention particulière. Elle fait valoir que les caractéristiques motivationnelles du désir et de l'intention sont distinctes — et ne recoupent pas la distinction entre les deux types de désirs évoquée ci-dessus : tandis que le désir constitue au mieux une prémisse du raisonnement pratique, l'intention entretient avec le raisonnement une relation plus complexe : elle se forme une fois le raisonnement pratique achevé, et met un terme à de nouvelles délibérations ; mais elle peut aussi être formée sans qu'un raisonnement pratique ait eu lieu. C'est le cas des intentions qui se forment « dans l'action » — le terme correspondant d'« intention en action » *(« intention in action »)* tend aujourd'hui à supplanter le terme classique de *volition* (Searle, 1983). Enfin l'intention « sur le futur » constitue l'élément dans lequel s'effectue la planification. La notion d'intention prend dans ce contexte un sens ouvertement « exécutif » *(executive)* puisque l'intention peut causer le comportement sans qu'intervienne la médiation d'une raison primaire d'agir.

propre élan, avant toute intervention de la connaissance, vers ce même bien universel de la nature que la raison est faite pour connaître » (R.-A. Gauthier, *ibid.*, p. 78-79). Inversement, le choix entre le bien et le mal qui appartient à la volonté gnomique, n'est plus un acte intellectuel, comme l'était la décision (*proairesis*) pour Aristote, mais bien un acte de volonté. C'est un acte du libre arbitre (*autexousion*), comme l'affirme aussi Maxime.

On soulignera donc deux points essentiels : premièrement, c'est dans un contexte théologique et plus spécifiquement christologique que s'élabore, peut-être, pour la première fois, le concept médiéval et moderne de volonté. C'est seulement dans la mesure où l'homme est aperçu « depuis Dieu », ou plutôt « depuis le Christ », qu'une « volonté », comme puissance rationnelle distincte du désir et ordonnée au bien, peut lui être attribuée. Autrement dit, c'est la notion d'une volonté « de Dieu » qui apparaît ici décisive pour l'attribution à l'homme (par l'intermédiaire du Christ) d'un appétit « rationnel par essence ». Deuxièmement, ce concept « technique » de volonté (qui deviendra le concept philosophique), élaboré dans un contexte théologique ou christologique, va se voir peu à peu laïcisé. C'est ce qui se produira sans doute, au début des temps modernes, avec Francis Bacon et surtout Descartes : la volonté deviendra cette faculté infinie en l'homme (si elle est considérée « formellement et en elle-même ») qui, parce qu'elle ne tend naturellement à aucun objet déterminé, peut viser tout objet en général. Entièrement abstraite, indéterminée quant à son objet, la volonté peut tendre vers tout objet possible, et ainsi devenir l'instrument idéal au service de la science et des techniques en vue d'un projet de

1

Cette analyse réaliste de la volonté conduit à préciser l'intervention de l'intention dans son double rôle de « guidage » du comportement et de « contrôle rationnel » de l'action. Les philosophes naturalistes ont puisé dans les théories computationnelles du contrôle (*monitoring*) et dans les travaux des neurosciences un vocabulaire spécialisé et des thèmes nouveaux d'argumentation. Les idées de modèle interne (« *internal model* »), de modèle inverse (« *inverse model* »), et de rétroaction de la perception sur l'action (« *perceptual feedback* ») ont été commentées en relation avec des problèmes philosophiques comme l'ancrage des intentions dans l'environnement et la justification de l'action dans sa réalisation motrice (Israel *et al.*, « Executions, Motivations and Accomplishments » ; Pacherie, « The content of intentions »). Ces travaux débouchent sur l'articulation entre plusieurs niveaux de conscience de l'agir volontaire (Proust, « Awareness of Agency... »).

La pensée contemporaine de la volonté, selon les termes de Pierre Livet, est déterminée à n'« abandonner ni l'extrême langagier, ni l'extrême moteur » (Livet, « Modèles de la motricité... »). Il résulte de cette contrainte une tension lexicale très sensible, destinée à maintenir des termes compréhensibles par tous, en leur conjoignant une caractéristique novatrice, comme « intention en action », « contenu non conceptuel de l'action » (« *non conceptual content of action* ») ou « représentation motrice » (« *motor representation* »).

Joëlle PROUST

BIBLIOGRAPHIE

BRATMAN M.E., *Intentions, Plans, and Practical Reason*, Harvard UP, 1987.

DANCY Jonathan, *Practical reality*, Oxford UP, 2000.

DAVIDSON Donald, *Essays on Actions and Events*, Oxford, Clarendon Press, 1980 ; trad. fr. P. Engel, PUF, 1993.

FRANKFURT Harry, « Freedom of the Will and the Concept of a Person », *Journal of Philosophy*, 67, 1, p. 5-20 ; « La liberté de la volonté et la notion de personne », trad. fr. *in* M. NEUBERG (dir.), *Théorie de l'action*, Liège, Mardaga, 1991, p. 253-269.

ISRAEL David, PERRY John et TUTIYA Syun, « Executions, Motivations and Accomplishments », *Philosophical Review*, 1993, 102, 4, p. 515-540.

LIVET Pierre, « Modèles de la motricité et théorie de l'action », *in* J.L. PETIT (dir.), *Les Neurosciences et la Philosophie de l'action*, Vrin, 1997, 341-361.

NAGEL Thomas, *The Possibility of Altruism*, Oxford UP, 1970.

PACHERIE Elisabeth, « The content of intentions », *Mind & Language*, 2000, 15, 4, p. 400-432.

PROUST Joëlle, « Awareness of Agency : Three Levels of Analysis », *in* T. METZINGER (éd.), *The Neural Correlates of Consciousness*, Cambridge (Mass.), MIT Press, 2000, p. 307-324.

RICŒUR Paul, *Philosophie de la volonté*, Aubier, 1950, nouv. éd. 1988.

SCHUELER George, *Desire. The Role of Practical Reason and the Explanation of Action*, Cambridge (Mass.), MIT Press, 1995.

SEARLE John R., *Intentionality*. Cambridge (Mass.), Cambridge UP, 1983 ; trad. fr. Cl. Pichevin, Minuit, 1986.

TAYLOR Charles, « What is Human Agency », in *Philosophical Papers*, vol. 1, *Human Agency and Language*, Cambridge (Mass.), Cambridge UP, 1985, p. 15-44.

OUTILS

CRAIG Edward (dir.), *Routledge Encyclopedia of Philosophy*, Londres-New York, Routledge, 1998.

GUTTENPLAN Samuel (dir.), *A Companion to the Philosophy of Mind*, Oxford, Blackwell, 1994.

domination de la Terre où l'homme se rend « comme maître et possesseur de la nature ». C'est ce concept originairement théologique qui servira encore à élaborer, dans les temps modernes, les concepts politiques de souveraineté ou de volonté générale.

Cette provenance n'est peut-être pas sans conséquences pour la philosophie.

♦ Voir encadré 1.

Claude ROMANO

BIBLIOGRAPHIE

ARENDT Hannah, *The Life of the Mind*, t. 2, *Willing*, New York et Londres, Harcourt Brace Jovanovich, 1978 ; *La Vie de l'esprit*, trad. fr. L. Lotringer, t. 2, PUF, 1983.

ARISTOTE, *Éthique à Nicomaque*, trad. fr. R.-A. Gauthier et J.-Y. Jolif, Louvain, 1970.

AUGUSTIN, *De Trinitate*, trad. fr. P. Agaësse, Bibliothèque augustinienne, t. 15-16, 1991.

ÉPICTÈTE, *Entretiens*, trad. fr. J. Souilhé, Les Belles Lettres, 1948.

GAUTHIER René-Antoine, « Saint Maxime Confesseur et la psychologie de l'acte humain », *Recherches de théologie ancienne et médiévale*, 21, 1954, p. 51-100.

— *Introduction à l'*Éthique à Nicomaque, Publications universitaires de Louvain, 1970, chap. 4.

GILBERT, « The Concept of Will in Early Latin Philosophy », *Journal of the History of Philosophy*, 1, 1963, p. 17-35.

GILSON Étienne, *Introduction à l'étude de saint Augustin*, Vrin, 1928, 4e éd. 1987.

JEAN DAMASCÈNE, *De fide orthodoxa*, trad. fr. partielle O. Lottin, *in* « La psychologie de l'acte humain chez saint Jean Damascène et les théologiens du XIIIe siècle occidental », *Revue thomiste*, 36, 1931, p. 631-661.

LONG Anthony et SEDLEY David, *The Hellenistic Philosophers*, 2 vol., Cambridge UP, 1987 ; *Les Philosophes hellénistiques*, trad. fr. J. Brunschwig et P. Pellegrin, Flammarion, « GF », 4 vol., 2001.

LOTTIN Odon, « La psychologie de l'acte humain chez saint Jean Damascène et les théologiens du XIIIe siècle occidental », *Revue thomiste*, 36, 1931, p. 631-661 ; repris et complété dans *Psychologie et Morale aux XIIe et XIIIe siècles*, Louvain, Gembloux, Abbaye du Mont César, Duculot, 1942, p. 393 *sq.*

MAXIME LE CONFESSEUR, *Dispute avec Pyrrus, lettre à marin*, in Migne, *Patrologie grecque*, t. 91.

POHLENZ Max, *Die Stoa. Geschichte einer geistigen Bewegung*, Göttingen, Vandenhoeck & Ruprecht, 1959.

SNELL Bruno, *La Découverte de l'esprit. La Genèse de la pensée européenne chez les Grecs*, trad. fr. M. Charrière et P. Escaig, L'Éclat, 1994.

THOMAS D'AQUIN, *Somme théologique*, trad. fr. A.-M. Roguet, Cerf, 1994.

VERNANT Jean-Pierre et VIDAL-NAQUET Pierre, « Ébauches de la volonté dans la tragédie grecque », in *Mythe et Tragédie en Grèce ancienne*, La Découverte, 1995.

VOELKE André-Jean, *L'Idée de volonté dans l'ancien stoïcisme*, PUF, 1973.

OUTILS

ARNIM Johannes von, *Stoicorum Veterum Fragmenta*, Leipzig, 1903-1905, rééd., 4 vol., Stuttgart, Teubner, 1964 ; *Stoici antichi : tutti i frammenti*, trad. it. et éd. bilingue R. Radice, Milan, Rusconi, 1998.

PG : MIGNE Jacques-Paul (éd.), *Patrologiae cursus completus, series graeca* [Patrologie grecque], 1857-.

VORHANDEN / ZUHANDEN, VORHANDENHEIT / ZUHANDENHEIT ALLEMAND

– fr. *subsistant / disponible, présence-subsistance / disponibilité, sous la main / à portée de la main*

angl.	*extant, extantness / handy, handiness ; presence-at-hand / ready-to-hand ; readiness-to-hand, occurrent, occurrentness / available, availableness*
esp.	*estar-ahí-delante / estar a la mano*

► *UTILE*, et ART, *CHOSE* [RES], COMBINATOIRE et CONCEPTUALISATION, DASEIN, ESPAGNOL, ESSENCE, *ÊTRE* [SEIN], *IL Y A* [ES GIBT], *MONDE*, OBJET, *POÉSIE*, PRAXIS, PRÉSENT, RÉALITÉ, UTILITY, WERT

Dans Être et Temps *de Martin Heidegger, l'analyse de la mondanéité du monde-ambiant s'ouvre sur la contraposition de deux modes d'être clairement définis : ce qui est présent-subsistant ou sous-la-main* (Vorhanden), *objet d'une simple considération et ce qui est disponible, à portée de la main* (Zuhanden). *Ces deux modes d'être, dont le premier n'est qu'un mode déficient par rapport au second, s'opposent en commun à l'être du* Dasein, *c'est-à-dire de l'être-là. Au-delà de cette triplicité, assurément fondamentale et qui, comme telle, a déjà soulevé de nombreux problèmes de traduction, on voudrait ici suggérer que ces déterminations ontologiques doivent aussi être replacées dans un cadre plus général et confrontées aux distinctions thématisées par Lotze ou Meinong. On examinera donc d'abord la première occurrence du terme « vorhanden » dans* Être et Temps *en comparant une série de traductions ; puis on cherchera à dégager l'arrière-plan doctrinal sur lequel opère la « destruction » heideggérienne, avant de distinguer, pour finir, une indispensable et irréductible polysémie de la* Vorhandenheit, *qui interdit la construction d'une opposition* simple *entre les deux termes.*

I. LES ACCEPTIONS MULTIPLES DE L'ÊTRE

Le couple d'adjectifs *vorhanden/zuhanden* n'est pas à proprement parler une création de Heidegger, même si l'usage du substantif abstrait *Vorhandenheit* est rare et si le terme *Zuhandenheit* n'est pas attesté, à notre connaissance, avant Heidegger. Ces termes, à commencer par ceux de *vorhanden, Vorhandenheit*, beaucoup plus courants en allemand, et à partir desquels seulement se donnent à entendre différenciellement *zuhanden, Zuhandenheit*, sont d'abord destinés à caractériser un mode d'être ou une manière d'être spécifiques, comme cela ressort très clairement de la première occurrence, d'ailleurs non marquée, dans *Être et Temps*.

Rappelons pour commencer le texte original :

> [...] *« seiend » nennen wir vieles und in verschiedenem Sinne. Seiend ist alles, wovon wir reden, was wir meinen, wozu wir uns so und so verhalten, seiend ist auch, was und wie wir selbst sind. Sein liegt im Daß- und Sosein, in Realität, Vorhandenheit, Bestand, Geltung, Dasein, im « es gibt ». An welchem Seienden soll der Sinn von Sein abge-*

> *lesen werden, von welchem Seienden soll die Erschließung des Seins ihren Ausgang nehmen ? Ist der Ausgang beliebig, oder hat ein bestimmtes Seiendes in der Auseinandersetzung der Seinsfrage einen Vorgang ? Welches ist dieses exemplarische Seiende und in welchem Sinne hat es einen Vorrang ?*
>
> Martin Heidegger, *Sein und Zeit* [*Être et Temps*], p. 6-7.

Cette longue citation fait bien apparaître l'enjeu de la détermination des manières d'être : si, très classiquement, l'étant se prend selon des acceptions multiples (*to on legetai pollakhôs* [τὸ ὂν λέγεται πολλαχῶς]) ; si nous nommons « étant » (*seiend*, et il s'agit ici en allemand du participe verbal) des choses diverses et en des sens différents, la question se pose de savoir s'il y a une acception directrice ou mieux s'il y a un étant exemplaire, susceptible par là de recevoir un certain privilège, puisqu'il constituerait comme le modèle sur lequel lire le sens de « être ». Comment reconnaître un étant de ce genre, s'il y en a, demande Heidegger ? Comment accéder jusqu'à lui pour le prendre comme point de départ ? Cette première « paraphrase », assez lâche, du texte cité montre déjà, qu'au moins dans sa formulation — et, n'en doutons pas, très consciemment —, c'est en référence quasi explicite à la doctrine de l'analogie de l'être, ou mieux à la doctrine de l'unité focale des acceptions de l'être (*pros hên legomenon* [πρὸς ἓν λεγόμενον]), que Heidegger, dès le § 2 d'*Être et Temps*, s'interroge sur « la structure formelle de la question de l'être » (*Die Grundbegriffe der antiken Philosophie*, § 55, in GA, t. 22). Sans prétendre confronter pour elles-mêmes, et comme s'il s'agissait d'établir quelque palmarès, plusieurs des traductions en présence, commençons pourtant par examiner les trois traductions françaises disponibles :

> 1. Étant est tout ce dont nous parlons, tout ce à quoi nous pensons, tout ce à l'égard de quoi nous nous comportons, mais aussi ce que nous sommes nous-mêmes et la manière dont nous le sommes. L'être réside dans l'existence, dans l'essence, dans la réalité, dans l'être subsistant, dans la consistance, dans la valeur, dans l'être-là, dans l'« il y a ». En *quel* étant faudra-t-il lire le sens de l'être, en quel étant l'exploration de l'être prendra-t-elle son point de départ ? Le point de départ peut-il être arbitraire, ou quelque étant jouit-il d'une primauté dans le développement de la question de l'être ? Quel est cet étant exemplaire et quel est le sens de sa primauté ?
>
> trad. fr. R. Boehm et A. de Waelhens, p. 22.
>
> 2. [...] nous appelons « étant » beaucoup de choses, et dans beaucoup de sens. Étant : tout ce dont nous parlons, tout ce que nous visons, tout ce par rapport à quoi nous nous comportons de telle ou telle manière — et encore ce que nous sommes nous-mêmes, et la manière dont nous le sommes. L'être se trouve dans le « que » et le « quid », dans la réalité, dans l'être-sous-la main, dans la subsistance, dans la validité, dans l'être-là [existence], dans le « il y a ». Sur *quel* étant le sens de l'être doit-il être déchiffré, dans quel étant la mise à découvert de l'être doit-elle prendre son départ ? Ce point de départ est-il arbitraire, ou bien un étant déterminé détient-il une primauté dans l'élaboration de la question de l'être ? Quel est cet étant exemplaire et en quel sens a-t-il une primauté ?
>
> trad. fr. E. Martineau, p. 29.
>
> 3. [...] « étant », nous le disons de beaucoup de choses et en des sens différents. Est étant tout ce dont nous parlons, tout ce que nous pensons, tout ce à l'égard de quoi nous nous comportons de telle ou telle façon ; ce que nous sommes et comment nous le sommes, c'est encore l'étant. L'être se trouve dans le fait d'être comme dans l'être tel, il se trouve dans la réalité, dans le fait d'être-là-devant, dans le fonds subsistant, dans la valeur, dans l'*existentia* (*Dasein*), dans le « il y a » [...]
>
> trad. fr. F. Vezin, p. 30.

Commençons par quelques remarques, assez extérieures : la traduction BW laisse malencontreusement tomber les guillemets qui affectent le terme « seiend », ce qui a pour premier résultat d'ontologiser indûment une réflexion qui porte d'abord, comme c'est le cas s'agissant des catégories aristotéliciennes, sur les termes, pour autant évidemment qu'ils sont « voix » (*voces*) signifiant les choses (*pragmata*) ; elle réintroduit à tort la terminologie classique de l'essence et de l'existence pour restituer une distinction sensiblement différente. Heidegger ne dit pas que « l'être réside dans l'existence, dans l'essence... [*Sein liegt im Daß- und Sosein...*] », mais plutôt, avec référence implicite à Schelling peut-être, et très certainement à A. Meinong, que l'être se trouve ou se rencontre (il y en a, ou nous disons qu'il y en a) dans le *quod*, le « que » du « que c'est », que c'est le cas (*hoti esti* [ὅτι ἐστι]), et pas seulement dans le *quid*, le « qu'est-ce que ? » ou le « qu'est-ce que c'est ? » (*ti esti* [τί ἐστι]) : dans le « que » donc et l'être-tel (*Sosein*). L'opposition du *Sein* et du *Sosein* est thématisée par Meinong dès la *Théorie de l'objet* (1904), en même temps qu'est posé le principe de l'indépendance de l'être-tel par rapport à l'être entendu comme affirmation et position d'un fait ou d'un état de choses (« que c'est ! » ou « que c'est le cas ») (voir SEIN ; SACHVERHALT). F. Vezin manque en partie le sens de cette première opposition en faisant du *daßsein* le « fait d'être ». Mais, c'est dans la suite que les glissements sont les plus graves : ils n'épargnent aucun des trois traducteurs qui tous surtraduisent résolument, sans se soucier du contexte problématique général de ce qui n'est encore que l'amorçage de la question de l'être, ou mieux du sens d'« être », au fil conducteur de l'ontologie fondamentale.

♦ Voir encadré 1.

II. QUELQUES CONCEPTS ONTOLOGIQUES CLASSIQUES DE LA MÉTAPHYSIQUE ALLEMANDE

Le texte original parlait de *Realität, Vorhandenheit, Bestand, Geltung, Dasein, es gibt* : par *Realität*, peut-on penser, mais c'est là sans doute le point le plus difficile à établir, Heidegger entend encore le terme dans son acception classique (jusqu'à Kant !), celle-là même qui sera lumineusement exposée durant un cours de l'été 1927, *Les Problèmes fondamentaux de la phénoménologie*. Le terme *Vorhandenheit* — qui ne reçoit son acception « technique » heideggerienne (et qu'on pourra alors traduire : sous-la-main, devant-la-main, là-devant...) qu'à travers sa contraposition avec *Zuhandenheit*, c'est-à-dire quand il s'agit de déterminer des dimensions ontologiques susceptibles d'ouvrir des domaines ou des ontologies régionales — doit sans aucun doute s'entendre ici dans son sens « obvie ». Il caractérise trivialement tout ce qui est là, présent, comme par exemple un livre sur les rayons d'une bibliothèque, s'il n'a pas été emprunté (il serait alors « sorti », « *nicht vorhanden* »). Un seul exemple suffira s'agissant de cet usage classique, tiré de la « Métaphysique allemande » de Christian Wolff : « *Wo etwas vorhanden ist, woraus man begreifen kann, warum es ist, das hat einen zureichenden Grund* [Là où existe quelque chose dont on peut concevoir pourquoi elle est, celle-ci a une raison suffisante] » (*Vernünftige Gedanken*..., § 30). Aussi bien « être-subsistant » qu'« être-sous-la-main » ou qu'« être-là-devant » sont donc des surtraductions dont le principal inconvénient est justement de masquer l'arrière-plan lexical et doctrinal à partir duquel (un peu comme le font les *endoxa* [ἔνδοξα] dans la constitution aristotélicienne des apories ; voir DOXA) Heidegger élabore la question du sens de l'être. Husserl, dans les *Ideen*, employait encore le terme dans son sens obvie :

> Par la vue, le toucher, l'ouïe, etc., [...] les choses corporelles sont *simplement là pour moi*, avec une distribution spatiale quelconque ; elles sont « présentes » au sens littéral ou figuré, que je leur accorde ou non une attention particulière, que je m'en occupe ou non... ([...] *sind für mich einfach da, im wörtlichen oder bildlichen Sinne « vorhanden »*...).
>
> Husserl, *Ideen*, I, 27 ; trad. fr. P. Ricœur, p. 87.

Le terme de *Bestand*, tout comme celui de *Geltung*, doit se prendre dans l'acception qu'il a reçue depuis Bolzano en passant par Lotze et Rickert jusqu'à Meinong, et c'est un véritable contresens que d'y projeter, par une violente rétrospection, le sens que le terme recevra bien plus tard de l'analyse heideggerienne de la technique, et d'y voir en conséquence, avec F. Vezin, quelque « fonds subsistant ».

♦ Voir encadré 2.

III. LE VOCABULAIRE DE L'ÊTRE CHEZ LOTZE

Ce que nous venons de nommer l'indispensable contexte lexico-doctrinal, celui qui permet de comprendre l'amorçage concret et le bouleversement ultérieur que Heidegger apporte à la question de l'être, se laisse lire par exemple dans telle distribution classique opérée par Lotze. Quand il s'interroge sur le mode d'être de la vérité (l'être au sens véritatif), Lotze cherche à dégager la spécificité du *gelten* (valoir) et du *es gilt* (cela vaut).

> [...] nous sommes tous persuadés, au moment même où nous pensons le contenu d'une vérité, que nous n'avons pas créé celui-ci, mais ne faisons que le reconnaître ; et quand nous le pensions, il *valait* et il *vaudra* (*auch als wir ihn dachten*, galt *er und wird* gelten) [...] ; même la vérité qui n'a jamais été représentée ne *vaut* pas moins que la petite partie de celle-ci qui pénètre dans nos pensées.
>
> *Logik* [Leipzig, 1912], p. 512, 515.

Cette mise au point permet alors de distinguer deux types de réalité (*Wirklichkeit*) : la validité et l'être (*Geltung ; Sein*), dans un passage d'autant plus remarquable qu'il en appelle expressément à la langue allemande et ses ressources spécifiques :

> Il me faut encore ajouter finalement que, quand nous distinguons de la réalité-effective, entendue comme *validité* (*Geltung*), qui revient aux idées et aux lois la réalité-effective des choses, entendue comme leur *être* (*der Wirklichkeit der Dinge als dem* Sein), ce n'est d'abord qu'à la faveur de notre langue que nous avons trouvé cette désignation commode, susceptible de nous mettre en garde contre la confusion des deux acceptions ; mais l'affaire (*die Sache aber*) que nous désignons par ce terme de « validité » n'a pour autant rien perdu de son caractère merveilleux qui nous pousse à la confondre avec l'être.
>
> Lotze, *ibid.*, p. 519.

Lotze venait tout juste de distinguer quatre formes de *Wirklichkeit* :

> [...] *wirklich nennen wir ein Ding, welches* ist, *im Gegensatz zu einem andern, welches* nicht *ist ; wirklich auch ein Ereignis, welches* geschieht *oder geschehen ist, im Gegensatz zu dem, welches nicht geschieht ; wirklich ein Verhältnis, welches* besteht, *im Gegensatz zu dem, welches nicht besteht ; endlich wirklich wahr nennen wir einen Satz, welcher* gilt, *im Gegensatz zu dem, dessen Geltung noch fraglich ist.*
>
> [(...) nous nommons effective une chose qui est, par opposition à une autre qui n'est pas ; nous nommons encore effectif un événement qui arrive ou qui est arrivé,

---

1

Existence, arabe « wuğūd », et « Vorhandenheit »

L'arabe, comme l'hébreu, n'exprime pas la copule au présent ; le verbe qui en fait fonction au passé et au futur (*kāna* [كانَ], *yakūnu* [يكون]) n'a pas de sens existentiel. Pour rendre le grec *einai*, les traducteurs recoururent au verbe « trouver », qui, au passif, peut vouloir dire, comme en français, « être là, se trouver ». Le nom verbal (en grammaire arabe *maṣdar* [مصدر]) correspondant est *wuğūd* [وجود], « le fait de trouver » ou « le fait d'être trouvé ». L'hébreu des traducteurs de l'école des Ibn Tibbon a l'équivalent exact *nimṣā'* [נִמְצָא]. Al-Farabi († 950) garde mémoire de cette dérivation : « il se peut qu'ils entendent par "étant" [litt. trouvé], utilisé chez eux <*sc.* les Arabes> au sens absolu, que la chose devient connue quant à son lieu, qu'on l'utilise à l'usage que l'on veut, et qu'elle se prête à ce que l'on en exige » (*Livre des lettres*, I, § 80, éd. M. Mahdi, Beyrouth, Dar el-Machreq, 1969, p. 110, l, 12-14). Quand l'arabe d'Avicenne fut traduit en latin, les traducteurs surent reconnaître l'origine du terme et le rendirent par *esse*, *ens* ou *existentia*. Le verbe *être*, dont la signification d'existence était restée plus ou moins latente en grec, n'est de la sorte parvenu à déployer celle-ci en toute netteté qu'à l'issue d'un parcours dans lequel l'étape arabe est importante. Lorsque Heidegger chercha un terme capable de résumer la thèse sur l'être de l'ontologie traditionnelle, il choisit *Vorhandenheit*, étant disponible ou « sous la main » (par ex., *Grund probleme der Phänomenologie* [*Les Problèmes fondamentaux de la phénoménologie*], cours du semestre d'été 1927, GA, t. 24, p. 173). Il est intéressant que le concept qu'il dégage ainsi ait une préfiguration sémitique.

Rémi BRAGUE

> par opposition à celui qui n'arrive pas <qui n'a pas lieu> ; nous nommons effectif un rapport qui subsiste, par opposition à celui qui ne subsiste pas ; nous nommons enfin effectivement vraie une proposition qui est valide par opposition à celle dont la validité est douteuse.]
>
> Lotze, *ibid.*, p. 512.

Le passage est remarquable, par son parallélisme : *Sein/Geltung*, *Ding/Sache*. Rappelons que Heidegger avait déjà cité en 1925-1926 ce texte clé relatif à la distinction des quatre sens de la *Wirklichkeit* dans un cours de Marbourg (*Logik, die Frage nach der Wahrheit*), mais c'était aussi pour lui l'occasion de marquer une distance : « je me suis moi-même rallié dans une recherche antérieure sur l'ontologie du Moyen Âge à la distinction de Lotze et j'ai utilisé pour "être" l'expression "effectivité", mais aujourd'hui je ne considère plus cela comme correct » (p. 69).

H. Rickert, auprès duquel Heidegger aura étudié, notait de son côté, dans son célèbre *Der Gegenstand der Erkenntnis* :

> [...] *ich nenne jetzt alles « seiend », was es überhaupt « gibt », oder was sich als « etwas » denken läßt, also auch das Gelten, den Sinn, den Wert und das Sollen.* [...] *Wir haben also zunächst « Seiendes überhaupt » als den Begriff, unter den alles Denkbare fällt...*
>
> [(...) à présent je nomme « étant » tout ce qu'« il y a » en général ou tout ce qui se laisse penser comme « quelque chose » et donc également le valoir, le sens, la valeur, le devoir-être. (...) Nous tenons donc l'« étant en général » pour le concept qui subsume tout ce qui est pensable...]
>
> *Der Gegenstand der Erkenntnis*, 3e éd., 1915, p. 264.

On peut penser que des analyses de ce genre (celle de Lotze, voire de Meinong ou, à l'opposé, de Rickert) constituent encore l'arrière-plan du célèbre paragraphe de *Sein und Zeit*, où Heidegger envisage différents modes d'être correspondant aux ontologies régionales : le *quod est* et l'être-tel (*daß- und Sosein*), la réalité (*Realität*), la présence donnée (*Vorhandenheit*), la consistance ou subsistance (*Bestand*), la validité (*Geltung*), l'existence (*Dasein*).

IV. « VORHANDENHEIT » / « ZUHANDENHEIT ». LE JEU DE LA DIFFÉRENCE CHEZ HEIDEGGER

La traduction anglaise de John Macquarrie et Edward Robinson souffrait de la même absence de contextualisation dont la conséquence directe est encore la surtraduction :

> [...] *There are many things which we designate as « being », and we do so in various senses. Everything we talk about, everything we have in view, everything towards which we comport ourselves in any way, is being : what we are is being, and so is how we are. Being lies in the fact that something is, and in its Being as it is ; in Reality ; in presence-at-hand ; in subsistence ; in validity ; in Dasein ; in the « there is ».*
>
> trad. angl. J. Macquarrie et E. Robinson, Oxford, Blackwell, 1962.

En 1962, les premiers traducteurs anglais remarquaient déjà, tout particulièrement mal inspirés quant à l'accroche de cette note, que le terme *Dasein* est « intraduisible » (*sic* !, p. 27, n. 1) : « *The word* Dasein *plays so*

2

De Bolzano à Heidegger : le sens courant de « Bestand »

B. Bolzano, *Wissenschaftslehre*, I, § 48 :

> La représentation subjective (*subjektive Vorstellung*) est donc quelque chose d'*effectif* (*etwas Wirkliches*) ; elle possède, en un temps déterminé, celui où elle est représentée, une existence effective (*wirkliches Dasein*) dans le sujet qui se la représente ; tout comme elle produit des *effets* (*Wirkungen*). Il n'en va pas de même de la représentation *objective* ou *représentation en soi* (*objective oder Vorstellung an sich*), qui appartient à chaque représentation subjective, par où j'entends un quelque chose (*Etwas*) qui ne se trouve pas dans le domaine de l'effectivité (*das Reich der Wirklichkeit*) et constitue le *matériau* (*Stoff*) prochain et immédiat de la représentation subjective. Une telle représentation objective n'a besoin d'aucun *sujet*, par lequel elle est représentée, mais elle consiste (*besteht*) — certes pas en tant que quelque chose d'*étant*, mais pourtant en tant qu'un certain *quelque chose*, même si aucun être pensant ne devait l'appréhender (*auffassen*), et une telle représentation n'est pas multipliée parce qu'elle est pensée par un, deux ou trois êtres, ou même davantage, comme c'est le cas de la représentation subjective correspondante qui est alors présente et réitérée à plusieurs reprises.

Heidegger, *Essais et Conférences*, p. 68 :

> L'objectité se transforme et devient la permanence du fonds, déterminée par l'Arraisonnement.

Si la technique est « provocation » et « sommation », elle s'assure de ce qui est eu égard à sa « propre positition-et-stabilité (*Stand*) » :

> Cette position stable nous l'appelons le « fonds » (*Bestand*). Le mot dit ici plus que *stock* et des choses plus essentielles. Le mot « fonds » est maintenant promu à la dignité d'un titre. Il ne caractérise rien de moins que la manière dont est présent tout ce qui est atteint par le dévoilement qui pro-voque. Ce qui est là (*steht*) au sens du fonds (*Bestand*) n'est plus en face de nous comme un objet (*Gegenstand*).
>
> *Ibid.*, p. 23.

Le collage ci-dessus n'entend certes pas suggérer que la *Wissenschaftslehre* de Bolzano ait pu constituer comme une toile de fond pour l'introduction d'*Être et Temps*, mais souligner simplement les risques de contresens auxquels s'expose nécessairement toute traduction prétendument immanente et violemment auto-interprétative. De fonds subsistant il n'est pas question dans *Être et Temps* où le *Bestand* est le mode d'être spécifique de ce qui *besteht*, ce qui consiste ou subsiste, sans exister, comme c'est le cas d'une « représentation en soi », d'une idéalité, d'une fiction, voir d'une chimère ou d'une entité intrinsèquement contradictoire comme le cercle carré. Le *Dasein* ici, comme Heidegger le notera dans une apostille de son propre exemplaire, est lui aussi à prendre au sens « courant » du terme, celui où Kant par exemple parlait de l'impossibilité d'une démonstration ontologique du « *Dasein Gottes* » (de l'existence ou être-là de Dieu), celui où Bolzano parlait de l'« existence effective » de la représentation subjective en celui qui se représente quelque chose. Précision qu'E. Martineau intègre à sa traduction, en ajoutant entre crochets « [existence] » à sa traduction par être-là. Quant au dernier « *es gibt* », nous pensons qu'il s'entend aussi au sens technique antérieur à toute élaboration heideggérienne, et tel que Heidegger en avait traité dès son premier cours de Fribourg en 1919.

important a role in this work and is already so familiar to the English-speaking reader who has read about Heidegger, that it seems simpler to leave it untranslated... » S'il est pourtant dans *Être et Temps* un passage et un seul où il convient de *traduire Dasein*, c'est bien celui-là !

Joan Stambaugh et J. Glenn Gray, in *Heidegger, Basic Writings, from Being and Time (1927) to the Task of Thinking (1964)*, proposaient avec plus d'exactitude (p. 47) : « *Being is found in thatness and whatness, reality, the objective presence of things, subsistence, validity, existence, and in the "there is".* »

La très remarquable traduction espagnole, *Ser y Tiempo*, due à Jorge Eduardo Rivera C. (Editorial Universitaria, Santiago du Chili, 1997), n'échappe pas à la surtraduction : « *El ser se encuentra en el hecho de que algo es y en su ser-así, en la realidad, en el estar-ahí* (Vorhandenheit), *en la consistencia, en la validez, en el existir, en el "hay"* », p. 30.

La tournure *estar-ahí* est proposée comme traduction de *Vorhandenheit/Vorhandensein* contraposée au *ser-ahí* de la traduction espagnole de José Gaos (1951), qui restituait ainsi de manière apparemment littérale, comme le français *être-là* ou l'italien *esserci*, le *terminus technicus* « Dasein ». Pour le terme de *Vorhandenheit* José Gaos proposait (et il sera suivi sur ce point par Jean Beaufret, *Dialogue avec Heidegger* non pas être-sous-la-main, mais « être devant/sous les yeux » (« *ser ante los ojos* »). L'exposé de Jean Beaufret demeure ici remarquablement éclairant : il rappelait comment dans *Être et Temps* Heidegger cherchait à déterminer, au fil conducteur d'une analytique de la quotidienneté, le mode d'être de l'étant tel qu'il nous est immédiatement présent, en s'orientant implicitement sur l'analyse des premiers objets qui s'offrent, non pas à la *theôria* [θεωρία], mais à cette circonspection pratique (*praktische Umsicht*) qui les éclaire dans un commerce (*Umgang*) avec ce dont la fiabilité (*Verläßlichkeit*) est en principe bien assurée : ce mode d'être serait celui des *pragmata* [πράγματα], les choses ordinaires de ce monde auxquelles nous avons affaire, ou mieux des *prokheira* [πρόχειρα] (Aristote, *Métaphysique*, A, 2, 982b 13) :

> Par là — notait Jean Beaufret — les choses nous sont essentiellement *disponibles* — Heidegger dit ici *zuhanden*, « à portée de la main ». Ce terme [...], il l'oppose au terme *vorhanden* [...] qui situe les mêmes choses en dehors de l'horizon de disponibilité où elles nous rencontrent d'abord. Présente encore mais sans être *ustensile*, la chose comme *Vorhandenes* n'est plus [...] que le sujet des prédicats qui s'y rapportent quand vient à faire défaut la préoccupation de son usage [...] Ce qui caractérise dès l'origine de la philosophie la présence des choses, c'est que les *pragmata* ne lui sont plus que des *onta* [ὄντα], des *étants* qu'elle a beaucoup plus *sous les yeux* qu'*à portée de la main*...
>
> *Dialogue avec Heidegger*, t. 3, p. 136.

Le traducteur chilien justifiait quant à lui en ces termes sa décision :

> [...] *estar-ahí* [...] : en allemand, *Vorhandensein* ou encore *Vorhandenheit* [...]. Gaos traduit « *ser ante los ojos* » (être devant les yeux). Cette traduction n'est pas mauvaise, et elle trouve un fondement relatif dans les cours du jeune Heidegger, mais elle ne me paraît pas excellente. D'abord parce que l'expression « *ser ante los ojos* » ne dit rien en espagnol, elle n'est pas « parlante » (*no dice nada en español, no nos « habla »*). Nous dirions naturellement « *estar delante, estar a la vista* » (se tenir devant nous, s'offrir à la vue). J'ai préféré traduire *Vorhandensein, Vorhandenheit* par « *estar-ahí* », et parfois, de manière plus appuyée, par « *estar-ahí-delante* ». C'est la manière espagnole de dire ce qui dans l'allemand classique se disait *Dasein* et qui était la traduction courante du latin *existentia. Dasein* signifiait, littéralement, « *estar ahí* » (et jamais *ser-ahí*). Ce qu'il y a de fondamental dans l'idée de la *Vorhandenheit*, c'est que la chose simplement « se tient » (*está*), sans pour autant que nous en soyons affectés. À l'inverse de la *Zuhandenheit* que nous traduisons comme « *lo que es o está a la mano* » (ce qui est ou se tient à portée de main), c'est-à-dire ce qui comporte une signification pour nous, ce qui nous importe parce qu'il y va de quelque chose (*lo que tiene un significato par nosotros, lo que nos importa porque en ello nos va algo*), la *Vorhandenheit* est ce qui ne fait rien d'autre que de se tenir-là, ce qui est, si l'on veut, « pure présence » (*es lo que no hace más que estar-ahí ; es, si se quiere, « pura presencia »*)
>
> Jorge Eduardo Rivera C., *Ser y Tiempo*, p. 462.

C'est là, objectera-t-on peut-être, une autre forme de surtraduction. Sans doute, à ceci près pourtant que la traduction ici proposée prolonge à l'évidence la démarche même de Heidegger quand il réinterprète l'*existentia*, ou le *Dasein* dans son acception classique, au titre de la *Vorhandenheit*.

Le même traducteur justifiait en ces termes sa traduction de *Zuhandenheit* :

> [...] *estar a la mano* ; dans l'allemand courant, on trouve le terme *zuhanden*, qui est un adjectif et qui signifie qu'une chose est sous la main ([...] *encuentra a mano*), qu'elle est disponible ; Heidegger crée le néologisme *Zuhandenheit* pour exprimer le mode d'être de ce avec quoi nous avons un commerce quotidien, un mode d'être... Le *Zuhandenes* est ce à quoi nous nous affairons (*lo que « traemos entre manos »*), pour ainsi dire sans y faire attention, et sans aucune objectivation (*casi sin advertirlo y sin ninguna objetivación*).
>
> Jorge Eduardo Rivera C., *Sein und Zeit*, § 69, note *s.v.*, p. 467.

Voilà qui est tout à fait juste ; pourtant, il nous paraît impossible de s'en tenir à cette opposition simple de deux modes d'être correspondant à deux attitudes : l'une purement théorétique et toujours seconde, abstraite et appauvrissante, l'autre première et « pragmatique », même si cette opposition est le plus souvent accentuée par Heidegger dans *Être et Temps*. Car on doit remarquer que, si c'est bien dans l'horizon « pragmatique » du commerce préoccupé que l'étant se découvre d'abord dans sa dimension d'ustensilité, comme *zuhanden, à portée de la main*, le *vorhanden* de son côté, selon l'explicitation quasi généalogique qu'en propose Heidegger dans *Les Problèmes fondamentaux de la phénoménologie*, n'est pas d'abord reconduit au voir ou à la pure considération, mais bien à la *poiêsis* [ποίησις]. C'est en effet pour l'activité de produire que l'étant se trouve d'abord appréhendé comme *Vorhandenes* (littéralement : *prokheiron* [πρόχειρον]) et qu'il est ainsi référé à un « agent » « devant lequel il vient pour ainsi dire *à portée de la main* (*vor die Hand*), pour lequel il est quelque chose de maniable (*ein Handliches*) », (*Les Problèmes fondamentaux de la phénoménologie*, p. 143). C'est aussi bien cette « reconduction au comportement producteur [*Rückgang auf das herstellende Verhalten des Daseins*] » qui conduit Heidegger, dans sa généalogie de la notion d'existence (*existentia*), à éclairer les concepts ontologiques fondamentaux (*eidos* [εἶδος], *morphê* [μόρφη], *to ti ên einai* [τὸ τί ἦν εἶναι]) en les rapportant non plus à une visée, à une intentionnalité perceptive, mais à un *Verhalten*, un « comportement » ou une « tenue » primordiale par rapport à l'étant, qu'on dira indifféremment « pragmatique » ou « poétique », puisque aussi bien il s'agit de revenir en deçà des clivages aristotéliciens : *theôria*, *praxis* [πρᾶξις], *poiêsis*. C'est ainsi que le *Vorhandenes*, dans son acception « primitive », pourra s'entendre non pas comme « présent-subsistant » (traduction d'abord reçue), mais bien comme « *vorhandenes Verfügbares* » (*op. cit.*, p. 153) : « présent-sous-la-main disponible ».

Faut-il conclure de tout ceci que la distinction, apparemment établie de manière nette dans *Être et Temps*, est en réalité flottante, et qu'il convient de se résigner, au-delà des querelles assez vaines de traducteurs, à l'arbitraire des transpositions ? Sûrement pas, si l'on considère d'abord que le principe de la restitution unique et univoque d'un terme allemand par un terme français n'est que faussement rigoureux, et qu'il risque, surtout dans le cas présent, d'occulter la complexité, voire le dédoublement du geste heideggerien, de généalogie et de destruction phénoménologique visant à retrouver, en deçà de la sédimentation d'une conceptualité philosophique traditionnelle, la source vivante où furent puisées les premières élaborations conceptuelles et les premières acceptions. C'est ainsi que l'*ousia* [οὐσία] (*Wesen*, essence) est reconduite à l'*Anwesen* (présence), puis à la propriété, l'avoir, le bien fonds ; que la *Wirklichkeit* (traduction d'*actualitas*) est reconduite à la *Verwirklichung* (à l'effectuation, la réalisation) et à la *Gewirktheit*, l'effectué, qu'on dira aussi en français « réalisation », en entendant par là le résultat d'une opération.

V. EN DEÇÀ DU PARTAGE : LA CIRCULARITÉ « VORHANDENHEIT » - « ZUHANDENHEIT »

Revenons une dernière fois au passage des *Problèmes fondamentaux de la phénoménologie* qui nous a déjà retenu :

> *Schon die Worterklärung von* existentia *machte deutlich, daß* actualitas *auf ein* handeln *irgendeines unbestimmten Subjektes zurückweist, oder wenn wir von unserer Terminologie ausgehen, daß das Vorhandene seinem Sinne nach irgendwie auf etwas bezogen ist, dem es gleichsam* vor die Hand kommt, *für das es ein Handliches ist.*
>
> Heidegger, *Les Problèmes fondamentaux de la phénoménologie*, p. 143.
>
> L'explicitation littérale du terme d'*existentia* a déjà fait apparaître clairement que l'*actualitas* renvoie à l'agir (*handeln*) d'un sujet indéterminé, ou encore, selon notre terminologie, que l'étant-subsistant (*das Vorhandene*) est, conformément à son sens, référé d'une certaine façon à un sujet devant lequel il *vient* pour ainsi dire *à portée de la main* (*vor die Hand*), pour lequel il est maniable.
>
> trad. fr. J.-F. Courtine, p. 130.
>
> *The verbal definition of* existentia *already made clear that* actualitas *refers back to an acting on the part of some indefinite subject or, if we start from our own terminology, that the extant* (das Vorhandene) *is somehow referred by its sense to something for which, as it where, it comes to be before the hand, at hand, to be handled.*
>
> trad. angl. A. Hofstader, p. 101.

Un passage de ce genre constitue sans aucun doute un défi à la traduction si du moins on prétend restituer le jeu *handeln, Vorhandenes, vor die Hand*, mais surtout il risque de devenir tout à fait opaque si l'on y superpose la distinction « bien connue » *vorhanden/zuhanden*. La légitimité de cette distinction n'est évidemment pas en cause et Heidegger la maintiendra aussi longtemps du moins que la question du sens de l'être se trouvera élaborée dans l'horizon d'une ontologie fondamentale ; mais il faut sans doute accepter l'idée que les termes ont dû et peuvent encore jouer séparément : avant de former couple avec la *Zuhandenheit*, le *vorhanden* est utilisé par Heidegger pour expliciter ou si l'on préfère interpréter, par une démarche qui est bien celle de la tra-duction, au sens emphatique du terme, la conceptualité ontologique grecque, puis romano-latine. En ce sens, le *vorhanden* — en deçà de son opposition au mode d'être spécifique de l'ustensile (*Zeug*), au sens le plus large du terme, celui du *Zeug* — peut désigner tout ce qui est présent, plus ou moins à portée de la main et susceptible, métaphoriquement, de venir en main, comme c'est le cas de l'*ousia*, telle que Heidegger entend réinvestir le terme dans son acception première et concrète : la propriété, le bien fonds, « l'exploitation agricole ». L'*ousia* ici — que se charge également de restituer l'allemand *Wesen* ou *Anwesen*, dont le sens pré-philosophique serait aussi « le bien, la richesse, l'avoir, la propriété » — est évidemment « disponible », comme le bois dans la forêt, le marbre dans la carrière, les fruits sur les arbres ou les céréales engrangées dans l'abri. L'*ousia* comporte bien ici une dimension de naturalité, mais celle-là même qui, selon Heidegger, ne s'ouvre que dans l'horizon fondamental de la *tekhnê* [τέχνη].

On ne confondra donc pas cette *Vorhandenheit* au sens 1 qu'on n'ose évidemment qualifier de première ou d'originelle, mais qui — et c'est toute la pointe de l'analyse de Heidegger dans les passages qui y sont consacrés — garde bien un rapport essentiel à l'agir et au manier, avec la *Vorhandenheit* au sens 2 qui a été dépouillée dans l'attitude théorétique de sa dimension originairement « technique » ou pragmatique : elle n'est plus alors que le « donné », ce qui est présent-là, présent-subsistant. C'est en référence à cette seconde acception qu'on a pu parler (G. Granel, *Traditionis traditio*) de la destruction heideggérienne de l'ontologie de la *Vorhandenheit* ou du *Vorhandenes* (terme que restitue bien, dans cette seconde acception, l'anglais *extant, occurentness*).

À la *Vorhandenheit* au sens 1, on peut donc reconnaître une certaine priorité : le *Vorhandenes*, dans la mesure où il est littéralement « *vor der Hand* », devant la main, présent, à disposition, à titre de « matériau » est toujours déjà là (au sens du *prouparkhein* [προυπάρχειν]), il est « *das schon Dastehende* », ce qui est-là, ce qui se tient-là (*estar-ahí*) (GA, t. 25, p. 99). En cette « première » acception, le *Vorhandenes* – ce qui est toujours là devant, ce qui n'a pas besoin d'être produit, porté à présence – se confond avec le pro-jacent, *das Vorliegende*, l'*hupokeimenon* [ὑποκείμενον]. Antériorité, permanence, stabilité sont ici des traits constitutifs de la *Vorhandenheit*. Ainsi le *Vorhandenes* est-il *vorfindlich*, il vient à l'encontre, se trouve déjà là : « il y en a ». La disponibilité (*Verfügbarkeit*) peut donc aussi caractériser en propre la *Vorhandenheit*, au sens 1 (GA, t. 24, 153).

> La forêt, c'est l'exploitation forestière, la montagne la carrière, le fleuve l'énergie hydraulique, le vent l'énergie qui gonfle les voiles.
>
> *Sein und Zeit*, p. 70 ; cf. trad. fr. BW, p. 94.

Le *Vorhandenes*, au sens 2, reçoit à l'inverse une détermination négative : il correspond aux modes déficients de la préoccupation, quand il s'agit, face à ce qui se tient là devant, de « s'abstenir de... », de « omettre de... », de « renoncer à... ». Le trait fondamental qui caractérise l'accès au *Vorhandenes*, pris en ce sens, est le « *nur noch* » : ne rien faire d'autre que..., s'abstenir de tout maniement, de toute utilisation, mais, en rupture avec l'attitude pratique, simplement : « considérer » (*nur noch hinsehen*) (*Sein und Zeit*, p. 57).

VI. LE MONDE DISPONIBLE ET L'ATELIER : LA PRÉSENCE FONDÉE

On ne s'étonnera pas que l'analyse de la *Zuhandenheit* et du *Zuhandenes* se déploie dès le § 15 de *Sein und Zeit* dans le cadre de l'étude de l'être de l'étant tel qu'il est rencontré de prime abord dans le monde ambiant, et qu'elle débute par la destruction du concept de chose (*Ding*) au fil conducteur d'une référence insistante à la main et au maniement (*Handlichkeit*, p. 68-69). *Ding* s'entend ici comme concept métaphysique qui traduit non pas tant *res* que *ens* (voir CHOSE).

C'est contre cette réduction tendancielle et « métaphysique » de l'étant tel qu'il est d'abord accessible comme *pragmata* [πρᾶγματα], *khrêmata* [χρῆματα], *prokeimena* [προκείμενα] (autant de termes grecs que l'on peut aussi traduire par *vorhanden* au sens 1, si l'on entend par là ce qui vient *vor die Hand*), que Heidegger dans *Être et Temps* tente de dégager le mode d'être spécifique du *Zeug* (l'outil, l'instrument) tel que l'expérience s'en impose par exemple dans l'atelier (cf. § 15-16) et, plus généralement, partout où il s'agit d'œuvrer et de mettre en œuvre.

En 1925 (GA, t. 20, p. 263), la *Zuhandenheit* (*Zuhandensein*) est introduite, en opposition à la *Vorhandenheit*, pour caractériser le mode d'être des instruments ou des outils, distincts des réalités naturelles. La question (comme ce sera encore le cas dans *Sein und Zeit*, § 15) est celle de l'étant tel qu'il vient immédiatement à l'encontre, tel qu'il est donné de prime abord. Dans le tome 20 (*Prolegomena*), l'analyse se déploie clairement à partir de la *Werkwelt*, du monde où l'on est à l'œuvre, sinon au travail (cf. aussi *Sein und Zeit*, p. 117, 172). Pourquoi privilégier ici la *Werkwelt* ? Précisément en raison de sa *Begegnisfunktion* : c'est par lui et à travers lui que nous rencontrons quelqu'un ou quelque chose. Il est ce qui rend possible l'encontre, la rencontre, l'immédiatement disponible, sous-la-main : « *das Zuhandensein, besser die Zuhandenheit, das Zuhandene als das Nächstverfügbare* ». Le *Vorhandenes* est quant à lui, nous l'avons vu, ce qui est toujours déjà là. On comprend mieux ce qui est ici visé par Heidegger si l'on repart de la *Werkwelt* : le monde du travail renvoie en effet à la nature, au monde de la nature (*Welt der Natur*), si du moins on entend par nature ici « le monde de ce qui s'offre à disposition » (« *Natur aber hier verstanden im Sinne der Welt des Verfügbaren...* », GA, t. 20, p. 262). C'est en effet au sein même de la « disponibilité » qu'il importe de marquer une différence : celle du bois, par exemple pour l'atelier du menuisier et celle des outils à portée de la main. Ainsi la *Werkwelt* n'est pas un monde clos sur soi, mais il est au contraire ouvert à la nature en son être disponible. En effet l'ouvrage est lui-même toujours et constitutivement renvoyé à..., référé à... : « *das Werk selbst hat eine Seinsart des Angewiesenseins auf, der Schuh auf Leder, Faden, Nagel, Leder aus Haüten...* [l'ouvrage a un mode d'être défini par l'être-assigné à... : la chaussure au cuir, au fil, aux clous, le cuir aux peaux...] ». C'est sans doute cet être-référé à..., assigné à... qui explique que l'ontologie grecque, en soulignant le primat de la *Vorhandenheit*, soit passée par-dessus le phénomène du monde : c'est justement parce qu'elle est élaborée dans l'optique de l'ouvrage, du produit (mieux de la *poiêsis* [ποίησις]), que l'ontologie grecque s'oriente sur la nature (GA, t. 24, p. 162) et manque le monde, car si le monde est « *daseinsmäßig* » (à la mesure de l'être-là), il est en revanche inaccessible à partir de la nature (GA, t. 20, p. 231).

Dans les *Prolegomena*, Heidegger emprunte à Husserl le concept de « fondation » (*Fundierung*) pour expliciter le primat de la *Werkwelt* : le monde-de-l'ouvrage, celui où l'artisan est tout à son affaire « apprésente » aussi bien le monde ambiant le plus proche que le monde public (commun) et le monde de la nature (« *die Welt der Natur* », au sens du toujours déjà là, de la ressource, du fonds, du stock disponible). En ce sens il faut poser que le monde de la préoccupation, c'est-à-dire la *Werkwelt*, est fondatif pour la mondanéité en général : la *Weltlichkeit* se révèle d'abord comme mondanéité du monde-ambiant : le phénomène du monde se révèle à même la mondanéité du monde-ambiant.

> Nous affirmons que le monde spécifique de la préoccupation est ce à partir de quoi le monde en général vient à l'encontre, que le monde en sa mondanéité n'est pas construit à partir des choses telles qu'elles sont données de prime abord ou à partir de *data* sensibles, ni même à partir du toujours déjà présent-subsistant d'une nature consistant en soi-même, comme on dit (*aus dem immer*

schon Vorhandenen einer — wie man sagt — an sich bestehenden Natur). La mondanéité du monde se fonde bien plutôt dans le monde spécifique de l'œuvre (*Die Weltlichkeit der Welt gründet vielmehr in der spezifischen Werkwelt*).

GA, t. 20, p. 263.

En ce sens, on peut dire que *Vorhandenheit* et *Zuhandenheit* sont co-originaires, pour autant que la *Vorhandenheit* et la *Zuhandenheit* sont des modes d'être complémentaires que la *Werkwelt* ouvre nécessairement, et que ce sont ces caractères qui rendent *a priori* possible toute « rencontre de... ». Le primat ne revient donc pas à la *Zuhandenheit*, mais beaucoup plus fondamentalement à la *Werkwelt*. *Werkwelt* — monde-de-l'œuvre, monde-du-travail : contre toute apparence, nous n'avons pas ici affaire à un terme composé, tel que la langue philosophique allemande les affectionne. Le monde ne s'ouvre comme tel qu'à l'ouvrage. La *Vorhandenheit* n'est pas non plus envisagée unilatéralement comme repoussoir, simple corrélat de l'abstraction propre à la visée considérative objectivante et entièrement démondanéisée. Ici le *Vorhandenes* appartient co-constitutivement au monde de l'ouvrage, comme dimension de la « nature », des « produits naturels » ou des matériaux (*Sein und Zeit*, p. 70). Ce que Heidegger peut ici caractériser comme présence fondée (*fundierte Präsenz*), c'est donc le *Zuhandenes*, sans contradiction véritable par rapport à *Sein und Zeit*. Si l'à-portée-de-la-main est présence fondée, c'est dans la mesure où il présuppose toujours un « se mettre en peine de », « se soucier de », « s'affairer à ». Le « donné » pour l'être-là factif, qui est au monde, c'est toujours le *Zuhandenes*, et certes pas le *Naturding* appréhendé dans la perception, le *Naturding* dans sa prétendue donation « en chair et en os » (*Leibhaftigkeit*).

Qu'est-ce qui est donné ? Qu'est-ce qui donne ? Qu'est qu'il y a ? (« *Was "gibt es" ?* »). Telle pourrait bien être la question directrice de tout le développement qui conduira ultimement de *Sein und Zeit* à *Zeit und Sein*.

Das echte zunächst Gegebene ist [...] *nicht das Wahrgenommene, sondern das im besorgenden Umgang Anwesende, das im Greif- und Reichweite Zuhandene. Solche Anwesenheit von Umweltlichkeit, die wir Zuhandenheit nennen, ist eine fundierte Präsenz. Sie ist nicht etwas Ursprüngliches, sondern gründet in der Präsenz dessen, was in die Sorge gestellt ist.*

[Ce qui est authentiquement donné de prime abord (...) ce n'est pas le perçu, mais ce qui se présente dans le commerce préoccupé, ce qui est disponible à portée de la main (le caractère « à portée de la main » est ici très précisément formulé par la « *Greif- und Reichweite* » — l'espace que l'on peut atteindre et où l'on peut saisir). Une telle présence de la mondanéité-ambiante, que nous nommons *Zuhandenheit, disponibilité*, est une présence fondée. Ce n'est pas quelque chose d'originel, mais elle se fonde dans le présent de ce dont on se soucie.]

GA, t. 20, p. 264.

Le présent ici (*Präzens*) s'explicite comme *Besorgtheitspräsenz*, la mise en présence qui trouve son origine et son fil conducteur dans la préoccupation. C'est faute d'une attention suffisante à cette double entente de la *Vorhandenheit*, que l'on a pu de manière insistante déplorer l'absence dans *Être et Temps* de toute ontologie de la nature ou des réalités naturelles (cf. Michel Haar, *Le Chant de la terre*) et réduire les déterminations ontologiques qui y sont élaborées (hors analytique de l'être-là évidemment) à une « ontologie de l'atelier » ou du « travail », alors que l'enjeu déclaré était bien plutôt, à travers le jeu complexe du *vorhandenes* et du *zuhandenes*, de trouver un accès au phénomène du monde.

Jean-François COURTINE

BIBLIOGRAPHIE

BEAUFRET Jean, *Dialogue avec Heidegger*, t. 3, *Approche de Heidegger*, Minuit, 1974.

BOLZANO Bernard, *Grundlegung der Logik, Ausgewählte Paragraphen aus der Wissenschaftslehre*, éd. F. Kambartel, Hambourg, Meiner, 1978.

DREYFUS Hubert L., *Being-in-the-World, A commentary on Heidegger's Being and Time, Division I*, Cambridge (Mass.), MIT Press, 1990.

GRANEL Gérard, *Traditionis Traditio*, Gallimard, 1972.

HAAR Michel, *Le Chant de la terre*, L'Herne, 1987.

HEIDEGGER Martin, *Sein und Zeit*, Tübingen, Niemeyer Verlag, 1963 ; *Being and Time* [1927], trad. angl. J. Macquarrie et E. Robinson, Oxford, Basil Blackwell, 1962 ; *Ser y Tiempo*, trad. esp. J. Gaos, Madrid, 1951 ; *Ser y Tiempo*, trad. esp., préf. et notes J. E. Rivera C., Editorial Universitaria, Santiago du Chili, 1997 ; *L'Être et le Temps*, trad. fr. R. Boehm et A. de Waelhens [BW], Gallimard, 1963 ; *Être et Temps*, trad. fr. F. Vezin, Gallimard 1986 ; *Être et Temps*, trad. fr. intégrale E. Martineau, Authentica, 1985.

— *Prolegomena zur Geschichte des Zeitsbegriffs*, in *GA*, t. 20, Francfort, Klostermann, 1979.

— *Die Grundbegriffe der antiken Philosophie*, in *GA*, t. 22, Francfort, Klostermann, 1993.

— *Die Grundprobleme der Phänomenologie*, in *GA*, t. 24, Francfort, Klostermann, 1975 ; *The Basic Problems of Phenomenlogy*, trad. angl., intr. et lexique A. Hofstadter, Bloomington, Indiana University Press, 1982 ; *Les Problèmes fondamentaux de la phénoménologie*, trad. fr. J.-F. Courtine, Gallimard, 1985.

— *Essais et Conférences*, trad. fr. A. Préau, Gallimard, 1954.

— *Basic Writings, from Being and Time (1927) to the Task of Thinking (1964)*, edited with general introduction and introduction to each selection by David Farrel Krell, New York, Harper et Row, 1977.

HUSSERL Edmund, *Idées directrices pour une phénoménologie*, trad. fr. P. Ricœur, Gallimard, 1950.

LOTZE Rudolf Hermann, *Logik, Drittes Buch, Vom Erkennen*, nouvelle édition G. Gabriel, Hambourg, Meiner Verlag, 1989.

RICKERT Heinrich, *Der Gegenstand der Erkenntnis. Einführung in die Tranzendentalphilosophie* [1915], Tübingen, Mohz Verlag, 6e éd., 1921.

WOLFF Christian, *Vernunftige Gedanken...*, *Metafisica tedesca*, intr., trad. it. et notes R. di Ciafardone, Milan, Rusconi, 1999.

W

WELFARE, WELFARISM ANGLAIS – fr. *bien-être, welfarisme*

► ***BIEN-ÊTRE***, et CARE, ÉCONOMIE, FAIR, GLÜCK, LIBERAL, RIGHT, UTILITY, ***VALEUR***

Le terme anglais welfare *pose une série de problèmes de traduction en raison de son usage technique en philosophie morale et philosophie politique, ainsi qu'en économie dans les discussions sur la justice distributive. Tout d'abord, tandis que le français ignore cette différenciation, l'anglais distingue entre le* well-being*, qui est l'état subjectif de satisfaction et de bien-être, et le* welfare*, qui est une mesure objective de cette satisfaction.*

Le terme *welfare* vient d'une expression anglaise intraduisible, *to fare well* (ou *ill*), qui veut dire littéralement « voyager », mais qui désigne la situation, le sort, les affaires bonnes ou mauvaises de chacun, le fait d'aller bien ou mal. *Welfare* indique donc la situation objective de chacun en termes d'indices de bonheur ou de satisfaction. Dans le vocabulaire politique, ce terme est devenu une sorte de mot-valise sans équivalent français, qui regroupe l'ensemble des actions publiques visant à la satisfaction des besoins et à la justice distributive, par exemple la sécurité sociale, le revenu minimum, les politiques de santé publique ou encore la lutte contre le chômage. Tout ce qui est du ressort du *Welfare State*, de l'État providence, se trouvera traduit en français, au contraire, par des termes différents.

Une des branches de la philosophie morale rencontre sur ce terrain d'enquête les concepts de l'économie normative ou « économie du bien-être » (*welfare economics*). Il s'agit de la partie de la théorie économique qui cherche comment mesurer le *welfare* en utilisant comme outil privilégié « l'optimum » de Pareto, c'est-à-dire l'idée d'équilibre économique défini comme un état x tel que les agents ne puissent préférer un autre état y sans nuire à au moins l'un d'entre eux. La mesure du *welfare* de l'individu comme du groupe fait donc l'objet de discussions théoriques complexes dans lesquelles plusieurs points de vue s'affrontent. Le *welfare*, décrit par la fonction d'utilité de chacun, correspond-il, comme le pensaient les utilitaristes classiques, à un état mental ? Mais, si l'on branchait l'individu à une machine qui lui procurerait sans cesse une sensation de bien-être, pourrait-on en conclure que son *welfare* est maximum (R. Nozick, 1974) ? Ne faut-il pas plutôt se contenter d'apprécier objectivement ce *welfare* par la satisfaction des préférences, par les choix objectifs que font les individus (K.J. Arrow) ? Plus ils ont la possibilité de satisfaire leurs préférences, plus ils seraient heureux. Mais, comme l'ont bien vu les critiques de cette conception, et déjà Tocqueville dans sa critique du bonheur démocratique, la satisfaction de tous nos désirs étant impossible, le soi-disant *welfare* serait un état d'angoisse et de frustration constante (J. Elster, 1983). Ce qui conduit à une autre mesure, inspirée du marxisme, et elle aussi discutable, de la mesure du *welfare* en termes de besoins matériels fondamentaux, par contraste avec les désirs et les préférences. Mais cela laisserait de côté justement la possibilité de choisir librement et de satisfaire ses préférences, donc des « biens premiers » importants comme les libertés publiques, les droits de l'homme, le respect de soi, etc. (J. Rawls, 1971). Enfin, dernier problème de taille, comment passer du *welfare* de l'individu à celui de toute la société ? On voit alors la nécessité, pour arriver à une mesure cohérente du *welfare*, d'élaborer une critique philosophique des hypothèses économiques et une véritable théorie de la justice sociale et des biens premiers.

Les théories de la justice sociale se divisent alors selon la manière dont elles coordonnent le juste (*right* ou *just*) et le bien (*good*). Pour le *welfarism*, dont l'utilitarisme est un exemple, c'est la mesure du *welfare* qui sert de critère pour évaluer la validité (*rightness* ou *justice*) d'une redistribution, mais aussi d'une décision politique, d'une institution, d'une société, etc. :

> *Utilitarianism, in its central forms, recommends a choice of actions on the basis of consequences, and an assessment of consequences in terms of welfare. Utilitarianism is thus a species of welfarist consequentialism that particular form of it which requires simply adding up individual welfares or utilities to assess the consequences.*
>
> [L'utilitarisme, sous ses formes centrales, recommande de choisir les actions sur la base de leurs conséquences et d'évaluer leurs conséquences en termes de bien-être. C'est une sorte de conséquentialisme welfariste — cette forme particulière qui demande simplement d'additionner les bien-être ou utilités pour évaluer les conséquences.]
>
> A. Sen, *Utilitarianism and Beyond*, p. 4.

Catherine AUDARD

BIBLIOGRAPHIE

ARROW Kenneth J., *Social Choices and Individual Values*, Londres, Yale UP, 2ᵉ éds. 1963 ; *Choix collectifs, et préférences individuelles*, trad. fr. assoc. de trad. économiques de Montpellier, Calmann-Lévy, 1974.

AUDARD Catherine, *Anthologie historique et Critique de l'utilitarisme*, 3 vol., PUF, 1999.

ELSTER Jon, *Sour Grapes*, Cambridge UP, 1983.

HARSANYI John, *Social Choices and Individual Values*, New Haven, Yale University Press, 1951.

NOZICK Robert, *Anarchy, State and Utopia*, Oxford, Blackwell, 1974.

RAWLS John, *A Theory of Justice*, Cambridge (Mass.), Harvard UP, 1971 ; *Théorie de la justice*, trad. fr. C. Audard, Seuil, 1987.

SEN Amartya (éd.), *Utilitarianism and Beyond*, Cambridge UP, 1982.

VAN PARIJS Philippe, *Qu'est-ce qu'une société juste ?*, Seuil, 1991.

WELT ALLEMAND – fr. *monde*

gr.	***kosmos*** [κόσμος], ***aiôn*** [αἰών], ***pan*** [πᾶν], ***ta panta*** [τὰ πάντα]
lat.	***mundus***
angl.	***world***
dan.	***verden, verdensalt***
néerl.	***wereld***
suéd.	***vårld***

► *MONDE*, et AIÔN, DASEIN, ES GIBT, *ÊTRE*, LEIB, NATURE, OLAM, OMNITUDO REALITATIS, *TOUT*, WELTANSCHAUUNG

Y a-t-il quelque chose comme une prédisposition phénoménologique, voire existentiale, du concept « germanique » de monde, qu'il conviendrait de distinguer d'une conception strictement cosmologique ? Si tel est bien le cas, c'est toutefois la courbe sémantique de kosmos [κόσμος] *en grec ancien (d'Héraclite à saint Paul et à saint Jean, en passant par Platon) qui semble avoir préfiguré le dédoublement, que l'on trouve notamment chez Kant, entre un sens cosmologique équivalent à celui d'univers et un sens cosmopolitique, anthropologique ou existentiel désignant une manière de se rapporter à l'univers et à la communauté des hommes. Paradoxalement, Kant lui-même soulignera, dans une perspective anthropologique, comment le fr.* monde *a déteint sur l'all.* Welt *en ses acceptions cosmopolitiques.* Welt *s'enrichit enfin, dans le vocabulaire philosophique du XXᵉ siècle, d'un verbe impersonnel* welten, es weltet, *forgé par Heidegger, ou du moins repris en un sens nouveau par lui.*

I. UN CONCEPT « GERMANIQUE » DE MONDE ?

On a pu déceler un concept « germanique » de monde, sur lequel s'appuierait Heidegger, « puisque le sens où il est pris est celui que suggère l'étymologie des termes » correspondant à celui de « monde » dans les langues germaniques : all. *Welt*, angl. *world*, néerl. *wereld*, suéd. *vårld*, dan. *verden, verdensalt*, etc. : l'étymon germanique est un mot composé qui associe un élément signifiant « homme » (du lat. *vir*) et un second élément signifiant « âge » (cf. angl. *old*). Le sens en serait donc quelque chose comme : « ce dans quoi l'homme se trouve tant qu'il est en vie » (R. Brague, *Aristote et la question du monde*, p. 27-28, n. 37) — on peut noter au passage que l'all. *Weltalter* (XVIIᵉ siècle), « âge(s) du monde », serait au fond redondant, puisque se décomposant comme suit : v.h.all. *wer-alt* (= « époque », « monde », « génération ») + all. *Alter*, « âge », d'où : âge des âges de l'homme ! Par opposition au concept cosmologique du monde, qui définit le tout dont je ne suis qu'une infime partie, il y aurait donc une prédisposition de l'étymon germanique à son concept phénoménologique : ce au sein de quoi l'être humain déploie son être, selon une triple détermination, cosmologique, anthropologique et ontologique.

Étymologiquement, *Welt* suppose donc un rapport électif au temps. Ce rapport est souligné par Schelling, auteur des *Weltalter* (*Âges du monde*), à l'aide d'un rapprochement étymologique d'ailleurs contestable, sinon fantaisiste, mais éclairant, entre *Welt* et *währen* (« durer »), à la fin de la Leçon XIV de la *Philosophie de la Révélation*, afin de soutenir l'équivalence conquise spéculativement entre le monde et le temps (éon cosmique) :

> Le temps véritable consiste lui-même en une suite de temps, et inversement, le monde n'est qu'un élément du temps véritable, et dans cette mesure il est lui-même un temps, comme l'indique le mot même de *Welt* [« monde »], qui vient de *währen* [« durer »] et indique proprement une *durée*, ce que montre de façon encore plus immédiate le grec *aiôn* [αἰών], qui désigne aussi bien un temps que le monde [*wie ja schon das Wort, das von* währen *herkommt und eigentlich eine* Währung, *eine Dauer, anzeigt, und noch unmittelbarer das griechische aiôn beweist, das ebensowohl eine* Zeit *als die* Welt *bedeutet.*]
>
> *Schellings Werke*, t. 6 complémentaire, p. 308 [nous soulignons].

Si *Welt* ne vient pas de *währen* terme qui se rattache à *wesen*, c'est-à-dire à la troisième racine dans l'étymologie du mot « être » : sanskrit *vasami*, germanique *wesan*, « habiter », « demeurer », « rester » (cf. Heidegger, *Introduction...*, trad. fr. p. 81), Schelling n'en a pas moins flairé d'instinct la co-appartenance essentielle du monde et du temps en la référant au grec *aiôn* [αἰών], « éon cosmique », fût-ce en un sens essentiellement paulinien (I Corinthiens 7, 31 : « la figure de ce monde (*kosmos* [κόσμος]) passera ».

II. LE MONDE ET L'IMMONDE

Il y a en grec ancien plusieurs mots ou locutions pour désigner, selon tel ou tel aspect, ce que nous appelons « monde », comme du reste dans les langues sémitiques. Encore faut-il revenir, du concept de « monde » qui nous est familier, et d'autant moins interrogé, à son inévidence première, afin de prendre la mesure de l'effort spéculatif qu'a dû coûter la saisie d'une totalité, comme synthèse des deux autres catégories kantiennes de la quantité, à savoir la pluralité et l'unité. « L'égyptien ancien n'a pas de mot pour "monde", pas plus que les langues de la Mésopotamie » (R. Brague, *La Sagesse du monde*, p. 22). En grec, le *kosmos* est « produit » par le fragment 30 d'Héraclite, et « installé de façon définitive et sans ambiguïté dans le sens de "monde" par le *Timée* de Platon » (*ibid.*, p. 35). Le cosmique tendra à estomper le « cosmétique », à savoir le monde comme parure ou joyau, comme contraire d'« im-monde » : le lat. *mundus*, au sens d'ensemble des corps célestes, cieux, univers lumineux, « semble bien être le même mot que *mundus* "parure" qui a été choisi pour désigner le "monde", sans doute à l'imitation du grec κόσμος » (A. Ernout et A. Meillet, *Dictionnaire étymologique de la langue latine*, *s.v.*). Ainsi, Amyot (*Vie de Dion*, X, 2, *in* Plutarque, *Vies parallèles*, 2 vol., trad. fr. J. Amyot, Paris, Michel de Vascosan, 1559) : l'univers obéissant au gouvernement de la divinité « est de faict et de nom *Monde*, qui autrement ne serait que désordre immonde ».

♦ Voir encadré 1.

Le sens de *kosmos* va subir une inflexion décisive, qui se retrouvera dans ceux de *mundus*, *Welt* et « monde », avec le grec néo-testamentaire, notamment avec saint Paul (I Corinthiens et Galates) et saint Jean : il désigne alors un mode d'être humain, l'ensemble des conditions et des possibilités de la vie terrestre, pour autant que s'y

1

« Ordre pour la cité... » : le sens de « kosmos »

► ACTE DE LANGAGE (encadré 1), BEAUTÉ, DOXA, STRUCTURE

On pourrait rendre le terme *kosmos* par le syntagme baudelairien *ordre et beauté*, et le rapprocher de notre moderne *structure*. Chez Homère déjà, l'amplitude du sens résonne dans chaque emploi ; ainsi dans la célèbre toilette d'Héra, au secret de sa chambre, quand elle s'apprête pour mieux tromper l'esprit de Zeus : ambroisie, huile, parfum, tresses, robe, agrafe, ceinture, boucles d'oreille, voile et sandales, « elle dispose autour de son corps *panta kosmon* [πάντα κόσμον], toute sa parure » (c'est la traduction de P. Mazon), c'est-à-dire la glorieuse ordonnance qui fait son monde de femme (*Iliade*, XIV, 186) — monde que Sophocle, dans son *Ajax*, 293, définira comme silence : *gunaixi kosmon hê sigê pherei* [γυναιξὶ κόσμον ἡ σιγὴ φέρει], « c'est le silence qui apporte aux femmes leur parure/leur monde » (cf. Démocrite, 68 B 274 DK ; nous en héritons avec « sois belle et tais-toi »). De même quand Ulysse chez Alkinoos demande à l'aède de « chanter le *kosmos* du cheval de bois » (*Odyssée*, VIII, 492 *sq.*, V. Bérard dit : « l'histoire », mais c'est aussi bien sa construction-fabrication, technique et ruse, que le monde qu'il détermine). La déesse de Parménide déploie ensemble « le monde trompeur » de ses paroles (*kosmon* [...] *apatêlon* [κόσμον (...) ἀπατηλόν], *Poème*, VIII, 52) et le monde de la *doxa* [δόξα] auquel les mortels adhèrent (*diakosmon* [διάκοσμον], le « dispositif du monde », VIII, 60), dans l'intrication de l'arrangement discursif et de l'ordre du monde. Gorgias, enfin, rend sensible à l'agencement optimal qui fait *kosmos*, et aux correspondances d'excellences : « Ordre (*kosmos*) pour la cité est l'excellence de ses hommes, pour le corps, la beauté, pour l'âme, la sagesse, pour la chose qu'on fait, la valeur, pour le discours, la vérité. Leur contraire est désordre (*akosmia* [ἀκοσμία]) » (*Éloge d'Hélène*, 82 B11 DK, § 1).

Chez Héraclite, la cosmologie ne triomphe pas davantage sans la cosmétique : dans le fragment B 30 DK qui « produit » le *kosmos*, s'il faut le feu, il faut non moins la ou, plus exactement, les mesures (« Ce monde [*kosmon*], le même pour tous, ni dieu ni homme ne l'a fait, mais toujours il était, est et sera, feu toujours vivant qui s'allume avec mesures et s'éteint avec mesures (*metra* [μέτρα]) ») ; d'ailleurs, le monde ainsi « cosmologisé », élémentaire et mesuré, est aussi « le plus beau » (fr. B 124 DK : « des choses qu'on jette au hasard, la plus belle ordonnance, c'est le monde [*ho kallistos ho kosmos* (ὁ κάλλιστος ὁ κόσμος)] »). C'est ainsi que Critias se retrouve, dans le *Timée* de Platon, avec une seule hypothèse à envisager : « que ce monde-ci est beau [*ei men dê kalos estin hode ho kosmos* (εἰ μὲν δὴ καλός ἐστιν ὅδε ὁ κόσμος)] et que le démiurge est bon » (29a 2-3). Cette équivalence entre monde et ordre (*kosmos kai taxis* [κόσμος καὶ τάξις], Aristote, *Métaphysique*, A, 984b 16-17) ne cesse de jouer : c'est même elle qui détermine, depuis l'« harmonie » pythagoricienne jusque dans le *Timée* ou le traité aristotélicien *De caelo*, la possibilité de décrire physiquement, voire de calculer mathématiquement, le ciel, les sphères, l'univers. Mais elle ouvre simultanément le sens rhétorique et poétique du *kosmos* comme ornement (Aristote, *Poétique*, 21, 1457b 1-2 : « Tout nom est soit du langage courant, soit un emprunt, soit une métaphore, soit un ornement [*kosmos*]... ») et l'usage aisé du pluriel (Platon, *Protagoras*, 322c 2-3 : « les structures des cités [*poleôn kosmoi* (πόλεων κόσμοι)] et les liens de l'amitié qui font tenir ensemble »).

La beauté tant vantée du monde grec tiendrait-elle à ceci : que le *kosmos* relève, toujours aussi, de l'esthétique ?

Barbara CASSIN

BIBLIOGRAPHIE

HOMÈRE, *L'Iliade*, trad. fr. Paul Mazon, Les Belles Lettres, « CUF ».

— *L'Odyssée*, trad. fr. Victor Bérard, Les Belles Lettres, « CUF », 1924.

OUTILS

DK : DIELS Hermann et KRANZ Walther, *Die Fragmente der Vorsokratiker*, 3 vol., Berlin, Weidmann, 5e éd., 1934-1937.

atteste une attitude détournée de Dieu. Le sens de *kosmos* n'est plus dès lors cosmologique, mais historique, voire eschatologique. « La *sophia tou kosmou* [σοφία τοῦ κόσμου] est la sagesse humaine par opposition à la sagesse divine [...] *ho kosmos* [ὁ κόσμος], tout court, est interchangeable avec *ho kosmos outos* [ὁ κόσμος οὗτος], expression qui à son tour est interchangeable avec *ho aiôn outos* [ὁ αἰὼν οὗτος] » (R. Bultmann, *Theologie des NT*, § 26, p. 255-257). C'est aussi un autre nom de la philosophie : jusqu'au début du XIXe siècle, on parle en allemand de *Weltweisheit*, « sagesse du monde » (la page de couverture de l'article de Hegel de 1801 sur *La Différence des systèmes philosophiques de Fichte et de Schelling* présente l'auteur ès qualités de *der Weltweisheit Doktor*, « docteur en sagesse du monde »). À partir du grec néotestamentaire, que sa source hébraïque amène précisément à se démarquer de la source grecque (du paganisme), « monde » se comprend à partir de « ce monde » (l'ici-bas transitoire, l'attitude existentielle qui consiste à se détourner de Dieu), et prend un sens négatif, voire maudit, qui le rapproche paradoxalement de ce qui est proprement « immonde » : « Le "monde", au sens maudit, remonte incessamment par mille sources de l'intérieur même des îlots gagnés sur son océan fangeux » (H. de Lubac, *Catholicisme*, p. 231).

Sur cette lancée théologique, le latin patristique puis scolastique *mundus* va bien désigner toujours une « totalité », mais la totalité « du créé », de l'*ens creatum*, et par là ce qui se distingue de Dieu. C'est surtout entre Leibniz et Kant, à l'époque moderne, que le concept même de « monde » va pour ainsi dire se chercher et se différencier dans le chevauchement des langues (latin, allemand, français).

III. MONDE ET UNIVERS

♦ Voir encadré 2.

La définition leibnizienne classique du « monde » interdit de mettre le mot au pluriel, selon les termes exprès de l'article 8 de la *Théodicée* :

> J'appelle *monde* toute la suite et toute la collection de toutes les choses existantes, afin qu'on ne dise point que plusieurs mondes pouvaient exister en différents temps et différents lieux. Car il faudrait les compter tous ensemble pour un monde, ou si vous voulez pour un univers.
>
> *Théodicée*, art. 8.

Baumgarten le définit ainsi en latin, en 1743 :

> *Mundus* (*universum*, pan [πᾶν]) *est series* (*multitudo, totum*) *actualium finitorum, quæ non est pars alterius.*
>
> [Le monde (univers, *pan* [πᾶν]) est la série (la multitude, le tout) des (êtres) finis actuels qui n'est pas la partie d'un autre (= qui ne se rapporte pas à un plus vaste tout dont elle ne serait à son tour que la partie).]
>
> *Metaphysica*, II, § 354.

et Chr. A. Crusius, deux ans plus tard, en allemand :

> *eine* Welt *heißt eine solche reale Verknüpfung endlicher Dinge, welche nicht selbst wiederum ein Teil von einer andern ist, zu welcher sie vermittelst einer realen Verknüpfung gehörte.*
>
> [un *monde* signifie une connexion réelle de choses finies telle qu'elle n'est plus à son tour une partie d'une autre à laquelle elle appartiendrait en vertu d'une connexion réelle.]
>
> *Entwurf der notwendigen Vernunft*, § 350.

Mundus va pouvoir se définir dès lors comme « *totum quod non est pars* », « un tout qui n'est plus [à son tour] une partie », comme dans la *Sectio I*, intitulée « *De notione mundi generatim* » [« De la notion de monde en général »] de la *Dissertation* de 1770 de Kant :

> *In composito substantiali, quemadmodum Analysis non terminatur, nisi parte quæ non est totum, h.e. SIMPLICI : ita Synthesis non nisi toto quod non est pars.*
>
> [Dans un composé substantiel, l'analyse n'est à son terme qu'en parvenant à une partie qui n'est plus un tout, c'est-à-dire au SIMPLE ; de même, la Synthèse (n'est à son terme qu'en parvenant) à un tout qui n'est plus une partie.]
>
> Kant, *Dissertation, De mundi sensibilis atque intelligibilis forma et principiis.*

Le § 2 de la même *Dissertation* énumère les trois « moments » constitutifs du « monde » : *materia*, *forma*, *universitas* ; cette dernière se définit comme « *omnitudo compartium* absoluta », « totalité *absolue* des comparties », laquelle est, selon une formule célèbre, « la croix des philosophes » :

> *Nam statuum universi in* æternum *sibi succedentium* nunquam absolvenda series, *quomodo redigi possit in* Totum, *omnes omnino vicissitudines comprehendens, agere concipi potest.*
>
> [Car comment la série, *qui ne doit jamais être achevée*, des états de l'univers se succédant *éternellement* peut-elle être ramenée à un *tout*, qui (en) comprenne absolument toutes les vicissitudes, on a peine à le concevoir.]
>
> Kant, *Dissertation*, § 2.

Que la difficulté « cruciale » inhérente au concept de « monde » ainsi défini réside en son troisième moment constitutif qu'est l'*universitas*, indique assez que le problème du « monde » n'est autre alors que celui de l'*univers* avec lequel celui-là semble dès lors se confondre — de « tout l'univers » (Leibniz), ou encore de « cette vicissitude continuelle qui fait la beauté de l'Univers » (Malebranche, *Éclaircissements sur la Recherche de la vérité*, XV, *Œuvres complètes*, t. 3, p. 218). En d'autres termes, le problème est moins celui du « monde » que celui de l'*universitas mundi* — du moins chez Kant auteur latin.

IV. L'AVENTURE ALLEMANDE DE « WELT »

Il n'en va pas de même de Kant auteur allemand qui, posant l'équivalence entre anthropologie (ou *Menschenkunde*) et *Weltkenntnis*, « connaissance du monde », dégage à partir de tournures de l'allemand qui, à la différence du latin, lui était langue maternelle, le sens existentiel de *Welt* (on notera l'ancien français *toz li mon* chez Commynes, fr. moderne « tout le monde », « chacun », ou le créole *timoun* [« petit monde »], « enfant(s) » ; à partir du XVIe siècle, *du monde* signifie « des gens », et *kosmos* a le même sens en grec moderne).

> *Noch sind die Ausdrücke : die Welt* kennen *und Welt* haben *in ihrer Bedeutung ziemlich weit auseinander : indem der Eine nur das Spiel* versteht, *dem er zugesehen hat, der Andere aber* mit gespielt *hat.*
>
> [Encore ces deux expressions : *connaître* le monde et *avoir* du monde sont-elles, quant à leur signification, passablement éloignées l'une de l'autre : vu que dans un cas on ne fait que *comprendre* le jeu auquel on a assisté, tandis que dans l'autre on a *joué le jeu.*]
>
> Kant, *Anthropologie*, Préface, in *AK*, t. 8, p. 120 ; trad. fr. M. Foucault modifiée, p. 11-12.

Dans la diglossie kantienne, *mundus* revêt comme signification prépondérante un sens cosmologique (= *universitas mundi*), tandis que *Welt* s'oriente vers un sens anthropologique et existentiel, cosmopolitique (l'homme envisagé comme *Weltbürger*, « citoyen du monde ») — l'ironie de l'histoire tient au fait que, comme le note Kant lui-même, c'est *l'usage français* de « monde » (du français langue de cour, de diplomatie et de culture) qui a déteint sur l'acception allemande de *Welt*, laquelle va en quelque sorte prendre acte de la distance qui sépare dès lors le

2

« Tout » et « ensemble » : « pan » ouvert/« holon » clos

► *IDENTITÉ*, UNIVERSAUX

Le grec a deux grandes manières de dire le « tout » : *pas* [πᾶς] (adj.), *to pan* [τὸ πᾶν] (subst.), et *holos* [ὅλος] (adj.), *to holon* [τὸ ὅλον] (subst.). Cette distinction est d'autant plus difficile à cerner que la distinction latine entre *omnis* et *totus* ne lui est pas superposable. « En gros, le mot <*holos*> se distinguerait de *pas* comme *omnis* de *totus* » (Chantraine, *s.v.* « *Holos* »). À ceci près, comme le notent les grammaires les plus élémentaires et comme il ressort des dictionnaires de langue, que « πᾶς [*pas*], *tout, chaque*, correspond à *omnis* et *totus* ; ὅλος [*holos*], *tout entier*, ne correspond qu'à *totus* » (Ragon-Dain, p. 39). L'ordre des mots complique la sémantique, puisque *pasa polis* [πᾶσα πόλις] est censé vouloir dire « toute ville », *pasa hê polis* [πᾶσα ἡ πόλις], « toute la ville », et *hê pasa polis* [ἡ πᾶσα πόλις], « l'ensemble de la ville » ; de plus, il existe un intensif *hapas* [ἅπας], « tout entier, complètement », pl. *hapantes* [ἅπαντες], « tous sans exception, tous ensemble ». Ainsi, le LSJ propose pour *pas*, pronom collectif, trois compréhensions, que l'anglais différencie de la manière suivante : « *when used of a number*, all ; *when used of one only*, the whole ; *of the several persons in a number*, every ». Or la seconde traduction vaut évidemment aussi pour *holos* : « *whole, entire, complete in all its parts* » (LSJ, *s.v.* « *Holos* »). Comment alors préciser la distinction entre *to pan* et *to holon* ?

L'étymologie fournit une indication de la spécificité de *to holon*, bien mieux rendu par *the whole* que par *totalité* ou *ensemble* : *holos* est identique au sanscrit *sárva-*, « complet, intact », d'où dérivent les adj. lat. *salvus*, « en bonne santé » (cf. la formule de « salut », *Salve*) et *solidus*, « massif, complet, réel », et d'où proviennent sans doute *whole, holy* (saint), aussi bien que *hale* et *healthy* (sain). *Holon* désigne le tout en tant qu'il est plus et autre chose que les parties qui le composent. Socrate prend l'exemple de la syllabe, *hê sullabê* [ἡ συλλαβή] (litt. la « com-position » ou la « com-préhension », voire le « con-cept »), pour montrer la différence entre *to holon* que je propose de traduire par *ensemble* plutôt que par *totalité* pour changer de famille de mots et prévenir la confusion avec *pan*, à savoir l'ensemble SO, et *to pan*, le *tout*, à savoir la somme des deux éléments S et O :

> SOCRATE : — L'ensemble (*to holon*), dis-tu que c'est une certaine forme unique provenant des parties qui diffère de toutes les parties (*ek tôn merôn gegonos hen ti eidos heteron tôn pantôn merôn* [ἐκ τῶν μερῶν γεγονὸς ἕν τι εἶδος ἕτερον τῶν πάντων μερῶν]) ?
>
> THÉÉTHÈTE : — Selon moi, oui.
>
> [...]
>
> SOCRATE : — L'ensemble différerait donc du tout (*to holon tou pantos* [τὸ ὅλον τοῦ παντός]), d'après ce que nous disons maintenant ?
>
> *Thééthète*, 204a-b.

On ne peut pas ne pas noter que le passage est aussitôt irrésistiblement compliqué par le jeu du pluriel : *ta panta kai to pan esth' hoti diapherei ?* [τὰ πάντα καὶ τὸ πᾶν ἔσθ' ὅτι διαφέρει], « le total des parties et le tout, est-il possible que cela soit différent ? » [Diès : « la totalité et la somme » ; Narcy : « l'ensemble et le total »] ; et par celui de l'intensif : « C'est donc la même chose, du moins pour ce qui est constitué d'un nombre, que nous appelons le tout et la totalité des parties [*to te pan kai ta hapanta* (τό τε πᾶν καὶ τὰ ἅπαντα)] », 204d [Diès : « la somme et la totalité » ; Narcy : « le total et l'ensemble au complet »] ; mais je propose de conserver en français le rapport entre sg. *pan*, « tout », pl. *panta*, « total » des parties, et pl. *hapanta*, « totalité » ou « totalisation » des parties.)

Aristote reprend l'exemple de la syllabe, par contraste avec le « tas (*sôros* [σωρός]) », pour expliciter ce qui fait l'unité d'un composé ; l'*eidos* [εἶδος] dont parlait Socrate, il la nomme alors, par différence avec les lettres qui constituent la matière (*hulê* [ὕλη]), « cause du fait que ceci soit syllabe [*aition* (...) *tou einai* (...) *todi de sullabên* (αἴτιον [...] τοῦ εἶναι [...] τοδὶ δὲ συλλαβήν), voir TO TI ÊN EINAI] », *ousia* [οὐσία], « essence », c'est-à-dire *phusis* [φύσις], « nature » (« il est manifeste que la nature est elle-même essence, en tant qu'elle est non pas élément mais principe (*hautê hê phusis ousia, hê estin ou stoikheion all' arkhê* [αὕτη ἡ φύσις οὐσία, ἥ ἐστιν οὐ στοιχεῖον ἀλλ' ἀρχή]) » (*Métaphysique*, Z, 17, 1041b 25-32 ; voir NATURE, PRINCIPE). Et il choisit de désigner par *to sunolon* [τὸ σύνολον], le « avec-ensemble » (Z, 15, 1039b 20) — ce qu'on rend par « le composé », mais qui désigne proprement « l'individu », le ceci concret, Socrate lui-même ou Callias, constitué par cet « ensemble intégré » de forme et de matière qu'il nomme ailleurs *ousia prôtê* [οὐσία πρώτη], « substance (ou essence) première » (cf. Z, 11, 1037a 29-33, *hê sunolê ousia* [ἡ συνόλη οὐσία] ; voir ESSENCE, III, A, 1, et SUJET, encadré 1). Le chapitre 26 du livre Δ précise très efficacement la différence entre *pan* et *holon* : pour un quantum fini, avec début, milieu et fin, « quand la position des parties ne fait pas différence, cela s'appelle un *pan*, quand elle fait différence, un *holon* » (1024a 1-3) ; certaines choses peuvent d'ailleurs être à la fois *pan* et *holon*, comme de la cire ou un manteau, car le déplacement des parties les fait changer de « forme » (*morphê* [μορφή]), mais non de « nature » (*phusis, ibid.*, 3-6). Mais c'est évidemment l'ensemble de l'âme et du corps, et cet ensemble qu'est déjà le corps, qui sont *holiques* par excellence (quand une « partie » s'en sépare, elle n'est plus elle-même, pied ou main, « organe » donc, que par homonymie : *Politique*, A, 2, 1253a 20-21 ; cf. par ex. *De partibus animalium*, 645b 14-17). On voit ainsi comment la différence *pan/holon*, renvoyant à la constitution de l'unité et de l'unicité, juxtaposition / organicité, détermine une modulation ontologique forte et durable (cf. par

latin *mundus*, jusqu'en son usage scolastique, du français *monde* dans la langue classique, et enfoncer le coin :

> Welt haben, *heißt Maximen haben und große Muster nachahmen*. Es kommt aus dem Französischen.
>
> [*Avoir du monde*, c'est avoir des maximes et imiter de grands modèles. *Cela vient du français*.]
>
> *Die philosophischen Hauptvorlesungen Immanuel Kants. Nach den neu aufgefundenen Kollegheften des Grafen Heinrich zu Dohna-Wundlacken*, A. Kowalewski (éd.), Hildesheim, Olms, 1965, p. 71.

On se gardera donc de traduire ici *Welt haben*, avec Michel Foucault suivi par Henry Corbin, par « avoir les usages du monde », vu que Kant lui-même attire notre attention sur le décalque littéral de fr. « avoir du monde » en all. *Welt haben* (sur l'équivalence « avoir du monde », « savoir son monde », savoir vivre et se conduire dans le monde, voir Littré, *s.v.*, sens 19, qui cite Mme de Sévigné, Molière, Saint-Simon, Jean-Jacques Pauvert, t. 5, p. 372).

C'est lorsque « monde » cesse de dire une totalité, assumée quant à elle par le concept d'« univers », que se

2

ex. son application au *Da-Sein* par Martin Heidegger, *Sein und Zeit*, Niemeyer, § 648, p. 244, et n. 3).

L'éminence du *holon* est liée à la supériorité du fini sur l'infini, du clos sur l'ouvert. Avec Parménide (son étant est *houlon* [οὖλον], « entier », et *tetelesmenon* [τετελεσμένον], « achevé, fini », VIII, 38 et 42), mais contre Anaximandre, l'atomisme, puis Épicure, Aristote donne forme à toute une tradition « classique » grecque : l'infini, *to apeiron* [τὸ ἄπειρον], est non pas « ce en dehors de quoi il n'y a plus rien, mais ce en dehors de quoi il y a toujours quelque chose » (*Physique*, 6, 206b 34-35) ; lié à la matière, à la privation, à l'absence de *telos* [τέλος], à la *dunamis* [δύναμις] (voir FORCE et PRAXIS), il ne peut par définition être ni mesuré ni connu. La prévalence holique est susceptible de fonctionner dans tous les domaines. En esthétique par exemple, il est de règle, et c'est beau, que la tragédie représente une *holê praxis* [ὅλη πρᾶξις], une action avec début, milieu et fin telle que la mémoire puisse l'embrasser (*Poétique*, 7). En logique, on rejoint la problématique de l'« universel », *to katholou* [τὸ καθόλου] (qu'avant Aristote on écrit sans doute *kath' holou* [καθ' ὅλου], « d'ensemble » [Bailly], « *on the whole* » [LSJ]), analytiquement articulable avec le *kath' hekaston* [καθ' ἕκαστον], « le particulier », chacun un par un, selon la distributivité du *pan* (cf. *Métaphysique*, Δ, 26, début ; voir UNIVERSAUX), mais définissant par différence avec lui ce dont il y a science. En politique, on peut voir passer là une forte ligne de démarcation entre platonisme et aristotélisme : la cité platonicienne est un *holon*, un organisme hiérarchisé tout entier tendu vers la même finalité, alors que la démocratie d'Aristote est un *pan* et même un *pantes hoi Athênaioi* [πάντες οἱ Ἀθηναῖοι], « tous les Athéniens », à savoir la masse et le mélange d'une multitude de citoyens (cf. B. Cassin, « De l'organisme au pique-nique » ; voir POLIS).

C'est évidemment en cosmologie que la différence est thématisée avec le plus de force, et comme en son domaine d'origine. Les Stoïciens, qui insistent tant sur l'organicité et le système, font doctrine de cette différence : *to holon* désigne le *kosmos*, le « monde », alors que *to pan* désigne à la fois le monde et le vide environnant, incorporel, assurant au monde la place dont il a besoin pour se dilater (« Le tout [*pan*] est différent de l'univers [*holon*] chez les Stoïciens. Ils appellent "univers" le monde [*holon men* (...) *ton kosmon* (ὅλον μὲν [...] τὸν κόσμον)], et "tout" le monde avec le vide [*pan de meta tou kenou* (πᾶν δὲ μετὰ τοῦ κενοῦ)] », SVF, II, 523, cf. Goldschmidt, p. 27-28). On rend alors *to holon* par « l'univers » (*universus*, litt. « ce qui est tout entier d'un seul élan tourné vers ») : le choix du terme se comprend, qui privilégie l'unicité d'un *telos* commun (voir déjà, dans le *De caelo* d'Aristote, la caractérisation du *holon* et de la partie comme « portés vers le même » [*eis to auto pheretai to holon kai to morion* (εἰς τὸ αὐτὸ φέρεται τὸ ὅλον καὶ τὸ μόριον)], A, 3, 270a 4). Mais le croisement des traditions traduites, *via* Cicéron (*Timée*, 6, où *universitas* rend *pan* ; ou *De natura deorum*, I, 120 [*de universitate rerum* (...) *in eodem universo*], II, 29-32 [*mundum universum*], par ex.) et Lucrèce, et celui des traductions de traduction, crée un imbroglio terminologique : ainsi chez Lucrèce *omne*, le tout infini, et *summa* sont stochastiquement rendus, l'un comme l'autre et dans un même passage, tantôt par « tout » (ou « Tout »), tantôt par « univers », « somme », « ensemble », « espace », etc. (comparer par ex. les trad. A. Ernout et J. Kany-Turpin pour I, 706, 951-984, ou II, 1044-1096). On s'étonnera moins qu'à l'aube des Temps modernes, en toute confusion et redistribution des différences *pan*/*holon*, le monde soit clos et l'univers infini (A. Koyré).

Barbara CASSIN

BIBLIOGRAPHIE

CASSIN Barbara, « De l'organisme au pique-nique. Quel consensus pour quelle cité ? », *Nos Grecs et leurs modernes*, Seuil, 1992.

GOLDSCHMIDT Victor, *Le Système stoïcien et l'Idée de temps*, Vrin, 1953.

KOYRÉ Alexandre, *Du monde clos à l'univers infini*, PUF, 1962.

LUCRÈCE, *De la nature*, éd. et trad. fr. A. Ernout, Les Belles Lettres, « CUF », 1966 ; trad. fr. J. Kany-Turpin, Aubier, 1993.

OUTILS

CHANTRAINE Pierre, *Dictionnaire étymologique de la langue grecque*, nouv. éd. mise à jour avec un « Supplément au dictionnaire », Klincksieck, 1999.

LSJ : LIDDELL Henry G., SCOTT Robert et JONES Henry S., *A Greek-English Lexicon*, 9e éd., Oxford, Clarendon Press, 1925-1940 ; *A Supplement*, éd. E.A. Berber, 1968.

RAGON Éloi, *Grammaire grecque*, entièrement refondue par A. Dain, J. de Foucault, P. Poulain, 5e éd., J. de Gigord, 1957.

SVF : ARNIM Johannes von, *Stoicorum Veterum Fragmenta*, Leipzig, 1903-1905, rééd. 4 vol., Stuttgart, Teubner, 1964 ; *Stoici antichi : tutti i frammenti*, trad. it. et éd. bilingue R. Radice, Milan, Rusconi, 1998.

laissent distinguer différents « mondes » comme manières de se rapporter à celui-ci :

> Mais de quoi jouissais-je enfin quand j'étais seul ? de moi, de l'univers entier, de tout ce qui est, de tout ce qui peut être, de tout ce qu'a de beau le monde sensible, et d'imaginable le monde intellectuel.
>
> Rousseau, *Troisième Lettre à M. de Malesherbes*, *apud* Littré, *s.v.*, sens 19.

Le pluriel de monde n'est pas sans affecter le sens même du concept de monde, qui ne peut plus dès lors se définir comme *universitas mundi*, dans l'optique d'une pluralité des mondes, fussent-ils seulement possibles ou imaginaires (Leibniz, Fontenelle). Ne faire que « connaître le monde », « die Welt *kennen* », c'est refuser de s'impliquer, prendre du recul par rapport à ce qui devient dès lors un spectacle, une scène dont on peut à son gré se retirer, selon le topos baroque (Shakespeare, Corneille) du monde comme théâtre — jusque chez Descartes : « [...] *ego, hoc mundi theatrum conscencurus, in quo hactenus spectator exstiti* [...] [quant à moi, m'apprêtant à monter sur cette scène du monde où je n'ai paru jusqu'à présent que comme spectateur] » (*Cogitationes privatæ*, *Œuvres complètes*, t. 10, p. 212).

De là vient la distinction qu'établira la *Critique de la raison pure* (A 840 — B 868) entre la philosophie selon le *Schulbegriff* = *in sensu scolastico* et selon le *Weltbegriff* = *in sensu cosmico*, à savoir « ce qui intéresse nécessairement tout un chacun ».

V. « WELT » ET « WELTEN » : DU NOM AU VERBE (HEIDEGGER)

Welt s'éclaire ainsi chez Kant à partir du fr. « monde » en son sens anthropologique, donc à partir du lat. *mundus*, notamment dans son usage augustinien, et par là nous invite à remonter au (x ?) sens néotestamentaire(s) (johannique notamment) de *kosmos*. D'où cette sorte d'équivalence posée ou supposée par Heidegger, qui en la matière souligne d'ordinaire plutôt les écarts, entre le grec *kosmos* au sens hellénistique, le latin *mundus* et l'allemand *Welt* :

> [...] *liegt das metaphysische Wesentliche der mehr oder weniger klar abgehobenen Bedeutung von* κόσμος, mundus, Welt *darin, daß sie auf die Auslegung des menschlichen Daseins* in seinem Bezug zum Seienden im Ganzen *abzielt*.
>
> [(...) qu'elle soit dégagée avec plus ou moins de clarté, la signification de *kosmos, mundus, Welt* présente métaphysiquement ceci d'essentiel, qu'elle vise à l'interprétation de l'être humain *dans son rapport à l'étant en son entier.*]
>
> *Vom Wesen des Grundes*, GA, t. 9, p. 155-156 ; trad. fr. modifiée H. Corbin, p. 130-131.

Il n'en reste pas moins que le même écrit de Heidegger va dégager de manière insolite la spécificité de ce que *Welt* donne à entendre, non sans y préparer le lecteur par l'assonance discrète *walten/welten* (« régner »/« se déployer à la mesure d'un monde ») : « Welt *ist* nie, sondern *weltet* [Le monde n'*est* jamais, le monde *se mondifie*] » (GA, t. 9, p. 164 ; trad. fr. H. Corbin, *loc. cit.*, p. 142). On rapprochera de Nerval (*Œuvres complètes*, Gallimard, « La Pléiade », t. 2, p. 848) : « Le monde amonde. »

C'est en fait dès 1919 que Heidegger a risqué *welten*, ce qui revient en quelque sorte à faire de *Welt* un déverbal :

> *In einer Umwelt lebend, bedeutet es mir überall und immer, es ist alles welthaft*, « es weltet », *was nicht zusammenfällt mit dem « es wertet »*.
>
> [Vivant dans un monde alentour, c'est à tout bout de champ que se dégage du significatif, que tout est lesté de monde, qu'« il amonde », ce qui ne se recouvre pas avec « il vaut »
>
> GA, t. 56/57, p. 73.

Comme l'a noté F.-W. von Herrmann (*Hermeneutik*, p. 43), *welten* n'est pas à proprement parler un néologisme sous la plume de Heidegger : le verbe, sorti de l'usage, signifiait : « mener la belle vie ». Heidegger ne l'a donc pas forgé, mais réentendu en lui conférant une signification beaucoup plus large.

Welt, « monde », va devenir avec *Être et Temps* (1927) un existential, c'est-à-dire une structure ontologique de l'existence humaine. C'est là à la fois la radicalisation du sens « anthropologique » (bien que l'analystique existentiale ne se veuille pas une anthropologie), tel qu'il émerge avec le Nouveau Testament et se trouve dégagé par Kant, et l'émancipation du concept de monde par rapport à celui d'« univers ». Dans un cours de 1929/1930 (GA, t. 29-30, § 42, p. 261 *sq.*), la pierre est dite *weltlos*, « dépourvue de monde », l'animal *weltarm*, « chichement pourvu

3

« Umwelt » : de l'écologie au commerce de l'étant

Mis à la mode par l'écologie au sens d'« environnement » (avec le contraste *Umweltschutz / Umweltverschmutzung* : « protection de l'environnement », « pollution »), *Umwelt* apparaît vers 1800 dans une ode de Baggesen, avant d'être repris par Campe (1811) puis transposé en dan. *omverden* par Dahlerup (1822), comme emprunt à l'allemand ; mais c'est toutefois avec Goethe que sont sanctionnées l'entrée et l'intallation du terme dans la langue allemande. Il a alors pour sens « *die den Menschen umgebende Welt* [le monde qui entoure l'homme] » (Grimm, *s.v.*) : le préfixe *um-* a le sens du fr. « autour », lat. *circum*, *Umwelt* se comprend comme signifiant *umgebende Welt*, « monde entourant ».

Avec Heidegger, toutefois, le préfixe *um-* va se charger aussi d'une signification intentionnelle, au sens de la locution *um zu*, « afin de », et renvoyer à la significativité du monde pour autant que nous sommes « de mèche » avec lui dans le commerce quotidien avec l'étant.

Au sens non spécifiquement philosophique du terme, *Umwelt* a pu être concurrencé par la reprise en allemand du mot fr. « milieu ».

en monde », et l'être humain *weltbildend*, « configurateur de monde ».

♦ Voir encadré 3.

Pascal DAVID

BIBLIOGRAPHIE

BAUMGARTEN Alexander Gottlieb, *Metaphysica* [1743], Hildesheim, Olms, 1982.

BRAGUE Rémi, *La Sagesse du monde*, Fayard, 1999.

— *Aristote et la question du monde*, PUF, 1988.

BULTMANN Rudolf, *Theologie des Neuen Testaments* [1948], Tübingen, J.C.B. Mohr UTB (Paul Siebeck), 1953/1984.

CRUSIUS Christian August, *Entwurf der notwendigen Vernunft—Wahrheiten, wiefern sie den zufälligen entgegengesetzt werden*, Leipzig, 1745, repr. Hildesheim, Olms, 1964.

DESCARTES René, *Cogitationes privatae*, *Œuvres complètes*, t. 10, Vrin-CNRS, 1974.

HEIDEGGER Martin, *Die Grundbegriffe der Metaphysik*, in *Gesamtausgabe* (GA), t. 29/30, Francfort, Klostermann, 1983 ; trad. fr. D. Panis, Gallimard, 1992.

— *Introduction à la Métaphysique*, cours du semestre d'été 1935, Niemeyn, 1952, trad. fr. G. Kahn, Gallimard, 1967.

— *Sein und Zeit*, in *Gesamtausgabe*, t. 2, Francfort, Klostermann, 1977 ; trad. fr. F. Vezin, Gallimard, 1986.

— *Vom Wesen des Grundes*, in *Gesamtausgabe*, t. 9, Francfort, Klostermann, 1976 ; trad. fr. H. Corbin, Gallimard, 1938, repris in *Questions I*, Gallimard, 1968.

— *Zur Bestimmung der Philosophie*, in *Gesamtausabe*, t. 56/57, Francfort, Klostermann, 1987.

HERRMANN Friedrich Wilhelm von, *Hermeneutik und Reflexion*, Francfort, Klostermann, 2000.

KANT Emmanuel, *Anthropologie du point de vue pragmatique*, trad. fr. M. Foucault, Vrin, 1984.

— *Dissertation de 1770*, trad. fr. P. Mouy, Vrin, 1976.

LEIBNIZ Gottfried Wilhelm, *Théodicée*, Aubier, 1962.

LUBAC Henri de, *Catholicisme*, Cerf, 1952.

MALEBRANCHE Nicolas, *Éclaircissements sur la recherche de la vérité*, in *Œuvres complètes*, t. 3, Vrin-CNRS, 1976.

SCHELLING Friedrich Wilhelm Joseph von, *Philosophie de la Révélation*, trad. fr. J.-F. Courtine et J.-F. Marquet (dir.), PUF, 1989 (t. 1), 1991 (t. 2), 1994 (t. 3).

OUTILS

DHLF : REY Alain (dir.), *Dictionnaire historique de la langue française*, 3 vol., Le Robert, 1992.

ERNOUT Alfred et MEILLET Antoine, *Dictionnaire étymologique de la langue latine. Histoire des mots* [1932], 4e éd. augm. J. André, Klincksieck, 1994.

GRIMM Jacob et Wilhelm, *Deutsches Wörterbuch*, Leipzig, Hirzel, 1854, repr. Munich, Deutscher Taschenbuch, 1984.

WELTANSCHAUUNG ALLEMAND – fr. *vision du monde ; conception du monde*

angl. *worldview*

► ***MONDE***, et AIÔN, ANSCHAULICHKEIT, ***INTUITION***, LEIB, PERCEPTION, REPRÉSENTATION

Le fait que Weltanschauung *(fr.* vision du monde ; *angl.* worldview*) apparaisse parfois non traduit dans la prose philosophique de langue française (Sartre,* L'Être et le Néant*) est l'indice d'une certaine résistance que ce mot composé offre à la traduction. La paternité du terme est parfois attribuée à Schelling (« Schelling, qui le premier a forgé le terme de* Weltanschauung... *», X. Tilliette,* Schelling : Une philosophie en devenir*, t. 1, p. 492), ou encore à A. von Humboldt (« Il semble que ce soit A. von Humboldt qui ait [...] forgé le terme de* Weltanschauung *», R. Brague,* La Sagesse du monde*, p. 294, n. 76). Attributions erronées, mais instructives, car elles sont tributaires des diverses acceptions du terme, qui vont de l'intuition du monde à son interprétation.*

Littéralement, c'est bel et bien Kant qui semble avoir forgé le terme *Weltanschauung* au § 26 de la *Critique de la faculté de juger* :

> *Denn nur durch dieses* [Vermögen] *und dessen Idee eines Noumenons, welches selbst keine Anschauung verstattet, aber doch der Weltanschauung*, als bloßer Erscheinung, zum Substrat untergelegt wird [...]
>
> [En effet c'est seulement par cette faculté et son Idée d'un noumène, qui lui-même n'autorise aucune intuition, mais qui est toutefois en tant que substrat mis au fondement de *l'intuition du monde* (*Weltanschauung*) comme simple phénomène (...)]
>
> Kant, *Critique de la faculté de juger*, *AK*, t. 5, p. 255 ; trad. fr. A. Philonenko, p. 94 ; trad. fr. J. Gibelin, p. 87 : « l'intuition de l'univers ».

Il est instructif que les deux traducteurs mentionnés aient reculé devant la traduction de *Weltanschauung*, dans ce contexte, par « vision du monde ». Car si ce terme apparaît sous la plume de Kant, ce n'est pas au sens auquel il va devoir ultérieurement de faire carrière. Dans son cours de Marburg du semestre d'été 1927, *Die Grundprobleme der Phänomenologie* (GA, t. 24, p. 5-7), Heidegger s'est livré à une tentative de reconstitution de l'histoire du terme :

> Cette expression *Weltanschauung* n'est pas une traduction du grec ou du latin. On ne trouve pas en grec une expression du type κοσμοθεωρία, mais *le terme de* Weltanschauung *porte une empreinte spécifiquement allemande* (nous soulignons) et c'est au sein même de la philosophie qu'il a été forgé [*das Wort ist eine spezifisch deutsche Prägung und zwar wurde es innerhalb der Philosophie geprägt*]. Il apparaît pour la première fois chez Kant dans la *Critique du jugement*, avec son acception qui se rattache directement à la nature, et signifie la considération du monde tel qu'il s'offre aux sens ou encore, comme le dit Kant, du *mundus sensibilis*. [...] C'est encore en ce sens que Goethe et Alexandre de Humboldt emploient le terme, *mais cette première acception tombe en désuétude dans les années trente du XIXe siècle* en raison de la nouvelle signification que les Romantiques et au premier chef Schelling donnèrent à l'expression. [...] Ainsi le terme se rapproche de la signification que nous lui connaissons aujourd'hui, et désigne une manière autonome en son accomplissement, productive, voire consciente, d'appréhender et d'interpréter le tout de l'étant [*einer selbstvollzogenen, produktiven und dann auch bewußten Weise, das All des Seienden aufzufassen und zu deuten*] [nous soulignons].
>
> Trad. fr. J.-F. Courtine, *Les Problèmes fondamentaux de la phénoménologie*, § 2, p. 21 ; trad. légèrement modifiée.

On trouve bien à vrai dire *kosmotheôria* [κοσμοθεωρία], mais *en grec moderne*, comme traduction ou décalque de *Weltanschauung* ! Comme principaux points de repère dans la courbe sémantique de *Weltanschauung*, Heidegger évoque et cite ensuite : Hegel, Görres, Ranke, Schleiermacher, Bismarck, et enfin Jaspers. Dans un cours de 1936, Heidegger note combien ce terme s'est affadi et déraciné pour devenir un slogan d'une grande platitude, tout en étant issu des hauteurs de la métaphysique de l'idéalisme allemand :

> [...] *es wird hier die « Weltanschauung » des Schweinezüchters zum maßgebenden Typus der Weltanschauung überhaupt gemacht.*
>
> [C'est dorénavant la vision du monde de l'éleveur de cochons dont on fait le type déterminant de la vision du monde en général.]
>
> GA, t. 42, p. 32 ; *Schelling*, trad. fr. J.-F. Courtine modifiée, p. 43.

Une apostille (j) précise à la même page, à propos de *Weltanschauung* : « *Das Wort ist nicht übersetzbar* [Ce terme n'est pas traduisible]. » C'est surtout à partir de 1936 (GA, t. 65) que Heidegger se livrera à une critique féroce de la confusion entretenue, dans la phraséologie du Troisième Reich, entre philosophie et *Weltanschauung*, ramenant celle-là à ce que celle-ci est devenue : une idéologie. La courbe sémantique de *Weltanschauung* va donc de l'intuition du monde (de l'univers) à l'idéologie. Victor Klemperer en témoigne dans son étude de la *Lingua Tertii Imperii* :

> *« Philosophie » [...] wird totgeschwiegen, wird durchgängig ersetzt durch "Weltanschauung". [...] « Weltanschauung », schon vor dem Nazismus verbreitet, hat in der LTI als Ersatzwort für « Philosophie » alle Sonntäglichkeit verloren und Alltags –, Metierklang bekommen.*
>
> [« Philosophie » est un mot passé sous silence, auquel on substitue constamment celui de *Weltanschauung*. (...) Déjà courant avant le nazisme, *Weltanschauung* a perdu dans la *LTI*, à titre de substitut de *philosophie*, son caractère endimanché, et il a pris une couleur quotidienne, professionnelle.]
>
> Victor Klemperer, *LTI*, p. 106 ; trad. fr. p. 138.

Pascal DAVID

BIBLIOGRAPHIE

BRAGUE Rémi, *La Sagesse du monde*, Fayard, 1999.

HEIDEGGER Martin, *Die Grundprobleme der Phänomenologie*, in *Gesamtausgabe* [GA], t. 24, Francfort, Klostermann, 1975 ; trad. fr. J.-F. Courtine, Gallimard, 1985.

— *Schelling : Vom Wesen der menschlichen Freiheit*, in *Gesamtausgabe*, t. 42, Francfort, Klostermann, 1988 ; trad. fr. J.-F. Courtine, Gallimard, 1977.

KANT Emmanuel, *Critique de la faculté de juger*, trad. fr. A. Philonenko, Vrin, 1979, et sous le titre *Critique du jugement*, trad. fr. J. Gibelin, Vrin, 1928.

KLEMPERER Victor, *Lingua Tertii Imperri - Notizbuch eines Philologen* [1946], Leipzig, Reclam, 3e éd., 1993 ; *LTI. La langue du IIIe Reich*, trad. fr. E. Guillot, Albin Michel, 1996.

TILLIETTE Xavier, *Schelling : une philosophie en devenir*, 2 vol., Vrin, 1970, rééd. 1992.

WERT, GELTUNG, GELTEN, GÜLTIGKEIT

– fr. *valeur, validité*

lat.	*valere*
angl.	*worth, value*

► ***VALEUR***, et DEVOIR, ÉCONOMIE, ***IL Y A***, MACHT, MORALE, SOLLEN, ***UTILITÉ***, VÉRITÉ, ***VERTU***, WILLKÜR

L'étymologie, d'ailleurs contestée, de Wert *(cf. l'anglais* worth *et* value *— qui provient du latin* valere *comme le fr.* valeur *et l'all.* Gewalt*) fait dériver le substantif d'un adjectif,* wert*, lui-même voisin du verbe* werdan *(*werden*, devenir), de sorte que* Wert *est directement compris dans l'orbite sémantique du devoir-être (cf.* SOLLEN*).* Gelten *provient du gothique et de l'ancien haut-allemand* geltan *(qui signifie payer tribut, offrir à titre de sacrifice), tout comme* Geld *(l'argent, le numéraire ; cf.* Gold*, l'or). «* Es hat keinen Wert *(cela n'a aucune valeur) » renvoie à une qualité propre (ou accordée) à l'objet qu'on évalue, tandis que «* es gilt nicht *» signifie, par exemple, que tel coup, dans un jeu, n'est pas pris en compte ou enfreint les règles (« ça ne vaut pas »). De même* geltend *est employé adjectivement pour désigner ce qui a cours, ce qui est en vigueur (une jurisprudence, par exemple, ou une monnaie).* Geltung *peut également signifier l'acception qu'on donne à un terme ou à un signe au sein d'un système de significations, et cette « valeur » peut ou non être dotée de* Gültigkeit*, de pertinence ou de validité. Les trois termes,* Wert*,* Geltung */* Gelten *et* Gültigkeit*, diversement articulés, mettent la réflexion sur les valeurs morales au contact de l'ontologie et de la doctrine du jugement, en une constellation sans équivalent en français.*

Dans son essai polémique, « *Die Tyrannei der Werte* [La Tyrannie des valeurs] », Carl Schmitt considère que la « philosophie des valeurs » est « une réaction à la crise nihiliste du XIXe siècle » (p. 46) ; c'est une datation assez juste, mais qui ne remarque pas que, en dépit de son caractère peut-être réactif face à la montée du positivisme ambiant, la réflexion philosophique sur la valeur, au sens large, est à la fois une problématisation de ce qu'on appelle *Wert*, c'est-à-dire une critique de la morale (voire une axiologie), et, simultanément, une analyse plus approfondie de ce qui constitue la validité (*Geltung, Gültigkeit*) des jugements, c'est-à-dire une réflexion d'ordre logique. Schmitt résume la relation entre *Wert, Geltung* et *Gelten* d'une manière qui, pour l'essentiel, n'est pas sans pertinence bien qu'il se garde d'une définition véritablement philosophique : *Geltung*, c'est la valeur (*Wert*) actualisée ; tandis que *Gelten* est le processus par lequel une valeur acquiert sa validité (p. 52).

I. NIETZSCHE : L'ÉVALUATION DES VALEURS (« WERTE ») ET LEUR VALIDITÉ (« GELTUNG »)

Il est évident que c'est Nietzsche qui a introduit, par le biais de la critique de la morale traditionnelle et de ses fondements, une radicalisation plus incisive de la réflexion kantienne sur la finitude de nos instruments de connaissance. En réduisant l'ensemble du processus rationnel à une histoire où se succèdent les différentes échelles de valeurs, il semble donner une importance considérable à la valeur : « Le scepticisme à l'égard de toutes les valeurs morales est un symptôme du fait qu'une nouvelle table des valeurs (*Werttafel*) est en train de surgir » (*Fragments posthumes*, VIII 4 [56], nov. 1882-févr. 1883). En fait, les valeurs sont des configurations où se cristallisent des évolutions auxquelles il faut sans cesse les réduire : « Plaisir et déplaisir sont les plus anciens symptômes de tous les jugements de valeur (*Werturteile*) » (*ibid.*, VIII 1 [97], automne 1885). Les jugements eux-mêmes doivent être référés à des activités plus fondamentales : « L'évaluation morale (*moralische Wertschätzen*) est une interprétation, une manière d'interpréter. L'interprétation elle-même est le symptôme de certains états physiologiques, en même temps que d'un certain niveau intellectuel atteint par les jugements dominants. Qui interprète ? — Nos affects » (*ibid.*, VIII 2 [190], automne 1885-automne 1886). Or les valeurs morales, comparées aux évaluations physiologiques, sont fausses (*ibid.*, VIII [104], printemps 1888), de même qu'est « un postulat métaphysique » le fait que nous établissions une corrélation entre les degrés de valeur et les degrés de réalité. Les valeurs les plus hautes ne sont pas plus vraies, elles ne sont que plus symptomatiques : « Le bien est [...] ce qui, depuis toujours s'est révélé utile (*nützlich*) : de sorte qu'il puisse être fondé à affirmer sa validité (*Geltung*) comme valable au plus haut point (*wertvoll*) » (*La Généalogie de la morale*, 1, § 3, *in fine*). L'« utilité » dont il est ici question renvoie à l'économie générale de la volonté de puissance, c'est-à-dire à la lutte permanente des différents affects dont chacun poursuit son épanchement maximal ; chaque affect « juge » en permanence, c'est-à-dire ne cesse d'« évaluer » ce qu'il accepte et ce qu'il refuse. De l'ensemble de ces conflits, l'état de notre « santé » est en quelque sorte la résultante psycho-physiologique dont l'équilibre toujours transitoire peut nous donner l'illusion d'une stabilité que nous appelons « moi », « identité », « valeur », « vérité ». La seule « vérité » à laquelle nous puissions parvenir est celle de la santé (ou de la maladie) qui nous permet d'affirmer (ou de refuser) nos propres interprétations d'une dynamique pulsionnelle que nous ne refusons pas de reconnaître comme « fondement » de notre pensée, de notre culture et de ses configurations. Les valeurs ne sont donc que des symptômes, toute croyance aux valeurs est une illusion dont la finalité n'a rien de moral, et les échelles successives de valeur dessinent la spirale, ascendante ou descendante, nécessairement finie dans ses possibilités, de l'éternel retour. La vie pulsionnelle est de part en part « intellectuelle » puisqu'elle n'est faite que d'évaluations ; elle n'a pas de « fondement » hétérogène. Par conséquent, la « conversion de toutes les valeurs (*Umwertung aller Werte*) » n'est pas une « subversion des valeurs (*Umwälzung*) » au profit d'une vie enfin désaliénée ; elle n'est qu'une fraction ascendante de la spirale de l'éternel retour. La « vérité » des valeurs n'a de validité qu'en fonction du risque plus ou moins grand accepté par celui qui leur accorde cette validité : la « vertu prodigue (*die schenkende Tugend*) », celle du créateur (dans quelque ordre que ce soit), s'affirme supérieure parce qu'elle est seule capable de réaliser un équilibre entre destruction et création. Nietzsche ne quitte donc pas le terrain des valeurs, il postule même qu'il est impossible de vouloir y échapper. L'horizon axiologique — qui est en même temps celui du « corps » — est le seul qui nous soit donné.

♦ Voir encadré 1.

II. LOTZE : « BESTEHEN » ET « GELTEN », « GELTUNG » ET « GÜLTIGKEIT »

Dans son cours du semestre d'été 1919, *Phänomenologie und transzendentale Wertphilosophie (Phénoménologie* et *Philosophie transcendentale de la valeur)*, Martin Heidegger reconnaît à Hermann Lotze le mérite d'avoir, au milieu du XIXe siècle, réagi contre « la réification totale de l'esprit provoquée par le naturalisme » et contre « la réduction de tout l'être à un processus matériel et corporel, chosal, à la matière et à des forces » (p. 137) ; « l'idée du devoir-être et de la valeur, qui ne cessent de réappa-

1

« Mehrwert »

C'est dans le *Capital* que Marx développe sa théorie de la *Mehrwert*, « plus-value » (trad. habituelle qui est en fait un anglicisme) ou, plus exactement, de la « survaleur » (trad. fr. J.-P. Lefebvre). Le surtravail est une donnée propre à toute civilisation plus ou moins développée : il va de soi que le travail quel qu'il soit dégage un excédent destiné à l'alimentation de ceux qui ne sont pas directement producteurs, comme au stockage de provisions. Mais le système de production capitaliste est le premier à faire du surtravail la source directe du profit. La « survaleur » résulte de la différence entre le temps de travail productif destiné à rembourser le capital fixe, les matières premières ainsi que les salaires et le temps de travail qui produit l'excédent pur et simple. Cette théorie de la « survaleur » entraîne la conception selon laquelle, dans le système capitaliste de production, la valeur d'usage (*Gebrauchswert*) tend à s'effacer au profit de la valeur d'échange (*Tauschwert*), ainsi que la prédiction, contestée, d'une « baisse tendancielle du taux de profit » engendrée, notamment, par la concurrence.

BIBLIOGRAPHIE

MARX Karl, *Le Capital* [1867], trad. fr. M. Rubel et L. Evrard, Gallimard, 1965 ; trad. fr. J.-P. Lefebvre, Éd. sociales, 1983, repris *in* PUF, « Quadrige », 1993.

raître dans ses réflexions, son interprétation, qui va dans ce sens, des idées platoniciennes — lesquelles ne sont pas mais ont une validité corollaire de la valeur (*werthaft gelten*), — ont suffi pour influencer profondément l'évolution ultérieure de la philosophie dans le sens d'un rejet du naturalisme et du psychologisme en particulier » (p. 138). Heidegger voit un ressort décisif de la constitution de la philosophie moderne des valeurs dans la reprise par Lotze du primat de la Raison pratique tel que Fichte l'interprète en parlant de « Raison perceptrice de valeurs (*wertempfindende Vernunft*) » (*loc. cit.*). Lotze avait déjà introduit une opposition entre *bestehen* (exister, au sens d'« être doté d'une consistance ») et *gelten* (valoir, au sens de ce qui doit être pris en compte) dans son grand ouvrage de 1864, *Mikrokosmos* (3e partie, p. 500 et 510). Dans le deuxième chapitre du troisième livre de sa *Logique*, Lotze procède aux distinctions suivantes :

> Nous appelons effective une chose qui *est*, au contraire d'une autre qui *n'est pas* ; effectif aussi, un événement qui *arrive* ou qui est arrivé [...] ; effective, une relation qui *existe* (*besteht*) ; enfin, nous appelons effectivement vraie une proposition qui *est valide* (*gilt*), au contraire d'une proposition dont la validité (*Geltung*) est encore problématique.
>
> Lotze, *Logique*, § 316, p. 511.

Gelten et *Geltung* renvoient ici à la *Gültigkeit*, mais la validité formelle d'une proposition ne préjugeant pas de sa validité objective, il est réducteur de confondre *geltend* et *gültig*. La seule réalité effective d'une proposition consiste donc dans le fait qu'elle soit valide et que son contraire ne le soit pas. De même, les représentations que nous avons, puisqu'elles sont en perpétuel devenir, n'ont pas d'être stable, elles « arrivent », elles se déroulent comme des événements, et leur contenu n'a pas davantage l'être d'une chose effective, mais il « vaut » (*gilt*). Il y a donc trois concepts fondamentaux dont aucun ne peut être réduit à quoi que ce soit dont il dériverait : être, avoir lieu et valoir. Le valoir est interprété alors par Lotze comme ce qu'entendait Platon par les idées, c'est-à-dire une validité des vérités éternellement identique à elle-même, indépendamment de l'existence d'objets dans le monde phénoménal qui en confirmerait la pertinence ou d'esprits pour les penser. C'est cette intervention de Lotze qui connaîtra une grande postérité, ainsi dans l'école autrichienne : Meinong, par exemple, opposera l'être (effectif) (*Sein*), et la « consistance » (*Bestehen*) des objets habituels de la connaissance (l'identité, la différence, etc.). La théorie de Lotze survivra aussi dans le néokantisme de Bade sous la désignation ordinaire de « théorie des deux mondes ». C'est cette dernière orientation qui a développé dans toute son ampleur et sa complexité les conséquences de la réinterprétation par Lotze de la théorie platonicienne des idées.

♦ Voir encadré 2.

III. RICKERT : « WERT » ET « SOLLEN », LE PRIMAT DE LA RAISON PRATIQUE

En s'appuyant sur la réflexion de Windelband sur le jugement négatif, Rickert montre que, dans tout jugement,

---

2

« Wertfreiheit »

► ENTENDEMENT

Cette notion wébérienne a été traduite par l'expression « neutralité axiologique » (Julien Freund s'en est expliqué dans son édition des essais de Weber consacrés à la théorie de la science. Weber s'est lui-même expliqué, dans un article, « Essai sur le sens de la "neutralité axiologique" dans les sciences sociologiques et économiques » [1917], sur ce qu'il entendait par l'expression). En renvoyant expressément à Rickert, Weber défend à la fois l'utilité méthodologique de la neutralité axiologique et celle des problématiques liées aux valeurs :

> Je me contenterai seulement de rappeler que la notion de « rapport aux valeurs » (*Wertbeziehung*), désigne simplement l'interprétation philosophique de « l'intérêt » spécifiquement scientifique qui commande la sélection et la formation de l'objet d'une recherche empirique. Ces problèmes de pure logique ne sauraient légitimer dans la recherche empirique aucune espèce d'« évaluations pratiques (*praktische Wertschätzung*) ». Néanmoins, ils mettent en évidence, en concordance avec l'expérience historique, que les intérêts culturels, ce qui veut dire les intérêts axiologiques, indiquent la direction du travail purement empirique et scientifique. Il est clair que les discussions sur la valeur peuvent être l'occasion de l'épanouissement de ces intérêts axiologiques en une casuistique qui leur est propre. Elles peuvent aussi alléger considérablement ou du moins faciliter le travail du savant et surtout de l'historien, particulièrement celui de l'interprétation axiologique (*Wertinterpretation*) qui constitue une des tâches préparatoires les plus importantes du travail empirique proprement dit.
>
> Max Weber, *Essais sur la théorie de la science*, p. 434.

Le travail scientifique qui respecte la neutralité axiologique consiste à comprendre rationnellement le point de vue qui commande l'action de tel ou tel groupe social, de tel ou tel personnage historique, sans porter de jugement sur la validité éthique de ce point de vue. Mais Weber ne définit jamais ce qu'est la valeur : il se contente d'en donner des synonymes (idéal, règle éthique, etc.). Pour l'essentiel, il se fonde sur la distinction, exposée par Rickert dans son ouvrage *Science de la nature et Science de la culture*, entre expliquer (*erklären*) (les causes d'un phénomène naturel) et comprendre (*verstehen*) (les mobiles d'un événement culturel et historique, les raisons d'une action humaine).

BIBLIOGRAPHIE

RICKERT Heinrich, *Science de la nature et Science de la culture* [1899], trad. fr. A.-H. Nicolas, Gallimard, 1997.

WEBER Max, *Essais sur la théorie de la science*, trad. fr. et préf. J. Freund, Plon, 1965.

intervient un facteur qui ne relève pas de la représentation : il est, en effet, impossible de juger sans prendre position, en affirmant ou en niant, la relation établie entre un état de choses et un prédicat ; par conséquent, « connaître, c'est admettre ou refuser » (*Der Gegenstand der Erkenntnis*, p. 58). Puisque ce qui vaut pour le jugement vaut également et plus généralement pour le processus de connaissance, ce qui devient prédominant, c'est la prise de position à l'égard, non plus d'un état de fait, mais d'une valeur ; car un fait ne requiert aucunement une prise de position ; il doit être reçu comme tel : « Dans toute connaissance [...] c'est une valeur (*Wert*), qui est reconnue » (*ibid.*, p. 57 *sq.*). Plus encore, c'est une évidence psychique, celle d'un sentiment, qui intervient au point que « dans chaque jugement, je sais à l'instant où je juge que je reconnais quelque chose qui vaut (*gilt*) intemporellement » (*ibid.*, p. 60). Ce qui requiert donc qu'on lui accorde une « validité » (*Geltung*) ne peut être qu'une valeur et non un être que je ne connais que par le biais de représentations ; or c'est sur leur liaison que je me prononce dans le jugement, et non sur l'être auquel elles se réfèrent ; c'est à leur liaison que j'accorde ou refuse une valeur, et ce processus, à son tour, ne relève pas d'une nécessité objective, mais d'un devoir-être (*Sollen*) : « Lorsque j'entends des sons, je suis dans la nécessité de juger que j'entends des sons [...] c'est-à-dire qu'un devoir-être m'est donné, en même temps que ces sons, qui exigera l'assentiment d'un éventuel jugement » (*ibid.*, p. 62 *sq.*). Ainsi, la vérité d'un jugement n'est pas une qualité qu'il posséderait et que je devrais reconnaître, mais un jugement est vrai parce que j'y reconnais une valeur.

> Nous devons donc soigneusement distinguer de la véritable teneur du jugement — qui est valable (*gilt*) indépendamment de toutes les propositions comme de tous les processus psychiques, et que nous pouvons aussi, pour cette raison, nommer le sens logique « transcendant » — d'une part, le *bien* objectif auquel elle est associée, et, d'autre part, l'*acte* subjectif de la prise de position ainsi que le sens qui lui est « immanent ». La teneur du jugement doit ensuite être distinguée logiquement en fonction de sa forme et de son contenu ; nous entendons alors par « forme » le moment de validité (*Geltungsmoment*) théorique, isolé conceptuellement, et grâce auquel la teneur, en soi logiquement indifférente, est élevée à la sphère logique, c'est-à-dire pour la première fois transformée en configuration de sens logiquement valide (*gültig.*)
>
> Rickert, « Validité logique et validité éthique » [*Über logische und ethische Geltung*], in *Néokantismes et Théorie de la connaissance*, p. 262.

Rickert réinterprète le « primat de la Raison pratique » en faisant de la valeur (*Wert*) l'archi-léxème embrassant à la fois les valeurs morales (les biens, *die Güter*) et la validité (*Geltung*) propre à tous les jugements sur lesquels repose la connaissance ; c'est une démarche d'ordre « pratique » (un *Sollen*) qui reconnaît à telle liaison de représentations qu'elle vaut (*gilt*) et la déclare alors vraie. Ainsi, c'est le devoir-être qui sera saisi avant l'être : « Tous nos développements reposent sur les deux propositions suivantes : juger n'est pas se représenter quelque chose, et l'"être" n'acquiert un sens qu'en tant que composant d'un jugement » (*ibid.*, p. 83 *sq.*). Les valeurs peuvent se décliner en prenant la forme de la vérité, de la norme et de la loi. En définitive, le critère qui permet de distinguer une valeur « irréelle » d'un être effectif reste celui de la négation : nier quelque chose de réel aboutit à un néant et non pas à son contraire, alors que nier une valeur produit une valeur négative (faux, laid, etc.).

IV. LASK : « WERT » ET « GELTUNG », LA SÉPARATION DES SPHÈRES

Disciple de Rickert, c'est lui qui a provoqué chez son maître une révision profonde de sa conception du concept de valeur. Dès 1908, Lask s'oppose à ce qu'il appelle une « éthicisation (*Ethisierung*) » des notions de connaissance et de jugement :

> Nous réclamons un concept axiologique (*Wertbegriff*) non éthique (*nichtethisch*) de la connaissance, et nous en distinguons nettement la *vie* scientifique où, bien entendu, la raison pratique aura la priorité. Nous élevons du même coup cette objection que, faire de la valeur éthique (*der ethische Wert*) le corrélat immédiat de la validité objective (*das objektive Gelten*), ce serait lui accorder une position qui, du point de vue systématique, n'est pas la sienne.
>
> Lask, « Y a-t-il un primat de la raison pratique en logique ? » [1908], in *Néokantismes et Théorie de la connaissance*, p. 304.

En effet, la notion suprême de l'univers conceptuel qui n'est pas celui de l'être objectif, c'est la validité objective (*Geltung*). Or, la valeur éthique n'est pas dotée d'une validité objective :

> Ce que rencontre, à titre de valeur éthique exigeante, la volonté morale, n'est nullement l'exigence (*das Fordern*), au sens de la validité objective, mais toujours un quelconque faire doté de valeur [...] Connaître *est* un comportement commandé par la validité objective de la vérité (*Wahrheitsgelten*) ; vouloir moralement *a* pour *objet* un faire commandé.
>
> *Ibid.*, p. 306.

Lask introduit la distinction entre le sujet (de la connaissance) (*Erkenntnissubjekt*), et la personne (*Persönlichkeit*) (responsable d'une action commandée par un devoir-être moral), c'est-à-dire la différence entre le corrélat subjectif de la validité objective de la vérité — la connaissance — et le fait de se vouer à la science, action qui, elle, relève de l'éthique : « La sphère subjective du "processus de connaissance" est tout à fait indépendante de la sphère éthique personnelle » (*ibid.*, p. 307). En procédant à ces distinctions, Lask n'abandonne pas le terrain de la valeur, mais dissocie simplement deux orientations de son sens. C'est pourquoi, dans sa réflexion sur la logique et sur les catégories, comme dans ses développements sur le jugement, c'est plutôt les termes *Geltung* et *Gelten* qui interviendront, sans pour autant que leur lien à une valeur (*Wert*) soit rompu. Néanmoins, le concept non éthique de valeur s'identifie à la validité objective

(*Geltung*), et lorsque Lask affirme que l'être est un *Gelten*, il veut insister sur le fait que nous n'avons accès qu'au prédicat d'être au sein d'un jugement, et non à l'être effectif ; comme la sphère du jugement est incluse dans la sphère du monde non effectif, c'est-à-dire du monde régi par la validité (*Geltung*), nous sommes entièrement « prisonniers » de la sphère du *gelten* à laquelle obéit notre connaissance. Il en va *a fortiori* de même de la sphère éthique, même s'il est plus habituel d'y parler de valeurs (*Werte*) ; quoi qu'il en soit, dans les deux sphères, on retrouvera les notions de valeur, de validité, de devoir-être et de norme, mais leur emploi ne préjugera plus d'une priorité de la Raison pratique. Valeur logique et valeur éthique s'équivalent.

V. SCHELER : VALEUR ET SENTIMENT

Reprenant l'idée husserlienne de vision de l'essence, Scheler dégage, dans le flux du vécu qui se présente à la conscience, des contenus qui n'ont pas de signification directe, mais qui sont cependant des actes intentionnels : il est ainsi possible d'appréhender des qualités (la bonté, l'agréable, la beauté) sans pourtant avoir en même temps une idée de leur signification. Plus encore, les significations — du beau, du bien, etc. — sont postérieures aux actes au sein desquels on éprouve les qualités de ce genre (la qualité du rouge, en revanche, se présente en même temps que sa signification). Scheler insiste sur l'importance du *sentiment* intentionnel (*intentionales Gefühl* ; voir GEFÜHL), qui n'est pas identique à un état affectif et se rapporte directement à un contenu sans l'intermédiaire d'une pensée ou d'une représentation : c'est ce contenu qui est la base « matériale » des valeurs appréhendées par le sentiment pur. Le monde des valeurs est saisi par le sentiment pur, ce que Scheler appelle « fonction émotionnelle » (*emotionale Funktion*). En outre, les valeurs ne sont pas éprouvées de manière simplement indistincte, car il y a une intuition particulière de leur hiérarchie qui dépend de deux autres actes émotionnels, la préférence et la répugnance (*Abscheu*) (il ne s'agit pas de préférence empirique qui dépendrait simplement d'un goût ou d'une idiosyncrasie, mais de préférence « pure » attachée uniquement à des valeurs : par exemple, préférer le beau au sacré, etc.). Au-dessus de ces actes de préférence/répugnance se situe le niveau le plus élevé de l'intentionnalité émotionnelle, celui des actes d'amour et de haine (*Liebe, Haß*) : l'amour guide et précède les actes de préférence et de répugnance. Lorsqu'on aime une personne, on saisit chez elle peu à peu des qualités qui ne se révèlent qu'à travers l'amour qu'on lui voue. Ces actes d'amour et de haine délimitent le champ des valeurs accessibles à un sujet. Le fait qu'une personne nous semble d'emblée sympathique (*sympathisch*) (ou antipathique) montre que la valeur se présente indépendamment d'un support direct, mais pas sans « matériau ». Ce qui implique qu'on ne puisse confondre les valeurs et les biens (*Werte, Güter*). Les valeurs sont des essences extra-temporelles qui se présentent à une saisie par l'intuition émotionnelle. On ne peut pas davantage confondre les valeurs et les fins ou les buts (*Zwecke, Ziele*) : le but est une représentation intellectuelle d'un bien réel et il se fonde sur une fin, laquelle est tout à fait indépendante d'une représentation ou d'un acte intellectuel. La fin se compose de l'expression d'une valeur et d'une image de cette valeur. Les valeurs sont donc indépendantes des fins et ces dernières des buts. Les valeurs (par exemple, l'altruisme) fondent les fins (par exemple, aider son prochain) qui, à leur tour, fon-

3

« Werturteilstreit » : valeur et intérêt

La « controverse sur les jugements de valeur » qui débute, de fait, dès le début du siècle, à Vienne, avec la réaction positiviste de Carnap à la philosophie des valeurs, reprend, vers la fin des années 1960, et oppose Adorno à Karl Popper, c'est-à-dire un courant continental (européen), l'école de Francfort, et un tenant du positivisme critique (lui-même viennois d'origine). Outre les ressorts politiques qui opposent les partisans de la « révolution », c'est-à-dire les tenants du marxisme, même soumis à de profondes révisions, à ceux du « réformisme » empirique et libéral, l'affrontement a lieu sur le terrain de la méthodologie des sciences sociales. Les adversaires de l'herméneutique (au sens large) contestent, comme toujours, la possibilité d'articuler les énoncés portant sur l'être à ceux formulant un devoir-être (au nom de ce qu'ils dénoncent comme un paralogisme naturaliste : de l'être on ne peut déduire aucun devoir-être ; ils s'appuient sur Hume, *Traité de la nature humaine*, III, I, 1). Les tenants de l'école de Francfort, pour leur part, réclament que le statut scientifique des sciences humaines soit reconnu sans être immédiatement rejeté au nom de critères valables uniquement dans le domaine des sciences « empirico-analytiques » (mathématique, physique, biologie). J. Habermas (cf. « Connaissance et intérêt », in *La Technique et la Science comme « idéologie »*) s'est fait l'écho de cette controverse en tentant de substituer à la notion de valeur celle d'*intérêt* (*Interesse*). Il comprend cette notion comme une sorte d'invariant anthropologique : à l'*Homo faber* correspond un intérêt « technique » (dérivant du travail, et auquel obéissaient les sciences empirico-analytiques), à l'*Homo loquax*, un intérêt « pratique » (dérivant du langage, principe des sciences historico-herméneutiques) ; et, dans la première phase du développement de sa pensée, Habermas admettait un intérêt « émancipatoire » (*emanzipatorisch*) (dérivant de l'aspiration à la liberté, face à la nature comme à certaines formes de coercitions sociopolitiques) qui commandait les « sciences critiques » (critique de l'idéologie et psychanalyse).

BIBLIOGRAPHIE

HABERMAS Jürgen, *La Technique et la Science comme « idéologie »* [1968], trad. fr. et préf. J.-R. Ladmiral, Gallimard, 1973.

dent les buts (par exemple, créer une association d'entraide).

Puisque les valeurs dépendent d'un acte émotionnel, il est normal qu'elles soient en quelque manière traversées par l'histoire (celle du sujet et celle des différentes collectivités — sociopolitiques, culturelles et religieuses — au sein desquels se trouve ce sujet), ce qui pose la question de leur validité (*Geltung*) et de leur « valabilité » (*Gültigkeit*) :

> Il est parfaitement possible que, dans l'histoire, certaines qualités axiologiques d'ordre moral (*moral*) qui sont nouvelles n'apparaissent tout d'abord qu'au regard affectivo-perceptif d'un seul individu. La saisie évidente d'une telle qualité et le fait qu'elle constitue une valeur supérieure à toutes celles qui étaient connues jusqu'alors n'ont rigoureusement rien à voir avec l'universalité [...] de cette possibilité de la saisir. Ils n'ont rien à voir non plus avec la prétendue « validité universelle » des normes (*Normen*). Il faut bien distinguer trois choses : d'abord la possession universelle et affective des dispositions qui permettent de saisir telles ou telles valeurs ; ensuite ce qui passe (*gilt*) pour moral dans un cercle humain donné [...] enfin, les valeurs dont la reconnaissance est universellement valable (*gültig*), peu importe qu'elles soient effectivement valides (*geltend*).
>
> *Le Formalisme en éthique et l'Éthique matériale des valeurs*, p. 284, trad. fr. mod.

♦ Voir encadré 3.

Marc de LAUNAY

BIBLIOGRAPHIE

ALBERT Hans et TOPITSCH Ernst, *Werturteilstreit*, Darmstadt, Wissenschaftliche Buchgesellschaft, 1969.

ARON Raymond, *La Philosophie critique de l'histoire* [1934-1935], Vrin, 1964, rééd. Seuil, « Points-Seuil », 1970.

COHEN, NATORP, CASSIRER, RICKERT, WINDELBAND, LASK, COHN, *Néokantismes et Théorie de la connaissance*, M. de Launay (dir.), Vrin, 2000.

HEIDEGGER Martin, *Gesamtausgabe* [GA], *II. Abteilung : Vorlesungen*, t. 56/57, Francfort, Klostermann, 1987.

LOTZE Rudolf Hermann, *Logik. Drittes Buch. Vom Erkennen* [1874], Hambourg, Meiner, 1989.

RICKERT Heinrich, *Der Gegenstand der Erkenntnis* [1892], Tübingen, Mohr, 1927.

SCHELER Max, *Le Formalisme en éthique et l'Éthique matériale des valeurs* [1916-1926], trad. fr. M. de Gandillac, Gallimard, 1955.

SCHMITT Carl, « Die Tyrannei der Werte », in *Säkularisation und Utopie. Erbacher Studien*, Stuttgart-Berlin, Kohlhammer, 1967.

WINDELBAND Wilhelm, *Beiträge zur Lehre vom negativen Urteil* [1884], Tübingen, Mohr, 1921.

WHIG / TORY ANGLAIS – fr. *libéral / conservateur*

► ***LIBÉRAL*** [LIBERAL], et LAW, ***LIBERTÉ***, POLITIQUE, SOCIÉTÉ CIVILE, WELFARE

Whig et tory désignent traditionnellement les deux courants libéral et conservateur de la politique britannique (avant que la montée du Labour Party *à la fin du XIX*e *siècle ne vienne modifier les clivages politiques antérieurs). Mais ces mots ont aussi un sens, à la fois plus général et très anglais, qui fait qu'on ne peut simplement les traduire par* libéral *et* conservateur. *Un* whig *n'est pas seulement un libéral, mais aussi et surtout un héritier conscient de la tradition constitutionnelle anglaise, du* Rule of Law *et des droits du Parlement. De même, un* tory *est un conservateur attaché à un certain type de relations sociales dans lesquelles l'autorité des notables est inséparable de leur rôle protecteur, ce type de relations allant de pair avec une interprétation particulière de la tradition religieuse anglicane. Au-delà des clivages partisans, on peut aussi parler d'une manière* whig *d'écrire l'histoire politique ou l'histoire des idées, comme d'un héritage* tory *dans les doctrines sociales et politiques des XIX*e *et XX*e *siècles. Après quelques rappels historiques, on examinera le rôle central que jouent ces deux notions dans l'œuvre de Hume et l'on pourra s'interroger sur leur destin dans la philosophie politique de langue anglaise.*

I. « WHIG » ET « TORY » DANS LA POLITIQUE ANGLAISE

L'origine lointaine des deux mots est controversée, mais le contexte où ils se sont imposés est bien connu, ainsi que le sens (péjoratif) qu'ils avaient initialement. Les adjectifs *whig* et *tory* apparaissent pendant la genèse du régime anglais moderne et deviennent d'usage courant au cours de la crise ouverte par la tentative des radicaux protestants en vue d'exclure Jacques d'York (le futur Jacques II) de la succession au trône d'Angleterre en raison de ses sympathies catholiques et françaises. L'adjectif *whig*, déjà utilisé pendant la Guerre civile pour qualifier les partisans écossais de Cromwell, est un terme péjoratif d'origine gaélique qui, selon l'étymologie la plus probable, désignait des voleurs de chevaux ou de bétail. Connotant à la fois l'attachement au protestantisme de type presbytérien et un certain penchant pour la rébellion, il fut donc appliqué à ceux qui souhaitaient écarter l'héritier légitime du trône du fait de ses convictions papistes. Le terme *tory*, qui n'est pas plus flatteur puisqu'il désignait initialement des rebelles catholiques (ou des « bandits papistes ») d'Irlande, fut appliqué à ceux qui défendaient les droits de Jacques. L'accès de ce dernier au trône en 1685 fut suivi en 1688 de la Glorieuse Révolution, qui l'écarta du pouvoir en y installant Guillaume d'Orange et entraîna une redéfinition des clivages partisans. La plupart des tories renoncèrent à défendre les doctrines absolutistes pour accepter en partie l'interprétation *whig* du régime anglais comme monarchie limitée. Mais ils restèrent néanmoins attachés à l'institution de la prérogative royale (qui autorise le monarque à aller dans certains cas contre les lois du Parlement) ainsi qu'à tout ce qui, dans le régime anglais, allait dans le sens des hiérarchies traditionnelles. Le torysme devint donc le parti de la High Church et des notables de province, tandis que le whiggisme représentait plutôt les fractions les plus dynamiques de l'aristocratie alliées aux couches bourgeoises (*middle class*) dans une nouvelle classe dominante, tout en s'appuyant sur la sensibilité des courants les plus libéraux du protestantisme anglais. La mort de la reine Anne (1714) et l'accès au trône de George Ier marqua la ruine définitive des Stuarts et l'exil ou le discrédit de ceux des tories qui leur étaient fidèles (les jacobites) et elle fut suivie d'une longue période de domination des whigs sur la politique anglaise (*whig supremacy*), période au cours de laquelle le torysme représentait davantage une sensibilité qu'un véritable parti (malgré la présence aux Communes d'une centaine de députés se présentant comme tories). Le clivage *whig/tory* retrouva son importance à la fin du XVIIIe siècle à partir du moment ou William Pitt le jeune devint le leader d'un nouveau parti *tory*, appuyé à la fois sur la *gentry* et sur les classes commerçantes, ce qui provoqua la naissance de nouveaux whigs aux idées plus avancées, qui, sous la conduite de James Fox, s'érigèrent en défenseurs des dissidents religieux et en avocats de diverses réformes à caractère quasi démocratique. La Révolution française fit apparaître au grand jour le sens de ces évolutions, en provoquant une division majeure parmi les whigs, que symbolise la rupture entre Edmund Burke et James Fox. Alors qu'une partie des libéraux anglais avait vu dans l'action de la Constituante une application des principes de la Glorieuse Révolution (et comme un moyen pour infléchir la Constitution anglaise dans un sens plus libéral), Burke considérait au contraire la Révolution française comme une subversion radicale de la tradition, là où, selon lui, la politique des whigs s'était jusqu'alors inscrite dans la continuité du développement des libertés anglaises. Le conflit entre l'Angleterre et la France révolutionnaire rapprocha donc les whigs les plus modérés du nouveau torysme de Pitt, pendant qu'une partie de l'héritage révolutionnaire des whigs venait se fondre dans la nouvelle culture démocratique issue de la Révolution française. Après 1815, la politique anglaise prit progressivement la forme bi-partisane que nous lui connaissons, et fut dominée au XIXe siècle par l'opposition entre le parti libéral et le parti conservateur que l'on peut considérer respectivement comme des héritiers légitimes des whigs et des tories (l'appellation de *tory* resta d'ailleurs longtemps en usage pour désigner le parti conservateur).

II. « COURT » ET « COUNTRY »

L'histoire politique anglaise ne se résume pas, néanmoins, à celle de l'opposition entre whigs et tories et le sens de ces deux termes ne se réduit pas à un simple clivage partisan (pas plus que, en français, l'opposition entre la gauche et la droite ne se réduit à une distinction formelle entre les deux côtés de l'hémicycle parlementaire). La longue période de la suprématie *whig*, qui s'étend de 1714 à 1760, fut en effet dominée par une profonde transformation du régime anglais, dont le point culminant fut le ministère Walpole (1721-1742), et elle fut accompagnée de controverses très vives qui divisèrent la *whiggery*, et au cours desquelles les penseurs tories jouèrent eux-mêmes un rôle important que l'on ne peut réduire à une simple défense des hiérarchies. La suprématie *whig* est en effet inséparable de l'émergence d'une figure nouvelle, celle du Premier ministre, qui doit trouver sa place entre les Chambres et le roi et qui ne peut le faire qu'en gagnant le soutien d'une partie des assemblées tout en se présentant comme l'agent de la Couronne. Le moyen le plus simple pour mener ce jeu de balance consistait à acheter les suffrages des parlementaires par des voies qui allaient de la corruption pure et simple à la création/distribution de places aux défenseurs des ministres du roi. Comme cette politique, menée avec virtuosité par Walpole, allait de pair avec la stabilisation d'une oligarchie assez restreinte, appuyée sur des lois électorales complexes et très différente de l'ancienne *gentry*, il est assez compréhensible qu'elle soit apparue à certains whigs comme une trahison de leurs principes, tout en réactivant une opposition peut-être plus fondamentale que celle des whigs et des tories — celle du parti de la Nation (*Country* ou *Commonwealth*) et du parti de la Cour (*Court*). À l'époque des Stuarts, on appelait fréquemment Country Party l'ensemble des défenseurs des droits du Parlement contre les tentatives « papistes » de subversion de la Constitution anglaise, dont on dénonçait l'influence au sein de la Cour. Par la suite, la même opposition permit de dénoncer les dangers qui naîtraient d'une « prédominance de l'exécutif utilisant le clientélisme et la finance comme moyens de corruption » (Pocock, *Vertu, Commerce et Histoire*, 1998, p. 301). Or, cet argumentaire est lui-même susceptible de deux interprétations, *whig* et *tory*, et il joue un rôle central en amont et en aval de la naissance de la politique libérale en Angleterre.

La version *whig* de la problématique *country* était celle des Old Whigs, qui dénonçaient dans la politique de Walpole une trahison des idéaux de la Glorieuse Révolution qui se manifestait aussi dans la politique étrangère de la nouvelle oligarchie (relativement favorable à une politique de paix et même d'alliance avec la France catholique et absolutiste). Ses représentants les plus connus sont John Trenchard et Thomas Gordon, dont les *Cato's Letters*, publiées entre 1720 et 1723, représentent l'expression classique d'une sensibilité empreinte d'humanisme civique, à la fois libérale et républicaine, qui voit dans la vertu civique, toujours menacée par la corruption, la seule vraie garantie de la liberté. La version *tory* a trouvé son meilleur défenseur dans la personne de Henry Bolingbroke (1678-1751) qui, après avoir montré la caducité des anciens partis de Grande-Bretagne (*A Dissertation upon Parties*, 1735), défendit l'idée que, dans ce contexte, un « roi patriote » pourrait seul dépasser la division des partis et restituer à la Nation (*Country*) ses droits confisqués par les ministres et les oligarques (*The Idea of the Patriot King*, 1738). Les uns et les autres se rattachent au courant de l'humanisme civique développé par Machiavel et repris en Angleterre par Harrington, dont ils montrent par ailleurs qu'on retrouve ses thèmes dans les milieux politiques, sociaux et même religieux les plus divers (le déiste Bolingbroke a été l'allié d'écrivains et de publicistes appartenant à la High Church ou même papistes comme Swift, Atterbury et Pope ; et le parti Country avait des soutiens à la fois dans les classes moyennes des villes et dans la *gentry* rurale — sur tous ces points, voir Pocock, *Vertu, Commerce et Histoire*, p. 298-303). L'opposition *court/country* transcende ainsi le clivage traditionnel entre whigs et tories, et elle est le signe des difficultés du nouveau monde libéral à s'imposer contre des idéaux républicains plus anciens que la crise de l'absolutisme et de la tradition religieuse avait fait renaître. Inversement, comme le montre l'exemple de Hume, le choix délibéré en faveur de la société libérale naissante (et l'abandon des modèles républicains fondés sur la seule vertu) conduit à redonner un sens au clivage *whig/tory*, tout en critiquant le caractère unilatéral des doctrines défendues par chacun de ces deux partis.

III. LA SYNTHÈSE DE HUME

Dans ses *Essais* comme dans son *Histoire d'Angleterre*, Hume se montre aussi éloigné de l'orthodoxie whig que des préjugés traditionnels des tories : s'il est à la fois assez indulgent envers les Stuarts et assez critique à l'égard du protestantisme anglais, et s'il rappelle volontiers que l'« ancienne Constitution anglaise » était sur bien des points assez semblable à celles des monarchies du continent, il reconnaît volontiers les mérites du régime anglais, favorable à la liberté et au développement des sciences. De la même façon, il s'efforce de définir une position philosophique médiane entre le principe « whig » du contrat originaire (qui est incapable de rendre compte de la nature des liens politiques) et celui, « tory », de l'obéissance passive (qui est incompatible avec l'intérêt bien compris de la société). Cette impartialité est elle-même fondée sur une interprétation originale du régime anglais : pour Hume, la division des « partis de Grande-Bretagne » provient de la dualité interne de la Constitution anglaise, qui combine des traits monarchiques et des traits républicains et qui produit donc naturellement des divisions partisanes, tout en en limitant d'avance la portée. L'opposition entre whigs et tories s'inscrit donc dans une série qui commence avec le conflit des Cavaliers et des Têtes rondes pendant la Guerre civile, et qui se traduit à l'époque de Hume par la division entre un parti de la Cour et un parti de la Nation. Cette opposition ne conduit pas à en elle-même à la ruine du régime, car elle repose sur un compromis acceptable par les deux partis quant à la nature du régime :

> Le tory est un homme qui s'attache à la monarchie sans abandonner la liberté et un partisan de la maison des Stuarts. Le whig est un homme qui aime la liberté sans renoncer à la monarchie, et qui s'affectionne pour la succession dans la ligne protestante.
>
> Hume, *Essais politiques*, p. 152.

L'opposition entre les deux partis a cependant pris un sens nouveau et s'est un peu brouillée après la Révolution de 1688 : de la même façon que les whigs avaient souvent « fait des démarches qui pouvaient devenir dangereuses pour la liberté » pour mieux assurer la succession protestante, les tories ont été conduits à s'opposer à la Couronne et à se conduire en républicains depuis le changement de dynastie. En outre, l'évolution du régime anglais (qui se traduit par une certaine prédominance du principe de liberté) est plutôt favorable à la philosophie des whigs comme le montre le déclin des tories, après que ceux-ci eurent pourtant abandonné leurs doctrines les plus choquantes (comme celle de l'obéissance passive).

IV. LE DEVENIR D'UNE OPPOSITION

L'importance du régime anglais dans la formation de la politique libérale est telle que les termes opposés *whig* et *tory*, avec leurs différentes connotations, ont été connus et assez fidèlement reproduits partout où l'on s'intéressait à l'expérience britannique.

♦ Voir encadré 1.

Les transformations qu'a subies le régime britannique depuis la fin du XVIIIe siècle ont évidemment modifié le

1

Les politiques « whig » et « tory » en France et dans les colonies d'Amérique

En France, les *Lettres philosophiques* (1734) de Voltaire ont joué un rôle central dans l'« invention » de la liberté anglaise comme alternative au régime français : or, contrairement à ce qu'on pourrait croire, Voltaire défend une interprétation du régime anglais proche de celle de Bolingbroke et donc assez nettement *tory* (voir la Lettre VIII, où il analyse le partage du pouvoir entre le parlement arbitre et le roi sur-arbitre). Dans *De l'esprit des lois* (1748), Montesquieu est plus proche des thèses *whig* classiques, tout en montrant avec profondeur en quoi la liberté anglaise est différente de celle des républiques antiques. Les « vieux whigs » comme Trenchard et Gordon ont eu, eux aussi, une influence en France, où leur anti-catholicisme intransigeant a conduit d'Holbach à traduire certains de leurs écrits. Mais c'est surtout en Amérique que la politique *whig* a eu une postérité créatrice. À l'époque pré-révolutionnaire, les colonies anglaises d'Amérique ont été l'un des milieux les plus réceptifs à la problématique républicaine des Old Whigs, dont l'influence fut en conséquence très forte pendant la première phase de la Révolution (Bailyn, *The Ideological Origins of the American Revolution* ; Pocock, *Le Moment machiavélien*). L'épithète *tory* fut d'ailleurs appliquée de manière péjorative aux loyalistes fidèles à la Couronne britannique ; et, par la suite, un des deux grands partis américains prit le nom de *whig* avant de devenir celui des républicains avec Lincoln.

BIBLIOGRAPHIE

BAILYN Bernard, *The Ideological Origins of the American Revolution*, Cambridge (Mass.), Harvard UP, 1966.

POCOCK John G.A., *Le Moment machiavélien. La Pensée politique florentine et la Tradition républicaine atlantique* [1975], trad. fr. L. Borot, PUF, 1997.

contenu des notions de *whig* et de *tory* : il n'y a plus de place, dans le gouvernement parlementaire, pour un parti qui défendrait l'intervention active du monarque dans le pouvoir législatif, et le pouvoir exécutif lui-même est entre les mains du Premier ministre responsable. Même si on parle plus volontiers de libéraux et de conservateurs (*conservative*), les termes *whig* et *tory* ont néanmoins connu encore un usage significatif quand il s'est agi de réinterpréter les nouveaux clivages dans les termes traditionnels de la politique anglaise. On pourra appeler *whigs* les libéraux aux idées avancées et réformatrices, qui peuvent être ouverts à des réformes sociales sans être à proprement parler socialistes (en ce sens, on peut dire que, de nos jours, le New Labour de Tony Blair a quelque chose de « whig »). *Tory* est un terme polysémique qui suggère l'idée d'une classe dirigeante à la fois gardienne des traditions et protectrice des faibles, tout en n'étant pas nécessairement incompatible avec l'audace ou la modernité. Dans la littérature, le romantisme de Coleridge (1772-1834) est plutôt *tory*, bien qu'il inclue des aspects radicaux. Dans la politique du XIXe siècle, le grand homme des tories fut indiscutablement Benjamin Disraeli (1804-1881), qui sut incarner un conservatisme favorable aux intérêts populaires en même temps qu'à la grandeur de l'Empire.

Au-delà du jeu politique et partisan, l'opposition entre *whig* et *tory* (et la dissymétrie entre les deux notions) joue aussi un certain rôle dans la constitution des cadres de la pensée politique de langue anglaise. Les courants politiques sont classés selon des divisions qui sont lointainement issues du système partisan anglais (*liberal/conservative*), et on rencontre souvent chez les meilleurs auteurs l'idée que la politique juste a besoin à la fois d'un parti de l'ordre ou de la tradition et d'un parti du progrès et de la réforme, leur coexistence étant une des conditions d'un régime libre (voir, par ex., Mill, *De la liberté*, chap. 2, p. 132-133). Mais c'est sans doute dans la pensée historique que les schèmes de pensée whigs et, plus accessoirement, tories ont eu le plus d'importance. La vision dominante de l'histoire anglaise (qui met l'accent sur la continuité des libertés anglaises depuis les temps mythiques de l'« ancienne Constitution », et qui oppose volontiers la monarchie tempérée de Grande-Bretagne et la Révolution de 1688 à la monarchie absolue et à la Révolution française) peut être considérée comme fondamentalement *whig* : elle a inspiré de grands historiens, dont le plus brillant est sans doute Thomas Macaulay (1800-1859). Plus généralement, on peut aussi parler, selon l'expression de l'historien Herbert Butterfield, d'une « *whig interpretation of history* [interprétation *whig* de l'histoire] » pour désigner une histoire écrite du point de vue du progrès de l'esprit humain, qui cherche dans le passé les traces du conflit entre progressistes et réactionnaires afin de mettre en valeur les étapes de l'émancipation. En ce sens, le whiggisme n'est rien d'autre que la version anglaise de la philosophie des Lumières, qui culmine dans une interprétation de l'histoire dont on pourrait aisément trouver des équivalents continentaux chez des auteurs comme Lessing ou Condorcet. On ne s'étonnera donc pas que le destin de l'interprétation *whig* de l'histoire soit assez semblable à celui des autres versions du progressisme bourgeois : le marxisme lui est à la fois fidèle (par l'accent mis sur la cohérence entre la liberté politique, les intérêts de la classe moyenne et l'économie de marché) et infidèle (par sa critique des libertés formelles) ; et les auteurs contemporains auront tendance à sourire de son caractère ethnocentrique. À ce propos, J.G.A. Pocock (*Politics, Language and Time*, 1971, p. 291), qui a mieux que personne éclairé les subtilités de la politique anglaise, estime que le véritable historien ne peut sans doute pas être un bon *whig*, car sa relation aux paradigmes politiques en vigueur dans la société est toujours à la fois conservatrice et radicale.

Philippe RAYNAUD

BIBLIOGRAPHIE

BOLINGBROKE Henry Saint John, *Works*, 5 vol., Londres, 1754 ; repr. Hildesheim, Olms, 1968.

BUTTERFIELD Herbert, *The Whig Interpretation of History*, New York, Scribner's Sons, 1931.

HUME David, *Histoire d'Angleterre*, trad. fr. Mme Belot, Amsterdam, 1763.

— *Essais politiques* [extraits de *Essays. Moral, Political and Literary*, Londres, 1788], trad. fr. H.B. Mérian et J.-B.-R. Robinet, Vrin, 1972.

MACAULAY Thomas Babington, *Histoire d'Angleterre depuis l'avènement de Jacques II (1685) jusqu'à la mort de Guillaume III (1702)* [1849-1855], 2 vol., trad. fr. J. de Peyronnet et A. Pichot, Laffont, 1989.

MILL John Stuart, *De la liberté* [1859], trad. fr. L. Lenglet, à partir de la trad. fr. D. White, Gallimard, 1990.

POCOCK John G.A., *Politics, Language and Time. Essays on Political Thought and History* [1971], rééd. Chicago-Londres, University of Chicago Press, 1989.

— *Vertu, Commerce et Histoire. Essais sur la pensée et l'histoire politique au XVIIe siècle* [1985], trad. fr. H. Aji, PUF, 1998.

TRENCHARD John et GORDON Thomas, *Cato's Letters or Essays on Liberty, Civil and Religious, and Other Important Subjects* [1720-1723], 4 vol., Londres, W. Wilkins, T. Woodward, J. Waltoe and J. Peele, 1737, rééd. 2 vol., Indianapolis, Liberty Fund, « Liberty Classics », 1995.

WILLKÜR, FREIE WILLKÜR ALLEMAND – fr. *libre arbitre*

lat. *liberum arbitrium*

► ***LIBERTÉ*** [ELEUTHÊRIA], et ***DESTIN***, DEVOIR, ***MORALE***, ***POUVOIR***, PRAXIS, SOLLEN, VOLONTÉ

La question de la Willkür, *c'est-à-dire de l'arbitre, telle qu'elle se pose dans la doctrine de Kant, fournit un exemple remarquable de ce qu'une philologie philosophiquement conduite peut apporter à l'intelligence d'un concept au sein de la théorie où il opère. Il y a des raisons morphologiques et sémantiques très fortes, en allemand, de lier étroitement le statut de l'arbitre* (die Willkür) *et celui de la volonté* (der Wille). *Il y a également des raisons théoriques pour que ce lien se renforce encore lorsque l'« arbitre » est qualifié de « libre », si on tient que la « liberté » trouve sa définition la plus concrète, chez Kant, dans ce qui se nomme l'« autonomie » de la « volonté ». Mais ce lien fait essentiellement difficulté lorsque les commentateurs s'appuient sur une traduction de* Willkür *par « libre arbitre », sans pouvoir échapper à la tentation, apparemment si raisonnable, de traduire «* freie Willkür *» par le même syntagme, risquant ainsi de brouiller la cohérence de la doctrine kantienne de la liberté.*

I. ENJEU TERMINOLOGIQUE, ENJEU PHILOSOPHIQUE

A. Le problème de traduction

La difficulté en question est repérée, dès 1853, par J. Barni, rencontrant la nécessité de traduire *Willkür* dans l'Introduction à la *Métaphysique des mœurs*, et il n'y a pas de meilleur exemple des confusions que peuvent engendrer dans l'ordre du concept les choix terminologiques qui s'efforcent de régler les problèmes. Ainsi J. Barni écrivait-il dans une note :

> Le mot arbitre, par lequel je traduis le mot allemand *Willkür*, ne s'emploie ordinairement qu'avec une épithète, comme *libre arbitre, franc arbitre*, etc. ; mais je ne puis me servir ici de l'expression de libre arbitre, qui vient ensuite pour traduire *freie Willkür*, et je suis bien forcé d'employer le mot arbitre tout seul. Toute autre expression, d'ailleurs, ou conviendrait moins, ou me manque tout à fait, car il me faut réserver tous les mots analogues pour rendre les autres expressions ici distinguées et définies par Kant. Dans la suite, lorsque je le pourrai sans inconvénient, je traduirai *Willkür* par volonté.
>
> J. Barni, Introduction explicative, *in* E. Kant, *Éléments métaphysiques de la doctrine du droit*, A. Durand, 1853, p. IX.

La cohérence de la doctrine kantienne de la liberté résistera-t-elle aux incertitudes et à l'inévitable brouillage que ne peut manquer d'entraîner l'impossibilité de différencier, dans les termes, la « liberté » de la *Willkür* de celle, pour le moins accentuée comme telle, de la « *freie Willkür* » ? N'est-ce pas produire et entretenir la confusion, dans la version française de la langue de Kant, entre le « libre arbitre » qu'est l'arbitre à sa façon (implicitement, dans la langue naturelle) et ce même arbitre spécifié comme libre (explicitement, dans une langue désormais philosophique) ? Mais aussi, pour la même raison : à s'en tenir, en toute rigueur, à l'« arbitre » pour traduire *Willkür*, mais en conservant le « libre arbitre » pour restituer le sens de la « *freie Willkür* » (c'est la solution retenue, dans l'édition des *Œuvres* de Kant de la « Bibliothèque de la Pléiade » par J. et O. Masson, cf. leur note 2 de la page 457 de la *Métaphysique des mœurs*, *in* t. 3, p. 1418), est-on quitte pour autant ? N'est-ce pas, qu'on le veuille ou non, rabattre la compréhension qu'en a Kant sur la longue litanie des conflits qui ont opposé Pélage à Augustin, Érasme à Luther, Molina à Jansénius, et la réinscrire ainsi dans le champ de la philosophie qui fait écho à ces conflits, celui du cartésianisme, y compris celui revu et corrigé par Spinoza, Malebranche et Leibniz, au risque, en l'enfouissant sous un débat doctrinal externe, de masquer et manquer les intentions (et l'originalité) de Kant en la matière, telles qu'on doit les appréhender de l'intérieur de sa systématicité doctrinale ?

Sans doute le problème de traduction qu'on soulève ici et qu'on rencontre chez Kant — comment traduire « *freie Willkür* », c'est-à-dire : où placer en français l'adjectif qui qualifie la *Willkür*, l'arbitre, soit encore : comment nommer l'arbitre qualifié de *frei*, « libre » ? — reconduit-il à un problème de théorie philosophique, de tradition vénérable et tout à fait déterminant dans l'histoire des rapports de la philosophie et de la théologie comme dans l'histoire du rationalisme : comment entendre la liberté de l'arbitre dans ce qui se nomme « libre arbitre », rapporté à la volonté, mais aussi à l'entendement, au jugement, à la raison, à l'action — et à Dieu ? Mais en l'occurrence, l'exigence de clarification qu'il comporte est d'abord relative au souci de restituer, dans sa version française, toute la cohérence de la doctrine kantienne, sur un aspect capital de l'entreprise philosophique de Kant. Et tout s'éclaire, nous semble-t-il, si, pour rapporter *Willkür* (l'arbitre) à *Wille* (la volonté) dans l'élément de la liberté, on fait appel à l'« arbitre libre » pour dire la « *freie Willkür* » — un déplacement du déterminatif aussi lourd de sens que dans le cas du passage de la bonne volonté à la volonté bonne. Le problème de la traduction, qui au départ pourrait n'être que le fait d'un embarras de circonstance, se confond dès lors avec le souci du concept, et l'enjeu est de taille : en jeu, en effet, plus que la validité de la métaphysique kantienne, sa valeur (ce qui l'anime et la fait vivre), là où elle aspire à se justifier, dans les deux domaines où l'« arbitre » exige d'être qualifié de « libre », celui des « mœurs » (du droit et de la vertu), et celui de la « relation au mal ». Et dans les deux cas : du point de vue d'une « raison pratique ».

B. Lexicographie, étymologie

1. L'arbitre et l'arbitraire

On s'attardera un moment sur quelques instructions majeures qu'on peut tirer des dictionnaires de langue, concernant certes l'*arbitre*, mais surtout la *Willkür*. Du *Littré* au *Robert (Dictionnaire historique de la langue française)*, deux sens se trouvent distingués pour l'essentiel : l'un, qui s'imposera comme « classique » dès le milieu du XVIIe siècle, et qui signifie « celui qui juge dans un différend », par suite « l'autorité faisant respecter sa décision » ; l'autre, spécifiquement philosophique, voire (pour Littré) métaphysique, qui dès le XIIIe siècle exprime la « puissance qu'a la volonté de choisir entre plusieurs partis sans motifs extérieurs », donc le « pouvoir de se déterminer sans aucune cause que la volonté elle-même » (selon Littré), ou encore la « faculté de se déterminer par la seule volonté, sans contrainte » (selon le Robert). Le philosophe sera toutefois intéressé par la politisation immédiate du sens classique : l'arbitre entendu comme maître absolu, accentué encore lorsque l'adjectif substantivé, l'« arbitraire », renvoie au bon plaisir du prince plutôt qu'à sa bonne volonté, tirant ainsi l'arbitre vers l'irrationnel du caprice et toutes les mobilisations des sens, en même temps que vers le despotisme. Quant à la signification proprement philosophique, on doit noter d'abord qu'il faut, pour qu'elle se constitue comme telle, que l'arbitre se détermine comme « franc » ou « libre » ; et ensuite que cette détermination dessaisit en fait celui-ci de son pouvoir, transféré vers une autre faculté, la volonté, elle-même définie comme puissance de choix soustraite à toute extériorité et à tout déterminisme. D'où sans doute l'aspect « métaphysique » (évoqué par Littré) de l'arbitre ainsi annulé comme libre par la seule liberté concevable, celle de la volonté. Et c'est bien une philosophie de la volonté (lieu qu'on dira volontiers prédestiné de la vraie liberté), elle aussi éminemment classique, qui se substitue à une pensée de l'arbitre dans la convocation d'un « libre arbitre ». Posons alors une question, à laquelle la considération attentive de la *Willkür* nous permettra peut-être de répondre : et si Kant rompait précisément avec ce « classicisme » — culminant, en l'occurrence, chez Leibniz, cf. ses *Remarques sur la partie générale des Principes de Descartes* (« sur l'art. 39 ») : « Demander si notre volonté est libre est la même chose que demander si notre volonté est volonté. En effet, *libre* et *volontaire* signifient la même chose » ?

2. « *Willkür* »

Les dictionnaires d'usage courant soulignent le renforcement en allemand du sens de l'arbitre comme arbitraire ou caprice (dans l'expression *nach Willkür handeln*) ; il s'impose dans l'adjectif *willkürlich* (de « sans motif » à « despotique »), encore plus manifestement dans la *Willkürherrschaft*, le règne tyrannique, despotique, de l'arbitraire du bon plaisir. Plus nouveau pour notre propos (et c'est essentiel) : du *Grimm* au *Duden*, ce qu'enseigne l'étymologie de la *Willkür*. Le redoublement de *Wille* par *Kür* constitue une redondance significative. L'aspect du libre choix se concluant dans une décision de la volonté (prenant ici aussi un tournant péjoratif à partir du milieu du XVIIIe siècle : non motivée, donc despotique) devient dominant, puisque *Kür* renvoie à un verbe, *kiesen* (au passé *kor*, au participe passé *gekoren*), qui a même sens que *wählen*, « choisir » (un sens conservé dans les « exercices libres » de la gymnastique, qui se disent en effet *Kür*, comme dans le *Kurfürst* qu'est le Prince électeur). L'unité de sens, ici, se parfait quand, toujours instruit par l'étymologie, on prend acte que *wollen*, vouloir, a même racine que *wählen*, mais aussi que *wohl* (voir WERT), qui entre en composition avec tant de termes, en allemand, pour dire le bon, le bien, fait ou éprouvé dans le contentement et le plaisir qui lui est attaché. Or, n'est-ce pas ce « pouvoir de choix » lié à l'expérience gratifiante des figures plus ou moins sensibles de la jouissance, si ce n'est du « bonheur », qu'exprime la définition de la *Willkür* chez Kant, dans son Introduction à sa *Métaphysique des mœurs* :

> La faculté de désirer d'après des concepts, dans la mesure où le motif qui la détermine (*Bestimmungsgrund*) à l'action réside en elle-même et non dans l'objet, se dira *faculté de se conduire* [littéralement : de faire ou de laisser tomber, « *zu tun oder zu lassen* »] *à son gré* (*nach Belieben*). Dans la mesure où elle est liée à la conscience de la faculté qu'elle a d'agir pour produire l'objet, on la nommera *arbitre*.
>
> In *AK*, vol. 6, p. 213.

Le propre de la *Willkür*, c'est bien de décider (étant « libres de... », c'est-à-dire — prétendument ? — « maîtres de... ») d'agir « *nach Belieben* », « à volonté », c'est-à-dire en fait à sa guise, comme « bon » nous semble, comme il nous « plaira », les mobiles de l'arbitre étant liés à la satisfaction de la sensibilité. Revenons alors à la question dont nous sommes partis : qu'est-ce que *frei* introduit et modifie dans cette « donne » ? Autrement dit : de quoi *frei* libère-t-il la *Willkür* quand elle se détermine comme « *freie Willkür* » ? Une bonne façon d'accéder à la métaphysique de la *Willkür* est de séjourner plus avant dans les propriétés de la langue, cette fois dans sa grammaire, pour y scruter tout ce que recèle le *Will-* de *Willkür*.

C. Grammaire : liberté et temporalité

1. « *Ich will* », « *prétérito-présent* »

Grammaticalement donc, *Ich will* est le présent de *wollen*, d'un auxiliaire de mode qui se caractérise justement par la forme *passée* de son *présent* — ce que les grammairiens appellent un « prétérito-présent ». Quelques remarques s'imposent.

D'abord, la langue allemande comporte toute une famille de prétérito-présents. La liste, comme on va le voir, ne manque pas d'intérêt. Il y a, outre *ich will*, de *wollen* :

- « *ich kann* », de *können*, « pouvoir » au sens dominant d'« être capable », donc de « savoir faire », auquel il faut rattacher *Kunst*, l'art dans tous ses états ;
- « *ich darf* », de *dürfen*, toujours et encore « pouvoir », mais au sens cette fois d'« être autorisé », d'avoir la permission dans les limites ou l'extension d'un « droit » ;
- « *ich mag* », de *mögen*, « vouloir bien », voire « aimer » ; mais sur le fond d'un autre sens de pouvoir, celui d'« être possible » (*möglich*), d'« avoir la possibilité » (*Möglichkeit*) ;
- « *ich soll* », de *sollen*, *devoir* au sens du « devoir-être », de ce qu'implique très généralement le registre de l'ordre (à faire advenir), en particulier de l'obligation et d'abord, de celle qui naît d'une *Schuld*, une dette à acquitter (ou une faute à racheter) ;
- « *ich muß* », de *müssen*, là encore « devoir », mais au sens de « falloir », dans le registre de la nécessité, généralement subie comme contrainte, celle d'un « dé-faut », d'un manque à combler, donc d'un besoin ;
- et pour finir, « *ich weiß* », de *wissen*, « savoir » au sens de « connaître », qui nous ramène aussi, comme « savoir faire », à *können*, en passant par son autre forme, *kennen*.

Il importe ensuite de noter ce que cette famille de prétérito-présents a en commun : dans la forme passée de ces présents, plutôt que d'un passé qui aurait perdu sa valeur dans « l'indicatif » d'un présent, n'avons-nous pas des *prétérits* qui, dans leur « prétérition », donnent à entendre bien plus que ce qu'ils profèrent et qu'il s'agirait d'expliciter, à toutes fins utiles ?... Vient à l'esprit un modèle de ce qui est ici en question (modèle paradigmatique, s'il en est, puisqu'il recèle toute la matrice de l'idéalisme platonicien), celui qu'offre la langue grecque lorsqu'elle fait d'un *parfait* (second), *oida* [οἶδα], j'ai fini d'avoir vu, un *présent* signifiant « je sais ». Sur ce modèle-là, les prétérito-présents de l'allemand consignent à leur tour toute une histoire passée, tout un processus empirique conditionnant dans le présent le rapport à l'avenir, et ce, dans les modalités du possible, du réel et du nécessaire, dont Kant nous dit par ailleurs (*Critique de la raison pure*, B 266) qu'elles expriment le rapport du sujet à l'objet sans augmenter la connaissance de celui-ci. Autrement dit encore, les prétérito-présents concentrent en eux tout un ordre du temps, et c'est bien à la remémoration implicite de l'essentielle temporalité du sujet (de l'action, y compris de l'action qu'est la connaissance elle-même), pris dans les déterminations du passé et ouvert sur les attentes (les incertitudes, les promesses) de l'avenir, que ces « auxiliaires » prêtent leur concours (voir ASPECT et PRÉSENT).

Enfin, c'est peu dire que cette famille de « prétérito-présents » constitue l'élément dans lequel respire et se réfléchit la philosophie critique de Kant. Ce qui se nomme en elle l'« intérêt de la raison » ne cesse de s'articuler à ces auxiliaires de mode ; ceux-ci saturent le discours kantien, comme on peut l'expérimenter dans la lettre et l'esprit du texte original. Qu'on se réfère, pour un exemple particulièrement prégnant, aux fameuses trois questions dans lesquelles se récapitule l'inquiétude philosophique de Kant : que puis-je savoir ? (« *was* kann *ich* wissen ? »), que dois-je faire ? (« *was* soll *ich tun ?* »), que m'est-il permis d'espérer ? (« *was* darf *ich hoffen ?* ») (*Critique de la raison pure*, B 833).

Quelle histoire raconterait « *ich will* » (je veux), si on lui demandait de développer tout ce qu'enveloppe la forme passée de son présent tendu en fait vers son futur ? Sous sa forme, en allemand, « je veux » signifie : j'ai choisi en fin de compte, au terme de prélèvements et de comparaisons effectués parmi les multiples « objets » de l'expérience, de leur mise à l'épreuve, du « goût » que j'y ai trouvé, du plaisir ou du déplaisir que j'en ai retiré, et qui me valent aujourd'hui le désir de les réactualiser (ou de m'en détourner). L'« arbitre » kantien, dans son ordinaire, ne se définit pas autrement que comme cette faculté, dans le champ d'une *Begehrungsvermögen*, de « choisir » d'agir en fonction de la représentation et de l'anticipation d'un plaisir attendu (ou d'un déplaisir redouté), à tout le moins d'une satisfaction effective, en fonction de toute une expérience de la réalité, et en elle, de ce qu'on « peut » ou qu'on « doit » réaliser — mais dans l'ambiguïté de ces « pouvoir » et « devoir ».

2. La subsistance du passé

En demeurant encore dans la « philologie » de cette *Willkür*, que peut donc affirmer, chez Kant, sa spécification par *frei*, sinon que le vouloir qu'elle continue de signifier (le *wollen* de la *Will*-kür, donc le pouvoir de « choisir », *wählen*, réitéré dans *-kür*) se trouve désormais affranchi de toute cette expérience, de toutes les circonstances où tant de stimuli divers ont incliné vers tel ou tel comportement, délivré donc de tout ce qui affecte de l'extérieur la réceptivité de la sensibilité, et aussi de l'extériorité elle-même, mais encore du cours où celle-ci s'est succédé à elle-même dans l'intériorité du temps, donc pour finir, et surtout, « de ce temps lui-même », de son écoulement ? Car enfin, comment l'arbitre serait-il libre, s'il continuait de choisir sous l'emprise du temps qui passe ? Si être libre, c'est être « *dominus compos sui* », quel serait donc le pouvoir de l'arbitre sur lui-même lorsque dans ce temps qui passe, il n'y a pas d'autre présent que celui du passé qui lui impose sa forme avec tout son contenu, et quand on sait, Kant le rappelle assez souvent, que « ce qui appartient au temps écoulé n'est plus au pouvoir du sujet agissant » (cf., par exemple, *Critique de la raison pratique*, in *AK*, vol. 5, p. 94-95, 97) ?

Ainsi, sous l'apparence d'une « liberté de choix » éminemment « renforcée » que semble proposer la « *freie Willkür* », il s'agit bien d'entendre la « liberté » de l'arbitre dans sa rigueur : comme tout au moins, et pour l'instant tout au plus, l'indépendance conquise à l'égard de l'expérience et de ses conditionnements. Dès lors, dans les termes du criticisme kantien définis dès l'introduction à la *Critique de la raison pure*, la liberté de l'arbitre n'est autre que le retour de l'arbitre à un ordre de l'*a priori* (*Critique de la raison pure*, B 1-3).

Mais avant de revenir sur toutes les implications doctrinales de cette conclusion provisoire, il vaut la peine de s'attarder une dernière fois sur ce qui pourrait bien affecter la famille des auxiliaires de mode lorsque la « *freie Willkür* », libérée comme *frei* de son *wollen*, c'est-à-dire de son *wählen*, libère corrélativement le présent de ce *wollen-wählen* de ce qui s'indique et perdure dans la forme du « *ich will* » : la subsistance du passé, la marque d'un héritage, le poids d'une histoire empirique. Sans doute peut-on présumer des effets en chaîne de cette libération dans la structure d'ensemble du prétérito-présent où se signifient les modalités de la liberté — au moins là où la leçon kantienne retentit de la façon la plus mémorable : là où Kant nous dit, légitimant par là la reconnaissance de la liberté et son empire, que ce que l'homme veut, il le doit, et par suite le peut (cf. *Critique de la raison pratique*, in *AK*, vol. 5, p. 30 ; ou *Anthropologie*, in *AK*, vol. 7, p. 148), liant dans la solidarité la plus immédiate *wollen*, *sollen* et *können*. Cette solidarité nous rappelle que chaque choix effectué dans le *Wollen*, quand il est en fait un *Wählen*, s'inscrit dans la trame de toutes les histoires qu'enregistrent les divers auxiliaires de mode, en tant que chacun, dans son indicatif présent, exprime la conclusion d'un passé. Cette solidarité n'implique-t-elle pas alors, quand le *Wollen* se trouve libéré du choix conditionné par l'ensemble de ces histoires, que le *Sollen* soit *ipso facto* libéré de la sienne ? Soit : que le « devoir » soit affranchi du poids de la dette (*ich soll* signifie bien « j'ai contracté une dette »), de la contrainte du remboursement, comme de l'héritage de la faute (sous la forme du péché originel) et de son rachat ? Et nous avons alors un arbitre libéré lui-même de la « clause juridique » qui ramène (et réduit) le mobile de la volonté, dans l'illusion de rendre celle-ci d'autant plus indépendante qu'elle serait « quitte », à l'obsession de l'acquittement. La même solidarité n'implique-t-elle pas aussi que, de même façon, le *Können* soit libéré de la longue patience qui en fait un *Kunst* ou un *Kennen* (*ich kann* signifie bien « j'ai fini d'apprendre et je sais y faire ») ? soit : que le « pouvoir » soit affranchi de l'habileté et de la prudence où se parfait le savoir-faire dans le traitement des choses et des hommes ? Et nous avons à présent un arbitre libéré de la *clause pragmatique* faisant de l'intelligence « technico-pratique » le déterminant de la volonté qui la rendrait d'autant plus autonome qu'elle serait plus instruite.

II. LIBRE ARBITRE, ARBITRE LIBRE ET LIBERTÉ DE L'ARBITRE

A. Nécessité par liberté

S'il y a une cohérence dans ce véritable « système » d'effets produits, à la racine, par la détermination de l'arbitre comme libre, comment ne pas comprendre l'extension de cette libération en chaîne, et c'est sans aucun doute paradoxal, comme le règne d'une nécessité absolue ? Car c'est bien au paradoxe comme à l'absolu que nous introduit cette dé-liaison généralisée, ou pour mieux dire, cet universel du non-lien qui pourtant lie impérativement. Pour résoudre ce paradoxe et assumer cet absolu, il importe alors d'éclairer le sens profond et l'originalité de cette nécessité, d'un autre ordre que la nécessité régnant dans l'expérience que fait de la Nature une « nature » humaine dé-finie en elle par ses facultés de connaître et de désirer, et son sentiment du plaisir et de la peine. En première approche : cette nécessité libère elle-même de la modalité affectant, de façon « subjectivement synthétique », toute action du sujet de la connaissance dans le temps (dans la permanence, la succession ou la simultanéité) ; c'est bien la nécessité de l'inconditionné. Plus avant, et pour aller justement à la racine de la liberté – telle que s'est efforcé de le conceptualiser l'idéalisme allemand à la suite de Kant –, cette nécessité libère de la nécessité du temps lui-même, de cet incontournable « milieu » de la représentation du monde des objets comme de l'horizon des objectifs. En nous faisant accéder à cet inconditionné, cette nécessité nous fait entrer, en nous y élevant, dans l'« intemporel » du suprasensible, comme dans l'« esprit » du transcendantal (la sphère des conditions de possibilité) – là où Kant affronte pour finir la redoutable relation au mal, qui ramène sur la scène de la pratique humaine, dans les difficultés que l'on sait (*La Religion dans les limites de la simple raison*, I et II), l'arbitre et sa liberté.

B. L'arbitre libre

Deux questions, chemin faisant, ne peuvent manquer de se poser, que ces considérations laissent en suspens : d'abord, en tant qu'arbitre « libre », si l'arbitre libère par l'effet généralisé d'une « loi de liberté », mais parce qu'il est lui-même libéré, qu'est-ce qui libère l'arbitre lui-même ? Ensuite : en tant qu'« arbitre » libre, dessaisi de tout le poids du réel qui le mobilise dans l'ordinaire du temps, porté à la nudité de l'abstraction tant il se retrouve soustrait au monde des phénomènes, pourquoi parler encore de *Willkür* ? quelle raison l'arbitre aurait-il encore de choisir ? et s'il doit y en avoir une qui légitime l'usage du terme d'« arbitre », dans quelle alternative ?

Pour situer l'« arbitre libre » dans sa juste perspective, redescendons pour commencer au plan de cette nécessité telle qu'elle s'ordonne et s'éprouve dans l'expérience d'une « pratique ». Tout commence, au cœur de celle-ci, par une exigence de la raison : qu'une action puisse être « imputée » à son agent comme à son auteur (son *Urheber*) ; sans quoi, où seraient le mérite et la faute ? Cette condition de possibilité de la morale comme du droit recouvre alors une autre exigence, plus rationnelle encore que raisonnable : pas d'auteur qui ne soit *causa libera* (grâce à quoi l'individu accède à la dignité de *personne*) ; soit : pas d'imputabilité sans liberté (*La Religion dans les limites*..., in *AK*, vol. 6, p. 26 ; *Métaphysique des mœurs*, in *AK*, vol. 6, p. 223 et 227). Or, il y a, comme chacun peut s'y référer, l'expérience de la *loi morale*, expérience d'une loi tout autre que les lois de la nature. On sait que Kant enregistre cette expérience comme celle d'un « fait de la raison », et ce fait comme la *ratio cognoscendi* de la liberté qui a, réciproquement, dans cette liberté, sa *ratio essendi* (*Critique de la raison pratique*, in *AK*, vol. 5, p. 4). C'est dans ce « fait », par conséquent, que s'atteste la « réalité effective » de la liberté, face à l'« hypothèse » spéculative qui ne lui assure, dans la *Critique de la raison pure*, que le statut d'une simple « possibilité », et c'est cela qui autorise la raison pratique à revendiquer la « nécessité » de cette liberté, si inconnaissable et incompréhensible qu'elle soit, comme l'un de ses « postulats ». Ainsi, chaque fois que la loi morale se manifeste sous la forme de l'impératif catégorique (c'est-à-dire inconditionné autant qu'inconditionnel), c'est le passage l'une dans l'autre, au point de ne faire qu'un, de la liberté et de la nécessité que résume en elle l'expression apparemment si contradictoire de « loi de liberté ». Mais il convient alors de ne pas oublier que le champ où s'opère ce passage est celui de la faculté de désirer. C'est donc en elle qu'il faut comprendre cette *raison* dont la loi morale est le « fait », et aussi la rationalité du « je dois » (*ich soll*) prescrit par cette loi, signifiant tout à la fois « je veux » (*ich will*) et « je peux » (*ich kann*), et donc, pour finir, les rapports, sous cette raison, de la volonté (*der Wille*) qui veut et de l'arbitre (*die Willkür*) qui peut.

On vient encore de l'évoquer sans l'appeler de son nom kantien – et déjà lorsqu'on soulignait précédemment le lien empirique entre un arbitre voué à l'action et un « principe » de satisfaction, voire de plaisir, attaché à son accomplissement, et de nature inévitablement sensible. Il y a donc très généralement, là où il prend place (dans la faculté de désirer), une *pathologie* de l'arbitre à laquelle l'arbitre humain ne saurait échapper. C'est dans le cadre de cette « pathologie » que l'arbitre humain s'oppose radicalement à l'arbitre animal, comme nous le remémore l'Introduction à la *Métaphysique des mœurs* (in *AK*, vol. 6, p. 213-214 et 226-227). L'« *arbitrium brutum* », que Kant qualifie encore significativement de *servum*, est asservi aux stimuli de la sensibilité selon une double caractérisation : il est déterminé par eux exclusivement et nécessairement (entendons bien : par la seule nécessité empirique relevant des lois de la nature ; voir encadré 2, « Serf-arbitre », dans ELEUTHÊRIA). Quant à l'« *arbitrium liberum* » propre à l'homme (grâce à quoi celui-ci n'est pas un animal comme les autres), il demeure certes un arbitre « sensible », mais cette sensibilité se limite à l'affecter et ne va pas jusqu'à le déterminer, parce que autre chose en lui est à même de le motiver : une « volonté pure », traduisant sa réalité d'« être intelligible ». Cela, la *Critique de la raison pure* l'avait déjà établi :

> L'arbitre humain est certes (*zwar*) un *arbitrium sensitivum*, or (*aber*) [il est] non *brutum*, mais (*sondern*) *liberum*, parce que la sensibilité ne fait pas de l'action de celui-ci une nécessité, mais (*sondern*) qu'une faculté cohabite dans l'homme, celle de se déterminer de lui-même indépendamment de la contrainte venant des impulsions sensibles.
>
> B 562.

La « nature » de l'arbitre humain est donc telle qu'elle échappe à la *Nature* : en lui se présente (s'actualise) une faculté d'auto-détermination qui le sépare (*sondern*), dans sa nature sensible, du pouvoir de la sensibilité, et constitue une objection décisive (*aber*) à la réduction du *sensitivum*, en tant que tel indéniable (*zwar*), au *brutum* ; en fait foi, bien entendu, l'expérience cruciale à cet égard de la loi morale, qui est, on l'a rappelé, celle d'une « liberté » pratique.

Tout se passe comme si l'arbitre humain devait être défini comme une alternative entre deux pouvoirs de choisir. On aurait d'un côté celui, très empirique, de la faculté de désirer intrinsèquement liée à la « sensibilité » et au « sentiment » du plaisir et de la peine, bref d'un « libre arbitre » tel qu'il est communément entendu, conscient d'opter *nach Belieben*, selon son bon plaisir, au risque d'être arbitraire plutôt que libre. Et de l'autre côté, on aurait le pouvoir de choix, cette fois moral, de la même faculté de désirer, mais intrinsèquement liée, en l'occurrence, à l'essence « suprasensible » d'une raison pure, en mesure par là d'opter soit pour les inclinations de l'affect, en acceptant de les rendre déterminantes – mais on reviendrait par là au « libre arbitre » –, soit pour les injonctions d'une volonté pure, c'est-à-dire d'une raison pure « comme législatrice », et ce serait le pouvoir de choix de l'« arbitre libre », en l'espèce défini par son indépendance à l'égard de toute influence sensible – au sein de la sensibilité, faut-il le rappeler ? L'autodétermination exclut que l'affect puisse encore déterminer le choix, sans que, pour autant, la sensibilité soit annulée puisque, face à la loi morale, il y a le sentiment de respect. Il n'y aurait alors aucune différence entre cet arbitre libre et le « libre ou franc arbitre », cette fois philosophiquement défini de la tradition classique.

Si l'on ajoute, pour finir, que le « régime » de l'arbitre est celui de l'« hétéronomie » (voir *Critique de la raison pratique*, in *AK*, vol. 5, p. 43), quand la maxime que l'arbitre applique à la conduite de l'action accueille en elle les incitations de la sensibilité, et que l'auto-détermination de la raison pure « comme législatrice » n'est autre que l'« autonomie » qui constitue, depuis les *Fondements de la métaphysique des mœurs*, la propriété remarquable de la volonté de l'être rationnel, une conclusion toute simple s'imposerait, à partir de là, concernant, et la définition de l'« *arbitrium liberum* », et la réponse à la question : qu'est-ce qui libère l'arbitre lui-même ? L'arbitre libre serait l'arbitre arraché à l'hétéronomie par l'autonomie de la volonté.

C. Liberté de l'arbitre

Mais cette simplicité est trompeuse. Il faut impérativement accorder toute leur importance, ici, aux mises au point, qu'on peut dire définitives, auxquelles Kant se consacre au terme de l'Introduction à sa *Métaphysique des mœurs* :

> De la volonté procèdent les lois ; de l'arbitre les maximes. En l'homme, ce dernier est un arbitre libre ; la volonté qui ne se rapporte à rien d'autre qu'à simplement la loi, ne peut être dite ni libre ni non libre, puisqu'elle ne se rapporte pas à des actions, mais immédiatement à la législation portant sur la maxime des actions (donc à la raison pratique elle-même), et qu'elle est en conséquence tout bonnement nécessaire sans être elle-même susceptible d'aucune contrainte. Il n'y a donc que l'*arbitre* qui puisse être dit *libre*.
>
> [*Von dem Willen gehen die Gesetze aus ; von der Willkür die Maximen. Die letztere ist im Menschen eine freie Willkür ; der Wille, der auf nichts anderes, als bloß auf Gesetz geht, kann weder frei noch unfrei genannt werden, weil er nicht auf Handlungen, sondern unmittelbar auf die Gesetzgebung für die Maxime der Handlungen (also die praktische Vernunft selbst) geht, daher auch schlechterdings notwendig und selbst keiner Nötigung fähig ist. Nur die* Willkür *also kann* frei *gennant werden.*]
>
> Kant, *Métaphysique des mœurs*, Introduction, in *AK*, vol. 6, p. 226 *sq.*

Si on rappelle, à l'appui de ces précisions essentielles, que dans le cas d'un « but pratiquement nécessaire », la « volonté rationnelle pure » « *ne choisit pas* mais *obéit* à un commandement inflexible de la raison » (*Critique de la raison pratique*, in *AK*, vol. 5, p. 143), on est fondé à se demander comment la volonté, n'étant pas libre elle-même de choisir, pourrait bien libérer l'arbitre. Son autonomie n'est que l'ordre de la raison prenant forme dans un pouvoir de légiférer, et ne peut être considérée comme un pouvoir d'action sur l'arbitre. Et l'on ne saurait dire de l'arbitre qu'il est libre s'il devait obéir lui-même à la loi de la volonté, même en supposant une « transitivité » qui serait interne à la faculté de désirer, transférant immédiatement d'une instance à l'autre cette propriété nommée liberté, sans refaire ainsi de la liberté le propre de la volonté et nier que seul l'arbitre puisse être dit libre — ce qui contredirait doublement la lettre des conclusions kantiennes. La question précédemment formulée subsiste donc : qu'est-ce qui libère l'arbitre ? Une question qu'on pourrait encore prolonger : qu'est-ce qui fait de cette liberté un pouvoir d'agir « positif » si, libéré des mobiles de la sensibilité, l'arbitre n'est qu'indépendant, c'est-à-dire, selon les propres termes de Kant, « négativement » libre seulement ? Mais de même, si on se réfère aux lignes qui suivent le passage cité : « Or la liberté de l'arbitre ne peut être définie par la faculté de choisir d'agir pour ou contre la loi (*libertas indifferentiae*) — comme s'y sont bien essayées quelques-unes [...] on ne peut placer la liberté dans le pouvoir qu'aurait aussi le sujet raisonnable d'opérer un choix s'opposant conflictuellement à sa raison (législatrice) », l'autre question posée insiste encore plus fortement : sans liberté « de choix », pourquoi parler encore d'arbitre ?

Pierre OSMO

BIBLIOGRAPHIE

CASTILLO Monique, *Kant*, Vrin, 1997.

DELBOS Victor, *La Philosophie pratique de Kant*, PUF, 3e éd., 1969.

HÖFFE Otfried, *Introduction à la philosophie pratique de Kant*, Vrin, 1993.

KANT Emmanuel, *Werke*, éd. de l'Académie royale des sciences de Prusse (= *AK*), 1902-1910, Berlin, de Gruyter, 1968.

— *Œuvres*, 3 vol., éd. A. Philonenko, H. Wismann, L. Ferry, A. Renaut, J. et O. Masson, Gallimard, « La Pléiade », 1980-1986.

ROVIELLO Anne-Marie, *L'Institution kantienne de la liberté*, Ousia, 1984.

OUTILS

DHLF : REY Alain (dir.), *Dictionnaire historique de la langue française*, 3 vol., Le Robert, 1992.

DUDEN Konrad, *Etymologie. Herkunftswörterbuch der deutschen Sprache*, éd. G. Drosdowski, P. Grebe *et al.*, Mannheim, Dudenverlag, 1963.

EISLER Rudolf, *Kant-Lexikon* [1926-1930], repr. Hildesheim, Olms, 1961 ; trad. fr. augm. A.-D. Balmès et P. Osmo, Gallimard, 1994.

GRIMM Jacob et Wilhelm, *Deutsches Wörterbuch*, Leipzig, Hirzel, 1854, repr. Munich, Deutscher Taschenbuch, 1984.

LITTRÉ Émile, *Dictionnaire de la langue française*, 4 vol., Hachette, 1873.

WORK IN PROGRESS ANGLAIS

► *ŒUVRE*, et ART, *FORME*, PRAXIS, ***PROGRÈS***, VORHANDEN

*Après la publication d'*Ulysse *(1922), James Joyce entreprit la rédaction d'un texte qu'il nommait son* Work in Progress *et dont il livra divers fragments au cours des années 1920 et 1930. L'ouvrage parut en 1939, nanti de son titre définitif,* Finnegans Wake, *mais la notion de* Work in Progress *avait eu le temps de s'imposer. Elle s'applique à merveille à certaines œuvres plastiques, dont le* Merzbau *de Kurt Schwitters est emblématique.*

Commencée à Hanovre en 1923, cette construction proliférante, en constante évolution, était par essence inachevable : l'artiste ne visait nullement une forme définitive, pérenne, car, comme il l'écrivit, « merz ne se connaît aucun but, d'ailleurs les buts sont inaccessibles » (« Les tableaux merz » [1932], trad. fr. M. Dachy, p. 178). La pratique de l'inachevable ne doit pas être comprise sous les auspices de l'esthétique du *non finito*, modalité parmi d'autres de l'achèvement. L'œuvre perpétuellement *en cours* bouleverse les idées admises sur la création. Loin de mettre l'accent sur le résultat de procédures instauratrices tendues vers la réalisation définitive d'un objet sensible, elle déplace l'attention sur le processus lui-même. Ce changement de cap tisse des liens serrés entre l'art et la vie et il affiche une primauté de l'*energeia* [ἐνέργεια], du *poiein* [ποιεῖν].

La conception de l'œuvre comme *Work in Progress* a trouvé un prolongement spectaculaire dans le *Process Art*. Terme anglais, *process* (« processus, procédure ») s'impose dans le vocabulaire critique au cours des années 1960, quand des artistes réalisent des œuvres qui

1

L'« Anti Form » de Robert Morris

Robert Morris présenta dans l'entrepôt de la galerie Castelli, à New York, *Continuous Project Altered Daily* (1969), une installation de matériaux de rebut sur laquelle il intervenait quotidiennement. Cette œuvre, véritable *Work in Progress*, pouvait connaître un « développement perpétuel ». L'année précédente, il avait publié un article qui précisait sa conception de « l'antiforme » et dans lequel il écrivait notamment :

> La forme n'est pas perpétuée par les moyens mais par la conservation de buts idéalisés et séparables. C'est une entreprise anti-entropique et conservatrice. [...] Récemment, des matériaux autres que les matériaux industriels rigides sont apparus. Oldenburg a été l'un des premiers à utiliser ces matériaux. La recherche sur leurs propriétés est en cours. Cela entraîne une reconsidération de l'usage des outils par rapport aux matériaux. Dans certains cas, ces recherches vont de la fabrication des choses à la fabrication du matériau lui-même. Quelquefois, on peut manipuler directement un matériau donné sans utiliser d'outils. Dans ces cas-là, les considérations de gravité deviennent aussi importantes que celles d'espace. La focalisation sur l'objet et la gravité considérés comme moyens aboutit à des formes qui n'étaient pas envisagées à l'avance. Les considérations d'ordre sont forcément accidentelles, imprécises et non accentuées. L'empilement au hasard, l'entassement branlant, la suspension donnent une forme éphémère au matériau. Le hasard est accepté et l'indétermination est implicite tout comme le remplacement qui aboutit à une autre configuration. Le désengagement des formes et des ordres préconçus et permanents des choses est une affirmation positive. Cela fait partie du refus de l'œuvre de continuer à esthétiser la forme en la traitant comme un but imposé.

Robert Morris, « Anti Form », *Art-forum*, avril 1968, trad. fr. in *Attitudes / Sculptures*, catalogue de l'exposition éponyme, Bordeaux, capcMusée d'art contemporain de Bordeaux, 1995, p. 51-52.

s'appliquent à exhiber comment surgissent les formes – l'exposition *Art in Process: the Visual Development of a Structure* (Finch College, 1966) rendait compte de ce volet – ou qui misent sur les modifications et des altérations inéluctables pour faire évoluer l'apparaître des objets présentés. Le *Process Art*, mouvance polymorphe, inclut des démarches fort diverses. Elles font appel aux matériaux les plus variés – terre, végétaux, plomb, feutre, tissu, graisse, métaux, bois, eau, lait, etc. – dont la forme est le plus souvent aléatoire, et qui demeurent soumis aux aléas du temps. La logique de cette évolution qui sollicite les vertus de l'entropie, du hasard, conduisit à formuler la notion d'*Anti Form*, dont le sculpteur Robert Morris fut l'un des zélateurs les plus tranchants. Refusant l'esthétisation de la forme, refusant même d'accepter qu'elle soit « un but imposé », l'antiforme radicalisait les propriétés essentielles du *Work in Progress*.

♦ Voir encadré 1.

Denys RIOUT

BIBLIOGRAPHIE

ECO Umberto, *L'Œuvre ouverte* (1962), trad. fr. C. Roux de Bézieux, Seuil, 1965 (chap. 6 : « De la "Somme" à "Finnegans Wake". Les poétiques de James Joyce »).

MORRIS Robert, « Anti Form » (1968) et « Notes on Sculpture. Part IV : Beyond Objects » (1969), in *Continuous Project Altered Daily : The Writings of Robert Morris*, Cambridge (Mass.), MIT Press, 1994.

SCHWITTERS Kurt, « Les tableaux merz » (1932), in *Merz. Écrits*, édition établie, présentée et annotée par M. Dachy, Gérard Lebovici, 1990.

WUNSCH ALLEMAND – fr. *désir, souhait*

angl. *wish*

► ***DÉSIR***, et AIMER, CONSCIENCE, ES, INCONSCIENT, INTENTION, JE, ***MALAISE***, PLAISIR, PULSION, SEHNSUCHT, VOLONTÉ

Le terme allemand Wunsch *est, comme* Trieb *(« pulsion »), au cœur de la conceptualité freudienne, puisqu'il désigne le désir qui est accompli (littéralement : « rempli »,* erfüllt*) par les formations de l'inconscient (rêve, fantasme, symptôme, lapsus, etc.). Si le sens de* Wunsch *paraît d'abord plus proche de « souhait », la traduction traditionnelle par « désir » a eu pour effet, d'une part, de gommer ce qu'il y a d'automatique dans le mécanisme décrit par Freud, d'autre part, de masquer la richesse des termes qu'il utilise pour rendre compte des multiples faces du désir humain. Ainsi chez Freud rien ne ressemble à cette théorie du désir que croit y lire Lacan, par l'intermédiaire, il est vrai, de Hegel interprété par Kojève à la lumière de Heidegger. Le « Désir » de Lacan est beaucoup plus proche de la* Begierde *hégélienne (qui désigne un moment de la conscience) que du* Wunsch *freudien (qui vise un mécanisme psychique inconscient).*

I. LE SENS DE « WUNSCH » CHEZ FREUD

Contrairement à *pulsion*, *désir* est évidemment un terme courant en français. À l'exception des *Œuvres complètes de Freud/Psychanalyse* [abrév. *OCF/P*], qui ont retenu « souhait », « désir » est le terme choisi pour rendre le *Wunsch* de Freud ; sa conceptualisation précise remonte à l'*Esquisse d'une psychologie scientifique* et surtout à l'*Interprétation des rêves*, dont la thèse la plus célèbre est la définition du rêve comme *Wunscherfüllung* (« réalisation de désir » ou « accomplissement de souhait »). La difficulté est double : celle du sens précis de *Wunsch* et celle de la multiplicité des termes présents dans l'œuvre de Freud qui pourraient tous être traduits par « désir » : *Begierde*, *Begehren*, *Begehrung*, *Lust*, *Gelüste*, *Sehnsucht*, *Gier*, *Verlangen*.

Wunsch, chez Freud, renvoie à un mécanisme psychologique inconscient et automatique lié à la nécessité vitale. Il se comprend par rapport à l'*expérience de satisfaction*. C'est dans le chapitre de la *Traumdeutung* [*Interprétation des rêves*] intitulé justement « *Zur Wunscherfüllung* [Sur la réalisation du désir] », que Freud expose clairement le lien entre l'expérience de satisfaction et le désir. Il y fait l'hypothèse d'un « appareil psychique » dont le fonctionnement purement réflexe se complique à cause de la « nécessité de la vie », qui impose ses besoins internes à l'organisme :

> L'enfant affamé, dans sa détresse, va se mettre à crier ou à s'agiter. Mais la situation reste inchangée, car l'excitation provenant d'un besoin interne correspond à une force qui ne frappe pas instantanément, mais qui agit de façon continue. Une modification ne peut se produire que si, par un moyen quelconque, une action extérieure permet à l'enfant de connaître l'expérience de satisfaction qui supprime la stimulation interne. Une composante essentielle de cette expérience est l'apparition d'une certaine perception (par exemple, la nourriture), dont l'image mnésique est désormais associée avec la trace mnésique de l'excitation du besoin. Dès que ce besoin resurgira, la liaison ainsi créée fera naître une motion psychique qui investira à nouveau la trace mnésique de cette perception et rappellera ainsi la perception elle-même ; elle reproduira, par conséquent, la situation de la première satisfaction. Une telle motion est ce que nous appelons un désir, le resurgissement de la perception est la réalisation du désir [*Wunscherfüllung*], et l'investissement total de la perception par l'excitation du besoin est la voie la plus courte pour la réalisation du désir.
>
> Freud, *Gesammelte Werke* [GW], II-III, p. 571.

On voit que, tout comme *Trieb*, *Wunsch* a un sens technique chez Freud. Le mécanisme psychologique auquel renvoient ces deux termes est d'ailleurs très proche. Freud mentionne à plusieurs reprises que le désir est la « force pulsionnelle [*Triebkraft*] » sans laquelle le rêve ne se formerait pas. Il est ainsi question du *Wunsch* comme « unique force pulsionnelle pour former le rêve [*einziger psychischer Triebkraft für den Traum*] » (GW, II-III, p. 574). Or Freud définit le *Wunsch* comme une réaction à l'« excitation provenant d'un besoin interne », excitation qui « correspond à une force qui ne frappe pas instantanément, mais qui agit de façon continue ». L'*Inter-*

prétation des rêves reprend des formules de l'*Esquisse* et anticipe sur la définition postérieure de la pulsion. On peut donc voir dans le *Wunsch* un mécanisme pulsionnel présentant une caractéristique propre : la reviviscence hallucinatoire d'une expérience de satisfaction. Dans la mesure où le propre du désir est son lien avec une perception, on comprend que l'étude du rêve permette d'en dégager au mieux la nature. Mais c'est surtout sa dimension inconsciente qui doit être prise en compte. Comment appliquer la loi selon laquelle tout rêve est accomplissement de désir aux rêves pénibles, aux cauchemars ? La réponse tient à la division du psychisme en deux instances : l'une (l'inconscient) recherche dans la réalisation du désir l'obtention d'un plaisir, qui est vécu comme déplaisir par la seconde instance (préconscient-conscient), plus tardive. Rien n'est donc plus éloigné du *Wunsch* freudien qu'un modèle ontologique du désir, dont l'origine remonte à l'*erôs* platonicien et dont on pourrait suivre la trace dans l'*amor Dei* augustinien : à savoir une force inscrite dans l'être de l'homme et qui le conduit, s'il sait la suivre, vers l'objet comblant son manque essentiel. Le désir est alors, comme marque de l'imperfection humaine, la trace de la perfection à laquelle il aspire. Le désir freudien repose sur un mécanisme inconscient dont l'homme n'est pas maître. Il traduit, d'autre part, l'inadaptation fondamentale du psychisme humain : le désir inconscient est indestructible et il suit toujours la « voie la plus courte », la plus dangereuse, puisqu'elle concentre la totalité de l'énergie sur la simple perception.

II. LA TRADUCTION DE « WUNSCH » EN FRANÇAIS

La traduction de *Wunsch* par « désir » est-elle correcte ? Convergent ici des questions terminologiques et le poids de la théorie lacanienne du désir. Une telle traduction s'était imposée jusqu'au choix opéré par l'équipe des *OCF/P* (cf. A. Bourguignon *et al.*, *Traduire Freud*). Pour tenir compte de la diversité des termes freudiens touchant au champ général du désir et par souci de précision et de systématicité, les *OCF/P* ont choisi de traduire *Wunsch* par « souhait » (réservant « désir » à *Begierde*). Or *Wunsch* a un sens plus fort que « souhait ». Alors que *souhait* traduit le latin *votum*, *Wunsch* est mentionné au XVIe siècle (cf. Johann Fries, *Novum Dictionariolum puerorum latinogermanicum*, Zurich, Froschover, 1556) pour traduire *appetitio* (avec *Begird*), *desideratio* (avec *Begird* et *Verlangen*) et *desiderium* (avec *Lust*, *Begird* et *Verlangen*). Et le sens ne s'est pas affaibli. Quand Goethe écrit : « *In deinem Herzen muß eben der Wunsch keimen* », il veut bien dire : « Dans ton cœur doit naître le désir », et pas le « souhait ». Par ailleurs, l'idée d'un souhait inconscient

---

1

Le « Désir » selon Jacques Lacan

► AUFHEBEN, DASEIN

L'interprétation du désir selon Freud par Lacan le conduit à distinguer rigoureusement *Wunsch* et *désir* : « Il faut s'arrêter à ces vocables de *Wunsch*, et de *Wish* qui le rend en anglais, pour les distinguer du désir [...]. Ce sont des vœux » (*Écrits*, p. 620). Alors que Freud fait du *Wunsch* un cas particulier du *Trieb*, Lacan fait du désir une structure générale des pulsions : « Ce désir, où se vérifie littéralement que le désir de l'homme s'aliène dans le désir de l'autre, structure en effet les pulsions découvertes dans l'analyse [...] » (*ibid.*, p. 343). Or cette interprétation reproduit sur Freud l'opération déjà pratiquée par A. Kojève sur *La Phénoménologie de l'esprit* de Hegel, lors de son célèbre séminaire de l'École pratique des hautes études tenu de 1933 à 1939 et dont Lacan fut un fidèle auditeur. Dans son commentaire « Autonomie et dépendance de la Conscience-de-soi : Maîtrise et Servitude » (chap. IV, sect. A), Kojève donne au désir une portée qu'il n'a pas dans le texte de Hegel. Pour Kojève, le désir (avec un D majuscule dans l'éd. R. Queneau) est au cœur du processus de subjectivation : « C'est le Désir (conscient) d'un être qui constitue cet être en tant que Moi [...]. L'être même de l'homme, l'être conscient de soi implique donc et présuppose le Désir. » Mais, précise Kojève : « À lui seul, ce Désir ne constitue que le Sentiment de soi » (p. 11). Comment donc passe-t-on au stade proprement humain de la Conscience de soi ? Par le désir du désir : « Pour qu'il y ait Conscience de soi, il faut donc que le Désir porte sur un objet non naturel, sur quelque chose qui dépasse la réalité donnée. Or la seule chose qui dépasse ce réel donné est le Désir lui-même. » D'où l'interprétation par Kojève de la « lutte pour la reconnaissance », qui est pour lui « désir de la *reconnaissance* » : « L'homme *s'avère* humain en risquant sa vie pour satisfaire son Désir humain, c'est-à-dire son Désir qui porte sur un autre Désir. Or désirer un Désir, c'est vouloir se substituer soi-même à la valeur désirée par ce Désir » (p. 14).

Qu'en est-il chez Hegel ? « Désir » traduit l'allemand *Begierde* du texte de Hegel, terme qui implique bien le rapport à un objet. Quel objet ? Pour Hegel, il s'agit de la vie, qui se présente comme l'autre de la conscience et « la conscience de soi n'est certaine de soi-même que par la suppression [*Aufheben*] de cet autre qui se présente à elle comme vie indépendante : elle est désir [*Begierde*] » (*Phänomenologie des Geistes*, 1988, p. 125). Cependant, la satisfaction du désir (qui n'est donc pas *Wunscherfüllung*, mais *Befriedigung der Begierde*) dans l'objet ne supprime pas le désir, mais le reproduit. Pour Hegel, la conscience ne peut se satisfaire que dans un objet qui ne se supprime pas, c'est-à-dire dans un objet qui « accomplit la négation », en d'autres termes dans une autre conscience de soi : « La conscience de soi ne parvient à se satisfaire que dans une autre conscience de soi » (p. 126). Mais il semble bien que, au cours de cette analyse, et contrairement à l'interprétation de Kojève, le « désir » ne dépasse jamais la sphère de la « vie », de l'immédiateté, de l'indépendance, de l'« objet », alors que le « Je [*Ich*] », qui est, dit Hegel, « l'objet du concept [de la conscience de soi] n'est en fait pas *objet* [*Ich, das der Gegenstand seines Begriffs ist, ist in der Tat nicht Gegenstand*] » (p. 127). La lutte pour la reconnaissance, la dialectique du maître et de l'esclave, implique précisément un stade supérieur à celui de la vie (elle implique le risque de la mort), et donc du désir lui-même.

Si le *Wunsch* de Freud est un « vœu », aucun terme freudien ne correspond à ce désir ontologique produit chez Lacan d'une interprétation de Hegel à travers le *Dasein* de Heidegger.

paraît plus difficilement acceptable que celle d'un désir inconscient. Un souhait suppose la participation active de celui qui souhaite. Il paraît difficile de penser qu'on soit le jouet d'un souhait comme on l'est d'un désir. Traduire *Wunsch* par « désir » peut donc se justifier. La traduction des *OCF/P* s'aligne de fait sur la traduction anglaise de J. Strachey, où *Wunsch* est rendu par *wish* et *Begierde* par *desire*. Mais *wish* provient de la même racine que *Wunsch* (à partir du vieil indien *wunskjan*) et son sens est plus fort que *souhait* en français. La traduction du *wishful thinking* anglais n'est-elle pas « prendre ses désirs pour des réalités » ?

III. LES DÉSIRS MULTIPLES DU TEXTE FREUDIEN

Freud utilise toute la richesse du lexique allemand pour rendre compte des différents plans du désir humain : *Begierde* (ou *Begehren*), *Lust*, *Gelüste*, *Verlangen* et *Sehnsucht*. *Verlangen* (qui signifie littéralement « étendre le bras pour atteindre ») est le terme le plus général, le « désir » par excellence. C'est par *Gelüste* (formé sur *Lust*, mais qui n'a gardé de ce dernier terme que le sens de désir, et non celui de plaisir) que Freud désigne les désirs qui ont rendu nécessaire l'édification des deux interdits totémiques fondamentaux : ne pas tuer le totem, ne pas avoir des relations sexuelles avec des membre du totem. Le parricide et l'inceste « devaient donc être les plus anciens et les plus puissants désirs [*Gelüste*] des hommes » (*Totem und Tabu*, *in* GW, IX, p. 42). La névrose, objet essentiel de la théorie freudienne, pourrait-elle se lire comme une transformation par la culture de *Gelüste* en *Wunsch*, de désir en souhait, sous l'effet du refoulement ? En interprétant le rêve, on retrouverait cette force invaincue du désir derrière le mécanisme du souhait.

On retrouve le même mécanisme à l'œuvre pour *Sehnsucht*, terme réputé intraduisible, qui a le sens d'un désir violent et douloureux d'un objet inaccessible ou lointain. Dans l'*Interprétation des rêves*, c'est ce terme qui désigne le désir d'aller à Rome : désir si fort, objet si lointain, que pendant longtemps il ne peut s'exprimer que par le *Wunsch* d'un rêve : « Dans un autre cas encore, je pus remarquer que le désir [*Wunsch*] qui éveille le rêve, tout en étant un désir actuel, reçoit pourtant un renfort puissant de souvenirs infantiles profondément enfouis. Il s'agit en l'occurrence d'un ensemble de rêves, qui ont pour fondement le désir ardent [*Sehnsucht*] d'aller à Rome » (*Traumdeutung*, *in* GW, II-III, p. 199).

Reste que seul le *Wunsch* fait l'objet d'une définition rigoureuse, et accède ainsi au statut de concept : c'est donc bien à partir de ce noyau que se déploient les autres termes, qui gardent un sens proche de l'acception commune et de la tradition littéraire. C'est en ce sens que Lacan a pu croire légitime de montrer que l'œuvre de Freud était bien plus une théorie du Désir qu'une anthropologie des désirs qui impliquerait, comme le fait Kant, de proposer des définitions précises des multiples termes qu'offre la langue allemande :

> Le désir [*Begierde*] (*appetitio*) est l'autodétermination de la force d'un sujet par la représentation de quelque chose de futur comme effet de cette même force [...]. Le désir [*Begehren*] sans utilisation de cette force pour obtenir l'objet est le *souhait* [*Wunsch*]. Celui-ci peut être fondé sur des objets que le sujet se sent incapable d'obtenir, et l'on a alors un « souhait vide (*leerer Wunsch*) ». Le souhait vide de pouvoir supprimer le temps entre le désir [*Begehren*] et le gain de l'objet désiré [*Begehrten*] est le désir brûlant [*Sehnsucht*].
>
> Kant, *Anthropologie in pragmatischer Hinsicht* [*Anthropologie d'un point de vue pragmatique*], in *Gesammelte Schriften*, Berlin, Akademie-Verlag, vol. 7, p. 251.

◆ Voir encadré 1.

Alexandre ABENSOUR

BIBLIOGRAPHIE

BOURGUIGNON André, COTET Pierre, LAPLANCHE Jean et ROBERT François, *Traduire Freud*, PUF, 1989.

FREUD Sigmund, *Gesammelte Werke* [GW], 18 vol., Londres et Francfort, Imago et Fischer, 1940-1952, et vol. suppl. *Nachtragsband* [1885-1938], Francfort, Fischer, 1987 ; *Œuvres complètes de Freud/Psychanalyse* [*OCF/P*], trad. fr. A. Bourguignon, P. Cotet et J. Laplanche (dir.), PUF, vol. 1, 1988.

— *L'Interprétation des rêves* [*Traumdeutung*, *in* GW, II-III], trad. fr. I. Meyerson, éd. rev. D. Berger, PUF, 1967.

HEGEL Georg Wilhelm Friedrich, *Phänomenologie des Geistes*, Hambourg, Meinert,1988 ; *La Phénoménologie de l'esprit*, trad. fr. J. Hyppolite, Aubier-Montaigne, 1939-1941, 2 vol.

KOJÈVE Alexandre, *Introduction à la lecture de Hegel*, éd. R. Queneau, Gallimard, 1947.

LACAN Jacques, *Écrits*, Seuil, 1966.

1. INDEX
DES NOMS PROPRES

2. INDEX

DES PRINCIPAUX AUTEURS

ET PASSAGES CITÉS

Dans cet index, on trouve les citations hors texte qui apparaissent en paragraphes dans le cours des articles et encadrés ; pour les autres, il faut se reporter à l'index des noms propres. Les références sont présentées de la manière suivante : INTENTION III C, [2] signifie entrée Intention, partie III C et encadré 2.
Certains auteurs sont traités de manière plus détaillée : par exemple, Aristote, Kant, Wittgenstein.

3. INDEX
DES TRADUCTEURS
ET TRADUCTIONS CITÉES

4. INDEX

DES MOTS

ALLEMAND

ANGLAIS

ARABE

ESPAGNOL

FRANÇAIS

GREC

HÉBREU

ITALIEN

LATIN

RUSSE

AUTRES LANGUES

OUTILS

OUTILS

On regroupe ici les principaux outils (encyclopédies, dictionnaires, lexiques, grammaires, corpus, œuvres complètes donnant lieu à abréviation, ouvrages de référence) qui ont servi à la rédaction des articles.

Abréviations

AHDLMA	*Archives d'histoire doctrinale et littéraire du Moyen Âge.*
AK	*Akademie Ausgabe* (voir KANT Emmanuel).
AT	Adam et Tannery (voir DESCARTES René).
CAG	*Commentaria in Aristotelem graeca.*
CCL	*Corpus christianorum, series latina.*
CLE	*Carmina latina epigrafica* (voir BÜCHELER Franz).
CLG/DM	*Cours de linguistique générale*, éd. De Mauro (voir SAUSSURE Ferdinand de).
CLG/E	*Cours de linguistique générale*, éd. Engler (voir SAUSSURE Ferdinand de).
CPE	*Cours préparatoire d'esthétique* (voir JEAN PAUL).
CSEL	*Corpus scriptorum ecclesiasticorum latinorum.*
DEL	*Dictionnaire étymologique de la langue latine* (voir ERNOUT Alfred et MEILLET Antoine).
DHLF	*Dictionnaire historique de la langue française* (voir REY Alain).
DK	DIELS Hermann et KRANZ Walther, *Die Fragmente der Vorsokratiker.*
DL	DIOGÈNE LAËRCE.
EP	*The Essential Peirce* (voir PEIRCE Charles Sanders).
GA	*Gesamtausgabe* (voir HEIDEGGER Martin).
Gr. Gr.	*Grammatici Graeci.*
GW	*Gesammelte Werke* (voir FREUD Sigmund).
HA	*Hamburger Ausgabe* (voir GOETHE Johann Wolfgang von).
Hua	*Husserliana* (voir HUSSERL Edmund).
HWP	*Historisches Wörterbuch der Philosophie* (voir RITTER Joachim et GRÜNDER Karlfried).
JQR	*Jewish Quarterly Review.*
KFSA	*Kritische Friedrich Schlegel Ausgabe* (voir SCHLEGEL Friedrich).
KGA	*Kritische Gesamtausgabe* (voir NIETZSCHE Friedrich).
KSA	*Kritische Studienausgabe* (voir NIETZSCHE Friedrich).
LIMC	*Lexicon iconographicum mythologiae classicae.*
LSJ	LIDDELL Henry G., SCOTT Robert et JONES Henry S., *A Greek-English Lexicon.*

OCF/P *Œuvres complètes de Freud/Psychanalyse* (voir FREUD Sigmund).
OCPP *Œuvres choisies de philosophie première* (voir FICHTE Johann Gottlieb).
PG *Patrologiae cursus completus, series graeca* [*Patrologie grecque*] (voir MIGNE Jacques-Paul).
PL *Patrologiae cursus completus, series latina* [*Patrologie latine*] (voir MIGNE Jacques-Paul).
SVF *Stoicorum veterum fragmenta* (voir ARNIM Johannes von).
TGF *Tragicorum Graecorum fragmenta* (voir RADT Stefan Lorenz).
TOB *Traduction œcuménique de la Bible.*
TLM *Textes logiques et métaphysiques* (voir LEIBNIZ Gottfried Wilhelm).
TWNT *Theologisches Wörterbuch zum neuen Testament* (voir KITTEL Gerhard).
WA *Weimar Ausgabe* (voir LUTHER Martin).

✦ ✦ ✦

ADELUNG Johann Christoph, *Versuch eines vollständigen grammatisch-kritischen Wörterbuches der hochdeutschen Mundart* [Essai de dictionnaire grammatico-critique complet du haut-allemand], 5 vol., Leipzig, Breitkopf, 1774-1786.

ALEMBERT Jean Le Rond d' et DIDEROT Denis, *Encyclopédie ou Dictionnaire raisonné des sciences, des arts et des métiers*, Paris, Briasson, 1751-1780 ; nouv. éd. en fac-similé, Stuttgart-Bad Cannstatt, Frommann, 1966-1988.

ALEXANDRE Charles, PLANCHE Joseph et DEFAUCONPRET Charles-Auguste, *Dictionnaire français-grec*, Hachette, 1859.

ALONSO HERNÁNDEZ José Luis, *Léxico del marginaḷismo del siglo de oro*, Université de Salamanque, 1977.

Archives d'histoire doctrinale et littéraire du Moyen Âge, Vrin, 1926-

ARNIM Johannes von, *Stoicorum veterum fragmenta*, Leipzig, 1903-1905 ; rééd. 4 vol., Stuttgart, Teubner, 1964 ; *Stoici antichi : tutti i frammenti*, trad. it. et éd. bilingue R. Radice, Milan, Rusconi, 1998.

ATTIAS Jean-Christophe et BENBASSA Esther (éd.), *Dictionnaire de la civilisation juive*, Larousse-Bordas, 1997.

BABINIOTIS Gheorgios, *Lexiko tes neas ellenikes glossas* [Dictionnaire de la langue grecque moderne], Athènes, Kentro Lexikologias, 1998 (en grec).

BAILEY Nathan, *Dictionarium britannicum ; or, A more compleat universal etymological English dictionary than any extant*, Londres, T. Cox, 1730 ; *A Compleat English Dictionary*, Leipzig, Frommann, 8ᵉ éd., 1792.

BAILLY Anatole, *Dictionnaire grec-français*, coll. E. Egger, éd. rev. L. Séchan et P. Chantraine, Hachette, 1950.

BALDINUCCI, Filippo, *Vocabolario toscano dell'arte del disegno con la notizia de'nomi e qualità delle gioie, metalli, pietre dure, marmi, pietre tenere, sassi, legnami, colori, strumenti, ed ogn'altra materia, che seruir possa, tanto alla costruzione di edificj e loro ornato, quanto alla stessa pittura e scultura*, Florence, Santi Franchi, 1681.

BENVENISTE Émile, *Le Vocabulaire des institutions indo-européennes*, 2 vol., Minuit, 1969.

Black's Law Dictionary, Centennial edition (1891-1991), Saint Paul, West Company, 1998.

BLAISE Albert, *Corpus christianorum lexicon latinitatis medii aevii*, Turnhout, Brepols, 1966.

BLOCH Oscar et WARTBURG Walther von, *Dictionnaire étymologique de la langue française*, PUF, 1932, 6ᵉ éd., 1975.

BOISACQ Émile, *Dictionnaire étymologique de la langue grecque*, Heidelberg-Paris, Winter-Klincksieck, 1938.

Bol'shaja Sovetskaia Èntsiklopedija [Grande encyclopédie soviétique], Moscou, Sovetskaja Èntsiklopedija, 3ᵉ éd., 1976 ; *Great Soviet Encyclopedia*, 20 vol., New York-Londres, MacMillan, 1979.

BONITZ Hermann, *Index aristotelicus*, Berlin, Reimer, 1870 ; rééd. Berlin, Akademie-Verlag, 1955.

BOUDON Raymond et BOURRICAUD François, *Dictionnaire critique de la sociologie*, PUF, 1983 ; rééd. « Quadrige », 2000

BOURDIN Jean-Claude (dir.), *Les Matérialismes philosophiques*, Kime, 1997.

BROCKHAUS Friedrich Arnold (dir.), *Der Neue Brockhaus*, 5 vol., 7ᵉ éd., Mannheim, Brockhaus, 1991.

BRÜCKNER Alexander, *Slownik etymologiczny języka polskiego* [Dictionnaire étymologique de la langue polonaise], Varsovie, Wiedza Powszechna, 1957.

BRUNNER Otto, CONZE Werner et KOSELLECK Reinhard (éd.), *Geschichtliche Grundbegriffe. Historisches Lexikon zur politisch-sozialen Sprache in Deutschland*, 8 vol., Stuttgart, Klett, 1972-1992.

BUARQUE DE HOLANDA Aurelio, *Novo Dicionário da lingua portuguesa*, Rio de Janeiro, Nova Fronteira, 1986.

BÜCHELER Franz, *Carmina latina epigrafica*, Amsterdam, Adolf M. Hakkert, 1972.

CAIRNS Dorion, *Guide for Translating Husserl*, La Haye, Nijhoff, 1973.

CHANTRAINE Pierre, *Dictionnaire étymologique de la langue grecque*, nouv. éd. mise à jour avec un « Supplément au dictionnaire », Klincksieck, 1999.
— *Morphologie historique du grec*, Klincksieck, 1945, 2ᵉ éd. remaniée 1964.
— *Grammaire homérique*, 2 vol., Klincksieck, 1948 ; t. 1, 2ᵉ éd. 1953 ; t. 2, réimpr. 1986.

CIHAC Alexandre de, *Dictionnaire d'étymologie dacoromane. Éléments latins comparés avec les autres langues romanes*, Francfort, Saint-Goar, 1870.

CIORANESCU Alexandre, *Diccionario etimológico rumano*, 6 vol., Tenerife, Universidad de La Laguna, « Biblioteca Filologica » 1958-1961.

Commentaria in Aristotelem graeca, 23 vol., éd. Preussische Akademie der Wissenschaften, Berlin, Walter de Gruyter, 1882-1909.

COROMINAS Joan et PASCUAL José A., *Diccionario crítico etimológico castellano e hispánico*, 6 vol., Madrid, Gredos, 1961, nouv. éd., 1984-1991.

Corpus christianorum, series latina, Turnhout, Brepols, 1953-

Corpus scriptorum ecclesiasticorum latinorum, Vienne, Österreichische Akademie der Wissenschaften, 1866-

COVARRUBIAS Sebastián de, *Tesoro de la lengua castellana o española* [1611], éd. M. de Riquer, Barcelone, Alta Fulla, 1998.

CRAIG Edward (dir.), *Routledge Encyclopedia of Philosophy*, Londre-New York, Routledge, 1998.

CUERVO Rufino J., *Diccionario de construcción y regimen de la lengua castellana* [1886], Santafé de Bogotá, Instituto Caro y Cuervo, 1994.

CUNHA Celso et CINTRA Lindley, *Nova Gramática do Português Contemporâneo*, Lisbonne, J.S. da Costa, 15ᵉ éd., 1999.

CURTIUS Ernst Robert, *La Littérature européenne et le Moyen Âge latin* [1948], PUF, « Agora », 1956.

DAL' Vladimir, *Tolkovyj slovar' živogo velikorusskago jazyka* [Dictionnaire raisonné de la langue grand-russe vivante], 3ᵉ éd., Moscou, M.O. Vol'f, 1903-1909 ; repr. 4 vol., Les Cinq Continents, 1954.

DANCY Jonathan, *Introduction to Contemporary Epistemology*, Oxford, Blackwell, 1985.

DECHEPARE Bernard, *Linguae vasconum primitiae* [Bordeaux, 1545], éd. crit. P. Altuna, Bilbao, Mensajero, 1987.

DESCARTES René, *Œuvres*, 11 vol., éd. C. Adam et P. Tannery, Vrin, 1996.

Deutsche Encyclopädie oder allgemeines Real Wörterbuch aller Künste und Wissenschaften von einer Gesellschaft Gelehrten, 25 vol., Francfort, Varrentrapp Sohn und Wenner, 1778-1807.

DIAČENKO Grigorij, *Polnyj tserkovno-slavianskij slovar'* [Dictionnaire complet du slavon], Moscou, Tipografija Vilde, 1899.

Diccionario retana de autoridades de la lengua vasca, Bilbao, La Gran Enciclopedia vasca, 1980.

Dictionar explicativ al limbii române [Dictionnaire explicatif de la langue roumaine], Bucarest, Éd. de l'Académie, 1975.

Dictionnaire de l'Académie française, veuve J.B. Coignard et J.B. Coignard, 1694.

Dictionnaire de spiritualité, fondé par M. Viller et F. Cavallera, J. de Guibert et A. Rayez, continué par A. Derville, P. Lamarche et A. Solignac, Beauchesne, 1991.

Dictionnaire de théologie catholique, Paris, Letouzey et Ané, 1903-1950.

Dictionnaire de Trévoux. Dictionnaire universel français et latin, 3 vol. et 1 suppl., Trévoux, Estienne Ganeau, 1704.

Dictionnaire du judaïsme, Albin Michel, Encyclopaedia Universalis, 1998.

Dictionnaire général de la langue française du commencement du dix-septième siècle jusqu'à nos jours, Delagrave, 1890.

Die Bibel nach der Übersetzung Martin Luthers, Stuttgart, Deutsche Bibelgesellschaft, 1985.

DIELS Hermann et KRANZ Walther, *Die Fragmente der Vorsokratiker*, 3 vol., Berlin, Weidmann, 5ᵉ éd. 1934-1937.

DIMITRAKOS Dimitrios, *Grand dictionnaire de toute la langue grecque*, 9 vol., Athènes, I. Zervos (en grec).

DIOGENE LAËRCE, *Vitae philosophorum*, éd. H.S. Long, 2 vol., Oxford, 1964 ; *Vies et doctrines des philosophes illustres*, trad. fr. M.-O. Goulet-Cazé (dir.), Librairie générale française, « Livre de poche », 1999.

DOMINGUEZ Ramón Joaquín, *Diccionario nacional ó gran diccionario clásico de la lengua española*, Madrid, Bernat, 1849, 14ᵉ éd. 1878.

DU CANGE Charles Dufresne, *Glossarium mediae et infimae latinitatis* [1678], 7 vol., Didot Fratres, 1840-1850 ; rééd. Librairie des Sciences et des Arts, 1937.

Duden. Deutsches Universalwörterbuch, 3ᵉ éd., Mannheim, Dudenverlag, 1996.

DUDEN Konrad, *Etymologie. Herkunftswörterbuch der deutschen Sprache*, éd. G. Drosdowski, P. Grebe *et al.*, Mannheim, Dudenverlag, 1963.

EBERHARD Johann August, *Versuch einer allgemeinen deutschen Synonymik* [Essai de synonymique générale de l'allemand], Halle, J.G. Ruff, 1795 ; repr. Hildesheim, Olms, 1971.

EICHINGER Ludwig M., *Deutsche Wortbildung*, Tübingen, Narr, 2000.

EISLER Rudolf, *Kant-lexikon* [1926-1930], repr. Hildesheim, Olms, 1961 ; trad. fr. augm. A.-D. Balmès et P. Osmo, Gallimard, 1994.

Encyclopédie philosophique universelle, t. 2, *Les Notions philosophiques*, PUF, 1990.

ENGEL Pascal (dir.), *Précis de philosophie analytique*, PUF, 2000.

Entciklopedičeskij Slovar, 35 vol., Saint-Pétersbourg, Brockhaus-Efron, 1890-1902.

EPIFANOVIC S., *Prepodobnyj Maksim Ispovednik i vizantijskoe bogoslovie* [Maxime le Confesseur et la théologie byzantine], Kiev, 1915.

ERNOUT Alfred et MEILLET Antoine, *Dictionnaire étymologique de la langue latine. Histoire des mots* [1932], 4e éd. augm. J. André, Klincksieck, 1994.

Etymologičny slovnyk ukraïns'koï movy [Dictionnaire étymologique de la langue ukrainienne], Kiev, Naukova Dumka, 1985.

FEICK Hildegard, *Index zu Heideggers « Sein und Zeit »*, Tübingen, Niemeyer, 1961, 3e éd. 1980.

FERAUD Jean-François, *Dictionnaire critique de la langue française*, 1761, rééd. Marseille, 1788.

FESTUS, Sextus Pompeius, *De verborum significatu quae supersunt*, Stuttgart-Leipzig, Teubner, 1913 ; repr. 1997.

FICHTE Johann Gottlieb, *Œuvres choisies de philosophie première*, trad. fr. A. Philonenko, Vrin, 1999.

FORCELLINI Egidio, *Lexicon totius latinitatis*, Padoue, 1940.

FOURQUET Jean, *Grammaire de l'allemand*, Hachette, 1952.

FREEDMANN D.N. (éd.), *The Anchor Bible Dictionary*, New York, Doubleday, 1992.

FREUD Sigmund, *Gesammelte Werke* [*GW*], 18 vol., Londres et Francfort, Imago et Fischer, 1940-1952, et vol. suppl. *Nachtragsband (1885-1938)*, Francfort, Fischer, 1987.
– *Œuvres complètes de Freud/Psychanalyse* [*OCF/P*], trad. fr. A. Bourguignon, P. Cotet et J. Laplanche (dir.), PUF, 1988-.

FRIES Johann, *Novum Dictionariolum puerorum latinogermanicum*, Zurich, Froschover, 1556.

FRISK Hjalmar, *Griechisches etymologisches Wörterbuch*, 3 vol., Heidelberg, Winter-Universitätsverlag, 1960-1972.

FURETIÈRE Antoine, *Dictionnaire universel, contenant généralement tous les mots françois tant vieux que modernes, & les termes de toutes les sciences et des arts*, La Haye, Arnout & Renier Leers, 1690, rééd. 1694, 1737 ; repr. 3 vol., Genève, Slatkine, 1970, et Le Robert, 1978.

GAFFIOT Félix, *Dictionnaire latin-français*, nouv. éd. rev. et augm. P. Flobert (dir.), Hachette, 2000.

GOCLENIUS Rudolf, *Lexicon philosophicum, quo tanquam clave philosophiae fores aperiuntur*, Francfort, 1613 ; repr. Hildesheim, Olms, 1964.

GODEFROY Frédéric, *Dictionnaire de l'ancienne langue française et de tous ses dialectes du* IXe *au* XVe *siècle*, 10 vol., 1881-1902 ; repr. New York, Kraus Reprint Corp., 1961.

GOETHE Johann Wolfgang von, *Werke, Hamburger Ausgabe*, éd. Erich Trunz, Munich, Beck, 1981.

GOICHON Amélie-Marie, *Lexique de la langue philosophique d'Ibn Sina*, Desclée de Brouwer, 1937.

Grammatici Graeci, éd. Hilgard-Schneider-Uhlig-Lentz, Leipzig, Teubner, 1878-1902 ; repr. Hildesheim, Olms, 1965.

Grand vocabulaire français contenant l'explication de chaque mot. 2° Les lois de l'orthographe et celles de la prosodie. 3°. La Géographie ancienne et moderne. 4°. Des détails raisonnés sur l'Économie, le Commerce, la Marine, la Politique, la Jurisprudence civile..., par une Société de gens de lettres, 30 vol., Paris, C. Pankouke, 2e éd., 1767-1774.

Grande dizionario della lingua italiana, Milan, UTET, 1961-.

GREGORY Richard L. (dir.), *The Oxford Companion to the Mind*, Oxford-New York, Oxford UP, 1987.

GRIMM Jacob et Wilhelm, *Deutsches Wörterbuch*, Leipzig, Hirzel, 1854 ; repr. Munich, Deutscher Taschenbuch, 1984.

GUBSKY E.F. *et al.*, *Filosofskij èntsiklopedičeskij slovar'* [Le Vocabulaire encyclopédique de philosophie], Moscou, Infra-M, 1997.

GUTTENPLAN Samuel (dir.), *A Companion to the Philosophy of Mind*, Oxford, Blackwell, 1994.

HEIDEGGER Martin, *Gesamtausgabe*, Francfort, Klostermann, 1975-.

HEINSIUS Theodor, *Volkthümliches Wörterbuch der deutschen Sprache, mit Bezeichnung der Aussprache und Betonung für die Geschäfts- und Lesewelt*, 4 t. en 5 vol., Hanovre, Hahn, 1818-1822.

HERMAN Louis Jay, *A Dictionary of Slavic Word Families*, New York, Columbia UP, 1975.

Histoire littéraire de la France, où l'on traite de l'origine, du progrès, de la décadence et du rétablissement des sciences parmi les Gaulois et parmi les Français... par des religieux bénédictins de la Congrégation de Saint-Maur, 12 vol., Paris, Osmont *et al.*, 1733-1763.

HONDERICH Ted (éd.), *The Oxford Companion of Philosophy*, Oxford UP, 1995.

HOUDE Olivier, KEYSER Daniel, KOENIG Olivier, PROUST Joëlle et RASTIER François (dir.), *Vocabulaire des sciences cognitives*, PUF, 1998.

HUGUET Edmond, *Dictionnaire du français du* XVIe *siècle*, Champion, 1925 ; repr. Genève, Slatkine, 1999.

HÜLSER Karlheinz, *Die Fragmente zur Dialektik der Stoiker*, 4 vol., nouv. éd. avec trad. all. et comm., Stuttgart-Bad Cannstadt, Frommann-Holzboog, 1987-1988.

HUMBERT Jean, *Syntaxe grecque*, Klincksieck, 1945.

HUSSERL Edmund, *Husserliana*, La Haye-Dordrecht, M. Nijhoff-Kluwer, 1973-.

Jewish Quarterly Review, Philadelphie, 1910-

JEAN PAUL, *Cours préparatoire d'esthétique*, trad. fr. A.-M. Lang et J.-L. Nancy, Lausanne, L'Âge d'homme, 1979.

JOHNSON Samuel, *Dictionary of the English Language*, Londres, 1755.

KANT Emmanuel, *Gesammelte Schriften (Akademie-Ausgabe)*, Berlin, Reimer, 1902-1913.

KITTEL Gerhard, puis FRIEDRICH Gerhard (éd.), *Theologisches Wörterbuch zum neuen Testament*, 9 vol., Stuttgart, Kohlhammer, 1933-1973.

Klein's Comprehensive Etymological Dictionary of the English Language, Amsterdam-Oxford-New York, Elsevier, 1971.

KLUGE Friedrich, *Etymologisches Wörterbuch der deutschen Sprache* [Dictionnaire étymologique de la langue allemande, 1883], Berlin, W. de Gruyter, 22e éd., 1989.

KNEZEVIC Anto, *Najstarije Slavensko filosofsko nazivlje*, Zagreb, Hrvatsko filozofsko društvo, 1991.

KOLL Hans-Georg, *Die französischen Wörter 'langue' und 'langage' im Mittelalter*, Paris-Genève, Droz-Minard, 1958.

KRUG Wilhelm Traugott, *Allgemeines Wörterbuch der philosophischen Wissenschaften*, Leipzig, 1832-1938 ; repr. Stuttgart, Frommann, 1969.

KÜHNER Raphael et GERTH Bernhard, *Ausführliche Grammatik der Griechischen Sprache*, t. 2, *Satzlehre* [1898], Hanovre, Hahnsche Buchhandlung, 1976.

KYRIAKIDES Achilleus, *Modern Greek-English Dictionary*, Athènes, Anesti Constantinides, 1909.

La Langue grecque, Athènes, ministère de l'Éducation nationale et des Cultes, 1996.

LABICA Georges et BENSUSSAN Gérard (dir.), *Dictionnaire critique du marxisme*, PUF, 1982, 2e éd. 1985.

LAFFONT Robert et BOMPIANI Valentino, *Le Nouveau Dictionnaire des auteurs*, 3 vol., Laffont, « Bouquins », 1994 ; rééd. 1998.

LALANDE André, *Vocabulaire technique et critique de la philosophie*, PUF, 19e éd., 1999.

LAMPE Geoffrey William Hugo, *A Patristic Greek Lexicon*, Oxford, Clarendon Press, 1968.

LAPLANCHE Jean, PONTALIS Jean-Bertrand et LAGACHE Daniel (dir.), *Vocabulaire de la psychanalyse*, PUF, 1967 ; rééd. « Quadrige », 1998.

Larousse de la langue française, Librairie Larousse, 1977.

LAUSBERG Heinrich, *Handbuch der literarischen Rhetorik*, Munich, Max Hueber, 2e éd. 1973.

LAZARI Andrej de, *Idee w Rosji. Leksykon Rosyjsko-Polsko-Angielski* [Idées en Russie], Varsovie, Semper, 1999.

Le Petit Robert, dictionnaire alphabétique et analogique de la langue française, nouv. éd. du *Petit Robert* de Paul Robert, éd. J. Rey-Debove et A. Rey, Le Robert, 2002.

Le Robert et Collins, Dictionnaire français-anglais, English-French, Le Robert, 2e éd. 1987.

LEIBNIZ Gottfried Wilhelm, *Recherches générales sur l'analyse des notions et des vérités. 24 textes logiques et autres textes logiques et métaphysiques*, éd. J.-B. Rauzy, PUF, 1998.

LEJEUNE Michel, *Précis d'accentuation grecque*, Hachette, 1945.

Leksikologija i slovoobrazovanie drevnerusskogo jazyka [La Lexicographie et la Composition des mots de la langue russe ancienne], Moscou, Nauka, 1966.

LÉON-DUFOUR Xavier *et al.* (éd.), *Le Vocabulaire de théologie biblique*, Cerf, 2e éd. rév. et augm., 1970 ; *Slovar' biblejskogo bogoslovija*, trad. russe, Bruxelles, Žizn's Bogom, 1990.

Lexicon iconographicum mythologiae classicae, Zurich, Artemis, 1981.

Lexicon of Presocratic Philosophy, 2 vol., Athènes, Académie d'Athènes, 1994.

LIDDELL Henry G., SCOTT Robert et JONES Henry S., *A Greek-English Lexicon*, 9e éd., Oxford, Clarendon Press, 1925-1940 ; *A Supplement*, éd. E.A. Berber, 1968.

LITTRÉ Émile, *Dictionnaire de la langue française*, 4 vol., Hachette, 1873.

LONG Anthony A. et SEDLEY David N., *The Hellenistic Philosophers*, 2 vol., Cambridge UP, 1987; *Les Philosophes hellénistiques*, 3 vol., trad. fr. J. Brunschwig et P. Pellegrin, Flammarion, « GF », 2001.

LUTHER Martin, *Sammtliche Werke*, 67 vol., Weimar, H. Böhlaus Nachfolger, 1883-1997.
– *Werke, Kritische Gesamtausgabe, Deutsche Bibel*, 12 vol., Weimar, H. Böhlaus Nachfolger, 1906-1961.

MACHEK Václav, *Etymologický slovnik jazyka českého a slovenskeho* [Dictionnaire étymologique des langues tchèque et slovaque], Prague, Nakladatelství Československé Akademie Věd, 1957.

MAINGUENEAU Dominique, *Précis de grammaire*, Dunod, 1981, 2e éd., 1994.

MEILLET Antoine, *Aperçu d'une histoire de la langue grecque*, Klincksieck, 1965, 8e éd. 1975.
– *Le Slave commun*, éd. rev. et augm. A. Vaillant, Champion, 1934.
– *Études sur l'étymologie et le vocabulaire du vieux-slave*, partie II, Bibliothèque de l'École des hautes études, 1905.

MÉNAGE Gilles, *Dictionnaire étymologique ou origines de la langue française* [1694], 2 vol. ; repr. Genève, Slatkine, 1973.

MERRILEES Brian et EDWARDS William, *Firmini Verris Dictionarius, Dictionnaire latin-français de Firmin Le Ver, 1440*, Turnhout, Brepols, « Corpus christianorum, Continuatio mediaevalis, Series in-4° I », 1994.

MICHELENA Luis, *Diccionario general vasco*, Bilbao, Real Academia de la lengua vasca, Euskaltzaindia, 1987.

MIGNE Jacques-Paul (éd.), *Patrologiae cursus completus, series graeca* [*Patrologie grecque*], 1857-.
– *Patrologiae cursus completus, series latina* [*Patrologie latine*], 1844-.

MIRAMBEL André, *Petit dictionnaire français-grec moderne et grec moderne-français*, Maisonneuve et Larose, 1980.

MOIGNET Gérard, *Grammaire de l'ancien français*, Klincksieck, 1979.

MOLINER María, *Diccionario del uso del español*, Madrid, Gredos, 1980.

MUGLER Charles, *Dictionnaire historique de la terminologie optique des Grecs. Douze siècles de dialogue avec la lumière*, Klincksieck, 1964.

NICOT Jean, *Le Thresor de la langue françoyse tant ancienne que moderne*, D. Douceur, 1606 ; rééd. Picard, 1960.

NIERMEYER Jan Frederik, *Mediae latinitatis lexicon minus*, Leyde, Brill, 1984.

NIETZSCHE Friedrich, *Werke, Kritische Gesamtausgabe*, éd. G. Colli et M. Montinari, Berlin, De Gruyter, 1967-.
– *Sämtliche Werke, Kritische Studienausgabe in 15 Einzelbänden*, éd. G. Colli et M. Montinari, Munich-Berlin-New York, De Gruyter-Deutscher Taschenbuch Verlag, 1988.

Nouveau Dictionnaire du voyageur, français-allemand-latin, 1708 ; rééd. Genève, Perachon, 1732.

ONIANS Richard Broxton, *The Origins of European Thought about the Body, the Mind, the Soul, the World, Time and Fate*, Cambridge UP, 1951 ; *Les Origines de la pensée européenne*, trad. fr. B. Cassin, A. Debru et M. Narcy, Seuil, 1999.

OUDIN César, *Tesoro de las dos lenguas española y francesa*, Paris, 1607, Lyon, 1675 ; repr. en fac-similé Paris, Ediciones Hispano-Americanas, 1968.
– *Grammaire espagnole mise et expliquée en françois*, 1675.

PEIRCE Charles Sanders, *The Essential Peirce. Selected Philosophical Writings*, 2 vol., Indiana UP, 1993-1998.

PERNETY Antoine-Joseph, *Dictionnaire portatif de peinture, sculpture et gravure*, Bauche, 1757.

PERNOT Hubert, *Dictionnaire grec moderne-français*, Garnier, 1970.

PICOCHE, Jacqueline, *Dictionnaire étymologique du français*, Le Robert, « Les Usuels du Robert », 1983 ; rééd. 2002.

POKORNY Julius, *Indogermanisches etymologisches Wörterbuch* [Dictionnaire étymologique de l'indo-européen], 2 vol., Berne-Munich, Francke, 1959-1969.

POLICHTCHUK Nina et LISOVYJ Vasyl, *Anglo-Ukrajins'kyj filosofs'kyj slovnyk* [Vocabulaire philosophique anglo-ukrainien], Kiev, Lybid', 1996.

« Pons » Wörterbuch Deutsch-Französisch, Stuttgart, Klett, 1999.

PREOBRAZHENSKIJ Aleksandr Grigorevič, *Ètimologičeskij slovar' russkogo jazyka* [Dictionnaire étymologique de la langue russe], 2 vol., Moscou, G. Lissnera i D. Sovko, 1910-1914.

PROUST Joëlle (dir.), *Perception et intermodalité. Approches actuelles de la question de Molyneux*, PUF, 1997.

Psixologija ličnosti, vocabulaire-guide rév. Pavel Gornostaj et Tatiana Titarenko, Kiev, Ruta, 2001.

QUATREMÈRE DE QUINCY Antoine, *Encyclopédie méthodique. Architecture*, 3 vol., Paris-Liège, Panckoucke-Plomteux, 1788-1825.

QUELL Gottfried, KITTEL Gerhard et BULTMANN Rudolf, *Vérité*, Dictionnaire biblique Kittel, trad. fr. A. Bindit, Genève, Labor et Fides, 1969.

RADT Stefan Lorenz, *Tragicorum Graecorum fragmenta*, Göttingen, Vandenhoeck & Ruprecht, 1985.

RAGON Éloi, *Grammaire grecque* entièrement refondue par A. Dain, J. de Foucault, P. Poulain, 5e éd., J. de Gigord, 1957.

RAYNAUD Philippe et RIALS Stéphane (éd.), *Dictionnaire de philosophie politique*, PUF, 1996.

REAL ACADEMIA ESPAÑOLA, *Diccionario de Autoridades*, Madrid, 1726 ; repr. en fac-similé 3 vol., Madrid, Gredos, 1990.
– *Diccionario de la lengua española*, 2 vol., Madrid, Espasa-Calpe, 21e éd., 1992.

REY Alain (dir.), *Dictionnaire historique de la langue française*, 3 vol., Le Robert, 1992.

REY George, *Contemporary Philosophy of Mind*, Oxford, Blackwell, 1997.

RICHELET Pierre, *Dictionnaire de la langue françoise, ancienne et moderne* [1680], repr. Hildesheim, Olms, 1973, et 2 vol., Genève, Slatkine, 1970.

RITTER Joachim et GRÜNDER Karlfried (éd.), *Historisches Wörterbuch der Philosophie. Unter Mitwirkung von mehr als 700 Fachgelehrten*, nouv. éd., Bâle, Schwabe, Darmstadt, Wissenschaftliche Buchgesellschaft, 1971-.

ROUDINESCO Élisabeth et PLON Michel, *Dictionnaire de psychanalyse*, Fayard, 1997.

ROUSSEAU Jean-Jacques, *Dictionnaire de musique* [1768], in *Œuvres complètes*, t. 5, Gallimard, « La Pléiade », 1995.

SAINEANU Lazàr, *Dictionar universal al limbii române* [Dictionnaire universel de la langue roumaine] [1896], Craiova, Scrisul Românesc, 1926.

SANDER Nathaniel et TRENEL Isaac, *Dictionnaire hébreu-français* [hébreu biblique], Archives israélites, 1859 ; repr. Genève, Slatkine, 1982.

SANDERS Daniel, *Wörterbuch der deutschen Sprache*, Leipzig, 1860 ; repr. Hildesheim, Olms, 1969.

SAUSSURE Ferdinand de, *Cours de linguistique générale*, éd. critique R. Engler, Wiesbaden, Otto Harrassowitz, 1968.
– *Cours de linguistique générale*, éd. critique T. de Mauro, Payot, 1972.

SCHEIDEMANTEL, Heinrich Gottfried, *Repertorium reale pragmaticum juris publici et feudalis imperii Romano-Germanici*, 4 vol., Leipzig, Weidmanns Erben & Reich, 1782-1795.

SCHLEGEL Friedrich, *Kritische Friedrich Schlegel Ausgabe*, 35 vol., éd. E. Behler, Paderborn, Schöningh, 1958-.

SECO Manuel, ANDRÉS Olimpia et RAMOS Gabino, *Diccionario del español actual*, Madrid, Aguilar lexicografia, 1999.

SESE Bernard et ZUILI Marc, *Vocabulaire de la langue espagnole classique (XVIe et XVIIe siècle)*, Nathan, « Fac », 2001.

SIMPSON John et WEINER Edmund (éd.), *The Oxford English Dictionary*, 20 vol., Oxford, Clarendon Press, 2e éd., 1989 ; version électronique : *OED Online*, Oxford UP, <http://dictionary.oed.com>.

Slovar' russkogo jazyka [Dictionnaire de la langue russe], Moscou, Russkij jazyk, 1981-.

SOPHOCLES Evangelinus Apostolides, *Greek Lexicon of the Roman and Byzantine Periods from B.C. 146 to A.D. 1100*, Hildesheim, Olms, 1975 (repr. en fac-similé de l'éd. de Cambridge [Mass.], Harvard UP, 1914).

SREZNEVSKIJ Ismaïl I., *Materialy dlja slovarja drevnerusskogo jazyka* [Matériaux pour un dictionnaire du vieux-russe], Saint-Pétersbourg, 1893 ; repr. 3 vol., Moscou, 1958.

STOER Jacob, *Grand dictionnaire français-latin*, Genève, 1625.

Thesaurus linguae latinae, Stuttgart-Leipzig, Teubner, 1900-1906.

Traduction œcuménique de la Bible, Paris-Villiers-Le-Bel, Cerf-Société Biblique Française, 9e éd., 2000 ; *Concordance de la Traduction œcuménique de la Bible*, Cerf, 1993.

TRUBACHEV, Oleg Nikolaevitch, *Ètimologi'eskij slovar' slavianskykh jazykov* [Dictionnaire étymologique des langues slaves], Moscou, Nauka, t. 5, 1978.

TSYGANENKO Galina, *Ètimologičeskij slovar'russkogo jazyka* [Dictionnaire étymologique de la langue russe], Kiev, Radians'kaškola, 1970.

UEDING Gert, *Historisches Wörterbuch der Rhetorik*, Darmstadt, Wissenschaftliche Buchgesellschaft, t. 2, 1994.

VAN HOEK Jacqueline, BROUILLAUD Pierre et SCORNAUX Jacques, *Glossaire de l'économie, anglais-français*, OCDE, 1992.

VAN WINDEKENS Albert J., *Dictionnaire étymologique complémentaire de la langue grecque*, Louvain, Peeters, 1986.

VASMER Max, *Ètimologičeskij slovar' russkogo jazyka* [Dictionnaire étymologique de la langue russe], 4 vol., Moscou, Progress, 1986.
– *Russisches etymologisches Wörterbuch* [Dictionnaire étymologique du russe], 3 vol., Heidelberg, Winter, 1953-1958.

VENDRYES Joseph, *Traité d'accentuation grecque*, Klincksieck, 1904.

VILLASANTE Luis, *Axularren hiztegia euskara, español, français : español-euskara, français-euskara*, Arantzazu-Oinati, Jakin, 1973.

VOLTAIRE, *Dictionnaire philosophique*, Flammarion, « GF », 1964.

WACKERNAGEL Jacob, « Der griechische Verbal-akzent », *Zeitschrift für vergleichende Sprachforschung*, 23, 1877, p. 466 *sq.*

WALCH Johann Georg, *Philosophisches Lexicon*, Leipzig, 1726 ; repr. Hildesheim, Olms, 1968.

WARTBURG Walther von, *Französisches etymologisches Wörterbuch*, Bâle, Zbinden und Co, 1959.

WATELET Claude-Henri et LEVESQUE Pierre-Charles, *Dictionnaire des arts de peinture, sculpture et gravure. Encyclopédie méthodique : Beaux-Arts*, impr. Prault, 1788-1792.

Webster's New Encyclopedic Dictionary, G. Le Prat, 1995.

WIGODER Geoffrey (dir.), *Dictionnaire encyclopédique du judaïsme*, adaptation fr. S.A. GOLDBERG (dir.), Cerf, 1993.

WILLE Dagmar von, *Lessico filosofico della Frühaufklärung* [*Lessico intelletuale europeo*, vol. 54], Rome, Edizioni dell'Ateneo, 1991.

WILPERT Gero von, *Sachwörterbuch der Literatur*, Stuttgart, Kröner, 1955-.

WILSON Robert A. et KEIL Frank C. (dir.), *The MIT Encyclopedia of Cognitive Science*, Cambridge (Mass.), MIT Press, 1999.

TABLE DES MATIÈRES

RÉALISATION : JOUVE, À SARAN
IMPRESSION : NORMANDIE ROTO IMPRESSION S.A.S. À LONRAI
DÉPÔT LÉGAL : OCTOBRE 2004. N° 30730-5 (1504050)
IMPRIMÉ EN FRANCE